编审者简介

王智锋，武汉大学法学院法学学士，香港城市大学法律学院国际经济法专业法学硕士。2009 年通过国家司法考试。2012 年起在人民法院工作。

胡荣，中国社会科学院大学外国语言文学学士，加拿大蒙特利尔大学法学院国际商法专业法学硕士。2018 年通过国家法律职业资格考试。现为加拿大蒙特利尔大学法学院博士候选人。

罗浩，中山大学法学院法学学士，中山大学法学院环境与资源保护法学专业法学硕士。2015 年通过国家司法考试。曾在广东省深圳市从事律师职业，现在人民检察院工作。

最新

民商事审判
常用法律法规汇编

含历次修订版全文

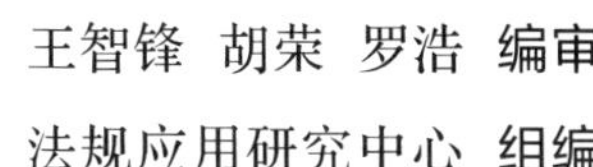

中国法制出版社

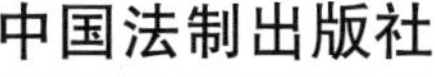

为什么编写这本法律汇编工具书

编写一本逻辑完整、内容实用、形式灵活、体例新颖、使用便捷的法律工具书，是我们长久以来的心愿。目前呈现在读者面前的这本《最新民商事审判常用法律法规汇编》，是我们在长期从事司法审判工作和法学理论研究过程中体悟的结晶。希望它能够给读者带来异样的色彩。

这是一本与众不同的民商事办案指南。众所周知，现在市面上关于法律法规和司法解释汇编的工具书层出不穷、纷繁复杂，让人眼花缭乱。但是，这本《最新民商事审判常用法律法规汇编》迥然有别于同类书籍，它具有以下鲜明特色：

一是紧跟时代发展步伐，及时体现最新立法和司法解释成果。2019年以来，全国人大及其常委会通过或修订了数部民商事法律。举世瞩目的民法典（草案）在2020年5月召开的第十三届全国人大第三次会议上经审议通过。民法典不仅增加了许多新的民商事法律内容，而且废止了现行的婚姻法、继承法、民法通则、收养法、担保法、合同法、物权法、侵权责任法和民法总则等法律，这将从根本上改变我国民商事立法的基本面貌。此外，2019年12月第十三届全国人大常委会第十五次会议审议通过了修订后的《中华人民共和国证券法》(2020年3月起施行)，对我国证券纠纷案件的审理产生重要影响。与此同时，最高人民法院也在不断修改和完善民商事司法解释。2019年以来，最高人民法院先后发布或施行了《最高人民法院关于审理建设工程施工合同纠纷案件适用法律问题的解释（二)》（2019年2月施行)、《最高人民法院关于适用〈中华人民共和国企业破产法〉若干问题的规定（三)》(2019年3月发布)、《最高人民法院关于适用〈中华人民共和国公司法〉若干问题的规定（五)》(2019年4月发布)、《全国法院民商事审判工作会议纪要》（2019年11月发布）和《最高人民法院关于修改〈关于民事诉讼证据的若干规定〉的决定》（2019年12月发布）等。这些新近的民商事立法和司法解释，都会在这本宝典中一一展现在读者面前。

二是全面收集民商事法律规范，立体化、全景式展示民商事法律规范的现在与过往。当下已经出版发行的法律法规汇编书籍，主要收集的是现行有效的法律规范，而没有收集整理已经修正或废止的法律规范。而这些已经修正或废止的法律规范，有时恰恰是民商事办案过程中需要查阅的。因为根据法不溯及既往的原则，处理以往发生的民商事案件时，原则上应当适用当时有效的法律规范。正是基于这一考虑，我们在这本宝典中，不仅收录现行有效的民商事法律法规，还全面搜集了历次修订前或废止前的法律法规全文，十分方便读者查阅。

以公司法为例。我们在这本宝典中收录了1993年通过的公司法全文、2005年修订的公司法全文、2013年修正的公司法全文以及全国人大常委会的历次修改决定，让读者能够对公司法的历次修改内容有全面、清晰的掌握。此外，宝典还录入了一些民商事办案中经常适用和参考的重要规章等规范性文件，如建设部《城市商品房预售管理办法》和农业部《农村土地承包经营权流转管理办法》等都被收入其中，使其具有很强的实用价值。

三是采取独特新颖的编排形式，保证读者在阅读过程中享受到便捷舒适的服务。在编辑这本宝典过程中，我们始终将为读者提供舒适的阅读体验作为追求目标。为此，我们打破了以往同类书籍的传统编辑方式，创新了一种适应读者查阅需要的全新的法律规范编排模式。我们按照效力级别高低和公布时间先后顺序，对同一类别的法律法规进行集中编排，以便读者能够及时检索和了解法律法规的动态变化历程。以保险法为例。我们先依次列明1995年制定的保险法、2002年修正的保险法、2009年修订的保险法、2014年修正的保险法，以及2015年修正的保险法，紧接着依次列明最高人民法院关于保险法司法解释一、二、三、四，让读者能够十分方便地查找到历次保险法条文及其司法解释。本宝典的目录十分清晰地标明了法律法规和司法解释颁行的时间，这样可以最大限度地减少读者反复翻转书页的麻烦，使读者能够快速地享受到查阅宝典的舒适和便捷。

我们相信，这本凝结了我们多年心血的《最新民商事审判常用法律法规汇编》，一定会给读者诸君带来全新的阅读体验和感受。可以说，它是一本值得您珍藏的、不可多得的法律适用工具书。

编审者

二〇二〇年六月

总　目　录

民商事实体编

民商事程序编

目　录

民商事实体编

一　综　合

二　家　事

（一）婚姻家庭

（二）继承

（三）收养

三 物 权

（一）综合

（二）所有权

（三）用益物权

（四）担保物权

四 合 同

五 劳动争议

六 公司、企业

（一）公司

（二）企业

（三）企业破产

十、金 融

（一）银行

（二）证券

（三）期货

（四）保险

（五）支付结算

八 知识产权

（一）综合

（二）专利权

（三）商标权

（四）著作权

（五）其他

九 海事海商

十　侵权责任

（一）综合

（二）产品责任

（三）机动车交通事故责任

（四）环境侵权责任

（五）侵害人格权责任

（六）医疗事故责任

（七）工伤事故责任

（八）其他损害责任

十一　诉讼时效

十二 涉港澳台民商事关系

十三 涉外民商事关系

民商事程序编

一 综 合

二 诉讼费用

三　立　案

四 管 辖

五 回 避

六 诉讼参加人

七 证 据

八 送 达

九 调 解

十 保 全

十一 强制措施

十二 简易程序及一、二审程序

十三 审 限

十四 审判监督程序

十五　督促程序

十六　执行程序

十七 涉港澳台民商事程序

十八 涉外民商事程序

十九　仲　裁

民商事实体编

一 综 合

中华人民共和国民法典

（2020年5月28日第十三届全国人民代表大会第三次会议通过 2020年5月28日中华人民共和国主席令第45号公布 自2021年1月1日起施行）

目 录

第一编 总 则

第一章 基本规定

第一条 为了保护民事主体的合法权益，调整民事关系，维护社会和经济秩序，适应中国特色社会主义发展要求，弘扬社会主义核心价值观，根据宪法，制定本法。

第二条 民法调整平等主体的自然人、法人和非法人组织之间的人身关系和财产关系。

第三条 民事主体的人身权利、财产权利以及其他合法权益受法律保护，任何组织或者个人不得侵犯。

第四条 民事主体在民事活动中的法律地位一律平等。

第五条 民事主体从事民事活动，应当遵循自愿原则，按照自己的意思设立、变更、终止民事法律关系。

第六条 民事主体从事民事活动，应当遵循公平原则，合理确定各方的权利和义务。

第七条 民事主体从事民事活动，应当遵循诚信原则，秉持诚实，恪守承诺。

第八条 民事主体从事民事活动，不得违反法律，不得违背公序良俗。

第九条 民事主体从事民事活动，应当有利于节约资源、保护生态环境。

第十条 处理民事纠纷，应当依照法律；法律没有规定的，可以适用习惯，但是不得违背公序良俗。

第十一条 其他法律对民事关系有特别规定的，依照其规定。

第十二条 中华人民共和国领域内的民事活动，适用中华人民共和国法律。法律另有规定的，依照其规定。

第二章 自 然 人

第一节 民事权利能力和民事行为能力

第十三条 自然人从出生时起到死亡时止，具有民事权利能力，依法享有民事权利，承担民事义务。

第十四条 自然人的民事权利能力一律平等。

第十五条 自然人的出生时间和死亡时间，以出生证明、死亡证明记载的时间为准；没有出生证明、死亡证明的，以户籍登记或者其他有效身份登记记载的时间为准。有其他证据足以推翻以上记载时间的，以该证据证明的时间为准。

第十六条 涉及遗产继承、接受赠与等胎儿利益保护的，胎儿视为具有民事权利能力。但是，胎儿娩出时为死体的，其民事权利能力自始不存在。

第十七条 十八周岁以上的自然人为成年人。不满十八周岁的自然人为未成年人。

第十八条 成年人为完全民事行为能力人，可以独立实施民事法律行为。

十六周岁以上的未成年人，以自己的劳动收入为主要生活来源的，视为完全民事行为能力人。

第十九条 八周岁以上的未成年人为限制民事行为能力人，实施民事法律行为由其法定代理人代理或者经其法定代理人同意、追认；但是，可以独立实施纯获利益的民事法律行为或者与其年龄、智力相适应的民事法律行为。

第二十条 不满八周岁的未成年人为无民事行为能力人，由其法定代理人代理实施民事法律行为。

第二十一条 不能辨认自己行为的成年人为无民事行为能力人，由其法定代理人代理实施民事法律行为。

八周岁以上的未成年人不能辨认自己行为的，适用前款规定。

第二十二条 不能完全辨认自己行为的成年人为限制民事行为能力人，实施民事法律行为由其法定代理人代理或者经其法定代理人同意、追认；但是，可以独立实施纯获利益的民事法律行为或者与其智力、精神健康状况相适应的民事法律行为。

第二十三条 无民事行为能力人、限制民事行为能力人的监护人是其法定代理人。

第二十四条 不能辨认或者不能完全辨认自己行为的成年人，其利害关系人或者有关组织，可以向人民法院申请认定该成年人为无民事行为能力人或者限制民事行为能力人。

被人民法院认定为无民事行为能力人或者限制民事行为能力人的，经本人、利害关系人或者有关组织申请，人民法院可以根据其智力、精神健康恢复的状况，认定该成年人恢复为限制民事行为能力人或者完全民事行为能力人。

本条规定的有关组织包括：居民委员会、村民委员会、学校、医疗机构、妇女联合会、残疾人联合会、依法设立的老年人组织、民政部门等。

第二十五条 自然人以户籍登记或者其他有效身份登记记载的居所为住所；经常居所与住所不一致的，经常居所视为住所。

第二节 监 护

第二十六条 父母对未成年子女负有抚养、教育和保护的义务。

成年子女对父母负有赡养、扶助和保护的义务。

第二十七条 父母是未成年子女的监护人。

未成年人的父母已经死亡或者没有监护能力的，由下列有监护能力的人按顺序担任监护人：

（一）祖父母、外祖父母；

（二）兄、姐；

（三）其他愿意担任监护人的个人或者组织，但是须经未成年人住所地的居民委员会、村民委员会或者民政部门同意。

第二十八条　无民事行为能力或者限制民事行为能力的成年人，由下列有监护能力的人按顺序担任监护人：

（一）配偶；

（二）父母、子女；

（三）其他近亲属；

（四）其他愿意担任监护人的个人或者组织，但是须经被监护人住所地的居民委员会、村民委员会或者民政部门同意。

第二十九条　被监护人的父母担任监护人的，可以通过遗嘱指定监护人。

第三十条　依法具有监护资格的人之间可以协议确定监护人。协议确定监护人应当尊重被监护人的真实意愿。

第三十一条　对监护人的确定有争议的，由被监护人住所地的居民委员会、村民委员会或者民政部门指定监护人，有关当事人对指定不服的，可以向人民法院申请指定监护人；有关当事人也可以直接向人民法院申请指定监护人。

居民委员会、村民委员会、民政部门或者人民法院应当尊重被监护人的真实意愿，按照最有利于被监护人的原则在依法具有监护资格的人中指定监护人。

依据本条第一款规定指定监护人前，被监护人的人身权利、财产权利以及其他合法权益处于无人保护状态的，由被监护人住所地的居民委员会、村民委员会、法律规定的有关组织或者民政部门担任临时监护人。

监护人被指定后，不得擅自变更；擅自变更的，不免除被指定的监护人的责任。

第三十二条　没有依法具有监护资格的人的，监护人由民政部门担任，也可以由具备履行监护职责条件的被监护人住所地的居民委员会、村民委员会担任。

第三十三条　具有完全民事行为能力的成年人，可以与其近亲属、其他愿意担任监护人的个人或者组织事先协商，以书面形式确定自己的监护人，在自己丧失或者部分丧失民事行为能力时，由该监护人履行监护职责。

第三十四条　监护人的职责是代理被监护人实施民事法律行为，保护被监护人的人身权利、财产权利以及其他合法权益等。

监护人依法履行监护职责产生的权利，受法律保护。

监护人不履行监护职责或者侵害被监护人合法权益的，应当承担法律责任。

因发生突发事件等紧急情况，监护人暂时无法履行监护职责，被监护人的生活处于无人照料状态的，被监护人住所地的居民委员会、村民委员会或者民政部门应当为被监护人安排必要的临时生活照料措施。

第三十五条　监护人应当按照最有利于被监护人的原则履行监护职责。监护人除为维护被监护人利益外，不得处分被监护人的财产。

未成年人的监护人履行监护职责，在作出与被监护人利益有关的决定时，应当根据被监护人的年龄和智力状况，尊重被监护人的真实意愿。

成年人的监护人履行监护职责，应当最大程度地尊重被监护人的真实意愿，保障并协助被监护人实施与其智力、精神健康状况相适应的民事法律行为。对被监护人有能力独立处理的事务，监护人不得干涉。

第三十六条　监护人有下列情形之一的，人民法院根据有关个人或者组织的申请，撤销其监护人资格，安排必要的临时监护措施，并按照最有利于被监护人的原则依法指定监护人：

（一）实施严重损害被监护人身心健康的行为；

（二）怠于履行监护职责，或者无法履行监护职责且拒绝将监护职责部分或者全部委托给他人，导致被监护人处于危困状态；

（三）实施严重侵害被监护人合法权益的其他行为。

本条规定的有关个人、组织包括：其他依法具有监护资格的人，居民委员会、村民委员会、学校、医疗机构、妇女联合会、残疾人联合会、未成年人保护组织、依法设立的老年人组织、民政部门等。

前款规定的个人和民政部门以外的组织未及时向人民法院申请撤销监护人资格的,民政部门应当向人民法院申请。

第三十七条 依法负担被监护人抚养费、赡养费、扶养费的父母、子女、配偶等,被人民法院撤销监护人资格后,应当继续履行负担的义务。

第三十八条 被监护人的父母或者子女被人民法院撤销监护人资格后,除对被监护人实施故意犯罪的外,确有悔改表现的,经其申请,人民法院可以在尊重被监护人真实意愿的前提下,视情况恢复其监护人资格,人民法院指定的监护人与被监护人的监护关系同时终止。

第三十九条 有下列情形之一的,监护关系终止:

(一)被监护人取得或者恢复完全民事行为能力;

(二)监护人丧失监护能力;

(三)被监护人或者监护人死亡;

(四)人民法院认定监护关系终止的其他情形。

监护关系终止后,被监护人仍然需要监护的,应当依法另行确定监护人。

第三节 宣告失踪和宣告死亡

第四十条 自然人下落不明满二年的,利害关系人可以向人民法院申请宣告该自然人为失踪人。

第四十一条 自然人下落不明的时间自其失去音讯之日起计算。战争期间下落不明的,下落不明的时间自战争结束之日或者有关机关确定的下落不明之日起计算。

第四十二条 失踪人的财产由其配偶、成年子女、父母或者其他愿意担任财产代管人的人代管。

代管有争议,没有前款规定的人,或者前款规定的人无代管能力的,由人民法院指定的人代管。

第四十三条 财产代管人应当妥善管理失踪人的财产,维护其财产权益。

失踪人所欠税款、债务和应付的其他费用,由财产代管人从失踪人的财产中支付。

财产代管人因故意或者重大过失造成失踪人财产损失的,应当承担赔偿责任。

第四十四条 财产代管人不履行代管职责、侵害失踪人财产权益或者丧失代管能力的,失踪人的利害关系人可以向人民法院申请变更财产代管人。

财产代管人有正当理由的,可以向人民法院申请变更财产代管人。

人民法院变更财产代管人的,变更后的财产代管人有权请求原财产代管人及时移交有关财产并报告财产代管情况。

第四十五条 失踪人重新出现,经本人或者利害关系人申请,人民法院应当撤销失踪宣告。

失踪人重新出现,有权请求财产代管人及时移交有关财产并报告财产代管情况。

第四十六条 自然人有下列情形之一的,利害关系人可以向人民法院申请宣告该自然人死亡:

(一)下落不明满四年;

(二)因意外事件,下落不明满二年。

因意外事件下落不明,经有关机关证明该自然人不可能生存的,申请宣告死亡不受二年时间的限制。

第四十七条 对同一自然人,有的利害关系人申请宣告死亡,有的利害关系人申请宣告失踪,符合本法规定的宣告死亡条件的,人民法院应当宣告死亡。

第四十八条 被宣告死亡的人,人民法院宣告死亡的判决作出之日视为其死亡的日期;因意外事件下落不明宣告死亡的,意外事件发生之日视为其死亡的日期。

第四十九条 自然人被宣告死亡但是并未死亡的,不影响该自然人在被宣告死亡期间实施的民事法律行为的效力。

第五十条 被宣告死亡的人重新出现,经本人或者利害关系人申请,人民法院应当撤销死亡宣告。

第五十一条 被宣告死亡的人的婚姻关系,自死亡宣告之日起消除。死亡宣告被撤销的,婚姻关系自撤销死亡宣告之日起自行恢复。但是,其配偶再婚或者向婚姻登记机关书面声明不愿意恢复的除外。

第五十二条　被宣告死亡的人在被宣告死亡期间，其子女被他人依法收养的，在死亡宣告被撤销后，不得以未经本人同意为由主张收养行为无效。

第五十三条　被撤销死亡宣告的人有权请求依照本法第六编取得其财产的民事主体返还财产；无法返还的，应当给予适当补偿。

利害关系人隐瞒真实情况，致使他人被宣告死亡而取得其财产的，除应当返还财产外，还应当对由此造成的损失承担赔偿责任。

第四节　个体工商户和农村承包经营户

第五十四条　自然人从事工商业经营，经依法登记，为个体工商户。个体工商户可以起字号。

第五十五条　农村集体经济组织的成员，依法取得农村土地承包经营权，从事家庭承包经营的，为农村承包经营户。

第五十六条　个体工商户的债务，个人经营的，以个人财产承担；家庭经营的，以家庭财产承担；无法区分的，以家庭财产承担。

农村承包经营户的债务，以从事农村土地承包经营的农户财产承担；事实上由农户部分成员经营的，以该部分成员的财产承担。

第三章　法　　人

第一节　一 般 规 定

第五十七条　法人是具有民事权利能力和民事行为能力，依法独立享有民事权利和承担民事义务的组织。

第五十八条　法人应当依法成立。

法人应当有自己的名称、组织机构、住所、财产或者经费。法人成立的具体条件和程序，依照法律、行政法规的规定。

设立法人，法律、行政法规规定须经有关机关批准的，依照其规定。

第五十九条　法人的民事权利能力和民事行为能力，从法人成立时产生，到法人终止时消灭。

第六十条　法人以其全部财产独立承担民事责任。

第六十一条　依照法律或者法人章程的规定，代表法人从事民事活动的负责人，为法人的法定代表人。

法定代表人以法人名义从事的民事活动，其法律后果由法人承受。

法人章程或者法人权力机构对法定代表人代表权的限制，不得对抗善意相对人。

第六十二条　法定代表人因执行职务造成他人损害的，由法人承担民事责任。

法人承担民事责任后，依照法律或者法人章程的规定，可以向有过错的法定代表人追偿。

第六十三条　法人以其主要办事机构所在地为住所。依法需要办理法人登记的，应当将主要办事机构所在地登记为住所。

第六十四条　法人存续期间登记事项发生变化的，应当依法向登记机关申请变更登记。

第六十五条　法人的实际情况与登记的事项不一致的，不得对抗善意相对人。

第六十六条　登记机关应当依法及时公示法人登记的有关信息。

第六十七条　法人合并的，其权利和义务由合并后的法人享有和承担。

法人分立的，其权利和义务由分立后的法人享有连带债权，承担连带债务，但是债权人和债务人另有约定的除外。

第六十八条　有下列原因之一并依法完成清算、注销登记的，法人终止：

（一）法人解散；

（二）法人被宣告破产；

（三）法律规定的其他原因。

法人终止，法律、行政法规规定须经有关机关批准的，依照其规定。

第六十九条　有下列情形之一的，法人解散：

（一）法人章程规定的存续期间届满或者法人章程规定的其他解散事由出现；

（二）法人的权力机构决议解散；

（三）因法人合并或者分立需要解散；

（四）法人依法被吊销营业执照、登记证书，被责令关闭或者被撤销；

（五）法律规定的其他情形。

第七十条 法人解散的,除合并或者分立的情形外,清算义务人应当及时组成清算组进行清算。

法人的董事、理事等执行机构或者决策机构的成员为清算义务人。法律、行政法规另有规定的,依照其规定。

清算义务人未及时履行清算义务,造成损害的,应当承担民事责任;主管机关或者利害关系人可以申请人民法院指定有关人员组成清算组进行清算。

第七十一条 法人的清算程序和清算组职权,依照有关法律的规定;没有规定的,参照适用公司法律的有关规定。

第七十二条 清算期间法人存续,但是不得从事与清算无关的活动。

法人清算后的剩余财产,按照法人章程的规定或者法人权力机构的决议处理。法律另有规定的,依照其规定。

清算结束并完成法人注销登记时,法人终止;依法不需要办理法人登记的,清算结束时,法人终止。

第七十三条 法人被宣告破产的,依法进行破产清算并完成法人注销登记时,法人终止。

第七十四条 法人可以依法设立分支机构。法律、行政法规规定分支机构应当登记的,依照其规定。

分支机构以自己的名义从事民事活动,产生的民事责任由法人承担;也可以先以该分支机构管理的财产承担,不足以承担的,由法人承担。

第七十五条 设立人为设立法人从事的民事活动,其法律后果由法人承受;法人未成立的,其法律后果由设立人承受,设立人为二人以上的,享有连带债权,承担连带债务。

设立人为设立法人以自己的名义从事民事活动产生的民事责任,第三人有权选择请求法人或者设立人承担。

第二节 营利法人

第七十六条 以取得利润并分配给股东等出资人为目的成立的法人,为营利法人。

营利法人包括有限责任公司、股份有限公司和其他企业法人等。

第七十七条 营利法人经依法登记成立。

第七十八条 依法设立的营利法人,由登记机关发给营利法人营业执照。营业执照签发日期为营利法人的成立日期。

第七十九条 设立营利法人应当依法制定法人章程。

第八十条 营利法人应当设权力机构。

权力机构行使修改法人章程,选举或者更换执行机构、监督机构成员,以及法人章程规定的其他职权。

第八十一条 营利法人应当设执行机构。

执行机构行使召集权力机构会议,决定法人的经营计划和投资方案,决定法人内部管理机构的设置,以及法人章程规定的其他职权。

执行机构为董事会或者执行董事的,董事长、执行董事或者经理按照法人章程的规定担任法定代表人;未设董事会或者执行董事的,法人章程规定的主要负责人为其执行机构和法定代表人。

第八十二条 营利法人设监事会或者监事等监督机构的,监督机构依法行使检查法人财务,监督执行机构成员、高级管理人员执行法人职务的行为,以及法人章程规定的其他职权。

第八十三条 营利法人的出资人不得滥用出资人权利损害法人或者其他出资人的利益;滥用出资人权利造成法人或者其他出资人损失的,应当依法承担民事责任。

营利法人的出资人不得滥用法人独立地位和出资人有限责任损害法人债权人的利益;滥用法人独立地位和出资人有限责任,逃避债务,严重损害法人债权人的利益的,应当对法人债务承担连带责任。

第八十四条 营利法人的控股出资人、实际控制人、董事、监事、高级管理人员不得利用其关联关系损害法人的利益;利用关联关系造成法人损失的,应当承担赔偿责任。

第八十五条 营利法人的权力机构、执行机构作出决议的会议召集程序、表决方式违反法律、行政法规、法人章程,或者决议内容违反法人章程的,营利法人的出资人可以请求人民法院撤销该决议。但是,营利法人依据该决议与善意相对人形成的民事法律关系不受影响。

第八十六条 营利法人从事经营活动,应当遵守商业道德，维护交易安全，接受政府和社会的监督，承担社会责任。

第三节　非营利法人

第八十七条　为公益目的或者其他非营利目的成立，不向出资人、设立人或者会员分配所取得利润的法人，为非营利法人。

非营利法人包括事业单位、社会团体、基金会、社会服务机构等。

第八十八条　具备法人条件，为适应经济社会发展需要，提供公益服务设立的事业单位，经依法登记成立，取得事业单位法人资格；依法不需要办理法人登记的，从成立之日起，具有事业单位法人资格。

第八十九条　事业单位法人设理事会的，除法律另有规定外，理事会为其决策机构。事业单位法人的法定代表人依照法律、行政法规或者法人章程的规定产生。

第九十条　具备法人条件，基于会员共同意愿，为公益目的或者会员共同利益等非营利目的设立的社会团体，经依法登记成立，取得社会团体法人资格；依法不需要办理法人登记的，从成立之日起，具有社会团体法人资格。

第九十一条　设立社会团体法人应当依法制定法人章程。

社会团体法人应当设会员大会或者会员代表大会等权力机构。

社会团体法人应当设理事会等执行机构。理事长或者会长等负责人按照法人章程的规定担任法定代表人。

第九十二条　具备法人条件，为公益目的以捐助财产设立的基金会、社会服务机构等，经依法登记成立，取得捐助法人资格。

依法设立的宗教活动场所，具备法人条件的，可以申请法人登记，取得捐助法人资格。法律、行政法规对宗教活动场所有规定的，依照其规定。

第九十三条　设立捐助法人应当依法制定法人章程。

捐助法人应当设理事会、民主管理组织等决策机构，并设执行机构。理事长等负责人按照法人章程的规定担任法定代表人。

捐助法人应当设监事会等监督机构。

第九十四条　捐助人有权向捐助法人查询捐助财产的使用、管理情况，并提出意见和建议，捐助法人应当及时、如实答复。

捐助法人的决策机构、执行机构或者法定代表人作出决定的程序违反法律、行政法规、法人章程，或者决定内容违反法人章程的，捐助人等利害关系人或者主管机关可以请求人民法院撤销该决定。但是，捐助法人依据该决定与善意相对人形成的民事法律关系不受影响。

第九十五条　为公益目的成立的非营利法人终止时，不得向出资人、设立人或者会员分配剩余财产。剩余财产应当按照法人章程的规定或者权力机构的决议用于公益目的；无法按照法人章程的规定或者权力机构的决议处理的，由主管机关主持转给宗旨相同或者相近的法人，并向社会公告。

第四节　特别法人

第九十六条　本节规定的机关法人、农村集体经济组织法人、城镇农村的合作经济组织法人、基层群众性自治组织法人，为特别法人。

第九十七条　有独立经费的机关和承担行政职能的法定机构从成立之日起，具有机关法人资格，可以从事为履行职能所需要的民事活动。

第九十八条　机关法人被撤销的，法人终止，其民事权利和义务由继任的机关法人享有和承担；没有继任的机关法人的，由作出撤销决定的机关法人享有和承担。

第九十九条　农村集体经济组织依法取得法人资格。

法律、行政法规对农村集体经济组织有规定的，依照其规定。

第一百条　城镇农村的合作经济组织依法取得法人资格。

法律、行政法规对城镇农村的合作经济组织有规定的，依照其规定。

第一百零一条　居民委员会、村民委员会具有基层群众性自治组织法人资格，可以从事为履行职能所需要的民事活动。

未设立村集体经济组织的，村民委员会可以依法代行村集体经济组织的职能。

第四章　非法人组织

第一百零二条　非法人组织是不具有法人资格,但是能够依法以自己的名义从事民事活动的组织。

非法人组织包括个人独资企业、合伙企业、不具有法人资格的专业服务机构等。

第一百零三条　非法人组织应当依照法律的规定登记。

设立非法人组织,法律、行政法规规定须经有关机关批准的,依照其规定。

第一百零四条　非法人组织的财产不足以清偿债务的,其出资人或者设立人承担无限责任。法律另有规定的,依照其规定。

第一百零五条　非法人组织可以确定一人或者数人代表该组织从事民事活动。

第一百零六条　有下列情形之一的,非法人组织解散:

(一)章程规定的存续期间届满或者章程规定的其他解散事由出现;

(二)出资人或者设立人决定解散;

(三)法律规定的其他情形。

第一百零七条　非法人组织解散的,应当依法进行清算。

第一百零八条　非法人组织除适用本章规定外,参照适用本编第三章第一节的有关规定。

第五章　民事权利

第一百零九条　自然人的人身自由、人格尊严受法律保护。

第一百一十条　自然人享有生命权、身体权、健康权、姓名权、肖像权、名誉权、荣誉权、隐私权、婚姻自主权等权利。

法人、非法人组织享有名称权、名誉权和荣誉权。

第一百一十一条　自然人的个人信息受法律保护。任何组织或者个人需要获取他人个人信息的,应当依法取得并确保信息安全,不得非法收集、使用、加工、传输他人个人信息,不得非法买卖、提供或者公开他人个人信息。

第一百一十二条　自然人因婚姻家庭关系等产生的人身权利受法律保护。

第一百一十三条　民事主体的财产权利受法律平等保护。

第一百一十四条　民事主体依法享有物权。

物权是权利人依法对特定的物享有直接支配和排他的权利,包括所有权、用益物权和担保物权。

第一百一十五条　物包括不动产和动产。法律规定权利作为物权客体的,依照其规定。

第一百一十六条　物权的种类和内容,由法律规定。

第一百一十七条　为了公共利益的需要,依照法律规定的权限和程序征收、征用不动产或者动产的,应当给予公平、合理的补偿。

第一百一十八条　民事主体依法享有债权。

债权是因合同、侵权行为、无因管理、不当得利以及法律的其他规定,权利人请求特定义务人为或者不为一定行为的权利。

第一百一十九条　依法成立的合同,对当事人具有法律约束力。

第一百二十条　民事权益受到侵害的,被侵权人有权请求侵权人承担侵权责任。

第一百二十一条　没有法定的或者约定的义务,为避免他人利益受损失而进行管理的人,有权请求受益人偿还由此支出的必要费用。

第一百二十二条　因他人没有法律根据,取得不当利益,受损失的人有权请求其返还不当利益。

第一百二十三条　民事主体依法享有知识产权。

知识产权是权利人依法就下列客体享有的专有的权利:

(一)作品;

(二)发明、实用新型、外观设计;

(三)商标;

(四)地理标志;

(五)商业秘密;

(六)集成电路布图设计;

(七)植物新品种;

(八)法律规定的其他客体。

第一百二十四条　自然人依法享有继承权。

自然人合法的私有财产,可以依法继承。

第一百二十五条　民事主体依法享有股权和其他投资性权利。

第一百二十六条　民事主体享有法律规定的其他民事权利和利益。

第一百二十七条　法律对数据、网络虚拟财产的保护有规定的，依照其规定。

第一百二十八条　法律对未成年人、老年人、残疾人、妇女、消费者等的民事权利保护有特别规定的，依照其规定。

第一百二十九条　民事权利可以依据民事法律行为、事实行为、法律规定的事件或者法律规定的其他方式取得。

第一百三十条　民事主体按照自己的意愿依法行使民事权利，不受干涉。

第一百三十一条　民事主体行使权利时，应当履行法律规定的和当事人约定的义务。

第一百三十二条　民事主体不得滥用民事权利损害国家利益、社会公共利益或者他人合法权益。

第六章　民事法律行为

第一节　一般规定

第一百三十三条　民事法律行为是民事主体通过意思表示设立、变更、终止民事法律关系的行为。

第一百三十四条　民事法律行为可以基于双方或者多方的意思表示一致成立，也可以基于单方的意思表示成立。

法人、非法人组织依照法律或者章程规定的议事方式和表决程序作出决议的，该决议行为成立。

第一百三十五条　民事法律行为可以采用书面形式、口头形式或者其他形式；法律、行政法规规定或者当事人约定采用特定形式的，应当采用特定形式。

第一百三十六条　民事法律行为自成立时生效，但是法律另有规定或者当事人另有约定的除外。

行为人非依法律规定或者未经对方同意，不得擅自变更或者解除民事法律行为。

第二节　意思表示

第一百三十七条　以对话方式作出的意思表示，相对人知道其内容时生效。

以非对话方式作出的意思表示，到达相对人时生效。以非对话方式作出的采用数据电文形式的意思表示，相对人指定特定系统接收数据电文的，该数据电文进入该特定系统时生效；未指定特定系统的，相对人知道或者应当知道该数据电文进入其系统时生效。当事人对采用数据电文形式的意思表示的生效时间另有约定的，按照其约定。

第一百三十八条　无相对人的意思表示，表示完成时生效。法律另有规定的，依照其规定。

第一百三十九条　以公告方式作出的意思表示，公告发布时生效。

第一百四十条　行为人可以明示或者默示作出意思表示。

沉默只有在有法律规定、当事人约定或者符合当事人之间的交易习惯时，才可以视为意思表示。

第一百四十一条　行为人可以撤回意思表示。撤回意思表示的通知应当在意思表示到达相对人前或者与意思表示同时到达相对人。

第一百四十二条　有相对人的意思表示的解释，应当按照所使用的词句，结合相关条款、行为的性质和目的、习惯以及诚信原则，确定意思表示的含义。

无相对人的意思表示的解释，不能完全拘泥于所使用的词句，而应当结合相关条款、行为的性质和目的、习惯以及诚信原则，确定行为人的真实意思。

第三节　民事法律行为的效力

第一百四十三条　具备下列条件的民事法律行为有效：

（一）行为人具有相应的民事行为能力；

（二）意思表示真实；

（三）不违反法律、行政法规的强制性规定，不违背公序良俗。

第一百四十四条　无民事行为能力人实施的民事法律行为无效。

第一百四十五条　限制民事行为能力人实施的纯获利益的民事法律行为或者与其年龄、智力、精神健康状况相适应的民事法律行为有效；实施的其他民事法律行为经法定代理人同意或者追认后有效。

相对人可以催告法定代理人自收到通知之日起三十日内予以追认。法定代理人未作表示的,视为拒绝追认。民事法律行为被追认前,善意相对人有撤销的权利。撤销应当以通知的方式作出。

第一百四十六条 行为人与相对人以虚假的意思表示实施的民事法律行为无效。

以虚假的意思表示隐藏的民事法律行为的效力,依照有关法律规定处理。

第一百四十七条 基于重大误解实施的民事法律行为,行为人有权请求人民法院或者仲裁机构予以撤销。

第一百四十八条 一方以欺诈手段,使对方在违背真实意思的情况下实施的民事法律行为,受欺诈方有权请求人民法院或者仲裁机构予以撤销。

第一百四十九条 第三人实施欺诈行为,使一方在违背真实意思的情况下实施的民事法律行为,对方知道或者应当知道该欺诈行为的,受欺诈方有权请求人民法院或者仲裁机构予以撤销。

第一百五十条 一方或者第三人以胁迫手段,使对方在违背真实意思的情况下实施的民事法律行为,受胁迫方有权请求人民法院或者仲裁机构予以撤销。

第一百五十一条 一方利用对方处于危困状态、缺乏判断能力等情形,致使民事法律行为成立时显失公平的,受损害方有权请求人民法院或者仲裁机构予以撤销。

第一百五十二条 有下列情形之一的,撤销权消灭:

(一)当事人自知道或者应当知道撤销事由之日起一年内、重大误解的当事人自知道或者应当知道撤销事由之日起九十日内没有行使撤销权;

(二)当事人受胁迫,自胁迫行为终止之日起一年内没有行使撤销权;

(三)当事人知道撤销事由后明确表示或者以自己的行为表明放弃撤销权。

当事人自民事法律行为发生之日起五年内没有行使撤销权的,撤销权消灭。

第一百五十三条 违反法律、行政法规的强制性规定的民事法律行为无效。但是,该强制性规定不导致该民事法律行为无效的除外。

违背公序良俗的民事法律行为无效。

第一百五十四条 行为人与相对人恶意串通,损害他人合法权益的民事法律行为无效。

第一百五十五条 无效的或者被撤销的民事法律行为自始没有法律约束力。

第一百五十六条 民事法律行为部分无效,不影响其他部分效力的,其他部分仍然有效。

第一百五十七条 民事法律行为无效、被撤销或者确定不发生效力后,行为人因该行为取得的财产,应当予以返还;不能返还或者没有必要返还的,应当折价补偿。有过错的一方应当赔偿对方由此所受到的损失;各方都有过错的,应当各自承担相应的责任。法律另有规定的,依照其规定。

第四节 民事法律行为的附条件和附期限

第一百五十八条 民事法律行为可以附条件,但是根据其性质不得附条件的除外。附生效条件的民事法律行为,自条件成就时生效。附解除条件的民事法律行为,自条件成就时失效。

第一百五十九条 附条件的民事法律行为,当事人为自己的利益不正当地阻止条件成就的,视为条件已经成就;不正当地促成条件成就的,视为条件不成就。

第一百六十条 民事法律行为可以附期限,但是根据其性质不得附期限的除外。附生效期限的民事法律行为,自期限届至时生效。附终止期限的民事法律行为,自期限届满时失效。

第七章 代 理

第一节 一般规定

第一百六十一条 民事主体可以通过代理人实施民事法律行为。

依照法律规定、当事人约定或者民事法律行为的性质,应当由本人亲自实施的民事法律行为,不得代理。

第一百六十二条 代理人在代理权限内,以被代理人名义实施的民事法律行为,对被代理人发生效力。

第一百六十三条　代理包括委托代理和法定代理。

委托代理人按照被代理人的委托行使代理权。法定代理人依照法律的规定行使代理权。

第一百六十四条　代理人不履行或者不完全履行职责,造成被代理人损害的,应当承担民事责任。

代理人和相对人恶意串通,损害被代理人合法权益的,代理人和相对人应当承担连带责任。

第二节　委托代理

第一百六十五条　委托代理授权采用书面形式的,授权委托书应当载明代理人的姓名或者名称、代理事项、权限和期限,并由被代理人签名或者盖章。

第一百六十六条　数人为同一代理事项的代理人的,应当共同行使代理权,但是当事人另有约定的除外。

第一百六十七条　代理人知道或者应当知道代理事项违法仍然实施代理行为,或者被代理人知道或者应当知道代理人的代理行为违法未作反对表示的,被代理人和代理人应当承担连带责任。

第一百六十八条　代理人不得以被代理人的名义与自己实施民事法律行为,但是被代理人同意或者追认的除外。

代理人不得以被代理人的名义与自己同时代理的其他人实施民事法律行为,但是被代理的双方同意或者追认的除外。

第一百六十九条　代理人需要转委托第三人代理的,应当取得被代理人的同意或者追认。

转委托代理经被代理人同意或者追认的,被代理人可以就代理事务直接指示转委托的第三人,代理人仅就第三人的选任以及对第三人的指示承担责任。

转委托代理未经被代理人同意或者追认的,代理人应当对转委托的第三人的行为承担责任;但是,在紧急情况下代理人为了维护被代理人的利益需要转委托第三人代理的除外。

第一百七十条　执行法人或者非法人组织工作任务的人员,就其职权范围内的事项,以法人或者非法人组织的名义实施的民事法律行为,对法人或者非法人组织发生效力。

法人或者非法人组织对执行其工作任务的人员职权范围的限制,不得对抗善意相对人。

第一百七十一条　行为人没有代理权、超越代理权或者代理权终止后,仍然实施代理行为,未经被代理人追认的,对被代理人不发生效力。

相对人可以催告被代理人自收到通知之日起三十日内予以追认。被代理人未作表示的,视为拒绝追认。行为人实施的行为被追认前,善意相对人有撤销的权利。撤销应当以通知的方式作出。

行为人实施的行为未被追认的,善意相对人有权请求行为人履行债务或者就其受到的损害请求行为人赔偿。但是,赔偿的范围不得超过被代理人追认时相对人所能获得的利益。

相对人知道或者应当知道行为人无权代理的,相对人和行为人按照各自的过错承担责任。

第一百七十二条　行为人没有代理权、超越代理权或者代理权终止后,仍然实施代理行为,相对人有理由相信行为人有代理权的,代理行为有效。

第三节　代理终止

第一百七十三条　有下列情形之一的,委托代理终止:

(一)代理期限届满或者代理事务完成;

(二)被代理人取消委托或者代理人辞去委托;

(三)代理人丧失民事行为能力;

(四)代理人或者被代理人死亡;

(五)作为代理人或者被代理人的法人、非法人组织终止。

第一百七十四条　被代理人死亡后,有下列情形之一的,委托代理人实施的代理行为有效:

(一)代理人不知道且不应当知道被代理人死亡;

(二)被代理人的继承人予以承认;

(三)授权中明确代理权在代理事务完成时终止;

(四)被代理人死亡前已经实施,为了被代理人的继承人的利益继续代理。

作为被代理人的法人、非法人组织终止的,参照适用前款规定。

第一百七十五条 有下列情形之一的，法定代理终止：

（一）被代理人取得或者恢复完全民事行为能力；

（二）代理人丧失民事行为能力；

（三）代理人或者被代理人死亡；

（四）法律规定的其他情形。

第八章 民事责任

第一百七十六条 民事主体依照法律规定或者按照当事人约定，履行民事义务，承担民事责任。

第一百七十七条 二人以上依法承担按份责任，能够确定责任大小的，各自承担相应的责任；难以确定责任大小的，平均承担责任。

第一百七十八条 二人以上依法承担连带责任的，权利人有权请求部分或者全部连带责任人承担责任。

连带责任人的责任份额根据各自责任大小确定；难以确定责任大小的，平均承担责任。实际承担责任超过自己责任份额的连带责任人，有权向其他连带责任人追偿。

连带责任，由法律规定或者当事人约定。

第一百七十九条 承担民事责任的方式主要有：

（一）停止侵害；

（二）排除妨碍；

（三）消除危险；

（四）返还财产；

（五）恢复原状；

（六）修理、重作、更换；

（七）继续履行；

（八）赔偿损失；

（九）支付违约金；

（十）消除影响、恢复名誉；

（十一）赔礼道歉。

法律规定惩罚性赔偿的，依照其规定。

本条规定的承担民事责任的方式，可以单独适用，也可以合并适用。

第一百八十条 因不可抗力不能履行民事义务的，不承担民事责任。法律另有规定的，依照其规定。

不可抗力是不能预见、不能避免且不能克服的客观情况。

第一百八十一条 因正当防卫造成损害的，不承担民事责任。

正当防卫超过必要的限度，造成不应有的损害的，正当防卫人应当承担适当的民事责任。

第一百八十二条 因紧急避险造成损害的，由引起险情发生的人承担民事责任。

危险由自然原因引起的，紧急避险人不承担民事责任，可以给予适当补偿。

紧急避险采取措施不当或者超过必要的限度，造成不应有的损害的，紧急避险人应当承担适当的民事责任。

第一百八十三条 因保护他人民事权益使自己受到损害的，由侵权人承担民事责任，受益人可以给予适当补偿。没有侵权人、侵权人逃逸或者无力承担民事责任，受害人请求补偿的，受益人应当给予适当补偿。

第一百八十四条 因自愿实施紧急救助行为造成受助人损害的，救助人不承担民事责任。

第一百八十五条 侵害英雄烈士等的姓名、肖像、名誉、荣誉，损害社会公共利益的，应当承担民事责任。

第一百八十六条 因当事人一方的违约行为，损害对方人身权益、财产权益的，受损害方有权选择请求其承担违约责任或者侵权责任。

第一百八十七条 民事主体因同一行为应当承担民事责任、行政责任和刑事责任的，承担行政责任或者刑事责任不影响承担民事责任；民事主体的财产不足以支付的，优先用于承担民事责任。

第九章 诉讼时效

第一百八十八条 向人民法院请求保护民事权利的诉讼时效期间为三年。法律另有规定的，依照其规定。

诉讼时效期间自权利人知道或者应当知道权利受到损害以及义务人之日起计算。法律另有规定的，依照其规定。但是，自权利受到损害之日起超过二十年的，人民法院不予保护，有特殊情况的，人民法院可以根据权利人的申请决定延长。

第一百八十九条 当事人约定同一债务分期履行的，诉讼时效期间自最后一期履行期限届满之日起计算。

第一百九十条　无民事行为能力人或者限制民事行为能力人对其法定代理人的请求权的诉讼时效期间，自该法定代理终止之日起计算。

第一百九十一条　未成年人遭受性侵害的损害赔偿请求权的诉讼时效期间，自受害人年满十八周岁之日起计算。

第一百九十二条　诉讼时效期间届满的，义务人可以提出不履行义务的抗辩。

诉讼时效期间届满后，义务人同意履行的，不得以诉讼时效期间届满为由抗辩；义务人已经自愿履行的，不得请求返还。

第一百九十三条　人民法院不得主动适用诉讼时效的规定。

第一百九十四条　在诉讼时效期间的最后六个月内，因下列障碍，不能行使请求权的，诉讼时效中止：

（一）不可抗力；

（二）无民事行为能力人或者限制民事行为能力人没有法定代理人，或者法定代理人死亡、丧失民事行为能力、丧失代理权；

（三）继承开始后未确定继承人或者遗产管理人；

（四）权利人被义务人或者其他人控制；

（五）其他导致权利人不能行使请求权的障碍。

自中止时效的原因消除之日起满六个月，诉讼时效期间届满。

第一百九十五条　有下列情形之一的，诉讼时效中断，从中断、有关程序终结时起，诉讼时效期间重新计算：

（一）权利人向义务人提出履行请求；

（二）义务人同意履行义务；

（三）权利人提起诉讼或者申请仲裁；

（四）与提起诉讼或者申请仲裁具有同等效力的其他情形。

第一百九十六条　下列请求权不适用诉讼时效的规定：

（一）请求停止侵害、排除妨碍、消除危险；

（二）不动产物权和登记的动产物权的权利人请求返还财产；

（三）请求支付抚养费、赡养费或者扶养费；

（四）依法不适用诉讼时效的其他请求权。

第一百九十七条　诉讼时效的期间、计算方法以及中止、中断的事由由法律规定，当事人约定无效。

当事人对诉讼时效利益的预先放弃无效。

第一百九十八条　法律对仲裁时效有规定的，依照其规定；没有规定的，适用诉讼时效的规定。

第一百九十九条　法律规定或者当事人约定的撤销权、解除权等权利的存续期间，除法律另有规定外，自权利人知道或者应当知道权利产生之日起计算，不适用有关诉讼时效中止、中断和延长的规定。存续期间届满，撤销权、解除权等权利消灭。

第十章　期间计算

第二百条　民法所称的期间按照公历年、月、日、小时计算。

第二百零一条　按照年、月、日计算期间的，开始的当日不计入，自下一日开始计算。

按照小时计算期间的，自法律规定或者当事人约定的时间开始计算。

第二百零二条　按照年、月计算期间的，到期月的对应日为期间的最后一日；没有对应日的，月末日为期间的最后一日。

第二百零三条　期间的最后一日是法定休假日的，以法定休假日结束的次日为期间的最后一日。

期间的最后一日的截止时间为二十四时；有业务时间的，停止业务活动的时间为截止时间。

第二百零四条　期间的计算方法依照本法的规定，但是法律另有规定或者当事人另有约定的除外。

第二编　物　　权

第一分编　通　　则

第一章　一般规定

第二百零五条　本编调整因物的归属和利用产生的民事关系。

第二百零六条　国家坚持和完善公有制为

主体、多种所有制经济共同发展，按劳分配为主体、多种分配方式并存，社会主义市场经济体制等社会主义基本经济制度。

国家巩固和发展公有制经济，鼓励、支持和引导非公有制经济的发展。

国家实行社会主义市场经济，保障一切市场主体的平等法律地位和发展权利。

第二百零七条 国家、集体、私人的物权和其他权利人的物权受法律平等保护，任何组织或者个人不得侵犯。

第二百零八条 不动产物权的设立、变更、转让和消灭，应当依照法律规定登记。动产物权的设立和转让，应当依照法律规定交付。

第二章 物权的设立、变更、转让和消灭

第一节 不动产登记

第二百零九条 不动产物权的设立、变更、转让和消灭，经依法登记，发生效力；未经登记，不发生效力，但是法律另有规定的除外。

依法属于国家所有的自然资源，所有权可以不登记。

第二百一十条 不动产登记，由不动产所在地的登记机构办理。

国家对不动产实行统一登记制度。统一登记的范围、登记机构和登记办法，由法律、行政法规规定。

第二百一十一条 当事人申请登记，应当根据不同登记事项提供权属证明和不动产界址、面积等必要材料。

第二百一十二条 登记机构应当履行下列职责：

(一)查验申请人提供的权属证明和其他必要材料；

(二)就有关登记事项询问申请人；

(三)如实、及时登记有关事项；

(四)法律、行政法规规定的其他职责。

申请登记的不动产的有关情况需要进一步证明的，登记机构可以要求申请人补充材料，必要时可以实地查看。

第二百一十三条 登记机构不得有下列行为：

(一)要求对不动产进行评估；

(二)以年检等名义进行重复登记；

(三)超出登记职责范围的其他行为。

第二百一十四条 不动产物权的设立、变更、转让和消灭，依照法律规定应当登记的，自记载于不动产登记簿时发生效力。

第二百一十五条 当事人之间订立有关设立、变更、转让和消灭不动产物权的合同，除法律另有规定或者当事人另有约定外，自合同成立时生效；未办理物权登记的，不影响合同效力。

第二百一十六条 不动产登记簿是物权归属和内容的根据。

不动产登记簿由登记机构管理。

第二百一十七条 不动产权属证书是权利人享有该不动产物权的证明。不动产权属证书记载的事项，应当与不动产登记簿一致；记载不一致的，除有证据证明不动产登记簿确有错误外，以不动产登记簿为准。

第二百一十八条 权利人、利害关系人可以申请查询、复制不动产登记资料，登记机构应当提供。

第二百一十九条 利害关系人不得公开、非法使用权利人的不动产登记资料。

第二百二十条 权利人、利害关系人认为不动产登记簿记载的事项错误的，可以申请更正登记。不动产登记簿记载的权利人书面同意更正或者有证据证明登记确有错误的，登记机构应当予以更正。

不动产登记簿记载的权利人不同意更正的，利害关系人可以申请异议登记。登记机构予以异议登记，申请人自异议登记之日起十五日内不提起诉讼的，异议登记失效。异议登记不当，造成权利人损害的，权利人可以向申请人请求损害赔偿。

第二百二十一条 当事人签订买卖房屋的协议或者签订其他不动产物权的协议，为保障将来实现物权，按照约定可以向登记机构申请预告登记。预告登记后，未经预告登记的权利人同意，处分该不动产的，不发生物权效力。

预告登记后，债权消灭或者自能够进行不动产登记之日起九十日内未申请登记的，预告登记失效。

第二百二十二条 当事人提供虚假材料申请登记,造成他人损害的,应当承担赔偿责任。

因登记错误,造成他人损害的,登记机构应当承担赔偿责任。登记机构赔偿后,可以向造成登记错误的人追偿。

第二百二十三条 不动产登记费按件收取,不得按照不动产的面积、体积或者价款的比例收取。

第二节 动产交付

第二百二十四条 动产物权的设立和转让,自交付时发生效力,但是法律另有规定的除外。

第二百二十五条 船舶、航空器和机动车等的物权的设立、变更、转让和消灭,未经登记,不得对抗善意第三人。

第二百二十六条 动产物权设立和转让前,权利人已经占有该动产的,物权自民事法律行为生效时发生效力。

第二百二十七条 动产物权设立和转让前,第三人占有该动产的,负有交付义务的人可以通过转让请求第三人返还原物的权利代替交付。

第二百二十八条 动产物权转让时,当事人又约定由出让人继续占有该动产的,物权自该约定生效时发生效力。

第三节 其他规定

第二百二十九条 因人民法院、仲裁机构的法律文书或者人民政府的征收决定等,导致物权设立、变更、转让或者消灭的,自法律文书或者征收决定等生效时发生效力。

第二百三十条 因继承取得物权的,自继承开始时发生效力。

第二百三十一条 因合法建造、拆除房屋等事实行为设立或者消灭物权的,自事实行为成就时发生效力。

第二百三十二条 处分依照本节规定享有的不动产物权,依照法律规定需要办理登记的,未经登记,不发生物权效力。

第三章 物权的保护

第二百三十三条 物权受到侵害的,权利人可以通过和解、调解、仲裁、诉讼等途径解决。

第二百三十四条 因物权的归属、内容发生争议的,利害关系人可以请求确认权利。

第二百三十五条 无权占有不动产或者动产的,权利人可以请求返还原物。

第二百三十六条 妨害物权或者可能妨害物权的,权利人可以请求排除妨害或者消除危险。

第二百三十七条 造成不动产或者动产毁损的,权利人可以依法请求修理、重作、更换或者恢复原状。

第二百三十八条 侵害物权,造成权利人损害的,权利人可以依法请求损害赔偿,也可以依法请求承担其他民事责任。

第二百三十九条 本章规定的物权保护方式,可以单独适用,也可以根据权利被侵害的情形合并适用。

第二分编 所有权

第四章 一般规定

第二百四十条 所有权人对自己的不动产或者动产,依法享有占有、使用、收益和处分的权利。

第二百四十一条 所有权人有权在自己的不动产或者动产上设立用益物权和担保物权。用益物权人、担保物权人行使权利,不得损害所有权人的权益。

第二百四十二条 法律规定专属于国家所有的不动产和动产,任何组织或者个人不能取得所有权。

第二百四十三条 为了公共利益的需要,依照法律规定的权限和程序可以征收集体所有的土地和组织、个人的房屋以及其他不动产。

征收集体所有的土地,应当依法及时足额支付土地补偿费、安置补助费以及农村村民住宅、其他地上附着物和青苗等的补偿费用,并安排被征地农民的社会保障费用,保障被征地农民的生活,维护被征地农民的合法权益。

征收组织、个人的房屋以及其他不动产,应当依法给予征收补偿,维护被征收人的合法权益;征收个人住宅的,还应当保障被征收人的居住条件。

任何组织或者个人不得贪污、挪用、私分、截留、拖欠征收补偿费等费用。

第二百四十四条 国家对耕地实行特殊保护,严格限制农用地转为建设用地,控制建设用地总量。不得违反法律规定的权限和程序征收集体所有的土地。

第二百四十五条 因抢险救灾、疫情防控等紧急需要,依照法律规定的权限和程序可以征用组织、个人的不动产或者动产。被征用的不动产或者动产使用后,应当返还被征用人。组织、个人的不动产或者动产被征用或者征用后毁损、灭失的,应当给予补偿。

第五章 国家所有权和集体所有权、私人所有权

第二百四十六条 法律规定属于国家所有的财产,属于国家所有即全民所有。

国有财产由国务院代表国家行使所有权。法律另有规定的,依照其规定。

第二百四十七条 矿藏、水流、海域属于国家所有。

第二百四十八条 无居民海岛属于国家所有,国务院代表国家行使无居民海岛所有权。

第二百四十九条 城市的土地,属于国家所有。法律规定属于国家所有的农村和城市郊区的土地,属于国家所有。

第二百五十条 森林、山岭、草原、荒地、滩涂等自然资源,属于国家所有,但是法律规定属于集体所有的除外。

第二百五十一条 法律规定属于国家所有的野生动植物资源,属于国家所有。

第二百五十二条 无线电频谱资源属于国家所有。

第二百五十三条 法律规定属于国家所有的文物,属于国家所有。

第二百五十四条 国防资产属于国家所有。

铁路、公路、电力设施、电信设施和油气管道等基础设施,依照法律规定为国家所有的,属于国家所有。

第二百五十五条 国家机关对其直接支配的不动产和动产,享有占有、使用以及依照法律和国务院的有关规定处分的权利。

第二百五十六条 国家举办的事业单位对其直接支配的不动产和动产,享有占有、使用以及依照法律和国务院的有关规定收益、处分的权利。

第二百五十七条 国家出资的企业,由国务院、地方人民政府依照法律、行政法规规定分别代表国家履行出资人职责,享有出资人权益。

第二百五十八条 国家所有的财产受法律保护,禁止任何组织或者个人侵占、哄抢、私分、截留、破坏。

第二百五十九条 履行国有财产管理、监督职责的机构及其工作人员,应当依法加强对国有财产的管理、监督,促进国有财产保值增值,防止国有财产损失;滥用职权,玩忽职守,造成国有财产损失的,应当依法承担法律责任。

违反国有财产管理规定,在企业改制、合并分立、关联交易等过程中,低价转让、合谋私分、擅自担保或者以其他方式造成国有财产损失的,应当依法承担法律责任。

第二百六十条 集体所有的不动产和动产包括:

(一)法律规定属于集体所有的土地和森林、山岭、草原、荒地、滩涂;

(二)集体所有的建筑物、生产设施、农田水利设施;

(三)集体所有的教育、科学、文化、卫生、体育等设施;

(四)集体所有的其他不动产和动产。

第二百六十一条 农民集体所有的不动产和动产,属于本集体成员集体所有。

下列事项应当依照法定程序经本集体成员决定:

(一)土地承包方案以及将土地发包给本集体以外的组织或者个人承包;

(二)个别土地承包经营权人之间承包地的调整;

(三)土地补偿费等费用的使用、分配办法;

(四)集体出资的企业的所有权变动等事项;

(五)法律规定的其他事项。

第二百六十二条 对于集体所有的土地和森林、山岭、草原、荒地、滩涂等,依照下列规定行使所有权:

（一）属于村农民集体所有的，由村集体经济组织或者村民委员会依法代表集体行使所有权；

（二）分别属于村内两个以上农民集体所有的，由村内各该集体经济组织或者村民小组依法代表集体行使所有权；

（三）属于乡镇农民集体所有的，由乡镇集体经济组织代表集体行使所有权。

第二百六十三条　城镇集体所有的不动产和动产，依照法律、行政法规的规定由本集体享有占有、使用、收益和处分的权利。

第二百六十四条　农村集体经济组织或者村民委员会、村民小组应当依照法律、行政法规以及章程、村规民约向本集体成员公布集体财产的状况。集体成员有权查阅、复制相关资料。

第二百六十五条　集体所有的财产受法律保护，禁止任何组织或者个人侵占、哄抢、私分、破坏。

农村集体经济组织、村民委员会或者其负责人作出的决定侵害集体成员合法权益的，受侵害的集体成员可以请求人民法院予以撤销。

第二百六十六条　私人对其合法的收入、房屋、生活用品、生产工具、原材料等不动产和动产享有所有权。

第二百六十七条　私人的合法财产受法律保护，禁止任何组织或者个人侵占、哄抢、破坏。

第二百六十八条　国家、集体和私人依法可以出资设立有限责任公司、股份有限公司或者其他企业。国家、集体和私人所有的不动产或者动产投到企业的，由出资人按照约定或者出资比例享有资产收益、重大决策以及选择经营管理者等权利并履行义务。

第二百六十九条　营利法人对其不动产和动产依照法律、行政法规以及章程享有占有、使用、收益和处分的权利。

营利法人以外的法人，对其不动产和动产的权利，适用有关法律、行政法规以及章程的规定。

第二百七十条　社会团体法人、捐助法人依法所有的不动产和动产，受法律保护。

第六章　业主的建筑物区分所有权

第二百七十一条　业主对建筑物内的住宅、经营性用房等专有部分享有所有权，对专有部分以外的共有部分享有共有和共同管理的权利。

第二百七十二条　业主对其建筑物专有部分享有占有、使用、收益和处分的权利。业主行使权利不得危及建筑物的安全，不得损害其他业主的合法权益。

第二百七十三条　业主对建筑物专有部分以外的共有部分，享有权利，承担义务；不得以放弃权利为由不履行义务。

业主转让建筑物内的住宅、经营性用房，其对共有部分享有的共有和共同管理的权利一并转让。

第二百七十四条　建筑区划内的道路，属于业主共有，但是属于城镇公共道路的除外。建筑区划内的绿地，属于业主共有，但是属于城镇公共绿地或者明示属于个人的除外。建筑区划内的其他公共场所、公用设施和物业服务用房，属于业主共有。

第二百七十五条　建筑区划内，规划用于停放汽车的车位、车库的归属，由当事人通过出售、附赠或者出租等方式约定。

占用业主共有的道路或者其他场地用于停放汽车的车位，属于业主共有。

第二百七十六条　建筑区划内，规划用于停放汽车的车位、车库应当首先满足业主的需要。

第二百七十七条　业主可以设立业主大会，选举业主委员会。业主大会、业主委员会成立的具体条件和程序，依照法律、法规的规定。

地方人民政府有关部门、居民委员会应当对设立业主大会和选举业主委员会给予指导和协助。

第二百七十八条　下列事项由业主共同决定：

（一）制定和修改业主大会议事规则；

（二）制定和修改管理规约；

（三）选举业主委员会或者更换业主委员会成员；

（四）选聘和解聘物业服务企业或者其他管理人；

（五）使用建筑物及其附属设施的维修资金；

（六）筹集建筑物及其附属设施的维修资金；

（七）改建、重建建筑物及其附属设施；

（八）改变共有部分的用途或者利用共有部

分从事经营活动；

（九）有关共有和共同管理权利的其他重大事项。

业主共同决定事项，应当由专有部分面积占比三分之二以上的业主且人数占比三分之二以上的业主参与表决。决定前款第六项至第八项规定的事项，应当经参与表决专有部分面积四分之三以上的业主且参与表决人数四分之三以上的业主同意。决定前款其他事项，应当经参与表决专有部分面积过半数的业主且参与表决人数过半数的业主同意。

第二百七十九条　业主不得违反法律、法规以及管理规约，将住宅改变为经营性用房。业主将住宅改变为经营性用房的，除遵守法律、法规以及管理规约外，应当经有利害关系的业主一致同意。

第二百八十条　业主大会或者业主委员会的决定，对业主具有法律约束力。

业主大会或者业主委员会作出的决定侵害业主合法权益的，受侵害的业主可以请求人民法院予以撤销。

第二百八十一条　建筑物及其附属设施的维修资金，属于业主共有。经业主共同决定，可以用于电梯、屋顶、外墙、无障碍设施等共有部分的维修、更新和改造。建筑物及其附属设施的维修资金的筹集、使用情况应当定期公布。

紧急情况下需要维修建筑物及其附属设施的，业主大会或者业主委员会可以依法申请使用建筑物及其附属设施的维修资金。

第二百八十二条　建设单位、物业服务企业或者其他管理人等利用业主的共有部分产生的收入，在扣除合理成本之后，属于业主共有。

第二百八十三条　建筑物及其附属设施的费用分摊、收益分配等事项，有约定的，按照约定；没有约定或者约定不明确的，按照业主专有部分面积所占比例确定。

第二百八十四条　业主可以自行管理建筑物及其附属设施，也可以委托物业服务企业或者其他管理人管理。

对建设单位聘请的物业服务企业或者其他管理人，业主有权依法更换。

第二百八十五条　物业服务企业或者其他管理人根据业主的委托，依照本法第三编有关物业服务合同的规定管理建筑区划内的建筑物及其附属设施，接受业主的监督，并及时答复业主对物业服务情况提出的询问。

物业服务企业或者其他管理人应当执行政府依法实施的应急处置措施和其他管理措施，积极配合开展相关工作。

第二百八十六条　业主应当遵守法律、法规以及管理规约，相关行为应当符合节约资源、保护生态环境的要求。对于物业服务企业或者其他管理人执行政府依法实施的应急处置措施和其他管理措施，业主应当依法予以配合。

业主大会或者业主委员会，对任意弃置垃圾、排放污染物或者噪声、违反规定饲养动物、违章搭建、侵占通道、拒付物业费等损害他人合法权益的行为，有权依照法律、法规以及管理规约，请求行为人停止侵害、排除妨碍、消除危险、恢复原状、赔偿损失。

业主或者其他行为人拒不履行相关义务的，有关当事人可以向有关行政主管部门报告或者投诉，有关行政主管部门应当依法处理。

第二百八十七条　业主对建设单位、物业服务企业或者其他管理人以及其他业主侵害自己合法权益的行为，有权请求其承担民事责任。

第七章　相邻关系

第二百八十八条　不动产的相邻权利人应当按照有利生产、方便生活、团结互助、公平合理的原则，正确处理相邻关系。

第二百八十九条　法律、法规对处理相邻关系有规定的，依照其规定；法律、法规没有规定的，可以按照当地习惯。

第二百九十条　不动产权利人应当为相邻权利人用水、排水提供必要的便利。

对自然流水的利用，应当在不动产的相邻权利人之间合理分配。对自然流水的排放，应当尊重自然流向。

第二百九十一条　不动产权利人对相邻权利人因通行等必须利用其土地的，应当提供必要的便利。

第二百九十二条　不动产权利人因建造、修缮建筑物以及铺设电线、电缆、水管、暖气和燃气管线等必须利用相邻土地、建筑物的，该土地、建筑物的权利人应当提供必要的便利。

第二百九十三条 建造建筑物，不得违反国家有关工程建设标准，不得妨碍相邻建筑物的通风、采光和日照。

第二百九十四条 不动产权利人不得违反国家规定弃置固体废物，排放大气污染物、水污染物、土壤污染物、噪声、光辐射、电磁辐射等有害物质。

第二百九十五条 不动产权利人挖掘土地、建造建筑物、铺设管线以及安装设备等，不得危及相邻不动产的安全。

第二百九十六条 不动产权利人因用水、排水、通行、铺设管线等利用相邻不动产的，应当尽量避免对相邻的不动产权利人造成损害。

第八章 共 有

第二百九十七条 不动产或者动产可以由两个以上组织、个人共有。共有包括按份共有和共同共有。

第二百九十八条 按份共有人对共有的不动产或者动产按照其份额享有所有权。

第二百九十九条 共同共有人对共有的不动产或者动产共同享有所有权。

第三百条 共有人按照约定管理共有的不动产或者动产；没有约定或者约定不明确的，各共有人都有管理的权利和义务。

第三百零一条 处分共有的不动产或者动产以及对共有的不动产或者动产作重大修缮、变更性质或者用途的，应当经占份额三分之二以上的按份共有人或者全体共同共有人同意，但是共有人之间另有约定的除外。

第三百零二条 共有人对共有物的管理费用以及其他负担，有约定的，按照其约定；没有约定或者约定不明确的，按份共有人按照其份额负担，共同共有人共同负担。

第三百零三条 共有人约定不得分割共有的不动产或者动产，以维持共有关系的，应当按照约定，但是共有人有重大理由需要分割的，可以请求分割；没有约定或者约定不明确的，按份共有人可以随时请求分割，共同共有人在共有的基础丧失或者有重大理由需要分割时可以请求分割。因分割造成其他共有人损害的，应当给予赔偿。

第三百零四条 共有人可以协商确定分割方式。达不成协议，共有的不动产或者动产可以分割且不会因分割减损价值的，应当对实物予以分割；难以分割或者因分割会减损价值的，应当对折价或者拍卖、变卖取得的价款予以分割。

共有人分割所得的不动产或者动产有瑕疵的，其他共有人应当分担损失。

第三百零五条 按份共有人可以转让其享有的共有的不动产或者动产份额。其他共有人在同等条件下享有优先购买的权利。

第三百零六条 按份共有人转让其享有的共有的不动产或者动产份额的，应当将转让条件及时通知其他共有人。其他共有人应当在合理期限内行使优先购买权。

两个以上其他共有人主张行使优先购买权的，协商确定各自的购买比例；协商不成的，按照转让时各自的共有份额比例行使优先购买权。

第三百零七条 因共有的不动产或者动产产生的债权债务，在对外关系上，共有人享有连带债权、承担连带债务，但是法律另有规定或者第三人知道共有人不具有连带债权债务关系的除外；在共有人内部关系上，除共有人另有约定外，按份共有人按照份额享有债权、承担债务，共同共有人共同享有债权、承担债务。偿还债务超过自己应当承担份额的按份共有人，有权向其他共有人追偿。

第三百零八条 共有人对共有的不动产或者动产没有约定为按份共有或者共同共有，或者约定不明确的，除共有人具有家庭关系等外，视为按份共有。

第三百零九条 按份共有人对共有的不动产或者动产享有的份额，没有约定或者约定不明确的，按照出资额确定；不能确定出资额的，视为等额享有。

第三百一十条 两个以上组织、个人共同享有用益物权、担保物权的，参照适用本章的有关规定。

第九章 所有权取得的特别规定

第三百一十一条 无处分权人将不动产或

者动产转让给受让人的，所有权人有权追回；除法律另有规定外，符合下列情形的，受让人取得该不动产或者动产的所有权：

（一）受让人受让该不动产或者动产时是善意；

（二）以合理的价格转让；

（三）转让的不动产或者动产依照法律规定应当登记的已经登记，不需要登记的已经交付给受让人。

受让人依据前款规定取得不动产或者动产的所有权的，原所有权人有权向无处分权人请求损害赔偿。

当事人善意取得其他物权的，参照适用前两款规定。

第三百一十二条 所有权人或者其他权利人有权追回遗失物。该遗失物通过转让被他人占有的，权利人有权向无处分权人请求损害赔偿，或者自知道或者应当知道受让人之日起二年内向受让人请求返还原物；但是，受让人通过拍卖或者向具有经营资格的经营者购得该遗失物的，权利人请求返还原物时应当支付受让人所付的费用。权利人向受让人支付所付费用后，有权向无处分权人追偿。

第三百一十三条 善意受让人取得动产后，该动产上的原有权利消灭。但是，善意受让人在受让时知道或者应当知道该权利的除外。

第三百一十四条 拾得遗失物，应当返还权利人。拾得人应当及时通知权利人领取，或者送交公安等有关部门。

第三百一十五条 有关部门收到遗失物，知道权利人的，应当及时通知其领取；不知道的，应当及时发布招领公告。

第三百一十六条 拾得人在遗失物送交有关部门前，有关部门在遗失物被领取前，应当妥善保管遗失物。因故意或者重大过失致使遗失物毁损、灭失的，应当承担民事责任。

第三百一十七条 权利人领取遗失物时，应当向拾得人或者有关部门支付保管遗失物等支出的必要费用。

权利人悬赏寻找遗失物的，领取遗失物时应当按照承诺履行义务。

拾得人侵占遗失物的，无权请求保管遗失物等支出的费用，也无权请求权利人按照承诺履行义务。

第三百一十八条 遗失物自发布招领公告之日起一年内无人认领的，归国家所有。

第三百一十九条 拾得漂流物、发现埋藏物或者隐藏物的，参照适用拾得遗失物的有关规定。法律另有规定的，依照其规定。

第三百二十条 主物转让的，从物随主物转让，但是当事人另有约定的除外。

第三百二十一条 天然孳息，由所有权人取得；既有所有权人又有用益物权人的，由用益物权人取得。当事人另有约定的，按照其约定。

法定孳息，当事人有约定的，按照约定取得；没有约定或者约定不明确的，按照交易习惯取得。

第三百二十二条 因加工、附合、混合而产生的物的归属，有约定的，按照约定；没有约定或者约定不明确的，依照法律规定；法律没有规定的，按照充分发挥物的效用以及保护无过错当事人的原则确定。因一方当事人的过错或者确定物的归属造成另一方当事人损害的，应当给予赔偿或者补偿。

第三分编 用益物权

第十章 一般规定

第三百二十三条 用益物权人对他人所有的不动产或者动产，依法享有占有、使用和收益的权利。

第三百二十四条 国家所有或者国家所有由集体使用以及法律规定属于集体所有的自然资源，组织、个人依法可以占有、使用和收益。

第三百二十五条 国家实行自然资源有偿使用制度，但是法律另有规定的除外。

第三百二十六条 用益物权人行使权利，应当遵守法律有关保护和合理开发利用资源、保护生态环境的规定。所有权人不得干涉用益物权人行使权利。

第三百二十七条 因不动产或者动产被征收、征用致使用益物权消灭或者影响用益物权行使的，用益物权人有权依据本法第二百四十三条、第二百四十五条的规定获得相应补偿。

第三百二十八条 依法取得的海域使用权

受法律保护。

第三百二十九条　依法取得的探矿权、采矿权、取水权和使用水域、滩涂从事养殖、捕捞的权利受法律保护。

第十一章　土地承包经营权

第三百三十条　农村集体经济组织实行家庭承包经营为基础、统分结合的双层经营体制。

农民集体所有和国家所有由农民集体使用的耕地、林地、草地以及其他用于农业的土地，依法实行土地承包经营制度。

第三百三十一条　土地承包经营权人依法对其承包经营的耕地、林地、草地等享有占有、使用和收益的权利，有权从事种植业、林业、畜牧业等农业生产。

第三百三十二条　耕地的承包期为三十年。草地的承包期为三十年至五十年。林地的承包期为三十年至七十年。

前款规定的承包期限届满，由土地承包经营权人依照农村土地承包的法律规定继续承包。

第三百三十三条　土地承包经营权自土地承包经营权合同生效时设立。

登记机构应当向土地承包经营权人发放土地承包经营权证、林权证等证书，并登记造册，确认土地承包经营权。

第三百三十四条　土地承包经营权人依照法律规定，有权将土地承包经营权互换、转让。未经依法批准，不得将承包地用于非农建设。

第三百三十五条　土地承包经营权互换、转让的，当事人可以向登记机构申请登记；未经登记，不得对抗善意第三人。

第三百三十六条　承包期内发包人不得调整承包地。

因自然灾害严重毁损承包地等特殊情形，需要适当调整承包的耕地和草地的，应当依照农村土地承包的法律规定办理。

第三百三十七条　承包期内发包人不得收回承包地。法律另有规定的，依照其规定。

第三百三十八条　承包地被征收的，土地承包经营权人有权依据本法第二百四十三条的规定获得相应补偿。

第三百三十九条　土地承包经营权人可以自主决定依法采取出租、入股或者其他方式向他人流转土地经营权。

第三百四十条　土地经营权人有权在合同约定的期限内占有农村土地，自主开展农业生产经营并取得收益。

第三百四十一条　流转期限为五年以上的土地经营权，自流转合同生效时设立。当事人可以向登记机构申请土地经营权登记；未经登记，不得对抗善意第三人。

第三百四十二条　通过招标、拍卖、公开协商等方式承包农村土地，经依法登记取得权属证书的，可以依法采取出租、入股、抵押或者其他方式流转土地经营权。

第三百四十三条　国家所有的农用地实行承包经营的，参照适用本编的有关规定。

第十二章　建设用地使用权

第三百四十四条　建设用地使用权人依法对国家所有的土地享有占有、使用和收益的权利，有权利用该土地建造建筑物、构筑物及其附属设施。

第三百四十五条　建设用地使用权可以在土地的地表、地上或者地下分别设立。

第三百四十六条　设立建设用地使用权，应当符合节约资源、保护生态环境的要求，遵守法律、行政法规关于土地用途的规定，不得损害已经设立的用益物权。

第三百四十七条　设立建设用地使用权，可以采取出让或者划拨等方式。

工业、商业、旅游、娱乐和商品住宅等经营性用地以及同一土地有两个以上意向用地者的，应当采取招标、拍卖等公开竞价的方式出让。

严格限制以划拨方式设立建设用地使用权。

第三百四十八条　通过招标、拍卖、协议等出让方式设立建设用地使用权的，当事人应当采用书面形式订立建设用地使用权出让合同。

建设用地使用权出让合同一般包括下列条款：

（一）当事人的名称和住所；

（二）土地界址、面积等；

（三）建筑物、构筑物及其附属设施占用的空间；

（四）土地用途、规划条件；

（五）建设用地使用权期限；

（六）出让金等费用及其支付方式；

（七）解决争议的方法。

第三百四十九条 设立建设用地使用权的，应当向登记机构申请建设用地使用权登记。建设用地使用权自登记时设立。登记机构应当向建设用地使用权人发放权属证书。

第三百五十条 建设用地使用权人应当合理利用土地，不得改变土地用途；需要改变土地用途的，应当依法经有关行政主管部门批准。

第三百五十一条 建设用地使用权人应当依照法律规定以及合同约定支付出让金等费用。

第三百五十二条 建设用地使用权人建造的建筑物、构筑物及其附属设施的所有权属于建设用地使用权人，但是有相反证据证明的除外。

第三百五十三条 建设用地使用权人有权将建设用地使用权转让、互换、出资、赠与或者抵押，但是法律另有规定的除外。

第三百五十四条 建设用地使用权转让、互换、出资、赠与或者抵押的，当事人应当采用书面形式订立相应的合同。使用期限由当事人约定，但是不得超过建设用地使用权的剩余期限。

第三百五十五条 建设用地使用权转让、互换、出资或者赠与的，应当向登记机构申请变更登记。

第三百五十六条 建设用地使用权转让、互换、出资或者赠与的，附着于该土地上的建筑物、构筑物及其附属设施一并处分。

第三百五十七条 建筑物、构筑物及其附属设施转让、互换、出资或者赠与的，该建筑物、构筑物及其附属设施占用范围内的建设用地使用权一并处分。

第三百五十八条 建设用地使用权期限届满前，因公共利益需要提前收回该土地的，应当依据本法第二百四十三条的规定对该土地上的房屋以及其他不动产给予补偿，并退还相应的出让金。

第三百五十九条 住宅建设用地使用权期限届满的，自动续期。续期费用的缴纳或者减免，依照法律、行政法规的规定办理。

非住宅建设用地使用权期限届满后的续期，依照法律规定办理。该土地上的房屋以及其他不动产的归属，有约定的，按照约定；没有约定或者约定不明确的，依照法律、行政法规的规定办理。

第三百六十条 建设用地使用权消灭的，出让人应当及时办理注销登记。登记机构应当收回权属证书。

第三百六十一条 集体所有的土地作为建设用地的，应当依照土地管理的法律规定办理。

第十三章 宅基地使用权

第三百六十二条 宅基地使用权人依法对集体所有的土地享有占有和使用的权利，有权依法利用该土地建造住宅及其附属设施。

第三百六十三条 宅基地使用权的取得、行使和转让，适用土地管理的法律和国家有关规定。

第三百六十四条 宅基地因自然灾害等原因灭失的，宅基地使用权消灭。对失去宅基地的村民，应当依法重新分配宅基地。

第三百六十五条 已经登记的宅基地使用权转让或者消灭的，应当及时办理变更登记或者注销登记。

第十四章 居 住 权

第三百六十六条 居住权人有权按照合同约定，对他人的住宅享有占有、使用的用益物权，以满足生活居住的需要。

第三百六十七条 设立居住权，当事人应当采用书面形式订立居住权合同。

居住权合同一般包括下列条款：

（一）当事人的姓名或者名称和住所；

（二）住宅的位置；

（三）居住的条件和要求；

（四）居住权期限；

（五）解决争议的方法。

第三百六十八条 居住权无偿设立，但是当事人另有约定的除外。设立居住权的，应当向登记机构申请居住权登记。居住权自登记时设立。

第三百六十九条 居住权不得转让、继承。设立居住权的住宅不得出租，但是当事人另有约定的除外。

第三百七十条　居住权期限届满或者居住权人死亡的，居住权消灭。居住权消灭的，应当及时办理注销登记。

第三百七十一条　以遗嘱方式设立居住权的，参照适用本章的有关规定。

第十五章　地　役　权

第三百七十二条　地役权人有权按照合同约定，利用他人的不动产，以提高自己的不动产的效益。

前款所称他人的不动产为供役地，自己的不动产为需役地。

第三百七十三条　设立地役权，当事人应当采用书面形式订立地役权合同。

地役权合同一般包括下列条款：

（一）当事人的姓名或者名称和住所；

（二）供役地和需役地的位置；

（三）利用目的和方法；

（四）地役权期限；

（五）费用及其支付方式；

（六）解决争议的方法。

第三百七十四条　地役权自地役权合同生效时设立。当事人要求登记的，可以向登记机构申请地役权登记；未经登记，不得对抗善意第三人。

第三百七十五条　供役地权利人应当按照合同约定，允许地役权人利用其不动产，不得妨害地役权人行使权利。

第三百七十六条　地役权人应当按照合同约定的利用目的和方法利用供役地，尽量减少对供役地权利人物权的限制。

第三百七十七条　地役权期限由当事人约定；但是，不得超过土地承包经营权、建设用地使用权等用益物权的剩余期限。

第三百七十八条　土地所有权人享有地役权或者负担地役权的，设立土地承包经营权、宅基地使用权等用益物权时，该用益物权人继续享有或者负担已经设立的地役权。

第三百七十九条　土地上已经设立土地承包经营权、建设用地使用权、宅基地使用权等用益物权的，未经用益物权人同意，土地所有权人不得设立地役权。

第三百八十条　地役权不得单独转让。土地承包经营权、建设用地使用权等转让的，地役权一并转让，但是合同另有约定的除外。

第三百八十一条　地役权不得单独抵押。土地经营权、建设用地使用权等抵押的，在实现抵押权时，地役权一并转让。

第三百八十二条　需役地以及需役地上的土地承包经营权、建设用地使用权等部分转让时，转让部分涉及地役权的，受让人同时享有地役权。

第三百八十三条　供役地以及供役地上的土地承包经营权、建设用地使用权等部分转让时，转让部分涉及地役权的，地役权对受让人具有法律约束力。

第三百八十四条　地役权人有下列情形之一的，供役地权利人有权解除地役权合同，地役权消灭：

（一）违反法律规定或者合同约定，滥用地役权；

（二）有偿利用供役地，约定的付款期限届满后在合理期限内经两次催告未支付费用。

第三百八十五条　已经登记的地役权变更、转让或者消灭的，应当及时办理变更登记或者注销登记。

第四分编　担保物权

第十六章　一般规定

第三百八十六条　担保物权人在债务人不履行到期债务或者发生当事人约定的实现担保物权的情形，依法享有就担保财产优先受偿的权利，但是法律另有规定的除外。

第三百八十七条　债权人在借贷、买卖等民事活动中，为保障实现其债权，需要担保的，可以依照本法和其他法律的规定设立担保物权。

第三人为债务人向债权人提供担保的，可以要求债务人提供反担保。反担保适用本法和其他法律的规定。

第三百八十八条　设立担保物权，应当依照本法和其他法律的规定订立担保合同。担保合同包括抵押合同、质押合同和其他具有担保功能的合同。担保合同是主债权债务合同的从合同。

主债权债务合同无效的,担保合同无效,但是法律另有规定的除外。

担保合同被确认无效后,债务人、担保人、债权人有过错的,应当根据其过错各自承担相应的民事责任。

第三百八十九条 担保物权的担保范围包括主债权及其利息、违约金、损害赔偿金、保管担保财产和实现担保物权的费用。当事人另有约定的,按照其约定。

第三百九十条 担保期间,担保财产毁损、灭失或者被征收等,担保物权人可以就获得的保险金、赔偿金或者补偿金等优先受偿。被担保债权的履行期限未届满的,也可以提存该保险金、赔偿金或者补偿金等。

第三百九十一条 第三人提供担保,未经其书面同意,债权人允许债务人转移全部或者部分债务的,担保人不再承担相应的担保责任。

第三百九十二条 被担保的债权既有物的担保又有人的担保的,债务人不履行到期债务或者发生当事人约定的实现担保物权的情形,债权人应当按照约定实现债权;没有约定或者约定不明确,债务人自己提供物的担保的,债权人应当先就该物的担保实现债权;第三人提供物的担保的,债权人可以就物的担保实现债权,也可以请求保证人承担保证责任。提供担保的第三人承担担保责任后,有权向债务人追偿。

第三百九十三条 有下列情形之一的,担保物权消灭:

(一)主债权消灭;

(二)担保物权实现;

(三)债权人放弃担保物权;

(四)法律规定担保物权消灭的其他情形。

第十七章 抵 押 权

第一节 一般抵押权

第三百九十四条 为担保债务的履行,债务人或者第三人不转移财产的占有,将该财产抵押给债权人的,债务人不履行到期债务或者发生当事人约定的实现抵押权的情形,债权人有权就该财产优先受偿。

前款规定的债务人或者第三人为抵押人,债权人为抵押权人,提供担保的财产为抵押财产。

第三百九十五条 债务人或者第三人有权处分的下列财产可以抵押:

(一)建筑物和其他土地附着物;

(二)建设用地使用权;

(三)海域使用权;

(四)生产设备、原材料、半成品、产品;

(五)正在建造的建筑物、船舶、航空器;

(六)交通运输工具;

(七)法律、行政法规未禁止抵押的其他财产。

抵押人可以将前款所列财产一并抵押。

第三百九十六条 企业、个体工商户、农业生产经营者可以将现有的以及将有的生产设备、原材料、半成品、产品抵押,债务人不履行到期债务或者发生当事人约定的实现抵押权的情形,债权人有权就抵押财产确定时的动产优先受偿。

第三百九十七条 以建筑物抵押的,该建筑物占用范围内的建设用地使用权一并抵押。以建设用地使用权抵押的,该土地上的建筑物一并抵押。

抵押人未依据前款规定一并抵押的,未抵押的财产视为一并抵押。

第三百九十八条 乡镇、村企业的建设用地使用权不得单独抵押。以乡镇、村企业的厂房等建筑物抵押的,其占用范围内的建设用地使用权一并抵押。

第三百九十九条 下列财产不得抵押:

(一)土地所有权;

(二)宅基地、自留地、自留山等集体所有土地的使用权,但是法律规定可以抵押的除外;

(三)学校、幼儿园、医疗机构等为公益目的成立的非营利法人的教育设施、医疗卫生设施和其他公益设施;

(四)所有权、使用权不明或者有争议的财产;

(五)依法被查封、扣押、监管的财产;

(六)法律、行政法规规定不得抵押的其他财产。

第四百条 设立抵押权,当事人应当采用书面形式订立抵押合同。

抵押合同一般包括下列条款:

（一）被担保债权的种类和数额；

（二）债务人履行债务的期限；

（三）抵押财产的名称、数量等情况；

（四）担保的范围。

第四百零一条　抵押权人在债务履行期限届满前，与抵押人约定债务人不履行到期债务时抵押财产归债权人所有的，只能依法就抵押财产优先受偿。

第四百零二条　以本法第三百九十五条第一款第一项至第三项规定的财产或者第五项规定的正在建造的建筑物抵押的，应当办理抵押登记。抵押权自登记时设立。

第四百零三条　以动产抵押的，抵押权自抵押合同生效时设立；未经登记，不得对抗善意第三人。

第四百零四条　以动产抵押的，不得对抗正常经营活动中已经支付合理价款并取得抵押财产的买受人。

第四百零五条　抵押权设立前，抵押财产已经出租并转移占有的，原租赁关系不受该抵押权的影响。

第四百零六条　抵押期间，抵押人可以转让抵押财产。当事人另有约定的，按照其约定。抵押财产转让的，抵押权不受影响。

抵押人转让抵押财产的，应当及时通知抵押权人。抵押权人能够证明抵押财产转让可能损害抵押权的，可以请求抵押人将转让所得的价款向抵押权人提前清偿债务或者提存。转让的价款超过债权数额的部分归抵押人所有，不足部分由债务人清偿。

第四百零七条　抵押权不得与债权分离而单独转让或者作为其他债权的担保。债权转让的，担保该债权的抵押权一并转让，但是法律另有规定或者当事人另有约定的除外。

第四百零八条　抵押人的行为足以使抵押财产价值减少的，抵押权人有权请求抵押人停止其行为；抵押财产价值减少的，抵押权人有权请求恢复抵押财产的价值，或者提供与减少的价值相应的担保。抵押人不恢复抵押财产的价值，也不提供担保的，抵押权人有权请求债务人提前清偿债务。

第四百零九条　抵押权人可以放弃抵押权或者抵押权的顺位。抵押权人与抵押人可以协议变更抵押权顺位以及被担保的债权数额等内容。但是，抵押权的变更未经其他抵押权人书面同意的，不得对其他抵押权人产生不利影响。

债务人以自己的财产设定抵押，抵押权人放弃该抵押权、抵押权顺位或者变更抵押权的，其他担保人在抵押权人丧失优先受偿权益的范围内免除担保责任，但是其他担保人承诺仍然提供担保的除外。

第四百一十条　债务人不履行到期债务或者发生当事人约定的实现抵押权的情形，抵押权人可以与抵押人协议以抵押财产折价或者以拍卖、变卖该抵押财产所得的价款优先受偿。协议损害其他债权人利益的，其他债权人可以请求人民法院撤销该协议。

抵押权人与抵押人未就抵押权实现方式达成协议的，抵押权人可以请求人民法院拍卖、变卖抵押财产。

抵押财产折价或者变卖的，应当参照市场价格。

第四百一十一条　依据本法第三百九十六条规定设定抵押的，抵押财产自下列情形之一发生时确定：

（一）债务履行期限届满，债权未实现；

（二）抵押人被宣告破产或者解散；

（三）当事人约定的实现抵押权的情形；

（四）严重影响债权实现的其他情形。

第四百一十二条　债务人不履行到期债务或者发生当事人约定的实现抵押权的情形，致使抵押财产被人民法院依法扣押的，自扣押之日起，抵押权人有权收取该抵押财产的天然孳息或者法定孳息，但是抵押权人未通知应当清偿法定孳息义务人的除外。

前款规定的孳息应当先充抵收取孳息的费用。

第四百一十三条　抵押财产折价或者拍卖、变卖后，其价款超过债权数额的部分归抵押人所有，不足部分由债务人清偿。

第四百一十四条　同一财产向两个以上债权人抵押的，拍卖、变卖抵押财产所得的价款依照下列规定清偿：

（一）抵押权已经登记的，按照登记的时间先后确定清偿顺序；

（二）抵押权已经登记的先于未登记的受偿；

（三）抵押权未登记的，按照债权比例清偿。

其他可以登记的担保物权，清偿顺序参照适用前款规定。

第四百一十五条 同一财产既设立抵押权又设立质权的，拍卖、变卖该财产所得的价款按照登记、交付的时间先后确定清偿顺序。

第四百一十六条 动产抵押担保的主债权是抵押物的价款，标的物交付后十日内办理抵押登记的，该抵押权人优先于抵押物买受人的其他担保物权人受偿，但是留置权人除外。

第四百一十七条 建设用地使用权抵押后，该土地上新增的建筑物不属于抵押财产。该建设用地使用权实现抵押权时，应当将该土地上新增的建筑物与建设用地使用权一并处分。但是，新增建筑物所得的价款，抵押权人无权优先受偿。

第四百一十八条 以集体所有土地的使用权依法抵押的，实现抵押权后，未经法定程序，不得改变土地所有权的性质和土地用途。

第四百一十九条 抵押权人应当在主债权诉讼时效期间行使抵押权；未行使的，人民法院不予保护。

第二节 最高额抵押权

第四百二十条 为担保债务的履行，债务人或者第三人对一定期间内将要连续发生的债权提供担保财产的，债务人不履行到期债务或者发生当事人约定的实现抵押权的情形，抵押权人有权在最高债权额限度内就该担保财产优先受偿。

最高额抵押权设立前已经存在的债权，经当事人同意，可以转入最高额抵押担保的债权范围。

第四百二十一条 最高额抵押担保的债权确定前，部分债权转让的，最高额抵押权不得转让，但是当事人另有约定的除外。

第四百二十二条 最高额抵押担保的债权确定前，抵押权人与抵押人可以通过协议变更债权确定的期间、债权范围以及最高债权额。但是，变更的内容不得对其他抵押权人产生不利影响。

第四百二十三条 有下列情形之一的，抵押权人的债权确定：

（一）约定的债权确定期间届满；

（二）没有约定债权确定期间或者约定不明确，抵押权人或者抵押人自最高额抵押权设立之日起满二年后请求确定债权；

（三）新的债权不可能发生；

（四）抵押权人知道或者应当知道抵押财产被查封、扣押；

（五）债务人、抵押人被宣告破产或者解散；

（六）法律规定债权确定的其他情形。

第四百二十四条 最高额抵押权除适用本节规定外，适用本章第一节的有关规定。

第十八章 质 权

第一节 动产质权

第四百二十五条 为担保债务的履行，债务人或者第三人将其动产出质给债权人占有的，债务人不履行到期债务或者发生当事人约定的实现质权的情形，债权人有权就该动产优先受偿。

前款规定的债务人或者第三人为出质人，债权人为质权人，交付的动产为质押财产。

第四百二十六条 法律、行政法规禁止转让的动产不得出质。

第四百二十七条 设立质权，当事人应当采用书面形式订立质押合同。

质押合同一般包括下列条款：

（一）被担保债权的种类和数额；

（二）债务人履行债务的期限；

（三）质押财产的名称、数量等情况；

（四）担保的范围；

（五）质押财产交付的时间、方式。

第四百二十八条 质权人在债务履行期限届满前，与出质人约定债务人不履行到期债务时质押财产归债权人所有的，只能依法就质押财产优先受偿。

第四百二十九条 质权自出质人交付质押财产时设立。

第四百三十条 质权人有权收取质押财产的孳息，但是合同另有约定的除外。

前款规定的孳息应当先充抵收取孳息的费用。

第四百三十一条 质权人在质权存续期间，未经出质人同意，擅自使用、处分质押财产，造成出质人损害的，应当承担赔偿责任。

第四百三十二条 质权人负有妥善保管质押财产的义务；因保管不善致使质押财产毁损、灭失的，应当承担赔偿责任。

质权人的行为可能使质押财产毁损、灭失的，出质人可以请求质权人将质押财产提存，或者请求提前清偿债务并返还质押财产。

第四百三十三条 因不可归责于质权人的事由可能使质押财产毁损或者价值明显减少，足以危害质权人权利的，质权人有权请求出质人提供相应的担保；出质人不提供的，质权人可以拍卖、变卖质押财产，并与出质人协议将拍卖、变卖所得的价款提前清偿债务或者提存。

第四百三十四条 质权人在质权存续期间，未经出质人同意转质，造成质押财产毁损、灭失的，应当承担赔偿责任。

第四百三十五条 质权人可以放弃质权。债务人以自己的财产出质，质权人放弃该质权的，其他担保人在质权人丧失优先受偿权益的范围内免除担保责任，但是其他担保人承诺仍然提供担保的除外。

第四百三十六条 债务人履行债务或者出质人提前清偿所担保的债权的，质权人应当返还质押财产。

债务人不履行到期债务或者发生当事人约定的实现质权的情形，质权人可以与出质人协议以质押财产折价，也可以就拍卖、变卖质押财产所得的价款优先受偿。

质押财产折价或者变卖的，应当参照市场价格。

第四百三十七条 出质人可以请求质权人在债务履行期限届满后及时行使质权；质权人不行使的，出质人可以请求人民法院拍卖、变卖质押财产。

出质人请求质权人及时行使质权，因质权人怠于行使权利造成出质人损害的，由质权人承担赔偿责任。

第四百三十八条 质押财产折价或者拍卖、变卖后，其价款超过债权数额的部分归出质人所有，不足部分由债务人清偿。

第四百三十九条 出质人与质权人可以协议设立最高额质权。

最高额质权除适用本节有关规定外，参照适用本编第十七章第二节的有关规定。

第二节 权利质权

第四百四十条 债务人或者第三人有权处分的下列权利可以出质：

（一）汇票、本票、支票；

（二）债券、存款单；

（三）仓单、提单；

（四）可以转让的基金份额、股权；

（五）可以转让的注册商标专用权、专利权、著作权等知识产权中的财产权；

（六）现有的以及将有的应收账款；

（七）法律、行政法规规定可以出质的其他财产权利。

第四百四十一条 以汇票、本票、支票、债券、存款单、仓单、提单出质的，质权自权利凭证交付质权人时设立；没有权利凭证的，质权自办理出质登记时设立。法律另有规定的，依照其规定。

第四百四十二条 汇票、本票、支票、债券、存款单、仓单、提单的兑现日期或者提货日期先于主债权到期的，质权人可以兑现或者提货，并与出质人协议将兑现的价款或者提取的货物提前清偿债务或者提存。

第四百四十三条 以基金份额、股权出质的，质权自办理出质登记时设立。

基金份额、股权出质后，不得转让，但是出质人与质权人协商同意的除外。出质人转让基金份额、股权所得的价款，应当向质权人提前清偿债务或者提存。

第四百四十四条 以注册商标专用权、专利权、著作权等知识产权中的财产权出质的，质权自办理出质登记时设立。

知识产权中的财产权出质后，出质人不得转让或者许可他人使用，但是出质人与质权人协商同意的除外。出质人转让或者许可他人使用出质的知识产权中的财产权所得的价款，应当向质权人提前清偿债务或者提存。

第四百四十五条 以应收账款出质的，质权自办理出质登记时设立。

应收账款出质后，不得转让，但是出质人与质权人协商同意的除外。出质人转让应收账款所得的价款，应当向质权人提前清偿债务或者提存。

第四百四十六条 权利质权除适用本节规定外，适用本章第一节的有关规定。

第十九章 留 置 权

第四百四十七条 债务人不履行到期债务，债权人可以留置已经合法占有的债务人的动产，并有权就该动产优先受偿。

前款规定的债权人为留置权人，占有的动产为留置财产。

第四百四十八条 债权人留置的动产，应当与债权属于同一法律关系，但是企业之间留置的除外。

第四百四十九条 法律规定或者当事人约定不得留置的动产，不得留置。

第四百五十条 留置财产为可分物的，留置财产的价值应当相当于债务的金额。

第四百五十一条 留置权人负有妥善保管留置财产的义务；因保管不善致使留置财产毁损、灭失的，应当承担赔偿责任。

第四百五十二条 留置权人有权收取留置财产的孳息。

前款规定的孳息应当先充抵收取孳息的费用。

第四百五十三条 留置权人与债务人应当约定留置财产后的债务履行期限；没有约定或者约定不明确的，留置权人应当给债务人六十日以上履行债务的期限，但是鲜活易腐等不易保管的动产除外。债务人逾期未履行的，留置权人可以与债务人协议以留置财产折价，也可以就拍卖、变卖留置财产所得的价款优先受偿。

留置财产折价或者变卖的，应当参照市场价格。

第四百五十四条 债务人可以请求留置权人在债务履行期限届满后行使留置权；留置权人不行使的，债务人可以请求人民法院拍卖、变卖留置财产。

第四百五十五条 留置财产折价或者拍卖、变卖后，其价款超过债权数额的部分归债务人所有，不足部分由债务人清偿。

第四百五十六条 同一动产上已经设立抵押权或者质权，该动产又被留置的，留置权人优先受偿。

第四百五十七条 留置权人对留置财产丧失占有或者留置权人接受债务人另行提供担保的，留置权消灭。

第五分编 占 有

第二十章 占 有

第四百五十八条 基于合同关系等产生的占有，有关不动产或者动产的使用、收益、违约责任等，按照合同约定；合同没有约定或者约定不明确的，依照有关法律规定。

第四百五十九条 占有人因使用占有的不动产或者动产，致使该不动产或者动产受到损害的，恶意占有人应当承担赔偿责任。

第四百六十条 不动产或者动产被占有人占有的，权利人可以请求返还原物及其孳息；但是，应当支付善意占有人因维护该不动产或者动产支出的必要费用。

第四百六十一条 占有的不动产或者动产毁损、灭失，该不动产或者动产的权利人请求赔偿的，占有人应当将因毁损、灭失取得的保险金、赔偿金或者补偿金等返还给权利人；权利人的损害未得到足够弥补的，恶意占有人还应当赔偿损失。

第四百六十二条 占有的不动产或者动产被侵占的，占有人有权请求返还原物；对妨害占有的行为，占有人有权请求排除妨害或者消除危险；因侵占或者妨害造成损害的，占有人有权依法请求损害赔偿。

占有人返还原物的请求权，自侵占发生之日起一年内未行使的，该请求权消灭。

第三编 合 同

第一分编 通 则

第一章 一般规定

第四百六十三条 本编调整因合同产生的民事关系。

第四百六十四条　合同是民事主体之间设立、变更、终止民事法律关系的协议。

婚姻、收养、监护等有关身份关系的协议，适用有关该身份关系的法律规定；没有规定的，可以根据其性质参照适用本编规定。

第四百六十五条　依法成立的合同，受法律保护。

依法成立的合同，仅对当事人具有法律约束力，但是法律另有规定的除外。

第四百六十六条　当事人对合同条款的理解有争议的，应当依据本法第一百四十二条第一款的规定，确定争议条款的含义。

合同文本采用两种以上文字订立并约定具有同等效力的，对各文本使用的词句推定具有相同含义。各文本使用的词句不一致的，应当根据合同的相关条款、性质、目的以及诚信原则等予以解释。

第四百六十七条　本法或者其他法律没有明文规定的合同，适用本编通则的规定，并可以参照适用本编或者其他法律最相类似合同的规定。

在中华人民共和国境内履行的中外合资经营企业合同、中外合作经营企业合同、中外合作勘探开发自然资源合同，适用中华人民共和国法律。

第四百六十八条　非因合同产生的债权债务关系，适用有关该债权债务关系的法律规定；没有规定的，适用本编通则的有关规定，但是根据其性质不能适用的除外。

第二章　合同的订立

第四百六十九条　当事人订立合同，可以采用书面形式、口头形式或者其他形式。

书面形式是合同书、信件、电报、电传、传真等可以有形地表现所载内容的形式。

以电子数据交换、电子邮件等方式能够有形地表现所载内容，并可以随时调取查用的数据电文，视为书面形式。

第四百七十条　合同的内容由当事人约定，一般包括下列条款：

（一）当事人的姓名或者名称和住所；

（二）标的；

（三）数量；

（四）质量；

（五）价款或者报酬；

（六）履行期限、地点和方式；

（七）违约责任；

（八）解决争议的方法。

当事人可以参照各类合同的示范文本订立合同。

第四百七十一条　当事人订立合同，可以采取要约、承诺方式或者其他方式。

第四百七十二条　要约是希望与他人订立合同的意思表示，该意思表示应当符合下列条件：

（一）内容具体确定；

（二）表明经受要约人承诺，要约人即受该意思表示约束。

第四百七十三条　要约邀请是希望他人向自己发出要约的表示。拍卖公告、招标公告、招股说明书、债券募集办法、基金招募说明书、商业广告和宣传、寄送的价目表等为要约邀请。

商业广告和宣传的内容符合要约条件的，构成要约。

第四百七十四条　要约生效的时间适用本法第一百三十七条的规定。

第四百七十五条　要约可以撤回。要约的撤回适用本法第一百四十一条的规定。

第四百七十六条　要约可以撤销，但是有下列情形之一的除外：

（一）要约人以确定承诺期限或者其他形式明示要约不可撤销；

（二）受要约人有理由认为要约是不可撤销的，并已经为履行合同做了合理准备工作。

第四百七十七条　撤销要约的意思表示以对话方式作出的，该意思表示的内容应当在受要约人作出承诺之前为受要约人所知道；撤销要约的意思表示以非对话方式作出的，应当在受要约人作出承诺之前到达受要约人。

第四百七十八条　有下列情形之一的，要约失效：

（一）要约被拒绝；

（二）要约被依法撤销；

（三）承诺期限届满，受要约人未作出承诺；

（四）受要约人对要约的内容作出实质性变更。

第四百七十九条 承诺是受要约人同意要约的意思表示。

第四百八十条 承诺应当以通知的方式作出；但是，根据交易习惯或者要约表明可以通过行为作出承诺的除外。

第四百八十一条 承诺应当在要约确定的期限内到达要约人。

要约没有确定承诺期限的，承诺应当依照下列规定到达：

（一）要约以对话方式作出的，应当即时作出承诺；

（二）要约以非对话方式作出的，承诺应当在合理期限内到达。

第四百八十二条 要约以信件或者电报作出的，承诺期限自信件载明的日期或者电报交发之日开始计算。信件未载明日期的，自投寄该信件的邮戳日期开始计算。要约以电话、传真、电子邮件等快速通讯方式作出的，承诺期限自要约到达受要约人时开始计算。

第四百八十三条 承诺生效时合同成立，但是法律另有规定或者当事人另有约定的除外。

第四百八十四条 以通知方式作出的承诺，生效的时间适用本法第一百三十七条的规定。

承诺不需要通知的，根据交易习惯或者要约的要求作出承诺的行为时生效。

第四百八十五条 承诺可以撤回。承诺的撤回适用本法第一百四十一条的规定。

第四百八十六条 受要约人超过承诺期限发出承诺，或者在承诺期限内发出承诺，按照通常情形不能及时到达要约人的，为新要约；但是，要约人及时通知受要约人该承诺有效的除外。

第四百八十七条 受要约人在承诺期限内发出承诺，按照通常情形能够及时到达要约人，但是因其他原因致使承诺到达要约人时超过承诺期限的，除要约人及时通知受要约人因承诺超过期限不接受该承诺外，该承诺有效。

第四百八十八条 承诺的内容应当与要约的内容一致。受要约人对要约的内容作出实质性变更的，为新要约。有关合同标的、数量、质量、价款或者报酬、履行期限、履行地点和方式、违约责任和解决争议方法等的变更，是对要约内容的实质性变更。

第四百八十九条 承诺对要约的内容作出非实质性变更的，除要约人及时表示反对或者要约表明承诺不得对要约的内容作出任何变更外，该承诺有效，合同的内容以承诺的内容为准。

第四百九十条 当事人采用合同书形式订立合同的，自当事人均签名、盖章或者按指印时合同成立。在签名、盖章或者按指印之前，当事人一方已经履行主要义务，对方接受时，该合同成立。

法律、行政法规规定或者当事人约定合同应当采用书面形式订立，当事人未采用书面形式但是一方已经履行主要义务，对方接受时，该合同成立。

第四百九十一条 当事人采用信件、数据电文等形式订立合同要求签订确认书的，签订确认书时合同成立。

当事人一方通过互联网等信息网络发布的商品或者服务信息符合要约条件的，对方选择该商品或者服务并提交订单成功时合同成立，但是当事人另有约定的除外。

第四百九十二条 承诺生效的地点为合同成立的地点。

采用数据电文形式订立合同的，收件人的主营业地为合同成立的地点；没有主营业地的，其住所地为合同成立的地点。当事人另有约定的，按照其约定。

第四百九十三条 当事人采用合同书形式订立合同的，最后签名、盖章或者按指印的地点为合同成立的地点，但是当事人另有约定的除外。

第四百九十四条 国家根据抢险救灾、疫情防控或者其他需要下达国家订货任务、指令性任务的，有关民事主体之间应当依照有关法律、行政法规规定的权利和义务订立合同。

依照法律、行政法规的规定负有发出要约义务的当事人，应当及时发出合理的要约。

依照法律、行政法规的规定负有作出承诺义务的当事人，不得拒绝对方合理的订立合同要求。

第四百九十五条 当事人约定在将来一定

期限内订立合同的认购书、订购书、预订书等，构成预约合同。

当事人一方不履行预约合同约定的订立合同义务的，对方可以请求其承担预约合同的违约责任。

第四百九十六条 格式条款是当事人为了重复使用而预先拟定，并在订立合同时未与对方协商的条款。

采用格式条款订立合同的，提供格式条款的一方应当遵循公平原则确定当事人之间的权利和义务，并采取合理的方式提示对方注意免除或者减轻其责任等与对方有重大利害关系的条款，按照对方的要求，对该条款予以说明。提供格式条款的一方未履行提示或者说明义务，致使对方没有注意或者理解与其有重大利害关系的条款的，对方可以主张该条款不成为合同的内容。

第四百九十七条 有下列情形之一的，该格式条款无效：

（一）具有本法第一编第六章第三节和本法第五百零六条规定的无效情形；

（二）提供格式条款一方不合理地免除或者减轻其责任、加重对方责任、限制对方主要权利；

（三）提供格式条款一方排除对方主要权利。

第四百九十八条 对格式条款的理解发生争议的，应当按照通常理解予以解释。对格式条款有两种以上解释的，应当作出不利于提供格式条款一方的解释。格式条款和非格式条款不一致的，应当采用非格式条款。

第四百九十九条 悬赏人以公开方式声明对完成特定行为的人支付报酬的，完成该行为的人可以请求其支付。

第五百条 当事人在订立合同过程中有下列情形之一，造成对方损失的，应当承担赔偿责任：

（一）假借订立合同，恶意进行磋商；

（二）故意隐瞒与订立合同有关的重要事实或者提供虚假情况；

（三）有其他违背诚信原则的行为。

第五百零一条 当事人在订立合同过程中知悉的商业秘密或者其他应当保密的信息，无论合同是否成立，不得泄露或者不正当地使用；泄露、不正当地使用该商业秘密或者信息，造成对方损失的，应当承担赔偿责任。

第三章 合同的效力

第五百零二条 依法成立的合同，自成立时生效，但是法律另有规定或者当事人另有约定的除外。

依照法律、行政法规的规定，合同应当办理批准等手续的，依照其规定。未办理批准等手续影响合同生效的，不影响合同中履行报批等义务条款以及相关条款的效力。应当办理申请批准等手续的当事人未履行义务的，对方可以请求其承担违反该义务的责任。

依照法律、行政法规的规定，合同的变更、转让、解除等情形应当办理批准等手续的，适用前款规定。

第五百零三条 无权代理人以被代理人的名义订立合同，被代理人已经开始履行合同义务或者接受相对人履行的，视为对合同的追认。

第五百零四条 法人的法定代表人或者非法人组织的负责人超越权限订立的合同，除相对人知道或者应当知道其超越权限外，该代表行为有效，订立的合同对法人或者非法人组织发生效力。

第五百零五条 当事人超越经营范围订立的合同的效力，应当依照本法第一编第六章第三节和本编的有关规定确定，不得仅以超越经营范围确认合同无效。

第五百零六条 合同中的下列免责条款无效：

（一）造成对方人身损害的；

（二）因故意或者重大过失造成对方财产损失的。

第五百零七条 合同不生效、无效、被撤销或者终止的，不影响合同中有关解决争议方法的条款的效力。

第五百零八条 本编对合同的效力没有规定的，适用本法第一编第六章的有关规定。

第四章 合同的履行

第五百零九条 当事人应当按照约定全面履行自己的义务。

当事人应当遵循诚信原则，根据合同的性质、目的和交易习惯履行通知、协助、保密等义务。

当事人在履行合同过程中,应当避免浪费资源、污染环境和破坏生态。

第五百一十条 合同生效后,当事人就质量、价款或者报酬、履行地点等内容没有约定或者约定不明确的,可以协议补充;不能达成补充协议的,按照合同相关条款或者交易习惯确定。

第五百一十一条 当事人就有关合同内容约定不明确,依据前条规定仍不能确定的,适用下列规定:

(一)质量要求不明确的,按照强制性国家标准履行;没有强制性国家标准的,按照推荐性国家标准履行;没有推荐性国家标准的,按照行业标准履行;没有国家标准、行业标准的,按照通常标准或者符合合同目的的特定标准履行。

(二)价款或者报酬不明确的,按照订立合同时履行地的市场价格履行;依法应当执行政府定价或者政府指导价的,依照规定履行。

(三)履行地点不明确,给付货币的,在接受货币一方所在地履行;交付不动产的,在不动产所在地履行;其他标的,在履行义务一方所在地履行。

(四)履行期限不明确的,债务人可以随时履行,债权人也可以随时请求履行,但是应当给对方必要的准备时间。

(五)履行方式不明确的,按照有利于实现合同目的的方式履行。

(六)履行费用的负担不明确的,由履行义务一方负担;因债权人原因增加的履行费用,由债权人负担。

第五百一十二条 通过互联网等信息网络订立的电子合同的标的为交付商品并采用快递物流方式交付的,收货人的签收时间为交付时间。电子合同的标的为提供服务的,生成的电子凭证或者实物凭证中载明的时间为提供服务时间;前述凭证没有载明时间或者载明时间与实际提供服务时间不一致的,以实际提供服务的时间为准。

电子合同的标的物为采用在线传输方式交付的,合同标的物进入对方当事人指定的特定系统且能够检索识别的时间为交付时间。

电子合同当事人对交付商品或者提供服务的方式、时间另有约定的,按照其约定。

第五百一十三条 执行政府定价或者政府指导价的,在合同约定的交付期限内政府价格调整时,按照交付时的价格计价。逾期交付标的物的,遇价格上涨时,按照原价格执行;价格下降时,按照新价格执行。逾期提取标的物或者逾期付款的,遇价格上涨时,按照新价格执行;价格下降时,按照原价格执行。

第五百一十四条 以支付金钱为内容的债,除法律另有规定或者当事人另有约定外,债权人可以请求债务人以实际履行地的法定货币履行。

第五百一十五条 标的有多项而债务人只需履行其中一项的,债务人享有选择权;但是,法律另有规定、当事人另有约定或者另有交易习惯的除外。

享有选择权的当事人在约定期限内或者履行期限届满未作选择,经催告后在合理期限内仍未选择的,选择权转移至对方。

第五百一十六条 当事人行使选择权应当及时通知对方,通知到达对方时,标的确定。标的确定后不得变更,但是经对方同意的除外。

可选择的标的发生不能履行情形的,享有选择权的当事人不得选择不能履行的标的,但是该不能履行的情形是由对方造成的除外。

第五百一十七条 债权人为二人以上,标的可分,按照份额各自享有债权的,为按份债权;债务人为二人以上,标的可分,按照份额各自负担债务的,为按份债务。

按份债权人或者按份债务人的份额难以确定的,视为份额相同。

第五百一十八条 债权人为二人以上,部分或者全部债权人均可以请求债务人履行债务的,为连带债权;债务人为二人以上,债权人可以请求部分或者全部债务人履行全部债务的,为连带债务。

连带债权或者连带债务,由法律规定或者当事人约定。

第五百一十九条 连带债务人之间的份额难以确定的,视为份额相同。

实际承担债务超过自己份额的连带债务人,有权就超出部分在其他连带债务人未履行的份额范围内向其追偿,并相应地享有债权人的权利,但是不得损害债权人的利益。其他连带债务人对债权人的抗辩,可以向该债务人主张。

被追偿的连带债务人不能履行其应分担份额的,其他连带债务人应当在相应范围内按比例分担。

第五百二十条　部分连带债务人履行、抵销债务或者提存标的物的,其他债务人对债权人的债务在相应范围内消灭;该债务人可以依据前条规定向其他债务人追偿。

部分连带债务人的债务被债权人免除的,在该连带债务人应当承担的份额范围内,其他债务人对债权人的债务消灭。

部分连带债务人的债务与债权人的债权同归于一人的,在扣除该债务人应当承担的份额后,债权人对其他债务人的债权继续存在。

债权人对部分连带债务人的给付受领迟延的,对其他连带债务人发生效力。

第五百二十一条　连带债权人之间的份额难以确定的,视为份额相同。

实际受领债权的连带债权人,应当按比例向其他连带债权人返还。

连带债权参照适用本章连带债务的有关规定。

第五百二十二条　当事人约定由债务人向第三人履行债务,债务人未向第三人履行债务或者履行债务不符合约定的,应当向债权人承担违约责任。

法律规定或者当事人约定第三人可以直接请求债务人向其履行债务,第三人未在合理期限内明确拒绝,债务人未向第三人履行债务或者履行债务不符合约定的,第三人可以请求债务人承担违约责任;债务人对债权人的抗辩,可以向第三人主张。

第五百二十三条　当事人约定由第三人向债权人履行债务,第三人不履行债务或者履行债务不符合约定的,债务人应当向债权人承担违约责任。

第五百二十四条　债务人不履行债务,第三人对履行该债务具有合法利益的,第三人有权向债权人代为履行;但是,根据债务性质、按照当事人约定或者依照法律规定只能由债务人履行的除外。

债权人接受第三人履行后,其对债务人的债权转让给第三人,但是债务人和第三人另有约定的除外。

第五百二十五条　当事人互负债务,没有先后履行顺序的,应当同时履行。一方在对方履行之前有权拒绝其履行请求。一方在对方履行债务不符合约定时,有权拒绝其相应的履行请求。

第五百二十六条　当事人互负债务,有先后履行顺序,应当先履行债务一方未履行的,后履行一方有权拒绝其履行请求。先履行一方履行债务不符合约定的,后履行一方有权拒绝其相应的履行请求。

第五百二十七条　应当先履行债务的当事人,有确切证据证明对方有下列情形之一的,可以中止履行:

(一)经营状况严重恶化;

(二)转移财产、抽逃资金,以逃避债务;

(三)丧失商业信誉;

(四)有丧失或者可能丧失履行债务能力的其他情形。

当事人没有确切证据中止履行的,应当承担违约责任。

第五百二十八条　当事人依据前条规定中止履行的,应当及时通知对方。对方提供适当担保的,应当恢复履行。中止履行后,对方在合理期限内未恢复履行能力且未提供适当担保的,视为以自己的行为表明不履行主要债务,中止履行的一方可以解除合同并可以请求对方承担违约责任。

第五百二十九条　债权人分立、合并或者变更住所没有通知债务人,致使履行债务发生困难的,债务人可以中止履行或者将标的物提存。

第五百三十条　债权人可以拒绝债务人提前履行债务,但是提前履行不损害债权人利益的除外。

债务人提前履行债务给债权人增加的费用,由债务人负担。

第五百三十一条　债权人可以拒绝债务人部分履行债务,但是部分履行不损害债权人利益的除外。

债务人部分履行债务给债权人增加的费用,由债务人负担。

第五百三十二条　合同生效后,当事人不得因姓名、名称的变更或者法定代表人、负责人、承办人的变动而不履行合同义务。

第五百三十三条 合同成立后,合同的基础条件发生了当事人在订立合同时无法预见的、不属于商业风险的重大变化,继续履行合同对于当事人一方明显不公平的,受不利影响的当事人可以与对方重新协商;在合理期限内协商不成的,当事人可以请求人民法院或者仲裁机构变更或者解除合同。

人民法院或者仲裁机构应当结合案件的实际情况,根据公平原则变更或者解除合同。

第五百三十四条 对当事人利用合同实施危害国家利益、社会公共利益行为的,市场监督管理和其他有关行政主管部门依照法律、行政法规的规定负责监督处理。

第五章 合同的保全

第五百三十五条 因债务人怠于行使其债权或者与该债权有关的从权利,影响债权人的到期债权实现的,债权人可以向人民法院请求以自己的名义代位行使债务人对相对人的权利,但是该权利专属于债务人自身的除外。

代位权的行使范围以债权人的到期债权为限。债权人行使代位权的必要费用,由债务人负担。

相对人对债务人的抗辩,可以向债权人主张。

第五百三十六条 债权人的债权到期前,债务人的债权或者与该债权有关的从权利存在诉讼时效期间即将届满或者未及时申报破产债权等情形,影响债权人的债权实现的,债权人可以代位向债务人的相对人请求其向债务人履行、向破产管理人申报或者作出其他必要的行为。

第五百三十七条 人民法院认定代位权成立的,由债务人的相对人向债权人履行义务,债权人接受履行后,债权人与债务人、债务人与相对人之间相应的权利义务终止。债务人对相对人的债权或者与该债权有关的从权利被采取保全、执行措施,或者债务人破产的,依照相关法律的规定处理。

第五百三十八条 债务人以放弃其债权、放弃债权担保、无偿转让财产等方式无偿处分财产权益,或者恶意延长其到期债权的履行期限,影响债权人的债权实现的,债权人可以请求人民法院撤销债务人的行为。

第五百三十九条 债务人以明显不合理的低价转让财产、以明显不合理的高价受让他人财产或者为他人的债务提供担保,影响债权人的债权实现,债务人的相对人知道或者应当知道该情形的,债权人可以请求人民法院撤销债务人的行为。

第五百四十条 撤销权的行使范围以债权人的债权为限。债权人行使撤销权的必要费用,由债务人负担。

第五百四十一条 撤销权自债权人知道或者应当知道撤销事由之日起一年内行使。自债务人的行为发生之日起五年内没有行使撤销权的,该撤销权消灭。

第五百四十二条 债务人影响债权人的债权实现的行为被撤销的,自始没有法律约束力。

第六章 合同的变更和转让

第五百四十三条 当事人协商一致,可以变更合同。

第五百四十四条 当事人对合同变更的内容约定不明确的,推定为未变更。

第五百四十五条 债权人可以将债权的全部或者部分转让给第三人,但是有下列情形之一的除外:

(一)根据债权性质不得转让;

(二)按照当事人约定不得转让;

(三)依照法律规定不得转让。

当事人约定非金钱债权不得转让的,不得对抗善意第三人。当事人约定金钱债权不得转让的,不得对抗第三人。

第五百四十六条 债权人转让债权,未通知债务人的,该转让对债务人不发生效力。

债权转让的通知不得撤销,但是经受让人同意的除外。

第五百四十七条 债权人转让债权的,受让人取得与债权有关的从权利,但是该从权利专属于债权人自身的除外。

受让人取得从权利不因该从权利未办理转移登记手续或者未转移占有而受到影响。

第五百四十八条 债务人接到债权转让通知后,债务人对让与人的抗辩,可以向受让人主张。

第五百四十九条 有下列情形之一的,债务人可以向受让人主张抵销:

(一)债务人接到债权转让通知时,债务人对让与人享有债权,且债务人的债权先于转让的债权到期或者同时到期;

(二)债务人的债权与转让的债权是基于同一合同产生。

第五百五十条 因债权转让增加的履行费用,由让与人负担。

第五百五十一条 债务人将债务的全部或者部分转移给第三人的,应当经债权人同意。

债务人或者第三人可以催告债权人在合理期限内予以同意,债权人未作表示的,视为不同意。

第五百五十二条 第三人与债务人约定加入债务并通知债权人,或者第三人向债权人表示愿意加入债务,债权人未在合理期限内明确拒绝的,债权人可以请求第三人在其愿意承担的债务范围内和债务人承担连带债务。

第五百五十三条 债务人转移债务的,新债务人可以主张原债务人对债权人的抗辩;原债务人对债权人享有债权的,新债务人不得向债权人主张抵销。

第五百五十四条 债务人转移债务的,新债务人应当承担与主债务有关的从债务,但是该从债务专属于原债务人自身的除外。

第五百五十五条 当事人一方经对方同意,可以将自己在合同中的权利和义务一并转让给第三人。

第五百五十六条 合同的权利和义务一并转让的,适用债权转让、债务转移的有关规定。

第七章 合同的权利义务终止

第五百五十七条 有下列情形之一的,债权债务终止:

(一)债务已经履行;

(二)债务相互抵销;

(三)债务人依法将标的物提存;

(四)债权人免除债务;

(五)债权债务同归于一人;

(六)法律规定或者当事人约定终止的其他情形。

合同解除的,该合同的权利义务关系终止。

第五百五十八条 债权债务终止后,当事人应当遵循诚信等原则,根据交易习惯履行通知、协助、保密、旧物回收等义务。

第五百五十九条 债权债务终止时,债权的从权利同时消灭,但是法律另有规定或者当事人另有约定的除外。

第五百六十条 债务人对同一债权人负担的数项债务种类相同,债务人的给付不足以清偿全部债务的,除当事人另有约定外,由债务人在清偿时指定其履行的债务。

债务人未作指定的,应当优先履行已经到期的债务;数项债务均到期的,优先履行对债权人缺乏担保或者担保最少的债务;均无担保或者担保相等的,优先履行债务人负担较重的债务;负担相同的,按照债务到期的先后顺序履行;到期时间相同的,按照债务比例履行。

第五百六十一条 债务人在履行主债务外还应当支付利息和实现债权的有关费用,其给付不足以清偿全部债务的,除当事人另有约定外,应当按照下列顺序履行:

(一)实现债权的有关费用;

(二)利息;

(三)主债务。

第五百六十二条 当事人协商一致,可以解除合同。

当事人可以约定一方解除合同的事由。解除合同的事由发生时,解除权人可以解除合同。

第五百六十三条 有下列情形之一的,当事人可以解除合同:

(一)因不可抗力致使不能实现合同目的;

(二)在履行期限届满前,当事人一方明确表示或者以自己的行为表明不履行主要债务;

(三)当事人一方迟延履行主要债务,经催告后在合理期限内仍未履行;

(四)当事人一方迟延履行债务或者有其他违约行为致使不能实现合同目的;

(五)法律规定的其他情形。

以持续履行的债务为内容的不定期合同,当

事人可以随时解除合同,但是应当在合理期限之前通知对方。

第五百六十四条　法律规定或者当事人约定解除权行使期限,期限届满当事人不行使的,该权利消灭。

法律没有规定或者当事人没有约定解除权行使期限,自解除权人知道或者应当知道解除事由之日起一年内不行使,或者经对方催告后在合理期限内不行使的,该权利消灭。

第五百六十五条　当事人一方依法主张解除合同的,应当通知对方。合同自通知到达对方时解除;通知载明债务人在一定期限内不履行债务则合同自动解除,债务人在该期限内未履行债务的,合同自通知载明的期限届满时解除。对方对解除合同有异议的,任何一方当事人均可以请求人民法院或者仲裁机构确认解除行为的效力。

当事人一方未通知对方,直接以提起诉讼或者申请仲裁的方式依法主张解除合同,人民法院或者仲裁机构确认该主张的,合同自起诉状副本或者仲裁申请书副本送达对方时解除。

第五百六十六条　合同解除后,尚未履行的,终止履行;已经履行的,根据履行情况和合同性质,当事人可以请求恢复原状或者采取其他补救措施,并有权请求赔偿损失。

合同因违约解除的,解除权人可以请求违约方承担违约责任,但是当事人另有约定的除外。

主合同解除后,担保人对债务人应当承担的民事责任仍应当承担担保责任,但是担保合同另有约定的除外。

第五百六十七条　合同的权利义务关系终止,不影响合同中结算和清理条款的效力。

第五百六十八条　当事人互负债务,该债务的标的物种类、品质相同的,任何一方可以将自己的债务与对方的到期债务抵销;但是,根据债务性质、按照当事人约定或者依照法律规定不得抵销的除外。

当事人主张抵销的,应当通知对方。通知自到达对方时生效。抵销不得附条件或者附期限。

第五百六十九条　当事人互负债务,标的物种类、品质不相同的,经协商一致,也可以抵销。

第五百七十条　有下列情形之一,难以履行债务的,债务人可以将标的物提存:

(一)债权人无正当理由拒绝受领;

(二)债权人下落不明;

(三)债权人死亡未确定继承人、遗产管理人,或者丧失民事行为能力未确定监护人;

(四)法律规定的其他情形。

标的物不适于提存或者提存费用过高的,债务人依法可以拍卖或者变卖标的物,提存所得的价款。

第五百七十一条　债务人将标的物或者将标的物依法拍卖、变卖所得价款交付提存部门时,提存成立。

提存成立的,视为债务人在其提存范围内已经交付标的物。

第五百七十二条　标的物提存后,债务人应当及时通知债权人或者债权人的继承人、遗产管理人、监护人、财产代管人。

第五百七十三条　标的物提存后,毁损、灭失的风险由债权人承担。提存期间,标的物的孳息归债权人所有。提存费用由债权人负担。

第五百七十四条　债权人可以随时领取提存物。但是,债权人对债务人负有到期债务的,在债权人未履行债务或者提供担保之前,提存部门根据债务人的要求应当拒绝其领取提存物。

债权人领取提存物的权利,自提存之日起五年内不行使而消灭,提存物扣除提存费用后归国家所有。但是,债权人未履行对债务人的到期债务,或者债权人向提存部门书面表示放弃领取提存物权利的,债务人负担提存费用后有权取回提存物。

第五百七十五条　债权人免除债务人部分或者全部债务的,债权债务部分或者全部终止,但是债务人在合理期限内拒绝的除外。

第五百七十六条　债权和债务同归于一人的,债权债务终止,但是损害第三人利益的除外。

第八章　违约责任

第五百七十七条　当事人一方不履行合同义务或者履行合同义务不符合约定的,应当承担继续履行、采取补救措施或者赔偿损失等违约责任。

第五百七十八条　当事人一方明确表示或者以自己的行为表明不履行合同义务的,对方可以在履行期限届满前请求其承担违约责任。

第五百七十九条 当事人一方未支付价款、报酬、租金、利息,或者不履行其他金钱债务的,对方可以请求其支付。

第五百八十条 当事人一方不履行非金钱债务或者履行非金钱债务不符合约定的,对方可以请求履行,但是有下列情形之一的除外:

(一)法律上或者事实上不能履行;

(二)债务的标的不适于强制履行或者履行费用过高;

(三)债权人在合理期限内未请求履行。

有前款规定的除外情形之一,致使不能实现合同目的的,人民法院或者仲裁机构可以根据当事人的请求终止合同权利义务关系,但是不影响违约责任的承担。

第五百八十一条 当事人一方不履行债务或者履行债务不符合约定,根据债务的性质不得强制履行的,对方可以请求其负担由第三人替代履行的费用。

第五百八十二条 履行不符合约定的,应当按照当事人的约定承担违约责任。对违约责任没有约定或者约定不明确,依据本法第五百一十条的规定仍不能确定的,受损害方根据标的的性质以及损失的大小,可以合理选择请求对方承担修理、重作、更换、退货、减少价款或者报酬等违约责任。

第五百八十三条 当事人一方不履行合同义务或者履行合同义务不符合约定的,在履行义务或者采取补救措施后,对方还有其他损失的,应当赔偿损失。

第五百八十四条 当事人一方不履行合同义务或者履行合同义务不符合约定,造成对方损失的,损失赔偿额应当相当于因违约所造成的损失,包括合同履行后可以获得的利益;但是,不得超过违约一方订立合同时预见到或者应当预见到的因违约可能造成的损失。

第五百八十五条 当事人可以约定一方违约时应当根据违约情况向对方支付一定数额的违约金,也可以约定因违约产生的损失赔偿额的计算方法。

约定的违约金低于造成的损失的,人民法院或者仲裁机构可以根据当事人的请求予以增加;约定的违约金过分高于造成的损失的,人民法院或者仲裁机构可以根据当事人的请求予以适当减少。

当事人就迟延履行约定违约金的,违约方支付违约金后,还应当履行债务。

第五百八十六条 当事人可以约定一方向对方给付定金作为债权的担保。定金合同自实际交付定金时成立。

定金的数额由当事人约定;但是,不得超过主合同标的额的百分之二十,超过部分不产生定金的效力。实际交付的定金数额多于或者少于约定数额的,视为变更约定的定金数额。

第五百八十七条 债务人履行债务的,定金应当抵作价款或者收回。给付定金的一方不履行债务或者履行债务不符合约定,致使不能实现合同目的的,无权请求返还定金;收受定金的一方不履行债务或者履行债务不符合约定,致使不能实现合同目的的,应当双倍返还定金。

第五百八十八条 当事人既约定违约金,又约定定金的,一方违约时,对方可以选择适用违约金或者定金条款。

定金不足以弥补一方违约造成的损失的,对方可以请求赔偿超过定金数额的损失。

第五百八十九条 债务人按照约定履行债务,债权人无正当理由拒绝受领的,债务人可以请求债权人赔偿增加的费用。

在债权人受领迟延期间,债务人无须支付利息。

第五百九十条 当事人一方因不可抗力不能履行合同的,根据不可抗力的影响,部分或者全部免除责任,但是法律另有规定的除外。因不可抗力不能履行合同的,应当及时通知对方,以减轻可能给对方造成的损失,并应当在合理期限内提供证明。

当事人迟延履行后发生不可抗力的,不免除其违约责任。

第五百九十一条 当事人一方违约后,对方应当采取适当措施防止损失的扩大;没有采取适当措施致使损失扩大的,不得就扩大的损失请求赔偿。

当事人因防止损失扩大而支出的合理费用,由违约方负担。

第五百九十二条 当事人都违反合同的，应当各自承担相应的责任。

当事人一方违约造成对方损失，对方对损失的发生有过错的，可以减少相应的损失赔偿额。

第五百九十三条 当事人一方因第三人的原因造成违约的，应当依法向对方承担违约责任。当事人一方和第三人之间的纠纷，依照法律规定或者按照约定处理。

第五百九十四条 因国际货物买卖合同和技术进出口合同争议提起诉讼或者申请仲裁的时效期间为四年。

第二分编 典型合同

第九章 买卖合同

第五百九十五条 买卖合同是出卖人转移标的物的所有权于买受人，买受人支付价款的合同。

第五百九十六条 买卖合同的内容一般包括标的物的名称、数量、质量、价款、履行期限、履行地点和方式、包装方式、检验标准和方法、结算方式、合同使用的文字及其效力等条款。

第五百九十七条 因出卖人未取得处分权致使标的物所有权不能转移的，买受人可以解除合同并请求出卖人承担违约责任。

法律、行政法规禁止或者限制转让的标的物，依照其规定。

第五百九十八条 出卖人应当履行向买受人交付标的物或者交付提取标的物的单证，并转移标的物所有权的义务。

第五百九十九条 出卖人应当按照约定或者交易习惯向买受人交付提取标的物单证以外的有关单证和资料。

第六百条 出卖具有知识产权的标的物的，除法律另有规定或者当事人另有约定外，该标的物的知识产权不属于买受人。

第六百零一条 出卖人应当按照约定的时间交付标的物。约定交付期限的，出卖人可以在该交付期限内的任何时间交付。

第六百零二条 当事人没有约定标的物的交付期限或者约定不明确的，适用本法第五百一十条、第五百一十一条第四项的规定。

第六百零三条 出卖人应当按照约定的地点交付标的物。

当事人没有约定交付地点或者约定不明确，依据本法第五百一十条的规定仍不能确定的，适用下列规定：

（一）标的物需要运输的，出卖人应当将标的物交付给第一承运人以运交给买受人；

（二）标的物不需要运输，出卖人和买受人订立合同时知道标的物在某一地点的，出卖人应当在该地点交付标的物；不知道标的物在某一地点的，应当在出卖人订立合同时的营业地交付标的物。

第六百零四条 标的物毁损、灭失的风险，在标的物交付之前由出卖人承担，交付之后由买受人承担，但是法律另有规定或者当事人另有约定的除外。

第六百零五条 因买受人的原因致使标的物未按照约定的期限交付的，买受人应当自违反约定时起承担标的物毁损、灭失的风险。

第六百零六条 出卖人出卖交由承运人运输的在途标的物，除当事人另有约定外，毁损、灭失的风险自合同成立时起由买受人承担。

第六百零七条 出卖人按照约定将标的物运送至买受人指定地点并交付给承运人后，标的物毁损、灭失的风险由买受人承担。

当事人没有约定交付地点或者约定不明确，依据本法第六百零三条第二款第一项的规定标的物需要运输的，出卖人将标的物交付给第一承运人后，标的物毁损、灭失的风险由买受人承担。

第六百零八条 出卖人按照约定或者依据本法第六百零三条第二款第二项的规定将标的物置于交付地点，买受人违反约定没有收取的，标的物毁损、灭失的风险自违反约定时起由买受人承担。

第六百零九条 出卖人按照约定未交付有关标的物的单证和资料的，不影响标的物毁损、灭失风险的转移。

第六百一十条 因标的物不符合质量要求，致使不能实现合同目的的，买受人可以拒绝接受标的物或者解除合同。买受人拒绝接受标的物或者解除合同的，标的物毁损、灭失的风险由出卖人承担。

第六百一十一条 标的物毁损、灭失的风险由买受人承担的,不影响因出卖人履行义务不符合约定,买受人请求其承担违约责任的权利。

第六百一十二条 出卖人就交付的标的物,负有保证第三人对该标的物不享有任何权利的义务,但是法律另有规定的除外。

第六百一十三条 买受人订立合同时知道或者应当知道第三人对买卖的标的物享有权利的,出卖人不承担前条规定的义务。

第六百一十四条 买受人有确切证据证明第三人对标的物享有权利的,可以中止支付相应的价款,但是出卖人提供适当担保的除外。

第六百一十五条 出卖人应当按照约定的质量要求交付标的物。出卖人提供有关标的物质量说明的,交付的标的物应当符合该说明的质量要求。

第六百一十六条 当事人对标的物的质量要求没有约定或者约定不明确,依据本法第五百一十条的规定仍不能确定的,适用本法第五百一十一条第一项的规定。

第六百一十七条 出卖人交付的标的物不符合质量要求的,买受人可以依据本法第五百八十二条至第五百八十四条的规定请求承担违约责任。

第六百一十八条 当事人约定减轻或者免除出卖人对标的物瑕疵承担的责任,因出卖人故意或者重大过失不告知买受人标的物瑕疵的,出卖人无权主张减轻或者免除责任。

第六百一十九条 出卖人应当按照约定的包装方式交付标的物。对包装方式没有约定或者约定不明确,依据本法第五百一十条的规定仍不能确定的,应当按照通用的方式包装;没有通用方式的,应当采取足以保护标的物且有利于节约资源、保护生态环境的包装方式。

第六百二十条 买受人收到标的物时应当在约定的检验期限内检验。没有约定检验期限的,应当及时检验。

第六百二十一条 当事人约定检验期限的,买受人应当在检验期限内将标的物的数量或者质量不符合约定的情形通知出卖人。买受人怠于通知的,视为标的物的数量或者质量符合约定。

当事人没有约定检验期限的,买受人应当在发现或者应当发现标的物的数量或者质量不符合约定的合理期限内通知出卖人。买受人在合理期限内未通知或者自收到标的物之日起二年内未通知出卖人的,视为标的物的数量或者质量符合约定;但是,对标的物有质量保证期的,适用质量保证期,不适用该二年的规定。

出卖人知道或者应当知道提供的标的物不符合约定的,买受人不受前两款规定的通知时间的限制。

第六百二十二条 当事人约定的检验期限过短,根据标的物的性质和交易习惯,买受人在检验期限内难以完成全面检验的,该期限仅视为买受人对标的物的外观瑕疵提出异议的期限。

约定的检验期限或者质量保证期短于法律、行政法规规定期限的,应当以法律、行政法规规定的期限为准。

第六百二十三条 当事人对检验期限未作约定,买受人签收的送货单、确认单等载明标的物数量、型号、规格的,推定买受人已经对数量和外观瑕疵进行检验,但是有相关证据足以推翻的除外。

第六百二十四条 出卖人依照买受人的指示向第三人交付标的物,出卖人和买受人约定的检验标准与买受人和第三人约定的检验标准不一致的,以出卖人和买受人约定的检验标准为准。

第六百二十五条 依照法律、行政法规的规定或者按照当事人的约定,标的物在有效使用年限届满后应予回收的,出卖人负有自行或者委托第三人对标的物予以回收的义务。

第六百二十六条 买受人应当按照约定的数额和支付方式支付价款。对价款的数额和支付方式没有约定或者约定不明确的,适用本法第五百一十条、第五百一十一条第二项和第五项的规定。

第六百二十七条 买受人应当按照约定的地点支付价款。对支付地点没有约定或者约定不明确,依据本法第五百一十条的规定仍不能确定的,买受人应当在出卖人的营业地支付;但是,约定支付价款以交付标的物或者交付提取标的物单证为条件的,在交付标的物或者交付提取标的物单证的所在地支付。

第六百二十八条 买受人应当按照约定的时间支付价款。对支付时间没有约定或者约定不明确,依据本法第五百一十条的规定仍不能确定的,买受人应当在收到标的物或者提取标的物单证的同时支付。

第六百二十九条 出卖人多交标的物的,买受人可以接收或者拒绝接收多交的部分。买受人接收多交部分的,按照约定的价格支付价款;买受人拒绝接收多交部分的,应当及时通知出卖人。

第六百三十条 标的物在交付之前产生的孳息,归出卖人所有;交付之后产生的孳息,归买受人所有。但是,当事人另有约定的除外。

第六百三十一条 因标的物的主物不符合约定而解除合同的,解除合同的效力及于从物。因标的物的从物不符合约定被解除的,解除的效力不及于主物。

第六百三十二条 标的物为数物,其中一物不符合约定的,买受人可以就该物解除。但是,该物与他物分离使标的物的价值显受损害的,买受人可以就数物解除合同。

第六百三十三条 出卖人分批交付标的物的,出卖人对其中一批标的物不交付或者交付不符合约定,致使该批标的物不能实现合同目的的,买受人可以就该批标的物解除。

出卖人不交付其中一批标的物或者交付不符合约定,致使之后其他各批标的物的交付不能实现合同目的的,买受人可以就该批以及之后其他各批标的物解除。

买受人如果就其中一批标的物解除,该批标的物与其他各批标的物相互依存的,可以就已经交付和未交付的各批标的物解除。

第六百三十四条 分期付款的买受人未支付到期价款的数额达到全部价款的五分之一,经催告后在合理期限内仍未支付到期价款的,出卖人可以请求买受人支付全部价款或者解除合同。

出卖人解除合同的,可以向买受人请求支付该标的物的使用费。

第六百三十五条 凭样品买卖的当事人应当封存样品,并可以对样品质量予以说明。出卖人交付的标的物应当与样品及其说明的质量相同。

第六百三十六条 凭样品买卖的买受人不知道样品有隐蔽瑕疵的,即使交付的标的物与样品相同,出卖人交付的标的物的质量仍然应当符合同种物的通常标准。

第六百三十七条 试用买卖的当事人可以约定标的物的试用期限。对试用期限没有约定或者约定不明确,依据本法第五百一十条的规定仍不能确定的,由出卖人确定。

第六百三十八条 试用买卖的买受人在试用期内可以购买标的物,也可以拒绝购买。试用期限届满,买受人对是否购买标的物未作表示的,视为购买。

试用买卖的买受人在试用期内已经支付部分价款或者对标的物实施出卖、出租、设立担保物权等行为的,视为同意购买。

第六百三十九条 试用买卖的当事人对标的物使用费没有约定或者约定不明确的,出卖人无权请求买受人支付。

第六百四十条 标的物在试用期内毁损、灭失的风险由出卖人承担。

第六百四十一条 当事人可以在买卖合同中约定买受人未履行支付价款或者其他义务的,标的物的所有权属于出卖人。

出卖人对标的物保留的所有权,未经登记,不得对抗善意第三人。

第六百四十二条 当事人约定出卖人保留合同标的物的所有权,在标的物所有权转移前,买受人有下列情形之一,造成出卖人损害的,除当事人另有约定外,出卖人有权取回标的物:

(一)未按照约定支付价款,经催告后在合理期限内仍未支付;

(二)未按照约定完成特定条件;

(三)将标的物出卖、出质或者作出其他不当处分。

出卖人可以与买受人协商取回标的物;协商不成的,可以参照适用担保物权的实现程序。

第六百四十三条 出卖人依据前条第一款的规定取回标的物后,买受人在双方约定或者出卖人指定的合理回赎期限内,消除出卖人取回标的物的事由的,可以请求回赎标的物。

买受人在回赎期限内没有回赎标的物,出卖人可以以合理价格将标的物出卖给第三人,出卖所得价款扣除买受人未支付的价款以及必要费用后仍有剩余的，应当返还买受人；不足部分由买受人清偿。

第六百四十四条　招标投标买卖的当事人的权利和义务以及招标投标程序等，依照有关法律、行政法规的规定。

第六百四十五条　拍卖的当事人的权利和义务以及拍卖程序等，依照有关法律、行政法规的规定。

第六百四十六条　法律对其他有偿合同有规定的，依照其规定；没有规定的，参照适用买卖合同的有关规定。

第六百四十七条　当事人约定易货交易，转移标的物的所有权的，参照适用买卖合同的有关规定。

第十章　供用电、水、气、热力合同

第六百四十八条　供用电合同是供电人向用电人供电，用电人支付电费的合同。

向社会公众供电的供电人，不得拒绝用电人合理的订立合同要求。

第六百四十九条　供用电合同的内容一般包括供电的方式、质量、时间，用电容量、地址、性质，计量方式，电价、电费的结算方式，供用电设施的维护责任等条款。

第六百五十条　供用电合同的履行地点，按照当事人约定；当事人没有约定或者约定不明确的，供电设施的产权分界处为履行地点。

第六百五十一条　供电人应当按照国家规定的供电质量标准和约定安全供电。供电人未按照国家规定的供电质量标准和约定安全供电，造成用电人损失的，应当承担赔偿责任。

第六百五十二条　供电人因供电设施计划检修、临时检修、依法限电或者用电人违法用电等原因，需要中断供电时，应当按照国家有关规定事先通知用电人；未事先通知用电人中断供电，造成用电人损失的，应当承担赔偿责任。

第六百五十三条　因自然灾害等原因断电，供电人应当按照国家有关规定及时抢修；未及时抢修，造成用电人损失的，应当承担赔偿责任。

第六百五十四条　用电人应当按照国家有关规定和当事人的约定及时支付电费。用电人逾期不支付电费的，应当按照约定支付违约金。经催告用电人在合理期限内仍不支付电费和违约金的，供电人可以按照国家规定的程序中止供电。

供电人依据前款规定中止供电的，应当事先通知用电人。

第六百五十五条　用电人应当按照国家有关规定和当事人的约定安全、节约和计划用电。用电人未按照国家有关规定和当事人的约定用电，造成供电人损失的，应当承担赔偿责任。

第六百五十六条　供用水、供用气、供用热力合同，参照适用供用电合同的有关规定。

第十一章　赠与合同

第六百五十七条　赠与合同是赠与人将自己的财产无偿给予受赠人，受赠人表示接受赠与的合同。

第六百五十八条　赠与人在赠与财产的权利转移之前可以撤销赠与。

经过公证的赠与合同或者依法不得撤销的具有救灾、扶贫、助残等公益、道德义务性质的赠与合同，不适用前款规定。

第六百五十九条　赠与的财产依法需要办理登记或者其他手续的，应当办理有关手续。

第六百六十条　经过公证的赠与合同或者依法不得撤销的具有救灾、扶贫、助残等公益、道德义务性质的赠与合同，赠与人不交付赠与财产的，受赠人可以请求交付。

依据前款规定应当交付的赠与财产因赠与人故意或者重大过失致使毁损、灭失的，赠与人应当承担赔偿责任。

第六百六十一条　赠与可以附义务。

赠与附义务的，受赠人应当按照约定履行义务。

第六百六十二条　赠与的财产有瑕疵的，赠与人不承担责任。附义务的赠与，赠与的财产有瑕疵的，赠与人在附义务的限度内承担与出卖人相同的责任。

赠与人故意不告知瑕疵或者保证无瑕疵，造成受赠人损失的，应当承担赔偿责任。

第六百六十三条　受赠人有下列情形之一的，赠与人可以撤销赠与：

（一）严重侵害赠与人或者赠与人近亲属的合法权益；

（二）对赠与人有扶养义务而不履行；

（三）不履行赠与合同约定的义务。

赠与人的撤销权，自知道或者应当知道撤销事由之日起一年内行使。

第六百六十四条 因受赠人的违法行为致使赠与人死亡或者丧失民事行为能力的，赠与人的继承人或者法定代理人可以撤销赠与。

赠与人的继承人或者法定代理人的撤销权，自知道或者应当知道撤销事由之日起六个月内行使。

第六百六十五条 撤销权人撤销赠与的，可以向受赠人请求返还赠与的财产。

第六百六十六条 赠与人的经济状况显著恶化，严重影响其生产经营或者家庭生活的，可以不再履行赠与义务。

第十二章 借款合同

第六百六十七条 借款合同是借款人向贷款人借款，到期返还借款并支付利息的合同。

第六百六十八条 借款合同应当采用书面形式，但是自然人之间借款另有约定的除外。

借款合同的内容一般包括借款种类、币种、用途、数额、利率、期限和还款方式等条款。

第六百六十九条 订立借款合同，借款人应当按照贷款人的要求提供与借款有关的业务活动和财务状况的真实情况。

第六百七十条 借款的利息不得预先在本金中扣除。利息预先在本金中扣除的，应当按照实际借款数额返还借款并计算利息。

第六百七十一条 贷款人未按照约定的日期、数额提供借款，造成借款人损失的，应当赔偿损失。

借款人未按照约定的日期、数额收取借款的，应当按照约定的日期、数额支付利息。

第六百七十二条 贷款人按照约定可以检查、监督借款的使用情况。借款人应当按照约定向贷款人定期提供有关财务会计报表或者其他资料。

第六百七十三条 借款人未按照约定的借款用途使用借款的，贷款人可以停止发放借款、提前收回借款或者解除合同。

第六百七十四条 借款人应当按照约定的期限支付利息。对支付利息的期限没有约定或者约定不明确，依据本法第五百一十条的规定仍不能确定，借款期间不满一年的，应当在返还借款时一并支付；借款期间一年以上的，应当在每届满一年时支付，剩余期间不满一年的，应当在返还借款时一并支付。

第六百七十五条 借款人应当按照约定的期限返还借款。对借款期限没有约定或者约定不明确，依据本法第五百一十条的规定仍不能确定的，借款人可以随时返还；贷款人可以催告借款人在合理期限内返还。

第六百七十六条 借款人未按照约定的期限返还借款的，应当按照约定或者国家有关规定支付逾期利息。

第六百七十七条 借款人提前返还借款的，除当事人另有约定外，应当按照实际借款的期间计算利息。

第六百七十八条 借款人可以在还款期限届满前向贷款人申请展期；贷款人同意的，可以展期。

第六百七十九条 自然人之间的借款合同，自贷款人提供借款时成立。

第六百八十条 禁止高利放贷，借款的利率不得违反国家有关规定。

借款合同对支付利息没有约定的，视为没有利息。

借款合同对支付利息约定不明确，当事人不能达成补充协议的，按照当地或者当事人的交易方式、交易习惯、市场利率等因素确定利息；自然人之间借款的，视为没有利息。

第十三章 保证合同

第一节 一般规定

第六百八十一条 保证合同是为保障债权的实现，保证人和债权人约定，当债务人不履行到期债务或者发生当事人约定的情形时，保证人履行债务或者承担责任的合同。

第六百八十二条 保证合同是主债权债务合同的从合同。主债权债务合同无效的，保证合同无效，但是法律另有规定的除外。

保证合同被确认无效后，债务人、保证人、债权人有过错的，应当根据其过错各自承担相应的民事责任。

第六百八十三条　机关法人不得为保证人，但是经国务院批准为使用外国政府或者国际经济组织贷款进行转贷的除外。

以公益为目的的非营利法人、非法人组织不得为保证人。

第六百八十四条　保证合同的内容一般包括被保证的主债权的种类、数额，债务人履行债务的期限，保证的方式、范围和期间等条款。

第六百八十五条　保证合同可以是单独订立的书面合同，也可以是主债权债务合同中的保证条款。

第三人单方以书面形式向债权人作出保证，债权人接收且未提出异议的，保证合同成立。

第六百八十六条　保证的方式包括一般保证和连带责任保证。

当事人在保证合同中对保证方式没有约定或者约定不明确的，按照一般保证承担保证责任。

第六百八十七条　当事人在保证合同中约定，债务人不能履行债务时，由保证人承担保证责任的，为一般保证。

一般保证的保证人在主合同纠纷未经审判或者仲裁，并就债务人财产依法强制执行仍不能履行债务前，有权拒绝向债权人承担保证责任，但是有下列情形之一的除外：

（一）债务人下落不明，且无财产可供执行；

（二）人民法院已经受理债务人破产案件；

（三）债权人有证据证明债务人的财产不足以履行全部债务或者丧失履行债务能力；

（四）保证人书面表示放弃本款规定的权利。

第六百八十八条　当事人在保证合同中约定保证人和债务人对债务承担连带责任的，为连带责任保证。

连带责任保证的债务人不履行到期债务或者发生当事人约定的情形时，债权人可以请求债务人履行债务，也可以请求保证人在其保证范围内承担保证责任。

第六百八十九条　保证人可以要求债务人提供反担保。

第六百九十条　保证人与债权人可以协商订立最高额保证的合同，约定在最高债权额限度内就一定期间连续发生的债权提供保证。

最高额保证除适用本章规定外，参照适用本法第二编最高额抵押权的有关规定。

第二节　保证责任

第六百九十一条　保证的范围包括主债权及其利息、违约金、损害赔偿金和实现债权的费用。当事人另有约定的，按照其约定。

第六百九十二条　保证期间是确定保证人承担保证责任的期间，不发生中止、中断和延长。

债权人与保证人可以约定保证期间，但是约定的保证期间早于主债务履行期限或者与主债务履行期限同时届满的，视为没有约定；没有约定或者约定不明确的，保证期间为主债务履行期限届满之日起六个月。

债权人与债务人对主债务履行期限没有约定或者约定不明确的，保证期间自债权人请求债务人履行债务的宽限期届满之日起计算。

第六百九十三条　一般保证的债权人未在保证期间对债务人提起诉讼或者申请仲裁的，保证人不再承担保证责任。

连带责任保证的债权人未在保证期间请求保证人承担保证责任的，保证人不再承担保证责任。

第六百九十四条　一般保证的债权人在保证期间届满前对债务人提起诉讼或者申请仲裁的，从保证人拒绝承担保证责任的权利消灭之日起，开始计算保证债务的诉讼时效。

连带责任保证的债权人在保证期间届满前请求保证人承担保证责任的，从债权人请求保证人承担保证责任之日起，开始计算保证债务的诉讼时效。

第六百九十五条　债权人和债务人未经保证人书面同意，协商变更主债权债务合同内容，减轻债务的，保证人仍对变更后的债务承担保证责任；加重债务的，保证人对加重的部分不承担保证责任。

债权人和债务人变更主债权债务合同的履行期限，未经保证人书面同意的，保证期间不受影响。

第六百九十六条 债权人转让全部或者部分债权，未通知保证人的，该转让对保证人不发生效力。

保证人与债权人约定禁止债权转让，债权人未经保证人书面同意转让债权的，保证人对受让人不再承担保证责任。

第六百九十七条 债权人未经保证人书面同意，允许债务人转移全部或者部分债务，保证人对未经其同意转移的债务不再承担保证责任，但是债权人和保证人另有约定的除外。

第三人加入债务的，保证人的保证责任不受影响。

第六百九十八条 一般保证的保证人在主债务履行期限届满后，向债权人提供债务人可供执行财产的真实情况，债权人放弃或者怠于行使权利致使该财产不能被执行的，保证人在其提供可供执行财产的价值范围内不再承担保证责任。

第六百九十九条 同一债务有两个以上保证人的，保证人应当按照保证合同约定的保证份额，承担保证责任；没有约定保证份额的，债权人可以请求任何一个保证人在其保证范围内承担保证责任。

第七百条 保证人承担保证责任后，除当事人另有约定外，有权在其承担保证责任的范围内向债务人追偿，享有债权人对债务人的权利，但是不得损害债权人的利益。

第七百零一条 保证人可以主张债务人对债权人的抗辩。债务人放弃抗辩的，保证人仍有权向债权人主张抗辩。

第七百零二条 债务人对债权人享有抵销权或者撤销权的，保证人可以在相应范围内拒绝承担保证责任。

第十四章 租赁合同

第七百零三条 租赁合同是出租人将租赁物交付承租人使用、收益，承租人支付租金的合同。

第七百零四条 租赁合同的内容一般包括租赁物的名称、数量、用途、租赁期限、租金及其支付期限和方式、租赁物维修等条款。

第七百零五条 租赁期限不得超过二十年。超过二十年的，超过部分无效。

租赁期限届满，当事人可以续订租赁合同；但是，约定的租赁期限自续订之日起不得超过二十年。

第七百零六条 当事人未依照法律、行政法规规定办理租赁合同登记备案手续的，不影响合同的效力。

第七百零七条 租赁期限六个月以上的，应当采用书面形式。当事人未采用书面形式，无法确定租赁期限的，视为不定期租赁。

第七百零八条 出租人应当按照约定将租赁物交付承租人，并在租赁期限内保持租赁物符合约定的用途。

第七百零九条 承租人应当按照约定的方法使用租赁物。对租赁物的使用方法没有约定或者约定不明确，依据本法第五百一十条的规定仍不能确定的，应当根据租赁物的性质使用。

第七百一十条 承租人按照约定的方法或者根据租赁物的性质使用租赁物，致使租赁物受到损耗的，不承担赔偿责任。

第七百一十一条 承租人未按照约定的方法或者未根据租赁物的性质使用租赁物，致使租赁物受到损失的，出租人可以解除合同并请求赔偿损失。

第七百一十二条 出租人应当履行租赁物的维修义务，但是当事人另有约定的除外。

第七百一十三条 承租人在租赁物需要维修时可以请求出租人在合理期限内维修。出租人未履行维修义务的，承租人可以自行维修，维修费用由出租人负担。因维修租赁物影响承租人使用的，应当相应减少租金或者延长租期。

因承租人的过错致使租赁物需要维修的，出租人不承担前款规定的维修义务。

第七百一十四条 承租人应当妥善保管租赁物，因保管不善造成租赁物毁损、灭失的，应当承担赔偿责任。

第七百一十五条 承租人经出租人同意，可以对租赁物进行改善或者增设他物。

承租人未经出租人同意，对租赁物进行改善或者增设他物的，出租人可以请求承租人恢复原状或者赔偿损失。

第七百一十六条 承租人经出租人同意，可以将租赁物转租给第三人。承租人转租的，承租人与出租人之间的租赁合同继续有效；第三人造成租赁物损失的，承租人应当赔偿损失。

承租人未经出租人同意转租的，出租人可以解除合同。

第七百一十七条 承租人经出租人同意将租赁物转租给第三人，转租期限超过承租人剩余租赁期限的，超过部分的约定对出租人不具有法律约束力，但是出租人与承租人另有约定的除外。

第七百一十八条 出租人知道或者应当知道承租人转租，但是在六个月内未提出异议的，视为出租人同意转租。

第七百一十九条 承租人拖欠租金的，次承租人可以代承租人支付其欠付的租金和违约金，但是转租合同对出租人不具有法律约束力的除外。

次承租人代为支付的租金和违约金，可以充抵次承租人应当向承租人支付的租金；超出其应付的租金数额的，可以向承租人追偿。

第七百二十条 在租赁期限内因占有、使用租赁物获得的收益，归承租人所有，但是当事人另有约定的除外。

第七百二十一条 承租人应当按照约定的期限支付租金。对支付租金的期限没有约定或者约定不明确，依据本法第五百一十条的规定仍不能确定，租赁期限不满一年的，应当在租赁期限届满时支付；租赁期限一年以上的，应当在每届满一年时支付，剩余期限不满一年的，应当在租赁期限届满时支付。

第七百二十二条 承租人无正当理由未支付或者迟延支付租金的，出租人可以请求承租人在合理期限内支付；承租人逾期不支付的，出租人可以解除合同。

第七百二十三条 因第三人主张权利，致使承租人不能对租赁物使用、收益的，承租人可以请求减少租金或者不支付租金。

第三人主张权利的，承租人应当及时通知出租人。

第七百二十四条 有下列情形之一，非因承租人原因致使租赁物无法使用的，承租人可以解除合同：

（一）租赁物被司法机关或者行政机关依法查封、扣押；

（二）租赁物权属有争议；

（三）租赁物具有违反法律、行政法规关于使用条件的强制性规定情形。

第七百二十五条 租赁物在承租人按照租赁合同占有期限内发生所有权变动的，不影响租赁合同的效力。

第七百二十六条 出租人出卖租赁房屋的，应当在出卖之前的合理期限内通知承租人，承租人享有以同等条件优先购买的权利；但是，房屋按份共有人行使优先购买权或者出租人将房屋出卖给近亲属的除外。

出租人履行通知义务后，承租人在十五日内未明确表示购买的，视为承租人放弃优先购买权。

第七百二十七条 出租人委托拍卖人拍卖租赁房屋的，应当在拍卖五日前通知承租人。承租人未参加拍卖的，视为放弃优先购买权。

第七百二十八条 出租人未通知承租人或者有其他妨害承租人行使优先购买权情形的，承租人可以请求出租人承担赔偿责任。但是，出租人与第三人订立的房屋买卖合同的效力不受影响。

第七百二十九条 因不可归责于承租人的事由，致使租赁物部分或者全部毁损、灭失的，承租人可以请求减少租金或者不支付租金；因租赁物部分或者全部毁损、灭失，致使不能实现合同目的的，承租人可以解除合同。

第七百三十条 当事人对租赁期限没有约定或者约定不明确，依据本法第五百一十条的规定仍不能确定的，视为不定期租赁；当事人可以随时解除合同，但是应当在合理期限之前通知对方。

第七百三十一条 租赁物危及承租人的安全或者健康的，即使承租人订立合同时明知该租赁物质量不合格，承租人仍然可以随时解除合同。

第七百三十二条 承租人在房屋租赁期限内死亡的，与其生前共同居住的人或者共同经营人可以按照原租赁合同租赁该房屋。

第七百三十三条 租赁期限届满，承租人应当返还租赁物。返还的租赁物应当符合按照约定或者根据租赁物的性质使用后的状态。

第七百三十四条 租赁期限届满,承租人继续使用租赁物,出租人没有提出异议的,原租赁合同继续有效,但是租赁期限为不定期。

租赁期限届满,房屋承租人享有以同等条件优先承租的权利。

第十五章 融资租赁合同

第七百三十五条 融资租赁合同是出租人根据承租人对出卖人、租赁物的选择,向出卖人购买租赁物,提供给承租人使用,承租人支付租金的合同。

第七百三十六条 融资租赁合同的内容一般包括租赁物的名称、数量、规格、技术性能、检验方法,租赁期限,租金构成及其支付期限和方式、币种,租赁期限届满租赁物的归属等条款。

融资租赁合同应当采用书面形式。

第七百三十七条 当事人以虚构租赁物方式订立的融资租赁合同无效。

第七百三十八条 依照法律、行政法规的规定,对于租赁物的经营使用应当取得行政许可的,出租人未取得行政许可不影响融资租赁合同的效力。

第七百三十九条 出租人根据承租人对出卖人、租赁物的选择订立的买卖合同,出卖人应当按照约定向承租人交付标的物,承租人享有与受领标的物有关的买受人的权利。

第七百四十条 出卖人违反向承租人交付标的物的义务,有下列情形之一的,承租人可以拒绝受领出卖人向其交付的标的物:

(一)标的物严重不符合约定;

(二)未按照约定交付标的物,经承租人或者出租人催告后在合理期限内仍未交付。

承租人拒绝受领标的物的,应当及时通知出租人。

第七百四十一条 出租人、出卖人、承租人可以约定,出卖人不履行买卖合同义务的,由承租人行使索赔的权利。承租人行使索赔权利的,出租人应当协助。

第七百四十二条 承租人对出卖人行使索赔权利,不影响其履行支付租金的义务。但是,承租人依赖出租人的技能确定租赁物或者出租人干预选择租赁物的,承租人可以请求减免相应租金。

第七百四十三条 出租人有下列情形之一,致使承租人对出卖人行使索赔权利失败的,承租人有权请求出租人承担相应的责任:

(一)明知租赁物有质量瑕疵而不告知承租人;

(二)承租人行使索赔权利时,未及时提供必要协助。

出租人怠于行使只能由其对出卖人行使的索赔权利,造成承租人损失的,承租人有权请求出租人承担赔偿责任。

第七百四十四条 出租人根据承租人对出卖人、租赁物的选择订立的买卖合同,未经承租人同意,出租人不得变更与承租人有关的合同内容。

第七百四十五条 出租人对租赁物享有的所有权,未经登记,不得对抗善意第三人。

第七百四十六条 融资租赁合同的租金,除当事人另有约定外,应当根据购买租赁物的大部分或者全部成本以及出租人的合理利润确定。

第七百四十七条 租赁物不符合约定或者不符合使用目的的,出租人不承担责任。但是,承租人依赖出租人的技能确定租赁物或者出租人干预选择租赁物的除外。

第七百四十八条 出租人应当保证承租人对租赁物的占有和使用。

出租人有下列情形之一的,承租人有权请求其赔偿损失:

(一)无正当理由收回租赁物;

(二)无正当理由妨碍、干扰承租人对租赁物的占有和使用;

(三)因出租人的原因致使第三人对租赁物主张权利;

(四)不当影响承租人对租赁物占有和使用的其他情形。

第七百四十九条 承租人占有租赁物期间,租赁物造成第三人人身损害或者财产损失的,出租人不承担责任。

第七百五十条 承租人应当妥善保管、使用租赁物。

承租人应当履行占有租赁物期间的维修义务。

第七百五十一条　承租人占有租赁物期间，租赁物毁损、灭失的，出租人有权请求承租人继续支付租金，但是法律另有规定或者当事人另有约定的除外。

第七百五十二条　承租人应当按照约定支付租金。承租人经催告后在合理期限内仍不支付租金的，出租人可以请求支付全部租金；也可以解除合同，收回租赁物。

第七百五十三条　承租人未经出租人同意，将租赁物转让、抵押、质押、投资入股或者以其他方式处分的，出租人可以解除融资租赁合同。

第七百五十四条　有下列情形之一的，出租人或者承租人可以解除融资租赁合同：

（一）出租人与出卖人订立的买卖合同解除、被确认无效或者被撤销，且未能重新订立买卖合同；

（二）租赁物因不可归责于当事人的原因毁损、灭失，且不能修复或者确定替代物；

（三）因出卖人的原因致使融资租赁合同的目的不能实现。

第七百五十五条　融资租赁合同因买卖合同解除、被确认无效或者被撤销而解除，出卖人、租赁物系由承租人选择的，出租人有权请求承租人赔偿相应损失；但是，因出租人原因致使买卖合同解除、被确认无效或者被撤销的除外。

出租人的损失已经在买卖合同解除、被确认无效或者被撤销时获得赔偿的，承租人不再承担相应的赔偿责任。

第七百五十六条　融资租赁合同因租赁物交付承租人后意外毁损、灭失等不可归责于当事人的原因解除的，出租人可以请求承租人按照租赁物折旧情况给予补偿。

第七百五十七条　出租人和承租人可以约定租赁期限届满租赁物的归属；对租赁物的归属没有约定或者约定不明确，依据本法第五百一十条的规定仍不能确定的，租赁物的所有权归出租人。

第七百五十八条　当事人约定租赁期限届满租赁物归承租人所有，承租人已经支付大部分租金，但是无力支付剩余租金，出租人因此解除合同收回租赁物，收回的租赁物的价值超过承租人欠付的租金以及其他费用的，承租人可以请求相应返还。

当事人约定租赁期限届满租赁物归出租人所有，因租赁物毁损、灭失或者附合、混合于他物致使承租人不能返还的，出租人有权请求承租人给予合理补偿。

第七百五十九条　当事人约定租赁期限届满，承租人仅需向出租人支付象征性价款的，视为约定的租金义务履行完毕后租赁物的所有权归承租人。

第七百六十条　融资租赁合同无效，当事人就该情形下租赁物的归属有约定的，按照其约定；没有约定或者约定不明确的，租赁物应当返还出租人。但是，因承租人原因致使合同无效，出租人不请求返还或者返还后会显著降低租赁物效用的，租赁物的所有权归承租人，由承租人给予出租人合理补偿。

第十六章　保理合同

第七百六十一条　保理合同是应收账款债权人将现有的或者将有的应收账款转让给保理人，保理人提供资金融通、应收账款管理或者催收、应收账款债务人付款担保等服务的合同。

第七百六十二条　保理合同的内容一般包括业务类型、服务范围、服务期限、基础交易合同情况、应收账款信息、保理融资款或者服务报酬及其支付方式等条款。

保理合同应当采用书面形式。

第七百六十三条　应收账款债权人与债务人虚构应收账款作为转让标的，与保理人订立保理合同的，应收账款债务人不得以应收账款不存在为由对抗保理人，但是保理人明知虚构的除外。

第七百六十四条　保理人向应收账款债务人发出应收账款转让通知的，应当表明保理人身份并附有必要凭证。

第七百六十五条　应收账款债务人接到应收账款转让通知后，应收账款债权人与债务人无正当理由协商变更或者终止基础交易合同，对保理人产生不利影响的，对保理人不发生效力。

第七百六十六条　当事人约定有追索权保理的，保理人可以向应收账款债权人主张返还保理融资款本息或者回购应收账款债权,也可以向应收账款债务人主张应收账款债权。保理人向应收账款债务人主张应收账款债权,在扣除保理融资款本息和相关费用后有剩余的,剩余部分应当返还给应收账款债权人。

第七百六十七条 当事人约定无追索权保理的,保理人应当向应收账款债务人主张应收账款债权,保理人取得超过保理融资款本息和相关费用的部分,无需向应收账款债权人返还。

第七百六十八条 应收账款债权人就同一应收账款订立多个保理合同,致使多个保理人主张权利的,已经登记的先于未登记的取得应收账款;均已经登记的,按照登记时间的先后顺序取得应收账款;均未登记的,由最先到达应收账款债务人的转让通知中载明的保理人取得应收账款;既未登记也未通知的,按照保理融资款或者服务报酬的比例取得应收账款。

第七百六十九条 本章没有规定的,适用本编第六章债权转让的有关规定。

第十七章 承揽合同

第七百七十条 承揽合同是承揽人按照定作人的要求完成工作,交付工作成果,定作人支付报酬的合同。

承揽包括加工、定作、修理、复制、测试、检验等工作。

第七百七十一条 承揽合同的内容一般包括承揽的标的、数量、质量、报酬,承揽方式,材料的提供,履行期限,验收标准和方法等条款。

第七百七十二条 承揽人应当以自己的设备、技术和劳力,完成主要工作,但是当事人另有约定的除外。

承揽人将其承揽的主要工作交由第三人完成的,应当就该第三人完成的工作成果向定作人负责;未经定作人同意的,定作人也可以解除合同。

第七百七十三条 承揽人可以将其承揽的辅助工作交由第三人完成。承揽人将其承揽的辅助工作交由第三人完成的,应当就该第三人完成的工作成果向定作人负责。

第七百七十四条 承揽人提供材料的,应当按照约定选用材料,并接受定作人检验。

第七百七十五条 定作人提供材料的,应当按照约定提供材料。承揽人对定作人提供的材料应当及时检验,发现不符合约定时,应当及时通知定作人更换、补齐或者采取其他补救措施。

承揽人不得擅自更换定作人提供的材料,不得更换不需要修理的零部件。

第七百七十六条 承揽人发现定作人提供的图纸或者技术要求不合理的,应当及时通知定作人。因定作人怠于答复等原因造成承揽人损失的,应当赔偿损失。

第七百七十七条 定作人中途变更承揽工作的要求,造成承揽人损失的,应当赔偿损失。

第七百七十八条 承揽工作需要定作人协助的,定作人有协助的义务。定作人不履行协助义务致使承揽工作不能完成的,承揽人可以催告定作人在合理期限内履行义务,并可以顺延履行期限;定作人逾期不履行的,承揽人可以解除合同。

第七百七十九条 承揽人在工作期间,应当接受定作人必要的监督检验。定作人不得因监督检验妨碍承揽人的正常工作。

第七百八十条 承揽人完成工作的,应当向定作人交付工作成果,并提交必要的技术资料和有关质量证明。定作人应当验收该工作成果。

第七百八十一条 承揽人交付的工作成果不符合质量要求的,定作人可以合理选择请求承揽人承担修理、重作、减少报酬、赔偿损失等违约责任。

第七百八十二条 定作人应当按照约定的期限支付报酬。对支付报酬的期限没有约定或者约定不明确,依据本法第五百一十条的规定仍不能确定的,定作人应当在承揽人交付工作成果时支付;工作成果部分交付的,定作人应当相应支付。

第七百八十三条 定作人未向承揽人支付报酬或者材料费等价款的,承揽人对完成的工作成果享有留置权或者有权拒绝交付,但是当事人另有约定的除外。

第七百八十四条 承揽人应当妥善保管定作人提供的材料以及完成的工作成果,因保管不善造成毁损、灭失的,应当承担赔偿责任。

第七百八十五条 承揽人应当按照定作人的要求保守秘密,未经定作人许可,不得留存复制品或者技术资料。

第七百八十六条　共同承揽人对定作人承担连带责任，但是当事人另有约定的除外。

第七百八十七条　定作人在承揽人完成工作前可以随时解除合同，造成承揽人损失的，应当赔偿损失。

第十八章　建设工程合同

第七百八十八条　建设工程合同是承包人进行工程建设，发包人支付价款的合同。

建设工程合同包括工程勘察、设计、施工合同。

第七百八十九条　建设工程合同应当采用书面形式。

第七百九十条　建设工程的招标投标活动，应当依照有关法律的规定公开、公平、公正进行。

第七百九十一条　发包人可以与总承包人订立建设工程合同，也可以分别与勘察人、设计人、施工人订立勘察、设计、施工承包合同。发包人不得将应当由一个承包人完成的建设工程支解成若干部分发包给数个承包人。

总承包人或者勘察、设计、施工承包人经发包人同意，可以将自己承包的部分工作交由第三人完成。第三人就其完成的工作成果与总承包人或者勘察、设计、施工承包人向发包人承担连带责任。承包人不得将其承包的全部建设工程转包给第三人或者将其承包的全部建设工程支解以后以分包的名义分别转包给第三人。

禁止承包人将工程分包给不具备相应资质条件的单位。禁止分包单位将其承包的工程再分包。建设工程主体结构的施工必须由承包人自行完成。

第七百九十二条　国家重大建设工程合同，应当按照国家规定的程序和国家批准的投资计划、可行性研究报告等文件订立。

第七百九十三条　建设工程施工合同无效，但是建设工程经验收合格的，可以参照合同关于工程价款的约定折价补偿承包人。

建设工程施工合同无效，且建设工程经验收不合格的，按照以下情形处理：

（一）修复后的建设工程经验收合格的，发包人可以请求承包人承担修复费用；

（二）修复后的建设工程经验收不合格的，承包人无权请求参照合同关于工程价款的约定折价补偿。

发包人对因建设工程不合格造成的损失有过错的，应当承担相应的责任。

第七百九十四条　勘察、设计合同的内容一般包括提交有关基础资料和概预算等文件的期限、质量要求、费用以及其他协作条件等条款。

第七百九十五条　施工合同的内容一般包括工程范围、建设工期、中间交工工程的开工和竣工时间、工程质量、工程造价、技术资料交付时间、材料和设备供应责任、拨款和结算、竣工验收、质量保修范围和质量保证期、相互协作等条款。

第七百九十六条　建设工程实行监理的，发包人应当与监理人采用书面形式订立委托监理合同。发包人与监理人的权利和义务以及法律责任，应当依照本编委托合同以及其他有关法律、行政法规的规定。

第七百九十七条　发包人在不妨碍承包人正常作业的情况下，可以随时对作业进度、质量进行检查。

第七百九十八条　隐蔽工程在隐蔽以前，承包人应当通知发包人检查。发包人没有及时检查的，承包人可以顺延工程日期，并有权请求赔偿停工、窝工等损失。

第七百九十九条　建设工程竣工后，发包人应当根据施工图纸及说明书、国家颁发的施工验收规范和质量检验标准及时进行验收。验收合格的，发包人应当按照约定支付价款，并接收该建设工程。

建设工程竣工经验收合格后，方可交付使用；未经验收或者验收不合格的，不得交付使用。

第八百条　勘察、设计的质量不符合要求或者未按照期限提交勘察、设计文件拖延工期，造成发包人损失的，勘察人、设计人应当继续完善勘察、设计，减收或者免收勘察、设计费并赔偿损失。

第八百零一条　因施工人的原因致使建设工程质量不符合约定的，发包人有权请求施工人在合理期限内无偿修理或者返工、改建。经过修理或者返工、改建后，造成逾期交付的，施工人应当承担违约责任。

第八百零二条 因承包人的原因致使建设工程在合理使用期限内造成人身损害和财产损失的,承包人应当承担赔偿责任。

第八百零三条 发包人未按照约定的时间和要求提供原材料、设备、场地、资金、技术资料的,承包人可以顺延工程日期,并有权请求赔偿停工、窝工等损失。

第八百零四条 因发包人的原因致使工程中途停建、缓建的,发包人应当采取措施弥补或者减少损失,赔偿承包人因此造成的停工、窝工、倒运、机械设备调迁、材料和构件积压等损失和实际费用。

第八百零五条 因发包人变更计划,提供的资料不准确,或者未按照期限提供必需的勘察、设计工作条件而造成勘察、设计的返工、停工或者修改设计,发包人应当按照勘察人、设计人实际消耗的工作量增付费用。

第八百零六条 承包人将建设工程转包、违法分包的,发包人可以解除合同。

发包人提供的主要建筑材料、建筑构配件和设备不符合强制性标准或者不履行协助义务,致使承包人无法施工,经催告后在合理期限内仍未履行相应义务的,承包人可以解除合同。

合同解除后,已经完成的建设工程质量合格的,发包人应当按照约定支付相应的工程价款;已经完成的建设工程质量不合格的,参照本法第七百九十三条的规定处理。

第八百零七条 发包人未按照约定支付价款的,承包人可以催告发包人在合理期限内支付价款。发包人逾期不支付的,除根据建设工程的性质不宜折价、拍卖外,承包人可以与发包人协议将该工程折价,也可以请求人民法院将该工程依法拍卖。建设工程的价款就该工程折价或者拍卖的价款优先受偿。

第八百零八条 本章没有规定的,适用承揽合同的有关规定。

第十九章 运输合同

第一节 一般规定

第八百零九条 运输合同是承运人将旅客或者货物从起运地点运输到约定地点,旅客、托运人或者收货人支付票款或者运输费用的合同。

第八百一十条 从事公共运输的承运人不得拒绝旅客、托运人通常、合理的运输要求。

第八百一十一条 承运人应当在约定期限或者合理期限内将旅客、货物安全运输到约定地点。

第八百一十二条 承运人应当按照约定的或者通常的运输路线将旅客、货物运输到约定地点。

第八百一十三条 旅客、托运人或者收货人应当支付票款或者运输费用。承运人未按照约定路线或者通常路线运输增加票款或者运输费用的,旅客、托运人或者收货人可以拒绝支付增加部分的票款或者运输费用。

第二节 客运合同

第八百一十四条 客运合同自承运人向旅客出具客票时成立,但是当事人另有约定或者另有交易习惯的除外。

第八百一十五条 旅客应当按照有效客票记载的时间、班次和座位号乘坐。旅客无票乘坐、超程乘坐、越级乘坐或者持不符合减价条件的优惠客票乘坐的,应当补交票款,承运人可以按照规定加收票款;旅客不支付票款的,承运人可以拒绝运输。

实名制客运合同的旅客丢失客票的,可以请求承运人挂失补办,承运人不得再次收取票款和其他不合理费用。

第八百一十六条 旅客因自己的原因不能按照客票记载的时间乘坐的,应当在约定的期限内办理退票或者变更手续;逾期办理的,承运人可以不退票款,并不再承担运输义务。

第八百一十七条 旅客随身携带行李应当符合约定的限量和品类要求;超过限量或者违反品类要求携带行李的,应当办理托运手续。

第八百一十八条 旅客不得随身携带或者在行李中夹带易燃、易爆、有毒、有腐蚀性、有放射性以及可能危及运输工具上人身和财产安全的危险物品或者违禁物品。

旅客违反前款规定的,承运人可以将危险物品或者违禁物品卸下、销毁或者送交有关部门。旅客坚持携带或者夹带危险物品或者违禁物品的，承运人应当拒绝运输。

第八百一十九条 承运人应当严格履行安全运输义务，及时告知旅客安全运输应当注意的事项。旅客对承运人为安全运输所作的合理安排应当积极协助和配合。

第八百二十条 承运人应当按照有效客票记载的时间、班次和座位号运输旅客。承运人迟延运输或者有其他不能正常运输情形的，应当及时告知和提醒旅客，采取必要的安置措施，并根据旅客的要求安排改乘其他班次或者退票；由此造成旅客损失的，承运人应当承担赔偿责任，但是不可归责于承运人的除外。

第八百二十一条 承运人擅自降低服务标准的，应当根据旅客的请求退票或者减收票款；提高服务标准的，不得加收票款。

第八百二十二条 承运人在运输过程中，应当尽力救助患有急病、分娩、遇险的旅客。

第八百二十三条 承运人应当对运输过程中旅客的伤亡承担赔偿责任；但是，伤亡是旅客自身健康原因造成的或者承运人证明伤亡是旅客故意、重大过失造成的除外。

前款规定适用于按照规定免票、持优待票或者经承运人许可搭乘的无票旅客。

第八百二十四条 在运输过程中旅客随身携带物品毁损、灭失，承运人有过错的，应当承担赔偿责任。

旅客托运的行李毁损、灭失的，适用货物运输的有关规定。

第三节 货运合同

第八百二十五条 托运人办理货物运输，应当向承运人准确表明收货人的姓名、名称或者凭指示的收货人，货物的名称、性质、重量、数量，收货地点等有关货物运输的必要情况。

因托运人申报不实或者遗漏重要情况，造成承运人损失的，托运人应当承担赔偿责任。

第八百二十六条 货物运输需要办理审批、检验等手续的，托运人应当将办理完有关手续的文件提交承运人。

第八百二十七条 托运人应当按照约定的方式包装货物。对包装方式没有约定或者约定不明确的，适用本法第六百一十九条的规定。

托运人违反前款规定的，承运人可以拒绝运输。

第八百二十八条 托运人托运易燃、易爆、有毒、有腐蚀性、有放射性等危险物品的，应当按照国家有关危险物品运输的规定对危险物品妥善包装，做出危险物品标志和标签，并将有关危险物品的名称、性质和防范措施的书面材料提交承运人。

托运人违反前款规定的，承运人可以拒绝运输，也可以采取相应措施以避免损失的发生，因此产生的费用由托运人负担。

第八百二十九条 在承运人将货物交付收货人之前，托运人可以要求承运人中止运输、返还货物、变更到达地或者将货物交给其他收货人，但是应当赔偿承运人因此受到的损失。

第八百三十条 货物运输到达后，承运人知道收货人的，应当及时通知收货人，收货人应当及时提货。收货人逾期提货的，应当向承运人支付保管费等费用。

第八百三十一条 收货人提货时应当按照约定的期限检验货物。对检验货物的期限没有约定或者约定不明确，依据本法第五百一十条的规定仍不能确定的，应当在合理期限内检验货物。收货人在约定的期限或者合理期限内对货物的数量、毁损等未提出异议的，视为承运人已经按照运输单证的记载交付的初步证据。

第八百三十二条 承运人对运输过程中货物的毁损、灭失承担赔偿责任。但是，承运人证明货物的毁损、灭失是因不可抗力、货物本身的自然性质或者合理损耗以及托运人、收货人的过错造成的，不承担赔偿责任。

第八百三十三条 货物的毁损、灭失的赔偿额，当事人有约定的，按照其约定；没有约定或者约定不明确，依据本法第五百一十条的规定仍不能确定的，按照交付或者应当交付时货物到达地的市场价格计算。法律、行政法规对赔偿额的计算方法和赔偿限额另有规定的，依照其规定。

第八百三十四条 两个以上承运人以同一运输方式联运的，与托运人订立合同的承运人应当对全程运输承担责任；损失发生在某一运输区段的，与托运人订立合同的承运人和该区段的承运人承担连带责任。

第八百三十五条 货物在运输过程中因不可抗力灭失,未收取运费的,承运人不得请求支付运费;已经收取运费的,托运人可以请求返还。法律另有规定的,依照其规定。

第八百三十六条 托运人或者收货人不支付运费、保管费或者其他费用的,承运人对相应的运输货物享有留置权,但是当事人另有约定的除外。

第八百三十七条 收货人不明或者收货人无正当理由拒绝受领货物的,承运人依法可以提存货物。

第四节 多式联运合同

第八百三十八条 多式联运经营人负责履行或者组织履行多式联运合同,对全程运输享有承运人的权利,承担承运人的义务。

第八百三十九条 多式联运经营人可以与参加多式联运的各区段承运人就多式联运合同的各区段运输约定相互之间的责任;但是,该约定不影响多式联运经营人对全程运输承担的义务。

第八百四十条 多式联运经营人收到托运人交付的货物时,应当签发多式联运单据。按照托运人的要求,多式联运单据可以是可转让单据,也可以是不可转让单据。

第八百四十一条 因托运人托运货物时的过错造成多式联运经营人损失的,即使托运人已经转让多式联运单据,托运人仍然应当承担赔偿责任。

第八百四十二条 货物的毁损、灭失发生于多式联运的某一运输区段的,多式联运经营人的赔偿责任和责任限额,适用调整该区段运输方式的有关法律规定;货物毁损、灭失发生的运输区段不能确定的,依照本章规定承担赔偿责任。

第二十章 技术合同

第一节 一般规定

第八百四十三条 技术合同是当事人就技术开发、转让、许可、咨询或者服务订立的确立相互之间权利和义务的合同。

第八百四十四条 订立技术合同,应当有利于知识产权的保护和科学技术的进步,促进科学技术成果的研发、转化、应用和推广。

第八百四十五条 技术合同的内容一般包括项目的名称,标的的内容、范围和要求,履行的计划、地点和方式,技术信息和资料的保密,技术成果的归属和收益的分配办法,验收标准和方法,名词和术语的解释等条款。

与履行合同有关的技术背景资料、可行性论证和技术评价报告、项目任务书和计划书、技术标准、技术规范、原始设计和工艺文件,以及其他技术文档,按照当事人的约定可以作为合同的组成部分。

技术合同涉及专利的,应当注明发明创造的名称、专利申请人和专利权人、申请日期、申请号、专利号以及专利权的有效期限。

第八百四十六条 技术合同价款、报酬或者使用费的支付方式由当事人约定,可以采取一次总算、一次总付或者一次总算、分期支付,也可以采取提成支付或者提成支付附加预付入门费的方式。

约定提成支付的,可以按照产品价格、实施专利和使用技术秘密后新增的产值、利润或者产品销售额的一定比例提成,也可以按照约定的其他方式计算。提成支付的比例可以采取固定比例、逐年递增比例或者逐年递减比例。

约定提成支付的,当事人可以约定查阅有关会计账目的办法。

第八百四十七条 职务技术成果的使用权、转让权属于法人或者非法人组织的,法人或者非法人组织可以就该项职务技术成果订立技术合同。法人或者非法人组织订立技术合同转让职务技术成果时,职务技术成果的完成人享有以同等条件优先受让的权利。

职务技术成果是执行法人或者非法人组织的工作任务,或者主要是利用法人或者非法人组织的物质技术条件所完成的技术成果。

第八百四十八条 非职务技术成果的使用权、转让权属于完成技术成果的个人,完成技术成果的个人可以就该项非职务技术成果订立技术合同。

第八百四十九条 完成技术成果的个人享有在有关技术成果文件上写明自己是技术成果

完成者的权利和取得荣誉证书、奖励的权利。

第八百五十条　非法垄断技术或者侵害他人技术成果的技术合同无效。

第二节　技术开发合同

第八百五十一条　技术开发合同是当事人之间就新技术、新产品、新工艺、新品种或者新材料及其系统的研究开发所订立的合同。

技术开发合同包括委托开发合同和合作开发合同。

技术开发合同应当采用书面形式。

当事人之间就具有实用价值的科技成果实施转化订立的合同，参照适用技术开发合同的有关规定。

第八百五十二条　委托开发合同的委托人应当按照约定支付研究开发经费和报酬，提供技术资料，提出研究开发要求，完成协作事项，接受研究开发成果。

第八百五十三条　委托开发合同的研究开发人应当按照约定制定和实施研究开发计划，合理使用研究开发经费，按期完成研究开发工作，交付研究开发成果，提供有关的技术资料和必要的技术指导，帮助委托人掌握研究开发成果。

第八百五十四条　委托开发合同的当事人违反约定造成研究开发工作停滞、延误或者失败的，应当承担违约责任。

第八百五十五条　合作开发合同的当事人应当按照约定进行投资，包括以技术进行投资，分工参与研究开发工作，协作配合研究开发工作。

第八百五十六条　合作开发合同的当事人违反约定造成研究开发工作停滞、延误或者失败的，应当承担违约责任。

第八百五十七条　作为技术开发合同标的的技术已经由他人公开，致使技术开发合同的履行没有意义的，当事人可以解除合同。

第八百五十八条　技术开发合同履行过程中，因出现无法克服的技术困难，致使研究开发失败或者部分失败的，该风险由当事人约定；没有约定或者约定不明确，依据本法第五百一十条的规定仍不能确定的，风险由当事人合理分担。

当事人一方发现前款规定的可能致使研究开发失败或者部分失败的情形时，应当及时通知另一方并采取适当措施减少损失；没有及时通知并采取适当措施，致使损失扩大的，应当就扩大的损失承担责任。

第八百五十九条　委托开发完成的发明创造，除法律另有规定或者当事人另有约定外，申请专利的权利属于研究开发人。研究开发人取得专利权的，委托人可以依法实施该专利。

研究开发人转让专利申请权的，委托人享有以同等条件优先受让的权利。

第八百六十条　合作开发完成的发明创造，申请专利的权利属于合作开发的当事人共有；当事人一方转让其共有的专利申请权的，其他各方享有以同等条件优先受让的权利。但是，当事人另有约定的除外。

合作开发的当事人一方声明放弃其共有的专利申请权的，除当事人另有约定外，可以由另一方单独申请或者由其他各方共同申请。申请人取得专利权的，放弃专利申请权的一方可以免费实施该专利。

合作开发的当事人一方不同意申请专利的，另一方或者其他各方不得申请专利。

第八百六十一条　委托开发或者合作开发完成的技术秘密成果的使用权、转让权以及收益的分配办法，由当事人约定；没有约定或者约定不明确，依据本法第五百一十条的规定仍不能确定的，在没有相同技术方案被授予专利权前，当事人均有使用和转让的权利。但是，委托开发的研究开发人不得在向委托人交付研究开发成果之前，将研究开发成果转让给第三人。

第三节　技术转让合同和技术许可合同

第八百六十二条　技术转让合同是合法拥有技术的权利人，将现有特定的专利、专利申请、技术秘密的相关权利让与他人所订立的合同。

技术许可合同是合法拥有技术的权利人，将现有特定的专利、技术秘密的相关权利许可他人实施、使用所订立的合同。

技术转让合同和技术许可合同中关于提供实施技术的专用设备、原材料或者提供有关的技术咨询、技术服务的约定，属于合同的组成部分。

第八百六十三条　技术转让合同包括专利

权转让、专利申请权转让、技术秘密转让等合同。

技术许可合同包括专利实施许可、技术秘密使用许可等合同。

技术转让合同和技术许可合同应当采用书面形式。

第八百六十四条 技术转让合同和技术许可合同可以约定实施专利或者使用技术秘密的范围，但是不得限制技术竞争和技术发展。

第八百六十五条 专利实施许可合同仅在该专利权的存续期限内有效。专利权有效期限届满或者专利权被宣告无效的，专利权人不得就该专利与他人订立专利实施许可合同。

第八百六十六条 专利实施许可合同的许可人应当按照约定许可被许可人实施专利，交付实施专利有关的技术资料，提供必要的技术指导。

第八百六十七条 专利实施许可合同的被许可人应当按照约定实施专利，不得许可约定以外的第三人实施该专利，并按照约定支付使用费。

第八百六十八条 技术秘密转让合同的让与人和技术秘密使用许可合同的许可人应当按照约定提供技术资料，进行技术指导，保证技术的实用性、可靠性，承担保密义务。

前款规定的保密义务，不限制许可人申请专利，但是当事人另有约定的除外。

第八百六十九条 技术秘密转让合同的受让人和技术秘密使用许可合同的被许可人应当按照约定使用技术，支付转让费、使用费，承担保密义务。

第八百七十条 技术转让合同的让与人和技术许可合同的许可人应当保证自己是所提供的技术的合法拥有者，并保证所提供的技术完整、无误、有效，能够达到约定的目标。

第八百七十一条 技术转让合同的受让人和技术许可合同的被许可人应当按照约定的范围和期限，对让与人、许可人提供的技术中尚未公开的秘密部分，承担保密义务。

第八百七十二条 许可人未按照约定许可技术的，应当返还部分或者全部使用费，并应当承担违约责任；实施专利或者使用技术秘密超越约定的范围的，违反约定擅自许可第三人实施该项专利或者使用该项技术秘密的，应当停止违约行为，承担违约责任；违反约定的保密义务的，应当承担违约责任。

让与人承担违约责任，参照适用前款规定。

第八百七十三条 被许可人未按照约定支付使用费的，应当补交使用费并按照约定支付违约金；不补交使用费或者支付违约金的，应当停止实施专利或者使用技术秘密，交还技术资料，承担违约责任；实施专利或者使用技术秘密超越约定的范围的，未经许可人同意擅自许可第三人实施该专利或者使用该技术秘密的，应当停止违约行为，承担违约责任；违反约定的保密义务的，应当承担违约责任。

受让人承担违约责任，参照适用前款规定。

第八百七十四条 受让人或者被许可人按照约定实施专利、使用技术秘密侵害他人合法权益的，由让与人或者许可人承担责任，但是当事人另有约定的除外。

第八百七十五条 当事人可以按照互利的原则，在合同中约定实施专利、使用技术秘密后续改进的技术成果的分享办法；没有约定或者约定不明确，依据本法第五百一十条的规定仍不能确定的，一方后续改进的技术成果，其他各方无权分享。

第八百七十六条 集成电路布图设计专有权、植物新品种权、计算机软件著作权等其他知识产权的转让和许可，参照适用本节的有关规定。

第八百七十七条 法律、行政法规对技术进出口合同或者专利、专利申请合同另有规定的，依照其规定。

第四节 技术咨询合同和技术服务合同

第八百七十八条 技术咨询合同是当事人一方以技术知识为对方就特定技术项目提供可行性论证、技术预测、专题技术调查、分析评价报告等所订立的合同。

技术服务合同是当事人一方以技术知识为对方解决特定技术问题所订立的合同，不包括承揽合同和建设工程合同。

第八百七十九条 技术咨询合同的委托人应当按照约定阐明咨询的问题，提供技术背景材料及有关技术资料，接受受托人的工作成果，支付报酬。

第八百八十条 技术咨询合同的受托人应当按照约定的期限完成咨询报告或者解答问题，提出的咨询报告应当达到约定的要求。

第八百八十一条 技术咨询合同的委托人未按照约定提供必要的资料，影响工作进度和质量，不接受或者逾期接受工作成果的，支付的报酬不得追回，未支付的报酬应当支付。

技术咨询合同的受托人未按期提出咨询报告或者提出的咨询报告不符合约定的，应当承担减收或者免收报酬等违约责任。

技术咨询合同的委托人按照受托人符合约定要求的咨询报告和意见作出决策所造成的损失，由委托人承担，但是当事人另有约定的除外。

第八百八十二条 技术服务合同的委托人应当按照约定提供工作条件，完成配合事项，接受工作成果并支付报酬。

第八百八十三条 技术服务合同的受托人应当按照约定完成服务项目，解决技术问题，保证工作质量，并传授解决技术问题的知识。

第八百八十四条 技术服务合同的委托人不履行合同义务或者履行合同义务不符合约定，影响工作进度和质量，不接受或者逾期接受工作成果的，支付的报酬不得追回，未支付的报酬应当支付。

技术服务合同的受托人未按照约定完成服务工作的，应当承担免收报酬等违约责任。

第八百八十五条 技术咨询合同、技术服务合同履行过程中，受托人利用委托人提供的技术资料和工作条件完成的新的技术成果，属于受托人。委托人利用受托人的工作成果完成的新的技术成果，属于委托人。当事人另有约定的，按照其约定。

第八百八十六条 技术咨询合同和技术服务合同对受托人正常开展工作所需费用的负担没有约定或者约定不明确的，由受托人负担。

第八百八十七条 法律、行政法规对技术中介合同、技术培训合同另有规定的，依照其规定。

第二十一章 保管合同

第八百八十八条 保管合同是保管人保管寄存人交付的保管物，并返还该物的合同。

寄存人到保管人处从事购物、就餐、住宿等活动，将物品存放在指定场所的，视为保管，但是当事人另有约定或者另有交易习惯的除外。

第八百八十九条 寄存人应当按照约定向保管人支付保管费。

当事人对保管费没有约定或者约定不明确，依据本法第五百一十条的规定仍不能确定的，视为无偿保管。

第八百九十条 保管合同自保管物交付时成立，但是当事人另有约定的除外。

第八百九十一条 寄存人向保管人交付保管物的，保管人应当出具保管凭证，但是另有交易习惯的除外。

第八百九十二条 保管人应当妥善保管保管物。

当事人可以约定保管场所或者方法。除紧急情况或者为维护寄存人利益外，不得擅自改变保管场所或者方法。

第八百九十三条 寄存人交付的保管物有瑕疵或者根据保管物的性质需要采取特殊保管措施的，寄存人应当将有关情况告知保管人。寄存人未告知，致使保管物受损失的，保管人不承担赔偿责任；保管人因此受损失的，除保管人知道或者应当知道且未采取补救措施外，寄存人应当承担赔偿责任。

第八百九十四条 保管人不得将保管物转交第三人保管，但是当事人另有约定的除外。

保管人违反前款规定，将保管物转交第三人保管，造成保管物损失的，应当承担赔偿责任。

第八百九十五条 保管人不得使用或者许可第三人使用保管物，但是当事人另有约定的除外。

第八百九十六条 第三人对保管物主张权利的，除依法对保管物采取保全或者执行措施外，保管人应当履行向寄存人返还保管物的义务。

第三人对保管人提起诉讼或者对保管物申请扣押的，保管人应当及时通知寄存人。

第八百九十七条 保管期内，因保管人保管不善造成保管物毁损、灭失的，保管人应当承担赔偿责任。但是，无偿保管人证明自己没有故意或者重大过失的，不承担赔偿责任。

第八百九十八条 寄存人寄存货币、有价证券或者其他贵重物品的,应当向保管人声明,由保管人验收或者封存;寄存人未声明的,该物品毁损、灭失后,保管人可以按照一般物品予以赔偿。

第八百九十九条 寄存人可以随时领取保管物。

当事人对保管期限没有约定或者约定不明确的,保管人可以随时请求寄存人领取保管物;约定保管期限的,保管人无特别事由,不得请求寄存人提前领取保管物。

第九百条 保管期限届满或者寄存人提前领取保管物的,保管人应当将原物及其孳息归还寄存人。

第九百零一条 保管人保管货币的,可以返还相同种类、数量的货币;保管其他可替代物的,可以按照约定返还相同种类、品质、数量的物品。

第九百零二条 有偿的保管合同,寄存人应当按照约定的期限向保管人支付保管费。

当事人对支付期限没有约定或者约定不明确,依据本法第五百一十条的规定仍不能确定的,应当在领取保管物的同时支付。

第九百零三条 寄存人未按照约定支付保管费或者其他费用的,保管人对保管物享有留置权,但是当事人另有约定的除外。

第二十二章 仓储合同

第九百零四条 仓储合同是保管人储存存货人交付的仓储物,存货人支付仓储费的合同。

第九百零五条 仓储合同自保管人和存货人意思表示一致时成立。

第九百零六条 储存易燃、易爆、有毒、有腐蚀性、有放射性等危险物品或者易变质物品的,存货人应当说明该物品的性质,提供有关资料。

存货人违反前款规定的,保管人可以拒收仓储物,也可以采取相应措施以避免损失的发生,因此产生的费用由存货人负担。

保管人储存易燃、易爆、有毒、有腐蚀性、有放射性等危险物品的,应当具备相应的保管条件。

第九百零七条 保管人应当按照约定对入库仓储物进行验收。保管人验收时发现入库仓储物与约定不符合的,应当及时通知存货人。保管人验收后,发生仓储物的品种、数量、质量不符合约定的,保管人应当承担赔偿责任。

第九百零八条 存货人交付仓储物的,保管人应当出具仓单、入库单等凭证。

第九百零九条 保管人应当在仓单上签名或者盖章。仓单包括下列事项:

(一)存货人的姓名或者名称和住所;

(二)仓储物的品种、数量、质量、包装及其件数和标记;

(三)仓储物的损耗标准;

(四)储存场所;

(五)储存期限;

(六)仓储费;

(七)仓储物已经办理保险的,其保险金额、期间以及保险人的名称;

(八)填发人、填发地和填发日期。

第九百一十条 仓单是提取仓储物的凭证。存货人或者仓单持有人在仓单上背书并经保管人签名或者盖章的,可以转让提取仓储物的权利。

第九百一十一条 保管人根据存货人或者仓单持有人的要求,应当同意其检查仓储物或者提取样品。

第九百一十二条 保管人发现入库仓储物有变质或者其他损坏的,应当及时通知存货人或者仓单持有人。

第九百一十三条 保管人发现入库仓储物有变质或者其他损坏,危及其他仓储物的安全和正常保管的,应当催告存货人或者仓单持有人作出必要的处置。因情况紧急,保管人可以作出必要的处置;但是,事后应当将该情况及时通知存货人或者仓单持有人。

第九百一十四条 当事人对储存期限没有约定或者约定不明确的,存货人或者仓单持有人可以随时提取仓储物,保管人也可以随时请求存货人或者仓单持有人提取仓储物,但是应当给予必要的准备时间。

第九百一十五条 储存期限届满,存货人或者仓单持有人应当凭仓单、入库单等提取仓储物。存货人或者仓单持有人逾期提取的,应当加收仓储费;提前提取的,不减收仓储费。

第九百一十六条 储存期限届满，存货人或者仓单持有人不提取仓储物的，保管人可以催告其在合理期限内提取；逾期不提取的，保管人可以提存仓储物。

第九百一十七条 储存期内，因保管不善造成仓储物毁损、灭失的，保管人应当承担赔偿责任。因仓储物本身的自然性质、包装不符合约定或者超过有效储存期造成仓储物变质、损坏的，保管人不承担赔偿责任。

第九百一十八条 本章没有规定的，适用保管合同的有关规定。

第二十三章 委托合同

第九百一十九条 委托合同是委托人和受托人约定，由受托人处理委托人事务的合同。

第九百二十条 委托人可以特别委托受托人处理一项或者数项事务，也可以概括委托受托人处理一切事务。

第九百二十一条 委托人应当预付处理委托事务的费用。受托人为处理委托事务垫付的必要费用，委托人应当偿还该费用并支付利息。

第九百二十二条 受托人应当按照委托人的指示处理委托事务。需要变更委托人指示的，应当经委托人同意；因情况紧急，难以和委托人取得联系的，受托人应当妥善处理委托事务，但是事后应当将该情况及时报告委托人。

第九百二十三条 受托人应当亲自处理委托事务。经委托人同意，受托人可以转委托。转委托经同意或者追认的，委托人可以就委托事务直接指示转委托的第三人，受托人仅就第三人的选任及其对第三人的指示承担责任。转委托未经同意或者追认的，受托人应当对转委托的第三人的行为承担责任；但是，在紧急情况下受托人为了维护委托人的利益需要转委托第三人的除外。

第九百二十四条 受托人应当按照委托人的要求，报告委托事务的处理情况。委托合同终止时，受托人应当报告委托事务的结果。

第九百二十五条 受托人以自己的名义，在委托人的授权范围内与第三人订立的合同，第三人在订立合同时知道受托人与委托人之间的代理关系的，该合同直接约束委托人和第三人；但是，有确切证据证明该合同只约束受托人和第三人的除外。

第九百二十六条 受托人以自己的名义与第三人订立合同时，第三人不知道受托人与委托人之间的代理关系的，受托人因第三人的原因对委托人不履行义务，受托人应当向委托人披露第三人，委托人因此可以行使受托人对第三人的权利。但是，第三人与受托人订立合同时如果知道该委托人就不会订立合同的除外。

受托人因委托人的原因对第三人不履行义务，受托人应当向第三人披露委托人，第三人因此可以选择受托人或者委托人作为相对人主张其权利，但是第三人不得变更选定的相对人。

委托人行使受托人对第三人的权利的，第三人可以向委托人主张其对受托人的抗辩。第三人选定委托人作为其相对人的，委托人可以向第三人主张其对受托人的抗辩以及受托人对第三人的抗辩。

第九百二十七条 受托人处理委托事务取得的财产，应当转交给委托人。

第九百二十八条 受托人完成委托事务的，委托人应当按照约定向其支付报酬。

因不可归责于受托人的事由，委托合同解除或者委托事务不能完成的，委托人应当向受托人支付相应的报酬。当事人另有约定的，按照其约定。

第九百二十九条 有偿的委托合同，因受托人的过错造成委托人损失的，委托人可以请求赔偿损失。无偿的委托合同，因受托人的故意或者重大过失造成委托人损失的，委托人可以请求赔偿损失。

受托人超越权限造成委托人损失的，应当赔偿损失。

第九百三十条 受托人处理委托事务时，因不可归责于自己的事由受到损失的，可以向委托人请求赔偿损失。

第九百三十一条 委托人经受托人同意，可以在受托人之外委托第三人处理委托事务。因此造成受托人损失的，受托人可以向委托人请求赔偿损失。

第九百三十二条 两个以上的受托人共同处理委托事务的，对委托人承担连带责任。

第九百三十三条 委托人或者受托人可以随时解除委托合同。因解除合同造成对方损失的,除不可归责于该当事人的事由外,无偿委托合同的解除方应当赔偿因解除时间不当造成的直接损失,有偿委托合同的解除方应当赔偿对方的直接损失和合同履行后可以获得的利益。

第九百三十四条 委托人死亡、终止或者受托人死亡、丧失民事行为能力、终止的,委托合同终止;但是,当事人另有约定或者根据委托事务的性质不宜终止的除外。

第九百三十五条 因委托人死亡或者被宣告破产、解散,致使委托合同终止将损害委托人利益的,在委托人的继承人、遗产管理人或者清算人承受委托事务之前,受托人应当继续处理委托事务。

第九百三十六条 因受托人死亡、丧失民事行为能力或者被宣告破产、解散,致使委托合同终止的,受托人的继承人、遗产管理人、法定代理人或者清算人应当及时通知委托人。因委托合同终止将损害委托人利益的,在委托人作出善后处理之前,受托人的继承人、遗产管理人、法定代理人或者清算人应当采取必要措施。

第二十四章 物业服务合同

第九百三十七条 物业服务合同是物业服务人在物业服务区域内,为业主提供建筑物及其附属设施的维修养护、环境卫生和相关秩序的管理维护等物业服务,业主支付物业费的合同。

物业服务人包括物业服务企业和其他管理人。

第九百三十八条 物业服务合同的内容一般包括服务事项、服务质量、服务费用的标准和收取办法、维修资金的使用、服务用房的管理和使用、服务期限、服务交接等条款。

物业服务人公开作出的有利于业主的服务承诺,为物业服务合同的组成部分。

物业服务合同应当采用书面形式。

第九百三十九条 建设单位依法与物业服务人订立的前期物业服务合同,以及业主委员会与业主大会依法选聘的物业服务人订立的物业服务合同,对业主具有法律约束力。

第九百四十条 建设单位依法与物业服务人订立的前期物业服务合同约定的服务期限届满前,业主委员会或者业主与新物业服务人订立的物业服务合同生效的,前期物业服务合同终止。

第九百四十一条 物业服务人将物业服务区域内的部分专项服务事项委托给专业性服务组织或者其他第三人的,应当就该部分专项服务事项向业主负责。

物业服务人不得将其应当提供的全部物业服务转委托给第三人,或者将全部物业服务支解后分别转委托给第三人。

第九百四十二条 物业服务人应当按照约定和物业的使用性质,妥善维修、养护、清洁、绿化和经营管理物业服务区域内的业主共有部分,维护物业服务区域内的基本秩序,采取合理措施保护业主的人身、财产安全。

对物业服务区域内违反有关治安、环保、消防等法律法规的行为,物业服务人应当及时采取合理措施制止、向有关行政主管部门报告并协助处理。

第九百四十三条 物业服务人应当定期将服务的事项、负责人员、质量要求、收费项目、收费标准、履行情况,以及维修资金使用情况、业主共有部分的经营与收益情况等以合理方式向业主公开并向业主大会、业主委员会报告。

第九百四十四条 业主应当按照约定向物业服务人支付物业费。物业服务人已经按照约定和有关规定提供服务的,业主不得以未接受或者无需接受相关物业服务为由拒绝支付物业费。

业主违反约定逾期不支付物业费的,物业服务人可以催告其在合理期限内支付;合理期限届满仍不支付的,物业服务人可以提起诉讼或者申请仲裁。

物业服务人不得采取停止供电、供水、供热、供燃气等方式催交物业费。

第九百四十五条 业主装饰装修房屋的,应当事先告知物业服务人,遵守物业服务人提示的合理注意事项,并配合其进行必要的现场检查。

业主转让、出租物业专有部分、设立居住权或者依法改变共有部分用途的,应当及时将相关情况告知物业服务人。

第九百四十六条 业主依照法定程序共同决定解聘物业服务人的，可以解除物业服务合同。决定解聘的，应当提前六十日书面通知物业服务人，但是合同对通知期限另有约定的除外。

依据前款规定解除合同造成物业服务人损失的，除不可归责于业主的事由外，业主应当赔偿损失。

第九百四十七条 物业服务期限届满前，业主依法共同决定续聘的，应当与原物业服务人在合同期限届满前续订物业服务合同。

物业服务期限届满前，物业服务人不同意续聘的，应当在合同期限届满前九十日书面通知业主或者业主委员会，但是合同对通知期限另有约定的除外。

第九百四十八条 物业服务期限届满后，业主没有依法作出续聘或者另聘物业服务人的决定，物业服务人继续提供物业服务的，原物业服务合同继续有效，但是服务期限为不定期。

当事人可以随时解除不定期物业服务合同，但是应当提前六十日书面通知对方。

第九百四十九条 物业服务合同终止的，原物业服务人应当在约定期限或者合理期限内退出物业服务区域，将物业服务用房、相关设施、物业服务所必需的相关资料等交还给业主委员会、决定自行管理的业主或者其指定的人，配合新物业服务人做好交接工作，并如实告知物业的使用和管理状况。

原物业服务人违反前款规定的，不得请求业主支付物业服务合同终止后的物业费；造成业主损失的，应当赔偿损失。

第九百五十条 物业服务合同终止后，在业主或者业主大会选聘的新物业服务人或者决定自行管理的业主接管之前，原物业服务人应当继续处理物业服务事项，并可以请求业主支付该期间的物业费。

第二十五章 行纪合同

第九百五十一条 行纪合同是行纪人以自己的名义为委托人从事贸易活动，委托人支付报酬的合同。

第九百五十二条 行纪人处理委托事务支出的费用，由行纪人负担，但是当事人另有约定的除外。

第九百五十三条 行纪人占有委托物的，应当妥善保管委托物。

第九百五十四条 委托物交付给行纪人时有瑕疵或者容易腐烂、变质的，经委托人同意，行纪人可以处分该物；不能与委托人及时取得联系的，行纪人可以合理处分。

第九百五十五条 行纪人低于委托人指定的价格卖出或者高于委托人指定的价格买入的，应当经委托人同意；未经委托人同意，行纪人补偿其差额的，该买卖对委托人发生效力。

行纪人高于委托人指定的价格卖出或者低于委托人指定的价格买入的，可以按照约定增加报酬；没有约定或者约定不明确，依据本法第五百一十条的规定仍不能确定的，该利益属于委托人。

委托人对价格有特别指示的，行纪人不得违背该指示卖出或者买入。

第九百五十六条 行纪人卖出或者买入具有市场定价的商品，除委托人有相反的意思表示外，行纪人自己可以作为买受人或者出卖人。

行纪人有前款规定情形的，仍然可以请求委托人支付报酬。

第九百五十七条 行纪人按照约定买入委托物，委托人应当及时受领。经行纪人催告，委托人无正当理由拒绝受领的，行纪人依法可以提存委托物。

委托物不能卖出或者委托人撤回出卖，经行纪人催告，委托人不取回或者不处分该物的，行纪人依法可以提存委托物。

第九百五十八条 行纪人与第三人订立合同的，行纪人对该合同直接享有权利、承担义务。

第三人不履行义务致使委托人受到损害的，行纪人应当承担赔偿责任，但是行纪人与委托人另有约定的除外。

第九百五十九条 行纪人完成或者部分完成委托事务的，委托人应当向其支付相应的报酬。委托人逾期不支付报酬的，行纪人对委托物享有留置权，但是当事人另有约定的除外。

第九百六十条 本章没有规定的，参照适用委托合同的有关规定。

第二十六章 中介合同

第九百六十一条 中介合同是中介人向委托人报告订立合同的机会或者提供订立合同的媒介服务,委托人支付报酬的合同。

第九百六十二条 中介人应当就有关订立合同的事项向委托人如实报告。

中介人故意隐瞒与订立合同有关的重要事实或者提供虚假情况,损害委托人利益的,不得请求支付报酬并应当承担赔偿责任。

第九百六十三条 中介人促成合同成立的,委托人应当按照约定支付报酬。对中介人的报酬没有约定或者约定不明确,依据本法第五百一十条的规定仍不能确定的,根据中介人的劳务合理确定。因中介人提供订立合同的媒介服务而促成合同成立的,由该合同的当事人平均负担中介人的报酬。

中介人促成合同成立的,中介活动的费用,由中介人负担。

第九百六十四条 中介人未促成合同成立的,不得请求支付报酬;但是,可以按照约定请求委托人支付从事中介活动支出的必要费用。

第九百六十五条 委托人在接受中介人的服务后,利用中介人提供的交易机会或者媒介服务,绕开中介人直接订立合同的,应当向中介人支付报酬。

第九百六十六条 本章没有规定的,参照适用委托合同的有关规定。

第二十七章 合伙合同

第九百六十七条 合伙合同是两个以上合伙人为了共同的事业目的,订立的共享利益、共担风险的协议。

第九百六十八条 合伙人应当按照约定的出资方式、数额和缴付期限,履行出资义务。

第九百六十九条 合伙人的出资、因合伙事务依法取得的收益和其他财产,属于合伙财产。

合伙合同终止前,合伙人不得请求分割合伙财产。

第九百七十条 合伙人就合伙事务作出决定的,除合伙合同另有约定外,应当经全体合伙人一致同意。

合伙事务由全体合伙人共同执行。按照合伙合同的约定或者全体合伙人的决定,可以委托一个或者数个合伙人执行合伙事务;其他合伙人不再执行合伙事务,但是有权监督执行情况。

合伙人分别执行合伙事务的,执行事务合伙人可以对其他合伙人执行的事务提出异议;提出异议后,其他合伙人应当暂停该项事务的执行。

第九百七十一条 合伙人不得因执行合伙事务而请求支付报酬,但是合伙合同另有约定的除外。

第九百七十二条 合伙的利润分配和亏损分担,按照合伙合同的约定办理;合伙合同没有约定或者约定不明确的,由合伙人协商决定;协商不成的,由合伙人按照实缴出资比例分配、分担;无法确定出资比例的,由合伙人平均分配、分担。

第九百七十三条 合伙人对合伙债务承担连带责任。清偿合伙债务超过自己应当承担份额的合伙人,有权向其他合伙人追偿。

第九百七十四条 除合伙合同另有约定外,合伙人向合伙人以外的人转让其全部或者部分财产份额的,须经其他合伙人一致同意。

第九百七十五条 合伙人的债权人不得代位行使合伙人依照本章规定和合伙合同享有的权利,但是合伙人享有的利益分配请求权除外。

第九百七十六条 合伙人对合伙期限没有约定或者约定不明确,依据本法第五百一十条的规定仍不能确定的,视为不定期合伙。

合伙期限届满,合伙人继续执行合伙事务,其他合伙人没有提出异议的,原合伙合同继续有效,但是合伙期限为不定期。

合伙人可以随时解除不定期合伙合同,但是应当在合理期限之前通知其他合伙人。

第九百七十七条 合伙人死亡、丧失民事行为能力或者终止的,合伙合同终止;但是,合伙合同另有约定或者根据合伙事务的性质不宜终止的除外。

第九百七十八条 合伙合同终止后,合伙财产在支付因终止而产生的费用以及清偿合伙债务后有剩余的,依据本法第九百七十二条的规定进行分配。

第三分编 准 合 同

第二十八章 无 因 管 理

第九百七十九条 管理人没有法定的或者约定的义务,为避免他人利益受损失而管理他人事务的,可以请求受益人偿还因管理事务而支出的必要费用;管理人因管理事务受到损失的,可以请求受益人给予适当补偿。

管理事务不符合受益人真实意思的,管理人不享有前款规定的权利;但是,受益人的真实意思违反法律或者违背公序良俗的除外。

第九百八十条 管理人管理事务不属于前条规定的情形,但是受益人享有管理利益的,受益人应当在其获得的利益范围内向管理人承担前条第一款规定的义务。

第九百八十一条 管理人管理他人事务,应当采取有利于受益人的方法。中断管理对受益人不利的,无正当理由不得中断。

第九百八十二条 管理人管理他人事务,能够通知受益人的,应当及时通知受益人。管理的事务不需要紧急处理的,应当等待受益人的指示。

第九百八十三条 管理结束后,管理人应当向受益人报告管理事务的情况。管理人管理事务取得的财产,应当及时转交给受益人。

第九百八十四条 管理人管理事务经受益人事后追认的,从管理事务开始时起,适用委托合同的有关规定,但是管理人另有意思表示的除外。

第二十九章 不 当 得 利

第九百八十五条 得利人没有法律根据取得不当利益的,受损失的人可以请求得利人返还取得的利益,但是有下列情形之一的除外:

(一)为履行道德义务进行的给付;

(二)债务到期之前的清偿;

(三)明知无给付义务而进行的债务清偿。

第九百八十六条 得利人不知道且不应当知道取得的利益没有法律根据,取得的利益已经不存在的,不承担返还该利益的义务。

第九百八十七条 得利人知道或者应当知道取得的利益没有法律根据的,受损失的人可以请求得利人返还其取得的利益并依法赔偿损失。

第九百八十八条 得利人已经将取得的利益无偿转让给第三人的,受损失的人可以请求第三人在相应范围内承担返还义务。

第四编 人 格 权

第一章 一 般 规 定

第九百八十九条 本编调整因人格权的享有和保护产生的民事关系。

第九百九十条 人格权是民事主体享有的生命权、身体权、健康权、姓名权、名称权、肖像权、名誉权、荣誉权、隐私权等权利。

除前款规定的人格权外,自然人享有基于人身自由、人格尊严产生的其他人格权益。

第九百九十一条 民事主体的人格权受法律保护,任何组织或者个人不得侵害。

第九百九十二条 人格权不得放弃、转让或者继承。

第九百九十三条 民事主体可以将自己的姓名、名称、肖像等许可他人使用,但是依照法律规定或者根据其性质不得许可的除外。

第九百九十四条 死者的姓名、肖像、名誉、荣誉、隐私、遗体等受到侵害的,其配偶、子女、父母有权依法请求行为人承担民事责任;死者没有配偶、子女且父母已经死亡的,其他近亲属有权依法请求行为人承担民事责任。

第九百九十五条 人格权受到侵害的,受害人有权依照本法和其他法律的规定请求行为人承担民事责任。受害人的停止侵害、排除妨碍、消除危险、消除影响、恢复名誉、赔礼道歉请求权,不适用诉讼时效的规定。

第九百九十六条 因当事人一方的违约行为,损害对方人格权并造成严重精神损害,受损害方选择请求其承担违约责任的,不影响受损害方请求精神损害赔偿。

第九百九十七条 民事主体有证据证明行为人正在实施或者即将实施侵害其人格权的违法行为,不及时制止将使其合法权益受到难以弥补的损害的,有权依法向人民法院申请采取责令行为人停止有关行为的措施。

第九百九十八条 认定行为人承担侵害除生命权、身体权和健康权外的人格权的民事责任,应当考虑行为人和受害人的职业、影响范围、过错程度,以及行为的目的、方式、后果等因素。

第九百九十九条 为公共利益实施新闻报道、舆论监督等行为的,可以合理使用民事主体的姓名、名称、肖像、个人信息等;使用不合理侵害民事主体人格权的,应当依法承担民事责任。

第一千条 行为人因侵害人格权承担消除影响、恢复名誉、赔礼道歉等民事责任的,应当与行为的具体方式和造成的影响范围相当。

行为人拒不承担前款规定的民事责任的,人民法院可以采取在报刊、网络等媒体上发布公告或者公布生效裁判文书等方式执行,产生的费用由行为人负担。

第一千零一条 对自然人因婚姻家庭关系等产生的身份权利的保护,适用本法第一编、第五编和其他法律的相关规定;没有规定的,可以根据其性质参照适用本编人格权保护的有关规定。

第二章 生命权、身体权和健康权

第一千零二条 自然人享有生命权。自然人的生命安全和生命尊严受法律保护。任何组织或者个人不得侵害他人的生命权。

第一千零三条 自然人享有身体权。自然人的身体完整和行动自由受法律保护。任何组织或者个人不得侵害他人的身体权。

第一千零四条 自然人享有健康权。自然人的身心健康受法律保护。任何组织或者个人不得侵害他人的健康权。

第一千零五条 自然人的生命权、身体权、健康权受到侵害或者处于其他危难情形的,负有法定救助义务的组织或者个人应当及时施救。

第一千零六条 完全民事行为能力人有权依法自主决定无偿捐献其人体细胞、人体组织、人体器官、遗体。任何组织或者个人不得强迫、欺骗、利诱其捐献。

完全民事行为能力人依据前款规定同意捐献的,应当采用书面形式,也可以订立遗嘱。

自然人生前未表示不同意捐献的,该自然人死亡后,其配偶、成年子女、父母可以共同决定捐献,决定捐献应当采用书面形式。

第一千零七条 禁止以任何形式买卖人体细胞、人体组织、人体器官、遗体。

违反前款规定的买卖行为无效。

第一千零八条 为研制新药、医疗器械或者发展新的预防和治疗方法,需要进行临床试验的,应当依法经相关主管部门批准并经伦理委员会审查同意,向受试者或者受试者的监护人告知试验目的、用途和可能产生的风险等详细情况,并经其书面同意。

进行临床试验的,不得向受试者收取试验费用。

第一千零九条 从事与人体基因、人体胚胎等有关的医学和科研活动,应当遵守法律、行政法规和国家有关规定,不得危害人体健康,不得违背伦理道德,不得损害公共利益。

第一千零一十条 违背他人意愿,以言语、文字、图像、肢体行为等方式对他人实施性骚扰的,受害人有权依法请求行为人承担民事责任。

机关、企业、学校等单位应当采取合理的预防、受理投诉、调查处置等措施,防止和制止利用职权、从属关系等实施性骚扰。

第一千零一十一条 以非法拘禁等方式剥夺、限制他人的行动自由,或者非法搜查他人身体的,受害人有权依法请求行为人承担民事责任。

第三章 姓名权和名称权

第一千零一十二条 自然人享有姓名权,有权依法决定、使用、变更或者许可他人使用自己的姓名,但是不得违背公序良俗。

第一千零一十三条 法人、非法人组织享有名称权,有权依法决定、使用、变更、转让或者许可他人使用自己的名称。

第一千零一十四条 任何组织或者个人不得以干涉、盗用、假冒等方式侵害他人的姓名权或者名称权。

第一千零一十五条 自然人应当随父姓或者母姓,但是有下列情形之一的,可以在父姓和母姓之外选取姓氏:

(一)选取其他直系长辈血亲的姓氏;

(二)因由法定扶养人以外的人扶养而选取

扶养人姓氏；

（三）有不违背公序良俗的其他正当理由。

少数民族自然人的姓氏可以遵从本民族的文化传统和风俗习惯。

第一千零一十六条　自然人决定、变更姓名，或者法人、非法人组织决定、变更、转让名称的，应当依法向有关机关办理登记手续，但是法律另有规定的除外。

民事主体变更姓名、名称的，变更前实施的民事法律行为对其具有法律约束力。

第一千零一十七条　具有一定社会知名度，被他人使用足以造成公众混淆的笔名、艺名、网名、译名、字号、姓名和名称的简称等，参照适用姓名权和名称权保护的有关规定。

第四章　肖　像　权

第一千零一十八条　自然人享有肖像权，有权依法制作、使用、公开或者许可他人使用自己的肖像。

肖像是通过影像、雕塑、绘画等方式在一定载体上所反映的特定自然人可以被识别的外部形象。

第一千零一十九条　任何组织或者个人不得以丑化、污损，或者利用信息技术手段伪造等方式侵害他人的肖像权。未经肖像权人同意，不得制作、使用、公开肖像权人的肖像，但是法律另有规定的除外。

未经肖像权人同意，肖像作品权利人不得以发表、复制、发行、出租、展览等方式使用或者公开肖像权人的肖像。

第一千零二十条　合理实施下列行为的，可以不经肖像权人同意：

（一）为个人学习、艺术欣赏、课堂教学或者科学研究，在必要范围内使用肖像权人已经公开的肖像；

（二）为实施新闻报道，不可避免地制作、使用、公开肖像权人的肖像；

（三）为依法履行职责，国家机关在必要范围内制作、使用、公开肖像权人的肖像；

（四）为展示特定公共环境，不可避免地制作、使用、公开肖像权人的肖像；

（五）为维护公共利益或者肖像权人合法权益，制作、使用、公开肖像权人的肖像的其他行为。

第一千零二十一条　当事人对肖像许可使用合同中关于肖像使用条款的理解有争议的，应当作出有利于肖像权人的解释。

第一千零二十二条　当事人对肖像许可使用期限没有约定或者约定不明确的，任何一方当事人可以随时解除肖像许可使用合同，但是应当在合理期限之前通知对方。

当事人对肖像许可使用期限有明确约定，肖像权人有正当理由的，可以解除肖像许可使用合同，但是应当在合理期限之前通知对方。因解除合同造成对方损失的，除不可归责于肖像权人的事由外，应当赔偿损失。

第一千零二十三条　对姓名等的许可使用，参照适用肖像许可使用的有关规定。

对自然人声音的保护，参照适用肖像权保护的有关规定。

第五章　名誉权和荣誉权

第一千零二十四条　民事主体享有名誉权。任何组织或者个人不得以侮辱、诽谤等方式侵害他人的名誉权。

名誉是对民事主体的品德、声望、才能、信用等的社会评价。

第一千零二十五条　行为人为公共利益实施新闻报道、舆论监督等行为，影响他人名誉的，不承担民事责任，但是有下列情形之一的除外：

（一）捏造、歪曲事实；

（二）对他人提供的严重失实内容未尽到合理核实义务；

（三）使用侮辱性言辞等贬损他人名誉。

第一千零二十六条　认定行为人是否尽到前条第二项规定的合理核实义务，应当考虑下列因素：

（一）内容来源的可信度；

（二）对明显可能引发争议的内容是否进行了必要的调查；

（三）内容的时限性；

（四）内容与公序良俗的关联性；

（五）受害人名誉受贬损的可能性；

（六）核实能力和核实成本。

第一千零二十七条 行为人发表的文学、艺术作品以真人真事或者特定人为描述对象，含有侮辱、诽谤内容，侵害他人名誉权的，受害人有权依法请求该行为人承担民事责任。

行为人发表的文学、艺术作品不以特定人为描述对象，仅其中的情节与该特定人的情况相似的，不承担民事责任。

第一千零二十八条 民事主体有证据证明报刊、网络等媒体报道的内容失实，侵害其名誉权的，有权请求该媒体及时采取更正或者删除等必要措施。

第一千零二十九条 民事主体可以依法查询自己的信用评价；发现信用评价不当的，有权提出异议并请求采取更正、删除等必要措施。信用评价人应当及时核查，经核查属实的，应当及时采取必要措施。

第一千零三十条 民事主体与征信机构等信用信息处理者之间的关系，适用本编有关个人信息保护的规定和其他法律、行政法规的有关规定。

第一千零三十一条 民事主体享有荣誉权。任何组织或者个人不得非法剥夺他人的荣誉称号，不得诋毁、贬损他人的荣誉。

获得的荣誉称号应当记载而没有记载的，民事主体可以请求记载；获得的荣誉称号记载错误的，民事主体可以请求更正。

第六章　隐私权和个人信息保护

第一千零三十二条 自然人享有隐私权。任何组织或者个人不得以刺探、侵扰、泄露、公开等方式侵害他人的隐私权。

隐私是自然人的私人生活安宁和不愿为他人知晓的私密空间、私密活动、私密信息。

第一千零三十三条 除法律另有规定或者权利人明确同意外，任何组织或者个人不得实施下列行为：

（一）以电话、短信、即时通讯工具、电子邮件、传单等方式侵扰他人的私人生活安宁；

（二）进入、拍摄、窥视他人的住宅、宾馆房间等私密空间；

（三）拍摄、窥视、窃听、公开他人的私密活动；

（四）拍摄、窥视他人身体的私密部位；

（五）处理他人的私密信息；

（六）以其他方式侵害他人的隐私权。

第一千零三十四条 自然人的个人信息受法律保护。

个人信息是以电子或者其他方式记录的能够单独或者与其他信息结合识别特定自然人的各种信息，包括自然人的姓名、出生日期、身份证件号码、生物识别信息、住址、电话号码、电子邮箱、健康信息、行踪信息等。

个人信息中的私密信息，适用有关隐私权的规定；没有规定的，适用有关个人信息保护的规定。

第一千零三十五条 处理个人信息的，应当遵循合法、正当、必要原则，不得过度处理，并符合下列条件：

（一）征得该自然人或者其监护人同意，但是法律、行政法规另有规定的除外；

（二）公开处理信息的规则；

（三）明示处理信息的目的、方式和范围；

（四）不违反法律、行政法规的规定和双方的约定。

个人信息的处理包括个人信息的收集、存储、使用、加工、传输、提供、公开等。

第一千零三十六条 处理个人信息，有下列情形之一的，行为人不承担民事责任：

（一）在该自然人或者其监护人同意的范围内合理实施的行为；

（二）合理处理该自然人自行公开的或者其他已经合法公开的信息，但是该自然人明确拒绝或者处理该信息侵害其重大利益的除外；

（三）为维护公共利益或者该自然人合法权益，合理实施的其他行为。

第一千零三十七条 自然人可以依法向信息处理者查阅或者复制其个人信息；发现信息有错误的，有权提出异议并请求及时采取更正等必要措施。

自然人发现信息处理者违反法律、行政法规的规定或者双方的约定处理其个人信息的，有权请求信息处理者及时删除。

第一千零三十八条 信息处理者不得泄露或者篡改其收集、存储的个人信息；未经自然人同意，不得向他人非法提供其个人信息，但是经过加工无法识别特定个人且不能复原的除外。

信息处理者应当采取技术措施和其他必要措施，确保其收集、存储的个人信息安全，防止信息泄露、篡改、丢失；发生或者可能发生个人信息泄露、篡改、丢失的，应当及时采取补救措施，按照规定告知自然人并向有关主管部门报告。

第一千零三十九条　国家机关、承担行政职能的法定机构及其工作人员对于履行职责过程中知悉的自然人的隐私和个人信息，应当予以保密，不得泄露或者向他人非法提供。

第五编　婚姻家庭

第一章　一般规定

第一千零四十条　本编调整因婚姻家庭产生的民事关系。

第一千零四十一条　婚姻家庭受国家保护。

实行婚姻自由、一夫一妻、男女平等的婚姻制度。

保护妇女、未成年人、老年人、残疾人的合法权益。

第一千零四十二条　禁止包办、买卖婚姻和其他干涉婚姻自由的行为。禁止借婚姻索取财物。

禁止重婚。禁止有配偶者与他人同居。

禁止家庭暴力。禁止家庭成员间的虐待和遗弃。

第一千零四十三条　家庭应当树立优良家风，弘扬家庭美德，重视家庭文明建设。

夫妻应当互相忠实，互相尊重，互相关爱；家庭成员应当敬老爱幼，互相帮助，维护平等、和睦、文明的婚姻家庭关系。

第一千零四十四条　收养应当遵循最有利于被收养人的原则，保障被收养人和收养人的合法权益。

禁止借收养名义买卖未成年人。

第一千零四十五条　亲属包括配偶、血亲和姻亲。

配偶、父母、子女、兄弟姐妹、祖父母、外祖父母、孙子女、外孙子女为近亲属。

配偶、父母、子女和其他共同生活的近亲属为家庭成员。

第二章　结　婚

第一千零四十六条　结婚应当男女双方完全自愿，禁止任何一方对另一方加以强迫，禁止任何组织或者个人加以干涉。

第一千零四十七条　结婚年龄，男不得早于二十二周岁，女不得早于二十周岁。

第一千零四十八条　直系血亲或者三代以内的旁系血亲禁止结婚。

第一千零四十九条　要求结婚的男女双方应当亲自到婚姻登记机关申请结婚登记。符合本法规定的，予以登记，发给结婚证。完成结婚登记，即确立婚姻关系。未办理结婚登记的，应当补办登记。

第一千零五十条　登记结婚后，按照男女双方约定，女方可以成为男方家庭的成员，男方可以成为女方家庭的成员。

第一千零五十一条　有下列情形之一的，婚姻无效：

（一）重婚；

（二）有禁止结婚的亲属关系；

（三）未到法定婚龄。

第一千零五十二条　因胁迫结婚的，受胁迫的一方可以向人民法院请求撤销婚姻。

请求撤销婚姻的，应当自胁迫行为终止之日起一年内提出。

被非法限制人身自由的当事人请求撤销婚姻的，应当自恢复人身自由之日起一年内提出。

第一千零五十三条　一方患有重大疾病的，应当在结婚登记前如实告知另一方；不如实告知的，另一方可以向人民法院请求撤销婚姻。

请求撤销婚姻的，应当自知道或者应当知道撤销事由之日起一年内提出。

第一千零五十四条　无效的或者被撤销的婚姻自始没有法律约束力，当事人不具有夫妻的权利和义务。同居期间所得的财产，由当事人协议处理；协议不成的，由人民法院根据照顾无过错方的原则判决。对重婚导致的无效婚姻的财产处理，不得侵害合法婚姻当事人的财产权益。当事人所生的子女，适用本法关于父母子女的规定。

婚姻无效或者被撤销的，无过错方有权请求损害赔偿。

第三章 家庭关系

第一节 夫妻关系

第一千零五十五条 夫妻在婚姻家庭中地位平等。

第一千零五十六条 夫妻双方都有各自使用自己姓名的权利。

第一千零五十七条 夫妻双方都有参加生产、工作、学习和社会活动的自由，一方不得对另一方加以限制或者干涉。

第一千零五十八条 夫妻双方平等享有对未成年子女抚养、教育和保护的权利，共同承担对未成年子女抚养、教育和保护的义务。

第一千零五十九条 夫妻有相互扶养的义务。

需要扶养的一方，在另一方不履行扶养义务时，有要求其给付扶养费的权利。

第一千零六十条 夫妻一方因家庭日常生活需要而实施的民事法律行为，对夫妻双方发生效力，但是夫妻一方与相对人另有约定的除外。

夫妻之间对一方可以实施的民事法律行为范围的限制，不得对抗善意相对人。

第一千零六十一条 夫妻有相互继承遗产的权利。

第一千零六十二条 夫妻在婚姻关系存续期间所得的下列财产，为夫妻的共同财产，归夫妻共同所有：

（一）工资、奖金、劳务报酬；

（二）生产、经营、投资的收益；

（三）知识产权的收益；

（四）继承或者受赠的财产，但是本法第一千零六十三条第三项规定的除外；

（五）其他应当归共同所有的财产。

夫妻对共同财产，有平等的处理权。

第一千零六十三条 下列财产为夫妻一方的个人财产：

（一）一方的婚前财产；

（二）一方因受到人身损害获得的赔偿或者补偿；

（三）遗嘱或者赠与合同中确定只归一方的财产；

（四）一方专用的生活用品；

（五）其他应当归一方的财产。

第一千零六十四条 夫妻双方共同签名或者夫妻一方事后追认等共同意思表示所负的债务，以及夫妻一方在婚姻关系存续期间以个人名义为家庭日常生活需要所负的债务，属于夫妻共同债务。

夫妻一方在婚姻关系存续期间以个人名义超出家庭日常生活需要所负的债务，不属于夫妻共同债务；但是，债权人能够证明该债务用于夫妻共同生活、共同生产经营或者基于夫妻双方共同意思表示的除外。

第一千零六十五条 男女双方可以约定婚姻关系存续期间所得的财产以及婚前财产归各自所有、共同所有或者部分各自所有、部分共同所有。约定应当采用书面形式。没有约定或者约定不明确的，适用本法第一千零六十二条、第一千零六十三条的规定。

夫妻对婚姻关系存续期间所得的财产以及婚前财产的约定，对双方具有法律约束力。

夫妻对婚姻关系存续期间所得的财产约定归各自所有，夫或者妻一方对外所负的债务，相对人知道该约定的，以夫或者妻一方的个人财产清偿。

第一千零六十六条 婚姻关系存续期间，有下列情形之一的，夫妻一方可以向人民法院请求分割共同财产：

（一）一方有隐藏、转移、变卖、毁损、挥霍夫妻共同财产或者伪造夫妻共同债务等严重损害夫妻共同财产利益的行为；

（二）一方负有法定扶养义务的人患重大疾病需要医治，另一方不同意支付相关医疗费用。

第二节 父母子女关系和其他近亲属关系

第一千零六十七条 父母不履行抚养义务的，未成年子女或者不能独立生活的成年子女，有要求父母给付抚养费的权利。

成年子女不履行赡养义务的，缺乏劳动能力或者生活困难的父母，有要求成年子女给付赡养费的权利。

第一千零六十八条 父母有教育、保护未成年子女的权利和义务。未成年子女造成他人损害的,父母应当依法承担民事责任。

第一千零六十九条 子女应当尊重父母的婚姻权利,不得干涉父母离婚、再婚以及婚后的生活。子女对父母的赡养义务,不因父母的婚姻关系变化而终止。

第一千零七十条 父母和子女有相互继承遗产的权利。

第一千零七十一条 非婚生子女享有与婚生子女同等的权利,任何组织或者个人不得加以危害和歧视。

不直接抚养非婚生子女的生父或者生母,应当负担未成年子女或者不能独立生活的成年子女的抚养费。

第一千零七十二条 继父母与继子女间,不得虐待或者歧视。

继父或者继母和受其抚养教育的继子女间的权利义务关系,适用本法关于父母子女关系的规定。

第一千零七十三条 对亲子关系有异议且有正当理由的,父或者母可以向人民法院提起诉讼,请求确认或者否认亲子关系。

对亲子关系有异议且有正当理由的,成年子女可以向人民法院提起诉讼,请求确认亲子关系。

第一千零七十四条 有负担能力的祖父母、外祖父母,对于父母已经死亡或者父母无力抚养的未成年孙子女、外孙子女,有抚养的义务。

有负担能力的孙子女、外孙子女,对于子女已经死亡或者子女无力赡养的祖父母、外祖父母,有赡养的义务。

第一千零七十五条 有负担能力的兄、姐,对于父母已经死亡或者父母无力抚养的未成年弟、妹,有扶养的义务。

由兄、姐扶养长大的有负担能力的弟、妹,对于缺乏劳动能力又缺乏生活来源的兄、姐,有扶养的义务。

第四章 离　　婚

第一千零七十六条 夫妻双方自愿离婚的,应当签订书面离婚协议,并亲自到婚姻登记机关申请离婚登记。

离婚协议应当载明双方自愿离婚的意思表示和对子女抚养、财产以及债务处理等事项协商一致的意见。

第一千零七十七条 自婚姻登记机关收到离婚登记申请之日起三十日内,任何一方不愿意离婚的,可以向婚姻登记机关撤回离婚登记申请。

前款规定期限届满后三十日内,双方应当亲自到婚姻登记机关申请发给离婚证;未申请的,视为撤回离婚登记申请。

第一千零七十八条 婚姻登记机关查明双方确实是自愿离婚,并已经对子女抚养、财产以及债务处理等事项协商一致的,予以登记,发给离婚证。

第一千零七十九条 夫妻一方要求离婚的,可以由有关组织进行调解或者直接向人民法院提起离婚诉讼。

人民法院审理离婚案件,应当进行调解;如果感情确已破裂,调解无效的,应当准予离婚。

有下列情形之一,调解无效的,应当准予离婚:

(一)重婚或者与他人同居;

(二)实施家庭暴力或者虐待、遗弃家庭成员;

(三)有赌博、吸毒等恶习屡教不改;

(四)因感情不和分居满二年;

(五)其他导致夫妻感情破裂的情形。

一方被宣告失踪,另一方提起离婚诉讼的,应当准予离婚。

经人民法院判决不准离婚后,双方又分居满一年,一方再次提起离婚诉讼的,应当准予离婚。

第一千零八十条 完成离婚登记,或者离婚判决书、调解书生效,即解除婚姻关系。

第一千零八十一条 现役军人的配偶要求离婚,应当征得军人同意,但是军人一方有重大过错的除外。

第一千零八十二条 女方在怀孕期间、分娩后一年内或者终止妊娠后六个月内,男方不得提出离婚;但是,女方提出离婚或者人民法院认为确有必要受理男方离婚请求的除外。

第一千零八十三条 离婚后,男女双方自愿恢复婚姻关系的,应当到婚姻登记机关重新进行结婚登记。

第一千零八十四条 父母与子女间的关系，不因父母离婚而消除。离婚后，子女无论由父或者母直接抚养，仍是父母双方的子女。

离婚后，父母对于子女仍有抚养、教育、保护的权利和义务。

离婚后，不满两周岁的子女，以由母亲直接抚养为原则。已满两周岁的子女，父母双方对抚养问题协议不成的，由人民法院根据双方的具体情况，按照最有利于未成年子女的原则判决。子女已满八周岁的，应当尊重其真实意愿。

第一千零八十五条 离婚后，子女由一方直接抚养的，另一方应当负担部分或者全部抚养费。负担费用的多少和期限的长短，由双方协议；协议不成的，由人民法院判决。

前款规定的协议或者判决，不妨碍子女在必要时向父母任何一方提出超过协议或者判决原定数额的合理要求。

第一千零八十六条 离婚后，不直接抚养子女的父或者母，有探望子女的权利，另一方有协助的义务。

行使探望权利的方式、时间由当事人协议；协议不成的，由人民法院判决。

父或者母探望子女，不利于子女身心健康的，由人民法院依法中止探望；中止的事由消失后，应当恢复探望。

第一千零八十七条 离婚时，夫妻的共同财产由双方协议处理；协议不成的，由人民法院根据财产的具体情况，按照照顾子女、女方和无过错方权益的原则判决。

对夫或者妻在家庭土地承包经营中享有的权益等，应当依法予以保护。

第一千零八十八条 夫妻一方因抚育子女、照料老年人、协助另一方工作等负担较多义务的，离婚时有权向另一方请求补偿，另一方应当给予补偿。具体办法由双方协议；协议不成的，由人民法院判决。

第一千零八十九条 离婚时，夫妻共同债务应当共同偿还。共同财产不足清偿或者财产归各自所有的，由双方协议清偿；协议不成的，由人民法院判决。

第一千零九十条 离婚时，如果一方生活困难，有负担能力的另一方应当给予适当帮助。具体办法由双方协议；协议不成的，由人民法院判决。

第一千零九十一条 有下列情形之一，导致离婚的，无过错方有权请求损害赔偿：

（一）重婚；

（二）与他人同居；

（三）实施家庭暴力；

（四）虐待、遗弃家庭成员；

（五）有其他重大过错。

第一千零九十二条 夫妻一方隐藏、转移、变卖、毁损、挥霍夫妻共同财产，或者伪造夫妻共同债务企图侵占另一方财产的，在离婚分割夫妻共同财产时，对该方可以少分或者不分。离婚后，另一方发现有上述行为的，可以向人民法院提起诉讼，请求再次分割夫妻共同财产。

第五章 收　养

第一节 收养关系的成立

第一千零九十三条 下列未成年人，可以被收养：

（一）丧失父母的孤儿；

（二）查找不到生父母的未成年人；

（三）生父母有特殊困难无力抚养的子女。

第一千零九十四条 下列个人、组织可以作送养人：

（一）孤儿的监护人；

（二）儿童福利机构；

（三）有特殊困难无力抚养子女的生父母。

第一千零九十五条 未成年人的父母均不具备完全民事行为能力且可能严重危害该未成年人的，该未成年人的监护人可以将其送养。

第一千零九十六条 监护人送养孤儿的，应当征得有抚养义务的人同意。有抚养义务的人不同意送养、监护人不愿意继续履行监护职责的，应当依照本法第一编的规定另行确定监护人。

第一千零九十七条 生父母送养子女，应当双方共同送养。生父母一方不明或者查找不到的，可以单方送养。

第一千零九十八条 收养人应当同时具备下列条件：

（一）无子女或者只有一名子女；

（二）有抚养、教育和保护被收养人的能力；

（三）未患有在医学上认为不应当收养子女的疾病；

（四）无不利于被收养人健康成长的违法犯罪记录；

（五）年满三十周岁。

第一千零九十九条 收养三代以内旁系同辈血亲的子女，可以不受本法第一千零九十三条第三项、第一千零九十四条第三项和第一千一百零二条规定的限制。

华侨收养三代以内旁系同辈血亲的子女，还可以不受本法第一千零九十八条第一项规定的限制。

第一千一百条 无子女的收养人可以收养两名子女；有子女的收养人只能收养一名子女。

收养孤儿、残疾未成年人或者儿童福利机构抚养的查找不到生父母的未成年人，可以不受前款和本法第一千零九十八条第一项规定的限制。

第一千一百零一条 有配偶者收养子女，应当夫妻共同收养。

第一千一百零二条 无配偶者收养异性子女的，收养人与被收养人的年龄应当相差四十周岁以上。

第一千一百零三条 继父或者继母经继子女的生父母同意，可以收养继子女，并可以不受本法第一千零九十三条第三项、第一千零九十四条第三项、第一千零九十八条和第一千一百条第一款规定的限制。

第一千一百零四条 收养人收养与送养人送养，应当双方自愿。收养八周岁以上未成年人的，应当征得被收养人的同意。

第一千一百零五条 收养应当向县级以上人民政府民政部门登记。收养关系自登记之日起成立。

收养查找不到生父母的未成年人的，办理登记的民政部门应当在登记前予以公告。

收养关系当事人愿意签订收养协议的，可以签订收养协议。

收养关系当事人各方或者一方要求办理收养公证的，应当办理收养公证。

县级以上人民政府民政部门应当依法进行收养评估。

第一千一百零六条 收养关系成立后，公安机关应当按照国家有关规定为被收养人办理户口登记。

第一千一百零七条 孤儿或者生父母无力抚养的子女，可以由生父母的亲属、朋友抚养；抚养人与被抚养人的关系不适用本章规定。

第一千一百零八条 配偶一方死亡，另一方送养未成年子女的，死亡一方的父母有优先抚养的权利。

第一千一百零九条 外国人依法可以在中华人民共和国收养子女。

外国人在中华人民共和国收养子女，应当经其所在国主管机关依照该国法律审查同意。收养人应当提供由其所在国有权机构出具的有关其年龄、婚姻、职业、财产、健康、有无受过刑事处罚等状况的证明材料，并与送养人签订书面协议，亲自向省、自治区、直辖市人民政府民政部门登记。

前款规定的证明材料应当经收养人所在国外交机关或者外交机关授权的机构认证，并经中华人民共和国驻该国使领馆认证，但是国家另有规定的除外。

第一千一百一十条 收养人、送养人要求保守收养秘密的，其他人应当尊重其意愿，不得泄露。

第二节 收养的效力

第一千一百一十一条 自收养关系成立之日起，养父母与养子女间的权利义务关系，适用本法关于父母子女关系的规定；养子女与养父母的近亲属间的权利义务关系，适用本法关于子女与父母的近亲属关系的规定。

养子女与生父母以及其他近亲属间的权利义务关系，因收养关系的成立而消除。

第一千一百一十二条 养子女可以随养父或者养母的姓氏，经当事人协商一致，也可以保留原姓氏。

第一千一百一十三条 有本法第一编关于民事法律行为无效规定情形或者违反本编规定的收养行为无效。

无效的收养行为自始没有法律约束力。

第三节　收养关系的解除

第一千一百一十四条　收养人在被收养人成年以前,不得解除收养关系,但是收养人、送养人双方协议解除的除外。养子女八周岁以上的,应当征得本人同意。

收养人不履行抚养义务,有虐待、遗弃等侵害未成年养子女合法权益行为的,送养人有权要求解除养父母与养子女间的收养关系。送养人、收养人不能达成解除收养关系协议的,可以向人民法院提起诉讼。

第一千一百一十五条　养父母与成年养子女关系恶化、无法共同生活的,可以协议解除收养关系。不能达成协议的,可以向人民法院提起诉讼。

第一千一百一十六条　当事人协议解除收养关系的,应当到民政部门办理解除收养关系登记。

第一千一百一十七条　收养关系解除后,养子女与养父母以及其他近亲属间的权利义务关系即行消除,与生父母以及其他近亲属间的权利义务关系自行恢复。但是,成年养子女与生父母以及其他近亲属间的权利义务关系是否恢复,可以协商确定。

第一千一百一十八条　收养关系解除后,经养父母抚养的成年养子女,对缺乏劳动能力又缺乏生活来源的养父母,应当给付生活费。因养子女成年后虐待、遗弃养父母而解除收养关系的,养父母可以要求养子女补偿收养期间支出的抚养费。

生父母要求解除收养关系的,养父母可以要求生父母适当补偿收养期间支出的抚养费;但是,因养父母虐待、遗弃养子女而解除收养关系的除外。

第六编　继　　承

第一章　一般规定

第一千一百一十九条　本编调整因继承产生的民事关系。

第一千一百二十条　国家保护自然人的继承权。

第一千一百二十一条　继承从被继承人死亡时开始。

相互有继承关系的数人在同一事件中死亡,难以确定死亡时间的,推定没有其他继承人的人先死亡。都有其他继承人,辈份不同的,推定长辈先死亡;辈份相同的,推定同时死亡,相互不发生继承。

第一千一百二十二条　遗产是自然人死亡时遗留的个人合法财产。

依照法律规定或者根据其性质不得继承的遗产,不得继承。

第一千一百二十三条　继承开始后,按照法定继承办理;有遗嘱的,按照遗嘱继承或者遗赠办理;有遗赠扶养协议的,按照协议办理。

第一千一百二十四条　继承开始后,继承人放弃继承的,应当在遗产处理前,以书面形式作出放弃继承的表示;没有表示的,视为接受继承。

受遗赠人应当在知道受遗赠后六十日内,作出接受或者放弃受遗赠的表示;到期没有表示的,视为放弃受遗赠。

第一千一百二十五条　继承人有下列行为之一的,丧失继承权:

(一)故意杀害被继承人;

(二)为争夺遗产而杀害其他继承人;

(三)遗弃被继承人,或者虐待被继承人情节严重;

(四)伪造、篡改、隐匿或者销毁遗嘱,情节严重;

(五)以欺诈、胁迫手段迫使或者妨碍被继承人设立、变更或者撤回遗嘱,情节严重。

继承人有前款第三项至第五项行为,确有悔改表现,被继承人表示宽恕或者事后在遗嘱中将其列为继承人的,该继承人不丧失继承权。

受遗赠人有本条第一款规定行为的,丧失受遗赠权。

第二章　法定继承

第一千一百二十六条　继承权男女平等。

第一千一百二十七条　遗产按照下列顺序继承:

(一)第一顺序:配偶、子女、父母;

(二)第二顺序:兄弟姐妹、祖父母、外祖父母。

继承开始后，由第一顺序继承人继承，第二顺序继承人不继承；没有第一顺序继承人继承的，由第二顺序继承人继承。

本编所称子女，包括婚生子女、非婚生子女、养子女和有扶养关系的继子女。

本编所称父母，包括生父母、养父母和有扶养关系的继父母。

本编所称兄弟姐妹，包括同父母的兄弟姐妹、同父异母或者同母异父的兄弟姐妹、养兄弟姐妹、有扶养关系的继兄弟姐妹。

第一千一百二十八条　被继承人的子女先于被继承人死亡的，由被继承人的子女的直系晚辈血亲代位继承。

被继承人的兄弟姐妹先于被继承人死亡的，由被继承人的兄弟姐妹的子女代位继承。

代位继承人一般只能继承被代位继承人有权继承的遗产份额。

第一千一百二十九条　丧偶儿媳对公婆，丧偶女婿对岳父母，尽了主要赡养义务的，作为第一顺序继承人。

第一千一百三十条　同一顺序继承人继承遗产的份额，一般应当均等。

对生活有特殊困难又缺乏劳动能力的继承人，分配遗产时，应当予以照顾。

对被继承人尽了主要扶养义务或者与被继承人共同生活的继承人，分配遗产时，可以多分。

有扶养能力和有扶养条件的继承人，不尽扶养义务的，分配遗产时，应当不分或者少分。

继承人协商同意的，也可以不均等。

第一千一百三十一条　对继承人以外的依靠被继承人扶养的人，或者继承人以外的对被继承人扶养较多的人，可以分给适当的遗产。

第一千一百三十二条　继承人应当本着互谅互让、和睦团结的精神，协商处理继承问题。遗产分割的时间、办法和份额，由继承人协商确定；协商不成的，可以由人民调解委员会调解或者向人民法院提起诉讼。

第三章　遗嘱继承和遗赠

第一千一百三十三条　自然人可以依照本法规定立遗嘱处分个人财产，并可以指定遗嘱执行人。

自然人可以立遗嘱将个人财产指定由法定继承人中的一人或者数人继承。

自然人可以立遗嘱将个人财产赠与国家、集体或者法定继承人以外的组织、个人。

自然人可以依法设立遗嘱信托。

第一千一百三十四条　自书遗嘱由遗嘱人亲笔书写，签名，注明年、月、日。

第一千一百三十五条　代书遗嘱应当有两个以上见证人在场见证，由其中一人代书，并由遗嘱人、代书人和其他见证人签名，注明年、月、日。

第一千一百三十六条　打印遗嘱应当有两个以上见证人在场见证。遗嘱人和见证人应当在遗嘱每一页签名，注明年、月、日。

第一千一百三十七条　以录音录像形式立的遗嘱，应当有两个以上见证人在场见证。遗嘱人和见证人应当在录音录像中记录其姓名或者肖像，以及年、月、日。

第一千一百三十八条　遗嘱人在危急情况下，可以立口头遗嘱。口头遗嘱应当有两个以上见证人在场见证。危急情况消除后，遗嘱人能够以书面或者录音录像形式立遗嘱的，所立的口头遗嘱无效。

第一千一百三十九条　公证遗嘱由遗嘱人经公证机构办理。

第一千一百四十条　下列人员不能作为遗嘱见证人：

（一）无民事行为能力人、限制民事行为能力人以及其他不具有见证能力的人；

（二）继承人、受遗赠人；

（三）与继承人、受遗赠人有利害关系的人。

第一千一百四十一条　遗嘱应当为缺乏劳动能力又没有生活来源的继承人保留必要的遗产份额。

第一千一百四十二条　遗嘱人可以撤回、变更自己所立的遗嘱。

立遗嘱后，遗嘱人实施与遗嘱内容相反的民事法律行为的，视为对遗嘱相关内容的撤回。

立有数份遗嘱，内容相抵触的，以最后的遗嘱为准。

第一千一百四十三条　无民事行为能力人或者限制民事行为能力人所立的遗嘱无效。

遗嘱必须表示遗嘱人的真实意思,受欺诈、胁迫所立的遗嘱无效。

伪造的遗嘱无效。

遗嘱被篡改的,篡改的内容无效。

第一千一百四十四条 遗嘱继承或者遗赠附有义务的,继承人或者受遗赠人应当履行义务。没有正当理由不履行义务的,经利害关系人或者有关组织请求,人民法院可以取消其接受附义务部分遗产的权利。

第四章 遗产的处理

第一千一百四十五条 继承开始后,遗嘱执行人为遗产管理人;没有遗嘱执行人的,继承人应当及时推选遗产管理人;继承人未推选的,由继承人共同担任遗产管理人;没有继承人或者继承人均放弃继承的,由被继承人生前住所地的民政部门或者村民委员会担任遗产管理人。

第一千一百四十六条 对遗产管理人的确定有争议的,利害关系人可以向人民法院申请指定遗产管理人。

第一千一百四十七条 遗产管理人应当履行下列职责:

(一)清理遗产并制作遗产清单;

(二)向继承人报告遗产情况;

(三)采取必要措施防止遗产毁损、灭失;

(四)处理被继承人的债权债务;

(五)按照遗嘱或者依照法律规定分割遗产;

(六)实施与管理遗产有关的其他必要行为。

第一千一百四十八条 遗产管理人应当依法履行职责,因故意或者重大过失造成继承人、受遗赠人、债权人损害的,应当承担民事责任。

第一千一百四十九条 遗产管理人可以依照法律规定或者按照约定获得报酬。

第一千一百五十条 继承开始后,知道被继承人死亡的继承人应当及时通知其他继承人和遗嘱执行人。继承人中无人知道被继承人死亡或者知道被继承人死亡而不能通知的,由被继承人生前所在单位或者住所地的居民委员会、村民委员会负责通知。

第一千一百五十一条 存有遗产的人,应当妥善保管遗产,任何组织或者个人不得侵吞或者争抢。

第一千一百五十二条 继承开始后,继承人于遗产分割前死亡,并没有放弃继承的,该继承人应当继承的遗产转给其继承人,但是遗嘱另有安排的除外。

第一千一百五十三条 夫妻共同所有的财产,除有约定的外,遗产分割时,应当先将共同所有的财产的一半分出为配偶所有,其余的为被继承人的遗产。

遗产在家庭共有财产之中的,遗产分割时,应当先分出他人的财产。

第一千一百五十四条 有下列情形之一的,遗产中的有关部分按照法定继承办理:

(一)遗嘱继承人放弃继承或者受遗赠人放弃受遗赠;

(二)遗嘱继承人丧失继承权或者受遗赠人丧失受遗赠权;

(三)遗嘱继承人、受遗赠人先于遗嘱人死亡或者终止;

(四)遗嘱无效部分所涉及的遗产;

(五)遗嘱未处分的遗产。

第一千一百五十五条 遗产分割时,应当保留胎儿的继承份额。胎儿娩出时是死体的,保留的份额按照法定继承办理。

第一千一百五十六条 遗产分割应当有利于生产和生活需要,不损害遗产的效用。

不宜分割的遗产,可以采取折价、适当补偿或者共有等方法处理。

第一千一百五十七条 夫妻一方死亡后另一方再婚的,有权处分所继承的财产,任何组织或者个人不得干涉。

第一千一百五十八条 自然人可以与继承人以外的组织或者个人签订遗赠扶养协议。按照协议,该组织或者个人承担该自然人生养死葬的义务,享有受遗赠的权利。

第一千一百五十九条 分割遗产,应当清偿被继承人依法应当缴纳的税款和债务;但是,应当为缺乏劳动能力又没有生活来源的继承人保留必要的遗产。

第一千一百六十条 无人继承又无人受遗赠的遗产,归国家所有,用于公益事业;死者生前是集体所有制组织成员的,归所在集体所有制组织所有。

第一千一百六十一条 继承人以所得遗产实际价值为限清偿被继承人依法应当缴纳的税款和债务。超过遗产实际价值部分,继承人自愿偿还的不在此限。

继承人放弃继承的,对被继承人依法应当缴纳的税款和债务可以不负清偿责任。

第一千一百六十二条 执行遗赠不得妨碍清偿遗赠人依法应当缴纳的税款和债务。

第一千一百六十三条 既有法定继承又有遗嘱继承、遗赠的,由法定继承人清偿被继承人依法应当缴纳的税款和债务;超过法定继承遗产实际价值部分,由遗嘱继承人和受遗赠人按比例以所得遗产清偿。

第七编 侵权责任

第一章 一般规定

第一千一百六十四条 本编调整因侵害民事权益产生的民事关系。

第一千一百六十五条 行为人因过错侵害他人民事权益造成损害的,应当承担侵权责任。

依照法律规定推定行为人有过错,其不能证明自己没有过错的,应当承担侵权责任。

第一千一百六十六条 行为人造成他人民事权益损害,不论行为人有无过错,法律规定应当承担侵权责任的,依照其规定。

第一千一百六十七条 侵权行为危及他人人身、财产安全的,被侵权人有权请求侵权人承担停止侵害、排除妨碍、消除危险等侵权责任。

第一千一百六十八条 二人以上共同实施侵权行为,造成他人损害的,应当承担连带责任。

第一千一百六十九条 教唆、帮助他人实施侵权行为的,应当与行为人承担连带责任。

教唆、帮助无民事行为能力人、限制民事行为能力人实施侵权行为的,应当承担侵权责任;该无民事行为能力人、限制民事行为能力人的监护人未尽到监护职责的,应当承担相应的责任。

第一千一百七十条 二人以上实施危及他人人身、财产安全的行为,其中一人或者数人的行为造成他人损害,能够确定具体侵权人的,由侵权人承担责任;不能确定具体侵权人的,行为人承担连带责任。

第一千一百七十一条 二人以上分别实施侵权行为造成同一损害,每个人的侵权行为都足以造成全部损害的,行为人承担连带责任。

第一千一百七十二条 二人以上分别实施侵权行为造成同一损害,能够确定责任大小的,各自承担相应的责任;难以确定责任大小的,平均承担责任。

第一千一百七十三条 被侵权人对同一损害的发生或者扩大有过错的,可以减轻侵权人的责任。

第一千一百七十四条 损害是因受害人故意造成的,行为人不承担责任。

第一千一百七十五条 损害是因第三人造成的,第三人应当承担侵权责任。

第一千一百七十六条 自愿参加具有一定风险的文体活动,因其他参加者的行为受到损害的,受害人不得请求其他参加者承担侵权责任;但是,其他参加者对损害的发生有故意或者重大过失的除外。

活动组织者的责任适用本法第一千一百九十八条至第一千二百零一条的规定。

第一千一百七十七条 合法权益受到侵害,情况紧迫且不能及时获得国家机关保护,不立即采取措施将使其合法权益受到难以弥补的损害的,受害人可以在保护自己合法权益的必要范围内采取扣留侵权人的财物等合理措施;但是,应当立即请求有关国家机关处理。

受害人采取的措施不当造成他人损害的,应当承担侵权责任。

第一千一百七十八条 本法和其他法律对不承担责任或者减轻责任的情形另有规定的,依照其规定。

第二章 损害赔偿

第一千一百七十九条 侵害他人造成人身损害的,应当赔偿医疗费、护理费、交通费、营养费、住院伙食补助费等为治疗和康复支出的合理费用,以及因误工减少的收入。造成残疾的,还应当赔偿辅助器具费和残疾赔偿金;造成死亡的,还应当赔偿丧葬费和死亡赔偿金。

第一千一百八十条 因同一侵权行为造成多人死亡的,可以以相同数额确定死亡赔偿金。

第一千一百八十一条 被侵权人死亡的,其近亲属有权请求侵权人承担侵权责任。被侵权人为组织,该组织分立、合并的,承继权利的组织有权请求侵权人承担侵权责任。

被侵权人死亡的,支付被侵权人医疗费、丧葬费等合理费用的人有权请求侵权人赔偿费用,但是侵权人已经支付该费用的除外。

第一千一百八十二条 侵害他人人身权益造成财产损失的,按照被侵权人因此受到的损失或者侵权人因此获得的利益赔偿;被侵权人因此受到的损失以及侵权人因此获得的利益难以确定,被侵权人和侵权人就赔偿数额协商不一致,向人民法院提起诉讼的,由人民法院根据实际情况确定赔偿数额。

第一千一百八十三条 侵害自然人人身权益造成严重精神损害的,被侵权人有权请求精神损害赔偿。

因故意或者重大过失侵害自然人具有人身意义的特定物造成严重精神损害的,被侵权人有权请求精神损害赔偿。

第一千一百八十四条 侵害他人财产的,财产损失按照损失发生时的市场价格或者其他合理方式计算。

第一千一百八十五条 故意侵害他人知识产权,情节严重的,被侵权人有权请求相应的惩罚性赔偿。

第一千一百八十六条 受害人和行为人对损害的发生都没有过错的,依照法律的规定由双方分担损失。

第一千一百八十七条 损害发生后,当事人可以协商赔偿费用的支付方式。协商不一致的,赔偿费用应当一次性支付;一次性支付确有困难的,可以分期支付,但是被侵权人有权请求提供相应的担保。

第三章 责任主体的特殊规定

第一千一百八十八条 无民事行为能力人、限制民事行为能力人造成他人损害的,由监护人承担侵权责任。监护人尽到监护职责的,可以减轻其侵权责任。

有财产的无民事行为能力人、限制民事行为能力人造成他人损害的,从本人财产中支付赔偿费用;不足部分,由监护人赔偿。

第一千一百八十九条 无民事行为能力人、限制民事行为能力人造成他人损害,监护人将监护职责委托给他人的,监护人应当承担侵权责任;受托人有过错的,承担相应的责任。

第一千一百九十条 完全民事行为能力人对自己的行为暂时没有意识或者失去控制造成他人损害有过错的,应当承担侵权责任;没有过错的,根据行为人的经济状况对受害人适当补偿。

完全民事行为能力人因醉酒、滥用麻醉药品或者精神药品对自己的行为暂时没有意识或者失去控制造成他人损害的,应当承担侵权责任。

第一千一百九十一条 用人单位的工作人员因执行工作任务造成他人损害的,由用人单位承担侵权责任。用人单位承担侵权责任后,可以向有故意或者重大过失的工作人员追偿。

劳务派遣期间,被派遣的工作人员因执行工作任务造成他人损害的,由接受劳务派遣的用工单位承担侵权责任;劳务派遣单位有过错的,承担相应的责任。

第一千一百九十二条 个人之间形成劳务关系,提供劳务一方因劳务造成他人损害的,由接受劳务一方承担侵权责任。接受劳务一方承担侵权责任后,可以向有故意或者重大过失的提供劳务一方追偿。提供劳务一方因劳务受到损害的,根据双方各自的过错承担相应的责任。

提供劳务期间,因第三人的行为造成提供劳务一方损害的,提供劳务一方有权请求第三人承担侵权责任,也有权请求接受劳务一方给予补偿。接受劳务一方补偿后,可以向第三人追偿。

第一千一百九十三条 承揽人在完成工作过程中造成第三人损害或者自己损害的,定作人不承担侵权责任。但是,定作人对定作、指示或者选任有过错的,应当承担相应的责任。

第一千一百九十四条 网络用户、网络服务提供者利用网络侵害他人民事权益的,应当承担侵权责任。法律另有规定的,依照其规定。

第一千一百九十五条 网络用户利用网络服务实施侵权行为的,权利人有权通知网络服务提供者采取删除、屏蔽、断开链接等必要措施。通知应当包括构成侵权的初步证据及权利人的真实身份信息。

网络服务提供者接到通知后，应当及时将该通知转送相关网络用户，并根据构成侵权的初步证据和服务类型采取必要措施；未及时采取必要措施的，对损害的扩大部分与该网络用户承担连带责任。

权利人因错误通知造成网络用户或者网络服务提供者损害的，应当承担侵权责任。法律另有规定的，依照其规定。

第一千一百九十六条　网络用户接到转送的通知后，可以向网络服务提供者提交不存在侵权行为的声明。声明应当包括不存在侵权行为的初步证据及网络用户的真实身份信息。

网络服务提供者接到声明后，应当将该声明转送发出通知的权利人，并告知其可以向有关部门投诉或者向人民法院提起诉讼。网络服务提供者在转送声明到达权利人后的合理期限内，未收到权利人已经投诉或者提起诉讼通知的，应当及时终止所采取的措施。

第一千一百九十七条　网络服务提供者知道或者应当知道网络用户利用其网络服务侵害他人民事权益，未采取必要措施的，与该网络用户承担连带责任。

第一千一百九十八条　宾馆、商场、银行、车站、机场、体育场馆、娱乐场所等经营场所、公共场所的经营者、管理者或者群众性活动的组织者，未尽到安全保障义务，造成他人损害的，应当承担侵权责任。

因第三人的行为造成他人损害的，由第三人承担侵权责任；经营者、管理者或者组织者未尽到安全保障义务的，承担相应的补充责任。经营者、管理者或者组织者承担补充责任后，可以向第三人追偿。

第一千一百九十九条　无民事行为能力人在幼儿园、学校或者其他教育机构学习、生活期间受到人身损害的，幼儿园、学校或者其他教育机构应当承担侵权责任；但是，能够证明尽到教育、管理职责的，不承担侵权责任。

第一千二百条　限制民事行为能力人在学校或者其他教育机构学习、生活期间受到人身损害，学校或者其他教育机构未尽到教育、管理职责的，应当承担侵权责任。

第一千二百零一条　无民事行为能力人或者限制民事行为能力人在幼儿园、学校或者其他教育机构学习、生活期间，受到幼儿园、学校或者其他教育机构以外的第三人人身损害的，由第三人承担侵权责任；幼儿园、学校或者其他教育机构未尽到管理职责的，承担相应的补充责任。幼儿园、学校或者其他教育机构承担补充责任后，可以向第三人追偿。

第四章　产 品 责 任

第一千二百零二条　因产品存在缺陷造成他人损害的，生产者应当承担侵权责任。

第一千二百零三条　因产品存在缺陷造成他人损害的，被侵权人可以向产品的生产者请求赔偿，也可以向产品的销售者请求赔偿。

产品缺陷由生产者造成的，销售者赔偿后，有权向生产者追偿。因销售者的过错使产品存在缺陷的，生产者赔偿后，有权向销售者追偿。

第一千二百零四条　因运输者、仓储者等第三人的过错使产品存在缺陷，造成他人损害的，产品的生产者、销售者赔偿后，有权向第三人追偿。

第一千二百零五条　因产品缺陷危及他人人身、财产安全的，被侵权人有权请求生产者、销售者承担停止侵害、排除妨碍、消除危险等侵权责任。

第一千二百零六条　产品投入流通后发现存在缺陷的，生产者、销售者应当及时采取停止销售、警示、召回等补救措施；未及时采取补救措施或者补救措施不力造成损害扩大的，对扩大的损害也应当承担侵权责任。

依据前款规定采取召回措施的，生产者、销售者应当负担被侵权人因此支出的必要费用。

第一千二百零七条　明知产品存在缺陷仍然生产、销售，或者没有依据前条规定采取有效补救措施，造成他人死亡或者健康严重损害的，被侵权人有权请求相应的惩罚性赔偿。

第五章　机动车交通事故责任

第一千二百零八条　机动车发生交通事故造成损害的，依照道路交通安全法律和本法的有关规定承担赔偿责任。

第一千二百零九条 因租赁、借用等情形机动车所有人、管理人与使用人不是同一人时,发生交通事故造成损害,属于该机动车一方责任的,由机动车使用人承担赔偿责任;机动车所有人、管理人对损害的发生有过错的,承担相应的赔偿责任。

第一千二百一十条 当事人之间已经以买卖或者其他方式转让并交付机动车但是未办理登记,发生交通事故造成损害,属于该机动车一方责任的,由受让人承担赔偿责任。

第一千二百一十一条 以挂靠形式从事道路运输经营活动的机动车,发生交通事故造成损害,属于该机动车一方责任的,由挂靠人和被挂靠人承担连带责任。

第一千二百一十二条 未经允许驾驶他人机动车,发生交通事故造成损害,属于该机动车一方责任的,由机动车使用人承担赔偿责任;机动车所有人、管理人对损害的发生有过错的,承担相应的赔偿责任,但是本章另有规定的除外。

第一千二百一十三条 机动车发生交通事故造成损害,属于该机动车一方责任的,先由承保机动车强制保险的保险人在强制保险责任限额范围内予以赔偿;不足部分,由承保机动车商业保险的保险人按照保险合同的约定予以赔偿;仍然不足或者没有投保机动车商业保险的,由侵权人赔偿。

第一千二百一十四条 以买卖或者其他方式转让拼装或者已经达到报废标准的机动车,发生交通事故造成损害的,由转让人和受让人承担连带责任。

第一千二百一十五条 盗窃、抢劫或者抢夺的机动车发生交通事故造成损害的,由盗窃人、抢劫人或者抢夺人承担赔偿责任。盗窃人、抢劫人或者抢夺人与机动车使用人不是同一人,发生交通事故造成损害,属于该机动车一方责任的,由盗窃人、抢劫人或者抢夺人与机动车使用人承担连带责任。

保险人在机动车强制保险责任限额范围内垫付抢救费用的,有权向交通事故责任人追偿。

第一千二百一十六条 机动车驾驶人发生交通事故后逃逸,该机动车参加强制保险的,由保险人在机动车强制保险责任限额范围内予以赔偿;机动车不明、该机动车未参加强制保险或者抢救费用超过机动车强制保险责任限额,需要支付被侵权人人身伤亡的抢救、丧葬等费用的,由道路交通事故社会救助基金垫付。道路交通事故社会救助基金垫付后,其管理机构有权向交通事故责任人追偿。

第一千二百一十七条 非营运机动车发生交通事故造成无偿搭乘人损害,属于该机动车一方责任的,应当减轻其赔偿责任,但是机动车使用人有故意或者重大过失的除外。

第六章 医疗损害责任

第一千二百一十八条 患者在诊疗活动中受到损害,医疗机构或者其医务人员有过错的,由医疗机构承担赔偿责任。

第一千二百一十九条 医务人员在诊疗活动中应当向患者说明病情和医疗措施。需要实施手术、特殊检查、特殊治疗的,医务人员应当及时向患者具体说明医疗风险、替代医疗方案等情况,并取得其明确同意;不能或者不宜向患者说明的,应当向患者的近亲属说明,并取得其明确同意。

医务人员未尽到前款义务,造成患者损害的,医疗机构应当承担赔偿责任。

第一千二百二十条 因抢救生命垂危的患者等紧急情况,不能取得患者或者其近亲属意见的,经医疗机构负责人或者授权的负责人批准,可以立即实施相应的医疗措施。

第一千二百二十一条 医务人员在诊疗活动中未尽到与当时的医疗水平相应的诊疗义务,造成患者损害的,医疗机构应当承担赔偿责任。

第一千二百二十二条 患者在诊疗活动中受到损害,有下列情形之一的,推定医疗机构有过错:

(一)违反法律、行政法规、规章以及其他有关诊疗规范的规定;

(二)隐匿或者拒绝提供与纠纷有关的病历资料;

(三)遗失、伪造、篡改或者违法销毁病历资料。

第一千二百二十三条 因药品、消毒产品、医疗器械的缺陷,或者输入不合格的血液造成患者损害的，患者可以向药品上市许可持有人、生产者、血液提供机构请求赔偿，也可以向医疗机构请求赔偿。患者向医疗机构请求赔偿的，医疗机构赔偿后，有权向负有责任的药品上市许可持有人、生产者、血液提供机构追偿。

第一千二百二十四条　患者在诊疗活动中受到损害，有下列情形之一的，医疗机构不承担赔偿责任：

（一）患者或者其近亲属不配合医疗机构进行符合诊疗规范的诊疗；

（二）医务人员在抢救生命垂危的患者等紧急情况下已经尽到合理诊疗义务；

（三）限于当时的医疗水平难以诊疗。

前款第一项情形中，医疗机构或者其医务人员也有过错的，应当承担相应的赔偿责任。

第一千二百二十五条　医疗机构及其医务人员应当按照规定填写并妥善保管住院志、医嘱单、检验报告、手术及麻醉记录、病理资料、护理记录等病历资料。

患者要求查阅、复制前款规定的病历资料的，医疗机构应当及时提供。

第一千二百二十六条　医疗机构及其医务人员应当对患者的隐私和个人信息保密。泄露患者的隐私和个人信息，或者未经患者同意公开其病历资料的，应当承担侵权责任。

第一千二百二十七条　医疗机构及其医务人员不得违反诊疗规范实施不必要的检查。

第一千二百二十八条　医疗机构及其医务人员的合法权益受法律保护。

干扰医疗秩序，妨碍医务人员工作、生活，侵害医务人员合法权益的，应当依法承担法律责任。

第七章　环境污染和生态破坏责任

第一千二百二十九条　因污染环境、破坏生态造成他人损害的，侵权人应当承担侵权责任。

第一千二百三十条　因污染环境、破坏生态发生纠纷，行为人应当就法律规定的不承担责任或者减轻责任的情形及其行为与损害之间不存在因果关系承担举证责任。

第一千二百三十一条　两个以上侵权人污染环境、破坏生态的，承担责任的大小，根据污染物的种类、浓度、排放量，破坏生态的方式、范围、程度，以及行为对损害后果所起的作用等因素确定。

第一千二百三十二条　侵权人违反法律规定故意污染环境、破坏生态造成严重后果的，被侵权人有权请求相应的惩罚性赔偿。

第一千二百三十三条　因第三人的过错污染环境、破坏生态的，被侵权人可以向侵权人请求赔偿，也可以向第三人请求赔偿。侵权人赔偿后，有权向第三人追偿。

第一千二百三十四条　违反国家规定造成生态环境损害，生态环境能够修复的，国家规定的机关或者法律规定的组织有权请求侵权人在合理期限内承担修复责任。侵权人在期限内未修复的，国家规定的机关或者法律规定的组织可以自行或者委托他人进行修复，所需费用由侵权人负担。

第一千二百三十五条　违反国家规定造成生态环境损害的，国家规定的机关或者法律规定的组织有权请求侵权人赔偿下列损失和费用：

（一）生态环境受到损害至修复完成期间服务功能丧失导致的损失；

（二）生态环境功能永久性损害造成的损失；

（三）生态环境损害调查、鉴定评估等费用；

（四）清除污染、修复生态环境费用；

（五）防止损害的发生和扩大所支出的合理费用。

第八章　高度危险责任

第一千二百三十六条　从事高度危险作业造成他人损害的，应当承担侵权责任。

第一千二百三十七条　民用核设施或者运入运出核设施的核材料发生核事故造成他人损害的，民用核设施的营运单位应当承担侵权责任；但是，能够证明损害是因战争、武装冲突、暴乱等情形或者受害人故意造成的，不承担责任。

第一千二百三十八条　民用航空器造成他人损害的，民用航空器的经营者应当承担侵权责任；但是，能够证明损害是因受害人故意造成的，不承担责任。

第一千二百三十九条　占有或者使用易燃、易爆、剧毒、高放射性、强腐蚀性、高致病性等高度危险物造成他人损害的,占有人或者使用人应当承担侵权责任;但是,能够证明损害是因受害人故意或者不可抗力造成的,不承担责任。被侵权人对损害的发生有重大过失的,可以减轻占有人或者使用人的责任。

第一千二百四十条 从事高空、高压、地下挖掘活动或者使用高速轨道运输工具造成他人损害的,经营者应当承担侵权责任;但是,能够证明损害是因受害人故意或者不可抗力造成的,不承担责任。被侵权人对损害的发生有重大过失的,可以减轻经营者的责任。

第一千二百四十一条 遗失、抛弃高度危险物造成他人损害的,由所有人承担侵权责任。所有人将高度危险物交由他人管理的,由管理人承担侵权责任;所有人有过错的,与管理人承担连带责任。

第一千二百四十二条 非法占有高度危险物造成他人损害的,由非法占有人承担侵权责任。所有人、管理人不能证明对防止非法占有尽到高度注意义务的,与非法占有人承担连带责任。

第一千二百四十三条 未经许可进入高度危险活动区域或者高度危险物存放区域受到损害,管理人能够证明已经采取足够安全措施并尽到充分警示义务的,可以减轻或者不承担责任。

第一千二百四十四条 承担高度危险责任,法律规定赔偿限额的,依照其规定,但是行为人有故意或者重大过失的除外。

第九章 饲养动物损害责任

第一千二百四十五条 饲养的动物造成他人损害的,动物饲养人或者管理人应当承担侵权责任;但是,能够证明损害是因被侵权人故意或者重大过失造成的,可以不承担或者减轻责任。

第一千二百四十六条 违反管理规定,未对动物采取安全措施造成他人损害的,动物饲养人或者管理人应当承担侵权责任;但是,能够证明损害是因被侵权人故意造成的,可以减轻责任。

第一千二百四十七条 禁止饲养的烈性犬等危险动物造成他人损害的,动物饲养人或者管理人应当承担侵权责任。

第一千二百四十八条 动物园的动物造成他人损害的,动物园应当承担侵权责任;但是,能够证明尽到管理职责的,不承担侵权责任。

第一千二百四十九条 遗弃、逃逸的动物在遗弃、逃逸期间造成他人损害的,由动物原饲养人或者管理人承担侵权责任。

第一千二百五十条 因第三人的过错致使动物造成他人损害的,被侵权人可以向动物饲养人或者管理人请求赔偿,也可以向第三人请求赔偿。动物饲养人或者管理人赔偿后,有权向第三人追偿。

第一千二百五十一条 饲养动物应当遵守法律法规,尊重社会公德,不得妨碍他人生活。

第十章 建筑物和物件损害责任

第一千二百五十二条 建筑物、构筑物或者其他设施倒塌、塌陷造成他人损害的,由建设单位与施工单位承担连带责任,但是建设单位与施工单位能够证明不存在质量缺陷的除外。建设单位、施工单位赔偿后,有其他责任人的,有权向其他责任人追偿。

因所有人、管理人、使用人或者第三人的原因,建筑物、构筑物或者其他设施倒塌、塌陷造成他人损害的,由所有人、管理人、使用人或者第三人承担侵权责任。

第一千二百五十三条 建筑物、构筑物或者其他设施及其搁置物、悬挂物发生脱落、坠落造成他人损害,所有人、管理人或者使用人不能证明自己没有过错的,应当承担侵权责任。所有人、管理人或者使用人赔偿后,有其他责任人的,有权向其他责任人追偿。

第一千二百五十四条 禁止从建筑物中抛掷物品。从建筑物中抛掷物品或者从建筑物上坠落的物品造成他人损害的,由侵权人依法承担侵权责任;经调查难以确定具体侵权人的,除能够证明自己不是侵权人的外,由可能加害的建筑物使用人给予补偿。可能加害的建筑物使用人补偿后,有权向侵权人追偿。

物业服务企业等建筑物管理人应当采取必要的安全保障措施防止前款规定情形的发生;未采取必要的安全保障措施的,应当依法承担未履行安全保障义务的侵权责任。

发生本条第一款规定的情形的,公安等机关应当依法及时调查,查清责任人。

第一千二百五十五条　堆放物倒塌、滚落或者滑落造成他人损害，堆放人不能证明自己没有过错的，应当承担侵权责任。

第一千二百五十六条　在公共道路上堆放、倾倒、遗撒妨碍通行的物品造成他人损害的，由行为人承担侵权责任。公共道路管理人不能证明已经尽到清理、防护、警示等义务的，应当承担相应的责任。

第一千二百五十七条　因林木折断、倾倒或者果实坠落等造成他人损害，林木的所有人或者管理人不能证明自己没有过错的，应当承担侵权责任。

第一千二百五十八条　在公共场所或者道路上挖掘、修缮安装地下设施等造成他人损害，施工人不能证明已经设置明显标志和采取安全措施的，应当承担侵权责任。

窨井等地下设施造成他人损害，管理人不能证明尽到管理职责的，应当承担侵权责任。

附　　则

第一千二百五十九条　民法所称的“以上”、“以下”、“以内”、“届满”，包括本数；所称的“不满”、“超过”、“以外”，不包括本数。

第一千二百六十条　本法自2021年1月1日起施行。《中华人民共和国婚姻法》、《中华人民共和国继承法》、《中华人民共和国民法通则》、《中华人民共和国收养法》、《中华人民共和国担保法》、《中华人民共和国合同法》、《中华人民共和国物权法》、《中华人民共和国侵权责任法》、《中华人民共和国民法总则》同时废止。

中华人民共和国民法通则

（1986年4月12日第六届全国人民代表大会第四次会议通过　1986年4月12日中华人民共和国主席令第37号公布　1987年1月1日起施行）

目　　录

第一章　基本原则

第一条　为了保障公民、法人的合法的民事权益，正确调整民事关系，适应社会主义现代化建设事业发展的需要，根据宪法和我国实际情况，总结民事活动的实践经验，制定本法。

第二条　中华人民共和国民法调整平等主体的公民之间、法人之间、公民和法人之间的财产关系和人身关系。

第三条　当事人在民事活动中的地位平等。

第四条　民事活动应当遵循自愿、公平、等价有偿、诚实信用的原则。

第五条　公民、法人的合法的民事权益受法律保护，任何组织和个人不得侵犯。

第六条　民事活动必须遵守法律，法律没有规定的，应当遵守国家政策。

第七条 民事活动应当尊重社会公德,不得损害社会公共利益,破坏国家经济计划,扰乱社会经济秩序。

第八条 在中华人民共和国领域内的民事活动,适用中华人民共和国法律,法律另有规定的除外。

本法关于公民的规定,适用于在中华人民共和国领域内的外国人、无国籍人,法律另有规定的除外。

第二章 公民(自然人)

第一节 民事权利能力

第九条 公民从出生时起到死亡时止,具有民事权利能力,依法享有民事权利,承担民事义务。

第十条 公民的民事权利能力一律平等。

第十一条 十八周岁以上的公民是成年人,具有完全民事行为能力,可以独立进行民事活动,是完全民事行为能力人。

十六周岁以上不满十八周岁的公民,以自己的劳动收入为主要生活来源的,视为完全民事行为能力人。

第十二条 十周岁以上的未成年人是限制民事行为能力人,可以进行与他的年龄、智力相适应的民事活动;其他民事活动由他的法定代理人代理,或者征得他的法定代理人的同意。

不满十周岁的未成年人是无民事行为能力人,由他的法定代理人代理民事活动。

第十三条 不能辨认自己行为的精神病人是无民事行为能力人,由他的法定代理人代理民事活动。

不能完全辨认自己行为的精神病人是限制民事行为能力人,可以进行与他的精神健康状况相适应的民事活动;其他民事活动由他的法定代理人代理,或者征得他的法定代理人的同意。

第十四条 无民事行为能力人、限制民事行为能力人的监护人是他的法定代理人。

第十五条 公民以他的户籍所在地的居住地为住所,经常居住地与住所不一致的,经常居住地视为住所。

第二节 监 护

第十六条 未成年人的父母是未成年人的监护人。

未成年人的父母已经死亡或者没有监护能力的,由下列人员中有监护能力的人担任监护人:

(一)祖父母、外祖父母;

(二)兄、姐;

(三)关系密切的其他亲属、朋友愿意承担监护责任,经未成年人的父、母的所在单位或者未成年人住所地的居民委员会、村民委员会同意的。

对担任监护人有争议的,由未成年人的父、母的所在单位或者未成年人住所地的居民委员会、村民委员会在近亲属中指定。对指定不服提起诉讼的,由人民法院裁决。

没有第一款、第二款规定的监护人的,由未成年人的父、母的所在单位或者未成年人住所地的居民委员会、村民委员会或者民政部门担任监护人。

第十七条 无民事行为能力或者限制民事行为能力的精神病人,由下列人员担任监护人:

(一)配偶;

(二)父母;

(三)成年子女;

(四)其他近亲属;

(五)关系密切的其他亲属、朋友愿意承担监护责任,经精神病人的所在单位或者住所地的居民委员会、村民委员会同意的。

对担任监护人有争议的,由精神病人的所在单位或者住所地的居民委员会、村民委员会在近亲属中指定。对指定不服提起诉讼的,由人民法院裁决。

没有第一款规定的监护人的,由精神病人的所在单位或者住所地的居民委员会、村民委员会或者民政部门担任监护人。

第十八条 监护人应当履行监护职责,保护被监护人的人身、财产及其他合法权益,除为被监护人的利益外,不得处理被监护人的财产。

监护人依法履行监护的权利,受法律保护。

监护人不履行监护职责或者侵害被监护人的合法权益的,应当承担责任;给被监护人造成财产损失的,应当赔偿损失。人民法院可以根据有关人员或者有关单位的申请，撤销监护人的资格。

第十九条　精神病人的利害关系人，可以向人民法院申请宣告精神病人为无民事行为能力人或者限制民事行为能力人。

被人民法院宣告为无民事行为能力人或者限制民事行为能力人的，根据他健康恢复的状况，经本人或者利害关系人申请，人民法院可以宣告他为限制民事行为能力人或者完全民事行为能力人。

第三节　宣告失踪和宣告死亡

第二十条　公民下落不明满二年的，利害关系人可以向人民法院申请宣告他为失踪人。

战争期间下落不明的，下落不明的时间从战争结束之日起计算。

第二十一条　失踪人的财产由他的配偶、父母、成年子女或者关系密切的其他亲属、朋友代管。代管有争议的，没有以上规定的人或者以上规定的人无能力代管的，由人民法院指定的人代管。

失踪人所欠税款、债务和应付的其他费用，由代管人从失踪人的财产中支付。

第二十二条　被宣告失踪的人重新出现或者确知他的下落，经本人或者利害关系人申请，人民法院应当撤销对他的失踪宣告。

第二十三条　公民有下列情形之一的，利害关系人可以向人民法院申请宣告他死亡：

（一）下落不明满四年的；

（二）因意外事故下落不明，从事故发生之日起满二年的。

战争期间下落不明的，下落不明的时间从战争结束之日起计算。

第二十四条　被宣告死亡的人重新出现或者确知他没有死亡，经本人或者利害关系人申请，人民法院应当撤销对他的死亡宣告。

有民事行为能力人在被宣告死亡期间实施的民事法律行为有效。

第二十五条　被撤销死亡宣告的人有权请求返还财产。依照继承法取得他的财产的公民或者组织，应当返还原物；原物不存在的，给予适当补偿。

第四节　个体工商户、农村承包经营户

第二十六条　公民在法律允许的范围内，依法经核准登记，从事工商业经营的，为个体工商户。个体工商户可以起字号。

第二十七条　农村集体经济组织的成员，在法律允许的范围内，按照承包合同规定从事商品经营的，为农村承包经营户。

第二十八条　个体工商户、农村承包经营户的合法权益，受法律保护。

第二十九条　个体工商户、农村承包经营户的债务，个人经营的，以个人财产承担；家庭经营的，以家庭财产承担。

第五节　个人合伙

第三十条　个人合伙是指两个以上公民按照协议，各自提供资金、实物、技术等，合伙经营、共同劳动。

第三十一条　合伙人应当对出资数额、盈余分配、债务承担、入伙、退伙、合伙终止等事项，订立书面协议。

第三十二条　合伙人投入的财产，由合伙人统一管理和使用。

合伙经营积累的财产，归合伙人共有。

第三十三条　个人合伙可以起字号，依法经核准登记，在核准登记的经营范围内从事经营。

第三十四条　个人合伙的经营活动，由合伙人共同决定，合伙人有执行和监督的权利。

合伙人可以推举负责人。合伙负责人和其他人员的经营活动，由全体合伙人承担民事责任。

第三十五条　合伙的债务，由合伙人按照出资比例或者协议的约定，以各自的财产承担清偿责任。

合伙人对合伙的债务承担连带责任，法律另有规定的除外。偿还合伙债务超过自己应当承担数额的合伙人，有权向其他合伙人追偿。

第三章　法　　人

第一节　一般规定

第三十六条　法人是具有民事权利能力和

民事行为能力，依法独立享有民事权利和承担民事义务的组织。

法人的民事权利能力和民事行为能力，从法人成立时产生，到法人终止时消灭。

第三十七条　法人应当具备下列条件：

（一）依法成立；

（二）有必要的财产或者经费；

（三）有自己的名称、组织机构和场所；

（四）能够独立承担民事责任。

第三十八条　依照法律或者法人组织章程规定，代表法人行使职权的负责人，是法人的法定代表人。

第三十九条　法人以它的主要办事机构所在地为住所。

第四十条　法人终止，应当依法进行清算，停止清算范围外的活动。

第二节　企业法人

第四十一条　全民所有制企业、集体所有制企业有符合国家规定的资金数额，有组织章程、组织机构和场所，能够独立承担民事责任，经主管机关核准登记，取得法人资格。

在中华人民共和国领域内设立的中外合资经营企业、中外合作经营企业和外资企业，具备法人条件的，依法经工商行政管理机关核准登记，取得中国法人资格。

第四十二条　企业法人应当在核准登记的经营范围内从事经营。

第四十三条　企业法人对它的法定代表人和其他工作人员的经营活动，承担民事责任。

第四十四条　企业法人分立、合并或者有其他重要事项变更，应当向登记机关办理登记并公告。

企业法人分立、合并，它的权利和义务由变更后的法人享有和承担。

第四十五条　企业法人由于下列原因之一终止：

（一）依法被撤销；

（二）解散；

（三）依法宣告破产；

（四）其他原因。

第四十六条　企业法人终止，应当向登记机关办理注销登记并公告。

第四十七条　企业法人解散，应当成立清算组织，进行清算。企业法人被撤销、被宣告破产的，应当由主管机关或者人民法院组织有关机关和有关人员成立清算组织，进行清算。

第四十八条　全民所有制企业法人以国家授予它经营管理的财产承担民事责任。集体所有制企业法人以企业所有的财产承担民事责任。中外合资经营企业法人、中外合作经营企业法人和外资企业法人以企业所有的财产承担民事责任，法律另有规定的除外。

第四十九条　企业法人有下列情形之一的，除法人承担责任外，对法定代表人可以给予行政处分、罚款，构成犯罪的，依法追究刑事责任：

（一）超出登记机关核准登记的经营范围从事非法经营的；

（二）向登记机关、税务机关隐瞒真实情况、弄虚作假的；

（三）抽逃资金、隐匿财产逃避债务的；

（四）解散、被撤销、被宣告破产后，擅自处理财产的；

（五）变更、终止时不及时申请办理登记和公告，使利害关系人遭受重大损失的；

（六）从事法律禁止的其他活动，损害国家利益或者社会公共利益的。

第三节　机关、事业单位和社会团体法人

第五十条　有独立经费的机关从成立之日起，具有法人资格。

具备法人条件的事业单位、社会团体，依法不需要办理法人登记的，从成立之日起，具有法人资格；依法需要办理法人登记的，经核准登记，取得法人资格。

第四节　联　营

第五十一条　企业之间或者企业、事业单位之间联营，组成新的经济实体，独立承担民事责任、具备法人条件的，经主管机关核准登记，取得法人资格。

第五十二条　企业之间或者企业、事业单位之间联营，共同经营、不具备法人条件的，由联营

各方按照出资比例或者协议的约定，以各自所有的或者经营管理的财产承担民事责任。依照法律的规定或者协议的约定负连带责任的，承担连带责任。

第五十三条　企业之间或者企业、事业单位之间联营，按照合同的约定各自独立经营的，它的权利和义务由合同约定，各自承担民事责任。

第四章　民事法律行为和代理

第一节　民事法律行为

第五十四条　民事法律行为是公民或者法人设立、变更、终止民事权利和民事义务的合法行为。

第五十五条　民事法律行为应当具备下列条件：

（一）行为人具有相应的民事行为能力；

（二）意思表示真实；

（三）不违反法律或者社会公共利益。

第五十六条　民事法律行为可以采取书面形式、口头形式或者其他形式。法律规定用特定形式的，应当依照法律规定。

第五十七条　民事法律行为从成立时起具有法律约束力。行为人非依法律规定或者取得对方同意，不得擅自变更或者解除。

第五十八条　下列民事行为无效：

（一）无民事行为能力人实施的；

（二）限制民事行为能力人依法不能独立实施的；

（三）一方以欺诈、胁迫的手段或者乘人之危，使对方在违背真实意思的情况下所为的；

（四）恶意串通，损害国家、集体或者第三人利益的；

（五）违反法律或者社会公共利益的；

（六）经济合同违反国家指令性计划的；

（七）以合法形式掩盖非法目的的。

无效的民事行为，从行为开始起就没有法律约束力。

第五十九条　下列民事行为，一方有权请求人民法院或者仲裁机关予以变更或者撤销：

（一）行为人对行为内容有重大误解的；

（二）显失公平的。

被撤销的民事行为从行为开始起无效。

第六十条　民事行为部分无效，不影响其他部分的效力的，其他部分仍然有效。

第六十一条　民事行为被确认为无效或者被撤销后，当事人因该行为取得的财产，应当返还给受损失的一方。有过错的一方应当赔偿对方因此所受的损失，双方都有过错的，应当各自承担相应的责任。

双方恶意串通，实施民事行为损害国家的、集体的或者第三人的利益的，应当追缴双方取得的财产，收归国家、集体所有或者返还第三人。

第六十二条　民事法律行为可以附条件，附条件的民事法律行为在符合所附条件时生效。

第二节　代　　理

第六十三条　公民、法人可以通过代理人实施民事法律行为。

代理人在代理权限内，以被代理人的名义实施民事法律行为。被代理人对代理人的代理行为，承担民事责任。

依照法律规定或者按照双方当事人约定，应当由本人实施的民事法律行为，不得代理。

第六十四条　代理包括委托代理、法定代理和指定代理。

委托代理人按照被代理人的委托行使代理权，法定代理人依照法律的规定行使代理权，指定代理人按照人民法院或者指定单位的指定行使代理权。

第六十五条　民事法律行为的委托代理，可以用书面形式，也可以用口头形式。法律规定用书面形式的，应当用书面形式。

书面委托代理的授权委托书应当载明代理人的姓名或者名称、代理事项、权限和期间，并由委托人签名或者盖章。

委托书授权不明的，被代理人应当向第三人承担民事责任，代理人负连带责任。

第六十六条　没有代理权、超越代理权或者代理权终止后的行为，只有经过被代理人的追认，被代理人才承担民事责任。未经追认的行为，由行为人承担民事责任。本人知道他人以本人名义实施民事行为而不作否认表示的，视为同意。

代理人不履行职责而给被代理人造成损害

的,应当承担民事责任。

代理人和第三人串通,损害被代理人的利益的,由代理人和第三人负连带责任。

第三人知道行为人没有代理权、超越代理权或者代理权已终止还与行为人实施民事行为给他人造成损害的,由第三人和行为人负连带责任。

第六十七条 代理人知道被委托代理的事项违法仍然进行代理活动的,或者被代理人知道代理人的代理行为违法不表示反对的,由被代理人和代理人负连带责任。

第六十八条 委托代理人为被代理人的利益需要转托他人代理的,应当事先取得被代理人的同意。事先没有取得被代理人同意的,应当在事后及时告诉被代理人,如果被代理人不同意,由代理人对自己所转托的人的行为负民事责任,但在紧急情况下,为了保护被代理人的利益而转托他人代理的除外。

第六十九条 有下列情形之一的,委托代理终止:

(一) 代理期间届满或者代理事务完成;

(二) 被代理人取消委托或者代理人辞去委托;

(三) 代理人死亡;

(四) 代理人丧失民事行为能力;

(五) 作为被代理人或者代理人的法人终止。

第七十条 有下列情形之一的,法定代理或者指定代理终止:

(一) 被代理人取得或者恢复民事行为能力;

(二) 被代理人或者代理人死亡;

(三) 代理人丧失民事行为能力;

(四) 指定代理的人民法院或者指定单位取消指定;

(五) 由其他原因引起的被代理人和代理人之间的监护关系消灭。

第五章 民事权利

第一节 财产所有权和与财产所有权有关的财产权

第七十一条 财产所有权是指所有人依法对自己的财产享有占有、使用、收益和处分的权利。

第七十二条 财产所有权的取得,不得违反法律规定。

按照合同或者其他合法方式取得财产的,财产所有权从财产交付时起转移,法律另有规定或者当事人另有约定的除外。

第七十三条 国家财产属于全民所有。

国家财产神圣不可侵犯,禁止任何组织或者个人侵占、哄抢、私分、截留、破坏。

第七十四条 劳动群众集体组织的财产属于劳动群众集体所有,包括:

(一) 法律规定为集体所有的土地和森林、山岭、草原、荒地、滩涂等;

(二) 集体经济组织的财产;

(三) 集体所有的建筑物、水库、农田水利设施和教育、科学、文化、卫生、体育等设施;

(四) 集体所有的其他财产。

集体所有的土地依照法律属于村农民集体所有,由村农业生产合作社等农业集体经济组织或者村民委员会经营、管理。已经属于乡(镇)农民集体经济组织所有的,可以属于乡(镇)农民集体所有。

集体所有的财产受法律保护,禁止任何组织或者个人侵占、哄抢、私分、破坏或者非法查封、扣押、冻结、没收。

第七十五条 公民的个人财产,包括公民的合法收入、房屋、储蓄、生活用品、文物、图书资料、林木、牲畜和法律允许公民所有的生产资料以及其他合法财产。

公民的合法财产受法律保护,禁止任何组织或者个人侵占、哄抢、破坏或者非法查封、扣押、冻结、没收。

第七十六条 公民依法享有财产继承权。

第七十七条 社会团体包括宗教团体的合法财产受法律保护。

第七十八条 财产可以由两个以上的公民、法人共有。

共有分为按份共有和共同共有。按份共有人按照各自的份额,对共有财产分享权利,分担义务。共同共有人对共有财产享有权利,承担义务。

按份共有财产的每个共有人有权要求将自己的份额分出或者转让。但在出售时,其他共有人在同等条件下,有优先购买的权利。

第七十九条 所有人不明的埋藏物、隐藏物,归国家所有。接收单位应当对上缴的单位或者个人,给予表扬或者物质奖励。

拾得遗失物、漂流物或者失散的饲养动物,应当归还失主,因此而支出的费用由失主偿还。

第八十条 国家所有的土地,可以依法由全民所有制单位使用,也可以依法确定由集体所有制单位使用,国家保护它的使用、收益的权利;使用单位有管理、保护、合理利用的义务。

公民、集体依法对集体所有的或者国家所有由集体使用的土地的承包经营权,受法律保护。承包双方的权利和义务,依照法律由承包合同规定。

土地不得买卖、出租、抵押或者以其他形式非法转让。

第八十一条 国家所有的森林、山岭、草原、荒地、滩涂、水面等自然资源,可以依法由全民所有制单位使用,也可以依法确定由集体所有制单位使用,国家保护它的使用、收益的权利;使用单位有管理、保护、合理利用的义务。

国家所有的矿藏,可以依法由全民所有制单位和集体所有制单位开采,也可以依法由公民采挖。国家保护合法的采矿权。

公民、集体依法对集体所有的或者国家所有由集体使用的森林、山岭、草原、荒地、滩涂、水面的承包经营权,受法律保护。承包双方的权利和义务,依照法律由承包合同规定。

国家所有的矿藏、水流,国家所有的和法律规定属于集体所有的林地、山岭、草原、荒地、滩涂不得买卖、出租、抵押或者以其他形式非法转让。

第八十二条 全民所有制企业对国家授予它经营管理的财产依法享有经营权,受法律保护。

第八十三条 不动产的相邻各方,应当按照有利生产、方便生活、团结互助、公平合理的精神,正确处理截水、排水、通行、通风、采光等方面的相邻关系。给相邻方造成妨碍或者损失的,应当停止侵害,排除妨碍,赔偿损失。

第二节 债 权

第八十四条 债是按照合同的约定或者依照法律的规定,在当事人之间产生的特定的权利和义务关系。享有权利的人是债权人,负有义务的人是债务人。

债权人有权要求债务人按照合同的约定或者依照法律的规定履行义务。

第八十五条 合同是当事人之间设立、变更、终止民事关系的协议。依法成立的合同,受法律保护。

第八十六条 债权人为二人以上的,按照确定的份额分享权利。债务人为二人以上的,按照确定的份额分担义务。

第八十七条 债权人或者债务人一方人数为二人以上的,依照法律的规定或者当事人的约定,享有连带权利的每个债权人,都有权要求债务人履行义务;负有连带义务的每个债务人,都负有清偿全部债务的义务,履行了义务的人,有权要求其他负有连带义务的人偿付他应当承担的份额。

第八十八条 合同的当事人应当按照合同的约定,全部履行自己的义务。

合同中有关质量、期限、地点或者价款约定不明确,按照合同有关条款内容不能确定,当事人又不能通过协商达成协议的,适用下列规定:

(一)质量要求不明确的,按照国家质量标准履行,没有国家质量标准的,按照通常标准履行。

(二)履行期限不明确的,债务人可以随时向债权人履行义务,债权人也可以随时要求债务人履行义务,但应当给对方必要的准备时间。

(三)履行地点不明确,给付货币的,在接受给付一方的所在地履行,其他标的在履行义务一方的所在地履行。

(四)价款约定不明确的,按照国家规定的价格履行;没有国家规定价格的,参照市场价格或者同类物品的价格或者同类劳务的报酬标准履行。

合同对专利申请权没有约定的,完成发明创造的当事人享有申请权。

合同对科技成果的使用权没有约定的,当事人都有使用的权利。

第八十九条 依照法律的规定或者按照当事人的约定,可以采用下列方式担保债务的履行:

(一)保证人向债权人保证债务人履行债

务,债务人不履行债务的,按照约定由保证人履行或者承担连带责任;保证人履行债务后,有权向债务人追偿。

(二)债务人或者第三人可以提供一定的财产作为抵押物。债务人不履行债务的,债权人有权依照法律的规定以抵押物折价或者以变卖抵押物的价款优先得到偿还。

(三)当事人一方在法律规定的范围内可以向对方给付定金。债务人履行债务后,定金应当抵作价款或者收回。给付定金的一方不履行债务的,无权要求返还定金;接受定金的一方不履行债务的,应当双倍返还定金。

(四)按照合同约定一方占有对方的财产,对方不按照合同给付应付款项超过约定期限的,占有人有权留置该财产,依照法律的规定以留置财产折价或者以变卖该财产的价款优先得到偿还。

第九十条 合法的借贷关系受法律保护。

第九十一条 合同一方将合同的权利、义务全部或者部分转让给第三人的,应当取得合同另一方的同意,并不得牟利。依照法律规定应当由国家批准的合同,需经原批准机关批准。但是,法律另有规定或者原合同另有约定的除外。

第九十二条 没有合法根据,取得不当利益,造成他人损失的,应当将取得的不当利益返还受损失的人。

第九十三条 没有法定的或者约定的义务,为避免他人利益受损失进行管理或者服务的,有权要求受益人偿付由此而支付的必要费用。

第三节 知识产权

第九十四条 公民、法人享有著作权(版权),依法有署名、发表、出版、获得报酬等权利。

第九十五条 公民、法人依法取得的专利权受法律保护。

第九十六条 法人、个体工商户、个人合伙依法取得的商标专用权受法律保护。

第九十七条 公民对自己的发现享有发现权。发现人有权申请领取发现证书、奖金或者其他奖励。

公民对自己的发明或者其他科技成果,有权申请领取荣誉证书、奖金或者其他奖励。

第四节 人身权

第九十八条 公民享有生命健康权。

第九十九条 公民享有姓名权,有权决定、使用和依照规定改变自己的姓名,禁止他人干涉、盗用、假冒。

法人、个体工商户、个人合伙享有名称权。企业法人、个体工商户、个人合伙有权使用、依法转让自己的名称。

第一百条 公民享有肖像权,未经本人同意,不得以营利为目的使用公民的肖像。

第一百零一条 公民、法人享有名誉权,公民的人格尊严受法律保护,禁止用侮辱、诽谤等方式损害公民、法人的名誉。

第一百零二条 公民、法人享有荣誉权,禁止非法剥夺公民、法人的荣誉称号。

第一百零三条 公民享有婚姻自主权,禁止买卖、包办婚姻和其他干涉婚姻自由的行为。

第一百零四条 婚姻、家庭、老人、母亲和儿童受法律保护。

残疾人的合法权益受法律保护。

第一百零五条 妇女享有同男子平等的民事权利。

第六章 民事责任

第一节 一般规定

第一百零六条 公民、法人违反合同或者不履行其他义务的,应当承担民事责任。

公民、法人由于过错侵害国家的、集体的财产,侵害他人财产、人身的,应当承担民事责任。

没有过错,但法律规定应当承担民事责任的,应当承担民事责任。

第一百零七条 因不可抗力不能履行合同或者造成他人损害的,不承担民事责任,法律另有规定的除外。

第一百零八条 债务应当清偿。暂时无力偿还的,经债权人同意或者人民法院裁决,可以由债务人分期偿还。有能力偿还拒不偿还的,由人民法院判决强制偿还。

第一百零九条 因防止、制止国家的、集体的财产或者他人的财产、人身遭受侵害而使自己受到损害的，由侵害人承担赔偿责任，受益人也可以给予适当的补偿。

第一百一十条　对承担民事责任的公民、法人需要追究行政责任的，应当追究行政责任；构成犯罪的，对公民、法人的法定代表人应当依法追究刑事责任。

第二节　违反合同的民事责任

第一百一十一条　当事人一方不履行合同义务或者履行合同义务不符合约定条件的，另一方有权要求履行或者采取补救措施，并有权要求赔偿损失。

第一百一十二条　当事人一方违反合同的赔偿责任，应当相当于另一方因此所受到的损失。

当事人可以在合同中约定，一方违反合同时，向另一方支付一定数额的违约金；也可以在合同中约定对于违反合同而产生的损失赔偿额的计算方法。

第一百一十三条　当事人双方都违反合同的，应当分别承担各自应负的民事责任。

第一百一十四条　当事人一方因另一方违反合同受到损失的，应当及时采取措施防止损失的扩大；没有及时采取措施致使损失扩大的，无权就扩大的损失要求赔偿。

第一百一十五条　合同的变更或者解除，不影响当事人要求赔偿损失的权利。

第一百一十六条　当事人一方由于上级机关的原因，不能履行合同义务的，应当按照合同约定向另一方赔偿损失或者采取其他补救措施，再由上级机关对它因此受到的损失负责处理。

第三节　侵权的民事责任

第一百一十七条　侵占国家的、集体的财产或者他人财产的，应当返还财产，不能返还财产的，应当折价赔偿。

损坏国家的、集体的财产或者他人财产的，应当恢复原状或者折价赔偿。

受害人因此遭受其他重大损失的，侵害人并应当赔偿损失。

第一百一十八条　公民、法人的著作权（版权）、专利权、商标专用权、发现权、发明权和其他科技成果权受到剽窃、篡改、假冒等侵害的，有权要求停止侵害，消除影响，赔偿损失。

第一百一十九条　侵害公民身体造成伤害的，应当赔偿医疗费、因误工减少的收入、残废者生活补助费等费用；造成死亡的，并应当支付丧葬费、死者生前扶养的人必要的生活费等费用。

第一百二十条　公民的姓名权、肖像权、名誉权、荣誉权受到侵害的，有权要求停止侵害，恢复名誉，消除影响，赔礼道歉，并可以要求赔偿损失。

法人的名称权、名誉权、荣誉权受到侵害的，适用前款规定。

第一百二十一条　国家机关或者国家机关工作人员在执行职务中，侵犯公民、法人的合法权益造成损害的，应当承担民事责任。

第一百二十二条　因产品质量不合格造成他人财产、人身损害的，产品制造者、销售者应当依法承担民事责任。运输者、仓储者对此负有责任的，产品制造者、销售者有权要求赔偿损失。

第一百二十三条　从事高空、高压、易燃、易爆、剧毒、放射性、高速运输工具等对周围环境有高度危险的作业造成他人损害的，应当承担民事责任；如果能够证明损害是由受害人故意造成的，不承担民事责任。

第一百二十四条　违反国家保护环境防止污染的规定，污染环境造成他人损害的，应当依法承担民事责任。

第一百二十五条　在公共场所、道旁或者通道上挖坑、修缮安装地下设施等，没有设置明显标志和采取安全措施造成他人损害的，施工人应当承担民事责任。

第一百二十六条　建筑物或者其他设施以及建筑物上的搁置物、悬挂物发生倒塌、脱落、坠落造成他人损害的，它的所有人或者管理人应当承担民事责任，但能够证明自己没有过错的除外。

第一百二十七条　饲养的动物造成他人损害的，动物饲养人或者管理人应当承担民事责任；由于受害人的过错造成损害的，动物饲养人或者管理人不承担民事责任；由于第三人的过错造成损害的，第三人应当承担民事责任。

第一百二十八条　因正当防卫造成损害的，

不承担民事责任。正当防卫超过必要的限度,造成不应有的损害的,应当承担适当的民事责任。

第一百二十九条 因紧急避险造成损害的,由引起险情发生的人承担民事责任。如果危险是由自然原因引起的,紧急避险人不承担民事责任或者承担适当的民事责任。因紧急避险采取措施不当或者超过必要的限度,造成不应有的损害的,紧急避险人应当承担适当的民事责任。

第一百三十条 二人以上共同侵权造成他人损害的,应当承担连带责任。

第一百三十一条 受害人对于损害的发生也有过错的,可以减轻侵害人的民事责任。

第一百三十二条 当事人对造成损害都没有过错的,可以根据实际情况,由当事人分担民事责任。

第一百三十三条 无民事行为能力人、限制民事行为能力人造成他人损害的,由监护人承担民事责任。监护人尽了监护责任的,可以适当减轻他的民事责任。

有财产的无民事行为能力人、限制民事行为能力人造成他人损害的,从本人财产中支付赔偿费用。不足部分,由监护人适当赔偿,但单位担任监护人的除外。

第四节 承担民事责任的方式

第一百三十四条 承担民事责任的方式主要有:

(一) 停止侵害;

(二) 排除妨碍;

(三) 消除危险;

(四) 返还财产;

(五) 恢复原状;

(六) 修理、重作、更换;

(七) 赔偿损失;

(八) 支付违约金;

(九) 消除影响、恢复名誉;

(十) 赔礼道歉。

以上承担民事责任的方式,可以单独适用,也可以合并适用。

人民法院审理民事案件,除适用上述规定外,还可以予以训诫、责令具结悔过、收缴进行非法活动的财物和非法所得,并可以依照法律规定处以罚款、拘留。

第七章 诉讼时效

第一百三十五条 向人民法院请求保护民事权利的诉讼时效期间为二年,法律另有规定的除外。

第一百三十六条 下列的诉讼时效期间为一年:

(一) 身体受到伤害要求赔偿的;

(二) 出售质量不合格的商品未声明的;

(三) 延付或者拒付租金的;

(四) 寄存财物被丢失或者损毁的。

第一百三十七条 诉讼时效期间从知道或者应当知道权利被侵害时起计算。但是,从权利被侵害之日起超过二十年的,人民法院不予保护。有特殊情况的,人民法院可以延长诉讼时效期间。

第一百三十八条 超过诉讼时效期间,当事人自愿履行的,不受诉讼时效限制。

第一百三十九条 在诉讼时效期间的最后六个月内,因不可抗力或者其他障碍不能行使请求权的,诉讼时效中止。从中止时效的原因消除之日起,诉讼时效期间继续计算。

第一百四十条 诉讼时效因提起诉讼、当事人一方提出要求或者同意履行义务而中断。从中断时起,诉讼时效期间重新计算。

第一百四十一条 法律对诉讼时效另有规定的,依照法律规定。

第八章 涉外民事关系的法律适用

第一百四十二条 涉外民事关系的法律适用,依照本章的规定确定。

中华人民共和国缔结或者参加的国际条约同中华人民共和国的民事法律有不同规定的,适用国际条约的规定,但中华人民共和国声明保留的条款除外。

中华人民共和国法律和中华人民共和国缔结或者参加的国际条约没有规定的,可以适用国际惯例。

第一百四十三条 中华人民共和国公民定居国外的,他的民事行为能力可以适用定居国法律。

第一百四十四条 不动产的所有权,适用不动产所在地法律。

第一百四十五条　涉外合同的当事人可以选择处理合同争议所适用的法律,法律另有规定的除外。

涉外合同的当事人没有选择的,适用与合同有最密切联系的国家的法律。

第一百四十六条　侵权行为的损害赔偿,适用侵权行为地法律。当事人双方国籍相同或者在同一国家有住所的,也可以适用当事人本国法律或者住所地法律。

中华人民共和国法律不认为在中华人民共和国领域外发生的行为是侵权行为的,不作为侵权行为处理。

第一百四十七条　中华人民共和国公民和外国人结婚适用婚姻缔结地法律,离婚适用受理案件的法院所在地法律。

第一百四十八条　扶养适用与被扶养人有最密切联系的国家的法律。

第一百四十九条　遗产的法定继承,动产适用被继承人死亡时住所地法律,不动产适用不动产所在地法律。

第一百五十条　依照本章规定适用外国法律或者国际惯例的,不得违背中华人民共和国的社会公共利益。

第九章　附　　则

第一百五十一条　民族自治地方的人民代表大会可以根据本法规定的原则,结合当地民族的特点,制定变通的或者补充的单行条例或者规定。自治区人民代表大会制定的,依照法律规定报全国人民代表大会常务委员会批准或者备案;自治州、自治县人民代表大会制定的,报省、自治区人民代表大会常务委员会批准。

第一百五十二条　本法生效以前,经省、自治区、直辖市以上主管机关批准开办的全民所有制企业,已经向工商行政管理机关登记的,可以不再办理法人登记,即具有法人资格。

第一百五十三条　本法所称的“不可抗力”,是指不能预见、不能避免并不能克服的客观情况。

第一百五十四条　民法所称的期间按照公历年、月、日、小时计算。

规定按照小时计算期间的,从规定时开始计算。规定按照日、月、年计算期间的,开始的当天不算入,从下一天开始计算。

期间的最后一天是星期日或者其他法定休假日的,以休假日的次日为期间的最后一天。

期间的最后一天的截止时间为二十四点。有业务时间的,到停止业务活动的时间截止。

第一百五十五条　民法所称的“以上”、“以下”、“以内”、“届满”,包括本数;所称的“不满”、“以外”,不包括本数。

第一百五十六条　本法自1987年1月1日起施行。

全国人民代表大会常务委员会关于修改部分法律的决定(节录)①

(2009年8月27日第十一届全国人民代表大会常务委员会第十次会议通过　2009年8月27日中华人民共和国主席令第18号公布　自公布之日起施行)

第十一届全国人民代表大会常务委员会第十次会议决定:

一、对法律中明显不适应社会主义市场经济和社会发展要求的规定作出修改:

1. 将《中华人民共和国民法通则》第七条修改为:“民事活动应当尊重社会公德,不得损害社会公共利益,扰乱社会经济秩序。”

删去第五十八条第一款第六项。

……

本决定自公布之日起施行。

中华人民共和国民法通则

(1986年4月12日第六届全国人民代表大会第四次会议通过　根据2009年8月27日第十一届全国人民代表大会常务委员会第十次会议《关于修改部分法律的决定》修正)

目　　录

① 编者注:部分废止。

第一章　基本原则

第一条　为了保障公民、法人的合法的民事权益,正确调整民事关系,适应社会主义现代化建设事业发展的需要,根据宪法和我国实际情况,总结民事活动的实践经验,制定本法。

第二条　中华人民共和国民法调整平等主体的公民之间、法人之间、公民和法人之间的财产关系和人身关系。

第三条　当事人在民事活动中的地位平等。

第四条　民事活动应当遵循自愿、公平、等价有偿、诚实信用的原则。

第五条　公民、法人的合法的民事权益受法律保护,任何组织和个人不得侵犯。

第六条　民事活动必须遵守法律,法律没有规定的,应当遵守国家政策。

第七条　民事活动应当尊重社会公德,不得损害社会公共利益,扰乱社会经济秩序。

第八条　在中华人民共和国领域内的民事活动,适用中华人民共和国法律,法律另有规定的除外。

本法关于公民的规定,适用于在中华人民共和国领域内的外国人、无国籍人,法律另有规定的除外。

第二章　公民(自然人)

第一节　民事权利能力和民事行为能力

第九条　公民从出生时起到死亡时止,具有民事权利能力,依法享有民事权利,承担民事义务。

第十条　公民的民事权利能力一律平等。

第十一条　十八周岁以上的公民是成年人,具有完全民事行为能力,可以独立进行民事活动,是完全民事行为能力人。

十六周岁以上不满十八周岁的公民,以自己的劳动收入为主要生活来源的,视为完全民事行为能力人。

第十二条　十周岁以上的未成年人是限制民事行为能力人,可以进行与他的年龄、智力相适应的民事活动;其他民事活动由他的法定代理人代理,或者征得他的法定代理人的同意。

不满十周岁的未成年人是无民事行为能力人,由他的法定代理人代理民事活动。

第十三条　不能辨认自己行为的精神病人是无民事行为能力人,由他的法定代理人代理民事活动。

不能完全辨认自己行为的精神病人是限制民事行为能力人,可以进行与他的精神健康状况相适应的民事活动;其他民事活动由他的法定代理人代理,或者征得他的法定代理人的同意。

第十四条　无民事行为能力人、限制民事行为能力人的监护人是他的法定代理人。

第十五条　公民以他的户籍所在地的居住地为住所,经常居住地与住所不一致的,经常居住地视为住所。

第二节　监　　护

第十六条　未成年人的父母是未成年人的监护人。

未成年人的父母已经死亡或者没有监护能力的，由下列人员中有监护能力的人担任监护人：

（一）祖父母、外祖父母；

（二）兄、姐；

（三）关系密切的其他亲属、朋友愿意承担监护责任，经未成年人的父、母的所在单位或者未成年人住所地的居民委员会、村民委员会同意的。

对担任监护人有争议的，由未成年人的父、母的所在单位或者未成年人住所地的居民委员会、村民委员会在近亲属中指定。对指定不服提起诉讼的，由人民法院裁决。

没有第一款、第二款规定的监护人的，由未成年人的父、母的所在单位或者未成年人住所地的居民委员会、村民委员会或者民政部门担任监护人。

第十七条　无民事行为能力或者限制民事行为能力的精神病人，由下列人员担任监护人：

（一）配偶；

（二）父母；

（三）成年子女；

（四）其他近亲属；

（五）关系密切的其他亲属、朋友愿意承担监护责任，经精神病人的所在单位或者住所地的居民委员会、村民委员会同意的。

对担任监护人有争议的，由精神病人的所在单位或者住所地的居民委员会、村民委员会在近亲属中指定。对指定不服提起诉讼的，由人民法院裁决。

没有第一款规定的监护人的，由精神病人的所在单位或者住所地的居民委员会、村民委员会或者民政部门担任监护人。

第十八条　监护人应当履行监护职责，保护被监护人的人身、财产及其他合法权益，除为被监护人的利益外，不得处理被监护人的财产。

监护人依法履行监护的权利，受法律保护。

监护人不履行监护职责或者侵害被监护人的合法权益的，应当承担责任；给被监护人造成财产损失的，应当赔偿损失。人民法院可以根据有关人员或者有关单位的申请，撤销监护人的资格。

第十九条　精神病人的利害关系人，可以向人民法院申请宣告精神病人为无民事行为能力人或者限制民事行为能力人。

被人民法院宣告为无民事行为能力人或者限制民事行为能力人的，根据他健康恢复的状况，经本人或者利害关系人申请，人民法院可以宣告他为限制民事行为能力人或者完全民事行为能力人。

第三节　宣告失踪和宣告死亡

第二十条　公民下落不明满二年的，利害关系人可以向人民法院申请宣告他为失踪人。

战争期间下落不明的，下落不明的时间从战争结束之日起计算。

第二十一条　失踪人的财产由他的配偶、父母、成年子女或者关系密切的其他亲属、朋友代管。代管有争议的，没有以上规定的人或者以上规定的人无能力代管的，由人民法院指定的人代管。

失踪人所欠税款、债务和应付的其他费用，由代管人从失踪人的财产中支付。

第二十二条　被宣告失踪的人重新出现或者确知他的下落，经本人或者利害关系人申请，人民法院应当撤销对他的失踪宣告。

第二十三条　公民有下列情形之一的，利害关系人可以向人民法院申请宣告他死亡：

（一）下落不明满四年的；

（二）因意外事故下落不明，从事故发生之日起满二年的。

战争期间下落不明的，下落不明的时间从战争结束之日起计算。

第二十四条　被宣告死亡的人重新出现或者确知他没有死亡，经本人或者利害关系人申请，人民法院应当撤销对他的死亡宣告。

有民事行为能力人在被宣告死亡期间实施的民事法律行为有效。

第二十五条　被撤销死亡宣告的人有权请求返还财产。依照继承法取得他的财产的公民或者组织，应当返还原物；原物不存在的，给予适当补偿。

第四节 个体工商户、农村承包经营户

第二十六条 公民在法律允许的范围内,依法经核准登记,从事工商业经营的,为个体工商户。个体工商户可以起字号。

第二十七条 农村集体经济组织的成员,在法律允许的范围内,按照承包合同规定从事商品经营的,为农村承包经营户。

第二十八条 个体工商户、农村承包经营户的合法权益,受法律保护。

第二十九条 个体工商户、农村承包经营户的债务,个人经营的,以个人财产承担;家庭经营的,以家庭财产承担。

第五节 个人合伙

第三十条 个人合伙是指两个以上公民按照协议,各自提供资金、实物、技术等,合伙经营、共同劳动。

第三十一条 合伙人应当对出资数额、盈余分配、债务承担、入伙、退伙、合伙终止等事项,订立书面协议。

第三十二条 合伙人投入的财产,由合伙人统一管理和使用。

合伙经营积累的财产,归合伙人共有。

第三十三条 个人合伙可以起字号,依法经核准登记,在核准登记的经营范围内从事经营。

第三十四条 个人合伙的经营活动,由合伙人共同决定,合伙人有执行和监督的权利。

合伙人可以推举负责人。合伙负责人和其他人员的经营活动,由全体合伙人承担民事责任。

第三十五条 合伙的债务,由合伙人按照出资比例或者协议的约定,以各自的财产承担清偿责任。

合伙人对合伙的债务承担连带责任,法律另有规定的除外。偿还合伙债务超过自己应当承担数额的合伙人,有权向其他合伙人追偿。

第三章 法 人

第一节 一般规定

第三十六条 法人是具有民事权利能力和民事行为能力,依法独立享有民事权利和承担民事义务的组织。

法人的民事权利能力和民事行为能力,从法人成立时产生,到法人终止时消灭。

第三十七条 法人应当具备下列条件:

(一)依法成立;

(二)有必要的财产或者经费;

(三)有自己的名称、组织机构和场所;

(四)能够独立承担民事责任。

第三十八条 依照法律或者法人组织章程规定,代表法人行使职权的负责人,是法人的法定代表人。

第三十九条 法人以它的主要办事机构所在地为住所。

第四十条 法人终止,应当依法进行清算,停止清算范围外的活动。

第二节 企业法人

第四十一条 全民所有制企业、集体所有制企业有符合国家规定的资金数额,有组织章程、组织机构和场所,能够独立承担民事责任,经主管机关核准登记,取得法人资格。

在中华人民共和国领域内设立的中外合资经营企业、中外合作经营企业和外资企业,具备法人条件的,依法经工商行政管理机关核准登记,取得中国法人资格。

第四十二条 企业法人应当在核准登记的经营范围内从事经营。

第四十三条 企业法人对它的法定代表人和其他工作人员的经营活动,承担民事责任。

第四十四条 企业法人分立、合并或者有其他重要事项变更,应当向登记机关办理登记并公告。

企业法人分立、合并,它的权利和义务由变更后的法人享有和承担。

第四十五条 企业法人由于下列原因之一终止:

(一)依法被撤销;

(二)解散;

(三)依法宣告破产;

(四)其他原因。

第四十六条 企业法人终止,应当向登记机

关办理注销登记并公告。

第四十七条 企业法人解散,应当成立清算组织,进行清算。企业法人被撤销、被宣告破产的,应当由主管机关或者人民法院组织有关机关和有关人员成立清算组织,进行清算。

第四十八条 全民所有制企业法人以国家授予它经营管理的财产承担民事责任。集体所有制企业法人以企业所有的财产承担民事责任。中外合资经营企业法人、中外合作经营企业法人和外资企业法人以企业所有的财产承担民事责任,法律另有规定的除外。

第四十九条 企业法人有下列情形之一的,除法人承担责任外,对法定代表人可以给予行政处分、罚款,构成犯罪的,依法追究刑事责任:

(一)超出登记机关核准登记的经营范围从事非法经营的;

(二)向登记机关、税务机关隐瞒真实情况、弄虚作假的;

(三)抽逃资金、隐匿财产逃避债务的;

(四)解散、被撤销、被宣告破产后,擅自处理财产的;

(五)变更、终止时不及时申请办理登记和公告,使利害关系人遭受重大损失的;

(六)从事法律禁止的其他活动,损害国家利益或者社会公共利益的。

第三节 机关、事业单位和社会团体法人

第五十条 有独立经费的机关从成立之日起,具有法人资格。

具备法人条件的事业单位、社会团体,依法不需要办理法人登记的,从成立之日起,具有法人资格;依法需要办理法人登记的,经核准登记,取得法人资格。

第四节 联　营

第五十一条 企业之间或者企业、事业单位之间联营,组成新的经济实体,独立承担民事责任、具备法人条件的,经主管机关核准登记,取得法人资格。

第五十二条 企业之间或者企业、事业单位之间联营,共同经营、不具备法人条件的,由联营各方按照出资比例或者协议的约定,以各自所有的或者经营管理的财产承担民事责任。依照法律的规定或者协议的约定负连带责任的,承担连带责任。

第五十三条 企业之间或者企业、事业单位之间联营,按照合同的约定各自独立经营的,它的权利和义务由合同约定,各自承担民事责任。

第四章 民事法律行为和代理

第一节 民事法律行为

第五十四条 民事法律行为是公民或者法人设立、变更、终止民事权利和民事义务的合法行为。

第五十五条 民事法律行为应当具备下列条件:

(一)行为人具有相应的民事行为能力;

(二)意思表示真实;

(三)不违反法律或者社会公共利益。

第五十六条 民事法律行为可以采取书面形式、口头形式或者其他形式。法律规定用特定形式的,应当依照法律规定。

第五十七条 民事法律行为从成立时起具有法律约束力。行为人非依法律规定或者取得对方同意,不得擅自变更或者解除。

第五十八条 下列民事行为无效:

(一)无民事行为能力人实施的;

(二)限制民事行为能力人依法不能独立实施的;

(三)一方以欺诈、胁迫的手段或者乘人之危,使对方在违背真实意思的情况下所为的;

(四)恶意串通,损害国家、集体或者第三人利益的;

(五)违反法律或者社会公共利益的;

(六)以合法形式掩盖非法目的的。

无效的民事行为,从行为开始起就没有法律约束力。

第五十九条 下列民事行为,一方有权请求人民法院或者仲裁机关予以变更或者撤销:

(一)行为人对行为内容有重大误解的;

(二)显失公平的。

被撤销的民事行为从行为开始起无效。

第六十条　民事行为部分无效，不影响其他部分的效力的，其他部分仍然有效。

第六十一条　民事行为被确认为无效或者被撤销后，当事人因该行为取得的财产，应当返还给受损失的一方。有过错的一方应当赔偿对方因此所受的损失，双方都有过错的，应当各自承担相应的责任。

双方恶意串通，实施民事行为损害国家的、集体的或者第三人的利益的，应当追缴双方取得的财产，收归国家、集体所有或者返还第三人。

第六十二条　民事法律行为可以附条件，附条件的民事法律行为在符合所附条件时生效。

第二节　代　　理

第六十三条　公民、法人可以通过代理人实施民事法律行为。

代理人在代理权限内，以被代理人的名义实施民事法律行为。被代理人对代理人的代理行为，承担民事责任。

依照法律规定或者按照双方当事人约定，应当由本人实施的民事法律行为，不得代理。

第六十四条　代理包括委托代理、法定代理和指定代理。

委托代理人按照被代理人的委托行使代理权，法定代理人依照法律的规定行使代理权，指定代理人按照人民法院或者指定单位的指定行使代理权。

第六十五条　民事法律行为的委托代理，可以用书面形式，也可以用口头形式。法律规定用书面形式的，应当用书面形式。

书面委托代理的授权委托书应当载明代理人的姓名或者名称、代理事项、权限和期间，并由委托人签名或者盖章。

委托书授权不明的，被代理人应当向第三人承担民事责任，代理人负连带责任。

第六十六条　没有代理权、超越代理权或者代理权终止后的行为，只有经过被代理人的追认，被代理人才承担民事责任。未经追认的行为，由行为人承担民事责任。本人知道他人以本人名义实施民事行为而不作否认表示的，视为同意。

代理人不履行职责而给被代理人造成损害的，应当承担民事责任。

代理人和第三人串通，损害被代理人的利益的，由代理人和第三人负连带责任。

第三人知道行为人没有代理权、超越代理权或者代理权已终止还与行为人实施民事行为给他人造成损害的，由第三人和行为人负连带责任。

第六十七条　代理人知道被委托代理的事项违法仍然进行代理活动的，或者被代理人知道代理人的代理行为违法不表示反对的，由被代理人和代理人负连带责任。

第六十八条　委托代理人为被代理人的利益需要转托他人代理的，应当事先取得被代理人的同意。事先没有取得被代理人同意的，应当在事后及时告诉被代理人，如果被代理人不同意，由代理人对自己所转托的人的行为负民事责任，但在紧急情况下，为了保护被代理人的利益而转托他人代理的除外。

第六十九条　有下列情形之一的，委托代理终止：

（一）代理期间届满或者代理事务完成；

（二）被代理人取消委托或者代理人辞去委托；

（三）代理人死亡；

（四）代理人丧失民事行为能力；

（五）作为被代理人或者代理人的法人终止。

第七十条　有下列情形之一的，法定代理或者指定代理终止：

（一）被代理人取得或者恢复民事行为能力；

（二）被代理人或者代理人死亡；

（三）代理人丧失民事行为能力；

（四）指定代理的人民法院或者指定单位取消指定；

（五）由其他原因引起的被代理人和代理人之间的监护关系消灭。

第五章 民事权利

第一节 财产所有权和与财产所有权有关的财产权

第七十一条 财产所有权是指所有人依法对自己的财产享有占有、使用、收益和处分的权利。

第七十二条 财产所有权的取得,不得违反法律规定。

按照合同或者其他合法方式取得财产的,财产所有权从财产交付时起转移,法律另有规定或者当事人另有约定的除外。

第七十三条 国家财产属于全民所有。

国家财产神圣不可侵犯,禁止任何组织或者个人侵占、哄抢、私分、截留、破坏。

第七十四条 劳动群众集体组织的财产属于劳动群众集体所有,包括:

(一) 法律规定为集体所有的土地和森林、山岭、草原、荒地、滩涂等;

(二) 集体经济组织的财产;

(三) 集体所有的建筑物、水库、农田水利设施和教育、科学、文化、卫生、体育等设施;

(四) 集体所有的其他财产。

集体所有的土地依照法律属于村农民集体所有,由村农业生产合作社等农业集体经济组织或者村民委员会经营、管理。已经属于乡(镇)农民集体经济组织所有的,可以属于乡(镇)农民集体所有。

集体所有的财产受法律保护,禁止任何组织或者个人侵占、哄抢、私分、破坏或者非法查封、扣押、冻结、没收。

第七十五条 公民的个人财产,包括公民的合法收入、房屋、储蓄、生活用品、文物、图书资料、林木、牲畜和法律允许公民所有的生产资料以及其他合法财产。

公民的合法财产受法律保护,禁止任何组织或者个人侵占、哄抢、破坏或者非法查封、扣押、冻结、没收。

第七十六条 公民依法享有财产继承权。

第七十七条 社会团体包括宗教团体的合法财产受法律保护。

第七十八条 财产可以由两个以上的公民、法人共有。

共有分为按份共有和共同共有。按份共有人按照各自的份额,对共有财产分享权利,分担义务。共同共有人对共有财产享有权利,承担义务。

按份共有财产的每个共有人有权要求将自己的份额分出或者转让。但在出售时,其他共有人在同等条件下,有优先购买的权利。

第七十九条 所有人不明的埋藏物、隐藏物,归国家所有。接收单位应当对上缴的单位或者个人,给予表扬或者物质奖励。

拾得遗失物、漂流物或者失散的饲养动物,应当归还失主,因此而支出的费用由失主偿还。

第八十条 国家所有的土地,可以依法由全民所有制单位使用,也可以依法确定由集体所有制单位使用,国家保护它的使用、收益的权利;使用单位有管理、保护、合理利用的义务。

公民、集体依法对集体所有的或者国家所有由集体使用的土地的承包经营权,受法律保护。承包双方的权利和义务,依照法律由承包合同规定。

土地不得买卖、出租、抵押或者以其他形式非法转让。

第八十一条 国家所有的森林、山岭、草原、荒地、滩涂、水面等自然资源,可以依法由全民所有制单位使用,也可以依法确定由集体所有制单位使用,国家保护它的使用、收益的权利;使用单位有管理、保护、合理利用的义务。

国家所有的矿藏,可以依法由全民所有制单位和集体所有制单位开采,也可以依法由公民采挖。国家保护合法的采矿权。

公民、集体依法对集体所有的或者国家所有由集体使用的森林、山岭、草原、荒地、滩涂、水面的承包经营权,受法律保护。承包双方的权利和义务,依照法律由承包合同规定。

国家所有的矿藏、水流,国家所有的和法律规定属于集体所有的林地、山岭、草原、荒地、滩涂不得买卖、出租、抵押或者以其他形式非法转让。

第八十二条 全民所有制企业对国家授予它经营管理的财产依法享有经营权,受法律保护。

第八十三条 不动产的相邻各方,应当按照有利生产、方便生活、团结互助、公平合理的精神,正确处理截水、排水、通行、通风、采光等方面的相邻关系。给相邻方造成妨碍或者损失的,应当停止侵害,排除妨碍,赔偿损失。

第二节 债 权

第八十四条 债是按照合同的约定或者依照法律的规定,在当事人之间产生的特定的权利和义务关系。享有权利的人是债权人,负有义务的人是债务人。

债权人有权要求债务人按照合同的约定或者依照法律的规定履行义务。

第八十五条 合同是当事人之间设立、变更、终止民事关系的协议。依法成立的合同,受法律保护。

第八十六条 债权人为二人以上的,按照确定的份额分享权利。债务人为二人以上的,按照确定的份额分担义务。

第八十七条 债权人或者债务人一方人数为二人以上的,依照法律的规定或者当事人的约定,享有连带权利的每个债权人,都有权要求债务人履行义务;负有连带义务的每个债务人,都负有清偿全部债务的义务,履行了义务的人,有权要求其他负有连带义务的人偿付他应当承担的份额。

第八十八条 合同的当事人应当按照合同的约定,全部履行自己的义务。

合同中有关质量、期限、地点或者价款约定不明确,按照合同有关条款内容不能确定,当事人又不能通过协商达成协议的,适用下列规定:

(一)质量要求不明确的,按照国家质量标准履行,没有国家质量标准的,按照通常标准履行。

(二)履行期限不明确的,债务人可以随时向债权人履行义务,债权人也可以随时要求债务人履行义务,但应当给对方必要的准备时间。

(三)履行地点不明确,给付货币的,在接受给付一方的所在地履行,其他标的在履行义务一方的所在地履行。

(四)价款约定不明确的,按照国家规定的价格履行;没有国家规定价格的,参照市场价格或者同类物品的价格或者同类劳务的报酬标准履行。

合同对专利申请权没有约定的,完成发明创造的当事人享有申请权。

合同对科技成果的使用权没有约定的,当事人都有使用的权利。

第八十九条 依照法律的规定或者按照当事人的约定,可以采用下列方式担保债务的履行:

(一)保证人向债权人保证债务人履行债务,债务人不履行债务的,按照约定由保证人履行或者承担连带责任;保证人履行债务后,有权向债务人追偿。

(二)债务人或者第三人可以提供一定的财产作为抵押物。债务人不履行债务的,债权人有权依照法律的规定以抵押物折价或者以变卖抵押物的价款优先得到偿还。

(三)当事人一方在法律规定的范围内可以向对方给付定金。债务人履行债务后,定金应当抵作价款或者收回。给付定金的一方不履行债务的,无权要求返还定金;接受定金的一方不履行债务的,应当双倍返还定金。

(四)按照合同约定一方占有对方的财产,对方不按照合同给付应付款项超过约定期限的,占有人有权留置该财产,依照法律的规定以留置财产折价或者以变卖该财产的价款优先得到偿还。

第九十条 合法的借贷关系受法律保护。

第九十一条 合同一方将合同的权利、义务全部或者部分转让给第三人的,应当取得合同另一方的同意,并不得牟利。依照法律规定应当由国家批准的合同,需经原批准机关批准。但是,法律另有规定或者原合同另有约定的除外。

第九十二条 没有合法根据,取得不当利益,造成他人损失的,应当将取得的不当利益返还受损失的人。

第九十三条 没有法定的或者约定的义务,为避免他人利益受损失进行管理或者服务的,有权要求受益人偿付由此而支付的必要费用。

第三节 知识产权

第九十四条 公民、法人享有著作权(版权),依法有署名、发表、出版、获得报酬等权利。

第九十五条 公民、法人依法取得的专利权受法律保护。

第九十六条 法人、个体工商户、个人合伙依法取得的商标专用权受法律保护。

第九十七条 公民对自己的发现享有发现权。发现人有权申请领取发现证书、奖金或者其他奖励。

公民对自己的发明或者其他科技成果,有权申请领取荣誉证书、奖金或者其他奖励。

第四节 人 身 权

第九十八条 公民享有生命健康权。

第九十九条 公民享有姓名权,有权决定、使用和依照规定改变自己的姓名,禁止他人干涉、盗用、假冒。

法人、个体工商户、个人合伙享有名称权。企业法人、个体工商户、个人合伙有权使用、依法转让自己的名称。

第一百条 公民享有肖像权,未经本人同意,不得以营利为目的使用公民的肖像。

第一百零一条 公民、法人享有名誉权,公民的人格尊严受法律保护,禁止用侮辱、诽谤等方式损害公民、法人的名誉。

第一百零二条 公民、法人享有荣誉权,禁止非法剥夺公民、法人的荣誉称号。

第一百零三条 公民享有婚姻自主权,禁止买卖、包办婚姻和其他干涉婚姻自由的行为。

第一百零四条 婚姻、家庭、老人、母亲和儿童受法律保护。

残疾人的合法权益受法律保护。

第一百零五条 妇女享有同男子平等的民事权利。

第六章 民 事 责 任

第一节 一 般 规 定

第一百零六条 公民、法人违反合同或者不履行其他义务的,应当承担民事责任。

公民、法人由于过错侵害国家的、集体的财产,侵害他人财产、人身的,应当承担民事责任。

没有过错,但法律规定应当承担民事责任的,应当承担民事责任。

第一百零七条 因不可抗力不能履行合同或者造成他人损害的,不承担民事责任,法律另有规定的除外。

第一百零八条 债务应当清偿。暂时无力偿还的,经债权人同意或者人民法院裁决,可以由债务人分期偿还。有能力偿还拒不偿还的,由人民法院判决强制偿还。

第一百零九条 因防止、制止国家的、集体的财产或者他人的财产、人身遭受侵害而使自己受到损害的,由侵害人承担赔偿责任,受益人也可以给予适当的补偿。

第一百一十条 对承担民事责任的公民、法人需要追究行政责任的,应当追究行政责任;构成犯罪的,对公民、法人的法定代表人应当依法追究刑事责任。

第二节 违反合同的民事责任

第一百一十一条 当事人一方不履行合同义务或者履行合同义务不符合约定条件的,另一方有权要求履行或者采取补救措施,并有权要求赔偿损失。

第一百一十二条 当事人一方违反合同的赔偿责任,应当相当于另一方因此所受到的损失。

当事人可以在合同中约定,一方违反合同时,向另一方支付一定数额的违约金;也可以在合同中约定对于违反合同而产生的损失赔偿额的计算方法。

第一百一十三条 当事人双方都违反合同的,应当分别承担各自应负的民事责任。

第一百一十四条 当事人一方因另一方违反合同受到损失的,应当及时采取措施防止损失的扩大;没有及时采取措施致使损失扩大的,无权就扩大的损失要求赔偿。

第一百一十五条 合同的变更或者解除,不影响当事人要求赔偿损失的权利。

第一百一十六条 当事人一方由于上级机关的原因,不能履行合同义务的,应当按照合同约定向另一方赔偿损失或者采取其他补救措施,再由上级机关对它因此受到的损失负责处理。

第三节 侵权的民事责任

第一百一十七条 侵占国家的、集体的财产或者他人财产的,应当返还财产,不能返还财产的,应当折价赔偿。

损坏国家的、集体的财产或者他人财产的，应当恢复原状或者折价赔偿。

受害人因此遭受其他重大损失的，侵害人并应当赔偿损失。

第一百一十八条 公民、法人的著作权（版权）、专利权、商标专用权、发现权、发明权和其他科技成果权受到剽窃、篡改、假冒等侵害的，有权要求停止侵害，消除影响，赔偿损失。

第一百一十九条 侵害公民身体造成伤害的，应当赔偿医疗费、因误工减少的收入、残废者生活补助费等费用；造成死亡的，并应当支付丧葬费、死者生前扶养的人必要的生活费等费用。

第一百二十条 公民的姓名权、肖像权、名誉权、荣誉权受到侵害的，有权要求停止侵害，恢复名誉，消除影响，赔礼道歉，并可以要求赔偿损失。

法人的名称权、名誉权、荣誉权受到侵害的，适用前款规定。

第一百二十一条 国家机关或者国家机关工作人员在执行职务中，侵犯公民、法人的合法权益造成损害的，应当承担民事责任。

第一百二十二条 因产品质量不合格造成他人财产、人身损害的，产品制造者、销售者应当依法承担民事责任。运输者、仓储者对此负有责任的，产品制造者、销售者有权要求赔偿损失。

第一百二十三条 从事高空、高压、易燃、易爆、剧毒、放射性、高速运输工具等对周围环境有高度危险的作业造成他人损害的，应当承担民事责任；如果能够证明损害是由受害人故意造成的，不承担民事责任。

第一百二十四条 违反国家保护环境防止污染的规定，污染环境造成他人损害的，应当依法承担民事责任。

第一百二十五条 在公共场所、道旁或者通道上挖坑、修缮安装地下设施等，没有设置明显标志和采取安全措施造成他人损害的，施工人应当承担民事责任。

第一百二十六条 建筑物或者其他设施以及建筑物上的搁置物、悬挂物发生倒塌、脱落、坠落造成他人损害的，它的所有人或者管理人应当承担民事责任，但能够证明自己没有过错的除外。

第一百二十七条 饲养的动物造成他人损害的，动物饲养人或者管理人应当承担民事责任；由于受害人的过错造成损害的，动物饲养人或者管理人不承担民事责任；由于第三人的过错造成损害的，第三人应当承担民事责任。

第一百二十八条 因正当防卫造成损害的，不承担民事责任。正当防卫超过必要的限度，造成不应有的损害的，应当承担适当的民事责任。

第一百二十九条 因紧急避险造成损害的，由引起险情发生的人承担民事责任。如果危险是由自然原因引起的，紧急避险人不承担民事责任或者承担适当的民事责任。因紧急避险采取措施不当或者超过必要的限度，造成不应有的损害的，紧急避险人应当承担适当的民事责任。

第一百三十条 二人以上共同侵权造成他人损害的，应当承担连带责任。

第一百三十一条 受害人对于损害的发生也有过错的，可以减轻侵害人的民事责任。

第一百三十二条 当事人对造成损害都没有过错的，可以根据实际情况，由当事人分担民事责任。

第一百三十三条 无民事行为能力人、限制民事行为能力人造成他人损害的，由监护人承担民事责任。监护人尽了监护责任的，可以适当减轻他的民事责任。

有财产的无民事行为能力人、限制民事行为能力人造成他人损害的，从本人财产中支付赔偿费用。不足部分，由监护人适当赔偿，但单位担任监护人的除外。

第四节 承担民事责任的方式

第一百三十四条 承担民事责任的方式主要有：

（一）停止侵害；

（二）排除妨碍；

（三）消除危险；

（四）返还财产；

（五）恢复原状；

（六）修理、重作、更换；

（七）赔偿损失；

（八）支付违约金；

（九）消除影响、恢复名誉；

（十）赔礼道歉。

以上承担民事责任的方式,可以单独适用,也可以合并适用。

人民法院审理民事案件,除适用上述规定外,还可以予以训诫、责令具结悔过、收缴进行非法活动的财物和非法所得,并可以依照法律规定处以罚款、拘留。

第七章　诉讼时效

第一百三十五条　向人民法院请求保护民事权利的诉讼时效期间为二年,法律另有规定的除外。

第一百三十六条　下列的诉讼时效期间为一年:

(一)身体受到伤害要求赔偿的;

(二)出售质量不合格的商品未声明的;

(三)延付或者拒付租金的;

(四)寄存财物被丢失或者损毁的。

第一百三十七条　诉讼时效期间从知道或者应当知道权利被侵害时起计算。但是,从权利被侵害之日起超过二十年的,人民法院不予保护。有特殊情况的,人民法院可以延长诉讼时效期间。

第一百三十八条　超过诉讼时效期间,当事人自愿履行的,不受诉讼时效限制。

第一百三十九条　在诉讼时效期间的最后六个月内,因不可抗力或者其他障碍不能行使请求权的,诉讼时效中止。从中止时效的原因消除之日起,诉讼时效期间继续计算。

第一百四十条　诉讼时效因提起诉讼、当事人一方提出要求或者同意履行义务而中断。从中断时起,诉讼时效期间重新计算。

第一百四十一条　法律对诉讼时效另有规定的,依照法律规定。

第八章　涉外民事关系的法律适用

第一百四十二条　涉外民事关系的法律适用,依照本章的规定确定。

中华人民共和国缔结或者参加的国际条约同中华人民共和国的民事法律有不同规定的,适用国际条约的规定,但中华人民共和国声明保留的条款除外。

中华人民共和国法律和中华人民共和国缔结或者参加的国际条约没有规定的,可以适用国际惯例。

第一百四十三条　中华人民共和国公民定居国外的,他的民事行为能力可以适用定居国法律。

第一百四十四条　不动产的所有权,适用不动产所在地法律。

第一百四十五条　涉外合同的当事人可以选择处理合同争议所适用的法律,法律另有规定的除外。

涉外合同的当事人没有选择的,适用与合同有最密切联系的国家的法律。

第一百四十六条　侵权行为的损害赔偿,适用侵权行为地法律。当事人双方国籍相同或者在同一国家有住所的,也可以适用当事人本国法律或者住所地法律。

中华人民共和国法律不认为在中华人民共和国领域外发生的行为是侵权行为的,不作为侵权行为处理。

第一百四十七条　中华人民共和国公民和外国人结婚适用婚姻缔结地法律,离婚适用受理案件的法院所在地法律。

第一百四十八条　扶养适用与被扶养人有最密切联系的国家的法律。

第一百四十九条　遗产的法定继承,动产适用被继承人死亡时住所地法律,不动产适用不动产所在地法律。

第一百五十条　依照本章规定适用外国法律或者国际惯例的,不得违背中华人民共和国的社会公共利益。

第九章　附　　则

第一百五十一条　民族自治地方的人民代表大会可以根据本法规定的原则,结合当地民族的特点,制定变通的或者补充的单行条例或者规定。自治区人民代表大会制定的,依照法律规定报全国人民代表大会常务委员会批准或者备案;自治州、自治县人民代表大会制定的,报省、自治区人民代表大会常务委员会批准。

第一百五十二条　本法生效以前,经省、自治区、直辖市以上主管机关批准开办的全民所有制企业,已经向工商行政管理机关登记的,可以不再办理法人登记,即具有法人资格。

第一百五十三条 本法所称的“不可抗力”,是指不能预见、不能避免并不能克服的客观情况。

第一百五十四条 民法所称的期间按照公历年、月、日、小时计算。

规定按照小时计算期间的,从规定时开始计算。规定按照日、月、年计算期间的,开始的当天不算入,从下一天开始计算。

期间的最后一天是星期日或者其他法定休假日的,以休假日的次日为期间的最后一天。

期间的最后一天的截止时间为二十四点。有业务时间的,到停止业务活动的时间截止。

第一百五十五条 民法所称的“以上”、“以下”、“以内”、“届满”,包括本数;所称的“不满”、“以外”,不包括本数。

第一百五十六条 本法自1987年1月1日起施行。

全国人民代表大会常务委员会关于《中华人民共和国民法通则》第九十九条第一款、《中华人民共和国婚姻法》第二十二条的解释

(2014年11月1日第十二届全国人民代表大会常务委员会第十一次会议通过)

最高人民法院向全国人民代表大会常务委员会提出,为使人民法院正确理解和适用法律,请求对民法通则第九十九条第一款“公民享有姓名权,有权决定、使用和依照规定改变自己的姓名”和婚姻法第二十二条“子女可以随父姓,可以随母姓”的规定作法律解释,明确公民在父姓和母姓之外选取姓氏如何适用法律。

全国人民代表大会常务委员会讨论了上述规定的含义,认为:公民依法享有姓名权。公民行使姓名权属于民事活动,既应当依照民法通则第九十九条第一款和婚姻法第二十二条的规定,还应当遵守民法通则第七条的规定,即应当尊重社会公德,不得损害社会公共利益。在中华传统文化中,“姓名”中的“姓”,即姓氏,体现着血缘传承、伦理秩序和文化传统,公民选取姓氏涉及公序良俗。公民原则上随父姓或者母姓符合中华传统文化和伦理观念,符合绝大多数公民的意愿和实际做法。同时,考虑到社会实际情况,公民有正当理由的也可以选取其他姓氏。基于此,对民法通则第九十九条第一款、婚姻法第二十二条解释如下:

公民依法享有姓名权。公民行使姓名权,还应当尊重社会公德,不得损害社会公共利益。

公民原则上应当随父姓或者母姓。有下列情形之一的,可以在父姓和母姓之外选取姓氏:

(一)选取其他直系长辈血亲的姓氏;

(二)因由法定扶养人以外的人扶养而选取扶养人姓氏;

(三)有不违反公序良俗的其他正当理由。

少数民族公民的姓氏可以从本民族的文化传统和风俗习惯。

现予公告。

最高人民法院关于贯彻执行《中华人民共和国民法通则》若干问题的意见(试行)①

(1988年4月2日 法(办)发〔1988〕6号)

《中华人民共和国民法通则》(以下简称民法通则)已于1987年1月1日起施行。现就民法通则在贯彻执行中遇到的问题提出以下意见。

一、公　　民

(一)关于民事权利能力和民事行为能力问题

1. 公民的民事权利能力自出生时开始,出生的时间以户籍证明为准;没有户籍证明的,以医院出具的出生证明为准。没有医院证明的,参照其他有关证明认定。

2. 16周岁以上不满18周岁的公民,能够以自己的劳动取得收入,并能维持当地群众一般生活水平的,可以认定为以自己的劳动收入为主要

① 根据2008年12月18日公布的《最高人民法院关于废止2007年底以前发布的有关司法解释(第七批)的决定》,本解释中第88、94、115、117、118、177条因与物权法有关规定冲突,不再适用。

生活来源的完全民事行为能力人。

3. 10周岁以上的未成年人进行的民事活动是否与其年龄、智力状况相适应，可以从行为与本人生活相关联的程度、本人的智力能否理解其行为，并预见相应的行为后果，以及行为标的数额等方面认定。

4. 不能完全辨认自己行为的精神病人进行的民事活动，是否与其精神健康状态相适应，可以从行为与本人生活相关联的程度、本人的精神状态能否理解其行为，并预见相应的行为后果，以及行为标的数额等方面认定。

5. 精神病人（包括痴呆症人）如果没有判断能力和自我保护能力，不知其行为后果的，可以认定为不能辨认自己行为的人；对于比较复杂的事物或者比较重大的行为缺乏判断能力和自我保护能力，并且不能预见其行为后果的，可以认定为不能完全辨认自己行为的人。

6. 无民事行为能力人、限制民事行为能力人接受奖励、赠与、报酬，他人不得以行为人无民事行为能力、限制民事行为能力为由，主张以上行为无效。

7. 当事人是否患有精神病，人民法院应当根据司法精神病学鉴定或者参照医院的诊断、鉴定确认。在不具备诊断、鉴定条件的情况下，也可以参照群众公认的当事人的精神状态认定，但应以利害关系人没有异议为限。

8. 在诉讼中，当事人及利害关系人提出一方当事人患有精神病（包括痴呆症），人民法院认为确有必要认定的，应当按照民事诉讼法（试行）规定的特别程序，先作出当事人有无民事行为能力的判决。

确认精神病人（包括痴呆症人）为限制民事行为能力人的，应当比照民事诉讼法（试行）规定的特别程序进行审理。

9. 公民离开住所地最后连续居住1年以上的地方，为经常居住地。但住医院治疗的除外。

公民由其户籍所在地迁出后至迁入另一地之前，无经常居住地的，仍以其原户籍所在地为住所。

（二）关于监护问题

10. 监护人的监护职责包括：保护被监护人的身体健康，照顾被监护人的生活，管理和保护被监护人的财产，代理被监护人进行民事活动，对被监护人进行管理和教育，在被监护人合法权益受到侵害或者与人发生争议时，代理其进行诉讼。

11. 认定监护人的监护能力，应当根据监护人的身体健康状况、经济条件，以及与被监护人在生活上的联系状况等因素确定。

12. 民法通则中规定的近亲属，包括配偶、父母、子女、兄弟姐妹、祖父母、外祖父母、孙子女、外孙子女。

13. 为患有精神病的未成年人设定监护人，适用民法通则第十六条的规定。

14. 人民法院指定监护人时，可以将民法通则第十六条第二款中的（一）、（二）、（三）项或第十七条第一款中的（一）、（二）、（三）、（四）、（五）项规定视为指定监护人的顺序。前一顺序有监护资格的人无监护能力或者对被监护人明显不利的，人民法院可以根据对被监护人有利的原则，从后一顺序有监护资格的人中择优确定。被监护人有识别能力的，应视情况征求被监护人的意见。

监护人可以是一人，也可以是同一顺序中的数人。

15. 有监护资格的人之间协议确定监护人的，应当由协议确定的监护人对被监护人承担监护责任。

16. 对于担任监护人有争议的，应当按照民法通则第十六条第三款或者第十七条第二款的规定，由有关组织予以指定。未经指定而向人民法院起诉的，人民法院不予受理。

17. 有关组织依照民法通则规定指定监护人，以书面或者口头通知了被指定人的，应当认定指定成立。被指定人不服的，应当在接到通知的次日起30日内向人民法院起诉。逾期起诉的，按变更监护关系处理。

18. 监护人被指定后，不得自行变更。擅自变更的，由原被指定的监护人和变更后的监护人承担监护责任。

19. 被指定人对指定不服提起诉讼的，人民法院应当根据本意见第十四条的规定，作出维持或者撤销指定监护人的判决。如果判决是撤销原指定的，可以同时另行指定监护人。此类案件，比照民事诉讼法（试行）规定的特别程序进行审理。

在人民法院作出判决前的监护责任,一般应当按照指定监护人的顺序,由有监护资格的人承担。

20. 监护人不履行监护职责,或者侵害了被监护人的合法权益,民法通则第十六条、第十七条规定的其他有监护资格的人或者单位向人民法院起诉,要求监护人承担民事责任的,按照普通程序审理;要求变更监护关系的,按照特别程序审理;既要求承担民事责任,又要求变更监护关系的,分别审理。

21. 夫妻离婚后,与子女共同生活的一方无权取消对方对该子女的监护权;但是,未与该子女共同生活的一方,对该子女有犯罪行为、虐待行为或者对该子女明显不利的,人民法院认为可以取消的除外。

22. 监护人可以将监护职责部分或者全部委托给他人。因被监护人的侵权行为需要承担民事责任的,应当由监护人承担,但另有约定的除外;被委托人确有过错的,负连带责任。

23. 夫妻一方死亡后,另一方将子女送给他人收养,如收养对子女的健康成长并无不利,又办了合法收养手续的,认定收养关系成立;其他有监护资格的人不得以收养未经其同意而主张收养关系无效。

(三)关于宣告失踪、宣告死亡问题

24. 申请宣告失踪的利害关系人,包括被申请宣告失踪人的配偶、父母、子女、兄弟姐妹、祖父母、外祖父母、孙子女、外孙子女以及其他与被申请人有民事权利义务关系的人。

25. 申请宣告死亡的利害关系人的顺序是:

(一)配偶;

(二)父母、子女;

(三)兄弟姐妹、祖父母、外祖父母、孙子女、外孙子女;

(四)其他有民事权利义务关系的人。

申请撤销死亡宣告不受上列顺序限制。

26. 下落不明是指公民离开最后居住地后没有音讯的状况。对于在台湾或者在国外,无法正常通讯联系的,不得以下落不明宣告死亡。

27. 战争期间下落不明的,申请宣告死亡的期间适用民法通则第二十三条第一款第一项的规定。

28. 民法通则第二十条第一款、第二十三条第一款第一项中的下落不明的起算时间,从公民音讯消失之次日起算。

宣告失踪的案件,由被宣告失踪人住所地的基层人民法院管辖。住所地与居住地不一致的,由最后居住地的基层人民法院管辖。

29. 宣告失踪不是宣告死亡的必经程序。公民下落不明,符合申请宣告死亡的条件,利害关系人可以不经申请宣告失踪而直接申请宣告死亡。但利害关系人只申请宣告失踪的,应当宣告失踪;同一顺序的利害关系人,有的申请宣告死亡,有的不同意宣告死亡,则应当宣告死亡。

30. 人民法院指定失踪人的财产代管人,应当根据有利于保护失踪人财产的原则指定。没有民法通则第二十一条规定的代管人,或者他们无能力作代管人,或者不宜作代管人的,人民法院可以指定公民或者有关组织为失踪人的财产代管人。

无民事行为能力人、限制民事行为能力人失踪的,其监护人即为财产代管人。

31. 民法通则第二十一条第二款中的"其他费用",包括赡养费、扶养费、抚育费和因代管财产所需的管理费等必要的费用。

32. 失踪人的财产代管人拒绝支付失踪人所欠的税款、债务和其他费用,债权人提起诉讼的,人民法院应当将代管人列为被告。

失踪人的财产代管人向失踪人的债务人要求偿还债务的,可以作为原告提起诉讼。

33. 债务人下落不明,但未被宣告失踪,债权人起诉要求清偿债务的,人民法院可以在公告传唤后缺席判决或者按中止诉讼处理。

34. 人民法院审理宣告失踪的案件,比照民事诉讼法(试行)规定的特别程序进行。

人民法院审理宣告失踪的案件,应当查清被申请宣告失踪人的财产,指定临时管理人或者采取诉讼保全措施,发出寻找失踪人的公告,公告期间为半年。公告期间届满,人民法院根据被宣告失踪人失踪的事实是否得到确认,作出宣告失踪的判决或者终结审理的裁定。如果判决宣告为失踪人,应当同时指定失踪人的财产代管人。

35. 失踪人的财产代管人以无力履行代管职

责，申请变更代管人的，人民法院比照特别程序进行审理。

失踪人的财产代管人不履行代管职责或者侵犯失踪人财产权益的，失踪人的利害关系人可以向人民法院请求财产代管人承担民事责任。如果同时申请人民法院变更财产代管人的，变更之诉比照特别程序单独审理。

36. 被宣告死亡的人，判决宣告之日为其死亡的日期。判决书除发给申请人外，还应当在被宣告死亡的人住所地和人民法院所在地公告。

被宣告死亡和自然死亡的时间不一致的，被宣告死亡所引起的法律后果仍然有效，但自然死亡前实施的民事法律行为与被宣告死亡引起的法律后果相抵触的，则以其实施的民事法律行为为准。

37. 被宣告死亡的人与配偶的婚姻关系，自死亡宣告之日起消灭。死亡宣告被人民法院撤销，如果其配偶尚未再婚的，夫妻关系从撤销死亡宣告之日起自行恢复；如果其配偶再婚后又离婚或者再婚后配偶又死亡的，则不得认定夫妻关系自行恢复。

38. 被宣告死亡的人在被宣告死亡期间，其子女被他人依法收养，被宣告死亡的人在死亡宣告被撤销后，仅以未经本人同意而主张收养关系无效的，一般不应准许，但收养人和被收养人同意的除外。

39. 利害关系人隐瞒真实情况使他人被宣告死亡而取得其财产的，除应返还原物及孳息外，还应对造成的损失予以赔偿。

40. 被撤销死亡宣告的人请求返还财产，其原物已被第三人合法取得的，第三人可不予返还。但依继承法取得原物的公民或者组织，应当返还原物或者给予适当补偿。

（四）关于个体工商户、农村承包经营户、个人合伙问题

41. 起字号的个体工商户，在民事诉讼中，应以营业执照登记的户主（业主）为诉讼当事人，在诉讼文书中注明系某字号的户主。

42. 以公民个人名义申请登记的个体工商户和个人承包的农村承包经营户，用家庭共有财产投资，或者收益的主要部分供家庭成员享用的，其债务应以家庭共有财产清偿。

43. 在夫妻关系存续期间，一方从事个体经营或者承包经营的，其收入为夫妻共有财产，债务亦应以夫妻共有财产清偿。

44. 个体工商户、农村承包经营户的债务，如以其家庭共有财产承担责任时，应当保留家庭成员的生活必需品和必要的生产工具。

45. 起字号的个人合伙，在民事诉讼中，应当以依法核准登记的字号为诉讼当事人，并由合伙负责人为诉讼代表人。合伙负责人的诉讼行为，对全体合伙人发生法律效力。

未起字号的个人合伙，合伙人在民事诉讼中为共同诉讼人。合伙人人数众多的，可以推举诉讼代表人参加诉讼。诉讼代表人的诉讼行为，对全体合伙人发生法律效力。推举诉讼代表人，应当办理书面手续。

46. 公民按照协议提供资金或者实物，并约定参与合伙盈余分配，但不参与合伙经营、劳动的，或者提供技术性劳务而不提供资金、实物，但约定参与盈余分配的，视为合伙人。

47. 全体合伙人对合伙经营的亏损额，对外应当负连带责任；对内则应按照协议约定的债务承担比例或者出资比例分担；协议未规定债务承担比例或者出资比例的，可以按照约定的或者实际的盈余分配比例承担。但是对造成合伙经营亏损有过错的合伙人，应当根据其过错程度相应的多承担责任。

48. 只提供技术性劳务，不提供资金、实物的合伙人，对于合伙经营的亏损额，对外也应当承担连带责任；对内则应当按照协议约定的债务承担比例或者技术性劳务折抵的出资比例承担；协议未规定债务承担比例或者出资比例的，可以按照约定的或者合伙人实际的盈余分配比例承担；没有盈余分配比例的，按照其余合伙人平均投资比例承担。

49. 个人合伙或者个体工商户，虽经工商行政管理部门错误地登记为集体所有制的企业，但实际为个人合伙或者个体工商户的，应当按个人合伙或者个体工商户对待。

50. 当事人之间没有书面合伙协议，又未经工商行政管理部门核准登记，但具备合伙的其他条件，又有两个以上无利害关系人证明有口头合伙协议的，人民法院可以认定为合伙关系。

51. 在合伙经营过程中增加合伙人,书面协议有约定的,按照协议处理;书面协议未约定的,须经全体合伙人同意;未经全体合伙人同意的,应当认定入伙无效。

52. 合伙人退伙,书面协议有约定的,按书面协议处理;书面协议未约定的,原则上应予准许。但因其退伙给其他合伙人造成损失的,应当考虑退伙的原因、理由以及双方当事人的过错等情况,确定其应当承担的赔偿责任。

53. 合伙经营期间发生亏损,合伙人退出合伙时未按约定分担或者未合理分担合伙债务的,退伙人对原合伙的债务,应当承担清偿责任;退伙人已分担合伙债务的,对其参加合伙期间的全部债务仍负连带责任。

54. 合伙人退伙时分割的合伙财产,应当包括合伙时投入的财产和合伙期间积累的财产,以及合伙期间的债权和债务。入伙的原物退伙时原则上应予退还;一次清退有困难的,可以分批分期清退;退还原物确有困难的,可以折价处理。

55. 合伙终止时,对合伙财产的处理,有书面协议的,按协议处理;没有书面协议,又协商不成的,如果合伙人出资额相等,应当考虑多数人意见酌情处理;合伙人出资额不等的,可以按出资额占全部合伙额多的合伙人的意见处理,但要保护其他合伙人的利益。

56. 合伙人互相串通逃避合伙债务的,除应责令其承担清偿责任外,还可以按照民法通则第一百三十四条第三款的规定处理。

57. 民法通则第三十五条第一款中关于"以各自的财产承担清偿责任",是指合伙人以个人财产出资的,以合伙人的个人财产承担;合伙人以其家庭共有财产出资的,以其家庭共有财产承担;合伙人以个人财产出资,合伙的盈余分配所得用于其家庭成员生活的,应先以合伙人的个人财产承担,不足部分以合伙人的家庭共有财产承担。

二、法　　人

58. 企业法人的法定代表人和其他工作人员,以法人名义从事的经营活动,给他人造成经济损失的,企业法人应当承担民事责任。

59. 企业法人解散或者被撤销的,应当由其主管机关组织清算小组进行清算。企业法人被宣告破产的,应当由人民法院组织有关机关和有关人员成立清算组织进行清算。

60. 清算组织是以清算企业法人债权、债务为目的而依法成立的组织。它负责对终止的企业法人的财产进行保管、清理、估价、处理和清偿。

对于涉及终止的企业法人债权、债务的民事诉讼,清算组织可以用自己的名义参加诉讼。

以逃避债务责任为目的而成立的清算组织,其实施的民事行为无效。

61. 人民法院审理案件时,如果查明企业法人有民法通则第四十九条所列的六种情形之一的,除企业法人承担责任外,还可以根据民法通则第四十九条和第一百三十四条第三款的规定,对企业法定代表人直接给予罚款的处罚;对需要给予行政处分的,可以向有关部门提出司法建议,由有关部门决定处理;对构成犯罪需要依法追究刑事责任的,应当依法移送公安、检察机关。

62. 人民法院在审理案件中,依法对企业法定代表人或者其他人采用罚款、拘留制裁措施,必须经院长批准,另行制作民事制裁决定书。被制裁人对决定不服的,在收到决定书的次日起10日内可以向上一级人民法院申请复议一次。复议期间,决定暂不执行。

63. 对法定代表人直接处以罚款的数额一般在2000元以下。法律另有规定的除外。

64. 以提供土地使用权作为联营条件的一方,对联营企业的债务,应当按照书面协议的约定承担;书面协议未约定的,可以按照出资比例或者盈余分配比例承担。

三、民事法律行为和代理

65. 当事人以录音、录像等视听资料形式实施的民事行为,如有两个以上无利害关系人作为证人或者有其他证据证明该民事行为符合民法通则第五十五条的规定,可以认定有效。

66. 一方当事人向对方当事人提出民事权利的要求,对方未用语言或者文字明确表示意见,但其行为表明已接受的,可以认定为默示。不作为的默示只有在法律有规定或者当事人双方有约定的情况下,才可以视为意思表示。

67. 间歇性精神病人的民事行为,确能证明是在发病期间实施的,应当认定无效。

行为人在神志不清的状态下所实施的民事行为,应当认定无效。

68. 一方当事人故意告知对方虚假情况,或者故意隐瞒真实情况,诱使对方当事人作出错误意思表示的,可以认定为欺诈行为。

69. 以给公民及其亲友的生命健康、荣誉、名誉、财产等造成损害,或者以给法人的荣誉、名誉、财产等造成损害为要挟,迫使对方作出违背真实的意思表示的,可以认定为胁迫行为。

70. 一方当事人乘对方处于危难之机,为牟取不正当利益,迫使对方作出不真实的意思表示,严重损害对方利益的,可以认定为乘人之危。

71. 行为人因对行为的性质、对方当事人、标的物的品种、质量、规格和数量等的错误认识,使行为的后果与自己的意思相悖,并造成较大损失的,可以认定为重大误解。

72. 一方当事人利用优势或者利用对方没有经验,致使双方的权利与义务明显违反公平、等价有偿原则的,可以认定为显失公平。

73. 对于重大误解或者显失公平的民事行为,当事人请求变更的,人民法院应当予以变更;当事人请求撤销的,人民法院可以酌情予以变更或者撤销。

可变更或者可撤销的民事行为,自行为成立时起超过1年当事人才请求变更或者撤销的,人民法院不予保护。

74. 对民法通则第六十一条第二款中的"双方取得的财产",应当包括双方当事人已经取得和约定取得的财产。

75. 附条件的民事行为,如果所附的条件是违背法律规定或者不可能发生的,应当认定该民事行为无效。

76. 附期限的民事法律行为,在所附期限到来时生效或者解除。

77. 意思表示由第三人义务转达,而第三人由于过失转达错误或者没有转达,使他人造成损失的,一般可由意思表示人负赔偿责任。但法律另有规定或者双方另有约定的除外。

78. 凡是依法或者依双方的约定必须由本人亲自实施的民事行为,本人未亲自实施的,应当认定行为无效。

79. 数个委托代理人共同行使代理权的,如果其中一人或者数人未与其他委托代理人协商,所实施的行为侵害被代理人权益的,由实施行为的委托代理人承担民事责任。

被代理人为数人时,其中一人或者数人未经其他被代理人同意而提出解除代理关系,因此造成损害的,由提出解除代理关系的被代理人承担。

80. 由于急病、通讯联络中断等特殊原因,委托代理人自己不能办理代理事项,又不能与被代理人及时取得联系,如不及时转托他人代理,会给被代理人的利益造成损失或者扩大损失的,属于民法通则第六十八条中的"紧急情况"。

81. 委托代理人转托他人代理的,比照民法通则第六十五条规定的条件办理转托手续。因委托代理人转托不明,给第三人造成损失的,第三人可以直接要求被代理人赔偿损失;被代理人承担民事责任后,可以要求委托代理人赔偿损失,转托代理人有过错的,应当负连带责任。

82. 被代理人死亡后有下列情况之一的,委托代理人实施的代理行为有效:(1)代理人不知道被代理人死亡的;(2)被代理人的继承人均予承认的;(3)被代理人与代理人约定到代理事项完成时代理权终止的;(4)在被代理人死亡前已经进行、而在被代理人死亡后为了被代理人的继承人的利益继续完成的。

83. 代理人和被代理人对已实施的民事行为负连带责任的,在民事诉讼中,可以列为共同诉讼人。

四、民事权利

(一)关于财产所有权和与财产所有权有关的财产权问题

84. 财产已经交付,但当事人约定财产所有权转移附条件的,在所附条件成就时,财产所有权方为转移。

85. 财产所有权合法转移后,一方翻悔的,不予支持。财产所有权尚未按原协议转移,一方翻悔并无正当理由,协议又能够履行的,应当继续履行;如果协议不能履行,给对方造成损失的,应当负赔偿责任。

86. 非产权人在使用他人的财产上增添附属

物，财产所有人同意增添，并就财产返还时附属物如何处理有约定的，按约定办理；没有约定又协商不成，能够拆除的，可以责令拆除；不能拆除的，也可以折价归财产所有人；造成财产所有人损失的，应当负赔偿责任。

87. 有附属物的财产，附属物随财产所有权的转移而转移。但当事人另有约定又不违法的，按约定处理。

88. 对于共有财产，部分共有人主张按份共有，部分共有人主张共同共有，如果不能证明财产是按份共有的，应当认定为共同共有。（本条已废止）

89. 共同共有人对共有财产享有共同的权利，承担共同的义务。在共同共有关系存续期间，部分共有人擅自处分共有财产的，一般认定无效。但第三人善意、有偿取得该项财产的，应当维护第三人的合法权益；对其他共有人的损失，由擅自处分共有财产的人赔偿。

90. 在共同共有关系终止时，对共有财产的分割，有协议的，按协议处理；没有协议的，应当根据等分原则处理，并且考虑共有人对共有财产的贡献大小，适当照顾共有人生产、生活的实际需要等情况。但分割夫妻共有财产，应当根据婚姻法的有关规定处理。

91. 共有财产是特定物，而且不能分割或者分割有损其价值的，可以折价处理。

92. 共同共有财产分割后，一个或者数个原共有人出卖自己分得的财产时，如果出卖的财产与其他原共有人分得的财产属于一个整体或者配套使用，其他原共有人主张优先购买权的，应当予以支持。

93. 公民、法人对于挖掘、发现的埋藏物、隐藏物，如果能够证明属其所有，而且根据现行的法律、政策又可以归其所有的，应当予以保护。

94. 拾得物灭失、毁损，拾得人没有故意的，不承担民事责任。拾得人将拾得物据为己有，拒不返还而引起诉讼的，按照侵权之诉处理。（本条已废止）

95. 公民和集体依法对集体所有的或者国家所有由集体使用的森林、土地、山岭、草原、荒地、滩涂、水面等承包经营的权利和义务，按承包合同的规定处理。承包人未经发包人同意擅自转包或者转让的无效。

96. 因土地、山岭、森林、草原、荒地、滩涂、水面等自然资源的所有权或者使用权发生权属争议的，应当由有关行政部门处理。对行政处理不服的，当事人可以依据有关法律和行政法规的规定，向人民法院提起诉讼；因侵权纠纷起诉的，人民法院可以直接受理。

97. 相邻一方因施工临时占用他方使用的土地，占用的一方如未按照双方约定的范围、用途和期限使用的，应当责令其及时清理现场，排除妨碍，恢复原状，赔偿损失。

98. 一方擅自堵截或者独占自然流水，影响他方正常生产、生活的，他方有权请求排除妨碍；造成他方损失的，应负赔偿责任。

99. 相邻一方必须使用另一方的土地排水的，应当予以准许；但应在必要限度内使用并采取适当的保护措施排水，如仍造成损失的，由受益人合理补偿。

相邻一方可以采取其他合理的措施排水而未采取，向他方土地排水毁损或者可能毁损他方财产，他方要求致害人停止侵害、消除危险、恢复原状、赔偿损失的，应当予以支持。

100. 一方必须在相邻一方使用的土地上通行的，应当予以准许；因此造成损失的，应当给予适当补偿。

101. 对于一方所有的或者使用的建筑物范围内历史形成的必经通道，所有权人或者使用权人不得堵塞。因堵塞影响他人生产、生活，他人要求排除妨碍或者恢复原状的，应当予以支持。但有条件另开通道的，也可以另开通道。

102. 处理相邻房屋滴水纠纷时，对有过错的一方造成他方损害的，应当责令其排除妨碍、赔偿损失。

103. 相邻一方在自己使用的土地上挖水沟、水池、地窖等或者种植的竹木根枝伸延，危及另一方建筑物的安全和正常使用的，应当分别情况，责令其消除危险，恢复原状，赔偿损失。

（二）关于债权问题

104. 债权人无正当理由拒绝债务人履行义务，债务人将履行的标的物向有关部门提存的，应当认定债务已经履行。因提存所支出的费用，应当由债权人承担。提存期间，财产收益归债权人所有,风险责任由债权人承担。

105. 依据民法通则第八十八条第二款第(一)项规定,合同对产品质量要求不明确,当事人未能达成协议,又没有国家质量标准的,按部颁标准或者专业标准处理;没有部颁标准或者专业标准的,按经过批准的企业标准处理;没有经过批准的企业标准的,按标的物产地同行业其他企业经过批准的同类产品质量标准处理。

106. 保证人应当是具有代偿能力的公民、企业法人以及其他经济组织。保证人即使不具备完全代偿能力,仍应以自己的财产承担保证责任。

国家机关不能担任保证人。

107. 不具有法人资格的企业法人的分支机构,以自己的名义对外签订的保证合同,一般应当认定无效。但因此产生的财产责任,分支机构如有偿付能力的,应当自行承担;如无偿付能力的,应由企业法人承担。

108. 保证人向债权人保证债务人履行债务的,应当与债权人订立书面保证合同,确定保证人对主债务的保证范围和保证期限。虽未单独订立书面保证合同,但在主合同中写明保证人的保证范围和保证期限,并由保证人签名盖章的,视为书面保证合同成立。公民间的口头保证,有两个以上无利害关系人证明的,也视为保证合同成立,法律另有规定的除外。

保证范围不明确的,推定保证人对全部主债务承担保证责任。

109. 在保证期限内,保证人的保证范围,可因主债务的减少而减少。新增加的债务,未经保证人同意担保的,保证人不承担保证责任。

110. 保证人为2人以上的,相互之间负连带保证责任。但是保证人与债权人约定按份承担保证责任的除外。

111. 被担保的经济合同确认无效后,如果被保证人应当返还财产或者赔偿损失的,除有特殊约定外,保证人仍应承担连带责任。

112. 债务人或者第三人向债权人提供抵押物时,应当订立书面合同或者在原债权文书中写明。没有书面合同,但有其他证据证明抵押物或者其权利证书已交给抵押权人的,可以认定抵押关系成立。

113. 以自己不享有所有权或者经营管理权的财产作抵押物的,应当认定抵押无效。

以法律限制流通的财产作为抵押物的,在清偿债务时,应当由有关部门收购,抵押权人可以从价款中优先受偿。

114. 抵押物在抵押权人保管期间灭失、毁损的,抵押权人如有过错,应当承担民事责任。

抵押物在抵押人处灭失、毁损的,应当认定抵押关系存在,并责令抵押人以其他财产代替抵押物。

115. 抵押物如由抵押人自己占有并负责保管,在抵押期间,非经债权人同意,抵押人将同一抵押物转让他人,或者就抵押物价值已设置抵押部分再作抵押的,其行为无效。

债务人以抵押物清偿债务时,如果一项抵押物有数个抵押权人的,应当按照设定抵押权的先后顺序受偿。(本条已废止)

116. 有要求清偿银行贷款和其他债权等数个债权人的,有抵押权的债权人应享有优先受偿的权利;法律、法规另有规定的除外。

117. 债权人因合同关系占有债务人财物的,如果债务人到期不履行义务,债权人可以将相应的财物留置。经催告,债务人在合理期限内仍不履行义务,债权人依法将留置的财物以合理的价格变卖,并以变卖财物的价款优先受偿的,应予保护。(本条已废止)

118. 出租人出卖出租房屋,应提前3个月通知承租人。承租人在同等条件下,享有优先购买权;出租人未按此规定出卖房屋的,承租人可以请求人民法院宣告该房屋买卖无效。(本条已废止)

119. 承租户以一人名义承租私有房屋,在租赁期内,承租人死亡,该户共同居住人要求按原租约履行的,应当准许。

私有房屋在租赁期内,因买卖、赠与或者继承发生房屋产权转移的,原租赁合同对承租人和新房主继续有效。

未定租期,房主要求收回房屋自住的,一般应当准许。承租人有条件搬迁的,应责令其搬迁;如果承租人搬迁确有困难的,可给一定期限让其找房或者腾让部分房屋。

120. 在房屋出典期间或者典期届满时,当事人之间约定延长典期或者增减典价的,应当准许。承典人要求出典人高于原典价回赎的,一般不予支持。以合法流通物作典价的,应当按照回赎时市场零售价格折算。

121. 公民之间的借贷,双方对返还期限有约定的,一般应按约定处理;没有约定的,出借人随时可以请求返还,借方应当根据出借人的请求及时返还;暂时无力返还的,可以根据实际情况责令其分期返还。

122. 公民之间的生产经营性借贷的利率,可以适当高于生活性借贷利率。如因利率发生纠纷,应本着保护合法借贷关系,考虑当地实际情况,有利于生产和稳定经济秩序的原则处理。

123. 公民之间的无息借款,有约定偿还期限而借款人不按期偿还,或者未约定偿还期限但经出借人催告后,借款人仍不偿还的,出借人要求借款人偿付逾期利息,应当予以准许。

124. 借款双方因利率发生争议,如果约定不明,又不能证明的,可以比照银行同类贷款利率计息。

125. 公民之间的借贷,出借人将利息计入本金计算复利的,不予保护;在借款时将利息扣除的,应当按实际出借款数计息。

126. 借用实物的,出借人要求归还原物或者同等数量、质量的实物,应当予以支持;如果确实无法归还实物的,可以按照或者适当高于归还时市场零售价格折价给付。

127. 借用人因管理、使用不善造成借用物毁损的,借用人应当负赔偿责任;借用物自身有缺陷的,可以减轻借用人的赔偿责任。

128. 公民之间赠与关系的成立,以赠与物的交付为准。赠与房屋,如根据书面赠与合同办理了过户手续的,应当认定赠与关系成立;未办理过户手续,但赠与人根据书面赠与合同已将产权证书交与受赠人,受赠人根据赠与合同已占有、使用该房屋的,可以认定赠与有效,但应令其补办过户手续。

129. 赠与人明确表示将赠与物赠给未成年人个人的,应当认定该赠与物为未成年人的个人财产。

130. 赠与人为了逃避应履行的法定义务,将自己的财产赠与他人,如果利害关系人主张权利的,应当认定赠与无效。

131. 返还的不当利益,应当包括原物和原物所生的孳息。利用不当得利所取得的其他利益,扣除劳务管理费用后,应当予以收缴。

132. 民法通则第九十三条规定的管理人或者服务人可以要求受益人偿付的必要费用,包括在管理或者服务活动中直接支出的费用,以及在该活动中受到的实际损失。

(三) 关于知识产权、人身权问题

133. 作品不论是否发表,作者均享有著作权(版权)。

134. 2人以上按照约定共同创作作品的,不论各人的创作成果在作品中被采用多少,应当认定该项作品为共同创作。

135. 合著的作品,著作权(版权)应当认定为全体合著人共同享有;其中各组成部分可以分别独立存在的,各组成部分的著作权(版权)由各组成部分的作者分别享有。

136. 作者死亡后,著作权(版权)中由继承人继承的财产权利在法律规定的保护期限内受到侵犯,继承人依法要求保护的,人民法院应当予以支持。

137. 公民、法人通过申请专利取得的专利权,或者通过继承、受赠、受让等方式取得的专利权,应当予以保护。

转让专利权应当由国家专利局登记并公告,专利权自国家专利局公告之日起转移。

138. 法人、个体工商户、个人合伙通过申请商标注册或者受让等方式取得的商标专用权,除依法定程序撤销者外,应当予以保护。

转让商标专用权应当由国家工商行政管理局商标局核准,商标专用权自核准之日起转移。

139. 以营利为目的,未经公民同意利用其肖像做广告、商标、装饰橱窗等,应当认定为侵犯公民肖像权的行为。

140. 以书面、口头等形式宣扬他人的隐私,或者捏造事实公然丑化他人人格,以及用侮辱、诽谤等方式损害他人名誉,造成一定影响的,应当认定为侵害公民的名誉权的行为。

以书面、口头等形式诋毁、诽谤法人名誉,给法人造成损害的,应当认定为侵害法人名誉权的行为。

141. 盗用、假冒他人姓名、名称造成损害的,应当认定为侵犯姓名权、名称权的行为。

五、民事责任

142. 为维护国家、集体或者他人合法权益而使自己受到损害，在侵害人无力赔偿或者没有侵害人的情况下，如果受害人提出请求的，人民法院可以根据受益人受益的多少及其经济状况，责令受益人给予适当补偿。

143. 受害人的误工日期，应当按其实际损害程度、恢复状况并参照治疗医院出具的证明或者法医鉴定等认定。赔偿费用的标准，可以按照受害人的工资标准或者实际收入的数额计算。

受害人是承包经营户或者个体工商户的，其误工费的计算标准，可以参照受害人一定期限内的平均收入酌定。如果受害人承包经营的种植、养殖业季节性很强，不及时经营会造成更大损失的，除受害人应当采取措施防止损失扩大外，还可以裁定侵害人采取措施防止扩大损失。

144. 医药治疗费的赔偿，一般应以所在地治疗医院的诊断证明和医药费、住院费的单据为凭。应经医务部门批准而未获批准擅自另找医院治疗的费用，一般不予赔偿；擅自购买与损害无关的药品或者治疗其他疾病的，其费用则不予赔偿。

145. 经医院批准专事护理的人，其误工补助费可以按收入的实际损失计算。应得奖金一般可以计算在应赔偿的数额内。本人没有工资收入的，其补偿标准应以当地的一般临时工的工资标准为限。

146. 侵害他人身体致使其丧失全部或部分劳动能力的，赔偿的生活补助费一般应补足到不低于当地居民基本生活费的标准。

147. 侵害他人身体致人死亡或者丧失劳动能力的，依靠受害人实际扶养而又没有其他生活来源的人要求侵害人支付必要生活费的，应当予以支持，其数额根据实际情况确定。

148. 教唆、帮助他人实施侵权行为的人，为共同侵权人，应当承担连带民事责任。

教唆、帮助无民事行为能力人实施侵权行为的人，为侵权人，应当承担民事责任。

教唆、帮助限制民事行为能力人实施侵权行为的人，为共同侵权人，应当承担主要民事责任。

149. 盗用、假冒他人名义，以函、电等方式进行欺骗或者愚弄他人，并使其财产、名誉受到损害的，侵权人应当承担民事责任。

150. 公民的姓名权、肖像权、名誉权、荣誉权和法人的名称权、名誉权、荣誉权受到侵害，公民或者法人要求赔偿损失的，人民法院可以根据侵权人的过错程度、侵权行为的具体情节、后果和影响确定其赔偿责任。

151. 侵害他人的姓名权、名称权、肖像权、名誉权、荣誉权而获利的，侵权人除依法赔偿受害人的损失外，其非法所得应当予以收缴。

152. 国家机关工作人员在执行职务中，给公民、法人的合法权益造成损害的，国家机关应当承担民事责任。

153. 消费者、用户因为使用质量不合格的产品造成本人或者第三人人身伤害、财产损失的，受害人可以向产品制造者或者销售者要求赔偿。因此提起的诉讼，由被告所在地或者侵权行为地人民法院管辖。

运输者和仓储者对产品质量负有责任，制造者或者销售者请求赔偿损失的，可以另案处理，也可以将运输者和仓储者列为第三人，一并处理。

154. 从事高度危险作业，没有按有关规定采取必要的安全防护措施，严重威胁他人人身、财产安全的，人民法院应当根据他人的要求，责令作业人消除危险。

155. 因堆放物品倒塌造成他人损害的，如果当事人均无过错，应当根据公平原则酌情处理。

156. 因紧急避险造成他人损失的，如果险情是由自然原因引起，行为人采取的措施又无不当，则行为人不承担民事责任。受害人要求补偿的，可以责令受益人适当补偿。

157. 当事人对造成损害均无过错，但一方是在为对方的利益或者共同的利益进行活动的过程中受到损害的，可以责令对方或者受益人给予一定的经济补偿。

158. 夫妻离婚后，未成年子女侵害他人权益的，同该子女共同生活的一方应当承担民事责任；如果独立承担民事责任确有困难的，可以责令未与该子女共同生活的一方共同承担民事责任。

159. 被监护人造成他人损害的，有明确的监护人时，由监护人承担民事责任；监护人不明确的，由顺序在前的有监护能力的人承担民事责任。

160. 在幼儿园、学校生活、学习的无民事行为能力人或者在精神病院治疗的精神病人，受到伤害或者给他人造成损害，单位有过错的，可以责令这些单位适当给予赔偿。

161. 侵权行为发生时行为人不满18周岁，在诉讼时已满18周岁，并有经济能力的，应当承担民事责任；行为人没有经济能力的，应当由原监护人承担民事责任。

行为人致人损害时年满18周岁的，应当由本人承担民事责任；没有经济收入的，由扶养人垫付；垫付有困难的，也可以判决或者调解延期给付。

162. 在诉讼中遇有需要停止侵害、排除妨碍、消除危险的情况时，人民法院可以根据当事人的申请或者依职权先行作出裁定。

当事人在诉讼中用赔礼道歉方式承担了民事责任的，应当在判决中叙明。

163. 在诉讼中发现与本案有关的违法行为需要给予制裁的，可适用民法通则第一百三十四条第三款规定，予以训诫、责令具结悔过、收缴进行非法活动的财物和非法所得，或者依照法律规定处以罚款、拘留。

采用收缴、罚款、拘留制裁措施，必须经院长批准，另行制作民事制裁决定书。被制裁人对决定不服的，在收到决定书的次日起10日内可以向上一级人民法院申请复议一次。复议期间，决定暂不执行。

164. 适用民法通则第一百三十四条第三款对公民处以罚款的数额为500元以下，拘留为15日以下。

依法对法定代表人处以拘留制裁措施，为15日以下。

以上两款，法律另有规定的除外。

六、诉讼时效

165. 在民法通则实施前，权利人知道或者应当知道其民事权利被侵害，民法通则实施后，向人民法院请求保护的诉讼时效期间，应当适用民法通则第一百三十五条和第一百三十六条的规定，从1987年1月1日起算。

166. 民法通则实施前，民事权利被侵害超过20年的，民法通则实施后，权利人向人民法院请求保护的诉讼时效期间，分别为民法通则第一百三十五条规定的2年或者第一百三十六条规定的1年，从1987年1月1日起算。

167. 民法通则实施后，属于民法通则第一百三十五条规定的2年诉讼时效期间，权利人自权利被侵害时起的第18年后至第20年期间才知道自己的权利被侵害的，或者属于民法通则第一百三十六条规定的1年诉讼时效期间，权利人自权利被侵害时起的第19年后至第20年期间才知道自己的权利被侵害的，提起诉讼请求的权利，应当在权利被侵害之日起的20年内行使；超过20年的，不予保护。

168. 人身损害赔偿的诉讼时效期间，伤害明显的，从受伤害之日起算；伤害当时未曾发现，后经检查确诊并能证明是由侵害引起的，从伤势确诊之日起算。

169. 权利人由于客观的障碍在法定诉讼时效期间不能行使请求权的，属于民法通则第一百三十七条规定的“特殊情况”。

170. 未授权给公民、法人经营、管理的国家财产受到侵害的，不受诉讼时效期间的限制。

171. 过了诉讼时效期间，义务人履行义务后，又以超过诉讼时效为由翻悔的，不予支持。

172. 在诉讼时效期间的最后6个月内，权利被侵害的无民事行为能力人、限制民事行为能力人没有法定代理人，或者法定代理人死亡、丧失代理权，或者法定代理人本人丧失行为能力的，可以认定为因其他障碍不能行使请求权，适用诉讼时效中止。

173. 诉讼时效因权利人主张权利或者义务人同意履行义务而中断后，权利人在新的诉讼时效期间内，再次主张权利或者义务人再次同意履行义务的，可以认定为诉讼时效再次中断。

权利人向债务保证人、债务人的代理人或者财产代管人主张权利的，可以认定诉讼时效中断。

174. 权利人向人民调解委员会或者有关单位提出保护民事权利的请求，从提出请求时起，诉讼时效中断。经调处达不成协议的，诉讼时效期间即重新起算；如调处达成协议，义务人未按协议所定期限履行义务的，诉讼时效期间应从期限届满时重新起算。

175. 民法通则第一百三十五条、第一百三十六条规定的诉讼时效期间，可以适用民法通则有关中止、中断和延长的规定。

民法通则第一百三十七条规定的“20年”诉讼时效期间，可以适用民法通则有关延长的规定，不适用中止、中断的规定。

176. 法律、法规对索赔时间和对产品质量等提出异议的时间有特殊规定的，按特殊规定办理。

177. 继承的诉讼时效按继承法的规定执行。但继承开始后，继承人未明确表示放弃继承的，视为接受继承，遗产未分割的，即为共同共有。诉讼时效的中止、中断、延长，均适用民法通则的有关规定。（本条已废止）

七、涉外民事关系的法律适用

178. 凡民事关系的一方或者双方当事人是外国人、无国籍人、外国法人的；民事关系的标的物在外国领域内的；产生、变更或者消灭民事权利义务关系的法律事实发生在外国的，均为涉外民事关系。

人民法院在审理涉外民事关系的案件时，应当按照民法通则第八章的规定来确定应适用的实体法。

179. 定居国外的我国公民的民事行为能力，如其行为是在我国境内所为，适用我国法律；在定居国所为，可以适用其定居国法律。

180. 外国人在我国领域内进行民事活动，如依其本国法律为无民事行为能力，而依我国法律为有民事行为能力，应当认定为有民事行为能力。

181. 无国籍人的民事行为能力，一般适用其定居国法律；如未定居的，适用其住所地国法律。

182. 有双重或者多重国籍的外国人，以其有住所或者与其有最密切联系的国家的法律为其本国法。

183. 当事人的住所不明或者不能确定的，以其经常居住地为住所。当事人有几个住所的，以与产生纠纷的民事关系有最密切联系的住所为住所。

184. 外国法人以其注册登记地国家的法律为其本国法，法人的民事行为能力依其本国法确定。

外国法人在我国领域内进行的民事活动，必须符合我国的法律规定。

185. 当事人有二个以上营业所的，应以与产生纠纷的民事关系有最密切联系的营业所为准；当事人没有营业所的，以其住所或者经常居住地为准。

186. 土地、附着于土地的建筑物及其他定着物、建筑物的固定附属设备为不动产。不动产的所有权、买卖、租赁、抵押、使用等民事关系，均应适用不动产所在地法律。

187. 侵权行为地的法律包括侵权行为实施地法律和侵权结果发生地法律。如果两者不一致时，人民法院可以选择适用。

188. 我国法院受理的涉外离婚案件，离婚以及因离婚而引起的财产分割，适用我国法律。认定其婚姻是否有效，适用婚姻缔结地法律。

189. 父母子女相互之间的扶养、夫妻相互之间的扶养以及其他有扶养关系的人之间的扶养，应当适用与被扶养人有最密切联系国家的法律。扶养人和被扶养人的国籍、住所以及供养被扶养人的财产所在地，均可视为与被扶养人有最密切的联系。

190. 监护的设立、变更和终止，适用被监护人的本国法律。但是，被监护人在我国境内有住所的，适用我国的法律。

191. 在我国境内死亡的外国人，遗留在我国境内的财产如果无人继承又无人受遗赠的，依照我国法律处理，两国缔结或者参加的国际条约另有规定的除外。

192. 依法应当适用的外国法律，如果该外国不同地区实施不同的法律的，依据该国法律关于调整国内法律冲突的规定，确定应适用的法律。该国法律未作规定的，直接适用与该民事关系有最密切联系的地区的法律。

193. 对于应当适用的外国法律，可通过下列途径查明：（1）由当事人提供；（2）由与我国订立司法协助协定的缔约对方的中央机关提供；（3）由我国驻该国使领馆提供；（4）由该国驻我国使馆提供;(5)由中外法律专家提供。通过以上途径仍不能查明的,适用中华人民共和国法律。

194. 当事人规避我国强制性或者禁止性法律规范的行为,不发生适用外国法律的效力。

195. 涉外民事法律关系的诉讼时效,依冲突规范确定的民事法律关系的准据法确定。

八、其　　他

196. 1987 年 1 月 1 日以后受理的案件,如果民事行为发生在 1987 年以前,适用民事行为发生时的法律、政策;当时的法律、政策没有具体规定的,可以比照民法通则处理。

197. 处理申诉案件和按审判监督程序再审的案件,适用原审审结时应当适用的法律或政策。

198. 当事人约定的期间不是以月、年第 1 天起算的,1 个月为 30 日,1 年为 365 日。

期间的最后 1 天是星期日或者其他法定休假日,而星期日或者其他法定休假日有变通的,以实际休假日的次日为期间的最后 1 天。

199. 按照日、月、年计算期间,当事人对起算时间有约定的,按约定办。

200. 最高人民法院以前的有关规定,与民法通则和本意见抵触的,各级人民法院今后在审理一、二审民事案件和经济纠纷案件中不再适用。

最高人民法院关于如何适用《中华人民共和国民法通则》第一百三十四条第三款的复函

(1993 年 11 月 4 日)

四川省高级人民法院:

你院关于如何适用《中华人民共和国民法通则》第一百三十四条第三款的请示报告收悉。经研究并征求有关部门意见,答复如下:

《中华人民共和国民法通则》第一百三十四条第三款“依照法律规定处以罚款、拘留”的含义,是指人民法院审理民事案件,国家法律规定人民法院对违反民事法律的当事人可以处以罚款、拘留的,人民法院才可以处以罚款、拘留;法律规定由有关行政部门处以罚款、拘留的,应由有关行政部门予以处罚。

中华人民共和国民法总则

(2017 年 3 月 15 日第十二届全国人民代表大会第五次会议通过　2017 年 3 月 15 日中华人民共和国主席令第 66 号公布　自 2017 年 10 月 1 日起施行)

目　　录

第一章　基本规定

第一条　为了保护民事主体的合法权益,调整民事关系,维护社会和经济秩序,适应中国特色社会主义发展要求,弘扬社会主义核心价值观,根据宪法,制定本法。

第二条　民法调整平等主体的自然人、法人和非法人组织之间的人身关系和财产关系。

第三条　民事主体的人身权利、财产权利以及其他合法权益受法律保护，任何组织或者个人不得侵犯。

第四条　民事主体在民事活动中的法律地位一律平等。

第五条　民事主体从事民事活动，应当遵循自愿原则，按照自己的意思设立、变更、终止民事法律关系。

第六条　民事主体从事民事活动，应当遵循公平原则，合理确定各方的权利和义务。

第七条　民事主体从事民事活动，应当遵循诚信原则，秉持诚实，恪守承诺。

第八条　民事主体从事民事活动，不得违反法律，不得违背公序良俗。

第九条　民事主体从事民事活动，应当有利于节约资源、保护生态环境。

第十条　处理民事纠纷，应当依照法律；法律没有规定的，可以适用习惯，但是不得违背公序良俗。

第十一条　其他法律对民事关系有特别规定的，依照其规定。

第十二条　中华人民共和国领域内的民事活动，适用中华人民共和国法律。法律另有规定的，依照其规定。

第二章　自　然　人

第一节　民事权利能力和民事行为能力

第十三条　自然人从出生时起到死亡时止，具有民事权利能力，依法享有民事权利，承担民事义务。

第十四条　自然人的民事权利能力一律平等。

第十五条　自然人的出生时间和死亡时间，以出生证明、死亡证明记载的时间为准；没有出生证明、死亡证明的，以户籍登记或者其他有效身份登记记载的时间为准。有其他证据足以推翻以上记载时间的，以该证据证明的时间为准。

第十六条　涉及遗产继承、接受赠与等胎儿利益保护的，胎儿视为具有民事权利能力。但是胎儿娩出时为死体的，其民事权利能力自始不存在。

第十七条　十八周岁以上的自然人为成年人。不满十八周岁的自然人为未成年人。

第十八条　成年人为完全民事行为能力人，可以独立实施民事法律行为。

十六周岁以上的未成年人，以自己的劳动收入为主要生活来源的，视为完全民事行为能力人。

第十九条　八周岁以上的未成年人为限制民事行为能力人，实施民事法律行为由其法定代理人代理或者经其法定代理人同意、追认，但是可以独立实施纯获利益的民事法律行为或者与其年龄、智力相适应的民事法律行为。

第二十条　不满八周岁的未成年人为无民事行为能力人，由其法定代理人代理实施民事法律行为。

第二十一条　不能辨认自己行为的成年人为无民事行为能力人，由其法定代理人代理实施民事法律行为。

八周岁以上的未成年人不能辨认自己行为的，适用前款规定。

第二十二条　不能完全辨认自己行为的成年人为限制民事行为能力人，实施民事法律行为由其法定代理人代理或者经其法定代理人同意、追认，但是可以独立实施纯获利益的民事法律行为或者与其智力、精神健康状况相适应的民事法律行为。

第二十三条　无民事行为能力人、限制民事行为能力人的监护人是其法定代理人。

第二十四条　不能辨认或者不能完全辨认自己行为的成年人，其利害关系人或者有关组织，可以向人民法院申请认定该成年人为无民事行为能力人或者限制民事行为能力人。

被人民法院认定为无民事行为能力人或者限制民事行为能力人的，经本人、利害关系人或者有关组织申请，人民法院可以根据其智力、精神健康恢复的状况，认定该成年人恢复为限制民事行为能力人或者完全民事行为能力人。

本条规定的有关组织包括：居民委员会、村民委员会、学校、医疗机构、妇女联合会、残疾人联合会、依法设立的老年人组织、民政部门等。

第二十五条　自然人以户籍登记或者其他

有效身份登记记载的居所为住所;经常居所与住所不一致的,经常居所视为住所。

第二节 监 护

第二十六条 父母对未成年子女负有抚养、教育和保护的义务。

成年子女对父母负有赡养、扶助和保护的义务。

第二十七条 父母是未成年子女的监护人。

未成年人的父母已经死亡或者没有监护能力的,由下列有监护能力的人按顺序担任监护人:

(一)祖父母、外祖父母;

(二)兄、姐;

(三)其他愿意担任监护人的个人或者组织,但是须经未成年人住所地的居民委员会、村民委员会或者民政部门同意。

第二十八条 无民事行为能力或者限制民事行为能力的成年人,由下列有监护能力的人按顺序担任监护人:

(一)配偶;

(二)父母、子女;

(三)其他近亲属;

(四)其他愿意担任监护人的个人或者组织,但是须经被监护人住所地的居民委员会、村民委员会或者民政部门同意。

第二十九条 被监护人的父母担任监护人的,可以通过遗嘱指定监护人。

第三十条 依法具有监护资格的人之间可以协议确定监护人。协议确定监护人应当尊重被监护人的真实意愿。

第三十一条 对监护人的确定有争议的,由被监护人住所地的居民委员会、村民委员会或者民政部门指定监护人,有关当事人对指定不服的,可以向人民法院申请指定监护人;有关当事人也可以直接向人民法院申请指定监护人。

居民委员会、村民委员会、民政部门或者人民法院应当尊重被监护人的真实意愿,按照最有利于被监护人的原则在依法具有监护资格的人中指定监护人。

依照本条第一款规定指定监护人前,被监护人的人身权利、财产权利以及其他合法权益处于无人保护状态的,由被监护人住所地的居民委员会、村民委员会、法律规定的有关组织或者民政部门担任临时监护人。

监护人被指定后,不得擅自变更;擅自变更的,不免除被指定的监护人的责任。

第三十二条 没有依法具有监护资格的人的,监护人由民政部门担任,也可以由具备履行监护职责条件的被监护人住所地的居民委员会、村民委员会担任。

第三十三条 具有完全民事行为能力的成年人,可以与其近亲属、其他愿意担任监护人的个人或者组织事先协商,以书面形式确定自己的监护人。协商确定的监护人在该成年人丧失或者部分丧失民事行为能力时,履行监护职责。

第三十四条 监护人的职责是代理被监护人实施民事法律行为,保护被监护人的人身权利、财产权利以及其他合法权益等。

监护人依法履行监护职责产生的权利,受法律保护。

监护人不履行监护职责或者侵害被监护人合法权益的,应当承担法律责任。

第三十五条 监护人应当按照最有利于被监护人的原则履行监护职责。监护人除为维护被监护人利益外,不得处分被监护人的财产。

未成年人的监护人履行监护职责,在作出与被监护人利益有关的决定时,应当根据被监护人的年龄和智力状况,尊重被监护人的真实意愿。

成年人的监护人履行监护职责,应当最大程度地尊重被监护人的真实意愿,保障并协助被监护人实施与其智力、精神健康状况相适应的民事法律行为。对被监护人有能力独立处理的事务,监护人不得干涉。

第三十六条 监护人有下列情形之一的,人民法院根据有关个人或者组织的申请,撤销其监护人资格,安排必要的临时监护措施,并按照最有利于被监护人的原则依法指定监护人:

(一)实施严重损害被监护人身心健康行为的;

(二)怠于履行监护职责,或者无法履行监护职责并且拒绝将监护职责部分或者全部委托给他人,导致被监护人处于危困状态的;

（三）实施严重侵害被监护人合法权益的其他行为的。

本条规定的有关个人和组织包括：其他依法具有监护资格的人，居民委员会、村民委员会、学校、医疗机构、妇女联合会、残疾人联合会、未成年人保护组织、依法设立的老年人组织、民政部门等。

前款规定的个人和民政部门以外的组织未及时向人民法院申请撤销监护人资格的，民政部门应当向人民法院申请。

第三十七条 依法负担被监护人抚养费、赡养费、扶养费的父母、子女、配偶等，被人民法院撤销监护人资格后，应当继续履行负担的义务。

第三十八条 被监护人的父母或者子女被人民法院撤销监护人资格后，除对被监护人实施故意犯罪的外，确有悔改表现的，经其申请，人民法院可以在尊重被监护人真实意愿的前提下，视情况恢复其监护人资格，人民法院指定的监护人与被监护人的监护关系同时终止。

第三十九条 有下列情形之一的，监护关系终止：

（一）被监护人取得或者恢复完全民事行为能力；

（二）监护人丧失监护能力；

（三）被监护人或者监护人死亡；

（四）人民法院认定监护关系终止的其他情形。

监护关系终止后，被监护人仍然需要监护的，应当依法另行确定监护人。

第三节 宣告失踪和宣告死亡

第四十条 自然人下落不明满二年的，利害关系人可以向人民法院申请宣告该自然人为失踪人。

第四十一条 自然人下落不明的时间从其失去音讯之日起计算。战争期间下落不明的，下落不明的时间自战争结束之日或者有关机关确定的下落不明之日起计算。

第四十二条 失踪人的财产由其配偶、成年子女、父母或者其他愿意担任财产代管人的人代管。

代管有争议，没有前款规定的人，或者前款规定的人无代管能力的，由人民法院指定的人代管。

第四十三条 财产代管人应当妥善管理失踪人的财产，维护其财产权益。

失踪人所欠税款、债务和应付的其他费用，由财产代管人从失踪人的财产中支付。

财产代管人因故意或者重大过失造成失踪人财产损失的，应当承担赔偿责任。

第四十四条 财产代管人不履行代管职责、侵害失踪人财产权益或者丧失代管能力的，失踪人的利害关系人可以向人民法院申请变更财产代管人。

财产代管人有正当理由的，可以向人民法院申请变更财产代管人。

人民法院变更财产代管人的，变更后的财产代管人有权要求原财产代管人及时移交有关财产并报告财产代管情况。

第四十五条 失踪人重新出现，经本人或者利害关系人申请，人民法院应当撤销失踪宣告。

失踪人重新出现，有权要求财产代管人及时移交有关财产并报告财产代管情况。

第四十六条 自然人有下列情形之一的，利害关系人可以向人民法院申请宣告该自然人死亡：

（一）下落不明满四年；

（二）因意外事件，下落不明满二年。

因意外事件下落不明，经有关机关证明该自然人不可能生存的，申请宣告死亡不受二年时间的限制。

第四十七条 对同一自然人，有的利害关系人申请宣告死亡，有的利害关系人申请宣告失踪，符合本法规定的宣告死亡条件的，人民法院应当宣告死亡。

第四十八条 被宣告死亡的人，人民法院宣告死亡的判决作出之日视为其死亡的日期；因意外事件下落不明宣告死亡的，意外事件发生之日视为其死亡的日期。

第四十九条 自然人被宣告死亡但是并未死亡的，不影响该自然人在被宣告死亡期间实施的民事法律行为的效力。

第五十条 被宣告死亡的人重新出现，经本人或者利害关系人申请，人民法院应当撤销死亡宣告。

第五十一条 被宣告死亡的人的婚姻关系,自死亡宣告之日起消灭。死亡宣告被撤销的,婚姻关系自撤销死亡宣告之日起自行恢复,但是其配偶再婚或者向婚姻登记机关书面声明不愿意恢复的除外。

第五十二条 被宣告死亡的人在被宣告死亡期间,其子女被他人依法收养的,在死亡宣告被撤销后,不得以未经本人同意为由主张收养关系无效。

第五十三条 被撤销死亡宣告的人有权请求依照继承法取得其财产的民事主体返还财产。无法返还的,应当给予适当补偿。

利害关系人隐瞒真实情况,致使他人被宣告死亡取得其财产的,除应当返还财产外,还应当对由此造成的损失承担赔偿责任。

第四节 个体工商户和农村承包经营户

第五十四条 自然人从事工商业经营,经依法登记,为个体工商户。个体工商户可以起字号。

第五十五条 农村集体经济组织的成员,依法取得农村土地承包经营权,从事家庭承包经营的,为农村承包经营户。

第五十六条 个体工商户的债务,个人经营的,以个人财产承担;家庭经营的,以家庭财产承担;无法区分的,以家庭财产承担。

农村承包经营户的债务,以从事农村土地承包经营的农户财产承担;事实上由农户部分成员经营的,以该部分成员的财产承担。

第三章 法 人

第一节 一般规定

第五十七条 法人是具有民事权利能力和民事行为能力,依法独立享有民事权利和承担民事义务的组织。

第五十八条 法人应当依法成立。

法人应当有自己的名称、组织机构、住所、财产或者经费。法人成立的具体条件和程序,依照法律、行政法规的规定。

设立法人,法律、行政法规规定须经有关机关批准的,依照其规定。

第五十九条 法人的民事权利能力和民事行为能力,从法人成立时产生,到法人终止时消灭。

第六十条 法人以其全部财产独立承担民事责任。

第六十一条 依照法律或者法人章程的规定,代表法人从事民事活动的负责人,为法人的法定代表人。

法定代表人以法人名义从事的民事活动,其法律后果由法人承受。

法人章程或者法人权力机构对法定代表人代表权的限制,不得对抗善意相对人。

第六十二条 法定代表人因执行职务造成他人损害的,由法人承担民事责任。

法人承担民事责任后,依照法律或者法人章程的规定,可以向有过错的法定代表人追偿。

第六十三条 法人以其主要办事机构所在地为住所。依法需要办理法人登记的,应当将主要办事机构所在地登记为住所。

第六十四条 法人存续期间登记事项发生变化的,应当依法向登记机关申请变更登记。

第六十五条 法人的实际情况与登记的事项不一致的,不得对抗善意相对人。

第六十六条 登记机关应当依法及时公示法人登记的有关信息。

第六十七条 法人合并的,其权利和义务由合并后的法人享有和承担。

法人分立的,其权利和义务由分立后的法人享有连带债权,承担连带债务,但是债权人和债务人另有约定的除外。

第六十八条 有下列原因之一并依法完成清算、注销登记的,法人终止:

(一)法人解散;

(二)法人被宣告破产;

(三)法律规定的其他原因。

法人终止,法律、行政法规规定须经有关机关批准的,依照其规定。

第六十九条 有下列情形之一的,法人解散:

(一)法人章程规定的存续期间届满或者法人章程规定的其他解散事由出现;

（二）法人的权力机构决议解散；

（三）因法人合并或者分立需要解散；

（四）法人依法被吊销营业执照、登记证书，被责令关闭或者被撤销；

（五）法律规定的其他情形。

第七十条　法人解散的，除合并或者分立的情形外，清算义务人应当及时组成清算组进行清算。

法人的董事、理事等执行机构或者决策机构的成员为清算义务人。法律、行政法规另有规定的，依照其规定。

清算义务人未及时履行清算义务，造成损害的，应当承担民事责任；主管机关或者利害关系人可以申请人民法院指定有关人员组成清算组进行清算。

第七十一条　法人的清算程序和清算组职权，依照有关法律的规定；没有规定的，参照适用公司法的有关规定。

第七十二条　清算期间法人存续，但是不得从事与清算无关的活动。

法人清算后的剩余财产，根据法人章程的规定或者法人权力机构的决议处理。法律另有规定的，依照其规定。

清算结束并完成法人注销登记时，法人终止；依法不需要办理法人登记的，清算结束时，法人终止。

第七十三条　法人被宣告破产的，依法进行破产清算并完成法人注销登记时，法人终止。

第七十四条　法人可以依法设立分支机构。法律、行政法规规定分支机构应当登记的，依照其规定。

分支机构以自己的名义从事民事活动，产生的民事责任由法人承担；也可以先以该分支机构管理的财产承担，不足以承担的，由法人承担。

第七十五条　设立人为设立法人从事的民事活动，其法律后果由法人承受；法人未成立的，其法律后果由设立人承受，设立人为二人以上的，享有连带债权，承担连带债务。

设立人为设立法人以自己的名义从事民事活动产生的民事责任，第三人有权选择请求法人或者设立人承担。

第二节　营利法人

第七十六条　以取得利润并分配给股东等出资人为目的成立的法人，为营利法人。

营利法人包括有限责任公司、股份有限公司和其他企业法人等。

第七十七条　营利法人经依法登记成立。

第七十八条　依法设立的营利法人，由登记机关发给营利法人营业执照。营业执照签发日期为营利法人的成立日期。

第七十九条　设立营利法人应当依法制定法人章程。

第八十条　营利法人应当设权力机构。

权力机构行使修改法人章程，选举或者更换执行机构、监督机构成员，以及法人章程规定的其他职权。

第八十一条　营利法人应当设执行机构。

执行机构行使召集权力机构会议，决定法人的经营计划和投资方案，决定法人内部管理机构的设置，以及法人章程规定的其他职权。

执行机构为董事会或者执行董事的，董事长、执行董事或者经理按照法人章程的规定担任法定代表人；未设董事会或者执行董事的，法人章程规定的主要负责人为其执行机构和法定代表人。

第八十二条　营利法人设监事会或者监事等监督机构的，监督机构依法行使检查法人财务，监督执行机构成员、高级管理人员执行法人职务的行为，以及法人章程规定的其他职权。

第八十三条　营利法人的出资人不得滥用出资人权利损害法人或者其他出资人的利益。滥用出资人权利给法人或者其他出资人造成损失的，应当依法承担民事责任。

营利法人的出资人不得滥用法人独立地位和出资人有限责任损害法人的债权人利益。滥用法人独立地位和出资人有限责任，逃避债务，严重损害法人的债权人利益的，应当对法人债务承担连带责任。

第八十四条　营利法人的控股出资人、实际控制人、董事、监事、高级管理人员不得利用其关联关系损害法人的利益。利用关联关系给法人造成损失的，应当承担赔偿责任。

第八十五条 营利法人的权力机构、执行机构作出决议的会议召集程序、表决方式违反法律、行政法规、法人章程，或者决议内容违反法人章程的，营利法人的出资人可以请求人民法院撤销该决议，但是营利法人依据该决议与善意相对人形成的民事法律关系不受影响。

第八十六条 营利法人从事经营活动，应当遵守商业道德，维护交易安全，接受政府和社会的监督，承担社会责任。

第三节 非营利法人

第八十七条 为公益目的或者其他非营利目的成立，不向出资人、设立人或者会员分配所取得利润的法人，为非营利法人。

非营利法人包括事业单位、社会团体、基金会、社会服务机构等。

第八十八条 具备法人条件，为适应经济社会发展需要，提供公益服务设立的事业单位，经依法登记成立，取得事业单位法人资格；依法不需要办理法人登记的，从成立之日起，具有事业单位法人资格。

第八十九条 事业单位法人设理事会的，除法律另有规定外，理事会为其决策机构。事业单位法人的法定代表人依照法律、行政法规或者法人章程的规定产生。

第九十条 具备法人条件，基于会员共同意愿，为公益目的或者会员共同利益等非营利目的设立的社会团体，经依法登记成立，取得社会团体法人资格；依法不需要办理法人登记的，从成立之日起，具有社会团体法人资格。

第九十一条 设立社会团体法人应当依法制定法人章程。

社会团体法人应当设会员大会或者会员代表大会等权力机构。

社会团体法人应当设理事会等执行机构。理事长或者会长等负责人按照法人章程的规定担任法定代表人。

第九十二条 具备法人条件，为公益目的以捐助财产设立的基金会、社会服务机构等，经依法登记成立，取得捐助法人资格。

依法设立的宗教活动场所，具备法人条件的，可以申请法人登记，取得捐助法人资格。法律、行政法规对宗教活动场所有规定的，依照其规定。

第九十三条 设立捐助法人应当依法制定法人章程。

捐助法人应当设理事会、民主管理组织等决策机构，并设执行机构。理事长等负责人按照法人章程的规定担任法定代表人。

捐助法人应当设监事会等监督机构。

第九十四条 捐助人有权向捐助法人查询捐助财产的使用、管理情况，并提出意见和建议，捐助法人应当及时、如实答复。

捐助法人的决策机构、执行机构或者法定代表人作出决定的程序违反法律、行政法规、法人章程，或者决定内容违反法人章程的，捐助人等利害关系人或者主管机关可以请求人民法院撤销该决定，但是捐助法人依据该决定与善意相对人形成的民事法律关系不受影响。

第九十五条 为公益目的成立的非营利法人终止时，不得向出资人、设立人或者会员分配剩余财产。剩余财产应当按照法人章程的规定或者权力机构的决议用于公益目的；无法按照法人章程的规定或者权力机构的决议处理的，由主管机关主持转给宗旨相同或者相近的法人，并向社会公告。

第四节 特别法人

第九十六条 本节规定的机关法人、农村集体经济组织法人、城镇农村的合作经济组织法人、基层群众性自治组织法人，为特别法人。

第九十七条 有独立经费的机关和承担行政职能的法定机构从成立之日起，具有机关法人资格，可以从事为履行职能所需要的民事活动。

第九十八条 机关法人被撤销的，法人终止，其民事权利和义务由继任的机关法人享有和承担；没有继任的机关法人的，由作出撤销决定的机关法人享有和承担。

第九十九条 农村集体经济组织依法取得法人资格。

法律、行政法规对农村集体经济组织有规定的，依照其规定。

第一百条 城镇农村的合作经济组织依法

取得法人资格。

法律、行政法规对城镇农村的合作经济组织有规定的，依照其规定。

第一百零一条　居民委员会、村民委员会具有基层群众性自治组织法人资格，可以从事为履行职能所需要的民事活动。

未设立村集体经济组织的，村民委员会可以依法代行村集体经济组织的职能。

第四章　非法人组织

第一百零二条　非法人组织是不具有法人资格，但是能够依法以自己的名义从事民事活动的组织。

非法人组织包括个人独资企业、合伙企业、不具有法人资格的专业服务机构等。

第一百零三条　非法人组织应当依照法律的规定登记。

设立非法人组织，法律、行政法规规定须经有关机关批准的，依照其规定。

第一百零四条　非法人组织的财产不足以清偿债务的，其出资人或者设立人承担无限责任。法律另有规定的，依照其规定。

第一百零五条　非法人组织可以确定一人或者数人代表该组织从事民事活动。

第一百零六条　有下列情形之一的，非法人组织解散：

（一）章程规定的存续期间届满或者章程规定的其他解散事由出现；

（二）出资人或者设立人决定解散；

（三）法律规定的其他情形。

第一百零七条　非法人组织解散的，应当依法进行清算。

第一百零八条　非法人组织除适用本章规定外，参照适用本法第三章第一节的有关规定。

第五章　民事权利

第一百零九条　自然人的人身自由、人格尊严受法律保护。

第一百一十条　自然人享有生命权、身体权、健康权、姓名权、肖像权、名誉权、荣誉权、隐私权、婚姻自主权等权利。

法人、非法人组织享有名称权、名誉权、荣誉权等权利。

第一百一十一条　自然人的个人信息受法律保护。任何组织和个人需要获取他人个人信息的，应当依法取得并确保信息安全，不得非法收集、使用、加工、传输他人个人信息，不得非法买卖、提供或者公开他人个人信息。

第一百一十二条　自然人因婚姻、家庭关系等产生的人身权利受法律保护。

第一百一十三条　民事主体的财产权利受法律平等保护。

第一百一十四条　民事主体依法享有物权。

物权是权利人依法对特定的物享有直接支配和排他的权利，包括所有权、用益物权和担保物权。

第一百一十五条　物包括不动产和动产。法律规定权利作为物权客体的，依照其规定。

第一百一十六条　物权的种类和内容，由法律规定。

第一百一十七条　为了公共利益的需要，依照法律规定的权限和程序征收、征用不动产或者动产的，应当给予公平、合理的补偿。

第一百一十八条　民事主体依法享有债权。

债权是因合同、侵权行为、无因管理、不当得利以及法律的其他规定，权利人请求特定义务人为或者不为一定行为的权利。

第一百一十九条　依法成立的合同，对当事人具有法律约束力。

第一百二十条　民事权益受到侵害的，被侵权人有权请求侵权人承担侵权责任。

第一百二十一条　没有法定的或者约定的义务，为避免他人利益受损失而进行管理的人，有权请求受益人偿还由此支出的必要费用。

第一百二十二条　因他人没有法律根据，取得不当利益，受损失的人有权请求其返还不当利益。

第一百二十三条　民事主体依法享有知识产权。

知识产权是权利人依法就下列客体享有的专有的权利：

（一）作品；

（二）发明、实用新型、外观设计；

（三）商标；

(四)地理标志;
(五)商业秘密;
(六)集成电路布图设计;
(七)植物新品种;
(八)法律规定的其他客体。

第一百二十四条 自然人依法享有继承权。

自然人合法的私有财产,可以依法继承。

第一百二十五条 民事主体依法享有股权和其他投资性权利。

第一百二十六条 民事主体享有法律规定的其他民事权利和利益。

第一百二十七条 法律对数据、网络虚拟财产的保护有规定的,依照其规定。

第一百二十八条 法律对未成年人、老年人、残疾人、妇女、消费者等的民事权利保护有特别规定的,依照其规定。

第一百二十九条 民事权利可以依据民事法律行为、事实行为、法律规定的事件或者法律规定的其他方式取得。

第一百三十条 民事主体按照自己的意愿依法行使民事权利,不受干涉。

第一百三十一条 民事主体行使权利时,应当履行法律规定的和当事人约定的义务。

第一百三十二条 民事主体不得滥用民事权利损害国家利益、社会公共利益或者他人合法权益。

第六章 民事法律行为

第一节 一般规定

第一百三十三条 民事法律行为是民事主体通过意思表示设立、变更、终止民事法律关系的行为。

第一百三十四条 民事法律行为可以基于双方或者多方的意思表示一致成立,也可以基于单方的意思表示成立。

法人、非法人组织依照法律或者章程规定的议事方式和表决程序作出决议的,该决议行为成立。

第一百三十五条 民事法律行为可以采用书面形式、口头形式或者其他形式;法律、行政法规规定或者当事人约定采用特定形式的,应当采用特定形式。

第一百三十六条 民事法律行为自成立时生效,但是法律另有规定或者当事人另有约定的除外。

行为人非依法律规定或者未经对方同意,不得擅自变更或者解除民事法律行为。

第二节 意思表示

第一百三十七条 以对话方式作出的意思表示,相对人知道其内容时生效。

以非对话方式作出的意思表示,到达相对人时生效。以非对话方式作出的采用数据电文形式的意思表示,相对人指定特定系统接收数据电文的,该数据电文进入该特定系统时生效;未指定特定系统的,相对人知道或者应当知道该数据电文进入其系统时生效。当事人对采用数据电文形式的意思表示的生效时间另有约定的,按照其约定。

第一百三十八条 无相对人的意思表示,表示完成时生效。法律另有规定的,依照其规定。

第一百三十九条 以公告方式作出的意思表示,公告发布时生效。

第一百四十条 行为人可以明示或者默示作出意思表示。

沉默只有在有法律规定、当事人约定或者符合当事人之间的交易习惯时,才可以视为意思表示。

第一百四十一条 行为人可以撤回意思表示。撤回意思表示的通知应当在意思表示到达相对人前或者与意思表示同时到达相对人。

第一百四十二条 有相对人的意思表示的解释,应当按照所使用的词句,结合相关条款、行为的性质和目的、习惯以及诚信原则,确定意思表示的含义。

无相对人的意思表示的解释,不能完全拘泥于所使用的词句,而应当结合相关条款、行为的性质和目的、习惯以及诚信原则,确定行为人的真实意思。

第三节 民事法律行为的效力

第一百四十三条 具备下列条件的民事法律行为有效:

（一）行为人具有相应的民事行为能力；

（二）意思表示真实；

（三）不违反法律、行政法规的强制性规定，不违背公序良俗。

第一百四十四条 无民事行为能力人实施的民事法律行为无效。

第一百四十五条 限制民事行为能力人实施的纯获利益的民事法律行为或者与其年龄、智力、精神健康状况相适应的民事法律行为有效；实施的其他民事法律行为经法定代理人同意或者追认后有效。

相对人可以催告法定代理人自收到通知之日起一个月内予以追认。法定代理人未作表示的，视为拒绝追认。民事法律行为被追认前，善意相对人有撤销的权利。撤销应当以通知的方式作出。

第一百四十六条 行为人与相对人以虚假的意思表示实施的民事法律行为无效。

以虚假的意思表示隐藏的民事法律行为的效力，依照有关法律规定处理。

第一百四十七条 基于重大误解实施的民事法律行为，行为人有权请求人民法院或者仲裁机构予以撤销。

第一百四十八条 一方以欺诈手段，使对方在违背真实意思的情况下实施的民事法律行为，受欺诈方有权请求人民法院或者仲裁机构予以撤销。

第一百四十九条 第三人实施欺诈行为，使一方在违背真实意思的情况下实施的民事法律行为，对方知道或者应当知道该欺诈行为的，受欺诈方有权请求人民法院或者仲裁机构予以撤销。

第一百五十条 一方或者第三人以胁迫手段，使对方在违背真实意思的情况下实施的民事法律行为，受胁迫方有权请求人民法院或者仲裁机构予以撤销。

第一百五十一条 一方利用对方处于危困状态、缺乏判断能力等情形，致使民事法律行为成立时显失公平的，受损害方有权请求人民法院或者仲裁机构予以撤销。

第一百五十二条 有下列情形之一的，撤销权消灭：

（一）当事人自知道或者应当知道撤销事由之日起一年内、重大误解的当事人自知道或者应当知道撤销事由之日起三个月内没有行使撤销权；

（二）当事人受胁迫，自胁迫行为终止之日起一年内没有行使撤销权；

（三）当事人知道撤销事由后明确表示或者以自己的行为表明放弃撤销权。

当事人自民事法律行为发生之日起五年内没有行使撤销权的，撤销权消灭。

第一百五十三条 违反法律、行政法规的强制性规定的民事法律行为无效，但是该强制性规定不导致该民事法律行为无效的除外。

违背公序良俗的民事法律行为无效。

第一百五十四条 行为人与相对人恶意串通，损害他人合法权益的民事法律行为无效。

第一百五十五条 无效的或者被撤销的民事法律行为自始没有法律约束力。

第一百五十六条 民事法律行为部分无效，不影响其他部分效力的，其他部分仍然有效。

第一百五十七条 民事法律行为无效、被撤销或者确定不发生效力后，行为人因该行为取得的财产，应当予以返还；不能返还或者没有必要返还的，应当折价补偿。有过错的一方应当赔偿对方由此所受到的损失；各方都有过错的，应当各自承担相应的责任。法律另有规定的，依照其规定。

第四节 民事法律行为的附条件和附期限

第一百五十八条 民事法律行为可以附条件，但是按照其性质不得附条件的除外。附生效条件的民事法律行为，自条件成就时生效。附解除条件的民事法律行为，自条件成就时失效。

第一百五十九条 附条件的民事法律行为，当事人为自己的利益不正当地阻止条件成就的，视为条件已成就；不正当地促成条件成就的，视为条件不成就。

第一百六十条 民事法律行为可以附期限，但是按照其性质不得附期限的除外。附生效期限的民事法律行为，自期限届至时生效。附终止期限的民事法律行为，自期限届满时失效。

第七章 代　　理

第一节 一般规定

第一百六十一条 民事主体可以通过代理人实施民事法律行为。

依照法律规定、当事人约定或者民事法律行为的性质，应当由本人亲自实施的民事法律行为，不得代理。

第一百六十二条 代理人在代理权限内，以被代理人名义实施的民事法律行为，对被代理人发生效力。

第一百六十三条 代理包括委托代理和法定代理。

委托代理人按照被代理人的委托行使代理权。法定代理人依照法律的规定行使代理权。

第一百六十四条 代理人不履行或者不完全履行职责，造成被代理人损害的，应当承担民事责任。

代理人和相对人恶意串通，损害被代理人合法权益的，代理人和相对人应当承担连带责任。

第二节 委托代理

第一百六十五条 委托代理授权采用书面形式的，授权委托书应当载明代理人的姓名或者名称、代理事项、权限和期间，并由被代理人签名或者盖章。

第一百六十六条 数人为同一代理事项的代理人的，应当共同行使代理权，但是当事人另有约定的除外。

第一百六十七条 代理人知道或者应当知道代理事项违法仍然实施代理行为，或者被代理人知道或者应当知道代理人的代理行为违法未作反对表示的，被代理人和代理人应当承担连带责任。

第一百六十八条 代理人不得以被代理人的名义与自己实施民事法律行为，但是被代理人同意或者追认的除外。

代理人不得以被代理人的名义与自己同时代理的其他人实施民事法律行为，但是被代理的双方同意或者追认的除外。

第一百六十九条 代理人需要转委托第三人代理的，应当取得被代理人的同意或者追认。

转委托代理经被代理人同意或者追认的，被代理人可以就代理事务直接指示转委托的第三人，代理人仅就第三人的选任以及对第三人的指示承担责任。

转委托代理未经被代理人同意或者追认的，代理人应当对转委托的第三人的行为承担责任，但是在紧急情况下代理人为了维护被代理人的利益需要转委托第三人代理的除外。

第一百七十条 执行法人或者非法人组织工作任务的人员，就其职权范围内的事项，以法人或者非法人组织的名义实施民事法律行为，对法人或者非法人组织发生效力。

法人或者非法人组织对执行其工作任务的人员职权范围的限制，不得对抗善意相对人。

第一百七十一条 行为人没有代理权、超越代理权或者代理权终止后，仍然实施代理行为，未经被代理人追认的，对被代理人不发生效力。

相对人可以催告被代理人自收到通知之日起一个月内予以追认。被代理人未作表示的，视为拒绝追认。行为人实施的行为被追认前，善意相对人有撤销的权利。撤销应当以通知的方式作出。

行为人实施的行为未被追认的，善意相对人有权请求行为人履行债务或者就其受到的损害请求行为人赔偿，但是赔偿的范围不得超过被代理人追认时相对人所能获得的利益。

相对人知道或者应当知道行为人无权代理的，相对人和行为人按照各自的过错承担责任。

第一百七十二条 行为人没有代理权、超越代理权或者代理权终止后，仍然实施代理行为，相对人有理由相信行为人有代理权的，代理行为有效。

第三节 代理终止

第一百七十三条 有下列情形之一的，委托代理终止：

（一）代理期间届满或者代理事务完成；

（二）被代理人取消委托或者代理人辞去委托；

（三）代理人丧失民事行为能力；

（四）代理人或者被代理人死亡；

（五）作为代理人或者被代理人的法人、非法人组织终止。

第一百七十四条 被代理人死亡后，有下列情形之一的，委托代理人实施的代理行为有效：

（一）代理人不知道并且不应当知道被代理人死亡；

（二）被代理人的继承人予以承认；

（三）授权中明确代理权在代理事务完成时终止；

（四）被代理人死亡前已经实施，为了被代理人的继承人的利益继续代理。

作为被代理人的法人、非法人组织终止的，参照适用前款规定。

第一百七十五条 有下列情形之一的，法定代理终止：

（一）被代理人取得或者恢复完全民事行为能力；

（二）代理人丧失民事行为能力；

（三）代理人或者被代理人死亡；

（四）法律规定的其他情形。

第八章 民事责任

第一百七十六条 民事主体依照法律规定和当事人约定，履行民事义务，承担民事责任。

第一百七十七条 二人以上依法承担按份责任，能够确定责任大小的，各自承担相应的责任；难以确定责任大小的，平均承担责任。

第一百七十八条 二人以上依法承担连带责任的，权利人有权请求部分或者全部连带责任人承担责任。

连带责任人的责任份额根据各自责任大小确定；难以确定责任大小的，平均承担责任。实际承担责任超过自己责任份额的连带责任人，有权向其他连带责任人追偿。

连带责任，由法律规定或者当事人约定。

第一百七十九条 承担民事责任的方式主要有：

（一）停止侵害；

（二）排除妨碍；

（三）消除危险；

（四）返还财产；

（五）恢复原状；

（六）修理、重作、更换；

（七）继续履行；

（八）赔偿损失；

（九）支付违约金；

（十）消除影响、恢复名誉；

（十一）赔礼道歉。

法律规定惩罚性赔偿的，依照其规定。

本条规定的承担民事责任的方式，可以单独适用，也可以合并适用。

第一百八十条 因不可抗力不能履行民事义务的，不承担民事责任。法律另有规定的，依照其规定。

不可抗力是指不能预见、不能避免且不能克服的客观情况。

第一百八十一条 因正当防卫造成损害的，不承担民事责任。

正当防卫超过必要的限度，造成不应有的损害的，正当防卫人应当承担适当的民事责任。

第一百八十二条 因紧急避险造成损害的，由引起险情发生的人承担民事责任。

危险由自然原因引起的，紧急避险人不承担民事责任，可以给予适当补偿。

紧急避险采取措施不当或者超过必要的限度，造成不应有的损害的，紧急避险人应当承担适当的民事责任。

第一百八十三条 因保护他人民事权益使自己受到损害的，由侵权人承担民事责任，受益人可以给予适当补偿。没有侵权人、侵权人逃逸或者无力承担民事责任，受害人请求补偿的，受益人应当给予适当补偿。

第一百八十四条 因自愿实施紧急救助行为造成受助人损害的，救助人不承担民事责任。

第一百八十五条 侵害英雄烈士等的姓名、肖像、名誉、荣誉，损害社会公共利益的，应当承担民事责任。

第一百八十六条 因当事人一方的违约行为，损害对方人身权益、财产权益的，受损害方有权选择请求其承担违约责任或者侵权责任。

第一百八十七条 民事主体因同一行为应当承担民事责任、行政责任和刑事责任的，承担行政责任或者刑事责任不影响承担民事责任；民事主体的财产不足以支付的，优先用于承担民事责任。

第九章 诉讼时效

第一百八十八条 向人民法院请求保护民事权利的诉讼时效期间为三年。法律另有规定的,依照其规定。

诉讼时效期间自权利人知道或者应当知道权利受到损害以及义务人之日起计算。法律另有规定的,依照其规定。但是自权利受到损害之日起超过二十年的,人民法院不予保护;有特殊情况的,人民法院可以根据权利人的申请决定延长。

第一百八十九条 当事人约定同一债务分期履行的,诉讼时效期间自最后一期履行期限届满之日起计算。

第一百九十条 无民事行为能力人或者限制民事行为能力人对其法定代理人的请求权的诉讼时效期间,自该法定代理终止之日起计算。

第一百九十一条 未成年人遭受性侵害的损害赔偿请求权的诉讼时效期间,自受害人年满十八周岁之日起计算。

第一百九十二条 诉讼时效期间届满的,义务人可以提出不履行义务的抗辩。

诉讼时效期间届满后,义务人同意履行的,不得以诉讼时效期间届满为由抗辩;义务人已自愿履行的,不得请求返还。

第一百九十三条 人民法院不得主动适用诉讼时效的规定。

第一百九十四条 在诉讼时效期间的最后六个月内,因下列障碍,不能行使请求权的,诉讼时效中止:

(一)不可抗力;

(二)无民事行为能力人或者限制民事行为能力人没有法定代理人,或者法定代理人死亡、丧失民事行为能力、丧失代理权;

(三)继承开始后未确定继承人或者遗产管理人;

(四)权利人被义务人或者其他人控制;

(五)其他导致权利人不能行使请求权的障碍。

自中止时效的原因消除之日起满六个月,诉讼时效期间届满。

第一百九十五条 有下列情形之一的,诉讼时效中断,从中断、有关程序终结时起,诉讼时效期间重新计算:

(一)权利人向义务人提出履行请求;

(二)义务人同意履行义务;

(三)权利人提起诉讼或者申请仲裁;

(四)与提起诉讼或者申请仲裁具有同等效力的其他情形。

第一百九十六条 下列请求权不适用诉讼时效的规定:

(一)请求停止侵害、排除妨碍、消除危险;

(二)不动产物权和登记的动产物权的权利人请求返还财产;

(三)请求支付抚养费、赡养费或者扶养费;

(四)依法不适用诉讼时效的其他请求权。

第一百九十七条 诉讼时效的期间、计算方法以及中止、中断的事由由法律规定,当事人约定无效。

当事人对诉讼时效利益的预先放弃无效。

第一百九十八条 法律对仲裁时效有规定的,依照其规定;没有规定的,适用诉讼时效的规定。

第一百九十九条 法律规定或者当事人约定的撤销权、解除权等权利的存续期间,除法律另有规定外,自权利人知道或者应当知道权利产生之日起计算,不适用有关诉讼时效中止、中断和延长的规定。存续期间届满,撤销权、解除权等权利消灭。

第十章 期间计算

第二百条 民法所称的期间按照公历年、月、日、小时计算。

第二百零一条 按照年、月、日计算期间的,开始的当日不计入,自下一日开始计算。

按照小时计算期间的,自法律规定或者当事人约定的时间开始计算。

第二百零二条 按照年、月计算期间的,到期月的对应日为期间的最后一日;没有对应日的,月末日为期间的最后一日。

第二百零三条 期间的最后一日是法定休假日的,以法定休假日结束的次日为期间的最后一日。

期间的最后一日的截止时间为二十四时;有

业务时间的，停止业务活动的时间为截止时间。

第二百零四条　期间的计算方法依照本法的规定，但是法律另有规定或者当事人另有约定的除外。

第十一章　附　　则

第二百零五条　民法所称的“以上”“以下”“以内”“届满”，包括本数；所称的“不满”“超过”“以外”，不包括本数。

第二百零六条　本法自2017年10月1日起施行。

第八次全国法院民事商事审判工作会议（民事部分）纪要

（2016年11月21日　法〔2016〕399号）

2015年12月23日至24日，最高人民法院在北京召开第八次全国法院民事商事审判工作会议。中共中央政治局委员、中央政法委书记孟建柱同志专门作出重要批语。最高人民法院院长周强出席会议并讲话。各省、自治区、直辖市高级人民法院，解放军军事法院，新疆维吾尔自治区高级人民法院生产建设兵团分院以及计划单列市中级人民法院派员参加会议。中央政法委、全国人大常委会法工委、国务院法制办等中央国家机关代表，部分全国人大代表、全国政协委员、最高人民法院特邀咨询员、最高人民法院特约监督员以及有关专家学者应邀列席会议。

这次会议是在党的十八届五中全会提出“十三五”规划建议新形势下召开的一次重要的民事商事审判工作会议。对于人民法院主动适应经济社会发展新形势新常态，更加充分发挥审判工作职能，为推进“十三五”规划战略布局，实现全面建成小康社会“第一个百年目标”提供有力司法保障，具有重要而深远的历史意义。通过讨论，对当前和今后一段时期更好开展民事审判工作形成如下纪要。

一、民事审判工作总体要求

我国正处于奋力夺取全面建成小康社会的决胜阶段，人民法院面临的机遇和挑战前所未有，民事审判工作的责任更加重大。作为人民法院工作重要组成部分的民事审判工作，当前和今后一段时期的主要任务是：深入贯彻落实党的十八大和十八届三中、四中、五中、六中全会精神，以习近平总书记系列重要讲话精神为指导，按照“五位一体”总体部署，协调推进“四个全面”战略布局，围绕“努力让人民群众在每一个司法案件中感受到公平正义”的目标，坚持司法为民、公正司法，充分发挥民事审判职能作用，服务创新、协调、绿色、开放、共享五大发展理念，坚持依法保护产权、尊重契约自由、依法平等保护、权利义务责任相统一、倡导诚实守信以及程序公正与实体公正相统一“六个原则”，积极参与社会治理，切实提升司法公信力，为如期实现全面建成小康社会提供有力司法服务和保障。

二、关于婚姻家庭纠纷案件的审理

审理好婚姻家庭案件对于弘扬社会主义核心价值观和中华民族传统美德，传递正能量，促进家风建设，维护婚姻家庭稳定，具有重要意义。要注重探索家事审判工作规律，积极稳妥开展家事审判方式和工作机制改革试点工作；做好反家暴法实施工作，及时总结人民法院适用人身安全保护令制止家庭暴力的成功经验，促进社会健康和谐发展。

（一）关于未成年人保护问题

1. 在审理婚姻家庭案件中，应注重对未成年人权益的保护，特别是涉及家庭暴力的离婚案件，从未成年子女利益最大化的原则出发，对于实施家庭暴力的父母一方，一般不宜判决其直接抚养未成年子女。

2. 离婚后，不直接抚养未成年子女的父母一方提出探望未成年子女诉讼请求的，应当向双方当事人释明探望权的适当行使对未成年子女健康成长、人格塑造的重要意义，并根据未成年子女的年龄、智力和认知水平，在有利于未成年子女成长和尊重其意愿的前提下，保障当事人依法行使探望权。

3. 祖父母、外祖父母对父母已经死亡或父母无力抚养的未成年孙子女、外孙子女尽了抚养义务，其定期探望孙子女、外孙子女的权利应当得到尊重，并有权通过诉讼方式获得司法保护。

（二）关于夫妻共同财产认定问题

4. 婚姻关系存续期间以夫妻共同财产投

保,投保人和被保险人同为夫妻一方,离婚时处于保险期内,投保人不愿意继续投保的,保险人退还的保险单现金价值部分应按照夫妻共同财产处理;离婚时投保人选择继续投保的,投保人应当支付保险单现金价值的一半给另一方。

5. 婚姻关系存续期间,夫妻一方作为被保险人依据意外伤害保险合同、健康保险合同获得的具有人身性质的保险金,或者夫妻一方作为受益人依据以死亡为给付条件的人寿保险合同获得的保险金,宜认定为个人财产,但双方另有约定的除外。

婚姻关系存续期间,夫妻一方依据以生存到一定年龄为给付条件的具有现金价值的保险合同获得的保险金,宜认定为夫妻共同财产,但双方另有约定的除外。

三、关于侵权纠纷案件的审理

审理好侵权损害赔偿案件对于保护民事主体的合法权益,明确侵权责任,预防并制裁侵权行为,促进社会公平正义具有重要意义。要总结和运用以往审理侵权案件所积累下来的成功经验,进一步探索新形势下侵权案件的审理规律,更加强调裁判标准和裁判尺度的统一。当前,要注意以下几方面问题:

(一)关于侵权责任法实施中的相关问题

6. 鉴于侵权责任法第十八条明确规定被侵权人死亡,其近亲属有权请求侵权人承担侵权责任,并没有赋予有关机关或者单位提起请求的权利,当侵权行为造成身份不明人死亡时,如果没有赔偿权利人或者赔偿权利人不明,有关机关或者单位无权提起民事诉讼主张死亡赔偿金,但其为死者垫付的医疗费、丧葬费等实际发生的费用除外。

7. 依据侵权责任法第二十一条的规定,被侵权人请求义务人承担停止侵害、排除妨害、消除危险等责任,义务人以自己无过错为由提出抗辩的,不予支持。

8. 残疾赔偿金或死亡赔偿金的计算标准,应根据案件的实际情况,结合受害人住所地、经常居住地、主要收入来源等因素确定。在计算被扶养人生活费时,如果受害人是农村居民但按照城镇标准计算残疾赔偿金或者死亡赔偿金的,其被扶养人生活费也应按照受诉法院所在地上一年度城镇居民人均消费性支出标准计算。被扶养人生活费一并计入残疾赔偿金或者死亡赔偿金。

(二)关于社会保险与侵权责任的关系问题

9. 被侵权人有权获得工伤保险待遇或者其他社会保险待遇的,侵权人的侵权责任不因受害人获得社会保险而减轻或者免除。根据社会保险法第三十条和四十二条的规定,被侵权人有权请求工伤保险基金或者其他社会保险支付工伤保险待遇或者其他保险待遇。

10. 用人单位未依法缴纳工伤保险费,劳动者因第三人侵权造成人身损害并构成工伤,侵权人已经赔偿的,劳动者有权请求用人单位支付除医疗费之外的工伤保险待遇。用人单位先行支付工伤保险待遇的,可以就医疗费用在第三人应承担的赔偿责任范围内向其追偿。

(三)关于医疗损害赔偿责任问题

11. 患者一方请求医疗机构承担侵权责任,应证明与医疗机构之间存在医疗关系及受损害的事实。对于是否存在医疗关系,应综合挂号单、交费单、病历、出院证明以及其他能够证明存在医疗行为的证据加以认定。

12. 对当事人所举证据材料,应根据法律、法规及司法解释的相关规定进行综合审查。因当事人采取伪造、篡改、涂改等方式改变病历资料内容,或者遗失、销毁、抢夺病历,致使医疗行为与损害后果之间的因果关系或医疗机构及其医务人员的过错无法认定的,改变或者遗失、销毁、抢夺病历资料一方当事人应承担相应的不利后果;制作方对病历资料内容存在的明显矛盾或错误不能作出合理解释的,应承担相应的不利后果;病历仅存在错别字、未按病历规范格式书写等形式瑕疵的,不影响对病历资料真实性的认定。

四、关于房地产纠纷案件的审理

房地产纠纷案件的审判历来是民事审判的重要组成部分,审理好房地产纠纷案件对于保障人民安居乐业,优化土地资源配置,服务经济社会发展具有重要意义。随着我国经济发展进入新常态、产业结构优化升级以及国家房地产政策的调整,房地产纠纷案件还会出现新情况、新问题,要做好此类纠纷的研究和预判,不断提高化解矛盾的能力和水平。

(一)关于合同效力问题

13. 城市房地产管理法第三十九条第一款第二项规定并非效力性强制性规定,当事人仅以转让国有土地使用权未达到该项规定条件为由,请求确认转让合同无效的,不予支持。

14. 物权法第一百九十一条第二款并非针对抵押财产转让合同的效力性强制性规定,当事人仅以转让抵押房地产未经抵押权人同意为由,请求确认转让合同无效的,不予支持。受让人在抵押登记未涂销时要求办理过户登记的,不予支持。

(二)关于一房数卖的合同履行问题

15. 审理一房数卖纠纷案件时,如果数份合同均有效且买受人均要求履行合同的,一般应按照已经办理房屋所有权变更登记、合法占有房屋以及合同履行情况、买卖合同成立先后等顺序确定权利保护顺位。但恶意办理登记的买受人,其权利不能优先于已经合法占有该房屋的买受人。对买卖合同的成立时间,应综合主管机关备案时间、合同载明的签订时间以及其他证据确定。

(三)关于以房抵债问题

16. 当事人达成以房抵债协议,并要求制作调解书的,人民法院应当严格审查协议是否在平等自愿基础上达成;对存在重大误解或显失公平的,应当予以释明;对利用协议损害其他债权人利益或者规避公共管理政策的,不能制作调解书;对当事人行为构成虚假诉讼的,严格按照民事诉讼法第一百一十二条和《最高人民法院关于适用〈中华人民共和国民事诉讼法〉的解释》第一百九十条、第一百九十一条的规定处理;涉嫌犯罪的,移送刑事侦查机关处理。

17. 当事人在债务清偿期届满后达成以房抵债协议并已经办理了产权转移手续,一方要求确认以房抵债协议无效或者变更、撤销,经审查不属于合同法第五十二条、第五十四条规定情形的,对其主张不予支持。

(四)关于违约责任问题

18. 买受人请求出卖人支付逾期办证的违约金,从合同约定或者法定期限届满之次日起计算诉讼时效期间。

合同没有约定违约责任或者损失数额难以确定的,可参照《最高人民法院关于审理民间借贷案件适用法律若干问题的规定》第二十九条第二款规定处理。

五、关于物权纠纷案件的审理

物权法是中国特色社会主义法律体系中的重要支柱性法律,对于明确物的归属,发挥物的效用,增强权利义务意识和责任意识,保障市场主体的权利和平等发展,具有重要作用。妥善审理物权纠纷案件,对于依法保护物权,维护交易秩序,促进经济社会发展,意义重大。

(一)关于农村房屋买卖问题

19. 在国家确定的宅基地制度改革试点地区,可以按照国家政策及相关指导意见处理宅基地使用权因抵押担保、转让而产生的纠纷。

在非试点地区,农民将其宅基地上的房屋出售给本集体经济组织以外的个人,该房屋买卖合同认定为无效。合同无效后,买受人请求返还购房款及其利息,以及请求赔偿翻建或者改建成本的,应当综合考虑当事人过错等因素予以确定。

20. 在涉及农村宅基地或农村集体经营性建设用地的民事纠纷案件中,当事人主张利润分配等合同权利的,应提供政府部门关于土地利用规划、建设用地计划及优先满足集体建设用地等要求的审批文件或者证明。未提供上述手续或者虽提供了上述手续,但在一审法庭辩论终结前土地性质仍未变更为国有土地的,所涉及的相关合同应按无效处理。

(二)关于违法建筑相关纠纷的处理问题

21. 对于未取得建设工程规划许可证或者未按照建设工程规划许可证规定内容建设的违法建筑的认定和处理,属于国家有关行政机关的职权范围,应避免通过民事审判变相为违法建筑确权。当事人请求确认违法建筑权利归属及内容的,人民法院不予受理;已经受理的,裁定驳回起诉。

22. 因违法建筑倒塌或其搁置物、悬挂物脱落、坠落造成的损害赔偿纠纷,属于民事案件受案范围,应按照侵权责任法有关物件损害责任的相关规定处理。

(三)关于因土地承包、征收、征用引发争议的处理问题

23. 审理土地补偿费分配纠纷时,要在现行

法律规定框架内，综合考虑当事人生产生活状况、户口登记状况以及农村土地对农民的基本生活保障功能等因素认定相关权利主体。要以当事人是否获得其他替代性基本生活保障为重要考量因素，慎重认定其权利主体资格的丧失，注重依法保护妇女、儿童以及农民工等群体的合法权益。

（四）关于诉讼时效问题

24. 已经合法占有转让标的物的受让人请求转让人办理物权变更登记，登记权利人请求无权占有人返还不动产或者动产，利害关系人请求确认物权的归属或内容，权利人请求排除妨害、消除危险，对方当事人以超过诉讼时效期间抗辩的，均应不予支持。

25. 被继承人死亡后遗产未分割，各继承人均未表示放弃继承，依据继承法第二十五条规定应视为均已接受继承，遗产属各继承人共同共有；当事人诉请享有继承权、主张分割遗产的纠纷案件，应参照共有财产分割的原则，不适用有关诉讼时效的规定。

六、关于劳动争议纠纷案件的审理

劳动争议案件的审理对于构建和谐劳动关系，优化劳动力、资本、技术、管理等要素配置，激发创新创业活力，推动大众创业、万众创新，促进新技术新产业的发展具有重要意义。应当坚持依法保护劳动者合法权益和维护用人单位生存发展并重的原则，严格依法区分劳动关系和劳务关系，防止认定劳动关系泛化。

（一）关于案件受理问题

26. 劳动人事仲裁机构作出仲裁裁决，当事人在法定期限内未提起诉讼但再次申请仲裁，劳动人事仲裁机构作出不予受理裁决、决定或通知，当事人不服提起诉讼，经审查认为前后两次申请仲裁事项属于不同事项的，人民法院予以受理；经审查认为属于同一事项的，人民法院不予受理，已经受理的裁定驳回起诉。

（二）关于仲裁时效问题

27. 当事人在仲裁阶段未提出超过仲裁申请期间的抗辩，劳动人事仲裁机构作出实体裁决后，当事人在诉讼阶段又以超过仲裁时效期间为由进行抗辩的，人民法院不予支持。

当事人未按照规定提出仲裁时效抗辩，又以仲裁时效期间届满为由申请再审或者提出再审抗辩的，人民法院不予支持。

（三）关于竞业限制问题

28. 用人单位和劳动者在竞业限制协议中约定的违约金过分高于或者低于实际损失，当事人请求调整违约金数额的，人民法院可以参照《最高人民法院关于适用〈中华人民共和国合同法〉若干问题的解释（二）》第二十九条的规定予以处理。

（四）关于劳动合同解除问题

29. 用人单位在劳动合同期限内通过“末位淘汰”或“竞争上岗”等形式单方解除劳动合同，劳动者可以用人单位违法解除劳动合同为由，请求用人单位继续履行劳动合同或者支付赔偿金。

七、关于建设工程施工合同纠纷案件的审理

经济新常态形势下，因建设方资金缺口增大，导致工程欠款、质量缺陷等纠纷案件数量持续上升。人民法院要准确把握法律、法规、司法解释规定，调整建筑活动中个体利益与社会利益冲突，维护社会公共利益和建筑市场经济秩序。

（一）关于合同效力问题

30. 要依法维护通过招投标所签订的中标合同的法律效力。当事人违反工程建设强制性标准，任意压缩合理工期、降低工程质量标准的约定，应认定无效。对于约定无效后的工程价款结算，应依据建设工程施工合同司法解释的相关规定处理。

（二）关于工程价款问题

31. 招标人和中标人另行签订改变工期、工程价款、工程项目性质等影响中标结果实质性内容的协议，导致合同双方当事人就实质性内容享有的权利义务发生较大变化的，应认定为变更中标合同实质性内容。

（三）关于承包人停（窝）工损失的赔偿问题

32. 因发包人未按照约定提供原材料、设备、场地、资金、技术资料的，隐蔽工程在隐蔽之前，承包人已通知发包人检查，发包人未及时检查等原因致使工程中途停、缓建，发包人应当赔偿因此给承包人造成的停（窝）工损失，包括停（窝）工人员人工费、机械设备窝工费和因窝工造成设备租赁费用等停(窝)工损失。

(四)关于不履行协作义务的责任问题

33. 发包人不履行告知变更后的施工方案、施工技术交底、完善施工条件等协作义务，致使承包人停(窝)工，以至难以完成工程项目建设的，承包人催告在合理期限内履行，发包人逾期仍不履行的，人民法院视违约情节，可以依据合同法第二百五十九条、第二百八十三条规定裁判顺延工期，并有权要求赔偿停(窝)工损失。

34. 承包人不履行配合工程档案备案、开具发票等协作义务的，人民法院视违约情节，可以依据合同法第六十条、第一百零七条规定，判令承包人限期履行、赔偿损失等。

八、关于民事审判程序

程序公正是司法公正的重要内容。人民群众和社会各界对于司法公正的认知和感受，很大程度上来源于其所参与的诉讼活动。要继续严格贯彻执行民事诉讼法及其司法解释，进一步强化民事审判程序意识，确保程序公正。

(一)关于鉴定问题

35. 当事人对鉴定人作出的鉴定意见的一部分提出异议并申请重新鉴定的，应当着重审查异议是否成立；如异议成立，原则上仅针对异议部分重新鉴定或者补充鉴定，并尽量缩减鉴定的范围和次数。

(二)关于诉讼代理人资格问题

36. 以当事人的工作人员身份参加诉讼活动，应当按照《最高人民法院关于适用〈中华人民共和国民事诉讼法〉的解释》第八十六条的规定，至少应当提交以下证据之一加以证明：

(1)缴纳社保记录凭证；

(2)领取工资凭证；

(3)其他能够证明其为当事人工作人员身份的证据。

第八次全国法院民事商事审判工作会议针对新情况、新问题，在法律与司法解释尚未明确规定的情况下，就民事审判中的热点难点问题提出处理意见，对于及时满足民事审判实践需求，切实统一裁判思路、标准和尺度，有效化解各类矛盾纠纷，具有重要指导意义。对于纪要规定的有关问题，在充分积累经验并被证明切实可行时，最高人民法院将及时制定相关司法解释。各级人民法院要紧密团结在以习近平同志为核心的党中央周围，牢固树立政治意识、大局意识、核心意识、看齐意识，充分发挥审判职能，为全面推进“十三五”规划提供有力司法保障，为如期实现全面建成小康社会作出更大贡献。

全国法院民商事审判工作会议纪要

(2019年11月8日　法〔2019〕254号)

目　录

引　　言

为全面贯彻党的十九大和十九届二中、三中全会以及中央经济工作会议、中央政法工作会议、全国金融工作会议精神，研究当前形势下如何进一步加强人民法院民商事审判工作，着力提升民商事审判工作能力和水平，为我国经济高质量发展提供更加有力的司法服务和保障，最高人民法院于2019年7月3日至4日在黑龙江省哈尔滨市召开了全国法院民商事审判工作会议。最高人民法院党组书记、院长周强同志出席会议并讲话。各省、自治区、直辖市高级人民法院分管民商事审判工作的副院长、承担民商事案件审判任务的审判庭庭长、解放军军事法院的代表、最高人民法院有关部门负责人在主会场出席会议，地方各级人民法院的其他负责同志和民商事审判法官在各地分会场通过视频参加会议。中央政法委、全国人大常委会法工委的代表、部分全国人大代表、全国政协委员、最高人民法院特约监督员、专家学者应邀参加会议。

会议认为，民商事审判工作必须坚持正确的政治方向，必须以习近平新时代中国特色社会主义思想武装头脑、指导实践、推动工作。一要坚持党的绝对领导。这是中国特色社会主义司法制度的本质特征和根本要求，是人民法院永远不变的根和魂。在民商事审判工作中，要切实增强“四个意识”、坚定“四个自信”、做到“两个维护”，坚定不移走中国特色社会主义法治道路。二要坚持服务党和国家大局。认清形势，高度关注中国特色社会主义进入新时代背景下经济社会的重大变化、社会主要矛盾的历史性变化、各类风险隐患的多元多变，提高服务大局的自觉性、针对性，主动作为，勇于担当，处理好依法办案和服务大局的辩证关系，着眼于贯彻落实党中央的重大决策部署、维护人民群众的根本利益、维护法治的统一。三要坚持司法为民。牢固树立以人民为中心的发展思想，始终坚守人民立场，胸怀人民群众，满足人民需求，带着对人民群众的深厚感情和强烈责任感去做好民商事审判工作。在民商事审判工作中要弘扬社会主义核心价值观，注意情理法的交融平衡，做到以法为据、以理服人、以情感人，既要义正辞严讲清法理，又要循循善诱讲明事理，还要感同身受讲透情理，争取广大人民群众和社会的理解与支持。要建立健全方便人民群众诉讼的民商事审判工作机制。四要坚持公正司法。公平正义是中国特色社会主义制度的内在要求，也是我党治国理政的一贯主张。司法是维护社会公平正义的最后一道防线，必须把公平正义作为生命线，必须把公平正义作为镌刻在心中的价值坐标，必须把“努力让人民群众在每一个司法案件中感受到公平正义”作为矢志不渝的奋斗目标。

会议指出，民商事审判工作要树立正确的审判理念。注意辩证理解并准确把握契约自由、平等保护、诚实信用、公序良俗等民商事审判基本原则；注意树立请求权基础思维、逻辑和价值相一致思维、同案同判思维，通过检索类案、参考指导案例等方式统一裁判尺度，有效防止滥用自由裁量权；注意处理好民商事审判与行政监管的关系，通过穿透式审判思维，查明当事人的真实意思，探求真实法律关系；特别注意外观主义系民商法上的学理概括，并非现行法律规定的原则，现行法律只是规定了体现外观主义的具体规则，如《物权法》第106条规定的善意取得，《合同法》第49条、《民法总则》第172条规定的表见代理，《合同法》第50条规定的越权代表，审判实务中应当依据有关具体法律规则进行判断，类推适用亦应当以法律规则设定的情形、条件为基础。从现行法律规则看，外观主义是为保护交易安全设置的例外规定，一般适用于因合理信赖权利外观或意思表示外观的交易行为。实际权利人与名义权利人的关系，应注重财产的实质归属，而不单纯地取决于公示外观。总之，审判实务中要准确把握外观主义的适用边界，避免泛化和滥用。

会议对当前民商事审判工作中的一些疑难法律问题取得了基本一致的看法，现纪要如下：

一、关于民法总则适用的法律衔接

会议认为，民法总则施行后至民法典施行前，拟编入民法典但尚未完成修订的物权法、合同法等民商事基本法，以及不编入民法典的公司法、证券法、信托法、保险法、票据法等民商事特别法，均可能存在与民法总则规定不一致的情形。人民法院应当依照《立法法》第92条、《民法总则》第11条等规定，综合考虑新的规定优于旧的规定、特别规定优于一般规定等法律适用规则，依法处理好民法总则与相关法律的衔接问题，主要是处理好与民法通则、合同法、公司法的关系。

1.**【民法总则与民法通则的关系及其适用】**民法通则既规定了民法的一些基本制度和一般性规则，也规定了合同、所有权及其他财产权、知识产权、民事责任、涉外民事法律关系适用等具体内容。民法总则基本吸收了民法通则规定的基本制度和一般性规则，同时作了补充、完善和发展。民法通则规定的合同、所有权及其他财产权、民事责任等具体内容还需要在编撰民法典各分编时作进一步统筹，系统整合。因民法总则施行后暂不废止民法通则，在此之前，民法总则与民法通则规定不一致的，根据新的规定优于旧的规定的法律适用规则,适用民法总则的规定。最高人民法院已依据民法总则制定了关于诉讼时效问题的司法解释,而原依据民法通则制定的关于诉讼时效的司法解释,只要与民法总则不冲突,仍可适用。

2.【**民法总则与合同法的关系及其适用**】根据民法典编撰工作"两步走"的安排,民法总则施行后,目前正在进行民法典的合同编、物权编等各分编的编撰工作。民法典施行后,合同法不再保留。在这之前,因民法总则施行前成立的合同发生的纠纷,原则上适用合同法的有关规定处理。因民法总则施行后成立的合同发生的纠纷,如果合同法"总则"对此的规定与民法总则的规定不一致的,根据新的规定优于旧的规定的法律适用规则,适用民法总则的规定。例如,关于欺诈、胁迫问题,根据合同法的规定,只有合同当事人之间存在欺诈、胁迫行为的,被欺诈、胁迫一方才享有撤销合同的权利。而依民法总则的规定,第三人实施的欺诈、胁迫行为,被欺诈、胁迫一方也有撤销合同的权利。另外,合同法视欺诈、胁迫行为所损害利益的不同,对合同效力作出了不同规定:损害合同当事人利益的,属于可撤销或者可变更合同;损害国家利益的,则属于无效合同。民法总则则未加区别,规定一律按可撤销合同对待。再如,关于显失公平问题,合同法将显失公平与乘人之危作为两类不同的可撤销或者可变更合同事由,而民法总则则将二者合并为一类可撤销合同事由。

民法总则施行后发生的纠纷,在民法典施行前,如果合同法"分则"对此的规定与民法总则不一致的,根据特别规定优于一般规定的法律适用规则,适用合同法"分则"的规定。例如,民法总则仅规定了显名代理,没有规定《合同法》第402条的隐名代理和第403条的间接代理。在民法典施行前,这两条规定应当继续适用。

3.【**民法总则与公司法的关系及其适用**】民法总则与公司法的关系,是一般法与商事特别法的关系。民法总则第三章"法人"第一节"一般规定"和第二节"营利法人"基本上是根据公司法的有关规定提炼的,二者的精神大体一致。因此,涉及民法总则这一部分的内容,规定一致的,适用民法总则或者公司法皆可;规定不一致的,根据《民法总则》第11条有关"其他法律对民事关系有特别规定的,依照其规定"的规定,原则上应当适用公司法的规定。但应当注意也有例外情况,主要表现在两个方面:一是就同一事项,民法总则制定时有意修正公司法有关条款的,应当适用民法总则的规定。例如,《公司法》第32条第3款规定:"公司应当将股东的姓名或者名称及其出资额向公司登记机关登记;登记事项发生变更的,应当办理变更登记。未经登记或者变更登记的,不得对抗第三人。"而《民法总则》第65条的规定则把"不得对抗第三人"修正为"不得对抗善意相对人"。经查询有关立法理由,可以认为,此种情况应当适用民法总则的规定。二是民法总则在公司法规定基础上增加了新内容的,如《公司法》第22条第2款就公司决议的撤销问题进行了规定,《民法总则》第85条在该条基础上增加规定:"但是营利法人依据该决议与善意相对人形成的民事法律关系不受影响。"此时,也应当适用民法总则的规定。

4.【**民法总则的时间效力**】根据"法不溯及既往"的原则,民法总则原则上没有溯及力,故只能适用于施行后发生的法律事实;民法总则施行前发生的法律事实,适用当时的法律;某一法律事实发生在民法总则施行前,其行为延续至民法总则施行后的,适用民法总则的规定。但要注意有例外情形,如虽然法律事实发生在民法总则施行前,但当时的法律对此没有规定而民法总则有规定的,例如,对于虚伪意思表示、第三人实施欺诈行为,合同法均无规定,发生纠纷后,基于"法官不得拒绝裁判"规则,可以将民法总则的相关规定作为裁判依据。又如,民法总则施行前成立的合同,根据当时的法律应当认定无效,而根据民法总则应当认定有效或者可撤销的,应当适用民法总则的规定。

在民法总则无溯及力的场合,人民法院应当依据法律事实发生时的法律进行裁判,但如果法律事实发生时的法律虽有规定,但内容不具体、不明确的,如关于无权代理在被代理人不予追认时的法律后果,民法通则和合同法均规定由行为人承担民事责任,但对民事责任的性质和方式没有规定,而民法总则对此有明确且详细的规定,人民法院在审理案件时,就可以在裁判文书的说理部分将民法总则规定的内容作为解释法律事实发生时法律规定的参考。

二、关于公司纠纷案件的审理

会议认为,审理好公司纠纷案件,对于保护交易安全和投资安全,激发经济活力,增强投资创业信心,具有重要意义。要依法协调好公司债权人、股东、公司等各种利益主体之间的关系,处理好公司外部与内部的关系,解决好公司自治与司法介入的关系。

(一)关于"对赌协议"的效力及履行

实践中俗称的"对赌协议",又称估值调整协议,是指投资方与融资方在达成股权性融资协议时,为解决交易双方对目标公司未来发展的不确定性、信息不对称以及代理成本而设计的包含了股权回购、金钱补偿等对未来目标公司的估值进行调整的协议。从订立"对赌协议"的主体来看,有投资方与目标公司的股东或者实际控制人"对赌"、投资方与目标公司"对赌"、投资方与目标公司的股东、目标公司"对赌"等形式。人民法院在审理"对赌协议"纠纷案件时,不仅应当适用合同法的相关规定,还应当适用公司法的相关规定;既要坚持鼓励投资方对实体企业特别是科技创新企业投资原则,从而在一定程度上缓解企业融资难问题,又要贯彻资本维持原则和保护债权人合法权益原则,依法平衡投资方、公司债权人、公司之间的利益。对于投资方与目标公司的股东或者实际控制人订立的"对赌协议",如无其他无效事由,认定有效并支持实际履行,实践中并无争议。但投资方与目标公司订立的"对赌协议"是否有效以及能否实际履行,存在争议。对此,应当把握如下处理规则:

5.**【与目标公司"对赌"】**投资方与目标公司订立的"对赌协议"在不存在法定无效事由的情况下,目标公司仅以存在股权回购或者金钱补偿约定为由,主张"对赌协议"无效的,人民法院不予支持,但投资方主张实际履行的,人民法院应当审查是否符合公司法关于"股东不得抽逃出资"及股份回购的强制性规定,判决是否支持其诉讼请求。

投资方请求目标公司回购股权的,人民法院应当依据《公司法》第35条关于"股东不得抽逃出资"或者第142条关于股份回购的强制性规定进行审查。经审查,目标公司未完成减资程序的,人民法院应当驳回其诉讼请求。

投资方请求目标公司承担金钱补偿义务的,人民法院应当依据《公司法》第35条关于"股东不得抽逃出资"和第166条关于利润分配的强制性规定进行审查。经审查,目标公司没有利润或者虽有利润但不足以补偿投资方的,人民法院应当驳回或者部分支持其诉讼请求。今后目标公司有利润时,投资方还可以依据该事实另行提起诉讼。

(二)关于股东出资加速到期及表决权

6.**【股东出资应否加速到期】**在注册资本认缴制下,股东依法享有期限利益。债权人以公司不能清偿到期债务为由,请求未届出资期限的股东在未出资范围内对公司不能清偿的债务承担补充赔偿责任的,人民法院不予支持。但是,下列情形除外:

(1)公司作为被执行人的案件,人民法院穷尽执行措施无财产可供执行,已具备破产原因,但不申请破产的;

(2)在公司债务产生后,公司股东(大)会决议或以其他方式延长股东出资期限的。

7.**【表决权能否受限】**股东认缴的出资未届履行期限,对未缴纳部分的出资是否享有以及如何行使表决权等问题,应当根据公司章程来确定。公司章程没有规定的,应当按照认缴出资的比例确定。如果股东(大)会作出不按认缴出资比例而按实际出资比例或者其他标准确定表决权的决议,股东请求确认决议无效的,人民法院应当审查该决议是否符合修改公司章程所要求的表决程序,即必须经代表三分之二以上表决权的股东通过。符合的,人民法院不予支持;反之,则依法予以支持。

(三)关于股权转让

8.**【有限责任公司的股权变动】**当事人之间转让有限责任公司股权,受让人以其姓名或者名称已记载于股东名册为由主张其已经取得股权的,人民法院依法予以支持,但法律、行政法规规定应当办理批准手续生效的股权转让除外。未向公司登记机关办理股权变更登记的,不得对抗善意相对人。

9.【**侵犯优先购买权的股权转让合同的效力**】审判实践中，部分人民法院对公司法司法解释(四)第21条规定的理解存在偏差，往往以保护其他股东的优先购买权为由认定股权转让合同无效。准确理解该条规定，既要注意保护其他股东的优先购买权，也要注意保护股东以外的股权受让人的合法权益，正确认定有限责任公司的股东与股东以外的股权受让人订立的股权转让合同的效力。一方面，其他股东依法享有优先购买权，在其主张按照股权转让合同约定的同等条件购买股权的情况下，应当支持其诉讼请求，除非出现该条第1款规定的情形。另一方面，为保护股东以外的股权受让人的合法权益，股权转让合同如无其他影响合同效力的事由，应当认定有效。其他股东行使优先购买权的，虽然股东以外的股权受让人关于继续履行股权转让合同的请求不能得到支持，但不影响其依约请求转让股东承担相应的违约责任。

(四)关于公司人格否认

公司人格独立和股东有限责任是公司法的基本原则。否认公司独立人格，由滥用公司法人独立地位和股东有限责任的股东对公司债务承担连带责任，是股东有限责任的例外情形，旨在矫正有限责任制度在特定法律事实发生时对债权人保护的失衡现象。在审判实践中，要准确把握《公司法》第20条第3款规定的精神。一是只有在股东实施了滥用公司法人独立地位及股东有限责任的行为，且该行为严重损害了公司债权人利益的情况下，才能适用。损害债权人利益，主要是指股东滥用权利使公司财产不足以清偿公司债权人的债权。二是只有实施了滥用法人独立地位和股东有限责任行为的股东才对公司债务承担连带清偿责任，而其他股东不应承担此责任。三是公司人格否认不是全面、彻底、永久地否定公司的法人资格，而只是在具体案件中依据特定的法律事实、法律关系，突破股东对公司债务不承担责任的一般规则，例外地判令其承担连带责任。人民法院在个案中否认公司人格的判决的既判力仅仅约束该诉讼的各方当事人，不当然适用于涉及该公司的其他诉讼，不影响公司独立法人资格的存续。如果其他债权人提起公司人格否认诉讼，已生效判决认定的事实可以作为证据使用。四是《公司法》第20条第3款规定的滥用行为，实践中常见的情形有人格混同、过度支配与控制、资本显著不足等。在审理案件时，需要根据查明的案件事实进行综合判断，既审慎适用，又当用则用。实践中存在标准把握不严而滥用这一例外制度的现象，同时也存在因法律规定较为原则、抽象，适用难度大，而不善于适用、不敢于适用的现象，均应当引起高度重视。

10.【**人格混同**】认定公司人格与股东人格是否存在混同，最根本的判断标准是公司是否具有独立意思和独立财产，最主要的表现是公司的财产与股东的财产是否混同且无法区分。在认定是否构成人格混同时，应当综合考虑以下因素：

(1)股东无偿使用公司资金或者财产，不作财务记载的；

(2)股东用公司的资金偿还股东的债务，或者将公司的资金供关联公司无偿使用，不作财务记载的；

(3)公司账簿与股东账簿不分，致使公司财产与股东财产无法区分的；

(4)股东自身收益与公司盈利不加区分，致使双方利益不清的；

(5)公司的财产记载于股东名下，由股东占有、使用的；

(6)人格混同的其他情形。

在出现人格混同的情况下，往往同时出现以下混同：公司业务和股东业务混同；公司员工与股东员工混同，特别是财务人员混同；公司住所与股东住所混同。人民法院在审理案件时，关键要审查是否构成人格混同，而不要求同时具备其他方面的混同，其他方面的混同往往只是人格混同的补强。

11.【**过度支配与控制**】公司控制股东对公司过度支配与控制，操纵公司的决策过程，使公司完全丧失独立性，沦为控制股东的工具或躯壳，严重损害公司债权人利益，应当否认公司人格，由滥用控制权的股东对公司债务承担连带责任。实践中常见的情形包括：

(1)母子公司之间或者子公司之间进行利益输送的；

(2)母子公司或者子公司之间进行交易，收益归一方，损失却由另一方承担的；

（3）先从原公司抽走资金，然后再成立经营目的相同或者类似的公司，逃避原公司债务的；

（4）先解散公司，再以原公司场所、设备、人员及相同或者相似的经营目的另设公司，逃避原公司债务的；

（5）过度支配与控制的其他情形。

控制股东或实际控制人控制多个子公司或者关联公司，滥用控制权使多个子公司或者关联公司财产边界不清、财务混同，利益相互输送，丧失人格独立性，沦为控制股东逃避债务、非法经营，甚至违法犯罪工具的，可以综合案件事实，否认子公司或者关联公司法人人格，判令承担连带责任。

12.**【资本显著不足】**资本显著不足指的是，公司设立后在经营过程中，股东实际投入公司的资本数额与公司经营所隐含的风险相比明显不匹配。股东利用较少资本从事力所不及的经营，表明其没有从事公司经营的诚意，实质是恶意利用公司独立人格和股东有限责任把投资风险转嫁给债权人。由于资本显著不足的判断标准有很大的模糊性，特别是要与公司采取"以小博大"的正常经营方式相区分，因此在适用时要十分谨慎，应当与其他因素结合起来综合判断。

13.**【诉讼地位】**人民法院在审理公司人格否认纠纷案件时，应当根据不同情形确定当事人的诉讼地位：

（1）债权人对债务人公司享有的债权已经由生效裁判确认，其另行提起公司人格否认诉讼，请求股东对公司债务承担连带责任的，列股东为被告，公司为第三人；

（2）债权人对债务人公司享有的债权提起诉讼的同时，一并提起公司人格否认诉讼，请求股东对公司债务承担连带责任的，列公司和股东为共同被告；

（3）债权人对债务人公司享有的债权尚未经生效裁判确认，直接提起公司人格否认诉讼，请求公司股东对公司债务承担连带责任的，人民法院应当向债权人释明，告知其追加公司为共同被告。债权人拒绝追加的，人民法院应当裁定驳回起诉。

（五）关于有限责任公司清算义务人的责任

关于有限责任公司股东清算责任的认定，一些案件的处理结果不适当地扩大了股东的清算责任。特别是实践中出现了一些职业债权人，从其他债权人处大批量超低价收购僵尸企业的"陈年旧账"后，对批量僵尸企业提起强制清算之诉，在获得人民法院对公司主要财产、账册、重要文件等灭失的认定后，根据公司法司法解释（二）第18条第2款的规定，请求有限责任公司的股东对公司债务承担连带清偿责任。有的人民法院没有准确把握上述规定的适用条件，判决没有"怠于履行义务"的小股东或者虽"怠于履行义务"但与公司主要财产、账册、重要文件等灭失没有因果关系的小股东对公司债务承担远远超过其出资数额的责任，导致出现利益明显失衡的现象。需要明确的是，上述司法解释关于有限责任公司股东清算责任的规定，其性质是因股东怠于履行清算义务致使公司无法清算所应当承担的侵权责任。在认定有限责任公司股东是否应当对债权人承担侵权赔偿责任时，应当注意以下问题：

14.**【怠于履行清算义务的认定】**公司法司法解释（二）第18条第2款规定的"怠于履行义务"，是指有限责任公司的股东在法定清算事由出现后，在能够履行清算义务的情况下，故意拖延、拒绝履行清算义务，或者因过失导致无法进行清算的消极行为。股东举证证明其已经为履行清算义务采取了积极措施，或者小股东举证证明其既不是公司董事会或者监事会成员，也没有选派人员担任该机关成员，且从未参与公司经营管理，以不构成"怠于履行义务"为由，主张其不应当对公司债务承担连带清偿责任的，人民法院依法予以支持。

15.**【因果关系抗辩】**有限责任公司的股东举证证明其"怠于履行义务"的消极不作为与"公司主要财产、账册、重要文件等灭失，无法进行清算"的结果之间没有因果关系，主张其不应对公司债务承担连带清偿责任的，人民法院依法予以支持。

16.**【诉讼时效期间】**公司债权人请求股东对公司债务承担连带清偿责任，股东以公司债权人对公司的债权已经超过诉讼时效期间为由抗辩，经查证属实的，人民法院依法予以支持。

公司债权人以公司法司法解释（二）第18条

第2款为依据，请求有限责任公司的股东对公司债务承担连带清偿责任的，诉讼时效期间自公司债权人知道或者应当知道公司无法进行清算之日起计算。

（六）关于公司为他人提供担保

关于公司为他人提供担保的合同效力问题，审判实践中裁判尺度不统一，严重影响了司法公信力，有必要予以规范。对此，应当把握以下几点：

17.**【违反《公司法》第16条构成越权代表】**为防止法定代表人随意代表公司为他人提供担保给公司造成损失，损害中小股东利益，《公司法》第16条对法定代表人的代表权进行了限制。根据该条规定，担保行为不是法定代表人所能单独决定的事项，而必须以公司股东（大）会、董事会等公司机关的决议作为授权的基础和来源。法定代表人未经授权擅自为他人提供担保的，构成越权代表，人民法院应当根据《合同法》第50条关于法定代表人越权代表的规定，区分订立合同时债权人是否善意分别认定合同效力：债权人善意的，合同有效；反之，合同无效。

18.**【善意的认定】**前条所称的善意，是指债权人不知道或者不应当知道法定代表人超越权限订立担保合同。《公司法》第16条对关联担保和非关联担保的决议机关作出了区别规定，相应地，在善意的判断标准上也应当有所区别。一种情形是，为公司股东或者实际控制人提供关联担保，《公司法》第16条明确规定必须由股东（大）会决议，未经股东（大）会决议，构成越权代表。在此情况下，债权人主张担保合同有效，应当提供证据证明其在订立合同时对股东（大）会决议进行了审查，决议的表决程序符合《公司法》第16条的规定，即在排除被担保股东表决权的情况下，该项表决由出席会议的其他股东所持表决权的过半数通过，签字人员也符合公司章程的规定。另一种情形是，公司为公司股东或者实际控制人以外的人提供非关联担保，根据《公司法》第16条的规定，此时由公司章程规定是由董事会决议还是股东（大）会决议。无论章程是否对决议机关作出规定，也无论章程规定决议机关为董事会还是股东（大）会，根据《民法总则》第61条第3款关于"法人章程或者法人权力机构对法定代表人代表权的限制，不得对抗善意相对人"的规定，只要债权人能够证明其在订立担保合同时对董事会决议或者股东（大）会决议进行了审查，同意决议的人数及签字人员符合公司章程的规定，就应当认定其构成善意，但公司能够证明债权人明知公司章程对决议机关有明确规定的除外。

债权人对公司机关决议内容的审查一般限于形式审查，只要求尽到必要的注意义务即可，标准不宜太过严苛。公司以机关决议系法定代表人伪造或者变造、决议程序违法、签章（名）不实、担保金额超过法定限额等事由抗辩债权人非善意的，人民法院一般不予支持。但是，公司有证据证明债权人明知决议系伪造或者变造的除外。

19.**【无须机关决议的例外情况】**存在下列情形的，即便债权人知道或者应当知道没有公司机关决议，也应当认定担保合同符合公司的真实意思表示，合同有效：

（1）公司是以为他人提供担保为主营业务的担保公司，或者是开展保函业务的银行或者非银行金融机构；

（2）公司为其直接或者间接控制的公司开展经营活动向债权人提供担保；

（3）公司与主债务人之间存在相互担保等商业合作关系；

（4）担保合同系由单独或者共同持有公司三分之二以上有表决权的股东签字同意。

20.**【越权担保的民事责任】**依据前述3条规定，担保合同有效，债权人请求公司承担担保责任的，人民法院依法予以支持；担保合同无效，债权人请求公司承担担保责任的，人民法院不予支持，但可以按照担保法及有关司法解释关于担保无效的规定处理。公司举证证明债权人明知法定代表人超越权限或者机关决议系伪造或者变造，债权人请求公司承担合同无效后的民事责任的，人民法院不予支持。

21.**【权利救济】**法定代表人的越权担保行为给公司造成损失，公司请求法定代表人承担赔偿责任的，人民法院依法予以支持。公司没有提起诉讼，股东依据《公司法》第151条的规定请求法定代表人承担赔偿责任的，人民法院依法予以支持。

22.【上市公司为他人提供担保】债权人根据上市公司公开披露的关于担保事项已经董事会或者股东大会决议通过的信息订立的担保合同,人民法院应当认定有效。

23.【债务加入准用担保规则】法定代表人以公司名义与债务人约定加入债务并通知债权人或者向债权人表示愿意加入债务,该约定的效力问题,参照本纪要关于公司为他人提供担保的有关规则处理。

(七)关于股东代表诉讼

24.【何时成为股东不影响起诉】股东提起股东代表诉讼,被告以行为发生时原告尚未成为公司股东为由抗辩该股东不是适格原告的,人民法院不予支持。

25.【正确适用前置程序】根据《公司法》第151条的规定,股东提起代表诉讼的前置程序之一是,股东必须先书面请求公司有关机关向人民法院提起诉讼。一般情况下,股东没有履行该前置程序的,应当驳回起诉。但是,该项前置程序针对的是公司治理的一般情况,即在股东向公司有关机关提出书面申请之时,存在公司有关机关提起诉讼的可能性。如果查明的相关事实表明,根本不存在该种可能性的,人民法院不应当以原告未履行前置程序为由驳回起诉。

26.【股东代表诉讼的反诉】股东依据《公司法》第151条第3款的规定提起股东代表诉讼后,被告以原告股东恶意起诉侵犯其合法权益为由提起反诉的,人民法院应予受理。被告以公司在案涉纠纷中应当承担侵权或者违约等责任为由对公司提出的反诉,因不符合反诉的要件,人民法院应当裁定不予受理;已经受理的,裁定驳回起诉。

27.【股东代表诉讼的调解】公司是股东代表诉讼的最终受益人,为避免因原告股东与被告通过调解损害公司利益,人民法院应当审查调解协议是否为公司的意思。只有在调解协议经公司股东(大)会、董事会决议通过后,人民法院才能出具调解书予以确认。至于具体决议机关,取决于公司章程的规定。公司章程没有规定的,人民法院应当认定公司股东(大)会为决议机关。

(八)其他问题

28.【实际出资人显名的条件】实际出资人能够提供证据证明有限责任公司过半数的其他股东知道其实际出资的事实,且对其实际行使股东权利未曾提出异议的,对实际出资人提出的登记为公司股东的请求,人民法院依法予以支持。公司以实际出资人的请求不符合公司法司法解释(三)第24条的规定为由抗辩的,人民法院不予支持。

29.【请求召开股东(大)会不可诉】公司召开股东(大)会本质上属于公司内部治理范围。股东请求判令公司召开股东(大)会的,人民法院应当告知其按照《公司法》第40条或者第101条规定的程序自行召开。股东坚持起诉的,人民法院应当裁定不予受理;已经受理的,裁定驳回起诉。

三、关于合同纠纷案件的审理

会议认为,合同是市场化配置资源的主要方式,合同纠纷也是民商事纠纷的主要类型。人民法院在审理合同纠纷案件时,要坚持鼓励交易原则,充分尊重当事人的意思自治。要依法审慎认定合同效力。要根据诚实信用原则,合理解释合同条款、确定履行内容,合理确定当事人的权利义务关系,审慎适用合同解除制度,依法调整过高的违约金,强化对守约者诚信行为的保护力度,提高违法违约成本,促进诚信社会构建。

(一)关于合同效力

人民法院在审理合同纠纷案件过程中,要依职权审查合同是否存在无效的情形,注意无效与可撤销、未生效、效力待定等合同效力形态之间的区别,准确认定合同效力,并根据效力的不同情形,结合当事人的诉讼请求,确定相应的民事责任。

30.【强制性规定的识别】合同法施行后,针对一些人民法院动辄以违反法律、行政法规的强制性规定为由认定合同无效,不当扩大无效合同范围的情形,合同法司法解释(二)第14条将《合同法》第52条第5项规定的“强制性规定”明确限于“效力性强制性规定”。此后,《最高人民法院关于当前形势下审理民商事合同纠纷案件若干问题的指导意见》进一步提出了“管理性强制性规定”的概念,指出违反管理性强制性规定的,人民法院应当根据具体情形认定合同效力。随着这一概念的提出，审判实践中又出现了另一种倾向，有的人民法院认为凡是行政管理性质的强制性规定都属于“管理性强制性规定”，不影响合同效力。这种望文生义的认定方法，应予纠正。

人民法院在审理合同纠纷案件时，要依据《民法总则》第153条第1款和合同法司法解释（二）第14条的规定慎重判断“强制性规定”的性质，特别是要在考量强制性规定所保护的法益类型、违法行为的法律后果以及交易安全保护等因素的基础上认定其性质，并在裁判文书中充分说明理由。下列强制性规定，应当认定为“效力性强制性规定”：强制性规定涉及金融安全、市场秩序、国家宏观政策等公序良俗的；交易标的禁止买卖的，如禁止人体器官、毒品、枪支等买卖；违反特许经营规定的，如场外配资合同；交易方式严重违法的，如违反招投标等竞争性缔约方式订立的合同；交易场所违法的，如在批准的交易场所之外进行期货交易。关于经营范围、交易时间、交易数量等行政管理性质的强制性规定，一般应当认定为“管理性强制性规定”。

31.**【违反规章的合同效力】**违反规章一般情况下不影响合同效力，但该规章的内容涉及金融安全、市场秩序、国家宏观政策等公序良俗的，应当认定合同无效。人民法院在认定规章是否涉及公序良俗时，要在考察规范对象基础上，兼顾监管强度、交易安全保护以及社会影响等方面进行慎重考量，并在裁判文书中进行充分说理。

32.**【合同不成立、无效或者被撤销的法律后果】**《合同法》第58条就合同无效或者被撤销时的财产返还责任和损害赔偿责任作了规定，但未规定合同不成立的法律后果。考虑到合同不成立时也可能发生财产返还和损害赔偿责任问题，故应当参照适用该条的规定。

在确定合同不成立、无效或者被撤销后财产返还或者折价补偿范围时，要根据诚实信用原则的要求，在当事人之间合理分配，不能使不诚信的当事人因合同不成立、无效或者被撤销而获益。合同不成立、无效或者被撤销情况下，当事人所承担的缔约过失责任不应超过合同履行利益。比如，依据《最高人民法院关于审理建设工程施工合同纠纷案件适用法律问题的解释》第2条规定，建设工程施工合同无效，在建设工程经竣工验收合格情况下，可以参照合同约定支付工程款，但除非增加了合同约定之外新的工程项目，一般不应超出合同约定支付工程款。

33.**【财产返还与折价补偿】**合同不成立、无效或者被撤销后，在确定财产返还时，要充分考虑财产增值或者贬值的因素。双务合同不成立、无效或者被撤销后，双方因该合同取得财产的，应当相互返还。应予返还的股权、房屋等财产相对于合同约定价款出现增值或者贬值的，人民法院要综合考虑市场因素、受让人的经营或者添附等行为与财产增值或者贬值之间的关联性，在当事人之间合理分配或者分担，避免一方因合同不成立、无效或者被撤销而获益。在标的物已经灭失、转售他人或者其他无法返还的情况下，当事人主张返还原物的，人民法院不予支持，但其主张折价补偿的，人民法院依法予以支持。折价时，应当以当事人交易时约定的价款为基础，同时考虑当事人在标的物灭失或者转售时的获益情况综合确定补偿标准。标的物灭失时当事人获得的保险金或者其他赔偿金，转售时取得的对价，均属于当事人因标的物而获得的利益。对获益高于或者低于价款的部分，也应当在当事人之间合理分配或者分担。

34.**【价款返还】**双务合同不成立、无效或者被撤销时，标的物返还与价款返还互为对待给付，双方应当同时返还。关于应否支付利息问题，只要一方对标的物有使用情形的，一般应当支付使用费，该费用可与占有价款一方应当支付的资金占用费相互抵销，故在一方返还原物前，另一方仅须支付本金，而无须支付利息。

35.**【损害赔偿】**合同不成立、无效或者被撤销时，仅返还财产或者折价补偿不足以弥补损失，一方还可以向有过错的另一方请求损害赔偿。在确定损害赔偿范围时，既要根据当事人的过错程度合理确定责任，又要考虑在确定财产返还范围时已经考虑过的财产增值或者贬值因素，避免双重获利或者双重受损的现象发生。

36.**【合同无效时的释明问题】**在双务合同中，原告起诉请求确认合同有效并请求继续履行合同，被告主张合同无效的，或者原告起诉请求确认合同无效并返还财产，而被告主张合同有效的,都要防止机械适用“不告不理”原则,仅就当事人的诉讼请求进行审理,而应向原告释明变更或者增加诉讼请求,或者向被告释明提出同时履行抗辩,尽可能一次性解决纠纷。例如,基于合同有给付行为的原告请求确认合同无效,但并未提出返还原物或者折价补偿、赔偿损失等请求的,人民法院应当向其释明,告知其一并提出相应诉讼请求;原告请求确认合同无效并要求被告返还原物或者赔偿损失,被告基于合同也有给付行为的,人民法院同样应当向被告释明,告知其也可以提出返还请求;人民法院经审理认定合同无效的,除了要在判决书“本院认为”部分对同时返还作出认定外,还应当在判项中作出明确表述,避免因判令单方返还而出现不公平的结果。

第一审人民法院未予释明,第二审人民法院认为应当对合同不成立、无效或者被撤销的法律后果作出判决的,可以直接释明并改判。当然,如果返还财产或者赔偿损失的范围确实难以确定或者双方争议较大的,也可以告知当事人通过另行起诉等方式解决,并在裁判文书中予以明确。

当事人按照释明变更诉讼请求或者提出抗辩的,人民法院应当将其归纳为案件争议焦点,组织当事人充分举证、质证、辩论。

37.**【未经批准合同的效力】**法律、行政法规规定某类合同应当办理批准手续生效的,如商业银行法、证券法、保险法等法律规定购买商业银行、证券公司、保险公司5%以上股权须经相关主管部门批准,依据《合同法》第44条第2款的规定,批准是合同的法定生效条件,未经批准的合同因欠缺法律规定的特别生效条件而未生效。实践中的一个突出问题是,把未生效合同认定为无效合同,或者虽认定为未生效,却按无效合同处理。无效合同从本质上来说是欠缺合同的有效要件,或者具有合同无效的法定事由,自始不发生法律效力。而未生效合同已具备合同的有效要件,对双方具有一定的拘束力,任何一方不得擅自撤回、解除、变更,但因欠缺法律、行政法规规定或当事人约定的特别生效条件,在该生效条件成就前,不能产生请求对方履行合同主要权利义务的法律效力。

38.**【报批义务及相关违约条款独立生效】**须经行政机关批准生效的合同,对报批义务及未履行报批义务的违约责任等相关内容作出专门约定的,该约定独立生效。一方因另一方不履行报批义务,请求解除合同并请求其承担合同约定的相应违约责任的,人民法院依法予以支持。

39.**【报批义务的释明】**须经行政机关批准生效的合同,一方请求另一方履行合同主要权利义务的,人民法院应当向其释明,将诉讼请求变更为请求履行报批义务。一方变更诉讼请求的,人民法院依法予以支持;经释明后当事人拒绝变更的,应当驳回其诉讼请求,但不影响其另行提起诉讼。

40.**【判决履行报批义务后的处理】**人民法院判决一方履行报批义务后,该当事人拒绝履行,经人民法院强制执行仍未履行,对方请求其承担合同违约责任的,人民法院依法予以支持。一方依据判决履行报批义务,行政机关予以批准,合同发生完全的法律效力,其请求对方履行合同的,人民法院依法予以支持;行政机关没有批准,合同不具有法律上的可履行性,一方请求解除合同的,人民法院依法予以支持。

41.**【盖章行为的法律效力】**司法实践中,有些公司有意刻制两套甚至多套公章,有的法定代表人或者代理人甚至私刻公章,订立合同时恶意加盖非备案的公章或者假公章,发生纠纷后法人以加盖的是假公章为由否定合同效力的情形并不鲜见。人民法院在审理案件时,应当主要审查签约人于盖章之时有无代表权或者代理权,从而根据代表或者代理的相关规则来确定合同的效力。

法定代表人或者其授权之人在合同上加盖法人公章的行为,表明其是以法人名义签订合同,除《公司法》第16条等法律对其职权有特别规定的情形外,应当由法人承担相应的法律后果。法人以法定代表人事后已无代表权、加盖的是假章、所盖之章与备案公章不一致等为由否定合同效力的,人民法院不予支持。

代理人以被代理人名义签订合同,要取得合法授权。代理人取得合法授权后,以被代理人名义签订的合同,应当由被代理人承担责任。被代理人以代理人事后已无代理权、加盖的是假章、所盖之章与备案公章不一致等为由否定合同效力的,人民法院不予支持。

42.【撤销权的行使】撤销权应当由当事人行使。当事人未请求撤销的,人民法院不应当依职权撤销合同。一方请求另一方履行合同,另一方以合同具有可撤销事由提出抗辩的,人民法院应当在审查合同是否具有可撤销事由以及是否超过法定期间等事实的基础上,对合同是否可撤销作出判断,不能仅以当事人未提起诉讼或者反诉为由不予审查或者不予支持。一方主张合同无效,依据的却是可撤销事由,此时人民法院应当全面审查合同是否具有无效事由以及当事人主张的可撤销事由。当事人关于合同无效的事由成立的,人民法院应当认定合同无效。当事人主张合同无效的理由不成立,而可撤销的事由成立的,因合同无效和可撤销的后果相同,人民法院也可以结合当事人的诉讼请求,直接判决撤销合同。

(二)关于合同履行与救济

在认定以物抵债协议的性质和效力时,要根据订立协议时履行期限是否已经届满予以区别对待。合同解除、违约责任都是非违约方寻求救济的主要方式,人民法院在认定合同应否解除时,要根据当事人有无解除权、是约定解除还是法定解除等不同情形,分别予以处理。在确定违约责任时,尤其要注意依法适用违约金调整的相关规则,避免简单地以民间借贷利率的司法保护上限作为调整依据。

43.【抵销】抵销权既可以通知的方式行使,也可以提出抗辩或者提起反诉的方式行使。抵销的意思表示自到达对方时生效,抵销一经生效,其效力溯及自抵销条件成就之时,双方互负的债务在同等数额内消灭。双方互负的债务数额,是截至抵销条件成就之时各自负有的包括主债务、利息、违约金、赔偿金等在内的全部债务数额。行使抵销权一方享有的债权不足以抵销全部债务数额,当事人对抵销顺序又没有特别约定的,应当根据实现债权的费用、利息、主债务的顺序进行抵销。

44.【履行期届满后达成的以物抵债协议】当事人在债务履行期限届满后达成以物抵债协议,抵债物尚未交付债权人,债权人请求债务人交付的,人民法院要着重审查以物抵债协议是否存在恶意损害第三人合法权益等情形,避免虚假诉讼的发生。经审查,不存在以上情况,且无其他无效事由的,人民法院依法予以支持。

当事人在一审程序中因达成以物抵债协议申请撤回起诉的,人民法院可予准许。当事人在二审程序中申请撤回上诉的,人民法院应当告知其申请撤回起诉。当事人申请撤回起诉,经审查不损害国家利益、社会公共利益、他人合法权益的,人民法院可予准许。当事人不申请撤回起诉,请求人民法院出具调解书对以物抵债协议予以确认的,因债务人完全可以立即履行该协议,没有必要由人民法院出具调解书,故人民法院不应准许,同时应当继续对原债权债务关系进行审理。

45.【履行期届满前达成的以物抵债协议】当事人在债务履行期届满前达成以物抵债协议,抵债物尚未交付债权人,债权人请求债务人交付的,因此种情况不同于本纪要第71条规定的让与担保,人民法院应当向其释明,其应当根据原债权债务关系提起诉讼。经释明后当事人仍拒绝变更诉讼请求的,应当驳回其诉讼请求,但不影响其根据原债权债务关系另行提起诉讼。

46.【通知解除的条件】审判实践中,部分人民法院对合同法司法解释(二)第24条的理解存在偏差,认为不论发出解除通知的一方有无解除权,只要另一方未在异议期限内以起诉方式提出异议,就判令解除合同,这不符合合同法关于合同解除权行使的有关规定。对该条的准确理解是,只有享有法定或者约定解除权的当事人才能以通知方式解除合同。不享有解除权的一方向另一方发出解除通知,另一方即便未在异议期限内提起诉讼,也不发生合同解除的效果。人民法院在审理案件时,应当审查发出解除通知的一方是否享有约定或者法定的解除权来决定合同应否解除,不能仅以受通知一方在约定或者法定的异议期限届满内未起诉这一事实就认定合同已经解除。

47.【约定解除条件】合同约定的解除条件成就时,守约方以此为由请求解除合同的,人民法院应当审查违约方的违约程度是否显著轻微,是否影响守约方合同目的的实现,根据诚实信用原则,确定合同应否解除。违约方的违约程度显著轻微,不影响守约方合同目的的实现,守约方请求解除合同的,人民法院不予支持;反之,则依法予以支持。

48.【**违约方起诉解除**】违约方不享有单方解除合同的权利。但是,在一些长期性合同如房屋租赁合同履行过程中,双方形成合同僵局,一概不允许违约方通过起诉的方式解除合同,有时对双方都不利。在此前提下,符合下列条件,违约方起诉请求解除合同的,人民法院依法予以支持:

(1)违约方不存在恶意违约的情形;

(2)违约方继续履行合同,对其显失公平;

(3)守约方拒绝解除合同,违反诚实信用原则。

人民法院判决解除合同的,违约方本应当承担的违约责任不能因解除合同而减少或者免除。

49.【**合同解除的法律后果**】合同解除时,一方依据合同中有关违约金、约定损害赔偿的计算方法、定金责任等违约责任条款的约定,请求另一方承担违约责任的,人民法院依法予以支持。

双务合同解除时人民法院的释明问题,参照本纪要第36条的相关规定处理。

50.【**违约金过高标准及举证责任**】认定约定违约金是否过高,一般应当以《合同法》第113条规定的损失为基础进行判断,这里的损失包括合同履行后可以获得的利益。除借款合同外的双务合同,作为对价的价款或者报酬给付之债,并非借款合同项下的还款义务,不能以受法律保护的民间借贷利率上限作为判断违约金是否过高的标准,而应当兼顾合同履行情况、当事人过错程度以及预期利益等因素综合确定。主张违约金过高的违约方应当对违约金是否过高承担举证责任。

(三)关于借款合同

人民法院在审理借款合同纠纷案件过程中,要根据防范化解重大金融风险、金融服务实体经济、降低融资成本的精神,区别对待金融借贷与民间借贷,并适用不同规则与利率标准。要依法否定高利转贷行为、职业放贷行为的效力,充分发挥司法的示范、引导作用,促进金融服务实体经济。要注意到,为深化利率市场化改革,推动降低实体利率水平,自2019年8月20日起,中国人民银行已经授权全国银行间同业拆借中心于每月20日(遇节假日顺延)9时30分公布贷款市场报价利率(LPR),中国人民银行贷款基准利率这一标准已经取消。因此,自此之后人民法院裁判贷款利息的基本标准应改为全国银行间同业拆借中心公布的贷款市场报价利率。应予注意的是,贷款利率标准尽管发生了变化,但存款基准利率并未发生相应变化,相关标准仍可适用。

51.【**变相利息的认定**】金融借款合同纠纷中,借款人认为金融机构以服务费、咨询费、顾问费、管理费等为名变相收取利息,金融机构或者由其指定的人收取的相关费用不合理的,人民法院可以根据提供服务的实际情况确定借款人应否支付或者酌减相关费用。

52.【**高利转贷**】民间借贷中,出借人的资金必须是自有资金。出借人套取金融机构信贷资金又高利转贷给借款人的民间借贷行为,既增加了融资成本,又扰乱了信贷秩序,根据民间借贷司法解释第14条第1项的规定,应当认定此类民间借贷行为无效。人民法院在适用该条规定时,应当注意把握以下几点:一是要审查出借人的资金来源。借款人能够举证证明在签订借款合同时出借人尚欠银行贷款未还的,一般可以推定为出借人套取信贷资金,但出借人能够举反证予以推翻的除外;二是从宽认定"高利"转贷行为的标准,只要出借人通过转贷行为牟利的,就可以认定为是"高利"转贷行为;三是对该条规定的"借款人事先知道或者应当知道的"要件,不宜把握过苛。实践中,只要出借人在签订借款合同时存在尚欠银行贷款未还事实的,一般可以认为满足了该条规定的"借款人事先知道或者应当知道"这一要件。

53.【**职业放贷人**】未依法取得放贷资格的以民间借贷为业的法人,以及以民间借贷为业的非法人组织或者自然人从事的民间借贷行为,应当依法认定无效。同一出借人在一定期间内多次反复从事有偿民间借贷行为的,一般可以认定为是职业放贷人。民间借贷比较活跃的地方的高级人民法院或者经其授权的中级人民法院,可以根据本地区的实际情况制定具体的认定标准。

四、关于担保纠纷案件的审理

会议认为,要注意担保法及其司法解释与物权法对独立担保、混合担保、担保期间等有关制度的不同规定,根据新的规定优于旧的规定的法律适用规则,优先适用物权法的规定。从属性是担保的基本属性,要慎重认定独立担保行为的效力,将其严格限定在法律或者司法解释明确规定的情形。要根据区分原则,准确认定担保合同效力。要坚持物权法定、公示公信原则,区分不动产与动产担保物权在物权变动、效力规则等方面的异同,准确适用法律。要充分发挥担保对缓解融资难融资贵问题的积极作用,不轻易否定新类型担保、非典型担保的合同效力及担保功能。

(一)关于担保的一般规则

54.**【独立担保】**从属性是担保的基本属性,但由银行或者非银行金融机构开立的独立保函除外。独立保函纠纷案件依据《最高人民法院关于审理独立保函纠纷案件若干问题的规定》处理。需要进一步明确的是:凡是由银行或者非银行金融机构开立的符合该司法解释第1条、第3条规定情形的保函,无论是用于国际商事交易还是用于国内商事交易,均不影响保函的效力。银行或者非银行金融机构之外的当事人开立的独立保函,以及当事人有关排除担保从属性的约定,应当认定无效。但是,根据"无效法律行为的转换"原理,在否定其独立担保效力的同时,应当将其认定为从属性担保。此时,如果主合同有效,则担保合同有效,担保人与主债务人承担连带保证责任。主合同无效,则该所谓的独立担保也随之无效,担保人无过错的,不承担责任;担保人有过错的,其承担民事责任的部分,不应超过债务人不能清偿部分的三分之一。

55.**【担保责任的范围】**担保人承担的担保责任范围不应当大于主债务,是担保从属性的必然要求。当事人约定的担保责任的范围大于主债务的,如针对担保责任约定专门的违约责任、担保责任的数额高于主债务、担保责任约定的利息高于主债务利息、担保责任的履行期先于主债务履行期届满,等等,均应当认定大于主债务部分的约定无效,从而使担保责任缩减至主债务的范围。

56.**【混合担保中担保人之间的追偿问题】**被担保的债权既有保证又有第三人提供的物的担保的,担保法司法解释第38条明确规定,承担了担保责任的担保人可以要求其他担保人清偿其应当分担的份额。但《物权法》第176条并未作出类似规定,根据《物权法》第178条关于"担保法与本法的规定不一致的,适用本法"的规定,承担了担保责任的担保人向其他担保人追偿的,人民法院不予支持,但担保人在担保合同中约定可以相互追偿的除外。

57.**【借新还旧的担保物权】**贷款到期后,借款人与贷款人订立新的借款合同,将新贷用于归还旧贷,旧贷因清偿而消灭,为旧贷设立的担保物权也随之消灭。贷款人以旧贷上的担保物权尚未进行涂销登记为由,主张对新贷行使担保物权的,人民法院不予支持,但当事人约定继续为新贷提供担保的除外。

58.**【担保债权的范围】**以登记作为公示方式的不动产担保物权的担保范围,一般应当以登记的范围为准。但是,我国目前不动产担保物权登记,不同地区的系统设置及登记规则并不一致,人民法院在审理案件时应当充分注意制度设计上的差别,作出符合实际的判断:一是多数省区市的登记系统未设置"担保范围"栏目,仅有"被担保主债权数额(最高债权数额)"的表述,且只能填写固定数字。而当事人在合同中又往往约定担保物权的担保范围包括主债权及其利息、违约金等附属债权,致使合同约定的担保范围与登记不一致。显然,这种不一致是由于该地区登记系统设置及登记规则造成的该地区的普遍现象。人民法院以合同约定认定担保物权的担保范围,是符合实际的妥当选择。二是一些省区市不动产登记系统设置与登记规则比较规范,担保物权登记范围与合同约定一致在该地区是常态或者普遍现象,人民法院在审理案件时,应当以登记的担保范围为准。

59.**【主债权诉讼时效届满的法律后果】**抵押权人应当在主债权的诉讼时效期间内行使抵押权。抵押权人在主债权诉讼时效届满前未行使抵押权,抵押人在主债权诉讼时效届满后请求涂销抵押权登记的,人民法院依法予以支持。

以登记作为公示方法的权利质权,参照适用

前款规定。

（二）关于不动产担保物权

60.**【未办理登记的不动产抵押合同的效力】**不动产抵押合同依法成立，但未办理抵押登记手续，债权人请求抵押人办理抵押登记手续的，人民法院依法予以支持。因抵押物灭失以及抵押物转让他人等原因不能办理抵押登记，债权人请求抵押人以抵押物的价值为限承担责任的，人民法院依法予以支持，但其范围不得超过抵押权有效设立时抵押人所应当承担的责任。

61.**【房地分别抵押】**根据《物权法》第182条之规定，仅以建筑物设定抵押的，抵押权的效力及于占用范围内的土地；仅以建设用地使用权抵押的，抵押权的效力亦及于其上的建筑物。在房地分别抵押，即建设用地使用权抵押给一个债权人，而其上的建筑物又抵押给另一个人的情况下，可能产生两个抵押权的冲突问题。基于"房地一体"规则，此时应当将建筑物和建设用地使用权视为同一财产，从而依照《物权法》第199条的规定确定清偿顺序：登记在先的先清偿；同时登记的，按照债权比例清偿。同一天登记的，视为同时登记。应予注意的是，根据《物权法》第200条的规定，建设用地使用权抵押后，该土地上新增的建筑物不属于抵押财产。

62.**【抵押权随主债权转让】**抵押权是从属于主合同的从权利，根据"从随主"规则，债权转让的，除法律另有规定或者当事人另有约定外，担保该债权的抵押权一并转让。受让人向抵押人主张行使抵押权，抵押人以受让人不是抵押合同的当事人、未办理变更登记等为由提出抗辩的，人民法院不予支持。

（三）关于动产担保物权

63.**【流动质押的设立与监管人的责任】**在流动质押中，经常由债权人、出质人与监管人订立三方监管协议，此时应当查明监管人究竟是受债权人的委托还是受出质人的委托监管质物，确定质物是否已经交付债权人，从而判断质权是否有效设立。如果监管人系受债权人的委托监管质物，则其是债权人的直接占有人，应当认定完成了质物交付，质权有效设立。监管人违反监管协议约定，违规向出质人放货、因保管不善导致质物毁损灭失，债权人请求监管人承担违约责任的，人民法院依法予以支持。

如果监管人系受出质人委托监管质物，表明质物并未交付债权人，应当认定质权未有效设立。尽管监管协议约定监管人系受债权人的委托监管质物，但有证据证明其并未履行监管职责，质物实际上仍由出质人管领控制的，也应当认定质物并未实际交付，质权未有效设立。此时，债权人可以基于质押合同的约定请求质押人承担违约责任，但其范围不得超过质权有效设立时质押人所应当承担的责任。监管人未履行监管职责的，债权人也可以请求监管人承担违约责任。

64.**【浮动抵押的效力】**企业将其现有的以及将有的生产设备、原材料、半成品及产品等财产设定浮动抵押后，又将其中的生产设备等部分财产设定了动产抵押，并都办理了抵押登记的，根据《物权法》第199条的规定，登记在先的浮动抵押优先于登记在后的动产抵押。

65.**【动产抵押权与质权竞存】**同一动产上同时设立质权和抵押权的，应当参照适用《物权法》第199条的规定，根据是否完成公示以及公示先后情况来确定清偿顺序：质权有效设立、抵押权办理了抵押登记的，按照公示先后确定清偿顺序；顺序相同的，按照债权比例清偿；质权有效设立，抵押权未办理抵押登记的，质权优先于抵押权；质权未有效设立，抵押权未办理抵押登记的，因此时抵押权已经有效设立，故抵押权优先受偿。

根据《物权法》第178条规定的精神，担保法司法解释第79条第1款不再适用。

（四）关于非典型担保

66.**【担保关系的认定】**当事人订立的具有担保功能的合同，不存在法定无效情形的，应当认定有效。虽然合同约定的权利义务关系不属于物权法规定的典型担保类型，但是其担保功能应予肯定。

67.**【约定担保物权的效力】**债权人与担保人订立担保合同，约定以法律、行政法规未禁止抵押或者质押的财产设定以登记作为公示方法的担保，因无法定的登记机构而未能进行登记的，不具有物权效力。当事人请求按照担保合同的约定就该财产折价、变卖或者拍卖所得价款等方式清偿债务的,人民法院依法予以支持,但对其他权利人不具有对抗效力和优先性。

68.【保兑仓交易】保兑仓交易作为一种新类型融资担保方式,其基本交易模式是,以银行信用为载体、以银行承兑汇票为结算工具、由银行控制货权、卖方(或者仓储方)受托保管货物并以承兑汇票与保证金之间的差额作为担保。其基本的交易流程是:卖方、买方和银行订立三方合作协议,其中买方向银行缴存一定比例的承兑保证金,银行向买方签发以卖方为收款人的银行承兑汇票,买方将银行承兑汇票交付卖方作为货款,银行根据买方缴纳的保证金的一定比例向卖方签发提货单,卖方根据提货单向买方交付对应金额的货物,买方销售货物后,将货款再缴存为保证金。

在三方协议中,一般来说,银行的主要义务是及时签发承兑汇票并按约定方式将其交给卖方,卖方的主要义务是根据银行签发的提货单发货,并在买方未及时销售或者回赎货物时,就保证金与承兑汇票之间的差额部分承担责任。银行为保障自身利益,往往还会约定卖方要将货物交给由其指定的当事人监管,并设定质押,从而涉及监管协议以及流动质押等问题。实践中,当事人还可能在前述基本交易模式基础上另行作出其他约定,只要不违反法律、行政法规的效力性强制性规定,这些约定应当认定有效。

一方当事人因保兑仓交易纠纷提起诉讼的,人民法院应当以保兑仓交易合同作为审理案件的基本依据,但买卖双方没有真实买卖关系的除外。

69.【无真实贸易背景的保兑仓交易】保兑仓交易以买卖双方有真实买卖关系为前提。双方无真实买卖关系的,该交易属于名为保兑仓交易实为借款合同,保兑仓交易因构成虚伪意思表示而无效,被隐藏的借款合同是当事人的真实意思表示,如不存在其他合同无效情形,应当认定有效。保兑仓交易认定为借款合同关系的,不影响卖方和银行之间担保关系的效力,卖方仍应当承担担保责任。

70.【保兑仓交易的合并审理】当事人就保兑仓交易中的不同法律关系的相对方分别或者同时向同一人民法院起诉的,人民法院可以根据民事诉讼法司法解释第 221 条的规定,合并审理。当事人未起诉某一方当事人的,人民法院可以依职权追加未参加诉讼的当事人为第三人,以便查明相关事实,正确认定责任。

71.【让与担保】债务人或者第三人与债权人订立合同,约定将财产形式上转让至债权人名下,债务人到期清偿债务,债权人将该财产返还给债务人或第三人,债务人到期没有清偿债务,债权人可以对财产拍卖、变卖、折价偿还债权的,人民法院应当认定合同有效。合同如果约定债务人到期没有清偿债务,财产归债权人所有的,人民法院应当认定该部分约定无效,但不影响合同其他部分的效力。

当事人根据上述合同约定,已经完成财产权利变动的公示方式转让至债权人名下,债务人到期没有清偿债务,债权人请求确认财产归其所有的,人民法院不予支持,但债权人请求参照法律关于担保物权的规定对财产拍卖、变卖、折价优先偿还其债权的,人民法院依法予以支持。债务人因到期没有清偿债务,请求对该财产拍卖、变卖、折价偿还所欠债权人合同项下债务的,人民法院亦应依法予以支持。

五、关于金融消费者权益保护纠纷案件的审理

会议认为,在审理金融产品发行人、销售者以及金融服务提供者(以下简称卖方机构)与金融消费者之间因销售各类高风险等级金融产品和为金融消费者参与高风险等级投资活动提供服务而引发的民商事案件中,必须坚持"卖者尽责、买者自负"原则,将金融消费者是否充分了解相关金融产品、投资活动的性质及风险并在此基础上作出自主决定作为应当查明的案件基本事实,依法保护金融消费者的合法权益,规范卖方机构的经营行为,推动形成公开、公平、公正的市场环境和市场秩序。

72.【适当性义务】适当性义务是指卖方机构在向金融消费者推介、销售银行理财产品、保险投资产品、信托理财产品、券商集合理财计划、杠杆基金份额、期权及其他场外衍生品等高风险等级金融产品,以及为金融消费者参与融资融券、新三板、创业板、科创板、期货等高风险等级

投资活动提供服务的过程中，必须履行的了解客户、了解产品、将适当的产品（或者服务）销售（或者提供）给适合的金融消费者等义务。卖方机构承担适当性义务的目的是为了确保金融消费者能够在充分了解相关金融产品、投资活动的性质及风险的基础上作出自主决定，并承受由此产生的收益和风险。在推介、销售高风险等级金融产品和提供高风险等级金融服务领域，适当性义务的履行是“卖者尽责”的主要内容，也是“买者自负”的前提和基础。

73.【**法律适用规则**】在确定卖方机构适当性义务的内容时，应当以合同法、证券法、证券投资基金法、信托法等法律规定的基本原则和国务院发布的规范性文件作为主要依据。相关部门在部门规章、规范性文件中对高风险等级金融产品的推介、销售，以及为金融消费者参与高风险等级投资活动提供服务作出的监管规定，与法律和国务院发布的规范性文件的规定不相抵触的，可以参照适用。

74.【**责任主体**】金融产品发行人、销售者未尽适当性义务，导致金融消费者在购买金融产品过程中遭受损失的，金融消费者既可以请求金融产品的发行人承担赔偿责任，也可以请求金融产品的销售者承担赔偿责任，还可以根据《民法总则》第167条的规定，请求金融产品的发行人、销售者共同承担连带赔偿责任。发行人、销售者请求人民法院明确各自的责任份额的，人民法院可以在判决发行人、销售者对金融消费者承担连带赔偿责任的同时，明确发行人、销售者在实际承担了赔偿责任后，有权向责任方追偿其应当承担的赔偿份额。

金融服务提供者未尽适当性义务，导致金融消费者在接受金融服务后参与高风险等级投资活动遭受损失的，金融消费者可以请求金融服务提供者承担赔偿责任。

75.【**举证责任分配**】在案件审理过程中，金融消费者应当对购买产品（或者接受服务）、遭受的损失等事实承担举证责任。卖方机构对其是否履行了适当性义务承担举证责任。卖方机构不能提供其已经建立了金融产品（或者服务）的风险评估及相应管理制度、对金融消费者的风险认知、风险偏好和风险承受能力进行了测试、向金融消费者告知产品（或者服务）的收益和主要风险因素等相关证据的，应当承担举证不能的法律后果。

76.【**告知说明义务**】告知说明义务的履行是金融消费者能够真正了解各类高风险等级金融产品或者高风险等级投资活动的投资风险和收益的关键，人民法院应当根据产品、投资活动的风险和金融消费者的实际情况，综合理性人能够理解的客观标准和金融消费者能够理解的主观标准来确定卖方机构是否已经履行了告知说明义务。卖方机构简单地以金融消费者手写了诸如“本人明确知悉可能存在本金损失风险”等内容主张其已经履行了告知说明义务，不能提供其他相关证据的，人民法院对其抗辩理由不予支持。

77.【**损失赔偿数额**】卖方机构未尽适当性义务导致金融消费者损失的，应当赔偿金融消费者所受的实际损失。实际损失为损失的本金和利息，利息按照中国人民银行发布的同期同类存款基准利率计算。

金融消费者因购买高风险等级金融产品或者为参与高风险投资活动接受服务，以卖方机构存在欺诈行为为由，主张卖方机构应当根据《消费者权益保护法》第55条的规定承担惩罚性赔偿责任的，人民法院不予支持。卖方机构的行为构成欺诈的，对金融消费者提出赔偿其支付金钱总额的利息损失请求，应当注意区分不同情况进行处理：

（1）金融产品的合同文本中载明了预期收益率、业绩比较基准或者类似约定的，可以将其作为计算利息损失的标准；

（2）合同文本以浮动区间的方式对预期收益率或者业绩比较基准等进行约定，金融消费者请求按照约定的上限作为利息损失计算标准的，人民法院依法予以支持；

（3）合同文本虽然没有关于预期收益率、业绩比较基准或者类似约定，但金融消费者能够提供证据证明产品发行的广告宣传资料中载明了预期收益率、业绩比较基准或者类似表述的，应当将宣传资料作为合同文本的组成部分；

（4）合同文本及广告宣传资料中未载明预期收益率、业绩比较基准或者类似表述的，按照全国银行间同业拆借中心公布的贷款市场报价利率计算。

78.【免责事由】因金融消费者故意提供虚假信息、拒绝听取卖方机构的建议等自身原因导致其购买产品或者接受服务不适当,卖方机构请求免除相应责任的,人民法院依法予以支持,但金融消费者能够证明该虚假信息的出具系卖方机构误导的除外。卖方机构能够举证证明根据金融消费者的既往投资经验、受教育程度等事实,适当性义务的违反并未影响金融消费者作出自主决定的,对其关于应当由金融消费者自负投资风险的抗辩理由,人民法院依法予以支持。

六、关于证券纠纷案件的审理

(一)关于证券虚假陈述

会议认为,《最高人民法院关于审理证券市场因虚假陈述引发的民事赔偿案件的若干规定》施行以来,证券市场的发展出现了新的情况,证券虚假陈述纠纷案件的审理对司法能力提出了更高的要求。在案件审理过程中,对于需要借助其他学科领域的专业知识进行职业判断的问题,要充分发挥专家证人的作用,使得案件的事实认定符合证券市场的基本常识和普遍认知或者认可的经验法则,责任承担与侵权行为及其主观过错程度相匹配,在切实维护投资者合法权益的同时,通过民事责任追究实现震慑违法的功能,维护公开、公平、公正的资本市场秩序。

79.【共同管辖的案件移送】原告以发行人、上市公司以外的虚假陈述行为人为被告提起诉讼,被告申请追加发行人或者上市公司为共同被告的,人民法院应予准许。人民法院在追加后发现其他有管辖权的人民法院已先行受理因同一虚假陈述引发的民事赔偿案件的,应当按照民事诉讼法司法解释第36条的规定,将案件移送给先立案的人民法院。

80.【案件审理方式】案件审理方式方面,在传统的"一案一立、分别审理"的方式之外,一些人民法院已经进行了将部分案件合并审理、在示范判决基础上委托调解等改革,初步实现了案件审理的集约化和诉讼经济。在认真总结审判实践经验的基础上,有条件的地方人民法院可以选择个案以《民事诉讼法》第54条规定的代表人诉讼方式进行审理,逐步展开试点工作。就案件审理中涉及的适格原告范围认定、公告通知方式、投资者权利登记、代表人推选、执行款项的发放等具体工作,积极协调相关部门和有关方面,推动信息技术审判辅助平台和常态化、可持续的工作机制建设,保障投资者能够便捷、高效、透明和低成本地维护自身合法权益,为构建符合中国国情的证券民事诉讼制度积累审判经验,培养审判队伍。

81.【立案登记】多个投资者就同一虚假陈述向人民法院提起诉讼,可以采用代表人诉讼方式对案件进行审理的,人民法院在登记立案时可以根据原告起诉状中所描述的虚假陈述的数量、性质及其实施日、揭露日或者更正日等时间节点,将投资者作为共同原告统一立案登记。原告主张被告实施了多个虚假陈述的,可以分别立案登记。

82.【案件甄别及程序决定】人民法院决定采用《民事诉讼法》第54条规定的方式审理案件的,在发出公告前,应当先行就被告的行为是否构成虚假陈述,投资者的交易方向与诱多、诱空的虚假陈述是否一致,以及虚假陈述的实施日、揭露日或者更正日等案件基本事实进行审查。

83.【选定代表人】权利登记的期间届满后,人民法院应当通知当事人在指定期间内完成代表人的推选工作。推选不出代表人的,人民法院可以与当事人商定代表人。人民法院在提出人选时,应当将当事人诉讼请求的典型性和利益诉求的份额等作为考量因素,确保代表行为能够充分、公正地表达投资者的诉讼主张。国家设立的投资者保护机构以自己的名义提起诉讼,或者接受投资者的委托指派工作人员或者委托诉讼代理人参与案件审理活动的,人民法院可以商定该机构或者其代理的当事人作为代表人。

84.【揭露日和更正日的认定】虚假陈述的揭露和更正,是指虚假陈述被市场所知悉、了解,其精确程度并不以"镜像规则"为必要,不要求达到全面、完整、准确的程度。原则上,只要交易市场对监管部门立案调查、权威媒体刊载的揭露文章等信息存在着明显的反应,对一方主张市场已经知悉虚假陈述的抗辩,人民法院依法予以支持。

85.【重大性要件的认定】审判实践中,部分人民法院对重大性要件和信赖要件存在着混淆认识,以行政处罚认定的信息披露违法行为对投资者的交易决定没有影响为由否定违法行为的重大性,应当引起注意。重大性是指可能对投资者进行投资决策具有重要影响的信息,虚假陈述已经被监管部门行政处罚的,应当认为是具有重大性的违法行为。在案件审理过程中,对于一方提出的监管部门作出处罚决定的行为不具有重大性的抗辩,人民法院不予支持,同时应当向其释明,该抗辩并非民商事案件的审理范围,应当通过行政复议、行政诉讼加以解决。

(二)关于场外配资

会议认为,将证券市场的信用交易纳入国家统一监管的范围,是维护金融市场透明度和金融稳定的重要内容。不受监管的场外配资业务,不仅盲目扩张了资本市场信用交易的规模,也容易冲击资本市场的交易秩序。融资融券作为证券市场的主要信用交易方式和证券经营机构的核心业务之一,依法属于国家特许经营的金融业务,未经依法批准,任何单位和个人不得非法从事配资业务。

86.**【场外配资合同的效力】**从审判实践看,场外配资业务主要是指一些 P2P 公司或者私募类配资公司利用互联网信息技术,搭建起游离于监管体系之外的融资业务平台,将资金融出方、资金融入方即用资人和券商营业部三方连接起来,配资公司利用计算机软件系统的二级分仓功能将其自有资金或者以较低成本融入的资金出借给用资人,赚取利息收入的行为。这些场外配资公司所开展的经营活动,本质上属于只有证券公司才能依法开展的融资活动,不仅规避了监管部门对融资融券业务中资金来源、投资标的、杠杆比例等诸多方面的限制,也加剧了市场的非理性波动。在案件审理过程中,除依法取得融资融券资格的证券公司与客户开展的融资融券业务外,对其他任何单位或者个人与用资人的场外配资合同,人民法院应当根据《证券法》第 142 条、合同法司法解释(一)第 10 条的规定,认定为无效。

87.**【合同无效的责任承担】**场外配资合同被确认无效后,配资方依场外配资合同的约定,请求用资人向其支付约定的利息和费用的,人民法院不予支持。

配资方依场外配资合同的约定,请求分享用资人因使用配资所产生的收益的,人民法院不予支持。

用资人以其因使用配资导致投资损失为由请求配资方予以赔偿的,人民法院不予支持。用资人能够证明因配资方采取更改密码等方式控制账户使得用资人无法及时平仓止损,并据此请求配资方赔偿其因此遭受的损失的,人民法院依法予以支持。

用资人能够证明配资合同是因配资方招揽、劝诱而订立,请求配资方赔偿其全部或者部分损失的,人民法院应当综合考虑配资方招揽、劝诱行为的方式、对用资人的实际影响、用资人自身的投资经历、风险判断和承受能力等因素,判决配资方承担与其过错相适应的赔偿责任。

七、关于营业信托纠纷案件的审理

会议认为,从审判实践看,营业信托纠纷主要表现为事务管理信托纠纷和主动管理信托纠纷两种类型。在事务管理信托纠纷案件中,对信托公司开展和参与的多层嵌套、通道业务、回购承诺等融资活动,要以其实际构成的法律关系确定其效力,并在此基础上依法确定各方的权利义务。在主动管理信托纠纷案件中,应当重点审查受托人在"受人之托,忠人之事"的财产管理过程中,是否恪尽职守,履行了谨慎、有效管理等法定或者约定义务。

88.**【营业信托纠纷的认定】**信托公司根据法律法规以及金融监督管理部门的监管规定,以取得信托报酬为目的接受委托人的委托,以受托人身份处理信托事务的经营行为,属于营业信托。由此产生的信托当事人之间的纠纷,为营业信托纠纷。

根据《关于规范金融机构资产管理业务的指导意见》的规定,其他金融机构开展的资产管理业务构成信托关系的,当事人之间的纠纷适用信托法及其他有关规定处理。

89.**【资产或者资产收益权转让及回购】**信托公司在资金信托成立后,以募集的信托资金受让特定资产或者特定资产收益权,属于信托公司在资金依法募集后的资金运用行为,由此引发的纠纷不应当认定为营业信托纠纷。如果合同中约定由转让方或者其指定的第三方在一定期间后以交易本金加上溢价款等固定价款无条件回购的，无论转让方所转让的标的物是否真实存在、是否实际交付或者过户，只要合同不存在法定无效事由，对信托公司提出的由转让方或者其指定的第三方按约定承担责任的诉讼请求，人民法院依法予以支持。

当事人在相关合同中同时约定采用信托公司受让目标公司股权、向目标公司增资方式并以相应股权担保债权实现的，应当认定在当事人之间成立让与担保法律关系。当事人之间的具体权利义务，根据本纪要第71条的规定加以确定。

90.【**劣后级受益人的责任承担**】信托文件及相关合同将受益人区分为优先级受益人和劣后级受益人等不同类别，约定优先级受益人以其财产认购信托计划份额，在信托到期后，劣后级受益人负有对优先级受益人从信托财产获得利益与其投资本金及约定收益之间的差额承担补足义务，优先级受益人请求劣后级受益人按照约定承担责任的，人民法院依法予以支持。

信托文件中关于不同类型受益人权利义务关系的约定，不影响受益人与受托人之间信托法律关系的认定。

91.【**增信文件的性质**】信托合同之外的当事人提供第三方差额补足、代为履行到期回购义务、流动性支持等类似承诺文件作为增信措施，其内容符合法律关于保证的规定的，人民法院应当认定当事人之间成立保证合同关系。其内容不符合法律关于保证的规定的，依据承诺文件的具体内容确定相应的权利义务关系，并根据案件事实情况确定相应的民事责任。

92.【**保底或者刚兑条款无效**】信托公司、商业银行等金融机构作为资产管理产品的受托人与受益人订立的含有保证本息固定回报、保证本金不受损失等保底或者刚兑条款的合同，人民法院应当认定该条款无效。受益人请求受托人对其损失承担与其过错相适应的赔偿责任的，人民法院依法予以支持。

实践中，保底或者刚兑条款通常不在资产管理产品合同中明确约定，而是以“抽屉协议”或者其他方式约定，不管形式如何，均应认定无效。

93.【**通道业务的效力**】当事人在信托文件中约定，委托人自主决定信托设立、信托财产运用对象、信托财产管理运用处分方式等事宜，自行承担信托资产的风险管理责任和相应风险损失，受托人仅提供必要的事务协助或者服务，不承担主动管理职责的，应当认定为通道业务。《中国人民银行、中国银行保险监督管理委员会、中国证券监督管理委员会、国家外汇管理局关于规范金融机构资产管理业务的指导意见》第22条在规定“金融机构不得为其他金融机构的资产管理产品提供规避投资范围、杠杆约束等监管要求的通道服务”的同时，也在第29条明确按照“新老划断”原则，将过渡期设置为截止2020年底，确保平稳过渡。在过渡期内，对通道业务中存在的利用信托通道掩盖风险，规避资金投向、资产分类、拨备计提和资本占用等监管规定，或者通过信托通道将表内资产虚假出表等信托业务，如果不存在其他无效事由，一方以信托目的违法违规为由请求确认无效的，人民法院不予支持。至于委托人和受托人之间的权利义务关系，应当依据信托文件的约定加以确定。

94.【**受托人的举证责任**】资产管理产品的委托人以受托人未履行勤勉尽责、公平对待客户等义务损害其合法权益为由，请求受托人承担损害赔偿责任的，应当由受托人举证证明其已经履行了义务。受托人不能举证证明，委托人请求其承担相应赔偿责任的，人民法院依法予以支持。

95.【**信托财产的诉讼保全**】信托财产在信托存续期间独立于委托人、受托人、受益人各自的固有财产。委托人将其财产委托给受托人进行管理，在信托依法设立后，该信托财产即独立于委托人未设立信托的其他固有财产。受托人因承诺信托而取得的信托财产，以及通过对信托财产的管理、运用、处分等方式取得的财产，均独立于受托人的固有财产。受益人对信托财产享有的权利表现为信托受益权，信托财产并非受益人的责任财产。因此，当事人因其与委托人、受托人或者受益人之间的纠纷申请对存管银行或者信托公司专门账户中的信托资金采取保全措施的，除符合《信托法》第17条规定的情形外，人民法院不应当准许。已经采取保全措施的，存管银行或者信托公司能够提供证据证明该账户为信托账户的，应当立即解除保全措施。对信托公司管理的其他信托财产的保全，也应当根据前述规则办理。

当事人申请对受益人的受益权采取保全措施的，人民法院应当根据《信托法》第47条的规定进行审查，决定是否采取保全措施。决定采取保全措施的，应当将保全裁定送达受托人和受益人。

96.**【信托公司固有财产的诉讼保全】**除信托公司作为被告外，原告申请对信托公司固有资金账户的资金采取保全措施的，人民法院不应准许。信托公司作为被告，确有必要对其固有财产采取诉讼保全措施的，必须强化善意执行理念，防范发生金融风险。要严格遵守相应的适用条件与法定程序，坚决杜绝超标的执行。在采取具体保全措施时，要尽量寻求依法平等保护各方利益的平衡点，优先采取方便执行且对信托公司正常经营影响最小的执行措施，能采取"活封""活扣"措施的，尽量不进行"死封""死扣"。在条件允许的情况下，可以为信托公司预留必要的流动资金和往来账户，最大限度降低对信托公司正常经营活动的不利影响。信托公司申请解除财产保全符合法律、司法解释规定情形的，应当在法定期限内及时解除保全措施。

八、关于财产保险合同纠纷案件的审理

会议认为，妥善审理财产保险合同纠纷案件，对于充分发挥保险的风险管理和保障功能，依法保护各方当事人合法权益，实现保险业持续健康发展和服务实体经济，具有重大意义。

97.**【未依约支付保险费的合同效力】**当事人在财产保险合同中约定以投保人支付保险费作为合同生效条件，但对该生效条件是否为全额支付保险费约定不明，已经支付了部分保险费的投保人主张保险合同已经生效的，人民法院依法予以支持。

98.**【仲裁协议对保险人的效力】**被保险人和第三者在保险事故发生前达成的仲裁协议，对行使保险代位求偿权的保险人是否具有约束力，实务中存在争议。保险代位求偿权是一种法定债权转让，保险人在向被保险人赔偿保险金后，有权行使被保险人对第三者请求赔偿的权利。被保险人和第三者在保险事故发生前达成的仲裁协议，对保险人具有约束力。考虑到涉外民商事案件的处理常常涉及国际条约、国际惯例的适用，相关问题具有特殊性，故具有涉外因素的民商事纠纷案件中该问题的处理，不纳入本条规范的范围。

99.**【直接索赔的诉讼时效】**商业责任保险的被保险人给第三者造成损害，被保险人对第三者应当承担的赔偿责任确定后，保险人应当根据被保险人的请求，直接向第三者赔偿保险金。被保险人怠于提出请求的，第三者有权依据《保险法》第65条第2款的规定，就其应获赔偿部分直接向保险人请求赔偿保险金。保险人拒绝赔偿的，第三者请求保险人直接赔偿保险金的诉讼时效期间的起算时间如何认定，实务中存在争议。根据诉讼时效制度的基本原理，第三者请求保险人直接赔偿保险金的诉讼时效期间，自其知道或者应当知道向保险人的保险金赔偿请求权行使条件成就之日起计算。

九、关于票据纠纷案件的审理

会议认为，人民法院在审理票据纠纷案件时，应当注意区分票据的种类和功能，正确理解票据行为无因性的立法目的，在维护票据流通性功能的同时，依法认定票据行为的效力，依法确认当事人之间的权利义务关系以及保护合法持票人的权益，防范和化解票据融资市场风险，维护票据市场的交易安全。

100.**【合谋伪造贴现申请材料的后果】**贴现行的负责人或者有权从事该业务的工作人员与贴现申请人合谋，伪造贴现申请人与其前手之间具有真实的商品交易关系的合同、增值税专用发票等材料申请贴现，贴现行主张其享有票据权利的，人民法院不予支持。对贴现行因支付资金而产生的损失，按照基础关系处理。

101.**【民间贴现行为的效力】**票据贴现属于国家特许经营业务，合法持票人向不具有法定贴现资质的当事人进行"贴现"的，该行为应当认定无效，贴现款和票据应当相互返还。当事人不能返还票据的，原合法持票人可以拒绝返还贴现款。人民法院在民商事案件审理过程中，发现不

具有法定资质的当事人以“贴现”为业的，因该行为涉嫌犯罪，应当将有关材料移送公安机关。民商事案件的审理必须以相关刑事案件的审理结果为依据的，应当中止诉讼，待刑事案件审结后，再恢复案件的审理。案件的基本事实无须以相关刑事案件的审理结果为依据的，人民法院应当继续审理。

根据票据行为无因性原理，在合法持票人向不具有贴现资质的主体进行“贴现”，该“贴现”人给付贴现款后直接将票据交付其后手，其后手支付对价并记载自己为被背书人后，又基于真实的交易关系和债权债务关系将票据进行背书转让的情形下，应当认定最后持票人为合法持票人。

102.【**转贴现协议**】转贴现是通过票据贴现持有票据的商业银行为了融通资金，在票据到期日之前将票据权利转让给其他商业银行，由转贴现行在收取一定的利息后，将转贴现款支付给持票人的票据转让行为。转贴现行提示付款被拒付后，依据转贴现协议的约定，请求未在票据上背书的转贴现申请人按照合同法律关系返还转贴现款并赔偿损失的，案由应当确定为合同纠纷。转贴现合同法律关系有效成立的，对于原告的诉讼请求，人民法院依法予以支持。当事人虚构转贴现事实，或者当事人之间不存在真实的转贴现合同法律关系的，人民法院应当向当事人释明按照真实交易关系提出诉讼请求，并按照真实交易关系和当事人约定本意依法确定当事人的责任。

103.【**票据清单交易、封包交易案件中的票据权利**】审判实践中，以票据贴现为手段的多链条融资模式引发的案件应当引起重视。这种交易俗称票据清单交易、封包交易，是指商业银行之间就案涉票据订立转贴现或者回购协议，附以票据清单，或者将票据封包作为质押，双方约定按照票据清单中列明的基本信息进行票据转贴现或者回购，但往往并不进行票据交付和背书。实务中，双方还往往再订立一份代保管协议，约定由原票据持有人代对方继续持有票据，从而实现合法、合规的形式要求。

出资银行仅以参与交易的单个或者部分银行为被告提起诉讼行使票据追索权，被告能够举证证明票据交易存在诸如不符合正常转贴现交易顺序的倒打款、未进行背书转让、票据未实际交付等相关证据，并据此主张相关金融机构之间并无转贴现的真实意思表示，抗辩出资银行不享有票据权利的，人民法院依法予以支持。

出资银行在取得商业承兑汇票后又将票据转贴现给其他商业银行，持票人向其前手主张票据权利的，人民法院依法予以支持。

104.【**票据清单交易、封包交易案件的处理原则**】在村镇银行、农信社等作为直贴行，农信社、农商行、城商行、股份制银行等多家金融机构共同开展以商业承兑汇票为基础的票据清单交易、封包交易引发的纠纷案件中，在商业承兑汇票的出票人等实际用资人不能归还票款的情况下，为实现纠纷的一次性解决，出资银行以实际用资人和参与交易的其他金融机构为共同被告，请求实际用资人归还本息、参与交易的其他金融机构承担与其过错相适应的赔偿责任的，人民法院依法予以支持。

出资银行仅以整个交易链条的部分当事人为被告提起诉讼的，人民法院应当向其释明，其应当申请追加参与交易的其他当事人作为共同被告。出资银行拒绝追加实际用资人为被告的，人民法院应当驳回其诉讼请求；出资银行拒绝追加参与交易的其他金融机构为被告的，人民法院在确定其他金融机构的过错责任范围时，应当将未参加诉讼的当事人应当承担的相应份额作为考量因素，相应减轻本案当事人的责任。在确定参与交易的其他金融机构的过错责任范围时，可以参照其收取的“通道费”“过桥费”等费用的比例以及案件的其他情况综合加以确定。

105.【**票据清单交易、封包交易案件中的民刑交叉问题**】人民法院在案件审理过程中，如果发现公安机关已经就实际用资人、直贴行、出资银行的工作人员涉嫌骗取票据承兑罪、伪造印章罪等立案侦查，一方当事人根据《最高人民法院关于在审理经济纠纷案件中涉及经济犯罪嫌疑若干问题的规定》第11条的规定申请将案件移送公安机关的，因该节事实对于查明出资银行是否为正当持票人，以及参与交易的其他金融机构的抗辩理由能否成立存在重要关联，人民法院应当将有关材料移送公安机关。民商事案件的审理必须以相关刑事案件的审理结果为依据的，应当中止诉讼，待刑事案件审结后，再恢复案件的审理。案件的基本事实无须以相关刑事案件的审理结果为依据的，人民法院应当继续案件的审理。

参与交易的其他商业银行以公安机关已经对其工作人员涉嫌受贿、伪造印章等犯罪立案侦查为由请求将案件移送公安机关的，因该节事实并不影响相关当事人民事责任的承担，人民法院应当根据《最高人民法院关于在审理经济纠纷案件中涉及经济犯罪嫌疑若干问题的规定》第10条的规定继续审理。

106.【**恶意申请公示催告的救济**】公示催告程序本为对合法持票人进行失票救济所设，但实践中却沦为部分票据出卖方在未获得票款情形下，通过伪报票据丧失事实申请公示催告、阻止合法持票人行使票据权利的工具。对此，民事诉讼法司法解释已经作出了相应规定。适用时，应当区别付款人是否已经付款等情形，作出不同认定：

(1)在除权判决作出后，付款人尚未付款的情况下，最后合法持票人可以根据《民事诉讼法》第223条的规定，在法定期限内请求撤销除权判决，待票据恢复效力后再依法行使票据权利。最后合法持票人也可以基于基础法律关系向其直接前手退票并请求其直接前手另行给付基础法律关系项下的对价。

(2)除权判决作出后，付款人已经付款的，因恶意申请公示催告并持除权判决获得票款的行为损害了最后合法持票人的权利，最后合法持票人请求申请人承担侵权损害赔偿责任的，人民法院依法予以支持。

十、关于破产纠纷案件的审理

会议认为，审理好破产案件对于推动高质量发展、深化供给侧结构性改革、营造稳定公平透明可预期的营商环境，具有十分重要的意义。要继续深入推进破产审判工作的市场化、法治化、专业化、信息化，充分发挥破产审判公平清理债权债务、促进优胜劣汰、优化资源配置、维护市场经济秩序等重要功能。一是要继续加大对破产保护理念的宣传和落实，及时发挥破产重整制度的积极拯救功能，通过平衡债权人、债务人、出资人、员工等利害关系人的利益，实现社会整体价值最大化；注重发挥和解程序简便快速清理债权债务关系的功能，鼓励当事人通过和解程序或者达成自行和解的方式实现各方利益共赢；积极推进清算程序中的企业整体处置方式，有效维护企业营运价值和职工就业。二是要推进不符合国家产业政策、丧失经营价值的企业主体尽快从市场退出，通过依法简化破产清算程序流程加快对“僵尸企业”的清理。三是要注重提升破产制度实施的经济效益，降低破产程序运行的时间和成本，有效维护企业营运价值，最大程度发挥各类要素和资源潜力，减少企业破产给社会经济造成的损害。四是要积极稳妥进行实践探索，加强理论研究，分步骤、有重点地推进建立自然人破产制度，进一步推动健全市场主体退出制度。

107.【**继续推动破产案件的及时受理**】充分发挥破产重整案件信息网的线上预约登记功能，提高破产案件的受理效率。当事人提出破产申请的，人民法院不得以非法定理由拒绝接收破产申请材料。如果可能影响社会稳定的，要加强府院协调，制定相应预案，但不应当以“影响社会稳定”之名，行消极不作为之实。破产申请材料不完备的，立案部门应当告知当事人在指定期限内补充材料，待材料齐备后以“破申”作为案件类型代字编制案号登记立案，并及时将案件移送破产审判部门进行破产审查。

注重发挥破产和解制度简便快速清理债权债务关系的功能，债务人根据《企业破产法》第95条的规定，直接提出和解申请，或者在破产申请受理后宣告破产前申请和解的，人民法院应当依法受理并及时作出是否批准的裁定。

108.【**破产申请的不予受理和撤回**】人民法院裁定受理破产申请前，提出破产申请的债权人的债权因清偿或者其他原因消灭的，因申请人不再具备申请资格，人民法院应当裁定不予受理。但该裁定不影响其他符合条件的主体再次提出破产申请。破产申请受理后，管理人以上述清偿符合《企业破产法》第31条、第32条为由请求撤销的，人民法院查实后应当予以支持。

人民法院裁定受理破产申请系对债务人具有破产原因的初步认可，破产申请受理后，申请人请求撤回破产申请的,人民法院不予准许。除非存在《企业破产法》第12条第2款规定的情形,人民法院不得裁定驳回破产申请。

109.【受理后债务人财产保全措施的处理】要切实落实破产案件受理后相关保全措施应予解除、相关执行措施应当中止、债务人财产应当及时交付管理人等规定,充分运用信息化技术手段,通过信息共享与整合,维护债务人财产的完整性。相关人民法院拒不解除保全措施或者拒不中止执行的,破产受理人民法院可以请求该法院的上级人民法院依法予以纠正。对债务人财产采取保全措施或者执行措施的人民法院未依法及时解除保全措施、移交处置权,或者中止执行程序并移交有关财产的,上级人民法院应当依法予以纠正。相关人员违反上述规定造成严重后果的,破产受理人民法院可以向人民法院纪检监察部门移送其违法审判责任线索。

人民法院审理企业破产案件时,有关债务人财产被其他具有强制执行权力的国家行政机关,包括税务机关、公安机关、海关等采取保全措施或者执行程序的,人民法院应当积极与上述机关进行协调和沟通,取得有关机关的配合,参照上述具体操作规程,解除有关保全措施,中止有关执行程序,以便保障破产程序顺利进行。

110.【受理后有关债务人诉讼的处理】人民法院受理破产申请后,已经开始而尚未终结的有关债务人的民事诉讼,在管理人接管债务人财产和诉讼事务后继续进行。债权人已经对债务人提起的给付之诉,破产申请受理后,人民法院应当继续审理,但是在判定相关当事人实体权利义务时,应当注意与企业破产法及其司法解释的规定相协调。

上述裁判作出并生效前,债权人可以同时向管理人申报债权,但其作为债权尚未确定的债权人,原则上不得行使表决权,除非人民法院临时确定其债权额。上述裁判生效后,债权人应当根据裁判认定的债权数额在破产程序中依法统一受偿,其对债务人享有的债权利息应当按照《企业破产法》第46条第2款的规定停止计算。

人民法院受理破产申请后,债权人新提起的要求债务人清偿的民事诉讼,人民法院不予受理,同时告知债权人应当向管理人申报债权。债权人申报债权后,对管理人编制的债权表记载有异议的,可以根据《企业破产法》第58条的规定提起债权确认之诉。

111.【债务人自行管理的条件】重整期间,债务人同时符合下列条件的,经申请,人民法院可以批准债务人在管理人的监督下自行管理财产和营业事务:

(1)债务人的内部治理机制仍正常运转;

(2)债务人自行管理有利于债务人继续经营;

(3)债务人不存在隐匿、转移财产的行为;

(4)债务人不存在其他严重损害债权人利益的行为。

债务人提出重整申请时可以一并提出自行管理的申请。经人民法院批准由债务人自行管理财产和营业事务的,企业破产法规定的管理人职权中有关财产管理和营业经营的职权应当由债务人行使。

管理人应当对债务人的自行管理行为进行监督。管理人发现债务人存在严重损害债权人利益的行为或者有其他不适宜自行管理情形的,可以申请人民法院作出终止债务人自行管理的决定。人民法院决定终止的,应当通知管理人接管债务人财产和营业事务。债务人有上述行为而管理人未申请人民法院作出终止决定的,债权人等利害关系人可以向人民法院提出申请。

112.【重整中担保物权的恢复行使】重整程序中,要依法平衡保护担保物权人的合法权益和企业重整价值。重整申请受理后,管理人或者自行管理的债务人应当及时确定设定有担保物权的债务人财产是否为重整所必需。如果认为担保物不是重整所必需,管理人或者自行管理的债务人应当及时对担保物进行拍卖或者变卖,拍卖或者变卖担保物所得价款在支付拍卖、变卖费用后优先清偿担保物权人的债权。

在担保物权暂停行使期间,担保物权人根据《企业破产法》第75条的规定向人民法院请求恢复行使担保物权的,人民法院应当自收到恢复行使担保物权申请之日起三十日内作出裁定。经审查,担保物权人的申请不符合第75条的规定,或者虽然符合该条规定但管理人或者自行管理的债务人有证据证明担保物是重整所必需,并且提供与减少价值相应担保或者补偿的,人民法院应当裁定不予批准恢复行使担保物权。担保物权人不服该裁定的,可以自收到裁定书之日起十日内,向作出裁定的人民法院申请复议。人民法院裁定批准行使担保物权的,管理人或者自行管理的债务人应当自收到裁定书之日起十五日内启动对担保物的拍卖或者变卖,拍卖或者变卖担保物所得价款在支付拍卖、变卖费用后优先清偿担保物权人的债权。

113.**【重整计划监督期间的管理人报酬及诉讼管辖】**要依法确保重整计划的执行和有效监督。重整计划的执行期间和监督期间原则上应当一致。二者不一致的,人民法院在确定和调整重整程序中的管理人报酬方案时,应当根据重整期间和重整计划监督期间管理人工作量的不同予以区别对待。其中,重整期间的管理人报酬应当根据管理人对重整发挥的实际作用等因素予以确定和支付;重整计划监督期间管理人报酬的支付比例和支付时间,应当根据管理人监督职责的履行情况,与债权人按照重整计划实际受偿比例和受偿时间相匹配。

重整计划执行期间,因重整程序终止后新发生的事实或者事件引发的有关债务人的民事诉讼,不适用《企业破产法》第21条有关集中管辖的规定。除重整计划有明确约定外,上述纠纷引发的诉讼,不再由管理人代表债务人进行。

114.**【重整程序与破产清算程序的衔接】**重整期间或者重整计划执行期间,债务人因法定事由被宣告破产的,人民法院不再另立新的案号,原重整程序的管理人原则上应当继续履行破产清算程序中的职责。原重整程序的管理人不能继续履行职责或者不适宜继续担任管理人的,人民法院应当依法重新指定管理人。

重整程序转破产清算案件中的管理人报酬,应当综合管理人为重整工作和清算工作分别发挥的实际作用等因素合理确定。重整期间因法定事由转入破产清算程序的,应当按照破产清算案件确定管理人报酬。重整计划执行期间因法定事由转入破产清算程序的,后续破产清算阶段的管理人报酬应当根据管理人实际工作量予以确定,不能简单根据债务人最终清偿的财产价值总额计算。

重整程序因人民法院裁定批准重整计划草案而终止的,重整案件可作结案处理。重整计划执行完毕后,人民法院可以根据管理人等利害关系人申请,作出重整程序终结的裁定。

115.**【庭外重组协议效力在重整程序中的延伸】**继续完善庭外重组与庭内重整的衔接机制,降低制度性成本,提高破产制度效率。人民法院受理重整申请前,债务人和部分债权人已经达成的有关协议与重整程序中制作的重整计划草案内容一致的,有关债权人对该协议的同意视为对该重整计划草案表决的同意。但重整计划草案对协议内容进行了修改并对有关债权人有不利影响,或者与有关债权人重大利益相关的,受到影响的债权人有权按照企业破产法的规定对重整计划草案重新进行表决。

116.**【审计、评估等中介机构的确定及责任】**要合理区分人民法院和管理人在委托审计、评估等财产管理工作中的职责。破产程序中确实需要聘请中介机构对债务人财产进行审计、评估的,根据《企业破产法》第28条的规定,经人民法院许可后,管理人可以自行公开聘请,但是应当对其聘请的中介机构的相关行为进行监督。上述中介机构因不当履行职责给债务人、债权人或者第三人造成损害的,应当承担赔偿责任。管理人在聘用过程中存在过错的,应当在其过错范围内承担相应的补充赔偿责任。

117.**【公司解散清算与破产清算的衔接】**要依法区分公司解散清算与破产清算的不同功能和不同适用条件。债务人同时符合破产清算条件和强制清算条件的,应当及时适用破产清算程序实现对债权人利益的公平保护。债权人对符合破产清算条件的债务人提起公司强制清算申请,经人民法院释明,债权人仍然坚持申请对债务人强制清算的,人民法院应当裁定不予受理。

118.**【无法清算案件的审理与责任承担】**人民法院在审理债务人相关人员下落不明或者财产状况不清的破产案件时,应当充分贯彻债权人利益保护原则,避免债务人通过破产程序不当损害债权人利益,同时也要避免不当突破股东有限责任原则。

人民法院在适用《最高人民法院关于债权人对人员下落不明或者财产状况不清的债务人申

请破产清算案件如何处理的批复》第3款的规定，判定债务人相关人员承担责任时，应当依照企业破产法的相关规定来确定相关主体的义务内容和责任范围，不得根据公司法司法解释(二)第18条第2款的规定来判定相关主体的责任。

上述批复第3款规定的“债务人的有关人员不履行法定义务，人民法院可依据有关法律规定追究其相应法律责任”，系指债务人的法定代表人、财务管理人员和其他经营管理人员不履行《企业破产法》第15条规定的配合清算义务，人民法院可以根据《企业破产法》第126条、第127条追究其相应法律责任，或者参照《民事诉讼法》第111条的规定，依法拘留，构成犯罪的，依法追究刑事责任；债务人的法定代表人或者实际控制人不配合清算的，人民法院可以依据《出境入境管理法》第12条的规定，对其作出不准出境的决定，以确保破产程序顺利进行。

上述批复第3款规定的“其行为导致无法清算或者造成损失”，系指债务人的有关人员不配合清算的行为导致债务人财产状况不明，或者依法负有清算责任的人未依照《企业破产法》第7条第3款的规定及时履行破产申请义务，导致债务人主要财产、账册、重要文件等灭失，致使管理人无法执行清算职务，给债权人利益造成损害。“有关权利人起诉请求其承担相应民事责任”，系指管理人请求上述主体承担相应损害赔偿责任并将因此获得的赔偿归入债务人财产。管理人未主张上述赔偿，个别债权人可以代表全体债权人提起上述诉讼。

上述破产清算案件被裁定终结后，相关主体以债务人主要财产、账册、重要文件等重新出现为由，申请对破产清算程序启动审判监督的，人民法院不予受理，但符合《企业破产法》第123条规定的，债权人可以请求人民法院追加分配。

十一、关于案外人救济案件的审理

案外人救济案件包括案外人申请再审、案外人执行异议之诉和第三人撤销之诉三种类型。修改后的民事诉讼法在保留案外人执行异议之诉及案外人申请再审的基础上，新设立第三人撤销之诉制度，在为案外人权利保障提供更多救济渠道的同时，因彼此之间错综复杂的关系也容易导致认识上的偏差，有必要厘清其相互之间的关系，以便正确适用不同程序，依法充分保护各方主体合法权益。

119.**【案外人执行异议之诉的审理】**案外人执行异议之诉以排除对特定标的物的执行为目的，从程序上而言，案外人依据《民事诉讼法》第227条提出执行异议被驳回的，即可向执行人民法院提起执行异议之诉。人民法院对执行异议之诉的审理，一般应当就案外人对执行标的物是否享有权利、享有什么样的权利、权利是否足以排除强制执行进行判断。至于是否作出具体的确权判项，视案外人的诉讼请求而定。案外人未提出确权或者给付诉讼请求的，不作出确权判项，仅在裁判理由中进行分析判断并作出是否排除执行的判项即可。但案外人既提出确权、给付请求，又提出排除执行请求的，人民法院对该请求是否支持、是否排除执行，均应当在具体判项中予以明确。执行异议之诉不以否定作为执行依据的生效裁判为目的，案外人如认为裁判确有错误的，只能通过申请再审或者提起第三人撤销之诉的方式进行救济。

120.**【债权人能否提起第三人撤销之诉】**第三人撤销之诉中的第三人仅局限于《民事诉讼法》第56条规定的有独立请求权及无独立请求权的第三人，而且一般不包括债权人。但是，设立第三人撤销之诉的目的在于，救济第三人享有的因不能归责于本人的事由未参加诉讼但因生效裁判文书内容错误受到损害的民事权益，因此，债权人在下列情况下可以提起第三人撤销之诉：

(1)该债权是法律明确给予特殊保护的债权，如《合同法》第286条规定的建设工程价款优先受偿权，《海商法》第22条规定的船舶优先权；

(2)因债务人与他人的权利义务被生效裁判文书确定，导致债权人本来可以对《合同法》第74条和《企业破产法》第31条规定的债务人的行为享有撤销权而不能行使的；

(3)债权人有证据证明，裁判文书主文确定的债权内容部分或者全部虚假的。

债权人提起第三人撤销之诉还要符合法律和司法解释规定的其他条件。对于除此之外的其他债权，债权人原则上不得提起第三人撤销之诉。

121.**【必要共同诉讼漏列的当事人申请再审】**民事诉讼法司法解释对必要共同诉讼漏列的当事人申请再审规定了两种不同的程序，二者在管辖法院及申请再审期限的起算点上存在明显差别，人民法院在审理相关案件时应予注意：

（1）该当事人在执行程序中以案外人身份提出异议，异议被驳回的，根据民事诉讼法司法解释第423条的规定，其可以在驳回异议裁定送达之日起6个月内向原审人民法院申请再审；

（2）该当事人未在执行程序中以案外人身份提出异议的，根据民事诉讼法司法解释第422条的规定，其可以根据《民事诉讼法》第200条第8项的规定，自知道或者应当知道生效裁判之日起6个月内向上一级人民法院申请再审。当事人一方人数众多或者当事人双方为公民的案件，也可以向原审人民法院申请再审。

122.**【程序启动后案外人不享有程序选择权】**案外人申请再审与第三人撤销之诉功能上近似，如果案外人既有申请再审的权利，又符合第三人撤销之诉的条件，对于案外人是否可以行使选择权，民事诉讼法司法解释采取了限制的司法态度，即依据民事诉讼法司法解释第303条的规定，按照启动程序的先后，案外人只能选择相应的救济程序：案外人先启动执行异议程序的，对执行异议裁定不服，认为原裁判内容错误损害其合法权益的，只能向作出原裁判的人民法院申请再审，而不能提起第三人撤销之诉；案外人先启动了第三人撤销之诉，即便在执行程序中又提出执行异议，也只能继续进行第三人撤销之诉，而不能依《民事诉讼法》第227条申请再审。

123.**【案外人依据另案生效裁判对非金钱债权的执行提起执行异议之诉】**审判实践中，案外人有时依据另案生效裁判所认定的与执行标的物有关的权利提起执行异议之诉，请求排除对标的物的执行。此时，鉴于作为执行依据的生效裁判与作为案外人提出执行异议依据的生效裁判，均涉及对同一标的物权属或给付的认定，性质上属于两个生效裁判所认定的权利之间可能产生的冲突，人民法院在审理执行异议之诉时，需区别不同情况作出判断：如果作为执行依据的生效裁判是确权裁判，不论作为执行异议依据的裁判是确权裁判还是给付裁判，一般不应据此排除执行，但人民法院应当告知案外人对作为执行依据的确权裁判申请再审；如果作为执行依据的生效裁判是给付标的物的裁判，而作为提出异议之诉依据的裁判是确权裁判，一般应据此排除执行，此时人民法院应告知其对该确权裁判申请再审；如果两个裁判均属给付标的物的裁判，人民法院需依法判断哪个裁判所认定的给付权利具有优先性，进而判断是否可以排除执行。

124.**【案外人依据另案生效裁判对金钱债权的执行提起执行异议之诉】**作为执行依据的生效裁判并未涉及执行标的物，只是执行中为实现金钱债权对特定标的物采取了执行措施。对此种情形，《最高人民法院关于人民法院办理执行异议和复议案件若干问题的规定》第26条规定了解决案外人执行异议的规则，在审理执行异议之诉时可以参考适用。依据该条规定，作为案外人提起执行异议之诉依据的裁判将执行标的物确权给案外人，可以排除执行；作为案外人提起执行异议之诉依据的裁判，未将执行标的物确权给案外人，而是基于不以转移所有权为目的的有效合同（如租赁、借用、保管合同），判令向案外人返还执行标的物的，其性质属于物权请求权，亦可以排除执行；基于以转移所有权为目的有效合同（如买卖合同），判令向案外人交付标的物的，其性质属于债权请求权，不能排除执行。

应予注意的是，在金钱债权执行中，如果案外人提出执行异议之诉依据的生效裁判认定以转移所有权为目的的合同（如买卖合同）无效或应当解除，进而判令向案外人返还执行标的物的，此时案外人享有的是物权性质的返还请求权，本可排除金钱债权的执行，但在双务合同无效的情况下，双方互负返还义务，在案外人未返还价款的情况下，如果允许其排除金钱债权的执行，将会使申请执行人既执行不到被执行人名下的财产，又执行不到本应返还给被执行人的价款，显然有失公允。为平衡各方当事人的利益，只有在案外人已经返还价款的情况下，才能排除普通债权人的执行。反之，案外人未返还价款的，不能排除执行。

125.**【案外人系商品房消费者】**实践中，商品房消费者向房地产开发企业购买商品房，往往没有及时办理房地产过户手续。房地产开发企业因欠债而被强制执行，人民法院在对尚登记在房地产开发企业名下但已出卖给消费者的商品房采取执行措施时，商品房消费者往往会提出执行异议，以排除强制执行。对此，《最高人民法院关于人民法院办理执行异议和复议案件若干问题的规定》第29条规定，符合下列情形的，应当支持商品房消费者的诉讼请求：一是在人民法院查封之前已签订合法有效的书面买卖合同；二是所购商品房系用于居住且买受人名下无其他用于居住的房屋；三是已支付的价款超过合同约定总价款的百分之五十。人民法院在审理执行异议之诉案件时，可参照适用此条款。

问题是，对于其中"所购商品房系用于居住且买受人名下无其他用于居住的房屋"如何理解，审判实践中掌握的标准不一。"买受人名下无其他用于居住的房屋"，可以理解为在案涉房屋同一设区的市或者县级市范围内商品房消费者名下没有用于居住的房屋。商品房消费者名下虽然已有1套房屋，但购买的房屋在面积上仍然属于满足基本居住需要的，可以理解为符合该规定的精神。

对于其中"已支付的价款超过合同约定总价款的百分之五十"如何理解，审判实践中掌握的标准也不一致。如果商品房消费者支付的价款接近于百分之五十，且已按照合同约定将剩余价款支付给申请执行人或者按照人民法院的要求交付执行的，可以理解为符合该规定的精神。

126.**【商品房消费者的权利与抵押权的关系】**根据《最高人民法院关于建设工程价款优先受偿权问题的批复》第1条、第2条的规定，交付全部或者大部分款项的商品房消费者的权利优先于抵押权人的抵押权，故抵押权人申请执行登记在房地产开发企业名下但已销售给消费者的商品房，消费者提出执行异议的，人民法院依法予以支持。但应当特别注意的是，此情况是针对实践中存在的商品房预售不规范现象为保护消费者生存权而作出的例外规定，必须严格把握条件，避免扩大范围，以免动摇抵押权具有优先性的基本原则。因此，这里的商品房消费者应当仅限于符合本纪要第125条规定的商品房消费者。买受人不是本纪要第125条规定的商品房消费者，而是一般的房屋买卖合同的买受人，不适用上述处理规则。

127.**【案外人系商品房消费者之外的一般买受人】**金钱债权执行中，商品房消费者之外的一般买受人对登记在被执行人名下的不动产提出异议，请求排除执行的，《最高人民法院关于人民法院办理执行异议和复议案件若干问题的规定》第28条规定，符合下列情形的依法予以支持：一是在人民法院查封之前已签订合法有效的书面买卖合同；二是在人民法院查封之前已合法占有该不动产；三是已支付全部价款，或者已按照合同约定支付部分价款且将剩余价款按照人民法院的要求交付执行；四是非因买受人自身原因未办理过户登记。人民法院在审理执行异议之诉案件时，可参照适用此条款。

实践中，对于该规定的前3个条件，理解并无分歧。对于其中的第4个条件，理解不一致。一般而言，买受人只要有向房屋登记机构递交过户登记材料，或向出卖人提出了办理过户登记的请求等积极行为的，可以认为符合该条件。买受人无上述积极行为，其未办理过户登记有合理的客观理由的，亦可认定符合该条件。

十二、关于民刑交叉案件的程序处理

会议认为，近年来，在民间借贷、P2P等融资活动中，与涉嫌诈骗、合同诈骗、票据诈骗、集资诈骗、非法吸收公众存款等犯罪有关的民商事案件的数量有所增加，出现了一些新情况和新问题。在审理案件时，应当依照《最高人民法院关于在审理经济纠纷案件中涉及经济犯罪嫌疑若干问题的规定》《最高人民法院关于审理非法集资刑事案件具体应用法律若干问题的解释》《最高人民法院最高人民检察院公安部关于办理非法集资刑事案件适用法律若干问题的意见》以及民间借贷司法解释等规定，处理好民刑交叉案件之间的程序关系。

128.**【分别审理】**同一当事人因不同事实分别发生民商事纠纷和涉嫌刑事犯罪，民商事案件与刑事案件应当分别审理，主要有下列情形：

（1）主合同的债务人涉嫌刑事犯罪或者刑事裁判认定其构成犯罪，债权人请求担保人承担民事责任的；

（2）行为人以法人、非法人组织或者他人名义订立合同的行为涉嫌刑事犯罪或者刑事裁判认定其构成犯罪，合同相对人请求该法人、非法人组织或者他人承担民事责任的；

（3）法人或者非法人组织的法定代表人、负责人或者其他工作人员的职务行为涉嫌刑事犯罪或者刑事裁判认定其构成犯罪，受害人请求该法人或者非法人组织承担民事责任的；

（4）侵权行为人涉嫌刑事犯罪或者刑事裁判认定其构成犯罪，被保险人、受益人或者其他赔偿权利人请求保险人支付保险金的；

（5）受害人请求涉嫌刑事犯罪的行为人之外的其他主体承担民事责任的。

审判实践中出现的问题是，在上述情形下，有的人民法院仍然以民商事案件涉嫌刑事犯罪为由不予受理，已经受理的，裁定驳回起诉。对此，应予纠正。

129.**【涉众型经济犯罪与民商事案件的程序处理】**2014年颁布实施的《最高人民法院最高人民检察院公安部关于办理非法集资刑事案件适用法律若干问题的意见》和2019年1月颁布实施的《最高人民法院最高人民检察院公安部关于办理非法集资刑事案件若干问题的意见》规定的涉嫌集资诈骗、非法吸收公众存款等涉众型经济犯罪，所涉人数众多、当事人分布地域广、标的额特别巨大、影响范围广，严重影响社会稳定，对于受害人就同一事实提起的以犯罪嫌疑人或者刑事被告人为被告的民事诉讼，人民法院应当裁定不予受理，并将有关材料移送侦查机关、检察机关或者正在审理该刑事案件的人民法院。受害人的民事权利保护应当通过刑事追赃、退赔的方式解决。正在审理民商事案件的人民法院发现有上述涉众型经济犯罪线索的，应当及时将犯罪线索和有关材料移送侦查机关。侦查机关作出立案决定前，人民法院应当中止审理；作出立案决定后，应当裁定驳回起诉；侦查机关未及时立案的，人民法院必要时可以将案件报请党委政法委协调处理。除上述情形人民法院不予受理外，要防止通过刑事手段干预民商事审判，搞地方保护，影响营商环境。

当事人因租赁、买卖、金融借款等与上述涉众型经济犯罪无关的民事纠纷，请求上述主体承担民事责任的，人民法院应予受理。

130.**【民刑交叉案件中民商事案件中止审理的条件】**人民法院在审理民商事案件时，如果民商事案件必须以相关刑事案件的审理结果为依据，而刑事案件尚未审结的，应当根据《民事诉讼法》第150条第5项的规定裁定中止诉讼。待刑事案件审结后，再恢复民商事案件的审理。如果民商事案件不是必须以相关的刑事案件的审理结果为依据，则民商事案件应当继续审理。

二　家　事

（一）婚姻家庭

中华人民共和国婚姻法[①]

（1950年3月3日政务院第二十二次政务会议通过　1950年4月13日中央人民政府委员会第七次会议通过）

目　录

第一章　原　　则

第一条　废除包办强迫、男尊女卑、漠视子女利益的封建主义婚姻制度。实行男女婚姻自由、一夫一妻、男女权利平等、保护妇女和子女合法权益的新民主主义婚姻制度。

第二条　禁止重婚、纳妾。禁止童养媳。禁止干涉寡妇婚姻自由。禁止任何人藉婚姻关系问题索取财物。

第二章　结　　婚

第三条　结婚须男女双方本人完全自愿，不许任何一方对他方加以强迫或任何第三者加以干涉。

第四条　男二十岁，女十八岁，始得结婚。

第五条　男女有下列情形之一者，禁止结婚：

一、为直系血亲，或为同胞的兄弟姊妹和同父异母或同母异父的兄弟姊妹者；

其他五代内的旁系血亲间禁止结婚的问题，从习惯。

二、有生理缺陷不能发生性行为者。

三、患花柳病或精神失常未经治愈，患麻风或其他在医学上认为不应结婚之疾病者。

第六条　结婚应男女双方亲到所在地（区、乡）人民政府登记。凡合于本法规定的结婚，所在地人民政府应即发给结婚证。

凡不合于本法规定的结婚，不予登记。

第三章　夫妻间的权利和义务

第七条　夫妻为共同生活的伴侣，在家庭中地位平等。

第八条　夫妻有互爱互敬、互相帮助、互相扶养、和睦团结、劳动生产、抚育子女，为家庭幸福和新社会建设而共同奋斗的义务。

第九条　夫妻双方均有选择职业、参加工作和参加社会活动的自由。

第十条　夫妻双方对于家庭财产有平等的所有权与处理权。

第十一条　夫妻有各用自己姓名的权利。

第十二条　夫妻有互相继承遗产的权利。

第四章　父母子女间的关系

第十三条　父母对于子女有抚养教育的义务；子女对于父母有赡养扶助的义务；双方均不得虐待或遗弃。

养父母与养子女相互间的关系，适用前项规定。

溺婴或其他类似的犯罪行为，严加禁止。

第十四条　父母子女有互相继承遗产的权利。

第十五条　非婚生子女享受与婚生子女同等的权利，任何人不得加以危害或歧视。

非婚生子女经生母或其他人证物证证明其生父者，其生父应负担子女必需的生活费和教育费全部或一部；直至子女十八岁为止。如经生母同意，生父可将子女领回抚养。

生母和他人结婚，原生子女的抚养，适用第二十二条的规定。

---

① 编者注：已废止。

第十六条 夫对于其妻所抚养与前夫所生的子女或妻对于其夫所抚养与前妻所生的子女,不得虐待或歧视。

第五章 离 婚

第十七条 男女双方自愿离婚的,准予离婚。男女一方坚决要求离婚的,经区人民政府和司法机关调解无效时,亦准予离婚。

男女双方自愿离婚的,双方应向区人民政府登记,领取离婚证;区人民政府查明确系双方自愿并对子女和财产问题确有适当处理时,应即发给离婚证。男女一方坚决要求离婚的,得由区人民政府进行调解;如调解无效时,应即转报县或市人民法院处理;区人民政府并不得阻止或妨碍男女任何一方向县或市人民法院申诉。县或市人民法院对离婚案件,也应首先进行调解;如调解无效时,即行判决。

离婚后,如男女双方自愿恢复夫妻关系,应向区人民政府进行恢复结婚的登记;区人民政府应予以登记,并发给恢复结婚证。

第十八条 女方怀孕期间,男方不得提出离婚;男方要求离婚,须于女方分娩一年后,始得提出。但女方提出离婚的,不在此限。

第十九条 现役革命军人与家庭有通讯关系的,其配偶提出离婚,须得革命军人的同意。

自本法公布之日起,如革命军人与家庭两年无通讯关系,其配偶要求离婚,得准予离婚。在本法公布前,如革命军人与家庭已有两年以上无通讯关系,而在本法公布后,又与家庭有一年无通讯关系,其配偶要求离婚,也得准予离婚。

第六章 离婚后子女的抚养和教育

第二十条 父母与子女间的血亲关系,不因父母离婚而消灭。离婚后,子女无论由父方或母方抚养,仍是父母双方的子女。

离婚后父母对于所生的子女,仍有抚养和教育的责任。

离婚后,哺乳期内的子女,以随哺乳的母亲为原则。哺乳期后的子女,如双方均愿抚养发生争执不能达成协议时,由人民法院根据子女的利益判决。

第二十一条 离婚后,女方抚养的子女,男方应负担必需的生活费和教育费全部或一部,负担费用的多寡及期限的长短,由双方协议;协议不成时,由人民法院判决。费用支付的办法,为付现金或实物或代小孩耕种分得的田地等。

离婚时,关于子女生活费和教育费的协议或判决,不妨碍子女向父母任何一方提出超过协议或判决原定数额的请求。

第二十二条 女方再行结婚后,新夫如愿负担女方原生子女的生活费和教育费全部或一部,则子女的生父的负担可酌情减少或免除。

第七章 离婚后的财产和生活

第二十三条 离婚时,除女方婚前财产归女方所有外,其他家庭财产如何处理,由双方协议;协议不成时,由人民法院根据家庭财产具体情况、照顾女方及子女利益和有利发展生产的原则判决。

如女方及子女分得的财产足以维持子女的生活费和教育费时,则男方可不再负担子女的生活费和教育费。

第二十四条 离婚时,原为夫妻共同生活所负担的债务,以共同生活时所得财产偿还;如无共同生活时所得财产或共同生活时所得财产不足清偿时,由男方清偿。男女一方单独所负的债务,由本人偿还。

第二十五条 离婚后,一方如未再行结婚而生活困难,他方应帮助维持其生活;帮助的办法及期限,由双方协议;协议不成时,由人民法院判决。

第八章 附 则

第二十六条 违反本法者,依法制裁。

凡因干涉婚姻自由而引起被干涉者的死亡或伤害者,干涉者一律应并负刑事的责任。

第二十七条 本法自公布之日起施行。

在少数民族聚居的地区,大行政区人民政府(或军政委员会)或省人民政府得依据当地少数民族婚姻问题的具体情况,对本法制定某些变通的或补充的规定,提请政务院批准施行。

中华人民共和国婚姻法[①]

（1980年9月10日第五届全国人民代表大会第三次会议通过　自1981年1月1日起施行）

目　录

第一章　总　　则

第一条　本法是婚姻家庭关系的基本准则。

第二条　实行婚姻自由、一夫一妻、男女平等的婚姻制度。

保护妇女、儿童和老人的合法权益。

实行计划生育。

第三条　禁止包办、买卖婚姻和其他干涉婚姻自由的行为。禁止借婚姻索取财物。

禁止重婚。禁止家庭成员间的虐待和遗弃。

第二章　结　　婚

第四条　结婚必须男女双方完全自愿，不许任何一方对他方加以强迫或任何第三者加以干涉。

第五条　结婚年龄，男不得早于二十二周岁，女不得早于二十周岁。晚婚晚育应予鼓励。

第六条　有下列情形之一的，禁止结婚：

一、直系血亲和三代以内的旁系血亲；

二、患麻风病未经治愈或患其他在医学上认为不应当结婚的疾病。

第七条　要求结婚的男女双方必须亲自到婚姻登记机关进行结婚登记。符合本法规定的，予以登记，发给结婚证。取得结婚证，即确立夫妻关系。

第八条　登记结婚后，根据男女双方约定，女方可以成为男方家庭的成员，男方也可以成为女方家庭的成员。

第三章　家 庭 关 系

第九条　夫妻在家庭中地位平等。

第十条　夫妻双方都有各用自己姓名的权利。

第十一条　夫妻双方都有参加生产、工作、学习和社会活动的自由，一方不得对他方加以限制或干涉。

第十二条　夫妻双方都有实行计划生育的义务。

第十三条　夫妻在婚姻关系存续期间所得的财产，归夫妻共同所有，双方另有约定的除外。

夫妻对共同所有的财产，有平等的处理权。

第十四条　夫妻有互相扶养的义务。

一方不履行扶养义务时，需要扶养的一方，有要求对方付给扶养费的权利。

第十五条　父母对子女有抚养教育的义务；子女对父母有赡养扶助的义务。

父母不履行抚养义务时，未成年的或不能独立生活的子女，有要求父母付给抚养费的权利。

子女不履行赡养义务时，无劳动能力的或生活困难的父母，有要求子女付给赡养费的权利。

禁止溺婴和其他残害婴儿的行为。

第十六条　子女可以随父姓，也可以随母姓。

第十七条　父母有管教和保护未成年子女的权利和义务。在未成年子女对国家、集体或他人造成损害时，父母有赔偿经济损失的义务。

第十八条　夫妻有相互继承遗产的权利。

父母和子女有相互继承遗产的权利。

第十九条　非婚生子女享有与婚生子女同等的权利，任何人不得加以危害和歧视。

非婚生子女的生父，应负担子女必要的生活费和教育费的一部或全部，直至子女能独立生活为止。

第二十条　国家保护合法的收养关系。养父母和养子女间的权利和义务，适用本法对父母子女关系的有关规定。

养子女和生父母间的权利和义务，因收养关系的成立而消除。

第二十一条　继父母与继子女间，不得虐待或歧视。

继父或继母和受其抚养教育的继子女间的权利和义务，适用本法对父母子女关系的有关规定。

---

① 编者注：已被修改。

第二十二条 有负担能力的祖父母、外祖父母,对于父母已经死亡的未成年的孙子女、外孙子女,有抚养的义务。有负担能力的孙子女、外孙子女,对于子女已经死亡的祖父母、外祖父母,有赡养的义务。

第二十三条 有负担能力的兄、姊,对于父母已经死亡或父母无力抚养的未成年的弟、妹,有抚养的义务。

第四章 离 婚

第二十四条 男女双方自愿离婚的,准予离婚。双方须到婚姻登记机关申请离婚。婚姻登记机关查明双方确实是自愿并对子女和财产问题已有适当处理时,应即发给离婚证。

第二十五条 男女一方要求离婚的,可由有关部门进行调解或直接向人民法院提出离婚诉讼。

人民法院审理离婚案件,应当进行调解;如感情确已破裂,调解无效,应准予离婚。

第二十六条 现役军人的配偶要求离婚,须得军人同意。

第二十七条 女方在怀孕期间和分娩后一年内,男方不得提出离婚。女方提出离婚的,或人民法院认为确有必要受理男方离婚请求的,不在此限。

第二十八条 离婚后,男女双方自愿恢复夫妻关系的,应到婚姻登记机关进行复婚登记。婚姻登记机关应予以登记。

第二十九条 父母与子女间的关系,不因父母离婚而消除。离婚后,子女无论由父方或母方抚养,仍是父母双方的子女。

离婚后,父母对于子女仍有抚养和教育的权利和义务。

离婚后,哺乳期内的子女,以随哺乳的母亲抚养为原则。哺乳期后的子女,如双方因抚养问题发生争执不能达成协议时,由人民法院根据子女的权益和双方的具体情况判决。

第三十条 离婚后,一方抚养的子女,另一方应负担必要的生活费和教育费的一部或全部,负担费用的多少和期限的长短,由双方协议;协议不成时,由人民法院判决。

关于子女生活费和教育费的协议或判决,不妨碍子女在必要时向父母任何一方提出超过协议或判决原定数额的合理要求。

第三十一条 离婚时,夫妻的共同财产由双方协议处理;协议不成时,由人民法院根据财产的具体情况,照顾女方和子女权益的原则判决。

第三十二条 离婚时,原为夫妻共同生活所负的债务,以共同财产偿还。如该项财产不足清偿时,由双方协议清偿;协议不成时,由人民法院判决。男女一方单独所负债务,由本人偿还。

第三十三条 离婚时,如一方生活困难,另一方应给予适当的经济帮助。具体办法由双方协议;协议不成时,由人民法院判决。

第五章 附 则

第三十四条 违反本法者,得分别情况,依法予以行政处分或法律制裁。

第三十五条 对拒不执行有关扶养费、抚养费、赡养费、财产分割和遗产继承等判决或裁定的,人民法院得依法强制执行。有关单位应负协助执行的责任。

第三十六条 民族自治地方人民代表大会和它的常务委员会可以依据本法的原则,结合当地民族婚姻家庭的具体情况,制定某些变通的或补充的规定。自治州、自治县制定的规定,须报请省、自治区人民代表大会常务委员会批准。自治区制定的规定,须报全国人民代表大会常务委员会备案。

第三十七条 本法自一九八一年一月一日起施行。

一九五〇年五月一日颁行的《中华人民共和国婚姻法》,自本法施行之日起废止。

全国人民代表大会常务委员会关于修改《中华人民共和国婚姻法》的决定

(2001 年 4 月 28 日第九届全国人民代表大会常务委员会第二十一次会议通过 2001 年 4 月 28 日公布 自公布之日起施行)

第九届全国人民代表大会常务委员会第二十一次会议决定对《中华人民共和国婚姻法》作

如下修改：

一、第三条第二款修改为："禁止重婚。禁止有配偶者与他人同居。禁止家庭暴力。禁止家庭成员间的虐待和遗弃。"

二、增加一条，作为第四条："夫妻应当互相忠实，互相尊重；家庭成员间应当敬老爱幼，互相帮助，维护平等、和睦、文明的婚姻家庭关系。"

三、第六条改为第七条，第二项修改为："（二）患有医学上认为不应当结婚的疾病。"

四、第七条改为第八条，修改为："要求结婚的男女双方必须亲自到婚姻登记机关进行结婚登记。符合本法规定的，予以登记，发给结婚证。取得结婚证，即确立夫妻关系。未办理结婚登记的，应当补办登记。"

五、第八条改为第九条，修改为："登记结婚后，根据男女双方约定，女方可以成为男方家庭的成员，男方可以成为女方家庭的成员。"

六、增加一条，作为第十条："有下列情形之一的，婚姻无效：

"（一）重婚的；

"（二）有禁止结婚的亲属关系的；

"（三）婚前患有医学上认为不应当结婚的疾病，婚后尚未治愈的；

"（四）未到法定婚龄的。"

七、增加一条，作为第十一条："因胁迫结婚的，受胁迫的一方可以向婚姻登记机关或人民法院请求撤销该婚姻。受胁迫的一方撤销婚姻的请求，应当自结婚登记之日起一年内提出。被非法限制人身自由的当事人请求撤销婚姻的，应当自恢复人身自由之日起一年内提出。"

八、增加一条，作为第十二条："无效或被撤销的婚姻，自始无效。当事人不具有夫妻的权利和义务。同居期间所得的财产，由当事人协议处理；协议不成时，由人民法院根据照顾无过错方的原则判决。对重婚导致的婚姻无效的财产处理，不得侵害合法婚姻当事人的财产权益。当事人所生的子女，适用本法有关父母子女的规定。"

九、第十三条改为第十七条，第一款修改为："夫妻在婚姻关系存续期间所得的下列财产，归夫妻共同所有：

"（一）工资、奖金；

"（二）生产、经营的收益；

"（三）知识产权的收益；

"（四）继承或赠与所得的财产，但本法第十八条第三项规定的除外；

"（五）其他应当归共同所有的财产。"

十、增加一条，作为第十八条："有下列情形之一的，为夫妻一方的财产：

"（一）一方的婚前财产；

"（二）一方因身体受到伤害获得的医疗费、残疾人生活补助费等费用；

"（三）遗嘱或赠与合同中确定只归夫或妻一方的财产；

"（四）一方专用的生活用品；

"（五）其他应当归一方的财产。"

十一、增加一条，作为第十九条："夫妻可以约定婚姻关系存续期间所得的财产以及婚前财产归各自所有、共同所有或部分各自所有、部分共同所有。约定应当采用书面形式。没有约定或约定不明确的，适用本法第十七条、第十八条的规定。

"夫妻对婚姻关系存续期间所得的财产以及婚前财产的约定，对双方具有约束力。

"夫妻对婚姻关系存续期间所得的财产约定归各自所有的，夫或妻一方对外所负的债务，第三人知道该约定的，以夫或妻一方所有的财产清偿。"

十二、第十五条改为第二十一条，第四款修改为："禁止溺婴、弃婴和其他残害婴儿的行为。"

十三、第十六条改为第二十二条，修改为："子女可以随父姓，可以随母姓。"

十四、第十七条改为第二十三条，修改为："父母有保护和教育未成年子女的权利和义务。在未成年子女对国家、集体或他人造成损害时，父母有承担民事责任的义务。"

十五、第十九条改为第二十五条，第二款修改为："不直接抚养非婚生子女的生父或生母，应当负担子女的生活费和教育费，直至子女能独立生活为止。"

十六、第二十二条改为第二十八条，修改为："有负担能力的祖父母、外祖父母，对于父母已经死亡或父母无力抚养的未成年的孙子女、外孙子女，有抚养的义务。有负担能力的孙子女、外孙子女，对于子女已经死亡或子女无力赡养的祖父母、外祖父母,有赡养的义务。”

十七、第二十三条改为第二十九条,修改为:“有负担能力的兄、姐,对于父母已经死亡或父母无力抚养的未成年的弟、妹,有扶养的义务。由兄、姐扶养长大的有负担能力的弟、妹,对于缺乏劳动能力又缺乏生活来源的兄、姐,有扶养的义务。”

十八、增加一条,作为第三十条:“子女应当尊重父母的婚姻权利,不得干涉父母再婚以及婚后的生活。子女对父母的赡养义务,不因父母的婚姻关系变化而终止。”

十九、第二十四条改为第三十　条,修改为:“男女双方自愿离婚的,准予离婚。双方必须到婚姻登记机关申请离婚。婚姻登记机关查明双方确实是自愿并对子女和财产问题已有适当处理时,发给离婚证。”

二十、第二十五条改为第三十二条,增加二款,作为第三款、第四款:“有下列情形之一,调解无效的,应准予离婚:

“(一)重婚或有配偶者与他人同居的;

“(二)实施家庭暴力或虐待、遗弃家庭成员的;

“(三)有赌博、吸毒等恶习屡教不改的;

“(四)因感情不和分居满二年的;

“(五)其他导致夫妻感情破裂的情形。

“一方被宣告失踪,另一方提出离婚诉讼的,应准予离婚。”

二十一、第二十六条改为第三十三条,修改为:“现役军人的配偶要求离婚,须得军人同意,但军人一方有重大过错的除外。”

二十二、第二十七条改为第三十四条,修改为:“女方在怀孕期间、分娩后一年内或中止妊娠后六个月内,男方不得提出离婚。女方提出离婚的,或人民法院认为确有必要受理男方离婚请求的,不在此限。”

二十三、第二十八条改为第三十五条,修改为:“离婚后,男女双方自愿恢复夫妻关系的,必须到婚姻登记机关进行复婚登记。”

二十四、第二十九条改为第三十六条,第一款修改为:“父母与子女间的关系,不因父母离婚而消除。离婚后,子女无论由父或母直接抚养,仍是父母双方的子女。”

二十五、增加一条,作为第三十八条:“离婚后,不直接抚养子女的父或母,有探望子女的权利,另一方有协助的义务。

“行使探望权利的方式、时间由当事人协议;协议不成时,由人民法院判决。

“父或母探望子女,不利于子女身心健康的,由人民法院依法中止探望的权利;中止的事由消失后,应当恢复探望的权利。”

二十六、第三十一条改为第三十九条,修改为:“离婚时,夫妻的共同财产由双方协议处理;协议不成时,由人民法院根据财产的具体情况,照顾子女和女方权益的原则判决。”

增加一款,作为第二款:“夫或妻在家庭土地承包经营中享有的权益等,应当依法予以保护。”

二十七、增加一条,作为第四十条:“夫妻书面约定婚姻关系存续期间所得的财产归各自所有,一方因抚育子女、照料老人、协助另一方工作等付出较多义务的,离婚时有权向另一方请求补偿,另一方应当予以补偿。”

二十八、第三十二条改为第四十一条,修改为:“离婚时,原为夫妻共同生活所负的债务,应当共同偿还。共同财产不足清偿的,或财产归各自所有的,由双方协议清偿;协议不成时,由人民法院判决。”

二十九、第三十三条改为第四十二条,修改为:“离婚时,如一方生活困难,另一方应从其住房等个人财产中给予适当帮助。具体办法由双方协议;协议不成时,由人民法院判决。”

三十、增加“救助措施与法律责任”一章,作为第五章,增加六条,作为第四十三条至第四十七条、第四十九条:

(一)“第四十三条　实施家庭暴力或虐待家庭成员,受害人有权提出请求,居民委员会、村民委员会以及所在单位应当予以劝阻、调解。

“对正在实施的家庭暴力,受害人有权提出请求,居民委员会、村民委员会应当予以劝阻;公安机关应当予以制止。

“实施家庭暴力或虐待家庭成员,受害人提出请求的,公安机关应当依照治安管理处罚的法律规定予以行政处罚。”

(二)“第四十四条　对遗弃家庭成员,受害人有权提出请求,居民委员会、村民委员会以及所在单位应当予以劝阻、调解。

"对遗弃家庭成员,受害人提出请求的,人民法院应当依法作出支付扶养费、抚养费、赡养费的判决。"

(三)"第四十五条　对重婚的,对实施家庭暴力或虐待、遗弃家庭成员构成犯罪的,依法追究刑事责任。受害人可以依照刑事诉讼法的有关规定,向人民法院自诉;公安机关应当依法侦查,人民检察院应当依法提起公诉。"

(四)"第四十六条　有下列情形之一,导致离婚的,无过错方有权请求损害赔偿:

"(一)重婚的;

"(二)有配偶者与他人同居的;

"(三)实施家庭暴力的;

"(四)虐待、遗弃家庭成员的。"

(五)"第四十七条　离婚时,一方隐藏、转移、变卖、毁损夫妻共同财产,或伪造债务企图侵占另一方财产的,分割夫妻共同财产时,对隐藏、转移、变卖、毁损夫妻共同财产或伪造债务的一方,可以少分或不分。离婚后,另一方发现有上述行为的,可以向人民法院提起诉讼,请求再次分割夫妻共同财产。

"人民法院对前款规定的妨害民事诉讼的行为,依照民事诉讼法的规定予以制裁。"

(六)"第四十九条　其他法律对有关婚姻家庭的违法行为和法律责任另有规定的,依照其规定。"

三十一、删去第三十四条。

三十二、第三十五条改为第四十八条,修改为:"对拒不执行有关扶养费、抚养费、赡养费、财产分割、遗产继承、探望子女等判决或裁定的,由人民法院依法强制执行。有关个人和单位应负协助执行的责任。"

三十三、第三十六条改为第五十条,修改为:"民族自治地方的人民代表大会有权结合当地民族婚姻家庭的具体情况,制定变通规定。自治州、自治县制定的变通规定,报省、自治区、直辖市人民代表大会常务委员会批准后生效。自治区制定的变通规定,报全国人民代表大会常务委员会批准后生效。"

本决定自公布之日起施行。

《中华人民共和国婚姻法》根据本决定作相应修改并对条款顺序作相应调整,重新公布。

中华人民共和国婚姻法

(1980年9月10日第五届全国人民代表大会第三次会议通过　根据2001年4月28日第九届全国人民代表大会常务委员会第二十一次会议《关于修改〈中华人民共和国婚姻法〉的决定》修正)

目　　录

第一章　总　　则

第一条　本法是婚姻家庭关系的基本准则。

第二条　实行婚姻自由、一夫一妻、男女平等的婚姻制度。

保护妇女、儿童和老人的合法权益。

实行计划生育。

第三条　禁止包办、买卖婚姻和其他干涉婚姻自由的行为。禁止借婚姻索取财物。

禁止重婚。禁止有配偶者与他人同居。禁止家庭暴力。禁止家庭成员间的虐待和遗弃。

第四条　夫妻应当互相忠实,互相尊重;家庭成员间应当敬老爱幼,互相帮助,维护平等、和睦、文明的婚姻家庭关系。

第二章　结　　婚

第五条　结婚必须男女双方完全自愿,不许任何一方对他方加以强迫或任何第三者加以干涉。

第六条　结婚年龄,男不得早于二十二周岁,女不得早于二十周岁。晚婚晚育应予鼓励。

第七条　有下列情形之一的,禁止结婚:

(一)直系血亲和三代以内的旁系血亲;

(二)患有医学上认为不应当结婚的疾病。

第八条　要求结婚的男女双方必须亲自到婚姻登记机关进行结婚登记。符合本法规定的,予以登记,发给结婚证。取得结婚证,即确立夫妻关系。未办理结婚登记的,应当补办登记。

第九条 登记结婚后,根据男女双方约定,女方可以成为男方家庭的成员,男方可以成为女方家庭的成员。

第十条 有下列情形之一的,婚姻无效:

(一)重婚的;

(二)有禁止结婚的亲属关系的;

(三)婚前患有医学上认为不应当结婚的疾病,婚后尚未治愈的;

(四)未到法定婚龄的。

第十一条 因胁迫结婚的,受胁迫的一方可以向婚姻登记机关或人民法院请求撤销该婚姻。受胁迫的一方撤销婚姻的请求,应当自结婚登记之日起一年内提出。被非法限制人身自由的当事人请求撤销婚姻的,应当自恢复人身自由之日起一年内提出。

第十二条 无效或被撤销的婚姻,自始无效。当事人不具有夫妻的权利和义务。同居期间所得的财产,由当事人协议处理;协议不成时,由人民法院根据照顾无过错方的原则判决。对重婚导致的婚姻无效的财产处理,不得侵害合法婚姻当事人的财产权益。当事人所生的子女,适用本法有关父母子女的规定。

第三章 家庭关系

第十三条 夫妻在家庭中地位平等。

第十四条 夫妻双方都有各用自己姓名的权利。

第十五条 夫妻双方都有参加生产、工作、学习和社会活动的自由,一方不得对他方加以限制或干涉。

第十六条 夫妻双方都有实行计划生育的义务。

第十七条 夫妻在婚姻关系存续期间所得的下列财产,归夫妻共同所有:

(一)工资、奖金;

(二)生产、经营的收益;

(三)知识产权的收益;

(四)继承或赠与所得的财产,但本法第十八条第三项规定的除外;

(五)其他应当归共同所有的财产。

夫妻对共同所有的财产,有平等的处理权。

第十八条 有下列情形之一的,为夫妻一方的财产:

(一)一方的婚前财产;

(二)一方因身体受到伤害获得的医疗费、残疾人生活补助费等费用;

(三)遗嘱或赠与合同中确定只归夫或妻一方的财产;

(四)一方专用的生活用品;

(五)其他应当归一方的财产。

第十九条 夫妻可以约定婚姻关系存续期间所得的财产以及婚前财产归各自所有、共同所有或部分各自所有、部分共同所有。约定应当采用书面形式。没有约定或约定不明确的,适用本法第十七条、第十八条的规定。

夫妻对婚姻关系存续期间所得的财产以及婚前财产的约定,对双方具有约束力。

夫妻对婚姻关系存续期间所得的财产约定归各自所有的,夫或妻一方对外所负的债务,第三人知道该约定的,以夫或妻一方所有的财产清偿。

第二十条 夫妻有互相扶养的义务。

一方不履行扶养义务时,需要扶养的一方,有要求对方付给扶养费的权利。

第二十一条 父母对子女有抚养教育的义务;子女对父母有赡养扶助的义务。

父母不履行抚养义务时,未成年的或不能独立生活的子女,有要求父母付给抚养费的权利。

子女不履行赡养义务时,无劳动能力的或生活困难的父母,有要求子女付给赡养费的权利。

禁止溺婴、弃婴和其他残害婴儿的行为。

第二十二条 子女可以随父姓,可以随母姓。

第二十三条 父母有保护和教育未成年子女的权利和义务。在未成年子女对国家、集体或他人造成损害时,父母有承担民事责任的义务。

第二十四条 夫妻有相互继承遗产的权利。

父母和子女有相互继承遗产的权利。

第二十五条 非婚生子女享有与婚生子女同等的权利,任何人不得加以危害和歧视。

不直接抚养非婚生子女的生父或生母,应当负担子女的生活费和教育费,直至子女能独立生活为止。

第二十六条　国家保护合法的收养关系。养父母和养子女间的权利和义务,适用本法对父母子女关系的有关规定。

养子女和生父母间的权利和义务,因收养关系的成立而消除。

第二十七条　继父母与继子女间,不得虐待或歧视。

继父或继母和受其抚养教育的继子女间的权利和义务,适用本法对父母子女关系的有关规定。

第二十八条　有负担能力的祖父母、外祖父母,对于父母已经死亡或父母无力抚养的未成年的孙子女、外孙子女,有抚养的义务。有负担能力的孙子女、外孙子女,对于子女已经死亡或子女无力赡养的祖父母、外祖父母,有赡养的义务。

第二十九条　有负担能力的兄、姐,对于父母已经死亡或父母无力抚养的未成年的弟、妹,有扶养的义务。由兄、姐扶养长大的有负担能力的弟、妹,对于缺乏劳动能力又缺乏生活来源的兄、姐,有扶养的义务。

第三十条　子女应当尊重父母的婚姻权利,不得干涉父母再婚以及婚后的生活。子女对父母的赡养义务,不因父母的婚姻关系变化而终止。

第四章　离　　婚

第三十一条　男女双方自愿离婚的,准予离婚。双方必须到婚姻登记机关申请离婚。婚姻登记机关查明双方确实是自愿并对子女和财产问题已有适当处理时,发给离婚证。

第三十二条　男女一方要求离婚的,可由有关部门进行调解或直接向人民法院提出离婚诉讼。

人民法院审理离婚案件,应当进行调解;如感情确已破裂,调解无效,应准予离婚。

有下列情形之一,调解无效的,应准予离婚:

(一)重婚或有配偶者与他人同居的;

(二)实施家庭暴力或虐待、遗弃家庭成员的;

(三)有赌博、吸毒等恶习屡教不改的;

(四)因感情不和分居满二年的;

(五)其他导致夫妻感情破裂的情形。

一方被宣告失踪,另一方提出离婚诉讼的,应准予离婚。

第三十三条　现役军人的配偶要求离婚,须得军人同意,但军人一方有重大过错的除外。

第三十四条　女方在怀孕期间、分娩后一年内或中止妊娠后六个月内,男方不得提出离婚。女方提出离婚的,或人民法院认为确有必要受理男方离婚请求的,不在此限。

第三十五条　离婚后,男女双方自愿恢复夫妻关系的,必须到婚姻登记机关进行复婚登记。

第三十六条　父母与子女间的关系,不因父母离婚而消除。离婚后,子女无论由父或母直接抚养,仍是父母双方的子女。

离婚后,父母对于子女仍有抚养和教育的权利和义务。

离婚后,哺乳期内的子女,以随哺乳的母亲抚养为原则。哺乳期后的子女,如双方因抚养问题发生争执不能达成协议时,由人民法院根据子女的权益和双方的具体情况判决。

第三十七条　离婚后,一方抚养的子女,另一方应负担必要的生活费和教育费的一部或全部,负担费用的多少和期限的长短,由双方协议;协议不成时,由人民法院判决。

关于子女生活费和教育费的协议或判决,不妨碍子女在必要时向父母任何一方提出超过协议或判决原定数额的合理要求。

第三十八条　离婚后,不直接抚养子女的父或母,有探望子女的权利,另一方有协助的义务。

行使探望权利的方式、时间由当事人协议;协议不成时,由人民法院判决。

父或母探望子女,不利于子女身心健康的,由人民法院依法中止探望的权利;中止的事由消失后,应当恢复探望的权利。

第三十九条　离婚时,夫妻的共同财产由双方协议处理;协议不成时,由人民法院根据财产的具体情况,照顾子女和女方权益的原则判决。

夫或妻在家庭土地承包经营中享有的权益等,应当依法予以保护。

第四十条　夫妻书面约定婚姻关系存续期间所得的财产归各自所有,一方因抚育子女、照料老人、协助另一方工作等付出较多义务的,离婚时有权向另一方请求补偿,另一方应当予以补偿。

第四十一条 离婚时,原为夫妻共同生活所负的债务,应当共同偿还。共同财产不足清偿的,或财产归各自所有的,由双方协议清偿;协议不成时,由人民法院判决。

第四十二条 离婚时,如一方生活困难,另一方应从其住房等个人财产中给予适当帮助。具体办法由双方协议;协议不成时,由人民法院判决。

第五章 救助措施与法律责任

第四十三条 实施家庭暴力或虐待家庭成员,受害人有权提出请求,居民委员会、村民委员会以及所在单位应当予以劝阻、调解。

对正在实施的家庭暴力,受害人有权提出请求,居民委员会、村民委员会应当予以劝阻;公安机关应当予以制止。

实施家庭暴力或虐待家庭成员,受害人提出请求的,公安机关应当依照治安管理处罚的法律规定予以行政处罚。

第四十四条 对遗弃家庭成员,受害人有权提出请求,居民委员会、村民委员会以及所在单位应当予以劝阻、调解。

对遗弃家庭成员,受害人提出请求的,人民法院应当依法作出支付扶养费、抚养费、赡养费的判决。

第四十五条 对重婚的,对实施家庭暴力或虐待、遗弃家庭成员构成犯罪的,依法追究刑事责任。受害人可以依照刑事诉讼法的有关规定,向人民法院自诉;公安机关应当依法侦查,人民检察院应当依法提起公诉。

第四十六条 有下列情形之一,导致离婚的,无过错方有权请求损害赔偿:

(一)重婚的;

(二)有配偶者与他人同居的;

(三)实施家庭暴力的;

(四)虐待、遗弃家庭成员的。

第四十七条 离婚时,一方隐藏、转移、变卖、毁损夫妻共同财产,或伪造债务企图侵占另一方财产的,分割夫妻共同财产时,对隐藏、转移、变卖、毁损夫妻共同财产或伪造债务的一方,可以少分或不分。离婚后,另一方发现有上述行为的,可以向人民法院提起诉讼,请求再次分割夫妻共同财产。

人民法院对前款规定的妨害民事诉讼的行为,依照民事诉讼法的规定予以制裁。

第四十八条 对拒不执行有关扶养费、抚养费、赡养费、财产分割、遗产继承、探望子女等判决或裁定的,由人民法院依法强制执行。有关个人和单位应负协助执行的责任。

第四十九条 其他法律对有关婚姻家庭的违法行为和法律责任另有规定的,依照其规定。

第六章 附 则

第五十条 民族自治地方的人民代表大会有权结合当地民族婚姻家庭的具体情况,制定变通规定。自治州、自治县制定的变通规定,报省、自治区、直辖市人民代表大会常务委员会批准后生效。自治区制定的变通规定,报全国人民代表大会常务委员会批准后生效。

第五十一条 本法自1981年1月1日起施行。

1950年5月1日颁行的《中华人民共和国婚姻法》,自本法施行之日起废止。

最高人民法院关于适用《中华人民共和国婚姻法》若干问题的解释(一)

(2001年12月24日最高人民法院审判委员会第1202次会议通过 2001年12月25日最高人民法院公告公布 自2001年12月27日起施行 法释〔2001〕30号)

为了正确审理婚姻家庭纠纷案件,根据《中华人民共和国婚姻法》(以下简称婚姻法)、《中华人民共和国民事诉讼法》等法律的规定,对人民法院适用婚姻法的有关问题作出如下解释:

第一条 婚姻法第三条、第三十二条、第四十三条、第四十五条、第四十六条所称的"家庭暴力",是指行为人以殴打、捆绑、残害、强行限制人身自由或者其他手段,给其家庭成员的身体、精神等方面造成一定伤害后果的行为。持续性、经常性的家庭暴力,构成虐待。

第二条 婚姻法第三条、第三十二条、第四十六条规定的“有配偶者与他人同居”的情形，是指有配偶者与婚外异性，不以夫妻名义，持续、稳定地共同居住。

第三条 当事人仅以婚姻法第四条为依据提起诉讼的，人民法院不予受理；已经受理的，裁定驳回起诉。

第四条 男女双方根据婚姻法第八条规定补办结婚登记的，婚姻关系的效力从双方均符合婚姻法所规定的结婚的实质要件时起算。

第五条 未按婚姻法第八条规定办理结婚登记而以夫妻名义共同生活的男女，起诉到人民法院要求离婚的，应当区别对待：

（一）1994 年 2 月 1 日民政部《婚姻登记管理条例》公布实施以前，男女双方已经符合结婚实质要件的，按事实婚姻处理。

（二）1994 年 2 月 1 日民政部《婚姻登记管理条例》公布实施以后，男女双方符合结婚实质要件的，人民法院应当告知其在案件受理前补办结婚登记；未补办结婚登记的，按解除同居关系处理。

第六条 未按婚姻法第八条规定办理结婚登记而以夫妻名义共同生活的男女，一方死亡，另一方以配偶身份主张享有继承权的，按照本解释第五条的原则处理。

第七条 有权依据婚姻法第十条规定向人民法院就已办理结婚登记的婚姻申请宣告婚姻无效的主体，包括婚姻当事人及利害关系人。利害关系人包括：

（一）以重婚为由申请宣告婚姻无效的，为当事人的近亲属及基层组织。

（二）以未到法定婚龄为由申请宣告婚姻无效的，为未达法定婚龄者的近亲属。

（三）以有禁止结婚的亲属关系为由申请宣告婚姻无效的，为当事人的近亲属。

（四）以婚前患有医学上认为不应当结婚的疾病，婚后尚未治愈为由申请宣告婚姻无效的，为与患病者共同生活的近亲属。

第八条 当事人依据婚姻法第十条规定向人民法院申请宣告婚姻无效的，申请时，法定的无效婚姻情形已经消失的，人民法院不予支持。

第九条 人民法院审理宣告婚姻无效案件，对婚姻效力的审理不适用调解，应当依法作出判决；有关婚姻效力的判决一经作出，即发生法律效力。

涉及财产分割和子女抚养的，可以调解。调解达成协议的，另行制作调解书。对财产分割和子女抚养问题的判决不服的，当事人可以上诉。

第十条 婚姻法第十一条所称的“胁迫”，是指行为人以给另一方当事人或者其近亲属的生命、身体健康、名誉、财产等方面造成损害为要挟，迫使另一方当事人违背真实意愿结婚的情况。

因受胁迫而请求撤销婚姻的，只能是受胁迫一方的婚姻关系当事人本人。

第十一条 人民法院审理婚姻当事人因受胁迫而请求撤销婚姻的案件，应当适用简易程序或者普通程序。

第十二条 婚姻法第十一条规定的“1 年”，不适用诉讼时效中止、中断或者延长的规定。

第十三条 婚姻法第十二条所规定的自始无效，是指无效或者可撤销婚姻在依法被宣告无效或被撤销时，才确定该婚姻自始不受法律保护。

第十四条 人民法院根据当事人的申请，依法宣告婚姻无效或者撤销婚姻的，应当收缴双方的结婚证书并将生效的判决书寄送当地婚姻登记管理机关。

第十五条 被宣告无效或被撤销的婚姻，当事人同居期间所得的财产，按共同共有处理。但有证据证明为当事人一方所有的除外。

第十六条 人民法院审理重婚导致的无效婚姻案件时，涉及财产处理的，应当准许合法婚姻当事人作为有独立请求权的第三人参加诉讼。

第十七条 婚姻法第十七条关于“夫妻对夫妻共同所有的财产，有平等的处理权”的规定，应当理解为：

（一）夫或妻在处理夫妻共同财产上的权利是平等的。因日常生活需要而处理夫妻共同财产的，任何一方均有权决定。

（二）夫或妻非因日常生活需要对夫妻共同财产做重要处理决定，夫妻双方应当平等协商，取得一致意见。他人有理由相信其为夫妻双方共同意思表示的，另一方不得以不同意或不知道为由对抗善意第三人。

第十八条 婚姻法第十九条所称“第三人知

道该约定的”,夫妻一方对此负有举证责任。

第十九条 婚姻法第十八条规定为夫妻一方所有的财产,不因婚姻关系的延续而转化为夫妻共同财产。但当事人另有约定的除外。

第二十条 婚姻法第二十一条规定的“不能独立生活的子女”,是指尚在校接受高中及其以下学历教育,或者丧失或未完全丧失劳动能力等非因主观原因而无法维持正常生活的成年子女。

第二十一条 婚姻法第二十一条所称“抚养费”,包括子女生活费、教育费、医疗费等费用。

第二十二条 人民法院审理离婚案件,符合第三十二条第三款规定“应准予离婚”情形的,不应当因当事人有过错而判决不准离婚。

第二十三条 婚姻法第三十三条所称的“军人一方有重大过错”,可以依据婚姻法第三十二条第三款前三项规定及军人有其他重大过错导致夫妻感情破裂的情形予以判断。

第二十四条 人民法院作出的生效的离婚判决中未涉及探望权,当事人就探望权问题单独提起诉讼的,人民法院应予受理。

第二十五条 当事人在履行生效判决、裁定或者调解书的过程中,请求中止行使探望权的,人民法院在征询双方当事人意见后,认为需要中止行使探望权的,依法作出裁定。中止探望的情形消失后,人民法院应当根据当事人的申请通知其恢复探望权的行使。

第二十六条 未成年子女、直接抚养子女的父或母及其他对未成年子女负担抚养、教育义务的法定监护人,有权向人民法院提出中止探望权的请求。

第二十七条 婚姻法第四十二条所称“一方生活困难”,是指依靠个人财产和离婚时分得的财产无法维持当地基本生活水平。

一方离婚后没有住处的,属于生活困难。

离婚时,一方以个人财产中的住房对生活困难者进行帮助的形式,可以是房屋的居住权或者房屋的所有权。

第二十八条 婚姻法第四十六条规定的“损害赔偿”,包括物质损害赔偿和精神损害赔偿。涉及精神损害赔偿的,适用最高人民法院《关于确定民事侵权精神损害赔偿责任若干问题的解释》的有关规定。

第二十九条 承担婚姻法第四十六条规定的损害赔偿责任的主体,为离婚诉讼当事人中无过错方的配偶。

人民法院判决不准离婚的案件,对于当事人基于婚姻法第四十六条提出的损害赔偿请求,不予支持。

在婚姻关系存续期间,当事人不起诉离婚而单独依据该条规定提起损害赔偿请求的,人民法院不予受理。

第三十条 人民法院受理离婚案件时,应当将婚姻法第四十六条等规定中当事人的有关权利义务,书面告知当事人。在适用婚姻法第四十六条时,应当区分以下不同情况:

(一)符合婚姻法第四十六条规定的无过错方作为原告基于该条规定向人民法院提起损害赔偿请求的,必须在离婚诉讼的同时提出。

(二)符合婚姻法第四十六条规定的无过错方作为被告的离婚诉讼案件,如果被告不同意离婚也不基于该条规定提起损害赔偿请求的,可以在离婚后1年内就此单独提起诉讼。

(三)无过错方作为被告的离婚诉讼案件,一审时被告未基于婚姻法第四十六条规定提出损害赔偿请求,二审期间提出的,人民法院应当进行调解,调解不成的,告知当事人在离婚后1年内另行起诉。

第三十一条 当事人依据婚姻法第四十七条的规定向人民法院提起诉讼,请求再次分割夫妻共同财产的诉讼时效为两年,从当事人发现之次日起计算。

第三十二条 婚姻法第四十八条关于对拒不执行有关探望子女等判决和裁定的,由人民法院依法强制执行的规定,是指对拒不履行协助另一方行使探望权的有关个人和单位采取拘留、罚款等强制措施,不能对子女的人身、探望行为进行强制执行。

第三十三条 婚姻法修改后正在审理的一、二审婚姻家庭纠纷案件,一律适用修改后的婚姻法。此前最高人民法院作出的相关司法解释如与本解释相抵触,以本解释为准。

第三十四条 本解释自公布之日起施行。

最高人民法院关于适用《中华人民共和国婚姻法》若干问题的解释(二)[①]

(2003年12月4日最高人民法院审判委员会第1299次会议通过　2003年12月25日最高人民法院公告公布　自2004年4月1日起施行　法释〔2003〕19号)

为正确审理婚姻家庭纠纷案件,根据《中华人民共和国婚姻法》(以下简称婚姻法)、《中华人民共和国民事诉讼法》等相关法律规定,对人民法院适用婚姻法的有关问题作出如下解释:

第一条　当事人起诉请求解除同居关系的,人民法院不予受理。但当事人请求解除的同居关系,属于婚姻法第三条、第三十二条、第四十六条规定的"有配偶者与他人同居"的,人民法院应当受理并依法予以解除。

当事人因同居期间财产分割或者子女抚养纠纷提起诉讼的,人民法院应当受理。

第二条　人民法院受理申请宣告婚姻无效案件后,经审查确属无效婚姻的,应当依法作出宣告婚姻无效的判决。原告申请撤诉的,不予准许。

第三条　人民法院受理离婚案件后,经审查确属无效婚姻的,应当将婚姻无效的情形告知当事人,并依法作出宣告婚姻无效的判决。

第四条　人民法院审理无效婚姻案件,涉及财产分割和子女抚养的,应当对婚姻效力的认定和其他纠纷的处理分别制作裁判文书。

第五条　夫妻一方或者双方死亡后一年内,生存一方或者利害关系人依据婚姻法第十条的规定申请宣告婚姻无效的,人民法院应当受理。

第六条　利害关系人依据婚姻法第十条的规定,申请人民法院宣告婚姻无效的,利害关系人为申请人,婚姻关系当事人双方为被申请人。

夫妻一方死亡的,生存一方为被申请人。

夫妻双方均已死亡的,不列被申请人。

第七条　人民法院就同一婚姻关系分别受理了离婚和申请宣告婚姻无效案件的,对于离婚案件的审理,应当待申请宣告婚姻无效案件作出判决后进行。

前款所指的婚姻关系被宣告无效后,涉及财产分割和子女抚养的,应当继续审理。

第八条　离婚协议中关于财产分割的条款或者当事人因离婚就财产分割达成的协议,对男女双方具有法律约束力。

当事人因履行上述财产分割协议发生纠纷提起诉讼的,人民法院应当受理。

第九条　男女双方协议离婚后一年内就财产分割问题反悔,请求变更或者撤销财产分割协议的,人民法院应当受理。

人民法院审理后,未发现订立财产分割协议时存在欺诈、胁迫等情形的,应当依法驳回当事人的诉讼请求。

第十条　当事人请求返还按照习俗给付的彩礼的,如果查明属于以下情形,人民法院应当予以支持:

(一)双方未办理结婚登记手续的;

(二)双方办理结婚登记手续但确未共同生活的;

(三)婚前给付并导致给付人生活困难的。

适用前款第(二)、(三)项的规定,应当以双方离婚为条件。

第十一条　婚姻关系存续期间,下列财产属于婚姻法第十七条规定的"其他应当归共同所有的财产":

(一)一方以个人财产投资取得的收益;

(二)男女双方实际取得或者应当取得的住房补贴、住房公积金;

(三)男女双方实际取得或者应当取得的养老保险金、破产安置补偿费。

第十二条　婚姻法第十七条第三项规定的"知识产权的收益",是指婚姻关系存续期间,实际取得或者已经明确可以取得的财产性收益。

第十三条　军人的伤亡保险金、伤残补助金、医药生活补助费属于个人财产。

第十四条　人民法院审理离婚案件,涉及分割发放到军人名下的复员费、自主择业费等一次性费用的,以夫妻婚姻关系存续年限乘以年平均值,所得数额为夫妻共同财产。

① 编者注:第24条已被修改。

前款所称年平均值,是指将发放到军人名下的上述费用总额按具体年限均分得出的数额。其具体年限为人均寿命七十岁与军人入伍时实际年龄的差额。

第十五条 夫妻双方分割共同财产中的股票、债券、投资基金份额等有价证券以及未上市股份有限公司股份时,协商不成或者按市价分配有困难的,人民法院可以根据数量按比例分配。

第十六条 人民法院审理离婚案件,涉及分割夫妻共同财产中以一方名义在有限责任公司的出资额,另一方不是该公司股东的,按以下情形分别处理:

(一)夫妻双方协商一致将出资额部分或者全部转让给该股东的配偶,过半数股东同意、其他股东明确表示放弃优先购买权的,该股东的配偶可以成为该公司股东;

(二)夫妻双方就出资额转让份额和转让价格等事项协商一致后,过半数股东不同意转让,但愿意以同等价格购买该出资额的,人民法院可以对转让出资所得财产进行分割。过半数股东不同意转让,也不愿意以同等价格购买该出资额的,视为其同意转让,该股东的配偶可以成为该公司股东。

用于证明前款规定的过半数股东同意的证据,可以是股东会决议,也可以是当事人通过其他合法途径取得的股东的书面声明材料。

第十七条 人民法院审理离婚案件,涉及分割夫妻共同财产中以一方名义在合伙企业中的出资,另一方不是该企业合伙人的,当夫妻双方协商一致,将其合伙企业中的财产份额全部或者部分转让给对方时,按以下情形分别处理:

(一)其他合伙人一致同意的,该配偶依法取得合伙人地位;

(二)其他合伙人不同意转让,在同等条件下行使优先受让权的,可以对转让所得的财产进行分割;

(三)其他合伙人不同意转让,也不行使优先受让权,但同意该合伙人退伙或者退还部分财产份额的,可以对退还的财产进行分割;

(四)其他合伙人既不同意转让,也不行使优先受让权,又不同意该合伙人退伙或者退还部分财产份额的,视为全体合伙人同意转让,该配偶依法取得合伙人地位。

第十八条 夫妻以一方名义投资设立独资企业的,人民法院分割夫妻在该独资企业中的共同财产时,应当按照以下情形分别处理:

(一)一方主张经营该企业的,对企业资产进行评估后,由取得企业一方给予另一方相应的补偿;

(二)双方均主张经营该企业的,在双方竞价基础上,由取得企业的一方给予另一方相应的补偿;

(三)双方均不愿意经营该企业的,按照《中华人民共和国个人独资企业法》等有关规定办理。

第十九条 由一方婚前承租、婚后用共同财产购买的房屋,房屋权属证书登记在一方名下的,应当认定为夫妻共同财产。

第二十条 双方对夫妻共同财产中的房屋价值及归属无法达成协议时,人民法院按以下情形分别处理:

(一)双方均主张房屋所有权并且同意竞价取得的,应当准许;

(二)一方主张房屋所有权的,由评估机构按市场价格对房屋作出评估,取得房屋所有权的一方应当给予另一方相应的补偿;

(三)双方均不主张房屋所有权的,根据当事人的申请拍卖房屋,就所得价款进行分割。

第二十一条 离婚时双方对尚未取得所有权或者尚未取得完全所有权的房屋有争议且协商不成的,人民法院不宜判决房屋所有权的归属,应当根据实际情况判决由当事人使用。

当事人就前款规定的房屋取得完全所有权后,有争议的,可以另行向人民法院提起诉讼。

第二十二条 当事人结婚前,父母为双方购置房屋出资的,该出资应当认定为对自己子女的个人赠与,但父母明确表示赠与双方的除外。

当事人结婚后,父母为双方购置房屋出资的,该出资应当认定为对夫妻双方的赠与,但父母明确表示赠与一方的除外。

第二十三条 债权人就一方婚前所负个人债务向债务人的配偶主张权利的,人民法院不予支持。但债权人能够证明所负债务用于婚后家庭共同生活的除外。

第二十四条 债权人就婚姻关系存续期间

夫妻一方以个人名义所负债务主张权利的，应当按夫妻共同债务处理。但夫妻一方能够证明债权人与债务人明确约定为个人债务，或者能够证明属于婚姻法第十九条第三款规定情形的除外。

第二十五条　当事人的离婚协议或者人民法院的判决书、裁定书、调解书已经对夫妻财产分割问题作出处理的，债权人仍有权就夫妻共同债务向男女双方主张权利。

一方就共同债务承担连带清偿责任后，基于离婚协议或者人民法院的法律文书向另一方主张追偿的，人民法院应当支持。

第二十六条　夫或妻一方死亡的，生存一方应当对婚姻关系存续期间的共同债务承担连带清偿责任。

第二十七条　当事人在婚姻登记机关办理离婚登记手续后，以婚姻法第四十六条规定为由向人民法院提出损害赔偿请求的，人民法院应当受理。但当事人在协议离婚时已经明确表示放弃该项请求，或者在办理离婚登记手续一年后提出的，不予支持。

第二十八条　夫妻一方申请对配偶的个人财产或者夫妻共同财产采取保全措施的，人民法院可以在采取保全措施可能造成损失的范围内，根据实际情况，确定合理的财产担保数额。

第二十九条　本解释自2004年4月1日起施行。

本解释施行后，人民法院新受理的一审婚姻家庭纠纷案件，适用本解释。

本解释施行后，此前最高人民法院作出的相关司法解释与本解释相抵触的，以本解释为准。

最高人民法院关于适用《中华人民共和国婚姻法》若干问题的解释（二）的补充规定

（2017年2月20日最高人民法院审判委员会第1710次会议审议通过　2017年2月28日最高人民法院公告公布　自2017年3月1日起施行　法释〔2017〕6号）

在《最高人民法院关于适用〈中华人民共和国婚姻法〉若干问题的解释（二）》第二十四条的基础上增加两款，分别作为该条第二款和第三款：

夫妻一方与第三人串通，虚构债务，第三人主张权利的，人民法院不予支持。

夫妻一方在从事赌博、吸毒等违法犯罪活动中所负债务，第三人主张权利的，人民法院不予支持。

最高人民法院关于适用《中华人民共和国婚姻法》若干问题的解释（三）

（2011年7月4日最高人民法院审判委员会第1525次会议通过　2011年8月9日最高人民法院公告公布　自2011年8月13日起施行　法释〔2011〕18号）

为正确审理婚姻家庭纠纷案件，根据《中华人民共和国婚姻法》、《中华人民共和国民事诉讼法》等相关法律规定，对人民法院适用婚姻法的有关问题作出如下解释：

第一条　当事人以婚姻法第十条规定以外的情形申请宣告婚姻无效的，人民法院应当判决驳回当事人的申请。

当事人以结婚登记程序存在瑕疵为由提起民事诉讼，主张撤销结婚登记的，告知其可以依法申请行政复议或者提起行政诉讼。

第二条　夫妻一方向人民法院起诉请求确认亲子关系不存在，并已提供必要证据予以证明，另一方没有相反证据又拒绝做亲子鉴定的，人民法院可以推定请求确认亲子关系不存在一方的主张成立。

当事人一方起诉请求确认亲子关系，并提供必要证据予以证明，另一方没有相反证据又拒绝做亲子鉴定的，人民法院可以推定请求确认亲子关系一方的主张成立。

第三条　婚姻关系存续期间，父母双方或者一方拒不履行抚养子女义务，未成年或者不能独立生活的子女请求支付抚养费的，人民法院应予支持。

第四条　婚姻关系存续期间，夫妻一方请求分割共同财产的，人民法院不予支持，但有下列重大理由且不损害债权人利益的除外：

（一）一方有隐藏、转移、变卖、毁损、挥霍夫妻共同财产或者伪造夫妻共同债务等严重损害夫妻共同财产利益行为的；

（二）一方负有法定扶养义务的人患重大疾病需要医治，另一方不同意支付相关医疗费用的。

第五条 夫妻一方个人财产在婚后产生的收益，除孳息和自然增值外，应认定为夫妻共同财产。

第六条 婚前或者婚姻关系存续期间，当事人约定将一方所有的房产赠与另一方，赠与方在赠与房产变更登记之前撤销赠与，另一方请求判令继续履行的，人民法院可以按照合同法第一百八十六条的规定处理。

第七条 婚后由一方父母出资为子女购买的不动产，产权登记在出资人子女名下的，可按照婚姻法第十八条第（三）项的规定，视为只对自己子女一方的赠与，该不动产应认定为夫妻一方的个人财产。

由双方父母出资购买的不动产，产权登记在一方子女名下的，该不动产可认定为双方按照各自父母的出资份额按份共有，但当事人另有约定的除外。

第八条 无民事行为能力人的配偶有虐待、遗弃等严重损害无民事行为能力一方的人身权利或者财产权益行为，其他有监护资格的人可以依照特别程序要求变更监护关系；变更后的监护人代理无民事行为能力一方提起离婚诉讼的，人民法院应予受理。

第九条 夫以妻擅自中止妊娠侵犯其生育权为由请求损害赔偿的，人民法院不予支持；夫妻双方因是否生育发生纠纷，致使感情确已破裂，一方请求离婚的，人民法院经调解无效，应依照婚姻法第三十二条第三款第（五）项的规定处理。

第十条 夫妻一方婚前签订不动产买卖合同，以个人财产支付首付款并在银行贷款，婚后用夫妻共同财产还贷，不动产登记于首付款支付方名下的，离婚时该不动产由双方协议处理。

依前款规定不能达成协议的，人民法院可以判决该不动产归产权登记一方，尚未归还的贷款为产权登记一方的个人债务。双方婚后共同还贷支付的款项及其相对应财产增值部分，离婚时应根据婚姻法第三十九条第一款规定的原则，由产权登记一方对另一方进行补偿。

第十一条 一方未经另一方同意出售夫妻共同共有的房屋，第三人善意购买、支付合理对价并办理产权登记手续，另一方主张追回该房屋的，人民法院不予支持。

夫妻一方擅自处分共同共有的房屋造成另一方损失，离婚时另一方请求赔偿损失的，人民法院应予支持。

第十二条 婚姻关系存续期间，双方用夫妻共同财产出资购买以一方父母名义参加房改的房屋，产权登记在一方父母名下，离婚时另一方主张按照夫妻共同财产对该房屋进行分割的，人民法院不予支持。购买该房屋时的出资，可以作为债权处理。

第十三条 离婚时夫妻一方尚未退休、不符合领取养老保险金条件，另一方请求按照夫妻共同财产分割养老保险金的，人民法院不予支持；婚后以夫妻共同财产缴付养老保险费，离婚时一方主张将养老金账户中婚姻关系存续期间个人实际缴付部分作为夫妻共同财产分割的，人民法院应予支持。

第十四条 当事人达成的以登记离婚或者到人民法院协议离婚为条件的财产分割协议，如果双方协议离婚未成，一方在离婚诉讼中反悔的，人民法院应当认定该财产分割协议没有生效，并根据实际情况依法对夫妻共同财产进行分割。

第十五条 婚姻关系存续期间，夫妻一方作为继承人依法可以继承的遗产，在继承人之间尚未实际分割，起诉离婚时另一方请求分割的，人民法院应当告知当事人在继承人之间实际分割遗产后另行起诉。

第十六条 夫妻之间订立借款协议，以夫妻共同财产出借给一方从事个人经营活动或用于其他个人事务的，应视为双方约定处分夫妻共同财产的行为，离婚时可按照借款协议的约定处理。

第十七条 夫妻双方均有婚姻法第四十六条规定的过错情形，一方或者双方向对方提出离婚损害赔偿请求的，人民法院不予支持。

第十八条　离婚后，一方以尚有夫妻共同财产未处理为由向人民法院起诉请求分割的，经审查该财产确属离婚时未涉及的夫妻共同财产，人民法院应当依法予以分割。

第十九条　本解释施行后，最高人民法院此前作出的相关司法解释与本解释相抵触的，以本解释为准。

最高人民法院关于人民法院审理离婚案件如何认定夫妻感情确已破裂的若干具体意见

（1989年12月13日　法[民]法〔1989〕38号）

人民法院审理离婚案件，准予或不准离婚应以夫妻感情是否破裂作为区分的界限。判断夫妻感情是否确已破裂，应当从婚姻基础、婚后感情、离婚原因、夫妻关系的现状和有无和好的可能等方面综合分析。根据婚姻法的有关规定和审判实践经验，凡属下列情形之一的，视为夫妻感情确已破裂。一方坚决要求离婚，经调解无效，可依法判决准予离婚。

1. 一方患有法定禁止结婚疾病的，或一方有生理缺陷，或其他原因不能发生性行为，且难以治愈的。

2. 婚前缺乏了解，草率结婚，婚后未建立起夫妻感情，难以共同生活的。

3. 婚前隐瞒了精神病，婚后经治不愈，或者婚前知道对方患有精神病而与其结婚，或一方在夫妻共同生活期间患精神病，久治不愈的。

4. 一方欺骗对方，或者在结婚登记时弄虚作假，骗取《结婚证》的。

5. 双方办理结婚登记后，未同居生活，无和好可能的。

6. 包办、买卖婚姻、婚后一方随即提出离婚的，或者虽共同生活多年，但确未建立起夫妻感情的。

7. 因感情不和分居已满3年，确无和好可能的①，或者经人民法院判决不准离婚后又分居满1年，互不履行夫妻义务的。

8. 一方与他人通奸、非法同居，经教育仍无悔改表现，无过错一方起诉离婚，或者过错方起诉离婚，对方不同意离婚，经批评教育，处分，或在人民法院判决不准离婚后，过错方又起诉离婚，确无和好可能的。

9. 一方重婚，对方提出离婚的。

10. 一方好逸恶劳、有赌博等恶习，不履行家庭义务、屡教不改，夫妻难以共同生活的。

11. 一方被依法判处长期徒刑，或其违法、犯罪行为严重伤害夫妻感情的。

12. 一方下落不明满2年，对方起诉离婚，经公告查找确无下落的。

13. 受对方的虐待、遗弃，或者受对方亲属虐待，或虐待对方亲属，经教育不改，另一方不谅解的。

14. 因其他原因导致夫妻感情确已破裂的。

最高人民法院关于人民法院审理未办结婚登记而以夫妻名义同居生活案件的若干意见

（1989年12月13日　法[民]发〔1989〕38号）

人民法院审理未办结婚登记而以夫妻名义同居生活的案件，应首先向双方当事人严肃指出其行为的违法性和危害性，并视其违法情节给予批评教育或民事制裁。但基于这类“婚姻”关系形成的原因和案件的具体情况复杂，为保护妇女和儿童的合法权益，有利于婚姻家庭关系的稳定，维护安定团结，在一定时期内，有条件的承认其事实婚姻关系，是符合实际的。为此，我们根据法律规定和审判实践经验，对此类案件的审理提出以下意见：

1. 1986年3月15日《婚姻登记办法》施行之前，未办结婚登记手续即以夫妻名义同居生活，群众也认为是夫妻关系的，一方向人民法院起诉“离婚”，如起诉时双方均符合结婚的法定条件，可认定为事实婚姻关系；如起诉时一方或双

---

① 2001年4月28日修订后的《婚姻法》第三十二条第二款规定的应准予离婚的情形第（四）项为：“因感情不和分居满2年”。

方不符合结婚的法定条件,应认定非法同居关系。

2. 1986年3月15日《婚姻登记办法》施行之后,未办结婚登记手续即以夫妻名义同居生活,群众也认为是夫妻关系的,一方向人民法院起诉"离婚",如同居时双方均符合结婚的法定条件,可认定为事实婚姻关系;如同居时一方或双方不符合结婚的法定条件,应认定为非法同居关系。

3. 自民政部新的婚姻登记管理条例施行之日起,未办结婚登记即以夫妻名义同居生活,按非法同居关系对待。

4. 离婚后双方未再婚,未履行复婚登记手续,又以夫妻名义共同生活,一方起诉"离婚"的,一般应解除其非法同居关系。

5. 已登记结婚的一方又与第三人形成事实婚姻关系,或事实婚姻关系的一方又与第三人登记结婚,或事实婚姻关系的一方又与第三人形成新的事实婚姻关系,凡前一个婚姻关系的一方要求追究重婚罪的,无论其行为是否构成重婚罪,均应解除后一个婚姻关系。前一个婚姻关系的一方如要求处理离婚问题,应根据其婚姻关系的具体情况进行调解或者作出判决。

6. 审理事实婚姻关系的离婚案件,应当先进行调解,经调解和好或撤诉的,确认婚姻关系有效,发给调解书或裁定书,经调解不能和好的,应调解或判决准予离婚。

7. 未办结婚登记而以夫妻名义同居生活的男女,一方要求"离婚"或解除同居关系,经查确属非法同居关系的,应一律判决予以解除。

8. 人民法院审理非法同居关系的案件,如涉及非婚生子女抚养和财产分割问题,应一并予以解决。具体分割财产时,应照顾妇女、儿童的利益,考虑财产的实际情况和双方的过错程度,妥善分割。

9. 解除非法同居关系时,双方所生的非婚生子女,由哪一方抚养,双方协商,协商不成时,应根据子女的利益和双方的具体情况判决,哺乳期内的子女,原则上应由母方抚养,如父方条件好,母方同意,也可由父方抚养,子女为限制民事行为能力人的,应征求子女本人的意见,一方将未成年的子女送他人收养,须征得另一方的同意。

10. 解除非法同居关系时,同居生活期间双方共同所得的收入和购置的财产,按一般共有财产处理,同居生活前,一方自愿赠送给对方的财物可比照赠与关系处理;一方向另一方索取的财物,可参照最高人民法院〔84〕法办字第112号《关于贯彻执行民事政策法律若干问题的意见》第(18)条规定的精神处理。

11. 解除非法同居关系时,同居期间为共同生产、生活而形成的债权、债务,可按共同债权、债务处理。

12. 解除非法同居关系时,一方在共同生活期间患有严重疾病未治愈的,分割财产时,应予适当照顾,或者由另一方给予一次性的经济帮助。

13. 同居生活期间一方死亡,另一方要求继承死者遗产,如认定事实婚姻关系的,可以配偶身份按继承法的有关规定处理;如认定非法同居关系,而又符合继承法第十四条规定的,可根据相互扶助的具体情况处理。

14. 人民法院在审理未办结婚登记而以夫妻名义同居生活的案件时,对违法情节严重,应按照婚姻法、民法通则、《关于贯彻执行〈民法通则〉若干问题的意见》和其他法律、法规的有关规定,给予适当的民事制裁。

15. 本意见自颁布之日起施行,凡最高人民法院过去的规定与本意见相抵触的,均按本意见执行。

最高人民法院关于人民法院审理离婚案件处理子女抚养问题的若干具体意见

(1993年11月3日 法发〔1993〕30号)

人民法院审理离婚案件,对子女抚养问题,应当依照《中华人民共和国婚姻法》第二十九条、第三十条及有关法律规定,从有利于子女身心健康,保障子女的合法权益出发,结合父母双方的抚养能力和抚养条件等具体情况妥善解决。根据上述原则,结合审判实践,提出如下具体意见:

1. 2周岁以下的子女,一般随母方生活。母

方有下列情形之一的,可随父方生活:

(1) 患有久治不愈的传染性疾病或其他严重疾病,子女不宜与其共同生活的;

(2) 有抚养条件不尽抚养义务,而父方要求子女随其生活的;

(3) 因其他原因,子女确无法随母方生活的。

2. 父母双方协议2周岁以下子女随父方生活,并对子女健康成长无不利影响的,可予准许。

3. 对2周岁以上未成年的子女,父方和母方均要求随其生活,一方有下列情形之一的,可予优先考虑:

(1) 已做绝育手术或因其他原因丧失生育能力的;

(2) 子女随其生活时间较长,改变生活环境对子女健康成长明显不利的;

(3) 无其他子女,而另一方有其他子女的;

(4) 子女随其生活,对子女成长有利,而另一方患有久治不愈的传染性疾病或其他严重疾病,或者有其他不利于子女身心健康的情形,不宜与子女共同生活的。

4. 父方与母方抚养子女的条件基本相同,双方均要求子女与其共同生活,但子女单独随祖父母或外祖父母共同生活多年,且祖父母或外祖父母要求并且有能力帮助子女照顾孙子女或外孙子女的,可作为子女随父或母生活的优先条件予以考虑。

5. 父母双方对10周岁以上的未成年子女随父或随母生活发生争执的,应考虑该子女的意见。

6. 在有利于保护子女利益的前提下,父母双方协议轮流抚养子女的,可予准许。

7. 子女抚育费的数额,可根据子女的实际需要、父母双方的负担能力和当地的实际生活水平确定。

有固定收入的,抚育费一般可按其月总收入的20%至30%的比例给付。负担两个以上子女抚育费的,比例可适当提高,但一般不得超过月总收入的50%。

无固定收入的,抚育费的数额可依据当年总收入或同行业平均收入,参照上述比例确定。

有特殊情况的,可适当提高或降低上述比例。

8. 抚育费应定期给付,有条件的可一次性给付。

9. 对一方无经济收入或者下落不明的,可用其财物折抵子女抚育费。

10. 父母双方可以协议子女随一方生活并由抚养方负担子女全部抚育费。但经查实,抚养方的抚养能力明显不能保障子女所需费用,影响子女健康成长的,不予准许。

11. 抚育费的给付期限,一般至子女18周岁为止。

16周岁以上不满18周岁,以其劳动收入为主要生活来源,并能维持当地一般生活水平的,父母可停止给付抚育费。

12. 尚未独立生活的成年子女有下列情形之一,父母又有给付能力的,仍应负担必要的抚育费:

(1) 丧失劳动能力或虽未完全丧失劳动能力,但其收入不足以维持生活的;

(2) 尚在校就读的;

(3) 确无独立生活能力和条件的。

13. 生父与继母或生母与继父离婚时,对曾受其抚养教育的继子女,继父或继母不同意继续抚养的,仍应由生父母抚养。

14.《中华人民共和国收养法》施行前,夫或妻一方收养的子女,对方未表示反对,并与该子女形成事实收养关系的,离婚后,应由双方负担子女的抚育费;夫或妻一方收养的子女,对方始终反对的,离婚后,应由收养方抚养该子女。

15. 离婚后,一方要求变更子女抚养关系的,或者子女要求增加抚育费的,应另行起诉。

16. 一方要求变更子女抚养关系有下列情形之一的,应予支持:

(1) 与子女共同生活的一方因患严重疾病或因伤残无力继续抚养子女的;

(2) 与子女共同生活的一方不尽抚养义务或有虐待子女行为,或其与子女共同生活对子女身心健康确有不利影响的;

(3) 10周岁以上未成年子女,愿随另一方生活,该方又有抚养能力的;

(4) 有其他正当理由需要变更的。

17. 父母双方协议变更子女抚养关系的,应予准许。

18. 子女要求增加抚育费有下列情形之一，父或母有给付能力的，应予支持：

(1) 原定抚育费数额不足以维持当地实际生活水平的；

(2) 因子女患病、上学，实际需要已超过原定数额的；

(3) 有其他正当理由应当增加的。

19. 父母不得因子女变更姓氏而拒付子女抚育费。父或母一方擅自将子女姓氏改为继母或继父姓氏而引起纠纷的，应责令恢复原姓氏。

20. 在离婚诉讼期间，双方均拒绝抚养子女的，可先行裁定暂由一方抚养。

21. 对拒不履行或妨害他人履行生效判决、裁定、调解中有关子女抚养义务的当事人或者其他人，人民法院可依照《中华人民共和国民事诉讼法》第一百零二条的规定采取强制措施。

最高人民法院关于人民法院审理离婚案件处理财产分割问题的若干具体意见

（1993 年 11 月 3 日　法发〔1993〕32 号）

人民法院审理离婚案件对夫妻共同财产的处理，应当依照《中华人民共和国婚姻法》、《中华人民共和国妇女权益保障法》及有关法律规定，分清个人财产、夫妻共同财产和家庭共同财产，坚持男女平等，保护妇女、儿童的合法权益，照顾无过错方，尊重当事人意愿，有利生产、方便生活的原则，合情合理地予以解决。根据上述原则，结合审判实践，提出如下具体意见：

1. 夫妻双方对财产归谁所有以书面形式约定的，或以口头形式约定，双方无争议的，离婚时应按约定处理。但规避法律的约定无效。

2. 夫妻双方在婚姻关系存续期间所得的财产，为夫妻共同财产，包括：

(1) 一方或双方劳动所得的收入和购置的财产；

(2) 一方或双方继承、受赠的财产；

(3) 一方或双方由知识产权取得的经济利益；

(4) 一方或双方从事承包、租赁等生产、经营活动的收益；

(5) 一方或双方取得的债权；

(6) 一方或双方的其他合法所得。

3. 在婚姻关系存续期间，复员、转业军人所得的复员费、转业费，结婚时间 10 年以上的，应按夫妻共同财产进行分割。复员军人从部队带回的医药补助费和回乡生产补助费，应归本人所有。

4. 夫妻分居两地分别管理、使用的婚后所得财产，应认定为夫妻共同财产。在分割财产时，各自分别管理、使用的财产归各自所有。双方所分财产相差悬殊的，差额部分，由多得财产的一方以与差额相当的财产抵偿另一方。

5. 已登记结婚，尚未共同生活，一方或双方受赠的礼金、礼物应认定为夫妻共同财产，具体处理时应考虑财产来源，数量等情况合理分割。各自出资购置、各自使用的财物，原则上归各自所有。

6. 一方婚前个人所有的财产。婚后由双方共同使用、经营、管理的，房屋和其他价值较大的生活资料经过 8 年，贵重的生活资料经过 4 年，可视为夫妻共同财产。

7. 对个人财产还是夫妻共同财产难以确定的，主张权利的一方有责任举证。当事人举不出有力证据，人民法院又无法查实的，按夫妻共同财产处理。

8. 夫妻共同财产，原则上均等分割。根据生产、生活的实际需要和财产的来源等情况，具体处理时也可以有所差别。属于个人专用的物品，一般归个人所有。

9. 一方以夫妻共同财产与他人合伙经营的，入伙的财产可分给一方所有，分得入伙财产的一方对另一方应给予相当于入伙财产一半价值的补偿。

10. 属于夫妻共同财产的生产资料，可分给有经营条件和能力的一方。分得该生产资料的一方对另一方应给予相当于该财产一半价值的补偿。

11. 对夫妻共同经营的当年无收益的养殖、种植业等，离婚时应从有利于发展生产、有利于经营管理考虑，予以合理分割或折价处理。

12. 婚后 8 年内双方对婚前一方所有的房屋

进行过修缮、装修、原拆原建,离婚时未变更产权的,房屋仍归产权人所有,增值部分中属于另一方应得的份额,由房屋所有权人折价补偿另一方;进行过扩建的,扩建部分的房屋应按夫妻共同财产处理。

13. 对不宜分割使用的夫妻共有的房屋,应根据双方住房情况和照顾抚养子女方或无过错方等原则分给一方所有。分得房屋的一方对另一方应给予相当于该房屋一半价值的补偿。在双方条件等同的情况下,应照顾女方。

14. 婚姻存续期间居住的房屋属于一方所有,另一方以离婚后无房居住为由,要求暂住的,经查实可据情予以支持,但一般不超过两年。

无房一方租房居住经济上确有困难的,享有房屋产权的一方可给予一次性经济帮助。

15. 离婚时一方尚未取得经济利益的知识产权,归一方所有。在分割夫妻共同财产时,可根据具体情况,对另一方予以适当的照顾。

16. 婚前个人财产在婚后共同生活中自然毁损、消耗、灭失,离婚时一方要求以夫妻共同财产抵偿的,不予支持。

17. 夫妻为共同生活或为履行抚养、赡养义务等所负债务,应认定为夫妻共同债务,离婚时应当以夫妻共同财产清偿。

下列债务不能认定为夫妻共同债务,应由一方以个人财产清偿:

(1) 夫妻双方约定由个人负担的债务,但以逃避债务为目的的除外。

(2) 一方未经对方同意,擅自资助与其没有抚养义务的亲朋所负的债务。

(3) 一方未经对方同意,独自筹资从事经营活动,其收入确未用于共同生活所负的债务。

(4) 其他应由个人承担的债务。

18. 婚前一方借款购置的房屋等财物已转化为夫妻共同财产的,为购置财物借款所负债务,视为夫妻共同债务。

19. 借婚姻关系索取的财物。离婚时,如结婚时间不长,或者因索要财物造成对方生活困难的,可酌情返还。

对取得财物的性质是索取还是赠与难以认定的,可按赠与处理。

20. 离婚时夫妻共同财产未从家庭共同财产中析出,一方要求析产的,可先就离婚和已查清的财产问题进行处理,对一时确实难以查清的财产的分割问题可告知当事人另案处理;或者中止离婚诉讼,待析产案件审结后再恢复离婚诉讼。

21. 一方将夫妻共同财产非法隐藏、转移拒不交出的,或非法变卖、毁损的,分割财产时,对隐藏、转移、变卖、毁损财产的一方,应予以少分或不分。具体处理时,应把隐藏、转移、变卖、毁损的财产作为隐藏、转移、变卖、毁损财产的一方分得的财产份额,对另一方的应得的份额应以其他夫妻共同财产折抵,不足折抵的,差额部分由隐藏、转移、变卖、毁损财产的一方折价补偿对方。

对非法隐藏、转移、变卖、毁损夫妻共同财产的一方,人民法院可依照《中华人民共和国民事诉讼法》第一百零二条的规定进行处理。

22. 属于事实婚姻的,其财产分割适用本意见。

属于非法同居的,其财产分割按最高人民法院《关于人民法院审理未办结婚登记而以夫妻名义同居生活案件的若干意见》的有关规定处理。

最高人民法院关于审理离婚案件中公房使用、承租若干问题的解答

(1996年2月5日 法发〔1996〕4号)

人民法院审理离婚案件对公房使用、承租问题应当依照《中华人民共和国民法通则》、《中华人民共和国婚姻法》、《中华人民共和国妇女权益保障法》和其他有关法律规定,坚持男女平等和保护妇女、儿童合法权益等原则,考虑双方的经济收入,实事求是,合情合理地予以解决。现将审判实践中提出的一些问题,根据有关法律的规定,解答如下:

一、问:在离婚案件中,当事人对公房的使用、承租问题发生争议,人民法院可否予以处理?

答:在离婚案件中,当事人对公房的使用、承租问题发生争议,自行协商不成,或者经当事人双方单位或有关部门调解不成的,人民法院应根

据案件的具体情况,依法予以妥善处理。

二、问:夫妻共同居住的公房,在什么情况下,离婚双方均可承租?

答:夫妻共同居住的公房,具有下列情形之一的,离婚后,双方均可承租:

(一)婚前由一方承租的公房,婚姻关系存续5年以上的;

(二)婚前一方承租的本单位的房屋,离婚时,双方均为本单位职工的;

(三)一方婚前借款投资建房取得的公房承租权,婚后夫妻共同偿还借款的;

(四)婚后一方或双方申请取得公房承租权的;

(五)婚前一方承租的公房,婚后因该承租房屋拆迁而取得房屋承租权的;

(六)夫妻双方单位投资联建或联合购置的共有房屋的;

(七)一方将其承租的本单位的房屋,交回本单位或交给另一方单位后,另一方单位另给调换房屋的;

(八)婚前双方均租有公房,婚后合并调换房屋的;

(九)其他应当认定为夫妻双方均可承租的情形。

三、问:对夫妻双方均可承租的公房,应依照什么原则处理?

答:对夫妻双方均可承租的公房,应依照下列原则予以处理:

(一)照顾抚养子女的一方;

(二)男女双方在同等条件下,照顾女方;

(三)照顾残疾或生活困难的一方;

(四)照顾无过错一方。

四、问:对夫妻双方均可承租的公房而由一方承租的,承租方对另一方是否给予经济补偿?

答:对夫妻双方均可承租的公房而由一方承租的,承租方对另一方可给予适当的经济补偿。

五、问:夫妻双方均可承租的公房能够隔开分室居住使用的,可否由双方分别租住?

答:夫妻双方均可承租的公房,如其面积较大能够隔开分室居住使用的,可由双方分别租住;对可以另调房屋分别租住或承租方给另一方解决住房的,可予准许。

六、问:离婚时,一方对另一方婚前承租的公房无权承租的,可否暂时居住?

答:离婚时,一方对另一方婚前承租的公房无权承租而解决住房确有困难的,人民法院可调解或判决其暂时居住,暂住期限一般不超过两年。暂住期间,暂住方应交纳与房屋租金等额的使用费及其他必要的费用。

七、问:离婚时,一方对另一方婚前承租的公房无权承租而另行租房经济上确有困难的,如何处理?

答:离婚时,一方对另一方婚前承租的公房无权承租,另行租房经济上确有困难的,如承租公房一方有负担能力,应给予一次性经济帮助。

八、问:在调整和变更单位自管房屋租赁关系时,是否需征得自管房单位的同意?

答:人民法院在调整和变更单位自管房屋(包括单位委托房地产管理部门代管的房屋)的租赁关系时,一般应征求自管房单位的意见。经调解或判决变更房屋租赁关系的,承租人应依照有关规定办理房屋变更登记手续。

九、问:对夫妻双方共同出资而取得"部分产权"的房屋,应如何处理?

答:对夫妻共同出资而取得"部分产权"的房屋,人民法院可参照上述有关解答,予以妥善处理。但分得房屋"部分产权"的一方,一般应按所得房屋产权的比例,依照离婚时当地政府有关部门公布的同类住房标准价,给予对方一半价值的补偿。

十、问:对夫妻双方均争房屋"部分产权"的,可否采取竞价方式解决?

答:对夫妻双方均争房屋"部分产权"的,如双方同意或者双方经济、住房条件基本相同,可采取竞价方式解决。

最高人民法院关于依法妥善审理涉及夫妻债务案件有关问题的通知

(2017年2月28日 法〔2017〕48号)

各省、自治区、直辖市高级人民法院,解放军军事法院,新疆维吾尔自治区高级人民法院生产建设兵团分院:

家事审判工作是人民法院审判工作的重要内容。在家事审判工作中，正确处理夫妻债务，事关夫妻双方和债权人合法权益的保护，事关婚姻家庭稳定和市场交易安全的维护，事关和谐健康诚信经济社会建设的推进。为此，最高人民法院审判委员会第1710次会议讨论通过《最高人民法院关于适用〈中华人民共和国婚姻法〉若干问题的解释(二)的补充规定》，对该司法解释第二十四条增加规定了第二款和第三款。2017年2月28日，最高人民法院公布了修正的《最高人民法院关于适用〈中华人民共和国婚姻法〉若干问题的解释(二)》。为依法妥善审理好夫妻债务案件，现将有关问题通知如下：

一、坚持法治和德治相结合原则。在处理夫妻债务案件时，除应当依照婚姻法等法律和司法解释的规定，保护夫妻双方和债权人的合法权益，还应当结合社会主义道德价值理念，增强法律和司法解释适用的社会效果，以达到真正化解矛盾纠纷、维护婚姻家庭稳定、促进交易安全、推动经济社会和谐健康发展的目的。

二、保障未具名举债夫妻一方的诉讼权利。在审理以夫妻一方名义举债的案件中，原则上应当传唤夫妻双方本人和案件其他当事人本人到庭；需要证人出庭作证的，除法定事由外，应当通知证人出庭作证。在庭审中，应当按照《最高人民法院关于适用〈中华人民共和国民事诉讼法〉的解释》的规定，要求有关当事人和证人签署保证书，以保证当事人陈述和证人证言的真实性。未具名举债一方不能提供证据，但能够提供证据线索的，人民法院应当根据当事人的申请进行调查取证；对伪造、隐藏、毁灭证据的要依法予以惩处。未经审判程序，不得要求未举债的夫妻一方承担民事责任。

三、审查夫妻债务是否真实发生。债权人主张夫妻一方所负债务为夫妻共同债务的，应当结合案件的具体情况，按照《最高人民法院关于审理民间借贷案件适用法律若干问题的规定》第十六条第二款、第十九条规定，结合当事人之间关系及其到庭情况、借贷金额、债权凭证、款项交付、当事人的经济能力、当地或者当事人之间的交易方式、交易习惯、当事人财产变动情况以及当事人陈述、证人证言等事实和因素，综合判断债务是否发生。防止违反法律和司法解释规定，仅凭借条、借据等债权凭证就认定存在债务的简单做法。

在当事人举证基础上，要注意依职权查明举债一方作出有悖常理的自认的真实性。对夫妻一方主动申请人民法院出具民事调解书的，应当结合案件基础事实重点审查调解协议是否损害夫妻另一方的合法权益。对人民调解协议司法确认案件，应当按照《最高人民法院关于适用〈中华人民共和国民事诉讼法〉的解释》要求，注重审查基础法律关系的真实性。

四、区分合法债务和非法债务，对非法债务不予保护。在案件审理中，对夫妻一方在从事赌博、吸毒等违法犯罪活动中所负的债务，不予法律保护；对债权人知道或者应当知道夫妻一方举债用于赌博、吸毒等违法犯罪活动而向其出借款项，不予法律保护；对夫妻一方以个人名义举债后用于个人违法犯罪活动，举债人就该债务主张按夫妻共同债务处理的，不予支持。

五、把握不同阶段夫妻债务的认定标准。依照婚姻法第十七条、第十八条、第十九条和第四十一条有关夫妻共同财产制、分别财产制和债务偿还原则以及有关婚姻法司法解释的规定，正确处理夫妻一方以个人名义对外所负债务问题。

六、保护被执行夫妻双方基本生存权益不受影响。要树立生存权益高于债权的理念。对夫妻共同债务的执行涉及到夫妻双方的工资、住房等财产权益，甚至可能损害其基本生存权益的，应当保留夫妻双方及其所扶养家属的生活必需费用。执行夫妻名下住房时，应保障生活所必需的居住房屋，一般不得拍卖、变卖或抵债被执行人及其所扶养家属生活所必需的居住房屋。

七、制裁夫妻一方与第三人串通伪造债务的虚假诉讼。对实施虚假诉讼的当事人、委托诉讼代理人和证人等，要加强罚款、拘留等对妨碍民事诉讼的强制措施的适用。对实施虚假诉讼的委托诉讼代理人，除依法制裁外，还应向司法行政部门、律师协会或者行业协会发出司法建议。对涉嫌虚假诉讼等犯罪的，应依法将犯罪的线索、材料移送侦查机关。

以上通知，请遵照执行。执行中有何问题，请及时报告我院。

最高人民法院关于审理涉及夫妻债务纠纷案件适用法律有关问题的解释

（2018年1月8日最高人民法院审判委员会第1731次会议通过　2018年1月16日最高人民法院公告公布　自2018年1月18日起施行　法释〔2018〕2号）

为正确审理涉及夫妻债务纠纷案件，平等保护各方当事人合法权益，根据《中华人民共和国民法总则》《中华人民共和国婚姻法》《中华人民共和国合同法》《中华人民共和国民事诉讼法》等法律规定，制定本解释。

第一条　夫妻双方共同签字或者夫妻一方事后追认等共同意思表示所负的债务，应当认定为夫妻共同债务。

第二条　夫妻一方在婚姻关系存续期间以个人名义为家庭日常生活需要所负的债务，债权人以属于夫妻共同债务为由主张权利的，人民法院应予支持。

第三条　夫妻一方在婚姻关系存续期间以个人名义超出家庭日常生活需要所负的债务，债权人以属于夫妻共同债务为由主张权利的，人民法院不予支持，但债权人能够证明该债务用于夫妻共同生活、共同生产经营或者基于夫妻双方共同意思表示的除外。

第四条　本解释自2018年1月18日起施行。

本解释施行后，最高人民法院此前作出的相关司法解释与本解释相抵触的，以本解释为准。

婚姻登记管理条例①

（1994年1月12日国务院批准　1994年2月1日民政部发布　自发布之日起施行）

第一章　总　　则

第一条　为了保障婚姻自由、一夫一妻、男女平等的婚姻制度的实施，加强婚姻登记管理工作，保护婚姻当事人的合法权益，依法处理违法的婚姻行为，根据婚姻法和有关法律，制定本条例。

第二条　中国公民在中国境内结婚、离婚、复婚的，必须依照本条例的规定进行登记。

中国公民同外国人、华侨同国内公民以及香港、澳门、台湾地区的居民同内地居民之间的婚姻登记，分别按照有关规定办理。

第三条　依法履行婚姻登记的当事人的合法权益受法律保护。

第四条　国务院民政部门主管全国的婚姻登记管理工作。

县级以上地方各级人民政府的民政部门主管本行政区域内的婚姻登记管理工作。

第二章　婚姻登记管理机关

第五条　婚姻登记管理机关，在城市是街道办事处或者市辖区、不设区的市人民政府的民政部门，在农村是乡、民族乡、镇的人民政府。

第六条　婚姻登记管理机关的职责：

（一）办理婚姻登记；

（二）出具婚姻关系证明；

（三）依法处理违法的婚姻行为；

（四）宣传婚姻法律，倡导文明婚俗。

第七条　婚姻登记管理机关的婚姻登记管理人员，应当由县级以上人民政府民政部门进行业务培训，经考试合格，发给婚姻登记管理员证书。

第三章　婚 姻 登 记

第八条　申请婚姻登记的当事人，应当如实向婚姻登记管理机关提供本条例规定的有关证件和证明，不得隐瞒真实情况。

婚姻登记管理机关办理婚姻登记，不得要求当事人出具本条例规定以外的其他证件和证明。

第九条　当事人结婚的，必须双方亲自到一方户口所在地的婚姻登记管理机关申请结婚登记；申请时，应当持下列证件和证明：

（一）户口证明；

（二）居民身份证；

（三）所在单位、村民委员会或者居民委员会

① 编者注：已废止。

出具的婚姻状况证明。

离过婚的,还应当持离婚证。

在实行婚前健康检查的地方,申请结婚登记的当事人,必须到指定的医疗保健机构进行婚前健康检查,向婚姻登记管理机关提交婚前健康检查证明。

第十条 在具备条件的地方,应当建立婚前健康检查制度。实施婚前健康检查的具体地域范围,由省、自治区、直辖市人民政府的民政部门、卫生行政部门提出意见,报本级人民政府批准。

第十一条 婚姻登记管理机关对当事人的结婚申请进行审查,符合结婚条件的,应当即时予以登记,发给结婚证;对离过婚的,应当注销其离婚证。当事人从取得结婚证起,确立夫妻关系。

第十二条 申请结婚登记的当事人有下列情形之一的,婚姻登记管理机关不予登记:

(一)未到法定结婚年龄的;

(二)非自愿的;

(三)已有配偶的;

(四)属于直系血亲或者三代以内旁系血亲的;

(五)患有法律规定禁止结婚或者暂缓结婚的疾病的。

第十三条 申请结婚登记的当事人受单位或者他人干涉,不能获得所需证明时,经婚姻登记管理机关查明确实符合结婚条件的,应当予以登记。

第十四条 当事人离婚的,必须双方亲自到一方户口所在地的婚姻登记管理机关申请离婚登记;申请时,应当持下列证件和证明:

(一)户口证明;

(二)居民身份证;

(三)所在单位、村民委员会或者居民委员会出具的介绍信;

(四)离婚协议书;

(五)结婚证。

第十五条 离婚协议书应当写明双方当事人的离婚意思表示、子女抚养、夫妻一方生活困难的经济帮助、财产及债务处理等协议事项。协议的内容应当有利于保护妇女和子女的合法权益。

第十六条 婚姻登记管理机关对当事人的离婚申请进行审查,自受理申请之日起一个月内,对符合离婚条件的,应当予以登记,发给离婚证,注销结婚证。当事人从取得离婚证起,解除夫妻关系。

第十七条 离婚的当事人一方不按照离婚协议履行应尽义务的,另一方可以向人民法院提起民事诉讼。

第十八条 申请离婚登记的当事人有下列情形之一的,婚姻登记管理机关不予受理:

(一)一方要求离婚的;

(二)双方要求离婚,但是对子女抚养、夫妻一方生活困难的经济帮助、财产及债务处理等事项未达成协议的;

(三)一方或者双方当事人为限制民事行为能力或者无民事行为能力的;

(四)未办理过结婚登记的。

第十九条 离婚的当事人恢复夫妻关系的,必须双方亲自到一方户口所在地的婚姻登记管理机关申请复婚登记。婚姻登记管理机关对当事人的复婚申请,按照结婚登记的程序办理,可以不再进行婚前健康检查。

第二十条 婚姻登记管理机关对当事人的婚姻登记申请不予登记的,应当以书面的形式说明不予登记的理由。

第四章 婚姻登记档案和婚姻关系证明

第二十一条 婚姻登记管理机关应当建立婚姻登记档案。婚姻登记档案的管理办法由国务院民政部门按照档案法的有关规定制定。

第二十二条 当事人遗失或者损毁结婚证、离婚证的,可以持所在单位、村民委员会或者居民委员会出具的婚姻状况证明,向原办理婚姻登记的婚姻登记管理机关申请出具婚姻关系证明。

第二十三条 婚姻登记管理机关对当事人出具婚姻关系证明的申请进行审查,并根据当事人的婚姻登记档案,为遗失或者损毁结婚证的当事人出具夫妻关系证明书,为遗失或者损毁离婚证的当事人出具解除夫妻关系证明书。

夫妻关系证明书、解除夫妻关系证明书,与结婚证、离婚证具有同等的法律效力。

第五章 监督管理

第二十四条 未到法定结婚年龄的公民以夫妻名义同居的，或者符合结婚条件的当事人未经结婚登记以夫妻名义同居的，其婚姻关系无效，不受法律保护。

第二十五条 申请婚姻登记的当事人弄虚作假、骗取婚姻登记的，婚姻登记管理机关应当撤销婚姻登记，对结婚、复婚的当事人宣布其婚姻关系无效并收回结婚证；对离婚的当事人宣布其解除婚姻关系无效并收回离婚证，并对当事人处以200元以下的罚款。

第二十六条 有配偶的当事人重婚，其配偶不控告的，婚姻登记管理机关应当向检察机关检举。

第二十七条 单位或者组织为申请婚姻登记的当事人出具虚假证件和虚假证明的，婚姻登记管理机关应当予以没收，并建议该单位或者组织对直接责任人员给予批评教育或者行政处分。

第二十八条 违反本条例第十二条、第十八条的规定予以登记的，婚姻登记管理机关应当对婚姻登记管理人员给予行政处分或者撤销其婚姻登记管理员的资格；并对仍不符合婚姻登记条件的当事人撤销婚姻登记，收回婚姻登记证书。

第二十九条 当事人认为符合婚姻登记条件而婚姻登记管理机关不予登记的，或者当事人对处罚不服的，可以依照行政复议条例的规定申请复议；对复议决定不服的，可以依照行政诉讼法的规定提起诉讼。

第六章 附　则

第三十条 本条例规定的婚姻登记证书和婚姻关系证明书，由国务院民政部门制定统一式样，省、自治区、直辖市人民政府民政部门负责印制。

第三十一条 当事人领取婚姻登记证书和婚姻关系证明书，应当交纳工本费。工本费的标准由国务院民政部门会同有关部门规定。

第三十二条 省、自治区、直辖市人民政府可以规定适当的限制性措施，制止低于法定结婚年龄的人结婚。

第三十三条 民族自治地方人民政府可以依照本条例的原则，结合当地民族婚姻登记管理的具体情况，制定变通的或者补充的规定。

第三十四条 本条例自发布之日起施行。1985年12月31日国务院批准，1986年3月15日民政部发布的《婚姻登记办法》同时废止。

婚姻登记条例

（2003年7月30日国务院第16次常务会议通过　2003年8月8日中华人民共和国国务院令第387号公布　自2003年10月1日起施行）

第一章 总　则

第一条 为了规范婚姻登记工作，保障婚姻自由、一夫一妻、男女平等的婚姻制度的实施，保护婚姻当事人的合法权益，根据《中华人民共和国婚姻法》（以下简称婚姻法），制定本条例。

第二条 内地居民办理婚姻登记的机关是县级人民政府民政部门或者乡（镇）人民政府，省、自治区、直辖市人民政府可以按照便民原则确定农村居民办理婚姻登记的具体机关。

中国公民同外国人，内地居民同香港特别行政区居民（以下简称香港居民）、澳门特别行政区居民（以下简称澳门居民）、台湾地区居民（以下简称台湾居民）、华侨办理婚姻登记的机关是省、自治区、直辖市人民政府民政部门或者省、自治区、直辖市人民政府民政部门确定的机关。

第三条 婚姻登记机关的婚姻登记员应当接受婚姻登记业务培训，经考核合格，方可从事婚姻登记工作。

婚姻登记机关办理婚姻登记，除按收费标准向当事人收取工本费外，不得收取其他费用或者附加其他义务。

第二章 结婚登记

第四条 内地居民结婚，男女双方应当共同到一方当事人常住户口所在地的婚姻登记机关办理结婚登记。

中国公民同外国人在中国内地结婚的，内地居民同香港居民、澳门居民、台湾居民、华侨在中国内地结婚的，男女双方应当共同到内地居民常住户口所在地的婚姻登记机关办理结婚登记。

第五条　办理结婚登记的内地居民应当出具下列证件和证明材料：

（一）本人的户口簿、身份证；

（二）本人无配偶以及与对方当事人没有直系血亲和三代以内旁系血亲关系的签字声明。

办理结婚登记的香港居民、澳门居民、台湾居民应当出具下列证件和证明材料：

（一）本人的有效通行证、身份证；

（二）经居住地公证机构公证的本人无配偶以及与对方当事人没有直系血亲和三代以内旁系血亲关系的声明。

办理结婚登记的华侨应当出具下列证件和证明材料：

（一）本人的有效护照；

（二）居住国公证机构或者有权机关出具的、经中华人民共和国驻该国使（领）馆认证的本人无配偶以及与对方当事人没有直系血亲和三代以内旁系血亲关系的证明，或者中华人民共和国驻该国使（领）馆出具的本人无配偶以及与对方当事人没有直系血亲和三代以内旁系血亲关系的证明。

办理结婚登记的外国人应当出具下列证件和证明材料：

（一）本人的有效护照或者其他有效的国际旅行证件；

（二）所在国公证机构或者有权机关出具的、经中华人民共和国驻该国使（领）馆认证或者该国驻华使（领）馆认证的本人无配偶的证明，或者所在国驻华使（领）馆出具的本人无配偶的证明。

第六条　办理结婚登记的当事人有下列情形之一的，婚姻登记机关不予登记：

（一）未到法定结婚年龄的；

（二）非双方自愿的；

（三）一方或者双方已有配偶的；

（四）属于直系血亲或者三代以内旁系血亲的；

（五）患有医学上认为不应当结婚的疾病的。

第七条　婚姻登记机关应当对结婚登记当事人出具的证件、证明材料进行审查并询问相关情况。对当事人符合结婚条件的，应当当场予以登记，发给结婚证；对当事人不符合结婚条件不予登记的，应当向当事人说明理由。

第八条　男女双方补办结婚登记的，适用本条例结婚登记的规定。

第九条　因胁迫结婚的，受胁迫的当事人依据婚姻法第十一条的规定向婚姻登记机关请求撤销其婚姻的，应当出具下列证明材料：

（一）本人的身份证、结婚证；

（二）能够证明受胁迫结婚的证明材料。

婚姻登记机关经审查认为受胁迫结婚的情况属实且不涉及子女抚养、财产及债务问题的，应当撤销该婚姻，宣告结婚证作废。

第三章　离婚登记

第十条　内地居民自愿离婚的，男女双方应当共同到一方当事人常住户口所在地的婚姻登记机关办理离婚登记。

中国公民同外国人在中国内地自愿离婚的，内地居民同香港居民、澳门居民、台湾居民、华侨在中国内地自愿离婚的，男女双方应当共同到内地居民常住户口所在地的婚姻登记机关办理离婚登记。

第十一条　办理离婚登记的内地居民应当出具下列证件和证明材料：

（一）本人的户口簿、身份证；

（二）本人的结婚证；

（三）双方当事人共同签署的离婚协议书。

办理离婚登记的香港居民、澳门居民、台湾居民、华侨、外国人除应当出具前款第（二）项、第（三）项规定的证件、证明材料外，香港居民、澳门居民、台湾居民还应当出具本人的有效通行证、身份证，华侨、外国人还应当出具本人的有效护照或者其他有效国际旅行证件。

离婚协议书应当载明双方当事人自愿离婚的意思表示以及对子女抚养、财产及债务处理等事项协商一致的意见。

第十二条　办理离婚登记的当事人有下列情形之一的，婚姻登记机关不予受理：

（一）未达成离婚协议的；

（二）属于无民事行为能力人或者限制民事行为能力人的；

（三）其结婚登记不是在中国内地办理的。

第十三条　婚姻登记机关应当对离婚登记当事人出具的证件、证明材料进行审查并询问相关情况。对当事人确属自愿离婚,并已对子女抚养、财产、债务等问题达成一致处理意见的,应当当场予以登记,发给离婚证。

第十四条 离婚的男女双方自愿恢复夫妻关系的,应当到婚姻登记机关办理复婚登记。复婚登记适用本条例结婚登记的规定。

第四章 婚姻登记档案和婚姻登记证

第十五条 婚姻登记机关应当建立婚姻登记档案。婚姻登记档案应当长期保管。具体管理办法由国务院民政部门会同国家档案管理部门规定。

第十六条 婚姻登记机关收到人民法院宣告婚姻无效或者撤销婚姻的判决书副本后,应当将该判决书副本收入当事人的婚姻登记档案。

第十七条 结婚证、离婚证遗失或者损毁的,当事人可以持户口簿、身份证向原办理婚姻登记的机关或者一方当事人常住户口所在地的婚姻登记机关申请补领。婚姻登记机关对当事人的婚姻登记档案进行查证,确认属实的,应当为当事人补发结婚证、离婚证。

第五章 罚 则

第十八条 婚姻登记机关及其婚姻登记员有下列行为之一的,对直接负责的主管人员和其他直接责任人员依法给予行政处分:

(一)为不符合婚姻登记条件的当事人办理婚姻登记的;

(二)玩忽职守造成婚姻登记档案损失的;

(三)办理婚姻登记或者补发结婚证、离婚证超过收费标准收取费用的。

违反前款第(三)项规定收取的费用,应当退还当事人。

第六章 附 则

第十九条 中华人民共和国驻外使(领)馆可以依照本条例的有关规定,为男女双方均居住于驻在国的中国公民办理婚姻登记。

第二十条 本条例规定的婚姻登记证由国务院民政部门规定式样并监制。

第二十一条 当事人办理婚姻登记或者补领结婚证、离婚证应当交纳工本费。工本费的收费标准由国务院价格主管部门会同国务院财政部门规定并公布。

第二十二条 本条例自2003年10月1日起施行。1994年1月12日国务院批准、1994年2月1日民政部发布的《婚姻登记管理条例》同时废止。

(二)继 承

中华人民共和国继承法

(1985年4月10日第六届全国人民代表大会第三次会议通过 1985年4月10日中华人民共和国主席令第24号公布 自1985年10月1日起施行)

目 录

第一章 总 则

第一条 根据《中华人民共和国宪法》规定,为保护公民的私有财产的继承权,制定本法。

第二条 继承从被继承人死亡时开始。

第三条 遗产是公民死亡时遗留的个人合法财产,包括:

(一)公民的收入;

(二)公民的房屋、储蓄和生活用品;

(三)公民的林木、牲畜和家禽;

(四)公民的文物、图书资料;

(五)法律允许公民所有的生产资料;

(六)公民的著作权、专利权中的财产权利;

(七)公民的其他合法财产。

第四条 个人承包应得的个人收益,依照本法规定继承。个人承包,依照法律允许由继承人继续承包的,按照承包合同办理。

第五条 继承开始后,按照法定继承办理;有遗嘱的,按照遗嘱继承或者遗赠办理;有遗赠扶养协议的,按照协议办理。

第六条　无行为能力人的继承权、受遗赠权，由他的法定代理人代为行使。

限制行为能力人的继承权、受遗赠权，由他的法定代理人代为行使，或者征得法定代理人同意后行使。

第七条　继承人有下列行为之一的，丧失继承权：

（一）故意杀害被继承人的；

（二）为争夺遗产而杀害其他继承人的；

（三）遗弃被继承人的，或者虐待被继承人情节严重的；

（四）伪造、篡改或者销毁遗嘱，情节严重的。

第八条　继承权纠纷提起诉讼的期限为两年，自继承人知道或者应当知道其权利被侵犯之日起计算。但是，自继承开始之日起超过二十年的，不得再提起诉讼。

第二章　法定继承

第九条　继承权男女平等。

第十条　遗产按照下列顺序继承：

第一顺序：配偶、子女、父母。

第二顺序：兄弟姐妹、祖父母、外祖父母。

继承开始后，由第一顺序继承人继承，第二顺序继承人不继承。没有第一顺序继承人继承的，由第二顺序继承人继承。

本法所说的子女，包括婚生子女、非婚生子女、养子女和有扶养关系的继子女。

本法所说的父母，包括生父母、养父母和有扶养关系的继父母。

本法所说的兄弟姐妹，包括同父母的兄弟姐妹、同父异母或者同母异父的兄弟姐妹、养兄弟姐妹、有扶养关系的继兄弟姐妹。

第十一条　被继承人的子女先于被继承人死亡的，由被继承人的子女的晚辈直系血亲代位继承。代位继承人一般只能继承他的父亲或者母亲有权继承的遗产份额。

第十二条　丧偶儿媳对公、婆，丧偶女婿对岳父、岳母，尽了主要赡养义务的，作为第一顺序继承人。

第十三条　同一顺序继承人继承遗产的份额，一般应当均等。

对生活有特殊困难的缺乏劳动能力的继承人，分配遗产时，应当予以照顾。

对被继承人尽了主要扶养义务或者与被继承人共同生活的继承人，分配遗产时，可以多分。

有扶养能力和有扶养条件的继承人，不尽扶养义务的，分配遗产时，应当不分或者少分。

继承人协商同意的，也可以不均等。

第十四条　对继承人以外的依靠被继承人扶养的缺乏劳动能力又没有生活来源的人，或者继承人以外的对被继承人扶养较多的人，可以分给他们适当的遗产。

第十五条　继承人应当本着互谅互让、和睦团结的精神，协商处理继承问题。遗产分割的时间、办法和份额，由继承人协商确定。协商不成的，可以由人民调解委员会调解或者向人民法院提起诉讼。

第三章　遗嘱继承和遗赠

第十六条　公民可以依照本法规定立遗嘱处分个人财产，并可以指定遗嘱执行人。

公民可以立遗嘱将个人财产指定由法定继承人的一人或者数人继承。

公民可以立遗嘱将个人财产赠给国家、集体或者法定继承人以外的人。

第十七条　公证遗嘱由遗嘱人经公证机关办理。

自书遗嘱由遗嘱人亲笔书写，签名，注明年、月、日。

代书遗嘱应当有两个以上见证人在场见证，由其中一人代书，注明年、月、日，并由代书人、其他见证人和遗嘱人签名。

以录音形式立的遗嘱，应当有两个以上见证人在场见证。

遗嘱人在危急情况下，可以立口头遗嘱。口头遗嘱应当有两个以上见证人在场见证。危急情况解除后，遗嘱人能够用书面或者录音形式立遗嘱的，所立的口头遗嘱无效。

第十八条　下列人员不能作为遗嘱见证人：

（一）无行为能力人、限制行为能力人；

（二）继承人、受遗赠人；

（三）与继承人、受遗赠人有利害关系的人。

第十九条　遗嘱应当对缺乏劳动能力又没

有生活来源的继承人保留必要的遗产份额。

第二十条 遗嘱人可以撤销、变更自己所立的遗嘱。

立有数份遗嘱,内容相抵触的,以最后的遗嘱为准。

自书、代书、录音、口头遗嘱,不得撤销、变更公证遗嘱。

第二十一条 遗嘱继承或者遗赠附有义务的,继承人或者受遗赠人应当履行义务。没有正当理由不履行义务的,经有关单位或者个人请求,人民法院可以取消他接受遗产的权利。

第二十二条 无行为能力人或者限制行为能力人所立的遗嘱无效。

遗嘱必须表示遗嘱人的真实意思,受胁迫、欺骗所立的遗嘱无效。

伪造的遗嘱无效。

遗嘱被篡改的,篡改的内容无效。

第四章 遗产的处理

第二十三条 继承开始后,知道被继承人死亡的继承人应当及时通知其他继承人和遗嘱执行人。继承人中无人知道被继承人死亡或者知道被继承人死亡而不能通知的,由被继承人生前所在单位或者住所地的居民委员会、村民委员会负责通知。

第二十四条 存有遗产的人,应当妥善保管遗产,任何人不得侵吞或者争抢。

第二十五条 继承开始后,继承人放弃继承的,应当在遗产处理前,作出放弃继承的表示。没有表示的,视为接受继承。

受遗赠人应当在知道受遗赠后两个月内,作出接受或者放弃受遗赠的表示。到期没有表示的,视为放弃受遗赠。

第二十六条 夫妻在婚姻关系存续期间所得的共同所有的财产,除有约定的以外,如果分割遗产,应当先将共同所有的财产的一半分出为配偶所有,其余的为被继承人的遗产。

遗产在家庭共有财产之中的,遗产分割时,应当先分出他人的财产。

第二十七条 有下列情形之一的,遗产中的有关部分按照法定继承办理:

(一)遗嘱继承人放弃继承或者受遗赠人放弃受遗赠的;

(二)遗嘱继承人丧失继承权的;

(三)遗嘱继承人、受遗赠人先于遗嘱人死亡的;

(四)遗嘱无效部分所涉及的遗产;

(五)遗嘱未处分的遗产。

第二十八条 遗产分割时,应当保留胎儿的继承份额。胎儿出生时是死体的,保留的份额按照法定继承办理。

第二十九条 遗产分割应当有利于生产和生活需要,不损害遗产的效用。

不宜分割的遗产,可以采取折价、适当补偿或者共有等方法处理。

第三十条 夫妻一方死亡后另一方再婚的,有权处分所继承的财产,任何人不得干涉。

第三十一条 公民可以与扶养人签订遗赠扶养协议。按照协议,扶养人承担该公民生养死葬的义务,享有受遗赠的权利。

公民可以与集体所有制组织签订遗赠扶养协议。按照协议,集体所有制组织承担该公民生养死葬的义务,享有受遗赠的权利。

第三十二条 无人继承又无人受遗赠的遗产,归国家所有;死者生前是集体所有制组织成员的,归所在集体所有制组织所有。

第三十三条 继承遗产应当清偿被继承人依法应当缴纳的税款和债务,缴纳税款和清偿债务以他的遗产实际价值为限。超过遗产实际价值部分,继承人自愿偿还的不在此限。

继承人放弃继承的,对被继承人依法应当缴纳的税款和债务可以不负偿还责任。

第三十四条 执行遗赠不得妨碍清偿遗赠人依法应当缴纳的税款和债务。

第五章 附 则

第三十五条 民族自治地方的人民代表大会可以根据本法的原则,结合当地民族财产继承的具体情况,制定变通的或者补充的规定。自治区的规定,报全国人民代表大会常务委员会备案。自治州、自治县的规定,报省或者自治区的人民代表大会常务委员会批准后生效,并报全国人民代表大会常务委员会备案。

第三十六条 中国公民继承在中华人民共

和国境外的遗产或者继承在中华人民共和国境内的外国人的遗产，动产适用被继承人住所地法律，不动产适用不动产所在地法律。

外国人继承在中华人民共和国境内的遗产或者继承在中华人民共和国境外的中国公民的遗产，动产适用被继承人住所地法律，不动产适用不动产所在地法律。

中华人民共和国与外国订有条约、协定的，按照条约、协定办理。

第三十七条 本法自1985年10月1日起施行。

最高人民法院关于贯彻执行《中华人民共和国继承法》若干问题的意见

（1985年9月11日 法（民）发〔1985〕22号）

第六届全国人民代表大会第三次会议通过的《中华人民共和国继承法》，是我国公民处理继承问题的准则，是人民法院正确、及时审理继承案件的依据。人民法院贯彻执行继承法，要根据社会主义的法制原则，坚持继承权男女平等，贯彻互相扶助和权利义务相一致的精神，依法保护公民的私有财产的继承权。

为了正确贯彻执行继承法，我们根据继承法的有关规定和审判实践经验，对审理继承案件中具体适用继承法的一些问题，提出以下意见，供各级人民法院在审理继承案件时试行。

一、关于总则部分

1. 继承从被继承人生理死亡或被宣告死亡时开始。

失踪人被宣告死亡的，以法院判决中确定的失踪人的死亡日期，为继承开始的时间。

2. 相互有继承关系的几个人在同一事件中死亡，如不能确定死亡先后时间的，推定没有继承人的人先死亡。死亡人各自都有继承人的，如几个死亡人辈分不同，推定长辈先死亡；几个死亡人辈分相同，推定同时死亡，彼此不发生继承，由他们各自的继承人分别继承。

3. 公民可继承的其他合法财产包括有价证券和履行标的为财物的债权等。

4. 承包人死亡时尚未取得承包收益的，可把死者生前对承包所投入的资金和所付出的劳动及其增值和孳息，由发包单位或者接续承包合同的人合理折价、补偿，其价额作为遗产。

5. 被继承人生前与他人订有遗赠扶养协议，同时又立有遗嘱的，继承开始后，如果遗赠扶养协议与遗嘱没有抵触，遗产分别按协议和遗嘱处理；如果有抵触，按协议处理，与协议抵触的遗嘱全部或部分无效。

6. 遗嘱继承人依遗嘱取得遗产后，仍有权依继承法第十三条的规定取得遗嘱未处分的遗产。

7. 不满6周岁的儿童、精神病患者，应当认定其为无行为能力人。

已满6周岁，不满18周岁的未成年人，应当认定其为限制行为能力人。

8. 法定代理人代理被代理人行使继承权、受遗赠权，不得损害被代理人的利益。法定代理人一般不能代理被代理人放弃继承权，受遗赠权。明显损害被代理人利益的，应认定其代理行为无效。

9. 在遗产继承中，继承人之间因是否丧失继承权发生纠纷，诉讼到人民法院的，由人民法院根据继承法第七条的规定，判决确认其是否丧失继承权。

10. 继承人虐待被继承人情节是否严重，可以从实施虐待行为的时间、手段、后果和社会影响等方面认定。

虐待被继承人情节严重的，不论是否追究刑事责任，均可确认其丧失继承权。

11. 继承人故意杀害被继承人的，不论是既遂还是未遂，均应确认其丧失继承权。

12. 继承人有继承法第七条第（一）项或第（二）项所列之行为，而被继承人以遗嘱将遗产指定由该继承人继承的，可确认遗嘱无效，并按继承法第七条的规定处理。

13. 继承人虐待被继承人情节严重的，或者遗弃被继承人的，如以后确有悔改表现，而且被虐待人、被遗弃人生前又表示宽恕，可不确认其丧失继承权。

14. 继承人伪造、篡改或者销毁遗嘱，侵害了缺乏劳动能力又无生活来源的继承人的利益，并造成其生活困难的,应认定其行为情节严重。

15. 在诉讼时效期间内,因不可抗拒的事由致继承人无法主张继承权利的,人民法院可按中止诉讼时效处理。

16. 继承人在知道自己的权利受到侵犯之日起的2年之内,其遗产继承权纠纷确在人民调解委员会进行调解期间,可按中止诉讼时效处理。

17. 继承人因遗产继承纠纷向人民法院提起诉讼,诉讼时效即为中断。

18. 自继承开始之日起的第18年至第20年期间内,继承人才知道自己的权利被侵犯的,其提起诉讼的权利,应当在继承开始之日起的20年之内行使,超过20年的,不得再行提起诉讼。

二、关于法定继承部分

19. 被收养人对养父母尽了赡养义务,同时又对生父母扶养较多的,除可依继承法第十条的规定继承养父母的遗产外,还可依继承法第十四条的规定分得生父母的适当的遗产。

20. 在旧社会形成的一夫多妻家庭中,子女与生母以外的父亲的其他配偶之间形成扶养关系的,互有继承权。

21. 继子女继承了继父母遗产的,不影响其继承生父母的遗产。

继父母继承了继子女遗产的,不影响其继承生子女的遗产。

22. 养祖父母与养孙子女的关系,视为养父母与养子女关系的,可互为第一顺序继承人。

23. 养子女与生子女之间、养子女与养子女之间,系养兄弟姐妹,可互为第二顺序继承人。

被收养人与其亲兄弟姐妹之间的权利义务关系,因收养关系的成立而消除,不能互为第二顺序继承人。

24. 继兄弟姐妹之间的继承权,因继兄弟姐妹之间的扶养关系而发生。没有扶养关系的,不能互为第二顺序继承人。

继兄弟姐妹之间相互继承了遗产的,不影响其继承亲兄弟姐妹的遗产。

25. 被继承人的孙子女、外孙子女、曾孙子女、外曾孙女都可以代位继承,代位继承人不受辈数的限制。

26. 被继承人的养子女、已形成扶养关系的继子女的生子女可代位继承;被继承人亲生子女的养子女可代位继承;被继承人养子女的养子女可代位继承;与被继承人已形成扶养关系的继子女的养子女也可以代位继承。

27. 代位继承人缺乏劳动能力又没有生活来源,或者对被继承人尽过主要赡养义务的,分配遗产时,可以多分。

28. 继承人丧失继承权的,其晚辈直系血亲不得代位继承。如该代位继承人缺乏劳动能力又没有生活来源,或对被继承人尽赡养义务较多的,可适当分给遗产。

29. 丧偶儿媳对公婆、丧偶女婿对岳父、岳母,无论其是否再婚,依继承法第十二条规定作为第一顺序继承人时,不影响其子女代位继承。

30. 对被继承人生活提供了主要经济来源,或在劳务等方面给予了主要扶助的,应当认定其尽了主要赡养义务或主要扶养义务。

31. 依继承法第十四条规定可以分给适当遗产的人,分给他们遗产时,按具体情况可多于或少于继承人。

32. 依继承法第十四条规定可以分给适当遗产的人,在其依法取得被继承人遗产的权利受到侵犯时,本人有权以独立的诉讼主体的资格向人民法院提起诉讼。但在遗产分割时,明知而未提出请求的,一般不予受理;不知而未提出请求,在2年以内起诉的,应予受理。

33. 继承人有扶养能力和扶养条件,愿意尽扶养义务,但被继承人因有固定收入和劳动能力,明确表示不要求其扶养的,分配遗产时,一般不应因此而影响其继承份额。

34. 有扶养能力和扶养条件的继承人虽然与被继承人共同生活,但对需要扶养的被继承人不尽扶养义务,分配遗产时,可以少分或者不分。

三、关于遗嘱继承部分

35. 继承法实施前订立的,形式上稍有欠缺的遗嘱,如内容合法,又有充分证据明确为遗嘱人真实意思表示的,可以认定遗嘱有效。

36. 继承人、受遗赠人的债权人、债务人,共同经营的合伙人,也应当视为与继承人、受遗赠人有利害关系,不能作为遗嘱的见证人。

37. 遗嘱人未保留缺乏劳动能力又没有生活来源的继承人的遗产份额,遗产处理时,应当为该继承人留下必要的遗产,所剩余的部分,才可参照遗嘱确定的分配原则处理。

继承人是否缺乏劳动能力又没有生活来源,应按遗嘱生效时该继承人的具体情况确定。

38. 遗嘱人以遗嘱处分了属于国家、集体或他人所有的财产,遗嘱的这部分,应认定无效。

39. 遗嘱人生前的行为与遗嘱的意思表示相反,而使遗嘱处分的财产在继承开始前灭失、部分灭失或所有权转移、部分转移的,遗嘱视为被撤销或部分被撤销。

40. 公民在遗书中涉及死后个人财产处分的内容,确为死者真实意思的表示,有本人签名并注明了年、月、日,又无相反证据的,可按自书遗嘱对待。

41. 遗嘱人立遗嘱时必须有行为能力。无行为能力人所立的遗嘱,即使其本人后来有了行为能力,仍属无效遗嘱。遗嘱人立遗嘱时有行为能力,后来丧失了行为能力,不影响遗嘱的效力。

42. 遗嘱人以不同形式立有数份内容相抵触的遗嘱,其中有公证遗嘱的,以最后所立公证遗嘱为准;没有公证遗嘱的,以最后所立的遗嘱为准。

43. 附义务的遗嘱继承或遗赠,如义务能够履行,而继承人、受遗赠人无正当理由不履行,经受益人或其他继承人请求,人民法院可以取消他接受附义务那部分遗产的权利,由提出请求的继承人或受益人负责按遗嘱人的意愿履行义务,接受遗产。

四、关于遗产的处理部分

44. 人民法院在审理继承案件时,如果知道有继承人而无法通知的,分割遗产时,要保留其应继承的遗产,并确定该遗产的保管人或保管单位。

45. 应当为胎儿保留的遗产份额没有保留的,应从继承人所继承的遗产中扣回。

为胎儿保留的遗产份额,如胎儿出生后死亡的,由其继承人继承;如胎儿出生时就是死体的,由被继承人的继承人继承。

46. 继承人因放弃继承权,致其不能履行法定义务的,放弃继承权的行为无效。

47. 继承人放弃继承应当以书面形式向其他继承人表示。用口头方式表示放弃继承,本人承认,或有其他充分证据证明的,也应当认定其有效。

48. 在诉讼中,继承人向人民法院以口头方式表示放弃继承的,要制作笔录,由放弃继承的人签名。

49. 继承人放弃继承的意思表示,应当在继承开始后、遗产分割前作出。遗产分割后表示放弃的不再是继承权,而是所有权。

50. 遗产处理前或在诉讼进行中,继承人对放弃继承翻悔的,由人民法院根据其提出的具体理由,决定是否承认,遗产处理后,继承人对放弃继承翻悔的,不予承认。

51. 放弃继承的效力,追溯到继承开始的时间。

52. 继承开始后,继承人没有表示放弃继承,并于遗产分割前死亡的,其继承遗产的权利移转给他的合法继承人。

53. 继承开始后,受遗赠人表示接受遗赠,并于遗产分割前死亡的,其接受遗赠的权利移转给他的继承人。

54. 由国家或集体组织供给生活费用的烈属和享受社会救济的城市居民,其遗产仍应准许合法继承人继承。

55. 集体组织对"五保户"实行"五保"时,双方有扶养协议的,按协议处理;没有扶养协议,死者有遗嘱继承人或法定继承人要求继承的,按遗嘱继承或法定继承处理,但集体组织有权要求扣回"五保"费用。

56. 扶养人或集体组织与公民订有遗赠扶养协议,扶养人或集体组织无正当理由不履行,致协议解除的,不能享受遗赠的权利,其支付的供养费用一般不予补偿;遗赠人无正当理由不履行,致协议解除的,则应偿还扶养人或集体组织已支付的供养费用。

57. 遗产因无人继承收归国家或集体组织所有时,按继承法第十四条规定可以分给遗产的人提出取得遗产的要求,人民法院应视情况适当分给遗产。

58. 人民法院在分割遗产中的房屋、生产资料和特定职业所需要的财产时,应依据有利于发挥其使用效益和继承人的实际需要,兼顾各继承人的利益进行处理。

59. 人民法院对故意隐匿、侵吞或争抢遗产的继承人,可以酌情减少其应继承的遗产。

60. 继承诉讼开始后,如继承人、受遗赠人中有既不愿参加诉讼,又不表示放弃实体权利的,应追加为共同原告;已明确表示放弃继承的,不再列为当事人。

61. 继承人中有缺乏劳动能力又没有生活来源的人,即使遗产不足清偿债务,也应为其保留适当遗产,然后再按继承法第三十三条和民事诉讼法第一百八十条的规定清偿债务。

62. 遗产已被分割而未清偿债务时,如有法定继承又有遗嘱继承和遗赠的,首先由法定继承人用其所得遗产清偿债务;不足清偿时,剩余的债务由遗嘱继承人和受遗赠人按比例用所得遗产偿还;如果只有遗嘱继承和遗赠的,由遗嘱继承人和受遗赠人按比例用所得遗产偿还。

五、关于附则部分

63. 涉外继承,遗产为动产的,适用被继承人住所地法律,即适用被继承人生前最后住所地国家的法律。

64. 继承法施行前,人民法院已经审结的继承案件,继承法施行后,按审判监督程序提起再审的,适用审结时的有关政策、法律。

人民法院对继承法生效前已经受理、生效时尚未审结的继承案件,适用继承法。但不得再以超过诉讼时效为由驳回起诉。

最高人民法院关于如何处理农村五保对象遗产问题的批复

(2000年6月30日最高人民法院审判委员会第1121次会议通过 2000年7月25日最高人民法院公告公布 自2000年8月3日起施行 法释〔2000〕23号)

各省、自治区、直辖市高级人民法院,解放军军事法院,新疆维吾尔自治区高级人民法院生产建设兵团分院:

国务院1994年1月23日《农村五保供养工作条例》发布后,一些高级人民法院反映,我院1985年9月11日发布的法(民)发〔1985〕22号《关于贯彻执行〈中华人民共和国继承法〉若干问题的意见》第55条的规定与该条例的有关规定不一致。经研究,答复如下:

农村五保对象死亡后,其遗产按照国务院《农村五保供养工作条例》第十八条、第十九条的有关规定处理。

此复

附:

农村五保供养工作条例有关条款

第十八条 五保对象的个人财产,其本人可以继续使用,但是不得自行处分;其需要代管的财产,可以由农村集体经济组织代管。

第十九条 五保对象死亡后,其遗产归所在的农村集体经济组织所有;有五保供养协议的,按照协议处理。

(三)收　养

中华人民共和国收养法[①]

(1991年12月29日第七届全国人民代表大会常务委员会第二十三次会议通过 自1992年4月1日起施行)

第一章 总　则

第一条 为保护合法的收养关系,维护收养关系当事人的权利,制定本法。

第二条 收养应当有利于被收养的未成年人的抚养、成长,遵循平等自愿的原则,并不得违背社会公德。

第三条 收养不得违背计划生育的法律、法规。

第二章 收养关系的成立

第四条 下列不满十四周岁的未成年人可以被收养:

(一)丧失父母的孤儿;

(二)查找不到生父母的弃婴和儿童;

① 编者注:已被修改。

(三)生父母有特殊困难无力抚养的子女。

第五条　下列公民、组织可以作送养人:

(一)孤儿的监护人;

(二)社会福利机构;

(三)有特殊困难无力抚养子女的生父母。

第六条　收养人应当同时具备下列条件:

(一)无子女;

(二)有抚养教育被收养人的能力;

(三)年满三十五周岁。

第七条　年满三十五周岁的无子女的公民收养三代以内同辈旁系血亲的子女,可以不受本法第四条第三项、第五条第三项、第九条和被收养人不满十四周岁的限制。

华侨收养三代以内同辈旁系血亲的子女,还可以不受收养人无子女的限制。

第八条　收养人只能收养一名子女。

收养孤儿或者残疾儿童可以不受收养人无子女和年满三十五周岁以及收养一名的限制。

第九条　无配偶的男性收养女性的,收养人与被收养人的年龄应当相差四十周岁以上。

第十条　生父母送养子女,须双方共同送养。生父母一方不明或者查找不到的可以单方送养。

有配偶者收养子女,须夫妻共同收养。

第十一条　收养人收养与送养人送养,须双方自愿。收养年满十周岁以上未成年人的,应当征得被收养人的同意。

第十二条　未成年人的父母均不具备完全民事行为能力的,该未成年人的监护人不得将其送养,但父母对该未成年人有严重危害可能的除外。

第十三条　监护人送养未成年孤儿的,须征得有抚养义务的人同意。有抚养义务的人不同意送养、监护人不愿意继续履行监护职责的,应当依照《中华人民共和国民法通则》的规定变更监护人。

第十四条　继父或者继母经继子女的生父母同意,可以收养继子女,并可以不受第四条第三项、第五条第三项、第六条和被收养人不满十四周岁的限制。

第十五条　收养查找不到生父母的弃婴和儿童以及社会福利机构抚养的孤儿的,应当向民政部门登记。

除前款规定外,收养应当由收养人、送养人依照本法规定的收养、送养条件订立书面协议,并可以办理收养公证;收养人或者送养人要求办理收养公证的,应当办理收养公证。

第十六条　孤儿或者生父母无力抚养的子女,可以由生父母的亲属、朋友抚养。

抚养人与被抚养人的关系不适用收养关系。

第十七条　配偶一方死亡,另一方送养未成年子女的,死亡一方的父母有优先抚养的权利。

第十八条　送养人不得以送养子女为理由违反计划生育的规定再生育子女。

第十九条　严禁买卖儿童或者借收养名义买卖儿童。

第二十条　外国人依照本法可以在中华人民共和国收养子女。

外国人在中华人民共和国收养子女,应当提供收养人的年龄、婚姻、职业、财产、健康、有无受过刑事处罚等状况的证明材料,该证明材料须经其所在国公证机构或者公证人公证,并经中华人民共和国驻该国使领馆认证。该收养人应当与送养人订立书面协议,亲自向民政部门登记,并到指定的公证处办理收养公证。收养关系自公证证明之日起成立。

第二十一条　收养人、送养人要求保守收养秘密的,其他人应当尊重其意愿,不得泄露。

第三章　收养的效力

第二十二条　自收养关系成立之日起,养父母与养子女间的权利义务关系,适用法律关于父母子女关系的规定;养子女与养父母的近亲属间的权利义务关系,适用法律关于子女与父母的近亲属关系的规定。

养子女与生父母及其他近亲属间的权利义务关系,因收养关系的成立而消除。

第二十三条　养子女可以随养父或者养母的姓,经当事人协商一致,也可以保留原姓。

第二十四条　违反《中华人民共和国民法通则》第五十五条和本法规定的收养行为无法律效力。

收养行为被人民法院确认无效的,从行为开始时起就没有法律效力。

第四章 收养关系的解除

第二十五条 收养人在被收养人成年以前，不得解除收养关系，但收养人、送养人双方协议解除的除外，养子女年满十周岁以上的，应当征得本人同意。

收养人不履行抚养义务，有虐待、遗弃等侵害未成年养子女合法权益行为的，送养人有权要求解除养父母与养子女间的收养关系。送养人、收养人不能达成解除收养关系协议的，可以向人民法院起诉。

第二十六条 养父母与成年养子女关系恶化、无法共同生活的，可以协议解除收养关系。不能达成协议的，可以向人民法院起诉。

第二十七条 当事人解除收养关系应当达成书面协议。收养关系是经民政部门登记成立的，应当到民政部门办理解除收养关系的登记。收养关系是经公证证明的，应当到公证处办理解除收养关系的公证证明。

第二十八条 收养关系解除后，养子女与养父母及其他近亲属间的权利义务关系即行消除，与生父母及其他近亲属间的权利义务关系自行恢复，但成年养子女与生父母及其他近亲属间的权利义务关系是否恢复，可以协商确定。

第二十九条 收养关系解除后，经养父母抚养的成年养子女，对缺乏劳动能力又缺乏生活来源的养父母，应当给付生活费。因养子女成年后虐待、遗弃养父母而解除收养关系的，养父母可以要求养子女补偿收养期间支出的生活费和教育费。

生父母要求解除收养关系的，养父母可以要求生父母适当补偿收养期间支出的生活费和教育费，但因养父母虐待、遗弃养子女而解除收养关系的除外。

第五章 法律责任

第三十条 借收养名义拐卖儿童的，依照《全国人民代表大会常务委员会关于严惩拐卖、绑架妇女、儿童的犯罪分子的决定》追究刑事责任。

遗弃婴儿的，由公安部门处一千元以下罚款；情节恶劣构成犯罪的，依照《中华人民共和国刑法》第一百八十三条追究刑事责任。

出卖亲生子女的，依照本条第二款规定处罚。

第六章 附　　则

第三十一条 民族自治地方的人民代表大会及其常务委员会可以根据本法的原则，结合当地情况，制定变通的或者补充的规定。自治区的规定，报全国人民代表大会常务委员会备案。自治州、自治县的规定，报省或者自治区的人民代表大会常务委员会批准后生效，并报全国人民代表大会常务委员会备案。

第三十二条 国务院可以根据本法制定实施办法。

第三十三条 本法自一九九二年四月一日起施行。

全国人民代表大会常务委员会关于修改《中华人民共和国收养法》的决定

（1998年11月4日第九届全国人民代表大会常务委员会第五次会议通过　自1999年4月1日起施行）

第九届全国人民代表大会常务委员会第五次会议决定对《中华人民共和国收养法》作如下修改：

一、第二条修改为：“收养应当有利于被收养的未成年人的抚养、成长，保障被收养人和收养人的合法权益，遵循平等自愿的原则，并不得违背社会公德。”

二、第六条增加一项，作为第三项：“（三）未患有在医学上认为不应当收养子女的疾病；”

第三项改为第四项，修改为：“（四）年满三十周岁。”

三、第七条第一款修改为：“收养三代以内同辈旁系血亲的子女，可以不受本法第四条第三项、第五条第三项、第九条和被收养人不满十四周岁的限制。”

四、第八条第二款修改为：“收养孤儿、残疾儿童或者社会福利机构抚养的查找不到生父母的弃婴和儿童，可以不受收养人无子女和收养一名的限制。"

五、第十四条修改为："继父或者继母经继子女的生父母同意，可以收养继子女，并可以不受本法第四条第三项、第五条第三项、第六条和被收养人不满十四周岁以及收养一名的限制。"

六、第十五条第一款修改为："收养应当向县级以上人民政府民政部门登记。收养关系自登记之日起成立。"

增加一款，作为第二款："收养查找不到生父母的弃婴和儿童的，办理登记的民政部门应当在登记前予以公告。"

第二款改为两款，作为第三款、第四款，修改为："收养关系当事人愿意订立收养协议的，可以订立收养协议。

"收养关系当事人各方或者一方要求办理收养公证的，应当办理收养公证。"

七、增加一条，作为第十六条："收养关系成立后，公安部门应当依照国家有关规定为被收养人办理户口登记。"

八、第二十条改为第二十一条，第二款改为两款，作为第二款、第三款，修改为："外国人在中华人民共和国收养子女，应当经其所在国主管机关依照该国法律审查同意。收养人应当提供由其所在国有权机构出具的有关收养人的年龄、婚姻、职业、财产、健康、有无受过刑事处罚等状况的证明材料，该证明材料应当经其所在国外交机关或者外交机关授权的机构认证，并经中华人民共和国驻该国使领馆认证。该收养人应当与送养人订立书面协议，亲自向省级人民政府民政部门登记。

"收养关系当事人各方或者一方要求办理收养公证的，应当到国务院司法行政部门认定的具有办理涉外公证资格的公证机构办理收养公证。"

九、第二十七条改为第二十八条，修改为："当事人协议解除收养关系的，应当到民政部门办理解除收养关系的登记。"

十、第三十条改为第三十一条，第一款修改为："借收养名义拐卖儿童的，依法追究刑事责任。"

第二款修改为："遗弃婴儿的，由公安部门处以罚款；构成犯罪的，依法追究刑事责任。"

第三款修改为："出卖亲生子女的，由公安部门没收非法所得，并处以罚款；构成犯罪的，依法追究刑事责任。"

十一、本决定自1999年4月1日起施行。本决定施行前，依照《中华人民共和国收养法》成立或者解除收养关系的，不再办理登记。

《中华人民共和国收养法》根据本决定作相应的修正，重新公布。

中华人民共和国收养法

（1991年12月29日第七届全国人民代表大会常务委员会第二十三次会议通过　根据1998年11月4日第九届全国人民代表大会常务委员会第五次会议《关于修改〈中华人民共和国收养法〉的决定》修正）

目　录

第一章　总　　则

第一条　为保护合法的收养关系，维护收养关系当事人的权利，制定本法。

第二条　收养应当有利于被收养的未成年人的抚养、成长，保障被收养人和收养人的合法权益，遵循平等自愿的原则，并不得违背社会公德。

第三条　收养不得违背计划生育的法律、法规。

第二章　收养关系的成立

第四条　下列不满十四周岁的未成年人可以被收养：

（一）丧失父母的孤儿；

（二）查找不到生父母的弃婴和儿童；

（三）生父母有特殊困难无力抚养的子女。

第五条 下列公民、组织可以作送养人：

（一）孤儿的监护人；

（二）社会福利机构；

（三）有特殊困难无力抚养子女的生父母。

第六条 收养人应当同时具备下列条件：

（一）无子女；

（二）有抚养教育被收养人的能力；

（三）未患有在医学上认为不应当收养子女的疾病；

（四）年满三十周岁。

第七条 收养三代以内同辈旁系血亲的子女，可以不受本法第四条第三项、第五条第三项、第九条和被收养人不满十四周岁的限制。

华侨收养三代以内同辈旁系血亲的子女，还可以不受收养人无子女的限制。

第八条 收养人只能收养一名子女。

收养孤儿、残疾儿童或者社会福利机构抚养的查找不到生父母的弃婴和儿童，可以不受收养人无子女和收养一名的限制。

第九条 无配偶的男性收养女性的，收养人与被收养人的年龄应当相差四十周岁以上。

第十条 生父母送养子女，须双方共同送养。生父母一方不明或者查找不到的可以单方送养。

有配偶者收养子女，须夫妻共同收养。

第十一条 收养人收养与送养人送养，须双方自愿。收养年满十周岁以上未成年人的，应当征得被收养人的同意。

第十二条 未成年人的父母均不具备完全民事行为能力的，该未成年人的监护人不得将其送养，但父母对该未成年人有严重危害可能的除外。

第十三条 监护人送养未成年孤儿的，须征得有抚养义务的人同意。有抚养义务的人不同意送养、监护人不愿意继续履行监护职责的，应当依照《中华人民共和国民法通则》的规定变更监护人。

第十四条 继父或者继母经继子女的生父母同意，可以收养继子女，并可以不受本法第四条第三项、第五条第三项、第六条和被收养人不满十四周岁以及收养一名的限制。

第十五条 收养应当向县级以上人民政府民政部门登记。收养关系自登记之日起成立。

收养查找不到生父母的弃婴和儿童的，办理登记的民政部门应当在登记前予以公告。

收养关系当事人愿意订立收养协议的，可以订立收养协议。

收养关系当事人各方或者一方要求办理收养公证的，应当办理收养公证。

第十六条 收养关系成立后，公安部门应当依照国家有关规定为被收养人办理户口登记。

第十七条 孤儿或者生父母无力抚养的子女，可以由生父母的亲属、朋友抚养。

抚养人与被抚养人的关系不适用收养关系。

第十八条 配偶一方死亡，另一方送养未成年子女的，死亡一方的父母有优先抚养的权利。

第十九条 送养人不得以送养子女为理由违反计划生育的规定再生育子女。

第二十条 严禁买卖儿童或者借收养名义买卖儿童。

第二十一条 外国人依照本法可以在中华人民共和国收养子女。

外国人在中华人民共和国收养子女，应当经其所在国主管机关依照该国法律审查同意。收养人应当提供由其所在国有权机构出具的有关收养人的年龄、婚姻、职业、财产、健康、有无受过刑事处罚等状况的证明材料，该证明材料应当经其所在国外交机关或者外交机关授权的机构认证，并经中华人民共和国驻该国使领馆认证。该收养人应当与送养人订立书面协议，亲自向省级人民政府民政部门登记。

收养关系当事人各方或者一方要求办理收养公证的，应当到国务院司法行政部门认定的具有办理涉外公证资格的公证机构办理收养公证。

第二十二条 收养人、送养人要求保守收养秘密的，其他人应当尊重其意愿，不得泄露。

第三章 收养的效力

第二十三条 自收养关系成立之日起，养父母与养子女间的权利义务关系，适用法律关于父母子女关系的规定；养子女与养父母的近亲属间的权利义务关系，适用法律关于子女与父母的近亲属关系的规定。

养子女与生父母及其他近亲属间的权利义务关系，因收养关系的成立而消除。

第二十四条　养子女可以随养父或者养母的姓，经当事人协商一致，也可以保留原姓。

第二十五条　违反《中华人民共和国民法通则》第五十五条和本法规定的收养行为无法律效力。

收养行为被人民法院确认无效的，从行为开始时起就没有法律效力。

第四章　收养关系的解除

第二十六条　收养人在被收养人成年以前，不得解除收养关系，但收养人、送养人双方协议解除的除外，养子女年满十周岁以上的，应当征得本人同意。

收养人不履行抚养义务，有虐待、遗弃等侵害未成年养子女合法权益行为的，送养人有权要求解除养父母与养子女间的收养关系。送养人、收养人不能达成解除收养关系协议的，可以向人民法院起诉。

第二十七条　养父母与成年养子女关系恶化、无法共同生活的，可以协议解除收养关系。不能达成协议的，可以向人民法院起诉。

第二十八条　当事人协议解除收养关系的，应当到民政部门办理解除收养关系的登记。

第二十九条　收养关系解除后，养子女与养父母及其他近亲属间的权利义务关系即行消除，与生父母及其他近亲属间的权利义务关系自行恢复，但成年养子女与生父母及其他近亲属间的权利义务关系是否恢复，可以协商确定。

第三十条　收养关系解除后，经养父母抚养的成年养子女，对缺乏劳动能力又缺乏生活来源的养父母，应当给付生活费。因养子女成年后虐待、遗弃养父母而解除收养关系的，养父母可以要求养子女补偿收养期间支出的生活费和教育费。

生父母要求解除收养关系的，养父母可以要求生父母适当补偿收养期间支出的生活费和教育费，但因养父母虐待、遗弃养子女而解除收养关系的除外。

第五章　法律责任

第三十一条　借收养名义拐卖儿童的，依法追究刑事责任。

遗弃婴儿的，由公安部门处以罚款；构成犯罪的，依法追究刑事责任。

出卖亲生子女的，由公安部门没收非法所得，并处以罚款；构成犯罪的，依法追究刑事责任。

第六章　附　　则

第三十二条　民族自治地方的人民代表大会及其常务委员会可以根据本法的原则，结合当地情况，制定变通的或者补充的规定。自治区的规定，报全国人民代表大会常务委员会备案。自治州、自治县的规定，报省或者自治区的人民代表大会常务委员会批准后生效，并报全国人民代表大会常务委员会备案。

第三十三条　国务院可以根据本法制定实施办法。

第三十四条　本法自1992年4月1日起施行。

三 物 权

(一)综 合

中华人民共和国物权法

(2007年3月16日第十届全国人民代表大会第五次会议通过 2007年3月16日中华人民共和国主席令第62号公布 自2007年10月1日起施行)

目 录

第一编 总 则

第一章 基本原则

第一条 为了维护国家基本经济制度，维护社会主义市场经济秩序，明确物的归属，发挥物的效用，保护权利人的物权，根据宪法，制定本法。

第二条 因物的归属和利用而产生的民事关系，适用本法。

本法所称物，包括不动产和动产。法律规定权利作为物权客体的，依照其规定。

本法所称物权，是指权利人依法对特定的物享有直接支配和排他的权利，包括所有权、用益物权和担保物权。

第三条 国家在社会主义初级阶段，坚持公有制为主体、多种所有制经济共同发展的基本经济制度。

国家巩固和发展公有制经济，鼓励、支持和引导非公有制经济的发展。

国家实行社会主义市场经济，保障一切市场主体的平等法律地位和发展权利。

第四条 国家、集体、私人的物权和其他权利人的物权受法律保护，任何单位和个人不得侵犯。

第五条 物权的种类和内容，由法律规定。

第六条 不动产物权的设立、变更、转让和消灭，应当依照法律规定登记。动产物权的设立和转让，应当依照法律规定交付。

第七条 物权的取得和行使，应当遵守法律，尊重社会公德，不得损害公共利益和他人合法权益。

第八条 其他相关法律对物权另有特别规定的，依照其规定。

第二章 物权的设立、变更、转让和消灭

第一节 不动产登记

第九条 不动产物权的设立、变更、转让和消灭,经依法登记,发生效力;未经登记,不发生效力,但法律另有规定的除外。

依法属于国家所有的自然资源,所有权可以不登记。

第十条 不动产登记,由不动产所在地的登记机构办理。

国家对不动产实行统一登记制度。统一登记的范围、登记机构和登记办法,由法律、行政法规规定。

第十一条 当事人申请登记,应当根据不同登记事项提供权属证明和不动产界址、面积等必要材料。

第十二条 登记机构应当履行下列职责:

(一)查验申请人提供的权属证明和其他必要材料;

(二)就有关登记事项询问申请人;

(三)如实、及时登记有关事项;

(四)法律、行政法规规定的其他职责。

申请登记的不动产的有关情况需要进一步证明的,登记机构可以要求申请人补充材料,必要时可以实地查看。

第十三条 登记机构不得有下列行为:

(一)要求对不动产进行评估;

(二)以年检等名义进行重复登记;

(三)超出登记职责范围的其他行为。

第十四条 不动产物权的设立、变更、转让和消灭,依照法律规定应当登记的,自记载于不动产登记簿时发生效力。

第十五条 当事人之间订立有关设立、变更、转让和消灭不动产物权的合同,除法律另有规定或者合同另有约定外,自合同成立时生效;未办理物权登记的,不影响合同效力。

第十六条 不动产登记簿是物权归属和内容的根据。

不动产登记簿由登记机构管理。

第十七条 不动产权属证书是权利人享有该不动产物权的证明。不动产权属证书记载的事项,应当与不动产登记簿一致;记载不一致的,除有证据证明不动产登记簿确有错误外,以不动产登记簿为准。

第十八条 权利人、利害关系人可以申请查询、复制登记资料,登记机构应当提供。

第十九条 权利人、利害关系人认为不动产登记簿记载的事项错误的,可以申请更正登记。不动产登记簿记载的权利人书面同意更正或者有证据证明登记确有错误的,登记机构应当予以更正。

不动产登记簿记载的权利人不同意更正的,利害关系人可以申请异议登记。登记机构予以异议登记的,申请人在异议登记之日起十五日内不起诉,异议登记失效。异议登记不当,造成权利人损害的,权利人可以向申请人请求损害赔偿。

第二十条 当事人签订买卖房屋或者其他不动产物权的协议,为保障将来实现物权,按照约定可以向登记机构申请预告登记。预告登记后,未经预告登记的权利人同意,处分该不动产的,不发生物权效力。

预告登记后,债权消灭或者自能够进行不动产登记之日起三个月内未申请登记的,预告登记失效。

第二十一条 当事人提供虚假材料申请登记,给他人造成损害的,应当承担赔偿责任。

因登记错误,给他人造成损害的,登记机构应当承担赔偿责任。登记机构赔偿后,可以向造成登记错误的人追偿。

第二十二条 不动产登记费按件收取,不得按照不动产的面积、体积或者价款的比例收取。具体收费标准由国务院有关部门会同价格主管部门规定。

第二节 动产交付

第二十三条 动产物权的设立和转让,自交付时发生效力,但法律另有规定的除外。

第二十四条 船舶、航空器和机动车等物权的设立、变更、转让和消灭,未经登记,不得对抗善意第三人。

第二十五条 动产物权设立和转让前,权利人已经依法占有该动产的,物权自法律行为生效时发生效力。

第二十六条 动产物权设立和转让前，第三人依法占有该动产的，负有交付义务的人可以通过转让请求第三人返还原物的权利代替交付。

第二十七条 动产物权转让时，双方又约定由出让人继续占有该动产的，物权自该约定生效时发生效力。

第三节 其他规定

第二十八条 因人民法院、仲裁委员会的法律文书或者人民政府的征收决定等，导致物权设立、变更、转让或者消灭的，自法律文书或者人民政府的征收决定等生效时发生效力。

第二十九条 因继承或者受遗赠取得物权的，自继承或者受遗赠开始时发生效力。

第三十条 因合法建造、拆除房屋等事实行为设立或者消灭物权的，自事实行为成就时发生效力。

第三十一条 依照本法第二十八条至第三十条规定享有不动产物权的，处分该物权时，依照法律规定需要办理登记的，未经登记，不发生物权效力。

第三章 物权的保护

第三十二条 物权受到侵害的，权利人可以通过和解、调解、仲裁、诉讼等途径解决。

第三十三条 因物权的归属、内容发生争议的，利害关系人可以请求确认权利。

第三十四条 无权占有不动产或者动产的，权利人可以请求返还原物。

第三十五条 妨害物权或者可能妨害物权的，权利人可以请求排除妨害或者消除危险。

第三十六条 造成不动产或者动产毁损的，权利人可以请求修理、重作、更换或者恢复原状。

第三十七条 侵害物权，造成权利人损害的，权利人可以请求损害赔偿，也可以请求承担其他民事责任。

第三十八条 本章规定的物权保护方式，可以单独适用，也可以根据权利被侵害的情形合并适用。

侵害物权，除承担民事责任外，违反行政管理规定的，依法承担行政责任；构成犯罪的，依法追究刑事责任。

第二编 所有权

第四章 一般规定

第三十九条 所有权人对自己的不动产或者动产，依法享有占有、使用、收益和处分的权利。

第四十条 所有权人有权在自己的不动产或者动产上设立用益物权和担保物权。用益物权人、担保物权人行使权利，不得损害所有权人的权益。

第四十一条 法律规定专属于国家所有的不动产和动产，任何单位和个人不能取得所有权。

第四十二条 为了公共利益的需要，依照法律规定的权限和程序可以征收集体所有的土地和单位、个人的房屋及其他不动产。

征收集体所有的土地，应当依法足额支付土地补偿费、安置补助费、地上附着物和青苗的补偿费等费用，安排被征地农民的社会保障费用，保障被征地农民的生活，维护被征地农民的合法权益。

征收单位、个人的房屋及其他不动产，应当依法给予拆迁补偿，维护被征收人的合法权益；征收个人住宅的，还应当保障被征收人的居住条件。

任何单位和个人不得贪污、挪用、私分、截留、拖欠征收补偿费等费用。

第四十三条 国家对耕地实行特殊保护，严格限制农用地转为建设用地，控制建设用地总量。不得违反法律规定的权限和程序征收集体所有的土地。

第四十四条 因抢险、救灾等紧急需要，依照法律规定的权限和程序可以征用单位、个人的不动产或者动产。被征用的不动产或者动产使用后，应当返还被征用人。单位、个人的不动产或者动产被征用或者征用后毁损、灭失的，应当给予补偿。

第五章 国家所有权和集体所有权、私人所有权

第四十五条 法律规定属于国家所有的财产，属于国家所有即全民所有。

国有财产由国务院代表国家行使所有权；法律另有规定的，依照其规定。

第四十六条 矿藏、水流、海域属于国家所有。

第四十七条 城市的土地，属于国家所有。法律规定属于国家所有的农村和城市郊区的土地，属于国家所有。

第四十八条 森林、山岭、草原、荒地、滩涂等自然资源，属于国家所有，但法律规定属于集体所有的除外。

第四十九条 法律规定属于国家所有的野生动植物资源，属于国家所有。

第五十条 无线电频谱资源属于国家所有。

第五十一条 法律规定属于国家所有的文物，属于国家所有。

第五十二条 国防资产属于国家所有。

铁路、公路、电力设施、电信设施和油气管道等基础设施，依照法律规定为国家所有的，属于国家所有。

第五十三条 国家机关对其直接支配的不动产和动产，享有占有、使用以及依照法律和国务院的有关规定处分的权利。

第五十四条 国家举办的事业单位对其直接支配的不动产和动产，享有占有、使用以及依照法律和国务院的有关规定收益、处分的权利。

第五十五条 国家出资的企业，由国务院、地方人民政府依照法律、行政法规规定分别代表国家履行出资人职责，享有出资人权益。

第五十六条 国家所有的财产受法律保护，禁止任何单位和个人侵占、哄抢、私分、截留、破坏。

第五十七条 履行国有财产管理、监督职责的机构及其工作人员，应当依法加强对国有财产的管理、监督，促进国有财产保值增值，防止国有财产损失；滥用职权，玩忽职守，造成国有财产损失的，应当依法承担法律责任。

违反国有财产管理规定，在企业改制、合并分立、关联交易等过程中，低价转让、合谋私分、擅自担保或者以其他方式造成国有财产损失的，应当依法承担法律责任。

第五十八条 集体所有的不动产和动产包括：

（一）法律规定属于集体所有的土地和森林、山岭、草原、荒地、滩涂；

（二）集体所有的建筑物、生产设施、农田水利设施；

（三）集体所有的教育、科学、文化、卫生、体育等设施；

（四）集体所有的其他不动产和动产。

第五十九条 农民集体所有的不动产和动产，属于本集体成员集体所有。

下列事项应当依照法定程序经本集体成员决定：

（一）土地承包方案以及将土地发包给本集体以外的单位或者个人承包；

（二）个别土地承包经营权人之间承包地的调整；

（三）土地补偿费等费用的使用、分配办法；

（四）集体出资的企业的所有权变动等事项；

（五）法律规定的其他事项。

第六十条 对于集体所有的土地和森林、山岭、草原、荒地、滩涂等，依照下列规定行使所有权：

（一）属于村农民集体所有的，由村集体经济组织或者村民委员会代表集体行使所有权；

（二）分别属于村内两个以上农民集体所有的，由村内各该集体经济组织或者村民小组代表集体行使所有权；

（三）属于乡镇农民集体所有的，由乡镇集体经济组织代表集体行使所有权。

第六十一条 城镇集体所有的不动产和动产，依照法律、行政法规的规定由本集体享有占有、使用、收益和处分的权利。

第六十二条 集体经济组织或者村民委员会、村民小组应当依照法律、行政法规以及章程、村规民约向本集体成员公布集体财产的状况。

第六十三条 集体所有的财产受法律保护，禁止任何单位和个人侵占、哄抢、私分、破坏。

集体经济组织、村民委员会或者其负责人作出的决定侵害集体成员合法权益的，受侵害的集体成员可以请求人民法院予以撤销。

第六十四条 私人对其合法的收入、房屋、生活用品、生产工具、原材料等不动产和动产享有所有权。

第六十五条 私人合法的储蓄、投资及其收益受法律保护。

国家依照法律规定保护私人的继承权及其他合法权益。

第六十六条 私人的合法财产受法律保护，禁止任何单位和个人侵占、哄抢、破坏。

第六十七条 国家、集体和私人依法可以出资设立有限责任公司、股份有限公司或者其他企业。国家、集体和私人所有的不动产或者动产，投到企业的，由出资人按照约定或者出资比例享有资产收益、重大决策以及选择经营管理者等权利并履行义务。

第六十八条 企业法人对其不动产和动产依照法律、行政法规以及章程享有占有、使用、收益和处分的权利。

企业法人以外的法人，对其不动产和动产的权利，适用有关法律、行政法规以及章程的规定。

第六十九条 社会团体依法所有的不动产和动产，受法律保护。

第六章 业主的建筑物区分所有权

第七十条 业主对建筑物内的住宅、经营性用房等专有部分享有所有权，对专有部分以外的共有部分享有共有和共同管理的权利。

第七十一条 业主对其建筑物专有部分享有占有、使用、收益和处分的权利。业主行使权利不得危及建筑物的安全，不得损害其他业主的合法权益。

第七十二条 业主对建筑物专有部分以外的共有部分，享有权利，承担义务；不得以放弃权利不履行义务。

业主转让建筑物内的住宅、经营性用房，其对共有部分享有的共有和共同管理的权利一并转让。

第七十三条 建筑区划内的道路，属于业主共有，但属于城镇公共道路的除外。建筑区划内的绿地，属于业主共有，但属于城镇公共绿地或者明示属于个人的除外。建筑区划内的其他公共场所、公用设施和物业服务用房，属于业主共有。

第七十四条 建筑区划内，规划用于停放汽车的车位、车库应当首先满足业主的需要。

建筑区划内，规划用于停放汽车的车位、车库的归属，由当事人通过出售、附赠或者出租等方式约定。

占用业主共有的道路或者其他场地用于停放汽车的车位，属于业主共有。

第七十五条 业主可以设立业主大会，选举业主委员会。

地方人民政府有关部门应当对设立业主大会和选举业主委员会给予指导和协助。

第七十六条 下列事项由业主共同决定：

（一）制定和修改业主大会议事规则；

（二）制定和修改建筑物及其附属设施的管理规约；

（三）选举业主委员会或者更换业主委员会成员；

（四）选聘和解聘物业服务企业或者其他管理人；

（五）筹集和使用建筑物及其附属设施的维修资金；

（六）改建、重建建筑物及其附属设施；

（七）有关共有和共同管理权利的其他重大事项。

决定前款第五项和第六项规定的事项，应当经专有部分占建筑物总面积三分之二以上的业主且占总人数三分之二以上的业主同意。决定前款其他事项，应当经专有部分占建筑物总面积过半数的业主且占总人数过半数的业主同意。

第七十七条 业主不得违反法律、法规以及管理规约，将住宅改变为经营性用房。业主将住宅改变为经营性用房的，除遵守法律、法规以及管理规约外，应当经有利害关系的业主同意。

第七十八条 业主大会或者业主委员会的决定，对业主具有约束力。

业主大会或者业主委员会作出的决定侵害业主合法权益的，受侵害的业主可以请求人民法院予以撤销。

第七十九条 建筑物及其附属设施的维修资金，属于业主共有。经业主共同决定，可以用于电梯、水箱等共有部分的维修。维修资金的筹集、使用情况应当公布。

第八十条 建筑物及其附属设施的费用分摊、收益分配等事项，有约定的，按照约定；没有约定或者约定不明确的，按照业主专有部分占建筑物总面积的比例确定。

第八十一条　业主可以自行管理建筑物及其附属设施，也可以委托物业服务企业或者其他管理人管理。

对建设单位聘请的物业服务企业或者其他管理人，业主有权依法更换。

第八十二条　物业服务企业或者其他管理人根据业主的委托管理建筑区划内的建筑物及其附属设施，并接受业主的监督。

第八十三条　业主应当遵守法律、法规以及管理规约。

业主大会和业主委员会，对任意弃置垃圾、排放污染物或者噪声、违反规定饲养动物、违章搭建、侵占通道、拒付物业费等损害他人合法权益的行为，有权依照法律、法规以及管理规约，要求行为人停止侵害、消除危险、排除妨害、赔偿损失。业主对侵害自己合法权益的行为，可以依法向人民法院提起诉讼。

第七章　相邻关系

第八十四条　不动产的相邻权利人应当按照有利生产、方便生活、团结互助、公平合理的原则，正确处理相邻关系。

第八十五条　法律、法规对处理相邻关系有规定的，依照其规定；法律、法规没有规定的，可以按照当地习惯。

第八十六条　不动产权利人应当为相邻权利人用水、排水提供必要的便利。

对自然流水的利用，应当在不动产的相邻权利人之间合理分配。对自然流水的排放，应当尊重自然流向。

第八十七条　不动产权利人对相邻权利人因通行等必须利用其土地的，应当提供必要的便利。

第八十八条　不动产权利人因建造、修缮建筑物以及铺设电线、电缆、水管、暖气和燃气管线等必须利用相邻土地、建筑物的，该土地、建筑物的权利人应当提供必要的便利。

第八十九条　建造建筑物，不得违反国家有关工程建设标准，妨碍相邻建筑物的通风、采光和日照。

第九十条　不动产权利人不得违反国家规定弃置固体废物，排放大气污染物、水污染物、噪声、光、电磁波辐射等有害物质。

第九十一条　不动产权利人挖掘土地、建造建筑物、铺设管线以及安装设备等，不得危及相邻不动产的安全。

第九十二条　不动产权利人因用水、排水、通行、铺设管线等利用相邻不动产的，应当尽量避免对相邻的不动产权利人造成损害；造成损害的，应当给予赔偿。

第八章　共　　有

第九十三条　不动产或者动产可以由两个以上单位、个人共有。共有包括按份共有和共同共有。

第九十四条　按份共有人对共有的不动产或者动产按照其份额享有所有权。

第九十五条　共同共有人对共有的不动产或者动产共同享有所有权。

第九十六条　共有人按照约定管理共有的不动产或者动产；没有约定或者约定不明确的，各共有人都有管理的权利和义务。

第九十七条　处分共有的不动产或者动产以及对共有的不动产或者动产作重大修缮的，应当经占份额三分之二以上的按份共有人或者全体共同共有人同意，但共有人之间另有约定的除外。

第九十八条　对共有物的管理费用以及其他负担，有约定的，按照约定；没有约定或者约定不明确的，按份共有人按照其份额负担，共同共有人共同负担。

第九十九条　共有人约定不得分割共有的不动产或者动产，以维持共有关系的，应当按照约定，但共有人有重大理由需要分割的，可以请求分割；没有约定或者约定不明确的，按份共有人可以随时请求分割，共同共有人在共有的基础丧失或者有重大理由需要分割时可以请求分割。因分割对其他共有人造成损害的，应当给予赔偿。

第一百条　共有人可以协商确定分割方式。达不成协议，共有的不动产或者动产可以分割并且不会因分割减损价值的，应当对实物予以分割；难以分割或者因分割会减损价值的，应当对折价或者拍卖、变卖取得的价款予以分割。

共有人分割所得的不动产或者动产有瑕疵的，其他共有人应当分担损失。

第一百零一条 按份共有人可以转让其享有的共有的不动产或者动产份额。其他共有人在同等条件下享有优先购买的权利。

第一百零二条 因共有的不动产或者动产产生的债权债务，在对外关系上，共有人享有连带债权、承担连带债务，但法律另有规定或者第三人知道共有人不具有连带债权债务关系的除外；在共有人内部关系上，除共有人另有约定外，按份共有人按照份额享有债权、承担债务，共同共有人共同享有债权、承担债务。偿还债务超过自己应当承担份额的按份共有人，有权向其他共有人追偿。

第一百零三条 共有人对共有的不动产或者动产没有约定为按份共有或者共同共有，或者约定不明确的，除共有人具有家庭关系等外，视为按份共有。

第一百零四条 按份共有人对共有的不动产或者动产享有的份额，没有约定或者约定不明确的，按照出资额确定；不能确定出资额的，视为等额享有。

第一百零五条 两个以上单位、个人共同享有用益物权、担保物权的，参照本章规定。

第九章 所有权取得的特别规定

第一百零六条 无处分权人将不动产或者动产转让给受让人的，所有权人有权追回；除法律另有规定外，符合下列情形的，受让人取得该不动产或者动产的所有权：

（一）受让人受让该不动产或者动产时是善意的；

（二）以合理的价格转让；

（三）转让的不动产或者动产依照法律规定应当登记的已经登记，不需要登记的已经交付给受让人。

受让人依照前款规定取得不动产或者动产的所有权的，原所有权人有权向无处分权人请求赔偿损失。

当事人善意取得其他物权的，参照前两款规定。

第一百零七条 所有权人或者其他权利人有权追回遗失物。该遗失物通过转让被他人占有的，权利人有权向无处分权人请求损害赔偿，或者自知道或者应当知道受让人之日起二年内向受让人请求返还原物，但受让人通过拍卖或者向具有经营资格的经营者购得该遗失物的，权利人请求返还原物时应当支付受让人所付的费用。权利人向受让人支付所付费用后，有权向无处分权人追偿。

第一百零八条 善意受让人取得动产后，该动产上的原有权利消灭，但善意受让人在受让时知道或者应当知道该权利的除外。

第一百零九条 拾得遗失物，应当返还权利人。拾得人应当及时通知权利人领取，或者送交公安等有关部门。

第一百一十条 有关部门收到遗失物，知道权利人的，应当及时通知其领取；不知道的，应当及时发布招领公告。

第一百一十一条 拾得人在遗失物送交有关部门前，有关部门在遗失物被领取前，应当妥善保管遗失物。因故意或者重大过失致使遗失物毁损、灭失的，应当承担民事责任。

第一百一十二条 权利人领取遗失物时，应当向拾得人或者有关部门支付保管遗失物等支出的必要费用。

权利人悬赏寻找遗失物的，领取遗失物时应当按照承诺履行义务。

拾得人侵占遗失物的，无权请求保管遗失物等支出的费用，也无权请求权利人按照承诺履行义务。

第一百一十三条 遗失物自发布招领公告之日起六个月内无人认领的，归国家所有。

第一百一十四条 拾得漂流物、发现埋藏物或者隐藏物的，参照拾得遗失物的有关规定。文物保护法等法律另有规定的，依照其规定。

第一百一十五条 主物转让的，从物随主物转让，但当事人另有约定的除外。

第一百一十六条 天然孳息，由所有权人取得；既有所有权人又有用益物权人的，由用益物权人取得。当事人另有约定的，按照约定。

法定孳息，当事人有约定的，按照约定取得；没有约定或者约定不明确的，按照交易习惯取得。

第三编 用益物权

第十章 一般规定

第一百一十七条 用益物权人对他人所有的不动产或者动产,依法享有占有、使用和收益的权利。

第一百一十八条 国家所有或者国家所有由集体使用以及法律规定属于集体所有的自然资源,单位、个人依法可以占有、使用和收益。

第一百一十九条 国家实行自然资源有偿使用制度,但法律另有规定的除外。

第一百二十条 用益物权人行使权利,应当遵守法律有关保护和合理开发利用资源的规定。所有权人不得干涉用益物权人行使权利。

第一百二十一条 因不动产或者动产被征收、征用致使用益物权消灭或者影响用益物权行使的,用益物权人有权依照本法第四十二条、第四十四条的规定获得相应补偿。

第一百二十二条 依法取得的海域使用权受法律保护。

第一百二十三条 依法取得的探矿权、采矿权、取水权和使用水域、滩涂从事养殖、捕捞的权利受法律保护。

第十一章 土地承包经营权

第一百二十四条 农村集体经济组织实行家庭承包经营为基础、统分结合的双层经营体制。

农民集体所有和国家所有由农民集体使用的耕地、林地、草地以及其他用于农业的土地,依法实行土地承包经营制度。

第一百二十五条 土地承包经营权人依法对其承包经营的耕地、林地、草地等享有占有、使用和收益的权利,有权从事种植业、林业、畜牧业等农业生产。

第一百二十六条 耕地的承包期为三十年。草地的承包期为三十年至五十年。林地的承包期为三十年至七十年;特殊林木的林地承包期,经国务院林业行政主管部门批准可以延长。

前款规定的承包期届满,由土地承包经营权人按照国家有关规定继续承包。

第一百二十七条 土地承包经营权自土地承包经营权合同生效时设立。

县级以上地方人民政府应当向土地承包经营权人发放土地承包经营权证、林权证、草原使用权证,并登记造册,确认土地承包经营权。

第一百二十八条 土地承包经营权人依照农村土地承包法的规定,有权将土地承包经营权采取转包、互换、转让等方式流转。流转的期限不得超过承包期的剩余期限。未经依法批准,不得将承包地用于非农建设。

第一百二十九条 土地承包经营权人将土地承包经营权互换、转让,当事人要求登记的,应当向县级以上地方人民政府申请土地承包经营权变更登记;未经登记,不得对抗善意第三人。

第一百三十条 承包期内发包人不得调整承包地。

因自然灾害严重毁损承包地等特殊情形,需要适当调整承包的耕地和草地的,应当依照农村土地承包法等法律规定办理。

第一百三十一条 承包期内发包人不得收回承包地。农村土地承包法等法律另有规定的,依照其规定。

第一百三十二条 承包地被征收的,土地承包经营权人有权依照本法第四十二条第二款的规定获得相应补偿。

第一百三十三条 通过招标、拍卖、公开协商等方式承包荒地等农村土地,依照农村土地承包法等法律和国务院的有关规定,其土地承包经营权可以转让、入股、抵押或者以其他方式流转。

第一百三十四条 国家所有的农用地实行承包经营的,参照本法的有关规定。

第十二章 建设用地使用权

第一百三十五条 建设用地使用权人依法对国家所有的土地享有占有、使用和收益的权利,有权利用该土地建造建筑物、构筑物及其附属设施。

第一百三十六条 建设用地使用权可以在土地的地表、地上或者地下分别设立。新设立的建设用地使用权,不得损害已设立的用益物权。

第一百三十七条 设立建设用地使用权,可以采取出让或者划拨等方式。

工业、商业、旅游、娱乐和商品住宅等经营性用地以及同一土地有两个以上意向用地者的，应当采取招标、拍卖等公开竞价的方式出让。

严格限制以划拨方式设立建设用地使用权。采取划拨方式的，应当遵守法律、行政法规关于土地用途的规定。

第一百三十八条 采取招标、拍卖、协议等出让方式设立建设用地使用权的，当事人应当采取书面形式订立建设用地使用权出让合同。

建设用地使用权出让合同一般包括下列条款：

（一）当事人的名称和住所；

（二）土地界址、面积等；

（三）建筑物、构筑物及其附属设施占用的空间；

（四）土地用途；

（五）使用期限；

（六）出让金等费用及其支付方式；

（七）解决争议的方法。

第一百三十九条 设立建设用地使用权的，应当向登记机构申请建设用地使用权登记。建设用地使用权自登记时设立。登记机构应当向建设用地使用权人发放建设用地使用权证书。

第一百四十条 建设用地使用权人应当合理利用土地，不得改变土地用途；需要改变土地用途的，应当依法经有关行政主管部门批准。

第一百四十一条 建设用地使用权人应当依照法律规定以及合同约定支付出让金等费用。

第一百四十二条 建设用地使用权人建造的建筑物、构筑物及其附属设施的所有权属于建设用地使用权人，但有相反证据证明的除外。

第一百四十三条 建设用地使用权人有权将建设用地使用权转让、互换、出资、赠与或者抵押，但法律另有规定的除外。

第一百四十四条 建设用地使用权转让、互换、出资、赠与或者抵押的，当事人应当采取书面形式订立相应的合同。使用期限由当事人约定，但不得超过建设用地使用权的剩余期限。

第一百四十五条 建设用地使用权转让、互换、出资或者赠与的，应当向登记机构申请变更登记。

第一百四十六条 建设用地使用权转让、互换、出资或者赠与的，附着于该土地上的建筑物、构筑物及其附属设施一并处分。

第一百四十七条 建筑物、构筑物及其附属设施转让、互换、出资或者赠与的，该建筑物、构筑物及其附属设施占用范围内的建设用地使用权一并处分。

第一百四十八条 建设用地使用权期间届满前，因公共利益需要提前收回该土地的，应当依照本法第四十二条的规定对该土地上的房屋及其他不动产给予补偿，并退还相应的出让金。

第一百四十九条 住宅建设用地使用权期间届满的，自动续期。

非住宅建设用地使用权期间届满后的续期，依照法律规定办理。该土地上的房屋及其他不动产的归属，有约定的，按照约定；没有约定或者约定不明确的，依照法律、行政法规的规定办理。

第一百五十条 建设用地使用权消灭的，出让人应当及时办理注销登记。登记机构应当收回建设用地使用权证书。

第一百五十一条 集体所有的土地作为建设用地的，应当依照土地管理法等法律规定办理。

第十三章 宅基地使用权

第一百五十二条 宅基地使用权人依法对集体所有的土地享有占有和使用的权利，有权依法利用该土地建造住宅及其附属设施。

第一百五十三条 宅基地使用权的取得、行使和转让，适用土地管理法等法律和国家有关规定。

第一百五十四条 宅基地因自然灾害等原因灭失的，宅基地使用权消灭。对失去宅基地的村民，应当重新分配宅基地。

第一百五十五条 已经登记的宅基地使用权转让或者消灭的，应当及时办理变更登记或者注销登记。

第十四章 地 役 权

第一百五十六条 地役权人有权按照合同约定，利用他人的不动产，以提高自己的不动产的效益。

前款所称他人的不动产为供役地，自己的不

动产为需役地。

第一百五十七条　设立地役权，当事人应当采取书面形式订立地役权合同。

地役权合同一般包括下列条款：

（一）当事人的姓名或者名称和住所；

（二）供役地和需役地的位置；

（三）利用目的和方法；

（四）利用期限；

（五）费用及其支付方式；

（六）解决争议的方法。

第一百五十八条　地役权自地役权合同生效时设立。当事人要求登记的，可以向登记机构申请地役权登记；未经登记，不得对抗善意第三人。

第一百五十九条　供役地权利人应当按照合同约定，允许地役权人利用其土地，不得妨害地役权人行使权利。

第一百六十条　地役权人应当按照合同约定的利用目的和方法利用供役地，尽量减少对供役地权利人物权的限制。

第一百六十一条　地役权的期限由当事人约定，但不得超过土地承包经营权、建设用地使用权等用益物权的剩余期限。

第一百六十二条　土地所有权人享有地役权或者负担地役权的，设立土地承包经营权、宅基地使用权时，该土地承包经营权人、宅基地使用权人继续享有或者负担已设立的地役权。

第一百六十三条　土地上已设立土地承包经营权、建设用地使用权、宅基地使用权等权利的，未经用益物权人同意，土地所有权人不得设立地役权。

第一百六十四条　地役权不得单独转让。土地承包经营权、建设用地使用权等转让的，地役权一并转让，但合同另有约定的除外。

第一百六十五条　地役权不得单独抵押。土地承包经营权、建设用地使用权等抵押的，在实现抵押权时，地役权一并转让。

第一百六十六条　需役地以及需役地上的土地承包经营权、建设用地使用权部分转让时，转让部分涉及地役权的，受让人同时享有地役权。

第一百六十七条　供役地以及供役地上的土地承包经营权、建设用地使用权部分转让时，转让部分涉及地役权的，地役权对受让人具有约束力。

第一百六十八条　地役权人有下列情形之一的，供役地权利人有权解除地役权合同，地役权消灭：

（一）违反法律规定或者合同约定，滥用地役权；

（二）有偿利用供役地，约定的付款期间届满后在合理期限内经两次催告未支付费用。

第一百六十九条　已经登记的地役权变更、转让或者消灭的，应当及时办理变更登记或者注销登记。

第四编　担 保 物 权

第十五章　一 般 规 定

第一百七十条　担保物权人在债务人不履行到期债务或者发生当事人约定的实现担保物权的情形，依法享有就担保财产优先受偿的权利，但法律另有规定的除外。

第一百七十一条　债权人在借贷、买卖等民事活动中，为保障实现其债权，需要担保的，可以依照本法和其他法律的规定设立担保物权。

第三人为债务人向债权人提供担保的，可以要求债务人提供反担保。反担保适用本法和其他法律的规定。

第一百七十二条　设立担保物权，应当依照本法和其他法律的规定订立担保合同。担保合同是主债权债务合同的从合同。主债权债务合同无效，担保合同无效，但法律另有规定的除外。

担保合同被确认无效后，债务人、担保人、债权人有过错的，应当根据其过错各自承担相应的民事责任。

第一百七十三条　担保物权的担保范围包括主债权及其利息、违约金、损害赔偿金、保管担保财产和实现担保物权的费用。当事人另有约定的，按照约定。

第一百七十四条　担保期间，担保财产毁损、灭失或者被征收等，担保物权人可以就获得的保险金、赔偿金或者补偿金等优先受偿。被担保债权的履行期未届满的，也可以提存该保险金、赔偿金或者补偿金等。

第一百七十五条 第三人提供担保,未经其书面同意,债权人允许债务人转移全部或者部分债务的,担保人不再承担相应的担保责任。

第一百七十六条 被担保的债权既有物的担保又有人的担保的,债务人不履行到期债务或者发生当事人约定的实现担保物权的情形,债权人应当按照约定实现债权;没有约定或者约定不明确,债务人自己提供物的担保的,债权人应当先就该物的担保实现债权;第三人提供物的担保的,债权人可以就物的担保实现债权,也可以要求保证人承担保证责任。提供担保的第三人承担担保责任后,有权向债务人追偿。

第一百七十七条 有下列情形之一的,担保物权消灭:

(一)主债权消灭;

(二)担保物权实现;

(三)债权人放弃担保物权;

(四)法律规定担保物权消灭的其他情形。

第一百七十八条 担保法与本法的规定不一致的,适用本法。

第十六章 抵 押 权

第一节 一般抵押权

第一百七十九条 为担保债务的履行,债务人或者第三人不转移财产的占有,将该财产抵押给债权人的,债务人不履行到期债务或者发生当事人约定的实现抵押权的情形,债权人有权就该财产优先受偿。

前款规定的债务人或者第三人为抵押人,债权人为抵押权人,提供担保的财产为抵押财产。

第一百八十条 债务人或者第三人有权处分的下列财产可以抵押:

(一)建筑物和其他土地附着物;

(二)建设用地使用权;

(三)以招标、拍卖、公开协商等方式取得的荒地等土地承包经营权;

(四)生产设备、原材料、半成品、产品;

(五)正在建造的建筑物、船舶、航空器;

(六)交通运输工具;

(七)法律、行政法规未禁止抵押的其他财产。

抵押人可以将前款所列财产一并抵押。

第一百八十一条 经当事人书面协议,企业、个体工商户、农业生产经营者可以将现有的以及将有的生产设备、原材料、半成品、产品抵押,债务人不履行到期债务或者发生当事人约定的实现抵押权的情形,债权人有权就实现抵押权时的动产优先受偿。

第一百八十二条 以建筑物抵押的,该建筑物占用范围内的建设用地使用权一并抵押。以建设用地使用权抵押的,该土地上的建筑物一并抵押。

抵押人未依照前款规定一并抵押的,未抵押的财产视为一并抵押。

第一百八十三条 乡镇、村企业的建设用地使用权不得单独抵押。以乡镇、村企业的厂房等建筑物抵押的,其占用范围内的建设用地使用权一并抵押。

第一百八十四条 下列财产不得抵押:

(一)土地所有权;

(二)耕地、宅基地、自留地、自留山等集体所有的土地使用权,但法律规定可以抵押的除外;

(三)学校、幼儿园、医院等以公益为目的的事业单位、社会团体的教育设施、医疗卫生设施和其他社会公益设施;

(四)所有权、使用权不明或者有争议的财产;

(五)依法被查封、扣押、监管的财产;

(六)法律、行政法规规定不得抵押的其他财产。

第一百八十五条 设立抵押权,当事人应当采取书面形式订立抵押合同。

抵押合同一般包括下列条款:

(一)被担保债权的种类和数额;

(二)债务人履行债务的期限;

(三)抵押财产的名称、数量、质量、状况、所在地、所有权归属或者使用权归属;

(四)担保的范围。

第一百八十六条 抵押权人在债务履行期届满前,不得与抵押人约定债务人不履行到期债务时抵押财产归债权人所有。

第一百八十七条 以本法第一百八十条第一款第一项至第三项规定的财产或者第五项规

定的正在建造的建筑物抵押的,应当办理抵押登记。抵押权自登记时设立。

第一百八十八条 以本法第一百八十条第一款第四项、第六项规定的财产或者第五项规定的正在建造的船舶、航空器抵押的,抵押权自抵押合同生效时设立;未经登记,不得对抗善意第三人。

第一百八十九条 企业、个体工商户、农业生产经营者以本法第一百八十一条规定的动产抵押的,应当向抵押人住所地的工商行政管理部门办理登记。抵押权自抵押合同生效时设立;未经登记,不得对抗善意第三人。

依照本法第一百八十一条规定抵押的,不得对抗正常经营活动中已支付合理价款并取得抵押财产的买受人。

第一百九十条 订立抵押合同前抵押财产已出租的,原租赁关系不受该抵押权的影响。抵押权设立后抵押财产出租的,该租赁关系不得对抗已登记的抵押权。

第一百九十一条 抵押期间,抵押人经抵押权人同意转让抵押财产的,应当将转让所得的价款向抵押权人提前清偿债务或者提存。转让的价款超过债权数额的部分归抵押人所有,不足部分由债务人清偿。

抵押期间,抵押人未经抵押权人同意,不得转让抵押财产,但受让人代为清偿债务消灭抵押权的除外。

第一百九十二条 抵押权不得与债权分离而单独转让或者作为其他债权的担保。债权转让的,担保该债权的抵押权一并转让,但法律另有规定或者当事人另有约定的除外。

第一百九十三条 抵押人的行为足以使抵押财产价值减少的,抵押权人有权要求抵押人停止其行为。抵押财产价值减少的,抵押权人有权要求恢复抵押财产的价值,或者提供与减少的价值相应的担保。抵押人不恢复抵押财产的价值也不提供担保的,抵押权人有权要求债务人提前清偿债务。

第一百九十四条 抵押权人可以放弃抵押权或者抵押权的顺位。抵押权人与抵押人可以协议变更抵押权顺位以及被担保的债权数额等内容,但抵押权的变更,未经其他抵押权人书面同意,不得对其他抵押权人产生不利影响。

债务人以自己的财产设定抵押,抵押权人放弃该抵押权、抵押权顺位或者变更抵押权的,其他担保人在抵押权人丧失优先受偿权益的范围内免除担保责任,但其他担保人承诺仍然提供担保的除外。

第一百九十五条 债务人不履行到期债务或者发生当事人约定的实现抵押权的情形,抵押权人可以与抵押人协议以抵押财产折价或者以拍卖、变卖该抵押财产所得的价款优先受偿。协议损害其他债权人利益的,其他债权人可以在知道或者应当知道撤销事由之日起一年内请求人民法院撤销该协议。

抵押权人与抵押人未就抵押权实现方式达成协议的,抵押权人可以请求人民法院拍卖、变卖抵押财产。

抵押财产折价或者变卖的,应当参照市场价格。

第一百九十六条 依照本法第一百八十一条规定设定抵押的,抵押财产自下列情形之一发生时确定:

(一)债务履行期届满,债权未实现;

(二)抵押人被宣告破产或者被撤销;

(三)当事人约定的实现抵押权的情形;

(四)严重影响债权实现的其他情形。

第一百九十七条 债务人不履行到期债务或者发生当事人约定的实现抵押权的情形,致使抵押财产被人民法院依法扣押的,自扣押之日起抵押权人有权收取该抵押财产的天然孳息或者法定孳息,但抵押权人未通知应当清偿法定孳息的义务人的除外。

前款规定的孳息应当先充抵收取孳息的费用。

第一百九十八条 抵押财产折价或者拍卖、变卖后,其价款超过债权数额的部分归抵押人所有,不足部分由债务人清偿。

第一百九十九条 同一财产向两个以上债权人抵押的,拍卖、变卖抵押财产所得的价款依照下列规定清偿:

(一)抵押权已登记的,按照登记的先后顺序清偿;顺序相同的,按照债权比例清偿;

(二)抵押权已登记的先于未登记的受偿;

（三）抵押权未登记的，按照债权比例清偿。

第二百条 建设用地使用权抵押后，该土地上新增的建筑物不属于抵押财产。该建设用地使用权实现抵押权时，应当将该土地上新增的建筑物与建设用地使用权一并处分，但新增建筑物所得的价款，抵押权人无权优先受偿。

第二百零一条 依照本法第一百八十条第一款第三项规定的土地承包经营权抵押的，或者依照本法第一百八十三条规定以乡镇、村企业的厂房等建筑物占用范围内的建设用地使用权一并抵押的，实现抵押权后，未经法定程序，不得改变土地所有权的性质和土地用途。

第二百零二条 抵押权人应当在主债权诉讼时效期间行使抵押权；未行使的，人民法院不予保护。

第二节 最高额抵押权

第二百零三条 为担保债务的履行，债务人或者第三人对一定期间内将要连续发生的债权提供担保财产的，债务人不履行到期债务或者发生当事人约定的实现抵押权的情形，抵押权人有权在最高债权额限度内就该担保财产优先受偿。

最高额抵押权设立前已经存在的债权，经当事人同意，可以转入最高额抵押担保的债权范围。

第二百零四条 最高额抵押担保的债权确定前，部分债权转让的，最高额抵押权不得转让，但当事人另有约定的除外。

第二百零五条 最高额抵押担保的债权确定前，抵押权人与抵押人可以通过协议变更债权确定的期间、债权范围以及最高债权额，但变更的内容不得对其他抵押权人产生不利影响。

第二百零六条 有下列情形之一的，抵押权人的债权确定：

（一）约定的债权确定期间届满；

（二）没有约定债权确定期间或者约定不明确，抵押权人或者抵押人自最高额抵押权设立之日起满二年后请求确定债权；

（三）新的债权不可能发生；

（四）抵押财产被查封、扣押；

（五）债务人、抵押人被宣告破产或者被撤销；

（六）法律规定债权确定的其他情形。

第二百零七条 最高额抵押权除适用本节规定外，适用本章第一节一般抵押权的规定。

第十七章 质 权

第一节 动产质权

第二百零八条 为担保债务的履行，债务人或者第三人将其动产出质给债权人占有的，债务人不履行到期债务或者发生当事人约定的实现质权的情形，债权人有权就该动产优先受偿。

前款规定的债务人或者第三人为出质人，债权人为质权人，交付的动产为质押财产。

第二百零九条 法律、行政法规禁止转让的动产不得出质。

第二百一十条 设立质权，当事人应当采取书面形式订立质权合同。

质权合同一般包括下列条款：

（一）被担保债权的种类和数额；

（二）债务人履行债务的期限；

（三）质押财产的名称、数量、质量、状况；

（四）担保的范围；

（五）质押财产交付的时间。

第二百一十一条 质权人在债务履行期届满前，不得与出质人约定债务人不履行到期债务时质押财产归债权人所有。

第二百一十二条 质权自出质人交付质押财产时设立。

第二百一十三条 质权人有权收取质押财产的孳息，但合同另有约定的除外。

前款规定的孳息应当先充抵收取孳息的费用。

第二百一十四条 质权人在质权存续期间，未经出质人同意，擅自使用、处分质押财产，给出质人造成损害的，应当承担赔偿责任。

第二百一十五条 质权人负有妥善保管质押财产的义务；因保管不善致使质押财产毁损、灭失的，应当承担赔偿责任。

质权人的行为可能使质押财产毁损、灭失的，出质人可以要求质权人将质押财产提存，或者要求提前清偿债务并返还质押财产。

第二百一十六条 因不能归责于质权人的

事由可能使质押财产毁损或者价值明显减少，足以危害质权人权利的，质权人有权要求出质人提供相应的担保；出质人不提供的，质权人可以拍卖、变卖质押财产，并与出质人通过协议将拍卖、变卖所得的价款提前清偿债务或者提存。

第二百一十七条 质权人在质权存续期间，未经出质人同意转质，造成质押财产毁损、灭失的，应当向出质人承担赔偿责任。

第二百一十八条 质权人可以放弃质权。债务人以自己的财产出质，质权人放弃该质权的，其他担保人在质权人丧失优先受偿权益的范围内免除担保责任，但其他担保人承诺仍然提供担保的除外。

第二百一十九条 债务人履行债务或者出质人提前清偿所担保的债权的，质权人应当返还质押财产。

债务人不履行到期债务或者发生当事人约定的实现质权的情形，质权人可以与出质人协议以质押财产折价，也可以就拍卖、变卖质押财产所得的价款优先受偿。

质押财产折价或者变卖的，应当参照市场价格。

第二百二十条 出质人可以请求质权人在债务履行期届满后及时行使质权；质权人不行使的，出质人可以请求人民法院拍卖、变卖质押财产。

出质人请求质权人及时行使质权，因质权人怠于行使权利造成损害的，由质权人承担赔偿责任。

第二百二十一条 质押财产折价或者拍卖、变卖后，其价款超过债权数额的部分归出质人所有，不足部分由债务人清偿。

第二百二十二条 出质人与质权人可以协议设立最高额质权。

最高额质权除适用本节有关规定外，参照本法第十六章第二节最高额抵押权的规定。

第二节 权利质权

第二百二十三条 债务人或者第三人有权处分的下列权利可以出质：

（一）汇票、支票、本票；

（二）债券、存款单；

（三）仓单、提单；

（四）可以转让的基金份额、股权；

（五）可以转让的注册商标专用权、专利权、著作权等知识产权中的财产权；

（六）应收账款；

（七）法律、行政法规规定可以出质的其他财产权利。

第二百二十四条 以汇票、支票、本票、债券、存款单、仓单、提单出质的，当事人应当订立书面合同。质权自权利凭证交付质权人时设立；没有权利凭证的，质权自有关部门办理出质登记时设立。

第二百二十五条 汇票、支票、本票、债券、存款单、仓单、提单的兑现日期或者提货日期先于主债权到期的，质权人可以兑现或者提货，并与出质人协议将兑现的价款或者提取的货物提前清偿债务或者提存。

第二百二十六条 以基金份额、股权出质的，当事人应当订立书面合同。以基金份额、证券登记结算机构登记的股权出质的，质权自证券登记结算机构办理出质登记时设立；以其他股权出质的，质权自工商行政管理部门办理出质登记时设立。

基金份额、股权出质后，不得转让，但经出质人与质权人协商同意的除外。出质人转让基金份额、股权所得的价款，应当向质权人提前清偿债务或者提存。

第二百二十七条 以注册商标专用权、专利权、著作权等知识产权中的财产权出质的，当事人应当订立书面合同。质权自有关主管部门办理出质登记时设立。

知识产权中的财产权出质后，出质人不得转让或者许可他人使用，但经出质人与质权人协商同意的除外。出质人转让或者许可他人使用出质的知识产权中的财产权所得的价款，应当向质权人提前清偿债务或者提存。

第二百二十八条 以应收账款出质的，当事人应当订立书面合同。质权自信贷征信机构办理出质登记时设立。

应收账款出质后，不得转让，但经出质人与质权人协商同意的除外。出质人转让应收账款所得的价款，应当向质权人提前清偿债务或者提存。

第二百二十九条 权利质权除适用本节规定外，适用本章第一节动产质权的规定。

第十八章 留 置 权

第二百三十条 债务人不履行到期债务，债权人可以留置已经合法占有的债务人的动产，并有权就该动产优先受偿。

前款规定的债权人为留置权人，占有的动产为留置财产。

第二百三十一条 债权人留置的动产，应当与债权属于同一法律关系，但企业之间留置的除外。

第二百三十二条 法律规定或者当事人约定不得留置的动产，不得留置。

第二百三十三条 留置财产为可分物的，留置财产的价值应当相当于债务的金额。

第二百三十四条 留置权人负有妥善保管留置财产的义务；因保管不善致使留置财产毁损、灭失的，应当承担赔偿责任。

第二百三十五条 留置权人有权收取留置财产的孳息。

前款规定的孳息应当先充抵收取孳息的费用。

第二百三十六条 留置权人与债务人应当约定留置财产后的债务履行期间；没有约定或者约定不明确的，留置权人应当给债务人两个月以上履行债务的期间，但鲜活易腐等不易保管的动产除外。债务人逾期未履行的，留置权人可以与债务人协议以留置财产折价，也可以就拍卖、变卖留置财产所得的价款优先受偿。

留置财产折价或者变卖的，应当参照市场价格。

第二百三十七条 债务人可以请求留置权人在债务履行期届满后行使留置权；留置权人不行使的，债务人可以请求人民法院拍卖、变卖留置财产。

第二百三十八条 留置财产折价或者拍卖、变卖后，其价款超过债权数额的部分归债务人所有，不足部分由债务人清偿。

第二百三十九条 同一动产上已设立抵押权或者质权，该动产又被留置的，留置权人优先受偿。

第二百四十条 留置权人对留置财产丧失占有或者留置权人接受债务人另行提供担保的，留置权消灭。

第五编 占 有

第十九章 占 有

第二百四十一条 基于合同关系等产生的占有，有关不动产或者动产的使用、收益、违约责任等，按照合同约定；合同没有约定或者约定不明确的，依照有关法律规定。

第二百四十二条 占有人因使用占有的不动产或者动产，致使该不动产或者动产受到损害的，恶意占有人应当承担赔偿责任。

第二百四十三条 不动产或者动产被占有人占有的，权利人可以请求返还原物及其孳息，但应当支付善意占有人因维护该不动产或者动产支出的必要费用。

第二百四十四条 占有的不动产或者动产毁损、灭失，该不动产或者动产的权利人请求赔偿的，占有人应当将因毁损、灭失取得的保险金、赔偿金或者补偿金等返还给权利人；权利人的损害未得到足够弥补的，恶意占有人还应当赔偿损失。

第二百四十五条 占有的不动产或者动产被侵占的，占有人有权请求返还原物；对妨害占有的行为，占有人有权请求排除妨害或者消除危险；因侵占或者妨害造成损害的，占有人有权请求损害赔偿。

占有人返还原物的请求权，自侵占发生之日起一年内未行使的，该请求权消灭。

附 则

第二百四十六条 法律、行政法规对不动产统一登记的范围、登记机构和登记办法作出规定前，地方性法规可以依照本法有关规定作出规定。

第二百四十七条 本法自 2007 年 10 月 1 日起施行。

最高人民法院关于适用《中华人民共和国物权法》若干问题的解释（一）

（2015年12月10日最高人民法院审判委员会第1670次会议通过　2016年2月22日最高人民法院公告公布　自2016年3月1日起施行　法释〔2016〕5号）

为正确审理物权纠纷案件，根据《中华人民共和国物权法》的相关规定，结合民事审判实践，制定本解释。

第一条　因不动产物权的归属，以及作为不动产物权登记基础的买卖、赠与、抵押等产生争议，当事人提起民事诉讼的，应当依法受理。当事人已经在行政诉讼中申请一并解决上述民事争议，且人民法院一并审理的除外。

第二条　当事人有证据证明不动产登记簿的记载与真实权利状态不符、其为该不动产物权的真实权利人，请求确认其享有物权的，应予支持。

第三条　异议登记因物权法第十九条第二款规定的事由失效后，当事人提起民事诉讼，请求确认物权归属的，应当依法受理。异议登记失效不影响人民法院对案件的实体审理。

第四条　未经预告登记的权利人同意，转移不动产所有权，或者设定建设用地使用权、地役权、抵押权等其他物权的，应当依照物权法第二十条第一款的规定，认定其不发生物权效力。

第五条　买卖不动产物权的协议被认定无效、被撤销、被解除，或者预告登记的权利人放弃债权的，应当认定为物权法第二十条第二款所称的“债权消灭”。

第六条　转让人转移船舶、航空器和机动车等所有权，受让人已经支付对价并取得占有，虽未经登记，但转让人的债权人主张其为物权法第二十四条所称的“善意第三人”的，不予支持，法律另有规定的除外。

第七条　人民法院、仲裁委员会在分割共有不动产或者动产等案件中作出并依法生效的改变原有物权关系的判决书、裁决书、调解书，以及人民法院在执行程序中作出的拍卖成交裁定书、以物抵债裁定书，应当认定为物权法第二十八条所称导致物权设立、变更、转让或者消灭的人民法院、仲裁委员会的法律文书。

第八条　依照物权法第二十八条至第三十条规定享有物权，但尚未完成动产交付或者不动产登记的物权人，根据物权法第三十四条至第三十七条的规定，请求保护其物权的，应予支持。

第九条　共有份额的权利主体因继承、遗赠等原因发生变化时，其他按份共有人主张优先购买的，不予支持，但按份共有人之间另有约定的除外。

第十条　物权法第一百零一条所称的“同等条件”，应当综合共有份额的转让价格、价款履行方式及期限等因素确定。

第十一条　优先购买权的行使期间，按份共有人之间有约定的，按照约定处理；没有约定或者约定不明的，按照下列情形确定：

（一）转让人向其他按份共有人发出的包含同等条件内容的通知中载明行使期间的，以该期间为准；

（二）通知中未载明行使期间，或者载明的期间短于通知送达之日起十五日的，为十五日；

（三）转让人未通知的，为其他按份共有人知道或者应当知道最终确定的同等条件之日起十五日；

（四）转让人未通知，且无法确定其他按份共有人知道或者应当知道最终确定的同等条件的，为共有份额权属转移之日起六个月。

第十二条　按份共有人向共有人之外的人转让其份额，其他按份共有人根据法律、司法解释规定，请求按照同等条件购买该共有份额的，应予支持。

其他按份共有人的请求具有下列情形之一的，不予支持：

（一）未在本解释第十一条规定的期间内主张优先购买，或者虽主张优先购买，但提出减少转让价款、增加转让人负担等实质性变更要求；

（二）以其优先购买权受到侵害为由，仅请求撤销共有份额转让合同或者认定该合同无效。

第十三条　按份共有人之间转让共有份额，其他按份共有人主张根据物权法第一百零一条规定优先购买的,不予支持,但按份共有人之间另有约定的除外。

第十四条　两个以上按份共有人主张优先购买且协商不成时,请求按照转让时各自份额比例行使优先购买权的,应予支持。

第十五条　受让人受让不动产或者动产时,不知道转让人无处分权,且无重大过失的,应当认定受让人为善意。

真实权利人主张受让人不构成善意的,应当承担举证证明责任。

第十六条　具有下列情形之一的,应当认定不动产受让人知道转让人无处分权:

(一)登记簿上存在有效的异议登记;

(二)预告登记有效期内,未经预告登记的权利人同意;

(三)登记簿上已经记载司法机关或者行政机关依法裁定、决定查封或者以其他形式限制不动产权利的有关事项;

(四)受让人知道登记簿上记载的权利主体错误;

(五)受让人知道他人已经依法享有不动产物权。

真实权利人有证据证明不动产受让人应当知道转让人无处分权的,应当认定受让人具有重大过失。

第十七条　受让人受让动产时,交易的对象、场所或者时机等不符合交易习惯的,应当认定受让人具有重大过失。

第十八条　物权法第一百零六条第一款第一项所称的"受让人受让该不动产或者动产时",是指依法完成不动产物权转移登记或者动产交付之时。

当事人以物权法第二十五条规定的方式交付动产的,转让动产法律行为生效时为动产交付之时;当事人以物权法第二十六条规定的方式交付动产的,转让人与受让人之间有关转让返还原物请求权的协议生效时为动产交付之时。

法律对不动产、动产物权的设立另有规定的,应当按照法律规定的时间认定权利人是否为善意。

第十九条　物权法第一百零六条第一款第二项所称"合理的价格",应当根据转让标的物的性质、数量以及付款方式等具体情况,参考转让时交易地市场价格以及交易习惯等因素综合认定。

第二十条　转让人将物权法第二十四条规定的船舶、航空器和机动车等交付给受让人的,应当认定符合物权法第一百零六条第一款第三项规定的善意取得的条件。

第二十一条　具有下列情形之一,受让人主张根据物权法第一百零六条规定取得所有权的,不予支持:

(一)转让合同因违反合同法第五十二条规定被认定无效;

(二)转让合同因受让人存在欺诈、胁迫或者乘人之危等法定事由被撤销。

第二十二条　本解释自2016年3月1日起施行。

本解释施行后人民法院新受理的一审案件,适用本解释。

本解释施行前人民法院已经受理、施行后尚未审结的一审、二审案件,以及本解释施行前已经终审、施行后当事人申请再审或者按照审判监督程序决定再审的案件,不适用本解释。

中华人民共和国城市房地产管理法①

(1994年7月5日第八届全国人民代表大会常务委员会第八次会议通过　自1995年1月1日起施行)

目　录

① 编者注:已被修改。

第一章　总　　则

第一条　为了加强对城市房地产的管理，维护房地产市场秩序，保障房地产权利人的合法权益，促进房地产业的健康发展，制定本法。

第二条　在中华人民共和国城市规划区国有土地（以下简称国有土地）范围内取得房地产开发用地的土地使用权，从事房地产开发、房地产交易，实施房地产管理，应当遵守本法。

本法所称房屋，是指土地上的房屋等建筑物及构筑物。

本法所称房地产开发，是指在依据本法取得国有土地使用权的土地上进行基础设施、房屋建设的行为。

本法所称房地产交易，包括房地产转让、房地产抵押和房屋租赁。

第三条　国家依法实行国有土地有偿、有限期使用制度。但是，国家在本法规定的范围内划拨国有土地使用权的除外。

第四条　国家根据社会、经济发展水平，扶持发展居民住宅建设，逐步改善居民的居住条件。

第五条　房地产权利人应当遵守法律和行政法规，依法纳税。房地产权利人的合法权益受法律保护，任何单位和个人不得侵犯。

第六条　国务院建设行政主管部门、土地管理部门依照国务院规定的职权划分，各司其职，密切配合，管理全国房地产工作。

县级以上地方人民政府房产管理、土地管理部门的机构设置及其职权由省、自治区、直辖市人民政府确定。

第二章　房地产开发用地

第一节　土地使用权出让

第七条　土地使用权出让，是指国家将国有土地使用权（以下简称土地使用权）在一定年限内出让给土地使用者，由土地使用者向国家支付土地使用权出让金的行为。

第八条　城市规划区内的集体所有的土地，经依法征用转为国有土地后，该幅国有土地的使用权方可有偿出让。

第九条　土地使用权出让，必须符合土地利用总体规划、城市规划和年度建设用地计划。

第十条　县级以上地方人民政府出让土地使用权用于房地产开发的，须根据省级以上人民政府下达的控制指标拟订年度出让土地使用权总面积方案，按照国务院规定，报国务院或者省级人民政府批准。

第十一条　土地使用权出让，由市、县人民政府有计划、有步骤地进行。出让的每幅地块、用途、年限和其他条件，由市、县人民政府土地管理部门会同城市规划、建设、房产管理部门共同拟定方案，按照国务院规定，报经有批准权的人民政府批准后，由市、县人民政府土地管理部门实施。

直辖市的县人民政府及其有关部门行使前款规定的权限，由直辖市人民政府规定。

第十二条　土地使用权出让，可以采取拍卖、招标或者双方协议的方式。

商业、旅游、娱乐和豪华住宅用地，有条件的，必须采取拍卖、招标方式；没有条件，不能采取拍卖、招标方式的，可以采取双方协议的方式。

采取双方协议方式出让土地使用权的出让金不得低于按国家规定所确定的最低价。

第十三条　土地使用权出让最高年限由国务院规定。

第十四条　土地使用权出让，应当签订书面出让合同。

土地使用权出让合同由市、县人民政府土地管理部门与土地使用者签订。

第十五条　土地使用者必须按照出让合同约定，支付土地使用权出让金；未按照出让合同约定支付土地使用权出让金的，土地管理部门有权解除合同，并可以请求违约赔偿。

第十六条　土地使用者按照出让合同约定支付土地使用权出让金的，市、县人民政府土地管理部门必须按照出让合同约定，提供出让的土地；未按照出让合同约定提供出让的土地的，土地使用者有权解除合同，由土地管理部门返还土地使用权出让金，土地使用者并可以请求违约赔偿。

第十七条　土地使用者需要改变土地使用权出让合同约定的土地用途的,必须取得出让方和市、县人民政府城市规划行政主管部门的同意,签订土地使用权出让合同变更协议或者重新签订土地使用权出让合同,相应调整土地使用权出让金。

第十八条　土地使用权出让金应当全部上缴财政,列入预算,用于城市基础设施建设和土地开发。土地使用权出让金上缴和使用的具体办法由国务院规定。

第十九条　国家对土地使用者依法取得的土地使用权,在出让合同约定的使用年限届满前不收回;在特殊情况下,根据社会公共利益的需要,可以依照法律程序提前收回,并根据土地使用者使用土地的实际年限和开发土地的实际情况给予相应的补偿。

第二十条　土地使用权因土地灭失而终止。

第二十一条　土地使用权出让合同约定的使用年限届满,土地使用者需要继续使用土地的,应当至迟于届满前一年申请续期,除根据社会公共利益需要收回该幅土地的,应当予以批准。经批准准予续期的,应当重新签订土地使用权出让合同,依照规定支付土地使用权出让金。

土地使用权出让合同约定的使用年限届满,土地使用者未申请续期或者虽申请续期但依照前款规定未获批准的,土地使用权由国家无偿收回。

第二节　土地使用权划拨

第二十二条　土地使用权划拨,是指县级以上人民政府依法批准,在土地使用者缴纳补偿、安置等费用后将该幅土地交付其使用,或者将土地使用权无偿交付给土地使用者使用的行为。

依照本法规定以划拨方式取得土地使用权的,除法律、行政法规另有规定外,没有使用期限的限制。

第二十三条　下列建设用地的土地使用权,确属必需的,可以由县级以上人民政府依法批准划拨:

(一)国家机关用地和军事用地;

(二)城市基础设施用地和公益事业用地;

(三)国家重点扶持的能源、交通、水利等项目用地;

(四)法律、行政法规规定的其他用地。

第三章　房地产开发

第二十四条　房地产开发必须严格执行城市规划,按照经济效益、社会效益、环境效益相统一的原则,实行全面规划、合理布局、综合开发、配套建设。

第二十五条　以出让方式取得土地使用权进行房地产开发的,必须按照土地使用权出让合同约定的土地用途、动工开发期限开发土地。超过出让合同约定的动工开发日期满一年未动工开发的,可以征收相当于土地使用权出让金百分之二十以下的土地闲置费;满二年未动工开发的,可以无偿收回土地使用权;但是,因不可抗力或者政府、政府有关部门的行为或者动工开发必需的前期工作造成动工开发迟延的除外。

第二十六条　房地产开发项目的设计、施工,必须符合国家的有关标准和规范。

房地产开发项目竣工,经验收合格后,方可交付使用。

第二十七条　依法取得的土地使用权,可以依照本法和有关法律、行政法规的规定,作价入股,合资、合作开发经营房地产。

第二十八条　国家采取税收等方面的优惠措施鼓励和扶持房地产开发企业开发建设居民住宅。

第二十九条　房地产开发企业是以营利为目的,从事房地产开发和经营的企业。设立房地产开发企业,应当具备下列条件:

(一)有自己的名称和组织机构;

(二)有固定的经营场所;

(三)有符合国务院规定的注册资本;

(四)有足够的专业技术人员;

(五)法律、行政法规规定的其他条件。

设立房地产开发企业,应当向工商行政管理部门申请设立登记。工商行政管理部门对符合本法规定条件的,应当予以登记,发给营业执照;对不符合本法规定条件的,不予登记。

设立有限责任公司、股份有限公司,从事房地产开发经营的,还应当执行公司法的有关规定。

房地产开发企业在领取营业执照后的一个

月内,应当到登记机关所在地的县级以上地方人民政府规定的部门备案。

第三十条　房地产开发企业的注册资本与投资总额的比例应当符合国家有关规定。

房地产开发企业分期开发房地产的,分期投资额应当与项目规模相适应,并按照土地使用权出让合同的约定,按期投入资金,用于项目建设。

第四章　房地产交易

第一节　一般规定

第三十一条　房地产转让、抵押时,房屋的所有权和该房屋占用范围内的土地使用权同时转让、抵押。

第三十二条　基准地价、标定地价和各类房屋的重置价格应当定期确定并公布。具体办法由国务院规定。

第三十三条　国家实行房地产价格评估制度。

房地产价格评估,应当遵循公正、公平、公开的原则,按照国家规定的技术标准和评估程序,以基准地价、标定地价和各类房屋的重置价格为基础,参照当地的市场价格进行评估。

第三十四条　国家实行房地产成交价格申报制度。

房地产权利人转让房地产,应当向县级以上地方人民政府规定的部门如实申报成交价,不得瞒报或者作不实的申报。

第三十五条　房地产转让、抵押,当事人应当依照本法第五章的规定办理权属登记。

第二节　房地产转让

第三十六条　房地产转让,是指房地产权利人通过买卖、赠与或者其他合法方式将其房地产转移给他人的行为。

第三十七条　下列房地产,不得转让:

(一)以出让方式取得土地使用权的,不符合本法第三十八条规定的条件的;

(二)司法机关和行政机关依法裁定、决定查封或者以其他形式限制房地产权利的;

(三)依法收回土地使用权的;

(四)共有房地产,未经其他共有人书面同意的;

(五)权属有争议的;

(六)未依法登记领取权属证书的;

(七)法律、行政法规规定禁止转让的其他情形。

第三十八条　以出让方式取得土地使用权的,转让房地产时,应当符合下列条件:

(一)按照出让合同约定已经支付全部土地使用权出让金,并取得土地使用权证书;

(二)按照出让合同约定进行投资开发,属于房屋建设工程的,完成开发投资总额的百分之二十五以上,属于成片开发土地的,形成工业用地或者其他建设用地条件。

转让房地产时房屋已经建成的,还应当持有房屋所有权证书。

第三十九条　以划拨方式取得土地使用权的,转让房地产时,应当按照国务院规定,报有批准权的人民政府审批。有批准权的人民政府准予转让的,应当由受让方办理土地使用权出让手续,并依照国家有关规定缴纳土地使用权出让金。

以划拨方式取得土地使用权的,转让房地产报批时,有批准权的人民政府按照国务院规定决定可以不办理土地使用权出让手续的,转让方应当按照国务院规定将转让房地产所获收益中的土地收益上缴国家或者作其他处理。

第四十条　房地产转让,应当签订书面转让合同,合同中应当载明土地使用权取得的方式。

第四十一条　房地产转让时,土地使用权出让合同载明的权利、义务随之转移。

第四十二条　以出让方式取得土地使用权的,转让房地产后,其土地使用权的使用年限为原土地使用权出让合同约定的使用年限减去原土地使用者已经使用年限后的剩余年限。

第四十三条　以出让方式取得土地使用权的,转让房地产后,受让人改变原土地使用权出让合同约定的土地用途的,必须取得原出让方和市、县人民政府城市规划行政主管部门的同意,签订土地使用权出让合同变更协议或者重新签订土地使用权出让合同,相应调整土地使用权出让金。

第四十四条　商品房预售,应当符合下列条件:

(一)已交付全部土地使用权出让金,取得土地使用权证书；

（二）持有建设工程规划许可证；

（三）按提供预售的商品房计算，投入开发建设的资金达到工程建设总投资的百分之二十五以上，并已经确定施工进度和竣工交付日期；

（四）向县级以上人民政府房产管理部门办理预售登记，取得商品房预售许可证明。

商品房预售人应当按照国家有关规定将预售合同报县级以上人民政府房产管理部门和土地管理部门登记备案。

商品房预售所得款项，必须用于有关的工程建设。

第四十五条 商品房预售的，商品房预购人将购买的未竣工的预售商品房再行转让的问题，由国务院规定。

第三节 房地产抵押

第四十六条 房地产抵押，是指抵押人以其合法的房地产以不转移占有的方式向抵押权人提供债务履行担保的行为。债务人不履行债务时，抵押权人有权依法以抵押的房地产拍卖所得的价款优先受偿。

第四十七条 依法取得的房屋所有权连同该房屋占用范围内的土地使用权，可以设定抵押权。

以出让方式取得的土地使用权，可以设定抵押权。

第四十八条 房地产抵押，应当凭土地使用权证书、房屋所有权证书办理。

第四十九条 房地产抵押，抵押人和抵押权人应当签订书面抵押合同。

第五十条 设定房地产抵押权的土地使用权是以划拨方式取得的，依法拍卖该房地产后，应当从拍卖所得的价款中缴纳相当于应缴纳的土地使用权出让金的款额后，抵押权人方可优先受偿。

第五十一条 房地产抵押合同签订后，土地上新增的房屋不属于抵押财产。需要拍卖该抵押的房地产时，可以依法将土地上新增的房屋与抵押财产一同拍卖，但对拍卖新增房屋所得，抵押权人无权优先受偿。

第四节 房屋租赁

第五十二条 房屋租赁，是指房屋所有权人作为出租人将其房屋出租给承租人使用，由承租人向出租人支付租金的行为。

第五十三条 房屋租赁，出租人和承租人应当签订书面租赁合同，约定租赁期限、租赁用途、租赁价格、修缮责任等条款，以及双方的其他权利和义务，并向房产管理部门登记备案。

第五十四条 住宅用房的租赁，应当执行国家和房屋所在城市人民政府规定的租赁政策。租用房屋从事生产、经营活动的，由租赁双方协商议定租金和其他租赁条款。

第五十五条 以营利为目的，房屋所有权人将以划拨方式取得使用权的国有土地上建成的房屋出租的，应当将租金中所含土地收益上缴国家。具体办法由国务院规定。

第五节 中介服务机构

第五十六条 房地产中介服务机构包括房地产咨询机构、房地产价格评估机构、房地产经纪机构等。

第五十七条 房地产中介服务机构应当具备下列条件：

（一）有自己的名称和组织机构；

（二）有固定的服务场所；

（三）有必要的财产和经费；

（四）有足够数量的专业人员；

（五）法律、行政法规规定的其他条件。

设立房地产中介服务机构，应当向工商行政管理部门申请设立登记，领取营业执照后，方可开业。

第五十八条 国家实行房地产价格评估人员资格认证制度。

第五章 房地产权属登记管理

第五十九条 国家实行土地使用权和房屋所有权登记发证制度。

第六十条 以出让或者划拨方式取得土地使用权，应当向县级以上地方人民政府土地管理部门申请登记，经县级以上地方人民政府土地管理部门核实，由同级人民政府颁发土地使用权证书。

在依法取得的房地产开发用地上建成房屋的，应当凭土地使用权证书向县级以上地方人民政府房产管理部门申请登记，由县级以上地方人民政府房产管理部门核实并颁发房屋所有权证书。

房地产转让或者变更时，应当向县级以上地方人民政府房产管理部门申请房产变更登记，并凭变更后的房屋所有权证书向同级人民政府土地管理部门申请土地使用权变更登记，经同级人民政府土地管理部门核实，由同级人民政府更换或者更改土地使用权证书。

法律另有规定的，依照有关法律的规定办理。

第六十一条　房地产抵押时，应当向县级以上地方人民政府规定的部门办理抵押登记。

因处分抵押房地产而取得土地使用权和房屋所有权的，应当依照本章规定办理过户登记。

第六十二条　经省、自治区、直辖市人民政府确定，县级以上地方人民政府由一个部门统一负责房产管理和土地管理工作的，可以制作、颁发统一的房地产权证书，依照本法第六十条的规定，将房屋的所有权和该房屋占用范围内的土地使用权的确认和变更，分别载入房地产权证书。

第六章　法律责任

第六十三条　违反本法第十条、第十一条的规定，擅自批准出让或者擅自出让土地使用权用于房地产开发的，由上级机关或者所在单位给予有关责任人员行政处分。

第六十四条　违反本法第二十九条的规定，未取得营业执照擅自从事房地产开发业务的，由县级以上人民政府工商行政管理部门责令停止房地产开发业务活动，没收违法所得，可以并处罚款。

第六十五条　违反本法第三十八条第一款的规定转让土地使用权的，由县级以上人民政府土地管理部门没收违法所得，可以并处罚款。

第六十六条　违反本法第三十九条第一款的规定转让房地产的，由县级以上人民政府土地管理部门责令缴纳土地使用权出让金，没收违法所得，可以并处罚款。

第六十七条　违反本法第四十四条第一款的规定预售商品房的，由县级以上人民政府房产管理部门责令停止预售活动，没收违法所得，可以并处罚款。

第六十八条　违反本法第五十七条的规定，未取得营业执照擅自从事房地产中介服务业务的，由县级以上人民政府工商行政管理部门责令停止房地产中介服务业务活动，没收违法所得，可以并处罚款。

第六十九条　没有法律、法规的依据，向房地产开发企业收费的，上级机关应当责令退回所收取的钱款；情节严重的，由上级机关或者所在单位给予直接责任人员行政处分。

第七十条　房产管理部门、土地管理部门工作人员玩忽职守、滥用职权，构成犯罪的，依法追究刑事责任；不构成犯罪的，给予行政处分。

房产管理部门、土地管理部门工作人员利用职务上的便利，索取他人财物，或者非法收受他人财物为他人谋取利益，构成犯罪的，依照惩治贪污罪贿赂罪的补充规定追究刑事责任；不构成犯罪的，给予行政处分。

第七章　附　　则

第七十一条　在城市规划区外的国有土地范围内取得房地产开发用地的土地使用权，从事房地产开发、交易活动以及实施房地产管理，参照本法执行。

第七十二条　本法自1995年1月1日起施行。

全国人民代表大会常务委员会关于修改《中华人民共和国城市房地产管理法》的决定

（2007年8月30日第十届全国人民代表大会常务委员会第二十九次会议通过　2007年8月30日中华人民共和国主席令第72号公布　自公布之日起施行）

第十届全国人民代表大会常务委员会第二十九次会议决定对《中华人民共和国城市房地产管理法》作如下修改：

在第一章“总则”中增加一条，作为第六条：

"为了公共利益的需要,国家可以征收国有土地上单位和个人的房屋,并依法给予拆迁补偿,维护被征收人的合法权益;征收个人住宅的,还应当保障被征收人的居住条件。具体办法由国务院规定。"

本决定自公布之日起施行。

《中华人民共和国城市房地产管理法》根据本决定作相应修改,重新公布。

中华人民共和国城市房地产管理法①

(1994年7月5日第八届全国人民代表大会常务委员会第八次会议通过　根据2007年8月30日第十届全国人民代表大会常务委员会第二十九次会议《关于修改〈中华人民共和国城市房地产管理法〉的决定》修正)

目　　录

第一章　总　　则

第一条　为了加强对城市房地产的管理,维护房地产市场秩序,保障房地产权利人的合法权益,促进房地产业的健康发展,制定本法。

第二条　在中华人民共和国城市规划区国有土地(以下简称国有土地)范围内取得房地产开发用地的土地使用权,从事房地产开发、房地产交易,实施房地产管理,应当遵守本法。

本法所称房屋,是指土地上的房屋等建筑物及构筑物。

本法所称房地产开发,是指在依据本法取得国有土地使用权的土地上进行基础设施、房屋建设的行为。

本法所称房地产交易,包括房地产转让、房地产抵押和房屋租赁。

第三条　国家依法实行国有土地有偿、有限期使用制度。但是,国家在本法规定的范围内划拨国有土地使用权的除外。

第四条　国家根据社会、经济发展水平,扶持发展居民住宅建设,逐步改善居民的居住条件。

第五条　房地产权利人应当遵守法律和行政法规,依法纳税。房地产权利人的合法权益受法律保护,任何单位和个人不得侵犯。

第六条　为了公共利益的需要,国家可以征收国有土地上单位和个人的房屋,并依法给予拆迁补偿,维护被征收人的合法权益;征收个人住宅的,还应当保障被征收人的居住条件。具体办法由国务院规定。

第七条　国务院建设行政主管部门、土地管理部门依照国务院规定的职权划分,各司其职,密切配合,管理全国房地产工作。

县级以上地方人民政府房产管理、土地管理部门的机构设置及其职权由省、自治区、直辖市人民政府确定。

第二章　房地产开发用地

第一节　土地使用权出让

第八条　土地使用权出让,是指国家将国有土地使用权(以下简称土地使用权)在一定年限内出让给土地使用者,由土地使用者向国家支付土地使用权出让金的行为。

第九条　城市规划区内的集体所有的土地,经依法征用转为国有土地后,该幅国有土地的使用权方可有偿出让。

第十条　土地使用权出让,必须符合土地利用总体规划、城市规划和年度建设用地计划。

第十一条　县级以上地方人民政府出让土

① 编者注:已被修改。

地使用权用于房地产开发的，须根据省级以上人民政府下达的控制指标拟订年度出让土地使用权总面积方案，按照国务院规定，报国务院或者省级人民政府批准。

第十二条　土地使用权出让，由市、县人民政府有计划、有步骤地进行。出让的每幅地块、用途、年限和其他条件，由市、县人民政府土地管理部门会同城市规划、建设、房产管理部门共同拟定方案，按照国务院规定，报经有批准权的人民政府批准后，由市、县人民政府土地管理部门实施。

直辖市的县人民政府及其有关部门行使前款规定的权限，由直辖市人民政府规定。

第十三条　土地使用权出让，可以采取拍卖、招标或者双方协议的方式。

商业、旅游、娱乐和豪华住宅用地，有条件的，必须采取拍卖、招标方式；没有条件，不能采取拍卖、招标方式的，可以采取双方协议的方式。

采取双方协议方式出让土地使用权的出让金不得低于按国家规定所确定的最低价。

第十四条　土地使用权出让最高年限由国务院规定。

第十五条　土地使用权出让，应当签订书面出让合同。

土地使用权出让合同由市、县人民政府土地管理部门与土地使用者签订。

第十六条　土地使用者必须按照出让合同约定，支付土地使用权出让金；未按照出让合同约定支付土地使用权出让金的，土地管理部门有权解除合同，并可以请求违约赔偿。

第十七条　土地使用者按照出让合同约定支付土地使用权出让金的，市、县人民政府土地管理部门必须按照出让合同约定，提供出让的土地；未按照出让合同约定提供出让的土地的，土地使用者有权解除合同，由土地管理部门返还土地使用权出让金，土地使用者并可以请求违约赔偿。

第十八条　土地使用者需要改变土地使用权出让合同约定的土地用途的，必须取得出让方和市、县人民政府城市规划行政主管部门的同意，签订土地使用权出让合同变更协议或者重新签订土地使用权出让合同，相应调整土地使用权出让金。

第十九条　土地使用权出让金应当全部上缴财政，列入预算，用于城市基础设施建设和土地开发。土地使用权出让金上缴和使用的具体办法由国务院规定。

第二十条　国家对土地使用者依法取得的土地使用权，在出让合同约定的使用年限届满前不收回；在特殊情况下，根据社会公共利益的需要，可以依照法律程序提前收回，并根据土地使用者使用土地的实际年限和开发土地的实际情况给予相应的补偿。

第二十一条　土地使用权因土地灭失而终止。

第二十二条　土地使用权出让合同约定的使用年限届满，土地使用者需要继续使用土地的，应当至迟于届满前一年申请续期，除根据社会公共利益需要收回该幅土地的，应当予以批准。经批准准予续期的，应当重新签订土地使用权出让合同，依照规定支付土地使用权出让金。

土地使用权出让合同约定的使用年限届满，土地使用者未申请续期或者虽申请续期但依照前款规定未获批准的，土地使用权由国家无偿收回。

第二节　土地使用权划拨

第二十三条　土地使用权划拨，是指县级以上人民政府依法批准，在土地使用者缴纳补偿、安置等费用后将该幅土地交付其使用，或者将土地使用权无偿交付给土地使用者使用的行为。

依照本法规定以划拨方式取得土地使用权的，除法律、行政法规另有规定外，没有使用期限的限制。

第二十四条　下列建设用地的土地使用权，确属必需的，可以由县级以上人民政府依法批准划拨：

（一）国家机关用地和军事用地；

（二）城市基础设施用地和公益事业用地；

（三）国家重点扶持的能源、交通、水利等项目用地；

（四）法律、行政法规规定的其他用地。

第三章　房地产开发

第二十五条　房地产开发必须严格执行城

市规划,按照经济效益、社会效益、环境效益相统一的原则,实行全面规划、合理布局、综合开发、配套建设。

第二十六条 以出让方式取得土地使用权进行房地产开发的,必须按照土地使用权出让合同约定的土地用途、动工开发期限开发土地。超过出让合同约定的动工开发日期满一年未动工开发的,可以征收相当于土地使用权出让金百分之二十以下的土地闲置费;满二年未动工开发的,可以无偿收回土地使用权;但是,因不可抗力或者政府、政府有关部门的行为或者动工开发必需的前期工作造成动工开发迟延的除外。

第二十七条 房地产开发项目的设计、施工,必须符合国家的有关标准和规范。

房地产开发项目竣工,经验收合格后,方可交付使用。

第二十八条 依法取得的土地使用权,可以依照本法和有关法律、行政法规的规定,作价入股,合资、合作开发经营房地产。

第二十九条 国家采取税收等方面的优惠措施鼓励和扶持房地产开发企业开发建设居民住宅。

第三十条 房地产开发企业是以营利为目的,从事房地产开发和经营的企业。设立房地产开发企业,应当具备下列条件:

(一)有自己的名称和组织机构;

(二)有固定的经营场所;

(三)有符合国务院规定的注册资本;

(四)有足够的专业技术人员;

(五)法律、行政法规规定的其他条件。

设立房地产开发企业,应当向工商行政管理部门申请设立登记。工商行政管理部门对符合本法规定条件的,应当予以登记,发给营业执照;对不符合本法规定条件的,不予登记。

设立有限责任公司、股份有限公司,从事房地产开发经营的,还应当执行公司法的有关规定。

房地产开发企业在领取营业执照后的一个月内,应当到登记机关所在地的县级以上地方人民政府规定的部门备案。

第三十一条 房地产开发企业的注册资本与投资总额的比例应当符合国家有关规定。

房地产开发企业分期开发房地产的,分期投资额应当与项目规模相适应,并按照土地使用权出让合同的约定,按期投入资金,用于项目建设。

第四章 房地产交易

第一节 一般规定

第三十二条 房地产转让、抵押时,房屋的所有权和该房屋占用范围内的土地使用权同时转让、抵押。

第三十三条 基准地价、标定地价和各类房屋的重置价格应当定期确定并公布。具体办法由国务院规定。

第三十四条 国家实行房地产价格评估制度。

房地产价格评估,应当遵循公正、公平、公开的原则,按照国家规定的技术标准和评估程序,以基准地价、标定地价和各类房屋的重置价格为基础,参照当地的市场价格进行评估。

第三十五条 国家实行房地产成交价格申报制度。

房地产权利人转让房地产,应当向县级以上地方人民政府规定的部门如实申报成交价,不得瞒报或者作不实的申报。

第三十六条 房地产转让、抵押,当事人应当依照本法第五章的规定办理权属登记。

第二节 房地产转让

第三十七条 房地产转让,是指房地产权利人通过买卖、赠与或者其他合法方式将其房地产转移给他人的行为。

第三十八条 下列房地产,不得转让:

(一)以出让方式取得土地使用权的,不符合本法第三十九条规定的条件的;

(二)司法机关和行政机关依法裁定、决定查封或者以其他形式限制房地产权利的;

(三)依法收回土地使用权的;

(四)共有房地产,未经其他共有人书面同意的;

(五)权属有争议的;

(六)未依法登记领取权属证书的;

（七）法律、行政法规规定禁止转让的其他情形。

第三十九条　以出让方式取得土地使用权的，转让房地产时，应当符合下列条件：

（一）按照出让合同约定已经支付全部土地使用权出让金，并取得土地使用权证书；

（二）按照出让合同约定进行投资开发，属于房屋建设工程的，完成开发投资总额的百分之二十五以上，属于成片开发土地的，形成工业用地或者其他建设用地条件。

转让房地产时房屋已经建成的，还应当持有房屋所有权证书。

第四十条　以划拨方式取得土地使用权的，转让房地产时，应当按照国务院规定，报有批准权的人民政府审批。有批准权的人民政府准予转让的，应当由受让方办理土地使用权出让手续，并依照国家有关规定缴纳土地使用权出让金。

以划拨方式取得土地使用权的，转让房地产报批时，有批准权的人民政府按照国务院规定决定可以不办理土地使用权出让手续的，转让方应当按照国务院规定将转让房地产所获收益中的土地收益上缴国家或者作其他处理。

第四十一条　房地产转让，应当签订书面转让合同，合同中应当载明土地使用权取得的方式。

第四十二条　房地产转让时，土地使用权出让合同载明的权利、义务随之转移。

第四十三条　以出让方式取得土地使用权的，转让房地产后，其土地使用权的使用年限为原土地使用权出让合同约定的使用年限减去原土地使用者已经使用年限后的剩余年限。

第四十四条　以出让方式取得土地使用权的，转让房地产后，受让人改变原土地使用权出让合同约定的土地用途的，必须取得原出让方和市、县人民政府城市规划行政主管部门的同意，签订土地使用权出让合同变更协议或者重新签订土地使用权出让合同，相应调整土地使用权出让金。

第四十五条　商品房预售，应当符合下列条件：

（一）已交付全部土地使用权出让金，取得土地使用权证书；

（二）持有建设工程规划许可证；

（三）按提供预售的商品房计算，投入开发建设的资金达到工程建设总投资的百分之二十五以上，并已经确定施工进度和竣工交付日期；

（四）向县级以上人民政府房产管理部门办理预售登记，取得商品房预售许可证明。

商品房预售人应当按照国家有关规定将预售合同报县级以上人民政府房产管理部门和土地管理部门登记备案。

商品房预售所得款项，必须用于有关的工程建设。

第四十六条　商品房预售的，商品房预购人将购买的未竣工的预售商品房再行转让的问题，由国务院规定。

第三节　房地产抵押

第四十七条　房地产抵押，是指抵押人以其合法的房地产以不转移占有的方式向抵押权人提供债务履行担保的行为。债务人不履行债务时，抵押权人有权依法以抵押的房地产拍卖所得的价款优先受偿。

第四十八条　依法取得的房屋所有权连同该房屋占用范围内的土地使用权，可以设定抵押权。

以出让方式取得的土地使用权，可以设定抵押权。

第四十九条　房地产抵押，应当凭土地使用权证书、房屋所有权证书办理。

第五十条　房地产抵押，抵押人和抵押权人应当签订书面抵押合同。

第五十一条　设定房地产抵押权的土地使用权是以划拨方式取得的，依法拍卖该房地产后，应当从拍卖所得的价款中缴纳相当于应缴纳的土地使用权出让金的款额后，抵押权人方可优先受偿。

第五十二条　房地产抵押合同签订后，土地上新增的房屋不属于抵押财产。需要拍卖该抵押的房地产时，可以依法将土地上新增的房屋与抵押财产一同拍卖，但对拍卖新增房屋所得，抵押权人无权优先受偿。

第四节 房屋租赁

第五十三条 房屋租赁,是指房屋所有权人作为出租人将其房屋出租给承租人使用,由承租人向出租人支付租金的行为。

第五十四条 房屋租赁,出租人和承租人应当签订书面租赁合同,约定租赁期限、租赁用途、租赁价格、修缮责任等条款,以及双方的其他权利和义务,并向房产管理部门登记备案。

第五十五条 住宅用房的租赁,应当执行国家和房屋所在城市人民政府规定的租赁政策。租用房屋从事生产、经营活动的,由租赁双方协商议定租金和其他租赁条款。

第五十六条 以营利为目的,房屋所有权人将以划拨方式取得使用权的国有土地上建成的房屋出租的,应当将租金中所含土地收益上缴国家。具体办法由国务院规定。

第五节 中介服务机构

第五十七条 房地产中介服务机构包括房地产咨询机构、房地产价格评估机构、房地产经纪机构等。

第五十八条 房地产中介服务机构应当具备下列条件:

(一)有自己的名称和组织机构;

(二)有固定的服务场所;

(三)有必要的财产和经费;

(四)有足够数量的专业人员;

(五)法律、行政法规规定的其他条件。

设立房地产中介服务机构,应当向工商行政管理部门申请设立登记,领取营业执照后,方可开业。

第五十九条 国家实行房地产价格评估人员资格认证制度。

第五章 房地产权属登记管理

第六十条 国家实行土地使用权和房屋所有权登记发证制度。

第六十一条 以出让或者划拨方式取得土地使用权,应当向县级以上地方人民政府土地管理部门申请登记,经县级以上地方人民政府土地管理部门核实,由同级人民政府颁发土地使用权证书。

在依法取得的房地产开发用地上建成房屋的,应当凭土地使用权证书向县级以上地方人民政府房产管理部门申请登记,由县级以上地方人民政府房产管理部门核实并颁发房屋所有权证书。

房地产转让或者变更时,应当向县级以上地方人民政府房产管理部门申请房产变更登记,并凭变更后的房屋所有权证书向同级人民政府土地管理部门申请土地使用权变更登记,经同级人民政府土地管理部门核实,由同级人民政府更换或者更改土地使用权证书。

法律另有规定的,依照有关法律的规定办理。

第六十二条 房地产抵押时,应当向县级以上地方人民政府规定的部门办理抵押登记。

因处分抵押房地产而取得土地使用权和房屋所有权的,应当依照本章规定办理过户登记。

第六十三条 经省、自治区、直辖市人民政府确定,县级以上地方人民政府由一个部门统一负责房产管理和土地管理工作的,可以制作、颁发统一的房地产权证书,依照本法第六十一条的规定,将房屋的所有权和该房屋占用范围内的土地使用权的确认和变更,分别载入房地产权证书。

第六章 法律责任

第六十四条 违反本法第十一条、第十二条的规定,擅自批准出让或者擅自出让土地使用权用于房地产开发的,由上级机关或者所在单位给予有关责任人员行政处分。

第六十五条 违反本法第三十条的规定,未取得营业执照擅自从事房地产开发业务的,由县级以上人民政府工商行政管理部门责令停止房地产开发业务活动,没收违法所得,可以并处罚款。

第六十六条 违反本法第三十九条第一款的规定转让土地使用权的,由县级以上人民政府土地管理部门没收违法所得,可以并处罚款。

第六十七条 违反本法第四十条第一款的规定转让房地产的,由县级以上人民政府土地管理部门责令缴纳土地使用权出让金,没收违法所得,可以并处罚款。

第六十八条 违反本法第四十五条第一款

的规定预售商品房的，由县级以上人民政府房产管理部门责令停止预售活动，没收违法所得，可以并处罚款。

第六十九条　违反本法第五十八条的规定，未取得营业执照擅自从事房地产中介服务业务的，由县级以上人民政府工商行政管理部门责令停止房地产中介服务业务活动，没收违法所得，可以并处罚款。

第七十条　没有法律、法规的依据，向房地产开发企业收费的，上级机关应当责令退回所收取的钱款；情节严重的，由上级机关或者所在单位给予直接责任人员行政处分。

第七十一条　房产管理部门、土地管理部门工作人员玩忽职守、滥用职权，构成犯罪的，依法追究刑事责任；不构成犯罪的，给予行政处分。

房产管理部门、土地管理部门工作人员利用职务上的便利，索取他人财物，或者非法收受他人财物为他人谋取利益，构成犯罪的，依照惩治贪污罪贿赂罪的补充规定追究刑事责任；不构成犯罪的，给予行政处分。

第七章　附　　则

第七十二条　在城市规划区外的国有土地范围内取得房地产开发用地的土地使用权，从事房地产开发、交易活动以及实施房地产管理，参照本法执行。

第七十三条　本法自1995年1月1日起施行。

全国人民代表大会常务委员会关于修改部分法律的决定（节录）①

（2009年8月27日第十一届全国人民代表大会常务委员会第十次会议通过　2009年8月27日中华人民共和国主席令第18号公布　自公布之日起施行）

第十一届全国人民代表大会常务委员会第十次会议决定：

……

（二）将下列法律中的“征用”修改为“征收”

……

17.《中华人民共和国城市房地产管理法》第九条

……

（四）对下列法律中关于追究刑事责任的具体规定作出修改

……

55. 将《中华人民共和国城市房地产管理法》第七十一条第二款修改为：“房产管理部门、土地管理部门工作人员利用职务上的便利，索取他人财物，或者非法收受他人财物为他人谋取利益，构成犯罪的，依法追究刑事责任；不构成犯罪的，给予行政处分。”

……

本决定自公布之日起施行。

全国人民代表大会常务委员会关于修改《中华人民共和国土地管理法》、《中华人民共和国城市房地产管理法》的决定（节录）

（2019年8月26日第十三届全国人民代表大会常务委员会第十二次会议通过　2019年8月26日中华人民共和国主席令第32号公布　自2020年1月1日起施行）

第十三届全国人民代表大会常务委员会第十二次会议决定：

……

二、对《中华人民共和国城市房地产管理法》作出修改

将第九条修改为：“城市规划区内的集体所有的土地，经依法征收转为国有土地后，该幅国有土地的使用权方可有偿出让，但法律另有规定的除外。”

三、修改土地管理法、城市房地产管理法，依法保障农村土地征收、集体经营性建设用地入市、宅基地管理制度等改革在全国范围内实行，对促进乡村振兴和城乡融合发展具有重大意义。国务院及其有关部门和各省、自治区、直辖市应

① 编者注：部分废止。

当坚持土地公有制性质不改变、耕地红线不突破、农民利益不受损，加强组织领导，做好法律宣传，制定、完善配套法规、规章，确保法律制度正确、有效实施。

本决定自2020年1月1日起施行。

《中华人民共和国土地管理法》、《中华人民共和国城市房地产管理法》根据本决定作相应修改，重新公布。

中华人民共和国城市房地产管理法

（1994年7月5日第八届全国人民代表大会常务委员会第八次会议通过　根据2007年8月30日第十届全国人民代表大会常务委员会第二十九次会议《关于修改〈中华人民共和国城市房地产管理法〉的决定》第一次修正　根据2009年8月27日第十一届全国人民代表大会常务委员会第十次会议《关于修改部分法律的决定》第二次修正　根据2019年8月26日第十三届全国人民代表大会常务委员会第十二次会议《关于修改〈中华人民共和国土地管理法〉、〈中华人民共和国城市房地产管理法〉的决定》第三次修正）

目　　录

第一章　总　　则

第一条　为了加强对城市房地产的管理，维护房地产市场秩序，保障房地产权利人的合法权益，促进房地产业的健康发展，制定本法。

第二条　在中华人民共和国城市规划区国有土地（以下简称国有土地）范围内取得房地产开发用地的土地使用权，从事房地产开发、房地产交易，实施房地产管理，应当遵守本法。

本法所称房屋，是指土地上的房屋等建筑物及构筑物。

本法所称房地产开发，是指在依据本法取得国有土地使用权的土地上进行基础设施、房屋建设的行为。

本法所称房地产交易，包括房地产转让、房地产抵押和房屋租赁。

第三条　国家依法实行国有土地有偿、有限期使用制度。但是，国家在本法规定的范围内划拨国有土地使用权的除外。

第四条　国家根据社会、经济发展水平，扶持发展居民住宅建设，逐步改善居民的居住条件。

第五条　房地产权利人应当遵守法律和行政法规，依法纳税。房地产权利人的合法权益受法律保护，任何单位和个人不得侵犯。

第六条　为了公共利益的需要，国家可以征收国有土地上单位和个人的房屋，并依法给予拆迁补偿，维护被征收人的合法权益；征收个人住宅的，还应当保障被征收人的居住条件。具体办法由国务院规定。

第七条　国务院建设行政主管部门、土地管理部门依照国务院规定的职权划分，各司其职，密切配合，管理全国房地产工作。

县级以上地方人民政府房产管理、土地管理部门的机构设置及其职权由省、自治区、直辖市人民政府确定。

第二章　房地产开发用地

第一节　土地使用权出让

第八条　土地使用权出让，是指国家将国有土地使用权（以下简称土地使用权）在一定年限内出让给土地使用者，由土地使用者向国家支付土地使用权出让金的行为。

第九条　城市规划区内的集体所有的土地，经依法征收转为国有土地后，该幅国有土地的使用权方可有偿出让，但法律另有规定的除外。

第十条　土地使用权出让，必须符合土地利用总体规划、城市规划和年度建设用地计划。

第十一条　县级以上地方人民政府出让土地使用权用于房地产开发的，须根据省级以上人民政府下达的控制指标拟订年度出让土地使用权总面积方案，按照国务院规定，报国务院或者省级人民政府批准。

第十二条　土地使用权出让，由市、县人民政府有计划、有步骤地进行。出让的每幅地块、用途、年限和其他条件，由市、县人民政府土地管理部门会同城市规划、建设、房产管理部门共同拟定方案，按照国务院规定，报经有批准权的人民政府批准后，由市、县人民政府土地管理部门实施。

直辖市的县人民政府及其有关部门行使前款规定的权限，由直辖市人民政府规定。

第十三条　土地使用权出让，可以采取拍卖、招标或者双方协议的方式。

商业、旅游、娱乐和豪华住宅用地，有条件的，必须采取拍卖、招标方式；没有条件，不能采取拍卖、招标方式的，可以采取双方协议的方式。

采取双方协议方式出让土地使用权的出让金不得低于按国家规定所确定的最低价。

第十四条　土地使用权出让最高年限由国务院规定。

第十五条　土地使用权出让，应当签订书面出让合同。

土地使用权出让合同由市、县人民政府土地管理部门与土地使用者签订。

第十六条　土地使用者必须按照出让合同约定，支付土地使用权出让金；未按照出让合同约定支付土地使用权出让金的，土地管理部门有权解除合同，并可以请求违约赔偿。

第十七条　土地使用者按照出让合同约定支付土地使用权出让金的，市、县人民政府土地管理部门必须按照出让合同约定，提供出让的土地；未按照出让合同约定提供出让的土地的，土地使用者有权解除合同，由土地管理部门返还土地使用权出让金，土地使用者并可以请求违约赔偿。

第十八条　土地使用者需要改变土地使用权出让合同约定的土地用途的，必须取得出让方和市、县人民政府城市规划行政主管部门的同意，签订土地使用权出让合同变更协议或者重新签订土地使用权出让合同，相应调整土地使用权出让金。

第十九条　土地使用权出让金应当全部上缴财政，列入预算，用于城市基础设施建设和土地开发。土地使用权出让金上缴和使用的具体办法由国务院规定。

第二十条　国家对土地使用者依法取得的土地使用权，在出让合同约定的使用年限届满前不收回；在特殊情况下，根据社会公共利益的需要，可以依照法律程序提前收回，并根据土地使用者使用土地的实际年限和开发土地的实际情况给予相应的补偿。

第二十一条　土地使用权因土地灭失而终止。

第二十二条　土地使用权出让合同约定的使用年限届满，土地使用者需要继续使用土地的，应当至迟于届满前一年申请续期，除根据社会公共利益需要收回该幅土地的，应当予以批准。经批准准予续期的，应当重新签订土地使用权出让合同，依照规定支付土地使用权出让金。

土地使用权出让合同约定的使用年限届满，土地使用者未申请续期或者虽申请续期但依照前款规定未获批准的，土地使用权由国家无偿收回。

第二节　土地使用权划拨

第二十三条　土地使用权划拨，是指县级以上人民政府依法批准，在土地使用者缴纳补偿、安置等费用后将该幅土地交付其使用，或者将土地使用权无偿交付给土地使用者使用的行为。

依照本法规定以划拨方式取得土地使用权的，除法律、行政法规另有规定外，没有使用期限的限制。

第二十四条　下列建设用地的土地使用权，确属必需的，可以由县级以上人民政府依法批准划拨：

（一）国家机关用地和军事用地；

（二）城市基础设施用地和公益事业用地；

（三）国家重点扶持的能源、交通、水利等项目用地；

（四）法律、行政法规规定的其他用地。

第三章 房地产开发

第二十五条 房地产开发必须严格执行城市规划，按照经济效益、社会效益、环境效益相统一的原则，实行全面规划、合理布局、综合开发、配套建设。

第二十六条 以出让方式取得土地使用权进行房地产开发的，必须按照土地使用权出让合同约定的土地用途、动工开发期限开发土地。超过出让合同约定的动工开发日期满一年未动工开发的，可以征收相当于土地使用权出让金百分之二十以下的土地闲置费；满二年未动工开发的，可以无偿收回土地使用权；但是，因不可抗力或者政府、政府有关部门的行为或者动工开发必需的前期工作造成动工开发迟延的除外。

第二十七条 房地产开发项目的设计、施工，必须符合国家的有关标准和规范。

房地产开发项目竣工，经验收合格后，方可交付使用。

第二十八条 依法取得的土地使用权，可以依照本法和有关法律、行政法规的规定，作价入股，合资、合作开发经营房地产。

第二十九条 国家采取税收等方面的优惠措施鼓励和扶持房地产开发企业开发建设居民住宅。

第三十条 房地产开发企业是以营利为目的，从事房地产开发和经营的企业。设立房地产开发企业，应当具备下列条件：

（一）有自己的名称和组织机构；

（二）有固定的经营场所；

（三）有符合国务院规定的注册资本；

（四）有足够的专业技术人员；

（五）法律、行政法规规定的其他条件。

设立房地产开发企业，应当向工商行政管理部门申请设立登记。工商行政管理部门对符合本法规定条件的，应当予以登记，发给营业执照；对不符合本法规定条件的，不予登记。

设立有限责任公司、股份有限公司，从事房地产开发经营的，还应当执行公司法的有关规定。

房地产开发企业在领取营业执照后的一个月内，应当到登记机关所在地的县级以上地方人民政府规定的部门备案。

第三十一条 房地产开发企业的注册资本与投资总额的比例应当符合国家有关规定。

房地产开发企业分期开发房地产的，分期投资额应当与项目规模相适应，并按照土地使用权出让合同的约定，按期投入资金，用于项目建设。

第四章 房地产交易

第一节 一般规定

第三十二条 房地产转让、抵押时，房屋的所有权和该房屋占用范围内的土地使用权同时转让、抵押。

第三十三条 基准地价、标定地价和各类房屋的重置价格应当定期确定并公布。具体办法由国务院规定。

第三十四条 国家实行房地产价格评估制度。

房地产价格评估，应当遵循公正、公平、公开的原则，按照国家规定的技术标准和评估程序，以基准地价、标定地价和各类房屋的重置价格为基础，参照当地的市场价格进行评估。

第三十五条 国家实行房地产成交价格申报制度。

房地产权利人转让房地产，应当向县级以上地方人民政府规定的部门如实申报成交价，不得瞒报或者作不实的申报。

第三十六条 房地产转让、抵押，当事人应当依照本法第五章的规定办理权属登记。

第二节 房地产转让

第三十七条 房地产转让，是指房地产权利人通过买卖、赠与或者其他合法方式将其房地产转移给他人的行为。

第三十八条 下列房地产，不得转让：

（一）以出让方式取得土地使用权的，不符合本法第三十九条规定的条件的；

（二）司法机关和行政机关依法裁定、决定查封或者以其他形式限制房地产权利的；

（三）依法收回土地使用权的；

（四）共有房地产，未经其他共有人书面同意的；

（五）权属有争议的；

（六）未依法登记领取权属证书的；

（七）法律、行政法规规定禁止转让的其他情形。

第三十九条 以出让方式取得土地使用权的，转让房地产时，应当符合下列条件：

（一）按照出让合同约定已经支付全部土地使用权出让金，并取得土地使用权证书；

（二）按照出让合同约定进行投资开发，属于房屋建设工程的，完成开发投资总额的百分之二十五以上，属于成片开发土地的，形成工业用地或者其他建设用地条件。

转让房地产时房屋已经建成的，还应当持有房屋所有权证书。

第四十条 以划拨方式取得土地使用权的，转让房地产时，应当按照国务院规定，报有批准权的人民政府审批。有批准权的人民政府准予转让的，应当由受让方办理土地使用权出让手续，并依照国家有关规定缴纳土地使用权出让金。

以划拨方式取得土地使用权的，转让房地产报批时，有批准权的人民政府按照国务院规定决定可以不办理土地使用权出让手续的，转让方应当按照国务院规定将转让房地产所获收益中的土地收益上缴国家或者作其他处理。

第四十一条 房地产转让，应当签订书面转让合同，合同中应当载明土地使用权取得的方式。

第四十二条 房地产转让时，土地使用权出让合同载明的权利、义务随之转移。

第四十三条 以出让方式取得土地使用权的，转让房地产后，其土地使用权的使用年限为原土地使用权出让合同约定的使用年限减去原土地使用者已经使用年限后的剩余年限。

第四十四条 以出让方式取得土地使用权的，转让房地产后，受让人改变原土地使用权出让合同约定的土地用途的，必须取得原出让方和市、县人民政府城市规划行政主管部门的同意，签订土地使用权出让合同变更协议或者重新签订土地使用权出让合同，相应调整土地使用权出让金。

第四十五条 商品房预售，应当符合下列条件：

（一）已交付全部土地使用权出让金，取得土地使用权证书；

（二）持有建设工程规划许可证；

（三）按提供预售的商品房计算，投入开发建设的资金达到工程建设总投资的百分之二十五以上，并已经确定施工进度和竣工交付日期；

（四）向县级以上人民政府房产管理部门办理预售登记，取得商品房预售许可证明。

商品房预售人应当按照国家有关规定将预售合同报县级以上人民政府房产管理部门和土地管理部门登记备案。

商品房预售所得款项，必须用于有关的工程建设。

第四十六条 商品房预售的，商品房预购人将购买的未竣工的预售商品房再行转让的问题，由国务院规定。

第三节 房地产抵押

第四十七条 房地产抵押，是指抵押人以其合法的房地产以不转移占有的方式向抵押权人提供债务履行担保的行为。债务人不履行债务时，抵押权人有权依法以抵押的房地产拍卖所得的价款优先受偿。

第四十八条 依法取得的房屋所有权连同该房屋占用范围内的土地使用权，可以设定抵押权。

以出让方式取得的土地使用权，可以设定抵押权。

第四十九条 房地产抵押，应当凭土地使用权证书、房屋所有权证书办理。

第五十条 房地产抵押，抵押人和抵押权人应当签订书面抵押合同。

第五十一条 设定房地产抵押权的土地使用权是以划拨方式取得的，依法拍卖该房地产后，应当从拍卖所得的价款中缴纳相当于应缴纳的土地使用权出让金的款额后，抵押权人方可优先受偿。

第五十二条 房地产抵押合同签订后，土地上新增的房屋不属于抵押财产。需要拍卖该抵押的房地产时，可以依法将土地上新增的房屋与抵押财产一同拍卖，但对拍卖新增房屋所得，抵押权人无权优先受偿。

第四节 房屋租赁

第五十三条 房屋租赁，是指房屋所有权人作为出租人将其房屋出租给承租人使用，由承租人向出租人支付租金的行为。

第五十四条 房屋租赁，出租人和承租人应当签订书面租赁合同，约定租赁期限、租赁用途、租赁价格、修缮责任等条款，以及双方的其他权利和义务，并向房产管理部门登记备案。

第五十五条 住宅用房的租赁，应当执行国家和房屋所在城市人民政府规定的租赁政策。租用房屋从事生产、经营活动的，由租赁双方协商议定租金和其他租赁条款。

第五十六条 以营利为目的，房屋所有权人将以划拨方式取得使用权的国有土地上建成的房屋出租的，应当将租金中所含土地收益上缴国家。具体办法由国务院规定。

第五节 中介服务机构

第五十七条 房地产中介服务机构包括房地产咨询机构、房地产价格评估机构、房地产经纪机构等。

第五十八条 房地产中介服务机构应当具备下列条件：

(一)有自己的名称和组织机构；

(二)有固定的服务场所；

(三)有必要的财产和经费；

(四)有足够数量的专业人员；

(五)法律、行政法规规定的其他条件。

设立房地产中介服务机构，应当向工商行政管理部门申请设立登记，领取营业执照后，方可开业。

第五十九条 国家实行房地产价格评估人员资格认证制度。

第五章 房地产权属登记管理

第六十条 国家实行土地使用权和房屋所有权登记发证制度。

第六十一条 以出让或者划拨方式取得土地使用权，应当向县级以上地方人民政府土地管理部门申请登记，经县级以上地方人民政府土地管理部门核实，由同级人民政府颁发土地使用权证书。

在依法取得的房地产开发用地上建成房屋的，应当凭土地使用权证书向县级以上地方人民政府房产管理部门申请登记，由县级以上地方人民政府房产管理部门核实并颁发房屋所有权证书。

房地产转让或者变更时，应当向县级以上地方人民政府房产管理部门申请房产变更登记，并凭变更后的房屋所有权证书向同级人民政府土地管理部门申请土地使用权变更登记，经同级人民政府土地管理部门核实，由同级人民政府更换或者更改土地使用权证书。

法律另有规定的，依照有关法律的规定办理。

第六十二条 房地产抵押时，应当向县级以上地方人民政府规定的部门办理抵押登记。

因处分抵押房地产而取得土地使用权和房屋所有权的，应当依照本章规定办理过户登记。

第六十三条 经省、自治区、直辖市人民政府确定，县级以上地方人民政府由一个部门统一负责房产管理和土地管理工作的，可以制作、颁发统一的房地产权证书，依照本法第六十一条的规定，将房屋的所有权和该房屋占用范围内的土地使用权的确认和变更，分别载入房地产权证书。

第六章 法律责任

第六十四条 违反本法第十一条、第十二条的规定，擅自批准出让或者擅自出让土地使用权用于房地产开发的，由上级机关或者所在单位给予有关责任人员行政处分。

第六十五条 违反本法第三十条的规定，未取得营业执照擅自从事房地产开发业务的，由县级以上人民政府工商行政管理部门责令停止房地产开发业务活动，没收违法所得，可以并处罚款。

第六十六条 违反本法第三十九条第一款的规定转让土地使用权的，由县级以上人民政府土地管理部门没收违法所得，可以并处罚款。

第六十七条 违反本法第四十条第一款的规定转让房地产的，由县级以上人民政府土地管理部门责令缴纳土地使用权出让金，没收违法所得，可以并处罚款。

第六十八条 违反本法第四十五条第一款的规定预售商品房的，由县级以上人民政府房产管理部门责令停止预售活动，没收违法所得，可以并处罚款。

第六十九条 违反本法第五十八条的规定，未取得营业执照擅自从事房地产中介服务业务的，由县级以上人民政府工商行政管理部门责令停止房地产中介服务业务活动，没收违法所得，可以并处罚款。

第七十条 没有法律、法规的依据，向房地产开发企业收费的，上级机关应当责令退回所收取的钱款；情节严重的，由上级机关或者所在单位给予直接责任人员行政处分。

第七十一条 房产管理部门、土地管理部门工作人员玩忽职守、滥用职权，构成犯罪的，依法追究刑事责任；不构成犯罪的，给予行政处分。

房产管理部门、土地管理部门工作人员利用职务上的便利，索取他人财物，或者非法收受他人财物为他人谋取利益，构成犯罪的，依法追究刑事责任；不构成犯罪的，给予行政处分。

第七章 附 则

第七十二条 在城市规划区外的国有土地范围内取得房地产开发用地的土地使用权，从事房地产开发、交易活动以及实施房地产管理，参照本法执行。

第七十三条 本法自1995年1月1日起施行。

中华人民共和国土地管理法①

（1986年6月25日第六届全国人民代表大会常务委员会第十六次会议通过 1986年6月25日中华人民共和国主席令第41号公布 自1987年1月1日起施行）

目 录

第一章 总 则

第一条 为了加强土地管理，维护土地的社会主义公有制，保护、开发土地资源，合理利用土地，切实保护耕地，适应社会主义现代化建设的需要，特制定本法。

第二条 中华人民共和国实行土地的社会主义公有制，即全民所有制和劳动群众集体所有制。

任何单位和个人不得侵占、买卖、出租或者以其他形式非法转让土地。

国家为了公共利益的需要，可以依法对集体所有的土地实行征用。

第三条 各级人民政府必须贯彻执行十分珍惜和合理利用土地的方针，全面规划，加强管理，保护、开发土地资源，制止乱占耕地和滥用土地的行为。

第四条 在保护和开发土地资源、合理利用土地以及进行有关的科学研究等方面成绩显著的单位和个人，由人民政府给予奖励。

第五条 国务院土地管理部门主管全国土地的统一管理工作。

县级以上地方人民政府土地管理部门主管本行政区域内的土地的统一管理工作，机构设置由省、自治区、直辖市根据实际情况确定。

乡级人民政府负责本行政区域内的土地管理工作。

第二章 土地的所有权和使用权

第六条 城市市区的土地属于全民所有即国家所有。

农村和城市郊区的土地，除法律规定属于国家所有的以外，属于集体所有；宅基地和自留地、自留山，属于集体所有。

第七条 国有土地可以依法确定给全民所有制单位或者集体所有制单位使用，国有土地和集体所有的土地可以依法确定给个人使用。使用土地的单位和个人，有保护、管理和合理利用土地的义务。

① 编者注：已被修改。

第八条 集体所有的土地依照法律属于村农民集体所有，由村农业生产合作社等农业集体经济组织或者村民委员会经营、管理。已经属于乡（镇）农民集体经济组织所有的，可以属于乡（镇）农民集体所有。

村农民集体所有的土地已经分别属于村内两个以上农业集体经济组织所有的，可以属于各该农业集体经济组织的农民集体所有。

第九条 集体所有的土地，由县级人民政府登记造册，核发证书，确认所有权。

全民所有制单位、集体所有制单位和个人依法使用的国有土地，由县级以上地方人民政府登记造册，核发证书，确认使用权。

确认林地、草原的所有权或者使用权，确认水面、滩涂的养殖使用权，分别依照《森林法》、《草原法》和《渔业法》的有关规定办理。

第十条 依法改变土地的所有权或者使用权的，必须办理土地权属变更登记手续，更换证书。

第十一条 土地的所有权和使用权受法律保护，任何单位和个人不得侵犯。

第十二条 集体所有的土地，全民所有制单位、集体所有制单位使用的国有土地，可以由集体或者个人承包经营，从事农、林、牧、渔业生产。

承包经营土地的集体或者个人，有保护和按照承包合同规定的用途合理利用土地的义务。

土地的承包经营权受法律保护。

第十三条 土地所有权和使用权争议，由当事人协商解决；协商不成的，由人民政府处理。

全民所有制单位之间、集体所有制单位之间、全民所有制单位和集体所有制单位之间的土地所有权和使用权争议，由县级以上人民政府处理。

个人之间、个人与全民所有制单位和集体所有制单位之间的土地使用权争议，由乡级人民政府或者县级人民政府处理。

当事人对有关人民政府的处理决定不服的，可以在接到处理决定通知之日起三十日内，向人民法院起诉。

在土地所有权和使用权争议解决以前，任何一方不得改变土地现状，不得破坏土地上的附着物。

第三章 土地的利用和保护

第十四条 国家建立土地调查统计制度。县级以上人民政府土地管理部门会同有关部门进行土地调查统计。

第十五条 各级人民政府编制土地利用总体规划，地方人民政府的土地利用总体规划经上级人民政府批准执行。

第十六条 城市规划和土地利用总体规划应当协调。在城市规划区内，土地利用应当符合城市规划。

在江河、湖泊的安全区内，土地利用应当符合江河、湖泊综合开发利用规划。

第十七条 开发国有荒山、荒地、滩涂用于农、林、牧、渔业生产的，由县级以上人民政府批准，可以确定给开发单位使用。

第十八条 采矿、取土后能够复垦的土地，用地单位或者个人应当负责复垦，恢复利用。

第十九条 使用国有土地，有下列情形之一的，由土地管理部门报县级以上人民政府批准，收回用地单位的土地使用权，注销土地使用证：

一、用地单位已经撤销或者迁移的；

二、未经原批准机关同意，连续二年未使用的；

三、不按批准的用途使用的；

四、公路、铁路、机场、矿场等经核准报废的。

第二十条 各级人民政府应当采取措施，保护耕地，维护排灌工程设施，改良土壤，提高地力，防治土地沙化、盐渍化、水土流失，制止荒废、破坏耕地的行为。

国家建设和乡（镇）村建设必须节约使用土地，可以利用荒地的，不得占用耕地；可以利用劣地的，不得占用好地。

第四章 国家建设用地

第二十一条 国家进行经济、文化、国防建设以及兴办社会公共事业，需要征用集体所有的土地或者使用国有土地的，按照本章规定办理。

第二十二条 按照国家规定，列入国家固定资产投资计划的或者准许建设的国家建设项目，经过批准，建设单位方可申请用地。

第二十三条 国家建设征用土地，建设单位必须持国务院主管部门或者县级以上地方人民政府按照国家基本建设程序批准的设计任务书或者其他批准文件,向县级以上地方人民政府土地管理部门提出申请,经县级以上人民政府审查批准后,由土地管理部门划拨土地。

国家建设征用土地,被征地单位应当服从国家需要,不得阻挠。

第二十四条 国家建设所征用的集体所有的土地,所有权属于国家,用地单位只有使用权。

第二十五条 国家建设征用耕地一千亩以上,其他土地二千亩以上的,由国务院批准。

征用省、自治区行政区域内的土地,由省、自治区人民政府批准;征用耕地三亩以下,其他土地十亩以下的,由县级人民政府批准;省辖市、自治州人民政府的批准权限,由省、自治区人民代表大会常务委员会决定。

征用直辖市行政区域内的土地,由直辖市人民政府批准;直辖市的区人民政府和县人民政府的批准权限,由直辖市人民代表大会常务委员会决定。

第二十六条 一个建设项目需要使用的土地,应当根据总体设计一次申请批准,不得化整为零。分期建设的项目,应当分期征地,不得先征待用。铁路、公路和输油、输水等管线建设需要使用的土地,可以分段申请批准,办理征地手续。

第二十七条 国家建设征用土地,由用地单位支付土地补偿费。征用耕地的补偿费,为该耕地被征用前三年平均年产值的三至六倍。征用其他土地的补偿费标准,由省、自治区、直辖市参照征用耕地的补偿费标准规定。

被征用土地上的附着物和青苗的补偿标准,由省、自治区、直辖市规定。

征用城市郊区的菜地,用地单位应当按照国家有关规定缴纳新菜地开发建设基金。

第二十八条 国家建设征用土地,用地单位除支付补偿费外,还应当支付安置补助费。

征用耕地的安置补助费,按照需要安置的农业人口数计算。需要安置的农业人口数,按照被征用的耕地数量除以征地前被征地单位平均每人占有耕地的数量计算。每一个需要安置的农业人口的安置补助费标准,为该耕地被征用前三年平均每亩年产值的二至三倍。但是,每亩被征用耕地的安置补助费,最高不得超过被征用前三年平均年产值的十倍。征用其他土地的安置补助费标准,由省、自治区、直辖市参照征用耕地的安置补助费标准规定。

第二十九条 依照本法第二十七条、第二十八条的规定支付土地补偿费和安置补助费,尚不能使需要安置的农民保持原有生活水平的,经省、自治区、直辖市人民政府批准,可以增加安置补助费。但是,土地补偿费和安置补助费的总和不得超过土地被征用前三年平均年产值的二十倍。

第三十条 国家建设征用土地的各项补偿费和安置补助费,除被征用土地上属于个人的附着物和青苗的补偿费付给本人外,由被征地单位用于发展生产和安排因土地被征用而造成的多余劳动力的就业和不能就业人员的生活补助,不得移作他用,任何单位和个人不得占用。

第三十一条 因国家建设征用土地造成的多余劳动力,由县级以上地方人民政府土地管理部门组织被征地单位、用地单位和有关单位,通过发展农副业生产和举办乡(镇)村企业等途径,加以安置;安置不完的,可以安排符合条件的人员到用地单位或者其他集体所有制单位、全民所有制单位就业,并将相应的安置补助费转拨给吸收劳动力的单位。

被征地单位的土地被全部征用的,经省、自治区、直辖市人民政府审查批准,原有的农业户口可以转为非农业户口。原有的集体所有的财产和所得的补偿费、安置补助费,由县级以上地方人民政府与有关乡(镇)村商定处理,用于组织生产和不能就业人员的生活补助,不得私分。

第三十二条 大中型水利、水电工程建设征用土地的补偿费标准和移民安置办法,由国务院另行规定。

第三十三条 工程项目施工,需要材料堆场、运输通路和其他临时设施的,应当尽量在征用的土地范围内安排。确实需要另行增加临时用地的,由建设单位向批准工程项目用地的机关提出临时用地数量和期限的申请,经批准后,同农业集体经济组织签订临时用地协议,并按该土地前三年平均年产值逐年给予补偿 。在临时使用的土地上不得修建永久性建筑物。使用期满，建设单位应当恢复土地的生产条件，及时归还。

架设地上线路、铺设地下管线、建设其他地下工程、进行地质勘探等，需要临时使用土地的，由当地县级人民政府批准，并按照前款规定给予补偿。

建设单位为选择建设地址，需要对土地进行勘测的，应当征得当地县级人民政府同意；造成损失的，应当给予适当补偿。

第三十四条 国家建设使用国有荒山、荒地以及其他单位使用的国有土地的，按照国家建设征用土地的程序和批准权限经批准后划拨。使用国有荒山、荒地的，无偿划拨。使用其他单位使用的国有土地，原使用单位受到损失的，建设单位应当给予适当补偿；原使用单位需要搬迁的，建设单位应当负责搬迁。

第三十五条 城市集体所有制单位进行建设，需要使用土地的，按照本章规定办理。

第三十六条 全民所有制企业、城市集体所有制企业同农业集体经济组织共同投资举办的联营企业，需要使用集体所有的土地的，必须持国务院主管部门或者县级以上地方人民政府按照国家基本建设程序批准的设计任务书或者其他批准文件，向县级以上地方人民政府土地管理部门提出申请，按照国家建设征用土地的批准权限，经县级以上人民政府批准；经批准使用的土地，可以按照国家建设征用土地的规定实行征用，也可以由农业集体经济组织按照协议将土地的使用权作为联营条件。

第五章 乡(镇)村建设用地

第三十七条 乡(镇)村建设应当按照合理布局、节约用地的原则制定规划，经县级人民政府批准执行。城市规划区内的乡(镇)村建设规划，经市人民政府批准执行。

农村居民住宅建设，乡(镇)村企业建设，乡(镇)村公共设施、公益事业建设等乡(镇)村建设，应当按照乡(镇)村建设规划进行。

第三十八条 农村居民建住宅，应当使用原有的宅基地和村内空闲地。使用耕地的，经乡级人民政府审核后，报县级人民政府批准；使用原有的宅基地、村内空闲地和其他土地的，由乡级人民政府批准。

农村居民建住宅使用土地，不得超过省、自治区、直辖市规定的标准。

出卖、出租住房后再申请宅基地的，不予批准。

第三十九条 乡(镇)村企业建设需要使用土地的，必须持县级以上地方人民政府批准的设计任务书或者其他批准文件，向县级人民政府土地管理部门提出申请，按照省、自治区、直辖市规定的批准权限，由县级以上地方人民政府批准。

乡(镇)村企业建设用地，必须严格控制。省、自治区、直辖市可以按照乡(镇)村企业的不同行业和经营规模，分别规定用地标准。

乡(镇)办企业建设使用村农民集体所有的土地的，应当按照省、自治区、直辖市的规定，给被用地单位以适当补偿，并妥善安置农民的生产和生活。

第四十条 乡(镇)村公共设施、公益事业建设，需要使用土地的，经乡级人民政府审核，报县级人民政府批准。

第四十一条 城镇非农业户口居民建住宅，需要使用集体所有的土地的，必须经县级人民政府批准，其用地面积不得超过省、自治区、直辖市规定的标准，并参照国家建设征用土地的标准支付补偿费和安置补助费。

第四十二条 地方各级人民政府可以制定乡(镇)村建设用地控制指标，报上一级人民政府批准执行。

第六章 法律责任

第四十三条 全民所有制单位、城市集体所有制单位未经批准或者采取欺骗手段骗取批准，非法占用土地的，责令退还非法占用的土地，限期拆除或者没收在非法占用的土地上新建的建筑物和其他设施，并处罚款；对非法占地单位的主管人员由其所在单位或者上级机关给予行政处分。

超过批准的用地数量占用土地的，多占的土地按照非法占用土地处理。

第四十四条 乡(镇)村企业未经批准或者采取欺骗手段骗取批准，非法占用土地的，责令退还非法占用的土地，限期拆除或者没收在非法占用的土地上新建的建筑物和其他设施,可以并处罚款。

超过批准的用地数量占用土地的,多占的土地按照非法占用土地处理。

第四十五条 农村居民未经批准或者采取欺骗手段骗取批准,非法占用土地建住宅的,责令退还非法占用的土地,限期拆除或者没收在非法占用的土地上新建的房屋。

第四十六条 城镇非农业户口居民未经批准或者采取欺骗手段骗取批准,非法占用土地建住宅的,责令退还非法占用的土地,限期拆除或者没收在非法占用的土地上新建的房屋。

国家工作人员利用职权,未经批准或者采取欺骗手段骗取批准,非法占用土地建住宅的,责令退还非法占用的土地,限期拆除或者没收在非法占用的土地上新建的房屋,并由其所在单位或者上级机关给予行政处分。

第四十七条 买卖、出租或者以其他形式非法转让土地的,没收非法所得,限期拆除或者没收在买卖、出租或者以其他形式非法转让的土地上新建的建筑物和其他设施,并可以对当事人处以罚款;对主管人员由其所在单位或者上级机关给予行政处分。

第四十八条 无权批准征用、使用土地的单位或者个人非法批准占用土地的,超越批准权限非法批准占用土地的,批准文件无效,对非法批准占用土地的单位主管人员或者个人由其所在单位或者上级机关给予行政处分;收受贿赂的,依照《刑法》有关规定追究刑事责任。非法批准占用的土地按照非法占用土地处理。

第四十九条 上级单位或者其他单位非法占用被征地单位的补偿费和安置补助费的,责令退赔,可以并处罚款,对主管人员由其所在单位或者上级机关给予行政处分;个人非法占用的,以贪污论处。

第五十条 依照本法第三十三条的规定临时使用土地,期满不归还的,依照本法第十九条的规定土地使用权被收回,拒不交出土地的,责令交还土地,并处罚款。

第五十一条 开发土地,造成土地沙化、盐渍化、水土流失的,责令限期治理,可以并处罚款。

第五十二条 本法规定的行政处罚由县级以上地方人民政府土地管理部门决定,本法第四十五条规定的行政处罚可以由乡级人民政府决定。当事人对行政处罚决定不服的,可以在接到处罚决定通知之日起三十日内,向人民法院起诉;期满不起诉又不履行的,由作出处罚决定的机关申请人民法院强制执行。

第五十三条 侵犯土地的所有权或者使用权的,由县级以上地方人民政府土地管理部门责令停止侵犯,赔偿损失;当事人对处理决定不服的,可以在接到处理决定通知之起三十日内向人民法院起诉。被侵权人也可以直接向人民法院起诉。

第五十四条 在变更土地的所有权、使用权和解决土地所有权、使用权争议的过程中,行贿、受贿,敲诈勒索,贪污、盗窃国家的和集体的财物,或者煽动群众闹事、阻挠国家建设,构成犯罪的,依照《刑法》有关规定追究刑事责任。

第七章 附　　则

第五十五条 中外合资经营企业、中外合作经营企业、外资企业使用土地的管理办法,由国务院另行规定。

第五十六条 国务院土地管理部门根据本法制定实施条例,报国务院批准施行。

省、自治区、直辖市人民代表大会常务委员会根据本法制定实施办法。

第五十七条 本法自一九八七年一月一日起施行,一九八二年二月十三日国务院发布的《村镇建房用地管理条例》和一九八二年五月十四日国务院公布的《国家建设征用土地条例》同时废止。

全国人民代表大会常务委员会关于修改《中华人民共和国土地管理法》的决定

(1988年12月29日第七届全国人民代表大会常务委员会第五次会议通过　1988年12月29日公布　自公布之日起施行)

第七届全国人民代表大会常务委员会第五次会议根据宪法修正案和国务院关于提请修改

《中华人民共和国土地管理法》的议案，决定对《中华人民共和国土地管理法》作如下修改：

一、第二条第二款修改为："任何单位和个人不得侵占、买卖或者以其他形式非法转让土地。"

第二条增加两款，作为第四款、第五款：

"国有土地和集体所有的土地的使用权可以依法转让。土地使用权转让的具体办法，由国务院另行规定。"

"国家依法实行国有土地有偿使用制度。国有土地有偿使用的具体办法，由国务院另行规定。"

二、第四十条修改为："乡（镇）村公共设施、公益事业建设，需要使用土地的，经乡级人民政府审核，向县级人民政府土地管理部门提出申请，按照省、自治区、直辖市规定的批准权限，由县级以上地方人民政府批准。"

三、第四十七条修改为："买卖或者以其他形式非法转让土地的，没收非法所得，限期拆除或者没收在买卖或者以其他形式非法转让的土地上新建的建筑物和其他设施，并可以对当事人处以罚款；对主管人员由其所在单位或者上级机关给予行政处分。"

四、第五十一条修改为："违反法律规定，在耕地上挖土、挖沙、采石、采矿等，严重毁坏种植条件的，或者因开发土地，造成土地沙化、盐渍化、水土流失的，责令限期治理，可以并处罚款。"

五、第五十二条修改为："本法规定的行政处罚由县级以上地方人民政府土地管理部门决定，本法第四十五条规定的行政处罚可以由乡级人民政府决定。当事人对行政处罚决定不服的，可以在接到处罚决定通知之日起十五日内，向人民法院起诉；期满不起诉又不履行的，由作出处罚决定的机关申请人民法院强制执行。"

第五十二条增加第二款："受到限期拆除新建建筑物和其他设施的处罚的单位和个人，必须立即停止施工。对继续施工的，作出处罚决定的机关有权制止。拒绝、阻碍土地管理工作人员依法执行职务的，依照治安管理处罚条例的有关规定处罚。"

本决定自公布之日起施行。

《中华人民共和国土地管理法》根据本决定作相应的修正，重新公布。

中华人民共和国土地管理法①

（1986年6月25日第六届全国人民代表大会常务委员会第十六次会议通过　根据1988年12月29日第七届全国人民代表大会常务委员会第五次会议《关于修改〈中华人民共和国土地管理法〉的决定》修正　1998年8月29日第九届全国人民代表大会常务委员会第四次会议修订）

目　　录

第一章　总　　则

第一条　为了加强土地管理，维护土地的社会主义公有制，保护、开发土地资源，合理利用土地，切实保护耕地，促进社会经济的可持续发展，根据宪法，制定本法。

第二条　中华人民共和国实行土地的社会主义公有制，即全民所有制和劳动群众集体所有制。

全民所有，即国家所有土地的所有权由国务院代表国家行使。

任何单位和个人不得侵占、买卖或者以其他形式非法转让土地。土地使用权可以依法转让。

国家为公共利益的需要，可以依法对集体所有的土地实行征用。

国家依法实行国有土地有偿使用制度。但是，国家在法律规定的范围内划拨国有土地使用权的除外。

第三条　十分珍惜、合理利用土地和切实保护耕地是我国的基本国策。各级人民政府应当采取措施，全面规划，严格管理，保护、开发土地

① 编者注：已被修改。

资源,制止非法占用土地的行为。

第四条 国家实行土地用途管制制度。

国家编制土地利用总体规划,规定土地用途,将土地分为农用地、建设用地和未利用地。严格限制农用地转为建设用地,控制建设用地总量,对耕地实行特殊保护。

前款所称农用地是指直接用于农业生产的土地,包括耕地、林地、草地、农田水利用地、养殖水面等;建设用地是指建造建筑物、构筑物的土地,包括城乡住宅和公共设施用地、工矿用地、交通水利设施用地、旅游用地、军事设施用地等;未利用地是指农用地和建设用地以外的土地。

使用土地的单位和个人必须严格按照土地利用总体规划确定的用途使用土地。

第五条 国务院土地行政主管部门统一负责全国土地的管理和监督工作。

县级以上地方人民政府土地行政主管部门的设置及其职责,由省、自治区、直辖市人民政府根据国务院有关规定确定。

第六条 任何单位和个人都有遵守土地管理法律、法规的义务,并有权对违反土地管理法律、法规的行为提出检举和控告。

第七条 在保护和开发土地资源、合理利用土地以及进行有关的科学研究等方面成绩显著的单位和个人,由人民政府给予奖励。

第二章 土地的所有权和使用权

第八条 城市市区的土地属于国家所有。

农村和城市郊区的土地,除由法律规定属于国家所有的以外,属于农民集体所有;宅基地和自留地、自留山,属于农民集体所有。

第九条 国有土地和农民集体所有的土地,可以依法确定给单位或者个人使用。使用土地的单位和个人,有保护、管理和合理利用土地的义务。

第十条 农民集体所有的土地依法属于村农民集体所有的,由村集体经济组织或者村民委员会经营、管理;已经分别属于村内两个以上农村集体经济组织的农民集体所有的,由村内各该农村集体经济组织或者村民小组经营、管理;已经属于乡(镇)农民集体所有的,由乡(镇)农村集体经济组织经营、管理。

第十一条 农民集体所有的土地,由县级人民政府登记造册,核发证书,确认所有权。

农民集体所有的土地依法用于非农业建设的,由县级人民政府登记造册,核发证书,确认建设用地使用权。

单位和个人依法使用的国有土地,由县级以上人民政府登记造册,核发证书,确认使用权;其中,中央国家机关使用的国有土地的具体登记发证机关,由国务院确定。

确认林地、草原的所有权或者使用权,确认水面、滩涂的养殖使用权,分别依照《中华人民共和国森林法》、《中华人民共和国草原法》和《中华人民共和国渔业法》的有关规定办理。

第十二条 依法改变土地权属和用途的,应当办理土地变更登记手续。

第十三条 依法登记的土地的所有权和使用权受法律保护,任何单位和个人不得侵犯。

第十四条 农民集体所有的土地由本集体经济组织的成员承包经营,从事种植业、林业、畜牧业、渔业生产。土地承包经营期限为三十年。发包方和承包方应当订立承包合同,约定双方的权利和义务。承包经营土地的农民有保护和按照承包合同约定的用途合理利用土地的义务。农民的土地承包经营权受法律保护。

在土地承包经营期限内,对个别承包经营者之间承包的土地进行适当调整的,必须经村民会议三分之二以上成员或者三分之二以上村民代表的同意,并报乡(镇)人民政府和县级人民政府农业行政主管部门批准。

第十五条 国有土地可以由单位或者个人承包经营,从事种植业、林业、畜牧业、渔业生产。农民集体所有的土地,可以由本集体经济组织以外的单位或者个人承包经营,从事种植业、林业、畜牧业、渔业生产。发包方和承包方应当订立承包合同,约定双方的权利和义务。土地承包经营的期限由承包合同约定。承包经营土地的单位和个人,有保护和按照承包合同约定的用途合理利用土地的义务。

农民集体所有的土地由本集体经济组织以外的单位或者个人承包经营的,必须经村民会议三分之二以上成员或者三分之二以上村民代表的同意,并报乡(镇)人民政府批准。

第十六条 土地所有权和使用权争议,由当事人协商解决;协商不成的,由人民政府处理。

单位之间的争议,由县级以上人民政府处理;个人之间、个人与单位之间的争议,由乡级人民政府或者县级以上人民政府处理。

当事人对有关人民政府的处理决定不服的,可以自接到处理决定通知之日起三十日内,向人民法院起诉。

在土地所有权和使用权争议解决前,任何一方不得改变土地利用现状。

第三章 土地利用总体规划

第十七条 各级人民政府应当依据国民经济和社会发展规划、国土整治和资源环境保护的要求、土地供给能力以及各项建设对土地的需求,组织编制土地利用总体规划。

土地利用总体规划的规划期限由国务院规定。

第十八条 下级土地利用总体规划应当依据上一级土地利用总体规划编制。

地方各级人民政府编制的土地利用总体规划中的建设用地总量不得超过上一级土地利用总体规划确定的控制指标,耕地保有量不得低于上一级土地利用总体规划确定的控制指标。

省、自治区、直辖市人民政府编制的土地利用总体规划,应当确保本行政区域内耕地总量不减少。

第十九条 土地利用总体规划按照下列原则编制:

(一)严格保护基本农田,控制非农业建设占用农用地;

(二)提高土地利用率;

(三)统筹安排各类、各区域用地;

(四)保护和改善生态环境,保障土地的可持续利用;

(五)占用耕地与开发复垦耕地相平衡。

第二十条 县级土地利用总体规划应当划分土地利用区,明确土地用途。

乡(镇)土地利用总体规划应当划分土地利用区,根据土地使用条件,确定每一块土地的用途,并予以公告。

第二十一条 土地利用总体规划实行分级审批。

省、自治区、直辖市的土地利用总体规划,报国务院批准。

省、自治区人民政府所在地的市、人口在一百万以上的城市以及国务院指定的城市的土地利用总体规划,经省、自治区人民政府审查同意后,报国务院批准。

本条第二款、第三款规定以外的土地利用总体规划,逐级上报省、自治区、直辖市人民政府批准;其中,乡(镇)土地利用总体规划可以由省级人民政府授权的设区的市、自治州人民政府批准。

土地利用总体规划一经批准,必须严格执行。

第二十二条 城市建设用地规模应当符合国家规定的标准,充分利用现有建设用地,不占或者尽量少占农用地。

城市总体规划、村庄和集镇规划,应当与土地利用总体规划相衔接,城市总体规划、村庄和集镇规划中建设用地规模不得超过土地利用总体规划确定的城市和村庄、集镇建设用地规模。

在城市规划区内、村庄和集镇规划区内,城市和村庄、集镇建设用地应当符合城市规划、村庄和集镇规划。

第二十三条 江河、湖泊综合治理和开发利用规划,应当与土地利用总体规划相衔接。在江河、湖泊、水库的管理和保护范围以及蓄洪滞洪区内,土地利用应当符合江河、湖泊综合治理和开发利用规划,符合河道、湖泊行洪、蓄洪和输水的要求。

第二十四条 各级人民政府应当加强土地利用计划管理,实行建设用地总量控制。

土地利用年度计划,根据国民经济和社会发展计划、国家产业政策、土地利用总体规划以及建设用地和土地利用的实际状况编制。土地利用年度计划的编制审批程序与土地利用总体规划的编制审批程序相同,一经审批下达,必须严格执行。

第二十五条 省、自治区、直辖市人民政府应当将土地利用年度计划的执行情况列为国民经济和社会发展计划执行情况的内容,向同级人民代表大会报告。

第二十六条　经批准的土地利用总体规划的修改，须经原批准机关批准；未经批准，不得改变土地利用总体规划确定的土地用途。

经国务院批准的大型能源、交通、水利等基础设施建设用地，需要改变土地利用总体规划的，根据国务院的批准文件修改土地利用总体规划。

经省、自治区、直辖市人民政府批准的能源、交通、水利等基础设施建设用地，需要改变土地利用总体规划的，属于省级人民政府土地利用总体规划批准权限内的，根据省级人民政府的批准文件修改土地利用总体规划。

第二十七条　国家建立土地调查制度。

县级以上人民政府土地行政主管部门会同同级有关部门进行土地调查。土地所有者或者使用者应当配合调查，并提供有关资料。

第二十八条　县级以上人民政府土地行政主管部门会同同级有关部门根据土地调查成果、规划土地用途和国家制定的统一标准，评定土地等级。

第二十九条　国家建立土地统计制度。

县级以上人民政府土地行政主管部门和同级统计部门共同制定统计调查方案，依法进行土地统计，定期发布土地统计资料。土地所有者或者使用者应当提供有关资料，不得虚报、瞒报、拒报、迟报。

土地行政主管部门和统计部门共同发布的土地面积统计资料是各级人民政府编制土地利用总体规划的依据。

第三十条　国家建立全国土地管理信息系统，对土地利用状况进行动态监测。

第四章　耕地保护

第三十一条　国家保护耕地，严格控制耕地转为非耕地。

国家实行占用耕地补偿制度。非农业建设经批准占用耕地的，按照“占多少，垦多少”的原则，由占用耕地的单位负责开垦与所占用耕地的数量和质量相当的耕地；没有条件开垦或者开垦的耕地不符合要求的，应当按照省、自治区、直辖市的规定缴纳耕地开垦费，专款用于开垦新的耕地。

省、自治区、直辖市人民政府应当制定开垦耕地计划，监督占用耕地的单位按照计划开垦耕地或者按照计划组织开垦耕地，并进行验收。

第三十二条　县级以上地方人民政府可以要求占用耕地的单位将所占用耕地耕作层的土壤用于新开垦耕地、劣质地或者其他耕地的土壤改良。

第三十三条　省、自治区、直辖市人民政府应当严格执行土地利用总体规划和土地利用年度计划，采取措施，确保本行政区域内耕地总量不减少；耕地总量减少的，由国务院责令在规定期限内组织开垦与所减少耕地的数量与质量相当的耕地，并由国务院土地行政主管部门会同农业行政主管部门验收。个别省、直辖市确因土地后备资源匮乏，新增建设用地后，新开垦耕地的数量不足以补偿所占用耕地的数量的，必须报经国务院批准减免本行政区域内开垦耕地的数量，进行易地开垦。

第三十四条　国家实行基本农田保护制度。下列耕地应当根据土地利用总体规划划入基本农田保护区，严格管理：

（一）经国务院有关主管部门或者县级以上地方人民政府批准确定的粮、棉、油生产基地内的耕地；

（二）有良好的水利与水土保持设施的耕地，正在实施改造计划以及可以改造的中、低产田；

（三）蔬菜生产基地；

（四）农业科研、教学试验田；

（五）国务院规定应当划入基本农田保护区的其他耕地。

各省、自治区、直辖市划定的基本农田应当占本行政区域内耕地的百分之八十以上。

基本农田保护区以乡（镇）为单位进行划区定界，由县级人民政府土地行政主管部门会同同级农业行政主管部门组织实施。

第三十五条　各级人民政府应当采取措施，维护排灌工程设施，改良土壤，提高地力，防止土地荒漠化、盐渍化、水土流失和污染土地。

第三十六条　非农业建设必须节约使用土地，可以利用荒地的，不得占用耕地；可以利用劣地的，不得占用好地。

禁止占用耕地建窑、建坟或者擅自在耕地上

建房、挖砂、采石、采矿、取土等。

禁止占用基本农田发展林果业和挖塘养鱼。

第三十七条 禁止任何单位和个人闲置、荒芜耕地。已经办理审批手续的非农业建设占用耕地,一年内不用而又可以耕种并收获的,应当由原耕种该幅耕地的集体或者个人恢复耕种,也可以由用地单位组织耕种;一年以上未动工建设的,应当按照省、自治区、直辖市的规定缴纳闲置费;连续二年未使用的,经原批准机关批准,由县级以上人民政府无偿收回用地单位的土地使用权;该幅土地原为农民集体所有的,应当交由原农村集体经济组织恢复耕种。

在城市规划区范围内,以出让方式取得土地使用权进行房地产开发的闲置土地,依照《中华人民共和国城市房地产管理法》的有关规定办理。

承包经营耕地的单位或者个人连续二年弃耕抛荒的,原发包单位应当终止承包合同,收回发包的耕地。

第三十八条 国家鼓励单位和个人按照土地利用总体规划,在保护和改善生态环境、防止水土流失和土地荒漠化的前提下,开发未利用的土地;适宜开发为农用地的,应当优先开发成农用地。

国家依法保护开发者的合法权益。

第三十九条 开垦未利用的土地,必须经过科学论证和评估,在土地利用总体规划划定的可开垦的区域内,经依法批准后进行。禁止毁坏森林、草原开垦耕地,禁止围湖造田和侵占江河滩地。

根据土地利用总体规划,对破坏生态环境开垦、围垦的土地,有计划有步骤地退耕还林、还牧、还湖。

第四十条 开发未确定使用权的国有荒山、荒地、荒滩从事种植业、林业、畜牧业、渔业生产的,经县级以上人民政府依法批准,可以确定给开发单位或者个人长期使用。

第四十一条 国家鼓励土地整理。县、乡(镇)人民政府应当组织农村集体经济组织,按照土地利用总体规划,对田、水、路、林、村综合整治,提高耕地质量,增加有效耕地面积,改善农业生产条件和生态环境。

地方各级人民政府应当采取措施,改造中、低产田,整治闲散地和废弃地。

第四十二条 因挖损、塌陷、压占等造成土地破坏,用地单位和个人应当按照国家有关规定负责复垦;没有条件复垦或者复垦不符合要求的,应当缴纳土地复垦费,专项用于土地复垦。复垦的土地应当优先用于农业。

第五章 建设用地

第四十三条 任何单位和个人进行建设,需要使用土地的,必须依法申请使用国有土地;但是,兴办乡镇企业和村民建设住宅经依法批准使用本集体经济组织农民集体所有的土地的,或者乡(镇)村公共设施和公益事业建设经依法批准使用农民集体所有的土地的除外。

前款所称依法申请使用的国有土地包括国家所有的土地和国家征用的原属于农民集体所有的土地。

第四十四条 建设占用土地,涉及农用地转为建设用地的,应当办理农用地转用审批手续。

省、自治区、直辖市人民政府批准的道路、管线工程和大型基础设施建设项目、国务院批准的建设项目占用土地,涉及农用地转为建设用地的,由国务院批准。

在土地利用总体规划确定的城市和村庄、集镇建设用地规模范围内,为实施该规划而将农用地转为建设用地的,按土地利用年度计划分批次由原批准土地利用总体规划的机关批准。在已批准的农用地转用范围内,具体建设项目用地可以由市、县人民政府批准。

本条第二款、第三款规定以外的建设项目占用土地,涉及农用地转为建设用地的,由省、自治区、直辖市人民政府批准。

第四十五条 征用下列土地的,由国务院批准:

(一)基本农田;

(二)基本农田以外的耕地超过三十五公顷的;

(三)其他土地超过七十公顷的。

征用前款规定以外的土地的,由省、自治区、直辖市人民政府批准,并报国务院备案。

征用农用地的,应当依照本法第四十四条的规定先行办理农用地转用审批。其中,经国务院批准农用地转用的，同时办理征地审批手续，不再另行办理征地审批；经省、自治区、直辖市人民政府在征地批准权限内批准农用地转用的，同时办理征地审批手续，不再另行办理征地审批，超过征地批准权限的，应当依照本条第一款的规定另行办理征地审批。

第四十六条 国家征用土地的，依照法定程序批准后，由县级以上地方人民政府予以公告并组织实施。

被征用土地的所有权人、使用权人应当在公告规定期限内，持土地权属证书到当地人民政府土地行政主管部门办理征地补偿登记。

第四十七条 征用土地的，按照被征用土地的原用途给予补偿。

征用耕地的补偿费用包括土地补偿费、安置补助费以及地上附着物和青苗的补偿费。征用耕地的土地补偿费，为该耕地被征用前三年平均年产值的六至十倍。征用耕地的安置补助费，按照需要安置的农业人口数计算。需要安置的农业人口数，按照被征用的耕地数量除以征地前被征用单位平均每人占有耕地的数量计算。每一个需要安置的农业人口的安置补助费标准，为该耕地被征用前三年平均年产值的四至六倍。但是，每公顷被征用耕地的安置补助费，最高不得超过被征用前三年平均年产值的十五倍。

征用其他土地的土地补偿费和安置补助费标准，由省、自治区、直辖市参照征用耕地的土地补偿费和安置补助费的标准规定。

被征用土地上的附着物和青苗的补偿标准，由省、自治区、直辖市规定。

征用城市郊区的菜地，用地单位应当按照国家有关规定缴纳新菜地开发建设基金。

依照本条第二款的规定支付土地补偿费和安置补助费，尚不能使需要安置的农民保持原有生活水平的，经省、自治区、直辖市人民政府批准，可以增加安置补助费。但是，土地补偿费和安置补助费的总和不得超过土地被征用前三年平均年产值的三十倍。

国务院根据社会、经济发展水平，在特殊情况下，可以提高征用耕地的土地补偿费和安置补助费的标准。

第四十八条 征地补偿安置方案确定后，有关地方人民政府应当公告，并听取被征地的农村集体经济组织和农民的意见。

第四十九条 被征地的农村集体经济组织应当将征用土地的补偿费用的收支状况向本集体经济组织的成员公布，接受监督。

禁止侵占、挪用被征用土地单位的征地补偿费用和其他有关费用。

第五十条 地方各级人民政府应当支持被征地的农村集体经济组织和农民从事开发经营，兴办企业。

第五十一条 大中型水利、水电工程建设征用土地的补偿费标准和移民安置办法，由国务院另行规定。

第五十二条 建设项目可行性研究论证时，土地行政主管部门可以根据土地利用总体规划、土地利用年度计划和建设用地标准，对建设用地有关事项进行审查，并提出意见。

第五十三条 经批准的建设项目需要使用国有建设用地的，建设单位应当持法律、行政法规规定的有关文件，向有批准权的县级以上人民政府土地行政主管部门提出建设用地申请，经土地行政主管部门审查，报本级人民政府批准。

第五十四条 建设单位使用国有土地，应当以出让等有偿使用方式取得；但是，下列建设用地，经县级以上人民政府依法批准，可以以划拨方式取得：

（一）国家机关用地和军事用地；

（二）城市基础设施用地和公益事业用地；

（三）国家重点扶持的能源、交通、水利等基础设施用地；

（四）法律、行政法规规定的其他用地。

第五十五条 以出让等有偿使用方式取得国有土地使用权的建设单位，按照国务院规定的标准和办法，缴纳土地使用权出让金等土地有偿使用费和其他费用后，方可使用土地。

自本法施行之日起，新增建设用地的土地有偿使用费，百分之三十上缴中央财政，百分之七十留给有关地方人民政府，都专项用于耕地开发。

第五十六条 建设单位使用国有土地的，应当按照土地使用权出让等有偿使用合同的约定或者土地使用权划拨批准文件的规定使用土地；

确需改变该幅土地建设用途的,应当经有关人民政府土地行政主管部门同意,报原批准用地的人民政府批准。其中,在城市规划区内改变土地用途的,在报批前,应当先经有关城市规划行政主管部门同意。

第五十七条　建设项目施工和地质勘查需要临时使用国有土地或者农民集体所有的土地的,由县级以上人民政府土地行政主管部门批准。其中,在城市规划区内的临时用地,在报批前,应当先经有关城市规划行政主管部门同意。土地使用者应当根据土地权属,与有关土地行政主管部门或者农村集体经济组织、村民委员会签订临时使用土地合同,并按照合同的约定支付临时使用土地补偿费。

临时使用土地的使用者应当按照临时使用土地合同约定的用途使用土地,并不得修建永久性建筑物。

临时使用土地期限一般不超过二年。

第五十八条　有下列情形之一的,由有关人民政府土地行政主管部门报经原批准用地的人民政府或者有批准权的人民政府批准,可以收回国有土地使用权:

(一)为公共利益需要使用土地的;

(二)为实施城市规划进行旧城区改建,需要调整使用土地的;

(三)土地出让等有偿使用合同约定的使用期限届满,土地使用者未申请续期或者申请续期未获批准的;

(四)因单位撤销、迁移等原因,停止使用原划拨的国有土地的;

(五)公路、铁路、机场、矿场等经核准报废的。

依照前款第(一)项、第(二)项的规定收回国有土地使用权的,对土地使用权人应当给予适当补偿。

第五十九条　乡镇企业、乡(镇)村公共设施、公益事业、农村村民住宅等乡(镇)村建设,应当按照村庄和集镇规划,合理布局,综合开发,配套建设;建设用地,应当符合乡(镇)土地利用总体规划和土地利用年度计划,并依照本法第四十四条、第六十条、第六十一条、第六十二条的规定办理审批手续。

第六十条　农村集体经济组织使用乡(镇)土地利用总体规划确定的建设用地兴办企业或者与其他单位、个人以土地使用权入股、联营等形式共同举办企业的,应当持有关批准文件,向县级以上地方人民政府土地行政主管部门提出申请,按照省、自治区、直辖市规定的批准权限,由县级以上地方人民政府批准;其中,涉及占用农用地的,依照本法第四十四条的规定办理审批手续。

按照前款规定兴办企业的建设用地,必须严格控制。省、自治区、直辖市可以按照乡镇企业的不同行业和经营规模,分别规定用地标准。

第六十一条　乡(镇)村公共设施、公益事业建设,需要使用土地的,经乡(镇)人民政府审核,向县级以上地方人民政府土地行政主管部门提出申请,按照省、自治区、直辖市规定的批准权限,由县级以上地方人民政府批准;其中,涉及占用农用地的,依照本法第四十四条的规定办理审批手续。

第六十二条　农村村民一户只能拥有一处宅基地,其宅基地的面积不得超过省、自治区、直辖市规定的标准。

农村村民建住宅,应当符合乡(镇)土地利用总体规划,并尽量使用原有的宅基地和村内空闲地。

农村村民住宅用地,经乡(镇)人民政府审核,由县级人民政府批准;其中,涉及占用农用地的,依照本法第四十四条的规定办理审批手续。

农村村民出卖、出租住房后,再申请宅基地的,不予批准。

第六十三条　农民集体所有的土地的使用权不得出让、转让或者出租用于非农业建设;但是,符合土地利用总体规划并依法取得建设用地的企业,因破产、兼并等情形致使土地使用权依法发生转移的除外。

第六十四条　在土地利用总体规划制定前已建的不符合土地利用总体规划确定的用途的建筑物、构筑物,不得重建、扩建。

第六十五条　有下列情形之一的,农村集体经济组织报经原批准用地的人民政府批准,可以收回土地使用权:

(一)为乡(镇)村公共设施和公益事业建

设，需要使用土地的；

（二）不按照批准的用途使用土地的；

（三）因撤销、迁移等原因而停止使用土地的。

依照前款第（一）项规定收回农民集体所有的土地的，对土地使用权人应当给予适当补偿。

第六章 监督检查

第六十六条 县级以上人民政府土地行政主管部门对违反土地管理法律、法规的行为进行监督检查。

土地管理监督检查人员应当熟悉土地管理法律、法规，忠于职守、秉公执法。

第六十七条 县级以上人民政府土地行政主管部门履行监督检查职责时，有权采取下列措施：

（一）要求被检查的单位或者个人提供有关土地权利的文件和资料，进行查阅或者予以复制；

（二）要求被检查的单位或者个人就有关土地权利的问题作出说明；

（三）进入被检查单位或者个人非法占用的土地现场进行勘测；

（四）责令非法占用土地的单位或者个人停止违反土地管理法律、法规的行为。

第六十八条 土地管理监督检查人员履行职责，需要进入现场进行勘测、要求有关单位或者个人提供文件、资料和作出说明的，应当出示土地管理监督检查证件。

第六十九条 有关单位和个人对县级以上人民政府土地行政主管部门就土地违法行为进行的监督检查应当支持与配合，并提供工作方便，不得拒绝与阻碍土地管理监督检查人员依法执行职务。

第七十条 县级以上人民政府土地行政主管部门在监督检查工作中发现国家工作人员的违法行为，依法应当给予行政处分的，应当依法予以处理；自己无权处理的，应当向同级或者上级人民政府的行政监察机关提出行政处分建议书，有关行政监察机关应当依法予以处理。

第七十一条 县级以上人民政府土地行政主管部门在监督检查工作中发现土地违法行为构成犯罪的，应当将案件移送有关机关，依法追究刑事责任；不构成犯罪的，应当依法给予行政处罚。

第七十二条 依照本法规定应当给予行政处罚，而有关土地行政主管部门不给予行政处罚的，上级人民政府土地行政主管部门有权责令有关土地行政主管部门作出行政处罚决定或者直接给予行政处罚，并给予有关土地行政主管部门的负责人行政处分。

第七章 法律责任

第七十三条 买卖或者以其他形式非法转让土地的，由县级以上人民政府土地行政主管部门没收违法所得；对违反土地利用总体规划擅自将农用地改为建设用地的，限期拆除在非法转让的土地上新建的建筑物和其他设施，恢复土地原状，对符合土地利用总体规划的，没收在非法转让的土地上新建的建筑物和其他设施；可以并处罚款；对直接负责的主管人员和其他直接责任人员，依法给予行政处分；构成犯罪的，依法追究刑事责任。

第七十四条 违反本法规定，占用耕地建窑、建坟或者擅自在耕地上建房、挖砂、采石、采矿、取土等，破坏种植条件的，或者因开发土地造成土地荒漠化、盐渍化的，由县级以上人民政府土地行政主管部门责令限期改正或者治理，可以并处罚款；构成犯罪的，依法追究刑事责任。

第七十五条 违反本法规定，拒不履行土地复垦义务的，由县级以上人民政府土地行政主管部门责令限期改正；逾期不改正的，责令缴纳复垦费，专项用于土地复垦，可以处以罚款。

第七十六条 未经批准或者采取欺骗手段骗取批准，非法占用土地的，由县级以上人民政府土地行政主管部门责令退还非法占用的土地，对违反土地利用总体规划擅自将农用地改为建设用地的，限期拆除在非法占用的土地上新建的建筑物和其他设施，恢复土地原状，对符合土地利用总体规划的，没收在非法占用的土地上新建的建筑物和其他设施，可以并处罚款；对非法占用土地单位的直接负责的主管人员和其他直接责任人员，依法给予行政处分；构成犯罪的，依法追究刑事责任。

超过批准的数量占用土地，多占的土地以非法占用土地论处。

第七十七条 农村村民未经批准或者采取欺骗手段骗取批准，非法占用土地建住宅的，由县级以上人民政府土地行政主管部门责令退还非法占用的土地，限期拆除在非法占用的土地上新建的房屋。

超过省、自治区、直辖市规定的标准，多占的土地以非法占用土地论处。

第七十八条 无权批准征用、使用土地的单位或者个人非法批准占用土地的，超越批准权限非法批准占用土地的，不按照土地利用总体规划确定的用途批准用地的，或者违反法律规定的程序批准占用、征用土地的，其批准文件无效，对非法批准征用、使用土地的直接负责的主管人员和其他直接责任人员，依法给予行政处分；构成犯罪的，依法追究刑事责任。非法批准、使用的土地应当收回，有关当事人拒不归还的，以非法占用土地论处。

非法批准征用、使用土地，对当事人造成损失的，依法应当承担赔偿责任。

第七十九条 侵占、挪用被征用土地单位的征地补偿费用和其他有关费用，构成犯罪的，依法追究刑事责任；尚不构成犯罪的，依法给予行政处分。

第八十条 依法收回国有土地使用权当事人拒不交出土地的，临时使用土地期满拒不归还的，或者不按照批准的用途使用国有土地的，由县级以上人民政府土地行政主管部门责令交还土地，处以罚款。

第八十一条 擅自将农民集体所有的土地的使用权出让、转让或者出租用于非农业建设的，由县级以上人民政府土地行政主管部门责令限期改正，没收违法所得，并处罚款。

第八十二条 不依照本法规定办理土地变更登记的，由县级以上人民政府土地行政主管部门责令其限期办理。

第八十三条 依照本法规定，责令限期拆除在非法占用的土地上新建的建筑物和其他设施的，建设单位或者个人必须立即停止施工，自行拆除；对继续施工的，作出处罚决定的机关有权制止。建设单位或者个人对责令限期拆除的行政处罚决定不服的，可以在接到责令限期拆除决定之日起十五日内，向人民法院起诉；期满不起诉又不自行拆除的，由作出处罚决定的机关依法申请人民法院强制执行，费用由违法者承担。

第八十四条 土地行政主管部门的工作人员玩忽职守、滥用职权、徇私舞弊，构成犯罪的，依法追究刑事责任；尚不构成犯罪的，依法给予行政处分。

第八章 附 则

第八十五条 中外合资经营企业、中外合作经营企业、外资企业使用土地的，适用本法；法律另有规定的，从其规定。

第八十六条 本法自 1999 年 1 月 1 日起施行。

全国人民代表大会常务委员会关于修改《中华人民共和国土地管理法》的决定

（2004 年 8 月 28 日第十届全国人民代表大会常务委员会第十一次会议通过　2004 年 8 月 28 日中华人民共和国主席令第 28 号公布　自公布之日起施行）

第十届全国人民代表大会常务委员会第十一次会议决定对《中华人民共和国土地管理法》作如下修改：

一、第二条第四款修改为：“国家为了公共利益的需要，可以依法对土地实行征收或者征用并给予补偿。”

二、将第四十三条第二款、第四十五条、第四十六条、第四十七条、第四十九条、第五十一条、第七十八条、第七十九条中的“征用”修改为“征收”。

本决定自公布之日起施行。

《中华人民共和国土地管理法》根据本决定作修改后，重新公布。

全国人民代表大会常务委员会关于修改《中华人民共和国土地管理法》、《中华人民共和国城市房地产管理法》的决定(节录)

(2019年8月26日第十三届全国人民代表大会常务委员会第十二次会议通过　2019年8月26日中华人民共和国主席令第32号公布　自2020年1月1日起施行)

第十三届全国人民代表大会常务委员会第十二次会议决定：

一、对《中华人民共和国土地管理法》作出修改

(一)增加一条,作为第六条:"国务院授权的机构对省、自治区、直辖市人民政府以及国务院确定的城市人民政府土地利用和土地管理情况进行督察。"

(二)将第十一条、第十二条、第十三条合并,作为第十二条,修改为:"土地的所有权和使用权的登记,依照有关不动产登记的法律、行政法规执行。

"依法登记的土地的所有权和使用权受法律保护,任何单位和个人不得侵犯。"

(三)将第十四条、第十五条合并,作为第十三条,修改为:"农民集体所有和国家所有依法由农民集体使用的耕地、林地、草地,以及其他依法用于农业的土地,采取农村集体经济组织内部的家庭承包方式承包,不宜采取家庭承包方式的荒山、荒沟、荒丘、荒滩等,可以采取招标、拍卖、公开协商等方式承包,从事种植业、林业、畜牧业、渔业生产。家庭承包的耕地的承包期为三十年,草地的承包期为三十年至五十年,林地的承包期为三十年至七十年;耕地承包期届满后再延长三十年,草地、林地承包期届满后依法相应延长。

"国家所有依法用于农业的土地可以由单位或者个人承包经营,从事种植业、林业、畜牧业、渔业生产。

"发包方和承包方应当依法订立承包合同,约定双方的权利和义务。承包经营土地的单位和个人,有保护和按照承包合同约定的用途合理利用土地的义务。"

(四)将第十九条改为第十七条,修改为:"土地利用总体规划按照下列原则编制:

"(一)落实国土空间开发保护要求,严格土地用途管制;

"(二)严格保护永久基本农田,严格控制非农业建设占用农用地;

"(三)提高土地节约集约利用水平;

"(四)统筹安排城乡生产、生活、生态用地,满足乡村产业和基础设施用地合理需求,促进城乡融合发展;

"(五)保护和改善生态环境,保障土地的可持续利用;

"(六)占用耕地与开发复垦耕地数量平衡、质量相当。"

(五)增加一条,作为第十八条:"国家建立国土空间规划体系。编制国土空间规划应当坚持生态优先,绿色、可持续发展,科学有序统筹安排生态、农业、城镇等功能空间,优化国土空间结构和布局,提升国土空间开发、保护的质量和效率。

"经依法批准的国土空间规划是各类开发、保护、建设活动的基本依据。已经编制国土空间规划的,不再编制土地利用总体规划和城乡规划。"

(六)将第二十四条改为第二十三条,第二款修改为:"土地利用年度计划,根据国民经济和社会发展计划、国家产业政策、土地利用总体规划以及建设用地和土地利用的实际状况编制。土地利用年度计划应当对本法第六十三条规定的集体经营性建设用地作出合理安排。土地利用年度计划的编制审批程序与土地利用总体规划的编制审批程序相同,一经审批下达,必须严格执行。"

(七)将第二十九条改为第二十八条,第二款、第三款修改为:"县级以上人民政府统计机构和自然资源主管部门依法进行土地统计调查,定期发布土地统计资料。土地所有者或者使用者应当提供有关资料,不得拒报、迟报,不得提供不真实、不完整的资料。

"统计机构和自然资源主管部门共同发布的土地面积统计资料是各级人民政府编制土地利

用总体规划的依据。”

（八）将第三十三条改为第三十二条，修改为：“省、自治区、直辖市人民政府应当严格执行土地利用总体规划和土地利用年度计划，采取措施，确保本行政区域内耕地总量不减少、质量不降低。耕地总量减少的，由国务院责令在规定期限内组织开垦与所减少耕地的数量与质量相当的耕地；耕地质量降低的，由国务院责令在规定期限内组织整治。新开垦和整治的耕地由国务院自然资源主管部门会同农业农村主管部门验收。

“个别省、直辖市确因土地后备资源匮乏，新增建设用地后，新开垦耕地的数量不足以补偿所占用耕地的数量的，必须报经国务院批准减免本行政区域内开垦耕地的数量，易地开垦数量和质量相当的耕地。”

（九）将第三十四条第一款、第二款改为第三十三条，修改为：“国家实行永久基本农田保护制度。下列耕地应当根据土地利用总体规划划为永久基本农田，实行严格保护：

“（一）经国务院农业农村主管部门或者县级以上地方人民政府批准确定的粮、棉、油、糖等重要农产品生产基地内的耕地；

“（二）有良好的水利与水土保持设施的耕地，正在实施改造计划以及可以改造的中、低产田和已建成的高标准农田；

“（三）蔬菜生产基地；

“（四）农业科研、教学试验田；

“（五）国务院规定应当划为永久基本农田的其他耕地。

“各省、自治区、直辖市划定的永久基本农田一般应当占本行政区域内耕地的百分之八十以上，具体比例由国务院根据各省、自治区、直辖市耕地实际情况规定。”

（十）将第三十四条第三款改为第三十四条，修改为：“永久基本农田划定以乡（镇）为单位进行，由县级人民政府自然资源主管部门会同同级农业农村主管部门组织实施。永久基本农田应当落实到地块，纳入国家永久基本农田数据库严格管理。

“乡（镇）人民政府应当将永久基本农田的位置、范围向社会公告，并设立保护标志。”

（十一）增加一条，作为第三十五条：“永久基本农田经依法划定后，任何单位和个人不得擅自占用或者改变其用途。国家能源、交通、水利、军事设施等重点建设项目选址确实难以避让永久基本农田，涉及农用地转用或者土地征收的，必须经国务院批准。

“禁止通过擅自调整县级土地利用总体规划、乡（镇）土地利用总体规划等方式规避永久基本农田农用地转用或者土地征收的审批。”

（十二）将第三十五条改为第三十六条，修改为：“各级人民政府应当采取措施，引导因地制宜轮作休耕，改良土壤，提高地力，维护排灌工程设施，防止土地荒漠化、盐渍化、水土流失和土壤污染。”

（十三）将第三十七条改为第三十八条，删去第三款。

（十四）删去第四十三条。

（十五）将第四十四条第二款、第三款、第四款修改为：“永久基本农田转为建设用地的，由国务院批准。

“在土地利用总体规划确定的城市和村庄、集镇建设用地规模范围内，为实施该规划而将永久基本农田以外的农用地转为建设用地的，按土地利用年度计划分批次按照国务院规定由原批准土地利用总体规划的机关或者其授权的机关批准。在已批准的农用地转用范围内，具体建设项目用地可以由市、县人民政府批准。

“在土地利用总体规划确定的城市和村庄、集镇建设用地规模范围外，将永久基本农田以外的农用地转为建设用地的，由国务院或者国务院授权的省、自治区、直辖市人民政府批准。”

（十六）增加一条，作为第四十五条：“为了公共利益的需要，有下列情形之一，确需征收农民集体所有的土地的，可以依法实施征收：

“（一）军事和外交需要用地的；

“（二）由政府组织实施的能源、交通、水利、通信、邮政等基础设施建设需要用地的；

“（三）由政府组织实施的科技、教育、文化、卫生、体育、生态环境和资源保护、防灾减灾、文物保护、社区综合服务、社会福利、市政公用、优抚安置、英烈保护等公共事业需要用地的；

“（四）由政府组织实施的扶贫搬迁、保障性安居工程建设需要用地的；

"(五)在土地利用总体规划确定的城镇建设用地范围内,经省级以上人民政府批准由县级以上地方人民政府组织实施的成片开发建设需要用地的;

"(六)法律规定为公共利益需要可以征收农民集体所有的土地的其他情形。

"前款规定的建设活动,应当符合国民经济和社会发展规划、土地利用总体规划、城乡规划和专项规划;第(四)项、第(五)项规定的建设活动,还应当纳入国民经济和社会发展年度计划;第(五)项规定的成片开发并应当符合国务院自然资源主管部门规定的标准。"

(十七)将第四十五条改为第四十六条,删去第二款中的"并报国务院备案"。

(十八)将第四十六条、第四十八条合并,作为第四十七条,修改为:"国家征收土地的,依照法定程序批准后,由县级以上地方人民政府予以公告并组织实施。

"县级以上地方人民政府拟申请征收土地的,应当开展拟征收土地现状调查和社会稳定风险评估,并将征收范围、土地现状、征收目的、补偿标准、安置方式和社会保障等在拟征收土地所在的乡(镇)和村、村民小组范围内公告至少三十日,听取被征地的农村集体经济组织及其成员、村民委员会和其他利害关系人的意见。

"多数被征地的农村集体经济组织成员认为征地补偿安置方案不符合法律、法规规定的,县级以上地方人民政府应当组织召开听证会,并根据法律、法规的规定和听证会情况修改方案。

"拟征收土地的所有权人、使用权人应当在公告规定期限内,持不动产权属证明材料办理补偿登记。县级以上地方人民政府应当组织有关部门测算并落实有关费用,保证足额到位,与拟征收土地的所有权人、使用权人就补偿、安置等签订协议;个别确实难以达成协议的,应当在申请征收土地时如实说明。

"相关前期工作完成后,县级以上地方人民政府方可申请征收土地。"

(十九)将第四十七条改为第四十八条,修改为:"征收土地应当给予公平、合理的补偿,保障被征地农民原有生活水平不降低、长远生计有保障。

"征收土地应当依法及时足额支付土地补偿费、安置补助费以及农村村民住宅、其他地上附着物和青苗等的补偿费用,并安排被征地农民的社会保障费用。

"征收农用地的土地补偿费、安置补助费标准由省、自治区、直辖市通过制定公布区片综合地价确定。制定区片综合地价应当综合考虑土地原用途、土地资源条件、土地产值、土地区位、土地供求关系、人口以及经济社会发展水平等因素,并至少每三年调整或者重新公布一次。

"征收农用地以外的其他土地、地上附着物和青苗等的补偿标准,由省、自治区、直辖市制定。对其中的农村村民住宅,应当按照先补偿后搬迁、居住条件有改善的原则,尊重农村村民意愿,采取重新安排宅基地建房、提供安置房或者货币补偿等方式给予公平、合理的补偿,并对因征收造成的搬迁、临时安置等费用予以补偿,保障农村村民居住的权利和合法的住房财产权益。

"县级以上地方人民政府应当将被征地农民纳入相应的养老等社会保障体系。被征地农民的社会保障费用主要用于符合条件的被征地农民的养老保险等社会保险缴费补贴。被征地农民社会保障费用的筹集、管理和使用办法,由省、自治区、直辖市制定。"

(二十)将第五十五条第二款修改为:"自本法施行之日起,新增建设用地的土地有偿使用费,百分之三十上缴中央财政,百分之七十留给有关地方人民政府。具体使用管理办法由国务院财政部门会同有关部门制定,并报国务院批准。"

(二十一)将第五十八条修改为:"有下列情形之一的,由有关人民政府自然资源主管部门报经原批准用地的人民政府或者有批准权的人民政府批准,可以收回国有土地使用权:

"(一)为实施城市规划进行旧城区改建以及其他公共利益需要,确需使用土地的;

"(二)土地出让等有偿使用合同约定的使用期限届满,土地使用者未申请续期或者申请续期未获批准的;

"(三)因单位撤销、迁移等原因,停止使用原划拨的国有土地的;

"(四)公路、铁路、机场、矿场等经核准报废的。

“依照前款第(一)项的规定收回国有土地使用权的,对土地使用权人应当给予适当补偿。”

(二十二)将第六十二条第二款、第三款、第四款修改为:“人均土地少、不能保障一户拥有一处宅基地的地区,县级人民政府在充分尊重农村村民意愿的基础上,可以采取措施,按照省、自治区、直辖市规定的标准保障农村村民实现户有所居。

“农村村民建住宅,应当符合乡(镇)土地利用总体规划、村庄规划,不得占用永久基本农田,并尽量使用原有的宅基地和村内空闲地。编制乡(镇)土地利用总体规划、村庄规划应当统筹并合理安排宅基地用地,改善农村村民居住环境和条件。

“农村村民住宅用地,由乡(镇)人民政府审核批准;其中,涉及占用农用地的,依照本法第四十四条的规定办理审批手续。

“农村村民出卖、出租、赠与住宅后,再申请宅基地的,不予批准。

“国家允许进城落户的农村村民依法自愿有偿退出宅基地,鼓励农村集体经济组织及其成员盘活利用闲置宅基地和闲置住宅。

“国务院农业农村主管部门负责全国农村宅基地改革和管理有关工作。”

(二十三)将第六十三条修改为:“土地利用总体规划、城乡规划确定为工业、商业等经营性用途,并经依法登记的集体经营性建设用地,土地所有权人可以通过出让、出租等方式交由单位或者个人使用,并应当签订书面合同,载明土地界址、面积、动工期限、使用期限、土地用途、规划条件和双方其他权利义务。

“前款规定的集体经营性建设用地出让、出租等,应当经本集体经济组织成员的村民会议三分之二以上成员或者三分之二以上村民代表的同意。

“通过出让等方式取得的集体经营性建设用地使用权可以转让、互换、出资、赠与或者抵押,但法律、行政法规另有规定或者土地所有权人、土地使用权人签订的书面合同另有约定的除外。

“集体经营性建设用地的出租,集体建设用地使用权的出让及其最高年限、转让、互换、出资、赠与、抵押等,参照同类用途的国有建设用地执行。具体办法由国务院制定。”

(二十四)增加一条,作为第六十四条:“集体建设用地的使用者应当严格按照土地利用总体规划、城乡规划确定的用途使用土地。”

(二十五)将第六十五条改为第六十六条,增加一款,作为第三款:“收回集体经营性建设用地使用权,依照双方签订的书面合同办理,法律、行政法规另有规定的除外。”

(二十六)将第六十六条改为第六十七条,增加一款,作为第二款:“县级以上人民政府农业农村主管部门对违反农村宅基地管理法律、法规的行为进行监督检查的,适用本法关于自然资源主管部门监督检查的规定。”

(二十七)将第七十条改为第七十一条,修改为:“县级以上人民政府自然资源主管部门在监督检查工作中发现国家工作人员的违法行为,依法应当给予处分的,应当依法予以处理;自己无权处理的,应当依法移送监察机关或者有关机关处理。”

(二十八)将第七十四条改为第七十五条,其中的“土地行政主管部门”修改为“自然资源主管部门、农业农村主管部门等按照职责”。

(二十九)将第七十七条改为第七十八条,其中的“土地行政主管部门”修改为“农业农村主管部门”。

(三十)将第八十一条改为第八十二条,修改为:“擅自将农民集体所有的土地通过出让、转让使用权或者出租等方式用于非农业建设,或者违反本法规定,将集体经营性建设用地通过出让、出租等方式交由单位或者个人使用的,由县级以上人民政府自然资源主管部门责令限期改正,没收违法所得,并处罚款。”

(三十一)删去第八十二条。

(三十二)将第八十四条中的“土地行政主管部门”修改为“自然资源主管部门、农业农村主管部门”。

(三十三)将第八十五条修改为:“外商投资企业使用土地的,适用本法;法律另有规定的,从其规定。”

(三十四)增加一条,作为第八十六条:“在根据本法第十八条的规定编制国土空间规划前,经依法批准的土地利用总体规划和城乡规划继续执行。"

（三十五）将有关条款中的"土地行政主管部门"修改为"自然资源主管部门"，"基本农田"修改为"永久基本农田"，"行政处分"修改为"处分"。

……

本决定自2020年1月1日起施行。

《中华人民共和国土地管理法》、《中华人民共和国城市房地产管理法》根据本决定作相应修改，重新公布。

中华人民共和国土地管理法

（1986年6月25日第六届全国人民代表大会常务委员会第十六次会议通过　根据1988年12月29日第七届全国人民代表大会常务委员会第五次会议《关于修改〈中华人民共和国土地管理法〉的决定》第一次修正　1998年8月29日第九届全国人民代表大会常务委员会第四次会议修订　根据2004年8月28日第十届全国人民代表大会常务委员会第十一次会议《关于修改〈中华人民共和国土地管理法〉的决定》第二次修正　根据2019年8月26日第十三届全国人民代表大会常务委员会第十二次会议《关于修改〈中华人民共和国土地管理法〉、〈中华人民共和国城市房地产管理法〉的决定》第三次修正）

目　　录

第一章　总　　则

第一条　为了加强土地管理，维护土地的社会主义公有制，保护、开发土地资源，合理利用土地，切实保护耕地，促进社会经济的可持续发展，根据宪法，制定本法。

第二条　中华人民共和国实行土地的社会主义公有制，即全民所有制和劳动群众集体所有制。

全民所有，即国家所有土地的所有权由国务院代表国家行使。

任何单位和个人不得侵占、买卖或者以其他形式非法转让土地。土地使用权可以依法转让。

国家为了公共利益的需要，可以依法对土地实行征收或者征用并给予补偿。

国家依法实行国有土地有偿使用制度。但是，国家在法律规定的范围内划拨国有土地使用权的除外。

第三条　十分珍惜、合理利用土地和切实保护耕地是我国的基本国策。各级人民政府应当采取措施，全面规划，严格管理，保护、开发土地资源，制止非法占用土地的行为。

第四条　国家实行土地用途管制制度。

国家编制土地利用总体规划，规定土地用途，将土地分为农用地、建设用地和未利用地。严格限制农用地转为建设用地，控制建设用地总量，对耕地实行特殊保护。

前款所称农用地是指直接用于农业生产的土地，包括耕地、林地、草地、农田水利用地、养殖水面等；建设用地是指建造建筑物、构筑物的土地，包括城乡住宅和公共设施用地、工矿用地、交通水利设施用地、旅游用地、军事设施用地等；未利用地是指农用地和建设用地以外的土地。

使用土地的单位和个人必须严格按照土地利用总体规划确定的用途使用土地。

第五条　国务院自然资源主管部门统一负责全国土地的管理和监督工作。

县级以上地方人民政府自然资源主管部门的设置及其职责，由省、自治区、直辖市人民政府根据国务院有关规定确定。

第六条　国务院授权的机构对省、自治区、直辖市人民政府以及国务院确定的城市人民政府土地利用和土地管理情况进行督察。

第七条　任何单位和个人都有遵守土地管理法律、法规的义务，并有权对违反土地管理法律、法规的行为提出检举和控告。

第八条　在保护和开发土地资源、合理利用土地以及进行有关的科学研究等方面成绩显著的单位和个人，由人民政府给予奖励。

第二章 土地的所有权和使用权

第九条 城市市区的土地属于国家所有。

农村和城市郊区的土地，除由法律规定属于国家所有的以外，属于农民集体所有；宅基地和自留地、自留山，属于农民集体所有。

第十条 国有土地和农民集体所有的土地，可以依法确定给单位或者个人使用。使用土地的单位和个人，有保护、管理和合理利用土地的义务。

第十一条 农民集体所有的土地依法属于村农民集体所有的，由村集体经济组织或者村民委员会经营、管理；已经分别属于村内两个以上农村集体经济组织的农民集体所有的，由村内各该农村集体经济组织或者村民小组经营、管理；已经属于乡（镇）农民集体所有的，由乡（镇）农村集体经济组织经营、管理。

第十二条 土地的所有权和使用权的登记，依照有关不动产登记的法律、行政法规执行。

依法登记的土地的所有权和使用权受法律保护，任何单位和个人不得侵犯。

第十三条 农民集体所有和国家所有依法由农民集体使用的耕地、林地、草地，以及其他依法用于农业的土地，采取农村集体经济组织内部的家庭承包方式承包，不宜采取家庭承包方式的荒山、荒沟、荒丘、荒滩等，可以采取招标、拍卖、公开协商等方式承包，从事种植业、林业、畜牧业、渔业生产。家庭承包的耕地的承包期为三十年，草地的承包期为三十年至五十年，林地的承包期为三十年至七十年；耕地承包期届满后再延长三十年，草地、林地承包期届满后依法相应延长。

国家所有依法用于农业的土地可以由单位或者个人承包经营，从事种植业、林业、畜牧业、渔业生产。

发包方和承包方应当依法订立承包合同，约定双方的权利和义务。承包经营土地的单位和个人，有保护和按照承包合同约定的用途合理利用土地的义务。

第十四条 土地所有权和使用权争议，由当事人协商解决；协商不成的，由人民政府处理。

单位之间的争议，由县级以上人民政府处理；个人之间、个人与单位之间的争议，由乡级人民政府或者县级以上人民政府处理。

当事人对有关人民政府的处理决定不服的，可以自接到处理决定通知之日起三十日内，向人民法院起诉。

在土地所有权和使用权争议解决前，任何一方不得改变土地利用现状。

第三章 土地利用总体规划

第十五条 各级人民政府应当依据国民经济和社会发展规划、国土整治和资源环境保护的要求、土地供给能力以及各项建设对土地的需求，组织编制土地利用总体规划。

土地利用总体规划的规划期限由国务院规定。

第十六条 下级土地利用总体规划应当依据上一级土地利用总体规划编制。

地方各级人民政府编制的土地利用总体规划中的建设用地总量不得超过上一级土地利用总体规划确定的控制指标，耕地保有量不得低于上一级土地利用总体规划确定的控制指标。

省、自治区、直辖市人民政府编制的土地利用总体规划，应当确保本行政区域内耕地总量不减少。

第十七条 土地利用总体规划按照下列原则编制：

（一）落实国土空间开发保护要求，严格土地用途管制；

（二）严格保护永久基本农田，严格控制非农业建设占用农用地；

（三）提高土地节约集约利用水平；

（四）统筹安排城乡生产、生活、生态用地，满足乡村产业和基础设施用地合理需求，促进城乡融合发展；

（五）保护和改善生态环境，保障土地的可持续利用；

（六）占用耕地与开发复垦耕地数量平衡、质量相当。

第十八条 国家建立国土空间规划体系。编制国土空间规划应当坚持生态优先，绿色、可持续发展,科学有序统筹安排生态、农业、城镇等功能空间,优化国土空间结构和布局,提升国土空间开发、保护的质量和效率。

经依法批准的国土空间规划是各类开发、保护、建设活动的基本依据。已经编制国土空间规划的,不再编制土地利用总体规划和城乡规划。

第十九条 县级土地利用总体规划应当划分土地利用区,明确土地用途。

乡(镇)土地利用总体规划应当划分土地利用区,根据土地使用条件,确定每一块土地的用途,并予以公告。

第二十条 土地利用总体规划实行分级审批。

省、自治区、直辖市的土地利用总体规划,报国务院批准。

省、自治区人民政府所在地的市、人口在一百万以上的城市以及国务院指定的城市的土地利用总体规划,经省、自治区人民政府审查同意后,报国务院批准。

本条第二款、第三款规定以外的土地利用总体规划,逐级上报省、自治区、直辖市人民政府批准;其中,乡(镇)土地利用总体规划可以由省级人民政府授权的设区的市、自治州人民政府批准。

土地利用总体规划一经批准,必须严格执行。

第二十一条 城市建设用地规模应当符合国家规定的标准,充分利用现有建设用地,不占或者尽量少占农用地。

城市总体规划、村庄和集镇规划,应当与土地利用总体规划相衔接,城市总体规划、村庄和集镇规划中建设用地规模不得超过土地利用总体规划确定的城市和村庄、集镇建设用地规模。

在城市规划区内、村庄和集镇规划区内,城市和村庄、集镇建设用地应当符合城市规划、村庄和集镇规划。

第二十二条 江河、湖泊综合治理和开发利用规划,应当与土地利用总体规划相衔接。在江河、湖泊、水库的管理和保护范围以及蓄洪滞洪区内,土地利用应当符合江河、湖泊综合治理和开发利用规划,符合河道、湖泊行洪、蓄洪和输水的要求。

第二十三条 各级人民政府应当加强土地利用计划管理,实行建设用地总量控制。

土地利用年度计划,根据国民经济和社会发展计划、国家产业政策、土地利用总体规划以及建设用地和土地利用的实际状况编制。土地利用年度计划应当对本法第六十三条规定的集体经营性建设用地作出合理安排。土地利用年度计划的编制审批程序与土地利用总体规划的编制审批程序相同,一经审批下达,必须严格执行。

第二十四条 省、自治区、直辖市人民政府应当将土地利用年度计划的执行情况列为国民经济和社会发展计划执行情况的内容,向同级人民代表大会报告。

第二十五条 经批准的土地利用总体规划的修改,须经原批准机关批准;未经批准,不得改变土地利用总体规划确定的土地用途。

经国务院批准的大型能源、交通、水利等基础设施建设用地,需要改变土地利用总体规划的,根据国务院的批准文件修改土地利用总体规划。

经省、自治区、直辖市人民政府批准的能源、交通、水利等基础设施建设用地,需要改变土地利用总体规划的,属于省级人民政府土地利用总体规划批准权限内的,根据省级人民政府的批准文件修改土地利用总体规划。

第二十六条 国家建立土地调查制度。

县级以上人民政府自然资源主管部门会同同级有关部门进行土地调查。土地所有者或者使用者应当配合调查,并提供有关资料。

第二十七条 县级以上人民政府自然资源主管部门会同同级有关部门根据土地调查成果、规划土地用途和国家制定的统一标准,评定土地等级。

第二十八条 国家建立土地统计制度。

县级以上人民政府统计机构和自然资源主管部门依法进行土地统计调查,定期发布土地统计资料。土地所有者或者使用者应当提供有关资料,不得拒报、迟报,不得提供不真实、不完整的资料。

统计机构和自然资源主管部门共同发布的土地面积统计资料是各级人民政府编制土地利用总体规划的依据。

第二十九条 国家建立全国土地管理信息系统,对土地利用状况进行动态监测。

第四章 耕地保护

第三十条 国家保护耕地,严格控制耕地转为非耕地。

国家实行占用耕地补偿制度。非农业建设经批准占用耕地的,按照"占多少,垦多少"的原则,由占用耕地的单位负责开垦与所占用耕地的数量和质量相当的耕地;没有条件开垦或者开垦的耕地不符合要求的,应当按照省、自治区、直辖市的规定缴纳耕地开垦费,专款用于开垦新的耕地。

省、自治区、直辖市人民政府应当制定开垦耕地计划,监督占用耕地的单位按照计划开垦耕地或者按照计划组织开垦耕地,并进行验收。

第三十一条 县级以上地方人民政府可以要求占用耕地的单位将所占用耕地耕作层的土壤用于新开垦耕地、劣质地或者其他耕地的土壤改良。

第三十二条 省、自治区、直辖市人民政府应当严格执行土地利用总体规划和土地利用年度计划,采取措施,确保本行政区域内耕地总量不减少、质量不降低。耕地总量减少的,由国务院责令在规定期限内组织开垦与所减少耕地的数量与质量相当的耕地;耕地质量降低的,由国务院责令在规定期限内组织整治。新开垦和整治的耕地由国务院自然资源主管部门会同农业农村主管部门验收。

个别省、直辖市确因土地后备资源匮乏,新增建设用地后,新开垦耕地的数量不足以补偿所占用耕地的数量的,必须报经国务院批准减免本行政区域内开垦耕地的数量,易地开垦数量和质量相当的耕地。

第三十三条 国家实行永久基本农田保护制度。下列耕地应当根据土地利用总体规划划为永久基本农田,实行严格保护:

(一)经国务院农业农村主管部门或者县级以上地方人民政府批准确定的粮、棉、油、糖等重要农产品生产基地内的耕地;

(二)有良好的水利与水土保持设施的耕地,正在实施改造计划以及可以改造的中、低产田和已建成的高标准农田;

(三)蔬菜生产基地;

(四)农业科研、教学试验田;

(五)国务院规定应当划为永久基本农田的其他耕地。

各省、自治区、直辖市划定的永久基本农田一般应当占本行政区域内耕地的百分之八十以上,具体比例由国务院根据各省、自治区、直辖市耕地实际情况规定。

第三十四条 永久基本农田划定以乡(镇)为单位进行,由县级人民政府自然资源主管部门会同同级农业农村主管部门组织实施。永久基本农田应当落实到地块,纳入国家永久基本农田数据库严格管理。

乡(镇)人民政府应当将永久基本农田的位置、范围向社会公告,并设立保护标志。

第三十五条 永久基本农田经依法划定后,任何单位和个人不得擅自占用或者改变其用途。国家能源、交通、水利、军事设施等重点建设项目选址确实难以避让永久基本农田,涉及农用地转用或者土地征收的,必须经国务院批准。

禁止通过擅自调整县级土地利用总体规划、乡(镇)土地利用总体规划等方式规避永久基本农田农用地转用或者土地征收的审批。

第三十六条 各级人民政府应当采取措施,引导因地制宜轮作休耕,改良土壤,提高地力,维护排灌工程设施,防止土地荒漠化、盐渍化、水土流失和土壤污染。

第三十七条 非农业建设必须节约使用土地,可以利用荒地的,不得占用耕地;可以利用劣地的,不得占用好地。

禁止占用耕地建窑、建坟或者擅自在耕地上建房、挖砂、采石、采矿、取土等。

禁止占用永久基本农田发展林果业和挖塘养鱼。

第三十八条 禁止任何单位和个人闲置、荒芜耕地。已经办理审批手续的非农业建设占用耕地,一年内不用而又可以耕种并收获的,应当由原耕种该幅耕地的集体或者个人恢复耕种,也可以由用地单位组织耕种;一年以上未动工建设的,应当按照省、自治区、直辖市的规定缴纳闲置费;连续二年未使用的,经原批准机关批准,由县级以上人民政府无偿收回用地单位的土地使用权；该幅土地原为农民集体所有的，应当交由原农村集体经济组织恢复耕种。

在城市规划区范围内，以出让方式取得土地使用权进行房地产开发的闲置土地，依照《中华人民共和国城市房地产管理法》的有关规定办理。

第三十九条 国家鼓励单位和个人按照土地利用总体规划，在保护和改善生态环境、防止水土流失和土地荒漠化的前提下，开发未利用的土地；适宜开发为农用地的，应当优先开发成农用地。

国家依法保护开发者的合法权益。

第四十条 开垦未利用的土地，必须经过科学论证和评估，在土地利用总体规划划定的可开垦的区域内，经依法批准后进行。禁止毁坏森林、草原开垦耕地，禁止围湖造田和侵占江河滩地。

根据土地利用总体规划，对破坏生态环境开垦、围垦的土地，有计划有步骤地退耕还林、还牧、还湖。

第四十一条 开发未确定使用权的国有荒山、荒地、荒滩从事种植业、林业、畜牧业、渔业生产的，经县级以上人民政府依法批准，可以确定给开发单位或者个人长期使用。

第四十二条 国家鼓励土地整理。县、乡（镇）人民政府应当组织农村集体经济组织，按照土地利用总体规划，对田、水、路、林、村综合整治，提高耕地质量，增加有效耕地面积，改善农业生产条件和生态环境。

地方各级人民政府应当采取措施，改造中、低产田，整治闲散地和废弃地。

第四十三条 因挖损、塌陷、压占等造成土地破坏，用地单位和个人应当按照国家有关规定负责复垦；没有条件复垦或者复垦不符合要求的，应当缴纳土地复垦费，专项用于土地复垦。复垦的土地应当优先用于农业。

第五章 建设用地

第四十四条 建设占用土地，涉及农用地转为建设用地的，应当办理农用地转用审批手续。

永久基本农田转为建设用地的，由国务院批准。

在土地利用总体规划确定的城市和村庄、集镇建设用地规模范围内，为实施该规划而将永久基本农田以外的农用地转为建设用地的，按土地利用年度计划分批次按照国务院规定由原批准土地利用总体规划的机关或者其授权的机关批准。在已批准的农用地转用范围内，具体建设项目用地可以由市、县人民政府批准。

在土地利用总体规划确定的城市和村庄、集镇建设用地规模范围外，将永久基本农田以外的农用地转为建设用地的，由国务院或者国务院授权的省、自治区、直辖市人民政府批准。

第四十五条 为了公共利益的需要，有下列情形之一，确需征收农民集体所有的土地的，可以依法实施征收：

（一）军事和外交需要用地的；

（二）由政府组织实施的能源、交通、水利、通信、邮政等基础设施建设需要用地的；

（三）由政府组织实施的科技、教育、文化、卫生、体育、生态环境和资源保护、防灾减灾、文物保护、社区综合服务、社会福利、市政公用、优抚安置、英烈保护等公共事业需要用地的；

（四）由政府组织实施的扶贫搬迁、保障性安居工程建设需要用地的；

（五）在土地利用总体规划确定的城镇建设用地范围内，经省级以上人民政府批准由县级以上地方人民政府组织实施的成片开发建设需要用地的；

（六）法律规定为公共利益需要可以征收农民集体所有的土地的其他情形。

前款规定的建设活动，应当符合国民经济和社会发展规划、土地利用总体规划、城乡规划和专项规划；第（四）项、第（五）项规定的建设活动，还应当纳入国民经济和社会发展年度计划；第（五）项规定的成片开发并应当符合国务院自然资源主管部门规定的标准。

第四十六条 征收下列土地的，由国务院批准：

（一）永久基本农田；

（二）永久基本农田以外的耕地超过三十五公顷的；

（三）其他土地超过七十公顷的。

征收前款规定以外的土地的，由省、自治区、直辖市人民政府批准。

征收农用地的，应当依照本法第四十四条的规定先行办理农用地转用审批。其中，经国务院批准农用地转用的，同时办理征地审批手续，不再另行办理征地审批；经省、自治区、直辖市人民政府在征地批准权限内批准农用地转用的，同时办理征地审批手续，不再另行办理征地审批，超过征地批准权限的，应当依照本条第一款的规定另行办理征地审批。

第四十七条 国家征收土地的，依照法定程序批准后，由县级以上地方人民政府予以公告并组织实施。

县级以上地方人民政府拟申请征收土地的，应当开展拟征收土地现状调查和社会稳定风险评估，并将征收范围、土地现状、征收目的、补偿标准、安置方式和社会保障等在拟征收土地所在的乡（镇）和村、村民小组范围内公告至少三十日，听取被征地的农村集体经济组织及其成员、村民委员会和其他利害关系人的意见。

多数被征地的农村集体经济组织成员认为征地补偿安置方案不符合法律、法规规定的，县级以上地方人民政府应当组织召开听证会，并根据法律、法规的规定和听证会情况修改方案。

拟征收土地的所有权人、使用权人应当在公告规定期限内，持不动产权属证明材料办理补偿登记。县级以上地方人民政府应当组织有关部门测算并落实有关费用，保证足额到位，与拟征收土地的所有权人、使用权人就补偿、安置等签订协议；个别确实难以达成协议的，应当在申请征收土地时如实说明。

相关前期工作完成后，县级以上地方人民政府方可申请征收土地。

第四十八条 征收土地应当给予公平、合理的补偿，保障被征地农民原有生活水平不降低、长远生计有保障。

征收土地应当依法及时足额支付土地补偿费、安置补助费以及农村村民住宅、其他地上附着物和青苗等的补偿费用，并安排被征地农民的社会保障费用。

征收农用地的土地补偿费、安置补助费标准由省、自治区、直辖市通过制定公布区片综合地价确定。制定区片综合地价应当综合考虑土地原用途、土地资源条件、土地产值、土地区位、土地供求关系、人口以及经济社会发展水平等因素，并至少每三年调整或者重新公布一次。

征收农用地以外的其他土地、地上附着物和青苗等的补偿标准，由省、自治区、直辖市制定。对其中的农村村民住宅，应当按照先补偿后搬迁、居住条件有改善的原则，尊重农村村民意愿，采取重新安排宅基地建房、提供安置房或者货币补偿等方式给予公平、合理的补偿，并对因征收造成的搬迁、临时安置等费用予以补偿，保障农村村民居住的权利和合法的住房财产权益。

县级以上地方人民政府应当将被征地农民纳入相应的养老等社会保障体系。被征地农民的社会保障费用主要用于符合条件的被征地农民的养老保险等社会保险缴费补贴。被征地农民社会保障费用的筹集、管理和使用办法，由省、自治区、直辖市制定。

第四十九条 被征地的农村集体经济组织应当将征收土地的补偿费用的收支状况向本集体经济组织的成员公布，接受监督。

禁止侵占、挪用被征收土地单位的征地补偿费用和其他有关费用。

第五十条 地方各级人民政府应当支持被征地的农村集体经济组织和农民从事开发经营，兴办企业。

第五十一条 大中型水利、水电工程建设征收土地的补偿费标准和移民安置办法，由国务院另行规定。

第五十二条 建设项目可行性研究论证时，自然资源主管部门可以根据土地利用总体规划、土地利用年度计划和建设用地标准，对建设用地有关事项进行审查，并提出意见。

第五十三条 经批准的建设项目需要使用国有建设用地的，建设单位应当持法律、行政法规规定的有关文件，向有批准权的县级以上人民政府自然资源主管部门提出建设用地申请，经自然资源主管部门审查，报本级人民政府批准。

第五十四条 建设单位使用国有土地，应当以出让等有偿使用方式取得；但是，下列建设用地，经县级以上人民政府依法批准，可以以划拨方式取得：

（一）国家机关用地和军事用地；

（二）城市基础设施用地和公益事业用地；

（三）国家重点扶持的能源、交通、水利等基础设施用地；

（四）法律、行政法规规定的其他用地。

第五十五条 以出让等有偿使用方式取得国有土地使用权的建设单位，按照国务院规定的标准和办法，缴纳土地使用权出让金等土地有偿使用费和其他费用后，方可使用土地。

自本法施行之日起，新增建设用地的土地有偿使用费，百分之三十上缴中央财政，百分之七十留给有关地方人民政府。具体使用管理办法由国务院财政部门会同有关部门制定，并报国务院批准。

第五十六条 建设单位使用国有土地的，应当按照土地使用权出让等有偿使用合同的约定或者土地使用权划拨批准文件的规定使用土地；确需改变该幅土地建设用途的，应当经有关人民政府自然资源主管部门同意，报原批准用地的人民政府批准。其中，在城市规划区内改变土地用途的，在报批前，应当先经有关城市规划行政主管部门同意。

第五十七条 建设项目施工和地质勘查需要临时使用国有土地或者农民集体所有的土地的，由县级以上人民政府自然资源主管部门批准。其中，在城市规划区内的临时用地，在报批前，应当先经有关城市规划行政主管部门同意。土地使用者应当根据土地权属，与有关自然资源主管部门或者农村集体经济组织、村民委员会签订临时使用土地合同，并按照合同的约定支付临时使用土地补偿费。

临时使用土地的使用者应当按照临时使用土地合同约定的用途使用土地，并不得修建永久性建筑物。

临时使用土地期限一般不超过二年。

第五十八条 有下列情形之一的，由有关人民政府自然资源主管部门报经原批准用地的人民政府或者有批准权的人民政府批准，可以收回国有土地使用权：

（一）为实施城市规划进行旧城区改建以及其他公共利益需要，确需使用土地的；

（二）土地出让等有偿使用合同约定的使用期限届满，土地使用者未申请续期或者申请续期未获批准的；

（三）因单位撤销、迁移等原因，停止使用原划拨的国有土地的；

（四）公路、铁路、机场、矿场等经核准报废的。

依照前款第（一）项的规定收回国有土地使用权的，对土地使用权人应当给予适当补偿。

第五十九条 乡镇企业、乡（镇）村公共设施、公益事业、农村村民住宅等乡（镇）村建设，应当按照村庄和集镇规划，合理布局，综合开发，配套建设；建设用地，应当符合乡（镇）土地利用总体规划和土地利用年度计划，并依照本法第四十四条、第六十条、第六十一条、第六十二条的规定办理审批手续。

第六十条 农村集体经济组织使用乡（镇）土地利用总体规划确定的建设用地兴办企业或者与其他单位、个人以土地使用权入股、联营等形式共同举办企业的，应当持有关批准文件，向县级以上地方人民政府自然资源主管部门提出申请，按照省、自治区、直辖市规定的批准权限，由县级以上地方人民政府批准；其中，涉及占用农用地的，依照本法第四十四条的规定办理审批手续。

按照前款规定兴办企业的建设用地，必须严格控制。省、自治区、直辖市可以按照乡镇企业的不同行业和经营规模，分别规定用地标准。

第六十一条 乡（镇）村公共设施、公益事业建设，需要使用土地的，经乡（镇）人民政府审核，向县级以上地方人民政府自然资源主管部门提出申请，按照省、自治区、直辖市规定的批准权限，由县级以上地方人民政府批准；其中，涉及占用农用地的，依照本法第四十四条的规定办理审批手续。

第六十二条 农村村民一户只能拥有一处宅基地，其宅基地的面积不得超过省、自治区、直辖市规定的标准。

人均土地少、不能保障一户拥有一处宅基地的地区，县级人民政府在充分尊重农村村民意愿的基础上，可以采取措施，按照省、自治区、直辖市规定的标准保障农村村民实现户有所居。

农村村民建住宅，应当符合乡（镇）土地利用总体规划、村庄规划，不得占用永久基本农田，并尽量使用原有的宅基地和村内空闲地。编制乡(镇)土地利用总体规划、村庄规划应当统筹并合理安排宅基地用地,改善农村村民居住环境和条件。

农村村民住宅用地,由乡(镇)人民政府审核批准;其中,涉及占用农用地的,依照本法第四十四条的规定办理审批手续。

农村村民出卖、出租、赠与住宅后,再申请宅基地的,不予批准。

国家允许进城落户的农村村民依法自愿有偿退出宅基地,鼓励农村集体经济组织及其成员盘活利用闲置宅基地和闲置住宅。

国务院农业农村主管部门负责全国农村宅基地改革和管理有关工作。

第六十三条 土地利用总体规划、城乡规划确定为工业、商业等经营性用途,并经依法登记的集体经营性建设用地,土地所有权人可以通过出让、出租等方式交由单位或者个人使用,并应当签订书面合同,载明土地界址、面积、动工期限、使用期限、土地用途、规划条件和双方其他权利义务。

前款规定的集体经营性建设用地出让、出租等,应当经本集体经济组织成员的村民会议三分之二以上成员或者三分之二以上村民代表的同意。

通过出让等方式取得的集体经营性建设用地使用权可以转让、互换、出资、赠与或者抵押,但法律、行政法规另有规定或者土地所有权人、土地使用权人签订的书面合同另有约定的除外。

集体经营性建设用地的出租,集体建设用地使用权的出让及其最高年限、转让、互换、出资、赠与、抵押等,参照同类用途的国有建设用地执行。具体办法由国务院制定。

第六十四条 集体建设用地的使用者应当严格按照土地利用总体规划、城乡规划确定的用途使用土地。

第六十五条 在土地利用总体规划制定前已建的不符合土地利用总体规划确定的用途的建筑物、构筑物,不得重建、扩建。

第六十六条 有下列情形之一的,农村集体经济组织报经原批准用地的人民政府批准,可以收回土地使用权:

(一)为乡(镇)村公共设施和公益事业建设,需要使用土地的;

(二)不按照批准的用途使用土地的;

(三)因撤销、迁移等原因而停止使用土地的。

依照前款第(一)项规定收回农民集体所有的土地的,对土地使用权人应当给予适当补偿。

收回集体经营性建设用地使用权,依照双方签订的书面合同办理,法律、行政法规另有规定的除外。

第六章 监督检查

第六十七条 县级以上人民政府自然资源主管部门对违反土地管理法律、法规的行为进行监督检查。

县级以上人民政府农业农村主管部门对违反农村宅基地管理法律、法规的行为进行监督检查的,适用本法关于自然资源主管部门监督检查的规定。

土地管理监督检查人员应当熟悉土地管理法律、法规,忠于职守、秉公执法。

第六十八条 县级以上人民政府自然资源主管部门履行监督检查职责时,有权采取下列措施:

(一)要求被检查的单位或者个人提供有关土地权利的文件和资料,进行查阅或者予以复制;

(二)要求被检查的单位或者个人就有关土地权利的问题作出说明;

(三)进入被检查单位或者个人非法占用的土地现场进行勘测;

(四)责令非法占用土地的单位或者个人停止违反土地管理法律、法规的行为。

第六十九条 土地管理监督检查人员履行职责,需要进入现场进行勘测、要求有关单位或者个人提供文件、资料和作出说明的,应当出示土地管理监督检查证件。

第七十条 有关单位和个人对县级以上人民政府自然资源主管部门就土地违法行为进行的监督检查应当支持与配合,并提供工作方便,不得拒绝与阻碍土地管理监督检查人员依法执行职务。

第七十一条 县级以上人民政府自然资源

主管部门在监督检查工作中发现国家工作人员的违法行为，依法应当给予处分的，应当依法予以处理；自己无权处理的，应当依法移送监察机关或者有关机关处理。

第七十二条　县级以上人民政府自然资源主管部门在监督检查工作中发现土地违法行为构成犯罪的，应当将案件移送有关机关，依法追究刑事责任；尚不构成犯罪的，应当依法给予行政处罚。

第七十三条　依照本法规定应当给予行政处罚，而有关自然资源主管部门不给予行政处罚的，上级人民政府自然资源主管部门有权责令有关自然资源主管部门作出行政处罚决定或者直接给予行政处罚，并给予有关自然资源主管部门的负责人处分。

第七章　法律责任

第七十四条　买卖或者以其他形式非法转让土地的，由县级以上人民政府自然资源主管部门没收违法所得；对违反土地利用总体规划擅自将农用地改为建设用地的，限期拆除在非法转让的土地上新建的建筑物和其他设施，恢复土地原状，对符合土地利用总体规划的，没收在非法转让的土地上新建的建筑物和其他设施；可以并处罚款；对直接负责的主管人员和其他直接责任人员，依法给予处分；构成犯罪的，依法追究刑事责任。

第七十五条　违反本法规定，占用耕地建窑、建坟或者擅自在耕地上建房、挖砂、采石、采矿、取土等，破坏种植条件的，或者因开发土地造成土地荒漠化、盐渍化的，由县级以上人民政府自然资源主管部门、农业农村主管部门等按照职责责令限期改正或者治理，可以并处罚款；构成犯罪的，依法追究刑事责任。

第七十六条　违反本法规定，拒不履行土地复垦义务的，由县级以上人民政府自然资源主管部门责令限期改正；逾期不改正的，责令缴纳复垦费，专项用于土地复垦，可以处以罚款。

第七十七条　未经批准或者采取欺骗手段骗取批准，非法占用土地的，由县级以上人民政府自然资源主管部门责令退还非法占用的土地，对违反土地利用总体规划擅自将农用地改为建设用地的，限期拆除在非法占用的土地上新建的建筑物和其他设施，恢复土地原状，对符合土地利用总体规划的，没收在非法占用的土地上新建的建筑物和其他设施，可以并处罚款；对非法占用土地单位的直接负责的主管人员和其他直接责任人员，依法给予处分；构成犯罪的，依法追究刑事责任。

超过批准的数量占用土地，多占的土地以非法占用土地论处。

第七十八条　农村村民未经批准或者采取欺骗手段骗取批准，非法占用土地建住宅的，由县级以上人民政府农业农村主管部门责令退还非法占用的土地，限期拆除在非法占用的土地上新建的房屋。

超过省、自治区、直辖市规定的标准，多占的土地以非法占用土地论处。

第七十九条　无权批准征收、使用土地的单位或者个人非法批准占用土地的，超越批准权限非法批准占用土地的，不按照土地利用总体规划确定的用途批准用地的，或者违反法律规定的程序批准占用、征收土地的，其批准文件无效，对非法批准征收、使用土地的直接负责的主管人员和其他直接责任人员，依法给予处分；构成犯罪的，依法追究刑事责任。非法批准、使用的土地应当收回，有关当事人拒不归还的，以非法占用土地论处。

非法批准征收、使用土地，对当事人造成损失的，依法应当承担赔偿责任。

第八十条　侵占、挪用被征收土地单位的征地补偿费用和其他有关费用，构成犯罪的，依法追究刑事责任；尚不构成犯罪的，依法给予处分。

第八十一条　依法收回国有土地使用权当事人拒不交出土地的，临时使用土地期满拒不归还的，或者不按照批准的用途使用国有土地的，由县级以上人民政府自然资源主管部门责令交还土地，处以罚款。

第八十二条　擅自将农民集体所有的土地通过出让、转让使用权或者出租等方式用于非农业建设，或者违反本法规定，将集体经营性建设用地通过出让、出租等方式交由单位或者个人使用的，由县级以上人民政府自然资源主管部门责令限期改正，没收违法所得，并处罚款。

第八十三条 依照本法规定，责令限期拆除在非法占用的土地上新建的建筑物和其他设施的，建设单位或者个人必须立即停止施工，自行拆除；对继续施工的，作出处罚决定的机关有权制止。建设单位或者个人对责令限期拆除的行政处罚决定不服的，可以在接到责令限期拆除决定之日起十五日内，向人民法院起诉；期满不起诉又不自行拆除的，由作出处罚决定的机关依法申请人民法院强制执行，费用由违法者承担。

第八十四条 自然资源主管部门、农业农村主管部门的工作人员玩忽职守、滥用职权、徇私舞弊，构成犯罪的，依法追究刑事责任；尚不构成犯罪的，依法给予处分。

第八章 附 则

第八十五条 外商投资企业使用土地的，适用本法；法律另有规定的，从其规定。

第八十六条 在根据本法第十八条的规定编制国土空间规划前，经依法批准的土地利用总体规划和城乡规划继续执行。

第八十七条 本法自1999年1月1日起施行。

中华人民共和国土地管理法实施条例①

（1991年1月4日中华人民共和国国务院公布 自1991年2月1日起施行）

第一章 总 则

第一条 根据《中华人民共和国土地管理法》（以下简称《土地管理法》）第五十六条的规定，制定本条例。

第二条 国家土地管理局主管全国土地的统一管理工作。

第二章 土地的所有权和使用权

第三条 下列土地属于全民所有即国家所有：

（一）城市市区的土地；

（二）农村和城市郊区中依法没收、征用、征收、征购、收归国有的土地（依法划定或者确定为集体所有的除外）；

（三）国家未确定为集体所有的林地、草地、山岭、荒地、滩涂、河滩地以及其他土地。

第四条 集体土地所有者、国有土地使用者，必须向县级以上地方人民政府土地管理部门提出土地登记申请。

集体所有的土地，由县级人民政府登记造册，核发《集体土地所有证》，确认所有权。

单位和个人依法使用的国有土地，由县级以上地方人民政府登记造册，核发《国有土地使用证》，确认使用权。

土地证书式样由国家土地管理局统一制定。

确认林地、草原的所有权或者使用权，确认水面、滩涂的养殖使用权，分别依照《森林法》、《草原法》和《渔业法》的有关规定办理。

第五条 未开发、使用的国有土地，由县级以上地方人民政府登记造册，负责保护管理。

第六条 依法改变土地的所有权、使用权，或者因依法买卖、转让地上建筑物、附着物等而使土地使用权转移的，必须向县级以上地方人民政府土地管理部门申请土地所有权、使用权变更登记，由县级以上地方人民政府更换土地证书。

依法买卖、转让地上建筑物和附着物的，依照国家有关规定办理过户登记手续。

第七条 依照《土地管理法》第十九条规定收回用地单位的土地使用权，应当由土地管理部门报县级以上人民政府批准注销国有土地使用证，并由土地管理部门办理注销土地登记手续。

第八条 全民所有制单位之间、集体所有制单位之间、全民所有制单位和集体所有制单位之间的土地所有权和使用权争议，由土地所在的县级以上人民政府处理。

个人之间、个人与全民所有制单位和集体所有制单位之间的土地使用权争议，由土地所在的乡级人民政府或者县级人民政府处理。

土地所有权和使用权发生争议需要重新确认所有权和使用权的，由县级以上人民政府确认所有权和使用权，核发土地证书。

---

① 编者注：已废止。

第三章　土地的利用和保护

第九条　国家建立土地调查制度。土地调查内容包括土地权属调查、土地利用现状调查和土地条件调查。

全国土地调查计划由国家土地管理局会同有关部门制定,报国务院批准后实施。

地方土地调查计划,由县级以上地方人民政府土地管理部门会同有关部门制定,报同级人民政府批准,并报上一级人民政府土地管理部门备案后实施。

土地调查由县级以上人民政府土地管理部门组织有关部门进行。土地所有者和使用者应当配合调查,提供必要的资料。

第十条　县级以上人民政府土地管理部门应当会同有关部门根据土地调查成果评定土地等级。

第十一条　国家建立土地统计制度。县级以上人民政府土地管理部门会同统计部门依法进行土地统计。

统计人员依法行使土地统计职权。土地所有者和使用者应当提供统计资料,不得虚报、瞒报、拒报、迟报,不得伪造、篡改。

第十二条　全国土地利用总体规划由国家土地管理局会同有关部门拟订,经国家计划委员会综合平衡后,报国务院批准执行。

县级以上地方人民政府的土地利用总体规划,由县级以上地方人民政府土地管理部门会同有关部门拟订,经同级计划主管部门综合平衡后,由同级人民政府审查同意,报上一级人民政府批准执行。

乡级人民政府的土地利用总体规划,由乡级人民政府编制,报县级人民政府批准执行。

经批准的土地利用总体规划的修改,须经原批准机关批准。

第十三条　开发国有荒山、荒地、滩涂,必须向当地土地管理部门提出申请,由县级以上地方人民政府按照省、自治区、直辖市规定的批准权限批准,法律、法规另有规定的,依照有关法律、法规办理。

一次性开发一万亩以上二万亩以下土地的,须经国家土地管理局批准;一次性开发二万亩以上土地的,须经国务院批准。

第十四条　单位和个人将耕地改为非耕地的,须经县级以上人民政府批准。

第十五条　单位和个人承包经营的土地和依法确定给个人使用的自留地、自留山,应当按照规定用途使用,不得擅自建房、建窑、建坟、采矿、采石、挖砂、取土。

在前款所指的土地上从事采矿、采石、挖砂、取土等经营活动的单位和个人,必须向县级以上地方人民政府土地管理部门提出用地申请,经县级以上人民政府批准,法律、法规另有规定的,依照有关法律、法规办理。

第十六条　采矿、挖砂、取土后能够复垦的土地,用地单位和个人必须依照国务院发布的《土地复垦规定》负责复垦,由县级以上人民政府土地管理部门会同有关部门对复垦的土地进行检查验收。

第四章　国家建设用地

第十七条　国家进行经济、文化、国防建设以及举办社会公共事业,应当节约用地、合理用地。建设项目设计任务书报批时,必须附具土地管理部门的意见。

第十八条　国家建设用地的审批程序:

(一)建设单位持经批准的设计任务书或者初步设计、年度基本建设计划等有关文件,向被征用土地所在的县级以上地方人民政府土地管理部门申请建设用地。

(二)县级以上地方人民政府土地管理部门对建设用地申请进行审核,划定用地范围,并组织建设单位与被征地单位以及有关单位依法商定征用土地的补偿、安置方案,报县级以上人民政府批准。

(三)建设用地的申请,依照法定批准权限经县级以上人民政府批准后,由被征用土地所在的县级以上人民政府发给建设用地批准书,土地管理部门根据建设进度一次或者分期划拨建设用地。

(四)建设项目竣工后,建设项目主管部门组织有关部门验收时,由县级以上人民政府土地管理部门核查实际用地(城市规划区内的建设项目竣工后,由城市规划行政主管部门会同土地管理部门核查实际用地），经认可后依照本条例第二章的有关规定，办理土地登记手续，核发国有土地使用证。

在城市规划区内申请建设用地，建设单位或者个人在取得建设用地规划许可证后，依照前款规定的程序办理。

第十九条　铁路、公路和输油、输水管线等建设项目用地，应当根据建设项目总体设计，一次申请批准，可以分段办理征用、划拨土地手续；分期建设的建设项目，可以根据其设计任务书确定的工期，分段申请批准和办理征用、划拨土地手续。

第二十条　抢险救灾急需用地的，可以先行使用，但事后必须按照规定补办临时用地或者征用、划拨土地手续。

第二十一条　《土地管理法》第二十五条第一款所称征用其他土地二千亩以上，包括一个建设项目同时征用耕地一千亩以下和其他土地一千亩以上合计为二千亩以上。

《土地管理法》第二十五条第二款所称征用其他土地十亩以下，包括一个建设项目同时征用耕地三亩以下和其他土地十亩以下合计为三亩以上十亩以下。

第二十二条　依照《土地管理法》第十九条规定收回使用权的国有土地，县级以上人民政府可以确定给农业集体经济组织耕种。农业集体经济组织在耕种期间，不得在该土地上兴建永久性建筑物或者种植多年生作物，并在国家建设需要使用时按时交还。交还时土地上有青苗的，建设单位应当付给青苗补偿费。

第二十三条　建设单位因施工需要，在征用的土地范围外需要增加临时用地的，应当向当地县级人民政府土地管理部门提出临时用地申请，报同级人民政府批准。在城市规划区内需要增加临时用地的，应当先向城市规划行政主管部门提出定点申请，经审查同意后，向土地管理部门提出临时用地申请。

临时使用集体所有的土地的，依照《土地管理法》第三十三条第一款的规定给予补偿。

第五章　乡（镇）村建设用地

第二十四条　乡（镇）村各项建设应当严格控制占用农业生产用地，不得突破县级以上地方人民政府下达的乡（镇）村建设用地控制指标。

第二十五条　农村村民建住宅需要使用土地的，应当先向村农业集体经济组织或者村民委员会提出用地申请，经村民代表会或者村民大会讨论通过后，报人民政府批准。其中需要使用耕地的，由乡级人民政府审核，经县级人民政府土地管理部门审查同意后，报县级人民政府批准；需要使用原有宅基地、村内空闲地和其他土地的，报乡级人民政府批准。

第二十六条　城镇非农业户口居民建住宅需要使用集体所有的土地的，应当经其所在单位或者居民委员会同意后，向土地所在的村农业集体经济组织或者村民委员会或者乡（镇）农民集体经济组织提出用地申请。使用的土地属于村农民集体所有的，由村民代表会或者村民大会讨论通过，经乡（镇）人民政府审查同意后，报县级人民政府批准；使用的土地属于乡（镇）农民集体所在的，由乡（镇）农民集体经济组织讨论通过，经乡（镇）人民政府审查同意后，报县级人民政府批准。

第二十七条　回原籍乡村落户的职工、退伍军人和离、退休干部，以及回家乡定居的华侨、港澳台同胞，需要使用集体所有的土地建住宅的，依照《土地管理法》第三十八条和本条例第二十五条的规定办理。

第二十八条　依照乡（镇）村建设规划兴建农村集贸市场，需要使用土地的，依照《土地管理法》第四十条的规定办理。

第二十九条　农村承包经营户、个体工商户从事非农业生产经营活动，应当利用原有宅基地；确需另外使用集体所有的土地的，必须持有关部门批准文件，向土地所在的村农民集体经济组织或者村民委员会或者乡（镇）农民集体经济组织提出用地申请，由村民代表会或者乡（镇）农民集体经济组织讨论通过，经乡（镇）人民政府审查同意后，由县级以上地方人民政府按照省、自治区、直辖市规定的批准权限批准。

第六章　法律责任

第三十条　依照《土地管理法》第四十三条、第四十四条的规定，除责令违法者退还非法占用的土地，限期拆除或者没收在非法占用的土地上新建的建筑物和其他设施外，处以罚款的，按非法占用土地每平方米十五元以下的标准执行。

第三十一条　依照《土地管理法》第四十七条的规定，对违法者除没收其非法所得，限期拆除或者没收在买卖或者以其他形式非法转让的土地上新建的建筑物和其他设施外，处以罚款的，按非法所得百分之五十以下的标准执行。

第三十二条　依照《土地管理法》第四十九条的规定，除责令违法者退赔外，处以罚款的，按非法占用款数额百分之三十以下的标准执行。

第三十三条　依照《土地管理法》第五十条的规定，除责令违法者交还土地外，处以罚款的，按非法使用土地每平方米五元以下的标准执行。

第三十四条　依照《土地管理法》第五十一条的规定，对严重毁坏种植条件的，除责令违法者限期治理外，处以罚款的，依照耕地保护法规规定的标准执行；对因开发土地造成土地沙化、盐渍化的，除责令违法者限期治理外，处以罚款的，依照各省、自治区、直辖市人民政府制定的标准执行；对因开发土地造成水土流失的，除责令违法者限期治理外，处以罚款的，依照水土保持法规规定的标准执行。

第三十五条　罚款必须在规定的期限内缴纳；逾期不缴纳的，每日加收相当于罚款数额千分之三的滞纳金。

罚款和滞纳金按照国家有关规定上缴国库。

第三十六条　未经批准或者采用荒废耕地等手段骗取批准，非法占用土地建住宅或者从事其他建设的，限期拆除或者没收在非法占用的土地上新建的建筑物和其他设施，责令退还非法占用的土地。

依法受到限期拆除新建的建筑物和其他设施的处罚的单位和个人，继续施工的，作出处罚决定的机关有权对继续施工的设备、建筑材料予以查封。

第三十七条　虚报、瞒报、拒报、屡次迟报或者伪造、篡改土地统计资料的，依照《中华人民共和国统计法》第二十五条和《中华人民共和国统计法实施细则》第三十一条的规定处罚。

第三十八条　侵犯土地所有权或者使用权的，县级以上地方人民政府土地管理部门依照《土地管理法》第五十三条规定作出处理决定后，侵权人在法定期限内不起诉又不履行的，被侵权人可以申请人民法院强制执行。

第七章　附　　则

第三十九条　本条例由国家土地管理局负责解释。

第四十条　本条例自一九九一年二月一日起施行。

中华人民共和国土地管理法实施条例①

（1998年12月24日国务院第12次常务会议通过　自1999年1月1日起施行）

第一章　总　　则

第一条　根据《中华人民共和国土地管理法》（以下简称《土地管理法》），制定本条例。

第二章　土地的所有权和使用权

第二条　下列土地属于全民所有即国家所有：

（一）城市市区的土地；

（二）农村和城市郊区中已经依法没收、征收、征购为国有的土地；

（三）国家依法征用的土地；

（四）依法不属于集体所有的林地、草地、荒地、滩涂及其他土地；

（五）农村集体经济组织全部成员转为城镇居民的，原属于其成员集体所有的土地；

（六）因国家组织移民、自然灾害等原因，农民成建制地集体迁移后不再使用的原属于迁移农民集体所有的土地。

第三条　国家依法实行土地登记发证制度。依法登记的土地所有权和土地使用权受法律保护，任何单位和个人不得侵犯。

土地登记内容和土地权属证书式样由国务院土地行政主管部门统一规定。

---

①　编者注：已被修改。

土地登记资料可以公开查询。

确认林地、草原的所有权或者使用权，确认水面、滩涂的养殖使用权，分别依照《森林法》、《草原法》和《渔业法》的有关规定办理。

第四条 农民集体所有的土地，由土地所有者向土地所在地的县级人民政府土地行政主管部门提出土地登记申请，由县级人民政府登记造册，核发集体土地所有权证书，确认所有权。

农民集体所有的土地依法用于非农业建设的，由土地使用者向土地所在地的县级人民政府土地行政主管部门提出土地登记申请，由县级人民政府登记造册，核发集体土地使用权证书，确认建设用地使用权。

设区的市人民政府可以对市辖区内农民集体所有的土地实行统一登记。

第五条 单位和个人依法使用的国有土地，由土地使用者向土地所在地的县级以上人民政府土地行政主管部门提出土地登记申请，由县级以上人民政府登记造册，核发国有土地使用权证书，确认使用权。其中，中央国家机关使用的国有土地的登记发证，由国务院土地行政主管部门负责，具体登记发证办法由国务院土地行政主管部门会同国务院机关事务管理局等有关部门制定。

未确定使用权的国有土地，由县级以上人民政府登记造册，负责保护管理。

第六条 依法改变土地所有权、使用权的，因依法转让地上建筑物、构筑物等附着物导致土地使用权转移的，必须向土地所在地的县级以上人民政府土地行政主管部门提出土地变更登记申请，由原土地登记机关依法进行土地所有权、使用权变更登记。土地所有权、使用权的变更，自变更登记之日起生效。

依法改变土地用途的，必须持批准文件，向土地所在地的县级以上人民政府土地行政主管部门提出土地变更登记申请，由原土地登记机关依法进行变更登记。

第七条 依照《土地管理法》的有关规定，收回用地单位的土地使用权的，由原土地登记机关注销土地登记。

土地使用权有偿使用合同约定的使用期限届满，土地使用者未申请续期或者虽申请续期未获批准的，由原土地登记机关注销土地登记。

第三章 土地利用总体规划

第八条 全国土地利用总体规划，由国务院土地行政主管部门会同国务院有关部门编制，报国务院批准。

省、自治区、直辖市的土地利用总体规划，由省、自治区、直辖市人民政府组织本级土地行政主管部门和其他有关部门编制，报国务院批准。

省、自治区人民政府所在地的市、人口在100万以上的城市以及国务院指定的城市的土地利用总体规划，由各该市人民政府组织本级土地行政主管部门和其他有关部门编制，经省、自治区人民政府审查同意后，报国务院批准。

本条第一款、第二款、第三款规定以外的土地利用总体规划，由有关人民政府组织本级土地行政主管部门和其他有关部门编制，逐级上报省、自治区、直辖市人民政府批准；其中，乡（镇）土地利用总体规划，由乡（镇）人民政府编制，逐级上报省、自治区、直辖市人民政府或者省、自治区、直辖市人民政府授权的设区的市、自治州人民政府批准。

第九条 土地利用总体规划的规划期限一般为15年。

第十条 依照《土地管理法》规定，土地利用总体规划应

当将土地划分为农用地、建设用地和未利用地。

县级和乡（镇）土地利用总体规划应当根据需要，划定基本农田保护区、土地开垦区、建设用地区和禁止开垦区等；其中，乡（镇）土地利用总体规划还应当根据土地使用条件，确定每一块土地的用途。

土地分类和划定土地利用区的具体办法，由国务院土地行政主管部门会同国务院有关部门制定。

第十一条 乡（镇）土地利用总体规划经依法批准后，乡（镇）人民政府应当在本行政区域内予以公告。

公告应当包括下列内容：

（一）规划目标；

（二）规划期限；

（三）规划范围；

（四）地块用途；

（五）批准机关和批准日期。

第十二条 依照《土地管理法》第二十六条第二款、第三款规定修改土地利用总体规划的，由原编制机关根据国务院或者省、自治区、直辖市人民政府的批准文件修改。修改后的土地利用总体规划应当报原批准机关批准。

上一级土地利用总体规划修改后，涉及修改下一级土地利用总体规划的，由上一级人民政府通知下一级人民政府作出相应修改，并报原批准机关备案。

第十三条 各级人民政府应当加强土地利用年度计划管理，实行建设用地总量控制。土地利用年度计划一经批准下达，必须严格执行。

土地利用年度计划应当包括下列内容：

（一）农用地转用计划指标；

（二）耕地保有量计划指标；

（三）土地开发整理计划指标。

第十四条 县级以上人民政府土地行政主管部门应当会同同级有关部门进行土地调查。

土地调查应当包括下列内容：

（一）土地权属；

（二）土地利用现状；

（三）土地条件。

地方土地利用现状调查结果，经本级人民政府审核，报上一级人民政府批准后，应当向社会公布；全国土地利用现状调查结果，报国务院批准后，应当向社会公布。土地调查规程，由国务院土地行政主管部门会同国务院有关部门制定。

第十五条 国务院土地行政主管部门会同国务院有关部门制定土地等级评定标准。

县级以上人民政府土地行政主管部门应当会同同级有关部门根据土地等级评定标准，对土地等级进行评定。地方土地等级评定结果，经本级人民政府审核，报上一级人民政府土地行政主管部门批准后，应当向社会公布。

根据国民经济和社会发展状况，土地等级每6年调整1次。

第四章 耕地保护

第十六条 在土地利用总体规划确定的城市和村庄、集镇建设用地范围内，为实施城市规划和村庄、集镇规划占用耕地，以及在土地利用总体规划确定的城市建设用地范围外的能源、交通、水利、矿山、军事设施等建设项目占用耕地的，分别由市、县人民政府、农村集体经济组织和建设单位依照《土地管理法》第三十一条的规定负责开垦耕地；没有条件开垦或者开垦的耕地不符合要求的，应当按照省、自治区、直辖市的规定缴纳耕地开垦费。

第十七条 禁止单位和个人在土地利用总体规划确定的禁止开垦区内从事土地开发活动。

在土地利用总体规划确定的土地开垦区内，开发未确定土地使用权的国有荒山、荒地、荒滩从事种植业、林业、畜牧业、渔业生产的，应当向土地所在地的县级以上人民政府土地行政主管部门提出申请，报有批准权的人民政府批准。

一次性开发未确定土地使用权的国有荒山、荒地、荒滩600公顷以下的，按照省、自治区、直辖市规定的权限，由县级以上地方人民政府批准；开发600公顷以上的，报国务院批准。

开发未确定土地使用权的国有荒山、荒地、荒滩从事种植业、林业、畜牧业或者渔业生产的，经县级以上人民政府依法批准，可以确定给开发单位或者个人长期使用，使用期限最长不得超过50年。

第十八条 县、乡（镇）人民政府应当按照土地利用总体规划，组织农村集体经济组织制定土地整理方案，并组织实施。

地方各级人民政府应当采取措施，按照土地利用总体规划推进土地整理。土地整理新增耕地面积的百分之六十可以用作折抵建设占用耕地的补偿指标。

土地整理所需费用，按照谁受益谁负担的原则，由农村集体经济组织和土地使用者共同承担。

第五章 建设用地

第十九条 建设占用土地，涉及农用地转为建设用地的，应当符合土地利用总体规划和土地利用年度计划中确定的农用地转用指标；城市和村庄、集镇建设占用土地，涉及农用地转用的，还应当符合城市规划和村庄、集镇规划。不符合规定的，不得批准农用地转为建设用地。

第二十条 在土地利用总体规划确定的城市建设用地范围内,为实施城市规划占用土地的,按照下列规定办理:

(一)市、县人民政府按照土地利用年度计划拟订农用地转用方案、补充耕地方案、征用土地方案,分批次逐级上报有批准权的人民政府。

(二)有批准权的人民政府土地行政主管部门对农用地转用方案、补充耕地方案、征用土地方案进行审查,提出审查意见,报有批准权的人民政府批准;其中,补充耕地方案由批准农用地转用方案的人民政府在批准农用地转用方案时一并批准。

(三)农用地转用方案、补充耕地方案、征用土地方案经批准后,由市、县人民政府组织实施,按具体建设项目分别供地。

在土地利用总体规划确定的村庄、集镇建设用地范围内,为实施村庄、集镇规划占用土地的,由市、县人民政府拟订农用地转用方案、补充耕地方案,依照前款规定的程序办理。

第二十一条 具体建设项目需要使用土地的,建设单位应当根据建设项目的总体设计一次申请,办理建设用地审批手续;分期建设的项目,可以根据可行性研究报告确定的方案分期申请建设用地,分期办理建设用地有关审批手续。

第二十二条 具体建设项目需要占用土地利用总体规划确定的城市建设用地范围内的国有建设用地的,按照下列规定办理:

(一)建设项目可行性研究论证时,由土地行政主管部门对建设项目用地有关事项进行审查,提出建设项目用地预审报告;可行性研究报告报批时,必须附具土地行政主管部门出具的建设项目用地预审报告。

(二)建设单位持建设项目的有关批准文件,向市、县人民政府土地行政主管部门提出建设用地申请,由市、县人民政府土地行政主管部门审查,拟订供地方案,报市、县人民政府批准;需要上级人民政府批准的,应当报上级人民政府批准。

(三)供地方案经批准后,由市、县人民政府向建设单位颁发建设用地批准书。有偿使用国有土地的,由市、县人民政府土地行政主管部门与土地使用者签订国有土地有偿使用合同;划拨使用国有土地的,由市、县人民政府土地行政主管部门向土地使用者核发国有土地划拨决定书。

(四)土地使用者应当依法申请土地登记。

通过招标、拍卖方式提供国有建设用地使用权的,由市、县人民政府土地行政主管部门会同有关部门拟订方案,报市、县人民政府批准后,由市、县人民政府土地行政主管部门组织实施,并与土地使用者签订土地有偿使用合同。土地使用者应当依法申请土地登记。

第二十三条 具体建设项目需要使用土地的,必须依法申请使用土地利用总体规划确定的城市建设用地范围内的国有建设用地。能源、交通、水利、矿山、军事设施等建设项目确需使用土地利用总体规划确定的城市建设用地范围外的土地,涉及农用地的,按照下列规定办理:

(一)建设项目可行性研究论证时,由土地行政主管部门对建设项目用地有关事项进行审查,提出建设项目用地预审报告;可行性研究报告报批时,必须附具土地行政主管部门出具的建设项目用地预审报告。

(二)建设单位持建设项目的有关批准文件,向市、县人民政府土地行政主管部门提出建设用地申请,由市、县人民政府土地行政主管部门审查,拟订农用地转用方案、补充耕地方案、征用土地方案和供地方案(涉及国有农用地的,不拟订征用土地方案),经市、县人民政府审核同意后,逐级上报有批准权的人民政府批准;其中,补充耕地方案由批准农用地转用方案的人民政府在批准农用地转用方案时一并批准;供地方案由批准征用土地的人民政府在批准征用土地方案时一并批准(涉及国有农用地的,供地方案由批准农用地转用的人民政府在批准农用地转用方案时一并批准)。

(三)农用地转用方案、补充耕地方案、征用土地方案和供地方案经批准后,由市、县人民政府组织实施,向建设单位颁发建设用地批准书。有偿使用国有土地的,由市、县人民政府土地行政主管部门与土地使用者签订国有土地有偿使用合同;划拨使用国有土地的,由市、县人民政府土地行政主管部门向土地使用者核发国有土地划拨决定书。

（四）土地使用者应当依法申请土地登记。

建设项目确需使用土地利用总体规划确定的城市建设用地范围外的土地，涉及农民集体所有的未利用地的，只报批征用土地方案和供地方案。

第二十四条　具体建设项目需要占用土地利用总体规划确定的国有未利用地的，按照省、自治区、直辖市的规定办理；但是，国家重点建设项目、军事设施和跨省、自治区、直辖市行政区域的建设项目以及国务院规定的其他建设项目用地，应当报国务院批准。

第二十五条　征用土地方案经依法批准后，由被征用土地所在地的市、县人民政府组织实施，并将批准征地机关、批准文号、征用土地的用途、范围、面积以及征地补偿标准、农业人员安置办法和办理征地补偿的期限等，在被征用土地所在地的乡（镇）、村予以公告。

被征用土地的所有权人、使用权人应当在公告规定的期限内，持土地权属证书到公告指定的人民政府土地行政主管部门办理征地补偿登记。

市、县人民政府土地行政主管部门根据经批准的征用土地方案，会同有关部门拟订征地补偿、安置方案，在被征用土地所在地的乡（镇）、村予以公告，听取被征用土地的农村集体经济组织和农民的意见。征地补偿、安置方案报市、县人民政府批准后，由市、县人民政府土地行政主管部门组织实施。对补偿标准有争议的，由县级以上地方人民政府协调；协调不成的，由批准征用土地的人民政府裁决。征地补偿、安置争议不影响征用土地方案的实施。

征用土地的各项费用应当自征地补偿、安置方案批准之日起3个月内全额支付。

第二十六条　土地补偿费归农村集体经济组织所有；地上附着物及青苗补偿费归地上附着物及青苗的所有者所有。

征用土地的安置补助费必须专款专用，不得挪作他用。需要安置的人员由农村集体经济组织安置的，安置补助费支付给农村集体经济组织，由农村集体经济组织管理和使用；由其他单位安置的，安置补助费支付给安置单位；不需要统一安置的，安置补助费发放给被安置人员个人或者征得被安置人员同意后用于支付被安置人员的保险费用。

市、县和乡（镇）人民政府应当加强对安置补助费使用情况的监督。

第二十七条　抢险救灾等急需使用土地的，可以先行使用土地。其中，属于临时用地的，灾后应当恢复原状并交还原土地使用者使用，不再办理用地审批手续；属于永久性建设用地的，建设单位应当在灾情结束后6个月内申请补办建设用地审批手续。

第二十八条　建设项目施工和地质勘查需要临时占用耕地的，土地使用者应当自临时用地期满之日起1年内恢复种植条件。

第二十九条　国有土地有偿使用的方式包括：

（一）国有土地使用权出让；

（二）国有土地租赁；

（三）国有土地使用权作价出资或者入股。

第三十条　《土地管理法》第五十五条规定的新增建设用地的土地有偿使用费，是指国家在新增建设用地中应取得的平均土地纯收益。

第六章　监督检查

第三十一条　土地管理监督检查人员应当经过培训，经考核合格后，方可从事土地管理监督检查工作。

第三十二条　土地行政主管部门履行监督检查职责，除采取《土地管理法》第六十七条规定的措施外，还可以采取下列措施：

（一）询问违法案件的当事人、嫌疑人和证人；

（二）进入被检查单位或者个人非法占用的土地现场进行拍照、摄像；

（三）责令当事人停止正在进行的土地违法行为；

（四）对涉嫌土地违法的单位或者个人，停止办理有关土地审批、登记手续；

（五）责令违法嫌疑人在调查期间不得变卖、转移与案件有关的财物。

第三十三条　依照《土地管理法》第七十二条规定给予行政处分的，由责令作出行政处罚决定或者直接给予行政处罚决定的上级人民政府土地行政主管部门作出。对于警告、记过、记大过的行政处分决定,上级土地行政主管部门可以直接作出;对于降级、撤职、开除的行政处分决定,上级土地行政主管部门应当按照国家有关人事管理权限和处理程序的规定,向有关机关提出行政处分建议,由有关机关依法处理。

第七章 法律责任

第三十四条 违反本条例第十七条的规定,在土地利用总体规划确定的禁止开垦区内进行开垦的,由县级以上人民政府土地行政主管部门责令限期改正;逾期不改正的,依照《土地管理法》第七十六条的规定处罚。

第三十五条 在临时使用的土地上修建永久性建筑物、构筑物的,由县级以上人民政府土地行政主管部门责令限期拆除;逾期不拆除的,由作出处罚决定的机关依法申请人民法院强制执行。

第三十六条 对在土地利用总体规划制定前已建的不符合土地利用总体规划确定的用途的建筑物、构筑物重建、扩建的,由县级以上人民政府土地行政主管部门责令限期拆除;逾期不拆除的,由作出处罚决定的机关依法申请人民法院强制执行。

第三十七条 阻碍土地行政主管部门的工作人员依法执行职务的,依法给予治安管理处罚或者追究刑事责任。

第三十八条 依照《土地管理法》第七十三条的规定处以罚款的,罚款额为非法所得的百分之五十以下。

第三十九条 依照《土地管理法》第八十一条的规定处以罚款的,罚款额为非法所得的百分之五以上百分之二十以下。

第四十条 依照《土地管理法》第七十四条的规定处以罚款的,罚款额为耕地开垦费的2倍以下。

第四十一条 依照《土地管理法》第七十五条的规定处以罚款的,罚款额为土地复垦费的2倍以下。

第四十二条 依照《土地管理法》第七十六条的规定处以罚款的,罚款额为非法占用土地每平方米30元以下。

第四十三条 依照《土地管理法》第八十条的规定处以罚款的,罚款额为非法占用土地每平方米10元以上30元以下。

第四十四条 违反本条例第二十八条的规定,逾期不恢复种植条件的,由县级以上人民政府土地行政主管部门责令限期改正,可以处耕地复垦费2倍以下的罚款。

第四十五条 违反土地管理法律、法规规定,阻挠国家建设征用土地的,由县级以上人民政府土地行政主管部门责令交出土地;拒不交出土地的,申请人民法院强制执行。

第八章 附 则

第四十六条 本条例自1999年1月1日起施行。1991年1月4日国务院发布的《中华人民共和国土地管理法实施条例》同时废止。

国务院关于废止和修改部分行政法规的决定(节录)

(2010年12月29日国务院第138次常务会议通过 2011年1月8日中华人民共和国国务院令第588号公布 自公布之日起施行)

为进一步深入贯彻依法治国基本方略,维护社会主义法制统一,全面推进依法行政,国务院在1983年以来已对行政法规进行过4次全面清理的基础上,根据经济社会发展和改革深化的新情况、新要求,再次对截至2009年底现行的行政法规共691件进行了全面清理。经过清理,国务院决定:

……

(二)将下列行政法规中的“征用”修改为“征收”。

……

18.《中华人民共和国土地管理法实施条例》第二条、第二十条第一款、第二十三条、第二十五条、第二十六条第二款、第四十五条。

……

本决定自公布之日起施行。

国务院关于修改部分行政法规的决定(节录)

(2014年7月29日中华人民共和国国务院令第653号公布　自公布之日起施行)

为了依法推进行政审批制度改革和政府职能转变,发挥好地方政府贴近基层的优势,促进和保障政府管理由事前审批更多地转为事中事后监管,进一步激发市场活力、发展动力和社会创造力,根据2014年1月28日国务院公布的《国务院关于取消和下放一批行政审批项目的决定》,国务院对取消和下放的行政审批项目涉及的行政法规进行了清理。经过清理,国务院决定:对21部行政法规的部分条款予以修改。

……

八、将《中华人民共和国土地管理法实施条例》第十七条第二款修改为:"在土地利用总体规划确定的土地开垦区内,开发未确定土地使用权的国有荒山、荒地、荒滩从事种植业、林业、畜牧业、渔业生产的,应当向土地所在地的县级以上地方人民政府土地行政主管部门提出申请,按照省、自治区、直辖市规定的权限,由县级以上地方人民政府批准。"

删去第十七条第三款。

第十七条第四款改为第三款,并将其中的"县级以上人民政府"修改为"县级以上地方人民政府"。

……

本决定自公布之日起施行。

中华人民共和国土地管理法实施条例

(1998年12月27日中华人民共和国国务院令第256号发布　根据2011年1月8日《国务院关于废止和修改部分行政法规的决定》第一次修订　根据2014年7月29日《国务院关于修改部分行政法规的决定》第二次修订)

第一章　总　　则

第一条　根据《中华人民共和国土地管理法》(以下简称《土地管理法》),制定本条例。

第二章　土地的所有权和使用权

第二条　下列土地属于全民所有即国家所有:

(一)城市市区的土地;

(二)农村和城市郊区中已经依法没收、征收、征购为国有的土地;

(三)国家依法征收的土地;

(四)依法不属于集体所有的林地、草地、荒地、滩涂及其他土地;

(五)农村集体经济组织全部成员转为城镇居民的,原属于其成员集体所有的土地;

(六)因国家组织移民、自然灾害等原因,农民成建制地集体迁移后不再使用的原属于迁移农民集体所有的土地。

第三条　国家依法实行土地登记发证制度。依法登记的土地所有权和土地使用权受法律保护,任何单位和个人不得侵犯。

土地登记内容和土地权属证书式样由国务院土地行政主管部门统一规定。

土地登记资料可以公开查询。

确认林地、草原的所有权或者使用权,确认水面、滩涂的养殖使用权,分别依照《森林法》、《草原法》和《渔业法》的有关规定办理。

第四条　农民集体所有的土地,由土地所有者向土地所在地的县级人民政府土地行政主管部门提出土地登记申请,由县级人民政府登记造册,核发集体土地所有权证书,确认所有权。

农民集体所有的土地依法用于非农业建设的,由土地使用者向土地所在地的县级人民政府土地行政主管部门提出土地登记申请,由县级人民政府登记造册,核发集体土地使用权证书,确认建设用地使用权。

设区的市人民政府可以对市辖区内农民集体所有的土地实行统一登记。

第五条　单位和个人依法使用的国有土地,由土地使用者向土地所在地的县级以上人民政府土地行政主管部门提出土地登记申请,由县级以上人民政府登记造册,核发国有土地使用权证书,确认使用权。其中,中央国家机关使用的国有土地的登记发证,由国务院土地行政主管部门负责,具体登记发证办法由国务院土地行政主管部门会同国务院机关事务管理局等有关部门制定。

未确定使用权的国有土地,由县级以上人民政府登记造册,负责保护管理。

第六条 依法改变土地所有权、使用权的,因依法转让地上建筑物、构筑物等附着物导致土地使用权转移的,必须向土地所在地的县级以上人民政府土地行政主管部门提出土地变更登记申请,由原土地登记机关依法进行土地所有权、使用权变更登记。土地所有权、使用权的变更,自变更登记之日起生效。

依法改变土地用途的,必须持批准文件,向土地所在地的县级以上人民政府土地行政主管部门提出土地变更登记申请,由原土地登记机关依法进行变更登记。

第七条 依照《土地管理法》的有关规定,收回用地单位的土地使用权的,由原土地登记机关注销土地登记。

土地使用权有偿使用合同约定的使用期限届满,土地使用者未申请续期或者虽申请续期未获批准的,由原土地登记机关注销土地登记。

第三章 土地利用总体规划

第八条 全国土地利用总体规划,由国务院土地行政主管部门会同国务院有关部门编制,报国务院批准。

省、自治区、直辖市的土地利用总体规划,由省、自治区、直辖市人民政府组织本级土地行政主管部门和其他有关部门编制,报国务院批准。

省、自治区人民政府所在地的市、人口在100万以上的城市以及国务院指定的城市的土地利用总体规划,由各该市人民政府组织本级土地行政主管部门和其他有关部门编制,经省、自治区人民政府审查同意后,报国务院批准。

本条第一款、第二款、第三款规定以外的土地利用总体规划,由有关人民政府组织本级土地行政主管部门和其他有关部门编制,逐级上报省、自治区、直辖市人民政府批准;其中,乡(镇)土地利用总体规划,由乡(镇)人民政府编制,逐级上报省、自治区、直辖市人民政府或者省、自治区、直辖市人民政府授权的设区的市、自治州人民政府批准。

第九条 土地利用总体规划的规划期限一般为15年。

第十条 依照《土地管理法》规定,土地利用总体规划应当将土地划分为农用地、建设用地和未利用地。

县级和乡(镇)土地利用总体规划应当根据需要,划定基本农田保护区、土地开垦区、建设用地区和禁止开垦区等;其中,乡(镇)土地利用总体规划还应当根据土地使用条件,确定每一块土地的用途。

土地分类和划定土地利用区的具体办法,由国务院土地行政主管部门会同国务院有关部门制定。

第十一条 乡(镇)土地利用总体规划经依法批准后,乡(镇)人民政府应当在本行政区域内予以公告。

公告应当包括下列内容:

(一)规划目标;

(二)规划期限;

(三)规划范围;

(四)地块用途;

(五)批准机关和批准日期。

第十二条 依照《土地管理法》第二十六条第二款、第三款规定修改土地利用总体规划的,由原编制机关根据国务院或者省、自治区、直辖市人民政府的批准文件修改。修改后的土地利用总体规划应当报原批准机关批准。

上一级土地利用总体规划修改后,涉及修改下一级土地利用总体规划的,由上一级人民政府通知下一级人民政府作出相应修改,并报原批准机关备案。

第十三条 各级人民政府应当加强土地利用年度计划管理,实行建设用地总量控制。土地利用年度计划一经批准下达,必须严格执行。

土地利用年度计划应当包括下列内容:

(一)农用地转用计划指标;

(二)耕地保有量计划指标;

(三)土地开发整理计划指标。

第十四条 县级以上人民政府土地行政主管部门应当会同同级有关部门进行土地调查。

土地调查应当包括下列内容:

（一）土地权属；

（二）土地利用现状；

（三）土地条件。

地方土地利用现状调查结果，经本级人民政府审核，报上一级人民政府批准后，应当向社会公布；全国土地利用现状调查结果，报国务院批准后，应当向社会公布。土地调查规程，由国务院土地行政主管部门会同国务院有关部门制定。

第十五条 国务院土地行政主管部门会同国务院有关部门制定土地等级评定标准。

县级以上人民政府土地行政主管部门应当会同同级有关部门根据土地等级评定标准，对土地等级进行评定。地方土地等级评定结果，经本级人民政府审核，报上一级人民政府土地行政主管部门批准后，应当向社会公布。

根据国民经济和社会发展状况，土地等级每6年调整1次。

第四章 耕地保护

第十六条 在土地利用总体规划确定的城市和村庄、集镇建设用地范围内，为实施城市规划和村庄、集镇规划占用耕地，以及在土地利用总体规划确定的城市建设用地范围外的能源、交通、水利、矿山、军事设施等建设项目占用耕地的，分别由市、县人民政府、农村集体经济组织和建设单位依照《土地管理法》第三十一条的规定负责开垦耕地；没有条件开垦或者开垦的耕地不符合要求的，应当按照省、自治区、直辖市的规定缴纳耕地开垦费。

第十七条 禁止单位和个人在土地利用总体规划确定的禁止开垦区内从事土地开发活动。

在土地利用总体规划确定的土地开垦区内，开发未确定土地使用权的国有荒山、荒地、荒滩从事种植业、林业、畜牧业、渔业生产的，应当向土地所在地的县级以上地方人民政府土地行政主管部门提出申请，按照省、自治区、直辖市规定的权限，由县级以上地方人民政府批准。

开发未确定土地使用权的国有荒山、荒地、荒滩从事种植业、林业、畜牧业或者渔业生产的，经县级以上地方人民政府依法批准，可以确定给开发单位或者个人长期使用，使用期限最长不得超过50年。

第十八条 县、乡（镇）人民政府应当按照土地利用总体规划，组织农村集体经济组织制定土地整理方案，并组织实施。

地方各级人民政府应当采取措施，按照土地利用总体规划推进土地整理。土地整理新增耕地面积的60%可以用作折抵建设占用耕地的补偿指标。

土地整理所需费用，按照谁受益谁负担的原则，由农村集体经济组织和土地使用者共同承担。

第五章 建设用地

第十九条 建设占用土地，涉及农用地转为建设用地的，应当符合土地利用总体规划和土地利用年度计划中确定的农用地转用指标；城市和村庄、集镇建设占用土地，涉及农用地转用的，还应当符合城市规划和村庄、集镇规划。不符合规定的，不得批准农用地转为建设用地。

第二十条 在土地利用总体规划确定的城市建设用地范围内，为实施城市规划占用土地的，按照下列规定办理：

（一）市、县人民政府按照土地利用年度计划拟订农用地转用方案、补充耕地方案、征收土地方案，分批次逐级上报有批准权的人民政府。

（二）有批准权的人民政府土地行政主管部门对农用地转用方案、补充耕地方案、征收土地方案进行审查，提出审查意见，报有批准权的人民政府批准；其中，补充耕地方案由批准农用地转用方案的人民政府在批准农用地转用方案时一并批准。

（三）农用地转用方案、补充耕地方案、征收土地方案经批准后，由市、县人民政府组织实施，按具体建设项目分别供地。

在土地利用总体规划确定的村庄、集镇建设用地范围内，为实施村庄、集镇规划占用土地的，由市、县人民政府拟订农用地转用方案、补充耕地方案，依照前款规定的程序办理。

第二十一条 具体建设项目需要使用土地的，建设单位应当根据建设项目的总体设计一次申请，办理建设用地审批手续；分期建设的项目，可以根据可行性研究报告确定的方案分期申请建设用地，分期办理建设用地有关审批手续。

第二十二条 具体建设项目需要占用土地利用总体规划确定的城市建设用地范围内的国有建设用地的,按照下列规定办理:

(一)建设项目可行性研究论证时,由土地行政主管部门对建设项目用地有关事项进行审查,提出建设项目用地预审报告;可行性研究报告报批时,必须附具土地行政主管部门出具的建设项目用地预审报告。

(二)建设单位持建设项目的有关批准文件,向市、县人民政府土地行政主管部门提出建设用地申请,由市、县人民政府土地行政主管部门审查,拟订供地方案,报市、县人民政府批准;需要上级人民政府批准的,应当报上级人民政府批准。

(三)供地方案经批准后,由市、县人民政府向建设单位颁发建设用地批准书。有偿使用国有土地的,由市、县人民政府土地行政主管部门与土地使用者签订国有土地有偿使用合同;划拨使用国有土地的,由市、县人民政府土地行政主管部门向土地使用者核发国有土地划拨决定书。

(四)土地使用者应当依法申请土地登记。

通过招标、拍卖方式提供国有建设用地使用权的,由市、县人民政府土地行政主管部门会同有关部门拟订方案,报市、县人民政府批准后,由市、县人民政府土地行政主管部门组织实施,并与土地使用者签订土地有偿使用合同。土地使用者应当依法申请土地登记。

第二十三条 具体建设项目需要使用土地的,必须依法申请使用土地利用总体规划确定的城市建设用地范围内的国有建设用地。能源、交通、水利、矿山、军事设施等建设项目确需使用土地利用总体规划确定的城市建设用地范围外的土地,涉及农用地的,按照下列规定办理:

(一)建设项目可行性研究论证时,由土地行政主管部门对建设项目用地有关事项进行审查,提出建设项目用地预审报告;可行性研究报告报批时,必须附具土地行政主管部门出具的建设项目用地预审报告。

(二)建设单位持建设项目的有关批准文件,向市、县人民政府土地行政主管部门提出建设用地申请,由市、县人民政府土地行政主管部门审查,拟订农用地转用方案、补充耕地方案、征收土地方案和供地方案(涉及国有农用地的,不拟订征收土地方案),经市、县人民政府审核同意后,逐级上报有批准权的人民政府批准;其中,补充耕地方案由批准农用地转用方案的人民政府在批准农用地转用方案时一并批准;供地方案由批准征收土地的人民政府在批准征收土地方案时一并批准(涉及国有农用地的,供地方案由批准农用地转用的人民政府在批准农用地转用方案时一并批准)。

(三)农用地转用方案、补充耕地方案、征收土地方案和供地方案经批准后,由市、县人民政府组织实施,向建设单位颁发建设用地批准书。有偿使用国有土地的,由市、县人民政府土地行政主管部门与土地使用者签订国有土地有偿使用合同;划拨使用国有土地的,由市、县人民政府土地行政主管部门向土地使用者核发国有土地划拨决定书。

(四)土地使用者应当依法申请土地登记。

建设项目确需使用土地利用总体规划确定的城市建设用地范围外的土地,涉及农民集体所有的未利用地的,只报批征收土地方案和供地方案。

第二十四条 具体建设项目需要占用土地利用总体规划确定的国有未利用地的,按照省、自治区、直辖市的规定办理;但是,国家重点建设项目、军事设施和跨省、自治区、直辖市行政区域的建设项目以及国务院规定的其他建设项目用地,应当报国务院批准。

第二十五条 征收土地方案经依法批准后,由被征收土地所在地的市、县人民政府组织实施,并将批准征地机关、批准文号、征收土地的用途、范围、面积以及征地补偿标准、农业人员安置办法和办理征地补偿的期限等,在被征收土地所在地的乡(镇)、村予以公告。

被征收土地的所有权人、使用权人应当在公告规定的期限内,持土地权属证书到公告指定的人民政府土地行政主管部门办理征地补偿登记。

市、县人民政府土地行政主管部门根据经批准的征收土地方案,会同有关部门拟订征地补偿、安置方案,在被征收土地所在地的乡(镇)、村予以公告,听取被征收土地的农村集体经济组织和农民的意见。征地补偿、安置方案报市、县人民政府批准后,由市、县人民政府土地行政主管部门组织实施。对补偿标准有争议的，由县级以上地方人民政府协调；协调不成的，由批准征收土地的人民政府裁决。征地补偿、安置争议不影响征收土地方案的实施。

征收土地的各项费用应当自征地补偿、安置方案批准之日起3个月内全额支付。

第二十六条　土地补偿费归农村集体经济组织所有；地上附着物及青苗补偿费归地上附着物及青苗的所有者所有。

征收土地的安置补助费必须专款专用，不得挪作他用。需要安置的人员由农村集体经济组织安置的，安置补助费支付给农村集体经济组织，由农村集体经济组织管理和使用；由其他单位安置的，安置补助费支付给安置单位；不需要统一安置的，安置补助费发放给被安置人员个人或者征得被安置人员同意后用于支付被安置人员的保险费用。

市、县和乡（镇）人民政府应当加强对安置补助费使用情况的监督。

第二十七条　抢险救灾等急需使用土地的，可以先行使用土地。其中，属于临时用地的，灾后应当恢复原状并交还原土地使用者使用，不再办理用地审批手续；属于永久性建设用地的，建设单位应当在灾情结束后6个月内申请补办建设用地审批手续。

第二十八条　建设项目施工和地质勘查需要临时占用耕地的，土地使用者应当自临时用地期满之日起1年内恢复种植条件。

第二十九条　国有土地有偿使用的方式包括：

（一）国有土地使用权出让；

（二）国有土地租赁；

（三）国有土地使用权作价出资或者入股。

第三十条　《土地管理法》第五十五条规定的新增建设用地的土地有偿使用费，是指国家在新增建设用地中应取得的平均土地纯收益。

第六章　监督检查

第三十一条　土地管理监督检查人员应当经过培训，经考核合格后，方可从事土地管理监督检查工作。

第三十二条　土地行政主管部门履行监督检查职责，除采取《土地管理法》第六十七条规定的措施外，还可以采取下列措施：

（一）询问违法案件的当事人、嫌疑人和证人；

（二）进入被检查单位或者个人非法占用的土地现场进行拍照、摄像；

（三）责令当事人停止正在进行的土地违法行为；

（四）对涉嫌土地违法的单位或者个人，停止办理有关土地审批、登记手续；

（五）责令违法嫌疑人在调查期间不得变卖、转移与案件有关的财物。

第三十三条　依照《土地管理法》第七十二条规定给予行政处分的，由责令作出行政处罚决定或者直接给予行政处罚决定的上级人民政府土地行政主管部门作出。对于警告、记过、记大过的行政处分决定，上级土地行政主管部门可以直接作出；对于降级、撤职、开除的行政处分决定，上级土地行政主管部门应当按照国家有关人事管理权限和处理程序的规定，向有关机关提出行政处分建议，由有关机关依法处理。

第七章　法律责任

第三十四条　违反本条例第十七条的规定，在土地利用总体规划确定的禁止开垦区内进行开垦的，由县级以上人民政府土地行政主管部门责令限期改正；逾期不改正的，依照《土地管理法》第七十六条的规定处罚。

第三十五条　在临时使用的土地上修建永久性建筑物、构筑物的，由县级以上人民政府土地行政主管部门责令限期拆除；逾期不拆除的，由作出处罚决定的机关依法申请人民法院强制执行。

第三十六条　对在土地利用总体规划制定前已建的不符合土地利用总体规划确定的用途的建筑物、构筑物重建、扩建的，由县级以上人民政府土地行政主管部门责令限期拆除；逾期不拆除的，由作出处罚决定的机关依法申请人民法院强制执行。

第三十七条　阻碍土地行政主管部门的工作人员依法执行职务的，依法给予治安管理处罚或者追究刑事责任。

第三十八条　依照《土地管理法》第七十三

条的规定处以罚款的,罚款额为非法所得的50%以下。

第三十九条　依照《土地管理法》第八十一条的规定处以罚款的,罚款额为非法所得的5%以上20%以下。

第四十条　依照《土地管理法》第七十四条的规定处以罚款的,罚款额为耕地开垦费的2倍以下。

第四十一条　依照《土地管理法》第七十五条的规定处以罚款的,罚款额为土地复垦费的2倍以下。

第四十二条　依照《土地管理法》第七十六条的规定处以罚款的,罚款额为非法占用土地每平方米30元以下。

第四十三条　依照《土地管理法》第八十条的规定处以罚款的,罚款额为非法占用土地每平方米10元以上30元以下。

第四十四条　违反本条例第二十八条的规定,逾期不恢复种植条件的,由县级以上人民政府土地行政主管部门责令限期改正,可以处耕地复垦费2倍以下的罚款。

第四十五条　违反土地管理法律、法规规定,阻挠国家建设征收土地的,由县级以上人民政府土地行政主管部门责令交出土地;拒不交出土地的,申请人民法院强制执行。

第八章　附　　则

第四十六条　本条例自1999年1月1日起施行。1991年1月4日国务院发布的《中华人民共和国土地管理法实施条例》同时废止。

不动产登记暂行条例①

(2014年11月24日中华人民共和国国务院令第656号公布　自2015年3月1日起施行)

第一章　总　　则

第一条　为整合不动产登记职责,规范登记行为,方便群众申请登记,保护权利人合法权益,根据《中华人民共和国物权法》等法律,制定本条例。

第二条　本条例所称不动产登记,是指不动产登记机构依法将不动产权利归属和其他法定事项记载于不动产登记簿的行为。

本条例所称不动产,是指土地、海域以及房屋、林木等定着物。

第三条　不动产首次登记、变更登记、转移登记、注销登记、更正登记、异议登记、预告登记、查封登记等,适用本条例。

第四条　国家实行不动产统一登记制度。

不动产登记遵循严格管理、稳定连续、方便群众的原则。

不动产权利人已经依法享有的不动产权利,不因登记机构和登记程序的改变而受到影响。

第五条　下列不动产权利,依照本条例的规定办理登记:

(一)集体土地所有权;

(二)房屋等建筑物、构筑物所有权;

(三)森林、林木所有权;

(四)耕地、林地、草地等土地承包经营权;

(五)建设用地使用权;

(六)宅基地使用权;

(七)海域使用权;

(八)地役权;

(九)抵押权;

(十)法律规定需要登记的其他不动产权利。

第六条　国务院国土资源主管部门负责指导、监督全国不动产登记工作。

县级以上地方人民政府应当确定一个部门为本行政区域的不动产登记机构,负责不动产登记工作,并接受上级人民政府不动产登记主管部门的指导、监督。

第七条　不动产登记由不动产所在地的县级人民政府不动产登记机构办理;直辖市、设区的市人民政府可以确定本级不动产登记机构统一办理所属各区的不动产登记。

跨县级行政区域的不动产登记,由所跨县级行政区域的不动产登记机构分别办理。不能分别办理的,由所跨县级行政区域的不动产登记机构协商办理;协商不成的,由共同的上一级人民政府不动产登记主管部门指定办理。

---

①　编者注:已被修改。

国务院确定的重点国有林区的森林、林木和林地，国务院批准项目用海、用岛，中央国家机关使用的国有土地等不动产登记，由国务院国土资源主管部门会同有关部门规定。

第二章　不动产登记簿

第八条　不动产以不动产单元为基本单位进行登记。不动产单元具有唯一编码。

不动产登记机构应当按照国务院国土资源主管部门的规定设立统一的不动产登记簿。

不动产登记簿应当记载以下事项：

（一）不动产的坐落、界址、空间界限、面积、用途等自然状况；

（二）不动产权利的主体、类型、内容、来源、期限、权利变化等权属状况；

（三）涉及不动产权利限制、提示的事项；

（四）其他相关事项。

第九条　不动产登记簿应当采用电子介质，暂不具备条件的，可以采用纸质介质。不动产登记机构应当明确不动产登记簿唯一、合法的介质形式。

不动产登记簿采用电子介质的，应当定期进行异地备份，并具有唯一、确定的纸质转化形式。

第十条　不动产登记机构应当依法将各类登记事项准确、完整、清晰地记载于不动产登记簿。任何人不得损毁不动产登记簿，除依法予以更正外不得修改登记事项。

第十一条　不动产登记工作人员应当具备与不动产登记工作相适应的专业知识和业务能力。

不动产登记机构应当加强对不动产登记工作人员的管理和专业技术培训。

第十二条　不动产登记机构应当指定专人负责不动产登记簿的保管，并建立健全相应的安全责任制度。

采用纸质介质不动产登记簿的，应当配备必要的防盗、防火、防渍、防有害生物等安全保护设施。

采用电子介质不动产登记簿的，应当配备专门的存储设施，并采取信息网络安全防护措施。

第十三条　不动产登记簿由不动产登记机构永久保存。不动产登记簿损毁、灭失的，不动产登记机构应当依据原有登记资料予以重建。

行政区域变更或者不动产登记机构职能调整的，应当及时将不动产登记簿移交相应的不动产登记机构。

第三章　登 记 程 序

第十四条　因买卖、设定抵押权等申请不动产登记的，应当由当事人双方共同申请。

属于下列情形之一的，可以由当事人单方申请：

（一）尚未登记的不动产首次申请登记的；

（二）继承、接受遗赠取得不动产权利的；

（三）人民法院、仲裁委员会生效的法律文书或者人民政府生效的决定等设立、变更、转让、消灭不动产权利的；

（四）权利人姓名、名称或者自然状况发生变化，申请变更登记的；

（五）不动产灭失或者权利人放弃不动产权利，申请注销登记的；

（六）申请更正登记或者异议登记的；

（七）法律、行政法规规定可以由当事人单方申请的其他情形。

第十五条　当事人或者其代理人应当到不动产登记机构办公场所申请不动产登记。

不动产登记机构将申请登记事项记载于不动产登记簿前，申请人可以撤回登记申请。

第十六条　申请人应当提交下列材料，并对申请材料的真实性负责：

（一）登记申请书；

（二）申请人、代理人身份证明材料、授权委托书；

（三）相关的不动产权属来源证明材料、登记原因证明文件、不动产权属证书；

（四）不动产界址、空间界限、面积等材料；

（五）与他人利害关系的说明材料；

（六）法律、行政法规以及本条例实施细则规定的其他材料。

不动产登记机构应当在办公场所和门户网站公开申请登记所需材料目录和示范文本等信息。

第十七条　不动产登记机构收到不动产登记申请材料，应当分别按照下列情况办理：

(一)属于登记职责范围,申请材料齐全、符合法定形式,或者申请人按照要求提交全部补正申请材料的,应当受理并书面告知申请人;

(二)申请材料存在可以当场更正的错误的,应当告知申请人当场更正,申请人当场更正后,应当受理并书面告知申请人;

(三)申请材料不齐全或者不符合法定形式的,应当当场书面告知申请人不予受理并一次性告知需要补正的全部内容;

(四)申请登记的不动产不属于本机构登记范围的,应当当场书面告知申请人不予受理并告知申请人向有登记权的机构申请。

不动产登记机构未当场书面告知申请人不予受理的,视为受理。

第十八条 不动产登记机构受理不动产登记申请的,应当按照下列要求进行查验:

(一)不动产界址、空间界限、面积等材料与申请登记的不动产状况是否一致;

(二)有关证明材料、文件与申请登记的内容是否一致;

(三)登记申请是否违反法律、行政法规规定。

第十九条 属于下列情形之一的,不动产登记机构可以对申请登记的不动产进行实地查看:

(一)房屋等建筑物、构筑物所有权首次登记;

(二)在建建筑物抵押权登记;

(三)因不动产灭失导致的注销登记;

(四)不动产登记机构认为需要实地查看的其他情形。

对可能存在权属争议,或者可能涉及他人利害关系的登记申请,不动产登记机构可以向申请人、利害关系人或者有关单位进行调查。

不动产登记机构进行实地查看或者调查时,申请人、被调查人应当予以配合。

第二十条 不动产登记机构应当自受理登记申请之日起30个工作日内办结不动产登记手续,法律另有规定的除外。

第二十一条 登记事项自记载于不动产登记簿时完成登记。

不动产登记机构完成登记,应当依法向申请人核发不动产权属证书或者登记证明。

第二十二条 登记申请有下列情形之一的,不动产登记机构应当不予登记,并书面告知申请人:

(一)违反法律、行政法规规定的;

(二)存在尚未解决的权属争议的;

(三)申请登记的不动产权利超过规定期限的;

(四)法律、行政法规规定不予登记的其他情形。

第四章 登记信息共享与保护

第二十三条 国务院国土资源主管部门应当会同有关部门建立统一的不动产登记信息管理基础平台。

各级不动产登记机构登记的信息应当纳入统一的不动产登记信息管理基础平台,确保国家、省、市、县四级登记信息的实时共享。

第二十四条 不动产登记有关信息与住房城乡建设、农业、林业、海洋等部门审批信息、交易信息等应当实时互通共享。

不动产登记机构能够通过实时互通共享取得的信息,不得要求不动产登记申请人重复提交。

第二十五条 国土资源、公安、民政、财政、税务、工商、金融、审计、统计等部门应当加强不动产登记有关信息互通共享。

第二十六条 不动产登记机构、不动产登记信息共享单位及其工作人员应当对不动产登记信息保密;涉及国家秘密的不动产登记信息,应当依法采取必要的安全保密措施。

第二十七条 权利人、利害关系人可以依法查询、复制不动产登记资料,不动产登记机构应当提供。

有关国家机关可以依照法律、行政法规的规定查询、复制与调查处理事项有关的不动产登记资料。

第二十八条 查询不动产登记资料的单位、个人应当向不动产登记机构说明查询目的,不得将查询获得的不动产登记资料用于其他目的;未经权利人同意,不得泄露查询获得的不动产登记资料。

第五章 法律责任

第二十九条 不动产登记机构登记错误给他人造成损害，或者当事人提供虚假材料申请登记给他人造成损害的，依照《中华人民共和国物权法》的规定承担赔偿责任。

第三十条 不动产登记机构工作人员进行虚假登记，损毁、伪造不动产登记簿，擅自修改登记事项，或者有其他滥用职权、玩忽职守行为的，依法给予处分；给他人造成损害的，依法承担赔偿责任；构成犯罪的，依法追究刑事责任。

第三十一条 伪造、变造不动产权属证书、不动产登记证明，或者买卖、使用伪造、变造的不动产权属证书、不动产登记证明的，由不动产登记机构或者公安机关依法予以收缴；有违法所得的，没收违法所得；给他人造成损害的，依法承担赔偿责任；构成违反治安管理行为的，依法给予治安管理处罚；构成犯罪的，依法追究刑事责任。

第三十二条 不动产登记机构、不动产登记信息共享单位及其工作人员，查询不动产登记资料的单位或者个人违反国家规定，泄露不动产登记资料、登记信息，或者利用不动产登记资料、登记信息进行不正当活动，给他人造成损害的，依法承担赔偿责任；对有关责任人员依法给予处分；有关责任人员构成犯罪的，依法追究刑事责任。

第六章 附 则

第三十三条 本条例施行前依法颁发的各类不动产权属证书和制作的不动产登记簿继续有效。

不动产统一登记过渡期内，农村土地承包经营权的登记按照国家有关规定执行。

第三十四条 本条例实施细则由国务院国土资源主管部门会同有关部门制定。

第三十五条 本条例自2015年3月1日起施行。本条例施行前公布的行政法规有关不动产登记的规定与本条例规定不一致的，以本条例规定为准。

国务院关于修改部分行政法规的决定（节录）

（2019年3月24日中华人民共和国国务院令第710号公布 自公布之日起施行）

为了依法推进简政放权、放管结合、优化服务改革，深入推进“互联网+政务服务”和政务服务“一网通办”，国务院对与政务服务“一网通办”不相适应的有关行政法规进行了清理。经过清理，国务院决定：对6部行政法规的部分条款予以修改。

……

五、将《不动产登记暂行条例》第十五条第一款修改为：“当事人或者其代理人应当向不动产登记机构申请不动产登记。”

……

本决定自公布之日起施行。

不动产登记暂行条例

（2014年11月24日中华人民共和国国务院令第656号公布 根据2019年3月24日《国务院关于修改部分行政法规的决定》修订）

目 录

第一章 总 则

第一条 为整合不动产登记职责，规范登记行为，方便群众申请登记，保护权利人合法权益，根据《中华人民共和国物权法》等法律，制定本条例。

第二条 本条例所称不动产登记，是指不动产登记机构依法将不动产权利归属和其他法定事项记载于不动产登记簿的行为。

本条例所称不动产，是指土地、海域以及房屋、林木等定着物。

第三条 不动产首次登记、变更登记、转移登记、注销登记、更正登记、异议登记、预告登记、查封登记等，适用本条例。

第四条 国家实行不动产统一登记制度。

不动产登记遵循严格管理、稳定连续、方便群众的原则。

不动产权利人已经依法享有的不动产权利，不因登记机构和登记程序的改变而受到影响。

第五条 下列不动产权利，依照本条例的规定办理登记：

（一）集体土地所有权；

（二）房屋等建筑物、构筑物所有权；

（三）森林、林木所有权；

（四）耕地、林地、草地等土地承包经营权；

（五）建设用地使用权；

（六）宅基地使用权；

（七）海域使用权；

（八）地役权；

（九）抵押权；

（十）法律规定需要登记的其他不动产权利。

第六条 国务院国土资源主管部门负责指导、监督全国不动产登记工作。

县级以上地方人民政府应当确定一个部门为本行政区域的不动产登记机构，负责不动产登记工作，并接受上级人民政府不动产登记主管部门的指导、监督。

第七条 不动产登记由不动产所在地的县级人民政府不动产登记机构办理；直辖市、设区的市人民政府可以确定本级不动产登记机构统一办理所属各区的不动产登记。

跨县级行政区域的不动产登记，由所跨县级行政区域的不动产登记机构分别办理。不能分别办理的，由所跨县级行政区域的不动产登记机构协商办理；协商不成的，由共同的上一级人民政府不动产登记主管部门指定办理。

国务院确定的重点国有林区的森林、林木和林地，国务院批准项目用海、用岛，中央国家机关使用的国有土地等不动产登记，由国务院国土资源主管部门会同有关部门规定。

第二章 不动产登记簿

第八条 不动产以不动产单元为基本单位进行登记。不动产单元具有唯一编码。

不动产登记机构应当按照国务院国土资源主管部门的规定设立统一的不动产登记簿。

不动产登记簿应当记载以下事项：

（一）不动产的坐落、界址、空间界限、面积、用途等自然状况；

（二）不动产权利的主体、类型、内容、来源、期限、权利变化等权属状况；

（三）涉及不动产权利限制、提示的事项；

（四）其他相关事项。

第九条 不动产登记簿应当采用电子介质，暂不具备条件的，可以采用纸质介质。不动产登记机构应当明确不动产登记簿唯一、合法的介质形式。

不动产登记簿采用电子介质的，应当定期进行异地备份，并具有唯一、确定的纸质转化形式。

第十条 不动产登记机构应当依法将各类登记事项准确、完整、清晰地记载于不动产登记簿。任何人不得损毁不动产登记簿，除依法予以更正外不得修改登记事项。

第十一条 不动产登记工作人员应当具备与不动产登记工作相适应的专业知识和业务能力。

不动产登记机构应当加强对不动产登记工作人员的管理和专业技术培训。

第十二条 不动产登记机构应当指定专人负责不动产登记簿的保管，并建立健全相应的安全责任制度。

采用纸质介质不动产登记簿的，应当配备必要的防盗、防火、防渍、防有害生物等安全保护设施。

采用电子介质不动产登记簿的，应当配备专门的存储设施，并采取信息网络安全防护措施。

第十三条 不动产登记簿由不动产登记机构永久保存。不动产登记簿损毁、灭失的，不动产登记机构应当依据原有登记资料予以重建。

行政区域变更或者不动产登记机构职能调整的，应当及时将不动产登记簿移交相应的不动产登记机构。

第三章 登记程序

第十四条 因买卖、设定抵押权等申请不动产登记的，应当由当事人双方共同申请。

属于下列情形之一的，可以由当事人单方申请：

（一）尚未登记的不动产首次申请登记的；

（二）继承、接受遗赠取得不动产权利的；

（三）人民法院、仲裁委员会生效的法律文书或者人民政府生效的决定等设立、变更、转让、消灭不动产权利的；

（四）权利人姓名、名称或者自然状况发生变化，申请变更登记的；

（五）不动产灭失或者权利人放弃不动产权利，申请注销登记的；

（六）申请更正登记或者异议登记的；

（七）法律、行政法规规定可以由当事人单方申请的其他情形。

第十五条 当事人或者其代理人应当向不动产登记机构申请不动产登记。

不动产登记机构将申请登记事项记载于不动产登记簿前，申请人可以撤回登记申请。

第十六条 申请人应当提交下列材料，并对申请材料的真实性负责：

（一）登记申请书；

（二）申请人、代理人身份证明材料、授权委托书；

（三）相关的不动产权属来源证明材料、登记原因证明文件、不动产权属证书；

（四）不动产界址、空间界限、面积等材料；

（五）与他人利害关系的说明材料；

（六）法律、行政法规以及本条例实施细则规定的其他材料。

不动产登记机构应当在办公场所和门户网站公开申请登记所需材料目录和示范文本等信息。

第十七条 不动产登记机构收到不动产登记申请材料，应当分别按照下列情况办理：

（一）属于登记职责范围，申请材料齐全、符合法定形式，或者申请人按照要求提交全部补正申请材料的，应当受理并书面告知申请人；

（二）申请材料存在可以当场更正的错误的，应当告知申请人当场更正，申请人当场更正后，应当受理并书面告知申请人；

（三）申请材料不齐全或者不符合法定形式的，应当当场书面告知申请人不予受理并一次性告知需要补正的全部内容；

（四）申请登记的不动产不属于本机构登记范围的，应当当场书面告知申请人不予受理并告知申请人向有登记权的机构申请。

不动产登记机构未当场书面告知申请人不予受理的，视为受理。

第十八条 不动产登记机构受理不动产登记申请的，应当按照下列要求进行查验：

（一）不动产界址、空间界限、面积等材料与申请登记的不动产状况是否一致；

（二）有关证明材料、文件与申请登记的内容是否一致；

（三）登记申请是否违反法律、行政法规规定。

第十九条 属于下列情形之一的，不动产登记机构可以对申请登记的不动产进行实地查看：

（一）房屋等建筑物、构筑物所有权首次登记；

（二）在建建筑物抵押权登记；

（三）因不动产灭失导致的注销登记；

（四）不动产登记机构认为需要实地查看的其他情形。

对可能存在权属争议，或者可能涉及他人利害关系的登记申请，不动产登记机构可以向申请人、利害关系人或者有关单位进行调查。

不动产登记机构进行实地查看或者调查时，申请人、被调查人应当予以配合。

第二十条 不动产登记机构应当自受理登记申请之日起30个工作日内办结不动产登记手续，法律另有规定的除外。

第二十一条 登记事项自记载于不动产登记簿时完成登记。

不动产登记机构完成登记，应当依法向申请人核发不动产权属证书或者登记证明。

第二十二条 登记申请有下列情形之一的，不动产登记机构应当不予登记，并书面告知申请人：

（一）违反法律、行政法规规定的；

（二）存在尚未解决的权属争议的；

（三）申请登记的不动产权利超过规定期限的；

（四）法律、行政法规规定不予登记的其他情形。

第四章 登记信息共享与保护

第二十三条 国务院国土资源主管部门应当会同有关部门建立统一的不动产登记信息管理基础平台。

各级不动产登记机构登记的信息应当纳入统一的不动产登记信息管理基础平台，确保国家、省、市、县四级登记信息的实时共享。

第二十四条 不动产登记有关信息与住房城乡建设、农业、林业、海洋等部门审批信息、交易信息等应当实时互通共享。

不动产登记机构能够通过实时互通共享取得的信息，不得要求不动产登记申请人重复提交。

第二十五条 国土资源、公安、民政、财政、税务、工商、金融、审计、统计等部门应当加强不动产登记有关信息互通共享。

第二十六条 不动产登记机构、不动产登记信息共享单位及其工作人员应当对不动产登记信息保密；涉及国家秘密的不动产登记信息，应当依法采取必要的安全保密措施。

第二十七条 权利人、利害关系人可以依法查询、复制不动产登记资料，不动产登记机构应当提供。

有关国家机关可以依照法律、行政法规的规定查询、复制与调查处理事项有关的不动产登记资料。

第二十八条 查询不动产登记资料的单位、个人应当向不动产登记机构说明查询目的，不得将查询获得的不动产登记资料用于其他目的；未经权利人同意，不得泄露查询获得的不动产登记资料。

第五章 法律责任

第二十九条 不动产登记机构登记错误给他人造成损害，或者当事人提供虚假材料申请登记给他人造成损害的，依照《中华人民共和国物权法》的规定承担赔偿责任。

第三十条 不动产登记机构工作人员进行虚假登记，损毁、伪造不动产登记簿，擅自修改登记事项，或者有其他滥用职权、玩忽职守行为的，依法给予处分；给他人造成损害的，依法承担赔偿责任；构成犯罪的，依法追究刑事责任。

第三十一条 伪造、变造不动产权属证书、不动产登记证明，或者买卖、使用伪造、变造的不动产权属证书、不动产登记证明的，由不动产登记机构或者公安机关依法予以收缴；有违法所得的，没收违法所得；给他人造成损害的，依法承担赔偿责任；构成违反治安管理行为的，依法给予治安管理处罚；构成犯罪的，依法追究刑事责任。

第三十二条 不动产登记机构、不动产登记信息共享单位及其工作人员，查询不动产登记资料的单位或者个人违反国家规定，泄露不动产登记资料、登记信息，或者利用不动产登记资料、登记信息进行不正当活动，给他人造成损害的，依法承担赔偿责任；对有关责任人员依法给予处分；有关责任人员构成犯罪的，依法追究刑事责任。

第六章 附 则

第三十三条 本条例施行前依法颁发的各类不动产权属证书和制作的不动产登记簿继续有效。

不动产统一登记过渡期内，农村土地承包经营权的登记按照国家有关规定执行。

第三十四条 本条例实施细则由国务院国土资源主管部门会同有关部门制定。

第三十五条 本条例自2015年3月1日起施行。本条例施行前公布的行政法规有关不动产登记的规定与本条例规定不一致的，以本条例规定为准。

林木和林地权属登记管理办法①

（2000年11月2日国家林业局第3次局务会议审议通过 2000年12月31日中华人民共和国国家林业局令第1号发布 自发布之日起施行）

第一条 为了规范森林、林木和林地的所有权或者使用权（以下简称林权）登记工作，根据《中华人民共和国森林法》及其实施条例规定，制定本办法。

第二条 县级以上林业主管部门依法履行林权登记职责。

林权登记包括初始、变更和注销登记。

第三条 林权权利人是指森林、林木和林地的所有权或者使用权的拥有者。

第四条 林权权利人为个人的，由本人或者其法定代理人、委托的代理人提出林权登记申请；林权权利人为法人或者其他组织的，由其法定代表人、负责人或者委托的代理人提出林权登记申请。

第五条 林权权利人应当根据森林法及其实施条例的规定提出登记申请，并提交以下文件：

（一）林权登记申请表；

（二）个人身份证明、法人或者其他组织的资格证明、法定代表人或者负责人的身份证明、法定代理人或者委托代理人的身份证明和载明委托事项和委托权限的委托书；

（三）申请登记的森林、林木和林地权属证明文件；

（四）省、自治区、直辖市人民政府林业主管部门规定要求提交的其他有关文件。

第六条 林权发生变更的，林权权利人应当到初始登记机关申请变更登记。

第七条 林地被依法征用、占用或者由于其他原因造成林地灭失的，原林权权利人应当到初始登记机关申请办理注销登记。

第八条 林权权利人申请办理变更登记或者注销登记时，应当提交下列文件：

（一）林权登记申请表；

（二）林权证；

（三）林权依法变更或者灭失的有关证明文件。

第九条 登记机关应当对林权权利人提交的申请登记材料进行初步审查。

登记机关认为林权权利人提交的申请材料符合森林法及其实施条例以及本办法规定的，应当予以受理；认为不符合规定的，应当说明不受理的理由或者要求林权权利人补充材料。

第十条 登记机关对已经受理的登记申请，应当自受理之日起10个工作日内，在森林、林木和林地所在地进行公告。公告期为30天。

第十一条 对经审查符合下列全部条件的登记申请，登记机关应当自受理申请之日起3个月内予以登记：

（一）申请登记的森林、林木和林地位置、四至界限、林种、面积或者株数等数据准确；

（二）林权证明材料合法有效；

（三）无权属争议；

（四）附图中标明的界桩、明显地物标志与实地相符合。

第十二条 对经审查不符合本办法第十一条规定的登记条件的登记申请，登记机关应当不予登记。

在公告期内，有关利害关系人如对登记申请提出异议，登记机关应当对其所提出的异议进行调查核实。有关利害关系人提出的异议主张确实合法有效的，登记机关对登记申请应当不予登记。

第十三条 对不予登记的申请，登记机关应当以书面形式向提出登记申请的林权权利人告知不予登记的理由。

第十四条 对于经过登记机关审查准予登记的申请，应当及时核发林权证。

第十五条 按照森林法及其实施条例的规定，由国务院林业主管部门或者省、自治区、直辖市人民政府以及设区的市、自治州人民政府核发林权证的，登记机关应当将核发林权证的情况通知有关地方人民政府。

第十六条 国务院林业主管部门统一规定林权证式样，并指定厂家印制。

---

① 编者注：已被修改。

第十七条 发现林权证错、漏登记的或者遗失、损坏的,有关林权权利人可以到原林权登记机关申请更正或者补办。

第十八条 登记机关应当配备专(兼)职人员和必要的设施,建立林权登记档案。

第十九条 登记档案应当包括下列主要材料:

(一)本办法第五条规定的申请材料;

(二)林权登记台账;

(三)本办法第十二条第二款涉及的异议材料和登记机关的调查材料和审查意见;

(四)其他有关图表、数据资料等文件。

第二十条 登记机关应当公开登记档案,并接受公众查询。

第二十一条 省级林业主管部门登记机关应当将当年林权证核发、换发、变更等登记情况统计汇总,并于次年1月份报国务院林业主管部门。

第二十二条 本办法由国家林业局负责解释。

第二十三条 本办法自发布之日起施行。

国家林业局关于废止和修改部分部门规章的决定(节录)

(2011年1月25日国家林业局令第26号公布 自公布之日起施行)

根据《中华人民共和国立法法》和国务院的有关规定,我局对现行部门规章进行了清理,对部门规章名称不规范、引用法律法规名称不一致和明显不符合法律规定的下列部门规章予以废止或者进行修改:

……

(三)对下列部门规章中涉及"征用"的规定作出修改

1. 将《林木和林地权属登记管理办法》(2000年12月31日 国家林业局令第1号)第七条修改为"林地被依法征收、征用、占用或者由于其他原因造成林地灭失的,原林权权利人应当到初始登记机关申请办理注销登记"。

……

本决定自公布之日起实行。

林木和林地权属登记管理办法

(根据2011年1月25日国家林业局局务会议审议通过的《国家林业局关于废止和修改部分部门规章的决定》修订)

第一条 为了规范森林、林木和林地的所有权或者使用权(以下简称林权)登记工作,根据《中华人民共和国森林法》及其实施条例规定,制定本办法。

第二条 县级以上林业主管部门依法履行林权登记职责。

林权登记包括初始、变更和注销登记。

第三条 林权权利人是指森林、林木和林地的所有权或者使用权的拥有者。

第四条 林权权利人为个人的,由本人或者其法定代理人、委托的代理人提出林权登记申请;林权权利人为法人或者其他组织的,由其法定代表人、负责人或者委托的代理人提出林权登记申请。

第五条 林权权利人应当根据森林法及其实施条例的规定提出登记申请,并提交以下文件:

(一)林权登记申请表;

(二)个人身份证明、法人或者其他组织的资格证明、法定代表人或者负责人的身份证明、法定代理人或者委托代理人的身份证明和载明委托事项和委托权限的委托书;

(三)申请登记的森林、林木和林地权属证明文件;

(四)省、自治区、直辖市人民政府林业主管部门规定要求提交的其他有关文件。

第六条 林权发生变更的,林权权利人应当到初始登记机关申请变更登记。

第七条 林地被依法征收、征用、占用或者由于其他原因造成林地灭失的,原林权权利人应当到初始登记机关申请办理注销登记。

第八条 林权权利人申请办理变更登记或者注销登记时,应当提交下列文件:

(一)林权登记申请表;

(二)林权证;

(三)林权依法变更或者灭失的有关证明文件。

第九条 登记机关应当对林权权利人提交的申请登记材料进行初步审查。

登记机关认为林权权利人提交的申请材料符合森林法及其实施条例以及本办法规定的,应当予以受理;认为不符合规定的,应当说明不受理的理由或者要求林权权利人补充材料。

第十条 登记机关对已经受理的登记申请,应当自受理之日起10个工作日内,在森林、林木和林地所在地进行公告。公告期为30天。

第十一条 对经审查符合下列全部条件的登记申请,登记机关应当自受理申请之日起3个月内予以登记:

(一)申请登记的森林、林木和林地位置、四至界限、林种、面积或者株数等数据准确;

(二)林权证明材料合法有效;

(三)无权属争议;

(四)附图中标明的界桩、明显地物标志与实地相符合。

第十二条 对经审查不符合本办法第十一条规定的登记条件的登记申请,登记机关应当不予登记。

在公告期内,有关利害关系人如对登记申请提出异议,登记机关应当对其所提出的异议进行调查核实。有关利害关系人提出的异议主张确实合法有效的,登记机关对登记申请应当不予登记。

第十三条 对不予登记的申请,登记机关应当以书面形式向提出登记申请的林权权利人告知不予登记的理由。

第十四条 对于经过登记机关审查准予登记的申请,应当及时核发林权证。

第十五条 按照森林法及其实施条例的规定,由国务院林业主管部门或者省、自治区、直辖市人民政府以及设区的市、自治州人民政府核发林权证的,登记机关应当将核发林权证的情况通知有关地方人民政府。

第十六条 国务院林业主管部门统一规定林权证式样,并指定厂家印制。

第十七条 发现林权证错、漏登记的或者遗失、损坏的,有关林权权利人可以到原林权登记机关申请更正或者补办。

第十八条 登记机关应当配备专(兼)职人员和必要的设施,建立林权登记档案。

第十九条 登记档案应当包括下列主要材料:

(一)本办法第五条规定的申请材料;

(二)林权登记台帐;

(三)本办法第十二条第二款涉及的异议材料和登记机关的调查材料和审查意见;

(四)其他有关图表、数据资料等文件。

第二十条 登记机关应当公开登记档案,并接受公众查询。

第二十一条 省级林业主管部门登记机关应当将当年林权证核发、换发、变更等登记情况统计汇总,并于次年1月份报国务院林业主管部门。

第二十二条 本办法由国家林业局负责解释。

第二十三条 本办法自发布之日起施行。

机动车登记规定①

(2004年4月30日公安部令第72号公布 自2004年5月1日起施行)

目 录

第一章 总 则

第一条 根据《中华人民共和国道路交通安全法》及其实施条例的规定,制定本规定。

第二条 本规定由公安机关交通管理部门

① 编者注:已废止。

负责实施。

直辖市公安机关交通管理部门车辆管理所、设区的市或者相当于同级的公安机关交通管理部门车辆管理所负责办理本行政辖区内机动车登记业务。县级公安机关交通管理部门办理机动车登记业务的范围由省级公安机关交通管理部门确定。

警用车辆登记业务由省级公安机关交通管理部门办理。

第三条 车辆管理所办理机动车登记,应当遵循公开、公正、便民的原则。

车辆管理所在受理机动车登记申请时,对申请材料齐全并符合法律、行政法规和本规定的,应当在规定的时限内办结。对申请材料不齐全或者其他不符合法定形式的,应当一次告知申请人需要补正的全部内容。对不符合规定的,应当书面告知不予受理、登记的理由。

车辆管理所应当将法律、行政法规和本规定的有关机动车登记的事项、条件、依据、程序、期限以及收费标准、需要提交的材料和申请表示范文本等在办理登记的场所公示。

省级公安机关交通管理部门应当在互联网上建立主页,发布信息,便于群众查阅机动车登记的有关规定,下载、使用有关表格。

第四条 车辆管理所应当使用计算机登记系统办理机动车登记,并建立数据库。不使用计算机登记系统登记的,登记无效。

计算机登记系统的数据库标准和登记软件全国统一。数据库能够完整、准确记录登记内容,记录办理过程和经办人员信息,并能够实时将有关登记内容传送到全国公安交通管理信息系统。

第二章 登　记

第一节 注册登记

第五条 初次申领号牌、行驶证的,除国家机动车产品主管部门认定免予检验的车型外,应当在申请注册登记前,到机动车安全技术检验机构对机动车进行安全技术检验,取得安全技术检验合格证明。

第六条 申请注册登记,应当填写《机动车注册登记/转入申请表》,提交法定证明、凭证,并交验机动车。

车辆管理所应当自受理申请之日起五日内,对机动车的车辆类型、厂牌型号、颜色、发动机号码、车辆识别代号(车架号码)及主要特征和技术参数进行确认,核对车辆识别代号(车架号码)的拓印膜,对提交的证明、凭证进行审查,核发机动车登记证书、号牌、行驶证和检验合格标志。

第七条 车辆管理所办理注册登记,应当登记下列内容:

(一)机动车登记编号、机动车登记证书编号;

(二)机动车所有人的姓名或者单位名称、身份证明名称、身份证明号码、住所地址、邮政编码和联系电话;

(三)机动车的类型、制造厂、品牌、型号、车辆识别代号(车架号码)、发动机号码、出厂日期、车身颜色;

(四)机动车的有关技术数据;

(五)机动车的使用性质;

(六)机动车获得方式;

(七)机动车来历凭证的名称、编号和进口机动车进口凭证的名称、编号;

(八)车辆购置税完税或者免税证明的名称、编号;

(九)机动车办理第三者责任强制保险的日期和保险公司的名称;

(十)机动车照片记录的机动车外形;

(十一)注册登记的日期;

(十二)法律、行政法规规定登记的其他事项。

第八条 有下列情形之一的,不予办理注册登记:

(一)机动车所有人提交的证明、凭证无效的;

(二)机动车来历凭证涂改的,或者机动车来历凭证记载的机动车所有人与身份证明不符的;

(三)机动车所有人提交的证明、凭证与机动车不符的;

(四)机动车未经国家机动车产品主管部门许可生产、销售或者未经国家进口机动车主管部门许可进口的；

（五）机动车的有关技术数据与国家机动车产品主管部门公告的数据不符的；

（六）机动车达到国家规定的强制报废标准的；

（七）机动车属于被盗抢的；

（八）其他不符合法律、行政法规规定的情形。

第二节 变更登记

第九条 申请改变机动车车身颜色、更换车身或者车架的，应当填写《机动车变更登记申请表》，提交法定证明、凭证。

车辆管理所应当自受理之日起一日内做出准予或者不予变更的决定。对于准予变更的，机动车所有人应当在变更后十日内向车辆管理所交验机动车。

车辆管理所应当自受理之日起一日内确认机动车，收回原行驶证，重新核发行驶证。属于更换车身或者车架的，还应当核对车辆识别代号（车架号码）的拓印膜，收存车身或者车架的来历凭证。

第十条 更换发动机的，机动车所有人应当于变更后十日内向车辆管理所申请变更登记，填写《机动车变更登记申请表》，提交法定证明、凭证，并交验机动车。

车辆管理所应当自受理之日起一日内确认机动车，收回原行驶证，重新核发行驶证，收存发动机的来历凭证。

第十一条 机动车因质量问题，制造厂更换整车的，机动车所有人应当于更换整车后向车辆管理所申请变更登记，填写《机动车变更登记申请表》，提交法定证明、凭证，并交验机动车。

车辆管理所应当自受理之日起三日内确认机动车，收回原行驶证，重新核发行驶证，收存机动车整车出厂合格证明或者进口机动车进口凭证，退还原机动车整车出厂合格证明或者进口机动车进口凭证。不属于国家机动车产品主管部门认定免予检验的车型的，还应当查验机动车安全技术检验合格证明。

第十二条 营运机动车改为非营运机动车或者非营运机动车改为营运机动车的、机动车所有人的住所迁出车辆管理所管辖区的，应当于变更后向车辆管理所申请变更登记，提交法定证明、凭证。

车辆管理所应当自受理之日起一日内查验申请事项发生变更的证明，收回原行驶证，重新核发行驶证。需要改变机动车登记编号的，收回原号牌、行驶证，确定新的机动车登记编号，重新核发号牌、行驶证和检验合格标志。

机动车所有人的住所迁出车辆管理所管辖区域的，车辆管理所应当收回号牌和行驶证，核发临时行驶车号牌，机动车档案应当密封，交由机动车所有人携带，于九十日内到住所地车辆管理所申请机动车转入。

第十三条 申请机动车转入的，应当填写《机动车注册登记/转入申请表》，提交下列证明、凭证，并交验机动车：

（一）机动车所有人的身份证明；

（二）机动车登记证书。

车辆管理所应当自受理之日起三日内，查验并收存机动车档案，确认机动车，核发号牌、行驶证和检验合格标志。

第十四条 机动车所有人为两人以上，需要将登记的所有人姓名变更为其他所有人姓名的，变更双方应当共同到车辆管理所，填写《机动车变更登记申请表》，提交以下证明、凭证：

（一）变更前和变更后机动车所有人的身份证明；

（二）机动车登记证书；

（三）行驶证；

（四）共同所有的公证证明，但属于夫妻双方共同所有的，可提供《居民户口簿》。

车辆管理所按照第十二条第二、三款和第十三条的规定办理变更登记。

第十五条 车辆管理所办理变更登记，应当分别登记下列内容：

（一）变更后的车身颜色；

（二）变更后的发动机号码；

（三）机动车更换车身、车架后的车辆识别代号（车架号码）；

（四）发动机、车身或者车架来历凭证的名称、编号；

（五）更换整车后的车辆识别代号（车架号

码)、发动机号码、车身颜色、整车出厂合格证明或者进口凭证编号、出厂日期、注册登记日期;

(六)机动车所有人变更后的姓名或者单位名称;

(七)变更后的使用性质;

(八)需要办理机动车档案转出的,登记转入地车辆管理所的名称;

(九)变更登记的日期。

第十六条 已注册登记的机动车,机动车所有人住所地址在车辆管理所管辖区域内迁移、机动车所有人姓名(单位名称)或者联系方式变更的,应当填写《变更备案申请表》,可通过邮寄、传真、电子邮件等方式向车辆管理所备案。

第十七条 有下列情形之一,在不影响安全和识别号牌的情况下,机动车所有人可以自行变更:

(一)小型、微型载客汽车加装前后防撞装置;

(二)货运机动车加装防风罩、水箱、工具箱、备胎架等;

(三)机动车增加车内装饰等。

第三节 转移登记

第十八条 申请转移登记的,现机动车所有人应当于机动车交付之日起三十日内,填写《机动车转移登记申请表》,提交法定证明、凭证,并交验机动车。属于海关解除监管的机动车,还应当提交海关出具的《中华人民共和国海关监管车辆解除监管证明书》。超过检验有效期的机动车应当进行安全技术检验。

车辆管理所应当自受理申请之日起三日内,确认机动车。

现机动车所有人住所在车辆管理所管辖区内的,收回原行驶证,重新核发行驶证。需要改变机动车登记编号的,收回原号牌、行驶证,确定新的机动车登记编号,重新核发号牌、行驶证和检验合格标志。

现机动车所有人住所不在车辆管理所管辖区内的,按照本规定第十二条第三款和第十三条规定办理。

第十九条 车辆管理所办理转移登记,应当登记下列内容:

(一)现机动车所有人的姓名或者单位名称、身份证明名称、身份证明号码、住所地址、邮政编码和联系电话;

(二)机动车获得方式;

(三)机动车来历凭证的名称、编号;

(四)转移登记的日期;

(五)海关解除监管的机动车,登记海关出具的《中华人民共和国海关监管车辆解除监管证明书》的名称、编号;

(六)改变机动车登记编号的,登记机动车登记编号;

(七)现机动车所有人住所不在现登记地车辆管理所管辖区内的,登记转入地车辆管理所的名称。

第二十条 有下列情形之一的,不予办理转移登记:

(一)有本规定第八条规定情形的;

(二)机动车与该车的档案记载的内容不一致的;

(三)机动车未被海关解除监管的;

(四)机动车在抵押期间的;

(五)机动车或者机动车档案被人民法院、人民检察院、行政执法部门依法查封、扣押的;

(六)机动车涉及未处理完毕的道路交通安全违法行为或者交通事故的。

第二十一条 被司法机关和行政执法部门依法没收并拍卖,或者被仲裁机构依法仲裁裁决,或者被人民法院调解、裁定、判决机动车转移时,原机动车所有人未向现机动车所有人提供机动车登记证书和行驶证的,现机动车所有人在办理转移登记时,应当提交人民法院出具的《协助执行通知书》,或者行政执法部门出具的未得到机动车登记证书和行驶证的证明。车辆管理所应当公告原机动车登记证书和行驶证作废,并在办理转移登记同时,发放机动车登记证书和行驶证。

第四节 抵押登记

第二十二条 申请抵押登记,应当填写《机动车抵押/注销抵押登记申请表》,持下列证明、凭证,由机动车所有人(抵押人)和抵押权人共同申请:

（一）抵押人和抵押权人的身份证明；

（二）机动车登记证书；

（三）抵押人和抵押权人依法订立的主合同和抵押合同。

车辆管理所应当自受理之日起一日内，在机动车登记证书上记载抵押登记内容。

第二十三条　车辆管理所办理抵押登记，应当登记下列内容：

（一）抵押权人的姓名或者单位名称、身份证明名称、身份证明号码、住所地址、邮政编码、联系电话；

（二）主合同和抵押合同号码；

（三）抵押登记的日期。

第二十四条　申请注销抵押的，应当填写《机动车抵押/注销抵押登记申请表》，持下列证明、凭证，与抵押权人共同申请：

（一）抵押人和抵押权人的身份证明；

（二）机动车登记证书。

车辆管理所应当自受理之日起一日内，在机动车登记证书上记载注销抵押内容和注销抵押的日期。

第二十五条　机动车抵押登记日期、注销抵押日期可以供公众查询。

第五节　注销登记

第二十六条　已达到国家强制报废标准的机动车，机动车所有人向机动车回收企业交售机动车时，应当填写《机动车停驶、复驶/注销登记申请表》，提交机动车登记证书、号牌和行驶证。机动车回收企业应当确认机动车并解体，向机动车所有人出具《报废机动车回收证明》。

机动车回收企业应当在机动车解体后七日内将《机动车停驶、复驶/注销登记申请表》、机动车登记证书、号牌、行驶证和《报废机动车回收证明》副本交回车辆管理所。

车辆管理所应当自受理之日起一日内办理注销登记，在计算机登记系统内登记注销信息。

第二十七条　因机动车灭失申请注销登记的，机动车所有人应当向车辆管理所申请注销登记，填写《机动车停驶、复驶/注销登记申请表》，并提交有关灭失证明。车辆管理所应当自受理之日起一日内办理注销登记，收回机动车登记证书、号牌和行驶证。

对因机动车灭失无法交回号牌、行驶证的，车辆管理所应当公告作废。

机动车所有人因其他原因申请注销登记的，填写《机动车停驶、复驶/注销登记申请表》，车辆管理所应当自受理之日起一日内办理注销登记，收回机动车登记证书、号牌和行驶证。

第三章　其他规定

第二十八条　已注册登记的机动车需要停驶或者停驶后恢复行驶的，应当填写《机动车停驶、复驶/注销登记申请表》，提交下列材料：

（一）机动车所有人的身份证明；

（二）申请停驶的，交回号牌和行驶证。

车辆管理所应当自受理之日起一日内，收回或者发还号牌和行驶证。

第二十九条　机动车登记证书灭失、丢失或者损毁的，机动车所有人应当向车辆管理所申请补领、换领机动车登记证书。申请时应当填写《补领、换领机动车牌证申请表》，提交机动车所有人的身份证明。

对申请换领机动车登记证书的，车辆管理所应当自受理之日起一日内换发，收回原机动车登记证书。对申请补领机动车登记证书的，车辆管理所应当自受理之日起确认机动车，并于十五日内重新核发机动车登记证书。补发机动车登记证书期间应当停止办理该机动车的各项登记。

第三十条　号牌、行驶证灭失、丢失或者损毁，机动车所有人向车辆管理所申请补领、换领号牌、行驶证的，应当填写《补领、换领机动车牌证申请表》，并提交机动车所有人的身份证明。

车辆管理所应当自受理之日起一日内补发、换发行驶证。自受理之日起十五日内补发、换发号牌，原机动车登记编号不变。

补发号牌期间应当给机动车所有人核发临时行驶车号牌。

补发、换发号牌或者行驶证后，收回未灭失、丢失或者损毁的号牌、行驶证。

第三十一条　未注册登记的机动车需要驶出本行政辖区的，机动车所有人应当到车辆管理所申领临时行驶车号牌，提交以下证明、凭证：

（一）机动车所有人的身份证明；

（二）机动车来历凭证；

（三）机动车整车出厂合格证明或者进口机动车进口凭证；

（四）机动车第三者责任强制保险凭证。

车辆管理所应当自受理之日起一日内，核发机动车临时行驶车号牌。

第三十二条 机动车所有人发现登记内容有错误的，应当及时要求车辆管理所更正。车辆管理所应当自受理之日起五日内予以确认。确属登记错误的，在机动车登记证书上更正相关内容，换发行驶证。需要改变机动车登记编号的，收回原号牌、行驶证，确定新的机动车登记编号，重新核发号牌、行驶证和检验合格标志。

第三十三条 已注册登记的机动车被盗抢，车辆管理所应当根据刑侦部门提供的情况，在计算机登记系统内记录，停止办理该机动车的各项登记。被盗抢机动车发还后，车辆管理所应当恢复办理该机动车的各项登记。

机动车在被盗抢期间，发动机号码、车辆识别代号（车架号码）或者车身颜色被改变的，车辆管理所应当凭有关技术鉴定证明办理变更。

第三十四条 机动车所有人申请检验合格标志，应当提交行驶证、机动车第三者责任强制保险凭证、机动车安全技术检验机构出具的安全技术检验合格证明。

车辆管理所应当自受理之日起一日内，确认机动车，对涉及机动车的道路交通安全违法行为和交通事故处理情况进行核查后，核发机动车检验合格标志。

机动车涉及道路交通安全违法行为和交通事故未处理完毕的，不予核发检验合格标志。

第三十五条 机动车因故不能在登记地检验的，机动车所有人应当向登记地车辆管理所申请委托核发检验合格标志。申请时，机动车所有人应当提交行驶证、机动车第三者责任强制保险凭证。车辆管理所应当自受理之日起一日内，对涉及机动车的道路交通安全违法行为和交通事故处理情况核查后，出具核发检验合格标志的委托书。

机动车在检验地检验合格后，机动车所有人应当按照本规定第三十四条第一款的规定向被委托地车辆管理所申请检验合格标志，并提交核发检验合格标志的委托书。被委托地车辆管理所应当自受理之日起一日内，按照本规定第三十四条第二款、第三款的规定核发机动车检验合格标志。

大型载客汽车和涉及道路交通安全违法行为或者交通事故未处理完毕的机动车，不得委托核发检验合格标志。

第三十六条 机动车所有人可以委托代理人代理申请各项机动车登记和相关业务，但申请补发机动车登记证书除外。代理人申请机动车登记和相关业务时，应当提交代理人的身份证明和机动车所有人与代理人共同签字的申请表。

车辆管理所应当记载代理人的姓名或者单位名称、身份证明名称、身份证明号码、住所地址、邮政编码、联系电话。

第四章 附 则

第三十七条 机动车登记证书、号牌、临时行驶车号牌、行驶证、检验合格标志的种类、式样，以及各类登记表格式样等由公安部制定。机动车登记证书由公安部统一印制。

第三十八条 本规定下列用语的含义：

（一）进口机动车是指：

1. 国家限定口岸进口的汽车；

2. 各口岸进口的其他机动车；

3. 海关监管的机动车；

4. 国家授权的执法部门没收的走私、无合法进口证明和利用进口五大总成非法拼（组）装的机动车。

（二）进口机动车的进口凭证是指：

1. 进口汽车的进口凭证，是国家限定口岸海关签发的《货物进口证明书》；

2. 其他进口机动车的进口凭证，是各口岸海关签发的《货物进口证明书》；

3. 海关监管的机动车的进口凭证，是监管地海关出具的《中华人民共和国海关监管车辆进（出）境领（销）牌照通知书》；

4. 国家授权的执法部门没收的走私、无进口证明和利用进口关键件非法拼（组）装的机动车的进口凭证，是该部门签发的《没收走私汽车、摩托车证明书》。

（三）机动车所有人是指拥有机动车的个人

或者单位。

1. 个人是指我国内地的居民和军人(含武警)以及香港、澳门特别行政区、台湾地区居民和外国人;

2. 单位是指机关、企业、事业单位和社会团体以及外国驻华使馆、领馆和外国驻华办事机构、国际组织驻华代表机构。

(四)身份证明是指:

1. 机关、企业、事业单位和社会团体的身份证明,是《组织机构代码证书》。上述单位已注销、撤销或者破产,其机动车需要办理变更登记、转移登记、注销登记和补领机动车登记证书、号牌、行驶证的,已注销的企业单位的身份证明,是工商行政管理部门出具的注销证明。已撤销的机关、事业单位的身份证明,是其上级主管机关出具的有关证明。已破产的企业单位的身份证明,是依法成立的财产清算机构出具的有关证明;

2. 外国驻华使馆、领馆和外国驻华办事机构、国际组织驻华代表机构的身份证明,是该使馆、领馆或者该办事机构、代表机构出具的证明;

3. 外商在华独资企业或者外商驻华机构的身份证明,是《组织机构代码证书》;

4. 居民的身份证明,是《居民身份证》或者《居民户口簿》。在暂住地居住的内地居民,其身份证明是《居民身份证》和公安机关核发的居住、暂住证明;

5. 军人(含武警)的身份证明,是《居民身份证》;

6. 香港、澳门特别行政区、台湾地区居民的身份证明,是其入境的身份证明和居留证明;

7. 外国人的身份证明,是其入境的身份证明和居留证明;

8. 外国驻华使馆、领馆人员和国际组织驻华代表机构人员的身份证明,是外交部核发的有效身份证件。

(五)住所是指:

1. 单位的住所为其主要办事机构所在地;

2. 个人的住所为其户籍所在地或者暂住地。

(六)住所地址是指:

1. 单位住所地址为其身份证明记载的地址;

2. 个人住所地址为其申报的住所地址。

(七)机动车获得方式是指,人民法院调解、裁定、判决、仲裁机构仲裁裁决、购买、继承、赠与、中奖、协议抵偿债务、资产重组、资产整体买卖、调拨等。

(八)机动车来历凭证是指:

1. 在国内购买的机动车,其来历凭证是全国统一的机动车销售发票或者旧机动车交易发票。在国外购买的机动车,其来历凭证是该车销售单位开具的销售发票及其翻译文本;

2. 人民法院调解、裁定或者判决转移的机动车,其来历凭证是人民法院出具的已经生效的《调解书》、《裁定书》或者《判决书》以及相应的《协助执行通知书》;

3. 仲裁机构仲裁裁决转移的机动车,其来历凭证是《仲裁裁决书》和人民法院出具的《协助执行通知书》;

4. 继承、赠与、中奖和协议抵偿债务的机动车,其来历凭证是继承、赠与、中奖和协议抵偿债务的相关文书和公证机关出具的《公证书》;

5. 资产重组或者资产整体买卖中包含的机动车,其来历凭证是资产主管部门的批准文件;

6. 国家机关统一采购并调拨到下属单位未注册登记的机动车,其来历凭证是全国统一的机动车销售发票和该部门出具的调拨证明;

7. 国家机关已注册登记并调拨到下属单位的机动车,其来历凭证是该部门出具的调拨证明;

8. 经公安机关破案发还的被盗抢且已向原机动车所有人理赔完毕的机动车,其来历凭证是保险公司出具的《权益转让证明书》;

9. 更换发动机、车身、车架的来历凭证,是销售单位开具的发票或者修理单位开具的发票。

(九)本规定所称"一日"、"三日"、"五日"、"七日"、"十日"、"十五日",是指工作日,不包括节假日。

第三十九条　本规定自2004年5月1日起施行。2001年1月4日公安部发布的《中华人民共和国机动车登记办法》同时废止。2004年4月30日前公安部发布的其他规定与本规定不一致的,以本规定为准。

机动车登记规定①

(2008年5月27日公安部令第102号公布　自2008年10月1日起施行)

目　　录

第一章　总　　则

第一条　根据《中华人民共和国道路交通安全法》及其实施条例的规定,制定本规定。

第二条　本规定由公安机关交通管理部门负责实施。

省级公安机关交通管理部门负责本省(自治区、直辖市)机动车登记工作的指导、检查和监督。直辖市公安机关交通管理部门车辆管理所、设区的市或者相当于同级的公安机关交通管理部门车辆管理所负责办理本行政辖区内机动车登记业务。

县级公安机关交通管理部门车辆管理所可以办理本行政辖区内摩托车、三轮汽车、低速载货汽车登记业务。条件具备的,可以办理除进口机动车、危险化学品运输车、校车、中型以上载客汽车以外的其他机动车登记业务。具体业务范围和办理条件由省级公安机关交通管理部门确定。

警用车辆登记业务按照有关规定办理。

第三条　车辆管理所办理机动车登记,应当遵循公开、公正、便民的原则。

车辆管理所在受理机动车登记申请时,对申请材料齐全并符合法律、行政法规和本规定的,应当在规定的时限内办结。对申请材料不齐全或者其他不符合法定形式的,应当一次告知申请人需要补正的全部内容。对不符合规定的,应当书面告知不予受理、登记的理由。

车辆管理所应当将法律、行政法规和本规定的有关机动车登记的事项、条件、依据、程序、期限以及收费标准、需要提交的全部材料的目录和申请表示范文本等在办理登记的场所公示。

省级、设区的市或者相当于同级的公安机关交通管理部门应当在互联网上建立主页,发布信息,便于群众查阅机动车登记的有关规定,下载、使用有关表格。

第四条　车辆管理所应当使用计算机登记系统办理机动车登记,并建立数据库。不使用计算机登记系统登记的,登记无效。

计算机登记系统的数据库标准和登记软件全国统一。数据库能够完整、准确记录登记内容,记录办理过程和经办人员信息,并能够实时将有关登记内容传送到全国公安交通管理信息系统。计算机登记系统应当与交通违法信息系统和交通事故信息系统实行联网。

第二章　登　　记

第一节　注册登记

第五条　初次申领机动车号牌、行驶证的,机动车所有人应当向住所地的车辆管理所申请注册登记。

第六条　机动车所有人应当到机动车安全技术检验机构对机动车进行安全技术检验,取得机动车安全技术检验合格证明后申请注册登记。但经海关进口的机动车和国务院机动车产品主管部门认定免予安全技术检验的机动车除外。

免予安全技术检验的机动车有下列情形之一的,应当进行安全技术检验:

(一)国产机动车出厂后两年内未申请注册登记的;

(二)经海关进口的机动车进口后两年内未申请注册登记的;

(三)申请注册登记前发生交通事故的。

① 编者注:已被修改。

第七条 申请注册登记的,机动车所有人应当填写申请表,交验机动车,并提交以下证明、凭证:

(一)机动车所有人的身份证明;

(二)购车发票等机动车来历证明;

(三)机动车整车出厂合格证明或者进口机动车进口凭证;

(四)车辆购置税完税证明或者免税凭证;

(五)机动车交通事故责任强制保险凭证;

(六)法律、行政法规规定应当在机动车注册登记时提交的其他证明、凭证。

不属于经海关进口的机动车和国务院机动车产品主管部门规定免予安全技术检验的机动车,还应当提交机动车安全技术检验合格证明。

车辆管理所应当自受理申请之日起二日内,确认机动车,核对车辆识别代号拓印膜,审查提交的证明、凭证,核发机动车登记证书、号牌、行驶证和检验合格标志。

第八条 车辆管理所办理消防车、救护车、工程救险车注册登记时,应当对车辆的使用性质、标志图案、标志灯具和警报器进行审查。

车辆管理所办理全挂汽车列车和半挂汽车列车注册登记时,应当对牵引车和挂车分别核发机动车登记证书、号牌和行驶证。

第九条 有下列情形之一的,不予办理注册登记:

(一)机动车所有人提交的证明、凭证无效的;

(二)机动车来历证明被涂改或者机动车来历证明记载的机动车所有人与身份证明不符的;

(三)机动车所有人提交的证明、凭证与机动车不符的;

(四)机动车未经国务院机动车产品主管部门许可生产或者未经国家进口机动车主管部门许可进口的;

(五)机动车的有关技术数据与国务院机动车产品主管部门公告的数据不符的;

(六)机动车的型号、发动机号码、车辆识别代号或者有关技术数据不符合国家安全技术标准的;

(七)机动车达到国家规定的强制报废标准的;

(八)机动车被人民法院、人民检察院、行政执法部门依法查封、扣押的;

(九)机动车属于被盗抢的;

(十)其他不符合法律、行政法规规定的情形。

第二节 变更登记

第十条 已注册登记的机动车有下列情形之一的,机动车所有人应当向登记地车辆管理所申请变更登记:

(一)改变车身颜色的;

(二)更换发动机的;

(三)更换车身或者车架的;

(四)因质量问题更换整车的;

(五)营运机动车改为非营运机动车或者非营运机动车改为营运机动车等使用性质改变的;

(六)机动车所有人的住所迁出或者迁入车辆管理所管辖区域的。

机动车所有人为两人以上,需要将登记的所有人姓名变更为其他所有人姓名的,可以向登记地车辆管理所申请变更登记。

属于本条第一款第(一)项、第(二)项和第(三)项规定的变更事项的,机动车所有人应当在变更后十日内向车辆管理所申请变更登记;属于本条第一款第(六)项规定的变更事项的,机动车所有人申请转出前,应当将涉及该车的道路交通安全违法行为和交通事故处理完毕。

第十一条 申请变更登记的,机动车所有人应当填写申请表,交验机动车,并提交以下证明、凭证:

(一)机动车所有人的身份证明;

(二)机动车登记证书;

(三)机动车行驶证;

(四)属于更换发动机、车身或者车架的,还应当提交机动车安全技术检验合格证明;

(五)属于因质量问题更换整车的,还应当提交机动车安全技术检验合格证明,但经海关进口的机动车和国务院机动车产品主管部门认定免予安全技术检验的机动车除外。

车辆管理所应当自受理之日起一日内,确认机动车,审查提交的证明、凭证,在机动车登记证书上签注变更事项,收回行驶证,重新核发行驶证。

车辆管理所办理本规定第十条第一款第

(三)项、第(四)项和第(六)项规定的变更登记事项的,应当核对车辆识别代号拓印膜。

第十二条 车辆管理所办理机动车变更登记时,需要改变机动车号牌号码的,收回号牌、行驶证,确定新的机动车号牌号码,重新核发号牌、行驶证和检验合格标志。

第十三条 机动车所有人的住所迁出车辆管理所管辖区域的,车辆管理所应当自受理之日起三日内,在机动车登记证书上签注变更事项,收回号牌、行驶证,核发有效期为三十日的临时行驶车号牌,将机动车档案交机动车所有人。机动车所有人应当在临时行驶车号牌的有效期限内到住所地车辆管理所申请机动车转入。

申请机动车转入的,机动车所有人应当填写申请表,提交身份证明、机动车登记证书、机动车档案,并交验机动车。机动车在转入时已超过检验有效期的,应当在转入地进行安全技术检验并提交机动车安全技术检验合格证明和交通事故责任强制保险凭证。车辆管理所应当自受理之日起三日内,确认机动车,核对车辆识别代号拓印膜,审查相关证明、凭证和机动车档案,在机动车登记证书上签注转入信息,核发号牌、行驶证和检验合格标志。

第十四条 机动车所有人为两人以上,需要将登记的所有人姓名变更为其他所有人姓名的,应当提交机动车登记证书、行驶证、变更前和变更后机动车所有人的身份证明和共同所有的公证证明,但属于夫妻双方共同所有的,可以提供《结婚证》或者证明夫妻关系的《居民户口簿》。

变更后机动车所有人的住所在车辆管理所管辖区域内的,车辆管理所按照本规定第十一条第二款的规定办理变更登记。变更后机动车所有人的住所不在车辆管理所管辖区域内的,迁出地和迁入地车辆管理所按照本规定第十三条的规定办理变更登记。

第十五条 有下列情形之一的,不予办理变更登记:

(一)改变机动车的品牌、型号和发动机型号的,但经国务院机动车产品主管部门许可选装的发动机除外;

(二)改变已登记的机动车外形和有关技术数据的,但法律、法规和国家强制性标准另有规定的除外;

(三)有本规定第九条第(一)项、第(七)项、第(八)项、第(九)项规定情形的。

第十六条 有下列情形之一,在不影响安全和识别号牌的情况下,机动车所有人不需要办理变更登记:

(一)小型、微型载客汽车加装前后防撞装置;

(二)货运机动车加装防风罩、水箱、工具箱、备胎架等;

(三)增加机动车车内装饰。

第十七条 已注册登记的机动车,机动车所有人住所在车辆管理所管辖区域内迁移或者机动车所有人姓名(单位名称)、联系方式变更的,应当向登记地车辆管理所备案。

(一)机动车所有人住所在车辆管理所管辖区域内迁移、机动车所有人姓名(单位名称)变更的,机动车所有人应当提交身份证明、机动车登记证书、行驶证和相关变更证明。车辆管理所应当自受理之日起一日内,在机动车登记证书上签注备案事项,重新核发行驶证。

(二)机动车所有人联系方式变更的,机动车所有人应当提交身份证明和行驶证。车辆管理所应当自受理之日起一日内办理备案。

机动车所有人的身份证明名称或者号码变更的,可以向登记地车辆管理所申请备案。机动车所有人应当提交身份证明、机动车登记证书。车辆管理所应当自受理之日起一日内,在机动车登记证书上签注备案事项。

发动机号码、车辆识别代号因磨损、锈蚀、事故等原因辨认不清或者损坏的,可以向登记地车辆管理所申请备案。机动车所有人应当提交身份证明、机动车登记证书、行驶证。车辆管理所应当自受理之日起一日内,在发动机、车身或者车架上打刻原发动机号码或者原车辆识别代号,在机动车登记证书上签注备案事项。

第三节 转移登记

第十八条 已注册登记的机动车所有权发生转移的,现机动车所有人应当自机动车交付之日起三十日内向登记地车辆管理所申请转移登记。

机动车所有人申请转移登记前，应当将涉及该车的道路交通安全违法行为和交通事故处理完毕。

第十九条　申请转移登记的，现机动车所有人应当填写申请表，交验机动车，并提交以下证明、凭证：

（一）现机动车所有人的身份证明；

（二）机动车所有权转移的证明、凭证；

（三）机动车登记证书；

（四）机动车行驶证；

（五）属于海关监管的机动车，还应当提交《中华人民共和国海关监管车辆解除监管证明书》或者海关批准的转让证明；

（六）属于超过检验有效期的机动车，还应当提交机动车安全技术检验合格证明和交通事故责任强制保险凭证。

现机动车所有人住所在车辆管理所管辖区域内的，车辆管理所应当自受理申请之日起一日内，确认机动车，核对车辆识别代号拓印膜，审查提交的证明、凭证，收回号牌、行驶证，确定新的机动车号牌号码，在机动车登记证书上签注转移事项，重新核发号牌、行驶证和检验合格标志。

现机动车所有人住所不在车辆管理所管辖区域内的，车辆管理所应当按照本规定第十三条的规定办理。

第二十条　有下列情形之一的，不予办理转移登记：

（一）机动车与该车档案记载内容不一致的；

（二）属于海关监管的机动车，海关未解除监管或者批准转让的；

（三）机动车在抵押登记、质押备案期间的；

（四）有本规定第九条第（一）项、第（二）项、第（七）项、第（八）项、第（九）项规定情形的。

第二十一条　被人民法院、人民检察院和行政执法部门依法没收并拍卖，或者被仲裁机构依法仲裁裁决，或者被人民法院调解、裁定、判决机动车所有权转移时，原机动车所有人未向现机动车所有人提供机动车登记证书、号牌或者行驶证的，现机动车所有人在办理转移登记时，应当提交人民法院出具的未得到机动车登记证书、号牌或者行驶证的《协助执行通知书》，或者人民检察院、行政执法部门出具的未得到机动车登记证书、号牌或者行驶证的证明。车辆管理所应当公告原机动车登记证书、号牌或者行驶证作废，并在办理转移登记的同时，补发机动车登记证书。

第四节　抵押登记

第二十二条　机动车所有人将机动车作为抵押物抵押的，应当向登记地车辆管理所申请抵押登记；抵押权消灭的，应当向登记地车辆管理所申请解除抵押登记。

第二十三条　申请抵押登记的，机动车所有人应当填写申请表，由机动车所有人和抵押权人共同申请，并提交下列证明、凭证：

（一）机动车所有人和抵押权人的身份证明；

（二）机动车登记证书；

（三）机动车所有人和抵押权人依法订立的主合同和抵押合同。

车辆管理所应当自受理之日起一日内，审查提交的证明、凭证，在机动车登记证书上签注抵押登记的内容和日期。

第二十四条　申请解除抵押登记的，机动车所有人应当填写申请表，由机动车所有人和抵押权人共同申请，并提交下列证明、凭证：

（一）机动车所有人和抵押权人的身份证明；

（二）机动车登记证书。

人民法院调解、裁定、判决解除抵押的，机动车所有人或者抵押权人应当填写申请表，提交机动车登记证书、人民法院出具的已经生效的《调解书》、《裁定书》或者《判决书》，以及相应的《协助执行通知书》。

车辆管理所应当自受理之日起一日内，审查提交的证明、凭证，在机动车登记证书上签注解除抵押登记的内容和日期。

第二十五条　机动车抵押登记日期、解除抵押登记日期可以供公众查询。

第二十六条　有本规定第九条第（一）项、第（七）项、第（八）项、第（九）项或者第二十条第（二）项规定情形之一的，不予办理抵押登记。对机动车所有人提交的证明、凭证无效，或者机动车被人民法院、人民检察院、行政执法部门依法查封、扣押的，不予办理解除抵押登记。

第五节　注销登记

第二十七条　已达到国家强制报废标准的机动车,机动车所有人向机动车回收企业交售机动车时,应当填写申请表,提交机动车登记证书、号牌和行驶证。机动车回收企业应当确认机动车并解体,向机动车所有人出具《报废机动车回收证明》。报废的大型客、货车及其他营运车辆应当在车辆管理所的监督下解体。

机动车回收企业应当在机动车解体后七日内将申请表、机动车登记证书、号牌、行驶证和《报废机动车回收证明》副本提交车辆管理所,申请注销登记。

车辆管理所应当自受理之日起一日内,审查提交的证明、凭证,收回机动车登记证书、号牌、行驶证,出具注销证明。

第二十八条　除本规定第二十七条规定的情形外,机动车有下列情形之一的,机动车所有人应当向登记地车辆管理所申请注销登记:

(一)机动车灭失的;

(二)机动车因故不在我国境内使用的;

(三)因质量问题退车的。

已注册登记的机动车有下列情形之一的,登记地车辆管理所应当办理注销登记:

(一)机动车登记被依法撤销的;

(二)达到国家强制报废标准的机动车被依法收缴并强制报废的。

属于本条第一款第(二)项和第(三)项规定情形之一的,机动车所有人申请注销登记前,应当将涉及该车的道路交通安全违法行为和交通事故处理完毕。

第二十九条　属于本规定第二十八条第一款规定的情形,机动车所有人申请注销登记的,应当填写申请表,并提交以下证明、凭证:

(一)机动车登记证书;

(二)机动车行驶证;

(三)属于机动车灭失的,还应当提交机动车所有人的身份证明和机动车灭失证明;

(四)属于机动车因故不在我国境内使用的,还应当提交机动车所有人的身份证明和出境证明,其中属于海关监管的机动车,还应当提交海关出具的《中华人民共和国海关监管车辆进(出)境领(销)牌照通知书》;

(五)属于因质量问题退车的,还应当提交机动车所有人的身份证明和机动车制造厂或者经销商出具的退车证明。

车辆管理所应当自受理之日起一日内,审查提交的证明、凭证,收回机动车登记证书、号牌、行驶证,出具注销证明。

第三十条　因车辆损坏无法驶回登记地的,机动车所有人可以向车辆所在地机动车回收企业交售报废机动车。交售机动车时应当填写申请表,提交机动车登记证书、号牌和行驶证。机动车回收企业应当确认机动车并解体,向机动车所有人出具《报废机动车回收证明》。报废的大型客、货车及其他营运车辆应当在报废地车辆管理所的监督下解体。

机动车回收企业应当在机动车解体后七日内将申请表、机动车登记证书、号牌、行驶证和《报废机动车回收证明》副本提交报废地车辆管理所,申请注销登记。

报废地车辆管理所应当自受理之日起一日内,审查提交的证明、凭证,收回机动车登记证书、号牌、行驶证,并通过计算机登记系统将机动车报废信息传递给登记地车辆管理所。

登记地车辆管理所应当自接到机动车报废信息之日起一日内办理注销登记,并出具注销证明。

第三十一条　已注册登记的机动车有下列情形之一的,车辆管理所应当公告机动车登记证书、号牌、行驶证作废:

(一)达到国家强制报废标准,机动车所有人逾期不办理注销登记的;

(二)机动车登记被依法撤销后,未收缴机动车登记证书、号牌、行驶证的;

(三)达到国家强制报废标准的机动车被依法收缴并强制报废的;

(四)机动车所有人办理注销登记时未交回机动车登记证书、号牌、行驶证的。

第三十二条　有本规定第九条第(一)项、第(八)项、第(九)项或者第二十条第(一)项、第(三)项规定情形之一的,不予办理注销登记。

第三章 其他规定

第三十三条 申请办理机动车质押备案或者解除质押备案的，由机动车所有人和典当行共同申请，机动车所有人应当填写申请表，并提交以下证明、凭证：

（一）机动车所有人和典当行的身份证明；

（二）机动车登记证书。

车辆管理所应当自受理之日起一日内，审查提交的证明、凭证，在机动车登记证书上签注质押备案或者解除质押备案的内容和日期。

有本规定第九条第（一）项、第（七）项、第（八）项、第（九）项规定情形之一的，不予办理质押备案。对机动车所有人提交的证明、凭证无效，或者机动车被人民法院、人民检察院、行政执法部门依法查封、扣押的，不予办理解除质押备案。

第三十四条 机动车登记证书灭失、丢失或者损毁的，机动车所有人应当向登记地车辆管理所申请补领、换领。申请时，机动车所有人应当填写申请表并提交身份证明，属于补领机动车登记证书的，还应当交验机动车。车辆管理所应当自受理之日起一日内，确认机动车，审查提交的证明、凭证，补发、换发机动车登记证书。

启用机动车登记证书前已注册登记的机动车未申领机动车登记证书的，机动车所有人可以向登记地车辆管理所申领机动车登记证书。但属于机动车所有人申请变更、转移或者抵押登记的，应当在申请前向车辆管理所申领机动车登记证书。申请时，机动车所有人应当填写申请表，交验机动车并提交身份证明。车辆管理所应当自受理之日起五日内，确认机动车，核对车辆识别代号拓印膜，审查提交的证明、凭证，核发机动车登记证书。

第三十五条 机动车号牌、行驶证灭失、丢失或者损毁的，机动车所有人应当向登记地车辆管理所申请补领、换领。申请时，机动车所有人应当填写申请表并提交身份证明。

车辆管理所应当审查提交的证明、凭证，收回未灭失、丢失或者损毁的号牌、行驶证，自受理之日起一日内补发、换发行驶证，自受理之日起十五日内补发、换发号牌，原机动车号牌号码不变。

补发、换发号牌期间应当核发有效期不超过十五日的临时行驶车号牌。

第三十六条 机动车具有下列情形之一，需要临时上道路行驶的，机动车所有人应当向车辆管理所申领临时行驶车号牌：

（一）未销售的；

（二）购买、调拨、赠予等方式获得机动车后尚未注册登记的；

（三）进行科研、定型试验的；

（四）因轴荷、总质量、外廓尺寸超出国家标准不予办理注册登记的特型机动车。

第三十七条 机动车所有人申领临时行驶车号牌应当提交以下证明、凭证：

（一）机动车所有人的身份证明；

（二）机动车交通事故责任强制保险凭证；

（三）属于本规定第三十六条第（一）项、第（四）项规定情形的，还应当提交机动车整车出厂合格证明或者进口机动车进口凭证；

（四）属于本规定第三十六条第（二）项规定情形的，还应当提交机动车来历证明，以及机动车整车出厂合格证明或者进口机动车进口凭证；

（五）属于本规定第三十六条第（三）项规定情形的，还应当提交书面申请和机动车安全技术检验合格证明。

车辆管理所应当自受理之日起一日内，审查提交的证明、凭证，属于本规定第三十六条第（一）项、第（二）项规定情形，需要在本行政辖区内临时行驶的，核发有效期不超过十五日的临时行驶车号牌；需要跨行政辖区临时行驶的，核发有效期不超过三十日的临时行驶车号牌。属于本规定第三十六条第（三）项、第（四）项规定情形的，核发有效期不超过九十日的临时行驶车号牌。

因号牌制作的原因，无法在规定时限内核发号牌的，车辆管理所应当核发有效期不超过十五日的临时行驶车号牌。

对具有本规定第三十六条第（一）项、第（二）项规定情形之一，机动车所有人需要多次申领临时行驶车号牌的，车辆管理所核发临时行驶车号牌不得超过三次。

第三十八条 机动车所有人发现登记内容有错误的，应当及时要求车辆管理所更正。车辆管理所应当自受理之日起五日内予以确认。确属登记错误的,在机动车登记证书上更正相关内容,换发行驶证。需要改变机动车号牌号码的,应当收回号牌、行驶证,确定新的机动车号牌号码,重新核发号牌、行驶证和检验合格标志。

第三十九条 已注册登记的机动车被盗抢的,车辆管理所应当根据刑侦部门提供的情况,在计算机登记系统内记录,停止办理该车的各项登记和业务。被盗抢机动车发还后,车辆管理所应当恢复办理该车的各项登记和业务。

机动车在被盗抢期间,发动机号码、车辆识别代号或者车身颜色被改变的,车辆管理所应当凭有关技术鉴定证明办理变更备案。

第四十条 机动车所有人可以在机动车检验有效期满前三个月内向登记地车辆管理所申请检验合格标志。

申请前,机动车所有人应当将涉及该车的道路交通安全违法行为和交通事故处理完毕。申请时,机动车所有人应当填写申请表并提交行驶证、机动车交通事故责任强制保险凭证、机动车安全技术检验合格证明。

车辆管理所应当自受理之日起一日内,确认机动车,审查提交的证明、凭证,核发检验合格标志。

第四十一条 除大型载客汽车以外的机动车因故不能在登记地检验的,机动车所有人可以向登记地车辆管理所申请委托核发检验合格标志。申请前,机动车所有人应当将涉及机动车的道路交通安全违法行为和交通事故处理完毕。申请时,应当提交机动车登记证书或者行驶证。

车辆管理所应当自受理之日起一日内,出具核发检验合格标志的委托书。

机动车在检验地检验合格后,机动车所有人应当按照本规定第四十条第二款的规定向被委托地车辆管理所申请检验合格标志,并提交核发检验合格标志的委托书。被委托地车辆管理所应当自受理之日起一日内,按照本规定第四十条第三款的规定核发检验合格标志。

第四十二条 机动车检验合格标志灭失、丢失或者损毁的,机动车所有人应当持行驶证向机动车登记地或者检验合格标志核发地车辆管理所申请补领或者换领。车辆管理所应当自受理之日起一日内补发或者换发。

第四十三条 办理机动车转移登记或者注销登记后,原机动车所有人申请办理新购机动车注册登记时,可以向车辆管理所申请使用原机动车号牌号码。

申请使用原机动车号牌号码应当符合下列条件:

(一)在办理转移登记或者注销登记后六个月内提出申请;

(二)机动车所有人拥有原机动车三年以上;

(三)涉及原机动车的道路交通安全违法行为和交通事故处理完毕。

第四十四条 确定机动车号牌号码采用计算机自动选取和由机动车所有人按照机动车号牌标准规定自行编排的方式。

第四十五条 机动车所有人可以委托代理人代理申请各项机动车登记和业务,但申请补领机动车登记证书的除外。对机动车所有人因死亡、出境、重病、伤残或者不可抗力等原因不能到场申请补领机动车登记证书的,可以凭相关证明委托代理人代理申领。

代理人申请机动车登记和业务时,应当提交代理人的身份证明和机动车所有人的书面委托。

第四十六条 机动车所有人或者代理人申请机动车登记和业务,应当如实向车辆管理所提交规定的材料和反映真实情况,并对其申请材料实质内容的真实性负责。

第四章 法律责任

第四十七条 有下列情形之一的,由公安机关交通管理部门处警告或者二百元以下罚款:

(一)重型、中型载货汽车及其挂车的车身或者车厢后部未按照规定喷涂放大的牌号或者放大的牌号不清晰的;

(二)机动车喷涂、粘贴标识或者车身广告,影响安全驾驶的;

(三)载货汽车、挂车未按照规定安装侧面及后下部防护装置、粘贴车身反光标识的;

(四)机动车未按照规定期限进行安全技术检验的;

(五)改变车身颜色、更换发动机、车身或者车架,未按照本规定第十条规定的时限办理变更登记的；

（六）机动车所有权转移后，现机动车所有人未按照本规定第十八条规定的时限办理转移登记的；

（七）机动车所有人办理变更登记、转移登记，机动车档案转出登记地车辆管理所后，未按照本规定第十三条规定的时限到住所地车辆管理所申请机动车转入的。

第四十八条　除本规定第十条和第十六条规定的情形外，擅自改变机动车外形和已登记的有关技术数据的，由公安机关交通管理部门责令恢复原状，并处警告或者五百元以下罚款。

第四十九条　以欺骗、贿赂等不正当手段取得机动车登记的，由公安机关交通管理部门收缴机动车登记证书、号牌、行驶证，撤销机动车登记；申请人在三年内不得申请机动车登记。对涉嫌走私、盗抢的机动车，移交有关部门处理。

以欺骗、贿赂等不正当手段办理补、换领机动车登记证书、号牌、行驶证和检验合格标志等业务的，由公安机关交通管理部门处警告或者二百元以下罚款。

第五十条　省、自治区、直辖市公安厅、局可以根据本地区的实际情况，在本规定的处罚幅度范围内，制定具体的执行标准。

对本规定的道路交通安全违法行为的处理程序按照《道路交通安全违法行为处理程序规定》执行。

第五十一条　交通警察违反规定为被盗抢、走私、非法拼（组）装、达到国家强制报废标准的机动车办理登记的，按照国家有关规定给予处分，经教育不改又不宜给予开除处分的，按照《公安机关组织管理条例》规定予以辞退；对聘用人员予以解聘。构成犯罪的，依法追究刑事责任。

第五十二条　交通警察有下列情形之一的，按照国家有关规定给予处分；对聘用人员予以解聘。构成犯罪的，依法追究刑事责任：

（一）不按照规定确认机动车和审查证明、凭证的；

（二）故意刁难，拖延或者拒绝办理机动车登记的；

（三）违反本规定增加机动车登记条件或者提交的证明、凭证的；

（四）违反本规定第四十四条的规定，采用其他方式确定机动车号牌号码的；

（五）违反规定跨行政辖区办理机动车登记和业务的；

（六）超越职权进入计算机登记系统办理机动车登记和业务，或者不按规定使用机动车登记系统办理登记和业务的；

（七）向他人泄漏、传播计算机登记系统密码，造成系统数据被篡改、丢失或者破坏的；

（八）利用职务上的便利索取、收受他人财物或者谋取其他利益的；

（九）强令车辆管理所违反本规定办理机动车登记的。

第五十三条　公安机关交通管理部门有本规定第五十一条、第五十二条所列行为之一的，按照国家有关规定对直接负责的主管人员和其他直接责任人员给予相应的处分。

公安机关交通管理部门及其工作人员有本规定第五十一条、第五十二条所列行为之一，给当事人造成损失的，应当依法承担赔偿责任。

第五章　附　　则

第五十四条　机动车登记证书、号牌、行驶证、检验合格标志的种类、式样，以及各类登记表格式样等由公安部制定。机动车登记证书由公安部统一印制。

机动车登记证书、号牌、行驶证、检验合格标志的制作应当符合有关标准。

第五十五条　本规定下列用语的含义：

（一）进口机动车是指：

1. 经国家限定口岸海关进口的汽车；

2. 经各口岸海关进口的其他机动车；

3. 海关监管的机动车；

4. 国家授权的执法部门没收的走私、无合法进口证明和利用进口关键件非法拼（组）装的机动车。

（二）进口机动车的进口凭证是指：

1. 进口汽车的进口凭证，是国家限定口岸海关签发的《货物进口证明书》；

2. 其他进口机动车的进口凭证，是各口岸海关签发的《货物进口证明书》；

3. 海关监管的机动车的进口凭证，是监管

地海关出具的《中华人民共和国海关监管车辆进(出)境领(销)牌照通知书》;

4. 国家授权的执法部门没收的走私、无进口证明和利用进口关键件非法拼(组)装的机动车的进口凭证,是该部门签发的《没收走私汽车、摩托车证明书》。

(三)机动车所有人是指拥有机动车的个人或者单位。

1. 个人是指我国内地的居民和军人(含武警)以及香港、澳门特别行政区、台湾地区居民、华侨和外国人;

2. 单位是指机关、企业、事业单位和社会团体以及外国驻华使馆、领馆和外国驻华办事机构、国际组织驻华代表机构。

(四)身份证明是指:

1. 机关、企业、事业单位、社会团体的身份证明,是该单位的《组织机构代码证书》、加盖单位公章的委托书和被委托人的身份证明。机动车所有人为单位的内设机构,本身不具备领取《组织机构代码证书》条件的,可以使用上级单位的《组织机构代码证书》作为机动车所有人的身份证明。上述单位已注销、撤销或者破产,其机动车需要办理变更登记、转移登记、解除抵押登记、注销登记、解除质押备案、申领机动车登记证书和补、换领机动车登记证书、号牌、行驶证的,已注销的企业的身份证明,是工商行政管理部门出具的注销证明。已撤销的机关、事业单位、社会团体的身份证明,是其上级主管机关出具的有关证明。已破产的企业的身份证明,是依法成立的财产清算机构出具的有关证明;

2. 外国驻华使馆、领馆和外国驻华办事机构、国际组织驻华代表机构的身份证明,是该使馆、领馆或者该办事机构、代表机构出具的证明;

3. 居民的身份证明,是《居民身份证》或者《临时居民身份证》。在暂住地居住的内地居民,其身份证明是《居民身份证》或者《临时居民身份证》,以及公安机关核发的居住、暂住证明;

4. 军人(含武警)的身份证明,是《居民身份证》或者《临时居民身份证》。在未办理《居民身份证》前,是指军队有关部门核发的《军官证》、《文职干部证》、《士兵证》、《离休证》、《退休证》等有效军人身份证件,以及其所在的团级以上单位出具的本人住所证明;

5. 香港、澳门特别行政区居民的身份证明,是其入境时所持有的《港澳居民来往内地通行证》或者《港澳同胞回乡证》、香港、澳门特别行政区《居民身份证》和公安机关核发的居住、暂住证明;

6. 台湾地区居民的身份证明,是其所持有的有效期六个月以上的公安机关核发的《台湾居民来往大陆通行证》或者外交部核发的《中华人民共和国旅行证》和公安机关核发的居住、暂住证明;

7. 华侨的身份证明,是《中华人民共和国护照》和公安机关核发的居住、暂住证明;

8. 外国人的身份证明,是其入境时所持有的护照或者其他旅行证件、居(停)留期为六个月以上的有效签证或者居留许可,以及公安机关出具的住宿登记证明;

9. 外国驻华使馆、领馆人员、国际组织驻华代表机构人员的身份证明,是外交部核发的有效身份证件。

(五)住所是指:

1. 单位的住所为其主要办事机构所在地的地址;

2. 个人的住所为其身份证明记载的地址。在暂住地居住的内地居民的住所是公安机关核发的居住、暂住证明记载的地址。

(六)机动车来历证明是指:

1. 在国内购买的机动车,其来历证明是全国统一的机动车销售发票或者二手车交易发票。在国外购买的机动车,其来历证明是该车销售单位开具的销售发票及其翻译文本,但海关监管的机动车不需提供来历证明;

2. 人民法院调解、裁定或者判决转移的机动车,其来历证明是人民法院出具的已经生效的《调解书》、《裁定书》或者《判决书》,以及相应的《协助执行通知书》;

3. 仲裁机构仲裁裁决转移的机动车,其来历证明是《仲裁裁决书》和人民法院出具的《协助执行通知书》;

4. 继承、赠予、中奖、协议离婚和协议抵偿债务的机动车,其来历证明是继承、赠予、中奖、协议离婚、协议抵偿债务的相关文书和公证机关出具的《公证书》；

5. 资产重组或者资产整体买卖中包含的机动车，其来历证明是资产主管部门的批准文件；

6. 机关、企业、事业单位和社会团体统一采购并调拨到下属单位未注册登记的机动车，其来历证明是全国统一的机动车销售发票和该部门出具的调拨证明；

7. 机关、企业、事业单位和社会团体已注册登记并调拨到下属单位的机动车，其来历证明是该单位出具的调拨证明。被上级单位调回或者调拨到其他下属单位的机动车，其来历证明是上级单位出具的调拨证明；

8. 经公安机关破案发还的被盗抢且已向原机动车所有人理赔完毕的机动车，其来历证明是《权益转让证明书》。

（七）机动车整车出厂合格证明是指：

1. 机动车整车厂生产的汽车、摩托车、挂车，其出厂合格证明是该厂出具的《机动车整车出厂合格证》；

2. 使用国产或者进口底盘改装的机动车，其出厂合格证明是机动车底盘生产厂出具的《机动车底盘出厂合格证》或者进口机动车底盘的进口凭证和机动车改装厂出具的《机动车整车出厂合格证》；

3. 使用国产或者进口整车改装的机动车，其出厂合格证明是机动车生产厂出具的《机动车整车出厂合格证》或者进口机动车的进口凭证和机动车改装厂出具的《机动车整车出厂合格证》；

4. 人民法院、人民检察院或者行政执法机关依法扣留、没收并拍卖的未注册登记的国产机动车，未能提供出厂合格证明的，可以凭人民法院、人民检察院或者行政执法机关出具的证明替代。

（八）机动车灭失证明是指：

1. 因自然灾害造成机动车灭失的证明是，自然灾害发生地的街道、乡、镇以上政府部门出具的机动车因自然灾害造成灭失的证明；

2. 因失火造成机动车灭失的证明是，火灾发生地的县级以上公安机关消防部门出具的机动车因失火造成灭失的证明；

3. 因交通事故造成机动车灭失的证明是，交通事故发生地的县级以上公安机关交通管理部门出具的机动车因交通事故造成灭失的证明。

（九）本规定所称“一日”、“二日”、“三日”、“五日”、“七日”、“十日”、“十五日”，是指工作日，不包括节假日。

临时行驶车号牌的最长有效期“十五日”、“三十日”、“九十日”，包括工作日和节假日。

本规定所称以下、以上、以内，包括本数。

第五十六条　本规定自2008年10月1日起施行。2004年4月30日公安部发布的《机动车登记规定》（公安部令第72号）同时废止。本规定实施前公安部发布的其他规定与本规定不一致的，以本规定为准。

公安部关于修改《机动车登记规定》的决定

（2012年9月12日公安部令第124号公布　自公布之日起施行）

为贯彻实施《校车安全管理条例》（国务院令第617号），进一步加强校车登记管理，保障校车安全，公安部决定对《机动车登记规定》作如下修改：

一、在第六条增加一款，作为第三款：“专用校车办理注册登记前，应当按照专用校车国家安全技术标准进行安全技术检验。”

二、在第七条第一款增加一项，作为第六项：“（六）车船税纳税或者免税证明”。

三、将第二十七条第一款修改为：“已达到国家强制报废标准的机动车，机动车所有人向机动车回收企业交售机动车时，应当填写申请表，提交机动车登记证书、号牌和行驶证。机动车回收企业应当确认机动车并解体，向机动车所有人出具《报废机动车回收证明》。报废的校车、大型客、货车及其他营运车辆应当在车辆管理所的监督下解体。”

四、将第三十条第一款修改为：“因车辆损坏无法驶回登记地的，机动车所有人可以向车辆所在地机动车回收企业交售报废机动车。交售机动车时应当填写申请表，提交机动车登记证书、号牌和行驶证。机动车回收企业应当确认机动车并解体，向机动车所有人出具《报废机动车回收证明》。报废的校车、大型客、货车及其他营运车辆应当在报废地车辆管理所的监督下解体。”

五、在第二章第五节后增加一节，作为第六节：

“第六节　校车标牌核发

“第三十三条　学校或者校车服务提供者申请校车使用许可，应当按照《校车安全管理条例》向县级或者设区的市级人民政府教育行政部门提出申请。公安机关交通管理部门收到教育行政部门送来的征求意见材料后，应当在一日内通知申请人交验机动车。

“第三十四条　县级或者设区的市级公安机关交通管理部门应当自申请人交验机动车之日起二日内确认机动车，查验校车标志灯、停车指示标志、卫星定位装置以及逃生锤、干粉灭火器、急救箱等安全设备，审核行驶线路、开行时间和停靠站点。属于专用校车的，还应当查验校车外观标识。审查以下证明、凭证：

“（一）机动车所有人的身份证明；

“（二）机动车行驶证；

“（三）校车安全技术检验合格证明；

“（四）包括行驶线路、开行时间和停靠站点的校车运行方案；

“（五）校车驾驶人的机动车驾驶证。

“公安机关交通管理部门应当自收到教育行政部门征求意见材料之日起三日内向教育行政部门回复意见，但申请人未按规定交验机动车的除外。

“第三十五条　学校或者校车服务提供者按照《校车安全管理条例》取得校车使用许可后，应当向县级或者设区的市级公安机关交通管理部门领取校车标牌。领取时应当填写表格，并提交以下证明、凭证：

“（一）机动车所有人的身份证明；

“（二）校车驾驶人的机动车驾驶证；

“（三）机动车行驶证；

“（四）县级或者设区的市级人民政府批准的校车使用许可；

“（五）县级或者设区的市级人民政府批准的包括行驶线路、开行时间和停靠站点的校车运行方案。

“公安机关交通管理部门应当在收到领取表之日起三日内核发校车标牌。对属于专用校车的，应当核对行驶证上记载的校车类型和核载人数；对不属于专用校车的，应当在行驶证副页上签注校车类型和核载人数。

“第三十六条　校车标牌应当记载本车的号牌号码、机动车所有人、驾驶人、行驶线路、开行时间、停靠站点、发牌单位、有效期限等信息。校车标牌分前后两块，分别放置于前风窗玻璃右下角和后风窗玻璃适当位置。

“校车标牌有效期的截止日期与校车安全技术检验有效期的截止日期一致，但不得超过校车使用许可有效期。

“第三十七条　专用校车应当自注册登记之日起每半年进行一次安全技术检验，非专用校车应当自取得校车标牌后每半年进行一次安全技术检验。

“学校或者校车服务提供者应当在校车检验有效期满前一个月内向公安机关交通管理部门申请检验合格标志。

“公安机关交通管理部门应当自受理之日起一日内，确认机动车，审查提交的证明、凭证，核发检验合格标志，换发校车标牌。

“第三十八条　已取得校车标牌的机动车达到报废标准或者不再作为校车使用的，学校或者校车服务提供者应当拆除校车标志灯、停车指示标志，消除校车外观标识，并将校车标牌交回核发的公安机关交通管理部门。

“专用校车不得改变使用性质。

“校车使用许可被吊销、注销或者撤销的，学校或者校车服务提供者应当拆除校车标志灯、停车指示标志，消除校车外观标识，并将校车标牌交回核发的公安机关交通管理部门。

“第三十九条　校车行驶线路、开行时间、停靠站点或者车辆、所有人、驾驶人发生变化的，经县级或者设区的市级人民政府批准后，应当按照本规定重新领取校车标牌。

“第四十条　公安机关交通管理部门应当每月将校车标牌的发放、变更、收回等信息报本级人民政府备案，并通报教育行政部门。

“学校或者校车服务提供者应当自取得校车标牌之日起，每月查询校车道路交通安全违法行为记录，及时到公安机关交通管理部门接受处理。核发校车标牌的公安机关交通管理部门应当每月汇总辖区内校车道路交通安全违法和交通事故等情况，通知学校或者校车服务提供者，并通报教育行政部门。

“第四十一条　校车标牌灭失、丢失或者损毁的，学校或者校车服务提供者应当向核发标牌的公安机关交通管理部门申请补领或者换领。申请时，应当提交机动车所有人的身份证明及机动车行驶证。公安机关交通管理部门应当自受理之日起三日内审核，补发或者换发校车标牌。”

六、将第四十条改为第四十九条，并将第二款修改为：“申请前，机动车所有人应当将涉及该车的道路交通安全违法行为和交通事故处理完毕。申请时，机动车所有人应当填写申请表并提交行驶证、机动车交通事故责任强制保险凭证、车船税纳税或者免税证明、机动车安全技术检验合格证明。”

七、将第四十一条改为第五十条，修改为：“除大型载客汽车、校车以外的机动车因故不能在登记地检验的，机动车所有人可以向登记地车辆管理所申请委托核发检验合格标志。申请前，机动车所有人应当将涉及机动车的道路交通安全违法行为和交通事故处理完毕。申请时，应当提交机动车登记证书或者行驶证。

“车辆管理所应当自受理之日起一日内，出具核发检验合格标志的委托书。

“机动车在检验地检验合格后，机动车所有人应当按照本规定第四十九条第二款的规定向被委托地车辆管理所申请检验合格标志，并提交核发检验合格标志的委托书。被委托地车辆管理所应当自受理之日起一日内，按照本规定第四十九条第三款的规定核发检验合格标志。

“营运货车长期在登记以外的地区从事道路运输的，机动车所有人向营运地车辆管理所备案登记一年后，可以在营运地直接进行安全技术检验，并向营运地车辆管理所申请检验合格标志。”

《机动车登记规定》的条文序号根据本决定作相应调整。

本决定自发布之日起施行。

《机动车登记规定》根据本决定作相应修改，重新发布。

机动车登记规定

（2008年5月27日公安部令第102号公布　根据2012年9月12日《公安部关于修改〈机动车登记规定〉的决定》修正）

目　录

第一章　总　　则

第一条　根据《中华人民共和国道路交通安全法》及其实施条例的规定，制定本规定。

第二条　本规定由公安机关交通管理部门负责实施。

省级公安机关交通管理部门负责本省（自治区、直辖市）机动车登记工作的指导、检查和监督。直辖市公安机关交通管理部门车辆管理所、设区的市或者相当于同级的公安机关交通管理部门车辆管理所负责办理本行政辖区内机动车登记业务。

县级公安机关交通管理部门车辆管理所可以办理本行政辖区内摩托车、三轮汽车、低速载货汽车登记业务。条件具备的，可以办理除进口机动车、危险化学品运输车、校车、中型以上载客汽车以外的其他机动车登记业务。具体业务范围和办理条件由省级公安机关交通管理部门确定。

警用车辆登记业务按照有关规定办理。

第三条　车辆管理所办理机动车登记，应当遵循公开、公正、便民的原则。

车辆管理所在受理机动车登记申请时，对申

请材料齐全并符合法律、行政法规和本规定的，应当在规定的时限内办结。对申请材料不齐全或者其他不符合法定形式的，应当一次告知申请人需要补正的全部内容。对不符合规定的，应当书面告知不予受理、登记的理由。

车辆管理所应当将法律、行政法规和本规定的有关机动车登记的事项、条件、依据、程序、期限以及收费标准、需要提交的全部材料的目录和申请表示范文本等在办理登记的场所公示。

省级、设区的市或者相当于同级的公安机关交通管理部门应当在互联网上建立主页，发布信息，便于群众查阅机动车登记的有关规定，下载、使用有关表格。

第四条 车辆管理所应当使用计算机登记系统办理机动车登记，并建立数据库。不使用计算机登记系统登记的，登记无效。

计算机登记系统的数据库标准和登记软件全国统一。数据库能够完整、准确记录登记内容，记录办理过程和经办人员信息，并能够实时将有关登记内容传送到全国公安交通管理信息系统。计算机登记系统应当与交通违法信息系统和交通事故信息系统实行联网。

第二章 登 记

第一节 注册登记

第五条 初次申领机动车号牌、行驶证的，机动车所有人应当向住所地的车辆管理所申请注册登记。

第六条 机动车所有人应当到机动车安全技术检验机构对机动车进行安全技术检验，取得机动车安全技术检验合格证明后申请注册登记。但经海关进口的机动车和国务院机动车产品主管部门认定免予安全技术检验的机动车除外。

免予安全技术检验的机动车有下列情形之一的，应当进行安全技术检验：

（一）国产机动车出厂后两年内未申请注册登记的；

（二）经海关进口的机动车进口后两年内未申请注册登记的；

（三）申请注册登记前发生交通事故的。

专用校车办理注册登记前，应当按照专用校车国家安全技术标准进行安全技术检验。

第七条 申请注册登记的，机动车所有人应当填写申请表，交验机动车，并提交以下证明、凭证：

（一）机动车所有人的身份证明；

（二）购车发票等机动车来历证明；

（三）机动车整车出厂合格证明或者进口机动车进口凭证；

（四）车辆购置税完税证明或者免税凭证；

（五）机动车交通事故责任强制保险凭证；

（六）车船税纳税或者免税证明；

（七）法律、行政法规规定应当在机动车注册登记时提交的其他证明、凭证。

不属于经海关进口的机动车和国务院机动车产品主管部门规定免予安全技术检验的机动车，还应当提交机动车安全技术检验合格证明。

车辆管理所应当自受理申请之日起二日内，确认机动车，核对车辆识别代号拓印膜，审查提交的证明、凭证，核发机动车登记证书、号牌、行驶证和检验合格标志。

第八条 车辆管理所办理消防车、救护车、工程救险车注册登记时，应当对车辆的使用性质、标志图案、标志灯具和警报器进行审查。

车辆管理所办理全挂汽车列车和半挂汽车列车注册登记时，应当对牵引车和挂车分别核发机动车登记证书、号牌和行驶证。

第九条 有下列情形之一的，不予办理注册登记：

（一）机动车所有人提交的证明、凭证无效的；

（二）机动车来历证明被涂改或者机动车来历证明记载的机动车所有人与身份证明不符的；

（三）机动车所有人提交的证明、凭证与机动车不符的；

（四）机动车未经国务院机动车产品主管部门许可生产或者未经国家进口机动车主管部门许可进口的；

（五）机动车的有关技术数据与国务院机动车产品主管部门公告的数据不符的；

（六）机动车的型号、发动机号码、车辆识别代号或者有关技术数据不符合国家安全技术标准的；

（七）机动车达到国家规定的强制报废标准的；

（八）机动车被人民法院、人民检察院、行政执法部门依法查封、扣押的；

（九）机动车属于被盗抢的；

（十）其他不符合法律、行政法规规定的情形。

第二节 变更登记

第十条 已注册登记的机动车有下列情形之一的，机动车所有人应当向登记地车辆管理所申请变更登记：

（一）改变车身颜色的；

（二）更换发动机的；

（三）更换车身或者车架的；

（四）因质量问题更换整车的；

（五）营运机动车改为非营运机动车或者非营运机动车改为营运机动车等使用性质改变的；

（六）机动车所有人的住所迁出或者迁入车辆管理所管辖区域的。

机动车所有人为两人以上，需要将登记的所有人姓名变更为其他所有人姓名的，可以向登记地车辆管理所申请变更登记。

属于本条第一款第（一）项、第（二）项和第（三）项规定的变更事项的，机动车所有人应当在变更后十日内向车辆管理所申请变更登记；属于本条第一款第（六）项规定的变更事项的，机动车所有人申请转出前，应当将涉及该车的道路交通安全违法行为和交通事故处理完毕。

第十一条 申请变更登记的，机动车所有人应当填写申请表，交验机动车，并提交以下证明、凭证：

（一）机动车所有人的身份证明；

（二）机动车登记证书；

（三）机动车行驶证；

（四）属于更换发动机、车身或者车架的，还应当提交机动车安全技术检验合格证明；

（五）属于因质量问题更换整车的，还应当提交机动车安全技术检验合格证明，但经海关进口的机动车和国务院机动车产品主管部门认定免予安全技术检验的机动车除外。

车辆管理所应当自受理之日起一日内，确认机动车，审查提交的证明、凭证，在机动车登记证书上签注变更事项，收回行驶证，重新核发行驶证。

车辆管理所办理本规定第十条第一款第（三）项、第（四）项和第（六）项规定的变更登记事项的，应当核对车辆识别代号拓印膜。

第十二条 车辆管理所办理机动车变更登记时，需要改变机动车号牌号码的，收回号牌、行驶证，确定新的机动车号牌号码，重新核发号牌、行驶证和检验合格标志。

第十三条 机动车所有人的住所迁出车辆管理所管辖区域的，车辆管理所应当自受理之日起三日内，在机动车登记证书上签注变更事项，收回号牌、行驶证，核发有效期为三十日的临时行驶车号牌，将机动车档案交机动车所有人。机动车所有人应当在临时行驶车号牌的有效期限内到住所地车辆管理所申请机动车转入。

申请机动车转入的，机动车所有人应当填写申请表，提交身份证明、机动车登记证书、机动车档案，并交验机动车。机动车在转入时已超过检验有效期的，应当在转入地进行安全技术检验并提交机动车安全技术检验合格证明和交通事故责任强制保险凭证。车辆管理所应当自受理之日起三日内，确认机动车，核对车辆识别代号拓印膜，审查相关证明、凭证和机动车档案，在机动车登记证书上签注转入信息，核发号牌、行驶证和检验合格标志。

第十四条 机动车所有人为两人以上，需要将登记的所有人姓名变更为其他所有人姓名的，应当提交机动车登记证书、行驶证、变更前和变更后机动车所有人的身份证明和共同所有的公证证明，但属于夫妻双方共同所有的，可以提供《结婚证》或者证明夫妻关系的《居民户口簿》。

变更后机动车所有人的住所在车辆管理所管辖区域内的，车辆管理所按照本规定第十一条第二款的规定办理变更登记。变更后机动车所有人的住所不在车辆管理所管辖区域内的，迁出地和迁入地车辆管理所按照本规定第十三条的规定办理变更登记。

第十五条 有下列情形之一的，不予办理变更登记：

（一）改变机动车的品牌、型号和发动机型号的，但经国务院机动车产品主管部门许可选装的发动机除外；

（二）改变已登记的机动车外形和有关技术数据的，但法律、法规和国家强制性标准另有规定的除外；

（三）有本规定第九条第（一）项、第（七）项、第（八）项、第（九）项规定情形的。

第十六条　有下列情形之一，在不影响安全和识别号牌的情况下，机动车所有人不需要办理变更登记：

（一）小型、微型载客汽车加装前后防撞装置；

（二）货运机动车加装防风罩、水箱、工具箱、备胎架等；

（三）增加机动车车内装饰。

第十七条　已注册登记的机动车，机动车所有人住所在车辆管理所管辖区域内迁移或者机动车所有人姓名（单位名称）、联系方式变更的，应当向登记地车辆管理所备案。

（一）机动车所有人住所在车辆管理所管辖区域内迁移、机动车所有人姓名（单位名称）变更的，机动车所有人应当提交身份证明、机动车登记证书、行驶证和相关变更证明。车辆管理所应当自受理之日起一日内，在机动车登记证书上签注备案事项，重新核发行驶证。

（二）机动车所有人联系方式变更的，机动车所有人应当提交身份证明和行驶证。车辆管理所应当自受理之日起一日内办理备案。

机动车所有人的身份证明名称或者号码变更的，可以向登记地车辆管理所申请备案。机动车所有人应当提交身份证明、机动车登记证书。车辆管理所应当自受理之日起一日内，在机动车登记证书上签注备案事项。

发动机号码、车辆识别代号因磨损、锈蚀、事故等原因辨认不清或者损坏的，可以向登记地车辆管理所申请备案。机动车所有人应当提交身份证明、机动车登记证书、行驶证。车辆管理所应当自受理之日起一日内，在发动机、车身或者车架上打刻原发动机号码或者原车辆识别代号，在机动车登记证书上签注备案事项。

第三节　转移登记

第十八条　已注册登记的机动车所有权发生转移的，现机动车所有人应当自机动车交付之日起三十日内向登记地车辆管理所申请转移登记。

机动车所有人申请转移登记前，应当将涉及该车的道路交通安全违法行为和交通事故处理完毕。

第十九条　申请转移登记的，现机动车所有人应当填写申请表，交验机动车，并提交以下证明、凭证：

（一）现机动车所有人的身份证明；

（二）机动车所有权转移的证明、凭证；

（三）机动车登记证书；

（四）机动车行驶证；

（五）属于海关监管的机动车，还应当提交《中华人民共和国海关监管车辆解除监管证明书》或者海关批准的转让证明；

（六）属于超过检验有效期的机动车，还应当提交机动车安全技术检验合格证明和交通事故责任强制保险凭证。

现机动车所有人住所在车辆管理所管辖区域内的，车辆管理所应当自受理申请之日起一日内，确认机动车，核对车辆识别代号拓印膜，审查提交的证明、凭证，收回号牌、行驶证，确定新的机动车号牌号码，在机动车登记证书上签注转移事项，重新核发号牌、行驶证和检验合格标志。

现机动车所有人住所不在车辆管理所管辖区域内的，车辆管理所应当按照本规定第十三条的规定办理。

第二十条　有下列情形之一的，不予办理转移登记：

（一）机动车与该车档案记载内容不一致的；

（二）属于海关监管的机动车，海关未解除监管或者批准转让的；

（三）机动车在抵押登记、质押备案期间的；

（四）有本规定第九条第（一）项、第（二）项、第（七）项、第（八）项、第（九）项规定情形的。

第二十一条　被人民法院、人民检察院和行政执法部门依法没收并拍卖，或者被仲裁机构依法仲裁裁决，或者被人民法院调解、裁定、判决机动车所有权转移时，原机动车所有人未向现机动车所有人提供机动车登记证书、号牌或者行驶证的，现机动车所有人在办理转移登记时，应当提交人民法院出具的未得到机动车登记证书、号牌或者行驶证的《协助执行通知书》,或者人民检察院、行政执法部门出具的未得到机动车登记证书、号牌或者行驶证的证明。车辆管理所应当公告原机动车登记证书、号牌或者行驶证作废,并在办理转移登记的同时,补发机动车登记证书。

第四节 抵押登记

第二十二条 机动车所有人将机动车作为抵押物抵押的,应当向登记地车辆管理所申请抵押登记;抵押权消灭的,应当向登记地车辆管理所申请解除抵押登记。

第二十三条 申请抵押登记的,机动车所有人应当填写申请表,由机动车所有人和抵押权人共同申请,并提交下列证明、凭证:

(一)机动车所有人和抵押权人的身份证明;

(二)机动车登记证书;

(三)机动车所有人和抵押权人依法订立的主合同和抵押合同。

车辆管理所应当自受理之日起一日内,审查提交的证明、凭证,在机动车登记证书上签注抵押登记的内容和日期。

第二十四条 申请解除抵押登记的,机动车所有人应当填写申请表,由机动车所有人和抵押权人共同申请,并提交下列证明、凭证:

(一)机动车所有人和抵押权人的身份证明;

(二)机动车登记证书。

人民法院调解、裁定、判决解除抵押的,机动车所有人或者抵押权人应当填写申请表,提交机动车登记证书、人民法院出具的已经生效的《调解书》、《裁定书》或者《判决书》,以及相应的《协助执行通知书》。

车辆管理所应当自受理之日起一日内,审查提交的证明、凭证,在机动车登记证书上签注解除抵押登记的内容和日期。

第二十五条 机动车抵押登记日期、解除抵押登记日期可以供公众查询。

第二十六条 有本规定第九条第(一)项、第(七)项、第(八)项、第(九)项或者第二十条第(二)项规定情形之一的,不予办理抵押登记。对机动车所有人提交的证明、凭证无效,或者机动车被人民法院、人民检察院、行政执法部门依法查封、扣押的,不予办理解除抵押登记。

第五节 注销登记

第二十七条 已达到国家强制报废标准的机动车,机动车所有人向机动车回收企业交售机动车时,应当填写申请表,提交机动车登记证书、号牌和行驶证。机动车回收企业应当确认机动车并解体,向机动车所有人出具《报废机动车回收证明》。报废的校车、大型客、货车及其他营运车辆应当在车辆管理所的监督下解体。

机动车回收企业应当在机动车解体后七日内将申请表、机动车登记证书、号牌、行驶证和《报废机动车回收证明》副本提交车辆管理所,申请注销登记。

车辆管理所应当自受理之日起一日内,审查提交的证明、凭证,收回机动车登记证书、号牌、行驶证,出具注销证明。

第二十八条 除本规定第二十七条规定的情形外,机动车有下列情形之一的,机动车所有人应当向登记地车辆管理所申请注销登记:

(一)机动车灭失的;

(二)机动车因故不在我国境内使用的;

(三)因质量问题退车的。

已注册登记的机动车有下列情形之一的,登记地车辆管理所应当办理注销登记:

(一)机动车登记被依法撤销的;

(二)达到国家强制报废标准的机动车被依法收缴并强制报废的。

属于本条第一款第(二)项和第(三)项规定情形之一的,机动车所有人申请注销登记前,应当将涉及该车的道路交通安全违法行为和交通事故处理完毕。

第二十九条 属于本规定第二十八条第一款规定的情形,机动车所有人申请注销登记的,应当填写申请表,并提交以下证明、凭证:

(一)机动车登记证书;

(二)机动车行驶证;

(三)属于机动车灭失的,还应当提交机动车所有人的身份证明和机动车灭失证明;

(四)属于机动车因故不在我国境内使用的,还应当提交机动车所有人的身份证明和出境证明,其中属于海关监管的机动车,还应当提交海关出具的《中华人民共和国海关监管车辆进

（出）境领（销）牌照通知书》；

（五）属于因质量问题退车的，还应当提交机动车所有人的身份证明和机动车制造厂或者经销商出具的退车证明。

车辆管理所应当自受理之日起一日内，审查提交的证明、凭证，收回机动车登记证书、号牌、行驶证，出具注销证明。

第三十条 因车辆损坏无法驶回登记地的，机动车所有人可以向车辆所在地机动车回收企业交售报废机动车。交售机动车时应当填写申请表，提交机动车登记证书、号牌和行驶证。机动车回收企业应当确认机动车并解体，向机动车所有人出具《报废机动车回收证明》。报废的校车、大型客、货车及其他营运车辆应当在报废地车辆管理所的监督下解体。

机动车回收企业应当在机动车解体后七日内将申请表、机动车登记证书、号牌、行驶证和《报废机动车回收证明》副本提交报废地车辆管理所，申请注销登记。

报废地车辆管理所应当自受理之日起一日内，审查提交的证明、凭证，收回机动车登记证书、号牌、行驶证，并通过计算机登记系统将机动车报废信息传递给登记地车辆管理所。

登记地车辆管理所应当自接到机动车报废信息之日起一日内办理注销登记，并出具注销证明。

第三十一条 已注册登记的机动车有下列情形之一的，车辆管理所应当公告机动车登记证书、号牌、行驶证作废：

（一）达到国家强制报废标准，机动车所有人逾期不办理注销登记的；

（二）机动车登记被依法撤销后，未收缴机动车登记证书、号牌、行驶证的；

（三）达到国家强制报废标准的机动车被依法收缴并强制报废的；

（四）机动车所有人办理注销登记时未交回机动车登记证书、号牌、行驶证的。

第三十二条 有本规定第九条第（一）项、第（八）项、第（九）项或者第二十条第（一）项、第（三）项规定情形之一的，不予办理注销登记。

第六节 校车标牌核发

第三十三条 学校或者校车服务提供者申请校车使用许可，应当按照《校车安全管理条例》向县级或者设区的市级人民政府教育行政部门提出申请。公安机关交通管理部门收到教育行政部门送来的征求意见材料后，应当在一日内通知申请人交验机动车。

第三十四条 县级或者设区的市级公安机关交通管理部门应当自申请人交验机动车之日起二日内确认机动车，查验校车标志灯、停车指示标志、卫星定位装置以及逃生锤、干粉灭火器、急救箱等安全设备，审核行驶线路、开行时间和停靠站点。属于专用校车的，还应当查验校车外观标识。审查以下证明、凭证：

（一）机动车所有人的身份证明；

（二）机动车行驶证；

（三）校车安全技术检验合格证明；

（四）包括行驶线路、开行时间和停靠站点的校车运行方案；

（五）校车驾驶人的机动车驾驶证。

公安机关交通管理部门应当自收到教育行政部门征求意见材料之日起三日内向教育行政部门回复意见，但申请人未按规定交验机动车的除外。

第三十五条 学校或者校车服务提供者按照《校车安全管理条例》取得校车使用许可后，应当向县级或者设区的市级公安机关交通管理部门领取校车标牌。领取时应当填写表格，并提交以下证明、凭证：

（一）机动车所有人的身份证明；

（二）校车驾驶人的机动车驾驶证；

（三）机动车行驶证；

（四）县级或者设区的市级人民政府批准的校车使用许可；

（五）县级或者设区的市级人民政府批准的包括行驶线路、开行时间和停靠站点的校车运行方案。

公安机关交通管理部门应当在收到领取表之日起三日内核发校车标牌。对属于专用校车的，应当核对行驶证上记载的校车类型和核载人数；对不属于专用校车的，应当在行驶证副页上签注校车类型和核载人数。

第三十六条 校车标牌应当记载本车的号牌号码、机动车所有人、驾驶人、行驶线路、开行时间、停靠站点、发牌单位、有效期限等信息。校车标牌分前后两块，分别放置于前风窗玻璃右下角和后风窗玻璃适当位置。

校车标牌有效期的截止日期与校车安全技术检验有效期的截止日期一致，但不得超过校车使用许可有效期。

第三十七条 专用校车应当自注册登记之日起每半年进行一次安全技术检验，非专用校车应当自取得校车标牌后每半年进行一次安全技术检验。

学校或者校车服务提供者应当在校车检验有效期满前一个月内向公安机关交通管理部门申请检验合格标志。

公安机关交通管理部门应当自受理之日起一日内，确认机动车，审查提交的证明、凭证，核发检验合格标志，换发校车标牌。

第三十八条 已取得校车标牌的机动车达到报废标准或者不再作为校车使用的，学校或者校车服务提供者应当拆除校车标志灯、停车指示标志，消除校车外观标识，并将校车标牌交回核发的公安机关交通管理部门。

专用校车不得改变使用性质。

校车使用许可被吊销、注销或者撤销的，学校或者校车服务提供者应当拆除校车标志灯、停车指示标志，消除校车外观标识，并将校车标牌交回核发的公安机关交通管理部门。

第三十九条 校车行驶线路、开行时间、停靠站点或者车辆、所有人、驾驶人发生变化的，经县级或者设区的市级人民政府批准后，应当按照本规定重新领取校车标牌。

第四十条 公安机关交通管理部门应当每月将校车标牌的发放、变更、收回等信息报本级人民政府备案，并通报教育行政部门。

学校或者校车服务提供者应当自取得校车标牌之日起，每月查询校车道路交通安全违法行为记录，及时到公安机关交通管理部门接受处理。核发校车标牌的公安机关交通管理部门应当每月汇总辖区内校车道路交通安全违法和交通事故等情况，通知学校或者校车服务提供者，并通报教育行政部门。

第四十一条 校车标牌灭失、丢失或者损毁的，学校或者校车服务提供者应当向核发标牌的公安机关交通管理部门申请补领或者换领。申请时，应当提交机动车所有人的身份证明及机动车行驶证。公安机关交通管理部门应当自受理之日起三日内审核，补发或者换发校车标牌。

第三章 其他规定

第四十二条 申请办理机动车质押备案或者解除质押备案的，由机动车所有人和典当行共同申请，机动车所有人应当填写申请表，并提交以下证明、凭证：

（一）机动车所有人和典当行的身份证明；

（二）机动车登记证书。

车辆管理所应当自受理之日起一日内，审查提交的证明、凭证，在机动车登记证书上签注质押备案或者解除质押备案的内容和日期。

有本规定第九条第（一）项、第（七）项、第（八）项、第（九）项规定情形之一的，不予办理质押备案。对机动车所有人提交的证明、凭证无效，或者机动车被人民法院、人民检察院、行政执法部门依法查封、扣押的，不予办理解除质押备案。

第四十三条 机动车登记证书灭失、丢失或者损毁的，机动车所有人应当向登记地车辆管理所申请补领、换领。申请时，机动车所有人应当填写申请表并提交身份证明，属于补领机动车登记证书的，还应当交验机动车。车辆管理所应当自受理之日起一日内，确认机动车，审查提交的证明、凭证，补发、换发机动车登记证书。

启用机动车登记证书前已注册登记的机动车未申领机动车登记证书的，机动车所有人可以向登记地车辆管理所申领机动车登记证书。但属于机动车所有人申请变更、转移或者抵押登记的，应当在申请前向车辆管理所申领机动车登记证书。申请时，机动车所有人应当填写申请表，交验机动车并提交身份证明。车辆管理所应当自受理之日起五日内，确认机动车，核对车辆识别代号拓印膜，审查提交的证明、凭证，核发机动车登记证书。

第四十四条 机动车号牌、行驶证灭失、丢失或者损毁的，机动车所有人应当向登记地车辆管理所申请补领、换领。申请时，机动车所有人应当填写申请表并提交身份证明。

车辆管理所应当审查提交的证明、凭证，收回未灭失、丢失或者损毁的号牌、行驶证，自受理之日起一日内补发、换发行驶证，自受理之日起十五日内补发、换发号牌，原机动车号牌号码不变。

补发、换发号牌期间应当核发有效期不超过十五日的临时行驶车号牌。

第四十五条 机动车具有下列情形之一，需要临时上道路行驶的，机动车所有人应当向车辆管理所申领临时行驶车号牌：

（一）未销售的；

（二）购买、调拨、赠予等方式获得机动车后尚未注册登记的；

（三）进行科研、定型试验的；

（四）因轴荷、总质量、外廓尺寸超出国家标准不予办理注册登记的特型机动车。

第四十六条 机动车所有人申领临时行驶车号牌应当提交以下证明、凭证：

（一）机动车所有人的身份证明；

（二）机动车交通事故责任强制保险凭证；

（三）属于本规定第四十五条第（一）项、第（四）项规定情形的，还应当提交机动车整车出厂合格证明或者进口机动车进口凭证；

（四）属于本规定第四十五条第（二）项规定情形的，还应当提交机动车来历证明，以及机动车整车出厂合格证明或者进口机动车进口凭证；

（五）属于本规定第四十五条第（三）项规定情形的，还应当提交书面申请和机动车安全技术检验合格证明。

车辆管理所应当自受理之日起一日内，审查提交的证明、凭证，属于本规定第四十五条第（一）项、第（二）项规定情形，需要在本行政辖区内临时行驶的，核发有效期不超过十五日的临时行驶车号牌；需要跨行政辖区临时行驶的，核发有效期不超过三十日的临时行驶车号牌。属于本规定第四十五条第（三）项、第（四）项规定情形的，核发有效期不超过九十日的临时行驶车号牌。

因号牌制作的原因，无法在规定时限内核发号牌的，车辆管理所应当核发有效期不超过十五日的临时行驶车号牌。

对具有本规定第四十五条第（一）项、第（二）项规定情形之一，机动车所有人需要多次申领临时行驶车号牌的，车辆管理所核发临时行驶车号牌不得超过三次。

第四十七条 机动车所有人发现登记内容有错误的，应当及时要求车辆管理所更正。车辆管理所应当自受理之日起五日内予以确认。确属登记错误的，在机动车登记证书上更正相关内容，换发行驶证。需要改变机动车号牌号码的，应当收回号牌、行驶证，确定新的机动车号牌号码，重新核发号牌、行驶证和检验合格标志。

第四十八条 已注册登记的机动车被盗抢的，车辆管理所应当根据刑侦部门提供的情况，在计算机登记系统内记录，停止办理该车的各项登记和业务。被盗抢机动车发还后，车辆管理所应当恢复办理该车的各项登记和业务。

机动车在被盗抢期间，发动机号码、车辆识别代号或者车身颜色被改变的，车辆管理所应当凭有关技术鉴定证明办理变更备案。

第四十九条 机动车所有人可以在机动车检验有效期满前三个月内向登记地车辆管理所申请检验合格标志。

申请前，机动车所有人应当将涉及该车的道路交通安全违法行为和交通事故处理完毕。申请时，机动车所有人应当填写申请表并提交行驶证、机动车交通事故责任强制保险凭证、车船税纳税或者免税证明、机动车安全技术检验合格证明。

车辆管理所应当自受理之日起一日内，确认机动车，审查提交的证明、凭证，核发检验合格标志。

第五十条 除大型载客汽车、校车以外的机动车因故不能在登记地检验的，机动车所有人可以向登记地车辆管理所申请委托核发检验合格标志。申请前，机动车所有人应当将涉及机动车的道路交通安全违法行为和交通事故处理完毕。申请时，应当提交机动车登记证书或者行驶证。

车辆管理所应当自受理之日起一日内，出具核发检验合格标志的委托书。

机动车在检验地检验合格后，机动车所有人应当按照本规定第四十九条第二款的规定向被委托地车辆管理所申请检验合格标志，并提交核发检验合格标志的委托书。被委托地车辆管理所应当自受理之日起一日内,按照本规定第四十九条第三款的规定核发检验合格标志。

营运货车长期在登记以外的地区从事道路运输的,机动车所有人向营运地车辆管理所备案登记一年后,可以在营运地直接进行安全技术检验,并向营运地车辆管理所申请检验合格标志。

第五十一条 机动车检验合格标志灭失、丢失或者损毁的,机动车所有人应当持行驶证向机动车登记地或者检验合格标志核发地车辆管理所申请补领或者换领。车辆管理所应当自受理之日起一日内补发或者换发。

第五十二条 办理机动车转移登记或者注销登记后,原机动车所有人申请办理新购机动车注册登记时,可以向车辆管理所申请使用原机动车号牌号码。

申请使用原机动车号牌号码应当符合下列条件:

(一)在办理转移登记或者注销登记后六个月内提出申请;

(二)机动车所有人拥有原机动车三年以上;

(三)涉及原机动车的道路交通安全违法行为和交通事故处理完毕。

第五十三条 确定机动车号牌号码采用计算机自动选取和由机动车所有人按照机动车号牌标准规定自行编排的方式。

第五十四条 机动车所有人可以委托代理人代理申请各项机动车登记和业务,但申请补领机动车登记证书的除外。对机动车所有人因死亡、出境、重病、伤残或者不可抗力等原因不能到场申请补领机动车登记证书的,可以凭相关证明委托代理人代理申领。

代理人申请机动车登记和业务时,应当提交代理人的身份证明和机动车所有人的书面委托。

第五十五条 机动车所有人或者代理人申请机动车登记和业务,应当如实向车辆管理所提交规定的材料和反映真实情况,并对其申请材料实质内容的真实性负责。

第四章 法律责任

第五十六条 有下列情形之一的,由公安机关交通管理部门处警告或者二百元以下罚款:

(一)重型、中型载货汽车及其挂车的车身或者车厢后部未按照规定喷涂放大的牌号或者放大的牌号不清晰的;

(二)机动车喷涂、粘贴标识或者车身广告,影响安全驾驶的;

(三)载货汽车、挂车未按照规定安装侧面及后下部防护装置、粘贴车身反光标识的;

(四)机动车未按照规定期限进行安全技术检验的;

(五)改变车身颜色、更换发动机、车身或者车架,未按照本规定第十条规定的时限办理变更登记的;

(六)机动车所有权转移后,现机动车所有人未按照本规定第十八条规定的时限办理转移登记的;

(七)机动车所有人办理变更登记、转移登记,机动车档案转出登记地车辆管理所后,未按照本规定第十三条规定的时限到住所地车辆管理所申请机动车转入的。

第五十七条 除本规定第十条和第十六条规定的情形外,擅自改变机动车外形和已登记的有关技术数据的,由公安机关交通管理部门责令恢复原状,并处警告或者五百元以下罚款。

第五十八条 以欺骗、贿赂等不正当手段取得机动车登记的,由公安机关交通管理部门收缴机动车登记证书、号牌、行驶证,撤销机动车登记;申请人在三年内不得申请机动车登记。对涉嫌走私、盗抢的机动车,移交有关部门处理。

以欺骗、贿赂等不正当手段办理补、换领机动车登记证书、号牌、行驶证和检验合格标志等业务的,由公安机关交通管理部门处警告或者二百元以下罚款。

第五十九条 省、自治区、直辖市公安厅、局可以根据本地区的实际情况,在本规定的处罚幅度范围内,制定具体的执行标准。

对本规定的道路交通安全违法行为的处理程序按照《道路交通安全违法行为处理程序规定》执行。

第六十条 交通警察违反规定为被盗抢、走私、非法拼(组)装、达到国家强制报废标准的机动车办理登记的,按照国家有关规定给予处分,经教育不改又不宜给予开除处分的,按照《公安机关组织管理条例》规定予以辞退;对聘用人员予以解聘。构成犯罪的,依法追究刑事责任。

第六十一条 交通警察有下列情形之一的,按照国家有关规定给予处分;对聘用人员予以解聘。构成犯罪的,依法追究刑事责任:

(一)不按照规定确认机动车和审查证明、凭证的;

(二)故意刁难,拖延或者拒绝办理机动车登记的;

(三)违反本规定增加机动车登记条件或者提交的证明、凭证的;

(四)违反本规定第五十三条的规定,采用其他方式确定机动车号牌号码的;

(五)违反规定跨行政辖区办理机动车登记和业务的;

(六)超越职权进入计算机登记系统办理机动车登记和业务,或者不按规定使用机动车登记系统办理登记和业务的;

(七)向他人泄漏、传播计算机登记系统密码,造成系统数据被篡改、丢失或者破坏的;

(八)利用职务上的便利索取、收受他人财物或者谋取其他利益的;

(九)强令车辆管理所违反本规定办理机动车登记的。

第六十二条 公安机关交通管理部门有本规定第六十条、第六十一条所列行为之一的,按照国家有关规定对直接负责的主管人员和其他直接责任人员给予相应的处分。

公安机关交通管理部门及其工作人员有本规定第六十条、第六十一条所列行为之一,给当事人造成损失的,应当依法承担赔偿责任。

第五章 附 则

第六十三条 机动车登记证书、号牌、行驶证、检验合格标志的种类、式样,以及各类登记表格式样等由公安部制定。机动车登记证书由公安部统一印制。

机动车登记证书、号牌、行驶证、检验合格标志的制作应当符合有关标准。

第六十四条 本规定下列用语的含义:

(一)进口机动车是指:

1. 经国家限定口岸海关进口的汽车;

2. 经各口岸海关进口的其他机动车;

3. 海关监管的机动车;

4. 国家授权的执法部门没收的走私、无合法进口证明和利用进口关键件非法拼(组)装的机动车。

(二)进口机动车的进口凭证是指:

1. 进口汽车的进口凭证,是国家限定口岸海关签发的《货物进口证明书》;

2. 其他进口机动车的进口凭证,是各口岸海关签发的《货物进口证明书》;

3. 海关监管的机动车的进口凭证,是监管地海关出具的《中华人民共和国海关监管车辆进(出)境领(销)牌照通知书》;

4. 国家授权的执法部门没收的走私、无进口证明和利用进口关键件非法拼(组)装的机动车的进口凭证,是该部门签发的《没收走私汽车、摩托车证明书》。

(三)机动车所有人是指拥有机动车的个人或者单位。

1. 个人是指我国内地的居民和军人(含武警)以及香港、澳门特别行政区、台湾地区居民、华侨和外国人;

2. 单位是指机关、企业、事业单位和社会团体以及外国驻华使馆、领馆和外国驻华办事机构、国际组织驻华代表机构。

(四)身份证明是指:

1. 机关、企业、事业单位、社会团体的身份证明,是该单位的《组织机构代码证书》、加盖单位公章的委托书和被委托人的身份证明。机动车所有人为单位的内设机构,本身不具备领取《组织机构代码证书》条件的,可以使用上级单位的《组织机构代码证书》作为机动车所有人的身份证明。上述单位已注销、撤销或者破产,其机动车需要办理变更登记、转移登记、解除抵押登记、注销登记、解除质押备案、申领机动车登记证书和补、换领机动车登记证书、号牌、行驶证的,已注销的企业的身份证明,是工商行政管理部门出具的注销证明。已撤销的机关、事业单位、社会团体的身份证明,是其上级主管机关出具的有关证明。已破产的企业的身份证明,是依法成立的财产清算机构出具的有关证明;

2. 外国驻华使馆、领馆和外国驻华办事机构、国际组织驻华代表机构的身份证明,是该使馆、领馆或者该办事机构、代表机构出具的证明；

3. 居民的身份证明，是《居民身份证》或者《临时居民身份证》。在暂住地居住的内地居民，其身份证明是《居民身份证》或者《临时居民身份证》，以及公安机关核发的居住、暂住证明；

4. 军人（含武警）的身份证明，是《居民身份证》或者《临时居民身份证》。在未办理《居民身份证》前，是指军队有关部门核发的《军官证》、《文职干部证》、《士兵证》、《离休证》、《退休证》等有效军人身份证件，以及其所在的团级以上单位出具的本人住所证明；

5. 香港、澳门特别行政区居民的身份证明，是其入境时所持有的《港澳居民来往内地通行证》或者《港澳同胞回乡证》、香港、澳门特别行政区《居民身份证》和公安机关核发的居住、暂住证明；

6. 台湾地区居民的身份证明，是其所持有的有效期六个月以上的公安机关核发的《台湾居民来往大陆通行证》或者外交部核发的《中华人民共和国旅行证》和公安机关核发的居住、暂住证明；

7. 华侨的身份证明，是《中华人民共和国护照》和公安机关核发的居住、暂住证明；

8. 外国人的身份证明，是其入境时所持有的护照或者其他旅行证件、居（停）留期为六个月以上的有效签证或者居留许可，以及公安机关出具的住宿登记证明；

9. 外国驻华使馆、领馆人员、国际组织驻华代表机构人员的身份证明，是外交部核发的有效身份证件。

（五）住所是指：

1. 单位的住所为其主要办事机构所在地的地址；

2. 个人的住所为其身份证明记载的地址。在暂住地居住的内地居民的住所是公安机关核发的居住、暂住证明记载的地址。

（六）机动车来历证明是指：

1. 在国内购买的机动车，其来历证明是全国统一的机动车销售发票或者二手车交易发票。在国外购买的机动车，其来历证明是该车销售单位开具的销售发票及其翻译文本，但海关监管的机动车不需提供来历证明；

2. 人民法院调解、裁定或者判决转移的机动车，其来历证明是人民法院出具的已经生效的《调解书》、《裁定书》或者《判决书》，以及相应的《协助执行通知书》；

3. 仲裁机构仲裁裁决转移的机动车，其来历证明是《仲裁裁决书》和人民法院出具的《协助执行通知书》；

4. 继承、赠予、中奖、协议离婚和协议抵偿债务的机动车，其来历证明是继承、赠予、中奖、协议离婚、协议抵偿债务的相关文书和公证机关出具的《公证书》；

5. 资产重组或者资产整体买卖中包含的机动车，其来历证明是资产主管部门的批准文件；

6. 机关、企业、事业单位和社会团体统一采购并调拨到下属单位未注册登记的机动车，其来历证明是全国统一的机动车销售发票和该部门出具的调拨证明；

7. 机关、企业、事业单位和社会团体已注册登记并调拨到下属单位的机动车，其来历证明是该单位出具的调拨证明。被上级单位调回或者调拨到其他下属单位的机动车，其来历证明是上级单位出具的调拨证明；

8. 经公安机关破案发还的被盗抢且已向原机动车所有人理赔完毕的机动车，其来历证明是《权益转让证明书》。

（七）机动车整车出厂合格证明是指：

1. 机动车整车厂生产的汽车、摩托车、挂车，其出厂合格证明是该厂出具的《机动车整车出厂合格证》；

2. 使用国产或者进口底盘改装的机动车，其出厂合格证明是机动车底盘生产厂出具的《机动车底盘出厂合格证》或者进口机动车底盘的进口凭证和机动车改装厂出具的《机动车整车出厂合格证》；

3. 使用国产或者进口整车改装的机动车，其出厂合格证明是机动车生产厂出具的《机动车整车出厂合格证》或者进口机动车的进口凭证和机动车改装厂出具的《机动车整车出厂合格证》；

4. 人民法院、人民检察院或者行政执法机关依法扣留、没收并拍卖的未注册登记的国产机动车，未能提供出厂合格证明的，可以凭人民法院、人民检察院或者行政执法机关出具的证明替代。

(八)机动车灭失证明是指:

1. 因自然灾害造成机动车灭失的证明是,自然灾害发生地的街道、乡、镇以上政府部门出具的机动车因自然灾害造成灭失的证明;

2. 因失火造成机动车灭失的证明是,火灾发生地的县级以上公安机关消防部门出具的机动车因失火造成灭失的证明;

3. 因交通事故造成机动车灭失的证明是,交通事故发生地的县级以上公安机关交通管理部门出具的机动车因交通事故造成灭失的证明。

(九)本规定所称"一日"、"二日"、"三日"、"五日"、"七日"、"十日"、"十五日",是指工作日,不包括节假日。

临时行驶车号牌的最长有效期"十五日"、"三十日"、"九十日",包括工作日和节假日。

本规定所称以下、以上、以内,包括本数。

第六十五条 本规定自2008年10月1日起施行。2004年4月30日公安部发布的《机动车登记规定》(公安部令第72号)同时废止。本规定实施前公安部发布的其他规定与本规定不一致的,以本规定为准。

土地登记办法①

(2007年12月30日国土资源部令第40号公布 自2008年2月1日起施行)

目 录

第一章 总 则

第一条 为规范土地登记行为,保护土地权利人的合法权益,根据《中华人民共和国物权法》、《中华人民共和国土地管理法》、《中华人民共和国城市房地产管理法》和《中华人民共和国土地管理法实施条例》,制定本办法。

第二条 本办法所称土地登记,是指将国有土地使用权、集体土地所有权、集体土地使用权和土地抵押权、地役权以及依照法律法规规定需要登记的其他土地权利记载于土地登记簿公示的行为。

前款规定的国有土地使用权,包括国有建设用地使用权和国有农用地使用权;集体土地使用权,包括集体建设用地使用权、宅基地使用权和集体农用地使用权(不含土地承包经营权)。

第三条 土地登记实行属地登记原则。

申请人应当依照本办法向土地所在地的县级以上人民政府国土资源行政主管部门提出土地登记申请,依法报县级以上人民政府登记造册,核发土地权利证书。但土地抵押权、地役权由县级以上人民政府国土资源行政主管部门登记,核发土地他项权利证明书。

跨县级行政区域使用的土地,应当报土地所跨区域各县级以上人民政府分别办理土地登记。

在京中央国家机关使用的土地,按照《在京中央国家机关用地土地登记办法》的规定执行。

第四条 国家实行土地登记人员持证上岗制度。从事土地权属审核和登记审查的工作人员,应当取得国务院国土资源行政主管部门颁发的土地登记上岗证书。

第二章 一般规定

第五条 土地以宗地为单位进行登记。

宗地是指土地权属界线封闭的地块或者空间。

第六条 土地登记应当依照申请进行,但法律、法规和本办法另有规定的除外。

第七条 土地登记应当由当事人共同申请,但有下列情形之一的,可以单方申请:

(一)土地总登记;

(二)国有土地使用权、集体土地所有权、集

① 编者注:已废止。

体土地使用权的初始登记；

（三）因继承或者遗赠取得土地权利的登记；

（四）因人民政府已经发生法律效力的土地权属争议处理决定而取得土地权利的登记；

（五）因人民法院、仲裁机构已经发生法律效力的法律文书而取得土地权利的登记；

（六）更正登记或者异议登记；

（七）名称、地址或者用途变更登记；

（八）土地权利证书的补发或者换发；

（九）其他依照规定可以由当事人单方申请的情形。

第八条 两个以上土地使用权人共同使用一宗土地的，可以分别申请土地登记。

第九条 申请人申请土地登记，应当根据不同的登记事项提交下列材料：

（一）土地登记申请书；

（二）申请人身份证明材料；

（三）土地权属来源证明；

（四）地籍调查表、宗地图及宗地界址坐标；

（五）地上附着物权属证明；

（六）法律法规规定的完税或者减免税凭证；

（七）本办法规定的其他证明材料。

前款第（四）项规定的地籍调查表、宗地图及宗地界址坐标，可以委托有资质的专业技术单位进行地籍调查获得。

申请人申请土地登记，应当如实向国土资源行政主管部门提交有关材料和反映真实情况，并对申请材料实质内容的真实性负责。

第十条 未成年人的土地权利，应当由其监护人代为申请登记。申请办理未成年人土地登记的，除提交本办法第九条规定的材料外，还应当提交监护人身份证明材料。

第十一条 委托代理人申请土地登记的，除提交本办法第九条规定的材料外，还应当提交授权委托书和代理人身份证明。

代理境外申请人申请土地登记的，授权委托书和被代理人身份证明应当经依法公证或者认证。

第十二条 对当事人提出的土地登记申请，国土资源行政主管部门应当根据下列情况分别作出处理：

（一）申请登记的土地不在本登记辖区的，应当当场作出不予受理的决定，并告知申请人向有管辖权的国土资源行政主管部门申请；

（二）申请材料存在可以当场更正的错误的，应当允许申请人当场更正；

（三）申请材料不齐全或者不符合法定形式的，应当当场或者在五日内一次告知申请人需要补正的全部内容；

（四）申请材料齐全、符合法定形式，或者申请人按照要求提交全部补正申请材料的，应当受理土地登记申请。

第十三条 国土资源行政主管部门受理土地登记申请后，认为必要的，可以就有关登记事项向申请人询问，也可以对申请登记的土地进行实地查看。

第十四条 国土资源行政主管部门应当对受理的土地登记申请进行审查，并按照下列规定办理登记手续：

（一）根据对土地登记申请的审核结果，以宗地为单位填写土地登记簿；

（二）根据土地登记簿的相关内容，以权利人为单位填写土地归户卡；

（三）根据土地登记簿的相关内容，以宗地为单位填写土地权利证书。对共有一宗土地的，应当为两个以上土地权利人分别填写土地权利证书。

国土资源行政主管部门在办理土地所有权和土地使用权登记手续前，应当报经同级人民政府批准。

第十五条 土地登记簿是土地权利归属和内容的根据。土地登记簿应当载明下列内容：

（一）土地权利人的姓名或者名称、地址；

（二）土地的权属性质、使用权类型、取得时间和使用期限、权利以及内容变化情况；

（三）土地的坐落、界址、面积、宗地号、用途和取得价格；

（四）地上附着物情况。

土地登记簿应当加盖人民政府印章。

土地登记簿采用电子介质的，应当每天进行异地备份。

第十六条 土地权利证书是土地权利人享有土地权利的证明。

土地权利证书记载的事项，应当与土地登记

簿一致;记载不一致的,除有证据证明土地登记簿确有错误外,以土地登记簿为准。

第十七条 土地权利证书包括:

(一)国有土地使用证;

(二)集体土地所有证;

(三)集体土地使用证;

(四)土地他项权利证明书。

国有建设用地使用权和国有农用地使用权在国有土地使用证上载明;集体建设用地使用权、宅基地使用权和集体农用地使用权在集体土地使用证上载明;土地抵押权和地役权可以在土地他项权利证明书上载明。

土地权利证书由国务院国土资源行政主管部门统一监制。

第十八条 有下列情形之一的,不予登记:

(一)土地权属有争议的;

(二)土地违法违规行为尚未处理或者正在处理的;

(三)未依法足额缴纳土地有偿使用费和其他税费的;

(四)申请登记的土地权利超过规定期限的;

(五)其他依法不予登记的。

不予登记的,应当书面告知申请人不予登记的理由。

第十九条 国土资源行政主管部门应当自受理土地登记申请之日起二十日内,办结土地登记审查手续。特殊情况需要延期的,经国土资源行政主管部门负责人批准后,可以延长十日。

第二十条 土地登记形成的文件资料,由国土资源行政主管部门负责管理。

土地登记申请书、土地登记审批表、土地登记归户卡和土地登记簿的式样,由国务院国土资源行政主管部门规定。

第三章 土地总登记

第二十一条 本办法所称土地总登记,是指在一定时间内对辖区内全部土地或者特定区域内土地进行的全面登记。

第二十二条 土地总登记应当发布通告。通告的主要内容包括:

(一)土地登记区的划分;

(二)土地登记的期限;

(三)土地登记收件地点;

(四)土地登记申请人应当提交的相关文件材料;

(五)需要通告的其他事项。

第二十三条 对符合总登记要求的宗地,由国土资源行政主管部门予以公告。公告的主要内容包括:

(一)土地权利人的姓名或者名称、地址;

(二)准予登记的土地坐落、面积、用途、权属性质、使用权类型和使用期限;

(三)土地权利人及其他利害关系人提出异议的期限、方式和受理机构;

(四)需要公告的其他事项。

第二十四条 公告期满,当事人对土地总登记审核结果无异议或者异议不成立的,由国土资源行政主管部门报经人民政府批准后办理登记。

第四章 初始登记

第二十五条 本办法所称初始登记,是指土地总登记之外对设立的土地权利进行的登记。

第二十六条 依法以划拨方式取得国有建设用地使用权的,当事人应当持县级以上人民政府的批准用地文件和国有土地划拨决定书等相关证明材料,申请划拨国有建设用地使用权初始登记。

新开工的大中型建设项目使用划拨国有土地的,还应当提供建设项目竣工验收报告。

第二十七条 依法以出让方式取得国有建设用地使用权的,当事人应当在付清全部国有土地出让价款后,持国有建设用地使用权出让合同和土地出让价款缴纳凭证等相关证明材料,申请出让国有建设用地使用权初始登记。

第二十八条 划拨国有建设用地使用权已依法转为出让国有建设用地使用权的,当事人应当持原国有土地使用证、出让合同及土地出让价款缴纳凭证等相关证明材料,申请出让国有建设用地使用权初始登记。

第二十九条 依法以国有土地租赁方式取得国有建设用地使用权的,当事人应当持租赁合同和土地租金缴纳凭证等相关证明材料,申请租赁国有建设用地使用权初始登记。

第三十条 依法以国有土地使用权作价出

资或者入股方式取得国有建设用地使用权的，当事人应当持原国有土地使用证、土地使用权出资或者入股批准文件和其他相关证明材料，申请作价出资或者入股国有建设用地使用权初始登记。

第三十一条 以国家授权经营方式取得国有建设用地使用权的，当事人应当持原国有土地使用证、土地资产处置批准文件和其他相关证明材料，申请授权经营国有建设用地使用权初始登记。

第三十二条 农民集体土地所有权人应当持集体土地所有权证明材料，申请集体土地所有权初始登记。

第三十三条 依法使用本集体土地进行建设的，当事人应当持有批准权的人民政府的批准用地文件，申请集体建设用地使用权初始登记。

第三十四条 集体土地所有权人依法以集体建设用地使用权入股、联营等形式兴办企业的，当事人应当持有批准权的人民政府的批准文件和相关合同，申请集体建设用地使用权初始登记。

第三十五条 依法使用本集体土地进行农业生产的，当事人应当持农用地使用合同，申请集体农用地使用权初始登记。

第三十六条 依法抵押土地使用权的，抵押权人和抵押人应当持土地权利证书、主债权债务合同、抵押合同以及相关证明材料，申请土地使用权抵押登记。

同一宗地多次抵押的，以抵押登记申请先后为序办理抵押登记。

符合抵押登记条件的，国土资源行政主管部门应当将抵押合同约定的有关事项在土地登记簿和土地权利证书上加以记载，并向抵押权人颁发土地他项权利证明书。申请登记的抵押为最高额抵押的，应当记载所担保的最高债权额、最高额抵押的期间等内容。

第三十七条 在土地上设定地役权后，当事人申请地役权登记的，供役地权利人和需役地权利人应当向国土资源行政主管部门提交土地权利证书和地役权合同等相关证明材料。

符合地役权登记条件的，国土资源行政主管部门应当将地役权合同约定的有关事项分别记载于供役地和需役地的土地登记簿和土地权利证书，并将地役权合同保存于供役地和需役地的宗地档案中。

供役地、需役地分属不同国土资源行政主管部门管辖的，当事人可以向负责供役地登记的国土资源行政主管部门申请地役权登记。负责供役地登记的国土资源行政主管部门完成登记后，应当通知负责需役地登记的国土资源行政主管部门，由其记载于需役地的土地登记簿。

第五章 变更登记

第三十八条 本办法所称变更登记，是指因土地权利人发生改变，或者因土地权利人姓名或者名称、地址和土地用途等内容发生变更而进行的登记。

第三十九条 依法以出让、国有土地租赁、作价出资或者入股方式取得的国有建设用地使用权转让的，当事人应当持原国有土地使用证和土地权利发生转移的相关证明材料，申请国有建设用地使用权变更登记。

第四十条 因依法买卖、交换、赠与地上建筑物、构筑物及其附属设施涉及建设用地使用权转移的，当事人应当持原土地权利证书、变更后的房屋所有权证书及土地使用权发生转移的相关证明材料，申请建设用地使用权变更登记。涉及划拨土地使用权转移的，当事人还应当提供有批准权人民政府的批准文件。

第四十一条 因法人或者其他组织合并、分立、兼并、破产等原因致使土地使用权发生转移的，当事人应当持相关协议及有关部门的批准文件、原土地权利证书等相关证明材料，申请土地使用权变更登记。

第四十二条 因处分抵押财产而取得土地使用权的，当事人应当在抵押财产处分后，持相关证明文件，申请土地使用权变更登记。

第四十三条 土地使用权抵押期间，土地使用权依法发生转让的，当事人应当持抵押权人同意转让的书面证明、转让合同及其他相关证明材料，申请土地使用权变更登记。

已经抵押的土地使用权转让后，当事人应当持土地权利证书和他项权利证明书，办理土地抵押权变更登记。

第四十四条 经依法登记的土地抵押权因

主债权被转让而转让的,主债权的转让人和受让人可以持原土地他项权利证明书、转让协议、已经通知债务人的证明等相关证明材料,申请土地抵押权变更登记。

第四十五条 因人民法院、仲裁机构生效的法律文书或者因继承、受遗赠取得土地使用权,当事人申请登记的,应当持生效的法律文书或者死亡证明、遗嘱等相关证明材料,申请土地使用权变更登记。

权利人在办理登记之前先行转让该土地使用权或者设定土地抵押权的,应当依照本办法先将土地权利申请登记到其名下后,再申请办理土地权利变更登记。

第四十六条 已经设定地役权的土地使用权转移后,当事人申请登记的,供役地权利人和需役地权利人应当持变更后的地役权合同及土地权利证书等相关证明材料,申请办理地役权变更登记。

第四十七条 土地权利人姓名或名称、地址发生变化的,当事人应当持原土地权利证书等相关证明材料,申请姓名或者名称、地址变更登记。

第四十八条 土地的用途发生变更的,当事人应当持有关批准文件和原土地权利证书,申请土地用途变更登记。

土地用途变更依法需要补交土地出让价款的,当事人还应当提交已补交土地出让价款的缴纳凭证。

第六章 注销登记

第四十九条 本办法所称注销登记,是指因土地权利的消灭等而进行的登记。

第五十条 有下列情形之一的,可直接办理注销登记:

(一)依法收回的国有土地;

(二)依法征收的农民集体土地;

(三)因人民法院、仲裁机构的生效法律文书致使原土地权利消灭,当事人未办理注销登记的。

第五十一条 因自然灾害等原因造成土地权利消灭的,原土地权利人应当持原土地权利证书及相关证明材料,申请注销登记。

第五十二条 非住宅国有建设用地使用权期限届满,国有建设用地使用权人未申请续期或者申请续期未获批准的,当事人应当在期限届满前十五日内,持原土地权利证书,申请注销登记。

第五十三条 已经登记的土地抵押权、地役权终止的,当事人应当在该土地抵押权、地役权终止之日起十五日内,持相关证明文件,申请土地抵押权、地役权注销登记。

第五十四条 当事人未按照本办法第五十一条、第五十二条和第五十三条的规定申请注销登记的,国土资源行政主管部门应当责令当事人限期办理;逾期不办理的,进行注销公告,公告期满后可直接办理注销登记。

第五十五条 土地抵押期限届满,当事人未申请土地使用权抵押注销登记的,除设定抵押权的土地使用权期限届满外,国土资源行政主管部门不得直接注销土地使用权抵押登记。

第五十六条 土地登记注销后,土地权利证书应当收回;确实无法收回的,应当在土地登记簿上注明,并经公告后废止。

第七章 其他登记

第五十七条 本办法所称其他登记,包括更正登记、异议登记、预告登记和查封登记。

第五十八条 国土资源行政主管部门发现土地登记簿记载的事项确有错误的,应当报经人民政府批准后进行更正登记,并书面通知当事人在规定期限内办理更换或者注销原土地权利证书的手续。当事人逾期不办理的,国土资源行政主管部门报经人民政府批准并公告后,原土地权利证书废止。

更正登记涉及土地权利归属的,应当对更正登记结果进行公告。

第五十九条 土地权利人认为土地登记簿记载的事项错误的,可以持原土地权利证书和证明登记错误的相关材料,申请更正登记。

利害关系人认为土地登记簿记载的事项错误的,可以持土地权利人书面同意更正的证明文件,申请更正登记。

第六十条 土地登记簿记载的权利人不同意更正的,利害关系人可以申请异议登记。

对符合异议登记条件的,国土资源行政主管部门应当将相关事项记载于土地登记簿,并向申请人颁发异议登记证明，同时书面通知土地登记簿记载的土地权利人。

异议登记期间，未经异议登记权利人同意，不得办理土地权利的变更登记或者设定土地抵押权。

第六十一条　有下列情形之一的，异议登记申请人或者土地登记簿记载的土地权利人可以持相关材料申请注销异议登记：

（一）异议登记申请人在异议登记之日起十五日内没有起诉的；

（二）人民法院对异议登记申请人的起诉不予受理的；

（三）人民法院对异议登记申请人的诉讼请求不予支持的。

异议登记失效后，原申请人就同一事项再次申请异议登记的，国土资源行政主管部门不予受理。

第六十二条　当事人签订土地权利转让的协议后，可以按照约定持转让协议申请预告登记。

对符合预告登记条件的，国土资源行政主管部门应当将相关事项记载于土地登记簿，并向申请人颁发预告登记证明。

预告登记后，债权消灭或者自能够进行土地登记之日起三个月内当事人未申请土地登记的，预告登记失效。

预告登记期间，未经预告登记权利人同意，不得办理土地权利的变更登记或者土地抵押权、地役权登记。

第六十三条　国土资源行政主管部门应当根据人民法院提供的查封裁定书和协助执行通知书，报经人民政府批准后将查封或者预查封的情况在土地登记簿上加以记载。

第六十四条　国土资源行政主管部门在协助人民法院执行土地使用权时，不对生效法律文书和协助执行通知书进行实体审查。国土资源行政主管部门认为人民法院的查封、预查封裁定书或者其他生效法律文书错误的，可以向人民法院提出审查建议，但不得停止办理协助执行事项。

第六十五条　对被执行人因继承、判决或者强制执行取得，但尚未办理变更登记的土地使用权的查封，国土资源行政主管部门依照执行查封的人民法院提交的被执行人取得财产所依据的继承证明、生效判决书或者执行裁定书及协助执行通知书等，先办理变更登记手续后，再行办理查封登记。

第六十六条　土地使用权在预查封期间登记在被执行人名下的，预查封登记自动转为查封登记。

第六十七条　两个以上人民法院对同一宗土地进行查封的，国土资源行政主管部门应当为先送达协助执行通知书的人民法院办理查封登记手续，对后送达协助执行通知书的人民法院办理轮候查封登记，并书面告知其该土地使用权已被其他人民法院查封的事实及查封的有关情况。

轮候查封登记的顺序按照人民法院送达协助执行通知书的时间先后进行排列。查封法院依法解除查封的，排列在先的轮候查封自动转为查封；查封法院对查封的土地使用权全部处理的，排列在后的轮候查封自动失效；查封法院对查封的土地使用权部分处理的，对剩余部分，排列在后的轮候查封自动转为查封。

预查封的轮候登记参照本条第一款和第二款的规定办理。

第六十八条　查封、预查封期限届满或者人民法院解除查封的，查封、预查封登记失效，国土资源行政主管部门应当注销查封、预查封登记。

第六十九条　对被人民法院依法查封、预查封的土地使用权，在查封、预查封期间，不得办理土地权利的变更登记或者土地抵押权、地役权登记。

第八章　土地权利保护

第七十条　依法登记的国有土地使用权、集体土地所有权、集体土地使用权和土地抵押权、地役权受法律保护，任何单位和个人不得侵犯。

第七十一条　县级以上人民政府国土资源行政主管部门应当加强土地登记结果的信息系统和数据库建设，实现国家和地方土地登记结果的信息共享和异地查询。

第七十二条　国家实行土地登记资料公开查询制度。土地权利人、利害关系人可以申请查询土地登记资料，国土资源行政主管部门应当提供。

土地登记资料的公开查询，依照《土地登记资料公开查询办法》的规定执行。

第九章　法律责任

第七十三条　当事人伪造土地权利证书的，由县级以上人民政府国土资源行政主管部门依法没收伪造的土地权利证书；情节严重构成犯罪的，依法追究刑事责任。

第七十四条　国土资源行政主管部门工作人员在土地登记工作中玩忽职守、滥用职权、徇私舞弊的，依法给予行政处分；构成犯罪的，依法追究刑事责任。

第十章　附　　则

第七十五条　经省、自治区、直辖市人民政府确定，县级以上地方人民政府由一个部门统一负责土地和房屋登记工作的，其房地产登记中有关土地登记的内容应当符合本办法的规定，其房地产权证书的内容和式样应当报国务院国土资源行政主管部门核准。

第七十六条　土地登记中依照本办法需要公告的，应当在人民政府或者国土资源行政主管部门的门户网站上进行公告。

第七十七条　土地权利证书灭失、遗失的，土地权利人应当在指定媒体上刊登灭失、遗失声明后，方可申请补发。补发的土地权利证书应当注明“补发”字样。

第七十八条　本办法自2008年2月1日起施行。

房屋登记办法①

(2008年2月15日建设部令第168号公布自2008年7月1日起施行)

目　　录

第一章　总　　则

第一条　为了规范房屋登记行为，维护房地产交易安全，保护权利人的合法权益，依据《中华人民共和国物权法》、《中华人民共和国城市房地产管理法》、《村庄和集镇规划建设管理条例》等法律、行政法规，制定本办法。

第二条　本办法所称房屋登记，是指房屋登记机构依法将房屋权利和其他应当记载的事项在房屋登记簿上予以记载的行为。

第三条　国务院建设主管部门负责指导、监督全国的房屋登记工作。

省、自治区、直辖市人民政府建设(房地产)主管部门负责指导、监督本行政区域内的房屋登记工作。

第四条　房屋登记，由房屋所在地的房屋登记机构办理。

本办法所称房屋登记机构，是指直辖市、市、县人民政府建设(房地产)主管部门或者其设置的负责房屋登记工作的机构。

第五条　房屋登记机构应当建立本行政区域内统一的房屋登记簿。

房屋登记簿是房屋权利归属和内容的根据，由房屋登记机构管理。

第六条　房屋登记人员应当具备与其岗位相适应的专业知识。

从事房屋登记审核工作的人员，应当取得国务院建设主管部门颁发的房屋登记上岗证书，持证上岗。

第二章　一般规定

第七条　办理房屋登记，一般依照下列程序进行：

(一)申请；

(二)受理；

(三)审核；

(四)记载于登记簿；

(五)发证。

房屋登记机构认为必要时，可以就登记事项

① 编者注：已废止。

进行公告。

第八条 办理房屋登记,应当遵循房屋所有权和房屋占用范围内的土地使用权权利主体一致的原则。

第九条 房屋登记机构应当依照法律、法规和本办法规定,确定申请房屋登记需要提交的材料,并将申请登记材料目录公示。

第十条 房屋应当按照基本单元进行登记。房屋基本单元是指有固定界限、可以独立使用并且有明确、唯一的编号(幢号、室号等)的房屋或者特定空间。

国有土地范围内成套住房,以套为基本单元进行登记;非成套住房,以房屋的幢、层、间等有固定界限的部分为基本单元进行登记。集体土地范围内村民住房,以宅基地上独立建筑为基本单元进行登记;在共有宅基地上建造的村民住房,以套、间等有固定界限的部分为基本单元进行登记。

非住房以房屋的幢、层、套、间等有固定界限的部分为基本单元进行登记。

第十一条 申请房屋登记,申请人应当向房屋所在地的房屋登记机构提出申请,并提交申请登记材料。

申请登记材料应当提供原件。不能提供原件的,应当提交经有关机关确认与原件一致的复印件。

申请人应当对申请登记材料的真实性、合法性、有效性负责,不得隐瞒真实情况或者提供虚假材料申请房屋登记。

第十二条 申请房屋登记,应当由有关当事人双方共同申请,但本办法另有规定的除外。

有下列情形之一,申请房屋登记的,可以由当事人单方申请:

(一)因合法建造房屋取得房屋权利;

(二)因人民法院、仲裁委员会的生效法律文书取得房屋权利;

(三)因继承、受遗赠取得房屋权利;

(四)有本办法所列变更登记情形之一;

(五)房屋灭失;

(六)权利人放弃房屋权利;

(七)法律、法规规定的其他情形。

第十三条 共有房屋,应当由共有人共同申请登记。

共有房屋所有权变更登记,可以由相关的共有人申请,但因共有性质或者共有人份额变更申请房屋登记的,应当由共有人共同申请。

第十四条 未成年人的房屋,应当由其监护人代为申请登记。监护人代为申请未成年人房屋登记的,应当提交证明监护人身份的材料;因处分未成年人房屋申请登记的,还应当提供为未成年人利益的书面保证。

第十五条 申请房屋登记的,申请人应当使用中文名称或者姓名。申请人提交的证明文件原件是外文的,应当提供中文译本。

委托代理人申请房屋登记的,代理人应当提交授权委托书和身份证明。境外申请人委托代理人申请房屋登记的,其授权委托书应当按照国家有关规定办理公证或者认证。

第十六条 申请房屋登记的,申请人应当按照国家有关规定缴纳登记费。

第十七条 申请人提交的申请登记材料齐全且符合法定形式的,应当予以受理,并出具书面凭证。

申请人提交的申请登记材料不齐全或者不符合法定形式的,应当不予受理,并告知申请人需要补正的内容。

第十八条 房屋登记机构应当查验申请登记材料,并根据不同登记申请就申请登记事项是否是申请人的真实意思表示、申请登记房屋是否为共有房屋、房屋登记簿记载的权利人是否同意更正,以及申请登记材料中需进一步明确的其他有关事项询问申请人。询问结果应当经申请人签字确认,并归档保留。

房屋登记机构认为申请登记房屋的有关情况需要进一步证明的,可以要求申请人补充材料。

第十九条 办理下列房屋登记,房屋登记机构应当实地查看:

(一)房屋所有权初始登记;

(二)在建工程抵押权登记;

(三)因房屋灭失导致的房屋所有权注销登记;

(四)法律、法规规定的应当实地查看的其他房屋登记。

房屋登记机构实地查看时,申请人应当予以配合。

第二十条 登记申请符合下列条件的,房屋登记机构应当予以登记,将申请登记事项记载于房屋登记簿:

(一)申请人与依法提交的材料记载的主体一致;

(二)申请初始登记的房屋与申请人提交的规划证明材料记载一致,申请其他登记的房屋与房屋登记簿记载一致;

(三)申请登记的内容与有关材料证明的事实一致;

(四)申请登记的事项与房屋登记簿记载的房屋权利不冲突;

(五)不存在本办法规定的不予登记的情形。

登记申请不符合前款所列条件的,房屋登记机构应当不予登记,并书面告知申请人不予登记的原因。

第二十一条 房屋登记机构将申请登记事项记载于房屋登记簿之前,申请人可以撤回登记申请。

第二十二条 有下列情形之一的,房屋登记机构应当不予登记:

(一)未依法取得规划许可、施工许可或者未按照规划许可的面积等内容建造的建筑申请登记的;

(二)申请人不能提供合法、有效的权利来源证明文件或者申请登记的房屋权利与权利来源证明文件不一致的;

(三)申请登记事项与房屋登记簿记载冲突的;

(四)申请登记房屋不能特定或者不具有独立利用价值的;

(五)房屋已被依法征收、没收,原权利人申请登记的;

(六)房屋被依法查封期间,权利人申请登记的;

(七)法律、法规和本办法规定的其他不予登记的情形。

第二十三条 自受理登记申请之日起,房屋登记机构应当于下列时限内,将申请登记事项记载于房屋登记簿或者作出不予登记的决定:

(一)国有土地范围内房屋所有权登记,30个工作日,集体土地范围内房屋所有权登记,60个工作日;

(二)抵押权、地役权登记,10个工作日;

(三)预告登记、更正登记,10个工作日;

(四)异议登记,1个工作日。

公告时间不计入前款规定时限。因特殊原因需要延长登记时限的,经房屋登记机构负责人批准可以延长,但最长不得超过原时限的一倍。

法律、法规对登记时限另有规定的,从其规定。

第二十四条 房屋登记簿应当记载房屋自然状况、权利状况以及其他依法应当登记的事项。

房屋登记簿可以采用纸介质,也可以采用电子介质。采用电子介质的,应当有唯一、确定的纸介质转化形式,并应当定期异地备份。

第二十五条 房屋登记机构应当根据房屋登记簿的记载,缮写并向权利人发放房屋权属证书。

房屋权属证书是权利人享有房屋权利的证明,包括《房屋所有权证》、《房屋他项权证》等。申请登记房屋为共有房屋的,房屋登记机构应当在房屋所有权证上注明“共有”字样。

预告登记、在建工程抵押权登记以及法律、法规规定的其他事项在房屋登记簿上予以记载后,由房屋登记机构发放登记证明。

第二十六条 房屋权属证书、登记证明与房屋登记簿记载不一致的,除有证据证明房屋登记簿确有错误外,以房屋登记簿为准。

第二十七条 房屋权属证书、登记证明破损的,权利人可以向房屋登记机构申请换发。房屋登记机构换发前,应当收回原房屋权属证书、登记证明,并将有关事项记载于房屋登记簿。

房屋权属证书、登记证明遗失、灭失的,权利人在当地公开发行的报刊上刊登遗失声明后,可以申请补发。房屋登记机构予以补发的,应当将有关事项在房屋登记簿上予以记载。补发的房屋权属证书、登记证明上应当注明“补发”字样。

在补发集体土地范围内村民住房的房屋权属证书、登记证明前,房屋登记机构应当就补发事项在房屋所在地农村集体经济组织内公告。

第二十八条 房屋登记机构应当将房屋登记资料及时归档并妥善管理。

申请查询、复制房屋登记资料的，应当按照规定的权限和程序办理。

第二十九条 县级以上人民政府建设（房地产）主管部门应当加强房屋登记信息系统建设，逐步实现全国房屋登记簿信息共享和异地查询。

第三章 国有土地范围内房屋登记

第一节 所有权登记

第三十条 因合法建造房屋申请房屋所有权初始登记的，应当提交下列材料：

（一）登记申请书；

（二）申请人身份证明；

（三）建设用地使用权证明；

（四）建设工程符合规划的证明；

（五）房屋已竣工的证明；

（六）房屋测绘报告；

（七）其他必要材料。

第三十一条 房地产开发企业申请房屋所有权初始登记时，应当对建筑区划内依法属于全体业主共有的公共场所、公用设施和物业服务用房等房屋一并申请登记，由房屋登记机构在房屋登记簿上予以记载，不颁发房屋权属证书。

第三十二条 发生下列情形之一的，当事人应当在有关法律文件生效或者事实发生后申请房屋所有权转移登记：

（一）买卖；

（二）互换；

（三）赠与；

（四）继承、受遗赠；

（五）房屋分割、合并，导致所有权发生转移的；

（六）以房屋出资入股；

（七）法人或者其他组织分立、合并，导致房屋所有权发生转移的；

（八）法律、法规规定的其他情形。

第三十三条 申请房屋所有权转移登记，应当提交下列材料：

（一）登记申请书；

（二）申请人身份证明；

（三）房屋所有权证书或者房地产权证书；

（四）证明房屋所有权发生转移的材料；

（五）其他必要材料。

前款第（四）项材料，可以是买卖合同、互换合同、赠与合同、受遗赠证明、继承证明、分割协议、合并协议、人民法院或者仲裁委员会生效的法律文书，或者其他证明房屋所有权发生转移的材料。

第三十四条 抵押期间，抵押人转让抵押房屋的所有权，申请房屋所有权转移登记的，除提供本办法第三十三条规定材料外，还应当提交抵押权人的身份证明、抵押权人同意抵押房屋转让的书面文件、他项权利证书。

第三十五条 因人民法院或者仲裁委员会生效的法律文书、合法建造房屋、继承或者受遗赠取得房屋所有权，权利人转让该房屋所有权或者以该房屋设定抵押权时，应当将房屋登记到权利人名下后，再办理房屋所有权转移登记或者房屋抵押权设立登记。

因人民法院或者仲裁委员会生效的法律文书取得房屋所有权，人民法院协助执行通知书要求房屋登记机构予以登记的，房屋登记机构应当予以办理。房屋登记机构予以登记的，应当在房屋登记簿上记载基于人民法院或者仲裁委员会生效的法律文书予以登记的事实。

第三十六条 发生下列情形之一的，权利人应当在有关法律文件生效或者事实发生后申请房屋所有权变更登记：

（一）房屋所有权人的姓名或者名称变更的；

（二）房屋坐落的街道、门牌号或者房屋名称变更的；

（三）房屋面积增加或者减少的；

（四）同一所有权人分割、合并房屋的；

（五）法律、法规规定的其他情形。

第三十七条 申请房屋所有权变更登记，应当提交下列材料：

（一）登记申请书；

（二）申请人身份证明；

（三）房屋所有权证书或者房地产权证书；

（四）证明发生变更事实的材料；

（五）其他必要材料。

第三十八条 经依法登记的房屋发生下列

情形之一的,房屋登记簿记载的所有权人应当自事实发生后申请房屋所有权注销登记:

(一)房屋灭失的;

(二)放弃所有权的;

(三)法律、法规规定的其他情形。

第三十九条 申请房屋所有权注销登记的,应当提交下列材料:

(一)登记申请书;

(二)申请人身份证明;

(三)房屋所有权证书或者房地产权证书;

(四)证明房屋所有权消灭的材料;

(五)其他必要材料。

第四十条 经依法登记的房屋上存在他项权利时,所有权人放弃房屋所有权申请注销登记的,应当提供他项权利人的书面同意文件。

第四十一条 经登记的房屋所有权消灭后,原权利人未申请注销登记的,房屋登记机构可以依据人民法院、仲裁委员会的生效法律文书或者人民政府的生效征收决定办理注销登记,将注销事项记载于房屋登记簿,原房屋所有权证收回或者公告作废。

第二节 抵押权登记

第四十二条 以房屋设定抵押的,当事人应当申请抵押权登记。

第四十三条 申请抵押权登记,应当提交下列文件:

(一)登记申请书;

(二)申请人的身份证明;

(三)房屋所有权证书或者房地产权证书;

(四)抵押合同;

(五)主债权合同;

(六)其他必要材料。

第四十四条 对符合规定条件的抵押权设立登记,房屋登记机构应当将下列事项记载于房屋登记簿:

(一)抵押当事人、债务人的姓名或者名称;

(二)被担保债权的数额;

(三)登记时间。

第四十五条 本办法第四十四条所列事项发生变化或者发生法律、法规规定变更抵押权的其他情形的,当事人应当申请抵押权变更登记。

第四十六条 申请抵押权变更登记,应当提交下列材料:

(一)登记申请书;

(二)申请人的身份证明;

(三)房屋他项权证书;

(四)抵押人与抵押权人变更抵押权的书面协议;

(五)其他必要材料。

因抵押当事人姓名或者名称发生变更,或者抵押房屋坐落的街道、门牌号发生变更申请变更登记的,无需提交前款第(四)项材料。

因被担保债权的数额发生变更申请抵押权变更登记的,还应当提交其他抵押权人的书面同意文件。

第四十七条 经依法登记的房屋抵押权因主债权转让而转让,申请抵押权转移登记的,主债权的转让人和受让人应当提交下列材料:

(一)登记申请书;

(二)申请人的身份证明;

(三)房屋他项权证书;

(四)房屋抵押权发生转移的证明材料;

(五)其他必要材料。

第四十八条 经依法登记的房屋抵押权发生下列情形之一的,权利人应当申请抵押权注销登记:

(一)主债权消灭;

(二)抵押权已经实现;

(三)抵押权人放弃抵押权;

(四)法律、法规规定抵押权消灭的其他情形。

第四十九条 申请抵押权注销登记的,应当提交下列材料:

(一)登记申请书;

(二)申请人的身份证明;

(三)房屋他项权证书;

(四)证明房屋抵押权消灭的材料;

(五)其他必要材料。

第五十条 以房屋设定最高额抵押的,当事人应当申请最高额抵押权设立登记。

第五十一条 申请最高额抵押权设立登记,应当提交下列材料:

(一)登记申请书;

（二）申请人的身份证明；

（三）房屋所有权证书或房地产权证书；

（四）最高额抵押合同；

（五）一定期间内将要连续发生的债权的合同或者其他登记原因证明材料；

（六）其他必要材料。

第五十二条　当事人将最高额抵押权设立前已存在债权转入最高额抵押担保的债权范围，申请登记的，应当提交下列材料：

（一）已存在债权的合同或者其他登记原因证明材料；

（二）抵押人与抵押权人同意将该债权纳入最高额抵押权担保范围的书面材料。

第五十三条　对符合规定条件的最高额抵押权设立登记，除本办法第四十四条所列事项外，登记机构还应当将最高债权额、债权确定的期间记载于房屋登记簿，并明确记载其为最高额抵押权。

第五十四条　变更最高额抵押权登记事项或者发生法律、法规规定变更最高额抵押权的其他情形，当事人应当申请最高额抵押权变更登记。

第五十五条　申请最高额抵押权变更登记，应当提交下列材料：

（一）登记申请书；

（二）申请人的身份证明；

（三）房屋他项权证书；

（四）最高额抵押权担保的债权尚未确定的证明材料；

（五）最高额抵押权发生变更的证明材料；

（六）其他必要材料。

因最高债权额、债权确定的期间发生变更而申请变更登记的，还应当提交其他抵押权人的书面同意文件。

第五十六条　最高额抵押权担保的债权确定前，最高额抵押权发生转移，申请最高额抵押权转移登记的，转让人和受让人应当提交下列材料：

（一）登记申请书；

（二）申请人的身份证明；

（三）房屋他项权证书；

（四）最高额抵押权担保的债权尚未确定的证明材料；

（五）最高额抵押权发生转移的证明材料；

（六）其他必要材料。

最高额抵押权担保的债权确定前，债权人转让部分债权的，除当事人另有约定外，房屋登记机构不得办理最高额抵押权转移登记。当事人约定最高额抵押权随同部分债权的转让而转移的，应当在办理最高额抵押权确定登记之后，依据本办法第四十七条的规定办理抵押权转移登记。

第五十七条　经依法登记的最高额抵押权担保的债权确定，申请最高额抵押权确定登记的，应当提交下列材料：

（一）登记申请书；

（二）申请人的身份证明；

（三）房屋他项权证书；

（四）最高额抵押权担保的债权已确定的证明材料；

（五）其他必要材料。

第五十八条　对符合规定条件的最高额抵押权确定登记，登记机构应当将最高额抵押权担保的债权已经确定的事实记载于房屋登记簿。

当事人协议确定或者人民法院、仲裁委员会生效的法律文书确定了债权数额的，房屋登记机构可以依照当事人一方的申请将债权数额确定的事实记载于房屋登记簿。

第五十九条　以在建工程设定抵押的，当事人应当申请在建工程抵押权设立登记。

第六十条　申请在建工程抵押权设立登记的，应当提交下列材料：

（一）登记申请书；

（二）申请人的身份证明；

（三）抵押合同；

（四）主债权合同；

（五）建设用地使用权证书或者记载土地使用权状况的房地产权证书；

（六）建设工程规划许可证；

（七）其他必要材料。

第六十一条　已经登记在建工程抵押权变更、转让或者消灭的，当事人应当提交下列材料，申请变更登记、转移登记、注销登记：

（一）登记申请书；

（二）申请人的身份证明；

（三）登记证明；

（四）证明在建工程抵押权发生变更、转移或者消灭的材料；

（五）其他必要材料。

第六十二条 在建工程竣工并经房屋所有权初始登记后，当事人应当申请将在建工程抵押权登记转为房屋抵押权登记。

第三节 地役权登记

第六十三条 在房屋上设立地役权的，当事人可以申请地役权设立登记。

第六十四条 申请地役权设立登记，应当提交下列材料：

（一）登记申请书；

（二）申请人的身份证明；

（三）地役权合同；

（四）房屋所有权证书或者房地产权证书；

（五）其他必要材料。

第六十五条 对符合规定条件的地役权设立登记，房屋登记机构应当将有关事项记载于需役地和供役地房屋登记簿，并可将地役权合同附于供役地和需役地房屋登记簿。

第六十六条 已经登记的地役权变更、转让或者消灭的，当事人应当提交下列材料，申请变更登记、转移登记、注销登记：

（一）登记申请书；

（二）申请人的身份证明；

（三）登记证明；

（四）证明地役权发生变更、转移或者消灭的材料；

（五）其他必要材料。

第四节 预告登记

第六十七条 有下列情形之一的，当事人可以申请预告登记：

（一）预购商品房；

（二）以预购商品房设定抵押；

（三）房屋所有权转让、抵押；

（四）法律、法规规定的其他情形。

第六十八条 预告登记后，未经预告登记的权利人书面同意，处分该房屋申请登记的，房屋登记机构应当不予办理。

预告登记后，债权消灭或者自能够进行相应的房屋登记之日起三个月内，当事人申请房屋登记的，房屋登记机构应当按照预告登记事项办理相应的登记。

第六十九条 预售人和预购人订立商品房买卖合同后，预售人未按照约定与预购人申请预告登记，预购人可以单方申请预告登记。

第七十条 申请预购商品房预告登记，应当提交下列材料：

（一）登记申请书；

（二）申请人的身份证明；

（三）已登记备案的商品房预售合同；

（四）当事人关于预告登记的约定；

（五）其他必要材料。

预购人单方申请预购商品房预告登记，预售人与预购人在商品房预售合同中对预告登记附有条件和期限的，预购人应当提交相应的证明材料。

第七十一条 申请预购商品房抵押权预告登记，应当提交下列材料：

（一）登记申请书；

（二）申请人的身份证明；

（三）抵押合同；

（四）主债权合同；

（五）预购商品房预告登记证明；

（六）当事人关于预告登记的约定；

（七）其他必要材料。

第七十二条 申请房屋所有权转移预告登记，应当提交下列材料：

（一）登记申请书；

（二）申请人的身份证明；

（三）房屋所有权转让合同；

（四）转让方的房屋所有权证书或者房地产权证书；

（五）当事人关于预告登记的约定；

（六）其他必要材料。

第七十三条 申请房屋抵押权预告登记的，应当提交下列材料：

（一）登记申请书；

（二）申请人的身份证明；

（三）抵押合同；

（四）主债权合同；

（五）房屋所有权证书或房地产权证书，或者房屋所有权转移登记的预告证明；

（六）当事人关于预告登记的约定；

（七）其他必要材料。

第五节 其他登记

第七十四条 权利人、利害关系人认为房屋登记簿记载的事项有错误的，可以提交下列材料，申请更正登记：

（一）登记申请书；

（二）申请人的身份证明；

（三）证明房屋登记簿记载错误的材料。

利害关系人申请更正登记的，还应当提供权利人同意更正的证明材料。

房屋登记簿记载确有错误的，应当予以更正；需要更正房屋权属证书内容的，应当书面通知权利人换领房屋权属证书；房屋登记簿记载无误的，应当不予更正，并书面通知申请人。

第七十五条 房屋登记机构发现房屋登记簿的记载错误，不涉及房屋权利归属和内容的，应当书面通知有关权利人在规定期限内办理更正登记；当事人无正当理由逾期不办理更正登记的，房屋登记机构可以依据申请登记材料或者有效的法律文件对房屋登记簿的记载予以更正，并书面通知当事人。

对于涉及房屋权利归属和内容的房屋登记簿的记载错误，房屋登记机构应当书面通知有关权利人在规定期限内办理更正登记；办理更正登记期间，权利人因处分其房屋权利申请登记的，房屋登记机构应当暂缓办理。

第七十六条 利害关系人认为房屋登记簿记载的事项错误，而权利人不同意更正的，利害关系人可以持登记申请书、申请人的身份证明、房屋登记簿记载错误的证明文件等材料申请异议登记。

第七十七条 房屋登记机构受理异议登记的，应当将异议事项记载于房屋登记簿。

第七十八条 异议登记期间，房屋登记簿记载的权利人处分房屋申请登记的，房屋登记机构应当暂缓办理。

权利人处分房屋申请登记，房屋登记机构受理登记申请但尚未将申请登记事项记载于房屋登记簿之前，第三人申请异议登记的，房屋登记机构应当中止办理原登记申请，并书面通知申请人。

第七十九条 异议登记期间，异议登记申请人起诉，人民法院不予受理或者驳回其诉讼请求的，异议登记申请人或者房屋登记簿记载的权利人可以持登记申请书、申请人的身份证明、相应的证明文件等材料申请注销异议登记。

第八十条 人民法院、仲裁委员会的生效法律文书确定的房屋权利归属或者权利内容与房屋登记簿记载的权利状况不一致的，房屋登记机构应当按照当事人的申请或者有关法律文书，办理相应的登记。

第八十一条 司法机关、行政机关、仲裁委员会发生法律效力的文件证明当事人以隐瞒真实情况、提交虚假材料等非法手段获取房屋登记的，房屋登记机构可以撤销原房屋登记，收回房屋权属证书、登记证明或者公告作废，但房屋权利为他人善意取得的除外。

第四章 集体土地范围内房屋登记

第八十二条 依法利用宅基地建造的村民住房和依法利用其他集体所有建设用地建造的房屋，可以依照本办法的规定申请房屋登记。

法律、法规对集体土地范围内房屋登记另有规定的，从其规定。

第八十三条 因合法建造房屋申请房屋所有权初始登记的，应当提交下列材料：

（一）登记申请书；

（二）申请人的身份证明；

（三）宅基地使用权证明或者集体所有建设用地使用权证明；

（四）申请登记房屋符合城乡规划的证明；

（五）房屋测绘报告或者村民住房平面图；

（六）其他必要材料。

申请村民住房所有权初始登记的，还应当提交申请人属于房屋所在地农村集体经济组织成员的证明。

农村集体经济组织申请房屋所有权初始登记的，还应当提交经村民会议同意或者由村民会议授权经村民代表会议同意的证明材料。

第八十四条 办理村民住房所有权初始登记、农村集体经济组织所有房屋所有权初始登记,房屋登记机构受理登记申请后,应当将申请登记事项在房屋所在地农村集体经济组织内进行公告。经公告无异议或者异议不成立的,方可予以登记。

第八十五条 发生下列情形之一的,权利人应当在有关法律文件生效或者事实发生后申请房屋所有权变更登记:

(一)房屋所有权人的姓名或者名称变更的;

(二)房屋坐落变更的;

(三)房屋面积增加或者减少的;

(四)同一所有权人分割、合并房屋的;

(五)法律、法规规定的其他情形。

第八十六条 房屋所有权依法发生转移,申请房屋所有权转移登记的,应当提交下列材料:

(一)登记申请书;

(二)申请人的身份证明;

(三)房屋所有权证书;

(四)宅基地使用权证明或者集体所有建设用地使用权证明;

(五)证明房屋所有权发生转移的材料;

(六)其他必要材料。

申请村民住房所有权转移登记的,还应当提交农村集体经济组织同意转移的证明材料。

农村集体经济组织申请房屋所有权转移登记的,还应当提交经村民会议同意或者由村民会议授权经村民代表会议同意的证明材料。

第八十七条 申请农村村民住房所有权转移登记,受让人不属于房屋所在地农村集体经济组织成员的,除法律、法规另有规定外,房屋登记机构应当不予办理。

第八十八条 依法以乡镇、村企业的厂房等建筑物设立抵押,申请抵押权登记的,应当提交下列材料:

(一)登记申请书;

(二)申请人的身份证明;

(三)房屋所有权证书;

(四)集体所有建设用地使用权证明;

(五)主债权合同和抵押合同;

(六)其他必要材料。

第八十九条 房屋登记机构对集体土地范围内的房屋予以登记的,应当在房屋登记簿和房屋权属证书上注明"集体土地"字样。

第九十条 办理集体土地范围内房屋的地役权登记、预告登记、更正登记、异议登记等房屋登记,可以参照适用国有土地范围内房屋登记的有关规定。

第五章 法律责任

第九十一条 非法印制、伪造、变造房屋权属证书或者登记证明,或者使用非法印制、伪造、变造的房屋权属证书或者登记证明的,由房屋登记机构予以收缴;构成犯罪的,依法追究刑事责任。

第九十二条 申请人提交错误、虚假的材料申请房屋登记,给他人造成损害的,应当承担相应的法律责任。

房屋登记机构及其工作人员违反本办法规定办理房屋登记,给他人造成损害的,由房屋登记机构承担相应的法律责任。房屋登记机构承担赔偿责任后,对故意或者重大过失造成登记错误的工作人员,有权追偿。

第九十三条 房屋登记机构工作人员有下列行为之一的,依法给予处分;构成犯罪的,依法追究刑事责任:

(一)擅自涂改、毁损、伪造房屋登记簿;

(二)对不符合登记条件的登记申请予以登记,或者对符合登记条件的登记申请不予登记;

(三)玩忽职守、滥用职权、徇私舞弊。

第六章 附则

第九十四条 房屋登记簿的内容和管理规范,由国务院建设主管部门另行制定。

第九十五条 房屋权属证书、登记证明,由国务院建设主管部门统一制定式样,统一监制,统一编号规则。

县级以上地方人民政府由一个部门统一负责房屋和土地登记工作的,可以制作、颁发统一的房地产权证书。房地产权证书的式样应当报国务院建设主管部门备案。

第九十六条 具有独立利用价值的特定空间以及码头、油库等其他建筑物、构筑物的登记,可以参照本办法执行。

第九十七条　省、自治区、直辖市人民政府建设(房地产)主管部门可以根据法律、法规和本办法的规定,结合本地实际情况,制定房屋登记实施细则。

第九十八条　本办法自2008年7月1日起施行。《城市房屋权属登记管理办法》(建设部令第57号)、《建设部关于修改〈城市房屋权属登记管理办法〉的决定》(建设部令第99号)同时废止。

(二)所有权

最高人民法院关于审理建筑物区分所有权纠纷案件具体应用法律若干问题的解释

(2009年3月23日最高人民法院审判委员会第1464次会议通过　2009年5月14日最高人民法院公告公布　自2009年10月1日起施行　法释〔2009〕7号)

为正确审理建筑物区分所有权纠纷案件,依法保护当事人的合法权益,根据《中华人民共和国物权法》等法律的规定,结合民事审判实践,制定本解释。

第一条　依法登记取得或者根据物权法第二章第三节规定取得建筑物专有部分所有权的人,应当认定为物权法第六章所称的业主。

基于与建设单位之间的商品房买卖民事法律行为,已经合法占有建筑物专有部分,但尚未依法办理所有权登记的人,可以认定为物权法第六章所称的业主。

第二条　建筑区划内符合下列条件的房屋,以及车位、摊位等特定空间,应当认定为物权法第六章所称的专有部分:

(一)具有构造上的独立性,能够明确区分;

(二)具有利用上的独立性,可以排他使用;

(三)能够登记成为特定业主所有权的客体。

规划上专属于特定房屋,且建设单位销售时已经根据规划列入该特定房屋买卖合同中的露台等,应当认定为物权法第六章所称专有部分的组成部分。

本条第一款所称房屋,包括整栋建筑物。

第三条　除法律、行政法规规定的共有部分外,建筑区划内的以下部分,也应当认定为物权法第六章所称的共有部分:

(一)建筑物的基础、承重结构、外墙、屋顶等基本结构部分,通道、楼梯、大堂等公共通行部分,消防、公共照明等附属设施、设备,避难层、设备层或者设备间等结构部分;

(二)其他不属于业主专有部分,也不属于市政公用部分或者其他权利人所有的场所及设施等。

建筑区划内的土地,依法由业主共同享有建设用地使用权,但属于业主专有的整栋建筑物的规划占地或者城镇公共道路、绿地占地除外。

第四条　业主基于对住宅、经营性用房等专有部分特定使用功能的合理需要,无偿利用屋顶以及与其专有部分相对应的外墙面等共有部分的,不应认定为侵权。但违反法律、法规、管理规约,损害他人合法权益的除外。

第五条　建设单位按照配置比例将车位、车库,以出售、附赠或者出租等方式处分给业主的,应当认定其行为符合物权法第七十四条第一款有关“应当首先满足业主的需要”的规定。

前款所称配置比例是指规划确定的建筑区划内规划用于停放汽车的车位、车库与房屋套数的比例。

第六条　建筑区划内在规划用于停放汽车的车位之外,占用业主共有道路或者其他场地增设的车位,应当认定为物权法第七十四条第三款所称的车位。

第七条　改变共有部分的用途、利用共有部分从事经营性活动、处分共有部分,以及业主大会依法决定或者管理规约依法确定应由业主共同决定的事项,应当认定为物权法第七十六条第一款第(七)项规定的有关共有和共同管理权利的“其他重大事项”。

第八条　物权法第七十六条第二款和第八十条规定的专有部分面积和建筑物总面积,可以按照下列方法认定:

(一)专有部分面积,按照不动产登记簿记载的面积计算;尚未进行物权登记的,暂按测绘机

构的实测面积计算;尚未进行实测的,暂按房屋买卖合同记载的面积计算;

(二)建筑物总面积,按照前项的统计总和计算。

第九条 物权法第七十六条第二款规定的业主人数和总人数,可以按照下列方法认定:

(一)业主人数,按照专有部分的数量计算,一个专有部分按一人计算。但建设单位尚未出售和虽已出售但尚未交付的部分,以及同一买受人拥有一个以上专有部分的,按一人计算;

(二)总人数,按照前项的统计总和计算。

第十条 业主将住宅改变为经营性用房,未按照物权法第七十七条的规定经有利害关系的业主同意,有利害关系的业主请求排除妨害、消除危险、恢复原状或者赔偿损失的,人民法院应予支持。

将住宅改变为经营性用房的业主以多数有利害关系的业主同意其行为进行抗辩的,人民法院不予支持。

第十一条 业主将住宅改变为经营性用房,本栋建筑物内的其他业主,应当认定为物权法第七十七条所称"有利害关系的业主"。建筑区划内,本栋建筑物之外的业主,主张与自己有利害关系的,应证明其房屋价值、生活质量受到或者可能受到不利影响。

第十二条 业主以业主大会或者业主委员会作出的决定侵害其合法权益或者违反了法律规定的程序为由,依据物权法第七十八条第二款的规定请求人民法院撤销该决定的,应当在知道或者应当知道业主大会或者业主委员会作出决定之日起一年内行使。

第十三条 业主请求公布、查阅下列应当向业主公开的情况和资料的,人民法院应予支持:

(一)建筑物及其附属设施的维修资金的筹集、使用情况;

(二)管理规约、业主大会议事规则,以及业主大会或者业主委员会的决定及会议记录;

(三)物业服务合同、共有部分的使用和收益情况;

(四)建筑区划内规划用于停放汽车的车位、车库的处分情况;

(五)其他应当向业主公开的情况和资料。

第十四条 建设单位或者其他行为人擅自占用、处分业主共有部分、改变其使用功能或者进行经营性活动,权利人请求排除妨害、恢复原状、确认处分行为无效或者赔偿损失的,人民法院应予支持。

属于前款所称擅自进行经营性活动的情形,权利人请求行为人将扣除合理成本之后的收益用于补充专项维修资金或者业主共同决定的其他用途的,人民法院应予支持。行为人对成本的支出及其合理性承担举证责任。

第十五条 业主或者其他行为人违反法律、法规、国家相关强制性标准、管理规约,或者违反业主大会、业主委员会依法作出的决定,实施下列行为的,可以认定为物权法第八十三条第二款所称的其他"损害他人合法权益的行为":

(一)损害房屋承重结构,损害或者违章使用电力、燃气、消防设施,在建筑物内放置危险、放射性物品等危及建筑物安全或者妨碍建筑物正常使用;

(二)违反规定破坏、改变建筑物外墙面的形状、颜色等损害建筑物外观;

(三)违反规定进行房屋装饰装修;

(四)违章加建、改建,侵占、挖掘公共通道、道路、场地或者其他共有部分。

第十六条 建筑物区分所有权纠纷涉及专有部分的承租人、借用人等物业使用人的,参照本解释处理。

专有部分的承租人、借用人等物业使用人,根据法律、法规、管理规约、业主大会或者业主委员会依法作出的决定,以及其与业主的约定,享有相应权利,承担相应义务。

第十七条 本解释所称建设单位,包括包销期满,按照包销合同约定的包销价格购买尚未销售的物业后,以自己名义对外销售的包销人。

第十八条 人民法院审理建筑物区分所有权案件中,涉及有关物权归属争议的,应当以法律、行政法规为依据。

第十九条 本解释自2009年10月1日起施行。

因物权法施行后实施的行为引起的建筑物区分所有权纠纷案件,适用本解释。

本解释施行前已经终审,本解释施行后当事

人申请再审或者按照审判监督程序决定再审的案件，不适用本解释。

最高人民法院关于审理物业服务纠纷案件具体应用法律若干问题的解释

（2009年4月20日最高人民法院审判委员会第1466次会议通过　2009年5月15日最高人民法院公告公布　自2009年10月1日起施行　法释〔2009〕8号）

为正确审理物业服务纠纷案件，依法保护当事人的合法权益，根据《中华人民共和国民法通则》、《中华人民共和国物权法》、《中华人民共和国合同法》等法律规定，结合民事审判实践，制定本解释。

第一条　建设单位依法与物业服务企业签订的前期物业服务合同，以及业主委员会与业主大会依法选聘的物业服务企业签订的物业服务合同，对业主具有约束力。业主以其并非合同当事人为由提出抗辩的，人民法院不予支持。

第二条　符合下列情形之一，业主委员会或者业主请求确认合同或者合同相关条款无效的，人民法院应予支持：

（一）物业服务企业将物业服务区域内的全部物业服务业务一并委托他人而签订的委托合同；

（二）物业服务合同中免除物业服务企业责任、加重业主委员会或者业主责任、排除业主委员会或者业主主要权利的条款。

前款所称物业服务合同包括前期物业服务合同。

第三条　物业服务企业不履行或者不完全履行物业服务合同约定的或者法律、法规规定以及相关行业规范确定的维修、养护、管理和维护义务，业主请求物业服务企业承担继续履行、采取补救措施或者赔偿损失等违约责任的，人民法院应予支持。

物业服务企业公开作出的服务承诺及制定的服务细则，应当认定为物业服务合同的组成部分。

第四条　业主违反物业服务合同或者法律、法规、管理规约，实施妨害物业服务与管理的行为，物业服务企业请求业主承担恢复原状、停止侵害、排除妨害等相应民事责任的，人民法院应予支持。

第五条　物业服务企业违反物业服务合同约定或者法律、法规、部门规章规定，擅自扩大收费范围、提高收费标准或者重复收费，业主以违规收费为由提出抗辩的，人民法院应予支持。

业主请求物业服务企业退还其已收取的违规费用的，人民法院应予支持。

第六条　经书面催交，业主无正当理由拒绝交纳或者在催告的合理期限内仍未交纳物业费，物业服务企业请求业主支付物业费的，人民法院应予支持。物业服务企业已经按照合同约定以及相关规定提供服务，业主仅以未享受或者无需接受相关物业服务为抗辩理由的，人民法院不予支持。

第七条　业主与物业的承租人、借用人或者其他物业使用人约定由物业使用人交纳物业费，物业服务企业请求业主承担连带责任的，人民法院应予支持。

第八条　业主大会按照物权法第七十六条规定的程序作出解聘物业服务企业的决定后，业主委员会请求解除物业服务合同的，人民法院应予支持。

物业服务企业向业主委员会提出物业费主张的，人民法院应当告知其向拖欠物业费的业主另行主张权利。

第九条　物业服务合同的权利义务终止后，业主请求物业服务企业退还已经预收，但尚未提供物业服务期间的物业费的，人民法院应予支持。

物业服务企业请求业主支付拖欠的物业费的，按照本解释第六条规定处理。

第十条　物业服务合同的权利义务终止后，业主委员会请求物业服务企业退出物业服务区域、移交物业服务用房和相关设施，以及物业服务所必需的相关资料和由其代管的专项维修资金的，人民法院应予支持。

物业服务企业拒绝退出、移交，并以存在事实上的物业服务关系为由，请求业主支付物业服务合同权利义务终止后的物业费的，人民法院不予支持。

第十一条 本解释涉及物业服务企业的规定,适用于物权法第七十六条、第八十一条、第八十二条所称其他管理人。

第十二条 因物业的承租人、借用人或者其他物业使用人实施违反物业服务合同,以及法律、法规或者管理规约的行为引起的物业服务纠纷,人民法院应当参照本解释关于业主的规定处理。

第十三条 本解释自2009年10月1日起施行。

本解释施行前已经终审,本解释施行后当事人申请再审或者按照审判监督程序决定再审的案件,不适用本解释。

(三)用益物权

中华人民共和国农村土地承包法①

(2002年8月29日第九届全国人民代表大会常务委员会第二十九次会议通过 2002年8月29日中华人民共和国主席令第73号公布 自2003年3月1日起施行)

目 录

第一章 总 则

第一条 为稳定和完善以家庭承包经营为基础、统分结合的双层经营体制,赋予农民长期而有保障的土地使用权,维护农村土地承包当事人的合法权益,促进农业、农村经济发展和农村社会稳定,根据宪法,制定本法。

第二条 本法所称农村土地,是指农民集体所有和国家所有依法由农民集体使用的耕地、林地、草地,以及其他依法用于农业的土地。

第三条 国家实行农村土地承包经营制度。

农村土地承包采取农村集体经济组织内部的家庭承包方式,不宜采取家庭承包方式的荒山、荒沟、荒丘、荒滩等农村土地,可以采取招标、拍卖、公开协商等方式承包。

第四条 国家依法保护农村土地承包关系的长期稳定。

农村土地承包后,土地的所有权性质不变。承包地不得买卖。

第五条 农村集体经济组织成员有权依法承包由本集体经济组织发包的农村土地。

任何组织和个人不得剥夺和非法限制农村集体经济组织成员承包土地的权利。

第六条 农村土地承包,妇女与男子享有平等的权利。承包中应当保护妇女的合法权益,任何组织和个人不得剥夺、侵害妇女应当享有的土地承包经营权。

第七条 农村土地承包应当坚持公开、公平、公正的原则,正确处理国家、集体、个人三者的利益关系。

第八条 农村土地承包应当遵守法律、法规,保护土地资源的合理开发和可持续利用。未经依法批准不得将承包地用于非农建设。

国家鼓励农民和农村集体经济组织增加对土地的投入,培肥地力,提高农业生产能力。

第九条 国家保护集体土地所有者的合法权益,保护承包方的土地承包经营权,任何组织和个人不得侵犯。

第十条 国家保护承包方依法、自愿、有偿地进行土地承包经营权流转。

第十一条 国务院农业、林业行政主管部门分别依照国务院规定的职责负责全国农村土地承包及承包合同管理的指导。县级以上地方人民政府农业、林业等行政主管部门分别依照各自职责,负责本行政区域内农村土地承包及承包合同管理。乡(镇)人民政府负责本行政区域内农村土地承包及承包合同管理。

① 编者注:已被修改。

第二章 家庭承包

第一节 发包方和承包方的权利和义务

第十二条 农民集体所有的土地依法属于村农民集体所有的,由村集体经济组织或者村民委员会发包;已经分别属于村内两个以上农村集体经济组织的农民集体所有的,由村内各该农村集体经济组织或者村民小组发包。村集体经济组织或者村民委员会发包的,不得改变村内各集体经济组织农民集体所有的土地的所有权。

国家所有依法由农民集体使用的农村土地,由使用该土地的农村集体经济组织、村民委员会或者村民小组发包。

第十三条 发包方享有下列权利:

(一)发包本集体所有的或者国家所有依法由本集体使用的农村土地;

(二)监督承包方依照承包合同约定的用途合理利用和保护土地;

(三)制止承包方损害承包地和农业资源的行为;

(四)法律、行政法规规定的其他权利。

第十四条 发包方承担下列义务:

(一)维护承包方的土地承包经营权,不得非法变更、解除承包合同;

(二)尊重承包方的生产经营自主权,不得干涉承包方依法进行正常的生产经营活动;

(三)依照承包合同约定为承包方提供生产、技术、信息等服务;

(四)执行县、乡(镇)土地利用总体规划,组织本集体经济组织内的农业基础设施建设;

(五)法律、行政法规规定的其他义务。

第十五条 家庭承包的承包方是本集体经济组织的农户。

第十六条 承包方享有下列权利:

(一)依法享有承包地使用、收益和土地承包经营权流转的权利,有权自主组织生产经营和处置产品;

(二)承包地被依法征用、占用的,有权依法获得相应的补偿;

(三)法律、行政法规规定的其他权利。

第十七条 承包方承担下列义务:

(一)维持土地的农业用途,不得用于非农建设;

(二)依法保护和合理利用土地,不得给土地造成永久性损害;

(三)法律、行政法规规定的其他义务。

第二节 承包的原则和程序

第十八条 土地承包应当遵循以下原则:

(一)按照规定统一组织承包时,本集体经济组织成员依法平等地行使承包土地的权利,也可以自愿放弃承包土地的权利;

(二)民主协商,公平合理;

(三)承包方案应当按照本法第十二条的规定,依法经本集体经济组织成员的村民会议三分之二以上成员或者三分之二以上村民代表的同意;

(四)承包程序合法。

第十九条 土地承包应当按照以下程序进行:

(一)本集体经济组织成员的村民会议选举产生承包工作小组;

(二)承包工作小组依照法律、法规的规定拟订并公布承包方案;

(三)依法召开本集体经济组织成员的村民会议,讨论通过承包方案;

(四)公开组织实施承包方案;

(五)签订承包合同。

第三节 承包期限和承包合同

第二十条 耕地的承包期为三十年。草地的承包期为三十年至五十年。林地的承包期为三十年至七十年;特殊林木的林地承包期,经国务院林业行政主管部门批准可以延长。

第二十一条 发包方应当与承包方签订书面承包合同。

承包合同一般包括以下条款:

(一)发包方、承包方的名称,发包方负责人和承包方代表的姓名、住所;

(二)承包土地的名称、坐落、面积、质量等级;

(三)承包期限和起止日期;

(四)承包土地的用途;

（五）发包方和承包方的权利和义务；

（六）违约责任。

第二十二条 承包合同自成立之日起生效。承包方自承包合同生效时取得土地承包经营权。

第二十三条 县级以上地方人民政府应当向承包方颁发土地承包经营权证或者林权证等证书，并登记造册，确认土地承包经营权。

颁发土地承包经营权证或者林权证等证书，除按规定收取证书工本费外，不得收取其他费用。

第二十四条 承包合同生效后，发包方不得因承办人或者负责人的变动而变更或者解除，也不得因集体经济组织的分立或者合并而变更或者解除。

第二十五条 国家机关及其工作人员不得利用职权干涉农村土地承包或者变更、解除承包合同。

第四节 土地承包经营权的保护

第二十六条 承包期内，发包方不得收回承包地。

承包期内，承包方全家迁入小城镇落户的，应当按照承包方的意愿，保留其土地承包经营权或者允许其依法进行土地承包经营权流转。

承包期内，承包方全家迁入设区的市，转为非农业户口的，应当将承包的耕地和草地交回发包方。承包方不交回的，发包方可以收回承包的耕地和草地。

承包期内，承包方交回承包地或者发包方依法收回承包地时，承包方对其在承包地上投入而提高土地生产能力的，有权获得相应的补偿。

第二十七条 承包期内，发包方不得调整承包地。

承包期内，因自然灾害严重毁损承包地等特殊情形对个别农户之间承包的耕地和草地需要适当调整的，必须经本集体经济组织成员的村民会议三分之二以上成员或者三分之二以上村民代表的同意，并报乡（镇）人民政府和县级人民政府农业等行政主管部门批准。承包合同中约定不得调整的，按照其约定。

第二十八条 下列土地应当用于调整承包土地或者承包给新增人口：

（一）集体经济组织依法预留的机动地；

（二）通过依法开垦等方式增加的；

（三）承包方依法、自愿交回的。

第二十九条 承包期内，承包方可以自愿将承包地交回发包方。承包方自愿交回承包地的，应当提前半年以书面形式通知发包方。承包方在承包期内交回承包地的，在承包期内不得再要求承包土地。

第三十条 承包期内，妇女结婚，在新居住地未取得承包地的，发包方不得收回其原承包地；妇女离婚或者丧偶，仍在原居住地生活或者不在原居住地生活但在新居住地未取得承包地的，发包方不得收回其原承包地。

第三十一条 承包人应得的承包收益，依照继承法的规定继承。

林地承包的承包人死亡，其继承人可以在承包期内继续承包。

第五节 土地承包经营权的流转

第三十二条 通过家庭承包取得的土地承包经营权可以依法采取转包、出租、互换、转让或者其他方式流转。

第三十三条 土地承包经营权流转应当遵循以下原则：

（一）平等协商、自愿、有偿，任何组织和个人不得强迫或者阻碍承包方进行土地承包经营权流转；

（二）不得改变土地所有权的性质和土地的农业用途；

（三）流转的期限不得超过承包期的剩余期限；

（四）受让方须有农业经营能力；

（五）在同等条件下，本集体经济组织成员享有优先权。

第三十四条 土地承包经营权流转的主体是承包方。承包方有权依法自主决定土地承包经营权是否流转和流转的方式。

第三十五条 承包期内，发包方不得单方面解除承包合同，不得假借少数服从多数强迫承包方放弃或者变更土地承包经营权，不得以划分“口粮田”和“责任田”等为由收回承包地搞招标承包，不得将承包地收回抵顶欠款。

第三十六条 土地承包经营权流转的转包费、租金、转让费等，应当由当事人双方协商确定。流转的收益归承包方所有，任何组织和个人不得擅自截留、扣缴。

第三十七条 土地承包经营权采取转包、出租、互换、转让或者其他方式流转，当事人双方应当签订书面合同。采取转让方式流转的，应当经发包方同意；采取转包、出租、互换或者其他方式流转的，应当报发包方备案。

土地承包经营权流转合同一般包括以下条款：

（一）双方当事人的姓名、住所；

（二）流转土地的名称、坐落、面积、质量等级；

（三）流转的期限和起止日期；

（四）流转土地的用途；

（五）双方当事人的权利和义务；

（六）流转价款及支付方式；

（七）违约责任。

第三十八条 土地承包经营权采取互换、转让方式流转，当事人要求登记的，应当向县级以上地方人民政府申请登记。未经登记，不得对抗善意第三人。

第三十九条 承包方可以在一定期限内将部分或者全部土地承包经营权转包或者出租给第三方，承包方与发包方的承包关系不变。

承包方将土地交由他人代耕不超过一年的，可以不签订书面合同。

第四十条 承包方之间为方便耕种或者各自需要，可以对属于同一集体经济组织的土地的土地承包经营权进行互换。

第四十一条 承包方有稳定的非农职业或者有稳定的收入来源的，经发包方同意，可以将全部或者部分土地承包经营权转让给其他从事农业生产经营的农户，由该农户同发包方确立新的承包关系，原承包方与发包方在该土地上的承包关系即行终止。

第四十二条 承包方之间为发展农业经济，可以自愿联合将土地承包经营权入股，从事农业合作生产。

第四十三条 承包方对其在承包地上投入而提高土地生产能力的，土地承包经营权依法流转时有权获得相应的补偿。

第三章 其他方式的承包

第四十四条 不宜采取家庭承包方式的荒山、荒沟、荒丘、荒滩等农村土地，通过招标、拍卖、公开协商等方式承包的，适用本章规定。

第四十五条 以其他方式承包农村土地的，应当签订承包合同。当事人的权利和义务、承包期限等，由双方协商确定。以招标、拍卖方式承包的，承包费通过公开竞标、竞价确定；以公开协商等方式承包的，承包费由双方议定。

第四十六条 荒山、荒沟、荒丘、荒滩等可以直接通过招标、拍卖、公开协商等方式实行承包经营，也可以将土地承包经营权折股分给本集体经济组织成员后，再实行承包经营或者股份合作经营。

承包荒山、荒沟、荒丘、荒滩的，应当遵守有关法律、行政法规的规定，防止水土流失，保护生态环境。

第四十七条 以其他方式承包农村土地，在同等条件下，本集体经济组织成员享有优先承包权。

第四十八条 发包方将农村土地发包给本集体经济组织以外的单位或者个人承包，应当事先经本集体经济组织成员的村民会议三分之二以上成员或者三分之二以上村民代表的同意，并报乡（镇）人民政府批准。

由本集体经济组织以外的单位或者个人承包的，应当对承包方的资信情况和经营能力进行审查后，再签订承包合同。

第四十九条 通过招标、拍卖、公开协商等方式承包农村土地，经依法登记取得土地承包经营权证或者林权证等证书的，其土地承包经营权可以依法采取转让、出租、入股、抵押或者其他方式流转。

第五十条 土地承包经营权通过招标、拍卖、公开协商等方式取得的，该承包人死亡，其应得的承包收益，依照继承法的规定继承；在承包期内，其继承人可以继续承包。

第四章 争议的解决和法律责任

第五十一条 因土地承包经营发生纠纷的，双方当事人可以通过协商解决，也可以请求村民委员会、乡（镇）人民政府等调解解决。

当事人不愿协商、调解或者协商、调解不成

的,可以向农村土地承包仲裁机构申请仲裁,也可以直接向人民法院起诉。

第五十二条　当事人对农村土地承包仲裁机构的仲裁裁决不服的,可以在收到裁决书之日起三十日内向人民法院起诉。逾期不起诉的,裁决书即发生法律效力。

第五十三条　任何组织和个人侵害承包方的土地承包经营权的,应当承担民事责任。

第五十四条　发包方有下列行为之一的,应当承担停止侵害、返还原物、恢复原状、排除妨害、消除危险、赔偿损失等民事责任:

(一)干涉承包方依法享有的生产经营自主权;

(二)违反本法规定收回、调整承包地;

(三)强迫或者阻碍承包方进行土地承包经营权流转;

(四)假借少数服从多数强迫承包方放弃或者变更土地承包经营权而进行土地承包经营权流转;

(五)以划分"口粮田"和"责任田"等为由收回承包地搞招标承包;

(六)将承包地收回抵顶欠款;

(七)剥夺、侵害妇女依法享有的土地承包经营权;

(八)其他侵害土地承包经营权的行为。

第五十五条　承包合同中违背承包方意愿或者违反法律、行政法规有关不得收回、调整承包地等强制性规定的约定无效。

第五十六条　当事人一方不履行合同义务或者履行义务不符合约定的,应当依照《中华人民共和国合同法》的规定承担违约责任。

第五十七条　任何组织和个人强迫承包方进行土地承包经营权流转的,该流转无效。

第五十八条　任何组织和个人擅自截留、扣缴土地承包经营权流转收益的,应当退还。

第五十九条　违反土地管理法规,非法征用、占用土地或者贪污、挪用土地征用补偿费用,构成犯罪的,依法追究刑事责任;造成他人损害的,应当承担损害赔偿等责任。

第六十条　承包方违法将承包地用于非农建设的,由县级以上地方人民政府有关行政主管部门依法予以处罚。

承包方给承包地造成永久性损害的,发包方有权制止,并有权要求承包方赔偿由此造成的损失。

第六十一条　国家机关及其工作人员有利用职权干涉农村土地承包,变更、解除承包合同,干涉承包方依法享有的生产经营自主权,或者强迫、阻碍承包方进行土地承包经营权流转等侵害土地承包经营权的行为,给承包方造成损失的,应当承担损害赔偿等责任;情节严重的,由上级机关或者所在单位给予直接责任人员行政处分;构成犯罪的,依法追究刑事责任。

第五章　附　　则

第六十二条　本法实施前已经按照国家有关农村土地承包的规定承包,包括承包期限长于本法规定的,本法实施后继续有效,不得重新承包土地。未向承包方颁发土地承包经营权证或者林权证等证书的,应当补发证书。

第六十三条　本法实施前已经预留机动地的,机动地面积不得超过本集体经济组织耕地总面积的百分之五。不足百分之五的,不得再增加机动地。

本法实施前未留机动地的,本法实施后不得再留机动地。

第六十四条　各省、自治区、直辖市人民代表大会常务委员会可以根据本法,结合本行政区域的实际情况,制定实施办法。

第六十五条　本法自2003年3月1日起施行。

全国人民代表大会常务委员会关于修改部分法律的决定(节录)①

(2009年8月27日第十一届全国人民代表大会常务委员会第十次会议通过　2009年8月27日中华人民共和国主席令第18号公布　自公布之日起施行)

第十一届全国人民代表大会常务委员会第十次会议决定:

……

① 编者注:部分废止。

（一）将下列法律和法律解释中的“征用”修改为“征收、征用”

……

10.《中华人民共和国农村土地承包法》第十六条、第五十九条

……

本决定自公布之日起施行。

全国人民代表大会常务委员会关于修改《中华人民共和国农村土地承包法》的决定

（2018年12月29日第十三届全国人民代表大会常务委员会第七次会议通过）

第十三届全国人民代表大会常务委员会第七次会议决定对《中华人民共和国农村土地承包法》作如下修改：

一、将第一条修改为：“为了巩固和完善以家庭承包经营为基础、统分结合的双层经营体制，保持农村土地承包关系稳定并长久不变，维护农村土地承包经营当事人的合法权益，促进农业、农村经济发展和农村社会和谐稳定，根据宪法，制定本法。”

二、增加一条，作为第九条：“承包方承包土地后，享有土地承包经营权，可以自己经营，也可以保留土地承包权，流转其承包地的土地经营权，由他人经营。”

三、将第十条修改为：“国家保护承包方依法、自愿、有偿流转土地经营权，保护土地经营权人的合法权益，任何组织和个人不得侵犯。”

四、将第八条改为第十一条，修改为：“农村土地承包经营应当遵守法律、法规，保护土地资源的合理开发和可持续利用。未经依法批准不得将承包地用于非农建设。

“国家鼓励增加对土地的投入，培肥地力，提高农业生产能力。”

五、将第十一条改为第十二条，修改为：“国务院农业农村、林业和草原主管部门分别依照国务院规定的职责负责全国农村土地承包经营及承包经营合同管理的指导。

“县级以上地方人民政府农业农村、林业和草原等主管部门分别依照各自职责，负责本行政区域内农村土地承包经营及承包经营合同管理。

“乡（镇）人民政府负责本行政区域内农村土地承包经营及承包经营合同管理。”

六、将第十五条改为第十六条，增加一款，作为第二款：“农户内家庭成员依法平等享有承包土地的各项权益。”

七、将第十六条改为第十七条，修改为：“承包方享有下列权利：

“（一）依法享有承包地使用、收益的权利，有权自主组织生产经营和处置产品；

“（二）依法互换、转让土地承包经营权；

“（三）依法流转土地经营权；

“（四）承包地被依法征收、征用、占用的，有权依法获得相应的补偿；

“（五）法律、行政法规规定的其他权利。”

八、将第十七条改为第十八条，第一项修改为：“维持土地的农业用途，未经依法批准不得用于非农建设；”

九、将第二十条改为第二十一条，修改为：“耕地的承包期为三十年。草地的承包期为三十年至五十年。林地的承包期为三十年至七十年。

“前款规定的耕地承包期届满后再延长三十年，草地、林地承包期届满后依照前款规定相应延长。”

十、将第二十三条改为第二十四条，修改为：“国家对耕地、林地和草地等实行统一登记，登记机构应当向承包方颁发土地承包经营权证或者林权证等证书，并登记造册，确认土地承包经营权。

“土地承包经营权证或者林权证等证书应当将具有土地承包经营权的全部家庭成员列入。

“登记机构除按规定收取证书工本费外，不得收取其他费用。”

十一、将第二章第四节的标题修改为：“土地承包经营权的保护和互换、转让”。

十二、将第二十六条改为第二十七条，第二款、第三款修改为：“国家保护进城农户的土地承包经营权。不得以退出土地承包经营权作为农户进城落户的条件。

“承包期内，承包农户进城落户的，引导支持其按照自愿有偿原则依法在本集体经济组织内转让土地承包经营权或者将承包地交回发包方，

也可以鼓励其流转土地经营权。”

十三、将第二十七条改为第二十八条，第二款中的“农业等行政主管部门”修改为“农业农村、林业和草原等主管部门”。

十四、将第二十八条改为第二十九条，第三项修改为：“发包方依法收回和承包方依法、自愿交回的。”

十五、将第二十九条改为第三十条，修改为：“承包期内，承包方可以自愿将承包地交回发包方。承包方自愿交回承包地的，可以获得合理补偿，但是应当提前半年以书面形式通知发包方。承包方在承包期内交回承包地的，在承包期内不得再要求承包土地。”

十六、将第四十条改为第三十三条，修改为：“承包方之间为方便耕种或者各自需要，可以对属于同一集体经济组织的土地的土地承包经营权进行互换，并向发包方备案。”

十七、将第四十一条改为第三十四条，修改为：“经发包方同意，承包方可以将全部或者部分的土地承包经营权转让给本集体经济组织的其他农户，由该农户同发包方确立新的承包关系，原承包方与发包方在该土地上的承包关系即行终止。”

十八、将第三十八条改为第三十五条，修改为：“土地承包经营权互换、转让的，当事人可以向登记机构申请登记。未经登记，不得对抗善意第三人。”

十九、将第二章第五节的标题修改为：“土地经营权”。

二十、将第三十二条和第三十四条合并为第三十六条，修改为：“承包方可以自主决定依法采取出租（转包）、入股或者其他方式向他人流转土地经营权，并向发包方备案。”

二十一、增加一条，作为第三十七条：“土地经营权人有权在合同约定的期限内占有农村土地，自主开展农业生产经营并取得收益。”

二十二、将第三十三条改为第三十八条，修改为：“土地经营权流转应当遵循以下原则：

“（一）依法、自愿、有偿，任何组织和个人不得强迫或者阻碍土地经营权流转；

“（二）不得改变土地所有权的性质和土地的农业用途，不得破坏农业综合生产能力和农业生态环境；

“（三）流转期限不得超过承包期的剩余期限；

“（四）受让方须有农业经营能力或者资质；

“（五）在同等条件下，本集体经济组织成员享有优先权。”

二十三、将第三十六条改为第三十九条，修改为：“土地经营权流转的价款，应当由当事人双方协商确定。流转的收益归承包方所有，任何组织和个人不得擅自截留、扣缴。”

二十四、将第三十七条和第三十九条第二款合并为第四十条，修改为：“土地经营权流转，当事人双方应当签订书面流转合同。

“土地经营权流转合同一般包括以下条款：

“（一）双方当事人的姓名、住所；

“（二）流转土地的名称、坐落、面积、质量等级；

“（三）流转期限和起止日期；

“（四）流转土地的用途；

“（五）双方当事人的权利和义务；

“（六）流转价款及支付方式；

“（七）土地被依法征收、征用、占用时有关补偿费的归属；

“（八）违约责任。

“承包方将土地交由他人代耕不超过一年的，可以不签订书面合同。”

二十五、增加一条，作为第四十一条：“土地经营权流转期限为五年以上的，当事人可以向登记机构申请土地经营权登记。未经登记，不得对抗善意第三人。”

二十六、增加一条，作为第四十二条：“承包方不得单方解除土地经营权流转合同，但受让方有下列情形之一的除外：

“（一）擅自改变土地的农业用途；

“（二）弃耕抛荒连续两年以上；

“（三）给土地造成严重损害或者严重破坏土地生态环境；

“（四）其他严重违约行为。”

二十七、增加一条，作为第四十三条：“经承包方同意，受让方可以依法投资改良土壤，建设农业生产附属、配套设施，并按照合同约定对其投资部分获得合理补偿。”

二十八、将第三十九条第一款改为第四十四条，修改为：“承包方流转土地经营权的，其与发包方的承包关系不变。”

二十九、增加一条，作为第四十五条：“县级以上地方人民政府应当建立工商企业等社会资本通过流转取得土地经营权的资格审查、项目审核和风险防范制度。

“工商企业等社会资本通过流转取得土地经营权的，本集体经济组织可以收取适量管理费用。

“具体办法由国务院农业农村、林业和草原主管部门规定。”

三十、增加一条，作为第四十六条：“经承包方书面同意，并向本集体经济组织备案，受让方可以再流转土地经营权。”

三十一、增加一条，作为第四十七条：“承包方可以用承包地的土地经营权向金融机构融资担保，并向发包方备案。受让方通过流转取得的土地经营权，经承包方书面同意并向发包方备案，可以向金融机构融资担保。

“担保物权自融资担保合同生效时设立。当事人可以向登记机构申请登记；未经登记，不得对抗善意第三人。

“实现担保物权时，担保物权人有权就土地经营权优先受偿。

“土地经营权融资担保办法由国务院有关部门规定。”

三十二、将第四十五条改为第四十九条，修改为：“以其他方式承包农村土地的，应当签订承包合同，承包方取得土地经营权。当事人的权利和义务、承包期限等，由双方协商确定。以招标、拍卖方式承包的，承包费通过公开竞标、竞价确定；以公开协商等方式承包的，承包费由双方议定。”

三十三、将第四十六条改为第五十条，第一款修改为：“荒山、荒沟、荒丘、荒滩等可以直接通过招标、拍卖、公开协商等方式实行承包经营，也可以将土地经营权折股分给本集体经济组织成员后，再实行承包经营或者股份合作经营。”

三十四、将第四十七条改为第五十一条，修改为：“以其他方式承包农村土地，在同等条件下，本集体经济组织成员有权优先承包。”

三十五、将第四十九条改为第五十三条，修改为：“通过招标、拍卖、公开协商等方式承包农村土地，经依法登记取得权属证书的，可以依法采取出租、入股、抵押或者其他方式流转土地经营权。”

三十六、将第五十条改为第五十四条，修改为：“依照本章规定通过招标、拍卖、公开协商等方式取得土地经营权的，该承包人死亡，其应得的承包收益，依照继承法的规定继承；在承包期内，其继承人可以继续承包。”

三十七、将第五十三条改为第五十六条，修改为：“任何组织和个人侵害土地承包经营权、土地经营权的，应当承担民事责任。”

三十八、将第五十四条改为第五十七条，修改为：“发包方有下列行为之一的，应当承担停止侵害、排除妨碍、消除危险、返还财产、恢复原状、赔偿损失等民事责任：

“（一）干涉承包方依法享有的生产经营自主权；

“（二）违反本法规定收回、调整承包地；

“（三）强迫或者阻碍承包方进行土地承包经营权的互换、转让或者土地经营权流转；

“（四）假借少数服从多数强迫承包方放弃或者变更土地承包经营权；

“（五）以划分‘口粮田’和‘责任田’等为由收回承包地搞招标承包；

“（六）将承包地收回抵顶欠款；

“（七）剥夺、侵害妇女依法享有的土地承包经营权；

“（八）其他侵害土地承包经营权的行为。”

三十九、将第五十六条改为第五十九条，修改为：“当事人一方不履行合同义务或者履行义务不符合约定的，应当依法承担违约责任。”

四十、将第五十七条改为第六十条，修改为：“任何组织和个人强迫进行土地承包经营权互换、转让或者土地经营权流转的，该互换、转让或者流转无效。”

四十一、将第五十八条改为第六十一条，修改为：“任何组织和个人擅自截留、扣缴土地承包经营权互换、转让或者土地经营权流转收益的，应当退还。”

四十二、将第六十条改为第六十三条，修改为：“承包方、土地经营权人违法将承包地用于非农建设的，由县级以上地方人民政府有关主管部门依法予以处罚。

“承包方给承包地造成永久性损害的，发包

方有权制止,并有权要求赔偿由此造成的损失。”

四十三、增加一条,作为第六十四条:“土地经营权人擅自改变土地的农业用途、弃耕抛荒连续两年以上、给土地造成严重损害或者严重破坏土地生态环境,承包方在合理期限内不解除土地经营权流转合同的,发包方有权要求终止土地经营权流转合同。土地经营权人对土地和土地生态环境造成的损害应当予以赔偿。”

四十四、将第六十一条改为第六十五条,修改为:“国家机关及其工作人员有利用职权干涉农村土地承包经营,变更、解除承包经营合同,干涉承包经营当事人依法享有的生产经营自主权,强迫、阻碍承包经营当事人进行土地承包经营权互换、转让或者土地经营权流转等侵害土地承包经营权、土地经营权的行为,给承包经营当事人造成损失的,应当承担损害赔偿等责任;情节严重的,由上级机关或者所在单位给予直接责任人员处分;构成犯罪的,依法追究刑事责任。”

四十五、增加一条,作为第六十九条:“确认农村集体经济组织成员身份的原则、程序等,由法律、法规规定。”

四十六、删去第四条第一款、第三十五条、第四十二条、第四十三条、第五十二条。

本决定自2019年1月1日起施行。

《中华人民共和国农村土地承包法》根据本决定作相应修改并对条款顺序作相应调整,重新公布。

中华人民共和国农村土地承包法

(2002年8月29日第九届全国人民代表大会常务委员会第二十九次会议通过　根据2009年8月27日第十一届全国人民代表大会常务委员会第十次会议《关于修改部分法律的决定》第一次修正　根据2018年12月29日第十三届全国人民代表大会常务委员会第七次会议《关于修改〈中华人民共和国农村土地承包法〉的决定》第二次修正)

目　　录

第一章　总　　则

第一条　为了巩固和完善以家庭承包经营为基础、统分结合的双层经营体制,保持农村土地承包关系稳定并长久不变,维护农村土地承包经营当事人的合法权益,促进农业、农村经济发展和农村社会和谐稳定,根据宪法,制定本法。

第二条　本法所称农村土地,是指农民集体所有和国家所有依法由农民集体使用的耕地、林地、草地,以及其他依法用于农业的土地。

第三条　国家实行农村土地承包经营制度。

农村土地承包采取农村集体经济组织内部的家庭承包方式,不宜采取家庭承包方式的荒山、荒沟、荒丘、荒滩等农村土地,可以采取招标、拍卖、公开协商等方式承包。

第四条　农村土地承包后,土地的所有权性质不变。承包地不得买卖。

第五条　农村集体经济组织成员有权依法承包由本集体经济组织发包的农村土地。

任何组织和个人不得剥夺和非法限制农村集体经济组织成员承包土地的权利。

第六条　农村土地承包,妇女与男子享有平等的权利。承包中应当保护妇女的合法权益,任何组织和个人不得剥夺、侵害妇女应当享有的土地承包经营权。

第七条　农村土地承包应当坚持公开、公平、公正的原则,正确处理国家、集体、个人三者的利益关系。

第八条　国家保护集体土地所有者的合法权益,保护承包方的土地承包经营权,任何组织和个人不得侵犯。

第九条　承包方承包土地后,享有土地承包经营权,可以自己经营,也可以保留土地承包权,流转其承包地的土地经营权，由他人经营。

第十条　国家保护承包方依法、自愿、有偿流转土地经营权，保护土地经营权人的合法权益，任何组织和个人不得侵犯。

第十一条　农村土地承包经营应当遵守法律、法规，保护土地资源的合理开发和可持续利用。未经依法批准不得将承包地用于非农建设。

国家鼓励增加对土地的投入，培肥地力，提高农业生产能力。

第十二条　国务院农业农村、林业和草原主管部门分别依照国务院规定的职责负责全国农村土地承包经营及承包经营合同管理的指导。

县级以上地方人民政府农业农村、林业和草原等主管部门分别依照各自职责，负责本行政区域内农村土地承包经营及承包经营合同管理。

乡（镇）人民政府负责本行政区域内农村土地承包经营及承包经营合同管理。

第二章　家庭承包

第一节　发包方和承包方的权利和义务

第十三条　农民集体所有的土地依法属于村农民集体所有的，由村集体经济组织或者村民委员会发包；已经分别属于村内两个以上农村集体经济组织的农民集体所有的，由村内各该农村集体经济组织或者村民小组发包。村集体经济组织或者村民委员会发包的，不得改变村内各集体经济组织农民集体所有的土地的所有权。

国家所有依法由农民集体使用的农村土地，由使用该土地的农村集体经济组织、村民委员会或者村民小组发包。

第十四条　发包方享有下列权利：

（一）发包本集体所有的或者国家所有依法由本集体使用的农村土地；

（二）监督承包方依照承包合同约定的用途合理利用和保护土地；

（三）制止承包方损害承包地和农业资源的行为；

（四）法律、行政法规规定的其他权利。

第十五条　发包方承担下列义务：

（一）维护承包方的土地承包经营权，不得非法变更、解除承包合同；

（二）尊重承包方的生产经营自主权，不得干涉承包方依法进行正常的生产经营活动；

（三）依照承包合同约定为承包方提供生产、技术、信息等服务；

（四）执行县、乡（镇）土地利用总体规划，组织本集体经济组织内的农业基础设施建设；

（五）法律、行政法规规定的其他义务。

第十六条　家庭承包的承包方是本集体经济组织的农户。

农户内家庭成员依法平等享有承包土地的各项权益。

第十七条　承包方享有下列权利：

（一）依法享有承包地使用、收益的权利，有权自主组织生产经营和处置产品；

（二）依法互换、转让土地承包经营权；

（三）依法流转土地经营权；

（四）承包地被依法征收、征用、占用的，有权依法获得相应的补偿；

（五）法律、行政法规规定的其他权利。

第十八条　承包方承担下列义务：

（一）维持土地的农业用途，未经依法批准不得用于非农建设；

（二）依法保护和合理利用土地，不得给土地造成永久性损害；

（三）法律、行政法规规定的其他义务。

第二节　承包的原则和程序

第十九条　土地承包应当遵循以下原则：

（一）按照规定统一组织承包时，本集体经济组织成员依法平等地行使承包土地的权利，也可以自愿放弃承包土地的权利；

（二）民主协商，公平合理；

（三）承包方案应当按照本法第十三条的规定，依法经本集体经济组织成员的村民会议三分之二以上成员或者三分之二以上村民代表的同意；

（四）承包程序合法。

第二十条　土地承包应当按照以下程序进行：

（一）本集体经济组织成员的村民会议选举产生承包工作小组；

（二）承包工作小组依照法律、法规的规定拟订并公布承包方案；

（三）依法召开本集体经济组织成员的村民会议，讨论通过承包方案；

（四）公开组织实施承包方案；

（五）签订承包合同。

第三节 承包期限和承包合同

第二十一条 耕地的承包期为三十年。草地的承包期为三十年至五十年。林地的承包期为三十年至七十年。

前款规定的耕地承包期届满后再延长三十年，草地、林地承包期届满后依照前款规定相应延长。

第二十二条 发包方应当与承包方签订书面承包合同。

承包合同一般包括以下条款：

（一）发包方、承包方的名称，发包方负责人和承包方代表的姓名、住所；

（二）承包土地的名称、坐落、面积、质量等级；

（三）承包期限和起止日期；

（四）承包土地的用途；

（五）发包方和承包方的权利和义务；

（六）违约责任。

第二十三条 承包合同自成立之日起生效。承包方自承包合同生效时取得土地承包经营权。

第二十四条 国家对耕地、林地和草地等实行统一登记，登记机构应当向承包方颁发土地承包经营权证或者林权证等证书，并登记造册，确认土地承包经营权。

土地承包经营权证或者林权证等证书应当将具有土地承包经营权的全部家庭成员列入。

登记机构除按规定收取证书工本费外，不得收取其他费用。

第二十五条 承包合同生效后，发包方不得因承办人或者负责人的变动而变更或者解除，也不得因集体经济组织的分立或者合并而变更或者解除。

第二十六条 国家机关及其工作人员不得利用职权干涉农村土地承包或者变更、解除承包合同。

第四节 土地承包经营权的保护和互换、转让

第二十七条 承包期内，发包方不得收回承包地。

国家保护进城农户的土地承包经营权。不得以退出土地承包经营权作为农户进城落户的条件。

承包期内，承包农户进城落户的，引导支持其按照自愿有偿原则依法在本集体经济组织内转让土地承包经营权或者将承包地交回发包方，也可以鼓励其流转土地经营权。

承包期内，承包方交回承包地或者发包方依法收回承包地时，承包方对其在承包地上投入而提高土地生产能力的，有权获得相应的补偿。

第二十八条 承包期内，发包方不得调整承包地。

承包期内，因自然灾害严重毁损承包地等特殊情形对个别农户之间承包的耕地和草地需要适当调整的，必须经本集体经济组织成员的村民会议三分之二以上成员或者三分之二以上村民代表的同意，并报乡（镇）人民政府和县级人民政府农业农村、林业和草原等主管部门批准。承包合同中约定不得调整的，按照其约定。

第二十九条 下列土地应当用于调整承包土地或者承包给新增人口：

（一）集体经济组织依法预留的机动地；

（二）通过依法开垦等方式增加的；

（三）发包方依法收回和承包方依法、自愿交回的。

第三十条 承包期内，承包方可以自愿将承包地交回发包方。承包方自愿交回承包地的，可以获得合理补偿，但是应当提前半年以书面形式通知发包方。承包方在承包期内交回承包地的，在承包期内不得再要求承包土地。

第三十一条 承包期内，妇女结婚，在新居住地未取得承包地的，发包方不得收回其原承包地；妇女离婚或者丧偶，仍在原居住地生活或者不在原居住地生活但在新居住地未取得承包地的，发包方不得收回其原承包地。

第三十二条 承包人应得的承包收益，依照继承法的规定继承。

林地承包的承包人死亡,其继承人可以在承包期内继续承包。

第三十三条 承包方之间为方便耕种或者各自需要,可以对属于同一集体经济组织的土地的土地承包经营权进行互换,并向发包方备案。

第三十四条 经发包方同意,承包方可以将全部或者部分的土地承包经营权转让给本集体经济组织的其他农户,由该农户同发包方确立新的承包关系,原承包方与发包方在该土地上的承包关系即行终止。

第三十五条 土地承包经营权互换、转让的,当事人可以向登记机构申请登记。未经登记,不得对抗善意第三人。

第五节 土地经营权

第三十六条 承包方可以自主决定依法采取出租(转包)、入股或者其他方式向他人流转土地经营权,并向发包方备案。

第三十七条 土地经营权人有权在合同约定的期限内占有农村土地,自主开展农业生产经营并取得收益。

第三十八条 土地经营权流转应当遵循以下原则:

(一)依法、自愿、有偿,任何组织和个人不得强迫或者阻碍土地经营权流转;

(二)不得改变土地所有权的性质和土地的农业用途,不得破坏农业综合生产能力和农业生态环境;

(三)流转期限不得超过承包期的剩余期限;

(四)受让方须有农业经营能力或者资质;

(五)在同等条件下,本集体经济组织成员享有优先权。

第三十九条 土地经营权流转的价款,应当由当事人双方协商确定。流转的收益归承包方所有,任何组织和个人不得擅自截留、扣缴。

第四十条 土地经营权流转,当事人双方应当签订书面流转合同。

土地经营权流转合同一般包括以下条款:

(一)双方当事人的姓名、住所;

(二)流转土地的名称、坐落、面积、质量等级;

(三)流转期限和起止日期;

(四)流转土地的用途;

(五)双方当事人的权利和义务;

(六)流转价款及支付方式;

(七)土地被依法征收、征用、占用时有关补偿费的归属;

(八)违约责任。

承包方将土地交由他人代耕不超过一年的,可以不签订书面合同。

第四十一条 土地经营权流转期限为五年以上的,当事人可以向登记机构申请土地经营权登记。未经登记,不得对抗善意第三人。

第四十二条 承包方不得单方解除土地经营权流转合同,但受让方有下列情形之一的除外:

(一)擅自改变土地的农业用途;

(二)弃耕抛荒连续两年以上;

(三)给土地造成严重损害或者严重破坏土地生态环境;

(四)其他严重违约行为。

第四十三条 经承包方同意,受让方可以依法投资改良土壤,建设农业生产附属、配套设施,并按照合同约定对其投资部分获得合理补偿。

第四十四条 承包方流转土地经营权的,其与发包方的承包关系不变。

第四十五条 县级以上地方人民政府应当建立工商企业等社会资本通过流转取得土地经营权的资格审查、项目审核和风险防范制度。

工商企业等社会资本通过流转取得土地经营权的,本集体经济组织可以收取适量管理费用。

具体办法由国务院农业农村、林业和草原主管部门规定。

第四十六条 经承包方书面同意,并向本集体经济组织备案,受让方可以再流转土地经营权。

第四十七条 承包方可以用承包地的土地经营权向金融机构融资担保,并向发包方备案。受让方通过流转取得的土地经营权,经承包方书面同意并向发包方备案,可以向金融机构融资担保。

担保物权自融资担保合同生效时设立。当事人可以向登记机构申请登记;未经登记,不得对抗善意第三人。

实现担保物权时,担保物权人有权就土地经营权优先受偿。

土地经营权融资担保办法由国务院有关部门规定。

第三章 其他方式的承包

第四十八条 不宜采取家庭承包方式的荒山、荒沟、荒丘、荒滩等农村土地,通过招标、拍卖、公开协商等方式承包的,适用本章规定。

第四十九条 以其他方式承包农村土地的,应当签订承包合同,承包方取得土地经营权。当事人的权利和义务、承包期限等,由双方协商确定。以招标、拍卖方式承包的,承包费通过公开竞标、竞价确定;以公开协商等方式承包的,承包费由双方议定。

第五十条 荒山、荒沟、荒丘、荒滩等可以直接通过招标、拍卖、公开协商等方式实行承包经营,也可以将土地经营权折股分给本集体经济组织成员后,再实行承包经营或者股份合作经营。

承包荒山、荒沟、荒丘、荒滩的,应当遵守有关法律、行政法规的规定,防止水土流失,保护生态环境。

第五十一条 以其他方式承包农村土地,在同等条件下,本集体经济组织成员有权优先承包。

第五十二条 发包方将农村土地发包给本集体经济组织以外的单位或者个人承包,应当事先经本集体经济组织成员的村民会议三分之二以上成员或者三分之二以上村民代表的同意,并报乡(镇)人民政府批准。

由本集体经济组织以外的单位或者个人承包的,应当对承包方的资信情况和经营能力进行审查后,再签订承包合同。

第五十三条 通过招标、拍卖、公开协商等方式承包农村土地,经依法登记取得权属证书的,可以依法采取出租、入股、抵押或者其他方式流转土地经营权。

第五十四条 依照本章规定通过招标、拍卖、公开协商等方式取得土地经营权的,该承包人死亡,其应得的承包收益,依照继承法的规定继承;在承包期内,其继承人可以继续承包。

第四章 争议的解决和法律责任

第五十五条 因土地承包经营发生纠纷的,双方当事人可以通过协商解决,也可以请求村民委员会、乡(镇)人民政府等调解解决。

当事人不愿协商、调解或者协商、调解不成的,可以向农村土地承包仲裁机构申请仲裁,也可以直接向人民法院起诉。

第五十六条 任何组织和个人侵害土地承包经营权、土地经营权的,应当承担民事责任。

第五十七条 发包方有下列行为之一的,应当承担停止侵害、排除妨碍、消除危险、返还财产、恢复原状、赔偿损失等民事责任:

(一)干涉承包方依法享有的生产经营自主权;

(二)违反本法规定收回、调整承包地;

(三)强迫或者阻碍承包方进行土地承包经营权的互换、转让或者土地经营权流转;

(四)假借少数服从多数强迫承包方放弃或者变更土地承包经营权;

(五)以划分“口粮田”和“责任田”等为由收回承包地搞招标承包;

(六)将承包地收回抵顶欠款;

(七)剥夺、侵害妇女依法享有的土地承包经营权;

(八)其他侵害土地承包经营权的行为。

第五十八条 承包合同中违背承包方意愿或者违反法律、行政法规有关不得收回、调整承包地等强制性规定的约定无效。

第五十九条 当事人一方不履行合同义务或者履行义务不符合约定的,应当依法承担违约责任。

第六十条 任何组织和个人强迫进行土地承包经营权互换、转让或者土地经营权流转的,该互换、转让或者流转无效。

第六十一条 任何组织和个人擅自截留、扣缴土地承包经营权互换、转让或者土地经营权流转收益的,应当退还。

第六十二条 违反土地管理法规,非法征收、征用、占用土地或者贪污、挪用土地征收、征用补偿费用，构成犯罪的，依法追究刑事责任；造成他人损害的，应当承担损害赔偿等责任。

第六十三条　承包方、土地经营权人违法将承包地用于非农建设的，由县级以上地方人民政府有关主管部门依法予以处罚。

承包方给承包地造成永久性损害的，发包方有权制止，并有权要求赔偿由此造成的损失。

第六十四条　土地经营权人擅自改变土地的农业用途、弃耕抛荒连续两年以上、给土地造成严重损害或者严重破坏土地生态环境，承包方在合理期限内不解除土地经营权流转合同的，发包方有权要求终止土地经营权流转合同。土地经营权人对土地和土地生态环境造成的损害应当予以赔偿。

第六十五条　国家机关及其工作人员有利用职权干涉农村土地承包经营，变更、解除承包经营合同，干涉承包经营当事人依法享有的生产经营自主权，强迫、阻碍承包经营当事人进行土地承包经营权互换、转让或者土地经营权流转等侵害土地承包经营权、土地经营权的行为，给承包经营当事人造成损失的，应当承担损害赔偿等责任；情节严重的，由上级机关或者所在单位给予直接责任人员处分；构成犯罪的，依法追究刑事责任。

第五章　附　　则

第六十六条　本法实施前已经按照国家有关农村土地承包的规定承包，包括承包期限长于本法规定的，本法实施后继续有效，不得重新承包土地。未向承包方颁发土地承包经营权证或者林权证等证书的，应当补发证书。

第六十七条　本法实施前已经预留机动地的，机动地面积不得超过本集体经济组织耕地总面积的百分之五。不足百分之五的，不得再增加机动地。

本法实施前未留机动地的，本法实施后不得再留机动地。

第六十八条　各省、自治区、直辖市人民代表大会常务委员会可以根据本法，结合本行政区域的实际情况，制定实施办法。

第六十九条　确认农村集体经济组织成员身份的原则、程序等，由法律、法规规定。

第七十条　本法自2003年3月1日起施行。

最高人民法院关于审理涉及农村土地承包纠纷案件适用法律问题的解释

（2005年3月29日最高人民法院审判委员会第1346次会议通过　2005年7月29日最高人民法院公告公布　自2005年9月1日起施行　法释〔2005〕6号）

根据《中华人民共和国民法通则》、《中华人民共和国合同法》、《中华人民共和国民事诉讼法》、《中华人民共和国农村土地承包法》、《中华人民共和国土地管理法》等法律的规定，结合民事审判实践，对审理涉及农村土地承包纠纷案件适用法律的若干问题解释如下：

一、受理与诉讼主体

第一条　下列涉及农村土地承包民事纠纷，人民法院应当依法受理：

（一）承包合同纠纷；

（二）承包经营权侵权纠纷；

（三）承包经营权流转纠纷；

（四）承包地征收补偿费用分配纠纷；

（五）承包经营权继承纠纷。

集体经济组织成员因未实际取得土地承包经营权提起民事诉讼的，人民法院应当告知其向有关行政主管部门申请解决。

集体经济组织成员就用于分配的土地补偿费数额提起民事诉讼的，人民法院不予受理。

第二条　当事人自愿达成书面仲裁协议的，受诉人民法院应当参照最高人民法院《关于适用〈中华人民共和国民事诉讼法〉若干问题的意见》第145条至第148条的规定处理。

当事人未达成书面仲裁协议，一方当事人向农村土地承包仲裁机构申请仲裁，另一方当事人提起诉讼的，人民法院应予受理，并书面通知仲裁机构。但另一方当事人接受仲裁管辖后又起诉的，人民法院不予受理。

当事人对仲裁裁决不服并在收到裁决书之日起三十日内提起诉讼的,人民法院应予受理。

第三条 承包合同纠纷,以发包方和承包方为当事人。

前款所称承包方是指以家庭承包方式承包本集体经济组织农村土地的农户,以及以其他方式承包农村土地的单位或者个人。

第四条 农户成员为多人的,由其代表人进行诉讼。

农户代表人按照下列情形确定:

(一)土地承包经营权证等证书上记载的人;

(二)未依法登记取得土地承包经营权证等证书的,为在承包合同上签字的人;

(三)前两项规定的人死亡、丧失民事行为能力或者因其他原因无法进行诉讼的,为农户成员推选的人。

二、家庭承包纠纷案件的处理

第五条 承包合同中有关收回、调整承包地的约定违反农村土地承包法第二十六条、第二十七条、第三十条、第三十五条规定的,应当认定该约定无效。

第六条 因发包方违法收回、调整承包地,或者因发包方收回承包方弃耕、撂荒的承包地产生的纠纷,按照下列情形,分别处理:

(一)发包方未将承包地另行发包,承包方请求返还承包地的,应予支持;

(二)发包方已将承包地另行发包给第三人,承包方以发包方和第三人为共同被告,请求确认其所签订的承包合同无效、返还承包地并赔偿损失的,应予支持。但属于承包方弃耕、撂荒情形的,对其赔偿损失的诉讼请求,不予支持。

前款第(二)项所称的第三人,请求受益方补偿其在承包地上的合理投入的,应予支持。

第七条 承包合同约定或者土地承包经营权证等证书记载的承包期限短于农村土地承包法规定的期限,承包方请求延长的,应予支持。

第八条 承包方违反农村土地承包法第十七条规定,将承包地用于非农建设或者对承包地造成永久性损害,发包方请求承包方停止侵害、恢复原状或者赔偿损失的,应予支持。

第九条 发包方根据农村土地承包法第二十六条规定收回承包地前,承包方已经以转包、出租等形式将其土地承包经营权流转给第三人,且流转期限尚未届满,因流转价款收取产生的纠纷,按照下列情形,分别处理:

(一)承包方已经一次性收取了流转价款,发包方请求承包方返还剩余流转期限的流转价款的,应予支持;

(二)流转价款为分期支付,发包方请求第三人按照流转合同的约定支付流转价款的,应予支持。

第十条 承包方交回承包地不符合农村土地承包法第二十九条规定程序的,不得认定其为自愿交回。

第十一条 土地承包经营权流转中,本集体经济组织成员在流转价款、流转期限等主要内容相同的条件下主张优先权的,应予支持。但下列情形除外:

(一)在书面公示的合理期限内未提出优先权主张的;

(二)未经书面公示,在本集体经济组织以外的人开始使用承包地两个月内未提出优先权主张的。

第十二条 发包方强迫承包方将土地承包经营权流转给第三人,承包方请求确认其与第三人签订的流转合同无效的,应予支持。

发包方阻碍承包方依法流转土地承包经营权,承包方请求排除妨碍、赔偿损失的,应予支持。

第十三条 承包方未经发包方同意,采取转让方式流转其土地承包经营权的,转让合同无效。但发包方无法定理由不同意或者拖延表态的除外。

第十四条 承包方依法采取转包、出租、互换或者其他方式流转土地承包经营权,发包方仅以该土地承包经营权流转合同未报其备案为由,请求确认合同无效的,不予支持。

第十五条 承包方以其土地承包经营权进行抵押或者抵偿债务的,应当认定无效。对因此造成的损失,当事人有过错的,应当承担相应的民事责任。

第十六条 因承包方不收取流转价款或者

向对方支付费用的约定产生纠纷，当事人协商变更无法达成一致，且继续履行又显失公平的，人民法院可以根据发生变更的客观情况，按照公平原则处理。

第十七条　当事人对转包、出租地流转期限没有约定或者约定不明的，参照合同法第二百三十二条规定处理。除当事人另有约定或者属于林地承包经营外，承包地交回的时间应当在农作物收获期结束后或者下一耕种期开始前。

对提高土地生产能力的投入，对方当事人请求承包方给予相应补偿的，应予支持。

第十八条　发包方或者其他组织、个人擅自截留、扣缴承包收益或者土地承包经营权流转收益，承包方请求返还的，应予支持。

发包方或者其他组织、个人主张抵销的，不予支持。

三、其他方式承包纠纷的处理

第十九条　本集体经济组织成员在承包费、承包期限等主要内容相同的条件下主张优先承包权的，应予支持。但在发包方将农村土地发包给本集体经济组织以外的单位或者个人，已经法律规定的民主议定程序通过，并由乡（镇）人民政府批准后主张优先承包权的，不予支持。

第二十条　发包方就同一土地签订两个以上承包合同，承包方均主张取得土地承包经营权的，按照下列情形，分别处理：

（一）已经依法登记的承包方，取得土地承包经营权；

（二）均未依法登记的，生效在先合同的承包方取得土地承包经营权；

（三）依前两项规定无法确定的，已经根据承包合同合法占有使用承包地的人取得土地承包经营权，但争议发生后一方强行先占承包地的行为和事实，不得作为确定土地承包经营权的依据。

第二十一条　承包方未依法登记取得土地承包经营权证等证书，即以转让、出租、入股、抵押等方式流转土地承包经营权，发包方请求确认该流转无效的，应予支持。但非因承包方原因未登记取得土地承包经营权证等证书的除外。

承包方流转土地承包经营权，除法律或者本解释有特殊规定外，按照有关家庭承包土地承包经营权流转的规定处理。

四、土地征收补偿费用分配及土地承包经营权继承纠纷的处理

第二十二条　承包地被依法征收，承包方请求发包方给付已经收到的地上附着物和青苗的补偿费的，应予支持。

承包方已将土地承包经营权以转包、出租等方式流转给第三人的，除当事人另有约定外，青苗补偿费归实际投入人所有，地上附着物补偿费归附着物所有人所有。

第二十三条　承包地被依法征收，放弃统一安置的家庭承包方，请求发包方给付已经收到的安置补助费的，应予支持。

第二十四条　农村集体经济组织或者村民委员会、村民小组，可以依照法律规定的民主议定程序，决定在本集体经济组织内部分配已经收到的土地补偿费。征地补偿安置方案确定时已经具有本集体经济组织成员资格的人，请求支付相应份额的，应予支持。但已报全国人大常委会、国务院备案的地方性法规、自治条例和单行条例、地方政府规章对土地补偿费在农村集体经济组织内部的分配办法另有规定的除外。

第二十五条　林地家庭承包中，承包方的继承人请求在承包期内继续承包的，应予支持。

其他方式承包中，承包方的继承人或者权利义务承受者请求在承包期内继续承包的，应予支持。

五、其他规定

第二十六条　人民法院在审理涉及本解释第五条、第六条第一款第（二）项及第二款、第十六条的纠纷案件时，应当着重进行调解。必要时可以委托人民调解组织进行调解。

第二十七条　本解释自2005年9月1日起施行。施行后受理的第一审案件，适用本解释的规定。

施行前已经生效的司法解释与本解释不一致的，以本解释为准。

最高人民法院关于审理涉及国有土地使用权合同纠纷案件适用法律问题的解释

（2004年11月23日最高人民法院审判委员会第1334次会议通过　2005年6月18日最高人民法院公告公布　自2005年8月1日起施行　法释〔2005〕5号）

根据《中华人民共和国民法通则》、《中华人民共和国合同法》、《中华人民共和国土地管理法》、《中华人民共和国城市房地产管理法》等法律规定，结合民事审判实践，就审理涉及国有土地使用权合同纠纷案件适用法律的问题，制定本解释。

一、土地使用权出让合同纠纷

第一条　本解释所称的土地使用权出让合同，是指市、县人民政府土地管理部门作为出让方将国有土地使用权在一定年限内让与受让方，受让方支付土地使用权出让金的协议。

第二条　开发区管理委员会作为出让方与受让方订立的土地使用权出让合同，应当认定无效。

本解释实施前，开发区管理委员会作为出让方与受让方订立的土地使用权出让合同，起诉前经市、县人民政府土地管理部门追认的，可以认定合同有效。

第三条　经市、县人民政府批准同意以协议方式出让的土地使用权，土地使用权出让金低于订立合同时当地政府按照国家规定确定的最低价的，应当认定土地使用权出让合同约定的价格条款无效。

当事人请求按照订立合同时的市场评估价格交纳土地使用权出让金的，应予支持；受让方不同意按照市场评估价格补足，请求解除合同的，应予支持。因此造成的损失，由当事人按照过错承担责任。

第四条　土地使用权出让合同的出让方因未办理土地使用权出让批准手续而不能交付土地，受让方请求解除合同的，应予支持。

第五条　受让方经出让方和市、县人民政府城市规划行政主管部门同意，改变土地使用权出让合同约定的土地用途，当事人请求按照起诉时同种用途的土地出让金标准调整土地出让金的，应予支持。

第六条　受让方擅自改变土地使用权出让合同约定的土地用途，出让方请求解除合同的，应予支持。

二、土地使用权转让合同纠纷

第七条　本解释所称的土地使用权转让合同，是指土地使用权人作为转让方将出让土地使用权转让于受让方，受让方支付价款的协议。

第八条　土地使用权人作为转让方与受让方订立土地使用权转让合同后，当事人一方以双方之间未办理土地使用权变更登记手续为由，请求确认合同无效的，不予支持。

第九条　转让方未取得出让土地使用权证书与受让方订立合同转让土地使用权，起诉前转让方已经取得出让土地使用权证书或者有批准权的人民政府同意转让的，应当认定合同有效。

第十条　土地使用权人作为转让方就同一出让土地使用权订立数个转让合同，在转让合同有效的情况下，受让方均要求履行合同的，按照以下情形分别处理：

（一）已经办理土地使用权变更登记手续的受让方，请求转让方履行交付土地等合同义务的，应予支持；

（二）均未办理土地使用权变更登记手续，已先行合法占有投资开发土地的受让方请求转让方履行土地使用权变更登记等合同义务的，应予支持；

（三）均未办理土地使用权变更登记手续，又未合法占有投资开发土地，先行支付土地转让款的受让方请求转让方履行交付土地和办理土地使用权变更登记等合同义务的，应予支持；

（四）合同均未履行，依法成立在先的合同受让方请求履行合同的，应予支持。

未能取得土地使用权的受让方请求解除合同、赔偿损失的，按照《中华人民共和国合同法》的有关规定处理。

第十一条　土地使用权人未经有批准权的

人民政府批准，与受让方订立合同转让划拨土地使用权的，应当认定合同无效。但起诉前经有批准权的人民政府批准办理土地使用权出让手续的，应当认定合同有效。

第十二条 土地使用权人与受让方订立合同转让划拨土地使用权，起诉前经有批准权的人民政府同意转让，并由受让方办理土地使用权出让手续的，土地使用权人与受让方订立的合同可以按照补偿性质的合同处理。

第十三条 土地使用权人与受让方订立合同转让划拨土地使用权，起诉前经有批准权的人民政府决定不办理土地使用权出让手续，并将该划拨土地使用权直接划拨给受让方使用的，土地使用权人与受让方订立的合同可以按照补偿性质的合同处理。

三、合作开发房地产合同纠纷

第十四条 本解释所称的合作开发房地产合同，是指当事人订立的以提供出让土地使用权、资金等作为共同投资，共享利润、共担风险合作开发房地产为基本内容的协议。

第十五条 合作开发房地产合同的当事人一方具备房地产开发经营资质的，应当认定合同有效。

当事人双方均不具备房地产开发经营资质的，应当认定合同无效。但起诉前当事人一方已经取得房地产开发经营资质或者已依法合作成立具有房地产开发经营资质的房地产开发企业的，应当认定合同有效。

第十六条 土地使用权人未经有批准权的人民政府批准，以划拨土地使用权作为投资与他人订立合同合作开发房地产的，应当认定合同无效。但起诉前已经办理批准手续的，应当认定合同有效。

第十七条 投资数额超出合作开发房地产合同的约定，对增加的投资数额的承担比例，当事人协商不成的，按照当事人的过错确定；因不可归责于当事人的事由或者当事人的过错无法确定的，按照约定的投资比例确定；没有约定投资比例的，按照约定的利润分配比例确定。

第十八条 房屋实际建筑面积少于合作开发房地产合同的约定，对房屋实际建筑面积的分配比例，当事人协商不成的，按照当事人的过错确定；因不可归责于当事人的事由或者当事人过错无法确定的，按照约定的利润分配比例确定。

第十九条 在下列情形下，合作开发房地产合同的当事人请求分配房地产项目利益的，不予受理；已经受理的，驳回起诉：

（一）依法需经批准的房地产建设项目未经有批准权的人民政府主管部门批准；

（二）房地产建设项目未取得建设工程规划许可证；

（三）擅自变更建设工程规划。

因当事人隐瞒建设工程规划变更的事实所造成的损失，由当事人按照过错承担。

第二十条 房屋实际建筑面积超出规划建筑面积，经有批准权的人民政府主管部门批准后，当事人对超出部分的房屋分配比例协商不成的，按照约定的利润分配比例确定。对增加的投资数额的承担比例，当事人协商不成的，按照约定的投资比例确定；没有约定投资比例的，按照约定的利润分配比例确定。

第二十一条 当事人违反规划开发建设的房屋，被有批准权的人民政府主管部门认定为违法建筑责令拆除，当事人对损失承担协商不成的，按照当事人过错确定责任；过错无法确定的，按照约定的投资比例确定责任；没有约定投资比例的，按照约定的利润分配比例确定责任。

第二十二条 合作开发房地产合同约定仅以投资数额确定利润分配比例，当事人未足额交纳出资的，按照当事人的实际投资比例分配利润。

第二十三条 合作开发房地产合同的当事人要求将房屋预售款充抵投资参与利润分配的，不予支持。

第二十四条 合作开发房地产合同约定提供土地使用权的当事人不承担经营风险，只收取固定利益的，应当认定为土地使用权转让合同。

第二十五条 合作开发房地产合同约定提供资金的当事人不承担经营风险，只分配固定数量房屋的，应当认定为房屋买卖合同。

第二十六条 合作开发房地产合同约定提供资金的当事人不承担经营风险，只收取固定数额货币的,应当认定为借款合同。

第二十七条 合作开发房地产合同约定提供资金的当事人不承担经营风险,只以租赁或者其他形式使用房屋的,应当认定为房屋租赁合同。

四、其 他

第二十八条 本解释自2005年8月1日起施行;施行后受理的第一审案件适用本解释。

本解释施行前最高人民法院发布的司法解释与本解释不一致的,以本解释为准。

最高人民法院关于国有土地开荒后用于农耕的土地使用权转让合同纠纷案件如何适用法律问题的批复

(2011年11月21日最高人民法院审判委员会第1532次会议通过 2012年9月4日最高人民法院公告公布 自2012年11月1日起施行 法释〔2012〕14号)

甘肃省高级人民法院:

你院《关于对国有土地经营权转让如何适用法律的请示》(甘高法〔2010〕84号)收悉。经研究,答复如下:

开荒后用于农耕而未交由农民集体使用的国有土地,不属于《中华人民共和国农村土地承包法》第二条规定的农村土地。此类土地使用权的转让,不适用《中华人民共和国农村土地承包法》的规定,应适用《中华人民共和国合同法》和《中华人民共和国土地管理法》等相关法律规定加以规范。

对于国有土地开荒后用于农耕的土地使用权转让合同,不违反法律、行政法规的强制性规定的,当事人仅以转让方未取得土地使用权证书为由请求确认合同无效的,人民法院依法不予支持;当事人根据合同约定主张对方当事人履行办理土地使用权证书义务的,人民法院依法应予支持。

最高人民法院关于审理矿业权纠纷案件适用法律若干问题的解释

(2017年2月20日最高人民法院审判委员会第1710次会议通过 2017年6月24日最高人民法院公告公布 自2017年7月27日起施行 法释〔2017〕12号)

为正确审理矿业权纠纷案件,依法保护当事人的合法权益,根据《中华人民共和国物权法》《中华人民共和国合同法》《中华人民共和国矿产资源法》《中华人民共和国环境保护法》等法律法规的规定,结合审判实践,制定本解释。

第一条 人民法院审理探矿权、采矿权等矿业权纠纷案件,应当依法保护矿业权流转,维护市场秩序和交易安全,保障矿产资源合理开发利用,促进资源节约与环境保护。

第二条 县级以上人民政府国土资源主管部门作为出让人与受让人签订的矿业权出让合同,除法律、行政法规另有规定的情形外,当事人请求确认自依法成立之日起生效的,人民法院应予支持。

第三条 受让人请求自矿产资源勘查许可证、采矿许可证载明的有效期起始日确认其探矿权、采矿权的,人民法院应予支持。

矿业权出让合同生效后、矿产资源勘查许可证或者采矿许可证颁发前,第三人越界或者以其他方式非法勘查开采,经出让人同意已实际占有勘查作业区或者矿区的受让人,请求第三人承担停止侵害、排除妨碍、赔偿损失等侵权责任的,人民法院应予支持。

第四条 出让人未按照出让合同的约定移交勘查作业区或者矿区、颁发矿产资源勘查许可证或者采矿许可证,受让人请求解除出让合同的,人民法院应予支持。

受让人勘查开采矿产资源未达到国土资源主管部门批准的矿山地质环境保护与治理恢复方案要求,在国土资源主管部门规定的期限内拒不改正,或者因违反法律法规被吊销矿产资源勘查许可证、采矿许可证,或者未按照出让合同的约定支付矿业权出让价款,出让人请求解除出让合同的,人民法院应予支持。

第五条 未取得矿产资源勘查许可证、采矿许可证,签订合同将矿产资源交由他人勘查开采的,人民法院应依法认定合同无效。

第六条 矿业权转让合同自依法成立之日起具有法律约束力。矿业权转让申请未经国土资源主管部门批准,受让人请求转让人办理矿业权变更登记手续的,人民法院不予支持。

当事人仅以矿业权转让申请未经国土资源主管部门批准为由请求确认转让合同无效的,人民法院不予支持。

第七条 矿业权转让合同依法成立后,在不具有法定无效情形下,受让人请求转让人履行报批义务或者转让人请求受让人履行协助报批义务的,人民法院应予支持,但法律上或者事实上不具备履行条件的除外。

人民法院可以依据案件事实和受让人的请求,判决受让人代为办理报批手续,转让人应当履行协助义务,并承担由此产生的费用。

第八条 矿业权转让合同依法成立后,转让人无正当理由拒不履行报批义务,受让人请求解除合同、返还已付转让款及利息,并由转让人承担违约责任的,人民法院应予支持。

第九条 矿业权转让合同约定受让人支付全部或者部分转让款后办理报批手续,转让人在办理报批手续前请求受让人先履行付款义务的,人民法院应予支持,但受让人有确切证据证明存在转让人将同一矿业权转让给第三人、矿业权人将被兼并重组等符合合同法第六十八条规定情形的除外。

第十条 国土资源主管部门不予批准矿业权转让申请致使矿业权转让合同被解除,受让人请求返还已付转让款及利息,采矿权人请求受让人返还获得的矿产品及收益,或者探矿权人请求受让人返还勘查资料和勘查中回收的矿产品及收益的,人民法院应予支持,但受让人可请求扣除相关的成本费用。

当事人一方对矿业权转让申请未获批准有过错的,应赔偿对方因此受到的损失;双方均有过错的,应当各自承担相应的责任。

第十一条 矿业权转让合同依法成立后、国土资源主管部门批准前,矿业权人又将矿业权转让给第三人并经国土资源主管部门批准、登记,受让人请求解除转让合同、返还已付转让款及利息,并由矿业权人承担违约责任的,人民法院应予支持。

第十二条 当事人请求确认矿业权租赁、承包合同自依法成立之日起生效的,人民法院应予支持。

矿业权租赁、承包合同约定矿业权人仅收取租金、承包费,放弃矿山管理,不履行安全生产、生态环境修复等法定义务,不承担相应法律责任的,人民法院应依法认定合同无效。

第十三条 矿业权人与他人合作进行矿产资源勘查开采所签订的合同,当事人请求确认自依法成立之日起生效的,人民法院应予支持。

合同中有关矿业权转让的条款适用本解释关于矿业权转让合同的规定。

第十四条 矿业权人为担保自己或者他人债务的履行,将矿业权抵押给债权人的,抵押合同自依法成立之日起生效,但法律、行政法规规定不得抵押的除外。

当事人仅以未经主管部门批准或者登记、备案为由请求确认抵押合同无效的,人民法院不予支持。

第十五条 当事人请求确认矿业权之抵押权自依法登记时设立的,人民法院应予支持。

颁发矿产资源勘查许可证或者采矿许可证的国土资源主管部门根据相关规定办理的矿业权抵押备案手续,视为前款规定的登记。

第十六条 债务人不履行到期债务或者发生当事人约定的实现抵押权的情形,抵押权人依据民事诉讼法第一百九十六条、第一百九十七条规定申请实现抵押权的,人民法院可以拍卖、变卖矿业权或者裁定以矿业权抵债,但矿业权竞买人、受让人应具备相应的资质条件。

第十七条 矿业权抵押期间因抵押人被兼并重组或者矿床被压覆等原因导致矿业权全部或者部分灭失,抵押权人请求就抵押人因此获得的保险金、赔偿金或者补偿金等款项优先受偿或者将该款项予以提存的,人民法院应予支持。

第十八条 当事人约定在自然保护区、风景名胜区、重点生态功能区、生态环境敏感区和脆弱区等区域内勘查开采矿产资源,违反法律、行政法规的强制性规定或者损害环境公共利益的,人民法院应依法认定合同无效。

第十九条 因越界勘查开采矿产资源引发的侵权责任纠纷,涉及国土资源主管部门批准的勘查开采范围重复或者界限不清的,人民法院应告知当事人先向国土资源主管部门申请解决。

第二十条 因他人越界勘查开采矿产资源,矿业权人请求侵权人承担停止侵害、排除妨碍、返还财产、赔偿损失等侵权责任的,人民法院应予支持,但探矿权人请求侵权人返还越界开采的矿产品及收益的除外。

第二十一条 勘查开采矿产资源造成环境污染,或者导致地质灾害、植被毁损等生态破坏,法律规定的机关和有关组织提起环境公益诉讼的,人民法院应依法予以受理。

法律规定的机关和有关组织提起环境公益诉讼的,不影响因同一勘查开采行为受到人身、财产损害的自然人、法人和其他组织依据民事诉讼法第一百一十九条的规定提起诉讼。

第二十二条 人民法院在审理案件中,发现无证勘查开采,勘查资质、地质资料造假,或者勘查开采未履行生态环境修复义务等违法情形的,可以向有关行政主管部门提出司法建议,由其依法处理;涉嫌犯罪的,依法移送侦查机关处理。

第二十三条 本解释施行后,人民法院尚未审结的一审、二审案件适用本解释规定。本解释施行前已经作出生效裁判的案件,本解释施行后依法再审的,不适用本解释。

中华人民共和国城镇国有土地使用权出让和转让暂行条例

(1990 年 5 月 19 日中华人民共和国国务院令第 55 号发布 自发布之日起施行)

第一章 总 则

第一条 为了改革城镇国有土地使用制度,合理开发、利用、经营土地,加强土地管理,促进城市建设和经济发展,制定本条例。

第二条 国家按照所有权与使用权分离的原则,实行城镇国有土地使用权出让、转让制度,但地下资源、埋藏物和市政公用设施除外。

前款所称城镇国有土地是指市、县城、建制镇、工矿区范围内属于全民所有的土地(以下简称土地)。

第三条 中华人民共和国境内外的公司、企业、其他组织和个人,除法律另有规定者外,均可依照本条例的规定取得土地使用权,进行土地开发、利用、经营。

第四条 依照本条例的规定取得土地使用权的土地使用者,其使用权在使用年限内可以转让、出租、抵押或者用于其他经济活动,合法权益受国家法律保护。

第五条 土地使用者开发、利用、经营土地的活动,应当遵守国家法律、法规的规定,并不得损害社会公共利益。

第六条 县级以上人民政府土地管理部门依法对土地使用权的出让、转让、出租、抵押、终止进行监督检查。

第七条 土地使用权出让、转让、出租、抵押、终止及有关的地上建筑物、其他附着物的登记,由政府土地管理部门、房产管理部门依照法律和国务院的有关规定办理。

登记文件可以公开查阅。

第二章 土地使用权出让

第八条 土地使用权出让是指国家以土地所有者的身份将土地使用权在一定年限内让与土地使用者,并由土地使用者向国家支付土地使用权出让金的行为。

土地使用权出让应当签订出让合同。

第九条 土地使用权的出让,由市、县人民政府负责,有计划、有步骤地进行。

第十条 土地使用权出让的地块、用途、年限和其他条件,由市、县人民政府土地管理部门会同城市规划和建设管理部门、房产管理部门共同拟定方案,按照国务院规定的批准权限报经批准后,由土地管理部门实施。

第十一条 土地使用权出让合同应当按照平等、自愿、有偿的原则,由市、县人民政府土地管理部门(以下简称出让方)与土地使用者签订。

第十二条 土地使用权出让最高年限按下

列用途确定：

（一）居住用地70年；

（二）工业用地50年；

（三）教育、科技、文化、卫生、体育用地50年；

（四）商业、旅游、娱乐用地40年；

（五）综合或者其他用地50年。

第十三条 土地使用权出让可以采取下列方式：

（一）协议；

（二）招标；

（三）拍卖。

依照前款规定方式出让土地使用权的具体程序和步骤，由省、自治区、直辖市人民政府规定。

第十四条 土地使用者应当在签订土地使用权出让合同后60日内，支付全部土地使用权出让金。逾期未全部支付的，出让方有权解除合同，并可请求违约赔偿。

第十五条 出让方应当按照合同规定，提供出让的土地使用权。未按合同规定提供土地使用权的，土地使用者有权解除合同，并可请求违约赔偿。

第十六条 土地使用者在支付全部土地使用权出让金后，应当依照规定办理登记，领取土地使用证，取得土地使用权。

第十七条 土地使用者应当按照土地使用权出让合同的规定和城市规划的要求，开发、利用、经营土地。

未按合同规定的期限和条件开发、利用土地的，市、县人民政府土地管理部门应当予以纠正，并根据情节可以给予警告、罚款直至无偿收回土地使用权的处罚。

第十八条 土地使用者需要改变土地使用权出让合同规定的土地用途的，应当征得出让方同意并经土地管理部门和城市规划部门批准，依照本章的有关规定重新签订土地使用权出让合同，调整土地使用权出让金，并办理登记。

第三章 土地使用权转让

第十九条 土地使用权转让是指土地使用者将土地使用权再转移的行为，包括出售、交换和赠与。

未按土地使用权出让合同规定的期限和条件投资开发、利用土地的，土地使用权不得转让。

第二十条 土地使用权转让应当签订转让合同。

第二十一条 土地使用权转让时，土地使用权出让合同和登记文件中所载明的权利、义务随之转移。

第二十二条 土地使用者通过转让方式取得的土地使用权，其使用年限为土地使用权出让合同规定的使用年限减去原土地使用者已使用年限后的剩余年限。

第二十三条 土地使用权转让时，其地上建筑物、其他附着物所有权随之转让。

第二十四条 地上建筑物、其他附着物的所有人或者共有人，享有该建筑物、附着物使用范围内的土地使用权。

土地使用者转让地上建筑物、其他附着物所有权时，其使用范围内的土地使用权随之转让，但地上建筑物、其他附着物作为动产转让的除外。

第二十五条 土地使用权和地上建筑物、其他附着物所有权转让，应当依照规定办理过户登记。

土地使用权和地上建筑物、其他附着物所有权分割转让的，应当经市、县人民政府土地管理部门和房产管理部门批准，并依照规定办理过户登记。

第二十六条 土地使用权转让价格明显低于市场价格的，市、县人民政府有优先购买权。

土地使用权转让的市场价格不合理上涨时，市、县人民政府可以采取必要的措施。

第二十七条 土地使用权转让后，需要改变土地使用权出让合同规定的土地用途的，依照本条例第十八条的规定办理。

第四章 土地使用权出租

第二十八条 土地使用权出租是指土地使用者作为出租人将土地使用权随同地上建筑物、其他附着物租赁给承租人使用，由承租人向出租人支付租金的行为。

未按土地使用权出让合同规定的期限和条

件投资开发、利用土地的,土地使用权不得出租。

第二十九条 土地使用权出租,出租人与承租人应当签订租赁合同。

租赁合同不得违背国家法律、法规和土地使用权出让合同的规定。

第三十条 土地使用权出租后,出租人必须继续履行土地使用权出让合同。

第三十一条 土地使用权和地上建筑物、其他附着物出租,出租人应当依照规定办理登记。

第五章 土地使用权抵押

第三十二条 土地使用权可以抵押。

第三十三条 土地使用权抵押时,其地上建筑物、其他附着物随之抵押。

地上建筑物、其他附着物抵押时,其使用范围内的土地使用权随之抵押。

第三十四条 土地使用权抵押,抵押人与抵押权人应当签订抵押合同。

抵押合同不得违背国家法律、法规和土地使用权出让合同的规定。

第三十五条 土地使用权和地上建筑物、其他附着物抵押,应当依照规定办理抵押登记。

第三十六条 抵押人到期未能履行债务或者在抵押合同期间宣告解散、破产的,抵押权人有权依照国家法律、法规和抵押合同的规定处分抵押财产。

因处分抵押财产而取得土地使用权和地上建筑物、其他附着物所有权的,应当依照规定办理过户登记。

第三十七条 处分抵押财产所得,抵押权人有优先受偿权。

第三十八条 抵押权因债务清偿或者其他原因而消灭的,应当依照规定办理注销抵押登记。

第六章 土地使用权终止

第三十九条 土地使用权因土地使用权出让合同规定的使用年限届满、提前收回及土地灭失等原因而终止。

第四十条 土地使用权期满,土地使用权及其地上建筑物、其他附着物所有权由国家无偿取得。土地使用者应当交还土地使用证,并依照规定办理注销登记。

第四十一条 土地使用权期满,土地使用者可以申请续期。需要续期的,应当依照本条例第二章的规定重新签订合同,支付土地使用权出让金,并办理登记。

第四十二条 国家对土地使用者依法取得的土地使用权不提前收回。在特殊情况下,根据社会公共利益的需要,国家可以依照法律程序提前收回,并根据土地使用者已使用的年限和开发、利用土地的实际情况给予相应的补偿。

第七章 划拨土地使用权

第四十三条 划拨土地使用权是指土地使用者通过各种方式依法无偿取得的土地使用权。

前款土地使用者应当依照《中华人民共和国城镇土地使用税暂行条例》的规定缴纳土地使用税。

第四十四条 划拨土地使用权,除本条例第四十五条规定的情况外,不得转让、出租、抵押。

第四十五条 符合下列条件的,经市、县人民政府土地管理部门和房产管理部门批准,其划拨土地使用权和地上建筑物、其他附着物所有权可以转让、出租、抵押:

(一)土地使用者为公司、企业、其他经济组织和个人;

(二)领有国有土地使用证;

(三)具有地上建筑物、其他附着物合法的产权证明;

(四)依照本条例第二章的规定签订土地使用权出让合同,向当地市、县人民政府补交土地使用权出让金或者以转让、出租、抵押所获收益抵交土地使用权出让金。

转让、出租、抵押前款划拨土地使用权的,分别依照本条例第三章、第四章和第五章的规定办理。

第四十六条 对未经批准擅自转让、出租、抵押划拨土地使用权的单位和个人,市、县人民政府土地管理部门应当没收其非法收入,并根据情节处以罚款。

第四十七条 无偿取得划拨土地使用权的土地使用者,因迁移、解散、撤销、破产或者其他原因而停止使用土地的,市、县人民政府应当无偿收回其划拨土地使用权，并可依照本条例的规定予以出让。

对划拨土地使用权，市、县人民政府根据城市建设发展需要和城市规划的要求，可以无偿收回，并可依照本条例的规定予以出让。

无偿收回划拨土地使用权时，对其地上建筑物、其他附着物，市、县人民政府应当根据实际情况给予适当补偿。

第八章 附 则

第四十八条 依照本条例的规定取得土地使用权的个人，其土地使用权可以继承。

第四十九条 土地使用者应当依照国家税收法规的规定纳税。

第五十条 依照本条例收取的土地使用权出让金列入财政预算，作为专项基金管理，主要用于城市建设和土地开发。具体使用管理办法，由财政部另行制定。

第五十一条 各省、自治区、直辖市人民政府应当根据本条例的规定和当地的实际情况选择部分条件比较成熟的城镇先行试点。

第五十二条 外商投资从事开发经营成片土地的，其土地使用权的管理依照国务院的有关规定执行。

第五十三条 本条例由国家土地管理局负责解释；实施办法由省、自治区、直辖市人民政府制定。

第五十四条 本条例自发布之日起施行。

农村土地承包经营权流转管理办法

（2005 年 1 月 19 日农业部令第 47 号公布 自 2005 年 3 月 1 日起施行）

第一章 总 则

第一条 为规范农村土地承包经营权流转行为，维护流转双方当事人合法权益，促进农业和农村经济发展，根据《农村土地承包法》及有关规定制定本办法。

第二条 农村土地承包经营权流转应当在坚持农户家庭承包经营制度和稳定农村土地承包关系的基础上，遵循平等协商、依法、自愿、有偿的原则。

第三条 农村土地承包经营权流转不得改变承包土地的农业用途，流转期限不得超过承包期的剩余期限，不得损害利害关系人和农村集体经济组织的合法权益。

第四条 农村土地承包经营权流转应当规范有序。依法形成的流转关系应当受到保护。

第五条 县级以上人民政府农业行政主管（或农村经营管理）部门依照同级人民政府规定的职责负责本行政区域内的农村土地承包经营权流转及合同管理的指导。

第二章 流转当事人

第六条 承包方有权依法自主决定承包土地是否流转、流转的对象和方式。任何单位和个人不得强迫或者阻碍承包方依法流转其承包土地。

第七条 农村土地承包经营权流转收益归承包方所有，任何组织和个人不得侵占、截留、扣缴。

第八条 承包方自愿委托发包方或中介组织流转其承包土地的，应当由承包方出具土地流转委托书。委托书应当载明委托的事项、权限和期限等，并有委托人的签名或盖章。

没有承包方的书面委托，任何组织和个人无权以任何方式决定流转农户的承包土地。

第九条 农村土地承包经营权流转的受让方可以是承包农户，也可以是其他按有关法律及有关规定允许从事农业生产经营的组织和个人。在同等条件下，本集体经济组织成员享有优先权。

受让方应当具有农业经营能力。

第十条 农村土地承包经营权流转方式、期限和具体条件，由流转双方平等协商确定。

第十一条 承包方与受让方达成流转意向后，以转包、出租、互换或者其他方式流转的，承包方应当及时向发包方备案；以转让方式流转的，应当事先向发包方提出转让申请。

第十二条 受让方应当依照有关法律、法规的规定保护土地，禁止改变流转土地的农业用途。

第十三条 受让方将承包方以转包、出租方式流转的土地实行再流转，应当取得原承包方的同意。

第十四条 受让方在流转期间因投入而提高土地生产能力的，土地流转合同到期或者未到期由承包方依法收回承包土地时，受让方有权获得相应的补偿。具体补偿办法可以在土地流转合同中约定或双方通过协商解决。

第三章 流转方式

第十五条 承包方依法取得的农村土地承包经营权可以采取转包、出租、互换、转让或者其他符合有关法律和国家政策规定的方式流转。

第十六条 承包方依法采取转包、出租、入股方式将农村土地承包经营权部分或者全部流转的，承包方与发包方的承包关系不变，双方享有的权利和承担的义务不变。

第十七条 同一集体经济组织的承包方之间自愿将土地承包经营权进行互换，双方对互换土地原享有的承包权利和承担的义务也相应互换，当事人可以要求办理农村土地承包经营权证变更登记手续。

第十八条 承包方采取转让方式流转农村土地承包经营权的，经发包方同意后，当事人可以要求及时办理农村土地承包经营权证变更、注销或重发手续。

第十九条 承包方之间可以自愿将承包土地入股发展农业合作生产，但股份合作解散时入股土地应当退回原承包农户。

第二十条 通过转让、互换方式取得的土地承包经营权经依法登记获得土地承包经营权证后，可以依法采取转包、出租、互换、转让或者其他符合法律和国家政策规定的方式流转。

第四章 流转合同

第二十一条 承包方流转农村土地承包经营权，应当与受让方在协商一致的基础上签订书面流转合同。

农村土地承包经营权流转合同一式四份，流转双方各执一份，发包方和乡（镇）人民政府农村土地承包管理部门各备案一份。

承包方将土地交由他人代耕不超过一年的，可以不签订书面合同。

第二十二条 承包方委托发包方或者中介服务组织流转其承包土地的，流转合同应当由承包方或其书面委托的代理人签订。

第二十三条 农村土地承包经营权流转合同一般包括以下内容：

（一）双方当事人的姓名、住所；

（二）流转土地的四至、坐落、面积、质量等级；

（三）流转的期限和起止日期；

（四）流转方式；

（五）流转土地的用途；

（六）双方当事人的权利和义务；

（七）流转价款及支付方式；

（八）流转合同到期后地上附着物及相关设施的处理；

（九）违约责任。

农村土地承包经营权流转合同文本格式由省级人民政府农业行政主管部门确定。

第二十四条 农村土地承包经营权流转当事人可以向乡（镇）人民政府农村土地承包管理部门申请合同鉴证。

乡（镇）人民政府农村土地承包管理部门不得强迫土地承包经营权流转当事人接受鉴证。

第五章 流转管理

第二十五条 发包方对承包方提出的转包、出租、互换或者其他方式流转承包土地的要求，应当及时办理备案，并报告乡（镇）人民政府农村土地承包管理部门。

承包方转让承包土地，发包方同意转让的，应当及时向乡（镇）人民政府农村土地承包管理部门报告，并配合办理有关变更手续；发包方不同意转让的，应当于七日内向承包方书面说明理由。

第二十六条 乡（镇）人民政府农村土地承包管理部门应当及时向达成流转意向的承包方提供统一文本格式的流转合同，并指导签订。

第二十七条 乡（镇）人民政府农村土地承包管理部门应当建立农村土地承包经营权流转情况登记册，及时准确记载农村土地承包经营权流转情况。以转包、出租或者其他方式流转承包土地的，及时办理相关登记；以转让、互换方式流转承包土地的，及时办理有关承包合同和土地承包经营权证变更等手续。

第二十八条　乡（镇）人民政府农村土地承包管理部门应当对农村土地承包经营权流转合同及有关文件、文本、资料等进行归档并妥善保管。

第二十九条　采取互换、转让方式流转土地承包经营权，当事人申请办理土地承包经营权流转登记的，县级人民政府农业行政（或农村经营管理）主管部门应当予以受理，并依照《农村土地承包经营权证管理办法》的规定办理。

第三十条　从事农村土地承包经营权流转服务的中介组织应当向县级以上地方人民政府农业行政（或农村经营管理）主管部门备案并接受其指导，依照法律和有关规定提供流转中介服务。

第三十一条　乡（镇）人民政府农村土地承包管理部门在指导流转合同签订或流转合同鉴证中，发现流转双方有违反法律法规的约定，要及时予以纠正。

第三十二条　县级以上地方人民政府农业行政（或农村经营管理）主管部门应当加强对乡（镇）人民政府农村土地承包管理部门工作的指导。乡（镇）人民政府农村土地承包管理部门应当依法开展农村土地承包经营权流转的指导和管理工作，正确履行职责。

第三十三条　农村土地承包经营权流转发生争议或者纠纷，当事人应当依法协商解决。

当事人协商不成的，可以请求村民委员会、乡（镇）人民政府调解。

当事人不愿协商或者调解不成的，可以向农村土地承包仲裁机构申请仲裁，也可以直接向人民法院起诉。

第六章　附　　则

第三十四条　通过招标、拍卖和公开协商等方式承包荒山、荒沟、荒丘、荒滩等农村土地，经依法登记取得农村土地承包经营权证的，可以采取转让、出租、入股、抵押或者其他方式流转，其流转管理参照本办法执行。

第三十五条　本办法所称转让是指承包方有稳定的非农职业或者有稳定的收入来源，经承包方申请和发包方同意，将部分或全部土地承包经营权让渡给其他从事农业生产经营的农户，由其履行相应土地承包合同的权利和义务。转让后原土地承包关系自行终止，原承包方承包期内的土地承包经营权部分或全部灭失。

转包是指承包方将部分或全部土地承包经营权以一定期限转给同一集体经济组织的其他农户从事农业生产经营。转包后原土地承包关系不变，原承包方继续履行原土地承包合同规定的权利和义务。接包方按转包时约定的条件对转包方负责。承包方将土地交他人代耕不足一年的除外。

互换是指承包方之间为方便耕作或者各自需要，对属于同一集体经济组织的承包地块进行交换，同时交换相应的土地承包经营权。

入股是指实行家庭承包方式的承包方之间为发展农业经济，将土地承包经营权作为股权，自愿联合从事农业合作生产经营；其他承包方式的承包方将土地承包经营权量化为股权，入股组成股份公司或者合作社等，从事农业生产经营。

出租是指承包方将部分或全部土地承包经营权以一定期限租赁给他人从事农业生产经营。出租后原土地承包关系不变，原承包方继续履行原土地承包合同规定的权利和义务。承租方按出租时约定的条件对承包方负责。

本办法所称受让方包括接包方、承租方等。

第三十六条　本办法自2005年3月1日起正式施行。

（四）担保物权

中华人民共和国担保法

（1995年6月30日第八届全国人民代表大会常务委员会第十四次会议通过　1995年6月30日中华人民共和国主席令第50号公布　自1995年10月1日起施行）

目　　录

第一章 总 则

第一条 为促进资金融通和商品流通，保障债权的实现，发展社会主义市场经济，制定本法。

第二条 在借贷、买卖、货物运输、加工承揽等经济活动中，债权人需要以担保方式保障其债权实现的，可以依照本法规定设定担保。

本法规定的担保方式为保证、抵押、质押、留置和定金。

第三条 担保活动应当遵循平等、自愿、公平、诚实信用的原则。

第四条 第三人为债务人向债权人提供担保时，可以要求债务人提供反担保。

反担保适用本法担保的规定。

第五条 担保合同是主合同的从合同，主合同无效，担保合同无效。担保合同另有约定的，按照约定。

担保合同被确认无效后，债务人、担保人、债权人有过错的，应当根据其过错各自承担相应的民事责任。

第二章 保 证

第一节 保证和保证人

第六条 本法所称保证，是指保证人和债权人约定，当债务人不履行债务时，保证人按照约定履行债务或者承担责任的行为。

第七条 具有代为清偿债务能力的法人、其他组织或者公民，可以作保证人。

第八条 国家机关不得为保证人，但经国务院批准为使用外国政府或者国际经济组织贷款进行转贷的除外。

第九条 学校、幼儿园、医院等以公益为目的的事业单位、社会团体不得为保证人。

第十条 企业法人的分支机构、职能部门不得为保证人。

企业法人的分支机构有法人书面授权的，可以在授权范围内提供保证。

第十一条 任何单位和个人不得强令银行等金融机构或者企业为他人提供保证；银行等金融机构或者企业对强令其为他人提供保证的行为，有权拒绝。

第十二条 同一债务有两个以上保证人的，保证人应当按照保证合同约定的保证份额，承担保证责任。没有约定保证份额的，保证人承担连带责任，债权人可以要求任何一个保证人承担全部保证责任，保证人都负有担保全部债权实现的义务。已经承担保证责任的保证人，有权向债务人追偿，或者要求承担连带责任的其他保证人清偿其应当承担的份额。

第二节 保证合同和保证方式

第十三条 保证人与债权人应当以书面形式订立保证合同。

第十四条 保证人与债权人可以就单个主合同分别订立保证合同，也可以协议在最高债权额限度内就一定期间连续发生的借款合同或者某项商品交易合同订立一个保证合同。

第十五条 保证合同应当包括以下内容：

（一）被保证的主债权种类、数额；

（二）债务人履行债务的期限；

（三）保证的方式；

（四）保证担保的范围；

（五）保证的期间；

（六）双方认为需要约定的其他事项。

保证合同不完全具备前款规定内容的，可以补正。

第十六条 保证的方式有：

（一）一般保证；

（二）连带责任保证。

第十七条　当事人在保证合同中约定，债务人不能履行债务时，由保证人承担保证责任的，为一般保证。

一般保证的保证人在主合同纠纷未经审判或者仲裁，并就债务人财产依法强制执行仍不能履行债务前，对债权人可以拒绝承担保证责任。

有下列情形之一的，保证人不得行使前款规定的权利：

（一）债务人住所变更，致使债权人要求其履行债务发生重大困难的；

（二）人民法院受理债务人破产案件，中止执行程序的；

（三）保证人以书面形式放弃前款规定的权利的。

第十八条　当事人在保证合同中约定保证人与债务人对债务承担连带责任的，为连带责任保证。

连带责任保证的债务人在主合同规定的债务履行期届满没有履行债务的，债权人可以要求债务人履行债务，也可以要求保证人在其保证范围内承担保证责任。

第十九条　当事人对保证方式没有约定或者约定不明确的，按照连带责任保证承担保证责任。

第二十条　一般保证和连带责任保证的保证人享有债务人的抗辩权。债务人放弃对债务的抗辩权的，保证人仍有权抗辩。

抗辩权是指债权人行使债权时，债务人根据法定事由，对抗债权人行使请求权的权利。

第三节　保 证 责 任

第二十一条　保证担保的范围包括主债权及利息、违约金、损害赔偿金和实现债权的费用。保证合同另有约定的，按照约定。

当事人对保证担保的范围没有约定或者约定不明确的，保证人应当对全部债务承担责任。

第二十二条　保证期间，债权人依法将主债权转让给第三人的，保证人在原保证担保的范围内继续承担保证责任。保证合同另有约定的，按照约定。

第二十三条　保证期间，债权人许可债务人转让债务的，应当取得保证人书面同意，保证人对未经其同意转让的债务，不再承担保证责任。

第二十四条　债权人与债务人协议变更主合同的，应当取得保证人书面同意，未经保证人书面同意的，保证人不再承担保证责任。保证合同另有约定的，按照约定。

第二十五条　一般保证的保证人与债权人未约定保证期间的，保证期间为主债务履行期届满之日起六个月。

在合同约定的保证期间和前款规定的保证期间，债权人未对债务人提起诉讼或者申请仲裁的，保证人免除保证责任；债权人已提起诉讼或者申请仲裁的，保证期间适用诉讼时效中断的规定。

第二十六条　连带责任保证的保证人与债权人未约定保证期间的，债权人有权自主债务履行期届满之日起六个月内要求保证人承担保证责任。

在合同约定的保证期间和前款规定的保证期间，债权人未要求保证人承担保证责任的，保证人免除保证责任。

第二十七条　保证人依照本法第十四条规定就连续发生的债权作保证，未约定保证期间的，保证人可以随时书面通知债权人终止保证合同，但保证人对于通知到债权人前所发生的债权，承担保证责任。

第二十八条　同一债权既有保证又有物的担保的，保证人对物的担保以外的债权承担保证责任。

债权人放弃物的担保的，保证人在债权人放弃权利的范围内免除保证责任。

第二十九条　企业法人的分支机构未经法人书面授权或者超出授权范围与债权人订立保证合同的，该合同无效或者超出授权范围的部分无效，债权人和企业法人有过错的，应当根据其过错各自承担相应的民事责任；债权人无过错的，由企业法人承担民事责任。

第三十条　有下列情形之一的，保证人不承担民事责任：

（一）主合同当事人双方串通，骗取保证人提供保证的；

（二）主合同债权人采取欺诈、胁迫等手段，使保证人在违背真实意思的情况下提供保证的。

第三十一条 保证人承担保证责任后,有权向债务人追偿。

第三十二条 人民法院受理债务人破产案件后,债权人未申报债权的,保证人可以参加破产财产分配,预先行使追偿权。

第三章 抵 押

第一节 抵押和抵押物

第三十三条 本法所称抵押,是指债务人或者第三人不转移对本法第三十四条所列财产的占有,将该财产作为债权的担保。债务人不履行债务时,债权人有权依照本法规定以该财产折价或者以拍卖、变卖该财产的价款优先受偿。

前款规定的债务人或者第三人为抵押人,债权人为抵押权人,提供担保的财产为抵押物。

第三十四条 下列财产可以抵押:

(一) 抵押人所有的房屋和其他地上定着物;

(二) 抵押人所有的机器、交通运输工具和其他财产;

(三) 抵押人依法有权处分的国有的土地使用权、房屋和其他地上定着物;

(四) 抵押人依法有权处分的国有的机器、交通运输工具和其他财产;

(五) 抵押人依法承包并经发包方同意抵押的荒山、荒沟、荒丘、荒滩等荒地的土地使用权;

(六) 依法可以抵押的其他财产。

抵押人可以将前款所列财产一并抵押。

第三十五条 抵押人所担保的债权不得超出其抵押物的价值。

财产抵押后,该财产的价值大于所担保债权的余额部分,可以再次抵押,但不得超出其余额部分。

第三十六条 以依法取得的国有土地上的房屋抵押的,该房屋占用范围内的国有土地使用权同时抵押。

以出让方式取得的国有土地使用权抵押的,应当将抵押时该国有土地上的房屋同时抵押。

乡(镇)、村企业的土地使用权不得单独抵押。以乡(镇)、村企业的厂房等建筑物抵押的,其占用范围内的土地使用权同时抵押。

第三十七条 下列财产不得抵押:

(一) 土地所有权;

(二) 耕地、宅基地、自留地、自留山等集体所有的土地使用权,但本法第三十四条第(五)项、第三十六条第三款规定的除外;

(三) 学校、幼儿园、医院等以公益为目的的事业单位、社会团体的教育设施、医疗卫生设施和其他社会公益设施;

(四) 所有权、使用权不明或者有争议的财产;

(五) 依法被查封、扣押、监管的财产;

(六) 依法不得抵押的其他财产。

第二节 抵押合同和抵押物登记

第三十八条 抵押人和抵押权人应当以书面形式订立抵押合同。

第三十九条 抵押合同应当包括以下内容:

(一) 被担保的主债权种类、数额;

(二) 债务人履行债务的期限;

(三) 抵押物的名称、数量、质量、状况、所在地、所有权权属或者使用权权属;

(四) 抵押担保的范围;

(五) 当事人认为需要约定的其他事项。

抵押合同不完全具备前款规定内容的,可以补正。

第四十条 订立抵押合同时,抵押权人和抵押人在合同中不得约定在债务履行期届满抵押权人未受清偿时,抵押物的所有权转移为债权人所有。

第四十一条 当事人以本法第四十二条规定的财产抵押的,应当办理抵押物登记,抵押合同自登记之日起生效。

第四十二条 办理抵押物登记的部门如下:

(一) 以无地上定着物的土地使用权抵押的,为核发土地使用权证书的土地管理部门;

(二) 以城市房地产或者乡(镇)、村企业的厂房等建筑物抵押的,为县级以上地方人民政府规定的部门;

(三) 以林木抵押的,为县级以上林木主管部门;

(四) 以航空器、船舶、车辆抵押的,为运输工具的登记部门;

（五）以企业的设备和其他动产抵押的，为财产所在地的工商行政管理部门。

第四十三条　当事人以其他财产抵押的，可以自愿办理抵押物登记，抵押合同自签订之日起生效。

当事人未办理抵押物登记的，不得对抗第三人。当事人办理抵押物登记的，登记部门为抵押人所在地的公证部门。

第四十四条　办理抵押物登记，应当向登记部门提供下列文件或者其复印件：

（一）主合同和抵押合同；

（二）抵押物的所有权或者使用权证书。

第四十五条　登记部门登记的资料，应当允许查阅、抄录或者复印。

第三节　抵押的效力

第四十六条　抵押担保的范围包括主债权及利息、违约金、损害赔偿金和实现抵押权的费用。抵押合同另有约定的，按照约定。

第四十七条　债务履行期届满，债务人不履行债务致使抵押物被人民法院依法扣押的，自扣押之日起抵押权人有权收取由抵押物分离的天然孳息以及抵押人就抵押物可以收取的法定孳息。抵押权人未将扣押抵押物的事实通知应当清偿法定孳息的义务人的，抵押权的效力不及于该孳息。

前款孳息应当先充抵收取孳息的费用。

第四十八条　抵押人将已出租的财产抵押的，应当书面告知承租人，原租赁合同继续有效。

第四十九条　抵押期间，抵押人转让已办理登记的抵押物的，应当通知抵押权人并告知受让人转让物已经抵押的情况；抵押人未通知抵押权人或者未告知受让人的，转让行为无效。

转让抵押物的价款明显低于其价值的，抵押权人可以要求抵押人提供相应的担保；抵押人不提供的，不得转让抵押物。

抵押人转让抵押物所得的价款，应当向抵押权人提前清偿所担保的债权或者向与抵押权人约定的第三人提存。超过债权数额的部分，归抵押人所有，不足部分由债务人清偿。

第五十条　抵押权不得与债权分离而单独转让或者作为其他债权的担保。

第五十一条　抵押人的行为足以使抵押物价值减少的，抵押权人有权要求抵押人停止其行为。抵押物价值减少时，抵押权人有权要求抵押人恢复抵押物的价值，或者提供与减少的价值相当的担保。

抵押人对抵押物价值减少无过错的，抵押权人只能在抵押人因损害而得到的赔偿范围内要求提供担保。抵押物价值未减少的部分，仍作为债权的担保。

第五十二条　抵押权与其担保的债权同时存在，债权消灭的，抵押权也消灭。

第四节　抵押权的实现

第五十三条　债务履行期届满抵押权人未受清偿的，可以与抵押人协议以抵押物折价或者以拍卖、变卖该抵押物所得的价款受偿；协议不成的，抵押权人可以向人民法院提起诉讼。

抵押物折价或者拍卖、变卖后，其价款超过债权数额的部分归抵押人所有，不足部分由债务人清偿。

第五十四条　同一财产向两个以上债权人抵押的，拍卖、变卖抵押物所得的价款按照以下规定清偿：

（一）抵押合同以登记生效的，按照抵押物登记的先后顺序清偿；顺序相同的，按照债权比例清偿；

（二）抵押合同自签订之日起生效的，该抵押物已登记的，按照本条第（一）项规定清偿；未登记的，按照合同生效时间的先后顺序清偿，顺序相同的，按照债权比例清偿。抵押物已登记的先于未登记的受偿。

第五十五条　城市房地产抵押合同签订后，土地上新增的房屋不属于抵押物。需要拍卖该抵押的房地产时，可以依法将该土地上新增的房屋与抵押物一同拍卖，但对拍卖新增房屋所得，抵押权人无权优先受偿。

依照本法规定以承包的荒地的土地使用权抵押的，或者以乡（镇）、村企业的厂房等建筑物占用范围内的土地使用权抵押的，在实现抵押权后，未经法定程序不得改变土地集体所有和土地用途。

第五十六条　拍卖划拨的国有土地使用权

所得的价款,在依法缴纳相当于应缴纳的土地使用权出让金的款额后,抵押权人有优先受偿权。

第五十七条 为债务人抵押担保的第三人,在抵押权人实现抵押权后,有权向债务人追偿。

第五十八条 抵押权因抵押物灭失而消灭。因灭失所得的赔偿金,应当作为抵押财产。

第五节 最高额抵押

第五十九条 本法所称最高额抵押,是指抵押人与抵押权人协议,在最高债权额限度内,以抵押物对一定期间内连续发生的债权作担保。

第六十条 借款合同可以附最高额抵押合同。

债权人与债务人就某项商品在一定期间内连续发生交易而签订的合同,可以附最高额抵押合同。

第六十一条 最高额抵押的主合同债权不得转让。

第六十二条 最高额抵押除适用本节规定外,适用本章其他规定。

第四章 质 押

第一节 动产质押

第六十三条 本法所称动产质押,是指债务人或者第三人将其动产移交债权人占有,将该动产作为债权的担保。债务人不履行债务时,债权人有权依照本法规定以该动产折价或者以拍卖、变卖该动产的价款优先受偿。

前款规定的债务人或者第三人为出质人,债权人为质权人,移交的动产为质物。

第六十四条 出质人和质权人应当以书面形式订立质押合同。

质押合同自质物移交于质权人占有时生效。

第六十五条 质押合同应当包括以下内容:

(一)被担保的主债权种类、数额;

(二)债务人履行债务的期限;

(三)质物的名称、数量、质量、状况;

(四)质押担保的范围;

(五)质物移交的时间;

(六)当事人认为需要约定的其他事项。

质押合同不完全具备前款规定内容的,可以补正。

第六十六条 出质人和质权人在合同中不得约定在债务履行期届满质权人未受清偿时,质物的所有权转移为质权人所有。

第六十七条 质押担保的范围包括主债权及利息、违约金、损害赔偿金、质物保管费用和实现质权的费用。质押合同另有约定的,按照约定。

第六十八条 质权人有权收取质物所生的孳息。质押合同另有约定的,按照约定。

前款孳息应当先充抵收取孳息的费用。

第六十九条 质权人负有妥善保管质物的义务。因保管不善致使质物灭失或者毁损的,质权人应当承担民事责任。

质权人不能妥善保管质物可能致使其灭失或者毁损的,出质人可以要求质权人将质物提存,或者要求提前清偿债权而返还质物。

第七十条 质物有损坏或者价值明显减少的可能,足以危害质权人权利的,质权人可以要求出质人提供相应的担保。出质人不提供的,质权人可以拍卖或者变卖质物,并与出质人协议将拍卖或者变卖所得的价款用于提前清偿所担保的债权或者向与出质人约定的第三人提存。

第七十一条 债务履行期届满债务人履行债务的,或者出质人提前清偿所担保的债权的,质权人应当返还质物。

债务履行期届满质权人未受清偿的,可以与出质人协议以质物折价,也可以依法拍卖、变卖质物。

质物折价或者拍卖、变卖后,其价款超过债权数额的部分归出质人所有,不足部分由债务人清偿。

第七十二条 为债务人质押担保的第三人,在质权人实现质权后,有权向债务人追偿。

第七十三条 质权因质物灭失而消灭。因灭失所得的赔偿金,应当作为出质财产。

第七十四条 质权与其担保的债权同时存在,债权消灭的,质权也消灭。

第二节 权利质押

第七十五条 下列权利可以质押:

(一)汇票、支票、本票、债券、存款单、仓单、提单;

（二）依法可以转让的股份、股票；

（三）依法可以转让的商标专用权，专利权、著作权中的财产权；

（四）依法可以质押的其他权利。

第七十六条 以汇票、支票、本票、债券、存款单、仓单、提单出质的，应当在合同约定的期限内将权利凭证交付质权人。质押合同自权利凭证交付之日起生效。

第七十七条 以载明兑现或者提货日期的汇票、支票、本票、债券、存款单、仓单、提单出质的，汇票、支票、本票、债券、存款单、仓单、提单兑现或者提货日期先于债务履行期的，质权人可以在债务履行期届满前兑现或者提货，并与出质人协议将兑现的价款或者提取的货物用于提前清偿所担保的债权或者向与出质人约定的第三人提存。

第七十八条 以依法可以转让的股票出质的，出质人与质权人应当订立书面合同，并向证券登记机构办理出质登记。质押合同自登记之日起生效。

股票出质后，不得转让，但经出质人与质权人协商同意的可以转让。出质人转让股票所得的价款应当向质权人提前清偿所担保的债权或者向与质权人约定的第三人提存。

以有限责任公司的股份出质的，适用公司法股份转让的有关规定。质押合同自股份出质记载于股东名册之日起生效。

第七十九条 以依法可以转让的商标专用权，专利权、著作权中的财产权出质的，出质人与质权人应当订立书面合同，并向其管理部门办理出质登记。质押合同自登记之日起生效。

第八十条 本法第七十九条规定的权利出质后，出质人不得转让或者许可他人使用，但经出质人与质权人协商同意的可以转让或者许可他人使用。出质人所得的转让费、许可费应当向质权人提前清偿所担保的债权或者向与质权人约定的第三人提存。

第八十一条 权利质押除适用本节规定外，适用本章第一节的规定。

第五章 留　　置

第八十二条 本法所称留置，是指依照本法第八十四条的规定，债权人按照合同约定占有债务人的动产，债务人不按照合同约定的期限履行债务的，债权人有权依照本法规定留置该财产，以该财产折价或者以拍卖、变卖该财产的价款优先受偿。

第八十三条 留置担保的范围包括主债权及利息、违约金、损害赔偿金，留置物保管费用和实现留置权的费用。

第八十四条 因保管合同、运输合同、加工承揽合同发生的债权，债务人不履行债务的，债权人有留置权。

法律规定可以留置的其他合同，适用前款规定。

当事人可以在合同中约定不得留置的物。

第八十五条 留置的财产为可分物的，留置物的价值应当相当于债务的金额。

第八十六条 留置权人负有妥善保管留置物的义务。因保管不善致使留置物灭失或者毁损的，留置权人应当承担民事责任。

第八十七条 债权人与债务人应当在合同中约定，债权人留置财产后，债务人应当在不少于两个月的期限内履行债务。债权人与债务人在合同中未约定的，债权人留置债务人财产后，应当确定两个月以上的期限，通知债务人在该期限内履行债务。

债务人逾期仍不履行的，债权人可以与债务人协议以留置物折价，也可以依法拍卖、变卖留置物。

留置物折价或者拍卖、变卖后，其价款超过债权数额的部分归债务人所有，不足部分由债务人清偿。

第八十八条 留置权因下列原因消灭：

（一）债权消灭的；

（二）债务人另行提供担保并被债权人接受的。

第六章 定　　金

第八十九条 当事人可以约定一方向对方给付定金作为债权的担保。债务人履行债务后，定金应当抵作价款或者收回。给付定金的一方不履行约定的债务的，无权要求返还定金；收受定金的一方不履行约定的债务的，应当双倍返还定金。

第九十条 定金应当以书面形式约定。当事人在定金合同中应当约定交付定金的期限。定金合同从实际交付定金之日起生效。

第九十一条 定金的数额由当事人约定，但不得超过主合同标的额的百分之二十。

第七章 附 则

第九十二条 本法所称不动产是指土地以及房屋、林木等地上定着物。

本法所称动产是指不动产以外的物。

第九十三条 本法所称保证合同、抵押合同、质押合同、定金合同可以是单独订立的书面合同，包括当事人之间的具有担保性质的信函、传真等，也可以是主合同中的担保条款。

第九十四条 抵押物、质物、留置物折价或者变卖，应当参照市场价格。

第九十五条 海商法等法律对担保有特别规定的，依照其规定。

第九十六条 本法自1995年10月1日起施行。

最高人民法院关于适用《中华人民共和国担保法》若干问题的解释

（2000年9月29日最高人民法院审判委员会第1133次会议通过 2000年12月8日最高人民法院公告公布 自2000年12月13日起施行 法释〔2000〕44号）

为了正确适用《中华人民共和国担保法》（以下简称担保法），结合审判实践经验，对人民法院审理担保纠纷案件适用法律问题作出如下解释。

一、关于总则部分的解释

第一条 当事人对由民事关系产生的债权，在不违反法律、法规强制性规定的情况下，以担保法规定的方式设定担保的，可以认定为有效。

第二条 反担保人可以是债务人，也可以是债务人之外的其他人。

反担保方式可以是债务人提供的抵押或者质押，也可以是其他人提供的保证、抵押或者质押。

第三条 国家机关和以公益为目的的事业单位、社会团体违反法律规定提供担保的，担保合同无效。因此给债权人造成损失的，应当根据担保法第五条第二款的规定处理。

第四条 董事、经理违反《中华人民共和国公司法》第六十条的规定，以公司资产为本公司的股东或者其他个人债务提供担保的，担保合同无效。除债权人知道或者应当知道的外，债务人、担保人应当对债权人的损失承担连带赔偿责任。

第五条 以法律、法规禁止流通的财产或者不可转让的财产设定担保的，担保合同无效。

以法律、法规限制流通的财产设定担保的，在实现债权时，人民法院应当按照有关法律、法规的规定对该财产进行处理。

第六条 有下列情形之一的，对外担保合同无效：

（一）未经国家有关主管部门批准或者登记对外担保的；

（二）未经国家有关主管部门批准或者登记，为境外机构向境内债权人提供担保的；

（三）为外商投资企业注册资本、外商投资企业中的外方投资部分的对外债务提供担保的；

（四）无权经营外汇担保业务的金融机构、无外汇收入的非金融性质的企业法人提供外汇担保的；

（五）主合同变更或者债权人将对外担保合同项下的权利转让，未经担保人同意和国家有关主管部门批准的，担保人不再承担担保责任。但法律、法规另有规定的除外。

第七条 主合同有效而担保合同无效，债权人无过错的，担保人与债务人对主合同债权人的经济损失，承担连带赔偿责任；债权人、担保人有过错的，担保人承担民事责任的部分，不应超过债务人不能清偿部分的1/2。

第八条 主合同无效而导致担保合同无效，担保人无过错的，担保人不承担民事责任；担保人有过错的，担保人承担民事责任的部分，不应超过债务人不能清偿部分的1/3。

第九条 担保人因无效担保合同向债权人

承担赔偿责任后,可以向债务人追偿,或者在承担赔偿责任的范围内,要求有过错的反担保人承担赔偿责任。

担保人可以根据承担赔偿责任的事实对债务人或者反担保人另行提起诉讼。

第十条 主合同解除后,担保人对债务人应当承担的民事责任仍应承担担保责任。但是,担保合同另有约定的除外。

第十一条 法人或者其他组织的法定代表人、负责人超越权限订立的担保合同,除相对人知道或者应当知道其超越权限的以外,该代表行为有效。

第十二条 当事人约定的或者登记部门要求登记的担保期间,对担保物权的存续不具有法律约束力。

担保物权所担保的债权的诉讼时效结束后,担保权人在诉讼时效结束后的 2 年内行使担保物权的,人民法院应当予以支持。

二、关于保证部分的解释

第十三条 保证合同中约定保证人代为履行非金钱债务的,如果保证人不能实际代为履行,对债权人因此造成的损失,保证人应当承担赔偿责任。

第十四条 不具有完全代偿能力的法人、其他组织或者自然人,以保证人身份订立保证合同后,又以自己没有代偿能力要求免除保证责任的,人民法院不予支持。

第十五条 担保法第七条规定的其他组织主要包括:

(一)依法登记领取营业执照的独资企业、合伙企业;

(二)依法登记领取营业执照的联营企业;

(三)依法登记领取营业执照的中外合作经营企业;

(四)经民政部门核准登记的社会团体;

(五)经核准登记领取营业执照的乡镇、街道、村办企业。

第十六条 从事经营活动的事业单位、社会团体为保证人的,如无其他导致保证合同无效的情况,其所签订的保证合同应当认定为有效。

第十七条 企业法人的分支机构未经法人书面授权提供保证的,保证合同无效。因此给债权人造成损失的,应当根据担保法第五条第二款的规定处理。

企业法人的分支机构经法人书面授权提供保证的,如果法人的书 面授权范围不明,法人的分支机构应当对保证合同约定的全部债务承担保证责任。

企业法人的分支机构经营管理的财产不足以承担保证责任的,由企业法人承担民事责任。

企业法人的分支机构提供的保证无效后应当承担赔偿责任的,由分支机构经营管理的财产承担。企业法人有过错的,按照担保法第二十九条的规定处理。

第十八条 企业法人的职能部门提供保证的,保证合同无效。债权人知道或者应当知道保证人为企业法人的职能部门的,因此造成的损失由债权人自行承担。

债权人不知保证人为企业法人的职能部门,因此造成的损失,可以参照担保法第五条第二款的规定和第二十九条的规定处理。

第十九条 两个以上保证人对同一债务同时或者分别提供保证时,各保证人与债权人没有约定保证份额的,应当认定为连带共同保证。

连带共同保证的保证人以其相互之间约定各自承担的份额对抗债权人的,人民法院不予支持。

第二十条 连带共同保证的债务人在主合同规定的债务履行期届满没有履行债务的,债权人可以要求债务人履行债务,也可以要求任何一个保证人承担全部保证责任。

连带共同保证的保证人承担保证责任后,向债务人不能追偿的部分,由各连带保证人按其内部约定的比例分担。没有约定的,平均分担。

第二十一条 按份共同保证的保证人按照保证合同约定的保证份额承担保证责任后,在其履行保证责任的范围内对债务人行使追偿权。

第二十二条 第三人单方以书面形式向债权人出具担保书,债权人接受且未提出异议的,保证合同成立。

主合同中虽然没有保证条款,但是,保证人在主合同上以保证人的身份签字或者盖章的,保证合同成立。

第二十三条 最高额保证合同的不特定债权确定后,保证人应当对在最高债权额限度内就一定期间连续发生的债权余额承担保证责任。

第二十四条 一般保证的保证人在主债权履行期间届满后,向债权人提供了债务人可供执行财产的真实情况的,债权人放弃或者怠于行使权利致使该财产不能被执行,保证人可以请求人民法院在其提供可供执行财产的实际价值范围内免除保证责任。

第二十五条 担保法第十七条第三款第(一)项规定的债权人要求债务人履行债务发生的重大困难情形,包括债务人下落不明、移居境外,且无财产可供执行。

第二十六条 第三人向债权人保证监督支付专款专用的,在履行了监督支付专款专用的义务后,不再承担责任。未尽监督义务造成资金流失的,应当对流失的资金承担补充赔偿责任。

第二十七条 保证人对债务人的注册资金提供保证的,债务人的实际投资与注册资金不符,或者抽逃转移注册资金的,保证人在注册资金不足或者抽逃转移注册资金的范围内承担连带保证责任。

第二十八条 保证期间,债权人依法将主债权转让给第三人的,保证债权同时转让,保证人在原保证担保的范围内对受让人承担保证责任。但是保证人与债权人事先约定仅对特定的债权人承担保证责任或者禁止债权转让的,保证人不再承担保证责任。

第二十九条 保证期间,债权人许可债务人转让部分债务未经保证人书面同意的,保证人对未经其同意转让部分的债务,不再承担保证责任。但是,保证人仍应当对未转让部分的债务承担保证责任。

第三十条 保证期间,债权人与债务人对主合同数量、价款、币种、利率等内容作了变动,未经保证人同意的,如果减轻债务人的债务的,保证人仍应当对变更后的合同承担保证责任;如果加重债务人的债务的,保证人对加重的部分不承担保证责任。

债权人与债务人对主合同履行期限作了变动,未经保证人书面同意的,保证期间为原合同约定的或者法律规定的期间。

债权人与债务人协议变动主合同内容,但并未实际履行的,保证人仍应当承担保证责任。

第三十一条 保证期间不因任何事由发生中断、中止、延长的法律后果。

第三十二条 保证合同约定的保证期间早于或者等于主债务履行期限的,视为没有约定,保证期间为主债务履行期届满之日起六个月。

保证合同约定保证人承担保证责任直至主债务本息还清时为止等类似内容的,视为约定不明,保证期间为主债务履行期届满之日起2年。

第三十三条 主合同对主债务履行期限没有约定或者约定不明的,保证期间自债权人要求债务人履行义务的宽限期届满之日起计算。

第三十四条 一般保证的债权人在保证期间届满前对债务人提起诉讼或者申请仲裁的,从判决或者仲裁裁决生效之日起,开始计算保证合同的诉讼时效。

连带责任保证的债权人在保证期间届满前要求保证人承担保证责任的,从债权人要求保证人承担保证责任之日起,开始计算保证合同的诉讼时效。

第三十五条 保证人对已经超过诉讼时效期间的债务承担保证责任或者提供保证的,又以超过诉讼时效为由抗辩的,人民法院不予支持。

第三十六条 一般保证中,主债务诉讼时效中断,保证债务诉讼时效中断;连带责任保证中,主债务诉讼时效中断,保证债务诉讼时效不中断。

一般保证和连带责任保证中,主债务诉讼时效中止的,保证债务的诉讼时效同时中止。

第三十七条 最高额保证合同对保证期间没有约定或者约定不明的,如最高额保证合同约定有保证人清偿债务期限的,保证期间为清偿期限届满之日起6个月。没有约定债务清偿期限的,保证期间自最高额保证终止之日或自债权人收到保证人终止保证合同的书面通知到达之日起6个月。

第三十八条 同一债权既有保证又有第三人提供物的担保的,债权人可以请求保证人或者物的担保人承担担保责任。当事人对保证担保的范围或者物的担保的范围没有约定或者约定不明的,承担了担保责任的担保人,可以向债务人追偿,也可以要求其他担保人清偿其应当分担的份额。

同一债权既有保证又有物的担保的,物的担保合同被确认无效或者被撤销,或者担保物因不可抗力的原因灭失而没有代位物的,保证人仍应当按合同的约定或者法律的规定承担保证责任。

债权人在主合同履行期届满后怠于行使担保物权,致使担保物的价值减少或者毁损、灭失的,视为债权人放弃部分或者全部物的担保。保证人在债权人放弃权利的范围内减轻或者免除保证责任。

第三十九条　主合同当事人双方协议以新贷偿还旧贷,除保证人知道或者应当知道的外,保证人不承担民事责任。

新贷与旧贷系同一保证人的,不适用前款的规定。

第四十条　主合同债务人采取欺诈、胁迫等手段,使保证人在违背真实意思的情况下提供保证的,债权人知道或者应当知道欺诈、胁迫事实的,按照担保法第三十条的规定处理。

第四十一条　债务人与保证人共同欺骗债权人,订立主合同和保证合同的,债权人可以请求人民法院予以撤销。因此给债权人造成损失的,由保证人与债务人承担连带赔偿责任。

第四十二条　人民法院判决保证人承担保证责任或者赔偿责任的,应当在判决书主文中明确保证人享有担保法第三十一条规定的权利。判决书中未予明确追偿权的,保证人只能按照承担责任的事实,另行提起诉讼。

保证人对债务人行使追偿权的诉讼时效,自保证人向债权人承担责任之日起开始计算。

第四十三条　保证人自行履行保证责任时,其实际清偿额大于主债权范围的,保证人只能在主债权范围内对债务人行使追偿权。

第四十四条　保证期间,人民法院受理债务人破产案件的,债权人既可以向人民法院申报债权,也可以向保证人主张权利。

债权人申报债权后在破产程序中未受清偿的部分,保证人仍应当承担保证责任。债权人要求保证人承担保证责任的,应当在破产程序终结后6个月内提出。

第四十五条　债权人知道或者应当知道债务人破产,既未申报债权也未通知保证人,致使保证人不能预先行使追偿权的,保证人在该债权在破产程序中可能受偿的范围内免除保证责任。

第四十六条　人民法院受理债务人破产案件后,债权人未申报债权的,各连带共同保证的保证人应当作为一个主体申报债权,预先行使追偿权。

三、关于抵押部分的解释

第四十七条　以依法获准尚未建造的或者正在建造中的房屋或者其他建筑物抵押的,当事人办理了抵押物登记,人民法院可以认定抵押有效。

第四十八条　以法定程序确认为违法、违章的建筑物抵押的,抵押无效。

第四十九条　以尚未办理权属证书的财产抵押的,在第一审法庭辩论终结前能够提供权利证书或者补办登记手续的,可以认定抵押有效。

当事人未办理抵押物登记手续的,不得对抗第三人。

第五十条　以担保法第三十四条第一款所列财产一并抵押的,抵押财产的范围应当以登记的财产为准。抵押财产的价值在抵押权实现时予以确定。

第五十一条　抵押人所担保的债权超出其抵押物价值的,超出的部分不具有优先受偿的效力。

第五十二条　当事人以农作物和与其尚未分离的土地使用权同时抵押的,土地使用权部分的抵押无效。

第五十三条　学校、幼儿园、医院等以公益为目的的事业单位、社会团体,以其教育设施、医疗卫生设施和其他社会公益设施以外的财产为自身债务设定抵押的,人民法院可以认定抵押有效。

第五十四条　按份共有人以其共有财产中享有的份额设定抵押的,抵押有效。

共同共有人以其共有财产设定抵押,未经其他共有人的同意,抵押无效。但是,其他共有人知道或者应当知道而未提出异议的视为同意,抵押有效。

第五十五条　已经设定抵押的财产被采取

查封、扣押等财产保全或者执行措施的,不影响抵押权的效力。

第五十六条　抵押合同对被担保的主债权种类、抵押财产没有约定或者约定不明,根据主合同和抵押合同不能补正或者无法推定的,抵押不成立。

法律规定登记生效的抵押合同签订后,抵押人违背诚实信用原则拒绝办理抵押登记致使债权人受到损失的,抵押人应当承担赔偿责任。

第五十七条　当事人在抵押合同中约定,债务履行期届满抵押权人未受清偿时,抵押物的所有权转移为债权人所有的内容无效。该内容的无效不影响抵押合同其他部分内容的效力。

债务履行期届满后抵押权人未受清偿时,抵押权人和抵押人可以协议以抵押物折价取得抵押物。但是,损害顺序在后的担保物权人和其他债权人利益的,人民法院可以适用合同法第七十四条、第七十五条的有关规定。

第五十八条　当事人同一天在不同的法定登记部门办理抵押物登记的,视为顺序相同。

因登记部门的原因致使抵押物进行连续登记的,抵押物第一次登记的日期,视为抵押登记的日期,并依此确定抵押权的顺序。

第五十九条　当事人办理抵押物登记手续时,因登记部门的原因致使其无法办理抵押物登记,抵押人向债权人交付权利凭证的,可以认定债权人对该财产有优先受偿权。但是,未办理抵押物登记的,不得对抗第三人。

第六十条　以担保法第四十二条第(二)项规定的不动产抵押的,县级以上地方人民政府对登记部门未作规定,当事人在土地管理部门或者房产管理部门办理了抵押物登记手续,人民法院可以确认其登记的效力。

第六十一条　抵押物登记记载的内容与抵押合同约定的内容不一致的,以登记记载的内容为准。

第六十二条　抵押物因附合、混合或者加工使抵押物的所有权为第三人所有的,抵押权的效力及于补偿金;抵押物所有人为附合物、混合物或者加工物的所有人的,抵押权的效力及于附合物、混合物或者加工物;第三人与抵押物所有人为附合物、混合物或者加工物的共有人的,抵押权的效力及于抵押人对共有物享有的份额。

第六十三条　抵押权设定前为抵押物的从物的,抵押权的效力及于抵押物的从物。但是,抵押物与其从物为两个以上的人分别所有时,抵押权的效力不及于抵押物的从物。

第六十四条　债务履行期届满,债务人不履行债务致使抵押物被人民法院依法扣押的,自扣押之日起抵押权人收取的由抵押物分离的天然孳息和法定孳息,按照下列顺序清偿:

(一) 收取孳息的费用;

(二) 主债权的利息;

(三) 主债权。

第六十五条　抵押人将已出租的财产抵押的,抵押权实现后,租赁合同在有效期内对抵押物的受让人继续有效。

第六十六条　抵押人将已抵押的财产出租的,抵押权实现后,租赁合同对受让人不具有约束力。

抵押人将已抵押的财产出租时,如果抵押人未书面告知承租人该财产已抵押的,抵押人对出租抵押物造成承租人的损失承担赔偿责任;如果抵押人已书面告知承租人该财产已抵押的,抵押权实现造成承租人的损失,由承租人自己承担。

第六十七条　抵押权存续期间,抵押人转让抵押物未通知抵押权人或者未告知受让人的,如果抵押物已经登记的,抵押权人仍可以行使抵押权;取得抵押物所有权的受让人,可以代替债务人清偿其全部债务,使抵押权消灭。受让人清偿债务后可以向抵押人追偿。

如果抵押物未经登记的,抵押权不得对抗受让人,因此给抵押权人造成损失的,由抵押人承担赔偿责任。

第六十八条　抵押物依法被继承或者赠与的,抵押权不受影响。

第六十九条　债务人有多个普通债权人的,在清偿债务时,债务人与其中一个债权人恶意串通,将其全部或者部分财产抵押给该债权人,因此丧失了履行其他债务的能力,损害了其他债权人的合法权益,受损害的其他债权人可以请求人民法院撤销该抵押行为。

第七十条　抵押人的行为足以使抵押物价值减少的,抵押权人请求抵押人恢复原状或提供担保遭到拒绝时,抵押权人可以请求债务人履行债务,也可以请求提前行使抵押权。

第七十一条　主债权未受全部清偿的,抵押权人可以就抵押物的全部行使其抵押权。

抵押物被分割或者部分转让的,抵押权人可以就分割或者转让后的抵押物行使抵押权。

第七十二条　主债权被分割或者部分转让的,各债权人可以就其享有的债权份额行使抵押权。

主债务被分割或者部分转让的,抵押人仍以其抵押物担保数个债务人履行债务。但是,第三人提供抵押的,债权人许可债务人转让债务未经抵押人书面同意的,抵押人对未经其同意转让的债务,不再承担担保责任。

第七十三条　抵押物折价或者拍卖、变卖该抵押物的价款低于抵押权设定时约定价值的,应当按照抵押物实现的价值进行清偿。不足清偿的剩余部分,由债务人清偿。

第七十四条　抵押物折价或者拍卖、变卖所得的价款,当事人没有约定的,按下列顺序清偿:

(一) 实现抵押权的费用;

(二) 主债权的利息;

(三) 主债权。

第七十五条　同一债权有两个以上抵押人的,债权人放弃债务人提供的抵押担保的,其他抵押人可以请求人民法院减轻或者免除其应当承担的担保责任。

同一债权有两个以上抵押人的,当事人对其提供的抵押财产所担保的债权份额或者顺序没有约定或者约定不明的,抵押权人可以就其中任一或者各个财产行使抵押权。

抵押人承担担保责任后,可以向债务人追偿,也可以要求其他抵押人清偿其应当承担的份额。

第七十六条　同一动产向两个以上债权人抵押的,当事人未办理抵押物登记,实现抵押权时,各抵押权人按照债权比例受偿。

第七十七条　同一财产向两个以上债权人抵押的,顺序在先的抵押权与该财产的所有权归属一人时,该财产的所有权人可以以其抵押权对抗顺序在后的抵押权。

第七十八条　同一财产向两个以上债权人抵押的,顺序在后的抵押权所担保的债权先到期的,抵押权人只能就抵押物价值超出顺序在先的抵押担保债权的部分受偿。

顺序在先的抵押权所担保的债权先到期的,抵押权实现后的剩余价款应予提存,留待清偿顺序在后的抵押担保债权。

第七十九条　同一财产法定登记的抵押权与质权并存时,抵押权人优先于质权人受偿。

同一财产抵押权与留置权并存时,留置权人优先于抵押权人受偿。

第八十条　在抵押物灭失、毁损或者被征用的情况下,抵押权人可以就该抵押物的保险金、赔偿金或者补偿金优先受偿。

抵押物灭失、毁损或者被征用的情况下,抵押权所担保的债权未届清偿期的,抵押权人可以请求人民法院对保险金、赔偿金或补偿金等采取保全措施。

第八十一条　最高额抵押权所担保的债权范围,不包括抵押物因财产保全或者执行程序被查封后或债务人、抵押人破产后发生的债权。

第八十二条　当事人对最高额抵押合同的最高限额、最高额抵押期间进行变更,以其变更对抗顺序在后的抵押权人的,人民法院不予支持。

第八十三条　最高额抵押权所担保的不特定债权,在特定后,债权已届清偿期的,最高额抵押权人可以根据普通抵押权的规定行使其抵押权。

抵押权人实现最高额抵押权时,如果实际发生的债权余额高于最高限额的,以最高限额为限,超过部分不具有优先受偿的效力;如果实际发生的债权余额低于最高限额的,以实际发生的债权余额为限对抵押物优先受偿。

四、关于质押部分的解释

(一) 动产质押

第八十四条　出质人以其不具有所有权但合法占有的动产出质的,不知出质人无处分权的质权人行使质权后,因此给动产所有人造成损失的,由出质人承担赔偿责任。

第八十五条　债务人或者第三人将其金钱以特户、封金、保证金等形式特定化后,移交债权人占有作为债权的担保,债务人不履行债务时,债权人可以以该金钱优先受偿。

第八十六条 债务人或者第三人未按质押合同约定的时间移交质物的,因此给质权人造成损失的,出质人应当根据其过错承担赔偿责任。

第八十七条 出质人代质权人占有质物的,质押合同不生效;质权人将质物返还于出质人后,以其质权对抗第三人的,人民法院不予支持。

因不可归责于质权人的事由而丧失对质物的占有,质权人可以向不当占有人请求停止侵害、恢复原状、返还质物。

第八十八条 出质人以间接占有的财产出质的,质押合同自书面通知送达占有人时视为移交。占有人收到出质通知后,仍接受出质人的指示处分出质财产的,该行为无效。

第八十九条 质押合同中对质押的财产约定不明,或者约定的出质财产与实际移交的财产不一致的,以实际交付占有的财产为准。

第九十条 质物有隐蔽瑕疵造成质权人其他财产损害的,应由出质人承担赔偿责任。但是,质权人在质物移交时明知质物有瑕疵而予以接受的除外。

第九十一条 动产质权的效力及于质物的从物。但是,从物未随同质物移交质权人占有的,质权的效力不及于从物。

第九十二条 按照担保法第六十九条的规定将质物提存的,质物提存费用由质权人负担;出质人提前清偿债权的,应当扣除未到期部分的利息。

第九十三条 质权人在质权存续期间,未经出质人同意,擅自使用、出租、处分质物,因此给出质人造成损失的,由质权人承担赔偿责任。

第九十四条 质权人在质权存续期间,为担保自己的债务,经出质人同意,以其所占有的质物为第三人设定质权的,应当在原质权所担保的债权范围之内,超过的部分不具有优先受偿的效力。转质权的效力优于原质权。

质权人在质权存续期间,未经出质人同意,为担保自己的债务,在其所占有的质物上为第三人设定质权的无效。质权人对因转质而发生的损害承担赔偿责任。

第九十五条 债务履行期届满质权人未受清偿的,质权人可以继续留置质物,并以质物的全部行使权利。出质人清偿所担保的债权后,质权人应当返还质物。

债务履行期届满,出质人请求质权人及时行使权利,而质权人怠于行使权利致使质物价格下跌的,由此造成的损失,质权人应当承担赔偿责任。

第九十六条 本解释第五十七条、第六十二条、第六十四条、第七十一条、第七十二条、第七十三条、第七十四条、第八十条之规定,适用于动产质押。

(二) 权利质押

第九十七条 以公路桥梁、公路隧道或者公路渡口等不动产收益权出质的,按照担保法第七十五条第(四)项的规定处理。

第九十八条 以汇票、支票、本票出质,出质人与质权人没有背书记载“质押”字样,以票据出质对抗善意第三人的,人民法院不予支持。

第九十九条 以公司债券出质的,出质人与质权人没有背书记载“质押”字样,以债券出质对抗公司和第三人的,人民法院不予支持。

第一百条 以存款单出质的,签发银行核押后又受理挂失并造成存款流失的,应当承担民事责任。

第一百零一条 以票据、债券、存款单、仓单、提单出质的,质权人再转让或者质押的无效。

第一百零二条 以载明兑现或者提货日期的汇票、支票、本票、债券、存款单、仓单、提单出质的,其兑现或者提货日期后于债务履行期的,质权人只能在兑现或者提货日期届满时兑现款项或者提取货物。

第一百零三条 以股份有限公司的股份出质的,适用《中华人民共和国公司法》有关股份转让的规定。

以上市公司的股份出质的,质押合同自股份出质向证券登记机构办理出质登记之日起生效。

以非上市公司的股份出质的,质押合同自股份出质记载于股东名册之日起生效。

第一百零四条 以依法可以转让的股份、股票出质的,质权的效力及于股份、股票的法定孳息。

第一百零五条 以依法可以转让的商标专用权,专利权、著作权中的财产权出质的,出质人未经质权人同意而转让或者许可他人使用已出质权利的,应当认定为无效。因此给质权人或者第三人造成损失的,由出质人承担民事责任。

第一百零六条 质权人向出质人、出质债权的债务人行使质权时,出质人、出质债权的债务人拒绝的,质权人可以起诉出质人和出质债权的债务人,也可以单独起诉出质债权的债务人。

五、关于留置部分的解释

第一百零七条 当事人在合同中约定排除留置权,债务履行期届满,债权人行使留置权的,人民法院不予支持。

第一百零八条 债权人合法占有债务人交付的动产时,不知债务人无处分该动产的权利,债权人可以按照担保法第八十二条的规定行使留置权。

第一百零九条 债权人的债权已届清偿期,债权人对动产的占有与其债权的发生有牵连关系,债权人可以留置其所占有的动产。

第一百一十条 留置权人在债权未受全部清偿前,留置物为不可分物的,留置权人可以就其留置物的全部行使留置权。

第一百一十一条 债权人行使留置权与其承担的义务或者合同的特殊约定相抵触的,人民法院不予支持。

第一百一十二条 债权人的债权未届清偿期,其交付占有标的物的义务已届履行期的,不能行使留置权。但是,债权人能够证明债务人无支付能力的除外。

第一百一十三条 债权人未按担保法第八十七条规定的期限通知债务人履行义务,直接变价处分留置物的,应当对此造成的损失承担赔偿责任。债权人与债务人按照担保法第八十七条的规定在合同中约定宽限期的,债权人可以不经通知,直接行使留置权。

第一百一十四条 本解释第六十四条、第八十条、第八十七条、第九十一条、第九十三条的规定,适用于留置。

六、关于定金部分的解释

第一百一十五条 当事人约定以交付定金作为订立主合同担保的,给付定金的一方拒绝订立主合同的,无权要求返还定金;收受定金的一方拒绝订立合同的,应当双倍返还定金。

第一百一十六条 当事人约定以交付定金作为主合同成立或者生效要件的,给付定金的一方未支付定金,但主合同已经履行或者已经履行主要部分的,不影响主合同的成立或者生效。

第一百一十七条 定金交付后,交付定金的一方可以按照合同的约定以丧失定金为代价而解除主合同,收受定金的一方可以双倍返还定金为代价而解除主合同。对解除主合同后责任的处理,适用《中华人民共和国合同法》的规定。

第一百一十八条 当事人交付留置金、担保金、保证金、订约金、押金或者订金等,但没有约定定金性质的,当事人主张定金权利的,人民法院不予支持。

第一百一十九条 实际交付的定金数额多于或者少于约定数额,视为变更定金合同;收受定金一方提出异议并拒绝接受定金的,定金合同不生效。

第一百二十条 因当事人一方迟延履行或者其他违约行为,致使合同目的不能实现,可以适用定金罚则。但法律另有规定或者当事人另有约定的除外。

当事人一方不完全履行合同的,应当按照未履行部分所占合同约定内容的比例,适用定金罚则。

第一百二十一条 当事人约定的定金数额超过主合同标的额20%的,超过的部分,人民法院不予支持。

第一百二十二条 因不可抗力、意外事件致使主合同不能履行的,不适用定金罚则。因合同关系以外第三人的过错,致使主合同不能履行的,适用定金罚则。受定金处罚的一方当事人,可以依法向第三人追偿。

七、关于其他问题的解释

第一百二十三条 同一债权上数个担保物权并存时,债权人放弃债务人提供的物的担保的,其他担保人在其放弃权利的范围内减轻或者免除担保责任。

第一百二十四条 企业法人的分支机构为

他人提供保证的，人民法院在审理保证纠纷案件中可以将该企业法人作为共同被告参加诉讼。但是商业银行、保险公司的分支机构提供保证的除外。

第一百二十五条 一般保证的债权人向债务人和保证人一并提起诉讼的，人民法院可以将债务人和保证人列为共同被告参加诉讼。但是，应当在判决书中明确在对债务人财产依法强制执行后仍不能履行债务时，由保证人承担保证责任。

第一百二十六条 连带责任保证的债权人可以将债务人或者保证人作为被告提起诉讼，也可以将债务人和保证人作为共同被告提起诉讼。

第一百二十七条 债务人对债权人提起诉讼，债权人提起反诉的，保证人可以作为第三人参加诉讼。

第一百二十八条 债权人向人民法院请求行使担保物权时，债务人和担保人应当作为共同被告参加诉讼。

同一债权既有保证又有物的担保的，当事人发生纠纷提起诉讼的，债务人与保证人、抵押人或者出质人可以作为共同被告参加诉讼。

第一百二十九条 主合同和担保合同发生纠纷提起诉讼的，应当根据主合同确定案件管辖。担保人承担连带责任的担保合同发生纠纷，债权人向担保人主张权利的，应当由担保人住所地的法院管辖。

主合同和担保合同选择管辖的法院不一致的，应当根据主合同确定案件管辖。

第一百三十条 在主合同纠纷案件中，对担保合同未经审判，人民法院不应当依据对主合同当事人所作出的判决或者裁定，直接执行担保人的财产。

第一百三十一条 本解释所称"不能清偿"指对债务人的存款、现金、有价证券、成品、半成品、原材料、交通工具等可以执行的动产和其他方便执行的财产执行完毕后，债务仍未能得到清偿的状态。

第一百三十二条 在案件审理或者执行程序中，当事人提供财产担保的，人民法院应当对该财产的权属证书予以扣押，同时向有关部门发出协助执行通知书，要求其在规定的时间内不予办理担保财产的转移手续。

第一百三十三条 担保法施行以前发生的担保行为，适用担保行为发生时的法律、法规和有关司法解释。

担保法施行以后因担保行为发生的纠纷案件，在本解释公布施行前已经终审，当事人申请再审或者按审判监督程序决定再审的，不适用本解释。

担保法施行以后因担保行为发生的纠纷案件，在本解释公布施行后尚在一审或二审阶段的，适用担保法和本解释。

第一百三十四条 最高人民法院在担保法施行以前作出的有关担保问题的司法解释，与担保法和本解释相抵触的，不再适用。

最高人民法院关于担保法司法解释第五十九条中的"第三人"范围问题的答复

(2006年5月18日 法函〔2006〕51号)

四川省高级人民法院：

你院川高法〔2005〕496号《关于对〈最高人民法院关于适用《中华人民共和国担保法》若干问题的解释〉第五十九条的理解与适用的请示》收悉。经研究，答复如下：

根据《中华人民共和国担保法》第四十一条、第四十三第二款规定，应当办理抵押物登记而未经登记的，抵押权不成立；自愿办理抵押物登记而未办理的，抵押权不得对抗第三人。因登记部门的原因致使当事人无法办理抵押物登记是抵押未登记的特殊情形，如果抵押人向债权人交付了权利凭证，人民法院可以基于抵押当事人的真实意思认定该抵押合同对抵押权人和抵押人有效，但此种抵押对抵押当事人之外的第三人不具有法律效力。

此复。

最高人民法院关于债务人有多个债权人而将其全部财产抵押给其中一个债权人是否有效问题的批复①

（1994年3月26日　法复〔1994〕2号）

山东省高级人民法院：

你院《关于债务人有多个债权人，而将其全部财产抵押给一个债权人是否有效的请示》收悉。经研究，答复如下：

债务人有多个债权人时，而将其全部财产抵押给其中一个债权人，因此丧失了履行其他债务的能力，损害了其他债权人的合法权益，根据《中华人民共和国民法通则》第四条、第五条的规定，应当认定该抵押协议无效。

此复。

最高人民法院关于能否将国有土地使用权折价抵偿给抵押权人问题的批复

（1998年9月1日最高人民法院审判委员会第1019次会议通过　1998年9月3日最高人民法院公告公布　自1998年9月9日起施行　法释〔1998〕25号）

四川省高级人民法院：

你院川高法〔1998〕19号《关于能否将国有土地使用权以国土部门认定的价格抵偿给抵押权人的请示》收悉。经研究，答复如下：

在依法以国有土地使用权作抵押的担保纠纷案件中，债务履行期届满抵押权人未受清偿的，可以通过拍卖的方式将土地使用权变现。如果无法变现，债务人又没有其他可供清偿的财产时，应当对国有土地使用权依法评估。人民法院可以参考政府土地管理部门确认的地价评估结果将土地使用权折价，经抵押权人同意，将折价后的土地使用权抵偿给抵押权人，土地使用权由抵押权人享有。

此复。

最高人民法院关于国有工业企业以机器设备等财产为抵押物与债权人签订的抵押合同的效力问题的批复

（2002年6月11日最高人民法院审判委员会第1225次会议通过　2002年6月18日最高人民法院公告公布　自2002年6月22日起施行　法释〔2002〕14号）

重庆市高级人民法院：

你院渝高法〔2001〕37号《关于认定国有工业企业以机器设备、厂房为抵押物与债权人签订的抵押合同的法律效力的请示》收悉。经研究，答复如下：

根据《中华人民共和国担保法》第三十四条和最高人民法院《关于适用〈中华人民共和国合同法〉若干问题的解释（一）》第九条规定的精神，国有工业企业以机器设备、厂房等财产与债权人签订的抵押合同，如无其他法定的无效情形，不应当仅以未经政府主管部门批准为由认定抵押合同无效。

本批复施行后，正在审理或者尚未审理的案件，适用本批复，但判决、裁定已经发生法律效力的案件提起再审的除外。

此复。

最高人民法院关于房地产管理机关能否撤销错误的注销抵押登记行为问题的批复

（2003年10月14日最高人民法院审判委员会第1293次会议通过　2003年11月17日最高人民法院公告公布　自2003年11月20日起施行　法释〔2003〕17号）

广西壮族自治区高级人民法院：

你院《关于首长机电设备贸易（香港）有限公司不服柳州市房产局注销抵押登记、吊销（1997）

---

① 编者注：已废止。

柳房他证字第0410号房屋他项权证并要求发还0410号房屋他项权证上诉一案的请示》收悉。经研究答复如下：

房地产管理机关可以撤销错误的注销抵押登记行为。

此复

动产抵押登记办法①

（2007年10月12日国家工商行政管理总局令第30号公布　自公布之日起施行）

第一条　为促进资金融通和商品流通，保障债权的实现，根据《中华人民共和国物权法》、《中华人民共和国担保法》的有关规定，制定本办法。

第二条　企业、个体工商户、农业生产经营者以现有的以及将有的生产设备、原材料、半成品、产品抵押的，应当向抵押人住所地的县级工商行政管理部门（以下简称动产抵押登记机关）办理登记。未经登记，不得对抗善意第三人。

动产抵押登记可由抵押合同双方当事人共同向动产抵押登记机关办理，也可以委托代理人向动产抵押登记机关办理。

第三条　当事人办理动产抵押登记，应当向动产抵押登记机关提交下列文件：

（一）经抵押合同双方当事人签字或者盖章的《动产抵押登记书》；

（二）抵押合同双方当事人主体资格证明或者自然人身份证明文件。

委托代理人办理动产抵押登记的，还应提交代理人身份证明文件和授权委托书。

第四条　《动产抵押登记书》应当载明下列内容：

（一）抵押人及抵押权人名称（姓名）、住所地；

（二）代理人名称（姓名）；

（三）被担保债权的种类和数额；

（四）担保的范围；

（五）债务人履行债务的期限；

（六）抵押财产的名称、数量、质量、状况、所在地、所有权归属或者使用权归属；

（七）抵押人、抵押权人签字或者盖章。

第五条　动产抵押登记机关受理登记申请文件后，应当当场在《动产抵押登记书》上加盖动产抵押登记专用章并注明盖章日期。

第六条　动产抵押合同变更、《动产抵押登记书》内容变更的，抵押合同双方当事人或者其委托的代理人可以到原动产抵押登记机关办理变更登记。办理变更登记应当向动产抵押登记机关提交下列文件：

（一）原《动产抵押登记书》；

（二）抵押合同双方当事人签字或者盖章的《动产抵押变更登记书》；

（三）抵押合同双方当事人主体资格证明或者自然人身份证明文件。

委托代理人办理动产抵押变更登记的，还应当提交代理人身份证明文件和授权委托书。

第七条　动产抵押登记机关受理变更登记申请文件后，应当当场在《动产抵押变更登记书》上加盖动产抵押登记专用章并注明盖章日期。

第八条　在主债权消灭、担保物权实现、债权人放弃担保物权等情形下，动产抵押合同双方当事人或者其委托的代理人可以到原动产抵押登记机关办理注销登记。办理注销登记应当向动产抵押登记机关提交下列文件：

（一）原《动产抵押登记书》；

（二）《动产抵押变更登记书》；

（三）抵押合同双方当事人签字或者盖章的《动产抵押注销登记书》；

（四）抵押合同双方当事人主体资格证明或者自然人身份证明文件。

委托代理人办理动产抵押注销登记的，还应当提交代理人身份证明文件和授权委托书。

第九条　动产抵押登记机关受理注销登记申请文件后，应当当场在《动产抵押注销登记书》上加盖动产抵押登记专用章并注明盖章日期。

第十条　动产抵押登记机关应当根据加盖动产抵押登记专用章的《动产抵押登记书》、《动产抵押变更登记书》、《动产抵押注销登记书》设立《动产抵押登记簿》，供社会查阅。

《动产抵押登记书》、《动产抵押变更登记

① 编者注：已被修改。

书》、《动产抵押注销登记书》各一式四份，动产抵押合同双方当事人各持一份；动产抵押登记机关留存两份，其中一份留作动产抵押登记档案，一份置备于《动产抵押登记簿》中。

第十一条　有关单位和个人可以持合法身份证明文件，向动产抵押登记机关查阅、抄录或者复印有关动产抵押登记的资料。

第十二条　反担保及最高额抵押适用本办法。

第十三条　本办法由国家工商行政管理总局负责解释。

第十四条　本办法自颁布之日起施行。

本办法施行之日起原《企业动产抵押物登记管理办法》（国家工商行政管理局第35号令）废止。

动产抵押登记办法①

（2007年10月17日国家工商行政管理总局令第30号公布　2016年7月5日国家工商行政管理总局令第88号修订　自2016年9月1日起施行）

第一条　为规范动产抵押登记工作，保障交易安全，促进资金融通，根据《中华人民共和国担保法》《中华人民共和国物权法》《企业信息公示暂行条例》等法律、行政法规，制定本办法。

第二条　企业、个体工商户、农业生产经营者以《中华人民共和国物权法》第一百八十条第一款第四项、第一百八十一条规定的动产抵押的，应当向抵押人住所地的县级工商行政管理部门（以下简称登记机关）办理登记。抵押权自抵押合同生效时设立；未经登记，不得对抗善意第三人。

本办法所称工商行政管理部门，包括履行工商行政管理职责的市场监督管理部门。

第三条　动产抵押登记的设立、变更和注销，可以由抵押合同一方作为代表到登记机关办理，也可以由抵押合同双方共同委托的代理人到登记机关办理。

当事人应当保证其提交的材料内容真实准确。

第四条　当事人设立抵押权符合本办法第二条所规定情形的，应当持下列文件向登记机关办理设立登记：

（一）抵押人、抵押权人签字或者盖章的《动产抵押登记书》；

（二）抵押人、抵押权人主体资格证明或者自然人身份证明文件；

（三）抵押合同双方指定代表或者共同委托代理人的身份证明。

第五条　《动产抵押登记书》应当载明下列内容：

（一）抵押人、抵押权人名称（姓名）、住所地等；

（二）抵押财产的名称、数量、质量、状况、所在地、所有权归属或者使用权归属；

（三）被担保债权的种类和数额；

（四）抵押担保的范围；

（五）债务人履行债务的期限；

（六）抵押合同双方指定代表或者共同委托代理人的姓名、联系方式等；

（七）抵押人、抵押权人签字或者盖章；

（八）抵押人、抵押权人认为其他应当登记的抵押权信息。

第六条　抵押合同变更、《动产抵押登记书》内容需要变更的，当事人应当持下列文件，向原登记机关办理变更登记：

（一）抵押人、抵押权人签字或者盖章的《动产抵押登记变更书》；

（二）抵押人、抵押权人主体资格证明或者自然人身份证明文件；

（三）抵押合同双方指定代表或者共同委托代理人的身份证明。

第七条　在主债权消灭、担保物权实现、债权人放弃担保物权或者法律规定担保物权消灭的其他情形下，当事人应当持下列文件，向原登记机关办理注销登记：

（一）抵押人、抵押权人签字或者盖章的《动产抵押登记注销书》；

（二）抵押人、抵押权人主体资格证明或者自然人身份证明文件；

---

①　编者注：已被修改。

（三）抵押合同双方指定代表或者共同委托代理人的身份证明。

第八条 当事人办理动产抵押登记的设立、变更、注销，提交材料齐全，符合本办法形式要求的，登记机关应当当场予以办理，在当事人所提交的《动产抵押登记书》《动产抵押登记变更书》《动产抵押登记注销书》上加盖动产抵押登记专用章，并注明盖章日期。

当事人办理动产抵押登记的设立、变更、注销，提交的材料不符合本办法规定的，登记机关不予办理，并应当向当事人告知理由。

第九条 登记机关应当根据加盖动产抵押登记专用章的《动产抵押登记书》《动产抵押登记变更书》《动产抵押登记注销书》设立动产抵押登记档案，并按照《企业信息公示暂行条例》的规定，及时将动产抵押登记信息通过企业信用信息公示系统公示。

《动产抵押登记书》《动产抵押登记变更书》《动产抵押登记注销书》各一式三份，抵押人、抵押权人各持一份，登记机关留存一份。

第十条 有关单位和个人可以登录企业信用信息公示系统查询有关动产抵押登记信息，也可以持合法身份证明文件，到登记机关查阅、抄录动产抵押登记档案。

第十一条 当事人有证据证明登记机关的动产抵押登记信息与其提交材料内容不一致的，有权要求登记机关予以更正。

登记机关发现其登记的动产抵押登记信息与当事人提交材料内容不一致的，应当对有关信息进行更正。

第十二条 经当事人或者利害关系人申请，登记机关可以根据人民法院、仲裁委员会生效的法律文书或者人民政府生效的决定等，对相关的动产抵押登记进行变更或者撤销。动产抵押登记变更或者撤销后，登记机关应当告知原抵押合同双方当事人。

第十三条 各地工商行政管理部门应当积极推动动产抵押登记信息化建设工作，通过建立互联网动产抵押登记系统、设立动产抵押登记电子档案等方式，为当事人提供便利条件。

第十四条 本办法由国家工商行政管理总局负责解释。

第十五条 本办法自2016年9月1日起施行。

动产抵押登记办法

（2007年10月17日国家工商行政管理总局令第30号公布 2016年7月5日国家工商行政管理总局令第88号第一次修订 2019年3月18日国家市场监督管理总局令第5号第二次修订）

第一条 为了规范动产抵押登记工作，保障交易安全，促进资金融通，根据《中华人民共和国担保法》《中华人民共和国物权法》《企业信息公示暂行条例》等法律、行政法规，制定本办法。

第二条 企业、个体工商户、农业生产经营者以《中华人民共和国物权法》第一百八十条第一款第四项、第一百八十一条规定的动产抵押的，应当向抵押人住所地的县级市场监督管理部门（以下简称登记机关）办理登记。抵押权自抵押合同生效时设立；未经登记，不得对抗善意第三人。

第三条 动产抵押登记的设立、变更和注销，可以由抵押合同一方作为代表到登记机关办理，也可以由抵押合同双方共同委托的代理人到登记机关办理。

当事人应当保证其提交的材料内容真实准确。

第四条 当事人设立抵押权符合本办法第二条所规定情形的，应当持下列文件向登记机关办理设立登记：

（一）抵押人、抵押权人签字或者盖章的《动产抵押登记书》；

（二）抵押人、抵押权人主体资格证明或者自然人身份证明文件；

（三）抵押合同双方指定代表或者共同委托代理人的身份证明。

第五条 《动产抵押登记书》应当载明下列内容：

（一）抵押人、抵押权人名称（姓名）、住所地等；

（二）抵押财产的名称、数量、状况等概况；

（三）被担保债权的种类和数额；

（四）抵押担保的范围；

（五）债务人履行债务的期限；

（六）抵押合同双方指定代表或者共同委托代理人的姓名、联系方式等；

（七）抵押人、抵押权人签字或者盖章；

（八）抵押人、抵押权人认为其他应当登记的抵押权信息。

第六条　抵押合同变更、《动产抵押登记书》内容需要变更的，当事人应当持下列文件，向原登记机关办理变更登记：

（一）抵押人、抵押权人签字或者盖章的《动产抵押登记变更书》；

（二）抵押人、抵押权人主体资格证明或者自然人身份证明文件；

（三）抵押合同双方指定代表或者共同委托代理人的身份证明。

第七条　在主债权消灭、担保物权实现、债权人放弃担保物权或者法律规定担保物权消灭的其他情形下，当事人应当持下列文件，向原登记机关办理注销登记：

（一）抵押人、抵押权人签字或者盖章的《动产抵押登记注销书》；

（二）抵押人、抵押权人主体资格证明或者自然人身份证明文件；

（三）抵押合同双方指定代表或者共同委托代理人的身份证明。

第八条　当事人办理动产抵押登记的设立、变更、注销，提交材料齐全，符合本办法形式要求的，登记机关应当予以办理，在当事人所提交的《动产抵押登记书》《动产抵押登记变更书》《动产抵押登记注销书》上加盖动产抵押登记专用章，并注明盖章日期。

当事人办理动产抵押登记的设立、变更、注销，提交的材料不符合本办法规定的，登记机关不予办理，并应当向当事人告知理由。

第九条　登记机关应当根据加盖动产抵押登记专用章的《动产抵押登记书》《动产抵押登记变更书》《动产抵押登记注销书》设立动产抵押登记档案，并按照《企业信息公示暂行条例》的规定，及时将动产抵押登记信息通过国家企业信用信息公示系统公示。

第十条　有关单位和个人可以登录国家企业信用信息公示系统查询有关动产抵押登记信息，也可以持合法身份证明文件，到登记机关查阅、抄录动产抵押登记档案。

第十一条　当事人有证据证明登记机关的动产抵押登记信息与其提交材料内容不一致的，有权要求登记机关予以更正。

登记机关发现其登记的动产抵押登记信息与当事人提交材料内容不一致的，应当对有关信息进行更正。

第十二条　经当事人或者利害关系人申请，登记机关可以根据人民法院、仲裁委员会生效的法律文书或者人民政府生效的决定等，对相关的动产抵押登记进行变更或者撤销。动产抵押登记变更或者撤销后，登记机关应当告知原抵押合同双方当事人。

第十三条　当事人可以通过全国市场监管动产抵押登记业务系统在线办理动产抵押登记的设立、变更、注销；社会公众可以通过全国市场监管动产抵押登记业务系统查询相关动产抵押登记信息。

第十四条　本办法由国家市场监督管理总局负责解释。

第十五条　本办法自2019年4月20日起施行。

注册商标专用权质权登记程序规定①

（2009年9月10日　工商标字〔2009〕182号）

第一条　为充分发挥商标专用权无形资产的价值，促进经济发展，根据《物权法》、《担保法》、《商标法》和《商标法实施条例》的有关规定，制定本程序规定。

国家工商行政管理总局商标局负责办理注册商标专用权质权登记。

第二条　自然人、法人或者其他组织以其注册商标专用权出质的，出质人与质权人应当订立书面合同，并向商标局办理质权登记。

质权登记申请应由质权人和出质人共同提出。质权人和出质人可以直接向商标局申请，也

① 编者注：已废止。

可以委托商标代理机构代理。在中国没有经常居所或者营业场所的外国人或者外国企业应当委托代理机构办理。

第三条 办理注册商标专用权质权登记,出质人应当将在相同或者类似商品/服务上注册的相同或者近似商标一并办理质权登记。质权合同和质权登记申请书中应当载明出质的商标注册号。

第四条 申请注册商标专用权质权登记的,应提交下列文件:

(一)申请人签字或者盖章的《商标专用权质权登记申请书》;

(二)出质人、质权人的主体资格证明或者自然人身份证明复印件;

(三)主合同和注册商标专用权质权合同;

(四)直接办理的,应当提交授权委托书以及被委托人的身份证明;委托商标代理机构办理的,应当提交商标代理委托书;

(五)出质注册商标的注册证复印件;

(六)出质商标专用权的价值评估报告。如果质权人和出质人双方已就出质商标专用权的价值达成一致意见并提交了相关书面认可文件,申请人可不再提交;

(七)其他需要提供的材料。

上述文件为外文的,应当同时提交其中文译文。中文译文应当由翻译单位和翻译人员签字盖章确认。

第五条 注册商标专用权质权合同一般包括以下内容:

(一)出质人、质权人的姓名(名称)及住址;

(二)被担保的债权种类、数额;

(三)债务人履行债务的期限;

(四)出质注册商标的清单(列明注册商标的注册号、类别及专用期);

(五)担保的范围;

(六)当事人约定的其他事项。

第六条 申请登记书件齐备、符合规定的,商标局予以受理。受理日期即为登记日期。商标局自登记之日起5个工作日内向双方当事人发放《商标专用权质权登记证》。

《商标专用权质权登记证》应当载明下列内容:出质人和质权人的名称(姓名)、出质商标注册号、被担保的债权数额、质权登记期限、质权登记日期。

第七条 质权登记申请不符合本办法第二条、第三条、第四条、第五条规定的,商标局应当通知申请人,并允许其在30日内补正。申请人逾期不补正或者补正不符合要求的,视为其放弃该质权登记申请,商标局应书面通知申请人。

第八条 有下列情形之一的,商标局不予登记:

(一)出质人名称与商标局档案所记载的名称不一致,且不能提供相关证明证实其为注册商标权利人的;

(二)合同的签订违反法律法规强制性规定的;

(三)商标专用权已经被撤销、被注销或者有效期满未续展的;

(四)商标专用权已被人民法院查封、冻结的;

(五)其他不符合出质条件的。

第九条 质权登记后,有下列情形之一的,商标局应当撤销登记:

(一)发现有属于本办法第八条所列情形之一的;

(二)质权合同无效或者被撤销的;

(三)出质的注册商标因法定程序丧失专用权的;

(四)提交虚假证明文件或者以其他欺骗手段取得商标专用权质权登记的。

第十条 质权人或者出质人的名称(姓名)更改,以及质权合同担保的主债权数额变更的,当事人可以凭下列文件申请办理变更登记:

(一)申请人签字或者盖章的《商标专用权质权登记事项变更申请书》;

(二)出质人、质权人的主体资格证明或者自然人身份证明复印件;

(三)有关登记事项变更的协议或相关证明文件;

(四)原《商标专用权质权登记证》;

(五)授权委托书、被委托人的身份证明或者商标代理委托书;

(六)其他有关文件。

出质人名称(姓名)发生变更的,还应按照

《商标法实施条例》的规定在商标局办理变更注册人名义申请。

第十一条　因被担保的主合同履行期限延长、主债权未能按期实现等原因需要延长质权登记期限的，质权人和出质人双方应当在质权登记期限到期前，持以下文件申请办理延期登记：

（一）申请人签字或者盖章的《商标专用权质权登记期限延期申请书》；

（二）出质人、质权人的主体资格证明或者自然人身份证明复印件；

（三）当事人双方签署的延期协议；

（四）原《商标专用权质权登记证》；

（五）授权委托书、被委托人的身份证明或者商标代理委托书；

（六）其他有关文件。

第十二条　办理质权登记事项变更申请或者质权登记期限延期申请后，由商标局在原《商标专用权质权登记证》上加注发还，或者重新核发《商标专用权质权登记证》。

第十三条　商标专用权质权登记需要注销的，质权人和出质人双方可以持下列文件办理注销申请：

（一）申请人签字或者盖章的《商标专用权质权登记注销申请书》；

（二）出质人、质权人的主体资格证明或者自然人身份证明复印件；

（三）当事人双方签署的解除质权登记协议或者合同履行完毕凭证；

（四）原《商标专用权质权登记证》；

（五）授权委托书、被委托人的身份证明或者商标代理委托书；

（六）其他有关文件。

质权登记期限届满后，该质权登记自动失效。

第十四条　《商标专用权质权登记证》遗失的，可以向商标局申请补发。

第十五条　商标局设立质权登记簿，供相关公众查阅。

第十六条　反担保及最高额质权适用本规定。

第十七条　本规定自2009年11月1日起施行。本规定施行之日起原《商标专用权质押登记程序》（国家工商行政管理局工商标字〔1997〕第127号）废止。

附件：（略）

专利权质押登记办法

（2010年8月26日国家知识产权局令第56号公布　自2010年10月1日起施行）

第一条　为了促进专利权的运用和资金融通，保障债权的实现，规范专利权质押登记，根据《中华人民共和国物权法》、《中华人民共和国担保法》、《中华人民共和国专利法》及有关规定，制定本办法。

第二条　国家知识产权局负责专利权质押登记工作。

第三条　以专利权出质的，出质人与质权人应当订立书面质押合同。

质押合同可以是单独订立的合同，也可以是主合同中的担保条款。

第四条　以共有的专利权出质的，除全体共有人另有约定的以外，应当取得其他共有人的同意。

第五条　在中国没有经常居所或者营业所的外国人、外国企业或者外国其他组织办理专利权质押登记手续的，应当委托依法设立的专利代理机构办理。

中国单位或者个人办理专利权质押登记手续的，可以委托依法设立的专利代理机构办理。

第六条　当事人可以通过邮寄、直接送交等方式办理专利权质押登记相关手续。

第七条　申请专利权质押登记的，当事人应当向国家知识产权局提交下列文件：

（一）出质人和质权人共同签字或者盖章的专利权质押登记申请表；

（二）专利权质押合同；

（三）双方当事人的身份证明；

（四）委托代理的，注明委托权限的委托书；

（五）其他需要提供的材料。

专利权经过资产评估的，当事人还应当提交资产评估报告。

除身份证明外，当事人提交的其他各种文件

应当使用中文。身份证明是外文的，当事人应当附送中文译文；未附送的，视为未提交。

对于本条第一款和第二款规定的文件，当事人可以提交电子扫描件。

第八条 国家知识产权局收到当事人提交的质押登记申请文件后，应当通知申请人。

第九条 当事人提交的专利权质押合同应当包括以下与质押登记相关的内容：

（一）当事人的姓名或者名称、地址；

（二）被担保债权的种类和数额；

（三）债务人履行债务的期限；

（四）专利权项数以及每项专利权的名称、专利号、申请日、授权公告日；

（五）质押担保的范围。

第十条 除本办法第九条规定的事项外，当事人可以在专利权质押合同中约定下列事项：

（一）质押期间专利权年费的缴纳；

（二）质押期间专利权的转让、实施许可；

（三）质押期间专利权被宣告无效或者专利权归属发生变更时的处理；

（四）实现质权时，相关技术资料的交付。

第十一条 国家知识产权局自收到专利权质押登记申请文件之日起7个工作日内进行审查并决定是否予以登记。

第十二条 专利权质押登记申请经审查合格的，国家知识产权局在专利登记簿上予以登记，并向当事人发送《专利权质押登记通知书》。质权自国家知识产权局登记时设立。

经审查发现有下列情形之一的，国家知识产权局作出不予登记的决定，并向当事人发送《专利权质押不予登记通知书》：

（一）出质人与专利登记簿记载的专利权人不一致的；

（二）专利权已终止或者已被宣告无效的；

（三）专利申请尚未被授予专利权的；

（四）专利权处于年费缴纳滞纳期的；

（五）专利权已被启动无效宣告程序的；

（六）因专利权的归属发生纠纷或者人民法院裁定对专利权采取保全措施，专利权的质押手续被暂停办理的；

（七）债务人履行债务的期限超过专利权有效期的；

（八）质押合同约定在债务履行期届满质权人未受清偿时，专利权归质权人所有的；

（九）质押合同不符合本办法第九条规定的；

（十）以共有专利权出质但未取得全体共有人同意的；

（十一）专利权已被申请质押登记且处于质押期间的；

（十二）其他应当不予登记的情形。

第十三条 专利权质押期间，国家知识产权局发现质押登记存在本办法第十二条第二款所列情形并且尚未消除的，或者发现其他应当撤销专利权质押登记的情形的，应当撤销专利权质押登记，并向当事人发出《专利权质押登记撤销通知书》。

专利权质押登记被撤销的，质押登记的效力自始无效。

第十四条 国家知识产权局在专利公报上公告专利权质押登记的下列内容：出质人、质权人、主分类号、专利号、授权公告日、质押登记日等。

专利权质押登记后变更、注销的，国家知识产权局予以登记和公告。

第十五条 专利权质押期间，出质人未提交质权人同意其放弃该专利权的证明材料的，国家知识产权局不予办理专利权放弃手续。

第十六条 专利权质押期间，出质人未提交质权人同意转让或者许可实施该专利权的证明材料的，国家知识产权局不予办理专利权转让登记手续或者专利实施合同备案手续。

出质人转让或者许可他人实施出质的专利权的，出质人所得的转让费、许可费应当向质权人提前清偿债务或者提存。

第十七条 专利权质押期间，当事人的姓名或者名称、地址、被担保的主债权种类及数额或者质押担保的范围发生变更的，当事人应当自变更之日起30日内持变更协议、原《专利权质押登记通知书》和其他有关文件，向国家知识产权局办理专利权质押登记变更手续。

第十八条 有下列情形之一的，当事人应当持《专利权质押登记通知书》以及相关证明文件，向国家知识产权局办理质押登记注销手续：

（一）债务人按期履行债务或者出质人提前

清偿所担保的债务的；

（二）质权已经实现的；

（三）质权人放弃质权的；

（四）因主合同无效、被撤销致使质押合同无效、被撤销的；

（五）法律规定质权消灭的其他情形。

国家知识产权局收到注销登记申请后，经审核，向当事人发出《专利权质押登记注销通知书》。专利权质押登记的效力自注销之日起终止。

第十九条 专利权在质押期间被宣告无效或者终止的，国家知识产权局应当通知质权人。

第二十条 专利权人没有按照规定缴纳已经质押的专利权的年费的，国家知识产权局应当在向专利权人发出缴费通知书的同时通知质权人。

第二十一条 本办法由国家知识产权局负责解释。

第二十二条 本办法自2010年10月1日起施行。1996年9月19日中华人民共和国专利局令第八号发布的《专利权质押合同登记管理暂行办法》同时废止。

著作权质权登记办法

（2010年11月25日国家版权局令第8号公布　自2011年1月1日起施行）

第一条 为规范著作权出质行为，保护债权人合法权益，维护著作权交易秩序，根据《中华人民共和国物权法》、《中华人民共和国担保法》和《中华人民共和国著作权法》的有关规定，制定本办法。

第二条 国家版权局负责著作权质权登记工作。

第三条 《中华人民共和国著作权法》规定的著作权以及与著作权有关的权利（以下统称“著作权”）中的财产权可以出质。

以共有的著作权出质的，除另有约定外，应当取得全体共有人的同意。

第四条 以著作权出质的，出质人和质权人应当订立书面质权合同，并由双方共同向登记机构办理著作权质权登记。

出质人和质权人可以自行办理，也可以委托代理人办理。

第五条 著作权质权的设立、变更、转让和消灭，自记载于《著作权质权登记簿》时发生效力。

第六条 申请著作权质权登记的，应提交下列文件：

（一）著作权质权登记申请表；

（二）出质人和质权人的身份证明；

（三）主合同和著作权质权合同；

（四）委托代理人办理的，提交委托书和受托人的身份证明；

（五）以共有的著作权出质的，提交共有人同意出质的书面文件；

（六）出质前授权他人使用的，提交授权合同；

（七）出质的著作权经过价值评估的、质权人要求价值评估的或相关法律法规要求价值评估的，提交有效的价值评估报告；

（八）其他需要提供的材料。

提交的文件是外文的，需同时附送中文译本。

第七条 著作权质权合同一般包括以下内容：

（一）出质人和质权人的基本信息；

（二）被担保债权的种类和数额；

（三）债务人履行债务的期限；

（四）出质著作权的内容和保护期；

（五）质权担保的范围和期限；

（六）当事人约定的其他事项。

第八条 申请人提交材料齐全的，登记机构应当予以受理。提交的材料不齐全的，登记机构不予受理。

第九条 经审查符合要求的，登记机构应当自受理之日起10日内予以登记，并向出质人和质权人发放《著作权质权登记证书》。

第十条 经审查不符合要求的，登记机构应当自受理之日起10日内通知申请人补正。补正通知书应载明补正事项和合理的补正期限。无正当理由逾期不补正的，视为撤回申请。

第十一条 《著作权质权登记证书》的内容包括：

（一）出质人和质权人的基本信息；

（二）出质著作权的基本信息；

（三）著作权质权登记号；

（四）登记日期。

《著作权质权登记证书》应当标明：著作权质权自登记之日起设立。

第十二条 有下列情形之一的，登记机构不予登记：

（一）出质人不是著作权人的；

（二）合同违反法律法规强制性规定的；

（三）出质著作权的保护期届满的；

（四）债务人履行债务的期限超过著作权保护期的；

（五）出质著作权存在权属争议的；

（六）其他不符合出质条件的。

第十三条 登记机构办理著作权质权登记前，申请人可以撤回登记申请。

第十四条 著作权出质期间，未经质权人同意，出质人不得转让或者许可他人使用已经出质的权利。

出质人转让或者许可他人使用出质的权利所得的价款，应当向质权人提前清偿债务或者提存。

第十五条 有下列情形之一的，登记机构应当撤销质权登记：

（一）登记后发现有第十二条所列情形的；

（二）根据司法机关、仲裁机关或行政管理机关作出的影响质权效力的生效裁决或行政处罚决定书应当撤销的；

（三）著作权质权合同无效或者被撤销的；

（四）申请人提供虚假文件或者以其他手段骗取著作权质权登记的；

（五）其他应当撤销的。

第十六条 著作权出质期间，申请人的基本信息、著作权的基本信息、担保的债权种类及数额、或者担保的范围等事项发生变更的，申请人持变更协议、原《著作权质权登记证书》和其他相关材料向登记机构申请变更登记。

第十七条 申请变更登记的，登记机构自受理之日起10日内完成审查。经审查符合要求的，对变更事项予以登记。

变更事项涉及证书内容变更的，应交回原登记证书，由登记机构发放新的证书。

第十八条 有下列情形之一的，申请人应当申请注销质权登记：

（一）出质人和质权人协商一致同意注销的；

（二）主合同履行完毕的；

（三）质权实现的；

（四）质权人放弃质权的；

（五）其他导致质权消灭的。

第十九条 申请注销质权登记的，应当提交注销登记申请书、注销登记证明、申请人身份证明等材料，并交回原《著作权质权登记证书》。

登记机构应当自受理之日起10日内办理完毕，并发放注销登记通知书。

第二十条 登记机构应当设立《著作权质权登记簿》，记载著作权质权登记的相关信息，供社会公众查询。

《著作权质权登记证书》的内容应当与《著作权质权登记簿》的内容一致。记载不一致的，除有证据证明《著作权质权登记簿》确有错误外，以《著作权质权登记簿》为准。

第二十一条 《著作权质权登记簿》应当包括以下内容：

（一）出质人和质权人的基本信息；

（二）著作权质权合同的主要内容；

（三）著作权质权登记号；

（四）登记日期；

（五）登记撤销情况；

（六）登记变更情况；

（七）登记注销情况；

（八）其他需要记载的内容。

第二十二条 《著作权质权登记证书》灭失或者毁损的，可以向登记机构申请补发或换发。登记机构应自收到申请之日起5日内予以补发或换发。

第二十三条 登记机构应当通过国家版权局网站公布著作权质权登记的基本信息。

第二十四条 本办法由国家版权局负责解释。

第二十五条 本办法自2011年1月1日起施行。1996年9月23日国家版权局发布的《著作权质押合同登记办法》同时废止。

四 合 同

中华人民共和国合同法

(1999年3月15日第九届全国人民代表大会第二次会议通过 1999年3月15日中华人民共和国主席令第15号公布 自1999年10月1日起施行)

目 录

总 则

第一章 一般规定

第一条 为了保护合同当事人的合法权益,维护社会经济秩序,促进社会主义现代化建设,制定本法。

第二条 本法所称合同是平等主体的自然人、法人、其他组织之间设立、变更、终止民事权利义务关系的协议。

婚姻、收养、监护等有关身份关系的协议,适用其他法律的规定。

第三条 合同当事人的法律地位平等,一方不得将自己的意志强加给另一方。

第四条 当事人依法享有自愿订立合同的权利,任何单位和个人不得非法干预。

第五条 当事人应当遵循公平原则确定各方的权利和义务。

第六条 当事人行使权利、履行义务应当遵循诚实信用原则。

第七条 当事人订立、履行合同,应当遵守法律、行政法规,尊重社会公德,不得扰乱社会经济秩序,损害社会公共利益。

第八条 依法成立的合同,对当事人具有法律约束力。当事人应当按照约定履行自己的义务,不得擅自变更或者解除合同。

依法成立的合同,受法律保护。

第二章 合同的订立

第九条 当事人订立合同,应当具有相应的民事权利能力和民事行为能力。

当事人依法可以委托代理人订立合同。

第十条 当事人订立合同,有书面形式、口头形式和其他形式。

法律、行政法规规定采用书面形式的,应当采用书面形式。当事人约定采用书面形式的,应当采用书面形式。

第十一条 书面形式是指合同书、信件和数据电文(包括电报、电传、传真、电子数据交换和电子邮件)等可以有形地表现所载内容的形式。

第十二条 合同的内容由当事人约定,一般包括以下条款:

(一) 当事人的名称或者姓名和住所;
(二) 标的;
(三) 数量;
(四) 质量;
(五) 价款或者报酬;

（六）履行期限、地点和方式；

（七）违约责任；

（八）解决争议的方法。

当事人可以参照各类合同的示范文本订立合同。

第十三条　当事人订立合同，采取要约、承诺方式。

第十四条　要约是希望和他人订立合同的意思表示，该意思表示应当符合下列规定：

（一）内容具体确定；

（二）表明经受要约人承诺，要约人即受该意思表示约束。

第十五条　要约邀请是希望他人向自己发出要约的意思表示。寄送的价目表、拍卖公告、招标公告、招股说明书、商业广告等为要约邀请。

商业广告的内容符合要约规定的，视为要约。

第十六条　要约到达受要约人时生效。

采用数据电文形式订立合同，收件人指定特定系统接收数据电文的，该数据电文进入该特定系统的时间，视为到达时间；未指定特定系统的，该数据电文进入收件人的任何系统的首次时间，视为到达时间。

第十七条　要约可以撤回。撤回要约的通知应当在要约到达受要约人之前或者与要约同时到达受要约人。

第十八条　要约可以撤销。撤销要约的通知应当在受要约人发出承诺通知之前到达受要约人。

第十九条　有下列情形之一的，要约不得撤销：

（一）要约人确定了承诺期限或者以其他形式明示要约不可撤销；

（二）受要约人有理由认为要约是不可撤销的，并已经为履行合同作了准备工作。

第二十条　有下列情形之一的，要约失效：

（一）拒绝要约的通知到达要约人；

（二）要约人依法撤销要约；

（三）承诺期限届满，受要约人未作出承诺；

（四）受要约人对要约的内容作出实质性变更。

第二十一条　承诺是受要约人同意要约的意思表示。

第二十二条　承诺应当以通知的方式作出，但根据交易习惯或者要约表明可以通过行为作出承诺的除外。

第二十三条　承诺应当在要约确定的期限内到达要约人。

要约没有确定承诺期限的，承诺应当依照下列规定到达：

（一）要约以对话方式作出的，应当即时作出承诺，但当事人另有约定的除外；

（二）要约以非对话方式作出的，承诺应当在合理期限内到达。

第二十四条　要约以信件或者电报作出的，承诺期限自信件载明的日期或者电报交发之日开始计算。信件未载明日期的，自投寄该信件的邮戳日期开始计算。要约以电话、传真等快速通讯方式作出的，承诺期限自要约到达受要约人时开始计算。

第二十五条　承诺生效时合同成立。

第二十六条　承诺通知到达要约人时生效。承诺不需要通知的，根据交易习惯或者要约的要求作出承诺的行为时生效。

采用数据电文形式订立合同的，承诺到达的时间适用本法第十六条第二款的规定。

第二十七条　承诺可以撤回。撤回承诺的通知应当在承诺通知到达要约人之前或者与承诺通知同时到达要约人。

第二十八条　受要约人超过承诺期限发出承诺的，除要约人及时通知受要约人该承诺有效的以外，为新要约。

第二十九条　受要约人在承诺期限内发出承诺，按照通常情形能够及时到达要约人，但因其他原因承诺到达要约人时超过承诺期限的，除要约人及时通知受要约人因承诺超过期限不接受该承诺的以外，该承诺有效。

第三十条　承诺的内容应当与要约的内容一致。受要约人对要约的内容作出实质性变更的，为新要约。有关合同标的、数量、质量、价款或者报酬、履行期限、履行地点和方式、违约责任和解决争议方法等的变更，是对要约内容的实质性变更。

第三十一条　承诺对要约的内容作出非实

质性变更的，除要约人及时表示反对或者要约表明承诺不得对要约的内容作出任何变更的以外，该承诺有效，合同的内容以承诺的内容为准。

第三十二条 当事人采用合同书形式订立合同的，自双方当事人签字或者盖章时合同成立。

第三十三条 当事人采用信件、数据电文等形式订立合同的，可以在合同成立之前要求签订确认书。签订确认书时合同成立。

第三十四条 承诺生效的地点为合同成立的地点。

采用数据电文形式订立合同的，收件人的主营业地为合同成立的地点；没有主营业地的，其经常居住地为合同成立的地点。当事人另有约定的，按照其约定。

第三十五条 当事人采用合同书形式订立合同的，双方当事人签字或者盖章的地点为合同成立的地点。

第三十六条 法律、行政法规规定或者当事人约定采用书面形式订立合同，当事人未采用书面形式但一方已经履行主要义务，对方接受的，该合同成立。

第三十七条 采用合同书形式订立合同，在签字或者盖章之前，当事人一方已经履行主要义务，对方接受的，该合同成立。

第三十八条 国家根据需要下达指令性任务或者国家订货任务的，有关法人、其他组织之间应当依照有关法律、行政法规规定的权利和义务订立合同。

第三十九条 采用格式条款订立合同的，提供格式条款的一方应当遵循公平原则确定当事人之间的权利和义务，并采取合理的方式提请对方注意免除或者限制其责任的条款，按照对方的要求，对该条款予以说明。

格式条款是当事人为了重复使用而预先拟定，并在订立合同时未与对方协商的条款。

第四十条 格式条款具有本法第五十二条和第五十三条规定情形的，或者提供格式条款一方免除其责任、加重对方责任、排除对方主要权利的，该条款无效。

第四十一条 对格式条款的理解发生争议的，应当按照通常理解予以解释。对格式条款有两种以上解释的，应当作出不利于提供格式条款一方的解释。格式条款和非格式条款不一致的，应当采用非格式条款。

第四十二条 当事人在订立合同过程中有下列情形之一，给对方造成损失的，应当承担损害赔偿责任：

（一）假借订立合同，恶意进行磋商；

（二）故意隐瞒与订立合同有关的重要事实或者提供虚假情况；

（三）有其他违背诚实信用原则的行为。

第四十三条 当事人在订立合同过程中知悉的商业秘密，无论合同是否成立，不得泄露或者不正当地使用。泄露或者不正当地使用该商业秘密给对方造成损失的，应当承担损害赔偿责任。

第三章 合同的效力

第四十四条 依法成立的合同，自成立时生效。

法律、行政法规规定应当办理批准、登记等手续生效的，依照其规定。

第四十五条 当事人对合同的效力可以约定附条件。附生效条件的合同，自条件成就时生效。附解除条件的合同，自条件成就时失效。

当事人为自己的利益不正当地阻止条件成就的，视为条件已成就；不正当地促成条件成就的，视为条件不成就。

第四十六条 当事人对合同的效力可以约定附期限。附生效期限的合同，自期限届至时生效。附终止期限的合同，自期限届满时失效。

第四十七条 限制民事行为能力人订立的合同，经法定代理人追认后，该合同有效，但纯获利益的合同或者与其年龄、智力、精神健康状况相适应而订立的合同，不必经法定代理人追认。

相对人可以催告法定代理人在一个月内予以追认。法定代理人未作表示的，视为拒绝追认。合同被追认之前，善意相对人有撤销的权利。撤销应当以通知的方式作出。

第四十八条 行为人没有代理权、超越代理权或者代理权终止后以被代理人名义订立的合同，未经被代理人追认，对被代理人不发生效力，由行为人承担责任。

相对人可以催告被代理人在一个月内予以追认。被代理人未作表示的,视为拒绝追认。合同被追认之前,善意相对人有撤销的权利。撤销应当以通知的方式作出。

第四十九条 行为人没有代理权、超越代理权或者代理权终止后以被代理人名义订立合同,相对人有理由相信行为人有代理权的,该代理行为有效。

第五十条 法人或者其他组织的法定代表人、负责人超越权限订立的合同,除相对人知道或者应当知道其超越权限的以外,该代表行为有效。

第五十一条 无处分权的人处分他人财产,经权利人追认或者无处分权的人订立合同后取得处分权的,该合同有效。

第五十二条 有下列情形之一的,合同无效:

(一)一方以欺诈、胁迫的手段订立合同,损害国家利益;

(二)恶意串通,损害国家、集体或者第三人利益;

(三)以合法形式掩盖非法目的;

(四)损害社会公共利益;

(五)违反法律、行政法规的强制性规定。

第五十三条 合同中的下列免责条款无效:

(一)造成对方人身伤害的;

(二)因故意或者重大过失造成对方财产损失的。

第五十四条 下列合同,当事人一方有权请求人民法院或者仲裁机构变更或者撤销:

(一)因重大误解订立的;

(二)在订立合同时显失公平的。

一方以欺诈、胁迫的手段或者乘人之危,使对方在违背真实意思的情况下订立的合同,受损害方有权请求人民法院或者仲裁机构变更或者撤销。

当事人请求变更的,人民法院或者仲裁机构不得撤销。

第五十五条 有下列情形之一的,撤销权消灭:

(一)具有撤销权的当事人自知道或者应当知道撤销事由之日起一年内没有行使撤销权;

(二)具有撤销权的当事人知道撤销事由后明确表示或者以自己的行为放弃撤销权。

第五十六条 无效的合同或者被撤销的合同自始没有法律约束力。合同部分无效,不影响其他部分效力的,其他部分仍然有效。

第五十七条 合同无效、被撤销或者终止的,不影响合同中独立存在的有关解决争议方法的条款的效力。

第五十八条 合同无效或者被撤销后,因该合同取得的财产,应当予以返还;不能返还或者没有必要返还的,应当折价补偿。有过错的一方应当赔偿对方因此所受到的损失,双方都有过错的,应当各自承担相应的责任。

第五十九条 当事人恶意串通,损害国家、集体或者第三人利益的,因此取得的财产收归国家所有或者返还集体、第三人。

第四章 合同的履行

第六十条 当事人应当按照约定全面履行自己的义务。

当事人应当遵循诚实信用原则,根据合同的性质、目的和交易习惯履行通知、协助、保密等义务。

第六十一条 合同生效后,当事人就质量、价款或者报酬、履行地点等内容没有约定或者约定不明确的,可以协议补充;不能达成补充协议的,按照合同有关条款或者交易习惯确定。

第六十二条 当事人就有关合同内容约定不明确,依照本法第六十一条的规定仍不能确定的,适用下列规定:

(一)质量要求不明确的,按照国家标准、行业标准履行;没有国家标准、行业标准的,按照通常标准或者符合合同目的的特定标准履行。

(二)价款或者报酬不明确的,按照订立合同时履行地的市场价格履行;依法应当执行政府定价或者政府指导价的,按照规定履行。

(三)履行地点不明确,给付货币的,在接受货币一方所在地履行;交付不动产的,在不动产所在地履行;其他标的,在履行义务一方所在地履行。

(四)履行期限不明确的,债务人可以随时履行,债权人也可以随时要求履行,但应当给对方必要的准备时间。

（五）履行方式不明确的，按照有利于实现合同目的的方式履行。

（六）履行费用的负担不明确的，由履行义务一方负担。

第六十三条 执行政府定价或者政府指导价的，在合同约定的交付期限内政府价格调整时，按照交付时的价格计价。逾期交付标的物的，遇价格上涨时，按照原价格执行；价格下降时，按照新价格执行。逾期提取标的物或者逾期付款的，遇价格上涨时，按照新价格执行；价格下降时，按照原价格执行。

第六十四条 当事人约定由债务人向第三人履行债务的，债务人未向第三人履行债务或者履行债务不符合约定，应当向债权人承担违约责任。

第六十五条 当事人约定由第三人向债权人履行债务的，第三人不履行债务或者履行债务不符合约定，债务人应当向债权人承担违约责任。

第六十六条 当事人互负债务，没有先后履行顺序的，应当同时履行。一方在对方履行之前有权拒绝其履行要求。一方在对方履行债务不符合约定时，有权拒绝其相应的履行要求。

第六十七条 当事人互负债务，有先后履行顺序，先履行一方未履行的，后履行一方有权拒绝其履行要求。先履行一方履行债务不符合约定的，后履行一方有权拒绝其相应的履行要求。

第六十八条 应当先履行债务的当事人，有确切证据证明对方有下列情形之一的，可以中止履行：

（一）经营状况严重恶化；

（二）转移财产、抽逃资金，以逃避债务；

（三）丧失商业信誉；

（四）有丧失或者可能丧失履行债务能力的其他情形。

当事人没有确切证据中止履行的，应当承担违约责任。

第六十九条 当事人依照本法第六十八条的规定中止履行的，应当及时通知对方。对方提供适当担保时，应当恢复履行。中止履行后，对方在合理期限内未恢复履行能力并且未提供适当担保的，中止履行的一方可以解除合同。

第七十条 债权人分立、合并或者变更住所没有通知债务人，致使履行债务发生困难的，债务人可以中止履行或者将标的物提存。

第七十一条 债权人可以拒绝债务人提前履行债务，但提前履行不损害债权人利益的除外。

债务人提前履行债务给债权人增加的费用，由债务人负担。

第七十二条 债权人可以拒绝债务人部分履行债务，但部分履行不损害债权人利益的除外。

债务人部分履行债务给债权人增加的费用，由债务人负担。

第七十三条 因债务人怠于行使其到期债权，对债权人造成损害的，债权人可以向人民法院请求以自己的名义代位行使债务人的债权，但该债权专属于债务人自身的除外。

代位权的行使范围以债权人的债权为限。债权人行使代位权的必要费用，由债务人负担。

第七十四条 因债务人放弃其到期债权或者无偿转让财产，对债权人造成损害的，债权人可以请求人民法院撤销债务人的行为。债务人以明显不合理的低价转让财产，对债权人造成损害，并且受让人知道该情形的，债权人也可以请求人民法院撤销债务人的行为。

撤销权的行使范围以债权人的债权为限。债权人行使撤销权的必要费用，由债务人负担。

第七十五条 撤销权自债权人知道或者应当知道撤销事由之日起一年内行使。自债务人的行为发生之日起五年内没有行使撤销权的，该撤销权消灭。

第七十六条 合同生效后，当事人不得因姓名、名称的变更或者法定代表人、负责人、承办人的变动而不履行合同义务。

第五章　合同的变更和转让

第七十七条 当事人协商一致，可以变更合同。

法律、行政法规规定变更合同应当办理批准、登记等手续的，依照其规定。

第七十八条 当事人对合同变更的内容约

定不明确的,推定为未变更。

第七十九条 债权人可以将合同的权利全部或者部分转让给第三人,但有下列情形之一的除外:

(一)根据合同性质不得转让;

(二)按照当事人约定不得转让;

(三)依照法律规定不得转让。

第八十条 债权人转让权利的,应当通知债务人。未经通知,该转让对债务人不发生效力。

债权人转让权利的通知不得撤销,但经受让人同意的除外。

第八十一条 债权人转让权利的,受让人取得与债权有关的从权利,但该从权利专属于债权人自身的除外。

第八十二条 债务人接到债权转让通知后,债务人对让与人的抗辩,可以向受让人主张。

第八十三条 债务人接到债权转让通知时,债务人对让与人享有债权,并且债务人的债权先于转让的债权到期或者同时到期的,债务人可以向受让人主张抵销。

第八十四条 债务人将合同的义务全部或者部分转移给第三人的,应当经债权人同意。

第八十五条 债务人转移义务的,新债务人可以主张原债务人对债权人的抗辩。

第八十六条 债务人转移义务的,新债务人应当承担与主债务有关的从债务,但该从债务专属于原债务人自身的除外。

第八十七条 法律、行政法规规定转让权利或者转移义务应当办理批准、登记等手续的,依照其规定。

第八十八条 当事人一方经对方同意,可以将自己在合同中的权利和义务一并转让给第三人。

第八十九条 权利和义务一并转让的,适用本法第七十九条、第八十一条至第八十三条、第八十五条至第八十七条的规定。

第九十条 当事人订立合同后合并的,由合并后的法人或者其他组织行使合同权利,履行合同义务。当事人订立合同后分立的,除债权人和债务人另有约定的以外,由分立的法人或者其他组织对合同的权利和义务享有连带债权,承担连带债务。

第六章 合同的权利义务终止

第九十一条 有下列情形之一的,合同的权利义务终止:

(一)债务已经按照约定履行;

(二)合同解除;

(三)债务相互抵销;

(四)债务人依法将标的物提存;

(五)债权人免除债务;

(六)债权债务同归于一人;

(七)法律规定或者当事人约定终止的其他情形。

第九十二条 合同的权利义务终止后,当事人应当遵循诚实信用原则,根据交易习惯履行通知、协助、保密等义务。

第九十三条 当事人协商一致,可以解除合同。

当事人可以约定一方解除合同的条件。解除合同的条件成就时,解除权人可以解除合同。

第九十四条 有下列情形之一的,当事人可以解除合同:

(一)因不可抗力致使不能实现合同目的;

(二)在履行期限届满之前,当事人一方明确表示或者以自己的行为表明不履行主要债务;

(三)当事人一方迟延履行主要债务,经催告后在合理期限内仍未履行;

(四)当事人一方迟延履行债务或者有其他违约行为致使不能实现合同目的;

(五)法律规定的其他情形。

第九十五条 法律规定或者当事人约定解除权行使期限,期限届满当事人不行使的,该权利消灭。

法律没有规定或者当事人没有约定解除权行使期限,经对方催告后在合理期限内不行使的,该权利消灭。

第九十六条 当事人一方依照本法第九十三条第二款、第九十四条的规定主张解除合同的,应当通知对方。合同自通知到达对方时解除。对方有异议的,可以请求人民法院或者仲裁机构确认解除合同的效力。

法律、行政法规规定解除合同应当办理批准、登记等手续的,依照其规定。

第九十七条　合同解除后，尚未履行的，终止履行；已经履行的，根据履行情况和合同性质，当事人可以要求恢复原状、采取其他补救措施，并有权要求赔偿损失。

第九十八条　合同的权利义务终止，不影响合同中结算和清理条款的效力。

第九十九条　当事人互负到期债务，该债务的标的物种类、品质相同的，任何一方可以将自己的债务与对方的债务抵销，但依照法律规定或者按照合同性质不得抵销的除外。

当事人主张抵销的，应当通知对方。通知自到达对方时生效。抵销不得附条件或者附期限。

第一百条　当事人互负债务，标的物种类、品质不相同的，经双方协商一致，也可以抵销。

第一百零一条　有下列情形之一，难以履行债务的，债务人可以将标的物提存：

（一）债权人无正当理由拒绝受领；

（二）债权人下落不明；

（三）债权人死亡未确定继承人或者丧失民事行为能力未确定监护人；

（四）法律规定的其他情形。

标的物不适于提存或者提存费用过高的，债务人依法可以拍卖或者变卖标的物，提存所得的价款。

第一百零二条　标的物提存后，除债权人下落不明的以外，债务人应当及时通知债权人或者债权人的继承人、监护人。

第一百零三条　标的物提存后，毁损、灭失的风险由债权人承担。提存期间，标的物的孳息归债权人所有。提存费用由债权人负担。

第一百零四条　债权人可以随时领取提存物，但债权人对债务人负有到期债务的，在债权人未履行债务或者提供担保之前，提存部门根据债务人的要求应当拒绝其领取提存物。

债权人领取提存物的权利，自提存之日起五年内不行使而消灭，提存物扣除提存费用后归国家所有。

第一百零五条　债权人免除债务人部分或者全部债务的，合同的权利义务部分或者全部终止。

第一百零六条　债权和债务同归于一人的，合同的权利义务终止，但涉及第三人利益的除外。

第七章　违约责任

第一百零七条　当事人一方不履行合同义务或者履行合同义务不符合约定的，应当承担继续履行、采取补救措施或者赔偿损失等违约责任。

第一百零八条　当事人一方明确表示或者以自己的行为表明不履行合同义务的，对方可以在履行期限届满之前要求其承担违约责任。

第一百零九条　当事人一方未支付价款或者报酬的，对方可以要求其支付价款或者报酬。

第一百一十条　当事人一方不履行非金钱债务或者履行非金钱债务不符合约定的，对方可以要求履行，但有下列情形之一的除外：

（一）法律上或者事实上不能履行；

（二）债务的标的不适于强制履行或者履行费用过高；

（三）债权人在合理期限内未要求履行。

第一百一十一条　质量不符合约定的，应当按照当事人的约定承担违约责任。对违约责任没有约定或者约定不明确，依照本法第六十一条的规定仍不能确定的，受损害方根据标的的性质以及损失的大小，可以合理选择要求对方承担修理、更换、重作、退货、减少价款或者报酬等违约责任。

第一百一十二条　当事人一方不履行合同义务或者履行合同义务不符合约定的，在履行义务或者采取补救措施后，对方还有其他损失的，应当赔偿损失。

第一百一十三条　当事人一方不履行合同义务或者履行合同义务不符合约定，给对方造成损失的，损失赔偿额应当相当于因违约所造成的损失，包括合同履行后可以获得的利益，但不得超过违反合同一方订立合同时预见到或者应当预见到的因违反合同可能造成的损失。

经营者对消费者提供商品或者服务有欺诈行为的，依照《中华人民共和国消费者权益保护法》的规定承担损害赔偿责任。

第一百一十四条　当事人可以约定一方违约时应当根据违约情况向对方支付一定数额的违约金，也可以约定因违约产生的损失赔偿额的计算方法。

约定的违约金低于造成的损失的,当事人可以请求人民法院或者仲裁机构予以增加;约定的违约金过分高于造成的损失的,当事人可以请求人民法院或者仲裁机构予以适当减少。

当事人就迟延履行约定违约金的,违约方支付违约金后,还应当履行债务。

第一百一十五条 当事人可以依照《中华人民共和国担保法》约定一方向对方给付定金作为债权的担保。债务人履行债务后,定金应当抵作价款或者收回。给付定金的一方不履行约定的债务的,无权要求返还定金;收受定金的一方不履行约定的债务的,应当双倍返还定金。

第一百一十六条 当事人既约定违约金,又约定定金的,一方违约时,对方可以选择适用违约金或者定金条款。

第一百一十七条 因不可抗力不能履行合同的,根据不可抗力的影响,部分或者全部免除责任,但法律另有规定的除外。当事人迟延履行后发生不可抗力的,不能免除责任。

本法所称不可抗力,是指不能预见、不能避免并不能克服的客观情况。

第一百一十八条 当事人一方因不可抗力不能履行合同的,应当及时通知对方,以减轻可能给对方造成的损失,并应当在合理期限内提供证明。

第一百一十九条 当事人一方违约后,对方应当采取适当措施防止损失的扩大;没有采取适当措施致使损失扩大的,不得就扩大的损失要求赔偿。

当事人因防止损失扩大而支出的合理费用,由违约方承担。

第一百二十条 当事人双方都违反合同的,应当各自承担相应的责任。

第一百二十一条 当事人一方因第三人的原因造成违约的,应当向对方承担违约责任。当事人一方和第三人之间的纠纷,依照法律规定或者按照约定解决。

第一百二十二条 因当事人一方的违约行为,侵害对方人身、财产权益的,受损害方有权选择依照本法要求其承担违约责任或者依照其他法律要求其承担侵权责任。

第八章 其他规定

第一百二十三条 其他法律对合同另有规定的,依照其规定。

第一百二十四条 本法分则或者其他法律没有明文规定的合同,适用本法总则的规定,并可以参照本法分则或者其他法律最相类似的规定。

第一百二十五条 当事人对合同条款的理解有争议的,应当按照合同所使用的词句、合同的有关条款、合同的目的、交易习惯以及诚实信用原则,确定该条款的真实意思。

合同文本采用两种以上文字订立并约定具有同等效力的,对各文本使用的词句推定具有相同含义。各文本使用的词句不一致的,应当根据合同的目的予以解释。

第一百二十六条 涉外合同的当事人可以选择处理合同争议所适用的法律,但法律另有规定的除外。涉外合同的当事人没有选择的,适用与合同有最密切联系的国家的法律。

在中华人民共和国境内履行的中外合资经营企业合同、中外合作经营企业合同、中外合作勘探开发自然资源合同,适用中华人民共和国法律。

第一百二十七条 工商行政管理部门和其他有关行政主管部门在各自的职权范围内,依照法律、行政法规的规定,对利用合同危害国家利益、社会公共利益的违法行为,负责监督处理;构成犯罪的,依法追究刑事责任。

第一百二十八条 当事人可以通过和解或者调解解决合同争议。

当事人不愿和解、调解或者和解、调解不成的,可以根据仲裁协议向仲裁机构申请仲裁。涉外合同的当事人可以根据仲裁协议向中国仲裁机构或者其他仲裁机构申请仲裁。当事人没有订立仲裁协议或者仲裁协议无效的,可以向人民法院起诉。当事人应当履行发生法律效力的判决、仲裁裁决、调解书;拒不履行的,对方可以请求人民法院执行。

第一百二十九条 因国际货物买卖合同和技术进出口合同争议提起诉讼或者申请仲裁的期限为四年,自当事人知道或者应当知道其权利受到侵害之日起计算。因其他合同争议提起诉讼或者申请仲裁的期限,依照有关法律的规定。

分 则

第九章 买卖合同

第一百三十条 买卖合同是出卖人转移标的物的所有权于买受人,买受人支付价款的合同。

第一百三十一条 买卖合同的内容除依照本法第十二条的规定以外,还可以包括包装方式、检验标准和方法、结算方式、合同使用的文字及其效力等条款。

第一百三十二条 出卖的标的物,应当属于出卖人所有或者出卖人有权处分。

法律、行政法规禁止或者限制转让的标的物,依照其规定。

第一百三十三条 标的物的所有权自标的物交付时起转移,但法律另有规定或者当事人另有约定的除外。

第一百三十四条 当事人可以在买卖合同中约定买受人未履行支付价款或者其他义务的,标的物的所有权属于出卖人。

第一百三十五条 出卖人应当履行向买受人交付标的物或者交付提取标的物的单证,并转移标的物所有权的义务。

第一百三十六条 出卖人应当按照约定或者交易习惯向买受人交付提取标的物单证以外的有关单证和资料。

第一百三十七条 出卖具有知识产权的计算机软件等标的物的,除法律另有规定或者当事人另有约定的以外,该标的物的知识产权不属于买受人。

第一百三十八条 出卖人应当按照约定的期限交付标的物。约定交付期间的,出卖人可以在该交付期间内的任何时间交付。

第一百三十九条 当事人没有约定标的物的交付期限或者约定不明确的,适用本法第六十一条、第六十二条第四项的规定。

第一百四十条 标的物在订立合同之前已为买受人占有的,合同生效的时间为交付时间。

第一百四十一条 出卖人应当按照约定的地点交付标的物。

当事人没有约定交付地点或者约定不明确,依照本法第六十一条的规定仍不能确定的,适用下列规定:

(一)标的物需要运输的,出卖人应当将标的物交付给第一承运人以运交给买受人;

(二)标的物不需要运输,出卖人和买受人订立合同时知道标的物在某一地点的,出卖人应当在该地点交付标的物;不知道标的物在某一地点的,应当在出卖人订立合同时的营业地交付标的物。

第一百四十二条 标的物毁损、灭失的风险,在标的物交付之前由出卖人承担,交付之后由买受人承担,但法律另有规定或者当事人另有约定的除外。

第一百四十三条 因买受人的原因致使标的物不能按照约定的期限交付的,买受人应当自违反约定之日起承担标的物毁损、灭失的风险。

第一百四十四条 出卖人出卖交由承运人运输的在途标的物,除当事人另有约定的以外,毁损、灭失的风险自合同成立时起由买受人承担。

第一百四十五条 当事人没有约定交付地点或者约定不明确,依照本法第一百四十一条第二款第一项的规定标的物需要运输的,出卖人将标的物交付给第一承运人后,标的物毁损、灭失的风险由买受人承担。

第一百四十六条 出卖人按照约定或者依照本法第一百四十一条第二款第二项的规定将标的物置于交付地点,买受人违反约定没有收取的,标的物毁损、灭失的风险自违反约定之日起由买受人承担。

第一百四十七条 出卖人按照约定未交付有关标的物的单证和资料的,不影响标的物毁损、灭失风险的转移。

第一百四十八条 因标的物质量不符合质量要求,致使不能实现合同目的的,买受人可以拒绝接受标的物或者解除合同。买受人拒绝接受标的物或者解除合同的,标的物毁损、灭失的风险由出卖人承担。

第一百四十九条 标的物毁损、灭失的风险由买受人承担的,不影响因出卖人履行债务不符合约定，买受人要求其承担违约责任的权利。

第一百五十条 出卖人就交付的标的物，负有保证第三人不得向买受人主张任何权利的义务，但法律另有规定的除外。

第一百五十一条 买受人订立合同时知道或者应当知道第三人对买卖的标的物享有权利的，出卖人不承担本法第一百五十条规定的义务。

第一百五十二条 买受人有确切证据证明第三人可能就标的物主张权利的，可以中止支付相应的价款，但出卖人提供适当担保的除外。

第一百五十三条 出卖人应当按照约定的质量要求交付标的物。出卖人提供有关标的物质量说明的，交付的标的物应当符合该说明的质量要求。

第一百五十四条 当事人对标的物的质量要求没有约定或者约定不明确，依照本法第六十一条的规定仍不能确定的，适用本法第六十二条第一项的规定。

第一百五十五条 出卖人交付的标的物不符合质量要求的，买受人可以依照本法第一百一十一条的规定要求承担违约责任。

第一百五十六条 出卖人应当按照约定的包装方式交付标的物。对包装方式没有约定或者约定不明确，依照本法第六十一条的规定仍不能确定的，应当按照通用的方式包装，没有通用方式的，应当采取足以保护标的物的包装方式。

第一百五十七条 买受人收到标的物时应当在约定的检验期间内检验。没有约定检验期间的，应当及时检验。

第一百五十八条 当事人约定检验期间的，买受人应当在检验期间内将标的物的数量或者质量不符合约定的情形通知出卖人。买受人怠于通知的，视为标的物的数量或者质量符合约定。

当事人没有约定检验期间的，买受人应当在发现或者应当发现标的物的数量或者质量不符合约定的合理期间内通知出卖人。买受人在合理期间内未通知或者自标的物收到之日起两年内未通知出卖人的，视为标的物的数量或者质量符合约定，但对标的物有质量保证期的，适用质量保证期，不适用该两年的规定。

出卖人知道或者应当知道提供的标的物不符合约定的，买受人不受前两款规定的通知时间的限制。

第一百五十九条 买受人应当按照约定的数额支付价款。对价款没有约定或者约定不明确的，适用本法第六十一条、第六十二条第二项的规定。

第一百六十条 买受人应当按照约定的地点支付价款。对支付地点没有约定或者约定不明确，依照本法第六十一条的规定仍不能确定的，买受人应当在出卖人的营业地支付，但约定支付价款以交付标的物或者交付提取标的物单证为条件的，在交付标的物或者交付提取标的物单证的所在地支付。

第一百六十一条 买受人应当按照约定的时间支付价款。对支付时间没有约定或者约定不明确，依照本法第六十一条的规定仍不能确定的，买受人应当在收到标的物或者提取标的物单证的同时支付。

第一百六十二条 出卖人多交标的物的，买受人可以接收或者拒绝接收多交的部分。买受人接收多交部分的，按照合同的价格支付价款；买受人拒绝接收多交部分的，应当及时通知出卖人。

第一百六十三条 标的物在交付之前产生的孳息，归出卖人所有，交付之后产生的孳息，归买受人所有。

第一百六十四条 因标的物的主物不符合约定而解除合同的，解除合同的效力及于从物。因标的物的从物不符合约定被解除的，解除的效力不及于主物。

第一百六十五条 标的物为数物，其中一物不符合约定的，买受人可以就该物解除，但该物与他物分离使标的物的价值显受损害的，当事人可以就数物解除合同。

第一百六十六条 出卖人分批交付标的物的，出卖人对其中一批标的物不交付或者交付不符合约定，致使该批标的物不能实现合同目的的，买受人可以就该批标的物解除。

出卖人不交付其中一批标的物或者交付不符合约定，致使今后其他各批标的物的交付不能实现合同目的的，买受人可以就该批以及今后其他各批标的物解除。

买受人如果就其中一批标的物解除，该批标的物与其他各批标的物相互依存的，可以就已经交付和未交付的各批标的物解除。

第一百六十七条 分期付款的买受人未支付到期价款的金额达到全部价款的五分之一的，出卖人可以要求买受人支付全部价款或者解除合同。

出卖人解除合同的，可以向买受人要求支付该标的物的使用费。

第一百六十八条 凭样品买卖的当事人应当封存样品，并可以对样品质量予以说明。出卖人交付的标的物应当与样品及其说明的质量相同。

第一百六十九条 凭样品买卖的买受人不知道样品有隐蔽瑕疵的，即使交付的标的物与样品相同，出卖人交付的标的物的质量仍然应当符合同种物的通常标准。

第一百七十条 试用买卖的当事人可以约定标的物的试用期间。对试用期间没有约定或者约定不明确，依照本法第六十一条的规定仍不能确定的，由出卖人确定。

第一百七十一条 试用买卖的买受人在试用期内可以购买标的物，也可以拒绝购买。试用期间届满，买受人对是否购买标的物未作表示的，视为购买。

第一百七十二条 招标投标买卖的当事人的权利和义务以及招标投标程序等，依照有关法律、行政法规的规定。

第一百七十三条 拍卖的当事人的权利和义务以及拍卖程序等，依照有关法律、行政法规的规定。

第一百七十四条 法律对其他有偿合同有规定的，依照其规定；没有规定的，参照买卖合同的有关规定。

第一百七十五条 当事人约定易货交易，转移标的物的所有权的，参照买卖合同的有关规定。

第十章 供用电、水、气、热力合同

第一百七十六条 供用电合同是供电人向用电人供电，用电人支付电费的合同。

第一百七十七条 供用电合同的内容包括供电的方式、质量、时间，用电容量、地址、性质，计量方式，电价、电费的结算方式，供用电设施的维护责任等条款。

第一百七十八条 供用电合同的履行地点，按照当事人约定；当事人没有约定或者约定不明确的，供电设施的产权分界处为履行地点。

第一百七十九条 供电人应当按照国家规定的供电质量标准和约定安全供电。供电人未按照国家规定的供电质量标准和约定安全供电，造成用电人损失的，应当承担损害赔偿责任。

第一百八十条 供电人因供电设施计划检修、临时检修、依法限电或者用电人违法用电等原因，需要中断供电时，应当按照国家有关规定事先通知用电人。未事先通知用电人中断供电，造成用电人损失的，应当承担损害赔偿责任。

第一百八十一条 因自然灾害等原因断电，供电人应当按照国家有关规定及时抢修。未及时抢修，造成用电人损失的，应当承担损害赔偿责任。

第一百八十二条 用电人应当按照国家有关规定和当事人的约定及时交付电费。用电人逾期不交付电费的，应当按照约定支付违约金。经催告用电人在合理期限内仍不交付电费和违约金的，供电人可以按照国家规定的程序中止供电。

第一百八十三条 用电人应当按照国家有关规定和当事人的约定安全用电。用电人未按照国家有关规定和当事人的约定安全用电，造成供电人损失的，应当承担损害赔偿责任。

第一百八十四条 供用水、供用气、供用热力合同，参照供用电合同的有关规定。

第十一章 赠与合同

第一百八十五条 赠与合同是赠与人将自己的财产无偿给予受赠人，受赠人表示接受赠与的合同。

第一百八十六条 赠与人在赠与财产的权利转移之前可以撤销赠与。

具有救灾、扶贫等社会公益、道德义务性质的赠与合同或者经过公证的赠与合同，不适用前款规定。

第一百八十七条 赠与的财产依法需要办理登记等手续的，应当办理有关手续。

第一百八十八条 具有救灾、扶贫等社会公益、道德义务性质的赠与合同或者经过公证的赠与合同，赠与人不交付赠与的财产的，受赠人可以要求交付。

第一百八十九条 因赠与人故意或者重大过失致使赠与的财产毁损、灭失的，赠与人应当承担损害赔偿责任。

第一百九十条 赠与可以附义务。

赠与附义务的，受赠人应当按照约定履行义务。

第一百九十一条 赠与的财产有瑕疵的，赠与人不承担责任。附义务的赠与，赠与的财产有瑕疵的，赠与人在附义务的限度内承担与出卖人相同的责任。

赠与人故意不告知瑕疵或者保证无瑕疵，造成受赠人损失的，应当承担损害赔偿责任。

第一百九十二条 受赠人有下列情形之一的，赠与人可以撤销赠与：

（一）严重侵害赠与人或者赠与人的近亲属；

（二）对赠与人有扶养义务而不履行；

（三）不履行赠与合同约定的义务。

赠与人的撤销权，自知道或者应当知道撤销原因之日起一年内行使。

第一百九十三条 因受赠人的违法行为致使赠与人死亡或者丧失民事行为能力的，赠与人的继承人或者法定代理人可以撤销赠与。

赠与人的继承人或者法定代理人的撤销权，自知道或者应当知道撤销原因之日起六个月内行使。

第一百九十四条 撤销权人撤销赠与的，可以向受赠人要求返还赠与的财产。

第一百九十五条 赠与人的经济状况显著恶化，严重影响其生产经营或者家庭生活的，可以不再履行赠与义务。

第十二章 借款合同

第一百九十六条 借款合同是借款人向贷款人借款，到期返还借款并支付利息的合同。

第一百九十七条 借款合同采用书面形式，但自然人之间借款另有约定的除外。

借款合同的内容包括借款种类、币种、用途、数额、利率、期限和还款方式等条款。

第一百九十八条 订立借款合同，贷款人可以要求借款人提供担保。担保依照《中华人民共和国担保法》的规定。

第一百九十九条 订立借款合同，借款人应当按照贷款人的要求提供与借款有关的业务活动和财务状况的真实情况。

第二百条 借款的利息不得预先在本金中扣除。利息预先在本金中扣除的，应当按照实际借款数额返还借款并计算利息。

第二百零一条 贷款人未按照约定的日期、数额提供借款，造成借款人损失的，应当赔偿损失。

借款人未按照约定的日期、数额收取借款的，应当按照约定的日期、数额支付利息。

第二百零二条 贷款人按照约定可以检查、监督借款的使用情况。借款人应当按照约定向贷款人定期提供有关财务会计报表等资料。

第二百零三条 借款人未按照约定的借款用途使用借款的，贷款人可以停止发放借款、提前收回借款或者解除合同。

第二百零四条 办理贷款业务的金融机构贷款的利率，应当按照中国人民银行规定的贷款利率的上下限确定。

第二百零五条 借款人应当按照约定的期限支付利息。对支付利息的期限没有约定或者约定不明确，依照本法第六十一条的规定仍不能确定，借款期间不满一年的，应当在返还借款时一并支付；借款期间一年以上的，应当在每届满一年时支付，剩余期间不满一年的，应当在返还借款时一并支付。

第二百零六条 借款人应当按照约定的期限返还借款。对借款期限没有约定或者约定不明确，依照本法第六十一条的规定仍不能确定的，借款人可以随时返还；贷款人可以催告借款人在合理期限内返还。

第二百零七条 借款人未按照约定的期限返还借款的，应当按照约定或者国家有关规定支付逾期利息。

第二百零八条 借款人提前偿还借款的，除当事人另有约定的以外，应当按照实际借款的期间计算利息。

第二百零九条 借款人可以在还款期限届满之前向贷款人申请展期。贷款人同意的，可以展期。

第二百一十条 自然人之间的借款合同，自贷款人提供借款时生效。

第二百一十一条 自然人之间的借款合同对支付利息没有约定或者约定不明确的，视为不支付利息。

自然人之间的借款合同约定支付利息的，借款的利率不得违反国家有关限制借款利率的规定。

第十三章 租赁合同

第二百一十二条 租赁合同是出租人将租赁物交付承租人使用、收益，承租人支付租金的合同。

第二百一十三条 租赁合同的内容包括租赁物的名称、数量、用途、租赁期限、租金及其支付期限和方式、租赁物维修等条款。

第二百一十四条 租赁期限不得超过二十年。超过二十年的，超过部分无效。

租赁期间届满，当事人可以续订租赁合同，但约定的租赁期限自续订之日起不得超过二十年。

第二百一十五条 租赁期限六个月以上的，应当采用书面形式。当事人未采用书面形式的，视为不定期租赁。

第二百一十六条 出租人应当按照约定将租赁物交付承租人，并在租赁期间保持租赁物符合约定的用途。

第二百一十七条 承租人应当按照约定的方法使用租赁物。对租赁物的使用方法没有约定或者约定不明确，依照本法第六十一条的规定仍不能确定的，应当按照租赁物的性质使用。

第二百一十八条 承租人按照约定的方法或者租赁物的性质使用租赁物，致使租赁物受到损耗的，不承担损害赔偿责任。

第二百一十九条 承租人未按照约定的方法或者租赁物的性质使用租赁物，致使租赁物受到损失的，出租人可以解除合同并要求赔偿损失。

第二百二十条 出租人应当履行租赁物的维修义务，但当事人另有约定的除外。

第二百二十一条 承租人在租赁物需要维修时可以要求出租人在合理期限内维修。出租人未履行维修义务的，承租人可以自行维修，维修费用由出租人负担。因维修租赁物影响承租人使用的，应当相应减少租金或者延长租期。

第二百二十二条 承租人应当妥善保管租赁物，因保管不善造成租赁物毁损、灭失的，应当承担损害赔偿责任。

第二百二十三条 承租人经出租人同意，可以对租赁物进行改善或者增设他物。

承租人未经出租人同意，对租赁物进行改善或者增设他物的，出租人可以要求承租人恢复原状或者赔偿损失。

第二百二十四条 承租人经出租人同意，可以将租赁物转租给第三人。承租人转租的，承租人与出租人之间的租赁合同继续有效，第三人对租赁物造成损失的，承租人应当赔偿损失。

承租人未经出租人同意转租的，出租人可以解除合同。

第二百二十五条 在租赁期间因占有、使用租赁物获得的收益，归承租人所有，但当事人另有约定的除外。

第二百二十六条 承租人应当按照约定的期限支付租金。对支付期限没有约定或者约定不明确，依照本法第六十一条的规定仍不能确定，租赁期间不满一年的，应当在租赁期间届满时支付；租赁期间一年以上的，应当在每届满一年时支付，剩余期间不满一年的，应当在租赁期间届满时支付。

第二百二十七条 承租人无正当理由未支付或者迟延支付租金的，出租人可以要求承租人在合理期限内支付。承租人逾期不支付的，出租人可以解除合同。

第二百二十八条 因第三人主张权利，致使承租人不能对租赁物使用、收益的，承租人可以要求减少租金或者不支付租金。

第三人主张权利的，承租人应当及时通知出租人。

第二百二十九条 租赁物在租赁期间发生所有权变动的，不影响租赁合同的效力。

第二百三十条 出租人出卖租赁房屋的，应当在出卖之前的合理期限内通知承租人，承租人享有以同等条件优先购买的权利。

第二百三十一条 因不可归责于承租人的事由，致使租赁物部分或者全部毁损、灭失的，承租人可以要求减少租金或者不支付租金；因租赁物部分或者全部毁损、灭失，致使不能实现合同目的的，承租人可以解除合同。

第二百三十二条 当事人对租赁期限没有约定或者约定不明确，依照本法第六十一条的规定仍不能确定的，视为不定期租赁。当事人可以随时解除合同，但出租人解除合同应当在合理期限之前通知承租人。

第二百三十三条 租赁物危及承租人的安全或者健康的，即使承租人订立合同时明知该租赁物质量不合格，承租人仍然可以随时解除合同。

第二百三十四条 承租人在房屋租赁期间死亡的，与其生前共同居住的人可以按照原租赁合同租赁该房屋。

第二百三十五条 租赁期间届满，承租人应当返还租赁物。返还的租赁物应当符合按照约定或者租赁物的性质使用后的状态。

第二百三十六条 租赁期间届满，承租人继续使用租赁物，出租人没有提出异议的，原租赁合同继续有效，但租赁期限为不定期。

第十四章 融资租赁合同

第二百三十七条 融资租赁合同是出租人根据承租人对出卖人、租赁物的选择，向出卖人购买租赁物，提供给承租人使用，承租人支付租金的合同。

第二百三十八条 融资租赁合同的内容包括租赁物名称、数量、规格、技术性能、检验方法、租赁期限、租金构成及其支付期限和方式、币种、租赁期间届满租赁物的归属等条款。

融资租赁合同应当采用书面形式。

第二百三十九条 出租人根据承租人对出卖人、租赁物的选择订立的买卖合同，出卖人应当按照约定向承租人交付标的物，承租人享有与受领标的物有关的买受人的权利。

第二百四十条 出租人、出卖人、承租人可以约定，出卖人不履行买卖合同义务的，由承租人行使索赔的权利。承租人行使索赔权利的，出租人应当协助。

第二百四十一条 出租人根据承租人对出卖人、租赁物的选择订立的买卖合同，未经承租人同意，出租人不得变更与承租人有关的合同内容。

第二百四十二条 出租人享有租赁物的所有权。承租人破产的，租赁物不属于破产财产。

第二百四十三条 融资租赁合同的租金，除当事人另有约定的以外，应当根据购买租赁物的大部分或者全部成本以及出租人的合理利润确定。

第二百四十四条 租赁物不符合约定或者不符合使用目的的，出租人不承担责任，但承租人依赖出租人的技能确定租赁物或者出租人干预选择租赁物的除外。

第二百四十五条 出租人应当保证承租人对租赁物的占有和使用。

第二百四十六条 承租人占有租赁物期间，租赁物造成第三人的人身伤害或者财产损害的，出租人不承担责任。

第二百四十七条 承租人应当妥善保管、使用租赁物。

承租人应当履行占有租赁物期间的维修义务。

第二百四十八条 承租人应当按照约定支付租金。承租人经催告后在合理期限内仍不支付租金的，出租人可以要求支付全部租金；也可以解除合同，收回租赁物。

第二百四十九条 当事人约定租赁期间届满租赁物归承租人所有，承租人已经支付大部分租金，但无力支付剩余租金，出租人因此解除合同收回租赁物的，收回的租赁物的价值超过承租人欠付的租金以及其他费用的，承租人可以要求部分返还。

第二百五十条 出租人和承租人可以约定租赁期间届满租赁物的归属。对租赁物的归属没有约定或者约定不明确，依照本法第六十一条的规定仍不能确定的，租赁物的所有权归出租人。

第十五章　承揽合同

第二百五十一条　承揽合同是承揽人按照定作人的要求完成工作，交付工作成果，定作人给付报酬的合同。

承揽包括加工、定作、修理、复制、测试、检验等工作。

第二百五十二条　承揽合同的内容包括承揽的标的、数量、质量、报酬、承揽方式、材料的提供、履行期限、验收标准和方法等条款。

第二百五十三条　承揽人应当以自己的设备、技术和劳力，完成主要工作，但当事人另有约定的除外。

承揽人将其承揽的主要工作交由第三人完成的，应当就该第三人完成的工作成果向定作人负责；未经定作人同意的，定作人也可以解除合同。

第二百五十四条　承揽人可以将其承揽的辅助工作交由第三人完成。承揽人将其承揽的辅助工作交由第三人完成的，应当就该第三人完成的工作成果向定作人负责。

第二百五十五条　承揽人提供材料的，承揽人应当按照约定选用材料，并接受定作人检验。

第二百五十六条　定作人提供材料的，定作人应当按照约定提供材料。承揽人对定作人提供的材料，应当及时检验，发现不符合约定时，应当及时通知定作人更换、补齐或者采取其他补救措施。

承揽人不得擅自更换定作人提供的材料，不得更换不需要修理的零部件。

第二百五十七条　承揽人发现定作人提供的图纸或者技术要求不合理的，应当及时通知定作人。因定作人怠于答复等原因造成承揽人损失的，应当赔偿损失。

第二百五十八条　定作人中途变更承揽工作的要求，造成承揽人损失的，应当赔偿损失。

第二百五十九条　承揽工作需要定作人协助的，定作人有协助的义务。

定作人不履行协助义务致使承揽工作不能完成的，承揽人可以催告定作人在合理期限内履行义务，并可以顺延履行期限；定作人逾期不履行的，承揽人可以解除合同。

第二百六十条　承揽人在工作期间，应当接受定作人必要的监督检验。定作人不得因监督检验妨碍承揽人的正常工作。

第二百六十一条　承揽人完成工作的，应当向定作人交付工作成果，并提交必要的技术资料和有关质量证明。定作人应当验收该工作成果。

第二百六十二条　承揽人交付的工作成果不符合质量要求的，定作人可以要求承揽人承担修理、重作、减少报酬、赔偿损失等违约责任。

第二百六十三条　定作人应当按照约定的期限支付报酬。对支付报酬的期限没有约定或者约定不明确，依照本法第六十一条的规定仍不能确定的，定作人应当在承揽人交付工作成果时支付；工作成果部分交付的，定作人应当相应支付。

第二百六十四条　定作人未向承揽人支付报酬或者材料费等价款的，承揽人对完成的工作成果享有留置权，但当事人另有约定的除外。

第二百六十五条　承揽人应当妥善保管定作人提供的材料以及完成的工作成果，因保管不善造成毁损、灭失的，应当承担损害赔偿责任。

第二百六十六条　承揽人应当按照定作人的要求保守秘密，未经定作人许可，不得留存复制品或者技术资料。

第二百六十七条　共同承揽人对定作人承担连带责任，但当事人另有约定的除外。

第二百六十八条　定作人可以随时解除承揽合同，造成承揽人损失的，应当赔偿损失。

第十六章　建设工程合同

第二百六十九条　建设工程合同是承包人进行工程建设，发包人支付价款的合同。

建设工程合同包括工程勘察、设计、施工合同。

第二百七十条　建设工程合同应当采用书面形式。

第二百七十一条　建设工程的招标投标活动，应当依照有关法律的规定公开、公平、公正进行。

第二百七十二条　发包人可以与总承包人订立建设工程合同，也可以分别与勘察人、设计人、施工人订立勘察、设计、施工承包合同。发包人不得将应当由一个承包人完成的建设工程肢解成若干部分发包给几个承包人。

总承包人或者勘察、设计、施工承包人经发包人同意,可以将自己承包的部分工作交由第三人完成。第三人就其完成的工作成果与总承包人或者勘察、设计、施工承包人向发包人承担连带责任。承包人不得将其承包的全部建设工程转包给第三人或者将其承包的全部建设工程肢解以后以分包的名义分别转包给第三人。

禁止承包人将工程分包给不具备相应资质条件的单位。禁止分包单位将其承包的工程再分包。建设工程主体结构的施工必须由承包人自行完成。

第二百七十三条 国家重大建设工程合同,应当按照国家规定的程序和国家批准的投资计划、可行性研究报告等文件订立。

第二百七十四条 勘察、设计合同的内容包括提交有关基础资料和文件(包括概预算)的期限、质量要求、费用以及其他协作条件等条款。

第二百七十五条 施工合同的内容包括工程范围、建设工期、中间交工工程的开工和竣工时间、工程质量、工程造价、技术资料交付时间、材料和设备供应责任、拨款和结算、竣工验收、质量保修范围和质量保证期、双方相互协作等条款。

第二百七十六条 建设工程实行监理的,发包人应当与监理人采用书面形式订立委托监理合同。发包人与监理人的权利和义务以及法律责任,应当依照本法委托合同以及其他有关法律、行政法规的规定。

第二百七十七条 发包人在不妨碍承包人正常作业的情况下,可以随时对作业进度、质量进行检查。

第二百七十八条 隐蔽工程在隐蔽以前,承包人应当通知发包人检查。发包人没有及时检查的,承包人可以顺延工程日期,并有权要求赔偿停工、窝工等损失。

第二百七十九条 建设工程竣工后,发包人应当根据施工图纸及说明书、国家颁发的施工验收规范和质量检验标准及时进行验收。验收合格的,发包人应当按照约定支付价款,并接收该建设工程。

建设工程竣工经验收合格后,方可交付使用;未经验收或者验收不合格的,不得交付使用。

第二百八十条 勘察、设计的质量不符合要求或者未按照期限提交勘察、设计文件拖延工期,造成发包人损失的,勘察人、设计人应当继续完善勘察、设计,减收或者免收勘察、设计费并赔偿损失。

第二百八十一条 因施工人的原因致使建设工程质量不符合约定的,发包人有权要求施工人在合理期限内无偿修理或者返工、改建。经过修理或者返工、改建后,造成逾期交付的,施工人应当承担违约责任。

第二百八十二条 因承包人的原因致使建设工程在合理使用期限内造成人身和财产损害的,承包人应当承担损害赔偿责任。

第二百八十三条 发包人未按照约定的时间和要求提供原材料、设备、场地、资金、技术资料的,承包人可以顺延工程日期,并有权要求赔偿停工、窝工等损失。

第二百八十四条 因发包人的原因致使工程中途停建、缓建的,发包人应当采取措施弥补或者减少损失,赔偿承包人因此造成的停工、窝工、倒运、机械设备调迁、材料和构件积压等损失和实际费用。

第二百八十五条 因发包人变更计划,提供的资料不准确,或者未按照期限提供必需的勘察、设计工作条件而造成勘察、设计的返工、停工或者修改设计,发包人应当按照勘察人、设计人实际消耗的工作量增付费用。

第二百八十六条 发包人未按照约定支付价款的,承包人可以催告发包人在合理期限内支付价款。发包人逾期不支付的,除按照建设工程的性质不宜折价、拍卖的以外,承包人可以与发包人协议将该工程折价,也可以申请人民法院将该工程依法拍卖。建设工程的价款就该工程折价或者拍卖的价款优先受偿。

第二百八十七条 本章没有规定的,适用承揽合同的有关规定。

第十七章 运输合同

第一节 一般规定

第二百八十八条 运输合同是承运人将旅

客或者货物从起运地点运输到约定地点,旅客、托运人或者收货人支付票款或者运输费用的合同。

第二百八十九条 从事公共运输的承运人不得拒绝旅客、托运人通常、合理的运输要求。

第二百九十条 承运人应当在约定期间或者合理期间内将旅客、货物安全运输到约定地点。

第二百九十一条 承运人应当按照约定的或者通常的运输路线将旅客、货物运输到约定地点。

第二百九十二条 旅客、托运人或者收货人应当支付票款或者运输费用。承运人未按照约定路线或者通常路线运输增加票款或者运输费用的,旅客、托运人或者收货人可以拒绝支付增加部分的票款或者运输费用。

第二节 客运合同

第二百九十三条 客运合同自承运人向旅客交付客票时成立,但当事人另有约定或者另有交易习惯的除外。

第二百九十四条 旅客应当持有效客票乘运。旅客无票乘运、超程乘运、越级乘运或者持失效客票乘运的,应当补交票款,承运人可以按照规定加收票款。旅客不交付票款的,承运人可以拒绝运输。

第二百九十五条 旅客因自己的原因不能按照客票记载的时间乘坐的,应当在约定的时间内办理退票或者变更手续。逾期办理的,承运人可以不退票款,并不再承担运输义务。

第二百九十六条 旅客在运输中应当按照约定的限量携带行李。超过限量携带行李的,应当办理托运手续。

第二百九十七条 旅客不得随身携带或者在行李中夹带易燃、易爆、有毒、有腐蚀性、有放射性以及有可能危及运输工具上人身和财产安全的危险物品或者其他违禁物品。

旅客违反前款规定的,承运人可以将违禁物品卸下、销毁或者送交有关部门。旅客坚持携带或者夹带违禁物品的,承运人应当拒绝运输。

第二百九十八条 承运人应当向旅客及时告知有关不能正常运输的重要事由和安全运输应当注意的事项。

第二百九十九条 承运人应当按照客票载明的时间和班次运输旅客。承运人迟延运输的,应当根据旅客的要求安排改乘其他班次或者退票。

第三百条 承运人擅自变更运输工具而降低服务标准的,应当根据旅客的要求退票或者减收票款;提高服务标准的,不应当加收票款。

第三百零一条 承运人在运输过程中,应当尽力救助患有急病、分娩、遇险的旅客。

第三百零二条 承运人应当对运输过程中旅客的伤亡承担损害赔偿责任,但伤亡是旅客自身健康原因造成的或者承运人证明伤亡是旅客故意、重大过失造成的除外。

前款规定适用于按照规定免票、持优待票或者经承运人许可搭乘的无票旅客。

第三百零三条 在运输过程中旅客自带物品毁损、灭失,承运人有过错的,应当承担损害赔偿责任。

旅客托运的行李毁损、灭失的,适用货物运输的有关规定。

第三节 货运合同

第三百零四条 托运人办理货物运输,应当向承运人准确表明收货人的名称或者姓名或者凭指示的收货人,货物的名称、性质、重量、数量,收货地点等有关货物运输的必要情况。

因托运人申报不实或者遗漏重要情况,造成承运人损失的,托运人应当承担损害赔偿责任。

第三百零五条 货物运输需要办理审批、检验等手续的,托运人应当将办理完有关手续的文件提交承运人。

第三百零六条 托运人应当按照约定的方式包装货物。对包装方式没有约定或者约定不明确的,适用本法第一百五十六条的规定。

托运人违反前款规定的,承运人可以拒绝运输。

第三百零七条 托运人托运易燃、易爆、有毒、有腐蚀性、有放射性等危险物品的,应当按照国家有关危险物品运输的规定对危险物品妥善包装,作出危险物标志和标签,并将有关危险物品的名称、性质和防范措施的书面材料提交承运人。

托运人违反前款规定的,承运人可以拒绝运输,也可以采取相应措施以避免损失的发生,因此产生的费用由托运人承担。

第三百零八条 在承运人将货物交付收货人之前,托运人可以要求承运人中止运输、返还货物、变更到达地或者将货物交给其他收货人,但应当赔偿承运人因此受到的损失。

第三百零九条 货物运输到达后,承运人知道收货人的,应当及时通知收货人,收货人应当及时提货。收货人逾期提货的,应当向承运人支付保管费等费用。

第三百一十条 收货人提货时应当按照约定的期限检验货物。对检验货物的期限没有约定或者约定不明确,依照本法第六十一条的规定仍不能确定的,应当在合理期限内检验货物。收货人在约定的期限或者合理期限内对货物的数量、毁损等未提出异议的,视为承运人已经按照运输单证的记载交付的初步证据。

第三百一十一条 承运人对运输过程中货物的毁损、灭失承担损害赔偿责任,但承运人证明货物的毁损、灭失是因不可抗力、货物本身的自然性质或者合理损耗以及托运人、收货人的过错造成的,不承担损害赔偿责任。

第三百一十二条 货物的毁损、灭失的赔偿额,当事人有约定的,按照其约定;没有约定或者约定不明确,依照本法第六十一条的规定仍不能确定的,按照交付或者应当交付时货物到达地的市场价格计算。法律、行政法规对赔偿额的计算方法和赔偿限额另有规定的,依照其规定。

第三百一十三条 两个以上承运人以同一运输方式联运的,与托运人订立合同的承运人应当对全程运输承担责任。损失发生在某一运输区段的,与托运人订立合同的承运人和该区段的承运人承担连带责任。

第三百一十四条 货物在运输过程中因不可抗力灭失,未收取运费的,承运人不得要求支付运费;已收取运费的,托运人可以要求返还。

第三百一十五条 托运人或者收货人不支付运费、保管费以及其他运输费用的,承运人对相应的运输货物享有留置权,但当事人另有约定的除外。

第三百一十六条 收货人不明或者收货人无正当理由拒绝受领货物的,依照本法第一百零一条的规定,承运人可以提存货物。

第四节 多式联运合同

第三百一十七条 多式联运经营人负责履行或者组织履行多式联运合同,对全程运输享有承运人的权利,承担承运人的义务。

第三百一十八条 多式联运经营人可以与参加多式联运的各区段承运人就多式联运合同的各区段运输约定相互之间的责任,但该约定不影响多式联运经营人对全程运输承担的义务。

第三百一十九条 多式联运经营人收到托运人交付的货物时,应当签发多式联运单据。按照托运人的要求,多式联运单据可以是可转让单据,也可以是不可转让单据。

第三百二十条 因托运人托运货物时的过错造成多式联运经营人损失的,即使托运人已经转让多式联运单据,托运人仍然应当承担损害赔偿责任。

第三百二十一条 货物的毁损、灭失发生于多式联运的某一运输区段的,多式联运经营人的赔偿责任和责任限额,适用调整该区段运输方式的有关法律规定。货物毁损、灭失发生的运输区段不能确定的,依照本章规定承担损害赔偿责任。

第十八章 技术合同

第一节 一般规定

第三百二十二条 技术合同是当事人就技术开发、转让、咨询或者服务订立的确立相互之间权利和义务的合同。

第三百二十三条 订立技术合同,应当有利于科学技术的进步,加速科学技术成果的转化、应用和推广。

第三百二十四条 技术合同的内容由当事人约定,一般包括以下条款:

(一) 项目名称;

(二) 标的的内容、范围和要求;

(三) 履行的计划、进度、期限、地点、地域和方式;

(四) 技术情报和资料的保密;

（五）风险责任的承担；
（六）技术成果的归属和收益的分成办法；
（七）验收标准和方法；
（八）价款、报酬或者使用费及其支付方式；
（九）违约金或者损失赔偿的计算方法；
（十）解决争议的方法；
（十一）名词和术语的解释。

与履行合同有关的技术背景资料、可行性论证和技术评价报告、项目任务书和计划书、技术标准、技术规范、原始设计和工艺文件，以及其他技术文档，按照当事人的约定可以作为合同的组成部分。

技术合同涉及专利的，应当注明发明创造的名称、专利申请人和专利权人、申请日期、申请号、专利号以及专利权的有效期限。

第三百二十五条 技术合同价款、报酬或者使用费的支付方式由当事人约定，可以采取一次总算、一次总付或者一次总算、分期支付，也可以采取提成支付或者提成支付附加预付入门费的方式。

约定提成支付的，可以按照产品价格、实施专利和使用技术秘密后新增的产值、利润或者产品销售额的一定比例提成，也可以按照约定的其他方式计算。提成支付的比例可以采取固定比例、逐年递增比例或者逐年递减比例。

约定提成支付的，当事人应当在合同中约定查阅有关会计账目的办法。

第三百二十六条 职务技术成果的使用权、转让权属于法人或者其他组织的，法人或者其他组织可以就该项职务技术成果订立技术合同。法人或者其他组织应当从使用和转让该项职务技术成果所取得的收益中提取一定比例，对完成该项职务技术成果的个人给予奖励或者报酬。法人或者其他组织订立技术合同转让职务技术成果时，职务技术成果的完成人享有以同等条件优先受让的权利。

职务技术成果是执行法人或者其他组织的工作任务，或者主要是利用法人或者其他组织的物质技术条件所完成的技术成果。

第三百二十七条 非职务技术成果的使用权、转让权属于完成技术成果的个人，完成技术成果的个人可以就该项非职务技术成果订立技术合同。

第三百二十八条 完成技术成果的个人有在有关技术成果文件上写明自己是技术成果完成者的权利和取得荣誉证书、奖励的权利。

第三百二十九条 非法垄断技术、妨碍技术进步或者侵害他人技术成果的技术合同无效。

第二节 技术开发合同

第三百三十条 技术开发合同是指当事人之间就新技术、新产品、新工艺或者新材料及其系统的研究开发所订立的合同。

技术开发合同包括委托开发合同和合作开发合同。

技术开发合同应当采用书面形式。

当事人之间就具有产业应用价值的科技成果实施转化订立的合同，参照技术开发合同的规定。

第三百三十一条 委托开发合同的委托人应当按照约定支付研究开发经费和报酬；提供技术资料、原始数据；完成协作事项；接受研究开发成果。

第三百三十二条 委托开发合同的研究开发人应当按照约定制定和实施研究开发计划；合理使用研究开发经费；按期完成研究开发工作，交付研究开发成果，提供有关的技术资料和必要的技术指导，帮助委托人掌握研究开发成果。

第三百三十三条 委托人违反约定造成研究开发工作停滞、延误或者失败的，应当承担违约责任。

第三百三十四条 研究开发人违反约定造成研究开发工作停滞、延误或者失败的，应当承担违约责任。

第三百三十五条 合作开发合同的当事人应当按照约定进行投资，包括以技术进行投资；分工参与研究开发工作；协作配合研究开发工作。

第三百三十六条 合作开发合同的当事人违反约定造成研究开发工作停滞、延误或者失败的，应当承担违约责任。

第三百三十七条 因作为技术开发合同标的的技术已经由他人公开，致使技术开发合同的履行没有意义的，当事人可以解除合同。

第三百三十八条 在技术开发合同履行过程中,因出现无法克服的技术困难,致使研究开发失败或者部分失败的,该风险责任由当事人约定。没有约定或者约定不明确,依照本法第六十一条的规定仍不能确定的,风险责任由当事人合理分担。

当事人一方发现前款规定的可能致使研究开发失败或者部分失败的情形时,应当及时通知另一方并采取适当措施减少损失。没有及时通知并采取适当措施,致使损失扩大的,应当就扩大的损失承担责任。

第三百三十九条 委托开发完成的发明创造,除当事人另有约定的以外,申请专利的权利属于研究开发人。研究开发人取得专利权的,委托人可以免费实施该专利。

研究开发人转让专利申请权的,委托人享有以同等条件优先受让的权利。

第三百四十条 合作开发完成的发明创造,除当事人另有约定的以外,申请专利的权利属于合作开发的当事人共有。当事人一方转让其共有的专利申请权的,其他各方享有以同等条件优先受让的权利。

合作开发的当事人一方声明放弃其共有的专利申请权的,可以由另一方单独申请或者由其他各方共同申请。申请人取得专利权的,放弃专利申请权的一方可以免费实施该专利。

合作开发的当事人一方不同意申请专利的,另一方或者其他各方不得申请专利。

第三百四十一条 委托开发或者合作开发完成的技术秘密成果的使用权、转让权以及利益的分配办法,由当事人约定。没有约定或者约定不明确,依照本法第六十一条的规定仍不能确定的,当事人均有使用和转让的权利,但委托开发的研究开发人不得在向委托人交付研究开发成果之前,将研究开发成果转让给第三人。

第三节 技术转让合同

第三百四十二条 技术转让合同包括专利权转让、专利申请权转让、技术秘密转让、专利实施许可合同。

技术转让合同应当采用书面形式。

第三百四十三条 技术转让合同可以约定让与人和受让人实施专利或者使用技术秘密的范围,但不得限制技术竞争和技术发展。

第三百四十四条 专利实施许可合同只在该专利权的存续期间内有效。专利权有效期限届满或者专利权被宣布无效的,专利权人不得就该专利与他人订立专利实施许可合同。

第三百四十五条 专利实施许可合同的让与人应当按照约定许可受让人实施专利,交付实施专利有关的技术资料,提供必要的技术指导。

第三百四十六条 专利实施许可合同的受让人应当按照约定实施专利,不得许可约定以外的第三人实施该专利;并按照约定支付使用费。

第三百四十七条 技术秘密转让合同的让与人应当按照约定提供技术资料,进行技术指导,保证技术的实用性、可靠性,承担保密义务。

第三百四十八条 技术秘密转让合同的受让人应当按照约定使用技术,支付使用费,承担保密义务。

第三百四十九条 技术转让合同的让与人应当保证自己是所提供的技术的合法拥有者,并保证所提供的技术完整、无误、有效,能够达到约定的目标。

第三百五十条 技术转让合同的受让人应当按照约定的范围和期限,对让与人提供的技术中尚未公开的秘密部分,承担保密义务。

第三百五十一条 让与人未按照约定转让技术的,应当返还部分或者全部使用费,并应当承担违约责任;实施专利或者使用技术秘密超越约定的范围的,违反约定擅自许可第三人实施该项专利或者使用该项技术秘密的,应当停止违约行为,承担违约责任;违反约定的保密义务的,应当承担违约责任。

第三百五十二条 受让人未按照约定支付使用费的,应当补交使用费并按照约定支付违约金;不补交使用费或者支付违约金的,应当停止实施专利或者使用技术秘密,交还技术资料,承担违约责任;实施专利或者使用技术秘密超越约定的范围的,未经让与人同意擅自许可第三人实施该专利或者使用该技术秘密的,应当停止违约行为,承担违约责任;违反约定的保密义务的,应当承担违约责任。

第三百五十三条 受让人按照约定实施专

利、使用技术秘密侵害他人合法权益的，由让与人承担责任，但当事人另有约定的除外。

第三百五十四条　当事人可以按照互利的原则，在技术转让合同中约定实施专利、使用技术秘密后续改进的技术成果的分享办法。没有约定或者约定不明确，依照本法第六十一条的规定仍不能确定的，一方后续改进的技术成果，其他各方无权分享。

第三百五十五条　法律、行政法规对技术进出口合同或者专利、专利申请合同另有规定的，依照其规定。

第四节　技术咨询合同和技术服务合同

第三百五十六条　技术咨询合同包括就特定技术项目提供可行性论证、技术预测、专题技术调查、分析评价报告等合同。

技术服务合同是指当事人一方以技术知识为另一方解决特定技术问题所订立的合同，不包括建设工程合同和承揽合同。

第三百五十七条　技术咨询合同的委托人应当按照约定阐明咨询的问题，提供技术背景材料及有关技术资料、数据；接受受托人的工作成果，支付报酬。

第三百五十八条　技术咨询合同的受托人应当按照约定的期限完成咨询报告或者解答问题；提出的咨询报告应当达到约定的要求。

第三百五十九条　技术咨询合同的委托人未按照约定提供必要的资料和数据，影响工作进度和质量，不接受或者逾期接受工作成果的，支付的报酬不得追回，未支付的报酬应当支付。

技术咨询合同的受托人未按期提出咨询报告或者提出的咨询报告不符合约定的，应当承担减收或者免收报酬等违约责任。

技术咨询合同的委托人按照受托人符合约定要求的咨询报告和意见作出决策所造成的损失，由委托人承担，但当事人另有约定的除外。

第三百六十条　技术服务合同的委托人应当按照约定提供工作条件，完成配合事项；接受工作成果并支付报酬。

第三百六十一条　技术服务合同的受托人应当按照约定完成服务项目，解决技术问题，保证工作质量，并传授解决技术问题的知识。

第三百六十二条　技术服务合同的委托人不履行合同义务或者履行合同义务不符合约定，影响工作进度和质量，不接受或者逾期接受工作成果的，支付的报酬不得追回，未支付的报酬应当支付。

技术服务合同的受托人未按照合同约定完成服务工作的，应当承担免收报酬等违约责任。

第三百六十三条　在技术咨询合同、技术服务合同履行过程中，受托人利用委托人提供的技术资料和工作条件完成的新的技术成果，属于受托人。委托人利用受托人的工作成果完成的新的技术成果，属于委托人。当事人另有约定的，按照其约定。

第三百六十四条　法律、行政法规对技术中介合同、技术培训合同另有规定的，依照其规定。

第十九章　保管合同

第三百六十五条　保管合同是保管人保管寄存人交付的保管物，并返还该物的合同。

第三百六十六条　寄存人应当按照约定向保管人支付保管费。

当事人对保管费没有约定或者约定不明确，依照本法第六十一条的规定仍不能确定的，保管是无偿的。

第三百六十七条　保管合同自保管物交付时成立，但当事人另有约定的除外。

第三百六十八条　寄存人向保管人交付保管物的，保管人应当给付保管凭证，但另有交易习惯的除外。

第三百六十九条　保管人应当妥善保管保管物。

当事人可以约定保管场所或者方法。除紧急情况或者为了维护寄存人利益的以外，不得擅自改变保管场所或者方法。

第三百七十条　寄存人交付的保管物有瑕疵或者按照保管物的性质需要采取特殊保管措施的，寄存人应当将有关情况告知保管人。寄存人未告知，致使保管物受损失的，保管人不承担损害赔偿责任；保管人因此受损失的，除保管人知道或者应当知道并且未采取补救措施的以外，寄存人应当承担损害赔偿责任。

第三百七十一条 保管人不得将保管物转交第三人保管,但当事人另有约定的除外。

保管人违反前款规定,将保管物转交第三人保管,对保管物造成损失的,应当承担损害赔偿责任。

第三百七十二条 保管人不得使用或者许可第三人使用保管物,但当事人另有约定的除外。

第三百七十三条 第三人对保管物主张权利的,除依法对保管物采取保全或者执行的以外,保管人应当履行向寄存人返还保管物的义务。

第三人对保管人提起诉讼或者对保管物申请扣押的,保管人应当及时通知寄存人。

第三百七十四条 保管期间,因保管人保管不善造成保管物毁损、灭失的,保管人应当承担损害赔偿责任,但保管是无偿的,保管人证明自己没有重大过失的,不承担损害赔偿责任。

第三百七十五条 寄存人寄存货币、有价证券或者其他贵重物品的,应当向保管人声明,由保管人验收或者封存。寄存人未声明的,该物品毁损、灭失后,保管人可以按照一般物品予以赔偿。

第三百七十六条 寄存人可以随时领取保管物。

当事人对保管期间没有约定或者约定不明确的,保管人可以随时要求寄存人领取保管物;约定保管期间的,保管人无特别事由,不得要求寄存人提前领取保管物。

第三百七十七条 保管期间届满或者寄存人提前领取保管物的,保管人应当将原物及其孳息归还寄存人。

第三百七十八条 保管人保管货币的,可以返还相同种类、数量的货币。保管其他可替代物的,可以按照约定返还相同种类、品质、数量的物品。

第三百七十九条 有偿的保管合同,寄存人应当按照约定的期限向保管人支付保管费。

当事人对支付期限没有约定或者约定不明确,依照本法第六十一条的规定仍不能确定的,应当在领取保管物的同时支付。

第三百八十条 寄存人未按照约定支付保管费以及其他费用的,保管人对保管物享有留置权,但当事人另有约定的除外。

第二十章 仓储合同

第三百八十一条 仓储合同是保管人储存存货人交付的仓储物,存货人支付仓储费的合同。

第三百八十二条 仓储合同自成立时生效。

第三百八十三条 储存易燃、易爆、有毒、有腐蚀性、有放射性等危险物品或者易变质物品,存货人应当说明该物品的性质,提供有关资料。

存货人违反前款规定的,保管人可以拒收仓储物,也可以采取相应措施以避免损失的发生,因此产生的费用由存货人承担。

保管人储存易燃、易爆、有毒、有腐蚀性、有放射性等危险物品的,应当具备相应的保管条件。

第三百八十四条 保管人应当按照约定对入库仓储物进行验收。保管人验收时发现入库仓储物与约定不符合的,应当及时通知存货人。保管人验收后,发生仓储物的品种、数量、质量不符合约定的,保管人应当承担损害赔偿责任。

第三百八十五条 存货人交付仓储物的,保管人应当给付仓单。

第三百八十六条 保管人应当在仓单上签字或者盖章。仓单包括下列事项:

(一)存货人的名称或者姓名和住所;

(二)仓储物的品种、数量、质量、包装、件数和标记;

(三)仓储物的损耗标准;

(四)储存场所;

(五)储存期间;

(六)仓储费;

(七)仓储物已经办理保险的,其保险金额、期间以及保险人的名称;

(八)填发人、填发地和填发日期。

第三百八十七条 仓单是提取仓储物的凭证。存货人或者仓单持有人在仓单上背书并经保管人签字或者盖章的,可以转让提取仓储物的权利。

第三百八十八条 保管人根据存货人或者仓单持有人的要求,应当同意其检查仓储物或者提取样品。

第三百八十九条 保管人对入库仓储物发

现有变质或者其他损坏的，应当及时通知存货人或者仓单持有人。

第三百九十条 保管人对入库仓储物发现有变质或者其他损坏，危及其他仓储物的安全和正常保管的，应当催告存货人或者仓单持有人作出必要的处置。因情况紧急，保管人可以作出必要的处置，但事后应当将该情况及时通知存货人或者仓单持有人。

第三百九十一条 当事人对储存期间没有约定或者约定不明确的，存货人或者仓单持有人可以随时提取仓储物，保管人也可以随时要求存货人或者仓单持有人提取仓储物，但应当给予必要的准备时间。

第三百九十二条 储存期间届满，存货人或者仓单持有人应当凭仓单提取仓储物。存货人或者仓单持有人逾期提取的，应当加收仓储费；提前提取的，不减收仓储费。

第三百九十三条 储存期间届满，存货人或者仓单持有人不提取仓储物的，保管人可以催告其在合理期限内提取，逾期不提取的，保管人可以提存仓储物。

第三百九十四条 储存期间，因保管人保管不善造成仓储物毁损、灭失的，保管人应当承担损害赔偿责任。

因仓储物的性质、包装不符合约定或者超过有效储存期造成仓储物变质、损坏的，保管人不承担损害赔偿责任。

第三百九十五条 本章没有规定的，适用保管合同的有关规定。

第二十一章 委托合同

第三百九十六条 委托合同是委托人和受托人约定，由受托人处理委托人事务的合同。

第三百九十七条 委托人可以特别委托受托人处理一项或者数项事务，也可以概括委托受托人处理一切事务。

第三百九十八条 委托人应当预付处理委托事务的费用。受托人为处理委托事务垫付的必要费用，委托人应当偿还该费用及其利息。

第三百九十九条 受托人应当按照委托人的指示处理委托事务。需要变更委托人指示的，应当经委托人同意；因情况紧急，难以和委托人取得联系的，受托人应当妥善处理委托事务，但事后应当将该情况及时报告委托人。

第四百条 受托人应当亲自处理委托事务。经委托人同意，受托人可以转委托。转委托经同意的，委托人可以就委托事务直接指示转委托的第三人，受托人仅就第三人的选任及其对第三人的指示承担责任。转委托未经同意的，受托人应当对转委托的第三人的行为承担责任，但在紧急情况下受托人为维护委托人的利益需要转委托的除外。

第四百零一条 受托人应当按照委托人的要求，报告委托事务的处理情况。委托合同终止时，受托人应当报告委托事务的结果。

第四百零二条 受托人以自己的名义，在委托人的授权范围内与第三人订立的合同，第三人在订立合同时知道受托人与委托人之间的代理关系的，该合同直接约束委托人和第三人，但有确切证据证明该合同只约束受托人和第三人的除外。

第四百零三条 受托人以自己的名义与第三人订立合同时，第三人不知道受托人与委托人之间的代理关系的，受托人因第三人的原因对委托人不履行义务，受托人应当向委托人披露第三人，委托人因此可以行使受托人对第三人的权利，但第三人与受托人订立合同时如果知道该委托人就不会订立合同的除外。

受托人因委托人的原因对第三人不履行义务，受托人应当向第三人披露委托人，第三人因此可以选择受托人或者委托人作为相对人主张其权利，但第三人不得变更选定的相对人。

委托人行使受托人对第三人的权利的，第三人可以向委托人主张其对受托人的抗辩。第三人选定委托人作为其相对人的，委托人可以向第三人主张其对受托人的抗辩以及受托人对第三人的抗辩。

第四百零四条 受托人处理委托事务取得的财产，应当转交给委托人。

第四百零五条 受托人完成委托事务的，委托人应当向其支付报酬。因不可归责于受托人的事由，委托合同解除或者委托事务不能完成的，委托人应当向受托人支付相应的报酬。当事人另有约定的，按照其约定。

第四百零六条 有偿的委托合同，因受托人的过错给委托人造成损失的，委托人可以要求赔偿损失。无偿的委托合同，因受托人的故意或者重大过失给委托人造成损失的，委托人可以要求赔偿损失。

受托人超越权限给委托人造成损失的，应当赔偿损失。

第四百零七条 受托人处理委托事务时，因不可归责于自己的事由受到损失的，可以向委托人要求赔偿损失。

第四百零八条 委托人经受托人同意，可以在受托人之外委托第三人处理委托事务。因此给受托人造成损失的，受托人可以向委托人要求赔偿损失。

第四百零九条 两个以上的受托人共同处理委托事务的，对委托人承担连带责任。

第四百一十条 委托人或者受托人可以随时解除委托合同。因解除合同给对方造成损失的，除不可归责于该当事人的事由以外，应当赔偿损失。

第四百一十一条 委托人或者受托人死亡、丧失民事行为能力或者破产的，委托合同终止，但当事人另有约定或者根据委托事务的性质不宜终止的除外。

第四百一十二条 因委托人死亡、丧失民事行为能力或者破产，致使委托合同终止将损害委托人利益的，在委托人的继承人、法定代理人或者清算组织承受委托事务之前，受托人应当继续处理委托事务。

第四百一十三条 因受托人死亡、丧失民事行为能力或者破产，致使委托合同终止的，受托人的继承人、法定代理人或者清算组织应当及时通知委托人。因委托合同终止将损害委托人利益的，在委托人作出善后处理之前，受托人的继承人、法定代理人或者清算组织应当采取必要措施。

第二十二章 行纪合同

第四百一十四条 行纪合同是行纪人以自己的名义为委托人从事贸易活动，委托人支付报酬的合同。

第四百一十五条 行纪人处理委托事务支出的费用，由行纪人负担，但当事人另有约定的除外。

第四百一十六条 行纪人占有委托物的，应当妥善保管委托物。

第四百一十七条 委托物交付给行纪人时有瑕疵或者容易腐烂、变质的，经委托人同意，行纪人可以处分该物；和委托人不能及时取得联系的，行纪人可以合理处分。

第四百一十八条 行纪人低于委托人指定的价格卖出或者高于委托人指定的价格买入的，应当经委托人同意。未经委托人同意，行纪人补偿其差额的，该买卖对委托人发生效力。

行纪人高于委托人指定的价格卖出或者低于委托人指定的价格买入的，可以按照约定增加报酬。没有约定或者约定不明确，依照本法第六十一条的规定仍不能确定的，该利益属于委托人。

委托人对价格有特别指示的，行纪人不得违背该指示卖出或者买入。

第四百一十九条 行纪人卖出或者买入具有市场定价的商品，除委托人有相反的意思表示的以外，行纪人自己可以作为买受人或者出卖人。

行纪人有前款规定情形的，仍然可以要求委托人支付报酬。

第四百二十条 行纪人按照约定买入委托物，委托人应当及时受领。经行纪人催告，委托人无正当理由拒绝受领的，行纪人依照本法第一百零一条的规定可以提存委托物。

委托物不能卖出或者委托人撤回出卖，经行纪人催告，委托人不取回或者不处分该物的，行纪人依照本法第一百零一条的规定可以提存委托物。

第四百二十一条 行纪人与第三人订立合同的，行纪人对该合同直接享有权利、承担义务。

第三人不履行义务致使委托人受到损害的，行纪人应当承担损害赔偿责任，但行纪人与委托人另有约定的除外。

第四百二十二条 行纪人完成或者部分完成委托事务的，委托人应当向其支付相应的报酬。委托人逾期不支付报酬的，行纪人对委托物享有留置权，但当事人另有约定的除外。

第四百二十三条 本章没有规定的，适用委托合同的有关规定。

第二十三章　居 间 合 同

第四百二十四条　居间合同是居间人向委托人报告订立合同的机会或者提供订立合同的媒介服务，委托人支付报酬的合同。

第四百二十五条　居间人应当就有关订立合同的事项向委托人如实报告。

居间人故意隐瞒与订立合同有关的重要事实或者提供虚假情况，损害委托人利益的，不得要求支付报酬并应当承担损害赔偿责任。

第四百二十六条　居间人促成合同成立的，委托人应当按照约定支付报酬。对居间人的报酬没有约定或者约定不明确，依照本法第六十一条的规定仍不能确定的，根据居间人的劳务合理确定。因居间人提供订立合同的媒介服务而促成合同成立的，由该合同的当事人平均负担居间人的报酬。

居间人促成合同成立的，居间活动的费用，由居间人负担。

第四百二十七条　居间人未促成合同成立的，不得要求支付报酬，但可以要求委托人支付从事居间活动支出的必要费用。

附　　则

第四百二十八条　本法自 1999 年 10 月 1 日起施行，《中华人民共和国经济合同法》、《中华人民共和国涉外经济合同法》、《中华人民共和国技术合同法》同时废止。

最高人民法院关于适用《中华人民共和国合同法》若干问题的解释(一)

(1999 年 12 月 1 日最高人民法院审判委员会第 1090 次会议通过　1999 年 12 月 19 日最高人民法院公告公布　自 1999 年 12 月 29 日起施行　法释〔1999〕19 号)

为了正确审理合同纠纷案件，根据《中华人民共和国合同法》(以下简称合同法)的规定，对人民法院适用合同法的有关问题作出如下解释：

一、法律适用范围

第一条　合同法实施以后成立的合同发生纠纷起诉到人民法院的，适用合同法的规定；合同法实施以前成立的合同发生纠纷起诉到人民法院的，除本解释另有规定的以外，适用当时的法律规定，当时没有法律规定的，可以适用合同法的有关规定。

第二条　合同成立于合同法实施之前，但合同约定的履行期限跨越合同法实施之日或者履行期限在合同法实施之后，因履行合同发生的纠纷，适用合同法第四章的有关规定。

第三条　人民法院确认合同效力时，对合同法实施以前成立的合同，适用当时的法律合同无效而适用合同法合同有效的，则适用合同法。

第四条　合同法实施以后，人民法院确认合同无效，应当以全国人大及其常委会制定的法律和国务院制定的行政法规为依据，不得以地方性法规、行政规章为依据。

第五条　人民法院对合同法实施以前已经作出终审裁决的案件进行再审，不适用合同法。

二、诉 讼 时 效

第六条　技术合同争议当事人的权利受到侵害的事实发生在合同法实施之前，自当事人知道或者应当知道其权利受到侵害之日起至合同法实施之日超过 1 年的，人民法院不予保护；尚未超过 1 年的，其提起诉讼的时效期间为 2 年。

第七条　技术进出口合同争议当事人的权利受到侵害的事实发生在合同法实施之前，自当事人知道或者应当知道其权利受到侵害之日起至合同法施行之日超过 2 年的，人民法院不予保护；尚未超过 2 年的，其提起诉讼的时效期间为 4 年。

第八条　合同法第五十五条规定的“1 年”、第七十五条和第一百零四条第二款规定的“5 年”为不变期间，不适用诉讼时效中止、中断或者延长的规定。

三、合 同 效 力

第九条　依照合同法第四十四条第二款的规定，法律、行政法规规定合同应当办理批准手续，或者办理批准、登记等手续才生效，在一审法庭辩论终结前当事人仍未办理批准手续的,或者仍未办理批准、登记等手续的,人民法院应当认定该合同未生效;法律、行政法规规定合同应当办理登记手续,但未规定登记后生效的,当事人未办理登记手续不影响合同的效力,合同标的物所有权及其他物权不能转移。

合同法第七十七条第二款、第八十七条、第九十六条第二款所列合同变更、转让、解除等情形,依照前款规定处理。

第十条 当事人超越经营范围订立合同,人民法院不因此认定合同无效。但违反国家限制经营、特许经营以及法律、行政法规禁止经营规定的除外。

四、代 位 权

第十一条 债权人依照合同法第七十三条的规定提起代位权诉讼,应当符合下列条件:

(一)债权人对债务人的债权合法;

(二)债务人怠于行使其到期债权,对债权人造成损害;

(三)债务人的债权已到期;

(四)债务人的债权不是专属于债务人自身的债权。

第十二条 合同法第七十三条第一款规定的专属于债务人自身的债权,是指基于扶养关系、抚养关系、赡养关系、继承关系产生的给付请求权和劳动报酬、退休金、养老金、抚恤金、安置费、人寿保险、人身伤害赔偿请求权等权利。

第十三条 合同法第七十三条规定的"债务人怠于行使其到期债权,对债权人造成损害的",是指债务人不履行其对债权人的到期债务,又不以诉讼方式或者仲裁方式向其债务人主张其享有的具有金钱给付内容的到期债权,致使债权人的到期债权未能实现。

次债务人(即债务人的债务人)不认为债务人有怠于行使其到期债权情况的,应当承担举证责任。

第十四条 债权人依照合同法第七十三条的规定提起代位权诉讼的,由被告住所地人民法院管辖。

第十五条 债权人向人民法院起诉债务人以后,又向同一人民法院对次债务人提起代位权诉讼,符合本解释第十四条的规定和《中华人民共和国民事诉讼法》第一百零八条规定的起诉条件的,应当立案受理;不符合本解释第十四条规定的,告知债权人向次债务人住所地人民法院另行起诉。

受理代位权诉讼的人民法院在债权人起诉债务人的诉讼裁决发生法律效力以前,应当依照《中华人民共和国民事诉讼法》第一百三十六条第(五)项的规定中止代位权诉讼。

第十六条 债权人以次债务人为被告向人民法院提起代位权诉讼,未将债务人列为第三人的,人民法院可以追加债务人为第三人。

两个或者两个以上债权人以同一次债务人为被告提起代位权诉讼的,人民法院可以合并审理。

第十七条 在代位权诉讼中,债权人请求人民法院对次债务人的财产采取保全措施的,应当提供相应的财产担保。

第十八条 在代位权诉讼中,次债务人对债务人的抗辩,可以向债权人主张。

债务人在代位权诉讼中对债权人的债权提出异议,经审查异议成立的,人民法院应当裁定驳回债权人的起诉。

第十九条 在代位权诉讼中,债权人胜诉的,诉讼费由次债务人负担,从实现的债权中优先支付。

第二十条 债权人向次债务人提起的代位权诉讼经人民法院审理后认定代位权成立的,由次债务人向债权人履行清偿义务,债权人与债务人、债务人与次债务人之间相应的债权债务关系即予消灭。

第二十一条 在代位权诉讼中,债权人行使代位权的请求数额超过债务人所负债务额或者超过次债务人对债务人所负债务额的,对超出部分人民法院不予支持。

第二十二条 债务人在代位权诉讼中,对超过债权人代位请求数额的债权部分起诉次债务人的,人民法院应当告知其向有管辖权的人民法院另行起诉。

债务人的起诉符合法定条件的,人民法院应当受理;受理债务人起诉的人民法院在代位权诉讼裁决发生法律效力以前,应当依法中止。

五、撤　销　权

第二十三条　债权人依照合同法第七十四条的规定提起撤销权诉讼的，由被告住所地人民法院管辖。

第二十四条　债权人依照合同法第七十四条的规定提起撤销权诉讼时只以债务人为被告，未将受益人或者受让人列为第三人的，人民法院可以追加该受益人或者受让人为第三人。

第二十五条　债权人依照合同法第七十四条的规定提起撤销权诉讼，请求人民法院撤销债务人放弃债权或转让财产的行为，人民法院应当就债权人主张的部分进行审理，依法撤销的，该行为自始无效。

两个或者两个以上债权人以同一债务人为被告，就同一标的提起撤销权诉讼的，人民法院可以合并审理。

第二十六条　债权人行使撤销权所支付的律师代理费、差旅费等必要费用，由债务人负担；第三人有过错的，应当适当分担。

六、合同转让中的第三人

第二十七条　债权人转让合同权利后，债务人与受让人之间因履行合同发生纠纷诉至人民法院，债务人对债权人的权利提出抗辩的，可以将债权人列为第三人。

第二十八条　经债权人同意，债务人转移合同义务后，受让人与债权人之间因履行合同发生纠纷诉至人民法院，受让人就债务人对债权人的权利提出抗辩的，可以将债务人列为第三人。

第二十九条　合同当事人一方经对方同意将其在合同中的权利义务一并转让给受让人，对方与受让人因履行合同发生纠纷诉至人民法院，对方就合同权利义务提出抗辩的，可以将出让方列为第三人。

七、请求权竞合

第三十条　债权人依照合同法第一百二十二条的规定向人民法院起诉时作出选择后，在一审开庭以前又变更诉讼请求的，人民法院应当准许。对方当事人提出管辖权异议，经审查异议成立的，人民法院应当驳回起诉。

最高人民法院关于适用《中华人民共和国合同法》若干问题的解释(二)

(2009年2月9日最高人民法院审判委员会第1462次会议通过　2009年4月24日最高人民法院公告公布　自2009年5月13日起施行　法释〔2009〕5号)

为了正确审理合同纠纷案件，根据《中华人民共和国合同法》的规定，对人民法院适用合同法的有关问题作出如下解释：

一、合同的订立

第一条　当事人对合同是否成立存在争议，人民法院能够确定当事人名称或者姓名、标的和数量的，一般应当认定合同成立。但法律另有规定或者当事人另有约定的除外。

对合同欠缺的前款规定以外的其他内容，当事人达不成协议的，人民法院依照合同法第六十一条、第六十二条、第一百二十五条等有关规定予以确定。

第二条　当事人未以书面形式或者口头形式订立合同，但从双方从事的民事行为能够推定双方有订立合同意愿的，人民法院可以认定是以合同法第十条第一款中的“其他形式”订立的合同。但法律另有规定的除外。

第三条　悬赏人以公开方式声明对完成一定行为的人支付报酬，完成特定行为的人请求悬赏人支付报酬的，人民法院依法予以支持。但悬赏有合同法第五十二条规定情形的除外。

第四条　采用书面形式订立合同，合同约定的签订地与实际签字或者盖章地点不符的，人民法院应当认定约定的签订地为合同签订地；合同没有约定签订地，双方当事人签字或者盖章不在同一地点的，人民法院应当认定最后签字或者盖章的地点为合同签订地。

第五条　当事人采用合同书形式订立合同的，应当签字或者盖章。当事人在合同书上摁手印的，人民法院应当认定其具有与签字或者盖章同等的法律效力。

第六条　提供格式条款的一方对格式条款中免除或者限制其责任的内容,在合同订立时采用足以引起对方注意的文字、符号、字体等特别标识,并按照对方的要求对该格式条款予以说明的,人民法院应当认定符合合同法第三十九条所称"采取合理的方式"。

提供格式条款一方对已尽合理提示及说明义务承担举证责任。

第七条　下列情形,不违反法律、行政法规强制性规定的,人民法院可以认定为合同法所称"交易习惯":

(一)在交易行为当地或者某一领域、某一行业通常采用并为交易对方订立合同时所知道或者应当知道的做法;

(二)当事人双方经常使用的习惯做法。

对于交易习惯,由提出主张的一方当事人承担举证责任。

第八条　依照法律、行政法规的规定经批准或者登记才能生效的合同成立后,有义务办理申请批准或者申请登记等手续的一方当事人未按照法律规定或者合同约定办理申请批准或者未申请登记的,属于合同法第四十二条第(三)项规定的"其他违背诚实信用原则的行为",人民法院可以根据案件的具体情况和相对人的请求,判决相对人自己办理有关手续;对方当事人对由此产生的费用和给相对人造成的实际损失,应当承担损害赔偿责任。

二、合同的效力

第九条　提供格式条款的一方当事人违反合同法第三十九条第一款关于提示和说明义务的规定,导致对方没有注意免除或者限制其责任的条款,对方当事人申请撤销该格式条款的,人民法院应当支持。

第十条　提供格式条款的一方当事人违反合同法第三十九条第一款的规定,并具有合同法第四十条规定的情形之一的,人民法院应当认定该格式条款无效。

第十一条　根据合同法第四十七条、第四十八条的规定,追认的意思表示自到达相对人时生效,合同自订立时起生效。

第十二条　无权代理人以被代理人的名义订立合同,被代理人已经开始履行合同义务的,视为对合同的追认。

第十三条　被代理人依照合同法第四十九条的规定承担有效代理行为所产生的责任后,可以向无权代理人追偿因代理行为而遭受的损失。

第十四条　合同法第五十二条第(五)项规定的"强制性规定",是指效力性强制性规定。

第十五条　出卖人就同一标的物订立多重买卖合同,合同均不具有合同法第五十二条规定的无效情形,买受人因不能按照合同约定取得标的物所有权,请求追究出卖人违约责任的,人民法院应予支持。

三、合同的履行

第十六条　人民法院根据具体案情可以将合同法第六十四条、第六十五条规定的第三人列为无独立请求权的第三人,但不得依职权将其列为该合同诉讼案件的被告或者有独立请求权的第三人。

第十七条　债权人以境外当事人为被告提起的代位权诉讼,人民法院根据《中华人民共和国民事诉讼法》第二百四十一条的规定确定管辖。

第十八条　债务人放弃其未到期的债权或者放弃债权担保,或者恶意延长到期债权的履行期,对债权人造成损害,债权人依照合同法第七十四条的规定提起撤销权诉讼的,人民法院应当支持。

第十九条　对于合同法第七十四条规定的"明显不合理的低价",人民法院应当以交易当地一般经营者的判断,并参考交易当时交易地的物价部门指导价或者市场交易价,结合其他相关因素综合考虑予以确认。

转让价格达不到交易时交易地的指导价或者市场交易价百分之七十的,一般可以视为明显不合理的低价;对转让价格高于当地指导价或者市场交易价百分之三十的,一般可以视为明显不合理的高价。

债务人以明显不合理的高价收购他人财产,人民法院可以根据债权人的申请,参照合同法第七十四条的规定予以撤销。

第二十条　债务人的给付不足以清偿其对

同一债权人所负的数笔相同种类的全部债务，应当优先抵充已到期的债务；几项债务均到期的，优先抵充对债权人缺乏担保或者担保数额最少的债务；担保数额相同的，优先抵充债务负担较重的债务；负担相同的，按照债务到期的先后顺序抵充；到期时间相同的，按比例抵充。但是，债权人与债务人对清偿的债务或者清偿抵充顺序有约定的除外。

第二十一条 债务人除主债务之外还应当支付利息和费用，当其给付不足以清偿全部债务时，并且当事人没有约定的，人民法院应当按照下列顺序抵充：

（一）实现债权的有关费用；

（二）利息；

（三）主债务。

四、合同的权利义务终止

第二十二条 当事人一方违反合同法第九十二条规定的义务，给对方当事人造成损失，对方当事人请求赔偿实际损失的，人民法院应当支持。

第二十三条 对于依照合同法第九十九条的规定可以抵销的到期债权，当事人约定不得抵销的，人民法院可以认定该约定有效。

第二十四条 当事人对合同法第九十六条、第九十九条规定的合同解除或者债务抵销虽有异议，但在约定的异议期限届满后才提出异议并向人民法院起诉的，人民法院不予支持；当事人没有约定异议期间，在解除合同或者债务抵销通知到达之日起三个月以后才向人民法院起诉的，人民法院不予支持。

第二十五条 依照合同法第一百零一条的规定，债务人将合同标的物或者标的物拍卖、变卖所得价款交付提存部门时，人民法院应当认定提存成立。

提存成立的，视为债务人在其提存范围内已经履行债务。

第二十六条 合同成立以后客观情况发生了当事人在订立合同时无法预见的、非不可抗力造成的不属于商业风险的重大变化，继续履行合同对于一方当事人明显不公平或者不能实现合同目的，当事人请求人民法院变更或者解除合同的，人民法院应当根据公平原则，并结合案件的实际情况确定是否变更或者解除。

五、违 约 责 任

第二十七条 当事人通过反诉或者抗辩的方式，请求人民法院依照合同法第一百一十四条第二款的规定调整违约金的，人民法院应予支持。

第二十八条 当事人依照合同法第一百一十四条第二款的规定，请求人民法院增加违约金的，增加后的违约金数额以不超过实际损失额为限。增加违约金以后，当事人又请求对方赔偿损失的，人民法院不予支持。

第二十九条 当事人主张约定的违约金过高请求予以适当减少的，人民法院应当以实际损失为基础，兼顾合同的履行情况、当事人的过错程度以及预期利益等综合因素，根据公平原则和诚实信用原则予以衡量，并作出裁决。

当事人约定的违约金超过造成损失的百分之三十的，一般可以认定为合同法第一百一十四条第二款规定的“过分高于造成的损失”。

六、附　　则

第三十条 合同法施行后成立的合同发生纠纷的案件，本解释施行后尚未终审的，适用本解释；本解释施行前已经终审，当事人申请再审或者按照审判监督程序决定再审的，不适用本解释。

最高人民法院关于如何理解与适用合同法解释(二)第24条问题的答复

（2014年11月25日）

一、合同法司法解释二第24条规定：“当事人对合同法第九十六条、第九十九条规定的合同解除或者债务抵销虽有异议，但在约定的异议期限届满后才提出异议并向人民法院起诉的，人民法院不予支持；当事人没有约定异议期间，在解除合同或者债务抵销通知到达之日起三个月以后才向人民法院起诉的，人民法院不予支持。”如果合同当事人一方在不具有解除权的情况下，向对方发出了解除通知，对方在本条规定的异议期经过后才向人民法院起诉提出异议的，人民法院是否支持，无论是在学术界还是在各地法院的审判实践中均存在争议。肯定的观点主张，本条适用的前提是主张解除合同的一方应具有解除权，否则，对方提出异议的权利不受异议期的限制，本条不适用，人民法院对解除异议的诉讼请求仍应支持；否定的观点主张，异议期限经过，异议权不再受法律保护，此时无论解除合同的一方是否具有解除权，对方当事人均无权再对合同解除提出异议，故对此种情形下的异议诉请，人民法院不应支持。以上两种观点，均具有一定的理论依据和现实基础，根本差别在于对异议权的性质、异议期限经过的后果等认识不同。对此，最高法院将在进一步研究论证的基础上，以司法解释、司法政策或典型案例等形式，明确提出相应的意见，以统一裁判尺度。

二、发出解除通知的一方自己在三个月内起诉，请求法院确认解除合同的效力，属于解除方通过提起确认之诉，对合同已经解除的法律事实进一步予以确认，而非对自己主张的合同解除提出异议。

最高人民法院关于在审理经济纠纷案件中涉及经济犯罪嫌疑若干问题的规定

（1998年4月9日最高人民法院审判委员会第974次会议通过　1998年4月21日最高人民法院公告公布　自1998年4月29日起施行　法释〔1998〕7号）

根据《中华人民共和国民法通则》、《中华人民共和国刑法》、《中华人民共和国民事诉讼法》、《中华人民共和国刑事诉讼法》等有关规定，对审理经济纠纷案件中涉及经济犯罪嫌疑问题作以下规定：

第一条　同一公民、法人或其他经济组织因不同的法律事实，分别涉及经济纠纷和经济犯罪嫌疑的，经济纠纷案件和经济犯罪嫌疑案件应当分开审理。

第二条　单位直接负责的主管人员和其他直接责任人员，以为单位骗取财物为目的，采取欺骗手段对外签订经济合同，骗取的财物被该单位占有、使用或处分构成犯罪的，除依法追究有关人员的刑事责任，责令该单位返还骗取的财物外，如给被害人造成经济损失的，单位应当承担赔偿责任。

第三条　单位直接负责的主管人员和其他直接责任人员，以该单位的名义对外签订经济合同，将取得的财物部分或全部占为己有构成犯罪的，除依法追究行为人的刑事责任外，该单位对行为人因签订、履行该经济合同造成的后果，依法应当承担民事责任。

第四条　个人借用单位的业务介绍信、合同专用章或者盖有公章的空白合同书，以出借单位名义签订经济合同，骗取财物归个人占有、使用、处分或者进行其他犯罪活动，给对方造成经济损失构成犯罪的，除依法追究借用人的刑事责任外，出借业务介绍信、合同专用章或者盖有公章的空白合同书的单位，依法应当承担赔偿责任。但是，有证据证明被害人明知签订合同对方当事人是借用行为，仍与之签订合同的除外。

第五条　行为人盗窃、盗用单位的公章、业务介绍信、盖有公章的空白合同书，或者私刻单位的公章签订经济合同，骗取财物归个人占有、使用、处分或者进行其他犯罪活动构成犯罪的，单位对行为人该犯罪行为所造成的经济损失不承担民事责任。

行为人私刻单位公章或者擅自使用单位公章、业务介绍信、盖有公章的空白合同书以签订经济合同的方法进行的犯罪行为，单位有明显过错，且该过错行为与被害人的经济损失之间具有因果关系的，单位对该犯罪行为所造成的经济损失，依法应当承担赔偿责任。

第六条　企业承包、租赁经营合同期满后，企业按规定办理了企业法定代表人的变更登记，而企业法人未采取有效措施收回其公章、业务介绍信、盖有公章的空白合同书，或者没有及时采取措施通知相对人，致原企业承包人、租赁人得以用原承包、租赁企业的名义签订经济合同，骗取财物占为己有构成犯罪的，该企业对被害人的经济损失，依法应当承担赔偿责任。但是，原承包人、承租人利用擅自保留的公章、业务介绍信、盖有公章的空白合同书以原承包、租赁企业的名义签订经济合同，骗取财物占为已有构成犯罪的，企业一般不承担民事责任。

单位聘用的人员被解聘后，或者受单位委托保管公章的人员被解除委托后，单位未及时收回其公章，行为人擅自利用保留的原单位公章签订经济合同，骗取财物占为已有构成犯罪，如给被害人造成经济损失的，单位应当承担赔偿责任。

第七条　单位直接负责的主管人员和其他直接责任人员，将单位进行走私或其他犯罪活动所得财物以签订经济合同的方法予以销售，买方明知或者应当知道的，如因此造成经济损失，其损失由买方自负。但是，如果买方不知该经济合同的标的物是犯罪行为所得财物而购买的，卖方对买方所造成的经济损失应当承担民事责任。

第八条　根据《中华人民共和国刑事诉讼法》第七十七条第一款的规定，被害人对本《规定》第二条因单位犯罪行为造成经济损失的，对第四条、第五条第一款、第六条应当承担刑事责任的被告人未能返还财物而遭受经济损失提起附带民事诉讼的，受理刑事案件的人民法院应当依法一并审理。被害人因其遭受经济损失也有权对单位另行提起民事诉讼。若被害人另行提起民事诉讼的，有管辖权的人民法院应当依法受理。

第九条　被害人请求保护其民事权利的诉讼时效在公安机关、检察机关查处经济犯罪嫌疑期间中断。如果公安机关决定撤销涉嫌经济犯罪案件或者检察机关决定不起诉的，诉讼时效从撤销案件或决定不起诉之次日起重新计算。

第十条　人民法院在审理经济纠纷案件中，发现与本案有牵连，但与本案不是同一法律关系的经济犯罪嫌疑线索、材料，应将犯罪嫌疑线索、材料移送有关公安机关或检察机关查处，经济纠纷案件继续审理。

第十一条　人民法院作为经济纠纷受理的案件，经审理认为不属经济纠纷案件而有经济犯罪嫌疑的，应当裁定驳回起诉，将有关材料移送公安机关或检察机关。

第十二条　人民法院已立案审理的经济纠纷案件，公安机关或检察机关认为有经济犯罪嫌疑，并说明理由附有关材料函告受理该案的人民法院的，有关人民法院应当认真审查。经过审查，认为确有经济犯罪嫌疑的，应当将案件移送公安机关或检察机关，并书面通知当事人，退还案件受理费；如认为确属经济纠纷案件的，应当依法继续审理，并将结果函告有关公安机关或检察机关。

最高人民法院关于当前形势下审理民商事合同纠纷案件若干问题的指导意见

（2009年7月7日　法发〔2009〕40号）

当前，因全球金融危机蔓延所引发的矛盾和纠纷在司法领域已经出现明显反映，民商事案件尤其是与企业经营相关的民商事合同纠纷案件呈大幅增长的态势；同时出现了诸多由宏观经济形势变化所引发的新的审判实务问题。人民法院围绕国家经济发展战略和“保增长、保民生、保稳定”要求，坚持“立足审判、胸怀大局、同舟共济、共克时艰”的指导方针，牢固树立为大局服务、为人民司法的理念，认真研究并及时解决这些民商事审判实务中与宏观经济形势变化密切相关的普遍性问题、重点问题，有效化解矛盾和纠纷，不仅是民商事审判部门应对金融危机工作的重要任务，而且对于维护诚信的市场交易秩序，保障公平法治的投资环境，公平解决纠纷、提振市场信心等具有重要意义。现就人民法院在当前形势下审理民商事合同纠纷案件中的若干问题，提出以下意见。

一、慎重适用情势变更原则，合理调整双方利益关系

1. 当前市场主体之间的产品交易、资金流转因原料价格剧烈波动、市场需求关系的变化、流动资金不足等诸多因素的影响而产生大量纠纷，对于部分当事人在诉讼中提出适用情势变更原则变更或者解除合同的请求，人民法院应当依据公平原则和情势变更原则严格审查。

2. 人民法院在适用情势变更原则时，应当充分注意到全球性金融危机和国内宏观经济形势变化并非完全是一个令所有市场主体猝不及

防的突变过程,而是一个逐步演变的过程。在演变过程中,市场主体应当对于市场风险存在一定程度的预见和判断。人民法院应当依法把握情势变更原则的适用条件,严格审查当事人提出的“无法预见”的主张,对于涉及石油、焦炭、有色金属等市场属性活泼、长期以来价格波动较大的大宗商品标的物以及股票、期货等风险投资型金融产品标的物的合同,更要慎重适用情势变更原则。

3. 人民法院要合理区分情势变更与商业风险。商业风险属于从事商业活动的固有风险,诸如尚未达到异常变动程度的供求关系变化、价格涨跌等。情势变更是当事人在缔约时无法预见的非市场系统固有的风险。人民法院在判断某种重大客观变化是否属于情势变更时,应当注意衡量风险类型是否属于社会一般观念上的事先无法预见、风险程度是否远远超出正常人的合理预期、风险是否可以防范和控制、交易性质是否属于通常的“高风险高收益”范围等因素,并结合市场的具体情况,在个案中识别情势变更和商业风险。

4. 在调整尺度的价值取向把握上,人民法院仍应遵循侧重于保护守约方的原则。适用情势变更原则并非简单地豁免债务人的义务而使债权人承受不利后果,而是要充分注意利益均衡,公平合理地调整双方利益关系。在诉讼过程中,人民法院要积极引导当事人重新协商,改订合同;重新协商不成的,争取调解解决。为防止情势变更原则被滥用而影响市场正常的交易秩序,人民法院决定适用情势变更原则作出判决的,应当按照最高人民法院《关于正确适用〈中华人民共和国合同法〉若干问题的解释(二)服务党和国家工作大局的通知》(法〔2009〕165号)的要求,严格履行适用情势变更的相关审核程序。

二、依法合理调整违约金数额,公平解决违约责任问题

5. 现阶段由于国内宏观经济环境的变化和影响,民商事合同履行过程中违约现象比较突出。对于双方当事人在合同中所约定的过分高于违约造成损失的违约金或者极具惩罚性的违约金条款,人民法院应根据合同法第一百一十四条第二款和最高人民法院《关于适用中华人民共和国合同法若干问题的解释(二)》(以下简称《合同法解释(二)》)第二十九条等关于调整过高违约金的规定内容和精神,合理调整违约金数额,公平解决违约责任问题。

6. 在当前企业经营状况普遍较为困难的情况下,对于违约金数额过分高于违约造成损失的,应当根据合同法规定的诚实信用原则、公平原则,坚持以补偿性为主、以惩罚性为辅的违约金性质,合理调整裁量幅度,切实防止以意思自治为由而完全放任当事人约定过高的违约金。

7. 人民法院根据合同法第一百一十四条第二款调整过高违约金时,应当根据案件的具体情形,以违约造成的损失为基准,综合衡量合同履行程度、当事人的过错、预期利益、当事人缔约地位强弱、是否适用格式合同或条款等多项因素,根据公平原则和诚实信用原则予以综合权衡,避免简单地采用固定比例等“一刀切”的做法,防止机械司法而可能造成的实质不公平。

8. 为减轻当事人诉累,妥当解决违约金纠纷,违约方以合同不成立、合同未生效、合同无效或者不构成违约进行免责抗辩而未提出违约金调整请求的,人民法院可以就当事人是否需要主张违约金过高问题进行释明。人民法院要正确确定举证责任,违约方对于违约金约定过高的主张承担举证责任,非违约方主张违约金约定合理的,亦应提供相应的证据。合同解除后,当事人主张违约金条款继续有效的,人民法院可以根据合同法第九十八条的规定进行处理。

三、区分可得利益损失类型,妥善认定可得利益损失

9. 在当前市场主体违约情形比较突出的情况下,违约行为通常导致可得利益损失。根据交易的性质、合同的目的等因素,可得利益损失主要分为生产利润损失、经营利润损失和转售利润损失等类型。生产设备和原材料等买卖合同违约中,因出卖人违约而造成买受人的可得利益损失通常属于生产利润损失。承包经营、租赁经营合同以及提供服务或劳务的合同中,因一方违约造成的可得利益损失通常属于经营利润损失。先后系列买卖合同中,因原合同出卖方违约而造成其后的转售合同出售方的可得利益损失通常属于转售利润损失。

10. 人民法院在计算和认定可得利益损失时，应当综合运用可预见规则、减损规则、损益相抵规则以及过失相抵规则等，从非违约方主张的可得利益赔偿总额中扣除违约方不可预见的损失、非违约方不当扩大的损失、非违约方因违约获得的利益、非违约方亦有过失所造成的损失以及必要的交易成本。存在合同法第一百一十三条第二款规定的欺诈经营、合同法第一百一十四条第一款规定的当事人约定损害赔偿的计算方法以及因违约导致人身伤亡、精神损害等情形的，不宜适用可得利益损失赔偿规则。

11. 人民法院认定可得利益损失时应当合理分配举证责任。违约方一般应当承担非违约方没有采取合理减损措施而导致损失扩大、非违约方因违约而获得利益以及非违约方亦有过失的举证责任；非违约方应当承担其遭受的可得利益损失总额、必要的交易成本的举证责任。对于可以预见的损失，既可以由非违约方举证，也可以由人民法院根据具体情况予以裁量。

四、正确把握法律构成要件，稳妥认定表见代理行为

12. 当前在国家重大项目和承包租赁行业等受到全球性金融危机冲击和国内宏观经济形势变化影响比较明显的行业领域，由于合同当事人采用转包、分包、转租方式，出现了大量以单位部门、项目经理乃至个人名义签订或实际履行合同的情形，并因合同主体和效力认定问题引发表见代理纠纷案件。对此，人民法院应当正确适用合同法第四十九条关于表见代理制度的规定，严格认定表见代理行为。

13. 合同法第四十九条规定的表见代理制度不仅要求代理人的无权代理行为在客观上形成具有代理权的表象，而且要求相对人在主观上善意且无过失地相信行为人有代理权。合同相对人主张构成表见代理的，应当承担举证责任，不仅应当举证证明代理行为存在诸如合同书、公章、印鉴等有权代理的客观表象形式要素，而且应当证明其善意且无过失地相信行为人具有代理权。

14. 人民法院在判断合同相对人主观上是否属于善意且无过失时，应当结合合同缔结与履行过程中的各种因素综合判断合同相对人是否尽到合理注意义务，此外还要考虑合同的缔结时间、以谁的名义签字、是否盖有相关印章及印章真伪、标的物的交付方式与地点、购买的材料、租赁的器材、所借款项的用途、建筑单位是否知道项目经理的行为、是否参与合同履行等各种因素，作出综合分析判断。

五、正确适用强制性规定，稳妥认定民商事合同效力

15. 正确理解、识别和适用合同法第五十二条第（五）项中的“违反法律、行政法规的强制性规定”，关系到民商事合同的效力维护以及市场交易的安全和稳定。人民法院应当注意根据《合同法解释（二）》第十四条之规定，注意区分效力性强制规定和管理性强制规定。违反效力性强制规定的，人民法院应当认定合同无效；违反管理性强制规定的，人民法院应当根据具体情形认定其效力。

16. 人民法院应当综合法律法规的意旨，权衡相互冲突的权益，诸如权益的种类、交易安全以及其所规制的对象等，综合认定强制性规定的类型。如果强制性规范规制的是合同行为本身即只要该合同行为发生即绝对地损害国家利益或者社会公共利益的，人民法院应当认定合同无效。如果强制性规定规制的是当事人的“市场准入”资格而非某种类型的合同行为，或者规制的是某种合同的履行行为而非某类合同行为，人民法院对于此类合同效力的认定，应当慎重把握，必要时应当征求相关立法部门的意见或者请示上级人民法院。

六、合理适用不安抗辩权规则，维护权利人合法权益

17. 在当前情势下，为敦促诚信的合同一方当事人及时保全证据、有效保护权利人的正当合法权益，对于一方当事人已经履行全部交付义务，虽然约定的价款期限尚未到期，但其诉请付款方支付未到期价款的，如果有确切证据证明付款方明确表示不履行给付价款义务，或者付款方被吊销营业执照、被注销、被有关部门撤销、处于歇业状态，或者付款方转移财产、抽逃资金以逃避债务，或者付款方丧失商业信誉，以及付款方以自己的行为表明不履行给付价款义务的其他情形的，除非付款方已经提供适当的担保，人民法院可以根据合同法第六十八条第一款、第六十九条、第九十四条第(二)项、第一百零八条、第一百六十七条等规定精神,判令付款期限已到期或者加速到期。

中华人民共和国电子商务法

(2018年8月31日第十三届全国人民代表大会常务委员会第五次会议通过 2018年8月31日中华人民共和国主席令第七号公布 自2019年1月1日起施行)

目 录

第一章 总 则

第一条 为了保障电子商务各方主体的合法权益,规范电子商务行为,维护市场秩序,促进电子商务持续健康发展,制定本法。

第二条 中华人民共和国境内的电子商务活动,适用本法。

本法所称电子商务,是指通过互联网等信息网络销售商品或者提供服务的经营活动。

法律、行政法规对销售商品或者提供服务有规定的,适用其规定。金融类产品和服务,利用信息网络提供新闻信息、音视频节目、出版以及文化产品等内容方面的服务,不适用本法。

第三条 国家鼓励发展电子商务新业态,创新商业模式,促进电子商务技术研发和推广应用,推进电子商务诚信体系建设,营造有利于电子商务创新发展的市场环境,充分发挥电子商务在推动高质量发展、满足人民日益增长的美好生活需要、构建开放型经济方面的重要作用。

第四条 国家平等对待线上线下商务活动,促进线上线下融合发展,各级人民政府和有关部门不得采取歧视性的政策措施,不得滥用行政权力排除、限制市场竞争。

第五条 电子商务经营者从事经营活动,应当遵循自愿、平等、公平、诚信的原则,遵守法律和商业道德,公平参与市场竞争,履行消费者权益保护、环境保护、知识产权保护、网络安全与个人信息保护等方面的义务,承担产品和服务质量责任,接受政府和社会的监督。

第六条 国务院有关部门按照职责分工负责电子商务发展促进、监督管理等工作。县级以上地方各级人民政府可以根据本行政区域的实际情况,确定本行政区域内电子商务的部门职责划分。

第七条 国家建立符合电子商务特点的协同管理体系,推动形成有关部门、电子商务行业组织、电子商务经营者、消费者等共同参与的电子商务市场治理体系。

第八条 电子商务行业组织按照本组织章程开展行业自律,建立健全行业规范,推动行业诚信建设,监督、引导本行业经营者公平参与市场竞争。

第二章 电子商务经营者

第一节 一般规定

第九条 本法所称电子商务经营者,是指通过互联网等信息网络从事销售商品或者提供服务的经营活动的自然人、法人和非法人组织,包括电子商务平台经营者、平台内经营者以及通过自建网站、其他网络服务销售商品或者提供服务的电子商务经营者。

本法所称电子商务平台经营者,是指在电子商务中为交易双方或者多方提供网络经营场所、交易撮合、信息发布等服务,供交易双方或者多方独立开展交易活动的法人或者非法人组织。

本法所称平台内经营者,是指通过电子商务平台销售商品或者提供服务的电子商务经营者。

第十条 电子商务经营者应当依法办理市场主体登记。但是,个人销售自产农副产品、家庭手工业产品,个人利用自己的技能从事依法无须取得许可的便民劳务活动和零星小额交易活动，以及依照法律、行政法规不需要进行登记的除外。

第十一条 电子商务经营者应当依法履行纳税义务，并依法享受税收优惠。

依照前条规定不需要办理市场主体登记的电子商务经营者在首次纳税义务发生后，应当依照税收征收管理法律、行政法规的规定申请办理税务登记，并如实申报纳税。

第十二条 电子商务经营者从事经营活动，依法需要取得相关行政许可的，应当依法取得行政许可。

第十三条 电子商务经营者销售的商品或者提供的服务应当符合保障人身、财产安全的要求和环境保护要求，不得销售或者提供法律、行政法规禁止交易的商品或者服务。

第十四条 电子商务经营者销售商品或者提供服务应当依法出具纸质发票或者电子发票等购货凭证或者服务单据。电子发票与纸质发票具有同等法律效力。

第十五条 电子商务经营者应当在其首页显著位置，持续公示营业执照信息、与其经营业务有关的行政许可信息、属于依照本法第十条规定的不需要办理市场主体登记情形等信息，或者上述信息的链接标识。

前款规定的信息发生变更的，电子商务经营者应当及时更新公示信息。

第十六条 电子商务经营者自行终止从事电子商务的，应当提前三十日在首页显著位置持续公示有关信息。

第十七条 电子商务经营者应当全面、真实、准确、及时地披露商品或者服务信息，保障消费者的知情权和选择权。电子商务经营者不得以虚构交易、编造用户评价等方式进行虚假或者引人误解的商业宣传，欺骗、误导消费者。

第十八条 电子商务经营者根据消费者的兴趣爱好、消费习惯等特征向其提供商品或者服务的搜索结果的，应当同时向该消费者提供不针对其个人特征的选项，尊重和平等保护消费者合法权益。

电子商务经营者向消费者发送广告的，应当遵守《中华人民共和国广告法》的有关规定。

第十九条 电子商务经营者搭售商品或者服务，应当以显著方式提请消费者注意，不得将搭售商品或者服务作为默认同意的选项。

第二十条 电子商务经营者应当按照承诺或者与消费者约定的方式、时限向消费者交付商品或者服务，并承担商品运输中的风险和责任。但是，消费者另行选择快递物流服务提供者的除外。

第二十一条 电子商务经营者按照约定向消费者收取押金的，应当明示押金退还的方式、程序，不得对押金退还设置不合理条件。消费者申请退还押金，符合押金退还条件的，电子商务经营者应当及时退还。

第二十二条 电子商务经营者因其技术优势、用户数量、对相关行业的控制能力以及其他经营者对该电子商务经营者在交易上的依赖程度等因素而具有市场支配地位的，不得滥用市场支配地位，排除、限制竞争。

第二十三条 电子商务经营者收集、使用其用户的个人信息，应当遵守法律、行政法规有关个人信息保护的规定。

第二十四条 电子商务经营者应当明示用户信息查询、更正、删除以及用户注销的方式、程序，不得对用户信息查询、更正、删除以及用户注销设置不合理条件。

电子商务经营者收到用户信息查询或者更正、删除的申请的，应当在核实身份后及时提供查询或者更正、删除用户信息。用户注销的，电子商务经营者应当立即删除该用户的信息；依照法律、行政法规的规定或者双方约定保存的，依照其规定。

第二十五条 有关主管部门依照法律、行政法规的规定要求电子商务经营者提供有关电子商务数据信息的，电子商务经营者应当提供。有关主管部门应当采取必要措施保护电子商务经营者提供的数据信息的安全，并对其中的个人信息、隐私和商业秘密严格保密，不得泄露、出售或者非法向他人提供。

第二十六条 电子商务经营者从事跨境电子商务，应当遵守进出口监督管理的法律、行政法规和国家有关规定。

第二节 电子商务平台经营者

第二十七条 电子商务平台经营者应当要求申请进入平台销售商品或者提供服务的经营者提交其身份、地址、联系方式、行政许可等真实信息,进行核验、登记,建立登记档案,并定期核验更新。

电子商务平台经营者为进入平台销售商品或者提供服务的非经营用户提供服务,应当遵守本节有关规定。

第二十八条 电子商务平台经营者应当按照规定向市场监督管理部门报送平台内经营者的身份信息,提示未办理市场主体登记的经营者依法办理登记,并配合市场监督管理部门,针对电子商务的特点,为应当办理市场主体登记的经营者办理登记提供便利。

电子商务平台经营者应当依照税收征收管理法律、行政法规的规定,向税务部门报送平台内经营者的身份信息和与纳税有关的信息,并应当提示依照本法第十条规定不需要办理市场主体登记的电子商务经营者依照本法第十一条第二款的规定办理税务登记。

第二十九条 电子商务平台经营者发现平台内的商品或者服务信息存在违反本法第十二条、第十三条规定情形的,应当依法采取必要的处置措施,并向有关主管部门报告。

第三十条 电子商务平台经营者应当采取技术措施和其他必要措施保证其网络安全、稳定运行,防范网络违法犯罪活动,有效应对网络安全事件,保障电子商务交易安全。

电子商务平台经营者应当制定网络安全事件应急预案,发生网络安全事件时,应当立即启动应急预案,采取相应的补救措施,并向有关主管部门报告。

第三十一条 电子商务平台经营者应当记录、保存平台上发布的商品和服务信息、交易信息,并确保信息的完整性、保密性、可用性。商品和服务信息、交易信息保存时间自交易完成之日起不少于三年;法律、行政法规另有规定的,依照其规定。

第三十二条 电子商务平台经营者应当遵循公开、公平、公正的原则,制定平台服务协议和交易规则,明确进入和退出平台、商品和服务质量保障、消费者权益保护、个人信息保护等方面的权利和义务。

第三十三条 电子商务平台经营者应当在其首页显著位置持续公示平台服务协议和交易规则信息或者上述信息的链接标识,并保证经营者和消费者能够便利、完整地阅览和下载。

第三十四条 电子商务平台经营者修改平台服务协议和交易规则,应当在其首页显著位置公开征求意见,采取合理措施确保有关各方能够及时充分表达意见。修改内容应当至少在实施前七日予以公示。

平台内经营者不接受修改内容,要求退出平台的,电子商务平台经营者不得阻止,并按照修改前的服务协议和交易规则承担相关责任。

第三十五条 电子商务平台经营者不得利用服务协议、交易规则以及技术等手段,对平台内经营者在平台内的交易、交易价格以及与其他经营者的交易等进行不合理限制或者附加不合理条件,或者向平台内经营者收取不合理费用。

第三十六条 电子商务平台经营者依据平台服务协议和交易规则对平台内经营者违反法律、法规的行为实施警示、暂停或者终止服务等措施的,应当及时公示。

第三十七条 电子商务平台经营者在其平台上开展自营业务的,应当以显著方式区分标记自营业务和平台内经营者开展的业务,不得误导消费者。

电子商务平台经营者对其标记为自营的业务依法承担商品销售者或者服务提供者的民事责任。

第三十八条 电子商务平台经营者知道或者应当知道平台内经营者销售的商品或者提供的服务不符合保障人身、财产安全的要求,或者有其他侵害消费者合法权益行为,未采取必要措施的,依法与该平台内经营者承担连带责任。

对关系消费者生命健康的商品或者服务,电子商务平台经营者对平台内经营者的资质资格未尽到审核义务,或者对消费者未尽到安全保障义务,造成消费者损害的,依法承担相应的责任。

第三十九条 电子商务平台经营者应当建立健全信用评价制度,公示信用评价规则,为消费者提供对平台内销售的商品或者提供的服务进行评价的途径。

电子商务平台经营者不得删除消费者对其平台内销售的商品或者提供的服务的评价。

第四十条　电子商务平台经营者应当根据商品或者服务的价格、销量、信用等以多种方式向消费者显示商品或者服务的搜索结果；对于竞价排名的商品或者服务，应当显著标明"广告"。

第四十一条　电子商务平台经营者应当建立知识产权保护规则，与知识产权权利人加强合作，依法保护知识产权。

第四十二条　知识产权权利人认为其知识产权受到侵害的，有权通知电子商务平台经营者采取删除、屏蔽、断开链接、终止交易和服务等必要措施。通知应当包括构成侵权的初步证据。

电子商务平台经营者接到通知后，应当及时采取必要措施，并将该通知转送平台内经营者；未及时采取必要措施的，对损害的扩大部分与平台内经营者承担连带责任。

因通知错误造成平台内经营者损害的，依法承担民事责任。恶意发出错误通知，造成平台内经营者损失的，加倍承担赔偿责任。

第四十三条　平台内经营者接到转送的通知后，可以向电子商务平台经营者提交不存在侵权行为的声明。声明应当包括不存在侵权行为的初步证据。

电子商务平台经营者接到声明后，应当将该声明转送发出通知的知识产权权利人，并告知其可以向有关主管部门投诉或者向人民法院起诉。电子商务平台经营者在转送声明到达知识产权权利人后十五日内，未收到权利人已经投诉或者起诉通知的，应当及时终止所采取的措施。

第四十四条　电子商务平台经营者应当及时公示收到的本法第四十二条、第四十三条规定的通知、声明及处理结果。

第四十五条　电子商务平台经营者知道或者应当知道平台内经营者侵犯知识产权的，应当采取删除、屏蔽、断开链接、终止交易和服务等必要措施；未采取必要措施的，与侵权人承担连带责任。

第四十六条　除本法第九条第二款规定的服务外，电子商务平台经营者可以按照平台服务协议和交易规则，为经营者之间的电子商务提供仓储、物流、支付结算、交收等服务。电子商务平台经营者为经营者之间的电子商务提供服务，应当遵守法律、行政法规和国家有关规定，不得采取集中竞价、做市商等集中交易方式进行交易，不得进行标准化合约交易。

第三章　电子商务合同的订立与履行

第四十七条　电子商务当事人订立和履行合同，适用本章和《中华人民共和国民法总则》《中华人民共和国合同法》《中华人民共和国电子签名法》等法律的规定。

第四十八条　电子商务当事人使用自动信息系统订立或者履行合同的行为对使用该系统的当事人具有法律效力。

在电子商务中推定当事人具有相应的民事行为能力。但是，有相反证据足以推翻的除外。

第四十九条　电子商务经营者发布的商品或者服务信息符合要约条件的，用户选择该商品或者服务并提交订单成功，合同成立。当事人另有约定的，从其约定。

电子商务经营者不得以格式条款等方式约定消费者支付价款后合同不成立；格式条款等含有该内容的，其内容无效。

第五十条　电子商务经营者应当清晰、全面、明确地告知用户订立合同的步骤、注意事项、下载方法等事项，并保证用户能够便利、完整地阅览和下载。

电子商务经营者应当保证用户在提交订单前可以更正输入错误。

第五十一条　合同标的为交付商品并采用快递物流方式交付的，收货人签收时间为交付时间。合同标的为提供服务的，生成的电子凭证或者实物凭证中载明的时间为交付时间；前述凭证没有载明时间或者载明时间与实际提供服务时间不一致的，实际提供服务的时间为交付时间。

合同标的为采用在线传输方式交付的，合同标的进入对方当事人指定的特定系统并且能够检索识别的时间为交付时间。

合同当事人对交付方式、交付时间另有约定的，从其约定。

第五十二条　电子商务当事人可以约定采

用快递物流方式交付商品。

快递物流服务提供者为电子商务提供快递物流服务,应当遵守法律、行政法规,并应当符合承诺的服务规范和时限。快递物流服务提供者在交付商品时,应当提示收货人当面查验;交由他人代收的,应当经收货人同意。

快递物流服务提供者应当按照规定使用环保包装材料,实现包装材料的减量化和再利用。

快递物流服务提供者在提供快递物流服务的同时,可以接受电子商务经营者的委托提供代收货款服务。

第五十三条 电子商务当事人可以约定采用电子支付方式支付价款。

电子支付服务提供者为电子商务提供电子支付服务,应当遵守国家规定,告知用户电子支付服务的功能、使用方法、注意事项、相关风险和收费标准等事项,不得附加不合理交易条件。电子支付服务提供者应当确保电子支付指令的完整性、一致性、可跟踪稽核和不可篡改。

电子支付服务提供者应当向用户免费提供对账服务以及最近三年的交易记录。

第五十四条 电子支付服务提供者提供电子支付服务不符合国家有关支付安全管理要求,造成用户损失的,应当承担赔偿责任。

第五十五条 用户在发出支付指令前,应当核对支付指令所包含的金额、收款人等完整信息。

支付指令发生错误的,电子支付服务提供者应当及时查找原因,并采取相关措施予以纠正。造成用户损失的,电子支付服务提供者应当承担赔偿责任,但能够证明支付错误非自身原因造成的除外。

第五十六条 电子支付服务提供者完成电子支付后,应当及时准确地向用户提供符合约定方式的确认支付的信息。

第五十七条 用户应当妥善保管交易密码、电子签名数据等安全工具。用户发现安全工具遗失、被盗用或者未经授权的支付的,应当及时通知电子支付服务提供者。

未经授权的支付造成的损失,由电子支付服务提供者承担;电子支付服务提供者能够证明未经授权的支付是因用户的过错造成的,不承担责任。

电子支付服务提供者发现支付指令未经授权,或者收到用户支付指令未经授权的通知时,应当立即采取措施防止损失扩大。电子支付服务提供者未及时采取措施导致损失扩大的,对损失扩大部分承担责任。

第四章 电子商务争议解决

第五十八条 国家鼓励电子商务平台经营者建立有利于电子商务发展和消费者权益保护的商品、服务质量担保机制。

电子商务平台经营者与平台内经营者协议设立消费者权益保证金的,双方应当就消费者权益保证金的提取数额、管理、使用和退还办法等作出明确约定。

消费者要求电子商务平台经营者承担先行赔偿责任以及电子商务平台经营者赔偿后向平台内经营者的追偿,适用《中华人民共和国消费者权益保护法》的有关规定。

第五十九条 电子商务经营者应当建立便捷、有效的投诉、举报机制,公开投诉、举报方式等信息,及时受理并处理投诉、举报。

第六十条 电子商务争议可以通过协商和解,请求消费者组织、行业协会或者其他依法成立的调解组织调解,向有关部门投诉,提请仲裁,或者提起诉讼等方式解决。

第六十一条 消费者在电子商务平台购买商品或者接受服务,与平台内经营者发生争议时,电子商务平台经营者应当积极协助消费者维护合法权益。

第六十二条 在电子商务争议处理中,电子商务经营者应当提供原始合同和交易记录。因电子商务经营者丢失、伪造、篡改、销毁、隐匿或者拒绝提供前述资料,致使人民法院、仲裁机构或者有关机关无法查明事实的,电子商务经营者应当承担相应的法律责任。

第六十三条 电子商务平台经营者可以建立争议在线解决机制,制定并公示争议解决规则,根据自愿原则,公平、公正地解决当事人的争议。

第五章 电子商务促进

第六十四条 国务院和省、自治区、直辖市人民政府应当将电子商务发展纳入国民经济和社会发展规划，制定科学合理的产业政策，促进电子商务创新发展。

第六十五条 国务院和县级以上地方人民政府及其有关部门应当采取措施，支持、推动绿色包装、仓储、运输，促进电子商务绿色发展。

第六十六条 国家推动电子商务基础设施和物流网络建设，完善电子商务统计制度，加强电子商务标准体系建设。

第六十七条 国家推动电子商务在国民经济各个领域的应用，支持电子商务与各产业融合发展。

第六十八条 国家促进农业生产、加工、流通等环节的互联网技术应用，鼓励各类社会资源加强合作，促进农村电子商务发展，发挥电子商务在精准扶贫中的作用。

第六十九条 国家维护电子商务交易安全，保护电子商务用户信息，鼓励电子商务数据开发应用，保障电子商务数据依法有序自由流动。

国家采取措施推动建立公共数据共享机制，促进电子商务经营者依法利用公共数据。

第七十条 国家支持依法设立的信用评价机构开展电子商务信用评价，向社会提供电子商务信用评价服务。

第七十一条 国家促进跨境电子商务发展，建立健全适应跨境电子商务特点的海关、税收、进出境检验检疫、支付结算等管理制度，提高跨境电子商务各环节便利化水平，支持跨境电子商务平台经营者等为跨境电子商务提供仓储物流、报关、报检等服务。

国家支持小型微型企业从事跨境电子商务。

第七十二条 国家进出口管理部门应当推进跨境电子商务海关申报、纳税、检验检疫等环节的综合服务和监管体系建设，优化监管流程，推动实现信息共享、监管互认、执法互助，提高跨境电子商务服务和监管效率。跨境电子商务经营者可以凭电子单证向国家进出口管理部门办理有关手续。

第七十三条 国家推动建立与不同国家、地区之间跨境电子商务的交流合作，参与电子商务国际规则的制定，促进电子签名、电子身份等国际互认。

国家推动建立与不同国家、地区之间的跨境电子商务争议解决机制。

第六章 法律责任

第七十四条 电子商务经营者销售商品或者提供服务，不履行合同义务或者履行合同义务不符合约定，或者造成他人损害的，依法承担民事责任。

第七十五条 电子商务经营者违反本法第十二条、第十三条规定，未取得相关行政许可从事经营活动，或者销售、提供法律、行政法规禁止交易的商品、服务，或者不履行本法第二十五条规定的信息提供义务，电子商务平台经营者违反本法第四十六条规定，采取集中交易方式进行交易，或者进行标准化合约交易的，依照有关法律、行政法规的规定处罚。

第七十六条 电子商务经营者违反本法规定，有下列行为之一的，由市场监督管理部门责令限期改正，可以处一万元以下的罚款，对其中的电子商务平台经营者，依照本法第八十一条第一款的规定处罚：

（一）未在首页显著位置公示营业执照信息、行政许可信息、属于不需要办理市场主体登记情形等信息，或者上述信息的链接标识的；

（二）未在首页显著位置持续公示终止电子商务的有关信息的；

（三）未明示用户信息查询、更正、删除以及用户注销的方式、程序，或者对用户信息查询、更正、删除以及用户注销设置不合理条件的。

电子商务平台经营者对违反前款规定的平台内经营者未采取必要措施的，由市场监督管理部门责令限期改正，可以处二万元以上十万元以下的罚款。

第七十七条 电子商务经营者违反本法第十八条第一款规定提供搜索结果，或者违反本法第十九条规定搭售商品、服务的，由市场监督管理部门责令限期改正，没收违法所得，可以并处五万元以上二十万元以下的罚款；情节严重的，并处二十万元以上五十万元以下的罚款。

第七十八条 电子商务经营者违反本法第二十一条规定，未向消费者明示押金退还的方式、程序，对押金退还设置不合理条件，或者不及时退还押金的，由有关主管部门责令限期改正，可以处五万元以上二十万元以下的罚款；情节严重的，处二十万元以上五十万元以下的罚款。

第七十九条 电子商务经营者违反法律、行政法规有关个人信息保护的规定，或者不履行本法第三十条和有关法律、行政法规规定的网络安全保障义务的，依照《中华人民共和国网络安全法》等法律、行政法规的规定处罚。

第八十条 电子商务平台经营者有下列行为之一的，由有关主管部门责令限期改正；逾期不改正的，处二万元以上十万元以下的罚款；情节严重的，责令停业整顿，并处十万元以上五十万元以下的罚款：

（一）不履行本法第二十七条规定的核验、登记义务的；

（二）不按照本法第二十八条规定向市场监督管理部门、税务部门报送有关信息的；

（三）不按照本法第二十九条规定对违法情形采取必要的处置措施，或者未向有关主管部门报告的；

（四）不履行本法第三十一条规定的商品和服务信息、交易信息保存义务的。

法律、行政法规对前款规定的违法行为的处罚另有规定的，依照其规定。

第八十一条 电子商务平台经营者违反本法规定，有下列行为之一的，由市场监督管理部门责令限期改正，可以处二万元以上十万元以下的罚款；情节严重的，处十万元以上五十万元以下的罚款：

（一）未在首页显著位置持续公示平台服务协议、交易规则信息或者上述信息的链接标识的；

（二）修改交易规则未在首页显著位置公开征求意见，未按照规定的时间提前公示修改内容，或者阻止平台内经营者退出的；

（三）未以显著方式区分标记自营业务和平台内经营者开展的业务的；

（四）未为消费者提供对平台内销售的商品或者提供的服务进行评价的途径，或者擅自删除消费者的评价的。

电子商务平台经营者违反本法第四十条规定，对竞价排名的商品或者服务未显著标明“广告”的，依照《中华人民共和国广告法》的规定处罚。

第八十二条 电子商务平台经营者违反本法第三十五条规定，对平台内经营者在平台内的交易、交易价格或者与其他经营者的交易等进行不合理限制或者附加不合理条件，或者向平台内经营者收取不合理费用的，由市场监督管理部门责令限期改正，可以处五万元以上五十万元以下的罚款；情节严重的，处五十万元以上二百万元以下的罚款。

第八十三条 电子商务平台经营者违反本法第三十八条规定，对平台内经营者侵害消费者合法权益行为未采取必要措施，或者对平台内经营者未尽到资质资格审核义务，或者对消费者未尽到安全保障义务的，由市场监督管理部门责令限期改正，可以处五万元以上五十万元以下的罚款；情节严重的，责令停业整顿，并处五十万元以上二百万元以下的罚款。

第八十四条 电子商务平台经营者违反本法第四十二条、第四十五条规定，对平台内经营者实施侵犯知识产权行为未依法采取必要措施的，由有关知识产权行政部门责令限期改正；逾期不改正的，处五万元以上五十万元以下的罚款；情节严重的，处五十万元以上二百万元以下的罚款。

第八十五条 电子商务经营者违反本法规定，销售的商品或者提供的服务不符合保障人身、财产安全的要求，实施虚假或者引人误解的商业宣传等不正当竞争行为，滥用市场支配地位，或者实施侵犯知识产权、侵害消费者权益等行为的，依照有关法律的规定处罚。

第八十六条 电子商务经营者有本法规定的违法行为的，依照有关法律、行政法规的规定记入信用档案，并予以公示。

第八十七条 依法负有电子商务监督管理职责的部门的工作人员，玩忽职守、滥用职权、徇私舞弊，或者泄露、出售或者非法向他人提供在履行职责中所知悉的个人信息、隐私和商业秘密的，依法追究法律责任。

第八十八条 违反本法规定，构成违反治安管理行为的，依法给予治安管理处罚；构成犯罪的，依法追究刑事责任。

第七章　附　　则

第八十九条　本法自2019年1月1日起施行。

中华人民共和国拍卖法[①]

（1996年7月5日第八届人民代表大会常务委员会第二十次会议通过　自1997年1月1日起施行）

目　　录

第一章　总　　则

第一条　为了规范拍卖行为，维护拍卖秩序，保护拍卖活动各方当事人的合法权益，制定本法。

第二条　本法适用于中华人民共和国境内拍卖企业进行的拍卖活动。

第三条　拍卖是指以公开竞价的形式，将特定物品或者财产权利转让给最高应价者的买卖方式。

第四条　拍卖活动应当遵守有关法律、行政法规，遵循公开、公平、公正、诚实信用的原则。

第五条　国务院负责管理拍卖业的部门对全国拍卖业实施监督管理。

省、自治区、直辖市的人民政府和设区的市的人民政府负责管理拍卖业的部门对本行政区域内的拍卖业实施监督管理。

公安机关对拍卖业按照特种行业实施治安管理。

第二章　拍卖标的

第六条　拍卖标的应当是委托人所有或者依法可以处分的物品或者财产权利。

第七条　法律、行政法规禁止买卖的物品或者财产权利，不得作为拍卖标的。

第八条　依照法律或者按照国务院规定需经审批才能转让的物品或者财产权利，在拍卖前，应当依法办理审批手续。

委托拍卖的文物，在拍卖前，应当经拍卖人住所地的文物行政管理部门依法鉴定、许可。

第九条　国家行政机关依法没收的物品，充抵税款、罚款的物品和其他物品，按照国务院规定应当委托拍卖的，由财产所在地的省、自治区、直辖市的人民政府和设区的市的人民政府指定的拍卖人进行拍卖。

拍卖由人民法院依法没收的物品，充抵罚金、罚款的物品以及无法返还的追回物品，适用前款规定。

第三章　拍卖当事人

第一节　拍　卖　人

第十条　拍卖人是指依照本法和《中华人民共和国公司法》设立的从事拍卖活动的企业法人。

第十一条　拍卖企业可以在设区的市设立。设立拍卖企业必须经所在地的省、自治区、直辖市人民政府负责管理拍卖业的部门审核许可，并向工商行政管理部门申请登记，领取营业执照。

第十二条　设立拍卖企业，应当具备下列条件：

（一）有一百万元人民币以上的注册资本；

（二）有自己的名称、组织机构、住所和章程；

（三）有与从事拍卖业务相适应的拍卖师和其他工作人员；

---

① 编者注：已被修改。

（四）有符合本法和其他有关法律规定的拍卖业务规则；

（五）有公安机关颁发的特种行业许可证；

（六）符合国务院有关拍卖业发展的规定；

（七）法律、行政法规规定的其他条件。

第十三条 拍卖企业经营文物拍卖的，应当有一千万元人民币以上的注册资本，有具有文物拍卖专业知识的人员。

第十四条 拍卖活动应当由拍卖师主持。

第十五条 拍卖师应当具备下列条件：

（一）具有高等院校专科以上学历和拍卖专业知识；

（二）在拍卖企业工作两年以上；

（三）品行良好。

被开除公职或者吊销拍卖师资格证书未满五年的，或者因故意犯罪受过刑事处罚的，不得担任拍卖师。

第十六条 拍卖师资格考核，由拍卖行业协会统一组织。经考核合格的，由拍卖行业协会发给拍卖师资格证书。

第十七条 拍卖行业协会是依法成立的社会团体法人，是拍卖业的自律性组织。拍卖行业协会依照本法并根据章程，对拍卖企业和拍卖师进行监督。

第十八条 拍卖人有权要求委托人说明拍卖标的的来源和瑕疵。

拍卖人应当向竞买人说明拍卖标的的瑕疵。

第十九条 拍卖人对委托人交付拍卖的物品负有保管义务。

第二十条 拍卖人接受委托后，未经委托人同意，不得委托其他拍卖人拍卖。

第二十一条 委托人、买受人要求对其身份保密的，拍卖人应当为其保密。

第二十二条 拍卖人及其工作人员不得以竞买人的身份参与自己组织的拍卖活动，并不得委托他人代为竞买。

第二十三条 拍卖人不得在自己组织的拍卖活动中拍卖自己的物品或者财产权利。

第二十四条 拍卖成交后，拍卖人应当按照约定向委托人交付拍卖标的的价款，并按照约定将拍卖标的移交给买受人。

第二节 委 托 人

第二十五条 委托人是指委托拍卖人拍卖物品或者财产权利的公民、法人或者其他组织。

第二十六条 委托人可以自行办理委托拍卖手续，也可以由其代理人代为办理委托拍卖手续。

第二十七条 委托人应当向拍卖人说明拍卖标的的来源和瑕疵。

第二十八条 委托人有权确定拍卖标的的保留价并要求拍卖人保密。

拍卖国有资产，依照法律或者按照国务院规定需要评估的，应当经依法设立的评估机构评估，并根据评估结果确定拍卖标的的保留价。

第二十九条 委托人在拍卖开始前可以撤回拍卖标的。委托人撤回拍卖标的的，应当向拍卖人支付约定的费用；未作约定的，应当向拍卖人支付为拍卖支出的合理费用。

第三十条 委托人不得参与竞买，也不得委托他人代为竞买。

第三十一条 按照约定由委托人移交拍卖标的的，拍卖成交后，委托人应当将拍卖标的移交给买受人。

第三节 竞 买 人

第三十二条 竞买人是指参加竞购拍卖标的的公民、法人或者其他组织。

第三十三条 法律、行政法规对拍卖标的的买卖条件有规定的，竞买人应当具备规定的条件。

第三十四条 竞买人可以自行参加竞买，也可以委托其代理人参加竞买。

第三十五条 竞买人有权了解拍卖标的的瑕疵，有权查验拍卖标的和查阅有关拍卖资料。

第三十六条 竞买人一经应价，不得撤回，当其他竞买人有更高应价时，其应价即丧失约束力。

第三十七条 竞买人之间、竞买人与拍卖人之间不得恶意串通，损害他人利益。

第四节 买 受 人

第三十八条 买受人是指以最高应价购得

拍卖标的的竞买人。

第三十九条 买受人应当按照约定支付拍卖标的的价款，未按照约定支付价款的，应当承担违约责任，或者由拍卖人征得委托人的同意，将拍卖标的再行拍卖。

拍卖标的再行拍卖的，原买受人应当支付第一次拍卖中本人及委托人应当支付的佣金。再行拍卖的价款低于原拍卖价款的，原买受人应当补足差额。

第四十条 买受人未能按照约定取得拍卖标的的，有权要求拍卖人或者委托人承担违约责任。

买受人未按照约定受领拍卖标的的，应当支付由此产生的保管费用。

第四章 拍卖程序

第一节 拍卖委托

第四十一条 委托人委托拍卖物品或者财产权利，应当提供身份证明和拍卖人要求提供的拍卖标的的所有权证明或者依法可以处分拍卖标的的证明及其他资料。

第四十二条 拍卖人应当对委托人提供的有关文件、资料进行核实。拍卖人接受委托的，应当与委托人签订书面委托拍卖合同。

第四十三条 拍卖人认为需要对拍卖标的进行鉴定的，可以进行鉴定。

鉴定结论与委托拍卖合同载明的拍卖标的的状况不相符的，拍卖人有权要求变更或者解除合同。

第四十四条 委托拍卖合同应当载明以下事项：

（一）委托人、拍卖人的姓名或者名称、住所；

（二）拍卖标的的名称、规格、数量、质量；

（三）委托人提出的保留价；

（四）拍卖的时间、地点；

（五）拍卖标的交付或者转移的时间、方式；

（六）佣金及其支付的方式、期限；

（七）价款的支付方式、期限；

（八）违约责任；

（九）双方约定的其他事项。

第二节 拍卖公告与展示

第四十五条 拍卖人应当于拍卖日七日前发布拍卖公告。

第四十六条 拍卖公告应当载明下列事项：

（一）拍卖的时间、地点；

（二）拍卖标的；

（三）拍卖标的展示时间、地点；

（四）参与竞买应当办理的手续；

（五）需要公告的其他事项。

第四十七条 拍卖公告应当通过报纸或者其他新闻媒介发布。

第四十八条 拍卖人应当在拍卖前展示拍卖标的，并提供查看拍卖标的的条件及有关资料。

拍卖标的的展示时间不得少于两日。

第三节 拍卖的实施

第四十九条 拍卖师应当于拍卖前宣布拍卖规则和注意事项。

第五十条 拍卖标的无保留价的，拍卖师应当在拍卖前予以说明。

拍卖标的有保留价的，竞买人的最高应价未达到保留价时，该应价不发生效力，拍卖师应当停止拍卖标的的拍卖。

第五十一条 竞买人的最高应价经拍卖师落槌或者以其他公开表示买定的方式确认后，拍卖成交。

第五十二条 拍卖成交后，买受人和拍卖人应当签署成交确认书。

第五十三条 拍卖人进行拍卖时，应当制作拍卖笔录。拍卖笔录应当由拍卖师、记录人签名；拍卖成交的，还应当由买受人签名。

第五十四条 拍卖人应当妥善保管有关业务经营活动的完整帐簿、拍卖笔录和其他有关资料。

前款规定的帐簿、拍卖笔录和其他有关资料的保管期限，自委托拍卖合同终止之日起计算，不得少于五年。

第五十五条 拍卖标的需要依法办理证照变更、产权过户手续的，委托人、买受人应当持拍卖人出具的成交证明和有关材料，向有关行政管理机关办理手续。

第四节 佣 金

第五十六条 委托人、买受人可以与拍卖人约定佣金的比例。

委托人、买受人与拍卖人对佣金比例未作约定，拍卖成交的，拍卖人可以向委托人、买受人各收取不超过拍变成交价百分之五的佣金。收取佣金的比例按照同拍卖成交价成反比的原则确定。

拍卖未成交，拍卖人可以向委托人收取约定的费用；未作约定的，可以向委托人收取为拍卖支出的合理费用。

第五十七条 拍卖本法第九条规定的物品成交的，拍卖人可以向买受人收取不超过拍卖成交价百分之五的佣金。收取佣金的比例按照同拍卖成交价成反比的原则确定。

拍卖未成交的，适用本法第五十六条第三款的规定。

第五章 法律责任

第五十八条 委托人违反本法第六条的规定，委托拍卖其没有所有权或者依法不得处分的物品或者财产权利的，应当依法承担责任。拍卖人明知委托人对拍卖的物品或者财产权利没有所有权或者依法不得处分的，应当承担连带责任。

第五十九条 国家机关违反本法第九条的规定，将应当委托财产所在地的省、自治区、直辖市的人民政府或者设区的市的人民政府指定的拍卖人拍卖的物品擅自处理的，对负有直接责任的主管人员和其他直接责任人员依法给予行政处分，给国家造成损失的，还应当承担赔偿责任。

第六十条 违反本法第十一条的规定，未经许可登记设立拍卖企业的，由工商行政管理部门予以取缔，没收违法所得，并可以处违法所得一倍以上五倍以下的罚款。

第六十一条 拍卖人、委托人违反本法第十八条第二款、第二十七条的规定，未说明拍卖标的的瑕疵，给买受人造成损害的，买受人有权向拍卖人要求赔偿；属于委托人责任的，拍卖人有权向委托人追偿。

拍卖人、委托人在拍卖前表明不能保证拍卖标的的真伪或者品质的，不承担瑕疵担保责任。

因拍卖标的存在瑕疵未声明的，请求赔偿的诉讼时效期间为一年，自当事人知道或者应当知道权利受到损害之日起计算。

因拍卖标的存在缺陷造成人身、财产损害请求赔偿的诉讼时效期间，适用《中华人民共和国产品质量法》和其他法律的有关规定。

第六十二条 拍卖人及其工作人员违反本法第二十二条的规定，参与竞买或者委托他人代为竞买的，由工商行政管理部门对拍卖人给予警告，可以处拍卖佣金一倍以上五倍以下罚款；情节严重的，吊销营业执照。

第六十三条 违反本法第二十三条的规定，拍卖人在自己组织的拍卖活动中拍卖自己的物品或者财产权利的，由工商行政管理部门没收拍卖所得。

第六十四条 违反本法第三十条的规定，委托人参与竞买或者委托他人代为竞买的，工商行政管理部门可以对委托人处拍卖成交价百分之三十以下的罚款。

第六十五条 违反本法第三十七条的规定，竞买人之间、竞买人与拍卖人之间恶意串通，给他人造成损害的，拍卖无效，应当依法承担赔偿责任。由工商行政管理部门对参与恶意串通的竞买人处最高应价百分之十以上百分之三十以下的罚款；对参与恶意串通的拍卖人处最高应价百分之十以上百分之五十以下的罚款。

第六十六条 违反本法第四章第四节关于佣金比例的规定收取佣金的，拍卖人应当将超收部分返还委托人、买受人。物价管理部门可以对拍卖人处拍卖佣金一倍以上五倍以下的罚款。

第六章 附 则

第六十七条 外国人、外国企业和组织在中华人民共和国境内委托拍卖或者参加竞买的，适用本法。

第六十八条 本法施行前设立的拍卖企业，不具备本法规定的条件的，应当在规定的期限内达到本法规定的条件；逾期未达到本法规定的条件的，由工商行政管理部门注销登记，收缴营业执照。具体实施办法由国务院另行规定。

第六十九条 本法自1997年1月1日起施行。

全国人民代表大会常务委员会关于修改《中华人民共和国拍卖法》的决定

（2004年8月28日第十届全国人民代表大会常务委员会第十一次会议通过　2004年8月28日公布　自公布之日起施行）

第十届全国人民代表大会常务委员会第十一次会议决定对《中华人民共和国拍卖法》作如下修改：

一、删去第五条第三款。

二、删去第十二条第五项。

本决定自公布之日起施行。

《中华人民共和国拍卖法》根据本决定作修改后，重新公布。

全国人民代表大会常务委员会关于修改《中华人民共和国电力法》等六部法律的决定（节录）

（2015年4月24日第十二届全国人民代表大会常务委员会第十四次会议通过　2015年4月24日中华人民共和国主席令第24号公布　自公布之日起施行）

第十二届全国人民代表大会常务委员会第十四次会议决定，对下列法律中有关工商登记前置审批的规定作出修改：

……

二、对《中华人民共和国拍卖法》作出修改

（一）将第十一条修改为："企业取得从事拍卖业务的许可必须经所在地的省、自治区、直辖市人民政府负责管理拍卖业的部门审核批准。拍卖企业可以在设区的市设立。"

（二）将第十二条中的"设立拍卖企业"修改为"企业申请取得从事拍卖业务的许可"。

（三）将第六十条中的"未经许可登记设立拍卖企业的"修改为"未经许可从事拍卖业务的"。

（四）删去第六十八条。

……

本决定自公布之日起施行。

《中华人民共和国拍卖法》根据本决定作相应修改，重新公布。

中华人民共和国拍卖法

（1996年7月5日第八届全国人民代表大会常务委员会第二十次会议通过　根据2004年8月28日第十届全国人民代表大会常务委员会第十一次会议《关于修改〈中华人民共和国拍卖法〉的决定》第一次修正　根据2015年4月24日第十二届全国人民代表大会常务委员会第十四次会议《关于修改〈中华人民共和国电力法〉等六部法律的决定》第二次修正）

目　录

第一章　总　　则

第一条　为了规范拍卖行为，维护拍卖秩序，保护拍卖活动各方当事人的合法权益，制定本法。

第二条　本法适用于中华人民共和国境内拍卖企业进行的拍卖活动。

第三条　拍卖是指以公开竞价的形式，将特定物品或者财产权利转让给最高应价者的买卖方式。

第四条　拍卖活动应当遵守有关法律、行政法规,遵循公开、公平、公正、诚实信用的原则。

第五条 国务院负责管理拍卖业的部门对全国拍卖业实施监督管理。

省、自治区、直辖市的人民政府和设区的市的人民政府负责管理拍卖业的部门对本行政区域内的拍卖业实施监督管理。

第二章 拍卖标的

第六条 拍卖标的应当是委托人所有或者依法可以处分的物品或者财产权利。

第七条 法律、行政法规禁止买卖的物品或者财产权利,不得作为拍卖标的。

第八条 依照法律或者按照国务院规定需经审批才能转让的物品或者财产权利,在拍卖前,应当依法办理审批手续。

委托拍卖的文物,在拍卖前,应当经拍卖人住所地的文物行政管理部门依法鉴定、许可。

第九条 国家行政机关依法没收的物品,充抵税款、罚款的物品和其他物品,按照国务院规定应当委托拍卖的,由财产所在地的省、自治区、直辖市的人民政府和设区的市的人民政府指定的拍卖人进行拍卖。

拍卖由人民法院依法没收的物品,充抵罚金、罚款的物品以及无法返还的追回物品,适用前款规定。

第三章 拍卖当事人

第一节 拍 卖 人

第十条 拍卖人是指依照本法和《中华人民共和国公司法》设立的从事拍卖活动的企业法人。

第十一条 企业取得从事拍卖业务的许可必须经所在地的省、自治区、直辖市人民政府负责管理拍卖业的部门审核批准。拍卖企业可以在设区的市设立。

第十二条 企业申请取得从事拍卖业务的许可,应当具备下列条件:

(一)有一百万元人民币以上的注册资本;

(二)有自己的名称、组织机构、住所和章程;

(三)有与从事拍卖业务相适应的拍卖师和其他工作人员;

(四)有符合本法和其他有关法律规定的拍卖业务规则;

(五)符合国务院有关拍卖业发展的规定;

(六)法律、行政法规规定的其他条件。

第十三条 拍卖企业经营文物拍卖的,应当有一千万元人民币以上的注册资本,有具有文物拍卖专业知识的人员。

第十四条 拍卖活动应当由拍卖师主持。

第十五条 拍卖师应当具备下列条件:

(一)具有高等院校专科以上学历和拍卖专业知识;

(二)在拍卖企业工作两年以上;

(三)品行良好。

被开除公职或者吊销拍卖师资格证书未满五年的,或者因故意犯罪受过刑事处罚的,不得担任拍卖师。

第十六条 拍卖师资格考核,由拍卖行业协会统一组织。经考核合格的,由拍卖行业协会发给拍卖师资格证书。

第十七条 拍卖行业协会是依法成立的社会团体法人,是拍卖业的自律性组织。拍卖行业协会依照本法并根据章程,对拍卖企业和拍卖师进行监督。

第十八条 拍卖人有权要求委托人说明拍卖标的的来源和瑕疵。

拍卖人应当向竞买人说明拍卖标的的瑕疵。

第十九条 拍卖人对委托人交付拍卖的物品负有保管义务。

第二十条 拍卖人接受委托后,未经委托人同意,不得委托其他拍卖人拍卖。

第二十一条 委托人、买受人要求对其身份保密的,拍卖人应当为其保密。

第二十二条 拍卖人及其工作人员不得以竞买人的身份参与自己组织的拍卖活动,并不得委托他人代为竞买。

第二十三条 拍卖人不得在自己组织的拍卖活动中拍卖自己的物品或者财产权利。

第二十四条 拍卖成交后,拍卖人应当按照约定向委托人交付拍卖标的的价款,并按照约定将拍卖标的移交给买受人。

第二节　委　托　人

第二十五条　委托人是指委托拍卖人拍卖物品或者财产权利的公民、法人或者其他组织。

第二十六条　委托人可以自行办理委托拍卖手续，也可以由其代理人代为办理委托拍卖手续。

第二十七条　委托人应当向拍卖人说明拍卖标的的来源和瑕疵。

第二十八条　委托人有权确定拍卖标的的保留价并要求拍卖人保密。

拍卖国有资产，依照法律或者按照国务院规定需要评估的，应当经依法设立的评估机构评估，并根据评估结果确定拍卖标的的保留价。

第二十九条　委托人在拍卖开始前可以撤回拍卖标的。委托人撤回拍卖标的的，应当向拍卖人支付约定的费用；未作约定的，应当向拍卖人支付为拍卖支出的合理费用。

第三十条　委托人不得参与竞买，也不得委托他人代为竞买。

第三十一条　按照约定由委托人移交拍卖标的的，拍卖成交后，委托人应当将拍卖标的移交给买受人。

第三节　竞　买　人

第三十二条　竞买人是指参加竞购拍卖标的的公民、法人或者其他组织。

第三十三条　法律、行政法规对拍卖标的的买卖条件有规定的，竞买人应当具备规定的条件。

第三十四条　竞买人可以自行参加竞买，也可以委托其代理人参加竞买。

第三十五条　竞买人有权了解拍卖标的的瑕疵，有权查验拍卖标的和查阅有关拍卖资料。

第三十六条　竞买人一经应价，不得撤回，当其他竞买人有更高应价时，其应价即丧失约束力。

第三十七条　竞买人之间、竞买人与拍卖人之间不得恶意串通，损害他人利益。

第四节　买　受　人

第三十八条　买受人是指以最高应价购得拍卖标的的竞买人。

第三十九条　买受人应当按照约定支付拍卖标的的价款，未按照约定支付价款的，应当承担违约责任，或者由拍卖人征得委托人的同意，将拍卖标的再行拍卖。

拍卖标的再行拍卖的，原买受人应当支付第一次拍卖中本人及委托人应当支付的佣金。再行拍卖的价款低于原拍卖价款的，原买受人应当补足差额。

第四十条　买受人未能按照约定取得拍卖标的的，有权要求拍卖人或者委托人承担违约责任。

买受人未按照约定受领拍卖标的的，应当支付由此产生的保管费用。

第四章　拍卖程序

第一节　拍卖委托

第四十一条　委托人委托拍卖物品或者财产权利，应当提供身份证明和拍卖人要求提供的拍卖标的的所有权证明或者依法可以处分拍卖标的的证明及其他资料。

第四十二条　拍卖人应当对委托人提供的有关文件、资料进行核实。拍卖人接受委托的，应当与委托人签订书面委托拍卖合同。

第四十三条　拍卖人认为需要对拍卖标的进行鉴定的，可以进行鉴定。

鉴定结论与委托拍卖合同载明的拍卖标的的状况不相符的，拍卖人有权要求变更或者解除合同。

第四十四条　委托拍卖合同应当载明以下事项：

（一）委托人、拍卖人的姓名或者名称、住所；

（二）拍卖标的的名称、规格、数量、质量；

（三）委托人提出的保留价；

（四）拍卖的时间、地点；

（五）拍卖标的交付或者转移的时间、方式；

（六）佣金及其支付的方式、期限；

（七）价款的支付方式、期限；

（八）违约责任；

（九）双方约定的其他事项。

第二节 拍卖公告与展示

第四十五条 拍卖人应当于拍卖日七日前发布拍卖公告。

第四十六条 拍卖公告应当载明下列事项:

(一) 拍卖的时间、地点;

(二) 拍卖标的;

(三) 拍卖标的展示时间、地点;

(四) 参与竞买应当办理的手续;

(五) 需要公告的其他事项。

第四十七条 拍卖公告应当通过报纸或者其他新闻媒介发布。

第四十八条 拍卖人应当在拍卖前展示拍卖标的,并提供查看拍卖标的的条件及有关资料。

拍卖标的的展示时间不得少于两日。

第三节 拍卖的实施

第四十九条 拍卖师应当于拍卖前宣布拍卖规则和注意事项。

第五十条 拍卖标的无保留价的,拍卖师应当在拍卖前予以说明。

拍卖标的有保留价的,竞买人的最高应价未达到保留价时,该应价不发生效力,拍卖师应当停止拍卖标的的拍卖。

第五十一条 竞买人的最高应价经拍卖师落槌或者以其他公开表示买定的方式确认后,拍卖成交。

第五十二条 拍卖成交后,买受人和拍卖人应当签署成交确认书。

第五十三条 拍卖人进行拍卖时,应当制作拍卖笔录。拍卖笔录应当由拍卖师、记录人签名;拍卖成交的,还应当由买受人签名。

第五十四条 拍卖人应当妥善保管有关业务经营活动的完整账簿、拍卖笔录和其他有关资料。

前款规定的账簿、拍卖笔录和其他有关资料的保管期限,自委托拍卖合同终止之日起计算,不得少于五年。

第五十五条 拍卖标的需要依法办理证照变更、产权过户手续的,委托人、买受人应当持拍卖人出具的成交证明和有关材料,向有关行政管理机关办理手续。

第四节 佣 金

第五十六条 委托人、买受人可以与拍卖人约定佣金的比例。

委托人、买受人与拍卖人对佣金比例未作约定,拍卖成交的,拍卖人可以向委托人、买受人各收取不超过拍卖成交价百分之五的佣金。收取佣金的比例按照同拍卖成交价成反比的原则确定。

拍卖未成交的,拍卖人可以向委托人收取约定的费用;未作约定的,可以向委托人收取为拍卖支出的合理费用。

第五十七条 拍卖本法第九条规定的物品成交的,拍卖人可以向买受人收取不超过拍卖成交价百分之五的佣金。收取佣金的比例按照同拍卖成交价成反比的原则确定。

拍卖未成交的,适用本法第五十六条第三款的规定。

第五章 法律责任

第五十八条 委托人违反本法第六条的规定,委托拍卖其没有所有权或者依法不得处分的物品或者财产权利的,应当依法承担责任。拍卖人明知委托人对拍卖的物品或者财产权利没有所有权或者依法不得处分的,应当承担连带责任。

第五十九条 国家机关违反本法第九条的规定,将应当委托财产所在地的省、自治区、直辖市的人民政府或者设区的市的人民政府指定的拍卖人拍卖的物品擅自处理的,对负有直接责任的主管人员和其他直接责任人员依法给予行政处分,给国家造成损失的,还应当承担赔偿责任。

第六十条 违反本法第十一条的规定,未经许可从事拍卖业务的,由工商行政管理部门予以取缔,没收违法所得,并可以处违法所得一倍以上五倍以下的罚款。

第六十一条 拍卖人、委托人违反本法第十八条第二款、第二十七条的规定,未说明拍卖标的的瑕疵,给买受人造成损害的,买受人有权向拍卖人要求赔偿;属于委托人责任的,拍卖人有权向委托人追偿。

拍卖人、委托人在拍卖前声明不能保证拍卖标的的真伪或者品质的，不承担瑕疵担保责任。

因拍卖标的存在瑕疵未声明的，请求赔偿的诉讼时效期间为一年，自当事人知道或者应当知道权利受到损害之日起计算。

因拍卖标的存在缺陷造成人身、财产损害请求赔偿的诉讼时效期间，适用《中华人民共和国产品质量法》和其他法律的有关规定。

第六十二条　拍卖人及其工作人员违反本法第二十二条的规定，参与竞买或者委托他人代为竞买的，由工商行政管理部门对拍卖人给予警告，可以处拍卖佣金一倍以上五倍以下的罚款；情节严重的，吊销营业执照。

第六十三条　违反本法第二十三条的规定，拍卖人在自己组织的拍卖活动中拍卖自己的物品或者财产权利的，由工商行政管理部门没收拍卖所得。

第六十四条　违反本法第三十条的规定，委托人参与竞买或者委托他人代为竞买的，工商行政管理部门可以对委托人处拍卖成交价百分之三十以下的罚款。

第六十五条　违反本法第三十七条的规定，竞买人之间、竞买人与拍卖人之间恶意串通，给他人造成损害的，拍卖无效，应当依法承担赔偿责任。由工商行政管理部门对参与恶意串通的竞买人处最高应价百分之十以上百分之三十以下的罚款；对参与恶意串通的拍卖人处最高应价百分之十以上百分之五十以下的罚款。

第六十六条　违反本法第四章第四节关于佣金比例的规定收取佣金的，拍卖人应当将超收部分返还委托人、买受人。物价管理部门可以对拍卖人处拍卖佣金一倍以上五倍以下的罚款。

第六章　附　　则

第六十七条　外国人、外国企业和组织在中华人民共和国境内委托拍卖或者参加竞买的，适用本法。

第六十八条　本法自1997年1月1日起施行。

中华人民共和国招标投标法①

（1999年8月30日第九届全国人民代表大会常务委员会第十一次会议通过　1999年8月30日中华人民共和国主席令第21号公布　自2000年1月1日起施行）

目　　录

第一章　总　　则

第一条　为了规范招标投标活动，保护国家利益、社会公共利益和招标投标活动当事人的合法权益，提高经济效益，保证项目质量，制定本法。

第二条　在中华人民共和国境内进行招标投标活动，适用本法。

第三条　在中华人民共和国境内进行下列工程建设项目包括项目的勘察、设计、施工、监理以及与工程建设有关的重要设备、材料等的采购，必须进行招标：

（一）大型基础设施、公用事业等关系社会公共利益、公众安全的项目；

（二）全部或者部分使用国有资金投资或者国家融资的项目；

（三）使用国际组织或者外国政府贷款、援助资金的项目。

前款所列项目的具体范围和规模标准，由国务院发展计划部门会同国务院有关部门制订，报国务院批准。

法律或者国务院对必须进行招标的其他项目的范围有规定的，依照其规定。

第四条　任何单位和个人不得将依法必须进行招标的项目化整为零或者以其他任何方式

① 编者注：已被修改。

规避招标。

第五条 招标投标活动应当遵循公开、公平、公正和诚实信用的原则。

第六条 依法必须进行招标的项目,其招标投标活动不受地区或者部门的限制。任何单位和个人不得违法限制或者排斥本地区、本系统以外的法人或者其他组织参加投标,不得以任何方式非法干涉招标投标活动。

第七条 招标投标活动及其当事人应当接受依法实施的监督。

有关行政监督部门依法对招标投标活动实施监督,依法查处招标投标活动中的违法行为。

对招标投标活动的行政监督及有关部门的具体职权划分,由国务院规定。

第二章 招 标

第八条 招标人是依照本法规定提出招标项目、进行招标的法人或者其他组织。

第九条 招标项目按照国家有关规定需要履行项目审批手续的,应当先履行审批手续,取得批准。

招标人应当有进行招标项目的相应资金或者资金来源已经落实,并应当在招标文件中如实载明。

第十条 招标分为公开招标和邀请招标。

公开招标,是指招标人以招标公告的方式邀请不特定的法人或者其他组织投标。

邀请招标,是指招标人以投标邀请书的方式邀请特定的法人或者其他组织投标。

第十一条 国务院发展计划部门确定的国家重点项目和省、自治区、直辖市人民政府确定的地方重点项目不适宜公开招标的,经国务院发展计划部门或者省、自治区、直辖市人民政府批准,可以进行邀请招标。

第十二条 招标人有权自行选择招标代理机构,委托其办理招标事宜。任何单位和个人不得以任何方式为招标人指定招标代理机构。

招标人具有编制招标文件和组织评标能力的,可以自行办理招标事宜。任何单位和个人不得强制其委托招标代理机构办理招标事宜。

依法必须进行招标的项目,招标人自行办理招标事宜的,应当向有关行政监督部门备案。

第十三条 招标代理机构是依法设立、从事招标代理业务并提供相关服务的社会中介组织。

招标代理机构应当具备下列条件:

(一)有从事招标代理业务的营业场所和相应资金;

(二)有能够编制招标文件和组织评标的相应专业力量;

(三)有符合本法第三十七条第三款规定条件、可以作为评标委员会成员人选的技术、经济等方面的专家库。

第十四条 从事工程建设项目招标代理业务的招标代理机构,其资格由国务院或者省、自治区、直辖市人民政府的建设行政主管部门认定。具体办法由国务院建设行政主管部门会同国务院有关部门制定。从事其他招标代理业务的招标代理机构,其资格认定的主管部门由国务院规定。

招标代理机构与行政机关和其他国家机关不得存在隶属关系或者其他利益关系。

第十五条 招标代理机构应当在招标人委托的范围内办理招标事宜,并遵守本法关于招标人的规定。

第十六条 招标人采用公开招标方式的,应当发布招标公告。依法必须进行招标的项目的招标公告,应当通过国家指定的报刊、信息网络或者其他媒介发布。

招标公告应当载明招标人的名称和地址、招标项目的性质、数量、实施地点和时间以及获取招标文件的办法等事项。

第十七条 招标人采用邀请招标方式的,应当向三个以上具备承担招标项目的能力、资信良好的特定的法人或者其他组织发出投标邀请书。

投标邀请书应当载明本法第十六条第二款规定的事项。

第十八条 招标人可以根据招标项目本身的要求,在招标公告或者投标邀请书中,要求潜在投标人提供有关资质证明文件和业绩情况,并对潜在投标人进行资格审查;国家对投标人的资格条件有规定的,依照其规定。

招标人不得以不合理的条件限制或者排斥潜在投标人,不得对潜在投标人实行歧视待遇。

第十九条 招标人应当根据招标项目的特

点和需要编制招标文件。招标文件应当包括招标项目的技术要求、对投标人资格审查的标准、投标报价要求和评标标准等所有实质性要求和条件以及拟签订合同的主要条款。

国家对招标项目的技术、标准有规定的，招标人应当按照其规定在招标文件中提出相应要求。

招标项目需要划分标段、确定工期的，招标人应当合理划分标段、确定工期，并在招标文件中载明。

第二十条 招标文件不得要求或者标明特定的生产供应者以及含有倾向或者排斥潜在投标人的其他内容。

第二十一条 招标人根据招标项目的具体情况，可以组织潜在投标人踏勘项目现场。

第二十二条 招标人不得向他人透露已获取招标文件的潜在投标人的名称、数量以及可能影响公平竞争的有关招标投标的其他情况。

招标人设有标底的，标底必须保密。

第二十三条 招标人对已发出的招标文件进行必要的澄清或者修改的，应当在招标文件要求提交投标文件截止时间至少十五日前，以书面形式通知所有招标文件收受人。该澄清或者修改的内容为招标文件的组成部分。

第二十四条 招标人应当确定投标人编制投标文件所需要的合理时间；但是，依法必须进行招标的项目，自招标文件开始发出之日起至投标人提交投标文件截止之日止，最短不得少于二十日。

第三章 投　　标

第二十五条 投标人是响应招标、参加投标竞争的法人或者其他组织。

依法招标的科研项目允许个人参加投标的，投标的个人适用本法有关投标人的规定。

第二十六条 投标人应当具备承担招标项目的能力；国家有关规定对投标人资格条件或者招标文件对投标人资格条件有规定的，投标人应当具备规定的资格条件。

第二十七条 投标人应当按照招标文件的要求编制投标文件。投标文件应当对招标文件提出的实质性要求和条件作出响应。

招标项目属于建设施工的，投标文件的内容应当包括拟派出的项目负责人与主要技术人员的简历、业绩和拟用于完成招标项目的机械设备等。

第二十八条 投标人应当在招标文件要求提交投标文件的截止时间前，将投标文件送达投标地点。招标人收到投标文件后，应当签收保存，不得开启。投标人少于三个的，招标人应当依照本法重新招标。

在招标文件要求提交投标文件的截止时间后送达的投标文件，招标人应当拒收。

第二十九条 投标人在招标文件要求提交投标文件的截止时间前，可以补充、修改或者撤回已提交的投标文件，并书面通知招标人。补充、修改的内容为投标文件的组成部分。

第三十条 投标人根据招标文件载明的项目实际情况，拟在中标后将中标项目的部分非主体、非关键性工作进行分包的，应当在投标文件中载明。

第三十一条 两个以上法人或者其他组织可以组成一个联合体，以一个投标人的身份共同投标。

联合体各方均应当具备承担招标项目的相应能力；国家有关规定或者招标文件对投标人资格条件有规定的，联合体各方均应当具备规定的相应资格条件。由同一专业的单位组成的联合体，按照资质等级较低的单位确定资质等级。

联合体各方应当签订共同投标协议，明确约定各方拟承担的工作和责任，并将共同投标协议连同投标文件一并提交招标人。联合体中标的，联合体各方应当共同与招标人签订合同，就中标项目向招标人承担连带责任。

招标人不得强制投标人组成联合体共同投标，不得限制投标人之间的竞争。

第三十二条 投标人不得相互串通投标报价，不得排挤其他投标人的公平竞争，损害招标人或者其他投标人的合法权益。

投标人不得与招标人串通投标，损害国家利益、社会公共利益或者他人的合法权益。

禁止投标人以向招标人或者评标委员会成员行贿的手段谋取中标。

第三十三条 投标人不得以低于成本的报

价竞标,也不得以他人名义投标或者以其他方式弄虚作假,骗取中标。

第四章 开标、评标和中标

第三十四条 开标应当在招标文件确定的提交投标文件截止时间的同一时间公开进行;开标地点应当为招标文件中预先确定的地点。

第三十五条 开标由招标人主持,邀请所有投标人参加。

第三十六条 开标时,由投标人或者其推选的代表检查投标文件的密封情况,也可以由招标人委托的公证机构检查并公证;经确认无误后,由工作人员当众拆封,宣读投标人名称、投标价格和投标文件的其他主要内容。

招标人在招标文件要求提交投标文件的截止时间前收到的所有投标文件,开标时都应当当众予以拆封、宣读。

开标过程应当记录,并存档备查。

第三十七条 评标由招标人依法组建的评标委员会负责。

依法必须进行招标的项目,其评标委员会由招标人的代表和有关技术、经济等方面的专家组成,成员人数为五人以上单数,其中技术、经济等方面的专家不得少于成员总数的三分之二。

前款专家应当从事相关领域工作满八年并具有高级职称或者具有同等专业水平,由招标人从国务院有关部门或者省、自治区、直辖市人民政府有关部门提供的专家名册或者招标代理机构的专家库内的相关专业的专家名单中确定;一般招标项目可以采取随机抽取方式,特殊招标项目可以由招标人直接确定。

与投标人有利害关系的人不得进入相关项目的评标委员会;已经进入的应当更换。

评标委员会成员的名单在中标结果确定前应当保密。

第三十八条 招标人应当采取必要的措施,保证评标在严格保密的情况下进行。

任何单位和个人不得非法干预、影响评标的过程和结果。

第三十九条 评标委员会可以要求投标人对投标文件中含义不明确的内容作必要的澄清或者说明,但是澄清或者说明不得超出投标文件的范围或者改变投标文件的实质性内容。

第四十条 评标委员会应当按照招标文件确定的评标标准和方法,对投标文件进行评审和比较;设有标底的,应当参考标底。评标委员会完成评标后,应当向招标人提出书面评标报告,并推荐合格的中标候选人。

招标人根据评标委员会提出的书面评标报告和推荐的中标候选人确定中标人。招标人也可以授权评标委员会直接确定中标人。

国务院对特定招标项目的评标有特别规定的,从其规定。

第四十一条 中标人的投标应当符合下列条件之一:

(一)能够最大限度地满足招标文件中规定的各项综合评价标准;

(二)能够满足招标文件的实质性要求,并且经评审的投标价格最低;但是投标价格低于成本的除外。

第四十二条 评标委员会经评审,认为所有投标都不符合招标文件要求的,可以否决所有投标。

依法必须进行招标的项目的所有投标被否决的,招标人应当依照本法重新招标。

第四十三条 在确定中标人前,招标人不得与投标人就投标价格、投标方案等实质性内容进行谈判。

第四十四条 评标委员会成员应当客观、公正地履行职务,遵守职业道德,对所提出的评审意见承担个人责任。

评标委员会成员不得私下接触投标人,不得收受投标人的财物或者其他好处。

评标委员会成员和参与评标的有关工作人员不得透露对投标文件的评审和比较、中标候选人的推荐情况以及与评标有关的其他情况。

第四十五条 中标人确定后,招标人应当向中标人发出中标通知书,并同时将中标结果通知所有未中标的投标人。

中标通知书对招标人和中标人具有法律效力。中标通知书发出后,招标人改变中标结果的,或者中标人放弃中标项目的,应当依法承担法律责任。

第四十六条 招标人和中标人应当自中标

通知书发出之日起三十日内，按照招标文件和中标人的投标文件订立书面合同。招标人和中标人不得再行订立背离合同实质性内容的其他协议。

招标文件要求中标人提交履约保证金的，中标人应当提交。

第四十七条　依法必须进行招标的项目，招标人应当自确定中标人之日起十五日内，向有关行政监督部门提交招标投标情况的书面报告。

第四十八条　中标人应当按照合同约定履行义务，完成中标项目。中标人不得向他人转让中标项目，也不得将中标项目肢解后分别向他人转让。

中标人按照合同约定或者经招标人同意，可以将中标项目的部分非主体、非关键性工作分包给他人完成。接受分包的人应当具备相应的资格条件，并不得再次分包。

中标人应当就分包项目向招标人负责，接受分包的人就分包项目承担连带责任。

第五章　法律责任

第四十九条　违反本法规定，必须进行招标的项目而不招标的，将必须进行招标的项目化整为零或者以其他任何方式规避招标的，责令限期改正，可以处项目合同金额千分之五以上千分之十以下的罚款；对全部或者部分使用国有资金的项目，可以暂停项目执行或者暂停资金拨付；对单位直接负责的主管人员和其他直接责任人员依法给予处分。

第五十条　招标代理机构违反本法规定，泄露应当保密的与招标投标活动有关的情况和资料的，或者与招标人、投标人串通损害国家利益、社会公共利益或者他人合法权益的，处五万元以上二十五万元以下的罚款，对单位直接负责的主管人员和其他直接责任人员处单位罚款数额百分之五以上百分之十以下的罚款；有违法所得的，并处没收违法所得；情节严重的，暂停直至取消招标代理资格；构成犯罪的，依法追究刑事责任。给他人造成损失的，依法承担赔偿责任。

前款所列行为影响中标结果的，中标无效。

第五十一条　招标人以不合理的条件限制或者排斥潜在投标人的，对潜在投标人实行歧视待遇的，强制要求投标人组成联合体共同投标的，或者限制投标人之间竞争的，责令改正，可以处一万元以上五万元以下的罚款。

第五十二条　依法必须进行招标的项目的招标人向他人透露已获取招标文件的潜在投标人的名称、数量或者可能影响公平竞争的有关招标投标的其他情况的，或者泄露标底的，给予警告，可以并处一万元以上十万元以下的罚款；对单位直接负责的主管人员和其他直接责任人员依法给予处分；构成犯罪的，依法追究刑事责任。

前款所列行为影响中标结果的，中标无效。

第五十三条　投标人相互串通投标或者与招标人串通投标的，投标人以向招标人或者评标委员会成员行贿的手段谋取中标的，中标无效，处中标项目金额千分之五以上千分之十以下的罚款，对单位直接负责的主管人员和其他直接责任人员处单位罚款数额百分之五以上百分之十以下的罚款；有违法所得的，并处没收违法所得；情节严重的，取消其一年至二年内参加依法必须进行招标的项目的投标资格并予以公告，直至由工商行政管理机关吊销营业执照；构成犯罪的，依法追究刑事责任。给他人造成损失的，依法承担赔偿责任。

第五十四条　投标人以他人名义投标或者以其他方式弄虚作假，骗取中标的，中标无效，给招标人造成损失的，依法承担赔偿责任；构成犯罪的，依法追究刑事责任。

依法必须进行招标的项目的投标人有前款所列行为尚未构成犯罪的，处中标项目金额千分之五以上千分之十以下的罚款，对单位直接负责的主管人员和其他直接责任人员处单位罚款数额百分之五以上百分之十以下的罚款；有违法所得的，并处没收违法所得；情节严重的，取消其一年至三年内参加依法必须进行招标的项目的投标资格并予以公告，直至由工商行政管理机关吊销营业执照。

第五十五条　依法必须进行招标的项目，招标人违反本法规定，与投标人就投标价格、投标方案等实质性内容进行谈判的，给予警告，对单位直接负责的主管人员和其他直接责任人员依法给予处分。

前款所列行为影响中标结果的,中标无效。

第五十六条 评标委员会成员收受投标人的财物或者其他好处的,评标委员会成员或者参加评标的有关工作人员向他人透露对投标文件的评审和比较、中标候选人的推荐以及与评标有关的其他情况的,给予警告,没收收受的财物,可以并处三千元以上五万元以下的罚款,对有所列违法行为的评标委员会成员取消担任评标委员会成员的资格,不得再参加任何依法必须进行招标的项目的评标;构成犯罪的,依法追究刑事责任。

第五十七条 招标人在评标委员会依法推荐的中标候选人以外确定中标人的,依法必须进行招标的项目在所有投标被评标委员会否决后自行确定中标人的,中标无效。责令改正,可以处中标项目金额千分之五以上千分之十以下的罚款;对单位直接负责的主管人员和其他直接责任人员依法给予处分。

第五十八条 中标人将中标项目转让给他人的,将中标项目肢解后分别转让给他人的,违反本法规定将中标项目的部分主体、关键性工作分包给他人的,或者分包人再次分包的,转让、分包无效,处转让、分包项目金额千分之五以上千分之十以下的罚款;有违法所得的,并处没收违法所得;可以责令停业整顿;情节严重的,由工商行政管理机关吊销营业执照。

第五十九条 招标人与中标人不按照招标文件和中标人的投标文件订立合同的,或者招标人、中标人订立背离合同实质性内容的协议的,责令改正;可以处中标项目金额千分之五以上千分之十以下的罚款。

第六十条 中标人不履行与招标人订立的合同的,履约保证金不予退还,给招标人造成的损失超过履约保证金数额的,还应当对超过部分予以赔偿;没有提交履约保证金的,应当对招标人的损失承担赔偿责任。

中标人不按照与招标人订立的合同履行义务,情节严重的,取消其二年至五年内参加依法必须进行招标的项目的投标资格并予以公告,直至由工商行政管理机关吊销营业执照。

因不可抗力不能履行合同的,不适用前两款规定。

第六十一条 本章规定的行政处罚,由国务院规定的有关行政监督部门决定。本法已对实施行政处罚的机关作出规定的除外。

第六十二条 任何单位违反本法规定,限制或者排斥本地区、本系统以外的法人或者其他组织参加投标的,为招标人指定招标代理机构的,强制招标人委托招标代理机构办理招标事宜的,或者以其他方式干涉招标投标活动的,责令改正;对单位直接负责的主管人员和其他直接责任人员依法给予警告、记过、记大过的处分,情节较重的,依法给予降级、撤职、开除的处分。

个人利用职权进行前款违法行为的,依照前款规定追究责任。

第六十三条 对招标投标活动依法负有行政监督职责的国家机关工作人员徇私舞弊、滥用职权或者玩忽职守,构成犯罪的,依法追究刑事责任;不构成犯罪的,依法给予行政处分。

第六十四条 依法必须进行招标的项目违反本法规定,中标无效的,应当依照本法规定的中标条件从其余投标人中重新确定中标人或者依照本法重新进行招标。

第六章 附 则

第六十五条 投标人和其他利害关系人认为招标投标活动不符合本法有关规定的,有权向招标人提出异议或者依法向有关行政监督部门投诉。

第六十六条 涉及国家安全、国家秘密、抢险救灾或者属于利用扶贫资金实行以工代赈、需要使用农民工等特殊情况,不适宜进行招标的项目,按照国家有关规定可以不进行招标。

第六十七条 使用国际组织或者外国政府贷款、援助资金的项目进行招标,贷款方、资金提供方对招标投标的具体条件和程序有不同规定的,可以适用其规定,但违背中华人民共和国的社会公共利益的除外。

第六十八条 本法自2000年1月1日起施行。

全国人民代表大会常务委员会关于修改《中华人民共和国招标投标法》、《中华人民共和国计量法》的决定(节录)

(2017年12月27日第十二届全国人民代表大会常务委员会第三十一次会议通过　2017年12月27日中华人民共和国主席令第86号公布　自2017年12月28日起施行)

第十二届全国人民代表大会常务委员会第三十一次会议决定：

一、对《中华人民共和国招标投标法》作出修改

(一)删去第十三条第二款第三项。

(二)删去第十四条第一款。

(三)将第五十条第一款中的“情节严重的，暂停直至取消招标代理资格”修改为“情节严重的，禁止其一年至二年内代理依法必须进行招标的项目并予以公告，直至由工商行政管理机关吊销营业执照”。

……

本决定自2017年12月28日起施行。

《中华人民共和国招标投标法》根据本决定作相应修改，重新公布。

中华人民共和国招标投标法

(1999年8月30日第九届全国人民代表大会常务委员会第十一次会议通过　根据2017年12月27日第十二届全国人民代表大会常务委员会第三十一次会议《关于修改〈中华人民共和国招标投标法〉、〈中华人民共和国计量法〉的决定》修正)

目　　录

第一章　总　　则

第一条　为了规范招标投标活动，保护国家利益、社会公共利益和招标投标活动当事人的合法权益，提高经济效益，保证项目质量，制定本法。

第二条　在中华人民共和国境内进行招标投标活动，适用本法。

第三条　在中华人民共和国境内进行下列工程建设项目包括项目的勘察、设计、施工、监理以及与工程建设有关的重要设备、材料等的采购，必须进行招标：

(一)大型基础设施、公用事业等关系社会公共利益、公众安全的项目；

(二)全部或者部分使用国有资金投资或者国家融资的项目；

(三)使用国际组织或者外国政府贷款、援助资金的项目。

前款所列项目的具体范围和规模标准，由国务院发展计划部门会同国务院有关部门制订，报国务院批准。

法律或者国务院对必须进行招标的其他项目的范围有规定的，依照其规定。

第四条　任何单位和个人不得将依法必须进行招标的项目化整为零或者以其他任何方式规避招标。

第五条　招标投标活动应当遵循公开、公平、公正和诚实信用的原则。

第六条　依法必须进行招标的项目，其招标投标活动不受地区或者部门的限制。任何单位和个人不得违法限制或者排斥本地区、本系统以外的法人或者其他组织参加投标，不得以任何方式非法干涉招标投标活动。

第七条　招标投标活动及其当事人应当接受依法实施的监督。

有关行政监督部门依法对招标投标活动实施监督，依法查处招标投标活动中的违法行为。

对招标投标活动的行政监督及有关部门的具体职权划分，由国务院规定。

第二章　招　　标

第八条　招标人是依照本法规定提出招标项目、进行招标的法人或者其他组织。

第九条 招标项目按照国家有关规定需要履行项目审批手续的,应当先履行审批手续,取得批准。

招标人应当有进行招标项目的相应资金或者资金来源已经落实,并应当在招标文件中如实载明。

第十条 招标分为公开招标和邀请招标。

公开招标,是指招标人以招标公告的方式邀请不特定的法人或者其他组织投标。

邀请招标,是指招标人以投标邀请书的方式邀请特定的法人或者其他组织投标。

第十一条 国务院发展计划部门确定的国家重点项目和省、自治区、直辖市人民政府确定的地方重点项目不适宜公开招标的,经国务院发展计划部门或者省、自治区、直辖市人民政府批准,可以进行邀请招标。

第十二条 招标人有权自行选择招标代理机构,委托其办理招标事宜。任何单位和个人不得以任何方式为招标人指定招标代理机构。

招标人具有编制招标文件和组织评标能力的,可以自行办理招标事宜。任何单位和个人不得强制其委托招标代理机构办理招标事宜。

依法必须进行招标的项目,招标人自行办理招标事宜的,应当向有关行政监督部门备案。

第十三条 招标代理机构是依法设立、从事招标代理业务并提供相关服务的社会中介组织。

招标代理机构应当具备下列条件:

(一)有从事招标代理业务的营业场所和相应资金;

(二)有能够编制招标文件和组织评标的相应专业力量。

第十四条 招标代理机构与行政机关和其他国家机关不得存在隶属关系或者其他利益关系。

第十五条 招标代理机构应当在招标人委托的范围内办理招标事宜,并遵守本法关于招标人的规定。

第十六条 招标人采用公开招标方式的,应当发布招标公告。依法必须进行招标的项目的招标公告,应当通过国家指定的报刊、信息网络或者其他媒介发布。

招标公告应当载明招标人的名称和地址、招标项目的性质、数量、实施地点和时间以及获取招标文件的办法等事项。

第十七条 招标人采用邀请招标方式的,应当向三个以上具备承担招标项目的能力、资信良好的特定的法人或者其他组织发出投标邀请书。

投标邀请书应当载明本法第十六条第二款规定的事项。

第十八条 招标人可以根据招标项目本身的要求,在招标公告或者投标邀请书中,要求潜在投标人提供有关资质证明文件和业绩情况,并对潜在投标人进行资格审查;国家对投标人的资格条件有规定的,依照其规定。

招标人不得以不合理的条件限制或者排斥潜在投标人,不得对潜在投标人实行歧视待遇。

第十九条 招标人应当根据招标项目的特点和需要编制招标文件。招标文件应当包括招标项目的技术要求、对投标人资格审查的标准、投标报价要求和评标标准等所有实质性要求和条件以及拟签订合同的主要条款。

国家对招标项目的技术、标准有规定的,招标人应当按照其规定在招标文件中提出相应要求。

招标项目需要划分标段、确定工期的,招标人应当合理划分标段、确定工期,并在招标文件中载明。

第二十条 招标文件不得要求或者标明特定的生产供应者以及含有倾向或者排斥潜在投标人的其他内容。

第二十一条 招标人根据招标项目的具体情况,可以组织潜在投标人踏勘项目现场。

第二十二条 招标人不得向他人透露已获取招标文件的潜在投标人的名称、数量以及可能影响公平竞争的有关招标投标的其他情况。

招标人设有标底的,标底必须保密。

第二十三条 招标人对已发出的招标文件进行必要的澄清或者修改的,应当在招标文件要求提交投标文件截止时间至少十五日前,以书面形式通知所有招标文件收受人。该澄清或者修改的内容为招标文件的组成部分。

第二十四条 招标人应当确定投标人编制投标文件所需要的合理时间;但是,依法必须进行招标的项目,自招标文件开始发出之日起至投标人提交投标文件截止之日止，最短不得少于二十日。

第三章 投 标

第二十五条 投标人是响应招标、参加投标竞争的法人或者其他组织。

依法招标的科研项目允许个人参加投标的，投标的个人适用本法有关投标人的规定。

第二十六条 投标人应当具备承担招标项目的能力；国家有关规定对投标人资格条件或者招标文件对投标人资格条件有规定的，投标人应当具备规定的资格条件。

第二十七条 投标人应当按照招标文件的要求编制投标文件。投标文件应当对招标文件提出的实质性要求和条件作出响应。

招标项目属于建设施工的，投标文件的内容应当包括拟派出的项目负责人与主要技术人员的简历、业绩和拟用于完成招标项目的机械设备等。

第二十八条 投标人应当在招标文件要求提交投标文件的截止时间前，将投标文件送达投标地点。招标人收到投标文件后，应当签收保存，不得开启。投标人少于三个的，招标人应当依照本法重新招标。

在招标文件要求提交投标文件的截止时间后送达的投标文件，招标人应当拒收。

第二十九条 投标人在招标文件要求提交投标文件的截止时间前，可以补充、修改或者撤回已提交的投标文件，并书面通知招标人。补充、修改的内容为投标文件的组成部分。

第三十条 投标人根据招标文件载明的项目实际情况，拟在中标后将中标项目的部分非主体、非关键性工作进行分包的，应当在投标文件中载明。

第三十一条 两个以上法人或者其他组织可以组成一个联合体，以一个投标人的身份共同投标。

联合体各方均应当具备承担招标项目的相应能力；国家有关规定或者招标文件对投标人资格条件有规定的，联合体各方均应当具备规定的相应资格条件。由同一专业的单位组成的联合体，按照资质等级较低的单位确定资质等级。

联合体各方应当签订共同投标协议，明确约定各方拟承担的工作和责任，并将共同投标协议连同投标文件一并提交招标人。联合体中标的，联合体各方应当共同与招标人签订合同，就中标项目向招标人承担连带责任。

招标人不得强制投标人组成联合体共同投标，不得限制投标人之间的竞争。

第三十二条 投标人不得相互串通投标报价，不得排挤其他投标人的公平竞争，损害招标人或者其他投标人的合法权益。

投标人不得与招标人串通投标，损害国家利益、社会公共利益或者他人的合法权益。

禁止投标人以向招标人或者评标委员会成员行贿的手段谋取中标。

第三十三条 投标人不得以低于成本的报价竞标，也不得以他人名义投标或者以其他方式弄虚作假，骗取中标。

第四章 开标、评标和中标

第三十四条 开标应当在招标文件确定的提交投标文件截止时间的同一时间公开进行；开标地点应当为招标文件中预先确定的地点。

第三十五条 开标由招标人主持，邀请所有投标人参加。

第三十六条 开标时，由投标人或者其推选的代表检查投标文件的密封情况，也可以由招标人委托的公证机构检查并公证；经确认无误后，由工作人员当众拆封，宣读投标人名称、投标价格和投标文件的其他主要内容。

招标人在招标文件要求提交投标文件的截止时间前收到的所有投标文件，开标时都应当当众予以拆封、宣读。

开标过程应当记录，并存档备查。

第三十七条 评标由招标人依法组建的评标委员会负责。

依法必须进行招标的项目，其评标委员会由招标人的代表和有关技术、经济等方面的专家组成，成员人数为五人以上单数，其中技术、经济等方面的专家不得少于成员总数的三分之二。

前款专家应当从事相关领域工作满八年并具有高级职称或者具有同等专业水平，由招标人从国务院有关部门或者省、自治区、直辖市人民政府有关部门提供的专家名册或者招标代理机构的专家库内的相关专业的专家名单中确定；一般招标项目可以采取随机抽取方式，特殊招标项目可以由招标人直接确定。

与投标人有利害关系的人不得进入相关项目的评标委员会；已经进入的应当更换。

评标委员会成员的名单在中标结果确定前应当保密。

第三十八条 招标人应当采取必要的措施，保证评标在严格保密的情况下进行。

任何单位和个人不得非法干预、影响评标的过程和结果。

第三十九条 评标委员会可以要求投标人对投标文件中含义不明确的内容作必要的澄清或者说明，但是澄清或者说明不得超出投标文件的范围或者改变投标文件的实质性内容。

第四十条 评标委员会应当按照招标文件确定的评标标准和方法，对投标文件进行评审和比较；设有标底的，应当参考标底。评标委员会完成评标后，应当向招标人提出书面评标报告，并推荐合格的中标候选人。

招标人根据评标委员会提出的书面评标报告和推荐的中标候选人确定中标人。招标人也可以授权评标委员会直接确定中标人。

国务院对特定招标项目的评标有特别规定的，从其规定。

第四十一条 中标人的投标应当符合下列条件之一：

（一）能够最大限度地满足招标文件中规定的各项综合评价标准；

（二）能够满足招标文件的实质性要求，并且经评审的投标价格最低；但是投标价格低于成本的除外。

第四十二条 评标委员会经评审，认为所有投标都不符合招标文件要求的，可以否决所有投标。

依法必须进行招标的项目的所有投标被否决的，招标人应当依照本法重新招标。

第四十三条 在确定中标人前，招标人不得与投标人就投标价格、投标方案等实质性内容进行谈判。

第四十四条 评标委员会成员应当客观、公正地履行职务，遵守职业道德，对所提出的评审意见承担个人责任。

评标委员会成员不得私下接触投标人，不得收受投标人的财物或者其他好处。

评标委员会成员和参与评标的有关工作人员不得透露对投标文件的评审和比较、中标候选人的推荐情况以及与评标有关的其他情况。

第四十五条 中标人确定后，招标人应当向中标人发出中标通知书，并同时将中标结果通知所有未中标的投标人。

中标通知书对招标人和中标人具有法律效力。中标通知书发出后，招标人改变中标结果的，或者中标人放弃中标项目的，应当依法承担法律责任。

第四十六条 招标人和中标人应当自中标通知书发出之日起三十日内，按照招标文件和中标人的投标文件订立书面合同。招标人和中标人不得再行订立背离合同实质性内容的其他协议。

招标文件要求中标人提交履约保证金的，中标人应当提交。

第四十七条 依法必须进行招标的项目，招标人应当自确定中标人之日起十五日内，向有关行政监督部门提交招标投标情况的书面报告。

第四十八条 中标人应当按照合同约定履行义务，完成中标项目。中标人不得向他人转让中标项目，也不得将中标项目肢解后分别向他人转让。

中标人按照合同约定或者经招标人同意，可以将中标项目的部分非主体、非关键性工作分包给他人完成。接受分包的人应当具备相应的资格条件，并不得再次分包。

中标人应当就分包项目向招标人负责，接受分包的人就分包项目承担连带责任。

第五章 法律责任

第四十九条 违反本法规定，必须进行招标的项目而不招标的，将必须进行招标的项目化整为零或者以其他任何方式规避招标的，责令限期改正，可以处项目合同金额千分之五以上千分之十以下的罚款；对全部或者部分使用国有资金的项目，可以暂停项目执行或者暂停资金拨付；对单位直接负责的主管人员和其他直接责任人员依法给予处分。

第五十条 招标代理机构违反本法规定，泄露应当保密的与招标投标活动有关的情况和资料的，或者与招标人、投标人串通损害国家利益、社会公共利益或者他人合法权益的，处五万元以上二十五万元以下的罚款，对单位直接负责的主管人员和其他直接责任人员处单位罚款数额百分之五以上百分之十以下的罚款；有违法所得的，并处没收违法所得；情节严重的，禁止其一年至二年内代理依法必须进行招标的项目并予以公告，直至由工商行政管理机关吊销营业执照；构成犯罪的，依法追究刑事责任。给他人造成损失的，依法承担赔偿责任。

前款所列行为影响中标结果的，中标无效。

第五十一条 招标人以不合理的条件限制或者排斥潜在投标人的，对潜在投标人实行歧视待遇的，强制要求投标人组成联合体共同投标的，或者限制投标人之间竞争的，责令改正，可以处一万元以上五万元以下的罚款。

第五十二条 依法必须进行招标的项目的招标人向他人透露已获取招标文件的潜在投标人的名称、数量或者可能影响公平竞争的有关招标投标的其他情况的，或者泄露标底的，给予警告，可以并处一万元以上十万元以下的罚款；对单位直接负责的主管人员和其他直接责任人员依法给予处分；构成犯罪的，依法追究刑事责任。

前款所列行为影响中标结果的，中标无效。

第五十三条 投标人相互串通投标或者与招标人串通投标的，投标人以向招标人或者评标委员会成员行贿的手段谋取中标的，中标无效，处中标项目金额千分之五以上千分之十以下的罚款，对单位直接负责的主管人员和其他直接责任人员处单位罚款数额百分之五以上百分之十以下的罚款；有违法所得的，并处没收违法所得；情节严重的，取消其一年至二年内参加依法必须进行招标的项目的投标资格并予以公告，直至由工商行政管理机关吊销营业执照；构成犯罪的，依法追究刑事责任。给他人造成损失的，依法承担赔偿责任。

第五十四条 投标人以他人名义投标或者以其他方式弄虚作假，骗取中标的，中标无效，给招标人造成损失的，依法承担赔偿责任；构成犯罪的，依法追究刑事责任。

依法必须进行招标的项目的投标人有前款所列行为尚未构成犯罪的，处中标项目金额千分之五以上千分之十以下的罚款，对单位直接负责的主管人员和其他直接责任人员处单位罚款数额百分之五以上百分之十以下的罚款；有违法所得的，并处没收违法所得；情节严重的，取消其一年至三年内参加依法必须进行招标的项目的投标资格并予以公告，直至由工商行政管理机关吊销营业执照。

第五十五条 依法必须进行招标的项目，招标人违反本法规定，与投标人就投标价格、投标方案等实质性内容进行谈判的，给予警告，对单位直接负责的主管人员和其他直接责任人员依法给予处分。

前款所列行为影响中标结果的，中标无效。

第五十六条 评标委员会成员收受投标人的财物或者其他好处的，评标委员会成员或者参加评标的有关工作人员向他人透露对投标文件的评审和比较、中标候选人的推荐以及与评标有关的其他情况的，给予警告，没收收受的财物，可以并处三千元以上五万元以下的罚款，对有所列违法行为的评标委员会成员取消担任评标委员会成员的资格，不得再参加任何依法必须进行招标的项目的评标；构成犯罪的，依法追究刑事责任。

第五十七条 招标人在评标委员会依法推荐的中标候选人以外确定中标人的，依法必须进行招标的项目在所有投标被评标委员会否决后自行确定中标人的，中标无效。责令改正，可以处中标项目金额千分之五以上千分之十以下的罚款；对单位直接负责的主管人员和其他直接责任人员依法给予处分。

第五十八条 中标人将中标项目转让给他人的，将中标项目肢解后分别转让给他人的，违反本法规定将中标项目的部分主体、关键性工作分包给他人的，或者分包人再次分包的，转让、分包无效，处转让、分包项目金额千分之五以上千分之十以下的罚款；有违法所得的，并处没收违法所得；可以责令停业整顿；情节严重的，由工商行政管理机关吊销营业执照。

第五十九条 招标人与中标人不按照招标

文件和中标人的投标文件订立合同的,或者招标人、中标人订立背离合同实质性内容的协议的,责令改正;可以处中标项目金额千分之五以上千分之十以下的罚款。

第六十条 中标人不履行与招标人订立的合同的,履约保证金不予退还,给招标人造成的损失超过履约保证金数额的,还应当对超过部分予以赔偿;没有提交履约保证金的,应当对招标人的损失承担赔偿责任。

中标人不按照与招标人订立的合同履行义务,情节严重的,取消其二年至五年内参加依法必须进行招标的项目的投标资格并予以公告,直至由工商行政管理机关吊销营业执照。

因不可抗力不能履行合同的,不适用前两款规定。

第六十一条 本章规定的行政处罚,由国务院规定的有关行政监督部门决定。本法已对实施行政处罚的机关作出规定的除外。

第六十二条 任何单位违反本法规定,限制或者排斥本地区、本系统以外的法人或者其他组织参加投标的,为招标人指定招标代理机构的,强制招标人委托招标代理机构办理招标事宜的,或者以其他方式干涉招标投标活动的,责令改正;对单位直接负责的主管人员和其他直接责任人员依法给予警告、记过、记大过的处分,情节较重的,依法给予降级、撤职、开除的处分。

个人利用职权进行前款违法行为的,依照前款规定追究责任。

第六十三条 对招标投标活动依法负有行政监督职责的国家机关工作人员徇私舞弊、滥用职权或者玩忽职守,构成犯罪的,依法追究刑事责任;不构成犯罪的,依法给予行政处分。

第六十四条 依法必须进行招标的项目违反本法规定,中标无效的,应当依照本法规定的中标条件从其余投标人中重新确定中标人或者依照本法重新进行招标。

第六章 附 则

第六十五条 投标人和其他利害关系人认为招标投标活动不符合本法有关规定的,有权向招标人提出异议或者依法向有关行政监督部门投诉。

第六十六条 涉及国家安全、国家秘密、抢险救灾或者属于利用扶贫资金实行以工代赈、需要使用农民工等特殊情况,不适宜进行招标的项目,按照国家有关规定可以不进行招标。

第六十七条 使用国际组织或者外国政府贷款、援助资金的项目进行招标,贷款方、资金提供方对招标投标的具体条件和程序有不同规定的,可以适用其规定,但违背中华人民共和国的社会公共利益的除外。

第六十八条 本法自2000年1月1日起施行。

中华人民共和国建筑法①

(1997年11月1日第八届全国人民代表大会常务委员会第二十八次会议通过 自1998年3月1日起施行)

目 录

第一章 总 则

第一条 为了加强对建筑活动的监督管理,维护建筑市场秩序,保证建筑工程的质量和安全,促进建筑业健康发展,制定本法。

第二条 在中华人民共和国境内从事建筑活动,实施对建筑活动的监督管理,应当遵守本法。

本法所称建筑活动,是指各类房屋建筑及其

① 编者注:已被修改。

附属设施的建造和与其配套的线路、管道、设备的安装活动。

第三条 建筑活动应当确保建筑工程质量和安全,符合国家的建筑工程安全标准。

第四条 国家扶持建筑业的发展,支持建筑科学技术研究,提高房屋建筑设计水平,鼓励节约能源和保护环境,提倡采用先进技术、先进设备、先进工艺、新型建筑材料和现代管理方式。

第五条 从事建筑活动应当遵守法律、法规,不得损害社会公共利益和他人的合法权益。

任何单位和个人都不得妨碍和阻挠依法进行的建筑活动。

第六条 国务院建设行政主管部门对全国的建筑活动实施统一监督管理。

第二章 建筑许可

第一节 建筑工程施工许可

第七条 建筑工程开工前,建设单位应当按照国家有关规定向工程所在地县级以上人民政府建设行政主管部门申请领取施工许可证;但是,国务院建设行政主管部门确定的限额以下的小型工程除外。

按照国务院规定的权限和程序批准开工报告的建筑工程,不再领取施工许可证。

第八条 申请领取施工许可证,应当具备下列条件:

(一)已经办理该建筑工程用地批准手续;

(二)在城市规划区的建筑工程,已经取得规划许可证;

(三)需要拆迁的,其拆迁进度符合施工要求;

(四)已经确定建筑施工企业;

(五)有满足施工需要的施工图纸及技术资料;

(六)有保证工程质量和安全的具体措施;

(七)建设资金已经落实;

(八)法律、行政法规规定的其他条件。

建设行政主管部门应当自收到申请之日起十五日内,对符合条件的申请颁发施工许可证。

第九条 建设单位应当自领取施工许可证之日起三个月内开工。因故不能按期开工的,应当向发证机关申请延期;延期以两次为限,每次不超过三个月。既不开工又不申请延期或者超过延期时限的,施工许可证自行废止。

第十条 在建的建筑工程因故中止施工的,建设单位应当自中止施工之日起一个月内,向发证机关报告,并按照规定做好建筑工程的维护管理工作。

建筑工程恢复施工时,应当向发证机关报告;中止施工满一年的工程恢复施工前,建设单位应当报发证机关核验施工许可证。

第十一条 按照国务院有关规定批准开工报告的建筑工程,因故不能按期开工或者中止施工的,应当及时向批准机关报告情况。因故不能按期开工超过六个月的,应当重新办理开工报告的批准手续。

第二节 从业资格

第十二条 从事建筑活动的建筑施工企业、勘察单位、设计单位和工程监理单位,应当具备下列条件:

(一)有符合国家规定的注册资本;

(二)有与其从事的建筑活动相适应的具有法定执业资格的专业技术人员;

(三)有从事相关建筑活动所应有的技术装备;

(四)法律、行政法规规定的其他条件。

第十三条 从事建筑活动的建筑施工企业、勘察单位、设计单位和工程监理单位,按照其拥有的注册资本、专业技术人员、技术装备和已完成的建筑工程业绩等资质条件,划分为不同的资质等级,经资质审查合格,取得相应等级的资质证书后,方可在其资质等级许可的范围内从事建筑活动。

第十四条 从事建筑活动的专业技术人员,应当依法取得相应的执业资格证书,并在执业资格证书许可的范围内从事建筑活动。

第三章 建筑工程发包与承包

第一节 一般规定

第十五条 建筑工程的发包单位与承包单位应当依法订立书面合同,明确双方的权利和义务。

发包单位和承包单位应当全面履行合同约定的义务。不按照合同约定履行义务的,依法承担违约责任。

第十六条 建筑工程发包与承包的招标投标活动,应当遵循公开、公正、平等竞争的原则,择优选择承包单位。

建筑工程的招标投标,本法没有规定的,适用有关招标投标法律的规定。

第十七条 发包单位及其工作人员在建筑工程发包中不得收受贿赂、回扣或者索取其他好处。

承包单位及其工作人员不得利用向发包单位及其工作人员行贿、提供回扣或者给予其他好处等不正当手段承揽工程。

第十八条 建筑工程造价应当按照国家有关规定,由发包单位与承包单位在合同中约定。公开招标发包的,其造价的约定,须遵守招标投标法律的规定。

发包单位应当按照合同的约定,及时拨付工程款项。

第二节 发 包

第十九条 建筑工程依法实行招标发包,对不适于招标发包的可以直接发包。

第二十条 建筑工程实行公开招标的,发包单位应当依照法定程序和方式,发布招标公告,提供载有招标工程的主要技术要求、主要的合同条款、评标的标准和方法以及开标、评标、定标的程序等内容的招标文件。

开标应当在招标文件规定的时间、地点公开进行。开标后应当按照招标文件规定的评标标准和程序对标书进行评价、比较,在具备相应资质条件的投标者中,择优选定中标者。

第二十一条 建筑工程招标的开标、评标、定标由建设单位依法组织实施,并接受有关行政主管部门的监督。

第二十二条 建筑工程实行招标发包的,发包单位应当将建筑工程发包给依法中标的承包单位。建筑工程实行直接发包的,发包单位应当将建筑工程发包给具有相应资质条件的承包单位。

第二十三条 政府及其所属部门不得滥用行政权力,限定发包单位将招标发包的建筑工程发包给指定的承包单位。

第二十四条 提倡对建筑工程实行总承包,禁止将建筑工程肢解发包。

建筑工程的发包单位可以将建筑工程的勘察、设计、施工、设备采购一并发包给一个工程总承包单位,也可以将建筑工程勘察、设计、施工、设备采购的一项或者多项发包给一个工程总承包单位;但是,不得将应当由一个承包单位完成的建筑工程肢解成若干部分发包给几个承包单位。

第二十五条 按照合同约定,建筑材料、建筑构配件和设备由工程承包单位采购的,发包单位不得指定承包单位购入用于工程的建筑材料、建筑构配件和设备或者指定生产厂、供应商。

第三节 承 包

第二十六条 承包建筑工程的单位应当持有依法取得的资质证书,并在其资质等级许可的业务范围内承揽工程。

禁止建筑施工企业超越本企业资质等级许可的业务范围或者以任何形式用其他建筑施工企业的名义承揽工程。禁止建筑施工企业以任何形式允许其他单位或者个人使用本企业的资质证书、营业执照,以本企业的名义承揽工程。

第二十七条 大型建筑工程或者结构复杂的建筑工程,可以由两个以上的承包单位联合共同承包。共同承包的各方对承包合同的履行承担连带责任。

两个以上不同资质等级的单位实行联合共同承包的,应当按照资质等级低的单位的业务许可范围承揽工程。

第二十八条 禁止承包单位将其承包的全部建筑工程转包给他人,禁止承包单位将其承包的全部建筑工程肢解以后以分包的名义分别转包给他人。

第二十九条 建筑工程总承包单位可以将承包工程中的部分工程发包给具有相应资质条件的分包单位;但是,除总承包合同中约定的分包外,必须经建设单位认可。施工总承包的,建筑工程主体结构的施工必须由总承包单位自行完成。

建筑工程总承包单位按照总承包合同的约定对建设单位负责;分包单位按照分包合同的约定对总承包单位负责。总承包单位和分包单位就分包工程对建设单位承担连带责任。

禁止总承包单位将工程分包给不具备相应资质条件的单位。禁止分包单位将其承包的工程再分包。

第四章 建筑工程监理

第三十条 国家推行建筑工程监理制度。

国务院可以规定实行强制监理的建筑工程的范围。

第三十一条 实行监理的建筑工程,由建设单位委托具有相应资质条件的工程监理单位监理。建设单位与其委托的工程监理单位应当订立书面委托监理合同。

第三十二条 建筑工程监理应当依照法律、行政法规及有关的技术标准、设计文件和建筑工程承包合同,对承包单位在施工质量、建设工期和建设资金使用等方面,代表建设单位实施监督。

工程监理人员认为工程施工不符合工程设计要求、施工技术标准和合同约定的,有权要求建筑施工企业改正。

工程监理人员发现工程设计不符合建筑工程质量标准或者合同约定的质量要求的,应当报告建设单位要求设计单位改正。

第三十三条 实施建筑工程监理前,建设单位应当将委托的工程监理单位、监理的内容及监理权限,书面通知被监理的建筑施工企业。

第三十四条 工程监理单位应当在其资质等级许可的监理范围内,承担工程监理业务。

工程监理单位应当根据建设单位的委托,客观、公正地执行监理任务。

工程监理单位与被监理工程的承包单位以及建筑材料、建筑构配件和设备供应单位不得有隶属关系或者其他利害关系。

工程监理单位不得转让工程监理业务。

第三十五条 工程监理单位不按照委托监理合同的约定履行监理义务,对应当监督检查的项目不检查或者不按照规定检查,给建设单位造成损失的,应当承担相应的赔偿责任。

工程监理单位与承包单位串通,为承包单位谋取非法利益,给建设单位造成损失的,应当与承包单位承担连带赔偿责任。

第五章 建筑安全生产管理

第三十六条 建筑工程安全生产管理必须坚持安全第一、预防为主的方针,建立健全安全生产的责任制度和群防群治制度。

第三十七条 建筑工程设计应当符合按照国家规定制定的建筑安全规程和技术规范,保证工程的安全性能。

第三十八条 建筑施工企业在编制施工组织设计时,应当根据建筑工程的特点制定相应的安全技术措施;对专业性较强的工程项目,应当编制专项安全施工组织设计,并采取安全技术措施。

第三十九条 建筑施工企业应当在施工现场采取维护安全、防范危险、预防火灾等措施;有条件的,应当对施工现场实行封闭管理。

施工现场对毗邻的建筑物、构筑物和特殊作业环境可能造成损害的,建筑施工企业应当采取安全防护措施。

第四十条 建设单位应当向建筑施工企业提供与施工现场相关的地下管线资料,建筑施工企业应当采取措施加以保护。

第四十一条 建筑施工企业应当遵守有关环境保护和安全生产的法律、法规的规定,采取控制和处理施工现场的各种粉尘、废气、废水、固体废物以及噪声、振动对环境的污染和危害的措施。

第四十二条 有下列情形之一的,建设单位应当按照国家有关规定办理申请批准手续:

(一)需要临时占用规划批准范围以外场地的;

(二)可能损坏道路、管线、电力、邮电通讯等公共设施的;

(三)需要临时停水、停电、中断道路交通的;

(四)需要进行爆破作业的;

(五)法律、法规规定需要办理报批手续的其他情形。

第四十三条 建设行政主管部门负责建筑安全生产的管理,并依法接受劳动行政主管部门对建筑安全生产的指导和监督。

第四十四条 建筑施工企业必须依法加强对建筑安全生产的管理，执行安全生产责任制度，采取有效措施，防止伤亡和其他安全生产事故的发生。

建筑施工企业的法定代表人对本企业的安全生产负责。

第四十五条 施工现场安全由建筑施工企业负责。实行施工总承包的，由总承包单位负责。分包单位向总承包单位负责，服从总承包单位对施工现场的安全生产管理。

第四十六条 建筑施工企业应当建立健全劳动安全生产教育培训制度，加强对职工安全生产的教育培训；未经安全生产教育培训的人员，不得上岗作业。

第四十七条 建筑施工企业和作业人员在施工过程中，应当遵守有关安全生产的法律、法规和建筑行业安全规章、规程，不得违章指挥或者违章作业。作业人员有权对影响人身健康的作业程序和作业条件提出改进意见，有权获得安全生产所需的防护用品。作业人员对危及生命安全和人身健康的行为有权提出批评、检举和控告。

第四十八条 建筑施工企业必须为从事危险作业的职工办理意外伤害保险，支付保险费。

第四十九条 涉及建筑主体和承重结构变动的装修工程，建设单位应当在施工前委托原设计单位或者具有相应资质条件的设计单位提出设计方案；没有设计方案的，不得施工。

第五十条 房屋拆除应当由具备保证安全条件的建筑施工单位承担，由建筑施工单位负责人对安全负责。

第五十一条 施工中发生事故时，建筑施工企业应当采取紧急措施减少人员伤亡和事故损失，并按照国家有关规定及时向有关部门报告。

第六章 建筑工程质量管理

第五十二条 建筑工程勘察、设计、施工的质量必须符合国家有关建筑工程安全标准的要求，具体管理办法由国务院规定。

有关建筑工程安全的国家标准不能适应确保建筑安全的要求时，应当及时修订。

第五十三条 国家对从事建筑活动的单位推行质量体系认证制度。从事建筑活动的单位根据自愿原则可以向国务院产品质量监督管理部门或者国务院产品质量监督管理部门授权的部门认可的认证机构申请质量体系认证。经认证合格的，由认证机构颁发质量体系认证证书。

第五十四条 建设单位不得以任何理由，要求建筑设计单位或者建筑施工企业在工程设计或者施工作业中，违反法律、行政法规和建筑工程质量、安全标准，降低工程质量。

建筑设计单位和建筑施工企业对建设单位违反前款规定提出的降低工程质量的要求，应当予以拒绝。

第五十五条 建筑工程实行总承包的，工程质量由工程总承包单位负责，总承包单位将建筑工程分包给其他单位的，应当对分包工程的质量与分包单位承担连带责任。分包单位应当接受总承包单位的质量管理。

第五十六条 建筑工程的勘察、设计单位必须对其勘察、设计的质量负责。勘察、设计文件应当符合有关法律、行政法规的规定和建筑工程质量、安全标准、建筑工程勘察、设计技术规范以及合同的约定。设计文件选用的建筑材料、建筑构配件和设备，应当注明其规格、型号、性能等技术指标，其质量要求必须符合国家规定的标准。

第五十七条 建筑设计单位对设计文件选用的建筑材料、建筑构配件和设备，不得指定生产厂、供应商。

第五十八条 建筑施工企业对工程的施工质量负责。

建筑施工企业必须按照工程设计图纸和施工技术标准施工，不得偷工减料。工程设计的修改由原设计单位负责，建筑施工企业不得擅自修改工程设计。

第五十九条 建筑施工企业必须按照工程设计要求、施工技术标准和合同的约定，对建筑材料、建筑构配件和设备进行检验，不合格的不得使用。

第六十条 建筑物在合理使用寿命内，必须确保地基基础工程和主体结构的质量。

建筑工程竣工时，屋顶、墙面不得留有渗漏、开裂等质量缺陷；对已发现的质量缺陷，建筑施工企业应当修复。

第六十一条 交付竣工验收的建筑工程,必须符合规定的建筑工程质量标准,有完整的工程技术经济资料和经签署的工程保修书,并具备国家规定的其他竣工条件。

建筑工程竣工经验收合格后,方可交付使用;未经验收或者验收不合格的,不得交付使用。

第六十二条 建筑工程实行质量保修制度。

建筑工程的保修范围应当包括地基基础工程、主体结构工程、屋面防水工程和其他土建工程,以及电气管线、上下水管线的安装工程,供热、供冷系统工程等项目;保修的期限应当按照保证建筑物合理寿命年限内正常使用,维护使用者合法权益的原则确定。具体的保修范围和最低保修期限由国务院规定。

第六十三条 任何单位和个人对建筑工程的质量事故、质量缺陷都有权向建设行政主管部门或者其他有关部门进行检举、控告、投诉。

第七章 法律责任

第六十四条 违反本法规定,未取得施工许可证或者开工报告未经批准擅自施工的,责令改正,对不符合开工条件的责令停止施工,可以处以罚款。

第六十五条 发包单位将工程发包给不具有相应资质条件的承包单位的,或者违反本法规定将建筑工程肢解发包的,责令改正,处以罚款。

超越本单位资质等级承揽工程的,责令停止违法行为,处以罚款,可以责令停业整顿,降低资质等级;情节严重的,吊销资质证书;有违法所得的,予以没收。

未取得资质证书承揽工程的,予以取缔,并处罚款;有违法所得的,予以没收。

以欺骗手段取得资质证书的,吊销资质证书,处以罚款;构成犯罪的,依法追究刑事责任。

第六十六条 建筑施工企业转让、出借资质证书或者以其他方式允许他人以本企业的名义承揽工程的,责令改正,没收违法所得,并处罚款,可以责令停业整顿,降低资质等级;情节严重的,吊销资质证书。对因该项承揽工程不符合规定的质量标准造成的损失,建筑施工企业与使用本企业名义的单位或者个人承担连带赔偿责任。

第六十七条 承包单位将承包的工程转包的,或者违反本法规定进行分包的,责令改正,没收违法所得,并处罚款,可以责令停业整顿,降低资质等级;情节严重的,吊销资质证书。

承包单位有前款规定的违法行为的,对因转包工程或者违法分包的工程不符合规定的质量标准造成的损失,与接受转包或者分包的单位承担连带赔偿责任。

第六十八条 在工程发包与承包中索贿、受贿、行贿,构成犯罪的,依法追究刑事责任;不构成犯罪的,分别处以罚款,没收贿赂的财物,对直接负责的主管人员和其他直接责任人员给予处分。

对在工程承包中行贿的承包单位,除依照前款规定处罚外,可以责令停业整顿,降低资质等级或者吊销资质证书。

第六十九条 工程监理单位与建设单位或者建筑施工企业串通,弄虚作假、降低工程质量的,责令改正,处以罚款,降低资质等级或者吊销资质证书;有违法所得的,予以没收;造成损失的,承担连带赔偿责任;构成犯罪的,依法追究刑事责任。

工程监理单位转让监理业务的,责令改正,没收违法所得,可以责令停业整顿,降低资质等级;情节严重的,吊销资质证书。

第七十条 违反本法规定,涉及建筑主体或者承重结构变动的装修工程擅自施工的,责令改正,处以罚款;造成损失的,承担赔偿责任;构成犯罪的,依法追究刑事责任。

第七十一条 建筑施工企业违反本法规定,对建筑安全事故隐患不采取措施予以消除的,责令改正,可以处以罚款;情节严重的,责令停业整顿,降低资质等级或者吊销资质证书;构成犯罪的,依法追究刑事责任。

建筑施工企业的管理人员违章指挥、强令职工冒险作业,因而发生重大伤亡事故或者造成其他严重后果的,依法追究刑事责任。

第七十二条 建设单位违反本法规定,要求建筑设计单位或者建筑施工企业违反建筑工程质量、安全标准,降低工程质量的,责令改正,可以处以罚款;构成犯罪的,依法追究刑事责任。

第七十三条 建筑设计单位不按照建筑工程质量、安全标准进行设计的,责令改正,处以罚款;造成工程质量事故的,责令停业整顿,降低资质等级或者吊销资质证书,没收违法所得,并处罚款;造成损失的,承担赔偿责任;构成犯罪的,依法追究刑事责任。

第七十四条 建筑施工企业在施工中偷工减料的,使用不合格的建筑材料、建筑构配件和设备的,或者有其他不按照工程设计图纸或者施工技术标准施工的行为的,责令改正,处以罚款;情节严重的,责令停业整顿,降低资质等级或者吊销资质证书;造成建筑工程质量不符合规定的质量标准的,负责返工、修理,并赔偿因此造成的损失;构成犯罪的,依法追究刑事责任。

第七十五条 建筑施工企业违反本法规定,不履行保修义务或者拖延履行保修义务的,责令改正,可以处以罚款,并对在保修期内因屋顶、墙面渗漏、开裂等质量缺陷造成的损失,承担赔偿责任。

第七十六条 本法规定的责令停业整顿、降低资质等级和吊销资质证书的行政处罚,由颁发资质证书的机关决定;其他行政处罚,由建设行政主管部门或者有关部门依照法律和国务院规定的职权范围决定。

依照本法规定被吊销资质证书的,由工商行政管理部门吊销其营业执照。

第七十七条 违反本法规定,对不具备相应资质等级条件的单位颁发该等级资质证书的,由其上级机关责令收回所发的资质证书,对直接负责的主管人员和其他直接责任人员给予行政处分;构成犯罪的,依法追究刑事责任。

第七十八条 政府及其所属部门的工作人员违反本法规定,限定发包单位将招标发包的工程发包给指定的承包单位的,由上级机关责令改正;构成犯罪的,依法追究刑事责任。

第七十九条 负责颁发建筑工程施工许可证的部门及其工作人员对不符合施工条件的建筑工程颁发施工许可证的,负责工程质量监督检查或者竣工验收的部门及其工作人员对不合格的建筑工程出具质量合格文件或者按合格工程验收的,由上级机关责令改正,对责任人员给予行政处分;构成犯罪的,依法追究刑事责任;造成损失的,由该部门承担相应的赔偿责任。

第八十条 在建筑物的合理使用寿命内,因建筑工程质量不合格受到损害的,有权向责任者要求赔偿。

第八章 附 则

第八十一条 本法关于施工许可、建筑施工企业资质审查和建筑工程发包、承包、禁止转包,以及建筑工程监理、建筑工程安全和质量管理的规定,适用于其他专业建筑工程的建筑活动,具体办法由国务院规定。

第八十二条 建设行政主管部门和其他有关部门在对建筑活动实施监督管理中,除按照国务院有关规定收取费用外,不得收取其他费用。

第八十三条 省、自治区、直辖市人民政府确定的小型房屋建筑工程的建筑活动,参照本法执行。

依法核定作为文物保护的纪念建筑物和古建筑等的修缮,依照文物保护的有关法律规定执行。

抢险救灾及其他临时性房屋建筑和农民自建低层住宅的建筑活动,不适用本法。

第八十四条 军用房屋建筑工程建筑活动的具体管理办法,由国务院、中央军事委员会依据本法制定。

第八十五条 本法自1998年3月1日起施行。

全国人民代表大会常务委员会关于修改《中华人民共和国建筑法》的决定

(2011年4月22日第十一届全国人民代表大会常务委员会第二十次会议通过 2011年4月22日中华人民共和国主席令第46号公布 自2011年7月1日起施行)

第十一届全国人民代表大会常务委员会第二十次会议决定对《中华人民共和国建筑法》作如下修改:

将第四十八条修改为："建筑施工企业应当依法为职工参加工伤保险缴纳工伤保险费。鼓励企业为从事危险作业的职工办理意外伤害保险，支付保险费。"

本决定自2011年7月1日起施行。

《中华人民共和国建筑法》根据本决定作相应修改，重新公布。

全国人民代表大会常务委员会关于修改《中华人民共和国建筑法》等八部法律的决定（节录）

（2019年4月23日第十三届全国人民代表大会常务委员会第十次会议通过　2019年4月23日中华人民共和国主席令第29号公布　《中华人民共和国商标法》的修改条款自2019年11月1日起施行，其他法律的修改条款自本决定公布之日起施行）

第十三届全国人民代表大会常务委员会第十次会议决定：

一、对《中华人民共和国建筑法》作出修改

将第八条修改为："申请领取施工许可证，应当具备下列条件：

"（一）已经办理该建筑工程用地批准手续；

"（二）依法应当办理建设工程规划许可证的，已经取得建设工程规划许可证；

"（三）需要拆迁的，其拆迁进度符合施工要求；

"（四）已经确定建筑施工企业；

"（五）有满足施工需要的资金安排、施工图纸及技术资料；

"（六）有保证工程质量和安全的具体措施。

"建设行政主管部门应当自收到申请之日起七日内，对符合条件的申请颁发施工许可证。"

……

本决定自公布之日起施行。

《中华人民共和国建筑法》根据本决定作相应修改，重新公布。

中华人民共和国建筑法

（1997年11月1日第八届全国人民代表大会常务委员会第二十八次会议通过　根据2011年4月22日第十一届全国人民代表大会常务委员会第二十次会议《关于修改〈中华人民共和国建筑法〉的决定》第一次修正　根据2019年4月23日第十三届全国人民代表大会常务委员会第十次会议《关于修改〈中华人民共和国建筑法〉等八部法律的决定》第二次修正）

目　　录

第一章　总　　则

第一条　为了加强对建筑活动的监督管理，维护建筑市场秩序，保证建筑工程的质量和安全，促进建筑业健康发展，制定本法。

第二条　在中华人民共和国境内从事建筑活动，实施对建筑活动的监督管理，应当遵守本法。

本法所称建筑活动，是指各类房屋建筑及其附属设施的建造和与其配套的线路、管道、设备的安装活动。

第三条　建筑活动应当确保建筑工程质量和安全，符合国家的建筑工程安全标准。

第四条　国家扶持建筑业的发展，支持建筑科学技术研究，提高房屋建筑设计水平，鼓励节约能源和保护环境，提倡采用先进技术、先进设备、先进工艺、新型建筑材料和现代管理方式。

第五条 从事建筑活动应当遵守法律、法规,不得损害社会公共利益和他人的合法权益。

任何单位和个人都不得妨碍和阻挠依法进行的建筑活动。

第六条 国务院建设行政主管部门对全国的建筑活动实施统一监督管理。

第二章 建筑许可

第一节 建筑工程施工许可

第七条 建筑工程开工前,建设单位应当按照国家有关规定向工程所在地县级以上人民政府建设行政主管部门申请领取施工许可证;但是,国务院建设行政主管部门确定的限额以下的小型工程除外。

按照国务院规定的权限和程序批准开工报告的建筑工程,不再领取施工许可证。

第八条 申请领取施工许可证,应当具备下列条件:

(一)已经办理该建筑工程用地批准手续;

(二)依法应当办理建设工程规划许可证的,已经取得建设工程规划许可证;

(三)需要拆迁的,其拆迁进度符合施工要求;

(四)已经确定建筑施工企业;

(五)有满足施工需要的资金安排、施工图纸及技术资料;

(六)有保证工程质量和安全的具体措施。

建设行政主管部门应当自收到申请之日起七日内,对符合条件的申请颁发施工许可证。

第九条 建设单位应当自领取施工许可证之日起三个月内开工。因故不能按期开工的,应当向发证机关申请延期;延期以两次为限,每次不超过三个月。既不开工又不申请延期或者超过延期时限的,施工许可证自行废止。

第十条 在建的建筑工程因故中止施工的,建设单位应当自中止施工之日起一个月内,向发证机关报告,并按照规定做好建筑工程的维护管理工作。

建筑工程恢复施工时,应当向发证机关报告;中止施工满一年的工程恢复施工前,建设单位应当报发证机关核验施工许可证。

第十一条 按照国务院有关规定批准开工报告的建筑工程,因故不能按期开工或者中止施工的,应当及时向批准机关报告情况。因故不能按期开工超过六个月的,应当重新办理开工报告的批准手续。

第二节 从业资格

第十二条 从事建筑活动的建筑施工企业、勘察单位、设计单位和工程监理单位,应当具备下列条件:

(一)有符合国家规定的注册资本;

(二)有与其从事的建筑活动相适应的具有法定执业资格的专业技术人员;

(三)有从事相关建筑活动所应有的技术装备;

(四)法律、行政法规规定的其他条件。

第十三条 从事建筑活动的建筑施工企业、勘察单位、设计单位和工程监理单位,按照其拥有的注册资本、专业技术人员、技术装备和已完成的建筑工程业绩等资质条件,划分为不同的资质等级,经资质审查合格,取得相应等级的资质证书后,方可在其资质等级许可的范围内从事建筑活动。

第十四条 从事建筑活动的专业技术人员,应当依法取得相应的执业资格证书,并在执业资格证书许可的范围内从事建筑活动。

第三章 建筑工程发包与承包

第一节 一般规定

第十五条 建筑工程的发包单位与承包单位应当依法订立书面合同,明确双方的权利和义务。

发包单位和承包单位应当全面履行合同约定的义务。不按照合同约定履行义务的,依法承担违约责任。

第十六条 建筑工程发包与承包的招标投标活动,应当遵循公开、公正、平等竞争的原则,择优选择承包单位。

建筑工程的招标投标,本法没有规定的,适用有关招标投标法律的规定。

第十七条　发包单位及其工作人员在建筑工程发包中不得收受贿赂、回扣或者索取其他好处。

承包单位及其工作人员不得利用向发包单位及其工作人员行贿、提供回扣或者给予其他好处等不正当手段承揽工程。

第十八条　建筑工程造价应当按照国家有关规定，由发包单位与承包单位在合同中约定。公开招标发包的，其造价的约定，须遵守招标投标法律的规定。

发包单位应当按照合同的约定，及时拨付工程款项。

第二节　发　　包

第十九条　建筑工程依法实行招标发包，对不适于招标发包的可以直接发包。

第二十条　建筑工程实行公开招标的，发包单位应当依照法定程序和方式，发布招标公告，提供载有招标工程的主要技术要求、主要的合同条款、评标的标准和方法以及开标、评标、定标的程序等内容的招标文件。

开标应当在招标文件规定的时间、地点公开进行。开标后应当按照招标文件规定的评标标准和程序对标书进行评价、比较，在具备相应资质条件的投标者中，择优选定中标者。

第二十一条　建筑工程招标的开标、评标、定标由建设单位依法组织实施，并接受有关行政主管部门的监督。

第二十二条　建筑工程实行招标发包的，发包单位应当将建筑工程发包给依法中标的承包单位。建筑工程实行直接发包的，发包单位应当将建筑工程发包给具有相应资质条件的承包单位。

第二十三条　政府及其所属部门不得滥用行政权力，限定发包单位将招标发包的建筑工程发包给指定的承包单位。

第二十四条　提倡对建筑工程实行总承包，禁止将建筑工程肢解发包。

建筑工程的发包单位可以将建筑工程的勘察、设计、施工、设备采购一并发包给一个工程总承包单位，也可以将建筑工程勘察、设计、施工、设备采购的一项或者多项发包给一个工程总承包单位；但是，不得将应当由一个承包单位完成的建筑工程肢解成若干部分发包给几个承包单位。

第二十五条　按照合同约定，建筑材料、建筑构配件和设备由工程承包单位采购的，发包单位不得指定承包单位购入用于工程的建筑材料、建筑构配件和设备或者指定生产厂、供应商。

第三节　承　　包

第二十六条　承包建筑工程的单位应当持有依法取得的资质证书，并在其资质等级许可的业务范围内承揽工程。

禁止建筑施工企业超越本企业资质等级许可的业务范围或者以任何形式用其他建筑施工企业的名义承揽工程。禁止建筑施工企业以任何形式允许其他单位或者个人使用本企业的资质证书、营业执照，以本企业的名义承揽工程。

第二十七条　大型建筑工程或者结构复杂的建筑工程，可以由两个以上的承包单位联合共同承包。共同承包的各方对承包合同的履行承担连带责任。

两个以上不同资质等级的单位实行联合共同承包的，应当按照资质等级低的单位的业务许可范围承揽工程。

第二十八条　禁止承包单位将其承包的全部建筑工程转包给他人，禁止承包单位将其承包的全部建筑工程肢解以后以分包的名义分别转包给他人。

第二十九条　建筑工程总承包单位可以将承包工程中的部分工程发包给具有相应资质条件的分包单位；但是，除总承包合同中约定的分包外，必须经建设单位认可。施工总承包的，建筑工程主体结构的施工必须由总承包单位自行完成。

建筑工程总承包单位按照总承包合同的约定对建设单位负责；分包单位按照分包合同的约定对总承包单位负责。总承包单位和分包单位就分包工程对建设单位承担连带责任。

禁止总承包单位将工程分包给不具备相应资质条件的单位。禁止分包单位将其承包的工程再分包。

第四章 建筑工程监理

第三十条 国家推行建筑工程监理制度。

国务院可以规定实行强制监理的建筑工程的范围。

第三十一条 实行监理的建筑工程,由建设单位委托具有相应资质条件的工程监理单位监理。建设单位与其委托的工程监理单位应当订立书面委托监理合同。

第三十二条 建筑工程监理应当依照法律、行政法规及有关的技术标准、设计文件和建筑工程承包合同,对承包单位在施工质量、建设工期和建设资金使用等方面,代表建设单位实施监督。

工程监理人员认为工程施工不符合工程设计要求、施工技术标准和合同约定的,有权要求建筑施工企业改正。

工程监理人员发现工程设计不符合建筑工程质量标准或者合同约定的质量要求的,应当报告建设单位要求设计单位改正。

第三十三条 实施建筑工程监理前,建设单位应当将委托的工程监理单位、监理的内容及监理权限,书面通知被监理的建筑施工企业。

第三十四条 工程监理单位应当在其资质等级许可的监理范围内,承担工程监理业务。

工程监理单位应当根据建设单位的委托,客观、公正地执行监理任务。

工程监理单位与被监理工程的承包单位以及建筑材料、建筑构配件和设备供应单位不得有隶属关系或者其他利害关系。

工程监理单位不得转让工程监理业务。

第三十五条 工程监理单位不按照委托监理合同的约定履行监理义务,对应当监督检查的项目不检查或者不按照规定检查,给建设单位造成损失的,应当承担相应的赔偿责任。

工程监理单位与承包单位串通,为承包单位谋取非法利益,给建设单位造成损失的,应当与承包单位承担连带赔偿责任。

第五章 建筑安全生产管理

第三十六条 建筑工程安全生产管理必须坚持安全第一、预防为主的方针,建立健全安全生产的责任制度和群防群治制度。

第三十七条 建筑工程设计应当符合按照国家规定制定的建筑安全规程和技术规范,保证工程的安全性能。

第三十八条 建筑施工企业在编制施工组织设计时,应当根据建筑工程的特点制定相应的安全技术措施;对专业性较强的工程项目,应当编制专项安全施工组织设计,并采取安全技术措施。

第三十九条 建筑施工企业应当在施工现场采取维护安全、防范危险、预防火灾等措施;有条件的,应当对施工现场实行封闭管理。

施工现场对毗邻的建筑物、构筑物和特殊作业环境可能造成损害的,建筑施工企业应当采取安全防护措施。

第四十条 建设单位应当向建筑施工企业提供与施工现场相关的地下管线资料,建筑施工企业应当采取措施加以保护。

第四十一条 建筑施工企业应当遵守有关环境保护和安全生产的法律、法规的规定,采取控制和处理施工现场的各种粉尘、废气、废水、固体废物以及噪声、振动对环境的污染和危害的措施。

第四十二条 有下列情形之一的,建设单位应当按照国家有关规定办理申请批准手续:

(一)需要临时占用规划批准范围以外场地的;

(二)可能损坏道路、管线、电力、邮电通讯等公共设施的;

(三)需要临时停水、停电、中断道路交通的;

(四)需要进行爆破作业的;

(五)法律、法规规定需要办理报批手续的其他情形。

第四十三条 建设行政主管部门负责建筑安全生产的管理,并依法接受劳动行政主管部门对建筑安全生产的指导和监督。

第四十四条 建筑施工企业必须依法加强对建筑安全生产的管理,执行安全生产责任制度,采取有效措施,防止伤亡和其他安全生产事故的发生。

建筑施工企业的法定代表人对本企业的安全生产负责。

第四十五条 施工现场安全由建筑施工企业负责。实行施工总承包的，由总承包单位负责。分包单位向总承包单位负责，服从总承包单位对施工现场的安全生产管理。

第四十六条 建筑施工企业应当建立健全劳动安全生产教育培训制度，加强对职工安全生产的教育培训；未经安全生产教育培训的人员，不得上岗作业。

第四十七条 建筑施工企业和作业人员在施工过程中，应当遵守有关安全生产的法律、法规和建筑行业安全规章、规程，不得违章指挥或者违章作业。作业人员有权对影响人身健康的作业程序和作业条件提出改进意见，有权获得安全生产所需的防护用品。作业人员对危及生命安全和人身健康的行为有权提出批评、检举和控告。

第四十八条 建筑施工企业应当依法为职工参加工伤保险缴纳工伤保险费。鼓励企业为从事危险作业的职工办理意外伤害保险，支付保险费。

第四十九条 涉及建筑主体和承重结构变动的装修工程，建设单位应当在施工前委托原设计单位或者具有相应资质条件的设计单位提出设计方案；没有设计方案的，不得施工。

第五十条 房屋拆除应当由具备保证安全条件的建筑施工单位承担，由建筑施工单位负责人对安全负责。

第五十一条 施工中发生事故时，建筑施工企业应当采取紧急措施减少人员伤亡和事故损失，并按照国家有关规定及时向有关部门报告。

第六章 建筑工程质量管理

第五十二条 建筑工程勘察、设计、施工的质量必须符合国家有关建筑工程安全标准的要求，具体管理办法由国务院规定。

有关建筑工程安全的国家标准不能适应确保建筑安全的要求时，应当及时修订。

第五十三条 国家对从事建筑活动的单位推行质量体系认证制度。从事建筑活动的单位根据自愿原则可以向国务院产品质量监督管理部门或者国务院产品质量监督管理部门授权的部门认可的认证机构申请质量体系认证。经认证合格的，由认证机构颁发质量体系认证证书。

第五十四条 建设单位不得以任何理由，要求建筑设计单位或者建筑施工企业在工程设计或者施工作业中，违反法律、行政法规和建筑工程质量、安全标准，降低工程质量。

建筑设计单位和建筑施工企业对建设单位违反前款规定提出的降低工程质量的要求，应当予以拒绝。

第五十五条 建筑工程实行总承包的，工程质量由工程总承包单位负责，总承包单位将建筑工程分包给其他单位的，应当对分包工程的质量与分包单位承担连带责任。分包单位应当接受总承包单位的质量管理。

第五十六条 建筑工程的勘察、设计单位必须对其勘察、设计的质量负责。勘察、设计文件应当符合有关法律、行政法规的规定和建筑工程质量、安全标准、建筑工程勘察、设计技术规范以及合同的约定。设计文件选用的建筑材料、建筑构配件和设备，应当注明其规格、型号、性能等技术指标，其质量要求必须符合国家规定的标准。

第五十七条 建筑设计单位对设计文件选用的建筑材料、建筑构配件和设备，不得指定生产厂、供应商。

第五十八条 建筑施工企业对工程的施工质量负责。

建筑施工企业必须按照工程设计图纸和施工技术标准施工，不得偷工减料。工程设计的修改由原设计单位负责，建筑施工企业不得擅自修改工程设计。

第五十九条 建筑施工企业必须按照工程设计要求、施工技术标准和合同的约定，对建筑材料、建筑构配件和设备进行检验，不合格的不得使用。

第六十条 建筑物在合理使用寿命内，必须确保地基基础工程和主体结构的质量。

建筑工程竣工时，屋顶、墙面不得留有渗漏、开裂等质量缺陷；对已发现的质量缺陷，建筑施工企业应当修复。

第六十一条 交付竣工验收的建筑工程，必须符合规定的建筑工程质量标准，有完整的工程技术经济资料和经签署的工程保修书，并具备国家规定的其他竣工条件。

建筑工程竣工经验收合格后,方可交付使用;未经验收或者验收不合格的,不得交付使用。

第六十二条 建筑工程实行质量保修制度。

建筑工程的保修范围应当包括地基基础工程、主体结构工程、屋面防水工程和其他土建工程,以及电气管线、上下水管线的安装工程,供热、供冷系统工程等项目;保修的期限应当按照保证建筑物合理寿命年限内正常使用,维护使用者合法权益的原则确定。具体的保修范围和最低保修期限由国务院规定。

第六十三条 任何单位和个人对建筑工程的质量事故、质量缺陷都有权向建设行政主管部门或者其他有关部门进行检举、控告、投诉。

第七章 法律责任

第六十四条 违反本法规定,未取得施工许可证或者开工报告未经批准擅自施工的,责令改正,对不符合开工条件的责令停止施工,可以处以罚款。

第六十五条 发包单位将工程发包给不具有相应资质条件的承包单位的,或者违反本法规定将建筑工程肢解发包的,责令改正,处以罚款。

超越本单位资质等级承揽工程的,责令停止违法行为,处以罚款,可以责令停业整顿,降低资质等级;情节严重的,吊销资质证书;有违法所得的,予以没收。

未取得资质证书承揽工程的,予以取缔,并处罚款;有违法所得的,予以没收。

以欺骗手段取得资质证书的,吊销资质证书,处以罚款;构成犯罪的,依法追究刑事责任。

第六十六条 建筑施工企业转让、出借资质证书或者以其他方式允许他人以本企业的名义承揽工程的,责令改正,没收违法所得,并处罚款,可以责令停业整顿,降低资质等级;情节严重的,吊销资质证书。对因该项承揽工程不符合规定的质量标准造成的损失,建筑施工企业与使用本企业名义的单位或者个人承担连带赔偿责任。

第六十七条 承包单位将承包的工程转包的,或者违反本法规定进行分包的,责令改正,没收违法所得,并处罚款,可以责令停业整顿,降低资质等级;情节严重的,吊销资质证书。

承包单位有前款规定的违法行为的,对因转包工程或者违法分包的工程不符合规定的质量标准造成的损失,与接受转包或者分包的单位承担连带赔偿责任。

第六十八条 在工程发包与承包中索贿、受贿、行贿,构成犯罪的,依法追究刑事责任;不构成犯罪的,分别处以罚款,没收贿赂的财物,对直接负责的主管人员和其他直接责任人员给予处分。

对在工程承包中行贿的承包单位,除依照前款规定处罚外,可以责令停业整顿,降低资质等级或者吊销资质证书。

第六十九条 工程监理单位与建设单位或者建筑施工企业串通,弄虚作假、降低工程质量的,责令改正,处以罚款,降低资质等级或者吊销资质证书;有违法所得的,予以没收;造成损失的,承担连带赔偿责任;构成犯罪的,依法追究刑事责任。

工程监理单位转让监理业务的,责令改正,没收违法所得,可以责令停业整顿,降低资质等级;情节严重的,吊销资质证书。

第七十条 违反本法规定,涉及建筑主体或者承重结构变动的装修工程擅自施工的,责令改正,处以罚款;造成损失的,承担赔偿责任;构成犯罪的,依法追究刑事责任。

第七十一条 建筑施工企业违反本法规定,对建筑安全事故隐患不采取措施予以消除的,责令改正,可以处以罚款;情节严重的,责令停业整顿,降低资质等级或者吊销资质证书;构成犯罪的,依法追究刑事责任。

建筑施工企业的管理人员违章指挥、强令职工冒险作业,因而发生重大伤亡事故或者造成其他严重后果的,依法追究刑事责任。

第七十二条 建设单位违反本法规定,要求建筑设计单位或者建筑施工企业违反建筑工程质量、安全标准,降低工程质量的,责令改正,可以处以罚款;构成犯罪的,依法追究刑事责任。

第七十三条 建筑设计单位不按照建筑工程质量、安全标准进行设计的,责令改正,处以罚款;造成工程质量事故的,责令停业整顿,降低资质等级或者吊销资质证书,没收违法所得,并处罚款；造成损失的，承担赔偿责任；构成犯罪的，依法追究刑事责任。

第七十四条　建筑施工企业在施工中偷工减料的，使用不合格的建筑材料、建筑构配件和设备的，或者有其他不按照工程设计图纸或者施工技术标准施工的行为的，责令改正，处以罚款；情节严重的，责令停业整顿，降低资质等级或者吊销资质证书；造成建筑工程质量不符合规定的质量标准的，负责返工、修理，并赔偿因此造成的损失；构成犯罪的，依法追究刑事责任。

第七十五条　建筑施工企业违反本法规定，不履行保修义务或者拖延履行保修义务的，责令改正，可以处以罚款，并对在保修期内因屋顶、墙面渗漏、开裂等质量缺陷造成的损失，承担赔偿责任。

第七十六条　本法规定的责令停业整顿、降低资质等级和吊销资质证书的行政处罚，由颁发资质证书的机关决定；其他行政处罚，由建设行政主管部门或者有关部门依照法律和国务院规定的职权范围决定。

依照本法规定被吊销资质证书的，由工商行政管理部门吊销其营业执照。

第七十七条　违反本法规定，对不具备相应资质等级条件的单位颁发该等级资质证书的，由其上级机关责令收回所发的资质证书，对直接负责的主管人员和其他直接责任人员给予行政处分；构成犯罪的，依法追究刑事责任。

第七十八条　政府及其所属部门的工作人员违反本法规定，限定发包单位将招标发包的工程发包给指定的承包单位的，由上级机关责令改正；构成犯罪的，依法追究刑事责任。

第七十九条　负责颁发建筑工程施工许可证的部门及其工作人员对不符合施工条件的建筑工程颁发施工许可证的，负责工程质量监督检查或者竣工验收的部门及其工作人员对不合格的建筑工程出具质量合格文件或者按合格工程验收的，由上级机关责令改正，对责任人员给予行政处分；构成犯罪的，依法追究刑事责任；造成损失的，由该部门承担相应的赔偿责任。

第八十条　在建筑物的合理使用寿命内，因建筑工程质量不合格受到损害的，有权向责任者要求赔偿。

第八章　附　　则

第八十一条　本法关于施工许可、建筑施工企业资质审查和建筑工程发包、承包、禁止转包，以及建筑工程监理、建筑工程安全和质量管理的规定，适用于其他专业建筑工程的建筑活动，具体办法由国务院规定。

第八十二条　建设行政主管部门和其他有关部门在对建筑活动实施监督管理中，除按照国务院有关规定收取费用外，不得收取其他费用。

第八十三条　省、自治区、直辖市人民政府确定的小型房屋建筑工程的建筑活动，参照本法执行。

依法核定作为文物保护的纪念建筑物和古建筑等的修缮，依照文物保护的有关法律规定执行。

抢险救灾及其他临时性房屋建筑和农民自建低层住宅的建筑活动，不适用本法。

第八十四条　军用房屋建筑工程建筑活动的具体管理办法，由国务院、中央军事委员会依据本法制定。

第八十五条　本法自1998年3月1日起施行。

最高人民法院关于审理建设工程施工合同纠纷案件适用法律问题的解释

（2004年9月29日最高人民法院审判委员会第1327次会议通过　2004年10月25日最高人民法院公告公布　自2005年1月1日起施行　法释〔2004〕14号）

根据《中华人民共和国民法通则》、《中华人民共和国合同法》、《中华人民共和国招标投标法》、《中华人民共和国民事诉讼法》等法律规定，结合民事审判实际，就审理建设工程施工合同纠纷案件适用法律的问题，制定本解释。

第一条　建设工程施工合同具有下列情形之一的，应当根据合同法第五十二条第（五）项的规定，认定无效：

（一）承包人未取得建筑施工企业资质或者超越资质等级的；

（二）没有资质的实际施工人借用有资质的建筑施工企业名义的；

（三）建设工程必须进行招标而未招标或者中标无效的。

第二条 建设工程施工合同无效，但建设工程经竣工验收合格，承包人请求参照合同约定支付工程价款的，应予支持。

第三条 建设工程施工合同无效，且建设工程经竣工验收不合格的，按照以下情形分别处理：

（一）修复后的建设工程经竣工验收合格，发包人请求承包人承担修复费用的，应予支持；

（二）修复后的建设工程经竣工验收不合格，承包人请求支付工程价款的，不予支持。

因建设工程不合格造成的损失，发包人有过错的，也应承担相应的民事责任。

第四条 承包人非法转包、违法分包建设工程或者没有资质的实际施工人借用有资质的建筑施工企业名义与他人签订建设工程施工合同的行为无效。人民法院可以根据民法通则第一百三十四条规定，收缴当事人已经取得的非法所得。

第五条 承包人超越资质等级许可的业务范围签订建设工程施工合同，在建设工程竣工前取得相应资质等级，当事人请求按照无效合同处理的，不予支持。

第六条 当事人对垫资和垫资利息有约定，承包人请求按照约定返还垫资及其利息的，应予支持，但是约定的利息计算标准高于中国人民银行发布的同期同类贷款利率的部分除外。

当事人对垫资没有约定的，按照工程欠款处理。

当事人对垫资利息没有约定，承包人请求支付利息的，不予支持。

第七条 具有劳务作业法定资质的承包人与总承包人、分包人签订的劳务分包合同，当事人以转包建设工程违反法律规定为由请求确认无效的，不予支持。

第八条 承包人具有下列情形之一，发包人请求解除建设工程施工合同的，应予支持：

（一）明确表示或者以行为表明不履行合同主要义务的；

（二）合同约定的期限内没有完工，且在发包人催告的合理期限内仍未完工的；

（三）已经完成的建设工程质量不合格，并拒绝修复的；

（四）将承包的建设工程非法转包、违法分包的。

第九条 发包人具有下列情形之一，致使承包人无法施工，且在催告的合理期限内仍未履行相应义务，承包人请求解除建设工程施工合同的，应予支持：

（一）未按约定支付工程价款的；

（二）提供的主要建筑材料、建筑构配件和设备不符合强制性标准的；

（三）不履行合同约定的协助义务的。

第十条 建设工程施工合同解除后，已经完成的建设工程质量合格的，发包人应当按照约定支付相应的工程价款；已经完成的建设工程质量不合格的，参照本解释第三条规定处理。

因一方违约导致合同解除的，违约方应当赔偿因此而给对方造成的损失。

第十一条 因承包人的过错造成建设工程质量不符合约定，承包人拒绝修理、返工或者改建，发包人请求减少支付工程价款的，应予支持。

第十二条 发包人具有下列情形之一，造成建设工程质量缺陷，应当承担过错责任：

（一）提供的设计有缺陷；

（二）提供或者指定购买的建筑材料、建筑构配件、设备不符合强制性标准；

（三）直接指定分包人分包专业工程。

承包人有过错的，也应当承担相应的过错责任。

第十三条 建设工程未经竣工验收，发包人擅自使用后，又以使用部分质量不符合约定为由主张权利的，不予支持；但是承包人应当在建设工程的合理使用寿命内对地基基础工程和主体结构质量承担民事责任。

第十四条 当事人对建设工程实际竣工日期有争议的，按照以下情形分别处理：

（一）建设工程经竣工验收合格的，以竣工验收合格之日为竣工日期；

（二）承包人已经提交竣工验收报告，发包人拖延验收的，以承包人提交验收报告之日为竣工日期；

（三）建设工程未经竣工验收，发包人擅自使用的，以转移占有建设工程之日为竣工日期。

第十五条 建设工程竣工前，当事人对工程质量发生争议，工程质量经鉴定合格的，鉴定期间为顺延工期期间。

第十六条 当事人对建设工程的计价标准或者计价方法有约定的，按照约定结算工程价款。

因设计变更导致建设工程的工程量或者质量标准发生变化，当事人对该部分工程价款不能协商一致的，可以参照签订建设工程施工合同时当地建设行政主管部门发布的计价方法或者计价标准结算工程价款。

建设工程施工合同有效，但建设工程经竣工验收不合格的，工程价款结算参照本解释第三条规定处理。

第十七条 当事人对欠付工程价款利息计付标准有约定的，按照约定处理；没有约定的，按照中国人民银行发布的同期同类贷款利率计息。

第十八条 利息从应付工程价款之日计付。当事人对付款时间没有约定或者约定不明的，下列时间视为应付款时间：

（一）建设工程已实际交付的，为交付之日；

（二）建设工程没有交付的，为提交竣工结算文件之日；

（三）建设工程未交付，工程价款也未结算的，为当事人起诉之日。

第十九条 当事人对工程量有争议的，按照施工过程中形成的签证等书面文件确认。承包人能够证明发包人同意其施工，但未能提供签证文件证明工程量发生的，可以按照当事人提供的其他证据确认实际发生的工程量。

第二十条 当事人约定，发包人收到竣工结算文件后，在约定期限内不予答复，视为认可竣工结算文件的，按照约定处理。承包人请求按照竣工结算文件结算工程价款的，应予支持。

第二十一条 当事人就同一建设工程另行订立的建设工程施工合同与经过备案的中标合同实质性内容不一致的，应当以备案的中标合同作为结算工程价款的根据。

第二十二条 当事人约定按照固定价结算工程价款，一方当事人请求对建设工程造价进行鉴定的，不予支持。

第二十三条 当事人对部分案件事实有争议的，仅对有争议的事实进行鉴定，但争议事实范围不能确定，或者双方当事人请求对全部事实鉴定的除外。

第二十四条 建设工程施工合同纠纷以施工行为地为合同履行地。

第二十五条 因建设工程质量发生争议的，发包人可以以总承包人、分包人和实际施工人为共同被告提起诉讼。

第二十六条 实际施工人以转包人、违法分包人为被告起诉的，人民法院应当依法受理。

实际施工人以发包人为被告主张权利的，人民法院可以追加转包人或者违法分包人为本案当事人。发包人只在欠付工程价款范围内对实际施工人承担责任。

第二十七条 因保修人未及时履行保修义务，导致建筑物毁损或者造成人身、财产损害的，保修人应当承担赔偿责任。

保修人与建筑物所有人或者发包人对建筑物毁损均有过错的，各自承担相应的责任。

第二十八条 本解释自二〇〇五年一月一日起施行。

施行后受理的第一审案件适用本解释。

施行前最高人民法院发布的司法解释与本解释相抵触的，以本解释为准。

最高人民法院关于审理建设工程施工合同纠纷案件适用法律问题的解释（二）

（2018年10月29日最高人民法院审判委员会第1751次会议通过　2018年12月29日最高人民法院公告公布　自2019年2月1日起施行　法释〔2018〕20号）

为正确审理建设工程施工合同纠纷案件，依法保护当事人合法权益，维护建筑市场秩序，促进建筑市场健康发展，根据《中华人民共和国民法总则》《中华人民共和国合同法》《中华人民共和国建筑法》《中华人民共和国招标投标法》《中华人民共和国民事诉讼法》等法律规定，结合审判实践，制定本解释。

第一条 招标人和中标人另行签订的建设工程施工合同约定的工程范围、建设工期、工程质量、工程价款等实质性内容，与中标合同不一致，一方当事人请求按照中标合同确定权利义务的，人民法院应予支持。

招标人和中标人在中标合同之外就明显高于市场价格购买承建房产、无偿建设住房配套设施、让利、向建设单位捐赠财物等另行签订合同，变相降低工程价款，一方当事人以该合同背离中标合同实质性内容为由请求确认无效的，人民法院应予支持。

第二条 当事人以发包人未取得建设工程规划许可证等规划审批手续为由，请求确认建设工程施工合同无效的，人民法院应予支持，但发包人在起诉前取得建设工程规划许可证等规划审批手续的除外。

发包人能够办理审批手续而未办理，并以未办理审批手续为由请求确认建设工程施工合同无效的，人民法院不予支持。

第三条 建设工程施工合同无效，一方当事人请求对方赔偿损失的，应当就对方过错、损失大小、过错与损失之间的因果关系承担举证责任。

损失大小无法确定，一方当事人请求参照合同约定的质量标准、建设工期、工程价款支付时间等内容确定损失大小的，人民法院可以结合双方过错程度、过错与损失之间的因果关系等因素作出裁判。

第四条 缺乏资质的单位或者个人借用有资质的建筑施工企业名义签订建设工程施工合同，发包人请求出借方与借用方对建设工程质量不合格等因出借资质造成的损失承担连带赔偿责任的，人民法院应予支持。

第五条 当事人对建设工程开工日期有争议的，人民法院应当分别按照以下情形予以认定：

（一）开工日期为发包人或者监理人发出的开工通知载明的开工日期；开工通知发出后，尚不具备开工条件的，以开工条件具备的时间为开工日期；因承包人原因导致开工时间推迟的，以开工通知载明的时间为开工日期。

（二）承包人经发包人同意已经实际进场施工的，以实际进场施工时间为开工日期。

（三）发包人或者监理人未发出开工通知，亦无相关证据证明实际开工日期的，应当综合考虑开工报告、合同、施工许可证、竣工验收报告或者竣工验收备案表等载明的时间，并结合是否具备开工条件的事实，认定开工日期。

第六条 当事人约定顺延工期应当经发包人或者监理人签证等方式确认，承包人虽未取得工期顺延的确认，但能够证明在合同约定的期限内向发包人或者监理人申请过工期顺延且顺延事由符合合同约定，承包人以此为由主张工期顺延的，人民法院应予支持。

当事人约定承包人未在约定期限内提出工期顺延申请视为工期不顺延的，按照约定处理，但发包人在约定期限后同意工期顺延或者承包人提出合理抗辩的除外。

第七条 发包人在承包人提起的建设工程施工合同纠纷案件中，以建设工程质量不符合合同约定或者法律规定为由，就承包人支付违约金或者赔偿修理、返工、改建的合理费用等损失提出反诉的，人民法院可以合并审理。

第八条 有下列情形之一，承包人请求发包人返还工程质量保证金的，人民法院应予支持：

（一）当事人约定的工程质量保证金返还期限届满。

（二）当事人未约定工程质量保证金返还期限的，自建设工程通过竣工验收之日起满二年。

（三）因发包人原因建设工程未按约定期限进行竣工验收的，自承包人提交工程竣工验收报告九十日后起当事人约定的工程质量保证金返还期限届满；当事人未约定工程质量保证金返还期限的，自承包人提交工程竣工验收报告九十日后起满二年。

发包人返还工程质量保证金后，不影响承包人根据合同约定或者法律规定履行工程保修义务。

第九条 发包人将依法不属于必须招标的建设工程进行招标后，与承包人另行订立的建设工程施工合同背离中标合同的实质性内容，当事人请求以中标合同作为结算建设工程价款依据的，人民法院应予支持，但发包人与承包人因客观情况发生了在招标投标时难以预见的变化而另行订立建设工程施工合同的除外。

第十条　当事人签订的建设工程施工合同与招标文件、投标文件、中标通知书载明的工程范围、建设工期、工程质量、工程价款不一致，一方当事人请求将招标文件、投标文件、中标通知书作为结算工程价款的依据的，人民法院应予支持。

第十一条　当事人就同一建设工程订立的数份建设工程施工合同均无效，但建设工程质量合格，一方当事人请求参照实际履行的合同结算建设工程价款的，人民法院应予支持。

实际履行的合同难以确定，当事人请求参照最后签订的合同结算建设工程价款的，人民法院应予支持。

第十二条　当事人在诉讼前已经对建设工程价款结算达成协议，诉讼中一方当事人申请对工程造价进行鉴定的，人民法院不予准许。

第十三条　当事人在诉讼前共同委托有关机构、人员对建设工程造价出具咨询意见，诉讼中一方当事人不认可该咨询意见申请鉴定的，人民法院应予准许，但双方当事人明确表示受该咨询意见约束的除外。

第十四条　当事人对工程造价、质量、修复费用等专门性问题有争议，人民法院认为需要鉴定的，应当向负有举证责任的当事人释明。当事人经释明未申请鉴定，虽申请鉴定但未支付鉴定费用或者拒不提供相关材料的，应当承担举证不能的法律后果。

一审诉讼中负有举证责任的当事人未申请鉴定，虽申请鉴定但未支付鉴定费用或者拒不提供相关材料，二审诉讼中申请鉴定，人民法院认为确有必要的，应当依照民事诉讼法第一百七十条第一款第三项的规定处理。

第十五条　人民法院准许当事人的鉴定申请后，应当根据当事人申请及查明案件事实的需要，确定委托鉴定的事项、范围、鉴定期限等，并组织双方当事人对争议的鉴定材料进行质证。

第十六条　人民法院应当组织当事人对鉴定意见进行质证。鉴定人将当事人有争议且未经质证的材料作为鉴定依据的，人民法院应当组织当事人就该部分材料进行质证。经质证认为不能作为鉴定依据的，根据该材料作出的鉴定意见不得作为认定案件事实的依据。

第十七条　与发包人订立建设工程施工合同的承包人，根据合同法第二百八十六条规定请求其承建工程的价款就工程折价或者拍卖的价款优先受偿的，人民法院应予支持。

第十八条　装饰装修工程的承包人，请求装饰装修工程价款就该装饰装修工程折价或者拍卖的价款优先受偿的，人民法院应予支持，但装饰装修工程的发包人不是该建筑物的所有权人的除外。

第十九条　建设工程质量合格，承包人请求其承建工程的价款就工程折价或者拍卖的价款优先受偿的，人民法院应予支持。

第二十条　未竣工的建设工程质量合格，承包人请求其承建工程的价款就其承建工程部分折价或者拍卖的价款优先受偿的，人民法院应予支持。

第二十一条　承包人建设工程价款优先受偿的范围依照国务院有关行政主管部门关于建设工程价款范围的规定确定。

承包人就逾期支付建设工程价款的利息、违约金、损害赔偿金等主张优先受偿的，人民法院不予支持。

第二十二条　承包人行使建设工程价款优先受偿权的期限为六个月，自发包人应当给付建设工程价款之日起算。

第二十三条　发包人与承包人约定放弃或者限制建设工程价款优先受偿权，损害建筑工人利益，发包人根据该约定主张承包人不享有建设工程价款优先受偿权的，人民法院不予支持。

第二十四条　实际施工人以发包人为被告主张权利的，人民法院应当追加转包人或者违法分包人为本案第三人，在查明发包人欠付转包人或者违法分包人建设工程价款的数额后，判决发包人在欠付建设工程价款范围内对实际施工人承担责任。

第二十五条　实际施工人根据合同法第七十三条规定，以转包人或者违法分包人怠于向发包人行使到期债权，对其造成损害为由，提起代位权诉讼的，人民法院应予支持。

第二十六条　本解释自2019年2月1日起施行。

本解释施行后尚未审结的一审、二审案件，适用本解释。

本解释施行前已经终审、施行后当事人申请再审或者按照审判监督程序决定再审的案件，不适用本解释。

最高人民法院以前发布的司法解释与本解释不一致的，不再适用。

最高人民法院关于建设工程价款优先受偿权问题的批复

（2002年6月11日最高人民法院审判委员会第1225次会议通过　2002年6月20日最高人民法院公告公布　自2002年6月27日起施行　法释〔2002〕16号）

上海市高级人民法院：

你院沪高法〔2001〕14号《关于合同法第286条理解与适用问题的请示》收悉。经研究，答复如下：

一、人民法院在审理房地产纠纷案件和办理执行案件中，应当依照《中华人民共和国合同法》第二百八十六条的规定，认定建筑工程的承包人的优先受偿权优于抵押权和其他债权。

二、消费者交付购买商品房的全部或者大部分款项后，承包人就该商品房享有的工程价款优先受偿权不得对抗买受人。

三、建筑工程价款包括承包人为建设工程应当支付的工作人员报酬、材料款等实际支出的费用，不包括承包人因发包人违约所造成的损失。

四、建设工程承包人行使优先权的期限为6个月，自建设工程竣工之日或者建设工程合同约定的竣工之日起计算。

五、本批复第一条至第三条自公布之日起施行，第四条自公布之日起6个月后施行。

此复。

最高人民法院关于审理经济合同纠纷案件有关保证的若干问题的规定

（1994年4月15日　法发〔1994〕8号）

根据《中华人民共和国民法通则》和《中华人民共和国经济合同法》的有关规定，结合审判实践经验，对审理经济合同纠纷案件有关保证问题作如下规定：

一、保证合同成立的认定

1. 保证人与债权人就保证问题依法达成书面协议的，保证合同成立。

2. 保证人以书面形式向债权人表示，当被保证人不履行债务时，由其代为履行或者承担连带责任并为债权人接受的，保证合同成立。

3. 保证人在债权人与被保证人签订的订有保证条款的主合同上，以保证人的身份签字或者盖章；或者主合同中虽没有保证条款，但保证人在主合同上以保证人的身份签字或者盖章的，视为保证合同成立。

二、有效保证合同保证人的责任

4. 保证合同依法成立后，被保证人不履行债务的，保证人应当按照保证合同约定的范围、方式和期限承担保证责任。

5. 保证合同明确约定保证人承担代为履行责任的，经债权人请求被保证人履行合同，被保证人拒不履行时，债权人可请求保证人履行。保证人不能代为履行合同，且强制执行被保证人的财产仍不足以清偿其债务的，由保证人承担赔偿责任。

6. 保证合同明确约定保证人承担连带责任的，当被保证人到期不履行合同时，债权人既可向被保证人求偿，也可直接向保证人求偿。

7. 保证合同没有约定保证人承担何种保证责任，或者约定不明确的，视为保证人承担赔偿责任。当被保证人不履行合同时，债权人应当首先请求被保证人清偿债务。强制执行被保证人的财产仍不足以清偿其债务的，由保证人承担赔偿责任。

8. 保证合同对保证范围有明确约定的，保证人在约定的保证范围内承担责任;保证合同没有约定保证范围或者对保证范围约定不明确的,保证人应当对被保证人的全部债务承担保证责任。

9. 向债权人保证监督支付专款专用的,作出该项保证的人,在履行了监督支付专款专用义务后,不再承担责任。未尽监督义务造成资金流失的,应对流失的资金承担连带责任。

10. 保证合同中约定有保证责任期限的,保证人在约定的保证责任期限内承担保证责任。债权人在保证责任期限内未向保证人主张权利的,保证人不再承担保证责任。

11. 保证合同中没有约定保证责任期限或者约定不明确的,保证人应当在被保证人承担责任的期限内承担保证责任。保证人如果在主合同履行期限届满后,书面要求债权人向被保证人为诉讼上的请求,而债权人在收到保证人的书面请求后1个月内未行使诉讼请求权的,保证人不再承担保证责任。

12. 债权人与被保证人未经保证人同意,变更主合同履行期限的,如保证合同中约定有保证责任期限,保证人仍在原保证责任期限内承担保证责任;如保证合同中未约定保证责任期限,保证人仍在被保证人原承担责任的期限内承担保证责任。

债权人与被保证人未经保证人同意,在主合同履行期限内变更合同其他内容而使被保证人债务增加的,保证人对增加的债务不承担保证责任。

13. 债权人在保证责任期限内,将债权转移给他人,并通知保证人的,保证人应向债权受让人承担保证责任。

14. 被保证人经债权人同意在保证责任期限内,将债务转移给他人,未经保证人同意的,保证人不再承担保证责任,但保证人追认的除外。

15. 债权人在保证责任期限内,无正当理由拒绝被保证人履行债务的,保证人不再承担保证责任;债权人放弃抵押权的,保证人就放弃抵押权的部分不再承担保证责任。但保证人同意继续承担保证责任的除外。

16. 依照法律规定或者当事人约定,免除被保证人部分或者全部债务的,保证人相应的保证责任得以免除。

三、无效保证合同的认定及保证人的责任

17. 法人的分支机构未经法人同意,为他人提供保证的,保证合同无效,保证人不承担保证责任,但应当根据其过错大小,承担相应的赔偿责任。法人的分支机构管理的财产不足以承担赔偿责任的,由法人承担。

金融部门的分支机构提供保证的,如无其他导致保证合同无效的因素,保证人应当承担保证责任。

18. 法人的内部职能部门未经法人同意,为他人提供保证的,保证合同无效,保证人不承担保证责任,但应当根据其过错大小,由法人承担相应的赔偿责任。

19. 主合同债权人一方或者双方当事人采取欺诈、胁迫等手段,或者恶意串通,使保证人在违背真实意思情况下提供保证的,保证合同无效,保证人不承担责任。

20. 主合同无效,保证合同也无效,保证人不承担保证责任。但保证人知道或者应当知道主合同无效而仍然为之提供保证的,主合同被确认无效后,保证人与被保证人承担连带赔偿责任。

四、在诉讼中为当事人提供的保证

21. 人民法院在案件审理过程中,决定对财产采取保全措施时,保证人为申请人或者被申请人提供保证的,在案件审理终结后,如果被保证人无财产可供执行或者其财产不足以清偿债务时,人民法院可以直接裁定执行保证人在其保证范围内的财产。

22. 在案件执行过程中,为被执行人提供保证的,被执行人逾期无财产可供执行或者其财产不足以清偿债务时,人民法院可以直接裁定执行保证人在其保证范围内的财产。

五、被保证人破产后保证人的责任

23. 被保证人被宣告破产的,债权人参加破产程序受偿后,对受偿不足的部分,保证人仍应承担保证责任。

24. 人民法院已审理终结的设有保证的合同纠纷案件,在执行终结前被保证人被宣告破产的,债权人可以生效法律文书确认的债权数额作为破产债权申报;债务已部分偿还的,以未偿还的部分作为债权申报。对经破产程序未受清偿的部分,保证人仍应承担保证责任。

25. 保证人代被保证人偿还债务后,尚未从被保证人处获偿被保证人即宣告破产的,保证人可以其代为清偿的数额作为破产债权申报。

26. 被保证人被宣告破产,债权人不申报债权的,在确认保证人的责任时,应当扣除债权人可以在破产程序中得到清偿的部分。

六、保证合同的诉讼时效

27. 保证合同约定有保证责任期限的,债权人应当在保证责任期限届满前向保证人主张权利。保证人拒绝承担保证责任的,债权人向人民法院请求保护其权利的诉讼时效期间,适用民法通则的有关诉讼时效的规定。

28. 保证合同约定有保证责任期限,但在保证责任期限内,债权人仅向被保证人主张权利而未向保证人主张权利的,主债务诉讼时效中断,保证债务的诉讼时效不中断。

29. 保证合同未约定保证责任期限的,主债务的诉讼时效中断,保证债务的诉讼时效亦中断。

30. 依照《中华人民共和国民法通则》第一百三十九条的规定,主债务诉讼时效中止的,保证债务的诉讼时效同时中止。

七、其他

31. 本院以前关于保证问题的司法解释与本规定不一致的,以本规定为准,但已审结的案件,不得适用本规定进行再审。

最高人民法院关于正确确认企业借款合同纠纷案件中有关保证合同效力问题的通知

(1998年9月14日　法〔1998〕85号)

各省、自治区、直辖市高级人民法院,新疆维吾尔自治区高级人民法院生产建设兵团分院:

近来发现一些地方人民法院在审理企业破产案件或者与破产企业相关的银行贷款合同纠纷案件中,对所涉及的债权保证问题,未能准确地理解和适用有关法律规定,致使在确认保证合同的效力问题上出现偏差,为此特作如下通知:

各级人民法院在处理上述有关保证问题时,应当准确理解法律,严格依法确认保证合同(包括主合同中的保证条款)的效力。除确系因违反担保法及有关司法解释的规定等应当依法确认为无效的情况外,不应仅以保证人的保证系因地方政府指令而违背了保证人的意志,或该保证人已无财产承担保证责任等原因,而确认保证合同无效,并以此免除保证责任。

特此通知。

最高人民法院关于因法院错判导致债权利息损失扩大保证人应否承担责任问题的批复

(2000年7月20日最高人民法院审判委员会第1126次会议通过　2000年8月8日最高人民法院公告公布　自2000年8月12日起施行　法释〔2000〕24号)

四川省高级人民法院:

你院川高法〔1999〕72《关于因法院错判导致资金利息扩大的部分损失保证人应否承担责任的请示》收悉。经研究,答复如下:

依照《中华人民共和国担保法》第二十一条的规定,除合同另有约定的外,主债权的利息是指因债务人未按照合同约定履行义务而产生的利息。因法院错判引起债权利息损失扩大的部分,不属于保证担保的范围,保证人不承担责任。

此复

最高人民法院关于处理担保法生效前发生保证行为的保证期间问题的通知

(2002年8月1日　法〔2002〕144号)

各省、自治区、直辖市高级人民法院,解放军军事法院,新疆维吾尔自治区高级人民法院生产建设兵团分院:

我院于2000年12月8日公布法释〔2000〕44号《关于适用〈中华人民共和国担保法〉若干问题的解释》后,一些部门和地方法院反映对于担保法实施前发生的保证行为如何确定保证期间问题没有作出规定，而我院于1994年4月15日公布的法发〔1994〕8号《关于审理经济合同纠纷案件有关保证的若干问题的规定》对此问题亦不十分明确。为了正确审理担保法实施前的有关保证合同纠纷案件，维护债权人和其他当事人的合法权益，经商全国人大常委会法制工作委员会同意，现就有关问题通知如下：

一、对于当事人在担保法生效前签订的保证合同中没有约定保证期限或者约定不明确的，如果债权人已经在法定诉讼时效期间内向主债务人主张了权利，使主债务没有超过诉讼时效期间，但未向保证人主张权利的，债权人可以自本通知发布之日起6个月（自2002年8月1日至2003年1月31日）内，向保证人主张权利。逾期不主张的，保证人不再承担责任。

二、主债务人进入破产程序，债权人没有申报债权的，债权人亦可以在上述期间内向保证人主张债权，如果债权人已申报了债权，对其在破产程序中未受清偿的部分债权，债权人可以在破产程序终结后6个月内向保证人主张。

三、本通知发布时，已经终审的案件、再审案件以及主债务已超过诉讼时效的案件，不适用本通知。

最高人民法院关于涉及担保纠纷案件的司法解释的适用和保证责任方式认定问题的批复

（2002年11月11日最高人民法院审判委员会第1256次会议通过　2002年11月23日最高人民法院公告公布　自2002年12月6日起施行　法释〔2002〕38号）

山东省高级人民法院：

你院鲁法民二字〔2002〕2号《关于担保法适用有关问题的请示》收悉。经研究，答复如下：

一、最高人民法院法发〔1994〕8号《关于审理经济合同纠纷案件有关保证的若干问题的规定》，适用于该规定施行后发生的担保纠纷案件和该规定施行前发生的尚未审结的第一审、第二审担保纠纷案件。该规定施行前判决、裁定已经发生法律效力的担保纠纷案件，进行再审的，不适用该《规定》。《中华人民共和国担保法》生效后发生的担保行为和担保纠纷，适用担保法和担保法相关司法解释的规定。

二、担保法生效之前订立的保证合同中对保证责任方式没有约定或者约定不明的，应当认定为一般保证。保证合同中明确约定保证人在债务人不能履行债务时始承担保证责任的，视为一般保证。保证合同中明确约定保证人在被保证人不履行债务时承担保证责任，且根据当事人订立合同的本意推定不出为一般保证责任的，视为连带责任保证。

在本批复施行前，判决、裁定已经发生法律效力的担保纠纷案件，当事人申请再审或者按审判监督程序决定再审的，不适用本批复。

此复

最高人民法院关于已承担保证责任的保证人向其他保证人行使追偿权问题的批复

（2002年11月11日最高人民法院审判委员会第1256次会议通过　2002年11月23日最高人民法院公告公布　自2002年12月5日起施行　法释〔2002〕37号）

云南省高级人民法院：

你院云高法〔2002〕160号《关于已经承担了保证责任的保证人向保证期间内未被主张保证责任的其他保证人行使追偿权是否成立的请示》收悉。经研究，答复如下：

根据《中华人民共和国担保法》第十二条的规定，承担连带责任保证的保证人一人或者数人承担保证责任后，有权要求其他保证人清偿应当承担的份额，不受债权人是否在保证期间内向未承担保证责任的保证人主张过保证责任的影响。

此复

最高人民法院关于人民法院应当如何认定保证人在保证期间届满后又在催款通知书上签字问题的批复

(2004年3月23日最高人民法院审判委员会第1312次会议通过 2004年4月14日最高人民法院公告公布 自2004年4月19日起施行 法释〔2004〕4号)

云南、河北、四川省高级人民法院:

云高法〔2003〕69号《关于保证人超过保证期间后又在催款通知书上签字应如何认定性质和责任的请示》、〔2003〕冀民二请字第1号《关于如何认定已过了保证期间的保证人在中国长城资产管理公司〈债权转移确认通知书〉上盖章的民事责任的请示》和川高法〔2003〕266号《关于保证期届满后保证人与债务人同日在催款通知书上签字或者盖章的法律效力问题的请示》收悉。经研究,答复如下:

根据《中华人民共和国担保法》的规定,保证期间届满债权人未依法向保证人主张保证责任的,保证责任消灭。保证责任消灭后,债权人书面通知保证人要求承担保证责任或者清偿债务,保证人在催款通知书上签字的,人民法院不得认定保证人继续承担保证责任。但是,该催款通知书内容符合合同法和担保法有关担保合同成立的规定,并经保证人签字认可,能够认定成立新的保证合同的,人民法院应当认定保证人按照新保证合同承担责任。

最高人民法院关于保证保险合同纠纷案件法律适用问题的答复

(2010年6月24日 〔2006〕民二他字第43号)

辽宁省高级人民法院:

你院《关于保证保险问题的请示报告》[〔2006〕辽高法疑字第4号]收悉。经研究答复如下:

汽车消费贷款保证保险是保险公司开办的一种保险业务。在该险种的具体实施中,由于合同约定的具体内容并不统一,在保险公司、银行和汽车销售代理商、购车人之间会形成多种法律关系。在当时法律规定尚不明确的情况下,应依据当事人意思自治原则确定合同的性质。你院请示所涉中国建设银行股份有限公司葫芦岛分行诉中国人民保险股份有限公司葫芦岛分公司保证保险合同纠纷案,在相关协议、合同中,保险人没有作出任何担保承诺的意思表示。因此,此案所涉保险单虽名为保证保险单,但性质上应属于保险合同。同意你院审判委员会多数意见,此案的保证保险属于保险性质。

此复。

最高人民法院关于因第三人的过错导致合同不能履行应如何适用定金罚则问题的复函

(1995年6月16日 法函〔1995〕76号)

江苏省高级人民法院:

你院关于因第三人的过错导致合同不能履行的,应如何适用定金罚则的请示收悉。经研究,答复如下:

凡当事人在合同中明确约定给付定金的,在实际交付定金后,如一方不履行合同除有法定免责的情况外,即应对其适用定金罚则。因该合同关系以外第三人的过错导致合同不能履行的,除该合同另有约定的外,仍应对违约方适用定金罚则。合同当事人一方在接受定金处罚后,可依法向第三人追偿。

最高人民法院关于人民法院审理借贷案件的若干意见①

(1991年8月13日 法(民)〔1991〕21号)

人民法院审理借贷案件,应按照自愿、互利、公平、合法的原则,保护债权人和债务人的合法

① 编者注:已废止。

权益,限制高利率。根据审判实践经验,现提出以下意见,供审理此类案件时参照执行。

1. 公民之间的借贷纠纷,公民与法人之间的借贷纠纷以及公民与其他组织之间的借贷纠纷,应作为借贷案件受理。

2. 因借贷外币、台币和国库券等有价证券发生纠纷诉讼到法院的,应按借贷案件受理。

3. 对于借贷关系明确,债权人申请支付令的,人民法院应按照民事诉讼法关于督促程序的有关规定审查受理。

4. 人民法院审查借贷案件的起诉时,根据民事诉讼法第108条的规定,应要求原告提供书面借据;无书面借据的,应提供必要的事实根据。对于不具备上述条件的起诉,裁定不予受理。

5. 债权人起诉时,债务人下落不明的,由债务人原住所地或其财产所在地法院管辖。法院应要求债权人提供证明借贷关系存在的证据,受理后公告传唤债务人应诉。公告期限届满,债务人仍不应诉,借贷关系明确的,经审理后可缺席判决;借贷关系无法查明的,裁定中止诉讼。

在审理中债务人出走,下落不明,借贷关系明确的,可以缺席判决;事实难以查清的,裁定中止诉讼。

6. 民间借贷的利率可以适当高于银行的利率,各地人民法院可根据本地区的实际情况具体掌握,但最高不得超过银行同类贷款利率的四倍(包含利率本数)。超出此限度的,超出部分的利息不予保护。

7. 出借人不得将利息计入本金谋取高利。审理中发现债权人将利息计入本金计算复利的,其利率超出第六条规定的限度时,超出部分的利息不予保护。

8. 借贷双方对有无约定利率发生争议,又不能证明的,可参照银行同类贷款利率计息。

借贷双方对约定的利率发生争议,又不能证明的,可参照本意见第6条规定计息。

9. 公民之间的定期无息借贷,出借人要求借款人偿付逾期利息,或者不定期无息贷款经催告不还;出借人要求偿付催告后利息的,可参照银行同类贷款的利率计息。

10. 一方以欺诈、胁迫等手段或者乘人之危,使对方在违背真实意思的情况下所形成的借贷关系,应认定为无效。借贷关系无效由债权人的行为引起的,只返还本金;借贷关系无效由债务人的行为引起的,除返还本金外,还应参照银行同类贷款利率给付利息。

11. 出借人明知借款人是为了进行非法活动而借款的,其借贷关系不予保护。对双方的违法借贷行为,可按照民法通则第134条第3款及《关于贯彻执行〈中华人民共和国民法通则〉若干问题的意见(试行)》(以下简称《意见》(试行))第163条、第164条的规定予以制裁。

12. 公民之间因借贷外币、台币发生纠纷,出借人要求以同类货币偿还的,可以准许。借款人确无同类货币的,可参照偿还时当地外汇调剂价折合人民币偿还。出借人要求偿付利息的,可参照偿还时中国银行外币储蓄利率计息。

借贷外汇券发生的纠纷,参照以上原则处理。

13. 在借贷关系中,仅起联系、介绍作用的人,不承担保证责任。对债务的履行确有保证意思表示的,应认定为保证人,承担保证责任。

14. 行为人以借款人的名义出具借据代其借款,借款人不承认,行为人又不能证明的,由行为人承担民事责任。

15. 合伙经营期间,个人以合伙组织的名义借款,用于合伙经营的,由合伙人共同偿还;借款人不能证明借款用于合伙经营的,由借款人偿还。

16. 有保证人的借贷债务到期后,债务人有清偿能力的,由债务人承担责任;债务人无能力清偿、无法清偿或者债务人下落不明的,由保证人承担连带责任。

借期届满,债务人未偿还欠款,借、贷双方未征求保证人同意而重新对偿还期限或利率达成协议的,保证人不再承担保证责任。

无保证人的借贷纠纷,债务人申请追加新的保证人参加诉讼,法院不应准许。

对保证责任有争议的,按照《意见》(试行)第108条、109条、110条的规定处理。

17. 审理借贷案件时,对于因借贷关系产生的正当的抵押关系应予保护。如发生纠纷,分别按照民法通则第89条第2项以及《意见》(试行)第112条、113条、114条、115条、116条的规定处理。

18. 对债务人有可能转移、变卖、隐匿与案件有关的财产的,法院可根据当事人申请或依职权采取查封、扣押、冻结、责令提供担保等财产保全措施。被保全的财物为生产资料的,应责令申请人提供担保。财产保全应根据被保全财产的性质采用妥善的方式,尽可能减少对生产、生活的影响,避免造成财产损失。

19. 对债务人一次偿付有困难的借贷案件,法院可以判决或调解分期偿付。根据当事人的给付能力,确定每次给付的数额。

20. 执行程序中,双方当事人协商以债务人劳务或其他方式清偿债务,不违反法律规定,不损害社会利益和他人利益的,应予准许,并将执行和解协议记录在案。

21. 被执行人无钱还债,要求以其他财物抵偿债务,申请执行人同意的,应予准许。双方可以协议作价或请有关部门合理作价,按判决数额将相应部分财物交付申请执行人。

被执行人无钱还债,要求以债券、股票等有价证券抵偿债务,申请执行人同意的,应予准许;要求以其他债权抵偿债务的,须经申请执行人同意并通知执行人的债务人,办理相应的债权转移手续。

22. 被执行人有可能转移、变卖、隐匿被执行财产的,应及时采取执行措施。被执行人抗拒执行构成妨害民事诉讼的,按照民事诉讼法第102条、第227条的规定处理。

最高人民法院关于审理民间借贷案件适用法律若干问题的规定

(2015年6月23日最高人民法院审判委员会第1655次会议通过　2015年8月6日最高人民法院公告公布　自2015年9月1日起施行　法释〔2015〕18号)

为正确审理民间借贷纠纷案件,根据《中华人民共和国民法通则》《中华人民共和国物权法》《中华人民共和国担保法》《中华人民共和国合同法》《中华人民共和国民事诉讼法》《中华人民共和国刑事诉讼法》等相关法律之规定,结合审判实践,制定本规定。

第一条　本规定所称的民间借贷,是指自然人、法人、其他组织之间及其相互之间进行资金融通的行为。

经金融监管部门批准设立的从事贷款业务的金融机构及其分支机构,因发放贷款等相关金融业务引发的纠纷,不适用本规定。

第二条　出借人向人民法院起诉时,应当提供借据、收据、欠条等债权凭证以及其他能够证明借贷法律关系存在的证据。

当事人持有的借据、收据、欠条等债权凭证没有载明债权人,持有债权凭证的当事人提起民间借贷诉讼的,人民法院应予受理。被告对原告的债权人资格提出有事实依据的抗辩,人民法院经审理认为原告不具有债权人资格的,裁定驳回起诉。

第三条　借贷双方就合同履行地未约定或者约定不明确,事后未达成补充协议,按照合同有关条款或者交易习惯仍不能确定的,以接受货币一方所在地为合同履行地。

第四条　保证人为借款人提供连带责任保证,出借人仅起诉借款人的,人民法院可以不追加保证人为共同被告;出借人仅起诉保证人的,人民法院可以追加借款人为共同被告。

保证人为借款人提供一般保证,出借人仅起诉保证人的,人民法院应当追加借款人为共同被告;出借人仅起诉借款人的,人民法院可以不追加保证人为共同被告。

第五条　人民法院立案后,发现民间借贷行为本身涉嫌非法集资犯罪的,应当裁定驳回起诉,并将涉嫌非法集资犯罪的线索、材料移送公安或者检察机关。

公安或者检察机关不予立案,或者立案侦查后撤销案件,或者检察机关作出不起诉决定,或者经人民法院生效判决认定不构成非法集资犯罪,当事人又以同一事实向人民法院提起诉讼的,人民法院应予受理。

第六条　人民法院立案后,发现与民间借贷纠纷案件虽有关联但不是同一事实的涉嫌非法集资等犯罪的线索、材料的,人民法院应当继续审理民间借贷纠纷案件,并将涉嫌非法集资等犯罪的线索、材料移送公安或者检察机关。

第七条　民间借贷的基本案件事实必须以刑事案件审理结果为依据，而该刑事案件尚未审结的，人民法院应当裁定中止诉讼。

第八条　借款人涉嫌犯罪或者生效判决认定其有罪，出借人起诉请求担保人承担民事责任的，人民法院应予受理。

第九条　具有下列情形之一，可以视为具备合同法第二百一十条关于自然人之间借款合同的生效要件：

（一）以现金支付的，自借款人收到借款时；

（二）以银行转账、网上电子汇款或者通过网络贷款平台等形式支付的，自资金到达借款人账户时；

（三）以票据交付的，自借款人依法取得票据权利时；

（四）出借人将特定资金账户支配权授权给借款人的，自借款人取得对该账户实际支配权时；

（五）出借人以与借款人约定的其他方式提供借款并实际履行完成时。

第十条　除自然人之间的借款合同外，当事人主张民间借贷合同自合同成立时生效的，人民法院应予支持，但当事人另有约定或者法律、行政法规另有规定的除外。

第十一条　法人之间、其他组织之间以及它们相互之间为生产、经营需要订立的民间借贷合同，除存在合同法第五十二条、本规定第十四条规定的情形外，当事人主张民间借贷合同有效的，人民法院应予支持。

第十二条　法人或者其他组织在本单位内部通过借款形式向职工筹集资金，用于本单位生产、经营，且不存在合同法第五十二条、本规定第十四条规定的情形，当事人主张民间借贷合同有效的，人民法院应予支持。

第十三条　借款人或者出借人的借贷行为涉嫌犯罪，或者已经生效的判决认定构成犯罪，当事人提起民事诉讼的，民间借贷合同并不当然无效。人民法院应当根据合同法第五十二条、本规定第十四条之规定，认定民间借贷合同的效力。

担保人以借款人或者出借人的借贷行为涉嫌犯罪或者已经生效的判决认定构成犯罪为由，主张不承担民事责任的，人民法院应当依据民间借贷合同与担保合同的效力、当事人的过错程度，依法确定担保人的民事责任。

第十四条　具有下列情形之一，人民法院应当认定民间借贷合同无效：

（一）套取金融机构信贷资金又高利转贷给借款人，且借款人事先知道或者应当知道的；

（二）以向其他企业借贷或者向本单位职工集资取得的资金又转贷给借款人牟利，且借款人事先知道或者应当知道的；

（三）出借人事先知道或者应当知道借款人借款用于违法犯罪活动仍然提供借款的；

（四）违背社会公序良俗的；

（五）其他违反法律、行政法规效力性强制性规定的。

第十五条　原告以借据、收据、欠条等债权凭证为依据提起民间借贷诉讼，被告依据基础法律关系提出抗辩或者反诉，并提供证据证明债权纠纷非民间借贷行为引起的，人民法院应当依据查明的案件事实，按照基础法律关系审理。

当事人通过调解、和解或者清算达成的债权债务协议，不适用前款规定。

第十六条　原告仅依据借据、收据、欠条等债权凭证提起民间借贷诉讼，被告抗辩已经偿还借款，被告应当对其主张提供证据证明。被告提供相应证据证明其主张后，原告仍应就借贷关系的成立承担举证证明责任。

被告抗辩借贷行为尚未实际发生并能作出合理说明，人民法院应当结合借贷金额、款项交付、当事人的经济能力、当地或者当事人之间的交易方式、交易习惯、当事人财产变动情况以及证人证言等事实和因素，综合判断查证借贷事实是否发生。

第十七条　原告仅依据金融机构的转账凭证提起民间借贷诉讼，被告抗辩转账系偿还双方之前借款或其他债务，被告应当对其主张提供证据证明。被告提供相应证据证明其主张后，原告仍应就借贷关系的成立承担举证证明责任。

第十八条　根据《关于适用〈中华人民共和国民事诉讼法〉的解释》第一百七十四条第二款之规定，负有举证证明责任的原告无正当理由拒不到庭，经审查现有证据无法确认借贷行为、借贷金额、支付方式等案件主要事实，人民法院对其主张的事实不予认定。

第十九条 人民法院审理民间借贷纠纷案件时发现有下列情形，应当严格审查借贷发生的原因、时间、地点、款项来源、交付方式、款项流向以及借贷双方的关系、经济状况等事实，综合判断是否属于虚假民事诉讼：

（一）出借人明显不具备出借能力；

（二）出借人起诉所依据的事实和理由明显不符合常理；

（三）出借人不能提交债权凭证或者提交的债权凭证存在伪造的可能；

（四）当事人双方在一定期间内多次参加民间借贷诉讼；

（五）当事人一方或者双方无正当理由拒不到庭参加诉讼，委托代理人对借贷事实陈述不清或者陈述前后矛盾；

（六）当事人双方对借贷事实的发生没有任何争议或者诉辩明显不符合常理；

（七）借款人的配偶或合伙人、案外人的其他债权人提出有事实依据的异议；

（八）当事人在其他纠纷中存在低价转让财产的情形；

（九）当事人不正当放弃权利；

（十）其他可能存在虚假民间借贷诉讼的情形。

第二十条 经查明属于虚假民间借贷诉讼，原告申请撤诉的，人民法院不予准许，并应当根据民事诉讼法第一百一十二条之规定，判决驳回其请求。

诉讼参与人或者其他人恶意制造、参与虚假诉讼，人民法院应当依照民事诉讼法第一百一十一条、第一百一十二条和第一百一十三条之规定，依法予以罚款、拘留；构成犯罪的，应当移送有管辖权的司法机关追究刑事责任。

单位恶意制造、参与虚假诉讼的，人民法院应当对该单位进行罚款，并可以对其主要负责人或者直接责任人员予以罚款、拘留；构成犯罪的，应当移送有管辖权的司法机关追究刑事责任。

第二十一条 他人在借据、收据、欠条等债权凭证或者借款合同上签字或者盖章，但未表明其保证人身份或者承担保证责任，或者通过其他事实不能推定其为保证人，出借人请求其承担保证责任的，人民法院不予支持。

第二十二条 借贷双方通过网络贷款平台形成借贷关系，网络贷款平台的提供者仅提供媒介服务，当事人请求其承担担保责任的，人民法院不予支持。

网络贷款平台的提供者通过网页、广告或者其他媒介明示或者有其他证据证明其为借贷提供担保，出借人请求网络贷款平台的提供者承担担保责任的，人民法院应予支持。

第二十三条 企业法定代表人或负责人以企业名义与出借人签订民间借贷合同，出借人、企业或者其股东能够证明所借款项用于企业法定代表人或负责人个人使用，出借人请求将企业法定代表人或负责人列为共同被告或者第三人的，人民法院应予准许。

企业法定代表人或负责人以个人名义与出借人签订民间借贷合同，所借款项用于企业生产经营，出借人请求企业与个人共同承担责任的，人民法院应予支持。

第二十四条 当事人以签订买卖合同作为民间借贷合同的担保，借款到期后借款人不能还款，出借人请求履行买卖合同的，人民法院应当按照民间借贷法律关系审理，并向当事人释明变更诉讼请求。当事人拒绝变更的，人民法院裁定驳回起诉。

按照民间借贷法律关系审理作出的判决生效后，借款人不履行生效判决确定的金钱债务，出借人可以申请拍卖买卖合同标的物，以偿还债务。就拍卖所得的价款与应偿还借款本息之间的差额，借款人或者出借人有权主张返还或补偿。

第二十五条 借贷双方没有约定利息，出借人主张支付借期内利息的，人民法院不予支持。

自然人之间借贷对利息约定不明，出借人主张支付利息的，人民法院不予支持。除自然人之间借贷的外，借贷双方对借贷利息约定不明，出借人主张利息的，人民法院应当结合民间借贷合同的内容，并根据当地或者当事人的交易方式、交易习惯、市场利率等因素确定利息。

第二十六条 借贷双方约定的利率未超过年利率24%，出借人请求借款人按照约定的利率支付利息的，人民法院应予支持。

借贷双方约定的利率超过年利率36%，超过部分的利息约定无效。借款人请求出借人返还已支付的超过年利率36%部分的利息的,人民法院应予支持。

第二十七条 借据、收据、欠条等债权凭证载明的借款金额,一般认定为本金。预先在本金中扣除利息的,人民法院应当将实际出借的金额认定为本金。

第二十八条 借贷双方对前期借款本息结算后将利息计入后期借款本金并重新出具债权凭证,如果前期利率没有超过年利率24%,重新出具的债权凭证载明的金额可认定为后期借款本金;超过部分的利息不能计入后期借款本金。约定的利率超过年利率24%,当事人主张超过部分的利息不能计入后期借款本金的,人民法院应予支持。

按前款计算,借款人在借款期间届满后应当支付的本息之和,不能超过最初借款本金与以最初借款本金为基数,以年利率24%计算的整个借款期间的利息之和。出借人请求借款人支付超过部分的,人民法院不予支持。

第二十九条 借贷双方对逾期利率有约定的,从其约定,但以不超过年利率24%为限。

未约定逾期利率或者约定不明的,人民法院可以区分不同情况处理:

(一)既未约定借期内的利率,也未约定逾期利率,出借人主张借款人自逾期还款之日起按照年利率6%支付资金占用期间利息的,人民法院应予支持;

(二)约定了借期内的利率但未约定逾期利率,出借人主张借款人自逾期还款之日起按照借期内的利率支付资金占用期间利息的,人民法院应予支持。

第三十条 出借人与借款人既约定了逾期利率,又约定了违约金或者其他费用,出借人可以选择主张逾期利息、违约金或者其他费用,也可以一并主张,但总计超过年利率24%的部分,人民法院不予支持。

第三十一条 没有约定利息但借款人自愿支付,或者超过约定的利率自愿支付利息或违约金,且没有损害国家、集体和第三人利益,借款人又以不当得利为由要求出借人返还的,人民法院不予支持,但借款人要求返还超过年利率36%部分的利息除外。

第三十二条 借款人可以提前偿还借款,但当事人另有约定的除外。

借款人提前偿还借款并主张按照实际借款期间计算利息的,人民法院应予支持。

第三十三条 本规定公布施行后,最高人民法院于1991年8月13日发布的《关于人民法院审理借贷案件的若干意见》同时废止;最高人民法院以前发布的司法解释与本规定不一致的,不再适用。

最高人民法院关于认真学习贯彻适用《最高人民法院关于审理民间借贷案件适用法律若干问题的规定》的通知

(2015年8月25日)

各省、自治区、直辖市高级人民法院,解放军军事法院,新疆维吾尔自治区高级人民法院生产建设兵团分院:

《最高人民法院关于审理民间借贷案件适用法律若干问题的规定》(以下简称《规定》)已于2015年6月23日经最高人民法院审判委员会第1655次会议通过并于8月6日予以公布,将于2015年9月1日起施行。为便于进一步学习领会和正确适用司法解释,特作如下通知:

一、充分认识《规定》出台的意义

《规定》是在党的十八大提出依法治国、深化金融体制改革、支持实体经济特别是中小微企业的发展等各项重大战略决策的背景下,最高人民法院依据我国现行相关法律规定,总结长期以来审判实践经验制定的一部重要司法解释。《规定》为全国各级人民法院正确及时审理民间借贷纠纷案件提供了具有可操作性的司法裁判依据,将为维护经济社会和谐稳定发展发挥极其重要的作用。各级人民法院要从为实现依法治国方略,维护和促进经济社会发展的大局出发,正确把握和理解适用《规定》的精神实质和基本内容。

二、及时组织学习培训

《规定》从2015年8月6日公布到2015年9月1日起施行,相隔时间短,任务急,为使各级人民法院的审判人员尽快准确理解掌握司法解释的内涵，在案件审理中正确适用司法解释，各级人民法院要在妥善处理好工学关系的前提下，优先保障、尽快及时地通过多种形式组织学习培训，做好宣传工作。

三、适用《规定》过程中应当注意的问题

鉴于我国当前民间借贷尚未有专门的法律和法规，《规定》也不是针对现行某个专门法律、法规所作的解释，而是在民间借贷相关法律、法规的基础上，就审理民间借贷案件如何适用法律制定的专门性规定，在《规定》正式实施时，要注意把握以下几点：

（一）人民法院确认民间借贷合同效力时，应当按照《最高人民法院关于适用〈中华人民共和国合同法〉若干问题的解释（一）》第三条规定的精神，对本《规定》施行以前成立的民间借贷合同，适用当时的司法解释民间借贷合同无效而适用本《规定》有效的，适用本《规定》；

（二）本《规定》施行后新受理的一审案件，适用本《规定》；

（三）本《规定》施行后，尚未审结的一审、二审、再审案件，适用《规定》施行前的司法解释进行审理，不适用本《规定》；

（四）本《规定》施行前已经审结的案件，不得适用本《规定》进行再审。

最高人民法院关于修改《最高人民法院关于审理民间借贷案件适用法律若干问题的规定》中关于借款利息规定的建议的回复

（2019年7月9日）

沈雪冰同志：

您寄来的《关于修改〈最高人民法院关于审理民间借贷案件适用法律若干问题的规定〉中关于借款利息规定的建议》（以下简称《借款利息建议》）收悉。经研究，回复如下：

您在《借款利息建议》中紧密结合自身工作，分析了《最高人民法院关于审理民间借贷案件适用法律若干问题的规定》第二十六条关于利率规定存在的问题、修改理由等，并以此为基础提出了对该条进行修改的建议。您的这些分析和建议，充分体现了您对这一司法解释规定的重视和对人民法院审判工作的关心。在此，向您表示衷心感谢。

改革开放以来，我国市场经济日益繁荣，各类市场主体对资金的需求日益增加。作为正规金融合理补充的民间借贷，一定程度上解决了部分社会融资需求，增强了经济运行的自我调整和适应能力，在拓宽融资渠道、推动经济较快发展方面发挥着积极作用。与此同时，全国各地人民法院受理民间借贷案件数量逐年递增，并呈现出“井喷式”上升趋势，给人民法院民事审判工作带来巨大挑战。我院在深入研究民间借贷案件审判工作中新情况新问题，不断总结审判实践经验，充分征求院外相关部门意见的基础上，于2015年8月6日发布了《最高人民法院关于审理民间借贷案件适用法律若干问题的规定》，这一司法解释的颁布实施，为统一裁判标准、完善民间借贷立法、促进民间借贷规范发展的进程中迈出了重要一步，在审判实践中发挥着重要指导作用。

近年来，社会上不断出现披着民间借贷外衣，通过“虚增债务”“伪造证据”“恶意制造违约”“收取高额费用”等方式非法侵占财物的“套路贷”诈骗等新型犯罪，侵害了人民群众的合法权益，扰乱了金融市场秩序，影响了社会和谐稳定。许多法院通过多种形式反映此类问题较为突出，给民事审判工作带来压力和挑战。有鉴于此，我院又在2018年及时下发了《关于依法妥善审理民间借贷案件的通知》（法〔2018〕215号）（以下简称《通知》），要求人民法院在审判实践中严格区分民间借贷行为与诈骗等犯罪行为，切实提高对“套路贷”诈骗等犯罪行为的警觉，加强对民间借贷行为与诈骗等犯罪行为的甄别，发现涉嫌违法犯罪线索、材料的，要及时依法处理。民间借贷行为本身涉及违法犯罪的，应当裁定驳回起诉，并将涉嫌犯罪的线索、材料移送公安机关或检察机关。特别是针对利率问题，《通知》强调，要依法严守法定利率红线。要从严把握法定利率的司法红线。对于各种以“利息”“违约金”“服务费”“中介费”“保证金”“延期费”等突破或变相突破法定利率红线的，应当依法不予支持。对于“出借人主张系以现金方式支付大额贷款本金”,“借款人抗辩所谓现金支付本金系出借人预先扣除的高额利息”的,要加强对出借人主张的现金支付款项来源、交付情况等证据的审查,依法认定借贷本金数额和高额利息扣收事实。发现交易平台、交易对手、交易模式等以“创新”为名行高利贷之实的,应当及时采取发送司法建议函等有效方式,坚决予以遏制。

利率的高低设计与实体经济发展密切相关,也与人民法院依法妥善审理相关纠纷案件密切相关。您在建议中提出的有关民间借贷利率存在的问题和分析的理由,我们将高度重视,并及时开展相关调研。在充分听取有关方面意见建议的基础上,根据形势发展需要,适时启动相关司法解释的修订工作。

感谢您对人民法院工作的大力支持。

最高人民法院关于如何确定借款合同履行地问题的批复①

(1993 年 11 月 17 日　法复〔1993〕10 号)

山东省高级人民法院:

你院鲁高法函〔1993〕44 号《关于如何确定借款合同履行地问题的请示》收悉。经研究,现答复如下:

合同履行地是指当事人履行合同约定义务的地点。借款合同是双务合同,标的物为货币。贷款方与借款方均应按照合同约定分别承担贷出款项与偿还贷款及利息的义务,贷款方与借款方所在地都是履行合同约定义务的地点。依照借款合同的约定,贷款方应先将借款划出,从而履行了贷款方所应承担的义务。因此,除当事人另有约定外,确定贷款方所在地为合同履行地。

最高人民法院关于对企业借贷合同借款方逾期不归还借款的应如何处理问题的批复②

(1996 年 9 月 23 日　法复〔1996〕15 号)

四川省高级人民法院:

你院川高法〔1995〕223 号《关于企业拆借合同期限届满后借款方不归还本金是否计算逾期利息及如何判决的请示》收悉。经研究,答复如下:

企业借贷合同违反有关金融法规,属无效合同。对于合同期限届满后,借款方逾期不归还本金,当事人起诉到人民法院的,人民法院除应按照最高人民法院法(经)发〔1990〕27 号《关于审理联营合同纠纷案件若干问题的解答》第四条第二项的有关规定判决外,对自双方当事人约定的还款期满之日起,至法院判决确定借款人返还本金期满期间内的利息,应当收缴,该利息按借贷双方原约定的利率计算,如果双方当事人对借款利息未约定,按同期银行贷款利率计算。借款人未按判决确定的期限归还本金的,应当依照《中华人民共和国民事诉讼法》第二百二十九条③的规定加倍支付迟延履行期间的利息。

最高人民法院关于企业相互借贷的合同出借方尚未取得约定利息人民法院应当如何裁决问题的解答④

(1996 年 3 月 25 日　法复〔1996〕2 号)

各省、自治区、直辖市高级人民法院,解放军军事法院:

《最高人民法院关于审理联营合同纠纷案件若干问题的解答》〈法(经)发〔1990〕27 号〉于 1990 年 11 月 12 日下发以后,一些高级人民法院先后就如何执行该解答第四个问题第(二)条向我院请示,现解答如下:

对企业之间相互借贷的出借方或者名为联营、实为借贷的出资方尚未取得的约定利息,人民法院应当依法向借款方收缴。

---

① 编者注:已废止。

② 本批复根据《最高人民法院关于调整司法解释等文件中引用〈中华人民共和国民事诉讼法〉条文序号的决定》(法释〔2008〕18 号)第四十六条调整。为行文方便,后文该司法解释以发文字号表示。

③ 根据 2017 年 6 月 27 日新修正的《民事诉讼法》,此条为第二百五十三条。

④ 编者注:已废止。

最高人民法院关于如何确认公民与企业之间借贷行为效力问题的批复①

（1999年1月26日最高人民法院审判委员会第1041次会议通过　1999年2月9日最高人民法院公告公布　自1999年2月13日起施行　法释〔1999〕3号）

黑龙江省高级人民法院：

你院黑高法〔1998〕192号《关于公民与企业之间借贷合同效力如何确认的请示》收悉。经研究，答复如下：

公民与非金融企业（以下简称企业）之间的借贷属于民间借贷。只要双方当事人意思表示真实即可认定有效。但是，具有下列情形之一的，应当认定无效：

（一）企业以借贷名义向职工非法集资；

（二）企业以借贷名义非法向社会集资；

（三）企业以借贷名义向社会公众发放贷款；

（四）其他违反法律、行政法规的行为。

借贷利率超过银行同期同类贷款利率四倍的，按照最高人民法院法（民）发〔1991〕21号《关于人民法院审理借贷案件的若干意见》的有关规定办理。

此复

最高人民法院关于逾期付款违约金应当按照何种标准计算问题的批复

（1999年1月29日最高人民法院审判委员会第1042次会议通过　1999年2月12日最高人民法院公告公布　自1999年2月16日起施行　法释〔1999〕8号）

广东省高级人民法院：

你院〔1998〕粤法经一行字第17号《关于逾期贷款如何计算利息问题的请示》收悉。经研究，答复如下：

对于合同当事人没有约定逾期付款违约金标准的，人民法院可以参照中国人民银行规定的金融机构计收逾期贷款利息的标准计算逾期付款违约金。中国人民银行调整金融机构计收逾期贷款利息的标准时，人民法院可以相应调整计算逾期付款违约金的计算标准。参照中国人民银行1996年4月30日发布的银发〔1996〕156号《关于降低金融机构存、贷款利率的通知》的规定，目前，逾期付款违约金标准可以按每日4‰计算。②

本批复公布后，人民法院尚未审结的案件中有关计算逾期付款违约金的问题，按照本批复办理。本批复公布前，已经按我院1996年5月16日作出的法复〔1996〕7号《关于逾期付款违约金应当依据何种标准计算问题的批复》审结的案件不再变动。

此复。

最高人民法院关于修改《最高人民法院关于逾期付款违约金应当按照何种标准计算问题的批复》的批复

（2000年11月13日最高人民法院审判委员会第1137次会议通过　2000年11月15日最高人民法院公告公布　自2000年11月21日起施行　法释〔2000〕34号）

各省、自治区、直辖市高级人民法院，解放军军事法院，新疆维吾尔自治区高级人民法院生产建设兵团分院：

一些法院反映，我院法释〔1999〕8号《关于逾期付款违约金应当按照何种标准计算问题的批复》的有关内容与中国人民银行《关于降低金融机构存贷款利率公告》不一致。经研究，现批复如下：

将最高人民法院法释〔1999〕8号批复中“参照中国人民银行1996年4月30日发布的银发〔1996〕156号《关于降低金融机构存、贷款利率

① 编者注：已废止。

② 根据2000年11月15日法释〔2000〕34号《最高人民法院关于修改〈最高人民法院关于逾期付款违约金应当按照何种标准计算问题的批复〉的批复》，楷体字部分已被删除。

的通知》的规定，目前，逾期付款违约金标准可以按每日4‰计算”的内容删除。

此复。

最高人民法院关于审理买卖合同纠纷案件适用法律问题的解释

（2012年3月31日最高人民法院审判委员会第1545次会议通过　2012年5月10日最高人民法院公告公布　自2012年7月1日起施行　法释〔2012〕8号）

为正确审理买卖合同纠纷案件，根据《中华人民共和国民法通则》、《中华人民共和国合同法》、《中华人民共和国物权法》、《中华人民共和国民事诉讼法》等法律的规定，结合审判实践，制定本解释。

一、买卖合同的成立及效力

第一条　当事人之间没有书面合同，一方以送货单、收货单、结算单、发票等主张存在买卖合同关系的，人民法院应当结合当事人之间的交易方式、交易习惯以及其他相关证据，对买卖合同是否成立作出认定。

对账确认函、债权确认书等函件、凭证没有记载债权人名称，买卖合同当事人一方以此证明存在买卖合同关系的，人民法院应予支持，但有相反证据足以推翻的除外。

第二条　当事人签订认购书、订购书、预订书、意向书、备忘录等预约合同，约定在将来一定期限内订立买卖合同，一方不履行订立买卖合同的义务，对方请求其承担预约合同违约责任或者要求解除预约合同并主张损害赔偿的，人民法院应予支持。

第三条　当事人一方以出卖人在缔约时对标的物没有所有权或者处分权为由主张合同无效的，人民法院不予支持。

出卖人因未取得所有权或者处分权致使标的物所有权不能转移，买受人要求出卖人承担违约责任或者要求解除合同并主张损害赔偿的，人民法院应予支持。

第四条　人民法院在按照合同法的规定认定电子交易合同的成立及效力的同时，还应当适用电子签名法的相关规定。

二、标的物交付和所有权转移

第五条　标的物为无需以有形载体交付的电子信息产品，当事人对交付方式约定不明确，且依照合同法第六十一条的规定仍不能确定的，买受人收到约定的电子信息产品或者权利凭证即为交付。

第六条　根据合同法第一百六十二条的规定，买受人拒绝接收多交部分标的物的，可以代为保管多交部分标的物。买受人主张出卖人负担代为保管期间的合理费用的，人民法院应予支持。

买受人主张出卖人承担代为保管期间非因买受人故意或者重大过失造成的损失的，人民法院应予支持。

第七条　合同法第一百三十六条规定的“提取标的物单证以外的有关单证和资料”，主要应当包括保险单、保修单、普通发票、增值税专用发票、产品合格证、质量保证书、质量鉴定书、品质检验证书、产品进出口检疫书、原产地证明书、使用说明书、装箱单等。

第八条　出卖人仅以增值税专用发票及税款抵扣资料证明其已履行交付标的物义务，买受人不认可的，出卖人应当提供其他证据证明交付标的物的事实。

合同约定或者当事人之间习惯以普通发票作为付款凭证，买受人以普通发票证明已经履行付款义务的，人民法院应予支持，但有相反证据足以推翻的除外。

第九条　出卖人就同一普通动产订立多重买卖合同，在买卖合同均有效的情况下，买受人均要求实际履行合同的，应当按照以下情形分别处理：

（一）先行受领交付的买受人请求确认所有权已经转移的，人民法院应予支持；

（二）均未受领交付，先行支付价款的买受人请求出卖人履行交付标的物等合同义务的，人民法院应予支持；

（三）均未受领交付，也未支付价款，依法成立在先合同的买受人请求出卖人履行交付标的的物等合同义务的,人民法院应予支持。

第十条 出卖人就同一船舶、航空器、机动车等特殊动产订立多重买卖合同,在买卖合同均有效的情况下,买受人均要求实际履行合同的,应当按照以下情形分别处理:

(一)先行受领交付的买受人请求出卖人履行办理所有权转移登记手续等合同义务的,人民法院应予支持;

(二)均未受领交付,先行办理所有权转移登记手续的买受人请求出卖人履行交付标的物等合同义务的,人民法院应予支持;

(三)均未受领交付,也未办理所有权转移登记手续,依法成立在先合同的买受人请求出卖人履行交付标的物和办理所有权转移登记手续等合同义务的,人民法院应予支持;

(四)出卖人将标的物交付给买受人之一,又为其他买受人办理所有权转移登记,已受领交付的买受人请求将标的物所有权登记在自己名下的,人民法院应予支持。

三、标的物风险负担

第十一条 合同法第一百四十一条第二款第(一)项规定的"标的物需要运输的",是指标的物由出卖人负责办理托运,承运人系独立于买卖合同当事人之外的运输业者的情形。标的物毁损、灭失的风险负担,按照合同法第一百四十五条的规定处理。

第十二条 出卖人根据合同约定将标的物运送至买受人指定地点并交付给承运人后,标的物毁损、灭失的风险由买受人负担,但当事人另有约定的除外。

第十三条 出卖人出卖交由承运人运输的在途标的物,在合同成立时知道或者应当知道标的物已经毁损、灭失却未告知买受人,买受人主张出卖人负担标的物毁损、灭失的风险的,人民法院应予支持。

第十四条 当事人对风险负担没有约定,标的物为种类物,出卖人未以装运单据、加盖标记、通知买受人等可识别的方式清楚地将标的物特定于买卖合同,买受人主张不负担标的物毁损、灭失的风险的,人民法院应予支持。

四、标的物检验

第十五条 当事人对标的物的检验期间未作约定,买受人签收的送货单、确认单等载明标的物数量、型号、规格的,人民法院应当根据合同法第一百五十七条的规定,认定买受人已对数量和外观瑕疵进行了检验,但有相反证据足以推翻的除外。

第十六条 出卖人依照买受人的指示向第三人交付标的物,出卖人和买受人之间约定的检验标准与买受人和第三人之间约定的检验标准不一致的,人民法院应当根据合同法第六十四条的规定,以出卖人和买受人之间约定的检验标准为标的物的检验标准。

第十七条 人民法院具体认定合同法第一百五十八条第二款规定的"合理期间"时,应当综合当事人之间的交易性质、交易目的、交易方式、交易习惯、标的物的种类、数量、性质、安装和使用情况、瑕疵的性质、买受人应尽的合理注意义务、检验方法和难易程度、买受人或者检验人所处的具体环境、自身技能以及其他合理因素,依据诚实信用原则进行判断。

合同法第一百五十八条第二款规定的"两年"是最长的合理期间。该期间为不变期间,不适用诉讼时效中止、中断或者延长的规定。

第十八条 约定的检验期间过短,依照标的物的性质和交易习惯,买受人在检验期间内难以完成全面检验的,人民法院应当认定该期间为买受人对外观瑕疵提出异议的期间,并根据本解释第十七条第一款的规定确定买受人对隐蔽瑕疵提出异议的合理期间。

约定的检验期间或者质量保证期间短于法律、行政法规规定的检验期间或者质量保证期间的,人民法院应当以法律、行政法规规定的检验期间或者质量保证期间为准。

第十九条 买受人在合理期间内提出异议,出卖人以买受人已经支付价款、确认欠款数额、使用标的物等为由,主张买受人放弃异议的,人民法院不予支持,但当事人另有约定的除外。

第二十条 合同法第一百五十八条规定的检验期间、合理期间、两年期间经过后,买受人主张标的物的数量或者质量不符合约定的,人民法院不予支持。

出卖人自愿承担违约责任后，又以上述期间经过为由翻悔的，人民法院不予支持。

五、违 约 责 任

第二十一条　买受人依约保留部分价款作为质量保证金，出卖人在质量保证期间未及时解决质量问题而影响标的物的价值或者使用效果，出卖人主张支付该部分价款的，人民法院不予支持。

第二十二条　买受人在检验期间、质量保证期间、合理期间内提出质量异议，出卖人未按要求予以修理或者因情况紧急，买受人自行或者通过第三人修理标的物后，主张出卖人负担因此发生的合理费用的，人民法院应予支持。

第二十三条　标的物质量不符合约定，买受人依照合同法第一百一十一条的规定要求减少价款的，人民法院应予支持。当事人主张以符合约定的标的物和实际交付的标的物按交付时的市场价值计算差价的，人民法院应予支持。

价款已经支付，买受人主张返还减价后多出部分价款的，人民法院应予支持。

第二十四条　买卖合同对付款期限作出的变更，不影响当事人关于逾期付款违约金的约定，但该违约金的起算点应当随之变更。

买卖合同约定逾期付款违约金，买受人以出卖人接受价款时未主张逾期付款违约金为由拒绝支付该违约金的，人民法院不予支持。

买卖合同约定逾期付款违约金，但对账单、还款协议等未涉及逾期付款责任，出卖人根据对账单、还款协议等主张欠款时请求买受人依约支付逾期付款违约金的，人民法院应予支持，但对账单、还款协议等明确载有本金及逾期付款利息数额或者已经变更买卖合同中关于本金、利息等约定内容的除外。

买卖合同没有约定逾期付款违约金或者该违约金的计算方法，出卖人以买受人违约为由主张赔偿逾期付款损失的，人民法院可以中国人民银行同期同类人民币贷款基准利率为基础，参照逾期罚息利率标准计算。

第二十五条　出卖人没有履行或者不当履行从给付义务，致使买受人不能实现合同目的，买受人主张解除合同的，人民法院应当根据合同法第九十四条第(四)项的规定，予以支持。

第二十六条　买卖合同因违约而解除后，守约方主张继续适用违约金条款的，人民法院应予支持；但约定的违约金过分高于造成的损失的，人民法院可以参照合同法第一百一十四条第二款的规定处理。

第二十七条　买卖合同当事人一方以对方违约为由主张支付违约金，对方以合同不成立、合同未生效、合同无效或者不构成违约等为由进行免责抗辩而未主张调整过高的违约金的，人民法院应当就法院若不支持免责抗辩，当事人是否需要主张调整违约金进行释明。

一审法院认为免责抗辩成立且未予释明，二审法院认为应当判决支付违约金的，可以直接释明并改判。

第二十八条　买卖合同约定的定金不足以弥补一方违约造成的损失，对方请求赔偿超过定金部分的损失的，人民法院可以并处，但定金和损失赔偿的数额总和不应高于因违约造成的损失。

第二十九条　买卖合同当事人一方违约造成对方损失，对方主张赔偿可得利益损失的，人民法院应当根据当事人的主张，依据合同法第一百一十三条、第一百一十九条、本解释第三十条、第三十一条等规定进行认定。

第三十条　买卖合同当事人一方违约造成对方损失，对方对损失的发生也有过错，违约方主张扣减相应的损失赔偿额的，人民法院应予支持。

第三十一条　买卖合同当事人一方因对方违约而获有利益，违约方主张从损失赔偿额中扣除该部分利益的，人民法院应予支持。

第三十二条　合同约定减轻或者免除出卖人对标的物的瑕疵担保责任，但出卖人故意或者因重大过失不告知买受人标的物的瑕疵，出卖人主张依约减轻或者免除瑕疵担保责任的，人民法院不予支持。

第三十三条　买受人在缔约时知道或者应当知道标的物质量存在瑕疵，主张出卖人承担瑕疵担保责任的，人民法院不予支持，但买受人在缔约时不知道该瑕疵会导致标的物的基本效用显著降低的除外。

六、所有权保留

第三十四条 买卖合同当事人主张合同法第一百三十四条关于标的物所有权保留的规定适用于不动产的，人民法院不予支持。

第三十五条 当事人约定所有权保留，在标的物所有权转移前，买受人有下列情形之一，对出卖人造成损害，出卖人主张取回标的物的，人民法院应予支持：

（一）未按约定支付价款的；

（二）未按约定完成特定条件的；

（三）将标的物出卖、出质或者作出其他不当处分的。

取回的标的物价值显著减少，出卖人要求买受人赔偿损失的，人民法院应予支持。

第三十六条 买受人已经支付标的物总价款的百分之七十五以上，出卖人主张取回标的物的，人民法院不予支持。

在本解释第三十五条第一款第（三）项情形下，第三人依据物权法第一百零六条的规定已经善意取得标的物所有权或者其他物权，出卖人主张取回标的物的，人民法院不予支持。

第三十七条 出卖人取回标的物后，买受人在双方约定的或者出卖人指定的回赎期间内，消除出卖人取回标的物的事由，主张回赎标的物的，人民法院应予支持。

买受人在回赎期间内没有回赎标的物的，出卖人可以另行出卖标的物。

出卖人另行出卖标的物的，出卖所得价款依次扣除取回和保管费用、再交易费用、利息、未清偿的价金后仍有剩余的，应返还原买受人；如有不足，出卖人要求原买受人清偿的，人民法院应予支持，但原买受人有证据证明出卖人另行出卖的价格明显低于市场价格的除外。

七、特种买卖

第三十八条 合同法第一百六十七条第一款规定的“分期付款”，系指买受人将应付的总价款在一定期间内至少分三次向出卖人支付。

分期付款买卖合同的约定违反合同法第一百六十七条第一款的规定，损害买受人利益，买受人主张该约定无效的，人民法院应予支持。

第三十九条 分期付款买卖合同约定出卖人在解除合同时可以扣留已受领价金，出卖人扣留的金额超过标的物使用费以及标的物受损赔偿额，买受人请求返还超过部分的，人民法院应予支持。

当事人对标的物的使用费没有约定的，人民法院可以参照当地同类标的物的租金标准确定。

第四十条 合同约定的样品质量与文字说明不一致且发生纠纷时当事人不能达成合意，样品封存后外观和内在品质没有发生变化的，人民法院应当以样品为准；外观和内在品质发生变化，或者当事人对是否发生变化有争议而又无法查明的，人民法院应当以文字说明为准。

第四十一条 试用买卖的买受人在试用期内已经支付一部分价款的，人民法院应当认定买受人同意购买，但合同另有约定的除外。

在试用期内，买受人对标的物实施了出卖、出租、设定担保物权等非试用行为的，人民法院应当认定买受人同意购买。

第四十二条 买卖合同存在下列约定内容之一的，不属于试用买卖。买受人主张属于试用买卖的，人民法院不予支持：

（一）约定标的物经过试用或者检验符合一定要求时，买受人应当购买标的物；

（二）约定第三人经试验对标的物认可时，买受人应当购买标的物；

（三）约定买受人在一定期间内可以调换标的物；

（四）约定买受人在一定期间内可以退还标的物。

第四十三条 试用买卖的当事人没有约定使用费或者约定不明确，出卖人主张买受人支付使用费的，人民法院不予支持。

八、其他问题

第四十四条 出卖人履行交付义务后诉请买受人支付价款，买受人以出卖人违约在先为由提出异议的，人民法院应当按照下列情况分别处理：

（一）买受人拒绝支付违约金、拒绝赔偿损失或者主张出卖人应当采取减少价款等补救措施的，属于提出抗辩；

（二）买受人主张出卖人应支付违约金、赔偿损失或者要求解除合同的，应当提起反诉。

第四十五条　法律或者行政法规对债权转让、股权转让等权利转让合同有规定的，依照其规定；没有规定的，人民法院可以根据合同法第一百二十四条和第一百七十四条的规定，参照适用买卖合同的有关规定。

权利转让或者其他有偿合同参照适用买卖合同的有关规定的，人民法院应当首先引用合同法第一百七十四条的规定，再引用买卖合同的有关规定。

第四十六条　本解释施行前本院发布的有关购销合同、销售合同等有偿转移标的物所有权的合同的规定，与本解释抵触的，自本解释施行之日起不再适用。

本解释施行后尚未终审的买卖合同纠纷案件，适用本解释；本解释施行前已经终审，当事人申请再审或者按照审判监督程序决定再审的，不适用本解释。

最高人民法院对"《关于审理买卖合同纠纷案件适用法律问题的解释》第三条中的'当事人'是否为合同缔约方"问题的答复

（2014 年 12 月 12 日）

最高人民法院《关于审理买卖合同纠纷案件适用法律问题的解释》（法释〔2012〕8 号）第三条规定："当事人一方以出卖人在缔约时对标的物没有所有权或者处分权为由主张合同无效的，人民法院不予支持。"本条是关于出卖人对出卖的标的物无所有权或处分权时，买卖合同是否无效的规定。基于物权变动的原因行为与物权变动的结果相分离的原则，本条规定出卖人在订立买卖合同时，对出卖的标的物没有所有权或处分权，并不影响作为原因行为的买卖合同的效力，但出卖物是否能够因买卖合同而发生所有权转移的物权变动效果，则要依出卖人此后能否取得标的物的所有权或处分权等予以确定。

本条解释中的"当事人"，应为因买卖合同发生争议而起诉到人民法院的案件当事人，其既可以为买卖合同的缔约方，也可以为合同缔约方以外的与买卖合同或出卖物有利害关系的其他人。例如，买受人与出卖人签订买卖合同后，得知出卖人对出卖物无权处分，因而起诉主张确认买卖合同无效的，该当事人即为合同缔约方（买受人）。另外的情形如：出卖人对出卖的标的物无权处分，但却与买受人签订了买卖合同（出卖他人之物），物的所有权或处分权人得知后，提起诉讼，请求确认买卖合同无效，此时的当事人则不是买卖合同的缔约方，但却有权提起诉讼，人民法院仍应按本条规定处理。

最高人民法院关于审理城镇房屋租赁合同纠纷案件具体应用法律若干问题的解释

（2009 年 6 月 22 日最高人民法院审判委员会第 1469 次会议通过　2009 年 7 月 30 日最高人民法院公告公布　自 2009 年 9 月 1 日起施行　法释〔2009〕11 号）

为正确审理城镇房屋租赁合同纠纷案件，依法保护当事人的合法权益，根据《中华人民共和国民法通则》、《中华人民共和国物权法》、《中华人民共和国合同法》等法律规定，结合民事审判实践，制定本解释。

第一条　本解释所称城镇房屋，是指城市、镇规划区内的房屋。

乡、村庄规划区内的房屋租赁合同纠纷案件，可以参照本解释处理。但法律另有规定的，适用其规定。

当事人依照国家福利政策租赁公有住房、廉租住房、经济适用住房产生的纠纷案件，不适用本解释。

第二条　出租人就未取得建设工程规划许可证或者未按照建设工程规划许可证的规定建设的房屋，与承租人订立的租赁合同无效。但在一审法庭辩论终结前取得建设工程规划许可证或者经主管部门批准建设的，人民法院应当认定有效。

第三条　出租人就未经批准或者未按照批准内容建设的临时建筑，与承租人订立的租赁合同无效。但在一审法庭辩论终结前经主管部门批准建设的,人民法院应当认定有效。

租赁期限超过临时建筑的使用期限,超过部分无效。但在一审法庭辩论终结前经主管部门批准延长使用期限的,人民法院应当认定延长使用期限内的租赁期间有效。

第四条 当事人以房屋租赁合同未按照法律、行政法规规定办理登记备案手续为由,请求确认合同无效的,人民法院不予支持。

当事人约定以办理登记备案手续为房屋租赁合同生效条件的,从其约定。但当事人一方已经履行主要义务,对方接受的除外。

第五条 房屋租赁合同无效,当事人请求参照合同约定的租金标准支付房屋占有使用费的,人民法院一般应予支持。

当事人请求赔偿因合同无效受到的损失,人民法院依照合同法的有关规定和本司法解释第九条、第十三条、第十四条的规定处理。

第六条 出租人就同一房屋订立数份租赁合同,在合同均有效的情况下,承租人均主张履行合同的,人民法院按照下列顺序确定履行合同的承租人:

(一)已经合法占有租赁房屋的;

(二)已经办理登记备案手续的;

(三)合同成立在先的。

不能取得租赁房屋的承租人请求解除合同、赔偿损失的,依照合同法的有关规定处理。

第七条 承租人擅自变动房屋建筑主体和承重结构或者扩建,在出租人要求的合理期限内仍不予恢复原状,出租人请求解除合同并要求赔偿损失的,人民法院依照合同法第二百一十九条的规定处理。

第八条 因下列情形之一,导致租赁房屋无法使用,承租人请求解除合同的,人民法院应予支持:

(一)租赁房屋被司法机关或者行政机关依法查封的;

(二)租赁房屋权属有争议的;

(三)租赁房屋具有违反法律、行政法规关于房屋使用条件强制性规定情况的。

第九条 承租人经出租人同意装饰装修,租赁合同无效时,未形成附合的装饰装修物,出租人同意利用的,可折价归出租人所有;不同意利用的,可由承租人拆除。因拆除造成房屋毁损的,承租人应当恢复原状。

已形成附合的装饰装修物,出租人同意利用的,可折价归出租人所有;不同意利用的,由双方各自按照导致合同无效的过错分担现值损失。

第十条 承租人经出租人同意装饰装修,租赁期间届满或者合同解除时,除当事人另有约定外,未形成附合的装饰装修物,可由承租人拆除。因拆除造成房屋毁损的,承租人应当恢复原状。

第十一条 承租人经出租人同意装饰装修,合同解除时,双方对已形成附合的装饰装修物的处理没有约定的,人民法院按照下列情形分别处理:

(一)因出租人违约导致合同解除,承租人请求出租人赔偿剩余租赁期内装饰装修残值损失的,应予支持;

(二)因承租人违约导致合同解除,承租人请求出租人赔偿剩余租赁期内装饰装修残值损失的,不予支持。但出租人同意利用的,应在利用价值范围内予以适当补偿;

(三)因双方违约导致合同解除,剩余租赁期内的装饰装修残值损失,由双方根据各自的过错承担相应的责任;

(四)因不可归责于双方的事由导致合同解除的,剩余租赁期内的装饰装修残值损失,由双方按照公平原则分担。法律另有规定的,适用其规定。

第十二条 承租人经出租人同意装饰装修,租赁期间届满时,承租人请求出租人补偿附合装饰装修费用的,不予支持。但当事人另有约定的除外。

第十三条 承租人未经出租人同意装饰装修或者扩建发生的费用,由承租人负担。出租人请求承租人恢复原状或者赔偿损失的,人民法院应予支持。

第十四条 承租人经出租人同意扩建,但双方对扩建费用的处理没有约定的,人民法院按照下列情形分别处理:

(一)办理合法建设手续的,扩建造价费用由出租人负担;

（二）未办理合法建设手续的，扩建造价费用由双方按照过错分担。

第十五条　承租人经出租人同意将租赁房屋转租给第三人时，转租期限超过承租人剩余租赁期限的，人民法院应当认定超过部分的约定无效。但出租人与承租人另有约定的除外。

第十六条　出租人知道或者应当知道承租人转租，但在六个月内未提出异议，其以承租人未经同意为由请求解除合同或者认定转租合同无效的，人民法院不予支持。

因租赁合同产生的纠纷案件，人民法院可以通知次承租人作为第三人参加诉讼。

第十七条　因承租人拖欠租金，出租人请求解除合同时，次承租人请求代承租人支付欠付的租金和违约金以抗辩出租人合同解除权的，人民法院应予支持。但转租合同无效的除外。

次承租人代为支付的租金和违约金超出其应付的租金数额，可以折抵租金或者向承租人追偿。

第十八条　房屋租赁合同无效、履行期限届满或者解除，出租人请求负有腾房义务的次承租人支付逾期腾房占有使用费的，人民法院应予支持。

第十九条　承租人租赁房屋用于以个体工商户或者个人合伙方式从事经营活动，承租人在租赁期间死亡、宣告失踪或者宣告死亡，其共同经营人或者其他合伙人请求按照原租赁合同租赁该房屋的，人民法院应予支持。

第二十条　租赁房屋在租赁期间发生所有权变动，承租人请求房屋受让人继续履行原租赁合同的，人民法院应予支持。但租赁房屋具有下列情形或者当事人另有约定的除外：

（一）房屋在出租前已设立抵押权，因抵押权人实现抵押权发生所有权变动的；

（二）房屋在出租前已被人民法院依法查封的。

第二十一条　出租人出卖租赁房屋未在合理期限内通知承租人或者存在其他侵害承租人优先购买权情形，承租人请求出租人承担赔偿责任的，人民法院应予支持。但请求确认出租人与第三人签订的房屋买卖合同无效的，人民法院不予支持。

第二十二条　出租人与抵押权人协议折价、变卖租赁房屋偿还债务，应当在合理期限内通知承租人。承租人请求以同等条件优先购买房屋的，人民法院应予支持。

第二十三条　出租人委托拍卖人拍卖租赁房屋，应当在拍卖5日前通知承租人。承租人未参加拍卖的，人民法院应当认定承租人放弃优先购买权。

第二十四条　具有下列情形之一，承租人主张优先购买房屋的，人民法院不予支持：

（一）房屋共有人行使优先购买权的；

（二）出租人将房屋出卖给近亲属，包括配偶、父母、子女、兄弟姐妹、祖父母、外祖父母、孙子女、外孙子女的；

（三）出租人履行通知义务后，承租人在十五日内未明确表示购买的；

（四）第三人善意购买租赁房屋并已经办理登记手续的。

第二十五条　本解释施行前已经终审，本解释施行后当事人申请再审或者按照审判监督程序决定再审的案件，不适用本解释。

最高人民法院关于审理融资租赁合同纠纷案件若干问题的规定①

（1996年5月27日　法发〔1996〕19号）

为正确审理融资租赁合同纠纷案件，保障当事人的合法权益，根据我国的有关法律规定和审判实践经验，特作如下规定：

一、融资租赁合同纠纷案件的当事人应包括出租人、承租人。供货人是否需要列为当事人，由法院根据案件的具体情况决定。但供货合同中有仲裁条款的，则不应当将供货人列为当事人。

二、融资租赁合同中的承租人与租赁物的实际使用人不一致时，法院可以根据实际情况决定将实际使用人列为案件的当事人。

三、融资租赁合同纠纷案件的当事人，可以

① 编者注：已废止。

协议选择与争议有实际联系地点的法院管辖。当事人未选择管辖法院的,应由被告住所地或合同履行地法院管辖。租赁物的使用地为融资租赁合同的履行地。

四、涉外融资租赁合同纠纷案件的当事人可以协议选择处理合同争议所适用的法律;当事人没有选择的,适用承租人所在地的法律。

五、融资租赁合同所涉及的项目应当报经有关部门批准而未经批准的,应认定融资租赁合同不生效。

六、有下列情形之 的,应认定融资租赁合同为无效合同:

(一)出租人不具有从事融资租赁经营范围的;

(二)承租人与供货人恶意串通,骗取出租人资金的;

(三)以融资租赁合同形式规避国家有关法律、法规的;

(四)依照有关法律、法规规定应认定为无效的。

七、融资租赁合同被确定为无效后,应区分下列情形分别处理:

(一)因承租人的过错造成合同无效,出租人不要求返还租赁物的,租赁物可以不予返还,但承租人应赔偿因其过错给出租人造成的损失;

(二)因出租人的过错造成合同无效,承租人要求退还租赁物的,可以退还租赁物,如有损失,出租人应赔偿相应损失;

(三)因出租人和承租人的共同过错造成合同无效的,可以返还租赁物,并根据过错大小各自承担相应的损失和赔偿责任。

租赁物正在继续使用且发挥效益的,对租赁物是否返还,可以协商解决;协商不成的,由法院根据实际情况作出判决。

八、在《最高人民法院关于贯彻执行〈中华人民共和国民法通则〉若干问题的意见(试行)》中规定国家机关不能担任保证人之后,国家机关所作的保证应认定无效。因保证无效而给债权人造成损失的,提供保证的国家机关应当承担相应的赔偿责任。

九、租赁物从境外购买的,融资租赁合同当事人约定用外币支付租金,应认定为有效。

十、在租赁合同履行完毕之前,承租人未经出租人同意,将租赁物进行抵押、转让、转租或投资入股,其行为无效,出租人有权收回租赁物,并要求承租人赔偿损失。因承租人的无效行为给第三人造成损失的,第三人有权要求承租人赔偿。

十一、在融资租赁合同有效期间内,出租人非法干预承租人对租赁物的正常使用或者擅自取回租赁物,而造成承租人损失的,出租人应承担赔偿责任。

十二、在供货人有迟延交货或交付的租赁物质量、数量存在问题以及其他违反供货合同约定的行为时,对其进行索赔应区别不同情形予以处理:

(一)供货合同或租赁合同中未约定转让索赔权的,对供货人的索赔应由出租人享有和行使,承租人应提供有关证据;

(二)在供货合同和租赁合同中均约定转让索赔权的,应由承租人直接向供货人索赔。

十三、有下列情形之一的,当租赁物质量、数量等存在问题,在对供货人索赔不着或不足时,出租人应承担赔偿责任:

(一)出租人根据租赁合同的约定完全是利用自己的技能和判断为承租人选择供货人或租赁物的;

(二)出租人为承租人指定供货人或租赁物的;

(三)出租人擅自变更承租人已选定的供货人或租赁物的。

除上列情形外,出租人对租赁物的质量、数量等问题一般不承担责任。

十四、在出租人无过错的情形下,对供货人索赔的费用和结果,均由承租人承担和享有。如因出租人的过错造成索赔逾期或索赔不着,出租人应承担相应的责任。

十五、因租赁物的质量、数量等问题对供货人索赔,如出租人无过错,不影响出租人向承租人行使收取租金的权利。

十六、承租人未按合同约定支付部分或全部租金,属违约行为,承租人应按合同约定支付租金、逾期利息,并赔偿出租人相应的损失。

十七、在承租人破产时,出租人可以将租赁物收回；也可以申请受理破产案件的法院拍卖租赁物，将拍卖所得款用以清偿承租人所欠出租人的债务。租赁物价值大于出租人债权的，其超出部分应退还承租人；租赁物价值小于出租人债权的，其未受清偿的债权应作为一般债权参加破产清偿程序，或者要求承租人的保证人清偿。

十八、在承租人破产时，出租人可以作为破产债权人申报债权，参加破产清偿程序；出租人的债权有第三人提供保证的，出租人也可以要求保证人履行保证责任。

十九、出租人在参加承租人破产清偿后，其债权未能全部受偿的，可就不足部分向保证人追偿。

二十、出租人决定不参加承租人破产清偿程序的，应及时通知承租人的保证人，保证人可以就保证债务的数额申报债权参加破产分配。

二十一、融资租赁合同当事人请求法院保护其权利的诉讼时效应适用《中华人民共和国民法通则》第一百三十五条的规定。

最高人民法院关于审理融资租赁合同纠纷案件适用法律问题的解释

（2013年11月25日最高人民法院审判委员会第1597次会议通过　2014年2月24日最高人民法院公告公布　自2014年3月1日起施行　法释〔2014〕3号）

为正确审理融资租赁合同纠纷案件，根据《中华人民共和国合同法》《中华人民共和国物权法》《中华人民共和国民事诉讼法》等法律的规定，结合审判实践，制定本解释。

一、融资租赁合同的认定及效力

第一条　人民法院应当根据合同法第二百三十七条的规定，结合标的物的性质、价值、租金的构成以及当事人的合同权利和义务，对是否构成融资租赁法律关系作出认定。

对名为融资租赁合同，但实际不构成融资租赁法律关系的，人民法院应按照其实际构成的法律关系处理。

第二条　承租人将其自有物出卖给出租人，再通过融资租赁合同将租赁物从出租人处租回的，人民法院不应仅以承租人和出卖人系同一人为由认定不构成融资租赁法律关系。

第三条　根据法律、行政法规规定，承租人对于租赁物的经营使用应当取得行政许可的，人民法院不应仅以出租人未取得行政许可为由认定融资租赁合同无效。

第四条　融资租赁合同被认定无效，当事人就合同无效情形下租赁物归属有约定的，从其约定；未约定或者约定不明，且当事人协商不成的，租赁物应当返还出租人。但因承租人原因导致合同无效，出租人不要求返还租赁物，或者租赁物正在使用，返还出租人后会显著降低租赁物价值和效用的，人民法院可以判决租赁物所有权归承租人，并根据合同履行情况和租金支付情况，由承租人就租赁物进行折价补偿。

二、合同的履行和租赁物的公示

第五条　出卖人违反合同约定的向承租人交付标的物的义务，承租人因下列情形之一拒绝受领租赁物的，人民法院应予支持：

（一）租赁物严重不符合约定的；

（二）出卖人未在约定的交付期间或者合理期间内交付租赁物，经承租人或者出租人催告，在催告期满后仍未交付的。

承租人拒绝受领租赁物，未及时通知出租人，或者无正当理由拒绝受领租赁物，造成出租人损失，出租人向承租人主张损害赔偿的，人民法院应予支持。

第六条　承租人对出卖人行使索赔权，不影响其履行融资租赁合同项下支付租金的义务，但承租人以依赖出租人的技能确定租赁物或者出租人干预选择租赁物为由，主张减轻或者免除相应租金支付义务的除外。

第七条　承租人占有租赁物期间，租赁物毁损、灭失的风险由承租人承担，出租人要求承租人继续支付租金的，人民法院应予支持。但当事人另有约定或者法律另有规定的除外。

第八条　出租人转让其在融资租赁合同项下的部分或者全部权利，受让方以此为由请求解除或者变更融资租赁合同的，人民法院不予支持。

第九条 承租人或者租赁物的实际使用人，未经出租人同意转让租赁物或者在租赁物上设立其他物权，第三人依据物权法第一百零六条的规定取得租赁物的所有权或者其他物权，出租人主张第三人物权权利不成立的，人民法院不予支持，但有下列情形之一的除外：

（一）出租人已在租赁物的显著位置作出标识，第三人在与承租人交易时知道或者应当知道该物为租赁物的；

（二）出租人授权承租人将租赁物抵押给出租人并在登记机关依法办理抵押权登记的；

（三）第三人与承租人交易时，未按照法律、行政法规、行业或者地区主管部门的规定在相应机构进行融资租赁交易查询的；

（四）出租人有证据证明第三人知道或者应当知道交易标的物为租赁物的其他情形。

第十条 当事人约定租赁期间届满后租赁物归出租人的，因租赁物毁损、灭失或者附合、混同于他物导致承租人不能返还，出租人要求其给予合理补偿的，人民法院应予支持。

三、合同的解除

第十一条 有下列情形之一，出租人或者承租人请求解除融资租赁合同的，人民法院应予支持：

（一）出租人与出卖人订立的买卖合同解除、被确认无效或者被撤销，且双方未能重新订立买卖合同的；

（二）租赁物因不可归责于双方的原因意外毁损、灭失，且不能修复或者确定替代物的；

（三）因出卖人的原因致使融资租赁合同的目的不能实现的。

第十二条 有下列情形之一，出租人请求解除融资租赁合同的，人民法院应予支持：

（一）承租人未经出租人同意，将租赁物转让、转租、抵押、质押、投资入股或者以其他方式处分租赁物的；

（二）承租人未按照合同约定的期限和数额支付租金，符合合同约定的解除条件，经出租人催告后在合理期限内仍不支付的；

（三）合同对于欠付租金解除合同的情形没有明确约定，但承租人欠付租金达到两期以上，或者数额达到全部租金百分之十五以上，经出租人催告后在合理期限内仍不支付的；

（四）承租人违反合同约定，致使合同目的不能实现的其他情形。

第十三条 因出租人的原因致使承租人无法占有、使用租赁物，承租人请求解除融资租赁合同的，人民法院应予支持。

第十四条 当事人在一审诉讼中仅请求解除融资租赁合同，未对租赁物的归属及损失赔偿提出主张的，人民法院可以向当事人进行释明。

第十五条 融资租赁合同因租赁物交付承租人后意外毁损、灭失等不可归责于当事人的原因而解除，出租人要求承租人按照租赁物折旧情况给予补偿的，人民法院应予支持。

第十六条 融资租赁合同因买卖合同被解除、被确认无效或者被撤销而解除，出租人根据融资租赁合同约定，或者以融资租赁合同虽未约定或约定不明，但出卖人及租赁物系由承租人选择为由，主张承租人赔偿相应损失的，人民法院应予支持。

出租人的损失已经在买卖合同被解除、被确认无效或者被撤销时获得赔偿的，应当免除承租人相应的赔偿责任。

四、违约责任

第十七条 出租人有下列情形之一，影响承租人对租赁物的占有和使用，承租人依照合同法第二百四十五条的规定，要求出租人赔偿相应损失的，人民法院应予支持：

（一）无正当理由收回租赁物；

（二）无正当理由妨碍、干扰承租人对租赁物的占有和使用；

（三）因出租人的原因导致第三人对租赁物主张权利；

（四）不当影响承租人对租赁物占有、使用的其他情形。

第十八条 出租人有下列情形之一，导致承租人对出卖人索赔逾期或者索赔失败，承租人要求出租人承担相应责任的，人民法院应予支持：

（一）明知租赁物有质量瑕疵而不告知承租人的；

（二）承租人行使索赔权时，未及时提供必要协助的；

（三）怠于行使融资租赁合同中约定的只能由出租人行使对出卖人的索赔权的；

（四）怠于行使买卖合同中约定的只能由出租人行使对出卖人的索赔权的。

第十九条 租赁物不符合融资租赁合同的约定且出租人实施了下列行为之一，承租人依照合同法第二百四十一条、第二百四十四条的规定，要求出租人承担相应责任的，人民法院应予支持：

（一）出租人在承租人选择出卖人、租赁物时，对租赁物的选定起决定作用的；

（二）出租人干预或者要求承租人按照出租人意愿选择出卖人或者租赁物的；

（三）出租人擅自变更承租人已经选定的出卖人或者租赁物的。

承租人主张其系依赖出租人的技能确定租赁物或者出租人干预选择租赁物的，对上述事实承担举证责任。

第二十条 承租人逾期履行支付租金义务或者迟延履行其他付款义务，出租人按照融资租赁合同的约定要求承租人支付逾期利息、相应违约金的，人民法院应予支持。

第二十一条 出租人既请求承租人支付合同约定的全部未付租金又请求解除融资租赁合同的，人民法院应告知其依照合同法第二百四十八条的规定作出选择。

出租人请求承租人支付合同约定的全部未付租金，人民法院判决后承租人未予履行，出租人再行起诉请求解除融资租赁合同、收回租赁物的，人民法院应予受理。

第二十二条 出租人依照本解释第十二条的规定请求解除融资租赁合同，同时请求收回租赁物并赔偿损失的，人民法院应予支持。

前款规定的损失赔偿范围为承租人全部未付租金及其他费用与收回租赁物价值的差额。合同约定租赁期间届满后租赁物归出租人所有的，损失赔偿范围还应包括融资租赁合同到期后租赁物的残值。

第二十三条 诉讼期间承租人与出租人对租赁物的价值有争议的，人民法院可以按照融资租赁合同的约定确定租赁物价值；融资租赁合同未约定或者约定不明的，可以参照融资租赁合同约定的租赁物折旧以及合同到期后租赁物的残值确定租赁物价值。

承租人或者出租人认为依前款确定的价值严重偏离租赁物实际价值的，可以请求人民法院委托有资质的机构评估或者拍卖确定。

五、其他规定

第二十四条 出卖人与买受人因买卖合同发生纠纷，或者出租人与承租人因融资租赁合同发生纠纷，当事人仅对其中一个合同关系提起诉讼，人民法院经审查后认为另一合同关系的当事人与案件处理结果有法律上的利害关系的，可以通知其作为第三人参加诉讼。

承租人与租赁物的实际使用人不一致，融资租赁合同当事人未对租赁物的实际使用人提起诉讼，人民法院经审查后认为租赁物的实际使用人与案件处理结果有法律上的利害关系的，可以通知其作为第三人参加诉讼。

承租人基于买卖合同和融资租赁合同直接向出卖人主张受领租赁物、索赔等买卖合同权利的，人民法院应通知出租人作为第三人参加诉讼。

第二十五条 当事人因融资租赁合同租金欠付争议向人民法院请求保护其权利的诉讼时效期间为两年，自租赁期限届满之日起计算。

第二十六条 本解释自2014年3月1日起施行。《最高人民法院关于审理融资租赁合同纠纷案件若干问题的规定》（法发〔1996〕19号）同时废止。

本解释施行后尚未终审的融资租赁合同纠纷案件，适用本解释；本解释施行前已经终审，当事人申请再审或者按照审判监督程序决定再审的，不适用本解释。

最高人民法院关于审理联营合同纠纷案件若干问题的解答

(1990年11月12日 法(经)发〔1990〕27号)

根据《中华人民共和国民法通则》和其他有关法律、法规,现就人民法院在审理联营合同纠纷案件中提出的一些问题,解答如下:

一、关于联营合同纠纷案件的受理问题

(一)联营各方因联营合同的履行、变更、解除所发生的经济纠纷,如联营投资、盈余分配、违约责任、债务承担、资产清退等纠纷向人民法院起诉的,凡符合民事诉讼法(试行)第八十一条规定的起诉条件的,人民法院应予受理。

(二)联营各方因联营体内部机构设置、人员组成等管理方面的问题发生纠纷向人民法院起诉的,人民法院不予受理。

二、关于联营合同纠纷案件的管辖问题

(一)联营合同纠纷案件的地域管辖,因不同的联营形式而有所区别:

1. 法人型联营合同纠纷案件,由法人型联营体的主要办事机构所在地人民法院管辖。

2. 合伙型联营合同纠纷案件,由合伙型联营体注册登记地人民法院管辖。

3. 协作型联营合同纠纷案件,由被告所在地人民法院管辖。

(二)由联营体主要办事机构所在地或联营体注册登记地人民法院管辖确有困难的,如法人型联营体已经办理了注销手续,合伙型联营体应经工商部门注册登记而未办理注册登记,或者联营期限届满已经解体的,可由被告所在地人民法院管辖。

三、关于联营合同的主体资格认定问题

(一)联营合同的主体应当是实行独立核算,能够独立承担民事责任的企业法人和事业法人。

个体工商户、农村承包经营户、个人合伙,以及不具备法人资格的私营企业和其他经济组织与企业法人或者事业法人联营的,也可以成为联营合同的主体。

(二)企业法人、事业法人的分支机构不具备法人条件的,未经法人授权,不得以自己的名义对外签订联营合同;擅自以自己名义对外签订联营合同且未经法人追认的,应当确认无效。

党政机关和隶属党政机关编制序列的事业单位、军事机关、工会、共青团、妇联、文联、科协和各种协会、学会及民主党派等,不能成为联营合同的主体。

四、关于联营合同中的保底条款问题

(一)联营合同中的保底条款,通常是指联营一方虽向联营体投资,并参与共同经营,分享联营的盈利,但不承担联营的亏损责任,在联营体亏损时,仍要收回其出资和收取固定利润的条款。保底条款违背了联营活动中应当遵循的共负盈亏、共担风险的原则,损害了其他联营方和联营体的债权人的合法权益,因此,应当确认无效。联营企业发生亏损的,联营一方依保底条款收取的固定利润,应当如数退出,用于补偿联营的亏损,如无亏损,或补偿后仍有剩余的,剩余部分可作为联营的盈余,由双方重新商定合理分配或按联营各方的投资比例重新分配。

(二)企业法人、事业法人作为联营一方向联营体投资,但不参加共同经营,也不承担联营的风险责任,不论盈亏均按期收回本息,或者按期收取固定利润的,是明为联营,实为借贷,违反了有关金融法规,应当确认合同无效。除本金可以返还外,对出资方已经取得或者约定取得的利息应予收缴,对另一方则应处以相当于银行利息的罚款。

(三)金融信托投资机构作为联营一方依法向联营体投资的,可以按照合同约定分享固定利润,但亦应承担联营的亏损责任。

五、关于在联营期间退出联营的处理问题

(一)组成法人型联营体或者合伙型联营体的一方或者数方在联营期间中途退出联营的,如果联营体并不因此解散,应当清退退出方作为出资投入的财产。原物存在的,返还原物;原物已不存在或者返还确有困难的,折价偿还。退出方对于退出前联营所得的盈利和发生的债务,应当按照联营合同的约定或者出资比例分享和分担。合伙型联营体的退出方还应对退出前联营的全部债务承担连带清偿责任。如果联营体因联营一方或者数方中途退出联营而无法继续存在的,可以解除联营合同,并对联营的财产和债务作出处理。

（二）不符合法律规定或者合同约定的条件而中途退出联营的，退出方应当赔偿由此给联营体造成的实际经济损失。但如联营其他方对此也有过错的，则应按联营各方的过错大小，各自承担相应的经济责任。

六、关于联营合同的违约金、赔偿金的计算问题

根据民法通则第一百一十二条第二款规定，联营合同订明违约金数额或比例的，按照合同的约定处理。约定的违约金数额或比例过高的，人民法院可根据实际经济损失酌减；约定的违约金不足补偿实际经济损失的，可由赔偿金补足。联营合同订明赔偿金计算方法的，按照约定的计算方法及实际情况计算过错方应支付的赔偿金。联营合同既未订明违约金数额或比例，又未订明赔偿金计算方法的，应由过错方赔偿实际经济损失。

七、关于联营合同解除后的财产处理问题

（一）联营体为企业法人的，联营体因联营合同的解除而终止。联营的财产经过清算清偿债务有剩余的，按照约定或联营各方的出资比例进行分配。

联营体为合伙经营组织的，联营合同解除后，联营的财产经清偿债务有剩余的，按照联营合同约定的盈余分配比例，清退投资，分配利润。联营合同未约定，联营各方又协商不成的，按照出资比例进行分配。

（二）在清退联营投资时，联营各方原投入的设备、房屋等固定资产，原物存在的，返还原物；原物已不存在或者返还原物确有困难的，作价还款。

（三）联营体在联营期间购置的房屋、设备等固定资产不能分割的，可以作价变卖后进行分配。变卖时，联营各方有优先购买权。

（四）联营体在联营期间取得的商标权、专利权，解除联营合同后的归属及归属后的经济补偿，应当根据《中华人民共和国商标法》、《中华人民共和国专利法》的有关规定处理。商标权应当归联营一方享有。专利权可以归联营一方享有，也可以归联营各方共同享有，联营一方单独享有商标权、专利权的，应当给予其他联营方适当的经济补偿。

八、关于无效联营收益的处理问题

联营合同被确认无效后，联营体在联营合同履行期间的收益，应先用于清偿联营的债务及补偿无过错方因合同无效所遭受的经济损失。

当事人恶意串通，损害国家利益、集体或第三人的合法利益，或者因合同内容违反国家利益或社会公共利益而导致联营合同无效的，根据民法通则第六十一条第二款和第一百三十四条第三款规定，对联营体在联营合同履行期间的收益，应当作为非法所得予以收缴，收归国家、集体所有或者返还第三人。对联营各方还可并处罚款；构成犯罪的，移送公安、检察机关查处。

九、关于联营各方对联营债务的承担问题

（一）联营各方对联营债务的责任应依联营的不同形式区别对待：

1. 联营体是企业法人的，以联营体的全部财产对外承担民事责任。联营各方对联营体的责任则以各自认缴的出资额为限。对抽逃认缴资金以逃避债务的，人民法院除应责令抽逃者如数缴回外，还可对责任人员处以罚款。

2. 联营体是合伙经营组织的，可先以联营体的财产清偿联营债务。联营体的财产不足以抵债的，由联营各方按照联营合同约定的债务承担比例，以各自所有或经营管理的财产承担民事责任；合同未约定债务承担比例，联营各方又协商不成的，按照出资比例或盈余分配比例确认联营各方应承担的责任。

合伙型联营各方应当依照有关法律、法规的规定或者合同的约定对联营债务负连带清偿责任。

3. 联营是协作型的，联营各方按照合同的约定，分别以各自所有或经营管理的财产承担民事责任。

（二）农业集体经济组织以提供自己所有的土地使用权参加合伙型联营的，应当按照联营合同的约定承担联营债务，如合同未约定债务承担比例的，可参照出资比例或者盈余分配比例承担。

（三）以提供技术使用权作为合伙型联营投资的联营一方，应当按照联营合同的约定承担联营债务，如其自己所有的或者经营管理的财产不足清偿联营债务的,可以一定期限的技术使用权折价抵偿债务。

最高人民法院关于审理商品房买卖合同纠纷案件适用法律若干问题的解释

(2003年3月24日最高人民法院审判委员会第1267次会议通过 2003年4月28日最高人民法院公告公布 自2003年6月1日起施行 法释〔2003〕7号)

为正确、及时审理商品房买卖合同纠纷案件,根据《中华人民共和国民法通则》、《中华人民共和国合同法》、《中华人民共和国城市房地产管理法》、《中华人民共和国担保法》等相关法律,结合民事审判实践,制定本解释。

第一条 本解释所称的商品房买卖合同,是指房地产开发企业(以下统称为出卖人)将尚未建成或者已竣工的房屋向社会销售并转移房屋所有权于买受人,买受人支付价款的合同。

第二条 出卖人未取得商品房预售许可证明,与买受人订立的商品房预售合同,应当认定无效,但是在起诉前取得商品房预售许可证明的,可以认定有效。

第三条 商品房的销售广告和宣传资料为要约邀请,但是出卖人就商品房开发规划范围内的房屋及相关设施所作的说明和允诺具体确定,并对商品房买卖合同的订立以及房屋价格的确定有重大影响的,应当视为要约。该说明和允诺即使未载入商品房买卖合同,亦应当视为合同内容,当事人违反的,应当承担违约责任。

第四条 出卖人通过认购、订购、预订等方式向买受人收受定金作为订立商品房买卖合同担保的,如果因当事人一方原因未能订立商品房买卖合同,应当按照法律关于定金的规定处理;因不可归责于当事人双方的事由,导致商品房买卖合同未能订立的,出卖人应当将定金返还买受人。

第五条 商品房的认购、订购、预订等协议具备《商品房销售管理办法》第十六条规定的商品房买卖合同的主要内容,并且出卖人已经按照约定收受购房款的,该协议应当认定为商品房买卖合同。

第六条 当事人以商品房预售合同未按照法律、行政法规规定办理登记备案手续为由,请求确认合同无效的,不予支持。

当事人约定以办理登记备案手续为商品房预售合同生效条件的,从其约定,但当事人一方已经履行主要义务,对方接受的除外。

第七条 拆迁人与被拆迁人按照所有权调换形式订立拆迁补偿安置协议,明确约定拆迁人以位置、用途特定的房屋对被拆迁人予以补偿安置,如果拆迁人将该补偿安置房屋另行出卖给第三人,被拆迁人请求优先取得补偿安置房屋的,应予支持。

被拆迁人请求解除拆迁补偿安置协议的,按照本解释第八条的规定处理。

第八条 具有下列情形之一的,导致商品房买卖合同目的不能实现的,无法取得房屋的买受人可以请求解除合同、返还已付购房款及利息、赔偿损失,并可以请求出卖人承担不超过已付购房款一倍的赔偿责任:

(一)商品房买卖合同订立后,出卖人未告知买受人又将该房屋抵押给第三人;

(二)商品房买卖合同订立后,出卖人又将该房屋出卖给第三人。

第九条 出卖人订立商品房买卖合同时,具有下列情形之一,导致合同无效或者被撤销、解除的,买受人可以请求返还已付购房款及利息、赔偿损失,并可以请求出卖人承担不超过已付购房款一倍的赔偿责任:

(一)故意隐瞒没有取得商品房预售许可证明的事实或者提供虚假商品房预售许可证明;

(二)故意隐瞒所售房屋已经抵押的事实;

(三)故意隐瞒所售房屋已经出卖给第三人或者为拆迁补偿安置房屋的事实。

第十条 买受人以出卖人与第三人恶意串通,另行订立商品房买卖合同并将房屋交付使用,导致其无法取得房屋为由,请求确认出卖人与第三人订立的商品房买卖合同无效的,应予支持。

第十一条 对房屋的转移占有,视为房屋的交付使用,但当事人另有约定的除外。

房屋毁损、灭失的风险,在交付使用前由出卖人承担,交付使用后由买受人承担;买受人接到出卖人的书面交房通知,无正当理由拒绝接收的,房屋毁损、灭失的风险自书面交房通知确定的交付使用之日起由买受人承担,但法律另有规定或者当事人另有约定的除外。

第十二条　因房屋主体结构质量不合格不能交付使用,或者房屋交付使用后,房屋主体结构质量经核验确属不合格,买受人请求解除合同和赔偿损失的,应予支持。

第十三条　因房屋质量问题严重影响正常居住使用,买受人请求解除合同和赔偿损失的,应予支持。

交付使用的房屋存在质量问题,在保修期内,出卖人应当承担修复责任;出卖人拒绝修复或者在合理期限内拖延修复的,买受人可以自行或者委托他人修复。修复费用及修复期间造成的其他损失由出卖人承担。

第十四条　出卖人交付使用的房屋套内建筑面积或者建筑面积与商品房买卖合同约定面积不符,合同有约定的,按照约定处理;合同没有约定或者约定不明确的,按照以下原则处理:

(一)面积误差比绝对值在3%以内(含3%),按照合同约定的价格据实结算,买受人请求解除合同的,不予支持;

(二)面积误差比绝对值超出3%,买受人请求解除合同、返还已付购房款及利息的,应予支持。买受人同意继续履行合同,房屋实际面积大于合同约定面积的,面积误差比在3%以内(含3%)部分的房价款由买受人按照约定的价格补足,面积误差比超出3%部分的房价款由出卖人承担,所有权归买受人;房屋实际面积小于合同约定面积的,面积误差比在3%以内(含3%)部分的房价款及利息由出卖人返还买受人,面积误差比超过3%部分的房价款由出卖人双倍返还买受人。

第十五条　根据《合同法》第九十四条的规定,出卖人迟延交付房屋或者买受人迟延支付购房款,经催告后在三个月的合理期限内仍未履行,当事人一方请求解除合同的,应予支持,但当事人另有约定的除外。

法律没有规定或者当事人没有约定,经对方当事人催告后,解除权行使的合理期限为三个月。对方当事人没有催告的,解除权应当在解除权发生之日起一年内行使;逾期不行使的,解除权消灭。

第十六条　当事人以约定的违约金过高为由请求减少的,应当以违约金超过造成的损失30%为标准适当减少;当事人以约定的违约金低于造成的损失为由请求增加的,应当以违约造成的损失确定违约金数额。

第十七条　商品房买卖合同没有约定违约金数额或者损失赔偿额计算方法,违约金数额或者损失赔偿额可以参照以下标准确定:

逾期付款的,按照未付购房款总额,参照中国人民银行规定的金融机构计收逾期贷款利息的标准计算。

逾期交付使用房屋的,按照逾期交付使用房屋期间有关主管部门公布或者有资格的房地产评估机构评定的同地段同类房屋租金标准确定。

第十八条　由于出卖人的原因,买受人在下列期限届满未能取得房屋权属证书的,除当事人有特殊约定外,出卖人应当承担违约责任:

(一)商品房买卖合同约定的办理房屋所有权登记的期限;

(二)商品房买卖合同的标的物为尚未建成房屋的,自房屋交付使用之日起90日;

(三)商品房买卖合同的标的物为已竣工房屋的,自合同订立之日起90日。

合同没有约定违约金或者损失数额难以确定的,可以按照已付购房款总额,参照中国人民银行规定的金融机构计收逾期贷款利息的标准计算。

第十九条　商品房买卖合同约定或者《城市房地产开发经营管理条例》第三十三条规定的办理房屋所有权登记的期限届满后超过一年,由于出卖人的原因,导致买受人无法办理房屋所有权登记,买受人请求解除合同和赔偿损失的,应予支持。

第二十条　出卖人与包销人订立商品房包销合同,约定出卖人将其开发建设的房屋交由包销人以出卖人的名义销售的,包销期满未销售的房屋,由包销人按照合同约定的包销价格购买,但当事人另有约定的除外。

第二十一条　出卖人自行销售已经约定由包销人包销的房屋，包销人请求出卖人赔偿损失的，应予支持，但当事人另有约定的除外。

第二十二条　对于买受人因商品房买卖合同与出卖人发生的纠纷，人民法院应当通知包销人参加诉讼；出卖人、包销人和买受人对各自的权利义务有明确约定的，按照约定的内容确定各方的诉讼地位。

第二十三条　商品房买卖合同约定，买受人以担保贷款方式付款，因当事人一方原因未能订立商品房担保贷款合同并导致商品房买卖合同不能继续履行的，对方当事人可以请求解除合同和赔偿损失。因不可归责于当事人双方的事由未能订立商品房担保贷款合同并导致商品房买卖合同不能继续履行的，当事人可以请求解除合同，出卖人应当将收受的购房款本金及其利息或者定金返还买受人。

第二十四条　因商品房买卖合同被确认无效或者被撤销、解除，致使商品房担保贷款合同的目的无法实现，当事人请求解除商品房担保贷款合同的，应予支持。

第二十五条　以担保贷款为付款方式的商品房买卖合同的当事人一方请求确认商品房买卖合同无效或者撤销、解除合同的，如果担保权人作为有独立请求权第三人提出诉讼请求，应当与商品房担保贷款合同纠纷合并审理；未提出诉讼请求的，仅处理商品房买卖合同纠纷。担保权人就商品房担保贷款合同纠纷另行起诉的，可以与商品房买卖合同纠纷合并审理。

商品房买卖合同被确认无效或者被撤销、解除后，商品房担保贷款合同也被解除的，出卖人应当将收受的购房贷款和购房款的本金及利息分别返还担保权人和买受人。

第二十六条　买受人未按照商品房担保贷款合同的约定偿还贷款，亦未与担保权人办理商品房抵押登记手续，担保权人起诉买受人，请求处分商品房买卖合同项下买受人合同权利的，应当通知出卖人参加诉讼；担保权人同时起诉出卖人时，如果出卖人为商品房担保贷款合同提供保证的，应当列为共同被告。

第二十七条　买受人未按照商品房担保贷款合同的约定偿还贷款，但是已经取得房屋权属证书并与担保权人办理了商品房抵押登记手续，抵押权人请求买受人偿还贷款或者就抵押的房屋优先受偿的，不应当追加出卖人为当事人，但出卖人提供保证的除外。

第二十八条　本解释自2003年6月1日起施行。

《中华人民共和国城市房地产管理法》施行后订立的商品房买卖合同发生的纠纷案件，本解释公布施行后尚在一审、二审阶段的，适用本解释。

《中华人民共和国城市房地产管理法》施行后订立的商品房买卖合同发生的纠纷案件，在本解释公布施行前已经终审，当事人申请再审或者按照审判监督程序决定再审的，不适用本解释。

《中华人民共和国城市房地产管理法》施行前发生的商品房买卖行为，适用当时的法律、法规和《最高人民法院〈关于审理房地产管理法施行前房地产开发经营案件若干问题的解答〉》。

城市商品房预售管理办法①

（1994年11月15日建设部发布　自1995年1月1日起施行）

第一条　为加强商品房预售管理，维护商品房交易双方的合法权益，根据《中华人民共和国城市房地产管理办法》，制定本办法。

第二条　本办法所称商品房预售是指房地产开发经营企业（以下简称开发经营企业）将正在建设中的房屋预先出售给承购人，由承购人支付定金或房价款的行为。

第三条　本办法适用于城市商品房预售的管理。

第四条　国务院建设行政主管部门归口管理全国城市商品房预售管理；省、自治区建设行政主管部门归口管理本行政区域内城市商品房预售管理；城市、县人民政府建设行政主管部门或房地产行政主管部门（以下简称房地产管理部门）负责本行政区域内城市商品房预售管理。

第五条　商品房预售应当符合下列条件：

① 编者注：已被修改。

（一）已交付全部土地使用权出让金，取得土地使用权证书；

（二）持有建设工程规划许可证；

（三）按提供预售的商品房计算，投入开发建设的资金达到工程建设总投资的25%以上，并已经确定施工进度和竣工交付日期。

第六条 商品房预售实行许可证制度、开发经营企业进行商品房预售，应当向城市、县房地产管理部门办理预售登记，取得《商品房预售许可证》。

第七条 开发经营企业申请办理《商品房预售许可证》应当提交下列证件（复印件）及资料：

（一）开发经营企业的《营业执照》；

（二）建设项目的投资立项、规划、用地和施工等批文；

（三）工程施工进度计划；

（四）投入开发建设的资金已达建设总投资50%以上的证明材料；

（五）商品房预售方案。预售方案应当说明商品房的位置、装修标准，交付使用日期，预售总面积、交付使用后的物业管理等内容，并应当附商品房预售总平面图；

（六）需向境外预售商品房的，应当同时提交允许向境外销售的批准文件。

第八条 房地产管理部门在接到开发经营企业申请后，应当详细查验各项证件和资料，并到现场进行查勘。经审查合格的，应在接到申请后的10日内核发《商品房预售许可证》。

需向境外预售的，应当在《商品房预售许可证》上注明外销比例。

第九条 开发经营企业进行商品房预售，应当向承购人出示《商品房预售许可证》。售楼广告和说明书必须载明《商品房预售许可证》的批准文号。

未取得《商品房预售许可证》的，不得进行商品房预售。

第十条 商品房预售，开发经营企业应当与承购人签订商品房预售合同。预售人应当在签约之日起30日内持商品房预售合同向县级以上人民政府房地产管理部门和土地管理部门办理登记备案手续。

商品房的预售可以委托代理人办理，但必须有书面委托书。

第十一条 开发经营企业进行商品房预售所得的款项必须用于有关的工程建设。

第十二条 预售的商品房交付使用后，承购人应当及时持有关凭证到县级以上人民政府房地产管理部门和土地管理部门办理权属登记手续。

第十三条 开发经营企业在预售商品房中有下列行为之一的，由房地产管理部门处以警告、责令停止预售、责令补办手续、吊销《商品房预售许可证》，并可以处罚。

（一）未按本办法办理《商品房预售许可证》的；

（二）挪用商品房预售款项，不用于有关的工程建设的；

（三）未按规定办理备案和登记手续的。

第十四条 省、自治区建设行政主管部门、直辖市建设行政主管部门或房地产行政主管部门可以根据本办法制定实施细则。

第十五条 本办法由建设部负责解释。

本办法自1995年1月1日起施行。

建设部关于修改《城市商品房预售管理办法》的决定

（2001年8月15日建设部令第95号公布自发布之日起施行）

建设部决定对《城市商品房预售管理办法》作如下修改：

一、第一条修改为："为加强商品房预售管理，维护商品房交易双方的合法权益，根据《中华人民共和国城市房地产管理法》、《城市房地产开发经营管理条例》，制定本办法。"

二、第五条第（二）项修改为："（二）持有建设工程规划许可证和施工许可证"。

三、第七条修改为："开发企业申请办理《商品房预售许可证》应当提交下列证件（复印件）及资料：

（一）本办法第五条第（一）项至第（三）项规定的证明材料；

（二）开发企业的《营业执照》和资质等级证书；

（三）工程施工合同；

（四）商品房预售方案。预售方案应当说明商品房的位置、装修标准、竣工交付日期、预售总面积、交付使用后的物业管理等内容，并应当附商品房预售总平面图、分层平面图。”

四、删去第八条第二款。

五、第十一条增加一款：“城市、县房地产管理部门应当制定对商品房预售款监管的有关制度。”

六、第十二条修改为：“预售的商品房交付使用之日起90日内，承购人应当持有关凭证到县级以上人民政府房地产管理部门和土地管理部门办理权属登记手续。”

七、第十三条修改为：“开发企业未按本办法办理预售登记，取得商品房预售许可证明预售商品房的，责令停止预售、补办手续，没收违法所得，并可处以已收取的预付款1%以下的罚款。”

八、增加一条作为第十四条：“开发企业不按规定使用商品房预售款项的，由房地产管理部门责令限期纠正，并可处以违法所得3倍以下但不超过3万元的罚款。”

此外，对部分条文的文字和条文的顺序作相应的调整和修改。

本决定自发布之日起施行。

《城市商品房预售管理规定》根据本决定作相应的修正，重新发布。

城市商品房预售管理办法①

（1994年11月15日建设部令第40号发布 根据2001年8月15日《建设部关于修改〈城市商品房预售管理办法〉的决定》修正）

第一条 为加强商品房预售管理，维护商品房交易双方的合法权益，根据《中华人民共和国城市房地产管理法》、《城市房地产开发经营管理条例》，制定本办法。

第二条 本办法所称商品房预售是指房地产开发企业（以下简称开发企业）将正在建设中的房屋预先出售给承购人，由承购人支付定金或房价款的行为。

第三条 本办法适用于城市商品房预售的管理。

第四条 国务院建设行政主管部门归口管理全国城市商品房预售管理；

省、自治区建设行政主管部门归口管理本行政区域内城市商品房预售管理；

城市、县人民政府建设行政主管部门或房地产行政主管部门（以下简称房地产管理部门）负责本行政区域内城市商品房预售管理。

第五条 商品房预售应当符合下列条件：

（一）已交付全部土地使用权出让金，取得土地使用权证书；

（二）持有建设工程规划许可证和施工许可证；

（三）按提供预售的商品房计算，投入开发建设的资金达到工程建设总投资的25%以上，并已经确定施工进度和竣工交付日期。

第六条 商品房预售实行许可证制度。开发企业进行商品房预售，应当向城市、县房地产管理部门办理预售登记，取得《商品房预售许可证》。

第七条 开发企业申请办理《商品房预售许可证》应当提交下列证件（复印件）及资料：

（一）本办法第五条第（一）项至第（三）项规定的证明材料；

（二）开发企业的《营业执照》和资质等级证书；

（三）工程施工合同；

（四）商品房预售方案。预售方案应当说明商品房的位置、装修标准、竣工交付日期、预售总面积、交付使用后的物业管理等内容，并应当附商品房预售总平面图、分层平面图。

第八条 房地产管理部门在接到开发企业申请后，应当详细查验各项证件和资料，并到现场进行查勘。经审查合格的，应在接到申请后的10日内核发《商品房预售许可证》。

第九条 开发企业进行商品房预售，应当向承购人出示《商品房预售许可证》。售楼广告和说明书必须载明《商品房预售许可证》的批准文号。

① 编者注：已被修改。

未取得《商品房预售许可证》的,不得进行商品房预售。

第十条　商品房预售,开发企业应当与承购人签订商品房预售合同。预售人应当在签约之日起30日内持商品房预售合同向县级以上人民政府房地产管理部门和土地管理部门办理登记备案手续。

商品房的预售可以委托代理人办理,但必须有书面委托书。

第十一条　开发企业进行商品房预售所得的款项必须用于有关的工程建设。

城市、县房地产管理部门应当制定对商品房预售款监管的有关制度。

第十二条　预售的商品房交付使用之日起90日内,承购人应当持有关凭证到县级以上人民政府房地产管理部门和土地管理部门办理权属登记手续。

第十三条　开发企业未按本办法办理预售登记,取得商品房预售许可证明预售商品房的,责令停止预售、补办手续,没收违法所得,并可处以已收取的预付款1%以下的罚款。

第十四条　开发企业不按规定使用商品房预售款项的,由房地产管理部门责令限期纠正,并可处以违法所得3倍以下但不超过3万元的罚款。

第十五条　省、自治区建设行政主管部门、直辖市建设行政主管部门或房地产行政管理部门可以根据本办法制定实施细则。

第十六条　本办法由国务院建设行政主管部门负责解释。

第十七条　本办法自1995年1月1日起施行。

建设部关于修改《城市商品房预售管理办法》的决定

(2004年7月20日建设部令第131号公布　自公布之日起施行)

建设部决定对《城市商品房预售管理办法》(建设部令第95号)作如下修改:

一、将第四条第三款中的“城市、县人民政府”改为“市、县人民政府”。

二、第六条修改为:“商品房预售实行许可制度。开发企业进行商品房预售,应当向房地产管理部门申请预售许可,取得《商品房预售许可证》。

未取得《商品房预售许可证》的,不得进行商品房预售。”

三、第七条修改为:“开发企业申请预售许可,应当提交下列证件(复印件)及资料:

(一)商品房预售许可申请表;

(二)开发企业的《营业执照》和资质证书;

(三)土地使用权证、建设工程规划许可证、施工许可证;

(四)投入开发建设的资金占工程建设总投资的比例符合规定条件的证明;

(五)工程施工合同及关于施工进度的说明;

(六)商品房预售方案。预售方案应当说明预售商品房的位置、面积、竣工交付日期等内容,并应当附预售商品房分层平面图。”

四、第八条修改为:“商品房预售许可依下列程序办理:

(一)受理。开发企业按本办法第七条的规定提交有关材料,材料齐全的,房地产管理部门应当当场出具受理通知书;材料不齐的,应当当场或者5日内一次书面告知需要补充的材料。

(二)审核。房地产管理部门对开发企业提供的有关材料是否符合法定条件进行审核。

开发企业对所提交材料实质内容的真实性负责。

(三)许可。经审查,开发企业的申请符合法定条件的,房地产管理部门应当在受理之日起10日内,依法作出准予预售的行政许可书面决定,发送开发企业,并自作出决定之日起10日内向开发企业颁发、送达《商品房预售许可证》。

经审查,开发企业的申请不符合法定条件的,房地产管理部门应当在受理之日起10日内,依法作出不予许可的书面决定。书面决定应当说明理由,告知开发企业享有依法申请行政复议或者提起行政诉讼的权利,并送达开发企业。

商品房预售许可决定书、不予商品房预售许可决定书应当加盖房地产管理部门的行政许可专用印章,《商品房预售许可证》应当加盖房地产管理部门的印章。

（四）公示。房地产管理部门作出的准予商品房预售许可的决定，应当予以公开，公众有权查阅。”

五、第九条修改为：“开发企业进行商品房预售，应当向承购人出示《商品房预售许可证》。售楼广告和说明书应当载明《商品房预售许可证》的批准文号。”

六、第十条修改为：“商品房预售，开发企业应当与承购人签订商品房预售合同。开发企业应当自签约之日起30日内，向房地产管理部门和市、县人民政府土地管理部门办理商品房预售合同登记备案手续。

房地产管理部门应当应用网络信息技术，逐步推行商品房预售合同网上登记备案。

商品房预售合同登记备案手续可以委托代理人办理。委托代理人办理的，应当有书面委托书。”

七、第十一条修改为：“开发企业预售商品房所得款项应当用于有关的工程建设。

商品房预售款监管的具体办法，由房地产管理部门制定。”

八、第十二条修改为：“预售的商品房交付使用之日起90日内，承购人应当依法到房地产管理部门和市、县人民政府土地管理部门办理权属登记手续。开发企业应当予以协助，并提供必要的证明文件。

由于开发企业的原因，承购人未能在房屋交付使用之日起90日内取得房屋权属证书的，除开发企业和承购人有特殊约定外，开发企业应当承担违约责任。”

九、第十三条修改为：“开发企业未取得《商品房预售许可证》预售商品房的，依照《城市房地产开发经营管理条例》第三十九条的规定处罚。”

十、增加一条作为第十五条：“开发企业隐瞒有关情况、提供虚假材料，或者采用欺骗、贿赂等不正当手段取得商品房预售许可的，由房地产管理部门责令停止预售，撤销商品房预售许可，并处3万元罚款。”

此外，对部分条文的顺序作相应的调整。

本决定自发布之日起施行。《城市商品房预售管理办法》根据本决定作相应的修正，重新发布。

城市商品房预售管理办法

（1994年11月15日建设部令第40号发布　根据2001年8月15日《建设部关于修改〈城市商品房预售管理办法〉的决定》第一次修正　根据2004年7月20日《建设部关于修改〈城市商品房预售管理办法〉的决定》第二次修正）

第一条　为加强商品房预售管理，维护商品房交易双方的合法权益，根据《中华人民共和国城市房地产管理法》、《城市房地产开发经营管理条例》，制定本办法。

第二条　本办法所称商品房预售是指房地产开发企业（以下简称开发企业）将正在建设中的房屋预先出售给承购人，由承购人支付定金或房价款的行为。

第三条　本办法适用于城市商品房预售的管理。

第四条　国务院建设行政主管部门归口管理全国城市商品房预售管理；

省、自治区建设行政主管部门归口管理本行政区域内城市商品房预售管理；

市、县人民政府建设行政主管部门或房地产行政主管部门（以下简称房地产管理部门）负责本行政区域内城市商品房预售管理。

第五条　商品房预售应当符合下列条件：

（一）已交付全部土地使用权出让金，取得土地使用权证书；

（二）持有建设工程规划许可证和施工许可证；

（三）按提供预售的商品房计算，投入开发建设的资金达到工程建设总投资的25%以上，并已经确定施工进度和竣工交付日期。

第六条　商品房预售实行许可制度。开发企业进行商品房预售，应当向房地产管理部门申请预售许可，取得《商品房预售许可证》。

未取得《商品房预售许可证》的，不得进行商品房预售。

第七条　开发企业申请预售许可，应当提交下列证件（复印件）及资料：

（一）商品房预售许可申请表；

（二）开发企业的《营业执照》和资质证书；

（三）土地使用权证、建设工程规划许可证、施工许可证；

（四）投入开发建设的资金占工程建设总投资的比例符合规定条件的证明；

（五）工程施工合同及关于施工进度的说明；

（六）商品房预售方案。预售方案应当说明预售商品房的位置、面积、竣工交付日期等内容，并应当附预售商品房分层平面图。

第八条 商品房预售许可依下列程序办理：

（一）受理。开发企业按本办法第七条的规定提交有关材料，材料齐全的，房地产管理部门应当当场出具受理通知书；材料不齐的，应当当场或者5日内一次性书面告知需要补充的材料。

（二）审核。房地产管理部门对开发企业提供的有关材料是否符合法定条件进行审核。

开发企业对所提交材料实质内容的真实性负责。

（三）许可。经审查，开发企业的申请符合法定条件的，房地产管理部门应当在受理之日起10日内，依法作出准予预售的行政许可书面决定，发送开发企业，并自作出决定之日起10日内向开发企业颁发、送达《商品房预售许可证》。

经审查，开发企业的申请不符合法定条件的，房地产管理部门应当在受理之日起10日内，依法作出不予许可的书面决定。书面决定应当说明理由，告知开发企业享有依法申请行政复议或者提起行政诉讼的权利，并送达开发企业。

商品房预售许可决定书、不予商品房预售许可决定书应当加盖房地产管理部门的行政许可专用印章，《商品房预售许可证》应当加盖房地产管理部门的印章。

（四）公示。房地产管理部门作出的准予商品房预售许可的决定，应当予以公开，公众有权查阅。

第九条 开发企业进行商品房预售，应当向承购人出示《商品房预售许可证》。售楼广告和说明书应当载明《商品房预售许可证》的批准文号。

第十条 商品房预售，开发企业应当与承购人签订商品房预售合同。开发企业应当自签约之日起30日内，向房地产管理部门和市、县人民政府土地管理部门办理商品房预售合同登记备案手续。

房地产管理部门应当积极应用网络信息技术，逐步推行商品房预售合同网上登记备案。

商品房预售合同登记备案手续可以委托代理人办理。委托代理人办理的，应当有书面委托书。

第十一条 开发企业预售商品房所得款项应当用于有关的工程建设。

商品房预售款监管的具体办法，由房地产管理部门制定。

第十二条 预售的商品房交付使用之日起90日内，承购人应当依法到房地产管理部门和市、县人民政府土地管理部门办理权属登记手续。开发企业应当予以协助，并提供必要的证明文件。

由于开发企业的原因，承购人未能在房屋交付使用之日起90日内取得房屋权属证书的，除开发企业和承购人有特殊约定外，开发企业应当承担违约责任。

第十三条 开发企业未取得《商品房预售许可证》预售商品房的，依照《城市房地产开发经营管理条例》第三十九条的规定处罚。

第十四条 开发企业不按规定使用商品房预售款项的，由房地产管理部门责令限期纠正，并可处以违法所得3倍以下但不超过3万元的罚款。

第十五条 开发企业隐瞒有关情况、提供虚假材料，或者采用欺骗、贿赂等不正当手段取得商品房预售许可的，由房地产管理部门责令停止预售，撤销商品房预售许可，并处3万元罚款。

第十六条 省、自治区建设行政主管部门、直辖市建设行政主管部门或房地产行政管理部门可以根据本办法制定实施细则。

第十七条 本办法由国务院建设行政主管部门负责解释。

第十八条 本办法自1995年1月1日起施行。

五　劳动争议

中华人民共和国劳动法[①]

(1994年7月5日第八届全国人民代表大会常务委员会第八次会议通过　1994年7月5日中华人民共和国主席令第28号公布　自1995年1月1日起施行)

目　录

第一章　总　则

第一条　为了保护劳动者的合法权益,调整劳动关系,建立和维护适应社会主义市场经济的劳动制度,促进经济发展和社会进步,根据宪法,制定本法。

第二条　在中华人民共和国境内的企业、个体经济组织(以下统称用人单位)和与之形成劳动关系的劳动者,适用本法。

国家机关、事业组织、社会团体和与之建立劳动合同关系的劳动者,依照本法执行。

第三条　劳动者享有平等就业和选择职业的权利、取得劳动报酬的权利、休息休假的权利、获得劳动安全卫生保护的权利、接受职业技能培训的权利、享受社会保险和福利的权利、提请劳动争议处理的权利以及法律规定的其他劳动权利。

劳动者应当完成劳动任务,提高职业技能,执行劳动安全卫生规程,遵守劳动纪律和职业道德。

第四条　用人单位应当依法建立和完善规章制度,保障劳动者享有劳动权利和履行劳动义务。

第五条　国家采取各种措施,促进劳动就业,发展职业教育,制定劳动标准,调节社会收入,完善社会保险,协调劳动关系,逐步提高劳动者的生活水平。

第六条　国家提倡劳动者参加社会义务劳动,开展劳动竞赛和合理化建议活动,鼓励和保护劳动者进行科学研究、技术革新和发明创造,表彰和奖励劳动模范和先进工作者。

第七条　劳动者有权依法参加和组织工会。

工会代表和维护劳动者的合法权益,依法独立自主地开展活动。

第八条　劳动者依照法律规定,通过职工大会、职工代表大会或者其他形式,参与民主管理或者就保护劳动者合法权益与用人单位进行平等协商。

第九条　国务院劳动行政部门主管全国劳动工作。

县级以上地方人民政府劳动行政部门主管本行政区域内的劳动工作。

第二章　促进就业

第十条　国家通过促进经济和社会发展,创造就业条件,扩大就业机会。

国家鼓励企业、事业组织、社会团体在法律、行政法规规定的范围内兴办产业或者拓展经营,增加就业。

国家支持劳动者自愿组织起来就业和从事个体经营实现就业。

第十一条　地方各级人民政府应当采取措施,发展多种类型的职业介绍机构,提供就业服务。

第十二条　劳动者就业,不因民族、种族、性别、宗教信仰不同而受歧视。

---

① 编者注:已被修改。

第十三条　妇女享有与男子平等的就业权利。在录用职工时，除国家规定的不适合妇女的工种或者岗位外，不得以性别为由拒绝录用妇女或者提高对妇女的录用标准。

第十四条　残疾人、少数民族人员、退出现役的军人的就业，法律、法规有特别规定的，从其规定。

第十五条　禁止用人单位招用未满16周岁的未成年人。

文艺、体育和特种工艺单位招用未满16周岁的未成年人，必须依照国家有关规定，履行审批手续，并保障其接受义务教育的权利。

第三章　劳动合同和集体合同

第十六条　劳动合同是劳动者与用人单位确立劳动关系、明确双方权利和义务的协议。

建立劳动关系应当订立劳动合同。

第十七条　订立和变更劳动合同，应当遵循平等自愿、协商一致的原则，不得违反法律、行政法规的规定。

劳动合同依法订立即具有法律约束力，当事人必须履行劳动合同规定的义务。

第十八条　下列劳动合同无效：

（一）违反法律、行政法规的劳动合同；

（二）采取欺诈、威胁等手段订立的劳动合同。

无效的劳动合同，从订立的时候起，就没有法律约束力。确认劳动合同部分无效的，如果不影响其余部分的效力，其余部分仍然有效。

劳动合同的无效，由劳动争议仲裁委员会或者人民法院确认。

第十九条　劳动合同应当以书面形式订立，并具备以下条款：

（一）劳动合同期限；

（二）工作内容；

（三）劳动保护和劳动条件；

（四）劳动报酬；

（五）劳动纪律；

（六）劳动合同终止的条件；

（七）违反劳动合同的责任。

劳动合同除前款规定的必备条款外，当事人可以协商约定其他内容。

第二十条　劳动合同的期限分为有固定期限、无固定期限和以完成一定的工作为期限。

劳动者在同一用人单位连续工作满10年以上，当事人双方同意续延劳动合同的，如果劳动者提出订立无固定期限的劳动合同，应当订立无固定期限的劳动合同。

第二十一条　劳动合同可以约定试用期。试用期最长不得超过6个月。

第二十二条　劳动合同当事人可以在劳动合同中约定保守用人单位商业秘密的有关事项。

第二十三条　劳动合同期满或者当事人约定的劳动合同终止条件出现，劳动合同即行终止。

第二十四条　经劳动合同当事人协商一致，劳动合同可以解除。

第二十五条　劳动者有下列情形之一的，用人单位可以解除劳动合同：

（一）在试用期间被证明不符合录用条件的；

（二）严重违反劳动纪律或者用人单位规章制度的；

（三）严重失职，营私舞弊，对用人单位利益造成重大损害的；

（四）被依法追究刑事责任的。

第二十六条　有下列情形之一的，用人单位可以解除劳动合同，但是应当提前30日以书面形式通知劳动者本人：

（一）劳动者患病或者非因工负伤，医疗期满后，不能从事原工作也不能从事由用人单位另行安排的工作的；

（二）劳动者不能胜任工作，经过培训或者调整工作岗位，仍不能胜任工作的；

（三）劳动合同订立时所依据的客观情况发生重大变化，致使原劳动合同无法履行，经当事人协商不能就变更劳动合同达成协议的。

第二十七条　用人单位濒临破产进行法定整顿期间或者生产经营状况发生严重困难，确需裁减人员的，应当提前30日向工会或者全体职工说明情况，听取工会或者职工的意见，经向劳动行政部门报告后，可以裁减人员。

用人单位依据本条规定裁减人员，在6个月内录用人员的，应当优先录用被裁减的人员。

第二十八条　用人单位依据本法第二十四

条、第二十六条、第二十七条的规定解除劳动合同的,应当依照国家有关规定给予经济补偿。

第二十九条 劳动者有下列情形之一的,用人单位不得依据本法第二十六条、第二十七条的规定解除劳动合同:

(一)患职业病或者因工负伤并被确认丧失或者部分丧失劳动能力的;

(二)患病或者负伤,在规定的医疗期内的;

(三)女职工在孕期、产期、哺乳期内的;

(四)法律、行政法规规定的其他情形。

第三十条 用人单位解除劳动合同,工会认为不适当的,有权提出意见。如果用人单位违反法律、法规或者劳动合同,工会有权要求重新处理;劳动者申请仲裁或者提起诉讼的,工会应当依法给予支持和帮助。

第三十一条 劳动者解除劳动合同,应当提前30日以书面形式通知用人单位。

第三十二条 有下列情形之一的,劳动者可以随时通知用人单位解除劳动合同:

(一)在试用期内的;

(二)用人单位以暴力、威胁或者非法限制人身自由的手段强迫劳动的;

(三)用人单位未按照劳动合同约定支付劳动报酬或者提供劳动条件的。

第三十三条 企业职工一方与企业可以就劳动报酬、工作时间、休息休假、劳动安全卫生、保险福利等事项,签订集体合同。集体合同草案应当提交职工代表大会或者全体职工讨论通过。

集体合同由工会代表职工与企业签订;没有建立工会的企业,由职工推举的代表与企业签订。

第三十四条 集体合同签订后应当报送劳动行政部门;劳动行政部门自收到集体合同文本之日起15日内未提出异议的,集体合同即行生效。

第三十五条 依法签订的集体合同对企业和企业全体职工具有约束力。职工个人与企业订立的劳动合同中劳动条件和劳动报酬等标准不得低于集体合同的规定。

第四章 工作时间和休息休假

第三十六条 国家实行劳动者每日工作时间不得超过8小时、平均每周工作时间不超过44小时的工时制度。

第三十七条 对实行计件工作的劳动者,用人单位应当根据本法第三十六条规定的工时制度合理确定其劳动定额和计件报酬标准。

第三十八条 用人单位应当保证劳动者每周至少休息1日。

第三十九条 企业因生产特点不能实行本法第三十六条、第三十八条规定的,经劳动行政部门批准,可以实行其他工作和休息办法。

第四十条 用人单位在下列节日期间应当依法安排劳动者休假:

(一)元旦;

(二)春节;

(三)国际劳动节;

(四)国庆节;

(五)法律、法规规定的其他休假节日。

第四十一条 用人单位由于生产经营需要,经与工会和劳动者协商后可以延长工作时间,一般每日不得超过1小时;因特殊原因需要延长工作时间的,在保障劳动者身体健康的条件下延长工作时间每日不得超过3小时,但是每月不得超过36小时。

第四十二条 有下列情形之一的,延长工作时间不受本法第四十一条规定的限制:

(一)发生自然灾害、事故或者因其他原因,威胁劳动者生命健康和财产安全,需要紧急处理的;

(二)生产设备、交通运输线路、公共设施发生故障,影响生产和公众利益,必须及时抢修的;

(三)法律、行政法规规定的其他情形。

第四十三条 用人单位不得违反本法规定延长劳动者的工作时间。

第四十四条 有下列情形之一的,用人单位应当按照下列标准支付高于劳动者正常工作时间工资的工资报酬:

(一)安排劳动者延长工作时间的,支付不低于工资的150%的工资报酬;

(二)休息日安排劳动者工作又不能安排补休的,支付不低于工资的200%的工资报酬;

(三)法定休假日安排劳动者工作的,支付不低于工资的300%的工资报酬。

第四十五条　国家实行带薪年休假制度。

劳动者连续工作1年以上的，享受带薪年休假。具体办法由国务院规定。

第五章　工　　资

第四十六条　工资分配应当遵循按劳分配原则，实行同工同酬。

工资水平在经济发展的基础上逐步提高。国家对工资总量实行宏观调控。

第四十七条　用人单位根据本单位的生产经营特点和经济效益，依法自主确定本单位的工资分配方式和工资水平。

第四十八条　国家实行最低工资保障制度。最低工资的具体标准由省、自治区、直辖市人民政府规定，报国务院备案。

用人单位支付劳动者的工资不得低于当地最低工资标准。

第四十九条　确定和调整最低工资标准应当综合参考下列因素：

（一）劳动者本人及平均赡养人口的最低生活费用；

（二）社会平均工资水平；

（三）劳动生产率；

（四）就业状况；

（五）地区之间经济发展水平的差异。

第五十条　工资应当以货币形式按月支付给劳动者本人。不得克扣或者无故拖欠劳动者的工资。

第五十一条　劳动者在法定休假日和婚丧假期间以及依法参加社会活动期间，用人单位应当依法支付工资。

第六章　劳动安全卫生

第五十二条　用人单位必须建立、健全劳动安全卫生制度，严格执行国家劳动安全卫生规程和标准，对劳动者进行劳动安全卫生教育，防止劳动过程中的事故，减少职业危害。

第五十三条　劳动安全卫生设施必须符合国家规定的标准。

新建、改建、扩建工程的劳动安全卫生设施必须与主体工程同时设计、同时施工、同时投入生产和使用。

第五十四条　用人单位必须为劳动者提供符合国家规定的劳动安全卫生条件和必要的劳动防护用品，对从事有职业危害作业的劳动者应当定期进行健康检查。

第五十五条　从事特种作业的劳动者必须经过专门培训并取得特种作业资格。

第五十六条　劳动者在劳动过程中必须严格遵守安全操作规程。

劳动者对用人单位管理人员违章指挥、强令冒险作业，有权拒绝执行；对危害生命安全和身体健康的行为，有权提出批评、检举和控告。

第五十七条　国家建立伤亡事故和职业病统计报告和处理制度。县级以上各级人民政府劳动行政部门、有关部门和用人单位应当依法对劳动者在劳动过程中发生的伤亡事故和劳动者的职业病状况，进行统计、报告和处理。

第七章　女职工和未成年工特殊保护

第五十八条　国家对女职工和未成年工实行特殊劳动保护。

未成年工是指年满16周岁未满18周岁的劳动者。

第五十九条　禁止安排女职工从事矿山井下、国家规定的第四级体力劳动强度的劳动和其他禁忌从事的劳动。

第六十条　不得安排女职工在经期从事高处、低温、冷水作业和国家规定的第三级体力劳动强度的劳动。

第六十一条　不得安排女职工在怀孕期间从事国家规定的第三级体力劳动强度的劳动和孕期禁忌从事的劳动。对怀孕7个月以上的女职工，不得安排其延长工作时间和夜班劳动。

第六十二条　女职工生育享受不少于90天的产假。

第六十三条　不得安排女职工在哺乳未满1周岁的婴儿期间从事国家规定的第三级体力劳动强度的劳动和哺乳期禁忌从事的其他劳动，不得安排其延长工作时间和夜班劳动。

第六十四条　不得安排未成年工从事矿山井下、有毒有害、国家规定的第四级体力劳动强度的劳动和其他禁忌从事的劳动。

第六十五条 用人单位应当对未成年工定期进行健康检查。

第八章 职业培训

第六十六条 国家通过各种途径，采取各种措施，发展职业培训事业，开发劳动者的职业技能，提高劳动者素质，增强劳动者的就业能力和工作能力。

第六十七条 各级人民政府应当把发展职业培训纳入社会经济发展的规划，鼓励和支持有条件的企业、事业组织、社会团体和个人进行各种形式的职业培训。

第六十八条 用人单位应当建立职业培训制度，按照国家规定提取和使用职业培训经费，根据本单位实际，有计划地对劳动者进行职业培训。

从事技术工种的劳动者，上岗前必须经过培训。

第六十九条 国家确定职业分类，对规定的职业制定职业技能标准，实行职业资格证书制度，由经过政府批准的考核鉴定机构负责对劳动者实施职业技能考核鉴定。

第九章 社会保险和福利

第七十条 国家发展社会保险事业，建立社会保险制度，设立社会保险基金，使劳动者在年老、患病、工伤、失业、生育等情况下获得帮助和补偿。

第七十一条 社会保险水平应当与社会经济发展水平和社会承受能力相适应。

第七十二条 社会保险基金按照保险类型确定资金来源，逐步实行社会统筹。用人单位和劳动者必须依法参加社会保险，缴纳社会保险费。

第七十三条 劳动者在下列情形下，依法享受社会保险待遇：

（一）退休；

（二）患病、负伤；

（三）因工伤残或者患职业病；

（四）失业；

（五）生育。

劳动者死亡后，其遗属依法享受遗属津贴。

劳动者享受社会保险待遇的条件和标准由法律、法规规定。

劳动者享受的社会保险金必须按时足额支付。

第七十四条 社会保险基金经办机构依照法律规定收支、管理和运营社会保险基金，并负有使社会保险基金保值增值的责任。

社会保险基金监督机构依照法律规定，对社会保险基金的收支、管理和运营实施监督。

社会保险基金经办机构和社会保险基金监督机构的设立和职能由法律规定。

任何组织和个人不得挪用社会保险基金。

第七十五条 国家鼓励用人单位根据本单位实际情况为劳动者建立补充保险。

国家提倡劳动者个人进行储蓄性保险。

第七十六条 国家发展社会福利事业，兴建公共福利设施，为劳动者休息、休养和疗养提供条件。

用人单位应当创造条件，改善集体福利，提高劳动者的福利待遇。

第十章 劳动争议

第七十七条 用人单位与劳动者发生劳动争议，当事人可以依法申请调解、仲裁、提起诉讼，也可以协商解决。

调解原则适用于仲裁和诉讼程序。

第七十八条 解决劳动争议，应当根据合法、公正、及时处理的原则，依法维护劳动争议当事人的合法权益。

第七十九条 劳动争议发生后，当事人可以向本单位劳动争议调解委员会申请调解；调解不成，当事人一方要求仲裁的，可以向劳动争议仲裁委员会申请仲裁。当事人一方也可以直接向劳动争议仲裁委员会申请仲裁。对仲裁裁决不服的，可以向人民法院提起诉讼。

第八十条 在用人单位内，可以设立劳动争议调解委员会。劳动争议调解委员会由职工代表、用人单位代表和工会代表组成。劳动争议调解委员会主任由工会代表担任。

劳动争议经调解达成协议的，当事人应当履行。

第八十一条 劳动争议仲裁委员会由劳动

行政部门代表、同级工会代表、用人单位方面的代表组成。劳动争议仲裁委员会主任由劳动行政部门代表担任。

第八十二条　提出仲裁要求的一方应当自劳动争议发生之日起60日内向劳动争议仲裁委员会提出书面申请。仲裁裁决一般应在收到仲裁申请的60日内作出。对仲裁裁决无异议的，当事人必须履行。

第八十三条　劳动争议当事人对仲裁裁决不服的，可以自收到仲裁裁决书之日起15日内向人民法院提起诉讼。一方当事人在法定期限内不起诉又不履行仲裁裁决的，另一方当事人可以申请人民法院强制执行。

第八十四条　因签订集体合同发生争议，当事人协商解决不成的，当地人民政府劳动行政部门可以组织有关各方协调处理。

因履行集体合同发生争议，当事人协商解决不成的，可以向劳动争议仲裁委员会申请仲裁；对仲裁裁决不服的，可以自收到仲裁裁决书之日起15日内向人民法院提起诉讼。

第十一章　监督检查

第八十五条　县级以上各级人民政府劳动行政部门依法对用人单位遵守劳动法律、法规的情况进行监督检查，对违反劳动法律、法规的行为有权制止，并责令改正。

第八十六条　县级以上各级人民政府劳动行政部门监督检查人员执行公务，有权进入用人单位了解执行劳动法律、法规的情况，查阅必要的资料，并对劳动场所进行检查。

县级以上各级人民政府劳动行政部门监督检查人员执行公务，必须出示证件，秉公执法并遵守有关规定。

第八十七条　县级以上各级人民政府有关部门在各自职责范围内，对用人单位遵守劳动法律、法规的情况进行监督。

第八十八条　各级工会依法维护劳动者的合法权益，对用人单位遵守劳动法律、法规的情况进行监督。

任何组织和个人对于违反劳动法律、法规的行为有权检举和控告。

第十二章　法律责任

第八十九条　用人单位制定的劳动规章制度违反法律、法规规定的，由劳动行政部门给予警告，责令改正；对劳动者造成损害的，应当承担赔偿责任。

第九十条　用人单位违反本法规定，延长劳动者工作时间的，由劳动行政部门给予警告，责令改正，并可以处以罚款。

第九十一条　用人单位有下列侵害劳动者合法权益情形之一的，由劳动行政部门责令支付劳动者的工资报酬、经济补偿，并可以责令支付赔偿金：

（一）克扣或者无故拖欠劳动者工资的；

（二）拒不支付劳动者延长工作时间工资报酬的；

（三）低于当地最低工资标准支付劳动者工资的；

（四）解除劳动合同后，未依照本法规定给予劳动者经济补偿的。

第九十二条　用人单位的劳动安全设施和劳动卫生条件不符合国家规定或者未向劳动者提供必要的劳动防护用品和劳动保护设施的，由劳动行政部门或者有关部门责令改正，可以处以罚款；情节严重的，提请县级以上人民政府决定责令停产整顿；对事故隐患不采取措施，致使发生重大事故，造成劳动者生命和财产损失的，对责任人员比照刑法第一百八十七条的规定追究刑事责任。

第九十三条　用人单位强令劳动者违章冒险作业，发生重大伤亡事故，造成严重后果的，对责任人员依法追究刑事责任。

第九十四条　用人单位非法招用未满16周岁的未成年人的，由劳动行政部门责令改正，处以罚款；情节严重的，由工商行政管理部门吊销营业执照。

第九十五条　用人单位违反本法对女职工和未成年工的保护规定，侵害其合法权益的，由劳动行政部门责令改正，处以罚款；对女职工或者未成年工造成损害的，应当承担赔偿责任。

第九十六条　用人单位有下列行为之一，由公安机关对责任人员处以15日以下拘留、罚款或者警告；构成犯罪的，对责任人员依法追究刑事责任：

（一）以暴力、威胁或者非法限制人身自由的手段强迫劳动的；

（二）侮辱、体罚、殴打、非法搜查和拘禁劳动者的。

第九十七条 由于用人单位的原因订立的无效合同，对劳动者造成损害的，应当承担赔偿责任。

第九十八条 用人单位违反本法规定的条件解除劳动合同或者故意拖延不订立劳动合同的，由劳动行政部门责令改正；对劳动者造成损害的，应当承担赔偿责任。

第九十九条 用人单位招用尚未解除劳动合同的劳动者，对原用人单位造成经济损失的，该用人单位应当依法承担连带赔偿责任。

第一百条 用人单位无故不缴纳社会保险费的，由劳动行政部门责令其限期缴纳；逾期不缴的，可以加收滞纳金。

第一百零一条 用人单位无理阻挠劳动行政部门、有关部门及其工作人员行使监督检查权，打击报复举报人员的，由劳动行政部门或者有关部门处以罚款；构成犯罪的，对责任人员依法追究刑事责任。

第一百零二条 劳动者违反本法规定的条件解除劳动合同或者违反劳动合同中约定的保密事项，对用人单位造成经济损失的，应当依法承担赔偿责任。

第一百零三条 劳动行政部门或者有关部门的工作人员滥用职权、玩忽职守、徇私舞弊，构成犯罪的，依法追究刑事责任；不构成犯罪的，给予行政处分。

第一百零四条 国家工作人员和社会保险基金经办机构的工作人员挪用社会保险基金，构成犯罪的，依法追究刑事责任。

第一百零五条 违反本法规定侵害劳动者合法权益，其他法律、行政法规已规定处罚的，依照该法律、行政法规的规定处罚。

第十三章　附　　则

第一百零六条 省、自治区、直辖市人民政府根据本法和本地区的实际情况，规定劳动合同制度的实施步骤，报国务院备案。

第一百零七条 本法自1995年1月1日起施行。

全国人民代表大会常务委员会关于修改部分法律的决定（节录）①

（2009年8月27日第十一届全国人民代表大会常务委员会第十次会议通过　2009年8月27日中华人民共和国主席令第18号公布　自公布之日起施行）

第十一届全国人民代表大会常务委员会第十次会议决定：

……

（一）将下列法律中的“依照刑法第×条的规定”、“比照刑法第×条的规定”修改为“依照刑法有关规定”

……

36.《中华人民共和国劳动法》第九十二条

……

本决定自公布之日起施行。

全国人民代表大会常务委员会关于修改《中华人民共和国劳动法》等七部法律的决定（节录）

（2018年12月29日第十三届全国人民代表大会常务委员会第七次会议通过　2018年12月29日中华人民共和国主席令第24号公布　自公布之日起施行）

第十三届全国人民代表大会常务委员会第七次会议决定：

一、对《中华人民共和国劳动法》作出修改

（一）将第十五条第二款中的“必须依照国家有关规定，履行审批手续”修改为“必须遵守国家有关规定”。

（二）将第六十九条中的“由经过政府批准

① 编者注：部分废止。

的考核鉴定机构”修改为“由经备案的考核鉴定机构”。

（三）将第九十四条中的“工商行政管理部门”修改为“市场监督管理部门”。

……

本决定自公布之日起施行。

《中华人民共和国劳动法》根据本决定作相应修改，重新公布。

中华人民共和国劳动法

（1994年7月5日第八届全国人民代表大会常务委员会第八次会议通过　根据2009年8月27日第十一届全国人民代表大会常务委员会第十次会议《关于修改部分法律的决定》第一次修正　根据2018年12月29日第十三届全国人民代表大会常务委员会第七次会议《关于修改〈中华人民共和国劳动法〉等七部法律的决定》第二次修正）

目　　录

第一章　总　　则

第一条　为了保护劳动者的合法权益，调整劳动关系，建立和维护适应社会主义市场经济的劳动制度，促进经济发展和社会进步，根据宪法，制定本法。

第二条　在中华人民共和国境内的企业、个体经济组织（以下统称用人单位）和与之形成劳动关系的劳动者，适用本法。

国家机关、事业组织、社会团体和与之建立劳动合同关系的劳动者，依照本法执行。

第三条　劳动者享有平等就业和选择职业的权利、取得劳动报酬的权利、休息休假的权利、获得劳动安全卫生保护的权利、接受职业技能培训的权利、享受社会保险和福利的权利、提请劳动争议处理的权利以及法律规定的其他劳动权利。

劳动者应当完成劳动任务，提高职业技能，执行劳动安全卫生规程，遵守劳动纪律和职业道德。

第四条　用人单位应当依法建立和完善规章制度，保障劳动者享有劳动权利和履行劳动义务。

第五条　国家采取各种措施，促进劳动就业，发展职业教育，制定劳动标准，调节社会收入，完善社会保险，协调劳动关系，逐步提高劳动者的生活水平。

第六条　国家提倡劳动者参加社会义务劳动，开展劳动竞赛和合理化建议活动，鼓励和保护劳动者进行科学研究、技术革新和发明创造，表彰和奖励劳动模范和先进工作者。

第七条　劳动者有权依法参加和组织工会。

工会代表和维护劳动者的合法权益，依法独立自主地开展活动。

第八条　劳动者依照法律规定，通过职工大会、职工代表大会或者其他形式，参与民主管理或者就保护劳动者合法权益与用人单位进行平等协商。

第九条　国务院劳动行政部门主管全国劳动工作。

县级以上地方人民政府劳动行政部门主管本行政区域内的劳动工作。

第二章　促进就业

第十条　国家通过促进经济和社会发展，创造就业条件，扩大就业机会。

国家鼓励企业、事业组织、社会团体在法律、行政法规规定的范围内兴办产业或者拓展经营，增加就业。

国家支持劳动者自愿组织起来就业和从事个体经营实现就业。

第十一条　地方各级人民政府应当采取措施,发展多种类型的职业介绍机构,提供就业服务。

第十二条　劳动者就业,不因民族、种族、性别、宗教信仰不同而受歧视。

第十三条　妇女享有与男子平等的就业权利。在录用职工时,除国家规定的不适合妇女的工种或者岗位外,不得以性别为由拒绝录用妇女或者提高对妇女的录用标准。

第十四条　残疾人、少数民族人员、退出现役的军人的就业,法律、法规有特别规定的,从其规定。

第十五条　禁止用人单位招用未满十六周岁的未成年人。

文艺、体育和特种工艺单位招用未满十六周岁的未成年人,必须遵守国家有关规定,并保障其接受义务教育的权利。

第三章　劳动合同和集体合同

第十六条　劳动合同是劳动者与用人单位确立劳动关系、明确双方权利和义务的协议。

建立劳动关系应当订立劳动合同。

第十七条　订立和变更劳动合同,应当遵循平等自愿、协商一致的原则,不得违反法律、行政法规的规定。

劳动合同依法订立即具有法律约束力,当事人必须履行劳动合同规定的义务。

第十八条　下列劳动合同无效:

(一)违反法律、行政法规的劳动合同;

(二)采取欺诈、威胁等手段订立的劳动合同。

无效的劳动合同,从订立的时候起,就没有法律约束力。确认劳动合同部分无效的,如果不影响其余部分的效力,其余部分仍然有效。

劳动合同的无效,由劳动争议仲裁委员会或者人民法院确认。

第十九条　劳动合同应当以书面形式订立,并具备以下条款:

(一)劳动合同期限;

(二)工作内容;

(三)劳动保护和劳动条件;

(四)劳动报酬;

(五)劳动纪律;

(六)劳动合同终止的条件;

(七)违反劳动合同的责任。

劳动合同除前款规定的必备条款外,当事人可以协商约定其他内容。

第二十条　劳动合同的期限分为有固定期限、无固定期限和以完成一定的工作为期限。

劳动者在同一用人单位连续工作满十年以上,当事人双方同意续延劳动合同的,如果劳动者提出订立无固定期限的劳动合同,应当订立无固定期限的劳动合同。

第二十一条　劳动合同可以约定试用期。试用期最长不得超过六个月。

第二十二条　劳动合同当事人可以在劳动合同中约定保守用人单位商业秘密的有关事项。

第二十三条　劳动合同期满或者当事人约定的劳动合同终止条件出现,劳动合同即行终止。

第二十四条　经劳动合同当事人协商一致,劳动合同可以解除。

第二十五条　劳动者有下列情形之一的,用人单位可以解除劳动合同:

(一)在试用期间被证明不符合录用条件的;

(二)严重违反劳动纪律或者用人单位规章制度的;

(三)严重失职,营私舞弊,对用人单位利益造成重大损害的;

(四)被依法追究刑事责任的。

第二十六条　有下列情形之一的,用人单位可以解除劳动合同,但是应当提前三十日以书面形式通知劳动者本人:

(一)劳动者患病或者非因工负伤,医疗期满后,不能从事原工作也不能从事由用人单位另行安排的工作的;

(二)劳动者不能胜任工作,经过培训或者调整工作岗位,仍不能胜任工作的;

(三)劳动合同订立时所依据的客观情况发生重大变化,致使原劳动合同无法履行,经当事人协商不能就变更劳动合同达成协议的。

第二十七条　用人单位濒临破产进行法定整顿期间或者生产经营状况发生严重困难,确需裁减人员的,应当提前三十日向工会或者全体职工说明情况，听取工会或者职工的意见，经向劳动行政部门报告后，可以裁减人员。

用人单位依据本条规定裁减人员，在六个月内录用人员的，应当优先录用被裁减的人员。

第二十八条　用人单位依据本法第二十四条、第二十六条、第二十七条的规定解除劳动合同的，应当依照国家有关规定给予经济补偿。

第二十九条　劳动者有下列情形之一的，用人单位不得依据本法第二十六条、第二十七条的规定解除劳动合同：

（一）患职业病或者因工负伤并被确认丧失或者部分丧失劳动能力的；

（二）患病或者负伤，在规定的医疗期内的；

（三）女职工在孕期、产期、哺乳期内的；

（四）法律、行政法规规定的其他情形。

第三十条　用人单位解除劳动合同，工会认为不适当的，有权提出意见。如果用人单位违反法律、法规或者劳动合同，工会有权要求重新处理；劳动者申请仲裁或者提起诉讼的，工会应当依法给予支持和帮助。

第三十一条　劳动者解除劳动合同，应当提前三十日以书面形式通知用人单位。

第三十二条　有下列情形之一的，劳动者可以随时通知用人单位解除劳动合同：

（一）在试用期内的；

（二）用人单位以暴力、威胁或者非法限制人身自由的手段强迫劳动的；

（三）用人单位未按照劳动合同约定支付劳动报酬或者提供劳动条件的。

第三十三条　企业职工一方与企业可以就劳动报酬、工作时间、休息休假、劳动安全卫生、保险福利等事项，签订集体合同。集体合同草案应当提交职工代表大会或者全体职工讨论通过。

集体合同由工会代表职工与企业签订；没有建立工会的企业，由职工推举的代表与企业签订。

第三十四条　集体合同签订后应当报送劳动行政部门；劳动行政部门自收到集体合同文本之日起十五日内未提出异议的，集体合同即行生效。

第三十五条　依法签订的集体合同对企业和企业全体职工具有约束力。职工个人与企业订立的劳动合同中劳动条件和劳动报酬等标准不得低于集体合同的规定。

第四章　工作时间和休息休假

第三十六条　国家实行劳动者每日工作时间不超过八小时、平均每周工作时间不超过四十四小时的工时制度。

第三十七条　对实行计件工作的劳动者，用人单位应当根据本法第三十六条规定的工时制度合理确定其劳动定额和计件报酬标准。

第三十八条　用人单位应当保证劳动者每周至少休息一日。

第三十九条　企业因生产特点不能实行本法第三十六条、第三十八条规定的，经劳动行政部门批准，可以实行其他工作和休息办法。

第四十条　用人单位在下列节日期间应当依法安排劳动者休假：

（一）元旦；

（二）春节；

（三）国际劳动节；

（四）国庆节；

（五）法律、法规规定的其他休假节日。

第四十一条　用人单位由于生产经营需要，经与工会和劳动者协商后可以延长工作时间，一般每日不得超过一小时；因特殊原因需要延长工作时间的，在保障劳动者身体健康的条件下延长工作时间每日不得超过三小时，但是每月不得超过三十六小时。

第四十二条　有下列情形之一的，延长工作时间不受本法第四十一条规定的限制：

（一）发生自然灾害、事故或者因其他原因，威胁劳动者生命健康和财产安全，需要紧急处理的；

（二）生产设备、交通运输线路、公共设施发生故障，影响生产和公众利益，必须及时抢修的；

（三）法律、行政法规规定的其他情形。

第四十三条　用人单位不得违反本法规定延长劳动者的工作时间。

第四十四条　有下列情形之一的，用人单位应当按照下列标准支付高于劳动者正常工作时间工资的工资报酬：

（一）安排劳动者延长工作时间的，支付不低于工资的百分之一百五十的工资报酬；

（二）休息日安排劳动者工作又不能安排补休的，支付不低于工资的百分之二百的工资报酬；

（三）法定休假日安排劳动者工作的，支付不低于工资的百分之三百的工资报酬。

第四十五条 国家实行带薪年休假制度。

劳动者连续工作一年以上的，享受带薪年休假。具体办法由国务院规定。

第五章 工 资

第四十六条 工资分配应当遵循按劳分配原则，实行同工同酬。

工资水平在经济发展的基础上逐步提高。国家对工资总量实行宏观调控。

第四十七条 用人单位根据本单位的生产经营特点和经济效益，依法自主确定本单位的工资分配方式和工资水平。

第四十八条 国家实行最低工资保障制度。最低工资的具体标准由省、自治区、直辖市人民政府规定，报国务院备案。

用人单位支付劳动者的工资不得低于当地最低工资标准。

第四十九条 确定和调整最低工资标准应当综合参考下列因素：

（一）劳动者本人及平均赡养人口的最低生活费用；

（二）社会平均工资水平；

（三）劳动生产率；

（四）就业状况；

（五）地区之间经济发展水平的差异。

第五十条 工资应当以货币形式按月支付给劳动者本人。不得克扣或者无故拖欠劳动者的工资。

第五十一条 劳动者在法定休假日和婚丧假期间以及依法参加社会活动期间，用人单位应当依法支付工资。

第六章 劳动安全卫生

第五十二条 用人单位必须建立、健全劳动安全卫生制度，严格执行国家劳动安全卫生规程和标准，对劳动者进行劳动安全卫生教育，防止劳动过程中的事故，减少职业危害。

第五十三条 劳动安全卫生设施必须符合国家规定的标准。

新建、改建、扩建工程的劳动安全卫生设施必须与主体工程同时设计、同时施工、同时投入生产和使用。

第五十四条 用人单位必须为劳动者提供符合国家规定的劳动安全卫生条件和必要的劳动防护用品，对从事有职业危害作业的劳动者应当定期进行健康检查。

第五十五条 从事特种作业的劳动者必须经过专门培训并取得特种作业资格。

第五十六条 劳动者在劳动过程中必须严格遵守安全操作规程。

劳动者对用人单位管理人员违章指挥、强令冒险作业，有权拒绝执行；对危害生命安全和身体健康的行为，有权提出批评、检举和控告。

第五十七条 国家建立伤亡事故和职业病统计报告和处理制度。县级以上各级人民政府劳动行政部门、有关部门和用人单位应当依法对劳动者在劳动过程中发生的伤亡事故和劳动者的职业病状况，进行统计、报告和处理。

第七章 女职工和未成年工特殊保护

第五十八条 国家对女职工和未成年工实行特殊劳动保护。

未成年工是指年满十六周岁未满十八周岁的劳动者。

第五十九条 禁止安排女职工从事矿山井下、国家规定的第四级体力劳动强度的劳动和其他禁忌从事的劳动。

第六十条 不得安排女职工在经期从事高处、低温、冷水作业和国家规定的第三级体力劳动强度的劳动。

第六十一条 不得安排女职工在怀孕期间从事国家规定的第三级体力劳动强度的劳动和孕期禁忌从事的劳动。对怀孕七个月以上的女职工，不得安排其延长工作时间和夜班劳动。

第六十二条 女职工生育享受不少于九十天的产假。

第六十三条 不得安排女职工在哺乳未满一周岁的婴儿期间从事国家规定的第三级体力劳动强度的劳动和哺乳期禁忌从事的其他劳动，

不得安排其延长工作时间和夜班劳动。

第六十四条 不得安排未成年工从事矿山井下、有毒有害、国家规定的第四级体力劳动强度的劳动和其他禁忌从事的劳动。

第六十五条 用人单位应当对未成年工定期进行健康检查。

第八章 职业培训

第六十六条 国家通过各种途径,采取各种措施,发展职业培训事业,开发劳动者的职业技能,提高劳动者素质,增强劳动者的就业能力和工作能力。

第六十七条 各级人民政府应当把发展职业培训纳入社会经济发展的规划,鼓励和支持有条件的企业、事业组织、社会团体和个人进行各种形式的职业培训。

第六十八条 用人单位应当建立职业培训制度,按照国家规定提取和使用职业培训经费,根据本单位实际,有计划地对劳动者进行职业培训。

从事技术工种的劳动者,上岗前必须经过培训。

第六十九条 国家确定职业分类,对规定的职业制定职业技能标准,实行职业资格证书制度,由经备案的考核鉴定机构负责对劳动者实施职业技能考核鉴定。

第九章 社会保险和福利

第七十条 国家发展社会保险事业,建立社会保险制度,设立社会保险基金,使劳动者在年老、患病、工伤、失业、生育等情况下获得帮助和补偿。

第七十一条 社会保险水平应当与社会经济发展水平和社会承受能力相适应。

第七十二条 社会保险基金按照保险类型确定资金来源,逐步实行社会统筹。用人单位和劳动者必须依法参加社会保险,缴纳社会保险费。

第七十三条 劳动者在下列情形下,依法享受社会保险待遇:

(一)退休;

(二)患病、负伤;

(三)因工伤残或者患职业病;

(四)失业;

(五)生育。

劳动者死亡后,其遗属依法享受遗属津贴。

劳动者享受社会保险待遇的条件和标准由法律、法规规定。

劳动者享受的社会保险金必须按时足额支付。

第七十四条 社会保险基金经办机构依照法律规定收支、管理和运营社会保险基金,并负有使社会保险基金保值增值的责任。

社会保险基金监督机构依照法律规定,对社会保险基金的收支、管理和运营实施监督。

社会保险基金经办机构和社会保险基金监督机构的设立和职能由法律规定。

任何组织和个人不得挪用社会保险基金。

第七十五条 国家鼓励用人单位根据本单位实际情况为劳动者建立补充保险。

国家提倡劳动者个人进行储蓄性保险。

第七十六条 国家发展社会福利事业,兴建公共福利设施,为劳动者休息、休养和疗养提供条件。

用人单位应当创造条件,改善集体福利,提高劳动者的福利待遇。

第十章 劳动争议

第七十七条 用人单位与劳动者发生劳动争议,当事人可以依法申请调解、仲裁、提起诉讼,也可以协商解决。

调解原则适用于仲裁和诉讼程序。

第七十八条 解决劳动争议,应当根据合法、公正、及时处理的原则,依法维护劳动争议当事人的合法权益。

第七十九条 劳动争议发生后,当事人可以向本单位劳动争议调解委员会申请调解;调解不成,当事人一方要求仲裁的,可以向劳动争议仲裁委员会申请仲裁。当事人一方也可以直接向劳动争议仲裁委员会申请仲裁。对仲裁裁决不服的,可以向人民法院提起诉讼。

第八十条 在用人单位内,可以设立劳动争议调解委员会。劳动争议调解委员会由职工代表、用人单位代表和工会代表组成。劳动争议调解委员会主任由工会代表担任。

劳动争议经调解达成协议的,当事人应当履行。

第八十一条 劳动争议仲裁委员会由劳动行政部门代表、同级工会代表、用人单位方面的代表组成。劳动争议仲裁委员会主任由劳动行政部门代表担任。

第八十二条 提出仲裁要求的一方应当自劳动争议发生之日起六十日内向劳动争议仲裁委员会提出书面申请。仲裁裁决一般应在收到仲裁申请的六十日内作出。对仲裁裁决无异议的,当事人必须履行。

第八十三条 劳动争议当事人对仲裁裁决不服的,可以自收到仲裁裁决书之日起十五日内向人民法院提起诉讼。一方当事人在法定期限内不起诉又不履行仲裁裁决的,另一方当事人可以申请人民法院强制执行。

第八十四条 因签订集体合同发生争议,当事人协商解决不成的,当地人民政府劳动行政部门可以组织有关各方协调处理。

因履行集体合同发生争议,当事人协商解决不成的,可以向劳动争议仲裁委员会申请仲裁;对仲裁裁决不服的,可以自收到仲裁裁决书之日起十五日内向人民法院提起诉讼。

第十一章 监督检查

第八十五条 县级以上各级人民政府劳动行政部门依法对用人单位遵守劳动法律、法规的情况进行监督检查,对违反劳动法律、法规的行为有权制止,并责令改正。

第八十六条 县级以上各级人民政府劳动行政部门监督检查人员执行公务,有权进入用人单位了解执行劳动法律、法规的情况,查阅必要的资料,并对劳动场所进行检查。

县级以上各级人民政府劳动行政部门监督检查人员执行公务,必须出示证件,秉公执法并遵守有关规定。

第八十七条 县级以上各级人民政府有关部门在各自职责范围内,对用人单位遵守劳动法律、法规的情况进行监督。

第八十八条 各级工会依法维护劳动者的合法权益,对用人单位遵守劳动法律、法规的情况进行监督。

任何组织和个人对于违反劳动法律、法规的行为有权检举和控告。

第十二章 法律责任

第八十九条 用人单位制定的劳动规章制度违反法律、法规规定的,由劳动行政部门给予警告,责令改正;对劳动者造成损害的,应当承担赔偿责任。

第九十条 用人单位违反本法规定,延长劳动者工作时间的,由劳动行政部门给予警告,责令改正,并可以处以罚款。

第九十一条 用人单位有下列侵害劳动者合法权益情形之一的,由劳动行政部门责令支付劳动者的工资报酬、经济补偿,并可以责令支付赔偿金:

(一)克扣或者无故拖欠劳动者工资的;

(二)拒不支付劳动者延长工作时间工资报酬的;

(三)低于当地最低工资标准支付劳动者工资的;

(四)解除劳动合同后,未依照本法规定给予劳动者经济补偿的。

第九十二条 用人单位的劳动安全设施和劳动卫生条件不符合国家规定或者未向劳动者提供必要的劳动防护用品和劳动保护设施的,由劳动行政部门或者有关部门责令改正,可以处以罚款;情节严重的,提请县级以上人民政府决定责令停产整顿;对事故隐患不采取措施,致使发生重大事故,造成劳动者生命和财产损失的,对责任人员依照刑法有关规定追究刑事责任。

第九十三条 用人单位强令劳动者违章冒险作业,发生重大伤亡事故,造成严重后果的,对责任人员依法追究刑事责任。

第九十四条 用人单位非法招用未满十六周岁的未成年人的,由劳动行政部门责令改正,处以罚款;情节严重的,由市场监督管理部门吊销营业执照。

第九十五条 用人单位违反本法对女职工和未成年工的保护规定,侵害其合法权益的,由劳动行政部门责令改正,处以罚款;对女职工或者未成年工造成损害的,应当承担赔偿责任。

第九十六条 用人单位有下列行为之一,由

公安机关对责任人员处以十五日以下拘留、罚款或者警告;构成犯罪的,对责任人员依法追究刑事责任:

(一)以暴力、威胁或者非法限制人身自由的手段强迫劳动的;

(二)侮辱、体罚、殴打、非法搜查和拘禁劳动者的。

第九十七条 由于用人单位的原因订立的无效合同,对劳动者造成损害的,应当承担赔偿责任。

第九十八条 用人单位违反本法规定的条件解除劳动合同或者故意拖延不订立劳动合同的,由劳动行政部门责令改正;对劳动者造成损害的,应当承担赔偿责任。

第九十九条 用人单位招用尚未解除劳动合同的劳动者,对原用人单位造成经济损失的,该用人单位应当依法承担连带赔偿责任。

第一百条 用人单位无故不缴纳社会保险费的,由劳动行政部门责令其限期缴纳;逾期不缴的,可以加收滞纳金。

第一百零一条 用人单位无理阻挠劳动行政部门、有关部门及其工作人员行使监督检查权,打击报复举报人员的,由劳动行政部门或者有关部门处以罚款;构成犯罪的,对责任人员依法追究刑事责任。

第一百零二条 劳动者违反本法规定的条件解除劳动合同或者违反劳动合同中约定的保密事项,对用人单位造成经济损失的,应当依法承担赔偿责任。

第一百零三条 劳动行政部门或者有关部门的工作人员滥用职权、玩忽职守、徇私舞弊,构成犯罪的,依法追究刑事责任;不构成犯罪的,给予行政处分。

第一百零四条 国家工作人员和社会保险基金经办机构的工作人员挪用社会保险基金,构成犯罪的,依法追究刑事责任。

第一百零五条 违反本法规定侵害劳动者合法权益,其他法律、行政法规已规定处罚的,依照该法律、行政法规的规定处罚。

第十三章 附 则

第一百零六条 省、自治区、直辖市人民政府根据本法和本地区的实际情况,规定劳动合同制度的实施步骤,报国务院备案。

第一百零七条 本法自1995年1月1日起施行。

劳动部关于贯彻执行《中华人民共和国劳动法》若干问题的意见

(1995年8月4日 劳部发〔1995〕309号)

《中华人民共和国劳动法》(以下简称劳动法)已于1995年1月1日起施行,现就劳动法在贯彻执行中遇到的若干问题提出以下意见。

一、适 用 范 围

1. 劳动法第二条中的“个体经济组织”是指一般雇工在7人以下的个体工商户。

2. 中国境内的企业、个体经济组织与劳动者之间,只要形成劳动关系,即劳动者事实上已成为企业、个体经济组织的成员,并为其提供有偿劳动,适用劳动法。

3. 国家机关、事业组织、社会团体实行劳动合同制度的以及按规定应实行劳动合同制度的工勤人员;实行企业化管理的事业组织的人员;其他通过劳动合同与国家机关、事业组织、社会团体建立劳动关系的劳动者,适用劳动法。

4. 公务员和比照实行公务员制度的事业组织和社会团体的工作人员,以及农村劳动者(乡镇企业职工和进城务工、经商的农民除外)、现役军人和家庭保姆等不适用劳动法。

5. 中国境内的企业、个体经济组织在劳动法中被称为用人单位。国家机关、事业组织、社会团体和与之建立劳动合同关系的劳动者依照劳动法执行。根据劳动法的这一规定,国家机关、事业组织、社会团体应当视为用人单位。

二、劳动合同和集体合同

(一)劳动合同的订立

6. 用人单位应与其富余人员、放长假的职工,签订劳动合同,但其劳动合同与在岗职工的劳动合同在内容上可以有所区别。用人单位与劳动者经协商一致可以在劳动合同中就不在岗期间的有关事项作出规定。

7. 用人单位应与其长期被外单位借用的人员、带薪上学人员、以及其他非在岗但仍保持劳动关系的人员签订劳动合同,但在外借和上学期间,劳动合同中的某些相关条款经双方协商可以变更。

8. 请长病假的职工,在病假期间与原单位保持着劳动关系,用人单位应与其签订劳动合同。

9. 原固定工中经批准的停薪留职人员,愿意回原单位继续工作的,原单位应与其签订劳动合同;不愿回原单位继续工作的,原单位可以与其解除劳动关系。

10. 根据劳动部《实施〈劳动法〉中有关劳动合同问题的解答》(劳部发〔1995〕202 号)的规定,党委书记、工会主席等党群专职人员也是职工的一员,依照劳动法的规定,与用人单位签订劳动合同。对于有特殊规定的,可以按有关规定办理。

11. 根据劳动部《实施〈劳动法〉中有关劳动合同问题的解答》(劳部发〔1995〕202 号)的规定,经理由其上级部门聘任(委任)的,应与聘任(委任)部门签订劳动合同。实行公司制的经理和有关经营管理人员,应依据《中华人民共和国公司法》的规定与董事会签订劳动合同。

12. 在校生利用业余时间勤工助学,不视为就业,未建立劳动关系,可以不签订劳动合同。

13. 用人单位发生分立或合并后,分立或合并后的用人单位可依据其实际情况与原用人单位的劳动者遵循平等自愿、协商一致的原则变更原劳动合同。

14. 派出到合资、参股单位的职工如果与原单位仍保持着劳动关系,应当与原单位签订劳动合同,原单位可就劳动合同的有关内容在与合资、参股单位订立的劳务合同时,明确职工的工资、保险、福利、休假等有关待遇。

15. 租赁经营(生产)、承包经营(生产)的企业,所有权并没有发生改变,法人名称未变,在与职工订立劳动合同时,该企业仍为用人单位一方。依据租赁合同或承包合同,租赁人、承包人如果作为该企业的法定代表人或者该法定代表人的授权委托人时,可代表该企业(用人单位)与劳动者订立劳动合同。

16. 用人单位与劳动者签订劳动合同时,劳动合同可以由用人单位拟定,也可以由双方当事人共同拟定,但劳动合同必须经双方当事人协商一致后才能签订,职工被迫签订的劳动合同或未经协商一致签订的劳动合同为无效劳动合同。

17. 用人单位与劳动者之间形成了事实劳动关系,而用人单位故意拖延不订立劳动合同,劳动行政部门应予以纠正。用人单位因此给劳动者造成损害的,应按劳动部《违反〈劳动法〉有关劳动合同规定的赔偿办法》(劳部发〔1995〕223 号)的规定进行赔偿。

(二)劳动合同的内容

18. 劳动者被用人单位录用后,双方可以在劳动合同中约定试用期,试用期应包括在劳动合同期限内。

19. 试用期是用人单位和劳动者为相互了解、选择而约定的不超过 6 个月的考察期。一般对初次就业或再次就业的职工可以约定。在原固定工进行劳动合同制度的转制过程中,用人单位与原固定工签订劳动合同时,可以不再约定试用期。

20. 无固定期限的劳动合同是指不约定终止日期的劳动合同。按照平等自愿、协商一致的原则,用人单位和劳动者只要达成一致,无论是初次就业的,还是由固定工转制的,都可以签订无固定期限的劳动合同。

无固定期限的劳动合同不得将法定解除条件约定为终止条件,以规避解除劳动合同时用人单位应承担支付给劳动者经济补偿的义务。

21. 用人单位经批准招用农民工,其劳动合同期限可以由用人单位和劳动者协商确定。

从事矿山井下以及在其他有害身体健康的工种、岗位工作的农民工,实行定期轮换制度,合同期限最长不超过 8 年。

22. 劳动法第二十条中的"在同一用人单位连续工作满 10 年以上"是指劳动者与同一用人单位签订的劳动合同的期限不间断达到 10 年,劳动合同期满双方同意续订劳动合同时,只要劳动者提出签订无固定期限劳动合同的,用人单位应当与其签订无固定期限的劳动合同。在固定工转制中各地如有特殊规定的,从其规定。

23. 用人单位用于劳动者职业技能培训费用的支付和劳动者违约时培训费的赔偿可以在劳动合同中约定,但约定劳动者违约时负担的培训费和赔偿金的标准不得违反劳动部《违反〈劳动法〉有关劳动合同规定的赔偿办法》(劳部发〔1995〕223 号)等有关规定。

24. 用人单位在与劳动者订立劳动合同时,不得以任何形式向劳动者收取定金、保证金(物)或抵押金(物)。对违反以上规定的,应按照劳动部、公安部、全国总工会《关于加强外商投资企业和私营企业劳动管理切实保障职工合法权益的通知》(劳部发〔1994〕118 号)和劳动部办公厅《对"关于国有企业和集体所有制企业能否参照执行劳部发〔1994〕118 号文件中的有关规定的请示"的复函》(劳办发〔1994〕256 号)的规定,由公安部门和劳动行政部门责令用人单位立即退还给劳动者本人。

(三)经济性裁员

25. 依据劳动法第二十七条和劳动部《企业经济性裁减人员规定》(劳部发〔1994〕447 号)第四条的规定,用人单位确需裁减人员,应按下列程序进行:

(1)提前 30 日向工会或全体职工说明情况,并提供有关生产经营状况的资料;

(2)提出裁减人员方案,内容包括:被裁减人员名单、裁减时间及实施步骤,符合法律、法规规定和集体合同约定的被裁减人员的经济补偿办法;

(3)将裁减人员方案征求工会或者全体职工的意见,并对方案进行修改和完善;

(4)向当地劳动行政部门报告裁减人员方案以及工会或者全体职工的意见,并听取劳动行政部门的意见;

(5)由用人单位正式公布裁减人员方案,与被裁减人员办理解除劳动合同手续,按照有关规定向被裁减人员本人支付经济补偿金,并出具裁减人员证明书。

(四)劳动合同的解除和无效劳动合同

26. 劳动合同的解除是指劳动合同订立后,尚未全部履行以前,由于某种原因导致劳动合同一方或双方当事人提前消灭劳动关系的法律行为。劳动合同的解除分为法定解除和约定解除两种。根据劳动法的规定,劳动合同既可以由单方依法解除,也可以双方协商解除。劳动合同的解除,只对未履行的部分发生效力,不涉及已履行的部分。

27. 无效劳动合同是指所订立的劳动合同不符合法定条件,不能发生当事人预期的法律后果的劳动合同。劳动合同的无效由人民法院或劳动争议仲裁委员会确认,不能由合同双方当事人决定。

28. 劳动者涉嫌违法犯罪被有关机关收容审查、拘留或逮捕的,用人单位在劳动者被限制人身自由期间,可与其暂时停止劳动合同的履行。

暂时停止履行劳动合同期间,用人单位不承担劳动合同规定的相应义务。劳动者经证明被错误限制人身自由的,暂时停止履行劳动合同期间劳动者的损失,可由其依据《国家赔偿法》要求有关部门赔偿。

29. 劳动者被依法追究刑事责任的,用人单位可依据劳动法第二十五条解除劳动合同。

"被依法追究刑事责任"是指:被人民检察院免予起诉的、被人民法院判处刑罚的、被人民法院依据刑法第三十二条免予刑事处分的。

劳动者被人民法院判处拘役、3 年以下有期徒刑缓刑的,用人单位可以解除劳动合同。

30. 劳动法第二十五条为用人单位可以解除劳动合同的条款,即使存在第二十九条规定的情况,只要劳动者同时存在第二十五条规定的四种情形之一,用人单位也可以根据第二十五条的规定解除劳动合同。

31. 劳动者被劳动教养的,用人单位可以依据被劳教的事实解除与该劳动者的劳动合同。

32. 按照劳动法第三十一条的规定,劳动者解除劳动合同,应当提前 30 日以书面形式通知用人单位。超过 30 日,劳动者可以向用人单位提出办理解除劳动合同手续,用人单位予以办理。如果劳动者违法解除劳动合同给原用人单位造成经济损失,应当承担赔偿责任。

33. 劳动者违反劳动法规定或劳动合同的约定解除劳动合同(如擅自离职),给用人单位造成经济损失的,应当根据劳动法第一百零二条和劳动部《违反〈劳动法〉有关劳动合同规定的赔偿办法》(劳部发〔1995〕223号)的规定,承担赔偿责任。

34. 除劳动法第二十五条规定的情形外,劳动者在医疗期、孕期、产期和哺乳期内,劳动合同期限届满时,用人单位不得终止劳动合同。劳动合同的期限应自动延续至医疗期、孕期、产期和哺乳期期满为止。

35. 请长病假的职工在医疗期满后,能从事原工作的,可以继续履行劳动合同;医疗期满后仍不能从事原工作也不能从事由单位另行安排的工作的,由劳动鉴定委员会参照工伤与职业病致残程度鉴定标准进行劳动能力鉴定。被鉴定为一至四级的,应当退出劳动岗位,解除劳动关系,办理因病或非因工负伤退休退职手续,享受相应的退休退职待遇;被鉴定为五至十级的,用人单位可以解除劳动合同,并按规定支付经济补偿金和医疗补助费。

(五)解除劳动合同的经济补偿

36. 用人单位依据劳动法第二十四条、第二十六条、第二十七条的规定解除劳动合同,应当按照劳动法和劳动部《违反和解除劳动合同的经济补偿办法》(劳部发〔1994〕481号)支付劳动者经济补偿金。

37. 根据《民法通则》第四十四条第二款"企业法人分立、合并,它的权利和义务由变更后的法人享有和承担"的规定,用人单位发生分立或合并后,分立或合并后的用人单位可依据其实际情况与原用人单位的劳动者遵循平等自愿、协商一致的原则变更、解除或重新签订劳动合同。在此种情况下的重新签订劳动合同视为原劳动合同的变更,用人单位变更劳动合同,劳动者不能依据劳动法第二十八条要求经济补偿。

38. 劳动合同期满或者当事人约定的劳动合同终止条件出现,劳动合同即行终止,用人单位可以不支付劳动者经济补偿金。国家另有规定的,可以从其规定。

39. 用人单位依据劳动法第二十五条解除劳动合同,可以不支付劳动者经济补偿金。

40. 劳动者依据劳动法第三十二条第(一)项解除劳动合同,用人单位可以不支付经济补偿金,但应按照劳动者的实际工作天数支付工资。

41. 在原固定工实行劳动合同制度的过程中,企业富余职工辞职,经企业同意可以不与企业签订劳动合同的,企业应根据《国有企业富余职工安置规定》(国务院令第111号,1993年公布)发给劳动者一次性生活补助费。

42. 职工在接近退休年龄(按有关规定一般为五年以内)时因劳动合同到期终止劳动合同的,如果符合退休、退职条件,可以办理退休、退职手续;不符合退休、退职条件的,在终止劳动合同后按规定领取失业救济金。享受失业救济金的期限届满后仍未就业,符合社会救济条件的,可以按规定领取社会救济金,达到退休年龄时办理退休手续,领取养老保险金。

43. 劳动合同解除后,用人单位对符合规定的劳动者应支付经济补偿金。不能因劳动者领取了失业救济金而拒付或克扣经济补偿金,失业保险机构也不得以劳动者领取了经济补偿金为由,停发或减发失业救济金。

(六)体制改革过程中实行劳动合同制度的有关政策

44. 困难企业签订劳动合同,应区分不同情况,有些亏损企业属政策性亏损,生产仍在进行,还能发出工资,应该按照劳动法的规定签订劳动合同。已经停产半停产的企业,要根据具体情况签订劳动合同,保证这些企业职工的基本生活。

45. 在国有企业固定工转制过程中,劳动者无正当理由不得单方面与用人单位解除劳动关系;用人单位也不得以实行劳动合同制度为由,借机辞退部分职工。

46. 关于在企业内录干、聘干问题,劳动法规定用人单位内的全体职工统称为劳动者,在同一用人单位内,各种不同的身份界限随之打破。应该按照劳动法的规定,通过签订劳动合同来明确劳动者的工作内容、岗位等。用人单位根据工作需要,调整劳动者的工作岗位时,可以与劳动者协商一致,变更劳动合同的相关内容。

47. 由于各用人单位千差万别,对工作内容、劳动报酬的规定也就差异很大,因此,国家不宜制定统一的劳动合同标准文本。目前,各地、各行业制定并向企业推荐的劳动合同文本,对于用人单位和劳动者双方有一定的指导意义,但这些劳动合同文本只能供用人单位和劳动者参考。

48. 按照劳动部办公厅《对全面实行劳动合

同制若干问题的请示的复函》(劳办发〔1995〕19号)的规定,各地企业在与原固定工签订劳动合同时,应注意保护老弱病残职工的合法权益。对工作时间较长,年龄较大的职工,各地可以根据劳动法第一百零六条制定一次性的过渡政策,具体办法由各省、自治区、直辖市确定。

49. 在企业全面建立劳动合同制度以后,原合同制工人与本企业内的原固定工应享受同等待遇。是否发给15%的工资性补贴,可以由各省、自治区、直辖市人民政府根据劳动法第一百零六条在制定劳动合同制度的实施步骤时加以规定。

50. 在目前工伤保险和残疾人康复就业制度尚未建立和完善的情况下,对因工部分丧失劳动能力的职工,劳动合同期满也不能终止劳动合同,仍由原单位按照国家有关规定提供医疗等待遇。

(七)集体合同

51. 当前签订集体合同的重点应在非国有企业和现代企业制度试点的企业进行,积累经验,逐步扩大范围。

52. 关于国有企业在承包制条件下签订的"共保合同",凡内容符合劳动法和有关法律、法规和规章关于集体合同规定的,应按照有关规定办理集体合同送审、备案手续;凡不符合劳动法和有关法律、法规和规章规定的,应积极创造条件逐步向规范的集体合同过渡。

三、工　　资

(一)最低工资

53. 劳动法中的"工资"是指用人单位依据国家有关规定或劳动合同的约定,以货币形式直接支付给本单位劳动者的劳动报酬,一般包括计时工资、计件工资、奖金、津贴和补贴、延长工作时间的工资报酬以及特殊情况下支付的工资等。"工资"是劳动者劳动收入的主要组成部分。劳动者的以下劳动收入不属于工资范围:(1)单位支付给劳动者个人的社会保险福利费用,如丧葬抚恤救济费、生活困难补助费、计划生育补贴等;(2)劳动保护方面的费用,如用人单位支付给劳动者的工作服、解毒剂、清凉饮料费用等;(3)按规定未列入工资总额的各种劳动报酬及其他劳动收入,如根据国家规定发放的创造发明奖、国家星火奖、自然科学奖、科学技术进步奖、合理化建议和技术改进奖、中华技能大奖等,以及稿费、讲课费、翻译费等。

54. 劳动法第四十八条中的"最低工资"是指劳动者在法定工作时间内履行了正常劳动义务的前提下,由其所在单位支付的最低劳动报酬。最低工资不包括延长工作时间的工资报酬,以货币形式支付的住房和用人单位支付的伙食补贴,中班、夜班、高温、低温、井下、有毒、有害等特殊工作环境和劳动条件下的津贴,国家法律、法规、规章规定的社会保险福利待遇。

55. 劳动法第四十四条中的"劳动者正常工作时间工资"是指劳动合同规定的劳动者本人所在工作岗位(职位)相对应的工资。鉴于当前劳动合同制度尚处于推进过程中,按上述规定执行确有困难的用人单位,地方或行业劳动部门可在不违反劳动部《关于〈工资支付暂行规定〉有关问题的补充规定》(劳部发〔1995〕226号)文件所确定的总的原则的基础上,制定过渡办法。

56. 在劳动合同中,双方当事人约定的劳动者在未完成劳动定额或承包任务的情况下,用人单位可低于最低工资标准支付劳动者工资的条款不具有法律效力。

57. 劳动者与用人单位形成或建立劳动关系后,试用、熟练、见习期间,在法定工作时间内提供了正常劳动,其所在的用人单位应当支付其不低于最低工资标准的工资。

58. 企业下岗待工人员,由企业依据当地政府的有关规定支付其生活费,生活费可以低于最低工资标准,下岗待工人员中重新就业的,企业应停发其生活费。女职工因生育、哺乳请长假而下岗的,在其享受法定产假期间,依法领取生育津贴;没有参加生育保险的企业,由企业照发原工资。

59. 职工患病或非因工负伤治疗期间,在规定的医疗期间内由企业按有关规定支付其病假工资或疾病救济费,病假工资或疾病救济费可以低于当地最低工资标准支付,但不能低于最低工资标准的80%。

(二)延长工作时间的工资报酬

60. 实行每天不超过8小时,每周不超过44

小时或40小时标准工作时间制度的企业,以及经批准实行综合计算工时工作制的企业,应当按照劳动法的规定支付劳动者延长工作时间的工资报酬。全体职工已实行劳动合同制度的企业,一般管理人员(实行不定时工作制人员除外)经批准延长工作时间的,可以支付延长工作时间的工资报酬。

61. 实行计时工资制的劳动者的日工资,按其本人月工资标准除以平均每月法定工作天数(实行每周40小时工作制的为21.16天,实行每周44小时工作制的为23.33天)进行计算。

62. 实行综合计算工时工作制的企业职工,工作日正好是周休息日的,属于正常工作;工作日正好是法定节假日时,要依照劳动法第四十四条第(三)项的规定支付职工的工资报酬。

(三)有关企业工资支付的政策

63. 企业克扣或无故拖欠劳动者工资的,劳动监察部门应根据劳动法第九十一条、劳动部《违反和解除劳动合同的经济补偿办法》第三条、《违反〈中华人民共和国劳动法〉行政处罚办法》第六条予以处理。

64. 经济困难的企业执行劳动部《工资支付暂行规定》(劳部发〔1994〕489号)确有困难,应根据以下规定执行:

(1)《关于做好国有企业职工和离退休人员基本生活保障工作的通知》(国发〔1993〕76号)的规定,"企业发放工资确有困难时,应发给职工基本生活费,具体标准由各地区、各部门根据实际情况确定";

(2)《关于国有企业流动资金贷款的紧急通知》(银传〔1994〕34号)的规定,"地方政府通过财政补贴,企业主管部门有可能也要拿出一部分资金,银行要拿出一部分贷款,共同保证职工基本生活和社会的稳定";

(3)《国有企业富余职工安置规定》(国务院令第111号,1993年发布)的规定:"企业可以对职工实行有限期的放假。职工放假期间,由企业发给生活费"。

四、工作时间和休假

(一)综合计算工作时间

65. 经批准实行综合计算工作时间的用人单位,分别以周、月、季、年等为周期综合计算工作时间,但其平均日工作时间和平均周工作时间应与法定标准工作时间基本相同。

66. 对于那些在市场竞争中,由于外界因素的影响,生产任务不均衡的企业的部分职工,经劳动行政部门严格审批后,可以参照综合计算工时工作制的办法实施,但用人单位应采取适当方式确保职工的休息休假权利和生产、工作任务的完成。

67. 经批准实行不定时工作制的职工,不受劳动法第四十一条规定的日延长工作时间标准和月延长工作时间标准的限制,但用人单位应采用弹性工作时间等适当的工作和休息方式,确保职工的休息休假权利和生产、工作任务的完成。

68. 实行标准工时制度的企业,延长工作时间应严格按劳动法第四十一条的规定执行,不能按季、年综合计算延长工作时间。

69. 中央直属企业、企业化管理的事业单位实行不定时工作制和综合计算工时工作制等其他工作和休息办法的,须经国务院行业主管部门审核,报国务院劳动行政部门批准。地方企业实行不定时工作制和综合计算工时工作制等其他工作和休息办法的审批办法,由省、自治区、直辖市人民政府劳动行政部门制定,报国务院劳动行政部门备案。

(二)延长工作时间

70. 休息日安排劳动者工作的,应先按同等时间安排其补休,不能安排补休的应按劳动法第四十四条第(二)项的规定支付劳动者延长工作时间的工资报酬。法定节假日(元旦、春节、劳动节、国庆节)安排劳动者工作的,应按劳动法第四十四条第(三)项支付劳动者延长工作时间的工资报酬。

71. 协商是企业决定延长工作时间的程序(劳动法第四十二条和《劳动部贯彻〈国务院关于职工工作时间的规定〉的实施办法》第七条规定除外),企业确因生产经营需要,必须延长工作时间时,应与工会和劳动者协商。协商后,企业可以在劳动法限定的延长工作时数内决定延长工作时间,对企业违反法律、法规强迫劳动者延长工作时间的,劳动者有权拒绝。若由此发生劳动争议,可以提请劳动争议处理机构予以处理。

（三）休假

72. 实行新工时制度后，企业职工原有的年休假制度仍然实行。在国务院尚未作出新的规定之前，企业可以按照1991年6月5日《中共中央国务院关于职工休假问题的通知》，安排职工休假。

五、社 会 保 险

73. 企业实施破产时，按照国家有关企业破产的规定，从其财产清产和土地转让所得中按实际需要划拨出社会保险费用和职工再就业的安置费。其划拨的养老保险费和失业保险费由当地社会保险基金经办机构和劳动部门就业服务机构接收，并负责支付离退休人员的养老保险费用和支付失业人员应享受的失业保险待遇。

74. 企业富余职工、请长假人员、请长病假人员、外借人员和带薪上学人员，其社会保险费仍按规定由原单位和个人继续缴纳，缴纳保险费期间计算为缴费年限。

75. 用人单位全部职工实行劳动合同制度后，职工在用人单位内由转制前的原工人岗位转为原干部（技术）岗位或由原干部（技术）岗位转为原工人岗位，其退休年龄和条件，按现岗位国家规定执行。

76. 依据劳动部《企业职工患病或非因工负伤医疗期的规定》（劳部发〔1994〕479号）和劳动部《关于贯彻〈企业职工患病或非因工负伤医疗期的规定〉的通知》（劳部发〔1995〕236号），职工患病或非因工负伤，根据本人实际参加工作的年限和本企业工作年限长短，享受3－24个月的医疗期。对于某些患特殊疾病（如癌症、精神病、瘫痪等）的职工，在24个月内尚不能痊愈的，经企业和当地劳动部门批准，可以适当延长医疗期。

77. 劳动者的工伤待遇在国家尚未颁布新的工伤保险法律、行政法规之前，各类企业仍要执行《劳动保险条例》及相关的政策规定，如果当地政府已实行工伤保险制度改革的，应执行当地的新规定；个体经济组织的劳动者的工伤保险参照企业职工的规定执行；国家机关、事业组织、社会团体的劳动者的工伤保险，如果包括在地方人民政府的工伤改革规定范围内的，按地方政府的规定执行。

78. 劳动者患职业病按照1987年由卫生部等部门发布的《职业病范围和职业病患者处理办法的规定》和所附的“职业病名单”（〔87〕卫防第60号）处理，经职业病诊断机构确诊并发给《职业病诊断证明书》，劳动行政部门据此确认工伤，并通知用人单位或者社会保险基金经办机构发给有关工伤保险待遇；劳动者因工负伤的，劳动行政部门根据企业的工伤事故报告和工伤者本人的申请，作出工伤认定，由社会保险基金经办机构或用人单位，发给有关工伤保险待遇。患职业病或工伤致残的，由当地劳动鉴定委员会按照劳动部《职工工伤和职业病致残程度鉴定标准》（劳险字〔1992〕6号）评定伤残等级和护理依赖程度。劳动鉴定委员会的伤残等级和护理依赖程度的结论，以医学检查、诊断结果为技术依据。

79. 劳动者因工负伤或患职业病，用人单位应按国家和地方政府的规定进行工伤事故报告，或者经职业病诊断机构确诊进行职业病报告。用人单位和劳动者有权按规定向当地劳动行政部门报告。如果用人单位瞒报、漏报工作或职业病，工会、劳动者可以向劳动行政部门报告。经劳动行政部门确认后，用人单位或社会保险基金经办机构应补发工伤保险待遇。

80. 劳动者对劳动行政部门作出的工伤或职业病的确认意见不服，可依法提起行政复议或行政诉讼。

81. 劳动者被认定患职业病或因工负伤后，对劳动鉴定委员会作出的伤残等级和护理依赖程度鉴定结论不服，可依法提起行政复议或行政诉讼。对劳动能力鉴定结论所依据的医学检查、诊断结果有异议的，可以要求复查诊断，复查诊断按各省、自治区和直辖市劳动鉴定委员会规定的程序进行。

六、劳 动 争 议

82. 用人单位与劳动者发生劳动争议不论是否订立劳动合同，只要存在事实劳动关系，并符合劳动法的适用范围和《中华人民共和国企业劳动争议处理条例》的受案范围，劳动争议仲裁委员会均应受理。

83. 劳动合同鉴证是劳动行政部门审查、证明劳动合同的真实性、合法性的一项行政监督措施,尤其在劳动合同制度全面实施的初期有其必要性。劳动行政部门鼓励并提倡用人单位和劳动者进行劳动合同鉴证。劳动争议仲裁委员会不能以劳动合同未经鉴证为由不受理相关的劳动争议案件。

84. 国家机关、事业组织、社会团体与本单位工人以及其他与之建立劳动合同关系的劳动者之间,个体工商户与帮工、学徒之间,以及军队、武警部队的事业组织和企业与其无军籍的职工之间发生的劳动争议,只要符合劳动争议的受案范围,劳动争议仲裁委员会应予受理。

85. "劳动争议发生之日"是指当事人知道或者应当知道其权利被侵害之日。

86. 根据《中华人民共和国商业银行法》的规定,商业银行为企业法人。商业银行与其职工适用《劳动法》、《中华人民共和国企业劳动争议处理条例》等劳动法律、法规和规章。商业银行与其职工发生的争议属于劳动争议的受案范围的,劳动争议仲裁委员会应予受理。

87. 劳动法第二十五条第(三)项中的"重大损害",应由企业内部规章来规定,不便于在全国对其作统一解释。若用人单位以此为由解除劳动合同,与劳动者发生劳动争议,当事人向劳动争议仲裁委员会申请仲裁的,由劳动争议仲裁委员会根据企业的类型、规模和损害程度等情况,对企业规章中规定的"重大损害"进行认定。

88. 劳动监察是劳动法授予劳动行政部门的职责,劳动争议仲裁是劳动法授予各级劳动争议仲裁委员会的职能。用人单位或行业部门不能设立劳动监察机构和劳动争议仲裁委员会,也不能设立劳动行政部门劳动监察机构的派出机构和劳动争议仲裁委员会的派出机构。

89. 劳动争议当事人向企业劳动争议调解委员会申请调解,从当事人提出申请之日起,仲裁申诉时效中止,企业劳动争议调解委员会应当在30日内结束调解,即中止期间最长不得超过30日。结束调解之日起,当事人的申诉时效继续计算。调解超过30日的,申诉时效从30日之后的第一天继续计算。

90. 劳动争议仲裁委员会的办事机构对未予受理的仲裁申请,应逐件向仲裁委员会报告并说明情况,仲裁委员会认为应当受理的,应及时通知当事人。当事人从申请至受理的期间应视为时效中止。

七、法律责任

91. 劳动法第九十一条的含义是,如果用人单位实施了本条规定的前三项侵权行为之一的,劳动行政部门应责令用人单位支付劳动者的工资报酬和经济补偿,并可以责令支付赔偿金。如果用人单位实施了本条规定的第四项侵权行为,即解除劳动合同后未依法给予劳动者经济补偿的,因不存在支付工资报酬的问题,故劳动行政部门只责令用人单位支付劳动者经济补偿,还可以支付赔偿金。

92. 用人单位实施下列行为之一的,应认定为劳动法第一百零一条中的"无理阻挠"行为:

(1)阻止劳动监督检查人员进入用人单位内(包括进入劳动现场)进行监督检查的;

(2)隐瞒事实真象,出具伪证,或者隐匿、毁灭证据的;

(3)拒绝提供有关资料的;

(4)拒绝在规定的时间和地点就劳动行政部门所提问题作出解释和说明的;

(5)法律、法规和规章规定的其他情况。

八、适用法律

93. 劳动部、外经贸部《外商投资企业劳动管理规定》(劳部发〔1994〕246号)与劳动部《违反和解除劳动合同的经济补偿办法》(劳部发〔1994〕481号)中关于解除劳动合同的经济补偿规定是一致的,246号文中的"生活补助费"是劳动法第二十八条所指经济补偿的具体化,与481号文中的"经济补偿金"可视为同一概念。

94. 劳动部、外经贸部《外商投资企业劳动管理规定》(劳部发〔1994〕246号)与劳动部《违反〈中华人民共和国劳动法〉行政处罚办法》(劳部发〔1994〕532号)在企业低于当地最低工资标准支付职工工资应付赔偿金的标准,延长工作时间的罚款标准,阻止劳动监察人员行使监督检查权的罚款标准等方面规定不一致,按照同等效力的法律规范新法优于旧法执行的原则,应执行劳动部劳部发〔1994〕532号规章。

95. 劳动部《企业最低工资规定》（劳部发〔1993〕333号）与劳动部《违反〈中华人民共和国劳动法〉行政处罚办法》（劳部发〔1994〕532号）在拖欠或低于国家最低工资标准支付工资的赔偿金标准方面规定不一致，应按劳动部劳部发〔1994〕532号规章执行。

96. 劳动部《违反〈中华人民共和国劳动法〉行政处罚办法》（劳部发〔1994〕532号）对行政处罚行为、处罚标准未作规定，而其他劳动行政规章和地方政府规章作了规定的，按有关规定执行。

97. 对违反劳动法的用人单位，劳动行政部门有权依据劳动法律、法规和规章的规定予以处理，用人单位对劳动行政部门作出的行政处罚决定不服，在法定期限内不提起诉讼或不申请复议又不执行行政处罚决定的，劳动行政部门可以根据行政诉讼法第六十六条申请人民法院强制执行。劳动行政部门依法申请人民法院强制执行时，应当提交申请执行书，据以执行的法律文书和其他必须提交的材料。

98. 适用法律、法规、规章及其他规范性文件遵循下列原则：

（1）法律的效力高于行政法规与地方性法规；行政法规与地方性法规效力高于部门规章和地方政府规章；部门规章和地方政府规章效力高于其他规范性文件。

（2）在适用同一效力层次的文件时，新法律优于旧法律；新法规优于旧法规；新规章优于旧规章；新规范性文件优于旧规范性文件。

99. 依据《法规规章备案规定》（国务院令第48号，1990年发布）“地方人民政府规章同国务院部门规章之间或者国务院部门规章相互之间有矛盾的，由国务院法制局进行协调；经协调不能取得一致意见的，由国务院法制局提出意见，报国务院决定。”地方劳动行政部门在发现劳动部规章与国务院其他部门规章或地方政府规章相矛盾时，可将情况报劳动部，由劳动部报国务院法制局进行协调或决定。

100. 地方或行业劳动部门发现劳动部的规章之间、其他规范性文件之间或规章与其他规范性文件之间相矛盾，一般适用“新文件优于旧文件”的原则，同时可向劳动部请示。

违反《劳动法》有关劳动合同规定的赔偿办法

（1995年5月10日　劳部发〔1995〕223号）

第一条　为明确违反劳动法有关劳动合同规定的赔偿责任，维护劳动合同双方当事人的合法权益，根据《中华人民共和国劳动法》的有关规定，制定本办法。

第二条　用人单位有下列情形之一，对劳动者造成损害的，应赔偿劳动者损失：

（一）用人单位故意拖延不订立劳动合同，即招用后故意不按规定订立劳动合同以及劳动合同到期后故意不及时续订劳动合同的；

（二）由于用人单位的原因订立无效劳动合同，或订立部分无效劳动合同的；

（三）用人单位违反规定或劳动合同的约定侵害女职工或未成年工合法权益的；

（四）用人单位违反规定或劳动合同的约定解除劳动合同的。

第三条　本办法第二条规定的赔偿，按下列规定执行：

（一）造成劳动者工资收入损失的，按劳动者本人应得工资收入支付给劳动者，并加付应得工资收入25%的赔偿费用；

（二）造成劳动者劳动保护待遇损失的，应按国家规定补足劳动者的劳动保护津贴和用品；

（三）造成劳动者工伤、医疗待遇损失的，除按国家规定为劳动者提供工伤、医疗待遇外，还应支付劳动者相当于医疗费用25%的赔偿费用；

（四）造成女职工和未成年工身体健康损害的，除按国家规定提供治疗期间的医疗待遇外，还应支付相当于其医疗费用25%的赔偿费用；

（五）劳动合同约定的其他赔偿费用。

第四条　劳动者违反规定或劳动合同的约定解除劳动合同，对用人单位造成损失的，劳动者应赔偿用人单位下列损失：

（一）用人单位招收录用其所支付的费用；

（二）用人单位为其支付的培训费用，双方另有约定的按约定办理；

(三)对生产、经营和工作造成的直接经济损失;

(四)劳动合同约定的其他赔偿费用。

第五条 劳动者违反劳动合同中约定的保密事项,对用人单位造成经济损失的,按《反不正当竞争法》第二十条的规定支付用人单位赔偿费用。

第六条 用人单位招用尚未解除劳动合同的劳动者,对原用人单位造成经济损失的,除该劳动者承担直接赔偿责任外,该用人单位应当承担连带赔偿责任。其连带赔偿的份额应不低于对原用人单位造成经济损失总额的70%。向原用人单位赔偿下列损失:

(一)对生产、经营和工作造成的直接经济损失;

(二)因获取商业秘密给原用人单位造成的经济损失。

赔偿本条第(二)项规定的损失,按《反不正当竞争法》第二十条的规定执行。

第七条 因赔偿引起争议的,按照国家有关劳动争议处理的规定办理。

第八条 本办法自发布之日起施行。

中华人民共和国劳动合同法①

(2007年6月29日第十届全国人民代表大会常务委员会第二十八次会议通过 2007年6月29日中华人民共和国主席令第65号公布 自2008年1月1日起施行)

目 录

第一章 总 则

第一条 为了完善劳动合同制度,明确劳动合同双方当事人的权利和义务,保护劳动者的合法权益,构建和发展和谐稳定的劳动关系,制定本法。

第二条 中华人民共和国境内的企业、个体经济组织、民办非企业单位等组织(以下称用人单位)与劳动者建立劳动关系,订立、履行、变更、解除或者终止劳动合同,适用本法。

国家机关、事业单位、社会团体和与其建立劳动关系的劳动者,订立、履行、变更、解除或者终止劳动合同,依照本法执行。

第三条 订立劳动合同,应当遵循合法、公平、平等自愿、协商一致、诚实信用的原则。

依法订立的劳动合同具有约束力,用人单位与劳动者应当履行劳动合同约定的义务。

第四条 用人单位应当依法建立和完善劳动规章制度,保障劳动者享有劳动权利、履行劳动义务。

用人单位在制定、修改或者决定有关劳动报酬、工作时间、休息休假、劳动安全卫生、保险福利、职工培训、劳动纪律以及劳动定额管理等直接涉及劳动者切身利益的规章制度或者重大事项时,应当经职工代表大会或者全体职工讨论,提出方案和意见,与工会或者职工代表平等协商确定。

在规章制度和重大事项决定实施过程中,工会或者职工认为不适当的,有权向用人单位提出,通过协商予以修改完善。

用人单位应当将直接涉及劳动者切身利益的规章制度和重大事项决定公示,或者告知劳动者。

第五条 县级以上人民政府劳动行政部门会同工会和企业方面代表,建立健全协调劳动关系三方机制,共同研究解决有关劳动关系的重大问题。

第六条 工会应当帮助、指导劳动者与用人单位依法订立和履行劳动合同,并与用人单位建立集体协商机制,维护劳动者的合法权益。

① 编者注:已被修改。

第二章　劳动合同的订立

第七条　用人单位自用工之日起即与劳动者建立劳动关系。用人单位应当建立职工名册备查。

第八条　用人单位招用劳动者时,应当如实告知劳动者工作内容、工作条件、工作地点、职业危害、安全生产状况、劳动报酬,以及劳动者要求了解的其他情况;用人单位有权了解劳动者与劳动合同直接相关的基本情况,劳动者应当如实说明。

第九条　用人单位招用劳动者,不得扣押劳动者的居民身份证和其他证件,不得要求劳动者提供担保或者以其他名义向劳动者收取财物。

第十条　建立劳动关系,应当订立书面劳动合同。

已建立劳动关系,未同时订立书面劳动合同的,应当自用工之日起一个月内订立书面劳动合同。

用人单位与劳动者在用工前订立劳动合同的,劳动关系自用工之日起建立。

第十一条　用人单位未在用工的同时订立书面劳动合同,与劳动者约定的劳动报酬不明确的,新招用的劳动者的劳动报酬按照集体合同规定的标准执行;没有集体合同或者集体合同未规定的,实行同工同酬。

第十二条　劳动合同分为固定期限劳动合同、无固定期限劳动合同和以完成一定工作任务为期限的劳动合同。

第十三条　固定期限劳动合同,是指用人单位与劳动者约定合同终止时间的劳动合同。

用人单位与劳动者协商一致,可以订立固定期限劳动合同。

第十四条　无固定期限劳动合同,是指用人单位与劳动者约定无确定终止时间的劳动合同。

用人单位与劳动者协商一致,可以订立无固定期限劳动合同。有下列情形之一,劳动者提出或者同意续订、订立劳动合同的,除劳动者提出订立固定期限劳动合同外,应当订立无固定期限劳动合同:

(一)劳动者在该用人单位连续工作满十年的;

(二)用人单位初次实行劳动合同制度或者国有企业改制重新订立劳动合同时,劳动者在该用人单位连续工作满十年且距法定退休年龄不足十年的;

(三)连续订立二次固定期限劳动合同,且劳动者没有本法第三十九条和第四十条第一项、第二项规定的情形,续订劳动合同的。

用人单位自用工之日起满一年不与劳动者订立书面劳动合同的,视为用人单位与劳动者已订立无固定期限劳动合同。

第十五条　以完成一定工作任务为期限的劳动合同,是指用人单位与劳动者约定以某项工作的完成为合同期限的劳动合同。

用人单位与劳动者协商一致,可以订立以完成一定工作任务为期限的劳动合同。

第十六条　劳动合同由用人单位与劳动者协商一致,并经用人单位与劳动者在劳动合同文本上签字或者盖章生效。

劳动合同文本由用人单位和劳动者各执一份。

第十七条　劳动合同应当具备以下条款:

(一)用人单位的名称、住所和法定代表人或者主要负责人;

(二)劳动者的姓名、住址和居民身份证或者其他有效身份证件号码;

(三)劳动合同期限;

(四)工作内容和工作地点;

(五)工作时间和休息休假;

(六)劳动报酬;

(七)社会保险;

(八)劳动保护、劳动条件和职业危害防护;

(九)法律、法规规定应当纳入劳动合同的其他事项。

劳动合同除前款规定的必备条款外,用人单位与劳动者可以约定试用期、培训、保守秘密、补充保险和福利待遇等其他事项。

第十八条　劳动合同对劳动报酬和劳动条件等标准约定不明确,引发争议的,用人单位与劳动者可以重新协商;协商不成的,适用集体合同规定;没有集体合同或者集体合同未规定劳动报酬的,实行同工同酬;没有集体合同或者集体合同未规定劳动条件等标准的,适用国家有关规定。

第十九条 劳动合同期限三个月以上不满一年的,试用期不得超过一个月;劳动合同期限一年以上不满三年的,试用期不得超过二个月;三年以上固定期限和无固定期限的劳动合同,试用期不得超过六个月。

同一用人单位与同一劳动者只能约定一次试用期。

以完成一定工作任务为期限的劳动合同或者劳动合同期限不满三个月的,不得约定试用期。

试用期包含在劳动合同期限内。劳动合同仅约定试用期的,试用期不成立,该期限为劳动合同期限。

第二十条 劳动者在试用期的工资不得低于本单位相同岗位最低档工资或者劳动合同约定工资的百分之八十,并不得低于用人单位所在地的最低工资标准。

第二十一条 在试用期中,除劳动者有本法第三十九条和第四十条第一项、第二项规定的情形外,用人单位不得解除劳动合同。用人单位在试用期解除劳动合同的,应当向劳动者说明理由。

第二十二条 用人单位为劳动者提供专项培训费用,对其进行专业技术培训的,可以与该劳动者订立协议,约定服务期。

劳动者违反服务期约定的,应当按照约定向用人单位支付违约金。违约金的数额不得超过用人单位提供的培训费用。用人单位要求劳动者支付的违约金不得超过服务期尚未履行部分所应分摊的培训费用。

用人单位与劳动者约定服务期的,不影响按照正常的工资调整机制提高劳动者在服务期期间的劳动报酬。

第二十三条 用人单位与劳动者可以在劳动合同中约定保守用人单位的商业秘密和与知识产权相关的保密事项。

对负有保密义务的劳动者,用人单位可以在劳动合同或者保密协议中与劳动者约定竞业限制条款,并约定在解除或者终止劳动合同后,在竞业限制期限内按月给予劳动者经济补偿。劳动者违反竞业限制约定的,应当按照约定向用人单位支付违约金。

第二十四条 竞业限制的人员限于用人单位的高级管理人员、高级技术人员和其他负有保密义务的人员。竞业限制的范围、地域、期限由用人单位与劳动者约定,竞业限制的约定不得违反法律、法规的规定。

在解除或者终止劳动合同后,前款规定的人员到与本单位生产或者经营同类产品、从事同类业务的有竞争关系的其他用人单位,或者自己开业生产或者经营同类产品、从事同类业务的竞业限制期限,不得超过二年。

第二十五条 除本法第二十二条和第二十三条规定的情形外,用人单位不得与劳动者约定由劳动者承担违约金。

第二十六条 下列劳动合同无效或者部分无效:

(一)以欺诈、胁迫的手段或者乘人之危,使对方在违背真实意思的情况下订立或者变更劳动合同的;

(二)用人单位免除自己的法定责任、排除劳动者权利的;

(三)违反法律、行政法规强制性规定的。

对劳动合同的无效或者部分无效有争议的,由劳动争议仲裁机构或者人民法院确认。

第二十七条 劳动合同部分无效,不影响其他部分效力的,其他部分仍然有效。

第二十八条 劳动合同被确认无效,劳动者已付出劳动的,用人单位应当向劳动者支付劳动报酬。劳动报酬的数额,参照本单位相同或者相近岗位劳动者的劳动报酬确定。

第三章 劳动合同的履行和变更

第二十九条 用人单位与劳动者应当按照劳动合同的约定,全面履行各自的义务。

第三十条 用人单位应当按照劳动合同约定和国家规定,向劳动者及时足额支付劳动报酬。

用人单位拖欠或者未足额支付劳动报酬的,劳动者可以依法向当地人民法院申请支付令,人民法院应当依法发出支付令。

第三十一条 用人单位应当严格执行劳动定额标准,不得强迫或者变相强迫劳动者加班。用人单位安排加班的,应当按照国家有关规定向劳动者支付加班费。

第三十二条　劳动者拒绝用人单位管理人员违章指挥、强令冒险作业的，不视为违反劳动合同。

劳动者对危害生命安全和身体健康的劳动条件，有权对用人单位提出批评、检举和控告。

第三十三条　用人单位变更名称、法定代表人、主要负责人或者投资人等事项，不影响劳动合同的履行。

第三十四条　用人单位发生合并或者分立等情况，原劳动合同继续有效，劳动合同由承继其权利和义务的用人单位继续履行。

第三十五条　用人单位与劳动者协商一致，可以变更劳动合同约定的内容。变更劳动合同，应当采用书面形式。

变更后的劳动合同文本由用人单位和劳动者各执一份。

第四章　劳动合同的解除和终止

第三十六条　用人单位与劳动者协商一致，可以解除劳动合同。

第三十七条　劳动者提前三十日以书面形式通知用人单位，可以解除劳动合同。劳动者在试用期内提前三日通知用人单位，可以解除劳动合同。

第三十八条　用人单位有下列情形之一的，劳动者可以解除劳动合同：

（一）未按照劳动合同约定提供劳动保护或者劳动条件的；

（二）未及时足额支付劳动报酬的；

（三）未依法为劳动者缴纳社会保险费的；

（四）用人单位的规章制度违反法律、法规的规定，损害劳动者权益的；

（五）因本法第二十六条第一款规定的情形致使劳动合同无效的；

（六）法律、行政法规规定劳动者可以解除劳动合同的其他情形。

用人单位以暴力、威胁或者非法限制人身自由的手段强迫劳动者劳动的，或者用人单位违章指挥、强令冒险作业危及劳动者人身安全的，劳动者可以立即解除劳动合同，不需事先告知用人单位。

第三十九条　劳动者有下列情形之一的，用人单位可以解除劳动合同：

（一）在试用期间被证明不符合录用条件的；

（二）严重违反用人单位的规章制度的；

（三）严重失职，营私舞弊，给用人单位造成重大损害的；

（四）劳动者同时与其他用人单位建立劳动关系，对完成本单位的工作任务造成严重影响，或者经用人单位提出，拒不改正的；

（五）因本法第二十六条第一款第一项规定的情形致使劳动合同无效的；

（六）被依法追究刑事责任的。

第四十条　有下列情形之一的，用人单位提前三十日以书面形式通知劳动者本人或者额外支付劳动者一个月工资后，可以解除劳动合同：

（一）劳动者患病或者非因工负伤，在规定的医疗期满后不能从事原工作，也不能从事由用人单位另行安排的工作的；

（二）劳动者不能胜任工作，经过培训或者调整工作岗位，仍不能胜任工作的；

（三）劳动合同订立时所依据的客观情况发生重大变化，致使劳动合同无法履行，经用人单位与劳动者协商，未能就变更劳动合同内容达成协议的。

第四十一条　有下列情形之一，需要裁减人员二十人以上或者裁减不足二十人但占企业职工总数百分之十以上的，用人单位提前三十日向工会或者全体职工说明情况，听取工会或者职工的意见后，裁减人员方案经向劳动行政部门报告，可以裁减人员：

（一）依照企业破产法规定进行重整的；

（二）生产经营发生严重困难的；

（三）企业转产、重大技术革新或者经营方式调整，经变更劳动合同后，仍需裁减人员的；

（四）其他因劳动合同订立时所依据的客观经济情况发生重大变化，致使劳动合同无法履行的。

裁减人员时，应当优先留用下列人员：

（一）与本单位订立较长期限的固定期限劳动合同的；

（二）与本单位订立无固定期限劳动合同的；

（三）家庭无其他就业人员，有需要扶养的老人或者未成年人的。

用人单位依照本条第一款规定裁减人员，在六个月内重新招用人员的，应当通知被裁减的人员，并在同等条件下优先招用被裁减的人员。

第四十二条 劳动者有下列情形之一的，用人单位不得依照本法第四十条、第四十一条的规定解除劳动合同：

（一）从事接触职业病危害作业的劳动者未进行离岗前职业健康检查，或者疑似职业病病人在诊断或者医学观察期间的；

（二）在本单位患职业病或者因工负伤并被确认丧失或者部分丧失劳动能力的；

（三）患病或者非因工负伤，在规定的医疗期内的；

（四）女职工在孕期、产期、哺乳期的；

（五）在本单位连续工作满十五年，且距法定退休年龄不足五年的；

（六）法律、行政法规规定的其他情形。

第四十三条 用人单位单方解除劳动合同，应当事先将理由通知工会。用人单位违反法律、行政法规规定或者劳动合同约定的，工会有权要求用人单位纠正。用人单位应当研究工会的意见，并将处理结果书面通知工会。

第四十四条 有下列情形之一的，劳动合同终止：

（一）劳动合同期满的；

（二）劳动者开始依法享受基本养老保险待遇的；

（三）劳动者死亡，或者被人民法院宣告死亡或者宣告失踪的；

（四）用人单位被依法宣告破产的；

（五）用人单位被吊销营业执照、责令关闭、撤销或者用人单位决定提前解散的；

（六）法律、行政法规规定的其他情形。

第四十五条 劳动合同期满，有本法第四十二条规定情形之一的，劳动合同应当续延至相应的情形消失时终止。但是，本法第四十二条第二项规定丧失或者部分丧失劳动能力劳动者的劳动合同的终止，按照国家有关工伤保险的规定执行。

第四十六条 有下列情形之一的，用人单位应当向劳动者支付经济补偿：

（一）劳动者依照本法第三十八条规定解除劳动合同的；

（二）用人单位依照本法第三十六条规定向劳动者提出解除劳动合同并与劳动者协商一致解除劳动合同的；

（三）用人单位依照本法第四十条规定解除劳动合同的；

（四）用人单位依照本法第四十一条第一款规定解除劳动合同的；

（五）除用人单位维持或者提高劳动合同约定条件续订劳动合同，劳动者不同意续订的情形外，依照本法第四十四条第一项规定终止固定期限劳动合同的；

（六）依照本法第四十四条第四项、第五项规定终止劳动合同的；

（七）法律、行政法规规定的其他情形。

第四十七条 经济补偿按劳动者在本单位工作的年限，每满一年支付一个月工资的标准向劳动者支付。六个月以上不满一年的，按一年计算；不满六个月的，向劳动者支付半个月工资的经济补偿。

劳动者月工资高于用人单位所在直辖市、设区的市级人民政府公布的本地区上年度职工月平均工资三倍的，向其支付经济补偿的标准按职工月平均工资三倍的数额支付，向其支付经济补偿的年限最高不超过十二年。

本条所称月工资是指劳动者在劳动合同解除或者终止前十二个月的平均工资。

第四十八条 用人单位违反本法规定解除或者终止劳动合同，劳动者要求继续履行劳动合同的，用人单位应当继续履行；劳动者不要求继续履行劳动合同或者劳动合同已经不能继续履行的，用人单位应当依照本法第八十七条规定支付赔偿金。

第四十九条 国家采取措施，建立健全劳动者社会保险关系跨地区转移接续制度。

第五十条 用人单位应当在解除或者终止劳动合同时出具解除或者终止劳动合同的证明，并在十五日内为劳动者办理档案和社会保险关系转移手续。

劳动者应当按照双方约定，办理工作交接。用人单位依照本法有关规定应当向劳动者支付经济补偿的，在办结工作交接时支付。

用人单位对已经解除或者终止的劳动合同的文本，至少保存二年备查。

第五章 特别规定

第一节 集体合同

第五十一条 企业职工一方与用人单位通过平等协商，可以就劳动报酬、工作时间、休息休假、劳动安全卫生、保险福利等事项订立集体合同。集体合同草案应当提交职工代表大会或者全体职工讨论通过。

集体合同由工会代表企业职工一方与用人单位订立；尚未建立工会的用人单位，由上级工会指导劳动者推举的代表与用人单位订立。

第五十二条 企业职工一方与用人单位可以订立劳动安全卫生、女职工权益保护、工资调整机制等专项集体合同。

第五十三条 在县级以下区域内，建筑业、采矿业、餐饮服务业等行业可以由工会与企业方面代表订立行业性集体合同，或者订立区域性集体合同。

第五十四条 集体合同订立后，应当报送劳动行政部门；劳动行政部门自收到集体合同文本之日起十五日内未提出异议的，集体合同即行生效。

依法订立的集体合同对用人单位和劳动者具有约束力。行业性、区域性集体合同对当地本行业、本区域的用人单位和劳动者具有约束力。

第五十五条 集体合同中劳动报酬和劳动条件等标准不得低于当地人民政府规定的最低标准；用人单位与劳动者订立的劳动合同中劳动报酬和劳动条件等标准不得低于集体合同规定的标准。

第五十六条 用人单位违反集体合同，侵犯职工劳动权益的，工会可以依法要求用人单位承担责任；因履行集体合同发生争议，经协商解决不成的，工会可以依法申请仲裁、提起诉讼。

第二节 劳务派遣

第五十七条 劳务派遣单位应当依照公司法的有关规定设立，注册资本不得少于五十万元。

第五十八条 劳务派遣单位是本法所称用人单位，应当履行用人单位对劳动者的义务。劳务派遣单位与被派遣劳动者订立的劳动合同，除应当载明本法第十七条规定的事项外，还应当载明被派遣劳动者的用工单位以及派遣期限、工作岗位等情况。

劳务派遣单位应当与被派遣劳动者订立二年以上的固定期限劳动合同，按月支付劳动报酬；被派遣劳动者在无工作期间，劳务派遣单位应当按照所在地人民政府规定的最低工资标准，向其按月支付报酬。

第五十九条 劳务派遣单位派遣劳动者应当与接受以劳务派遣形式用工的单位（以下称用工单位）订立劳务派遣协议。劳务派遣协议应当约定派遣岗位和人员数量、派遣期限、劳动报酬和社会保险费的数额与支付方式以及违反协议的责任。

用工单位应当根据工作岗位的实际需要与劳务派遣单位确定派遣期限，不得将连续用工期限分割订立数个短期劳务派遣协议。

第六十条 劳务派遣单位应当将劳务派遣协议的内容告知被派遣劳动者。

劳务派遣单位不得克扣用工单位按照劳务派遣协议支付给被派遣劳动者的劳动报酬。

劳务派遣单位和用工单位不得向被派遣劳动者收取费用。

第六十一条 劳务派遣单位跨地区派遣劳动者的，被派遣劳动者享有的劳动报酬和劳动条件，按照用工单位所在地的标准执行。

第六十二条 用工单位应当履行下列义务：

（一）执行国家劳动标准，提供相应的劳动条件和劳动保护；

（二）告知被派遣劳动者的工作要求和劳动报酬；

（三）支付加班费、绩效奖金，提供与工作岗位相关的福利待遇；

（四）对在岗被派遣劳动者进行工作岗位所必需的培训；

（五）连续用工的，实行正常的工资调整机制。

用工单位不得将被派遣劳动者再派遣到其他用人单位。

第六十三条 被派遣劳动者享有与用工单

位的劳动者同工同酬的权利。用工单位无同类岗位劳动者的,参照用工单位所在地相同或者相近岗位劳动者的劳动报酬确定。

第六十四条 被派遣劳动者有权在劳务派遣单位或者用工单位依法参加或者组织工会,维护自身的合法权益。

第六十五条 被派遣劳动者可以依照本法第三十六条、第三十八条的规定与劳务派遣单位解除劳动合同。

被派遣劳动者有本法第三十九条和第四十条第一项、第二项规定情形的,用工单位可以将劳动者退回劳务派遣单位,劳务派遣单位依照本法有关规定,可以与劳动者解除劳动合同。

第六十六条 劳务派遣一般在临时性、辅助性或者替代性的工作岗位上实施。

第六十七条 用人单位不得设立劳务派遣单位向本单位或者所属单位派遣劳动者。

第三节 非全日制用工

第六十八条 非全日制用工,是指以小时计酬为主,劳动者在同一用人单位一般平均每日工作时间不超过四小时,每周工作时间累计不超过二十四小时的用工形式。

第六十九条 非全日制用工双方当事人可以订立口头协议。

从事非全日制用工的劳动者可以与一个或者一个以上用人单位订立劳动合同;但是,后订立的劳动合同不得影响先订立的劳动合同的履行。

第七十条 非全日制用工双方当事人不得约定试用期。

第七十一条 非全日制用工双方当事人任何一方都可以随时通知对方终止用工。终止用工,用人单位不向劳动者支付经济补偿。

第七十二条 非全日制用工小时计酬标准不得低于用人单位所在地人民政府规定的最低小时工资标准。

非全日制用工劳动报酬结算支付周期最长不得超过十五日。

第六章 监督检查

第七十三条 国务院劳动行政部门负责全国劳动合同制度实施的监督管理。

县级以上地方人民政府劳动行政部门负责本行政区域内劳动合同制度实施的监督管理。

县级以上各级人民政府劳动行政部门在劳动合同制度实施的监督管理工作中,应当听取工会、企业方面代表以及有关行业主管部门的意见。

第七十四条 县级以上地方人民政府劳动行政部门依法对下列实施劳动合同制度的情况进行监督检查:

(一)用人单位制定直接涉及劳动者切身利益的规章制度及其执行的情况;

(二)用人单位与劳动者订立和解除劳动合同的情况;

(三)劳务派遣单位和用工单位遵守劳务派遣有关规定的情况;

(四)用人单位遵守国家关于劳动者工作时间和休息休假规定的情况;

(五)用人单位支付劳动合同约定的劳动报酬和执行最低工资标准的情况;

(六)用人单位参加各项社会保险和缴纳社会保险费的情况;

(七)法律、法规规定的其他劳动监察事项。

第七十五条 县级以上地方人民政府劳动行政部门实施监督检查时,有权查阅与劳动合同、集体合同有关的材料,有权对劳动场所进行实地检查,用人单位和劳动者都应当如实提供有关情况和材料。

劳动行政部门的工作人员进行监督检查,应当出示证件,依法行使职权,文明执法。

第七十六条 县级以上人民政府建设、卫生、安全生产监督管理等有关主管部门在各自职责范围内,对用人单位执行劳动合同制度的情况进行监督管理。

第七十七条 劳动者合法权益受到侵害的,有权要求有关部门依法处理,或者依法申请仲裁、提起诉讼。

第七十八条 工会依法维护劳动者的合法权益,对用人单位履行劳动合同、集体合同的情况进行监督。用人单位违反劳动法律、法规和劳动合同、集体合同的,工会有权提出意见或者要求纠正;劳动者申请仲裁、提起诉讼的,工会依法给予支持和帮助。

第七十九条 任何组织或者个人对违反本法的行为都有权举报，县级以上人民政府劳动行政部门应当及时核实、处理，并对举报有功人员给予奖励。

第七章 法律责任

第八十条 用人单位直接涉及劳动者切身利益的规章制度违反法律、法规规定的，由劳动行政部门责令改正，给予警告；给劳动者造成损害的，应当承担赔偿责任。

第八十一条 用人单位提供的劳动合同文本未载明本法规定的劳动合同必备条款或者用人单位未将劳动合同文本交付劳动者的，由劳动行政部门责令改正；给劳动者造成损害的，应当承担赔偿责任。

第八十二条 用人单位自用工之日起超过一个月不满一年未与劳动者订立书面劳动合同的，应当向劳动者每月支付二倍的工资。

用人单位违反本法规定不与劳动者订立无固定期限劳动合同的，自应当订立无固定期限劳动合同之日起向劳动者每月支付二倍的工资。

第八十三条 用人单位违反本法规定与劳动者约定试用期的，由劳动行政部门责令改正；违法约定的试用期已经履行的，由用人单位以劳动者试用期满月工资为标准，按已经履行的超过法定试用期的期间向劳动者支付赔偿金。

第八十四条 用人单位违反本法规定，扣押劳动者居民身份证等证件的，由劳动行政部门责令限期退还劳动者本人，并依照有关法律规定给予处罚。

用人单位违反本法规定，以担保或者其他名义向劳动者收取财物的，由劳动行政部门责令限期退还劳动者本人，并以每人五百元以上二千元以下的标准处以罚款；给劳动者造成损害的，应当承担赔偿责任。

劳动者依法解除或者终止劳动合同，用人单位扣押劳动者档案或者其他物品的，依照前款规定处罚。

第八十五条 用人单位有下列情形之一的，由劳动行政部门责令限期支付劳动报酬、加班费或者经济补偿；劳动报酬低于当地最低工资标准的，应当支付其差额部分；逾期不支付的，责令用人单位按应付金额百分之五十以上百分之一百以下的标准向劳动者加付赔偿金：

（一）未按照劳动合同的约定或者国家规定及时足额支付劳动者劳动报酬的；

（二）低于当地最低工资标准支付劳动者工资的；

（三）安排加班不支付加班费的；

（四）解除或者终止劳动合同，未依照本法规定向劳动者支付经济补偿的。

第八十六条 劳动合同依照本法第二十六条规定被确认无效，给对方造成损害的，有过错的一方应当承担赔偿责任。

第八十七条 用人单位违反本法规定解除或者终止劳动合同的，应当依照本法第四十七条规定的经济补偿标准的二倍向劳动者支付赔偿金。

第八十八条 用人单位有下列情形之一的，依法给予行政处罚；构成犯罪的，依法追究刑事责任；给劳动者造成损害的，应当承担赔偿责任：

（一）以暴力、威胁或者非法限制人身自由的手段强迫劳动的；

（二）违章指挥或者强令冒险作业危及劳动者人身安全的；

（三）侮辱、体罚、殴打、非法搜查或者拘禁劳动者的；

（四）劳动条件恶劣、环境污染严重，给劳动者身心健康造成严重损害的。

第八十九条 用人单位违反本法规定未向劳动者出具解除或者终止劳动合同的书面证明，由劳动行政部门责令改正；给劳动者造成损害的，应当承担赔偿责任。

第九十条 劳动者违反本法规定解除劳动合同，或者违反劳动合同中约定的保密义务或者竞业限制，给用人单位造成损失的，应当承担赔偿责任。

第九十一条 用人单位招用与其他用人单位尚未解除或者终止劳动合同的劳动者，给其他用人单位造成损失的，应当承担连带赔偿责任。

第九十二条 劳务派遣单位违反本法规定的，由劳动行政部门和其他有关主管部门责令改正；情节严重的，以每人一千元以上五千元以下的标准处以罚款，并由工商行政管理部门吊销营业执照;给被派遣劳动者造成损害的,劳务派遣单位与用工单位承担连带赔偿责任。

第九十三条　对不具备合法经营资格的用人单位的违法犯罪行为,依法追究法律责任;劳动者已经付出劳动的,该单位或者其出资人应当依照本法有关规定向劳动者支付劳动报酬、经济补偿、赔偿金;给劳动者造成损害的,应当承担赔偿责任。

第九十四条　个人承包经营违反本法规定招用劳动者,给劳动者造成损害的,发包的组织与个人承包经营者承担连带赔偿责任。

第九十五条　劳动行政部门和其他有关主管部门及其工作人员玩忽职守、不履行法定职责,或者违法行使职权,给劳动者或者用人单位造成损害的,应当承担赔偿责任;对直接负责的主管人员和其他直接责任人员,依法给予行政处分;构成犯罪的,依法追究刑事责任。

第八章　附　　则

第九十六条　事业单位与实行聘用制的工作人员订立、履行、变更、解除或者终止劳动合同,法律、行政法规或者国务院另有规定的,依照其规定;未作规定的,依照本法有关规定执行。

第九十七条　本法施行前已依法订立且在本法施行之日存续的劳动合同,继续履行;本法第十四条第二款第三项规定连续订立固定期限劳动合同的次数,自本法施行后续订固定期限劳动合同时开始计算。

本法施行前已建立劳动关系,尚未订立书面劳动合同的,应当自本法施行之日起一个月内订立。

本法施行之日存续的劳动合同在本法施行后解除或者终止,依照本法第四十六条规定应当支付经济补偿的,经济补偿年限自本法施行之日起计算;本法施行前按照当时有关规定,用人单位应当向劳动者支付经济补偿的,按照当时有关规定执行。

第九十八条　本法自2008年1月1日起施行。

全国人民代表大会常务委员会关于修改《中华人民共和国劳动合同法》的决定

(2012年12月28日第十一届全国人民代表大会常务委员会第三十次会议通过　2012年12月28日中华人民共和国主席令第73号公布自2013年7月1日起施行)

第十一届全国人民代表大会常务委员会第三十次会议决定对《中华人民共和国劳动合同法》作如下修改:

一、将第五十七条修改为:"经营劳务派遣业务应当具备下列条件:

"(一)注册资本不得少于人民币二百万元;

"(二)有与开展业务相适应的固定的经营场所和设施;

"(三)有符合法律、行政法规规定的劳务派遣管理制度;

"(四)法律、行政法规规定的其他条件。

"经营劳务派遣业务,应当向劳动行政部门依法申请行政许可;经许可的,依法办理相应的公司登记。未经许可,任何单位和个人不得经营劳务派遣业务。"

二、将第六十三条修改为:"被派遣劳动者享有与用工单位的劳动者同工同酬的权利。用工单位应当按照同工同酬原则,对被派遣劳动者与本单位同类岗位的劳动者实行相同的劳动报酬分配办法。用工单位无同类岗位劳动者的,参照用工单位所在地相同或者相近岗位劳动者的劳动报酬确定。

"劳务派遣单位与被派遣劳动者订立的劳动合同和与用工单位订立的劳务派遣协议,载明或者约定的向被派遣劳动者支付的劳动报酬应当符合前款规定。"

三、将第六十六条修改为:"劳动合同用工是我国的企业基本用工形式。劳务派遣用工是补充形式,只能在临时性、辅助性或者替代性的工作岗位上实施。

"前款规定的临时性工作岗位是指存续时间不超过六个月的岗位;辅助性工作岗位是指为主

营业务岗位提供服务的非主营业务岗位；替代性工作岗位是指用工单位的劳动者因脱产学习、休假等原因无法工作的一定期间内，可以由其他劳动者替代工作的岗位。

“用工单位应当严格控制劳务派遣用工数量，不得超过其用工总量的一定比例，具体比例由国务院劳动行政部门规定。”

四、将第九十二条修改为：“违反本法规定，未经许可，擅自经营劳务派遣业务的，由劳动行政部门责令停止违法行为，没收违法所得，并处违法所得一倍以上五倍以下的罚款；没有违法所得的，可以处五万元以下的罚款。

“劳务派遣单位、用工单位违反本法有关劳务派遣规定的，由劳动行政部门责令限期改正；逾期不改正的，以每人五千元以上一万元以下的标准处以罚款，对劳务派遣单位，吊销其劳务派遣业务经营许可证。用工单位给被派遣劳动者造成损害的，劳务派遣单位与用工单位承担连带赔偿责任。”

本决定自2013年7月1日起施行。

本决定公布前已依法订立的劳动合同和劳务派遣协议继续履行至期限届满，但是劳动合同和劳务派遣协议的内容不符合本决定关于按照同工同酬原则实行相同的劳动报酬分配办法的规定的，应当依照本决定进行调整；本决定施行前经营劳务派遣业务的单位，应当在本决定施行之日起一年内依法取得行政许可并办理公司变更登记，方可经营新的劳务派遣业务。具体办法由国务院劳动行政部门会同国务院有关部门规定。

《中华人民共和国劳动合同法》根据本决定作相应修改，重新公布。

中华人民共和国劳动合同法

（2007年6月29日第十届全国人民代表大会常务委员会第二十八次会议通过　根据2012年12月28日第十一届全国人民代表大会常务委员会第三十次会议《关于修改〈中华人民共和国劳动合同法〉的决定》修正）

目　录

第一章　总　　则

第一条　为了完善劳动合同制度，明确劳动合同双方当事人的权利和义务，保护劳动者的合法权益，构建和发展和谐稳定的劳动关系，制定本法。

第二条　中华人民共和国境内的企业、个体经济组织、民办非企业单位等组织（以下称用人单位）与劳动者建立劳动关系，订立、履行、变更、解除或者终止劳动合同，适用本法。

国家机关、事业单位、社会团体和与其建立劳动关系的劳动者，订立、履行、变更、解除或者终止劳动合同，依照本法执行。

第三条　订立劳动合同，应当遵循合法、公平、平等自愿、协商一致、诚实信用的原则。

依法订立的劳动合同具有约束力，用人单位与劳动者应当履行劳动合同约定的义务。

第四条　用人单位应当依法建立和完善劳动规章制度，保障劳动者享有劳动权利、履行劳动义务。

用人单位在制定、修改或者决定有关劳动报酬、工作时间、休息休假、劳动安全卫生、保险福利、职工培训、劳动纪律以及劳动定额管理等直接涉及劳动者切身利益的规章制度或者重大事项时，应当经职工代表大会或者全体职工讨论，提出方案和意见，与工会或者职工代表平等协商确定。

在规章制度和重大事项决定实施过程中，工会或者职工认为不适当的，有权向用人单位提出，通过协商予以修改完善。

用人单位应当将直接涉及劳动者切身利益的规章制度和重大事项决定公示，或者告知劳动者。

第五条 县级以上人民政府劳动行政部门会同工会和企业方面代表,建立健全协调劳动关系三方机制,共同研究解决有关劳动关系的重大问题。

第六条 工会应当帮助、指导劳动者与用人单位依法订立和履行劳动合同,并与用人单位建立集体协商机制,维护劳动者的合法权益。

第二章 劳动合同的订立

第七条 用人单位自用工之日起即与劳动者建立劳动关系。用人单位应当建立职工名册备查。

第八条 用人单位招用劳动者时,应当如实告知劳动者工作内容、工作条件、工作地点、职业危害、安全生产状况、劳动报酬,以及劳动者要求了解的其他情况;用人单位有权了解劳动者与劳动合同直接相关的基本情况,劳动者应当如实说明。

第九条 用人单位招用劳动者,不得扣押劳动者的居民身份证和其他证件,不得要求劳动者提供担保或者以其他名义向劳动者收取财物。

第十条 建立劳动关系,应当订立书面劳动合同。

已建立劳动关系,未同时订立书面劳动合同的,应当自用工之日起一个月内订立书面劳动合同。

用人单位与劳动者在用工前订立劳动合同的,劳动关系自用工之日起建立。

第十一条 用人单位未在用工的同时订立书面劳动合同,与劳动者约定的劳动报酬不明确的,新招用的劳动者的劳动报酬按照集体合同规定的标准执行;没有集体合同或者集体合同未规定的,实行同工同酬。

第十二条 劳动合同分为固定期限劳动合同、无固定期限劳动合同和以完成一定工作任务为期限的劳动合同。

第十三条 固定期限劳动合同,是指用人单位与劳动者约定合同终止时间的劳动合同。

用人单位与劳动者协商一致,可以订立固定期限劳动合同。

第十四条 无固定期限劳动合同,是指用人单位与劳动者约定无确定终止时间的劳动合同。

用人单位与劳动者协商一致,可以订立无固定期限劳动合同。有下列情形之一,劳动者提出或者同意续订、订立劳动合同的,除劳动者提出订立固定期限劳动合同外,应当订立无固定期限劳动合同:

(一)劳动者在该用人单位连续工作满十年的;

(二)用人单位初次实行劳动合同制度或者国有企业改制重新订立劳动合同时,劳动者在该用人单位连续工作满十年且距法定退休年龄不足十年的;

(三)连续订立二次固定期限劳动合同,且劳动者没有本法第三十九条和第四十条第一项、第二项规定的情形,续订劳动合同的。

用人单位自用工之日起满一年不与劳动者订立书面劳动合同的,视为用人单位与劳动者已订立无固定期限劳动合同。

第十五条 以完成一定工作任务为期限的劳动合同,是指用人单位与劳动者约定以某项工作的完成为合同期限的劳动合同。

用人单位与劳动者协商一致,可以订立以完成一定工作任务为期限的劳动合同。

第十六条 劳动合同由用人单位与劳动者协商一致,并经用人单位与劳动者在劳动合同文本上签字或者盖章生效。

劳动合同文本由用人单位和劳动者各执一份。

第十七条 劳动合同应当具备以下条款:

(一)用人单位的名称、住所和法定代表人或者主要负责人;

(二)劳动者的姓名、住址和居民身份证或者其他有效身份证件号码;

(三)劳动合同期限;

(四)工作内容和工作地点;

(五)工作时间和休息休假;

(六)劳动报酬;

(七)社会保险;

(八)劳动保护、劳动条件和职业危害防护;

(九)法律、法规规定应当纳入劳动合同的其他事项。

劳动合同除前款规定的必备条款外,用人单位与劳动者可以约定试用期、培训、保守秘密、补充保险和福利待遇等其他事项。

第十八条 劳动合同对劳动报酬和劳动条件等标准约定不明确，引发争议的，用人单位与劳动者可以重新协商；协商不成的，适用集体合同规定；没有集体合同或者集体合同未规定劳动报酬的，实行同工同酬；没有集体合同或者集体合同未规定劳动条件等标准的，适用国家有关规定。

第十九条 劳动合同期限三个月以上不满一年的，试用期不得超过一个月；劳动合同期限一年以上不满三年的，试用期不得超过二个月；三年以上固定期限和无固定期限的劳动合同，试用期不得超过六个月。

同一用人单位与同一劳动者只能约定一次试用期。

以完成一定工作任务为期限的劳动合同或者劳动合同期限不满三个月的，不得约定试用期。

试用期包含在劳动合同期限内。劳动合同仅约定试用期的，试用期不成立，该期限为劳动合同期限。

第二十条 劳动者在试用期的工资不得低于本单位相同岗位最低档工资或者劳动合同约定工资的百分之八十，并不得低于用人单位所在地的最低工资标准。

第二十一条 在试用期中，除劳动者有本法第三十九条和第四十条第一项、第二项规定的情形外，用人单位不得解除劳动合同。用人单位在试用期解除劳动合同的，应当向劳动者说明理由。

第二十二条 用人单位为劳动者提供专项培训费用，对其进行专业技术培训的，可以与该劳动者订立协议，约定服务期。

劳动者违反服务期约定的，应当按照约定向用人单位支付违约金。违约金的数额不得超过用人单位提供的培训费用。用人单位要求劳动者支付的违约金不得超过服务期尚未履行部分所应分摊的培训费用。

用人单位与劳动者约定服务期的，不影响按照正常的工资调整机制提高劳动者在服务期期间的劳动报酬。

第二十三条 用人单位与劳动者可以在劳动合同中约定保守用人单位的商业秘密和与知识产权相关的保密事项。

对负有保密义务的劳动者，用人单位可以在劳动合同或者保密协议中与劳动者约定竞业限制条款，并约定在解除或者终止劳动合同后，在竞业限制期限内按月给予劳动者经济补偿。劳动者违反竞业限制约定的，应当按照约定向用人单位支付违约金。

第二十四条 竞业限制的人员限于用人单位的高级管理人员、高级技术人员和其他负有保密义务的人员。竞业限制的范围、地域、期限由用人单位与劳动者约定，竞业限制的约定不得违反法律、法规的规定。

在解除或者终止劳动合同后，前款规定的人员到与本单位生产或者经营同类产品、从事同类业务的有竞争关系的其他用人单位，或者自己开业生产或者经营同类产品、从事同类业务的竞业限制期限，不得超过二年。

第二十五条 除本法第二十二条和第二十三条规定的情形外，用人单位不得与劳动者约定由劳动者承担违约金。

第二十六条 下列劳动合同无效或者部分无效：

（一）以欺诈、胁迫的手段或者乘人之危，使对方在违背真实意思的情况下订立或者变更劳动合同的；

（二）用人单位免除自己的法定责任、排除劳动者权利的；

（三）违反法律、行政法规强制性规定的。

对劳动合同的无效或者部分无效有争议的，由劳动争议仲裁机构或者人民法院确认。

第二十七条 劳动合同部分无效，不影响其他部分效力的，其他部分仍然有效。

第二十八条 劳动合同被确认无效，劳动者已付出劳动的，用人单位应当向劳动者支付劳动报酬。劳动报酬的数额，参照本单位相同或者相近岗位劳动者的劳动报酬确定。

第三章 劳动合同的履行和变更

第二十九条 用人单位与劳动者应当按照劳动合同的约定，全面履行各自的义务。

第三十条 用人单位应当按照劳动合同约

定和国家规定,向劳动者及时足额支付劳动报酬。

用人单位拖欠或者未足额支付劳动报酬的,劳动者可以依法向当地人民法院申请支付令,人民法院应当依法发出支付令。

第三十一条 用人单位应当严格执行劳动定额标准,不得强迫或者变相强迫劳动者加班。用人单位安排加班的,应当按照国家有关规定向劳动者支付加班费。

第三十二条 劳动者拒绝用人单位管理人员违章指挥、强令冒险作业的,不视为违反劳动合同。

劳动者对危害生命安全和身体健康的劳动条件,有权对用人单位提出批评、检举和控告。

第三十三条 用人单位变更名称、法定代表人、主要负责人或者投资人等事项,不影响劳动合同的履行。

第三十四条 用人单位发生合并或者分立等情况,原劳动合同继续有效,劳动合同由承继其权利和义务的用人单位继续履行。

第三十五条 用人单位与劳动者协商一致,可以变更劳动合同约定的内容。变更劳动合同,应当采用书面形式。

变更后的劳动合同文本由用人单位和劳动者各执一份。

第四章 劳动合同的解除和终止

第三十六条 用人单位与劳动者协商一致,可以解除劳动合同。

第三十七条 劳动者提前三十日以书面形式通知用人单位,可以解除劳动合同。劳动者在试用期内提前三日通知用人单位,可以解除劳动合同。

第三十八条 用人单位有下列情形之一的,劳动者可以解除劳动合同:

(一)未按照劳动合同约定提供劳动保护或者劳动条件的;

(二)未及时足额支付劳动报酬的;

(三)未依法为劳动者缴纳社会保险费的;

(四)用人单位的规章制度违反法律、法规的规定,损害劳动者权益的;

(五)因本法第二十六条第一款规定的情形致使劳动合同无效的;

(六)法律、行政法规规定劳动者可以解除劳动合同的其他情形。

用人单位以暴力、威胁或者非法限制人身自由的手段强迫劳动者劳动的,或者用人单位违章指挥、强令冒险作业危及劳动者人身安全的,劳动者可以立即解除劳动合同,不需事先告知用人单位。

第三十九条 劳动者有下列情形之一的,用人单位可以解除劳动合同:

(一)在试用期间被证明不符合录用条件的;

(二)严重违反用人单位的规章制度的;

(三)严重失职,营私舞弊,给用人单位造成重大损害的;

(四)劳动者同时与其他用人单位建立劳动关系,对完成本单位的工作任务造成严重影响,或者经用人单位提出,拒不改正的;

(五)因本法第二十六条第一款第一项规定的情形致使劳动合同无效的;

(六)被依法追究刑事责任的。

第四十条 有下列情形之一的,用人单位提前三十日以书面形式通知劳动者本人或者额外支付劳动者一个月工资后,可以解除劳动合同:

(一)劳动者患病或者非因工负伤,在规定的医疗期满后不能从事原工作,也不能从事由用人单位另行安排的工作的;

(二)劳动者不能胜任工作,经过培训或者调整工作岗位,仍不能胜任工作的;

(三)劳动合同订立时所依据的客观情况发生重大变化,致使劳动合同无法履行,经用人单位与劳动者协商,未能就变更劳动合同内容达成协议的。

第四十一条 有下列情形之一,需要裁减人员二十人以上或者裁减不足二十人但占企业职工总数百分之十以上的,用人单位提前三十日向工会或者全体职工说明情况,听取工会或者职工的意见后,裁减人员方案经向劳动行政部门报告,可以裁减人员:

(一)依照企业破产法规定进行重整的;

(二)生产经营发生严重困难的;

(三)企业转产、重大技术革新或者经营方式调整,经变更劳动合同后,仍需裁减人员的;

（四）其他因劳动合同订立时所依据的客观经济情况发生重大变化，致使劳动合同无法履行的。

裁减人员时，应当优先留用下列人员：

（一）与本单位订立较长期限的固定期限劳动合同的；

（二）与本单位订立无固定期限劳动合同的；

（三）家庭无其他就业人员，有需要扶养的老人或者未成年人的。

用人单位依照本条第一款规定裁减人员，在六个月内重新招用人员的，应当通知被裁减的人员，并在同等条件下优先招用被裁减的人员。

第四十二条 劳动者有下列情形之一的，用人单位不得依照本法第四十条、第四十一条的规定解除劳动合同：

（一）从事接触职业病危害作业的劳动者未进行离岗前职业健康检查，或者疑似职业病病人在诊断或者医学观察期间的；

（二）在本单位患职业病或者因工负伤并被确认丧失或者部分丧失劳动能力的；

（三）患病或者非因工负伤，在规定的医疗期内的；

（四）女职工在孕期、产期、哺乳期的；

（五）在本单位连续工作满十五年，且距法定退休年龄不足五年的；

（六）法律、行政法规规定的其他情形。

第四十三条 用人单位单方解除劳动合同，应当事先将理由通知工会。用人单位违反法律、行政法规规定或者劳动合同约定的，工会有权要求用人单位纠正。用人单位应当研究工会的意见，并将处理结果书面通知工会。

第四十四条 有下列情形之一的，劳动合同终止：

（一）劳动合同期满的；

（二）劳动者开始依法享受基本养老保险待遇的；

（三）劳动者死亡，或者被人民法院宣告死亡或者宣告失踪的；

（四）用人单位被依法宣告破产的；

（五）用人单位被吊销营业执照、责令关闭、撤销或者用人单位决定提前解散的；

（六）法律、行政法规规定的其他情形。

第四十五条 劳动合同期满，有本法第四十二条规定情形之一的，劳动合同应当续延至相应的情形消失时终止。但是，本法第四十二条第二项规定丧失或者部分丧失劳动能力劳动者的劳动合同的终止，按照国家有关工伤保险的规定执行。

第四十六条 有下列情形之一的，用人单位应当向劳动者支付经济补偿：

（一）劳动者依照本法第三十八条规定解除劳动合同的；

（二）用人单位依照本法第三十六条规定向劳动者提出解除劳动合同并与劳动者协商一致解除劳动合同的；

（三）用人单位依照本法第四十条规定解除劳动合同的；

（四）用人单位依照本法第四十一条第一款规定解除劳动合同的；

（五）除用人单位维持或者提高劳动合同约定条件续订劳动合同，劳动者不同意续订的情形外，依照本法第四十四条第一项规定终止固定期限劳动合同的；

（六）依照本法第四十四条第四项、第五项规定终止劳动合同的；

（七）法律、行政法规规定的其他情形。

第四十七条 经济补偿按劳动者在本单位工作的年限，每满一年支付一个月工资的标准向劳动者支付。六个月以上不满一年的，按一年计算；不满六个月的，向劳动者支付半个月工资的经济补偿。

劳动者月工资高于用人单位所在直辖市、设区的市级人民政府公布的本地区上年度职工月平均工资三倍的，向其支付经济补偿的标准按职工月平均工资三倍的数额支付，向其支付经济补偿的年限最高不超过十二年。

本条所称月工资是指劳动者在劳动合同解除或者终止前十二个月的平均工资。

第四十八条 用人单位违反本法规定解除或者终止劳动合同，劳动者要求继续履行劳动合同的，用人单位应当继续履行；劳动者不要求继续履行劳动合同或者劳动合同已经不能继续履行的，用人单位应当依照本法第八十七条规定支付赔偿金。

第四十九条 国家采取措施,建立健全劳动者社会保险关系跨地区转移接续制度。

第五十条 用人单位应当在解除或者终止劳动合同时出具解除或者终止劳动合同的证明,并在十五日内为劳动者办理档案和社会保险关系转移手续。

劳动者应当按照双方约定,办理工作交接。用人单位依照本法有关规定应当向劳动者支付经济补偿的,在办结工作交接时支付。

用人单位对已经解除或者终止的劳动合同的文本,至少保存二年备查。

第五章 特别规定

第一节 集体合同

第五十一条 企业职工一方与用人单位通过平等协商,可以就劳动报酬、工作时间、休息休假、劳动安全卫生、保险福利等事项订立集体合同。集体合同草案应当提交职工代表大会或者全体职工讨论通过。

集体合同由工会代表企业职工一方与用人单位订立;尚未建立工会的用人单位,由上级工会指导劳动者推举的代表与用人单位订立。

第五十二条 企业职工一方与用人单位可以订立劳动安全卫生、女职工权益保护、工资调整机制等专项集体合同。

第五十三条 在县级以下区域内,建筑业、采矿业、餐饮服务业等行业可以由工会与企业方面代表订立行业性集体合同,或者订立区域性集体合同。

第五十四条 集体合同订立后,应当报送劳动行政部门;劳动行政部门自收到集体合同文本之日起十五日内未提出异议的,集体合同即行生效。

依法订立的集体合同对用人单位和劳动者具有约束力。行业性、区域性集体合同对当地本行业、本区域的用人单位和劳动者具有约束力。

第五十五条 集体合同中劳动报酬和劳动条件等标准不得低于当地人民政府规定的最低标准;用人单位与劳动者订立的劳动合同中劳动报酬和劳动条件等标准不得低于集体合同规定的标准。

第五十六条 用人单位违反集体合同,侵犯职工劳动权益的,工会可以依法要求用人单位承担责任;因履行集体合同发生争议,经协商解决不成的,工会可以依法申请仲裁、提起诉讼。

第二节 劳务派遣

第五十七条 经营劳务派遣业务应当具备下列条件:

(一)注册资本不得少于人民币二百万元;

(二)有与开展业务相适应的固定的经营场所和设施;

(三)有符合法律、行政法规规定的劳务派遣管理制度;

(四)法律、行政法规规定的其他条件。

经营劳务派遣业务,应当向劳动行政部门依法申请行政许可;经许可的,依法办理相应的公司登记。未经许可,任何单位和个人不得经营劳务派遣业务。

第五十八条 劳务派遣单位是本法所称用人单位,应当履行用人单位对劳动者的义务。劳务派遣单位与被派遣劳动者订立的劳动合同,除应当载明本法第十七条规定的事项外,还应当载明被派遣劳动者的用工单位以及派遣期限、工作岗位等情况。

劳务派遣单位应当与被派遣劳动者订立二年以上的固定期限劳动合同,按月支付劳动报酬;被派遣劳动者在无工作期间,劳务派遣单位应当按照所在地人民政府规定的最低工资标准,向其按月支付报酬。

第五十九条 劳务派遣单位派遣劳动者应当与接受以劳务派遣形式用工的单位(以下称用工单位)订立劳务派遣协议。劳务派遣协议应当约定派遣岗位和人员数量、派遣期限、劳动报酬和社会保险费的数额与支付方式以及违反协议的责任。

用工单位应当根据工作岗位的实际需要与劳务派遣单位确定派遣期限,不得将连续用工期限分割订立数个短期劳务派遣协议。

第六十条 劳务派遣单位应当将劳务派遣协议的内容告知被派遣劳动者。

劳务派遣单位不得克扣用工单位按照劳务派遣协议支付给被派遣劳动者的劳动报酬。

劳务派遣单位和用工单位不得向被派遣劳动者收取费用。

第六十一条　劳务派遣单位跨地区派遣劳动者的，被派遣劳动者享有的劳动报酬和劳动条件，按照用工单位所在地的标准执行。

第六十二条　用工单位应当履行下列义务：

（一）执行国家劳动标准，提供相应的劳动条件和劳动保护；

（二）告知被派遣劳动者的工作要求和劳动报酬；

（三）支付加班费、绩效奖金，提供与工作岗位相关的福利待遇；

（四）对在岗被派遣劳动者进行工作岗位所必需的培训；

（五）连续用工的，实行正常的工资调整机制。

用工单位不得将被派遣劳动者再派遣到其他用人单位。

第六十三条　被派遣劳动者享有与用工单位的劳动者同工同酬的权利。用工单位应当按照同工同酬原则，对被派遣劳动者与本单位同类岗位的劳动者实行相同的劳动报酬分配办法。用工单位无同类岗位劳动者的，参照用工单位所在地相同或者相近岗位劳动者的劳动报酬确定。

劳务派遣单位与被派遣劳动者订立的劳动合同和与用工单位订立的劳务派遣协议，载明或者约定的向被派遣劳动者支付的劳动报酬应当符合前款规定。

第六十四条　被派遣劳动者有权在劳务派遣单位或者用工单位依法参加或者组织工会，维护自身的合法权益。

第六十五条　被派遣劳动者可以依照本法第三十六条、第三十八条的规定与劳务派遣单位解除劳动合同。

被派遣劳动者有本法第三十九条和第四十条第一项、第二项规定情形的，用工单位可以将劳动者退回劳务派遣单位，劳务派遣单位依照本法有关规定，可以与劳动者解除劳动合同。

第六十六条　劳动合同用工是我国的企业基本用工形式。劳务派遣用工是补充形式，只能在临时性、辅助性或者替代性的工作岗位上实施。

前款规定的临时性工作岗位是指存续时间不超过六个月的岗位；辅助性工作岗位是指为主营业务岗位提供服务的非主营业务岗位；替代性工作岗位是指用工单位的劳动者因脱产学习、休假等原因无法工作的一定期间内，可以由其他劳动者替代工作的岗位。

用工单位应当严格控制劳务派遣用工数量，不得超过其用工总量的一定比例，具体比例由国务院劳动行政部门规定。

第六十七条　用人单位不得设立劳务派遣单位向本单位或者所属单位派遣劳动者。

第三节　非全日制用工

第六十八条　非全日制用工，是指以小时计酬为主，劳动者在同一用人单位一般平均每日工作时间不超过四小时，每周工作时间累计不超过二十四小时的用工形式。

第六十九条　非全日制用工双方当事人可以订立口头协议。

从事非全日制用工的劳动者可以与一个或者一个以上用人单位订立劳动合同；但是，后订立的劳动合同不得影响先订立的劳动合同的履行。

第七十条　非全日制用工双方当事人不得约定试用期。

第七十一条　非全日制用工双方当事人任何一方都可以随时通知对方终止用工。终止用工，用人单位不向劳动者支付经济补偿。

第七十二条　非全日制用工小时计酬标准不得低于用人单位所在地人民政府规定的最低小时工资标准。

非全日制用工劳动报酬结算支付周期最长不得超过十五日。

第六章　监督检查

第七十三条　国务院劳动行政部门负责全国劳动合同制度实施的监督管理。

县级以上地方人民政府劳动行政部门负责本行政区域内劳动合同制度实施的监督管理。

县级以上各级人民政府劳动行政部门在劳动合同制度实施的监督管理工作中，应当听取工会、企业方面代表以及有关行业主管部门的意见。

第七十四条 县级以上地方人民政府劳动行政部门依法对下列实施劳动合同制度的情况进行监督检查：

(一)用人单位制定直接涉及劳动者切身利益的规章制度及其执行的情况；

(二)用人单位与劳动者订立和解除劳动合同的情况；

(三)劳务派遣单位和用工单位遵守劳务派遣有关规定的情况；

(四)用人单位遵守国家关于劳动者工作时间和休息休假规定的情况；

(五)用人单位支付劳动合同约定的劳动报酬和执行最低工资标准的情况；

(六)用人单位参加各项社会保险和缴纳社会保险费的情况；

(七)法律、法规规定的其他劳动监察事项。

第七十五条 县级以上地方人民政府劳动行政部门实施监督检查时，有权查阅与劳动合同、集体合同有关的材料，有权对劳动场所进行实地检查，用人单位和劳动者都应当如实提供有关情况和材料。

劳动行政部门的工作人员进行监督检查，应当出示证件，依法行使职权，文明执法。

第七十六条 县级以上人民政府建设、卫生、安全生产监督管理等有关主管部门在各自职责范围内，对用人单位执行劳动合同制度的情况进行监督管理。

第七十七条 劳动者合法权益受到侵害的，有权要求有关部门依法处理，或者依法申请仲裁、提起诉讼。

第七十八条 工会依法维护劳动者的合法权益，对用人单位履行劳动合同、集体合同的情况进行监督。用人单位违反劳动法律、法规和劳动合同、集体合同的，工会有权提出意见或者要求纠正；劳动者申请仲裁、提起诉讼的，工会依法给予支持和帮助。

第七十九条 任何组织或者个人对违反本法的行为都有权举报，县级以上人民政府劳动行政部门应当及时核实、处理，并对举报有功人员给予奖励。

第七章 法律责任

第八十条 用人单位直接涉及劳动者切身利益的规章制度违反法律、法规规定的，由劳动行政部门责令改正，给予警告；给劳动者造成损害的，应当承担赔偿责任。

第八十一条 用人单位提供的劳动合同文本未载明本法规定的劳动合同必备条款或者用人单位未将劳动合同文本交付劳动者的，由劳动行政部门责令改正；给劳动者造成损害的，应当承担赔偿责任。

第八十二条 用人单位自用工之日起超过一个月不满一年未与劳动者订立书面劳动合同的，应当向劳动者每月支付二倍的工资。

用人单位违反本法规定不与劳动者订立无固定期限劳动合同的，自应当订立无固定期限劳动合同之日起向劳动者每月支付二倍的工资。

第八十三条 用人单位违反本法规定与劳动者约定试用期的，由劳动行政部门责令改正；违法约定的试用期已经履行的，由用人单位以劳动者试用期满月工资为标准，按已经履行的超过法定试用期的期间向劳动者支付赔偿金。

第八十四条 用人单位违反本法规定，扣押劳动者居民身份证等证件的，由劳动行政部门责令限期退还劳动者本人，并依照有关法律规定给予处罚。

用人单位违反本法规定，以担保或者其他名义向劳动者收取财物的，由劳动行政部门责令限期退还劳动者本人，并以每人五百元以上二千元以下的标准处以罚款；给劳动者造成损害的，应当承担赔偿责任。

劳动者依法解除或者终止劳动合同，用人单位扣押劳动者档案或者其他物品的，依照前款规定处罚。

第八十五条 用人单位有下列情形之一的，由劳动行政部门责令限期支付劳动报酬、加班费或者经济补偿；劳动报酬低于当地最低工资标准的，应当支付其差额部分；逾期不支付的，责令用人单位按应付金额百分之五十以上百分之一百以下的标准向劳动者加付赔偿金：

(一)未按照劳动合同的约定或者国家规定及时足额支付劳动者劳动报酬的；

（二）低于当地最低工资标准支付劳动者工资的；

（三）安排加班不支付加班费的；

（四）解除或者终止劳动合同，未依照本法规定向劳动者支付经济补偿的。

第八十六条 劳动合同依照本法第二十六条规定被确认无效，给对方造成损害的，有过错的一方应当承担赔偿责任。

第八十七条 用人单位违反本法规定解除或者终止劳动合同的，应当依照本法第四十七条规定的经济补偿标准的二倍向劳动者支付赔偿金。

第八十八条 用人单位有下列情形之一的，依法给予行政处罚；构成犯罪的，依法追究刑事责任；给劳动者造成损害的，应当承担赔偿责任：

（一）以暴力、威胁或者非法限制人身自由的手段强迫劳动的；

（二）违章指挥或者强令冒险作业危及劳动者人身安全的；

（三）侮辱、体罚、殴打、非法搜查或者拘禁劳动者的；

（四）劳动条件恶劣、环境污染严重，给劳动者身心健康造成严重损害的。

第八十九条 用人单位违反本法规定未向劳动者出具解除或者终止劳动合同的书面证明，由劳动行政部门责令改正；给劳动者造成损害的，应当承担赔偿责任。

第九十条 劳动者违反本法规定解除劳动合同，或者违反劳动合同中约定的保密义务或者竞业限制，给用人单位造成损失的，应当承担赔偿责任。

第九十一条 用人单位招用与其他用人单位尚未解除或者终止劳动合同的劳动者，给其他用人单位造成损失的，应当承担连带赔偿责任。

第九十二条 违反本法规定，未经许可，擅自经营劳务派遣业务的，由劳动行政部门责令停止违法行为，没收违法所得，并处违法所得一倍以上五倍以下的罚款；没有违法所得的，可以处五万元以下的罚款。

劳务派遣单位、用工单位违反本法有关劳务派遣规定的，由劳动行政部门责令限期改正；逾期不改正的，以每人五千元以上一万元以下的标准处以罚款，对劳务派遣单位，吊销其劳务派遣业务经营许可证。用工单位给被派遣劳动者造成损害的，劳务派遣单位与用工单位承担连带赔偿责任。

第九十三条 对不具备合法经营资格的用人单位的违法犯罪行为，依法追究法律责任；劳动者已经付出劳动的，该单位或者其出资人应当依照本法有关规定向劳动者支付劳动报酬、经济补偿、赔偿金；给劳动者造成损害的，应当承担赔偿责任。

第九十四条 个人承包经营违反本法规定招用劳动者，给劳动者造成损害的，发包的组织与个人承包经营者承担连带赔偿责任。

第九十五条 劳动行政部门和其他有关主管部门及其工作人员玩忽职守、不履行法定职责，或者违法行使职权，给劳动者或者用人单位造成损害的，应当承担赔偿责任；对直接负责的主管人员和其他直接责任人员，依法给予行政处分；构成犯罪的，依法追究刑事责任。

第八章 附 则

第九十六条 事业单位与实行聘用制的工作人员订立、履行、变更、解除或者终止劳动合同，法律、行政法规或者国务院另有规定的，依照其规定；未作规定的，依照本法有关规定执行。

第九十七条 本法施行前已依法订立且在本法施行之日存续的劳动合同，继续履行；本法第十四条第二款第三项规定连续订立固定期限劳动合同的次数，自本法施行后续订固定期限劳动合同时开始计算。

本法施行前已建立劳动关系，尚未订立书面劳动合同的，应当自本法施行之日起一个月内订立。

本法施行之日存续的劳动合同在本法施行后解除或者终止，依照本法第四十六条规定应当支付经济补偿的，经济补偿年限自本法施行之日起计算；本法施行前按照当时有关规定，用人单位应当向劳动者支付经济补偿的，按照当时有关规定执行。

第九十八条 本法自2008年1月1日起施行。

最高人民法院对“我国劳动合同法无固定期限劳动合同的离职补偿问题”的答复

（2014年12月12日）

经济补偿是国家要求用人单位承担的一种社会责任，即用人单位解除或者终止劳动合同时，应当支付给劳动者一定的经济补助，以帮助劳动者在失业阶段维持基本生活，不至于生活水平急剧下降。正是由于这种社会责任是国家强加给用人单位的义务，因而，何种情况下用人单位应当担责，需要由法律的明确规定。我国《劳动合同法》第46条规定了用人单位支付经济补偿的七种情形，这七种情形只要满足其中之一，用人单位就得无条件向劳动者支付相应的经济补偿金。您在信中提到，在不知情的情况下签订无固定期限劳动合同的劳动者，劳动合同履行过程中劳动者提出解除劳动合同的，用人单位应当视同固定期限劳动合同到期给予劳动者经济补偿。我们认为，您的这一观点值得商榷。

首先，用人单位与劳动者签订任何类型的劳动合同，完全基于劳动者自愿，这也是劳动合同签订时所必须遵循的自愿原则。尤其是在绝大多数用人单位并不愿意与劳动者签订无固定期限劳动合同类型的当下，双方既然签订了无固定期限劳动合同，就很难说是发生在劳动者并不知情的情况下。

其次，无固定期限劳动合同是指没有终止时间的劳动合同。只要劳动者没有达到法定退休年龄，双方也没有出现《劳动合同法》中规定的解除或者终止劳动合同的法定情形，劳动者就有权在用人单位一直工作下去，这是劳动者获得的职业稳定与保障的权利。在这种情形下，如果劳动者任意提出解除劳动合同并要求用人单位支付经济补偿，则与经济补偿的性质相悖。

再次，用人单位与劳动者可以协商一致解除劳动合同，但由用人单位首先提出解除动议的，应当支付经济补偿，这也是《劳动合同法》第46条的明确规定。考虑到有时是劳动者主动跳槽，与用人单位协商解除劳动合同，此时劳动者一般不会失业，或者对失业早有资金积累，如果要求用人单位支付经济补偿不太合理，因此，对协商解除的情形下，应当对给予经济补偿的条件作出一定的限制。

最后，经济补偿的法定性决定了法律没有明确规定用人单位应当支付的情形下，用人单位有权拒绝支付经济补偿。因此，对于签订无固定期限的劳动合同，只要劳动者自愿提出解除劳动合同的，用人单位不负有支付经济补偿的义务。

以上意见供参考。

中华人民共和国劳动合同法实施条例

（2008年9月3日国务院第25次常务会议通过　2008年9月18日中华人民共和国国务院令第535号公布　自公布之日起施行）

第一章　总　　则

第一条　为了贯彻实施《中华人民共和国劳动合同法》（以下简称劳动合同法），制定本条例。

第二条　各级人民政府和县级以上人民政府劳动行政等有关部门以及工会等组织，应当采取措施，推动劳动合同法的贯彻实施，促进劳动关系的和谐。

第三条　依法成立的会计师事务所、律师事务所等合伙组织和基金会，属于劳动合同法规定的用人单位。

第二章　劳动合同的订立

第四条　劳动合同法规定的用人单位设立的分支机构，依法取得营业执照或者登记证书的，可以作为用人单位与劳动者订立劳动合同；未依法取得营业执照或者登记证书的，受用人单位委托可以与劳动者订立劳动合同。

第五条　自用工之日起一个月内，经用人单位书面通知后，劳动者不与用人单位订立书面劳动合同的，用人单位应当书面通知劳动者终止劳动关系，无需向劳动者支付经济补偿，但是应当依法向劳动者支付其实际工作时间的劳动报酬。

第六条　用人单位自用工之日起超过一个

月不满一年未与劳动者订立书面劳动合同的,应当依照劳动合同法第八十二条的规定向劳动者每月支付两倍的工资,并与劳动者补订书面劳动合同;劳动者不与用人单位订立书面劳动合同的,用人单位应当书面通知劳动者终止劳动关系,并依照劳动合同法第四十七条的规定支付经济补偿。

前款规定的用人单位向劳动者每月支付两倍工资的起算时间为用工之日起满一个月的次日,截止时间为补订书面劳动合同的前一日。

第七条 用人单位自用工之日起满一年未与劳动者订立书面劳动合同的,自用工之日起满一个月的次日至满一年的前一日应当依照劳动合同法第八十二条的规定向劳动者每月支付两倍的工资,并视为自用工之日起满一年的当日已经与劳动者订立无固定期限劳动合同,应当立即与劳动者补订书面劳动合同。

第八条 劳动合同法第七条规定的职工名册,应当包括劳动者姓名、性别、公民身份号码、户籍地址及现住址、联系方式、用工形式、用工起始时间、劳动合同期限等内容。

第九条 劳动合同法第十四条第二款规定的连续工作满10年的起始时间,应当自用人单位用工之日起计算,包括劳动合同法施行前的工作年限。

第十条 劳动者非因本人原因从原用人单位被安排到新用人单位工作的,劳动者在原用人单位的工作年限合并计算为新用人单位的工作年限。原用人单位已经向劳动者支付经济补偿的,新用人单位在依法解除、终止劳动合同计算支付经济补偿的工作年限时,不再计算劳动者在原用人单位的工作年限。

第十一条 除劳动者与用人单位协商一致的情形外,劳动者依照劳动合同法第十四条第二款的规定,提出订立无固定期限劳动合同的,用人单位应当与其订立无固定期限劳动合同。对劳动合同的内容,双方应当按照合法、公平、平等自愿、协商一致、诚实信用的原则协商确定;对协商不一致的内容,依照劳动合同法第十八条的规定执行。

第十二条 地方各级人民政府及县级以上地方人民政府有关部门为安置就业困难人员提供的给予岗位补贴和社会保险补贴的公益性岗位,其劳动合同不适用劳动合同法有关无固定期限劳动合同的规定以及支付经济补偿的规定。

第十三条 用人单位与劳动者不得在劳动合同法第四十四条规定的劳动合同终止情形之外约定其他的劳动合同终止条件。

第十四条 劳动合同履行地与用人单位注册地不一致的,有关劳动者的最低工资标准、劳动保护、劳动条件、职业危害防护和本地区上年度职工月平均工资标准等事项,按照劳动合同履行地的有关规定执行;用人单位注册地的有关标准高于劳动合同履行地的有关标准,且用人单位与劳动者约定按照用人单位注册地的有关规定执行的,从其约定。

第十五条 劳动者在试用期的工资不得低于本单位相同岗位最低档工资的80%或者不得低于劳动合同约定工资的80%,并不得低于用人单位所在地的最低工资标准。

第十六条 劳动合同法第二十二条第二款规定的培训费用,包括用人单位为了对劳动者进行专业技术培训而支付的有凭证的培训费用、培训期间的差旅费用以及因培训产生的用于该劳动者的其他直接费用。

第十七条 劳动合同期满,但是用人单位与劳动者依照劳动合同法第二十二条的规定约定的服务期尚未到期的,劳动合同应当续延至服务期满;双方另有约定的,从其约定。

第三章 劳动合同的解除和终止

第十八条 有下列情形之一的,依照劳动合同法规定的条件、程序,劳动者可以与用人单位解除固定期限劳动合同、无固定期限劳动合同或者以完成一定工作任务为期限的劳动合同:

(一)劳动者与用人单位协商一致的;

(二)劳动者提前30日以书面形式通知用人单位的;

(三)劳动者在试用期内提前3日通知用人单位的;

(四)用人单位未按照劳动合同约定提供劳动保护或者劳动条件的;

(五)用人单位未及时足额支付劳动报酬的;

(六)用人单位未依法为劳动者缴纳社会保

险费的；

（七）用人单位的规章制度违反法律、法规的规定，损害劳动者权益的；

（八）用人单位以欺诈、胁迫的手段或者乘人之危，使劳动者在违背真实意思的情况下订立或者变更劳动合同的；

（九）用人单位在劳动合同中免除自己的法定责任、排除劳动者权利的；

（十）用人单位违反法律、行政法规强制性规定的；

（十一）用人单位以暴力、威胁或者非法限制人身自由的手段强迫劳动者劳动的；

（十二）用人单位违章指挥、强令冒险作业危及劳动者人身安全的；

（十三）法律、行政法规规定劳动者可以解除劳动合同的其他情形。

第十九条 有下列情形之一的，依照劳动合同法规定的条件、程序，用人单位可以与劳动者解除固定期限劳动合同、无固定期限劳动合同或者以完成一定工作任务为期限的劳动合同：

（一）用人单位与劳动者协商一致的；

（二）劳动者在试用期间被证明不符合录用条件的；

（三）劳动者严重违反用人单位的规章制度的；

（四）劳动者严重失职，营私舞弊，给用人单位造成重大损害的；

（五）劳动者同时与其他用人单位建立劳动关系，对完成本单位的工作任务造成严重影响，或者经用人单位提出，拒不改正的；

（六）劳动者以欺诈、胁迫的手段或者乘人之危，使用人单位在违背真实意思的情况下订立或者变更劳动合同的；

（七）劳动者被依法追究刑事责任的；

（八）劳动者患病或者非因工负伤，在规定的医疗期满后不能从事原工作，也不能从事由用人单位另行安排的工作的；

（九）劳动者不能胜任工作，经过培训或者调整工作岗位，仍不能胜任工作的；

（十）劳动合同订立时所依据的客观情况发生重大变化，致使劳动合同无法履行，经用人单位与劳动者协商，未能就变更劳动合同内容达成协议的；

（十一）用人单位依照企业破产法规定进行重整的；

（十二）用人单位生产经营发生严重困难的；

（十三）企业转产、重大技术革新或者经营方式调整，经变更劳动合同后，仍需裁减人员的；

（十四）其他因劳动合同订立时所依据的客观经济情况发生重大变化，致使劳动合同无法履行的。

第二十条 用人单位依照劳动合同法第四十条的规定，选择额外支付劳动者一个月工资解除劳动合同的，其额外支付的工资应当按照该劳动者上一个月的工资标准确定。

第二十一条 劳动者达到法定退休年龄的，劳动合同终止。

第二十二条 以完成一定工作任务为期限的劳动合同因任务完成而终止的，用人单位应当依照劳动合同法第四十七条的规定向劳动者支付经济补偿。

第二十三条 用人单位依法终止工伤职工的劳动合同的，除依照劳动合同法第四十七条的规定支付经济补偿外，还应当依照国家有关工伤保险的规定支付一次性工伤医疗补助金和伤残就业补助金。

第二十四条 用人单位出具的解除、终止劳动合同的证明，应当写明劳动合同期限、解除或者终止劳动合同的日期、工作岗位、在本单位的工作年限。

第二十五条 用人单位违反劳动合同法的规定解除或者终止劳动合同，依照劳动合同法第八十七条的规定支付了赔偿金的，不再支付经济补偿。赔偿金的计算年限自用工之日起计算。

第二十六条 用人单位与劳动者约定了服务期，劳动者依照劳动合同法第三十八条的规定解除劳动合同的，不属于违反服务期的约定，用人单位不得要求劳动者支付违约金。

有下列情形之一，用人单位与劳动者解除约定服务期的劳动合同的，劳动者应当按照劳动合同的约定向用人单位支付违约金：

（一）劳动者严重违反用人单位的规章制度的；

（二）劳动者严重失职，营私舞弊，给用人单位造成重大损害的；

（三）劳动者同时与其他用人单位建立劳动关系，对完成本单位的工作任务造成严重影响，或者经用人单位提出，拒不改正的；

（四）劳动者以欺诈、胁迫的手段或者乘人之危，使用人单位在违背真实意思的情况下订立或者变更劳动合同的；

（五）劳动者被依法追究刑事责任的。

第二十七条 劳动合同法第四十七条规定的经济补偿的月工资按照劳动者应得工资计算，包括计时工资或者计件工资以及奖金、津贴和补贴等货币性收入。劳动者在劳动合同解除或者终止前12个月的平均工资低于当地最低工资标准的，按照当地最低工资标准计算。劳动者工作不满12个月的，按照实际工作的月数计算平均工资。

第四章 劳务派遣特别规定

第二十八条 用人单位或者其所属单位出资或者合伙设立的劳务派遣单位，向本单位或者所属单位派遣劳动者的，属于劳动合同法第六十七条规定的不得设立的劳务派遣单位。

第二十九条 用工单位应当履行劳动合同法第六十二条规定的义务，维护被派遣劳动者的合法权益。

第三十条 劳务派遣单位不得以非全日制用工形式招用被派遣劳动者。

第三十一条 劳务派遣单位或者被派遣劳动者依法解除、终止劳动合同的经济补偿，依照劳动合同法第四十六条、第四十七条的规定执行。

第三十二条 劳务派遣单位违法解除或者终止被派遣劳动者的劳动合同的，依照劳动合同法第四十八条的规定执行。

第五章 法律责任

第三十三条 用人单位违反劳动合同法有关建立职工名册规定的，由劳动行政部门责令限期改正；逾期不改正的，由劳动行政部门处2000元以上2万元以下的罚款。

第三十四条 用人单位依照劳动合同法的规定应当向劳动者每月支付两倍的工资或者应当向劳动者支付赔偿金而未支付的，劳动行政部门应当责令用人单位支付。

第三十五条 用工单位违反劳动合同法和本条例有关劳务派遣规定的，由劳动行政部门和其他有关主管部门责令改正；情节严重的，以每位被派遣劳动者1000元以上5000元以下的标准处以罚款；给被派遣劳动者造成损害的，劳务派遣单位和用工单位承担连带赔偿责任。

第六章 附则

第三十六条 对违反劳动合同法和本条例的行为的投诉、举报，县级以上地方人民政府劳动行政部门依照《劳动保障监察条例》的规定处理。

第三十七条 劳动者与用人单位因订立、履行、变更、解除或者终止劳动合同发生争议的，依照《中华人民共和国劳动争议调解仲裁法》的规定处理。

第三十八条 本条例自公布之日起施行。

最高人民法院关于审理劳动争议案件适用法律若干问题的解释

（2001年3月22日最高人民法院审判委员会第1165次会议通过 2001年4月16日最高人民法院公告公布 自2001年4月30日起施行 法释〔2001〕14号）

为正确审理劳动争议案件，根据《中华人民共和国劳动法》（以下简称《劳动法》）和《中华人民共和国民事诉讼法》（以下简称《民事诉讼法》）等相关法律之规定，就适用法律的若干问题，作如下解释。

第一条 劳动者与用人单位之间发生的下列纠纷，属于《劳动法》第二条规定的劳动争议，当事人不服劳动争议仲裁委员会作出的裁决，依法向人民法院起诉的，人民法院应当受理：

（一）劳动者与用人单位在履行劳动合同过程中发生的纠纷；

（二）劳动者与用人单位之间没有订立书面劳动合同，但已形成劳动关系后发生的纠纷；

（三）劳动者退休后，与尚未参加社会保险统筹的原用人单位因追索养老金、医疗费、工伤保险待遇和其他社会保险费而发生的纠纷。

第二条 劳动争议仲裁委员会以当事人申请仲裁的事项不属于劳动争议为由，作出不予受理的书面裁决、决定或者通知，当事人不服，依法向人民法院起诉的，人民法院应当分别情况予以处理：

（一）属于劳动争议案件的，应当受理；

（二）虽不属于劳动争议案件，但属于人民法院主管的其他案件，应当依法受理。

第三条 劳动争议仲裁委员会根据《劳动法》第八十二条之规定，以当事人的仲裁申请超过60日期限为由，作出不予受理的书面裁决、决定或者通知，当事人不服，依法向人民法院起诉的，人民法院应当受理；对确已超过仲裁申请期限，又无不可抗力或者其他正当理由的，依法驳回其诉讼请求。

第四条 劳动争议仲裁委员会以申请仲裁的主体不适格为由，作出不予受理的书面裁决、决定或者通知，当事人不服，依法向人民法院起诉的，经审查，确属主体不适格的，裁定不予受理或者驳回起诉。

第五条 劳动争议仲裁委员会为纠正原仲裁裁决错误重新作出裁决，当事人不服，依法向人民法院起诉的，人民法院应当受理。

第六条 人民法院受理劳动争议案件后，当事人增加诉讼请求的，如该诉讼请求与讼争的劳动争议具有不可分性，应当合并审理；如属独立的劳动争议，应当告知当事人向劳动争议仲裁委员会申请仲裁。

第七条 劳动争议仲裁委员会仲裁的事项不属于人民法院受理的案件范围，当事人不服，依法向人民法院起诉的，裁定不予受理或者驳回起诉。

第八条 劳动争议案件由用人单位所在地或者劳动合同履行地的基层人民法院管辖。

劳动合同履行地不明确的，由用人单位所在地的基层人民法院管辖。

第九条 当事人双方不服劳动争议仲裁委员会作出的同一仲裁裁决，均向同一人民法院起诉的，先起诉的一方当事人为原告，但对双方的诉讼请求，人民法院应当一并作出裁决。

当事人双方就同一仲裁裁决分别向有管辖权的人民法院起诉的，后受理的人民法院应当将案件移送给先受理的人民法院。

第十条 用人单位与其他单位合并的，合并前发生的劳动争议，由合并后的单位为当事人；用人单位分立为若干单位的，其分立前发生的劳动争议，由分立后的实际用人单位为当事人。

用人单位分立为若干单位后，对承受劳动权利义务的单位不明确的，分立后的单位均为当事人。

第十一条 用人单位招用尚未解除劳动合同的劳动者，原用人单位与劳动者发生的劳动争议，可以列新的用人单位为第三人。

原用人单位以新的用人单位侵权为由向人民法院起诉的，可以列劳动者为第三人。

原用人单位以新的用人单位和劳动者共同侵权为由向人民法院起诉的，新的用人单位和劳动者列为共同被告。

第十二条 劳动者在用人单位与其他平等主体之间的承包经营期间，与发包方和承包方双方或者一方发生劳动争议，依法向人民法院起诉的，应当将承包方和发包方作为当事人。

第十三条 因用人单位作出的开除、除名、辞退、解除劳动合同、减少劳动报酬、计算劳动者工作年限等决定而发生的劳动争议，用人单位负举证责任。

第十四条 劳动合同被确认为无效后，用人单位对劳动者付出的劳动，一般可参照本单位同期、同工种、同岗位的工资标准支付劳动报酬。

根据《劳动法》第九十七条之规定，由于用人单位的原因订立的无效合同，给劳动者造成损害的，应当比照违反和解除劳动合同经济补偿金的支付标准，赔偿劳动者因合同无效所造成的经济损失。

第十五条 用人单位有下列情形之一，迫使劳动者提出解除劳动合同的，用人单位应当支付劳动者的劳动报酬和经济补偿，并可支付赔偿金：

（一）以暴力、威胁或者非法限制人身自由的手段强迫劳动的；

（二）未按照劳动合同约定支付劳动报酬或者提供劳动条件的；

（三）克扣或者无故拖欠劳动者工资的；

（四）拒不支付劳动者延长工作时间工资报酬的；

（五）低于当地最低工资标准支付劳动者工资的。

第十六条　劳动合同期满后，劳动者仍在原用人单位工作，原用人单位未表示异议的，视为双方同意以原条件继续履行劳动合同。一方提出终止劳动关系的，人民法院应当支持。

根据《劳动法》第二十条之规定，用人单位应当与劳动者签订无固定期限劳动合同而未签订的，人民法院可以视为双方之间存在无固定期限劳动合同关系，并以原劳动合同确定双方的权利义务关系。

第十七条　劳动争议仲裁委员会作出仲裁裁决后，当事人对裁决中的部分事项不服，依法向人民法院起诉的，劳动争议仲裁裁决不发生法律效力。

第十八条　劳动争议仲裁委员会对多个劳动者的劳动争议作出仲裁裁决后，部分劳动者对仲裁裁决不服，依法向人民法院起诉的，仲裁裁决对提出起诉的劳动者不发生法律效力；对未提出起诉的部分劳动者，发生法律效力，如其申请执行的，人民法院应当受理。

第十九条　用人单位根据《劳动法》第四条之规定，通过民主程序制定的规章制度，不违反国家法律、行政法规及政策规定，并已向劳动者公示的，可以作为人民法院审理劳动争议案件的依据。

第二十条　用人单位对劳动者作出的开除、除名、辞退等处理，或者因其他原因解除劳动合同确有错误的，人民法院可以依法判决予以撤销。

对于追索劳动报酬、养老金、医疗费以及工伤保险待遇、经济补偿金、培训费及其他相关费用等案件，给付数额不当的，人民法院可以予以变更。

第二十一条　当事人申请人民法院执行劳动争议仲裁机构作出的发生法律效力的裁决书、调解书，被申请人提出证据证明劳动争议仲裁裁决书、调解书有下列情形之一，并经审查核实的，人民法院可以根据《民事诉讼法》第二百一十三条①之规定，裁定不予执行：

（一）裁决的事项不属于劳动争议仲裁范围，或者劳动争议仲裁机构无权仲裁的；

（二）适用法律确有错误的；

（三）仲裁员仲裁该案时，有徇私舞弊、枉法裁决行为的；

（四）人民法院认定执行该劳动争议仲裁裁决违背社会公共利益的。

人民法院在不予执行的裁定书中，应当告知当事人在收到裁定书之次日起30日内，可以就该劳动争议事项向人民法院起诉。

最高人民法院关于审理劳动争议案件适用法律若干问题的解释（二）

（2006年7月10日最高人民法院审判委员会第1393次会议通过　2006年8月14日最高人民法院公告公布　自2006年10月1日起施行　法释〔2006〕6号）

为正确审理劳动争议案件，根据《中华人民共和国劳动法》、《中华人民共和国民事诉讼法》等相关法律规定，结合民事审判实践，对人民法院审理劳动争议案件适用法律的若干问题补充解释如下：

第一条　人民法院审理劳动争议案件，对下列情形，视为劳动法第八十二条规定的“劳动争议发生之日”：

（一）在劳动关系存续期间产生的支付工资争议，用人单位能够证明已经书面通知劳动者拒付工资的，书面通知送达之日为劳动争议发生之日。用人单位不能证明的，劳动者主张权利之日为劳动争议发生之日。

（二）因解除或者终止劳动关系产生的争议，用人单位不能证明劳动者收到解除或者终止劳

① 本条第一款根据法释〔2008〕18号第六十六条调整。

动关系书面通知时间的,劳动者主张权利之日为劳动争议发生之日。

(三)劳动关系解除或者终止后产生的支付工资、经济补偿金、福利待遇等争议,劳动者能够证明用人单位承诺支付的时间为解除或者终止劳动关系后的具体日期的,用人单位承诺支付之日为劳动争议发生之日。劳动者不能证明的,解除或者终止劳动关系之日为劳动争议发生之日。

第二条 拖欠工资争议,劳动者申请仲裁时劳动关系仍然存续,用人单位以劳动者申请仲裁超过六十日为由主张不再支付的,人民法院不予支持。但用人单位能够证明劳动者已经收到拒付工资的书面通知的除外。

第三条 劳动者以用人单位的工资欠条为证据直接向人民法院起诉,诉讼请求不涉及劳动关系其他争议的,视为拖欠劳动报酬争议,按照普通民事纠纷受理。

第四条 用人单位和劳动者因劳动关系是否已经解除或者终止,以及应否支付解除或终止劳动关系经济补偿金产生的争议,经劳动争议仲裁委员会仲裁后,当事人依法起诉的,人民法院应予受理。

第五条 劳动者与用人单位解除或者终止劳动关系后,请求用人单位返还其收取的劳动合同定金、保证金、抵押金、抵押物产生的争议,或者办理劳动者的人事档案、社会保险关系等移转手续产生的争议,经劳动争议仲裁委员会仲裁后,当事人依法起诉的,人民法院应予受理。

第六条 劳动者因为工伤、职业病,请求用人单位依法承担给予工伤保险待遇的争议,经劳动争议仲裁委员会仲裁后,当事人依法起诉的,人民法院应予受理。

第七条 下列纠纷不属于劳动争议:

(一)劳动者请求社会保险经办机构发放社会保险金的纠纷;

(二)劳动者与用人单位因住房制度改革产生的公有住房转让纠纷;

(三)劳动者对劳动能力鉴定委员会的伤残等级鉴定结论或者对职业病诊断鉴定委员会的职业病诊断鉴定结论的异议纠纷;

(四)家庭或者个人与家政服务人员之间的纠纷;

(五)个体工匠与帮工、学徒之间的纠纷;

(六)农村承包经营户与受雇人之间的纠纷。

第八条 当事人不服劳动争议仲裁委员会作出的预先支付劳动者部分工资或者医疗费用的裁决,向人民法院起诉的,人民法院不予受理。

用人单位不履行上述裁决中的给付义务,劳动者依法向人民法院申请强制执行的,人民法院应予受理。

第九条 劳动者与起有字号的个体工商户产生的劳动争议诉讼,人民法院应当以营业执照上登记的字号为当事人,但应同时注明该字号业主的自然情况。

第十条 劳动者因履行劳动力派遣合同产生劳动争议而起诉,以派遣单位为被告;争议内容涉及接受单位的,以派遣单位和接受单位为共同被告。

第十一条 劳动者和用人单位均不服劳动争议仲裁委员会的同一裁决,向同一人民法院起诉的,人民法院应当并案审理,双方当事人互为原告和被告。在诉讼过程中,一方当事人撤诉的,人民法院应当根据另一方当事人的诉讼请求继续审理。

第十二条 当事人能够证明在申请仲裁期间内因不可抗力或者其他客观原因无法申请仲裁的,人民法院应当认定申请仲裁期间中止,从中止的原因消灭之次日起,申请仲裁期间连续计算。

第十三条 当事人能够证明在申请仲裁期间内具有下列情形之一的,人民法院应当认定申请仲裁期间中断:

(一)向对方当事人主张权利;

(二)向有关部门请求权利救济;

(三)对方当事人同意履行义务。

申请仲裁期间中断的,从对方当事人明确拒绝履行义务,或者有关部门作出处理决定或明确表示不予处理时起,申请仲裁期间重新计算。

第十四条 在诉讼过程中,劳动者向人民法院申请采取财产保全措施,人民法院经审查认为申请人经济确有困难,或有证据证明用人单位存在欠薪逃匿可能的,应当减轻或者免除劳动者提供担保的义务,及时采取保全措施。

第十五条 人民法院作出的财产保全裁定

中,应当告知当事人在劳动仲裁机构的裁决书或者在人民法院的裁判文书生效后三个月内申请强制执行。逾期不申请的,人民法院应当裁定解除保全措施。

第十六条 用人单位制定的内部规章制度与集体合同或者劳动合同约定的内容不一致,劳动者请求优先适用合同约定的,人民法院应予支持。

第十七条 当事人在劳动争议调解委员会主持下达成的具有劳动权利义务内容的调解协议,具有劳动合同的约束力,可以作为人民法院裁判的根据。

当事人在劳动争议调解委员会主持下仅就劳动报酬争议达成调解协议,用人单位不履行调解协议确定的给付义务,劳动者直接向人民法院起诉的,人民法院可以按照普通民事纠纷受理。

第十八条 本解释自二○○六年十月一日起施行。本解释施行前本院颁布的有关司法解释与本解释规定不一致的,以本解释的规定为准。

本解释施行后,人民法院尚未审结的一审、二审案件适用本解释。本解释施行前已经审结的案件,不得适用本解释的规定进行再审。

最高人民法院关于审理劳动争议案件适用法律若干问题的解释(三)

(2010年7月12日最高人民法院审判委员会第1489次会议通过 2010年9月13日最高人民法院公告公布 自2010年9月14日起施行 法释〔2010〕12号)

为正确审理劳动争议案件,根据《中华人民共和国劳动法》、《中华人民共和国劳动合同法》、《中华人民共和国劳动争议调解仲裁法》、《中华人民共和国民事诉讼法》等相关法律规定,结合民事审判实践,特作如下解释。

第一条 劳动者以用人单位未为其办理社会保险手续,且社会保险经办机构不能补办导致其无法享受社会保险待遇为由,要求用人单位赔偿损失而发生争议的,人民法院应予受理。

第二条 因企业自主进行改制引发的争议,人民法院应予受理。

第三条 劳动者依据劳动合同法第八十五条规定,向人民法院提起诉讼,要求用人单位支付加付赔偿金的,人民法院应予受理。

第四条 劳动者与未办理营业执照、营业执照被吊销或者营业期限届满仍继续经营的用人单位发生争议的,应当将用人单位或者其出资人列为当事人。

第五条 未办理营业执照、营业执照被吊销或者营业期限届满仍继续经营的用人单位,以挂靠等方式借用他人营业执照经营的,应当将用人单位和营业执照出借方列为当事人。

第六条 当事人不服劳动人事争议仲裁委员会作出的仲裁裁决,依法向人民法院提起诉讼,人民法院审查认为仲裁裁决遗漏了必须共同参加仲裁的当事人的,应当依法追加遗漏的人为诉讼当事人。

被追加的当事人应当承担责任的,人民法院应当一并处理。

第七条 用人单位与其招用的已经依法享受养老保险待遇或领取退休金的人员发生用工争议,向人民法院提起诉讼的,人民法院应当按劳务关系处理。

第八条 企业停薪留职人员、未达到法定退休年龄的内退人员、下岗待岗人员以及企业经营性停产放长假人员,因与新的用人单位发生用工争议,依法向人民法院提起诉讼的,人民法院应当按劳动关系处理。

第九条 劳动者主张加班费的,应当就加班事实的存在承担举证责任。但劳动者有证据证明用人单位掌握加班事实存在的证据,用人单位不提供的,由用人单位承担不利后果。

第十条 劳动者与用人单位就解除或者终止劳动合同办理相关手续、支付工资报酬、加班费、经济补偿或者赔偿金等达成的协议,不违反法律、行政法规的强制性规定,且不存在欺诈、胁迫或者乘人之危情形的,应当认定有效。

前款协议存在重大误解或者显失公平情形,当事人请求撤销的,人民法院应予支持。

第十一条 劳动人事争议仲裁委员会作出的调解书已经发生法律效力,一方当事人反悔提起诉讼的,人民法院不予受理;已经受理的,裁定驳回起诉。

第十二条 劳动人事争议仲裁委员会逾期未作出受理决定或仲裁裁决，当事人直接提起诉讼的，人民法院应予受理，但申请仲裁的案件存在下列事由的除外：

（一）移送管辖的；

（二）正在送达或送达延误的；

（三）等待另案诉讼结果、评残结论的；

（四）正在等待劳动人事争议仲裁委员会开庭的；

（五）启动鉴定程序或者委托其他部门调查取证的；

（六）其他正当事由。

当事人以劳动人事争议仲裁委员会逾期未作出仲裁裁决为由提起诉讼的，应当提交劳动人事争议仲裁委员会出具的受理通知书或者其他已接受仲裁申请的凭证或证明。

第十三条 劳动者依据调解仲裁法第四十七条第（一）项规定，追索劳动报酬、工伤医疗费、经济补偿或者赔偿金，如果仲裁裁决涉及数项，每项确定的数额均不超过当地月最低工资标准十二个月金额的，应当按照终局裁决处理。

第十四条 劳动人事争议仲裁委员会作出的同一仲裁裁决同时包含终局裁决事项和非终局裁决事项，当事人不服该仲裁裁决向人民法院提起诉讼的，应当按照非终局裁决处理。

第十五条 劳动者依据调解仲裁法第四十八条规定向基层人民法院提起诉讼，用人单位依据调解仲裁法第四十九条规定向劳动人事争议仲裁委员会所在地的中级人民法院申请撤销仲裁裁决的，中级人民法院应不予受理；已经受理的，应当裁定驳回申请。

被人民法院驳回起诉或者劳动者撤诉的，用人单位可以自收到裁定书之日起三十日内，向劳动人事争议仲裁委员会所在地的中级人民法院申请撤销仲裁裁决。

第十六条 用人单位依照调解仲裁法第四十九条规定向中级人民法院申请撤销仲裁裁决，中级人民法院作出的驳回申请或者撤销仲裁裁决的裁定为终审裁定。

第十七条 劳动者依据劳动合同法第三十条第二款和调解仲裁法第十六条规定向人民法院申请支付令，符合民事诉讼法第十七章督促程序规定的，人民法院应予受理。

依据劳动合同法第三十条第二款规定申请支付令被人民法院裁定终结督促程序后，劳动者就劳动争议事项直接向人民法院起诉的，人民法院应当告知其先向劳动人事争议仲裁委员会申请仲裁。

依据调解仲裁法第十六条规定申请支付令被人民法院裁定终结督促程序后，劳动者依据调解协议直接向人民法院提起诉讼的，人民法院应予受理。

第十八条 劳动人事争议仲裁委员会作出终局裁决，劳动者向人民法院申请执行，用人单位向劳动人事争议仲裁委员会所在地的中级人民法院申请撤销的，人民法院应当裁定中止执行。

用人单位撤回、撤销终局裁决申请或者其申请被驳回的，人民法院应当裁定恢复执行。仲裁裁决被撤销的，人民法院应当裁定终结执行。

用人单位向人民法院申请撤销仲裁裁决被驳回后，又在执行程序中以相同理由提出不予执行抗辩的，人民法院不予支持。

最高人民法院关于审理劳动争议案件适用法律若干问题的解释（四）

（2012年12月31日最高人民法院审判委员会第1566次会议通过　2013年1月18日最高人民法院公告公布　自2013年2月1日起施行　法释〔2013〕4号）

为正确审理劳动争议案件，根据《中华人民共和国劳动法》《中华人民共和国劳动合同法》《中华人民共和国劳动争议调解仲裁法》《中华人民共和国民事诉讼法》等相关法律规定，结合民事审判实践，就适用法律的若干问题，作如下解释：

第一条 劳动人事争议仲裁委员会以无管辖权为由对劳动争议案件不予受理，当事人提起诉讼的，人民法院按照以下情形分别处理：

（一）经审查认为该劳动人事争议仲裁委员会对案件确无管辖权的，应当告知当事人向有管辖权的劳动人事争议仲裁委员会申请仲裁；

（二）经审查认为该劳动人事争议仲裁委员会有管辖权的，应当告知当事人申请仲裁，并将审查意见书面通知该劳动人事争议仲裁委员会，劳动人事争议仲裁委员会仍不受理，当事人就该劳动争议事项提起诉讼的，应予受理。

第二条 仲裁裁决的类型以仲裁裁决书确定为准。

仲裁裁决书未载明该裁决为终局裁决或非终局裁决，用人单位不服该仲裁裁决向基层人民法院提起诉讼的，应当按照以下情形分别处理：

（一）经审查认为该仲裁裁决为非终局裁决的，基层人民法院应予受理；

（二）经审查认为该仲裁裁决为终局裁决的，基层人民法院不予受理，但应告知用人单位可以自收到不予受理裁定书之日起三十日内向劳动人事争议仲裁委员会所在地的中级人民法院申请撤销该仲裁裁决；已经受理的，裁定驳回起诉。

第三条 中级人民法院审理用人单位申请撤销终局裁决的案件，应当组成合议庭开庭审理。经过阅卷、调查和询问当事人，对没有新的事实、证据或者理由，合议庭认为不需要开庭审理的，可以不开庭审理。

中级人民法院可以组织双方当事人调解。达成调解协议的，可以制作调解书。一方当事人逾期不履行调解协议的，另一方可以申请人民法院强制执行。

第四条 当事人在人民调解委员会主持下仅就给付义务达成的调解协议，双方认为有必要的，可以共同向人民调解委员会所在地的基层人民法院申请司法确认。

第五条 劳动者非因本人原因从原用人单位被安排到新用人单位工作，原用人单位未支付经济补偿，劳动者依照劳动合同法第三十八条规定与新用人单位解除劳动合同，或者新用人单位向劳动者提出解除、终止劳动合同，在计算支付经济补偿或赔偿金的工作年限时，劳动者请求把在原用人单位的工作年限合并计算为新用人单位工作年限的，人民法院应予支持。

用人单位符合下列情形之一的，应当认定属于"劳动者非因本人原因从原用人单位被安排到新用人单位工作"：

（一）劳动者仍在原工作场所、工作岗位工作，劳动合同主体由原用人单位变更为新用人单位；

（二）用人单位以组织委派或任命形式对劳动者进行工作调动；

（三）因用人单位合并、分立等原因导致劳动者工作调动；

（四）用人单位及其关联企业与劳动者轮流订立劳动合同；

（五）其他合理情形。

第六条 当事人在劳动合同或者保密协议中约定了竞业限制，但未约定解除或者终止劳动合同后给予劳动者经济补偿，劳动者履行了竞业限制义务，要求用人单位按照劳动者在劳动合同解除或者终止前十二个月平均工资的30%按月支付经济补偿的，人民法院应予支持。

前款规定的月平均工资的30%低于劳动合同履行地最低工资标准的，按照劳动合同履行地最低工资标准支付。

第七条 当事人在劳动合同或者保密协议中约定了竞业限制和经济补偿，当事人解除劳动合同时，除另有约定外，用人单位要求劳动者履行竞业限制义务，或者劳动者履行了竞业限制义务后要求用人单位支付经济补偿的，人民法院应予支持。

第八条 当事人在劳动合同或者保密协议中约定了竞业限制和经济补偿，劳动合同解除或者终止后，因用人单位的原因导致三个月未支付经济补偿，劳动者请求解除竞业限制约定的，人民法院应予支持。

第九条 在竞业限制期限内，用人单位请求解除竞业限制协议时，人民法院应予支持。

在解除竞业限制协议时，劳动者请求用人单位额外支付劳动者三个月的竞业限制经济补偿的，人民法院应予支持。

第十条 劳动者违反竞业限制约定，向用人单位支付违约金后，用人单位要求劳动者按照约定继续履行竞业限制义务的，人民法院应予支持。

第十一条 变更劳动合同未采用书面形式，但已经实际履行了口头变更的劳动合同超过一个月，且变更后的劳动合同内容不违反法律、行政法规、国家政策以及公序良俗，当事人以未采用书面形式为由主张劳动合同变更无效的，人民法院不予支持。

第十二条 建立了工会组织的用人单位解除劳动合同符合劳动合同法第三十九条、第四十条规定，但未按照劳动合同法第四十三条规定事先通知工会，劳动者以用人单位违法解除劳动合同为由请求用人单位支付赔偿金的，人民法院应予支持，但起诉前用人单位已经补正有关程序的除外。

第十三条 劳动合同法施行后，因用人单位经营期限届满不再继续经营导致劳动合同不能继续履行，劳动者请求用人单位支付经济补偿的，人民法院应予支持。

第十四条 外国人、无国籍人未依法取得就业证件即与中国境内的用人单位签订劳动合同，以及香港特别行政区、澳门特别行政区和台湾地区居民未依法取得就业证件即与内地用人单位签订劳动合同，当事人请求确认与用人单位存在劳动关系的，人民法院不予支持。

持有《外国专家证》并取得《外国专家来华工作许可证》的外国人，与中国境内的用人单位建立用工关系的，可以认定为劳动关系。

第十五条 本解释施行前本院颁布的有关司法解释与本解释抵触的，自本解释施行之日起不再适用。

本解释施行后尚未终审的劳动争议纠纷案件，适用本解释；本解释施行前已经终审，当事人申请再审或者按照审判监督程序决定再审的，不适用本解释。

最高人民法院关于人民法院审理事业单位人事争议案件若干问题的规定

（2003年6月17日最高人民法院审判委员会第1278次会议通过　2003年8月27日公布　自2003年9月5日起施行　法释〔2003〕13号）

为了正确审理事业单位与其工作人员之间的人事争议案件，根据《中华人民共和国劳动法》的规定，现对有关问题规定如下：

第一条 事业单位与其工作人员之间因辞职、辞退及履行聘用合同所发生的争议，适用《中华人民共和国劳动法》的规定处理。

第二条 当事人对依照国家有关规定设立的人事争议仲裁机构所作的人事争议仲裁裁决不服，自收到仲裁裁决之日起十五日内向人民法院提起诉讼的，人民法院应当依法受理。一方当事人在法定期间内不起诉又不履行仲裁裁决，另一方当事人向人民法院申请执行的，人民法院应当依法执行。

第三条 本规定所称人事争议是指事业单位与其工作人员之间因辞职、辞退及履行聘用合同所发生的争议。

最高人民法院关于在民事审判工作中适用《中华人民共和国工会法》若干问题的解释

（2003年1月9日最高人民法院审判委员会第1263次会议通过　2003年6月25日最高人民法院公告公布　自2003年7月9日起施行　法释〔2003〕11号）

为正确审理涉及工会经费和财产、工会工作人员权利的民事案件，维护工会和职工的合法权益，根据《中华人民共和国工会法》、《中华人民共和国民法通则》和《中华人民共和国民事诉讼法》等法律的规定，现就有关法律的适用问题解释如下：

第一条 人民法院审理涉及工会组织的有关案件时，应当认定依照工会法建立的工会组织的社团法人资格。具有法人资格的工会组织依法独立享有民事权利，承担民事义务。建立工会的企业、事业单位、机关与所建工会以及工会投资兴办的企业，根据法律和司法解释的规定，应当分别承担各自的民事责任。

第二条 根据工会法第十八条规定，人民法院审理劳动争议案件，涉及确定基层工会专职主席、副主席或者委员延长的劳动合同期限的，应当自上述人员工会职务任职期限届满之日起计算，延长的期限等于其工会职务任职的期间。

工会法第十八条规定的“个人严重过失”,是指具有《中华人民共和国劳动法》第二十五条第(二)项、第(三)项或者第(四)项规定的情形。

第三条　基层工会或者上级工会依照工会法第四十三条规定向人民法院申请支付令的,由被申请人所在地的基层人民法院管辖。

第四条　人民法院根据工会法第四十三条的规定受理工会提出的拨缴工会经费的支付令申请后,应当先行征询被申请人的意见。被申请人仅对应拨缴经费数额有异议的,人民法院应当就无异议部分的工会经费数额发出支付令。

人民法院在审理涉及工会经费的案件中,需要按照工会法第四十二条第一款第(二)项规定的“全部职工”、“工资总额”确定拨缴数额的,“全部职工”、“工资总额”的计算,应当按照国家有关部门规定的标准执行。

第五条　根据工会法第四十三条和民事诉讼法的有关规定,上级工会向人民法院申请支付令或者提起诉讼,要求企业、事业单位拨缴工会经费的,人民法院应当受理。基层工会要求参加诉讼的,人民法院可以准许其作为共同申请人或者共同原告参加诉讼。

第六条　根据工会法第五十二条规定,人民法院审理涉及职工和工会工作人员因参加工会活动或者履行工会法规定的职责而被解除劳动合同的劳动争议案件,可以根据当事人的请求裁判用人单位恢复其工作,并补发被解除劳动合同期间应得的报酬;或者根据当事人的请求裁判用人单位给予本人年收入二倍的赔偿,并参照《违反和解除劳动合同的经济补偿办法》第八条规定给予解除劳动合同时的经济补偿金。

第七条　对于企业、事业单位无正当理由拖延或者拒不拨缴工会经费的,工会组织向人民法院请求保护其权利的诉讼时效期间,适用民法通则第一百三十五条的规定。

第八条　工会组织就工会经费的拨缴向人民法院申请支付令的,应当按照《最高人民法院关于适用〈中华人民共和国民事诉讼法〉若干问题的意见》第一百三十二条的规定交纳申请费;督促程序终结后,工会组织另行起诉的,按照《人民法院诉讼收费办法》规定的财产案件收费标准交纳诉讼费用。

集体合同规定

(2004年1月20日劳动和社会保障部令第22号公布　自2004年5月1日起施行)

第一章　总　　则

第一条　为规范集体协商和签订集体合同行为,依法维护劳动者和用人单位的合法权益,根据《中华人民共和国劳动法》和《中华人民共和国工会法》,制定本规定。

第二条　中华人民共和国境内的企业和实行企业化管理的事业单位(以下统称用人单位)与本单位职工之间进行集体协商,签订集体合同,适用本规定。

第三条　本规定所称集体合同,是指用人单位与本单位职工根据法律、法规、规章的规定,就劳动报酬、工作时间、休息休假、劳动安全卫生、职业培训、保险福利等事项,通过集体协商签订的书面协议;所称专项集体合同,是指用人单位与本单位职工根据法律、法规、规章的规定,就集体协商的某项内容签订的专项书面协议。

第四条　用人单位与本单位职工签订集体合同或专项集体合同,以及确定相关事宜,应当采取集体协商的方式。集体协商主要采取协商会议的形式。

第五条　进行集体协商,签订集体合同或专项集体合同,应当遵循下列原则:

(一)遵守法律、法规、规章及国家有关规定;

(二)相互尊重,平等协商;

(三)诚实守信,公平合作;

(四)兼顾双方合法权益;

(五)不得采取过激行为。

第六条　符合本规定的集体合同或专项集体合同,对用人单位和本单位的全体职工具有法律约束力。

用人单位与职工个人签订的劳动合同约定的劳动条件和劳动报酬等标准,不得低于集体合同或专项集体合同的规定。

第七条　县级以上劳动保障行政部门对本行政区域内用人单位与本单位职工开展集体协商、签订、履行集体合同的情况进行监督,并负责审查集体合同或专项集体合同。

第二章 集体协商内容

第八条 集体协商双方可以就下列多项或某项内容进行集体协商，签订集体合同或专项集体合同：

(一)劳动报酬；

(二)工作时间；

(三)休息休假；

(四)劳动安全与卫生；

(五)补充保险和福利；

(六)女职工和未成年工特殊保护；

(七)职业技能培训；

(八)劳动合同管理；

(九)奖惩；

(十)裁员；

(十一)集体合同期限；

(十二)变更、解除集体合同的程序；

(十三)履行集体合同发生争议时的协商处理办法；

(十四)违反集体合同的责任；

(十五)双方认为应当协商的其他内容。

第九条 劳动报酬主要包括：

(一)用人单位工资水平、工资分配制度、工资标准和工资分配形式；

(二)工资支付办法；

(三)加班、加点工资及津贴、补贴标准和奖金分配办法；

(四)工资调整办法；

(五)试用期及病、事假等期间的工资待遇；

(六)特殊情况下职工工资(生活费)支付办法；

(七)其他劳动报酬分配办法。

第十条 工作时间主要包括：

(一)工时制度；

(二)加班加点办法；

(三)特殊工种的工作时间；

(四)劳动定额标准。

第十一条 休息休假主要包括：

(一)日休息时间、周休息日安排、年休假办法；

(二)不能实行标准工时职工的休息休假；

(三)其他假期。

第十二条 劳动安全卫生主要包括：

(一)劳动安全卫生责任制；

(二)劳动条件和安全技术措施；

(三)安全操作规程；

(四)劳保用品发放标准；

(五)定期健康检查和职业健康体检。

第十三条 补充保险和福利主要包括：

(一)补充保险的种类、范围；

(二)基本福利制度和福利设施；

(三)医疗期延长及其待遇；

(四)职工亲属福利制度。

第十四条 女职工和未成年工的特殊保护主要包括：

(一)女职工和未成年工禁忌从事的劳动；

(二)女职工的经期、孕期、产期和哺乳期的劳动保护；

(三)女职工、未成年工定期健康检查；

(四)未成年工的使用和登记制度。

第十五条 职业技能培训主要包括：

(一)职业技能培训项目规划及年度计划；

(二)职业技能培训费用的提取和使用；

(三)保障和改善职业技能培训的措施。

第十六条 劳动合同管理主要包括：

(一)劳动合同签订时间；

(二)确定劳动合同期限的条件；

(三)劳动合同变更、解除、续订的一般原则及无固定期限劳动合同的终止条件；

(四)试用期的条件和期限。

第十七条 奖惩主要包括：

(一)劳动纪律；

(二)考核奖惩制度；

(三)奖惩程序。

第十八条 裁员主要包括：

(一)裁员的方案；

(二)裁员的程序；

(三)裁员的实施办法和补偿标准。

第三章 集体协商代表

第十九条 本规定所称集体协商代表(以下统称协商代表)，是指按照法定程序产生并有权代表本方利益进行集体协商的人员。

集体协商双方的代表人数应当对等,每方至少3人,并各确定1名首席代表。

第二十条　职工一方的协商代表由本单位工会选派。未建立工会的,由本单位职工民主推荐,并经本单位半数以上职工同意。

职工一方的首席代表由本单位工会主席担任。工会主席可以书面委托其他协商代表代理首席代表。工会主席空缺的,首席代表由工会主要负责人担任。未建立工会的,职工一方的首席代表从协商代表中民主推举产生。

第二十一条　用人单位一方的协商代表,由用人单位法定代表人指派,首席代表由单位法定代表人担任或由其书面委托的其他管理人员担任。

第二十二条　协商代表履行职责的期限由被代表方确定。

第二十三条　集体协商双方首席代表可以书面委托本单位以外的专业人员作为本方协商代表。委托人数不得超过本方代表的三分之一。

首席代表不得由非本单位人员代理。

第二十四条　用人单位协商代表与职工协商代表不得相互兼任。

第二十五条　协商代表应履行下列职责:

(一)参加集体协商;

(二)接受本方人员质询,及时向本方人员公布协商情况并征求意见;

(三)提供与集体协商有关的情况和资料;

(四)代表本方参加集体协商争议的处理;

(五)监督集体合同或专项集体合同的履行;

(六)法律、法规和规章规定的其他职责。

第二十六条　协商代表应当维护本单位正常的生产、工作秩序,不得采取威胁、收买、欺骗等行为。

协商代表应当保守在集体协商过程中知悉的用人单位的商业秘密。

第二十七条　企业内部的协商代表参加集体协商视为提供了正常劳动。

第二十八条　职工一方协商代表在其履行协商代表职责期间劳动合同期满的,劳动合同期限自动延长至完成履行协商代表职责之时,除出现下列情形之一的,用人单位不得与其解除劳动合同:

(一)严重违反劳动纪律或用人单位依法制定的规章制度的;

(二)严重失职、营私舞弊,对用人单位利益造成重大损害的;

(三)被依法追究刑事责任的。

职工一方协商代表履行协商代表职责期间,用人单位无正当理由不得调整其工作岗位。

第二十九条　职工一方协商代表就本规定第二十七条、第二十八条的规定与用人单位发生争议的,可以向当地劳动争议仲裁委员会申请仲裁。

第三十条　工会可以更换职工一方协商代表;未建立工会的,经本单位半数以上职工同意可以更换职工一方协商代表。

用人单位法定代表人可以更换用人单位一方协商代表。

第三十一条　协商代表因更换、辞任或遇有不可抗力等情形造成空缺的,应在空缺之日起15日内按照本规定产生新的代表。

第四章　集体协商程序

第三十二条　集体协商任何一方均可就签订集体合同或专项集体合同以及相关事宜,以书面形式向对方提出进行集体协商的要求。

一方提出进行集体协商要求的,另一方应当在收到集体协商要求之日起20日内以书面形式给以回应,无正当理由不得拒绝进行集体协商。

第三十三条　协商代表在协商前应进行下列准备工作:

(一)熟悉与集体协商内容有关的法律、法规、规章和制度;

(二)了解与集体协商内容有关的情况和资料,收集用人单位和职工对协商意向所持的意见;

(三)拟定集体协商议题,集体协商议题可由提出协商一方起草,也可由双方指派代表共同起草;

(四)确定集体协商的时间、地点等事项;

(五)共同确定一名非协商代表担任集体协商记录员。记录员应保持中立、公正,并为集体协商双方保密。

第三十四条　集体协商会议由双方首席代表轮流主持,并按下列程序进行:

（一）宣布议程和会议纪律；

（二）一方首席代表提出协商的具体内容和要求，另一方首席代表就对方的要求作出回应；

（三）协商双方就商谈事项发表各自意见，开展充分讨论；

（四）双方首席代表归纳意见。达成一致的，应当形成集体合同草案或专项集体合同草案，由双方首席代表签字。

第三十五条 集体协商未达成一致意见或出现事先未预料的问题时，经双方协商，可以中止协商。中止期限及下次协商时间、地点、内容由双方商定。

第五章 集体合同的订立、变更、解除和终止

第三十六条 经双方协商代表协商一致的集体合同草案或专项集体合同草案应当提交职工代表大会或者全体职工讨论。

职工代表大会或者全体职工讨论集体合同草案或专项集体合同草案，应当有三分之二以上职工代表或者职工出席，且须经全体职工代表半数以上或者全体职工半数以上同意，集体合同草案或专项集体合同草案方获通过。

第三十七条 集体合同草案或专项集体合同草案经职工代表大会或者职工大会通过后，由集体协商双方首席代表签字。

第三十八条 集体合同或专项集体合同期限一般为1至3年，期满或双方约定的终止条件出现，即行终止。

集体合同或专项集体合同期满前3个月内，任何一方均可向对方提出重新签订或续订的要求。

第三十九条 双方协商代表协商一致，可以变更或解除集体合同或专项集体合同。

第四十条 有下列情形之一的，可以变更或解除集体合同或专项集体合同：

（一）用人单位因被兼并、解散、破产等原因，致使集体合同或专项集体合同无法履行的；

（二）因不可抗力等原因致使集体合同或专项集体合同无法履行或部分无法履行的；

（三）集体合同或专项集体合同约定的变更或解除条件出现的；

（四）法律、法规、规章规定的其他情形。

第四十一条 变更或解除集体合同或专项集体合同适用本规定的集体协商程序。

第六章 集体合同审查

第四十二条 集体合同或专项集体合同签订或变更后，应当自双方首席代表签字之日起10日内，由用人单位一方将文本一式三份报送劳动保障行政部门审查。

劳动保障行政部门对报送的集体合同或专项集体合同应当办理登记手续。

第四十三条 集体合同或专项集体合同审查实行属地管辖，具体管辖范围由省级劳动保障行政部门规定。

中央管辖的企业以及跨省、自治区、直辖市的用人单位的集体合同应当报送劳动保障部或劳动保障部指定的省级劳动保障行政部门。

第四十四条 劳动保障行政部门应当对报送的集体合同或专项集体合同的下列事项进行合法性审查：

（一）集体协商双方的主体资格是否符合法律、法规和规章规定；

（二）集体协商程序是否违反法律、法规、规章规定；

（三）集体合同或专项集体合同内容是否与国家规定相抵触。

第四十五条 劳动保障行政部门对集体合同或专项集体合同有异议的，应当自收到文本之日起15日内将《审查意见书》送达双方协商代表。《审查意见书》应当载明以下内容：

（一）集体合同或专项集体合同当事人双方的名称、地址；

（二）劳动保障行政部门收到集体合同或专项集体合同的时间；

（三）审查意见；

（四）作出审查意见的时间。

《审查意见书》应当加盖劳动保障行政部门印章。

第四十六条 用人单位与本单位职工就劳动保障行政部门提出异议的事项经集体协商重新签订集体合同或专项集体合同的，用人单位一方应当根据本规定第四十二条的规定将文本报送劳动保障行政部门审查。

第四十七条　劳动保障行政部门自收到文本之日起15日内未提出异议的，集体合同或专项集体合同即行生效。

第四十八条　生效的集体合同或专项集体合同，应当自其生效之日起由协商代表及时以适当的形式向本方全体人员公布。

第七章　集体协商争议的协调处理

第四十九条　集体协商过程中发生争议，双方当事人不能协商解决的，当事人一方或双方可以书面向劳动保障行政部门提出协调处理申请；未提出申请的，劳动保障行政部门认为必要时也可以进行协调处理。

第五十条　劳动保障行政部门应当组织同级工会和企业组织等三方面的人员，共同协调处理集体协商争议。

第五十一条　集体协商争议处理实行属地管辖，具体管辖范围由省级劳动保障行政部门规定。

中央管辖的企业以及跨省、自治区、直辖市用人单位因集体协商发生的争议，由劳动保障部指定的省级劳动保障行政部门组织同级工会和企业组织等三方面的人员协调处理，必要时，劳动保障部也可以组织有关方面协调处理。

第五十二条　协调处理集体协商争议，应当自受理协调处理申请之日起30日内结束协调处理工作。期满未结束的，可以适当延长协调期限，但延长期限不得超过15日。

第五十三条　协调处理集体协商争议应当按照以下程序进行：

（一）受理协调处理申请；

（二）调查了解争议的情况；

（三）研究制定协调处理争议的方案；

（四）对争议进行协调处理；

（五）制作《协调处理协议书》。

第五十四条　《协调处理协议书》应当载明协调处理申请、争议的事实和协调结果，双方当事人就某些协商事项不能达成一致的，应将继续协商的有关事项予以载明。《协调处理协议书》由集体协商争议协调处理人员和争议双方首席代表签字盖章后生效。争议双方均应遵守生效后的《协调处理协议书》。

第八章　附　　则

第五十五条　因履行集体合同发生的争议，当事人协商解决不成的，可以依法向劳动争议仲裁委员会申请仲裁。

第五十六条　用人单位无正当理由拒绝工会或职工代表提出的集体协商要求的，按照《工会法》及有关法律、法规的规定处理。

第五十七条　本规定于2004年5月1日起实施。原劳动部1994年12月5日颁布的《集体合同规定》同时废止。

劳务派遣暂行规定

（2014年1月24日人力资源和社会保障部令第22号公布　自2014年3月1日起施行）

第一章　总　　则

第一条　为规范劳务派遣，维护劳动者的合法权益，促进劳动关系和谐稳定，依据《中华人民共和国劳动合同法》（以下简称劳动合同法）和《中华人民共和国劳动合同法实施条例》（以下简称劳动合同法实施条例）等法律、行政法规，制定本规定。

第二条　劳务派遣单位经营劳务派遣业务，企业（以下称用工单位）使用被派遣劳动者，适用本规定。

依法成立的会计师事务所、律师事务所等合伙组织和基金会以及民办非企业单位等组织使用被派遣劳动者，依照本规定执行。

第二章　用工范围和用工比例

第三条　用工单位只能在临时性、辅助性或者替代性的工作岗位上使用被派遣劳动者。

前款规定的临时性工作岗位是指存续时间不超过6个月的岗位；辅助性工作岗位是指为主营业务岗位提供服务的非主营业务岗位；替代性工作岗位是指用工单位的劳动者因脱产学习、休假等原因无法工作的一定期间内，可以由其他劳动者替代工作的岗位。

用工单位决定使用被派遣劳动者的辅助性岗位，应当经职工代表大会或者全体职工讨论，提出方案和意见,与工会或者职工代表平等协商确定,并在用工单位内公示。

第四条 用工单位应当严格控制劳务派遣用工数量,使用的被派遣劳动者数量不得超过其用工总量的10%。

前款所称用工总量是指用工单位订立劳动合同人数与使用的被派遣劳动者人数之和。

计算劳务派遣用工比例的用工单位是指依照劳动合同法和劳动合同法实施条例可以与劳动者订立劳动合同的用人单位。

第三章 劳动合同、劳务派遣协议的订立和履行

第五条 劳务派遣单位应当依法与被派遣劳动者订立2年以上的固定期限书面劳动合同。

第六条 劳务派遣单位可以依法与被派遣劳动者约定试用期。劳务派遣单位与同一被派遣劳动者只能约定一次试用期。

第七条 劳务派遣协议应当载明下列内容:

(一)派遣的工作岗位名称和岗位性质;

(二)工作地点;

(三)派遣人员数量和派遣期限;

(四)按照同工同酬原则确定的劳动报酬数额和支付方式;

(五)社会保险费的数额和支付方式;

(六)工作时间和休息休假事项;

(七)被派遣劳动者工伤、生育或者患病期间的相关待遇;

(八)劳动安全卫生以及培训事项;

(九)经济补偿等费用;

(十)劳务派遣协议期限;

(十一)劳务派遣服务费的支付方式和标准;

(十二)违反劳务派遣协议的责任;

(十三)法律、法规、规章规定应当纳入劳务派遣协议的其他事项。

第八条 劳务派遣单位应当对被派遣劳动者履行下列义务:

(一)如实告知被派遣劳动者劳动合同法第八条规定的事项、应遵守的规章制度以及劳务派遣协议的内容;

(二)建立培训制度,对被派遣劳动者进行上岗知识、安全教育培训;

(三)按照国家规定和劳务派遣协议约定,依法支付被派遣劳动者的劳动报酬和相关待遇;

(四)按照国家规定和劳务派遣协议约定,依法为被派遣劳动者缴纳社会保险费,并办理社会保险相关手续;

(五)督促用工单位依法为被派遣劳动者提供劳动保护和劳动安全卫生条件;

(六)依法出具解除或者终止劳动合同的证明;

(七)协助处理被派遣劳动者与用工单位的纠纷;

(八)法律、法规和规章规定的其他事项。

第九条 用工单位应当按照劳动合同法第六十二条规定,向被派遣劳动者提供与工作岗位相关的福利待遇,不得歧视被派遣劳动者。

第十条 被派遣劳动者在用工单位因工作遭受事故伤害的,劳务派遣单位应当依法申请工伤认定,用工单位应当协助工伤认定的调查核实工作。劳务派遣单位承担工伤保险责任,但可以与用工单位约定补偿办法。

被派遣劳动者在申请进行职业病诊断、鉴定时,用工单位应当负责处理职业病诊断、鉴定事宜,并如实提供职业病诊断、鉴定所需的劳动者职业史和职业危害接触史、工作场所职业病危害因素检测结果等资料,劳务派遣单位应当提供被派遣劳动者职业病诊断、鉴定所需的其他材料。

第十一条 劳务派遣单位行政许可有效期未延续或者《劳务派遣经营许可证》被撤销、吊销的,已经与被派遣劳动者依法订立的劳动合同应当履行至期限届满。双方经协商一致,可以解除劳动合同。

第十二条 有下列情形之一的,用工单位可以将被派遣劳动者退回劳务派遣单位:

(一)用工单位有劳动合同法第四十条第三项、第四十一条规定情形的;

(二)用工单位被依法宣告破产、吊销营业执照、责令关闭、撤销、决定提前解散或者经营期限届满不再继续经营的;

(三)劳务派遣协议期满终止的。

被派遣劳动者退回后在无工作期间,劳务派遣单位应当按照不低于所在地人民政府规定的

最低工资标准，向其按月支付报酬。

第十三条 被派遣劳动者有劳动合同法第四十二条规定情形的，在派遣期限届满前，用工单位不得依据本规定第十二条第一款第一项规定将被派遣劳动者退回劳务派遣单位；派遣期限届满的，应当延续至相应情形消失时方可退回。

第四章 劳动合同的解除和终止

第十四条 被派遣劳动者提前30日以书面形式通知劳务派遣单位，可以解除劳动合同。被派遣劳动者在试用期内提前3日通知劳务派遣单位，可以解除劳动合同。劳务派遣单位应当将被派遣劳动者通知解除劳动合同的情况及时告知用工单位。

第十五条 被派遣劳动者因本规定第十二条规定被用工单位退回，劳务派遣单位重新派遣时维持或者提高劳动合同约定条件，被派遣劳动者不同意的，劳务派遣单位可以解除劳动合同。

被派遣劳动者因本规定第十二条规定被用工单位退回，劳务派遣单位重新派遣时降低劳动合同约定条件，被派遣劳动者不同意的，劳务派遣单位不得解除劳动合同。但被派遣劳动者提出解除劳动合同的除外。

第十六条 劳务派遣单位被依法宣告破产、吊销营业执照、责令关闭、撤销、决定提前解散或者经营期限届满不再继续经营的，劳动合同终止。用工单位应当与劳务派遣单位协商妥善安置被派遣劳动者。

第十七条 劳务派遣单位因劳动合同法第四十六条或者本规定第十五条、第十六条规定的情形，与被派遣劳动者解除或者终止劳动合同的，应当依法向被派遣劳动者支付经济补偿。

第五章 跨地区劳务派遣的社会保险

第十八条 劳务派遣单位跨地区派遣劳动者的，应当在用工单位所在地为被派遣劳动者参加社会保险，按照用工单位所在地的规定缴纳社会保险费，被派遣劳动者按照国家规定享受社会保险待遇。

第十九条 劳务派遣单位在用工单位所在地设立分支机构的，由分支机构为被派遣劳动者办理参保手续，缴纳社会保险费。

劳务派遣单位未在用工单位所在地设立分支机构的，由用工单位代劳务派遣单位为被派遣劳动者办理参保手续，缴纳社会保险费。

第六章 法律责任

第二十条 劳务派遣单位、用工单位违反劳动合同法和劳动合同法实施条例有关劳务派遣规定的，按照劳动合同法第九十二条规定执行。

第二十一条 劳务派遣单位违反本规定解除或者终止被派遣劳动者劳动合同的，按照劳动合同法第四十八条、第八十七条规定执行。

第二十二条 用工单位违反本规定第三条第三款规定的，由人力资源社会保障行政部门责令改正，给予警告；给被派遣劳动者造成损害的，依法承担赔偿责任。

第二十三条 劳务派遣单位违反本规定第六条规定的，按照劳动合同法第八十三条规定执行。

第二十四条 用工单位违反本规定退回被派遣劳动者的，按照劳动合同法第九十二条第二款规定执行。

第七章 附 则

第二十五条 外国企业常驻代表机构和外国金融机构驻华代表机构等使用被派遣劳动者的，以及船员用人单位以劳务派遣形式使用国际远洋海员的，不受临时性、辅助性、替代性岗位和劳务派遣用工比例的限制。

第二十六条 用人单位将本单位劳动者派往境外工作或者派往家庭、自然人处提供劳动的，不属于本规定所称劳务派遣。

第二十七条 用人单位以承揽、外包等名义，按劳务派遣用工形式使用劳动者的，按照本规定处理。

第二十八条 用工单位在本规定施行前使用被派遣劳动者数量超过其用工总量10%的，应当制定调整用工方案，于本规定施行之日起2年内降至规定比例。但是，《全国人民代表大会常务委员会关于修改〈中华人民共和国劳动合同法〉的决定》公布前已依法订立的劳动合同和劳务派遣协议期限届满日期在本规定施行之日起2年后的，可以依法继续履行至期限届满。

用工单位应当将制定的调整用工方案报当地人力资源社会保障行政部门备案。

用工单位未将本规定施行前使用的被派遣劳动者数量降至符合规定比例之前，不得新用被派遣劳动者。

第二十九条　本规定自2014年3月1日起施行。

六　公司、企业

(一)公　司

中华人民共和国公司法[①]

(1993年12月29日第八届全国人民代表大会常务委员会第五次会议通过　自1994年7月1日起施行)

目　录

第一章　总　　则

第一条　为了适应建立现代企业制度的需要,规范公司的组织和行为,保护公司、股东和债权人的合法权益,维护社会经济秩序,促进社会主义市场经济的发展,根据宪法,制定本法。

第二条　本法所称公司是指依照本法在中国境内设立的有限责任公司和股份有限公司。

第三条　有限责任公司和股份有限公司是企业法人。

有限责任公司,股东以其出资额为限对公司承担责任,公司以其全部资产对公司的债务承担责任。

股份有限公司,其全部资本分为等额股份,股东以其所持股份为限对公司承担责任,公司以其全部资产对公司的债务承担责任。

第四条　公司股东作为出资者按投入公司的资本额享有所有者的资产受益、重大决策和选择管理者等权利。

公司享有由股东投资形成的全部法人财产权,依法享有民事权利,承担民事责任。

公司中的国有资产所有权属于国家。

第五条　公司以其全部法人财产,依法自主经营,自负盈亏。

公司在国家宏观调控下,按照市场需求自主组织生产经营,以提高经济效益、劳动生产率和实现资产保值增值为目的。

第六条　公司实行权责分明、管理科学、激励和约束相结合的内部管理体制。

第七条　国有企业改建为公司,必须依照法律、行政法规规定的条件和要求,转换经营机制,有步骤地清产核资、界定产权,清理债权债务,评估资产,建立规范的内部管理机构。

第八条　设立有限责任公司、股份有限公司,必须符合本法规定的条件。符合本法规定的条件的,登记为有限责任公司或者股份有限公司;不符合本法规定的条件的,不得登记为有限责任公司或者股份有限公司。

法律、行政法规对设立公司规定必须报经审批的,在公司登记前依法办理审批手续。

第九条　依照本法设立的有限责任公司,必须在公司名称中标明有限责任公司字样。

依照本法设立的股份有限公司,必须在公司名称中标明股份有限公司字样。

第十条　公司以其主要办事机构所在地为住所。

---

① 编者注:已被修改。

第十一条 设立公司必须依照本法制定公司章程。公司章程对公司、股东、董事、监事、经理具有约束力。

公司的经营范围由公司章程规定,并依法登记。公司的经营范围中属于法律、行政法规限制的项目,应当依法经过批准。

公司应当在登记的经营范围内从事经营活动。公司依照法定程序修改公司章程并经公司登记机关变更登记,可以变更其经营范围。

第十二条 公司可以向其他有限责任公司、股份有限公司投资,并以该出资额为限对所投资公司承担责任。

公司向其他有限责任公司、股份有限公司投资的,除国务院规定的投资公司和控股公司外,所累计投资额不得超过本公司净资产的百分之五十,在投资后,接受被投资公司以利润转增的资本,其增加额不包括在内。

第十三条 公司可以设立分公司,分公司不具有企业法人资格,其民事责任由公司承担。

公司可以设立子公司,子公司具有企业法人资格,依法独立承担民事责任。

第十四条 公司从事经营活动,必须遵守法律,遵守职业道德,加强社会主义精神文明建设,接受政府和社会公众的监督。

公司的合法权益受法律保护,不受侵犯。

第十五条 公司必须保护职工的合法权益,加强劳动保护,实现安全生产。

公司采用多种形式,加强公司职工的职业教育和岗位培训,提高职工素质。

第十六条 公司职工依法组织工会,开展工会活动,维护职工的合法权益。公司应当为本公司工会提供必要的活动条件。

国有独资公司和两个以上的国有企业或者其他两个以上的国有投资主体投资设立的有限责任公司,依照宪法和有关法律的规定,通过职工代表大会和其他形式,实行民主管理。

第十七条 公司中中国共产党基层组织的活动,依照中国共产党章程办理。

第十八条 外商投资的有限责任公司适用本法,有关中外合资经营企业、中外合作经营企业、外资企业的法律另有规定的,适用其规定。

第二章 有限责任公司的设立和组织机构

第一节 设 立

第十九条 设立有限责任公司,应当具备下列条件:

(一)股东符合法定人数;

(二)股东出资达到法定资本最低限额;

(三)股东共同制定公司章程;

(四)有公司名称,建立符合有限责任公司要求的组织机构;

(五)有固定的生产经营场所和必要的生产经营条件。

第二十条 有限责任公司由二个以上五十个以下股东共同出资设立。

国家授权投资的机构或者国家授权的部门可以单独投资设立国有独资的有限责任公司。

第二十一条 本法施行前已设立的国有企业,符合本法规定设立有限责任公司条件的,单一投资主体的,可以依照本法改建为国有独资的有限责任公司;多个投资主体的,可以改建为前条第一款规定的有限责任公司。

国有企业改建为公司的实施步骤和具体办法,由国务院另行规定。

第二十二条 有限责任公司章程应当载明下列事项:

(一)公司名称和住所;

(二)公司经营范围;

(三)公司注册资本;

(四)股东的姓名或者名称;

(五)股东的权利和义务;

(六)股东的出资方式和出资额;

(七)股东转让出资的条件;

(八)公司的机构及其产生办法、职权、议事规则;

(九)公司的法定代表人;

(十)公司的解散事由与清算办法;

(十一)股东认为需要规定的其他事项。

股东应当在公司章程上签名、盖章。

第二十三条 有限责任公司的注册资本为在公司登记机关登记的全体股东实缴的出资额。

有限责任公司的注册资本不得少于下列最

低限额：

（一）以生产经营为主的公司人民币五十万元；

（二）以商品批发为主的公司人民币五十万元；

（三）以商业零售为主的公司人民币三十万元；

（四）科技开发、咨询、服务性公司人民币十万元。

特定行业的有限责任公司注册资本最低限额需高于前款所定限额的，由法律、行政法规另行规定。

第二十四条　股东可以用货币出资，也可以用实物、工业产权、非专利技术、土地使用权作价出资。对作为出资的实物、工业产权、非专利技术或者土地使用权，必须进行评估作价，核实财产，不得高估或者低估作价。土地使用权的评估作价，依照法律、行政法规的规定办理。

以工业产权、非专利技术作价出资的金额不得超过有限责任公司注册资本的百分之二十，国家对采用高新技术成果有特别规定的除外。

第二十五条　股东应当足额缴纳公司章程中规定的各自所认缴的出资额。股东以货币出资的，应当将货币出资足额存入准备设立的有限责任公司在银行开设的临时帐户；以实物、工业产权、非专利技术或者土地使用权出资的，应当依法办理其财产权的转移手续。

股东不按照前款规定缴纳所认缴的出资，应当向已足额缴纳出资的股东承担违约责任。

第二十六条　股东全部缴纳出资后，必须经法定的验资机构验资并出具证明。

第二十七条　股东的全部出资经法定的验资机构验资后，由全体股东指定的代表或者共同委托的代理人向公司登记机关申请设立登记，提交公司登记申请书、公司章程、验资证明等文件。

法律、行政法规规定需要经有关部门审批的，应当在申请设立登记时提交批准文件。

公司登记机关对符合本法规定条件的，予以登记，发给公司营业执照；对不符合本法规定条件的，不予登记。

公司营业执照签发日期，为有限责任公司成立日期。

第二十八条　有限责任公司成立后，发现作为出资的实物、工业产权、非专利技术、土地使用权的实际价额显著低于公司章程所定价额的，应当由交付该出资的股东补交其差额，公司设立时的其他股东对其承担连带责任。

第二十九条　设立有限责任公司的同时设立分公司的，应当就所设分公司向公司登记机关申请登记，领取营业执照。

有限责任公司成立后设立分公司，应当由公司法定代表人向公司登记机关申请登记，领取营业执照。

第三十条　有限责任公司成立后，应当向股东签发出资证明书。

出资证明书应当载明下列事项：

（一）公司名称；

（二）公司登记日期；

（三）公司注册资本；

（四）股东的姓名或者名称、缴纳的出资额和出资日期；

（五）出资证明书的编号和核发日期。

出资证明书由公司盖章。

第三十一条　有限责任公司应当置备股东名册，记载下列事项：

（一）股东的姓名或者名称及住所；

（二）股东的出资额；

（三）出资证明书编号。

第三十二条　股东有权查阅股东会会议记录和公司财务会计报告。

第三十三条　股东按照出资比例分取红利。公司新增资本时，股东可以优先认缴出资。

第三十四条　股东在公司登记后，不得抽回出资。

第三十五条　股东之间可以相互转让其全部出资或者部分出资。

股东向股东以外的人转让其出资时，必须经全体股东过半数同意；不同意转让的股东应当购买该转让的出资，如果不购买该转让的出资，视为同意转让。

经股东同意转让的出资，在同等条件下，其他股东对该出资有优先购买权。

第三十六条　股东依法转让其出资后，由公司将受让人的姓名或者名称、住所以及受让的出资额记载于股东名册。

第二节 组织机构

第三十七条 有限责任公司股东会由全体股东组成，股东会是公司的权力机构，依照本法行使职权。

第三十八条 股东会行使下列职权：

（一）决定公司的经营方针和投资计划；

（二）选举和更换董事，决定有关董事的报酬事项；

（三）选举和更换由股东代表出任的监事，决定有关监事的报酬事项；

（四）审议批准董事会的报告；

（五）审议批准监事会或者监事的报告；

（六）审议批准公司的年度财务预算方案、决算方案；

（七）审议批准公司的利润分配方案和弥补亏损方案；

（八）对公司增加或者减少注册资本作出决议；

（九）对发行公司债券作出决议；

（十）对股东向股东以外的人转让出资作出决议；

（十一）对公司合并、分立、变更公司形式、解散和清算等事项作出决议；

（十二）修改公司章程。

第三十九条 股东会的议事方式和表决程序，除本法有规定的以外，由公司章程规定。

股东会对公司增加或者减少注册资本、分立、合并、解散或者变更公司形式作出决议，必须经代表三分之二以上表决权的股东通过。

第四十条 公司可以修改章程。修改公司章程的决议，必须经代表三分之二以上表决权的股东通过。

第四十一条 股东会会议由股东按照出资比例行使表决权。

第四十二条 股东会的首次会议由出资最多的股东召集和主持，依照本法规定行使职权。

第四十三条 股东会会议分为定期会议和临时会议。

定期会议应当按照公司章程的规定按时召开。代表四分之一以上表决权的股东，三分之一以上董事，或者监事，可以提议召开临时会议。

有限责任公司设立董事会的，股东会会议由董事会召集，董事长主持，董事长因特殊原因不能履行职务时，由董事长指定的副董事长或者其他董事主持。

第四十四条 召开股东会会议，应当于会议召开十五日以前通知全体股东。

股东会应当对所议事项的决定作成会议记录，出席会议的股东应当在会议记录上签名。

第四十五条 有限责任公司设董事会，其成员为三人至十三人。

两个以上的国有企业或者其他两个以上的国有投资主体投资设立的有限责任公司，其董事会成员中应当有公司职工代表。董事会中的职工代表由公司职工民主选举产生。

董事会设董事长一人，可以设副董事长一至二人。董事长、副董事长的产生办法由公司章程规定。

董事长为公司的法定代表人。

第四十六条 董事会对股东会负责，行使下列职权：

（一）负责召集股东会，并向股东会报告工作；

（二）执行股东会的决议；

（三）决定公司的经营计划和投资方案；

（四）制订公司的年度财务预算方案、决算方案；

（五）制订公司的利润分配方案和弥补亏损方案；

（六）制订公司增加或者减少注册资本的方案；

（七）拟订公司合并、分立、变更公司形式、解散的方案；

（八）决定公司内部管理机构的设置；

（九）聘任或者解聘公司经理（总经理）（以下简称经理），根据经理的提名，聘任或者解聘公司副经理、财务负责人，决定其报酬事项；

（十）制定公司的基本管理制度。

第四十七条 董事任期由公司章程规定，但每届任期不得超过三年。董事任期届满，连选可以连任。

董事在任期届满前，股东会不得无故解除其职务。

第四十八条 董事会会议由董事长召集和主持；董事长因特殊原因不能履行职务时，由董事长指定副董事长或者其他董事召集和主持。三分之一以上董事可以提议召开董事会会议。

第四十九条 董事会的议事方式和表决程序，除本法有规定的以外，由公司章程规定。

召开董事会会议，应当于会议召开十日以前通知全体董事。

董事会应当对所议事项的决定作成会议记录，出席会议的董事应当在会议记录上签名。

第五十条 有限责任公司设经理，由董事会聘任或者解聘。经理对董事会负责，行使下列职权：

（一）主持公司的生产经营管理工作，组织实施董事会决议；

（二）组织实施公司年度经营计划和投资方案；

（三）拟订公司内部管理机构设置方案；

（四）拟订公司的基本管理制度；

（五）制定公司的具体规章；

（六）提请聘任或者解聘公司副经理、财务负责人；

（七）聘任或者解聘除应由董事会聘任或者解聘以外的负责管理人员；

（八）公司章程和董事会授予的其他职权。

经理列席董事会会议。

第五十一条 有限责任公司，股东人数较少和规模较小的，可以设一名执行董事，不设立董事会。执行董事可以兼任公司经理。

执行董事的职权，应当参照本法第四十六条规定，由公司章程规定。

有限责任公司不设董事会的，执行董事为公司的法定代表人。

第五十二条 有限责任公司，经营规模较大的，设立监事会，其成员不得少于三人。监事会应在其组成人员中推选一名召集人。

监事会由股东代表和适当比例的公司职工代表组成，具体比例由公司章程规定。监事会中的职工代表由公司职工民主选举产生。

有限责任公司，股东人数较少和规模较小的，可以设一至二名监事。

董事、经理及财务负责人不得兼任监事。

第五十三条 监事的任期每届为三年。监事任期届满，连选可以连任。

第五十四条 监事会或者监事行使下列职权：

（一）检查公司财务；

（二）对董事、经理执行公司职务时违反法律、法规或者公司章程的行为进行监督；

（三）当董事和经理的行为损害公司的利益时，要求董事和经理予以纠正；

（四）提议召开临时股东会；

（五）公司章程规定的其他职权。

监事列席董事会会议。

第五十五条 公司研究决定有关职工工资、福利、安全生产以及劳动保护、劳动保险等涉及职工切身利益的问题，应当事先听取公司工会和职工的意见，并邀请工会或者职工代表列席有关会议。

第五十六条 公司研究决定生产经营的重大问题、制定重要的规章制度时，应当听取公司工会和职工的意见和建议。

第五十七条 有下列情形之一的，不得担任公司的董事、监事、经理：

（一）无民事行为能力或者限制民事行为能力；

（二）因犯有贪污、贿赂、侵占财产、挪用财产罪或者破坏社会经济秩序罪，被判处刑罚，执行期满未逾五年，或者因犯罪被剥夺政治权利，执行期满未逾五年；

（三）担任因经营不善破产清算的公司、企业的董事或者厂长、经理，并对该公司、企业的破产负有个人责任的，自该公司、企业破产清算完结之日起未逾三年；

（四）担任因违法被吊销营业执照的公司、企业的法定代表人，并负有个人责任的，自该公司、企业被吊销营业执照之日起未逾三年；

（五）个人所负数额较大的债务到期未清偿。

公司违反前款规定选举、委派董事、监事或者聘任经理的，该选举、委派或者聘任无效。

第五十八条 国家公务员不得兼任公司的董事、监事、经理。

第五十九条 董事、监事、经理应当遵守公司章程，忠实履行职务，维护公司利益，不得利用在公司的地位和职权为自己谋取私利。

董事、监事、经理不得利用职权收受贿赂或者其他非法收入，不得侵占公司的财产。

第六十条 董事、经理不得挪用公司资金或者将公司资金借贷给他人。

董事、经理不得将公司资产以其个人名义或者以其他个人名义开立帐户存储。

董事、经理不得以公司资产为本公司的股东或者其他个人债务提供担保。

第六十一条 董事、经理不得自营或者为他人经营与其所任职公司同类的营业或者从事损害本公司利益的活动。从事上述营业或者活动的，所得收入应当归公司所有。

董事、经理除公司章程规定或者股东会同意外，不得同本公司订立合同或者进行交易。

第六十二条 董事、监事、经理除依照法律规定或者经股东会同意外，不得泄露公司秘密。

第六十三条 董事、监事、经理执行公司职务时违反法律、行政法规或者公司章程的规定，给公司造成损害的，应当承担赔偿责任。

第三节 国有独资公司

第六十四条 本法所称国有独资公司是指国家授权投资的机构或者国家授权的部门单独投资设立的有限责任公司。

国务院确定的生产特殊产品的公司或者属于特定行业的公司，应当采取国有独资公司形式。

第六十五条 国有独资公司的公司章程由国家授权投资的机构或者国家授权的部门依照本法制定，或者由董事会制订，报国家授权投资的机构或者国家授权的部门批准。

第六十六条 国有独资公司不设股东会，由国家授权投资的机构或者国家授权的部门，授权公司董事会行使股东会的部分职权，决定公司的重大事项，但公司的合并、分立、解散、增减资本和发行公司债券，必须由国家授权投资的机构或者国家授权的部门决定。

第六十七条 国家授权投资的机构或者国家授权的部门依照法律、行政法规的规定，对国有独资公司的国有资产实施监督管理。

第六十八条 国有独资公司设立董事会，依照本法第四十六条、第六十六条规定行使职权。董事会每届任期为三年。

公司董事会成员为三人至九人，由国家授权投资的机构或者国家授权的部门按照董事会的任期委派或者更换。董事会成员中应当有公司职工代表。董事会中的职工代表由公司职工民主选举产生。

董事会设董事长一人，可以视需要设副董事长。董事长、副董事长，由国家授权投资的机构或者国家授权的部门从董事会成员中指定。

董事长为公司的法定代表人。

第六十九条 国有独资公司设经理，由董事会聘任或者解聘。经理依照本法第五十条规定行使职权。

经国家授权投资的机构或者国家授权的部门同意，董事会成员可以兼任经理。

第七十条 国有独资公司的董事长、副董事长、董事、经理，未经国家授权投资的机构或者国家授权的部门同意，不得兼任其他有限责任公司、股份有限公司或者其他经营组织的负责人。

第七十一条 国有独资公司的资产转让，依照法律、行政法规的规定，由国家授权投资的机构或者国家授权的部门办理审批和财产权转移手续。

第七十二条 经营管理制度健全、经营状况较好的大型的国有独资公司，可以由国务院授权行使资产所有者的权利。

第三章 股份有限公司的设立和组织机构

第一节 设 立

第七十三条 设立股份有限公司，应当具备下列条件：

（一）发起人符合法定人数；

（二）发起人认缴和社会公开募集的股本达到法定资本最低限额；

（三）股份发行、筹办事项符合法律规定；

（四）发起人制订公司章程，并经创立大会通过；

（五）有公司名称，建立符合股份有限公司要求的组织机构；

（六）有固定的生产经营场所和必要的生产经营条件。

第七十四条　股份有限公司的设立，可以采取发起设立或者募集设立的方式。

发起设立，是指由发起人认购公司应发行的全部股份而设立公司。

募集设立，是指由发起人认购公司应发行股份的一部分，其余部分向社会公开募集而设立公司。

第七十五条　设立股份有限公司，应当有五人以上为发起人，其中须有过半数的发起人在中国境内有住所。

国有企业改建为股份有限公司的，发起人可以少于五人，但应当采取募集设立方式。

第七十六条　股份有限公司发起人，必须按照本法规定认购其应认购的股份，并承担公司筹办事务。

第七十七条　股份有限公司的设立，必须经过国务院授权的部门或者省级人民政府批准。

第七十八条　股份有限公司的注册资本为在公司登记机关登记的实收股本总额。

股份有限公司注册资本的最低限额为人民币一千万元。股份有限公司注册资本最低限额需高于上述所定限额的，由法律、行政法规另行规定。

第七十九条　股份有限公司章程应当载明下列事项：

（一）公司名称和住所；

（二）公司经营范围；

（三）公司设立方式；

（四）公司股份总数、每股金额和注册资本；

（五）发起人的姓名或者名称、认购的股份数；

（六）股东的权利和义务；

（七）董事会的组成、职权、任期和议事规则；

（八）公司法定代表人；

（九）监事会的组成、职权、任期和议事规则；

（十）公司利润分配办法；

（十一）公司的解散事由与清算办法；

（十二）公司的通知和公告办法；

（十三）股东大会认为需要规定的其他事项。

第八十条　发起人可以用货币出资，也可以用实物、工业产权、非专利技术、土地使用权作价出资。对作为出资的实物、工业产权、非专利技术或者土地使用权，必须进行评估作价，核实财产，并折合为股份。不得高估或者低估作价。土地使用权的评估作价，依照法律、行政法规的规定办理。

发起人以工业产权、非专利技术作价出资的金额不得超过股份有限公司注册资本的百分之二十。

第八十一条　国有企业改建为股份有限公司时，严禁将国有资产低价折股、低价出售或者无偿分给个人。

第八十二条　以发起设立方式设立股份有限公司的，发起人以书面认足公司章程规定发行的股份后，应即缴纳全部股款；以实物、工业产权、非专利技术或者土地使用权抵作股款的，应当依法办理其财产权的转移手续。

发起人交付全部出资后，应当选举董事会和监事会，由董事会向公司登记机关报送设立公司的批准文件、公司章程、验资证明等文件，申请设立登记。

第八十三条　以募集设立方式设立股份有限公司的，发起人认购的股份不得少于公司股份总数的百分之三十五，其余股份应当向社会公开募集。

第八十四条　发起人向社会公开募集股份时，必须向国务院证券管理部门递交募股申请，并报送下列主要文件：

（一）批准设立公司的文件；

（二）公司章程；

（三）经营估算书；

（四）发起人姓名或者名称，发起人认购的股份数、出资种类及验资证明；

（五）招股说明书；

（六）代收股款银行的名称及地址；

（七）承销机构名称及有关的协议。

未经国务院证券管理部门批准，发起人不得向社会公开募集股份。

第八十五条　经国务院证券管理部门批准，股份有限公司可以向境外公开募集股份，具体办法由国务院作出特别规定。

第八十六条 国务院证券管理部门对符合本法规定条件的募股申请,予以批准;对不符合本法规定的募股申请,不予批准。

对已作出的批准如发现不符合本法规定的,应予撤销。尚未募集股份的,停止募集;已经募集的,认股人可以按照所缴股款并加算银行同期存款利息,要求发起人返还。

第八十七条 招股说明书应当附有发起人制订的公司章程,并载明下列事项:

(一)发起人认购的股份数;

(二)每股的票面金额和发行价格;

(三)无记名股票的发行总数;

(四)认股人的权利、义务;

(五)本次募股的起止期限及逾期未募足时认股人可撤回所认股份的说明。

第八十八条 发起人向社会公开募集股份,必须公告招股说明书,并制作认股书。认股书应当载明前条所列事项,由认股人填写所认股数、金额、住所,并签名、盖章。认股人按照所认股数缴纳股款。

第八十九条 发起人向社会公开募集股份,应当由依法设立的证券经营机构承销,签订承销协议。

第九十条 发起人向社会公开募集股份,应当同银行签订代收股款协议。

代收股款的银行应当按照协议代收和保存股款,向缴纳股款的认股人出具收款单据,并负有向有关部门出具收款证明的义务。

第九十一条 发行股份的股款缴足后,必须经法定的验资机构验资并出具证明。发起人应当在三十日内主持召开公司创立大会。创立大会由认股人组成。

发行的股份超过招股说明书规定的截止期限尚未募足的,或者发行股份的股款缴足后,发起人在三十日内未召开创立大会的,认股人可以按照所缴股款并加算银行同期存款利息,要求发起人返还。

第九十二条 发起人应当在创立大会召开十五日前将会议日期通知各认股人或者予以公告。创立大会应有代表股份总数二分之一以上的认股人出席,方可举行。

创立大会行使下列职权:

(一)审议发起人关于公司筹办情况的报告;

(二)通过公司章程;

(三)选举董事会成员;

(四)选举监事会成员;

(五)对公司的设立费用进行审核;

(六)对发起人用于抵作股款的财产的作价进行审核;

(七)发生不可抗力或者经营条件发生重大变化直接影响公司设立的,可以作出不设立公司的决议。

创立大会对前款所列事项作出决议,必须经出席会议的认股人所持表决权的半数以上通过。

第九十三条 发起人、认股人缴纳股款或者交付抵作股款的出资后,除未按期募足股份、发起人未按期召开创立大会或者创立大会决议不设立公司的情形外,不得抽回其股本。

第九十四条 董事会应于创立大会结束后三十日内,向公司登记机关报送下列文件,申请设立登记:

(一)有关主管部门的批准文件;

(二)创立大会的会议记录;

(三)公司章程;

(四)筹办公司的财务审计报告;

(五)验资证明;

(六)董事会、监事会成员姓名及住所;

(七)法定代表人的姓名、住所。

第九十五条 公司登记机关自接到股份有限公司设立登记申请之日起三十日内作出是否予以登记的决定。对符合本法规定条件的,予以登记,发给公司营业执照;对不符合本法规定条件的,不予登记。

公司营业执照签发日期,为公司成立日期。公司成立后,应当进行公告。

股份有限公司经登记成立后,采取募集设立方式的,应当将募集股份情况报国务院证券管理部门备案。

第九十六条 设立股份有限公司的同时设立分公司的,应当就所设分公司向公司登记机关申请登记,领取营业执照。

股份有限公司成立后设立分公司,应当由公司法定代表人向公司登记机关申请登记,领取营业执照。

第九十七条 股份有限公司的发起人应当承担下列责任：

（一）公司不能成立时，对设立行为所产生的债务和费用负连带责任；

（二）公司不能成立时，对认股人已缴纳的股款，负返还股款并加算银行同期存款利息的连带责任；

（三）在公司设立过程中，由于发起人的过失致使公司利益受到损害的，应当对公司承担赔偿责任。

第九十八条 有限责任公司变更为股份有限公司，应当符合本法规定的股份有限公司的条件，并依照本法有关设立股份有限公司的程序办理。

第九十九条 有限责任公司依法经批准变更为股份有限公司时，折合的股份总额应当相等于公司净资产额。有限责任公司依法经批准变更为股份有限公司，为增加资本向社会公开募集股份时，应当依照本法有关向社会公开募集股份的规定办理。

第一百条 有限责任公司依法变更为股份有限公司的，原有限责任公司的债权、债务由变更后的股份有限公司承继。

第一百零一条 股份有限公司应当将公司章程、股东名册、股东大会会议记录、财务会计报告置备于本公司。

第二节 股东大会

第一百零二条 股份有限公司由股东组成股东大会。股东大会是公司的权力机构，依照本法行使职权。

第一百零三条 股东大会行使下列职权：

（一）决定公司的经营方针和投资计划；

（二）选举和更换董事，决定有关董事的报酬事项；

（三）选举和更换由股东代表出任的监事，决定有关监事的报酬事项；

（四）审议批准董事会的报告；

（五）审议批准监事会的报告；

（六）审议批准公司的年度财务预算方案、决算方案；

（七）审议批准公司的利润分配方案和弥补亏损方案；

（八）对公司增加或者减少注册资本作出决议；

（九）对发行公司债券作出决议；

（十）对公司合并、分立、解散和清算等事项作出决议；

（十一）修改公司章程。

第一百零四条 股东大会应当每年召开一次年会。有下列情形之一的，应当在二个月内召开临时股东大会：

（一）董事人数不足本法规定的人数或者公司章程所定人数的三分之二时；

（二）公司未弥补的亏损达股本总额三分之一时；

（三）持有公司股份百分之十以上的股东请求时；

（四）董事会认为必要时；

（五）监事会提议召开时。

第一百零五条 股东大会会议由董事会依照本法规定负责召集，由董事长主持。董事长因特殊原因不能履行职务时，由董事长指定的副董事长或者其他董事主持。召开股东大会，应当将会议审议的事项于会议召开三十日以前通知各股东。临时股东大会不得对通知中未列明的事项作出决议。

发行无记名股票的，应当于会议召开四十五日以前就前款事项作出公告。

无记名股票持有人出席股东大会的，应当于会议召开五日以前至股东大会闭会时止将股票交存于公司。

第一百零六条 股东出席股东大会，所持每一股份有一表决权。

股东大会作出决议，必须经出席会议的股东所持表决权的半数以上通过。股东大会对公司合并、分立或者解散公司作出决议，必须经出席会议的股东所持表决权的三分之二以上通过。

第一百零七条 修改公司章程必须经出席股东大会的股东所持表决权的三分之二以上通过。

第一百零八条 股东可以委托代理人出席股东大会，代理人应当向公司提交股东授权委托书，并在授权范围内行使表决权。

第一百零九条　股东大会应当对所议事项的决定作成会议记录，由出席会议的董事签名。会议记录应当与出席股东的签名册及代理出席的委托书一并保存。

第一百一十条　股东有权查阅公司章程、股东大会会议记录和财务会计报告，对公司的经营提出建议或者质询。

第一百一十一条　股东大会、董事会的决议违反法律、行政法规，侵犯股东合法权益的，股东有权向人民法院提起要求停止该违法行为和侵害行为的诉讼。

第三节　董事会、经理

第一百一十二条　股份有限公司设董事会，其成员为五人至十九人。

董事会对股东大会负责，行使下列职权：

（一）负责召集股东大会，并向股东大会报告工作；

（二）执行股东大会的决议；

（三）决定公司的经营计划和投资方案；

（四）制订公司的年度财务预算方案、决算方案；

（五）制订公司的利润分配方案和弥补亏损方案；

（六）制订公司增加或者减少注册资本的方案以及发行公司债券的方案；

（七）拟订公司合并、分立、解散的方案；

（八）决定公司内部管理机构的设置；

（九）聘任或者解聘公司经理，根据经理的提名，聘任或者解聘公司副经理、财务负责人，决定其报酬事项；

（十）制定公司的基本管理制度。

第一百一十三条　董事会设董事长一人，可以设副董事长一至二人。董事长和副董事长由董事会以全体董事的过半数选举产生。

董事长为公司的法定代表人。

第一百一十四条　董事长行使下列职权：

（一）主持股东大会和召集、主持董事会会议；

（二）检查董事会决议的实施情况；

（三）签署公司股票、公司债券。

副董事长协助董事长工作，董事长不能履行职权时，由董事长指定的副董事长代行其职权。

第一百一十五条　董事任期由公司章程规定，但每届任期不得超过三年。董事任期届满，连选可以连任。

董事在任期届满前，股东大会不得无故解除其职务。

第一百一十六条　董事会每年度至少召开二次会议，每次会议应当于会议召开十日以前通知全体董事。

董事会召开临时会议，可以另定召集董事会的通知方式和通知时限。

第一百一十七条　董事会会议应由二分之一以上的董事出席方可举行。董事会作出决议，必须经全体董事的过半数通过。

第一百一十八条　董事会会议，应由董事本人出席。董事因故不能出席，可以书面委托其他董事代为出席董事会，委托书中应载明授权范围。

董事会应当对会议所议事项的决定作成会议记录，出席会议的董事和记录员在会议记录上签名。

董事应当对董事会的决议承担责任。董事会的决议违反法律、行政法规或者公司章程，致使公司遭受严重损失的，参与决议的董事对公司负赔偿责任。但经证明在表决时曾表明异议并记载于会议记录的，该董事可以免除责任。

第一百一十九条　股份有限公司设经理，由董事会聘任或者解聘。经理对董事会负责，行使下列职权：

（一）主持公司的生产经营管理工作，组织实施董事会决议；

（二）组织实施公司年度经营计划和投资方案；

（三）拟订公司内部管理机构设置方案；

（四）拟订公司的基本管理制度；

（五）制定公司的具体规章；

（六）提请聘任或者解聘公司副经理、财务负责人；

（七）聘任或者解聘除应由董事会聘任或者解聘以外的负责管理人员；

（八）公司章程和董事会授予的其他职权。

经理列席董事会会议。

第一百二十条 公司根据需要，可以由董事会授权董事长在董事会闭会期间，行使董事会的部分职权。

公司董事会可以决定，由董事会成员兼任经理。

第一百二十一条 公司研究决定有关职工工资、福利、安全生产以及劳动保护、劳动保险等涉及职工切身利益的问题，应当事先听取公司工会和职工的意见，并邀请工会或者职工代表列席有关会议。

第一百二十二条 公司研究决定生产经营的重大问题、制定重要的规章制度时，应当听取公司工会和职工的意见和建议。

第一百二十三条 董事、经理应当遵守公司章程，忠实履行职务，维护公司利益，不得利用在公司的地位和职权为自己谋取私利。

本法第五十七条至第六十三条有关不得担任董事、经理的规定以及董事、经理义务、责任的规定，适用于股份有限公司的董事、经理。

第四节 监　事　会

第一百二十四条 股份有限公司设监事会，其成员不得少于三人。监事会应在其组成人员中推选一名召集人。

监事会由股东代表和适当比例的公司职工代表组成，具体比例由公司章程规定。监事会中的职工代表由公司职工民主选举产生。

董事、经理及财务负责人不得兼任监事。

第一百二十五条 监事的任期每届为三年。监事任届满，连选可以连任。

第一百二十六条 监事会行使下列职权：

（一）检查公司的财务；

（二）对董事、经理执行公司职务时违反法律、法规或者公司章程的行为进行监督；

（三）当董事和经理的行为损害公司的利益时，要求董事和经理予以纠正；

（四）提议召开临时股东大会；

（五）公司章程规定的其他职权。

监事列席董事会会议。

第一百二十七条 监事会的议事方式和表决程序由公司章程规定。

第一百二十八条 监事应当依照法律、行政法规、公司章程，忠实履行监督职责。

本法第五十七条至第五十九条、第六十二条至第六十三条有关不得担任监事的规定以及监事义务、责任的规定，适用于股份有限公司的监事。

第四章 股份有限公司的股份发行和转让

第一节 股　份　发　行

第一百二十九条 股份有限公司的资本划分为股份，每一股的金额相等。

公司的股份采取股票的形式。股票是公司签发的证明股东所持股份的凭证。

第一百三十条 股份的发行，实行公开、公平、公正的原则，必须同股同权，同股同利。

同次发行的股票，每股的发行条件和价格应当相同。任何单位或者个人所认购的股份，每股应当支付相同价额。

第一百三十一条 股票发行价格可以按票面金额，也可以超过票面金额，但不得低于票面金额。

以超过票面金额为股票发行价格的，须经国务院证券管理部门批准。

以超过票面金额发行股票所得溢价款列入公司资本公积金。

股票溢价发行的具体管理办法由国务院另行规定。

第一百三十二条 股票采用纸面形式或者国务院证券管理部门规定的其他形式。

股票应当载明下列主要事项：

（一）公司名称；

（二）公司登记成立的日期；

（三）股票种类、票面金额及代表的股份数；

（四）股票的编号。

股票由董事长签名，公司盖章。

发起人的股票，应当标明发起人股票字样。

第一百三十三条 公司向发起人、国家授权投资的机构、法人发行的股票，应当为记名股票，并应当记载该发起人、机构或者法人的名称，不得另立户名或者以代表人姓名记名。

对社会公众发行的股票，可以为记名股票，也可以为无记名股票。

第一百三十四条 公司发行记名股票的,应当置备股东名册,记载下列事项:

(一)股东的姓名或者名称及住所;

(二)各股东所持股份数;

(三)各股东所持股票的编号;

(四)各股东取得其股份的日期。

发行无记名股票的,公司应当记载其股票数量、编号及发行日期。

第一百三十五条 国务院可以对公司发行本法规定的股票以外的其他种类的股票另行作出规定。

第一百三十六条 股份有限公司登记成立后,即向股东正式交付股票。公司登记成立前不得向股东交付股票。

第一百三十七条 公司发行新股,必须具备下列条件:

(一)前一次发行的股份已募足,并间隔一年以上;

(二)公司在最近三年内连续盈利,并可向股东支付股利;

(三)公司在最近三年内财务会计文件无虚假记载;

(四)公司预期利润率可达同期银行存款利率。

公司以当年利润分派新股,不受前款第(二)项限制。

第一百三十八条 公司发行新股,股东大会应当对下列事项作出决议:

(一)新股种类及数额;

(二)新股发行价格;

(三)新股发行的起止日期;

(四)向原有股东发行新股的种类及数额。

第一百三十九条 股东大会作出发行新股的决议后,董事会必须向国务院授权的部门或者省级人民政府申请批准。属于向社会公开募集的,须经国务院证券管理部门批准。

第一百四十条 公司经批准向社会公开发行新股时,必须公告新股招股说明书和财务会计报表及附属明细表,并制作认股书。

公司向社会公开发行新股,应当由依法设立的证券经营机构承销,签订承销协议。

第一百四十一条 公司发行新股,可根据公司连续盈利情况和财产增值情况,确定其作价方案。

第一百四十二条 公司发行新股募足股款后,必须向公司登记机关办理变更登记,并公告。

第二节 股份转让

第一百四十三条 股东持有的股份可以依法转让。

第一百四十四条 股东转让其股份,必须在依法设立的证券交易场所进行。

第一百四十五条 记名股票,由股东以背书方式或者法律、行政法规规定的其他方式转让。

记名股票的转让,由公司将受让人的姓名或者名称及住所记载于股东名册。

股东大会召开前三十日内或者公司决定分配股利的基准日前五日内,不得进行前款规定的股东名册的变更登记。

第一百四十六条 无记名股票的转让,由股东在依法设立的证券交易场所将该股票交付给受让人后即发生转让的效力。

第一百四十七条 发起人持有的本公司股份,自公司成立之日起三年内不得转让。

公司董事、监事、经理应当向公司申报所持有的本公司的股份,并在任职期间内不得转让。

第一百四十八条 国家授权投资的机构可以依法转让其持有的股份,也可以购买其他股东持有的股份。转让或者购买股份的审批权限、管理办法,由法律、行政法规另行规定。

第一百四十九条 公司不得收购本公司的股票,但为减少公司资本而注销股份或者与持有本公司股票的其他公司合并时除外。

公司依照前款规定收购本公司的股票后,必须在十日内注销该部分股份,依照法律、行政法规办理变更登记,并公告。

公司不得接受本公司的股票作为抵押权的标的。

第一百五十条 记名股票被盗、遗失或者灭失,股东可以依照民事诉讼法规定的公示催告程序,请求人民法院宣告该股票失效。

依照公示催告程序,人民法院宣告该股票失效后,股东可以向公司申请补发股票。

第三节　上市公司

第一百五十一条　本法所称上市公司是指所发行的股票经国务院或者国务院授权证券管理部门批准在证券交易所上市交易的股份有限公司。

第一百五十二条　股份有限公司申请其股票上市必须符合下列条件：

（一）股票经国务院证券管理部门批准已向社会公开发行；

（二）公司股本总额不少于人民币五千万元；

（三）开业时间在三年以上，最近三年连续盈利；原国有企业依法改建而设立的，或者本法实施后新组建成立，其主要发起人为国有大中型企业的，可连续计算；

（四）持有股票面值达人民币一千元以上的股东人数不少于一千人，向社会公开发行的股份达公司股份总数的百分之二十五以上；公司股本总额超过人民币四亿元的，其向社会公开发行股份的比例为百分之十五以上；

（五）公司在最近三年内无重大违法行为，财务会计报告无虚假记载；

（六）国务院规定的其他条件。

第一百五十三条　股份有限公司申请其股票上市交易，应当报经国务院或者国务院授权证券管理部门批准，依照有关法律、行政法规的规定报送有关文件。

国务院或者国务院授权证券管理部门对符合本法规定条件的股票上市交易申请，予以批准；对不符合本法规定条件的，不予批准。

股票上市交易申请经批准后，被批准的上市公司必须公告其股票上市报告，并将其申请文件存放在指定的地点供公众查阅。

第一百五十四条　经批准的上市公司的股份，依照有关法律、行政法规上市交易。

第一百五十五条　经国务院证券管理部门批准，公司股票可以到境外上市，具体办法由国务院作出特别规定。

第一百五十六条　上市公司必须按照法律、行政法规的规定，定期公开其财务状况和经营情况，在每一会计年度内半年公布一次财务会计报告。

第一百五十七条　上市公司有下列情形之一的，由国务院证券管理部门决定暂停其股票上市：

（一）公司股本总额、股权分布等发生变化不再具备上市条件；

（二）公司不按规定公开其财务状况，或者对财务会计报告作虚假记载；

（三）公司有重大违法行为；

（四）公司最近三年连续亏损。

第一百五十八条　上市公司有前条第（二）项、第（三）项所列情形之一经查实后果严重的，或者有前条第（一）项、第（四）项所列情形之一，在限期内未能消除，不具备上市条件的，由国务院证券管理部门决定终止其股票上市。

公司决议解散、被行政主管部门依法责令关闭或者被宣告破产的，由国务院证券管理部门决定终止其股票上市。

第五章　公司债券

第一百五十九条　股份有限公司、国有独资公司和两个以上的国有企业或者其他两个以上的国有投资主体投资设立的有限责任公司，为筹集生产经营资金，可以依照本法发行公司债券。

第一百六十条　本法所称公司债券是指公司依照法定程序发行的、约定在一定期限还本付息的有价证券。

第一百六十一条　发行公司债券，必须符合下列条件：

（一）股份有限公司的净资产额不低于人民币三千万元，有限责任公司的净资产额不低于人民币六千万元；

（二）累计债券总额不超过公司净资产额的百分之四十；

（三）最近三年平均可分配利润足以支付公司债券一年的利息；

（四）筹集的资金投向符合国家产业政策；

（五）债券的利率不得超过国务院限定的利率水平；

（六）国务院规定的其他条件。

发行公司债券筹集的资金，必须用于审批机关批准的用途，不得用于弥补亏损和非生产性支出。

第一百六十二条　凡有下列情形之一的，不得再次发行公司债券：

（一）前一次发行的公司债券尚未募足的；

（二）对已发行的公司债券或者其债务有违约或者延迟支付本息的事实，且仍处于继续状态的。

第一百六十三条 股份有限公司、有限责任公司发行公司债券，由董事会制订方案，股东会作出决议。

国有独资公司发行公司债券，应由国家授权投资的机构或者国家授权的部门作出决定。

依照前二款规定作出决议或者决定后，公司应当向国务院证券管理部门报请批准。

第一百六十四条 公司债券的发行规模由国务院确定。国务院证券管理部门对符合本法规定的发行公司债券的申请，予以批准；对不符合本法规定的申请，不予批准。

对已作出的批准如发现不符合本法规定的，应予撤销。尚未发行公司债券的，停止发行；已经发行公司债券的，发行的公司应当向认购人退还所缴款项并加算银行同期存款利息。

第一百六十五条 公司向国务院证券管理部门申请批准发行公司债券，应当提交下列文件：

（一）公司登记证明；

（二）公司章程；

（三）公司债券募集办法；

（四）资产评估报告和验资报告。

第一百六十六条 发行公司债券的申请经批准后，应当公告公司债券募集办法。

公司债券募集办法中应当载明下列主要事项：

（一）公司名称；

（二）债券总额和债券的票面金额；

（三）债券的利率；

（四）还本付息的期限和方式；

（五）债券发行的起止日期；

（六）公司净资产额；

（七）已发行的尚未到期的公司债券总额；

（八）公司债券的承销机构。

第一百六十七条 公司发行公司债券，必须在债券上载明公司名称、债券票面金额、利率、偿还期限等事项，并由董事长签名，公司盖章。

第一百六十八条 公司债券可分为记名债券和无记名债券。

第一百六十九条 公司发行公司债券应当置备公司债券存根簿。

发行记名公司债券的，应当在公司债券存根簿上载明下列事项：

（一）债券持有人的姓名或者名称及住所；

（二）债券持有人取得债券的日期及债券的编号；

（三）债券总额，债券的票面金额，债券的利率，债券的还本付息的期限和方式；

（四）债券的发行日期。

发行无记名公司债券的，应当在公司债券存根簿上载明债券总额、利率、偿还期限和方式、发行日期及债券的编号。

第一百七十条 公司债券可以转让。转让公司债券应当在依法设立的证券交易场所进行。

公司债券的转让价格由转让人与受让人约定。

第一百七十一条 记名债券，由债券持有人以背书方式或者法律、行政法规规定的其他方式转让。

记名债券的转让，由公司将受让人的姓名或者名称及住所记载于公司债券存根簿。

无记名债券，由债券持有人在依法设立的证券交易场所将该债券交付给受让人后即发生转让的效力。

第一百七十二条 上市公司经股东大会决议可以发行可转换为股票的公司债券，并在公司债券募集办法中规定具体的转换办法。

发行可转换为股票的公司债券，应当报请国务院证券管理部门批准。公司债券可转换为股票的，除具备发行公司债券的条件外，还应当符合股票发行的条件。

发行可转换为股票的公司债券，应当在债券上标明可转换公司债券字样，并在公司债券存根簿上载明可转换公司债券的数额。

第一百七十三条 发行可转换为股票的公司债券的，公司应当按照其转换办法向债券持有人换发股票，但债券持有人对转换股票或者不转换股票有选择权。

第六章 公司财务、会计

第一百七十四条 公司应当依照法律、行政法规和国务院财政主管部门的规定建立本公司的财务、会计制度。

第一百七十五条 公司应当在每一会计年度终了时制作财务会计报告,并依法经审查验证。

财务会计报告应当包括下列财务会计报表及附属明细表:

(一)资产负债表;

(二)损益表;

(三)财务状况变动表;

(四)财务情况说明书;

(五)利润分配表。

第一百七十六条 有限责任公司应当按照公司章程规定的期限将财务会计报告送交各股东。

股份有限公司的财务会计报告应当在召开股东大会年会的二十日以前置备于本公司,供股东查阅。

以募集设立方式成立的股份有限公司必须公告其财务会计报告。

第一百七十七条 公司分配当年税后利润时,应当提取利润的百分之十列入公司法定公积金,并提取利润的百分之五至百分之十列入公司法定公益金。公司法定公积金累计额为公司注册资本的百分之五十以上的,可不再提取。

公司的法定公积金不足以弥补上一年度公司亏损的,在依照前款规定提取法定公积金和法定公益金之前,应当先用当年利润弥补亏损。

公司在从税后利润中提取法定公积金后,经股东会决议,可以提取任意公积金。

公司弥补亏损和提取公积金、法定公益金后所余利润,有限责任公司按照股东的出资比例分配,股份有限公司按照股东持有的股份比例分配。

股东会或者董事会违反前款规定,在公司弥补亏损和提取法定公积金、法定公益金之前向股东分配利润的,必须将违反规定分配的利润退还公司。

第一百七十八条 股份有限公司依照本法规定,以超过股票票面金额的发行价格发行股份所得的溢价款以及国务院财政主管部门规定列入资本公积金的其他收入,应当列为公司资本公积金。

第一百七十九条 公司的公积金用于弥补公司的亏损,扩大公司生产经营或者转为增加公司资本。

股份有限公司经股东大会决议将公积金转为资本时,按股东原有股份比例派送新股或者增加每股面值。但法定公积金转为资本时,所留存的该项公积金不得少于注册资本的百分之二十五。

第一百八十条 公司提取的法定公益金用于本公司职工的集体福利。

第一百八十一条 公司除法定的会计帐册外,不得另立会计帐册。

对公司资产,不得以任何个人名义开立帐户存储。

第七章 公司合并、分立

第一百八十二条 公司合并或者分立,应当由公司的股东会作出决议。

第一百八十三条 股份有限公司合并或者分立,必须经国务院授权的部门或者省级人民政府批准。

第一百八十四条 公司合并可以采取吸收合并和新设合并两种形式。

一个公司吸收其他公司为吸收合并,被吸收的公司解散。二个以上公司合并设立一个新的公司为新设合并,合并各方解散。

公司合并,应当由合并各方签订合并协议,并编制资产负债表及财产清单。公司应当自作出合并决议之日起十日内通知债权人,并于三十日内在报纸上至少公告三次。债权人自接到通知书之日起三十日内,未接到通知书的自第一次公告之日起九十日内,有权要求公司清偿债务或者提供相应的担保。不清偿债务或者不提供相应的担保的,公司不得合并。

公司合并时,合并各方的债权、债务,应当由合并后存续的公司或者新设的公司承继。

第一百八十五条 公司分立,其财产作相应的分割。

公司分立时，应当编制资产负债表及财产清单。公司应当自作出分立决议之日起十日内通知债权人，并于三十日内在报纸上至少公告三次。债权人自接到通知书之日起三十日内，未接到通知书的自第一次公告之日起九十日内，有权要求公司清偿债务或者提供相应的担保。不清偿债务或者不提供相应的担保的，公司不得分立。

公司分立前的债务按所达成的协议由分立后的公司承担。

第一百八十六条 公司需要减少注册资本时，必须编制资产负债表及财产清单。

公司应当自作出减少注册资本决议之日起十日内通知债权人，并于三十日内在报纸上至少公告三次。债权人自接到通知书之日起三十日内，未接到通知书的自第一次公告之日起九十日内，有权要求公司清偿债务或者提供相应的担保。

公司减少资本后的注册资本不得低于法定的最低限额。

第一百八十七条 有限责任公司增加注册资本时，股东认缴新增资本的出资，按照本法设立有限责任公司缴纳出资的有关规定执行。

股份有限公司为增加注册资本发行新股时，股东认购新股应当按照本法设立股份有限公司缴纳股款的有关规定执行。

第一百八十八条 公司合并或者分立，登记事项发生变更的，应当依法向公司登记机关办理变更登记；公司解散的，应当依法办理公司注销登记；设立新公司的，应当依法办理公司设立登记。

公司增加或者减少注册资本，应当依法向公司登记机关办理变更登记。

第八章 公司破产、解散和清算

第一百八十九条 公司因不能清偿到期债务，被依法宣告破产的，由人民法院依照有关法律的规定，组织股东、有关机关及有关专业人员成立清算组，对公司进行破产清算。

第一百九十条 公司有下列情形之一的，可以解散：

（一）公司章程规定的营业期限届满或者公司章程规定的其他解散事由出现时；

（二）股东会决议解散；

（三）因公司合并或者分立需要解散的。

第一百九十一条 公司依照前条第（一）项、第（二）项规定解散的，应当在十五日内成立清算组，有限责任公司的清算组由股东组成，股份有限公司的清算组由股东大会确定其人选；逾期不成立清算组进行清算的，债权人可以申请人民法院指定有关人员组成清算组，进行清算。人民法院应当受理该申请，并及时指定清算组成员，进行清算。

第一百九十二条 公司违反法律、行政法规被依法责令关闭的，应当解散，由有关主管机关组织股东、有关机关及有关专业人员成立清算组，进行清算。

第一百九十三条 清算组在清算期间行使下列职权：

（一）清理公司财产，分别编制资产负债表和财产清单；

（二）通知或者公告债权人；

（三）处理与清算有关的公司未了结的业务；

（四）清缴所欠税款；

（五）清理债权、债务；

（六）处理公司清偿债务后的剩余财产；

（七）代表公司参与民事诉讼活动。

第一百九十四条 清算组应当自成立之日起十日内通知债权人，并于六十日内在报纸上至少公告三次。债权人应当自接到通知书之日起三十日内，未接到通知书的自第一次公告之日起九十日内，向清算组申报其债权。

债权人申报其债权，应当说明债权的有关事项，并提供证明材料。清算组应当对债权进行登记。

第一百九十五条 清算组在清理公司财产、编制资产负债表和财产清单后，应当制定清算方案，并报股东会或者有关主管机关确认。

公司财产能够清偿公司债务的，分别支付清算费用、职工工资和劳动保险费用，缴纳所欠税款，清偿公司债务。

公司财产按前款规定清偿后的剩余财产，有限责任公司按照股东的出资比例分配，股份有限公司按照股东持有的股份比例分配。

清算期间，公司不得开展新的经营活动。公司财产在未按第二款的规定清偿前，不得分配给股东。

第一百九十六条　因公司解散而清算，清算组在清理公司财产、编制资产负债表和财产清单后，发现公司财产不足清偿债务的，应当立即向人民法院申请宣告破产。

公司经人民法院裁定宣告破产后，清算组应当将清算事务移交给人民法院。

第一百九十七条　公司清算结束后，清算组应当制作清算报告，报股东会或者有关主管机关确认，并报送公司登记机关，申请注销公司登记，公告公司终止。不申请注销公司登记的，由公司登记机关吊销其公司营业执照，并予以公告。

第一百九十八条　清算组成员应当忠于职守，依法履行清算义务。

清算组成员不得利用职权收受贿赂或者其他非法收入，不得侵占公司财产。

清算组成员因故意或者重大过失给公司或者债权人造成损失的，应当承担赔偿责任。

第九章　外国公司的分支机构

第一百九十九条　外国公司依照本法规定可以在中国境内设立分支机构，从事生产经营活动。

本法所称外国公司是指依照外国法律在中国境外登记成立的公司。

第二百条　外国公司在中国境内设立分支机构，必须向中国主管机关提出申请，并提交其公司章程、所属国的公司登记证书等有关文件，经批准后，向公司登记机关依法办理登记，领取营业执照。

外国公司分支机构的审批办法由国务院另行规定。

第二百零一条　外国公司在中国境内设立分支机构，必须在中国境内指定负责该分支机构的代表人或者代理人，并向该分支机构拨付与其所从事的经营活动相适应的资金。

对外国公司分支机构的经营资金需要规定最低限额的，由国务院另行规定。

第二百零二条　外国公司的分支机构应当在其名称中标明该外国公司的国籍及责任形式。

外国公司的分支机构应当在本机构中置备该外国公司章程。

第二百零三条　外国公司属于外国法人，其在中国境内设立的分支机构不具有中国法人资格。

外国公司对其分支机构在中国境内进行经营活动承担民事责任。

第二百零四条　经批准设立的外国公司分支机构，在中国境内从事业务活动，必须遵守中国的法律，不得损害中国的社会公共利益，其合法权益受中国法律保护。

第二百零五条　外国公司撤销其在中国境内的分支机构时，必须依法清偿债务，按照本法有关公司清算程序的规定进行清算。未清偿债务之前，不得将其分支机构的财产移至中国境外。

第十章　法律责任

第二百零六条　违反本法规定，办理公司登记时虚报注册资本、提交虚假证明文件或者采取其他欺诈手段隐瞒重要事实取得公司登记的，责令改正，对虚报注册资本的公司，处以虚报注册资本金额百分之五以上百分之十以下的罚款；对提交虚假证明文件或者采取其他欺诈手段隐瞒重要事实的公司，处以一万元以上十万元以下的罚款；情节严重的，撤销公司登记。构成犯罪的，依法追究刑事责任。

第二百零七条　制作虚假的招股说明书、认股书、公司债券募集办法发行股票或者公司债券的，责令停止发行，退还所募资金及其利息，处以非法募集资金金额百分之一以上百分之五以下的罚款。构成犯罪的，依法追究刑事责任。

第二百零八条　公司的发起人、股东未交付货币、实物或者未转移财产权，虚假出资，欺骗债权人和社会公众的，责令改正，处以虚假出资金额百分之五以上百分之十以下的罚款。构成犯罪的，依法追究刑事责任。

第二百零九条　公司的发起人、股东在公司成立后，抽逃其出资的，责令改正，处以所抽逃出资金额百分之五以上百分之十以下的罚款。构成犯罪的，依法追究刑事责任。

第二百一十条　未经本法规定的有关主管

部门的批准,擅自发行股票或者公司债券的,责令停止发行,退还所募资金及其利息,处以非法所募资金金额百分之一以上百分之五以下的罚款。构成犯罪的,依法追究刑事责任。

第二百一十一条 公司违反本法规定,在法定的会计帐册以外另立会计帐册的,责令改正,处以一万元以上十万元以下的罚款。构成犯罪的,依法追究刑事责任。

将公司资产以任何个人名义开立帐户存储的,没收违法所得,并处以违法所得一倍以上五倍以下的罚款。构成犯罪的,依法追究刑事责任。

第二百一十二条 公司向股东和社会公众提供虚假的或者隐瞒重要事实的财务会计报告的,对直接负责的主管人员和其他直接责任人员处以一万元以上十万元以下的罚款。构成犯罪的,依法追究刑事责任。

第二百一十三条 违反本法规定,将国有资产低价折股、低价出售或者无偿分给个人的,对直接负责的主管人员和其他直接责任人员依法给予行政处分。构成犯罪的,依法追究刑事责任。

第二百一十四条 董事、监事、经理利用职权收受贿赂、其他非法收入或者侵占公司财产的,没收违法所得,责令退还公司财产,由公司给予处分。构成犯罪的,依法追究刑事责任。

董事、经理挪用公司资金或者将公司资金借贷给他人的,责令退还公司的资金,由公司给予处分,将其所得收入归公司所有。构成犯罪的,依法追究刑事责任。

董事、经理违反本法规定,以公司资产为本公司的股东或者其他个人债务提供担保的,责令取消担保,并依法承担赔偿责任,将违法提供担保取得的收入归公司所有。情节严重的,由公司给予处分。

第二百一十五条 董事、经理违反本法规定自营或者为他人经营与其所任职公司同类的营业的,除将其所得收入归公司所有外,并可由公司给予处分。

第二百一十六条 公司不按照本法规定提取法定公积金、法定公益金的,责令如数补足应当提取的金额,并可对公司处以一万元以上十万元以下的罚款。

第二百一十七条 公司在合并、分立、减少注册资本或者进行清算时,不按照本法规定通知或者公告债权人的,责令改正,对公司处以一万元以上十万元以下的罚款。

公司在进行清算时,隐匿财产,对资产负债表或者财产清单作虚伪记载或者未清偿债务前分配公司财产的,责令改正,对公司处以隐匿财产或者未清偿债务前分配公司财产金额百分之一以上百分之五以下的罚款。对直接负责的主管人员和其他直接责任人员处以一万元以上十万元以下的罚款。构成犯罪的,依法追究刑事责任。

第二百一十八条 清算组不按照本法规定向公司登记机关报送清算报告,或者报送清算报告隐瞒重要事实或者有重大遗漏的,责令改正。

清算组成员利用职权徇私舞弊、谋取非法收入或者侵占公司财产的,责令退还公司财产,没收违法所得,并可处以违法所得一倍以上五倍以下的罚款。构成犯罪的,依法追究刑事责任。

第二百一十九条 承担资产评估、验资或者验证的机构提供虚假证明文件的,没收违法所得,处以违法所得一倍以上五倍以下的罚款,并可由有关主管部门依法责令该机构停业,吊销直接责任人员的资格证书。构成犯罪的,依法追究刑事责任。

承担资产评估、验资或者验证的机构因过失提供有重大遗漏的报告的,责令改正,情节较重的,处以所得收入一倍以上三倍以下的罚款,并可由有关主管部门依法责令该机构停业,吊销直接责任人员的资格证书。

第二百二十条 国务院授权的有关主管部门,对不符合本法规定条件的设立公司的申请予以批准,或者对不符合本法规定条件的股份发行的申请予以批准,情节严重的,对直接负责的主管人员和其他直接责任人员,依法给予行政处分。构成犯罪的,依法追究刑事责任。

第二百二十一条 国务院证券管理部门对不符合本法规定条件的募集股份、股票上市和债券发行的申请予以批准,情节严重的,对直接负责的主管人员和其他直接责任人员,依法给予行政处分。构成犯罪的,依法追究刑事责任。

第二百二十二条　公司登记机关对不符合本法规定条件的登记申请予以登记,情节严重的,对直接负责的主管人员和其他直接责任人员,依法给予行政处分。构成犯罪的,依法追究刑事责任。

第二百二十三条　公司登记机关的上级部门强令公司登记机关对不符合本法规定条件的登记申请予以登记的,或者对违法登记进行包庇的,对直接负责的主管人员和其他直接责任人员依法给予行政处分。构成犯罪的,依法追究刑事责任。

第二百二十四条　未依法登记为有限责任公司或者股份有限公司,而冒用有限责任公司或者股份有限公司名义的,责令改正或者予以取缔,并可处以一万元以上十万元以下的罚款。构成犯罪的,依法追究刑事责任。

第二百二十五条　公司成立后无正当理由超过六个月未开业的,或者开业后自行停业连续六个月以上的,由公司登记机关吊销其公司营业执照。

公司登记事项发生变更时,未按照本法规定办理有关变更登记的,责令限期登记,逾期不登记的,处以一万元以上十万元以下的罚款。

第二百二十六条　外国公司违反本法规定,擅自在中国境内设立分支机构的,责令改正或者关闭,并可处以一万元以上十万元以下的罚款。

第二百二十七条　依照本法履行审批职责的有关主管部门,对符合法定条件的申请,不予批准的,或者公司登记机关对符合法定条件的申请,不予登记的,当事人可以依法申请复议或者提起行政诉讼。

第二百二十八条　公司违反本法规定,应当承担民事赔偿责任和缴纳罚款、罚金的,其财产不足以支付时,先承担民事赔偿责任。

第十一章　附　　则

第二百二十九条　本法施行前依照法律、行政法规、地方性法规和国务院有关主管部门制定的《有限责任公司规范意见》、《股份有限公司规范意见》登记成立的公司,继续保留,其中不完全具备本法规定的条件的,应当在规定的限期内达到本法规定的条件。具体实施办法,由国务院另行规定。

第二百三十条　本法自1994年7月1日起施行。

全国人民代表大会常务委员会关于修改《中华人民共和国公司法》的决定

(1999年12月25日第九届全国人民代表大会常务委员会第十三次会议通过　1999年12月25日中华人民共和国主席令第29号公布　自公布之日起施行)

第九届全国人民代表大会常务委员会第十三次会议审议了国务院关于《中华人民共和国公司法修正案(草案)》的议案,决定对《中华人民共和国公司法》作如下修改:

一、第六十七条修改为:“国有独资公司监事会主要由国务院或者国务院授权的机构、部门委派的人员组成,并有公司职工代表参加。监事会的成员不得少于三人。监事会行使本法第五十四条第一款第(一)、(二)项规定的职权和国务院规定的其他职权。”“监事列席董事会会议。”“董事、经理及财务负责人不得兼任监事。”

二、第二百二十九条增加一款作为第二款:“属于高新技术的股份有限公司,发起人以工业产权和非专利技术作价出资的金额占公司注册资本的比例,公司发行新股、申请股票上市的条件,由国务院另行规定。”

《中华人民共和国公司法》根据本决定作相应的修改,重新公布。

支持有条件的高新技术股份有限公司进入证券市场直接融资,有利于高新技术产业发展。对高新技术的股份有限公司运用资本市场筹集发展资金,要坚持国家产业政策,符合高新技术要求。根据高新技术股份有限公司的特点,其上市交易的股票在现有的证券交易所内单独组织交易系统,进行交易。鉴于此项工作还缺乏经验,加之风险较大,应当有计划、有步骤、积极稳妥地进行。

本决定自公布之日起施行。

全国人民代表大会常务委员会关于修改《中华人民共和国公司法》的决定

（2004年8月28日第十届全国人民代表大会常务委员会第十一次会议通过　2004年8月28日中华人民共和国主席令第20号公布　自公布之日起施行）

第十届全国人民代表大会常务委员会第十一次会议决定对《中华人民共和国公司法》作如下修改：

删去第一百三十一条第二款。

本决定自公布之日起施行。

《中华人民共和国公司法》根据本决定作修改后，重新公布。

中华人民共和国公司法①

（1993年12月29日第八届全国人民代表大会常务委员会第五次会议通过　根据1999年12月25日第九届全国人民代表大会常务委员会第十三次会议《关于修改〈中华人民共和国公司法〉的决定》第一次修正　根据2004年8月28日第十届全国人民代表大会常务委员会第十一次会议《关于修改〈中华人民共和国公司法〉的决定》第二次修正　2005年10月27日第十届全国人民代表大会常务委员会第十八次会议修订通过　2005年10月27日中华人民共和国主席令第42号公布　自2006年1月1日起施行）

目　录

第一章　总　　则

第一条　为了规范公司的组织和行为，保护公司、股东和债权人的合法权益，维护社会经济秩序，促进社会主义市场经济的发展，制定本法。

第二条　本法所称公司是指依照本法在中国境内设立的有限责任公司和股份有限公司。

第三条　公司是企业法人，有独立的法人财产，享有法人财产权。公司以其全部财产对公司的债务承担责任。

有限责任公司的股东以其认缴的出资额为限对公司承担责任；股份有限公司的股东以其认购的股份为限对公司承担责任。

第四条　公司股东依法享有资产收益、参与重大决策和选择管理者等权利。

第五条　公司从事经营活动，必须遵守法律、行政法规，遵守社会公德、商业道德，诚实守信，接受政府和社会公众的监督，承担社会责任。

公司的合法权益受法律保护，不受侵犯。

第六条　设立公司，应当依法向公司登记机关申请设立登记。符合本法规定的设立条件的，由公司登记机关分别登记为有限责任公司或者股份有限公司；不符合本法规定的设立条件的，

① 编者注：已被修改。

不得登记为有限责任公司或者股份有限公司。

法律、行政法规规定设立公司必须报经批准的，应当在公司登记前依法办理批准手续。

公众可以向公司登记机关申请查询公司登记事项，公司登记机关应当提供查询服务。

第七条　依法设立的公司，由公司登记机关发给公司营业执照。公司营业执照签发日期为公司成立日期。

公司营业执照应当载明公司的名称、住所、注册资本、实收资本、经营范围、法定代表人姓名等事项。

公司营业执照记载的事项发生变更的，公司应当依法办理变更登记，由公司登记机关换发营业执照。

第八条　依照本法设立的有限责任公司，必须在公司名称中标明有限责任公司或者有限公司字样。

依照本法设立的股份有限公司，必须在公司名称中标明股份有限公司或者股份公司字样。

第九条　有限责任公司变更为股份有限公司，应当符合本法规定的股份有限公司的条件。股份有限公司变更为有限责任公司，应当符合本法规定的有限责任公司的条件。

有限责任公司变更为股份有限公司的，或者股份有限公司变更为有限责任公司的，公司变更前的债权、债务由变更后的公司承继。

第十条　公司以其主要办事机构所在地为住所。

第十一条　设立公司必须依法制定公司章程。公司章程对公司、股东、董事、监事、高级管理人员具有约束力。

第十二条　公司的经营范围由公司章程规定，并依法登记。公司可以修改公司章程，改变经营范围，但是应当办理变更登记。

公司的经营范围中属于法律、行政法规规定须经批准的项目，应当依法经过批准。

第十三条　公司法定代表人依照公司章程的规定，由董事长、执行董事或者经理担任，并依法登记。公司法定代表人变更，应当办理变更登记。

第十四条　公司可以设立分公司。设立分公司，应当向公司登记机关申请登记，领取营业执照。分公司不具有法人资格，其民事责任由公司承担。

公司可以设立子公司，子公司具有法人资格，依法独立承担民事责任。

第十五条　公司可以向其他企业投资；但是，除法律另有规定外，不得成为对所投资企业的债务承担连带责任的出资人。

第十六条　公司向其他企业投资或者为他人提供担保，依照公司章程的规定，由董事会或者股东会、股东大会决议；公司章程对投资或者担保的总额及单项投资或者担保的数额有限额规定的，不得超过规定的限额。

公司为公司股东或者实际控制人提供担保的，必须经股东会或者股东大会决议。

前款规定的股东或者受前款规定的实际控制人支配的股东，不得参加前款规定事项的表决。该项表决由出席会议的其他股东所持表决权的过半数通过。

第十七条　公司必须保护职工的合法权益，依法与职工签订劳动合同，参加社会保险，加强劳动保护，实现安全生产。

公司应当采用多种形式，加强公司职工的职业教育和岗位培训，提高职工素质。

第十八条　公司职工依照《中华人民共和国工会法》组织工会，开展工会活动，维护职工合法权益。公司应当为本公司工会提供必要的活动条件。公司工会代表职工就职工的劳动报酬、工作时间、福利、保险和劳动安全卫生等事项依法与公司签订集体合同。

公司依照宪法和有关法律的规定，通过职工代表大会或者其他形式，实行民主管理。

公司研究决定改制以及经营方面的重大问题、制定重要的规章制度时，应当听取公司工会的意见，并通过职工代表大会或者其他形式听取职工的意见和建议。

第十九条　在公司中，根据中国共产党章程的规定，设立中国共产党的组织，开展党的活动。公司应当为党组织的活动提供必要条件。

第二十条　公司股东应当遵守法律、行政法规和公司章程，依法行使股东权利，不得滥用股东权利损害公司或者其他股东的利益；不得滥用公司法人独立地位和股东有限责任损害公司债权人的利益。

公司股东滥用股东权利给公司或者其他股东造成损失的，应当依法承担赔偿责任。

公司股东滥用公司法人独立地位和股东有限责任，逃避债务，严重损害公司债权人利益的，应当对公司债务承担连带责任。

第二十一条 公司的控股股东、实际控制人、董事、监事、高级管理人员不得利用其关联关系损害公司利益。

违反前款规定，给公司造成损失的，应当承担赔偿责任。

第二十二条 公司股东会或者股东大会、董事会的决议内容违反法律、行政法规的无效。

股东会或者股东大会、董事会的会议召集程序、表决方式违反法律、行政法规或者公司章程，或者决议内容违反公司章程的，股东可以自决议作出之日起六十日内，请求人民法院撤销。

股东依照前款规定提起诉讼的，人民法院可以应公司的请求，要求股东提供相应担保。

公司根据股东会或者股东大会、董事会决议已办理变更登记的，人民法院宣告该决议无效或者撤销该决议后，公司应当向公司登记机关申请撤销变更登记。

第二章 有限责任公司的设立和组织机构

第一节 设 立

第二十三条 设立有限责任公司，应当具备下列条件：

（一）股东符合法定人数；

（二）股东出资达到法定资本最低限额；

（三）股东共同制定公司章程；

（四）有公司名称，建立符合有限责任公司要求的组织机构；

（五）有公司住所。

第二十四条 有限责任公司由五十个以下股东出资设立。

第二十五条 有限责任公司章程应当载明下列事项：

（一）公司名称和住所；

（二）公司经营范围；

（三）公司注册资本；

（四）股东的姓名或者名称；

（五）股东的出资方式、出资额和出资时间；

（六）公司的机构及其产生办法、职权、议事规则；

（七）公司法定代表人；

（八）股东会会议认为需要规定的其他事项。

股东应当在公司章程上签名、盖章。

第二十六条 有限责任公司的注册资本为在公司登记机关登记的全体股东认缴的出资额。公司全体股东的首次出资额不得低于注册资本的百分之二十，也不得低于法定的注册资本最低限额，其余部分由股东自公司成立之日起两年内缴足；其中，投资公司可以在五年内缴足。

有限责任公司注册资本的最低限额为人民币三万元。法律、行政法规对有限责任公司注册资本的最低限额有较高规定的，从其规定。

第二十七条 股东可以用货币出资，也可以用实物、知识产权、土地使用权等可以用货币估价并可以依法转让的非货币财产作价出资；但是，法律、行政法规规定不得作为出资的财产除外。

对作为出资的非货币财产应当评估作价，核实财产，不得高估或者低估作价。法律、行政法规对评估作价有规定的，从其规定。

全体股东的货币出资金额不得低于有限责任公司注册资本的百分之三十。

第二十八条 股东应当按期足额缴纳公司章程中规定的各自所认缴的出资额。股东以货币出资的，应当将货币出资足额存入有限责任公司在银行开设的账户；以非货币财产出资的，应当依法办理其财产权的转移手续。

股东不按照前款规定缴纳出资的，除应当向公司足额缴纳外，还应当向已按期足额缴纳出资的股东承担违约责任。

第二十九条 股东缴纳出资后，必须经依法设立的验资机构验资并出具证明。

第三十条 股东的首次出资经依法设立的验资机构验资后，由全体股东指定的代表或者共同委托的代理人向公司登记机关报送公司登记申请书、公司章程、验资证明等文件，申请设立登记。

第三十一条 有限责任公司成立后，发现作为设立公司出资的非货币财产的实际价额显著低于公司章程所定价额的，应当由交付该出资的股东补足其差额；公司设立时的其他股东承担连带责任。

第三十二条 有限责任公司成立后，应当向股东签发出资证明书。

出资证明书应当载明下列事项：

（一）公司名称；

（二）公司成立日期；

（三）公司注册资本；

（四）股东的姓名或者名称、缴纳的出资额和出资日期；

（五）出资证明书的编号和核发日期。

出资证明书由公司盖章。

第三十三条 有限责任公司应当置备股东名册，记载下列事项：

（一）股东的姓名或者名称及住所；

（二）股东的出资额；

（三）出资证明书编号。

记载于股东名册的股东，可以依股东名册主张行使股东权利。

公司应当将股东的姓名或者名称及其出资额向公司登记机关登记；登记事项发生变更的，应当办理变更登记。未经登记或者变更登记的，不得对抗第三人。

第三十四条 股东有权查阅、复制公司章程、股东会会议记录、董事会会议决议、监事会会议决议和财务会计报告。

股东可以要求查阅公司会计账簿。股东要求查阅公司会计账簿的，应当向公司提出书面请求，说明目的。公司有合理根据认为股东查阅会计账簿有不正当目的，可能损害公司合法利益的，可以拒绝提供查阅，并应当自股东提出书面请求之日起十五日内书面答复股东并说明理由。公司拒绝提供查阅的，股东可以请求人民法院要求公司提供查阅。

第三十五条 股东按照实缴的出资比例分取红利；公司新增资本时，股东有权优先按照实缴的出资比例认缴出资。但是，全体股东约定不按照出资比例分取红利或者不按照出资比例优先认缴出资的除外。

第三十六条 公司成立后，股东不得抽逃出资。

第二节 组织机构

第三十七条 有限责任公司股东会由全体股东组成。股东会是公司的权力机构，依照本法行使职权。

第三十八条 股东会行使下列职权：

（一）决定公司的经营方针和投资计划；

（二）选举和更换非由职工代表担任的董事、监事，决定有关董事、监事的报酬事项；

（三）审议批准董事会的报告；

（四）审议批准监事会或者监事的报告；

（五）审议批准公司的年度财务预算方案、决算方案；

（六）审议批准公司的利润分配方案和弥补亏损方案；

（七）对公司增加或者减少注册资本作出决议；

（八）对发行公司债券作出决议；

（九）对公司合并、分立、解散、清算或者变更公司形式作出决议；

（十）修改公司章程；

（十一）公司章程规定的其他职权。

对前款所列事项股东以书面形式一致表示同意的，可以不召开股东会会议，直接作出决定，并由全体股东在决定文件上签名、盖章。

第三十九条 首次股东会会议由出资最多的股东召集和主持，依照本法规定行使职权。

第四十条 股东会会议分为定期会议和临时会议。

定期会议应当依照公司章程的规定按时召开。代表十分之一以上表决权的股东，三分之一以上的董事，监事会或者不设监事会的公司的监事提议召开临时会议的，应当召开临时会议。

第四十一条 有限责任公司设立董事会的，股东会会议由董事会召集，董事长主持；董事长不能履行职务或者不履行职务的，由副董事长主持；副董事长不能履行职务或者不履行职务的，由半数以上董事共同推举一名董事主持。

有限责任公司不设董事会的，股东会会议由执行董事召集和主持。

董事会或者执行董事不能履行或者不履行

召集股东会会议职责的,由监事会或者不设监事会的公司的监事召集和主持;监事会或者监事不召集和主持的,代表十分之一以上表决权的股东可以自行召集和主持。

第四十二条 召开股东会会议,应当于会议召开十五日前通知全体股东;但是,公司章程另有规定或者全体股东另有约定的除外。

股东会应当对所议事项的决定作成会议记录,出席会议的股东应当在会议记录上签名。

第四十三条 股东会会议由股东按照出资比例行使表决权;但是,公司章程另有规定的除外。

第四十四条 股东会的议事方式和表决程序,除本法有规定的外,由公司章程规定。

股东会会议作出修改公司章程、增加或者减少注册资本的决议,以及公司合并、分立、解散或者变更公司形式的决议,必须经代表三分之二以上表决权的股东通过。

第四十五条 有限责任公司设董事会,其成员为三人至十三人;但是,本法第五十一条另有规定的除外。

两个以上的国有企业或者两个以上的其他国有投资主体投资设立的有限责任公司,其董事会成员中应当有公司职工代表;其他有限责任公司董事会成员中可以有公司职工代表。董事会中的职工代表由公司职工通过职工代表大会、职工大会或者其他形式民主选举产生。

董事会设董事长一人,可以设副董事长。董事长、副董事长的产生办法由公司章程规定。

第四十六条 董事任期由公司章程规定,但每届任期不得超过三年。董事任期届满,连选可以连任。

董事任期届满未及时改选,或者董事在任期内辞职导致董事会成员低于法定人数的,在改选出的董事就任前,原董事仍应当依照法律、行政法规和公司章程的规定,履行董事职务。

第四十七条 董事会对股东会负责,行使下列职权:

(一)召集股东会会议,并向股东会报告工作;

(二)执行股东会的决议;

(三)决定公司的经营计划和投资方案;

(四)制订公司的年度财务预算方案、决算方案;

(五)制订公司的利润分配方案和弥补亏损方案;

(六)制订公司增加或者减少注册资本以及发行公司债券的方案;

(七)制订公司合并、分立、解散或者变更公司形式的方案;

(八)决定公司内部管理机构的设置;

(九)决定聘任或者解聘公司经理及其报酬事项,并根据经理的提名决定聘任或者解聘公司副经理、财务负责人及其报酬事项;

(十)制定公司的基本管理制度;

(十一)公司章程规定的其他职权。

第四十八条 董事会会议由董事长召集和主持;董事长不能履行职务或者不履行职务的,由副董事长召集和主持;副董事长不能履行职务或者不履行职务的,由半数以上董事共同推举一名董事召集和主持。

第四十九条 董事会的议事方式和表决程序,除本法有规定的外,由公司章程规定。

董事会应当对所议事项的决定作成会议记录,出席会议的董事应当在会议记录上签名。

董事会决议的表决,实行一人一票。

第五十条 有限责任公司可以设经理,由董事会决定聘任或者解聘。经理对董事会负责,行使下列职权:

(一)主持公司的生产经营管理工作,组织实施董事会决议;

(二)组织实施公司年度经营计划和投资方案;

(三)拟订公司内部管理机构设置方案;

(四)拟订公司的基本管理制度;

(五)制定公司的具体规章;

(六)提请聘任或者解聘公司副经理、财务负责人;

(七)决定聘任或者解聘除应由董事会决定聘任或者解聘以外的负责管理人员;

(八)董事会授予的其他职权。

公司章程对经理职权另有规定的,从其规定。

经理列席董事会会议。

第五十一条　股东人数较少或者规模较小的有限责任公司，可以设一名执行董事，不设董事会。执行董事可以兼任公司经理。

执行董事的职权由公司章程规定。

第五十二条　有限责任公司设监事会，其成员不得少于三人。股东人数较少或者规模较小的有限责任公司，可以设一至二名监事，不设监事会。

监事会应当包括股东代表和适当比例的公司职工代表，其中职工代表的比例不得低于三分之一，具体比例由公司章程规定。监事会中的职工代表由公司职工通过职工代表大会、职工大会或者其他形式民主选举产生。

监事会设主席一人，由全体监事过半数选举产生。监事会主席召集和主持监事会会议；监事会主席不能履行职务或者不履行职务的，由半数以上监事共同推举一名监事召集和主持监事会会议。

董事、高级管理人员不得兼任监事。

第五十三条　监事的任期每届为三年。监事任期届满，连选可以连任。

监事任期届满未及时改选，或者监事在任期内辞职导致监事会成员低于法定人数的，在改选出的监事就任前，原监事仍应当依照法律、行政法规和公司章程的规定，履行监事职务。

第五十四条　监事会、不设监事会的公司的监事行使下列职权：

（一）检查公司财务；

（二）对董事、高级管理人员执行公司职务的行为进行监督，对违反法律、行政法规、公司章程或者股东会决议的董事、高级管理人员提出罢免的建议；

（三）当董事、高级管理人员的行为损害公司的利益时，要求董事、高级管理人员予以纠正；

（四）提议召开临时股东会会议，在董事会不履行本法规定的召集和主持股东会会议职责时召集和主持股东会会议；

（五）向股东会会议提出提案；

（六）依照本法第一百五十二条的规定，对董事、高级管理人员提起诉讼；

（七）公司章程规定的其他职权。

第五十五条　监事可以列席董事会会议，并对董事会决议事项提出质询或者建议。

监事会、不设监事会的公司的监事发现公司经营情况异常，可以进行调查；必要时，可以聘请会计师事务所等协助其工作，费用由公司承担。

第五十六条　监事会每年度至少召开一次会议，监事可以提议召开临时监事会会议。

监事会的议事方式和表决程序，除本法有规定的外，由公司章程规定。

监事会决议应当经半数以上监事通过。

监事会应当对所议事项的决定作成会议记录，出席会议的监事应当在会议记录上签名。

第五十七条　监事会、不设监事会的公司的监事行使职权所必需的费用，由公司承担。

第三节　一人有限责任公司的特别规定

第五十八条　一人有限责任公司的设立和组织机构，适用本节规定；本节没有规定的，适用本章第一节、第二节的规定。

本法所称一人有限责任公司，是指只有一个自然人股东或者一个法人股东的有限责任公司。

第五十九条　一人有限责任公司的注册资本最低限额为人民币十万元。股东应当一次足额缴纳公司章程规定的出资额。

一个自然人只能投资设立一个一人有限责任公司。该一人有限责任公司不能投资设立新的一人有限责任公司。

第六十条　一人有限责任公司应当在公司登记中注明自然人独资或者法人独资，并在公司营业执照中载明。

第六十一条　一人有限责任公司章程由股东制定。

第六十二条　一人有限责任公司不设股东会。股东作出本法第三十八条第一款所列决定时，应当采用书面形式，并由股东签名后置备于公司。

第六十三条　一人有限责任公司应当在每一会计年度终了时编制财务会计报告，并经会计师事务所审计。

第六十四条　一人有限责任公司的股东不能证明公司财产独立于股东自己的财产的，应当对公司债务承担连带责任。

第四节 国有独资公司的特别规定

第六十五条 国有独资公司的设立和组织机构，适用本节规定；本节没有规定的，适用本章第一节、第二节的规定。

本法所称国有独资公司，是指国家单独出资、由国务院或者地方人民政府授权本级人民政府国有资产监督管理机构履行出资人职责的有限责任公司。

第六十六条 国有独资公司章程由国有资产监督管理机构制定，或者由董事会制订报国有资产监督管理机构批准。

第六十七条 国有独资公司不设股东会，由国有资产监督管理机构行使股东会职权。国有资产监督管理机构可以授权公司董事会行使股东会的部分职权，决定公司的重大事项，但公司的合并、分立、解散、增加或者减少注册资本和发行公司债券，必须由国有资产监督管理机构决定；其中，重要的国有独资公司合并、分立、解散、申请破产的，应当由国有资产监督管理机构审核后，报本级人民政府批准。

前款所称重要的国有独资公司，按照国务院的规定确定。

第六十八条 国有独资公司设董事会，依照本法第四十七条、第六十七条的规定行使职权。董事每届任期不得超过三年。董事会成员中应当有公司职工代表。

董事会成员由国有资产监督管理机构委派；但是，董事会成员中的职工代表由公司职工代表大会选举产生。

董事会设董事长一人，可以设副董事长。董事长、副董事长由国有资产监督管理机构从董事会成员中指定。

第六十九条 国有独资公司设经理，由董事会聘任或者解聘。经理依照本法第五十条规定行使职权。

经国有资产监督管理机构同意，董事会成员可以兼任经理。

第七十条 国有独资公司的董事长、副董事长、董事、高级管理人员，未经国有资产监督管理机构同意，不得在其他有限责任公司、股份有限公司或者其他经济组织兼职。

第七十一条 国有独资公司监事会成员不得少于五人，其中职工代表的比例不得低于三分之一，具体比例由公司章程规定。

监事会成员由国有资产监督管理机构委派；但是，监事会成员中的职工代表由公司职工代表大会选举产生。监事会主席由国有资产监督管理机构从监事会成员中指定。

监事会行使本法第五十四条第（一）项至第（三）项规定的职权和国务院规定的其他职权。

第三章 有限责任公司的股权转让

第七十二条 有限责任公司的股东之间可以相互转让其全部或者部分股权。

股东向股东以外的人转让股权，应当经其他股东过半数同意。股东应就其股权转让事项书面通知其他股东征求同意，其他股东自接到书面通知之日起满三十日未答复的，视为同意转让。其他股东半数以上不同意转让的，不同意的股东应当购买该转让的股权；不购买的，视为同意转让。

经股东同意转让的股权，在同等条件下，其他股东有优先购买权。两个以上股东主张行使优先购买权的，协商确定各自的购买比例；协商不成的，按照转让时各自的出资比例行使优先购买权。

公司章程对股权转让另有规定的，从其规定。

第七十三条 人民法院依照法律规定的强制执行程序转让股东的股权时，应当通知公司及全体股东，其他股东在同等条件下有优先购买权。其他股东自人民法院通知之日起满二十日不行使优先购买权的，视为放弃优先购买权。

第七十四条 依照本法第七十二条、第七十三条转让股权后，公司应当注销原股东的出资证明书，向新股东签发出资证明书，并相应修改公司章程和股东名册中有关股东及其出资额的记载。对公司章程的该项修改不需再由股东会表决。

第七十五条 有下列情形之一的，对股东会该项决议投反对票的股东可以请求公司按照合理的价格收购其股权：

（一）公司连续五年不向股东分配利润，而公

司该五年连续盈利,并且符合本法规定的分配利润条件的;

(二)公司合并、分立、转让主要财产的;

(三)公司章程规定的营业期限届满或者章程规定的其他解散事由出现,股东会会议通过决议修改章程使公司存续的。

自股东会会议决议通过之日起六十日内,股东与公司不能达成股权收购协议的,股东可以自股东会会议决议通过之日起九十日内向人民法院提起诉讼。

第七十六条 自然人股东死亡后,其合法继承人可以继承股东资格;但是,公司章程另有规定的除外。

第四章 股份有限公司的设立和组织机构

第一节 设 立

第七十七条 设立股份有限公司,应当具备下列条件:

(一)发起人符合法定人数;

(二)发起人认购和募集的股本达到法定资本最低限额;

(三)股份发行、筹办事项符合法律规定;

(四)发起人制订公司章程,采用募集方式设立的经创立大会通过;

(五)有公司名称,建立符合股份有限公司要求的组织机构;

(六)有公司住所。

第七十八条 股份有限公司的设立,可以采取发起设立或者募集设立的方式。

发起设立,是指由发起人认购公司应发行的全部股份而设立公司。

募集设立,是指由发起人认购公司应发行股份的一部分,其余股份向社会公开募集或者向特定对象募集而设立公司。

第七十九条 设立股份有限公司,应当有二人以上二百人以下为发起人,其中须有半数以上的发起人在中国境内有住所。

第八十条 股份有限公司发起人承担公司筹办事务。

发起人应当签订发起人协议,明确各自在公司设立过程中的权利和义务。

第八十一条 股份有限公司采取发起设立方式设立的,注册资本为在公司登记机关登记的全体发起人认购的股本总额。公司全体发起人的首次出资额不得低于注册资本的百分之二十,其余部分由发起人自公司成立之日起两年内缴足;其中,投资公司可以在五年内缴足。在缴足前,不得向他人募集股份。

股份有限公司采取募集方式设立的,注册资本为在公司登记机关登记的实收股本总额。

股份有限公司注册资本的最低限额为人民币五百万元。法律、行政法规对股份有限公司注册资本的最低限额有较高规定的,从其规定。

第八十二条 股份有限公司章程应当载明下列事项:

(一)公司名称和住所;

(二)公司经营范围;

(三)公司设立方式;

(四)公司股份总数、每股金额和注册资本;

(五)发起人的姓名或者名称、认购的股份数、出资方式和出资时间;

(六)董事会的组成、职权和议事规则;

(七)公司法定代表人;

(八)监事会的组成、职权和议事规则;

(九)公司利润分配办法;

(十)公司的解散事由与清算办法;

(十一)公司的通知和公告办法;

(十二)股东大会会议认为需要规定的其他事项。

第八十三条 发起人的出资方式,适用本法第二十七条的规定。

第八十四条 以发起设立方式设立股份有限公司的,发起人应当书面认足公司章程规定其认购的股份;一次缴纳的,应即缴纳全部出资;分期缴纳的,应即缴纳首期出资。以非货币财产出资的,应当依法办理其财产权的转移手续。

发起人不依照前款规定缴纳出资的,应当按照发起人协议承担违约责任。

发起人首次缴纳出资后,应当选举董事会和监事会,由董事会向公司登记机关报送公司章程、由依法设立的验资机构出具的验资证明以及法律、行政法规规定的其他文件,申请设立登记。

第八十五条 以募集设立方式设立股份有限公司的,发起人认购的股份不得少于公司股份总数的百分之三十五;但是,法律、行政法规另有规定的,从其规定。

第八十六条 发起人向社会公开募集股份,必须公告招股说明书,并制作认股书。认股书应当载明本法第八十七条所列事项,由认股人填写认购股数、金额、住所,并签名、盖章。认股人按照所认购股数缴纳股款。

第八十七条 招股说明书应当附有发起人制订的公司章程,并载明下列事项:

(一)发起人认购的股份数;

(二)每股的票面金额和发行价格;

(三)无记名股票的发行总数;

(四)募集资金的用途;

(五)认股人的权利、义务;

(六)本次募股的起止期限及逾期未募足时认股人可以撤回所认股份的说明。

第八十八条 发起人向社会公开募集股份,应当由依法设立的证券公司承销,签订承销协议。

第八十九条 发起人向社会公开募集股份,应当同银行签订代收股款协议。

代收股款的银行应当按照协议代收和保存股款,向缴纳股款的认股人出具收款单据,并负有向有关部门出具收款证明的义务。

第九十条 发行股份的股款缴足后,必须经依法设立的验资机构验资并出具证明。发起人应当自股款缴足之日起三十日内主持召开公司创立大会。创立大会由发起人、认股人组成。

发行的股份超过招股说明书规定的截止期限尚未募足的,或者发行股份的股款缴足后,发起人在三十日内未召开创立大会的,认股人可以按照所缴股款并加算银行同期存款利息,要求发起人返还。

第九十一条 发起人应当在创立大会召开十五日前将会议日期通知各认股人或者予以公告。创立大会应有代表股份总数过半数的发起人、认股人出席,方可举行。

创立大会行使下列职权:

(一)审议发起人关于公司筹办情况的报告;

(二)通过公司章程;

(三)选举董事会成员;

(四)选举监事会成员;

(五)对公司的设立费用进行审核;

(六)对发起人用于抵作股款的财产的作价进行审核;

(七)发生不可抗力或者经营条件发生重大变化直接影响公司设立的,可以作出不设立公司的决议。

创立大会对前款所列事项作出决议,必须经出席会议的认股人所持表决权过半数通过。

第九十二条 发起人、认股人缴纳股款或者交付抵作股款的出资后,除未按期募足股份、发起人未按期召开创立大会或者创立大会决议不设立公司的情形外,不得抽回其股本。

第九十三条 董事会应于创立大会结束后三十日内,向公司登记机关报送下列文件,申请设立登记:

(一)公司登记申请书;

(二)创立大会的会议记录;

(三)公司章程;

(四)验资证明;

(五)法定代表人、董事、监事的任职文件及其身份证明;

(六)发起人的法人资格证明或者自然人身份证明;

(七)公司住所证明。

以募集方式设立股份有限公司公开发行股票的,还应当向公司登记机关报送国务院证券监督管理机构的核准文件。

第九十四条 股份有限公司成立后,发起人未按照公司章程的规定缴足出资的,应当补缴;其他发起人承担连带责任。

股份有限公司成立后,发现作为设立公司出资的非货币财产的实际价额显著低于公司章程所定价额的,应当由交付该出资的发起人补足其差额;其他发起人承担连带责任。

第九十五条 股份有限公司的发起人应当承担下列责任:

(一)公司不能成立时,对设立行为所产生的债务和费用负连带责任;

(二)公司不能成立时,对认股人已缴纳的股款,负返还股款并加算银行同期存款利息的连带责任；

（三）在公司设立过程中，由于发起人的过失致使公司利益受到损害的，应当对公司承担赔偿责任。

第九十六条 有限责任公司变更为股份有限公司时，折合的实收股本总额不得高于公司净资产额。有限责任公司变更为股份有限公司，为增加资本公开发行股份时，应当依法办理。

第九十七条 股份有限公司应当将公司章程、股东名册、公司债券存根、股东大会会议记录、董事会会议记录、监事会会议记录、财务会计报告置备于本公司。

第九十八条 股东有权查阅公司章程、股东名册、公司债券存根、股东大会会议记录、董事会会议决议、监事会会议决议、财务会计报告，对公司的经营提出建议或者质询。

第二节 股东大会

第九十九条 股份有限公司股东大会由全体股东组成。股东大会是公司的权力机构，依照本法行使职权。

第一百条 本法第三十八条第一款关于有限责任公司股东会职权的规定，适用于股份有限公司股东大会。

第一百零一条 股东大会应当每年召开一次年会。有下列情形之一的，应当在两个月内召开临时股东大会：

（一）董事人数不足本法规定人数或者公司章程所定人数的三分之二时；

（二）公司未弥补的亏损达实收股本总额三分之一时；

（三）单独或者合计持有公司百分之十以上股份的股东请求时；

（四）董事会认为必要时；

（五）监事会提议召开时；

（六）公司章程规定的其他情形。

第一百零二条 股东大会会议由董事会召集，董事长主持；董事长不能履行职务或者不履行职务的，由副董事长主持；副董事长不能履行职务或者不履行职务的，由半数以上董事共同推举一名董事主持。

董事会不能履行或者不履行召集股东大会会议职责的，监事会应当及时召集和主持；监事会不召集和主持的，连续九十日以上单独或者合计持有公司百分之十以上股份的股东可以自行召集和主持。

第一百零三条 召开股东大会会议，应当将会议召开的时间、地点和审议的事项于会议召开二十日前通知各股东；临时股东大会应当于会议召开十五日前通知各股东；发行无记名股票的，应当于会议召开三十日前公告会议召开的时间、地点和审议事项。

单独或者合计持有公司百分之三以上股份的股东，可以在股东大会召开十日前提出临时提案并书面提交董事会；董事会应当在收到提案后二日内通知其他股东，并将该临时提案提交股东大会审议。临时提案的内容应当属于股东大会职权范围，并有明确议题和具体决议事项。

股东大会不得对前两款通知中未列明的事项作出决议。

无记名股票持有人出席股东大会会议的，应当于会议召开五日前至股东大会闭会时将股票交存于公司。

第一百零四条 股东出席股东大会会议，所持每一股份有一表决权。但是，公司持有的本公司股份没有表决权。

股东大会作出决议，必须经出席会议的股东所持表决权过半数通过。但是，股东大会作出修改公司章程、增加或者减少注册资本的决议，以及公司合并、分立、解散或者变更公司形式的决议，必须经出席会议的股东所持表决权的三分之二以上通过。

第一百零五条 本法和公司章程规定公司转让、受让重大资产或者对外提供担保等事项必须经股东大会作出决议的，董事会应当及时召集股东大会会议，由股东大会就上述事项进行表决。

第一百零六条 股东大会选举董事、监事，可以依照公司章程的规定或者股东大会的决议，实行累积投票制。

本法所称累积投票制，是指股东大会选举董事或者监事时，每一股份拥有与应选董事或者监事人数相同的表决权，股东拥有的表决权可以集中使用。

第一百零七条 股东可以委托代理人出席股东大会会议,代理人应当向公司提交股东授权委托书,并在授权范围内行使表决权。

第一百零八条 股东大会应当对所议事项的决定作成会议记录,主持人、出席会议的董事应当在会议记录上签名。会议记录应当与出席股东的签名册及代理出席的委托书一并保存。

第三节 董事会、经理

第一百零九条 股份有限公司设董事会,其成员为五人至十九人。

董事会成员中可以有公司职工代表。董事会中的职工代表由公司职工通过职工代表大会、职工大会或者其他形式民主选举产生。

本法第四十六条关于有限责任公司董事任期的规定,适用于股份有限公司董事。

本法第四十七条关于有限责任公司董事会职权的规定,适用于股份有限公司董事会。

第一百一十条 董事会设董事长一人,可以设副董事长。董事长和副董事长由董事会以全体董事的过半数选举产生。

董事长召集和主持董事会会议,检查董事会决议的实施情况。副董事长协助董事长工作,董事长不能履行职务或者不履行职务的,由副董事长履行职务;副董事长不能履行职务或者不履行职务的,由半数以上董事共同推举一名董事履行职务。

第一百一十一条 董事会每年度至少召开两次会议,每次会议应当于会议召开十日前通知全体董事和监事。

代表十分之一以上表决权的股东、三分之一以上董事或者监事会,可以提议召开董事会临时会议。董事长应当自接到提议后十日内,召集和主持董事会会议。

董事会召开临时会议,可以另定召集董事会的通知方式和通知时限。

第一百一十二条 董事会会议应有过半数的董事出席方可举行。董事会作出决议,必须经全体董事的过半数通过。

董事会决议的表决,实行一人一票。

第一百一十三条 董事会会议,应由董事本人出席;董事因故不能出席,可以书面委托其他董事代为出席,委托书中应载明授权范围。

董事会应当对会议所议事项的决定作成会议记录,出席会议的董事应当在会议记录上签名。

董事应当对董事会的决议承担责任。董事会的决议违反法律、行政法规或者公司章程、股东大会决议,致使公司遭受严重损失的,参与决议的董事对公司负赔偿责任。但经证明在表决时曾表明异议并记载于会议记录的,该董事可以免除责任。

第一百一十四条 股份有限公司设经理,由董事会决定聘任或者解聘。

本法第五十条关于有限责任公司经理职权的规定,适用于股份有限公司经理。

第一百一十五条 公司董事会可以决定由董事会成员兼任经理。

第一百一十六条 公司不得直接或者通过子公司向董事、监事、高级管理人员提供借款。

第一百一十七条 公司应当定期向股东披露董事、监事、高级管理人员从公司获得报酬的情况。

第四节 监 事 会

第一百一十八条 股份有限公司设监事会,其成员不得少于三人。

监事会应当包括股东代表和适当比例的公司职工代表,其中职工代表的比例不得低于三分之一,具体比例由公司章程规定。监事会中的职工代表由公司职工通过职工代表大会、职工大会或者其他形式民主选举产生。

监事会设主席一人,可以设副主席。监事会主席和副主席由全体监事过半数选举产生。监事会主席召集和主持监事会会议;监事会主席不能履行职务或者不履行职务的,由监事会副主席召集和主持监事会会议;监事会副主席不能履行职务或者不履行职务的,由半数以上监事共同推举一名监事召集和主持监事会会议。

董事、高级管理人员不得兼任监事。

本法第五十三条关于有限责任公司监事任期的规定,适用于股份有限公司监事。

第一百一十九条 本法第五十四条、第五十五条关于有限责任公司监事会职权的规定,适用于股份有限公司监事会。

监事会行使职权所必需的费用，由公司承担。

第一百二十条 监事会每六个月至少召开一次会议。监事可以提议召开临时监事会会议。

监事会的议事方式和表决程序，除本法有规定的外，由公司章程规定。

监事会决议应当经半数以上监事通过。

监事会应当对所议事项的决定作成会议记录，出席会议的监事应当在会议记录上签名。

第五节 上市公司组织机构的特别规定

第一百二十一条 本法所称上市公司，是指其股票在证券交易所上市交易的股份有限公司。

第一百二十二条 上市公司在一年内购买、出售重大资产或者担保金额超过公司资产总额百分之三十的，应当由股东大会作出决议，并经出席会议的股东所持表决权的三分之二以上通过。

第一百二十三条 上市公司设独立董事，具体办法由国务院规定。

第一百二十四条 上市公司设董事会秘书，负责公司股东大会和董事会会议的筹备、文件保管以及公司股东资料的管理，办理信息披露事务等事宜。

第一百二十五条 上市公司董事与董事会会议决议事项所涉及的企业有关联关系的，不得对该项决议行使表决权，也不得代理其他董事行使表决权。该董事会会议由过半数的无关联关系董事出席即可举行，董事会会议所作决议须经无关联关系董事过半数通过。出席董事会的无关联关系董事人数不足三人的，应将该事项提交上市公司股东大会审议。

第五章 股份有限公司的股份发行和转让

第一节 股份发行

第一百二十六条 股份有限公司的资本划分为股份，每一股的金额相等。

公司的股份采取股票的形式。股票是公司签发的证明股东所持股份的凭证。

第一百二十七条 股份的发行，实行公平、公正的原则，同种类的每一股份应当具有同等权利。

同次发行的同种类股票，每股的发行条件和价格应当相同；任何单位或者个人所认购的股份，每股应当支付相同价额。

第一百二十八条 股票发行价格可以按票面金额，也可以超过票面金额，但不得低于票面金额。

第一百二十九条 股票采用纸面形式或者国务院证券监督管理机构规定的其他形式。

股票应当载明下列主要事项：

（一）公司名称；

（二）公司成立日期；

（三）股票种类、票面金额及代表的股份数；

（四）股票的编号。

股票由法定代表人签名，公司盖章。

发起人的股票，应当标明发起人股票字样。

第一百三十条 公司发行的股票，可以为记名股票，也可以为无记名股票。

公司向发起人、法人发行的股票，应当为记名股票，并应当记载该发起人、法人的名称或者姓名，不得另立户名或者以代表人姓名记名。

第一百三十一条 公司发行记名股票的，应当置备股东名册，记载下列事项：

（一）股东的姓名或者名称及住所；

（二）各股东所持股份数；

（三）各股东所持股票的编号；

（四）各股东取得股份的日期。

发行无记名股票的，公司应当记载其股票数量、编号及发行日期。

第一百三十二条 国务院可以对公司发行本法规定以外的其他种类的股份，另行作出规定。

第一百三十三条 股份有限公司成立后，即向股东正式交付股票。公司成立前不得向股东交付股票。

第一百三十四条 公司发行新股，股东大会应当对下列事项作出决议：

（一）新股种类及数额；

（二）新股发行价格；

（三）新股发行的起止日期；

（四）向原有股东发行新股的种类及数额。

第一百三十五条 公司经国务院证券监督管理机构核准公开发行新股时，必须公告新股招股说明书和财务会计报告，并制作认股书。

本法第八十八条、第八十九条的规定适用于公司公开发行新股。

第一百三十六条 公司发行新股，可以根据公司经营情况和财务状况，确定其作价方案。

第一百三十七条 公司发行新股募足股款后，必须向公司登记机关办理变更登记，并公告。

第二节 股 份 转 让

第一百三十八条 股东持有的股份可以依法转让。

第一百三十九条 股东转让其股份，应当在依法设立的证券交易场所进行或者按照国务院规定的其他方式进行。

第一百四十条 记名股票，由股东以背书方式或者法律、行政法规规定的其他方式转让；转让后由公司将受让人的姓名或者名称及住所记载于股东名册。

股东大会召开前二十日内或者公司决定分配股利的基准日前五日内，不得进行前款规定的股东名册的变更登记。但是，法律对上市公司股东名册变更登记另有规定的，从其规定。

第一百四十一条 无记名股票的转让，由股东将该股票交付给受让人后即发生转让的效力。

第一百四十二条 发起人持有的本公司股份，自公司成立之日起一年内不得转让。公司公开发行股份前已发行的股份，自公司股票在证券交易所上市交易之日起一年内不得转让。

公司董事、监事、高级管理人员应当向公司申报所持有的本公司的股份及其变动情况，在任职期间每年转让的股份不得超过其所持有本公司股份总数的百分之二十五；所持本公司股份自公司股票上市交易之日起一年内不得转让。上述人员离职后半年内，不得转让其所持有的本公司股份。公司章程可以对公司董事、监事、高级管理人员转让其所持有的本公司股份作出其他限制性规定。

第一百四十三条 公司不得收购本公司股份。但是，有下列情形之一的除外：

（一）减少公司注册资本；

（二）与持有本公司股份的其他公司合并；

（三）将股份奖励给本公司职工；

（四）股东因对股东大会作出的公司合并、分立决议持异议，要求公司收购其股份的。

公司因前款第（一）项至第（三）项的原因收购本公司股份的，应当经股东大会决议。公司依照前款规定收购本公司股份后，属于第（一）项情形的，应当自收购之日起十日内注销；属于第（二）项、第（四）项情形的，应当在六个月内转让或者注销。

公司依照第一款第（三）项规定收购的本公司股份，不得超过本公司已发行股份总额的百分之五；用于收购的资金应当从公司的税后利润中支出；所收购的股份应当在一年内转让给职工。

公司不得接受本公司的股票作为质押权的标的。

第一百四十四条 记名股票被盗、遗失或者灭失，股东可以依照《中华人民共和国民事诉讼法》规定的公示催告程序，请求人民法院宣告该股票失效。人民法院宣告该股票失效后，股东可以向公司申请补发股票。

第一百四十五条 上市公司的股票，依照有关法律、行政法规及证券交易所交易规则上市交易。

第一百四十六条 上市公司必须依照法律、行政法规的规定，公开其财务状况、经营情况及重大诉讼，在每会计年度内半年公布一次财务会计报告。

第六章 公司董事、监事、高级管理人员的资格和义务

第一百四十七条 有下列情形之一的，不得担任公司的董事、监事、高级管理人员：

（一）无民事行为能力或者限制民事行为能力；

（二）因贪污、贿赂、侵占财产、挪用财产或者破坏社会主义市场经济秩序，被判处刑罚，执行期满未逾五年，或者因犯罪被剥夺政治权利，执行期满未逾五年；

（三）担任破产清算的公司、企业的董事或者厂长、经理，对该公司、企业的破产负有个人责任

的，自该公司、企业破产清算完结之日起未逾三年；

（四）担任因违法被吊销营业执照、责令关闭的公司、企业的法定代表人，并负有个人责任的，自该公司、企业被吊销营业执照之日起未逾三年；

（五）个人所负数额较大的债务到期未清偿。

公司违反前款规定选举、委派董事、监事或者聘任高级管理人员的，该选举、委派或者聘任无效。

董事、监事、高级管理人员在任职期间出现本条第一款所列情形的，公司应当解除其职务。

第一百四十八条　董事、监事、高级管理人员应当遵守法律、行政法规和公司章程，对公司负有忠实义务和勤勉义务。

董事、监事、高级管理人员不得利用职权收受贿赂或者其他非法收入，不得侵占公司的财产。

第一百四十九条　董事、高级管理人员不得有下列行为：

（一）挪用公司资金；

（二）将公司资金以其个人名义或者以其他个人名义开立账户存储；

（三）违反公司章程的规定，未经股东会、股东大会或者董事会同意，将公司资金借贷给他人或者以公司财产为他人提供担保；

（四）违反公司章程的规定或者未经股东会、股东大会同意，与本公司订立合同或者进行交易；

（五）未经股东会或者股东大会同意，利用职务便利为自己或者他人谋取属于公司的商业机会，自营或者为他人经营与所任职公司同类的业务；

（六）接受他人与公司交易的佣金归为己有；

（七）擅自披露公司秘密；

（八）违反对公司忠实义务的其他行为。

董事、高级管理人员违反前款规定所得的收入应当归公司所有。

第一百五十条　董事、监事、高级管理人员执行公司职务时违反法律、行政法规或者公司章程的规定，给公司造成损失的，应当承担赔偿责任。

第一百五十一条　股东会或者股东大会要求董事、监事、高级管理人员列席会议的，董事、监事、高级管理人员应当列席并接受股东的质询。

董事、高级管理人员应当如实向监事会或者不设监事会的有限责任公司的监事提供有关情况和资料，不得妨碍监事会或者监事行使职权。

第一百五十二条　董事、高级管理人员有本法第一百五十条规定的情形的，有限责任公司的股东、股份有限公司连续一百八十日以上单独或者合计持有公司百分之一以上股份的股东，可以书面请求监事会或者不设监事会的有限责任公司的监事向人民法院提起诉讼；监事有本法第一百五十条规定的情形的，前述股东可以书面请求董事会或者不设董事会的有限责任公司的执行董事向人民法院提起诉讼。

监事会、不设监事会的有限责任公司的监事，或者董事会、执行董事收到前款规定的股东书面请求后拒绝提起诉讼，或者自收到请求之日起三十日内未提起诉讼，或者情况紧急、不立即提起诉讼将会使公司利益受到难以弥补的损害的，前款规定的股东有权为了公司的利益以自己的名义直接向人民法院提起诉讼。

他人侵犯公司合法权益，给公司造成损失的，本条第一款规定的股东可以依照前两款的规定向人民法院提起诉讼。

第一百五十三条　董事、高级管理人员违反法律、行政法规或者公司章程的规定，损害股东利益的，股东可以向人民法院提起诉讼。

第七章　公司债券

第一百五十四条　本法所称公司债券，是指公司依照法定程序发行、约定在一定期限还本付息的有价证券。

公司发行公司债券应当符合《中华人民共和国证券法》规定的发行条件。

第一百五十五条　发行公司债券的申请经国务院授权的部门核准后，应当公告公司债券募集办法。

公司债券募集办法中应当载明下列主要事项：

（一）公司名称；

（二）债券募集资金的用途；

（三）债券总额和债券的票面金额；

（四）债券利率的确定方式；

（五）还本付息的期限和方式；

（六）债券担保情况；

（七）债券的发行价格、发行的起止日期；

（八）公司净资产额；

（九）已发行的尚未到期的公司债券总额；

（十）公司债券的承销机构。

第一百五十六条　公司以实物券方式发行公司债券的，必须在债券上载明公司名称、债券票面金额、利率、偿还期限等事项，并由法定代表人签名，公司盖章。

第一百五十七条　公司债券，可以为记名债券，也可以为无记名债券。

第一百五十八条　公司发行公司债券应当置备公司债券存根簿。

发行记名公司债券的，应当在公司债券存根簿上载明下列事项：

（一）债券持有人的姓名或者名称及住所；

（二）债券持有人取得债券的日期及债券的编号；

（三）债券总额，债券的票面金额、利率、还本付息的期限和方式；

（四）债券的发行日期。

发行无记名公司债券的，应当在公司债券存根簿上载明债券总额、利率、偿还期限和方式、发行日期及债券的编号。

第一百五十九条　记名公司债券的登记结算机构应当建立债券登记、存管、付息、兑付等相关制度。

第一百六十条　公司债券可以转让，转让价格由转让人与受让人约定。

公司债券在证券交易所上市交易的，按照证券交易所的交易规则转让。

第一百六十一条　记名公司债券，由债券持有人以背书方式或者法律、行政法规规定的其他方式转让；转让后由公司将受让人的姓名或者名称及住所记载于公司债券存根簿。

无记名公司债券的转让，由债券持有人将该债券交付给受让人后即发生转让的效力。

第一百六十二条　上市公司经股东大会决议可以发行可转换为股票的公司债券，并在公司债券募集办法中规定具体的转换办法。上市公司发行可转换为股票的公司债券，应当报国务院证券监督管理机构核准。

发行可转换为股票的公司债券，应当在债券上标明可转换公司债券字样，并在公司债券存根簿上载明可转换公司债券的数额。

第一百六十三条　发行可转换为股票的公司债券的，公司应当按照其转换办法向债券持有人换发股票，但债券持有人对转换股票或者不转换股票有选择权。

第八章　公司财务、会计

第一百六十四条　公司应当依照法律、行政法规和国务院财政部门的规定建立本公司的财务、会计制度。

第一百六十五条　公司应当在每一会计年度终了时编制财务会计报告，并依法经会计师事务所审计。

财务会计报告应当依照法律、行政法规和国务院财政部门的规定制作。

第一百六十六条　有限责任公司应当依照公司章程规定的期限将财务会计报告送交各股东。

股份有限公司的财务会计报告应当在召开股东大会年会的二十日前置备于本公司，供股东查阅；公开发行股票的股份有限公司必须公告其财务会计报告。

第一百六十七条　公司分配当年税后利润时，应当提取利润的百分之十列入公司法定公积金。公司法定公积金累计额为公司注册资本的百分之五十以上的，可以不再提取。

公司的法定公积金不足以弥补以前年度亏损的，在依照前款规定提取法定公积金之前，应当先用当年利润弥补亏损。

公司从税后利润中提取法定公积金后，经股东会或者股东大会决议，还可以从税后利润中提取任意公积金。

公司弥补亏损和提取公积金后所余税后利润，有限责任公司依照本法第三十五条的规定分配；股份有限公司按照股东持有的股份比例分配，但股份有限公司章程规定不按持股比例分配的除外。

股东会、股东大会或者董事会违反前款规定，在公司弥补亏损和提取法定公积金之前向股东分配利润的，股东必须将违反规定分配的利润退还公司。

公司持有的本公司股份不得分配利润。

第一百六十八条　股份有限公司以超过股票票面金额的发行价格发行股份所得的溢价款以及国务院财政部门规定列入资本公积金的其他收入，应当列为公司资本公积金。

第一百六十九条　公司的公积金用于弥补公司的亏损、扩大公司生产经营或者转为增加公司资本。但是，资本公积金不得用于弥补公司的亏损。

法定公积金转为资本时，所留存的该项公积金不得少于转增前公司注册资本的百分之二十五。

第一百七十条　公司聘用、解聘承办公司审计业务的会计师事务所，依照公司章程的规定，由股东会、股东大会或者董事会决定。

公司股东会、股东大会或者董事会就解聘会计师事务所进行表决时，应当允许会计师事务所陈述意见。

第一百七十一条　公司应当向聘用的会计师事务所提供真实、完整的会计凭证、会计账簿、财务会计报告及其他会计资料，不得拒绝、隐匿、谎报。

第一百七十二条　公司除法定的会计账簿外，不得另立会计账簿。

对公司资产，不得以任何个人名义开立账户存储。

第九章　公司合并、分立、增资、减资

第一百七十三条　公司合并可以采取吸收合并或者新设合并。

一个公司吸收其他公司为吸收合并，被吸收的公司解散。两个以上公司合并设立一个新的公司为新设合并，合并各方解散。

第一百七十四条　公司合并，应当由合并各方签订合并协议，并编制资产负债表及财产清单。公司应当自作出合并决议之日起十日内通知债权人，并于三十日内在报纸上公告。债权人自接到通知书之日起三十日内，未接到通知书的自公告之日起四十五日内，可以要求公司清偿债务或者提供相应的担保。

第一百七十五条　公司合并时，合并各方的债权、债务，应当由合并后存续的公司或者新设的公司承继。

第一百七十六条　公司分立，其财产作相应的分割。

公司分立，应当编制资产负债表及财产清单。公司应当自作出分立决议之日起十日内通知债权人，并于三十日内在报纸上公告。

第一百七十七条　公司分立前的债务由分立后的公司承担连带责任。但是，公司在分立前与债权人就债务清偿达成的书面协议另有约定的除外。

第一百七十八条　公司需要减少注册资本时，必须编制资产负债表及财产清单。

公司应当自作出减少注册资本决议之日起十日内通知债权人，并于三十日内在报纸上公告。债权人自接到通知书之日起三十日内，未接到通知书的自公告之日起四十五日内，有权要求公司清偿债务或者提供相应的担保。

公司减资后的注册资本不得低于法定的最低限额。

第一百七十九条　有限责任公司增加注册资本时，股东认缴新增资本的出资，依照本法设立有限责任公司缴纳出资的有关规定执行。

股份有限公司为增加注册资本发行新股时，股东认购新股，依照本法设立股份有限公司缴纳股款的有关规定执行。

第一百八十条　公司合并或者分立，登记事项发生变更的，应当依法向公司登记机关办理变更登记；公司解散的，应当依法办理公司注销登记；设立新公司的，应当依法办理公司设立登记。

公司增加或者减少注册资本，应当依法向公司登记机关办理变更登记。

第十章　公司解散和清算

第一百八十一条　公司因下列原因解散：

（一）公司章程规定的营业期限届满或者公

司章程规定的其他解散事由出现；

（二）股东会或者股东大会决议解散；

（三）因公司合并或者分立需要解散；

（四）依法被吊销营业执照、责令关闭或者被撤销；

（五）人民法院依照本法第一百八十三条的规定予以解散。

第一百八十二条　公司有本法第一百八十一条第（一）项情形的，可以通过修改公司章程而存续。

依照前款规定修改公司章程，有限责任公司须经持有三分之二以上表决权的股东通过，股份有限公司须经出席股东大会会议的股东所持表决权的三分之二以上通过。

第一百八十三条　公司经营管理发生严重困难，继续存续会使股东利益受到重大损失，通过其他途径不能解决的，持有公司全部股东表决权百分之十以上的股东，可以请求人民法院解散公司。

第一百八十四条　公司因本法第一百八十一条第（一）项、第（二）项、第（四）项、第（五）项规定而解散的，应当在解散事由出现之日起十五日内成立清算组，开始清算。有限责任公司的清算组由股东组成，股份有限公司的清算组由董事或者股东大会确定的人员组成。逾期不成立清算组进行清算的，债权人可以申请人民法院指定有关人员组成清算组进行清算。人民法院应当受理该申请，并及时组织清算组进行清算。

第一百八十五条　清算组在清算期间行使下列职权：

（一）清理公司财产，分别编制资产负债表和财产清单；

（二）通知、公告债权人；

（三）处理与清算有关的公司未了结的业务；

（四）清缴所欠税款以及清算过程中产生的税款；

（五）清理债权、债务；

（六）处理公司清偿债务后的剩余财产；

（七）代表公司参与民事诉讼活动。

第一百八十六条　清算组应当自成立之日起十日内通知债权人，并于六十日内在报纸上公告。债权人应当自接到通知书之日起三十日内，未接到通知书的自公告之日起四十五日内，向清算组申报其债权。

债权人申报债权，应当说明债权的有关事项，并提供证明材料。清算组应当对债权进行登记。

在申报债权期间，清算组不得对债权人进行清偿。

第一百八十七条　清算组在清理公司财产、编制资产负债表和财产清单后，应当制定清算方案，并报股东会、股东大会或者人民法院确认。

公司财产在分别支付清算费用、职工的工资、社会保险费用和法定补偿金，缴纳所欠税款，清偿公司债务后的剩余财产，有限责任公司按照股东的出资比例分配，股份有限公司按照股东持有的股份比例分配。

清算期间，公司存续，但不得开展与清算无关的经营活动。公司财产在未依照前款规定清偿前，不得分配给股东。

第一百八十八条　清算组在清理公司财产、编制资产负债表和财产清单后，发现公司财产不足清偿债务的，应当依法向人民法院申请宣告破产。

公司经人民法院裁定宣告破产后，清算组应当将清算事务移交给人民法院。

第一百八十九条　公司清算结束后，清算组应当制作清算报告，报股东会、股东大会或者人民法院确认，并报送公司登记机关，申请注销公司登记，公告公司终止。

第一百九十条　清算组成员应当忠于职守，依法履行清算义务。

清算组成员不得利用职权收受贿赂或者其他非法收入，不得侵占公司财产。

清算组成员因故意或者重大过失给公司或者债权人造成损失的，应当承担赔偿责任。

第一百九十一条　公司被依法宣告破产的，依照有关企业破产的法律实施破产清算。

第十一章　外国公司的分支机构

第一百九十二条　本法所称外国公司是指依照外国法律在中国境外设立的公司。

第一百九十三条　外国公司在中国境内设立分支机构，必须向中国主管机关提出申请，并提交其公司章程、所属国的公司登记证书等有关文件，经批准后，向公司登记机关依法办理登记，领取营业执照。

外国公司分支机构的审批办法由国务院另行规定。

第一百九十四条　外国公司在中国境内设立分支机构，必须在中国境内指定负责该分支机构的代表人或者代理人，并向该分支机构拨付与其所从事的经营活动相适应的资金。

对外国公司分支机构的经营资金需要规定最低限额的，由国务院另行规定。

第一百九十五条　外国公司的分支机构应当在其名称中标明该外国公司的国籍及责任形式。

外国公司的分支机构应当在本机构中置备该外国公司章程。

第一百九十六条　外国公司在中国境内设立的分支机构不具有中国法人资格。

外国公司对其分支机构在中国境内进行经营活动承担民事责任。

第一百九十七条　经批准设立的外国公司分支机构，在中国境内从事业务活动，必须遵守中国的法律，不得损害中国的社会公共利益，其合法权益受中国法律保护。

第一百九十八条　外国公司撤销其在中国境内的分支机构时，必须依法清偿债务，依照本法有关公司清算程序的规定进行清算。未清偿债务之前，不得将其分支机构的财产移至中国境外。

第十二章　法律责任

第一百九十九条　违反本法规定，虚报注册资本、提交虚假材料或者采取其他欺诈手段隐瞒重要事实取得公司登记的，由公司登记机关责令改正，对虚报注册资本的公司，处以虚报注册资本金额百分之五以上百分之十五以下的罚款；对提交虚假材料或者采取其他欺诈手段隐瞒重要事实的公司，处以五万元以上五十万元以下的罚款；情节严重的，撤销公司登记或者吊销营业执照。

第二百条　公司的发起人、股东虚假出资，未交付或者未按期交付作为出资的货币或者非货币财产的，由公司登记机关责令改正，处以虚假出资金额百分之五以上百分之十五以下的罚款。

第二百零一条　公司的发起人、股东在公司成立后，抽逃其出资的，由公司登记机关责令改正，处以所抽逃出资金额百分之五以上百分之十五以下的罚款。

第二百零二条　公司违反本法规定，在法定的会计账簿以外另立会计账簿的，由县级以上人民政府财政部门责令改正，处以五万元以上五十万元以下的罚款。

第二百零三条　公司在依法向有关主管部门提供的财务会计报告等材料上作虚假记载或者隐瞒重要事实的，由有关主管部门对直接负责的主管人员和其他直接责任人员处以三万元以上三十万元以下的罚款。

第二百零四条　公司不依照本法规定提取法定公积金的，由县级以上人民政府财政部门责令如数补足应当提取的金额，可以对公司处以二十万元以下的罚款。

第二百零五条　公司在合并、分立、减少注册资本或者进行清算时，不依照本法规定通知或者公告债权人的，由公司登记机关责令改正，对公司处以一万元以上十万元以下的罚款。

公司在进行清算时，隐匿财产，对资产负债表或者财产清单作虚假记载或者在未清偿债务前分配公司财产的，由公司登记机关责令改正，对公司处以隐匿财产或者未清偿债务前分配公司财产金额百分之五以上百分之十以下的罚款；对直接负责的主管人员和其他直接责任人员处以一万元以上十万元以下的罚款。

第二百零六条　公司在清算期间开展与清算无关的经营活动的，由公司登记机关予以警告，没收违法所得。

第二百零七条　清算组不依照本法规定向公司登记机关报送清算报告，或者报送清算报告隐瞒重要事实或者有重大遗漏的，由公司登记机关责令改正。

清算组成员利用职权徇私舞弊、谋取非法收入或者侵占公司财产的，由公司登记机关责令退还公司财产，没收违法所得，并可以处以违法所得一倍以上五倍以下的罚款。

第二百零八条　承担资产评估、验资或者验证的机构提供虚假材料的,由公司登记机关没收违法所得,处以违法所得一倍以上五倍以下的罚款,并可以由有关主管部门依法责令该机构停业、吊销直接责任人员的资格证书,吊销营业执照。

承担资产评估、验资或者验证的机构因过失提供有重大遗漏的报告的,由公司登记机关责令改正,情节较重的,处以所得收入一倍以上五倍以下的罚款,并可以由有关主管部门依法责令该机构停业、吊销直接责任人员的资格证书,吊销营业执照。

承担资产评估、验资或者验证的机构因其出具的评估结果、验资或者验证证明不实,给公司债权人造成损失的,除能够证明自己没有过错的外,在其评估或者证明不实的金额范围内承担赔偿责任。

第二百零九条 公司登记机关对不符合本法规定条件的登记申请予以登记,或者对符合本法规定条件的登记申请不予登记的,对直接负责的主管人员和其他直接责任人员,依法给予行政处分。

第二百一十条 公司登记机关的上级部门强令公司登记机关对不符合本法规定条件的登记申请予以登记,或者对符合本法规定条件的登记申请不予登记的,或者对违法登记进行包庇的,对直接负责的主管人员和其他直接责任人员依法给予行政处分。

第二百一十一条 未依法登记为有限责任公司或者股份有限公司,而冒用有限责任公司或者股份有限公司名义的,或者未依法登记为有限责任公司或者股份有限公司的分公司,而冒用有限责任公司或者股份有限公司的分公司名义的,由公司登记机关责令改正或者予以取缔,可以并处十万元以下的罚款。

第二百一十二条 公司成立后无正当理由超过六个月未开业的,或者开业后自行停业连续六个月以上的,可以由公司登记机关吊销营业执照。

公司登记事项发生变更时,未依照本法规定办理有关变更登记的,由公司登记机关责令限期登记;逾期不登记的,处以一万元以上十万元以下的罚款。

第二百一十三条 外国公司违反本法规定,擅自在中国境内设立分支机构的,由公司登记机关责令改正或者关闭,可以并处五万元以上二十万元以下的罚款。

第二百一十四条 利用公司名义从事危害国家安全、社会公共利益的严重违法行为的,吊销营业执照。

第二百一十五条 公司违反本法规定,应当承担民事赔偿责任和缴纳罚款、罚金的,其财产不足以支付时,先承担民事赔偿责任。

第二百一十六条 违反本法规定,构成犯罪的,依法追究刑事责任。

第十三章 附 则

第二百一十七条 本法下列用语的含义:

(一)高级管理人员,是指公司的经理、副经理、财务负责人,上市公司董事会秘书和公司章程规定的其他人员。

(二)控股股东,是指其出资额占有限责任公司资本总额百分之五十以上或者其持有的股份占股份有限公司股本总额百分之五十以上的股东;出资额或者持有股份的比例虽然不足百分之五十,但依其出资额或者持有的股份所享有的表决权已足以对股东会、股东大会的决议产生重大影响的股东。

(三)实际控制人,是指虽不是公司的股东,但通过投资关系、协议或者其他安排,能够实际支配公司行为的人。

(四)关联关系,是指公司控股股东、实际控制人、董事、监事、高级管理人员与其直接或者间接控制的企业之间的关系,以及可能导致公司利益转移的其他关系。但是,国家控股的企业之间不仅因为同受国家控股而具有关联关系。

第二百一十八条 外商投资的有限责任公司和股份有限公司适用本法;有关外商投资的法律另有规定的,适用其规定。

第二百一十九条 本法自 2006 年 1 月 1 日起施行。

全国人民代表大会常务委员会关于修改《中华人民共和国海洋环境保护法》等七部法律的决定(节录)

(2013年12月28日第十二届全国人民代表大会常务委员会第六次会议通过　2013年12月28日中华人民共和国主席令第8号公布　对《中华人民共和国海洋环境保护法》、《中华人民共和国药品管理法》、《中华人民共和国计量法》、《中华人民共和国渔业法》、《中华人民共和国海关法》、《中华人民共和国烟草专卖法》所作的修改,自公布之日起施行;对《中华人民共和国公司法》所作的修改,自2014年3月1日起施行)

第十二届全国人民代表大会常务委员会第六次会议决定:

……

七、对《中华人民共和国公司法》作出修改

(一)删去第七条第二款中的“实收资本”。

(二)将第二十三条第二项修改为:“(二)有符合公司章程规定的全体股东认缴的出资额”。

(三)将第二十六条修改为:“有限责任公司的注册资本为在公司登记机关登记的全体股东认缴的出资额。

“法律、行政法规以及国务院决定对有限责任公司注册资本实缴、注册资本最低限额另有规定的,从其规定。”

(四)删去第二十七条第三款。

(五)删去第二十九条。

(六)将第三十条改为第二十九条,修改为:“股东认足公司章程规定的出资后,由全体股东指定的代表或者共同委托的代理人向公司登记机关报送公司登记申请书、公司章程等文件,申请设立登记。”

(七)删去第三十三条第三款中的“及其出资额”。

(八)删去第五十九条第一款。

(九)将第七十七条改为第七十六条,并将第二项修改为:“(二)有符合公司章程规定的全体发起人认购的股本总额或者募集的实收股本总额”。

(十)将第八十一条改为第八十条,并将第一款修改为:“股份有限公司采取发起设立方式设立的,注册资本为在公司登记机关登记的全体发起人认购的股本总额。在发起人认购的股份缴足前,不得向他人募集股份。”

第三款修改为:“法律、行政法规以及国务院决定对股份有限公司注册资本实缴、注册资本最低限额另有规定的,从其规定。”

(十一)将第八十四条改为第八十三条,并将第一款修改为:“以发起设立方式设立股份有限公司的,发起人应当书面认足公司章程规定其认购的股份,并按照公司章程规定缴纳出资。以非货币财产出资的,应当依法办理其财产权的转移手续。”

第三款修改为:“发起人认足公司章程规定的出资后,应当选举董事会和监事会,由董事会向公司登记机关报送公司章程以及法律、行政法规规定的其他文件,申请设立登记。”

(十二)删去第一百七十八条第三款。

此外,对条文顺序作相应调整。

……

中华人民共和国公司法

(1993年12月29日第八届全国人民代表大会常务委员会第五次会议通过　根据1999年12月25日第九届全国人民代表大会常务委员会第十三次会议《关于修改〈中华人民共和国公司法〉的决定》第一次修正　根据2004年8月28日第十届全国人民代表大会常务委员会第十一次会议《关于修改〈中华人民共和国公司法〉的决定》第二次修正　2005年10月27日第十届全国人民代表大会常务委员会第十八次会议修订　根据2013年12月28日第十二届全国人民代表大会常务委员会第六次会议《关于修改〈中华人民共和国海洋环境保护法〉等七部法律的决定》第三次修正)

目　录

第一章 总 则

第一条 为了规范公司的组织和行为,保护公司、股东和债权人的合法权益,维护社会经济秩序,促进社会主义市场经济的发展,制定本法。

第二条 本法所称公司是指依照本法在中国境内设立的有限责任公司和股份有限公司。

第三条 公司是企业法人,有独立的法人财产,享有法人财产权。公司以其全部财产对公司的债务承担责任。

有限责任公司的股东以其认缴的出资额为限对公司承担责任;股份有限公司的股东以其认购的股份为限对公司承担责任。

第四条 公司股东依法享有资产收益、参与重大决策和选择管理者等权利。

第五条 公司从事经营活动,必须遵守法律、行政法规,遵守社会公德、商业道德,诚实守信,接受政府和社会公众的监督,承担社会责任。

公司的合法权益受法律保护,不受侵犯。

第六条 设立公司,应当依法向公司登记机关申请设立登记。符合本法规定的设立条件的,由公司登记机关分别登记为有限责任公司或者股份有限公司;不符合本法规定的设立条件的,不得登记为有限责任公司或者股份有限公司。

法律、行政法规规定设立公司必须报经批准的,应当在公司登记前依法办理批准手续。

公众可以向公司登记机关申请查询公司登记事项,公司登记机关应当提供查询服务。

第七条 依法设立的公司,由公司登记机关发给公司营业执照。公司营业执照签发日期为公司成立日期。

公司营业执照应当载明公司的名称、住所、注册资本、经营范围、法定代表人姓名等事项。

公司营业执照记载的事项发生变更的,公司应当依法办理变更登记,由公司登记机关换发营业执照。

第八条 依照本法设立的有限责任公司,必须在公司名称中标明有限责任公司或者有限公司字样。

依照本法设立的股份有限公司,必须在公司名称中标明股份有限公司或者股份公司字样。

第九条 有限责任公司变更为股份有限公司,应当符合本法规定的股份有限公司的条件。股份有限公司变更为有限责任公司,应当符合本法规定的有限责任公司的条件。

有限责任公司变更为股份有限公司的,或者股份有限公司变更为有限责任公司的,公司变更前的债权、债务由变更后的公司承继。

第十条 公司以其主要办事机构所在地为住所。

第十一条 设立公司必须依法制定公司章程。公司章程对公司、股东、董事、监事、高级管理人员具有约束力。

第十二条 公司的经营范围由公司章程规定,并依法登记。公司可以修改公司章程,改变经营范围,但是应当办理变更登记。

公司的经营范围中属于法律、行政法规规定须经批准的项目,应当依法经过批准。

第十三条 公司法定代表人依照公司章程的规定,由董事长、执行董事或者经理担任,并依法登记。公司法定代表人变更,应当办理变更登记。

第十四条　公司可以设立分公司。设立分公司，应当向公司登记机关申请登记，领取营业执照。分公司不具有法人资格，其民事责任由公司承担。

公司可以设立子公司，子公司具有法人资格，依法独立承担民事责任。

第十五条　公司可以向其他企业投资；但是，除法律另有规定外，不得成为对所投资企业的债务承担连带责任的出资人。

第十六条　公司向其他企业投资或者为他人提供担保，依照公司章程的规定，由董事会或者股东会、股东大会决议；公司章程对投资或者担保的总额及单项投资或者担保的数额有限额规定的，不得超过规定的限额。

公司为公司股东或者实际控制人提供担保的，必须经股东会或者股东大会决议。

前款规定的股东或者受前款规定的实际控制人支配的股东，不得参加前款规定事项的表决。该项表决由出席会议的其他股东所持表决权的过半数通过。

第十七条　公司必须保护职工的合法权益，依法与职工签订劳动合同，参加社会保险，加强劳动保护，实现安全生产。

公司应当采用多种形式，加强公司职工的职业教育和岗位培训，提高职工素质。

第十八条　公司职工依照《中华人民共和国工会法》组织工会，开展工会活动，维护职工合法权益。公司应当为本公司工会提供必要的活动条件。公司工会代表职工就职工的劳动报酬、工作时间、福利、保险和劳动安全卫生等事项依法与公司签订集体合同。

公司依照宪法和有关法律的规定，通过职工代表大会或者其他形式，实行民主管理。

公司研究决定改制以及经营方面的重大问题、制定重要的规章制度时，应当听取公司工会的意见，并通过职工代表大会或者其他形式听取职工的意见和建议。

第十九条　在公司中，根据中国共产党章程的规定，设立中国共产党的组织，开展党的活动。公司应当为党组织的活动提供必要条件。

第二十条　公司股东应当遵守法律、行政法规和公司章程，依法行使股东权利，不得滥用股东权利损害公司或者其他股东的利益；不得滥用公司法人独立地位和股东有限责任损害公司债权人的利益。

公司股东滥用股东权利给公司或者其他股东造成损失的，应当依法承担赔偿责任。

公司股东滥用公司法人独立地位和股东有限责任，逃避债务，严重损害公司债权人利益的，应当对公司债务承担连带责任。

第二十一条　公司的控股股东、实际控制人、董事、监事、高级管理人员不得利用其关联关系损害公司利益。

违反前款规定，给公司造成损失的，应当承担赔偿责任。

第二十二条　公司股东会或者股东大会、董事会的决议内容违反法律、行政法规的无效。

股东会或者股东大会、董事会的会议召集程序、表决方式违反法律、行政法规或者公司章程，或者决议内容违反公司章程的，股东可以自决议作出之日起六十日内，请求人民法院撤销。

股东依照前款规定提起诉讼的，人民法院可以应公司的请求，要求股东提供相应担保。

公司根据股东会或者股东大会、董事会决议已办理变更登记的，人民法院宣告该决议无效或者撤销该决议后，公司应当向公司登记机关申请撤销变更登记。

第二章　有限责任公司的设立和组织机构

第一节　设　　立

第二十三条　设立有限责任公司，应当具备下列条件：

（一）股东符合法定人数；

（二）有符合公司章程规定的全体股东认缴的出资额；

（三）股东共同制定公司章程；

（四）有公司名称，建立符合有限责任公司要求的组织机构；

（五）有公司住所。

第二十四条　有限责任公司由五十个以下股东出资设立。

第二十五条　有限责任公司章程应当载明下列事项：

（一）公司名称和住所；
（二）公司经营范围；
（三）公司注册资本；
（四）股东的姓名或者名称；
（五）股东的出资方式、出资额和出资时间；
（六）公司的机构及其产生办法、职权、议事规则；
（七）公司法定代表人；
（八）股东会会议认为需要规定的其他事项。

股东应当在公司章程上签名、盖章。

第二十六条 有限责任公司的注册资本为在公司登记机关登记的全体股东认缴的出资额。

法律、行政法规以及国务院决定对有限责任公司注册资本实缴、注册资本最低限额另有规定的，从其规定。

第二十七条 股东可以用货币出资，也可以用实物、知识产权、土地使用权等可以用货币估价并可以依法转让的非货币财产作价出资；但是，法律、行政法规规定不得作为出资的财产除外。

对作为出资的非货币财产应当评估作价，核实财产，不得高估或者低估作价。法律、行政法规对评估作价有规定的，从其规定。

第二十八条 股东应当按期足额缴纳公司章程中规定的各自所认缴的出资额。股东以货币出资的，应当将货币出资足额存入有限责任公司在银行开设的账户；以非货币财产出资的，应当依法办理其财产权的转移手续。

股东不按照前款规定缴纳出资的，除应当向公司足额缴纳外，还应当向已按期足额缴纳出资的股东承担违约责任。

第二十九条 股东认足公司章程规定的出资后，由全体股东指定的代表或者共同委托的代理人向公司登记机关报送公司登记申请书、公司章程等文件，申请设立登记。

第三十条 有限责任公司成立后，发现作为设立公司出资的非货币财产的实际价额显著低于公司章程所定价额的，应当由交付该出资的股东补足其差额；公司设立时的其他股东承担连带责任。

第三十一条 有限责任公司成立后，应当向股东签发出资证明书。

出资证明书应当载明下列事项：
（一）公司名称；
（二）公司成立日期；
（三）公司注册资本；
（四）股东的姓名或者名称、缴纳的出资额和出资日期；
（五）出资证明书的编号和核发日期。

出资证明书由公司盖章。

第三十二条 有限责任公司应当置备股东名册，记载下列事项：
（一）股东的姓名或者名称及住所；
（二）股东的出资额；
（三）出资证明书编号。

记载于股东名册的股东，可以依股东名册主张行使股东权利。

公司应当将股东的姓名或者名称向公司登记机关登记；登记事项发生变更的，应当办理变更登记。未经登记或者变更登记的，不得对抗第三人。

第三十三条 股东有权查阅、复制公司章程、股东会会议记录、董事会会议决议、监事会会议决议和财务会计报告。

股东可以要求查阅公司会计账簿。股东要求查阅公司会计账簿的，应当向公司提出书面请求，说明目的。公司有合理根据认为股东查阅会计账簿有不正当目的，可能损害公司合法利益的，可以拒绝提供查阅，并应当自股东提出书面请求之日起十五日内书面答复股东并说明理由。公司拒绝提供查阅的，股东可以请求人民法院要求公司提供查阅。

第三十四条 股东按照实缴的出资比例分取红利；公司新增资本时，股东有权优先按照实缴的出资比例认缴出资。但是，全体股东约定不按照出资比例分取红利或者不按照出资比例优先认缴出资的除外。

第三十五条 公司成立后，股东不得抽逃出资。

第二节 组织机构

第三十六条 有限责任公司股东会由全体股东组成。股东会是公司的权力机构，依照本法行使职权。

第三十七条 股东会行使下列职权：

（一）决定公司的经营方针和投资计划；

（二）选举和更换非由职工代表担任的董事、监事，决定有关董事、监事的报酬事项；

（三）审议批准董事会的报告；

（四）审议批准监事会或者监事的报告；

（五）审议批准公司的年度财务预算方案、决算方案；

（六）审议批准公司的利润分配方案和弥补亏损方案；

（七）对公司增加或者减少注册资本作出决议；

（八）对发行公司债券作出决议；

（九）对公司合并、分立、解散、清算或者变更公司形式作出决议；

（十）修改公司章程；

（十一）公司章程规定的其他职权。

对前款所列事项股东以书面形式一致表示同意的，可以不召开股东会会议，直接作出决定，并由全体股东在决定文件上签名、盖章。

第三十八条 首次股东会会议由出资最多的股东召集和主持，依照本法规定行使职权。

第三十九条 股东会会议分为定期会议和临时会议。

定期会议应当依照公司章程的规定按时召开。代表十分之一以上表决权的股东，三分之一以上的董事，监事会或者不设监事会的公司的监事提议召开临时会议的，应当召开临时会议。

第四十条 有限责任公司设立董事会的，股东会会议由董事会召集，董事长主持；董事长不能履行职务或者不履行职务的，由副董事长主持；副董事长不能履行职务或者不履行职务的，由半数以上董事共同推举一名董事主持。

有限责任公司不设董事会的，股东会会议由执行董事召集和主持。

董事会或者执行董事不能履行或者不履行召集股东会会议职责的，由监事会或者不设监事会的公司的监事召集和主持；监事会或者监事不召集和主持的，代表十分之一以上表决权的股东可以自行召集和主持。

第四十一条 召开股东会会议，应当于会议召开十五日前通知全体股东；但是，公司章程另有规定或者全体股东另有约定的除外。

股东会应当对所议事项的决定作成会议记录，出席会议的股东应当在会议记录上签名。

第四十二条 股东会会议由股东按照出资比例行使表决权；但是，公司章程另有规定的除外。

第四十三条 股东会的议事方式和表决程序，除本法有规定的外，由公司章程规定。

股东会会议作出修改公司章程、增加或者减少注册资本的决议，以及公司合并、分立、解散或者变更公司形式的决议，必须经代表三分之二以上表决权的股东通过。

第四十四条 有限责任公司设董事会，其成员为三人至十三人；但是，本法第五十条另有规定的除外。

两个以上的国有企业或者两个以上的其他国有投资主体投资设立的有限责任公司，其董事会成员中应当有公司职工代表；其他有限责任公司董事会成员中可以有公司职工代表。董事会中的职工代表由公司职工通过职工代表大会、职工大会或者其他形式民主选举产生。

董事会设董事长一人，可以设副董事长。董事长、副董事长的产生办法由公司章程规定。

第四十五条 董事任期由公司章程规定，但每届任期不得超过三年。董事任期届满，连选可以连任。

董事任期届满未及时改选，或者董事在任期内辞职导致董事会成员低于法定人数的，在改选出的董事就任前，原董事仍应当依照法律、行政法规和公司章程的规定，履行董事职务。

第四十六条 董事会对股东会负责，行使下列职权：

（一）召集股东会会议，并向股东会报告工作；

（二）执行股东会的决议；

（三）决定公司的经营计划和投资方案；

（四）制订公司的年度财务预算方案、决算方案；

（五）制订公司的利润分配方案和弥补亏损方案；

（六）制订公司增加或者减少注册资本以及发行公司债券的方案；

（七）制订公司合并、分立、解散或者变更公司形式的方案；

（八）决定公司内部管理机构的设置；

（九）决定聘任或者解聘公司经理及其报酬事项，并根据经理的提名决定聘任或者解聘公司副经理、财务负责人及其报酬事项；

（十）制定公司的基本管理制度；

（十一）公司章程规定的其他职权。

第四十七条 董事会会议由董事长召集和主持；董事长不能履行职务或者不履行职务的，由副董事长召集和主持；副董事长不能履行职务或者不履行职务的，由半数以上董事共同推举一名董事召集和主持。

第四十八条 董事会的议事方式和表决程序，除本法有规定的外，由公司章程规定。

董事会应当对所议事项的决定作成会议记录，出席会议的董事应当在会议记录上签名。

董事会决议的表决，实行一人一票。

第四十九条 有限责任公司可以设经理，由董事会决定聘任或者解聘。经理对董事会负责，行使下列职权：

（一）主持公司的生产经营管理工作，组织实施董事会决议；

（二）组织实施公司年度经营计划和投资方案；

（三）拟订公司内部管理机构设置方案；

（四）拟订公司的基本管理制度；

（五）制定公司的具体规章；

（六）提请聘任或者解聘公司副经理、财务负责人；

（七）决定聘任或者解聘除应由董事会决定聘任或者解聘以外的负责管理人员；

（八）董事会授予的其他职权。

公司章程对经理职权另有规定的，从其规定。

经理列席董事会会议。

第五十条 股东人数较少或者规模较小的有限责任公司，可以设一名执行董事，不设董事会。执行董事可以兼任公司经理。

执行董事的职权由公司章程规定。

第五十一条 有限责任公司设监事会，其成员不得少于三人。股东人数较少或者规模较小的有限责任公司，可以设一至二名监事，不设监事会。

监事会应当包括股东代表和适当比例的公司职工代表，其中职工代表的比例不得低于三分之一，具体比例由公司章程规定。监事会中的职工代表由公司职工通过职工代表大会、职工大会或者其他形式民主选举产生。

监事会设主席一人，由全体监事过半数选举产生。监事会主席召集和主持监事会会议；监事会主席不能履行职务或者不履行职务的，由半数以上监事共同推举一名监事召集和主持监事会会议。

董事、高级管理人员不得兼任监事。

第五十二条 监事的任期每届为三年。监事任期届满，连选可以连任。

监事任期届满未及时改选，或者监事在任期内辞职导致监事会成员低于法定人数的，在改选出的监事就任前，原监事仍应当依照法律、行政法规和公司章程的规定，履行监事职务。

第五十三条 监事会、不设监事会的公司的监事行使下列职权：

（一）检查公司财务；

（二）对董事、高级管理人员执行公司职务的行为进行监督，对违反法律、行政法规、公司章程或者股东会决议的董事、高级管理人员提出罢免的建议；

（三）当董事、高级管理人员的行为损害公司的利益时，要求董事、高级管理人员予以纠正；

（四）提议召开临时股东会会议，在董事会不履行本法规定的召集和主持股东会会议职责时召集和主持股东会会议；

（五）向股东会会议提出提案；

（六）依照本法第一百五十一条的规定，对董事、高级管理人员提起诉讼；

（七）公司章程规定的其他职权。

第五十四条 监事可以列席董事会会议，并对董事会决议事项提出质询或者建议。

监事会、不设监事会的公司的监事发现公司经营情况异常，可以进行调查；必要时，可以聘请会计师事务所等协助其工作，费用由公司承担。

第五十五条 监事会每年度至少召开一次会议，监事可以提议召开临时监事会会议。

监事会的议事方式和表决程序，除本法有规定的外，由公司章程规定。

监事会决议应当经半数以上监事通过。

监事会应当对所议事项的决定作成会议记录，出席会议的监事应当在会议记录上签名。

第五十六条　监事会、不设监事会的公司的监事行使职权所必需的费用，由公司承担。

第三节　一人有限责任公司的特别规定

第五十七条　一人有限责任公司的设立和组织机构，适用本节规定；本节没有规定的，适用本章第一节、第二节的规定。

本法所称一人有限责任公司，是指只有一个自然人股东或者一个法人股东的有限责任公司。

第五十八条　一个自然人只能投资设立一个一人有限责任公司。该一人有限责任公司不能投资设立新的一人有限责任公司。

第五十九条　一人有限责任公司应当在公司登记中注明自然人独资或者法人独资，并在公司营业执照中载明。

第六十条　一人有限责任公司章程由股东制定。

第六十一条　一人有限责任公司不设股东会。股东作出本法第三十七条第一款所列决定时，应当采用书面形式，并由股东签名后置备于公司。

第六十二条　一人有限责任公司应当在每一会计年度终了时编制财务会计报告，并经会计师事务所审计。

第六十三条　一人有限责任公司的股东不能证明公司财产独立于股东自己的财产的，应当对公司债务承担连带责任。

第四节　国有独资公司的特别规定

第六十四条　国有独资公司的设立和组织机构，适用本节规定；本节没有规定的，适用本章第一节、第二节的规定。

本法所称国有独资公司，是指国家单独出资、由国务院或者地方人民政府授权本级人民政府国有资产监督管理机构履行出资人职责的有限责任公司。

第六十五条　国有独资公司章程由国有资产监督管理机构制定，或者由董事会制订报国有资产监督管理机构批准。

第六十六条　国有独资公司不设股东会，由国有资产监督管理机构行使股东会职权。国有资产监督管理机构可以授权公司董事会行使股东会的部分职权，决定公司的重大事项，但公司的合并、分立、解散、增加或者减少注册资本和发行公司债券，必须由国有资产监督管理机构决定；其中，重要的国有独资公司合并、分立、解散、申请破产的，应当由国有资产监督管理机构审核后，报本级人民政府批准。

前款所称重要的国有独资公司，按照国务院的规定确定。

第六十七条　国有独资公司设董事会，依照本法第四十六条、第六十六条的规定行使职权。董事每届任期不得超过三年。董事会成员中应当有公司职工代表。

董事会成员由国有资产监督管理机构委派；但是，董事会成员中的职工代表由公司职工代表大会选举产生。

董事会设董事长一人，可以设副董事长。董事长、副董事长由国有资产监督管理机构从董事会成员中指定。

第六十八条　国有独资公司设经理，由董事会聘任或者解聘。经理依照本法第四十九条规定行使职权。

经国有资产监督管理机构同意，董事会成员可以兼任经理。

第六十九条　国有独资公司的董事长、副董事长、董事、高级管理人员，未经国有资产监督管理机构同意，不得在其他有限责任公司、股份有限公司或者其他经济组织兼职。

第七十条　国有独资公司监事会成员不得少于五人，其中职工代表的比例不得低于三分之一，具体比例由公司章程规定。

监事会成员由国有资产监督管理机构委派；但是，监事会成员中的职工代表由公司职工代表大会选举产生。监事会主席由国有资产监督管理机构从监事会成员中指定。

监事会行使本法第五十三条第（一）项至第（三）项规定的职权和国务院规定的其他职权。

第三章　有限责任公司的股权转让

第七十一条　有限责任公司的股东之间可以相互转让其全部或者部分股权。

股东向股东以外的人转让股权,应当经其他股东过半数同意。股东应就其股权转让事项书面通知其他股东征求同意,其他股东自接到书面通知之日起满三十日未答复的,视为同意转让。其他股东半数以上不同意转让的,不同意的股东应当购买该转让的股权;不购买的,视为同意转让。

经股东同意转让的股权,在同等条件下,其他股东有优先购买权。两个以上股东主张行使优先购买权的,协商确定各自的购买比例;协商不成的,按照转让时各自的出资比例行使优先购买权。

公司章程对股权转让另有规定的,从其规定。

第七十二条 人民法院依照法律规定的强制执行程序转让股东的股权时,应当通知公司及全体股东,其他股东在同等条件下有优先购买权。其他股东自人民法院通知之日起满二十日不行使优先购买权的,视为放弃优先购买权。

第七十三条 依照本法第七十一条、第七十二条转让股权后,公司应当注销原股东的出资证明书,向新股东签发出资证明书,并相应修改公司章程和股东名册中有关股东及其出资额的记载。对公司章程的该项修改不需再由股东会表决。

第七十四条 有下列情形之一的,对股东会该项决议投反对票的股东可以请求公司按照合理的价格收购其股权:

(一)公司连续五年不向股东分配利润,而公司该五年连续盈利,并且符合本法规定的分配利润条件的;

(二)公司合并、分立、转让主要财产的;

(三)公司章程规定的营业期限届满或者章程规定的其他解散事由出现,股东会会议通过决议修改章程使公司存续的。

自股东会会议决议通过之日起六十日内,股东与公司不能达成股权收购协议的,股东可以自股东会会议决议通过之日起九十日内向人民法院提起诉讼。

第七十五条 自然人股东死亡后,其合法继承人可以继承股东资格;但是,公司章程另有规定的除外。

第四章 股份有限公司的设立和组织机构

第一节 设 立

第七十六条 设立股份有限公司,应当具备下列条件:

(一)发起人符合法定人数;

(二)有符合公司章程规定的全体发起人认购的股本总额或者募集的实收股本总额;

(三)股份发行、筹办事项符合法律规定;

(四)发起人制订公司章程,采用募集方式设立的经创立大会通过;

(五)有公司名称,建立符合股份有限公司要求的组织机构;

(六)有公司住所。

第七十七条 股份有限公司的设立,可以采取发起设立或者募集设立的方式。

发起设立,是指由发起人认购公司应发行的全部股份而设立公司。

募集设立,是指由发起人认购公司应发行股份的一部分,其余股份向社会公开募集或者向特定对象募集而设立公司。

第七十八条 设立股份有限公司,应当有二人以上二百人以下为发起人,其中须有半数以上的发起人在中国境内有住所。

第七十九条 股份有限公司发起人承担公司筹办事务。

发起人应当签订发起人协议,明确各自在公司设立过程中的权利和义务。

第八十条 股份有限公司采取发起设立方式设立的,注册资本为在公司登记机关登记的全体发起人认购的股本总额。在发起人认购的股份缴足前,不得向他人募集股份。

股份有限公司采取募集方式设立的,注册资本为在公司登记机关登记的实收股本总额。

法律、行政法规以及国务院决定对股份有限公司注册资本实缴、注册资本最低限额另有规定的,从其规定。

第八十一条 股份有限公司章程应当载明下列事项:

(一)公司名称和住所;

(二)公司经营范围;

（三）公司设立方式；

（四）公司股份总数、每股金额和注册资本；

（五）发起人的姓名或者名称、认购的股份数、出资方式和出资时间；

（六）董事会的组成、职权和议事规则；

（七）公司法定代表人；

（八）监事会的组成、职权和议事规则；

（九）公司利润分配办法；

（十）公司的解散事由与清算办法；

（十一）公司的通知和公告办法；

（十二）股东大会会议认为需要规定的其他事项。

第八十二条 发起人的出资方式，适用本法第二十七条的规定。

第八十三条 以发起设立方式设立股份有限公司的，发起人应当书面认足公司章程规定其认购的股份，并按照公司章程规定缴纳出资。以非货币财产出资的，应当依法办理其财产权的转移手续。

发起人不依照前款规定缴纳出资的，应当按照发起人协议承担违约责任。

发起人认足公司章程规定的出资后，应当选举董事会和监事会，由董事会向公司登记机关报送公司章程以及法律、行政法规规定的其他文件，申请设立登记。

第八十四条 以募集设立方式设立股份有限公司的，发起人认购的股份不得少于公司股份总数的百分之三十五；但是，法律、行政法规另有规定的，从其规定。

第八十五条 发起人向社会公开募集股份，必须公告招股说明书，并制作认股书。认股书应当载明本法第八十六条所列事项，由认股人填写认购股数、金额、住所，并签名、盖章。认股人按照所认购股数缴纳股款。

第八十六条 招股说明书应当附有发起人制订的公司章程，并载明下列事项：

（一）发起人认购的股份数；

（二）每股的票面金额和发行价格；

（三）无记名股票的发行总数；

（四）募集资金的用途；

（五）认股人的权利、义务；

（六）本次募股的起止期限及逾期未募足时认股人可以撤回所认股份的说明。

第八十七条 发起人向社会公开募集股份，应当由依法设立的证券公司承销，签订承销协议。

第八十八条 发起人向社会公开募集股份，应当同银行签订代收股款协议。

代收股款的银行应当按照协议代收和保存股款，向缴纳股款的认股人出具收款单据，并负有向有关部门出具收款证明的义务。

第八十九条 发行股份的股款缴足后，必须经依法设立的验资机构验资并出具证明。发起人应当自股款缴足之日起三十日内主持召开公司创立大会。创立大会由发起人、认股人组成。

发行的股份超过招股说明书规定的截止期限尚未募足的，或者发行股份的股款缴足后，发起人在三十日内未召开创立大会的，认股人可以按照所缴股款并加算银行同期存款利息，要求发起人返还。

第九十条 发起人应当在创立大会召开十五日前将会议日期通知各认股人或者予以公告。创立大会应有代表股份总数过半数的发起人、认股人出席，方可举行。

创立大会行使下列职权：

（一）审议发起人关于公司筹办情况的报告；

（二）通过公司章程；

（三）选举董事会成员；

（四）选举监事会成员；

（五）对公司的设立费用进行审核；

（六）对发起人用于抵作股款的财产的作价进行审核；

（七）发生不可抗力或者经营条件发生重大变化直接影响公司设立的，可以作出不设立公司的决议。

创立大会对前款所列事项作出决议，必须经出席会议的认股人所持表决权过半数通过。

第九十一条 发起人、认股人缴纳股款或者交付抵作股款的出资后，除未按期募足股份、发起人未按期召开创立大会或者创立大会决议不设立公司的情形外，不得抽回其股本。

第九十二条 董事会应于创立大会结束后三十日内，向公司登记机关报送下列文件，申请设立登记：

(一)公司登记申请书;

(二)创立大会的会议记录;

(三)公司章程;

(四)验资证明;

(五)法定代表人、董事、监事的任职文件及其身份证明;

(六)发起人的法人资格证明或者自然人身份证明;

(七)公司住所证明。

以募集方式设立股份有限公司公开发行股票的,还应当向公司登记机关报送国务院证券监督管理机构的核准文件。

第九十三条 股份有限公司成立后,发起人未按照公司章程的规定缴足出资的,应当补缴;其他发起人承担连带责任。

股份有限公司成立后,发现作为设立公司出资的非货币财产的实际价额显著低于公司章程所定价额的,应当由交付该出资的发起人补足其差额;其他发起人承担连带责任。

第九十四条 股份有限公司的发起人应当承担下列责任:

(一)公司不能成立时,对设立行为所产生的债务和费用负连带责任;

(二)公司不能成立时,对认股人已缴纳的股款,负返还股款并加算银行同期存款利息的连带责任;

(三)在公司设立过程中,由于发起人的过失致使公司利益受到损害的,应当对公司承担赔偿责任。

第九十五条 有限责任公司变更为股份有限公司时,折合的实收股本总额不得高于公司净资产额。有限责任公司变更为股份有限公司,为增加资本公开发行股份时,应当依法办理。

第九十六条 股份有限公司应当将公司章程、股东名册、公司债券存根、股东大会会议记录、董事会会议记录、监事会会议记录、财务会计报告置备于本公司。

第九十七条 股东有权查阅公司章程、股东名册、公司债券存根、股东大会会议记录、董事会会议决议、监事会会议决议、财务会计报告,对公司的经营提出建议或者质询。

第二节 股东大会

第九十八条 股份有限公司股东大会由全体股东组成。股东大会是公司的权力机构,依照本法行使职权。

第九十九条 本法第三十七条第一款关于有限责任公司股东会职权的规定,适用于股份有限公司股东大会。

第一百条 股东大会应当每年召开一次年会。有下列情形之一的,应当在两个月内召开临时股东大会:

(一)董事人数不足本法规定人数或者公司章程所定人数的三分之二时;

(二)公司未弥补的亏损达实收股本总额三分之一时;

(三)单独或者合计持有公司百分之十以上股份的股东请求时;

(四)董事会认为必要时;

(五)监事会提议召开时;

(六)公司章程规定的其他情形。

第一百零一条 股东大会会议由董事会召集,董事长主持;董事长不能履行职务或者不履行职务的,由副董事长主持;副董事长不能履行职务或者不履行职务的,由半数以上董事共同推举一名董事主持。

董事会不能履行或者不履行召集股东大会会议职责的,监事会应当及时召集和主持;监事会不召集和主持的,连续九十日以上单独或者合计持有公司百分之十以上股份的股东可以自行召集和主持。

第一百零二条 召开股东大会会议,应当将会议召开的时间、地点和审议的事项于会议召开二十日前通知各股东;临时股东大会应当于会议召开十五日前通知各股东;发行无记名股票的,应当于会议召开三十日前公告会议召开的时间、地点和审议事项。

单独或者合计持有公司百分之三以上股份的股东,可以在股东大会召开十日前提出临时提案并书面提交董事会;董事会应当在收到提案后二日内通知其他股东,并将该临时提案提交股东大会审议。临时提案的内容应当属于股东大会职权范围,并有明确议题和具体决议事项。

股东大会不得对前两款通知中未列明的事项作出决议。

无记名股票持有人出席股东大会会议的，应当于会议召开五日前至股东大会闭会时将股票交存于公司。

第一百零三条 股东出席股东大会会议，所持每一股份有一表决权。但是，公司持有的本公司股份没有表决权。

股东大会作出决议，必须经出席会议的股东所持表决权过半数通过。但是，股东大会作出修改公司章程、增加或者减少注册资本的决议，以及公司合并、分立、解散或者变更公司形式的决议，必须经出席会议的股东所持表决权的三分之二以上通过。

第一百零四条 本法和公司章程规定公司转让、受让重大资产或者对外提供担保等事项必须经股东大会作出决议的，董事会应当及时召集股东大会会议，由股东大会就上述事项进行表决。

第一百零五条 股东大会选举董事、监事，可以依照公司章程的规定或者股东大会的决议，实行累积投票制。

本法所称累积投票制，是指股东大会选举董事或者监事时，每一股份拥有与应选董事或者监事人数相同的表决权，股东拥有的表决权可以集中使用。

第一百零六条 股东可以委托代理人出席股东大会会议，代理人应当向公司提交股东授权委托书，并在授权范围内行使表决权。

第一百零七条 股东大会应当对所议事项的决定作成会议记录，主持人、出席会议的董事应当在会议记录上签名。会议记录应当与出席股东的签名册及代理出席的委托书一并保存。

第三节 董事会、经理

第一百零八条 股份有限公司设董事会，其成员为五人至十九人。

董事会成员中可以有公司职工代表。董事会中的职工代表由公司职工通过职工代表大会、职工大会或者其他形式民主选举产生。

本法第四十五条关于有限责任公司董事任期的规定，适用于股份有限公司董事。

本法第四十六条关于有限责任公司董事会职权的规定，适用于股份有限公司董事会。

第一百零九条 董事会设董事长一人，可以设副董事长。董事长和副董事长由董事会以全体董事的过半数选举产生。

董事长召集和主持董事会会议，检查董事会决议的实施情况。副董事长协助董事长工作，董事长不能履行职务或者不履行职务的，由副董事长履行职务；副董事长不能履行职务或者不履行职务的，由半数以上董事共同推举一名董事履行职务。

第一百一十条 董事会每年度至少召开两次会议，每次会议应当于会议召开十日前通知全体董事和监事。

代表十分之一以上表决权的股东、三分之一以上董事或者监事会，可以提议召开董事会临时会议。董事长应当自接到提议后十日内，召集和主持董事会会议。

董事会召开临时会议，可以另定召集董事会的通知方式和通知时限。

第一百一十一条 董事会会议应有过半数的董事出席方可举行。董事会作出决议，必须经全体董事的过半数通过。

董事会决议的表决，实行一人一票。

第一百一十二条 董事会会议，应由董事本人出席；董事因故不能出席，可以书面委托其他董事代为出席，委托书中应载明授权范围。

董事会应当对会议所议事项的决定作成会议记录，出席会议的董事应当在会议记录上签名。

董事应当对董事会的决议承担责任。董事会的决议违反法律、行政法规或者公司章程、股东大会决议，致使公司遭受严重损失的，参与决议的董事对公司负赔偿责任。但经证明在表决时曾表明异议并记载于会议记录的，该董事可以免除责任。

第一百一十三条 股份有限公司设经理，由董事会决定聘任或者解聘。

本法第四十九条关于有限责任公司经理职权的规定，适用于股份有限公司经理。

第一百一十四条 公司董事会可以决定由董事会成员兼任经理。

第一百一十五条 公司不得直接或者通过子公司向董事、监事、高级管理人员提供借款。

第一百一十六条 公司应当定期向股东披露董事、监事、高级管理人员从公司获得报酬的情况。

第四节 监 事 会

第一百一十七条 股份有限公司设监事会，其成员不得少于三人。

监事会应当包括股东代表和适当比例的公司职工代表，其中职工代表的比例不得低于三分之一，具体比例由公司章程规定。监事会中的职工代表由公司职工通过职工代表大会、职工大会或者其他形式民主选举产生。

监事会设主席一人，可以设副主席。监事会主席和副主席由全体监事过半数选举产生。监事会主席召集和主持监事会会议；监事会主席不能履行职务或者不履行职务的，由监事会副主席召集和主持监事会会议；监事会副主席不能履行职务或者不履行职务的，由半数以上监事共同推举一名监事召集和主持监事会会议。

董事、高级管理人员不得兼任监事。

本法第五十二条关于有限责任公司监事任期的规定，适用于股份有限公司监事。

第一百一十八条 本法第五十三条、第五十四条关于有限责任公司监事会职权的规定，适用于股份有限公司监事会。

监事会行使职权所必需的费用，由公司承担。

第一百一十九条 监事会每六个月至少召开一次会议。监事可以提议召开临时监事会会议。

监事会的议事方式和表决程序，除本法有规定的外，由公司章程规定。

监事会决议应当经半数以上监事通过。

监事会应当对所议事项的决定作成会议记录，出席会议的监事应当在会议记录上签名。

第五节 上市公司组织机构的特别规定

第一百二十条 本法所称上市公司，是指其股票在证券交易所上市交易的股份有限公司。

第一百二十一条 上市公司在一年内购买、出售重大资产或者担保金额超过公司资产总额百分之三十的，应当由股东大会作出决议，并经出席会议的股东所持表决权的三分之二以上通过。

第一百二十二条 上市公司设独立董事，具体办法由国务院规定。

第一百二十三条 上市公司设董事会秘书，负责公司股东大会和董事会会议的筹备、文件保管以及公司股东资料的管理，办理信息披露事务等事宜。

第一百二十四条 上市公司董事与董事会会议决议事项所涉及的企业有关联关系的，不得对该项决议行使表决权，也不得代理其他董事行使表决权。该董事会会议由过半数的无关联关系董事出席即可举行，董事会会议所作决议须经无关联关系董事过半数通过。出席董事会的无关联关系董事人数不足三人的，应将该事项提交上市公司股东大会审议。

第五章 股份有限公司的股份发行和转让

第一节 股 份 发 行

第一百二十五条 股份有限公司的资本划分为股份，每一股的金额相等。

公司的股份采取股票的形式。股票是公司签发的证明股东所持股份的凭证。

第一百二十六条 股份的发行，实行公平、公正的原则，同种类的每一股份应当具有同等权利。

同次发行的同种类股票，每股的发行条件和价格应当相同；任何单位或者个人所认购的股份，每股应当支付相同价额。

第一百二十七条 股票发行价格可以按票面金额，也可以超过票面金额，但不得低于票面金额。

第一百二十八条 股票采用纸面形式或者国务院证券监督管理机构规定的其他形式。

股票应当载明下列主要事项：

（一）公司名称；

（二）公司成立日期；

（三）股票种类、票面金额及代表的股份数；

（四）股票的编号。

股票由法定代表人签名，公司盖章。

发起人的股票，应当标明发起人股票字样。

第一百二十九条 公司发行的股票，可以为记名股票，也可以为无记名股票。

公司向发起人、法人发行的股票，应当为记名股票，并应当记载该发起人、法人的名称或者姓名，不得另立户名或者以代表人姓名记名。

第一百三十条 公司发行记名股票的，应当置备股东名册，记载下列事项：

（一）股东的姓名或者名称及住所；

（二）各股东所持股份数；

（三）各股东所持股票的编号；

（四）各股东取得股份的日期。

发行无记名股票的，公司应当记载其股票数量、编号及发行日期。

第一百三十一条 国务院可以对公司发行本法规定以外的其他种类的股份，另行作出规定。

第一百三十二条 股份有限公司成立后，即向股东正式交付股票。公司成立前不得向股东交付股票。

第一百三十三条 公司发行新股，股东大会应当对下列事项作出决议：

（一）新股种类及数额；

（二）新股发行价格；

（三）新股发行的起止日期；

（四）向原有股东发行新股的种类及数额。

第一百三十四条 公司经国务院证券监督管理机构核准公开发行新股时，必须公告新股招股说明书和财务会计报告，并制作认股书。

本法第八十七条、第八十八条的规定适用于公司公开发行新股。

第一百三十五条 公司发行新股，可以根据公司经营情况和财务状况，确定其作价方案。

第一百三十六条 公司发行新股募足股款后，必须向公司登记机关办理变更登记，并公告。

第二节 股份转让

第一百三十七条 股东持有的股份可以依法转让。

第一百三十八条 股东转让其股份，应当在依法设立的证券交易场所进行或者按照国务院规定的其他方式进行。

第一百三十九条 记名股票，由股东以背书方式或者法律、行政法规规定的其他方式转让；转让后由公司将受让人的姓名或者名称及住所记载于股东名册。

股东大会召开前二十日内或者公司决定分配股利的基准日前五日内，不得进行前款规定的股东名册的变更登记。但是，法律对上市公司股东名册变更登记另有规定的，从其规定。

第一百四十条 无记名股票的转让，由股东将该股票交付给受让人后即发生转让的效力。

第一百四十一条 发起人持有的本公司股份，自公司成立之日起一年内不得转让。公司公开发行股份前已发行的股份，自公司股票在证券交易所上市交易之日起一年内不得转让。

公司董事、监事、高级管理人员应当向公司申报所持有的本公司的股份及其变动情况，在任职期间每年转让的股份不得超过其所持有本公司股份总数的百分之二十五；所持本公司股份自公司股票上市交易之日起一年内不得转让。上述人员离职后半年内，不得转让其所持有的本公司股份。公司章程可以对公司董事、监事、高级管理人员转让其所持有的本公司股份作出其他限制性规定。

第一百四十二条 公司不得收购本公司股份。但是，有下列情形之一的除外：

（一）减少公司注册资本；

（二）与持有本公司股份的其他公司合并；

（三）将股份奖励给本公司职工；

（四）股东因对股东大会作出的公司合并、分立决议持异议，要求公司收购其股份的。

公司因前款第（一）项至第（三）项的原因收购本公司股份的，应当经股东大会决议。公司依照前款规定收购本公司股份后，属于第（一）项情形的，应当自收购之日起十日内注销；属于第（二）项、第（四）项情形的，应当在六个月内转让或者注销。

公司依照第一款第（三）项规定收购的本公司股份，不得超过本公司已发行股份总额的百分之五；用于收购的资金应当从公司的税后利润中支出；所收购的股份应当在一年内转让给职工。

公司不得接受本公司的股票作为质押权的

标的。

第一百四十三条 记名股票被盗、遗失或者灭失，股东可以依照《中华人民共和国民事诉讼法》规定的公示催告程序，请求人民法院宣告该股票失效。人民法院宣告该股票失效后，股东可以向公司申请补发股票。

第一百四十四条 上市公司的股票，依照有关法律、行政法规及证券交易所交易规则上市交易。

第一百四十五条 上市公司必须依照法律、行政法规的规定，公开其财务状况、经营情况及重大诉讼，在每会计年度内半年公布一次财务会计报告。

第六章 公司董事、监事、高级管理人员的资格和义务

第一百四十六条 有下列情形之一的，不得担任公司的董事、监事、高级管理人员：

（一）无民事行为能力或者限制民事行为能力；

（二）因贪污、贿赂、侵占财产、挪用财产或者破坏社会主义市场经济秩序，被判处刑罚，执行期满未逾五年，或者因犯罪被剥夺政治权利，执行期满未逾五年；

（三）担任破产清算的公司、企业的董事或者厂长、经理，对该公司、企业的破产负有个人责任的，自该公司、企业破产清算完结之日起未逾三年；

（四）担任因违法被吊销营业执照、责令关闭的公司、企业的法定代表人，并负有个人责任的，自该公司、企业被吊销营业执照之日起未逾三年；

（五）个人所负数额较大的债务到期未清偿。

公司违反前款规定选举、委派董事、监事或者聘任高级管理人员的，该选举、委派或者聘任无效。

董事、监事、高级管理人员在任职期间出现本条第一款所列情形的，公司应当解除其职务。

第一百四十七条 董事、监事、高级管理人员应当遵守法律、行政法规和公司章程，对公司负有忠实义务和勤勉义务。

董事、监事、高级管理人员不得利用职权收受贿赂或者其他非法收入，不得侵占公司的财产。

第一百四十八条 董事、高级管理人员不得有下列行为：

（一）挪用公司资金；

（二）将公司资金以其个人名义或者以其他个人名义开立账户存储；

（三）违反公司章程的规定，未经股东会、股东大会或者董事会同意，将公司资金借贷给他人或者以公司财产为他人提供担保；

（四）违反公司章程的规定或者未经股东会、股东大会同意，与本公司订立合同或者进行交易；

（五）未经股东会或者股东大会同意，利用职务便利为自己或者他人谋取属于公司的商业机会，自营或者为他人经营与所任职公司同类的业务；

（六）接受他人与公司交易的佣金归为己有；

（七）擅自披露公司秘密；

（八）违反对公司忠实义务的其他行为。

董事、高级管理人员违反前款规定所得的收入应当归公司所有。

第一百四十九条 董事、监事、高级管理人员执行公司职务时违反法律、行政法规或者公司章程的规定，给公司造成损失的，应当承担赔偿责任。

第一百五十条 股东会或者股东大会要求董事、监事、高级管理人员列席会议的，董事、监事、高级管理人员应当列席并接受股东的质询。

董事、高级管理人员应当如实向监事会或者不设监事会的有限责任公司的监事提供有关情况和资料，不得妨碍监事会或者监事行使职权。

第一百五十一条 董事、高级管理人员有本法第一百四十九条规定的情形的，有限责任公司的股东、股份有限公司连续一百八十日以上单独或者合计持有公司百分之一以上股份的股东，可以书面请求监事会或者不设监事会的有限责任公司的监事向人民法院提起诉讼；监事有本法第一百四十九条规定的情形的，前述股东可以书面请求董事会或者不设董事会的有限责任公司的执行董事向人民法院提起诉讼。

监事会、不设监事会的有限责任公司的监

事，或者董事会、执行董事收到前款规定的股东书面请求后拒绝提起诉讼，或者自收到请求之日起三十日内未提起诉讼，或者情况紧急、不立即提起诉讼将会使公司利益受到难以弥补的损害的，前款规定的股东有权为了公司的利益以自己的名义直接向人民法院提起诉讼。

他人侵犯公司合法权益，给公司造成损失的，本条第一款规定的股东可以依照前两款的规定向人民法院提起诉讼。

第一百五十二条　董事、高级管理人员违反法律、行政法规或者公司章程的规定，损害股东利益的，股东可以向人民法院提起诉讼。

第七章　公司债券

第一百五十三条　本法所称公司债券，是指公司依照法定程序发行、约定在一定期限还本付息的有价证券。

公司发行公司债券应当符合《中华人民共和国证券法》规定的发行条件。

第一百五十四条　发行公司债券的申请经国务院授权的部门核准后，应当公告公司债券募集办法。

公司债券募集办法中应当载明下列主要事项：

（一）公司名称；

（二）债券募集资金的用途；

（三）债券总额和债券的票面金额；

（四）债券利率的确定方式；

（五）还本付息的期限和方式；

（六）债券担保情况；

（七）债券的发行价格、发行的起止日期；

（八）公司净资产额；

（九）已发行的尚未到期的公司债券总额；

（十）公司债券的承销机构。

第一百五十五条　公司以实物券方式发行公司债券的，必须在债券上载明公司名称、债券票面金额、利率、偿还期限等事项，并由法定代表人签名，公司盖章。

第一百五十六条　公司债券，可以为记名债券，也可以为无记名债券。

第一百五十七条　公司发行公司债券应当置备公司债券存根簿。

发行记名公司债券的，应当在公司债券存根簿上载明下列事项：

（一）债券持有人的姓名或者名称及住所；

（二）债券持有人取得债券的日期及债券的编号；

（三）债券总额，债券的票面金额、利率、还本付息的期限和方式；

（四）债券的发行日期。

发行无记名公司债券的，应当在公司债券存根簿上载明债券总额、利率、偿还期限和方式、发行日期及债券的编号。

第一百五十八条　记名公司债券的登记结算机构应当建立债券登记、存管、付息、兑付等相关制度。

第一百五十九条　公司债券可以转让，转让价格由转让人与受让人约定。

公司债券在证券交易所上市交易的，按照证券交易所的交易规则转让。

第一百六十条　记名公司债券，由债券持有人以背书方式或者法律、行政法规规定的其他方式转让；转让后由公司将受让人的姓名或者名称及住所记载于公司债券存根簿。

无记名公司债券的转让，由债券持有人将该债券交付给受让人后即发生转让的效力。

第一百六十一条　上市公司经股东大会决议可以发行可转换为股票的公司债券，并在公司债券募集办法中规定具体的转换办法。上市公司发行可转换为股票的公司债券，应当报国务院证券监督管理机构核准。

发行可转换为股票的公司债券，应当在债券上标明可转换公司债券字样，并在公司债券存根簿上载明可转换公司债券的数额。

第一百六十二条　发行可转换为股票的公司债券的，公司应当按照其转换办法向债券持有人换发股票，但债券持有人对转换股票或者不转换股票有选择权。

第八章　公司财务、会计

第一百六十三条　公司应当依照法律、行政法规和国务院财政部门的规定建立本公司的财务、会计制度。

第一百六十四条　公司应当在每一会计年

度终了时编制财务会计报告,并依法经会计师事务所审计。

财务会计报告应当依照法律、行政法规和国务院财政部门的规定制作。

第一百六十五条 有限责任公司应当依照公司章程规定的期限将财务会计报告送交各股东。

股份有限公司的财务会计报告应当在召开股东大会年会的二十日前置备于本公司,供股东查阅;公开发行股票的股份有限公司必须公告其财务会计报告。

第一百六十六条 公司分配当年税后利润时,应当提取利润的百分之十列入公司法定公积金。公司法定公积金累计额为公司注册资本的百分之五十以上的,可以不再提取。

公司的法定公积金不足以弥补以前年度亏损的,在依照前款规定提取法定公积金之前,应当先用当年利润弥补亏损。

公司从税后利润中提取法定公积金后,经股东会或者股东大会决议,还可以从税后利润中提取任意公积金。

公司弥补亏损和提取公积金后所余税后利润,有限责任公司依照本法第三十四条的规定分配;股份有限公司按照股东持有的股份比例分配,但股份有限公司章程规定不按持股比例分配的除外。

股东会、股东大会或者董事会违反前款规定,在公司弥补亏损和提取法定公积金之前向股东分配利润的,股东必须将违反规定分配的利润退还公司。

公司持有的本公司股份不得分配利润。

第一百六十七条 股份有限公司以超过股票票面金额的发行价格发行股份所得的溢价款以及国务院财政部门规定列入资本公积金的其他收入,应当列为公司资本公积金。

第一百六十八条 公司的公积金用于弥补公司的亏损、扩大公司生产经营或者转为增加公司资本。但是,资本公积金不得用于弥补公司的亏损。

法定公积金转为资本时,所留存的该项公积金不得少于转增前公司注册资本的百分之二十五。

第一百六十九条 公司聘用、解聘承办公司审计业务的会计师事务所,依照公司章程的规定,由股东会、股东大会或者董事会决定。

公司股东会、股东大会或者董事会就解聘会计师事务所进行表决时,应当允许会计师事务所陈述意见。

第一百七十条 公司应当向聘用的会计师事务所提供真实、完整的会计凭证、会计账簿、财务会计报告及其他会计资料,不得拒绝、隐匿、谎报。

第一百七十一条 公司除法定的会计账簿外,不得另立会计账簿。

对公司资产,不得以任何个人名义开立账户存储。

第九章 公司合并、分立、增资、减资

第一百七十二条 公司合并可以采取吸收合并或者新设合并。

一个公司吸收其他公司为吸收合并,被吸收的公司解散。两个以上公司合并设立一个新的公司为新设合并,合并各方解散。

第一百七十三条 公司合并,应当由合并各方签订合并协议,并编制资产负债表及财产清单。公司应当自作出合并决议之日起十日内通知债权人,并于三十日内在报纸上公告。债权人自接到通知书之日起三十日内,未接到通知书的自公告之日起四十五日内,可以要求公司清偿债务或者提供相应的担保。

第一百七十四条 公司合并时,合并各方的债权、债务,应当由合并后存续的公司或者新设的公司承继。

第一百七十五条 公司分立,其财产作相应的分割。

公司分立,应当编制资产负债表及财产清单。公司应当自作出分立决议之日起十日内通知债权人,并于三十日内在报纸上公告。

第一百七十六条 公司分立前的债务由分立后的公司承担连带责任。但是,公司在分立前与债权人就债务清偿达成的书面协议另有约定的除外。

第一百七十七条 公司需要减少注册资本时,必须编制资产负债表及财产清单。

公司应当自作出减少注册资本决议之日起十日内通知债权人,并于三十日内在报纸上公告。债权人自接到通知书之日起三十日内,未接到通知书的自公告之日起四十五日内,有权要求公司清偿债务或者提供相应的担保。

第一百七十八条 有限责任公司增加注册资本时,股东认缴新增资本的出资,依照本法设立有限责任公司缴纳出资的有关规定执行。

股份有限公司为增加注册资本发行新股时,股东认购新股,依照本法设立股份有限公司缴纳股款的有关规定执行。

第一百七十九条 公司合并或者分立,登记事项发生变更的,应当依法向公司登记机关办理变更登记;公司解散的,应当依法办理公司注销登记;设立新公司的,应当依法办理公司设立登记。

公司增加或者减少注册资本,应当依法向公司登记机关办理变更登记。

第十章 公司解散和清算

第一百八十条 公司因下列原因解散:

(一)公司章程规定的营业期限届满或者公司章程规定的其他解散事由出现;

(二)股东会或者股东大会决议解散;

(三)因公司合并或者分立需要解散;

(四)依法被吊销营业执照、责令关闭或者被撤销;

(五)人民法院依照本法第一百八十二条的规定予以解散。

第一百八十一条 公司有本法第一百八十条第(一)项情形的,可以通过修改公司章程而存续。

依照前款规定修改公司章程,有限责任公司须经持有三分之二以上表决权的股东通过,股份有限公司须经出席股东大会会议的股东所持表决权的三分之二以上通过。

第一百八十二条 公司经营管理发生严重困难,继续存续会使股东利益受到重大损失,通过其他途径不能解决的,持有公司全部股东表决权百分之十以上的股东,可以请求人民法院解散公司。

第一百八十三条 公司因本法第一百八十条第(一)项、第(二)项、第(四)项、第(五)项规定而解散的,应当在解散事由出现之日起十五日内成立清算组,开始清算。有限责任公司的清算组由股东组成,股份有限公司的清算组由董事或者股东大会确定的人员组成。逾期不成立清算组进行清算的,债权人可以申请人民法院指定有关人员组成清算组进行清算。人民法院应当受理该申请,并及时组织清算组进行清算。

第一百八十四条 清算组在清算期间行使下列职权:

(一)清理公司财产,分别编制资产负债表和财产清单;

(二)通知、公告债权人;

(三)处理与清算有关的公司未了结的业务;

(四)清缴所欠税款以及清算过程中产生的税款;

(五)清理债权、债务;

(六)处理公司清偿债务后的剩余财产;

(七)代表公司参与民事诉讼活动。

第一百八十五条 清算组应当自成立之日起十日内通知债权人,并于六十日内在报纸上公告。债权人应当自接到通知书之日起三十日内,未接到通知书的自公告之日起四十五日内,向清算组申报其债权。

债权人申报债权,应当说明债权的有关事项,并提供证明材料。清算组应当对债权进行登记。

在申报债权期间,清算组不得对债权人进行清偿。

第一百八十六条 清算组在清理公司财产、编制资产负债表和财产清单后,应当制定清算方案,并报股东会、股东大会或者人民法院确认。

公司财产在分别支付清算费用、职工的工资、社会保险费用和法定补偿金,缴纳所欠税款,清偿公司债务后的剩余财产,有限责任公司按照股东的出资比例分配,股份有限公司按照股东持有的股份比例分配。

清算期间,公司存续,但不得开展与清算无关的经营活动。公司财产在未依照前款规定清偿前,不得分配给股东。

第一百八十七条 清算组在清理公司财产、编制资产负债表和财产清单后,发现公司财产不足清偿债务的，应当依法向人民法院申请宣告破产。

公司经人民法院裁定宣告破产后，清算组应当将清算事务移交给人民法院。

第一百八十八条　公司清算结束后，清算组应当制作清算报告，报股东会、股东大会或者人民法院确认，并报送公司登记机关，申请注销公司登记，公告公司终止。

第一百八十九条　清算组成员应当忠于职守，依法履行清算义务。

清算组成员不得利用职权收受贿赂或者其他非法收入，不得侵占公司财产。

清算组成员因故意或者重大过失给公司或者债权人造成损失的，应当承担赔偿责任。

第一百九十条　公司被依法宣告破产的，依照有关企业破产的法律实施破产清算。

第十一章　外国公司的分支机构

第一百九十一条　本法所称外国公司是指依照外国法律在中国境外设立的公司。

第一百九十二条　外国公司在中国境内设立分支机构，必须向中国主管机关提出申请，并提交其公司章程、所属国的公司登记证书等有关文件，经批准后，向公司登记机关依法办理登记，领取营业执照。

外国公司分支机构的审批办法由国务院另行规定。

第一百九十三条　外国公司在中国境内设立分支机构，必须在中国境内指定负责该分支机构的代表人或者代理人，并向该分支机构拨付与其所从事的经营活动相适应的资金。

对外国公司分支机构的经营资金需要规定最低限额的，由国务院另行规定。

第一百九十四条　外国公司的分支机构应当在其名称中标明该外国公司的国籍及责任形式。

外国公司的分支机构应当在本机构中置备该外国公司章程。

第一百九十五条　外国公司在中国境内设立的分支机构不具有中国法人资格。

外国公司对其分支机构在中国境内进行经营活动承担民事责任。

第一百九十六条　经批准设立的外国公司分支机构，在中国境内从事业务活动，必须遵守中国的法律，不得损害中国的社会公共利益，其合法权益受中国法律保护。

第一百九十七条　外国公司撤销其在中国境内的分支机构时，必须依法清偿债务，依照本法有关公司清算程序的规定进行清算。未清偿债务之前，不得将其分支机构的财产移至中国境外。

第十二章　法律责任

第一百九十八条　违反本法规定，虚报注册资本、提交虚假材料或者采取其他欺诈手段隐瞒重要事实取得公司登记的，由公司登记机关责令改正，对虚报注册资本的公司，处以虚报注册资本金额百分之五以上百分之十五以下的罚款；对提交虚假材料或者采取其他欺诈手段隐瞒重要事实的公司，处以五万元以上五十万元以下的罚款；情节严重的，撤销公司登记或者吊销营业执照。

第一百九十九条　公司的发起人、股东虚假出资，未交付或者未按期交付作为出资的货币或者非货币财产的，由公司登记机关责令改正，处以虚假出资金额百分之五以上百分之十五以下的罚款。

第二百条　公司的发起人、股东在公司成立后，抽逃其出资的，由公司登记机关责令改正，处以所抽逃出资金额百分之五以上百分之十五以下的罚款。

第二百零一条　公司违反本法规定，在法定的会计账簿以外另立会计账簿的，由县级以上人民政府财政部门责令改正，处以五万元以上五十万元以下的罚款。

第二百零二条　公司在依法向有关主管部门提供的财务会计报告等材料上作虚假记载或者隐瞒重要事实的，由有关主管部门对直接负责的主管人员和其他直接责任人员处以三万元以上三十万元以下的罚款。

第二百零三条　公司不依照本法规定提取法定公积金的，由县级以上人民政府财政部门责令如数补足应当提取的金额，可以对公司处以二十万元以下的罚款。

第二百零四条　公司在合并、分立、减少注册资本或者进行清算时，不依照本法规定通知或者公告债权人的，由公司登记机关责令改正，对公司处以一万元以上十万元以下的罚款。

公司在进行清算时，隐匿财产，对资产负债表或者财产清单作虚假记载或者在未清偿债务前分配公司财产的，由公司登记机关责令改正，对公司处以隐匿财产或者未清偿债务前分配公司财产金额百分之五以上百分之十以下的罚款；对直接负责的主管人员和其他直接责任人员处以一万元以上十万元以下的罚款。

第二百零五条　公司在清算期间开展与清算无关的经营活动的，由公司登记机关予以警告，没收违法所得。

第二百零六条　清算组不依照本法规定向公司登记机关报送清算报告，或者报送清算报告隐瞒重要事实或者有重大遗漏的，由公司登记机关责令改正。

清算组成员利用职权徇私舞弊、谋取非法收入或者侵占公司财产的，由公司登记机关责令退还公司财产，没收违法所得，并可以处以违法所得一倍以上五倍以下的罚款。

第二百零七条　承担资产评估、验资或者验证的机构提供虚假材料的，由公司登记机关没收违法所得，处以违法所得一倍以上五倍以下的罚款，并可以由有关主管部门依法责令该机构停业、吊销直接责任人员的资格证书，吊销营业执照。

承担资产评估、验资或者验证的机构因过失提供有重大遗漏的报告的，由公司登记机关责令改正，情节较重的，处以所得收入一倍以上五倍以下的罚款，并可以由有关主管部门依法责令该机构停业、吊销直接责任人员的资格证书，吊销营业执照。

承担资产评估、验资或者验证的机构因其出具的评估结果、验资或者验证证明不实，给公司债权人造成损失的，除能够证明自己没有过错的外，在其评估或者证明不实的金额范围内承担赔偿责任。

第二百零八条　公司登记机关对不符合本法规定条件的登记申请予以登记，或者对符合本法规定条件的登记申请不予登记的，对直接负责的主管人员和其他直接责任人员，依法给予行政处分。

第二百零九条　公司登记机关的上级部门强令公司登记机关对不符合本法规定条件的登记申请予以登记，或者对符合本法规定条件的登记申请不予登记的，或者对违法登记进行包庇的，对直接负责的主管人员和其他直接责任人员依法给予行政处分。

第二百一十条　未依法登记为有限责任公司或者股份有限公司，而冒用有限责任公司或者股份有限公司名义的，或者未依法登记为有限责任公司或者股份有限公司的分公司，而冒用有限责任公司或者股份有限公司的分公司名义的，由公司登记机关责令改正或者予以取缔，可以并处十万元以下的罚款。

第二百一十一条　公司成立后无正当理由超过六个月未开业的，或者开业后自行停业连续六个月以上的，可以由公司登记机关吊销营业执照。

公司登记事项发生变更时，未依照本法规定办理有关变更登记的，由公司登记机关责令限期登记；逾期不登记的，处以一万元以上十万元以下的罚款。

第二百一十二条　外国公司违反本法规定，擅自在中国境内设立分支机构的，由公司登记机关责令改正或者关闭，可以并处五万元以上二十万元以下的罚款。

第二百一十三条　利用公司名义从事危害国家安全、社会公共利益的严重违法行为的，吊销营业执照。

第二百一十四条　公司违反本法规定，应当承担民事赔偿责任和缴纳罚款、罚金的，其财产不足以支付时，先承担民事赔偿责任。

第二百一十五条　违反本法规定，构成犯罪的，依法追究刑事责任。

第十三章　附　　则

第二百一十六条　本法下列用语的含义：

（一）高级管理人员，是指公司的经理、副经理、财务负责人，上市公司董事会秘书和公司章程规定的其他人员。

（二）控股股东，是指其出资额占有限责任公司资本总额百分之五十以上或者其持有的股份占股份有限公司股本总额百分之五十以上的股东；出资额或者持有股份的比例虽然不足百分之五十，但依其出资额或者持有的股份所享有的表决权已足以对股东会、股东大会的决议产生重大影响的股东。

（三）实际控制人，是指虽不是公司的股东，但通过投资关系、协议或者其他安排，能够实际支配公司行为的人。

（四）关联关系，是指公司控股股东、实际控制人、董事、监事、高级管理人员与其直接或者间接控制的企业之间的关系，以及可能导致公司利益转移的其他关系。但是，国家控股的企业之间不仅因为同受国家控股而具有关联关系。

第二百一十七条　外商投资的有限责任公司和股份有限公司适用本法；有关外商投资的法律另有规定的，适用其规定。

第二百一十八条　本法自2006年1月1日起施行。

全国人民代表大会常务委员会法工委关于公司法第一百九十八条“撤销公司登记”法律性质问题的答复意见

（2017年2月23日　法工委复〔2017〕2号）

国家工商行政管理总局：

你局关于《商请明确公司法第一百九十八条“撤销公司登记”法律性质问题的函》（工商法函字〔2017〕2号）收悉。经研究，答复如下：

行政许可法第六章监督检查第六十九条第一款对行政机关违法履行职责而准予行政许可的撤销作了规定，第二款对被许可人以欺骗、贿赂等不正当手段取得行政许可的撤销作了规定。第七章法律责任第七十九条规定，被许可人以欺骗、贿赂等不正当手段取得行政许可的，行政机关应当依法给予行政处罚。依照行政许可法的上述规定，撤销被许可人以欺骗等不正当手段取得的行政许可，是对违法行为的纠正，不属于行政处罚。

全国人民代表大会常务委员会关于修改《中华人民共和国公司法》的决定

（2018年10月26日第十三届全国人民代表大会常务委员会第六次会议通过　2018年10月26日中华人民共和国主席令第15号公布　自公布之日起施行）

一、第十三届全国人民代表大会常务委员会第六次会议决定对《中华人民共和国公司法》作如下修改：

将第一百四十二条修改为：“公司不得收购本公司股份。但是，有下列情形之一的除外：

“（一）减少公司注册资本；

“（二）与持有本公司股份的其他公司合并；

“（三）将股份用于员工持股计划或者股权激励；

“（四）股东因对股东大会作出的公司合并、分立决议持异议，要求公司收购其股份；

“（五）将股份用于转换上市公司发行的可转换为股票的公司债券；

“（六）上市公司为维护公司价值及股东权益所必需。

“公司因前款第（一）项、第（二）项规定的情形收购本公司股份的，应当经股东大会决议；公司因前款第（三）项、第（五）项、第（六）项规定的情形收购本公司股份的，可以依照公司章程的规定或者股东大会的授权，经三分之二以上董事出席的董事会会议决议。

“公司依照本条第一款规定收购本公司股份后，属于第（一）项情形的，应当自收购之日起十日内注销；属于第（二）项、第（四）项情形的，应当在六个月内转让或者注销；属于第（三）项、第（五）项、第（六）项情形的，公司合计持有的本公司股份数不得超过本公司已发行股份总额的百分之十，并应当在三年内转让或者注销。

“上市公司收购本公司股份的，应当依照《中华人民共和国证券法》的规定履行信息披露义务。上市公司因本条第一款第（三）项、第（五）项、第（六）项规定的情形收购本公司股份的，应当通过公开的集中交易方式进行。

“公司不得接受本公司的股票作为质押权的标的。”

本决定自公布之日起施行。

《中华人民共和国公司法》根据本决定作相应修改，重新公布。

二、对公司法有关资本制度的规定进行修改完善，赋予公司更多自主权，有利于促进完善公司治理、推动资本市场稳定健康发展。国务院及其有关部门应当完善配套规定，坚持公开、公平、公正的原则，督促实施股份回购的上市公司保证债务履行能力和持续经营能力，加强监督管理，依法严格查处内幕交易、操纵市场等证券违法行为，防范市场风险，切实维护债权人和投资者的合法权益。

中华人民共和国公司法

（1993 年 12 月 29 日第八届全国人民代表大会常务委员会第五次会议通过　根据 1999 年 12 月 25 日第九届全国人民代表大会常务委员会第十三次会议《关于修改〈中华人民共和国公司法〉的决定》第一次修正　根据 2004 年 8 月 28 日第十届全国人民代表大会常务委员会第十一次会议《关于修改〈中华人民共和国公司法〉的决定》第二次修正　2005 年 10 月 27 日第十届全国人民代表大会常务委员会第十八次会议修订　根据 2013 年 12 月 28 日第十二届全国人民代表大会常务委员会第六次会议《关于修改〈中华人民共和国海洋环境保护法〉等七部法律的决定》第三次修正　根据 2018 年 10 月 26 日第十三届全国人民代表大会常务委员会第六次会议《关于修改〈中华人民共和国公司法〉的决定》第四次修正）

目　　录

第一章　总　　则

第一条　为了规范公司的组织和行为，保护公司、股东和债权人的合法权益，维护社会经济秩序，促进社会主义市场经济的发展，制定本法。

第二条　本法所称公司是指依照本法在中国境内设立的有限责任公司和股份有限公司。

第三条　公司是企业法人，有独立的法人财产，享有法人财产权。公司以其全部财产对公司的债务承担责任。

有限责任公司的股东以其认缴的出资额为限对公司承担责任；股份有限公司的股东以其认购的股份为限对公司承担责任。

第四条　公司股东依法享有资产收益、参与重大决策和选择管理者等权利。

第五条　公司从事经营活动，必须遵守法律、行政法规，遵守社会公德、商业道德，诚实守信，接受政府和社会公众的监督，承担社会责任。

公司的合法权益受法律保护，不受侵犯。

第六条　设立公司，应当依法向公司登记机关申请设立登记。符合本法规定的设立条件的，由公司登记机关分别登记为有限责任公司或者股份有限公司；不符合本法规定的设立条件的，不得登记为有限责任公司或者股份有限公司。

法律、行政法规规定设立公司必须报经批准的，应当在公司登记前依法办理批准手续。

公众可以向公司登记机关申请查询公司登记事项，公司登记机关应当提供查询服务。

第七条 依法设立的公司，由公司登记机关发给公司营业执照。公司营业执照签发日期为公司成立日期。

公司营业执照应当载明公司的名称、住所、注册资本、经营范围、法定代表人姓名等事项。

公司营业执照记载的事项发生变更的，公司应当依法办理变更登记，由公司登记机关换发营业执照。

第八条 依照本法设立的有限责任公司，必须在公司名称中标明有限责任公司或者有限公司字样。

依照本法设立的股份有限公司，必须在公司名称中标明股份有限公司或者股份公司字样。

第九条 有限责任公司变更为股份有限公司，应当符合本法规定的股份有限公司的条件。股份有限公司变更为有限责任公司，应当符合本法规定的有限责任公司的条件。

有限责任公司变更为股份有限公司的，或者股份有限公司变更为有限责任公司的，公司变更前的债权、债务由变更后的公司承继。

第十条 公司以其主要办事机构所在地为住所。

第十一条 设立公司必须依法制定公司章程。公司章程对公司、股东、董事、监事、高级管理人员具有约束力。

第十二条 公司的经营范围由公司章程规定，并依法登记。公司可以修改公司章程，改变经营范围，但是应当办理变更登记。

公司的经营范围中属于法律、行政法规规定须经批准的项目，应当依法经过批准。

第十三条 公司法定代表人依照公司章程的规定，由董事长、执行董事或者经理担任，并依法登记。公司法定代表人变更，应当办理变更登记。

第十四条 公司可以设立分公司。设立分公司，应当向公司登记机关申请登记，领取营业执照。分公司不具有法人资格，其民事责任由公司承担。

公司可以设立子公司，子公司具有法人资格，依法独立承担民事责任。

第十五条 公司可以向其他企业投资；但是，除法律另有规定外，不得成为对所投资企业的债务承担连带责任的出资人。

第十六条 公司向其他企业投资或者为他人提供担保，依照公司章程的规定，由董事会或者股东会、股东大会决议；公司章程对投资或者担保的总额及单项投资或者担保的数额有限额规定的，不得超过规定的限额。

公司为公司股东或者实际控制人提供担保的，必须经股东会或者股东大会决议。

前款规定的股东或者受前款规定的实际控制人支配的股东，不得参加前款规定事项的表决。该项表决由出席会议的其他股东所持表决权的过半数通过。

第十七条 公司必须保护职工的合法权益，依法与职工签订劳动合同，参加社会保险，加强劳动保护，实现安全生产。

公司应当采用多种形式，加强公司职工的职业教育和岗位培训，提高职工素质。

第十八条 公司职工依照《中华人民共和国工会法》组织工会，开展工会活动，维护职工合法权益。公司应当为本公司工会提供必要的活动条件。公司工会代表职工就职工的劳动报酬、工作时间、福利、保险和劳动安全卫生等事项依法与公司签订集体合同。

公司依照宪法和有关法律的规定，通过职工代表大会或者其他形式，实行民主管理。

公司研究决定改制以及经营方面的重大问题、制定重要的规章制度时，应当听取公司工会的意见，并通过职工代表大会或者其他形式听取职工的意见和建议。

第十九条 在公司中，根据中国共产党章程的规定，设立中国共产党的组织，开展党的活动。公司应当为党组织的活动提供必要条件。

第二十条 公司股东应当遵守法律、行政法规和公司章程，依法行使股东权利，不得滥用股东权利损害公司或者其他股东的利益；不得滥用公司法人独立地位和股东有限责任损害公司债权人的利益。

公司股东滥用股东权利给公司或者其他股东造成损失的，应当依法承担赔偿责任。

公司股东滥用公司法人独立地位和股东有限责任，逃避债务，严重损害公司债权人利益的，应当对公司债务承担连带责任。

第二十一条 公司的控股股东、实际控制人、董事、监事、高级管理人员不得利用其关联关系损害公司利益。

违反前款规定，给公司造成损失的，应当承担赔偿责任。

第二十二条 公司股东会或者股东大会、董事会的决议内容违反法律、行政法规的无效。

股东会或者股东大会、董事会的会议召集程序、表决方式违反法律、行政法规或者公司章程，或者决议内容违反公司章程的，股东可以自决议作出之日起六十日内，请求人民法院撤销。

股东依照前款规定提起诉讼的，人民法院可以应公司的请求，要求股东提供相应担保。

公司根据股东会或者股东大会、董事会决议已办理变更登记的，人民法院宣告该决议无效或者撤销该决议后，公司应当向公司登记机关申请撤销变更登记。

第二章 有限责任公司的设立和组织机构

第一节 设 立

第二十三条 设立有限责任公司，应当具备下列条件：

（一）股东符合法定人数；

（二）有符合公司章程规定的全体股东认缴的出资额；

（三）股东共同制定公司章程；

（四）有公司名称，建立符合有限责任公司要求的组织机构；

（五）有公司住所。

第二十四条 有限责任公司由五十个以下股东出资设立。

第二十五条 有限责任公司章程应当载明下列事项：

（一）公司名称和住所；

（二）公司经营范围；

（三）公司注册资本；

（四）股东的姓名或者名称；

（五）股东的出资方式、出资额和出资时间；

（六）公司的机构及其产生办法、职权、议事规则；

（七）公司法定代表人；

（八）股东会会议认为需要规定的其他事项。

股东应当在公司章程上签名、盖章。

第二十六条 有限责任公司的注册资本为在公司登记机关登记的全体股东认缴的出资额。

法律、行政法规以及国务院决定对有限责任公司注册资本实缴、注册资本最低限额另有规定的，从其规定。

第二十七条 股东可以用货币出资，也可以用实物、知识产权、土地使用权等可以用货币估价并可以依法转让的非货币财产作价出资；但是，法律、行政法规规定不得作为出资的财产除外。

对作为出资的非货币财产应当评估作价，核实财产，不得高估或者低估作价。法律、行政法规对评估作价有规定的，从其规定。

第二十八条 股东应当按期足额缴纳公司章程中规定的各自所认缴的出资额。股东以货币出资的，应当将货币出资足额存入有限责任公司在银行开设的账户；以非货币财产出资的，应当依法办理其财产权的转移手续。

股东不按照前款规定缴纳出资的，除应当向公司足额缴纳外，还应当向已按期足额缴纳出资的股东承担违约责任。

第二十九条 股东认足公司章程规定的出资后，由全体股东指定的代表或者共同委托的代理人向公司登记机关报送公司登记申请书、公司章程等文件，申请设立登记。

第三十条 有限责任公司成立后，发现作为设立公司出资的非货币财产的实际价额显著低于公司章程所定价额的，应当由交付该出资的股东补足其差额；公司设立时的其他股东承担连带责任。

第三十一条 有限责任公司成立后，应当向股东签发出资证明书。

出资证明书应当载明下列事项：

（一）公司名称；

（二）公司成立日期；

(三)公司注册资本;

(四)股东的姓名或者名称、缴纳的出资额和出资日期;

(五)出资证明书的编号和核发日期。

出资证明书由公司盖章。

第三十二条 有限责任公司应当置备股东名册,记载下列事项:

(一)股东的姓名或者名称及住所;

(二)股东的出资额;

(三)出资证明书编号。

记载于股东名册的股东,可以依股东名册主张行使股东权利。

公司应当将股东的姓名或者名称向公司登记机关登记;登记事项发生变更的,应当办理变更登记。未经登记或者变更登记的,不得对抗第三人。

第三十三条 股东有权查阅、复制公司章程、股东会会议记录、董事会会议决议、监事会会议决议和财务会计报告。

股东可以要求查阅公司会计账簿。股东要求查阅公司会计账簿的,应当向公司提出书面请求,说明目的。公司有合理根据认为股东查阅会计账簿有不正当目的,可能损害公司合法利益的,可以拒绝提供查阅,并应当自股东提出书面请求之日起十五日内书面答复股东并说明理由。公司拒绝提供查阅的,股东可以请求人民法院要求公司提供查阅。

第三十四条 股东按照实缴的出资比例分取红利;公司新增资本时,股东有权优先按照实缴的出资比例认缴出资。但是,全体股东约定不按照出资比例分取红利或者不按照出资比例优先认缴出资的除外。

第三十五条 公司成立后,股东不得抽逃出资。

第二节 组织机构

第三十六条 有限责任公司股东会由全体股东组成。股东会是公司的权力机构,依照本法行使职权。

第三十七条 股东会行使下列职权:

(一)决定公司的经营方针和投资计划;

(二)选举和更换非由职工代表担任的董事、监事,决定有关董事、监事的报酬事项;

(三)审议批准董事会的报告;

(四)审议批准监事会或者监事的报告;

(五)审议批准公司的年度财务预算方案、决算方案;

(六)审议批准公司的利润分配方案和弥补亏损方案;

(七)对公司增加或者减少注册资本作出决议;

(八)对发行公司债券作出决议;

(九)对公司合并、分立、解散、清算或者变更公司形式作出决议;

(十)修改公司章程;

(十一)公司章程规定的其他职权。

对前款所列事项股东以书面形式一致表示同意的,可以不召开股东会会议,直接作出决定,并由全体股东在决定文件上签名、盖章。

第三十八条 首次股东会会议由出资最多的股东召集和主持,依照本法规定行使职权。

第三十九条 股东会会议分为定期会议和临时会议。

定期会议应当依照公司章程的规定按时召开。代表十分之一以上表决权的股东,三分之一以上的董事,监事会或者不设监事会的公司的监事提议召开临时会议的,应当召开临时会议。

第四十条 有限责任公司设立董事会的,股东会会议由董事会召集,董事长主持;董事长不能履行职务或者不履行职务的,由副董事长主持;副董事长不能履行职务或者不履行职务的,由半数以上董事共同推举一名董事主持。

有限责任公司不设董事会的,股东会会议由执行董事召集和主持。

董事会或者执行董事不能履行或者不履行召集股东会会议职责的,由监事会或者不设监事会的公司的监事召集和主持;监事会或者监事不召集和主持的,代表十分之一以上表决权的股东可以自行召集和主持。

第四十一条 召开股东会会议,应当于会议召开十五日前通知全体股东;但是,公司章程另有规定或者全体股东另有约定的除外。

股东会应当对所议事项的决定作成会议记录,出席会议的股东应当在会议记录上签名。

第四十二条 股东会会议由股东按照出资比例行使表决权;但是,公司章程另有规定的除外。

第四十三条 股东会的议事方式和表决程序,除本法有规定的外,由公司章程规定。

股东会会议作出修改公司章程、增加或者减少注册资本的决议,以及公司合并、分立、解散或者变更公司形式的决议,必须经代表三分之二以上表决权的股东通过。

第四十四条 有限责任公司设董事会,其成员为三人至十三人;但是,本法第五十条另有规定的除外。

两个以上的国有企业或者两个以上的其他国有投资主体投资设立的有限责任公司,其董事会成员中应当有公司职工代表;其他有限责任公司董事会成员中可以有公司职工代表。董事会中的职工代表由公司职工通过职工代表大会、职工大会或者其他形式民主选举产生。

董事会设董事长一人,可以设副董事长。董事长、副董事长的产生办法由公司章程规定。

第四十五条 董事任期由公司章程规定,但每届任期不得超过三年。董事任期届满,连选可以连任。

董事任期届满未及时改选,或者董事在任期内辞职导致董事会成员低于法定人数的,在改选出的董事就任前,原董事仍应当依照法律、行政法规和公司章程的规定,履行董事职务。

第四十六条 董事会对股东会负责,行使下列职权:

(一)召集股东会会议,并向股东会报告工作;

(二)执行股东会的决议;

(三)决定公司的经营计划和投资方案;

(四)制订公司的年度财务预算方案、决算方案;

(五)制订公司的利润分配方案和弥补亏损方案;

(六)制订公司增加或者减少注册资本以及发行公司债券的方案;

(七)制订公司合并、分立、解散或者变更公司形式的方案;

(八)决定公司内部管理机构的设置;

(九)决定聘任或者解聘公司经理及其报酬事项,并根据经理的提名决定聘任或者解聘公司副经理、财务负责人及其报酬事项;

(十)制定公司的基本管理制度;

(十一)公司章程规定的其他职权。

第四十七条 董事会会议由董事长召集和主持;董事长不能履行职务或者不履行职务的,由副董事长召集和主持;副董事长不能履行职务或者不履行职务的,由半数以上董事共同推举一名董事召集和主持。

第四十八条 董事会的议事方式和表决程序,除本法有规定的外,由公司章程规定。

董事会应当对所议事项的决定作成会议记录,出席会议的董事应当在会议记录上签名。

董事会决议的表决,实行一人一票。

第四十九条 有限责任公司可以设经理,由董事会决定聘任或者解聘。经理对董事会负责,行使下列职权:

(一)主持公司的生产经营管理工作,组织实施董事会决议;

(二)组织实施公司年度经营计划和投资方案;

(三)拟订公司内部管理机构设置方案;

(四)拟订公司的基本管理制度;

(五)制定公司的具体规章;

(六)提请聘任或者解聘公司副经理、财务负责人;

(七)决定聘任或者解聘除应由董事会决定聘任或者解聘以外的负责管理人员;

(八)董事会授予的其他职权。

公司章程对经理职权另有规定的,从其规定。

经理列席董事会会议。

第五十条 股东人数较少或者规模较小的有限责任公司,可以设一名执行董事,不设董事会。执行董事可以兼任公司经理。

执行董事的职权由公司章程规定。

第五十一条 有限责任公司设监事会,其成员不得少于三人。股东人数较少或者规模较小的有限责任公司,可以设一至二名监事,不设监事会。

监事会应当包括股东代表和适当比例的公

司职工代表,其中职工代表的比例不得低于三分之一,具体比例由公司章程规定。监事会中的职工代表由公司职工通过职工代表大会、职工大会或者其他形式民主选举产生。

监事会设主席一人,由全体监事过半数选举产生。监事会主席召集和主持监事会会议;监事会主席不能履行职务或者不履行职务的,由半数以上监事共同推举一名监事召集和主持监事会会议。

董事、高级管理人员不得兼任监事。

第五十二条 监事的任期每届为三年。监事任期届满,连选可以连任。

监事任期届满未及时改选,或者监事在任期内辞职导致监事会成员低于法定人数的,在改选出的监事就任前,原监事仍应当依照法律、行政法规和公司章程的规定,履行监事职务。

第五十三条 监事会、不设监事会的公司的监事行使下列职权:

(一)检查公司财务;

(二)对董事、高级管理人员执行公司职务的行为进行监督,对违反法律、行政法规、公司章程或者股东会决议的董事、高级管理人员提出罢免的建议;

(三)当董事、高级管理人员的行为损害公司的利益时,要求董事、高级管理人员予以纠正;

(四)提议召开临时股东会会议,在董事会不履行本法规定的召集和主持股东会会议职责时召集和主持股东会会议;

(五)向股东会会议提出提案;

(六)依照本法第一百五十一条的规定,对董事、高级管理人员提起诉讼;

(七)公司章程规定的其他职权。

第五十四条 监事可以列席董事会会议,并对董事会决议事项提出质询或者建议。

监事会、不设监事会的公司的监事发现公司经营情况异常,可以进行调查;必要时,可以聘请会计师事务所等协助其工作,费用由公司承担。

第五十五条 监事会每年度至少召开一次会议,监事可以提议召开临时监事会会议。

监事会的议事方式和表决程序,除本法有规定的外,由公司章程规定。

监事会决议应当经半数以上监事通过。

监事会应当对所议事项的决定作成会议记录,出席会议的监事应当在会议记录上签名。

第五十六条 监事会、不设监事会的公司的监事行使职权所必需的费用,由公司承担。

第三节 一人有限责任公司的特别规定

第五十七条 一人有限责任公司的设立和组织机构,适用本节规定;本节没有规定的,适用本章第一节、第二节的规定。

本法所称一人有限责任公司,是指只有一个自然人股东或者一个法人股东的有限责任公司。

第五十八条 一个自然人只能投资设立一个一人有限责任公司。该一人有限责任公司不能投资设立新的一人有限责任公司。

第五十九条 一人有限责任公司应当在公司登记中注明自然人独资或者法人独资,并在公司营业执照中载明。

第六十条 一人有限责任公司章程由股东制定。

第六十一条 一人有限责任公司不设股东会。股东作出本法第三十七条第一款所列决定时,应当采用书面形式,并由股东签名后置备于公司。

第六十二条 一人有限责任公司应当在每一会计年度终了时编制财务会计报告,并经会计师事务所审计。

第六十三条 一人有限责任公司的股东不能证明公司财产独立于股东自己的财产的,应当对公司债务承担连带责任。

第四节 国有独资公司的特别规定

第六十四条 国有独资公司的设立和组织机构,适用本节规定;本节没有规定的,适用本章第一节、第二节的规定。

本法所称国有独资公司,是指国家单独出资、由国务院或者地方人民政府授权本级人民政府国有资产监督管理机构履行出资人职责的有限责任公司。

第六十五条 国有独资公司章程由国有资产监督管理机构制定,或者由董事会制订报国有资产监督管理机构批准。

第六十六条 国有独资公司不设股东会,由国有资产监督管理机构行使股东会职权。国有资产监督管理机构可以授权公司董事会行使股东会的部分职权，决定公司的重大事项，但公司的合并、分立、解散、增加或者减少注册资本和发行公司债券，必须由国有资产监督管理机构决定；其中，重要的国有独资公司合并、分立、解散、申请破产的，应当由国有资产监督管理机构审核后，报本级人民政府批准。

前款所称重要的国有独资公司，按照国务院的规定确定。

第六十七条　国有独资公司设董事会，依照本法第四十六条、第六十六条的规定行使职权。董事每届任期不得超过三年。董事会成员中应当有公司职工代表。

董事会成员由国有资产监督管理机构委派；但是，董事会成员中的职工代表由公司职工代表大会选举产生。

董事会设董事长一人，可以设副董事长。董事长、副董事长由国有资产监督管理机构从董事会成员中指定。

第六十八条　国有独资公司设经理，由董事会聘任或者解聘。经理依照本法第四十九条规定行使职权。

经国有资产监督管理机构同意，董事会成员可以兼任经理。

第六十九条　国有独资公司的董事长、副董事长、董事、高级管理人员，未经国有资产监督管理机构同意，不得在其他有限责任公司、股份有限公司或者其他经济组织兼职。

第七十条　国有独资公司监事会成员不得少于五人，其中职工代表的比例不得低于三分之一，具体比例由公司章程规定。

监事会成员由国有资产监督管理机构委派；但是，监事会成员中的职工代表由公司职工代表大会选举产生。监事会主席由国有资产监督管理机构从监事会成员中指定。

监事会行使本法第五十三条第（一）项至第（三）项规定的职权和国务院规定的其他职权。

第三章　有限责任公司的股权转让

第七十一条　有限责任公司的股东之间可以相互转让其全部或者部分股权。

股东向股东以外的人转让股权，应当经其他股东过半数同意。股东应就其股权转让事项书面通知其他股东征求同意，其他股东自接到书面通知之日起满三十日未答复的，视为同意转让。其他股东半数以上不同意转让的，不同意的股东应当购买该转让的股权；不购买的，视为同意转让。

经股东同意转让的股权，在同等条件下，其他股东有优先购买权。两个以上股东主张行使优先购买权的，协商确定各自的购买比例；协商不成的，按照转让时各自的出资比例行使优先购买权。

公司章程对股权转让另有规定的，从其规定。

第七十二条　人民法院依照法律规定的强制执行程序转让股东的股权时，应当通知公司及全体股东，其他股东在同等条件下有优先购买权。其他股东自人民法院通知之日起满二十日不行使优先购买权的，视为放弃优先购买权。

第七十三条　依照本法第七十一条、第七十二条转让股权后，公司应当注销原股东的出资证明书，向新股东签发出资证明书，并相应修改公司章程和股东名册中有关股东及其出资额的记载。对公司章程的该项修改不需再由股东会表决。

第七十四条　有下列情形之一的，对股东会该项决议投反对票的股东可以请求公司按照合理的价格收购其股权：

（一）公司连续五年不向股东分配利润，而公司该五年连续盈利，并且符合本法规定的分配利润条件的；

（二）公司合并、分立、转让主要财产的；

（三）公司章程规定的营业期限届满或者章程规定的其他解散事由出现，股东会会议通过决议修改章程使公司存续的。

自股东会会议决议通过之日起六十日内，股东与公司不能达成股权收购协议的，股东可以自股东会会议决议通过之日起九十日内向人民法院提起诉讼。

第七十五条　自然人股东死亡后，其合法继承人可以继承股东资格；但是，公司章程另有规定的除外。

第四章 股份有限公司的设立和组织机构

第一节 设 立

第七十六条 设立股份有限公司,应当具备下列条件:

(一)发起人符合法定人数;

(二)有符合公司章程规定的全体发起人认购的股本总额或者募集的实收股本总额;

(三)股份发行、筹办事项符合法律规定;

(四)发起人制订公司章程,采用募集方式设立的经创立大会通过;

(五)有公司名称,建立符合股份有限公司要求的组织机构;

(六)有公司住所。

第七十七条 股份有限公司的设立,可以采取发起设立或者募集设立的方式。

发起设立,是指由发起人认购公司应发行的全部股份而设立公司。

募集设立,是指由发起人认购公司应发行股份的一部分,其余股份向社会公开募集或者向特定对象募集而设立公司。

第七十八条 设立股份有限公司,应当有二人以上二百人以下为发起人,其中须有半数以上的发起人在中国境内有住所。

第七十九条 股份有限公司发起人承担公司筹办事务。

发起人应当签订发起人协议,明确各自在公司设立过程中的权利和义务。

第八十条 股份有限公司采取发起设立方式设立的,注册资本为在公司登记机关登记的全体发起人认购的股本总额。在发起人认购的股份缴足前,不得向他人募集股份。

股份有限公司采取募集方式设立的,注册资本为在公司登记机关登记的实收股本总额。

法律、行政法规以及国务院决定对股份有限公司注册资本实缴、注册资本最低限额另有规定的,从其规定。

第八十一条 股份有限公司章程应当载明下列事项:

(一)公司名称和住所;

(二)公司经营范围;

(三)公司设立方式;

(四)公司股份总数、每股金额和注册资本;

(五)发起人的姓名或者名称、认购的股份数、出资方式和出资时间;

(六)董事会的组成、职权和议事规则;

(七)公司法定代表人;

(八)监事会的组成、职权和议事规则;

(九)公司利润分配办法;

(十)公司的解散事由与清算办法;

(十一)公司的通知和公告办法;

(十二)股东大会会议认为需要规定的其他事项。

第八十二条 发起人的出资方式,适用本法第二十七条的规定。

第八十三条 以发起设立方式设立股份有限公司的,发起人应当书面认足公司章程规定其认购的股份,并按照公司章程规定缴纳出资。以非货币财产出资的,应当依法办理其财产权的转移手续。

发起人不依照前款规定缴纳出资的,应当按照发起人协议承担违约责任。

发起人认足公司章程规定的出资后,应当选举董事会和监事会,由董事会向公司登记机关报送公司章程以及法律、行政法规规定的其他文件,申请设立登记。

第八十四条 以募集设立方式设立股份有限公司的,发起人认购的股份不得少于公司股份总数的百分之三十五;但是,法律、行政法规另有规定的,从其规定。

第八十五条 发起人向社会公开募集股份,必须公告招股说明书,并制作认股书。认股书应当载明本法第八十六条所列事项,由认股人填写认购股数、金额、住所,并签名、盖章。认股人按照所认购股数缴纳股款。

第八十六条 招股说明书应当附有发起人制订的公司章程,并载明下列事项:

(一)发起人认购的股份数;

(二)每股的票面金额和发行价格;

(三)无记名股票的发行总数;

(四)募集资金的用途;

(五)认股人的权利、义务;

(六)本次募股的起止期限及逾期未募足时

认股人可以撤回所认股份的说明。

第八十七条　发起人向社会公开募集股份，应当由依法设立的证券公司承销，签订承销协议。

第八十八条　发起人向社会公开募集股份，应当同银行签订代收股款协议。

代收股款的银行应当按照协议代收和保存股款，向缴纳股款的认股人出具收款单据，并负有向有关部门出具收款证明的义务。

第八十九条　发行股份的股款缴足后，必须经依法设立的验资机构验资并出具证明。发起人应当自股款缴足之日起三十日内主持召开公司创立大会。创立大会由发起人、认股人组成。

发行的股份超过招股说明书规定的截止期限尚未募足的，或者发行股份的股款缴足后，发起人在三十日内未召开创立大会的，认股人可以按照所缴股款并加算银行同期存款利息，要求发起人返还。

第九十条　发起人应当在创立大会召开十五日前将会议日期通知各认股人或者予以公告。创立大会应有代表股份总数过半数的发起人、认股人出席，方可举行。

创立大会行使下列职权：

（一）审议发起人关于公司筹办情况的报告；

（二）通过公司章程；

（三）选举董事会成员；

（四）选举监事会成员；

（五）对公司的设立费用进行审核；

（六）对发起人用于抵作股款的财产的作价进行审核；

（七）发生不可抗力或者经营条件发生重大变化直接影响公司设立的，可以作出不设立公司的决议。

创立大会对前款所列事项作出决议，必须经出席会议的认股人所持表决权过半数通过。

第九十一条　发起人、认股人缴纳股款或者交付抵作股款的出资后，除未按期募足股份、发起人未按期召开创立大会或者创立大会决议不设立公司的情形外，不得抽回其股本。

第九十二条　董事会应于创立大会结束后三十日内，向公司登记机关报送下列文件，申请设立登记：

（一）公司登记申请书；

（二）创立大会的会议记录；

（三）公司章程；

（四）验资证明；

（五）法定代表人、董事、监事的任职文件及其身份证明；

（六）发起人的法人资格证明或者自然人身份证明；

（七）公司住所证明。

以募集方式设立股份有限公司公开发行股票的，还应当向公司登记机关报送国务院证券监督管理机构的核准文件。

第九十三条　股份有限公司成立后，发起人未按照公司章程的规定缴足出资的，应当补缴；其他发起人承担连带责任。

股份有限公司成立后，发现作为设立公司出资的非货币财产的实际价额显著低于公司章程所定价额的，应当由交付该出资的发起人补足其差额；其他发起人承担连带责任。

第九十四条　股份有限公司的发起人应当承担下列责任：

（一）公司不能成立时，对设立行为所产生的债务和费用负连带责任；

（二）公司不能成立时，对认股人已缴纳的股款，负返还股款并加算银行同期存款利息的连带责任；

（三）在公司设立过程中，由于发起人的过失致使公司利益受到损害的，应当对公司承担赔偿责任。

第九十五条　有限责任公司变更为股份有限公司时，折合的实收股本总额不得高于公司净资产额。有限责任公司变更为股份有限公司，为增加资本公开发行股份时，应当依法办理。

第九十六条　股份有限公司应当将公司章程、股东名册、公司债券存根、股东大会会议记录、董事会会议记录、监事会会议记录、财务会计报告置备于本公司。

第九十七条　股东有权查阅公司章程、股东名册、公司债券存根、股东大会会议记录、董事会会议决议、监事会会议决议、财务会计报告，对公司的经营提出建议或者质询。

第二节 股 东 大 会

第九十八条 股份有限公司股东大会由全体股东组成。股东大会是公司的权力机构,依照本法行使职权。

第九十九条 本法第三十七条第一款关于有限责任公司股东会职权的规定,适用于股份有限公司股东大会。

第一百条 股东大会应当每年召开一次年会。有下列情形之一的,应当在两个月内召开临时股东大会:

(一)董事人数不足本法规定人数或者公司章程所定人数的三分之二时;

(二)公司未弥补的亏损达实收股本总额三分之一时;

(三)单独或者合计持有公司百分之十以上股份的股东请求时;

(四)董事会认为必要时;

(五)监事会提议召开时;

(六)公司章程规定的其他情形。

第一百零一条 股东大会会议由董事会召集,董事长主持;董事长不能履行职务或者不履行职务的,由副董事长主持;副董事长不能履行职务或者不履行职务的,由半数以上董事共同推举一名董事主持。

董事会不能履行或者不履行召集股东大会会议职责的,监事会应当及时召集和主持;监事会不召集和主持的,连续九十日以上单独或者合计持有公司百分之十以上股份的股东可以自行召集和主持。

第一百零二条 召开股东大会会议,应当将会议召开的时间、地点和审议的事项于会议召开二十日前通知各股东;临时股东大会应当于会议召开十五日前通知各股东;发行无记名股票的,应当于会议召开三十日前公告会议召开的时间、地点和审议事项。

单独或者合计持有公司百分之三以上股份的股东,可以在股东大会召开十日前提出临时提案并书面提交董事会;董事会应当在收到提案后二日内通知其他股东,并将该临时提案提交股东大会审议。临时提案的内容应当属于股东大会职权范围,并有明确议题和具体决议事项。

股东大会不得对前两款通知中未列明的事项作出决议。

无记名股票持有人出席股东大会会议的,应当于会议召开五日前至股东大会闭会时将股票交存于公司。

第一百零三条 股东出席股东大会会议,所持每一股份有一表决权。但是,公司持有的本公司股份没有表决权。

股东大会作出决议,必须经出席会议的股东所持表决权过半数通过。但是,股东大会作出修改公司章程、增加或者减少注册资本的决议,以及公司合并、分立、解散或者变更公司形式的决议,必须经出席会议的股东所持表决权的三分之二以上通过。

第一百零四条 本法和公司章程规定公司转让、受让重大资产或者对外提供担保等事项必须经股东大会作出决议的,董事会应当及时召集股东大会会议,由股东大会就上述事项进行表决。

第一百零五条 股东大会选举董事、监事,可以依照公司章程的规定或者股东大会的决议,实行累积投票制。

本法所称累积投票制,是指股东大会选举董事或者监事时,每一股份拥有与应选董事或者监事人数相同的表决权,股东拥有的表决权可以集中使用。

第一百零六条 股东可以委托代理人出席股东大会会议,代理人应当向公司提交股东授权委托书,并在授权范围内行使表决权。

第一百零七条 股东大会应当对所议事项的决定作成会议记录,主持人、出席会议的董事应当在会议记录上签名。会议记录应当与出席股东的签名册及代理出席的委托书一并保存。

第三节 董事会、经理

第一百零八条 股份有限公司设董事会,其成员为五人至十九人。

董事会成员中可以有公司职工代表。董事会中的职工代表由公司职工通过职工代表大会、职工大会或者其他形式民主选举产生。

本法第四十五条关于有限责任公司董事任期的规定,适用于股份有限公司董事。

本法第四十六条关于有限责任公司董事会职权的规定，适用于股份有限公司董事会。

第一百零九条　董事会设董事长一人，可以设副董事长。董事长和副董事长由董事会以全体董事的过半数选举产生。

董事长召集和主持董事会会议，检查董事会决议的实施情况。副董事长协助董事长工作，董事长不能履行职务或者不履行职务的，由副董事长履行职务；副董事长不能履行职务或者不履行职务的，由半数以上董事共同推举一名董事履行职务。

第一百一十条　董事会每年度至少召开两次会议，每次会议应当于会议召开十日前通知全体董事和监事。

代表十分之一以上表决权的股东、三分之一以上董事或者监事会，可以提议召开董事会临时会议。董事长应当自接到提议后十日内，召集和主持董事会会议。

董事会召开临时会议，可以另定召集董事会的通知方式和通知时限。

第一百一十一条　董事会会议应有过半数的董事出席方可举行。董事会作出决议，必须经全体董事的过半数通过。

董事会决议的表决，实行一人一票。

第一百一十二条　董事会会议，应由董事本人出席；董事因故不能出席，可以书面委托其他董事代为出席，委托书中应载明授权范围。

董事会应当对会议所议事项的决定作成会议记录，出席会议的董事应当在会议记录上签名。

董事应当对董事会的决议承担责任。董事会的决议违反法律、行政法规或者公司章程、股东大会决议，致使公司遭受严重损失的，参与决议的董事对公司负赔偿责任。但经证明在表决时曾表明异议并记载于会议记录的，该董事可以免除责任。

第一百一十三条　股份有限公司设经理，由董事会决定聘任或者解聘。

本法第四十九条关于有限责任公司经理职权的规定，适用于股份有限公司经理。

第一百一十四条　公司董事会可以决定由董事会成员兼任经理。

第一百一十五条　公司不得直接或者通过子公司向董事、监事、高级管理人员提供借款。

第一百一十六条　公司应当定期向股东披露董事、监事、高级管理人员从公司获得报酬的情况。

第四节　监　事　会

第一百一十七条　股份有限公司设监事会，其成员不得少于三人。

监事会应当包括股东代表和适当比例的公司职工代表，其中职工代表的比例不得低于三分之一，具体比例由公司章程规定。监事会中的职工代表由公司职工通过职工代表大会、职工大会或者其他形式民主选举产生。

监事会设主席一人，可以设副主席。监事会主席和副主席由全体监事过半数选举产生。监事会主席召集和主持监事会会议；监事会主席不能履行职务或者不履行职务的，由监事会副主席召集和主持监事会会议；监事会副主席不能履行职务或者不履行职务的，由半数以上监事共同推举一名监事召集和主持监事会会议。

董事、高级管理人员不得兼任监事。

本法第五十二条关于有限责任公司监事任期的规定，适用于股份有限公司监事。

第一百一十八条　本法第五十三条、第五十四条关于有限责任公司监事会职权的规定，适用于股份有限公司监事会。

监事会行使职权所必需的费用，由公司承担。

第一百一十九条　监事会每六个月至少召开一次会议。监事可以提议召开临时监事会会议。

监事会的议事方式和表决程序，除本法有规定的外，由公司章程规定。

监事会决议应当经半数以上监事通过。

监事会应当对所议事项的决定作成会议记录，出席会议的监事应当在会议记录上签名。

第五节　上市公司组织机构的特别规定

第一百二十条　本法所称上市公司，是指其股票在证券交易所上市交易的股份有限公司。

第一百二十一条　上市公司在一年内购买、

出售重大资产或者担保金额超过公司资产总额百分之三十的，应当由股东大会作出决议，并经出席会议的股东所持表决权的三分之二以上通过。

第一百二十二条 上市公司设独立董事，具体办法由国务院规定。

第一百二十三条 上市公司设董事会秘书，负责公司股东大会和董事会会议的筹备、文件保管以及公司股东资料的管理，办理信息披露事务等事宜。

第一百二十四条 上市公司董事与董事会会议决议事项所涉及的企业有关联关系的，不得对该项决议行使表决权，也不得代理其他董事行使表决权。该董事会会议由过半数的无关联关系董事出席即可举行，董事会会议所作决议须经无关联关系董事过半数通过。出席董事会的无关联关系董事人数不足三人的，应将该事项提交上市公司股东大会审议。

第五章 股份有限公司的股份发行和转让

第一节 股份发行

第一百二十五条 股份有限公司的资本划分为股份，每一股的金额相等。

公司的股份采取股票的形式。股票是公司签发的证明股东所持股份的凭证。

第一百二十六条 股份的发行，实行公平、公正的原则，同种类的每一股份应当具有同等权利。

同次发行的同种类股票，每股的发行条件和价格应当相同；任何单位或者个人所认购的股份，每股应当支付相同价额。

第一百二十七条 股票发行价格可以按票面金额，也可以超过票面金额，但不得低于票面金额。

第一百二十八条 股票采用纸面形式或者国务院证券监督管理机构规定的其他形式。

股票应当载明下列主要事项：

(一)公司名称；

(二)公司成立日期；

(三)股票种类、票面金额及代表的股份数；

(四)股票的编号。

股票由法定代表人签名，公司盖章。

发起人的股票，应当标明发起人股票字样。

第一百二十九条 公司发行的股票，可以为记名股票，也可以为无记名股票。

公司向发起人、法人发行的股票，应当为记名股票，并应当记载该发起人、法人的名称或者姓名，不得另立户名或者以代表人姓名记名。

第一百三十条 公司发行记名股票的，应当置备股东名册，记载下列事项：

(一)股东的姓名或者名称及住所；

(二)各股东所持股份数；

(三)各股东所持股票的编号；

(四)各股东取得股份的日期。

发行无记名股票的，公司应当记载其股票数量、编号及发行日期。

第一百三十一条 国务院可以对公司发行本法规定以外的其他种类的股份，另行作出规定。

第一百三十二条 股份有限公司成立后，即向股东正式交付股票。公司成立前不得向股东交付股票。

第一百三十三条 公司发行新股，股东大会应当对下列事项作出决议：

(一)新股种类及数额；

(二)新股发行价格；

(三)新股发行的起止日期；

(四)向原有股东发行新股的种类及数额。

第一百三十四条 公司经国务院证券监督管理机构核准公开发行新股时，必须公告新股招股说明书和财务会计报告，并制作认股书。

本法第八十七条、第八十八条的规定适用于公司公开发行新股。

第一百三十五条 公司发行新股，可以根据公司经营情况和财务状况，确定其作价方案。

第一百三十六条 公司发行新股募足股款后，必须向公司登记机关办理变更登记，并公告。

第二节 股份转让

第一百三十七条 股东持有的股份可以依法转让。

第一百三十八条 股东转让其股份，应当在依法设立的证券交易场所进行或者按照国务院规定的其他方式进行。

第一百三十九条 记名股票，由股东以背书方式或者法律、行政法规规定的其他方式转让；转让后由公司将受让人的姓名或者名称及住所记载于股东名册。

股东大会召开前二十日内或者公司决定分配股利的基准日前五日内，不得进行前款规定的股东名册的变更登记。但是，法律对上市公司股东名册变更登记另有规定的，从其规定。

第一百四十条 无记名股票的转让，由股东将该股票交付给受让人后即发生转让的效力。

第一百四十一条 发起人持有的本公司股份，自公司成立之日起一年内不得转让。公司公开发行股份前已发行的股份，自公司股票在证券交易所上市交易之日起一年内不得转让。

公司董事、监事、高级管理人员应当向公司申报所持有的本公司的股份及其变动情况，在任职期间每年转让的股份不得超过其所持有本公司股份总数的百分之二十五；所持本公司股份自公司股票上市交易之日起一年内不得转让。上述人员离职后半年内，不得转让其所持有的本公司股份。公司章程可以对公司董事、监事、高级管理人员转让其所持有的本公司股份作出其他限制性规定。

第一百四十二条 公司不得收购本公司股份。但是，有下列情形之一的除外：

（一）减少公司注册资本；

（二）与持有本公司股份的其他公司合并；

（三）将股份用于员工持股计划或者股权激励；

（四）股东因对股东大会作出的公司合并、分立决议持异议，要求公司收购其股份；

（五）将股份用于转换上市公司发行的可转换为股票的公司债券；

（六）上市公司为维护公司价值及股东权益所必需。

公司因前款第（一）项、第（二）项规定的情形收购本公司股份的，应当经股东大会决议；公司因前款第（三）项、第（五）项、第（六）项规定的情形收购本公司股份的，可以依照公司章程的规定或者股东大会的授权，经三分之二以上董事出席的董事会会议决议。

公司依照本条第一款规定收购本公司股份后，属于第（一）项情形的，应当自收购之日起十日内注销；属于第（二）项、第（四）项情形的，应当在六个月内转让或者注销；属于第（三）项、第（五）项、第（六）项情形的，公司合计持有的本公司股份数不得超过本公司已发行股份总额的百分之十，并应当在三年内转让或者注销。

上市公司收购本公司股份的，应当依照《中华人民共和国证券法》的规定履行信息披露义务。上市公司因本条第一款第（三）项、第（五）项、第（六）项规定的情形收购本公司股份的，应当通过公开的集中交易方式进行。

公司不得接受本公司的股票作为质押权的标的。

第一百四十三条 记名股票被盗、遗失或者灭失，股东可以依照《中华人民共和国民事诉讼法》规定的公示催告程序，请求人民法院宣告该股票失效。人民法院宣告该股票失效后，股东可以向公司申请补发股票。

第一百四十四条 上市公司的股票，依照有关法律、行政法规及证券交易所交易规则上市交易。

第一百四十五条 上市公司必须依照法律、行政法规的规定，公开其财务状况、经营情况及重大诉讼，在每会计年度内半年公布一次财务会计报告。

第六章 公司董事、监事、高级管理人员的资格和义务

第一百四十六条 有下列情形之一的，不得担任公司的董事、监事、高级管理人员：

（一）无民事行为能力或者限制民事行为能力；

（二）因贪污、贿赂、侵占财产、挪用财产或者破坏社会主义市场经济秩序，被判处刑罚，执行期满未逾五年，或者因犯罪被剥夺政治权利，执行期满未逾五年；

（三）担任破产清算的公司、企业的董事或者厂长、经理，对该公司、企业的破产负有个人责任的，自该公司、企业破产清算完结之日起未逾三年；

（四）担任因违法被吊销营业执照、责令关闭

的公司、企业的法定代表人,并负有个人责任的,自该公司、企业被吊销营业执照之日起未逾三年;

(五)个人所负数额较大的债务到期未清偿。

公司违反前款规定选举、委派董事、监事或者聘任高级管理人员的,该选举、委派或者聘任无效。

董事、监事、高级管理人员在任职期间出现本条第一款所列情形的,公司应当解除其职务。

第一百四十七条 董事、监事、高级管理人员应当遵守法律、行政法规和公司章程,对公司负有忠实义务和勤勉义务。

董事、监事、高级管理人员不得利用职权收受贿赂或者其他非法收入,不得侵占公司的财产。

第一百四十八条 董事、高级管理人员不得有下列行为:

(一)挪用公司资金;

(二)将公司资金以其个人名义或者以其他个人名义开立账户存储;

(三)违反公司章程的规定,未经股东会、股东大会或者董事会同意,将公司资金借贷给他人或者以公司财产为他人提供担保;

(四)违反公司章程的规定或者未经股东会、股东大会同意,与本公司订立合同或者进行交易;

(五)未经股东会或者股东大会同意,利用职务便利为自己或者他人谋取属于公司的商业机会,自营或者为他人经营与所任职公司同类的业务;

(六)接受他人与公司交易的佣金归为己有;

(七)擅自披露公司秘密;

(八)违反对公司忠实义务的其他行为。

董事、高级管理人员违反前款规定所得的收入应当归公司所有。

第一百四十九条 董事、监事、高级管理人员执行公司职务时违反法律、行政法规或者公司章程的规定,给公司造成损失的,应当承担赔偿责任。

第一百五十条 股东会或者股东大会要求董事、监事、高级管理人员列席会议的,董事、监事、高级管理人员应当列席并接受股东的质询。

董事、高级管理人员应当如实向监事会或者不设监事会的有限责任公司的监事提供有关情况和资料,不得妨碍监事会或者监事行使职权。

第一百五十一条 董事、高级管理人员有本法第一百四十九条规定的情形的,有限责任公司的股东、股份有限公司连续一百八十日以上单独或者合计持有公司百分之一以上股份的股东,可以书面请求监事会或者不设监事会的有限责任公司的监事向人民法院提起诉讼;监事有本法第一百四十九条规定的情形的,前述股东可以书面请求董事会或者不设董事会的有限责任公司的执行董事向人民法院提起诉讼。

监事会、不设监事会的有限责任公司的监事,或者董事会、执行董事收到前款规定的股东书面请求后拒绝提起诉讼,或者自收到请求之日起三十日内未提起诉讼,或者情况紧急、不立即提起诉讼将会使公司利益受到难以弥补的损害的,前款规定的股东有权为了公司的利益以自己的名义直接向人民法院提起诉讼。

他人侵犯公司合法权益,给公司造成损失的,本条第一款规定的股东可以依照前两款的规定向人民法院提起诉讼。

第一百五十二条 董事、高级管理人员违反法律、行政法规或者公司章程的规定,损害股东利益的,股东可以向人民法院提起诉讼。

第七章 公司债券

第一百五十三条 本法所称公司债券,是指公司依照法定程序发行、约定在一定期限还本付息的有价证券。

公司发行公司债券应当符合《中华人民共和国证券法》规定的发行条件。

第一百五十四条 发行公司债券的申请经国务院授权的部门核准后,应当公告公司债券募集办法。

公司债券募集办法中应当载明下列主要事项:

(一)公司名称;

(二)债券募集资金的用途;

(三)债券总额和债券的票面金额;

(四)债券利率的确定方式;

(五)还本付息的期限和方式;

（六）债券担保情况；

（七）债券的发行价格、发行的起止日期；

（八）公司净资产额；

（九）已发行的尚未到期的公司债券总额；

（十）公司债券的承销机构。

第一百五十五条　公司以实物券方式发行公司债券的，必须在债券上载明公司名称、债券票面金额、利率、偿还期限等事项，并由法定代表人签名，公司盖章。

第一百五十六条　公司债券，可以为记名债券，也可以为无记名债券。

第一百五十七条　公司发行公司债券应当置备公司债券存根簿。

发行记名公司债券的，应当在公司债券存根簿上载明下列事项：

（一）债券持有人的姓名或者名称及住所；

（二）债券持有人取得债券的日期及债券的编号；

（三）债券总额，债券的票面金额、利率、还本付息的期限和方式；

（四）债券的发行日期。

发行无记名公司债券的，应当在公司债券存根簿上载明债券总额、利率、偿还期限和方式、发行日期及债券的编号。

第一百五十八条　记名公司债券的登记结算机构应当建立债券登记、存管、付息、兑付等相关制度。

第一百五十九条　公司债券可以转让，转让价格由转让人与受让人约定。

公司债券在证券交易所上市交易的，按照证券交易所的交易规则转让。

第一百六十条　记名公司债券，由债券持有人以背书方式或者法律、行政法规规定的其他方式转让；转让后由公司将受让人的姓名或者名称及住所记载于公司债券存根簿。

无记名公司债券的转让，由债券持有人将该债券交付给受让人后即发生转让的效力。

第一百六十一条　上市公司经股东大会决议可以发行可转换为股票的公司债券，并在公司债券募集办法中规定具体的转换办法。上市公司发行可转换为股票的公司债券，应当报国务院证券监督管理机构核准。

发行可转换为股票的公司债券，应当在债券上标明可转换公司债券字样，并在公司债券存根簿上载明可转换公司债券的数额。

第一百六十二条　发行可转换为股票的公司债券的，公司应当按照其转换办法向债券持有人换发股票，但债券持有人对转换股票或者不转换股票有选择权。

第八章　公司财务、会计

第一百六十三条　公司应当依照法律、行政法规和国务院财政部门的规定建立本公司的财务、会计制度。

第一百六十四条　公司应当在每一会计年度终了时编制财务会计报告，并依法经会计师事务所审计。

财务会计报告应当依照法律、行政法规和国务院财政部门的规定制作。

第一百六十五条　有限责任公司应当依照公司章程规定的期限将财务会计报告送交各股东。

股份有限公司的财务会计报告应当在召开股东大会年会的二十日前置备于本公司，供股东查阅；公开发行股票的股份有限公司必须公告其财务会计报告。

第一百六十六条　公司分配当年税后利润时，应当提取利润的百分之十列入公司法定公积金。公司法定公积金累计额为公司注册资本的百分之五十以上的，可以不再提取。

公司的法定公积金不足以弥补以前年度亏损的，在依照前款规定提取法定公积金之前，应当先用当年利润弥补亏损。

公司从税后利润中提取法定公积金后，经股东会或者股东大会决议，还可以从税后利润中提取任意公积金。

公司弥补亏损和提取公积金后所余税后利润，有限责任公司依照本法第三十四条的规定分配；股份有限公司按照股东持有的股份比例分配，但股份有限公司章程规定不按持股比例分配的除外。

股东会、股东大会或者董事会违反前款规定，在公司弥补亏损和提取法定公积金之前向股东分配利润的，股东必须将违反规定分配的利润退还公司。

公司持有的本公司股份不得分配利润。

第一百六十七条 股份有限公司以超过股票票面金额的发行价格发行股份所得的溢价款以及国务院财政部门规定列入资本公积金的其他收入,应当列为公司资本公积金。

第一百六十八条 公司的公积金用于弥补公司的亏损、扩大公司生产经营或者转为增加公司资本。但是,资本公积金不得用于弥补公司的亏损。

法定公积金转为资本时,所留存的该项公积金不得少于转增前公司注册资本的百分之二十五。

第一百六十九条 公司聘用、解聘承办公司审计业务的会计师事务所,依照公司章程的规定,由股东会、股东大会或者董事会决定。

公司股东会、股东大会或者董事会就解聘会计师事务所进行表决时,应当允许会计师事务所陈述意见。

第一百七十条 公司应当向聘用的会计师事务所提供真实、完整的会计凭证、会计账簿、财务会计报告及其他会计资料,不得拒绝、隐匿、谎报。

第一百七十一条 公司除法定的会计账簿外,不得另立会计账簿。

对公司资产,不得以任何个人名义开立账户存储。

第九章 公司合并、分立、增资、减资

第一百七十二条 公司合并可以采取吸收合并或者新设合并。

一个公司吸收其他公司为吸收合并,被吸收的公司解散。两个以上公司合并设立一个新的公司为新设合并,合并各方解散。

第一百七十三条 公司合并,应当由合并各方签订合并协议,并编制资产负债表及财产清单。公司应当自作出合并决议之日起十日内通知债权人,并于三十日内在报纸上公告。债权人自接到通知书之日起三十日内,未接到通知书的自公告之日起四十五日内,可以要求公司清偿债务或者提供相应的担保。

第一百七十四条 公司合并时,合并各方的债权、债务,应当由合并后存续的公司或者新设的公司承继。

第一百七十五条 公司分立,其财产作相应的分割。

公司分立,应当编制资产负债表及财产清单。公司应当自作出分立决议之日起十日内通知债权人,并于三十日内在报纸上公告。

第一百七十六条 公司分立前的债务由分立后的公司承担连带责任。但是,公司在分立前与债权人就债务清偿达成的书面协议另有约定的除外。

第一百七十七条 公司需要减少注册资本时,必须编制资产负债表及财产清单。

公司应当自作出减少注册资本决议之日起十日内通知债权人,并于三十日内在报纸上公告。债权人自接到通知书之日起三十日内,未接到通知书的自公告之日起四十五日内,有权要求公司清偿债务或者提供相应的担保。

第一百七十八条 有限责任公司增加注册资本时,股东认缴新增资本的出资,依照本法设立有限责任公司缴纳出资的有关规定执行。

股份有限公司为增加注册资本发行新股时,股东认购新股,依照本法设立股份有限公司缴纳股款的有关规定执行。

第一百七十九条 公司合并或者分立,登记事项发生变更的,应当依法向公司登记机关办理变更登记;公司解散的,应当依法办理公司注销登记;设立新公司的,应当依法办理公司设立登记。

公司增加或者减少注册资本,应当依法向公司登记机关办理变更登记。

第十章 公司解散和清算

第一百八十条 公司因下列原因解散:

(一)公司章程规定的营业期限届满或者公司章程规定的其他解散事由出现;

(二)股东会或者股东大会决议解散;

(三)因公司合并或者分立需要解散;

(四)依法被吊销营业执照、责令关闭或者被撤销;

(五)人民法院依照本法第一百八十二条的规定予以解散。

第一百八十一条 公司有本法第一百八十

条第(一)项情形的,可以通过修改公司章程而存续。

依照前款规定修改公司章程,有限责任公司须经持有三分之二以上表决权的股东通过,股份有限公司须经出席股东大会会议的股东所持表决权的三分之二以上通过。

第一百八十二条　公司经营管理发生严重困难,继续存续会使股东利益受到重大损失,通过其他途径不能解决的,持有公司全部股东表决权百分之十以上的股东,可以请求人民法院解散公司。

第一百八十三条　公司因本法第一百八十条第(一)项、第(二)项、第(四)项、第(五)项规定而解散的,应当在解散事由出现之日起十五日内成立清算组,开始清算。有限责任公司的清算组由股东组成,股份有限公司的清算组由董事或者股东大会确定的人员组成。逾期不成立清算组进行清算的,债权人可以申请人民法院指定有关人员组成清算组进行清算。人民法院应当受理该申请,并及时组织清算组进行清算。

第一百八十四条　清算组在清算期间行使下列职权:

(一)清理公司财产,分别编制资产负债表和财产清单;

(二)通知、公告债权人;

(三)处理与清算有关的公司未了结的业务;

(四)清缴所欠税款以及清算过程中产生的税款;

(五)清理债权、债务;

(六)处理公司清偿债务后的剩余财产;

(七)代表公司参与民事诉讼活动。

第一百八十五条　清算组应当自成立之日起十日内通知债权人,并于六十日内在报纸上公告。债权人应当自接到通知书之日起三十日内,未接到通知书的自公告之日起四十五日内,向清算组申报其债权。

债权人申报债权,应当说明债权的有关事项,并提供证明材料。清算组应当对债权进行登记。

在申报债权期间,清算组不得对债权人进行清偿。

第一百八十六条　清算组在清理公司财产、编制资产负债表和财产清单后,应当制定清算方案,并报股东会、股东大会或者人民法院确认。

公司财产在分别支付清算费用、职工的工资、社会保险费用和法定补偿金,缴纳所欠税款,清偿公司债务后的剩余财产,有限责任公司按照股东的出资比例分配,股份有限公司按照股东持有的股份比例分配。

清算期间,公司存续,但不得开展与清算无关的经营活动。公司财产在未依照前款规定清偿前,不得分配给股东。

第一百八十七条　清算组在清理公司财产、编制资产负债表和财产清单后,发现公司财产不足清偿债务的,应当依法向人民法院申请宣告破产。

公司经人民法院裁定宣告破产后,清算组应当将清算事务移交给人民法院。

第一百八十八条　公司清算结束后,清算组应当制作清算报告,报股东会、股东大会或者人民法院确认,并报送公司登记机关,申请注销公司登记,公告公司终止。

第一百八十九条　清算组成员应当忠于职守,依法履行清算义务。

清算组成员不得利用职权收受贿赂或者其他非法收入,不得侵占公司财产。

清算组成员因故意或者重大过失给公司或者债权人造成损失的,应当承担赔偿责任。

第一百九十条　公司被依法宣告破产的,依照有关企业破产的法律实施破产清算。

第十一章　外国公司的分支机构

第一百九十一条　本法所称外国公司是指依照外国法律在中国境外设立的公司。

第一百九十二条　外国公司在中国境内设立分支机构,必须向中国主管机关提出申请,并提交其公司章程、所属国的公司登记证书等有关文件,经批准后,向公司登记机关依法办理登记,领取营业执照。

外国公司分支机构的审批办法由国务院另行规定。

第一百九十三条　外国公司在中国境内设立分支机构,必须在中国境内指定负责该分支机构的代表人或者代理人,并向该分支机构拨付与其所从事的经营活动相适应的资金。

对外国公司分支机构的经营资金需要规定最低限额的，由国务院另行规定。

第一百九十四条 外国公司的分支机构应当在其名称中标明该外国公司的国籍及责任形式。

外国公司的分支机构应当在本机构中置备该外国公司章程。

第一百九十五条 外国公司在中国境内设立的分支机构不具有中国法人资格。

外国公司对其分支机构在中国境内进行经营活动承担民事责任。

第一百九十六条 经批准设立的外国公司分支机构，在中国境内从事业务活动，必须遵守中国的法律，不得损害中国的社会公共利益，其合法权益受中国法律保护。

第一百九十七条 外国公司撤销其在中国境内的分支机构时，必须依法清偿债务，依照本法有关公司清算程序的规定进行清算。未清偿债务之前，不得将其分支机构的财产移至中国境外。

第十二章 法律责任

第一百九十八条 违反本法规定，虚报注册资本、提交虚假材料或者采取其他欺诈手段隐瞒重要事实取得公司登记的，由公司登记机关责令改正，对虚报注册资本的公司，处以虚报注册资本金额百分之五以上百分之十五以下的罚款；对提交虚假材料或者采取其他欺诈手段隐瞒重要事实的公司，处以五万元以上五十万元以下的罚款；情节严重的，撤销公司登记或者吊销营业执照。

第一百九十九条 公司的发起人、股东虚假出资，未交付或者未按期交付作为出资的货币或者非货币财产的，由公司登记机关责令改正，处以虚假出资金额百分之五以上百分之十五以下的罚款。

第二百条 公司的发起人、股东在公司成立后，抽逃其出资的，由公司登记机关责令改正，处以所抽逃出资金额百分之五以上百分之十五以下的罚款。

第二百零一条 公司违反本法规定，在法定的会计账簿以外另立会计账簿的，由县级以上人民政府财政部门责令改正，处以五万元以上五十万元以下的罚款。

第二百零二条 公司在依法向有关主管部门提供的财务会计报告等材料上作虚假记载或者隐瞒重要事实的，由有关主管部门对直接负责的主管人员和其他直接责任人员处以三万元以上三十万元以下的罚款。

第二百零三条 公司不依照本法规定提取法定公积金的，由县级以上人民政府财政部门责令如数补足应当提取的金额，可以对公司处以二十万元以下的罚款。

第二百零四条 公司在合并、分立、减少注册资本或者进行清算时，不依照本法规定通知或者公告债权人的，由公司登记机关责令改正，对公司处以一万元以上十万元以下的罚款。

公司在进行清算时，隐匿财产，对资产负债表或者财产清单作虚假记载或者在未清偿债务前分配公司财产的，由公司登记机关责令改正，对公司处以隐匿财产或者未清偿债务前分配公司财产金额百分之五以上百分之十以下的罚款；对直接负责的主管人员和其他直接责任人员处以一万元以上十万元以下的罚款。

第二百零五条 公司在清算期间开展与清算无关的经营活动的，由公司登记机关予以警告，没收违法所得。

第二百零六条 清算组不依照本法规定向公司登记机关报送清算报告，或者报送清算报告隐瞒重要事实或者有重大遗漏的，由公司登记机关责令改正。

清算组成员利用职权徇私舞弊、谋取非法收入或者侵占公司财产的，由公司登记机关责令退还公司财产，没收违法所得，并可以处以违法所得一倍以上五倍以下的罚款。

第二百零七条 承担资产评估、验资或者验证的机构提供虚假材料的，由公司登记机关没收违法所得，处以违法所得一倍以上五倍以下的罚款，并可以由有关主管部门依法责令该机构停业、吊销直接责任人员的资格证书，吊销营业执照。

承担资产评估、验资或者验证的机构因过失提供有重大遗漏的报告的，由公司登记机关责令改正，情节较重的，处以所得收入一倍以上五倍以下的罚款，并可以由有关主管部门依法责令该机构停业、吊销直接责任人员的资格证书，吊销营业执照。

承担资产评估、验资或者验证的机构因其出具的评估结果、验资或者验证证明不实，给公司债权人造成损失的，除能够证明自己没有过错的外，在其评估或者证明不实的金额范围内承担赔偿责任。

第二百零八条　公司登记机关对不符合本法规定条件的登记申请予以登记，或者对符合本法规定条件的登记申请不予登记的，对直接负责的主管人员和其他直接责任人员，依法给予行政处分。

第二百零九条　公司登记机关的上级部门强令公司登记机关对不符合本法规定条件的登记申请予以登记，或者对符合本法规定条件的登记申请不予登记的，或者对违法登记进行包庇的，对直接负责的主管人员和其他直接责任人员依法给予行政处分。

第二百一十条　未依法登记为有限责任公司或者股份有限公司，而冒用有限责任公司或者股份有限公司名义的，或者未依法登记为有限责任公司或者股份有限公司的分公司，而冒用有限责任公司或者股份有限公司的分公司名义的，由公司登记机关责令改正或者予以取缔，可以并处十万元以下的罚款。

第二百一十一条　公司成立后无正当理由超过六个月未开业的，或者开业后自行停业连续六个月以上的，可以由公司登记机关吊销营业执照。

公司登记事项发生变更时，未依照本法规定办理有关变更登记的，由公司登记机关责令限期登记；逾期不登记的，处以一万元以上十万元以下的罚款。

第二百一十二条　外国公司违反本法规定，擅自在中国境内设立分支机构的，由公司登记机关责令改正或者关闭，可以并处五万元以上二十万元以下的罚款。

第二百一十三条　利用公司名义从事危害国家安全、社会公共利益的严重违法行为的，吊销营业执照。

第二百一十四条　公司违反本法规定，应当承担民事赔偿责任和缴纳罚款、罚金的，其财产不足以支付时，先承担民事赔偿责任。

第二百一十五条　违反本法规定，构成犯罪的，依法追究刑事责任。

第十三章　附　　则

第二百一十六条　本法下列用语的含义：

（一）高级管理人员，是指公司的经理、副经理、财务负责人，上市公司董事会秘书和公司章程规定的其他人员。

（二）控股股东，是指其出资额占有限责任公司资本总额百分之五十以上或者其持有的股份占股份有限公司股本总额百分之五十以上的股东；出资额或者持有股份的比例虽然不足百分之五十，但依其出资额或者持有的股份所享有的表决权已足以对股东会、股东大会的决议产生重大影响的股东。

（三）实际控制人，是指虽不是公司的股东，但通过投资关系、协议或者其他安排，能够实际支配公司行为的人。

（四）关联关系，是指公司控股股东、实际控制人、董事、监事、高级管理人员与其直接或者间接控制的企业之间的关系，以及可能导致公司利益转移的其他关系。但是，国家控股的企业之间不仅因为同受国家控股而具有关联关系。

第二百一十七条　外商投资的有限责任公司和股份有限公司适用本法；有关外商投资的法律另有规定的，适用其规定。

第二百一十八条　本法自2006年1月1日起施行。

最高人民法院关于适用《中华人民共和国公司法》若干问题的规定（一）①

（2006年3月27日最高人民法院审判委员会第1382次会议通过　2006年4月28日最高人民法院公告公布　自2006年5月9日起施行　法释〔2006〕3号）

为正确适用2005年10月27日十届全国人大常委会第十八次会议修订的《中华人民共和国公司法》，对人民法院在审理相关的民事纠纷案

① 编者注：已被修改。

件中,具体适用公司法的有关问题规定如下:

第一条 公司法实施后,人民法院尚未审结的和新受理的民事案件,其民事行为或事件发生在公司法实施以前的,适用当时的法律法规和司法解释。

第二条 因公司法实施前有关民事行为或者事件发生纠纷起诉到人民法院的,如当时的法律法规和司法解释没有明确规定时,可参照适用公司法的有关规定。

第三条 原告以公司法第二十二条第二款、第七十五条第二款规定事由,向人民法院提起诉讼时,超过公司法规定期限的,人民法院不予受理。

第四条 公司法第一百五十二条规定的180日以上连续持股期间,应为股东向人民法院提起诉讼时,已期满的持股时间;规定的合计持有公司百分之一以上股份,是指两个以上股东持股份额的合计。

第五条 人民法院对公司法实施前已经终审的案件依法进行再审时,不适用公司法的规定。

第六条 本规定自2006年5月9日起实施。

最高人民法院关于适用《中华人民共和国公司法》若干问题的规定(二)①

(2008年5月5日最高人民法院审判委员会第1447次会议通过 2008年5月12日最高人民法院公告公布 自2008年5月19日起施行 法释〔2008〕6号)

为正确适用《中华人民共和国公司法》,结合审判实践,就人民法院审理公司解散和清算案件适用法律问题作出如下规定。

第一条 单独或者合计持有公司全部股东表决权百分之十以上的股东,以下列事由之一提起解散公司诉讼,并符合公司法第一百八十三条规定的,人民法院应予受理:

(一)公司持续两年以上无法召开股东会或者股东大会,公司经营管理发生严重困难的;

(二)股东表决时无法达到法定或者公司章程规定的比例,持续两年以上不能做出有效的股东会或者股东大会决议,公司经营管理发生严重困难的;

(三)公司董事长期冲突,且无法通过股东会或者股东大会解决,公司经营管理发生严重困难的;

(四)经营管理发生其他严重困难,公司继续存续会使股东利益受到重大损失的情形。

股东以知情权、利润分配请求权等权益受到损害,或者公司亏损、财产不足以偿还全部债务,以及公司被吊销企业法人营业执照未进行清算等为由,提起解散公司诉讼的,人民法院不予受理。

第二条 股东提起解散公司诉讼,同时又申请人民法院对公司进行清算的,人民法院对其提出的清算申请不予受理。人民法院可以告知原告,在人民法院判决解散公司后,依据公司法第一百八十四条和本规定第七条的规定,自行组织清算或者另行申请人民法院对公司进行清算。

第三条 股东提起解散公司诉讼时,向人民法院申请财产保全或者证据保全的,在股东提供担保且不影响公司正常经营的情形下,人民法院可予以保全。

第四条 股东提起解散公司诉讼应当以公司为被告。

原告以其他股东为被告一并提起诉讼的,人民法院应当告知原告将其他股东变更为第三人;原告坚持不予变更的,人民法院应当驳回原告对其他股东的起诉。

原告提起解散公司诉讼应当告知其他股东,或者由人民法院通知其参加诉讼。其他股东或者有关利害关系人申请以共同原告或者第三人身份参加诉讼的,人民法院应予准许。

第五条 人民法院审理解散公司诉讼案件,应当注重调解。当事人协商同意由公司或者股东收购股份,或者以减资等方式使公司存续,且不违反法律、行政法规强制性规定的,人民法院应予支持。当事人不能协商一致使公司存续的,

① 编者注:已被修改。

人民法院应当及时判决。

经人民法院调解公司收购原告股份的，公司应当自调解书生效之日起六个月内将股份转让或者注销。股份转让或者注销之前，原告不得以公司收购其股份为由对抗公司债权人。

第六条 人民法院关于解散公司诉讼作出的判决，对公司全体股东具有法律约束力。

人民法院判决驳回解散公司诉讼请求后，提起该诉讼的股东或者其他股东又以同一事实和理由提起解散公司诉讼的，人民法院不予受理。

第七条 公司应当依照公司法第一百八十四条的规定，在解散事由出现之日起十五日内成立清算组，开始自行清算。

有下列情形之一，债权人申请人民法院指定清算组进行清算的，人民法院应予受理：

（一）公司解散逾期不成立清算组进行清算的；

（二）虽然成立清算组但故意拖延清算的；

（三）违法清算可能严重损害债权人或者股东利益的。

具有本条第二款所列情形，而债权人未提起清算申请，公司股东申请人民法院指定清算组对公司进行清算的，人民法院应予受理。

第八条 人民法院受理公司清算案件，应当及时指定有关人员组成清算组。

清算组成员可以从下列人员或者机构中产生：

（一）公司股东、董事、监事、高级管理人员；

（二）依法设立的律师事务所、会计师事务所、破产清算事务所等社会中介机构；

（三）依法设立的律师事务所、会计师事务所、破产清算事务所等社会中介机构中具备相关专业知识并取得执业资格的人员。

第九条 人民法院指定的清算组成员有下列情形之一的，人民法院可以根据债权人、股东的申请，或者依职权更换清算组成员：

（一）有违反法律或者行政法规的行为；

（二）丧失执业能力或者民事行为能力；

（三）有严重损害公司或者债权人利益的行为。

第十条 公司依法清算结束并办理注销登记前，有关公司的民事诉讼，应当以公司的名义进行。

公司成立清算组的，由清算组负责人代表公司参加诉讼；尚未成立清算组的，由原法定代表人代表公司参加诉讼。

第十一条 公司清算时，清算组应当按照公司法第一百八十六条的规定，将公司解散清算事宜书面通知全体已知债权人，并根据公司规模和营业地域范围在全国或者公司注册登记地省级有影响的报纸上进行公告。

清算组未按照前款规定履行通知和公告义务，导致债权人未及时申报债权而未获清偿，债权人主张清算组成员对因此造成的损失承担赔偿责任的，人民法院应依法予以支持。

第十二条 公司清算时，债权人对清算组核定的债权有异议的，可以要求清算组重新核定。清算组不予重新核定，或者债权人对重新核定的债权仍有异议，债权人以公司为被告向人民法院提起诉讼请求确认的，人民法院应予受理。

第十三条 债权人在规定的期限内未申报债权，在公司清算程序终结前补充申报的，清算组应予登记。

公司清算程序终结，是指清算报告经股东会、股东大会或者人民法院确认完毕。

第十四条 债权人补充申报的债权，可以在公司尚未分配财产中依法清偿。公司尚未分配财产不能全额清偿，债权人主张股东以其在剩余财产分配中已经取得的财产予以清偿的，人民法院应予支持；但债权人因重大过错未在规定期限内申报债权的除外。

债权人或者清算组，以公司尚未分配财产和股东在剩余财产分配中已经取得的财产，不能全额清偿补充申报的债权为由，向人民法院提出破产清算申请的，人民法院不予受理。

第十五条 公司自行清算的，清算方案应当报股东会或者股东大会决议确认；人民法院组织清算的，清算方案应当报人民法院确认。未经确认的清算方案，清算组不得执行。

执行未经确认的清算方案给公司或者债权人造成损失，公司、股东或者债权人主张清算组成员承担赔偿责任的，人民法院应依法予以支持。

第十六条 人民法院组织清算的，清算组应当自成立之日起六个月内清算完毕。

因特殊情况无法在六个月内完成清算的，清算组应当向人民法院申请延长。

第十七条 人民法院指定的清算组在清理公司财产、编制资产负债表和财产清单时，发现公司财产不足清偿债务的，可以与债权人协商制作有关债务清偿方案。

债务清偿方案经全体债权人确认且不损害其他利害关系人利益的，人民法院可依清算组的申请裁定予以认可。清算组依据该清偿方案清偿债务后，应当向人民法院申请裁定终结清算程序。

债权人对债务清偿方案不予确认或者人民法院不予认可的，清算组应当依法向人民法院申请宣告破产。

第十八条 有限责任公司的股东、股份有限公司的董事和控股股东未在法定期限内成立清算组开始清算，导致公司财产贬值、流失、毁损或者灭失，债权人主张其在造成损失范围内对公司债务承担赔偿责任的，人民法院应依法予以支持。

有限责任公司的股东、股份有限公司的董事和控股股东因怠于履行义务，导致公司主要财产、账册、重要文件等灭失，无法进行清算，债权人主张其对公司债务承担连带清偿责任的，人民法院应依法予以支持。

上述情形系实际控制人原因造成，债权人主张实际控制人对公司债务承担相应民事责任的，人民法院应依法予以支持。

第十九条 有限责任公司的股东、股份有限公司的董事和控股股东，以及公司的实际控制人在公司解散后，恶意处置公司财产给债权人造成损失，或者未经依法清算，以虚假的清算报告骗取公司登记机关办理法人注销登记，债权人主张其对公司债务承担相应赔偿责任的，人民法院应依法予以支持。

第二十条 公司解散应当在依法清算完毕后，申请办理注销登记。公司未经清算即办理注销登记，导致公司无法进行清算，债权人主张有限责任公司的股东、股份有限公司的董事和控股股东，以及公司的实际控制人对公司债务承担清偿责任的，人民法院应依法予以支持。

公司未经依法清算即办理注销登记，股东或者第三人在公司登记机关办理注销登记时承诺对公司债务承担责任，债权人主张其对公司债务承担相应民事责任的，人民法院应依法予以支持。

第二十一条 有限责任公司的股东、股份有限公司的董事和控股股东，以及公司的实际控制人为二人以上的，其中一人或者数人按照本规定第十八条和第二十条第一款的规定承担民事责任后，主张其他人员按照过错大小分担责任的，人民法院应依法予以支持。

第二十二条 公司解散时，股东尚未缴纳的出资均应作为清算财产。股东尚未缴纳的出资，包括到期应缴未缴的出资，以及依照公司法第二十六条和第八十一条的规定分期缴纳尚未届满缴纳期限的出资。

公司财产不足以清偿债务时，债权人主张未缴出资股东，以及公司设立时的其他股东或者发起人在未缴出资范围内对公司债务承担连带清偿责任的，人民法院应依法予以支持。

第二十三条 清算组成员从事清算事务时，违反法律、行政法规或者公司章程给公司或者债权人造成损失，公司或者债权人主张其承担赔偿责任的，人民法院应依法予以支持。

有限责任公司的股东、股份有限公司连续一百八十日以上单独或者合计持有公司百分之一以上股份的股东，依据公司法第一百五十二条第三款的规定，以清算组成员有前款所述行为为由向人民法院提起诉讼的，人民法院应予受理。

公司已经清算完毕注销，上述股东参照公司法第一百五十二条第三款的规定，直接以清算组成员为被告、其他股东为第三人向人民法院提起诉讼的，人民法院应予受理。

第二十四条 解散公司诉讼案件和公司清算案件由公司住所地人民法院管辖。公司住所地是指公司主要办事机构所在地。公司办事机构所在地不明确的，由其注册地人民法院管辖。

基层人民法院管辖县、县级市或者区的公司登记机关核准登记公司的解散诉讼案件和公司清算案件；中级人民法院管辖地区、地级市以上的公司登记机关核准登记公司的解散诉讼案件和公司清算案件。

最高人民法院关于适用《中华人民共和国公司法》若干问题的规定(三)①

(2010年12月6日最高人民法院审判委员会第1504次会议通过 2011年1月27日最高人民法院公告公布 自2011年2月16日起施行 法释〔2011〕3号)

为正确适用《中华人民共和国公司法》,结合审判实践,就人民法院审理公司设立、出资、股权确认等纠纷案件适用法律问题作出如下规定。

第一条 为设立公司而签署公司章程、向公司认购出资或者股份并履行公司设立职责的人,应当认定为公司的发起人,包括有限责任公司设立时的股东。

第二条 发起人为设立公司以自己名义对外签订合同,合同相对人请求该发起人承担合同责任的,人民法院应予支持。

公司成立后对前款规定的合同予以确认,或者已经实际享有合同权利或者履行合同义务,合同相对人请求公司承担合同责任的,人民法院应予支持。

第三条 发起人以设立中公司名义对外签订合同,公司成立后合同相对人请求公司承担合同责任的,人民法院应予支持。

公司成立后有证据证明发起人利用设立中公司的名义为自己的利益与相对人签订合同,公司以此为由主张不承担合同责任的,人民法院应予支持,但相对人为善意的除外。

第四条 公司因故未成立,债权人请求全体或者部分发起人对设立公司行为所产生的费用和债务承担连带清偿责任的,人民法院应予支持。

部分发起人依照前款规定承担责任后,请求其他发起人分担的,人民法院应当判令其他发起人按照约定的责任承担比例分担责任;没有约定责任承担比例的,按照约定的出资比例分担责任;没有约定出资比例的,按照均等份额分担责任。

因部分发起人的过错导致公司未成立,其他发起人主张其承担设立行为所产生的费用和债务的,人民法院应当根据过错情况,确定过错一方的责任范围。

第五条 发起人因履行公司设立职责造成他人损害,公司成立后受害人请求公司承担侵权赔偿责任的,人民法院应予支持;公司未成立,受害人请求全体发起人承担连带赔偿责任的,人民法院应予支持。

公司或者无过错的发起人承担赔偿责任后,可以向有过错的发起人追偿。

第六条 股份有限公司的认股人未按期缴纳所认股份的股款,经公司发起人催缴后在合理期间内仍未缴纳,公司发起人对该股份另行募集的,人民法院应当认定该募集行为有效。认股人延期缴纳股款给公司造成损失,公司请求该认股人承担赔偿责任的,人民法院应予支持。

第七条 出资人以不享有处分权的财产出资,当事人之间对于出资行为效力产生争议的,人民法院可以参照物权法第一百零六条的规定予以认定。

以贪污、受贿、侵占、挪用等违法犯罪所得的货币出资后取得股权的,对违法犯罪行为予以追究、处罚时,应当采取拍卖或者变卖的方式处置其股权。

第八条 出资人以划拨土地使用权出资,或者以设定权利负担的土地使用权出资,公司、其他股东或者公司债权人主张认定出资人未履行出资义务的,人民法院应当责令当事人在指定的合理期间内办理土地变更手续或者解除权利负担;逾期未办理或者未解除的,人民法院应当认定出资人未依法全面履行出资义务。

第九条 出资人以非货币财产出资,未依法评估作价,公司、其他股东或者公司债权人请求认定出资人未履行出资义务的,人民法院应当委托具有合法资格的评估机构对该财产评估作价。评估确定的价额显著低于公司章程所定价额的,人民法院应当认定出资人未依法全面履行出资义务。

第十条 出资人以房屋、土地使用权或者需

① 编者注:已被修改。

要办理权属登记的知识产权等财产出资,已经交付公司使用但未办理权属变更手续,公司、其他股东或者公司债权人主张认定出资人未履行出资义务的,人民法院应当责令当事人在指定的合理期间内办理权属变更手续;在前述期间内办理了权属变更手续的,人民法院应当认定其已经履行了出资义务;出资人主张自其实际交付财产给公司使用时享有相应股东权利的,人民法院应予支持。

出资人以前款规定的财产出资,已经办理权属变更手续但未交付给公司使用,公司或者其他股东主张其向公司交付、并在实际交付之前不享有相应股东权利的,人民法院应予支持。

第十一条 出资人以其他公司股权出资,符合下列条件的,人民法院应当认定出资人已履行出资义务:

(一)出资的股权由出资人合法持有并依法可以转让;

(二)出资的股权无权利瑕疵或者权利负担;

(三)出资人已履行关于股权转让的法定手续;

(四)出资的股权已依法进行了价值评估。

股权出资不符合前款第(一)、(二)、(三)项的规定,公司、其他股东或者公司债权人请求认定出资人未履行出资义务的,人民法院应当责令该出资人在指定的合理期间内采取补正措施,以符合上述条件;逾期未补正的,人民法院应当认定其未依法全面履行出资义务。

股权出资不符合本条第一款第(四)项的规定,公司、其他股东或者公司债权人请求认定出资人未履行出资义务的,人民法院应当按照本规定第九条的规定处理。

第十二条 公司成立后,公司、股东或者公司债权人以相关股东的行为符合下列情形之一且损害公司权益为由,请求认定该股东抽逃出资的,人民法院应予支持:

(一)将出资款项转入公司账户验资后又转出;

(二)通过虚构债权债务关系将其出资转出;

(三)制作虚假财务会计报表虚增利润进行分配;

(四)利用关联交易将出资转出;

(五)其他未经法定程序将出资抽回的行为。

第十三条 股东未履行或者未全面履行出资义务,公司或者其他股东请求其向公司依法全面履行出资义务的,人民法院应予支持。

公司债权人请求未履行或者未全面履行出资义务的股东在未出资本息范围内对公司债务不能清偿的部分承担补充赔偿责任的,人民法院应予支持;未履行或者未全面履行出资义务的股东已经承担上述责任,其他债权人提出相同请求的,人民法院不予支持。

股东在公司设立时未履行或者未全面履行出资义务,依照本条第一款或者第二款提起诉讼的原告,请求公司的发起人与被告股东承担连带责任的,人民法院应予支持;公司的发起人承担责任后,可以向被告股东追偿。

股东在公司增资时未履行或者未全面履行出资义务,依照本条第一款或者第二款提起诉讼的原告,请求未尽公司法第一百四十八条第一款规定的义务而使出资未缴足的董事、高级管理人员承担相应责任的,人民法院应予支持;董事、高级管理人员承担责任后,可以向被告股东追偿。

第十四条 股东抽逃出资,公司或者其他股东请求其向公司返还出资本息、协助抽逃出资的其他股东、董事、高级管理人员或者实际控制人对此承担连带责任的,人民法院应予支持。

公司债权人请求抽逃出资的股东在抽逃出资本息范围内对公司债务不能清偿的部分承担补充赔偿责任、协助抽逃出资的其他股东、董事、高级管理人员或者实际控制人对此承担连带责任的,人民法院应予支持;抽逃出资的股东已经承担上述责任,其他债权人提出相同请求的,人民法院不予支持。

第十五条 第三人代垫资金协助发起人设立公司,双方明确约定在公司验资后或者在公司成立后将该发起人的出资抽回以偿还该第三人,发起人依照前述约定抽回出资偿还第三人后又不能补足出资,相关权利人请求第三人连带承担发起人因抽回出资而产生的相应责任的,人民法院应予支持。

第十六条 出资人以符合法定条件的非货币财产出资后,因市场变化或者其他客观因素导致出资财产贬值,公司、其他股东或者公司债权人请求该出资人承担补足出资责任的，人民法院不予支持。但是，当事人另有约定的除外。

第十七条　股东未履行或者未全面履行出资义务或者抽逃出资，公司根据公司章程或者股东会决议对其利润分配请求权、新股优先认购权、剩余财产分配请求权等股东权利作出相应的合理限制，该股东请求认定该限制无效的，人民法院不予支持。

第十八条　有限责任公司的股东未履行出资义务或者抽逃全部出资，经公司催告缴纳或者返还，其在合理期间内仍未缴纳或者返还出资，公司以股东会决议解除该股东的股东资格，该股东请求确认该解除行为无效的，人民法院不予支持。

在前款规定的情形下，人民法院在判决时应当释明，公司应当及时办理法定减资程序或者由其他股东或者第三人缴纳相应的出资。在办理法定减资程序或者其他股东或者第三人缴纳相应的出资之前，公司债权人依照本规定第十三条或者第十四条请求相关当事人承担相应责任的，人民法院应予支持。

第十九条　有限责任公司的股东未履行或者未全面履行出资义务即转让股权，受让人对此知道或者应当知道，公司请求该股东履行出资义务、受让人对此承担连带责任的，人民法院应予支持；公司债权人依照本规定第十三条第二款向该股东提起诉讼，同时请求前述受让人对此承担连带责任的，人民法院应予支持。

受让人根据前款规定承担责任后，向该未履行或者未全面履行出资义务的股东追偿的，人民法院应予支持。但是，当事人另有约定的除外。

第二十条　公司股东未履行或者未全面履行出资义务或者抽逃出资，公司或者其他股东请求其向公司全面履行出资义务或者返还出资，被告股东以诉讼时效为由进行抗辩的，人民法院不予支持。

公司债权人的债权未过诉讼时效期间，其依照本规定第十三条第二款、第十四条第二款的规定请求未履行或者未全面履行出资义务或者抽逃出资的股东承担赔偿责任，被告股东以出资义务或者返还出资义务超过诉讼时效期间为由进行抗辩的，人民法院不予支持。

第二十一条　当事人之间对是否已履行出资义务发生争议，原告提供对股东履行出资义务产生合理怀疑证据的，被告股东应当就其已履行出资义务承担举证责任。

第二十二条　当事人向人民法院起诉请求确认其股东资格的，应当以公司为被告，与案件争议股权有利害关系的人作为第三人参加诉讼。

第二十三条　当事人之间对股权归属发生争议，一方请求人民法院确认其享有股权的，应当证明以下事实之一：

（一）已经依法向公司出资或者认缴出资，且不违反法律法规强制性规定；

（二）已经受让或者以其他形式继受公司股权，且不违反法律法规强制性规定。

第二十四条　当事人依法履行出资义务或者依法继受取得股权后，公司未根据公司法第三十二条、第三十三条的规定签发出资证明书、记载于股东名册并办理公司登记机关登记，当事人请求公司履行上述义务的，人民法院应予支持。

第二十五条　有限责任公司的实际出资人与名义出资人订立合同，约定由实际出资人出资并享有投资权益，以名义出资人为名义股东，实际出资人与名义股东对该合同效力发生争议的，如无合同法第五十二条规定的情形，人民法院应当认定该合同有效。

前款规定的实际出资人与名义股东因投资权益的归属发生争议，实际出资人以其实际履行了出资义务为由向名义股东主张权利的，人民法院应予支持。名义股东以公司股东名册记载、公司登记机关登记为由否认实际出资人权利的，人民法院不予支持。

实际出资人未经公司其他股东半数以上同意，请求公司变更股东、签发出资证明书、记载于股东名册、记载于公司章程并办理公司登记机关登记的，人民法院不予支持。

第二十六条　名义股东将登记于其名下的股权转让、质押或者以其他方式处分，实际出资人以其对于股权享有实际权利为由，请求认定处分股权行为无效的，人民法院可以参照物权法第一百零六条的规定处理。

名义股东处分股权造成实际出资人损失，实

际出资人请求名义股东承担赔偿责任的，人民法院应予支持。

第二十七条 公司债权人以登记于公司登记机关的股东未履行出资义务为由，请求其对公司债务不能清偿的部分在未出资本息范围内承担补充赔偿责任，股东以其仅为名义股东而非实际出资人为由进行抗辩的，人民法院不予支持。

名义股东根据前款规定承担赔偿责任后，向实际出资人追偿的，人民法院应予支持。

第二十八条 股权转让后尚未向公司登记机关办理变更登记，原股东将仍登记于其名下的股权转让、质押或者以其他方式处分，受让股东以其对于股权享有实际权利为由，请求认定处分股权行为无效的，人民法院可以参照物权法第一百零六条的规定处理。

原股东处分股权造成受让股东损失，受让股东请求原股东承担赔偿责任、对于未及时办理变更登记有过错的董事、高级管理人员或者实际控制人承担相应责任的，人民法院应予支持；受让股东对于未及时办理变更登记也有过错的，可以适当减轻上述董事、高级管理人员或者实际控制人的责任。

第二十九条 冒用他人名义出资并将该他人作为股东在公司登记机关登记的，冒名登记行为人应当承担相应责任；公司、其他股东或者公司债权人以未履行出资义务为由，请求被冒名登记为股东的承担补足出资责任或者对公司债务不能清偿部分的赔偿责任的，人民法院不予支持。

最高人民法院关于修改关于适用《中华人民共和国公司法》若干问题的规定的决定

（2014年2月17日最高人民法院审判委员会第1607次会议通过　2014年2月20日最高人民法院公告公布　自2014年3月1日起施行　法释〔2014〕2号）

根据2013年12月28日第十二届全国人民代表大会常务委员会第六次会议的决定和修改后重新公布的《中华人民共和国公司法》，最高人民法院审判委员会第1607次会议决定：

一、《最高人民法院关于适用〈中华人民共和国公司法〉若干问题的规定（一）》（法释〔2006〕3号，以下简称《规定（一）》）第三条中的“第七十五条”修改为“第七十四条”。

二、《规定（一）》第四条中的“第一百五十二条”修改为“第一百五十一条”。

三、《最高人民法院关于适用〈中华人民共和国公司法〉若干问题的规定（二）》（法释〔2008〕6号，以下简称《规定（二）》）第一条第一款中的“第一百八十三条”修改为“第一百八十二条”。

四、《规定（二）》第二条、第七条第一款中的“第一百八十四条”修改为“第一百八十三条”。

五、《规定（二）》第十一条中的“第一百八十六条”修改为“第一百八十五条”。

六、《规定（二）》第二十二条第一款中的“第八十一条”修改为“第八十条”。

七、《规定（二）》第二十三条第二款、第三款中的“第一百五十二条”修改为“第一百五十一条”。

八、删去《最高人民法院关于适用〈中华人民共和国公司法〉若干问题的规定（三）》（法释〔2011〕3号，以下简称《规定（三）》）第十二条第一项，并将该条修改为“公司成立后，公司、股东或者公司债权人以相关股东的行为符合下列情形之一且损害公司权益为由，请求认定该股东抽逃出资的，人民法院应予支持：（一）制作虚假财务会计报表虚增利润进行分配；（二）通过虚构债权债务关系将其出资转出；（三）利用关联交易将出资转出；（四）其他未经法定程序将出资抽回的行为。”

九、《规定（三）》第十三条第四款中的“第一百四十八条”修改为“第一百四十七条”。

十、删去《规定（三）》第十五条。

十一、《规定（三）》第二十四条改为第二十三条。该条中的“第三十二条、第三十三条”修改为“第三十一条、第三十二条”。

十二、对《规定（三）》条文顺序作相应调整。

十三、本决定施行后尚未终审的股东出资相关纠纷案件，适用本决定；本决定施行前已经终审的，当事人申请再审或者按照审判监督程序决定再审的，不适用本决定。

《规定(一)》《规定(二)》《规定(三)》根据本决定作相应修改，重新公布。

最高人民法院关于适用《中华人民共和国公司法》若干问题的规定(一)

(2006年3月27日最高人民法院审判委员会第1382次会议通过　根据2014年2月17日最高人民法院审判委员会第1607次会议《关于修改关于适用〈中华人民共和国公司法〉若干问题的规定的决定》修正)

为正确适用2005年10月27日十届全国人大常委会第十八次会议修订的《中华人民共和国公司法》，对人民法院在审理相关的民事纠纷案件中，具体适用公司法的有关问题规定如下：

第一条　公司法实施后，人民法院尚未审结的和新受理的民事案件，其民事行为或事件发生在公司法实施以前的，适用当时的法律法规和司法解释。

第二条　因公司法实施前有关民事行为或者事件发生纠纷起诉到人民法院的，如当时的法律法规和司法解释没有明确规定时，可参照适用公司法的有关规定。

第三条　原告以公司法第二十二条第二款、第七十四条第二款规定事由，向人民法院提起诉讼时，超过公司法规定期限的，人民法院不予受理。

第四条　公司法第一百五十一条规定的180日以上连续持股期间，应为股东向人民法院提起诉讼时，已期满的持股时间；规定的合计持有公司百分之一以上股份，是指两个以上股东持股份额的合计。

第五条　人民法院对公司法实施前已经终审的案件依法进行再审时，不适用公司法的规定。

第六条　本规定自公布之日起实施。

最高人民法院关于适用《中华人民共和国公司法》若干问题的规定(二)

(2008年5月5日最高人民法院审判委员会第1447次会议通过　根据2014年2月17日最高人民法院审判委员会第1607次会议《关于修改关于适用〈中华人民共和国公司法〉若干问题的规定的决定》修正)

为正确适用《中华人民共和国公司法》，结合审判实践，就人民法院审理公司解散和清算案件适用法律问题作出如下规定。

第一条　单独或者合计持有公司全部股东表决权百分之十以上的股东，以下列事由之一提起解散公司诉讼，并符合公司法第一百八十二条规定的，人民法院应予受理：

(一)公司持续两年以上无法召开股东会或者股东大会，公司经营管理发生严重困难的；

(二)股东表决时无法达到法定或者公司章程规定的比例，持续两年以上不能做出有效的股东会或者股东大会决议，公司经营管理发生严重困难的；

(三)公司董事长期冲突，且无法通过股东会或者股东大会解决，公司经营管理发生严重困难的；

(四)经营管理发生其他严重困难，公司继续存续会使股东利益受到重大损失的情形。

股东以知情权、利润分配请求权等权益受到损害，或者公司亏损、财产不足以偿还全部债务，以及公司被吊销企业法人营业执照未进行清算等为由，提起解散公司诉讼的，人民法院不予受理。

第二条　股东提起解散公司诉讼，同时又申请人民法院对公司进行清算的，人民法院对其提出的清算申请不予受理。人民法院可以告知原告，在人民法院判决解散公司后，依据公司法第一百八十三条和本规定第七条的规定，自行组织清算或者另行申请人民法院对公司进行清算。

第三条　股东提起解散公司诉讼时，向人民法院申请财产保全或者证据保全的，在股东提供担保且不影响公司正常经营的情形下，人民法院可予以保全。

第四条 股东提起解散公司诉讼应当以公司为被告。

原告以其他股东为被告一并提起诉讼的，人民法院应当告知原告将其他股东变更为第三人；原告坚持不予变更的，人民法院应当驳回原告对其他股东的起诉。

原告提起解散公司诉讼应当告知其他股东，或者由人民法院通知其参加诉讼。其他股东或者有关利害关系人申请以共同原告或者第三人身份参加诉讼的，人民法院应予准许。

第五条 人民法院审理解散公司诉讼案件，应当注重调解。当事人协商同意由公司或者股东收购股份，或者以减资等方式使公司存续，且不违反法律、行政法规强制性规定的，人民法院应予支持。当事人不能协商一致使公司存续的，人民法院应当及时判决。

经人民法院调解公司收购原告股份的，公司应当自调解书生效之日起六个月内将股份转让或者注销。股份转让或者注销之前，原告不得以公司收购其股份为由对抗公司债权人。

第六条 人民法院关于解散公司诉讼作出的判决，对公司全体股东具有法律约束力。

人民法院判决驳回解散公司诉讼请求后，提起该诉讼的股东或者其他股东又以同一事实和理由提起解散公司诉讼的，人民法院不予受理。

第七条 公司应当依照公司法第一百八十三条的规定，在解散事由出现之日起十五日内成立清算组，开始自行清算。

有下列情形之一，债权人申请人民法院指定清算组进行清算的，人民法院应予受理：

（一）公司解散逾期不成立清算组进行清算的；

（二）虽然成立清算组但故意拖延清算的；

（三）违法清算可能严重损害债权人或者股东利益的。

具有本条第二款所列情形，而债权人未提起清算申请，公司股东申请人民法院指定清算组对公司进行清算的，人民法院应予受理。

第八条 人民法院受理公司清算案件，应当及时指定有关人员组成清算组。

清算组成员可以从下列人员或者机构中产生：

（一）公司股东、董事、监事、高级管理人员；

（二）依法设立的律师事务所、会计师事务所、破产清算事务所等社会中介机构；

（三）依法设立的律师事务所、会计师事务所、破产清算事务所等社会中介机构中具备相关专业知识并取得执业资格的人员。

第九条 人民法院指定的清算组成员有卜列情形之一的，人民法院可以根据债权人、股东的申请，或者依职权更换清算组成员：

（一）有违反法律或者行政法规的行为；

（二）丧失执业能力或者民事行为能力；

（三）有严重损害公司或者债权人利益的行为。

第十条 公司依法清算结束并办理注销登记前，有关公司的民事诉讼，应当以公司的名义进行。

公司成立清算组的，由清算组负责人代表公司参加诉讼；尚未成立清算组的，由原法定代表人代表公司参加诉讼。

第十一条 公司清算时，清算组应当按照公司法第一百八十五条的规定，将公司解散清算事宜书面通知全体已知债权人，并根据公司规模和营业地域范围在全国或者公司注册登记地省级有影响的报纸上进行公告。

清算组未按照前款规定履行通知和公告义务，导致债权人未及时申报债权而未获清偿，债权人主张清算组成员对因此造成的损失承担赔偿责任的，人民法院应依法予以支持。

第十二条 公司清算时，债权人对清算组核定的债权有异议的，可以要求清算组重新核定。清算组不予重新核定，或者债权人对重新核定的债权仍有异议，债权人以公司为被告向人民法院提起诉讼请求确认的，人民法院应予受理。

第十三条 债权人在规定的期限内未申报债权，在公司清算程序终结前补充申报的，清算组应予登记。

公司清算程序终结，是指清算报告经股东会、股东大会或者人民法院确认完毕。

第十四条 债权人补充申报的债权，可以在公司尚未分配财产中依法清偿。公司尚未分配财产不能全额清偿，债权人主张股东以其在剩余财产分配中已经取得的财产予以清偿的，人民法院应予支持；但债权人因重大过错未在规定期限内申报债权的除外。

债权人或者清算组，以公司尚未分配财产和股东在剩余财产分配中已经取得的财产，不能全额清偿补充申报的债权为由，向人民法院提出破产清算申请的，人民法院不予受理。

第十五条 公司自行清算的，清算方案应当报股东会或者股东大会决议确认；人民法院组织清算的，清算方案应当报人民法院确认。未经确认的清算方案，清算组不得执行。

执行未经确认的清算方案给公司或者债权人造成损失，公司、股东或者债权人主张清算组成员承担赔偿责任的，人民法院应依法予以支持。

第十六条 人民法院组织清算的，清算组应当自成立之日起六个月内清算完毕。

因特殊情况无法在六个月内完成清算的，清算组应当向人民法院申请延长。

第十七条 人民法院指定的清算组在清理公司财产、编制资产负债表和财产清单时，发现公司财产不足清偿债务的，可以与债权人协商制作有关债务清偿方案。

债务清偿方案经全体债权人确认且不损害其他利害关系人利益的，人民法院可依清算组的申请裁定予以认可。清算组依据该清偿方案清偿债务后，应当向人民法院申请裁定终结清算程序。

债权人对债务清偿方案不予确认或者人民法院不予认可的，清算组应当依法向人民法院申请宣告破产。

第十八条 有限责任公司的股东、股份有限公司的董事和控股股东未在法定期限内成立清算组开始清算，导致公司财产贬值、流失、毁损或者灭失，债权人主张其在造成损失范围内对公司债务承担赔偿责任的，人民法院应依法予以支持。

有限责任公司的股东、股份有限公司的董事和控股股东因怠于履行义务，导致公司主要财产、账册、重要文件等灭失，无法进行清算，债权人主张其对公司债务承担连带清偿责任的，人民法院应依法予以支持。

上述情形系实际控制人原因造成，债权人主张实际控制人对公司债务承担相应民事责任的，人民法院应依法予以支持。

第十九条 有限责任公司的股东、股份有限公司的董事和控股股东，以及公司的实际控制人在公司解散后，恶意处置公司财产给债权人造成损失，或者未经依法清算，以虚假的清算报告骗取公司登记机关办理法人注销登记，债权人主张其对公司债务承担相应赔偿责任的，人民法院应依法予以支持。

第二十条 公司解散应当在依法清算完毕后，申请办理注销登记。公司未经清算即办理注销登记，导致公司无法进行清算，债权人主张有限责任公司的股东、股份有限公司的董事和控股股东，以及公司的实际控制人对公司债务承担清偿责任的，人民法院应依法予以支持。

公司未经依法清算即办理注销登记，股东或者第三人在公司登记机关办理注销登记时承诺对公司债务承担责任，债权人主张其对公司债务承担相应民事责任的，人民法院应依法予以支持。

第二十一条 有限责任公司的股东、股份有限公司的董事和控股股东，以及公司的实际控制人为二人以上的，其中一人或者数人按照本规定第十八条和第二十条第一款的规定承担民事责任后，主张其他人员按照过错大小分担责任的，人民法院应依法予以支持。

第二十二条 公司解散时，股东尚未缴纳的出资均应作为清算财产。股东尚未缴纳的出资，包括到期应缴未缴的出资，以及依照公司法第二十六条和第八十条的规定分期缴纳尚未届满缴纳期限的出资。

公司财产不足以清偿债务时，债权人主张未缴出资股东，以及公司设立时的其他股东或者发起人在未缴出资范围内对公司债务承担连带清偿责任的，人民法院应依法予以支持。

第二十三条 清算组成员从事清算事务时，违反法律、行政法规或者公司章程给公司或者债权人造成损失，公司或者债权人主张其承担赔偿责任的，人民法院应依法予以支持。

有限责任公司的股东、股份有限公司连续一百八十日以上单独或者合计持有公司百分之一以上股份的股东，依据公司法第一百五十一条第三款的规定，以清算组成员有前款所述行为为由向人民法院提起诉讼的，人民法院应予受理。

公司已经清算完毕注销，上述股东参照公司法第一百五十一条第三款的规定，直接以清算组成员为被告、其他股东为第三人向人民法院提起诉讼的，人民法院应予受理。

第二十四条 解散公司诉讼案件和公司清算案件由公司住所地人民法院管辖。公司住所地是指公司主要办事机构所在地。公司办事机构所在地不明确的，由其注册地人民法院管辖。

基层人民法院管辖县、县级市或者区的公司登记机关核准登记公司的解散诉讼案件和公司清算案件；中级人民法院管辖地区、地级市以上的公司登记机关核准登记公司的解散诉讼案件和公司清算案件。

最高人民法院关于适用《中华人民共和国公司法》若干问题的规定（三）

（2010年12月6日最高人民法院审判委员会第1504次会议通过　根据2014年2月17日最高人民法院审判委员会第1607次会议《关于修改关于适用〈中华人民共和国公司法〉若干问题的规定的决定》修正）

为正确适用《中华人民共和国公司法》，结合审判实践，就人民法院审理公司设立、出资、股权确认等纠纷案件适用法律问题作出如下规定。

第一条 为设立公司而签署公司章程、向公司认购出资或者股份并履行公司设立职责的人，应当认定为公司的发起人，包括有限责任公司设立时的股东。

第二条 发起人为设立公司以自己名义对外签订合同，合同相对人请求该发起人承担合同责任的，人民法院应予支持。

公司成立后对前款规定的合同予以确认，或者已经实际享有合同权利或者履行合同义务，合同相对人请求公司承担合同责任的，人民法院应予支持。

第三条 发起人以设立中公司名义对外签订合同，公司成立后合同相对人请求公司承担合同责任的，人民法院应予支持。

公司成立后有证据证明发起人利用设立中公司的名义为自己的利益与相对人签订合同，公司以此为由主张不承担合同责任的，人民法院应予支持，但相对人为善意的除外。

第四条 公司因故未成立，债权人请求全体或者部分发起人对设立公司行为所产生的费用和债务承担连带清偿责任的，人民法院应予支持。

部分发起人依照前款规定承担责任后，请求其他发起人分担的，人民法院应当判令其他发起人按照约定的责任承担比例分担责任；没有约定责任承担比例的，按照约定的出资比例分担责任；没有约定出资比例的，按照均等份额分担责任。

因部分发起人的过错导致公司未成立，其他发起人主张其承担设立行为所产生的费用和债务的，人民法院应当根据过错情况，确定过错一方的责任范围。

第五条 发起人因履行公司设立职责造成他人损害，公司成立后受害人请求公司承担侵权赔偿责任的，人民法院应予支持；公司未成立，受害人请求全体发起人承担连带赔偿责任的，人民法院应予支持。

公司或者无过错的发起人承担赔偿责任后，可以向有过错的发起人追偿。

第六条 股份有限公司的认股人未按期缴纳所认股份的股款，经公司发起人催缴后在合理期间内仍未缴纳，公司发起人对该股份另行募集的，人民法院应当认定该募集行为有效。认股人延期缴纳股款给公司造成损失，公司请求该认股人承担赔偿责任的，人民法院应予支持。

第七条 出资人以不享有处分权的财产出资，当事人之间对于出资行为效力产生争议的，人民法院可以参照物权法第一百零六条的规定予以认定。

以贪污、受贿、侵占、挪用等违法犯罪所得的货币出资后取得股权的,对违法犯罪行为予以追究、处罚时,应当采取拍卖或者变卖的方式处置其股权。

第八条 出资人以划拨土地使用权出资,或者以设定权利负担的土地使用权出资,公司、其他股东或者公司债权人主张认定出资人未履行出资义务的,人民法院应当责令当事人在指定的合理期间内办理土地变更手续或者解除权利负担;逾期未办理或者未解除的,人民法院应当认定出资人未依法全面履行出资义务。

第九条 出资人以非货币财产出资,未依法评估作价,公司、其他股东或者公司债权人请求认定出资人未履行出资义务的,人民法院应当委托具有合法资格的评估机构对该财产评估作价。评估确定的价额显著低于公司章程所定价额的,人民法院应当认定出资人未依法全面履行出资义务。

第十条 出资人以房屋、土地使用权或者需要办理权属登记的知识产权等财产出资,已经交付公司使用但未办理权属变更手续,公司、其他股东或者公司债权人主张认定出资人未履行出资义务的,人民法院应当责令当事人在指定的合理期间内办理权属变更手续;在前述期间内办理了权属变更手续的,人民法院应当认定其已经履行了出资义务;出资人主张自其实际交付财产给公司使用时享有相应股东权利的,人民法院应予支持。

出资人以前款规定的财产出资,已经办理权属变更手续但未交付给公司使用,公司或者其他股东主张其向公司交付、并在实际交付之前不享有相应股东权利的,人民法院应予支持。

第十一条 出资人以其他公司股权出资,符合下列条件的,人民法院应当认定出资人已履行出资义务:

(一)出资的股权由出资人合法持有并依法可以转让;

(二)出资的股权无权利瑕疵或者权利负担;

(三)出资人已履行关于股权转让的法定手续;

(四)出资的股权已依法进行了价值评估。

股权出资不符合前款第(一)、(二)、(三)项的规定,公司、其他股东或者公司债权人请求认定出资人未履行出资义务的,人民法院应当责令该出资人在指定的合理期间内采取补正措施,以符合上述条件;逾期未补正的,人民法院应当认定其未依法全面履行出资义务。

股权出资不符合本条第一款第(四)项的规定,公司、其他股东或者公司债权人请求认定出资人未履行出资义务的,人民法院应当按照本规定第九条的规定处理。

第十二条 公司成立后,公司、股东或者公司债权人以相关股东的行为符合下列情形之一且损害公司权益为由,请求认定该股东抽逃出资的,人民法院应予支持:

(一)制作虚假财务会计报表虚增利润进行分配;

(二)通过虚构债权债务关系将其出资转出;

(三)利用关联交易将出资转出;

(四)其他未经法定程序将出资抽回的行为。

第十三条 股东未履行或者未全面履行出资义务,公司或者其他股东请求其向公司依法全面履行出资义务的,人民法院应予支持。

公司债权人请求未履行或者未全面履行出资义务的股东在未出资本息范围内对公司债务不能清偿的部分承担补充赔偿责任的,人民法院应予支持;未履行或者未全面履行出资义务的股东已经承担上述责任,其他债权人提出相同请求的,人民法院不予支持。

股东在公司设立时未履行或者未全面履行出资义务,依照本条第一款或者第二款提起诉讼的原告,请求公司的发起人与被告股东承担连带责任的,人民法院应予支持;公司的发起人承担责任后,可以向被告股东追偿。

股东在公司增资时未履行或者未全面履行出资义务,依照本条第一款或者第二款提起诉讼的原告,请求未尽公司法第一百四十七条第一款规定的义务而使出资未缴足的董事、高级管理人员承担相应责任的,人民法院应予支持;董事、高级管理人员承担责任后,可以向被告股东追偿。

第十四条 股东抽逃出资,公司或者其他股东请求其向公司返还出资本息、协助抽逃出资的其他股东、董事、高级管理人员或者实际控制人对此承担连带责任的,人民法院应予支持。

公司债权人请求抽逃出资的股东在抽逃出

资本息范围内对公司债务不能清偿的部分承担补充赔偿责任、协助抽逃出资的其他股东、董事、高级管理人员或者实际控制人对此承担连带责任的，人民法院应予支持；抽逃出资的股东已经承担上述责任，其他债权人提出相同请求的，人民法院不予支持。

第十五条 出资人以符合法定条件的非货币财产出资后，因市场变化或者其他客观因素导致出资财产贬值，公司、其他股东或者公司债权人请求该出资人承担补足出资责任的，人民法院不予支持。但是，当事人另有约定的除外。

第十六条 股东未履行或者未全面履行出资义务或者抽逃出资，公司根据公司章程或者股东会决议对其利润分配请求权、新股优先认购权、剩余财产分配请求权等股东权利作出相应的合理限制，该股东请求认定该限制无效的，人民法院不予支持。

第十七条 有限责任公司的股东未履行出资义务或者抽逃全部出资，经公司催告缴纳或者返还，其在合理期间内仍未缴纳或者返还出资，公司以股东会决议解除该股东的股东资格，该股东请求确认该解除行为无效的，人民法院不予支持。

在前款规定的情形下，人民法院在判决时应当释明，公司应当及时办理法定减资程序或者由其他股东或者第三人缴纳相应的出资。在办理法定减资程序或者其他股东或者第三人缴纳相应的出资之前，公司债权人依照本规定第十三条或者第十四条请求相关当事人承担相应责任的，人民法院应予支持。

第十八条 有限责任公司的股东未履行或者未全面履行出资义务即转让股权，受让人对此知道或者应当知道，公司请求该股东履行出资义务、受让人对此承担连带责任的，人民法院应予支持；公司债权人依照本规定第十三条第二款向该股东提起诉讼，同时请求前述受让人对此承担连带责任的，人民法院应予支持。

受让人根据前款规定承担责任后，向该未履行或者未全面履行出资义务的股东追偿的，人民法院应予支持。但是，当事人另有约定的除外。

第十九条 公司股东未履行或者未全面履行出资义务或者抽逃出资，公司或者其他股东请求其向公司全面履行出资义务或者返还出资，被告股东以诉讼时效为由进行抗辩的，人民法院不予支持。

公司债权人的债权未过诉讼时效期间，其依照本规定第十三条第二款、第十四条第二款的规定请求未履行或者未全面履行出资义务或者抽逃出资的股东承担赔偿责任，被告股东以出资义务或者返还出资义务超过诉讼时效期间为由进行抗辩的，人民法院不予支持。

第二十条 当事人之间对是否已履行出资义务发生争议，原告提供对股东履行出资义务产生合理怀疑证据的，被告股东应当就其已履行出资义务承担举证责任。

第二十一条 当事人向人民法院起诉请求确认其股东资格的，应当以公司为被告，与案件争议股权有利害关系的人作为第三人参加诉讼。

第二十二条 当事人之间对股权归属发生争议，一方请求人民法院确认其享有股权的，应当证明以下事实之一：

（一）已经依法向公司出资或者认缴出资，且不违反法律法规强制性规定；

（二）已经受让或者以其他形式继受公司股权，且不违反法律法规强制性规定。

第二十三条 当事人依法履行出资义务或者依法继受取得股权后，公司未根据公司法第三十一条、第三十二条的规定签发出资证明书、记载于股东名册并办理公司登记机关登记，当事人请求公司履行上述义务的，人民法院应予支持。

第二十四条 有限责任公司的实际出资人与名义出资人订立合同，约定由实际出资人出资并享有投资权益，以名义出资人为名义股东，实际出资人与名义股东对该合同效力发生争议的，如无合同法第五十二条规定的情形，人民法院应当认定该合同有效。

前款规定的实际出资人与名义股东因投资权益的归属发生争议，实际出资人以其实际履行了出资义务为由向名义股东主张权利的，人民法院应予支持。名义股东以公司股东名册记载、公司登记机关登记为由否认实际出资人权利的，人民法院不予支持。

实际出资人未经公司其他股东半数以上同意，请求公司变更股东、签发出资证明书、记载于股东名册、记载于公司章程并办理公司登记机关登记的，人民法院不予支持。

第二十五条 名义股东将登记于其名下的股权转让、质押或者以其他方式处分，实际出资人以其对于股权享有实际权利为由，请求认定处分股权行为无效的，人民法院可以参照物权法第一百零六条的规定处理。

名义股东处分股权造成实际出资人损失，实际出资人请求名义股东承担赔偿责任的，人民法院应予支持。

第二十六条 公司债权人以登记于公司登记机关的股东未履行出资义务为由，请求其对公司债务不能清偿的部分在未出资本息范围内承担补充赔偿责任，股东以其仅为名义股东而非实际出资人为由进行抗辩的，人民法院不予支持。

名义股东根据前款规定承担赔偿责任后，向实际出资人追偿的，人民法院应予支持。

第二十七条 股权转让后尚未向公司登记机关办理变更登记，原股东将仍登记于其名下的股权转让、质押或者以其他方式处分，受让股东以其对于股权享有实际权利为由，请求认定处分股权行为无效的，人民法院可以参照物权法第一百零六条的规定处理。

原股东处分股权造成受让股东损失，受让股东请求原股东承担赔偿责任、对于未及时办理变更登记有过错的董事、高级管理人员或者实际控制人承担相应责任的，人民法院应予支持；受让股东对于未及时办理变更登记也有过错的，可以适当减轻上述董事、高级管理人员或者实际控制人的责任。

第二十八条 冒用他人名义出资并将该他人作为股东在公司登记机关登记的，冒名登记行为人应当承担相应责任；公司、其他股东或者公司债权人以未履行出资义务为由，请求被冒名登记为股东的承担补足出资责任或者对公司债务不能清偿部分的赔偿责任的，人民法院不予支持。

最高人民法院关于适用《中华人民共和国公司法》若干问题的规定(四)

(2016年12月5日最高人民法院审判委员会第1702次会议通过 2017年8月25日最高人民法院公告公布 自2017年9月1日起施行 法释〔2017〕16号)

为正确适用《中华人民共和国公司法》，结合人民法院审判实践，现就公司决议效力、股东知情权、利润分配权、优先购买权和股东代表诉讼等案件适用法律问题作出如下规定。

第一条 公司股东、董事、监事等请求确认股东会或者股东大会、董事会决议无效或者不成立的，人民法院应当依法予以受理。

第二条 依据公司法第二十二条第二款请求撤销股东会或者股东大会、董事会决议的原告，应当在起诉时具有公司股东资格。

第三条 原告请求确认股东会或者股东大会、董事会决议不成立、无效或者撤销决议的案件，应当列公司为被告。对决议涉及的其他利害关系人，可以依法列为第三人。

一审法庭辩论终结前，其他有原告资格的人以相同的诉讼请求申请参加前款规定诉讼的，可以列为共同原告。

第四条 股东请求撤销股东会或者股东大会、董事会决议，符合公司法第二十二条第二款规定的，人民法院应当予以支持，但会议召集程序或者表决方式仅有轻微瑕疵，且对决议未产生实质影响的，人民法院不予支持。

第五条 股东会或者股东大会、董事会决议存在下列情形之一，当事人主张决议不成立的，人民法院应当予以支持：

（一）公司未召开会议的，但依据公司法第三十七条第二款或者公司章程规定可以不召开股东会或者股东大会而直接作出决定，并由全体股东在决定文件上签名、盖章的除外；

（二）会议未对决议事项进行表决的；

（三）出席会议的人数或者股东所持表决权不符合公司法或者公司章程规定的；

（四）会议的表决结果未达到公司法或者公司章程规定的通过比例的；

（五）导致决议不成立的其他情形。

第六条　股东会或者股东大会、董事会决议被人民法院判决确认无效或者撤销的，公司依据该决议与善意相对人形成的民事法律关系不受影响。

第七条　股东依据公司法第三十三条、第九十七条或者公司章程的规定，起诉请求查阅或者复制公司特定文件材料的，人民法院应当依法予以受理。

公司有证据证明前款规定的原告在起诉时不具有公司股东资格的，人民法院应当驳回起诉，但原告有初步证据证明在持股期间其合法权益受到损害，请求依法查阅或者复制其持股期间的公司特定文件材料的除外。

第八条　有限责任公司有证据证明股东存在下列情形之一的，人民法院应当认定股东有公司法第三十三条第二款规定的"不正当目的"：

（一）股东自营或者为他人经营与公司主营业务有实质性竞争关系业务的，但公司章程另有规定或者全体股东另有约定的除外；

（二）股东为了向他人通报有关信息查阅公司会计账簿，可能损害公司合法利益的；

（三）股东在向公司提出查阅请求之日前的三年内，曾通过查阅公司会计账簿，向他人通报有关信息损害公司合法利益的；

（四）股东有不正当目的的其他情形。

第九条　公司章程、股东之间的协议等实质性剥夺股东依据公司法第三十三条、第九十七条规定查阅或者复制公司文件材料的权利，公司以此为由拒绝股东查阅或者复制的，人民法院不予支持。

第十条　人民法院审理股东请求查阅或者复制公司特定文件材料的案件，对原告诉讼请求予以支持的，应当在判决中明确查阅或者复制公司特定文件材料的时间、地点和特定文件材料的名录。

股东依据人民法院生效判决查阅公司文件材料的，在该股东在场的情况下，可以由会计师、律师等依法或者依据执业行为规范负有保密义务的中介机构执业人员辅助进行。

第十一条　股东行使知情权后泄露公司商业秘密导致公司合法利益受到损害，公司请求该股东赔偿相关损失的，人民法院应当予以支持。

根据本规定第十条辅助股东查阅公司文件材料的会计师、律师等泄露公司商业秘密导致公司合法利益受到损害，公司请求其赔偿相关损失的，人民法院应当予以支持。

第十二条　公司董事、高级管理人员等未依法履行职责，导致公司未依法制作或者保存公司法第三十三条、第九十七条规定的公司文件材料，给股东造成损失，股东依法请求负有相应责任的公司董事、高级管理人员承担民事赔偿责任的，人民法院应当予以支持。

第十三条　股东请求公司分配利润案件，应当列公司为被告。

一审法庭辩论终结前，其他股东基于同一分配方案请求分配利润并申请参加诉讼的，应当列为共同原告。

第十四条　股东提交载明具体分配方案的股东会或者股东大会的有效决议，请求公司分配利润，公司拒绝分配利润且其关于无法执行决议的抗辩理由不成立的，人民法院应当判决公司按照决议载明的具体分配方案向股东分配利润。

第十五条　股东未提交载明具体分配方案的股东会或者股东大会决议，请求公司分配利润的，人民法院应当驳回其诉讼请求，但违反法律规定滥用股东权利导致公司不分配利润，给其他股东造成损失的除外。

第十六条　有限责任公司的自然人股东因继承发生变化时，其他股东主张依据公司法第七十一条第三款规定行使优先购买权的，人民法院不予支持，但公司章程另有规定或者全体股东另有约定的除外。

第十七条　有限责任公司的股东向股东以外的人转让股权，应就其股权转让事项以书面或者其他能够确认收悉的合理方式通知其他股东征求同意。其他股东半数以上不同意转让，不同意的股东不购买的，人民法院应当认定视为同意转让。

经股东同意转让的股权，其他股东主张转让股东应当向其以书面或者其他能够确认收悉的合理方式通知转让股权的同等条件的,人民法院应当予以支持。

经股东同意转让的股权,在同等条件下,转让股东以外的其他股东主张优先购买的,人民法院应当予以支持,但转让股东依据本规定第二十条放弃转让的除外。

第十八条 人民法院在判断是否符合公司法第七十一条第三款及本规定所称的"同等条件"时,应当考虑转让股权的数量、价格、支付方式及期限等因素。

第十九条 有限责任公司的股东主张优先购买转让股权的,应当在收到通知后,在公司章程规定的行使期间内提出购买请求。公司章程没有规定行使期间或者规定不明确的,以通知确定的期间为准,通知确定的期间短于三十日或者未明确行使期间的,行使期间为三十日。

第二十条 有限责任公司的转让股东,在其他股东主张优先购买后又不同意转让股权的,对其他股东优先购买的主张,人民法院不予支持,但公司章程另有规定或者全体股东另有约定的除外。其他股东主张转让股东赔偿其损失合理的,人民法院应当予以支持。

第二十一条 有限责任公司的股东向股东以外的人转让股权,未就其股权转让事项征求其他股东意见,或者以欺诈、恶意串通等手段,损害其他股东优先购买权,其他股东主张按照同等条件购买该转让股权的,人民法院应当予以支持,但其他股东自知道或者应当知道行使优先购买权的同等条件之日起三十日内没有主张,或者自股权变更登记之日起超过一年的除外。

前款规定的其他股东仅提出确认股权转让合同及股权变动效力等请求,未同时主张按照同等条件购买转让股权的,人民法院不予支持,但其他股东非因自身原因导致无法行使优先购买权,请求损害赔偿的除外。

股东以外的股权受让人,因股东行使优先购买权而不能实现合同目的的,可以依法请求转让股东承担相应民事责任。

第二十二条 通过拍卖向股东以外的人转让有限责任公司股权的,适用公司法第七十一条第二款、第三款或者第七十二条规定的"书面通知""通知""同等条件"时,根据相关法律、司法解释确定。

在依法设立的产权交易场所转让有限责任公司国有股权的,适用公司法第七十一条第二款、第三款或者第七十二条规定的"书面通知""通知""同等条件"时,可以参照产权交易场所的交易规则。

第二十三条 监事会或者不设监事会的有限责任公司的监事依据公司法第一百五十一条第一款规定对董事、高级管理人员提起诉讼的,应当列公司为原告,依法由监事会主席或者不设监事会的有限责任公司的监事代表公司进行诉讼。

董事会或者不设董事会的有限责任公司的执行董事依据公司法第一百五十一条第一款规定对监事提起诉讼的,或者依据公司法第一百五十一条第三款规定对他人提起诉讼的,应当列公司为原告,依法由董事长或者执行董事代表公司进行诉讼。

第二十四条 符合公司法第一百五十一条第一款规定条件的股东,依据公司法第一百五十一条第二款、第三款规定,直接对董事、监事、高级管理人员或者他人提起诉讼的,应当列公司为第三人参加诉讼。

一审法庭辩论终结前,符合公司法第一百五十一条第一款规定条件的其他股东,以相同的诉讼请求申请参加诉讼的,应当列为共同原告。

第二十五条 股东依据公司法第一百五十一条第二款、第三款规定直接提起诉讼的案件,胜诉利益归属于公司。股东请求被告直接向其承担民事责任的,人民法院不予支持。

第二十六条 股东依据公司法第一百五十一条第二款、第三款规定直接提起诉讼的案件,其诉讼请求部分或者全部得到人民法院支持的,公司应当承担股东因参加诉讼支付的合理费用。

第二十七条 本规定自2017年9月1日起施行。

本规定施行后尚未终审的案件,适用本规定;本规定施行前已经终审的案件,或者适用审判监督程序再审的案件,不适用本规定。

最高人民法院关于适用《中华人民共和国公司法》若干问题的规定(五)

(2019年4月22日最高人民法院审判委员会第1766次会议审议通过　2019年4月28日最高人民法院公告公布　自2019年4月29日起施行　法释〔2019〕7号)

为正确适用《中华人民共和国公司法》,结合人民法院审判实践,就股东权益保护等纠纷案件适用法律问题作出如下规定。

第一条　关联交易损害公司利益,原告公司依据公司法第二十一条规定请求控股股东、实际控制人、董事、监事、高级管理人员赔偿所造成的损失,被告仅以该交易已经履行了信息披露、经股东会或者股东大会同意等法律、行政法规或者公司章程规定的程序为由抗辩的,人民法院不予支持。

公司没有提起诉讼的,符合公司法第一百五十一条第一款规定条件的股东,可以依据公司法第一百五十一条第二款、第三款规定向人民法院提起诉讼。

第二条　关联交易合同存在无效或者可撤销情形,公司没有起诉合同相对方的,符合公司法第一百五十一条第一款规定条件的股东,可以依据公司法第一百五十一条第二款、第三款规定向人民法院提起诉讼。

第三条　董事任期届满前被股东会或者股东大会有效决议解除职务,其主张解除不发生法律效力的,人民法院不予支持。

董事职务被解除后,因补偿与公司发生纠纷提起诉讼的,人民法院应当依据法律、行政法规、公司章程的规定或者合同的约定,综合考虑解除的原因、剩余任期、董事薪酬等因素,确定是否补偿以及补偿的合理数额。

第四条　分配利润的股东会或者股东大会决议作出后,公司应当在决议载明的时间内完成利润分配。决议没有载明时间的,以公司章程规定的为准。决议、章程中均未规定时间或者时间超过一年的,公司应当自决议作出之日起一年内完成利润分配。

决议中载明的利润分配完成时间超过公司章程规定时间的,股东可以依据公司法第二十二条第二款规定请求人民法院撤销决议中关于该时间的规定。

第五条　人民法院审理涉及有限责任公司股东重大分歧案件时,应当注重调解。当事人协商一致以下列方式解决分歧,且不违反法律、行政法规的强制性规定的,人民法院应予支持:

(一)公司回购部分股东股份;

(二)其他股东受让部分股东股份;

(三)他人受让部分股东股份;

(四)公司减资;

(五)公司分立;

(六)其他能够解决分歧,恢复公司正常经营,避免公司解散的方式。

第六条　本规定自2019年4月29日起施行。

本规定施行后尚未终审的案件,适用本规定;本规定施行前已经终审的案件,或者适用审判监督程序再审的案件,不适用本规定。

本院以前发布的司法解释与本规定不一致的,以本规定为准。

中华人民共和国公司登记管理条例①

(1994年6月24日中华人民共和国国务院公布　自1994年7月1日起施行)

第一章　总　则

第一条　为了确认公司的企业法人资格,规范公司登记行为,依据《中华人民共和国公司法》(以下简称《公司法》),制定本条例。

第二条　有限责任公司和股份有限公司(以下统称公司)设立、变更、终止,应当依照本条例办理公司登记。

第三条　公司经公司登记机关依法核准登记,领取《企业法人营业执照》,方取得企业法人资格。

自本条例施行之日起设立公司,未经公司登

① 编者注:已被修改。

记机关核准登记的,不得以公司名义从事经营活动。

第四条　工商行政管理机关是公司登记机关。

下级公司登记机关在上级公司登记机关的领导下开展公司登记工作。

公司登记机关依法履行职责,不受非法干预。

第五条　国家工商行政管理局主管全国的公司登记工作。

第二章　登记管辖

第六条　国家工商行政管理局负责下列公司的登记:

(一)国务院授权部门批准设立的股份有限公司;

(二)国务院授权投资的公司;

(三)国务院授权投资的机构或者部门单独投资或者共同投资设立的有限责任公司;

(四)外商投资的有限责任公司;

(五)依照法律的规定或者按照国务院的规定,应当由国家工商行政管理局登记的其他公司。

第七条　省、自治区、直辖市工商行政管理局负责本辖区内下列公司的登记:

(一)省、自治区、直辖市人民政府批准设立的股份有限公司;

(二)省、自治区、直辖市人民政府授权投资的公司;

(三)国务院授权投资的机构或者部门与其他出资人共同投资设立的有限责任公司;

(四)省、自治区、直辖市人民政府授权投资的机构或者部门单独或者共同投资设立的有限责任公司;

(五)国家工商行政管理局委托登记的公司。

第八条　市、县工商行政管理局负责本辖区内本条例第六条和第七条所列公司以外的其他公司的登记,具体登记管辖由省、自治区、直辖市工商行政管理局规定。

第三章　登记事项

第九条　公司的登记事项包括:名称、住所、法定代表人、注册资本、企业类型、经营范围、营业期限、有限责任公司股东或者股份有限公司发起人的姓名或者名称。

第十条　公司的登记事项应当符合法律、行政法规的规定。不符合法律、行政法规规定的,公司登记机关不予登记。

第十一条　公司名称应当符合国家有关规定。公司只能使用一个名称。经公司登记机关核准登记的公司名称受法律保护。

第十二条　公司的住所是公司主要办事机构所在地。经公司登记机关登记的公司的住所只能有一个。公司的住所应当在其公司登记机关辖区内。

第十三条　公司的注册资本应当以人民币表示,法律、行政法规另有规定的除外。

第四章　设立登记

第十四条　设立公司应当申请名称预先核准。

法律、行政法规规定设立公司必须报经审批或者公司经营范围中有法律、行政法规规定必须报经审批的项目的,应当在报送审批前办理公司名称预先核准,并以公司登记机关核准的公司名称报送审批。

第十五条　设立有限责任公司,应当由全体股东指定的代表或者共同委托的代理人向公司登记机关申请名称预先核准;设立股份有限公司,应当由全体发起人指定的代表或者共同委托的代理人向公司登记机关申请名称预先核准。

申请名称预先核准,应当提交下列文件:

(一)有限责任公司的全体股东或者股份有限公司的全体发起人签署的公司名称预先核准申请书;

(二)股东或者发起人的法人资格证明或者自然人的身份证明;

(三)公司登记机关要求提交的其他文件。

公司登记机关应当自收到前款所列文件之日起10日内作出核准或者驳回的决定。公司登记机关决定核准的,应当发给《企业名称预先核准通知书》。

第十六条　预先核准的公司名称保留期为6个月。预先核准的公司名称在保留期内,不得用于从事经营活动,不得转让。

第十七条 设立有限责任公司,应当由全体股东指定的代表或者共同委托的代理人向公司登记机关申请设立登记。设立国有独资公司,应当由国家授权投资的机构或者国家授权的部门作为申请人,申请设立登记。法律、行政法规规定设立有限责任公司必须报经审批的,应当自批准之日起90日内向公司登记机关申请设立登记;逾期申请设立登记的,申请人应当报审批机关确认原批准文件的效力或者另行报批。

申请设立有限责任公司,应当向公司登记机关提交下列文件:

(一)公司董事长签署的设立登记申请书;

(二)全体股东指定代表或者共同委托代理人的证明;

(三)公司章程;

(四)具有法定资格的验资机构出具的验资证明;

(五)股东的法人资格证明或者自然人身份证明;

(六)载明公司董事、监事、经理的姓名、住所的文件以及有关委派、选举或者聘用的证明;

(七)公司法定代表人任职文件和身份证明;

(八)企业名称预先核准通知书;

(九)公司住所证明。

法律、行政法规规定设立有限责任公司必须报经审批的,还应当提交有关的批准文件。

第十八条 设立股份有限公司,董事会应当于创立大会结束后30日内向公司登记机关申请设立登记。

申请设立股份有限公司,应当向公司登记机关提交下列文件:

(一)公司董事长签署的设立登记申请书;

(二)国务院授权部门或者省、自治区、直辖市人民政府的批准文件,募集设立的股份有限公司还应当提交国务院证券管理部门的批准文件;

(三)创立大会的会议记录;

(四)公司章程;

(五)筹办公司的财务审计报告;

(六)具有法定资格的验资机构出具的验资证明;

(七)发起人的法人资格证明或者自然人身份证明;

(八)载明公司董事、监事、经理姓名、住所的文件以及有关委派、选举或者聘用的证明;

(九)公司法定代表人任职文件和身份证明;

(十)企业名称预先核准通知书;

(十一)公司住所证明。

第十九条 公司申请登记的经营范围中有法律、行政法规规定必须报经审批的项目的,应当在申请登记前报经国家有关部门审批,并向公司登记机关提交批准文件。

第二十条 公司章程有违反法律、行政法规的内容的,公司登记机关有权要求公司作相应修改。

第二十一条 公司住所证明是指能够证明公司对其住所享有使用权的文件。

第二十二条 经公司登记机关核准设立登记并发给《企业法人营业执照》,公司即告成立。公司凭公司登记机关核发的《企业法人营业执照》刻制印章,开立银行帐户,申请纳税登记。

第五章 变更登记

第二十三条 公司变更登记事项,应当向原公司登记机关申请变更登记。

未经核准变更登记,公司不得擅自改变登记事项。

第二十四条 公司申请变更登记,应当向公司登记机关提交下列文件:

(一)公司法定代表人签署的变更登记申请书;

(二)依照《公司法》作出的变更决议或者决定;

(三)公司登记机关要求提交的其他文件。

公司变更登记事项涉及修改公司章程的,应当提交修改后的公司章程或者公司章程修正案。

第二十五条 公司变更名称的,应当自变更决议或者决定作出之日起30日内申请变更登记。

第二十六条 公司变更住所的,应当在迁入新住所前申请变更登记,并提交新住所使用证明。

公司变更住所跨公司登记机关辖区的,应当在迁入新住所前向迁入地公司登记机关申请变更登记;迁入地公司登记机关受理的,由原公司登记机关将公司登记档案移送迁入地公司登记机关。

第二十七条 公司变更法定代表人的，应当自变更决议或者决定作出之日起30日内申请变更登记。

第二十八条 公司变更注册资本的，应当提交具有法定资格的验资机构出具的验资证明。

公司增加注册资本的，应当自股款缴足之日起30日内申请变更登记。股份有限公司增加注册资本的，应当提交国务院授权部门或者省、自治区、直辖市人民政府的批准文件；以募集方式增加注册资本的，还应当提交国务院证券管理部门的批准文件。

公司减少注册资本的，应当自减少注册资本决议或者决定作出之日起90日后申请变更登记，并应当提交公司在报纸上登载公司减少注册资本公告至少三次的有关证明和公司债务清偿或者债务担保情况的说明。

第二十九条 公司变更经营范围的，应当自变更决议或者决定作出之日起30日内申请变更登记；变更经营范围涉及法律、行政法规规定必须报经审批的项目的，应当自国家有关部门批准之日起30日内申请变更登记。

第三十条 公司变更类型的，应当按照拟变更的公司类型的设立条件，在规定的期限内向公司登记机关申请变更登记，并提交有关文件。

第三十一条 有限责任公司变更股东的，应当自股东发生变动之日起30日内申请变更登记，并应当提交新股东的法人资格证明或者自然人的身份证明。

有限责任公司的股东或者股份有限公司的发起人改变姓名或者名称的，应当自改变姓名或者名称之日起30日内申请变更登记。

第三十二条 公司章程修改未涉及登记事项的，公司应当将修改后的公司章程或者公司章程修正案送原公司登记机关备案。

第三十三条 公司董事、监事、经理发生变动的，应当向原公司登记机关备案。

第三十四条 因合并、分立而存续的公司，其登记事项发生变化的，应当申请变更登记；因合并、分立而解散的公司，应当申请注销登记；因合并、分立而新设立的公司，应当申请设立登记。

公司合并、分立的，应当自合并、分立决议或者决定作出之日起90日后申请登记，提交合并协议和合并、分立决议或者决定以及公司在报纸上登载公司合并、分立公告至少三次的证明和债务清偿或者债务担保情况的说明。股份有限公司合并、分立的，还应当提交国务院授权部门或者省、自治区、直辖市人民政府的批准文件。

第三十五条 变更登记事项涉及《企业法人营业执照》载明事项的，公司登记机关应当换发营业执照。

第六章 注销登记

第三十六条 有下列情形之一的，公司清算组织应当自公司清算结束之日起30日内向原公司登记机关申请注销登记：

（一）公司被依法宣告破产；

（二）公司章程规定的营业期限届满或者公司章程规定的其他解散事由出现；

（三）股东会决议解散；

（四）公司因合并、分立解散；

（五）公司被依法责令关闭。

第三十七条 公司申请注销登记，应当提交下列文件：

（一）公司清算组织负责人签署的注销登记申请书；

（二）法院破产裁定、公司依照《公司法》作出的决议或者决定、行政机关责令关闭的文件；

（三）股东会或者有关机关确认的清算报告；

（四）《企业法人营业执照》；

（五）法律、行政法规规定应当提交的其他文件。

第三十八条 经公司登记机关核准注销登记，公司终止。

第七章 分公司的登记

第三十九条 分公司是指公司在其住所以外设立的从事经营活动的机构。分公司不具有企业法人资格。

第四十条 公司设立分公司的，应当向分公司所在地的市、县公司登记机关申请登记；核准登记的，发给《营业执照》。

第四十一条 分公司的登记事项包括：名

称、营业场所、负责人、经营范围。

分公司的名称应当符合国家有关规定。

分公司的经营范围不得超出公司的经营范围。

第四十二条 公司设立分公司的,应当自决定作出之日起30日内向公司登记机关申请登记;法律、行政法规规定必须报经有关部门审批的,应当自批准之日起30日内向公司登记机关申请登记。

设立分公司,应当向公司登记机关提交下列文件:

(一)公司法定代表人签署的设立分公司的登记申请书;

(二)公司章程以及由公司的公司登记机关加盖印章的《企业法人营业执照》复印件;

(三)营业场所使用证明;

(四)公司登记机关要求提交的其他文件。

第四十三条 分公司变更登记事项的,应当向公司登记机关申请变更登记。

申请变更登记,应当提交公司法定代表人签署的变更登记申请书。因公司名称变更而变更分公司名称的,应当提交公司的《企业法人营业执照》复印件。变更经营范围涉及法律、行政法规规定必须报经审批的项目的,应当提交有关部门的批准文件。变更营业场所的,应当提交新的营业场所使用证明。

公司登记机关核准变更登记的,换发《营业执照》。

第四十四条 公司撤销分公司的,应当自撤销决定作出之日起30日内向该分公司的公司登记机关申请注销登记。申请注销登记应当提交公司法定代表人签署的注销登记申请书和分公司的《营业执照》。公司登记机关核准注销登记后,应当收缴分公司的《营业执照》。

第八章 登记程序

第四十五条 公司登记机关收到申请人提交的符合本条例规定的全部文件后,发给《公司登记受理通知书》。

公司登记机关自发出《公司登记受理通知书》之日起30日内,作出核准登记或者不予登记的决定。

公司登记机关核准登记的,应当自核准登记之日起15日内通知申请人,发给、换发或者收缴《企业法人营业执照》或者《营业执照》。

公司登记机关不予登记的,应当自作出决定之日起15日内通知申请人,发给《公司登记驳回通知书》。

第四十六条 公司办理设立登记、变更登记,应当按照规定向公司登记机关缴纳登记费。

领取《企业法人营业执照》的,设立登记费按注册资本总额的1‰缴纳;注册资本超过1000万元的,超过部分按0.5‰缴纳;注册资本超过1亿元的,超过部分不再缴纳。

领取《营业执照》的,设立登记费为300元。

变更登记事项的,变更登记费为100元。

第四十七条 公司登记机关应当将核准登记的公司登记事项记载于公司登记簿上,供社会公众查阅、复制。查阅、复制公司登记事项,应当按照规定交纳查阅、复制费。

第四十八条 股份有限公司应当在其设立、变更、注销登记被核准后的30日内发布设立、变更、注销登记公告,并应当自公告发布之日起30日内将发布的公告报送公司登记机关备案。公司发布的设立、变更、注销登记公告的内容应当与公司登记机关核准登记的内容一致;不一致的,公司登记机关有权要求公司更正。

吊销《企业法人营业执照》和《营业执照》的公告由公司登记机关发布。

第九章 年度检验

第四十九条 每年1月1日至4月30日,公司登记机关对公司进行年度检验。

第五十条 公司应当按照公司登记机关的要求,在规定的时间内接受年度检验,并提交年度检验报告书、年度资产负债表和损益表、《企业法人营业执照》副本。

设立分公司的公司在其提交的年度检验材料中,应当明确反映分公司的有关情况,并提交分公司《营业执照》的复印件。

第五十一条 公司登记机关应当根据公司提交的年度检验材料,对与公司登记事项有关的情况进行审查,以确认其继续经营的资格。

第五十二条 公司应当向公司登记机关缴纳年度检验费。年度检验费为50元。

第十章　证照和档案管理

第五十三条　《企业法人营业执照》、《营业执照》分为正本和副本，正本和副本具有同等法律效力。

《企业法人营业执照》正本或者《营业执照》正本应当置于公司住所或者分公司营业场所的醒目位置。

公司可以根据业务需要向公司登记机关申请核发营业执照若干副本。

第五十四条　任何单位和个人不得伪造、涂改、出租、出借、转让营业执照。

营业执照遗失或者毁坏的，公司应当在公司登记机关指定的报刊上声明作废，申请补领。

按照国家有关规定，公司向有关单位提交的营业执照复印件需要公司登记机关加盖印章的，公司登记机关可以在复印件上加盖印章。

第五十五条　公司登记机关对需要认定的营业执照，可以临时扣留，扣留期限不得超过10天。

第五十六条　借阅、抄录、携带、复制公司登记档案资料的，应当按照规定的权限和程序办理。

任何单位和个人不得修改、涂抹、标注、损毁公司登记档案资料。

第五十七条　营业执照正本、副本样式以及公司登记的有关重要文书格式或者表式，由国家工商行政管理局统一制定。

第十一章　法律责任

第五十八条　办理公司登记时虚报注册资本，取得公司登记的，由公司登记机关责令改正，处以虚报注册资本金额5%以上10%以下的罚款；情节严重的，撤销公司登记，吊销营业执照。构成犯罪的，依法追究刑事责任。

第五十九条　办理公司登记时提交虚假证明文件或者采取其他欺诈手段，取得公司登记的，由公司登记机关责令改正，处以1万元以上10万元以下的罚款；情节严重的，撤销公司登记，吊销营业执照。构成犯罪的，依法追究刑事责任。

第六十条　公司的发起人、股东未交付货币、实物或者未转移财产权，虚假出资的，由公司登记机关责令改正，处以虚假出资金额5%以上10%以下的罚款。构成犯罪的，依法追究刑事责任。

第六十一条　公司的发起人、股东在公司成立后，抽逃出资的，由公司登记机关责令改正，处以所抽逃出资金额5%以上10%以下的罚款。构成犯罪的，依法追究刑事责任。

第六十二条　公司成立后无正当理由超过6个月未开业的，或者开业后自行停业连续6个月以上的，由公司登记机关吊销营业执照。

第六十三条　公司变更登记事项，未按照规定办理有关变更登记的，由公司登记机关责令限期办理；逾期未办理的，处以1万元以上10万元以下的罚款。

第六十四条　公司在合并、分立、减少注册资本或者进行清算时，不按照规定通告或者公告债权人的，由公司登记机关责令改正，处以1万元以上10万元以下的罚款。

第六十五条　清算组织不按照规定向公司登记机关报送清算报告，或者报送清算报告隐瞒重要事实或者有重大遗漏的，由公司登记机关责令改正。

第六十六条　公司破产、解散清算结束后，不申请办理注销登记的，由公司登记机关吊销营业执照。

第六十七条　股份有限公司设立、变更、注销登记后，不在规定期限内发布公告或者发布的公告内容与公司登记机关核准登记的内容不一致的，由公司登记机关责令改正；拒不改正的，处以1万元以上10万元以下的罚款；情节严重的，吊销营业执照。

第六十八条　公司不按照规定接受年度检验的，由公司登记机关处以1万元以上10万元以下的罚款，并限期接受年度检验；逾期仍不接受年度检验的，吊销营业执照。年度检验中隐瞒真实情况、弄虚作假的，由公司登记机关处以1万元以上5万元以下的罚款，并限期改正；情节严重的，吊销营业执照。

第六十九条　伪造、涂改、出租、出借、转让营业执照的，由公司登记机关处以1万元以上10万元以下的罚款；情节严重的，吊销营业执照。

构成犯罪的,依法追究刑事责任。

第七十条 未将营业执照置于住所或者营业场所醒目位置的,由公司登记机关责令改正;拒不改正的,处以1000元以上5000元以下的罚款。

第七十一条 公司超出核准登记的经营范围从事经营活动的,由公司登记机关责令改正,并可处以1万元以上10万元以下的罚款;情节严重的,吊销营业执照。

第七十二条 未依法登记为有限责任公司或者股份有限公司,而冒用有限责任公司或者股份有限公司名义的,由公司登记机关责令改正或者予以取缔,并可处以1万元以上10万元以下的罚款。构成犯罪的,依法追究刑事责任。

第七十三条 公司登记机关对不符合规定条件的公司登记申请予以登记,情节严重的,对直接负责的主管人员和其他直接责任人员依法给予行政处分。上级公司登记机关强令下级公司登记机关对不符合规定条件的公司登记申请予以登记,或者对违法登记进行包庇的,对直接负责的主管人员和其他直接责任人员依法给予行政处分。构成犯罪的,依法追究刑事责任。

第十二章 附 则

第七十四条 外国公司在中华人民共和国境内设立的分支机构的登记,按照国务院的有关规定办理。

第七十五条 外商投资的有限责任公司的登记,适用本条例。有关外商投资企业的法律、行政法规对其登记另有规定的,适用其规定。

第七十六条 本条例自1994年7月1日起施行。

国务院关于修改《中华人民共和国公司登记管理条例》的决定

(2005年12月18日中华人民共和国国务院令第451号公布 自2006年1月1日起施行)

国务院决定对《中华人民共和国公司登记管理条例》作如下修改:

一、第二条增加一款作为第二款:“申请办理公司登记,申请人应当对申请文件、材料的真实性负责。”

二、将第六条修改为:“国家工商行政管理总局负责下列公司的登记:

“(一)国务院国有资产监督管理机构履行出资人职责的公司以及该公司投资设立并持有50%以上股份的公司;

“(二)外商投资的公司;

“(三)依照法律、行政法规或者国务院决定的规定,应当由国家工商行政管理总局登记的公司;

“(四)国家工商行政管理总局规定应当由其登记的其他公司。”

三、将第七条修改为:“省、自治区、直辖市工商行政管理局负责本辖区内下列公司的登记:

“(一)省、自治区、直辖市人民政府国有资产监督管理机构履行出资人职责的公司以及该公司投资设立并持有50%以上股份的公司;

“(二)省、自治区、直辖市工商行政管理局规定由其登记的自然人投资设立的公司;

“(三)依照法律、行政法规或者国务院决定的规定,应当由省、自治区、直辖市工商行政管理局登记的公司;

“(四)国家工商行政管理总局授权登记的其他公司。”

四、将第八条修改为:“设区的市(地区)工商行政管理局、县工商行政管理局,以及直辖市的工商行政管理分局、设区的市工商行政管理局的区分局,负责本辖区内下列公司的登记:

“(一)本条例第六条和第七条所列公司以外的其他公司;

“(二)国家工商行政管理总局和省、自治区、直辖市工商行政管理局授权登记的公司。

“前款规定的具体登记管辖由省、自治区、直辖市工商行政管理局规定。但是,其中的股份有限公司由设区的市(地区)工商行政管理局负责登记。”

五、增加一条,作为第十四条:“股东的出资方式应当符合《公司法》第二十七条的规定。股东以货币、实物、知识产权、土地使用权以外的其他财产出资的,其登记办法由国家工商行政管理总局会同国务院有关部门规定。

“股东不得以劳务、信用、自然人姓名、商誉、特许经营权或者设定担保的财产等作价出资。”

六、增加一条，作为第十五条：“公司的经营范围由公司章程规定，并依法登记。

“公司的经营范围用语应当参照国民经济行业分类标准。”

七、增加一条，作为第十六条：“公司类型包括有限责任公司和股份有限公司。

“一人有限责任公司应当在公司登记中注明自然人独资或者法人独资，并在公司营业执照中载明。”

八、将第十七条改为第二十条，在第二款中增加一项作为第五项：“股东首次出资是非货币财产的，应当在公司设立登记时提交已办理其财产权转移手续的证明文件；”

增加一款，作为第三款：“外商投资的有限责任公司的股东首次出资额应当符合法律、行政法规的规定，其余部分应当自公司成立之日起2年内缴足，其中，投资公司可以在5年内缴足。”

九、将第十八条改为第二十一条，增加一款作为第三款：“以募集方式设立股份有限公司的，还应当提交创立大会的会议记录；以募集方式设立股份有限公司公开发行股票的，还应当提交国务院证券监督管理机构的核准文件。”

增加一款，作为第四款：“法律、行政法规或者国务院决定规定设立股份有限公司必须报经批准的，还应当提交有关批准文件。”

十、将第二十四条改为第二十七条，增加一款作为第三款：“变更登记事项依照法律、行政法规或者国务院决定规定在登记前须经批准的，还应当向公司登记机关提交有关批准文件。”

十一、将第二十八条改为第三十一条，第二款修改为：“公司增加注册资本的，有限责任公司股东认缴新增资本的出资和股份有限公司的股东认购新股，应当分别依照《公司法》设立有限责任公司缴纳出资和设立股份有限公司缴纳股款的有关规定执行。股份有限公司以公开发行新股方式或者上市公司以非公开发行新股方式增加注册资本的，还应当提交国务院证券监督管理机构的核准文件。”

增加一款，作为第三款：“公司法定公积金转增为注册资本的，验资证明应当载明留存的该项公积金不少于转增前公司注册资本的25%。”

增加一款，作为第五款：“公司减资后的注册资本不得低于法定的最低限额。”

十二、增加一条，作为第三十二条：“公司变更实收资本的，应当提交依法设立的验资机构出具的验资证明，并应当按照公司章程载明的出资时间、出资方式缴纳出资。公司应当自足额缴纳出资或者股款之日起30日内申请变更登记。”

十三、将第二十九条改为第三十三条，增加一款作为第二款：“公司的经营范围中属于法律、行政法规或者国务院决定规定须经批准的项目被吊销、撤销许可证或者其他批准文件，或者许可证、其他批准文件有效期届满的，应当自吊销、撤销许可证、其他批准文件或者许可证、其他批准文件有效期届满之日起30日内申请变更登记或者依照本条例第六章的规定办理注销登记。”

十四、将第三十一条改为第三十五条，增加一款作为第二款：“有限责任公司的自然人股东死亡后，其合法继承人继承股东资格的，公司应当依照前款规定申请变更登记。”

十五、增加一条，作为第三十六条：“公司登记事项变更涉及分公司登记事项变更的，应当自公司变更登记之日起30日内申请分公司变更登记。”

十六、增加一条，作为第四十一条：“公司依照《公司法》第二十二条规定向公司登记机关申请撤销变更登记的，应当提交下列文件：

“（一）公司法定代表人签署的申请书；

“（二）人民法院的裁判文书。”

十七、增加一条，作为第四十二条：“公司解散，依法应当清算的，清算组应当自成立之日起10日内将清算组成员、清算组负责人名单向公司登记机关备案。”

十八、将第三十七条改为第四十四条，增加一款作为第二款：“国有独资公司申请注销登记，还应当提交国有资产监督管理机构的决定，其中，国务院确定的重要的国有独资公司，还应当提交本级人民政府的批准文件。”

十九、删除第四十条。

二十、将第四十二条改为第四十八条，在第二款中增加一项作为第四项：“分公司负责人任职文件和身份证明；”

增加一款,作为第三款:"法律、行政法规或者国务院决定规定设立分公司必须报经批准,或者分公司经营范围中属于法律、行政法规或者国务院决定规定在登记前须经批准的项目的,还应当提交有关批准文件。"

增加一款,作为第四款:"分公司的公司登记机关准予登记的,发给《营业执照》。公司应当自分公司登记之日起30日内,持分公司的《营业执照》到公司登记机关办理备案。"

二十一、增加一条,作为第五十一条:"申请公司、分公司登记,申请人可以到公司登记机关提交申请,也可以通过信函、电报、电传、传真、电子数据交换和电子邮件等方式提出申请。

"通过电报、电传、传真、电子数据交换和电子邮件等方式提出申请的,应当提供申请人的联系方式以及通讯地址。"

二十二、增加一条,作为第五十二条:"公司登记机关应当根据下列情况分别作出是否受理的决定:

"(一)申请文件、材料齐全,符合法定形式的,或者申请人按照公司登记机关的要求提交全部补正申请文件、材料的,应当决定予以受理。

"(二)申请文件、材料齐全,符合法定形式,但公司登记机关认为申请文件、材料需要核实的,应当决定予以受理,同时书面告知申请人需要核实的事项、理由以及时间。

"(三)申请文件、材料存在可以当场更正的错误的,应当允许申请人当场予以更正,由申请人在更正处签名或者盖章,注明更正日期;经确认申请文件、材料齐全,符合法定形式的,应当决定予以受理。

"(四)申请文件、材料不齐全或者不符合法定形式的,应当当场或者在5日内一次告知申请人需要补正的全部内容;当场告知时,应当将申请文件、材料退回申请人;属于5日内告知的,应当收取申请文件、材料并出具收到申请文件、材料的凭据,逾期不告知的,自收到申请文件、材料之日起即为受理。

"(五)不属于公司登记范畴或者不属于本机关登记管辖范围的事项,应当即时决定不予受理,并告知申请人向有关行政机关申请。

"公司登记机关对通过信函、电报、电传、传真、电子数据交换和电子邮件等方式提出申请的,应当自收到申请文件、材料之日起5日内作出是否受理的决定。"

二十三、增加一条,作为第五十三条:"除依照本条例第五十四条第一款第(一)项作出准予登记决定的外,公司登记机关决定予以受理的,应当出具《受理通知书》;决定不予受理的,应当出具《不予受理通知书》,说明不予受理的理由,并告知申请人享有依法申请行政复议或者提起行政诉讼的权利。"

二十四、增加一条,作为第五十四条:"公司登记机关对决定予以受理的登记申请,应当分别情况在规定的期限内作出是否准予登记的决定:

"(一)对申请人到公司登记机关提出的申请予以受理的,应当当场作出准予登记的决定。

"(二)对申请人通过信函方式提交的申请予以受理的,应当自受理之日起15日内作出准予登记的决定。

"(三)通过电报、电传、传真、电子数据交换和电子邮件等方式提交申请的,申请人应当自收到《受理通知书》之日起15日内,提交与电报、电传、传真、电子数据交换和电子邮件等内容一致并符合法定形式的申请文件、材料原件;申请人到公司登记机关提交申请文件、材料原件的,应当当场作出准予登记的决定;申请人通过信函方式提交申请文件、材料原件的,应当自受理之日起15日内作出准予登记的决定。

"(四)公司登记机关自发出《受理通知书》之日起60日内,未收到申请文件、材料原件,或者申请文件、材料原件与公司登记机关所受理的申请文件、材料不一致的,应当作出不予登记的决定。

"公司登记机关需要对申请文件、材料核实的,应当自受理之日起15日内作出是否准予登记的决定。"

二十五、增加一条,作为第五十五条:"公司登记机关作出准予公司名称预先核准决定的,应当出具《企业名称预先核准通知书》;作出准予公司设立登记决定的,应当出具《准予设立登记通知书》,告知申请人自决定之日起10日内,领取营业执照;作出准予公司变更登记决定的,应当出具《准予变更登记通知书》,告知申请人自决定之日起10日内,换发营业执照;作出准予公司注销登记决定的,应当出具《准予注销登记通知书》,收缴营业执照。

“公司登记机关作出不予名称预先核准、不予登记决定的,应当出具《企业名称驳回通知书》、《登记驳回通知书》,说明不予核准、登记的理由,并告知申请人享有依法申请行政复议或者提起行政诉讼的权利。”

二十六、将第四十六条改为第五十六条,第二款修改为:“领取《企业法人营业执照》的,设立登记费按注册资本总额的0.8‰缴纳;注册资本超过1000万元的,超过部分按0.4‰缴纳;注册资本超过1亿元的,超过部分不再缴纳。”

二十七、将第四十九条改为第五十九条,修改为:“每年3月1日至6月30日,公司登记机关对公司进行年度检验。”

二十八、将第五十四条改为第六十四条,第三款修改为:“公司登记机关依法作出变更登记、注销登记、撤销变更登记决定,公司拒不缴回或者无法缴回营业执照的,由公司登记机关公告营业执照作废。”

二十九、将第六十三条改为第七十三条,增加一款作为第二款:“公司未依照本条例规定办理有关备案的,由公司登记机关责令限期办理;逾期未办理的,处以3万元以下的罚款。”

三十、将第六十四条改为第七十四条,增加一款作为第二款:“公司在进行清算时,隐匿财产,对资产负债表或者财产清单作虚假记载或者在未清偿债务前分配公司财产的,由公司登记机关责令改正,对公司处以隐匿财产或者未清偿债务前分配公司财产金额5%以上10%以下的罚款;对直接负责的主管人员和其他直接责任人员处以1万元以上10万元以下的罚款。”

增加一款,作为第三款:“公司在清算期间开展与清算无关的经营活动的,由公司登记机关予以警告,没收违法所得。”

三十一、将第六十五条改为第七十五条,增加一款作为第二款:“清算组成员利用职权徇私舞弊、谋取非法收入或者侵占公司财产的,由公司登记机关责令退还公司财产,没收违法所得,并可以处以违法所得1倍以上5倍以下的罚款。”

三十二、删除第六十六条。

三十三、删除第六十七条。

三十四、增加一条,作为第七十九条:“承担资产评估、验资或者验证的机构提供虚假材料的,由公司登记机关没收违法所得,处以违法所得1倍以上5倍以下的罚款,并可以由有关主管部门依法责令该机构停业、吊销直接责任人员的资格证书,吊销营业执照。

“承担资产评估、验资或者验证的机构因过失提供有重大遗漏的报告的,由公司登记机关责令改正,情节较重的,处以所得收入1倍以上5倍以下的罚款,并可以由有关主管部门依法责令该机构停业、吊销直接责任人员的资格证书,吊销营业执照。”

三十五、删除第七十一条。

三十六、增加一条,作为第八十三条:“外国公司违反《公司法》规定,擅自在中国境内设立分支机构的,由公司登记机关责令改正或者关闭,可以并处5万元以上20万元以下的罚款。”

三十七、增加一条,作为第八十四条:“利用公司名义从事危害国家安全、社会公共利益的严重违法行为的,吊销营业执照。”

三十八、增加一条,作为第八十五条:“分公司有本章规定的违法行为的,适用本章规定。”

三十九、增加一条,作为第八十六条:“违反本条例规定,构成犯罪的,依法追究刑事责任。”

四十、删除第七十四条。

四十一、增加一条,作为第八十八条:“法律、行政法规或者国务院决定规定设立公司必须报经批准,或者公司经营范围中属于法律、行政法规或者国务院决定规定在登记前须经批准的项目的,由国家工商行政管理总局依照法律、行政法规或者国务院决定规定编制企业登记前置行政许可目录并公布。”

此外,对条文的顺序和部分文字作相应的调整和修改。

本决定自2006年1月1日起施行。

《中华人民共和国公司登记管理条例》根据本决定作相应的修订,重新公布。

中华人民共和国公司登记管理条例①

(1994 年 6 月 24 日中华人民共和国国务院令第 156 号公布 根据 2005 年 12 月 18 日《国务院关于修改〈中华人民共和国公司登记管理条例〉的决定》修订)

第一章 总 则

第一条 为了确认公司的企业法人资格,规范公司登记行为,依据《中华人民共和国公司法》(以下简称《公司法》),制定本条例。

第二条 有限责任公司和股份有限公司(以下统称公司)设立、变更、终止,应当依照本条例办理公司登记。

申请办理公司登记,申请人应当对申请文件、材料的真实性负责。

第三条 公司经公司登记机关依法登记,领取《企业法人营业执照》,方取得企业法人资格。

自本条例施行之日起设立公司,未经公司登记机关登记的,不得以公司名义从事经营活动。

第四条 工商行政管理机关是公司登记机关。

下级公司登记机关在上级公司登记机关的领导下开展公司登记工作。

公司登记机关依法履行职责,不受非法干预。

第五条 国家工商行政管理总局主管全国的公司登记工作。

第二章 登 记 管 辖

第六条 国家工商行政管理总局负责下列公司的登记:

(一)国务院国有资产监督管理机构履行出资人职责的公司以及该公司投资设立并持有 50% 以上股份的公司;

(二)外商投资的公司;

(三)依照法律、行政法规或者国务院决定的规定,应当由国家工商行政管理总局登记的公司;

(四)国家工商行政管理总局规定应当由其登记的其他公司。

第七条 省、自治区、直辖市工商行政管理局负责本辖区内下列公司的登记:

(一)省、自治区、直辖市人民政府国有资产监督管理机构履行出资人职责的公司以及该公司投资设立并持有 50% 以上股份的公司;

(二)省、自治区、直辖市工商行政管理局规定由其登记的自然人投资设立的公司;

(三)依照法律、行政法规或者国务院决定的规定,应当由省、自治区、直辖市工商行政管理局登记的公司;

(四)国家工商行政管理总局授权登记的其他公司。

第八条 设区的市(地区)工商行政管理局、县工商行政管理局,以及直辖市的工商行政管理分局、设区的市工商行政管理局的区分局,负责本辖区内下列公司的登记:

(一)本条例第六条和第七条所列公司以外的其他公司;

(二)国家工商行政管理总局和省、自治区、直辖市工商行政管理局授权登记的公司。

前款规定的具体登记管辖由省、自治区、直辖市工商行政管理局规定。但是,其中的股份有限公司由设区的市(地区)工商行政管理局负责登记。

第三章 登 记 事 项

第九条 公司的登记事项包括:

(一)名称;

(二)住所;

(三)法定代表人姓名;

(四)注册资本;

(五)实收资本;

(六)公司类型;

(七)经营范围;

(八)营业期限;

(九)有限责任公司股东或者股份有限公司发起人的姓名或者名称,以及认缴和实缴的出资额、出资时间、出资方式。

第十条 公司的登记事项应当符合法律、行

① 编者注:已被修改。

政法规的规定。不符合法律、行政法规规定的，公司登记机关不予登记。

第十一条　公司名称应当符合国家有关规定。公司只能使用一个名称。经公司登记机关核准登记的公司名称受法律保护。

第十二条　公司的住所是公司主要办事机构所在地。经公司登记机关登记的公司的住所只能有一个。公司的住所应当在其公司登记机关辖区内。

第十三条　公司的注册资本和实收资本应当以人民币表示，法律、行政法规另有规定的除外。

第十四条　股东的出资方式应当符合《公司法》第二十七条的规定。股东以货币、实物、知识产权、土地使用权以外的其他财产出资的，其登记办法由国家工商行政管理总局会同国务院有关部门规定。

股东不得以劳务、信用、自然人姓名、商誉、特许经营权或者设定担保的财产等作价出资。

第十五条　公司的经营范围由公司章程规定，并依法登记。

公司的经营范围用语应当参照国民经济行业分类标准。

第十六条　公司类型包括有限责任公司和股份有限公司。

一人有限责任公司应当在公司登记中注明自然人独资或者法人独资，并在公司营业执照中载明。

第四章　设立登记

第十七条　设立公司应当申请名称预先核准。

法律、行政法规或者国务院决定规定设立公司必须报经批准，或者公司经营范围中属于法律、行政法规或者国务院决定规定在登记前须经批准的项目的，应当在报送批准前办理公司名称预先核准，并以公司登记机关核准的公司名称报送批准。

第十八条　设立有限责任公司，应当由全体股东指定的代表或者共同委托的代理人向公司登记机关申请名称预先核准；设立股份有限公司，应当由全体发起人指定的代表或者共同委托的代理人向公司登记机关申请名称预先核准。

申请名称预先核准，应当提交下列文件：

（一）有限责任公司的全体股东或者股份有限公司的全体发起人签署的公司名称预先核准申请书；

（二）全体股东或者发起人指定代表或者共同委托代理人的证明；

（三）国家工商行政管理总局规定要求提交的其他文件。

第十九条　预先核准的公司名称保留期为6个月。预先核准的公司名称在保留期内，不得用于从事经营活动，不得转让。

第二十条　设立有限责任公司，应当由全体股东指定的代表或者共同委托的代理人向公司登记机关申请设立登记。设立国有独资公司，应当由国务院或者地方人民政府授权的本级人民政府国有资产监督管理机构作为申请人，申请设立登记。法律、行政法规或者国务院决定规定设立有限责任公司必须报经批准的，应当自批准之日起90日内向公司登记机关申请设立登记；逾期申请设立登记的，申请人应当报批准机关确认原批准文件的效力或者另行报批。

申请设立有限责任公司，应当向公司登记机关提交下列文件：

（一）公司法定代表人签署的设立登记申请书；

（二）全体股东指定代表或者共同委托代理人的证明；

（三）公司章程；

（四）依法设立的验资机构出具的验资证明，法律、行政法规另有规定的除外；

（五）股东首次出资是非货币财产的，应当在公司设立登记时提交已办理其财产权转移手续的证明文件；

（六）股东的主体资格证明或者自然人身份证明；

（七）载明公司董事、监事、经理的姓名、住所的文件以及有关委派、选举或者聘用的证明；

（八）公司法定代表人任职文件和身份证明；

（九）企业名称预先核准通知书；

（十）公司住所证明；

（十一）国家工商行政管理总局规定要求提

交的其他文件。

外商投资的有限责任公司的股东首次出资额应当符合法律、行政法规的规定,其余部分应当自公司成立之日起2年内缴足,其中,投资公司可以在5年内缴足。

法律、行政法规或者国务院决定规定设立有限责任公司必须报经批准的,还应当提交有关批准文件。

第二十一条 设立股份有限公司,应当由董事会向公司登记机关申请设立登记。以募集方式设立股份有限公司的,应当于创立大会结束后30日内向公司登记机关申请设立登记。

申请设立股份有限公司,应当向公司登记机关提交下列文件:

(一)公司法定代表人签署的设立登记申请书;

(二)董事会指定代表或者共同委托代理人的证明;

(三)公司章程;

(四)依法设立的验资机构出具的验资证明;

(五)发起人首次出资是非货币财产的,应当在公司设立登记时提交已办理其财产权转移手续的证明文件;

(六)发起人的主体资格证明或者自然人身份证明;

(七)载明公司董事、监事、经理姓名、住所的文件以及有关委派、选举或者聘用的证明;

(八)公司法定代表人任职文件和身份证明;

(九)企业名称预先核准通知书;

(十)公司住所证明;

(十一)国家工商行政管理总局规定要求提交的其他文件。

以募集方式设立股份有限公司的,还应当提交创立大会的会议记录;以募集方式设立股份有限公司公开发行股票的,还应当提交国务院证券监督管理机构的核准文件。

法律、行政法规或者国务院决定规定设立股份有限公司必须报经批准的,还应当提交有关批准文件。

第二十二条 公司申请登记的经营范围中属于法律、行政法规或者国务院决定规定在登记前须经批准的项目的,应当在申请登记前报经国家有关部门批准,并向公司登记机关提交有关批准文件。

第二十三条 公司章程有违反法律、行政法规的内容的,公司登记机关有权要求公司作相应修改。

第二十四条 公司住所证明是指能够证明公司对其住所享有使用权的文件。

第二十五条 依法设立的公司,由公司登记机关发给《企业法人营业执照》。公司营业执照签发日期为公司成立日期。公司凭公司登记机关核发的《企业法人营业执照》刻制印章,开立银行账户,申请纳税登记。

第五章 变更登记

第二十六条 公司变更登记事项,应当向原公司登记机关申请变更登记。

未经变更登记,公司不得擅自改变登记事项。

第二十七条 公司申请变更登记,应当向公司登记机关提交下列文件:

(一)公司法定代表人签署的变更登记申请书;

(二)依照《公司法》作出的变更决议或者决定;

(三)国家工商行政管理总局规定要求提交的其他文件。

公司变更登记事项涉及修改公司章程的,应当提交由公司法定代表人签署的修改后的公司章程或者公司章程修正案。

变更登记事项依照法律、行政法规或者国务院决定规定在登记前须经批准的,还应当向公司登记机关提交有关批准文件。

第二十八条 公司变更名称的,应当自变更决议或者决定作出之日起30日内申请变更登记。

第二十九条 公司变更住所的,应当在迁入新住所前申请变更登记,并提交新住所使用证明。

公司变更住所跨公司登记机关辖区的,应当在迁入新住所前向迁入地公司登记机关申请变更登记;迁入地公司登记机关受理的,由原公司登记机关将公司登记档案移送迁入地公司登记机关。

第三十条　公司变更法定代表人的，应当自变更决议或者决定作出之日起30日内申请变更登记。

第三十一条　公司变更注册资本的，应当提交依法设立的验资机构出具的验资证明。

公司增加注册资本的，有限责任公司股东认缴新增资本的出资和股份有限公司的股东认购新股，应当分别依照《公司法》设立有限责任公司缴纳出资和设立股份有限公司缴纳股款的有关规定执行。股份有限公司以公开发行新股方式或者上市公司以非公开发行新股方式增加注册资本的，还应当提交国务院证券监督管理机构的核准文件。

公司法定公积金转增为注册资本的，验资证明应当载明留存的该项公积金不少于转增前公司注册资本的25%。

公司减少注册资本的，应当自公告之日起45日后申请变更登记，并应当提交公司在报纸上登载公司减少注册资本公告的有关证明和公司债务清偿或者债务担保情况的说明。

公司减资后的注册资本不得低于法定的最低限额。

第三十二条　公司变更实收资本的，应当提交依法设立的验资机构出具的验资证明，并应当按照公司章程载明的出资时间、出资方式缴纳出资。公司应当自足额缴纳出资或者股款之日起30日内申请变更登记。

第三十三条　公司变更经营范围的，应当自变更决议或者决定作出之日起30日内申请变更登记；变更经营范围涉及法律、行政法规或者国务院决定规定在登记前须经批准的项目的，应当自国家有关部门批准之日起30日内申请变更登记。

公司的经营范围中属于法律、行政法规或者国务院决定规定须经批准的项目被吊销、撤销许可证或者其他批准文件，或者许可证、其他批准文件有效期届满的，应当自吊销、撤销许可证、其他批准文件或者许可证、其他批准文件有效期届满之日起30日内申请变更登记或者依照本条例第六章的规定办理注销登记。

第三十四条　公司变更类型的，应当按照拟变更的公司类型的设立条件，在规定的期限内向公司登记机关申请变更登记，并提交有关文件。

第三十五条　有限责任公司股东转让股权的，应当自转让股权之日起30日内申请变更登记，并应当提交新股东的主体资格证明或者自然人身份证明。

有限责任公司的自然人股东死亡后，其合法继承人继承股东资格的，公司应当依照前款规定申请变更登记。

有限责任公司的股东或者股份有限公司的发起人改变姓名或者名称的，应当自改变姓名或者名称之日起30日内申请变更登记。

第三十六条　公司登记事项变更涉及分公司登记事项变更的，应当自公司变更登记之日起30日内申请分公司变更登记。

第三十七条　公司章程修改未涉及登记事项的，公司应当将修改后的公司章程或者公司章程修正案送原公司登记机关备案。

第三十八条　公司董事、监事、经理发生变动的，应当向原公司登记机关备案。

第三十九条　因合并、分立而存续的公司，其登记事项发生变化的，应当申请变更登记；因合并、分立而解散的公司，应当申请注销登记；因合并、分立而新设立的公司，应当申请设立登记。

公司合并、分立的，应当自公告之日起45日后申请登记，提交合并协议和合并、分立决议或者决定以及公司在报纸上登载公司合并、分立公告的有关证明和债务清偿或者债务担保情况的说明。法律、行政法规或者国务院决定规定公司合并、分立必须报经批准的，还应当提交有关批准文件。

第四十条　变更登记事项涉及《企业法人营业执照》载明事项的，公司登记机关应当换发营业执照。

第四十一条　公司依照《公司法》第二十二条规定向公司登记机关申请撤销变更登记的，应当提交下列文件：

（一）公司法定代表人签署的申请书；

（二）人民法院的裁判文书。

第六章　注 销 登 记

第四十二条　公司解散，依法应当清算的，清算组应当自成立之日起10日内将清算组成员、清算组负责人名单向公司登记机关备案。

第四十三条 有下列情形之一的，公司清算组应当自公司清算结束之日起30日内向原公司登记机关申请注销登记：

（一）公司被依法宣告破产；

（二）公司章程规定的营业期限届满或者公司章程规定的其他解散事由出现，但公司通过修改公司章程而存续的除外；

（三）股东会、股东大会决议解散或者一人有限责任公司的股东、外商投资的公司董事会决议解散；

（四）依法被吊销营业执照、责令关闭或者被撤销；

（五）人民法院依法予以解散；

（六）法律、行政法规规定的其他解散情形。

第四十四条 公司申请注销登记，应当提交下列文件：

（一）公司清算组负责人签署的注销登记申请书；

（二）人民法院的破产裁定、解散裁判文书，公司依照《公司法》作出的决议或者决定，行政机关责令关闭或者公司被撤销的文件；

（三）股东会、股东大会、一人有限责任公司的股东、外商投资的公司董事会或者人民法院、公司批准机关备案、确认的清算报告；

（四）《企业法人营业执照》；

（五）法律、行政法规规定应当提交的其他文件。

国有独资公司申请注销登记，还应当提交国有资产监督管理机构的决定，其中，国务院确定的重要的国有独资公司，还应当提交本级人民政府的批准文件。

有分公司的公司申请注销登记，还应当提交分公司的注销登记证明。

第四十五条 经公司登记机关注销登记，公司终止。

第七章 分公司的登记

第四十六条 分公司是指公司在其住所以外设立的从事经营活动的机构。分公司不具有企业法人资格。

第四十七条 分公司的登记事项包括：名称、营业场所、负责人、经营范围。

分公司的名称应当符合国家有关规定。

分公司的经营范围不得超出公司的经营范围。

第四十八条 公司设立分公司的，应当自决定作出之日起30日内向分公司所在地的公司登记机关申请登记；法律、行政法规或者国务院决定规定必须报经有关部门批准的，应当自批准之日起30日内向公司登记机关申请登记。

设立分公司，应当向公司登记机关提交下列文件：

（一）公司法定代表人签署的设立分公司的登记申请书；

（二）公司章程以及加盖公司印章的《企业法人营业执照》复印件；

（三）营业场所使用证明；

（四）分公司负责人任职文件和身份证明；

（五）国家工商行政管理总局规定要求提交的其他文件。

法律、行政法规或者国务院决定规定设立分公司必须报经批准，或者分公司经营范围中属于法律、行政法规或者国务院决定规定在登记前须经批准的项目的，还应当提交有关批准文件。

分公司的公司登记机关准予登记的，发给《营业执照》。公司应当自分公司登记之日起30日内，持分公司的《营业执照》到公司登记机关办理备案。

第四十九条 分公司变更登记事项的，应当向公司登记机关申请变更登记。

申请变更登记，应当提交公司法定代表人签署的变更登记申请书。变更名称、经营范围的，应当提交加盖公司印章的《企业法人营业执照》复印件，分公司经营范围中属于法律、行政法规或者国务院决定规定在登记前须经批准的项目的，还应当提交有关批准文件。变更营业场所的，应当提交新的营业场所使用证明。变更负责人的，应当提交公司的任免文件以及其身份证明。

公司登记机关准予变更登记的，换发《营业执照》。

第五十条 分公司被公司撤销、依法责令关闭、吊销营业执照的，公司应当自决定作出之日起30日内向该分公司的公司登记机关申请注销登记。申请注销登记应当提交公司法定代表人签署的注销登记申请书和分公司的《营业执照》。公司登记机关准予注销登记后，应当收缴分公司的《营业执照》。

第八章 登记程序

第五十一条 申请公司、分公司登记，申请人可以到公司登记机关提交申请，也可以通过信函、电报、电传、传真、电子数据交换和电子邮件等方式提出申请。

通过电报、电传、传真、电子数据交换和电子邮件等方式提出申请的，应当提供申请人的联系方式以及通讯地址。

第五十二条 公司登记机关应当根据下列情况分别作出是否受理的决定：

（一）申请文件、材料齐全，符合法定形式的，或者申请人按照公司登记机关的要求提交全部补正申请文件、材料的，应当决定予以受理。

（二）申请文件、材料齐全，符合法定形式，但公司登记机关认为申请文件、材料需要核实的，应当决定予以受理，同时书面告知申请人需要核实的事项、理由以及时间。

（三）申请文件、材料存在可以当场更正的错误的，应当允许申请人当场予以更正，由申请人在更正处签名或者盖章，注明更正日期；经确认申请文件、材料齐全，符合法定形式的，应当决定予以受理。

（四）申请文件、材料不齐全或者不符合法定形式的，应当当场或者在5日内一次告知申请人需要补正的全部内容；当场告知时，应当将申请文件、材料退回申请人；属于5日内告知的，应当收取申请文件、材料并出具收到申请文件、材料的凭据，逾期不告知的，自收到申请文件、材料之日起即为受理。

（五）不属于公司登记范畴或者不属于本机关登记管辖范围的事项，应当即时决定不予受理，并告知申请人向有关行政机关申请。

公司登记机关对通过信函、电报、电传、传真、电子数据交换和电子邮件等方式提出申请的，应当自收到申请文件、材料之日起5日内作出是否受理的决定。

第五十三条 除依照本条例第五十四条第一款第（一）项作出准予登记决定的外，公司登记机关决定予以受理的，应当出具《受理通知书》；决定不予受理的，应当出具《不予受理通知书》，说明不予受理的理由，并告知申请人享有依法申请行政复议或者提起行政诉讼的权利。

第五十四条 公司登记机关对决定予以受理的登记申请，应当分别情况在规定的期限内作出是否准予登记的决定：

（一）对申请人到公司登记机关提出的申请予以受理的，应当当场作出准予登记的决定。

（二）对申请人通过信函方式提交的申请予以受理的，应当自受理之日起15日内作出准予登记的决定。

（三）通过电报、电传、传真、电子数据交换和电子邮件等方式提交申请的，申请人应当自收到《受理通知书》之日起15日内，提交与电报、电传、传真、电子数据交换和电子邮件等内容一致并符合法定形式的申请文件、材料原件；申请人到公司登记机关提交申请文件、材料原件的，应当当场作出准予登记的决定；申请人通过信函方式提交申请文件、材料原件的，应当自受理之日起15日内作出准予登记的决定。

（四）公司登记机关自发出《受理通知书》之日起60日内，未收到申请文件、材料原件，或者申请文件、材料原件与公司登记机关所受理的申请文件、材料不一致的，应当作出不予登记的决定。

公司登记机关需要对申请文件、材料核实的，应当自受理之日起15日内作出是否准予登记的决定。

第五十五条 公司登记机关作出准予公司名称预先核准决定的，应当出具《企业名称预先核准通知书》；作出准予公司设立登记决定的，应当出具《准予设立登记通知书》，告知申请人自决定之日起10日内，领取营业执照；作出准予公司变更登记决定的，应当出具《准予变更登记通知书》，告知申请人自决定之日起10日内，换发营业执照；作出准予公司注销登记决定的，应当出具《准予注销登记通知书》，收缴营业执照。

公司登记机关作出不予名称预先核准、不予登记决定的，应当出具《企业名称驳回通知书》、

《登记驳回通知书》,说明不予核准、登记的理由,并告知申请人享有依法申请行政复议或者提起行政诉讼的权利。

第五十六条 公司办理设立登记、变更登记,应当按照规定向公司登记机关缴纳登记费。

领取《企业法人营业执照》的,设立登记费按注册资本总额的0.8‰缴纳;注册资本超过1000万元的,超过部分按0.4‰缴纳;注册资本超过1亿元的,超过部分不再缴纳。

领取《营业执照》的,设立登记费为300元。

变更登记事项的,变更登记费为100元。

第五十七条 公司登记机关应当将登记的公司登记事项记载于公司登记簿上,供社会公众查阅、复制。

第五十八条 吊销《企业法人营业执照》和《营业执照》的公告由公司登记机关发布。

第九章 年度检验

第五十九条 每年3月1日至6月30日,公司登记机关对公司进行年度检验。

第六十条 公司应当按照公司登记机关的要求,在规定的时间内接受年度检验,并提交年度检验报告书、年度资产负债表和损益表、《企业法人营业执照》副本。

设立分公司的公司在其提交的年度检验材料中,应当明确反映分公司的有关情况,并提交《营业执照》的复印件。

第六十一条 公司登记机关应当根据公司提交的年度检验材料,对与公司登记事项有关的情况进行审查。

第六十二条 公司应当向公司登记机关缴纳年度检验费。年度检验费为50元。

第十章 证照和档案管理

第六十三条 《企业法人营业执照》、《营业执照》分为正本和副本,正本和副本具有同等法律效力。

《企业法人营业执照》正本或者《营业执照》正本应当置于公司住所或者分公司营业场所的醒目位置。

公司可以根据业务需要向公司登记机关申请核发营业执照若干副本。

第六十四条 任何单位和个人不得伪造、涂改、出租、出借、转让营业执照。

营业执照遗失或者毁坏的,公司应当在公司登记机关指定的报刊上声明作废,申请补领。

公司登记机关依法作出变更登记、注销登记、撤销变更登记决定,公司拒不缴回或者无法缴回营业执照的,由公司登记机关公告营业执照作废。

第六十五条 公司登记机关对需要认定的营业执照,可以临时扣留,扣留期限不得超过10天。

第六十六条 借阅、抄录、携带、复制公司登记档案资料的,应当按照规定的权限和程序办理。

任何单位和个人不得修改、涂抹、标注、损毁公司登记档案资料。

第六十七条 营业执照正本、副本样式以及公司登记的有关重要文书格式或者表式,由国家工商行政管理总局统一制定。

第十一章 法律责任

第六十八条 虚报注册资本,取得公司登记的,由公司登记机关责令改正,处以虚报注册资本金额5%以上15%以下的罚款;情节严重的,撤销公司登记或者吊销营业执照。

第六十九条 提交虚假材料或者采取其他欺诈手段隐瞒重要事实,取得公司登记的,由公司登记机关责令改正,处以5万元以上50万元以下的罚款;情节严重的,撤销公司登记或者吊销营业执照。

第七十条 公司的发起人、股东虚假出资,未交付或者未按期交付作为出资的货币或者非货币财产的,由公司登记机关责令改正,处以虚假出资金额5%以上15%以下的罚款。

第七十一条 公司的发起人、股东在公司成立后,抽逃出资的,由公司登记机关责令改正,处以所抽逃出资金额5%以上15%以下的罚款。

第七十二条 公司成立后无正当理由超过6个月未开业的,或者开业后自行停业连续6个月以上的,可以由公司登记机关吊销营业执照。

第七十三条 公司登记事项发生变更时,未依照本条例规定办理有关变更登记的,由公司登记机关责令限期登记；逾期不登记的，处以1万元以上10万元以下的罚款。其中，变更经营范围涉及法律、行政法规或者国务院决定规定须经批准的项目而未取得批准，擅自从事相关经营活动，情节严重的，吊销营业执照。

公司未依照本条例规定办理有关备案的，由公司登记机关责令限期办理；逾期未办理的，处以3万元以下的罚款。

第七十四条 公司在合并、分立、减少注册资本或者进行清算时，不按照规定通知或者公告债权人的，由公司登记机关责令改正，处以1万元以上10万元以下的罚款。

公司在进行清算时，隐匿财产，对资产负债表或者财产清单作虚假记载或者在未清偿债务前分配公司财产的，由公司登记机关责令改正，对公司处以隐匿财产或者未清偿债务前分配公司财产金额5%以上10%以下的罚款；对直接负责的主管人员和其他直接责任人员处以1万元以上10万元以下的罚款。

公司在清算期间开展与清算无关的经营活动的，由公司登记机关予以警告，没收违法所得。

第七十五条 清算组不按照规定向公司登记机关报送清算报告，或者报送清算报告隐瞒重要事实或者有重大遗漏的，由公司登记机关责令改正。

清算组成员利用职权徇私舞弊、谋取非法收入或者侵占公司财产的，由公司登记机关责令退还公司财产，没收违法所得，并可以处以违法所得1倍以上5倍以下的罚款。

第七十六条 公司不按照规定接受年度检验的，由公司登记机关处以1万元以上10万元以下的罚款，并限期接受年度检验；逾期仍不接受年度检验的，吊销营业执照。年度检验中隐瞒真实情况、弄虚作假的，由公司登记机关处以1万元以上5万元以下的罚款，并限期改正；情节严重的，吊销营业执照。

第七十七条 伪造、涂改、出租、出借、转让营业执照的，由公司登记机关处以1万元以上10万元以下的罚款；情节严重的，吊销营业执照。

第七十八条 未将营业执照置于住所或者营业场所醒目位置的，由公司登记机关责令改正；拒不改正的，处以1000元以上5000元以下的罚款。

第七十九条 承担资产评估、验资或者验证的机构提供虚假材料的，由公司登记机关没收违法所得，处以违法所得1倍以上5倍以下的罚款，并可以由有关主管部门依法责令该机构停业、吊销直接责任人员的资格证书，吊销营业执照。

承担资产评估、验资或者验证的机构因过失提供有重大遗漏的报告的，由公司登记机关责令改正，情节较重的，处以所得收入1倍以上5倍以下的罚款，并可以由有关主管部门依法责令该机构停业、吊销直接责任人员的资格证书，吊销营业执照。

第八十条 未依法登记为有限责任公司或者股份有限公司，而冒用有限责任公司或者股份有限公司名义的，或者未依法登记为有限责任公司或者股份有限公司的分公司，而冒用有限责任公司或者股份有限公司的分公司名义的，由公司登记机关责令改正或者予以取缔，可以并处10万元以下的罚款。

第八十一条 公司登记机关对不符合规定条件的公司登记申请予以登记，或者对符合规定条件的登记申请不予登记的，对直接负责的主管人员和其他直接责任人员，依法给予行政处分。

第八十二条 公司登记机关的上级部门强令公司登记机关对不符合规定条件的登记申请予以登记，或者对符合规定条件的登记申请不予登记的，或者对违法登记进行包庇的，对直接负责的主管人员和其他直接责任人员依法给予行政处分。

第八十三条 外国公司违反《公司法》规定，擅自在中国境内设立分支机构的，由公司登记机关责令改正或者关闭，可以并处5万元以上20万元以下的罚款。

第八十四条 利用公司名义从事危害国家安全、社会公共利益的严重违法行为的，吊销营业执照。

第八十五条 分公司有本章规定的违法行为的，适用本章规定。

第八十六条 违反本条例规定，构成犯罪的，依法追究刑事责任。

第十二章 附 则

第八十七条 外商投资的公司的登记适用本条例。有关外商投资企业的法律对其登记另有规定的，适用其规定。

第八十八条 法律、行政法规或者国务院决定规定设立公司必须报经批准，或者公司经营范围中属于法律、行政法规或者国务院决定规定在登记前须经批准的项目的，由国家工商行政管理总局依照法律、行政法规或者国务院决定规定编制企业登记前置行政许可目录并公布。

第八十九条 本条例自1994年7月1日起施行。

国务院关于废止和修改部分行政法规的决定（节录）

（2014年2月19日中华人民共和国国务院令第648号公布 自2014年3月1日起施行）

为了运用法治方式推进政府职能转变，进一步放宽市场主体准入条件，激发社会投资活力，依据2013年12月28日第十二届全国人民代表大会常务委员会第六次会议通过的修改公司法的决定，落实《注册资本登记制度改革方案》关于注册资本实缴登记改为认缴登记、年度检验验照制度改为年度报告公示制度，以及完善信用约束机制的内容，国务院对涉及的行政法规进行了清理。经过清理，国务院决定：

……

一、对《中华人民共和国公司登记管理条例》作出修改

（一）删去第九条第五项；将第九项改为第八项，修改为："有限责任公司股东或者股份有限公司发起人的姓名或者名称。"

（二）删去第十三条中的"和实收资本"。

（三）第十四条修改为："股东的出资方式应当符合《公司法》第二十七条的规定，但股东不得以劳务、信用、自然人姓名、商誉、特许经营权或者设定担保的财产等作价出资。"

（四）删去第二十条第二款第四项、第五项和第三款。

（五）删去第二十一条第二款第四项、第五项；将第三款修改为："以募集方式设立股份有限公司的，还应当提交创立大会的会议记录以及依法设立的验资机构出具的验资证明；以募集方式设立股份有限公司公开发行股票的，还应当提交国务院证券监督管理机构的核准文件。"

（六）删去第三十一条第一款、第二款、第三款、第五款；增加一款作为第一款："公司增加注册资本的，应当自变更决议或者决定作出之日起30日内申请变更登记。"

（七）删去第三十二条。

（八）第三十五条改为第三十四条，第一款修改为："有限责任公司变更股东的，应当自变更之日起30日内申请变更登记，并应当提交新股东的主体资格证明或者自然人身份证明。"

（九）第五十七条改为第五十六条，修改为："公司登记机关应当将公司登记、备案信息通过企业信用信息公示系统向社会公示。"

（十）删去第九章。

（十一）第十章改为第九章，标题修改为："年度报告公示、证照和档案管理"。

（十二）增加一条作为第五十八条："公司应当于每年1月1日至6月30日，通过企业信用信息公示系统向公司登记机关报送上一年度年度报告，并向社会公示。

"年度报告公示的内容以及监督检查办法由国务院制定。"

（十三）第六十三条改为第五十九条，增加一款作为第二款："国家推行电子营业执照。电子营业执照与纸质营业执照具有同等法律效力。"

（十四）第六十七条改为第六十三条，修改为："营业执照正本、副本样式，电子营业执照标准以及公司登记的有关重要文书格式或者表式，由国家工商行政管理总局统一制定。"

（十五）删去第七十六条。

……

中华人民共和国公司登记管理条例①

（1994 年 6 月 24 日中华人民共和国国务院令第 156 号公布　根据 2005 年 12 月 18 日《国务院关于修改〈中华人民共和国公司登记管理条例〉的决定》第一次修订　根据 2014 年 2 月 19 日《国务院关于废止和修改部分行政法规的决定》第二次修订）

第一章　总　　则

第一条　为了确认公司的企业法人资格，规范公司登记行为，依据《中华人民共和国公司法》（以下简称《公司法》），制定本条例。

第二条　有限责任公司和股份有限公司（以下统称公司）设立、变更、终止，应当依照本条例办理公司登记。

申请办理公司登记，申请人应当对申请文件、材料的真实性负责。

第三条　公司经公司登记机关依法登记，领取《企业法人营业执照》，方取得企业法人资格。

自本条例施行之日起设立公司，未经公司登记机关登记的，不得以公司名义从事经营活动。

第四条　工商行政管理机关是公司登记机关。

下级公司登记机关在上级公司登记机关的领导下开展公司登记工作。

公司登记机关依法履行职责，不受非法干预。

第五条　国家工商行政管理总局主管全国的公司登记工作。

第二章　登 记 管 辖

第六条　国家工商行政管理总局负责下列公司的登记：

（一）国务院国有资产监督管理机构履行出资人职责的公司以及该公司投资设立并持有 50% 以上股份的公司；

（二）外商投资的公司；

（三）依照法律、行政法规或者国务院决定的规定，应当由国家工商行政管理总局登记的公司；

（四）国家工商行政管理总局规定应当由其登记的其他公司。

第七条　省、自治区、直辖市工商行政管理局负责本辖区内下列公司的登记：

（一）省、自治区、直辖市人民政府国有资产监督管理机构履行出资人职责的公司以及该公司投资设立并持有 50% 以上股份的公司；

（二）省、自治区、直辖市工商行政管理局规定由其登记的自然人投资设立的公司；

（三）依照法律、行政法规或者国务院决定的规定，应当由省、自治区、直辖市工商行政管理局登记的公司；

（四）国家工商行政管理总局授权登记的其他公司。

第八条　设区的市（地区）工商行政管理局、县工商行政管理局，以及直辖市的工商行政管理分局、设区的市工商行政管理局的区分局，负责本辖区内下列公司的登记：

（一）本条例第六条和第七条所列公司以外的其他公司；

（二）国家工商行政管理总局和省、自治区、直辖市工商行政管理局授权登记的公司。

前款规定的具体登记管辖由省、自治区、直辖市工商行政管理局规定。但是，其中的股份有限公司由设区的市（地区）工商行政管理局负责登记。

第三章　登 记 事 项

第九条　公司的登记事项包括：

（一）名称；

（二）住所；

（三）法定代表人姓名；

（四）注册资本；

（五）公司类型；

（六）经营范围；

（七）营业期限；

（八）有限责任公司股东或者股份有限公司发起人的姓名或者名称。

第十条　公司的登记事项应当符合法律、行

① 编者注：已被修改。

政法规的规定。不符合法律、行政法规规定的，公司登记机关不予登记。

第十一条　公司名称应当符合国家有关规定。公司只能使用一个名称。经公司登记机关核准登记的公司名称受法律保护。

第十二条　公司的住所是公司主要办事机构所在地。经公司登记机关登记的公司的住所只能有一个。公司的住所应当在其公司登记机关辖区内。

第十三条　公司的注册资本应当以人民币表示，法律、行政法规另有规定的除外。

第十四条　股东的出资方式应当符合《公司法》第二十七条的规定，但股东不得以劳务、信用、自然人姓名、商誉、特许经营权或者设定担保的财产等作价出资。

第十五条　公司的经营范围由公司章程规定，并依法登记。

公司的经营范围用语应当参照国民经济行业分类标准。

第十六条　公司类型包括有限责任公司和股份有限公司。

一人有限责任公司应当在公司登记中注明自然人独资或者法人独资，并在公司营业执照中载明。

第四章　设立登记

第十七条　设立公司应当申请名称预先核准。

法律、行政法规或者国务院决定规定设立公司必须报经批准，或者公司经营范围中属于法律、行政法规或者国务院决定规定在登记前须经批准的项目的，应当在报送批准前办理公司名称预先核准，并以公司登记机关核准的公司名称报送批准。

第十八条　设立有限责任公司，应当由全体股东指定的代表或者共同委托的代理人向公司登记机关申请名称预先核准；设立股份有限公司，应当由全体发起人指定的代表或者共同委托的代理人向公司登记机关申请名称预先核准。

申请名称预先核准，应当提交下列文件：

（一）有限责任公司的全体股东或者股份有限公司的全体发起人签署的公司名称预先核准申请书；

（二）全体股东或者发起人指定代表或者共同委托代理人的证明；

（三）国家工商行政管理总局规定要求提交的其他文件。

第十九条　预先核准的公司名称保留期为6个月。预先核准的公司名称在保留期内，不得用于从事经营活动，不得转让。

第二十条　设立有限责任公司，应当由全体股东指定的代表或者共同委托的代理人向公司登记机关申请设立登记。设立国有独资公司，应当由国务院或者地方人民政府授权的本级人民政府国有资产监督管理机构作为申请人，申请设立登记。法律、行政法规或者国务院决定规定设立有限责任公司必须报经批准的，应当自批准之日起90日内向公司登记机关申请设立登记；逾期申请设立登记的，申请人应当报批准机关确认原批准文件的效力或者另行报批。

申请设立有限责任公司，应当向公司登记机关提交下列文件：

（一）公司法定代表人签署的设立登记申请书；

（二）全体股东指定代表或者共同委托代理人的证明；

（三）公司章程；

（四）股东的主体资格证明或者自然人身份证明；

（五）载明公司董事、监事、经理的姓名、住所的文件以及有关委派、选举或者聘用的证明；

（六）公司法定代表人任职文件和身份证明；

（七）企业名称预先核准通知书；

（八）公司住所证明；

（九）国家工商行政管理总局规定要求提交的其他文件。

法律、行政法规或者国务院决定规定设立有限责任公司必须报经批准的，还应当提交有关批准文件。

第二十一条　设立股份有限公司，应当由董事会向公司登记机关申请设立登记。以募集方式设立股份有限公司的，应当于创立大会结束后30日内向公司登记机关申请设立登记。

申请设立股份有限公司，应当向公司登记机

关提交下列文件：

（一）公司法定代表人签署的设立登记申请书；

（二）董事会指定代表或者共同委托代理人的证明；

（三）公司章程；

（四）发起人的主体资格证明或者自然人身份证明；

（五）载明公司董事、监事、经理姓名、住所的文件以及有关委派、选举或者聘用的证明；

（六）公司法定代表人任职文件和身份证明；

（七）企业名称预先核准通知书；

（八）公司住所证明；

（九）国家工商行政管理总局规定要求提交的其他文件。

以募集方式设立股份有限公司的，还应当提交创立大会的会议记录以及依法设立的验资机构出具的验资证明；以募集方式设立股份有限公司公开发行股票的，还应当提交国务院证券监督管理机构的核准文件。

法律、行政法规或者国务院决定规定设立股份有限公司必须报经批准的，还应当提交有关批准文件。

第二十二条 公司申请登记的经营范围中属于法律、行政法规或者国务院决定规定在登记前须经批准的项目的，应当在申请登记前报经国家有关部门批准，并向公司登记机关提交有关批准文件。

第二十三条 公司章程有违反法律、行政法规的内容的，公司登记机关有权要求公司作相应修改。

第二十四条 公司住所证明是指能够证明公司对其住所享有使用权的文件。

第二十五条 依法设立的公司，由公司登记机关发给《企业法人营业执照》。公司营业执照签发日期为公司成立日期。公司凭公司登记机关核发的《企业法人营业执照》刻制印章，开立银行账户，申请纳税登记。

第五章 变更登记

第二十六条 公司变更登记事项，应当向原公司登记机关申请变更登记。

未经变更登记，公司不得擅自改变登记事项。

第二十七条 公司申请变更登记，应当向公司登记机关提交下列文件：

（一）公司法定代表人签署的变更登记申请书；

（二）依照《公司法》作出的变更决议或者决定；

（三）国家工商行政管理总局规定要求提交的其他文件。

公司变更登记事项涉及修改公司章程的，应当提交由公司法定代表人签署的修改后的公司章程或者公司章程修正案。

变更登记事项依照法律、行政法规或者国务院决定规定在登记前须经批准的，还应当向公司登记机关提交有关批准文件。

第二十八条 公司变更名称的，应当自变更决议或者决定作出之日起 30 日内申请变更登记。

第二十九条 公司变更住所的，应当在迁入新住所前申请变更登记，并提交新住所使用证明。

公司变更住所跨公司登记机关辖区的，应当在迁入新住所前向迁入地公司登记机关申请变更登记；迁入地公司登记机关受理的，由原公司登记机关将公司登记档案移送迁入地公司登记机关。

第三十条 公司变更法定代表人的，应当自变更决议或者决定作出之日起 30 日内申请变更登记。

第三十一条 公司增加注册资本的，应当自变更决议或者决定作出之日起 30 日内申请变更登记。

公司减少注册资本的，应当自公告之日起 45 日后申请变更登记，并应当提交公司在报纸上登载公司减少注册资本公告的有关证明和公司债务清偿或者债务担保情况的说明。

第三十二条 公司变更经营范围的，应当自变更决议或者决定作出之日起 30 日内申请变更登记；变更经营范围涉及法律、行政法规或者国务院决定规定在登记前须经批准的项目的，应当自国家有关部门批准之日起 30 日内申请变更登记。

公司的经营范围中属于法律、行政法规或者国务院决定规定须经批准的项目被吊销、撤销许可证或者其他批准文件,或者许可证、其他批准文件有效期届满的,应当自吊销、撤销许可证、其他批准文件或者许可证、其他批准文件有效期届满之日起30日内申请变更登记或者依照本条例第六章的规定办理注销登记。

第三十三条 公司变更类型的,应当按照拟变更的公司类型的设立条件,在规定的期限内向公司登记机关申请变更登记,并提交有关文件。

第三十四条 有限责任公司变更股东的,应当自变更之日起30日内申请变更登记,并应当提交新股东的主体资格证明或者自然人身份证明。

有限责任公司的自然人股东死亡后,其合法继承人继承股东资格的,公司应当依照前款规定申请变更登记。

有限责任公司的股东或者股份有限公司的发起人改变姓名或者名称的,应当自改变姓名或者名称之日起30日内申请变更登记。

第三十五条 公司登记事项变更涉及分公司登记事项变更的,应当自公司变更登记之日起30日内申请分公司变更登记。

第三十六条 公司章程修改未涉及登记事项的,公司应当将修改后的公司章程或者公司章程修正案送原公司登记机关备案。

第三十七条 公司董事、监事、经理发生变动的,应当向原公司登记机关备案。

第三十八条 因合并、分立而存续的公司,其登记事项发生变化的,应当申请变更登记;因合并、分立而解散的公司,应当申请注销登记;因合并、分立而新设立的公司,应当申请设立登记。

公司合并、分立的,应当自公告之日起45日后申请登记,提交合并协议和合并、分立决议或者决定以及公司在报纸上登载公司合并、分立公告的有关证明和债务清偿或者债务担保情况的说明。法律、行政法规或者国务院决定规定公司合并、分立必须报经批准的,还应当提交有关批准文件。

第三十九条 变更登记事项涉及《企业法人营业执照》载明事项的,公司登记机关应当换发营业执照。

第四十条 公司依照《公司法》第二十二条规定向公司登记机关申请撤销变更登记的,应当提交下列文件:

(一)公司法定代表人签署的申请书;

(二)人民法院的裁判文书。

第六章 注销登记

第四十一条 公司解散,依法应当清算的,清算组应当自成立之日起10日内将清算组成员、清算组负责人名单向公司登记机关备案。

第四十二条 有下列情形之一的,公司清算组应当自公司清算结束之日起30日内向原公司登记机关申请注销登记:

(一)公司被依法宣告破产;

(二)公司章程规定的营业期限届满或者公司章程规定的其他解散事由出现,但公司通过修改公司章程而存续的除外;

(三)股东会、股东大会决议解散或者一人有限责任公司的股东、外商投资的公司董事会决议解散;

(四)依法被吊销营业执照、责令关闭或者被撤销;

(五)人民法院依法予以解散;

(六)法律、行政法规规定的其他解散情形。

第四十三条 公司申请注销登记,应当提交下列文件:

(一)公司清算组负责人签署的注销登记申请书;

(二)人民法院的破产裁定、解散裁判文书,公司依照《公司法》作出的决议或者决定,行政机关责令关闭或者公司被撤销的文件;

(三)股东会、股东大会、一人有限责任公司的股东、外商投资的公司董事会或者人民法院、公司批准机关备案、确认的清算报告;

(四)《企业法人营业执照》;

(五)法律、行政法规规定应当提交的其他文件。

国有独资公司申请注销登记,还应当提交国有资产监督管理机构的决定,其中,国务院确定的重要的国有独资公司,还应当提交本级人民政府的批准文件。

有分公司的公司申请注销登记，还应当提交分公司的注销登记证明。

第四十四条　经公司登记机关注销登记，公司终止。

第七章　分公司的登记

第四十五条　分公司是指公司在其住所以外设立的从事经营活动的机构。分公司不具有企业法人资格。

第四十六条　分公司的登记事项包括：名称、营业场所、负责人、经营范围。

分公司的名称应当符合国家有关规定。

分公司的经营范围不得超出公司的经营范围。

第四十七条　公司设立分公司的，应当自决定作出之日起30日内向分公司所在地的公司登记机关申请登记；法律、行政法规或者国务院决定规定必须报经有关部门批准的，应当自批准之日起30日内向公司登记机关申请登记。

设立分公司，应当向公司登记机关提交下列文件：

（一）公司法定代表人签署的设立分公司的登记申请书；

（二）公司章程以及加盖公司印章的《企业法人营业执照》复印件；

（三）营业场所使用证明；

（四）分公司负责人任职文件和身份证明；

（五）国家工商行政管理总局规定要求提交的其他文件。

法律、行政法规或者国务院决定规定设立分公司必须报经批准，或者分公司经营范围中属于法律、行政法规或者国务院决定规定在登记前须经批准的项目的，还应当提交有关批准文件。

分公司的公司登记机关准予登记的，发给《营业执照》。公司应当自分公司登记之日起30日内，持分公司的《营业执照》到公司登记机关办理备案。

第四十八条　分公司变更登记事项的，应当向公司登记机关申请变更登记。

申请变更登记，应当提交公司法定代表人签署的变更登记申请书。变更名称、经营范围的，应当提交加盖公司印章的《企业法人营业执照》复印件，分公司经营范围中属于法律、行政法规或者国务院决定规定在登记前须经批准的项目的，还应当提交有关批准文件。变更营业场所的，应当提交新的营业场所使用证明。变更负责人的，应当提交公司的任免文件以及其身份证明。

公司登记机关准予变更登记的，换发《营业执照》。

第四十九条　分公司被公司撤销、依法责令关闭、吊销营业执照的，公司应当自决定作出之日起30日内向该分公司的公司登记机关申请注销登记。申请注销登记应当提交公司法定代表人签署的注销登记申请书和分公司的《营业执照》。公司登记机关准予注销登记后，应当收缴分公司的《营业执照》。

第八章　登 记 程 序

第五十条　申请公司、分公司登记，申请人可以到公司登记机关提交申请，也可以通过信函、电报、电传、传真、电子数据交换和电子邮件等方式提出申请。

通过电报、电传、传真、电子数据交换和电子邮件等方式提出申请的，应当提供申请人的联系方式以及通讯地址。

第五十一条　公司登记机关应当根据下列情况分别作出是否受理的决定：

（一）申请文件、材料齐全，符合法定形式的，或者申请人按照公司登记机关的要求提交全部补正申请文件、材料的，应当决定予以受理。

（二）申请文件、材料齐全，符合法定形式，但公司登记机关认为申请文件、材料需要核实的，应当决定予以受理，同时书面告知申请人需要核实的事项、理由以及时间。

（三）申请文件、材料存在可以当场更正的错误的，应当允许申请人当场予以更正，由申请人在更正处签名或者盖章，注明更正日期；经确认申请文件、材料齐全，符合法定形式的，应当决定予以受理。

（四）申请文件、材料不齐全或者不符合法定形式的，应当当场或者在5日内一次告知申请人需要补正的全部内容；当场告知时，应当将申请文件、材料退回申请人；属于5日内告知的，应当收取申请文件、材料并出具收到申请文件、材料的凭据，逾期不告知的，自收到申请文件、材料之日起即为受理。

（五）不属于公司登记范畴或者不属于本机关登记管辖范围的事项，应当即时决定不予受理，并告知申请人向有关行政机关申请。

公司登记机关对通过信函、电报、电传、传真、电子数据交换和电子邮件等方式提出申请的，应当自收到申请文件、材料之日起5日内作出是否受理的决定。

第五十二条 除依照本条例第五十三条第一款第（一）项作出准予登记决定的外，公司登记机关决定予以受理的，应当出具《受理通知书》；决定不予受理的，应当出具《不予受理通知书》，说明不予受理的理由，并告知申请人享有依法申请行政复议或者提起行政诉讼的权利。

第五十三条 公司登记机关对决定予以受理的登记申请，应当分别情况在规定的期限内作出是否准予登记的决定：

（一）对申请人到公司登记机关提出的申请予以受理的，应当当场作出准予登记的决定。

（二）对申请人通过信函方式提交的申请予以受理的，应当自受理之日起15日内作出准予登记的决定。

（三）通过电报、电传、传真、电子数据交换和电子邮件等方式提交申请的，申请人应当自收到《受理通知书》之日起15日内，提交与电报、电传、传真、电子数据交换和电子邮件等内容一致并符合法定形式的申请文件、材料原件；申请人到公司登记机关提交申请文件、材料原件的，应当当场作出准予登记的决定；申请人通过信函方式提交申请文件、材料原件的，应当自受理之日起15日内作出准予登记的决定。

（四）公司登记机关自发出《受理通知书》之日起60日内，未收到申请文件、材料原件，或者申请文件、材料原件与公司登记机关所受理的申请文件、材料不一致的，应当作出不予登记的决定。

公司登记机关需要对申请文件、材料核实的，应当自受理之日起15日内作出是否准予登记的决定。

第五十四条 公司登记机关作出准予公司名称预先核准决定的，应当出具《企业名称预先核准通知书》；作出准予公司设立登记决定的，应当出具《准予设立登记通知书》，告知申请人自决定之日起10日内，领取营业执照；作出准予公司变更登记决定的，应当出具《准予变更登记通知书》，告知申请人自决定之日起10日内，换发营业执照；作出准予公司注销登记决定的，应当出具《准予注销登记通知书》，收缴营业执照。

公司登记机关作出不予名称预先核准、不予登记决定的，应当出具《企业名称驳回通知书》、《登记驳回通知书》，说明不予核准、登记的理由，并告知申请人享有依法申请行政复议或者提起行政诉讼的权利。

第五十五条 公司办理设立登记、变更登记，应当按照规定向公司登记机关缴纳登记费。

领取《企业法人营业执照》的，设立登记费按注册资本总额的0.8‰缴纳；注册资本超过1000万元的，超过部分按0.4‰缴纳；注册资本超过1亿元的，超过部分不再缴纳。

领取《营业执照》的，设立登记费为300元。

变更登记事项的，变更登记费为100元。

第五十六条 公司登记机关应当将公司登记、备案信息通过企业信用信息公示系统向社会公示。

第五十七条 吊销《企业法人营业执照》和《营业执照》的公告由公司登记机关发布。

第九章 年度报告公示、证照和档案管理

第五十八条 公司应当于每年1月1日至6月30日，通过企业信用信息公示系统向公司登记机关报送上一年度年度报告，并向社会公示。

年度报告公示的内容以及监督检查办法由国务院制定。

第五十九条 《企业法人营业执照》、《营业执照》分为正本和副本，正本和副本具有同等法律效力。

国家推行电子营业执照。电子营业执照与纸质营业执照具有同等法律效力。

《企业法人营业执照》正本或者《营业执照》正本应当置于公司住所或者分公司营业场所的醒目位置。

公司可以根据业务需要向公司登记机关申请核发营业执照若干副本。

第六十条　任何单位和个人不得伪造、涂改、出租、出借、转让营业执照。

营业执照遗失或者毁坏的，公司应当在公司登记机关指定的报刊上声明作废，申请补领。

公司登记机关依法作出变更登记、注销登记、撤销变更登记决定，公司拒不缴回或者无法缴回营业执照的，由公司登记机关公告营业执照作废。

第六十一条　公司登记机关对需要认定的营业执照，可以临时扣留，扣留期限不得超过10天。

第六十二条　借阅、抄录、携带、复制公司登记档案资料的，应当按照规定的权限和程序办理。

任何单位和个人不得修改、涂抹、标注、损毁公司登记档案资料。

第六十三条　营业执照正本、副本样式，电子营业执照标准以及公司登记的有关重要文书格式或者表式，由国家工商行政管理总局统一制定。

第十章　法律责任

第六十四条　虚报注册资本，取得公司登记的，由公司登记机关责令改正，处以虚报注册资本金额5%以上15%以下的罚款；情节严重的，撤销公司登记或者吊销营业执照。

第六十五条　提交虚假材料或者采取其他欺诈手段隐瞒重要事实，取得公司登记的，由公司登记机关责令改正，处以5万元以上50万元以下的罚款；情节严重的，撤销公司登记或者吊销营业执照。

第六十六条　公司的发起人、股东虚假出资，未交付或者未按期交付作为出资的货币或者非货币财产的，由公司登记机关责令改正，处以虚假出资金额5%以上15%以下的罚款。

第六十七条　公司的发起人、股东在公司成立后，抽逃出资的，由公司登记机关责令改正，处以所抽逃出资金额5%以上15%以下的罚款。

第六十八条　公司成立后无正当理由超过6个月未开业的，或者开业后自行停业连续6个月以上的，可以由公司登记机关吊销营业执照。

第六十九条　公司登记事项发生变更时，未依照本条例规定办理有关变更登记的，由公司登记机关责令限期登记；逾期不登记的，处以1万元以上10万元以下的罚款。其中，变更经营范围涉及法律、行政法规或者国务院决定规定须经批准的项目而未取得批准，擅自从事相关经营活动，情节严重的，吊销营业执照。

公司未依照本条例规定办理有关备案的，由公司登记机关责令限期办理；逾期未办理的，处以3万元以下的罚款。

第七十条　公司在合并、分立、减少注册资本或者进行清算时，不按照规定通知或者公告债权人的，由公司登记机关责令改正，处以1万元以上10万元以下的罚款。

公司在进行清算时，隐匿财产，对资产负债表或者财产清单作虚假记载或者在未清偿债务前分配公司财产的，由公司登记机关责令改正，对公司处以隐匿财产或者未清偿债务前分配公司财产金额5%以上10%以下的罚款；对直接负责的主管人员和其他直接责任人员处以1万元以上10万元以下的罚款。

公司在清算期间开展与清算无关的经营活动的，由公司登记机关予以警告，没收违法所得。

第七十一条　清算组不按照规定向公司登记机关报送清算报告，或者报送清算报告隐瞒重要事实或者有重大遗漏的，由公司登记机关责令改正。

清算组成员利用职权徇私舞弊、谋取非法收入或者侵占公司财产的，由公司登记机关责令退还公司财产，没收违法所得，并可以处以违法所得1倍以上5倍以下的罚款。

第七十二条　伪造、涂改、出租、出借、转让营业执照的，由公司登记机关处以1万元以上10万元以下的罚款；情节严重的，吊销营业执照。

第七十三条　未将营业执照置于住所或者营业场所醒目位置的，由公司登记机关责令改正；拒不改正的，处以1000元以上5000元以下的罚款。

第七十四条　承担资产评估、验资或者验证的机构提供虚假材料的，由公司登记机关没收违法所得，处以违法所得1倍以上5倍以下的罚款，并可以由有关主管部门依法责令该机构停业、吊销直接责任人员的资格证书，吊销营业执照。

承担资产评估、验资或者验证的机构因过失提供有重大遗漏的报告的，由公司登记机关责令改正，情节较重的，处以所得收入1倍以上5倍以下的罚款，并可以由有关主管部门依法责令该机构停业、吊销直接责任人员的资格证书，吊销营业执照。

第七十五条　未依法登记为有限责任公司或者股份有限公司，而冒用有限责任公司或者股份有限公司名义的，或者未依法登记为有限责任公司或者股份有限公司的分公司，而冒用有限责任公司或者股份有限公司的分公司名义的，由公司登记机关责令改正或者予以取缔，可以并处10万元以下的罚款。

第七十六条　公司登记机关对不符合规定条件的公司登记申请予以登记，或者对符合规定条件的登记申请不予登记的，对直接负责的主管人员和其他直接责任人员，依法给予行政处分。

第七十七条　公司登记机关的上级部门强令公司登记机关对不符合规定条件的登记申请予以登记，或者对符合规定条件的登记申请不予登记的，或者对违法登记进行包庇的，对直接负责的主管人员和其他直接责任人员依法给予行政处分。

第七十八条　外国公司违反《公司法》规定，擅自在中国境内设立分支机构的，由公司登记机关责令改正或者关闭，可以并处5万元以上20万元以下的罚款。

第七十九条　利用公司名义从事危害国家安全、社会公共利益的严重违法行为的，吊销营业执照。

第八十条　分公司有本章规定的违法行为的，适用本章规定。

第八十一条　违反本条例规定，构成犯罪的，依法追究刑事责任。

第十一章　附　　则

第八十二条　外商投资的公司的登记适用本条例。有关外商投资企业的法律对其登记另有规定的，适用其规定。

第八十三条　法律、行政法规或者国务院决定规定设立公司必须报经批准，或者公司经营范围中属于法律、行政法规或者国务院决定规定在登记前须经批准的项目的，由国家工商行政管理总局依照法律、行政法规或者国务院决定规定编制企业登记前置行政许可目录并公布。

第八十四条　本条例自1994年7月1日起施行。

国务院关于修改部分行政法规的决定（节录）

（2016年1月13日国务院第119次常务会议通过　2016年2月6日中华人民共和国国务院令第666号公布　自公布之日起施行）

为了依法推进简政放权、放管结合、优化服务改革，国务院对取消和调整行政审批项目、价格改革和实施普遍性降费措施涉及的行政法规进行了清理。经过清理，国务院决定：对66部行政法规的部分条款予以修改。

……

十三、删去《中华人民共和国公司登记管理条例》第五十五条。

……

本决定自公布之日起施行。

中华人民共和国公司登记管理条例

（1994年6月24日中华人民共和国国务院令第156号公布　根据2005年12月18日《国务院关于修改〈中华人民共和国公司登记管理条例〉的决定》第一次修订　根据2014年2月19日《国务院关于废止和修改部分行政法规的决定》第二次修订　根据2016年2月6日《国务院关于修改部分行政法规的决定》第三次修订）

第一章　总　　则

第一条　为了确认公司的企业法人资格，规范公司登记行为，依据《中华人民共和国公司法》（以下简称《公司法》），制定本条例。

第二条　有限责任公司和股份有限公司（以下统称公司）设立、变更、终止，应当依照本条例办理公司登记。

申请办理公司登记，申请人应当对申请文件、材料的真实性负责。

第三条　公司经公司登记机关依法登记，领取《企业法人营业执照》，方取得企业法人资格。

自本条例施行之日起设立公司，未经公司登记机关登记的，不得以公司名义从事经营活动。

第四条　工商行政管理机关是公司登记机关。

下级公司登记机关在上级公司登记机关的领导下开展公司登记工作。

公司登记机关依法履行职责，不受非法干预。

第五条　国家工商行政管理总局主管全国的公司登记工作。

第二章　登记管辖

第六条　国家工商行政管理总局负责下列公司的登记：

（一）国务院国有资产监督管理机构履行出资人职责的公司以及该公司投资设立并持有50%以上股份的公司；

（二）外商投资的公司；

（三）依照法律、行政法规或者国务院决定的规定，应当由国家工商行政管理总局登记的公司；

（四）国家工商行政管理总局规定应当由其登记的其他公司。

第七条　省、自治区、直辖市工商行政管理局负责本辖区内下列公司的登记：

（一）省、自治区、直辖市人民政府国有资产监督管理机构履行出资人职责的公司以及该公司投资设立并持有50%以上股份的公司；

（二）省、自治区、直辖市工商行政管理局规定由其登记的自然人投资设立的公司；

（三）依照法律、行政法规或者国务院决定的规定，应当由省、自治区、直辖市工商行政管理局登记的公司；

（四）国家工商行政管理总局授权登记的其他公司。

第八条　设区的市（地区）工商行政管理局、县工商行政管理局，以及直辖市的工商行政管理分局、设区的市工商行政管理局的区分局，负责本辖区内下列公司的登记：

（一）本条例第六条和第七条所列公司以外的其他公司；

（二）国家工商行政管理总局和省、自治区、直辖市工商行政管理局授权登记的公司。

前款规定的具体登记管辖由省、自治区、直辖市工商行政管理局规定。但是，其中的股份有限公司由设区的市（地区）工商行政管理局负责登记。

第三章　登记事项

第九条　公司的登记事项包括：

（一）名称；

（二）住所；

（三）法定代表人姓名；

（四）注册资本；

（五）公司类型；

（六）经营范围；

（七）营业期限；

（八）有限责任公司股东或者股份有限公司发起人的姓名或者名称。

第十条　公司的登记事项应当符合法律、行政法规的规定。不符合法律、行政法规规定的，公司登记机关不予登记。

第十一条　公司名称应当符合国家有关规定。公司只能使用一个名称。经公司登记机关核准登记的公司名称受法律保护。

第十二条　公司的住所是公司主要办事机构所在地。经公司登记机关登记的公司的住所只能有一个。公司的住所应当在其公司登记机关辖区内。

第十三条　公司的注册资本应当以人民币表示，法律、行政法规另有规定的除外。

第十四条　股东的出资方式应当符合《公司法》第二十七条的规定，但股东不得以劳务、信用、自然人姓名、商誉、特许经营权或者设定担保的财产等作价出资。

第十五条　公司的经营范围由公司章程规定，并依法登记。

公司的经营范围用语应当参照国民经济行业分类标准。

第十六条　公司类型包括有限责任公司和

股份有限公司。

一人有限责任公司应当在公司登记中注明自然人独资或者法人独资,并在公司营业执照中载明。

第四章 设 立 登 记

第十七条 设立公司应当申请名称预先核准。

法律、行政法规或者国务院决定规定设立公司必须报经批准,或者公司经营范围中属于法律、行政法规或者国务院决定规定在登记前须经批准的项目的,应当在报送批准前办理公司名称预先核准,并以公司登记机关核准的公司名称报送批准。

第十八条 设立有限责任公司,应当由全体股东指定的代表或者共同委托的代理人向公司登记机关申请名称预先核准;设立股份有限公司,应当由全体发起人指定的代表或者共同委托的代理人向公司登记机关申请名称预先核准。

申请名称预先核准,应当提交下列文件:

(一)有限责任公司的全体股东或者股份有限公司的全体发起人签署的公司名称预先核准申请书;

(二)全体股东或者发起人指定代表或者共同委托代理人的证明;

(三)国家工商行政管理总局规定要求提交的其他文件。

第十九条 预先核准的公司名称保留期为6个月。预先核准的公司名称在保留期内,不得用于从事经营活动,不得转让。

第二十条 设立有限责任公司,应当由全体股东指定的代表或者共同委托的代理人向公司登记机关申请设立登记。设立国有独资公司,应当由国务院或者地方人民政府授权的本级人民政府国有资产监督管理机构作为申请人,申请设立登记。法律、行政法规或者国务院决定规定设立有限责任公司必须报经批准的,应当自批准之日起90日内向公司登记机关申请设立登记;逾期申请设立登记的,申请人应当报批准机关确认原批准文件的效力或者另行报批。

申请设立有限责任公司,应当向公司登记机关提交下列文件:

(一)公司法定代表人签署的设立登记申请书;

(二)全体股东指定代表或者共同委托代理人的证明;

(三)公司章程;

(四)股东的主体资格证明或者自然人身份证明;

(五)载明公司董事、监事、经理的姓名、住所的文件以及有关委派、选举或者聘用的证明;

(六)公司法定代表人任职文件和身份证明;

(七)企业名称预先核准通知书;

(八)公司住所证明;

(九)国家工商行政管理总局规定要求提交的其他文件。

法律、行政法规或者国务院决定规定设立有限责任公司必须报经批准的,还应当提交有关批准文件。

第二十一条 设立股份有限公司,应当由董事会向公司登记机关申请设立登记。以募集方式设立股份有限公司的,应当于创立大会结束后30日内向公司登记机关申请设立登记。

申请设立股份有限公司,应当向公司登记机关提交下列文件:

(一)公司法定代表人签署的设立登记申请书;

(二)董事会指定代表或者共同委托代理人的证明;

(三)公司章程;

(四)发起人的主体资格证明或者自然人身份证明;

(五)载明公司董事、监事、经理姓名、住所的文件以及有关委派、选举或者聘用的证明;

(六)公司法定代表人任职文件和身份证明;

(七)企业名称预先核准通知书;

(八)公司住所证明;

(九)国家工商行政管理总局规定要求提交的其他文件。

以募集方式设立股份有限公司的,还应当提交创立大会的会议记录以及依法设立的验资机构出具的验资证明;以募集方式设立股份有限公司公开发行股票的,还应当提交国务院证券监督管理机构的核准文件。

法律、行政法规或者国务院决定规定设立股份有限公司必须报经批准的,还应当提交有关批准文件。

第二十二条 公司申请登记的经营范围中属于法律、行政法规或者国务院决定规定在登记前须经批准的项目的,应当在申请登记前报经国家有关部门批准,并向公司登记机关提交有关批准文件。

第二十三条 公司章程有违反法律、行政法规的内容的,公司登记机关有权要求公司作相应修改。

第二十四条 公司住所证明是指能够证明公司对其住所享有使用权的文件。

第二十五条 依法设立的公司,由公司登记机关发给《企业法人营业执照》。公司营业执照签发日期为公司成立日期。公司凭公司登记机关核发的《企业法人营业执照》刻制印章,开立银行账户,申请纳税登记。

第五章 变 更 登 记

第二十六条 公司变更登记事项,应当向原公司登记机关申请变更登记。

未经变更登记,公司不得擅自改变登记事项。

第二十七条 公司申请变更登记,应当向公司登记机关提交下列文件:

(一)公司法定代表人签署的变更登记申请书;

(二)依照《公司法》作出的变更决议或者决定;

(三)国家工商行政管理总局规定要求提交的其他文件。

公司变更登记事项涉及修改公司章程的,应当提交由公司法定代表人签署的修改后的公司章程或者公司章程修正案。

变更登记事项依照法律、行政法规或者国务院决定规定在登记前须经批准的,还应当向公司登记机关提交有关批准文件。

第二十八条 公司变更名称的,应当自变更决议或者决定作出之日起30日内申请变更登记。

第二十九条 公司变更住所的,应当在迁入新住所前申请变更登记,并提交新住所使用证明。

公司变更住所跨公司登记机关辖区的,应当在迁入新住所前向迁入地公司登记机关申请变更登记;迁入地公司登记机关受理的,由原公司登记机关将公司登记档案移送迁入地公司登记机关。

第三十条 公司变更法定代表人的,应当自变更决议或者决定作出之日起30日内申请变更登记。

第三十一条 公司增加注册资本的,应当自变更决议或者决定作出之日起30日内申请变更登记。

公司减少注册资本的,应当自公告之日起45日后申请变更登记,并应当提交公司在报纸上登载公司减少注册资本公告的有关证明和公司债务清偿或者债务担保情况的说明。

第三十二条 公司变更经营范围的,应当自变更决议或者决定作出之日起30日内申请变更登记;变更经营范围涉及法律、行政法规或者国务院决定规定在登记前须经批准的项目的,应当自国家有关部门批准之日起30日内申请变更登记。

公司的经营范围中属于法律、行政法规或者国务院决定规定须经批准的项目被吊销、撤销许可证或者其他批准文件,或者许可证、其他批准文件有效期届满的,应当自吊销、撤销许可证、其他批准文件或者许可证、其他批准文件有效期届满之日起30日内申请变更登记或者依照本条例第六章的规定办理注销登记。

第三十三条 公司变更类型的,应当按照拟变更的公司类型的设立条件,在规定的期限内向公司登记机关申请变更登记,并提交有关文件。

第三十四条 有限责任公司变更股东的,应当自变更之日起30日内申请变更登记,并应当提交新股东的主体资格证明或者自然人身份证明。

有限责任公司的自然人股东死亡后,其合法继承人继承股东资格的,公司应当依照前款规定申请变更登记。

有限责任公司的股东或者股份有限公司的发起人改变姓名或者名称的,应当自改变姓名或者名称之日起30日内申请变更登记。

第三十五条 公司登记事项变更涉及分公司登记事项变更的,应当自公司变更登记之日起30日内申请分公司变更登记。

第三十六条 公司章程修改未涉及登记事项的,公司应当将修改后的公司章程或者公司章程修正案送原公司登记机关备案。

第三十七条 公司董事、监事、经理发生变动的,应当向原公司登记机关备案。

第三十八条 因合并、分立而存续的公司,其登记事项发生变化的,应当申请变更登记;因合并、分立而解散的公司,应当申请注销登记;因合并、分立而新设立的公司,应当申请设立登记。

公司合并、分立的,应当自公告之日起45日后申请登记,提交合并协议和合并、分立决议或者决定以及公司在报纸上登载公司合并、分立公告的有关证明和债务清偿或者债务担保情况的说明。法律、行政法规或者国务院决定规定公司合并、分立必须报经批准的,还应当提交有关批准文件。

第三十九条 变更登记事项涉及《企业法人营业执照》载明事项的,公司登记机关应当换发营业执照。

第四十条 公司依照《公司法》第二十二条规定向公司登记机关申请撤销变更登记的,应当提交下列文件:

(一)公司法定代表人签署的申请书;

(二)人民法院的裁判文书。

第六章 注销登记

第四十一条 公司解散,依法应当清算的,清算组应当自成立之日起10日内将清算组成员、清算组负责人名单向公司登记机关备案。

第四十二条 有下列情形之一的,公司清算组应当自公司清算结束之日起30日内向原公司登记机关申请注销登记:

(一)公司被依法宣告破产;

(二)公司章程规定的营业期限届满或者公司章程规定的其他解散事由出现,但公司通过修改公司章程而存续的除外;

(三)股东会、股东大会决议解散或者一人有限责任公司的股东、外商投资的公司董事会决议解散;

(四)依法被吊销营业执照、责令关闭或者被撤销;

(五)人民法院依法予以解散;

(六)法律、行政法规规定的其他解散情形。

第四十三条 公司申请注销登记,应当提交下列文件:

(一)公司清算组负责人签署的注销登记申请书;

(二)人民法院的破产裁定、解散裁判文书,公司依照《公司法》作出的决议或者决定,行政机关责令关闭或者公司被撤销的文件;

(三)股东会、股东大会、一人有限责任公司的股东、外商投资的公司董事会或者人民法院、公司批准机关备案、确认的清算报告;

(四)《企业法人营业执照》;

(五)法律、行政法规规定应当提交的其他文件。

国有独资公司申请注销登记,还应当提交国有资产监督管理机构的决定,其中,国务院确定的重要的国有独资公司,还应当提交本级人民政府的批准文件。

有分公司的公司申请注销登记,还应当提交分公司的注销登记证明。

第四十四条 经公司登记机关注销登记,公司终止。

第七章 分公司的登记

第四十五条 分公司是指公司在其住所以外设立的从事经营活动的机构。分公司不具有企业法人资格。

第四十六条 分公司的登记事项包括:名称、营业场所、负责人、经营范围。

分公司的名称应当符合国家有关规定。

分公司的经营范围不得超出公司的经营范围。

第四十七条 公司设立分公司的,应当自决定作出之日起30日内向分公司所在地的公司登记机关申请登记;法律、行政法规或者国务院决定规定必须报经有关部门批准的，应当自批准之日起30日内向公司登记机关申请登记。

设立分公司，应当向公司登记机关提交下列文件：

（一）公司法定代表人签署的设立分公司的登记申请书；

（二）公司章程以及加盖公司印章的《企业法人营业执照》复印件；

（三）营业场所使用证明；

（四）分公司负责人任职文件和身份证明；

（五）国家工商行政管理总局规定要求提交的其他文件。

法律、行政法规或者国务院决定规定设立分公司必须报经批准，或者分公司经营范围中属于法律、行政法规或者国务院决定规定在登记前须经批准的项目的，还应当提交有关批准文件。

分公司的公司登记机关准予登记的，发给《营业执照》。公司应当自分公司登记之日起30日内，持分公司的《营业执照》到公司登记机关办理备案。

第四十八条 分公司变更登记事项的，应当向公司登记机关申请变更登记。

申请变更登记，应当提交公司法定代表人签署的变更登记申请书。变更名称、经营范围的，应当提交加盖公司印章的《企业法人营业执照》复印件，分公司经营范围中属于法律、行政法规或者国务院决定规定在登记前须经批准的项目的，还应当提交有关批准文件。变更营业场所的，应当提交新的营业场所使用证明。变更负责人的，应当提交公司的任免文件以及其身份证明。

公司登记机关准予变更登记的，换发《营业执照》。

第四十九条 分公司被公司撤销、依法责令关闭、吊销营业执照的，公司应当自决定作出之日起30日内向该分公司的公司登记机关申请注销登记。申请注销登记应当提交公司法定代表人签署的注销登记申请书和分公司的《营业执照》。公司登记机关准予注销登记后，应当收缴分公司的《营业执照》。

第八章 登记程序

第五十条 申请公司、分公司登记，申请人可以到公司登记机关提交申请，也可以通过信函、电报、电传、传真、电子数据交换和电子邮件等方式提出申请。

通过电报、电传、传真、电子数据交换和电子邮件等方式提出申请的，应当提供申请人的联系方式以及通讯地址。

第五十一条 公司登记机关应当根据下列情况分别作出是否受理的决定：

（一）申请文件、材料齐全，符合法定形式的，或者申请人按照公司登记机关的要求提交全部补正申请文件、材料的，应当决定予以受理。

（二）申请文件、材料齐全，符合法定形式，但公司登记机关认为申请文件、材料需要核实的，应当决定予以受理，同时书面告知申请人需要核实的事项、理由以及时间。

（三）申请文件、材料存在可以当场更正的错误的，应当允许申请人当场予以更正，由申请人在更正处签名或者盖章，注明更正日期；经确认申请文件、材料齐全，符合法定形式的，应当决定予以受理。

（四）申请文件、材料不齐全或者不符合法定形式的，应当当场或者在5日内一次告知申请人需要补正的全部内容；当场告知时，应当将申请文件、材料退回申请人；属于5日内告知的，应当收取申请文件、材料并出具收到申请文件、材料的凭据，逾期不告知的，自收到申请文件、材料之日起即为受理。

（五）不属于公司登记范畴或者不属于本机关登记管辖范围的事项，应当即时决定不予受理，并告知申请人向有关行政机关申请。

公司登记机关对通过信函、电报、电传、传真、电子数据交换和电子邮件等方式提出申请的，应当自收到申请文件、材料之日起5日内作出是否受理的决定。

第五十二条 除依照本条例第五十三条第一款第（一）项作出准予登记决定的外，公司登记机关决定予以受理的，应当出具《受理通知书》；决定不予受理的，应当出具《不予受理通知书》，说明不予受理的理由，并告知申请人享有依法申请行政复议或者提起行政诉讼的权利。

第五十三条 公司登记机关对决定予以受理的登记申请，应当分别情况在规定的期限内作出是否准予登记的决定：

（一）对申请人到公司登记机关提出的申请予以受理的，应当当场作出准予登记的决定。

（二）对申请人通过信函方式提交的申请予以受理的，应当自受理之日起15日内作出准予登记的决定。

（三）通过电报、电传、传真、电子数据交换和电子邮件等方式提交申请的，申请人应当自收到《受理通知书》之日起15日内，提交与电报、电传、传真、电子数据交换和电子邮件等内容一致并符合法定形式的申请文件、材料原件；申请人到公司登记机关提交申请文件、材料原件的，应当当场作出准予登记的决定；申请人通过信函方式提交申请文件、材料原件的，应当自受理之日起15日内作出准予登记的决定。

（四）公司登记机关自发出《受理通知书》之日起60日内，未收到申请文件、材料原件，或者申请文件、材料原件与公司登记机关所受理的申请文件、材料不一致的，应当作出不予登记的决定。

公司登记机关需要对申请文件、材料核实的，应当自受理之日起15日内作出是否准予登记的决定。

第五十四条 公司登记机关作出准予公司名称预先核准决定的，应当出具《企业名称预先核准通知书》；作出准予公司设立登记决定的，应当出具《准予设立登记通知书》，告知申请人自决定之日起10日内，领取营业执照；作出准予公司变更登记决定的，应当出具《准予变更登记通知书》，告知申请人自决定之日起10日内，换发营业执照；作出准予公司注销登记决定的，应当出具《准予注销登记通知书》，收缴营业执照。

公司登记机关作出不予名称预先核准、不予登记决定的，应当出具《企业名称驳回通知书》、《登记驳回通知书》，说明不予核准、登记的理由，并告知申请人享有依法申请行政复议或者提起行政诉讼的权利。

第五十五条 公司登记机关应当将公司登记、备案信息通过企业信用信息公示系统向社会公示。

第五十六条 吊销《企业法人营业执照》和《营业执照》的公告由公司登记机关发布。

第九章 年度报告公示、证照和档案管理

第五十七条 公司应当于每年1月1日至6月30日，通过企业信用信息公示系统向公司登记机关报送上一年度年度报告，并向社会公示。

年度报告公示的内容以及监督检查办法由国务院制定。

第五十八条 《企业法人营业执照》、《营业执照》分为正本和副本，正本和副本具有同等法律效力。

国家推行电子营业执照。电子营业执照与纸质营业执照具有同等法律效力。

《企业法人营业执照》正本或者《营业执照》正本应当置于公司住所或者分公司营业场所的醒目位置。

公司可以根据业务需要向公司登记机关申请核发营业执照若干副本。

第五十九条 任何单位和个人不得伪造、涂改、出租、出借、转让营业执照。

营业执照遗失或者毁坏的，公司应当在公司登记机关指定的报刊上声明作废，申请补领。

公司登记机关依法作出变更登记、注销登记、撤销变更登记决定，公司拒不缴回或者无法缴回营业执照的，由公司登记机关公告营业执照作废。

第六十条 公司登记机关对需要认定的营业执照，可以临时扣留，扣留期限不得超过10天。

第六十一条 借阅、抄录、携带、复制公司登记档案资料的，应当按照规定的权限和程序办理。

任何单位和个人不得修改、涂抹、标注、损毁公司登记档案资料。

第六十二条 营业执照正本、副本样式，电子营业执照标准以及公司登记的有关重要文书格式或者表式，由国家工商行政管理总局统一制定。

第十章　法律责任

第六十三条　虚报注册资本，取得公司登记的，由公司登记机关责令改正，处以虚报注册资本金额5%以上15%以下的罚款；情节严重的，撤销公司登记或者吊销营业执照。

第六十四条　提交虚假材料或者采取其他欺诈手段隐瞒重要事实，取得公司登记的，由公司登记机关责令改正，处以5万元以上50万元以下的罚款；情节严重的，撤销公司登记或者吊销营业执照。

第六十五条　公司的发起人、股东虚假出资，未交付或者未按期交付作为出资的货币或者非货币财产的，由公司登记机关责令改正，处以虚假出资金额5%以上15%以下的罚款。

第六十六条　公司的发起人、股东在公司成立后，抽逃出资的，由公司登记机关责令改正，处以所抽逃出资金额5%以上15%以下的罚款。

第六十七条　公司成立后无正当理由超过6个月未开业的，或者开业后自行停业连续6个月以上的，可以由公司登记机关吊销营业执照。

第六十八条　公司登记事项发生变更时，未依照本条例规定办理有关变更登记的，由公司登记机关责令限期登记；逾期不登记的，处以1万元以上10万元以下的罚款。其中，变更经营范围涉及法律、行政法规或者国务院决定规定须经批准的项目而未取得批准，擅自从事相关经营活动，情节严重的，吊销营业执照。

公司未依照本条例规定办理有关备案的，由公司登记机关责令限期办理；逾期未办理的，处以3万元以下的罚款。

第六十九条　公司在合并、分立、减少注册资本或者进行清算时，不按照规定通知或者公告债权人的，由公司登记机关责令改正，处以1万元以上10万元以下的罚款。

公司在进行清算时，隐匿财产，对资产负债表或者财产清单作虚假记载或者在未清偿债务前分配公司财产的，由公司登记机关责令改正，对公司处以隐匿财产或者未清偿债务前分配公司财产金额5%以上10%以下的罚款；对直接负责的主管人员和其他直接责任人员处以1万元以上10万元以下的罚款。

公司在清算期间开展与清算无关的经营活动的，由公司登记机关予以警告，没收违法所得。

第七十条　清算组不按照规定向公司登记机关报送清算报告，或者报送清算报告隐瞒重要事实或者有重大遗漏的，由公司登记机关责令改正。

清算组成员利用职权徇私舞弊、谋取非法收入或者侵占公司财产的，由公司登记机关责令退还公司财产，没收违法所得，并可以处以违法所得1倍以上5倍以下的罚款。

第七十一条　伪造、涂改、出租、出借、转让营业执照的，由公司登记机关处以1万元以上10万元以下的罚款；情节严重的，吊销营业执照。

第七十二条　未将营业执照置于住所或者营业场所醒目位置的，由公司登记机关责令改正；拒不改正的，处以1000元以上5000元以下的罚款。

第七十三条　承担资产评估、验资或者验证的机构提供虚假材料的，由公司登记机关没收违法所得，处以违法所得1倍以上5倍以下的罚款，并可以由有关主管部门依法责令该机构停业、吊销直接责任人员的资格证书，吊销营业执照。

承担资产评估、验资或者验证的机构因过失提供有重大遗漏的报告的，由公司登记机关责令改正，情节较重的，处以所得收入1倍以上5倍以下的罚款，并可以由有关主管部门依法责令该机构停业、吊销直接责任人员的资格证书，吊销营业执照。

第七十四条　未依法登记为有限责任公司或者股份有限公司，而冒用有限责任公司或者股份有限公司名义的，或者未依法登记为有限责任公司或者股份有限公司的分公司，而冒用有限责任公司或者股份有限公司的分公司名义的，由公司登记机关责令改正或者予以取缔，可以并处10万元以下的罚款。

第七十五条　公司登记机关对不符合规定条件的公司登记申请予以登记，或者对符合规定条件的登记申请不予登记的，对直接负责的主管人员和其他直接责任人员，依法给予行政处分。

第七十六条 公司登记机关的上级部门强令公司登记机关对不符合规定条件的登记申请予以登记,或者对符合规定条件的登记申请不予登记的,或者对违法登记进行包庇的,对直接负责的主管人员和其他直接责任人员依法给予行政处分。

第七十七条 外国公司违反《公司法》规定,擅自在中国境内设立分支机构的,由公司登记机关责令改正或者关闭,可以并处5万元以上20万元以下的罚款。

第七十八条 利用公司名义从事危害国家安全、社会公共利益的严重违法行为的,吊销营业执照。

第七十九条 分公司有本章规定的违法行为的,适用本章规定。

第八十条 违反本条例规定,构成犯罪的,依法追究刑事责任。

第十一章 附 则

第八十一条 外商投资的公司的登记适用本条例。有关外商投资企业的法律对其登记另有规定的,适用其规定。

第八十二条 法律、行政法规或者国务院决定规定设立公司必须报经批准,或者公司经营范围中属于法律、行政法规或者国务院决定规定在登记前须经批准的项目的,由国家工商行政管理总局依照法律、行政法规或者国务院决定规定编制企业登记前置行政许可目录并公布。

第八十三条 本条例自1994年7月1日起施行。

(二)企 业

中华人民共和国乡镇企业法

(1996年10月29日第八届全国人民代表大会常务委员会第二十二次会议通过 1996年10月29日中华人民共和国主席令第76号公布自1997年1月1日起施行)

第一条 为了扶持和引导乡镇企业持续健康发展,保护乡镇企业的合法权益,规范乡镇企业的行为,繁荣农村经济,促进社会主义现代化建设,制定本法。

第二条 本法所称乡镇企业,是指农村集体经济组织或者农民投资为主,在乡镇(包括所辖村)举办的承担支援农业义务的各类企业。

前款所称投资为主,是指农村集体经济组织或者农民投资超过百分之五十,或者虽不足百分之五十但能起到控股或者实际支配作用。

乡镇企业符合企业法人条件的,依法取得企业法人资格。

第三条 乡镇企业是农村经济的重要支柱和国民经济的重要组成部分。

乡镇企业的主要任务是,根据市场需要发展商品生产,提供社会服务,增加社会有效供给,吸收农村剩余劳动力,提高农民收入,支援农业,推进农业和农村现代化,促进国民经济和社会事业发展。

第四条 发展乡镇企业,坚持以农村集体经济为主导,多种经济成分共同发展的原则。

第五条 国家对乡镇企业积极扶持、合理规划、分类指导、依法管理。

第六条 国家鼓励和重点扶持经济欠发达地区、少数民族地区发展乡镇企业,鼓励经济发达地区的乡镇企业或者其他经济组织采取多种形式支持经济欠发达地区和少数民族地区举办乡镇企业。

第七条 国务院乡镇企业行政管理部门和有关部门按照各自的职责对全国的乡镇企业进行规划、协调、监督、服务;县级以上地方各级人民政府乡镇企业行政管理部门和有关部门按照各自的职责对本行政区域内的乡镇企业进行规划、协调、监督、服务。

第八条 经依法登记设立的乡镇企业,应当向当地乡镇企业行政管理部门办理登记备案手续。

乡镇企业改变名称、住所或者分立、合并、停业、终止等,依法办理变更登记、设立登记或者注销登记后,应当报乡镇企业行政管理部门备案。

第九条 乡镇企业在城市设立的分支机构,或者农村集体经济组织在城市开办的并承担支援农业义务的企业,按照乡镇企业对待。

第十条　农村集体经济组织投资设立的乡镇企业,其企业财产权属于设立该企业的全体农民集体所有。

农村集体经济组织与其他企业、组织或者个人共同投资设立的乡镇企业,其企业财产权按照出资份额属于投资者所有。

农民合伙或者单独投资设立的乡镇企业,其企业财产权属于投资者所有。

第十一条　乡镇企业依法实行独立核算,自主经营,自负盈亏。

具有企业法人资格的乡镇企业,依法享有法人财产权。

第十二条　国家保护乡镇企业的合法权益;乡镇企业的合法财产不受侵犯。

任何组织或者个人不得违反法律、行政法规干预乡镇企业的生产经营,撤换企业负责人;不得非法占有或者无偿使用乡镇企业的财产。

第十三条　乡镇企业按照法律、行政法规规定的企业形式设立,投资者依照有关法律、行政法规决定企业的重大事项,建立经营管理制度,依法享有权利和承担义务。

第十四条　乡镇企业依法实行民主管理,投资者在确定企业经营管理制度和企业负责人,作出重大经营决策和决定职工工资、生活福利、劳动保护、劳动安全等重大问题时,应当听取本企业工会或者职工的意见,实施情况要定期向职工公布,接受职工监督。

第十五条　国家鼓励有条件的地区建立、健全乡镇企业职工社会保险制度。

第十六条　乡镇企业停业、终止,已经建立社会保险制度的,按照有关规定安排职工;依法订立劳动合同的,按照合同的约定办理。原属于农村集体经济组织的职工有权返回农村集体经济组织从事生产,或者由职工自谋职业。

第十七条　乡镇企业从税后利润中提取一定比例的资金用于支援农业和农村社会性支出,其比例和管理使用办法由省、自治区、直辖市人民政府规定。

除法律、行政法规另有规定外,任何机关、组织或者个人不得以任何方式向乡镇企业收取费用,进行摊派。

第十八条　国家根据乡镇企业发展的情况,在一定时期内对乡镇企业减征一定比例的税收。减征税收的税种、期限和比例由国务院规定。

第十九条　国家对符合下列条件之一的中小型乡镇企业,根据不同情况实行一定期限的税收优惠:

(一)集体所有制乡镇企业开办初期经营确有困难的;

(二)设立在少数民族地区、边远地区和贫困地区的;

(三)从事粮食、饲料、肉类的加工、贮存、运销经营的;

(四)国家产业政策规定需要特殊扶持的。

前款税收优惠的具体办法由国务院规定。

第二十条　国家运用信贷手段,鼓励和扶持乡镇企业发展。对于符合前条规定条件之一并且符合贷款条件的乡镇企业,国家有关金融机构可以给予优先贷款,对其中生产资金困难且有发展前途的可以给予优惠贷款。

前款优先贷款、优惠贷款的具体办法由国务院规定。

第二十一条　县级以上人民政府依照国家有关规定,可以设立乡镇企业发展基金。基金由下列资金组成:

(一)政府拨付的用于乡镇企业发展的周转金;

(二)乡镇企业每年上缴地方税金增长部分中一定比例的资金;

(三)基金运用产生的收益;

(四)农村集体经济组织、乡镇企业、农民等自愿提供的资金。

第二十二条　乡镇企业发展基金专门用于扶持乡镇企业发展,其使用范围如下:

(一)支持少数民族地区、边远地区和贫困地区发展乡镇企业;

(二)支持经济欠发达地区、少数民族地区与经济发达地区的乡镇企业之间进行经济技术合作和举办合资项目;

(三)支持乡镇企业按照国家产业政策调整产业结构和产品结构;

(四)支持乡镇企业进行技术改造,开发名特优新产品和生产传统手工艺产品;

（五）发展生产农用生产资料或者直接为农业生产服务的乡镇企业；

（六）发展从事粮食、饲料、肉类的加工、贮存、运销经营的乡镇企业；

（七）支持乡镇企业职工的职业教育和技术培训；

（八）其他需要扶持的项目。

乡镇企业发展基金的设立和使用管理办法由国务院规定。

第二十三条 国家积极培养乡镇企业人才，鼓励科技人员、经营管理人员及大中专毕业生到乡镇企业工作，通过多种方式为乡镇企业服务。

乡镇企业通过多渠道、多形式培训技术人员、经营管理人员和生产人员，并采取优惠措施吸引人才。

第二十四条 国家采取优惠措施，鼓励乡镇企业同科研机构、高等院校、国有企业及其他企业、组织之间开展各种形式的经济技术合作。

第二十五条 国家鼓励乡镇企业开展对外经济技术合作与交流，建设出口商品生产基地，增加出口创汇。

具备条件的乡镇企业依法经批准可以取得对外贸易经营权。

第二十六条 地方各级人民政府按照统一规划、合理布局的原则，将发展乡镇企业同小城镇建设相结合，引导和促进乡镇企业适当集中发展，逐步加强基础设施和服务设施建设，以加快小城镇建设。

第二十七条 乡镇企业应当按照市场需要和国家产业政策，合理调整产业结构和产品结构，加强技术改造，不断采用先进的技术、生产工艺和设备，提高企业经营管理水平。

第二十八条 举办乡镇企业，其建设用地应当符合土地利用总体规划，严格控制、合理利用和节约使用土地，凡有荒地、劣地可以利用的，不得占用耕地、好地。

举办乡镇企业使用农村集体所有的土地的，应当依照法律、法规的规定，办理有关用地批准手续和土地登记手续。

乡镇企业使用农村集体所有的土地，连续闲置两年以上或者因停办闲置一年以上的，应当由原土地所有者收回该土地使用权，重新安排使用。

第二十九条 乡镇企业应当依法合理开发和使用自然资源。

乡镇企业从事矿产资源开采，必须依照有关法律规定，经有关部门批准，取得采矿许可证、生产许可证，实行正规作业，防止资源浪费，严禁破坏资源。

第三十条 乡镇企业应当按照国家有关规定，建立财务会计制度，加强财务管理，依法设置会计账册，如实记录财务活动。

第三十一条 乡镇企业必须按照国家统计制度，如实报送统计资料。对于违反国家规定制发的统计调查报表，乡镇企业有权拒绝填报。

第三十二条 乡镇企业应当依法办理税务登记，按期进行纳税申报，足额缴纳税款。

各级人民政府应当依法加强乡镇企业的税收管理工作，有关管理部门不得超越管理权限对乡镇企业减免税。

第三十三条 乡镇企业应当加强产品质量管理，努力提高产品质量；生产和销售的产品必须符合保障人体健康，人身、财产安全的国家标准和行业标准；不得生产、销售失效、变质产品和国家明令淘汰的产品；不得在产品中掺杂、掺假，以假充真，以次充好。

第三十四条 乡镇企业应当依法使用商标，重视企业信誉；按照国家规定，制作所生产经营的商品标识，不得伪造产品的产地或者伪造、冒用他人厂名、厂址和认证标志、名优标志。

第三十五条 乡镇企业必须遵守有关环境保护的法律、法规，按照国家产业政策，在当地人民政府的统一指导下，采取措施，积极发展无污染、少污染和低资源消耗的企业，切实防治环境污染和生态破坏，保护和改善环境。

地方人民政府应当制定和实施乡镇企业环境保护规划，提高乡镇企业防治污染的能力。

第三十六条 乡镇企业建设对环境有影响的项目，必须严格执行环境影响评价制度。

乡镇企业建设项目中防治污染的设施，必须与主体工程同时设计、同时施工、同时投产使用。防治污染的设施必须经环境保护行政主管部门验收合格后，该建设项目方可投入生产或者使用。

乡镇企业不得采用或者使用国家明令禁止的严重污染环境的生产工艺和设备；不得生产和经营国家明令禁止的严重污染环境的产品。排放污染物超过国家或者地方规定标准，严重污染环境的，必须限期治理，逾期未完成治理任务的，依法关闭、停产或者转产。

第三十七条 乡镇企业必须遵守有关劳动保护、劳动安全的法律、法规，认真贯彻执行安全第一、预防为主的方针，采取有效的劳动卫生技术措施和管理措施，防止生产伤亡事故和职业病的发生；对危害职工安全的事故隐患，应当限期解决或者停产整顿。严禁管理者违章指挥，强令职工冒险作业。发生生产伤亡事故，应当采取积极抢救措施，依法妥善处理，并向有关部门报告。

第三十八条 违反本法规定，有下列行为之一的，由县级以上人民政府乡镇企业行政管理部门责令改正：

（一）非法改变乡镇企业所有权的；

（二）非法占有或者无偿使用乡镇企业财产的；

（三）非法撤换乡镇企业负责人的；

（四）侵犯乡镇企业自主经营权的。

前款行为给乡镇企业造成经济损失的，应当依法赔偿。

第三十九条 乡镇企业有权向审计、监察、财政、物价和乡镇企业行政管理部门控告、检举向企业非法收费、摊派或者罚款的单位和个人。有关部门和上级机关应当责令责任人停止其行为，并限期归还有关财物。对直接责任人员，有关部门可以根据情节轻重，给予相应的处罚。

第四十条 乡镇企业违反国家产品质量、环境保护、土地管理、自然资源开发、劳动安全、税收及其他有关法律、法规的，除依照有关法律、法规处理外，在其改正之前，应当根据情节轻重停止其享受本法规定的部分或者全部优惠。

第四十一条 乡镇企业违反本法规定，不承担支援农业义务的，由乡镇企业行政管理部门责令改正，在其改正之前，可以停止其享受本法规定的部分或者全部优惠。

第四十二条 对依照本法第三十八条至第四十一条规定所作处罚、处理决定不服的，当事人可以依法申请行政复议、提起诉讼。

第四十三条 本法自1997年1月1日起施行。

中华人民共和国全民所有制工业企业法①

（1988年4月13日第七届全国人民代表大会第一次会议通过　1988年4月13日中华人民共和国主席令第3号公布　1988年8月1日起施行）

目　录

第一章　总　　则

第一条 为保障全民所有制经济的巩固和发展，明确全民所有制工业企业的权利和义务，保障其合法权益，增强其活力，促进社会主义现代化建设，根据《中华人民共和国宪法》，制定本法。

第二条 全民所有制工业企业（以下简称企业）是依法自主经营、自负盈亏、独立核算的社会主义商品生产和经营单位。

企业的财产属于全民所有，国家依照所有权和经营权分离的原则授予企业经营管理。企业对国家授予其经营管理的财产享有占有、使用和依法处分的权利。

企业依法取得法人资格，以国家授予其经营管理的财产承担民事责任。

---

① 编者注：已被修改。

企业根据政府主管部门的决定,可以采取承包、租赁等经营责任制形式。

第三条 企业的根本任务是:根据国家计划和市场需求,发展商品生产,创造财富,增加积累,满足社会日益增长的物质和文化生活需要。

第四条 企业必须坚持在建设社会主义物质文明的同时,建设社会主义精神文明,建设有理想、有道德、有文化、有纪律的职工队伍。

第五条 企业必须遵守法律、法规,坚持社会主义方向。

第六条 企业必须有效地利用国家授予其经营管理的财产,实现资产增值;依法缴纳税金、费用、利润。

第七条 企业实行厂长(经理)负责制。

厂长依法行使职权,受法律保护。

第八条 中国共产党在企业中的基层组织,对党和国家的方针、政策在本企业的贯彻执行实行保证监督。

第九条 国家保障职工的主人翁地位,职工的合法权益受法律保护。

第十条 企业通过职工代表大会和其他形式,实行民主管理。

第十一条 企业工会代表和维护职工利益,依法独立自主地开展工作。企业工会组织职工参加民主管理和民主监督。

企业应当充分发挥青年职工、女职工和科学技术人员的作用。

第十二条 企业必须加强和改善经营管理,实行经济责任制,推进科学技术进步,厉行节约,反对浪费,提高经济效益,促进企业的改造和发展。

第十三条 企业贯彻按劳分配原则。在法律规定的范围内,企业可以采取其他分配方式。

第十四条 国家授予企业经营管理的财产受法律保护,不受侵犯。

第十五条 企业的合法权益受法律保护,不受侵犯。

第二章 企业的设立、变更和终止

第十六条 设立企业,必须依照法律和国务院规定,报请政府或者政府主管部门审核批准。经工商行政管理部门核准登记、发给营业执照,企业取得法人资格。

企业应当在核准登记的经营范围内从事生产经营活动。

第十七条 设立企业必须具备以下条件:

(一)产品为社会所需要。

(二)有能源、原材料、交通运输的必要条件。

(三)有自己的名称和生产经营场所。

(四)有符合国家规定的资金。

(五)有自己的组织机构。

(六)有明确的经营范围。

(七)法律、法规规定的其他条件。

第十八条 企业合并或者分立,依照法律、行政法规的规定,由政府或者政府主管部门批准。

第十九条 企业由于下列原因之一终止:

(一)违反法律、法规被责令撤销。

(二)政府主管部门依照法律、法规的规定决定解散。

(三)依法被宣告破产。

(四)其他原因。

第二十条 企业合并、分立或者终止时,必须保护其财产,依法清理债权、债务。

第二十一条 企业的合并、分立、终止,以及经营范围等登记事项的变更,须经工商行政管理部门核准登记。

第三章 企业的权利和义务

第二十二条 在国家计划指导下,企业有权自行安排生产社会需要的产品或者为社会提供服务。

第二十三条 企业有权要求调整没有必需的计划供应物资或者产品销售安排的指令性计划。

企业有权接受或者拒绝任何部门和单位在指令性计划外安排的生产任务。

第二十四条 企业有权自行销售本企业的产品。国务院另有规定的除外。

承担指令性计划的企业,有权自行销售计划外超产的产品和计划内分成的产品。

第二十五条 企业有权自行选择供货单位,购进生产需要的物资。

第二十六条 除国务院规定由物价部门和有关主管部门控制价格的以外,企业有权自行确定产品价格、劳务价格。

第二十七条 企业有权依照国务院规定与外商谈判并签订合同。

企业有权依照国务院规定提取和使用分成的外汇收入。

第二十八条 企业有权依照国务院规定支配使用留用资金。

第二十九条 企业有权依照国务院规定出租或者有偿转让国家授予其经营管理的固定资产,所得的收益必须用于设备更新和技术改造。

第三十条 企业有权确定适合本企业情况的工资形式和奖金分配办法。

第三十一条 企业有权依照法律和国务院规定录用、辞退职工。

第三十二条 企业有权决定机构设置及其人员编制。

第三十三条 企业有权拒绝任何机关和单位向企业摊派人力、物力、财力。除法律、法规另有规定外,任何机关和单位以任何方式要求企业提供人力、物力、财力的,都属于摊派。

第三十四条 企业有权依照法律和国务院规定与其他企业、事业单位联营,向其他企业、事业单位投资,持有其他企业的股份。

企业有权依照国务院规定发行债券。

第三十五条 企业必须完成指令性计划。

企业必须履行依法订立的合同。

第三十六条 企业必须保障固定资产的正常维修,改进和更新设备。

第三十七条 企业必须遵守国家关于财务、劳动工资和物价管理等方面的规定,接受财政、审计、劳动工资和物价等机关的监督。

第三十八条 企业必须保证产品质量和服务质量,对用户和消费者负责。

第三十九条 企业必须提高劳动效率,节约能源和原材料,努力降低成本。

第四十条 企业必须加强保卫工作,维护生产秩序,保护国家财产。

第四十一条 企业必须贯彻安全生产制度,改善劳动条件,做好劳动保护和环境保护工作,做到安全生产和文明生产。

第四十二条 企业应当加强思想政治教育、法制教育、国防教育、科学文化教育和技术业务培训,提高职工队伍的素质。

第四十三条 企业应当支持和奖励职工进行科学研究、发明创造,开展技术革新、合理化建议和社会主义劳动竞赛活动。

第四章 厂 长

第四十四条 厂长的产生,除国务院另有规定外,由政府主管部门根据企业的情况决定采取下列一种方式:

(一)政府主管部门委任或者招聘。

(二)企业职工代表大会选举。

政府主管部门委任或者招聘的厂长人选,须征求职工代表的意见;企业职工代表大会选举的厂长,须报政府主管部门批准。

政府主管部门委任或者招聘的厂长,由政府主管部门免职或者解聘,并须征求职工代表的意见;企业职工代表大会选举的厂长,由职工代表大会罢免,并须报政府主管部门批准。

第四十五条 厂长是企业的法定代表人。

企业建立以厂长为首的生产经营管理系统。厂长在企业中处于中心地位,对企业的物质文明建设和精神文明建设负有全面责任。

厂长领导企业的生产经营管理工作,行使下列职权:

(一)依照法律和国务院规定,决定或者报请审查批准企业的各项计划。

(二)决定企业行政机构的设置。

(三)提请政府主管部门任免或者聘任、解聘副厂级行政领导干部。法律和国务院另有规定的除外。

(四)任免或者聘任、解聘企业中层行政领导干部。法律另有规定的除外。

(五)提出工资调整方案、奖金分配方案和重要的规章制度,提请职工代表大会审查同意。提出福利基金使用方案和其他有关职工生活福利的重大事项的建议,提请职工代表大会审议决定。

(六)依法奖惩职工;提请政府主管部门奖惩副厂级行政领导干部。

第四十六条 厂长必须依靠职工群众履行本法规定的企业的各项义务，支持职工代表大会、工会和其他群众组织的工作，执行职工代表大会依法作出的决定。

第四十七条 企业设立管理委员会或者通过其他形式，协助厂长决定企业的重大问题。管理委员会由企业各方面的负责人和职工代表组成。厂长任管理委员会主任。

前款所称重大问题：

（一）经营方针、长远规划和年度计划、基本建设方案和重大技术改造方案，职工培训计划，工资调整方案，留用资金分配和使用方案，承包和租赁经营责任制方案。

（二）工资列入企业成本开支的企业人员编制和行政机构的设置和调整。

（三）制订、修改和废除重要规章制度的方案。

上述重大问题的讨论方案，均由厂长提出。

第四十八条 厂长在领导企业完成计划、提高产品质量和服务质量、提高经济效益和加强精神文明建设等方面成绩显著的，由政府主管部门给予奖励。

第五章 职工和职工代表大会

第四十九条 职工有参加企业民主管理的权利，有对企业的生产和工作提出意见和建议的权利；有依法享受劳动保护、劳动保险、休息、休假的权利；有向国家机关反映真实情况，对企业领导干部提出批评和控告的权利。女职工有依照国家规定享受特殊劳动保护和劳动保险的权利。

第五十条 职工应当以国家主人翁的态度从事劳动，遵守劳动纪律和规章制度，完成生产和工作任务。

第五十一条 职工代表大会是企业实行民主管理的基本形式，是职工行使民主管理权力的机构。

职工代表大会的工作机构是企业的工会委员会。企业工会委员会负责职工代表大会的日常工作。

第五十二条 职工代表大会行使下列职权：

（一）听取和审议厂长关于企业的经营方针、长远规划、年度计划、基本建设方案、重大技术改造方案、职工培训计划、留用资金分配和使用方案、承包和租赁经营责任制方案的报告，提出意见和建议。

（二）审查同意或者否决企业的工资调整方案、奖金分配方案、劳动保护措施、奖惩办法以及其他重要的规章制度。

（三）审议决定职工福利基金使用方案、职工住宅分配方案和其他有关职工生活福利的重大事项。

（四）评议、监督企业各级行政领导干部，提出奖惩和任免的建议。

（五）根据政府主管部门的决定选举厂长，报政府主管部门批准。

第五十三条 车间通过职工大会、职工代表组或者其他形式实行民主管理，工人直接参加班组的民主管理。

第五十四条 职工代表大会应当支持厂长依法行使职权，教育职工履行本法规定的义务。

第六章 企业和政府的关系

第五十五条 政府或者政府主管部门依照国务院规定统一对企业下达指令性计划，保证企业完成指令性计划所需的计划供应物资，审查批准企业提出的基本建设、重大技术改造等计划；任免、奖惩厂长，根据厂长的提议，任免、奖惩副厂级行政领导干部，考核、培训厂级行政领导干部。

第五十六条 政府有关部门按照国家调节市场、市场引导企业的目标，为企业提供服务，并根据各自的职责，依照法律、法规的规定，对企业实行管理和监督。

（一）制定、调整产业政策，指导企业制定发展规划。

（二）为企业的经营决策提供咨询、信息。

（三）协调企业与其他单位之间的关系。

（四）维护企业正常的生产秩序，保护企业经营管理的国家财产不受侵犯。

（五）逐步完善与企业有关的公共设施。

第五十七条 企业所在地的县级以上地方政府应当提供企业所需的由地方计划管理的物资，协调企业与当地其他单位之间的关系，努力办好与企业有关的公共福利事业。

第五十八条　任何机关和单位不得侵犯企业依法享有的经营管理自主权；不得向企业摊派人力、物力、财力；不得要求企业设置机构或者规定机构的编制人数。

第七章　法律责任

第五十九条　违反本法第十六条规定，未经政府或者政府主管部门审核批准和工商行政管理部门核准登记，以企业名义进行生产经营活动的，责令停业，没收违法所得。

企业向登记机关弄虚作假、隐瞒真实情况的，给予警告或者处以罚款；情节严重的，吊销营业执照。

本条规定的行政处罚，由县级以上工商行政管理部门决定。当事人对罚款、责令停业、没收违法所得、吊销营业执照的处罚决定不服的，可以在接到处罚通知之日起15日内向法院起诉；逾期不起诉又不履行的，由作出处罚决定的机关申请法院强制执行。

第六十条　企业因生产、销售质量不合格的产品，给用户和消费者造成财产、人身损害的，应当承担赔偿责任；构成犯罪的，对直接责任人员依法追究刑事责任。

产品质量不符合经济合同约定的条件的，应当承担违约责任。

第六十一条　政府和政府有关部门的决定违反本法第五十八条规定的，企业有权向作出决定的机关申请撤销；不予撤销的，企业有权向作出决定的机关的上一级机关或者政府监察部门申诉。接受申诉的机关应于接到申诉之日起30日内作出裁决并通知企业。

第六十二条　企业领导干部滥用职权，侵犯职工合法权益，情节严重的，由政府主管部门给予行政处分；滥用职权、假公济私，对职工实行报复陷害的，依照《中华人民共和国刑法》第一百四十六条的规定追究刑事责任。

第六十三条　企业和政府有关部门的领导干部，因工作过失给企业和国家造成较大损失的，由政府主管部门或者有关上级机关给予行政处分。

企业和政府有关部门的领导干部玩忽职守，致使企业财产、国家和人民利益遭受重大损失的，依照《中华人民共和国刑法》第一百八十七条的规定追究刑事责任。

第六十四条　阻碍企业领导干部依法执行职务，未使用暴力、威胁方法的，由企业所在地公安机关依照《中华人民共和国治安管理处罚条例》第十九条的规定处罚；以暴力、威胁方法阻碍企业领导干部依法执行职务的，依照《中华人民共和国刑法》第一百五十七条的规定追究刑事责任。

扰乱企业的秩序，致使生产、营业、工作不能正常进行，尚未造成严重损失的，由企业所在地公安机关依照《中华人民共和国治安管理处罚条例》第十九条的规定处罚；情节严重，致使生产、营业、工作无法进行，造成严重损失的，依照《中华人民共和国刑法》第一百五十八条的规定追究刑事责任。

第八章　附　　则

第六十五条　本法的原则适用于全民所有制交通运输、邮电、地质勘探、建筑安装、商业、外贸、物资、农林、水利企业。

第六十六条　企业实行承包、租赁经营责任制的，除遵守本法规定外，发包方和承包方、出租方和承租方的权利、义务依照国务院有关规定执行。

联营企业、大型联合企业和股份企业，其领导体制依照国务院有关规定执行。

第六十七条　国务院根据本法制定实施条例。

第六十八条　自治区人民代表大会常务委员会可以根据本法和《中华人民共和国民族区域自治法》的原则，结合当地的特点，制定实施办法，报全国人民代表大会常务委员会备案。

第六十九条　本法自1988年8月1日起施行。

全国人民代表大会常务委员会关于修改部分法律的决定(节录)①

(2009 年 8 月 27 日第十一届全国人民代表大会常务委员会第十次会议通过 2009 年 8 月 27 日中华人民共和国主席令第 18 号公布 自公布之日起施行)

第十一届全国人民代表大会常务委员会第十次会议决定:

一、对下列法律中明显不适应社会主义市场经济和社会发展要求的规定作出修改

……

2. 删去《中华人民共和国全民所有制工业企业法》第二条第四款、第二十三条、第三十五条第一款、第五十五条。

……

三、对下列法律中关于刑事责任的规定作出修改

……

25. 《中华人民共和国全民所有制工业企业法》第六十二条、第六十三条

……

四、对下列法律和有关法律问题的决定中关于治安管理处罚的规定作出修改

……

(二)对下列法律和有关法律问题的决定中关于治安管理处罚的具体规定作出修改

……

83. 删去《中华人民共和国全民所有制工业企业法》第六十四条第一款;

第二款修改为:"扰乱企业的秩序,致使生产、营业、工作不能正常进行,尚未造成严重损失的,由企业所在地公安机关依照《中华人民共和国治安管理处罚法》的规定处罚。"

……

本决定自公布之日起施行。

中华人民共和国全民所有制工业企业法

(1988 年 4 月 13 日第七届全国人民代表大会第一次会议通过 根据 2009 年 8 月 27 日第十一届全国人民代表大会常务委员会第十次会议《关于修改部分法律的决定》修正)

目 录

第一章 总 则

第一条 为保障全民所有制经济的巩固和发展,明确全民所有制工业企业的权利和义务,保障其合法权益,增强其活力,促进社会主义现代化建设,根据《中华人民共和国宪法》,制定本法。

第二条 全民所有制工业企业(以下简称企业)是依法自主经营、自负盈亏、独立核算的社会主义商品生产和经营单位。

企业的财产属于全民所有,国家依照所有权和经营权分离的原则授予企业经营管理。企业对国家授予其经营管理的财产享有占有、使用和依法处分的权利。

企业依法取得法人资格,以国家授予其经营管理的财产承担民事责任。

第三条 企业的根本任务是:根据国家计划和市场需求,发展商品生产,创造财富,增加积累,满足社会日益增长的物质和文化生活需要。

第四条 企业必须坚持在建设社会主义物质文明的同时,建设社会主义精神文明,建设有理想、有道德、有文化、有纪律的职工队伍。

① 编者注:部分废止。

第五条 企业必须遵守法律、法规,坚持社会主义方向。

第六条 企业必须有效地利用国家授予其经营管理的财产,实现资产增值;依法缴纳税金、费用、利润。

第七条 企业实行厂长(经理)负责制。

厂长依法行使职权,受法律保护。

第八条 中国共产党在企业中的基层组织,对党和国家的方针、政策在本企业的贯彻执行实行保证监督。

第九条 国家保障职工的主人翁地位,职工的合法权益受法律保护。

第十条 企业通过职工代表大会和其他形式,实行民主管理。

第十一条 企业工会代表和维护职工利益,依法独立自主地开展工作。企业工会组织职工参加民主管理和民主监督。

企业应当充分发挥青年职工、女职工和科学技术人员的作用。

第十二条 企业必须加强和改善经营管理,实行经济责任制,推进科学技术进步,厉行节约,反对浪费,提高经济效益,促进企业的改造和发展。

第十三条 企业贯彻按劳分配原则。在法律规定的范围内,企业可以采取其他分配方式。

第十四条 国家授予企业经营管理的财产受法律保护,不受侵犯。

第十五条 企业的合法权益受法律保护,不受侵犯。

第二章 企业的设立、变更和终止

第十六条 设立企业,必须依照法律和国务院规定,报请政府或者政府主管部门审核批准。经工商行政管理部门核准登记、发给营业执照,企业取得法人资格。

企业应当在核准登记的经营范围内从事生产经营活动。

第十七条 设立企业必须具备以下条件:

(一)产品为社会所需要。

(二)有能源、原材料、交通运输的必要条件。

(三)有自己的名称和生产经营场所。

(四)有符合国家规定的资金。

(五)有自己的组织机构。

(六)有明确的经营范围。

(七)法律、法规规定的其他条件。

第十八条 企业合并或者分立,依照法律、行政法规的规定,由政府或者政府主管部门批准。

第十九条 企业由于下列原因之一终止:

(一)违反法律、法规被责令撤销。

(二)政府主管部门依照法律、法规的规定决定解散。

(三)依法被宣告破产。

(四)其他原因。

第二十条 企业合并、分立或者终止时,必须保护其财产,依法清理债权、债务。

第二十一条 企业的合并、分立、终止,以及经营范围等登记事项的变更,须经工商行政管理部门核准登记。

第三章 企业的权利和义务

第二十二条 在国家计划指导下,企业有权自行安排生产社会需要的产品或者为社会提供服务。

第二十三条 企业有权自行销售本企业的产品。国务院另有规定的除外。

承担指令性计划的企业,有权自行销售计划外超产的产品和计划内分成的产品。

第二十四条 企业有权自行选择供货单位,购进生产需要的物资。

第二十五条 除国务院规定由物价部门和有关主管部门控制价格的以外,企业有权自行确定产品价格、劳务价格。

第二十六条 企业有权依照国务院规定与外商谈判并签订合同。

企业有权依照国务院规定提取和使用分成的外汇收入。

第二十七条 企业有权依照国务院规定支配使用留用资金。

第二十八条 企业有权依照国务院规定出租或者有偿转让国家授予其经营管理的固定资产,所得的收益必须用于设备更新和技术改造。

第二十九条 企业有权确定适合本企业情况的工资形式和奖金分配办法。

第三十条 企业有权依照法律和国务院规

定录用、辞退职工。

第三十一条 企业有权决定机构设置及其人员编制。

第三十二条 企业有权拒绝任何机关和单位向企业摊派人力、物力、财力。除法律、法规另有规定外，任何机关和单位以任何方式要求企业提供人力、物力、财力的，都属于摊派。

第三十三条 企业有权依照法律和国务院规定与其他企业、事业单位联营，向其他企业、事业单位投资，持有其他企业的股份。

企业有权依照国务院规定发行债券。

第三十四条 企业必须履行依法订立的合同。

第三十五条 企业必须保障固定资产的正常维修，改进和更新设备。

第三十六条 企业必须遵守国家关于财务、劳动工资和物价管理等方面的规定，接受财政、审计、劳动工资和物价等机关的监督。

第三十七条 企业必须保证产品质量和服务质量，对用户和消费者负责。

第三十八条 企业必须提高劳动效率，节约能源和原材料，努力降低成本。

第三十九条 企业必须加强保卫工作，维护生产秩序，保护国家财产。

第四十条 企业必须贯彻安全生产制度，改善劳动条件，做好劳动保护和环境保护工作，做到安全生产和文明生产。

第四十一条 企业应当加强思想政治教育、法制教育、国防教育、科学文化教育和技术业务培训，提高职工队伍的素质。

第四十二条 企业应当支持和奖励职工进行科学研究、发明创造，开展技术革新、合理化建议和社会主义劳动竞赛活动。

第四章 厂 长

第四十三条 厂长的产生，除国务院另有规定外，由政府主管部门根据企业的情况决定采取下列一种方式：

（一）政府主管部门委任或者招聘。

（二）企业职工代表大会选举。

政府主管部门委任或者招聘的厂长人选，须征求职工代表的意见；企业职工代表大会选举的厂长，须报政府主管部门批准。

政府主管部门委任或者招聘的厂长，由政府主管部门免职或者解聘，并须征求职工代表的意见；企业职工代表大会选举的厂长，由职工代表大会罢免，并须报政府主管部门批准。

第四十四条 厂长是企业的法定代表人。

企业建立以厂长为首的生产经营管理系统。厂长在企业中处于中心地位，对企业的物质文明建设和精神文明建设负有全面责任。

厂长领导企业的生产经营管理工作，行使下列职权：

（一）依照法律和国务院规定，决定或者报请审查批准企业的各项计划。

（二）决定企业行政机构的设置。

（三）提请政府主管部门任免或者聘任、解聘副厂级行政领导干部。法律和国务院另有规定的除外。

（四）任免或者聘任、解聘企业中层行政领导干部。法律另有规定的除外。

（五）提出工资调整方案、奖金分配方案和重要的规章制度，提请职工代表大会审查同意。提出福利基金使用方案和其他有关职工生活福利的重大事项的建议，提请职工代表大会审议决定。

（六）依法奖惩职工；提请政府主管部门奖惩副厂级行政领导干部。

第四十五条 厂长必须依靠职工群众履行本法规定的企业的各项义务，支持职工代表大会、工会和其他群众组织的工作，执行职工代表大会依法作出的决定。

第四十六条 企业设立管理委员会或者通过其他形式，协助厂长决定企业的重大问题。管理委员会由企业各方面的负责人和职工代表组成。厂长任管理委员会主任。

前款所称重大问题：

（一）经营方针、长远规划和年度计划、基本建设方案和重大技术改造方案，职工培训计划，工资调整方案，留用资金分配和使用方案，承包和租赁经营责任制方案。

（二）工资列入企业成本开支的企业人员编制和行政机构的设置和调整。

（三）制订、修改和废除重要规章制度的方案。

上述重大问题的讨论方案，均由厂长提出。

第四十七条 厂长在领导企业完成计划、提高产品质量和服务质量、提高经济效益和加强精神文明建设等方面成绩显著的，由政府主管部门给予奖励。

第五章 职工和职工代表大会

第四十八条 职工有参加企业民主管理的权利，有对企业的生产和工作提出意见和建议的权利；有依法享受劳动保护、劳动保险、休息、休假的权利；有向国家机关反映真实情况，对企业领导干部提出批评和控告的权利。女职工有依照国家规定享受特殊劳动保护和劳动保险的权利。

第四十九条 职工应当以国家主人翁的态度从事劳动，遵守劳动纪律和规章制度，完成生产和工作任务。

第五十条 职工代表大会是企业实行民主管理的基本形式，是职工行使民主管理权力的机构。

职工代表大会的工作机构是企业的工会委员会。企业工会委员会负责职工代表大会的日常工作。

第五十一条 职工代表大会行使下列职权：

(一) 听取和审议厂长关于企业的经营方针、长远规划、年度计划、基本建设方案、重大技术改造方案、职工培训计划、留用资金分配和使用方案、承包和租赁经营责任制方案的报告，提出意见和建议。

(二) 审查同意或者否决企业的工资调整方案、奖金分配方案、劳动保护措施、奖惩办法以及其他重要的规章制度。

(三) 审议决定职工福利基金使用方案、职工住宅分配方案和其他有关职工生活福利的重大事项。

(四) 评议、监督企业各级行政领导干部，提出奖惩和任免的建议。

(五) 根据政府主管部门的决定选举厂长，报政府主管部门批准。

第五十二条 车间通过职工大会、职工代表组或者其他形式实行民主管理，工人直接参加班组的民主管理。

第五十三条 职工代表大会应当支持厂长依法行使职权，教育职工履行本法规定的义务。

第六章 企业和政府的关系

第五十四条 政府有关部门按照国家调节市场、市场引导企业的目标，为企业提供服务，并根据各自的职责，依照法律、法规的规定，对企业实行管理和监督。

(一) 制定、调整产业政策，指导企业制定发展规划。

(二) 为企业的经营决策提供咨询、信息。

(三) 协调企业与其他单位之间的关系。

(四) 维护企业正常的生产秩序，保护企业经营管理的国家财产不受侵犯。

(五) 逐步完善与企业有关的公共设施。

第五十五条 企业所在地的县级以上地方政府应当提供企业所需的由地方计划管理的物资，协调企业与当地其他单位之间的关系，努力办好与企业有关的公共福利事业。

第五十六条 任何机关和单位不得侵犯企业依法享有的经营管理自主权；不得向企业摊派人力、物力、财力；不得要求企业设置机构或者规定机构的编制人数。

第七章 法律责任

第五十七条 违反本法第十六条规定，未经政府或者政府主管部门审核批准和工商行政管理部门核准登记，以企业名义进行生产经营活动的，责令停业，没收违法所得。

企业向登记机关弄虚作假、隐瞒真实情况的，给予警告或者处以罚款；情节严重的，吊销营业执照。

本条规定的行政处罚，由县级以上工商行政管理部门决定。当事人对罚款、责令停业、没收违法所得、吊销营业执照的处罚决定不服的，可以在接到处罚通知之日起十五日内向法院起诉；逾期不起诉又不履行的，由作出处罚决定的机关申请法院强制执行。

第五十八条 企业因生产、销售质量不合格的产品，给用户和消费者造成财产、人身损害的，应当承担赔偿责任；构成犯罪的，对直接责任人员依法追究刑事责任。

产品质量不符合经济合同约定的条件的，应当承担违约责任。

第五十九条 政府和政府有关部门的决定违反本法第五十六条①规定的，企业有权向作出决定的机关申请撤销；不予撤销的，企业有权向作出决定的机关的上一级机关或者政府监察部门申诉。接受申诉的机关应于接到申诉之日起三十日内作出裁决并通知企业。

第六十条 企业领导干部滥用职权，侵犯职工合法权益，情节严重的，由政府主管部门给予行政处分；滥用职权、假公济私，对职工实行报复陷害的，依照刑法有关规定追究刑事责任。

第六十一条 企业和政府有关部门的领导干部，因工作过失给企业和国家造成较大损失的，由政府主管部门或者有关上级机关给予行政处分。

企业和政府有关部门的领导干部玩忽职守，致使企业财产、国家和人民利益遭受重大损失的，依照刑法有关规定追究刑事责任。

第六十二条 扰乱企业的秩序，致使生产、营业、工作不能正常进行，尚未造成严重损失的，由企业所在地公安机关依照《中华人民共和国治安管理处罚法》的规定处罚。

第八章 附 则

第六十三条 本法的原则适用于全民所有制交通运输、邮电、地质勘探、建筑安装、商业、外贸、物资、农林、水利企业。

第六十四条 企业实行承包、租赁经营责任制的，除遵守本法规定外，发包方和承包方、出租方和承租方的权利、义务依照国务院有关规定执行。

联营企业、大型联合企业和股份企业，其领导体制依照国务院有关规定执行。

第六十五条 国务院根据本法制定实施条例。

第六十六条 自治区人民代表大会常务委员会可以根据本法和《中华人民共和国民族区域自治法》的原则，结合当地的特点，制定实施办法，报全国人民代表大会常务委员会备案。

第六十七条 本法自1988年8月1日起施行。

中华人民共和国合伙企业法②

（1997年2月23日第八届全国人民代表大会常务委员会第二十四次会议通过　自1997年8月1日起施行）

目 录

第一章 总 则

第一条 为了规范合伙企业的行为，保护合伙企业及其合伙人的合法权益，维护社会经济秩序，促进社会主义市场经济的发展，制定本法。

第二条 本法所称合伙企业，是指依照本法在中国境内设立的由各合伙人订立合伙协议，共同出资、合伙经营、共享收益、共担风险，并对合伙企业债务承担无限连带责任的营利性组织。

第三条 合伙协议应当依法由全体合伙人协商一致，以书面形式订立。

第四条 订立合伙协议，设立合伙企业，应当遵循自愿、平等、公平、诚实信用原则。

第五条 合伙企业在其名称中不得使用“有限”或者“有限责任”字样。

第六条 合伙企业从事经营活动，必须遵守法律、行政法规，遵守职业道德。

第七条 合伙企业及其合伙人的财产和合法权益受法律保护。

第二章 合伙企业的设立

第八条 设立合伙企业，应当具备下列条件：

---

① 编者注：本条根据修改决定调整。

② 编者注：已被修改。

（一）有二个以上合伙人，并且都是依法承担无限责任者；

（二）有书面合伙协议；

（三）有各合伙人实际缴付的出资；

（四）有合伙企业的名称；

（五）有经营场所和从事合伙经营的必要条件。

第九条 合伙人应当为具有完全民事行为能力的人。

第十条 法律、行政法规禁止从事营利性活动的人，不得成为合伙企业的合伙人。

第十一条 合伙人可以用货币、实物、土地使用权、知识产权或者其他财产权利出资；上述出资应当是合伙人的合法财产及财产权利。对货币以外的出资需要评估作价的，可以由全体合伙人协商确定，也可以由全体合伙人委托法定评估机构进行评估。经全体合伙人协商一致，合伙人也可以用劳务出资，其评估办法由全体合伙人协商确定。

第十二条 合伙人应当按照合伙协议约定的出资方式、数额和缴付出资的期限，履行出资义务。各合伙人按照合伙协议实际缴付的出资，为对合伙企业的出资。

第十三条 合伙协议应当载明下列事项：

（一）合伙企业的名称和主要经营场所的地点；

（二）合伙目的和合伙企业的经营范围；

（三）合伙人的姓名及其住所；

（四）合伙人出资的方式、数额和缴付出资的期限；

（五）利润分配和亏损分担办法；

（六）合伙企业事务的执行；

（七）入伙与退伙；

（八）合伙企业的解散与清算；

（九）违约责任。合伙协议可以载明合伙企业的经营期限和合伙人争议的解决方式。

第十四条 合伙协议经全体合伙人签名、盖章后生效。合伙人依照合伙协议享有权利，承担责任。经全体合伙人协商一致，可以修改或者补充合伙协议。

第十五条 申请合伙企业设立登记，应当向企业登记机关提交登记申请书、合伙协议书、合伙人身份证明等文件。法律、行政法规规定须报经有关部门审批的，应当在申请设立登记时提交批准文件。

第十六条 企业登记机关应当自收到申请登记文件之日起三十日内，作出是否登记的决定。对符合本法规定条件的，予以登记，发给营业执照；对不符合本法规定条件的，不予登记，并应当给予书面答复，说明理由。

第十七条 合伙企业的营业执照签发日期，为合伙企业成立日期。合伙企业领取营业执照前，合伙人不得以合伙企业名义从事经营活动。

第十八条 合伙企业设立分支机构，应当向分支机构所在地的企业登记机关申请登记，领取营业执照。

第三章 合伙企业财产

第十九条 合伙企业存续期间，合伙人的出资和所有以合伙企业名义取得的收益均为合伙企业的财产。合伙企业的财产由全体合伙人依照本法共同管理和使用。

第二十条 合伙企业进行清算前，合伙人不得请求分割合伙企业的财产，但本法另有规定的除外。合伙人在合伙企业清算前私自转移或者处分合伙企业财产的，合伙企业不得以此对抗不知情的善意第三人。

第二十一条 合伙企业存续期间，合伙人向合伙人以外的人转让其在合伙企业中的全部或者部分财产份额时，须经其他合伙人一致同意。合伙人之间转让在合伙企业中的全部或者部分财产份额时，应当通知其他合伙人。

第二十二条 合伙人依法转让其财产份额的，在同等条件下，其他合伙人有优先受让的权利。

第二十三条 经全体合伙人同意，合伙人以外的人依法受让合伙企业财产份额的，经修改合伙协议即成为合伙企业的合伙人，依照修改后的合伙协议享有权利，承担责任。

第二十四条 合伙人以其在合伙企业中的财产份额出资的，须经其他合伙人一致同意。未经其他合伙人一致同意，合伙人以其在合伙企业中的财产份额出资的，其行为无效，或者作为退伙处理；由此给其他合伙人造成损失的，依法承担赔偿责任。

第四章 合伙企业的事务执行

第二十五条 各合伙人对执行合伙企业事务享有同等的权利,可以由全体合伙人共同执行合伙企业事务,也可以由合伙协议约定或者全体合伙人决定,委托一名或者数名合伙人执行合伙企业事务。执行合伙企业事务的合伙人,对外代表合伙企业。

第二十六条 依照前条规定委托一名或者数名合伙人执行合伙企业事务的,其他合伙人不再执行合伙企业事务。不参加执行事务的合伙人有权监督执行事务的合伙人,检查其执行合伙企业事务的情况。

第二十七条 由一名或者数名合伙人执行合伙企业事务的,应当依照约定向其他不参加执行事务的合伙人报告事务执行情况以及合伙企业的经营状况和财务状况,其执行合伙企业事务所产生的收益归全体合伙人,所产生的亏损或者民事责任,由全体合伙人承担。

第二十八条 合伙人为了解合伙企业的经营状况和财务状况,有权查阅帐簿。合伙人依法或者按照合伙协议对合伙企业有关事项作出决议时,除本法另有规定或者合伙协议另有约定外,经全体合伙人决定可以实行一人一票的表决方法。

第二十九条 合伙协议约定或者经全体合伙人决定,合伙人分别执行合伙企业事务时,合伙人可以对其他合伙人执行的事务提出异议。提出异议时,应暂停该项事务的执行。如果发生争议,可由全体合伙人共同决定。被委托执行合伙企业事务的合伙人不按照合伙协议或者全体合伙人的决定执行事务的,其他合伙人可以决定撤销该委托。

第三十条 合伙人不得自营或者同他人合作经营与本合伙企业相竞争的业务。除合伙协议另有约定或者经全体合伙人同意外,合伙人不得同本合伙企业进行交易。合伙人不得从事损害本合伙企业利益的活动。

第三十一条 合伙企业的下列事务必须经全体合伙人同意:

(一)处分合伙企业的不动产;

(二)改变合伙企业名称;

(三)转让或者处分合伙企业的知识产权和其他财产权利;

(四)向企业登记机关申请办理变更登记手续;

(五)以合伙企业名义为他人提供担保;

(六)聘任合伙人以外的人担任合伙企业的经营管理人员;

(七)依照合伙协议约定的有关事项。

第三十二条 合伙企业的利润和亏损,由合伙人依照合伙协议约定的比例分配和分担;合伙协议未约定利润分配和亏损分担比例的,由各合伙人平均分配和分担。合伙协议不得约定将全部利润分配给部分合伙人或者由部分合伙人承担全部亏损。

第三十三条 合伙企业存续期间,合伙人依照合伙协议的约定或者经全体合伙人决定,可以增加对合伙企业的出资,用于扩大经营规模或者弥补亏损。

第三十四条 合伙企业年度的或者一定时期的利润分配或者亏损分担的具体方案,由全体合伙人协商决定或者按照合伙协议约定的办法决定。

第三十五条 被聘任的合伙企业的经营管理人员应当在合伙企业授权范围内履行职务。被聘任的合伙企业的经营管理人员,超越合伙企业授权范围从事经营活动,或者因故意或者重大过失,给合伙企业造成损失的,依法承担赔偿责任。

第三十六条 合伙企业应当依照法律、行政法规的规定建立企业财务、会计制度。

第三十七条 合伙企业应当依法履行纳税义务。

第五章 合伙企业与第三人关系

第三十八条 合伙企业对合伙人执行合伙企业事务以及对外代表合伙企业权利的限制,不得对抗不知情的善意第三人。

第三十九条 合伙企业对其债务,应先以其全部财产进行清偿。合伙企业财产不足清偿到期债务的,各合伙人应当承担无限连带清偿责任。

第四十条 以合伙企业财产清偿合伙企业

债务时,其不足的部分,由各合伙人按照本法第三十二条第一款规定的比例,用其在合伙企业出资以外的财产承担清偿责任。合伙人由于承担连带责任,所清偿数额超过其应当承担的数额时,有权向其他合伙人追偿。

第四十一条 合伙企业中某一合伙人的债权人,不得以该债权抵销其对合伙企业的债务。

第四十二条 合伙人个人负有债务,其债权人不得代位行使该合伙人在合伙企业中的权利。

第四十三条 合伙人个人财产不足清偿其个人所负债务的,该合伙人只能以其从合伙企业中分取的收益用于清偿;债权人也可以依法请求人民法院强制执行该合伙人在合伙企业中的财产份额用于清偿。对该合伙人的财产份额,其他合伙人有优先受让的权利。

第六章 入伙、退伙

第四十四条 新合伙人入伙时,应当经全体合伙人同意,并依法订立书面入伙协议。订立入伙协议时,原合伙人应当向新合伙人告知原合伙企业的经营状况和财务状况。

第四十五条 入伙的新合伙人与原合伙人享有同等权利,承担同等责任。入伙协议另有约定的,从其约定。入伙的新合伙人对入伙前合伙企业的债务承担连带责任。

第四十六条 合伙协议约定合伙企业的经营期限的,有下列情形之一时,合伙人可以退伙:

(一)合伙协议约定的退伙事由出现;

(二)经全体合伙人同意退伙;

(三)发生合伙人难于继续参加合伙企业的事由;

(四)其他合伙人严重违反合伙协议约定的义务。

第四十七条 合伙协议未约定合伙企业的经营期限的,合伙人在不给合伙企业事务执行造成不利影响的情况下,可以退伙,但应当提前三十日通知其他合伙人。

第四十八条 合伙人违反前二条规定,擅自退伙的,应当赔偿由此给其他合伙人造成的损失。

第四十九条 合伙人有下列情形之一的,当然退伙:

(一)死亡或者被依法宣告死亡;

(二)被依法宣告为无民事行为能力人;

(三)个人丧失偿债能力;

(四)被人民法院强制执行在合伙企业中的全部财产份额。前款规定的退伙以实际发生之日为退伙生效日。

第五十条 合伙人有下列情形之一的,经其他合伙人一致同意,可以决议将其除名:

(一)未履行出资义务;

(二)因故意或者重大过失给合伙企业造成损失;

(三)执行合伙企业事务时有不正当行为;

(四)合伙协议约定的其他事由。对合伙人的除名决议应当书面通知被除名人。被除名人自接到除名通知之日起,除名生效,被除名人退伙。被除名人对除名决议有异议的,可以在接到除名通知之日起三十日内,向人民法院起诉。

第五十一条 合伙人死亡或者被依法宣告死亡的,对该合伙人在合伙企业中的财产份额享有合法继承权的继承人,依照合伙协议的约定或者经全体合伙人同意,从继承开始之日起,即取得该合伙企业的合伙人资格。

合法继承人不愿意成为该合伙企业的合伙人的,合伙企业应退还其依法继承的财产份额。

合法继承人为未成年人的,经其他合伙人一致同意,可以在其未成年时由监护人代行其权利。

第五十二条 合伙人退伙的,其他合伙人应当与该退伙人按照退伙时的合伙企业的财产状况进行结算,退还退伙人的财产份额。退伙时有未了结的合伙企业事务的,待了结后进行结算。

第五十三条 退伙人在合伙企业中财产份额的退还办法,由合伙协议约定或者由全体合伙人决定,可以退还货币,也可以退还实物。

第五十四条 退伙人对其退伙前已发生的合伙企业债务,与其他合伙人承担连带责任。

第五十五条 合伙人退伙时,合伙企业财产少于合伙企业债务的,退伙人应当按照本法第三十二条第一款的规定分担亏损。

第五十六条 合伙企业登记事项因退伙、入伙、合伙协议修改等发生变更或者需要重新登记的，应当于作出变更决定或者发生变更事由之日起十五日内，向企业登记机关办理有关登记手续。

第七章 合伙企业解散、清算

第五十七条 合伙企业有下列情形之一时，应当解散：

（一）合伙协议约定的经营期限届满，合伙人不愿继续经营的；

（二）合伙协议约定的解散事由出现；

（三）全体合伙人决定解散；

（四）合伙人已不具备法定人数；

（五）合伙协议约定的合伙目的已经实现或者无法实现；

（六）被依法吊销营业执照；

（七）出现法律、行政法规规定的合伙企业解散的其他原因。

第五十八条 合伙企业解散后应当进行清算，并通知和公告债权人。

第五十九条 合伙企业解散，清算人由全体合伙人担任；未能由全体合伙人担任清算人的，经全体合伙人过半数同意，可以自合伙企业解散后十五日内指定一名或者数名合伙人，或者委托第三人，担任清算人。十五日内未确定清算人的，合伙人或者其他利害关系人可以申请人民法院指定清算人。

第六十条 清算人在清算期间执行下列事务：

（一）清理合伙企业财产，分别编制资产负债表和财产清单；

（二）处理与清算有关的合伙企业未了结的事务；

（三）清缴所欠税款；

（四）清理债权、债务；

（五）处理合伙企业清偿债务后的剩余财产；

（六）代表合伙企业参与民事诉讼活动。

第六十一条 合伙企业财产在支付清算费用后，按下列顺序清偿：

（一）合伙企业所欠招用的职工工资和劳动保险费用；

（二）合伙企业所欠税款；

（三）合伙企业的债务；

（四）返还合伙人的出资。合伙企业财产按上述顺序清偿后仍有剩余的，按本法第三十二条第一款规定的比例进行分配。

第六十二条 合伙企业清算时，其全部财产不足清偿其债务的，依照本法第三十九条和第四十条的规定办理。

第六十三条 合伙企业解散后，原合伙人对合伙企业存续期间的债务仍应承担连带责任，但债权人在五年内未向债务人提出偿债请求的，该责任消灭。

第六十四条 清算结束，应当编制清算报告，经全体合伙人签名、盖章后，在十五日内向企业登记机关报送清算报告，办理合伙企业注销登记。

第八章 法律责任

第六十五条 违反本法规定，提交虚假文件或者采取其他欺骗手段，取得企业登记的，责令改正，可以处以五千元以下的罚款；情节严重的，撤销企业登记。

第六十六条 违反本法规定，在合伙企业名称中使用“有限”或者“有限责任”字样的，责令限期改正，可以处以二千元以下的罚款。

第六十七条 违反本法规定，未依法领取营业执照，而以合伙企业名义从事经营活动的，责令停止经营活动，可以处以五千元以下的罚款。

合伙企业登记事项发生变更时，未按照本法规定办理有关变更登记的，责令限期登记；逾期不登记的，处以二千元以下的罚款。

第六十八条 合伙人执行合伙企业事务中，将应当归合伙企业的利益据为己有的，或者采取其他手段侵占合伙企业财产的，责令将该利益和财产退还合伙企业；给合伙企业或者其他合伙人造成损失的，依法承担赔偿责任；构成犯罪的，依法追究刑事责任。

第六十九条 合伙人对本法规定或者合伙协议约定必须经全体合伙人同意始得执行的事务，擅自处理，给合伙企业或者其他合伙人造成损失的，依法承担赔偿责任。

第七十条 不具有事务执行权的合伙人，擅自执行合伙企业的事务，给合伙企业或者其他合伙人造成损失的，依法承担赔偿责任。

第七十一条　合伙人违反本法第三十条的规定，从事与本合伙企业相竞争的业务或者与本合伙企业进行交易，给合伙企业或者其他合伙人造成损失的，依法承担赔偿责任。

第七十二条　合伙企业招用的职工利用职务上的便利，将合伙企业财物非法占为己有或者挪用合伙企业资金归个人使用的，依法承担民事责任；构成犯罪的，依法追究刑事责任。

第七十三条　清算人未依照本法规定向企业登记机关报送清算报告，或者报送清算报告隐瞒重要事实，或者有重大遗漏的，责令改正。

第七十四条　合伙人担任清算人在执行清算事务时，谋取非法收入或者侵占合伙企业财产的，责令将该收入和侵占的财产退还合伙企业；构成犯罪的，依法追究刑事责任。

合伙人委托的清算人有前款行为的，责令将该收入和侵占的财产退还合伙企业，并依法承担赔偿责任；构成犯罪的，依法追究刑事责任。

第七十五条　清算人违反本法规定，隐匿、转移合伙企业财产，对资产负债表或者财产清单作虚伪记载，或者在未清偿债务前分配企业财产的，责令改正；损害债权人利益的，依法承担赔偿责任；构成犯罪的，依法追究刑事责任。

第七十六条　合伙人违反合伙协议的，应当依法承担违约责任。

合伙人履行合伙协议发生争议的，合伙人可以通过协商或者调解解决。合伙人不愿通过协商、调解解决或者协商、调解不成的，可以依据合伙协议中的仲裁条款或者事后达成的书面仲裁协议，向仲裁机构申请仲裁。当事人没有在合伙协议中订立仲裁条款，事后又没有达成书面仲裁协议的，可以向人民法院起诉。

第七十七条　有关行政管理机关及其工作人员违反本法规定，滥用职权、徇私舞弊、收受贿赂、侵害合伙企业合法权益的，依法给予行政处分；构成犯罪的，依法追究刑事责任。

第九章　附　　则

第七十八条　本法自1997年8月1日起施行。

中华人民共和国合伙企业法

（1997年2月23日第八届全国人民代表大会常务委员会第二十四次会议通过　2006年8月27日第十届全国人民代表大会常务委员会第二十三次会议修订　2006年8月27日中华人民共和国主席令第55号公布　自2007年6月1日起施行）

目　　录

第一章　总　　则

第一条　为了规范合伙企业的行为，保护合伙企业及其合伙人、债权人的合法权益，维护社会经济秩序，促进社会主义市场经济的发展，制定本法。

第二条　本法所称合伙企业，是指自然人、法人和其他组织依照本法在中国境内设立的普通合伙企业和有限合伙企业。

普通合伙企业由普通合伙人组成，合伙人对合伙企业债务承担无限连带责任。本法对普通合伙人承担责任的形式有特别规定的，从其规定。

有限合伙企业由普通合伙人和有限合伙人组成，普通合伙人对合伙企业债务承担无限连带责任，有限合伙人以其认缴的出资额为限对合伙企业债务承担责任。

第三条　国有独资公司、国有企业、上市公司以及公益性的事业单位、社会团体不得成为普通合伙人。

第四条 合伙协议依法由全体合伙人协商一致、以书面形式订立。

第五条 订立合伙协议、设立合伙企业,应当遵循自愿、平等、公平、诚实信用原则。

第六条 合伙企业的生产经营所得和其他所得,按照国家有关税收规定,由合伙人分别缴纳所得税。

第七条 合伙企业及其合伙人必须遵守法律、行政法规,遵守社会公德、商业道德,承担社会责任。

第八条 合伙企业及其合伙人的合法财产及其权益受法律保护。

第九条 申请设立合伙企业,应当向企业登记机关提交登记申请书、合伙协议书、合伙人身份证明等文件。

合伙企业的经营范围中有属于法律、行政法规规定在登记前须经批准的项目的,该项经营业务应当依法经过批准,并在登记时提交批准文件。

第十条 申请人提交的登记申请材料齐全、符合法定形式,企业登记机关能够当场登记的,应予当场登记,发给营业执照。

除前款规定情形外,企业登记机关应当自受理申请之日起二十日内,作出是否登记的决定。予以登记的,发给营业执照;不予登记的,应当给予书面答复,并说明理由。

第十一条 合伙企业的营业执照签发日期,为合伙企业成立日期。

合伙企业领取营业执照前,合伙人不得以合伙企业名义从事合伙业务。

第十二条 合伙企业设立分支机构,应当向分支机构所在地的企业登记机关申请登记,领取营业执照。

第十三条 合伙企业登记事项发生变更的,执行合伙事务的合伙人应当自作出变更决定或者发生变更事由之日起十五日内,向企业登记机关申请办理变更登记。

第二章 普通合伙企业

第一节 合伙企业设立

第十四条 设立合伙企业,应当具备下列条件:

(一)有二个以上合伙人。合伙人为自然人的,应当具有完全民事行为能力;

(二)有书面合伙协议;

(三)有合伙人认缴或者实际缴付的出资;

(四)有合伙企业的名称和生产经营场所;

(五)法律、行政法规规定的其他条件。

第十五条 合伙企业名称中应当标明"普通合伙"字样。

第十六条 合伙人可以用货币、实物、知识产权、土地使用权或者其他财产权利出资,也可以用劳务出资。

合伙人以实物、知识产权、土地使用权或者其他财产权利出资,需要评估作价的,可以由全体合伙人协商确定,也可以由全体合伙人委托法定评估机构评估。

合伙人以劳务出资的,其评估办法由全体合伙人协商确定,并在合伙协议中载明。

第十七条 合伙人应当按照合伙协议约定的出资方式、数额和缴付期限,履行出资义务。

以非货币财产出资的,依照法律、行政法规的规定,需要办理财产权转移手续的,应当依法办理。

第十八条 合伙协议应当载明下列事项:

(一)合伙企业的名称和主要经营场所的地点;

(二)合伙目的和合伙经营范围;

(三)合伙人的姓名或者名称、住所;

(四)合伙人的出资方式、数额和缴付期限;

(五)利润分配、亏损分担方式;

(六)合伙事务的执行;

(七)入伙与退伙;

(八)争议解决办法;

(九)合伙企业的解散与清算;

(十)违约责任。

第十九条 合伙协议经全体合伙人签名、盖章后生效。合伙人按照合伙协议享有权利,履行义务。

修改或者补充合伙协议,应当经全体合伙人一致同意;但是,合伙协议另有约定的除外。

合伙协议未约定或者约定不明确的事项,由合伙人协商决定;协商不成的,依照本法和其他有关法律、行政法规的规定处理。

第二节 合伙企业财产

第二十条 合伙人的出资、以合伙企业名义取得的收益和依法取得的其他财产，均为合伙企业的财产。

第二十一条 合伙人在合伙企业清算前，不得请求分割合伙企业的财产；但是，本法另有规定的除外。

合伙人在合伙企业清算前私自转移或者处分合伙企业财产的，合伙企业不得以此对抗善意第三人。

第二十二条 除合伙协议另有约定外，合伙人向合伙人以外的人转让其在合伙企业中的全部或者部分财产份额时，须经其他合伙人一致同意。

合伙人之间转让在合伙企业中的全部或者部分财产份额时，应当通知其他合伙人。

第二十三条 合伙人向合伙人以外的人转让其在合伙企业中的财产份额的，在同等条件下，其他合伙人有优先购买权；但是，合伙协议另有约定的除外。

第二十四条 合伙人以外的人依法受让合伙人在合伙企业中的财产份额的，经修改合伙协议即成为合伙企业的合伙人，依照本法和修改后的合伙协议享有权利，履行义务。

第二十五条 合伙人以其在合伙企业中的财产份额出质的，须经其他合伙人一致同意；未经其他合伙人一致同意，其行为无效，由此给善意第三人造成损失的，由行为人依法承担赔偿责任。

第三节 合伙事务执行

第二十六条 合伙人对执行合伙事务享有同等的权利。

按照合伙协议的约定或者经全体合伙人决定，可以委托一个或者数个合伙人对外代表合伙企业，执行合伙事务。

作为合伙人的法人、其他组织执行合伙事务的，由其委派的代表执行。

第二十七条 依照本法第二十六条第二款规定委托一个或者数个合伙人执行合伙事务的，其他合伙人不再执行合伙事务。

不执行合伙事务的合伙人有权监督执行事务合伙人执行合伙事务的情况。

第二十八条 由一个或者数个合伙人执行合伙事务的，执行事务合伙人应当定期向其他合伙人报告事务执行情况以及合伙企业的经营和财务状况，其执行合伙事务所产生的收益归合伙企业，所产生的费用和亏损由合伙企业承担。

合伙人为了解合伙企业的经营状况和财务状况，有权查阅合伙企业会计账簿等财务资料。

第二十九条 合伙人分别执行合伙事务的，执行事务合伙人可以对其他合伙人执行的事务提出异议。提出异议时，应当暂停该项事务的执行。如果发生争议，依照本法第三十条规定作出决定。

受委托执行合伙事务的合伙人不按照合伙协议或者全体合伙人的决定执行事务的，其他合伙人可以决定撤销该委托。

第三十条 合伙人对合伙企业有关事项作出决议，按照合伙协议约定的表决办法办理。合伙协议未约定或者约定不明确的，实行合伙人一人一票并经全体合伙人过半数通过的表决办法。

本法对合伙企业的表决办法另有规定的，从其规定。

第三十一条 除合伙协议另有约定外，合伙企业的下列事项应当经全体合伙人一致同意：

（一）改变合伙企业的名称；

（二）改变合伙企业的经营范围、主要经营场所的地点；

（三）处分合伙企业的不动产；

（四）转让或者处分合伙企业的知识产权和其他财产权利；

（五）以合伙企业名义为他人提供担保；

（六）聘任合伙人以外的人担任合伙企业的经营管理人员。

第三十二条 合伙人不得自营或者同他人合作经营与本合伙企业相竞争的业务。

除合伙协议另有约定或者经全体合伙人一致同意外，合伙人不得同本合伙企业进行交易。

合伙人不得从事损害本合伙企业利益的活动。

第三十三条 合伙企业的利润分配、亏损分担，按照合伙协议的约定办理；合伙协议未约定或者约定不明确的，由合伙人协商决定；协商不成的，由合伙人按照实缴出资比例分配、分担；无法确定出资比例的，由合伙人平均分配、分担。

合伙协议不得约定将全部利润分配给部分合伙人或者由部分合伙人承担全部亏损。

第三十四条 合伙人按照合伙协议的约定或者经全体合伙人决定，可以增加或者减少对合伙企业的出资。

第三十五条 被聘任的合伙企业的经营管理人员应当在合伙企业授权范围内履行职务。

被聘任的合伙企业的经营管理人员，超越合伙企业授权范围履行职务，或者在履行职务过程中因故意或者重大过失给合伙企业造成损失的，依法承担赔偿责任。

第三十六条 合伙企业应当依照法律、行政法规的规定建立企业财务、会计制度。

第四节 合伙企业与第三人关系

第三十七条 合伙企业对合伙人执行合伙事务以及对外代表合伙企业权利的限制，不得对抗善意第三人。

第三十八条 合伙企业对其债务，应先以其全部财产进行清偿。

第三十九条 合伙企业不能清偿到期债务的，合伙人承担无限连带责任。

第四十条 合伙人由于承担无限连带责任，清偿数额超过本法第三十三条第一款规定的其亏损分担比例的，有权向其他合伙人追偿。

第四十一条 合伙人发生与合伙企业无关的债务，相关债权人不得以其债权抵销其对合伙企业的债务；也不得代位行使合伙人在合伙企业中的权利。

第四十二条 合伙人的自有财产不足清偿其与合伙企业无关的债务的，该合伙人可以以其从合伙企业中分取的收益用于清偿；债权人也可以依法请求人民法院强制执行该合伙人在合伙企业中的财产份额用于清偿。

人民法院强制执行合伙人的财产份额时，应当通知全体合伙人，其他合伙人有优先购买权；其他合伙人未购买，又不同意将该财产份额转让给他人的，依照本法第五十一条的规定为该合伙人办理退伙结算，或者办理削减该合伙人相应财产份额的结算。

第五节 入伙、退伙

第四十三条 新合伙人入伙，除合伙协议另有约定外，应当经全体合伙人一致同意，并依法订立书面入伙协议。

订立入伙协议时，原合伙人应当向新合伙人如实告知原合伙企业的经营状况和财务状况。

第四十四条 入伙的新合伙人与原合伙人享有同等权利，承担同等责任。入伙协议另有约定的，从其约定。

新合伙人对入伙前合伙企业的债务承担无限连带责任。

第四十五条 合伙协议约定合伙期限的，在合伙企业存续期间，有下列情形之一的，合伙人可以退伙：

（一）合伙协议约定的退伙事由出现；

（二）经全体合伙人一致同意；

（三）发生合伙人难以继续参加合伙的事由；

（四）其他合伙人严重违反合伙协议约定的义务。

第四十六条 合伙协议未约定合伙期限的，合伙人在不给合伙企业事务执行造成不利影响的情况下，可以退伙，但应当提前三十日通知其他合伙人。

第四十七条 合伙人违反本法第四十五条、第四十六条的规定退伙的，应当赔偿由此给合伙企业造成的损失。

第四十八条 合伙人有下列情形之一的，当然退伙：

（一）作为合伙人的自然人死亡或者被依法宣告死亡；

（二）个人丧失偿债能力；

（三）作为合伙人的法人或者其他组织依法被吊销营业执照、责令关闭、撤销，或者被宣告破产；

（四）法律规定或者合伙协议约定合伙人必须具有相关资格而丧失该资格；

（五）合伙人在合伙企业中的全部财产份额被人民法院强制执行。

合伙人被依法认定为无民事行为能力人或者限制民事行为能力人的，经其他合伙人一致同意，可以依法转为有限合伙人，普通合伙企业依法转为有限合伙企业。其他合伙人未能一致同意的,该无民事行为能力或者限制民事行为能力的合伙人退伙。

退伙事由实际发生之日为退伙生效日。

第四十九条 合伙人有下列情形之一的,经其他合伙人一致同意,可以决议将其除名:

(一)未履行出资义务;

(二)因故意或者重大过失给合伙企业造成损失;

(三)执行合伙事务时有不正当行为;

(四)发生合伙协议约定的事由。

对合伙人的除名决议应当书面通知被除名人。被除名人接到除名通知之日,除名生效,被除名人退伙。

被除名人对除名决议有异议的,可以自接到除名通知之日起三十日内,向人民法院起诉。

第五十条 合伙人死亡或者被依法宣告死亡的,对该合伙人在合伙企业中的财产份额享有合法继承权的继承人,按照合伙协议的约定或者经全体合伙人一致同意,从继承开始之日起,取得该合伙企业的合伙人资格。

有下列情形之一的,合伙企业应当向合伙人的继承人退还被继承合伙人的财产份额:

(一)继承人不愿意成为合伙人;

(二)法律规定或者合伙协议约定合伙人必须具有相关资格,而该继承人未取得该资格;

(三)合伙协议约定不能成为合伙人的其他情形。

合伙人的继承人为无民事行为能力人或者限制民事行为能力人的,经全体合伙人一致同意,可以依法成为有限合伙人,普通合伙企业依法转为有限合伙企业。全体合伙人未能一致同意的,合伙企业应当将被继承合伙人的财产份额退还该继承人。

第五十一条 合伙人退伙,其他合伙人应当与该退伙人按照退伙时的合伙企业财产状况进行结算,退还退伙人的财产份额。退伙人对给合伙企业造成的损失负有赔偿责任的,相应扣减其应当赔偿的数额。

退伙时有未了结的合伙企业事务的,待该事务了结后进行结算。

第五十二条 退伙人在合伙企业中财产份额的退还办法,由合伙协议约定或者由全体合伙人决定,可以退还货币,也可以退还实物。

第五十三条 退伙人对基于其退伙前的原因发生的合伙企业债务,承担无限连带责任。

第五十四条 合伙人退伙时,合伙企业财产少于合伙企业债务的,退伙人应当依照本法第三十三条第一款的规定分担亏损。

第六节 特殊的普通合伙企业

第五十五条 以专业知识和专门技能为客户提供有偿服务的专业服务机构,可以设立为特殊的普通合伙企业。

特殊的普通合伙企业是指合伙人依照本法第五十七条的规定承担责任的普通合伙企业。

特殊的普通合伙企业适用本节规定;本节未作规定的,适用本章第一节至第五节的规定。

第五十六条 特殊的普通合伙企业名称中应当标明“特殊普通合伙”字样。

第五十七条 一个合伙人或者数个合伙人在执业活动中因故意或者重大过失造成合伙企业债务的,应当承担无限责任或者无限连带责任,其他合伙人以其在合伙企业中的财产份额为限承担责任。

合伙人在执业活动中非因故意或者重大过失造成的合伙企业债务以及合伙企业的其他债务,由全体合伙人承担无限连带责任。

第五十八条 合伙人执业活动中因故意或者重大过失造成的合伙企业债务,以合伙企业财产对外承担责任后,该合伙人应当按照合伙协议的约定对给合伙企业造成的损失承担赔偿责任。

第五十九条 特殊的普通合伙企业应当建立执业风险基金、办理职业保险。

执业风险基金用于偿付合伙人执业活动造成的债务。执业风险基金应当单独立户管理。具体管理办法由国务院规定。

第三章 有限合伙企业

第六十条 有限合伙企业及其合伙人适用本章规定;本章未作规定的,适用本法第二章第一节至第五节关于普通合伙企业及其合伙人的规定。

第六十一条 有限合伙企业由二个以上五

十个以下合伙人设立;但是,法律另有规定的除外。

有限合伙企业至少应当有一个普通合伙人。

第六十二条 有限合伙企业名称中应当标明“有限合伙”字样。

第六十三条 合伙协议除符合本法第十八条的规定外,还应当载明下列事项:

(一)普通合伙人和有限合伙人的姓名或者名称、住所;

(二)执行事务合伙人应具备的条件和选择程序;

(三)执行事务合伙人权限与违约处理办法;

(四)执行事务合伙人的除名条件和更换程序;

(五)有限合伙人入伙、退伙的条件、程序以及相关责任;

(六)有限合伙人和普通合伙人相互转变程序。

第六十四条 有限合伙人可以用货币、实物、知识产权、土地使用权或者其他财产权利作价出资。

有限合伙人不得以劳务出资。

第六十五条 有限合伙人应当按照合伙协议的约定按期足额缴纳出资;未按期足额缴纳的,应当承担补缴义务,并对其他合伙人承担违约责任。

第六十六条 有限合伙企业登记事项中应当载明有限合伙人的姓名或者名称及认缴的出资数额。

第六十七条 有限合伙企业由普通合伙人执行合伙事务。执行事务合伙人可以要求在合伙协议中确定执行事务的报酬及报酬提取方式。

第六十八条 有限合伙人不执行合伙事务,不得对外代表有限合伙企业。

有限合伙人的下列行为,不视为执行合伙事务:

(一)参与决定普通合伙人入伙、退伙;

(二)对企业的经营管理提出建议;

(三)参与选择承办有限合伙企业审计业务的会计师事务所;

(四)获取经审计的有限合伙企业财务会计报告;

(五)对涉及自身利益的情况,查阅有限合伙企业财务会计账簿等财务资料;

(六)在有限合伙企业中的利益受到侵害时,向有责任的合伙人主张权利或者提起诉讼;

(七)执行事务合伙人怠于行使权利时,督促其行使权利或者为了本企业的利益以自己的名义提起诉讼;

(八)依法为本企业提供担保。

第六十九条 有限合伙企业不得将全部利润分配给部分合伙人;但是,合伙协议另有约定的除外。

第七十条 有限合伙人可以同本有限合伙企业进行交易;但是,合伙协议另有约定的除外。

第七十一条 有限合伙人可以自营或者同他人合作经营与本有限合伙企业相竞争的业务;但是,合伙协议另有约定的除外。

第七十二条 有限合伙人可以将其在有限合伙企业中的财产份额出质;但是,合伙协议另有约定的除外。

第七十三条 有限合伙人可以按照合伙协议的约定向合伙人以外的人转让其在有限合伙企业中的财产份额,但应当提前三十日通知其他合伙人。

第七十四条 有限合伙人的自有财产不足清偿其与合伙企业无关的债务的,该合伙人可以以其从有限合伙企业中分取的收益用于清偿;债权人也可以依法请求人民法院强制执行该合伙人在有限合伙企业中的财产份额用于清偿。

人民法院强制执行有限合伙人的财产份额时,应当通知全体合伙人。在同等条件下,其他合伙人有优先购买权。

第七十五条 有限合伙企业仅剩有限合伙人的,应当解散;有限合伙企业仅剩普通合伙人的,转为普通合伙企业。

第七十六条 第三人有理由相信有限合伙人为普通合伙人并与其交易的,该有限合伙人对该笔交易承担与普通合伙人同样的责任。

有限合伙人未经授权以有限合伙企业名义与他人进行交易,给有限合伙企业或者其他合伙人造成损失的,该有限合伙人应当承担赔偿责任。

第七十七条 新入伙的有限合伙人对入伙

前有限合伙企业的债务，以其认缴的出资额为限承担责任。

第七十八条 有限合伙人有本法第四十八条第一款第一项、第三项至第五项所列情形之一的，当然退伙。

第七十九条 作为有限合伙人的自然人在有限合伙企业存续期间丧失民事行为能力的，其他合伙人不得因此要求其退伙。

第八十条 作为有限合伙人的自然人死亡、被依法宣告死亡或者作为有限合伙人的法人及其他组织终止时，其继承人或者权利承受人可以依法取得该有限合伙人在有限合伙企业中的资格。

第八十一条 有限合伙人退伙后，对基于其退伙前的原因发生的有限合伙企业债务，以其退伙时从有限合伙企业中取回的财产承担责任。

第八十二条 除合伙协议另有约定外，普通合伙人转变为有限合伙人，或者有限合伙人转变为普通合伙人，应当经全体合伙人一致同意。

第八十三条 有限合伙人转变为普通合伙人的，对其作为有限合伙人期间有限合伙企业发生的债务承担无限连带责任。

第八十四条 普通合伙人转变为有限合伙人的，对其作为普通合伙人期间合伙企业发生的债务承担无限连带责任。

第四章 合伙企业解散、清算

第八十五条 合伙企业有下列情形之一的，应当解散：

（一）合伙期限届满，合伙人决定不再经营；

（二）合伙协议约定的解散事由出现；

（三）全体合伙人决定解散；

（四）合伙人已不具备法定人数满三十天；

（五）合伙协议约定的合伙目的已经实现或者无法实现；

（六）依法被吊销营业执照、责令关闭或者被撤销；

（七）法律、行政法规规定的其他原因。

第八十六条 合伙企业解散，应当由清算人进行清算。

清算人由全体合伙人担任；经全体合伙人过半数同意，可以自合伙企业解散事由出现后十五日内指定一个或者数个合伙人，或者委托第三人，担任清算人。

自合伙企业解散事由出现之日起十五日内未确定清算人的，合伙人或者其他利害关系人可以申请人民法院指定清算人。

第八十七条 清算人在清算期间执行下列事务：

（一）清理合伙企业财产，分别编制资产负债表和财产清单；

（二）处理与清算有关的合伙企业未了结事务；

（三）清缴所欠税款；

（四）清理债权、债务；

（五）处理合伙企业清偿债务后的剩余财产；

（六）代表合伙企业参加诉讼或者仲裁活动。

第八十八条 清算人自被确定之日起十日内将合伙企业解散事项通知债权人，并于六十日内在报纸上公告。债权人应当自接到通知书之日起三十日内，未接到通知书的自公告之日起四十五日内，向清算人申报债权。

债权人申报债权，应当说明债权的有关事项，并提供证明材料。清算人应当对债权进行登记。

清算期间，合伙企业存续，但不得开展与清算无关的经营活动。

第八十九条 合伙企业财产在支付清算费用和职工工资、社会保险费用、法定补偿金以及缴纳所欠税款、清偿债务后的剩余财产，依照本法第三十三条第一款的规定进行分配。

第九十条 清算结束，清算人应当编制清算报告，经全体合伙人签名、盖章后，在十五日内向企业登记机关报送清算报告，申请办理合伙企业注销登记。

第九十一条 合伙企业注销后，原普通合伙人对合伙企业存续期间的债务仍应承担无限连带责任。

第九十二条 合伙企业不能清偿到期债务的，债权人可以依法向人民法院提出破产清算申请，也可以要求普通合伙人清偿。

合伙企业依法被宣告破产的，普通合伙人对合伙企业债务仍应承担无限连带责任。

第五章 法律责任

第九十三条 违反本法规定，提交虚假文件或者采取其他欺骗手段，取得合伙企业登记的，由企业登记机关责令改正，处以五千元以上五万元以下的罚款；情节严重的，撤销企业登记，并处以五万元以上二十万元以下的罚款。

第九十四条 违反本法规定，合伙企业未在其名称中标明"普通合伙"、"特殊普通合伙"或者"有限合伙"字样的，由企业登记机关责令限期改正，处以二千元以上一万元以下的罚款。

第九十五条 违反本法规定，未领取营业执照，而以合伙企业或者合伙企业分支机构名义从事合伙业务的，由企业登记机关责令停止，处以五千元以上五万元以下的罚款。

合伙企业登记事项发生变更时，未依照本法规定办理变更登记的，由企业登记机关责令限期登记；逾期不登记的，处以二千元以上二万元以下的罚款。

合伙企业登记事项发生变更，执行合伙事务的合伙人未按期申请办理变更登记的，应当赔偿由此给合伙企业、其他合伙人或者善意第三人造成的损失。

第九十六条 合伙人执行合伙事务，或者合伙企业从业人员利用职务上的便利，将应当归合伙企业的利益据为己有的，或者采取其他手段侵占合伙企业财产的，应当将该利益和财产退还合伙企业；给合伙企业或者其他合伙人造成损失的，依法承担赔偿责任。

第九十七条 合伙人对本法规定或者合伙协议约定必须经全体合伙人一致同意始得执行的事务擅自处理，给合伙企业或者其他合伙人造成损失的，依法承担赔偿责任。

第九十八条 不具有事务执行权的合伙人擅自执行合伙事务，给合伙企业或者其他合伙人造成损失的，依法承担赔偿责任。

第九十九条 合伙人违反本法规定或者合伙协议的约定，从事与本合伙企业相竞争的业务或者与本合伙企业进行交易的，该收益归合伙企业所有；给合伙企业或者其他合伙人造成损失的，依法承担赔偿责任。

第一百条 清算人未依照本法规定向企业登记机关报送清算报告，或者报送清算报告隐瞒重要事实，或者有重大遗漏的，由企业登记机关责令改正。由此产生的费用和损失，由清算人承担和赔偿。

第一百零一条 清算人执行清算事务，牟取非法收入或者侵占合伙企业财产的，应当将该收入和侵占的财产退还合伙企业；给合伙企业或者其他合伙人造成损失的，依法承担赔偿责任。

第一百零二条 清算人违反本法规定，隐匿、转移合伙企业财产，对资产负债表或者财产清单作虚假记载，或者在未清偿债务前分配财产，损害债权人利益的，依法承担赔偿责任。

第一百零三条 合伙人违反合伙协议的，应当依法承担违约责任。

合伙人履行合伙协议发生争议的，合伙人可以通过协商或者调解解决。不愿通过协商、调解解决或者协商、调解不成的，可以按照合伙协议约定的仲裁条款或者事后达成的书面仲裁协议，向仲裁机构申请仲裁。合伙协议中未订立仲裁条款，事后又没有达成书面仲裁协议的，可以向人民法院起诉。

第一百零四条 有关行政管理机关的工作人员违反本法规定，滥用职权、徇私舞弊、收受贿赂、侵害合伙企业合法权益的，依法给予行政处分。

第一百零五条 违反本法规定，构成犯罪的，依法追究刑事责任。

第一百零六条 违反本法规定，应当承担民事赔偿责任和缴纳罚款、罚金，其财产不足以同时支付的，先承担民事赔偿责任。

第六章 附 则

第一百零七条 非企业专业服务机构依据有关法律采取合伙制的，其合伙人承担责任的形式可以适用本法关于特殊的普通合伙企业合伙人承担责任的规定。

第一百零八条 外国企业或者个人在中国境内设立合伙企业的管理办法由国务院规定。

第一百零九条 本法自2007年6月1日起施行。

中华人民共和国个人独资企业法

（1999年8月30日第九届全国人民代表大会常务委员会第十一次会议通过 1999年8月30日中华人民共和国主席令第20号公布 自2000年1月1日起施行）

目 录

第一章 总 则

第一条 为了规范个人独资企业的行为，保护个人独资企业投资人和债权人的合法权益，维护社会经济秩序，促进社会主义市场经济的发展，根据宪法，制定本法。

第二条 本法所称个人独资企业，是指依照本法在中国境内设立，由一个自然人投资，财产为投资人个人所有，投资人以其个人财产对企业债务承担无限责任的经营实体。

第三条 个人独资企业以其主要办事机构所在地为住所。

第四条 个人独资企业从事经营活动必须遵守法律、行政法规，遵守诚实信用原则，不得损害社会公共利益。

个人独资企业应当依法履行纳税义务。

第五条 国家依法保护个人独资企业的财产和其他合法权益。

第六条 个人独资企业应当依法招用职工。职工的合法权益受法律保护。

个人独资企业职工依法建立工会，工会依法开展活动。

第七条 在个人独资企业中的中国共产党党员依照中国共产党章程进行活动。

第二章 个人独资企业的设立

第八条 设立个人独资企业应当具备下列条件：

（一）投资人为一个自然人；

（二）有合法的企业名称；

（三）有投资人申报的出资；

（四）有固定的生产经营场所和必要的生产经营条件；

（五）有必要的从业人员。

第九条 申请设立个人独资企业，应当由投资人或者其委托的代理人向个人独资企业所在地的登记机关提交设立申请书、投资人身份证明、生产经营场所使用证明等文件。委托代理人申请设立登记时，应当出具投资人的委托书和代理人的合法证明。

个人独资企业不得从事法律、行政法规禁止经营的业务；从事法律、行政法规规定须报经有关部门审批的业务，应当在申请设立登记时提交有关部门的批准文件。

第十条 个人独资企业设立申请书应当载明下列事项：

（一）企业的名称和住所；

（二）投资人的姓名和居所；

（三）投资人的出资额和出资方式；

（四）经营范围。

第十一条 个人独资企业的名称应当与其责任形式及从事的营业相符合。

第十二条 登记机关应当在收到设立申请文件之日起十五日内，对符合本法规定条件的，予以登记，发给营业执照；对不符合本法规定条件的，不予登记，并应当给予书面答复，说明理由。

第十三条 个人独资企业的营业执照的签发日期，为个人独资企业成立日期。

在领取个人独资企业营业执照前，投资人不得以个人独资企业名义从事经营活动。

第十四条 个人独资企业设立分支机构，应当由投资人或者其委托的代理人向分支机构所在地的登记机关申请登记，领取营业执照。

分支机构经核准登记后，应将登记情况报该分支机构隶属的个人独资企业的登记机关备案。

分支机构的民事责任由设立该分支机构的个人独资企业承担。

第十五条 个人独资企业存续期间登记事

项发生变更的，应当在作出变更决定之日起的十五日内依法向登记机关申请办理变更登记。

第三章 个人独资企业的投资人及事务管理

第十六条 法律、行政法规禁止从事营利性活动的人，不得作为投资人申请设立个人独资企业。

第十七条 个人独资企业投资人对本企业的财产依法享有所有权，其有关权利可以依法进行转让或继承。

第十八条 个人独资企业投资人在申请企业设立登记时明确以其家庭共有财产作为个人出资的，应当依法以家庭共有财产对企业债务承担无限责任。

第十九条 个人独资企业投资人可以自行管理企业事务，也可以委托或者聘用其他具有民事行为能力的人负责企业的事务管理。

投资人委托或者聘用他人管理个人独资企业事务，应当与受托人或者被聘用的人签订书面合同，明确委托的具体内容和授予的权利范围。

受托人或者被聘用的人员应当履行诚信、勤勉义务，按照与投资人签订的合同负责个人独资企业的事务管理。

投资人对受托人或者被聘用的人员职权的限制，不得对抗善意第三人。

第二十条 投资人委托或者聘用的管理个人独资企业事务的人员不得有下列行为：

（一）利用职务上的便利，索取或者收受贿赂；

（二）利用职务或者工作上的便利侵占企业财产；

（三）挪用企业的资金归个人使用或者借贷给他人；

（四）擅自将企业资金以个人名义或者以他人名义开立账户储存；

（五）擅自以企业财产提供担保；

（六）未经投资人同意，从事与本企业相竞争的业务；

（七）未经投资人同意，同本企业订立合同或者进行交易；

（八）未经投资人同意，擅自将企业商标或者其他知识产权转让给他人使用；

（九）泄露本企业的商业秘密；

（十）法律、行政法规禁止的其他行为。

第二十一条 个人独资企业应当依法设置会计账簿，进行会计核算。

第二十二条 个人独资企业招用职工的，应当依法与职工签订劳动合同，保障职工的劳动安全，按时、足额发放职工工资。

第二十三条 个人独资企业应当按照国家规定参加社会保险，为职工缴纳社会保险费。

第二十四条 个人独资企业可以依法申请贷款、取得土地使用权，并享有法律、行政法规规定的其他权利。

第二十五条 任何单位和个人不得违反法律、行政法规的规定，以任何方式强制个人独资企业提供财力、物力、人力；对于违法强制提供财力、物力、人力的行为，个人独资企业有权拒绝。

第四章 个人独资企业的解散和清算

第二十六条 个人独资企业有下列情形之一时，应当解散：

（一）投资人决定解散；

（二）投资人死亡或者被宣告死亡，无继承人或者继承人决定放弃继承；

（三）被依法吊销营业执照；

（四）法律、行政法规规定的其他情形。

第二十七条 个人独资企业解散，由投资人自行清算或者由债权人申请人民法院指定清算人进行清算。

投资人自行清算的，应当在清算前十五日内书面通知债权人，无法通知的，应当予以公告。债权人应当在接到通知之日起三十日内，未接到通知的应当在公告之日起六十日内，向投资人申报其债权。

第二十八条 个人独资企业解散后，原投资人对个人独资企业存续期间的债务仍应承担偿还责任，但债权人在五年内未向债务人提出偿债请求的，该责任消灭。

第二十九条 个人独资企业解散的，财产应当按照下列顺序清偿：

（一）所欠职工工资和社会保险费用；

（二）所欠税款；

（三）其他债务。

第三十条 清算期间，个人独资企业不得开展与清算目的无关的经营活动。在按前条规定清偿债务前，投资人不得转移、隐匿财产。

第三十一条 个人独资企业财产不足以清偿债务的，投资人应当以其个人的其他财产予以清偿。

第三十二条 个人独资企业清算结束后，投资人或者人民法院指定的清算人应当编制清算报告，并于十五日内到登记机关办理注销登记。

第五章 法律责任

第三十三条 违反本法规定，提交虚假文件或采取其他欺骗手段，取得企业登记的，责令改正，处以五千元以下的罚款；情节严重的，并处吊销营业执照。

第三十四条 违反本法规定，个人独资企业使用的名称与其在登记机关登记的名称不相符合的，责令限期改正，处以二千元以下的罚款。

第三十五条 涂改、出租、转让营业执照的，责令改正，没收违法所得，处以三千元以下的罚款；情节严重的，吊销营业执照。

伪造营业执照的，责令停业，没收违法所得，处以五千元以下的罚款。构成犯罪的，依法追究刑事责任。

第三十六条 个人独资企业成立后无正当理由超过六个月未开业的，或者开业后自行停业连续六个月以上的，吊销营业执照。

第三十七条 违反本法规定，未领取营业执照，以个人独资企业名义从事经营活动的，责令停止经营活动，处以三千元以下的罚款。

个人独资企业登记事项发生变更时，未按本法规定办理有关变更登记的，责令限期办理变更登记；逾期不办理的，处以二千元以下的罚款。

第三十八条 投资人委托或者聘用的人员管理个人独资企业事务时违反双方订立的合同，给投资人造成损害的，承担民事赔偿责任。

第三十九条 个人独资企业违反本法规定，侵犯职工合法权益，未保障职工劳动安全，不缴纳社会保险费用的，按照有关法律、行政法规予以处罚，并追究有关责任人员的责任。

第四十条 投资人委托或者聘用的人员违反本法第二十条规定，侵犯个人独资企业财产权益的，责令退还侵占的财产；给企业造成损失的，依法承担赔偿责任；有违法所得的，没收违法所得；构成犯罪的，依法追究刑事责任。

第四十一条 违反法律、行政法规的规定强制个人独资企业提供财力、物力、人力的，按照有关法律、行政法规予以处罚，并追究有关责任人员的责任。

第四十二条 个人独资企业及其投资人在清算前或清算期间隐匿或转移财产，逃避债务的，依法追回其财产，并按照有关规定予以处罚；构成犯罪的，依法追究刑事责任。

第四十三条 投资人违反本法规定，应当承担民事赔偿责任和缴纳罚款、罚金，其财产不足以支付的，或者被判处没收财产的，应当先承担民事赔偿责任。

第四十四条 登记机关对不符合本法规定条件的个人独资企业予以登记，或者对符合本法规定条件的企业不予登记的，对直接责任人员依法给予行政处分；构成犯罪的，依法追究刑事责任。

第四十五条 登记机关的上级部门的有关主管人员强令登记机关对不符合本法规定条件的企业予以登记，或者对符合本法规定条件的企业不予登记的，或者对登记机关的违法登记行为进行包庇的，对直接责任人员依法给予行政处分；构成犯罪的，依法追究刑事责任。

第四十六条 登记机关对符合法定条件的申请不予登记或者超过法定时限不予答复的，当事人可依法申请行政复议或提起行政诉讼。

第六章 附　　则

第四十七条 外商独资企业不适用本法。

第四十八条 本法自2000年1月1日起施行。

中华人民共和国中外合资经营企业法①

(1979年7月1日第五届全国人民代表大会第二次会议通过 1979年7月8日公布 自公布之日起施行)

第一条 中华人民共和国为了扩大国际经济合作和技术交流,允许外国公司、企业和其它经济组织或个人(以下简称外国合营者),按照平等互利的原则,经中国政府批准,在中华人民共和国境内,同中国的公司、企业或其它经济组织(以下简称中国合营者)共同举办合营企业。

第二条 中国政府依法保护外国合营者按照经中国政府批准的协议、合同、章程在合营企业的投资、应分得的利润和其他合法权益。

合营企业的一切活动应遵守中华人民共和国法律、法令和有关条例规定。

第三条 合营各方签订的合营协议、合同、章程,应报中华人民共和国外国投资管理委员会,该委员会应在三个月内决定批准或不批准。合营企业经批准后,向中华人民共和国工商行政管理总局登记,领取营业执照,开始营业。

第四条 合营企业的形式为有限责任公司。

在合营企业的注册资本中,外国合营者的投资比例一般不低于百分之二十五。

合营各方按注册资本比例分享利润和分担风险及亏损。

合营者的注册资本如果转让必须经合营各方同意。

第五条 合营企业各方可以现金、实物、工业产权等进行投资。

外国合营者作为投资的技术和设备,必须确实是适合我国需要的先进技术和设备。如果有意以落后的技术和设备进行欺骗,造成损失的,应赔偿损失。

中国合营者的投资可包括为合营企业经营期间提供的场地使用权。如果场地使用权未作为中国合营者投资的一部分,合营企业应向中国政府缴纳使用费。

上述各项投资应在合营企业的合同和章程中加以规定,其价格(场地除外)由合营各方评议商定。

第六条 合营企业设董事会,其人数组成由合营各方协商,在合同、章程中确定,并由合营各方委派和撤换。董事会设董事长一人,由中国合营者担任;副董事长一人或二人,由外国合营者担任。董事会处理重大问题,由合营各方根据平等互利原则协商决定。

董事会的职权是按合营企业章程规定,讨论决定合营企业的一切重大问题:企业发展规划、生产经营活动方案、收支预算、利润分配、劳动工资计划、停业,以及总经理、副总经理、总工程师、总会计师、审计师的任命或聘请及其职权和待遇等。

正副总经理(或正副厂长)由合营各方分别担任。

合营企业职工的雇用、解雇,依法由合营各方的协议、合同规定。

第七条 合营企业获得的毛利润,按中华人民共和国税法规定缴纳合营企业所得税后,扣除合营企业章程规定的储备基金、职工奖励及福利基金、企业发展基金,净利润根据合营各方注册资本的比例进行分配。

具有世界先进技术水平的合营企业开始获利的头两年至三年可申请减免所得税。

外国合营者将分得的净利润用于在中国境内再投资时,可申请退还已缴纳的部分所得税。

第八条 合营企业应在中国银行或者经中国银行同意的银行开户。

合营企业的有关外汇事宜,应遵照中华人民共和国外汇管理条例办理。

合营企业在其经营活动中,可直接向外国银行筹措资金。

合营企业的各项保险应向中国的保险公司投保。

第九条 合营企业生产经营计划,应报主管部门备案,并通过经济合同方式执行。

合营企业所需原材料、燃料、配套件等,应尽先在中国购买,也可由合营企业自筹外汇,直接在国际市场上购买。

---

① 编者注:已废止。

鼓励合营企业向中国境外销售产品。出口产品可由合营企业直接或与其有关的委托机构向国外市场出售,也可通过中国的外贸机构出售。合营企业产品也可在中国市场销售。

合营企业需要时可在中国境外设立分支机构。

第十条 外国合营者在履行法律和协议、合同规定的义务后分得的净利润,在合营企业期满或者中止时所分得的资金以及其它资金,可按合营企业合同规定的货币,通过中国银行按外汇管理条例汇往国外。

鼓励外国合营者将可汇出的外汇存入中国银行。

第十一条 合营企业的外籍职工的工资收入和其它正当收入,按中华人民共和国税法缴纳个人所得税后,可通过中国银行按外汇管理条例汇往国外。

第十二条 合营企业合同期限,可按不同行业、不同情况,由合营各方商定。合营企业合同期满后,如各方同意并报请中华人民共和国外国投资管理委员会批准,可延长期限。延长合同期限的申请,应在合同期满六个月前提出。

第十三条 合营企业合同期满前,如发生严重亏损、一方不履行合同和章程规定的义务、不可抗力等,经合营各方协商同意,报请中华人民共和国外国投资管理委员会批准,并向工商行政管理总局登记,可提前终止合同。如果因违反合同而造成损失的,应由违反合同的一方承担经济责任。

第十四条 合营各方发生纠纷,董事会不能协商解决时,由中国仲裁机构进行调解或仲裁,也可由合营各方协议在其它仲裁机构仲裁。

第十五条 本法自公布之日起生效。本法修改权属于全国人民代表大会。

全国人民代表大会常务委员会关于修改《中华人民共和国中外合资经营企业法》的决定

(1990年4月4日第七届全国人民代表大会第三次会议通过 1990年4月4日中华人民共和国主席令第27号公布 自公布之日起施行)

第七届全国人民代表大会第三次会议审议了国务院关于《中华人民共和国中外合资经营企业法修正案(草案)》的议案,决定对《中华人民共和国中外合资经营企业法》作如下修改:

一、第二条增加一款,作为第三款:“国家对合营企业不实行国有化和征收;在特殊情况下,根据社会公共利益的需要,对合营企业可以依照法律程序实行征收,并给予相应的补偿。”

二、第三条修改为:“合营各方签订的合营协议、合同、章程,应报国家对外经济贸易主管部门(以下称审查批准机关)审查批准。审查批准机关应在三个月内决定批准或不批准。合营企业经批准后,向国家工商行政管理主管部门登记,领取营业执照,开始营业。”

三、第六条第一款修改为:“合营企业设董事会,其人数组成由合营各方协商,在合同、章程中确定,并由合营各方委派和撤换。董事长和副董事长由合营各方协商确定或由董事会选举产生。中外合营者的一方担任董事长的,由他方担任副董事长。董事会根据平等互利的原则,决定合营企业的重大问题。”

四、第七条第二款修改为:“合营企业依照国家有关税收的法律和行政法规的规定,可以享受减税、免税的优惠待遇。”

五、第八条第一款修改为:“合营企业应凭营业执照在国家外汇管理机关允许经营外汇业务的银行或其他金融机构开立外汇帐户。”

第十条第一款修改为:“外国合营者在履行法律和协议、合同规定的义务后分得的净利润,在合营企业期满或者中止时所分得的资金以及其它资金,可按合营企业合同规定的货币,按外汇管理条例汇往国外。”

第十一条修改为:“合营企业的外籍职工的工资收入和其它正当收入,按中华人民共和国税法缴纳个人所得税后,可按外汇管理条例汇往国外。”

六、第十二条修改为:“合营企业的合营期限,按不同行业、不同情况,作不同的约定。有的行业的合营企业,应当约定合营期限;有的行业的合营企业,可以约定合营期限,也可以不约定合营期限。约定合营期限的合营企业,合营各方同意延长合营期限的,应在距合营期满六个月前向审查批准机关提出申请。审查批准机关应自接到申请之日起一个月内决定批准或不批准。”

七、第十三条修改为：“合营企业如发生严重亏损、一方不履行合同和章程规定的义务、不可抗力等，经合营各方协商同意，报请审查批准机关批准，并向国家工商行政管理主管部门登记，可终止合同。如果因违反合同而造成损失的，应由违反合同的一方承担经济责任。”

本决定自公布之日起施行。

《中华人民共和国中外合资经营企业法》根据本决定作相应的修正，重新公布。

全国人民代表大会关于修改《中华人民共和国中外合资经营企业法》的决定①

（2001年3月15日第九届全国人民代表大会第四次会议通过　2001年3月15日中华人民共和国主席令第48号公布　自公布之日起施行）

第九届全国人民代表大会第四次会议决定对《中华人民共和国中外合资经营企业法》作如下修改：

一、将第二条第二款修改为：“合营企业的一切活动应遵守中华人民共和国法律、法规的规定。”

二、将第六条第四款修改为：“合营企业职工的录用、辞退、报酬、福利、劳动保护、劳动保险等事项，应当依法通过订立合同加以规定。”

三、增加一条，作为第七条：“合营企业的职工依法建立工会组织，开展工会活动，维护职工的合法权益。”

“合营企业应当为本企业工会提供必要的活动条件。”

四、将第八条改为第九条，第四款修改为：“合营企业的各项保险应向中国境内的保险公司投保。”

五、删去第九条第一款。

六、将第九条改为第十条，原第九条第二款改为第十条第一款，修改为：“合营企业在批准的经营范围内所需的原材料、燃料等物资，按照公平、合理的原则，可以在国内市场或者在国际市场购买。”

七、将第十四条改为第十五条，增加一款，作为第二款：“合营各方没有在合同中订有仲裁条款的或者事后没有达成书面仲裁协议的，可以向人民法院起诉。”

八、删去第十五条中“本法修改权属于全国人民代表大会”的规定。

此外，根据本决定对部分条文的顺序作相应调整。

本决定自公布之日起施行。

《中华人民共和国中外合资经营企业法》根据本决定作相应的修改，重新公布。

中华人民共和国中外合资经营企业法②

（1979年7月1日第五届全国人民代表大会第二次会议通过　根据1990年4月4日第七届全国人民代表大会第三次会议《关于修改〈中华人民共和国中外合资经营企业法〉的决定》修正　根据2001年3月15日第九届全国人民代表大会第四次会议《关于修改〈中华人民共和国中外合资经营企业法〉的决定》第二次修正）

第一条　中华人民共和国为了扩大国际经济合作和技术交流，允许外国公司、企业和其他经济组织或个人（以下简称外国合营者），按照平等互利的原则，经中国政府批准，在中华人民共和国境内，同中国的公司、企业或其他经济组织（以下简称中国合营者）共同举办合营企业。

第二条　中国政府依法保护外国合营者按照经中国政府批准的协议、合同、章程在合营企业的投资、应分得的利润和其他合法权益。

合营企业的一切活动应遵守中华人民共和国法律、法规的规定。

国家对合营企业不实行国有化和征收；在特殊情况下，根据社会公共利益的需要，对合营企业可以依照法律程序实行征收，并给予相应的补偿。

---

① 编者注：已废止。

② 编者注：已废止。

第三条　合营各方签订的合营协议、合同、章程，应报国家对外经济贸易主管部门(以下称审查批准机关)审查批准。审查批准机关应在3个月内决定批准或不批准。合营企业经批准后，向国家工商行政管理主管部门登记，领取营业执照，开始营业。

第四条　合营企业的形式为有限责任公司。

在合营企业的注册资本中，外国合营者的投资比例一般不低于25%。

合营各方按注册资本比例分享利润和分担风险及亏损。

合营者的注册资本如果转让必须经合营各方同意。

第五条　合营企业各方可以现金、实物、工业产权等进行投资。

外国合营者作为投资的技术和设备，必须确实是适合我国需要的先进技术和设备。如果有意以落后的技术和设备进行欺骗，造成损失的，应赔偿损失。

中国合营者的投资可包括为合营企业经营期间提供的场地使用权。如果场地使用权未作为中国合营者投资的一部分，合营企业应向中国政府缴纳使用费。

上述各项投资应在合营企业的合同和章程中加以规定，其价格(场地除外)由合营各方评议商定。

第六条　合营企业设董事会，其人数组成由合营各方协商，在合同、章程中确定，并由合营各方委派和撤换。董事长和副董事长由合营各方协商确定或由董事会选举产生。中外合营者的一方担任董事长的，由他方担任副董事长。董事会根据平等互利的原则，决定合营企业的重大问题。

董事会的职权是按合营企业章程规定，讨论决定合营企业的一切重大问题：企业发展规划、生产经营活动方案、收支预算、利润分配、劳动工资计划、停业，以及总经理、副总经理、总工程师、总会计师、审计师的任命或聘请及其职权和待遇等。

正副总经理(或正副厂长)由合营各方分别担任。

合营企业职工的录用、辞退、报酬、福利、劳动保护、劳动保险等事项，应当依法通过订立合同加以规定。

第七条　合营企业的职工依法建立工会组织，开展工会活动，维护职工的合法权益。

合营企业应当为本企业工会提供必要的活动条件。

第八条　合营企业获得的毛利润，按中华人民共和国税法规定缴纳合营企业所得税后，扣除合营企业章程规定的储备基金、职工奖励及福利基金、企业发展基金，净利润根据合营各方注册资本的比例进行分配。

合营企业依照国家有关税收的法律和行政法规的规定，可以享受减税、免税的优惠待遇。

外国合营者将分得的净利润用于在中国境内再投资时，可申请退还已缴纳的部分所得税。

第九条　合营企业应凭营业执照在国家外汇管理机关允许经营外汇业务的银行或其他金融机构开立外汇账户。

合营企业的有关外汇事宜，应遵照中华人民共和国外汇管理条例办理。

合营企业在其经营活动中，可直接向外国银行筹措资金。

合营企业的各项保险应向中国境内的保险公司投保。

第十条　合营企业在批准的经营范围内所需的原材料、燃料等物资，按照公平、合理的原则，可以在国内市场或者在国际市场上购买。

鼓励合营企业向中国境外销售产品。出口产品可由合营企业直接或与其有关的委托机构向国外市场出售，也可通过中国的外贸机构出售。合营企业产品也可在中国市场销售。

合营企业需要时可在中国境外设立分支机构。

第十一条　外国合营者在履行法律和协议、合同规定的义务后分得的净利润，在合营企业期满或者中止时所分得的资金以及其他资金，可按合营企业合同规定的货币，按外汇管理条例汇往国外。

鼓励外国合营者将可汇出的外汇存入中国银行。

第十二条　合营企业的外籍职工的工资收入和其他正当收入，按中华人民共和国税法缴纳个人所得税后,可按外汇管理条例汇往国外。

第十三条 合营企业的合营期限,按不同行业、不同情况,作不同的约定。有的行业的合营企业,应当约定合营期限;有的行业的合营企业,可以约定合营期限,也可以不约定合营期限。约定合营期限的合营企业,合营各方同意延长合营期限的,应在距合营期满6个月前向审查批准机关提出申请。审查批准机关应自接到申请之日起1个月内决定批准或不批准。

第十四条 合营企业如发生严重亏损、一方不履行合同和章程规定的义务、不可抗力等,经合营各方协商同意,报请审查批准机关批准,并向国家工商行政管理主管部门登记,可终止合同。如果因违反合同而造成损失的,应由违反合同的一方承担经济责任。

第十五条 合营各方发生纠纷,董事会不能协商解决时,由中国仲裁机构进行调解或仲裁,也可由合营各方协议在其他仲裁机构仲裁。

合营各方没有在合同中订有仲裁条款的或者事后没有达成书面仲裁协议的,可以向人民法院起诉。

第十六条 本法自公布之日起生效。

全国人民代表大会常务委员会关于修改《中华人民共和国外资企业法》等四部法律的决定(节录)①

(2016年9月3日第十二届全国人民代表大会常务委员会第二十二次会议通过 2016年9月3日中华人民共和国主席令第51号公布 自2016年10月1日起施行)

第十二届全国人民代表大会常务委员会第二十二次会议决定:

……

二、对《中华人民共和国中外合资经营企业法》作出修改

增加一条,作为第十五条:"举办合营企业不涉及国家规定实施准入特别管理措施的,对本法第三条、第十三条、第十四条规定的审批事项,适用备案管理。国家规定的准入特别管理措施由国务院发布或者批准发布。"

……

本决定自2016年10月1日起施行。自本决定施行之日起,2013年8月30日第十二届全国人民代表大会常务委员会第四次会议通过的《全国人民代表大会常务委员会关于授权国务院在中国(上海)自由贸易试验区暂时调整有关法律规定的行政审批的决定》、2014年12月28日第十二届全国人民代表大会常务委员会第十二次会议通过的《全国人民代表大会常务委员会关于授权国务院在中国(广东)自由贸易试验区、中国(天津)自由贸易试验区、中国(福建)自由贸易试验区以及中国(上海)自由贸易试验区扩展区域暂时调整有关法律规定的行政审批的决定》的效力相应终止。

《中华人民共和国外资企业法》、《中华人民共和国中外合资经营企业法》、《中华人民共和国中外合作经营企业法》、《中华人民共和国台湾同胞投资保护法》根据本决定作相应修改,重新公布。

中华人民共和国中外合资经营企业法②

(1979年7月1日第五届全国人民代表大会第二次会议通过 根据1990年4月4日第七届全国人民代表大会第三次会议《关于修改〈中华人民共和国中外合资经营企业法〉的决定》第一次修正 根据2001年3月15日第九届全国人民代表大会第四次会议《关于修改〈中华人民共和国中外合资经营企业法〉的决定》第二次修正 根据2016年9月3日第十二届全国人民代表大会常务委员会第二十二次会议《关于修改〈中华人民共和国外资企业法〉等四部法律的决定》第三次修正)

第一条 中华人民共和国为了扩大国际经济合作和技术交流,允许外国公司、企业和其他经济组织或个人(以下简称外国合营者),按照平等互利的原则,经中国政府批准,在中华人民共

① 编者注:部分废止。

② 编者注:已废止。

和国境内,同中国的公司、企业或其他经济组织(以下简称中国合营者)共同举办合营企业。

第二条　中国政府依法保护外国合营者按照经中国政府批准的协议、合同、章程在合营企业的投资、应分得的利润和其他合法权益。

合营企业的一切活动应遵守中华人民共和国法律、法规的规定。

国家对合营企业不实行国有化和征收;在特殊情况下,根据社会公共利益的需要,对合营企业可以依照法律程序实行征收,并给予相应的补偿。

第三条　合营各方签订的合营协议、合同、章程,应报国家对外经济贸易主管部门(以下称审查批准机关)审查批准。审查批准机关应在三个月内决定批准或不批准。合营企业经批准后,向国家工商行政管理主管部门登记,领取营业执照,开始营业。

第四条　合营企业的形式为有限责任公司。

在合营企业的注册资本中,外国合营者的投资比例一般不低于百分之二十五。

合营各方按注册资本比例分享利润和分担风险及亏损。

合营者的注册资本如果转让必须经合营各方同意。

第五条　合营企业各方可以现金、实物、工业产权等进行投资。

外国合营者作为投资的技术和设备,必须确实是适合我国需要的先进技术和设备。如果有意以落后的技术和设备进行欺骗,造成损失的,应赔偿损失。

中国合营者的投资可包括为合营企业经营期间提供的场地使用权。如果场地使用权未作为中国合营者投资的一部分,合营企业应向中国政府缴纳使用费。

上述各项投资应在合营企业的合同和章程中加以规定,其价格(场地除外)由合营各方评议商定。

第六条　合营企业设董事会,其人数组成由合营各方协商,在合同、章程中确定,并由合营各方委派和撤换。董事长和副董事长由合营各方协商确定或由董事会选举产生。中外合营者的一方担任董事长的,由他方担任副董事长。董事会根据平等互利的原则,决定合营企业的重大问题。

董事会的职权是按合营企业章程规定,讨论决定合营企业的一切重大问题:企业发展规划、生产经营活动方案、收支预算、利润分配、劳动工资计划、停业,以及总经理、副总经理、总工程师、总会计师、审计师的任命或聘请及其职权和待遇等。

正副总经理(或正副厂长)由合营各方分别担任。

合营企业职工的录用、辞退、报酬、福利、劳动保护、劳动保险等事项,应当依法通过订立合同加以规定。

第七条　合营企业的职工依法建立工会组织,开展工会活动,维护职工的合法权益。

合营企业应当为本企业工会提供必要的活动条件。

第八条　合营企业获得的毛利润,按中华人民共和国税法规定缴纳合营企业所得税后,扣除合营企业章程规定的储备基金、职工奖励及福利基金、企业发展基金,净利润根据合营各方注册资本的比例进行分配。

合营企业依照国家有关税收的法律和行政法规的规定,可以享受减税、免税的优惠待遇。

外国合营者将分得的净利润用于在中国境内再投资时,可申请退还已缴纳的部分所得税。

第九条　合营企业应凭营业执照在国家外汇管理机关允许经营外汇业务的银行或其他金融机构开立外汇账户。

合营企业的有关外汇事宜,应遵照中华人民共和国外汇管理条例办理。

合营企业在其经营活动中,可直接向外国银行筹措资金。

合营企业的各项保险应向中国境内的保险公司投保。

第十条　合营企业在批准的经营范围内所需的原材料、燃料等物资,按照公平、合理的原则,可以在国内市场或者在国际市场购买。

鼓励合营企业向中国境外销售产品。出口产品可由合营企业直接或与其有关的委托机构向国外市场出售,也可通过中国的外贸机构出售。合营企业产品也可在中国市场销售。

合营企业需要时可在中国境外设立分支机构。

第十一条 外国合营者在履行法律和协议、合同规定的义务后分得的净利润，在合营企业期满或者中止时所分得的资金以及其他资金，可按合营企业合同规定的货币，按外汇管理条例汇往国外。

鼓励外国合营者将可汇出的外汇存入中国银行。

第十二条 合营企业的外籍职工的工资收入和其他正当收入，按中华人民共和国税法缴纳个人所得税后，可按外汇管理条例汇往国外。

第十三条 合营企业的合营期限，按不同行业、不同情况，作不同的约定。有的行业的合营企业，应当约定合营期限；有的行业的合营企业，可以约定合营期限，也可以不约定合营期限。约定合营期限的合营企业，合营各方同意延长合营期限的，应在距合营期满六个月前向审查批准机关提出申请。审查批准机关应自接到申请之日起一个月内决定批准或不批准。

第十四条 合营企业如发生严重亏损、一方不履行合同和章程规定的义务、不可抗力等，经合营各方协商同意，报请审查批准机关批准，并向国家工商行政管理主管部门登记，可终止合同。如果因违反合同而造成损失的，应由违反合同的一方承担经济责任。

第十五条 举办合营企业不涉及国家规定实施准入特别管理措施的，对本法第三条、第十三条、第十四条规定的审批事项，适用备案管理。国家规定的准入特别管理措施由国务院发布或者批准发布。

第十六条 合营各方发生纠纷，董事会不能协商解决时，由中国仲裁机构进行调解或仲裁，也可由合营各方协议在其他仲裁机构仲裁。

合营各方没有在合同中订有仲裁条款的或者事后没有达成书面仲裁协议的，可以向人民法院起诉。

第十七条 本法自公布之日起生效。

中华人民共和国中外合资经营企业法实施条例①

（1983年9月20日国务院通过国发〔1983〕148号文件公布　自公布之日起施行）

第一章　总　　则

第一条 为了便于《中华人民共和国中外合资经营企业法》（以下简称《中外合资经营企业法》）的顺利实施，特制定本条例。

第二条 依照《中外合资经营企业法》批准在中国境内设立的中外合资经营企业（以下简称合营企业）是中国的法人，受中国法律的管辖和保护。

第三条 在中国境内设立的合营企业，应能促进中国经济的发展和科学技术水平的提高，有利于社会主义现代化建设。允许设立合营企业的主要行业是：

（一）能源开发，建筑材料工业，化学工业，冶金工业；

（二）机械制造工业，仪器仪表工业，海上石油开采设备的制造业；

（三）电子工业，计算机工业，通讯设备的制造业；

（四）轻工业，纺织工业，食品工业，医药和医疗器械工业，包装工业；

（五）农业，牧业，养殖业；

（六）旅游和服务业。

第四条 申请设立的合营企业应注重经济效益，符合下列一项或数项要求：

（一）采用先进技术设备和科学管理方法，能增加产品品种，提高产品质量和产量，节约能源和材料；

（二）有利于企业技术改造，能做到投资少、见效快、收益大；

（三）能扩大产品出口，增加外汇收入；

（四）能培训技术人员和经营管理人员。

第五条 申请设立合营企业有下列情况之

① 编者注：已废止。

一的,不予批准:

(一)有损中国主权的;

(二)违反中国法律的;

(三)不符合中国国民经济发展要求的;

(四)造成环境污染的;

(五)签订的协议、合同、章程显属不公平,损害合营一方权益的。

第六条　除另有规定外,中国合营者的政府主管部门就是合营企业的主管部门(以下简称企业主管部门)。如合营企业有两个或两个以上的中国合营者并隶属于不同的部门或地区时,应由有关部门和地区协商确定一个企业主管部门。

企业主管部门对合营企业负指导、帮助和监督的责任。

第七条　在中国法律、法规和合营企业协议、合同、章程规定的范围内,合营企业有权自主地进行经营管理。各有关部门应给予支持和帮助。

第二章　设立与登记

第八条　在中国境内设立合营企业,必须经中华人民共和国对外经济贸易部(以下简称对外经济贸易部)审查批准。批准后,由对外经济贸易部发给批准证书。

凡具备下列条件的,对外经济贸易部得委托有关的省、自治区、直辖市人民政府或国务院有关部、局(以下简称受托机构)审批:

(一)投资总额在国务院规定的金额内,中国合营者的资金来源已落实的;

(二)不需要国家增拨原材料,不影响燃料、动力、交通运输、外贸出口配额等的全国平衡的。

受托机构批准设立合营企业后,应报对外经济贸易部备案,并由对外经济贸易部发给批准证书。

(对外经济贸易部和受托机构,以下统称为审批机构。)

第九条　设立合营企业按下列程序办理:

(一)由中国合营者向企业主管部门呈报拟与外国合营者设立合营企业的项目建议书和初步可行性研究报告。该建议书与初步可行性研究报告,经企业主管部门审查同意并转报审批机构批准后,合营各方才能进行以可行性研究为中心的各项工作,在此基础上商签合营企业协议、合同、章程。

(二)申请设立合营企业,由中国合营者负责向审批机构报送下列正式文件:

(1)设立合营企业的申请书;

(2)合营各方共同编制的可行性研究报告;

(3)由合营各方授权代表签署的合营企业协议、合同和章程;

(4)由合营各方委派的合营企业董事长、副董事长、董事人选名单;

(5)中国合营者的企业主管部门和合营企业所在地的省、自治区、直辖市人民政府对设立该合营企业签署的意见。

上列各项文件必须用中文书写,其中(2)、(3)、(4)项文件可同时用合营各方商定的一种外文书写。两种文字书写的文件具有同等效力。

第十条　审批机构自接到本条例第九条第(二)项规定的全部文件之日起,三个月内决定批准或不批准。审批机构如发现前述文件有不当之处,应要求限期修改,否则不予批准。

第十一条　申请者应在收到批准证书后一个月内,按《中华人民共和国中外合资经营企业登记管理办法》的规定,凭批准证书向合营企业所在地的省、自治区、直辖市工商行政管理局(以下简称登记管理机构)办理登记手续。合营企业的营业执照签发日期,即为该合营企业的成立日期。

第十二条　外国投资者有意在中国设立合营企业,但无中国方面具体合作对象的,可提出合营项目的初步方案,委托中国国际信托投资公司或有关省、自治区、直辖市的信托投资机构和有关政府部门、民间组织介绍合作对象。

第十三条　本章所述的合营企业协议,是指合营各方对设立合营企业的某些要点和原则达成一致意见而订立的文件。

合营企业合同,是指合营各方为设立合营企业就相互权利、义务关系达成一致意见而订立的文件。

合营企业章程,是按照合营企业合同规定的原则,经合营各方一致同意,规定合营企业的宗旨、组织原则和经营管理方法等事项的文件。

合营企业协议与合营企业合同有抵触时,以合营企业合同为准。

经合营各方同意,也可以不订立合营企业协议而只订立合营企业合同、章程。

第十四条 合营企业合同应包括下列主要内容:

(一)合营各方的名称、注册国家、法定地址和法定代表的姓名、职务、国籍;

(二)合营企业名称、法定地址、宗旨、经营范围和规模;

(三)合营企业的投资总额,注册资本,合营各方的出资额、出资比例、出资方式、出资的缴付期限以及出资额欠缴、转让的规定;

(四)合营各方利润分配和亏损分担的比例;

(五)合营企业董事会的组成、董事名额的分配以及总经理、副总经理及其他高级管理人员的职责、权限和聘用办法;

(六)采用的主要生产设备、生产技术及其来源;

(七)原材料购买和产品销售方式,产品在中国境内和境外销售的比例;

(八)外汇资金收支的安排;

(九)财务、会计、审计的处理原则;

(十)有关劳动管理、工资、福利、劳动保险等事项的规定;

(十一)合营企业期限、解散及清算程序;

(十二)违反合同的责任;

(十三)解决合营各方之间争议的方式和程序;

(十四)合同文本采用的文字和合同生效的条件。

合营企业合同的附件,与合营企业合同具有同等效力。

第十五条 合营企业合同的订立、效力、解释、执行及其争议的解决,均应适用中国的法律。

第十六条 合营企业章程应包括下列主要内容:

(一)合营企业名称及法定地址;

(二)合营企业的宗旨、经营范围和合营期限;

(三)合营各方的名称、注册国家、法定地址、法定代表的姓名、职务、国籍;

(四)合营企业的投资总额,注册资本,合营各方的出资额、出资比例、出资额转让的规定,利润分配和亏损分担的比例;

(五)董事会的组成、职权和议事规则,董事的任期,董事长、副董事长的职责;

(六)管理机构的设置,办事规则,总经理、副总经理及其他高级管理人员的职责和任免方法;

(七)财务、会计、审计制度的原则;

(八)解散和清算;

(九)章程修改的程序。

第十七条 合营企业协议、合同和章程经审批机构批准后生效,其修改时同。

第十八条 审批机构和登记管理机构对合营企业合同、章程的执行负有监督检查的责任。

第三章 组织形式与注册资本

第十九条 合营企业为有限责任公司。

合营各方对合营企业的责任以各自认缴的出资额为限。

第二十条 合营企业的投资总额(含企业借款),是指按照合营企业合同、章程规定的生产规模需要投入的基本建设资金和生产流动资金的总和。

第二十一条 合营企业的注册资本,是指为设立合营企业在登记管理机构登记的资本总额,应为合营各方认缴的出资额之和。

合营企业的注册资本一般应以人民币表示,也可以用合营各方约定的外币表示。

第二十二条 合营企业在合营期内不得减少其注册资本。

第二十三条 合营一方如向第三者转让其全部或部分出资额,须经合营他方同意,并经审批机构批准。

合营一方转让其全部或部分出资额时,合营他方有优先购买权。

合营一方向第三者转让出资额的条件,不得比向合营他方转让的条件优惠。

违反上述规定的,其转让无效。

第二十四条 合营企业注册资本的增加、转让或以其他方式处置,应由董事会会议通过,并报原审批机构批准,向原登记管理机构办理变更登记手续。

第四章 出资方式

第二十五条 合营者可以用货币出资,也可以用建筑物、厂房、机器设备或其他物料、工业产权、专有技术、场地使用权等作价出资。以建筑物、厂房、机器设备或其他物料、工业产权、专有技术作为出资的,其作价由合营各方按照公平合理的原则协商确定,或聘请合营各方同意的第三者评定。

第二十六条 外国合营者出资的外币,按缴款当日中华人民共和国国家外汇管理局(以下简称国家外汇管理局)公布的外汇牌价折算成人民币或套算成约定的外币。

中国合营者出资的人民币现金,如需折合外币,按缴款当日国家外汇管理局公布的外汇牌价折算。

第二十七条 作为外国合营者出资的机器设备或其他物料,必须符合下列各项条件:

(一)为合营企业生产所必不可少的;

(二)中国不能生产,或虽能生产,但价格过高或在技术性能和供应时间上不能保证需要的;

(三)作价不得高于同类机器设备或其他物料当时国际市场价格。

第二十八条 作为外国合营者出资的工业产权或专有技术,必须符合下列条件之一:

(一)能生产中国急需的新产品或出口适销产品的;

(二)能显著改进现有产品的性能、质量,提高生产效率的;

(三)能显著节约原材料、燃料、动力的。

第二十九条 外国合营者以工业产权或专有技术作为出资,应提交该工业产权或专有技术的有关资料,包括专利证书或商标注册证书的复制件、有效状况及其技术特性、实用价值、作价的计算根据、与中国合营者签订的作价协议等有关文件,作为合营合同的附件。

第三十条 外国合营者作为出资的机器设备或其他物料、工业产权或专有技术,应经中国合营者的企业主管部门审查同意,报审批机构批准。

第三十一条 合营各方应按合同规定的期限缴清各自的出资额。逾期未缴或未缴清的,应按合同规定支付迟延利息或赔偿损失。

第三十二条 合营各方缴付出资额后,应由中国注册的会计师验证,出具验资报告后,由合营企业据以发给出资证明书。出资证明书载明下列事项:合营企业名称;合营企业成立的年、月、日;合营者名称(或姓名)及其出资额、出资的年、月、日;发给出资证明书的年、月、日。

第五章 董事会与经营管理机构

第三十三条 董事会是合营企业的最高权力机构,决定合营企业的一切重大问题。

第三十四条 董事会成员不得少于三人。董事名额的分配由合营各方参照出资比例协商确定。

董事由合营各方委派。董事长由中国合营者委派,副董事长由外国合营者委派。

董事的任期为四年,经合营各方继续委派可以连任。

第三十五条 董事会会议每年至少召开一次,由董事长负责召集并主持。董事长不能召集时,由董事长委托副董事长或其他董事负责召集并主持董事会会议。经三分之一以上董事提议,可由董事长召开董事会临时会议。

董事会会议应有三分之二以上董事出席方能举行。董事不能出席,可出具委托书委托他人代表其出席和表决。

董事会会议一般应在合营企业法定地址所在地举行。

第三十六条 下列事项由出席董事会会议的董事一致通过方可作出决议:

(一)合营企业章程的修改;

(二)合营企业的中止、解散;

(三)合营企业注册资本的增加、转让;

(四)合营企业与其他经济组织的合并。

其他事项,可以根据合营企业章程载明的议事规则作出决议。

第三十七条 董事长是合营企业的法定代表。董事长不能履行职责时,应授权副董事长或其他董事代表合营企业。

第三十八条 合营企业设经营管理机构,负责企业的日常经营管理工作。经营管理机构设总经理一人,副总经理若干人。副总经理协助总经理工作。

第三十九条 总经理执行董事会会议的各项决议，组织领导合营企业的日常经营管理工作。在董事会授权范围内，总经理对外代表合营企业，对内任免下属人员，行使董事会授予的其他职权。

第四十条 总经理、副总经理由合营企业董事会聘请，可以由中国公民担任，也可以由外国公民担任。

经董事会聘请，董事长、副董事长、董事可以兼任合营企业的总经理、副总经理或其他高级管理职务。

总经理处理重要问题时，应同副总经理协商。

总经理或副总经理不得兼任其他经济组织的总经理或副总经理，不得参与其他经济组织对本企业的商业竞争。

第四十一条 总经理、副总经理及其他高级管理人员有营私舞弊或严重失职行为的，经董事会决议可以随时解聘。

第四十二条 合营企业需要在国外和港澳地区设立分支机构（含销售机构）时，应报对外经济贸易部批准。

第六章 引进技术

第四十三条 本章所说的引进技术，是指合营企业通过技术转让的方式，从第三者或合营者获得所需要的技术。

第四十四条 合营企业引进的技术应是适用的、先进的，使其产品在国内具有显著的社会经济效益或在国际市场上具有竞争能力。

第四十五条 在订立技术转让协议时，必须维护合营企业独立进行经营管理的权利，并参照本条例第二十九条的规定，要求技术输出方提供有关的资料。

第四十六条 合营企业订立的技术转让协议，应经企业主管部门审查同意，并报审批机构批准。

技术转让协议必须符合以下规定：

（一）技术使用费应公平合理。一般应采取提成方式支付。采取提成方式支付技术使用费时，提成率不得高于国际上通常的水平。提成率应按由该技术所生产产品的净销售额或双方协议的其他合理方式计算。

（二）除双方另有协议外，技术输出方不得限制技术输入方出口其产品的地区、数量和价格。

（三）技术转让协议的期限一般不超过十年。

（四）技术转让协议期满后，技术输入方有权继续使用该项技术。

（五）订立技术转让协议双方，相互交换改进技术的条件应对等。

（六）技术输入方有权按自己认为合适的来源购买需要的机器设备、零部件和原材料。

（七）不得含有为中国的法律、法规所禁止的不合理的限制性条款。

第七章 场地使用权及其费用

第四十七条 合营企业使用场地，必须贯彻执行节约用地的原则。所需场地，应由合营企业向所在地的市（县）级土地主管部门提出申请，经审查批准后，通过签订合同取得场地使用权。合同应订明场地面积、地点、用途、合同期限、场地使用权的费用（以下简称场地使用费）、双方的权利与义务、违反合同的罚则等。

第四十八条 合营企业所需场地的使用权，如已为中国合营者拥有，则中国合营者可将其作为对合营企业的出资，其作价金额应与取得同类场地使用权所应缴纳的使用费相同。

第四十九条 场地使用费标准应根据该场地的用途、地理环境条件、征地拆迁安置费用和合营企业对基础设施的要求等因素，由所在地的省、自治区、直辖市人民政府规定，并向对外经济贸易部和国家土地主管部门备案。

第五十条 从事农业、畜牧业的合营企业，经所在地的省、自治区、直辖市人民政府同意，可按合营企业营业收入的百分比向所在地的土地主管部门缴纳场地使用费。

在经济不发达地区从事开发性的项目，场地使用费经所在地人民政府同意，可以给予特别优惠。

第五十一条 场地使用费在开始用地的五年内不调整。以后随着经济的发展、供需情况的变化和地理环境条件的变化需要调整时，调整的间隔期应不少于三年。

场地使用费作为中国合营者投资的,在该合同期限内不得调整。

第五十二条 合营企业按本条例第四十七条取得的场地使用权,其场地使用费应按合同规定的用地时间从开始时起按年缴纳,第一日历年用地时间超过半年的按半年计算;不足半年的免缴。在合同期内,场地使用费如有调整,应自调整的年度起按新的费用标准缴纳。

第五十三条 合营企业对于准予使用的场地,只有使用权,没有所有权,其使用权不得转让。

第八章 计划、购买与销售

第五十四条 合营企业的基本建设计划(包括施工力量、各种建筑材料、水、电、气等),应根据批准的可行性研究报告编制,并纳入企业主管部门的基本建设计划,企业主管部门应优先予以安排和保证实施。

第五十五条 合营企业的基本建设资金,由合营企业的开户银行统一管理。

第五十六条 合营企业按照合营合同规定的经营范围和生产规模所制订的生产经营计划,由董事会批准执行,报企业主管部门备案。

企业主管部门和各级计划管理部门,不对合营企业下达指令性生产经营计划。

第五十七条 合营企业所需的机器设备、原材料、燃料、配套件、运输工具和办公用品等(以下简称物资),有权自行决定在中国购买或向国外购买,但在同等条件下,应尽先在中国购买。

第五十八条 合营企业在中国购买的物资,其供应渠道如下:

(一)属于计划分配的物资,纳入企业主管部门供应计划,由物资、商业部门或生产企业按合同保证供应;

(二)属于物资、商业部门经营的物资,向有关的物资经营单位购买;

(三)属于市场自由流通的物资,向生产企业或其经销、代销机构购买;

(四)属于外贸公司经营的出口物资,向有关的外贸公司购买。

第五十九条 合营企业需要在中国购置的办公、生活用品,按需要量购买,不受限制。

第六十条 中国政府鼓励合营企业向国际市场销售其产品。

第六十一条 合营企业生产的产品,属于中国急需的或中国需要进口的,可以在中国国内市场销售为主。

第六十二条 合营企业有权自行出口其产品,也可以委托外国合营者的销售机构或中国的外贸公司代销或经销。

第六十三条 合营企业在合营合同规定的经营范围内,进口本企业生产所需的机器设备、零配件、原材料、燃料,凡属国家规定需要领取进口许可证的,每年编制一次计划,每半年申领一次。外国合营者作为出资的机器设备或其他物料,可凭审批机构的批准文件直接办理进口许可证进口。超出合营合同规定范围进口的物资,凡国家规定需要领取进口许可证的,应另行申领。

合营企业生产的产品,可自主经营出口,凡属国家规定需要领取出口许可证的,合营企业按本企业的年度出口计划,每半年申领一次。

第六十四条 合营企业在中国销售产品,按下列办法办理:

(一)属于计划分配的物资,通过企业主管部门列入物资管理部门的分配计划,按计划销售给指定的用户。

(二)属于物资、商业部门经营的物资,由物资、商业部门向合营企业订购。

(三)上述两类物资的计划收购外的部分,以及不属于上述两类的物资,合营企业有权自行销售或委托有关单位代销。

(四)合营企业出口的产品,如属中国的外贸公司所要进口的物资,合营企业可向中国的外贸公司销售,收取外汇。

第六十五条 合营企业在国内购买物资和所需服务,其价格按下列规定执行:

(一)用于直接生产出口产品的金、银、铂、石油、煤炭、木材六种原料,按照国家外汇管理局或外贸部门提供的国际市场价格计价,以外币或人民币支付。

(二)购买中国的外贸公司经营的出口商品或进口商品,由供需双方参照国际市场价格协商定价,以外币支付。

(三)购买用于生产在中国国内销售产品所

需的燃料用煤、车辆用油和除本条(一)、(二)项所列外的其他物资的价格,以及为合营企业提供水、电、气、热、货物运输、劳务、工程设计、咨询服务、广告等收取的费用,应与国营企业同等待遇,以人民币支付。

第六十六条 合营企业在中国国内销售的产品,除经物价管理部门批准可以参照国际市场价格定价的以外,应执行国家规定价格,实行按质论价,收取人民币。合营企业制订的产品销售价格,应报企业主管部门和物价管理部门备案。

合营企业的出口产品价格,由合营企业自行制定,报企业主管部门和物价管理部门备案。

第六十七条 合营企业与中国其他经济组织之间的经济往来,按照有关的法律规定和双方订立的合同承担经济责任,解决合同争议。

第六十八条 合营企业必须按照有关规定,填报生产、供应、销售的统计表,报企业主管部门、统计部门和其他有关部门备案。

第九章 税 务

第六十九条 合营企业应按照中华人民共和国有关法律的规定,缴纳各种税款。

第七十条 合营企业的职工应根据《中华人民共和国个人所得税法》缴纳个人所得税。

第七十一条 合营企业进口下列物资免征关税和工商统一税:

(一)按照合同规定作为外国合营者出资的机器设备、零部件和其他物料(其他物料系指合营企业建厂(场)以及安装、加固机器所需材料,下同);

(二)合营企业以投资总额内的资金进口的机器设备、零部件和其他物料;

(三)经审批机构批准,合营企业以增加资本所进口的国内不能保证生产供应的机器设备、零部件和其他物料;

(四)合营企业为生产出口产品,从国外进口的原材料、辅料、元器件、零部件和包装物料。

上述免税进口物资,经批准在中国国内转卖或转用于在中国国内销售的产品,应照章纳税或补税。

第七十二条 合营企业生产的出口产品,除国家限制出口的以外,经中华人民共和国财政部批准,可免征工商统一税。

合营企业生产的内销产品,在开办初期纳税有困难的,可以申请在一定期限内减征或免征工商统一税。

第十章 外汇管理

第七十三条 合营企业的一切外汇事宜,按《中华人民共和国外汇管理暂行条例》和有关管理办法的规定办理。

第七十四条 合营企业凭中华人民共和国国家工商行政管理局发给的营业执照,在中国银行或指定的其他银行开立外币存款帐户和人民币存款帐户,由开户银行监督收付。

合营企业的一切外汇收入,都必须存入其开户银行的外汇存款帐户;一切外汇支出,从其外汇存款帐户中支付。存款利率按中国银行公布的利率执行。

第七十五条 合营企业的外汇收支一般应保持平衡。根据批准的合营企业的可行性研究报告、合同,产品以内销为主而外汇不能平衡的,由有关省、自治区、直辖市人民政府或国务院主管部门在留成外汇中调剂解决,不能解决的,由对外经济贸易部会同中华人民共和国国家计划委员会审批后纳入计划解决。

第七十六条 合营企业在国外或港澳地区的银行开立外汇存款帐户,应经国家外汇管理局或其分局批准,并向国家外汇管理局或其分局报告收付情况和提供银行对帐单。

第七十七条 合营企业在国外或港澳地区设立的分支机构,凡当地有中国银行的,应在中国银行开立帐户。其年度资产负债表和年度利润表,应通过合营企业报送国家外汇管理局或其分局。

第七十八条 合营企业根据经营业务的需要,可以按《中国银行办理中外合资经营企业贷款暂行办法》向中国银行申请外汇贷款和人民币贷款。对合营企业的贷款利率按中国银行公布的利率执行。合营企业也可以从国外或港澳地区的银行借入外汇资金,但必须向国家外汇管理局或其分局备案。

第七十九条 合营企业的外籍职工和港澳

职工的工资和其他正当收益,依法纳税后,减去在中国境内使用的花费,其剩余部分可以向中国银行申请全部汇出。

第十一章　财务与会计

第八十条　合营企业的财务与会计制度,应根据中国有关法律和财务会计制度的规定,结合合营企业的情况加以制定,并报当地财政部门、税务机关备案。

第八十一条　合营企业设总会计师,协助总经理负责主持企业的财务会计工作。必要时,可设副总会计师。

第八十二条　合营企业设审计师(小的企业可不设),负责审查、稽核合营企业的财务收支和会计帐目,向董事会、总经理提出报告。

第八十三条　合营企业会计年度采用日历年制,自公历每年一月一日起至十二月三十一日止为一个会计年度。

第八十四条　合营企业会计采用国际通用的权责发生制和借贷记帐法记帐。一切自制凭证、帐簿、报表必须用中文书写,也可以同时用合营各方商定的一种外文书写。

第八十五条　合营企业原则上采用人民币为记帐本位币,经合营各方商定,也可以采用某一种外国货币为本位币。

第八十六条　合营企业的帐目,除按记帐本位币记录外,对于现金、银行存款、其他货币款项以及债权债务、收益和费用等,如与记帐本位币不一致时,还应按实际收付的货币记帐。

以外国货币记帐的合营企业,除编制外币的会计报表外,还应另编折合为人民币的会计报表。

因汇率的差异而发生的汇兑损益,应以实现数为准,作为本年损益列帐。记帐汇率变动,有关外币各帐户的帐面余额,均不作调整。

第八十七条　合营企业按照《中华人民共和国中外合资经营企业所得税法》缴纳所得税后的利润分配原则如下:

(一)提取储备基金、职工奖励及福利基金、企业发展基金,提取比例由董事会确定。

(二)储备基金除用于垫补合营企业亏损外,经审批机构批准也可以用于本企业增加资本,扩大生产。

(三)按本条(一)项规定提取三项基金后的可分配利润,如董事会确定分配,应按照合营各方出资比例进行分配。

第八十八条　以前年度的亏损未弥补前不得分配利润。以前年度未分配的利润,可并入本年度利润分配。

第八十九条　合营企业应向合营各方、当地税务机关、企业主管部门和同级财政部门报送季度和年度会计报表。

年度会计报表应抄报原审批机构。

第九十条　合营企业的下列文件、证件、报表,应经中国注册的会计师验证和出具证明,方为有效:

(一)合营各方的出资证明书(以物料、场地使用权、工业产权、专有技术作为出资的,应包括合营各方签字同意的财产估价清单及其协议文件);

(二)合营企业的年度会计报表;

(三)合营企业清算的会计报表。

第十二章　职　　工

第九十一条　合营企业职工的招收、招聘、辞退、辞职、工资、福利、劳动保险、劳动保护、劳动纪律等事宜,按照《中华人民共和国中外合资经营企业劳动管理规定》办理。

第九十二条　合营企业应加强对职工的业务、技术培训,建立严格的考核制度,使他们在生产、管理技能方面能够适应现代化企业的要求。

第九十三条　合营企业的工资、奖励制度必须符合按劳分配、多劳多得的原则。

第九十四条　正副总经理、正副总工程师、正副总会计师、审计师等高级管理人员的工资待遇,由董事会决定。

第十三章　工　　会

第九十五条　合营企业职工有权按照《中华人民共和国工会法》(以下简称《中国工会法》)和《中国工会章程》的规定,建立基层工会组织,开展工会活动。

第九十六条　合营企业工会是职工利益的代表,有权代表职工同合营企业签订劳动合同,并监督合同的执行。

第九十七条 合营企业工会的基本任务是：依法维护职工的民主权利和物质利益；协助合营企业安排和合理使用福利、奖励基金；组织职工学习政治、业务、科学、技术和业务知识，开展文艺、体育活动；教育职工遵守劳动纪律，努力完成企业的各项经济任务。

第九十八条 合营企业董事会会议讨论合营企业的发展规划、生产经营活动等重大事项时，工会的代表有权列席会议，反映职工的意见和要求。

在董事会会议研究决定有关职工奖惩、工资制度、生活福利、劳动保护和保险等问题时，工会的代表有权列席会议，董事会应听取工会的意见，取得工会的合作。

第九十九条 合营企业应积极支持本企业工会的工作。合营企业应按照《中国工会法》的规定为工会组织提供必要的房屋和设备，用于办公、会议、举办职工集体福利、文化、体育事业。合营企业每月按企业职工实际工资总额的百分之二拨交工会经费，由本企业工会按照中华全国总工会制定的有关工会经费管理办法使用。

第十四章 期限、解散与清算

第一百条 合营企业的合营期限，根据不同行业和项目的具体情况，由合营各方协商决定。一般项目的合营期限原则上为十年至三十年。投资大、建设周期长、资金利润率低的项目，合营期限也可以在三十年以上。

第一百零一条 合营企业的合营期限，由合营各方在合营企业协议、合同、章程中作出规定。合营期限从合营企业营业执照签发之日起算。

合营各方如同意延长合营期限，应在合营期满前六个月，向审批机构报送由合营各方授权代表签署的延长合营期限的申请书。审批机构应在接到申请书之日起一个月内予以批复。

合营企业经批准延长合营期限后，应按照《中华人民共和国中外合资经营企业登记管理办法》的规定，办理变更登记手续。

第一百零二条 合营企业在下列情况下解散：

（一）合营期限届满；

（二）企业发生严重亏损，无力继续经营；

（三）合营一方不履行合营企业协议、合同、章程规定的义务，致使企业无法继续经营；

（四）因自然灾害、战争等不可抗力遭受严重损失，无法继续经营；

（五）合营企业未达到其经营目的，同时又无发展前途；

（六）合营企业合同、章程所规定的其他解散原因已经出现。

本条（二）、（三）、（四）、（五）、（六）项情况发生，应由董事会提出解散申请书，报审批机构批准。

在本条（三）项情况下，不履行合营企业协议、合同、章程规定的义务一方，应对合营企业由此造成的损失负赔偿责任。

第一百零三条 合营企业宣告解散时，董事会应提出清算的程序、原则和清算委员会人选，报企业主管部门审核并监督清算。

第一百零四条 清算委员会的成员一般应在合营企业的董事中选任。董事不能担任或不适合担任清算委员会成员时，合营企业可聘请在中国注册的会计师、律师担任。审批机构认为必要时，可以派人进行监督。

清算费用和清算委员会成员的酬劳应从合营企业现存财产中优先支付。

第一百零五条 清算委员会的任务是对合营企业的财产、债权、债务进行全面清查，编制资产负债表和财产目录，提出财产作价和计算依据，制定清算方案，提请董事会会议通过后执行。

清算期间，清算委员会代表该合营企业起诉和应诉。

第一百零六条 合营企业以其全部资产对其债务承担责任。合营企业清偿债务后的剩余财产按照合营各方的出资比例进行分配，但合营企业协议、合同、章程另有规定的除外。

合营企业解散时，其资产净额或剩余财产超过注册资本的增值部分视同利润，应依法缴纳所得税。外国合营者分得的资产净额或剩余财产超过其出资额的部分，在汇往国外时，应依法缴纳所得税。

第一百零七条 合营企业的清算工作结束

后，由清算委员会提出清算结束报告，提请董事会会议通过后，报告原审批机构，并向原登记管理机构办理注销登记手续，缴销营业执照。

第一百零八条　合营企业解散后，各项帐册及文件应由原中国合营者保存。

第十五章　争议的解决

第一百零九条　合营各方如在解释或履行合营企业协议、合同、章程时发生争议，应尽量通过友好协商或调解解决。如经过协商或调解无效，则提请仲裁或司法解决。

第一百一十条　合营各方根据有关仲裁的书面协议，提请仲裁。可以在中国国际贸易促进委员会对外经济贸易仲裁委员会仲裁，按该会的仲裁程序规则进行。如当事各方同意，也可以在被诉一方所在国或第三国的仲裁机构仲裁，按该机构的仲裁程序规则进行。

第一百一十一条　如合营各方之间没有仲裁的书面协议，发生争议的任何一方都可以依法向中国人民法院起诉。

第一百一十二条　在解决争议期间，除争议事项外，合营各方应继续履行合营企业协议、合同、章程所规定的其他各项条款。

第十六章　附　　则

第一百一十三条　合营企业的外籍职工和港澳职工（包括其家属），需要经常入、出中国国境的，中国主管签证机关可简化手续，予以方便。

第一百一十四条　合营企业的中国职工，因工作需要出国考察、洽谈业务、学习或接受培训，由企业主管部门负责申请并办理出国手续。

第一百一十五条　合营企业的外籍职工和港澳职工，可带进必需的交通工具和办公用品，按规定缴纳关税和工商统一税。

第一百一十六条　在经济特区设立的合营企业，如全国人民代表大会、全国人民代表大会常务委员会或国务院通过的法律、法规另有规定的，从其规定。

第一百一十七条　本条例的解释权授予对外经济贸易部。

第一百一十八条　本条例自发布之日起实施。

国务院关于《中华人民共和国中外合资经营企业法实施条例》第一百条的修订①

（1986年1月15日国务院通过国发〔1986〕6号文件修订并公布）

国务院于一九八三年九月二十日发布的《中华人民共和国中外合资经营企业法实施条例》第一百条规定："合营企业的合营期限，根据不同行业和项目的具体情况，由合营各方协商决定。一般项目的合营期限原则上为十年至三十年。投资大、建设周期长、资金利润率低的项目，合营期限也可以在三十年以上。"现修改为：

"合营企业的合营期限，根据不同行业和项目的具体情况，由合营各方协商决定。一般项目的合营期限为十年至三十年。投资大、建设周期长、资金利润率低的项目，由外国合营者提供先进技术或关键技术生产尖端产品的项目，或在国际上有竞争能力的产品的项目，其合营期限可以延长到五十年。经国务院特别批准的可在五十年以上。"

国务院关于修订《中华人民共和国中外合资经营企业法实施条例》第八十六条第三款的通知②

（1987年12月21日国务院通过国发〔1987〕110号文件公布　自发布之日起施行）

国务院于一九八三年九月二十日发布的《中华人民共和国中外合资经营企业法实施条例》第八十六条第三款规定："因汇率的差异而发生的汇兑损益，应以实现数为准，作为本年损益列帐。记帐汇率变动，有关外币各帐户的帐面余额，均不作调整。"现修改为："因汇率的差异而发生的折合记帐本位币差额，作为汇兑损益列帐。记帐

① 编者注：已废止。

② 编者注：已废止。

汇率变动,有关外币各帐户的帐面余额,于年终结帐时,应当按照中国有关法律和财务会计制度的规定进行会计处理。"

本修订自发布之日起施行。

国务院关于修改《中华人民共和国中外合资经营企业法实施条例》的决定①

(2001年7月22日中华人民共和国国务院令第311号公布 自公布之日起施行)

为了适应我国对外开放新形势的需要,进一步改善外商投资环境,依据2001年3月15日第九届全国人民代表大会第四次会议《关于修改〈中华人民共和国中外合资经营企业法〉的决定》,对《中华人民共和国中外合资经营企业法实施条例》作如下修改:

一、第三条修改为:"在中国境内设立的合营企业,应当能够促进中国经济的发展和科学技术水平的提高,有利于社会主义现代化建设。

国家鼓励、允许、限制或者禁止设立合营企业的行业,按照国家指导外商投资方向的规定及外商投资产业指导目录执行。"

二、删去第四条。

三、删去第六条。

四、第八条修改为:"在中国境内设立合营企业,必须经中华人民共和国对外贸易经济合作部(以下简称对外贸易经济合作部)审查批准。批准后,由对外贸易经济合作部发给批准证书。

凡具备下列条件的,国务院授权省、自治区、直辖市人民政府或者国务院有关部门审批:

(一)投资总额在国务院规定的投资审批权限以内,中国合营者的资金来源已经落实的;

(二)不需要国家增拨原材料,不影响燃料、动力、交通运输、外贸出口配额等方面的全国平衡的。

依照前款批准设立的合营企业,应当报对外贸易经济合作部备案。

对外贸易经济合作部和国务院授权的省、自治区、直辖市人民政府或者国务院有关部门,以下统称审批机构。"

五、第九条修改为:"申请设立合营企业,由中外合营者共同向审批机构报送下列文件:

(一)设立合营企业的申请书;

(二)合营各方共同编制的可行性研究报告;

(三)由合营各方授权代表签署的合营企业协议、合同和章程;

(四)由合营各方委派的合营企业董事长、副董事长、董事人选名单;

(五)审批机构规定的其他文件。

前款所列文件必须用中文书写,其中第(二)、(三)、(四)项文件可以同时用合营各方商定的一种外文书写。两种文字书写的文件具有同等效力。

审批机构发现报送的文件有不当之处的,应当要求限期修改。"

六、第十一条修改为:"申请者应当自收到批准证书之日起1个月内,按照国家有关规定,向工商行政管理机关(以下简称登记管理机构)办理登记手续。合营企业的营业执照签发日期,即为该合营企业的成立日期。"

七、删去第十二条。

八、删去第十四条第一款第(七)项中的"产品在中国境内和境外销售的比例";删去第十四条第一款第(八)项。

九、第二十二条修改为:"合营企业在合营期内不得减少其注册资本。因投资总额和生产经营规模等发生变化,确需减少的,须经审批机构批准。"

十、第二十六条修改为:"外国合营者出资的外币,按缴款当日中国人民银行公布的基准汇率折算成人民币或者套算成约定的外币。

中国合营者出资的人民币现金,需要折算成外币的,按缴款当日中国人民银行公布的基准汇率折算。"

十一、第二十七条修改为:"作为外国合营者出资的机器设备或者其他物料,应当是合营企业生产所必需的。

前款所指机器设备或者其他物料的作价,不得高于同类机器设备或者其他物料当时的国际

---

① 编者注:已废止。

市场价格。”

十二、删去第二十八条第(一)项。

十三、删去第三十条中的“经中国合营者的企业主管部门审查同意”。

十四、删去第三十四条第二款。

十五、删去第四十六条第一款中的“经企业主管部门审查同意”;第四十六条第二款第(一)项修改为“技术使用费应当公平合理”。

十六、第五十三条修改为:“合营企业除依照本章规定取得场地使用权外,还可以按照国家有关规定取得场地使用权。”

十七、删去第五十四条。

十八、删去第五十五条。

十九、删去第五十六条。

二十、删去第五十七条中的“但在同等条件下,应尽先在中国购买”。

二十一、删去第五十八条。

二十二、删去第六十一条。

二十三、删去第六十四条。

二十四、第六十五条修改为:“合营企业在国内购买物资的价格以及支付水、电、气、热、货物运输、劳务、工程设计、咨询、广告等服务的费用,享受与国内其他企业同等的待遇。”

二十五、删去第六十六条。

二十六、第六十八条修改为:“合营企业应当依照《中华人民共和国统计法》及中国利用外资统计制度的规定,提供统计资料,报送统计报表。”

二十七、第七十一条中的“合营企业进口下列物资免征关税和工商统一税”修改为“合营企业进口下列物资,依照中国税法的有关规定减税、免税”。

二十八、第七十二条修改为:“合营企业生产的出口产品,除中国限制出口的以外,依照中国税法的有关规定减税、免税或者退税。”

二十九、第七十四条修改为:“合营企业凭营业执照,在境内银行开立外汇账户和人民币账户,由开户银行监督收付。”

三十、删去第七十五条。

三十一、删去第七十七条中的“凡当地有中国银行的,应在中国银行开立账户”。

三十二、第七十八条修改为:“合营企业根据经营业务的需要,可以向境内的金融机构申请外汇贷款和人民币贷款,也可以按照国家有关规定从国外或者港澳地区的银行借入外汇资金,并向国家外汇管理局或者其分局办理登记或者备案手续。”

三十三、第七十九条中的“向中国银行申请全部汇出”修改为“按照国家有关规定购汇汇出”。

三十四、第八十六条第二款修改为:“以外国货币作为记账本位币的合营企业,其编报的财务会计报告应当折算为人民币。”

三十五、第八十九条修改为:“合营企业应当向合营各方、当地税务机关和财政部门报送季度和年度会计报表。”

三十六、第九十一条中的“按照《中华人民共和国中外合资经营企业劳动管理规定》办理”修改为“按照国家有关劳动和社会保障的规定办理”。

三十七、第一百条和第一百零一条合并,修改为:“合营企业的合营期限,按照《中外合资经营企业合营期限暂行规定》执行。”

三十八、第一百零二条第二款修改为:“前款第(二)、(四)、(五)、(六)项情况发生的,由董事会提出解散申请书,报审批机构批准;第(三)项情况发生的,由履行合同的一方提出申请,报审批机构批准。”

三十九、第一百零三条修改为:“合营企业宣告解散时,应当进行清算。合营企业应当按照《外商投资企业清算办法》的规定成立清算委员会,由清算委员会负责清算事宜。”

四十、第一百零六条第二款修改为:“合营企业解散时,其资产净额或者剩余财产减除企业未分配利润、各项基金和清算费用后的余额,超过实缴资本的部分为清算所得,应当依法缴纳所得税。”

四十一、第一百一十条修改为:“合营各方根据有关仲裁的书面协议,可以在中国的仲裁机构进行仲裁,也可以在其他仲裁机构仲裁。”

四十二、第一百一十四条中的“由企业主管部门负责申请并办理出国手续”修改为“按照国家有关规定办理出国(境)手续”。

四十三、第一百一十五条中的“按规定缴纳关税和工商统一税”修改为“按照中国税法的有关规定纳税”。

四十四、第一百一十六条修改为："在经济特区设立的合营企业，法律、行政法规另有规定的，从其规定。"

四十五、删去第一百一十七条。

此外，对部分条款的表述作相应修改，并对条、款、项顺序作相应调整。

本决定自公布之日起施行。

《中华人民共和国中外合资经营企业法实施条例》根据本决定作相应的修改，重新公布。

中华人民共和国中外合资经营企业法实施条例①

（1983年9月20日国务院发布　1986年1月15日、1987年12月21日国务院修订　根据2001年7月22日《国务院关于修改〈中华人民共和国中外合资经营企业法实施条例〉的决定》修订）

第一章　总　　则

第一条　为了便于《中华人民共和国中外合资经营企业法》（以下简称《中外合资经营企业法》）的顺利实施，制定本条例。

第二条　依照《中外合资经营企业法》批准在中国境内设立的中外合资经营企业（以下简称合营企业）是中国的法人，受中国法律的管辖和保护。

第三条　在中国境内设立的合营企业，应当能够促进中国经济的发展和科学技术水平的提高，有利于社会主义现代化建设。

国家鼓励、允许、限制或者禁止设立合营企业的行业，按照国家指导外商投资方向的规定及外商投资产业指导目录执行。

第四条　申请设立合营企业有下列情况之一的，不予批准：

（一）有损中国主权的；

（二）违反中国法律的；

（三）不符合中国国民经济发展要求的；

（四）造成环境污染的；

（五）签订的协议、合同、章程显属不公平，损害合营一方权益的。

第五条　在中国法律、法规和合营企业协议、合同、章程规定的范围内，合营企业有权自主地进行经营管理。各有关部门应当给予支持和帮助。

第二章　设立与登记

第六条　在中国境内设立合营企业，必须经中华人民共和国对外贸易经济合作部（以下简称对外贸易经济合作部）审查批准。批准后，由对外贸易经济合作部发给批准证书。

凡具备下列条件的，国务院授权省、自治区、直辖市人民政府或者国务院有关部门审批：

（一）投资总额在国务院规定的投资审批权限以内，中国合营者的资金来源已经落实的；

（二）不需要国家增拨原材料，不影响燃料、动力、交通运输、外贸出口配额等方面的全国平衡的。

依照前款批准设立的合营企业，应当报对外贸易经济合作部备案。

对外贸易经济合作部和国务院授权的省、自治区、直辖市人民政府或者国务院有关部门，以下统称审批机构。

第七条　申请设立合营企业，由中外合营者共同向审批机构报送下列文件：

（一）设立合营企业的申请书；

（二）合营各方共同编制的可行性研究报告；

（三）由合营各方授权代表签署的合营企业协议、合同和章程；

（四）由合营各方委派的合营企业董事长、副董事长、董事人选名单；

（五）审批机构规定的其他文件。

前款所列文件必须用中文书写，其中第（二）、（三）、（四）项文件可以同时用合营各方商定的一种外文书写。两种文字书写的文件具有同等效力。

审批机构发现报送的文件有不当之处的，应当要求限期修改。

第八条　审批机构自接到本条例第七条规定的全部文件之日起，3个月内决定批准或者不批准。

---

① 编者注：已废止。

第九条　申请者应当自收到批准证书之日起1个月内，按照国家有关规定，向工商行政管理机关（以下简称登记管理机构）办理登记手续。合营企业的营业执照签发日期，即为该合营企业的成立日期。

第十条　本条例所称合营企业协议，是指合营各方对设立合营企业的某些要点和原则达成一致意见而订立的文件；所称合营企业合同，是指合营各方为设立合营企业就相互权利、义务关系达成一致意见而订立的文件；所称合营企业章程，是指按照合营企业合同规定的原则，经合营各方一致同意，规定合营企业的宗旨、组织原则和经营管理方法等事项的文件。

合营企业协议与合营企业合同有抵触时，以合营企业合同为准。

经合营各方同意，也可以不订立合营企业协议而只订立合营企业合同、章程。

第十一条　合营企业合同应当包括下列主要内容：

（一）合营各方的名称、注册国家、法定地址和法定代表人的姓名、职务、国籍；

（二）合营企业名称、法定地址、宗旨、经营范围和规模；

（三）合营企业的投资总额，注册资本，合营各方的出资额、出资比例、出资方式、出资的缴付期限以及出资额欠缴、股权转让的规定；

（四）合营各方利润分配和亏损分担的比例；

（五）合营企业董事会的组成、董事名额的分配以及总经理、副总经理及其他高级管理人员的职责、权限和聘用办法；

（六）采用的主要生产设备、生产技术及其来源；

（七）原材料购买和产品销售方式；

（八）财务、会计、审计的处理原则；

（九）有关劳动管理、工资、福利、劳动保险等事项的规定；

（十）合营企业期限、解散及清算程序；

（十一）违反合同的责任；

（十二）解决合营各方之间争议的方式和程序；

（十三）合同文本采用的文字和合同生效的条件。

合营企业合同的附件，与合营企业合同具有同等效力。

第十二条　合营企业合同的订立、效力、解释、执行及其争议的解决，均应当适用中国的法律。

第十三条　合营企业章程应当包括下列主要内容：

（一）合营企业名称及法定地址；

（二）合营企业的宗旨、经营范围和合营期限；

（三）合营各方的名称、注册国家、法定地址、法定代表人的姓名、职务、国籍；

（四）合营企业的投资总额，注册资本，合营各方的出资额、出资比例、股权转让的规定，利润分配和亏损分担的比例；

（五）董事会的组成、职权和议事规则，董事的任期，董事长、副董事长的职责；

（六）管理机构的设置，办事规则，总经理、副总经理及其他高级管理人员的职责和任免方法；

（七）财务、会计、审计制度的原则；

（八）解散和清算；

（九）章程修改的程序。

第十四条　合营企业协议、合同和章程经审批机构批准后生效，其修改时同。

第十五条　审批机构和登记管理机构对合营企业合同、章程的执行负有监督检查的责任。

第三章　组织形式与注册资本

第十六条　合营企业为有限责任公司。

合营各方对合营企业的责任以各自认缴的出资额为限。

第十七条　合营企业的投资总额（含企业借款），是指按照合营企业合同、章程规定的生产规模需要投入的基本建设资金和生产流动资金的总和。

第十八条　合营企业的注册资本，是指为设立合营企业在登记管理机构登记的资本总额，应为合营各方认缴的出资额之和。

合营企业的注册资本一般应当以人民币表示，也可以用合营各方约定的外币表示。

第十九条　合营企业在合营期内不得减少其注册资本。因投资总额和生产经营规模等发生变化，确需减少的，须经审批机构批准。

第二十条 合营一方向第三者转让其全部或者部分股权的，须经合营他方同意，并报审批机构批准，向登记管理机构办理变更登记手续。

合营一方转让其全部或者部分股权时，合营他方有优先购买权。

合营一方向第三者转让股权的条件，不得比向合营他方转让的条件优惠。

违反上述规定的，其转让无效。

第二十一条 合营企业注册资本的增加、减少，应当由董事会会议通过，并报审批机构批准，向登记管理机构办理变更登记手续。

第四章 出资方式

第二十二条 合营者可以用货币出资，也可以用建筑物、厂房、机器设备或者其他物料、工业产权、专有技术、场地使用权等作价出资。以建筑物、厂房、机器设备或者其他物料、工业产权、专有技术作为出资的，其作价由合营各方按照公平合理的原则协商确定，或者聘请合营各方同意的第三者评定。

第二十三条 外国合营者出资的外币，按缴款当日中国人民银行公布的基准汇率折算成人民币或者套算成约定的外币。

中国合营者出资的人民币现金，需要折算成外币的，按缴款当日中国人民银行公布的基准汇率折算。

第二十四条 作为外国合营者出资的机器设备或者其他物料，应当是合营企业生产所必需的。

前款所指机器设备或者其他物料的作价，不得高于同类机器设备或者其他物料当时的国际市场价格。

第二十五条 作为外国合营者出资的工业产权或者专有技术，必须符合下列条件之一：

（一）能显著改进现有产品的性能、质量，提高生产效率的；

（二）能显著节约原材料、燃料、动力的。

第二十六条 外国合营者以工业产权或者专有技术作为出资，应当提交该工业产权或者专有技术的有关资料，包括专利证书或者商标注册证书的复制件、有效状况及其技术特性、实用价值、作价的计算根据、与中国合营者签订的作价协议等有关文件，作为合营合同的附件。

第二十七条 外国合营者作为出资的机器设备或者其他物料、工业产权或者专有技术，应当报审批机构批准。

第二十八条 合营各方应当按照合同规定的期限缴清各自的出资额。逾期未缴或者未缴清的，应当按合同规定支付迟延利息或者赔偿损失。

第二十九条 合营各方缴付出资额后，应当由中国的注册会计师验证，出具验资报告后，由合营企业据以发给出资证明书。出资证明书载明下列事项：合营企业名称；合营企业成立的年、月、日；合营者名称（或者姓名）及其出资额、出资的年、月、日；发给出资证明书的年、月、日。

第五章 董事会与经营管理机构

第三十条 董事会是合营企业的最高权力机构，决定合营企业的一切重大问题。

第三十一条 董事会成员不得少于3人。董事名额的分配由合营各方参照出资比例协商确定。

董事的任期为4年，经合营各方继续委派可以连任。

第三十二条 董事会会议每年至少召开1次，由董事长负责召集并主持。董事长不能召集时，由董事长委托副董事长或者其他董事负责召集并主持董事会会议。经1/3以上董事提议，可以由董事长召开董事会临时会议。

董事会会议应当有2/3以上董事出席方能举行。董事不能出席的，可以出具委托书委托他人代表其出席和表决。

董事会会议一般应当在合营企业法定地址所在地举行。

第三十三条 下列事项由出席董事会会议的董事一致通过方可作出决议：

（一）合营企业章程的修改；

（二）合营企业的中止、解散；

（三）合营企业注册资本的增加、减少；

（四）合营企业的合并、分立。

其他事项，可以根据合营企业章程载明的议事规则作出决议。

第三十四条 董事长是合营企业的法定代表人。董事长不能履行职责时,应当授权副董事长或者其他董事代表合营企业。

第三十五条 合营企业设经营管理机构,负责企业的日常经营管理工作。经营管理机构设总经理1人,副总经理若干人。副总经理协助总经理工作。

第三十六条 总经理执行董事会会议的各项决议,组织领导合营企业的日常经营管理工作。在董事会授权范围内,总经理对外代表合营企业,对内任免下属人员,行使董事会授予的其他职权。

第三十七条 总经理、副总经理由合营企业董事会聘请,可以由中国公民担任,也可以由外国公民担任。

经董事会聘请,董事长、副董事长、董事可以兼任合营企业的总经理、副总经理或者其他高级管理职务。

总经理处理重要问题时,应当同副总经理协商。

总经理或者副总经理不得兼任其他经济组织的总经理或者副总经理,不得参与其他经济组织对本企业的商业竞争。

第三十八条 总经理、副总经理及其他高级管理人员有营私舞弊或者严重失职行为的,经董事会决议可以随时解聘。

第三十九条 合营企业需要在国外和港澳地区设立分支机构(含销售机构)时,应当报对外贸易经济合作部批准。

第六章 引 进 技 术

第四十条 本条例所称引进技术,是指合营企业通过技术转让的方式,从第三者或者合营者获得所需要的技术。

第四十一条 合营企业引进的技术应当是适用的、先进的,使其产品在国内具有显著的社会经济效益或者在国际市场上具有竞争能力。

第四十二条 在订立技术转让协议时,必须维护合营企业独立进行经营管理的权利,并参照本条例第二十六条的规定,要求技术输出方提供有关的资料。

第四十三条 合营企业订立的技术转让协议,应当报审批机构批准。

技术转让协议必须符合下列规定:

(一)技术使用费应当公平合理;

(二)除双方另有协议外,技术输出方不得限制技术输入方出口其产品的地区、数量和价格;

(三)技术转让协议的期限一般不超过10年;

(四)技术转让协议期满后,技术输入方有权继续使用该项技术;

(五)订立技术转让协议双方,相互交换改进技术的条件应当对等;

(六)技术输入方有权按自己认为合适的来源购买需要的机器设备、零部件和原材料;

(七)不得含有为中国的法律、法规所禁止的不合理的限制性条款。

第七章 场地使用权及其费用

第四十四条 合营企业使用场地,必须贯彻执行节约用地的原则。所需场地,应当由合营企业向所在地的市(县)级土地主管部门提出申请,经审查批准后,通过签订合同取得场地使用权。合同应当订明场地面积、地点、用途、合同期限、场地使用权的费用(以下简称场地使用费)、双方的权利与义务、违反合同的罚则等。

第四十五条 合营企业所需场地的使用权,已为中国合营者所拥有的,中国合营者可以将其作为对合营企业的出资,其作价金额应当与取得同类场地使用权所应缴纳的使用费相同。

第四十六条 场地使用费标准应当根据该场地的用途、地理环境条件、征地拆迁安置费用和合营企业对基础设施的要求等因素,由所在地的省、自治区、直辖市人民政府规定,并向对外贸易经济合作部和国家土地主管部门备案。

第四十七条 从事农业、畜牧业的合营企业,经所在地的省、自治区、直辖市人民政府同意,可以按合营企业营业收入的百分比向所在地的土地主管部门缴纳场地使用费。

在经济不发达地区从事开发性的项目,场地使用费经所在地人民政府同意,可以给予特别优惠。

第四十八条 场地使用费在开始用地的5年内不调整。以后随着经济的发展、供需情况的变化和地理环境条件的变化需要调整时,调整的间隔期应当不少于3年。

场地使用费作为中国合营者投资的，在该合同期限内不得调整。

第四十九条　合营企业按本条例第四十四条取得的场地使用权，其场地使用费应当按合同规定的用地时间从开始时起按年缴纳，第一日历年用地时间超过半年的按半年计算；不足半年的免缴。在合同期内，场地使用费如有调整，应当自调整的年度起按新的费用标准缴纳。

第五十条　合营企业除依照本章规定取得场地使用权外，还可以按照国家有关规定取得场地使用权。

第八章　购买与销售

第五十一条　合营企业所需的机器设备、原材料、燃料、配套件、运输工具和办公用品等（以下简称物资），有权自行决定在中国购买或者向国外购买。

第五十二条　合营企业需要在中国购置的办公、生活用品，按需要量购买，不受限制。

第五十三条　中国政府鼓励合营企业向国际市场销售其产品。

第五十四条　合营企业有权自行出口其产品，也可以委托外国合营者的销售机构或者中国的外贸公司代销或者经销。

第五十五条　合营企业在合营合同规定的经营范围内，进口本企业生产所需的机器设备、零配件、原材料、燃料，凡属国家规定需要领取进口许可证的，每年编制一次计划，每半年申领一次。外国合营者作为出资的机器设备或者其他物料，可以凭审批机构的批准文件直接办理进口许可证进口。超出合营合同规定范围进口的物资，凡国家规定需要领取进口许可证的，应当另行申领。

合营企业生产的产品，可以自主经营出口，凡属国家规定需要领取出口许可证的，合营企业按照本企业的年度出口计划，每半年申领一次。

第五十六条　合营企业在国内购买物资的价格以及支付水、电、气、热、货物运输、劳务、工程设计、咨询、广告等服务的费用，享受与国内其他企业同等的待遇。

第五十七条　合营企业与中国其他经济组织之间的经济往来，按照有关的法律规定和双方订立的合同承担经济责任，解决合同争议。

第五十八条　合营企业应当依照《中华人民共和国统计法》及中国利用外资统计制度的规定，提供统计资料，报送统计报表。

第九章　税　　务

第五十九条　合营企业应当按照中华人民共和国有关法律的规定，缴纳各种税款。

第六十条　合营企业的职工应当按照《中华人民共和国个人所得税法》缴纳个人所得税。

第六十一条　合营企业进口下列物资，依照中国税法的有关规定减税、免税：

（一）按照合同规定作为外国合营者出资的机器设备、零部件和其他物料（其他物料系指合营企业建厂（场）以及安装、加固机器所需材料，下同）；

（二）合营企业以投资总额以内的资金进口的机器设备、零部件和其他物料；

（三）经审批机构批准，合营企业以增加资本所进口的国内不能保证生产供应的机器设备、零部件和其他物料；

（四）合营企业为生产出口产品，从国外进口的原材料、辅料、元器件、零部件和包装物料。

上述减税、免税进口物资，经批准在中国国内转卖或者转用于在中国国内销售的产品，应当照章纳税或者补税。

第六十二条　合营企业生产的出口产品，除中国限制出口的以外，依照中国税法的有关规定减税、免税或者退税。

第十章　外汇管理

第六十三条　合营企业的一切外汇事宜，按照《中华人民共和国外汇管理条例》和有关管理办法的规定办理。

第六十四条　合营企业凭营业执照，在境内银行开立外汇账户和人民币账户，由开户银行监督收付。

第六十五条　合营企业在国外或者港澳地区的银行开立外汇账户，应当经国家外汇管理局或者其分局批准，并向国家外汇管理局或者其分局报告收付情况和提供银行对账单。

第六十六条 合营企业在国外或者港澳地区设立的分支机构,其年度资产负债表和年度利润表,应当通过合营企业报送国家外汇管理局或者其分局。

第六十七条 合营企业根据经营业务的需要,可以向境内的金融机构申请外汇贷款和人民币贷款,也可以按照国家有关规定从国外或者港澳地区的银行借入外汇资金,并向国家外汇管理局或者其分局办理登记或者备案手续。

第六十八条 合营企业的外籍职工和港澳职工的工资和其他正当收益,依法纳税后,减去在中国境内的花费,其剩余部分可以按照国家有关规定购汇汇出。

第十一章 财务与会计

第六十九条 合营企业的财务与会计制度,应当按照中国有关法律和财务会计制度的规定,结合合营企业的情况加以制定,并报当地财政部门、税务机关备案。

第七十条 合营企业设总会计师,协助总经理负责企业的财务会计工作。必要时,可以设副总会计师。

第七十一条 合营企业设审计师(小的企业可以不设),负责审查、稽核合营企业的财务收支和会计账目,向董事会、总经理提出报告。

第七十二条 合营企业会计年度采用日历年制,自公历每年1月1日起至12月31日止为一个会计年度。

第七十三条 合营企业会计采用国际通用的权责发生制和借贷记账法记账。一切自制凭证、账簿、报表必须用中文书写,也可以同时用合营各方商定的一种外文书写。

第七十四条 合营企业原则上采用人民币作为记账本位币,经合营各方商定,也可以采用某一种外国货币作为记账本位币。

第七十五条 合营企业的账目,除按记账本位币记录外,对于现金、银行存款、其他货币款项以及债权债务、收益和费用等,与记账本位币不一致时,还应当按实际收付的货币记账。

以外国货币作为记账本位币的合营企业,其编报的财务会计报告应当折算为人民币。

因汇率的差异而发生的折合记账本位币差额,作为汇兑损益列账。记账汇率变动,有关外币各账户的账面余额,于年终结账时,应当按照中国有关法律和财务会计制度的规定进行会计处理。

第七十六条 合营企业按照《中华人民共和国外商投资企业和外国企业所得税法》缴纳所得税后的利润分配原则如下:

(一)提取储备基金、职工奖励及福利基金、企业发展基金,提取比例由董事会确定;

(二)储备基金除用于垫补合营企业亏损外,经审批机构批准也可以用于本企业增加资本,扩大生产;

(三)按照本条第(一)项规定提取三项基金后的可分配利润,董事会确定分配的,应当按合营各方的出资比例进行分配。

第七十七条 以前年度的亏损未弥补前不得分配利润。以前年度未分配的利润,可以并入本年度利润分配。

第七十八条 合营企业应当向合营各方、当地税务机关和财政部门报送季度和年度会计报表。

第七十九条 合营企业的下列文件、证件、报表,应当经中国的注册会计师验证和出具证明,方为有效:

(一)合营各方的出资证明书(以物料、场地使用权、工业产权、专有技术作为出资的,应当包括合营各方签字同意的财产估价清单及其协议文件);

(二)合营企业的年度会计报表;

(三)合营企业清算的会计报表。

第十二章 职　　工

第八十条 合营企业职工的招收、招聘、辞退、辞职、工资、福利、劳动保险、劳动保护、劳动纪律等事宜,按照国家有关劳动和社会保障的规定办理。

第八十一条 合营企业应当加强对职工的业务、技术培训,建立严格的考核制度,使他们在生产、管理技能方面能够适应现代化企业的要求。

第八十二条 合营企业的工资、奖励制度必须符合按劳分配、多劳多得的原则。

第八十三条 正副总经理、正副总工程师、正副总会计师、审计师等高级管理人员的工资待遇,由董事会决定。

第十三章　工　　会

第八十四条　合营企业职工有权按照《中华人民共和国工会法》和《中国工会章程》的规定,建立基层工会组织,开展工会活动。

第八十五条　合营企业工会是职工利益的代表,有权代表职工同合营企业签订劳动合同,并监督合同的执行。

第八十六条　合营企业工会的基本任务是:依法维护职工的民主权利和物质利益;协助合营企业安排和合理使用福利、奖励基金;组织职工学习政治、科学、技术和业务知识,开展文艺、体育活动;教育职工遵守劳动纪律,努力完成企业的各项经济任务。

第八十七条　合营企业董事会会议讨论合营企业的发展规划、生产经营活动等重大事项时,工会的代表有权列席会议,反映职工的意见和要求。

董事会会议研究决定有关职工奖惩、工资制度、生活福利、劳动保护和保险等问题时,工会的代表有权列席会议,董事会应当听取工会的意见,取得工会的合作。

第八十八条　合营企业应当积极支持本企业工会的工作。合营企业应当按照《中华人民共和国工会法》的规定为工会组织提供必要的房屋和设备,用于办公、会议、举办职工集体福利、文化、体育事业。合营企业每月按企业职工实际工资总额的2%拨交工会经费,由本企业工会按照中华全国总工会制定的有关工会经费管理办法使用。

第十四章　期限、解散与清算

第八十九条　合营企业的合营期限,按照《中外合资经营企业合营期限暂行规定》执行。

第九十条　合营企业在下列情况下解散:

(一)合营期限届满;

(二)企业发生严重亏损,无力继续经营;

(三)合营一方不履行合营企业协议、合同、章程规定的义务,致使企业无法继续经营;

(四)因自然灾害、战争等不可抗力遭受严重损失,无法继续经营;

(五)合营企业未达到其经营目的,同时又无发展前途;

(六)合营企业合同、章程所规定的其他解散原因已经出现。

前款第(二)、(四)、(五)、(六)项情况发生的,由董事会提出解散申请书,报审批机构批准;第(三)项情况发生的,由履行合同的一方提出申请,报审批机构批准。

在本条第一款第(三)项情况下,不履行合营企业协议、合同、章程规定的义务一方,应当对合营企业由此造成的损失负赔偿责任。

第九十一条　合营企业宣告解散时,应当进行清算。合营企业应当按照《外商投资企业清算办法》的规定成立清算委员会,由清算委员会负责清算事宜。

第九十二条　清算委员会的成员一般应当在合营企业的董事中选任。董事不能担任或者不适合担任清算委员会成员时,合营企业可以聘请中国的注册会计师、律师担任。审批机构认为必要时,可以派人进行监督。

清算费用和清算委员会成员的酬劳应当从合营企业现存财产中优先支付。

第九十三条　清算委员会的任务是对合营企业的财产、债权、债务进行全面清查,编制资产负债表和财产目录,提出财产作价和计算依据,制定清算方案,提请董事会会议通过后执行。

清算期间,清算委员会代表该合营企业起诉和应诉。

第九十四条　合营企业以其全部资产对其债务承担责任。合营企业清偿债务后的剩余财产按照合营各方的出资比例进行分配,但合营企业协议、合同、章程另有规定的除外。

合营企业解散时,其资产净额或者剩余财产减除企业未分配利润、各项基金和清算费用后的余额,超过实缴资本的部分为清算所得,应当依法缴纳所得税。

第九十五条　合营企业的清算工作结束后,由清算委员会提出清算结束报告,提请董事会会议通过后,报告审批机构,并向登记管理机构办理注销登记手续,缴销营业执照。

第九十六条　合营企业解散后,各项账册及文件应当由原中国合营者保存。

第十五章 争议的解决

第九十七条 合营各方在解释或者履行合营企业协议、合同、章程时发生争议的,应当尽量通过友好协商或者调解解决。经过协商或者调解无效的,提请仲裁或者司法解决。

第九十八条 合营各方根据有关仲裁的书面协议,可以在中国的仲裁机构进行仲裁,也可以在其他仲裁机构仲裁。

第九十九条 合营各方之间没有有关仲裁的书面协议的,发生争议的任何一方都可以依法向人民法院起诉。

第一百条 在解决争议期间,除争议事项外,合营各方应当继续履行合营企业协议、合同、章程所规定的其他各项条款。

第十六章 附 则

第一百零一条 合营企业的外籍职工和港澳职工(包括其家属),需要经常入、出中国国境的,中国主管签证机关可以简化手续,予以方便。

第一百零二条 合营企业的中国职工,因工作需要出国(境)考察、洽谈业务、学习或者接受培训,按照国家有关规定办理出国(境)手续。

第一百零三条 合营企业的外籍职工和港澳职工,可以带进必需的交通工具和办公用品,按照中国税法的有关规定纳税。

第一百零四条 在经济特区设立的合营企业,法律、行政法规另有规定的,从其规定。

第一百零五条 本条例自公布之日起施行。

国务院关于废止和修改部分行政法规的决定(节录)①

(2010年12月29日国务院第138次常务会议通过 2011年1月8日中华人民共和国国务院令第588号公布 自公布之日起施行)

为进一步深入贯彻依法治国基本方略,维护社会主义法制统一,全面推进依法行政,国务院在1983年以来已对行政法规进行过4次全面清理的基础上,根据经济社会发展和改革深化的新情况、新要求,再次对截至2009年底现行的行政法规共691件进行了全面清理。经过清理,国务院决定:

……

六、对下列行政法规中引用法律、行政法规名称或者条文不对应的规定作出修改

(一)对下列行政法规中引用法律、行政法规名称作出修改。

……

74. 将《中华人民共和国中外合资经营企业法实施条例》第七十六条中的"《中华人民共和国外商投资企业和外国企业所得税法》"修改为"《中华人民共和国企业所得税法》"。

第九十一条中的"按照《外商投资企业清算办法》的规定"修改为"依法"。

……

本决定自公布之日起施行。

国务院关于废止和修改部分行政法规的决定(节录)②

(2014年2月19日中华人民共和国国务院令第648号公布 自2014年3月1日起施行)

为了运用法治方式推进政府职能转变,进一步放宽市场主体准入条件,激发社会投资活力,依据2013年12月28日第十二届全国人民代表大会常务委员会第六次会议通过的修改公司法的决定,落实《注册资本登记制度改革方案》关于注册资本实缴登记改为认缴登记、年度检验验照制度改为年度报告公示制度,以及完善信用约束机制的内容,国务院对涉及的行政法规进行了清理。经过清理,国务院决定:

……

三、对《中华人民共和国中外合资经营企业法实施条例》作出修改

第十三条第四项修改为:"合营企业的投资总额,注册资本,合营各方的出资额、出资比例、出资方式、出资缴付期限、股权转让的规定,利润分配和亏损分担的比例"。

……

---

① 编者注:部分废止。

② 编者注:部分废止。

国务院关于修改部分行政法规的决定（节录）①

（2019 年 3 月 2 日中华人民共和国国务院令第 709 号公布　自公布之日起施行）

为了全面落实党的十九届三中全会审议通过的《中共中央关于深化党和国家机构改革的决定》、《深化党和国家机构改革方案》和十三届全国人大一次会议批准的《国务院机构改革方案》，确保行政机关依法履行职责；进一步推进简政放权、放管结合、优化服务改革，更大程度激发市场、社会的创新创造活力，国务院对机构改革、政府职能转变和"放管服"改革涉及的有关行政法规进行了清理。经过清理，国务院决定：对 49 部行政法规的部分条款予以修改。

……

三十三、删去《中华人民共和国中外合资经营企业法实施条例》第四十三条第二款第三项、第四项。

……

本决定自公布之日起施行。

中华人民共和国中外合资经营企业法实施条例②

（1983 年 9 月 20 日国务院发布　根据 1986 年 1 月 15 日国务院《关于〈中华人民共和国中外合资经营企业法实施条例〉第一百条的修订》第一次修订　根据 1987 年 12 月 21 日《国务院关于修订〈中华人民共和国中外合资经营企业法实施条例〉第八十条第三款的通知》第二次修订　根据 2001 年 7 月 22 日《国务院关于修改〈中华人民共和国中外合资经营企业法实施条例〉的决定》第三次修订　根据 2011 年 1 月 8 日《国务院关于废止和修改部分行政法规的决定》第四次修订　根据 2014 年 2 月 19 日《国务院关于废止和修改部分行政法规的决定》第五次修订　根据 2019 年 3 月 2 日《国务院关于修改部分行政法规的决定》第六次修订）

第一章　总　　则

第一条　为了便于《中华人民共和国中外合资经营企业法》（以下简称《中外合资经营企业法》）的顺利实施，制定本条例。

第二条　依照《中外合资经营企业法》批准在中国境内设立的中外合资经营企业（以下简称合营企业）是中国的法人，受中国法律的管辖和保护。

第三条　在中国境内设立的合营企业，应当能够促进中国经济的发展和科学技术水平的提高，有利于社会主义现代化建设。

国家鼓励、允许、限制或者禁止设立合营企业的行业，按照国家指导外商投资方向的规定及外商投资产业指导目录执行。

第四条　申请设立合营企业有下列情况之一的，不予批准：

（一）有损中国主权的；

（二）违反中国法律的；

（三）不符合中国国民经济发展要求的；

（四）造成环境污染的；

（五）签订的协议、合同、章程显属不公平，损害合营一方权益的。

第五条　在中国法律、法规和合营企业协议、合同、章程规定的范围内，合营企业有权自主地进行经营管理。各有关部门应当给予支持和帮助。

第二章　设立与登记

第六条　在中国境内设立合营企业，必须经中华人民共和国对外贸易经济合作部（以下简称对外贸易经济合作部）审查批准。批准后，由对外贸易经济合作部发给批准证书。

凡具备下列条件的，国务院授权省、自治区、直辖市人民政府或者国务院有关部门审批：

（一）投资总额在国务院规定的投资审批权限以内，中国合营者的资金来源已经落实的；

（二）不需要国家增拨原材料，不影响燃料、动力、交通运输、外贸出口配额等方面的全国平衡的。

依照前款批准设立的合营企业，应当报对外

① 编者注：部分废止。

② 编者注：已废止。

贸易经济合作部备案。

对外贸易经济合作部和国务院授权的省、自治区、直辖市人民政府或者国务院有关部门,以下统称审批机构。

第七条　申请设立合营企业,由中外合营者共同向审批机构报送下列文件:

(一)设立合营企业的申请书;

(二)合营各方共同编制的可行性研究报告;

(三)由合营各方授权代表签署的合营企业协议、合同和章程;

(四)由合营各方委派的合营企业董事长、副董事长、董事人选名单;

(五)审批机构规定的其他文件。

前款所列文件必须用中文书写,其中第(二)、(三)、(四)项文件可以同时用合营各方商定的一种外文书写。两种文字书写的文件具有同等效力。

审批机构发现报送的文件有不当之处的,应当要求限期修改。

第八条　审批机构自接到本条例第七条规定的全部文件之日起,3个月内决定批准或者不批准。

第九条　申请者应当自收到批准证书之日起1个月内,按照国家有关规定,向工商行政管理机关(以下简称登记管理机构)办理登记手续。合营企业的营业执照签发日期,即为该合营企业的成立日期。

第十条　本条例所称合营企业协议,是指合营各方对设立合营企业的某些要点和原则达成一致意见而订立的文件;所称合营企业合同,是指合营各方为设立合营企业就相互权利、义务关系达成一致意见而订立的文件;所称合营企业章程,是指按照合营企业合同规定的原则,经合营各方一致同意,规定合营企业的宗旨、组织原则和经营管理方法等事项的文件。

合营企业协议与合营企业合同有抵触时,以合营企业合同为准。

经合营各方同意,也可以不订立合营企业协议而只订立合营企业合同、章程。

第十一条　合营企业合同应当包括下列主要内容:

(一)合营各方的名称、注册国家、法定地址和法定代表人的姓名、职务、国籍;

(二)合营企业名称、法定地址、宗旨、经营范围和规模;

(三)合营企业的投资总额,注册资本,合营各方的出资额、出资比例、出资方式、出资的缴付期限以及出资额欠缴、股权转让的规定;

(四)合营各方利润分配和亏损分担的比例;

(五)合营企业董事会的组成、董事名额的分配以及总经理、副总经理及其他高级管理人员的职责、权限和聘用办法;

(六)采用的主要生产设备、生产技术及其来源;

(七)原材料购买和产品销售方式;

(八)财务、会计、审计的处理原则;

(九)有关劳动管理、工资、福利、劳动保险等事项的规定;

(十)合营企业期限、解散及清算程序;

(十一)违反合同的责任;

(十二)解决合营各方之间争议的方式和程序;

(十三)合同文本采用的文字和合同生效的条件。

合营企业合同的附件,与合营企业合同具有同等效力。

第十二条　合营企业合同的订立、效力、解释、执行及其争议的解决,均应当适用中国的法律。

第十三条　合营企业章程应当包括下列主要内容:

(一)合营企业名称及法定地址;

(二)合营企业的宗旨、经营范围和合营期限;

(三)合营各方的名称、注册国家、法定地址、法定代表人的姓名、职务、国籍;

(四)合营企业的投资总额,注册资本,合营各方的出资额、出资比例、出资方式、出资缴付期限、股权转让的规定,利润分配和亏损分担的比例;

(五)董事会的组成、职权和议事规则,董事的任期,董事长、副董事长的职责;

(六)管理机构的设置,办事规则,总经理、副总经理及其他高级管理人员的职责和任免方法；

（七）财务、会计、审计制度的原则；

（八）解散和清算；

（九）章程修改的程序。

第十四条 合营企业协议、合同和章程经审批机构批准后生效，其修改时同。

第十五条 审批机构和登记管理机构对合营企业合同、章程的执行负有监督检查的责任。

第三章 组织形式与注册资本

第十六条 合营企业为有限责任公司。

合营各方对合营企业的责任以各自认缴的出资额为限。

第十七条 合营企业的投资总额（含企业借款），是指按照合营企业合同、章程规定的生产规模需要投入的基本建设资金和生产流动资金的总和。

第十八条 合营企业的注册资本，是指为设立合营企业在登记管理机构登记的资本总额，应为合营各方认缴的出资额之和。

合营企业的注册资本一般应当以人民币表示，也可以用合营各方约定的外币表示。

第十九条 合营企业在合营期内不得减少其注册资本。因投资总额和生产经营规模等发生变化，确需减少的，须经审批机构批准。

第二十条 合营一方向第三者转让其全部或者部分股权的，须经合营他方同意，并报审批机构批准，向登记管理机构办理变更登记手续。

合营一方转让其全部或者部分股权时，合营他方有优先购买权。

合营一方向第三者转让股权的条件，不得比向合营他方转让的条件优惠。

违反上述规定的，其转让无效。

第二十一条 合营企业注册资本的增加、减少，应当由董事会会议通过，并报审批机构批准，向登记管理机构办理变更登记手续。

第四章 出资方式

第二十二条 合营者可以用货币出资，也可以用建筑物、厂房、机器设备或者其他物料、工业产权、专有技术、场地使用权等作价出资。以建筑物、厂房、机器设备或者其他物料、工业产权、专有技术作为出资的，其作价由合营各方按照公平合理的原则协商确定，或者聘请合营各方同意的第三者评定。

第二十三条 外国合营者出资的外币，按缴款当日中国人民银行公布的基准汇率折算成人民币或者套算成约定的外币。

中国合营者出资的人民币现金，需要折算成外币的，按缴款当日中国人民银行公布的基准汇率折算。

第二十四条 作为外国合营者出资的机器设备或者其他物料，应当是合营企业生产所必需的。

前款所指机器设备或者其他物料的作价，不得高于同类机器设备或者其他物料当时的国际市场价格。

第二十五条 作为外国合营者出资的工业产权或者专有技术，必须符合下列条件之一：

（一）能显著改进现有产品的性能、质量，提高生产效率的；

（二）能显著节约原材料、燃料、动力的。

第二十六条 外国合营者以工业产权或者专有技术作为出资，应当提交该工业产权或者专有技术的有关资料，包括专利证书或者商标注册证书的复制件、有效状况及其技术特性、实用价值、作价的计算根据、与中国合营者签订的作价协议等有关文件，作为合营合同的附件。

第二十七条 外国合营者作为出资的机器设备或者其他物料、工业产权或者专有技术，应当报审批机构批准。

第二十八条 合营各方应当按照合同规定的期限缴清各自的出资额。逾期未缴或者未缴清的，应当按合同规定支付迟延利息或者赔偿损失。

第二十九条 合营各方缴付出资额后，应当由中国的注册会计师验证，出具验资报告后，由合营企业据以发给出资证明书。出资证明书载明下列事项：合营企业名称；合营企业成立的年、月、日；合营者名称（或者姓名）及其出资额、出资的年、月、日；发给出资证明书的年、月、日。

第五章 董事会与经营管理机构

第三十条 董事会是合营企业的最高权力

机构,决定合营企业的一切重大问题。

第三十一条　董事会成员不得少于3人。董事名额的分配由合营各方参照出资比例协商确定。

董事的任期为4年,经合营各方继续委派可以连任。

第三十二条　董事会会议每年至少召开1次,由董事长负责召集并主持。董事长不能召集时,由董事长委托副董事长或者其他董事负责召集并主持董事会会议。经1/3以上董事提议,可以由董事长召开董事会临时会议。

董事会会议应当有2/3以上董事出席方能举行。董事不能出席的,可以出具委托书委托他人代表其出席和表决。

董事会会议一般应当在合营企业法定地址所在地举行。

第三十三条　下列事项由出席董事会会议的董事一致通过方可作出决议:

(一)合营企业章程的修改;

(二)合营企业的中止、解散;

(三)合营企业注册资本的增加、减少;

(四)合营企业的合并、分立。

其他事项,可以根据合营企业章程载明的议事规则作出决议。

第三十四条　董事长是合营企业的法定代表人。董事长不能履行职责时,应当授权副董事长或者其他董事代表合营企业。

第三十五条　合营企业设经营管理机构,负责企业的日常经营管理工作。经营管理机构设总经理1人,副总经理若干人。副总经理协助总经理工作。

第三十六条　总经理执行董事会会议的各项决议,组织领导合营企业的日常经营管理工作。在董事会授权范围内,总经理对外代表合营企业,对内任免下属人员,行使董事会授予的其他职权。

第三十七条　总经理、副总经理由合营企业董事会聘请,可以由中国公民担任,也可以由外国公民担任。

经董事会聘请,董事长、副董事长、董事可以兼任合营企业的总经理、副总经理或者其他高级管理职务。

总经理处理重要问题时,应当同副总经理协商。

总经理或者副总经理不得兼任其他经济组织的总经理或者副总经理,不得参与其他经济组织对本企业的商业竞争。

第三十八条　总经理、副总经理及其他高级管理人员有营私舞弊或者严重失职行为的,经董事会决议可以随时解聘。

第三十九条　合营企业需要在国外和港澳地区设立分支机构(含销售机构)时,应当报对外贸易经济合作部批准。

第六章　引进技术

第四十条　本条例所称引进技术,是指合营企业通过技术转让的方式,从第三者或者合营者获得所需要的技术。

第四十一条　合营企业引进的技术应当是适用的、先进的,使其产品在国内具有显著的社会经济效益或者在国际市场上具有竞争能力。

第四十二条　在订立技术转让协议时,必须维护合营企业独立进行经营管理的权利,并参照本条例第二十六条的规定,要求技术输出方提供有关的资料。

第四十三条　合营企业订立的技术转让协议,应当报审批机构批准。

技术转让协议必须符合下列规定:

(一)技术使用费应当公平合理;

(二)除双方另有协议外,技术输出方不得限制技术输入方出口其产品的地区、数量和价格;

(三)订立技术转让协议双方,相互交换改进技术的条件应当对等;

(四)技术输入方有权按自己认为合适的来源购买需要的机器设备、零部件和原材料;

(五)不得含有为中国的法律、法规所禁止的不合理的限制性条款。

第七章　场地使用权及其费用

第四十四条　合营企业使用场地,必须贯彻执行节约用地的原则。所需场地,应当由合营企业向所在地的市(县)级土地主管部门提出申请,经审查批准后,通过签订合同取得场地使用权。

合同应当订明场地面积、地点、用途、合同期限、场地使用权的费用(以下简称场地使用费)、双方的权利与义务、违反合同的罚则等。

第四十五条 合营企业所需场地的使用权,已为中国合营者所拥有的,中国合营者可以将其作为对合营企业的出资,其作价金额应当与取得同类场地使用权所应缴纳的使用费相同。

第四十六条 场地使用费标准应当根据该场地的用途、地理环境条件、征地拆迁安置费用和合营企业对基础设施的要求等因素,由所在地的省、自治区、直辖市人民政府规定,并向对外贸易经济合作部和国家土地主管部门备案。

第四十七条 从事农业、畜牧业的合营企业,经所在地的省、自治区、直辖市人民政府同意,可以按合营企业营业收入的百分比向所在地的土地主管部门缴纳场地使用费。

在经济不发达地区从事开发性的项目,场地使用费经所在地人民政府同意,可以给予特别优惠。

第四十八条 场地使用费在开始用地的5年内不调整。以后随着经济的发展、供需情况的变化和地理环境条件的变化需要调整时,调整的间隔期应当不少于3年。

场地使用费作为中国合营者投资的,在该合同期限内不得调整。

第四十九条 合营企业按本条例第四十四条取得的场地使用权,其场地使用费应当按合同规定的用地时间从开始时起按年缴纳,第一日历年用地时间超过半年的按半年计算;不足半年的免缴。在合同期内,场地使用费如有调整,应当自调整的年度起按新的费用标准缴纳。

第五十条 合营企业除依照本章规定取得场地使用权外,还可以按照国家有关规定取得场地使用权。

第八章 购买与销售

第五十一条 合营企业所需的机器设备、原材料、燃料、配套件、运输工具和办公用品等(以下简称物资),有权自行决定在中国购买或者向国外购买。

第五十二条 合营企业需要在中国购置的办公、生活用品,按需要量购买,不受限制。

第五十三条 中国政府鼓励合营企业向国际市场销售其产品。

第五十四条 合营企业有权自行出口其产品,也可以委托外国合营者的销售机构或者中国的外贸公司代销或者经销。

第五十五条 合营企业在合营合同规定的经营范围内,进口本企业生产所需的机器设备、零配件、原材料、燃料,凡属国家规定需要领取进口许可证的,每年编制一次计划,每半年申领一次。外国合营者作为出资的机器设备或者其他物料,可以凭审批机构的批准文件直接办理进口许可证进口。超出合营合同规定范围进口的物资,凡国家规定需要领取进口许可证的,应当另行申领。

合营企业生产的产品,可以自主经营出口,凡属国家规定需要领取出口许可证的,合营企业按照本企业的年度出口计划,每半年申领一次。

第五十六条 合营企业在国内购买物资的价格以及支付水、电、气、热、货物运输、劳务、工程设计、咨询、广告等服务的费用,享受与国内其他企业同等的待遇。

第五十七条 合营企业与中国其他经济组织之间的经济往来,按照有关的法律规定和双方订立的合同承担经济责任,解决合同争议。

第五十八条 合营企业应当依照《中华人民共和国统计法》及中国利用外资统计制度的规定,提供统计资料,报送统计报表。

第九章 税 务

第五十九条 合营企业应当按照中华人民共和国有关法律的规定,缴纳各种税款。

第六十条 合营企业的职工应当按照《中华人民共和国个人所得税法》缴纳个人所得税。

第六十一条 合营企业进口下列物资,依照中国税法的有关规定减税、免税:

(一)按照合同规定作为外国合营者出资的机器设备、零部件和其他物料(其他物料系指合营企业建厂(场)以及安装、加固机器所需材料,下同);

(二)合营企业以投资总额以内的资金进口的机器设备、零部件和其他物料;

(三)经审批机构批准,合营企业以增加资本所进口的国内不能保证生产供应的机器设备、零部件和其他物料；

（四）合营企业为生产出口产品，从国外进口的原材料、辅料、元器件、零部件和包装物料。

上述减税、免税进口物资，经批准在中国国内转卖或者转用于在中国国内销售的产品，应当照章纳税或者补税。

第六十二条　合营企业生产的出口产品，除中国限制出口的以外，依照中国税法的有关规定减税、免税或者退税。

第十章　外汇管理

第六十三条　合营企业的一切外汇事宜，按照《中华人民共和国外汇管理条例》和有关管理办法的规定办理。

第六十四条　合营企业凭营业执照，在境内银行开立外汇账户和人民币账户，由开户银行监督收付。

第六十五条　合营企业在国外或者港澳地区的银行开立外汇账户，应当经国家外汇管理局或者其分局批准，并向国家外汇管理局或者其分局报告收付情况和提供银行对账单。

第六十六条　合营企业在国外或者港澳地区设立的分支机构，其年度资产负债表和年度利润表，应当通过合营企业报送国家外汇管理局或者其分局。

第六十七条　合营企业根据经营业务的需要，可以向境内的金融机构申请外汇贷款和人民币贷款，也可以按照国家有关规定从国外或者港澳地区的银行借入外汇资金，并向国家外汇管理局或者其分局办理登记或者备案手续。

第六十八条　合营企业的外籍职工和港澳职工的工资和其他正当收益，依法纳税后，减去在中国境内的花费，其剩余部分可以按照国家有关规定购汇汇出。

第十一章　财务与会计

第六十九条　合营企业的财务与会计制度，应当按照中国有关法律和财务会计制度的规定，结合合营企业的情况加以制定，并报当地财政部门、税务机关备案。

第七十条　合营企业设总会计师，协助总经理负责企业的财务会计工作。必要时，可以设副总会计师。

第七十一条　合营企业设审计师（小的企业可以不设），负责审查、稽核合营企业的财务收支和会计账目，向董事会、总经理提出报告。

第七十二条　合营企业会计年度采用日历年制，自公历每年1月1日起至12月31日止为一个会计年度。

第七十三条　合营企业会计采用国际通用的权责发生制和借贷记账法记账。一切自制凭证、账簿、报表必须用中文书写，也可以同时用合营各方商定的一种外文书写。

第七十四条　合营企业原则上采用人民币作为记账本位币，经合营各方商定，也可以采用某一种外国货币作为记账本位币。

第七十五条　合营企业的账目，除按记账本位币记录外，对于现金、银行存款、其他货币款项以及债权债务、收益和费用等，与记账本位币不一致时，还应当按实际收付的货币记账。

以外国货币作为记账本位币的合营企业，其编报的财务会计报告应当折算为人民币。

因汇率的差异而发生的折合记账本位币差额，作为汇兑损益列账。记账汇率变动，有关外币各账户的账面余额，于年终结账时，应当按照中国有关法律和财务会计制度的规定进行会计处理。

第七十六条　合营企业按照《中华人民共和国企业所得税法》缴纳所得税后的利润分配原则如下：

（一）提取储备基金、职工奖励及福利基金、企业发展基金，提取比例由董事会确定；

（二）储备基金除用于垫补合营企业亏损外，经审批机构批准也可以用于本企业增加资本，扩大生产；

（三）按照本条第（一）项规定提取三项基金后的可分配利润，董事会确定分配的，应当按合营各方的出资比例进行分配。

第七十七条　以前年度的亏损未弥补前不得分配利润。以前年度未分配的利润，可以并入本年度利润分配。

第七十八条　合营企业应当向合营各方、当地税务机关和财政部门报送季度和年度会计报表。

第七十九条　合营企业的下列文件、证件、报表,应当经中国的注册会计师验证和出具证明,方为有效:

(一)合营各方的出资证明书(以物料、场地使用权、工业产权、专有技术作为出资的,应当包括合营各方签字同意的财产估价清单及其协议文件);

(二)合营企业的年度会计报表;

(三)合营企业清算的会计报表。

第十二章　职　　工

第八十条　合营企业职工的招收、招聘、辞退、辞职、工资、福利、劳动保险、劳动保护、劳动纪律等事宜,按照国家有关劳动和社会保障的规定办理。

第八十一条　合营企业应当加强对职工的业务、技术培训,建立严格的考核制度,使他们在生产、管理技能方面能够适应现代化企业的要求。

第八十二条　合营企业的工资、奖励制度必须符合按劳分配、多劳多得的原则。

第八十三条　正副总经理、正副总工程师、正副总会计师、审计师等高级管理人员的工资待遇,由董事会决定。

第十三章　工　　会

第八十四条　合营企业职工有权按照《中华人民共和国工会法》和《中国工会章程》的规定,建立基层工会组织,开展工会活动。

第八十五条　合营企业工会是职工利益的代表,有权代表职工同合营企业签订劳动合同,并监督合同的执行。

第八十六条　合营企业工会的基本任务是:依法维护职工的民主权利和物质利益;协助合营企业安排和合理使用福利、奖励基金;组织职工学习政治、科学、技术和业务知识,开展文艺、体育活动;教育职工遵守劳动纪律,努力完成企业的各项经济任务。

第八十七条　合营企业董事会会议讨论合营企业的发展规划、生产经营活动等重大事项时,工会的代表有权列席会议,反映职工的意见和要求。

董事会会议研究决定有关职工奖惩、工资制度、生活福利、劳动保护和保险等问题时,工会的代表有权列席会议,董事会应当听取工会的意见,取得工会的合作。

第八十八条　合营企业应当积极支持本企业工会的工作。合营企业应当按照《中华人民共和国工会法》的规定为工会组织提供必要的房屋和设备,用于办公、会议、举办职工集体福利、文化、体育事业。合营企业每月按企业职工实际工资总额的2%拨交工会经费,由本企业工会按照中华全国总工会制定的有关工会经费管理办法使用。

第十四章　期限、解散与清算

第八十九条　合营企业的合营期限,按照《中外合资经营企业合营期限暂行规定》执行。

第九十条　合营企业在下列情况下解散:

(一)合营期限届满;

(二)企业发生严重亏损,无力继续经营;

(三)合营一方不履行合营企业协议、合同、章程规定的义务,致使企业无法继续经营;

(四)因自然灾害、战争等不可抗力遭受严重损失,无法继续经营;

(五)合营企业未达到其经营目的,同时又无发展前途;

(六)合营企业合同、章程所规定的其他解散原因已经出现。

前款第(二)、(四)、(五)、(六)项情况发生的,由董事会提出解散申请书,报审批机构批准;第(三)项情况发生的,由履行合同的一方提出申请,报审批机构批准。

在本条第一款第(三)项情况下,不履行合营企业协议、合同、章程规定的义务一方,应当对合营企业由此造成的损失负赔偿责任。

第九十一条　合营企业宣告解散时,应当进行清算。合营企业应当依法成立清算委员会,由清算委员会负责清算事宜。

第九十二条　清算委员会的成员一般应当在合营企业的董事中选任。董事不能担任或者不适合担任清算委员会成员时,合营企业可以聘请中国的注册会计师、律师担任。审批机构认为必要时,可以派人进行监督。

清算费用和清算委员会成员的酬劳应当从

合营企业现存财产中优先支付。

第九十三条　清算委员会的任务是对合营企业的财产、债权、债务进行全面清查，编制资产负债表和财产目录，提出财产作价和计算依据，制定清算方案，提请董事会会议通过后执行。

清算期间，清算委员会代表该合营企业起诉和应诉。

第九十四条　合营企业以其全部资产对其债务承担责任。合营企业清偿债务后的剩余财产按照合营各方的出资比例进行分配，但合营企业协议、合同、章程另有规定的除外。

合营企业解散时，其资产净额或者剩余财产减除企业未分配利润、各项基金和清算费用后的余额，超过实缴资本的部分为清算所得，应当依法缴纳所得税。

第九十五条　合营企业的清算工作结束后，由清算委员会提出清算结束报告，提请董事会会议通过后，报告审批机构，并向登记管理机构办理注销登记手续，缴销营业执照。

第九十六条　合营企业解散后，各项账册及文件应当由原中国合营者保存。

第十五章　争议的解决

第九十七条　合营各方在解释或者履行合营企业协议、合同、章程时发生争议的，应当尽量通过友好协商或者调解解决。经过协商或者调解无效的，提请仲裁或者司法解决。

第九十八条　合营各方根据有关仲裁的书面协议，可以在中国的仲裁机构进行仲裁，也可以在其他仲裁机构仲裁。

第九十九条　合营各方之间没有有关仲裁的书面协议的，发生争议的任何一方都可以依法向人民法院起诉。

第一百条　在解决争议期间，除争议事项外，合营各方应当继续履行合营企业协议、合同、章程所规定的其他各项条款。

第十六章　附　　则

第一百零一条　合营企业的外籍职工和港澳职工（包括其家属），需要经常入、出中国国境的，中国主管签证机关可以简化手续，予以方便。

第一百零二条　合营企业的中国职工，因工作需要出国（境）考察、洽谈业务、学习或者接受培训，按照国家有关规定办理出国（境）手续。

第一百零三条　合营企业的外籍职工和港澳职工，可以带进必需的交通工具和办公用品，按照中国税法的有关规定纳税。

第一百零四条　在经济特区设立的合营企业，法律、行政法规另有规定的，从其规定。

第一百零五条　本条例自公布之日起施行。

中华人民共和国
中外合作经营企业法①

（1988年4月13第七届全国人民代表大会第一次会议通过　1988年4月13日中华人民共和国主席令第4号公布　自公布之日起施行）

第一条　为了扩大对外经济合作和技术交流，促进外国的企业和其他经济组织或者个人（以下简称外国合作者）按照平等互利的原则，同中华人民共和国的企业或者其他经济组织（以下简称中国合作者）在中国境内共同举办中外合作经营企业（以下简称合作企业），特制定本法。

第二条　中外合作者举办合作企业，应当依照本法的规定，在合作企业合同中约定投资或者合作条件、收益或者产品的分配、风险和亏损的分担、经营管理的方式和合作企业终止时财产的归属等事项。

合作企业符合中国法律关于法人条件的规定的，依法取得中国法人资格。

第三条　国家依法保护合作企业和中外合作者的合法权益。

合作企业必须遵守中国的法律、法规，不得损害中国的社会公共利益。

国家有关机关依法对合作企业实行监督。

第四条　国家鼓励举办产品出口的或者技术先进的生产型合作企业。

第五条　申请设立合作企业，应当将中外合作者签订的协议、合同、章程等文件报国务院对

①　编者注：已废止。

外经济贸易主管部门或者国务院授权的部门和地方政府(以下简称审查批准机关)审查批准。审查批准机关应当自接到申请之日起四十五天内决定批准或者不批准。

第六条 设立合作企业的申请经批准后,应当自接到批准证书之日起三十天内向工商行政管理机关申请登记,领取营业执照。合作企业的营业执照签发日期,为该企业的成立日期。

合作企业应当自成立之日起三十天内向税务机关办理税务登记。

第七条 中外合作者在合作期限内协商同意对合作企业合同作重大变更的,应当报审查批准机关批准;变更内容涉及法定工商登记项目、税务登记项目的,应当向工商行政管理机关、税务机关办理变更登记手续。

第八条 中外合作者的投资或者提供的合作条件可以是现金、实物、土地使用权、工业产权、非专利技术和其他财产权利。

第九条 中外合作者应当依照法律、法规的规定和合作企业合同的约定,如期履行缴足投资、提供合作条件的义务。逾期不履行的,由工商行政管理机关限期履行;限期届满仍未履行的,由审查批准机关和工商行政管理机关依照国家有关规定处理。

中外合作者的投资或者提供的合作条件,由中国注册会计师或者有关机构验证并出具证明。

第十条 中外合作者的一方转让其在合作企业合同中的全部或者部分权利、义务的,必须经他方同意,并报审查批准机关批准。

第十一条 合作企业依照经批准的合作企业合同、章程进行经营管理活动。合作企业的经营管理自主权不受干涉。

第十二条 合作企业应当设立董事会或者联合管理机构,依照合作企业合同或者章程的规定,决定合作企业的重大问题。中外合作者的一方担任董事会的董事长、联合管理机构的主任的,由他方担任副董事长、副主任。董事会或者联合管理机构可以决定任命或者聘请总经理负责合作企业的日常经营管理工作。总经理对董事会或者联合管理机构负责。

合作企业成立后改为委托中外合作者以外的他人经营管理的,必须经董事会或者联合管理机构一致同意,报审查批准机关批准,并向工商行政管理机关办理变更登记手续。

第十三条 合作企业职工的录用、辞退、报酬、福利、劳动保护、劳动保险等事项,应当依法通过订立合同加以规定。

第十四条 合作企业的职工依法建立工会组织,开展工会活动,维护职工的合法权益。合作企业应当为本企业工会提供必要的活动条件。

第十五条 合作企业必须在中国境内设置会计帐簿,依照规定报送会计报表,并接受财政税务机关的监督。

合作企业违反前款规定,不在中国境内设置会计帐簿的,财政税务机关可以处以罚款,工商行政管理机关可以责令停止营业或者吊销其营业执照。

第十六条 合作企业应当凭营业执照在国家外汇管理机关允许经营外汇业务的银行或者其他金融机构开立外汇帐户。

合作企业的外汇事宜,依照国家有关外汇管理的规定办理。

第十七条 合作企业可以向中国境内的金融机构借款,也可以在中国境外借款。

中外合作者用作投资或者合作条件的借款及其担保,由各方自行解决。

第十八条 合作企业的各项保险应当向中国境内的保险机构投保。

第十九条 合作企业可以在经批准的经营范围内,进口本企业需要的物资,出口本企业生产的产品。合作企业在经批准的经营范围内所需的原材料、燃料等物资,可以在国内市场购买,也可以在国际市场购买。

第二十条 合作企业应当自行解决外汇收支平衡。合作企业不能自行解决外汇收支平衡的,可以依照国家规定申请有关机关给予协助。

第二十一条 合作企业依照国家有关税收的规定缴纳税款并可以享受减税、免税的优惠待遇。

第二十二条 中外合作者依照合作企业合同的约定,分配收益或者产品,承担风险和亏损。

中外合作者在合作企业合同中约定合作期满时合作企业的全部固定资产归中国合作者所有的,可以在合作企业合同中约定外国合作者在合作期限内先行回收投资的办法。合作企业合同约定外国合作者在缴纳所得税前回收投资的，必须向财政税务机关提出申请，由财政税务机关依照国家有关税收的规定审查批准。

依照前款规定外国合作者在合作期限内先行回收投资的，中外合作者应当依照有关法律的规定和合作企业合同的约定对合作企业的债务承担责任。

第二十三条　外国合作者在履行法律规定和合作企业合同约定的义务后分得的利润、其他合法收入和合作企业终止时分得的资金，可以依法汇往国外。

合作企业的外籍职工的工资收入和其他合法收入，依法缴纳个人所得税后，可以汇往国外。

第二十四条　合作企业期满或者提前终止时，应当依照法定程序对资产和债权、债务进行清算。中外合作者应当依照合作企业合同的约定确定合作企业财产的归属。

第二十五条　合作企业的合作期限由中外合作者协商并在合作企业合同中订明。中外合作者同意延长合作期限的，应当在距合作期满一百八十天前向审查批准机关提出申请。审查批准机关应当自接到申请之日起三十天内决定批准或者不批准。

第二十六条　中外合作者履行合作企业合同、章程发生争议时，应当通过协商或者调解解决。中外合作者不愿通过协商、调解解决的，或者协商、调解不成的，可以依照合作企业合同中的仲裁条款或者事后达成的书面仲裁协议，提交中国仲裁机构或者其他仲裁机构仲裁。

中外合作者没有在合作企业合同中订立仲裁条款，事后又没有达成书面仲裁协议的，可以向中国法院起诉。

第二十七条　国务院对外经济贸易主管部门根据本法制定实施细则，报国务院批准后施行。

第二十八条　本法自公布之日起施行。

全国人民代表大会常务委员会关于修改《中华人民共和国中外合作经营企业法》的决定[①]

（2000年10月31日第九届全国人民代表大会常务委员会第十八次会议通过　2000年10月31日中华人民共和国主席令第40号公布　自公布之日起施行）

第九届全国人民代表大会常务委员会第十八次会议决定对《中华人民共和国中外合作经营企业法》作如下修改：

一、将第十九条修改为："合作企业可以在经批准的经营范围内，进口本企业需要的物资，出口本企业生产的产品。合作企业在经批准的经营范围内所需的原材料、燃料等物资，按照公平、合理的原则，可以在国内市场或者在国际市场购买。"

二、删去第二十条。

此外，根据本决定对部分条文的顺序作相应调整。

本决定自公布之日起施行。

《中华人民共和国中外合作经营企业法》根据本决定作相应的修改，重新公布。

中华人民共和国中外合作经营企业法[②]

（1988年4月13日第七届全国人民代表大会第一次会议通过　根据2000年10月31日第九届全国人民代表大会常务委员会第十八次会议《关于修改〈中华人民共和国中外合作经营企业法〉的决定》修正）

第一条　为了扩大对外经济合作和技术交流，促进外国的企业和其他经济组织或者个人（以下简称外国合作者）按照平等互利的原则，同中华人民共和国的企业或者其他经济组织（以下

① 编者注：已废止。

② 编者注：已废止。

简称中国合作者)在中国境内共同举办中外合作经营企业(以下简称合作企业),特制定本法。

第二条 中外合作者举办合作企业,应当依照本法的规定,在合作企业合同中约定投资或者合作条件、收益或者产品的分配、风险和亏损的分担、经营管理的方式和合作企业终止时财产的归属等事项。

合作企业符合中国法律关于法人条件的规定的,依法取得中国法人资格。

第三条 国家依法保护合作企业和中外合作者的合法权益。

合作企业必须遵守中国的法律、法规,不得损害中国的社会公共利益。

国家有关机关依法对合作企业实行监督。

第四条 国家鼓励举办产品出口的或者技术先进的生产型合作企业。

第五条 申请设立合作企业,应当将中外合作者签订的协议、合同、章程等文件报国务院对外经济贸易主管部门或者国务院授权的部门和地方政府(以下简称审查批准机关)审查批准。审查批准机关应当自接到申请之日起45天内决定批准或者不批准。

第六条 设立合作企业的申请经批准后,应当自接到批准证书之日起30天内向工商行政管理机关申请登记,领取营业执照。合作企业的营业执照签发日期,为该企业的成立日期。

合作企业应当自成立之日起30天内向税务机关办理税务登记。

第七条 中外合作者在合作期限内协商同意对合作企业合同作重大变更的,应当报审查批准机关批准;变更内容涉及法定工商登记项目、税务登记项目的,应当向工商行政管理机关、税务机关办理变更登记手续。

第八条 中外合作者的投资或者提供的合作条件可以是现金、实物、土地使用权、工业产权、非专利技术和其他财产权利。

第九条 中外合作者应当依照法律、法规的规定和合作企业合同的约定,如期履行缴足投资、提供合作条件的义务。逾期不履行的,由工商行政管理机关限期履行;限期届满仍未履行的,由审查批准机关和工商行政管理机关依照国家有关规定处理。

中外合作者的投资或者提供的合作条件,由中国注册会计师或者有关机构验证并出具证明。

第十条 中外合作者的一方转让其在合作企业合同中的全部或者部分权利、义务的,必须经他方同意,并报审查批准机关批准。

第十一条 合作企业依照经批准的合作企业合同、章程进行经营管理活动。合作企业的经营管理自主权不受干涉。

第十二条 合作企业应当设立董事会或者联合管理机构,依照合作企业合同或者章程的规定,决定合作企业的重大问题。中外合作者的一方担任董事会的董事长、联合管理机构的主任的,由他方担任副董事长、副主任。董事会或者联合管理机构可以决定任命或者聘请总经理负责合作企业的日常经营管理工作。总经理对董事会或者联合管理机构负责。

合作企业成立后改为委托中外合作者以外的他人经营管理的,必须经董事会或者联合管理机构一致同意,报审查批准机关批准,并向工商行政管理机关办理变更登记手续。

第十三条 合作企业职工的录用、辞退、报酬、福利、劳动保护、劳动保险等事项,应当依法通过订立合同加以规定。

第十四条 合作企业的职工依法建立工会组织,开展工会活动,维护职工的合法权益。

合作企业应当为本企业工会提供必要的活动条件。

第十五条 合作企业必须在中国境内设置会计账簿,依照规定报送会计报表,并接受财政税务机关的监督。

合作企业违反前款规定,不在中国境内设置会计账簿的,财政税务机关可以处以罚款,工商行政管理机关可以责令停止营业或者吊销其营业执照。

第十六条 合作企业应当凭营业执照在国家外汇管理机关允许经营外汇业务的银行或者其他金融机构开立外汇账户。

合作企业的外汇事宜,依照国家有关外汇管理的规定办理。

第十七条 合作企业可以向中国境内的金融机构借款,也可以在中国境外借款。

中外合作者用作投资或者合作条件的借款

及其担保，由各方自行解决。

第十八条　合作企业的各项保险应当向中国境内的保险机构投保。

第十九条　合作企业可以在经批准的经营范围内，进口本企业需要的物资，出口本企业生产的产品。合作企业在经批准的经营范围内所需的原材料、燃料等物资，按照公平、合理的原则，可以在国内市场或者在国际市场购买。

第二十条　合作企业依照国家有关税收的规定缴纳税款并可以享受减税、免税的优惠待遇。

第二十一条　中外合作者依照合作企业合同的约定，分配收益或者产品，承担风险和亏损。

中外合作者在合作企业合同中约定合作期满时合作企业的全部固定资产归中国合作者所有的，可以在合作企业合同中约定外国合作者在合作期限内先行回收投资的办法。合作企业合同约定外国合作者在缴纳所得税前回收投资的，必须向财政税务机关提出申请，由财政税务机关依照国家有关税收的规定审查批准。

依照前款规定外国合作者在合作期限内先行回收投资的，中外合作者应当依照有关法律的规定和合作企业合同的约定对合作企业的债务承担责任。

第二十二条　外国合作者在履行法律规定和合作企业合同约定的义务后分得的利润、其他合法收入和合作企业终止时分得的资金，可以依法汇往国外。

合作企业的外籍职工的工资收入和其他合法收入，依法缴纳个人所得税后，可以汇往国外。

第二十三条　合作企业期满或者提前终止时，应当依照法定程序对资产和债权、债务进行清算。中外合作者应当依照合作企业合同的约定确定合作企业财产的归属。

合作企业期满或者提前终止，应当向工商行政管理机关和税务机关办理注销登记手续。

第二十四条　合作企业的合作期限由中外合作者协商并在合作企业合同中订明。中外合作者同意延长合作期限的，应当在距合作期满180天前向审查批准机关提出申请。审查批准机关应当自接到申请之日起30天内决定批准或者不批准。

第二十五条　中外合作者履行合作企业合同、章程发生争议时，应当通过协商或者调解解决。中外合作者不愿通过协商、调解解决的，或者协商、调解不成的，可以依照合作企业合同中的仲裁条款或者事后达成的书面仲裁协议，提交中国仲裁机构或者其他仲裁机构仲裁。

中外合作者没有在合作企业合同中订立仲裁条款，事后又没有达成书面仲裁协议的，可以向中国法院起诉。

第二十六条　国务院对外经济贸易主管部门根据本法制定实施细则，报国务院批准后施行。

第二十七条　本法自公布之日起施行。

全国人民代表大会常务委员会关于修改《中华人民共和国外资企业法》等四部法律的决定（节录）[①]

（2016年9月3日第十二届全国人民代表大会常务委员会第二十二次会议通过　2016年9月3日中华人民共和国主席令第51号公布　自2016年10月1日起施行）

第十二届全国人民代表大会常务委员会第二十二次会议决定：

……

三、对《中华人民共和国中外合作经营企业法》作出修改

增加一条，作为第二十五条："举办合作企业不涉及国家规定实施准入特别管理措施的，对本法第五条、第七条、第十条、第十二条第二款、第二十四条规定的审批事项，适用备案管理。国家规定的准入特别管理措施由国务院发布或者批准发布。"

……

本决定自2016年10月1日起施行。自本决定施行之日起，2013年8月30日第十二届全国人民代表大会常务委员会第四次会议通过的《全国人民代表大会常务委员会关于授权国务院

① 编者注：部分废止。

在中国(上海)自由贸易试验区暂时调整有关法律规定的行政审批的决定》、2014年12月28日第十二届全国人民代表大会常务委员会第十二次会议通过的《全国人民代表大会常务委员会关于授权国务院在中国(广东)自由贸易试验区、中国(天津)自由贸易试验区、中国(福建)自由贸易试验区以及中国(上海)自由贸易试验区扩展区域暂时调整有关法律规定的行政审批的决定》的效力相应终止。

《中华人民共和国外资企业法》、《中华人民共和国中外合资经营企业法》、《中华人民共和国中外合作经营企业法》、《中华人民共和国台湾同胞投资保护法》根据本决定作相应修改,重新公布。

中华人民共和国中外合作经营企业法①

(1988年4月13日第七届全国人民代表大会第一次会议通过 根据2000年10月31日第九届全国人民代表大会常务委员会第十八次会议《关于修改〈中华人民共和国中外合作经营企业法〉的决定》第一次修正 根据2016年9月3日第十二届全国人民代表大会常务委员会第二十二次会议《关于修改〈中华人民共和国外资企业法〉等四部法律的决定》第二次修正)

第一条 为了扩大对外经济合作和技术交流,促进外国的企业和其他经济组织或者个人(以下简称外国合作者)按照平等互利的原则,同中华人民共和国的企业或者其他经济组织(以下简称中国合作者)在中国境内共同举办中外合作经营企业(以下简称合作企业),特制定本法。

第二条 中外合作者举办合作企业,应当依照本法的规定,在合作企业合同中约定投资或者合作条件、收益或者产品的分配、风险和亏损的分担、经营管理的方式和合作企业终止时财产的归属等事项。

合作企业符合中国法律关于法人条件的规定的,依法取得中国法人资格。

第三条 国家依法保护合作企业和中外合作者的合法权益。

合作企业必须遵守中国的法律、法规,不得损害中国的社会公共利益。

国家有关机关依法对合作企业实行监督。

第四条 国家鼓励举办产品出口的或者技术先进的生产型合作企业。

第五条 申请设立合作企业,应当将中外合作者签订的协议、合同、章程等文件报国务院对外经济贸易主管部门或者国务院授权的部门和地方政府(以下简称审查批准机关)审查批准。审查批准机关应当自接到申请之日起四十五天内决定批准或者不批准。

第六条 设立合作企业的申请经批准后,应当自接到批准证书之日起三十天内向工商行政管理机关申请登记,领取营业执照。合作企业的营业执照签发日期,为该企业的成立日期。

合作企业应当自成立之日起三十天内向税务机关办理税务登记。

第七条 中外合作者在合作期限内协商同意对合作企业合同作重大变更的,应当报审查批准机关批准;变更内容涉及法定工商登记项目、税务登记项目的,应当向工商行政管理机关、税务机关办理变更登记手续。

第八条 中外合作者的投资或者提供的合作条件可以是现金、实物、土地使用权、工业产权、非专利技术和其他财产权利。

第九条 中外合作者应当依照法律、法规的规定和合作企业合同的约定,如期履行缴足投资、提供合作条件的义务。逾期不履行的,由工商行政管理机关限期履行;限期届满仍未履行的,由审查批准机关和工商行政管理机关依照国家有关规定处理。

中外合作者的投资或者提供的合作条件,由中国注册会计师或者有关机构验证并出具证明。

第十条 中外合作者的一方转让其在合作企业合同中的全部或者部分权利、义务的,必须经他方同意,并报审查批准机关批准。

第十一条 合作企业依照经批准的合作企业合同、章程进行经营管理活动。合作企业的经营管理自主权不受干涉。

---

① 编者注:已废止。

第十二条 合作企业应当设立董事会或者联合管理机构,依照合作企业合同或者章程的规定,决定合作企业的重大问题。中外合作者的一方担任董事会的董事长、联合管理机构的主任的,由他方担任副董事长、副主任。董事会或者联合管理机构可以决定任命或者聘请总经理负责合作企业的日常经营管理工作。总经理对董事会或者联合管理机构负责。

合作企业成立后改为委托中外合作者以外的他人经营管理的,必须经董事会或者联合管理机构一致同意,报审查批准机关批准,并向工商行政管理机关办理变更登记手续。

第十三条 合作企业职工的录用、辞退、报酬、福利、劳动保护、劳动保险等事项,应当依法通过订立合同加以规定。

第十四条 合作企业的职工依法建立工会组织,开展工会活动,维护职工的合法权益。

合作企业应当为本企业工会提供必要的活动条件。

第十五条 合作企业必须在中国境内设置会计账簿,依照规定报送会计报表,并接受财政税务机关的监督。

合作企业违反前款规定,不在中国境内设置会计账簿的,财政税务机关可以处以罚款,工商行政管理机关可以责令停止营业或者吊销其营业执照。

第十六条 合作企业应当凭营业执照在国家外汇管理机关允许经营外汇业务的银行或者其他金融机构开立外汇账户。

合作企业的外汇事宜,依照国家有关外汇管理的规定办理。

第十七条 合作企业可以向中国境内的金融机构借款,也可以在中国境外借款。

中外合作者用作投资或者合作条件的借款及其担保,由各方自行解决。

第十八条 合作企业的各项保险应当向中国境内的保险机构投保。

第十九条 合作企业可以在经批准的经营范围内,进口本企业需要的物资,出口本企业生产的产品。合作企业在经批准的经营范围内所需的原材料、燃料等物资,按照公平、合理的原则,可以在国内市场或者在国际市场购买。

第二十条 合作企业依照国家有关税收的规定缴纳税款并可以享受减税、免税的优惠待遇。

第二十一条 中外合作者依照合作企业合同的约定,分配收益或者产品,承担风险和亏损。

中外合作者在合作企业合同中约定合作期满时合作企业的全部固定资产归中国合作者所有的,可以在合作企业合同中约定外国合作者在合作期限内先行回收投资的办法。合作企业合同约定外国合作者在缴纳所得税前回收投资的,必须向财政税务机关提出申请,由财政税务机关依照国家有关税收的规定审查批准。

依照前款规定外国合作者在合作期限内先行回收投资的,中外合作者应当依照有关法律的规定和合作企业合同的约定对合作企业的债务承担责任。

第二十二条 外国合作者在履行法律规定和合作企业合同约定的义务后分得的利润、其他合法收入和合作企业终止时分得的资金,可以依法汇往国外。

合作企业的外籍职工的工资收入和其他合法收入,依法缴纳个人所得税后,可以汇往国外。

第二十三条 合作企业期满或者提前终止时,应当依照法定程序对资产和债权、债务进行清算。中外合作者应当依照合作企业合同的约定确定合作企业财产的归属。

合作企业期满或者提前终止,应当向工商行政管理机关和税务机关办理注销登记手续。

第二十四条 合作企业的合作期限由中外合作者协商并在合作企业合同中订明。中外合作者同意延长合作期限的,应当在距合作期满一百八十天前向审查批准机关提出申请。审查批准机关应当自接到申请之日起三十天内决定批准或者不批准。

第二十五条 举办合作企业不涉及国家规定实施准入特别管理措施的,对本法第五条、第七条、第十条、第十二条第二款、第二十四条规定的审批事项,适用备案管理。国家规定的准入特别管理措施由国务院发布或者批准发布。

第二十六条 中外合作者履行合作企业合同、章程发生争议时,应当通过协商或者调解解决。中外合作者不愿通过协商、调解解决的,或者协商、调解不成的,可以依照合作企业合同中的仲裁条款或者事后达成的书面仲裁协议,提交中国仲裁机构或者其他仲裁机构仲裁。

中外合作者没有在合作企业合同中订立仲裁条款,事后又没有达成书面仲裁协议的,可以向中国法院起诉。

第二十七条 国务院对外经济贸易主管部门根据本法制定实施细则,报国务院批准后施行。

第二十八条 本法自公布之日起施行。

全国人民代表大会常务委员会关于修改《中华人民共和国对外贸易法》等十二部法律的决定(节录)①

(2016年11月7日第十二届全国人民代表大会常务委员会第二十四次会议通过 2016年11月7日中华人民共和国主席令第57号公布 自公布之日起施行)

第十二届全国人民代表大会常务委员会第二十四次会议决定:

……

五、对《中华人民共和国中外合作经营企业法》作出修改

删去第二十一条第二款中的"合作企业合同约定外国合作者在缴纳所得税前回收投资的,必须向财政税务机关提出申请,由财政税务机关依照国家有关税收的规定审查批准。"

……

本决定自公布之日起施行。

《中华人民共和国对外贸易法》、《中华人民共和国海上交通安全法》、《中华人民共和国海关法》、《中华人民共和国档案法》、《中华人民共和国中外合作经营企业法》、《中华人民共和国体育法》、《中华人民共和国民用航空法》、《中华人民共和国固体废物污染环境防治法》、《中华人民共和国煤炭法》、《中华人民共和国公路法》、《中华人民共和国气象法》、《中华人民共和国旅游法》根据本决定作相应修改,重新公布。

全国人民代表大会常务委员会关于修改《中华人民共和国会计法》等十一部法律的决定(节录)②

(2017年11月4日第十二届全国人民代表大会常务委员会第三十次会议通过 2017年11月4日中华人民共和国主席令第八十一号公布 自2017年11月5日起施行)

第十二届全国人民代表大会常务委员会第三十次会议决定:

……

五、对《中华人民共和国中外合作经营企业法》作出修改

(一)删去第十二条第二款中的"报审查批准机关批准"。

(二)删去第二十五条中的"第十二条第二款"。

……

本决定自2017年11月5日起施行。

《中华人民共和国会计法》《中华人民共和国海洋环境保护法》《中华人民共和国文物保护法》《中华人民共和国海关法》《中华人民共和国中外合作经营企业法》《中华人民共和国母婴保健法》《中华人民共和国民用航空法》《中华人民共和国公路法》《中华人民共和国港口法》《中华人民共和国职业病防治法》《中华人民共和国境外非政府组织境内活动管理法》根据本决定作相应修改,重新公布。

① 编者注:部分废止。

② 编者注:部分废止。

中华人民共和国
中外合作经营企业法①

（1988年4月13日第七届全国人民代表大会第一次会议通过　根据2000年10月31日第九届全国人民代表大会常务委员会第十八次会议《关于修改〈中华人民共和国中外合作经营企业法〉的决定》第一次修正　根据2016年9月3日第十二届全国人民代表大会常务委员会第二十二次会议《关于修改〈中华人民共和国外资企业法〉等四部法律的决定》第二次修正　根据2016年11月7日第十二届全国人民代表大会常务委员会第二十四次会议《关于修改〈中华人民共和国对外贸易法〉等十二部法律的决定》第三次修正　根据2017年11月4日第十二届全国人民代表大会常务委员会第三十次会议《关于修改〈中华人民共和国会计法〉等十一部法律的决定》第四次修正）

第一条　为了扩大对外经济合作和技术交流，促进外国的企业和其他经济组织或者个人（以下简称外国合作者）按照平等互利的原则，同中华人民共和国的企业或者其他经济组织（以下简称中国合作者）在中国境内共同举办中外合作经营企业（以下简称合作企业），特制定本法。

第二条　中外合作者举办合作企业，应当依照本法的规定，在合作企业合同中约定投资或者合作条件、收益或者产品的分配、风险和亏损的分担、经营管理的方式和合作企业终止时财产的归属等事项。

合作企业符合中国法律关于法人条件的规定的，依法取得中国法人资格。

第三条　国家依法保护合作企业和中外合作者的合法权益。

合作企业必须遵守中国的法律、法规，不得损害中国的社会公共利益。

国家有关机关依法对合作企业实行监督。

第四条　国家鼓励举办产品出口的或者技术先进的生产型合作企业。

第五条　申请设立合作企业，应当将中外合作者签订的协议、合同、章程等文件报国务院对外经济贸易主管部门或者国务院授权的部门和地方政府（以下简称审查批准机关）审查批准。审查批准机关应当自接到申请之日起四十五天内决定批准或者不批准。

第六条　设立合作企业的申请经批准后，应当自接到批准证书之日起三十天内向工商行政管理机关申请登记，领取营业执照。合作企业的营业执照签发日期，为该企业的成立日期。

合作企业应当自成立之日起三十天内向税务机关办理税务登记。

第七条　中外合作者在合作期限内协商同意对合作企业合同作重大变更的，应当报审查批准机关批准；变更内容涉及法定工商登记项目、税务登记项目的，应当向工商行政管理机关、税务机关办理变更登记手续。

第八条　中外合作者的投资或者提供的合作条件可以是现金、实物、土地使用权、工业产权、非专利技术和其他财产权利。

第九条　中外合作者应当依照法律、法规的规定和合作企业合同的约定，如期履行缴足投资、提供合作条件的义务。逾期不履行的，由工商行政管理机关限期履行；限期届满仍未履行的，由审查批准机关和工商行政管理机关依照国家有关规定处理。

中外合作者的投资或者提供的合作条件，由中国注册会计师或者有关机构验证并出具证明。

第十条　中外合作者的一方转让其在合作企业合同中的全部或者部分权利、义务的，必须经他方同意，并报审查批准机关批准。

第十一条　合作企业依照经批准的合作企业合同、章程进行经营管理活动。合作企业的经营管理自主权不受干涉。

第十二条　合作企业应当设立董事会或者联合管理机构，依照合作企业合同或者章程的规定，决定合作企业的重大问题。中外合作者的一方担任董事会的董事长、联合管理机构的主任的，由他方担任副董事长、副主任。董事会或者联合管理机构可以决定任命或者聘请总经理负责合作企业的日常经营管理工作。总经理对董

① 编者注：已废止。

事会或者联合管理机构负责。

合作企业成立后改为委托中外合作者以外的他人经营管理的,必须经董事会或者联合管理机构一致同意,并向工商行政管理机关办理变更登记手续。

第十三条 合作企业职工的录用、辞退、报酬、福利、劳动保护、劳动保险等事项,应当依法通过订立合同加以规定。

第十四条 合作企业的职工依法建立工会组织,开展工会活动,维护职工的合法权益。

合作企业应当为本企业工会提供必要的活动条件。

第十五条 合作企业必须在中国境内设置会计账簿,依照规定报送会计报表,并接受财政税务机关的监督。

合作企业违反前款规定,不在中国境内设置会计账簿的,财政税务机关可以处以罚款,工商行政管理机关可以责令停止营业或者吊销其营业执照。

第十六条 合作企业应当凭营业执照在国家外汇管理机关允许经营外汇业务的银行或者其他金融机构开立外汇账户。

合作企业的外汇事宜,依照国家有关外汇管理的规定办理。

第十七条 合作企业可以向中国境内的金融机构借款,也可以在中国境外借款。

中外合作者用作投资或者合作条件的借款及其担保,由各方自行解决。

第十八条 合作企业的各项保险应当向中国境内的保险机构投保。

第十九条 合作企业可以在经批准的经营范围内,进口本企业需要的物资,出口本企业生产的产品。合作企业在经批准的经营范围内所需的原材料、燃料等物资,按照公平、合理的原则,可以在国内市场或者在国际市场购买。

第二十条 合作企业依照国家有关税收的规定缴纳税款并可以享受减税、免税的优惠待遇。

第二十一条 中外合作者依照合作企业合同的约定,分配收益或者产品,承担风险和亏损。

中外合作者在合作企业合同中约定合作期满时合作企业的全部固定资产归中国合作者所有的,可以在合作企业合同中约定外国合作者在合作期限内先行回收投资的办法。

依照前款规定外国合作者在合作期限内先行回收投资的,中外合作者应当依照有关法律的规定和合作企业合同的约定对合作企业的债务承担责任。

第二十二条 外国合作者在履行法律规定和合作企业合同约定的义务后分得的利润、其他合法收入和合作企业终止时分得的资金,可以依法汇往国外。

合作企业的外籍职工的工资收入和其他合法收入,依法缴纳个人所得税后,可以汇往国外。

第二十三条 合作企业期满或者提前终止时,应当依照法定程序对资产和债权、债务进行清算。中外合作者应当依照合作企业合同的约定确定合作企业财产的归属。

合作企业期满或者提前终止,应当向工商行政管理机关和税务机关办理注销登记手续。

第二十四条 合作企业的合作期限由中外合作者协商并在合作企业合同中订明。中外合作者同意延长合作期限的,应当在距合作期满一百八十天前向审查批准机关提出申请。审查批准机关应当自接到申请之日起三十天内决定批准或者不批准。

第二十五条 举办合作企业不涉及国家规定实施准入特别管理措施的,对本法第五条、第七条、第十条、第二十四条规定的审批事项,适用备案管理。国家规定的准入特别管理措施由国务院发布或者批准发布。

第二十六条 中外合作者履行合作企业合同、章程发生争议时,应当通过协商或者调解解决。中外合作者不愿通过协商、调解解决的,或者协商、调解不成的,可以依照合作企业合同中的仲裁条款或者事后达成的书面仲裁协议,提交中国仲裁机构或者其他仲裁机构仲裁。

中外合作者没有在合作企业合同中订立仲裁条款,事后又没有达成书面仲裁协议的,可以向中国法院起诉。

第二十七条 国务院对外经济贸易主管部门根据本法制定实施细则,报国务院批准后施行。

第二十八条 本法自公布之日起施行。

中华人民共和国中外合作经营企业法实施细则①

（1995年8月7日国务院批准　1995年9月4日对外贸易经济合作部令第6号发布）

第一章　总　　则

第一条　根据《中华人民共和国中外合作经营企业法》，制定本实施细则。

第二条　在中国境内举办中外合作经营企业（以下简称合作企业），应当符合国家的发展政策和产业政策，遵守国家关于指导外商投资方向的规定。

第三条　合作企业在批准的合作企业协议、合同、章程范围内，依法自主地开展业务、进行经营管理活动，不受任何组织或者个人的干涉。

第四条　合作企业包括依法取得中国法人资格的合作企业和不具有法人资格的合作企业。

不具有法人资格的合作企业，本实施细则第九章有特别规定的，从其规定。

第五条　合作企业的主管部门为中国合作者的主管部门。合作企业有2个以上中国合作者的，由审查批准机关会同有关部门协商确定一个主管部门。但是，法律、行政法规另有规定的除外。

合作企业的主管部门对合作企业的有关事宜依法进行协调、提供协助。

第二章　合作企业的设立

第六条　设立合作企业由对外贸易经济合作部或者国务院授权的部门和地方人民政府审查批准。

设立合作企业属于下列情形的，由国务院授权的部门或者地方人民政府审查批准：

（一）投资总额在国务院规定由国务院授权的部门或者地方人民政府审批的投资限额以内的；

（二）自筹资金，并且不需要国家平衡建设、生产条件的；

（三）产品出口不需要领取国家有关主管部门发放的出口配额、许可证，或者虽需要领取，但在报送项目建议书前已征得国家有关主管部门同意的；

（四）有法律、行政法规规定由国务院授权的部门或者地方人民政府审查批准的其他情形的。

第七条　设立合作企业，应当由中国合作者向审查批准机关报送下列文件：

（一）设立合作企业的项目建议书，并附送主管部门审查同意的文件；

（二）合作各方共同编制的可行性研究报告，并附送主管部门审查同意的文件；

（三）由合作各方的法定代表人或其授权的代表签署的合作企业协议、合同、章程；

（四）合作各方的营业执照或者注册登记证明、资信证明及法定代表人的有效证明文件，外国合作者是自然人的，应当提供有关其身份、履历和资信情况的有效证明文件；

（五）合作各方协商确定的合作企业董事长、副董事长、董事或者联合管理委员会主任、副主任、委员的人选名单；

（六）审查批准机关要求报送的其他文件。

前款所列文件，除第四项中所列外国合作者提供的文件外，必须报送中文本，第二项、第三项和第五项所列文件可以同时报送合作各方商定的一种外文本。

审查批准机关应当自收到规定的全部文件之日起45天内决定批准或者不批准；审查批准机关认为报送的文件不全或者有不当之处的，有权要求合作各方在指定期间内补全或者修正。

第八条　对外贸易经济合作部和国务院授权的部门批准设立的合作企业，由对外贸易经济合作部颁发批准证书。

国务院授权的地方人民政府批准设立的合作企业，由有关地方人民政府颁发批准证书，并自批准之日起30天内将有关批准文件报送对外贸易经济合作部备案。

批准设立的合作企业应当依法向工商行政管理机关申请登记，领取营业执照。

第九条　申请设立合作企业，有下列情形之一的，不予批准：

① 编者注：已废止。

(一)损害国家主权或者社会公共利益的；

(二)危害国家安全的；

(三)对环境造成污染损害的；

(四)有违反法律、行政法规或者国家产业政策的其他情形的。

第十条 本实施细则所称合作企业协议，是指合作各方对设立合作企业的原则和主要事项达成一致意见后形成的书面文件。

本实施细则所称合作企业合同，是指合作各方为设立合作企业就相互之间的权利、义务关系达成一致意见后形成的书面文件。

本实施细则所称合作企业章程，是指按照合作企业合同的约定，经合作各方一致同意，约定合作企业的组织原则、经营管理方法等事项的书面文件。

合作企业协议、章程的内容与合作企业合同不一致的，以合作企业合同为准。

合作各方可以不订立合作企业协议。

第十一条 合作企业协议、合同、章程自审查批准机关颁发批准证书之日起生效。在合作期限内，合作企业协议、合同、章程有重大变更的，须经审查批准机关批准。

第十二条 合作企业合同应当载明下列事项：

(一)合作各方的名称、注册地、住所及法定代表人的姓名、职务、国籍(外国合作者是自然人的，其姓名、国籍和住所)；

(二)合作企业的名称、住所、经营范围；

(三)合作企业的投资总额，注册资本，合作各方投资或者提供合作条件的方式、期限；

(四)合作各方投资或者提供的合作条件的转让；

(五)合作各方收益或者产品的分配，风险或者亏损的分担；

(六)合作企业董事会或者联合管理委员会的组成以及董事或者联合管理委员会委员名额的分配，总经理及其他高级管理人员的职责和聘任、解聘办法；

(七)采用的主要生产设备、生产技术及其来源；

(八)产品在中国境内销售和境外销售的安排；

(九)合作企业外汇收支的安排；

(十)合作企业的期限、解散和清算；

(十一)合作各方其他义务以及违反合同的责任；

(十二)财务、会计、审计的处理原则；

(十三)合作各方之间争议的处理；

(十四)合作企业合同的修改程序。

第十三条 合作企业章程应当载明下列事项：

(一)合作企业名称及住所；

(二)合作企业的经营范围和合作期限；

(三)合作各方的名称、注册地、住所及法定代表人的姓名、职务和国籍(外国合作者是自然人的，其姓名、国籍和住所)；

(四)合作企业的投资总额，注册资本，合作各方投资或者提供合作条件的方式、期限；

(五)合作各方收益或者产品的分配，风险或者亏损的分担；

(六)合作企业董事会或者联合管理委员会的组成、职权和议事规则，董事会董事或者联合管理委员会委员的任期，董事长、副董事长或者联合管理委员会主任、副主任的职责；

(七)经营管理机构的设置、职权、办事规则，总经理及其他高级管理人员的职责和聘任、解聘办法；

(八)有关职工招聘、培训、劳动合同、工资、社会保险、福利、职业安全卫生等劳动管理事项的规定；

(九)合作企业财务、会计和审计制度；

(十)合作企业解散和清算办法；

(十一)合作企业章程的修改程序。

第三章 组织形式与注册资本

第十四条 合作企业依法取得中国法人资格的，为有限责任公司。除合作企业合同另有约定外，合作各方以其投资或者提供的合作条件为限对合作企业承担责任。

合作企业以其全部资产对合作企业的债务承担责任。

第十五条 合作企业的投资总额，是指按照合作企业合同、章程规定的生产经营规模，需要投入的资金总和。

第十六条　合作企业的注册资本，是指为设立合作企业，在工商行政管理机关登记的合作各方认缴的出资额之和。注册资本以人民币表示，也可以用合作各方约定的一种可自由兑换的外币表示。

合作企业注册资本在合作期限内不得减少。但是，因投资总额和生产经营规模等变化，确需减少的，须经审查批准机关批准。

第四章　投资、合作条件

第十七条　合作各方应当依照有关法律、行政法规的规定和合作企业合同的约定，向合作企业投资或者提供合作条件。

第十八条　合作各方向合作企业的投资或者提供的合作条件可以是货币，也可以是实物或者工业产权、专有技术、土地使用权等财产权利。

中国合作者的投资或者提供的合作条件，属于国有资产的，应当依照有关法律、行政法规的规定进行资产评估。

在依法取得中国法人资格的合作企业中，外国合作者的投资一般不低于合作企业注册资本的25%。在不具有法人资格的合作企业中，对合作各方向合作企业投资或者提供合作条件的具体要求，由对外贸易经济合作部规定。

第十九条　合作各方应当以其自有的财产或者财产权利作为投资或者合作条件，对该投资或者合作条件不得设置抵押权或者其他形式的担保。

第二十条　合作各方应当根据合作企业的生产经营需要，依照有关法律、行政法规的规定，在合作企业合同中约定合作各方向合作企业投资或者提供合作条件的期限。

合作各方没有按照合作企业合同约定缴纳投资或者提供合作条件的，工商行政管理机关应当限期履行；限期届满仍未履行的，审查批准机关应当撤销合作企业的批准证书，工商行政管理机关应当吊销合作企业的营业执照，并予以公告。

第二十一条　未按照合作企业合同约定缴纳投资或者提供合作条件的一方，应当向已按照合作企业合同约定缴纳投资或者提供合作条件的他方承担违约责任。

第二十二条　合作各方缴纳投资或者提供合作条件后，应当由中国注册会计师验证并出具验资报告，由合作企业据以发给合作各方出资证明书。出资证明书应当载明下列事项：

（一）合作企业名称；

（二）合作企业成立日期；

（三）合作各方名称或者姓名；

（四）合作各方投资或者提供合作条件的内容；

（五）合作各方投资或者提供合作条件的日期；

（六）出资证明书的编号和核发日期。

出资证明书应当抄送审查批准机关及工商行政管理机关。

第二十三条　合作各方之间相互转让或者合作一方向合作他方以外的他人转让属于其在合作企业合同中全部或者部分权利的，须经合作他方书面同意，并报审查批准机关批准。

审查批准机关应当自收到有关转让文件之日起30天内决定批准或者不批准。

第五章　组 织 机 构

第二十四条　合作企业设董事会或者联合管理委员会。董事会或者联合管理委员会是合作企业的权力机构，按照合作企业章程的规定，决定合作企业的重大问题。

第二十五条　董事会或者联合管理委员会成员不得少于3人，其名额的分配由中外合作者参照其投资或者提供的合作条件协商确定。

第二十六条　董事会董事或者联合管理委员会委员由合作各方自行委派或者撤换。董事会董事长、副董事长或者联合管理委员会主任、副主任的产生办法由合作企业章程规定；中外合作者的一方担任董事长、主任的，副董事长、副主任由他方担任。

第二十七条　董事或者委员的任期由合作企业章程规定；但是，每届任期不得超过3年。董事或者委员任期届满，委派方继续委派的，可以连任。

第二十八条　董事会会议或者联合管理委员会会议每年至少召开1次，由董事长或者主任召集并主持。董事长或者主任因特殊原因不能履行职务时，由董事长或者主任指定副董事长、副主任或者其他董事、委员召集并主持。1/3 以上董事或者委员可以提议召开董事会会议或者联合管理委员会会议。

董事会会议或者联合管理委员会会议应当有 2/3 以上董事或者委员出席方能举行，不能出席董事会会议或者联合管理委员会会议的董事或者委员应当书面委托他人代表其出席和表决。董事会会议或者联合管理委员会会议作出决议，须经全体董事或者委员的过半数通过。董事或者委员无正当理由不参加又不委托他人代表其参加董事会会议或者联合管理委员会会议的，视为出席董事会会议或者联合管理委员会会议并在表决中弃权。

召开董事会会议或者联合管理委员会会议，应当在会议召开的 10 天前通知全体董事或者委员。

董事会或者联合管理委员会也可以用通讯的方式作出决议。

第二十九条 下列事项由出席董事会会议或者联合管理委员会会议的董事或者委员一致通过，方可作出决议：

（一）合作企业章程的修改；

（二）合作企业注册资本的增加或者减少；

（三）合作企业的解散；

（四）合作企业的资产抵押；

（五）合作企业合并、分立和变更组织形式；

（六）合作各方约定由董事会会议或者联合管理委员会会议一致通过方可作出决议的其他事项。

第三十条 董事会或者联合管理委员会的议事方式和表决程序，除本实施细则规定的外，由合作企业章程规定。

第三十一条 董事长或者主任是合作企业的法定代表人。董事长或者主任因特殊原因不能履行职务时，应当授权副董事长、副主任或者其他董事、委员对外代表合作企业。

第三十二条 合作企业设总经理 1 人，负责合作企业的日常经营管理工作，对董事会或者联合管理委员会负责。

合作企业的总经理由董事会或者联合管理委员会聘任、解聘。

第三十三条 总经理及其他高级管理人员可以由中国公民担任，也可以由外国公民担任。

经董事会或者联合管理委员会聘任，董事或者委员可以兼任合作企业的总经理或者其他高级管理职务。

第三十四条 总经理及其他高级管理人员不胜任工作任务的，或者有营私舞弊或者严重失职行为的，经董事会或者联合管理委员会决议，可以解聘；给合作企业造成损失的，应当依法承担责任。

第三十五条 合作企业成立后委托合作各方以外的他人经营管理的，必须经董事会或者联合管理委员会一致同意，并应当与被委托人签订委托经营管理合同。

合作企业应当将董事会或者联合管理委员会的决议、签订的委托经营管理合同，连同被委托人的资信证明等文件，一并报送审查批准机关批准。审查批准机关应当自收到有关文件之日起 30 天内决定批准或者不批准。

第六章 购买物资和销售产品

第三十六条 合作企业按照经批准的经营范围和生产经营规模，自行制定生产经营计划。

政府部门不得强令合作企业执行政府部门确定的生产经营计划。

第三十七条 合作企业可以自行决定在中国境内或者境外购买本企业自用的机器设备、原材料、燃料、零部件、配套件、元器件、运输工具和办公用品等（以下简称“物资”）。

第三十八条 国家鼓励合作企业向国际市场销售其产品。合作企业可以自行向国际市场销售其产品，也可以委托国外的销售机构或者中国的外贸公司代销或者经销其产品。

合作企业销售产品的价格，由合作企业依法自行确定。

第三十九条 外国合作者作为投资进口的机器设备、零部件和其他物料以及合作企业用投资总额内的资金进口生产、经营所需的机器设备、零部件和其他物料，免征进口关税和进口环节的流转税。上述免税进口物资经批准在中国境内转卖或者转用于国内销售的，应当依法纳税或者补税。

第四十条 合作企业不得以明显低于合理的国际市场同类产品的价格出口产品，不得以高于国际市场同类产品的价格进口物资。

第四十一条 合作企业销售产品，应当按照经批准的合作企业合同的约定销售。

第四十二条 合作企业进口或者出口属于进出口许可证、配额管理的商品，应当按照国家有关规定办理申领手续。

第七章 分配收益与回收投资

第四十三条 中外合作者可以采用分配利润、分配产品或者合作各方共同商定的其他方式分配收益。

采用分配产品或者其他方式分配收益的，应当按照税法的有关规定，计算应纳税额。

第四十四条 中外合作者在合作企业合同中约定合作期限届满时，合作企业的全部固定资产无偿归中国合作者所有的，外国合作者在合作期限内可以申请按照下列方式先行回收其投资：

（一）在按照投资或者提供合作条件进行分配的基础上，在合作企业合同中约定扩大外国合作者的收益分配比例；

（二）经财政税务机关按照国家有关税收的规定审查批准，外国合作者在合作企业缴纳所得税前回收投资；

（三）经财政税务机关和审查批准机关批准的其他回收投资方式。

外国合作者依照前款规定在合作期限内先行回收投资的，中外合作者应当依照有关法律的规定和合作企业合同的约定，对合作企业的债务承担责任。

第四十五条 外国合作者依照本实施细则第四十四条第二项和第三项的规定提出先行回收投资的申请，应当具体说明先行回收投资的总额、期限和方式，经财政税务机关审查同意后，报审查批准机关审批。

合作企业的亏损未弥补前，外国合作者不得先行回收投资。

第四十六条 合作企业应当按照国家有关规定聘请中国注册会计师进行查账验证。合作各方可以共同或者单方自行委托中国注册会计师查账，所需费用由委托查账方负担。

第八章 期限和解散

第四十七条 合作企业的期限由中外合作者协商确定，并在合作企业合同中订明。

合作企业期限届满，合作各方协商同意要求延长合作期限的，应当在期限届满的180天前向审查批准机关提出申请，说明原合作企业合同执行情况，延长合作期限的原因，同时报送合作各方就延长的期限内各方的权利、义务等事项所达成的协议。审查批准机关应当自接到申请之日起30天内，决定批准或者不批准。

经批准延长合作期限的，合作企业凭批准文件向工商行政管理机关办理变更登记手续，延长的期限从期限届满后的第一天起计算。

合作企业合同约定外国合作者先行回收投资，并且投资已经回收完毕的，合作企业期限届满不再延长；但是，外国合作者增加投资的，经合作各方协商同意，可以依照本条第二款的规定向审查批准机关申请延长合作期限。

第四十八条 合作企业因下列情形之一出现时解散：

（一）合作期限届满；

（二）合作企业发生严重亏损，或者因不可抗力遭受严重损失，无力继续经营；

（三）中外合作者一方或者数方不履行合作企业合同、章程规定的义务，致使合作企业无法继续经营；

（四）合作企业合同、章程中规定的其他解散原因已经出现；

（五）合作企业违反法律、行政法规，被依法责令关闭。

前款第二项、第四项所列情形发生，应当由合作企业的董事会或者联合管理委员会做出决定，报审查批准机关批准。在前款第三项所列情形下，不履行合作企业合同、章程规定的义务的中外合作者一方或者数方，应当对履行合同的他方因此遭受的损失承担赔偿责任；履行合同的一方或者数方有权向审查批准机关提出申请，解散合作企业。

第四十九条 合作企业的清算事宜依照国家有关法律、行政法规及合作企业合同、章程的规定办理。

第九章　关于不具有法人资格的合作企业的特别规定

第五十条　不具有法人资格的合作企业及其合作各方,依照中国民事法律的有关规定,承担民事责任。

第五十一条　不具有法人资格的合作企业应当向工商行政管理机关登记合作各方的投资或者提供的合作条件。

第五十二条　不具有法人资格的合作企业的合作各方的投资或者提供的合作条件,为合作各方分别所有。经合作各方约定,也可以共有,或者部分分别所有、部分共有。合作企业经营积累的财产,归合作各方共有。

不具有法人资格的合作企业合作各方的投资或者提供的合作条件由合作企业统一管理和使用。未经合作他方同意,任何一方不得擅自处理。

第五十三条　不具有法人资格的合作企业设立联合管理机构。联合管理机构由合作各方委派的代表组成,代表合作各方共同管理合作企业。

联合管理机构决定合作企业的一切重大问题。

第五十四条　不具有法人资格的合作企业应当在合作企业所在地设置统一的会计账簿;合作各方还应当设置各自的会计账簿。

第十章　附　　则

第五十五条　合作企业合同的订立、效力、解释、履行及其争议的解决,适用中国法律。

第五十六条　本实施细则未规定的事项,包括合作企业的财务、会计、审计、外汇、税务、劳动管理、工会等,适用有关法律、行政法规的规定。

第五十七条　香港、澳门、台湾地区的公司、企业和其他经济组织或者个人以及在国外居住的中国公民举办合作企业,参照本实施细则办理。

第五十八条　本实施细则自发布之日起施行。

国务院关于废止和修改部分行政法规的决定(节录)①

(2014年2月19日中华人民共和国国务院令第648号公布　自2014年3月1日起施行)

为了运用法治方式推进政府职能转变,进一步放宽市场主体准入条件,激发社会投资活力,依据2013年12月28日第十二届全国人民代表大会常务委员会第六次会议通过的修改公司法的决定,落实《注册资本登记制度改革方案》关于注册资本实缴登记改为认缴登记、年度检验验照制度改为年度报告公示制度,以及完善信用约束机制的内容,国务院对涉及的行政法规进行了清理。经过清理,国务院决定:

……

四、对《中华人民共和国中外合作经营企业法实施细则》作出修改

第十三条第四项修改为:"合作企业的投资总额,注册资本,合作各方认缴出资额、投资或者提供合作条件的方式、期限"。

……

国务院关于修改和废止部分行政法规的决定(节录)②

(2017年3月1日中华人民共和国国务院令第676号公布　自公布之日起施行)

为了依法推进简政放权、放管结合、优化服务改革,国务院对取消行政审批项目、中介服务事项、职业资格许可事项和企业投资项目核准前置审批改革涉及的行政法规,以及不利于稳增长、促改革、调结构、惠民生的行政法规,进行了清理。经过清理,国务院决定:

……

十三、将《中华人民共和国中外合作经营企业法实施细则》第四十四条第一款修改为:"中外

---

① 编者注:部分废止。

② 编者注:部分废止。

合作者在合作企业合同中约定合作期限届满时，合作企业的全部固定资产无偿归中国合作者所有的，外国合作者在合作期限内，可以在按照投资或者提供合作条件进行分配的基础上，在合作企业合同中约定扩大外国合作者的收益分配比例，先行回收其投资。”

删去第四十五条第一款。

……

国务院关于修改部分行政法规的决定(节录)①

(2017年11月17日中华人民共和国国务院令第690号公布　自公布之日起施行)

为了依法推进简政放权、放管结合、优化服务改革，国务院对取消行政审批项目涉及的行政法规进行了清理。经过清理，国务院决定：对2部行政法规的部分条款予以修改。

……

一、删去《中华人民共和国中外合作经营企业法实施细则》第三十五条第二款。

……

本决定自公布之日起施行。

中华人民共和国中外合作经营企业法实施细则②

(1995年8月7日国务院批准　1995年9月4日对外贸易经济合作部令第6号发布　根据2014年2月19日《国务院关于废止和修改部分行政法规的决定》第一次修订　根据2017年3月1日《国务院关于修改和废止部分行政法规的决定》第二次修订　根据2017年11月17日《国务院关于修改部分行政法规的决定》第三次修订)

目　　录

第一章　总　　则

第一条　根据《中华人民共和国中外合作经营企业法》，制定本实施细则。

第二条　在中国境内举办中外合作经营企业(以下简称合作企业)，应当符合国家的发展政策和产业政策，遵守国家关于指导外商投资方向的规定。

第三条　合作企业在批准的合作企业协议、合同、章程范围内，依法自主地开展业务、进行经营管理活动，不受任何组织或者个人的干涉。

第四条　合作企业包括依法取得中国法人资格的合作企业和不具有法人资格的合作企业。

不具有法人资格的合作企业，本实施细则第九章有特别规定的，从其规定。

第五条　合作企业的主管部门为中国合作者的主管部门。合作企业有2个以上中国合作者的，由审查批准机关会同有关部门协商确定一个主管部门。但是，法律、行政法规另有规定的除外。

合作企业的主管部门对合作企业的有关事宜依法进行协调、提供协助。

第二章　合作企业的设立

第六条　设立合作企业由对外贸易经济合作部或者国务院授权的部门和地方人民政府审查批准。

设立合作企业属于下列情形的，由国务院授权的部门或者地方人民政府审查批准：

(一)投资总额在国务院规定由国务院授权的部门或者地方人民政府审批的投资限额以内的；

---

① 编者注：部分废止。

② 编者注：已废止。

（二）自筹资金，并且不需要国家平衡建设、生产条件的；

（三）产品出口不需要领取国家有关主管部门发放的出口配额、许可证，或者虽需要领取，但在报送项目建议书前已征得国家有关主管部门同意的；

（四）有法律、行政法规规定由国务院授权的部门或者地方人民政府审查批准的其他情形的。

第七条 设立合作企业，应当由中国合作者向审查批准机关报送下列文件：

（一）设立合作企业的项目建议书，并附送主管部门审查同意的文件；

（二）合作各方共同编制的可行性研究报告，并附送主管部门审查同意的文件；

（三）由合作各方的法定代表人或其授权的代表签署的合作企业协议、合同、章程；

（四）合作各方的营业执照或者注册登记证明、资信证明及法定代表人的有效证明文件，外国合作者是自然人的，应当提供有关其身份、履历和资信情况的有效证明文件；

（五）合作各方协商确定的合作企业董事长、副董事长、董事或者联合管理委员会主任、副主任、委员的人选名单；

（六）审查批准机关要求报送的其他文件。

前款所列文件，除第四项中所列外国合作者提供的文件外，必须报送中文本，第二项、第三项和第五项所列文件可以同时报送合作各方商定的一种外文本。

审查批准机关应当自收到规定的全部文件之日起45天内决定批准或者不批准；审查批准机关认为报送的文件不全或者有不当之处的，有权要求合作各方在指定期间内补全或者修正。

第八条 对外贸易经济合作部和国务院授权的部门批准设立的合作企业，由对外贸易经济合作部颁发批准证书。

国务院授权的地方人民政府批准设立的合作企业，由有关地方人民政府颁发批准证书，并自批准之日起30天内将有关批准文件报送对外贸易经济合作部备案。

批准设立的合作企业应当依法向工商行政管理机关申请登记，领取营业执照。

第九条 申请设立合作企业，有下列情形之一的，不予批准：

（一）损害国家主权或者社会公共利益的；

（二）危害国家安全的；

（三）对环境造成污染损害的；

（四）有违反法律、行政法规或者国家产业政策的其他情形的。

第十条 本实施细则所称合作企业协议，是指合作各方对设立合作企业的原则和主要事项达成一致意见后形成的书面文件。

本实施细则所称合作企业合同，是指合作各方为设立合作企业就相互之间的权利、义务关系达成一致意见后形成的书面文件。

本实施细则所称合作企业章程，是指按照合作企业合同的约定，经合作各方一致同意，约定合作企业的组织原则、经营管理方法等事项的书面文件。

合作企业协议、章程的内容与合作企业合同不一致的，以合作企业合同为准。

合作各方可以不订立合作企业协议。

第十一条 合作企业协议、合同、章程自审查批准机关颁发批准证书之日起生效。在合作期限内，合作企业协议、合同、章程有重大变更的，须经审查批准机关批准。

第十二条 合作企业合同应当载明下列事项：

（一）合作各方的名称、注册地、住所及法定代表人的姓名、职务、国籍（外国合作者是自然人的，其姓名、国籍和住所）；

（二）合作企业的名称、住所、经营范围；

（三）合作企业的投资总额，注册资本，合作各方投资或者提供合作条件的方式、期限；

（四）合作各方投资或者提供的合作条件的转让；

（五）合作各方收益或者产品的分配，风险或者亏损的分担；

（六）合作企业董事会或者联合管理委员会的组成以及董事或者联合管理委员会委员名额的分配，总经理及其他高级管理人员的职责和聘任、解聘办法；

（七）采用的主要生产设备、生产技术及其来源；

（八）产品在中国境内销售和境外销售的安排；

（九）合作企业外汇收支的安排；

（十）合作企业的期限、解散和清算；

（十一）合作各方其他义务以及违反合同的责任；

（十二）财务、会计、审计的处理原则；

（十三）合作各方之间争议的处理；

（十四）合作企业合同的修改程序。

第十三条　合作企业章程应当载明下列事项：

（一）合作企业名称及住所；

（二）合作企业的经营范围和合作期限；

（三）合作各方的名称、注册地、住所及法定代表人的姓名、职务和国籍（外国合作者是自然人的，其姓名、国籍和住所）；

（四）合作企业的投资总额，注册资本，合作各方认缴出资额、投资或者提供合作条件的方式、期限；

（五）合作各方收益或者产品的分配，风险或者亏损的分担；

（六）合作企业董事会或者联合管理委员会的组成、职权和议事规则，董事会董事或者联合管理委员会委员的任期，董事长、副董事长或者联合管理委员会主任、副主任的职责；

（七）经营管理机构的设置、职权、办事规则，总经理及其他高级管理人员的职责和聘任、解聘办法；

（八）有关职工招聘、培训、劳动合同、工资、社会保险、福利、职业安全卫生等劳动管理事项的规定；

（九）合作企业财务、会计和审计制度；

（十）合作企业解散和清算办法；

（十一）合作企业章程的修改程序。

第三章　组织形式与注册资本

第十四条　合作企业依法取得中国法人资格的，为有限责任公司。除合作企业合同另有约定外，合作各方以其投资或者提供的合作条件为限对合作企业承担责任。

合作企业以其全部资产对合作企业的债务承担责任。

第十五条　合作企业的投资总额，是指按照合作企业合同、章程规定的生产经营规模，需要投入的资金总和。

第十六条　合作企业的注册资本，是指为设立合作企业，在工商行政管理机关登记的合作各方认缴的出资额之和。注册资本以人民币表示，也可以用合作各方约定的一种可自由兑换的外币表示。

合作企业注册资本在合作期限内不得减少。但是，因投资总额和生产经营规模等变化，确需减少的，须经审查批准机关批准。

第四章　投资、合作条件

第十七条　合作各方应当依照有关法律、行政法规的规定和合作企业合同的约定，向合作企业投资或者提供合作条件。

第十八条　合作各方向合作企业的投资或者提供的合作条件可以是货币，也可以是实物或者工业产权、专有技术、土地使用权等财产权利。

中国合作者的投资或者提供的合作条件，属于国有资产的，应当依照有关法律、行政法规的规定进行资产评估。

在依法取得中国法人资格的合作企业中，外国合作者的投资一般不低于合作企业注册资本的25%。在不具有法人资格的合作企业中，对合作各方向合作企业投资或者提供合作条件的具体要求，由对外贸易经济合作部规定。

第十九条　合作各方应当以其自有的财产或者财产权利作为投资或者合作条件，对该投资或者合作条件不得设置抵押权或者其他形式的担保。

第二十条　合作各方应当根据合作企业的生产经营需要，依照有关法律、行政法规的规定，在合作企业合同中约定合作各方向合作企业投资或者提供合作条件的期限。

合作各方没有按照合作企业合同约定缴纳投资或者提供合作条件的，工商行政管理机关应当限期履行；限期届满仍未履行的，审查批准机关应当撤销合作企业的批准证书，工商行政管理机关应当吊销合作企业的营业执照，并予以公告。

第二十一条　未按照合作企业合同约定缴

纳投资或者提供合作条件的一方,应当向已按照合作企业合同约定缴纳投资或者提供合作条件的他方承担违约责任。

第二十二条 合作各方缴纳投资或者提供合作条件后,应当由中国注册会计师验证并出具验资报告,由合作企业据以发给合作各方出资证明书。出资证明书应当载明下列事项:

(一)合作企业名称;

(二)合作企业成立日期;

(三)合作各方名称或者姓名;

(四)合作各方投资或者提供合作条件的内容;

(五)合作各方投资或者提供合作条件的日期;

(六)出资证明书的编号和核发日期。

出资证明书应当抄送审查批准机关及工商行政管理机关。

第二十三条 合作各方之间相互转让或者合作一方向合作他方以外的他人转让属于其在合作企业合同中全部或者部分权利的,须经合作他方书面同意,并报审查批准机关批准。

审查批准机关应当自收到有关转让文件之日起30天内决定批准或者不批准。

第五章 组织机构

第二十四条 合作企业设董事会或者联合管理委员会。董事会或者联合管理委员会是合作企业的权力机构,按照合作企业章程的规定,决定合作企业的重大问题。

第二十五条 董事会或者联合管理委员会成员不得少于3人,其名额的分配由中外合作者参照其投资或者提供的合作条件协商确定。

第二十六条 董事会董事或者联合管理委员会委员由合作各方自行委派或者撤换。董事会董事长、副董事长或者联合管理委员会主任、副主任的产生办法由合作企业章程规定;中外合作者的一方担任董事长、主任的,副董事长、副主任由他方担任。

第二十七条 董事或者委员的任期由合作企业章程规定;但是,每届任期不得超过3年。董事或者委员任期届满,委派方继续委派的,可以连任。

第二十八条 董事会会议或者联合管理委员会会议每年至少召开1次,由董事长或者主任召集并主持。董事长或者主任因特殊原因不能履行职务时,由董事长或者主任指定副董事长、副主任或者其他董事、委员召集并主持。1/3以上董事或者委员可以提议召开董事会会议或者联合管理委员会会议。

董事会会议或者联合管理委员会会议应当有2/3以上董事或者委员出席方能举行,不能出席董事会会议或者联合管理委员会会议的董事或者委员应当书面委托他人代表其出席和表决。董事会会议或者联合管理委员会会议作出决议,须经全体董事或者委员的过半数通过。董事或者委员无正当理由不参加又不委托他人代表其参加董事会会议或者联合管理委员会会议的,视为出席董事会会议或者联合管理委员会会议并在表决中弃权。

召开董事会会议或者联合管理委员会会议,应当在会议召开的10天前通知全体董事或者委员。

董事会或者联合管理委员会也可以用通讯的方式作出决议。

第二十九条 下列事项由出席董事会会议或者联合管理委员会会议的董事或者委员一致通过,方可作出决议:

(一)合作企业章程的修改;

(二)合作企业注册资本的增加或者减少;

(三)合作企业的解散;

(四)合作企业的资产抵押;

(五)合作企业合并、分立和变更组织形式;

(六)合作各方约定由董事会会议或者联合管理委员会会议一致通过方可作出决议的其他事项。

第三十条 董事会或者联合管理委员会的议事方式和表决程序,除本实施细则规定的外,由合作企业章程规定。

第三十一条 董事长或者主任是合作企业的法定代表人。董事长或者主任因特殊原因不能履行职务时,应当授权副董事长、副主任或者其他董事、委员对外代表合作企业。

第三十二条 合作企业设总经理1人,负责合作企业的日常经营管理工作,对董事会或者联合管理委员会负责。

合作企业的总经理由董事会或者联合管理委员会聘任、解聘。

第三十三条　总经理及其他高级管理人员可以由中国公民担任，也可以由外国公民担任。

经董事会或者联合管理委员会聘任，董事或者委员可以兼任合作企业的总经理或者其他高级管理职务。

第三十四条　总经理及其他高级管理人员不胜任工作任务的，或者有营私舞弊或者严重失职行为的，经董事会或者联合管理委员会决议，可以解聘；给合作企业造成损失的，应当依法承担责任。

第三十五条　合作企业成立后委托合作各方以外的他人经营管理的，必须经董事会或者联合管理委员会一致同意，并应当与被委托人签订委托经营管理合同。

第六章　购买物资和销售产品

第三十六条　合作企业按照经批准的经营范围和生产经营规模，自行制定生产经营计划。

政府部门不得强令合作企业执行政府部门确定的生产经营计划。

第三十七条　合作企业可以自行决定在中国境内或者境外购买本企业自用的机器设备、原材料、燃料、零部件、配套件、元器件、运输工具和办公用品等（以下简称“物资”）。

第三十八条　国家鼓励合作企业向国际市场销售其产品。合作企业可以自行向国际市场销售其产品，也可以委托国外的销售机构或者中国的外贸公司代销或者经销其产品。

合作企业销售产品的价格，由合作企业依法自行确定。

第三十九条　外国合作者作为投资进口的机器设备、零部件和其他物料以及合作企业用投资总额内的资金进口生产、经营所需的机器设备、零部件和其他物料，免征进口关税和进口环节的流转税。上述免税进口物资经批准在中国境内转卖或者转用于国内销售的，应当依法纳税或者补税。

第四十条　合作企业不得以明显低于合理的国际市场同类产品的价格出口产品，不得以高于国际市场同类产品的价格进口物资。

第四十一条　合作企业销售产品，应当按照经批准的合作企业合同的约定销售。

第四十二条　合作企业进口或者出口属于进出口许可证、配额管理的商品，应当按照国家有关规定办理申领手续。

第七章　分配收益与回收投资

第四十三条　中外合作者可以采用分配利润、分配产品或者合作各方共同商定的其他方式分配收益。

采用分配产品或者其他方式分配收益的，应当按照税法的有关规定，计算应纳税额。

第四十四条　中外合作者在合作企业合同中约定合作期限届满时，合作企业的全部固定资产无偿归中国合作者所有的，外国合作者在合作期限内，可以在按照投资或者提供合作条件进行分配的基础上，在合作企业合同中约定扩大外国合作者的收益分配比例，先行回收其投资。

外国合作者依照前款规定在合作期限内先行回收投资的，中外合作者应当依照有关法律的规定和合作企业合同的约定，对合作企业的债务承担责任。

第四十五条　合作企业的亏损未弥补前，外国合作者不得先行回收投资。

第四十六条　合作企业应当按照国家有关规定聘请中国注册会计师进行查账验证。合作各方可以共同或者单方自行委托中国注册会计师查账，所需费用由委托查账方负担。

第八章　期限和解散

第四十七条　合作企业的期限由中外合作者协商确定，并在合作企业合同中订明。

合作企业期限届满，合作各方协商同意要求延长合作期限的，应当在期限届满的180天前向审查批准机关提出申请，说明原合作企业合同执行情况，延长合作期限的原因，同时报送合作各方就延长的期限内各方的权利、义务等事项所达成的协议。审查批准机关应当自接到申请之日起30天内，决定批准或者不批准。

经批准延长合作期限的，合作企业凭批准文件向工商行政管理机关办理变更登记手续，延长的期限从期限届满后的第一天起计算。

合作企业合同约定外国合作者先行回收投资,并且投资已经回收完毕的,合作企业期限届满不再延长;但是,外国合作者增加投资的,经合作各方协商同意,可以依照本条第二款的规定向审查批准机关申请延长合作期限。

第四十八条 合作企业因下列情形之一出现时解散:

(一)合作期限届满;

(二)合作企业发生严重亏损,或者因不可抗力遭受严重损失,无力继续经营;

(三)中外合作者一方或者数方不履行合作企业合同、章程规定的义务,致使合作企业无法继续经营;

(四)合作企业合同、章程中规定的其他解散原因已经出现;

(五)合作企业违反法律、行政法规,被依法责令关闭。

前款第二项、第四项所列情形发生,应当由合作企业的董事会或者联合管理委员会做出决定,报审查批准机关批准。在前款第三项所列情形下,不履行合作企业合同、章程规定的义务的中外合作者一方或者数方,应当对履行合同的他方因此遭受的损失承担赔偿责任;履行合同的一方或者数方有权向审查批准机关提出申请,解散合作企业。

第四十九条 合作企业的清算事宜依照国家有关法律、行政法规及合作企业合同、章程的规定办理。

第九章 关于不具有法人资格的合作企业的特别规定

第五十条 不具有法人资格的合作企业及其合作各方,依照中国民事法律的有关规定,承担民事责任。

第五十一条 不具有法人资格的合作企业应当向工商行政管理机关登记合作各方的投资或者提供的合作条件。

第五十二条 不具有法人资格的合作企业的合作各方的投资或者提供的合作条件,为合作各方分别所有。经合作各方约定,也可以共有,或者部分分别所有、部分共有。合作企业经营积累的财产,归合作各方共有。

不具有法人资格的合作企业合作各方的投资或者提供的合作条件由合作企业统一管理和使用。未经合作他方同意,任何一方不得擅自处理。

第五十三条 不具有法人资格的合作企业设立联合管理机构。联合管理机构由合作各方委派的代表组成,代表合作各方共同管理合作企业。

联合管理机构决定合作企业的一切重大问题。

第五十四条 不具有法人资格的合作企业应当在合作企业所在地设置统一的会计账簿;合作各方还应当设置各自的会计账簿。

第十章 附 则

第五十五条 合作企业合同的订立、效力、解释、履行及其争议的解决,适用中国法律。

第五十六条 本实施细则未规定的事项,包括合作企业的财务、会计、审计、外汇、税务、劳动管理、工会等,适用有关法律、行政法规的规定。

第五十七条 香港、澳门、台湾地区的公司、企业和其他经济组织或者个人以及在国外居住的中国公民举办合作企业,参照本实施细则办理。

第五十八条 本实施细则自发布之日起施行。

中华人民共和国外资企业法[①]

(1986年4月12日第六届全国人民代表大会第四次会议通过 1986年4月12日中华人民共和国主席令第39号公布 自公布之日起施行)

第一条 为了扩大对外经济合作和技术交流,促进中国国民经济的发展,中华人民共和国允许外国的企业和其他经济组织或者个人(以下简称外国投资者)在中国境内举办外资企业,保护外资企业的合法权益。

---

① 编者注:已废止。

第二条 本法所称的外资企业是指依照中国有关法律在中国境内设立的全部资本由外国投资者投资的企业,不包括外国的企业和其他经济组织在中国境内的分支机构。

第三条 设立外资企业,必须有利于中国国民经济的发展,并且采用先进的技术和设备,或者产品全部出口或者大部分出口。

国家禁止或者限制设立外资企业的行业由国务院规定。

第四条 外国投资者在中国境内的投资、获得的利润和其他合法权益,受中国法律保护。

外资企业必须遵守中国的法律、法规,不得损害中国的社会公共利益。

第五条 国家对外资企业不实行国有化和征收;在特殊情况下,根据社会公共利益的需要,对外资企业可以依照法律程序实行征收,并给予相应的补偿。

第六条 设立外资企业的申请,由国务院对外经济贸易主管部门或者国务院授权的机关审查批准。审查批准机关应当在接到申请之日起九十天内决定批准或者不批准。

第七条 设立外资企业的申请经批准后,外国投资者应当在接到批准证书之日起三十天内向工商行政管理机关申请登记,领取营业执照。外资企业的营业执照签发日期,为该企业成立日期。

第八条 外资企业符合中国法律关于法人条件的规定的,依法取得中国法人资格。

第九条 外资企业应当在审查批准机关核准的期限内在中国境内投资;逾期不投资的,工商行政管理机关有权吊销营业执照。

工商行政管理机关对外资企业的投资情况进行检查和监督。

第十条 外资企业分立、合并或者其他重要事项变更,应当报审查批准机关批准,并向工商行政管理机关办理变更登记手续。

第十一条 外资企业的生产经营计划应当报其主管部门备案。

外资企业依照经批准的章程进行经营管理活动,不受干涉。

第十二条 外资企业雇用中国职工应当依法签订合同,并在合同中订明雇用、解雇、报酬、福利、劳动保护、劳动保险等事项。

第十三条 外资企业的职工依法建立工会组织,开展工会活动,维护职工的合法权益。

外资企业应当为本企业工会提供必要的活动条件。

第十四条 外资企业必须在中国境内设置会计帐簿,进行独立核算,按照规定报送会计报表,并接受财政税务机关的监督。

外资企业拒绝在中国境内设置会计帐簿的,财政税务机关可以处以罚款,工商行政管理机关可以责令停止营业或者吊销营业执照。

第十五条 外资企业在批准的经营范围内需要的原材料、燃料等物资,可以在中国购买,也可以在国际市场购买;在同等条件下,应当尽先在中国购买。

第十六条 外资企业的各项保险应当向中国境内的保险公司投保。

第十七条 外资企业依照国家有关税收的规定纳税并可以享受减税、免税的优惠待遇。

外资企业将缴纳所得税后的利润在中国境内再投资的,可以依照国家规定,申请退还再投资部分已缴纳的部分所得税税款。

第十八条 外资企业的外汇事宜,依照国家外汇管理规定办理。

外资企业应当在中国银行或者国家外汇管理机关指定的银行开户。

外资企业应当自行解决外汇收支平衡。外资企业的产品经有关主管机关批准在中国市场销售,因而造成企业外汇收支不平衡的,由批准其在中国市场销售的机关负责解决。

第十九条 外国投资者从外资企业获得的合法利润、其他合法收入和清算后的资金,可以汇往国外。

外资企业的外籍职工的工资收入和其他正当收入,依法缴纳个人所得税后,可以汇往国外。

第二十条 外资企业的经营期限由外国投资者申报,由审查批准机关批准。期满需要延长的,应当在期满一百八十天以前向审查批准机关提出申请。审查批准机关应当在接到申请之日起三十天内决定批准或者不批准。

第二十一条 外资企业终止,应当及时公告,按照法定程序进行清算。

在清算完结前，除为了执行清算外，外国投资者对企业财产不得处理。

第二十二条　外资企业终止，应当向工商行政管理机关办理注销登记手续，缴销营业执照。

第二十三条　国务院对外经济贸易主管部门根据本法制定实施细则，报国务院批准后施行。

第二十四条　本法自公布之日起施行。

全国人民代表大会常务委员会关于修改《中华人民共和国外资企业法》的决定①

（2000年10月31日第九届全国人民代表大会常务委员会第十八次会议通过　2000年10月31日中华人民共和国主席令第41号公布　自公布之日起施行）

第九届全国人民代表大会常务委员会第十八次会议决定对《中华人民共和国外资企业法》作如下修改：

一、第三条第一款修改为："设立外资企业，必须有利于中国国民经济的发展。国家鼓励举办产品出口或者技术先进的外资企业。"

二、删去第十一条第一款。

三、第十五条修改为："外资企业在批准的经营范围内所需的原材料、燃料等物资，按照公平、合理的原则，可以在国内市场或者在国际市场购买。"

四、删去第十八条第三款。

此外，根据本决定对部分条文的顺序作相应调整。

本决定自公布之日起施行。

《中华人民共和国外资企业法》根据本决定作相应的修改，重新公布。

全国人民代表大会常务委员会关于修改《中华人民共和国外资企业法》等四部法律的决定（节录）②

（2016年9月3日第十二届全国人民代表大会常务委员会第二十二次会议通过　2016年9月3日中华人民共和国主席令第51号公布　自2016年10月1日起施行）

第十二届全国人民代表大会常务委员会第二十二次会议决定：

一、对《中华人民共和国外资企业法》作出修改

增加一条，作为第二十三条："举办外资企业不涉及国家规定实施准入特别管理措施的，对本法第六条、第十条、第二十条规定的审批事项，适用备案管理。国家规定的准入特别管理措施由国务院发布或者批准发布。"

……

本决定自2016年10月1日起施行。自本决定施行之日起，2013年8月30日第十二届全国人民代表大会常务委员会第四次会议通过的《全国人民代表大会常务委员会关于授权国务院在中国（上海）自由贸易试验区暂时调整有关法律规定的行政审批的决定》、2014年12月28日第十二届全国人民代表大会常务委员会第十二次会议通过的《全国人民代表大会常务委员会关于授权国务院在中国（广东）自由贸易试验区、中国（天津）自由贸易试验区、中国（福建）自由贸易试验区以及中国（上海）自由贸易试验区扩展区域暂时调整有关法律规定的行政审批的决定》的效力相应终止。

《中华人民共和国外资企业法》、《中华人民共和国中外合资经营企业法》、《中华人民共和国中外合作经营企业法》、《中华人民共和国台湾同胞投资保护法》根据本决定作相应修改，重新公布。

① 编者注：已废止。
② 编者注：部分废止。

中华人民共和国外资企业法①

（1986年4月12日第六届全国人民代表大会第四次会议通过　根据2000年10月31日第九届全国人民代表大会常务委员会第十八次会议《关于修改〈中华人民共和国外资企业法〉的决定》第一次修正　根据2016年9月3日第十二届全国人民代表大会常务委员会第二十二次会议《关于修改〈中华人民共和国外资企业法〉等四部法律的决定》第二次修正）

第一条　为了扩大对外经济合作和技术交流，促进中国国民经济的发展，中华人民共和国允许外国的企业和其他经济组织或者个人（以下简称外国投资者）在中国境内举办外资企业，保护外资企业的合法权益。

第二条　本法所称的外资企业是指依照中国有关法律在中国境内设立的全部资本由外国投资者投资的企业，不包括外国的企业和其他经济组织在中国境内的分支机构。

第三条　设立外资企业，必须有利于中国国民经济的发展。国家鼓励举办产品出口或者技术先进的外资企业。

国家禁止或者限制设立外资企业的行业由国务院规定。

第四条　外国投资者在中国境内的投资、获得的利润和其他合法权益，受中国法律保护。

外资企业必须遵守中国的法律、法规，不得损害中国的社会公共利益。

第五条　国家对外资企业不实行国有化和征收；在特殊情况下，根据社会公共利益的需要，对外资企业可以依照法律程序实行征收，并给予相应的补偿。

第六条　设立外资企业的申请，由国务院对外经济贸易主管部门或者国务院授权的机关审查批准。审查批准机关应当在接到申请之日起九十天内决定批准或者不批准。

第七条　设立外资企业的申请经批准后，外国投资者应当在接到批准证书之日起三十天内向工商行政管理机关申请登记，领取营业执照。外资企业的营业执照签发日期，为该企业成立日期。

第八条　外资企业符合中国法律关于法人条件的规定的，依法取得中国法人资格。

第九条　外资企业应当在审查批准机关核准的期限内在中国境内投资；逾期不投资的，工商行政管理机关有权吊销营业执照。

工商行政管理机关对外资企业的投资情况进行检查和监督。

第十条　外资企业分立、合并或者其他重要事项变更，应当报审查批准机关批准，并向工商行政管理机关办理变更登记手续。

第十一条　外资企业依照经批准的章程进行经营管理活动，不受干涉。

第十二条　外资企业雇用中国职工应当依法签定合同，并在合同中订明雇用、解雇、报酬、福利、劳动保护、劳动保险等事项。

第十三条　外资企业的职工依法建立工会组织，开展工会活动，维护职工的合法权益。

外资企业应当为本企业工会提供必要的活动条件。

第十四条　外资企业必须在中国境内设置会计账簿，进行独立核算，按照规定报送会计报表，并接受财政税务机关的监督。

外资企业拒绝在中国境内设置会计账簿的，财政税务机关可以处以罚款，工商行政管理机关可以责令停止营业或者吊销营业执照。

第十五条　外资企业在批准的经营范围内所需的原材料、燃料等物资，按照公平、合理的原则，可以在国内市场或者在国际市场购买。

第十六条　外资企业的各项保险应当向中国境内的保险公司投保。

第十七条　外资企业依照国家有关税收的规定纳税并可以享受减税、免税的优惠待遇。

外资企业将缴纳所得税后的利润在中国境内再投资的，可以依照国家规定申请退还再投资部分已缴纳的部分所得税税款。

第十八条　外资企业的外汇事宜，依照国家外汇管理规定办理。

外资企业应当在中国银行或者国家外汇管理机关指定的银行开户。

---

①　编者注：已废止。

第十九条　外国投资者从外资企业获得的合法利润、其他合法收入和清算后的资金,可以汇往国外。

外资企业的外籍职工的工资收入和其他正当收入,依法缴纳个人所得税后,可以汇往国外。

第二十条　外资企业的经营期限由外国投资者申报,由审查批准机关批准。期满需要延长的,应当在期满一百八十天以前向审查批准机关提出申请。审查批准机关应当在接到申请之日起三十天内决定批准或者不批准。

第二十一条　外资企业终止,应当及时公告,按照法定程序进行清算。

在清算完结前,除为了执行清算外,外国投资者对企业财产不得处理。

第二十二条　外资企业终止,应当向工商行政管理机关办理注销登记手续,缴销营业执照。

第二十三条　举办外资企业不涉及国家规定实施准入特别管理措施的,对本法第六条、第十条、第二十条规定的审批事项,适用备案管理。国家规定的准入特别管理措施由国务院发布或者批准发布。

第二十四条　国务院对外经济贸易主管部门根据本法制定实施细则,报国务院批准后施行。

第二十五条　本法自公布之日起施行。

中华人民共和国外资企业法实施细则①

(1990年10月28日国务院批准　1990年12月12日对外经济贸易部公布　自公布之日起施行)

目　录

第一章　总　　则

第一条　根据《中华人民共和国外资企业法》第二十三条的规定,制定本实施细则。

第二条　外资企业受中国法律的管辖和保护。

外资企业在中国境内从事经营活动,必须遵守中国的法律、法规,不得损害中国的社会公共利益。

第三条　设立外资企业,必须有利于中国国民经济的发展,能够取得显著的经济效益,并应当至少符合下列一项条件:

(一)采用先进技术和设备,从事新产品开发,节约能源和原材料,实现产品升级换代,可以替代进口的;

(二)年出口产品的产值达到当年全部产品产值50%以上,实现外汇收支平衡或者有余的。

第四条　下列行业,禁止设立外资企业:

(一)新闻、出版、广播、电视、电影;

(二)国内商业、对外贸易、保险;

(三)邮电通信;

(四)中国政府规定禁止设立外资企业的其他行业。

第五条　下列行业,限制设立外资企业:

(一)公用事业;

(二)交通运输;

(三)房地产;

(四)信托投资;

(五)租赁。

申请在前款规定的行业中设立外资企业,除中国法律、法规另有规定外,须经中华人民共和国对外经济贸易部(以下简称对外经济贸易部)批准。

第六条　申请设立外资企业,有下列情况之

① 编者注:已废止。

一的,不予批准:

(一)有损中国主权或者社会公共利益的;

(二)危及中国国家安全的;

(三)违反中国法律、法规的;

(四)不符合中国国民经济发展要求的;

(五)可能造成环境污染的。

第七条 外资企业在批准的经营范围内,自主经营管理,不受干涉。

第二章 设立程序

第八条 设立外资企业的申请,由对外经济贸易部审查批准后,发给批准证书。

设立外资企业的申请属于下列情形的,国务院授权省、自治区、直辖市和计划单列市、经济特区人民政府审查批准后,发给批准证书:

(一)投资总额在国务院规定的投资审批权限以内的;

(二)不需要国家调拨原材料,不影响能源、交通运输、外贸出口配额等全国综合平衡的。

省、自治区、直辖市和计划单列市、经济特区人民政府在国务院授权范围内批准设立外资企业,应当在批准后十五天内报对外经济贸易部备案(对外经济贸易部和省、自治区、直辖市和计划单列市、经济特区人民政府,以下统称审批机关)。

第九条 申请设立的外资企业,其产品涉及出口许可证、出口配额、进口许可证或者属于国家限制进口的,应当依照有关管理权限事先征得对外经济贸易部门的同意。

第十条 外国投资者在提出设立外资企业的申请前,应当就下列事项向拟设立外资企业所在地的县级或者县级以上地方人民政府提交报告。报告内容包括:设立外资企业的宗旨;经营范围、规模;生产产品;使用的技术设备;产品在中国和国外市场的销售比例;用地面积及要求;需要用水、电、煤、煤气或者其他能源的条件及数量;对公共设施的要求等。

县级或者县级以上地方人民政府应当在收到外国投资者提交的报告之日起三十天内以书面形式答复外国投资者。

第十一条 外国投资者设立外资企业,应当通过拟设立外资企业所在地的县级或者县级以上地方人民政府向审批机关提出申请,并报送下列文件:

(一)设立外资企业申请书;

(二)可行性研究报告;

(三)外资企业章程;

(四)外资企业法定代表人(或者董事会人选)名单;

(五)外国投资者的法律证明文件和资信证明文件;

(六)拟设立外资企业所在地的县级或者县级以上地方人民政府的书面答复;

(七)需要进口的物资清单;

(八)其他需要报送的文件。

前款(一)、(三)项文件必须用中文书写;(二)、(四)、(五)项文件可以用外文书写,但应当附中文译文。

两个或者两个以上外国投资者共同申请设立外资企业,应当将其签订的合同副本报送审批机关备案。

第十二条 审批机关应当在收到申请设立外资企业的全部文件之日起九十天内决定批准或者不批准。审批机关如果发现上述文件不齐备或者有不当之处,可以要求限期补报或者修改。

第十三条 设立外资企业的申请经审批机关批准后,外国投资者应当在收到批准证书之日起三十天内向工商行政管理机关申请登记,领取营业执照。外资企业的营业执照签发日期,为该企业成立日期。

外国投资者在收到批准证书之日起满三十天未向工商行政管理机关申请登记的,外资企业批准证书自动失效。

外资企业应当在企业成立之日起三十天内向税务机关办理税务登记。

第十四条 外国投资者可以委托中国的外商投资企业服务机构或者其他经济组织代为办理第九条、第十条第一款和第十一条规定事宜,但须签订委托合同。

第十五条 设立外资企业的申请书应当包括下列内容:

(一)外国投资者的姓名或者名称、住所、注册地和法定代表人的姓名、国籍、职务;

(二)拟设立外资企业的名称、住所;

（三）经营范围、产品品种和生产规模；

（四）拟设立外资企业的投资总额、注册资本、资金来源、出资方式和期限；

（五）拟设立外资企业的组织形式和机构、法定代表人；

（六）采用的主要生产设备及其新旧程度、生产技术、工艺水平及其来源；

（七）产品的销售方向、地区和销售渠道、方式以及在中国和国外市场的销售比例；

（八）外汇资金的收支安排；

（九）有关机构设置和人员编制，职工的招用、培训、工资、福利、保险、劳动保护等事项的安排；

（十）可能造成环境污染的程度和解决措施；

（十一）场地选择和用地面积；

（十二）基本建设和生产经营所需资金、能源、原材料及其解决办法；

（十三）项目实施的进度计划；

（十四）拟设立外资企业的经营期限。

第十六条 外资企业的章程应当包括下列内容：

（一）名称及住所；

（二）宗旨、经营范围；

（三）投资总额、注册资本、出资期限；

（四）组织形式；

（五）内部组织机构及其职权和议事规则，法定代表人以及总经理、总工程师、总会计师等人员的职责、权限；

（六）财务、会计及审计的原则和制度；

（七）劳动管理；

（八）经营期限、终止及清算；

（九）章程的修改程序。

第十七条 外资企业的章程经审批机关批准后生效，修改时同。

第十八条 外资企业的分立、合并或者由于其他原因导致资本发生重大变动，须经审批机关批准，并应当聘请中国的注册会计师验证和出具验资报告；经审批机关批准后，向工商行政管理机关办理变更登记手续。

第三章 组织形式与注册资本

第十九条 外资企业的组织形式为有限责任公司。经批准也可以为其他责任形式。

外资企业为有限责任公司的，外国投资者对企业的责任以其认缴的出资额为限。

外资企业为其他责任形式的，外国投资者对企业的责任适用中国法律、法规的规定。

第二十条 外资企业的投资总额，是指开办外资企业所需资金总额，即按其生产规模需要投入的基本建设资金和生产流动资金的总和。

第二十一条 外资企业的注册资本，是指为设立外资企业在工商行政管理机关登记的资本总额，即外国投资者认缴的全部出资额。

外资企业的注册资本要与其经营规模相适应，注册资本与投资总额的比例应当符合中国有关规定。

第二十二条 外资企业在经营期内不得减少其注册资本。

第二十三条 外资企业注册资本的增加、转让，须经审批机关批准，并向工商行政管理机关办理变更登记手续。

第二十四条 外资企业将其财产或者权益对外抵押、转让，须经审批机关批准并向工商行政管理机关备案。

第二十五条 外资企业的法定代表人是依照其章程规定，代表外资企业行使职权的负责人。

法定代表人无法履行其职权时，应当以书面形式委托代理人，代其行使职权。

第四章 出资方式与期限

第二十六条 外国投资者可以用可自由兑换的外币出资，也可以用机器设备、工业产权、专有技术等作价出资。

经审批机关批准，外国投资者也可以用其从中国境内举办的其他外商投资企业获得的人民币利润出资。

第二十七条 外国投资者以机器设备作价出资的，该机器设备必须符合下列要求：

（一）外资企业生产所必需的；

（二）中国不能生产，或者虽能生产，但在技术性能或者供应时间上不能保证需要的。

该机器设备的作价不得高于同类机器设备当时的国际市场正常价格。

对作价出资的机器设备，应当列出详细的作

价出资清单,包括名称、种类、数量、作价等,作为设立外资企业申请书的附件一并报送审批机关。

第二十八条 外国投资者以工业产权、专有技术作价出资时,该工业产权、专有技术必须符合下列要求:

(一)外国投资者自己所有的;

(二)能生产中国急需的新产品或者出口适销产品的。

该工业产权、专有技术的作价应当与国际上通常的作价原则相一致,其作价金额不得超过外资企业注册资本的20%。

对作价出资的工业产权、专有技术,应当备有详细资料,包括所有权证书的复制件,有效状况及其技术性能、实用价值,作价的计算根据和标准等,作为设立外资企业申请书的附件一并报送审批机关。

第二十九条 作价出资的机器设备运抵中国口岸时,外资企业应当报请中国的商检机构进行检验,由该商检机构出具检验报告。

作价出资的机器设备的品种、质量和数量与外国投资者报送审批机关的作价出资清单列出的机器设备的品种、质量和数量不符的,审批机关有权要求外国投资者限期改正。

第三十条 作价出资的工业产权、专有技术实施后,审批机关有权进行检查。该工业产权、专有技术与外国投资者原提供的资料不符的,审批机关有权要求外国投资者限期改正。

第三十一条 外国投资者缴付出资的期限应当在设立外资企业申请书和外资企业章程中载明。外国投资者可以分期缴付出资,但最后一期出资应当在营业执照签发之日起三年内缴清。其中第一期出资不得少于外国投资者认缴出资额的25%,并应当在外资企业营业执照签发之日起九十天内缴清。

外国投资者未能在前款规定的期限内缴付第一期出资的,外资企业批准证书即自动失效。外资企业应当向工商行政管理机关办理注销登记手续,缴销营业执照;不办理注销登记手续和缴销营业执照的,由工商行政管理机关吊销其营业执照,并予以公告。

第三十二条 第一期出资后的其他各期的出资,外国投资者应当如期缴付。无正当理由逾期三十天不出资的,依照本实施细则第三十一条第二款的规定处理。

外国投资者有正当理由要求延期出资的,应当经审批机关同意,并报工商行政管理机关备案。

第三十三条 外国投资者缴付每期出资后,外资企业应当聘请中国的注册会计师验证,并出具验资报告,报审批机关和工商行政管理机关备案。

第五章 用地及其费用

第三十四条 外资企业的用地,由外资企业所在地的县级或者县级以上地方人民政府根据本地区的情况审核后,予以安排。

第三十五条 外资企业应当在营业执照签发之日起三十天内,持批准证书和营业执照到外资企业所在地县级或者县级以上地方人民政府的土地管理部门办理土地使用手续,领取土地证书。

第三十六条 土地证书为外资企业使用土地的法律凭证。外资企业在经营期限内未经批准,其土地使用权不得转让。

第三十七条 外资企业在领取土地证书时,应当向其所在地土地管理部门缴纳土地使用费。

第三十八条 外资企业使用经营开发的土地,应当缴付土地开发费。

前款所指土地开发费包括征地拆迁安置费用和为外资企业配套的基础设施建设费用。土地开发费可由土地开发单位一次性计收或者分年计收。

第三十九条 外资企业使用未经开发的土地,可以自行开发或者委托中国有关单位开发。基础设施的建设,应当由外资企业所在地县级或者县级以上地方人民政府统一安排。

第四十条 外资企业的土地使用费和土地开发费的计收标准,依照中国有关规定办理。

第四十一条 外资企业的土地使用年限,与经批准的该外资企业的经营期限相同。

第四十二条 外资企业除依照本章规定取得土地使用权外,还可以依照中国其他法规的规定取得土地使用权。

第六章 购买与销售

第四十三条 外资企业自行制定和执行生产经营计划,该生产经营计划应当报其所在地行业主管部门备案。

第四十四条 外资企业有权自行决定购买本企业自用的机器设备、原材料、燃料、零部件、配套件、元器件、运输工具和办公用品等(以下统称"物资")。

外资企业在中国购买物资,在同等条件下,享受与中国企业同等的待遇。

第四十五条 外资企业在中国市场销售其产品,应当依照经批准的销售比例进行。

外资企业超过批准的销售比例在中国市场销售其产品,须经审批机关批准。

第四十六条 外资企业有权自行出口本企业生产的产品,也可以委托中国的外贸公司代销或者委托中国境外的公司代销。

外资企业有权依照批准的销售比例自行在中国销售本企业生产的产品,也可以委托中国的商业机构代销。

第四十七条 外国投资者作为出资的机器设备,依照中国规定需要领取进口许可证的,外资企业凭批准的该企业进口设备和物资清单直接或者委托代理机构向发证机关申领进口许可证。

外资企业在批准的经营范围内,进口本企业自用并为生产所需的物资,依照中国规定需要领取进口许可证的,应当编制年度进口计划,每半年向发证机关申领一次。

外资企业出口产品,依照中国规定需要领取出口许可证的,应当编制年度出口计划,每半年向发证机关申领一次。

第四十八条 外资企业进口的物资以及技术劳务的价格不得高于当时的国际市场同类物资以及技术劳务的正常价格。外资企业的出口产品价格,由外资企业参照当时的国际市场价格自行确定,但不得低于合理的出口价格。用高价进口、低价出口等方式逃避税收的,税务机关有权根据税法规定,追究其法律责任。

外资企业依照批准的销售比例在中国市场销售产品的价格,应当执行中国有关价格管理的规定。

前述价格应当报物价管理机关和税务机关备案,并接受其监督。

第四十九条 外资企业应当依照《中华人民共和国统计法》及中国利用外资统计制度的规定,提供统计资料,报送统计报表。

第七章 税 务

第五十条 外资企业应当依照中国法律、法规的规定,缴纳税款。

第五十一条 外资企业的职工应当依照中国法律、法规的规定,缴纳个人所得税。

第五十二条 外资企业进口下列物资,免征关税和工商统一税:

(一)外国投资者作为出资的机器设备、零部件、建设用建筑材料以及安装、加固机器所需材料;

(二)外资企业以投资总额内的资金进口本企业生产所需的自用机器设备、零部件、生产用交通运输工具以及生产管理设备;

(三)外资企业为生产出口产品而进口的原材料、辅料、元器件、零部件和包装物料。

前款所述的进口物资,经批准在中国境内转卖或者转用于生产在中国境内销售的产品,应当依照中国税法纳税或者补税。

第五十三条 外资企业生产的出口产品,除中国限制出口的以外,依照中国税法免征关税和工商统一税。

第八章 外汇管理

第五十四条 外资企业的外汇事宜,应当依照中国有关外汇管理的法规办理。

第五十五条 外资企业凭工商行政管理机关发给的营业执照,在中国境内可以经营外汇业务的银行开立帐户,由开户银行监督收付。

外资企业的外汇收入,应当存入其开户银行的外汇帐户;外汇支出,应当从其外汇帐户中支付。

第五十六条 外资企业应当自行解决外汇收支平衡。

外资企业无法自行解决外汇收支平衡的,外国投资者应当在设立外资企业申请书中载明并提出如何解决的具体方案;审批机关商有关部门后作出答复。

设立外资企业申请书中已载明自行解决外汇收支平衡的，任何政府部门不负责解决其外汇收支平衡问题。

外资企业生产的产品为中国急需并且可以替代进口，经批准在中国销售的，经中国外汇管理机关批准后，可以收取外汇。

第五十七条　外资企业因生产和经营需要在中国境外的银行开立外汇帐户，须经中国外汇管理机关批准，并依照中国外汇管理机关的规定定期报告外汇收付情况和提供银行对帐单。

第五十八条　外资企业中的外籍职工和港澳台职工的工资和其他正当的外汇收益，依照中国税法纳税后，可以自由汇出。

第九章　财务会计

第五十九条　外资企业应当依照中国法律、法规和财政机关的规定，建立财务会计制度并报其所在地财政、税务机关备案。

第六十条　外资企业的会计年度自公历年的一月一日起至十二月三十一日止。

第六十一条　外资企业依照中国税法规定缴纳所得税后的利润，应当提取储备基金和职工奖励及福利基金。储备基金的提取比例不得低于税后利润的百分之十，当累计提取金额达到注册资本的百分之五十时，可以不再提取。职工奖励及福利基金的提取比例由外资企业自行确定。

外资企业以往会计年度的亏损未弥补前，不得分配利润；以往会计年度未分配的利润，可与本会计年度可供分配的利润一并分配。

第六十二条　外资企业的自制会计凭证、会计帐簿和会计报表，应当用中文书写；用外文书写的，应当加注中文。

第六十三条　外资企业应当独立核算。

外资企业的年度会计报表和清算会计报表，应当依照中国财政、税务机关的规定编制。以外币编报会计报表的，应当同时编报外币折合为人民币的会计报表。

外资企业的年度会计报表和清算会计报表，应当聘请中国的注册会计师进行验证并出具报告。

第二款和第三款规定的外资企业的年度会计报表和清算会计报表，连同中国的注册会计师出具的报告，应当在规定的时间内报送财政、税务机关，并报审批机关和工商行政管理机关备案。

第六十四条　外国投资者可以聘请中国或者外国的会计人员查阅外资企业帐簿，费用由外国投资者承担。

第六十五条　外资企业应当向财政、税务机关报送年度资产负债表和损益表，并报审批机关和工商行政管理机关备案。

第六十六条　外资企业应当在企业所在地设置会计帐簿，并接受财政、税务机关的监督。

违反前款规定的，财政、税务机关可以处以罚款，工商行政管理机关可以责令停止营业或者吊销营业执照。

第十章　职　　工

第六十七条　外资企业在中国境内雇用职工，企业和职工双方应当依照中国的法律、法规签订劳动合同。合同中应当订明雇用、辞退、报酬、福利、劳动保护、劳动保险等事项。

外资企业不得雇用童工。

第六十八条　外资企业应当负责职工的业务、技术培训，建立考核制度，使职工在生产、管理技能方面能够适应企业的生产与发展需要。

第十一章　工　　会

第六十九条　外资企业的职工有权依照《中华人民共和国工会法》的规定，建立基层工会组织，开展工会活动。

第七十条　外资企业工会是职工利益的代表，有权代表职工同本企业签订劳动合同，并监督劳动合同的执行。

第七十一条　外资企业工会的基本任务是：依照中国法律、法规的规定维护职工的合法权益，协助企业合理安排和使用职工福利、奖励基金；组织职工学习政治、科学技术和业务知识，开展文艺、体育活动；教育职工遵守劳动纪律，努力完成企业的各项经济任务。

外资企业研究决定有关职工奖惩、工资制度、生产福利、劳动保护和保险问题时，工会代表有权列席会议。外资企业应当听取工会的意见，取得工会的合作。

第七十二条 外资企业应当积极支持本企业工会的工作,依照《中华人民共和国工会法》的规定,为工会组织提供必要的房屋和设备,用于办公、会议、举办职工集体福利、文化、体育事业。外资企业每月按照企业职工实发工资总额的百分之二拨交工会经费,由本企业工会依照中华全国总工会制定的有关工会经费管理办法使用。

第十二章 期限、终止与清算

第七十三条 外资企业的经营期限,根据不同行业和企业的具体情况,由外国投资者在设立外资企业的申请书中拟订,经审批机关批准。

第七十四条 外资企业的经营期限,从其营业执照签发之日起计算。

外资企业经营期满需要延长经营期限的,应当在距经营期满一百八十天前向审批机关报送延长经营期限的申请书。审批机关应当在收到申请书之日起三十天内决定批准或者不批准。

外资企业经批准延长经营期限的,应当自收到批准延长期限文件之日起三十天内,向工商行政管理机关办理变更登记手续。

第七十五条 外资企业有下列情形之一的,应予终止:

(一)经营期限届满;

(二)经营不善,严重亏损,外国投资者决定解散;

(三)因自然灾害、战争等不可抗力而遭受严重损失,无法继续经营;

(四)破产;

(五)违反中国法律、法规,危害社会公共利益被依法撤销;

(六)外资企业章程规定的其他解散事由已经出现。

外资企业如存在前款第(二)、(三)、(四)项所列情形,应当自行提交终止申请书,报审批机关核准。审批机关作出核准的日期为企业的终止日期。

第七十六条 外资企业依照第七十五条第(一)、(二)、(三)、(六)项的规定终止的,应当在终止之日起十五天内对外公告并通知债权人,并在终止公告发出之日起十五天内,提出清算程序、原则和清算委员会人选,报审批机关审核后进行清算。

第七十七条 清算委员会应当由外资企业的法定代表人、债权人代表以及有关主管机关的代表组成,并聘请中国的注册会计师、律师等参加。

清算费用从外资企业现存财产中优先支付。

第七十八条 清算委员会行使下列职权:

(一)召集债权人会议;

(二)接管并清理企业财产,编制资产负债表和财产目录;

(三)提出财产作价和计算依据;

(四)制定清算方案;

(五)收回债权和清偿债务;

(六)追回股东应缴而未缴的款项;

(七)分配剩余财产;

(八)代表外资企业起诉和应诉。

第七十九条 外资企业在清算结束之前,外国投资者不得将该企业的资金汇出或者携出中国境外,不得自行处理企业的财产。

外资企业清算结束,其资产净额和剩余财产超过注册资本的部分视同利润,应当依照中国税法缴纳所得税。

第八十条 外资企业清算结束,应当向工商行政管理机关办理注销登记手续,缴销营业执照。

第八十一条 外资企业清算处理财产时,在同等条件下,中国的企业或者其他经济组织有优先购买权。

第八十二条 外资企业依照第七十五条第(四)项的规定终止的,参照中国有关法律、法规进行清算。

外资企业依照第七十五条第(五)项的规定终止的,依照中国有关规定进行清算。

第十三章 附 则

第八十三条 外资企业的各项保险,应当向中国境内的保险公司投保。

第八十四条 外资企业与中国的其他企业或者经济组织签订经济合同,适用《中华人民共和国经济合同法》。

外资企业与外国的公司、企业或者个人签订经济合同,适用《中华人民共和国涉外经济合同法》。

第八十五条 香港、澳门、台湾地区的公司、企业和其他经济组织或者个人以及在国外居住的中国公民在大陆设立全部资本为其所有的企业,参照本实施细则办理。

第八十六条 外资企业中的外籍职工和港澳台职工可带进合理自用的交通工具和生活物品,并依照中国规定办理进口手续。

第八十七条 本细则由对外经济贸易部负责解释。

第八十八条 本细则自发布之日起施行。

国务院关于修改《中华人民共和国外资企业法实施细则》的决定①

(2001 年 4 月 12 日中华人民共和国国务院令第 301 号公布 自公布之日起施行)

为了适应我国对外开放新形势的需要,进一步改善外商投资环境,根据《全国人民代表大会常务委员会关于修改〈中华人民共和国外资企业法〉的决定》,对《中华人民共和国外资企业法实施细则》作如下修改:

一、将第三条修改为:“设立外资企业,必须有利于中国国民经济的发展,能够取得显著的经济效益。国家鼓励外资企业采用先进技术和设备,从事新产品开发,实现产品升级换代,节约能源和原材料,并鼓励举办产品出口的外资企业。”

二、将第四条、第五条合并,修改为:“禁止或者限制设立外资企业的行业,按照国家指导外商投资方向的规定及外商投资产业指导目录执行。”

三、将第十条中的“产品在中国和国外市场的销售比例”删去。

四、将第十五条中的“以及在中国和国外市场的销售比例”删去。

五、将第二十二条修改为:“外资企业在经营期内不得减少其注册资本。但是,因投资总额和生产经营规模等发生变化,确需减少的,须经审批机关批准。”

六、将第二十七条第一款修改为:“外国投资者以机器设备作价出资的,该机器设备应当是外资企业生产所必需的设备。”

七、将第二十八条第一款修改为:“外国投资者以工业产权、专有技术作价出资的,该工业产权、专有技术应当为外国投资者所有。”

八、删去第四十三条。

九、将第四十五条修改为:“外资企业可以在中国市场销售其产品。国家鼓励外资企业出口其生产的产品。”

十、将第四十六条第二款修改为:“外资企业可以自行在中国销售本企业生产的产品,也可以委托商业机构代销其产品。”

十一、删去第四十八条第二款、第三款。

十二、将第五十二条中的“外资企业进口下列物资,免征关税和工商统一税”修改为“外资企业进口下列物资,依照中国税法的有关规定减税、免税”。

十三、将第五十三条修改为:“外资企业生产的出口产品,除中国限制出口的以外,依照中国税法的有关规定减税、免税或者退税。”

十四、删去第五十六条。

十五、将第八十四条修改为:“外资企业与其他公司、企业或者经济组织以及个人签订合同,适用《中华人民共和国合同法》。”

十六、删去第八十七条。

此外,对部分条款的表述予以修改,条文顺序作相应调整。

本决定自公布之日起施行。

《中华人民共和国外资企业法实施细则》根据本决定作相应的修改,重新公布。

中华人民共和国外资企业法实施细则②

(1990 年 10 月 28 日国务院批准 1990 年 12 月 12 日对外经济贸易部发布 根据2001 年 4 月 12 日《国务院关于修改〈中华人民共和国外资企业法实施细则〉的决定》修订)

第一章 总 则

第一条 根据《中华人民共和国外资企业法》的规定,制定本实施细则。

---

① 编者注:已废止。

② 编者注:已废止。

第二条 外资企业受中国法律的管辖和保护。

外资企业在中国境内从事经营活动，必须遵守中国的法律、法规，不得损害中国的社会公共利益。

第三条 设立外资企业，必须有利于中国国民经济的发展，能够取得显著的经济效益。国家鼓励外资企业采用先进技术和设备，从事新产品开发，实现产品升级换代，节约能源和原材料，并鼓励举办产品出口的外资企业。

第四条 禁止或者限制设立外资企业的行业，按照国家指导外商投资方向的规定及外商投资产业指导目录执行。

第五条 申请设立外资企业，有下列情况之一的，不予批准：

（一）有损中国主权或者社会公共利益的；

（二）危及中国国家安全的；

（三）违反中国法律、法规的；

（四）不符合中国国民经济发展要求的；

（五）可能造成环境污染的。

第六条 外资企业在批准的经营范围内，自主经营管理，不受干涉。

第二章 设立程序

第七条 设立外资企业的申请，由中华人民共和国对外贸易经济合作部（以下简称对外贸易经济合作部）审查批准后，发给批准证书。

设立外资企业的申请属于下列情形的，国务院授权省、自治区、直辖市和计划单列市、经济特区人民政府审查批准后，发给批准证书：

（一）投资总额在国务院规定的投资审批权限以内的；

（二）不需要国家调拨原材料，不影响能源、交通运输、外贸出口配额等全国综合平衡的。

省、自治区、直辖市和计划单列市、经济特区人民政府在国务院授权范围内批准设立外资企业，应当在批准后15天内报对外贸易经济合作部备案（对外贸易经济合作部和省、自治区、直辖市和计划单列市、经济特区人民政府，以下统称审批机关）。

第八条 申请设立的外资企业，其产品涉及出口许可证、出口配额、进口许可证或者属于国家限制进口的，应当依照有关管理权限事先征得对外经济贸易主管部门的同意。

第九条 外国投资者在提出设立外资企业的申请前，应当就下列事项向拟设立外资企业所在地的县级或者县级以上地方人民政府提交报告。报告内容包括：设立外资企业的宗旨；经营范围、规模；生产产品；使用的技术设备；用地面积及要求；需要用水、电、煤、煤气或者其他能源的条件及数量；对公共设施的要求等。

县级或者县级以上地方人民政府应当在收到外国投资者提交的报告之日起30天内以书面形式答复外国投资者。

第十条 外国投资者设立外资企业，应当通过拟设立外资企业所在地的县级或者县级以上地方人民政府向审批机关提出申请，并报送下列文件：

（一）设立外资企业申请书；

（二）可行性研究报告；

（三）外资企业章程；

（四）外资企业法定代表人（或者董事会人选）名单；

（五）外国投资者的法律证明文件和资信证明文件；

（六）拟设立外资企业所在地的县级或者县级以上地方人民政府的书面答复；

（七）需要进口的物资清单；

（八）其他需要报送的文件。

前款（一）、（三）项文件必须用中文书写；（二）、（四）、（五）项文件可以用外文书写，但应当附中文译文。

两个或者两个以上外国投资者共同申请设立外资企业，应当将其签订的合同副本报送审批机关备案。

第十一条 审批机关应当在收到申请设立外资企业的全部文件之日起90天内决定批准或者不批准。审批机关如果发现上述文件不齐备或者有不当之处，可以要求限期补报或者修改。

第十二条 设立外资企业的申请经审批机关批准后，外国投资者应当在收到批准证书之日起30天内向工商行政管理机关申请登记，领取营业执照。外资企业的营业执照签发日期，为该企业成立日期。

外国投资者在收到批准证书之日起满30天未向工商行政管理机关申请登记的，外资企业批准证书自动失效。

外资企业应当在企业成立之日起30天内向税务机关办理税务登记。

第十三条 外国投资者可以委托中国的外商投资企业服务机构或者其他经济组织代为办理本实施细则第八条、第九条第一款和第十条规定事宜，但须签订委托合同。

第十四条 设立外资企业的申请书应当包括下列内容：

（一）外国投资者的姓名或者名称、住所、注册地和法定代表人的姓名、国籍、职务；

（二）拟设立外资企业的名称、住所；

（三）经营范围、产品品种和生产规模；

（四）拟设立外资企业的投资总额、注册资本、资金来源、出资方式和期限；

（五）拟设立外资企业的组织形式和机构、法定代表人；

（六）采用的主要生产设备及其新旧程度、生产技术、工艺水平及其来源；

（七）产品的销售方向、地区和销售渠道、方式；

（八）外汇资金的收支安排；

（九）有关机构设置和人员编制，职工的招用、培训、工资、福利、保险、劳动保护等事项的安排；

（十）可能造成环境污染的程度和解决措施；

（十一）场地选择和用地面积；

（十二）基本建设和生产经营所需资金、能源、原材料及其解决办法；

（十三）项目实施的进度计划；

（十四）拟设立外资企业的经营期限。

第十五条 外资企业的章程应当包括下列内容：

（一）名称及住所；

（二）宗旨、经营范围；

（三）投资总额、注册资本、出资期限；

（四）组织形式；

（五）内部组织机构及其职权和议事规则，法定代表人以及总经理、总工程师、总会计师等人员的职责、权限；

（六）财务、会计及审计的原则和制度；

（七）劳动管理；

（八）经营期限、终止及清算；

（九）章程的修改程序。

第十六条 外资企业的章程经审批机关批准后生效，修改时同。

第十七条 外资企业的分立、合并或者由于其他原因导致资本发生重大变动，须经审批机关批准，并应当聘请中国的注册会计师验证和出具验资报告；经审批机关批准后，向工商行政管理机关办理变更登记手续。

第三章 组织形式与注册资本

第十八条 外资企业的组织形式为有限责任公司。经批准也可以为其他责任形式。

外资企业为有限责任公司的，外国投资者对企业的责任以其认缴的出资额为限。

外资企业为其他责任形式的，外国投资者对企业的责任适用中国法律、法规的规定。

第十九条 外资企业的投资总额，是指开办外资企业所需资金总额，即按其生产规模需要投入的基本建设资金和生产流动资金的总和。

第二十条 外资企业的注册资本，是指为设立外资企业在工商行政管理机关登记的资本总额，即外国投资者认缴的全部出资额。

外资企业的注册资本要与其经营规模相适应，注册资本与投资总额的比例应当符合中国有关规定。

第二十一条 外资企业在经营期内不得减少其注册资本。但是，因投资总额和生产经营规模等发生变化，确需减少的，须经审批机关批准。

第二十二条 外资企业注册资本的增加、转让，须经审批机关批准，并向工商行政管理机关办理变更登记手续。

第二十三条 外资企业将其财产或者权益对外抵押、转让，须经审批机关批准并向工商行政管理机关备案。

第二十四条 外资企业的法定代表人是依照其章程规定，代表外资企业行使职权的负责人。

法定代表人无法履行其职权时，应当以书面形式委托代理人，代其行使职权。

第四章 出资方式与期限

第二十五条 外国投资者可以用可自由兑换的外币出资,也可以用机器设备、工业产权、专有技术等作价出资。

经审批机关批准,外国投资者也可以用其从中国境内举办的其他外商投资企业获得的人民币利润出资。

第二十六条 外国投资者以机器设备作价出资的,该机器设备应当是外资企业生产所必需的设备。

该机器设备的作价不得高于同类机器设备当时的国际市场正常价格。

对作价出资的机器设备,应当列出详细的作价出资清单,包括名称、种类、数量、作价等,作为设立外资企业申请书的附件一并报送审批机关。

第二十七条 外国投资者以工业产权、专有技术作价出资的,该工业产权、专有技术应当为外国投资者所有。

该工业产权、专有技术的作价应当与国际上通常的作价原则相一致,其作价金额不得超过外资企业注册资本的20%。

对作价出资的工业产权、专有技术,应当备有详细资料,包括所有权证书的复制件,有效状况及其技术性能、实用价值,作价的计算根据和标准等,作为设立外资企业申请书的附件一并报送审批机关。

第二十八条 作价出资的机器设备运抵中国口岸时,外资企业应当报请中国的商检机构进行检验,由该商检机构出具检验报告。

作价出资的机器设备的品种、质量和数量与外国投资者报送审批机关的作价出资清单列出的机器设备的品种、质量和数量不符的,审批机关有权要求外国投资者限期改正。

第二十九条 作价出资的工业产权、专有技术实施后,审批机关有权进行检查。该工业产权、专有技术与外国投资者原提供的资料不符的,审批机关有权要求外国投资者限期改正。

第三十条 外国投资者缴付出资的期限应当在设立外资企业申请书和外资企业章程中载明。外国投资者可以分期缴付出资,但最后一期出资应当在营业执照签发之日起3年内缴清。其中第一期出资不得少于外国投资者认缴出资额的15%,并应当在外资企业营业执照签发之日起90天内缴清。

外国投资者未能在前款规定的期限内缴付第一期出资的,外资企业批准证书即自动失效。外资企业应当向工商行政管理机关办理注销登记手续,缴销营业执照;不办理注销登记手续和缴销营业执照的,由工商行政管理机关吊销其营业执照,并予以公告。

第三十一条 第一期出资后的其他各期的出资,外国投资者应当如期缴付。无正当理由逾期30天不出资的,依照本实施细则第三十条第二款的规定处理。

外国投资者有正当理由要求延期出资的,应当经审批机关同意,并报工商行政管理机关备案。

第三十二条 外国投资者缴付每期出资后,外资企业应当聘请中国的注册会计师验证,并出具验资报告,报审批机关和工商行政管理机关备案。

第五章 用地及其费用

第三十三条 外资企业的用地,由外资企业所在地的县级或者县级以上地方人民政府根据本地区的情况审核后,予以安排。

第三十四条 外资企业应当在营业执照签发之日起30天内,持批准证书和营业执照到外资企业所在地县级或者县级以上地方人民政府的土地管理部门办理土地使用手续,领取土地证书。

第三十五条 土地证书为外资企业使用土地的法律凭证。外资企业在经营期限内未经批准,其土地使用权不得转让。

第三十六条 外资企业在领取土地证书时,应当向其所在地土地管理部门缴纳土地使用费。

第三十七条 外资企业使用经过开发的土地,应当缴付土地开发费。

前款所指土地开发费包括征地拆迁安置费用和为外资企业配套的基础设施建设费用。土地开发费可由土地开发单位一次性计收或者分年计收。

第三十八条 外资企业使用未经开发的土

地,可以自行开发或者委托中国有关单位开发。基础设施的建设,应当由外资企业所在地县级或者县级以上地方人民政府统一安排。

第三十九条 外资企业的土地使用费和土地开发费的计收标准,依照中国有关规定办理。

第四十条 外资企业的土地使用年限,与经批准的该外资企业的经营期限相同。

第四十一条 外资企业除依照本章规定取得土地使用权外,还可以依照中国其他法规的规定取得土地使用权。

第六章 购买与销售

第四十二条 外资企业有权自行决定购买本企业自用的机器设备、原材料、燃料、零部件、配套件、元器件、运输工具和办公用品等(以下统称“物资”)。

外资企业在中国购买物资,在同等条件下,享受与中国企业同等的待遇。

第四十三条 外资企业可以在中国市场销售其产品。国家鼓励外资企业出口其生产的产品。

第四十四条 外资企业有权自行出口本企业生产的产品,也可以委托中国的外贸公司代销或者委托中国境外的公司代销。

外资企业可以自行在中国销售本企业生产的产品,也可以委托商业机构代销其产品。

第四十五条 外国投资者作为出资的机器设备,依照中国规定需要领取进口许可证的,外资企业凭批准的该企业进口设备和物资清单直接或者委托代理机构向发证机关申领进口许可证。

外资企业在批准的经营范围内,进口本企业自用并为生产所需的物资,依照中国规定需要领取进口许可证的,应当编制年度进口计划,每半年向发证机关申领一次。

外资企业出口产品,依照中国规定需要领取出口许可证的,应当编制年度出口计划,每半年向发证机关申领一次。

第四十六条 外资企业进口的物资以及技术劳务的价格不得高于当时的国际市场同类物资以及技术劳务的正常价格。外资企业的出口产品价格,由外资企业参照当时的国际市场价格自行确定,但不得低于合理的出口价格。用高价进口、低价出口等方式逃避税收的,税务机关有权根据税法规定,追究其法律责任。

第四十七条 外资企业应当依照《中华人民共和国统计法》及中国利用外资统计制度的规定,提供统计资料,报送统计报表。

第七章 税　　务

第四十八条 外资企业应当依照中国法律、法规的规定,缴纳税款。

第四十九条 外资企业的职工应当依照中国法律、法规的规定,缴纳个人所得税。

第五十条 外资企业进口下列物资,依照中国税法的有关规定减税、免税:

(一)外国投资者作为出资的机器设备、零部件、建设用建筑材料以及安装、加固机器所需材料;

(二)外资企业以投资总额内的资金进口本企业生产所需的自用机器设备、零部件、生产用交通运输工具以及生产管理设备;

(三)外资企业为生产出口产品而进口的原材料、辅料、元器件、零部件和包装物料。

前款所述的进口物资,经批准在中国境内转卖或者转用于生产在中国境内销售的产品,应当依照中国税法纳税或者补税。

第五十一条 外资企业生产的出口产品,除中国限制出口的以外,依照中国税法的有关规定减税、免税或者退税。

第八章 外汇管理

第五十二条 外资企业的外汇事宜,应当依照中国有关外汇管理的法规办理。

第五十三条 外资企业凭工商行政管理机关发给的营业执照,在中国境内可以经营外汇业务的银行开立账户,由开户银行监督收付。

外资企业的外汇收入,应当存入其开户银行的外汇账户;外汇支出,应当从其外汇账户中支付。

第五十四条 外资企业因生产和经营需要在中国境外的银行开立外汇账户,须经中国外汇管理机关批准,并依照中国外汇管理机关的规定定期报告外汇收付情况和提供银行对账单。

第五十五条 外资企业中的外籍职工和港澳台职工的工资和其他正当的外汇收益,依照中国税法纳税后,可以自由汇出。

第九章 财务会计

第五十六条 外资企业应当依照中国法律、法规和财政机关的规定,建立财务会计制度并报其所在地财政、税务机关备案。

第五十七条 外资企业的会计年度自公历年的1月1日起至12月31日止。

第五十八条 外资企业依照中国税法规定缴纳所得税后的利润,应当提取储备基金和职工奖励及福利基金。储备基金的提取比例不得低于税后利润的10%,当累计提取金额达到注册资本的50%时,可以不再提取。职工奖励及福利基金的提取比例由外资企业自行确定。

外资企业以往会计年度的亏损未弥补前,不得分配利润;以往会计年度未分配的利润,可与本会计年度可供分配的利润一并分配。

第五十九条 外资企业的自制会计凭证、会计账簿和会计报表,应当用中文书写;用外文书写的,应当加注中文。

第六十条 外资企业应当独立核算。

外资企业的年度会计报表和清算会计报表,应当依照中国财政、税务机关的规定编制。以外币编报会计报表的,应当同时编报外币折合为人民币的会计报表。

外资企业的年度会计报表和清算会计报表,应当聘请中国的注册会计师进行验证并出具报告。

第二款和第三款规定的外资企业的年度会计报表和清算会计报表,连同中国的注册会计师出具的报告,应当在规定的时间内报送财政、税务机关,并报审批机关和工商行政管理机关备案。

第六十一条 外国投资者可以聘请中国或者外国的会计人员查阅外资企业账簿,费用由外国投资者承担。

第六十二条 外资企业应当向财政、税务机关报送年度资产负债表和损益表,并报审批机关和工商行政管理机关备案。

第六十三条 外资企业应当在企业所在地设置会计账簿,并接受财政、税务机关的监督。

违反前款规定的,财政、税务机关可以处以罚款,工商行政管理机关可以责令停止营业或者吊销营业执照。

第十章 职 工

第六十四条 外资企业在中国境内雇用职工,企业和职工双方应当依照中国的法律、法规签订劳动合同。合同中应当订明雇用、辞退、报酬、福利、劳动保护、劳动保险等事项。

外资企业不得雇用童工。

第六十五条 外资企业应当负责职工的业务、技术培训,建立考核制度,使职工在生产、管理技能方面能够适应企业的生产与发展需要。

第十一章 工 会

第六十六条 外资企业的职工有权依照《中华人民共和国工会法》的规定,建立基层工会组织,开展工会活动。

第六十七条 外资企业工会是职工利益的代表,有权代表职工同本企业签订劳动合同,并监督劳动合同的执行。

第六十八条 外资企业工会的基本任务是:依照中国法律、法规的规定维护职工的合法权益,协助企业合理安排和使用职工福利、奖励基金;组织职工学习政治、科学技术和业务知识,开展文艺、体育活动;教育职工遵守劳动纪律,努力完成企业的各项经济任务。

外资企业研究决定有关职工奖惩、工资制度、生活福利、劳动保护和保险问题时,工会代表有权列席会议。外资企业应当听取工会的意见,取得工会的合作。

第六十九条 外资企业应当积极支持本企业工会的工作,依照《中华人民共和国工会法》的规定,为工会组织提供必要的房屋和设备,用于办公、会议、举办职工集体福利、文化、体育事业。外资企业每月按照企业职工实发工资总额的2%拨交工会经费,由本企业工会依照中华全国总工会制定的有关工会经费管理办法使用。

第十二章 期限、终止与清算

第七十条 外资企业的经营期限,根据不同行业和企业的具体情况，由外国投资者在设立外资企业的申请书中拟订，经审批机关批准。

第七十一条　外资企业的经营期限，从其营业执照签发之日起计算。

外资企业经营期满需要延长经营期限的，应当在距经营期满180天前向审批机关报送延长经营期限的申请书。审批机关应当在收到申请书之日起30天内决定批准或者不批准。

外资企业经批准延长经营期限的，应当自收到批准延长期限文件之日起30天内，向工商行政管理机关办理变更登记手续。

第七十二条　外资企业有下列情形之一的，应予终止：

（一）经营期限届满；

（二）经营不善，严重亏损，外国投资者决定解散；

（三）因自然灾害、战争等不可抗力而遭受严重损失，无法继续经营；

（四）破产；

（五）违反中国法律、法规，危害社会公共利益被依法撤销；

（六）外资企业章程规定的其他解散事由已经出现。

外资企业如存在前款第（二）、（三）、（四）项所列情形，应当自行提交终止申请书，报审批机关核准。审批机关作出核准的日期为企业的终止日期。

第七十三条　外资企业依照本实施细则第七十二条第（一）、（二）、（三）、（六）项的规定终止的，应当在终止之日起15天内对外公告并通知债权人，并在终止公告发出之日起15天内，提出清算程序、原则和清算委员会人选，报审批机关审核后进行清算。

第七十四条　清算委员会应当由外资企业的法定代表人、债权人代表以及有关主管机关的代表组成，并聘请中国的注册会计师、律师等参加。

清算费用从外资企业现存财产中优先支付。

第七十五条　清算委员会行使下列职权：

（一）召集债权人会议；

（二）接管并清理企业财产，编制资产负债表和财产目录；

（三）提出财产作价和计算依据；

（四）制定清算方案；

（五）收回债权和清偿债务；

（六）追回股东应缴而未缴的款项；

（七）分配剩余财产；

（八）代表外资企业起诉和应诉。

第七十六条　外资企业在清算结束之前，外国投资者不得将该企业的资金汇出或者携出中国境外，不得自行处理企业的财产。

外资企业清算结束，其资产净额和剩余财产超过注册资本的部分视同利润，应当依照中国税法缴纳所得税。

第七十七条　外资企业清算结束，应当向工商行政管理机关办理注销登记手续，缴销营业执照。

第七十八条　外资企业清算处理财产时，在同等条件下，中国的企业或者其他经济组织有优先购买权。

第七十九条　外资企业依照本实施细则第七十二条第（四）项的规定终止的，参照中国有关法律、法规进行清算。

外资企业依照本实施细则第七十二条第（五）项的规定终止的，依照中国有关规定进行清算。

第十三章　附　　则

第八十条　外资企业的各项保险，应当向中国境内的保险公司投保。

第八十一条　外资企业与其他公司、企业或者经济组织以及个人签订合同，适用《中华人民共和国合同法》。

第八十二条　香港、澳门、台湾地区的公司、企业和其他经济组织或者个人以及在国外居住的中国公民在大陆设立全部资本为其所有的企业，参照本实施细则办理。

第八十三条　外资企业中的外籍职工和港澳台职工可带进合理自用的交通工具和生活物品，并依照中国规定办理进口手续。

第八十四条　本实施细则自公布之日起施行。

国务院关于废止和修改部分行政法规的决定(节录)①

(2014年2月19日中华人民共和国国务院令第648号公布 自2014年3月1日起施行)

为了运用法治方式推进政府职能转变,进一步放宽市场主体准入条件,激发社会投资活力,依据2013年12月28日第十二届全国人民代表大会常务委员会第六次会议通过的修改公司法的决定,落实《注册资本登记制度改革方案》关于注册资本实缴登记改为认缴登记、年度检验验照制度改为年度报告公示制度,以及完善信用约束机制的内容,国务院对涉及的行政法规进行了清理。经过清理,国务院决定:

……

五、对《中华人民共和国外资企业法实施细则》作出修改

(一)第十五条第三项修改为:“投资总额、注册资本、认缴出资额、出资方式、出资期限”。

(二)第二十条第二款修改为:“外资企业的注册资本与投资总额的比例应当符合中国有关规定。”

(三)删去第二十七条第二款。

(四)第三十条修改为:“外国投资者缴付出资的期限应当在设立外资企业申请书和外资企业章程中载明。”

(五)删去第三十一条。

(六)删去第三十二条。

……

中华人民共和国外资企业法实施细则②

(1990年10月28日国务院批准 1990年12月12日对外经济贸易部发布 根据2001年4月12日《国务院关于修改〈中华人民共和国外资企业法实施细则〉的决定》第一次修订 根据2014年2月19日《国务院关于废止和修改部分行政法规的决定》第二次修订)

第一章 总 则

第一条 根据《中华人民共和国外资企业法》的规定,制定本实施细则。

第二条 外资企业受中国法律的管辖和保护。

外资企业在中国境内从事经营活动,必须遵守中国的法律、法规,不得损害中国的社会公共利益。

第三条 设立外资企业,必须有利于中国国民经济的发展,能够取得显著的经济效益。国家鼓励外资企业采用先进技术和设备,从事新产品开发,实现产品升级换代,节约能源和原材料,并鼓励举办产品出口的外资企业。

第四条 禁止或者限制设立外资企业的行业,按照国家指导外商投资方向的规定及外商投资产业指导目录执行。

第五条 申请设立外资企业,有下列情况之一的,不予批准:

(一)有损中国主权或者社会公共利益的;

(二)危及中国国家安全的;

(三)违反中国法律、法规的;

(四)不符合中国国民经济发展要求的;

(五)可能造成环境污染的。

第六条 外资企业在批准的经营范围内,自主经营管理,不受干涉。

第二章 设立程序

第七条 设立外资企业的申请,由中华人民共和国对外贸易经济合作部(以下简称对外贸易经济合作部)审查批准后,发给批准证书。

设立外资企业的申请属于下列情形的,国务院授权省、自治区、直辖市和计划单列市、经济特区人民政府审查批准后,发给批准证书:

(一)投资总额在国务院规定的投资审批权限以内的;

(二)不需要国家调拨原材料,不影响能源、交通运输、外贸出口配额等全国综合平衡的。

省、自治区、直辖市和计划单列市、经济特区人民政府在国务院授权范围内批准设立外资企业,应当在批准后15天内报对外贸易经济合作

① 编者注:部分废止。

② 编者注:已废止。

部备案(对外贸易经济合作部和省、自治区、直辖市和计划单列市、经济特区人民政府,以下统称审批机关)。

第八条　申请设立的外资企业,其产品涉及出口许可证、出口配额、进口许可证或者属于国家限制进口的,应当依照有关管理权限事先征得对外经济贸易主管部门的同意。

第九条　外国投资者在提出设立外资企业的申请前,应当就下列事项向拟设立外资企业所在地的县级或者县级以上地方人民政府提交报告。报告内容包括:设立外资企业的宗旨;经营范围、规模;生产产品;使用的技术设备;用地面积及要求;需要用水、电、煤、煤气或者其他能源的条件及数量;对公共设施的要求等。

县级或者县级以上地方人民政府应当在收到外国投资者提交的报告之日起30天内以书面形式答复外国投资者。

第十条　外国投资者设立外资企业,应当通过拟设立外资企业所在地的县级或者县级以上地方人民政府向审批机关提出申请,并报送下列文件:

(一)设立外资企业申请书;

(二)可行性研究报告;

(三)外资企业章程;

(四)外资企业法定代表人(或者董事会人选)名单;

(五)外国投资者的法律证明文件和资信证明文件;

(六)拟设立外资企业所在地的县级或者县级以上地方人民政府的书面答复;

(七)需要进口的物资清单;

(八)其他需要报送的文件。

前款(一)、(三)项文件必须用中文书写;(二)、(四)、(五)项文件可以用外文书写,但应当附中文译文。

两个或者两个以上外国投资者共同申请设立外资企业,应当将其签订的合同副本报送审批机关备案。

第十一条　审批机关应当在收到申请设立外资企业的全部文件之日起90天内决定批准或者不批准。审批机关如果发现上述文件不齐备或者有不当之处,可以要求限期补报或者修改。

第十二条　设立外资企业的申请经审批机关批准后,外国投资者应当在收到批准证书之日起30天内向工商行政管理机关申请登记,领取营业执照。外资企业的营业执照签发日期,为该企业成立日期。

外国投资者在收到批准证书之日起满30天未向工商行政管理机关申请登记的,外资企业批准证书自动失效。

外资企业应当在企业成立之日起30天内向税务机关办理税务登记。

第十三条　外国投资者可以委托中国的外商投资企业服务机构或者其他经济组织代为办理本实施细则第八条、第九条第一款和第十条规定事宜,但须签订委托合同。

第十四条　设立外资企业的申请书应当包括下列内容:

(一)外国投资者的姓名或者名称、住所、注册地和法定代表人的姓名、国籍、职务;

(二)拟设立外资企业的名称、住所;

(三)经营范围、产品品种和生产规模;

(四)拟设立外资企业的投资总额、注册资本、资金来源、出资方式和期限;

(五)拟设立外资企业的组织形式和机构、法定代表人;

(六)采用的主要生产设备及其新旧程度、生产技术、工艺水平及其来源;

(七)产品的销售方向、地区和销售渠道、方式;

(八)外汇资金的收支安排;

(九)有关机构设置和人员编制,职工的招用、培训、工资、福利、保险、劳动保护等事项的安排;

(十)可能造成环境污染的程度和解决措施;

(十一)场地选择和用地面积;

(十二)基本建设和生产经营所需资金、能源、原材料及其解决办法;

(十三)项目实施的进度计划;

(十四)拟设立外资企业的经营期限。

第十五条　外资企业的章程应当包括下列内容:

(一)名称及住所;

（二）宗旨、经营范围；

（三）投资总额、注册资本、认缴出资额、出资方式、出资期限；

（四）组织形式；

（五）内部组织机构及其职权和议事规则，法定代表人以及总经理、总工程师、总会计师等人员的职责、权限；

（六）财务、会计及审计的原则和制度；

（七）劳动管理；

（八）经营期限、终止及清算；

（九）章程的修改程序。

第十六条 外资企业的章程经审批机关批准后生效，修改时同。

第十七条 外资企业的分立、合并或者由于其他原因导致资本发生重大变动，须经审批机关批准，并应当聘请中国的注册会计师验证和出具验资报告；经审批机关批准后，向工商行政管理机关办理变更登记手续。

第三章 组织形式与注册资本

第十八条 外资企业的组织形式为有限责任公司。经批准也可以为其他责任形式。

外资企业为有限责任公司的，外国投资者对企业的责任以其认缴的出资额为限。

外资企业为其他责任形式的，外国投资者对企业的责任适用中国法律、法规的规定。

第十九条 外资企业的投资总额，是指开办外资企业所需资金总额，即按其生产规模需要投入的基本建设资金和生产流动资金的总和。

第二十条 外资企业的注册资本，是指为设立外资企业在工商行政管理机关登记的资本总额，即外国投资者认缴的全部出资额。

外资企业的注册资本与投资总额的比例应当符合中国有关规定。

第二十一条 外资企业在经营期内不得减少其注册资本。但是，因投资总额和生产经营规模等发生变化，确需减少的，须经审批机关批准。

第二十二条 外资企业注册资本的增加、转让，须经审批机关批准，并向工商行政管理机关办理变更登记手续。

第二十三条 外资企业将其财产或者权益对外抵押、转让，须经审批机关批准并向工商行政管理机关备案。

第二十四条 外资企业的法定代表人是依照其章程规定，代表外资企业行使职权的负责人。

法定代表人无法履行其职权时，应当以书面形式委托代理人，代其行使职权。

第四章 出资方式与期限

第二十五条 外国投资者可以用可自由兑换的外币出资，也可以用机器设备、工业产权、专有技术等作价出资。

经审批机关批准，外国投资者也可以用其从中国境内举办的其他外商投资企业获得的人民币利润出资。

第二十六条 外国投资者以机器设备作价出资的，该机器设备应当是外资企业生产所必需的设备。

该机器设备的作价不得高于同类机器设备当时的国际市场正常价格。

对作价出资的机器设备，应当列出详细的作价出资清单，包括名称、种类、数量、作价等，作为设立外资企业申请书的附件一并报送审批机关。

第二十七条 外国投资者以工业产权、专有技术作价出资的，该工业产权、专有技术应当为外国投资者所有。

对作价出资的工业产权、专有技术，应当备有详细资料，包括所有权证书的复制件，有效状况及其技术性能、实用价值，作价的计算根据和标准等，作为设立外资企业申请书的附件一并报送审批机关。

第二十八条 作价出资的机器设备运抵中国口岸时，外资企业应当报请中国的商检机构进行检验，由该商检机构出具检验报告。

作价出资的机器设备的品种、质量和数量与外国投资者报送审批机关的作价出资清单列出的机器设备的品种、质量和数量不符的，审批机关有权要求外国投资者限期改正。

第二十九条 作价出资的工业产权、专有技术实施后，审批机关有权进行检查。该工业产权、专有技术与外国投资者原提供的资料不符的，审批机关有权要求外国投资者限期改正。

第三十条 外国投资者缴付出资的期限应

当在设立外资企业申请书和外资企业章程中载明。

第五章 用地及其费用

第三十一条 外资企业的用地,由外资企业所在地的县级或者县级以上地方人民政府根据本地区的情况审核后,予以安排。

第三十二条 外资企业应当在营业执照签发之日起30天内,持批准证书和营业执照到外资企业所在地县级或者县级以上地方人民政府的土地管理部门办理土地使用手续,领取土地证书。

第三十三条 土地证书为外资企业使用土地的法律凭证。外资企业在经营期限内未经批准,其土地使用权不得转让。

第三十四条 外资企业在领取土地证书时,应当向其所在地土地管理部门缴纳土地使用费。

第三十五条 外资企业使用经过开发的土地,应当缴付土地开发费。

前款所指土地开发费包括征地拆迁安置费用和为外资企业配套的基础设施建设费用。土地开发费可由土地开发单位一次性计收或者分年计收。

第三十六条 外资企业使用未经开发的土地,可以自行开发或者委托中国有关单位开发。基础设施的建设,应当由外资企业所在地县级或者县级以上地方人民政府统一安排。

第三十七条 外资企业的土地使用费和土地开发费的计收标准,依照中国有关规定办理。

第三十八条 外资企业的土地使用年限,与经批准的该外资企业的经营期限相同。

第三十九条 外资企业除依照本章规定取得土地使用权外,还可以依照中国其他法规的规定取得土地使用权。

第六章 购买与销售

第四十条 外资企业有权自行决定购买本企业自用的机器设备、原材料、燃料、零部件、配套件、元器件、运输工具和办公用品等(以下统称“物资”)。

外资企业在中国购买物资,在同等条件下,享受与中国企业同等的待遇。

第四十一条 外资企业可以在中国市场销售其产品。国家鼓励外资企业出口其生产的产品。

第四十二条 外资企业有权自行出口本企业生产的产品,也可以委托中国的外贸公司代销或者委托中国境外的公司代销。

外资企业可以自行在中国销售本企业生产的产品,也可以委托商业机构代销其产品。

第四十三条 外国投资者作为出资的机器设备,依照中国规定需要领取进口许可证的,外资企业凭批准的该企业进口设备和物资清单直接或者委托代理机构向发证机关申领进口许可证。

外资企业在批准的经营范围内,进口本企业自用并为生产所需的物资,依照中国规定需要领取进口许可证的,应当编制年度进口计划,每半年向发证机关申领一次。

外资企业出口产品,依照中国规定需要领取出口许可证的,应当编制年度出口计划,每半年向发证机关申领一次。

第四十四条 外资企业进口的物资以及技术劳务的价格不得高于当时的国际市场同类物资以及技术劳务的正常价格。外资企业的出口产品价格,由外资企业参照当时的国际市场价格自行确定,但不得低于合理的出口价格。用高价进口、低价出口等方式逃避税收的,税务机关有权根据税法规定,追究其法律责任。

第四十五条 外资企业应当依照《中华人民共和国统计法》及中国利用外资统计制度的规定,提供统计资料,报送统计报表。

第七章 税 务

第四十六条 外资企业应当依照中国法律、法规的规定,缴纳税款。

第四十七条 外资企业的职工应当依照中国法律、法规的规定,缴纳个人所得税。

第四十八条 外资企业进口下列物资,依照中国税法的有关规定减税、免税:

(一)外国投资者作为出资的机器设备、零部件、建设用建筑材料以及安装、加固机器所需材料;

(二)外资企业以投资总额内的资金进口本

企业生产所需的自用机器设备、零部件、生产用交通运输工具以及生产管理设备；

（三）外资企业为生产出口产品而进口的原材料、辅料、元器件、零部件和包装物料。

前款所述的进口物资，经批准在中国境内转卖或者转用于生产在中国境内销售的产品，应当依照中国税法纳税或者补税。

第四十九条 外资企业生产的出口产品，除中国限制出口的以外，依照中国税法的有关规定减税、免税或者退税。

第八章 外汇管理

第五十条 外资企业的外汇事宜，应当依照中国有关外汇管理的法规办理。

第五十一条 外资企业凭工商行政管理机关发给的营业执照，在中国境内可以经营外汇业务的银行开立账户，由开户银行监督收付。

外资企业的外汇收入，应当存入其开户银行的外汇账户；外汇支出，应当从其外汇账户中支付。

第五十二条 外资企业因生产和经营需要在中国境外的银行开立外汇账户，须经中国外汇管理机关批准，并依照中国外汇管理机关的规定定期报告外汇收付情况和提供银行对账单。

第五十三条 外资企业中的外籍职工和港澳台职工的工资和其他正当的外汇收益，依照中国税法纳税后，可以自由汇出。

第九章 财务会计

第五十四条 外资企业应当依照中国法律、法规和财政机关的规定，建立财务会计制度并报其所在地财政、税务机关备案。

第五十五条 外资企业的会计年度自公历年的1月1日起至12月31日止。

第五十六条 外资企业依照中国税法规定缴纳所得税后的利润，应当提取储备基金和职工奖励及福利基金。储备基金的提取比例不得低于税后利润的10%，当累计提取金额达到注册资本的50%时，可以不再提取。职工奖励及福利基金的提取比例由外资企业自行确定。

外资企业以往会计年度的亏损未弥补前，不得分配利润；以往会计年度未分配的利润，可与本会计年度可供分配的利润一并分配。

第五十七条 外资企业的自制会计凭证、会计账簿和会计报表，应当用中文书写；用外文书写的，应当加注中文。

第五十八条 外资企业应当独立核算。

外资企业的年度会计报表和清算会计报表，应当依照中国财政、税务机关的规定编制。以外币编报会计报表的，应当同时编报外币折合为人民币的会计报表。

外资企业的年度会计报表和清算会计报表，应当聘请中国的注册会计师进行验证并出具报告。

第二款和第三款规定的外资企业的年度会计报表和清算会计报表，连同中国的注册会计师出具的报告，应当在规定的时间内报送财政、税务机关，并报审批机关和工商行政管理机关备案。

第五十九条 外国投资者可以聘请中国或者外国的会计人员查阅外资企业账簿，费用由外国投资者承担。

第六十条 外资企业应当向财政、税务机关报送年度资产负债表和损益表，并报审批机关和工商行政管理机关备案。

第六十一条 外资企业应当在企业所在地设置会计账簿，并接受财政、税务机关的监督。

违反前款规定的，财政、税务机关可以处以罚款，工商行政管理机关可以责令停止营业或者吊销营业执照。

第十章 职 工

第六十二条 外资企业在中国境内雇用职工，企业和职工双方应当依照中国的法律、法规签订劳动合同。合同中应当订明雇用、辞退、报酬、福利、劳动保护、劳动保险等事项。

外资企业不得雇用童工。

第六十三条 外资企业应当负责职工的业务、技术培训，建立考核制度，使职工在生产、管理技能方面能够适应企业的生产与发展需要。

第十一章 工 会

第六十四条 外资企业的职工有权依照《中华人民共和国工会法》的规定，建立基层工会组织,开展工会活动。

第六十五条 外资企业工会是职工利益的代表,有权代表职工同本企业签订劳动合同,并监督劳动合同的执行。

第六十六条 外资企业工会的基本任务是:依照中国法律、法规的规定维护职工的合法权益,协助企业合理安排和使用职工福利、奖励基金;组织职工学习政治、科学技术和业务知识,开展文艺、体育活动;教育职工遵守劳动纪律,努力完成企业的各项经济任务。

外资企业研究决定有关职工奖惩、工资制度、生活福利、劳动保护和保险问题时,工会代表有权列席会议。外资企业应当听取工会的意见,取得工会的合作。

第六十七条 外资企业应当积极支持本企业工会的工作,依照《中华人民共和国工会法》的规定,为工会组织提供必要的房屋和设备,用于办公、会议、举办职工集体福利、文化、体育事业。外资企业每月按照企业职工实发工资总额的2%拨交工会经费,由本企业工会依照中华全国总工会制定的有关工会经费管理办法使用。

第十二章 期限、终止与清算

第六十八条 外资企业的经营期限,根据不同行业和企业的具体情况,由外国投资者在设立外资企业的申请书中拟订,经审批机关批准。

第六十九条 外资企业的经营期限,从其营业执照签发之日起计算。

外资企业经营期满需要延长经营期限的,应当在距经营期满180天前向审批机关报送延长经营期限的申请书。审批机关应当在收到申请书之日起30天内决定批准或者不批准。

外资企业经批准延长经营期限的,应当自收到批准延长期限文件之日起30天内,向工商行政管理机关办理变更登记手续。

第七十条 外资企业有下列情形之一的,应予终止:

(一) 经营期限届满;

(二) 经营不善,严重亏损,外国投资者决定解散;

(三) 因自然灾害、战争等不可抗力而遭受严重损失,无法继续经营;

(四) 破产;

(五) 违反中国法律、法规,危害社会公共利益被依法撤销;

(六) 外资企业章程规定的其他解散事由已经出现。

外资企业如存在前款第(二)、(三)、(四)项所列情形,应当自行提交终止申请书,报审批机关核准。审批机关作出核准的日期为企业的终止日期。

第七十一条 外资企业依照本实施细则第七十条第(一)、(二)、(三)、(六)项的规定终止的,应当在终止之日起15天内对外公告并通知债权人,并在终止公告发出之日起15天内,提出清算程序、原则和清算委员会人选,报审批机关审核后进行清算。

第七十二条 清算委员会应当由外资企业的法定代表人、债权人代表以及有关主管机关的代表组成,并聘请中国的注册会计师、律师等参加。

清算费用从外资企业现存财产中优先支付。

第七十三条 清算委员会行使下列职权:

(一) 召集债权人会议;

(二) 接管并清理企业财产,编制资产负债表和财产目录;

(三) 提出财产作价和计算依据;

(四) 制定清算方案;

(五) 收回债权和清偿债务;

(六) 追回股东应缴而未缴的款项;

(七) 分配剩余财产;

(八) 代表外资企业起诉和应诉。

第七十四条 外资企业在清算结束之前,外国投资者不得将该企业的资金汇出或者携出中国境外,不得自行处理企业的财产。

外资企业清算结束,其资产净额和剩余财产超过注册资本的部分视同利润,应当依照中国税法缴纳所得税。

第七十五条 外资企业清算结束,应当向工商行政管理机关办理注销登记手续,缴销营业执照。

第七十六条 外资企业清算处理财产时,在同等条件下,中国的企业或者其他经济组织有优先购买权。

第七十七条 外资企业依照本实施细则第七十条第(四)项的规定终止的,参照中国有关法律、法规进行清算。

外资企业依照本实施细则第七十条第(五)项的规定终止的,依照中国有关规定进行清算。

第十三章 附 则

第七十八条 外资企业的各项保险,应当向中国境内的保险公司投保。

第七十九条 外资企业与其他公司、企业或者经济组织以及个人签订合同,适用《中华人民共和国合同法》。

第八十条 香港、澳门、台湾地区的公司、企业和其他经济组织或者个人以及在国外居住的中国公民在大陆设立全部资本为其所有的企业,参照本实施细则办理。

第八十一条 外资企业中的外籍职工和港澳台职工可带进合理自用的交通工具和生活物品,并依照中国规定办理进口手续。

第八十二条 本实施细则自公布之日起施行。

中华人民共和国外商投资法

(2019年3月15日第十三届全国人民代表大会第二次会议通过 2019年3月15日中华人民共和国主席令第26号公布 自2020年1月1日起施行)

目 录

第一章 总 则

第一条 为了进一步扩大对外开放,积极促进外商投资,保护外商投资合法权益,规范外商投资管理,推动形成全面开放新格局,促进社会主义市场经济健康发展,根据宪法,制定本法。

第二条 在中华人民共和国境内(以下简称中国境内)的外商投资,适用本法。

本法所称外商投资,是指外国的自然人、企业或者其他组织(以下称外国投资者)直接或者间接在中国境内进行的投资活动,包括下列情形:

(一)外国投资者单独或者与其他投资者共同在中国境内设立外商投资企业;

(二)外国投资者取得中国境内企业的股份、股权、财产份额或者其他类似权益;

(三)外国投资者单独或者与其他投资者共同在中国境内投资新建项目;

(四)法律、行政法规或者国务院规定的其他方式的投资。

本法所称外商投资企业,是指全部或者部分由外国投资者投资,依照中国法律在中国境内经登记注册设立的企业。

第三条 国家坚持对外开放的基本国策,鼓励外国投资者依法在中国境内投资。

国家实行高水平投资自由化便利化政策,建立和完善外商投资促进机制,营造稳定、透明、可预期和公平竞争的市场环境。

第四条 国家对外商投资实行准入前国民待遇加负面清单管理制度。

前款所称准入前国民待遇,是指在投资准入阶段给予外国投资者及其投资不低于本国投资者及其投资的待遇;所称负面清单,是指国家规定在特定领域对外商投资实施的准入特别管理措施。国家对负面清单之外的外商投资,给予国民待遇。

负面清单由国务院发布或者批准发布。

中华人民共和国缔结或者参加的国际条约、协定对外国投资者准入待遇有更优惠规定的,可以按照相关规定执行。

第五条 国家依法保护外国投资者在中国境内的投资、收益和其他合法权益。

第六条 在中国境内进行投资活动的外国投资者、外商投资企业,应当遵守中国法律法规,不得危害中国国家安全、损害社会公共利益。

第七条 国务院商务主管部门、投资主管部门按照职责分工,开展外商投资促进、保护和管理工作;国务院其他有关部门在各自职责范围内,负责外商投资促进、保护和管理的相关工作。

县级以上地方人民政府有关部门依照法律法规和本级人民政府确定的职责分工,开展外商投资促进、保护和管理工作。

第八条 外商投资企业职工依法建立工会组织,开展工会活动,维护职工的合法权益。外商投资企业应当为本企业工会提供必要的活动条件。

第二章 投资促进

第九条 外商投资企业依法平等适用国家支持企业发展的各项政策。

第十条 制定与外商投资有关的法律、法规、规章,应当采取适当方式征求外商投资企业的意见和建议。

与外商投资有关的规范性文件、裁判文书等,应当依法及时公布。

第十一条 国家建立健全外商投资服务体系,为外国投资者和外商投资企业提供法律法规、政策措施、投资项目信息等方面的咨询和服务。

第十二条 国家与其他国家和地区、国际组织建立多边、双边投资促进合作机制,加强投资领域的国际交流与合作。

第十三条 国家根据需要,设立特殊经济区域,或者在部分地区实行外商投资试验性政策措施,促进外商投资,扩大对外开放。

第十四条 国家根据国民经济和社会发展需要,鼓励和引导外国投资者在特定行业、领域、地区投资。外国投资者、外商投资企业可以依照法律、行政法规或者国务院的规定享受优惠待遇。

第十五条 国家保障外商投资企业依法平等参与标准制定工作,强化标准制定的信息公开和社会监督。

国家制定的强制性标准平等适用于外商投资企业。

第十六条 国家保障外商投资企业依法通过公平竞争参与政府采购活动。政府采购依法对外商投资企业在中国境内生产的产品、提供的服务平等对待。

第十七条 外商投资企业可以依法通过公开发行股票、公司债券等证券和其他方式进行融资。

第十八条 县级以上地方人民政府可以根据法律、行政法规、地方性法规的规定,在法定权限内制定外商投资促进和便利化政策措施。

第十九条 各级人民政府及其有关部门应当按照便利、高效、透明的原则,简化办事程序,提高办事效率,优化政务服务,进一步提高外商投资服务水平。

有关主管部门应当编制和公布外商投资指引,为外国投资者和外商投资企业提供服务和便利。

第三章 投资保护

第二十条 国家对外国投资者的投资不实行征收。

在特殊情况下,国家为了公共利益的需要,可以依照法律规定对外国投资者的投资实行征收或者征用。征收、征用应当依照法定程序进行,并及时给予公平、合理的补偿。

第二十一条 外国投资者在中国境内的出资、利润、资本收益、资产处置所得、知识产权许可使用费、依法获得的补偿或者赔偿、清算所得等,可以依法以人民币或者外汇自由汇入、汇出。

第二十二条 国家保护外国投资者和外商投资企业的知识产权,保护知识产权权利人和相关权利人的合法权益;对知识产权侵权行为,严格依法追究法律责任。

国家鼓励在外商投资过程中基于自愿原则和商业规则开展技术合作。技术合作的条件由投资各方遵循公平原则平等协商确定。行政机关及其工作人员不得利用行政手段强制转让技术。

第二十三条 行政机关及其工作人员对于履行职责过程中知悉的外国投资者、外商投资企业的商业秘密,应当依法予以保密,不得泄露或者非法向他人提供。

第二十四条 各级人民政府及其有关部门制定涉及外商投资的规范性文件,应当符合法律法规的规定;没有法律、行政法规依据的,不得减损外商投资企业的合法权益或者增加其义务,不得设置市场准入和退出条件,不得干预外商投资企业的正常生产经营活动。

第二十五条 地方各级人民政府及其有关部门应当履行向外国投资者、外商投资企业依法作出的政策承诺以及依法订立的各类合同。

因国家利益、社会公共利益需要改变政策承诺、合同约定的，应当依照法定权限和程序进行，并依法对外国投资者、外商投资企业因此受到的损失予以补偿。

第二十六条 国家建立外商投资企业投诉工作机制，及时处理外商投资企业或者其投资者反映的问题，协调完善相关政策措施。

外商投资企业或者其投资者认为行政机关及其工作人员的行政行为侵犯其合法权益的，可以通过外商投资企业投诉工作机制申请协调解决。

外商投资企业或者其投资者认为行政机关及其工作人员的行政行为侵犯其合法权益的，除依照前款规定通过外商投资企业投诉工作机制申请协调解决外，还可以依法申请行政复议、提起行政诉讼。

第二十七条 外商投资企业可以依法成立和自愿参加商会、协会。商会、协会依照法律法规和章程的规定开展相关活动，维护会员的合法权益。

第四章 投资管理

第二十八条 外商投资准入负面清单规定禁止投资的领域，外国投资者不得投资。

外商投资准入负面清单规定限制投资的领域，外国投资者进行投资应当符合负面清单规定的条件。

外商投资准入负面清单以外的领域，按照内外资一致的原则实施管理。

第二十九条 外商投资需要办理投资项目核准、备案的，按照国家有关规定执行。

第三十条 外国投资者在依法需要取得许可的行业、领域进行投资的，应当依法办理相关许可手续。

有关主管部门应当按照与内资一致的条件和程序，审核外国投资者的许可申请，法律、行政法规另有规定的除外。

第三十一条 外商投资企业的组织形式、组织机构及其活动准则，适用《中华人民共和国公司法》、《中华人民共和国合伙企业法》等法律的规定。

第三十二条 外商投资企业开展生产经营活动，应当遵守法律、行政法规有关劳动保护、社会保险的规定，依照法律、行政法规和国家有关规定办理税收、会计、外汇等事宜，并接受相关主管部门依法实施的监督检查。

第三十三条 外国投资者并购中国境内企业或者以其他方式参与经营者集中的，应当依照《中华人民共和国反垄断法》的规定接受经营者集中审查。

第三十四条 国家建立外商投资信息报告制度。外国投资者或者外商投资企业应当通过企业登记系统以及企业信用信息公示系统向商务主管部门报送投资信息。

外商投资信息报告的内容和范围按照确有必要的原则确定；通过部门信息共享能够获得的投资信息，不得再行要求报送。

第三十五条 国家建立外商投资安全审查制度，对影响或者可能影响国家安全的外商投资进行安全审查。

依法作出的安全审查决定为最终决定。

第五章 法律责任

第三十六条 外国投资者投资外商投资准入负面清单规定禁止投资的领域的，由有关主管部门责令停止投资活动，限期处分股份、资产或者采取其他必要措施，恢复到实施投资前的状态；有违法所得的，没收违法所得。

外国投资者的投资活动违反外商投资准入负面清单规定的限制性准入特别管理措施的，由有关主管部门责令限期改正，采取必要措施满足准入特别管理措施的要求；逾期不改正的，依照前款规定处理。

外国投资者的投资活动违反外商投资准入负面清单规定的，除依照前两款规定处理外，还应当依法承担相应的法律责任。

第三十七条 外国投资者、外商投资企业违反本法规定，未按照外商投资信息报告制度的要求报送投资信息的，由商务主管部门责令限期改正；逾期不改正的，处十万元以上五十万元以下的罚款。

第三十八条 对外国投资者、外商投资企业违反法律、法规的行为，由有关部门依法查处，并按照国家有关规定纳入信用信息系统。

第三十九条　行政机关工作人员在外商投资促进、保护和管理工作中滥用职权、玩忽职守、徇私舞弊的，或者泄露、非法向他人提供履行职责过程中知悉的商业秘密的，依法给予处分；构成犯罪的，依法追究刑事责任。

第六章　附　　则

第四十条　任何国家或者地区在投资方面对中华人民共和国采取歧视性的禁止、限制或者其他类似措施的，中华人民共和国可以根据实际情况对该国家或者该地区采取相应的措施。

第四十一条　对外国投资者在中国境内投资银行业、证券业、保险业等金融行业，或者在证券市场、外汇市场等金融市场进行投资的管理，国家另有规定的，依照其规定。

第四十二条　本法自2020年1月1日起施行。《中华人民共和国中外合资经营企业法》、《中华人民共和国外资企业法》、《中华人民共和国中外合作经营企业法》同时废止。

本法施行前依照《中华人民共和国中外合资经营企业法》、《中华人民共和国外资企业法》、《中华人民共和国中外合作经营企业法》设立的外商投资企业，在本法施行后五年内可以继续保留原企业组织形式等。具体实施办法由国务院规定。

最高人民法院关于适用《中华人民共和国外商投资法》若干问题的解释

（2019年12月16日最高人民法院审判委员会第1787次会议通过　2019年12月26日中华人民共和国最高人民法院公告公布　自2020年1月1日起施行　法释〔2019〕20号）

为正确适用《中华人民共和国外商投资法》，依法平等保护中外投资者合法权益，营造稳定、公平、透明的法治化营商环境，结合审判实践，就人民法院审理平等主体之间的投资合同纠纷案件适用法律问题作出如下解释。

第一条　本解释所称投资合同，是指外国投资者即外国的自然人、企业或者其他组织因直接或者间接在中国境内进行投资而形成的相关协议，包括设立外商投资企业合同、股份转让合同、股权转让合同、财产份额或者其他类似权益转让合同、新建项目合同等协议。

外国投资者因赠与、财产分割、企业合并、企业分立等方式取得相应权益所产生的合同纠纷，适用本解释。

第二条　对外商投资法第四条所指的外商投资准入负面清单之外的领域形成的投资合同，当事人以合同未经有关行政主管部门批准、登记为由主张合同无效或者未生效的，人民法院不予支持。

前款规定的投资合同签订于外商投资法施行前，但人民法院在外商投资法施行时尚未作出生效裁判的，适用前款规定认定合同的效力。

第三条　外国投资者投资外商投资准入负面清单规定禁止投资的领域，当事人主张投资合同无效的，人民法院应予支持。

第四条　外国投资者投资外商投资准入负面清单规定限制投资的领域，当事人以违反限制性准入特别管理措施为由，主张投资合同无效的，人民法院应予支持。

人民法院作出生效裁判前，当事人采取必要措施满足准入特别管理措施的要求，当事人主张前款规定的投资合同有效的，应予支持。

第五条　在生效裁判作出前，因外商投资准入负面清单调整，外国投资者投资不再属于禁止或者限制投资的领域，当事人主张投资合同有效的，人民法院应予支持。

第六条　人民法院审理香港特别行政区、澳门特别行政区投资者、定居在国外的中国公民在内地、台湾地区投资者在大陆投资产生的相关纠纷案件，可以参照适用本解释。

第七条　本解释自2020年1月1日起施行。

本解释施行前本院作出的有关司法解释与本解释不一致的，以本解释为准。

最高人民法院关于审理外商投资企业纠纷案件若干问题的规定(一)

(2010年5月17日最高人民法院审判委员会第1487次会议通过　2010年8月5日最高人民法院公告公布　自2010年8月16日起施行　法释〔2010〕9号)

为正确审理外商投资企业在设立、变更等过程中产生的纠纷案件,保护当事人的合法权益,根据《中华人民共和国民法通则》、《中华人民共和国合同法》、《中华人民共和国物权法》、《中华人民共和国公司法》、《中华人民共和国中外合资经营企业法》、《中华人民共和国中外合作经营企业法》、《中华人民共和国外资企业法》等法律法规的规定,结合审判实践,制定本规定。

第一条　当事人在外商投资企业设立、变更等过程中订立的合同,依法律、行政法规的规定应当经外商投资企业审批机关批准后才生效的,自批准之日起生效;未经批准的,人民法院应当认定该合同未生效。当事人请求确认该合同无效的,人民法院不予支持。

前款所述合同因未经批准而被认定未生效的,不影响合同中当事人履行报批义务条款及因该报批义务而设定的相关条款的效力。

第二条　当事人就外商投资企业相关事项达成的补充协议对已获批准的合同不构成重大或实质性变更的,人民法院不应以未经外商投资企业审批机关批准为由认定该补充协议未生效。

前款规定的重大或实质性变更包括注册资本、公司类型、经营范围、营业期限、股东认缴的出资额、出资方式的变更以及公司合并、公司分立、股权转让等。

第三条　人民法院在审理案件中,发现经外商投资企业审批机关批准的外商投资企业合同具有法律、行政法规规定的无效情形的,应当认定合同无效;该合同具有法律、行政法规规定的可撤销情形,当事人请求撤销的,人民法院应予支持。

第四条　外商投资企业合同约定一方当事人以需要办理权属变更登记的标的物出资或者提供合作条件,标的物已交付外商投资企业实际使用,且负有办理权属变更登记义务的一方当事人在人民法院指定的合理期限内完成了登记的,人民法院应当认定该方当事人履行了出资或者提供合作条件的义务。外商投资企业或其股东以该方当事人未履行出资义务为由主张该方当事人不享有股东权益的,人民法院不予支持。

外商投资企业或其股东举证证明该方当事人因迟延办理权属变更登记给外商投资企业造成损失并请求赔偿的,人民法院应予支持。

第五条　外商投资企业股权转让合同成立后,转让方和外商投资企业不履行报批义务,经受让方催告后在合理的期限内仍未履行,受让方请求解除合同并由转让方返还其已支付的转让款、赔偿因未履行报批义务而造成的实际损失的,人民法院应予支持。

第六条　外商投资企业股权转让合同成立后,转让方和外商投资企业不履行报批义务,受让方以转让方为被告、以外商投资企业为第三人提起诉讼,请求转让方与外商投资企业在一定期限内共同履行报批义务的,人民法院应予支持。受让方同时请求在转让方和外商投资企业于生效判决确定的期限内不履行报批义务时自行报批的,人民法院应予支持。

转让方和外商投资企业拒不根据人民法院生效判决确定的期限履行报批义务,受让方另行起诉,请求解除合同并赔偿损失的,人民法院应予支持。赔偿损失的范围可以包括股权的差价损失、股权收益及其他合理损失。

第七条　转让方、外商投资企业或者受让方根据本规定第六条第一款的规定就外商投资企业股权转让合同报批,未获外商投资企业审批机关批准,受让方另行起诉,请求转让方返还其已支付的转让款的,人民法院应予支持。受让方请求转让方赔偿因此造成的损失的,人民法院应根据转让方是否存在过错以及过错大小认定其是否承担赔偿责任及具体赔偿数额。

第八条　外商投资企业股权转让合同约定受让方支付转让款后转让方才办理报批手续,受让方未支付股权转让款,经转让方催告后在合理的期限内仍未履行，转让方请求解除合同并赔偿因迟延履行而造成的实际损失的，人民法院应予支持。

第九条　外商投资企业股权转让合同成立后，受让方未支付股权转让款，转让方和外商投资企业亦未履行报批义务，转让方请求受让方支付股权转让款的，人民法院应当中止审理，指令转让方在一定期限内办理报批手续。该股权转让合同获得外商投资企业审批机关批准的，对转让方关于支付转让款的诉讼请求，人民法院应予支持。

第十条　外商投资企业股权转让合同成立后，受让方已实际参与外商投资企业的经营管理并获取收益，但合同未获外商投资企业审批机关批准，转让方请求受让方退出外商投资企业的经营管理并将受让方因实际参与经营管理而获得的收益在扣除相关成本费用后支付给转让方的，人民法院应予支持。

第十一条　外商投资企业一方股东将股权全部或部分转让给股东之外的第三人，应当经其他股东一致同意，其他股东以未征得其同意为由请求撤销股权转让合同的，人民法院应予支持。具有以下情形之一的除外：

（一）有证据证明其他股东已经同意；

（二）转让方已就股权转让事项书面通知，其他股东自接到书面通知之日满三十日未予答复；

（三）其他股东不同意转让，又不购买该转让的股权。

第十二条　外商投资企业一方股东将股权全部或部分转让给股东之外的第三人，其他股东以该股权转让侵害了其优先购买权为由请求撤销股权转让合同的，人民法院应予支持。其他股东在知道或者应当知道股权转让合同签订之日起一年内未主张优先购买权的除外。

前款规定的转让方、受让方以侵害其他股东优先购买权为由请求认定股权转让合同无效的，人民法院不予支持。

第十三条　外商投资企业股东与债权人订立的股权质押合同，除法律、行政法规另有规定或者合同另有约定外，自成立时生效。未办理质权登记的，不影响股权质押合同的效力。

当事人仅以股权质押合同未经外商投资企业审批机关批准为由主张合同无效或未生效的，人民法院不予支持。

股权质押合同依照物权法的相关规定办理了出质登记的，股权质权自登记时设立。

第十四条　当事人之间约定一方实际投资、另一方作为外商投资企业名义股东，实际投资者请求确认其在外商投资企业中的股东身份或者请求变更外商投资企业股东的，人民法院不予支持。同时具备以下条件的除外：

（一）实际投资者已经实际投资；

（二）名义股东以外的其他股东认可实际投资者的股东身份；

（三）人民法院或当事人在诉讼期间就将实际投资者变更为股东征得了外商投资企业审批机关的同意。

第十五条　合同约定一方实际投资、另一方作为外商投资企业名义股东，不具有法律、行政法规规定的无效情形的，人民法院应认定该合同有效。一方当事人仅以未经外商投资企业审批机关批准为由主张该合同无效或者未生效的，人民法院不予支持。

实际投资者请求外商投资企业名义股东依据双方约定履行相应义务的，人民法院应予支持。

双方未约定利益分配，实际投资者请求外商投资企业名义股东向其交付从外商投资企业获得的收益的，人民法院应予支持。外商投资企业名义股东向实际投资者请求支付必要报酬的，人民法院应酌情予以支持。

第十六条　外商投资企业名义股东不履行与实际投资者之间的合同，致使实际投资者不能实现合同目的，实际投资者请求解除合同并由外商投资企业名义股东承担违约责任的，人民法院应予支持。

第十七条　实际投资者根据其与外商投资企业名义股东的约定，直接向外商投资企业请求分配利润或者行使其他股东权利的，人民法院不予支持。

第十八条　实际投资者与外商投资企业名义股东之间的合同被认定无效，名义股东持有的股权价值高于实际投资额，实际投资者请求名义股东向其返还投资款并根据其实际投资情况以及名义股东参与外商投资企业经营管理的情况对股权收益在双方之间进行合理分配的，人民法院应予支持。

外商投资企业名义股东明确表示放弃股权或者拒绝继续持有股权的，人民法院可以判令以拍卖、变卖名义股东持有的外商投资企业股权所得向实际投资者返还投资款，其余款项根据实际投资者的实际投资情况、名义股东参与外商投资企业经营管理的情况在双方之间进行合理分配。

第十九条 实际投资者与外商投资企业名义股东之间的合同被认定无效，名义股东持有的股权价值低于实际投资额，实际投资者请求名义股东向其返还现有股权的等值价款的，人民法院应予支持；外商投资企业名义股东明确表示放弃股权或者拒绝继续持有股权的，人民法院可以判令以拍卖、变卖名义股东持有的外商投资企业股权所得向实际投资者返还投资款。

实际投资者请求名义股东赔偿损失的，人民法院应当根据名义股东对合同无效是否存在过错及过错大小认定其是否承担赔偿责任及具体赔偿数额。

第二十条 实际投资者与外商投资企业名义股东之间的合同因恶意串通，损害国家、集体或者第三人利益，被认定无效的，人民法院应当将因此取得的财产收归国家所有或者返还集体、第三人。

第二十一条 外商投资企业一方股东或者外商投资企业以提供虚假材料等欺诈或者其他不正当手段向外商投资企业审批机关申请变更外商投资企业批准证书所载股东，导致外商投资企业他方股东丧失股东身份或原有股权份额，他方股东请求确认股东身份或原有股权份额的，人民法院应予支持。第三人已经善意取得该股权的除外。

他方股东请求侵权股东或者外商投资企业赔偿损失的，人民法院应予支持。

第二十二条 人民法院审理香港特别行政区、澳门特别行政区、台湾地区的投资者、定居在国外的中国公民在内地投资设立企业产生的相关纠纷案件，参照适用本规定。

第二十三条 本规定施行后，案件尚在一审或者二审阶段的，适用本规定；本规定施行前已经终审的案件，人民法院进行再审时，不适用本规定。

第二十四条 本规定施行前本院作出的有关司法解释与本规定相抵触的，以本规定为准。

中华人民共和国外商投资法实施条例

（2019年12月12日国务院第74次常务会议通过 2019年12月26日中华人民共和国国务院令第723号公布 自2020年1月1日起施行）

第一章 总 则

第一条 根据《中华人民共和国外商投资法》（以下简称外商投资法），制定本条例。

第二条 国家鼓励和促进外商投资，保护外商投资合法权益，规范外商投资管理，持续优化外商投资环境，推进更高水平对外开放。

第三条 外商投资法第二条第二款第一项、第三项所称其他投资者，包括中国的自然人在内。

第四条 外商投资准入负面清单（以下简称负面清单）由国务院投资主管部门会同国务院商务主管部门等有关部门提出，报国务院发布或者报国务院批准后由国务院投资主管部门、商务主管部门发布。

国家根据进一步扩大对外开放和经济社会发展需要，适时调整负面清单。调整负面清单的程序，适用前款规定。

第五条 国务院商务主管部门、投资主管部门以及其他有关部门按照职责分工，密切配合、相互协作，共同做好外商投资促进、保护和管理工作。

县级以上地方人民政府应当加强对外商投资促进、保护和管理工作的组织领导，支持、督促有关部门依照法律法规和职责分工开展外商投资促进、保护和管理工作，及时协调、解决外商投资促进、保护和管理工作中的重大问题。

第二章 投资促进

第六条 政府及其有关部门在政府资金安排、土地供应、税费减免、资质许可、标准制定、项目申报、人力资源政策等方面，应当依法平等对待外商投资企业和内资企业。

政府及其有关部门制定的支持企业发展的政策应当依法公开；对政策实施中需要由企业申请办理的事项，政府及其有关部门应当公开申请办理的条件、流程、时限等，并在审核中依法平等对待外商投资企业和内资企业。

第七条　制定与外商投资有关的行政法规、规章、规范性文件，或者政府及其有关部门起草与外商投资有关的法律、地方性法规，应当根据实际情况，采取书面征求意见以及召开座谈会、论证会、听证会等多种形式，听取外商投资企业和有关商会、协会等方面的意见和建议；对反映集中或者涉及外商投资企业重大权利义务问题的意见和建议，应当通过适当方式反馈采纳的情况。

与外商投资有关的规范性文件应当依法及时公布，未经公布的不得作为行政管理依据。与外商投资企业生产经营活动密切相关的规范性文件，应当结合实际，合理确定公布到施行之间的时间。

第八条　各级人民政府应当按照政府主导、多方参与的原则，建立健全外商投资服务体系，不断提升外商投资服务能力和水平。

第九条　政府及其有关部门应当通过政府网站、全国一体化在线政务服务平台集中列明有关外商投资的法律、法规、规章、规范性文件、政策措施和投资项目信息，并通过多种途径和方式加强宣传、解读，为外国投资者和外商投资企业提供咨询、指导等服务。

第十条　外商投资法第十三条所称特殊经济区域，是指经国家批准设立、实行更大力度的对外开放政策措施的特定区域。

国家在部分地区实行的外商投资试验性政策措施，经实践证明可行的，根据实际情况在其他地区或者全国范围内推广。

第十一条　国家根据国民经济和社会发展需要，制定鼓励外商投资产业目录，列明鼓励和引导外国投资者投资的特定行业、领域、地区。鼓励外商投资产业目录由国务院投资主管部门会同国务院商务主管部门等有关部门拟订，报国务院批准后由国务院投资主管部门、商务主管部门发布。

第十二条　外国投资者、外商投资企业可以依照法律、行政法规或者国务院的规定，享受财政、税收、金融、用地等方面的优惠待遇。

外国投资者以其在中国境内的投资收益在中国境内扩大投资的，依法享受相应的优惠待遇。

第十三条　外商投资企业依法和内资企业平等参与国家标准、行业标准、地方标准和团体标准的制定、修订工作。外商投资企业可以根据需要自行制定或者与其他企业联合制定企业标准。

外商投资企业可以向标准化行政主管部门和有关行政主管部门提出标准的立项建议，在标准立项、起草、技术审查以及标准实施信息反馈、评估等过程中提出意见和建议，并按照规定承担标准起草、技术审查的相关工作以及标准的外文翻译工作。

标准化行政主管部门和有关行政主管部门应当建立健全相关工作机制，提高标准制定、修订的透明度，推进标准制定、修订全过程信息公开。

第十四条　国家制定的强制性标准对外商投资企业和内资企业平等适用，不得专门针对外商投资企业适用高于强制性标准的技术要求。

第十五条　政府及其有关部门不得阻挠和限制外商投资企业自由进入本地区和本行业的政府采购市场。

政府采购的采购人、采购代理机构不得在政府采购信息发布、供应商条件确定和资格审查、评标标准等方面，对外商投资企业实行差别待遇或者歧视待遇，不得以所有制形式、组织形式、股权结构、投资者国别、产品或者服务品牌以及其他不合理的条件对供应商予以限定，不得对外商投资企业在中国境内生产的产品、提供的服务和内资企业区别对待。

第十六条　外商投资企业可以依照《中华人民共和国政府采购法》（以下简称政府采购法）及其实施条例的规定，就政府采购活动事项向采购人、采购代理机构提出询问、质疑，向政府采购监督管理部门投诉。采购人、采购代理机构、政府采购监督管理部门应当在规定的时限内作出答复或者处理决定。

第十七条 政府采购监督管理部门和其他有关部门应当加强对政府采购活动的监督检查，依法纠正和查处对外商投资企业实行差别待遇或者歧视待遇等违法违规行为。

第十八条 外商投资企业可以依法在中国境内或者境外通过公开发行股票、公司债券等证券，以及公开或者非公开发行其他融资工具、借用外债等方式进行融资。

第十九条 县级以上地方人民政府可以根据法律、行政法规、地方性法规的规定，在法定权限内制定费用减免、用地指标保障、公共服务提供等方面的外商投资促进和便利化政策措施。

县级以上地方人民政府制定外商投资促进和便利化政策措施，应当以推动高质量发展为导向，有利于提高经济效益、社会效益、生态效益，有利于持续优化外商投资环境。

第二十条 有关主管部门应当编制和公布外商投资指引，为外国投资者和外商投资企业提供服务和便利。外商投资指引应当包括投资环境介绍、外商投资办事指南、投资项目信息以及相关数据信息等内容，并及时更新。

第三章 投资保护

第二十一条 国家对外国投资者的投资不实行征收。

在特殊情况下，国家为了公共利益的需要依照法律规定对外国投资者的投资实行征收的，应当依照法定程序、以非歧视性的方式进行，并按照被征收投资的市场价值及时给予补偿。

外国投资者对征收决定不服的，可以依法申请行政复议或者提起行政诉讼。

第二十二条 外国投资者在中国境内的出资、利润、资本收益、资产处置所得、取得的知识产权许可使用费、依法获得的补偿或者赔偿、清算所得等，可以依法以人民币或者外汇自由汇入、汇出，任何单位和个人不得违法对币种、数额以及汇入、汇出的频次等进行限制。

外商投资企业的外籍职工和香港、澳门、台湾职工的工资收入和其他合法收入，可以依法自由汇出。

第二十三条 国家加大对知识产权侵权行为的惩处力度，持续强化知识产权执法，推动建立知识产权快速协同保护机制，健全知识产权纠纷多元化解决机制，平等保护外国投资者和外商投资企业的知识产权。

标准制定中涉及外国投资者和外商投资企业专利的，应当按照标准涉及专利的有关管理规定办理。

第二十四条 行政机关（包括法律、法规授权的具有管理公共事务职能的组织，下同）及其工作人员不得利用实施行政许可、行政检查、行政处罚、行政强制以及其他行政手段，强制或者变相强制外国投资者、外商投资企业转让技术。

第二十五条 行政机关依法履行职责，确需外国投资者、外商投资企业提供涉及商业秘密的材料、信息的，应当限定在履行职责所必需的范围内，并严格控制知悉范围，与履行职责无关的人员不得接触有关材料、信息。

行政机关应当建立健全内部管理制度，采取有效措施保护履行职责过程中知悉的外国投资者、外商投资企业的商业秘密；依法需要与其他行政机关共享信息的，应当对信息中含有的商业秘密进行保密处理，防止泄露。

第二十六条 政府及其有关部门制定涉及外商投资的规范性文件，应当按照国务院的规定进行合法性审核。

外国投资者、外商投资企业认为行政行为所依据的国务院部门和地方人民政府及其部门制定的规范性文件不合法，在依法对行政行为申请行政复议或者提起行政诉讼时，可以一并请求对该规范性文件进行审查。

第二十七条 外商投资法第二十五条所称政策承诺，是指地方各级人民政府及其有关部门在法定权限内，就外国投资者、外商投资企业在本地区投资所适用的支持政策、享受的优惠待遇和便利条件等作出的书面承诺。政策承诺的内容应当符合法律、法规规定。

第二十八条 地方各级人民政府及其有关部门应当履行向外国投资者、外商投资企业依法作出的政策承诺以及依法订立的各类合同，不得以行政区划调整、政府换届、机构或者职能调整以及相关责任人更替等为由违约毁约。因国家利益、社会公共利益需要改变政策承诺、合同约定的，应当依照法定权限和程序进行，并依法对外国投资者、外商投资企业因此受到的损失及时予以公平、合理的补偿。

第二十九条　县级以上人民政府及其有关部门应当按照公开透明、高效便利的原则，建立健全外商投资企业投诉工作机制，及时处理外商投资企业或者其投资者反映的问题，协调完善相关政策措施。

国务院商务主管部门会同国务院有关部门建立外商投资企业投诉工作部际联席会议制度，协调、推动中央层面的外商投资企业投诉工作，对地方的外商投资企业投诉工作进行指导和监督。县级以上地方人民政府应当指定部门或者机构负责受理本地区外商投资企业或者其投资者的投诉。

国务院商务主管部门、县级以上地方人民政府指定的部门或者机构应当完善投诉工作规则、健全投诉方式、明确投诉处理时限。投诉工作规则、投诉方式、投诉处理时限应当对外公布。

第三十条　外商投资企业或者其投资者认为行政机关及其工作人员的行政行为侵犯其合法权益，通过外商投资企业投诉工作机制申请协调解决的，有关方面进行协调时可以向被申请的行政机关及其工作人员了解情况，被申请的行政机关及其工作人员应当予以配合。协调结果应当以书面形式及时告知申请人。

外商投资企业或者其投资者依照前款规定申请协调解决有关问题的，不影响其依法申请行政复议、提起行政诉讼。

第三十一条　对外商投资企业或者其投资者通过外商投资企业投诉工作机制反映或者申请协调解决问题，任何单位和个人不得压制或者打击报复。

除外商投资企业投诉工作机制外，外商投资企业或者其投资者还可以通过其他合法途径向政府及其有关部门反映问题。

第三十二条　外商投资企业可以依法成立商会、协会。除法律、法规另有规定外，外商投资企业有权自主决定参加或者退出商会、协会，任何单位和个人不得干预。

商会、协会应当依照法律法规和章程的规定，加强行业自律，及时反映行业诉求，为会员提供信息咨询、宣传培训、市场拓展、经贸交流、权益保护、纠纷处理等方面的服务。

国家支持商会、协会依照法律法规和章程的规定开展相关活动。

第四章　投资管理

第三十三条　负面清单规定禁止投资的领域，外国投资者不得投资。负面清单规定限制投资的领域，外国投资者进行投资应当符合负面清单规定的股权要求、高级管理人员要求等限制性准入特别管理措施。

第三十四条　有关主管部门在依法履行职责过程中，对外国投资者拟投资负面清单内领域，但不符合负面清单规定的，不予办理许可、企业登记注册等相关事项；涉及固定资产投资项目核准的，不予办理相关核准事项。

有关主管部门应当对负面清单规定执行情况加强监督检查，发现外国投资者投资负面清单规定禁止投资的领域，或者外国投资者的投资活动违反负面清单规定的限制性准入特别管理措施的，依照外商投资法第三十六条的规定予以处理。

第三十五条　外国投资者在依法需要取得许可的行业、领域进行投资的，除法律、行政法规另有规定外，负责实施许可的有关主管部门应当按照与内资一致的条件和程序，审核外国投资者的许可申请，不得在许可条件、申请材料、审核环节、审核时限等方面对外国投资者设置歧视性要求。

负责实施许可的有关主管部门应当通过多种方式，优化审批服务，提高审批效率。对符合相关条件和要求的许可事项，可以按照有关规定采取告知承诺的方式办理。

第三十六条　外商投资需要办理投资项目核准、备案的，按照国家有关规定执行。

第三十七条　外商投资企业的登记注册，由国务院市场监督管理部门或者其授权的地方人民政府市场监督管理部门依法办理。国务院市场监督管理部门应当公布其授权的市场监督管理部门名单。

外商投资企业的注册资本可以用人民币表示，也可以用可自由兑换货币表示。

第三十八条 外国投资者或者外商投资企业应当通过企业登记系统以及企业信用信息公示系统向商务主管部门报送投资信息。国务院商务主管部门、市场监督管理部门应当做好相关业务系统的对接和工作衔接,并为外国投资者或者外商投资企业报送投资信息提供指导。

第三十九条 外商投资信息报告的内容、范围、频次和具体流程,由国务院商务主管部门会同国务院市场监督管理部门等有关部门按照确有必要、高效便利的原则确定并公布。商务主管部门、其他有关部门应当加强信息共享,通过部门信息共享能够获得的投资信息,不得再行要求外国投资者或者外商投资企业报送。

外国投资者或者外商投资企业报送的投资信息应当真实、准确、完整。

第四十条 国家建立外商投资安全审查制度,对影响或者可能影响国家安全的外商投资进行安全审查。

第五章 法律责任

第四十一条 政府和有关部门及其工作人员有下列情形之一的,依法依规追究责任:

(一)制定或者实施有关政策不依法平等对待外商投资企业和内资企业;

(二)违法限制外商投资企业平等参与标准制定、修订工作,或者专门针对外商投资企业适用高于强制性标准的技术要求;

(三)违法限制外国投资者汇入、汇出资金;

(四)不履行向外国投资者、外商投资企业依法作出的政策承诺以及依法订立的各类合同,超出法定权限作出政策承诺,或者政策承诺的内容不符合法律、法规规定。

第四十二条 政府采购的采购人、采购代理机构以不合理的条件对外商投资企业实行差别待遇或者歧视待遇的,依照政府采购法及其实施条例的规定追究其法律责任;影响或者可能影响中标、成交结果的,依照政府采购法及其实施条例的规定处理。

政府采购监督管理部门对外商投资企业的投诉逾期未作处理的,对直接负责的主管人员和其他直接责任人员依法给予处分。

第四十三条 行政机关及其工作人员利用行政手段强制或者变相强制外国投资者、外商投资企业转让技术的,对直接负责的主管人员和其他直接责任人员依法给予处分。

第六章 附 则

第四十四条 外商投资法施行前依照《中华人民共和国中外合资经营企业法》、《中华人民共和国外资企业法》、《中华人民共和国中外合作经营企业法》设立的外商投资企业(以下称现有外商投资企业),在外商投资法施行后5年内,可以依照《中华人民共和国公司法》、《中华人民共和国合伙企业法》等法律的规定调整其组织形式、组织机构等,并依法办理变更登记,也可以继续保留原企业组织形式、组织机构等。

自2025年1月1日起,对未依法调整组织形式、组织机构等并办理变更登记的现有外商投资企业,市场监督管理部门不予办理其申请的其他登记事项,并将相关情形予以公示。

第四十五条 现有外商投资企业办理组织形式、组织机构等变更登记的具体事宜,由国务院市场监督管理部门规定并公布。国务院市场监督管理部门应当加强对变更登记工作的指导,负责办理变更登记的市场监督管理部门应当通过多种方式优化服务,为企业办理变更登记提供便利。

第四十六条 现有外商投资企业的组织形式、组织机构等依法调整后,原合营、合作各方在合同中约定的股权或者权益转让办法、收益分配办法、剩余财产分配办法等,可以继续按照约定办理。

第四十七条 外商投资企业在中国境内投资,适用外商投资法和本条例的有关规定。

第四十八条 香港特别行政区、澳门特别行政区投资者在内地投资,参照外商投资法和本条例执行;法律、行政法规或者国务院另有规定的,从其规定。

台湾地区投资者在大陆投资,适用《中华人民共和国台湾同胞投资保护法》(以下简称台湾同胞投资保护法)及其实施细则的规定;台湾同胞投资保护法及其实施细则未规定的事项,参照外商投资法和本条例执行。

定居在国外的中国公民在中国境内投资,参

照外商投资法和本条例执行；法律、行政法规或者国务院另有规定的，从其规定。

第四十九条　本条例自2020年1月1日起施行。《中华人民共和国中外合资经营企业法实施条例》、《中外合资经营企业合营期限暂行规定》、《中华人民共和国外资企业法实施细则》、《中华人民共和国中外合作经营企业法实施细则》同时废止。

2020年1月1日前制定的有关外商投资的规定与外商投资法和本条例不一致的，以外商投资法和本条例的规定为准。

最高人民法院关于审理中外合资经营合同纠纷案件如何清算合资企业问题的批复

（1997年12月5日最高人民法院审判委员会第950次会议通过　1998年1月15日最高人民法院公告公布　自发布之日起施行　法释〔1998〕1号）

山东省高级人民法院：

你院《关于审理中外合资经营合同纠纷案件如何清算合资企业问题的请示报告》〔（1996）鲁经初字第44号〕收悉。经研究，答复如下：

同意你院请示报告中的第一种意见，即中外合资经营企业一方当事人向人民法院提起诉讼，要求解散合营企业并追究对方违约责任的，人民法院仅应对合营合同效力、是否终止合营合同、违约责任等作出判决。合营企业清算问题则应根据《中华人民共和国中外合资经营企业法实施条例》、《外商投资企业清算办法》的有关规定办理，人民法院组织清算没有法律依据。

国内有限责任公司有类似情形的，应依据《中华人民共和国公司法》的有关规定办理。

此复

最高人民法院关于审理军队、武警部队、政法机关移交、撤销企业和与党政机关脱钩企业相关纠纷案件若干问题的规定

（2001年2月6日最高人民法院审判委员会第1158次会议通过　2001年3月20日最高人民法院公告公布　自2001年3月23日起施行　法释〔2001〕8号）

为依法准确审理军队、武警部队、政法机关移交、撤销企业和与党政机关脱钩的企业所发生的债务纠纷案件和破产案件，根据《中华人民共和国民法通则》、《中华人民共和国公司法》、《中华人民共和国民事诉讼法》、《中华人民共和国企业破产法（试行）》的有关规定，作如下规定：

一、移交、撤销、脱钩企业债务纠纷的处理

第一条　军队、武警部队、政法机关和党政机关开办的企业（以下简称被开办企业）具备法人条件并领取了企业法人营业执照的，根据《中华人民共和国民法通则》第四十八条的规定，应当以其经营管理或者所有的财产独立承担民事责任。

第二条　被开办企业领取了企业法人营业执照，虽然实际投入的资金与注册资金不符，但已达到了《中华人民共和国企业法人登记管理条例实施细则》第十五条第（七）项规定数额的，应当认定其具备法人资格，开办单位应当在该企业实际投入资金与注册资金的差额范围内承担民事责任。

第三条　被开办企业虽然领取了企业法人营业执照，但投入的资金未达到《中华人民共和国企业法人登记管理条例实施细则》第十五条第（七）项规定数额的，或者不具备企业法人其他条件的，应当认定其不具备法人资格，其民事责任由开办单位承担。

第四条　开办单位向被开办企业收取资金或实物的，应当在所收取的资金和实物的范围内对其开办企业的债务承担民事责任。

第五条 开办单位抽逃、转移资金或者隐匿财产以逃避被开办企业债务的,应当将所抽逃、转移的资金或者隐匿的财产退回,用以清偿被开办企业的债务。

第六条 开办单位为被开办企业的注册资金提供担保的,应当在其承诺担保的范围内承担民事责任。

第七条 开办单位或其主管部门在被开办企业撤销时,向工商行政管理机关出具证明文件,自愿对被开办企业的债务承担责任的,应当按照承诺在其接受财产范围内对被开办企业的债务承担民事责任。

第八条 军队开办的企业无偿移交地方的,应当由接受单位承担开办单位的民事责任。

第九条 两个以上单位共同开办企业的,作为共同诉讼人,并按照各自出资比例或者盈余分配的比例承担相应的民事责任。

第十条 开办单位已经在被开办企业注册资金不实的范围内承担了民事责任的,应视为开办单位的注册资金已经足额到位,不再继续承担注册资金不实的责任。

二、移交、撤销、脱钩企业破产案件的处理

第十一条 被开办企业或者债权人向人民法院申请破产的,不论开办单位的注册资金是否足额到位,人民法院均应当受理。

第十二条 被开办企业被宣告破产的,开办单位对其没有投足的注册资金、收取的资金和实物、转移的资金或者隐匿的财产,都应当由清算组负责收回。

第十三条 被开办企业向社会或者向企业内部职工集资未清偿的,在破产财产分配时,应当按照《中华人民共和国企业破产法(试行)》第三十七条第二款第一项的规定予以清偿。

第十四条 移交、撤销、脱钩的企业的开办单位和移交后的接受单位,都应当作为破产清算组成员,参加破产清算工作。

三、财产保全和执行

第十五条 人民法院在审理有关移交、撤销、脱钩的企业的案件时,认定开办单位应当承担民事责任的,不得对开办单位的国库款、军费、财政经费账户、办公用房、车辆等其他办公必需品采取查封、扣押、冻结、拍卖等保全和执行措施。

第十六条 人民法院在执行涉及开办单位承担民事责任的生效判决时,只能用开办单位财政资金以外的自有资金清偿债务。如果开办单位没有财政资金以外自有资金的,应当依法裁定终结执行。

四、适用范围

第十七条 本规定仅适用于审理此次军队、武警部队、政法机关移交、撤销企业和与党政机关脱钩的企业所发生的债务纠纷案件和破产案件。

最高人民法院关于审理与企业改制相关的民事纠纷案件若干问题的规定

(2002年12月3日最高人民法院审判委员会第1259次会议通过 2003年1月3日最高人民法院公告公布 自2003年2月1日起施行 法释〔2003〕1号)

为了正确审理与企业改制相关的民事纠纷案件,根据《中华人民共和国民法通则》、《中华人民共和国公司法》、《中华人民共和国全民所有制工业企业法》、《中华人民共和国合同法》、《中华人民共和国民事诉讼法》等法律、法规的规定,结合审判实践,制定本规定。

一、案件受理

第一条 人民法院受理以下平等民事主体间在企业产权制度改造中发生的民事纠纷案件:

(一)企业公司制改造中发生的民事纠纷;

(二)企业股份合作制改造中发生的民事纠纷;

(三)企业分立中发生的民事纠纷;

(四)企业债权转股权纠纷;

(五)企业出售合同纠纷;

(六)企业兼并合同纠纷;

（七）与企业改制相关的其他民事纠纷。

第二条　当事人起诉符合本规定第一条所列情形，并符合民事诉讼法第一百零八条规定的起诉条件的，人民法院应当予以受理。

第三条　政府主管部门在对企业国有资产进行行政性调整、划转过程中发生的纠纷，当事人向人民法院提起民事诉讼的，人民法院不予受理。

二、企业公司制改造

第四条　国有企业依公司法整体改造为国有独资有限责任公司的，原企业的债务，由改造后的有限责任公司承担。

第五条　企业通过增资扩股或者转让部分产权，实现他人对企业的参股，将企业整体改造为有限责任公司或者股份有限公司的，原企业债务由改造后的新设公司承担。

第六条　企业以其部分财产和相应债务与他人组建新公司，对所转移的债务债权人认可的，由新组建的公司承担民事责任；对所转移的债务未通知债权人或者虽通知债权人，而债权人不予认可的，由原企业承担民事责任。原企业无力偿还债务，债权人就此向新设公司主张债权的，新设公司在所接收的财产范围内与原企业承担连带民事责任。

第七条　企业以其优质财产与他人组建新公司，而将债务留在原企业，债权人以新设公司和原企业作为共同被告提起诉讼主张债权的，新设公司应当在所接收的财产范围内与原企业共同承担连带责任。

三、企业股份合作制改造

第八条　由企业职工买断企业产权，将原企业改造为股份合作制的，原企业的债务，由改造后的股份合作制企业承担。

第九条　企业向其职工转让部分产权，由企业与职工共同组建股份合作制企业的，原企业的债务由改造后的股份合作制企业承担。

第十条　企业通过其职工投资增资扩股，将原企业改造为股份合作制企业的，原企业的债务由改造后的股份合作制企业承担。

第十一条　企业在进行股份合作制改造时，参照公司法的有关规定，公告通知了债权人。企业股份合作制改造后，债权人就原企业资产管理人（出资人）隐瞒或者遗漏的债务起诉股份合作制企业的，如债权人在公告期间内申报过该债权，股份合作制企业在承担民事责任后，可再向原企业资产管理人（出资人）追偿。如债权人在公告期内未申报过该债权，则股份合作制企业不承担民事责任，人民法院可告知债权人另行起诉原企业资产管理人（出资人）。

四、企业分立

第十二条　债权人向分立后的企业主张债权，企业分立时对原企业的债务承担有约定，并经债权人认可的，按照当事人的约定处理；企业分立时对原企业债务承担没有约定或者约定不明，或者虽然有约定但债权人不予认可的，分立后的企业应当承担连带责任。

第十三条　分立的企业在承担连带责任后，各分立的企业间对原企业债务承担有约定的，按照约定处理；没有约定或者约定不明的，根据企业分立时的资产比例分担。

五、企业债权转股权

第十四条　债权人与债务人自愿达成债权转股权协议，且不违反法律和行政法规强制性规定的，人民法院在审理相关的民事纠纷案件中，应当确认债权转股权协议有效。

政策性债权转股权，按照国务院有关部门的规定处理。

第十五条　债务人以隐瞒企业资产或者虚列企业资产为手段，骗取债权人与其签订债权转股权协议，债权人在法定期间内行使撤销权的，人民法院应当予以支持。

债权转股权协议被撤销后，债权人有权要求债务人清偿债务。

第十六条　部分债权人进行债权转股权的行为，不影响其他债权人向债务人主张债权。

六、国有小型企业出售

第十七条　以协议转让形式出售企业，企业出售合同未经有审批权的地方人民政府或其授权的职能部门审批的，人民法院在审理相关的民事纠纷案件时,应当确认该企业出售合同不生效。

第十八条 企业出售中,当事人双方恶意串通,损害国家利益的,人民法院在审理相关的民事纠纷案件时,应当确认该企业出售行为无效。

第十九条 企业出售中,出卖人实施的行为具有合同法第五十四条规定的情形,买受人在法定期限内行使撤销权的,人民法院应当予以支持。

第二十条 企业出售合同约定的履行期限届满,一方当事人拒不履行合同,或者未完全履行合同义务,致使合同目的不能实现,对方当事人要求解除合同并要求赔偿损失的,人民法院应当予以支持。

第二十一条 企业出售合同约定的履行期限届满,一方当事人未完全履行合同义务,对方当事人要求继续履行合同并要求赔偿损失的,人民法院应当予以支持。双方当事人均未完全履行合同义务的,应当根据当事人的过错,确定各自应当承担的民事责任。

第二十二条 企业出售时,出卖人对所售企业的资产负债状况、损益状况等重大事项未履行如实告知义务,影响企业出售价格,买受人就此向人民法院起诉主张补偿的,人民法院应当予以支持。

第二十三条 企业出售合同被确认无效或者被撤销的,企业售出后买受人经营企业期间发生的经营盈亏,由买受人享有或者承担。

第二十四条 企业售出后,买受人将所购企业资产纳入本企业或者将所购企业变更为所属分支机构的,所购企业的债务,由买受人承担。但买卖双方另有约定,并经债权人认可的除外。

第二十五条 企业售出后,买受人将所购企业资产作价入股与他人重新组建新公司,所购企业法人予以注销的,对所购企业出售前的债务,买受人应当以其所有财产,包括在新组建公司中的股权承担民事责任。

第二十六条 企业售出后,买受人将所购企业重新注册为新的企业法人,所购企业法人被注销的,所购企业出售前的债务,应当由新注册的企业法人承担。但买卖双方另有约定,并经债权人认可的除外。

第二十七条 企业售出后,应当办理而未办理企业法人注销登记,债权人起诉该企业的,人民法院应当根据企业资产转让后的具体情况,告知债权人追加责任主体,并判令责任主体承担民事责任。

第二十八条 出售企业时,参照公司法的有关规定,出卖人公告通知了债权人。企业售出后,债权人就出卖人隐瞒或者遗漏的原企业债务起诉买受人的,如债权人在公告期内申报过该债权,买受人在承担民事责任后,可再行向出卖人追偿。如债权人在公告期内未申报过该债权,则买受人不承担民事责任。人民法院可告知债权人另行起诉出卖人。

第二十九条 出售企业的行为具有合同法第七十四条规定的情形,债权人在法定期限内行使撤销权的,人民法院应当予以支持。

七、企业兼并

第三十条 企业兼并协议自当事人签字盖章之日起生效。需经政府主管部门批准的,兼并协议自批准之日起生效;未经批准的,企业兼并协议不生效。但当事人在一审法庭辩论终结前补办报批手续的,人民法院应当确认该兼并协议有效。

第三十一条 企业吸收合并后,被兼并企业的债务应当由兼并方承担。

第三十二条 企业进行吸收合并时,参照公司法的有关规定,公告通知了债权人。企业吸收合并后,债权人就被兼并企业原资产管理人(出资人)隐瞒或者遗漏的企业债务起诉兼并方的,如债权人在公告期内申报过该笔债权,兼并方在承担民事责任后,可再行向被兼并企业原资产管理人(出资人)追偿。如债权人在公告期间内未申报过该笔债权,则兼并方不承担民事责任。人民法院可告知债权人另行起诉被兼并企业原资产管理人(出资人)。

第三十三条 企业新设合并后,被兼并企业的债务由新设合并后的企业法人承担。

第三十四条 企业吸收合并或新设合并后,被兼并企业应当办理而未办理工商注销登记,债权人起诉被兼并企业的,人民法院应当根据企业兼并后的具体情况,告知债权人追加责任主体,并判令责任主体承担民事责任。

第三十五条 以收购方式实现对企业控股

的，被控股企业的债务，仍由其自行承担。但因控股企业抽逃资金、逃避债务，致被控股企业无力偿还债务的，被控股企业的债务则由控股企业承担。

八、附　　则

第三十六条　本规定自2003年2月1日起施行。在本规定施行前，本院制定的有关企业改制方面的司法解释与本规定相抵触的，不再适用。

最高人民法院对《商务部关于请确认〈关于审理与企业改制相关的民事纠纷案件若干问题的规定〉是否适用于外商投资的函》的复函

（2003年10月20日　〔2003〕民二外复第13号）

中华人民共和国商务部：

你部于2003年9月12日发给本院的商法函〔2003〕33号《关于请确认〈关于审理与企业改制相关的民事纠纷案件若干问题的规定〉是否适用于外商投资的函》收悉。经研究，答复如下：

中国企业与外国企业合资、合作的行为，以及外资企业在中国的投资行为，虽然涉及到企业主体、企业资产及股东的变化，但他们不属于国有企业改制范畴，且有专门的法律、法规调整，因此，外商投资行为不受上述司法解释的调整。

此复。

（三）企业破产

中华人民共和国企业破产法（试行）①

（1986年12月2日第六届全国人民代表大会常务委员会第十八次会议通过　1986年12月2日中华人民共和国主席令第45号公布　自全民所有制工业企业法实施满3个月之日起试行）

第一章　总　　则

第一条　为了适应社会主义有计划的商品经济发展和经济体制改革的需要，促进全民所有制企业自主经营，加强经济责任制和民主管理，改善经营状况，提高经济效益，保护债权人、债务人的合法权益，特制定本法。

第二条　本法适用于全民所有制企业。

第三条　企业因经营管理不善造成严重亏损，不能清偿到期债务的，依照本法规定宣告破产。

企业由债权人申请破产，有下列情形之一的，不予宣告破产：

（一）公用企业和与国计民生有重大关系的企业，政府有关部门给予资助或者采取其他措施帮助清偿债务的；

（二）取得担保，自破产申请之日起6个月内清偿债务的。

企业由债权人申请破产，上级主管部门申请整顿并且经企业与债权人会议达成和解协议的，中止破产程序。

第四条　国家通过各种途径妥善安排破产企业职工重新就业，并保障他们重新就业前的基本生活需要，具体办法由国务院另行规定。

第五条　破产案件由债务人所在地人民法院管辖。

第六条　破产案件的诉讼程序，本法没有规定的，适用民事诉讼程序的法律规定。

第二章　破产申请的提出和受理

第七条　债务人不能清偿到期债务，债权人可以申请宣告债务人破产。

债权人提出破产申请时，应当提供关于债权数额、有无财产担保以及债务人不能清偿到期债务的有关证据。

第八条　债务人经其上级主管部门同意后，可以申请宣告破产。

债务人提出破产申请时，应当说明企业亏损的情况，提交有关的会计报表、债务清册和债权清册。

第九条　人民法院受理破产案件后，应当在10日内通知债务人并且发布公告。人民法院在收到债务人提交的债务清册后10日内，应当通知已知的债权人。公告和通知中应当规定第一

① 编者注：已废止。

次债权人会议召开的日期。

债权人应当在收到通知后1个月内,未收到通知的债权人应当自公告之日起3个月内,向人民法院申报债权,说明债权的数额和有无财产担保,并且提交有关证明材料。逾期未申报债权的,视为自动放弃债权。

人民法院对有财产担保债权和无财产担保债权的申报,应当分别登记。

第十条 债权人提出破产申请的,债务人应当在收到人民法院通知后15日内,向人民法院提交本法第八条第二款所列有关材料。

债务人为其他单位担任保证人的,应当在收到人民法院通知后5日内转告有关当事人。

第十一条 人民法院受理破产案件后,对债务人财产的其他民事执行程序必须中止。

第十二条 人民法院受理破产案件后,债务人对部分债权人的清偿无效,但是债务人正常生产经营所必需的除外。

第三章 债权人会议

第十三条 所有债权人均为债权人会议成员。债权人会议成员享有表决权,但是有财产担保的债权人未放弃优先受偿权利的除外。债务人的保证人,在代替债务人清偿债务后可以作为债权人,享有表决权。

债权人会议主席由人民法院从有表决权的债权人中指定。

债务人的法定代表人必须列席债权人会议,回答债权人的询问。

第十四条 第一次债权人会议由人民法院召集,应当在债权申报期限届满后15日内召开。以后的债权人会议在人民法院或者会议主席认为必要时召开,也可以在清算组或者占无财产担保债权总额的1/4以上的债权人要求时召开。

第十五条 债权人会议的职权是:

(一)审查有关债权的证明材料,确认债权有无财产担保及其数额;

(二)讨论通过和解协议草案;

(三)讨论通过破产财产的处理和分配方案。

第十六条 债权人会议的决议,由出席会议的有表决权的债权人的过半数通过,并且其所代表的债权额,必须占无财产担保债权总额的半数以上,但是通过和解协议草案的决议,必须占无财产担保债权总额的2/3以上。

债权人会议的决议,对于全体债权人均有约束力。

债权人认为债权人会议的决议违反法律规定的,可以在债权人会议作出决议后7日内提请人民法院裁定。

第四章 和解和整顿

第十七条 企业由债权人申请破产的,在人民法院受理案件后3个月内,被申请破产的企业的上级主管部门可以申请对该企业进行整顿,整顿的期限不超过两年。

第十八条 整顿申请提出后,企业应当向债权人会议提出和解协议草案。和解协议应当规定企业清偿债务的期限。

第十九条 企业和债权人会议达成和解协议,经人民法院认可后,由人民法院发布公告,中止破产程序。和解协议自公告之日起具有法律效力。

第二十条 企业的整顿由其上级主管部门负责主持。

企业整顿方案应当经过企业职工代表大会讨论。企业整顿的情况应当向企业职工代表大会报告,并听取意见。

企业整顿的情况应当定期向债权人会议报告。

第二十一条 整顿期间,企业有下列情形之一的,经人民法院裁定,终结该企业的整顿,宣告其破产:

(一)不执行和解协议的;

(二)财务状况继续恶化,债权人会议申请终结整顿的;

(三)有本法第三十五条所列行为之一,严重损害债权人利益的。

第二十二条 经过整顿,企业能够按照和解协议清偿债务的,人民法院应当终结对该企业的破产程序并且予以公告。

整顿期满,企业不能按照和解协议清偿债务的,人民法院应当宣告该企业破产,并且按照本法第九条的规定重新登记债权。

第五章 破产宣告和破产清算

第二十三条 有下列情形之一的,由人民法院裁定,宣告企业破产:

(一)依照本法第三条的规定应当宣告破产的;

(二)依照本法第二十一条的规定终结整顿的;

(三)整顿期满,不能按照和解协议清偿债务的。

第二十四条 人民法院应当自宣告企业破产之日起15日内成立清算组,接管破产企业。清算组负责破产财产的保管、清理、估价、处理和分配。清算组可以依法进行必要的民事活动。

清算组成员由人民法院从企业上级主管部门、政府财政部门等有关部门和专业人员中指定。清算组可以聘任必要的工作人员。

清算组对人民法院负责并且报告工作。

第二十五条 任何单位和个人不得非法处理破产企业的财产、账册、文书、资料和印章等。

破产企业的债务人和财产持有人,只能向清算组清偿债务或者交付财产。

第二十六条 对破产企业未履行的合同,清算组可以决定解除或者继续履行。

清算组决定解除合同,另一方当事人因合同解除受到损害的,其损害赔偿额作为破产债权。

第二十七条 破产企业的法定代表人在向清算组办理移交手续前,负责保管本企业的财产、账册、文书、资料和印章等。

破产企业的法定代表人在破产程序终结以前,根据人民法院或者清算组的要求进行工作,不得擅离职守。

第二十八条 破产财产由下列财产构成:

(一)宣告破产时破产企业经营管理的全部财产;

(二)破产企业在破产宣告后至破产程序终结前所取得的财产;

(三)应当由破产企业行使的其他财产权利。

已作为担保物的财产不属于破产财产;担保物的价款超过其所担保的债务数额的,超过部分属于破产财产。

第二十九条 破产企业内属于他人的财产,由该财产的权利人通过清算组取回。

第三十条 破产宣告前成立的无财产担保的债权和放弃优先受偿权利的有财产担保的债权为破产债权。

债权人参加破产程序的费用不得作为破产债权。

第三十一条 破产宣告时未到期的债权,视为已到期债权,但是应当减去未到期的利息。

第三十二条 破产宣告前成立的有财产担保的债权,债权人享有就该担保物优先受偿的权利。

有财产担保的债权,其数额超过担保物的价款的,未受清偿的部分,作为破产债权,依照破产程序受偿。

第三十三条 债权人对破产企业负有债务的,可以在破产清算前抵销。

第三十四条 下列破产费用,应当从破产财产中优先拨付:

(一)破产财产的管理、变卖和分配所需要的费用,包括聘任工作人员的费用;

(二)破产案件的诉讼费用;

(三)为债权人的共同利益而在破产程序中支付的其他费用。

破产财产不足以支付破产费用的,人民法院应当宣告破产程序终结。

第三十五条 人民法院受理破产案件前6个月至破产宣告之日的期间内,破产企业的下列行为无效:

(一)隐匿、私分或者无偿转让财产;

(二)非正常压价出售财产;

(三)对原来没有财产担保的债务提供财产担保;

(四)对未到期的债务提前清偿;

(五)放弃自己的债权。

破产企业有前款所列行为的,清算组有权向人民法院申请追回财产。追回的财产,并入破产财产。

第三十六条 破产财产中的成套设备,应当整体出售;不能整体出售的,可以分散出售。

第三十七条 清算组提出破产财产分配方案,经债权人会议讨论通过,报请人民法院裁定后执行。

破产财产优先拨付破产费用后，按照下列顺序清偿：

（一）破产企业所欠职工工资和劳动保险费用；

（二）破产企业所欠税款；

（三）破产债权。

破产财产不足清偿同一顺序的清偿要求的，按照比例分配。

第三十八条　破产财产分配完毕，由清算组提请人民法院终结破产程序。破产程序终结后，未得到清偿的债权不再清偿。

第三十九条　破产程序终结后，由清算组向破产企业原登记机关办理注销登记。

第四十条　破产企业有本法第三十五条所列行为之一，自破产程序终结之日起1年内被查出的，由人民法院追回财产，依照本法第三十七条的规定清偿。

第四十一条　破产企业有本法第三十五条所列行为之一的，对破产企业的法定代表人和直接责任人员给予行政处分；破产企业的法定代表人和直接责任人员的行为构成犯罪的，依法追究刑事责任。

第四十二条　企业被宣告破产后，由政府监察部门和审计部门负责查明企业破产的责任。

破产企业的法定代表人对企业破产负有主要责任的，给予行政处分。

破产企业的上级主管部门对企业破产负有主要责任的，对该上级主管部门的领导人，给予行政处分。

破产企业的法定代表人和破产企业的上级主管部门的领导人，因玩忽职守造成企业破产，致使国家财产遭受重大损失的，依照《中华人民共和国刑法》第一百八十七条的规定追究刑事责任。

第六章　附　　则

第四十三条　本法自全民所有制工业企业法实施满3个月之日起试行，试行的具体部署和步骤由国务院规定。

中华人民共和国企业破产法

（2006年8月27日第十届全国人民代表大会常务委员会第二十三次会议通过　2006年8月27日中华人民共和国主席令第54号公布　自2007年6月1日起施行）

目　　录

第一章　总　　则

第一条　为规范企业破产程序，公平清理债权债务，保护债权人和债务人的合法权益，维护社会主义市场经济秩序，制定本法。

第二条　企业法人不能清偿到期债务，并且资产不足以清偿全部债务或者明显缺乏清偿能力的，依照本法规定清理债务。

企业法人有前款规定情形，或者有明显丧失清偿能力可能的，可以依照本法规定进行重整。

第三条　破产案件由债务人住所地人民法

院管辖。

第四条 破产案件审理程序，本法没有规定的，适用民事诉讼法的有关规定。

第五条 依照本法开始的破产程序，对债务人在中华人民共和国领域外的财产发生效力。

对外国法院作出的发生法律效力的破产案件的判决、裁定，涉及债务人在中华人民共和国领域内的财产，申请或者请求人民法院承认和执行的，人民法院依照中华人民共和国缔结或者参加的国际条约，或者按照互惠原则进行审查，认为不违反中华人民共和国法律的基本原则，不损害国家主权、安全和社会公共利益，不损害中华人民共和国领域内债权人的合法权益的，裁定承认和执行。

第六条 人民法院审理破产案件，应当依法保障企业职工的合法权益，依法追究破产企业经营管理人员的法律责任。

第二章 申请和受理

第一节 申 请

第七条 债务人有本法第二条规定的情形，可以向人民法院提出重整、和解或者破产清算申请。

债务人不能清偿到期债务，债权人可以向人民法院提出对债务人进行重整或者破产清算的申请。

企业法人已解散但未清算或者未清算完毕，资产不足以清偿债务的，依法负有清算责任的人应当向人民法院申请破产清算。

第八条 向人民法院提出破产申请，应当提交破产申请书和有关证据。

破产申请书应当载明下列事项：

（一）申请人、被申请人的基本情况；

（二）申请目的；

（三）申请的事实和理由；

（四）人民法院认为应当载明的其他事项。

债务人提出申请的，还应当向人民法院提交财产状况说明、债务清册、债权清册、有关财务会计报告、职工安置预案以及职工工资的支付和社会保险费用的缴纳情况。

第九条 人民法院受理破产申请前，申请人可以请求撤回申请。

第二节 受 理

第十条 债权人提出破产申请的，人民法院应当自收到申请之日起五日内通知债务人。债务人对申请有异议的，应当自收到人民法院的通知之日起七日内向人民法院提出。人民法院应当自异议期满之日起十日内裁定是否受理。

除前款规定的情形外，人民法院应当自收到破产申请之日起十五日内裁定是否受理。

有特殊情况需要延长前两款规定的裁定受理期限的，经上一级人民法院批准，可以延长十五日。

第十一条 人民法院受理破产申请的，应当自裁定作出之日起五日内送达申请人。

债权人提出申请的，人民法院应当自裁定作出之日起五日内送达债务人。债务人应当自裁定送达之日起十五日内，向人民法院提交财产状况说明、债务清册、债权清册、有关财务会计报告以及职工工资的支付和社会保险费用的缴纳情况。

第十二条 人民法院裁定不受理破产申请的，应当自裁定作出之日起五日内送达申请人并说明理由。申请人对裁定不服的，可以自裁定送达之日起十日内向上一级人民法院提起上诉。

人民法院受理破产申请后至破产宣告前，经审查发现债务人不符合本法第二条规定情形的，可以裁定驳回申请。申请人对裁定不服的，可以自裁定送达之日起十日内向上一级人民法院提起上诉。

第十三条 人民法院裁定受理破产申请的，应当同时指定管理人。

第十四条 人民法院应当自裁定受理破产申请之日起二十五日内通知已知债权人，并予以公告。

通知和公告应当载明下列事项：

（一）申请人、被申请人的名称或者姓名；

（二）人民法院受理破产申请的时间；

（三）申报债权的期限、地点和注意事项；

（四）管理人的名称或者姓名及其处理事务的地址；

（五）债务人的债务人或者财产持有人应当向管理人清偿债务或者交付财产的要求；

（六）第一次债权人会议召开的时间和地点；

（七）人民法院认为应当通知和公告的其他事项。

第十五条 自人民法院受理破产申请的裁定送达债务人之日起至破产程序终结之日，债务人的有关人员承担下列义务：

（一）妥善保管其占有和管理的财产、印章和账簿、文书等资料；

（二）根据人民法院、管理人的要求进行工作，并如实回答询问；

（三）列席债权人会议并如实回答债权人的询问；

（四）未经人民法院许可，不得离开住所地；

（五）不得新任其他企业的董事、监事、高级管理人员。

前款所称有关人员，是指企业的法定代表人；经人民法院决定，可以包括企业的财务管理人员和其他经营管理人员。

第十六条 人民法院受理破产申请后，债务人对个别债权人的债务清偿无效。

第十七条 人民法院受理破产申请后，债务人的债务人或者财产持有人应当向管理人清偿债务或者交付财产。

债务人的债务人或者财产持有人故意违反前款规定向债务人清偿债务或者交付财产，使债权人受到损失的，不免除其清偿债务或者交付财产的义务。

第十八条 人民法院受理破产申请后，管理人对破产申请受理前成立而债务人和对方当事人均未履行完毕的合同有权决定解除或者继续履行，并通知对方当事人。管理人自破产申请受理之日起二个月内未通知对方当事人，或者自收到对方当事人催告之日起三十日内未答复的，视为解除合同。

管理人决定继续履行合同的，对方当事人应当履行；但是，对方当事人有权要求管理人提供担保。管理人不提供担保的，视为解除合同。

第十九条 人民法院受理破产申请后，有关债务人财产的保全措施应当解除，执行程序应当中止。

第二十条 人民法院受理破产申请后，已经开始而尚未终结的有关债务人的民事诉讼或者仲裁应当中止；在管理人接管债务人的财产后，该诉讼或者仲裁继续进行。

第二十一条 人民法院受理破产申请后，有关债务人的民事诉讼，只能向受理破产申请的人民法院提起。

第三章 管 理 人

第二十二条 管理人由人民法院指定。

债权人会议认为管理人不能依法、公正执行职务或者有其他不能胜任职务情形的，可以申请人民法院予以更换。

指定管理人和确定管理人报酬的办法，由最高人民法院规定。

第二十三条 管理人依照本法规定执行职务，向人民法院报告工作，并接受债权人会议和债权人委员会的监督。

管理人应当列席债权人会议，向债权人会议报告职务执行情况，并回答询问。

第二十四条 管理人可以由有关部门、机构的人员组成的清算组或者依法设立的律师事务所、会计师事务所、破产清算事务所等社会中介机构担任。

人民法院根据债务人的实际情况，可以在征询有关社会中介机构的意见后，指定该机构具备相关专业知识并取得执业资格的人员担任管理人。

有下列情形之一的，不得担任管理人：

（一）因故意犯罪受过刑事处罚；

（二）曾被吊销相关专业执业证书；

（三）与本案有利害关系；

（四）人民法院认为不宜担任管理人的其他情形。

个人担任管理人的，应当参加执业责任保险。

第二十五条 管理人履行下列职责：

（一）接管债务人的财产、印章和账簿、文书等资料；

（二）调查债务人财产状况，制作财产状况报告；

（三）决定债务人的内部管理事务；

（四）决定债务人的日常开支和其他必要开支；

（五）在第一次债权人会议召开之前，决定继续或者停止债务人的营业；

（六）管理和处分债务人的财产；

（七）代表债务人参加诉讼、仲裁或者其他法律程序；

（八）提议召开债权人会议；

（九）人民法院认为管理人应当履行的其他职责。

本法对管理人的职责另有规定的，适用其规定。

第二十六条　在第一次债权人会议召开之前，管理人决定继续或者停止债务人的营业或者有本法第六十九条规定行为之一的，应当经人民法院许可。

第二十七条　管理人应当勤勉尽责，忠实执行职务。

第二十八条　管理人经人民法院许可，可以聘用必要的工作人员。

管理人的报酬由人民法院确定。债权人会议对管理人的报酬有异议的，有权向人民法院提出。

第二十九条　管理人没有正当理由不得辞去职务。管理人辞去职务应当经人民法院许可。

第四章　债务人财产

第三十条　破产申请受理时属于债务人的全部财产，以及破产申请受理后至破产程序终结前债务人取得的财产，为债务人财产。

第三十一条　人民法院受理破产申请前一年内，涉及债务人财产的下列行为，管理人有权请求人民法院予以撤销：

（一）无偿转让财产的；

（二）以明显不合理的价格进行交易的；

（三）对没有财产担保的债务提供财产担保的；

（四）对未到期的债务提前清偿的；

（五）放弃债权的。

第三十二条　人民法院受理破产申请前六个月内，债务人有本法第二条第一款规定的情形，仍对个别债权人进行清偿的，管理人有权请求人民法院予以撤销。但是，个别清偿使债务人财产受益的除外。

第三十三条　涉及债务人财产的下列行为无效：

（一）为逃避债务而隐匿、转移财产的；

（二）虚构债务或者承认不真实的债务的。

第三十四条　因本法第三十一条、第三十二条或者第三十三条规定的行为而取得的债务人的财产，管理人有权追回。

第三十五条　人民法院受理破产申请后，债务人的出资人尚未完全履行出资义务的，管理人应当要求该出资人缴纳所认缴的出资，而不受出资期限的限制。

第三十六条　债务人的董事、监事和高级管理人员利用职权从企业获取的非正常收入和侵占的企业财产，管理人应当追回。

第三十七条　人民法院受理破产申请后，管理人可以通过清偿债务或者提供为债权人接受的担保，取回质物、留置物。

前款规定的债务清偿或者替代担保，在质物或者留置物的价值低于被担保的债权额时，以该质物或者留置物当时的市场价值为限。

第三十八条　人民法院受理破产申请后，债务人占有的不属于债务人的财产，该财产的权利人可以通过管理人取回。但是，本法另有规定的除外。

第三十九条　人民法院受理破产申请时，出卖人已将买卖标的物向作为买受人的债务人发运，债务人尚未收到且未付清全部价款的，出卖人可以取回在运途中的标的物。但是，管理人可以支付全部价款，请求出卖人交付标的物。

第四十条　债权人在破产申请受理前对债务人负有债务的，可以向管理人主张抵销。但是，有下列情形之一的，不得抵销：

（一）债务人的债务人在破产申请受理后取得他人对债务人的债权的；

（二）债权人已知债务人有不能清偿到期债务或者破产申请的事实，对债务人负担债务的；但是，债权人因为法律规定或者有破产申请一年前所发生的原因而负担债务的除外；

（三）债务人的债务人已知债务人有不能清偿到期债务或者破产申请的事实，对债务人取得债权的；但是，债务人的债务人因为法律规定或者有破产申请一年前所发生的原因而取得债权的除外。

第五章 破产费用和共益债务

第四十一条 人民法院受理破产申请后发生的下列费用,为破产费用:

(一)破产案件的诉讼费用;

(二)管理、变价和分配债务人财产的费用;

(三)管理人执行职务的费用、报酬和聘用工作人员的费用。

第四十二条 人民法院受理破产申请后发生的下列债务,为共益债务:

(一)因管理人或者债务人请求对方当事人履行双方均未履行完毕的合同所产生的债务;

(二)债务人财产受无因管理所产生的债务;

(三)因债务人不当得利所产生的债务;

(四)为债务人继续营业而应支付的劳动报酬和社会保险费用以及由此产生的其他债务;

(五)管理人或者相关人员执行职务致人损害所产生的债务;

(六)债务人财产致人损害所产生的债务。

第四十三条 破产费用和共益债务由债务人财产随时清偿。

债务人财产不足以清偿所有破产费用和共益债务的,先行清偿破产费用。

债务人财产不足以清偿所有破产费用或者共益债务的,按照比例清偿。

债务人财产不足以清偿破产费用的,管理人应当提请人民法院终结破产程序。人民法院应当自收到请求之日起十五日内裁定终结破产程序,并予以公告。

第六章 债权申报

第四十四条 人民法院受理破产申请时对债务人享有债权的债权人,依照本法规定的程序行使权利。

第四十五条 人民法院受理破产申请后,应当确定债权人申报债权的期限。债权申报期限自人民法院发布受理破产申请公告之日起计算,最短不得少于三十日,最长不得超过三个月。

第四十六条 未到期的债权,在破产申请受理时视为到期。

附利息的债权自破产申请受理时起停止计息。

第四十七条 附条件、附期限的债权和诉讼、仲裁未决的债权,债权人可以申报。

第四十八条 债权人应当在人民法院确定的债权申报期限内向管理人申报债权。

债务人所欠职工的工资和医疗、伤残补助、抚恤费用,所欠的应当划入职工个人账户的基本养老保险、基本医疗保险费用,以及法律、行政法规规定应当支付给职工的补偿金,不必申报,由管理人调查后列出清单并予以公示。职工对清单记载有异议的,可以要求管理人更正;管理人不予更正的,职工可以向人民法院提起诉讼。

第四十九条 债权人申报债权时,应当书面说明债权的数额和有无财产担保,并提交有关证据。申报的债权是连带债权的,应当说明。

第五十条 连带债权人可以由其中一人代表全体连带债权人申报债权,也可以共同申报债权。

第五十一条 债务人的保证人或者其他连带债务人已经代替债务人清偿债务的,以其对债务人的求偿权申报债权。

债务人的保证人或者其他连带债务人尚未代替债务人清偿债务的,以其对债务人的将来求偿权申报债权。但是,债权人已经向管理人申报全部债权的除外。

第五十二条 连带债务人数人被裁定适用本法规定的程序的,其债权人有权就全部债权分别在各破产案件中申报债权。

第五十三条 管理人或者债务人依照本法规定解除合同的,对方当事人以因合同解除所产生的损害赔偿请求权申报债权。

第五十四条 债务人是委托合同的委托人,被裁定适用本法规定的程序,受托人不知该事实,继续处理委托事务的,受托人以由此产生的请求权申报债权。

第五十五条 债务人是票据的出票人,被裁定适用本法规定的程序,该票据的付款人继续付款或者承兑的,付款人以由此产生的请求权申报债权。

第五十六条 在人民法院确定的债权申报期限内,债权人未申报债权的,可以在破产财产最后分配前补充申报;但是,此前已进行的分配,不再对其补充分配。为审查和确认补充申报债权的费用，由补充申报人承担。

债权人未依照本法规定申报债权的，不得依照本法规定的程序行使权利。

第五十七条　管理人收到债权申报材料后，应当登记造册，对申报的债权进行审查，并编制债权表。

债权表和债权申报材料由管理人保存，供利害关系人查阅。

第五十八条　依照本法第五十七条规定编制的债权表，应当提交第一次债权人会议核查。

债务人、债权人对债权表记载的债权无异议的，由人民法院裁定确认。

债务人、债权人对债权表记载的债权有异议的，可以向受理破产申请的人民法院提起诉讼。

第七章　债权人会议

第一节　一般规定

第五十九条　依法申报债权的债权人为债权人会议的成员，有权参加债权人会议，享有表决权。

债权尚未确定的债权人，除人民法院能够为其行使表决权而临时确定债权额的外，不得行使表决权。

对债务人的特定财产享有担保权的债权人，未放弃优先受偿权利的，对于本法第六十一条第一款第七项、第十项规定的事项不享有表决权。

债权人可以委托代理人出席债权人会议，行使表决权。代理人出席债权人会议，应当向人民法院或者债权人会议主席提交债权人的授权委托书。

债权人会议应当有债务人的职工和工会的代表参加，对有关事项发表意见。

第六十条　债权人会议设主席一人，由人民法院从有表决权的债权人中指定。

债权人会议主席主持债权人会议。

第六十一条　债权人会议行使下列职权：

（一）核查债权；

（二）申请人民法院更换管理人，审查管理人的费用和报酬；

（三）监督管理人；

（四）选任和更换债权人委员会成员；

（五）决定继续或者停止债务人的营业；

（六）通过重整计划；

（七）通过和解协议；

（八）通过债务人财产的管理方案；

（九）通过破产财产的变价方案；

（十）通过破产财产的分配方案；

（十一）人民法院认为应当由债权人会议行使的其他职权。

债权人会议应当对所议事项的决议作成会议记录。

第六十二条　第一次债权人会议由人民法院召集，自债权申报期限届满之日起十五日内召开。

以后的债权人会议，在人民法院认为必要时，或者管理人、债权人委员会、占债权总额四分之一以上的债权人向债权人会议主席提议时召开。

第六十三条　召开债权人会议，管理人应当提前十五日通知已知的债权人。

第六十四条　债权人会议的决议，由出席会议的有表决权的债权人过半数通过，并且其所代表的债权额占无财产担保债权总额的二分之一以上。但是，本法另有规定的除外。

债权人认为债权人会议的决议违反法律规定，损害其利益的，可以自债权人会议作出决议之日起十五日内，请求人民法院裁定撤销该决议，责令债权人会议依法重新作出决议。

债权人会议的决议，对于全体债权人均有约束力。

第六十五条　本法第六十一条第一款第八项、第九项所列事项，经债权人会议表决未通过的，由人民法院裁定。

本法第六十一条第一款第十项所列事项，经债权人会议二次表决仍未通过的，由人民法院裁定。

对前两款规定的裁定，人民法院可以在债权人会议上宣布或者另行通知债权人。

第六十六条　债权人对人民法院依照本法第六十五条第一款作出的裁定不服的，债权额占无财产担保债权总额二分之一以上的债权人对人民法院依照本法第六十五条第二款作出的裁定不服的，可以自裁定宣布之日或者收到通知之日起十五日内向该人民法院申请复议。复议期间不停止裁定的执行。

第二节 债权人委员会

第六十七条 债权人会议可以决定设立债权人委员会。债权人委员会由债权人会议选任的债权人代表和一名债务人的职工代表或者工会代表组成。债权人委员会成员不得超过九人。

债权人委员会成员应当经人民法院书面决定认可。

第六十八条 债权人委员会行使下列职权:

(一)监督债务人财产的管理和处分;

(二)监督破产财产分配;

(三)提议召开债权人会议;

(四)债权人会议委托的其他职权。

债权人委员会执行职务时,有权要求管理人、债务人的有关人员对其职权范围内的事务作出说明或者提供有关文件。

管理人、债务人的有关人员违反本法规定拒绝接受监督的,债权人委员会有权就监督事项请求人民法院作出决定;人民法院应当在五日内作出决定。

第六十九条 管理人实施下列行为,应当及时报告债权人委员会:

(一)涉及土地、房屋等不动产权益的转让;

(二)探矿权、采矿权、知识产权等财产权的转让;

(三)全部库存或者营业的转让;

(四)借款;

(五)设定财产担保;

(六)债权和有价证券的转让;

(七)履行债务人和对方当事人均未履行完毕的合同;

(八)放弃权利;

(九)担保物的取回;

(十)对债权人利益有重大影响的其他财产处分行为。

未设立债权人委员会的,管理人实施前款规定的行为应当及时报告人民法院。

第八章 重 整

第一节 重整申请和重整期间

第七十条 债务人或者债权人可以依照本法规定,直接向人民法院申请对债务人进行重整。

债权人申请对债务人进行破产清算的,在人民法院受理破产申请后、宣告债务人破产前,债务人或者出资额占债务人注册资本十分之一以上的出资人,可以向人民法院申请重整。

第七十一条 人民法院经审查认为重整申请符合本法规定的,应当裁定债务人重整,并予以公告。

第七十二条 自人民法院裁定债务人重整之日起至重整程序终止,为重整期间。

第七十三条 在重整期间,经债务人申请,人民法院批准,债务人可以在管理人的监督下自行管理财产和营业事务。

有前款规定情形的,依照本法规定已接管债务人财产和营业事务的管理人应当向债务人移交财产和营业事务,本法规定的管理人的职权由债务人行使。

第七十四条 管理人负责管理财产和营业事务的,可以聘任债务人的经营管理人员负责营业事务。

第七十五条 在重整期间,对债务人的特定财产享有的担保权暂停行使。但是,担保物有损坏或者价值明显减少的可能,足以危害担保权人权利的,担保权人可以向人民法院请求恢复行使担保权。

在重整期间,债务人或者管理人为继续营业而借款的,可以为该借款设定担保。

第七十六条 债务人合法占有的他人财产,该财产的权利人在重整期间要求取回的,应当符合事先约定的条件。

第七十七条 在重整期间,债务人的出资人不得请求投资收益分配。

在重整期间,债务人的董事、监事、高级管理人员不得向第三人转让其持有的债务人的股权。但是,经人民法院同意的除外。

第七十八条 在重整期间,有下列情形之一的,经管理人或者利害关系人请求,人民法院应当裁定终止重整程序,并宣告债务人破产:

(一)债务人的经营状况和财产状况继续恶化,缺乏挽救的可能性;

(二)债务人有欺诈、恶意减少债务人财产或者其他显著不利于债权人的行为；

（三）由于债务人的行为致使管理人无法执行职务。

第二节　重整计划的制定和批准

第七十九条　债务人或者管理人应当自人民法院裁定债务人重整之日起六个月内，同时向人民法院和债权人会议提交重整计划草案。

前款规定的期限届满，经债务人或者管理人请求，有正当理由的，人民法院可以裁定延期三个月。

债务人或者管理人未按期提出重整计划草案的，人民法院应当裁定终止重整程序，并宣告债务人破产。

第八十条　债务人自行管理财产和营业事务的，由债务人制作重整计划草案。

管理人负责管理财产和营业事务的，由管理人制作重整计划草案。

第八十一条　重整计划草案应当包括下列内容：

（一）债务人的经营方案；

（二）债权分类；

（三）债权调整方案；

（四）债权受偿方案；

（五）重整计划的执行期限；

（六）重整计划执行的监督期限；

（七）有利于债务人重整的其他方案。

第八十二条　下列各类债权的债权人参加讨论重整计划草案的债权人会议，依照下列债权分类，分组对重整计划草案进行表决：

（一）对债务人的特定财产享有担保权的债权；

（二）债务人所欠职工的工资和医疗、伤残补助、抚恤费用，所欠的应当划入职工个人账户的基本养老保险、基本医疗保险费用，以及法律、行政法规规定应当支付给职工的补偿金；

（三）债务人所欠税款；

（四）普通债权。

人民法院在必要时可以决定在普通债权组中设小额债权组对重整计划草案进行表决。

第八十三条　重整计划不得规定减免债务人欠缴的本法第八十二条第一款第二项规定以外的社会保险费用；该项费用的债权人不参加重整计划草案的表决。

第八十四条　人民法院应当自收到重整计划草案之日起三十日内召开债权人会议，对重整计划草案进行表决。

出席会议的同一表决组的债权人过半数同意重整计划草案，并且其所代表的债权额占该组债权总额的三分之二以上的，即为该组通过重整计划草案。

债务人或者管理人应当向债权人会议就重整计划草案作出说明，并回答询问。

第八十五条　债务人的出资人代表可以列席讨论重整计划草案的债权人会议。

重整计划草案涉及出资人权益调整事项的，应当设出资人组，对该事项进行表决。

第八十六条　各表决组均通过重整计划草案时，重整计划即为通过。

自重整计划通过之日起十日内，债务人或者管理人应当向人民法院提出批准重整计划的申请。人民法院经审查认为符合本法规定的，应当自收到申请之日起三十日内裁定批准，终止重整程序，并予以公告。

第八十七条　部分表决组未通过重整计划草案的，债务人或者管理人可以同未通过重整计划草案的表决组协商。该表决组可以在协商后再表决一次。双方协商的结果不得损害其他表决组的利益。

未通过重整计划草案的表决组拒绝再次表决或者再次表决仍未通过重整计划草案，但重整计划草案符合下列条件的，债务人或者管理人可以申请人民法院批准重整计划草案：

（一）按照重整计划草案，本法第八十二条第一款第一项所列债权就该特定财产将获得全额清偿，其因延期清偿所受的损失将得到公平补偿，并且其担保权未受到实质性损害，或者该表决组已经通过重整计划草案；

（二）按照重整计划草案，本法第八十二条第一款第二项、第三项所列债权将获得全额清偿，或者相应表决组已经通过重整计划草案；

（三）按照重整计划草案，普通债权所获得的清偿比例，不低于其在重整计划草案被提请批准时依照破产清算程序所能获得的清偿比例，或者该表决组已经通过重整计划草案；

（四）重整计划草案对出资人权益的调整公平、公正，或者出资人组已经通过重整计划草案；

（五）重整计划草案公平对待同一表决组的成员，并且所规定的债权清偿顺序不违反本法第一百一十三条的规定；

（六）债务人的经营方案具有可行性。

人民法院经审查认为重整计划草案符合前款规定的，应当自收到申请之日起三十日内裁定批准，终止重整程序，并予以公告。

第八十八条 重整计划草案未获得通过且未依照本法第八十七条的规定获得批准，或者已通过的重整计划未获得批准的，人民法院应当裁定终止重整程序，并宣告债务人破产。

第三节 重整计划的执行

第八十九条 重整计划由债务人负责执行。

人民法院裁定批准重整计划后，已接管财产和营业事务的管理人应当向债务人移交财产和营业事务。

第九十条 自人民法院裁定批准重整计划之日起，在重整计划规定的监督期内，由管理人监督重整计划的执行。

在监督期内，债务人应当向管理人报告重整计划执行情况和债务人财务状况。

第九十一条 监督期届满时，管理人应当向人民法院提交监督报告。自监督报告提交之日起，管理人的监督职责终止。

管理人向人民法院提交的监督报告，重整计划的利害关系人有权查阅。

经管理人申请，人民法院可以裁定延长重整计划执行的监督期限。

第九十二条 经人民法院裁定批准的重整计划，对债务人和全体债权人均有约束力。

债权人未依照本法规定申报债权的，在重整计划执行期间不得行使权利；在重整计划执行完毕后，可以按照重整计划规定的同类债权的清偿条件行使权利。

债权人对债务人的保证人和其他连带债务人所享有的权利，不受重整计划的影响。

第九十三条 债务人不能执行或者不执行重整计划的，人民法院经管理人或者利害关系人请求，应当裁定终止重整计划的执行，并宣告债务人破产。

人民法院裁定终止重整计划执行的，债权人在重整计划中作出的债权调整的承诺失去效力。债权人因执行重整计划所受的清偿仍然有效，债权未受清偿的部分作为破产债权。

前款规定的债权人，只有在其他同顺位债权人同自己所受的清偿达到同一比例时，才能继续接受分配。

有本条第一款规定情形的，为重整计划的执行提供的担保继续有效。

第九十四条 按照重整计划减免的债务，自重整计划执行完毕时起，债务人不再承担清偿责任。

第九章 和 解

第九十五条 债务人可以依照本法规定，直接向人民法院申请和解；也可以在人民法院受理破产申请后、宣告债务人破产前，向人民法院申请和解。

债务人申请和解，应当提出和解协议草案。

第九十六条 人民法院经审查认为和解申请符合本法规定的，应当裁定和解，予以公告，并召集债权人会议讨论和解协议草案。

对债务人的特定财产享有担保权的权利人，自人民法院裁定和解之日起可以行使权利。

第九十七条 债权人会议通过和解协议的决议，由出席会议的有表决权的债权人过半数同意，并且其所代表的债权额占无财产担保债权总额的三分之二以上。

第九十八条 债权人会议通过和解协议的，由人民法院裁定认可，终止和解程序，并予以公告。管理人应当向债务人移交财产和营业事务，并向人民法院提交执行职务的报告。

第九十九条 和解协议草案经债权人会议表决未获得通过，或者已经债权人会议通过的和解协议未获得人民法院认可的，人民法院应当裁定终止和解程序，并宣告债务人破产。

第一百条 经人民法院裁定认可的和解协议，对债务人和全体和解债权人均有约束力。

和解债权人是指人民法院受理破产申请时对债务人享有无财产担保债权的人。

和解债权人未依照本法规定申报债权的，在和解协议执行期间不得行使权利；在和解协议执行完毕后，可以按照和解协议规定的清偿条件行使权利。

第一百零一条 和解债权人对债务人的保证人和其他连带债务人所享有的权利，不受和解协议的影响。

第一百零二条 债务人应当按照和解协议规定的条件清偿债务。

第一百零三条 因债务人的欺诈或者其他违法行为而成立的和解协议，人民法院应当裁定无效，并宣告债务人破产。

有前款规定情形的，和解债权人因执行和解协议所受的清偿，在其他债权人所受清偿同等比例的范围内，不予返还。

第一百零四条 债务人不能执行或者不执行和解协议的，人民法院经和解债权人请求，应当裁定终止和解协议的执行，并宣告债务人破产。

人民法院裁定终止和解协议执行的，和解债权人在和解协议中作出的债权调整的承诺失去效力。和解债权人因执行和解协议所受的清偿仍然有效，和解债权未受清偿的部分作为破产债权。

前款规定的债权人，只有在其他债权人同自己所受的清偿达到同一比例时，才能继续接受分配。

有本条第一款规定情形的，为和解协议的执行提供的担保继续有效。

第一百零五条 人民法院受理破产申请后，债务人与全体债权人就债权债务的处理自行达成协议的，可以请求人民法院裁定认可，并终结破产程序。

第一百零六条 按照和解协议减免的债务，自和解协议执行完毕时起，债务人不再承担清偿责任。

第十章 破产清算

第一节 破产宣告

第一百零七条 人民法院依照本法规定宣告债务人破产的，应当自裁定作出之日起五日内送达债务人和管理人，自裁定作出之日起十日内通知已知债权人，并予以公告。

债务人被宣告破产后，债务人称为破产人，债务人财产称为破产财产，人民法院受理破产申请时对债务人享有的债权称为破产债权。

第一百零八条 破产宣告前，有下列情形之一的，人民法院应当裁定终结破产程序，并予以公告：

（一）第三人为债务人提供足额担保或者为债务人清偿全部到期债务的；

（二）债务人已清偿全部到期债务的。

第一百零九条 对破产人的特定财产享有担保权的权利人，对该特定财产享有优先受偿的权利。

第一百一十条 享有本法第一百零九条规定权利的债权人行使优先受偿权利未能完全受偿的，其未受偿的债权作为普通债权；放弃优先受偿权利的，其债权作为普通债权。

第二节 变价和分配

第一百一十一条 管理人应当及时拟订破产财产变价方案，提交债权人会议讨论。

管理人应当按照债权人会议通过的或者人民法院依照本法第六十五条第一款规定裁定的破产财产变价方案，适时变价出售破产财产。

第一百一十二条 变价出售破产财产应当通过拍卖进行。但是，债权人会议另有决议的除外。

破产企业可以全部或者部分变价出售。企业变价出售时，可以将其中的无形资产和其他财产单独变价出售。

按照国家规定不能拍卖或者限制转让的财产，应当按照国家规定的方式处理。

第一百一十三条 破产财产在优先清偿破产费用和共益债务后，依照下列顺序清偿：

（一）破产人所欠职工的工资和医疗、伤残补助、抚恤费用，所欠的应当划入职工个人账户的基本养老保险、基本医疗保险费用，以及法律、行政法规规定应当支付给职工的补偿金；

（二）破产人欠缴的除前项规定以外的社会保险费用和破产人所欠税款；

（三）普通破产债权。

破产财产不足以清偿同一顺序的清偿要求的，按照比例分配。

破产企业的董事、监事和高级管理人员的工资按照该企业职工的平均工资计算。

第一百一十四条 破产财产的分配应当以货币分配方式进行。但是，债权人会议另有决议的除外。

第一百一十五条 管理人应当及时拟订破产财产分配方案，提交债权人会议讨论。

破产财产分配方案应当载明下列事项：

（一）参加破产财产分配的债权人名称或者姓名、住所；

（二）参加破产财产分配的债权额；

（三）可供分配的破产财产数额；

（四）破产财产分配的顺序、比例及数额；

（五）实施破产财产分配的方法。

债权人会议通过破产财产分配方案后，由管理人将该方案提请人民法院裁定认可。

第一百一十六条 破产财产分配方案经人民法院裁定认可后，由管理人执行。

管理人按照破产财产分配方案实施多次分配的，应当公告本次分配的财产额和债权额。管理人实施最后分配的，应当在公告中指明，并载明本法第一百一十七条第二款规定的事项。

第一百一十七条 对于附生效条件或者解除条件的债权，管理人应当将其分配额提存。

管理人依照前款规定提存的分配额，在最后分配公告日，生效条件未成就或者解除条件成就的，应当分配给其他债权人；在最后分配公告日，生效条件成就或者解除条件未成就的，应当交付给债权人。

第一百一十八条 债权人未受领的破产财产分配额，管理人应当提存。债权人自最后分配公告之日起满二个月仍不领取的，视为放弃受领分配的权利，管理人或者人民法院应当将提存的分配额分配给其他债权人。

第一百一十九条 破产财产分配时，对于诉讼或者仲裁未决的债权，管理人应当将其分配额提存。自破产程序终结之日起满二年仍不能受领分配的，人民法院应当将提存的分配额分配给其他债权人。

第三节 破产程序的终结

第一百二十条 破产人无财产可供分配的，管理人应当请求人民法院裁定终结破产程序。

管理人在最后分配完结后，应当及时向人民法院提交破产财产分配报告，并提请人民法院裁定终结破产程序。

人民法院应当自收到管理人终结破产程序的请求之日起十五日内作出是否终结破产程序的裁定。裁定终结的，应当予以公告。

第一百二十一条 管理人应当自破产程序终结之日起十日内，持人民法院终结破产程序的裁定，向破产人的原登记机关办理注销登记。

第一百二十二条 管理人于办理注销登记完毕的次日终止执行职务。但是，存在诉讼或者仲裁未决情况的除外。

第一百二十三条 自破产程序依照本法第四十三条第四款或者第一百二十条的规定终结之日起二年内，有下列情形之一的，债权人可以请求人民法院按照破产财产分配方案进行追加分配：

（一）发现有依照本法第三十一条、第三十二条、第三十三条、第三十六条规定应当追回的财产的；

（二）发现破产人有应当供分配的其他财产的。

有前款规定情形，但财产数量不足以支付分配费用的，不再进行追加分配，由人民法院将其上交国库。

第一百二十四条 破产人的保证人和其他连带债务人，在破产程序终结后，对债权人依照破产清算程序未受清偿的债权，依法继续承担清偿责任。

第十一章 法律责任

第一百二十五条 企业董事、监事或者高级管理人员违反忠实义务、勤勉义务，致使所在企业破产的，依法承担民事责任。

有前款规定情形的人员，自破产程序终结之日起三年内不得担任任何企业的董事、监事、高级管理人员。

第一百二十六条 有义务列席债权人会议

的债务人的有关人员，经人民法院传唤，无正当理由拒不列席债权人会议的，人民法院可以拘传，并依法处以罚款。债务人的有关人员违反本法规定，拒不陈述、回答，或者作虚假陈述、回答的，人民法院可以依法处以罚款。

第一百二十七条 债务人违反本法规定，拒不向人民法院提交或者提交不真实的财产状况说明、债务清册、债权清册、有关财务会计报告以及职工工资的支付情况和社会保险费用的缴纳情况的，人民法院可以对直接责任人员依法处以罚款。

债务人违反本法规定，拒不向管理人移交财产、印章和账簿、文书等资料的，或者伪造、销毁有关财产证据材料而使财产状况不明的，人民法院可以对直接责任人员依法处以罚款。

第一百二十八条 债务人有本法第三十一条、第三十二条、第三十三条规定的行为，损害债权人利益的，债务人的法定代表人和其他直接责任人员依法承担赔偿责任。

第一百二十九条 债务人的有关人员违反本法规定，擅自离开住所地的，人民法院可以予以训诫、拘留，可以依法并处罚款。

第一百三十条 管理人未依照本法规定勤勉尽责，忠实执行职务的，人民法院可以依法处以罚款；给债权人、债务人或者第三人造成损失的，依法承担赔偿责任。

第一百三十一条 违反本法规定，构成犯罪的，依法追究刑事责任。

第十二章 附 则

第一百三十二条 本法施行后，破产人在本法公布之日前所欠职工的工资和医疗、伤残补助、抚恤费用，所欠的应当划入职工个人账户的基本养老保险、基本医疗保险费用，以及法律、行政法规规定应当支付给职工的补偿金，依照本法第一百一十三条的规定清偿后不足以清偿的部分，以本法第一百零九条规定的特定财产优先于对该特定财产享有担保权的权利人受偿。

第一百三十三条 在本法施行前国务院规定的期限和范围内的国有企业实施破产的特殊事宜，按照国务院有关规定办理。

第一百三十四条 商业银行、证券公司、保险公司等金融机构有本法第二条规定情形的，国务院金融监督管理机构可以向人民法院提出对该金融机构进行重整或者破产清算的申请。国务院金融监督管理机构依法对出现重大经营风险的金融机构采取接管、托管等措施的，可以向人民法院申请中止以该金融机构为被告或者被执行人的民事诉讼程序或者执行程序。

金融机构实施破产的，国务院可以依据本法和其他有关法律的规定制定实施办法。

第一百三十五条 其他法律规定企业法人以外的组织的清算，属于破产清算的，参照适用本法规定的程序。

第一百三十六条 本法自2007年6月1日起施行，《中华人民共和国企业破产法（试行）》同时废止。

最高人民法院关于适用《中华人民共和国企业破产法》若干问题的规定（一）

（2011年8月29日最高人民法院审判委员会第1527次会议通过 2011年9月9日最高人民法院公告公布 自2011年9月26日起施行 法释〔2011〕22号）

为正确适用《中华人民共和国企业破产法》，结合审判实践，就人民法院依法受理企业破产案件适用法律问题作出如下规定。

第一条 债务人不能清偿到期债务并且具有下列情形之一的，人民法院应当认定其具备破产原因：

（一）资产不足以清偿全部债务；

（二）明显缺乏清偿能力。

相关当事人以对债务人的债务负有连带责任的人未丧失清偿能力为由，主张债务人不具备破产原因的，人民法院应不予支持。

第二条 下列情形同时存在的，人民法院应当认定债务人不能清偿到期债务：

（一）债权债务关系依法成立；

（二）债务履行期限已经届满；

（三）债务人未完全清偿债务。

第三条 债务人的资产负债表，或者审计报告、资产评估报告等显示其全部资产不足以偿付全部负债的，人民法院应当认定债务人资产不足以清偿全部债务，但有相反证据足以证明债务人资产能够偿付全部负债的除外。

第四条 债务人账面资产虽大于负债，但存在下列情形之一的，人民法院应当认定其明显缺乏清偿能力：

（一）因资金严重不足或者财产不能变现等原因，无法清偿债务；

（二）法定代表人下落不明且无其他人员负责管理财产，无法清偿债务；

（三）经人民法院强制执行，无法清偿债务；

（四）长期亏损且经营扭亏困难，无法清偿债务；

（五）导致债务人丧失清偿能力的其他情形。

第五条 企业法人已解散但未清算或者未在合理期限内清算完毕，债权人申请债务人破产清算的，除债务人在法定异议期限内举证证明其未出现破产原因外，人民法院应当受理。

第六条 债权人申请债务人破产的，应当提交债务人不能清偿到期债务的有关证据。债务人对债权人的申请未在法定期限内向人民法院提出异议，或者异议不成立的，人民法院应当依法裁定受理破产申请。

受理破产申请后，人民法院应当责令债务人依法提交其财产状况说明、债务清册、债权清册、财务会计报告等有关材料，债务人拒不提交的，人民法院可以对债务人的直接责任人员采取罚款等强制措施。

第七条 人民法院收到破产申请时，应当向申请人出具收到申请及所附证据的书面凭证。

人民法院收到破产申请后应当及时对申请人的主体资格、债务人的主体资格和破产原因，以及有关材料和证据等进行审查，并依据企业破产法第十条的规定作出是否受理的裁定。

人民法院认为申请人应当补充、补正相关材料的，应当自收到破产申请之日起五日内告知申请人。当事人补充、补正相关材料的期间不计入企业破产法第十条规定的期限。

第八条 破产案件的诉讼费用，应根据企业破产法第四十三条的规定，从债务人财产中拨付。相关当事人以申请人未预先交纳诉讼费用为由，对破产申请提出异议的，人民法院不予支持。

第九条 申请人向人民法院提出破产申请，人民法院未接收其申请，或者未按本规定第七条执行的，申请人可以向上一级人民法院提出破产申请。

上一级人民法院接到破产申请后，应当责令下级法院依法审查并及时作出是否受理的裁定；下级法院仍不作出是否受理裁定的，上一级人民法院可以径行作出裁定。

上一级人民法院裁定受理破产申请的，可以同时指令下级人民法院审理该案件。

最高人民法院关于适用《中华人民共和国企业破产法》若干问题的规定（二）

（2013年7月29日最高人民法院审判委员会第1586次会议通过　2013年9月5日最高人民法院公告公布　自2013年9月16日起施行　法释〔2013〕22号）

根据《中华人民共和国企业破产法》《中华人民共和国物权法》《中华人民共和国合同法》等相关法律，结合审判实践，就人民法院审理企业破产案件中认定债务人财产相关的法律适用问题，制定本规定。

第一条 除债务人所有的货币、实物外，债务人依法享有的可以用货币估价并可以依法转让的债权、股权、知识产权、用益物权等财产和财产权益，人民法院均应认定为债务人财产。

第二条 下列财产不应认定为债务人财产：

（一）债务人基于仓储、保管、承揽、代销、借用、寄存、租赁等合同或者其他法律关系占有、使用的他人财产；

（二）债务人在所有权保留买卖中尚未取得所有权的财产；

（三）所有权专属于国家且不得转让的财产；

（四）其他依照法律、行政法规不属于债务人的财产。

第三条 债务人已依法设定担保物权的特定财产，人民法院应当认定为债务人财产。

对债务人的特定财产在担保物权消灭或者实现担保物权后的剩余部分，在破产程序中可用以清偿破产费用、共益债务和其他破产债权。

第四条　债务人对按份享有所有权的共有财产的相关份额，或者共同享有所有权的共有财产的相应财产权利，以及依法分割共有财产所得部分，人民法院均应认定为债务人财产。

人民法院宣告债务人破产清算，属于共有财产分割的法定事由。人民法院裁定债务人重整或者和解的，共有财产的分割应当依据物权法第九十九条的规定进行；基于重整或者和解的需要必须分割共有财产，管理人请求分割的，人民法院应予准许。

因分割共有财产导致其他共有人损害产生的债务，其他共有人请求作为共益债务清偿的，人民法院应予支持。

第五条　破产申请受理后，有关债务人财产的执行程序未依照企业破产法第十九条的规定中止的，采取执行措施的相关单位应当依法予以纠正。依法执行回转的财产，人民法院应当认定为债务人财产。

第六条　破产申请受理后，对于可能因有关利益相关人的行为或者其他原因，影响破产程序依法进行的，受理破产申请的人民法院可以根据管理人的申请或者依职权，对债务人的全部或者部分财产采取保全措施。

第七条　对债务人财产已采取保全措施的相关单位，在知悉人民法院已裁定受理有关债务人的破产申请后，应当依照企业破产法第十九条的规定及时解除对债务人财产的保全措施。

第八条　人民法院受理破产申请后至破产宣告前裁定驳回破产申请，或者依据企业破产法第一百零八条的规定裁定终结破产程序的，应当及时通知原已采取保全措施并已依法解除保全措施的单位按照原保全顺位恢复相关保全措施。

在已依法解除保全的单位恢复保全措施或者表示不再恢复之前，受理破产申请的人民法院不得解除对债务人财产的保全措施。

第九条　管理人依据企业破产法第三十一条和第三十二条的规定提起诉讼，请求撤销涉及债务人财产的相关行为并由相对人返还债务人财产的，人民法院应予支持。

管理人因过错未依法行使撤销权导致债务人财产不当减损，债权人提起诉讼主张管理人对其损失承担相应赔偿责任的，人民法院应予支持。

第十条　债务人经过行政清理程序转入破产程序的，企业破产法第三十一条和第三十二条规定的可撤销行为的起算点，为行政监管机构作出撤销决定之日。

债务人经过强制清算程序转入破产程序的，企业破产法第三十一条和第三十二条规定的可撤销行为的起算点，为人民法院裁定受理强制清算申请之日。

第十一条　人民法院根据管理人的请求撤销涉及债务人财产的以明显不合理价格进行的交易的，买卖双方应当依法返还从对方获取的财产或者价款。

因撤销该交易，对于债务人应返还受让人已支付价款所产生的债务，受让人请求作为共益债务清偿的，人民法院应予支持。

第十二条　破产申请受理前一年内债务人提前清偿的未到期债务，在破产申请受理前已经到期，管理人请求撤销该清偿行为的，人民法院不予支持。但是，该清偿行为发生在破产申请受理前六个月内且债务人有企业破产法第二条第一款规定情形的除外。

第十三条　破产申请受理后，管理人未依据企业破产法第三十一条的规定请求撤销债务人无偿转让财产、以明显不合理价格交易、放弃债权行为的，债权人依据合同法第七十四条等规定提起诉讼，请求撤销债务人上述行为并将因此追回的财产归入债务人财产的，人民法院应予受理。

相对人以债权人行使撤销权的范围超出债权人的债权抗辩的，人民法院不予支持。

第十四条　债务人对以自有财产设定担保物权的债权进行的个别清偿，管理人依据企业破产法第三十二条的规定请求撤销的，人民法院不予支持。但是，债务清偿时担保财产的价值低于债权额的除外。

第十五条　债务人经诉讼、仲裁、执行程序对债权人进行的个别清偿，管理人依据企业破产法第三十二条的规定请求撤销的，人民法院不予支持。但是,债务人与债权人恶意串通损害其他债权人利益的除外。

第十六条 债务人对债权人进行的以下个别清偿,管理人依据企业破产法第三十二条的规定请求撤销的,人民法院不予支持:

(一)债务人为维系基本生产需要而支付水费、电费等的;

(二)债务人支付劳动报酬、人身损害赔偿金的;

(三)使债务人财产受益的其他个别清偿。

第十七条 管理人依据企业破产法第三十三条的规定提起诉讼,主张被隐匿、转移财产的实际占有人返还债务人财产,或者主张债务人虚构债务或者承认不真实债务的行为无效并返还债务人财产的,人民法院应予支持。

第十八条 管理人代表债务人依据企业破产法第一百二十八条的规定,以债务人的法定代表人和其他直接责任人员对所涉债务人财产的相关行为存在故意或者重大过失,造成债务人财产损失为由提起诉讼,主张上述责任人员承担相应赔偿责任的,人民法院应予支持。

第十九条 债务人对外享有债权的诉讼时效,自人民法院受理破产申请之日起中断。

债务人无正当理由未对其到期债权及时行使权利,导致其对外债权在破产申请受理前一年内超过诉讼时效期间的,人民法院受理破产申请之日起重新计算上述债权的诉讼时效期间。

第二十条 管理人代表债务人提起诉讼,主张出资人向债务人依法缴付未履行的出资或者返还抽逃的出资本息,出资人以认缴出资尚未届至公司章程规定的缴纳期限或者违反出资义务已经超过诉讼时效为由抗辩的,人民法院不予支持。

管理人依据公司法的相关规定代表债务人提起诉讼,主张公司的发起人和负有监督股东履行出资义务的董事、高级管理人员,或者协助抽逃出资的其他股东、董事、高级管理人员、实际控制人等,对股东违反出资义务或者抽逃出资承担相应责任,并将财产归入债务人财产的,人民法院应予支持。

第二十一条 破产申请受理前,债权人就债务人财产提起下列诉讼,破产申请受理时案件尚未审结的,人民法院应当中止审理:

(一)主张次债务人代替债务人直接向其偿还债务的;

(二)主张债务人的出资人、发起人和负有监督股东履行出资义务的董事、高级管理人员,或者协助抽逃出资的其他股东、董事、高级管理人员、实际控制人等直接向其承担出资不实或者抽逃出资责任的;

(三)以债务人的股东与债务人法人人格严重混同为由,主张债务人的股东直接向其偿还债务人对其所负债务的;

(四)其他就债务人财产提起的个别清偿诉讼。

债务人破产宣告后,人民法院应当依照企业破产法第四十四条的规定判决驳回债权人的诉讼请求。但是,债权人一审中变更其诉讼请求为追收的相关财产归入债务人财产的除外。

债务人破产宣告前,人民法院依据企业破产法第十二条或者第一百零八条的规定裁定驳回破产申请或者终结破产程序的,上述中止审理的案件应当依法恢复审理。

第二十二条 破产申请受理前,债权人就债务人财产向人民法院提起本规定第二十一条第一款所列诉讼,人民法院已经作出生效民事判决书或者调解书但尚未执行完毕的,破产申请受理后,相关执行行为应当依据企业破产法第十九条的规定中止,债权人应当依法向管理人申报相关债权。

第二十三条 破产申请受理后,债权人就债务人财产向人民法院提起本规定第二十一条第一款所列诉讼的,人民法院不予受理。

债权人通过债权人会议或者债权人委员会,要求管理人依法向次债务人、债务人的出资人等追收债务人财产,管理人无正当理由拒绝追收,债权人会议依据企业破产法第二十二条的规定,申请人民法院更换管理人的,人民法院应予支持。

管理人不予追收,个别债权人代表全体债权人提起相关诉讼,主张次债务人或者债务人的出资人等向债务人清偿或者返还债务人财产,或者依法申请合并破产的,人民法院应予受理。

第二十四条 债务人有企业破产法第二条

第一款规定的情形时,债务人的董事、监事和高级管理人员利用职权获取的以下收入,人民法院应当认定为企业破产法第三十六条规定的非正常收入:

(一)绩效奖金;

(二)普遍拖欠职工工资情况下获取的工资性收入;

(三)其他非正常收入。

债务人的董事、监事和高级管理人员拒不向管理人返还上述债务人财产,管理人主张上述人员予以返还的,人民法院应予支持。

债务人的董事、监事和高级管理人员因返还第一款第(一)项、第(三)项非正常收入形成的债权,可以作为普通破产债权清偿。因返还第一款第(二)项非正常收入形成的债权,依据企业破产法第一百一十三条第三款的规定,按照该企业职工平均工资计算的部分作为拖欠职工工资清偿;高出该企业职工平均工资计算的部分,可以作为普通破产债权清偿。

第二十五条　管理人拟通过清偿债务或者提供担保取回质物、留置物,或者与质权人、留置权人协议以质物、留置物折价清偿债务等方式,进行对债权人利益有重大影响的财产处分行为的,应当及时报告债权人委员会。未设立债权人委员会的,管理人应当及时报告人民法院。

第二十六条　权利人依据企业破产法第三十八条的规定行使取回权,应当在破产财产变价方案或者和解协议、重整计划草案提交债权人会议表决前向管理人提出。权利人在上述期限后主张取回相关财产的,应当承担延迟行使取回权增加的相关费用。

第二十七条　权利人依据企业破产法第三十八条的规定向管理人主张取回相关财产,管理人不予认可,权利人以债务人为被告向人民法院提起诉讼请求行使取回权的,人民法院应予受理。

权利人依据人民法院或者仲裁机关的相关生效法律文书向管理人主张取回所涉争议财产,管理人以生效法律文书错误为由拒绝其行使取回权的,人民法院不予支持。

第二十八条　权利人行使取回权时未依法向管理人支付相关的加工费、保管费、托运费、委托费、代销费等费用,管理人拒绝其取回相关财产的,人民法院应予支持。

第二十九条　对债务人占有的权属不清的鲜活易腐等不易保管的财产或者不及时变现价值将严重贬损的财产,管理人及时变价并提存变价款后,有关权利人就该变价款行使取回权的,人民法院应予支持。

第三十条　债务人占有的他人财产被违法转让给第三人,依据物权法第一百零六条的规定第三人已善意取得财产所有权,原权利人无法取回该财产的,人民法院应当按照以下规定处理:

(一)转让行为发生在破产申请受理前的,原权利人因财产损失形成的债权,作为普通破产债权清偿;

(二)转让行为发生在破产申请受理后的,因管理人或者相关人员执行职务导致原权利人损害产生的债务,作为共益债务清偿。

第三十一条　债务人占有的他人财产被违法转让给第三人,第三人已向债务人支付了转让价款,但依据物权法第一百零六条的规定未取得财产所有权,原权利人依法追回转让财产的,对因第三人已支付对价而产生的债务,人民法院应当按照以下规定处理:

(一)转让行为发生在破产申请受理前的,作为普通破产债权清偿;

(二)转让行为发生在破产申请受理后的,作为共益债务清偿。

第三十二条　债务人占有的他人财产毁损、灭失,因此获得的保险金、赔偿金、代偿物尚未交付给债务人,或者代偿物虽已交付给债务人但能与债务人财产予以区分的,权利人主张取回就此获得的保险金、赔偿金、代偿物的,人民法院应予支持。

保险金、赔偿金已经交付给债务人,或者代偿物已经交付给债务人且不能与债务人财产予以区分的,人民法院应当按照以下规定处理:

(一)财产毁损、灭失发生在破产申请受理前的,权利人因财产损失形成的债权,作为普通破产债权清偿;

(二)财产毁损、灭失发生在破产申请受理后的,因管理人或者相关人员执行职务导致权利人损害产生的债务,作为共益债务清偿。

债务人占有的他人财产毁损、灭失,没有获

得相应的保险金、赔偿金、代偿物,或者保险金、赔偿物、代偿物不足以弥补其损失的部分,人民法院应当按照本条第二款的规定处理。

第三十三条 管理人或者相关人员在执行职务过程中,因故意或者重大过失不当转让他人财产或者造成他人财产毁损、灭失,导致他人损害产生的债务作为共益债务,由债务人财产随时清偿不足弥补损失,权利人向管理人或者相关人员主张承担补充赔偿责任的,人民法院应予支持。

上述债务作为共益债务由债务人财产随时清偿后,债权人以管理人或者相关人员执行职务不当导致债务人财产减少给其造成损失为由提起诉讼,主张管理人或者相关人员承担相应赔偿责任的,人民法院应予支持。

第三十四条 买卖合同双方当事人在合同中约定标的物所有权保留,在标的物所有权未依法转移给买受人前,一方当事人破产的,该买卖合同属于双方均未履行完毕的合同,管理人有权依据企业破产法第十八条的规定决定解除或者继续履行合同。

第三十五条 出卖人破产,其管理人决定继续履行所有权保留买卖合同的,买受人应当按照原买卖合同的约定支付价款或者履行其他义务。

买受人未依约支付价款或者履行完毕其他义务,或者将标的物出卖、出质或者作出其他不当处分,给出卖人造成损害,出卖人管理人依法主张取回标的物的,人民法院应予支持。但是,买受人已经支付标的物总价款百分之七十五以上或者第三人善意取得标的物所有权或者其他物权的除外。

因本条第二款规定未能取回标的物,出卖人管理人依法主张买受人继续支付价款、履行完毕其他义务,以及承担相应赔偿责任的,人民法院应予支持。

第三十六条 出卖人破产,其管理人决定解除所有权保留买卖合同,并依据企业破产法第十七条的规定要求买受人向其交付买卖标的物的,人民法院应予支持。

买受人以其不存在未依约支付价款或者履行完毕其他义务,或者将标的物出卖、出质或者作出其他不当处分情形抗辩的,人民法院不予支持。

买受人依法履行合同义务并依据本条第一款将买卖标的物交付出卖人管理人后,买受人已支付价款损失形成的债权作为共益债务清偿。但是,买受人违反合同约定,出卖人管理人主张上述债权作为普通破产债权清偿的,人民法院应予支持。

第三十七条 买受人破产,其管理人决定继续履行所有权保留买卖合同的,原买卖合同中约定的买受人支付价款或者履行其他义务的期限在破产申请受理时视为到期,买受人管理人应当及时向出卖人支付价款或者履行其他义务。

买受人管理人无正当理由未及时支付价款或者履行完毕其他义务,或者将标的物出卖、出质或者作出其他不当处分,给出卖人造成损害,出卖人依据合同法第一百三十四条等规定主张取回标的物的,人民法院应予支持。但是,买受人已支付标的物总价款百分之七十五以上或者第三人善意取得标的物所有权或者其他物权的除外。

因本条第二款规定未能取回标的物,出卖人依法主张买受人继续支付价款、履行完毕其他义务,以及承担相应赔偿责任的,人民法院应予支持。对因买受人未支付价款或者未履行完毕其他义务,以及买受人管理人将标的物出卖、出质或者作出其他不当处分导致出卖人损害产生的债务,出卖人主张作为共益债务清偿的,人民法院应予支持。

第三十八条 买受人破产,其管理人决定解除所有权保留买卖合同,出卖人依据企业破产法第三十八条的规定主张取回买卖标的物的,人民法院应予支持。

出卖人取回买卖标的物,买受人管理人主张出卖人返还已支付价款的,人民法院应予支持。取回的标的物价值明显减少给出卖人造成损失的,出卖人可从买受人已支付价款中优先予以抵扣后,将剩余部分返还给买受人;对买受人已支付价款不足以弥补出卖人标的物价值减损损失形成的债权,出卖人主张作为共益债务清偿的,人民法院应予支持。

第三十九条 出卖人依据企业破产法第三十九条的规定,通过通知承运人或者实际占有人中止运输、返还货物、变更到达地,或者将货物交给其他收货人等方式,对在运途中标的物主张了取回权但未能实现，或者在货物未达管理人前已向管理人主张取回在运途中标的物，在买卖标的物到达管理人后，出卖人向管理人主张取回的，管理人应予准许。

出卖人对在运途中标的物未及时行使取回权，在买卖标的物到达管理人后向管理人行使在运途中标的物取回权的，管理人不应准许。

第四十条　债务人重整期间，权利人要求取回债务人合法占有的权利人的财产，不符合双方事先约定条件的，人民法院不予支持。但是，因管理人或者自行管理的债务人违反约定，可能导致取回物被转让、毁损、灭失或者价值明显减少的除外。

第四十一条　债权人依据企业破产法第四十条的规定行使抵销权，应当向管理人提出抵销主张。

管理人不得主动抵销债务人与债权人的互负债务，但抵销使债务人财产受益的除外。

第四十二条　管理人收到债权人提出的主张债务抵销的通知后，经审查无异议的，抵销自管理人收到通知之日起生效。

管理人对抵销主张有异议的，应当在约定的异议期限内或者自收到主张债务抵销的通知之日起三个月内向人民法院提起诉讼。无正当理由逾期提起的，人民法院不予支持。

人民法院判决驳回管理人提起的抵销无效诉讼请求的，该抵销自管理人收到主张债务抵销的通知之日起生效。

第四十三条　债权人主张抵销，管理人以下列理由提出异议的，人民法院不予支持：

（一）破产申请受理时，债务人对债权人负有的债务尚未到期；

（二）破产申请受理时，债权人对债务人负有的债务尚未到期；

（三）双方互负债务标的物种类、品质不同。

第四十四条　破产申请受理前六个月内，债务人有企业破产法第二条第一款规定的情形，债务人与个别债权人以抵销方式对个别债权人清偿，其抵销的债权债务属于企业破产法第四十条第（二）、（三）项规定的情形之一，管理人在破产申请受理之日起三个月内向人民法院提起诉讼，主张该抵销无效的，人民法院应予支持。

第四十五条　企业破产法第四十条所列不得抵销情形的债权人，主张以其对债务人特定财产享有优先受偿权的债权，与债务人对其不享有优先受偿权的债权抵销，债务人管理人以抵销存在企业破产法第四十条规定的情形提出异议的，人民法院不予支持。但是，用以抵销的债权大于债权人享有优先受偿权财产价值的除外。

第四十六条　债务人的股东主张以下列债务与债务人对其负有的债务抵销，债务人管理人提出异议的，人民法院应予支持：

（一）债务人股东因欠缴债务人的出资或者抽逃出资对债务人所负的债务；

（二）债务人股东滥用股东权利或者关联关系损害公司利益对债务人所负的债务。

第四十七条　人民法院受理破产申请后，当事人提起的有关债务人的民事诉讼案件，应当依据企业破产法第二十一条的规定，由受理破产申请的人民法院管辖。

受理破产申请的人民法院管辖的有关债务人的第一审民事案件，可以依据民事诉讼法第三十八条的规定，由上级人民法院提审，或者报请上级人民法院批准后交下级人民法院审理。

受理破产申请的人民法院，如对有关债务人的海事纠纷、专利纠纷、证券市场因虚假陈述引发的民事赔偿纠纷等案件不能行使管辖权的，可以依据民事诉讼法第三十七条的规定，由上级人民法院指定管辖。

第四十八条　本规定施行前本院发布的有关企业破产的司法解释，与本规定相抵触的，自本规定施行之日起不再适用。

最高人民法院关于适用《中华人民共和国企业破产法》若干问题的规定（三）

（2019年2月25日最高人民法院审判委员会第1762次会议通过　2019年3月27日最高人民法院公告公布　自2019年3月28日起施行　法释〔2019〕3号）

为正确适用《中华人民共和国企业破产法》，结合审判实践，就人民法院审理企业破产案件中有关债权人权利行使等相关法律适用问题，制定本规定。

第一条 人民法院裁定受理破产申请的，此前债务人尚未支付的公司强制清算费用、未终结的执行程序中产生的评估费、公告费、保管费等执行费用，可以参照企业破产法关于破产费用的规定，由债务人财产随时清偿。

此前债务人尚未支付的案件受理费、执行申请费，可以作为破产债权清偿。

第二条 破产申请受理后，经债权人会议决议通过，或者第一次债权人会议召开前经人民法院许可，管理人或者自行管理的债务人可以为债务人继续营业而借款。提供借款的债权人主张参照企业破产法第四十二条第四项的规定优先于普通破产债权清偿的，人民法院应予支持，但其主张优先于此前已就债务人特定财产享有担保的债权清偿的，人民法院不予支持。

管理人或者自行管理的债务人可以为前述借款设定抵押担保，抵押物在破产申请受理前已为其他债权人设定抵押的，债权人主张按照物权法第一百九十九条规定的顺序清偿，人民法院应予支持。

第三条 破产申请受理后，债务人欠缴款项产生的滞纳金，包括债务人未履行生效法律文书应当加倍支付的迟延利息和劳动保险金的滞纳金，债权人作为破产债权申报的，人民法院不予确认。

第四条 保证人被裁定进入破产程序的，债权人有权申报其对保证人的保证债权。

主债务未到期的，保证债权在保证人破产申请受理时视为到期。一般保证的保证人主张行使先诉抗辩权的，人民法院不予支持，但债权人在一般保证人破产程序中的分配额应予提存，待一般保证人应承担的保证责任确定后再按照破产清偿比例予以分配。

保证人被确定应当承担保证责任的，保证人的管理人可以就保证人实际承担的清偿额向主债务人或其他债务人行使求偿权。

第五条 债务人、保证人均被裁定进入破产程序的，债权人有权向债务人、保证人分别申报债权。

债权人向债务人、保证人均申报全部债权的，从一方破产程序中获得清偿后，其对另一方的债权额不作调整，但债权人的受偿额不得超出其债权总额。保证人履行保证责任后不再享有求偿权。

第六条 管理人应当依照企业破产法第五十七条的规定对所申报的债权进行登记造册，详尽记载申报人的姓名、单位、代理人、申报债权额、担保情况、证据、联系方式等事项，形成债权申报登记册。

管理人应当依照企业破产法第五十七条的规定对债权的性质、数额、担保财产、是否超过诉讼时效期间、是否超过强制执行期间等情况进行审查、编制债权表并提交债权人会议核查。

债权表、债权申报登记册及债权申报材料在破产期间由管理人保管，债权人、债务人、债务人职工及其他利害关系人有权查阅。

第七条 已经生效法律文书确定的债权，管理人应当予以确认。

管理人认为债权人据以申报债权的生效法律文书确定的债权错误，或者有证据证明债权人与债务人恶意通过诉讼、仲裁或者公证机关赋予强制执行力公证文书的形式虚构债权债务的，应当依法通过审判监督程序向作出该判决、裁定、调解书的人民法院或者上一级人民法院申请撤销生效法律文书，或者向受理破产申请的人民法院申请撤销或者不予执行仲裁裁决、不予执行公证债权文书后，重新确定债权。

第八条 债务人、债权人对债权表记载的债权有异议的，应当说明理由和法律依据。经管理人解释或调整后，异议人仍然不服的，或者管理人不予解释或调整的，异议人应当在债权人会议核查结束后十五日内向人民法院提起债权确认的诉讼。当事人之间在破产申请受理前订立有仲裁条款或仲裁协议的，应当向选定的仲裁机构申请确认债权债务关系。

第九条 债务人对债权表记载的债权有异议向人民法院提起诉讼的，应将被异议债权人列为被告。债权人对债权表记载的他人债权有异议的，应将被异议债权人列为被告；债权人对债权表记载的本人债权有异议的，应将债务人列为被告。

对同一笔债权存在多个异议人，其他异议人

申请参加诉讼的，应当列为共同原告。

第十条　单个债权人有权查阅债务人财产状况报告、债权人会议决议、债权人委员会决议、管理人监督报告等参与破产程序所必需的债务人财务和经营信息资料。管理人无正当理由不予提供的，债权人可以请求人民法院作出决定；人民法院应当在五日内作出决定。

上述信息资料涉及商业秘密的，债权人应当依法承担保密义务或者签署保密协议；涉及国家秘密的应当依照相关法律规定处理。

第十一条　债权人会议的决议除现场表决外，可以由管理人事先将相关决议事项告知债权人，采取通信、网络投票等非现场方式进行表决。采取非现场方式进行表决的，管理人应当在债权人会议召开后的三日内，以信函、电子邮件、公告等方式将表决结果告知参与表决的债权人。

根据企业破产法第八十二条规定，对重整计划草案进行分组表决时，权益因重整计划草案受到调整或者影响的债权人或者股东，有权参加表决；权益未受到调整或者影响的债权人或者股东，参照企业破产法第八十三条的规定，不参加重整计划草案的表决。

第十二条　债权人会议的决议具有以下情形之一，损害债权人利益，债权人申请撤销的，人民法院应予支持：

（一）债权人会议的召开违反法定程序；

（二）债权人会议的表决违反法定程序；

（三）债权人会议的决议内容违法；

（四）债权人会议的决议超出债权人会议的职权范围。

人民法院可以裁定撤销全部或者部分事项决议，责令债权人会议依法重新作出决议。

债权人申请撤销债权人会议决议的，应当提出书面申请。债权人会议采取通信、网络投票等非现场方式进行表决的，债权人申请撤销的期限自债权人收到通知之日起算。

第十三条　债权人会议可以依照企业破产法第六十八条第一款第四项的规定，委托债权人委员会行使企业破产法第六十一条第一款第二、三、五项规定的债权人会议职权。债权人会议不得作出概括性授权，委托其行使债权人会议所有职权。

第十四条　债权人委员会决定所议事项应获得全体成员过半数通过，并作成议事记录。债权人委员会成员对所议事项的决议有不同意见的，应当在记录中载明。

债权人委员会行使职权应当接受债权人会议的监督，以适当的方式向债权人会议及时汇报工作，并接受人民法院的指导。

第十五条　管理人处分企业破产法第六十九条规定的债务人重大财产的，应当事先制作财产管理或者变价方案并提交债权人会议进行表决，债权人会议表决未通过的，管理人不得处分。

管理人实施处分前，应当根据企业破产法第六十九条的规定，提前十日书面报告债权人委员会或者人民法院。债权人委员会可以依照企业破产法第六十八条第二款的规定，要求管理人对处分行为作出相应说明或者提供有关文件依据。

债权人委员会认为管理人实施的处分行为不符合债权人会议通过的财产管理或变价方案的，有权要求管理人纠正。管理人拒绝纠正的，债权人委员会可以请求人民法院作出决定。

人民法院认为管理人实施的处分行为不符合债权人会议通过的财产管理或变价方案的，应当责令管理人停止处分行为。管理人应当予以纠正，或者提交债权人会议重新表决通过后实施。

第十六条　本规定自2019年3月28日起实施。

实施前本院发布的有关企业破产的司法解释，与本规定相抵触的，自本规定实施之日起不再适用。

最高人民法院关于审理企业破产案件若干问题的规定

（2002年7月18日最高人民法院审判委员会第1232次会议通过　2002年7月30日最高人民法院公告公布　自2002年9月1日起施行　法释〔2002〕23号）

为正确适用《中华人民共和国企业破产法（试行）》（以下简称企业破产法）、《中华人民共和国民事诉讼法》（以下简称民事诉讼法），规范对企业破产案件的审理,结合人民法院审理企业破产案件的实际情况,特制定以下规定。

一、关于企业破产案件管辖

第一条 企业破产案件由债务人住所地人民法院管辖。债务人住所地指债务人的主要办事机构所在地。债务人无办事机构的,由其注册地人民法院管辖。

第二条 基层人民法院一般管辖县、县级市或者区的工商行政管理机关核准登记企业的破产案件;

中级人民法院一般管辖地区、地级市(含本级)以上的工商行政管理机关核准登记企业的破产案件;

纳入国家计划调整的企业破产案件,由中级人民法院管辖。

第三条 上级人民法院审理下级人民法院管辖的企业破产案件,或者将本院管辖的企业破产案件移交下级人民法院审理,以及下级人民法院需要将自己管辖的企业破产案件交由上级人民法院审理的,依照民事诉讼法第三十九条的规定办理;省、自治区、直辖市范围内因特殊情况需对个别企业破产案件的地域管辖作调整的,须经共同上级人民法院批准。

二、关于破产申请与受理

第四条 申请(被申请)破产的债务人应当具备法人资格,不具备法人资格的企业、个体工商户、合伙组织、农村承包经营户不具备破产主体资格。

第五条 国有企业向人民法院申请破产时,应当提交其上级主管部门同意其破产的文件;其他企业应当提供其开办人或者股东会议决定企业破产的文件。

第六条 债务人申请破产,应当向人民法院提交下列材料:

(一)书面破产申请;

(二)企业主体资格证明;

(三)企业法定代表人与主要负责人名单;

(四)企业职工情况和安置预案;

(五)企业亏损情况的书面说明,并附审计报告;

(六)企业至破产申请日的资产状况明细表,包括有形资产、无形资产和企业投资情况等;

(七)企业在金融机构开设账户的详细情况,包括开户审批材料、账号、资金等;

(八)企业债权情况表,列明企业的债务人名称、住所、债务数额、发生时间和催讨偿还情况;

(九)企业债务情况表,列明企业的债权人名称、住所、债权数额、发生时间;

(十)企业涉及的担保情况;

(十一)企业已发生的诉讼情况;

(十二)人民法院认为应当提交的其他材料。

第七条 债权人申请债务人破产,应当向人民法院提交下列材料:

(一)债权发生的事实与证据;

(二)债权性质、数额、有无担保,并附证据;

(三)债务人不能清偿到期债务的证据。

第八条 债权人申请债务人破产,人民法院可以通知债务人核对以下情况:

(一)债权的真实性;

(二)债权在债务人不能偿还的到期债务中所占的比例;

(三)债务人是否存在不能清偿到期债务的情况。

第九条 债权人申请债务人破产,债务人对债权人的债权提出异议,人民法院认为异议成立的,应当告知债权人先行提起民事诉讼。破产申请不予受理。

第十条 人民法院收到破产申请后,应当在7日内决定是否立案;破产申请人提交的材料需要更正、补充的,人民法院可以责令申请人限期更正、补充。按期更正、补充材料的,人民法院自收到更正补充材料之日起7日内决定是否立案;未按期更正、补充的,视为撤回申请。

人民法院决定受理企业破产案件的,应当制作案件受理通知书,并送达申请人和债务人。通知书作出时间为破产案件受理时间。

第十一条 在人民法院决定受理企业破产案件前,破产申请人可以请求撤回破产申请。

人民法院准许申请人撤回破产申请的,在撤回破产申请之前已经支出的费用由破产申请人承担。

第十二条 人民法院经审查发现有下列情

况的,破产申请不予受理:

(一)债务人有隐匿、转移财产等行为,为了逃避债务而申请破产的;

(二)债权人借破产申请毁损债务人商业信誉,意图损害公平竞争的。

第十三条 人民法院对破产申请不予受理的,应当作出裁定。

破产申请人对不予受理破产申请的裁定不服的,可以在裁定送达之日起10日内向上一级人民法院提起上诉。

第十四条 人民法院受理企业破产案件后,发现不符合法律规定的受理条件或者有本规定第十二条所列情形的,应当裁定驳回破产申请。

人民法院受理债务人的破产申请后,发现债务人巨额财产下落不明且不能合理解释财产去向的,应当裁定驳回破产申请。

破产申请人对驳回破产申请的裁定不服的,可以在裁定送达之日起10日内向上一级人民法院提起上诉。

第十五条 人民法院决定受理企业破产案件后,应当组成合议庭,并在10日内完成下列工作:

(一)将合议庭组成人员情况书面通知破产申请人和被申请人,并在法院公告栏张贴企业破产受理公告。公告内容应当写明:破产申请受理时间、债务人名称,申报债权的期限、地点和逾期未申报债权的法律后果、第一次债权人会议召开的日期、地点;

(二)在债务人企业发布公告,要求保护好企业财产,不得擅自处理企业的账册、文书、资料、印章,不得隐匿、私分、转让、出售企业财产;

(三)通知债务人立即停止清偿债务,非经人民法院许可不得支付任何费用;

(四)通知债务人的开户银行停止债务人的结算活动,并不得扣划债务人款项抵扣债务。但经人民法院依法许可的除外。

第十六条 人民法院受理债权人提出的企业破产案件后,应当通知债务人在15日内向人民法院提交有关会计报表、债权债务清册、企业资产清册以及人民法院认为应当提交的资料。

第十七条 人民法院受理企业破产案件后,除应当按照企业破产法第九条的规定通知已知的债权人外,还应当于30日内在国家、地方有影响的报纸上刊登公告,公告内容同第十五条第(一)项的规定。

第十八条 人民法院受理企业破产案件后,除可以随即进行破产宣告成立清算组的外,在企业原管理组织不能正常履行管理职责的情况下,可以成立企业监管组。企业监管组成员从企业上级主管部门或者股东会议代表、企业原管理人员、主要债权人中产生,也可以聘请会计师、律师等中介机构参加。企业监管组主要负责处理以下事务:

(一)清点、保管企业财产;

(二)核查企业债权;

(三)为企业利益而进行的必要的经营活动;

(四)支付人民法院许可的必要支出;

(五)人民法院许可的其他工作。

企业监管组向人民法院负责,接受人民法院的指导、监督。

第十九条 人民法院受理企业破产案件后,以债务人为原告的其他民事纠纷案件尚在一审程序的,受诉人民法院应当将案件移送受理破产案件的人民法院;案件已进行到二审程序的,受诉人民法院应当继续审理。

第二十条 人民法院受理企业破产案件后,对债务人财产的其他民事执行程序应当中止。

以债务人为被告的其他债务纠纷案件,根据下列不同情况分别处理:

(一)已经审结但未执行完毕的,应当中止执行,由债权人凭生效的法律文书向受理破产案件的人民法院申报债权。

(二)尚未审结且无其他被告和无独立请求权的第三人的,应当中止诉讼,由债权人向受理破产案件的人民法院申报债权。在企业被宣告破产后,终结诉讼。

(三)尚未审结并有其他被告或者无独立请求权的第三人的,应当中止诉讼,由债权人向受理破产案件的人民法院申报债权。待破产程序终结后,恢复审理。

(四)债务人系从债务人的债务纠纷案件继续审理。

三、关于债权申报

第二十一条 债权人申报债权应当提交债权证明和合法有效的身份证明;代理申报人应当提交委托人的有效身份证明、授权委托书和债权证明。

申报的债权有财产担保的,应当提交证明财产担保的证据。

第二十二条 人民法院在登记申报的债权时,应当记明债权人名称、住所、开户银行、申报债权数额、申报债权的证据、财产担保情况、申报时间、联系方式以及其他必要的情况。

已经成立清算组的,由清算组进行上述债权登记工作。

第二十三条 连带债务人之一或者数人破产的,债权人可就全部债权向该债务人或者各债务人行使权利,申报债权。债权人未申报债权的,其他连带债务人可就将来可能承担的债务申报债权。

第二十四条 债权人虽未在法定期间申报债权,但有民事诉讼法第七十六条规定情形的,在破产财产分配前可向清算组申报债权。清算组负责审查其申报的债权,并由人民法院审查确定。债权人会议对人民法院同意该债权人参加破产财产分配有异议的,可以向人民法院申请复议。

四、关于破产和解与破产企业整顿

第二十五条 人民法院受理企业破产案件后,在破产程序终结前,债务人可以向人民法院申请和解。人民法院在破产案件审理过程中,可以根据债权人、债务人具体情况向双方提出和解建议。

人民法院作出破产宣告裁定前,债权人会议与债务人达成和解协议并经人民法院裁定认可的,由人民法院发布公告,中止破产程序。

人民法院作出破产宣告裁定后,债权人会议与债务人达成和解协议并经人民法院裁定认可,由人民法院裁定中止执行破产宣告裁定,并公告中止破产程序。

第二十六条 债务人不按和解协议规定的内容清偿全部债务的,相关债权人可以申请人民法院强制执行。

第二十七条 债务人不履行或者不能履行和解协议的,经债权人申请,人民法院应当裁定恢复破产程序。和解协议系在破产宣告前达成的,人民法院应当在裁定恢复破产程序的同时裁定宣告债务人破产。

第二十八条 企业由债权人申请破产的,如被申请破产的企业系国有企业,依照企业破产法第四章的规定,其上级主管部门可以申请对该企业进行整顿。整顿申请应当在债务人被宣告破产前提出。

企业无上级主管部门的,企业股东会议可以通过决议并以股东会议名义申请对企业进行整顿。整顿工作由股东会议指定人员负责。

第二十九条 企业整顿期间,企业的上级主管部门或者负责实施整顿方案的人员应当定期向债权人会议和人民法院报告整顿情况、和解协议执行情况。

第三十条 企业整顿期间,对于债务人财产的执行仍适用企业破产法第十一条的规定。

五、关于破产宣告

第三十一条 企业破产法第三条第一款规定的"不能清偿到期债务"是指:

(一)债务的履行期限已届满;

(二)债务人明显缺乏清偿债务的能力。

债务人停止清偿到期债务并呈连续状态,如无相反证据,可推定为"不能清偿到期债务"。

第三十二条 人民法院受理债务人破产案件后,有下列情形之一的,应当裁定宣告债务人破产:

(一)债务人不能清偿债务且与债权人不能达成和解协议的;

(二)债务人不履行或者不能履行和解协议的;

(三)债务人在整顿期间有企业破产法第二十一条规定情形的;

(四)债务人在整顿期满后有企业破产法第二十二条第二款规定情形的。

宣告债务人破产应当公开进行。由债权人提出破产申请的,破产宣告时应当通知债务人到庭。

第三十三条 债务人自破产宣告之日起停止生产经营活动。为债权人利益确有必要继续生产经营的,须经人民法院许可。

第三十四条 人民法院宣告债务人破产后,应当通知债务人的开户银行,限定其银行账户只能由清算组使用。人民法院通知开户银行时应当附破产宣告裁定书。

第三十五条 人民法院裁定宣告债务人破产后应当发布公告,公告内容包括债务人亏损情况、资产负债状况、破产宣告时间、破产宣告理由和法律依据以及对债务人的财产、账册、文书、资料和印章的保护等内容。

第三十六条 破产宣告后,破产企业的财产在其他民事诉讼程序中被查封、扣押、冻结的,受理破产案件的人民法院应当立即通知采取查封、扣押、冻结措施的人民法院予以解除,并向受理破产案件的人民法院办理移交手续。

第三十七条 企业被宣告破产后,人民法院应当指定必要的留守人员。破产企业的法定代表人、财会、财产保管人员必须留守。

第三十八条 破产宣告后,债权人或者债务人对破产宣告有异议的,可以在人民法院宣告企业破产之日起10日内,向上一级人民法院申诉。上一级人民法院应当组成合议庭进行审理,并在30日内作出裁定。

六、关于债权人会议

第三十九条 债权人会议由申报债权的债权人组成。

债权人会议主席由人民法院在有表决权的债权人中指定。必要时,人民法院可以指定多名债权人会议主席,成立债权人会议主席委员会。

少数债权人拒绝参加债权人会议,不影响会议的召开。但债权人会议不得作出剥夺其对破产财产受偿的机会或者不利于其受偿的决议。

第四十条 第一次债权人会议应当在人民法院受理破产案件公告3个月期满后召开。除债务人的财产不足以支付破产费用,破产程序提前终结外,不得以一般债权的清偿率为零为理由取消债权人会议。

第四十一条 第一次债权人会议由人民法院召集并主持。人民法院除完成本规定第十七条确定的工作外,还应当做好以下准备工作:

(一)拟订第一次债权人会议议程;

(二)向债务人的法定代表人或者负责人发出通知,要求其必须到会;

(三)向债务人的上级主管部门、开办人或者股东会议代表发出通知,要求其派员列席会议;

(四)通知破产清算组成员列席会议;

(五)通知审计、评估人员参加会议;

(六)需要提前准备的其他工作。

第四十二条 债权人会议一般包括以下内容:

(一)宣布债权人会议职权和其他有关事项;

(二)宣布债权人资格审查结果;

(三)指定并宣布债权人会议主席;

(四)安排债务人法定代表人或者负责人接受债权人询问;

(五)由清算组通报债务人的生产经营、财产、债务情况并作清算工作报告和提出财产处理方案及分配方案;

(六)讨论并审查债权的证明材料、债权的财产担保情况及数额、讨论通过和解协议、审阅清算组的清算报告、讨论通过破产财产的处理方案与分配方案等。讨论内容应当记明笔录。债权人对人民法院或者清算组登记的债权提出异议的,人民法院应当及时审查并作出裁定;

(七)根据讨论情况,依照企业破产法第十六条的规定进行表决。

以上第(五)至(七)项议程内的工作在本次债权人会议上无法完成的,交由下次债权人会议继续进行。

第四十三条 债权人认为债权人会议决议违反法律规定或者侵害其合法权益的,可以在债权人会议作出决议后7日内向人民法院提出,由人民法院依法裁定。

第四十四条 清算组财产分配方案经债权人会议两次讨论未获通过的,由人民法院依法裁定。

对前款裁定,占无财产担保债权总额半数以上债权的债权人有异议的,可以在人民法院作出裁定之日起10日内向上一级人民法院申诉。上一级人民法院应当组成合议庭进行审理,并在30日内作出裁定。

第四十五条 债权人可以委托代理人出席债权人会议，并可以授权代理人行使表决权。代理人应当向人民法院或者债权人会议主席提交授权委托书。

第四十六条 第一次债权人会议后又召开债权人会议的，债权人会议主席应当在发出会议通知前3日报告人民法院，并由会议召集人在开会前15日将会议时间、地点、内容、目的等事项通知债权人。

七、关于清算组

第四十七条 人民法院应当自裁定宣告企业破产之日起15日内成立清算组。

第四十八条 清算组成员可以从破产企业上级主管部门、清算中介机构以及会计、律师中产生，也可以从政府财政、工商管理、计委、经委、审计、税务、物价、劳动、社会保险、土地管理、国有资产管理、人事等部门中指定。人民银行分(支)行可以按照有关规定派人参加清算组。

第四十九条 清算组经人民法院同意可以聘请破产清算机构、律师事务所、会计事务所等中介机构承担一定的破产清算工作。中介机构就清算工作向清算组负责。

第五十条 清算组的主要职责是：

(一)接管破产企业。向破产企业原法定代表人及留守人员接收原登记造册的资产明细表、有形资产清册，接管所有财产、账册、文书档案、印章、证照和有关资料。破产宣告前成立企业监管组的，由企业监管组和企业原法定代表人向清算组进行移交；

(二)清理破产企业财产，编制财产明细表和资产负债表，编制债权债务清册，组织破产财产的评估、拍卖、变现；

(三)回收破产企业的财产，向破产企业的债务人、财产持有人依法行使财产权利；

(四)管理、处分破产财产，决定是否履行合同和在清算范围内进行经营活动。确认别除权、抵销权、取回权；

(五)进行破产财产的委托评估、拍卖及其他变现工作；

(六)依法提出并执行破产财产处理和分配方案；

(七)提交清算报告；

(八)代表破产企业参加诉讼和仲裁活动；

(九)办理企业注销登记等破产终结事宜；

(十)完成人民法院依法指定的其他事项。

第五十一条 清算组对人民法院负责并且报告工作，接受人民法院的监督。人民法院应当及时指导清算组的工作，明确清算组的职权与责任，帮助清算组拟订工作计划，听取清算组汇报工作。

清算组有损害债权人利益的行为或者其他违法行为的，人民法院可以根据债权人的申请或者依职权予以纠正。

人民法院可以根据债权人的申请或者依职权更换不称职的清算组成员。

第五十二条 清算组应当列席债权人会议，接受债权人会议的询问。债权人有权查阅有关资料、询问有关事项；清算组的决定违背债权人利益的，债权人可以申请人民法院裁定撤销该决定。

第五十三条 清算组对破产财产应当及时登记、清理、审计、评估、变价。必要时，可以请求人民法院对破产企业财产进行保全。

第五十四条 清算组应当采取有效措施保护破产企业的财产。债务人的财产权利如不依法登记或者及时行使将丧失权利的，应当及时予以登记或者行使；对易损、易腐、跌价或者保管费用较高的财产应当及时变卖。

八、关于破产债权

第五十五条 下列债权属于破产债权：

(一)破产宣告前发生的无财产担保的债权；

(二)破产宣告前发生的虽有财产担保但是债权人放弃优先受偿的债权；

(三)破产宣告前发生的虽有财产担保但是债权数额超过担保物价值部分的债权；

(四)票据出票人被宣告破产，付款人或者承兑人不知其事实而向持票人付款或者承兑所产生的债权；

(五)清算组解除合同，对方当事人依法或者依照合同约定产生的对债务人可以用货币计算的债权；

(六)债务人的受托人在债务人破产后，为债务人的利益处理委托事务所发生的债权；

（七）债务人发行债券形成的债权；

（八）债务人的保证人代替债务人清偿债务后依法可以向债务人追偿的债权；

（九）债务人的保证人按照《中华人民共和国担保法》第三十二条的规定预先行使追偿权而申报的债权；

（十）债务人为保证人的，在破产宣告前已经被生效的法律文书确定承担的保证责任；

（十一）债务人在破产宣告前因侵权、违约给他人造成财产损失而产生的赔偿责任；

（十二）人民法院认可的其他债权。以上第（五）项债权以实际损失为计算原则。违约金不作为破产债权，定金不再适用定金罚则。

第五十六条 因企业破产解除劳动合同，劳动者依法或者依据劳动合同对企业享有的补偿金请求权，参照企业破产法第三十七条第二款第（一）项规定的顺序清偿。

第五十七条 债务人所欠非正式职工（含短期劳动工）的劳动报酬，参照企业破产法第三十七条第二款第（一）项规定的顺序清偿。

第五十八条 债务人所欠企业职工集资款，参照企业破产法第三十七条第二款第（一）项规定的顺序清偿。但对违反法律规定的高额利息部分不予保护。

职工向企业的投资，不属于破产债权。

第五十九条 债务人退出联营应当对该联营企业的债务承担责任的，联营企业的债权人对该债务人享有的债权属于破产债权。

第六十条 与债务人互负债权债务的债权人可以向清算组请求行使抵销权，抵销权的行使应当具备以下条件：

（一）债权人的债权已经得到确认；

（二）主张抵销的债权债务均发生在破产宣告之前。

经确认的破产债权可以转让。受让人以受让的债权抵销其所欠债务人债务的，人民法院不予支持。

第六十一条 下列债权不属于破产债权：

（一）行政、司法机关对破产企业的罚款、罚金以及其他有关费用；

（二）人民法院受理破产案件后债务人未支付应付款项的滞纳金，包括债务人未执行生效法律文书应当加倍支付的迟延利息和劳动保险金的滞纳金；

（三）破产宣告后的债务利息；

（四）债权人参加破产程序所支出的费用；

（五）破产企业的股权、股票持有人在股权、股票上的权利；

（六）破产财产分配开始后向清算组申报的债权；

（七）超过诉讼时效的债权；

（八）债务人开办单位对债务人未收取的管理费、承包费。

上述不属于破产债权的权利，人民法院或者清算组也应当对当事人的申报进行登记。

第六十二条 政府无偿拨付给债务人的资金不属于破产债权。但财政、扶贫、科技管理等行政部门通过签订合同，按有偿使用、定期归还原则发放的款项，可以作为破产债权。

第六十三条 债权人对清算组确认或者否认的债权有异议的，可以向清算组提出。债权人对清算组的处理仍有异议的，可以向人民法院提出。人民法院应当在查明事实的基础上依法作出裁决。

九、关于破产财产

第六十四条 破产财产由下列财产构成：

（一）债务人在破产宣告时所有的或者经营管理的全部财产；

（二）债务人在破产宣告后至破产程序终结前取得的财产；

（三）应当由债务人行使的其他财产权利。

第六十五条 债务人与他人共有的物、债权、知识产权等财产或者财产权，应当在破产清算中予以分割，债务人分割所得属于破产财产；不能分割的，应当就其应得部分转让，转让所得属于破产财产。

第六十六条 债务人的开办人注册资金投入不足的，应当由该开办人予以补足，补足部分属于破产财产。

第六十七条 企业破产前受让他人财产并依法取得所有权或者土地使用权的，即便未支付或者未完全支付对价，该财产仍属于破产财产。

第六十八条 债务人的财产被采取民事诉讼执行措施的,在受理破产案件后尚未执行的或者未执行完毕的剩余部分,在该企业被宣告破产后列入破产财产。因错误执行应当执行回转的财产,在执行回转后列入破产财产。

第六十九条 债务人依照法律规定取得代位求偿权的,依该代位求偿权享有的债权属于破产财产。

第七十条 债务人在被宣告破产时未到期的债权视为已到期,属于破产财产,但应当减去未到期的利息。

第七十一条 下列财产不属于破产财产:

(一)债务人基于仓储、保管、加工承揽、委托交易、代销、借用、寄存、租赁等法律关系占有、使用的他人财产;

(二)抵押物、留置物、出质物,但权利人放弃优先受偿权的或者优先偿付被担保债权剩余的部分除外;

(三)担保物灭失后产生的保险金、补偿金、赔偿金等代位物;

(四)依照法律规定存在优先权的财产,但权利人放弃优先受偿权或者优先偿付特定债权剩余的部分除外;

(五)特定物买卖中,尚未转移占有但相对人已完全支付对价的特定物;

(六)尚未办理产权证或者产权过户手续但已向买方交付的财产;

(七)债务人在所有权保留买卖中尚未取得所有权的财产;

(八)所有权专属于国家且不得转让的财产;

(九)破产企业工会所有的财产。

第七十二条 本规定第七十一条第(一)项所列的财产,财产权利人有权取回。

前款财产在破产宣告前已经毁损灭失的,财产权利人仅能以直接损失额为限申报债权;在破产宣告后因清算组的责任毁损灭失的,财产权利人有权获得等值赔偿。

债务人转让上述财产获利的,财产权利人有权要求债务人等值赔偿。

十、关于破产财产的收回、处理和变现

第七十三条 清算组应当向破产企业的债务人和财产持有人发出书面通知,要求债务人和财产持有人于限定的时间向清算组清偿债务或者交付财产。

破产企业的债务人和财产持有人有异议的,应当在收到通知后的7日内提出,由人民法院作出裁定。

破产企业的债务人和财产持有人在收到通知后既不向清算组清偿债务或者交付财产,又没有正当理由不在规定的异议期内提出异议的,由清算组向人民法院提出申请,经人民法院裁定后强制执行。

破产企业在境外的财产,由清算组予以收回。

第七十四条 债务人享有的债权,其诉讼时效自人民法院受理债务人的破产申请之日起,适用《中华人民共和国民法通则》第一百四十条关于诉讼时效中断的规定。债务人与债权人达成和解协议,中止破产程序的,诉讼时效自人民法院中止破产程序裁定之日起重新计算。

第七十五条 经人民法院同意,清算组可以聘用律师或者其他中介机构的人员追收债权。

第七十六条 债务人设立的分支机构和没有法人资格的全资机构的财产,应当一并纳入破产程序进行清理。

第七十七条 债务人在其开办的全资企业中的投资权益应当予以追收。

全资企业资不抵债的,清算组停止追收。

第七十八条 债务人对外投资形成的股权及其收益应当予以追收。对该股权可以出售或者转让,出售、转让所得列入破产财产进行分配。

股权价值为负值的,清算组停止追收。

第七十九条 债务人开办的全资企业,以及由其参股、控股的企业不能清偿到期债务,需要进行破产还债的,应当另行提出破产申请。

第八十条 清算组处理集体所有土地使用权时,应当遵守相关法律规定。未办理土地征用手续的集体所有土地使用权,应当在该集体范围内转让。

第八十一条 破产企业的职工住房,已经签订合同、交付房款,进行房改给个人的,不属于破产财产。未进行房改的,可由清算组向有关部门申请办理房改事项,向职工出售。按照国家规定

不具备房改条件,或者职工在房改中不购买住房的,由清算组根据实际情况处理。

第八十二条　债务人的幼儿园、学校、医院等公益福利性设施,按国家有关规定处理,不作为破产财产分配。

第八十三条　处理破产财产前,可以确定有相应评估资质的评估机构对破产财产进行评估,债权人会议、清算组对破产财产的评估结论、评估费用有异议的,参照最高人民法院《关于民事诉讼证据的若干规定》第二十七条的规定处理。

第八十四条　债权人会议对破产财产的市场价格无异议的,经人民法院同意后,可以不进行评估。但是国有资产除外。

第八十五条　破产财产的变现应当以拍卖方式进行。由清算组负责委托有拍卖资格的拍卖机构进行拍卖。

依法不得拍卖或者拍卖所得不足以支付拍卖所需费用的,不进行拍卖。

前款不进行拍卖或者拍卖不成的破产财产,可以在破产分配时进行实物分配或者作价变卖。债权人对清算组在实物分配或者作价变卖中对破产财产的估价有异议的,可以请求人民法院进行审查。

第八十六条　破产财产中的成套设备,一般应当整体出售。

第八十七条　依法属于限制流通的破产财产,应当由国家指定的部门收购或者按照有关法律规定处理。

十一、关于破产费用

第八十八条　破产费用包括:

(一)破产财产的管理、变卖、分配所需要的费用;

(二)破产案件的受理费;

(三)债权人会议费用;

(四)催收债务所需费用;

(五)为债权人的共同利益而在破产程序中支付的其他费用。

第八十九条　人民法院受理企业破产案件可以按照《人民法院诉讼收费办法补充规定》预收案件受理费。

破产宣告前发生的经人民法院认可的必要支出,从债务人财产中拨付。债务人财产不足以支付的,如系债权人申请破产的,由债权人支付。

第九十条　清算期间职工生活费、医疗费可以从破产财产中优先拨付。

第九十一条　破产费用可随时支付,破产财产不足以支付破产费用的,人民法院根据清算组的申请裁定终结破产程序。

十二、关于破产财产的分配

第九十二条　破产财产分配方案经债权人会议通过后,由清算组负责执行。财产分配可以一次分配,也可以多次分配。

第九十三条　破产财产分配方案应当包括以下内容:

(一)可供破产分配的财产种类、总值,已经变现的财产和未变现的财产;

(二)债权清偿顺序、各顺序的种类与数额,包括破产企业所欠职工工资、劳动保险费用和破产企业所欠税款的数额和计算依据,纳入国家计划调整的企业破产,还应当说明职工安置费的数额和计算依据;

(三)破产债权总额和清偿比例;

(四)破产分配的方式、时间;

(五)对将来能够追回的财产拟进行追加分配的说明。

第九十四条　列入破产财产的债权,可以进行债权分配。债权分配以便于债权人实现债权为原则。

将人民法院已经确认的债权分配给债权人的,由清算组向债权人出具债权分配书,债权人可以凭债权分配书向债务人要求履行。债务人拒不履行的,债权人可以申请人民法院强制执行。

第九十五条　债权人未在指定期限内领取分配的财产的,对该财产可以进行提存或者变卖后提存价款,并由清算组向债权人发出催领通知书。债权人在收到催领通知书一个月后或者在清算组发出催领通知书两个月后,债权人仍未领取的,清算组应当对该部分财产进行追加分配。

十三、关于破产终结

第九十六条　破产财产分配完毕,由清算组向人民法院报告分配情况,并申请人民法院终结破产程序。

人民法院在收到清算组的报告和终结破产程序申请后,认为符合破产程序终结规定的,应当在7日内裁定终结破产程序。

第九十七条　破产程序终结后,由清算组向破产企业原登记机关办理企业注销登记。

破产程序终结后仍有可以追收的破产财产、追加分配等善后事宜需要处理的,经人民法院同意,可以保留清算组或者保留部分清算组成员。

第九十八条　破产程序终结后出现可供分配的财产的,应当追加分配。追加分配的财产,除企业破产法第四十条规定的由人民法院追回的财产外,还包括破产程序中因纠正错误支出收回的款项,因权利被承认追回的财产,债权人放弃的财产和破产程序终结后实现的财产权利等。

第九十九条　破产程序终结后,破产企业的账册、文书等卷宗材料由清算组移交破产企业上级主管机关保存;无上级主管机关的,由破产企业的开办人或者股东保存。

十四、其　　他

第一百条　人民法院在审理企业破产案件中,发现破产企业的原法定代表人或者直接责任人员有企业破产法第三十五条所列行为的,应当向有关部门建议,对该法定代表人或者直接责任人员给予行政处分;涉嫌犯罪的,应当将有关材料移送相关国家机关处理。

第一百零一条　破产企业有企业破产法第三十五条所列行为,致使企业财产无法收回,造成实际损失的,清算组可以对破产企业的原法定代表人、直接责任人员提起民事诉讼,要求其承担民事赔偿责任。

第一百零二条　人民法院受理企业破产案件后,发现企业有巨额财产下落不明的,应当将有关涉嫌犯罪的情况和材料,移送相关国家机关处理。

第一百零三条　人民法院可以建议有关部门对破产企业的主要责任人员限制其再行开办企业,在法定期限内禁止其担任公司的董事、监事、经理。

第一百零四条　最高人民法院发现各级人民法院,或者上级人民法院发现下级人民法院在破产程序中作出的裁定确有错误的,应当通知其纠正;不予纠正的,可以裁定指令下级人民法院重新作出裁定。

第一百零五条　纳入国家计划调整的企业破产案件,除适用本规定外,还应当适用国家有关企业破产的相关规定。

第一百零六条　本规定自2002年9月1日起施行。在本规定发布前制定的有关审理企业破产案件的司法解释,与本规定相抵触的,不再适用。

最高人民法院关于破产企业国有划拨土地使用权应否列入破产财产等问题的批复

(2002年10月11日最高人民法院审判委员会第1245次会议通过　2003年4月16日最高人民法院公告公布　自2003年4月18日起施行　法释〔2003〕6号)

湖北省高级人民法院:

你院鄂高法〔2002〕158号《关于破产企业国有划拨土地使用权应否列入破产财产以及有关抵押效力认定等问题的请示》收悉。经研究,答复如下:

一、根据《中华人民共和国土地管理法》第五十八条第一款第(四)项及《城镇国有土地使用权出让和转让暂行条例》第四十七条的规定,破产企业以划拨方式取得的国有土地使用权不属于破产财产,在企业破产时,有关人民政府可以予以收回,并依法处置。纳入国家兼并破产计划的国有企业,其依法取得的国有土地使用权,应依据国务院有关文件规定办理。

二、企业对其以划拨方式取得的国有土地使用权无处分权,以该土地使用权为标的物设定抵押,除依法办理抵押登记手续外,还应经具有审批权限的人民政府或土地行政管理部门批准。否则,应认定抵押无效。如果企业对以划拨方式取得的国有土地使用权设定抵押时,履行了法定的审批手续,并依法办理了抵押登记,应认定抵押有效。根据《中华人民共和国城市房地产管理法》第五十条和《中华人民共和国担保法》第五十六条的规定，抵押权人只有在以抵押标的物折价或拍卖、变卖所得价款缴纳相当于土地使用权出让金的款项后，对剩余部分方可享有优先受偿权。但纳入国家兼并破产计划的国有企业，其用以划拨方式取得的国有土地使用权设定抵押的，应依据国务院有关文件规定办理。

三、国有企业以关键设备、成套设备、厂房设定抵押的效力问题，应依据法释〔2002〕14号《关于国有工业企业以机器设备等财产为抵押物与债权人签订的抵押合同的法律效力问题的批复》办理。

国有企业以建筑物设定抵押的效力问题，应区分两种情况处理：如果建筑物附着于以划拨方式取得的国有土地使用权之上，将该建筑物与土地使用权一并设定抵押的，对土地使用权的抵押需履行法定的审批手续，否则，应认定抵押无效；如果建筑物附着于以出让、转让方式取得的国有土地使用权之上，将该建筑物与土地使用权一并设定抵押的，即使未经有关主管部门批准，亦应认定抵押有效。

本批复自公布之日起施行，正在审理或者尚未审理的案件，适用本批复，但对提起再审的判决、裁定已经发生法律效力的案件除外。

此复。

最高人民法院关于审理企业破产案件指定管理人的规定

（2007年4月4日最高人民法院审判委员会第1422次会议通过　2007年4月12日最高人民法院公告公布　自2007年6月1日起施行　法释〔2007〕8号）

为公平、公正审理企业破产案件，保证破产审判工作依法顺利进行，促进管理人制度的完善和发展，根据《中华人民共和国企业破产法》的规定，制定本规定。

一、管理人名册的编制

第一条　人民法院审理企业破产案件应当指定管理人。除企业破产法和本规定另有规定外，管理人应当从管理人名册中指定。

第二条　高级人民法院应当根据本辖区律师事务所、会计师事务所、破产清算事务所等社会中介机构及专职从业人员数量和企业破产案件数量，确定由本院或者所辖中级人民法院编制管理人名册。

人民法院应当分别编制社会中介机构管理人名册和个人管理人名册。由直辖市以外的高级人民法院编制的管理人名册中，应当注明社会中介机构和个人所属中级人民法院辖区。

第三条　符合企业破产法规定条件的社会中介机构及其具备相关专业知识并取得执业资格的人员，均可申请编入管理人名册。已被编入机构管理人名册的社会中介机构中，具备相关专业知识并取得执业资格的人员，可以申请编入个人管理人名册。

第四条　社会中介机构及个人申请编入管理人名册的，应当向所在地区编制管理人名册的人民法院提出，由该人民法院予以审定。

人民法院不受理异地申请，但异地社会中介机构在本辖区内设立的分支机构提出申请的除外。

第五条　人民法院应当通过本辖区有影响的媒体就编制管理人名册的有关事项进行公告。公告应当包括以下内容：

（一）管理人申报条件；

（二）应当提交的材料；

（三）评定标准、程序；

（四）管理人的职责以及相应的法律责任；

（五）提交申报材料的截止时间；

（六）人民法院认为应当公告的其他事项。

第六条　律师事务所、会计师事务所申请编入管理人名册的，应当提供下列材料：

（一）执业证书、依法批准设立文件或者营业执照；

（二）章程；

（三）本单位专职从业人员名单及其执业资格证书复印件；

（四）业务和业绩材料；

（五）行业自律组织对所提供材料真实性以及有无被行政处罚或者纪律处分情况的证明；

（六）人民法院要求的其他材料。

第七条 破产清算事务所申请编入管理人名册的，应当提供以下材料：

（一）营业执照或者依法批准设立的文件；

（二）本单位专职从业人员的法律或者注册会计师资格证书，或者经营管理经历的证明材料；

（三）业务和业绩材料；

（四）能够独立承担民事责任的证明材料；

（五）行业自律组织对所提供材料真实性以及有无被行政处罚或者纪律处分情况的证明，或者申请人就上述情况所作的真实性声明；

（六）人民法院要求的其他材料。

第八条 个人申请编入管理人名册的，应当提供下列材料：

（一）律师或者注册会计师执业证书复印件以及执业年限证明；

（二）所在社会中介机构同意其担任管理人的函件；

（三）业务专长及相关业绩材料；

（四）执业责任保险证明；

（五）行业自律组织对所提供材料真实性以及有无被行政处罚或者纪律处分情况的证明；

（六）人民法院要求的其他材料。

第九条 社会中介机构及个人具有下列情形之一的，人民法院可以适用企业破产法第二十四条第三款第四项的规定：

（一）因执业、经营中故意或者重大过失行为，受到行政机关、监管机构或者行业自律组织行政处罚或者纪律处分之日起未逾三年；

（二）因涉嫌违法行为正被相关部门调查；

（三）因不适当履行职务或者拒绝接受人民法院指定等原因，被人民法院从管理人名册除名之日起未逾三年；

（四）缺乏担任管理人所应具备的专业能力；

（五）缺乏承担民事责任的能力；

（六）人民法院认为可能影响履行管理人职责的其他情形。

第十条 编制管理人名册的人民法院应当组成专门的评审委员会，决定编入管理人名册的社会中介机构和个人名单。评审委员会成员应不少于七人。

人民法院应当根据本辖区社会中介机构以及社会中介机构中个人的实际情况，结合其执业业绩、能力、专业水准、社会中介机构的规模、办理企业破产案件的经验等因素制定管理人评定标准，由评审委员会根据申报人的具体情况评定其综合分数。

人民法院根据评审委员会评审结果，确定管理人初审名册。

第十一条 人民法院应当将管理人初审名册通过本辖区有影响的媒体进行公示，公示期为十日。

对于针对编入初审名册的社会中介机构和个人提出的异议，人民法院应当进行审查。异议成立、申请人确不宜担任管理人的，人民法院应将该社会中介机构或者个人从管理人初审名册中删除。

第十二条 公示期满后，人民法院应审定管理人名册，并通过全国有影响的媒体公布，同时逐级报最高人民法院备案。

第十三条 人民法院可以根据本辖区的实际情况，分批确定编入管理人名册的社会中介机构及个人。

编制管理人名册的全部资料应当建立档案备查。

第十四条 人民法院可以根据企业破产案件受理情况、管理人履行职务以及管理人资格变化等因素，对管理人名册适时进行调整。新编入管理人名册的社会中介机构和个人应当按照本规定的程序办理。

人民法院发现社会中介机构或者个人有企业破产法第二十四条第三款规定情形的，应当将其从管理人名册中除名。

二、管理人的指定

第十五条 受理企业破产案件的人民法院指定管理人，一般应从本地管理人名册中指定。

对于商业银行、证券公司、保险公司等金融机构以及在全国范围内有重大影响、法律关系复杂、债务人财产分散的企业破产案件，人民法院可以从所在地区高级人民法院编制的管理人名册列明的其他地区管理人或者异地人民法院编制的管理人名册中指定管理人。

第十六条 受理企业破产案件的人民法院，

一般应指定管理人名册中的社会中介机构担任管理人。

第十七条 对于事实清楚、债权债务关系简单、债务人财产相对集中的企业破产案件,人民法院可以指定管理人名册中的个人为管理人。

第十八条 企业破产案件有下列情形之一的,人民法院可以指定清算组为管理人:

(一)破产申请受理前,根据有关规定已经成立清算组,人民法院认为符合本规定第十九条的规定;

(二)审理企业破产法第一百三十三条规定的案件;

(三)有关法律规定企业破产时成立清算组;

(四)人民法院认为可以指定清算组为管理人的其他情形。

第十九条 清算组为管理人的,人民法院可以从政府有关部门、编入管理人名册的社会中介机构、金融资产管理公司中指定清算组成员,人民银行及金融监督管理机构可以按照有关法律和行政法规的规定派人参加清算组。

第二十条 人民法院一般应当按照管理人名册所列名单采取轮候、抽签、摇号等随机方式公开指定管理人。

第二十一条 对于商业银行、证券公司、保险公司等金融机构或者在全国范围有重大影响、法律关系复杂、债务人财产分散的企业破产案件,人民法院可以采取公告的方式,邀请编入各地人民法院管理人名册中的社会中介机构参与竞争,从参与竞争的社会中介机构中指定管理人。参与竞争的社会中介机构不得少于三家。

采取竞争方式指定管理人的,人民法院应当组成专门的评审委员会。

评审委员会应当结合案件的特点,综合考量社会中介机构的专业水准、经验、机构规模、初步报价等因素,从参与竞争的社会中介机构中择优指定管理人。被指定为管理人的社会中介机构应经评审委员会成员二分之一以上通过。

采取竞争方式指定管理人的,人民法院应当确定一至两名备选社会中介机构,作为需要更换管理人时的接替人选。

第二十二条 对于经过行政清理、清算的商业银行、证券公司、保险公司等金融机构的破产案件,人民法院除可以按照本规定第十八条第一项的规定指定管理人外,也可以在金融监督管理机构推荐的已编入管理人名册的社会中介机构中指定管理人。

第二十三条 社会中介机构、清算组成员有下列情形之一,可能影响其忠实履行管理人职责的,人民法院可以认定为企业破产法第二十四条第三款第三项规定的利害关系:

(一)与债务人、债权人有未了结的债权债务关系;

(二)在人民法院受理破产申请前三年内,曾为债务人提供相对固定的中介服务;

(三)现在是或者在人民法院受理破产申请前三年内曾经是债务人、债权人的控股股东或者实际控制人;

(四)现在担任或者在人民法院受理破产申请前三年内曾经担任债务人、债权人的财务顾问、法律顾问;

(五)人民法院认为可能影响其忠实履行管理人职责的其他情形。

第二十四条 清算组成员的派出人员、社会中介机构的派出人员、个人管理人有下列情形之一,可能影响其忠实履行管理人职责的,可以认定为企业破产法第二十四条第三款第三项规定的利害关系:

(一)具有本规定第二十三条规定情形;

(二)现在担任或者在人民法院受理破产申请前三年内曾经担任债务人、债权人的董事、监事、高级管理人员;

(三)与债权人或者债务人的控股股东、董事、监事、高级管理人员存在夫妻、直系血亲、三代以内旁系血亲或者近姻亲关系;

(四)人民法院认为可能影响其公正履行管理人职责的其他情形。

第二十五条 在进入指定管理人程序后,社会中介机构或者个人发现与本案有利害关系的,应主动申请回避并向人民法院书面说明情况。人民法院认为社会中介机构或者个人与本案有利害关系的,不应指定该社会中介机构或者个人为本案管理人。

第二十六条 社会中介机构或者个人有重大债务纠纷或者因涉嫌违法行为正被相关部门

调查的,人民法院不应指定该社会中介机构或者个人为本案管理人。

第二十七条 人民法院指定管理人应当制作决定书,并向被指定为管理人的社会中介机构或者个人、破产申请人、债务人、债务人的企业登记机关送达。决定书应与受理破产申请的民事裁定书一并公告。

第二十八条 管理人无正当理由,不得拒绝人民法院的指定。

管理人一经指定,不得以任何形式将管理人应当履行的职责全部或者部分转给其他社会中介机构或者个人。

第二十九条 管理人凭指定管理人决定书按照国家有关规定刻制管理人印章,并交人民法院封样备案后启用。

管理人印章只能用于所涉破产事务。管理人根据企业破产法第一百二十二条规定终止执行职务后,应当将管理人印章交公安机关销毁,并将销毁的证明送交人民法院。

第三十条 受理企业破产案件的人民法院应当将指定管理人过程中形成的材料存入企业破产案件卷宗,债权人会议或者债权人委员会有权查阅。

三、管理人的更换

第三十一条 债权人会议根据企业破产法第二十二条第二款的规定申请更换管理人的,应由债权人会议作出决议并向人民法院提出书面申请。

人民法院在收到债权人会议的申请后,应当通知管理人在两日内作出书面说明。

第三十二条 人民法院认为申请理由不成立的,应当自收到管理人书面说明之日起十日内作出驳回申请的决定。

人民法院认为申请更换管理人的理由成立的,应当自收到管理人书面说明之日起十日内作出更换管理人的决定。

第三十三条 社会中介机构管理人有下列情形之一的,人民法院可以根据债权人会议的申请或者依职权迳行决定更换管理人:

(一)执业许可证或者营业执照被吊销或者注销;

(二)出现解散、破产事由或者丧失承担执业责任风险的能力;

(三)与本案有利害关系;

(四)履行职务时,因故意或者重大过失导致债权人利益受到损害;

(五)有本规定第二十六条规定的情形。

清算组成员参照适用前款规定。

第三十四条 个人管理人有下列情形之一的,人民法院可以根据债权人会议的申请或者依职权迳行决定更换管理人:

(一)执业资格被取消、吊销;

(二)与本案有利害关系;

(三)履行职务时,因故意或者重大过失导致债权人利益受到损害;

(四)失踪、死亡或者丧失民事行为能力;

(五)因健康原因无法履行职务;

(六)执业责任保险失效;

(七)有本规定第二十六条规定的情形。

清算组成员的派出人员、社会中介机构的派出人员参照适用前款规定。

第三十五条 管理人无正当理由申请辞去职务的,人民法院不予许可。正当理由的认定,可参照适用本规定第三十三条、第三十四条规定的情形。

第三十六条 人民法院对管理人申请辞去职务未予许可,管理人仍坚持辞去职务并不再履行管理人职责的,人民法院应当决定更换管理人。

第三十七条 人民法院决定更换管理人的,原管理人应当自收到决定书之次日起,在人民法院监督下向新任管理人移交全部资料、财产、营业事务及管理人印章,并及时向新任管理人书面说明工作进展情况。原管理人不能履行上述职责的,新任管理人可以直接接管相关事务。

在破产程序终结前,原管理人应当随时接受新任管理人、债权人会议、人民法院关于其履行管理人职责情况的询问。

第三十八条 人民法院决定更换管理人的,应将决定书送达原管理人、新任管理人、破产申请人、债务人以及债务人的企业登记机关,并予公告。

第三十九条 管理人申请辞去职务未获人

民法院许可，但仍坚持辞职并不再履行管理人职责，或者人民法院决定更换管理人后，原管理人拒不向新任管理人移交相关事务，人民法院可以根据企业破产法第一百三十条的规定和具体情况，决定对管理人罚款。对社会中介机构为管理人的罚款5万元至20万元人民币，对个人为管理人的罚款1万元至5万元人民币。

管理人有前款规定行为或者无正当理由拒绝人民法院指定的，编制管理人名册的人民法院可以决定停止其担任管理人一年至三年，或者将其从管理人名册中除名。

第四十条　管理人不服罚款决定的，可以向上一级人民法院申请复议，上级人民法院应在收到复议申请后五日内作出决定，并将复议结果通知下级人民法院和当事人。

最高人民法院关于审理企业破产案件确定管理人报酬的规定

（2007年4月4日最高人民法院审判委员会第1422次会议通过　2007年4月12日最高人民法院公告公布　自2007年6月1日起施行　法释〔2007〕9号）

为公正、高效审理企业破产案件，规范人民法院确定管理人报酬工作，根据《中华人民共和国企业破产法》的规定，制定本规定。

第一条　管理人履行企业破产法第二十五条规定的职责，有权获得相应报酬。

管理人报酬由审理企业破产案件的人民法院依据本规定确定。

第二条　人民法院应根据债务人最终清偿的财产价值总额，在以下比例限制范围内分段确定管理人报酬：

（一）不超过一百万元（含本数，下同）的，在12%以下确定；

（二）超过一百万元至五百万元的部分，在10%以下确定；

（三）超过五百万元至一千万元的部分，在8%以下确定；

（四）超过一千万元至五千万元的部分，在6%以下确定；

（五）超过五千万元至一亿元的部分，在3%以下确定；

（六）超过一亿元至五亿元的部分，在1%以下确定；

（七）超过五亿元的部分，在0.5%以下确定。

担保权人优先受偿的担保物价值，不计入前款规定的财产价值总额。

高级人民法院认为有必要的，可以参照上述比例在30%的浮动范围内制定符合当地实际情况的管理人报酬比例限制范围，并通过当地有影响的媒体公告，同时报最高人民法院备案。

第三条　人民法院可以根据破产案件的实际情况，确定管理人分期或者最后一次性收取报酬。

第四条　人民法院受理企业破产申请后，应当对债务人可供清偿的财产价值和管理人的工作量作出预测，初步确定管理人报酬方案。管理人报酬方案应当包括管理人报酬比例和收取时间。

第五条　人民法院采取公开竞争方式指定管理人的，可以根据社会中介机构提出的报价确定管理人报酬方案，但报酬比例不得超出本规定第二条规定的限制范围。

上述报酬方案一般不予调整，但债权人会议异议成立的除外。

第六条　人民法院应当自确定管理人报酬方案之日起三日内，书面通知管理人。

管理人应当在第一次债权人会议上报告管理人报酬方案内容。

第七条　管理人、债权人会议对管理人报酬方案有意见的，可以进行协商。双方就调整管理人报酬方案内容协商一致的，管理人应向人民法院书面提出具体的请求和理由，并附相应的债权人会议决议。

人民法院经审查认为上述请求和理由不违反法律和行政法规强制性规定，且不损害他人合法权益的，应当按照双方协商的结果调整管理人报酬方案。

第八条　人民法院确定管理人报酬方案后，可以根据破产案件和管理人履行职责的实际情况进行调整。

人民法院应当自调整管理人报酬方案之日起三日内，书面通知管理人。管理人应当自收到上述通知之日起三日内，向债权人委员会或者债权人会议主席报告管理人报酬方案调整内容。

第九条 人民法院确定或者调整管理人报酬方案时，应当考虑以下因素：

（一）破产案件的复杂性；

（二）管理人的勤勉程度；

（三）管理人为重整、和解工作做出的实际贡献；

（四）管理人承担的风险和责任；

（五）债务人住所地居民可支配收入及物价水平；

（六）其他影响管理人报酬的情况。

第十条 最终确定的管理人报酬及收取情况，应列入破产财产分配方案。在和解、重整程序中，管理人报酬方案内容应列入和解协议草案或重整计划草案。

第十一条 管理人收取报酬，应当向人民法院提出书面申请。申请书应当包括以下内容：

（一）可供支付报酬的债务人财产情况；

（二）申请收取报酬的时间和数额；

（三）管理人履行职责的情况。

人民法院应当自收到上述申请书之日起十日内，确定支付管理人的报酬数额。

第十二条 管理人报酬从债务人财产中优先支付。

债务人财产不足以支付管理人报酬和管理人执行职务费用的，管理人应当提请人民法院终结破产程序。但债权人、管理人、债务人的出资人或者其他利害关系人愿意垫付上述报酬和费用的，破产程序可以继续进行。

上述垫付款项作为破产费用从债务人财产中向垫付人随时清偿。

第十三条 管理人对担保物的维护、变现、交付等管理工作付出合理劳动的，有权向担保权人收取适当的报酬。管理人与担保权人就上述报酬数额不能协商一致的，人民法院应当参照本规定第二条规定的方法确定，但报酬比例不得超出该条规定限制范围的10%。

第十四条 律师事务所、会计师事务所通过聘请本专业的其他社会中介机构或者人员协助履行管理人职责的，所需费用从其报酬中支付。

破产清算事务所通过聘请其他社会中介机构或人员协助履行管理人职责的，所需费用从其报酬中支付。

第十五条 清算组中有关政府部门派出的工作人员参与工作的不收取报酬。其他机构或人员的报酬根据其履行职责的情况确定。

第十六条 管理人发生更换的，人民法院应当分别确定更换前后的管理人报酬。其报酬比例总和不得超出本规定第二条规定的限制范围。

第十七条 债权人会议对管理人报酬有异议的，应当向人民法院书面提出具体的请求和理由。异议书应当附有相应的债权人会议决议。

第十八条 人民法院应当自收到债权人会议异议书之日起三日内通知管理人。管理人应当自收到通知之日起三日内作出书面说明。

人民法院认为有必要的，可以举行听证会，听取当事人意见。

人民法院应当自收到债权人会议异议书之日起十日内，就是否调整管理人报酬问题书面通知管理人、债权人委员会或者债权人会议主席。

最高人民法院关于《中华人民共和国企业破产法》施行时尚未审结的企业破产案件适用法律若干问题的规定

（2007年4月23日最高人民法院审判委员会第1425次会议通过 2007年4月25日最高人民法院公告公布 2007年6月1日起施行 法释〔2007〕10号）

为正确适用《中华人民共和国企业破产法》，对人民法院审理企业破产法施行前受理的、施行时尚未审结的企业破产案件具体适用法律问题，规定如下：

第一条 债权人、债务人或者出资人向人民法院提出重整或者和解申请，符合下列条件之一的，人民法院应予受理：

（一）债权人申请破产清算的案件，债务人或者出资人于债务人被宣告破产前提出重整申请，且符合企业破产法第七十条第二款的规定；

（二）债权人申请破产清算的案件，债权人于债务人被宣告破产前提出重整申请，且符合企业破产法关于债权人直接向人民法院申请重整的规定；

（三）债务人申请破产清算的案件，债务人于被宣告破产前提出重整申请，且符合企业破产法关于债务人直接向人民法院申请重整的规定；

（四）债务人依据企业破产法第九十五条的规定申请和解。

第二条　清算组在企业破产法施行前未通知或者答复未履行完毕合同的对方当事人解除或者继续履行合同的，从企业破产法施行之日起计算，在该法第十八条第一款规定的期限内未通知或者答复的，视为解除合同。

第三条　已经成立清算组的，企业破产法施行后，人民法院可以指定该清算组为管理人。

尚未成立清算组的，人民法院应当依照企业破产法和《最高人民法院关于审理企业破产案件指定管理人的规定》及时指定管理人。

第四条　债权人主张对债权债务抵销的，应当符合企业破产法第四十条规定的情形；但企业破产法施行前，已经依据有关法律规定抵销的除外。

第五条　对于尚未清偿的破产费用，应当按企业破产法第四十一条和第四十二条的规定区分破产费用和共益债务，并依据企业破产法第四十三条的规定清偿。

第六条　人民法院尚未宣告债务人破产的，应当适用企业破产法第四十六条的规定确认债权利息；已经宣告破产的，依据企业破产法施行前的法律规定确认债权利息。

第七条　债权人已经向人民法院申报债权的，由人民法院将相关申报材料移交给管理人；尚未申报的，债权人应当直接向管理人申报。

第八条　债权人未在人民法院确定的债权申报期内向人民法院申报债权的，可以依据企业破产法第五十六条的规定补充申报。

第九条　债权人对债权表记载债权有异议，向受理破产申请的人民法院提起诉讼的，人民法院应当依据企业破产法第二十一条和第五十八条的规定予以受理。但人民法院对异议债权已经作出裁决的除外。

债权人就争议债权起诉债务人，要求其承担偿还责任的，人民法院应当告知该债权人变更其诉讼请求为确认债权。

第十条　债务人的职工就清单记载有异议，向受理破产申请的人民法院提起诉讼的，人民法院应当依据企业破产法第二十一条和第四十八条的规定予以受理。但人民法院对异议债权已经作出裁决的除外。

第十一条　有财产担保的债权人未放弃优先受偿权利的，对于企业破产法第六十一条第一款第七项、第十项规定以外的事项享有表决权。但该债权人对于企业破产法施行前已经表决的事项主张行使表决权，或者以其未行使表决权为由请求撤销债权人会议决议的，人民法院不予支持。

第十二条　债权人认为债权人会议的决议违反法律规定，损害其利益，向人民法院请求撤销该决议，裁定尚未作出的，人民法院应当依据企业破产法第六十四条的规定作出裁定。

第十三条　债权人对于财产分配方案的裁定不服，已经申诉的，由上一级人民法院依据申诉程序继续审理；企业破产法施行后提起申诉的，人民法院应当告知其依据企业破产法第六十六条的规定申请复议。

债权人对于人民法院作出的债务人财产管理方案的裁定或者破产财产变价方案的裁定不服，向受理破产申请的人民法院申请复议的，人民法院应当依据企业破产法第六十六条的规定予以受理。

债权人或者债务人对破产宣告裁定有异议，已经申诉的，由上一级人民法院依据申诉程序继续审理；企业破产法施行后提起申诉的，人民法院不予受理。

第十四条　企业破产法施行后，破产人的职工依据企业破产法第一百三十二条的规定主张权利的，人民法院应予支持。

第十五条　破产人所欠董事、监事和高级管理人员的工资，应当依据企业破产法第一百一十三条第三款的规定予以调整。

第十六条　本规定施行前本院作出的有关

司法解释与本规定相抵触的，人民法院审理尚未审结的企业破产案件不再适用。

最高人民法院关于债权人对人员下落不明或者财产状况不清的债务人申请破产清算案件如何处理的批复

（2008年8月4日最高人民法院审判委员会第1450次会议通过 2008年8月7日最高人民法院公告公布 自2008年8月18日起施行 法释〔2008〕10号）

贵州省高级人民法院：

你院《关于企业法人被吊销营业执照后，依法负有清算责任的人未向法院申请破产，债权人是否可以申请被吊销营业执照的企业破产的请示》(〔2007〕黔高民二破请终字1号)收悉。经研究，批复如下：

债权人对人员下落不明或者财产状况不清的债务人申请破产清算，符合企业破产法规定的，人民法院应依法予以受理。债务人能否依据企业破产法第十一条第二款的规定向人民法院提交财产状况说明、债权债务清册等相关材料，并不影响对债权人申请的受理。

人民法院受理上述破产案件后，应当依据企业破产法的有关规定指定管理人追收债务人财产；经依法清算，债务人确无财产可供分配的，应当宣告债务人破产并终结破产程序；破产程序终结后二年内发现有依法应当追回的财产或者有应当供分配的其他财产的，债权人可以请求人民法院追加分配。

债务人的有关人员不履行法定义务，人民法院可依据有关法律规定追究其相应法律责任；其行为导致无法清算或者造成损失，有关权利人起诉请求其承担相应民事责任的，人民法院应依法予以支持。

此复

最高人民法院关于审理公司强制清算案件工作座谈会纪要

（2009年11月4日 法发〔2009〕52号）

当前，因受国际金融危机和世界经济衰退影响，公司经营困难引发的公司强制清算案件大幅度增加。《中华人民共和国公司法》和《最高人民法院关于适用〈中华人民共和国公司法〉若干问题的规定（二）》（以下简称公司法司法解释二）对于公司强制清算案件审理中的有关问题已作出规定，但鉴于该类案件非讼程序的特点和目前清算程序规范的不完善，有必要进一步明确该类案件审理原则，细化有关程序和实体规定，更好地规范公司退出市场行为，维护市场运行秩序，依法妥善审理公司强制清算案件，维护和促进经济社会和谐稳定。为此，最高人民法院在广泛调研的基础上，于2009年9月15日至16日在浙江省绍兴市召开了全国部分法院审理公司强制清算案件工作座谈会。与会同志通过认真讨论，就有关审理公司强制清算案件中涉及的主要问题达成了共识。现纪要如下：

一、关于审理公司强制清算案件应当遵循的原则

1. 会议认为，公司作为现代企业的主要类型，在参与市场竞争时，不仅要严格遵循市场准入规则，也要严格遵循市场退出规则。公司强制清算作为公司退出市场机制的重要途径之一，是公司法律制度的重要组成部分。人民法院在审理此类案件时，应坚持以下原则：

第一，坚持清算程序公正原则。公司强制清算的目的在于有序结束公司存续期间的各种商事关系，合理调整众多法律主体的利益，维护正常的经济秩序。人民法院审理公司强制清算案件，应当严格依照法定程序进行，坚持在程序正义的基础上实现清算结果的公正。

第二，坚持清算效率原则。提高社会经济的整体效率，是公司强制清算制度追求的目标之一，要严格而不失快捷地使已经出现解散事由的公司退出市场，将其可能给各方利益主体造成的损失降至最低。人民法院审理强制清算案件，要严格按照法律规定及时有效地完成清算,保障债权人、股东等利害关系人的利益及时得到实现,避免因长期拖延清算给相关利害关系人造成不必要的损失,保障社会资源的有效利用。

第三,坚持利益均衡保护原则。公司强制清算中应当以维护公司各方主体利益平衡为原则,实现公司退出环节中的公平公正。人民法院在审理公司强制清算案件时,既要充分保护债权人利益,又要兼顾职工利益、股东利益和社会利益,妥善处理各方利益冲突,实现法律效果和社会效果的有机统一。

二、关于强制清算案件的管辖

2. 对于公司强制清算案件的管辖应当分别从地域管辖和级别管辖两个角度确定。地域管辖法院应为公司住所地的人民法院,即公司主要办事机构所在地法院;公司主要办事机构所在地不明确、存在争议的,由公司注册登记地人民法院管辖。级别管辖应当按照公司登记机关的级别予以确定,即基层人民法院管辖县、县级市或者区的公司登记机关核准登记公司的公司强制清算案件;中级人民法院管辖地区、地级市以上的公司登记机关核准登记公司的公司强制清算案件。存在特殊原因的,也可参照适用《中华人民共和国企业破产法》第四条、《中华人民共和国民事诉讼法》第三十七条和第三十九条的规定,确定公司强制清算案件的审理法院。

三、关于强制清算案件的案号管理

3. 人民法院立案庭收到申请人提交的对公司进行强制清算的申请后,应当及时以“(×××)××法×清(预)字第×号”立案。立案庭立案后,应当将申请人提交的申请等有关材料移交审理强制清算案件的审判庭审查,并由审判庭依法作出是否受理强制清算申请的裁定。

4. 审判庭裁定不予受理强制清算申请的,裁定生效后,公司强制清算案件应当以“(×××)××法×清(预)字第×号”结案。审判庭裁定受理强制清算申请的,立案庭应当以“(×××)××法×清(算)字第×号”立案。

5. 审判庭裁定受理强制清算申请后,在审理强制清算案件中制作的民事裁定书、决定书等,应当在“(××××)××法×清(算)字第×号”后依次编号,如“(××××)××法×清(算)字第×-1号民事裁定书”、“(××××)××法×清(算)字第×-2号民事裁定书”等,或者“(××××)××法×清(算)字第×-1号决定书”、“(××××)××法×清(算)字第×-2号决定书”等。

四、关于强制清算案件的审判组织

6. 因公司强制清算案件在案件性质上类似于企业破产案件,因此强制清算案件应当由负责审理企业破产案件的审判庭审理。有条件的人民法院,可由专门的审判庭或者指定专门的合议庭审理公司强制清算案件和企业破产案件。公司强制清算案件应当组成合议庭进行审理。

五、关于强制清算的申请

7. 公司债权人或者股东向人民法院申请强制清算应当提交清算申请书。申请书应当载明申请人、被申请人的基本情况和申请的事实和理由。同时,申请人应当向人民法院提交被申请人已经发生解散事由以及申请人对被申请人享有债权或者股权的有关证据。公司解散后已经自行成立清算组进行清算,但债权人或者股东以其故意拖延清算,或者存在其他违法清算可能严重损害债权人或者股东利益为由,申请人民法院强制清算的,申请人还应当向人民法院提交公司故意拖延清算,或者存在其他违法清算行为可能严重损害其利益的相应证据材料。

8. 申请人提交的材料需要更正、补充的,人民法院应当责令申请人于七日内予以更正、补充。申请人由于客观原因无法按时更正、补充的,应当向人民法院予以书面说明并提出延期申请,由人民法院决定是否延长期限。

六、关于对强制清算申请的审查

9. 审理强制清算案件的审判庭审查决定是否受理强制清算申请时,一般应当召开听证会。对于事实清楚、法律关系明确、证据确实充分的案件,经书面通知被申请人,其对书面审查方式无异议的,也可决定不召开听证会,而采用书面方式进行审查。

10. 人民法院决定召开听证会的,应当于听证会召开五日前通知申请人、被申请人,并送达相关申请材料。公司股东、实际控制人等利害关系人申请参加听证的,人民法院应予准许。听证会中,人民法院应当组织有关利害关系人对申请人是否具备申请资格、被申请人是否已经发生解散事由、强制清算申请是否符合法律规定等内容进行听证。因补充证据等原因需要再次召开听证会的，应在补充期限届满后十日内进行。

11. 人民法院决定不召开听证会的，应当及时通知申请人和被申请人，并向被申请人送达有关申请材料，同时告知被申请人若对申请人的申请有异议，应当自收到人民法院通知之日起七日内向人民法院书面提出。

七、关于对强制清算申请的受理

12. 人民法院应当在听证会召开之日或者自异议期满之日起十日内，依法作出是否受理强制清算申请的裁定。

13. 被申请人就申请人对其是否享有债权或者股权，或者对被申请人是否发生解散事由提出异议的，人民法院对申请人提出的强制清算申请应不予受理。申请人可就有关争议单独提起诉讼或者仲裁予以确认后，另行向人民法院提起强制清算申请。但对上述异议事项已有生效法律文书予以确认，以及发生被吊销企业法人营业执照、责令关闭或者被撤销等解散事由有明确、充分证据的除外。

14. 申请人提供被申请人自行清算中故意拖延清算，或者存在其他违法清算可能严重损害债权人或者股东利益的相应证据材料后，被申请人未能举出相反证据的，人民法院对申请人提出的强制清算申请应予受理。债权人申请强制清算，被申请人的主要财产、账册、重要文件等灭失，或者被申请人人员下落不明，导致无法清算的，人民法院不得以此为由不予受理。

15. 人民法院受理强制清算申请后，经审查发现强制清算申请不符合法律规定的，可以裁定驳回强制清算申请。

16. 人民法院裁定不予受理或者驳回受理申请，申请人不服的，可以向上一级人民法院提起上诉。

八、关于强制清算申请的撤回

17. 人民法院裁定受理公司强制清算申请前，申请人请求撤回其申请的，人民法院应予准许。

18. 公司因公司章程规定的营业期限届满或者公司章程规定的其他解散事由出现，或者股东会、股东大会决议自愿解散的，人民法院受理强制清算申请后，清算组对股东进行剩余财产分配前，申请人以公司修改章程，或者股东会、股东大会决议公司继续存续为由，请求撤回强制清算申请的，人民法院应予准许。

19. 公司因依法被吊销营业执照、责令关闭或者被撤销，或者被人民法院判决强制解散的，人民法院受理强制清算申请后，清算组对股东进行剩余财产分配前，申请人向人民法院申请撤回强制清算申请的，人民法院应不予准许。但申请人有证据证明相关行政决定被撤销，或者人民法院作出解散公司判决后当事人又达成公司存续和解协议的除外。

九、关于强制清算案件的申请费

20. 参照《诉讼费用交纳办法》第十条、第十四条、第二十条和第四十二条关于企业破产案件申请费的有关规定，公司强制清算案件的申请费以强制清算财产总额为基数，按照财产案件受理费标准减半计算，人民法院受理强制清算申请后从被申请人财产中优先拨付。因财产不足以清偿全部债务，强制清算程序依法转入破产清算程序的，不再另行计收破产案件申请费；按照上述标准计收的强制清算案件申请费超过 30 万元的，超过部分不再收取，已经收取的，应予退还。

21. 人民法院裁定受理强制清算申请前，申请人请求撤回申请，人民法院准许的，强制清算案件的申请费不再从被申请人财产中予以拨付；人民法院受理强制清算申请后，申请人请求撤回申请，人民法院准许的，已经从被申请人财产中优先拨付的强制清算案件申请费不予退回。

十、关于强制清算清算组的指定

22. 人民法院受理强制清算案件后，应当及时指定清算组成员。公司股东、董事、监事、高级管理人员能够而且愿意参加清算的，人民法院可优先考虑指定上述人员组成清算组；上述人员不能、不愿进行清算，或者由其负责清算不利于清算依法进行的，人民法院可以指定《人民法院中介机构管理人名册》和《人民法院个人管理人名册》中的中介机构或者个人组成清算组；人民法院也可根据实际需要，指定公司股东、董事、监事、高级管理人员，与管理人名册中的中介机构或者个人共同组成清算组。人民法院指定管理人名册中的中介机构或者个人组成清算组，或者担任清算组成员的，应当参照适用《最高人民法院关于审理企业破产案件指定管理人的规定》。

23. 强制清算清算组成员的人数应当为单数。人民法院指定清算组成员的同时，应当根据清算组成员的推选，或者依职权，指定清算组负责人。清算组负责人代行清算中公司诉讼代表人职权。清算组成员未依法履行职责的，人民法院应当依据利害关系人的申请，或者依职权及时予以更换。

十一、关于强制清算清算组成员的报酬

24. 公司股东、实际控制人或者股份有限公司的董事担任清算组成员的，不计付报酬。上述人员以外的有限责任公司的董事、监事、高级管理人员，股份有限公司的监事、高级管理人员担任清算组成员的，可以按照其上一年度的平均工资标准计付报酬。

25. 中介机构或者个人担任清算组成员的，其报酬由中介机构或者个人与公司协商确定；协商不成的，由人民法院参照《最高人民法院关于审理企业破产案件确定管理人报酬的规定》确定。

十二、关于强制清算清算组的议事机制

26. 公司强制清算中的清算组因清算事务发生争议的，应当参照公司法第一百一十二条的规定，经全体清算组成员过半数决议通过。与争议事项有直接利害关系的清算组成员可以发表意见，但不得参与投票；因利害关系人回避表决无法形成多数意见的，清算组可以请求人民法院作出决定。与争议事项有直接利害关系的清算组成员未回避表决形成决定的，债权人或者清算组其他成员可以参照公司法第二十二条的规定，自决定作出之日起六十日内，请求人民法院予以撤销。

十三、关于强制清算中的财产保全

27. 人民法院受理强制清算申请后，公司财产存在被隐匿、转移、毁损等可能影响依法清算情形的，人民法院可依清算组或者申请人的申请，对公司财产采取相应的保全措施。

十四、关于无法清算案件的审理

28. 对于被申请人主要财产、账册、重要文件等灭失，或者被申请人人员下落不明的强制清算案件，经向被申请人的股东、董事等直接责任人员释明或采取罚款等民事制裁措施后，仍然无法清算或者无法全面清算，对于尚有部分财产，且依据现有账册、重要文件等，可以进行部分清偿的，应当参照企业破产法的规定，对现有财产进行公平清偿后，以无法全面清算为由终结强制清算程序；对于没有任何财产、账册、重要文件，被申请人人员下落不明的，应当以无法清算为由终结强制清算程序。

29. 债权人申请强制清算，人民法院以无法清算或者无法全面清算为由裁定终结强制清算程序的，应当在终结裁定中载明，债权人可以另行依据公司法司法解释二第十八条的规定，要求被申请人的股东、董事、实际控制人等清算义务人对其债务承担偿还责任。股东申请强制清算，人民法院以无法清算或者无法全面清算为由作出终结强制清算程序的，应当在终结裁定中载明，股东可以向控股股东等实际控制公司的主体主张有关权利。

十五、关于强制清算案件衍生诉讼的审理

30. 人民法院受理强制清算申请前已经开始，人民法院受理强制清算申请时尚未审结的有关被强制清算公司的民事诉讼，由原受理法院继续审理，但应依法将原法定代表人变更为清算组负责人。

31. 人民法院受理强制清算申请后，就强制清算公司的权利义务产生争议的，应当向受理强制清算申请的人民法院提起诉讼，并由清算组负责人代表清算中公司参加诉讼活动。受理强制清算申请的人民法院对此类案件，可以适用民事诉讼法第三十七条和第三十九条的规定确定审理法院。上述案件在受理法院内部各审判庭之间按照业务分工进行审理。人民法院受理强制清算申请后，就强制清算公司的权利义务产生争议，当事人双方就产生争议约定有明确有效的仲裁条款的，应当按照约定通过仲裁方式解决。

十六、关于强制清算和破产清算的衔接

32. 公司强制清算中，清算组在清理公司财产、编制资产负债表和财产清单时，发现公司财产不足清偿债务的，除依据公司法司法解释二第十七条的规定，通过与债权人协商制作有关债务清偿方案并清偿债务的外，应依据公司法第一百八十八条和企业破产法第七条第三款的规定向人民法院申请宣告破产。

33. 公司强制清算中,有关权利人依据企业破产法第二条和第七条的规定向人民法院另行提起破产申请的,人民法院应当依法进行审查。权利人的破产申请符合企业破产法规定的,人民法院应当依法裁定予以受理。人民法院裁定受理破产申请后,应当裁定终结强制清算程序。

34. 公司强制清算转入破产清算后,原强制清算中的清算组由《人民法院中介机构管理人名册》和《人民法院个人管理人名册》中的中介机构或者个人组成或者参加的,除该中介机构或者个人存在与本案有利害关系等不宜担任管理人或者管理人成员的情形外,人民法院可根据企业破产法及其司法解释的规定,指定该中介机构或者个人作为破产案件的管理人,或者吸收该中介机构作为新成立的清算组管理人的成员。上述中介机构或者个人在公司强制清算和破产清算中取得的报酬总额,不应超过按照企业破产计付的管理人或者管理人成员的报酬。

35. 上述中介机构或者个人不宜担任破产清算中的管理人或者管理人的成员的,人民法院应当根据企业破产法和有关司法解释的规定,及时指定管理人。原强制清算中的清算组应当及时将清算事务及有关材料等移交给管理人。公司强制清算中已经完成的清算事项,如无违反企业破产法或者有关司法解释的情形的,在破产清算程序中应承认其效力。

十七、关于强制清算程序的终结

36. 公司依法清算结束,清算组制作清算报告并报人民法院确认后,人民法院应当裁定终结清算程序。公司登记机关依清算组的申请注销公司登记后,公司终止。

37. 公司因公司章程规定的营业期限届满或者公司章程规定的其他解散事由出现,或者股东会、股东大会决议自愿解散的,人民法院受理债权人提出的强制清算申请后,对股东进行剩余财产分配前,公司修改章程、或者股东会、股东大会决议公司继续存续,申请人在其个人债权及他人债权均得到全额清偿后,未撤回申请的,人民法院可以根据被申请人的请求裁定终结强制清算程序,强制清算程序终结后,公司可以继续存续。

十八、关于强制清算案件中的法律文书

38. 审理强制清算的审判庭审理该类案件时,对于受理、不受理强制清算申请、驳回申请人的申请、允许或者驳回申请人撤回申请、采取保全措施、确认清算方案、确认清算终结报告、终结强制清算程序的,应当制作民事裁定书。对于指定或者变更清算组成员、确定清算组成员报酬、延长清算期限、制裁妨碍清算行为的,应当制作决定书。对于其他所涉有关法律文书的制作,可参照企业破产清算中人民法院的法律文书样式。

十九、关于强制清算程序中对破产清算程序的准用

39. 鉴于公司强制清算与破产清算在具体程序操作上的相似性,就公司法、公司法司法解释二,以及本会议纪要未予涉及的情形,如清算中公司的有关人员未依法妥善保管其占有和管理的财产、印章和账簿、文书资料,清算组未及时接管清算中公司的财产、印章和账簿、文书,清算中公司拒不向人民法院提交或者提交不真实的财产状况说明、债务清册、债权清册、有关财务会计报告以及职工工资的支付情况和社会保险费用的缴纳情况,清算中公司拒不向清算组移交财产、印章和账簿、文书等资料,或者伪造、销毁有关财产证据材料而使财产状况不明,股东未缴足出资、抽逃出资,以及公司董事、监事、高级管理人员非法侵占公司财产等,可参照企业破产法及其司法解释的有关规定处理。

二十、关于审理公司强制清算案件中应当注意的问题

40. 鉴于此类案件属于新类型案件,且涉及的法律关系复杂、利益主体众多,人民法院在审理难度大、涉及面广、牵涉社会稳定的重大疑难清算案件时,要在严格依法的前提下,紧紧依靠党委领导和政府支持,充分发挥地方政府建立的各项机制,有效做好维护社会稳定的工作。同时,对于审判实践中发现的新情况、新问题,要及时逐级上报。上级人民法院要加强对此类案件的监督指导,注重深入调查研究,及时总结审判经验,确保依法妥善审理好此类案件。

最高人民法院关于对因资不抵债无法继续办学被终止的民办学校如何组织清算问题的批复

（2010年12月16日最高人民法院审判委员会第1506次会议通过　2010年12月29日最高人民法院公告公布　自2010年12月31日起施行　法释〔2010〕20号）

贵州省高级人民法院：

你院《关于遵义县中山中学被终止后人民法院如何受理"组织清算"的请示》（（2010）黔高研请字第1号）收悉。经研究，答复如下：

依照《中华人民共和国民办教育促进法》第九条批准设立的民办学校因资不抵债无法继续办学被终止，当事人依照《中华人民共和国民办教育促进法》第五十八条第二款规定向人民法院申请清算的，人民法院应当依法受理。人民法院组织民办学校破产清算，参照适用《中华人民共和国企业破产法》规定的程序，并依照《中华人民共和国民办教育促进法》第五十九条规定的顺序清偿。

最高人民法院关于税务机关就破产企业欠缴税款产生的滞纳金提起的债权确认之诉应否受理问题的批复

（2012年6月4日最高人民法院审判委员会第1548次会议通过　2012年6月26日最高人民法院公告公布　自2012年7月12日起施行　法释〔2012〕9号）

青海省高级人民法院：

你院《关于税务机关就税款滞纳金提起债权确认之诉应否受理问题的请示》（青民他字〔2011〕1号）收悉。经研究，答复如下：

税务机关就破产企业欠缴税款产生的滞纳金提起的债权确认之诉，人民法院应依法受理。依照企业破产法、税收征收管理法的有关规定，破产企业在破产案件受理前因欠缴税款产生的滞纳金属于普通破产债权。对于破产案件受理后因欠缴税款产生的滞纳金，人民法院应当依照《最高人民法院关于审理企业破产案件若干问题的规定》第六十一条规定处理。

此复。

最高人民法院关于个人独资企业清算是否可以参照适用企业破产法规定的破产清算程序的批复

（2012年12月10日最高人民法院审判委员会第1563次会议通过　2012年12月11日最高人民法院公告公布　自2012年12月18日起施行　法释〔2012〕16号）

贵州省高级人民法院：

你院《关于个人独资企业清算是否可以参照适用破产清算程序的请示》（〔2012〕黔高研请字第2号）收悉。经研究，批复如下：

根据《中华人民共和国企业破产法》第一百三十五条的规定，在个人独资企业不能清偿到期债务，并且资产不足以清偿全部债务或者明显缺乏清偿能力的情况下，可以参照适用企业破产法规定的破产清算程序进行清算。

根据《中华人民共和国个人独资企业法》第三十一条的规定，人民法院参照适用破产清算程序裁定终结个人独资企业的清算程序后，个人独资企业的债权人仍然可以就其未获清偿的部分向投资人主张权利。

最高人民法院关于审理上市公司破产重整案件工作座谈会纪要

（2012年10月29日　法〔2012〕261号）

《企业破产法》施行以来，人民法院依法审理了部分上市公司破产重整案件，最大限度地减少了因上市公司破产清算给社会造成的不良影响，实现了法律效果和社会效果的统一。上市公司破产重整案件的审理不仅涉及到《企业破产法》、《证券法》、《公司法》等法律的适用，还涉及司法程序与行政程序的衔接问题，有必要进一步明确该类案件的审理原则，细化有关程序和实体规定,更好地规范相关主体的权利义务,以充分保护债权人、广大投资者和上市公司的合法权益,优化配置社会资源,促进资本市场健康发展。为此,最高人民法院会同中国证券监督管理委员会,于2012年3月22日在海南省万宁市召开了审理上市公司破产重整案件工作座谈会。与会同志通过认真讨论,就审理上市公司破产重整案件的若干重要问题取得了共识。现纪要如下:

一、关于上市公司破产重整案件的审理原则

会议认为,上市公司破产重整案件事关资本市场的健康发展,事关广大投资者的利益保护,事关职工权益保障和社会稳定。因此,人民法院应当高度重视此类案件,并在审理中注意坚持以下原则:

(一)依法公正审理原则。上市公司破产重整案件参与主体众多,涉及利益关系复杂,人民法院审理上市公司破产重整案件,既要有利于化解上市公司的债务和经营危机,提高上市公司质量,保护债权人和投资者的合法权益,维护证券市场和社会的稳定,又要防止没有再生希望的上市公司利用破产重整程序逃废债务,滥用司法资源和社会资源;既要保护债权人利益,又要兼顾职工利益、出资人利益和社会利益,妥善处理好各方利益的冲突。上市公司重整计划草案未获批准或重整计划执行不能的,人民法院应当及时宣告债务人破产清算。

(二)挽救危困企业原则。充分发挥上市公司破产重整制度的作用,为尚有挽救希望的危困企业提供获得新生的机会,有利于上市公司、债权人、出资人、关联企业等各方主体实现共赢,有利于社会资源的有效利用。对于具有重整可能的企业,努力推动重整成功,可以促进就业,优化资源配置,促进产业结构的调整和升级换代,减少上市公司破产清算对社会带来的不利影响。

(三)维护社会稳定原则。上市公司进入破产重整程序后,因涉及债权人、上市公司、出资人、企业职工等相关当事人的利益,各方矛盾比较集中和突出,如果处理不当,极易引发群体性、突发性事件,影响社会稳定。人民法院审理上市公司破产重整案件,要充分发挥地方政府的风险预警、部门联动、资金保障等协调机制的作用,积极配合政府做好上市公司重整中的维稳工作,并根据上市公司的特点,加强与证券监管机构的沟通协调。

二、关于上市公司破产重整案件的管辖

会议认为,上市公司破产重整案件应当由上市公司住所地的人民法院,即上市公司主要办事机构所在地法院管辖;上市公司主要办事机构所在地不明确、存在争议的,由上市公司注册登记地人民法院管辖。由于上市公司破产重整案件涉及法律关系复杂,影响面广,对专业知识和综合能力要求较高,人力物力投入较多,上市公司破产重整案件一般应由中级人民法院管辖。

三、关于上市公司破产重整的申请

会议认为,上市公司不能清偿到期债务,并且资产不足以清偿全部债务或者明显缺乏清偿能力,或者有明显丧失清偿能力可能的,上市公司或者上市公司的债权人、出资额占上市公司注册资本十分之一以上的出资人可以向人民法院申请对上市公司进行破产重整。

申请人申请上市公司破产重整的,除提交《企业破产法》第八条规定的材料外,还应当提交关于上市公司具有重整可行性的报告、上市公司住所地省级人民政府向证券监督管理部门的通报情况材料以及证券监督管理部门的意见、上市公司住所地人民政府出具的维稳预案等。上市公司自行申请破产重整的,还应当提交切实可行的职工安置方案。

四、关于对上市公司破产重整申请的审查

会议认为,债权人提出重整申请,上市公司在法律规定的时间内提出异议,或者债权人、上市公司、出资人分别向人民法院提出破产清算申请和重整申请的,人民法院应当组织召开听证会。

人民法院召开听证会的,应当于听证会召开前通知申请人、被申请人,并送达相关申请材料。公司债权人、出资人、实际控制人等利害关系人申请参加听证的,人民法院应当予以准许。人民法院应当就申请人是否具备申请资格、上市公司是否已经发生重整事由、上市公司是否具有重整可行性等内容进行听证。

鉴于上市公司破产重整案件较为敏感,不仅涉及企业职工和二级市场众多投资者的利益安排,还涉及与地方政府和证券监管机构的沟通协调。因此,目前人民法院在裁定受理上市公司破产重整申请前,应当将相关材料逐级报送最高人民法院审查。

五、关于对破产重整上市公司的信息保密和披露

会议认为,对于股票仍在正常交易的上市公司,在上市公司破产重整申请相关信息披露前,上市公司及其债权人、出资人等利害关系人应当按照法律、行政法规、证券监管机构的部门规章及证券交易所上市规则做好信息保密工作。

上市公司的债权人提出破产重整申请的,人民法院应当要求债权人提供其已就此告知上市公司的有关证据。上市公司应当按照相关规则及时履行信息披露义务。

上市公司进入破产重整程序后,由管理人履行相关法律、行政法规、部门规章和公司章程规定的原上市公司董事会、董事和高级管理人员承担的职责和义务,上市公司自行管理财产和营业事务的除外。管理人在上市公司破产重整程序中存在信息披露违法违规行为的,应当依法承担相应的责任。

六、关于上市公司破产重整计划草案的制定

会议认为,上市公司或者管理人制定的上市公司重整计划草案应当包括详细的经营方案。有关经营方案涉及并购重组等行政许可审批事项的,上市公司或管理人应当聘请经证券监管机构核准的财务顾问机构、律师事务所以及具有证券期货业务资格的会计师事务所、资产评估机构等证券服务机构按照证券监管机构的有关要求及格式编制相关材料,并作为重整计划草案及其经营方案的必备文件。

控股股东、实际控制人及其关联方在上市公司破产重整程序前因违规占用、担保等行为对上市公司造成损害的,制定重整计划草案时应当根据其过错对控股股东及实际控制人支配的股东的股权作相应调整。

七、关于上市公司破产重整中出资人组的表决

会议认为,出资人组对重整计划草案中涉及出资人权益调整事项的表决,经参与表决的出资人所持表决权三分之二以上通过的,即为该组通过重整计划草案。

考虑到出席表决会议需要耗费一定的人力物力,一些中小投资者可能放弃参加表决会议的权利。为最大限度地保护中小投资者的合法权益,上市公司或者管理人应当提供网络表决的方式,为出资人行使表决权提供便利。关于网络表决权行使的具体方式,可以参照适用中国证券监督管理委员会发布的有关规定。

八、关于上市公司重整计划草案的会商机制

会议认为,重整计划草案涉及证券监管机构行政许可事项的,受理案件的人民法院应当通过最高人民法院,启动与中国证券监督管理委员会的会商机制。即由最高人民法院将有关材料函送中国证券监督管理委员会,中国证券监督管理委员会安排并购重组专家咨询委员会对会商案件进行研究。并购重组专家咨询委员会应当按照与并购重组审核委员会相同的审核标准,对提起会商的行政许可事项进行研究并出具专家咨询意见。人民法院应当参考专家咨询意见,作出是否批准重整计划草案的裁定。

九、关于上市公司重整计划涉及行政许可部分的执行

会议认为,人民法院裁定批准重整计划后,重整计划内容涉及证券监管机构并购重组行政许可事项的,上市公司应当按照相关规定履行行政许可核准程序。重整计划草案提交出资人组表决且经人民法院裁定批准后,上市公司无须再行召开股东大会,可以直接向证券监管机构提交出资人组表决结果及人民法院裁定书,以申请并购重组许可申请。并购重组审核委员会审核工作应当充分考虑并购重组专家咨询委员会提交的专家咨询意见。并购重组申请事项获得证券监管机构行政许可后,应当在重整计划的执行期限内实施完成。

会议还认为,鉴于上市公司破产重整案件涉及的法律关系复杂,利益主体众多,社会影响较大,人民法院对于审判实践中发现的新情况、新问题,要及时上报。上级人民法院要加强对此类案件的监督指导,加强调查研究,及时总结审判经验,确保依法妥善审理好此类案件。

全国法院破产审判工作会议纪要

(2018年3月4日 法〔2018〕53号)

为落实党的十九大报告提出的贯彻新发展理念、建设现代化经济体系的要求,紧紧围绕高质量发展这条主线,服务和保障供给侧结构性改革,充分发挥人民法院破产审判工作在完善社会主义市场经济主体拯救和退出机制中的积极作用,为决胜全面建成小康社会提供更加有力的司法保障,2017年12月25日,最高人民法院在广东省深圳市召开了全国法院破产审判工作会议。各省、自治区、直辖市高级人民法院、设立破产审判庭的市中级人民法院的代表参加了会议。与会代表经认真讨论,对人民法院破产审判涉及的主要问题达成共识。现纪要如下:

一、破产审判的总体要求

会议认为,人民法院要坚持以习近平新时代中国特色社会主义经济思想为指导,深刻认识破产法治对决胜全面建成小康社会的重要意义,以更加有力的举措开展破产审判工作,为经济社会持续健康发展提供更加有力的司法保障。当前和今后一个时期,破产审判工作总的要求是:

一要发挥破产审判功能,助推建设现代化经济体系。人民法院要通过破产工作实现资源重新配置,用好企业破产中权益、经营管理、资产、技术等重大调整的有利契机,对不同企业分类处置,把科技、资本、劳动力和人力资源等生产要素调动好、配置好、协同好,促进实体经济和产业体系优质高效。

二要着力服务构建新的经济体制,完善市场主体救治和退出机制。要充分运用重整、和解法律手段实现市场主体的有效救治,帮助企业提质增效;运用清算手段促使丧失经营价值的企业和产能及时退出市场,实现优胜劣汰,从而完善社会主义市场主体的救治和退出机制。

三要健全破产审判工作机制,最大限度释放破产审判的价值。要进一步完善破产重整企业识别、政府与法院协调、案件信息沟通、合法有序的利益衡平四项破产审判工作机制,推动破产审判工作良性运行,彰显破产审判工作的制度价值和社会责任。

四要完善执行与破产工作的有序衔接,推动解决"执行难"。要将破产审判作为与立案、审判、执行既相互衔接、又相对独立的一个重要环节,充分发挥破产审判对化解执行积案的促进功能,消除执行转破产的障碍,从司法工作机制上探索解决"执行难"的有效途径。

二、破产审判的专业化建设

审判专业化是破产审判工作取得实质性进展的关键环节。各级法院要大力加强破产审判专业化建设,努力实现审判机构专业化、审判队伍专业化、审判程序规范化、裁判规则标准化、绩效考评科学化。

1. 推进破产审判机构专业化建设。省会城市、副省级城市所在地中级人民法院要根据最高人民法院《关于在中级人民法院设立清算与破产审判庭的工作方案》(法〔2016〕209号),抓紧设立清算与破产审判庭。其他各级法院可根据本地工作实际需求决定设立清算与破产审判庭或专门的合议庭,培养熟悉清算与破产审判的专业法官,以适应破产审判工作的需求。

2. 合理配置审判任务。要根据破产案件数量、案件难易程度、审判力量等情况,合理分配各级法院的审判任务。对于债权债务关系复杂、审理难度大的破产案件,高级人民法院可以探索实行中级人民法院集中管辖为原则、基层人民法院管辖为例外的管辖制度;对于债权债务关系简单、审理难度不大的破产案件,可以主要由基层人民法院管辖,通过快速审理程序高效审结。

3. 建立科学的绩效考评体系。要尽快完善清算与破产审判工作绩效考评体系,在充分尊重司法规律的基础上确定绩效考评标准,避免将办理清算破产案件与普通案件简单对比、等量齐观、同等考核。

三、管理人制度的完善

管理人是破产程序的主要推动者和破产事务的具体执行者。管理人的能力和素质不仅影响破产审判工作的质量,还关系到破产企业的命运与未来发展。要加快完善管理人制度,大力提升管理人职业素养和执业能力,强化对管理人的履职保障和有效监督,为改善企业经营、优化产业结构提供有力制度保障。

4. 完善管理人队伍结构。人民法院要指导编入管理人名册的中介机构采取适当方式吸收具有专业技术知识、企业经营能力的人员充实到管理人队伍中来,促进管理人队伍内在结构更加合理,充分发挥和提升管理人在企业病因诊断、资源整合等方面的重要作用。

5. 探索管理人跨区域执业。除从本地名册选择管理人外,各地法院还可以探索从外省、市管理人名册中选任管理人,确保重大破产案件能够遴选出最佳管理人。两家以上具备资质的中介机构请求联合担任同一破产案件管理人的,人民法院经审查符合自愿协商、优势互补、权责一致要求且确有必要的,可以准许。

6. 实行管理人分级管理。高级人民法院或者自行编制管理人名册的中级人民法院可以综合考虑管理人的专业水准、工作经验、执业操守、工作绩效、勤勉程度等因素,合理确定管理人等级,对管理人实行分级管理、定期考评。对债务人财产数量不多、债权债务关系简单的破产案件,可以在相应等级的管理人中采取轮候、抽签、摇号等随机方式指定管理人。

7. 建立竞争选定管理人工作机制。破产案件中可以引入竞争机制选任管理人,提升破产管理质量。上市公司破产案件、在本地有重大影响的破产案件或者债权债务关系复杂,涉及债权人、职工以及利害关系人人数较多的破产案件,在指定管理人时,一般应当通过竞争方式依法选定。

8. 合理划分法院和管理人的职能范围。人民法院应当支持和保障管理人依法履行职责,不得代替管理人作出本应由管理人自己作出的决定。管理人应当依法管理和处分债务人财产,审慎决定债务人内部管理事务,不得将自己的职责全部或者部分转让给他人。

9. 进一步落实管理人职责。在债务人自行管理的重整程序中,人民法院要督促管理人制订监督债务人的具体制度。在重整计划规定的监督期内,管理人应当代表债务人参加监督期开始前已经启动而尚未终结的诉讼、仲裁活动。重整程序、和解程序转入破产清算程序后,管理人应当按照破产清算程序继续履行管理人职责。

10. 发挥管理人报酬的激励和约束作用。人民法院可以根据破产案件的不同情况确定管理人报酬的支付方式,发挥管理人报酬在激励、约束管理人勤勉履职方面的积极作用。管理人报酬原则上应当根据破产案件审理进度和管理人履职情况分期支付。案情简单、耗时较短的破产案件,可以在破产程序终结后一次性向管理人支付报酬。

11. 管理人聘用其他人员费用负担的规制。管理人经人民法院许可聘用企业经营管理人员,或者管理人确有必要聘请其他社会中介机构或人员处理重大诉讼、仲裁、执行或审计等专业性较强工作,如所需费用需要列入破产费用的,应当经债权人会议同意。

12. 推动建立破产费用的综合保障制度。各地法院要积极争取财政部门支持,或采取从其他破产案件管理人报酬中提取一定比例等方式,推动设立破产费用保障资金,建立破产费用保障长效机制,解决因债务人财产不足以支付破产费用而影响破产程序启动的问题。

13. 支持和引导成立管理人协会。人民法院应当支持、引导、推动本辖区范围内管理人名册中的社会中介机构、个人成立管理人协会,加强对管理人的管理和约束,维护管理人的合法权益,逐步形成规范、稳定和自律的行业组织,确保管理人队伍既充满活力又规范有序发展。

四、破产重整

会议认为,重整制度集中体现了破产法的拯救功能,代表了现代破产法的发展趋势,全国各级法院要高度重视重整工作,妥善审理企业重整案件,通过市场化、法治化途径挽救困境企业,不断完善社会主义市场主体救治机制。

14. 重整企业的识别审查。破产重整的对象应当是具有挽救价值和可能的困境企业;对于僵尸企业,应通过破产清算,果断实现市场出清。人民法院在审查重整申请时,根据债务人的资产状况、技术工艺、生产销售、行业前景等因素,能够认定债务人明显不具备重整价值以及拯救可能性的,应裁定不予受理。

15. 重整案件的听证程序。对于债权债务关系复杂、债务规模较大,或者涉及上市公司重整的案件,人民法院在审查重整申请时,可以组织申请人、被申请人听证。债权人、出资人、重整投资人等利害关系人经人民法院准许,也可以参加听证。听证期间不计入重整申请审查期限。

16. 重整计划的制定及沟通协调。人民法院要加强与管理人或债务人的沟通,引导其分析债务人陷于困境的原因,有针对性地制定重整计划草案,促使企业重新获得盈利能力,提高重整成功率。人民法院要与政府建立沟通协调机制,帮助管理人或债务人解决重整计划草案制定中的困难和问题。

17. 重整计划的审查与批准。重整不限于债务减免和财务调整,重整的重点是维持企业的营运价值。人民法院在审查重整计划时,除合法性审查外,还应审查其中的经营方案是否具有可行性。重整计划中关于企业重新获得盈利能力的经营方案具有可行性、表决程序合法、内容不损害各表决组中反对者的清偿利益的,人民法院应当自收到申请之日起三十日内裁定批准重整计划。

18. 重整计划草案强制批准的条件。人民法院应当审慎适用企业破产法第八十七条第二款,不得滥用强制批准权。确需强制批准重整计划草案的,重整计划草案除应当符合企业破产法第八十七条第二款规定外,如债权人分多组的,还应当至少有一组已经通过重整计划草案,且各表决组中反对者能够获得的清偿利益不低于依照破产清算程序所能获得的利益。

19. 重整计划执行中的变更条件和程序。债务人应严格执行重整计划,但因出现国家政策调整、法律修改变化等特殊情况,导致原重整计划无法执行的,债务人或管理人可以申请变更重整计划一次。债权人会议决议同意变更重整计划的,应自决议通过之日起十日内提请人民法院批准。债权人会议决议不同意或者人民法院不批准变更申请的,人民法院经管理人或者利害关系人请求,应当裁定终止重整计划的执行,并宣告债务人破产。

20. 重整计划变更后的重新表决与裁定批准。人民法院裁定同意变更重整计划的,债务人或者管理人应当在六个月内提出新的重整计划。变更后的重整计划应提交给因重整计划变更而遭受不利影响的债权人组和出资人组进行表决。表决、申请人民法院批准以及人民法院裁定是否批准的程序与原重整计划的相同。

21. 重整后企业正常生产经营的保障。企业重整后,投资主体、股权结构、公司治理模式、经营方式等与原企业相比,往往发生了根本变化,人民法院要通过加强与政府的沟通协调,帮助重整企业修复信用记录,依法获取税收优惠,以利于重整企业恢复正常生产经营。

22. 探索推行庭外重组与庭内重整制度的衔接。在企业进入重整程序之前,可以先由债权人与债务人、出资人等利害关系人通过庭外商业谈判,拟定重组方案。重整程序启动后,可以重组方案为依据拟定重整计划草案提交人民法院依法审查批准。

五、破产清算

会议认为,破产清算作为破产制度的重要组成部分,具有淘汰落后产能、优化市场资源配置的直接作用。对于缺乏拯救价值和可能性的债务人,要及时通过破产清算程序对债权债务关系进行全面清理,重新配置社会资源,提升社会有效供给的质量和水平,增强企业破产法对市场经济发展的引领作用。

23. 破产宣告的条件。人民法院受理破产清算申请后,第一次债权人会议上无人提出重整或和解申请的,管理人应当在债权审核确认和必要的审计、资产评估后,及时向人民法院提出宣告破产的申请。人民法院受理破产和解或重整申请后,债务人出现应当宣告破产的法定原因时,人民法院应当依法宣告债务人破产。

24. 破产宣告的程序及转换限制。相关主体向人民法院提出宣告破产申请的,人民法院应当自收到申请之日起七日内作出破产宣告裁定并进行公告。债务人被宣告破产后,不得再转入重整程序或和解程序。

25. 担保权人权利的行使与限制。在破产清算和破产和解程序中,对债务人特定财产享有担保权的债权人可以随时向管理人主张就该特定财产变价处置行使优先受偿权,管理人应及时变价处置,不得以须经债权人会议决议等为由拒绝。但因单独处置担保财产会降低其他破产财产的价值而应整体处置的除外。

26. 破产财产的处置。破产财产处置应当以价值最大化为原则,兼顾处置效率。人民法院要积极探索更为有效的破产财产处置方式和渠道，最大限度提升破产财产变价率。采用拍卖方式进行处置的，拍卖所得预计不足以支付评估拍卖费用，或者拍卖不成的，经债权人会议决议，可以采取作价变卖或实物分配方式。变卖或实物分配的方案经债权人会议两次表决仍未通过的，由人民法院裁定处理。

27. 企业破产与职工权益保护。破产程序中要依法妥善处理劳动关系，推动完善职工欠薪保障机制，依法保护职工生存权。由第三方垫付的职工债权，原则上按照垫付的职工债权性质进行清偿；由欠薪保障基金垫付的，应按照企业破产法第一百一十三条第一款第二项的顺序清偿。债务人欠缴的住房公积金，按照债务人拖欠的职工工资性质清偿。

28. 破产债权的清偿原则和顺序。对于法律没有明确规定清偿顺序的债权，人民法院可以按照人身损害赔偿债权优先于财产性债权、私法债权优先于公法债权、补偿性债权优先于惩罚性债权的原则合理确定清偿顺序。因债务人侵权行为造成的人身损害赔偿，可以参照企业破产法第一百一十三条第一款第一项规定的顺序清偿，但其中涉及的惩罚性赔偿除外。破产财产依照企业破产法第一百一十三条规定的顺序清偿后仍有剩余的，可依次用于清偿破产受理前产生的民事惩罚性赔偿金、行政罚款、刑事罚金等惩罚性债权。

29. 建立破产案件审理的繁简分流机制。人民法院审理破产案件应当提升审判效率，在确保利害关系人程序和实体权利不受损害的前提下，建立破产案件审理的繁简分流机制。对于债权债务关系明确、债务人财产状况清楚的破产案件，可以通过缩短程序时间、简化流程等方式加快案件审理进程，但不得突破法律规定的最低期限。

30. 破产清算程序的终结。人民法院终结破产清算程序应当以查明债务人财产状况、明确债务人财产的分配方案、确保破产债权获得依法清偿为基础。破产申请受理后，经管理人调查，债务人财产不足以清偿破产费用且无人代为清偿或垫付的，人民法院应当依管理人申请宣告破产并裁定终结破产清算程序。

31. 保证人的清偿责任和求偿权的限制。破产程序终结前，已向债权人承担了保证责任的保证人，可以要求债务人向其转付已申报债权的债权人在破产程序中应得清偿部分。破产程序终结后，债权人就破产程序中未受清偿部分要求保证人承担保证责任的，应在破产程序终结后六个月内提出。保证人承担保证责任后，不得再向和解或重整后的债务人行使求偿权。

六、关联企业破产

会议认为，人民法院审理关联企业破产案件时，要立足于破产关联企业之间的具体关系模式，采取不同方式予以处理。既要通过实质合并审理方式处理法人人格高度混同的关联关系，确保全体债权人公平清偿，也要避免不当采用实质合并审理方式损害相关利益主体的合法权益。

32. 关联企业实质合并破产的审慎适用。人民法院在审理企业破产案件时，应当尊重企业法人人格的独立性，以对关联企业成员的破产原因进行单独判断并适用单个破产程序为基本原则。当关联企业成员之间存在法人人格高度混同、区分各关联企业成员财产的成本过高、严重损害债权人公平清偿利益时，可例外适用关联企业实质合并破产方式进行审理。

33. 实质合并申请的审查。人民法院收到实质合并申请后，应当及时通知相关利害关系人并组织听证，听证时间不计入审查时间。人民法院在审查实质合并申请过程中，可以综合考虑关联企业之间资产的混同程序及其持续时间、各企业之间的利益关系、债权人整体清偿利益、增加企业重整的可能性等因素，在收到申请之日起三十日内作出是否实质合并审理的裁定。

34. 裁定实质合并时利害关系人的权利救济。相关利害关系人对受理法院作出的实质合并审理裁定不服的，可以自裁定书送达之日起十五日内向受理法院的上一级人民法院申请复议。

35. 实质合并审理的管辖原则与冲突解决。采用实质合并方式审理关联企业破产案件的，应由关联企业中的核心控制企业住所地人民法院管辖。核心控制企业不明确的，由关联企业主要财产所在地人民法院管辖。多个法院之间对管辖权发生争议的，应当报请共同的上级人民法院指定管辖。

36. 实质合并审理的法律后果。人民法院裁定采用实质合并方式审理破产案件的,各关联企业成员之间的债权债务归于消灭,各成员的财产作为合并后统一的破产财产,由各成员的债权人在同一程序中按照法定顺序公平受偿。采用实质合并方式进行重整的,重整计划草案中应当制定统一的债权分类、债权调整和债权受偿方案。

37. 实质合并审理后的企业成员存续。适用实质合并规则进行破产清算的,破产程序终结后各关联企业成员均应予以注销。适用实质合并规则进行和解或重整的,各关联企业原则上应当合并为一个企业。根据和解协议或重整计划,确有需要保持个别企业独立的,应当依照企业分立的有关规则单独处理。

38. 关联企业破产案件的协调审理与管辖原则。多个关联企业成员均存在破产原因但不符合实质合并条件的,人民法院可根据相关主体的申请对多个破产程序进行协调审理,并可根据程序协调的需要,综合考虑破产案件审理的效率、破产申请的先后顺序、成员负债规模大小、核心控制企业住所地等因素,由共同的上级法院确定一家法院集中管辖。

39. 协调审理的法律后果。协调审理不消灭关联企业成员之间的债权债务关系,不对关联企业成员的财产进行合并,各关联企业成员的债权人仍以该企业成员财产为限依法获得清偿。但关联企业成员之间不当利用关联关系形成的债权,应当劣后于其他普通债权顺序清偿,且该劣后债权人不得就其他关联企业成员提供的特定财产优先受偿。

七、执行程序与破产程序的衔接

执行程序与破产程序的有效衔接是全面推进破产审判工作的有力抓手,也是破解“执行难”的重要举措。全国各级法院要深刻认识执行转破产工作的重要意义,大力推动符合破产条件的执行案件,包括执行不能案件进入破产程序,充分发挥破产程序的制度价值。

40. 执行法院的审查告知、释明义务和移送职责。执行部门要高度重视执行与破产的衔接工作,推动符合条件的执行案件向破产程序移转。执行法院发现作为被执行人的企业法人符合企业破产法第二条规定的,应当及时询问当事人是否同意将案件移送破产审查并释明法律后果。执行法院作出移送决定后,应当书面通知所有已知执行法院,执行法院均应中止对被执行人的执行程序。

41. 执行转破产案件的移送和接收。执行法院与受移送法院应加强移送环节的协调配合,提升工作实效。执行法院移送案件时,应当确保材料完备,内容、形式符合规定。受移送法院应当认真审核并及时反馈意见,不得无故不予接收或暂缓立案。

42. 破产案件受理后查封措施的解除或查封财产的移送。执行法院收到破产受理裁定后,应当解除对债务人财产的查封、扣押、冻结措施;或者根据破产受理法院的要求,出具函件将查封、扣押、冻结财产的处置权交破产受理法院。破产受理法院可以持执行法院的移送处置函件进行续行查封、扣押、冻结,解除查封、扣押、冻结,或者予以处置。

执行法院收到破产受理裁定拒不解除查封、扣押、冻结措施的,破产受理法院可以请求执行法院的上级法院依法予以纠正。

43. 破产审判部门与执行部门的信息共享。破产受理法院可以利用执行查控系统查控债务人财产,提高破产审判工作效率,执行部门应予以配合。

各地法院要树立线上线下法律程序同步化的观念,逐步实现符合移送条件的执行案件网上移送,提升移送工作的透明度,提高案件移送、通知、送达、沟通协调等相关工作的效率。

44. 强化执行转破产工作的考核与管理。各级法院要结合工作实际建立执行转破产工作考核机制,科学设置考核指标,推动执行转破产工作开展。对应当征询当事人意见不征询、应当提交移送审查不提交、受移送法院违反相关规定拒不接收执行转破产材料或者拒绝立案的,除应当纳入绩效考核和业绩考评体系外,还应当公开通报和严肃追究相关人员的责任。

八、破产信息化建设

会议认为,全国法院要进一步加强破产审判的信息化建设,提升破产案件审理的透明度和公信力,增进破产案件审理质效,促进企业重整再生。

45. 充分发挥破产重整案件信息平台对破产审判工作的推动作用。各级法院要按照最高人民法院相关规定,通过破产重整案件信息平台规范破产案件审理,全程公开、步步留痕。要进一步强化信息网的数据统计、数据检索等功能,分析研判企业破产案件情况,及时发现新情况,解决新问题,提升破产案件审判水平。

46. 不断加大破产重整案件的信息公开力度。要增加对债务人企业信息的公开内容,吸引潜在投资者,促进资本、技术、管理能力等要素自由流动和有效配置,帮助企业重整再生。要确保债权人等利害关系人及时、充分了解案件进程和债务人相关财务、重整计划草案、重整计划执行等情况,维护债权人等利害关系人的知情权、程序参与权。

47. 运用信息化手段提高破产案件处理的质量与效率。要适应信息化发展趋势,积极引导以网络拍卖方式处置破产财产,提升破产财产处置效益。鼓励和规范通过网络方式召开债权人会议,提高效率,降低破产费用,确保债权人等主体参与破产程序的权利。

48. 进一步发挥人民法院破产重整案件信息网的枢纽作用。要不断完善和推广使用破产重整案件信息网,在确保增量数据及时录入信息网的同时,加快填充有关存量数据,确立信息网在企业破产大数据方面的枢纽地位,发挥信息网的宣传、交流功能,扩大各方运用信息网的积极性。

九、跨境破产

49. 对跨境破产与互惠原则。人民法院在处理跨境破产案件时,要妥善解决跨境破产中的法律冲突与矛盾,合理确定跨境破产案件中的管辖权。在坚持同类债权平等保护的原则下,协调好外国债权人利益与我国债权人利益的平衡,合理保护我国境内职工债权、税收债权等优先权的清偿利益。积极参与、推动跨境破产国际条约的协商与签订,探索互惠原则适用的新方式,加强我国法院和管理人在跨境破产领域的合作,推进国际投资健康有序发展。

50. 跨境破产案件中的权利保护与利益平衡。依照企业破产法第五条的规定,开展跨境破产协作。人民法院认可外国法院作出的破产案件的判决、裁定后,债务人在中华人民共和国境内的财产在全额清偿境内的担保权人、职工债权和社会保险费用、所欠税款等优先权后,剩余财产可以按照该外国法院的规定进行分配。

七 金 融

(一)银 行

中华人民共和国银行业监督管理法[①]

(2003年12月27日第十届全国人民代表大会常务委员会第六次会议通过 2003年12月27日中华人民共和国主席令第11号公布 自2004年2月1日起施行)

目 录

第一章 总 则

第一条 为了加强对银行业的监督管理,规范监督管理行为,防范和化解银行业风险,保护存款人和其他客户的合法权益,促进银行业健康发展,制定本法。

第二条 国务院银行业监督管理机构负责对全国银行业金融机构及其业务活动监督管理的工作。

本法所称银行业金融机构,是指在中华人民共和国境内设立的商业银行、城市信用合作社、农村信用合作社等吸收公众存款的金融机构以及政策性银行。

对在中华人民共和国境内设立的金融资产管理公司、信托投资公司、财务公司、金融租赁公司以及经国务院银行业监督管理机构批准设立的其他金融机构的监督管理,适用本法对银行业金融机构监督管理的规定。

国务院银行业监督管理机构依照本法有关规定,对经其批准在境外设立的金融机构以及前二款金融机构在境外的业务活动实施监督管理。

第三条 银行业监督管理的目标是促进银行业的合法、稳健运行,维护公众对银行业的信心。

银行业监督管理应当保护银行业公平竞争,提高银行业竞争能力。

第四条 银行业监督管理机构对银行业实施监督管理,应当遵循依法、公开、公正和效率的原则。

第五条 银行业监督管理机构及其从事监督管理工作的人员依法履行监督管理职责,受法律保护。地方政府、各级政府部门、社会团体和个人不得干涉。

第六条 国务院银行业监督管理机构应当和中国人民银行、国务院其他金融监督管理机构建立监督管理信息共享机制。

第七条 国务院银行业监督管理机构可以和其他国家或者地区的银行业监督管理机构建立监督管理合作机制,实施跨境监督管理。

第二章 监督管理机构

第八条 国务院银行业监督管理机构根据履行职责的需要设立派出机构。国务院银行业监督管理机构对派出机构实行统一领导和管理。

国务院银行业监督管理机构的派出机构在国务院银行业监督管理机构的授权范围内,履行监督管理职责。

第九条 银行业监督管理机构从事监督管理工作的人员,应当具备与其任职相适应的专业知识和业务工作经验。

第十条 银行业监督管理机构工作人员,应当忠于职守,依法办事,公正廉洁,不得利用职务便利牟取不正当的利益,不得在金融机构等企业中兼任职务。

第十一条 银行业监督管理机构工作人员,应当依法保守国家秘密,并有责任为其监督管理的银行业金融机构及当事人保守秘密。

国务院银行业监督管理机构同其他国家或者地区的银行业监督管理机构交流监督管理信息,应当就信息保密作出安排。

---

① 编者注:已被修改。

第十二条 国务院银行业监督管理机构应当公开监督管理程序，建立监督管理责任制度和内部监督制度。

第十三条 银行业监督管理机构在处置银行业金融机构风险、查处有关金融违法行为等监督管理活动中，地方政府、各级有关部门应当予以配合和协助。

第十四条 国务院审计、监察等机关，应当依照法律规定对国务院银行业监督管理机构的活动进行监督。

第三章 监督管理职责

第十五条 国务院银行业监督管理机构依照法律、行政法规制定并发布对银行业金融机构及其业务活动监督管理的规章、规则。

第十六条 国务院银行业监督管理机构依照法律、行政法规规定的条件和程序，审查批准银行业金融机构的设立、变更、终止以及业务范围。

第十七条 申请设立银行业金融机构，或者银行业金融机构变更持有资本总额或者股份总额达到规定比例以上的股东的，国务院银行业监督管理机构应当对股东的资金来源、财务状况、资本补充能力和诚信状况进行审查。

第十八条 银行业金融机构业务范围内的业务品种，应当按照规定经国务院银行业监督管理机构审查批准或者备案。需要审查批准或者备案的业务品种，由国务院银行业监督管理机构依照法律、行政法规作出规定并公布。

第十九条 未经国务院银行业监督管理机构批准，任何单位或者个人不得设立银行业金融机构或者从事银行业金融机构的业务活动。

第二十条 国务院银行业监督管理机构对银行业金融机构的董事和高级管理人员实行任职资格管理。具体办法由国务院银行业监督管理机构制定。

第二十一条 银行业金融机构的审慎经营规则，由法律、行政法规规定，也可以由国务院银行业监督管理机构依照法律、行政法规制定。

前款规定的审慎经营规则，包括风险管理、内部控制、资本充足率、资产质量、损失准备金、风险集中、关联交易、资产流动性等内容。

银行业金融机构应当严格遵守审慎经营规则。

第二十二条 国务院银行业监督管理机构应当在规定的期限，对下列申请事项作出批准或者不批准的书面决定；决定不批准的，应当说明理由：

（一）银行业金融机构的设立，自收到申请文件之日起六个月内；

（二）银行业金融机构的变更、终止，以及业务范围和增加业务范围内的业务品种，自收到申请文件之日起三个月内；

（三）审查董事和高级管理人员的任职资格，自收到申请文件之日起三十日内。

第二十三条 银行业监督管理机构应当对银行业金融机构的业务活动及其风险状况进行非现场监管，建立银行业金融机构监督管理信息系统，分析、评价银行业金融机构的风险状况。

第二十四条 银行业监督管理机构应当对银行业金融机构的业务活动及其风险状况进行现场检查。

国务院银行业监督管理机构应当制定现场检查程序，规范现场检查行为。

第二十五条 国务院银行业监督管理机构应当对银行业金融机构实行并表监督管理。

第二十六条 国务院银行业监督管理机构对中国人民银行提出的检查银行业金融机构的建议，应当自收到建议之日起三十日内予以回复。

第二十七条 国务院银行业监督管理机构应当建立银行业金融机构监督管理评级体系和风险预警机制，根据银行业金融机构的评级情况和风险状况，确定对其现场检查的频率、范围和需要采取的其他措施。

第二十八条 国务院银行业监督管理机构应当建立银行业突发事件的发现、报告岗位责任制度。

银行业监督管理机构发现可能引发系统性银行业风险、严重影响社会稳定的突发事件的，应当立即向国务院银行业监督管理机构负责人报告；国务院银行业监督管理机构负责人认为需要向国务院报告的，应当立即向国务院报告，并告知中国人民银行、国务院财政部门等有关部门。

第二十九条 国务院银行业监督管理机构

应当会同中国人民银行、国务院财政部门等有关部门建立银行业突发事件处置制度,制定银行业突发事件处置预案,明确处置机构和人员及其职责、处置措施和处置程序,及时、有效地处置银行业突发事件。

第三十条 国务院银行业监督管理机构负责统一编制全国银行业金融机构的统计数据、报表,并按照国家有关规定予以公布。

第三十一条 国务院银行业监督管理机构对银行业自律组织的活动进行指导和监督。

银行业自律组织的章程应当报国务院银行业监督管理机构备案。

第三十二条 国务院银行业监督管理机构可以开展与银行业监督管理有关的国际交流、合作活动。

第四章 监督管理措施

第三十三条 银行业监督管理机构根据履行职责的需要,有权要求银行业金融机构按照规定报送资产负债表、利润表和其他财务会计、统计报表、经营管理资料以及注册会计师出具的审计报告。

第三十四条 银行业监督管理机构根据审慎监管的要求,可以采取下列措施进行现场检查:

(一)进入银行业金融机构进行检查;

(二)询问银行业金融机构的工作人员,要求其对有关检查事项作出说明;

(三)查阅、复制银行业金融机构与检查事项有关的文件、资料,对可能被转移、隐匿或者毁损的文件、资料予以封存;

(四)检查银行业金融机构运用电子计算机管理业务数据的系统。

进行现场检查,应当经银行业监督管理机构负责人批准。现场检查时,检查人员不得少于二人,并应当出示合法证件和检查通知书;检查人员少于二人或者未出示合法证件和检查通知书的,银行业金融机构有权拒绝检查。

第三十五条 银行业监督管理机构根据履行职责的需要,可以与银行业金融机构董事、高级管理人员进行监督管理谈话,要求银行业金融机构董事、高级管理人员就银行业金融机构的业务活动和风险管理的重大事项作出说明。

第三十六条 银行业监督管理机构应当责令银行业金融机构按照规定,如实向社会公众披露财务会计报告、风险管理状况、董事和高级管理人员变更以及其他重大事项等信息。

第三十七条 银行业金融机构违反审慎经营规则的,国务院银行业监督管理机构或者其省一级派出机构应当责令限期改正;逾期未改正的,或者其行为严重危及该银行业金融机构的稳健运行、损害存款人和其他客户合法权益的,经国务院银行业监督管理机构或者其省一级派出机构负责人批准,可以区别情形,采取下列措施:

(一)责令暂停部分业务、停止批准开办新业务;

(二)限制分配红利和其他收入;

(三)限制资产转让;

(四)责令控股股东转让股权或者限制有关股东的权利;

(五)责令调整董事、高级管理人员或者限制其权利;

(六)停止批准增设分支机构。

银行业金融机构整改后,应当向国务院银行业监督管理机构或者其省一级派出机构提交报告。国务院银行业监督管理机构或者其省一级派出机构经验收,符合有关审慎经营规则的,应当自验收完毕之日起三日内解除对其采取的前款规定的有关措施。

第三十八条 银行业金融机构已经或者可能发生信用危机,严重影响存款人和其他客户合法权益的,国务院银行业监督管理机构可以依法对该银行业金融机构实行接管或者促成机构重组,接管和机构重组依照有关法律和国务院的规定执行。

第三十九条 银行业金融机构有违法经营、经营管理不善等情形,不予撤销将严重危害金融秩序、损害公众利益的,国务院银行业监督管理机构有权予以撤销。

第四十条 银行业金融机构被接管、重组或者被撤销的,国务院银行业监督管理机构有权要求该银行业金融机构的董事、高级管理人员和其他工作人员,按照国务院银行业监督管理机构的要求履行职责。

在接管、机构重组或者撤销清算期间,经国

务院银行业监督管理机构负责人批准，对直接负责的董事、高级管理人员和其他直接责任人员，可以采取下列措施：

（一）直接负责的董事、高级管理人员和其他直接责任人员出境将对国家利益造成重大损失的，通知出境管理机关依法阻止其出境；

（二）申请司法机关禁止其转移、转让财产或者对其财产设定其他权利。

第四十一条　经国务院银行业监督管理机构或者其省一级派出机构负责人批准，银行业监督管理机构有权查询涉嫌金融违法的银行业金融机构及其工作人员以及关联行为人的账户；对涉嫌转移或者隐匿违法资金的，经银行业监督管理机构负责人批准，可以申请司法机关予以冻结。

第五章　法律责任

第四十二条　银行业监督管理机构从事监督管理工作的人员有下列情形之一的，依法给予行政处分；构成犯罪的，依法追究刑事责任：

（一）违反规定审查批准银行业金融机构的设立、变更、终止，以及业务范围和业务范围内的业务品种的；

（二）违反规定对银行业金融机构进行现场检查的；

（三）未依照本法第二十八条规定报告突发事件的；

（四）违反规定查询账户或者申请冻结资金的；

（五）违反规定对银行业金融机构采取措施或者处罚的；

（六）滥用职权、玩忽职守的其他行为。

银行业监督管理机构从事监督管理工作的人员贪污受贿、泄露国家秘密或者所知悉的商业秘密，构成犯罪的，依法追究刑事责任；尚不构成犯罪的，依法给予行政处分。

第四十三条　擅自设立银行业金融机构或者非法从事银行业金融机构的业务活动的，由国务院银行业监督管理机构予以取缔；构成犯罪的，依法追究刑事责任；尚不构成犯罪的，由国务院银行业监督管理机构没收违法所得，违法所得五十万元以上的，并处违法所得一倍以上五倍以下罚款；没有违法所得或者违法所得不足五十万元的，处五十万元以上二百万元以下罚款。

第四十四条　银行业金融机构有下列情形之一，由国务院银行业监督管理机构责令改正，有违法所得的，没收违法所得，违法所得五十万元以上的，并处违法所得一倍以上五倍以下罚款；没有违法所得或者违法所得不足五十万元的，处五十万元以上二百万元以下罚款；情节特别严重或者逾期不改正的，可以责令停业整顿或者吊销其经营许可证；构成犯罪的，依法追究刑事责任：

（一）未经批准设立分支机构的；

（二）未经批准变更、终止的；

（三）违反规定从事未经批准或者未备案的业务活动的；

（四）违反规定提高或者降低存款利率、贷款利率的。

第四十五条　银行业金融机构有下列情形之一，由国务院银行业监督管理机构责令改正，并处二十万元以上五十万元以下罚款；情节特别严重或者逾期不改正的，可以责令停业整顿或者吊销其经营许可证；构成犯罪的，依法追究刑事责任：

（一）未经任职资格审查任命董事、高级管理人员的；

（二）拒绝或者阻碍非现场监管或者现场检查的；

（三）提供虚假的或者隐瞒重要事实的报表、报告等文件、资料的；

（四）未按照规定进行信息披露的；

（五）严重违反审慎经营规则的；

（六）拒绝执行本法第三十七条规定的措施的。

第四十六条　银行业金融机构不按照规定提供报表、报告等文件、资料的，由银行业监督管理机构责令改正，逾期不改正的，处十万元以上三十万元以下罚款。

第四十七条　银行业金融机构违反法律、行政法规以及国家有关银行业监督管理规定的，银行业监督管理机构除依照本法第四十三条至第四十六条规定处罚外，还可以区别不同情形，采取下列措施：

(一)责令银行业金融机构对直接负责的董事、高级管理人员和其他直接责任人员给予纪律处分;

(二)银行业金融机构的行为尚不构成犯罪的,对直接负责的董事、高级管理人员和其他直接责任人员给予警告,处五万元以上五十万元以下罚款;

(三)取消直接负责的董事、高级管理人员一定期限直至终身的任职资格,禁止直接负责的董事、高级管理人员和其他直接责任人员一定期限直至终身从事银行业工作。

第六章 附 则

第四十八条 对在中华人民共和国境内设立的政策性银行、金融资产管理公司的监督管理,法律、行政法规另有规定的,依照其规定。

第四十九条 对在中华人民共和国境内设立的外资银行业金融机构、中外合资银行业金融机构、外国银行业金融机构的分支机构的监督管理,法律、行政法规另有规定的,依照其规定。

第五十条 本法自2004年2月1日起施行。

全国人民代表大会常务委员会关于修改《中华人民共和国银行业监督管理法》的决定

(2006年10月31日第十届全国人民代表大会常务委员会第二十四次会议通过 2006年10月31日中华人民共和国主席令第58号公布 自2007年1月1日起施行)

第十届全国人民代表大会常务委员会第二十四次会议决定对《中华人民共和国银行业监督管理法》作如下修改:

一、增加一条,作为第四十二条:"银行业监督管理机构依法对银行业金融机构进行检查时,经设区的市一级以上银行业监督管理机构负责人批准,可以对与涉嫌违法事项有关的单位和个人采取下列措施:

"(一)询问有关单位或者个人,要求其对有关情况作出说明;

"(二)查阅、复制有关财务会计、财产权登记等文件、资料;

"(三)对可能被转移、隐匿、毁损或者伪造的文件、资料,予以先行登记保存。

"银行业监督管理机构采取前款规定措施,调查人员不得少于二人,并应当出示合法证件和调查通知书;调查人员少于二人或者未出示合法证件和调查通知书的,有关单位或者个人有权拒绝。对依法采取的措施,有关单位和个人应当配合,如实说明有关情况并提供有关文件、资料,不得拒绝、阻碍和隐瞒。"

二、第四十二条改为第四十三条,第一款增加一项,作为第六项:"违反本法第四十二条规定对有关单位或者个人进行调查的"。

第二款修改为:"银行业监督管理机构从事监督管理工作的人员贪污受贿,泄露国家秘密、商业秘密和个人隐私,构成犯罪的,依法追究刑事责任;尚不构成犯罪的,依法给予行政处分。"

三、增加一条,作为第四十九条:"阻碍银行业监督管理机构工作人员依法执行检查、调查职务的,由公安机关依法给予治安管理处罚;构成犯罪的,依法追究刑事责任。"

本决定自2007年1月1日起施行。

《中华人民共和国银行业监督管理法》根据本决定作修改并对条款顺序作调整后,重新公布。

中华人民共和国银行业监督管理法

(2003年12月27日第十届全国人民代表大会常务委员会第六次会议通过 根据2006年10月31日第十届全国人民代表大会常务委员会第二十四次会议《关于修改〈中华人民共和国银行业监督管理法〉的决定》修正)

目 录

第一章　总　　则

第一条　为了加强对银行业的监督管理，规范监督管理行为，防范和化解银行业风险，保护存款人和其他客户的合法权益，促进银行业健康发展，制定本法。

第二条　国务院银行业监督管理机构负责对全国银行业金融机构及其业务活动监督管理的工作。

本法所称银行业金融机构，是指在中华人民共和国境内设立的商业银行、城市信用合作社、农村信用合作社等吸收公众存款的金融机构以及政策性银行。

对在中华人民共和国境内设立的金融资产管理公司、信托投资公司、财务公司、金融租赁公司以及经国务院银行业监督管理机构批准设立的其他金融机构的监督管理，适用本法对银行业金融机构监督管理的规定。

国务院银行业监督管理机构依照本法有关规定，对经其批准在境外设立的金融机构以及前二款金融机构在境外的业务活动实施监督管理。

第三条　银行业监督管理的目标是促进银行业的合法、稳健运行，维护公众对银行业的信心。

银行业监督管理应当保护银行业公平竞争，提高银行业竞争能力。

第四条　银行业监督管理机构对银行业实施监督管理，应当遵循依法、公开、公正和效率的原则。

第五条　银行业监督管理机构及其从事监督管理工作的人员依法履行监督管理职责，受法律保护。地方政府、各级政府部门、社会团体和个人不得干涉。

第六条　国务院银行业监督管理机构应当和中国人民银行、国务院其他金融监督管理机构建立监督管理信息共享机制。

第七条　国务院银行业监督管理机构可以和其他国家或者地区的银行业监督管理机构建立监督管理合作机制，实施跨境监督管理。

第二章　监督管理机构

第八条　国务院银行业监督管理机构根据履行职责的需要设立派出机构。国务院银行业监督管理机构对派出机构实行统一领导和管理。

国务院银行业监督管理机构的派出机构在国务院银行业监督管理机构的授权范围内，履行监督管理职责。

第九条　银行业监督管理机构从事监督管理工作的人员，应当具备与其任职相适应的专业知识和业务工作经验。

第十条　银行业监督管理机构工作人员，应当忠于职守，依法办事，公正廉洁，不得利用职务便利牟取不正当的利益，不得在金融机构等企业中兼任职务。

第十一条　银行业监督管理机构工作人员，应当依法保守国家秘密，并有责任为其监督管理的银行业金融机构及当事人保守秘密。

国务院银行业监督管理机构同其他国家或者地区的银行业监督管理机构交流监督管理信息，应当就信息保密作出安排。

第十二条　国务院银行业监督管理机构应当公开监督管理程序，建立监督管理责任制度和内部监督制度。

第十三条　银行业监督管理机构在处置银行业金融机构风险、查处有关金融违法行为等监督管理活动中，地方政府、各级有关部门应当予以配合和协助。

第十四条　国务院审计、监察等机关，应当依照法律规定对国务院银行业监督管理机构的活动进行监督。

第三章　监督管理职责

第十五条　国务院银行业监督管理机构依照法律、行政法规制定并发布对银行业金融机构及其业务活动监督管理的规章、规则。

第十六条　国务院银行业监督管理机构依照法律、行政法规规定的条件和程序，审查批准银行业金融机构的设立、变更、终止以及业务范围。

第十七条　申请设立银行业金融机构，或者银行业金融机构变更持有资本总额或者股份总额达到规定比例以上的股东的，国务院银行业监督管理机构应当对股东的资金来源、财务状况、资本补充能力和诚信状况进行审查。

第十八条 银行业金融机构业务范围内的业务品种,应当按照规定经国务院银行业监督管理机构审查批准或者备案。需要审查批准或者备案的业务品种,由国务院银行业监督管理机构依照法律、行政法规作出规定并公布。

第十九条 未经国务院银行业监督管理机构批准,任何单位或者个人不得设立银行业金融机构或者从事银行业金融机构的业务活动。

第二十条 国务院银行业监督管理机构对银行业金融机构的董事和高级管理人员实行任职资格管理。具体办法由国务院银行业监督管理机构制定。

第二十一条 银行业金融机构的审慎经营规则,由法律、行政法规规定,也可以由国务院银行业监督管理机构依照法律、行政法规制定。

前款规定的审慎经营规则,包括风险管理、内部控制、资本充足率、资产质量、损失准备金、风险集中、关联交易、资产流动性等内容。

银行业金融机构应当严格遵守审慎经营规则。

第二十二条 国务院银行业监督管理机构应当在规定的期限,对下列申请事项作出批准或者不批准的书面决定;决定不批准的,应当说明理由:

(一)银行业金融机构的设立,自收到申请文件之日起六个月内;

(二)银行业金融机构的变更、终止,以及业务范围和增加业务范围内的业务品种,自收到申请文件之日起三个月内;

(三)审查董事和高级管理人员的任职资格,自收到申请文件之日起三十日内。

第二十三条 银行业监督管理机构应当对银行业金融机构的业务活动及其风险状况进行非现场监管,建立银行业金融机构监督管理信息系统,分析、评价银行业金融机构的风险状况。

第二十四条 银行业监督管理机构应当对银行业金融机构的业务活动及其风险状况进行现场检查。

国务院银行业监督管理机构应当制定现场检查程序,规范现场检查行为。

第二十五条 国务院银行业监督管理机构应当对银行业金融机构实行并表监督管理。

第二十六条 国务院银行业监督管理机构对中国人民银行提出的检查银行业金融机构的建议,应当自收到建议之日起三十日内予以回复。

第二十七条 国务院银行业监督管理机构应当建立银行业金融机构监督管理评级体系和风险预警机制,根据银行业金融机构的评级情况和风险状况,确定对其现场检查的频率、范围和需要采取的其他措施。

第二十八条 国务院银行业监督管理机构应当建立银行业突发事件的发现、报告岗位责任制度。

银行业监督管理机构发现可能引发系统性银行业风险、严重影响社会稳定的突发事件的,应当立即向国务院银行业监督管理机构负责人报告;国务院银行业监督管理机构负责人认为需要向国务院报告的,应当立即向国务院报告,并告知中国人民银行、国务院财政部门等有关部门。

第二十九条 国务院银行业监督管理机构应当会同中国人民银行、国务院财政部门等有关部门建立银行业突发事件处置制度,制定银行业突发事件处置预案,明确处置机构和人员及其职责、处置措施和处置程序,及时、有效地处置银行业突发事件。

第三十条 国务院银行业监督管理机构负责统一编制全国银行业金融机构的统计数据、报表,并按照国家有关规定予以公布。

第三十一条 国务院银行业监督管理机构对银行业自律组织的活动进行指导和监督。

银行业自律组织的章程应当报国务院银行业监督管理机构备案。

第三十二条 国务院银行业监督管理机构可以开展与银行业监督管理有关的国际交流、合作活动。

第四章 监督管理措施

第三十三条 银行业监督管理机构根据履行职责的需要,有权要求银行业金融机构按照规定报送资产负债表、利润表和其他财务会计、统计报表、经营管理资料以及注册会计师出具的审计报告。

第三十四条 银行业监督管理机构根据审慎监管的要求，可以采取下列措施进行现场检查：

（一）进入银行业金融机构进行检查；

（二）询问银行业金融机构的工作人员，要求其对有关检查事项作出说明；

（三）查阅、复制银行业金融机构与检查事项有关的文件、资料，对可能被转移、隐匿或者毁损的文件、资料予以封存；

（四）检查银行业金融机构运用电子计算机管理业务数据的系统。

进行现场检查，应当经银行业监督管理机构负责人批准。现场检查时，检查人员不得少于二人，并应当出示合法证件和检查通知书；检查人员少于二人或者未出示合法证件和检查通知书的，银行业金融机构有权拒绝检查。

第三十五条 银行业监督管理机构根据履行职责的需要，可以与银行业金融机构董事、高级管理人员进行监督管理谈话，要求银行业金融机构董事、高级管理人员就银行业金融机构的业务活动和风险管理的重大事项作出说明。

第三十六条 银行业监督管理机构应当责令银行业金融机构按照规定，如实向社会公众披露财务会计报告、风险管理状况、董事和高级管理人员变更以及其他重大事项等信息。

第三十七条 银行业金融机构违反审慎经营规则的，国务院银行业监督管理机构或者其省一级派出机构应当责令限期改正；逾期未改正的，或者其行为严重危及该银行业金融机构的稳健运行、损害存款人和其他客户合法权益的，经国务院银行业监督管理机构或者其省一级派出机构负责人批准，可以区别情形，采取下列措施：

（一）责令暂停部分业务、停止批准开办新业务；

（二）限制分配红利和其他收入；

（三）限制资产转让；

（四）责令控股股东转让股权或者限制有关股东的权利；

（五）责令调整董事、高级管理人员或者限制其权利；

（六）停止批准增设分支机构。

银行业金融机构整改后，应当向国务院银行业监督管理机构或者其省一级派出机构提交报告。国务院银行业监督管理机构或者其省一级派出机构经验收，符合有关审慎经营规则的，应当自验收完毕之日起三日内解除对其采取的前款规定的有关措施。

第三十八条 银行业金融机构已经或者可能发生信用危机，严重影响存款人和其他客户合法权益的，国务院银行业监督管理机构可以依法对该银行业金融机构实行接管或者促成机构重组，接管和机构重组依照有关法律和国务院的规定执行。

第三十九条 银行业金融机构有违法经营、经营管理不善等情形，不予撤销将严重危害金融秩序、损害公众利益的，国务院银行业监督管理机构有权予以撤销。

第四十条 银行业金融机构被接管、重组或者被撤销的，国务院银行业监督管理机构有权要求该银行业金融机构的董事、高级管理人员和其他工作人员，按照国务院银行业监督管理机构的要求履行职责。

在接管、机构重组或者撤销清算期间，经国务院银行业监督管理机构负责人批准，对直接负责的董事、高级管理人员和其他直接责任人员，可以采取下列措施：

（一）直接负责的董事、高级管理人员和其他直接责任人员出境将对国家利益造成重大损失的，通知出境管理机关依法阻止其出境；

（二）申请司法机关禁止其转移、转让财产或者对其财产设定其他权利。

第四十一条 经国务院银行业监督管理机构或者其省一级派出机构负责人批准，银行业监督管理机构有权查询涉嫌金融违法的银行业金融机构及其工作人员以及关联行为人的账户；对涉嫌转移或者隐匿违法资金的，经银行业监督管理机构负责人批准，可以申请司法机关予以冻结。

第四十二条 银行业监督管理机构依法对银行业金融机构进行检查时，经设区的市一级以上银行业监督管理机构负责人批准，可以对与涉嫌违法事项有关的单位和个人采取下列措施：

（一）询问有关单位或者个人，要求其对有关情况作出说明；

（二）查阅、复制有关财务会计、财产权登记等文件、资料；

（三）对可能被转移、隐匿、毁损或者伪造的文件、资料，予以先行登记保存。

银行业监督管理机构采取前款规定措施，调查人员不得少于二人，并应当出示合法证件和调查通知书；调查人员少于二人或者未出示合法证件和调查通知书的，有关单位或者个人有权拒绝。对依法采取的措施，有关单位和个人应当配合，如实说明有关情况并提供有关文件、资料，不得拒绝、阻碍和隐瞒。

第五章　法律责任

第四十三条　银行业监督管理机构从事监督管理工作的人员有下列情形之一的，依法给予行政处分；构成犯罪的，依法追究刑事责任：

（一）违反规定审查批准银行业金融机构的设立、变更、终止，以及业务范围和业务范围内的业务品种的；

（二）违反规定对银行业金融机构进行现场检查的；

（三）未依照本法第二十八条规定报告突发事件的；

（四）违反规定查询账户或者申请冻结资金的；

（五）违反规定对银行业金融机构采取措施或者处罚的；

（六）违反本法第四十二条规定对有关单位或者个人进行调查的；

（七）滥用职权、玩忽职守的其他行为。

银行业监督管理机构从事监督管理工作的人员贪污受贿，泄露国家秘密、商业秘密和个人隐私，构成犯罪的，依法追究刑事责任；尚不构成犯罪的，依法给予行政处分。

第四十四条　擅自设立银行业金融机构或者非法从事银行业金融机构的业务活动的，由国务院银行业监督管理机构予以取缔；构成犯罪的，依法追究刑事责任；尚不构成犯罪的，由国务院银行业监督管理机构没收违法所得，违法所得五十万元以上的，并处违法所得一倍以上五倍以下罚款；没有违法所得或者违法所得不足五十万元的，处五十万元以上二百万元以下罚款。

第四十五条　银行业金融机构有下列情形之一，由国务院银行业监督管理机构责令改正，有违法所得的，没收违法所得，违法所得五十万元以上的，并处违法所得一倍以上五倍以下罚款；没有违法所得或者违法所得不足五十万元的，处五十万元以上二百万元以下罚款；情节特别严重或者逾期不改正的，可以责令停业整顿或者吊销其经营许可证；构成犯罪的，依法追究刑事责任：

（一）未经批准设立分支机构的；

（二）未经批准变更、终止的；

（三）违反规定从事未经批准或者未备案的业务活动的；

（四）违反规定提高或者降低存款利率、贷款利率的。

第四十六条　银行业金融机构有下列情形之一，由国务院银行业监督管理机构责令改正，并处二十万元以上五十万元以下罚款；情节特别严重或者逾期不改正的，可以责令停业整顿或者吊销其经营许可证；构成犯罪的，依法追究刑事责任：

（一）未经任职资格审查任命董事、高级管理人员的；

（二）拒绝或者阻碍非现场监管或者现场检查的；

（三）提供虚假的或者隐瞒重要事实的报表、报告等文件、资料的；

（四）未按照规定进行信息披露的；

（五）严重违反审慎经营规则的；

（六）拒绝执行本法第三十七条规定的措施的。

第四十七条　银行业金融机构不按照规定提供报表、报告等文件、资料的，由银行业监督管理机构责令改正，逾期不改正的，处十万元以上三十万元以下罚款。

第四十八条　银行业金融机构违反法律、行政法规以及国家有关银行业监督管理规定的，银行业监督管理机构除依照本法第四十四条至第四十七条规定处罚外，还可以区别不同情形，采取下列措施：

（一）责令银行业金融机构对直接负责的董事、高级管理人员和其他直接责任人员给予纪律处分；

（二）银行业金融机构的行为尚不构成犯罪的，对直接负责的董事、高级管理人员和其他直接责任人员给予警告，处五万元以上五十万元以下罚款；

（三）取消直接负责的董事、高级管理人员一定期限直至终身的任职资格，禁止直接负责的董事、高级管理人员和其他直接责任人员一定期限直至终身从事银行业工作。

第四十九条 阻碍银行业监督管理机构工作人员依法执行检查、调查职务的，由公安机关依法给予治安管理处罚；构成犯罪的，依法追究刑事责任。

第六章 附 则

第五十条 对在中华人民共和国境内设立的政策性银行、金融资产管理公司的监督管理，法律、行政法规另有规定的，依照其规定。

第五十一条 对在中华人民共和国境内设立的外资银行业金融机构、中外合资银行业金融机构、外国银行业金融机构的分支机构的监督管理，法律、行政法规另有规定的，依照其规定。

第五十二条 本法自 2004 年 2 月 1 日起施行。

中华人民共和国中国人民银行法①

（1995 年 3 月 18 日第八届全国人民代表大会第三次会议通过 1995 年 3 月 18 日中华人民共和国主席令第 46 号公布 自公布之日起施行）

第一章 总 则

第一条 为了确立中国人民银行的地位和职责，保证国家货币政策的正确制定和执行，建立和完善中央银行宏观调控体系，加强对金融业的监督管理，制定本法。

第二条 中国人民银行是中华人民共和国的中央银行。

中国人民银行在国务院领导下，制定和实施货币政策，对金融业实施监督管理。

第三条 货币政策目标是保持货币币值的稳定，并以此促进经济增长。

第四条 中国人民银行履行下列职责：

（一）依法制定和执行货币政策；

（二）发行人民币，管理人民币流通；

（三）按照规定审批、监督管理金融机构；

（四）按照规定监督管理金融市场；

（五）发布有关金融监督管理和业务的命令和规章；

（六）持有、管理、经营国家外汇储备、黄金储备；

（七）经理国库；

（八）维护支付、清算系统的正常运行；

（九）负责金融业的统计、调查、分析和预测；

（十）作为国家的中央银行，从事有关的国际金融活动；

（十一）国务院规定的其他职责。

中国人民银行为执行货币政策，可以依照本法第四章的有关规定从事金融业务活动。

第五条 中国人民银行就年度货币供应量、利率、汇率和国务院规定的其他重要事项作出的决定，报国务院批准后执行。

中国人民银行就前款规定以外的其他有关货币政策事项作出决定后，即予执行，并报国务院备案。

第六条 中国人民银行应当向全国人民代表大会常务委员会提出有关货币政策情况和金融监督管理情况的工作报告。

第七条 中国人民银行在国务院领导下依法独立执行货币政策，履行职责，开展业务，不受地方政府、各级政府部门、社会团体和个人的干涉。

第八条 中国人民银行的全部资本由国家出资，属于国家所有。

第二章 组织机构

第九条 中国人民银行设行长一人，副行长若干人。

中国人民银行行长的人选，根据国务院总理的提名，由全国人民代表大会决定；全国人民代表大会闭会期间，由全国人民代表大会常务委员

① 编者注：已被修改。

会决定，由中华人民共和国主席任免。中国人民银行副行长由国务院总理任免。

第十条 中国人民银行实行行长负责制。行长领导中国人民银行的工作，副行长协助行长工作。

第十一条 中国人民银行设立货币政策委员会。货币政策委员会的职责、组成和工作程序，由国务院规定，报全国人民代表大会常务委员会备案。

第十二条 中国人民银行根据履行职责的需要设立分支机构，作为中国人民银行的派出机构。中国人民银行对分支机构实行集中统一领导和管理。

中国人民银行的分支机构根据中国人民银行的授权，负责本辖区的金融监督管理，承办有关业务。

第十三条 中国人民银行的行长、副行长及其他工作人员应当恪尽职守，不得滥用职权、徇私舞弊，不得在任何金融机构、企业、基金会兼职。

第十四条 中国人民银行的行长、副行长及其他工作人员，应当依法保守国家秘密，并有责任为其监督管理的金融机构及有关当事人保守秘密。

第三章 人 民 币

第十五条 中华人民共和国的法定货币是人民币。以人民币支付中华人民共和国境内的一切公共的和私人的债务，任何单位和个人不得拒收。

第十六条 人民币的单位为元，人民币辅币单位为角、分。

第十七条 人民币由中国人民银行统一印制、发行。

中国人民银行发行新版人民币，应当将发行时间、面额、图案、式样、规格予以公告。

第十八条 禁止伪造、变造人民币。禁止出售、购买伪造、变造的人民币。禁止运输、持有、使用伪造、变造的人民币。禁止故意毁损人民币。禁止在宣传品、出版物或者其他商品上非法使用人民币图样。

第十九条 任何单位和个人不得印制、发售代币票券，以代替人民币在市场上流通。

第二十条 残缺、污损的人民币，按照中国人民银行的规定兑换，并由中国人民银行负责收回、销毁。

第二十一条 中国人民银行设立人民币发行库，在其分支机构设立分支库。分支库调拨人民币发行基金，应当按照上级库的调拨命令办理。任何单位和个人不得违反规定，动用发行基金。

第四章 业 务

第二十二条 中国人民银行为执行货币政策，可以运用下列货币政策工具：

（一）要求金融机构按照规定的比例交存存款准备金；

（二）确定中央银行基准利率；

（三）为在中国人民银行开立帐户的金融机构办理再贴现；

（四）向商业银行提供贷款；

（五）在公开市场上买卖国债和其他政府债券及外汇；

（六）国务院确定的其他货币政策工具。

中国人民银行为执行货币政策，运用前款所列货币政策工具时，可以规定具体的条件和程序。

第二十三条 中国人民银行依照法律、行政法规的规定经理国库。

第二十四条 中国人民银行可以代理国务院财政部门向各金融机构组织发行、兑付国债和其他政府债券。

第二十五条 中国人民银行可以根据需要，为金融机构开立账户，但不得对金融机构的账户透支。

第二十六条 中国人民银行应当组织或者协助组织金融机构相互之间的清算系统，协调金融机构相互之间的清算事项，提供清算服务。具体办法由中国人民银行规定。

第二十七条 中国人民银行根据执行货币政策的需要，可以决定对商业银行贷款的数额、期限、利率和方式，但贷款的期限不得超过一年。

第二十八条 中国人民银行不得对政府财政透支，不得直接认购、包销国债和其他政府债券。

第二十九条 中国人民银行不得向地方政

府、各级政府部门提供贷款，不得向非银行金融机构以及其他单位和个人提供贷款，但国务院决定中国人民银行可以向特定的非银行金融机构提供贷款的除外。

中国人民银行不得向任何单位和个人提供担保。

第五章 金融监督管理

第三十条 中国人民银行依法对金融机构及其业务实施监督管理，维护金融业的合法、稳健运行。

第三十一条 中国人民银行按照规定审批金融机构的设立、变更、终止及其业务范围。

第三十二条 中国人民银行有权对金融机构的存款、贷款、结算、呆帐等情况随时进行稽核、检查监督。

中国人民银行有权对金融机构违反规定提高或者降低存款利率、贷款利率的行为进行检查监督。

第三十三条 中国人民银行有权要求金融机构按照规定报送资产负债表、损益表以及其他财务会计报表和资料。

第三十四条 中国人民银行负责统一编制全国金融统计数据、报表，并按照国家有关规定予以公布。

第三十五条 中国人民银行对国家政策性银行的金融业务，进行指导和监督。

第三十六条 中国人民银行应当建立、健全本系统的稽核、检查制度，加强内的监督管理。

第六章 财务会计

第三十七条 中国人民银行实行独立的财务预算管理制度。

中国人民银行的预算经国务院财政部门审核后，纳入中央预算，接受国务院财政部门的预算执行监督。

第三十八条 中国人民银行每一会计年度的收入减除该年度支出，并按照国务院财政部门核定的比例提取总准备金后的净利润，全部上缴中央财政。

中国人民银行的亏损由中央财政拨款弥补。

第三十九条 中国人民银行的财务收支和会计事务，应当执行法律、行政法规和国家统一的财务会计制度，接受国务院审计机关和财政部门依法分别进行的审计和监督。

第四十条 中国人民银行应当于每一会计年度结束后的三个月内，编制资产负债表、损益表和相关的财务会计报表，并编制年度报告，按照国家有关规定予以公布。

中国人民银行的会计年度自公历1月1日起至12月31日止。

第七章 法律责任

第四十一条 伪造人民币、出售伪造的人民币或者明知是伪造的人民币而运输的，依法追究刑事责任。

变造人民币、出售变造的人民币或者明知是变造的人民币而运输，构成犯罪的，依法追究刑事责任；情节轻微的，由公安机关处十五日以下拘留、五千元以下罚款。

第四十二条 购买伪造、变造的人民币或者明知是伪造、变造的人民币而持有、使用，构成犯罪的，依法追究刑事责任；情节轻微的，由公安机关处十五日以下拘留、五千元以下罚款。

第四十三条 在宣传品、出版物或者其他商品上非法使用人民币图样的，中国人民银行应当责令改正，并销毁非法使用的人民币图样，没收违法所得，并处五万元以下罚款。

第四十四条 印制、发售代币票券，以代替人民币在市场上流通的，中国人民银行应当责令停止违法行为，并处二十万元以下罚款。

第四十五条 违反法律、行政法规有关金融监督管理规定的，中国人民银行应当责令停止违法行为，并依法给予行政处罚；构成犯罪的，依法追究刑事责任。

第四十六条 当事人对行政处罚不服的，可以依照《中华人民共和国行政诉讼法》的规定提起行政诉讼。

第四十七条 中国人民银行有下列行为之一的，对负有直接责任的主管人员和其他直接责任人员，依法给予行政处分；构成犯罪的，依法追究刑事责任：

（一）违反本法第二十九条第一款的规定提供贷款的；

（二）对单位和个人提供担保的；

（三）擅自动用发行基金的。

有前款所列行为之一，造成损失的，负有直接责任的主管人员和其他直接责任人员应当承担部分或者全部赔偿责任。

第四十八条　地方政府、各级政府部门、社会团体和个人强令中国人民银行及其工作人员违反本法第二十九条的规定提供贷款或者担保的，对负有直接责任的主管人员和其他直接责任人员，依法给予行政处分；构成犯罪的，依法追究刑事责任；造成损失的，应当承担部分或者全部赔偿责任。

第四十九条　中国人民银行的工作人员泄露国家秘密，构成犯罪的，依法追究刑事责任；情节轻微的，依法给予行政处分。

第五十条　中国人民银行的工作人员贪污受贿、徇私舞弊、滥用职权、玩忽职守，构成犯罪的，依法追究刑事责任；情节轻微的，依法给予行政处分。

第八章　附　　则

第五十一条　本法自公布之日起施行。

全国人民代表大会常务委员会关于修改《中华人民共和国中国人民银行法》的决定

（2003年12月27日第十届全国人民代表大会常务委员会第六次会议通过　2003年12月27日中华人民共和国主席令第12号公布　自2004年2月1日起施行）

第十届全国人民代表大会常务委员会第六次会议决定对《中华人民共和国中国人民银行法》作如下修改：

一、第一条修改为："为了确立中国人民银行的地位，明确其职责，保证国家货币政策的正确制定和执行，建立和完善中央银行宏观调控体系，维护金融稳定，制定本法。"

二、第二条第二款修改为："中国人民银行在国务院领导下，制定和执行货币政策，防范和化解金融风险，维护金融稳定。"

三、第四条第一款修改为："中国人民银行履行下列职责：

"（一）发布与履行其职责有关的命令和规章；

"（二）依法制定和执行货币政策；

"（三）发行人民币，管理人民币流通；

"（四）监督管理银行间同业拆借市场和银行间债券市场；

"（五）实施外汇管理，监督管理银行间外汇市场；

"（六）监督管理黄金市场；

"（七）持有、管理、经营国家外汇储备、黄金储备；

"（八）经理国库；

"（九）维护支付、清算系统的正常运行；

"（十）指导、部署金融业反洗钱工作，负责反洗钱的资金监测；

"（十一）负责金融业的统计、调查、分析和预测；

"（十二）作为国家的中央银行，从事有关的国际金融活动；

"（十三）国务院规定的其他职责。"

四、第六条修改为："中国人民银行应当向全国人民代表大会常务委员会提出有关货币政策情况和金融业运行情况的工作报告。"

五、增加一条，作为第九条："国务院建立金融监督管理协调机制，具体办法由国务院规定。"

六、第十一条改为第十二条，并增加一款，作为第二款："中国人民银行货币政策委员会应当在国家宏观调控、货币政策制定和调整中，发挥重要作用。"

七、第十二条改为第十三条，修改为："中国人民银行根据履行职责的需要设立分支机构，作为中国人民银行的派出机构。中国人民银行对分支机构实行统一领导和管理。

"中国人民银行的分支机构根据中国人民银行的授权，维护本辖区的金融稳定，承办有关业务。"

八、第十四条改为第十五条，修改为："中国人民银行的行长、副行长及其他工作人员，应当依法保守国家秘密，并有责任为与履行其职责有关的金融机构及当事人保守秘密。"

九、第二十二条改为第二十三条，第一款第一项修改为："要求银行业金融机构按照规定的比例交存存款准备金"；第三项修改为："为在中国人民银行开立账户的银行业金融机构办理再贴现"；第五项修改为："在公开市场上买卖国债、其他政府债券和金融债券及外汇"。

十、第二十五条改为第二十六条，修改为："中国人民银行可以根据需要，为银行业金融机构开立账户，但不得对银行业金融机构的账户透支。"

十一、第二十六条改为第二十七条，修改为："中国人民银行应当组织或者协助组织银行业金融机构相互之间的清算系统，协调银行业金融机构相互之间的清算事项，提供清算服务。具体办法由中国人民银行制定。

"中国人民银行会同国务院银行业监督管理机构制定支付结算规则。"

十二、第三十条改为第三十一条，修改为："中国人民银行依法监测金融市场的运行情况，对金融市场实施宏观调控，促进其协调发展。"

十三、删去第三十一条。

十四、第三十二条修改为："中国人民银行有权对金融机构以及其他单位和个人的下列行为进行检查监督：

"（一）执行有关存款准备金管理规定的行为；

"（二）与中国人民银行特种贷款有关的行为；

"（三）执行有关人民币管理规定的行为；

"（四）执行有关银行间同业拆借市场、银行间债券市场管理规定的行为；

"（五）执行有关外汇管理规定的行为；

"（六）执行有关黄金管理规定的行为；

"（七）代理中国人民银行经理国库的行为；

"（八）执行有关清算管理规定的行为；

"（九）执行有关反洗钱规定的行为。

"前款所称中国人民银行特种贷款，是指国务院决定的由中国人民银行向金融机构发放的用于特定目的的贷款。"

十五、增加一条，作为第三十三条："中国人民银行根据执行货币政策和维护金融稳定的需要，可以建议国务院银行业监督管理机构对银行业金融机构进行检查监督。国务院银行业监督管理机构应当自收到建议之日起三十日内予以回复。"

十六、增加一条，作为第三十四条："当银行业金融机构出现支付困难，可能引发金融风险时，为了维护金融稳定，中国人民银行经国务院批准，有权对银行业金融机构进行检查监督。"

十七、第三十三条改为第三十五条，修改为："中国人民银行根据履行职责的需要，有权要求银行业金融机构报送必要的资产负债表、利润表以及其他财务会计、统计报表和资料。

"中国人民银行应当和国务院银行业监督管理机构、国务院其他金融监督管理机构建立监督管理信息共享机制。"

十八、删去第三十五条。

十九、第三十九条改为第四十条，修改为："中国人民银行的财务收支和会计事务，应当执行法律、行政法规和国家统一的财务、会计制度，接受国务院审计机关和财政部门依法分别进行的审计和监督。"

二十、第四十一条改为第四十二条，修改为："伪造、变造人民币，出售伪造、变造的人民币，或者明知是伪造、变造的人民币而运输，构成犯罪的，依法追究刑事责任；尚不构成犯罪的，由公安机关处十五日以下拘留、一万元以下罚款。"

二十一、第四十二条改为第四十三条，修改为："购买伪造、变造的人民币或者明知是伪造、变造的人民币而持有、使用，构成犯罪的，依法追究刑事责任；尚不构成犯罪的，由公安机关处十五日以下拘留、一万元以下罚款。"

二十二、第四十五条改为第四十六条，修改为："本法第三十二条所列行为违反有关规定，有关法律、行政法规有处罚规定的，依照其规定给予处罚；有关法律、行政法规未作处罚规定的，由中国人民银行区别不同情形给予警告，没收违法所得，违法所得五十万元以上的，并处违法所得一倍以上五倍以下罚款；没有违法所得或者违法所得不足五十万元的，处五十万元以上二百万元以下罚款；对负有直接责任的董事、高级管理人员和其他直接责任人员给予警告，处五万元以上五十万元以下罚款；构成犯罪的，依法追究刑事责任。"

二十三、第四十九条改为第五十条，修改为：

"中国人民银行的工作人员泄露国家秘密或者所知悉的商业秘密,构成犯罪的,依法追究刑事责任;尚不构成犯罪的,依法给予行政处分。"

二十四、第五十条改为第五十一条,修改为:"中国人民银行的工作人员贪污受贿、徇私舞弊、滥用职权、玩忽职守,构成犯罪的,依法追究刑事责任;尚不构成犯罪的,依法给予行政处分。"

二十五、增加一条,作为第五十二条:"本法所称银行业金融机构,是指在中华人民共和国境内设立的商业银行、城市信用合作社、农村信用合作社等吸收公众存款的金融机构以及政策性银行。

"在中华人民共和国境内设立的金融资产管理公司、信托投资公司、财务公司、金融租赁公司以及经国务院银行业监督管理机构批准设立的其他金融机构,适用本法对银行业金融机构的规定。"

本决定自2004年2月1日起施行。

《中华人民共和国中国人民银行法》根据本决定作相应修改并对条款顺序作相应调整,重新公布。

中华人民共和国中国人民银行法

(1995年3月18日第八届全国人民代表大会第三次会议通过 根据2003年12月27日第十届全国人民代表大会常务委员会第六次会议《关于修改〈中华人民共和国中国人民银行法〉的决定》修正)

目 录

第一章 总 则

第一条 为了确立中国人民银行的地位,明确其职责,保证国家货币政策的正确制定和执行,建立和完善中央银行宏观调控体系,维护金融稳定,制定本法。

第二条 中国人民银行是中华人民共和国的中央银行。

中国人民银行在国务院领导下,制定和执行货币政策,防范和化解金融风险,维护金融稳定。

第三条 货币政策目标是保持货币币值的稳定,并以此促进经济增长。

第四条 中国人民银行履行下列职责:

(一)发布与履行其职责有关的命令和规章;

(二)依法制定和执行货币政策;

(三)发行人民币,管理人民币流通;

(四)监督管理银行间同业拆借市场和银行间债券市场;

(五)实施外汇管理,监督管理银行间外汇市场;

(六)监督管理黄金市场;

(七)持有、管理、经营国家外汇储备、黄金储备;

(八)经理国库;

(九)维护支付、清算系统的正常运行;

(十)指导、部署金融业反洗钱工作,负责反洗钱的资金监测;

(十一)负责金融业的统计、调查、分析和预测;

(十二)作为国家的中央银行,从事有关的国际金融活动;

(十三)国务院规定的其他职责。

中国人民银行为执行货币政策,可以依照本法第四章的有关规定从事金融业务活动。

第五条 中国人民银行就年度货币供应量、利率、汇率和国务院规定的其他重要事项作出的决定,报国务院批准后执行。

中国人民银行就前款规定以外的其他有关货币政策事项作出决定后,即予执行,并报国务院备案。

第六条 中国人民银行应当向全国人民代表大会常务委员会提出有关货币政策情况和金融业运行情况的工作报告。

第七条 中国人民银行在国务院领导下依法独立执行货币政策,履行职责,开展业务,不受地方政府、各级政府部门、社会团体和个人的干涉。

第八条 中国人民银行的全部资本由国家出资，属于国家所有。

第九条 国务院建立金融监督管理协调机制，具体办法由国务院规定。

第二章 组织机构

第十条 中国人民银行设行长一人，副行长若干人。

中国人民银行行长的人选，根据国务院总理的提名，由全国人民代表大会决定；全国人民代表大会闭会期间，由全国人民代表大会常务委员会决定，由中华人民共和国主席任免。中国人民银行副行长由国务院总理任免。

第十一条 中国人民银行实行行长负责制。行长领导中国人民银行的工作，副行长协助行长工作。

第十二条 中国人民银行设立货币政策委员会。货币政策委员会的职责、组成和工作程序，由国务院规定，报全国人民代表大会常务委员会备案。

中国人民银行货币政策委员会应当在国家宏观调控、货币政策制定和调整中，发挥重要作用。

第十三条 中国人民银行根据履行职责的需要设立分支机构，作为中国人民银行的派出机构。中国人民银行对分支机构实行统一领导和管理。

中国人民银行的分支机构根据中国人民银行的授权，维护本辖区的金融稳定，承办有关业务。

第十四条 中国人民银行的行长、副行长及其他工作人员应当恪尽职守，不得滥用职权、徇私舞弊，不得在任何金融机构、企业、基金会兼职。

第十五条 中国人民银行的行长、副行长及其他工作人员，应当依法保守国家秘密，并有责任为与履行其职责有关的金融机构及当事人保守秘密。

第三章 人民币

第十六条 中华人民共和国的法定货币是人民币。以人民币支付中华人民共和国境内的一切公共的和私人的债务，任何单位和个人不得拒收。

第十七条 人民币的单位为元，人民币辅币单位为角、分。

第十八条 人民币由中国人民银行统一印制、发行。

中国人民银行发行新版人民币，应当将发行时间、面额、图案、式样、规格予以公告。

第十九条 禁止伪造、变造人民币。禁止出售、购买伪造、变造的人民币。禁止运输、持有、使用伪造、变造的人民币。禁止故意毁损人民币。禁止在宣传品、出版物或者其他商品上非法使用人民币图样。

第二十条 任何单位和个人不得印制、发售代币票券，以代替人民币在市场上流通。

第二十一条 残缺、污损的人民币，按照中国人民银行的规定兑换，并由中国人民银行负责收回、销毁。

第二十二条 中国人民银行设立人民币发行库，在其分支机构设立分支库。分支库调拨人民币发行基金，应当按照上级库的调拨命令办理。任何单位和个人不得违反规定，动用发行基金。

第四章 业务

第二十三条 中国人民银行为执行货币政策，可以运用下列货币政策工具：

（一）要求银行业金融机构按照规定的比例交存存款准备金；

（二）确定中央银行基准利率；

（三）为在中国人民银行开立账户的银行业金融机构办理再贴现；

（四）向商业银行提供贷款；

（五）在公开市场上买卖国债、其他政府债券和金融债券及外汇；

（六）国务院确定的其他货币政策工具。

中国人民银行为执行货币政策，运用前款所列货币政策工具时，可以规定具体的条件和程序。

第二十四条 中国人民银行依照法律、行政法规的规定经理国库。

第二十五条 中国人民银行可以代理国务院财政部门向各金融机构组织发行、兑付国债和其他政府债券。

第二十六条 中国人民银行可以根据需要，为银行业金融机构开立账户，但不得对银行业金融机构的账户透支。

第二十七条 中国人民银行应当组织或者协助组织银行业金融机构相互之间的清算系统，协调银行业金融机构相互之间的清算事项，提供清算服务。具体办法由中国人民银行制定。

中国人民银行会同国务院银行业监督管理机构制定支付结算规则。

第二十八条 中国人民银行根据执行货币政策的需要，可以决定对商业银行贷款的数额、期限、利率和方式，但贷款的期限不得超过一年。

第二十九条 中国人民银行不得对政府财政透支，不得直接认购、包销国债和其他政府债券。

第三十条 中国人民银行不得向地方政府、各级政府部门提供贷款，不得向非银行金融机构以及其他单位和个人提供贷款，但国务院决定中国人民银行可以向特定的非银行金融机构提供贷款的除外。

中国人民银行不得向任何单位和个人提供担保。

第五章 金融监督管理

第三十一条 中国人民银行依法监测金融市场的运行情况，对金融市场实施宏观调控，促进其协调发展。

第三十二条 中国人民银行有权对金融机构以及其他单位和个人的下列行为进行检查监督：

（一）执行有关存款准备金管理规定的行为；

（二）与中国人民银行特种贷款有关的行为；

（三）执行有关人民币管理规定的行为；

（四）执行有关银行间同业拆借市场、银行间债券市场管理规定的行为；

（五）执行有关外汇管理规定的行为；

（六）执行有关黄金管理规定的行为；

（七）代理中国人民银行经理国库的行为；

（八）执行有关清算管理规定的行为；

（九）执行有关反洗钱规定的行为。

前款所称中国人民银行特种贷款，是指国务院决定的由中国人民银行向金融机构发放的用于特定目的的贷款。

第三十三条 中国人民银行根据执行货币政策和维护金融稳定的需要，可以建议国务院银行业监督管理机构对银行业金融机构进行检查监督。国务院银行业监督管理机构应当自收到建议之日起三十日内予以回复。

第三十四条 当银行业金融机构出现支付困难，可能引发金融风险时，为了维护金融稳定，中国人民银行经国务院批准，有权对银行业金融机构进行检查监督。

第三十五条 中国人民银行根据履行职责的需要，有权要求银行业金融机构报送必要的资产负债表、利润表以及其他财务会计、统计报表和资料。

中国人民银行应当和国务院银行业监督管理机构、国务院其他金融监督管理机构建立监督管理信息共享机制。

第三十六条 中国人民银行负责统一编制全国金融统计数据、报表，并按照国家有关规定予以公布。

第三十七条 中国人民银行应当建立、健全本系统的稽核、检查制度，加强内部的监督管理。

第六章 财务会计

第三十八条 中国人民银行实行独立的财务预算管理制度。

中国人民银行的预算经国务院财政部门审核后，纳入中央预算，接受国务院财政部门的预算执行监督。

第三十九条 中国人民银行每一会计年度的收入减除该年度支出，并按照国务院财政部门核定的比例提取总准备金后的净利润，全部上缴中央财政。

中国人民银行的亏损由中央财政拨款弥补。

第四十条 中国人民银行的财务收支和会计事务，应当执行法律、行政法规和国家统一的财务、会计制度，接受国务院审计机关和财政部门依法分别进行的审计和监督。

第四十一条 中国人民银行应当于每一会计年度结束后的三个月内，编制资产负债表、损益表和相关的财务会计报表，并编制年度报告，按照国家有关规定予以公布。

中国人民银行的会计年度自公历1月1日起至12月31日止。

第七章　法律责任

第四十二条　伪造、变造人民币，出售伪造、变造的人民币，或者明知是伪造、变造的人民币而运输，构成犯罪的，依法追究刑事责任；尚不构成犯罪的，由公安机关处十五日以下拘留、一万元以下罚款。

第四十三条　购买伪造、变造的人民币或者明知是伪造、变造的人民币而持有、使用，构成犯罪的，依法追究刑事责任；尚不构成犯罪的，由公安机关处十五日以下拘留、一万元以下罚款。

第四十四条　在宣传品、出版物或者其他商品上非法使用人民币图样的，中国人民银行应当责令改正，并销毁非法使用的人民币图样，没收违法所得，并处五万元以下罚款。

第四十五条　印制、发售代币票券，以代替人民币在市场上流通的，中国人民银行应当责令停止违法行为，并处二十万元以下罚款。

第四十六条　本法第三十二条所列行为违反有关规定，有关法律、行政法规有处罚规定的，依照其规定给予处罚；有关法律、行政法规未作处罚规定的，由中国人民银行区别不同情形给予警告，没收违法所得，违法所得五十万元以上的，并处违法所得一倍以上五倍以下罚款；没有违法所得或者违法所得不足五十万元的，处五十万元以上二百万元以下罚款；对负有直接责任的董事、高级管理人员和其他直接责任人员给予警告，处五万元以上五十万元以下罚款；构成犯罪的，依法追究刑事责任。

第四十七条　当事人对行政处罚不服的，可以依照《中华人民共和国行政诉讼法》的规定提起行政诉讼。

第四十八条　中国人民银行有下列行为之一的，对负有直接责任的主管人员和其他直接责任人员，依法给予行政处分；构成犯罪的，依法追究刑事责任：

（一）违反本法第三十条第一款的规定提供贷款的；

（二）对单位和个人提供担保的；

（三）擅自动用发行基金的。

有前款所列行为之一，造成损失的，负有直接责任的主管人员和其他直接责任人员应当承担部分或者全部赔偿责任。

第四十九条　地方政府、各级政府部门、社会团体和个人强令中国人民银行及其工作人员违反本法第三十条的规定提供贷款或者担保的，对负有直接责任的主管人员和其他直接责任人员，依法给予行政处分；构成犯罪的，依法追究刑事责任；造成损失的，应当承担部分或者全部赔偿责任。

第五十条　中国人民银行的工作人员泄露国家秘密或者所知悉的商业秘密，构成犯罪的，依法追究刑事责任；尚不构成犯罪的，依法给予行政处分。

第五十一条　中国人民银行的工作人员贪污受贿、徇私舞弊、滥用职权、玩忽职守，构成犯罪的，依法追究刑事责任；尚不构成犯罪的，依法给予行政处分。

第八章　附　　则

第五十二条　本法所称银行业金融机构，是指在中华人民共和国境内设立的商业银行、城市信用合作社、农村信用合作社等吸收公众存款的金融机构以及政策性银行。

在中华人民共和国境内设立的金融资产管理公司、信托投资公司、财务公司、金融租赁公司以及经国务院银行业监督管理机构批准设立的其他金融机构，适用本法对银行业金融机构的规定。

第五十三条　本法自公布之日起施行。

中华人民共和国商业银行法①

（1995年5月10日第八届全国人民代表大会常务委员会第十三次会议通过　自1995年7月1日起施行）

目　　录

① 编者注：已被修改。

第一章　总　　则

第一条　为了保护商业银行、存款人和其他客户的合法权益,规范商业银行的行为,提高信贷资产质量,加强监督管理,保障商业银行的稳健运行,维护金融秩序,促进社会主义市场经济的发展,制定本法。

第二条　本法所称的商业银行是指依照本法和《中华人民共和国公司法》设立的吸收公众存款、发放贷款、办理结算等业务的企业法人。

第三条　商业银行可以经营下列部分或者全部业务:

(一)吸收公众存款;

(二)发放短期、中期和长期贷款;

(三)办理国内外结算;

(四)办理票据贴现;

(五)发行金融债券;

(六)代理发行、代理兑付、承销政府债券;

(七)买卖政府债券;

(八)从事同业拆借;

(九)买卖、代理买卖外汇;

(十)提供信用证服务及担保;

(十一)代理收付款项及代理保险业务;

(十二)提供保管箱服务;

(十三)经中国人民银行批准的其他业务。

经营范围由商业银行章程规定,报中国人民银行批准。

第四条　商业银行以效益性、安全性、流动性为经营原则,实行自主经营,自担风险,自负盈亏,自我约束。

商业银行依法开展业务,不受任何单位和个人的干涉。

商业银行以其全部法人财产独立承担民事责任。

第五条　商业银行与客户的业务往来,应当遵循平等、自愿、公平和诚实信用的原则。

第六条　商业银行应当保障存款人的合法权益不受任何单位和个人的侵犯。

第七条　商业银行开展信贷业务,应当严格审查借款人的资信,实行担保,保障按期收回贷款。

商业银行依法向借款人收回到期贷款的本金和利息,受法律保护。

第八条　商业银行开展业务,应当遵守法律、行政法规的有关规定,不得损害国家利益、社会公共利益。

第九条　商业银行开展业务,应当遵守公平竞争的原则,不得从事不正当竞争。

第十条　商业银行依法接受中国人民银行的监督管理。

第二章　商业银行的设立和组织机构

第十一条　设立商业银行,应当经中国人民银行审查批准。

未经中国人民银行批准,任何单位和个人不得从事吸收公众存款等商业银行业务,任何单位不得在名称中使用“银行”字样。

第十二条　设立商业银行,应当具备下列条件:

(一)有符合本法和《中华人民共和国公司法》规定的章程;

(二)有符合本法规定的注册资本最低限额;

(三)有具备任职专业知识和业务工作经验的董事长(行长)、总经理和其他高级管理人员;

(四)有健全的组织机构和管理制度;

(五)有符合要求的营业场所、安全防范措施和与业务有关的其他设施。

中国人民银行审查设立申请时,应当考虑经济发展的需要和银行业竞争的状况。

第十三条　设立商业银行的注册资本最低限额为10亿元人民币。城市合作商业银行的注册资本最低限额为1亿元人民币,农村合作商业银行的注册资本最低限额为5000万元人民币。注册资本应当是实缴资本。

中国人民银行根据经济发展可以调整注册资本最低限额,但不得少于前款规定的限额。

第十四条 设立商业银行，申请人应当向中国人民银行提交下列文件、资料：

（一）申请书，申请书应当载明拟设立的商业银行的名称、所在地、注册资本、业务范围等；

（二）可行性研究报告；

（三）中国人民银行规定提交的其他文件、资料。

第十五条 设立商业银行的申请经审查符合本法第十四条规定的，申请人应当填写正式申请表，并提交下列文件、资料：

（一）章程草案；

（二）拟任职的高级管理人员的资格证明；

（三）法定验资机构出具的验资证明；

（四）股东名册及其出资额、股份；

（五）持有注册资本10%以上的股东的资信证明和有关资料；

（六）经营方针和计划；

（七）营业场所、安全防范措施和与业务有关的其他设施的资料；

（八）中国人民银行规定的其他文件、资料。

第十六条 经批准设立的商业银行，由中国人民银行颁发经营许可证，并凭该许可证向工商行政管理部门办理登记，领取营业执照。

第十七条 商业银行的组织形式、组织机构适用《中华人民共和国公司法》的规定。

本法施行前设立的商业银行，其组织形式、组织机构不完全符合《中华人民共和国公司法》规定的，可以继续沿用原有的规定，适用前款规定的日期由国务院规定。

第十八条 国有独资商业银行设立监事会。监事会由中国人民银行、政府有关部门的代表、有关专家和本行工作人员的代表组成。监事会的产生办法由国务院规定。

监事会对国有独资商业银行的信贷资产质量、资产负债比例、国有资产保值增值等情况以及高级管理人员违反法律、行政法规或者章程的行为和损害银行利益的行为进行监督。

第十九条 商业银行根据业务需要可以在中华人民共和国境内外设立分支机构。设立分支机构必须经中国人民银行审查批准。在中华人民共和国境内的分支机构，不按行政区划设立。

商业银行在中华人民共和国境内设立分支机构，应当按照规定拨付与其经营规模相适应的营运资金额。拨付各分支机构营运资金额的总和，不得超过总行资本金总额的60%。

第二十条 设立商业银行分支机构，申请人应当向中国人民银行提交下列文件、资料：

（一）申请书，申请书应当载明拟设立的分支机构的名称、营运资金额、业务范围、总行及分支机构所在地等；

（二）申请人最近二年的财务会计报告；

（三）拟任职的高级管理人员的资格证明；

（四）经营方针和计划；

（五）营业场所、安全防范措施和与业务有关的其他设施的资料；

（六）中国人民银行规定的其他文件、资料。

第二十一条 经批准设立的商业银行分支机构，由中国人民银行颁发经营许可证，并凭该许可证向工商行政管理部门办理登记，领取营业执照。

第二十二条 商业银行对其分支机构实行全行统一核算，统一调度资金，分级管理的财务制度。

商业银行分支机构不具有法人资格，在总行授权范围内依法开展业务，其民事责任由总行承担。

第二十三条 经批准设立的商业银行及其分支机构，由中国人民银行予以公告。

商业银行及其分支机构自取得营业执照之日起无正当理由超过6个月未开业的，或者开业后自行停业连续6个月以上的，由中国人民银行吊销其经营许可证，并予以公告。

第二十四条 商业银行有下列变更事项之一的，应当经中国人民银行批准：

（一）变更名称；

（二）变更注册资本；

（三）变更总行或者分支行所在地；

（四）调整业务范围；

（五）变更持有资本总额或者股份总额10%以上的股东；

（六）修改章程；

（七）中国人民银行规定的其他变更事项。

更换董事长（行长）、总经理时，应当报经中国人民银行审查其任职条件。

第二十五条 商业银行的分立、合并，适用《中华人民共和国公司法》的规定。

商业银行的分立、合并，应当经中国人民银行审查批准。

第二十六条 商业银行应当依照法律、行政法规的规定使用经营许可证。禁止伪造、变造、转让、出租、出借经营许可证。

第二十七条 有下列情形之一的，不得担任商业银行的高级管理人员：

（一）因犯有贪污、贿赂、侵占财产、挪用财产罪或者破坏社会经济秩序罪，被判处刑罚，或者因犯罪被剥夺政治权利的；

（二）担任因经营不善破产清算的公司、企业的董事或者厂长、经理，并对该公司、企业的破产负有个人责任的；

（三）担任因违法被吊销营业执照的公司、企业的法定代表人，并负有个人责任的；

（四）个人所负数额较大的债务到期未清偿的。

第二十八条 任何单位和个人购买商业银行股份总额10%以上的，应当事先经中国人民银行批准。

第三章 对存款人的保护

第二十九条 商业银行办理个人储蓄存款业务，应当遵循存款自愿、取款自由、存款有息、为存款人保密的原则。

对个人储蓄存款，商业银行有权拒绝任何单位或者个人查询、冻结、扣划，但法律另有规定的除外。

第三十条 对单位存款，商业银行有权拒绝任何单位或者个人查询，但法律、行政法规另有规定的除外；有权拒绝任何单位或者个人冻结、扣划，但法律另有规定的除外。

第三十一条 商业银行应当按照中国人民银行规定的存款利率的上下限，确定存款利率，并予以公告。

第三十二条 商业银行应当按照中国人民银行的规定，向中国人民银行交存存款准备金，留足备付金。

第三十三条 商业银行应当保证存款本金和利息的支付，不得拖延、拒绝支付存款本金和利息。

第四章 贷款和其他业务的基本规则

第三十四条 商业银行根据国民经济和社会发展的需要，在国家产业政策指导下开展贷款业务。

第三十五条 商业银行贷款，应当对借款人的借款用途、偿还能力、还款方式等情况进行严格审查。

商业银行贷款，应当实行审贷分离、分级审批的制度。

第三十六条 商业银行贷款，借款人应当提供担保。商业银行应当对保证人的偿还能力，抵押物、质物的权属和价值以及实现抵押权、质权的可行性进行严格审查。

经商业银行审查、评估，确认借款人资信良好，确能偿还贷款的，可以不提供担保。

第三十七条 商业银行贷款，应当与借款人订立书面合同。合同应当约定贷款种类、借款用途、金额、利率、还款期限、还款方式、违约责任和双方认为需要约定的其他事项。

第三十八条 商业银行应当按照中国人民银行规定的贷款利率的上下限，确定贷款利率。

第三十九条 商业银行贷款，应当遵守下列资产负债比例管理的规定：

（一）资本充足率不得低于8%；

（二）贷款余额与存款余额的比例不得超过75%；

（三）流动性资产余额与流动性负债余额的比例不得低于25%；

（四）对同一借款人的贷款余额与商业银行资本余额的比例不得超过10%；

（五）中国人民银行对资产负债比例管理的其他规定。

本法施行前设立的商业银行，在本法施行后，其资产负债比例不符合前款规定的，应当在一定的期限内符合前款规定。具体办法由国务院规定。

第四十条 商业银行不得向关系人发放信用贷款；向关系人发放担保贷款的条件不得优于

其他借款人同类贷款的条件。

前款所称关系人是指：

（一）商业银行的董事、监事、管理人员、信贷业务人员及其近亲属；

（二）前项所列人员投资或者担任高级管理职务的公司、企业和其他经济组织。

第四十一条 任何单位和个人不得强令商业银行发放贷款或者提供担保。商业银行有权拒绝任何单位和个人强令要求其发放贷款或者提供担保。

经国务院批准的特定贷款项目，国有独资商业银行应当发放贷款。因贷款造成的损失，由国务院采取相应补救措施。具体办法由国务院规定。

第四十二条 借款人应当按期归还贷款的本金和利息。

借款人到期不归还担保贷款的，商业银行依法享有要求保证人归还贷款本金和利息或者就该担保物优先受偿的权利。商业银行因行使抵押权、质权而取得的不动产或者股票，应当自取得之日起1年内予以处分。

借款人到期不归还信用贷款的，应当按照合同约定承担责任。

第四十三条 商业银行在中华人民共和国境内不得从事信托投资和股票业务，不得投资于非自用不动产。

商业银行在中华人民共和国境内不得向非银行金融机构和企业投资。本法施行前，商业银行已向非银行金融机构和企业投资的，由国务院另行规定实施办法。

第四十四条 商业银行办理票据承兑、汇兑、委托收款等结算业务，应当按照规定的期限兑现，收付入账，不得压单、压票或者违反规定退票。有关兑现、收付入账期限的规定应当公布。

第四十五条 商业银行发行金融债券或者到境外借款，应当依照法律、行政法规的规定报经批准。

第四十六条 同业拆借，应当遵守中国人民银行规定的期限，拆借的期限最长不得超过4个月。禁止利用拆入资金发放固定资产贷款或者用于投资。

拆出资金限于交足存款准备金、留足备付金和归还中国人民银行到期贷款之后的闲置资金。拆入资金用于弥补票据结算、联行汇差头寸的不足和解决临时性周转资金的需要。

第四十七条 商业银行不得违反规定提高或者降低利率以及采用其他不正当手段，吸收存款，发放贷款。

第四十八条 企业事业单位可以自主选择一家商业银行的营业场所开立一个办理日常转账结算和现金收付的基本账户，不得开立两个以上基本账户。

任何单位和个人不得将单位的资金以个人名义开立账户存储。

第四十九条 商业银行的营业时间应当方便客户，并予以公告。商业银行应当在公告的营业时间内营业，不得擅自停止营业或者缩短营业时间。

第五十条 商业银行办理业务，提供服务，按照中国人民银行的规定收取手续费。

第五十一条 商业银行应当按照国家有关规定保存财务会计报表、业务合同以及其他资料。

第五十二条 商业银行的工作人员应当遵守法律、行政法规和其他各项业务管理的规定，不得有下列行为：

（一）利用职务上的便利，索取、收受贿赂或者违反国家规定收受各种名义的回扣、手续费；

（二）利用职务上的便利，贪污、挪用、侵占本行或者客户的资金；

（三）违反规定徇私向亲属、朋友发放贷款或者提供担保；

（四）在其他经济组织兼职；

（五）违反法律、行政法规和业务管理规定的其他行为。

第五十三条 商业银行的工作人员不得泄露其在任职期间知悉的国家秘密、商业秘密。

第五章 财务会计

第五十四条 商业银行应当依照法律和国家统一的会计制度以及中国人民银行的有关规定，建立、健全本行的财务会计制度。

第五十五条 商业银行应当按照国家有关

规定,真实记录并全面反映其业务活动和财务状况,编制年度财务会计报告,及时向中国人民银行和财政部门报送会计报表。商业银行不得在法定的会计账册外另立会计账册。

第五十六条 商业银行应当于每一会计年度终了3个月内,按照中国人民银行的规定,公布其上一年度的经营业绩和审计报告。

第五十七条 商业银行应当按照国家有关规定,提取呆帐准备金,冲销呆帐。

第五十八条 商业银行的会计年度自公历1月1日起至12月31日止。

第六章 监督管理

第五十九条 商业银行应当按照中国人民银行的规定,制定本行的业务规则,建立、健全本行的业务管理、现金管理和安全防范制度。

第六十条 商业银行应当建立、健全本行对存款、贷款、结算、呆帐等各项情况的稽核、检查制度。

商业银行对分支机构应当进行经常性的稽核和检查监督。

第六十一条 商业银行应当定期向中国人民银行报送资产负债表、损益表以及其他财务会计报表和资料。

第六十二条 中国人民银行有权依照本法第三章、第四章、第五章的规定,随时对商业银行的存款、贷款、结算、呆帐等情况进行检查监督。检查监督时,检查监督人员应当出示合法的证件。商业银行应当按照中国人民银行的要求,提供财务会计资料、业务合同和有关经营管理方面的其他信息。

第六十三条 商业银行应当依法接受审计机关的审计监督。

第七章 接管和终止

第六十四条 商业银行已经或者可能发生信用危机,严重影响存款人的利益时,中国人民银行可以对该银行实行接管。

接管的目的是对被接管的商业银行采取必要措施,以保护存款人的利益,恢复商业银行的正常经营能力。被接管的商业银行的债权债务关系不因接管而变化。

第六十五条 接管由中国人民银行决定,并组织实施。中国人民银行的接管决定应当载明下列内容:

(一)被接管的商业银行名称;

(二)接管理由;

(三)接管组织;

(四)接管期限。

接管决定由中国人民银行予以公告。

第六十六条 接管自接管决定实施之日起开始。

自接管开始之日起,由接管组织行使商业银行的经营管理权力。

第六十七条 接管期限届满,中国人民银行可以决定延期,但接管期限最长不得超过2年。

第六十八条 有下列情形之一的,接管终止:

(一)接管决定规定的期限届满或者中国人民银行决定的接管延期届满;

(二)接管期限届满前,该商业银行已恢复正常经营能力;

(三)接管期限届满前,该商业银行被合并或者被依法宣告破产。

第六十九条 商业银行因分立、合并或者出现公司章程规定的解散事由需要解散的,应当向中国人民银行提出申请,并附解散的理由和支付存款的本金和利息等债务清偿计划。经中国人民银行批准后解散。

商业银行解散的,应当依法成立清算组,进行清算,按照清偿计划及时偿还存款本金和利息等债务。中国人民银行监督清算过程。

第七十条 商业银行因吊销经营许可证被撤销的,中国人民银行应当依法及时组织成立清算组,进行清算,按照清偿计划及时偿还存款本金和利息等债务。

第七十一条 商业银行不能支付到期债务,经中国人民银行同意,由人民法院依法宣告其破产。商业银行被宣告破产的,由人民法院组织中国人民银行等有关部门和有关人员成立清算组,进行清算。

商业银行破产清算时,在支付清算费用、所欠职工工资和劳动保险费用后,应当优先支付个人储蓄存款的本金和利息。

第七十二条　商业银行因解散、被撤销和被宣告破产而终止。

第八章　法律责任

第七十三条　商业银行有下列情形之一，对存款人或者其他客户造成财产损害的，应当承担支付迟延履行的利息以及其他民事责任：

（一）无故拖延、拒绝支付存款本金和利息的；

（二）违反票据承兑等结算业务规定，不予兑现，不予收付入账，压单、压票或者违反规定退票的；

（三）非法查询、冻结、扣划个人储蓄存款或者单位存款的；

（四）违反本法规定对存款人或者其他客户造成损害的其他行为。

第七十四条　商业银行有下列情形之一，由中国人民银行责令改正，有违法所得的，没收违法所得，并处以违法所得1倍以上5倍以下罚款，没有违法所得的，处以10万元以上50万元以下罚款；情节特别严重或者逾期不改正的，中国人民银行可以责令停业整顿或者吊销其经营许可证；构成犯罪的，依法追究刑事责任：

（一）未经批准发行金融债券或者到境外借款的；

（二）未经批准买卖政府债券或者买卖、代理买卖外汇的；

（三）在境内从事信托投资和股票业务或者投资于非自用不动产的；

（四）向境内非银行金融机构和企业投资的；

（五）向关系人发放信用贷款或者发放担保贷款的条件优于其他借款人同类贷款的条件的；

（六）提供虚假的或者隐瞒重要事实的财务会计报表的；

（七）拒绝中国人民银行稽核、检查监督的；

（八）出租、出借经营许可证的。

第七十五条　商业银行有本法第七十三条规定的情形之一或者有下列情形之一，由中国人民银行责令改正，有违法所得的，没收违法所得，并处以违法所得1倍以上3倍以下罚款，没有违法所得的，处以5万元以上30万元以下罚款：

（一）未按照中国人民银行规定的比例交存存款准备金的；

（二）未遵守资本充足率、存贷比例、资产流动性比例、同一借款人贷款比例和中国人民银行有关资产负债比例管理的其他规定的；

（三）未经批准设立分支机构的；

（四）未经批准分立、合并的；

（五）同业拆借超过规定的期限或者利用拆入资金发放固定资产贷款的；

（六）违反规定提高或者降低利率以及采用其他不正当手段，吸收存款，发放贷款的。

第七十六条　商业银行有本法第七十三条至第七十五条规定的情形的，对直接负责的主管人员和其他直接责任人员，应当给予纪律处分；构成犯罪的，依法追究刑事责任。

第七十七条　有下列情形之一，由中国人民银行责令改正，有违法所得的，没收违法所得，可以处以违法所得1倍以上3倍以下罚款，没有违法所得的，可以处以5万元以上30万元以下罚款：

（一）未经批准在名称中使用“银行”字样的；

（二）未经批准购买商业银行股份总额10%以上的；

（三）将单位的资金以个人名义开立帐户存储的。

第七十八条　不按照规定向中国人民银行报送有关文件、资料或者违反本法第二十四条规定对变更事项不报批的，由中国人民银行责令改正，逾期不改正的，可以处以1万元以上10万元以下罚款。

第七十九条　未经中国人民银行批准，擅自设立商业银行，或者非法吸收公众存款、变相吸收公众存款的，依法追究刑事责任，并由中国人民银行予以取缔。

伪造、变造、转让商业银行经营许可证的，依法追究刑事责任。

第八十条　借款人采取欺诈手段骗取贷款，构成犯罪的，依法追究刑事责任。

第八十一条　商业银行工作人员利用职务上的便利，索取、收受贿赂或者违反国家规定收受各种名义的回扣、手续费的，依法追究刑事责任。

有前款行为，发放贷款或者提供担保造成损失的，应当承担全部或者部分赔偿责任。

第八十二条 商业银行工作人员利用职务上的便利，贪污、挪用、侵占本行或者客户资金，构成犯罪的，依法追究刑事责任；未构成犯罪的，应当给予纪律处分。

第八十三条 商业银行工作人员违反本法规定玩忽职守造成损失的，应当给予纪律处分；构成犯罪的，依法追究刑事责任。

违反规定徇私向亲属、朋友发放贷款或者提供担保造成损失的，应当承担全部或者部分赔偿责任。

第八十四条 商业银行工作人员泄露在任职期间知悉的国家秘密、商业秘密的，应当给予纪律处分；构成犯罪的，依法追究刑事责任。

第八十五条 单位或者个人强令商业银行发放贷款或者提供担保的，应当对直接负责的主管人员和其他直接责任人员或者个人给予纪律处分；造成损失的，应当承担全部或者部分赔偿责任。

商业银行的工作人员对单位或者个人强令其发放贷款或者提供担保未予拒绝的，应当给予纪律处分；造成损失的，应当承担相应的赔偿责任。

第八十六条 商业银行及其工作人员对中国人民银行的处罚决定不服的，可以依照《中华人民共和国行政诉讼法》的规定向人民法院提起诉讼。

第九章 附 则

第八十七条 本法施行前，按照国务院的规定经批准设立的商业银行不再办理审批手续。

第八十八条 外资商业银行、中外合资商业银行、外国商业银行分行适用本法规定，法律、行政法规另有规定的，适用其规定。

第八十九条 城市信用合作社、农村信用合作社办理存款、贷款和结算等业务，适用本法有关规定。

第九十条 邮政企业办理邮政储蓄、汇款业务，适用本法有关规定。

第九十一条 本法自1995年7月1日起施行。

全国人民代表大会常务委员会关于修改《中华人民共和国商业银行法》的决定

（2003年12月27日第十届全国人民代表大会常务委员会第六次会议通过 2003年12月27日中华人民共和国主席令第13号公布 自2004年2月1日起施行）

第十届全国人民代表大会常务委员会第六次会议决定对《中华人民共和国商业银行法》作如下修改：

一、第三条第一款第四项修改为："办理票据承兑与贴现"；第七项修改为："买卖政府债券、金融债券"；增加一项，作为第十项："从事银行卡业务"。

增加一款，作为第三款："商业银行经中国人民银行批准，可以经营结汇、售汇业务。"

二、第四条第一款修改为："商业银行以安全性、流动性、效益性为经营原则，实行自主经营，自担风险，自负盈亏，自我约束。"

三、第十条修改为："商业银行依法接受国务院银行业监督管理机构的监督管理，但法律规定其有关业务接受其他监督管理部门或者机构监督管理的，依照其规定。"并相应地将第三条、第十一条、第十四条至第十六条、第十九条至第二十一条、第二十三条、第二十四条第一款、第二十五条、第三十九条、第五十六条、第六十二条、第六十四条、第六十五条、第六十七条至第七十一条中的"中国人民银行"修改为"国务院银行业监督管理机构"。

四、第十二条第一款第三项修改为："有具备任职专业知识和业务工作经验的董事、高级管理人员"。

第二款修改为："设立商业银行，还应当符合其他审慎性条件。"

五、第十三条修改为："设立全国性商业银行的注册资本最低限额为十亿元人民币。设立城市商业银行的注册资本最低限额为一亿元人民币，设立农村商业银行的注册资本最低限额为五千万元人民币。注册资本应当是实缴资本。

“国务院银行业监督管理机构根据审慎监管的要求可以调整注册资本最低限额，但不得少于前款规定的限额。”

六、第十五条第二项修改为：“拟任职的董事、高级管理人员的资格证明”；第五项修改为：“持有注册资本百分之五以上的股东的资信证明和有关资料”。

七、第十八条第一款修改为：“国有独资商业银行设立监事会。监事会的产生办法由国务院规定。”

八、第二十四条第一款第五项修改为：“变更持有资本总额或者股份总额百分之五以上的股东”。

第二款修改为：“更换董事、高级管理人员时，应当报经国务院银行业监督管理机构审查其任职资格。”

九、第二十七条中的“不得担任商业银行的高级管理人员”，修改为：“不得担任商业银行的董事、高级管理人员”。

十、第二十八条修改为：“任何单位和个人购买商业银行股份总额百分之五以上的，应当事先经国务院银行业监督管理机构批准。”

十一、删去第四十一条第二款。

十二、第四十二条第二款修改为：“借款人到期不归还担保贷款的，商业银行依法享有要求保证人归还贷款本金和利息或者就该担保物优先受偿的权利。商业银行因行使抵押权、质权而取得的不动产或者股权，应当自取得之日起二年内予以处分。”

十三、第四十三条修改为：“商业银行在中华人民共和国境内不得从事信托投资和证券经营业务，不得向非自用不动产投资或者向非银行金融机构和企业投资，但国家另有规定的除外。”

十四、第四十六条第一款修改为：“同业拆借，应当遵守中国人民银行的规定。禁止利用拆入资金发放固定资产贷款或者用于投资。”

十五、第五十条修改为：“商业银行办理业务，提供服务，按照规定收取手续费。收费项目和标准由国务院银行业监督管理机构、中国人民银行根据职责分工，分别会同国务院价格主管部门制定。”

十六、第五十四条修改为：“商业银行应当依照法律和国家统一的会计制度以及国务院银行业监督管理机构的有关规定，建立、健全本行的财务、会计制度。”

十七、第五十五条修改为：“商业银行应当按照国家有关规定，真实记录并全面反映其业务活动和财务状况，编制年度财务会计报告，及时向国务院银行业监督管理机构、中国人民银行和国务院财政部门报送。商业银行不得在法定的会计账册外另立会计账册。”

十八、第五十九条修改为：“商业银行应当按照有关规定，制定本行的业务规则，建立、健全本行的风险管理和内部控制制度。”

十九、第六十一条修改为：“商业银行应当按照规定向国务院银行业监督管理机构、中国人民银行报送资产负债表、利润表以及其他财务会计、统计报表和资料。”

二十、第六十二条增加一款，作为第二款：“中国人民银行有权依照《中华人民共和国中国人民银行法》第三十二条、第三十四条的规定对商业银行进行检查监督。”

二十一、第七十三条增加一款，作为第二款：“有前款规定情形的，由国务院银行业监督管理机构责令改正，有违法所得的，没收违法所得，违法所得五万元以上的，并处违法所得一倍以上五倍以下罚款；没有违法所得或者违法所得不足五万元的，处五万元以上五十万元以下罚款。”

二十二、第七十四条修改为：“商业银行有下列情形之一，由国务院银行业监督管理机构责令改正，有违法所得的，没收违法所得，违法所得五十万元以上的，并处违法所得一倍以上五倍以下罚款；没有违法所得或者违法所得不足五十万元的，处五十万元以上二百万元以下罚款；情节特别严重或者逾期不改正的，可以责令停业整顿或者吊销其经营许可证；构成犯罪的，依法追究刑事责任：

“（一）未经批准设立分支机构的；

“（二）未经批准分立、合并或者违反规定对变更事项不报批的；

“（三）违反规定提高或者降低利率以及采用其他不正当手段，吸收存款，发放贷款的；

“（四）出租、出借经营许可证的；

“（五）未经批准买卖、代理买卖外汇的；

“（六）未经批准买卖政府债券或者发行、买卖金融债券的；

“（七）违反国家规定从事信托投资和证券经营业务、向非自用不动产投资或者向非银行金融机构和企业投资的；

“（八）向关系人发放信用贷款或者发放担保贷款的条件优于其他借款人同类贷款的条件的。”

二十三、增加一条，作为第七十五条：“商业银行有下列情形之一，由国务院银行业监督管理机构责令改正，并处二十万元以上五十万元以下罚款；情节特别严重或者逾期不改正的，可以责令停业整顿或者吊销其经营许可证；构成犯罪的，依法追究刑事责任：

“（一）拒绝或者阻碍国务院银行业监督管理机构检查监督的；

“（二）提供虚假的或者隐瞒重要事实的财务会计报告、报表和统计报表的；

“（三）未遵守资本充足率、存贷比例、资产流动性比例、同一借款人贷款比例和国务院银行业监督管理机构有关资产负债比例管理的其他规定的。”

二十四、增加一条，作为第七十六条：“商业银行有下列情形之一，由中国人民银行责令改正，有违法所得的，没收违法所得，违法所得五十万元以上的，并处违法所得一倍以上五倍以下罚款；没有违法所得或者违法所得不足五十万元的，处五十万元以上二百万元以下罚款；情节特别严重或者逾期不改正的，中国人民银行可以建议国务院银行业监督管理机构责令停业整顿或者吊销其经营许可证；构成犯罪的，依法追究刑事责任：

“（一）未经批准办理结汇、售汇的；

“（二）未经批准在银行间债券市场发行、买卖金融债券或者到境外借款的；

“（三）违反规定同业拆借的。”

二十五、增加一条，作为第七十七条：“商业银行有下列情形之一，由中国人民银行责令改正，并处二十万元以上五十万元以下罚款；情节特别严重或者逾期不改正的，中国人民银行可以建议国务院银行业监督管理机构责令停业整顿或者吊销其经营许可证；构成犯罪的，依法追究刑事责任：

“（一）拒绝或者阻碍中国人民银行检查监督的；

“（二）提供虚假的或者隐瞒重要事实的财务会计报告、报表和统计报表的；

“（三）未按照中国人民银行规定的比例交存存款准备金的。”

二十六、删去第七十五条。

二十七、第七十六条改为第七十八条，修改为：“商业银行有本法第七十三条至第七十七条规定情形的，对直接负责的董事、高级管理人员和其他直接责任人员，应当给予纪律处分；构成犯罪的，依法追究刑事责任。”

二十八、第七十七条改为第七十九条，修改为：“有下列情形之一，由国务院银行业监督管理机构责令改正，有违法所得的，没收违法所得，违法所得五万元以上的，并处违法所得一倍以上五倍以下罚款；没有违法所得或者违法所得不足五万元的，处五万元以上五十万元以下罚款：

“（一）未经批准在名称中使用“银行”字样的；

“（二）未经批准购买商业银行股份总额百分之五以上的；

“（三）将单位的资金以个人名义开立账户存储的。”

二十九、第七十八条改为第八十条，修改为：“商业银行不按照规定向国务院银行业监督管理机构报送有关文件、资料的，由国务院银行业监督管理机构责令改正，逾期不改正的，处十万元以上三十万元以下罚款。

“商业银行不按照规定向中国人民银行报送有关文件、资料的，由中国人民银行责令改正，逾期不改正的，处十万元以上三十万元以下罚款。”

三十、第七十九条改为第八十一条，修改为：“未经国务院银行业监督管理机构批准，擅自设立商业银行，或者非法吸收公众存款、变相吸收公众存款，构成犯罪的，依法追究刑事责任；并由国务院银行业监督管理机构予以取缔。

“伪造、变造、转让商业银行经营许可证，构成犯罪的，依法追究刑事责任。”

三十一、增加一条，作为第八十三条：“有本法第八十一条、第八十二条规定的行为，尚不构成犯罪的,由国务院银行业监督管理机构没收违法所得,违法所得五十万元以上的,并处违法所得一倍以上五倍以下罚款;没有违法所得或者违法所得不足五十万元的,处五十万元以上二百万元以下罚款。"

三十二、第八十一条改为第八十四条,第一款修改为:"商业银行工作人员利用职务上的便利,索取、收受贿赂或者违反国家规定收受各种名义的回扣、手续费,构成犯罪的,依法追究刑事责任;尚不构成犯罪的,应当给予纪律处分。"

三十三、第八十二条改为第八十五条,修改为:"商业银行工作人员利用职务上的便利,贪污、挪用、侵占本行或者客户资金,构成犯罪的,依法追究刑事责任;尚不构成犯罪的,应当给予纪律处分。"

三十四、增加一条,作为第八十九条:"商业银行违反本法规定的,国务院银行业监督管理机构可以区别不同情形,取消其直接负责的董事、高级管理人员一定期限直至终身的任职资格,禁止直接负责的董事、高级管理人员和其他直接责任人员一定期限直至终身从事银行业工作。

"商业银行的行为尚不构成犯罪的,对直接负责的董事、高级管理人员和其他直接责任人员,给予警告,处五万元以上五十万元以下罚款。"

三十五、第八十六条改为第九十条,修改为:"商业银行及其工作人员对国务院银行业监督管理机构、中国人民银行的处罚决定不服的,可以依照《中华人民共和国行政诉讼法》的规定向人民法院提起诉讼。"

三十六、第八十八条改为第九十二条,修改为:"外资商业银行、中外合资商业银行、外国商业银行分行适用本法规定,法律、行政法规另有规定的,依照其规定。"

三十七、第九十条改为第九十四条,修改为:"邮政企业办理商业银行的有关业务,适用本法有关规定。"

本决定自2004年2月1日起施行。

《中华人民共和国商业银行法》根据本决定作相应修改并对条款顺序作相应调整,重新公布。

中华人民共和国商业银行法①

(1995年5月10日第八届全国人民代表大会常务委员会第十三次会议通过　根据2003年12月27日第十届全国人民代表大会常务委员会第六次会议《关于修改〈中华人民共和国商业银行法〉的决定》修正)

目　　录

第一章　总　　则

第一条　为了保护商业银行、存款人和其他客户的合法权益,规范商业银行的行为,提高信贷资产质量,加强监督管理,保障商业银行的稳健运行,维护金融秩序,促进社会主义市场经济的发展,制定本法。

第二条　本法所称的商业银行是指依照本法和《中华人民共和国公司法》设立的吸收公众存款、发放贷款、办理结算等业务的企业法人。

第三条　商业银行可以经营下列部分或者全部业务:

(一)吸收公众存款;
(二)发放短期、中期和长期贷款;
(三)办理国内外结算;
(四)办理票据承兑与贴现;
(五)发行金融债券;
(六)代理发行、代理兑付、承销政府债券;
(七)买卖政府债券、金融债券;
(八)从事同业拆借;
(九)买卖、代理买卖外汇;

① 编者注:已被修改。

（十）从事银行卡业务；

（十一）提供信用证服务及担保；

（十二）代理收付款项及代理保险业务；

（十三）提供保管箱服务；

（十四）经国务院银行业监督管理机构批准的其他业务。

经营范围由商业银行章程规定，报国务院银行业监督管理机构批准。

商业银行经中国人民银行批准，可以经营结汇、售汇业务。

第四条　商业银行以安全性、流动性、效益性为经营原则，实行自主经营，自担风险，自负盈亏，自我约束。

商业银行依法开展业务，不受任何单位和个人的干涉。

商业银行以其全部法人财产独立承担民事责任。

第五条　商业银行与客户的业务往来，应当遵循平等、自愿、公平和诚实信用的原则。

第六条　商业银行应当保障存款人的合法权益不受任何单位和个人的侵犯。

第七条　商业银行开展信贷业务，应当严格审查借款人的资信，实行担保，保障按期收回贷款。

商业银行依法向借款人收回到期贷款的本金和利息，受法律保护。

第八条　商业银行开展业务，应当遵守法律、行政法规的有关规定，不得损害国家利益、社会公共利益。

第九条　商业银行开展业务，应当遵守公平竞争的原则，不得从事不正当竞争。

第十条　商业银行依法接受国务院银行业监督管理机构的监督管理，但法律规定其有关业务接受其他监督管理部门或者机构监督管理的，依照其规定。

第二章　商业银行的设立和组织机构

第十一条　设立商业银行，应当经国务院银行业监督管理机构审查批准。

未经国务院银行业监督管理机构批准，任何单位和个人不得从事吸收公众存款等商业银行业务，任何单位不得在名称中使用“银行”字样。

第十二条　设立商业银行，应当具备下列条件：

（一）有符合本法和《中华人民共和国公司法》规定的章程；

（二）有符合本法规定的注册资本最低限额；

（三）有具备任职专业知识和业务工作经验的董事、高级管理人员；

（四）有健全的组织机构和管理制度；

（五）有符合要求的营业场所、安全防范措施和与业务有关的其他设施。

设立商业银行，还应当符合其他审慎性条件。

第十三条　设立全国性商业银行的注册资本最低限额为十亿元人民币。设立城市商业银行的注册资本最低限额为一亿元人民币，设立农村商业银行的注册资本最低限额为五千万元人民币。注册资本应当是实缴资本。

国务院银行业监督管理机构根据审慎监管的要求可以调整注册资本最低限额，但不得少于前款规定的限额。

第十四条　设立商业银行，申请人应当向国务院银行业监督管理机构提交下列文件、资料：

（一）申请书，申请书应当载明拟设立的商业银行的名称、所在地、注册资本、业务范围等；

（二）可行性研究报告；

（三）国务院银行业监督管理机构规定提交的其他文件、资料。

第十五条　设立商业银行的申请经审查符合本法第十四条规定的，申请人应当填写正式申请表，并提交下列文件、资料：

（一）章程草案；

（二）拟任职的董事、高级管理人员的资格证明；

（三）法定验资机构出具的验资证明；

（四）股东名册及其出资额、股份；

（五）持有注册资本百分之五以上的股东的资信证明和有关资料；

（六）经营方针和计划；

（七）营业场所、安全防范措施和与业务有关的其他设施的资料；

（八）国务院银行业监督管理机构规定的其他文件、资料。

第十六条　经批准设立的商业银行，由国务院银行业监督管理机构颁发经营许可证，并凭该许可证向工商行政管理部门办理登记，领取营业执照。

第十七条　商业银行的组织形式、组织机构适用《中华人民共和国公司法》的规定。

本法施行前设立的商业银行，其组织形式、组织机构不完全符合《中华人民共和国公司法》规定的，可以继续沿用原有的规定，适用前款规定的日期由国务院规定。

第十八条　国有独资商业银行设立监事会。监事会的产生办法由国务院规定。

监事会对国有独资商业银行的信贷资产质量、资产负债比例、国有资产保值增值等情况以及高级管理人员违反法律、行政法规或者章程的行为和损害银行利益的行为进行监督。

第十九条　商业银行根据业务需要可以在中华人民共和国境内外设立分支机构。设立分支机构必须经国务院银行业监督管理机构审查批准。在中华人民共和国境内的分支机构，不按行政区划设立。

商业银行在中华人民共和国境内设立分支机构，应当按照规定拨付与其经营规模相适应的营运资金额。拨付各分支机构营运资金额的总和，不得超过总行资本金总额的百分之六十。

第二十条　设立商业银行分支机构，申请人应当向国务院银行业监督管理机构提交下列文件、资料：

（一）申请书，申请书应当载明拟设立的分支机构的名称、营运资金额、业务范围、总行及分支机构所在地等；

（二）申请人最近二年的财务会计报告；

（三）拟任职的高级管理人员的资格证明；

（四）经营方针和计划；

（五）营业场所、安全防范措施和与业务有关的其他设施的资料；

（六）国务院银行业监督管理机构规定的其他文件、资料。

第二十一条　经批准设立的商业银行分支机构，由国务院银行业监督管理机构颁发经营许可证，并凭该许可证向工商行政管理部门办理登记，领取营业执照。

第二十二条　商业银行对其分支机构实行全行统一核算，统一调度资金，分级管理的财务制度。

商业银行分支机构不具有法人资格，在总行授权范围内依法开展业务，其民事责任由总行承担。

第二十三条　经批准设立的商业银行及其分支机构，由国务院银行业监督管理机构予以公告。

商业银行及其分支机构自取得营业执照之日起无正当理由超过六个月未开业的，或者开业后自行停业连续六个月以上的，由国务院银行业监督管理机构吊销其经营许可证，并予以公告。

第二十四条　商业银行有下列变更事项之一的，应当经国务院银行业监督管理机构批准：

（一）变更名称；

（二）变更注册资本；

（三）变更总行或者分支行所在地；

（四）调整业务范围；

（五）变更持有资本总额或者股份总额百分之五以上的股东；

（六）修改章程；

（七）国务院银行业监督管理机构规定的其他变更事项。

更换董事、高级管理人员时，应当报经国务院银行业监督管理机构审查其任职资格。

第二十五条　商业银行的分立、合并，适用《中华人民共和国公司法》的规定。

商业银行的分立、合并，应当经国务院银行业监督管理机构审查批准。

第二十六条　商业银行应当依照法律、行政法规的规定使用经营许可证。禁止伪造、变造、转让、出租、出借经营许可证。

第二十七条　有下列情形之一的，不得担任商业银行的董事、高级管理人员：

（一）因犯有贪污、贿赂、侵占财产、挪用财产罪或者破坏社会经济秩序罪，被判处刑罚，或者因犯罪被剥夺政治权利的；

（二）担任因经营不善破产清算的公司、企业的董事或者厂长、经理，并对该公司、企业的破产负有个人责任的；

（三）担任因违法被吊销营业执照的公司、企业的法定代表人，并负有个人责任的；

（四）个人所负数额较大的债务到期未清偿的。

第二十八条 任何单位和个人购买商业银行股份总额百分之五以上的，应当事先经国务院银行业监督管理机构批准。

第三章 对存款人的保护

第二十九条 商业银行办理个人储蓄存款业务，应当遵循存款自愿、取款自由、存款有息、为存款人保密的原则。

对个人储蓄存款，商业银行有权拒绝任何单位或者个人查询、冻结、扣划，但法律另有规定的除外。

第三十条 对单位存款，商业银行有权拒绝任何单位或者个人查询，但法律、行政法规另有规定的除外；有权拒绝任何单位或者个人冻结、扣划，但法律另有规定的除外。

第三十一条 商业银行应当按照中国人民银行规定的存款利率的上下限，确定存款利率，并予以公告。

第三十二条 商业银行应当按照中国人民银行的规定，向中国人民银行交存存款准备金，留足备付金。

第三十三条 商业银行应当保证存款本金和利息的支付，不得拖延、拒绝支付存款本金和利息。

第四章 贷款和其他业务的基本规则

第三十四条 商业银行根据国民经济和社会发展的需要，在国家产业政策指导下开展贷款业务。

第三十五条 商业银行贷款，应当对借款人的借款用途、偿还能力、还款方式等情况进行严格审查。

商业银行贷款，应当实行审贷分离、分级审批的制度。

第三十六条 商业银行贷款，借款人应当提供担保。商业银行应当对保证人的偿还能力，抵押物、质物的权属和价值以及实现抵押权、质权的可行性进行严格审查。

经商业银行审查、评估，确认借款人资信良好，确能偿还贷款的，可以不提供担保。

第三十七条 商业银行贷款，应当与借款人订立书面合同。合同应当约定贷款种类、借款用途、金额、利率、还款期限、还款方式、违约责任和双方认为需要约定的其他事项。

第三十八条 商业银行应当按照中国人民银行规定的贷款利率的上下限，确定贷款利率。

第三十九条 商业银行贷款，应当遵守下列资产负债比例管理的规定：

（一）资本充足率不得低于百分之八；

（二）贷款余额与存款余额的比例不得超过百分之七十五；

（三）流动性资产余额与流动性负债余额的比例不得低于百分之二十五；

（四）对同一借款人的贷款余额与商业银行资本余额的比例不得超过百分之十；

（五）国务院银行业监督管理机构对资产负债比例管理的其他规定。

本法施行前设立的商业银行，在本法施行后，其资产负债比例不符合前款规定的，应当在一定的期限内符合前款规定。具体办法由国务院规定。

第四十条 商业银行不得向关系人发放信用贷款；向关系人发放担保贷款的条件不得优于其他借款人同类贷款的条件。

前款所称关系人是指：

（一）商业银行的董事、监事、管理人员、信贷业务人员及其近亲属；

（二）前项所列人员投资或者担任高级管理职务的公司、企业和其他经济组织。

第四十一条 任何单位和个人不得强令商业银行发放贷款或者提供担保。商业银行有权拒绝任何单位和个人强令要求其发放贷款或者提供担保。

第四十二条 借款人应当按期归还贷款的本金和利息。

借款人到期不归还担保贷款的，商业银行依法享有要求保证人归还贷款本金和利息或者就该担保物优先受偿的权利。商业银行因行使抵押权、质权而取得的不动产或者股权，应当自取得之日起二年内予以处分。

借款人到期不归还信用贷款的，应当按照合

同约定承担责任。

第四十三条 商业银行在中华人民共和国境内不得从事信托投资和证券经营业务，不得向非自用不动产投资或者向非银行金融机构和企业投资，但国家另有规定的除外。

第四十四条 商业银行办理票据承兑、汇兑、委托收款等结算业务，应当按照规定的期限兑现，收付入账，不得压单、压票或者违反规定退票。有关兑现、收付入账期限的规定应当公布。

第四十五条 商业银行发行金融债券或者到境外借款，应当依照法律、行政法规的规定报经批准。

第四十六条 同业拆借，应当遵守中国人民银行的规定。禁止利用拆入资金发放固定资产贷款或者用于投资。

拆出资金限于交足存款准备金、留足备付金和归还中国人民银行到期贷款之后的闲置资金。拆入资金用于弥补票据结算、联行汇差头寸的不足和解决临时性周转资金的需要。

第四十七条 商业银行不得违反规定提高或者降低利率以及采用其他不正当手段，吸收存款，发放贷款。

第四十八条 企业事业单位可以自主选择一家商业银行的营业场所开立一个办理日常转账结算和现金收付的基本账户，不得开立两个以上基本账户。

任何单位和个人不得将单位的资金以个人名义开立账户存储。

第四十九条 商业银行的营业时间应当方便客户，并予以公告。商业银行应当在公告的营业时间内营业，不得擅自停止营业或者缩短营业时间。

第五十条 商业银行办理业务，提供服务，按照规定收取手续费。收费项目和标准由国务院银行业监督管理机构、中国人民银行根据职责分工，分别会同国务院价格主管部门制定。

第五十一条 商业银行应当按照国家有关规定保存财务会计报表、业务合同以及其他资料。

第五十二条 商业银行的工作人员应当遵守法律、行政法规和其他各项业务管理的规定，不得有下列行为：

（一）利用职务上的便利，索取、收受贿赂或者违反国家规定收受各种名义的回扣、手续费；

（二）利用职务上的便利，贪污、挪用、侵占本行或者客户的资金；

（三）违反规定徇私向亲属、朋友发放贷款或者提供担保；

（四）在其他经济组织兼职；

（五）违反法律、行政法规和业务管理规定的其他行为。

第五十三条 商业银行的工作人员不得泄露其在任职期间知悉的国家秘密、商业秘密。

第五章 财务会计

第五十四条 商业银行应当依照法律和国家统一的会计制度以及国务院银行业监督管理机构的有关规定，建立、健全本行的财务、会计制度。

第五十五条 商业银行应当按照国家有关规定，真实记录并全面反映其业务活动和财务状况，编制年度财务会计报告，及时向国务院银行业监督管理机构、中国人民银行和国务院财政部门报送。商业银行不得在法定的会计账册外另立会计账册。

第五十六条 商业银行应当于每一会计年度终了三个月内，按照国务院银行业监督管理机构的规定，公布其上一年度的经营业绩和审计报告。

第五十七条 商业银行应当按照国家有关规定，提取呆账准备金，冲销呆账。

第五十八条 商业银行的会计年度自公历1月1日起至12月31日止。

第六章 监督管理

第五十九条 商业银行应当按照有关规定，制定本行的业务规则，建立、健全本行的风险管理和内部控制制度。

第六十条 商业银行应当建立、健全本行对存款、贷款、结算、呆账等各项情况的稽核、检查制度。

商业银行对分支机构应当进行经常性的稽核和检查监督。

第六十一条 商业银行应当按照规定向国

务院银行业监督管理机构、中国人民银行报送资产负债表、利润表以及其他财务会计、统计报表和资料。

第六十二条 国务院银行业监督管理机构有权依照本法第三章、第四章、第五章的规定，随时对商业银行的存款、贷款、结算、呆账等情况进行检查监督。检查监督时，检查监督人员应当出示合法的证件。商业银行应当按照国务院银行业监督管理机构的要求，提供财务会计资料、业务合同和有关经营管理方面的其他信息。

中国人民银行有权依照《中华人民共和国中国人民银行法》第三十二条、第三十四条的规定对商业银行进行检查监督。

第六十三条 商业银行应当依法接受审计机关的审计监督。

第七章 接管和终止

第六十四条 商业银行已经或者可能发生信用危机，严重影响存款人的利益时，国务院银行业监督管理机构可以对该银行实行接管。

接管的目的是对被接管的商业银行采取必要措施，以保护存款人的利益，恢复商业银行的正常经营能力。被接管的商业银行的债权债务关系不因接管而变化。

第六十五条 接管由国务院银行业监督管理机构决定，并组织实施。国务院银行业监督管理机构的接管决定应当载明下列内容：

（一）被接管的商业银行名称；

（二）接管理由；

（三）接管组织；

（四）接管期限。

接管决定由国务院银行业监督管理机构予以公告。

第六十六条 接管自接管决定实施之日起开始。

自接管开始之日起，由接管组织行使商业银行的经营管理权力。

第六十七条 接管期限届满，国务院银行业监督管理机构可以决定延期，但接管期限最长不得超过二年。

第六十八条 有下列情形之一的，接管终止：

（一）接管决定规定的期限届满或者国务院银行业监督管理机构决定的接管延期届满；

（二）接管期限届满前，该商业银行已恢复正常经营能力；

（三）接管期限届满前，该商业银行被合并或者被依法宣告破产。

第六十九条 商业银行因分立、合并或者出现公司章程规定的解散事由需要解散的，应当向国务院银行业监督管理机构提出申请，并附解散的理由和支付存款的本金和利息等债务清偿计划。经国务院银行业监督管理机构批准后解散。

商业银行解散的，应当依法成立清算组，进行清算，按照清偿计划及时偿还存款本金和利息等债务。国务院银行业监督管理机构监督清算过程。

第七十条 商业银行因吊销经营许可证被撤销的，国务院银行业监督管理机构应当依法及时组织成立清算组，进行清算，按照清偿计划及时偿还存款本金和利息等债务。

第七十一条 商业银行不能支付到期债务，经国务院银行业监督管理机构同意，由人民法院依法宣告其破产。商业银行被宣告破产的，由人民法院组织国务院银行业监督管理机构等有关部门和有关人员成立清算组，进行清算。

商业银行破产清算时，在支付清算费用、所欠职工工资和劳动保险费用后，应当优先支付个人储蓄存款的本金和利息。

第七十二条 商业银行因解散、被撤销和被宣告破产而终止。

第八章 法律责任

第七十三条 商业银行有下列情形之一，对存款人或者其他客户造成财产损害的，应当承担支付迟延履行的利息以及其他民事责任：

（一）无故拖延、拒绝支付存款本金和利息的；

（二）违反票据承兑等结算业务规定，不予兑现，不予收付入账，压单、压票或者违反规定退票的；

（三）非法查询、冻结、扣划个人储蓄存款或者单位存款的；

（四）违反本法规定对存款人或者其他客户

造成损害的其他行为。

有前款规定情形的，由国务院银行业监督管理机构责令改正，有违法所得的，没收违法所得，违法所得五万元以上的，并处违法所得一倍以上五倍以下罚款；没有违法所得或者违法所得不足五万元的，处五万元以上五十万元以下罚款。

第七十四条　商业银行有下列情形之一，由国务院银行业监督管理机构责令改正，有违法所得的，没收违法所得，违法所得五十万元以上的，并处违法所得一倍以上五倍以下罚款；没有违法所得或者违法所得不足五十万元的，处五十万元以上二百万元以下罚款；情节特别严重或者逾期不改正的，可以责令停业整顿或者吊销其经营许可证；构成犯罪的，依法追究刑事责任：

（一）未经批准设立分支机构的；

（二）未经批准分立、合并或者违反规定对变更事项不报批的；

（三）违反规定提高或者降低利率以及采用其他不正当手段，吸收存款，发放贷款的；

（四）出租、出借经营许可证的；

（五）未经批准买卖、代理买卖外汇的；

（六）未经批准买卖政府债券或者发行、买卖金融债券的；

（七）违反国家规定从事信托投资和证券经营业务、向非自用不动产投资或者向非银行金融机构和企业投资的；

（八）向关系人发放信用贷款或者发放担保贷款的条件优于其他借款人同类贷款的条件的。

第七十五条　商业银行有下列情形之一，由国务院银行业监督管理机构责令改正，并处二十万元以上五十万元以下罚款；情节特别严重或者逾期不改正的，可以责令停业整顿或者吊销其经营许可证；构成犯罪的，依法追究刑事责任：

（一）拒绝或者阻碍国务院银行业监督管理机构检查监督的；

（二）提供虚假的或者隐瞒重要事实的财务会计报告、报表和统计报表的；

（三）未遵守资本充足率、存贷比例、资产流动性比例、同一借款人贷款比例和国务院银行业监督管理机构有关资产负债比例管理的其他规定的。

第七十六条　商业银行有下列情形之一，由中国人民银行责令改正，有违法所得的，没收违法所得，违法所得五十万元以上的，并处违法所得一倍以上五倍以下罚款；没有违法所得或者违法所得不足五十万元的，处五十万元以上二百万元以下罚款；情节特别严重或者逾期不改正的，中国人民银行可以建议国务院银行业监督管理机构责令停业整顿或者吊销其经营许可证；构成犯罪的，依法追究刑事责任：

（一）未经批准办理结汇、售汇的；

（二）未经批准在银行间债券市场发行、买卖金融债券或者到境外借款的；

（三）违反规定同业拆借的。

第七十七条　商业银行有下列情形之一，由中国人民银行责令改正，并处二十万元以上五十万元以下罚款；情节特别严重或者逾期不改正的，中国人民银行可以建议国务院银行业监督管理机构责令停业整顿或者吊销其经营许可证；构成犯罪的，依法追究刑事责任：

（一）拒绝或者阻碍中国人民银行检查监督的；

（二）提供虚假的或者隐瞒重要事实的财务会计报告、报表和统计报表的；

（三）未按照中国人民银行规定的比例交存存款准备金的。

第七十八条　商业银行有本法第七十三条至第七十七条规定情形的，对直接负责的董事、高级管理人员和其他直接责任人员，应当给予纪律处分；构成犯罪的，依法追究刑事责任。

第七十九条　有下列情形之一，由国务院银行业监督管理机构责令改正，有违法所得的，没收违法所得，违法所得五万元以上的，并处违法所得一倍以上五倍以下罚款；没有违法所得或者违法所得不足五万元的，处五万元以上五十万元以下罚款：

（一）未经批准在名称中使用“银行”字样的；

（二）未经批准购买商业银行股份总额百分之五以上的；

（三）将单位的资金以个人名义开立账户存储的。

第八十条　商业银行不按照规定向国务院

银行业监督管理机构报送有关文件、资料的，由国务院银行业监督管理机构责令改正，逾期不改正的，处十万元以上三十万元以下罚款。

商业银行不按照规定向中国人民银行报送有关文件、资料的，由中国人民银行责令改正，逾期不改正的，处十万元以上三十万元以下罚款。

第八十一条 未经国务院银行业监督管理机构批准，擅自设立商业银行，或者非法吸收公众存款、变相吸收公众存款，构成犯罪的，依法追究刑事责任；并由国务院银行业监督管理机构予以取缔。

伪造、变造、转让商业银行经营许可证，构成犯罪的，依法追究刑事责任。

第八十二条 借款人采取欺诈手段骗取贷款，构成犯罪的，依法追究刑事责任。

第八十三条 有本法第八十一条、第八十二条规定的行为，尚不构成犯罪的，由国务院银行业监督管理机构没收违法所得，违法所得五十万元以上的，并处违法所得一倍以上五倍以下罚款；没有违法所得或者违法所得不足五十万元的，处五十万元以上二百万元以下罚款。

第八十四条 商业银行工作人员利用职务上的便利，索取、收受贿赂或者违反国家规定收受各种名义的回扣、手续费，构成犯罪的，依法追究刑事责任；尚不构成犯罪的，应当给予纪律处分。

有前款行为，发放贷款或者提供担保造成损失的，应当承担全部或者部分赔偿责任。

第八十五条 商业银行工作人员利用职务上的便利，贪污、挪用、侵占本行或者客户资金，构成犯罪的，依法追究刑事责任；尚不构成犯罪的，应当给予纪律处分。

第八十六条 商业银行工作人员违反本法规定玩忽职守造成损失的，应当给予纪律处分；构成犯罪的，依法追究刑事责任。

违反规定徇私向亲属、朋友发放贷款或者提供担保造成损失的，应当承担全部或者部分赔偿责任。

第八十七条 商业银行工作人员泄露在任职期间知悉的国家秘密、商业秘密的，应当给予纪律处分；构成犯罪的，依法追究刑事责任。

第八十八条 单位或者个人强令商业银行发放贷款或者提供担保的，应当对直接负责的主管人员和其他直接责任人员或者个人给予纪律处分；造成损失的，应当承担全部或者部分赔偿责任。

商业银行的工作人员对单位或者个人强令其发放贷款或者提供担保未予拒绝的，应当给予纪律处分；造成损失的，应当承担相应的赔偿责任。

第八十九条 商业银行违反本法规定的，国务院银行业监督管理机构可以区别不同情形，取消其直接负责的董事、高级管理人员一定期限直至终身的任职资格，禁止直接负责的董事、高级管理人员和其他直接责任人员一定期限直至终身从事银行业工作。

商业银行的行为尚不构成犯罪的，对直接负责的董事、高级管理人员和其他直接责任人员，给予警告，处五万元以上五十万元以下罚款。

第九十条 商业银行及其工作人员对国务院银行业监督管理机构、中国人民银行的处罚决定不服的，可以依照《中华人民共和国行政诉讼法》的规定向人民法院提起诉讼。

第九章 附 则

第九十一条 本法施行前，按照国务院的规定经批准设立的商业银行不再办理审批手续。

第九十二条 外资商业银行、中外合资商业银行、外国商业银行分行适用本法规定，法律、行政法规另有规定的，依照其规定。

第九十三条 城市信用合作社、农村信用合作社办理存款、贷款和结算等业务，适用本法有关规定。

第九十四条 邮政企业办理商业银行的有关业务，适用本法有关规定。

第九十五条 本法自1995年7月1日起施行。

全国人民代表大会常务委员会关于修改《中华人民共和国商业银行法》的决定

（2015年8月29日第十二届全国人民代表大会常务委员会第十六次会议通过 2015年8月29日中华人民共和国主席令第34号公布 自2015年10月1日起施行）

第十二届全国人民代表大会常务委员会第十六次会议决定对《中华人民共和国商业银行法》作如下修改：

一、删去第三十九条第一款第二项。

二、删去第七十五条第三项中的“存贷比例”。

本决定自2015年10月1日起施行。

《中华人民共和国商业银行法》根据本决定作相应修改，重新公布。

中华人民共和国商业银行法

（1995年5月10日第八届全国人民代表大会常务委员会第十三次会议通过 根据2003年12月27日第十届全国人民代表大会常务委员会第六次会议《关于修改〈中华人民共和国商业银行法〉的决定》第一次修正 根据2015年8月29日第十二届全国人民代表大会常务委员会第十六次会议《关于修改〈中华人民共和国商业银行法〉的决定》第二次修正）

目 录

第一章 总 则

第一条 为了保护商业银行、存款人和其他客户的合法权益，规范商业银行的行为，提高信贷资产质量，加强监督管理，保障商业银行的稳健运行，维护金融秩序，促进社会主义市场经济的发展，制定本法。

第二条 本法所称的商业银行是指依照本法和《中华人民共和国公司法》设立的吸收公众存款、发放贷款、办理结算等业务的企业法人。

第三条 商业银行可以经营下列部分或者全部业务：

（一）吸收公众存款；

（二）发放短期、中期和长期贷款；

（三）办理国内外结算；

（四）办理票据承兑与贴现；

（五）发行金融债券；

（六）代理发行、代理兑付、承销政府债券；

（七）买卖政府债券、金融债券；

（八）从事同业拆借；

（九）买卖、代理买卖外汇；

（十）从事银行卡业务；

（十一）提供信用证服务及担保；

（十二）代理收付款项及代理保险业务；

（十三）提供保管箱服务；

（十四）经国务院银行业监督管理机构批准的其他业务。

经营范围由商业银行章程规定，报国务院银行业监督管理机构批准。

商业银行经中国人民银行批准，可以经营结汇、售汇业务。

第四条 商业银行以安全性、流动性、效益性为经营原则，实行自主经营，自担风险，自负盈亏，自我约束。

商业银行依法开展业务，不受任何单位和个人的干涉。

商业银行以其全部法人财产独立承担民事责任。

第五条 商业银行与客户的业务往来，应当遵循平等、自愿、公平和诚实信用的原则。

第六条 商业银行应当保障存款人的合法权益不受任何单位和个人的侵犯。

第七条 商业银行开展信贷业务，应当严格审查借款人的资信，实行担保，保障按期收回贷款。

商业银行依法向借款人收回到期贷款的本金和利息，受法律保护。

第八条 商业银行开展业务，应当遵守法律、行政法规的有关规定，不得损害国家利益、社会公共利益。

第九条 商业银行开展业务，应当遵守公平竞争的原则，不得从事不正当竞争。

第十条 商业银行依法接受国务院银行业监督管理机构的监督管理，但法律规定其有关业务接受其他监督管理部门或者机构监督管理的，依照其规定。

第二章 商业银行的设立和组织机构

第十一条 设立商业银行，应当经国务院银行业监督管理机构审查批准。

未经国务院银行业监督管理机构批准，任何单位和个人不得从事吸收公众存款等商业银行业务，任何单位不得在名称中使用"银行"字样。

第十二条 设立商业银行，应当具备下列条件：

（一）有符合本法和《中华人民共和国公司法》规定的章程；

（二）有符合本法规定的注册资本最低限额；

（三）有具备任职专业知识和业务工作经验的董事、高级管理人员；

（四）有健全的组织机构和管理制度；

（五）有符合要求的营业场所、安全防范措施和与业务有关的其他设施。

设立商业银行，还应当符合其他审慎性条件。

第十三条 设立全国性商业银行的注册资本最低限额为十亿元人民币。设立城市商业银行的注册资本最低限额为一亿元人民币，设立农村商业银行的注册资本最低限额为五千万元人民币。注册资本应当是实缴资本。

国务院银行业监督管理机构根据审慎监管的要求可以调整注册资本最低限额，但不得少于前款规定的限额。

第十四条 设立商业银行，申请人应当向国务院银行业监督管理机构提交下列文件、资料：

（一）申请书，申请书应当载明拟设立的商业银行的名称、所在地、注册资本、业务范围等；

（二）可行性研究报告；

（三）国务院银行业监督管理机构规定提交的其他文件、资料。

第十五条 设立商业银行的申请经审查符合本法第十四条规定的，申请人应当填写正式申请表，并提交下列文件、资料：

（一）章程草案；

（二）拟任职的董事、高级管理人员的资格证明；

（三）法定验资机构出具的验资证明；

（四）股东名册及其出资额、股份；

（五）持有注册资本百分之五以上的股东的资信证明和有关资料；

（六）经营方针和计划；

（七）营业场所、安全防范措施和与业务有关的其他设施的资料；

（八）国务院银行业监督管理机构规定的其他文件、资料。

第十六条 经批准设立的商业银行，由国务院银行业监督管理机构颁发经营许可证，并凭该许可证向工商行政管理部门办理登记，领取营业执照。

第十七条 商业银行的组织形式、组织机构适用《中华人民共和国公司法》的规定。

本法施行前设立的商业银行，其组织形式、组织机构不完全符合《中华人民共和国公司法》规定的，可以继续沿用原有的规定，适用前款规定的日期由国务院规定。

第十八条 国有独资商业银行设立监事会。监事会的产生办法由国务院规定。

监事会对国有独资商业银行的信贷资产质量、资产负债比例、国有资产保值增值等情况以及高级管理人员违反法律、行政法规或者章程的行为和损害银行利益的行为进行监督。

第十九条 商业银行根据业务需要可以在中华人民共和国境内外设立分支机构。设立分支机构必须经国务院银行业监督管理机构审查批准。在中华人民共和国境内的分支机构，不按行政区划设立。

商业银行在中华人民共和国境内设立分支机构,应当按照规定拨付与其经营规模相适应的营运资金额。拨付各分支机构营运资金额的总和,不得超过总行资本金总额的百分之六十。

第二十条 设立商业银行分支机构,申请人应当向国务院银行业监督管理机构提交下列文件、资料:

(一)申请书,申请书应当载明拟设立的分支机构的名称、营运资金额、业务范围、总行及分支机构所在地等;

(二)申请人最近二年的财务会计报告;

(三)拟任职的高级管理人员的资格证明;

(四)经营方针和计划;

(五)营业场所、安全防范措施和与业务有关的其他设施的资料;

(六)国务院银行业监督管理机构规定的其他文件、资料。

第二十一条 经批准设立的商业银行分支机构,由国务院银行业监督管理机构颁发经营许可证,并凭该许可证向工商行政管理部门办理登记,领取营业执照。

第二十二条 商业银行对其分支机构实行全行统一核算,统一调度资金,分级管理的财务制度。

商业银行分支机构不具有法人资格,在总行授权范围内依法开展业务,其民事责任由总行承担。

第二十三条 经批准设立的商业银行及其分支机构,由国务院银行业监督管理机构予以公告。

商业银行及其分支机构自取得营业执照之日起无正当理由超过六个月未开业的,或者开业后自行停业连续六个月以上的,由国务院银行业监督管理机构吊销其经营许可证,并予以公告。

第二十四条 商业银行有下列变更事项之一的,应当经国务院银行业监督管理机构批准:

(一)变更名称;

(二)变更注册资本;

(三)变更总行或者分支行所在地;

(四)调整业务范围;

(五)变更持有资本总额或者股份总额百分之五以上的股东;

(六)修改章程;

(七)国务院银行业监督管理机构规定的其他变更事项。

更换董事、高级管理人员时,应当报经国务院银行业监督管理机构审查其任职资格。

第二十五条 商业银行的分立、合并,适用《中华人民共和国公司法》的规定。

商业银行的分立、合并,应当经国务院银行业监督管理机构审查批准。

第二十六条 商业银行应当依照法律、行政法规的规定使用经营许可证。禁止伪造、变造、转让、出租、出借经营许可证。

第二十七条 有下列情形之一的,不得担任商业银行的董事、高级管理人员:

(一)因犯有贪污、贿赂、侵占财产、挪用财产罪或者破坏社会经济秩序罪,被判处刑罚,或者因犯罪被剥夺政治权利的;

(二)担任因经营不善破产清算的公司、企业的董事或者厂长、经理,并对该公司、企业的破产负有个人责任的;

(三)担任因违法被吊销营业执照的公司、企业的法定代表人,并负有个人责任的;

(四)个人所负数额较大的债务到期未清偿的。

第二十八条 任何单位和个人购买商业银行股份总额百分之五以上的,应当事先经国务院银行业监督管理机构批准。

第三章 对存款人的保护

第二十九条 商业银行办理个人储蓄存款业务,应当遵循存款自愿、取款自由、存款有息、为存款人保密的原则。

对个人储蓄存款,商业银行有权拒绝任何单位或者个人查询、冻结、扣划,但法律另有规定的除外。

第三十条 对单位存款,商业银行有权拒绝任何单位或者个人查询,但法律、行政法规另有规定的除外;有权拒绝任何单位或者个人冻结、扣划,但法律另有规定的除外。

第三十一条 商业银行应当按照中国人民银行规定的存款利率的上下限,确定存款利率,并予以公告。

第三十二条 商业银行应当按照中国人民银行的规定，向中国人民银行交存存款准备金，留足备付金。

第三十三条 商业银行应当保证存款本金和利息的支付，不得拖延、拒绝支付存款本金和利息。

第四章 贷款和其他业务的基本规则

第三十四条 商业银行根据国民经济和社会发展的需要，在国家产业政策指导下开展贷款业务。

第三十五条 商业银行贷款，应当对借款人的借款用途、偿还能力、还款方式等情况进行严格审查。

商业银行贷款，应当实行审贷分离、分级审批的制度。

第三十六条 商业银行贷款，借款人应当提供担保。商业银行应当对保证人的偿还能力，抵押物、质物的权属和价值以及实现抵押权、质权的可行性进行严格审查。

经商业银行审查、评估，确认借款人资信良好，确能偿还贷款的，可以不提供担保。

第三十七条 商业银行贷款，应当与借款人订立书面合同。合同应当约定贷款种类、借款用途、金额、利率、还款期限、还款方式、违约责任和双方认为需要约定的其他事项。

第三十八条 商业银行应当按照中国人民银行规定的贷款利率的上下限，确定贷款利率。

第三十九条 商业银行贷款，应当遵守下列资产负债比例管理的规定：

（一）资本充足率不得低于百分之八；

（二）流动性资产余额与流动性负债余额的比例不得低于百分之二十五；

（三）对同一借款人的贷款余额与商业银行资本余额的比例不得超过百分之十；

（四）国务院银行业监督管理机构对资产负债比例管理的其他规定。

本法施行前设立的商业银行，在本法施行后，其资产负债比例不符合前款规定的，应当在一定的期限内符合前款规定。具体办法由国务院规定。

第四十条 商业银行不得向关系人发放信用贷款；向关系人发放担保贷款的条件不得优于其他借款人同类贷款的条件。

前款所称关系人是指：

（一）商业银行的董事、监事、管理人员、信贷业务人员及其近亲属；

（二）前项所列人员投资或者担任高级管理职务的公司、企业和其他经济组织。

第四十一条 任何单位和个人不得强令商业银行发放贷款或者提供担保。商业银行有权拒绝任何单位和个人强令要求其发放贷款或者提供担保。

第四十二条 借款人应当按期归还贷款的本金和利息。

借款人到期不归还担保贷款的，商业银行依法享有要求保证人归还贷款本金和利息或者就该担保物优先受偿的权利。商业银行因行使抵押权、质权而取得的不动产或者股权，应当自取得之日起二年内予以处分。

借款人到期不归还信用贷款的，应当按照合同约定承担责任。

第四十三条 商业银行在中华人民共和国境内不得从事信托投资和证券经营业务，不得向非自用不动产投资或者向非银行金融机构和企业投资，但国家另有规定的除外。

第四十四条 商业银行办理票据承兑、汇兑、委托收款等结算业务，应当按照规定的期限兑现，收付入账，不得压单、压票或者违反规定退票。有关兑现、收付入账期限的规定应当公布。

第四十五条 商业银行发行金融债券或者到境外借款，应当依照法律、行政法规的规定报经批准。

第四十六条 同业拆借，应当遵守中国人民银行的规定。禁止利用拆入资金发放固定资产贷款或者用于投资。

拆出资金限于交足存款准备金、留足备付金和归还中国人民银行到期贷款之后的闲置资金。拆入资金用于弥补票据结算、联行汇差头寸的不足和解决临时性周转资金的需要。

第四十七条 商业银行不得违反规定提高或者降低利率以及采用其他不正当手段，吸收存款，发放贷款。

第四十八条 企业事业单位可以自主选择

一家商业银行的营业场所开立一个办理日常转账结算和现金收付的基本账户，不得开立两个以上基本账户。

任何单位和个人不得将单位的资金以个人名义开立账户存储。

第四十九条　商业银行的营业时间应当方便客户，并予以公告。商业银行应当在公告的营业时间内营业，不得擅自停止营业或者缩短营业时间。

第五十条　商业银行办理业务，提供服务，按照规定收取手续费。收费项目和标准由国务院银行业监督管理机构、中国人民银行根据职责分工，分别会同国务院价格主管部门制定。

第五十一条　商业银行应当按照国家有关规定保存财务会计报表、业务合同以及其他资料。

第五十二条　商业银行的工作人员应当遵守法律、行政法规和其他各项业务管理的规定，不得有下列行为：

（一）利用职务上的便利，索取、收受贿赂或者违反国家规定收受各种名义的回扣、手续费；

（二）利用职务上的便利，贪污、挪用、侵占本行或者客户的资金；

（三）违反规定徇私向亲属、朋友发放贷款或者提供担保；

（四）在其他经济组织兼职；

（五）违反法律、行政法规和业务管理规定的其他行为。

第五十三条　商业银行的工作人员不得泄露其在任职期间知悉的国家秘密、商业秘密。

第五章　财务会计

第五十四条　商业银行应当依照法律和国家统一的会计制度以及国务院银行业监督管理机构的有关规定，建立、健全本行的财务、会计制度。

第五十五条　商业银行应当按照国家有关规定，真实记录并全面反映其业务活动和财务状况，编制年度财务会计报告，及时向国务院银行业监督管理机构、中国人民银行和国务院财政部门报送。商业银行不得在法定的会计账册外另立会计账册。

第五十六条　商业银行应当于每一会计年度终了三个月内，按照国务院银行业监督管理机构的规定，公布其上一年度的经营业绩和审计报告。

第五十七条　商业银行应当按照国家有关规定，提取呆账准备金，冲销呆账。

第五十八条　商业银行的会计年度自公历1月1日起至12月31日止。

第六章　监督管理

第五十九条　商业银行应当按照有关规定，制定本行的业务规则，建立、健全本行的风险管理和内部控制制度。

第六十条　商业银行应当建立、健全本行对存款、贷款、结算、呆账等各项情况的稽核、检查制度。

商业银行对分支机构应当进行经常性的稽核和检查监督。

第六十一条　商业银行应当按照规定向国务院银行业监督管理机构、中国人民银行报送资产负债表、利润表以及其他财务会计、统计报表和资料。

第六十二条　国务院银行业监督管理机构有权依照本法第三章、第四章、第五章的规定，随时对商业银行的存款、贷款、结算、呆账等情况进行检查监督。检查监督时，检查监督人员应当出示合法的证件。商业银行应当按照国务院银行业监督管理机构的要求，提供财务会计资料、业务合同和有关经营管理方面的其他信息。

中国人民银行有权依照《中华人民共和国中国人民银行法》第三十二条、第三十四条的规定对商业银行进行检查监督。

第六十三条　商业银行应当依法接受审计机关的审计监督。

第七章　接管和终止

第六十四条　商业银行已经或者可能发生信用危机，严重影响存款人的利益时，国务院银行业监督管理机构可以对该银行实行接管。

接管的目的是对被接管的商业银行采取必要措施，以保护存款人的利益，恢复商业银行的正常经营能力。被接管的商业银行的债权债务关系不因接管而变化。

第六十五条 接管由国务院银行业监督管理机构决定,并组织实施。国务院银行业监督管理机构的接管决定应当载明下列内容:

(一)被接管的商业银行名称;

(二)接管理由;

(三)接管组织;

(四)接管期限。

接管决定由国务院银行业监督管理机构予以公告。

第六十六条 接管自接管决定实施之日起开始。

自接管开始之日起,由接管组织行使商业银行的经营管理权力。

第六十七条 接管期限届满,国务院银行业监督管理机构可以决定延期,但接管期限最长不得超过二年。

第六十八条 有下列情形之一的,接管终止:

(一)接管决定规定的期限届满或者国务院银行业监督管理机构决定的接管延期届满;

(二)接管期限届满前,该商业银行已恢复正常经营能力;

(三)接管期限届满前,该商业银行被合并或者被依法宣告破产。

第六十九条 商业银行因分立、合并或者出现公司章程规定的解散事由需要解散的,应当向国务院银行业监督管理机构提出申请,并附解散的理由和支付存款的本金和利息等债务清偿计划。经国务院银行业监督管理机构批准后解散。

商业银行解散的,应当依法成立清算组,进行清算,按照清偿计划及时偿还存款本金和利息等债务。国务院银行业监督管理机构监督清算过程。

第七十条 商业银行因吊销经营许可证被撤销的,国务院银行业监督管理机构应当依法及时组织成立清算组,进行清算,按照清偿计划及时偿还存款本金和利息等债务。

第七十一条 商业银行不能支付到期债务,经国务院银行业监督管理机构同意,由人民法院依法宣告其破产。商业银行被宣告破产的,由人民法院组织国务院银行业监督管理机构等有关部门和有关人员成立清算组,进行清算。

商业银行破产清算时,在支付清算费用、所欠职工工资和劳动保险费用后,应当优先支付个人储蓄存款的本金和利息。

第七十二条 商业银行因解散、被撤销和被宣告破产而终止。

第八章 法律责任

第七十三条 商业银行有下列情形之一,对存款人或者其他客户造成财产损害的,应当承担支付迟延履行的利息以及其他民事责任:

(一)无故拖延、拒绝支付存款本金和利息的;

(二)违反票据承兑等结算业务规定,不予兑现,不予收付入账,压单、压票或者违反规定退票的;

(三)非法查询、冻结、扣划个人储蓄存款或者单位存款的;

(四)违反本法规定对存款人或者其他客户造成损害的其他行为。

有前款规定情形的,由国务院银行业监督管理机构责令改正,有违法所得的,没收违法所得,违法所得五万元以上的,并处违法所得一倍以上五倍以下罚款;没有违法所得或者违法所得不足五万元的,处五万元以上五十万元以下罚款。

第七十四条 商业银行有下列情形之一,由国务院银行业监督管理机构责令改正,有违法所得的,没收违法所得,违法所得五十万元以上的,并处违法所得一倍以上五倍以下罚款;没有违法所得或者违法所得不足五十万元的,处五十万元以上二百万元以下罚款;情节特别严重或者逾期不改正的,可以责令停业整顿或者吊销其经营许可证;构成犯罪的,依法追究刑事责任:

(一)未经批准设立分支机构的;

(二)未经批准分立、合并或者违反规定对变更事项不报批的;

(三)违反规定提高或者降低利率以及采用其他不正当手段,吸收存款,发放贷款的;

(四)出租、出借经营许可证的;

(五)未经批准买卖、代理买卖外汇的;

(六)未经批准买卖政府债券或者发行、买卖金融债券的;

（七）违反国家规定从事信托投资和证券经营业务、向非自用不动产投资或者向非银行金融机构和企业投资的；

（八）向关系人发放信用贷款或者发放担保贷款的条件优于其他借款人同类贷款的条件的。

第七十五条　商业银行有下列情形之一，由国务院银行业监督管理机构责令改正，并处二十万元以上五十万元以下罚款；情节特别严重或者逾期不改正的，可以责令停业整顿或者吊销其经营许可证；构成犯罪的，依法追究刑事责任：

（一）拒绝或者阻碍国务院银行业监督管理机构检查监督的；

（二）提供虚假的或者隐瞒重要事实的财务会计报告、报表和统计报表的；

（三）未遵守资本充足率、资产流动性比例、同一借款人贷款比例和国务院银行业监督管理机构有关资产负债比例管理的其他规定的。

第七十六条　商业银行有下列情形之一，由中国人民银行责令改正，有违法所得的，没收违法所得，违法所得五十万元以上的，并处违法所得一倍以上五倍以下罚款；没有违法所得或者违法所得不足五十万元的，处五十万元以上二百万元以下罚款；情节特别严重或者逾期不改正的，中国人民银行可以建议国务院银行业监督管理机构责令停业整顿或者吊销其经营许可证；构成犯罪的，依法追究刑事责任：

（一）未经批准办理结汇、售汇的；

（二）未经批准在银行间债券市场发行、买卖金融债券或者到境外借款的；

（三）违反规定同业拆借的。

第七十七条　商业银行有下列情形之一，由中国人民银行责令改正，并处二十万元以上五十万元以下罚款；情节特别严重或者逾期不改正的，中国人民银行可以建议国务院银行业监督管理机构责令停业整顿或者吊销其经营许可证；构成犯罪的，依法追究刑事责任：

（一）拒绝或者阻碍中国人民银行检查监督的；

（二）提供虚假的或者隐瞒重要事实的财务会计报告、报表和统计报表的；

（三）未按照中国人民银行规定的比例交存存款准备金的。

第七十八条　商业银行有本法第七十三条至第七十七条规定情形的，对直接负责的董事、高级管理人员和其他直接责任人员，应当给予纪律处分；构成犯罪的，依法追究刑事责任。

第七十九条　有下列情形之一，由国务院银行业监督管理机构责令改正，有违法所得的，没收违法所得，违法所得五万元以上的，并处违法所得一倍以上五倍以下罚款；没有违法所得或者违法所得不足五万元的，处五万元以上五十万元以下罚款：

（一）未经批准在名称中使用“银行”字样的；

（二）未经批准购买商业银行股份总额百分之五以上的；

（三）将单位的资金以个人名义开立账户存储的。

第八十条　商业银行不按照规定向国务院银行业监督管理机构报送有关文件、资料的，由国务院银行业监督管理机构责令改正，逾期不改正的，处十万元以上三十万元以下罚款。

商业银行不按照规定向中国人民银行报送有关文件、资料的，由中国人民银行责令改正，逾期不改正的，处十万元以上三十万元以下罚款。

第八十一条　未经国务院银行业监督管理机构批准，擅自设立商业银行，或者非法吸收公众存款、变相吸收公众存款，构成犯罪的，依法追究刑事责任；并由国务院银行业监督管理机构予以取缔。

伪造、变造、转让商业银行经营许可证，构成犯罪的，依法追究刑事责任。

第八十二条　借款人采取欺诈手段骗取贷款，构成犯罪的，依法追究刑事责任。

第八十三条　有本法第八十一条、第八十二条规定的行为，尚不构成犯罪的，由国务院银行业监督管理机构没收违法所得，违法所得五十万元以上的，并处违法所得一倍以上五倍以下罚款；没有违法所得或者违法所得不足五十万元的，处五十万元以上二百万元以下罚款。

第八十四条　商业银行工作人员利用职务上的便利，索取、收受贿赂或者违反国家规定收受各种名义的回扣、手续费，构成犯罪的，依法追究刑事责任;尚不构成犯罪的,应当给予纪律处分。

有前款行为,发放贷款或者提供担保造成损失的,应当承担全部或者部分赔偿责任。

第八十五条 商业银行工作人员利用职务上的便利,贪污、挪用、侵占本行或者客户资金,构成犯罪的,依法追究刑事责任;尚不构成犯罪的,应当给予纪律处分。

第八十六条 商业银行工作人员违反本法规定玩忽职守造成损失的,应当给予纪律处分;构成犯罪的,依法追究刑事责任。

违反规定徇私向亲属、朋友发放贷款或者提供担保造成损失的,应当承担全部或者部分赔偿责任。

第八十七条 商业银行工作人员泄露在任职期间知悉的国家秘密、商业秘密的,应当给予纪律处分;构成犯罪的,依法追究刑事责任。

第八十八条 单位或者个人强令商业银行发放贷款或者提供担保的,应当对直接负责的主管人员和其他直接责任人员或者个人给予纪律处分;造成损失的,应当承担全部或者部分赔偿责任。

商业银行的工作人员对单位或者个人强令其发放贷款或者提供担保未予拒绝的,应当给予纪律处分;造成损失的,应当承担相应的赔偿责任。

第八十九条 商业银行违反本法规定的,国务院银行业监督管理机构可以区别不同情形,取消其直接负责的董事、高级管理人员一定期限直至终身的任职资格,禁止直接负责的董事、高级管理人员和其他直接责任人员一定期限直至终身从事银行业工作。

商业银行的行为尚不构成犯罪的,对直接负责的董事、高级管理人员和其他直接责任人员,给予警告,处五万元以上五十万元以下罚款。

第九十条 商业银行及其工作人员对国务院银行业监督管理机构、中国人民银行的处罚决定不服的,可以依照《中华人民共和国行政诉讼法》的规定向人民法院提起诉讼。

第九章 附 则

第九十一条 本法施行前,按照国务院的规定经批准设立的商业银行不再办理审批手续。

第九十二条 外资商业银行、中外合资商业银行、外国商业银行分行适用本法规定,法律、行政法规另有规定的,依照其规定。

第九十三条 城市信用合作社、农村信用合作社办理存款、贷款和结算等业务,适用本法有关规定。

第九十四条 邮政企业办理商业银行的有关业务,适用本法有关规定。

第九十五条 本法自1995年7月1日起施行。

同业拆借管理办法

(2007年7月3日中国人民银行令第3号公布 自2007年8月6日起施行)

第一章 总 则

第一条 为进一步发展货币市场、规范同业拆借交易、防范同业拆借风险、维护同业拆借各方当事人的合法权益,根据《中华人民共和国中国人民银行法》、《中华人民共和国商业银行法》等有关法律、行政法规,制定本办法。

第二条 本办法适用于在中华人民共和国境内依法设立的金融机构之间进行的人民币同业拆借交易。

第三条 本办法所称同业拆借,是指经中国人民银行批准进入全国银行间同业拆借市场(以下简称同业拆借市场)的金融机构之间,通过全国统一的同业拆借网络进行的无担保资金融通行为。全国统一的同业拆借网络包括:

(一)全国银行间同业拆借中心的电子交易系统;

(二)中国人民银行分支机构的拆借备案系统;

(三)中国人民银行认可的其他交易系统。

第四条 中国人民银行依法对同业拆借市场进行监督管理。金融机构进入同业拆借市场必须经中国人民银行批准,从事同业拆借交易接受中国人民银行的监督和检查。

第五条 同业拆借交易应遵循公平自愿、诚信自律、风险自担的原则。

第二章　市场准入管理

第六条　下列金融机构可以向中国人民银行申请进入同业拆借市场：

（一）政策性银行；

（二）中资商业银行；

（三）外商独资银行、中外合资银行；

（四）城市信用合作社；

（五）农村信用合作社县级联合社；

（六）企业集团财务公司；

（七）信托公司；

（八）金融资产管理公司；

（九）金融租赁公司；

（十）汽车金融公司；

（十一）证券公司；

（十二）保险公司；

（十三）保险资产管理公司；

（十四）中资商业银行（不包括城市商业银行、农村商业银行和农村合作银行）授权的一级分支机构；

（十五）外国银行分行；

（十六）中国人民银行确定的其他机构。

第七条　申请进入同业拆借市场的金融机构应当具备以下条件：

（一）在中华人民共和国境内依法设立；

（二）有健全的同业拆借交易组织机构、风险管理制度和内部控制制度；

（三）有专门从事同业拆借交易的人员；

（四）主要监管指标符合中国人民银行和有关监管部门的规定；

（五）最近二年未因违法、违规行为受到中国人民银行和有关监管部门处罚；

（六）最近二年未出现资不抵债情况；

（七）中国人民银行规定的其他条件。

第八条　下列金融机构申请进入同业拆借市场，除具备本办法第七条所规定的条件外，还应具备以下条件：

（一）外商独资银行、中外合资银行、外国银行分行经国务院银行业监督管理机构批准获得经营人民币业务资格；

（二）企业集团财务公司、信托公司、金融资产管理公司、金融租赁公司、汽车金融公司、保险资产管理公司在申请进入同业拆借市场前最近两个年度连续盈利；

（三）证券公司应在申请进入同业拆借市场前最近两个年度连续盈利，同期未出现净资本低于2亿元的情况；

（四）保险公司应在申请进入同业拆借市场前最近四个季度连续的偿付能力充足率在120%以上。

第九条　金融机构申请进入同业拆借市场，应按照中国人民银行规定的程序向中国人民银行或其分支机构提交申请材料。

第十条　中国人民银行及其分支机构审核金融机构进入同业拆借市场申请的期限，适用《中国人民银行行政许可实施办法》第二十八条和第二十九条的规定。

第十一条　已进入同业拆借市场的金融机构决定退出同业拆借市场时，应至少提前30日报告中国人民银行或其分支机构，并说明退出同业拆借市场的原因，提交债权债务清理处置方案。

金融机构退出同业拆借市场必须采取有效措施保证债权债务关系顺利清理，并针对可能出现的问题制定有效的风险处置预案。

第十二条　中国人民银行及其分支机构批准金融机构进入同业拆借市场或者接到金融机构退出同业拆借市场的报告后，应以适当方式向同业拆借市场发布公告。在中国人民银行或其分支机构正式发布公告之前，任何机构不得擅自对市场发布相关信息。

第十三条　中国人民银行及其分支机构自发布金融机构退出同业拆借市场公告之日起两年之内不再受理该金融机构进入同业拆借市场的申请。

第三章　交易和清算

第十四条　同业拆借交易必须在全国统一的同业拆借网络中进行。

政策性银行、企业集团财务公司、信托公司、金融资产管理公司、金融租赁公司、汽车金融公司、证券公司、保险公司、保险资产管理公司以法人为单位，通过全国银行间同业拆借中心的电子交易系统进行同业拆借交易。

通过中国人民银行分支机构拆借备案系统进行同业拆借交易的金融机构应按照中国人民银行当地分支机构的规定办理相关手续。

第十五条 同业拆借交易以询价方式进行，自主谈判、逐笔成交。

第十六条 同业拆借利率由交易双方自行商定。

第十七条 金融机构进行同业拆借交易，应逐笔订立交易合同。交易合同的内容应当具体明确，详细约定同业拆借双方的权利和义务。合同应包括以下内容：

（一）同业拆借交易双方的名称、住所及法定代表人的姓名；

（二）同业拆借成交日期；

（三）同业拆借交易金额；

（四）同业拆借交易期限；

（五）同业拆借利率、利率计算规则和利息支付规则；

（六）违约责任；

（七）中国人民银行要求载明的其他事项。

第十八条 交易合同可采用全国银行间同业拆借中心电子交易系统生成的成交单，或者采取合同书、信件和数据电文等书面形式。

第十九条 同业拆借的资金清算涉及不同银行的，应直接或委托开户银行通过中国人民银行大额实时支付系统办理。同业拆借的资金清算可以在同一银行完成的，应以转账方式进行。任何同业拆借清算均不得使用现金支付。

第四章 风险控制

第二十条 金融机构应当将同业拆借风险管理纳入本机构风险管理的总体框架之中，并根据同业拆借业务的特点，建立健全同业拆借风险管理制度，设立专门的同业拆借风险管理机构，制定同业拆借风险管理内部操作规程和控制措施。

第二十一条 金融机构应当依法妥善保存其同业拆借交易的所有交易记录和与交易记录有关的文件、账目、原始凭证、报表、电话录音等资料。

第二十二条 商业银行同业拆借的拆入资金用途应符合《中华人民共和国商业银行法》的有关规定。

第二十三条 同业拆借的期限在符合以下规定的前提下，由交易双方自行商定：

（一）政策性银行、中资商业银行、中资商业银行授权的一级分支机构、外商独资银行、中外合资银行、外国银行分行、城市信用合作社、农村信用合作社县级联合社拆入资金的最长期限为1年；

（二）金融资产管理公司、金融租赁公司、汽车金融公司、保险公司拆入资金的最长期限为3个月；

（三）企业集团财务公司、信托公司、证券公司、保险资产管理公司拆入资金的最长期限为7天；

（四）金融机构拆出资金的最长期限不得超过对手方由中国人民银行规定的拆入资金最长期限。

中国人民银行可以根据市场发展和管理的需要调整金融机构的拆借资金最长期限。

第二十四条 同业拆借到期后不得展期。

第二十五条 对金融机构同业拆借实行限额管理，拆借限额由中国人民银行及其分支机构按照以下原则核定：

（一）政策性银行的最高拆入限额和最高拆出限额均不超过该机构上年末待偿还金融债券余额的8%；

（二）中资商业银行、城市信用合作社、农村信用合作社县级联合社的最高拆入限额和最高拆出限额均不超过该机构各项存款余额的8%；

（三）外商独资银行、中外合资银行的最高拆入限额和最高拆出限额均不超过该机构实收资本的2倍；

（四）外国银行分行的最高拆入限额和最高拆出限额均不超过该机构人民币营运资金的2倍；

（五）企业集团财务公司、金融资产管理公司、金融租赁公司、汽车金融公司、保险公司的最高拆入限额和最高拆出限额均不超过该机构实收资本的100%；

（六）信托公司、保险资产管理公司的最高拆入限额和最高拆出限额均不超过该机构净资产的20%；

（七）证券公司的最高拆入限额和最高拆出限额均不超过该机构净资本的80%；

（八）中资商业银行（不包括城市商业银行、农村商业银行和农村合作银行）授权的一级分支机构的最高拆入限额和最高拆出限额由该机构的总行授权确定，纳入总行法人统一考核。

中国人民银行可以根据市场发展和管理的需要调整金融机构的同业拆借资金限额。

第二十六条 金融机构申请调整拆借资金限额，应比照申请进入同业拆借市场的程序向中国人民银行或其分支机构提交申请材料。

第二十七条 中国人民银行可以根据金融机构的申请临时调整拆借资金限额。

中国人民银行分支机构可在总行授权的范围内临时调整辖内金融机构的拆借资金限额。

第五章 信息披露管理

第二十八条 进入同业拆借市场的金融机构承担向同业拆借市场披露信息的义务。金融机构的董事或法定代表人应当保证所披露的信息真实、准确、完整、及时。

第二十九条 中国人民银行负责制定同业拆借市场中各类金融机构的信息披露规范并监督实施。

第三十条 全国银行间同业拆借中心是同业拆借市场的中介服务机构，为金融机构在同业拆借市场的交易和信息披露提供服务。

全国银行间同业拆借中心应依据本办法制定同业拆借市场交易和信息披露操作规则，报中国人民银行批准后实施。

第三十一条 全国银行间同业拆借中心应及时向市场公布利率、交易量、重大异常交易等市场信息和统计数据。

第三十二条 全国银行间同业拆借中心负责同业拆借市场日常监测和市场统计，定期向中国人民银行上报同业拆借市场统计数据，向中国人民银行省一级分支机构提供备案系统统计信息，发现同业拆借市场异常情况及时向中国人民银行报告并通知中国人民银行相关省一级分支机构。

第三十三条 金融机构未按照中国人民银行的规定向同业拆借市场披露信息，或者所披露信息有虚假记载、误导性陈述或重大遗漏的，中国人民银行有权对该金融机构采取限期补充信息披露、核减同业拆借限额、缩短同业拆借最长期限、限制同业拆借交易范围、暂停或停止与全国银行间同业拆借中心交易联网等约束措施。

第六章 监督管理

第三十四条 中国人民银行依法对同业拆借交易实施非现场监管和现场检查，并对同业拆借市场的行业自律组织进行指导和监督。

第三十五条 中国人民银行省一级分支机构负责拟定辖区同业拆借备案管理实施办法，并对辖区内金融机构通过拆借备案系统进行的同业拆借交易进行监管。

第三十六条 中国人民银行或者其省一级分支机构根据履行同业拆借市场监管职责的需要，可以采取下列措施进行同业拆借现场检查：

（一）进入金融机构进行检查；

（二）询问金融机构的工作人员，要求其对有关检查事项作出说明；

（三）查阅、复制金融机构与检查事项有关的文件、资料，并对可能被转移、销毁、隐匿或者篡改的文件资料予以封存；

（四）检查金融机构运用电子计算机管理业务数据的系统。

第三十七条 中国人民银行地市中心支行发现同业拆借异常交易，认为有必要进行同业拆借现场检查的，应报告有管辖权的中国人民银行省一级分支机构批准后实施。

第三十八条 中国人民银行及其地市中心支行以上分支机构进行同业拆借现场检查的，应当遵守中国人民银行有关监督检查程序的规定。

第三十九条 中国人民银行及其地市中心支行以上分支机构根据履行同业拆借市场监管职责的需要，可以与金融机构董事、高级管理人员谈话，要求其就金融机构执行同业拆借市场管理规定的重大事项作出说明。

第四十条 中国人民银行及其地市中心支行以上分支机构对金融机构实施同业拆借现场检查，必要时将检查情况通报有关监管部门。

第七章 法律责任

第四十一条 金融机构有下列行为之一的，由中国人民银行或者其地市中心支行以上分支机构实施处罚：

（一）不具有同业拆借业务资格而从事同业拆借业务；

（二）与不具备同业拆借业务资格的机构进行同业拆借；

（三）在全国统一同业拆借市场网络之外从事同业拆借业务；

（四）拆入资金用途违反相关法律规定；

（五）同业拆借超过中国人民银行规定的拆借资金最长期限；

（六）同业拆借资金余额超过中国人民银行核定的限额；

（七）未按照中国人民银行的规定向同业拆借市场披露信息；

（八）违反同业拆借市场规定的其他行为。

第四十二条 商业银行有本办法第四十一条规定情形之一的，由中国人民银行或者其地市中心支行以上分支机构按照《中华人民共和国商业银行法》第七十六条的规定处罚。

第四十三条 政策性银行、信用合作社、企业集团财务公司、信托公司、金融租赁公司有本办法第四十一条规定情形之一的，由中国人民银行或者其地市中心支行以上分支机构按照《金融违法行为处罚办法》第十七条的规定处罚。

第四十四条 证券公司、保险公司、保险资产管理公司、金融资产管理公司、汽车金融公司有本办法第四十一条规定情形之一的，由中国人民银行或者其地市中心支行以上分支机构按照《中华人民共和国中国人民银行法》第四十六条规定处罚。

第四十五条 对本办法第四十一条所列行为负有直接责任的金融机构董事、高级管理人员和其他直接责任人员，按照《中华人民共和国中国人民银行法》第四十六条的规定处罚。

第四十六条 全国银行间同业拆借中心有下列行为之一的，由中国人民银行按照《中华人民共和国中国人民银行法》第四十六条的规定处罚：

（一）不按照规定及时发布市场信息、发布虚假信息或泄露非公开信息；

（二）交易系统和信息系统发生严重安全事故，对市场造成重大影响；

（三）因不履行职责，给市场参与者造成严重损失或对市场造成重大影响；

（四）为金融机构同业拆借违规行为提供便利；

（五）不按照规定报送统计数据或未及时上报同业拆借市场异常情况；

（六）违反同业拆借市场规定的其他行为。

对前款所列行为负有直接责任的高级管理人员和其他直接责任人员，按照《中华人民共和国中国人民银行法》第四十六条的规定处罚。

第四十七条 为金融机构向同业拆借市场披露信息提供专业化服务的注册会计师、律师、信用评级机构等专业机构和人员出具的文件含有虚假记载、误导性陈述或重大遗漏的，不得再为同业拆借市场提供专业化服务。违反有关法律规定的，应当承担相应的法律责任。

第四十八条 中国人民银行或者其地市中心支行以上分支机构对违反本办法的金融机构进行处罚后，应当通报有关监管部门。中国人民银行县（市）支行发现金融机构违反本办法的，应报告上一级分支机构，由其按照本办法规定进行处罚。

第四十九条 中国人民银行及其地市中心支行以上分支机构对金融机构违反本办法的行为给予行政处罚的，应当遵守《中国人民银行行政处罚程序规定》的有关规定。

第五十条 中国人民银行及其分支机构从事同业拆借市场监督管理的行为依法接受监督并承担法律责任。

第八章 附 则

第五十一条 本办法所称中国人民银行省一级分支机构包括中国人民银行各分行、营业管理部、省会（首府）城市中心支行和副省级城市中心支行。

第五十二条 金融机构进行外汇同业拆借由中国人民银行另行规定。

第五十三条 本办法由中国人民银行负责

解释,并由中国人民银行上海总部组织实施。

第五十四条 本办法自2007年8月6日起施行,1990年3月8日中国人民银行发布的《同业拆借管理试行办法》同时废止。其他有关同业拆借的规定与本办法相抵触的,适用本办法的规定。

(二)证 券

中华人民共和国证券法[①]

(1998年12月29日第九届全国人民代表大会常务委员会第六次会议通过 1998年12月29日中华人民共和国主席令第12号公布 自1999年7月1日起施行)

目 录

第一章 总 则

第一条 为了规范证券发行和交易行为,保护投资者的合法权益,维护社会经济秩序和社会公共利益,促进社会主义市场经济的发展,制定本法。

第二条 在中国境内,股票、公司债券和国务院依法认定的其他证券的发行和交易,适用本法。本法未规定的,适用公司法和其他法律、行政法规的规定。

政府债券的发行和交易,由法律、行政法规另行规定。

第三条 证券的发行、交易活动,必须实行公开、公平、公正的原则。

第四条 证券发行、交易活动的当事人具有平等的法律地位,应当遵守自愿、有偿、诚实信用的原则。

第五条 证券发行、交易活动,必须遵守法律、行政法规;禁止欺诈、内幕交易和操纵证券交易市场的行为。

第六条 证券业和银行业、信托业、保险业分业经营、分业管理。证券公司与银行、信托、保险业务机构分别设立。

第七条 国务院证券监督管理机构依法对全国证券市场实行集中统一监督管理。

国务院证券监督管理机构根据需要可以设立派出机构,按照授权履行监督管理职责。

第八条 在国家对证券发行、交易活动实行集中统一监督管理的前提下,依法设立证券业协会,实行自律性管理。

第九条 国家审计机关对证券交易所、证券公司、证券登记结算机构、证券监督管理机构,依法进行审计监督。

第二章 证券发行

第十条 公开发行证券,必须符合法律、行政法规规定的条件,并依法报经国务院证券监督管理机构或者国务院授权的部门核准或者审批;未经依法核准或者审批,任何单位和个人不得向社会公开发行证券。

第十一条 公开发行股票,必须依照公司法规定的条件,报经国务院证券监督管理机构核准。发行人必须向国务院证券监督管理机构提交公司法规定的申请文件和国务院证券监督管理机构规定的有关文件。

发行公司债券,必须依照公司法规定的条件,报经国务院授权的部门审批。发行人必须向国务院授权的部门提交公司法规定的申请文件

① 编者注:已被修改。

和国务院授权的部门规定的有关文件。

第十二条 发行人依法申请公开发行证券所提交的申请文件的格式、报送方式，由依法负责核准或者审批的机构或者部门规定。

第十三条 发行人向国务院证券监督管理机构或者国务院授权的部门提交的证券发行申请文件，必须真实、准确、完整。

为证券发行出具有关文件的专业机构和人员，必须严格履行法定职责，保证其所出具文件的真实性、准确性和完整性。

第十四条 国务院证券监督管理机构设发行审核委员会，依法审核股票发行申请。

发行审核委员会由国务院证券监督管理机构的专业人员和所聘请的该机构外的有关专家组成，以投票方式对股票发行申请进行表决，提出审核意见。

发行审核委员会的具体组成办法、组成人员任期、工作程序由国务院证券监督管理机构制订，报国务院批准。

第十五条 国务院证券监督管理机构依照法定条件负责核准股票发行申请。核准程序应当公开，依法接受监督。

参与核准股票发行申请的人员，不得与发行申请单位有利害关系；不得接受发行申请单位的馈赠；不得持有所核准的发行申请的股票；不得私下与发行申请单位进行接触。

国务院授权的部门对公司债券发行申请的审批，参照前二款的规定执行。

第十六条 国务院证券监督管理机构或者国务院授权的部门应当自受理证券发行申请文件之日起三个月内作出决定；不予核准或者审批的，应当作出说明。

第十七条 证券发行申请经核准或者经审批，发行人应当依照法律、行政法规的规定，在证券公开发行前，公告公开发行募集文件，并将该文件置备于指定场所供公众查阅。

发行证券的信息依法公开前，任何知情人不得公开或者泄露该信息。

发行人不得在公告公开发行募集文件之前发行证券。

第十八条 国务院证券监督管理机构或者国务院授权的部门对已作出的核准或者审批证券发行的决定，发现不符合法律、行政法规规定的，应当予以撤销；尚未发行证券的，停止发行；已经发行的，证券持有人可以按照发行价并加算银行同期存款利息，要求发行人返还。

第十九条 股票依法发行后，发行人经营与收益的变化，由发行人自行负责；由此变化引致的投资风险，由投资者自行负责。

第二十条 上市公司发行新股，应当符合公司法有关发行新股的条件，可以向社会公开募集，也可以向原股东配售。

上市公司对发行股票所募资金，必须按招股说明书所列资金用途使用。改变招股说明书所列资金用途，必须经股东大会批准。擅自改变用途而未作纠正的，或者未经股东大会认可的，不得发行新股。

第二十一条 证券公司应当依照法律、行政法规的规定承销发行人向社会公开发行的证券。证券承销业务采取代销或者包销方式。

证券代销是指证券公司代发行人发售证券，在承销期结束时，将未售出的证券全部退还给发行人的承销方式。

证券包销是指证券公司将发行人的证券按照协议全部购入或者在承销期结束时将售后剩余证券全部自行购入的承销方式。

第二十二条 公开发行证券的发行人有权依法自主选择承销的证券公司。证券公司不得以不正当竞争手段招揽证券承销业务。

第二十三条 证券公司承销证券，应当同发行人签订代销或者包销协议，载明下列事项：

（一）当事人的名称、住所及法定代表人姓名；

（二）代销、包销证券的种类、数量、金额及发行价格；

（三）代销、包销的期限及起止日期；

（四）代销、包销的付款方式及日期；

（五）代销、包销的费用和结算办法；

（六）违约责任；

（七）国务院证券监督管理机构规定的其他事项。

第二十四条 证券公司承销证券，应当对公开发行募集文件的真实性、准确性、完整性进行核查；发现含有虚假记载、误导性陈述或者重大遗漏的，不得进行销售活动；已经销售的，必须立即停止销售活动，并采取纠正措施。

第二十五条 向社会公开发行的证券票面总值超过人民币五千万元的，应当由承销团承销。承销团应当由主承销和参与承销的证券公司组成。

第二十六条 证券的代销、包销期最长不得超过九十日。

证券公司在代销、包销期内，对所代销、包销的证券应当保证先行出售给认购人，证券公司不得为本公司事先预留所代销的证券和预先购入并留存所包销的证券。

第二十七条 证券公司包销证券的，应当在包销期满后的十五日内，将包销情况报国务院证券监督管理机构备案。

证券公司代销证券的，应当在代销期满后的十五日内，与发行人共同将证券代销情况报国务院证券监督管理机构备案。

第二十八条 股票发行采取溢价发行的，其发行价格由发行人与承销的证券公司协商确定，报国务院证券监督管理机构核准。

第二十九条 境内企业直接或者间接到境外发行证券或者将其证券在境外上市交易，必须经国务院证券监督管理机构批准。

第三章 证券交易

第一节 一般规定

第三十条 证券交易当事人依法买卖的证券，必须是依法发行并交付的证券。

非依法发行的证券，不得买卖。

第三十一条 依法发行的股票、公司债券及其他证券，法律对其转让期限有限制性规定的，在限定的期限内，不得买卖。

第三十二条 经依法核准的上市交易的股票、公司债券及其他证券，应当在证券交易所挂牌交易。

第三十三条 证券在证券交易所挂牌交易，应当采用公开的集中竞价交易方式。

证券交易的集中竞价应当实行价格优先、时间优先的原则。

第三十四条 证券交易当事人买卖的证券可以采用纸面形式或者国务院证券监督管理机构规定的其他形式。

第三十五条 证券交易以现货进行交易。

第三十六条 证券公司不得从事向客户融资或者融券的证券交易活动。

第三十七条 证券交易所、证券公司、证券登记结算机构从业人员、证券监督管理机构工作人员和法律、行政法规禁止参与股票交易的其他人员，在任期或者法定限期内，不得直接或者以化名、借他人名义持有、买卖股票，也不得收受他人赠送的股票。

任何人在成为前款所列人员时，其原已持有的股票，必须依法转让。

第三十八条 证券交易所、证券公司、证券登记结算机构必须依法为客户所开立的帐户保密。

第三十九条 为股票发行出具审计报告、资产评估报告或者法律意见书等文件的专业机构和人员，在该股票承销期内和期满后六个月内，不得买卖该种股票。

除前款规定外，为上市公司出具审计报告、资产评估报告或者法律意见书等文件的专业机构和人员，自接受上市公司委托之日起至上述文件公开后五日内，不得买卖该种股票。

第四十条 证券交易的收费必须合理，并公开收费项目、收费标准和收费办法。

证券交易的收费项目、收费标准和管理办法由国务院有关管理部门统一规定。

第四十一条 持有一个股份有限公司已发行的股份百分之五的股东，应当在其持股数额达到该比例之日起三日内向该公司报告，公司必须在接到报告之日起三日内向国务院证券监督管理机构报告；属于上市公司的，应当同时向证券交易所报告。

第四十二条 前条规定的股东，将其所持有的该公司的股票在买入后六个月内卖出，或者在卖出后六个月内又买入，由此所得收益归该公司所有，公司董事会应当收回该股东所得收益。但是，证券公司因包销购入售后剩余股票而持有百分之五以上股份的，卖出该股票时不受六个月时间限制。

公司董事会不按照前款规定执行的，其他股

东有权要求董事会执行。

公司董事会不按照第一款的规定执行，致使公司遭受损害的，负有责任的董事依法承担连带赔偿责任。

第二节　证券上市

第四十三条　股份有限公司申请其股票上市交易，必须报经国务院证券监督管理机构核准。

国务院证券监督管理机构可以授权证券交易所依照法定条件和法定程序核准股票上市申请。

第四十四条　国家鼓励符合产业政策同时又符合上市条件的公司股票上市交易。

第四十五条　向国务院证券监督管理机构提出股票上市交易申请时，应当提交下列文件：

（一）上市报告书；

（二）申请上市的股东大会决议；

（三）公司章程；

（四）公司营业执照；

（五）经法定验证机构验证的公司最近三年的或者公司成立以来的财务会计报告；

（六）法律意见书和证券公司的推荐书；

（七）最近一次的招股说明书。

第四十六条　股票上市交易申请经国务院证券监督管理机构核准后，其发行人应当向证券交易所提交核准文件和前条规定的有关文件。

证券交易所应当自接到该股票发行人提交的前款规定的文件之日起六个月内，安排该股票上市交易。

第四十七条　股票上市交易申请经证券交易所同意后，上市公司应当在上市交易的五日前公告经核准的股票上市的有关文件，并将该文件置备于指定场所供公众查阅。

第四十八条　上市公司除公告前条规定的上市申请文件外，还应当公告下列事项：

（一）股票获准在证券交易所交易的日期；

（二）持有公司股份最多的前十名股东的名单和持股数额；

（三）董事、监事、经理及有关高级管理人员的姓名及其持有本公司股票和债券的情况。

第四十九条　上市公司丧失公司法规定的上市条件的，其股票依法暂停上市或者终止上市。

第五十条　公司申请其发行的公司债券上市交易，必须报经国务院证券监督管理机构核准。

国务院证券监督管理机构可以授权证券交易所依照法定条件和法定程序核准公司债券上市申请。

第五十一条　公司申请其公司债券上市交易必须符合下列条件：

（一）公司债券的期限为一年以上；

（二）公司债券实际发行额不少于人民币五千万元；

（三）公司申请其债券上市时仍符合法定的公司债券发行条件。

第五十二条　向国务院证券监督管理机构提出公司债券上市交易申请时，应当提交下列文件：

（一）上市报告书；

（二）申请上市的董事会决议；

（三）公司章程；

（四）公司营业执照；

（五）公司债券募集办法；

（六）公司债券的实际发行数额。

第五十三条　公司债券上市交易申请经国务院证券监督管理机构核准后，其发行人应当向证券交易所提交核准文件和前条规定的有关文件。

证券交易所应当自接到该债券发行人提交的前款规定的文件之日起三个月内，安排该债券上市交易。

第五十四条　公司债券上市交易申请经证券交易所同意后，发行人应当在公司债券上市交易的五日前公告公司债券上市报告、核准文件及有关上市申请文件，并将其申请文件置备于指定场所供公众查阅。

第五十五条　公司债券上市交易后，公司有下列情形之一的，由国务院证券监督管理机构决定暂停其公司债券上市交易：

（一）公司有重大违法行为；

（二）公司情况发生重大变化不符合公司债券上市条件；

（三）公司债券所募集资金不按照审批机关批准的用途使用；

（四）未按照公司债券募集办法履行义务；

（五）公司最近二年连续亏损。

第五十六条　公司有前条第（一）项、第（四）项所列情形之一经查实后果严重的，或者有前条第（二）项、第（三）项、第（五）项所列情形之一，在限期内未能消除的，由国务院证券监督管理机构决定终止该公司债券上市。

公司解散、依法被责令关闭或者被宣告破产的，由证券交易所终止其公司债券上市，并报国务院证券监督管理机构备案。

第五十七条　国务院证券监督管理机构可以授权证券交易所依法暂停或者终止股票或者公司债券上市。

第三节　持续信息公开

第五十八条　经国务院证券监督管理机构核准依法发行股票，或者经国务院授权的部门批准依法发行公司债券，依照公司法的规定，应当公告招股说明书、公司债券募集办法。依法发行新股或者公司债券的，还应当公告财务会计报告。

第五十九条　公司公告的股票或者公司债券的发行和上市文件，必须真实、准确、完整，不得有虚假记载、误导性陈述或者重大遗漏。

第六十条　股票或者公司债券上市交易的公司，应当在每一会计年度的上半年结束之日起二个月内，向国务院证券监督管理机构和证券交易所提交记载以下内容的中期报告，并予公告：

（一）公司财务会计报告和经营情况；

（二）涉及公司的重大诉讼事项；

（三）已发行的股票、公司债券变动情况；

（四）提交股东大会审议的重要事项；

（五）国务院证券监督管理机构规定的其他事项。

第六十一条　股票或者公司债券上市交易的公司，应当在每一会计年度结束之日起四个月内，向国务院证券监督管理机构和证券交易所提交记载以下内容的年度报告，并予公告：

（一）公司概况；

（二）公司财务会计报告和经营情况；

（三）董事、监事、经理及有关高级管理人员简介及其持股情况；

（四）已发行的股票、公司债券情况，包括持有公司股份最多的前十名股东名单和持股数额；

（五）国务院证券监督管理机构规定的其他事项。

第六十二条　发生可能对上市公司股票交易价格产生较大影响、而投资者尚未得知的重大事件时，上市公司应当立即将有关该重大事件的情况向国务院证券监督管理机构和证券交易所提交临时报告，并予公告，说明事件的实质。

下列情况为前款所称重大事件：

（一）公司的经营方针和经营范围的重大变化；

（二）公司的重大投资行为和重大的购置财产的决定；

（三）公司订立重要合同，而该合同可能对公司的资产、负债、权益和经营成果产生重要影响；

（四）公司发生重大债务和未能清偿到期重大债务的违约情况；

（五）公司发生重大亏损或者遭受超过净资产百分之十以上的重大损失；

（六）公司生产经营的外部条件发生的重大变化；

（七）公司的董事长，三分之一以上的董事，或者经理发生变动；

（八）持有公司百分之五以上股份的股东，其持有股份情况发生较大变化；

（九）公司减资、合并、分立、解散及申请破产的决定；

（十）涉及公司的重大诉讼，法院依法撤销股东大会、董事会决议；

（十一）法律、行政法规规定的其他事项。

第六十三条　发行人、承销的证券公司公告招股说明书、公司债券募集办法、财务会计报告、上市报告文件、年度报告、中期报告、临时报告，存在虚假记载、误导性陈述或者有重大遗漏，致使投资者在证券交易中遭受损失的，发行人、承销的证券公司应当承担赔偿责任，发行人、承销的证券公司的负有责任的董事、监事、经理应当承担连带赔偿责任。

第六十四条　依照法律、行政法规规定必须作出的公告,应当在国家有关部门规定的报刊上或者在专项出版的公报上刊登,同时将其置备于公司住所、证券交易所,供社会公众查阅。

第六十五条 国务院证券监督管理机构对上市公司年度报告、中期报告、临时报告以及公告的情况进行监督,对上市公司分派或者配售新股的情况进行监督。

证券监督管理机构、证券交易所、承销的证券公司及有关人员,对公司依照法律、行政法规规定必须作出的公告,在公告前不得泄露其内容。

第六十六条 国务院证券监督管理机构对有重大违法行为或者不具备其他上市条件的上市公司取消其上市资格的,应当及时作出公告。

证券交易所依照授权作出前款规定的决定时,应当及时作出公告,并报国务院证券监督管理机构备案。

第四节 禁止的交易行为

第六十七条 禁止证券交易内幕信息的知情人员利用内幕信息进行证券交易活动。

第六十八条 下列人员为知悉证券交易内幕信息的知情人员:

(一)发行股票或者公司债券的公司董事、监事、经理、副经理及有关的高级管理人员;

(二)持有公司百分之五以上股份的股东;

(三)发行股票公司的控股公司的高级管理人员;

(四)由于所任公司职务可以获取公司有关证券交易信息的人员;

(五)证券监督管理机构工作人员以及由于法定的职责对证券交易进行管理的其他人员;

(六)由于法定职责而参与证券交易的社会中介机构或者证券登记结算机构、证券交易服务机构的有关人员;

(七)国务院证券监督管理机构规定的其他人员。

第六十九条 证券交易活动中,涉及公司的经营、财务或者对该公司证券的市场价格有重大影响的尚未公开的信息,为内幕信息。

下列各项信息皆属内幕信息:

(一)本法第六十二条第二款所列重大事件;

(二)公司分配股利或者增资的计划;

(三)公司股权结构的重大变化;

(四)公司债务担保的重大变更;

(五)公司营业用主要资产的抵押、出售或者报废一次超过该资产的百分之三十;

(六)公司的董事、监事、经理、副经理或者其他高级管理人员的行为可能依法承担重大损害赔偿责任;

(七)上市公司收购的有关方案;

(八)国务院证券监督管理机构认定的对证券交易价格有显著影响的其他重要信息。

第七十条 知悉证券交易内幕信息的知情人员或者非法获取内幕信息的其他人员,不得买入或者卖出所持有的该公司的证券,或者泄露该信息或者建议他人买卖该证券。

持有百分之五以上股份的股东收购上市公司的股份,本法另有规定的,适用其规定。

第七十一条 禁止任何人以下列手段获取不正当利益或者转嫁风险:

(一)通过单独或者合谋,集中资金优势、持股优势或者利用信息优势联合或者连续买卖,操纵证券交易价格;

(二)与他人串通,以事先约定的时间、价格和方式相互进行证券交易或者相互买卖并不持有的证券,影响证券交易价格或者证券交易量;

(三)以自己为交易对象,进行不转移所有权的自买自卖,影响证券交易价格或者证券交易量;

(四)以其他方法操纵证券交易价格。

第七十二条 禁止国家工作人员、新闻传播媒介从业人员和有关人员编造并传播虚假信息,严重影响证券交易。

禁止证券交易所、证券公司、证券登记结算机构、证券交易服务机构、社会中介机构及其从业人员,证券业协会、证券监督管理机构及其工作人员,在证券交易活动中作出虚假陈述或者信息误导。

各种传播媒介传播证券交易信息必须真实、客观,禁止误导。

第七十三条 在证券交易中,禁止证券公司及其从业人员从事下列损害客户利益的欺诈行为:

（一）违背客户的委托为其买卖证券；

（二）不在规定时间内向客户提供交易的书面确认文件；

（三）挪用客户所委托买卖的证券或者客户帐户上的资金；

（四）私自买卖客户帐户上的证券，或者假借客户的名义买卖证券；

（五）为牟取佣金收入，诱使客户进行不必要的证券买卖；

（六）其他违背客户真实意思表示，损害客户利益的行为。

第七十四条 在证券交易中，禁止法人以个人名义开立帐户，买卖证券。

第七十五条 在证券交易中，禁止任何人挪用公款买卖证券。

第七十六条 国有企业和国有资产控股的企业，不得炒作上市交易的股票。

第七十七条 证券交易所、证券公司、证券登记结算机构、证券交易服务机构、社会中介机构及其从业人员对证券交易中发现的禁止的交易行为，应当及时向证券监督管理机构报告。

第四章 上市公司收购

第七十八条 上市公司收购可以采取要约收购或者协议收购的方式。

第七十九条 通过证券交易所的证券交易，投资者持有一个上市公司已发行的股份的百分之五时，应当在该事实发生之日起三日内，向国务院证券监督管理机构、证券交易所作出书面报告，通知该上市公司，并予以公告；在上述规定的期限内，不得再行买卖该上市公司的股票。

投资者持有一个上市公司已发行的股份的百分之五后，通过证券交易所的证券交易，其所持该上市公司已发行的股份比例每增加或者减少百分之五，应当依照前款规定进行报告和公告。在报告期限内和作出报告、公告后二日内，不得再行买卖该上市公司的股票。

第八十条 依照前条规定所作的书面报告和公告，应当包括下列内容：

（一）持股人的名称、住所；

（二）所持有的股票的名称、数量；

（三）持股达到法定比例或者持股增减变化达到法定比例的日期。

第八十一条 通过证券交易所的证券交易，投资者持有一个上市公司已发行的股份的百分之三十时，继续进行收购的，应当依法向该上市公司所有股东发出收购要约。但经国务院证券监督管理机构免除发出要约的除外。

第八十二条 依照前条规定发出收购要约，收购人必须事先向国务院证券监督管理机构报送上市公司收购报告书，并载明下列事项：

（一）收购人的名称、住所；

（二）收购人关于收购的决定；

（三）被收购的上市公司名称；

（四）收购目的；

（五）收购股份的详细名称和预定收购的股份数额；

（六）收购的期限、收购的价格；

（七）收购所需资金额及资金保证；

（八）报送上市公司收购报告书时所持有被收购公司股份数占该公司已发行的股份总数的比例。

收购人还应当将前款规定的公司收购报告书同时提交证券交易所。

第八十三条 收购人在依照前条规定报送上市公司收购报告书之日起十五日后，公告其收购要约。

收购要约的期限不得少于三十日，并不得超过六十日。

第八十四条 在收购要约的有效期限内，收购人不得撤回其收购要约。

在收购要约的有效期限内，收购人需要变更收购要约中事项的，必须事先向国务院证券监督管理机构及证券交易所提出报告，经获准后，予以公告。

第八十五条 收购要约中提出的各项收购条件，适用于被收购公司所有的股东。

第八十六条 收购要约的期限届满，收购人持有的被收购公司的股份数达到该公司已发行的股份总数的百分之七十五以上的，该上市公司的股票应当在证券交易所终止上市交易。

第八十七条 收购要约的期限届满，收购人持有的被收购公司的股份数达到该公司已发行的股份总数的百分之九十以上的，其余仍持有被收购公司股票的股东,有权向收购人以收购要约的同等条件出售其股票,收购人应当收购。

收购行为完成后,被收购公司不再具有公司法规定的条件的,应当依法变更其企业形式。

第八十八条 采取要约收购方式的,收购人在收购要约期限内,不得采取要约规定以外的形式和超出要约的条件买卖被收购公司的股票。

第八十九条 采取协议收购方式的,收购人可以依照法律、行政法规的规定同被收购公司的股东以协议方式进行股权转让。

以协议方式收购上市公司时,达成协议后,收购人必须在三日内将该收购协议向国务院证券监督管理机构及证券交易所作出书面报告,并予公告。

在未作出公告前不得履行收购协议。

第九十条 采取协议收购方式的,协议双方可以临时委托证券登记结算机构保管协议转让的股票,并将资金存放于指定的银行。

第九十一条 在上市公司收购中,收购人对所持有的被收购的上市公司的股票,在收购行为完成后的六个月内不得转让。

第九十二条 通过要约收购或者协议收购方式取得被收购公司股票并将该公司撤销的,属于公司合并,被撤销公司的原有股票,由收购人依法更换。

第九十三条 收购上市公司的行为结束后,收购人应当在十五日内将收购情况报告国务院证券监督管理机构和证券交易所,并予公告。

第九十四条 上市公司收购中涉及国家授权投资机构持有的股份,应当按照国务院的规定,经有关主管部门批准。

第五章 证券交易所

第九十五条 证券交易所是提供证券集中竞价交易场所的不以营利为目的的法人。

证券交易所的设立和解散,由国务院决定。

第九十六条 设立证券交易所必须制定章程。

证券交易所章程的制定和修改,必须经国务院证券监督管理机构批准。

第九十七条 证券交易所必须在其名称中标明证券交易所字样。其他任何单位或者个人不得使用证券交易所或者近似的名称。

第九十八条 证券交易所可以自行支配的各项费用收入,应当首先用于保证其证券交易场所和设施的正常运行并逐步改善。

证券交易所的积累归会员所有,其权益由会员共同享有,在其存续期间,不得将其积累分配给会员。

第九十九条 证券交易所设理事会。

第一百条 证券交易所设总经理一人,由国务院证券监督管理机构任免。

第一百零一条 有公司法第五十七条规定的情形或者下列情形之一的,不得担任证券交易所的负责人:

(一)因违法行为或者违纪行为被解除职务的证券交易所、证券登记结算机构的负责人或者证券公司的董事、监事、经理,自被解除职务之日起未逾五年;

(二)因违法行为或者违纪行为被撤销资格的律师、注册会计师或者法定资产评估机构、验证机构的专业人员,自被撤销资格之日起未逾五年。

第一百零二条 因违法行为或者违纪行为被开除的证券交易所、证券登记结算机构、证券公司的从业人员和被开除的国家机关工作人员,不得招聘为证券交易所的从业人员。

第一百零三条 进入证券交易所参与集中竞价交易的,必须是具有证券交易所会员资格的证券公司。

第一百零四条 投资者应当在证券公司开立证券交易帐户,以书面、电话以及其他方式,委托为其开户的证券公司代其买卖证券。

投资者通过其开户的证券公司买卖证券的,应当采用市价委托或者限价委托。

第一百零五条 证券公司根据投资者的委托,按照时间优先的规则提出交易申报,参与证券交易所场内的集中竞价交易;证券登记结算机构根据成交结果,按照清算交割规则,进行证券和资金的清算交割,办理证券的登记过户手续。

第一百零六条 证券公司接受委托或者自营,当日买入的证券,不得在当日再行卖出。

第一百零七条 证券交易所应当为组织公平的集中竞价交易提供保障,即时公布证券交易行情，并按交易日制作证券市场行情表，予以公布。

第一百零八条 证券交易所依照法律、行政法规的规定，办理股票、公司债券的暂停上市、恢复上市或者终止上市的事务，其具体办法由国务院证券监督管理机构制定。

第一百零九条 因突发性事件而影响证券交易的正常进行时，证券交易所可以采取技术性停牌的措施；因不可抗力的突发性事件或者为维护证券交易的正常秩序，证券交易所可以决定临时停市。

证券交易所采取技术性停牌或者决定临时停市，必须及时报告国务院证券监督管理机构。

第一百一十条 证券交易所对在交易所进行的证券交易实行实时监控，并按照国务院证券监督管理机构的要求，对异常的交易情况提出报告。

证券交易所应当对上市公司披露信息进行监督，督促上市公司依法及时、准确地披露信息。

第一百一十一条 证券交易所应当从其收取的交易费用和会员费、席位费中提取一定比例的金额设立风险基金。风险基金由证券交易所理事会管理。

风险基金提取的具体比例和使用办法，由国务院证券监督管理机构会同国务院财政部门规定。

第一百一十二条 证券交易所应当将收存的交易保证金、风险基金存入开户银行专门帐户，不得擅自使用。

第一百一十三条 证券交易所依照证券法律、行政法规制定证券集中竞价交易的具体规则，制订证券交易所的会员管理规章和证券交易所从业人员业务规则，并报国务院证券监督管理机构批准。

第一百一十四条 证券交易所的负责人和其他从业人员在执行与证券交易有关的职务时，凡与其本人或者其亲属有利害关系的，应当回避。

第一百一十五条 按照依法制定的交易规则进行的交易，不得改变其交易结果。对交易中违规交易者应负的民事责任不得免除；在违规交易中所获利益，依照有关规定处理。

第一百一十六条 在证券交易所内从事证券交易的人员，违反证券交易所有关交易规则的，由证券交易所给予纪律处分；对情节严重的，撤销其资格，禁止其入场进行证券交易。

第六章 证券公司

第一百一十七条 设立证券公司，必须经国务院证券监督管理机构审查批准。未经国务院证券监督管理机构批准，不得经营证券业务。

第一百一十八条 本法所称证券公司是指依照公司法规定和依前条规定批准的从事证券经营业务的有限责任公司或者股份有限公司。

第一百一十九条 国家对证券公司实行分类管理，分为综合类证券公司和经纪类证券公司，并由国务院证券监督管理机构按照其分类颁发业务许可证。

第一百二十条 证券公司必须在其名称中标明证券有限责任公司或者证券股份有限公司字样。

经纪类证券公司必须在其名称中标明经纪字样。

第一百二十一条 设立综合类证券公司，必须具备下列条件：

（一）注册资本最低限额为人民币五亿元；

（二）主要管理人员和业务人员必须具有证券从业资格；

（三）有固定的经营场所和合格的交易设施；

（四）有健全的管理制度和规范的自营业务与经纪业务分业管理的体系。

第一百二十二条 经纪类证券公司注册资本最低限额为人民币五千万元；主要管理人员和业务人员必须具有证券从业资格；有固定的经营场所和合格的交易设施；有健全的管理制度。

第一百二十三条 证券公司设立或者撤销分支机构、变更业务范围或者注册资本、变更公司章程、合并、分立、变更公司形式或者解散，必须经国务院证券监督管理机构批准。

第一百二十四条 证券公司的对外负债总额不得超过其净资产额的规定倍数，其流动负债总额不得超过其流动资产总额的一定比例；其具体倍数、比例和管理办法，由国务院证券监督管理机构规定。

第一百二十五条 有公司法第五十七条规定的情形或者下列情形之一的，不得担任证券公司的董事、监事或者经理：

（一）因违法行为或者违纪行为被解除职务的证券交易所、证券登记结算机构的负责人或者证券公司的董事、监事、经理，自被解除职务之日起未逾五年；

（二）因违法行为或者违纪行为被撤销资格的律师、注册会计师或者法定资产评估机构、验证机构的专业人员，自被撤销资格之日起未逾五年。

第一百二十六条 因违法行为或者违纪行为被开除的证券交易所、证券登记结算机构、证券公司的从业人员和被开除的国家机关工作人员，不得招聘为证券公司的从业人员。

第一百二十七条 国家机关工作人员和法律、行政法规规定的禁止在公司中兼职的其他人员，不得在证券公司中兼任职务。

证券公司的董事、监事、经理和业务人员不得在其他证券公司中兼任职务。

第一百二十八条 证券公司从每年的税后利润中提取交易风险准备金，用于弥补证券交易的损失，其提取的具体比例由国务院证券监督管理机构规定。

第一百二十九条 综合类证券公司可以经营下列证券业务：

（一）证券经纪业务；

（二）证券自营业务；

（三）证券承销业务；

（四）经国务院证券监督管理机构核定的其他证券业务。

第一百三十条 经纪类证券公司只允许专门从事证券经纪业务。

第一百三十一条 证券公司应当依照前二条规定的业务，提出业务范围的申请，并经国务院证券监督管理机构核定。

证券公司不得超出核定的业务范围经营证券业务和其他业务。

第一百三十二条 综合类证券公司必须将其经纪业务和自营业务分开办理，业务人员、财务帐户均应分开，不得混合操作。

客户的交易结算资金必须全额存入指定的商业银行，单独立户管理。严禁挪用客户交易结算资金。

第一百三十三条 禁止银行资金违规流入股市。

证券公司的自营业务必须使用自有资金和依法筹集的资金。

第一百三十四条 证券公司自营业务必须以自己的名义进行，不得假借他人名义或者以个人名义进行。

证券公司不得将其自营帐户借给他人使用。

第一百三十五条 证券公司依法享有自主经营的权利，其合法经营不受干涉。

第一百三十六条 证券公司注册资本低于本法规定的从事相应业务要求的，由国务院证券监督管理机构撤销对其有关业务范围的核定。

第一百三十七条 在证券交易中，代理客户买卖证券，从事中介业务的证券公司，为具有法人资格的证券经纪人。

第一百三十八条 证券公司办理经纪业务，必须为客户分别开立证券和资金帐户，并对客户交付的证券和资金按户分帐管理，如实进行交易记录，不得作虚假记载。

客户开立帐户，必须持有证明中国公民身份或者中国法人资格的合法证件。

第一百三十九条 证券公司办理经纪业务，应当置备统一制定的证券买卖委托书，供委托人使用。采取其他委托方式的，必须作出委托记录。

客户的证券买卖委托，不论是否成交，其委托记录应当按规定的期限，保存于证券公司。

第一百四十条 证券公司接受证券买卖的委托，应当根据委托书载明的证券名称、买卖数量、出价方式、价格幅度等，按照交易规则代理买卖证券；买卖成交后，应当按规定制作买卖成交报告单交付客户。

证券交易中确认交易行为及其交易结果的对帐单必须真实，并由交易经办人员以外的审核人员逐笔审核，保证帐面证券余额与实际持有的证券相一致。

第一百四十一条 证券公司接受委托卖出证券必须是客户证券帐户上实有的证券，不得为客户融券交易。

证券公司接受委托买入证券必须以客户资金帐户上实有的资金支付，不得为客户融资交易。

第一百四十二条 证券公司办理经纪业务，不得接受客户的全权委托而决定证券买卖、选择证券种类、决定买卖数量或者买卖价格。

第一百四十三条 证券公司不得以任何方式对客户证券买卖的收益或者赔偿证券买卖的损失作出承诺。

第一百四十四条 证券公司及其从业人员不得未经过其依法设立的营业场所私下接受客户委托买卖证券。

第一百四十五条 证券公司的从业人员在证券交易活动中，按其所属的证券公司的指令或者利用职务违反交易规则的，由所属的证券公司承担全部责任。

第七章 证券登记结算机构

第一百四十六条 证券登记结算机构为证券交易提供集中的登记、托管与结算服务，是不以营利为目的的法人。

设立证券登记结算机构必须经国务院证券监督管理机构批准。

第一百四十七条 设立证券登记结算机构，应当具备下列条件：

（一）自有资金不少于人民币二亿元；

（二）具有证券登记、托管和结算服务所必须的场所和设施；

（三）主要管理人员和业务人员必须具有证券从业资格；

（四）国务院证券监督管理机构规定的其他条件。

证券登记结算机构的名称中应当标明证券登记结算字样。

第一百四十八条 证券登记结算机构履行下列职能：

（一）证券帐户、结算帐户的设立；

（二）证券的托管和过户；

（三）证券持有人名册登记；

（四）证券交易所上市证券交易的清算和交收；

（五）受发行人的委托派发证券权益；

（六）办理与上述业务有关的查询；

（七）国务院证券监督管理机构批准的其他业务。

第一百四十九条 证券登记结算采取全国集中统一的运营方式。

证券登记结算机构章程、业务规则应当依法制定，并须经国务院证券监督管理机构批准。

第一百五十条 证券持有人所持有的证券上市交易前，应当全部托管在证券登记结算机构。

证券登记结算机构不得将客户的证券用于质押或者出借给他人。

第一百五十一条 证券登记结算机构应当向证券发行人提供证券持有人名册及其有关资料。

证券登记结算机构应当根据证券登记结算的结果，确认证券持有人持有证券的事实，提供证券持有人登记资料。

证券登记结算机构应当保证证券持有人名册和登记过户记录真实、准确、完整，不得伪造、篡改、毁坏。

第一百五十二条 证券登记结算机构应当采取下列措施保证业务的正常进行：

（一）具有必备的服务设备和完善的数据安全保护措施；

（二）建立健全的业务、财务和安全防范等管理制度；

（三）建立完善的风险管理系统。

第一百五十三条 证券登记结算机构应当妥善保存登记、托管和结算的原始凭证。重要的原始凭证的保存期不少于二十年。

第一百五十四条 证券登记结算机构应当设立结算风险基金，并存入指定银行的专门帐户。结算风险基金用于因技术故障、操作失误、不可抗力造成的证券登记结算机构的损失。

证券结算风险基金从证券登记结算机构的业务收入和收益中提取，并可以由证券公司按证券交易业务量的一定比例缴纳。

证券结算风险基金的筹集、管理办法，由国务院证券监督管理机构会同国务院财政部门规定。

第一百五十五条 证券结算风险基金应当

专项管理。

证券登记结算机构以风险基金赔偿后,应当向有关责任人追偿。

第一百五十六条 证券登记结算机构申请解散,应当经国务院证券监督管理机构批准。

第八章 证券交易服务机构

第一百五十七条 根据证券投资和证券交易业务的需要,可以设立专业的证券投资咨询机构、资信评估机构。证券投资咨询机构、资信评估机构的设立条件、审批程序和业务规则,由国务院证券监督管理机构规定。

第一百五十八条 专业的证券投资咨询机构、资信评估机构的业务人员,必须具备证券专业知识和从事证券业务二年以上经验。认定其从事证券业务资格的标准和管理办法,由国务院证券监督管理机构制定。

第一百五十九条 证券投资咨询机构的从业人员不得从事下列行为:

(一)代理委托人从事证券投资;

(二)与委托人约定分享证券投资收益或者分担证券投资损失;

(三)买卖本咨询机构提供服务的上市公司股票;

(四)法律、行政法规禁止的其他行为。

第一百六十条 专业的证券投资咨询机构和资信评估机构,应当按照国务院有关管理部门规定的标准或者收费办法收取服务费用。

第一百六十一条 为证券的发行、上市或者证券交易活动出具审计报告、资产评估报告或者法律意见书等文件的专业机构和人员,必须按照执业规则规定的工作程序出具报告,对其所出具报告内容的真实性、准确性和完整性进行核查和验证,并就其负有责任的部分承担连带责任。

第九章 证券业协会

第一百六十二条 证券业协会是证券业的自律性组织,是社会团体法人。

证券公司应当加入证券业协会。

证券业协会的权力机构为由全体会员组成的会员大会。

第一百六十三条 证券业协会的章程由会员大会制定,并报国务院证券监督管理机构备案。

第一百六十四条 证券业协会履行下列职责:

(一)协助证券监督管理机构教育和组织会员执行证券法律、行政法规;

(二)依法维护会员的合法权益,向证券监督管理机构反映会员的建议和要求;

(三)收集整理证券信息,为会员提供服务;

(四)制定会员应遵守的规则,组织会员单位的从业人员的业务培训,开展会员间的业务交流;

(五)对会员之间、会员与客户之间发生的纠纷进行调解;

(六)组织会员就证券业的发展、运作及有关内容进行研究;

(七)监督、检查会员行为,对违反法律、行政法规或者协会章程的,按照规定给予纪律处分;

(八)国务院证券监督管理机构赋予的其他职责。

第一百六十五条 证券业协会设理事会。理事会成员依章程的规定由选举产生。

第十章 证券监督管理机构

第一百六十六条 国务院证券监督管理机构依法对证券市场实行监督管理,维护证券市场秩序,保障其合法运行。

第一百六十七条 国务院证券监督管理机构在对证券市场实施监督管理中履行下列职责:

(一)依法制定有关证券市场监督管理的规章、规则,并依法行使审批或者核准权;

(二)依法对证券的发行、交易、登记、托管、结算,进行监督管理;

(三)依法对证券发行人、上市公司、证券交易所、证券公司、证券登记结算机构、证券投资基金管理机构、证券投资咨询机构、资信评估机构以及从事证券业务的律师事务所、会计师事务所、资产评估机构的证券业务活动,进行监督管理;

(四)依法制定从事证券业务人员的资格标准和行为准则,并监督实施;

(五)依法监督检查证券发行和交易的信息

公开情况；

（六）依法对证券业协会的活动进行指导和监督；

（七）依法对违反证券市场监督管理法律、行政法规的行为进行查处；

（八）法律、行政法规规定的其他职责。

第一百六十八条　国务院证券监督管理机构依法履行职责，有权采取下列措施：

（一）进入违法行为发生场所调查取证；

（二）询问当事人和与被调查事件有关的单位和个人，要求其对与被调查事件有关的事项作出说明；

（三）查阅、复制当事人和与被调查事件有关的单位和个人的证券交易记录、登记过户记录、财务会计资料及其他相关文件和资料；对可能被转移或者隐匿的文件和资料，可以予以封存；

（四）查询当事人和与被调查事件有关的单位和个人的资金帐户、证券帐户，对有证据证明有转移或者隐匿违法资金、证券迹象的，可以申请司法机关予以冻结。

第一百六十九条　国务院证券监督管理机构工作人员依法履行职责，进行监督检查或者调查时，应当出示有关证件，并对知悉的有关单位和个人的商业秘密负有保密的义务。

第一百七十条　国务院证券监督管理机构工作人员必须忠于职守，依法办事，公正廉洁，不得利用自己的职务便利牟取不正当的利益。

第一百七十一条　国务院证券监督管理机构依法履行职责，被检查、调查的单位和个人应当配合，如实提供有关文件和资料，不得拒绝、阻碍和隐瞒。

第一百七十二条　国务院证券监督管理机构依法制定的规章、规则和监督管理工作制度应当公开。

国务院证券监督管理机构依据调查结果，对证券违法行为作出的处罚决定，应当公开。

第一百七十三条　国务院证券监督管理机构依法履行职责，发现证券违法行为涉嫌犯罪的，应当将案件移送司法机关处理。

第一百七十四条　国务院证券监督管理机构的工作人员不得在被监管的机构中兼任职务。

第十一章　法律责任

第一百七十五条　未经法定的机关核准或者审批，擅自发行证券的，或者制作虚假的发行文件发行证券的，责令停止发行，退还所募资金和加算银行同期存款利息，并处以非法所募资金金额百分之一以上百分之五以下的罚款。对直接负责的主管人员和其他直接责任人员给予警告，并处以三万元以上三十万元以下的罚款。构成犯罪的，依法追究刑事责任。

第一百七十六条　证券公司承销或者代理买卖未经核准或者审批擅自发行的证券的，由证券监督管理机构予以取缔，没收违法所得，并处以违法所得一倍以上五倍以下的罚款。对直接负责的主管人员和其他直接责任人员给予警告，并处以三万元以上三十万元以下的罚款。构成犯罪的，依法追究刑事责任。

第一百七十七条　依照本法规定，经核准上市交易的证券，其发行人未按照有关规定披露信息，或者所披露的信息有虚假记载、误导性陈述或者有重大遗漏的，由证券监督管理机构责令改正，对发行人处以三十万元以上六十万元以下的罚款。对直接负责的主管人员和其他直接责任人员给予警告，并处以三万元以上三十万元以下的罚款。构成犯罪的，依法追究刑事责任。

前款发行人未按期公告其上市文件或者报送有关报告的，由证券监督管理机构责令改正，对发行人处以五万元以上十万元以下的罚款。

第一百七十八条　非法开设证券交易场所的，由证券监督管理机构予以取缔，没收违法所得，并处以违法所得一倍以上五倍以下的罚款。没有违法所得的，处以十万元以上五十万元

以下的罚款。对直接负责的主管人员和其他直接责任人员给予警告，并处以三万元以上三十万元以下的罚款。构成犯罪的，依法追究刑事责任。

第一百七十九条　未经批准并领取业务许可证，擅自设立证券公司经营证券业务的，由证券监督管理机构予以取缔，没收违法所得，并处以违法所得一倍以上五倍以下的罚款。没有违法所得的，处以三万元以上十万元以下的罚款。构成犯罪的，依法追究刑事责任。

第一百八十条 法律、行政法规规定禁止参与股票交易的人员,直接或者以化名、借他人名义持有、买卖股票的,责令依法处理非法持有的股票,没收违法所得,并处以所买卖股票等值以下的罚款;属于国家工作人员的,还应当依法给予行政处分。

第一百八十一条 证券交易所、证券公司、证券登记结算机构、证券交易服务机构的从业人员、证券业协会或者证券监督管理机构的工作人员,故意提供虚假资料,伪造、变造或者销毁交易记录,诱骗投资者买卖证券的,取消从业资格,并处以三万元以上五万元以下的罚款;属于国家工作人员的,还应当依法给予行政处分。构成犯罪的,依法追究刑事责任。

第一百八十二条 为股票的发行或者上市出具审计报告、资产评估报告或者法律意见书等文件的专业机构和人员,违反本法第三十九条的规定买卖股票的,责令依法处理非法获得的股票,没收违法所得,并处以所买卖的股票等值以下的罚款。

第一百八十三条 证券交易内幕信息的知情人员或者非法获取证券交易内幕信息的人员,在涉及证券的发行、交易或者其他对证券的价格有重大影响的信息尚未公开前,买入或者卖出该证券,或者泄露该信息或者建议他人买卖该证券的,责令依法处理非法获得的证券,没收违法所得,并处以违法所得一倍以上五倍以下或者非法买卖的证券等值以下的罚款。构成犯罪的,依法追究刑事责任。

证券监督管理机构工作人员进行内幕交易的,从重处罚。

第一百八十四条 任何人违反本法第七十一条规定,操纵证券交易价格,或者制造证券交易的虚假价格或者证券交易量,获取不正当利益或者转嫁风险的,没收违法所得,并处以违法所得一倍以上五倍以下的罚款。构成犯罪的,依法追究刑事责任。

第一百八十五条 违反本法规定,挪用公款买卖证券的,没收违法所得,并处以违法所得一倍以上五倍以下的罚款;属于国家工作人员的,还应当依法给予行政处分。构成犯罪的,依法追究刑事责任。

第一百八十六条 证券公司违反本法规定,为客户卖出其帐户上未实有的证券或者为客户融资买入证券的,没收违法所得,并处以非法买卖证券等值的罚款。对直接负责的主管人员和其他直接责任人员给予警告,并处以三万元以上三十万元以下的罚款。构成犯罪的,依法追究刑事责任。

第一百八十七条 证券公司违反本法规定,当日接受客户委托或者自营买入证券又于当日将该证券再行卖出的,没收违法所得,并处以非法买卖证券成交金额百分之五以上百分之二十以下的罚款。

第一百八十八条 编造并且传播影响证券交易的虚假信息,扰乱证券交易市场的,处以三万元以上二十万元以下的罚款。构成犯罪的,依法追究刑事责任。

第一百八十九条 证券交易所、证券公司、证券登记结算机构、证券交易服务机构、社会中介机构及其从业人员,或者证券业协会、证券监督管理机构及其工作人员,在证券交易活动中作出虚假陈述或者信息误导的,责令改正,处以三万元以上二十万元以下的罚款;属于国家工作人员的,还应当依法给予行政处分。构成犯罪的,依法追究刑事责任。

第一百九十条 违反本法规定,法人以个人名义设立帐户买卖证券的,责令改正,没收违法所得,并处以违法所得一倍以上五倍以下的罚款;其直接负责的主管人员和其他直接责任人员属于国家工作人员的,依法给予行政处分。

第一百九十一条 综合类证券公司违反本法规定,假借他人名义或者以个人名义从事自营业务的,责令改正,没收违法所得,并处以违法所得一倍以上五倍以下的罚款;情节严重的,停止其自营业务。

第一百九十二条 证券公司违背客户的委托买卖证券、办理交易事项,以及其他违背客户真实意思表示,办理交易以外的其他事项,给客户造成损失的,依法承担赔偿责任,并处以一万元以上十万元以下的罚款。

第一百九十三条 证券公司、证券登记结算机构及其从业人员,未经客户的委托,买卖、挪用、出借客户帐户上的证券或者将客户的证券用于质押的,或者挪用客户帐户上的资金的,责令改正,没收违法所得,处以违法所得一倍以上五倍以下的罚款,并责令关闭或者吊销责任人员的从业资格证书。构成犯罪的,依法追究刑事责任。

第一百九十四条 证券公司经办经纪业务,接受客户的全权委托买卖证券的,或者对客户买卖证券的收益或者赔偿证券买卖的损失作出承诺的,责令改正,处以五万元以上二十万元以下的罚款。

第一百九十五条 违反上市公司收购的法定程序,利用上市公司收购谋取不正当收益的,责令改正,没收违法所得,并处以违法所得一倍以上五倍以下的罚款。

第一百九十六条 证券公司及其从业人员违反本法规定,私下接受客户委托买卖证券的,没收违法所得,并处以违法所得一倍以上五倍以下的罚款。

第一百九十七条 证券公司违反本法规定,未经批准经营非上市挂牌证券的交易的,责令改正,没收违法所得,并处以违法所得一倍以上五倍以下的罚款。

第一百九十八条 证券公司成立后,无正当理由超过三个月未开始营业的,或者开业后自行停业连续三个月以上的,由公司登记机关吊销其公司营业执照。

第一百九十九条 证券公司违反本法规定,超出业务许可范围经营证券业务的,责令改正,没收违法所得,并处以违法所得一倍以上五倍以下的罚款。情节严重的,责令关闭。

第二百条 证券公司同时经营证券经纪业务和证券自营业务,不依法分开办理,混合操作的,责令改正,没收违法所得,并处以违法所得一倍以上五倍以下的罚款;情节严重的,由证券监督管理机构撤销原核定的证券业务。

第二百零一条 提交虚假证明文件或者采取其他欺诈手段隐瞒重要事实骗取证券业务许可的,或者证券公司在证券交易中有严重违法行为,不再具备经营资格的,由证券监督管理机构取消其证券业务许可,并责令关闭。

第二百零二条 为证券的发行、上市或者证券交易活动出具审计报告、资产评估报告或者法律意见书等文件的专业机构,就其所应负责的内容弄虚作假的,没收违法所得,并处以违法所得一倍以上五倍以下的罚款,并由有关主管部门责令该机构停业,吊销直接责任人员的资格证书。造成损失的,承担连带赔偿责任。构成犯罪的,依法追究刑事责任。

第二百零三条 未经证券监督管理机构批准,擅自设立证券登记结算机构或者证券交易服务机构的,由证券监督管理机构予以取缔,没收违法所得,并处以违法所得一倍以上五倍以下的罚款。

证券登记结算机构和证券交易服务机构违反本法规定或者证券监督管理机构统一制定的业务规则的,由证券监督管理机构责令改正,没收违法所得,并处以违法所得一倍以上五倍以下的罚款。情节严重的,责令关闭。

第二百零四条 证券监督管理机构对不符合本法规定的证券发行、上市的申请予以核准,或者对不符合本法规定条件的设立证券公司、证券登记结算机构或者证券交易服务机构的申请予以批准,情节严重的,对直接负责的主管人员和其他直接责任人员,依法给予行政处分。构成犯罪的,依法追究刑事责任。

第二百零五条 证券监督管理机构的工作人员和发行审核委员会的组成人员,不履行本法规定的职责,徇私舞弊、玩忽职守或者故意刁难有关当事人的,依法给予行政处分。构成犯罪的,依法追究刑事责任。

第二百零六条 违反本法规定,发行、承销公司债券的,由国务院授权的部门依照本法第一百七十五条、第一百七十六条、第二百零二条的规定予以处罚。

第二百零七条 违反本法规定,应当承担民事赔偿责任和缴纳罚款、罚金,其财产不足以同时支付时,先承担民事赔偿责任。

第二百零八条 以暴力、威胁方法阻碍证券监督管理机构依法行使监督检查职权的,依法追究刑事责任;拒绝、阻碍证券监督管理机构及其工作人员依法行使监督检查职权未使用暴力、威胁方法的,依照治安管理处罚条例的规定进行处罚。

第二百零九条 依照本法对证券发行、交易违法行为没收的违法所得和罚款,全部上缴国库。

第二百一十条 当事人对证券监督管理机构或者国务院授权的部门处罚决定不服的,可以依法申请复议,或者依法直接向人民法院提起诉讼。

第十二章 附 则

第二百一十一条 本法施行前依照行政法规已批准在证券交易所上市交易的证券继续依法进行交易。

本法施行前依照行政法规和国务院金融行政管理部门的规定经批准设立的证券经营机构,不完全符合本法规定的,应当在规定的限期内达到本法规定的要求。具体实施办法,由国务院另行规定。

第二百一十二条 本法关于客户交易结算资金的规定的实施步骤,由国务院另行规定。

第二百一十三条 境内公司股票供境外人士、机构以外币认购和交易的,具体办法由国务院另行规定。

第二百一十四条 本法自1999年7月1日起施行。

全国人民代表大会常务委员会关于修改《中华人民共和国证券法》的决定

(2004年8月28日第十届全国人民代表大会常务委员会第十一次会议通过 2004年8月28日中华人民共和国主席令第21号公布 自公布之日起施行)

第十届全国人民代表大会常务委员会第十一次会议决定对《中华人民共和国证券法》作如下修改:

一、第二十八条修改为:"股票发行采取溢价发行的,其发行价格由发行人与承销的证券公司协商确定。"

二、第五十条修改为:"公司申请其发行的公司债券上市交易,由证券交易所依照法定条件和法定程序核准。"

本决定自公布之日起施行。

《中华人民共和国证券法》根据本决定作修改后,重新公布。

中华人民共和国证券法①

(1998年12月29日第九届全国人民代表大会常务委员会第六次会议通过 根据2004年8月28日第十届全国人民代表大会常务委员会第十一次会议《关于修改〈中华人民共和国证券法〉的决定》修正 2005年10月27日第十届全国人民代表大会常务委员会第十八次会议修订通过 2005年10月27日中华人民共和国主席令第43号公布 自2006年1月1日起施行)

目 录

第一章 总 则

第一条 为了规范证券发行和交易行为,保护投资者的合法权益,维护社会经济秩序和社会公共利益,促进社会主义市场经济的发展,制定本法。

第二条 在中华人民共和国境内,股票、公司债券和国务院依法认定的其他证券的发行和

① 编者注:已被修改。

交易，适用本法；本法未规定的，适用《中华人民共和国公司法》和其他法律、行政法规的规定。

政府债券、证券投资基金份额的上市交易，适用本法；其他法律、行政法规另有规定的，适用其规定。

证券衍生品种发行、交易的管理办法，由国务院依照本法的原则规定。

第三条　证券的发行、交易活动，必须实行公开、公平、公正的原则。

第四条　证券发行、交易活动的当事人具有平等的法律地位，应当遵守自愿、有偿、诚实信用的原则。

第五条　证券的发行、交易活动，必须遵守法律、行政法规；禁止欺诈、内幕交易和操纵证券市场的行为。

第六条　证券业和银行业、信托业、保险业实行分业经营、分业管理，证券公司与银行、信托、保险业务机构分别设立。国家另有规定的除外。

第七条　国务院证券监督管理机构依法对全国证券市场实行集中统一监督管理。

国务院证券监督管理机构根据需要可以设立派出机构，按照授权履行监督管理职责。

第八条　在国家对证券发行、交易活动实行集中统一监督管理的前提下，依法设立证券业协会，实行自律性管理。

第九条　国家审计机关依法对证券交易所、证券公司、证券登记结算机构、证券监督管理机构进行审计监督。

第二章　证 券 发 行

第十条　公开发行证券，必须符合法律、行政法规规定的条件，并依法报经国务院证券监督管理机构或者国务院授权的部门核准；未经依法核准，任何单位和个人不得公开发行证券。

有下列情形之一的，为公开发行：

（一）向不特定对象发行证券的；

（二）向特定对象发行证券累计超过二百人的；

（三）法律、行政法规规定的其他发行行为。

非公开发行证券，不得采用广告、公开劝诱和变相公开方式。

第十一条　发行人申请公开发行股票、可转换为股票的公司债券，依法采取承销方式的，或者公开发行法律、行政法规规定实行保荐制度的其他证券的，应当聘请具有保荐资格的机构担任保荐人。

保荐人应当遵守业务规则和行业规范，诚实守信，勤勉尽责，对发行人的申请文件和信息披露资料进行审慎核查，督导发行人规范运作。

保荐人的资格及其管理办法由国务院证券监督管理机构规定。

第十二条　设立股份有限公司公开发行股票，应当符合《中华人民共和国公司法》规定的条件和经国务院批准的国务院证券监督管理机构规定的其他条件，向国务院证券监督管理机构报送募股申请和下列文件：

（一）公司章程；

（二）发起人协议；

（三）发起人姓名或者名称，发起人认购的股份数、出资种类及验资证明；

（四）招股说明书；

（五）代收股款银行的名称及地址；

（六）承销机构名称及有关的协议。

依照本法规定聘请保荐人的，还应当报送保荐人出具的发行保荐书。

法律、行政法规规定设立公司必须报经批准的，还应当提交相应的批准文件。

第十三条　公司公开发行新股，应当符合下列条件：

（一）具备健全且运行良好的组织机构；

（二）具有持续盈利能力，财务状况良好；

（三）最近三年财务会计文件无虚假记载，无其他重大违法行为；

（四）经国务院批准的国务院证券监督管理机构规定的其他条件。

上市公司非公开发行新股，应当符合经国务院批准的国务院证券监督管理机构规定的条件，并报国务院证券监督管理机构核准。

第十四条　公司公开发行新股，应当向国务院证券监督管理机构报送募股申请和下列文件：

（一）公司营业执照；

（二）公司章程；

（三）股东大会决议；

（四）招股说明书；

（五）财务会计报告；

（六）代收股款银行的名称及地址；

（七）承销机构名称及有关的协议。

依照本法规定聘请保荐人的，还应当报送保荐人出具的发行保荐书。

第十五条 公司对公开发行股票所募集资金，必须按照招股说明书所列资金用途使用。改变招股说明书所列资金用途，必须经股东大会作出决议。擅自改变用途而未作纠正的，或者未经股东大会认可的，不得公开发行新股。

第十六条 公开发行公司债券，应当符合下列条件：

（一）股份有限公司的净资产不低于人民币三千万元，有限责任公司的净资产不低于人民币六千万元；

（二）累计债券余额不超过公司净资产的百分之四十；

（三）最近三年平均可分配利润足以支付公司债券一年的利息；

（四）筹集的资金投向符合国家产业政策；

（五）债券的利率不超过国务院限定的利率水平；

（六）国务院规定的其他条件。

公开发行公司债券筹集的资金，必须用于核准的用途，不得用于弥补亏损和非生产性支出。

上市公司发行可转换为股票的公司债券，除应当符合第一款规定的条件外，还应当符合本法关于公开发行股票的条件，并报国务院证券监督管理机构核准。

第十七条 申请公开发行公司债券，应当向国务院授权的部门或者国务院证券监督管理机构报送下列文件：

（一）公司营业执照；

（二）公司章程；

（三）公司债券募集办法；

（四）资产评估报告和验资报告；

（五）国务院授权的部门或者国务院证券监督管理机构规定的其他文件。

依照本法规定聘请保荐人的，还应当报送保荐人出具的发行保荐书。

第十八条 有下列情形之一的，不得再次公开发行公司债券：

（一）前一次公开发行的公司债券尚未募足；

（二）对已公开发行的公司债券或者其他债务有违约或者延迟支付本息的事实，仍处于继续状态；

（三）违反本法规定，改变公开发行公司债券所募资金的用途。

第十九条 发行人依法申请核准发行证券所报送的申请文件的格式、报送方式，由依法负责核准的机构或者部门规定。

第二十条 发行人向国务院证券监督管理机构或者国务院授权的部门报送的证券发行申请文件，必须真实、准确、完整。

为证券发行出具有关文件的证券服务机构和人员，必须严格履行法定职责，保证其所出具文件的真实性、准确性和完整性。

第二十一条 发行人申请首次公开发行股票的，在提交申请文件后，应当按照国务院证券监督管理机构的规定预先披露有关申请文件。

第二十二条 国务院证券监督管理机构设发行审核委员会，依法审核股票发行申请。

发行审核委员会由国务院证券监督管理机构的专业人员和所聘请的该机构外的有关专家组成，以投票方式对股票发行申请进行表决，提出审核意见。

发行审核委员会的具体组成办法、组成人员任期、工作程序，由国务院证券监督管理机构规定。

第二十三条 国务院证券监督管理机构依照法定条件负责核准股票发行申请。核准程序应当公开，依法接受监督。

参与审核和核准股票发行申请的人员，不得与发行申请人有利害关系，不得直接或者间接接受发行申请人的馈赠，不得持有所核准的发行申请的股票，不得私下与发行申请人进行接触。

国务院授权的部门对公司债券发行申请的核准，参照前两款的规定执行。

第二十四条 国务院证券监督管理机构或者国务院授权的部门应当自受理证券发行申请文件之日起三个月内，依照法定条件和法定程序作出予以核准或者不予核准的决定，发行人根据要求补充、修改发行申请文件的时间不计算在内;不予核准的,应当说明理由。

第二十五条　证券发行申请经核准,发行人应当依照法律、行政法规的规定,在证券公开发行前,公告公开发行募集文件,并将该文件置备于指定场所供公众查阅。

发行证券的信息依法公开前,任何知情人不得公开或者泄露该信息。

发行人不得在公告公开发行募集文件前发行证券。

第二十六条　国务院证券监督管理机构或者国务院授权的部门对已作出的核准证券发行的决定,发现不符合法定条件或者法定程序,尚未发行证券的,应当予以撤销,停止发行。已经发行尚未上市的,撤销发行核准决定,发行人应当按照发行价并加算银行同期存款利息返还证券持有人;保荐人应当与发行人承担连带责任,但是能够证明自己没有过错的除外;发行人的控股股东、实际控制人有过错的,应当与发行人承担连带责任。

第二十七条　股票依法发行后,发行人经营与收益的变化,由发行人自行负责;由此变化引致的投资风险,由投资者自行负责。

第二十八条　发行人向不特定对象发行的证券,法律、行政法规规定应当由证券公司承销的,发行人应当同证券公司签订承销协议。证券承销业务采取代销或者包销方式。

证券代销是指证券公司代发行人发售证券,在承销期结束时,将未售出的证券全部退还给发行人的承销方式。

证券包销是指证券公司将发行人的证券按照协议全部购入或者在承销期结束时将售后剩余证券全部自行购入的承销方式。

第二十九条　公开发行证券的发行人有权依法自主选择承销的证券公司。证券公司不得以不正当竞争手段招揽证券承销业务。

第三十条　证券公司承销证券,应当同发行人签订代销或者包销协议,载明下列事项:

(一)当事人的名称、住所及法定代表人姓名;

(二)代销、包销证券的种类、数量、金额及发行价格;

(三)代销、包销的期限及起止日期;

(四)代销、包销的付款方式及日期;

(五)代销、包销的费用和结算办法;

(六)违约责任;

(七)国务院证券监督管理机构规定的其他事项。

第三十一条　证券公司承销证券,应当对公开发行募集文件的真实性、准确性、完整性进行核查;发现有虚假记载、误导性陈述或者重大遗漏的,不得进行销售活动;已经销售的,必须立即停止销售活动,并采取纠正措施。

第三十二条　向不特定对象发行的证券票面总值超过人民币五千万元的,应当由承销团承销。承销团应当由主承销和参与承销的证券公司组成。

第三十三条　证券的代销、包销期限最长不得超过九十日。

证券公司在代销、包销期内,对所代销、包销的证券应当保证先行出售给认购人,证券公司不得为本公司预留所代销的证券和预先购入并留存所包销的证券。

第三十四条　股票发行采取溢价发行的,其发行价格由发行人与承销的证券公司协商确定。

第三十五条　股票发行采用代销方式,代销期限届满,向投资者出售的股票数量未达到拟公开发行股票数量百分之七十的,为发行失败。发行人应当按照发行价并加算银行同期存款利息返还股票认购人。

第三十六条　公开发行股票,代销、包销期限届满,发行人应当在规定的期限内将股票发行情况报国务院证券监督管理机构备案。

第三章　证 券 交 易

第一节　一 般 规 定

第三十七条　证券交易当事人依法买卖的证券,必须是依法发行并交付的证券。

非依法发行的证券,不得买卖。

第三十八条　依法发行的股票、公司债券及其他证券,法律对其转让期限有限制性规定的,在限定的期限内不得买卖。

第三十九条　依法公开发行的股票、公司债券及其他证券,应当在依法设立的证券交易所上市交易或者在国务院批准的其他证券交易场所转让。

第四十条 证券在证券交易所上市交易,应当采用公开的集中交易方式或者国务院证券监督管理机构批准的其他方式。

第四十一条 证券交易当事人买卖的证券可以采用纸面形式或者国务院证券监督管理机构规定的其他形式。

第四十二条 证券交易以现货和国务院规定的其他方式进行交易。

第四十三条 证券交易所、证券公司和证券登记结算机构的从业人员、证券监督管理机构的工作人员以及法律、行政法规禁止参与股票交易的其他人员,在任期或者法定限期内,不得直接或者以化名、借他人名义持有、买卖股票,也不得收受他人赠送的股票。

任何人在成为前款所列人员时,其原已持有的股票,必须依法转让。

第四十四条 证券交易所、证券公司、证券登记结算机构必须依法为客户开立的账户保密。

第四十五条 为股票发行出具审计报告、资产评估报告或者法律意见书等文件的证券服务机构和人员,在该股票承销期内和期满后六个月内,不得买卖该种股票。

除前款规定外,为上市公司出具审计报告、资产评估报告或者法律意见书等文件的证券服务机构和人员,自接受上市公司委托之日起至上述文件公开后五日内,不得买卖该种股票。

第四十六条 证券交易的收费必须合理,并公开收费项目、收费标准和收费办法。

证券交易的收费项目、收费标准和管理办法由国务院有关主管部门统一规定。

第四十七条 上市公司董事、监事、高级管理人员、持有上市公司股份百分之五以上的股东,将其持有的该公司的股票在买入后六个月内卖出,或者在卖出后六个月内又买入,由此所得收益归该公司所有,公司董事会应当收回其所得收益。但是,证券公司因包销购入售后剩余股票而持有百分之五以上股份的,卖出该股票不受六个月时间限制。

公司董事会不按照前款规定执行的,股东有权要求董事会在三十日内执行。公司董事会未在上述期限内执行的,股东有权为了公司的利益以自己的名义直接向人民法院提起诉讼。

公司董事会不按照第一款的规定执行的,负有责任的董事依法承担连带责任。

第二节 证券上市

第四十八条 申请证券上市交易,应当向证券交易所提出申请,由证券交易所依法审核同意,并由双方签订上市协议。

证券交易所根据国务院授权的部门的决定安排政府债券上市交易。

第四十九条 申请股票、可转换为股票的公司债券或者法律、行政法规规定实行保荐制度的其他证券上市交易,应当聘请具有保荐资格的机构担任保荐人。

本法第十一条第二款、第三款的规定适用于上市保荐人。

第五十条 股份有限公司申请股票上市,应当符合下列条件:

(一)股票经国务院证券监督管理机构核准已公开发行;

(二)公司股本总额不少于人民币三千万元;

(三)公开发行的股份达到公司股份总数的百分之二十五以上;公司股本总额超过人民币四亿元的,公开发行股份的比例为百分之十以上;

(四)公司最近三年无重大违法行为,财务会计报告无虚假记载。

证券交易所可以规定高于前款规定的上市条件,并报国务院证券监督管理机构批准。

第五十一条 国家鼓励符合产业政策并符合上市条件的公司股票上市交易。

第五十二条 申请股票上市交易,应当向证券交易所报送下列文件:

(一)上市报告书;

(二)申请股票上市的股东大会决议;

(三)公司章程;

(四)公司营业执照;

(五)依法经会计师事务所审计的公司最近三年的财务会计报告;

(六)法律意见书和上市保荐书;

(七)最近一次的招股说明书;

(八)证券交易所上市规则规定的其他文件。

第五十三条 股票上市交易申请经证券交

易所审核同意后，签订上市协议的公司应当在规定的期限内公告股票上市的有关文件，并将该文件置备于指定场所供公众查阅。

第五十四条　签订上市协议的公司除公告前条规定的文件外，还应当公告下列事项：

（一）股票获准在证券交易所交易的日期；

（二）持有公司股份最多的前十名股东的名单和持股数额；

（三）公司的实际控制人；

（四）董事、监事、高级管理人员的姓名及其持有本公司股票和债券的情况。

第五十五条　上市公司有下列情形之一的，由证券交易所决定暂停其股票上市交易：

（一）公司股本总额、股权分布等发生变化不再具备上市条件；

（二）公司不按照规定公开其财务状况，或者对财务会计报告作虚假记载，可能误导投资者；

（三）公司有重大违法行为；

（四）公司最近三年连续亏损；

（五）证券交易所上市规则规定的其他情形。

第五十六条　上市公司有下列情形之一的，由证券交易所决定终止其股票上市交易：

（一）公司股本总额、股权分布等发生变化不再具备上市条件，在证券交易所规定的期限内仍不能达到上市条件；

（二）公司不按照规定公开其财务状况，或者对财务会计报告作虚假记载，且拒绝纠正；

（三）公司最近三年连续亏损，在其后一个年度内未能恢复盈利；

（四）公司解散或者被宣告破产；

（五）证券交易所上市规则规定的其他情形。

第五十七条　公司申请公司债券上市交易，应当符合下列条件：

（一）公司债券的期限为一年以上；

（二）公司债券实际发行额不少于人民币五千万元；

（三）公司申请债券上市时仍符合法定的公司债券发行条件。

第五十八条　申请公司债券上市交易，应当向证券交易所报送下列文件：

（一）上市报告书；

（二）申请公司债券上市的董事会决议；

（三）公司章程；

（四）公司营业执照；

（五）公司债券募集办法；

（六）公司债券的实际发行数额；

（七）证券交易所上市规则规定的其他文件。

申请可转换为股票的公司债券上市交易，还应当报送保荐人出具的上市保荐书。

第五十九条　公司债券上市交易申请经证券交易所审核同意后，签订上市协议的公司应当在规定的期限内公告公司债券上市文件及有关文件，并将其申请文件置备于指定场所供公众查阅。

第六十条　公司债券上市交易后，公司有下列情形之一的，由证券交易所决定暂停其公司债券上市交易：

（一）公司有重大违法行为；

（二）公司情况发生重大变化不符合公司债券上市条件；

（三）发行公司债券所募集的资金不按照核准的用途使用；

（四）未按照公司债券募集办法履行义务；

（五）公司最近二年连续亏损。

第六十一条　公司有前条第（一）项、第（四）项所列情形之一经查实后果严重的，或者有前条第（二）项、第（三）项、第（五）项所列情形之一，在限期内未能消除的，由证券交易所决定终止其公司债券上市交易。

公司解散或者被宣告破产的，由证券交易所终止其公司债券上市交易。

第六十二条　对证券交易所作出的不予上市、暂停上市、终止上市决定不服的，可以向证券交易所设立的复核机构申请复核。

第三节　持续信息公开

第六十三条　发行人、上市公司依法披露的信息，必须真实、准确、完整，不得有虚假记载、误导性陈述或者重大遗漏。

第六十四条　经国务院证券监督管理机构核准依法公开发行股票，或者经国务院授权的部门核准依法公开发行公司债券，应当公告招股说明书、公司债券募集办法。依法公开发行新股或者公司债券的，还应当公告财务会计报告。

第六十五条 上市公司和公司债券上市交易的公司,应当在每一会计年度的上半年结束之日起二个月内,向国务院证券监督管理机构和证券交易所报送记载以下内容的中期报告,并予公告:

(一)公司财务会计报告和经营情况;

(二)涉及公司的重大诉讼事项;

(三)已发行的股票、公司债券变动情况;

(四)提交股东大会审议的重要事项;

(五)国务院证券监督管理机构规定的其他事项。

第六十六条 上市公司和公司债券上市交易的公司,应当在每一会计年度结束之日起四个月内,向国务院证券监督管理机构和证券交易所报送记载以下内容的年度报告,并予公告:

(一)公司概况;

(二)公司财务会计报告和经营情况;

(三)董事、监事、高级管理人员简介及其持股情况;

(四)已发行的股票、公司债券情况,包括持有公司股份最多的前十名股东的名单和持股数额;

(五)公司的实际控制人;

(六)国务院证券监督管理机构规定的其他事项。

第六十七条 发生可能对上市公司股票交易价格产生较大影响的重大事件,投资者尚未得知时,上市公司应当立即将有关该重大事件的情况向国务院证券监督管理机构和证券交易所报送临时报告,并予公告,说明事件的起因、目前的状态和可能产生的法律后果。

下列情况为前款所称重大事件:

(一)公司的经营方针和经营范围的重大变化;

(二)公司的重大投资行为和重大的购置财产的决定;

(三)公司订立重要合同,可能对公司的资产、负债、权益和经营成果产生重要影响;

(四)公司发生重大债务和未能清偿到期重大债务的违约情况;

(五)公司发生重大亏损或者重大损失;

(六)公司生产经营的外部条件发生的重大变化;

(七)公司的董事、三分之一以上监事或者经理发生变动;

(八)持有公司百分之五以上股份的股东或者实际控制人,其持有股份或者控制公司的情况发生较大变化;

(九)公司减资、合并、分立、解散及申请破产的决定;

(十)涉及公司的重大诉讼,股东大会、董事会决议被依法撤销或者宣告无效;

(十一)公司涉嫌犯罪被司法机关立案调查,公司董事、监事、高级管理人员涉嫌犯罪被司法机关采取强制措施;

(十二)国务院证券监督管理机构规定的其他事项。

第六十八条 上市公司董事、高级管理人员应当对公司定期报告签署书面确认意见。

上市公司监事会应当对董事会编制的公司定期报告进行审核并提出书面审核意见。

上市公司董事、监事、高级管理人员应当保证上市公司所披露的信息真实、准确、完整。

第六十九条 发行人、上市公司公告的招股说明书、公司债券募集办法、财务会计报告、上市报告文件、年度报告、中期报告、临时报告以及其他信息披露资料,有虚假记载、误导性陈述或者重大遗漏,致使投资者在证券交易中遭受损失的,发行人、上市公司应当承担赔偿责任;发行人、上市公司的董事、监事、高级管理人员和其他直接责任人员以及保荐人、承销的证券公司,应当与发行人、上市公司承担连带赔偿责任,但是能够证明自己没有过错的除外;发行人、上市公司的控股股东、实际控制人有过错的,应当与发行人、上市公司承担连带赔偿责任。

第七十条 依法必须披露的信息,应当在国务院证券监督管理机构指定的媒体发布,同时将其置备于公司住所、证券交易所,供社会公众查阅。

第七十一条 国务院证券监督管理机构对上市公司年度报告、中期报告、临时报告以及公告的情况进行监督,对上市公司分派或者配售新股的情况进行监督,对上市公司控股股东和信息披露义务人的行为进行监督。

证券监督管理机构、证券交易所、保荐人、承销的证券公司及有关人员，对公司依照法律、行政法规规定必须作出的公告，在公告前不得泄露其内容。

第七十二条　证券交易所决定暂停或者终止证券上市交易的，应当及时公告，并报国务院证券监督管理机构备案。

第四节　禁止的交易行为

第七十三条　禁止证券交易内幕信息的知情人和非法获取内幕信息的人利用内幕信息从事证券交易活动。

第七十四条　证券交易内幕信息的知情人包括：

（一）发行人的董事、监事、高级管理人员；

（二）持有公司百分之五以上股份的股东及其董事、监事、高级管理人员，公司的实际控制人及其董事、监事、高级管理人员；

（三）发行人控股的公司及其董事、监事、高级管理人员；

（四）由于所任公司职务可以获取公司有关内幕信息的人员；

（五）证券监督管理机构工作人员以及由于法定职责对证券的发行、交易进行管理的其他人员；

（六）保荐人、承销的证券公司、证券交易所、证券登记结算机构、证券服务机构的有关人员；

（七）国务院证券监督管理机构规定的其他人。

第七十五条　证券交易活动中，涉及公司的经营、财务或者对该公司证券的市场价格有重大影响的尚未公开的信息，为内幕信息。

下列信息皆属内幕信息：

（一）本法第六十七条第二款所列重大事件；

（二）公司分配股利或者增资的计划；

（三）公司股权结构的重大变化；

（四）公司债务担保的重大变更；

（五）公司营业用主要资产的抵押、出售或者报废一次超过该资产的百分之三十；

（六）公司的董事、监事、高级管理人员的行为可能依法承担重大损害赔偿责任；

（七）上市公司收购的有关方案；

（八）国务院证券监督管理机构认定的对证券交易价格有显著影响的其他重要信息。

第七十六条　证券交易内幕信息的知情人和非法获取内幕信息的人，在内幕信息公开前，不得买卖该公司的证券，或者泄露该信息，或者建议他人买卖该证券。

持有或者通过协议、其他安排与他人共同持有公司百分之五以上股份的自然人、法人、其他组织收购上市公司的股份，本法另有规定的，适用其规定。

内幕交易行为给投资者造成损失的，行为人应当依法承担赔偿责任。

第七十七条　禁止任何人以下列手段操纵证券市场：

（一）单独或者通过合谋，集中资金优势、持股优势或者利用信息优势联合或者连续买卖，操纵证券交易价格或者证券交易量；

（二）与他人串通，以事先约定的时间、价格和方式相互进行证券交易，影响证券交易价格或者证券交易量；

（三）在自己实际控制的账户之间进行证券交易，影响证券交易价格或者证券交易量；

（四）以其他手段操纵证券市场。

操纵证券市场行为给投资者造成损失的，行为人应当依法承担赔偿责任。

第七十八条　禁止国家工作人员、传播媒介从业人员和有关人员编造、传播虚假信息，扰乱证券市场。

禁止证券交易所、证券公司、证券登记结算机构、证券服务机构及其从业人员，证券业协会、证券监督管理机构及其工作人员，在证券交易活动中作出虚假陈述或者信息误导。

各种传播媒介传播证券市场信息必须真实、客观，禁止误导。

第七十九条　禁止证券公司及其从业人员从事下列损害客户利益的欺诈行为：

（一）违背客户的委托为其买卖证券；

（二）不在规定时间内向客户提供交易的书面确认文件；

（三）挪用客户所委托买卖的证券或者客户账户上的资金；

（四）未经客户的委托，擅自为客户买卖证

券,或者假借客户的名义买卖证券;

(五)为牟取佣金收入,诱使客户进行不必要的证券买卖;

(六)利用传播媒介或者通过其他方式提供、传播虚假或者误导投资者的信息;

(七)其他违背客户真实意思表示,损害客户利益的行为。

欺诈客户行为给客户造成损失的,行为人应当依法承担赔偿责任。

第八十条 禁止法人非法利用他人账户从事证券交易;禁止法人出借自己或者他人的证券账户。

第八十一条 依法拓宽资金入市渠道,禁止资金违规流入股市。

第八十二条 禁止任何人挪用公款买卖证券。

第八十三条 国有企业和国有资产控股的企业买卖上市交易的股票,必须遵守国家有关规定。

第八十四条 证券交易所、证券公司、证券登记结算机构、证券服务机构及其从业人员对证券交易中发现的禁止的交易行为,应当及时向证券监督管理机构报告。

第四章 上市公司的收购

第八十五条 投资者可以采取要约收购、协议收购及其他合法方式收购上市公司。

第八十六条 通过证券交易所的证券交易,投资者持有或者通过协议、其他安排与他人共同持有一个上市公司已发行的股份达到百分之五时,应当在该事实发生之日起三日内,向国务院证券监督管理机构、证券交易所作出书面报告,通知该上市公司,并予公告;在上述期限内,不得再行买卖该上市公司的股票。

投资者持有或者通过协议、其他安排与他人共同持有一个上市公司已发行的股份达到百分之五后,其所持该上市公司已发行的股份比例每增加或者减少百分之五,应当依照前款规定进行报告和公告。在报告期限内和作出报告、公告后二日内,不得再行买卖该上市公司的股票。

第八十七条 依照前条规定所作的书面报告和公告,应当包括下列内容:

(一)持股人的名称、住所;

(二)持有的股票的名称、数额;

(三)持股达到法定比例或者持股增减变化达到法定比例的日期。

第八十八条 通过证券交易所的证券交易,投资者持有或者通过协议、其他安排与他人共同持有一个上市公司已发行的股份达到百分之三十时,继续进行收购的,应当依法向该上市公司所有股东发出收购上市公司全部或者部分股份的要约。

收购上市公司部分股份的收购要约应当约定,被收购公司股东承诺出售的股份数额超过预定收购的股份数额的,收购人按比例进行收购。

第八十九条 依照前条规定发出收购要约,收购人必须事先向国务院证券监督管理机构报送上市公司收购报告书,并载明下列事项:

(一)收购人的名称、住所;

(二)收购人关于收购的决定;

(三)被收购的上市公司名称;

(四)收购目的;

(五)收购股份的详细名称和预定收购的股份数额;

(六)收购期限、收购价格;

(七)收购所需资金额及资金保证;

(八)报送上市公司收购报告书时持有被收购公司股份数占该公司已发行的股份总数的比例。

收购人还应当将上市公司收购报告书同时提交证券交易所。

第九十条 收购人在依照前条规定报送上市公司收购报告书之日起十五日后,公告其收购要约。在上述期限内,国务院证券监督管理机构发现上市公司收购报告书不符合法律、行政法规规定的,应当及时告知收购人,收购人不得公告其收购要约。

收购要约约定的收购期限不得少于三十日,并不得超过六十日。

第九十一条 在收购要约确定的承诺期限内,收购人不得撤销其收购要约。收购人需要变更收购要约的,必须事先向国务院证券监督管理机构及证券交易所提出报告,经批准后,予以公告。

第九十二条 收购要约提出的各项收购条件,适用于被收购公司的所有股东。

第九十三条 采取要约收购方式的,收购人在收购期限内,不得卖出被收购公司的股票,也不得采取要约规定以外的形式和超出要约的条件买入被收购公司的股票。

第九十四条 采取协议收购方式的,收购人可以依照法律、行政法规的规定同被收购公司的股东以协议方式进行股份转让。

以协议方式收购上市公司时,达成协议后,收购人必须在三日内将该收购协议向国务院证券监督管理机构及证券交易所作出书面报告,并予公告。

在公告前不得履行收购协议。

第九十五条 采取协议收购方式的,协议双方可以临时委托证券登记结算机构保管协议转让的股票,并将资金存放于指定的银行。

第九十六条 采取协议收购方式的,收购人收购或者通过协议、其他安排与他人共同收购一个上市公司已发行的股份达到百分之三十时,继续进行收购的,应当向该上市公司所有股东发出收购上市公司全部或者部分股份的要约。但是,经国务院证券监督管理机构免除发出要约的除外。

收购人依照前款规定以要约方式收购上市公司股份,应当遵守本法第八十九条至第九十三条的规定。

第九十七条 收购期限届满,被收购公司股权分布不符合上市条件的,该上市公司的股票应当由证券交易所依法终止上市交易;其余仍持有被收购公司股票的股东,有权向收购人以收购要约的同等条件出售其股票,收购人应当收购。

收购行为完成后,被收购公司不再具备股份有限公司条件的,应当依法变更企业形式。

第九十八条 在上市公司收购中,收购人持有的被收购的上市公司的股票,在收购行为完成后的十二个月内不得转让。

第九十九条 收购行为完成后,收购人与被收购公司合并,并将该公司解散的,被解散公司的原有股票由收购人依法更换。

第一百条 收购行为完成后,收购人应当在十五日内将收购情况报告国务院证券监督管理机构和证券交易所,并予公告。

第一百零一条 收购上市公司中由国家授权投资的机构持有的股份,应当按照国务院的规定,经有关主管部门批准。

国务院证券监督管理机构应当依照本法的原则制定上市公司收购的具体办法。

第五章 证券交易所

第一百零二条 证券交易所是为证券集中交易提供场所和设施,组织和监督证券交易,实行自律管理的法人。

证券交易所的设立和解散,由国务院决定。

第一百零三条 设立证券交易所必须制定章程。

证券交易所章程的制定和修改,必须经国务院证券监督管理机构批准。

第一百零四条 证券交易所必须在其名称中标明证券交易所字样。其他任何单位或者个人不得使用证券交易所或者近似的名称。

第一百零五条 证券交易所可以自行支配的各项费用收入,应当首先用于保证其证券交易场所和设施的正常运行并逐步改善。

实行会员制的证券交易所的财产积累归会员所有,其权益由会员共同享有,在其存续期间,不得将其财产积累分配给会员。

第一百零六条 证券交易所设理事会。

第一百零七条 证券交易所设总经理一人,由国务院证券监督管理机构任免。

第一百零八条 有《中华人民共和国公司法》第一百四十七条规定的情形或者下列情形之一的,不得担任证券交易所的负责人:

(一)因违法行为或者违纪行为被解除职务的证券交易所、证券登记结算机构的负责人或者证券公司的董事、监事、高级管理人员,自被解除职务之日起未逾五年;

(二)因违法行为或者违纪行为被撤销资格的律师、注册会计师或者投资咨询机构、财务顾问机构、资信评级机构、资产评估机构、验证机构的专业人员,自被撤销资格之日起未逾五年。

第一百零九条 因违法行为或者违纪行为被开除的证券交易所、证券登记结算机构、证券服务机构、证券公司的从业人员和被开除的国家机关工作人员,不得招聘为证券交易所的从业人员。

第一百一十条 进入证券交易所参与集中交易的,必须是证券交易所的会员。

第一百一十一条 投资者应当与证券公司签订证券交易委托协议,并在证券公司开立证券交易账户,以书面、电话以及其他方式,委托该证券公司代其买卖证券。

第一百一十二条 证券公司根据投资者的委托,按照证券交易规则提出交易申报,参与证券交易所场内的集中交易,并根据成交结果承担相应的清算交收责任;证券登记结算机构根据成交结果,按照清算交收规则,与证券公司进行证券和资金的清算交收,并为证券公司客户办理证券的登记过户手续。

第一百一十三条 证券交易所应当为组织公平的集中交易提供保障,公布证券交易即时行情,并按交易日制作证券市场行情表,予以公布。

未经证券交易所许可,任何单位和个人不得发布证券交易即时行情。

第一百一十四条 因突发性事件而影响证券交易的正常进行时,证券交易所可以采取技术性停牌的措施;因不可抗力的突发性事件或者为维护证券交易的正常秩序,证券交易所可以决定临时停市。

证券交易所采取技术性停牌或者决定临时停市,必须及时报告国务院证券监督管理机构。

第一百一十五条 证券交易所对证券交易实行实时监控,并按照国务院证券监督管理机构的要求,对异常的交易情况提出报告。

证券交易所应当对上市公司及相关信息披露义务人披露信息进行监督,督促其依法及时、准确地披露信息。

证券交易所根据需要,可以对出现重大异常交易情况的证券账户限制交易,并报国务院证券监督管理机构备案。

第一百一十六条 证券交易所应当从其收取的交易费用和会员费、席位费中提取一定比例的金额设立风险基金。风险基金由证券交易所理事会管理。

风险基金提取的具体比例和使用办法,由国务院证券监督管理机构会同国务院财政部门规定。

第一百一十七条 证券交易所应当将收存的风险基金存入开户银行专门账户,不得擅自使用。

第一百一十八条 证券交易所依照证券法律、行政法规制定上市规则、交易规则、会员管理规则和其他有关规则,并报国务院证券监督管理机构批准。

第一百一十九条 证券交易所的负责人和其他从业人员在执行与证券交易有关的职务时,与其本人或者其亲属有利害关系的,应当回避。

第一百二十条 按照依法制定的交易规则进行的交易,不得改变其交易结果。对交易中违规交易者应负的民事责任不得免除;在违规交易中所获利益,依照有关规定处理。

第一百二十一条 在证券交易所内从事证券交易的人员,违反证券交易所有关交易规则的,由证券交易所给予纪律处分;对情节严重的,撤销其资格,禁止其入场进行证券交易。

第六章 证券公司

第一百二十二条 设立证券公司,必须经国务院证券监督管理机构审查批准。未经国务院证券监督管理机构批准,任何单位和个人不得经营证券业务。

第一百二十三条 本法所称证券公司是指依照《中华人民共和国公司法》和本法规定设立的经营证券业务的有限责任公司或者股份有限公司。

第一百二十四条 设立证券公司,应当具备下列条件:

(一)有符合法律、行政法规规定的公司章程;

(二)主要股东具有持续盈利能力,信誉良好,最近三年无重大违法违规记录,净资产不低于人民币二亿元;

(三)有符合本法规定的注册资本;

(四)董事、监事、高级管理人员具备任职资格,从业人员具有证券从业资格;

(五)有完善的风险管理与内部控制制度;

（六）有合格的经营场所和业务设施；

（七）法律、行政法规规定的和经国务院批准的国务院证券监督管理机构规定的其他条件。

第一百二十五条 经国务院证券监督管理机构批准，证券公司可以经营下列部分或者全部业务：

（一）证券经纪；

（二）证券投资咨询；

（三）与证券交易、证券投资活动有关的财务顾问；

（四）证券承销与保荐；

（五）证券自营；

（六）证券资产管理；

（七）其他证券业务。

第一百二十六条 证券公司必须在其名称中标明证券有限责任公司或者证券股份有限公司字样。

第一百二十七条 证券公司经营本法第一百二十五条第（一）项至第（三）项业务的，注册资本最低限额为人民币五千万元；经营第（四）项至第（七）项业务之一的，注册资本最低限额为人民币一亿元；经营第（四）项至第（七）项业务中两项以上的，注册资本最低限额为人民币五亿元。证券公司的注册资本应当是实缴资本。

国务院证券监督管理机构根据审慎监管原则和各项业务的风险程度，可以调整注册资本最低限额，但不得少于前款规定的限额。

第一百二十八条 国务院证券监督管理机构应当自受理证券公司设立申请之日起六个月内，依照法定条件和法定程序并根据审慎监管原则进行审查，作出批准或者不予批准的决定，并通知申请人；不予批准的，应当说明理由。

证券公司设立申请获得批准的，申请人应当在规定的期限内向公司登记机关申请设立登记，领取营业执照。

证券公司应当自领取营业执照之日起十五日内，向国务院证券监督管理机构申请经营证券业务许可证。未取得经营证券业务许可证，证券公司不得经营证券业务。

第一百二十九条 证券公司设立、收购或者撤销分支机构，变更业务范围或者注册资本，变更持有百分之五以上股权的股东、实际控制人，变更公司章程中的重要条款，合并、分立、变更公司形式、停业、解散、破产，必须经国务院证券监督管理机构批准。

证券公司在境外设立、收购或者参股证券经营机构，必须经国务院证券监督管理机构批准。

第一百三十条 国务院证券监督管理机构应当对证券公司的净资本，净资本与负债的比例，净资本与净资产的比例，净资本与自营、承销、资产管理等业务规模的比例，负债与净资产的比例，以及流动资产与流动负债的比例等风险控制指标作出规定。

证券公司不得为其股东或者股东的关联人提供融资或者担保。

第一百三十一条 证券公司的董事、监事、高级管理人员，应当正直诚实，品行良好，熟悉证券法律、行政法规，具有履行职责所需的经营管理能力，并在任职前取得国务院证券监督管理机构核准的任职资格。

有《中华人民共和国公司法》第一百四十七条规定的情形或者下列情形之一的，不得担任证券公司的董事、监事、高级管理人员：

（一）因违法行为或者违纪行为被解除职务的证券交易所、证券登记结算机构的负责人或者证券公司的董事、监事、高级管理人员，自被解除职务之日起未逾五年；

（二）因违法行为或者违纪行为被撤销资格的律师、注册会计师或者投资咨询机构、财务顾问机构、资信评级机构、资产评估机构、验证机构的专业人员，自被撤销资格之日起未逾五年。

第一百三十二条 因违法行为或者违纪行为被开除的证券交易所、证券登记结算机构、证券服务机构、证券公司的从业人员和被开除的国家机关工作人员，不得招聘为证券公司的从业人员。

第一百三十三条 国家机关工作人员和法律、行政法规规定的禁止在公司中兼职的其他人员，不得在证券公司中兼任职务。

第一百三十四条 国家设立证券投资者保护基金。证券投资者保护基金由证券公司缴纳的资金及其他依法筹集的资金组成，其筹集、管理和使用的具体办法由国务院规定。

第一百三十五条 证券公司从每年的税后

利润中提取交易风险准备金，用于弥补证券交易的损失，其提取的具体比例由国务院证券监督管理机构规定。

第一百三十六条 证券公司应当建立健全内部控制制度，采取有效隔离措施，防范公司与客户之间、不同客户之间的利益冲突。

证券公司必须将其证券经纪业务、证券承销业务、证券自营业务和证券资产管理业务分开办理，不得混合操作。

第一百三十七条 证券公司的自营业务必须以自己的名义进行，不得假借他人名义或者以个人名义进行。

证券公司的自营业务必须使用自有资金和依法筹集的资金。

证券公司不得将其自营账户借给他人使用。

第一百三十八条 证券公司依法享有自主经营的权利，其合法经营不受干涉。

第一百三十九条 证券公司客户的交易结算资金应当存放在商业银行，以每个客户的名义单独立户管理。具体办法和实施步骤由国务院规定。

证券公司不得将客户的交易结算资金和证券归入其自有财产。禁止任何单位或者个人以任何形式挪用客户的交易结算资金和证券。证券公司破产或者清算时，客户的交易结算资金和证券不属于其破产财产或者清算财产。非因客户本身的债务或者法律规定的其他情形，不得查封、冻结、扣划或者强制执行客户的交易结算资金和证券。

第一百四十条 证券公司办理经纪业务，应当置备统一制定的证券买卖委托书，供委托人使用。采取其他委托方式的，必须作出委托记录。

客户的证券买卖委托，不论是否成交，其委托记录应当按照规定的期限，保存于证券公司。

第一百四十一条 证券公司接受证券买卖的委托，应当根据委托书载明的证券名称、买卖数量、出价方式、价格幅度等，按照交易规则代理买卖证券，如实进行交易记录；买卖成交后，应当按照规定制作买卖成交报告单交付客户。

证券交易中确认交易行为及其交易结果的对账单必须真实，并由交易经办人员以外的审核人员逐笔审核，保证账面证券余额与实际持有的证券相一致。

第一百四十二条 证券公司为客户买卖证券提供融资融券服务，应当按照国务院的规定并经国务院证券监督管理机构批准。

第一百四十三条 证券公司办理经纪业务，不得接受客户的全权委托而决定证券买卖、选择证券种类、决定买卖数量或者买卖价格。

第一百四十四条 证券公司不得以任何方式对客户证券买卖的收益或者赔偿证券买卖的损失作出承诺。

第一百四十五条 证券公司及其从业人员不得未经过其依法设立的营业场所私下接受客户委托买卖证券。

第一百四十六条 证券公司的从业人员在证券交易活动中，执行所属的证券公司的指令或者利用职务违反交易规则的，由所属的证券公司承担全部责任。

第一百四十七条 证券公司应当妥善保存客户开户资料、委托记录、交易记录和与内部管理、业务经营有关的各项资料，任何人不得隐匿、伪造、篡改或者毁损。上述资料的保存期限不得少于二十年。

第一百四十八条 证券公司应当按照规定向国务院证券监督管理机构报送业务、财务等经营管理信息和资料。国务院证券监督管理机构有权要求证券公司及其股东、实际控制人在指定的期限内提供有关信息、资料。

证券公司及其股东、实际控制人向国务院证券监督管理机构报送或者提供的信息、资料，必须真实、准确、完整。

第一百四十九条 国务院证券监督管理机构认为有必要时，可以委托会计师事务所、资产评估机构对证券公司的财务状况、内部控制状况、资产价值进行审计或者评估。具体办法由国务院证券监督管理机构会同有关主管部门制定。

第一百五十条 证券公司的净资本或者其他风险控制指标不符合规定的，国务院证券监督管理机构应当责令其限期改正；逾期未改正，或者其行为严重危及该证券公司的稳健运行、损害客户合法权益的，国务院证券监督管理机构可以区别情形，对其采取下列措施：

（一）限制业务活动，责令暂停部分业务，停止批准新业务；

（二）停止批准增设、收购营业性分支机构；

（三）限制分配红利，限制向董事、监事、高级管理人员支付报酬、提供福利；

（四）限制转让财产或者在财产上设定其他权利；

（五）责令更换董事、监事、高级管理人员或者限制其权利；

（六）责令控股股东转让股权或者限制有关股东行使股东权利；

（七）撤销有关业务许可。

证券公司整改后，应当向国务院证券监督管理机构提交报告。国务院证券监督管理机构经验收，符合有关风险控制指标的，应当自验收完毕之日起三日内解除对其采取的前款规定的有关措施。

第一百五十一条　证券公司的股东有虚假出资、抽逃出资行为的，国务院证券监督管理机构应当责令其限期改正，并可责令其转让所持证券公司的股权。

在前款规定的股东按照要求改正违法行为、转让所持证券公司的股权前，国务院证券监督管理机构可以限制其股东权利。

第一百五十二条　证券公司的董事、监事、高级管理人员未能勤勉尽责，致使证券公司存在重大违法违规行为或者重大风险的，国务院证券监督管理机构可以撤销其任职资格，并责令公司予以更换。

第一百五十三条　证券公司违法经营或者出现重大风险，严重危害证券市场秩序、损害投资者利益的，国务院证券监督管理机构可以对该证券公司采取责令停业整顿、指定其他机构托管、接管或者撤销等监管措施。

第一百五十四条　在证券公司被责令停业整顿、被依法指定托管、接管或者清算期间，或者出现重大风险时，经国务院证券监督管理机构批准，可以对该证券公司直接负责的董事、监事、高级管理人员和其他直接责任人员采取以下措施：

（一）通知出境管理机关依法阻止其出境；

（二）申请司法机关禁止其转移、转让或者以其他方式处分财产，或者在财产上设定其他权利。

第七章　证券登记结算机构

第一百五十五条　证券登记结算机构是为证券交易提供集中登记、存管与结算服务，不以营利为目的的法人。

设立证券登记结算机构必须经国务院证券监督管理机构批准。

第一百五十六条　设立证券登记结算机构，应当具备下列条件：

（一）自有资金不少于人民币二亿元；

（二）具有证券登记、存管和结算服务所必须的场所和设施；

（三）主要管理人员和从业人员必须具有证券从业资格；

（四）国务院证券监督管理机构规定的其他条件。

证券登记结算机构的名称中应当标明证券登记结算字样。

第一百五十七条　证券登记结算机构履行下列职能：

（一）证券账户、结算账户的设立；

（二）证券的存管和过户；

（三）证券持有人名册登记；

（四）证券交易所上市证券交易的清算和交收；

（五）受发行人的委托派发证券权益；

（六）办理与上述业务有关的查询；

（七）国务院证券监督管理机构批准的其他业务。

第一百五十八条　证券登记结算采取全国集中统一的运营方式。

证券登记结算机构章程、业务规则应当依法制定，并经国务院证券监督管理机构批准。

第一百五十九条　证券持有人持有的证券，在上市交易时，应当全部存管在证券登记结算机构。

证券登记结算机构不得挪用客户的证券。

第一百六十条　证券登记结算机构应当向证券发行人提供证券持有人名册及其有关资料。

证券登记结算机构应当根据证券登记结算的结果，确认证券持有人持有证券的事实，提供证券持有人登记资料。

证券登记结算机构应当保证证券持有人名册和登记过户记录真实、准确、完整,不得隐匿、伪造、篡改或者毁损。

第一百六十一条 证券登记结算机构应当采取下列措施保证业务的正常进行:

(一)具有必备的服务设备和完善的数据安全保护措施;

(二)建立完善的业务、财务和安全防范等管理制度;

(三)建立完善的风险管理系统。

第一百六十二条 证券登记结算机构应当妥善保存登记、存管和结算的原始凭证及有关文件和资料。其保存期限不得少于二十年。

第一百六十三条 证券登记结算机构应当设立证券结算风险基金,用于垫付或者弥补因违约交收、技术故障、操作失误、不可抗力造成的证券登记结算机构的损失。

证券结算风险基金从证券登记结算机构的业务收入和收益中提取,并可以由结算参与人按照证券交易业务量的一定比例缴纳。

证券结算风险基金的筹集、管理办法,由国务院证券监督管理机构会同国务院财政部门规定。

第一百六十四条 证券结算风险基金应当存入指定银行的专门账户,实行专项管理。

证券登记结算机构以证券结算风险基金赔偿后,应当向有关责任人追偿。

第一百六十五条 证券登记结算机构申请解散,应当经国务院证券监督管理机构批准。

第一百六十六条 投资者委托证券公司进行证券交易,应当申请开立证券账户。证券登记结算机构应当按照规定以投资者本人的名义为投资者开立证券账户。

投资者申请开立账户,必须持有证明中国公民身份或者中国法人资格的合法证件。国家另有规定的除外。

第一百六十七条 证券登记结算机构为证券交易提供净额结算服务时,应当要求结算参与人按照货银对付的原则,足额交付证券和资金,并提供交收担保。

在交收完成之前,任何人不得动用用于交收的证券、资金和担保物。

结算参与人未按时履行交收义务的,证券登记结算机构有权按照业务规则处理前款所述财产。

第一百六十八条 证券登记结算机构按照业务规则收取的各类结算资金和证券,必须存放于专门的清算交收账户,只能按业务规则用于已成交的证券交易的清算交收,不得被强制执行。

第八章 证券服务机构

第一百六十九条 投资咨询机构、财务顾问机构、资信评级机构、资产评估机构、会计师事务所从事证券服务业务,必须经国务院证券监督管理机构和有关主管部门批准。

投资咨询机构、财务顾问机构、资信评级机构、资产评估机构、会计师事务所从事证券服务业务的审批管理办法,由国务院证券监督管理机构和有关主管部门制定。

第一百七十条 投资咨询机构、财务顾问机构、资信评级机构从事证券服务业务的人员,必须具备证券专业知识和从事证券业务或者证券服务业务二年以上经验。认定其证券从业资格的标准和管理办法,由国务院证券监督管理机构制定。

第一百七十一条 投资咨询机构及其从业人员从事证券服务业务不得有下列行为:

(一)代理委托人从事证券投资;

(二)与委托人约定分享证券投资收益或者分担证券投资损失;

(三)买卖本咨询机构提供服务的上市公司股票;

(四)利用传播媒介或者通过其他方式提供、传播虚假或者误导投资者的信息;

(五)法律、行政法规禁止的其他行为。

有前款所列行为之一,给投资者造成损失的,依法承担赔偿责任。

第一百七十二条 从事证券服务业务的投资咨询机构和资信评级机构,应当按照国务院有关主管部门规定的标准或者收费办法收取服务费用。

第一百七十三条 证券服务机构为证券的发行、上市、交易等证券业务活动制作、出具审计报告、资产评估报告、财务顾问报告、资信评级报告或者法律意见书等文件，应当勤勉尽责，对所依据的文件资料内容的真实性、准确性、完整性进行核查和验证。其制作、出具的文件有虚假记载、误导性陈述或者重大遗漏，给他人造成损失的，应当与发行人、上市公司承担连带赔偿责任，但是能够证明自己没有过错的除外。

第九章　证券业协会

第一百七十四条　证券业协会是证券业的自律性组织，是社会团体法人。

证券公司应当加入证券业协会。

证券业协会的权力机构为全体会员组成的会员大会。

第一百七十五条　证券业协会章程由会员大会制定，并报国务院证券监督管理机构备案。

第一百七十六条　证券业协会履行下列职责：

（一）教育和组织会员遵守证券法律、行政法规；

（二）依法维护会员的合法权益，向证券监督管理机构反映会员的建议和要求；

（三）收集整理证券信息，为会员提供服务；

（四）制定会员应遵守的规则，组织会员单位的从业人员的业务培训，开展会员间的业务交流；

（五）对会员之间、会员与客户之间发生的证券业务纠纷进行调解；

（六）组织会员就证券业的发展、运作及有关内容进行研究；

（七）监督、检查会员行为，对违反法律、行政法规或者协会章程的，按照规定给予纪律处分；

（八）证券业协会章程规定的其他职责。

第一百七十七条　证券业协会设理事会。理事会成员依章程的规定由选举产生。

第十章　证券监督管理机构

第一百七十八条　国务院证券监督管理机构依法对证券市场实行监督管理，维护证券市场秩序，保障其合法运行。

第一百七十九条　国务院证券监督管理机构在对证券市场实施监督管理中履行下列职责：

（一）依法制定有关证券市场监督管理的规章、规则，并依法行使审批或者核准权；

（二）依法对证券的发行、上市、交易、登记、存管、结算，进行监督管理；

（三）依法对证券发行人、上市公司、证券公司、证券投资基金管理公司、证券服务机构、证券交易所、证券登记结算机构的证券业务活动，进行监督管理；

（四）依法制定从事证券业务人员的资格标准和行为准则，并监督实施；

（五）依法监督检查证券发行、上市和交易的信息公开情况；

（六）依法对证券业协会的活动进行指导和监督；

（七）依法对违反证券市场监督管理法律、行政法规的行为进行查处；

（八）法律、行政法规规定的其他职责。

国务院证券监督管理机构可以和其他国家或者地区的证券监督管理机构建立监督管理合作机制，实施跨境监督管理。

第一百八十条　国务院证券监督管理机构依法履行职责，有权采取下列措施：

（一）对证券发行人、上市公司、证券公司、证券投资基金管理公司、证券服务机构、证券交易所、证券登记结算机构进行现场检查；

（二）进入涉嫌违法行为发生场所调查取证；

（三）询问当事人和与被调查事件有关的单位和个人，要求其对与被调查事件有关的事项作出说明；

（四）查阅、复制与被调查事件有关的财产权登记、通讯记录等资料；

（五）查阅、复制当事人和与被调查事件有关的单位和个人的证券交易记录、登记过户记录、财务会计资料及其他相关文件和资料；对可能被转移、隐匿或者毁损的文件和资料，可以予以封存；

（六）查询当事人和与被调查事件有关的单位和个人的资金账户、证券账户和银行账户；对有证据证明已经或者可能转移或者隐匿违法资金、证券等涉案财产或者隐匿、伪造、毁损重要证据的，经国务院证券监督管理机构主要负责人批准，可以冻结或者查封；

（七）在调查操纵证券市场、内幕交易等重大证券违法行为时,经国务院证券监督管理机构主要负责人批准,可以限制被调查事件当事人的证券买卖,但限制的期限不得超过十五个交易日;案情复杂的,可以延长十五个交易日。

第一百八十一条 国务院证券监督管理机构依法履行职责,进行监督检查或者调查,其监督检查、调查的人员不得少于二人,并应当出示合法证件和监督检查、调查通知书。监督检查、调查的人员少于二人或者未出示合法证件和监督检查、调查通知书的,被检查、调查的单位有权拒绝。

第一百八十二条 国务院证券监督管理机构工作人员必须忠于职守,依法办事,公正廉洁,不得利用职务便利牟取不正当利益,不得泄露所知悉的有关单位和个人的商业秘密。

第一百八十三条 国务院证券监督管理机构依法履行职责,被检查、调查的单位和个人应当配合,如实提供有关文件和资料,不得拒绝、阻碍和隐瞒。

第一百八十四条 国务院证券监督管理机构依法制定的规章、规则和监督管理工作制度应当公开。

国务院证券监督管理机构依据调查结果,对证券违法行为作出的处罚决定,应当公开。

第一百八十五条 国务院证券监督管理机构应当与国务院其他金融监督管理机构建立监督管理信息共享机制。

国务院证券监督管理机构依法履行职责,进行监督检查或者调查时,有关部门应当予以配合。

第一百八十六条 国务院证券监督管理机构依法履行职责,发现证券违法行为涉嫌犯罪的,应当将案件移送司法机关处理。

第一百八十七条 国务院证券监督管理机构的人员不得在被监管的机构中任职。

第十一章 法律责任

第一百八十八条 未经法定机关核准,擅自公开或者变相公开发行证券的,责令停止发行,退还所募资金并加算银行同期存款利息,处以非法所募资金金额百分之一以上百分之五以下的罚款;对擅自公开或者变相公开发行证券设立的公司,由依法履行监督管理职责的机构或者部门会同县级以上地方人民政府予以取缔。对直接负责的主管人员和其他直接责任人员给予警告,并处以三万元以上三十万元以下的罚款。

第一百八十九条 发行人不符合发行条件,以欺骗手段骗取发行核准,尚未发行证券的,处以三十万元以上六十万元以下的罚款;已经发行证券的,处以非法所募资金金额百分之一以上百分之五以下的罚款。对直接负责的主管人员和其他直接责任人员处以三万元以上三十万元以下的罚款。

发行人的控股股东、实际控制人指使从事前款违法行为的,依照前款的规定处罚。

第一百九十条 证券公司承销或者代理买卖未经核准擅自公开发行的证券的,责令停止承销或者代理买卖,没收违法所得,并处以违法所得一倍以上五倍以下的罚款;没有违法所得或者违法所得不足三十万元的,处以三十万元以上六十万元以下的罚款。给投资者造成损失的,应当与发行人承担连带赔偿责任。对直接负责的主管人员和其他直接责任人员给予警告,撤销任职资格或者证券从业资格,并处以三万元以上三十万元以下的罚款。

第一百九十一条 证券公司承销证券,有下列行为之一的,责令改正,给予警告,没收违法所得,可以并处三十万元以上六十万元以下的罚款;情节严重的,暂停或者撤销相关业务许可。给其他证券承销机构或者投资者造成损失的,依法承担赔偿责任。对直接负责的主管人员和其他直接责任人员给予警告,可以并处三万元以上三十万元以下的罚款;情节严重的,撤销任职资格或者证券从业资格:

(一)进行虚假的或者误导投资者的广告或者其他宣传推介活动;

(二)以不正当竞争手段招揽承销业务;

(三)其他违反证券承销业务规定的行为。

第一百九十二条 保荐人出具有虚假记载、误导性陈述或者重大遗漏的保荐书,或者不履行其他法定职责的,责令改正,给予警告,没收业务收入,并处以业务收入一倍以上五倍以下的罚款;情节严重的,暂停或者撤销相关业务许可。对直接负责的主管人员和其他直接责任人员给予警告，并处以三万元以上三十万元以下的罚款；情节严重的，撤销任职资格或者证券从业资格。

第一百九十三条　发行人、上市公司或者其他信息披露义务人未按照规定披露信息，或者所披露的信息有虚假记载、误导性陈述或者重大遗漏的，责令改正，给予警告，并处以三十万元以上六十万元以下的罚款。对直接负责的主管人员和其他直接责任人员给予警告，并处以三万元以上三十万元以下的罚款。

发行人、上市公司或者其他信息披露义务人未按照规定报送有关报告，或者报送的报告有虚假记载、误导性陈述或者重大遗漏的，责令改正，给予警告，并处以三十万元以上六十万元以下的罚款。对直接负责的主管人员和其他直接责任人员给予警告，并处以三万元以上三十万元以下的罚款。

发行人、上市公司或者其他信息披露义务人的控股股东、实际控制人指使从事前两款违法行为的，依照前两款的规定处罚。

第一百九十四条　发行人、上市公司擅自改变公开发行证券所募集资金的用途的，责令改正，对直接负责的主管人员和其他直接责任人员给予警告，并处以三万元以上三十万元以下的罚款。

发行人、上市公司的控股股东、实际控制人指使从事前款违法行为的，给予警告，并处以三十万元以上六十万元以下的罚款。对直接负责的主管人员和其他直接责任人员依照前款的规定处罚。

第一百九十五条　上市公司的董事、监事、高级管理人员、持有上市公司股份百分之五以上的股东，违反本法第四十七条的规定买卖本公司股票的，给予警告，可以并处三万元以上十万元以下的罚款。

第一百九十六条　非法开设证券交易场所的，由县级以上人民政府予以取缔，没收违法所得，并处以违法所得一倍以上五倍以下的罚款；没有违法所得或者违法所得不足十万元的，处以十万元以上五十万元以下的罚款。对直接负责的主管人员和其他直接责任人员给予警告，并处以三万元以上三十万元以下的罚款。

第一百九十七条　未经批准，擅自设立证券公司或者非法经营证券业务的，由证券监督管理机构予以取缔，没收违法所得，并处以违法所得一倍以上五倍以下的罚款；没有违法所得或者违法所得不足三十万元的，处以三十万元以上六十万元以下的罚款。对直接负责的主管人员和其他直接责任人员给予警告，并处以三万元以上三十万元以下的罚款。

第一百九十八条　违反本法规定，聘任不具有任职资格、证券从业资格的人员的，由证券监督管理机构责令改正，给予警告，可以并处十万元以上三十万元以下的罚款；对直接负责的主管人员给予警告，可以并处三万元以上十万元以下的罚款。

第一百九十九条　法律、行政法规规定禁止参与股票交易的人员，直接或者以化名、借他人名义持有、买卖股票的，责令依法处理非法持有的股票，没收违法所得，并处以买卖股票等值以下的罚款；属于国家工作人员的，还应当依法给予行政处分。

第二百条　证券交易所、证券公司、证券登记结算机构、证券服务机构的从业人员或者证券业协会的工作人员，故意提供虚假资料，隐匿、伪造、篡改或者毁损交易记录，诱骗投资者买卖证券的，撤销证券从业资格，并处以三万元以上十万元以下的罚款；属于国家工作人员的，还应当依法给予行政处分。

第二百零一条　为股票的发行、上市、交易出具审计报告、资产评估报告或者法律意见书等文件的证券服务机构和人员，违反本法第四十五条的规定买卖股票的，责令依法处理非法持有的股票，没收违法所得，并处以买卖股票等值以下的罚款。

第二百零二条　证券交易内幕信息的知情人或者非法获取内幕信息的人，在涉及证券的发行、交易或者其他对证券的价格有重大影响的信息公开前，买卖该证券，或者泄露该信息，或者建议他人买卖该证券的，责令依法处理非法持有的证券，没收违法所得，并处以违法所得一倍以上五倍以下的罚款；没有违法所得或者违法所得不足三万元的，处以三万元以上六十万元以下的罚款。单位从事内幕交易的，还应当对直接负责的主管人员和其他直接责任人员给予警告，并处以三万元以上三十万元以下的罚款。证券监督管理机构工作人员进行内幕交易的，从重处罚。

第二百零三条 违反本法规定，操纵证券市场的，责令依法处理非法持有的证券，没收违法所得，并处以违法所得一倍以上五倍以下的罚款；没有违法所得或者违法所得不足三十万元的，处以三十万元以上三百万元以下的罚款。单位操纵证券市场的，还应当对直接负责的主管人员和其他直接责任人员给予警告，并处以十万元以上六十万元以下的罚款。

第二百零四条 违反法律规定，在限制转让期限内买卖证券的，责令改正，给予警告，并处以买卖证券等值以下的罚款。对直接负责的主管人员和其他直接责任人员给予警告，并处以三万元以上三十万元以下的罚款。

第二百零五条 证券公司违反本法规定，为客户买卖证券提供融资融券的，没收违法所得，暂停或者撤销相关业务许可，并处以非法融资融券等值以下的罚款。对直接负责的主管人员和其他直接责任人员给予警告，撤销任职资格或者证券从业资格，并处以三万元以上三十万元以下的罚款。

第二百零六条 违反本法第七十八条第一款、第三款的规定，扰乱证券市场的，由证券监督管理机构责令改正，没收违法所得，并处以违法所得一倍以上五倍以下的罚款；没有违法所得或者违法所得不足三万元的，处以三万元以上二十万元以下的罚款。

第二百零七条 违反本法第七十八条第二款的规定，在证券交易活动中作出虚假陈述或者信息误导的，责令改正，处以三万元以上二十万元以下的罚款；属于国家工作人员的，还应当依法给予行政处分。

第二百零八条 违反本法规定，法人以他人名义设立账户或者利用他人账户买卖证券的，责令改正，没收违法所得，并处以违法所得一倍以上五倍以下的罚款；没有违法所得或者违法所得不足三万元的，处以三万元以上三十万元以下的罚款。对直接负责的主管人员和其他直接责任人员给予警告，并处以三万元以上十万元以下的罚款。

证券公司为前款规定的违法行为提供自己或者他人的证券交易账户的，除依照前款的规定处罚外，还应当撤销直接负责的主管人员和其他直接责任人员的任职资格或者证券从业资格。

第二百零九条 证券公司违反本法规定，假借他人名义或者以个人名义从事证券自营业务的，责令改正，没收违法所得，并处以违法所得一倍以上五倍以下的罚款；没有违法所得或者违法所得不足三十万元的，处以三十万元以上六十万元以下的罚款；情节严重的，暂停或者撤销证券自营业务许可。对直接负责的主管人员和其他直接责任人员给予警告，撤销任职资格或者证券从业资格，并处以三万元以上十万元以下的罚款。

第二百一十条 证券公司违背客户的委托买卖证券、办理交易事项，或者违背客户真实意思表示，办理交易以外的其他事项的，责令改正，处以一万元以上十万元以下的罚款。给客户造成损失的，依法承担赔偿责任。

第二百一十一条 证券公司、证券登记结算机构挪用客户的资金或者证券，或者未经客户的委托，擅自为客户买卖证券的，责令改正，没收违法所得，并处以违法所得一倍以上五倍以下的罚款；没有违法所得或者违法所得不足十万元的，处以十万元以上六十万元以下的罚款；情节严重的，责令关闭或者撤销相关业务许可。对直接负责的主管人员和其他直接责任人员给予警告，撤销任职资格或者证券从业资格，并处以三万元以上三十万元以下的罚款。

第二百一十二条 证券公司办理经纪业务，接受客户的全权委托买卖证券的，或者证券公司对客户买卖证券的收益或者赔偿证券买卖的损失作出承诺的，责令改正，没收违法所得，并处以五万元以上二十万元以下的罚款，可以暂停或者撤销相关业务许可。对直接负责的主管人员和其他直接责任人员给予警告，并处以三万元以上十万元以下的罚款，可以撤销任职资格或者证券从业资格。

第二百一十三条 收购人未按照本法规定履行上市公司收购的公告、发出收购要约、报送上市公司收购报告书等义务或者擅自变更收购要约的，责令改正，给予警告，并处以十万元以上三十万元以下的罚款；在改正前，收购人对其收购或者通过协议、其他安排与他人共同收购的股份不得行使表决权。对直接负责的主管人员和其他直接责任人员给予警告，并处以三万元以上三十万元以下的罚款。

第二百一十四条 收购人或者收购人的控股股东，利用上市公司收购，损害被收购公司及其股东的合法权益的，责令改正，给予警告；情节严重的，并处以十万元以上六十万元以下的罚款。给被收购公司及其股东造成损失的，依法承担赔偿责任。对直接负责的主管人员和其他直接责任人员给予警告，并处以三万元以上三十万元以下的罚款。

第二百一十五条 证券公司及其从业人员违反本法规定，私下接受客户委托买卖证券的，责令改正，给予警告，没收违法所得，并处以违法所得一倍以上五倍以下的罚款；没有违法所得或者违法所得不足十万元的，处以十万元以上三十万元以下的罚款。

第二百一十六条 证券公司违反规定，未经批准经营非上市证券的交易的，责令改正，没收违法所得，并处以违法所得一倍以上五倍以下的罚款。

第二百一十七条 证券公司成立后，无正当理由超过三个月未开始营业的，或者开业后自行停业连续三个月以上的，由公司登记机关吊销其公司营业执照。

第二百一十八条 证券公司违反本法第一百二十九条的规定，擅自设立、收购、撤销分支机构，或者合并、分立、停业、解散、破产，或者在境外设立、收购、参股证券经营机构的，责令改正，没收违法所得，并处以违法所得一倍以上五倍以下的罚款；没有违法所得或者违法所得不足十万元的，处以十万元以上六十万元以下的罚款。对直接负责的主管人员给予警告，并处以三万元以上十万元以下的罚款。

证券公司违反本法第一百二十九条的规定，擅自变更有关事项的，责令改正，并处以十万元以上三十万元以下的罚款。对直接负责的主管人员给予警告，并处以五万元以下的罚款。

第二百一十九条 证券公司违反本法规定，超出业务许可范围经营证券业务的，责令改正，没收违法所得，并处以违法所得一倍以上五倍以下的罚款；没有违法所得或者违法所得不足三十万元的，处以三十万元以上六十万元以下罚款；情节严重的，责令关闭。对直接负责的主管人员和其他直接责任人员给予警告，撤销任职资格或者证券从业资格，并处以三万元以上十万元以下的罚款。

第二百二十条 证券公司对其证券经纪业务、证券承销业务、证券自营业务、证券资产管理业务，不依法分开办理，混合操作的，责令改正，没收违法所得，并处以三十万元以上六十万元以下的罚款；情节严重的，撤销相关业务许可。对直接负责的主管人员和其他直接责任人员给予警告，并处以三万元以上十万元以下的罚款；情节严重的，撤销任职资格或者证券从业资格。

第二百二十一条 提交虚假证明文件或者采取其他欺诈手段隐瞒重要事实骗取证券业务许可的，或者证券公司在证券交易中有严重违法行为，不再具备经营资格的，由证券监督管理机构撤销证券业务许可。

第二百二十二条 证券公司或者其股东、实际控制人违反规定，拒不向证券监督管理机构报送或者提供经营管理信息和资料，或者报送、提供的经营管理信息和资料有虚假记载、误导性陈述或者重大遗漏的，责令改正，给予警告，并处以三万元以上三十万元以下的罚款，可以暂停或者撤销证券公司相关业务许可。对直接负责的主管人员和其他直接责任人员，给予警告，并处以三万元以下的罚款，可以撤销任职资格或者证券从业资格。

证券公司为其股东或者股东的关联人提供融资或者担保的，责令改正，给予警告，并处以十万元以上三十万元以下的罚款。对直接负责的主管人员和其他直接责任人员，处以三万元以上十万元以下的罚款。股东有过错的，在按照要求改正前，国务院证券监督管理机构可以限制其股东权利；拒不改正的，可以责令其转让所持证券公司股权。

第二百二十三条 证券服务机构未勤勉尽责，所制作、出具的文件有虚假记载、误导性陈述或者重大遗漏的，责令改正，没收业务收入，暂停或者撤销证券服务业务许可，并处以业务收入一倍以上五倍以下的罚款。对直接负责的主管人员和其他直接责任人员给予警告,撤销证券从业资格,并处以三万元以上十万元以下的罚款。

第二百二十四条 违反本法规定,发行、承销公司债券的,由国务院授权的部门依照本法有关规定予以处罚。

第二百二十五条 上市公司、证券公司、证券交易所、证券登记结算机构、证券服务机构,未按照有关规定保存有关文件和资料的,责令改正,给予警告,并处以三万元以上三十万元以下的罚款;隐匿、伪造、篡改或者毁损有关文件和资料的,给予警告,并处以三十万元以上六十万元以下的罚款。

第二百二十六条 未经国务院证券监督管理机构批准,擅自设立证券登记结算机构的,由证券监督管理机构予以取缔,没收违法所得,并处以违法所得一倍以上五倍以下的罚款。

投资咨询机构、财务顾问机构、资信评级机构、资产评估机构、会计师事务所未经批准,擅自从事证券服务业务的,责令改正,没收违法所得,并处以违法所得一倍以上五倍以下的罚款。

证券登记结算机构、证券服务机构违反本法规定或者依法制定的业务规则的,由证券监督管理机构责令改正,没收违法所得,并处以违法所得一倍以上五倍以下的罚款;没有违法所得或者违法所得不足十万元的,处以十万元以上三十万元以下的罚款;情节严重的,责令关闭或者撤销证券服务业务许可。

第二百二十七条 国务院证券监督管理机构或者国务院授权的部门有下列情形之一的,对直接负责的主管人员和其他直接责任人员,依法给予行政处分:

(一)对不符合本法规定的发行证券、设立证券公司等申请予以核准、批准的;

(二)违反规定采取本法第一百八十条规定的现场检查、调查取证、查询、冻结或者查封等措施的;

(三)违反规定对有关机构和人员实施行政处罚的;

(四)其他不依法履行职责的行为。

第二百二十八条 证券监督管理机构的工作人员和发行审核委员会的组成人员,不履行本法规定的职责,滥用职权、玩忽职守,利用职务便利牟取不正当利益,或者泄露所知悉的有关单位和个人的商业秘密的,依法追究法律责任。

第二百二十九条 证券交易所对不符合本法规定条件的证券上市申请予以审核同意的,给予警告,没收业务收入,并处以业务收入一倍以上五倍以下的罚款。对直接负责的主管人员和其他直接责任人员给予警告,并处以三万元以上三十万元以下的罚款。

第二百三十条 拒绝、阻碍证券监督管理机构及其工作人员依法行使监督检查、调查职权未使用暴力、威胁方法的,依法给予治安管理处罚。

第二百三十一条 违反本法规定,构成犯罪的,依法追究刑事责任。

第二百三十二条 违反本法规定,应当承担民事赔偿责任和缴纳罚款、罚金,其财产不足以同时支付时,先承担民事赔偿责任。

第二百三十三条 违反法律、行政法规或者国务院证券监督管理机构的有关规定,情节严重的,国务院证券监督管理机构可以对有关责任人员采取证券市场禁入的措施。

前款所称证券市场禁入,是指在一定期限内直至终身不得从事证券业务或者不得担任上市公司董事、监事、高级管理人员的制度。

第二百三十四条 依照本法收缴的罚款和没收的违法所得,全部上缴国库。

第二百三十五条 当事人对证券监督管理机构或者国务院授权的部门的处罚决定不服的,可以依法申请行政复议,或者依法直接向人民法院提起诉讼。

第十二章 附 则

第二百三十六条 本法施行前依照行政法规已批准在证券交易所上市交易的证券继续依法进行交易。

本法施行前依照行政法规和国务院金融行政管理部门的规定经批准设立的证券经营机构,不完全符合本法规定的,应当在规定的限期内达到本法规定的要求。具体实施办法,由国务院另行规定。

第二百三十七条 发行人申请核准公开发

行股票、公司债券，应当按照规定缴纳审核费用。

第二百三十八条　境内企业直接或者间接到境外发行证券或者将其证券在境外上市交易，必须经国务院证券监督管理机构依照国务院的规定批准。

第二百三十九条　境内公司股票以外币认购和交易的，具体办法由国务院另行规定。

第二百四十条　本法自2006年1月1日起施行。

全国人民代表大会常务委员会关于修改《中华人民共和国文物保护法》等十二部法律的决定（节录）

（2013年6月29日第十二届全国人民代表大会常务委员会第三次会议通过　2013年6月29日中华人民共和国主席令第5号公布　自公布之日起施行）

第十二届全国人民代表大会常务委员会第三次会议决定：

……

九、对《中华人民共和国证券法》作出修改

将第一百二十九条第一款修改为："证券公司设立、收购或者撤销分支机构，变更业务范围，增加注册资本且股权结构发生重大调整，减少注册资本，变更持有百分之五以上股权的股东、实际控制人，变更公司章程中的重要条款，合并、分立、停业、解散、破产，必须经国务院证券监督管理机构批准。"

……

本决定自公布之日起施行。

《中华人民共和国文物保护法》、《中华人民共和国草原法》、《中华人民共和国海关法》、《中华人民共和国进出口商品检验法》、《中华人民共和国税收征收管理法》、《中华人民共和国固体废物污染环境防治法》、《中华人民共和国煤炭法》、《中华人民共和国动物防疫法》、《中华人民共和国证券法》、《中华人民共和国种子法》、《中华人民共和国民办教育促进法》、《中华人民共和国传染病防治法》根据本决定作相应修改，重新公布。

全国人民代表大会常务委员会关于修改《中华人民共和国保险法》等五部法律的决定（节录）

（2014年8月31日第十二届全国人民代表大会常务委员会第十次会议通过　2014年8月31日中华人民共和国主席令第14号公布　自公布之日起施行）

第十二届全国人民代表大会常务委员会第十次会议决定：

……

二、对《中华人民共和国证券法》作出修改

（一）将第八十九条第一款中的"事先向国务院证券监督管理机构报送"修改为"公告"，第一款第八项中的"报送"修改为"公告"。

删去第二款。

（二）删去第九十条第一款。

（三）将第九十一条修改为："在收购要约确定的承诺期限内，收购人不得撤销其收购要约。收购人需要变更收购要约的，必须及时公告，载明具体变更事项。"

（四）将第一百零八条、第一百三十一条第二款中的"有《中华人民共和国公司法》第一百四十七条规定的情形"修改为"有《中华人民共和国公司法》第一百四十六条规定的情形"。

（五）删去第二百一十三条中的"报送上市公司收购报告书"和"或者擅自变更收购要约"。

……

本决定自公布之日起施行。

《中华人民共和国保险法》、《中华人民共和国证券法》、《中华人民共和国注册会计师法》、《中华人民共和国政府采购法》、《中华人民共和国气象法》根据本决定作相应修改，重新公布。

中华人民共和国证券法

（1998年12月29日第九届全国人民代表大会常务委员会第六次会议通过 根据2004年8月28日第十届全国人民代表大会常务委员会第十一次会议《关于修改〈中华人民共和国证券法〉的决定》第一次修正 2005年10月27日第十届全国人民代表大会常务委员会第十八次会议第一次修订 根据2013年6月29日第十二届全国人民代表大会常务委员会第三次会议《关于修改〈中华人民共和国文物保护法〉等十二部法律的决定》第二次修正 根据2014年8月31日第十二届全国人民代表大会常务委员会第十次会议《关于修改〈中华人民共和国保险法〉等五部法律的决定》第三次修正 2019年12月28日第十三届全国人民代表大会常务委员会第十五次会议第二次修订）

目 录

第一章 总 则

第一条 为了规范证券发行和交易行为，保护投资者的合法权益，维护社会经济秩序和社会公共利益，促进社会主义市场经济的发展，制定本法。

第二条 在中华人民共和国境内，股票、公司债券、存托凭证和国务院依法认定的其他证券的发行和交易，适用本法；本法未规定的，适用《中华人民共和国公司法》和其他法律、行政法规的规定。

政府债券、证券投资基金份额的上市交易，适用本法；其他法律、行政法规另有规定的，适用其规定。

资产支持证券、资产管理产品发行、交易的管理办法，由国务院依照本法的原则规定。

在中华人民共和国境外的证券发行和交易活动，扰乱中华人民共和国境内市场秩序，损害境内投资者合法权益的，依照本法有关规定处理并追究法律责任。

第三条 证券的发行、交易活动，必须遵循公开、公平、公正的原则。

第四条 证券发行、交易活动的当事人具有平等的法律地位，应当遵守自愿、有偿、诚实信用的原则。

第五条 证券的发行、交易活动，必须遵守法律、行政法规；禁止欺诈、内幕交易和操纵证券市场的行为。

第六条 证券业和银行业、信托业、保险业实行分业经营、分业管理，证券公司与银行、信托、保险业务机构分别设立。国家另有规定的除外。

第七条 国务院证券监督管理机构依法对全国证券市场实行集中统一监督管理。

国务院证券监督管理机构根据需要可以设立派出机构，按照授权履行监督管理职责。

第八条 国家审计机关依法对证券交易场所、证券公司、证券登记结算机构、证券监督管理机构进行审计监督。

第二章 证券发行

第九条 公开发行证券，必须符合法律、行政法规规定的条件，并依法报经国务院证券监督管理机构或者国务院授权的部门注册。未经依法注册，任何单位和个人不得公开发行证券。证券发行注册制的具体范围、实施步骤，由国务院规定。

有下列情形之一的，为公开发行：

（一）向不特定对象发行证券；

（二）向特定对象发行证券累计超过二百人，但依法实施员工持股计划的员工人数不计算在内；

（三）法律、行政法规规定的其他发行行为。

非公开发行证券，不得采用广告、公开劝诱和变相公开方式。

第十条　发行人申请公开发行股票、可转换为股票的公司债券，依法采取承销方式的，或者公开发行法律、行政法规规定实行保荐制度的其他证券的，应当聘请证券公司担任保荐人。

保荐人应当遵守业务规则和行业规范，诚实守信，勤勉尽责，对发行人的申请文件和信息披露资料进行审慎核查，督导发行人规范运作。

保荐人的管理办法由国务院证券监督管理机构规定。

第十一条　设立股份有限公司公开发行股票，应当符合《中华人民共和国公司法》规定的条件和经国务院批准的国务院证券监督管理机构规定的其他条件，向国务院证券监督管理机构报送募股申请和下列文件：

（一）公司章程；

（二）发起人协议；

（三）发起人姓名或者名称，发起人认购的股份数、出资种类及验资证明；

（四）招股说明书；

（五）代收股款银行的名称及地址；

（六）承销机构名称及有关的协议。

依照本法规定聘请保荐人的，还应当报送保荐人出具的发行保荐书。

法律、行政法规规定设立公司必须报经批准的，还应当提交相应的批准文件。

第十二条　公司首次公开发行新股，应当符合下列条件：

（一）具备健全且运行良好的组织机构；

（二）具有持续经营能力；

（三）最近三年财务会计报告被出具无保留意见审计报告；

（四）发行人及其控股股东、实际控制人最近三年不存在贪污、贿赂、侵占财产、挪用财产或者破坏社会主义市场经济秩序的刑事犯罪；

（五）经国务院批准的国务院证券监督管理机构规定的其他条件。

上市公司发行新股，应当符合经国务院批准的国务院证券监督管理机构规定的条件，具体管理办法由国务院证券监督管理机构规定。

公开发行存托凭证的，应当符合首次公开发行新股的条件以及国务院证券监督管理机构规定的其他条件。

第十三条　公司公开发行新股，应当报送募股申请和下列文件：

（一）公司营业执照；

（二）公司章程；

（三）股东大会决议；

（四）招股说明书或者其他公开发行募集文件；

（五）财务会计报告；

（六）代收股款银行的名称及地址。

依照本法规定聘请保荐人的，还应当报送保荐人出具的发行保荐书。依照本法规定实行承销的，还应当报送承销机构名称及有关的协议。

第十四条　公司对公开发行股票所募集资金，必须按照招股说明书或者其他公开发行募集文件所列资金用途使用；改变资金用途，必须经股东大会作出决议。擅自改变用途，未作纠正的，或者未经股东大会认可的，不得公开发行新股。

第十五条　公开发行公司债券，应当符合下列条件：

（一）具备健全且运行良好的组织机构；

（二）最近三年平均可分配利润足以支付公司债券一年的利息；

（三）国务院规定的其他条件。

公开发行公司债券筹集的资金，必须按照公司债券募集办法所列资金用途使用；改变资金用途，必须经债券持有人会议作出决议。公开发行公司债券筹集的资金，不得用于弥补亏损和非生产性支出。

上市公司发行可转换为股票的公司债券，除应当符合第一款规定的条件外，还应当遵守本法第十二条第二款的规定。但是，按照公司债券募集办法，上市公司通过收购本公司股份的方式进行公司债券转换的除外。

第十六条 申请公开发行公司债券，应当向国务院授权的部门或者国务院证券监督管理机构报送下列文件：

（一）公司营业执照；

（二）公司章程；

（三）公司债券募集办法；

（四）国务院授权的部门或者国务院证券监督管理机构规定的其他文件。

依照本法规定聘请保荐人的，还应当报送保荐人出具的发行保荐书。

第十七条 有下列情形之一的，不得再次公开发行公司债券：

（一）对已公开发行的公司债券或者其他债务有违约或者延迟支付本息的事实，仍处于继续状态；

（二）违反本法规定，改变公开发行公司债券所募资金的用途。

第十八条 发行人依法申请公开发行证券所报送的申请文件的格式、报送方式，由依法负责注册的机构或者部门规定。

第十九条 发行人报送的证券发行申请文件，应当充分披露投资者作出价值判断和投资决策所必需的信息，内容应当真实、准确、完整。

为证券发行出具有关文件的证券服务机构和人员，必须严格履行法定职责，保证所出具文件的真实性、准确性和完整性。

第二十条 发行人申请首次公开发行股票的，在提交申请文件后，应当按照国务院证券监督管理机构的规定预先披露有关申请文件。

第二十一条 国务院证券监督管理机构或者国务院授权的部门依照法定条件负责证券发行申请的注册。证券公开发行注册的具体办法由国务院规定。

按照国务院的规定，证券交易所等可以审核公开发行证券申请，判断发行人是否符合发行条件、信息披露要求，督促发行人完善信息披露内容。

依照前两款规定参与证券发行申请注册的人员，不得与发行申请人有利害关系，不得直接或者间接接受发行申请人的馈赠，不得持有所注册的发行申请的证券，不得私下与发行申请人进行接触。

第二十二条 国务院证券监督管理机构或者国务院授权的部门应当自受理证券发行申请文件之日起三个月内，依照法定条件和法定程序作出予以注册或者不予注册的决定，发行人根据要求补充、修改发行申请文件的时间不计算在内。不予注册的，应当说明理由。

第二十三条 证券发行申请经注册后，发行人应当依照法律、行政法规的规定，在证券公开发行前公告公开发行募集文件，并将该文件置备于指定场所供公众查阅。

发行证券的信息依法公开前，任何知情人不得公开或者泄露该信息。

发行人不得在公告公开发行募集文件前发行证券。

第二十四条 国务院证券监督管理机构或者国务院授权的部门对已作出的证券发行注册的决定，发现不符合法定条件或者法定程序，尚未发行证券的，应当予以撤销，停止发行。已经发行尚未上市的，撤销发行注册决定，发行人应当按照发行价并加算银行同期存款利息返还证券持有人；发行人的控股股东、实际控制人以及保荐人，应当与发行人承担连带责任，但是能够证明自己没有过错的除外。

股票的发行人在招股说明书等证券发行文件中隐瞒重要事实或者编造重大虚假内容，已经发行并上市的，国务院证券监督管理机构可以责令发行人回购证券，或者责令负有责任的控股股东、实际控制人买回证券。

第二十五条 股票依法发行后，发行人经营与收益的变化，由发行人自行负责；由此变化引致的投资风险，由投资者自行负责。

第二十六条 发行人向不特定对象发行的证券，法律、行政法规规定应当由证券公司承销的，发行人应当同证券公司签订承销协议。证券承销业务采取代销或者包销方式。

证券代销是指证券公司代发行人发售证券，在承销期结束时，将未售出的证券全部退还给发行人的承销方式。

证券包销是指证券公司将发行人的证券按照协议全部购入或者在承销期结束时将售后剩余证券全部自行购入的承销方式。

第二十七条 公开发行证券的发行人有权

依法自主选择承销的证券公司。

第二十八条　证券公司承销证券，应当同发行人签订代销或者包销协议，载明下列事项：

（一）当事人的名称、住所及法定代表人姓名；

（二）代销、包销证券的种类、数量、金额及发行价格；

（三）代销、包销的期限及起止日期；

（四）代销、包销的付款方式及日期；

（五）代销、包销的费用和结算办法；

（六）违约责任；

（七）国务院证券监督管理机构规定的其他事项。

第二十九条　证券公司承销证券，应当对公开发行募集文件的真实性、准确性、完整性进行核查。发现有虚假记载、误导性陈述或者重大遗漏的，不得进行销售活动；已经销售的，必须立即停止销售活动，并采取纠正措施。

证券公司承销证券，不得有下列行为：

（一）进行虚假的或者误导投资者的广告宣传或者其他宣传推介活动；

（二）以不正当竞争手段招揽承销业务；

（三）其他违反证券承销业务规定的行为。

证券公司有前款所列行为，给其他证券承销机构或者投资者造成损失的，应当依法承担赔偿责任。

第三十条　向不特定对象发行证券聘请承销团承销的，承销团应当由主承销和参与承销的证券公司组成。

第三十一条　证券的代销、包销期限最长不得超过九十日。

证券公司在代销、包销期内，对所代销、包销的证券应当保证先行出售给认购人，证券公司不得为本公司预留所代销的证券和预先购入并留存所包销的证券。

第三十二条　股票发行采取溢价发行的，其发行价格由发行人与承销的证券公司协商确定。

第三十三条　股票发行采用代销方式，代销期限届满，向投资者出售的股票数量未达到拟公开发行股票数量百分之七十的，为发行失败。发行人应当按照发行价并加算银行同期存款利息返还股票认购人。

第三十四条　公开发行股票，代销、包销期限届满，发行人应当在规定的期限内将股票发行情况报国务院证券监督管理机构备案。

第三章　证券交易

第一节　一般规定

第三十五条　证券交易当事人依法买卖的证券，必须是依法发行并交付的证券。

非依法发行的证券，不得买卖。

第三十六条　依法发行的证券，《中华人民共和国公司法》和其他法律对其转让期限有限制性规定的，在限定的期限内不得转让。

上市公司持有百分之五以上股份的股东、实际控制人、董事、监事、高级管理人员，以及其他持有发行人首次公开发行前发行的股份或者上市公司向特定对象发行的股份的股东，转让其持有的本公司股份的，不得违反法律、行政法规和国务院证券监督管理机构关于持有期限、卖出时间、卖出数量、卖出方式、信息披露等规定，并应当遵守证券交易所的业务规则。

第三十七条　公开发行的证券，应当在依法设立的证券交易所上市交易或者在国务院批准的其他全国性证券交易场所交易。

非公开发行的证券，可以在证券交易所、国务院批准的其他全国性证券交易场所、按照国务院规定设立的区域性股权市场转让。

第三十八条　证券在证券交易所上市交易，应当采用公开的集中交易方式或者国务院证券监督管理机构批准的其他方式。

第三十九条　证券交易当事人买卖的证券可以采用纸面形式或者国务院证券监督管理机构规定的其他形式。

第四十条　证券交易场所、证券公司和证券登记结算机构的从业人员，证券监督管理机构的工作人员以及法律、行政法规规定禁止参与股票交易的其他人员，在任期或者法定限期内，不得直接或者以化名、借他人名义持有、买卖股票或者其他具有股权性质的证券，也不得收受他人赠送的股票或者其他具有股权性质的证券。

任何人在成为前款所列人员时，其原已持有的股票或者其他具有股权性质的证券，必须依法转让。

实施股权激励计划或者员工持股计划的证券公司的从业人员，可以按照国务院证券监督管理机构的规定持有、卖出本公司股票或者其他具有股权性质的证券。

第四十一条 证券交易场所、证券公司、证券登记结算机构、证券服务机构及其工作人员应当依法为投资者的信息保密，不得非法买卖、提供或者公开投资者的信息。

证券交易场所、证券公司、证券登记结算机构、证券服务机构及其工作人员不得泄露所知悉的商业秘密。

第四十二条 为证券发行出具审计报告或者法律意见书等文件的证券服务机构和人员，在该证券承销期内和期满后六个月内，不得买卖该证券。

除前款规定外，为发行人及其控股股东、实际控制人，或者收购人、重大资产交易方出具审计报告或者法律意见书等文件的证券服务机构和人员，自接受委托之日起至上述文件公开后五日内，不得买卖该证券。实际开展上述有关工作之日早于接受委托之日的，自实际开展上述有关工作之日起至上述文件公开后五日内，不得买卖该证券。

第四十三条 证券交易的收费必须合理，并公开收费项目、收费标准和管理办法。

第四十四条 上市公司、股票在国务院批准的其他全国性证券交易场所交易的公司持有百分之五以上股份的股东、董事、监事、高级管理人员，将其持有的该公司的股票或者其他具有股权性质的证券在买入后六个月内卖出，或者在卖出后六个月内又买入，由此所得收益归该公司所有，公司董事会应当收回其所得收益。但是，证券公司因购入包销售后剩余股票而持有百分之五以上股份，以及有国务院证券监督管理机构规定的其他情形的除外。

前款所称董事、监事、高级管理人员、自然人股东持有的股票或者其他具有股权性质的证券，包括其配偶、父母、子女持有的及利用他人账户持有的股票或者其他具有股权性质的证券。

公司董事会不按照第一款规定执行的，股东有权要求董事会在三十日内执行。公司董事会未在上述期限内执行的，股东有权为了公司的利益以自己的名义直接向人民法院提起诉讼。

公司董事会不按照第一款的规定执行的，负有责任的董事依法承担连带责任。

第四十五条 通过计算机程序自动生成或者下达交易指令进行程序化交易的，应当符合国务院证券监督管理机构的规定，并向证券交易所报告，不得影响证券交易所系统安全或者正常交易秩序。

第二节 证券上市

第四十六条 申请证券上市交易，应当向证券交易所提出申请，由证券交易所依法审核同意，并由双方签订上市协议。

证券交易所根据国务院授权的部门的决定安排政府债券上市交易。

第四十七条 申请证券上市交易，应当符合证券交易所上市规则规定的上市条件。

证券交易所上市规则规定的上市条件，应当对发行人的经营年限、财务状况、最低公开发行比例和公司治理、诚信记录等提出要求。

第四十八条 上市交易的证券，有证券交易所规定的终止上市情形的，由证券交易所按照业务规则终止其上市交易。

证券交易所决定终止证券上市交易的，应当及时公告，并报国务院证券监督管理机构备案。

第四十九条 对证券交易所作出的不予上市交易、终止上市交易决定不服的，可以向证券交易所设立的复核机构申请复核。

第三节 禁止的交易行为

第五十条 禁止证券交易内幕信息的知情人和非法获取内幕信息的人利用内幕信息从事证券交易活动。

第五十一条 证券交易内幕信息的知情人包括：

（一）发行人及其董事、监事、高级管理人员；

（二）持有公司百分之五以上股份的股东及其董事、监事、高级管理人员，公司的实际控制人及其董事、监事、高级管理人员；

（三）发行人控股或者实际控制的公司及其董事、监事、高级管理人员；

（四）由于所任公司职务或者因与公司业务往来可以获取公司有关内幕信息的人员；

（五）上市公司收购人或者重大资产交易方及其控股股东、实际控制人、董事、监事和高级管理人员；

（六）因职务、工作可以获取内幕信息的证券交易场所、证券公司、证券登记结算机构、证券服务机构的有关人员；

（七）因职责、工作可以获取内幕信息的证券监督管理机构工作人员；

（八）因法定职责对证券的发行、交易或者对上市公司及其收购、重大资产交易进行管理可以获取内幕信息的有关主管部门、监管机构的工作人员；

（九）国务院证券监督管理机构规定的可以获取内幕信息的其他人员。

第五十二条　证券交易活动中，涉及发行人的经营、财务或者对该发行人证券的市场价格有重大影响的尚未公开的信息，为内幕信息。

本法第八十条第二款、第八十一条第二款所列重大事件属于内幕信息。

第五十三条　证券交易内幕信息的知情人和非法获取内幕信息的人，在内幕信息公开前，不得买卖该公司的证券，或者泄露该信息，或者建议他人买卖该证券。

持有或者通过协议、其他安排与他人共同持有公司百分之五以上股份的自然人、法人、非法人组织收购上市公司的股份，本法另有规定的，适用其规定。

内幕交易行为给投资者造成损失的，应当依法承担赔偿责任。

第五十四条　禁止证券交易场所、证券公司、证券登记结算机构、证券服务机构和其他金融机构的从业人员、有关监管部门或者行业协会的工作人员，利用因职务便利获取的内幕信息以外的其他未公开的信息，违反规定，从事与该信息相关的证券交易活动，或者明示、暗示他人从事相关交易活动。

利用未公开信息进行交易给投资者造成损失的，应当依法承担赔偿责任。

第五十五条　禁止任何人以下列手段操纵证券市场，影响或者意图影响证券交易价格或者证券交易量：

（一）单独或者通过合谋，集中资金优势、持股优势或者利用信息优势联合或者连续买卖；

（二）与他人串通，以事先约定的时间、价格和方式相互进行证券交易；

（三）在自己实际控制的账户之间进行证券交易；

（四）不以成交为目的，频繁或者大量申报并撤销申报；

（五）利用虚假或者不确定的重大信息，诱导投资者进行证券交易；

（六）对证券、发行人公开作出评价、预测或者投资建议，并进行反向证券交易；

（七）利用在其他相关市场的活动操纵证券市场；

（八）操纵证券市场的其他手段。

操纵证券市场行为给投资者造成损失的，应当依法承担赔偿责任。

第五十六条　禁止任何单位和个人编造、传播虚假信息或者误导性信息，扰乱证券市场。

禁止证券交易场所、证券公司、证券登记结算机构、证券服务机构及其从业人员，证券业协会、证券监督管理机构及其工作人员，在证券交易活动中作出虚假陈述或者信息误导。

各种传播媒介传播证券市场信息必须真实、客观，禁止误导。传播媒介及其从事证券市场信息报道的工作人员不得从事与其工作职责发生利益冲突的证券买卖。

编造、传播虚假信息或者误导性信息，扰乱证券市场，给投资者造成损失的，应当依法承担赔偿责任。

第五十七条　禁止证券公司及其从业人员从事下列损害客户利益的行为：

（一）违背客户的委托为其买卖证券；

（二）不在规定时间内向客户提供交易的确认文件；

（三）未经客户的委托，擅自为客户买卖证券，或者假借客户的名义买卖证券；

（四）为牟取佣金收入，诱使客户进行不必要的证券买卖；

（五）其他违背客户真实意思表示，损害客户利益的行为。

违反前款规定给客户造成损失的,应当依法承担赔偿责任。

第五十八条 任何单位和个人不得违反规定,出借自己的证券账户或者借用他人的证券账户从事证券交易。

第五十九条 依法拓宽资金入市渠道,禁止资金违规流入股市。

禁止投资者违规利用财政资金、银行信贷资金买卖证券。

第六十条 国有独资企业、国有独资公司、国有资本控股公司买卖上市交易的股票,必须遵守国家有关规定。

第六十一条 证券交易场所、证券公司、证券登记结算机构、证券服务机构及其从业人员对证券交易中发现的禁止的交易行为,应当及时向证券监督管理机构报告。

第四章 上市公司的收购

第六十二条 投资者可以采取要约收购、协议收购及其他合法方式收购上市公司。

第六十三条 通过证券交易所的证券交易,投资者持有或者通过协议、其他安排与他人共同持有一个上市公司已发行的有表决权股份达到百分之五时,应当在该事实发生之日起三日内,向国务院证券监督管理机构、证券交易所作出书面报告,通知该上市公司,并予公告,在上述期限内不得再行买卖该上市公司的股票,但国务院证券监督管理机构规定的情形除外。

投资者持有或者通过协议、其他安排与他人共同持有一个上市公司已发行的有表决权股份达到百分之五后,其所持该上市公司已发行的有表决权股份比例每增加或者减少百分之五,应当依照前款规定进行报告和公告,在该事实发生之日起至公告后三日内,不得再行买卖该上市公司的股票,但国务院证券监督管理机构规定的情形除外。

投资者持有或者通过协议、其他安排与他人共同持有一个上市公司已发行的有表决权股份达到百分之五后,其所持该上市公司已发行的有表决权股份比例每增加或者减少百分之一,应当在该事实发生的次日通知该上市公司,并予公告。

违反第一款、第二款规定买入上市公司有表决权的股份的,在买入后的三十六个月内,对该超过规定比例部分的股份不得行使表决权。

第六十四条 依照前条规定所作的公告,应当包括下列内容:

(一)持股人的名称、住所;

(二)持有的股票的名称、数额;

(三)持股达到法定比例或者持股增减变化达到法定比例的日期、增持股份的资金来源;

(四)在上市公司中拥有有表决权的股份变动的时间及方式。

第六十五条 通过证券交易所的证券交易,投资者持有或者通过协议、其他安排与他人共同持有一个上市公司已发行的有表决权股份达到百分之三十时,继续进行收购的,应当依法向该上市公司所有股东发出收购上市公司全部或者部分股份的要约。

收购上市公司部分股份的要约应当约定,被收购公司股东承诺出售的股份数额超过预定收购的股份数额的,收购人按比例进行收购。

第六十六条 依照前条规定发出收购要约,收购人必须公告上市公司收购报告书,并载明下列事项:

(一)收购人的名称、住所;

(二)收购人关于收购的决定;

(三)被收购的上市公司名称;

(四)收购目的;

(五)收购股份的详细名称和预定收购的股份数额;

(六)收购期限、收购价格;

(七)收购所需资金额及资金保证;

(八)公告上市公司收购报告书时持有被收购公司股份数占该公司已发行的股份总数的比例。

第六十七条 收购要约约定的收购期限不得少于三十日,并不得超过六十日。

第六十八条 在收购要约确定的承诺期限内,收购人不得撤销其收购要约。收购人需要变更收购要约的,应当及时公告,载明具体变更事项,且不得存在下列情形:

(一)降低收购价格;

(二)减少预定收购股份数额;

（三）缩短收购期限；

（四）国务院证券监督管理机构规定的其他情形。

第六十九条　收购要约提出的各项收购条件，适用于被收购公司的所有股东。

上市公司发行不同种类股份的，收购人可以针对不同种类股份提出不同的收购条件。

第七十条　采取要约收购方式的，收购人在收购期限内，不得卖出被收购公司的股票，也不得采取要约规定以外的形式和超出要约的条件买入被收购公司的股票。

第七十一条　采取协议收购方式的，收购人可以依照法律、行政法规的规定同被收购公司的股东以协议方式进行股份转让。

以协议方式收购上市公司时，达成协议后，收购人必须在三日内将该收购协议向国务院证券监督管理机构及证券交易所作出书面报告，并予公告。

在公告前不得履行收购协议。

第七十二条　采取协议收购方式的，协议双方可以临时委托证券登记结算机构保管协议转让的股票，并将资金存放于指定的银行。

第七十三条　采取协议收购方式的，收购人收购或者通过协议、其他安排与他人共同收购一个上市公司已发行的有表决权股份达到百分之三十时，继续进行收购的，应当依法向该上市公司所有股东发出收购上市公司全部或者部分股份的要约。但是，按照国务院证券监督管理机构的规定免除发出要约的除外。

收购人依照前款规定以要约方式收购上市公司股份，应当遵守本法第六十五条第二款、第六十六条至第七十条的规定。

第七十四条　收购期限届满，被收购公司股权分布不符合证券交易所规定的上市交易要求的，该上市公司的股票应当由证券交易所依法终止上市交易；其余仍持有被收购公司股票的股东，有权向收购人以收购要约的同等条件出售其股票，收购人应当收购。

收购行为完成后，被收购公司不再具备股份有限公司条件的，应当依法变更企业形式。

第七十五条　在上市公司收购中，收购人持有的被收购的上市公司的股票，在收购行为完成后的十八个月内不得转让。

第七十六条　收购行为完成后，收购人与被收购公司合并，并将该公司解散的，被解散公司的原有股票由收购人依法更换。

收购行为完成后，收购人应当在十五日内将收购情况报告国务院证券监督管理机构和证券交易所，并予公告。

第七十七条　国务院证券监督管理机构依照本法制定上市公司收购的具体办法。

上市公司分立或者被其他公司合并，应当向国务院证券监督管理机构报告，并予公告。

第五章　信 息 披 露

第七十八条　发行人及法律、行政法规和国务院证券监督管理机构规定的其他信息披露义务人，应当及时依法履行信息披露义务。

信息披露义务人披露的信息，应当真实、准确、完整，简明清晰，通俗易懂，不得有虚假记载、误导性陈述或者重大遗漏。

证券同时在境内境外公开发行、交易的，其信息披露义务人在境外披露的信息，应当在境内同时披露。

第七十九条　上市公司、公司债券上市交易的公司、股票在国务院批准的其他全国性证券交易场所交易的公司，应当按照国务院证券监督管理机构和证券交易场所规定的内容和格式编制定期报告，并按照以下规定报送和公告：

（一）在每一会计年度结束之日起四个月内，报送并公告年度报告，其中的年度财务会计报告应当经符合本法规定的会计师事务所审计；

（二）在每一会计年度的上半年结束之日起二个月内，报送并公告中期报告。

第八十条　发生可能对上市公司、股票在国务院批准的其他全国性证券交易场所交易的公司的股票交易价格产生较大影响的重大事件，投资者尚未得知时，公司应当立即将有关该重大事件的情况向国务院证券监督管理机构和证券交易场所报送临时报告，并予公告，说明事件的起因、目前的状态和可能产生的法律后果。

前款所称重大事件包括：

（一）公司的经营方针和经营范围的重大变化；

（二）公司的重大投资行为，公司在一年内购买、出售重大资产超过公司资产总额百分之三十，或者公司营业用主要资产的抵押、质押、出售或者报废一次超过该资产的百分之三十；

（三）公司订立重要合同、提供重大担保或者从事关联交易，可能对公司的资产、负债、权益和经营成果产生重要影响；

（四）公司发生重大债务和未能清偿到期重大债务的违约情况；

（五）公司发生重大亏损或者重大损失；

（六）公司生产经营的外部条件发生的重大变化；

（七）公司的董事、三分之一以上监事或者经理发生变动，董事长或者经理无法履行职责；

（八）持有公司百分之五以上股份的股东或者实际控制人持有股份或者控制公司的情况发生较大变化，公司的实际控制人及其控制的其他企业从事与公司相同或者相似业务的情况发生较大变化；

（九）公司分配股利、增资的计划，公司股权结构的重要变化，公司减资、合并、分立、解散及申请破产的决定，或者依法进入破产程序、被责令关闭；

（十）涉及公司的重大诉讼、仲裁，股东大会、董事会决议被依法撤销或者宣告无效；

（十一）公司涉嫌犯罪被依法立案调查，公司的控股股东、实际控制人、董事、监事、高级管理人员涉嫌犯罪被依法采取强制措施；

（十二）国务院证券监督管理机构规定的其他事项。

公司的控股股东或者实际控制人对重大事件的发生、进展产生较大影响的，应当及时将其知悉的有关情况书面告知公司，并配合公司履行信息披露义务。

第八十一条 发生可能对上市交易公司债券的交易价格产生较大影响的重大事件，投资者尚未得知时，公司应当立即将有关该重大事件的情况向国务院证券监督管理机构和证券交易场所报送临时报告，并予公告，说明事件的起因、目前的状态和可能产生的法律后果。

前款所称重大事件包括：

（一）公司股权结构或者生产经营状况发生重大变化；

（二）公司债券信用评级发生变化；

（三）公司重大资产抵押、质押、出售、转让、报废；

（四）公司发生未能清偿到期债务的情况；

（五）公司新增借款或者对外提供担保超过上年末净资产的百分之二十；

（六）公司放弃债权或者财产超过上年末净资产的百分之十；

（七）公司发生超过上年末净资产百分之十的重大损失；

（八）公司分配股利，作出减资、合并、分立、解散及申请破产的决定，或者依法进入破产程序、被责令关闭；

（九）涉及公司的重大诉讼、仲裁；

（十）公司涉嫌犯罪被依法立案调查，公司的控股股东、实际控制人、董事、监事、高级管理人员涉嫌犯罪被依法采取强制措施；

（十一）国务院证券监督管理机构规定的其他事项。

第八十二条 发行人的董事、高级管理人员应当对证券发行文件和定期报告签署书面确认意见。

发行人的监事会应当对董事会编制的证券发行文件和定期报告进行审核并提出书面审核意见。监事应当签署书面确认意见。

发行人的董事、监事和高级管理人员应当保证发行人及时、公平地披露信息，所披露的信息真实、准确、完整。

董事、监事和高级管理人员无法保证证券发行文件和定期报告内容的真实性、准确性、完整性或者有异议的，应当在书面确认意见中发表意见并陈述理由，发行人应当披露。发行人不予披露的，董事、监事和高级管理人员可以直接申请披露。

第八十三条 信息披露义务人披露的信息应当同时向所有投资者披露，不得提前向任何单位和个人泄露。但是，法律、行政法规另有规定的除外。

任何单位和个人不得非法要求信息披露义务人提供依法需要披露但尚未披露的信息。任何单位和个人提前获知的前述信息，在依法披露前应当保密。

第八十四条　除依法需要披露的信息之外，信息披露义务人可以自愿披露与投资者作出价值判断和投资决策有关的信息，但不得与依法披露的信息相冲突，不得误导投资者。

发行人及其控股股东、实际控制人、董事、监事、高级管理人员等作出公开承诺的，应当披露。不履行承诺给投资者造成损失的，应当依法承担赔偿责任。

第八十五条　信息披露义务人未按照规定披露信息，或者公告的证券发行文件、定期报告、临时报告及其他信息披露资料存在虚假记载、误导性陈述或者重大遗漏，致使投资者在证券交易中遭受损失的，信息披露义务人应当承担赔偿责任；发行人的控股股东、实际控制人、董事、监事、高级管理人员和其他直接责任人员以及保荐人、承销的证券公司及其直接责任人员，应当与发行人承担连带赔偿责任，但是能够证明自己没有过错的除外。

第八十六条　依法披露的信息，应当在证券交易场所的网站和符合国务院证券监督管理机构规定条件的媒体发布，同时将其置备于公司住所、证券交易场所，供社会公众查阅。

第八十七条　国务院证券监督管理机构对信息披露义务人的信息披露行为进行监督管理。

证券交易场所应当对其组织交易的证券的信息披露义务人的信息披露行为进行监督，督促其依法及时、准确地披露信息。

第六章　投资者保护

第八十八条　证券公司向投资者销售证券、提供服务时，应当按照规定充分了解投资者的基本情况、财产状况、金融资产状况、投资知识和经验、专业能力等相关信息；如实说明证券、服务的重要内容，充分揭示投资风险；销售、提供与投资者上述状况相匹配的证券、服务。

投资者在购买证券或者接受服务时，应当按照证券公司明示的要求提供前款所列真实信息。拒绝提供或者未按照要求提供信息的，证券公司应当告知其后果，并按照规定拒绝向其销售证券、提供服务。

证券公司违反第一款规定导致投资者损失的，应当承担相应的赔偿责任。

第八十九条　根据财产状况、金融资产状况、投资知识和经验、专业能力等因素，投资者可以分为普通投资者和专业投资者。专业投资者的标准由国务院证券监督管理机构规定。

普通投资者与证券公司发生纠纷的，证券公司应当证明其行为符合法律、行政法规以及国务院证券监督管理机构的规定，不存在误导、欺诈等情形。证券公司不能证明的，应当承担相应的赔偿责任。

第九十条　上市公司董事会、独立董事、持有百分之一以上有表决权股份的股东或者依照法律、行政法规或者国务院证券监督管理机构的规定设立的投资者保护机构（以下简称投资者保护机构），可以作为征集人，自行或者委托证券公司、证券服务机构，公开请求上市公司股东委托其代为出席股东大会，并代为行使提案权、表决权等股东权利。

依照前款规定征集股东权利的，征集人应当披露征集文件，上市公司应当予以配合。

禁止以有偿或者变相有偿的方式公开征集股东权利。

公开征集股东权利违反法律、行政法规或者国务院证券监督管理机构有关规定，导致上市公司或者其股东遭受损失的，应当依法承担赔偿责任。

第九十一条　上市公司应当在章程中明确分配现金股利的具体安排和决策程序，依法保障股东的资产收益权。

上市公司当年税后利润，在弥补亏损及提取法定公积金后有盈余的，应当按照公司章程的规定分配现金股利。

第九十二条　公开发行公司债券的，应当设立债券持有人会议，并应当在募集说明书中说明债券持有人会议的召集程序、会议规则和其他重要事项。

公开发行公司债券的，发行人应当为债券持有人聘请债券受托管理人，并订立债券受托管理协议。受托管理人应当由本次发行的承销机构或者其他经国务院证券监督管理机构认可的机构担任，债券持有人会议可以决议变更债券受托管理人。债券受托管理人应当勤勉尽责，公正履行受托管理职责,不得损害债券持有人利益。

债券发行人未能按期兑付债券本息的,债券受托管理人可以接受全部或者部分债券持有人的委托,以自己名义代表债券持有人提起、参加民事诉讼或者清算程序。

第九十三条 发行人因欺诈发行、虚假陈述或者其他重大违法行为给投资者造成损失的,发行人的控股股东、实际控制人、相关的证券公司可以委托投资者保护机构,就赔偿事宜与受到损失的投资者达成协议,予以先行赔付。先行赔付后,可以依法向发行人以及其他连带责任人追偿。

第九十四条 投资者与发行人、证券公司等发生纠纷的,双方可以向投资者保护机构申请调解。普通投资者与证券公司发生证券业务纠纷,普通投资者提出调解请求的,证券公司不得拒绝。

投资者保护机构对损害投资者利益的行为,可以依法支持投资者向人民法院提起诉讼。

发行人的董事、监事、高级管理人员执行公司职务时违反法律、行政法规或者公司章程的规定给公司造成损失,发行人的控股股东、实际控制人等侵犯公司合法权益给公司造成损失,投资者保护机构持有该公司股份的,可以为公司的利益以自己的名义向人民法院提起诉讼,持股比例和持股期限不受《中华人民共和国公司法》规定的限制。

第九十五条 投资者提起虚假陈述等证券民事赔偿诉讼时,诉讼标的是同一种类,且当事人一方人数众多的,可以依法推选代表人进行诉讼。

对按照前款规定提起的诉讼,可能存在有相同诉讼请求的其他众多投资者的,人民法院可以发出公告,说明该诉讼请求的案件情况,通知投资者在一定期间向人民法院登记。人民法院作出的判决、裁定,对参加登记的投资者发生效力。

投资者保护机构受五十名以上投资者委托,可以作为代表人参加诉讼,并为经证券登记结算机构确认的权利人依照前款规定向人民法院登记,但投资者明确表示不愿意参加该诉讼的除外。

第七章 证券交易场所

第九十六条 证券交易所、国务院批准的其他全国性证券交易场所为证券集中交易提供场所和设施,组织和监督证券交易,实行自律管理,依法登记,取得法人资格。

证券交易所、国务院批准的其他全国性证券交易场所的设立、变更和解散由国务院决定。

国务院批准的其他全国性证券交易场所的组织机构、管理办法等,由国务院规定。

第九十七条 证券交易所、国务院批准的其他全国性证券交易场所可以根据证券品种、行业特点、公司规模等因素设立不同的市场层次。

第九十八条 按照国务院规定设立的区域性股权市场为非公开发行证券的发行、转让提供场所和设施,具体管理办法由国务院规定。

第九十九条 证券交易所履行自律管理职能,应当遵守社会公共利益优先原则,维护市场的公平、有序、透明。

设立证券交易所必须制定章程。证券交易所章程的制定和修改,必须经国务院证券监督管理机构批准。

第一百条 证券交易所必须在其名称中标明证券交易所字样。其他任何单位或者个人不得使用证券交易所或者近似的名称。

第一百零一条 证券交易所可以自行支配的各项费用收入,应当首先用于保证其证券交易场所和设施的正常运行并逐步改善。

实行会员制的证券交易所的财产积累归会员所有,其权益由会员共同享有,在其存续期间,不得将其财产积累分配给会员。

第一百零二条 实行会员制的证券交易所设理事会、监事会。

证券交易所设总经理一人,由国务院证券监督管理机构任免。

第一百零三条 有《中华人民共和国公司法》第一百四十六条规定的情形或者下列情形之一的,不得担任证券交易所的负责人:

(一)因违法行为或者违纪行为被解除职务的证券交易场所、证券登记结算机构的负责人或者证券公司的董事、监事、高级管理人员,自被解除职务之日起未逾五年;

（二）因违法行为或者违纪行为被吊销执业证书或者被取消资格的律师、注册会计师或者其他证券服务机构的专业人员，自被吊销执业证书或者被取消资格之日起未逾五年。

第一百零四条 因违法行为或者违纪行为被开除的证券交易场所、证券公司、证券登记结算机构、证券服务机构的从业人员和被开除的国家机关工作人员，不得招聘为证券交易所的从业人员。

第一百零五条 进入实行会员制的证券交易所参与集中交易的，必须是证券交易所的会员。证券交易所不得允许非会员直接参与股票的集中交易。

第一百零六条 投资者应当与证券公司签订证券交易委托协议，并在证券公司实名开立账户，以书面、电话、自助终端、网络等方式，委托该证券公司代其买卖证券。

第一百零七条 证券公司为投资者开立账户，应当按照规定对投资者提供的身份信息进行核对。

证券公司不得将投资者的账户提供给他人使用。

投资者应当使用实名开立的账户进行交易。

第一百零八条 证券公司根据投资者的委托，按照证券交易规则提出交易申报，参与证券交易所场内的集中交易，并根据成交结果承担相应的清算交收责任。证券登记结算机构根据成交结果，按照清算交收规则，与证券公司进行证券和资金的清算交收，并为证券公司客户办理证券的登记过户手续。

第一百零九条 证券交易所应当为组织公平的集中交易提供保障，实时公布证券交易即时行情，并按交易日制作证券市场行情表，予以公布。

证券交易即时行情的权益由证券交易所依法享有。未经证券交易所许可，任何单位和个人不得发布证券交易即时行情。

第一百一十条 上市公司可以向证券交易所申请其上市交易股票的停牌或者复牌，但不得滥用停牌或者复牌损害投资者的合法权益。

证券交易所可以按照业务规则的规定，决定上市交易股票的停牌或者复牌。

第一百一十一条 因不可抗力、意外事件、重大技术故障、重大人为差错等突发性事件而影响证券交易正常进行时，为维护证券交易正常秩序和市场公平，证券交易所可以按照业务规则采取技术性停牌、临时停市等处置措施，并应当及时向国务院证券监督管理机构报告。

因前款规定的突发性事件导致证券交易结果出现重大异常，按交易结果进行交收将对证券交易正常秩序和市场公平造成重大影响的，证券交易所按照业务规则可以采取取消交易、通知证券登记结算机构暂缓交收等措施，并应当及时向国务院证券监督管理机构报告并公告。

证券交易所对其依照本条规定采取措施造成的损失，不承担民事赔偿责任，但存在重大过错的除外。

第一百一十二条 证券交易所对证券交易实行实时监控，并按照国务院证券监督管理机构的要求，对异常的交易情况提出报告。

证券交易所根据需要，可以按照业务规则对出现重大异常交易情况的证券账户的投资者限制交易，并及时报告国务院证券监督管理机构。

第一百一十三条 证券交易所应当加强对证券交易的风险监测，出现重大异常波动的，证券交易所可以按照业务规则采取限制交易、强制停牌等处置措施，并向国务院证券监督管理机构报告；严重影响证券市场稳定的，证券交易所可以按照业务规则采取临时停市等处置措施并公告。

证券交易所对其依照本条规定采取措施造成的损失，不承担民事赔偿责任，但存在重大过错的除外。

第一百一十四条 证券交易所应当从其收取的交易费用和会员费、席位费中提取一定比例的金额设立风险基金。风险基金由证券交易所理事会管理。

风险基金提取的具体比例和使用办法，由国务院证券监督管理机构会同国务院财政部门规定。

证券交易所应当将收存的风险基金存入开户银行专门账户，不得擅自使用。

第一百一十五条 证券交易所依照法律、行政法规和国务院证券监督管理机构的规定，制定上市规则、交易规则、会员管理规则和其他有关业务规则,并报国务院证券监督管理机构批准。

在证券交易所从事证券交易,应当遵守证券交易所依法制定的业务规则。违反业务规则的,由证券交易所给予纪律处分或者采取其他自律管理措施。

第一百一十六条 证券交易所的负责人和其他从业人员执行与证券交易有关的职务时,与其本人或者其亲属有利害关系的,应当回避。

第一百一十七条 按照依法制定的交易规则进行的交易,不得改变其交易结果,但本法第一百一十一条第二款规定的除外。对交易中违规交易者应负的民事责任不得免除;在违规交易中所获利益,依照有关规定处理。

第八章 证券公司

第一百一十八条 设立证券公司,应当具备下列条件,并经国务院证券监督管理机构批准:

(一)有符合法律、行政法规规定的公司章程;

(二)主要股东及公司的实际控制人具有良好的财务状况和诚信记录,最近三年无重大违法违规记录;

(三)有符合本法规定的公司注册资本;

(四)董事、监事、高级管理人员、从业人员符合本法规定的条件;

(五)有完善的风险管理与内部控制制度;

(六)有合格的经营场所、业务设施和信息技术系统;

(七)法律、行政法规和经国务院批准的国务院证券监督管理机构规定的其他条件。

未经国务院证券监督管理机构批准,任何单位和个人不得以证券公司名义开展证券业务活动。

第一百一十九条 国务院证券监督管理机构应当自受理证券公司设立申请之日起六个月内,依照法定条件和法定程序并根据审慎监管原则进行审查,作出批准或者不予批准的决定,并通知申请人;不予批准的,应当说明理由。

证券公司设立申请获得批准的,申请人应当在规定的期限内向公司登记机关申请设立登记,领取营业执照。

证券公司应当自领取营业执照之日起十五日内,向国务院证券监督管理机构申请经营证券业务许可证。未取得经营证券业务许可证,证券公司不得经营证券业务。

第一百二十条 经国务院证券监督管理机构核准,取得经营证券业务许可证,证券公司可以经营下列部分或者全部证券业务:

(一)证券经纪;

(二)证券投资咨询;

(三)与证券交易、证券投资活动有关的财务顾问;

(四)证券承销与保荐;

(五)证券融资融券;

(六)证券做市交易;

(七)证券自营;

(八)其他证券业务。

国务院证券监督管理机构应当自受理前款规定事项申请之日起三个月内,依照法定条件和程序进行审查,作出核准或者不予核准的决定,并通知申请人;不予核准的,应当说明理由。

证券公司经营证券资产管理业务的,应当符合《中华人民共和国证券投资基金法》等法律、行政法规的规定。

除证券公司外,任何单位和个人不得从事证券承销、证券保荐、证券经纪和证券融资融券业务。

证券公司从事证券融资融券业务,应当采取措施,严格防范和控制风险,不得违反规定向客户出借资金或者证券。

第一百二十一条 证券公司经营本法第一百二十条第一款第(一)项至第(三)项业务的,注册资本最低限额为人民币五千万元;经营第(四)项至第(八)项业务之一的,注册资本最低限额为人民币一亿元;经营第(四)项至第(八)项业务中两项以上的,注册资本最低限额为人民币五亿元。证券公司的注册资本应当是实缴资本。

国务院证券监督管理机构根据审慎监管原则和各项业务的风险程度,可以调整注册资本最低限额,但不得少于前款规定的限额。

第一百二十二条 证券公司变更证券业务范围,变更主要股东或者公司的实际控制人,合并、分立、停业、解散、破产，应当经国务院证券监督管理机构核准。

第一百二十三条　国务院证券监督管理机构应当对证券公司净资本和其他风险控制指标作出规定。

证券公司除依照规定为其客户提供融资融券外，不得为其股东或者股东的关联人提供融资或者担保。

第一百二十四条　证券公司的董事、监事、高级管理人员，应当正直诚实、品行良好，熟悉证券法律、行政法规，具有履行职责所需的经营管理能力。证券公司任免董事、监事、高级管理人员，应当报国务院证券监督管理机构备案。

有《中华人民共和国公司法》第一百四十六条规定的情形或者下列情形之一的，不得担任证券公司的董事、监事、高级管理人员：

（一）因违法行为或者违纪行为被解除职务的证券交易场所、证券登记结算机构的负责人或者证券公司的董事、监事、高级管理人员，自被解除职务之日起未逾五年；

（二）因违法行为或者违纪行为被吊销执业证书或者被取消资格的律师、注册会计师或者其他证券服务机构的专业人员，自被吊销执业证书或者被取消资格之日起未逾五年。

第一百二十五条　证券公司从事证券业务的人员应当品行良好，具备从事证券业务所需的专业能力。

因违法行为或者违纪行为被开除的证券交易场所、证券公司、证券登记结算机构、证券服务机构的从业人员和被开除的国家机关工作人员，不得招聘为证券公司的从业人员。

国家机关工作人员和法律、行政法规规定的禁止在公司中兼职的其他人员，不得在证券公司中兼任职务。

第一百二十六条　国家设立证券投资者保护基金。证券投资者保护基金由证券公司缴纳的资金及其他依法筹集的资金组成，其规模以及筹集、管理和使用的具体办法由国务院规定。

第一百二十七条　证券公司从每年的业务收入中提取交易风险准备金，用于弥补证券经营的损失，其提取的具体比例由国务院证券监督管理机构会同国务院财政部门规定。

第一百二十八条　证券公司应当建立健全内部控制制度，采取有效隔离措施，防范公司与客户之间、不同客户之间的利益冲突。

证券公司必须将其证券经纪业务、证券承销业务、证券自营业务、证券做市业务和证券资产管理业务分开办理，不得混合操作。

第一百二十九条　证券公司的自营业务必须以自己的名义进行，不得假借他人名义或者以个人名义进行。

证券公司的自营业务必须使用自有资金和依法筹集的资金。

证券公司不得将其自营账户借给他人使用。

第一百三十条　证券公司应当依法审慎经营，勤勉尽责，诚实守信。

证券公司的业务活动，应当与其治理结构、内部控制、合规管理、风险管理以及风险控制指标、从业人员构成等情况相适应，符合审慎监管和保护投资者合法权益的要求。

证券公司依法享有自主经营的权利，其合法经营不受干涉。

第一百三十一条　证券公司客户的交易结算资金应当存放在商业银行，以每个客户的名义单独立户管理。

证券公司不得将客户的交易结算资金和证券归入其自有财产。禁止任何单位或者个人以任何形式挪用客户的交易结算资金和证券。证券公司破产或者清算时，客户的交易结算资金和证券不属于其破产财产或者清算财产。非因客户本身的债务或者法律规定的其他情形，不得查封、冻结、扣划或者强制执行客户的交易结算资金和证券。

第一百三十二条　证券公司办理经纪业务，应当置备统一制定的证券买卖委托书，供委托人使用。采取其他委托方式的，必须作出委托记录。

客户的证券买卖委托，不论是否成交，其委托记录应当按照规定的期限，保存于证券公司。

第一百三十三条　证券公司接受证券买卖的委托，应当根据委托书载明的证券名称、买卖数量、出价方式、价格幅度等，按照交易规则代理买卖证券，如实进行交易记录；买卖成交后，应当按照规定制作买卖成交报告单交付客户。

证券交易中确认交易行为及其交易结果的

对账单必须真实，保证账面证券余额与实际持有的证券相一致。

第一百三十四条 证券公司办理经纪业务，不得接受客户的全权委托而决定证券买卖、选择证券种类、决定买卖数量或者买卖价格。

证券公司不得允许他人以证券公司的名义直接参与证券的集中交易。

第一百三十五条 证券公司不得对客户证券买卖的收益或者赔偿证券买卖的损失作出承诺。

第一百三十六条 证券公司的从业人员在证券交易活动中，执行所属的证券公司的指令或者利用职务违反交易规则的，由所属的证券公司承担全部责任。

证券公司的从业人员不得私下接受客户委托买卖证券。

第一百三十七条 证券公司应当建立客户信息查询制度，确保客户能够查询其账户信息、委托记录、交易记录以及其他与接受服务或者购买产品有关的重要信息。

证券公司应当妥善保存客户开户资料、委托记录、交易记录和与内部管理、业务经营有关的各项信息，任何人不得隐匿、伪造、篡改或者毁损。上述信息的保存期限不得少于二十年。

第一百三十八条 证券公司应当按照规定向国务院证券监督管理机构报送业务、财务等经营管理信息和资料。国务院证券监督管理机构有权要求证券公司及其主要股东、实际控制人在指定的期限内提供有关信息、资料。

证券公司及其主要股东、实际控制人向国务院证券监督管理机构报送或者提供的信息、资料，必须真实、准确、完整。

第一百三十九条 国务院证券监督管理机构认为有必要时，可以委托会计师事务所、资产评估机构对证券公司的财务状况、内部控制状况、资产价值进行审计或者评估。具体办法由国务院证券监督管理机构会同有关主管部门制定。

第一百四十条 证券公司的治理结构、合规管理、风险控制指标不符合规定的，国务院证券监督管理机构应当责令其限期改正；逾期未改正，或者其行为严重危及该证券公司的稳健运行、损害客户合法权益的，国务院证券监督管理机构可以区别情形，对其采取下列措施：

（一）限制业务活动，责令暂停部分业务，停止核准新业务；

（二）限制分配红利，限制向董事、监事、高级管理人员支付报酬、提供福利；

（三）限制转让财产或者在财产上设定其他权利；

（四）责令更换董事、监事、高级管理人员或者限制其权利；

（五）撤销有关业务许可；

（六）认定负有责任的董事、监事、高级管理人员为不适当人选；

（七）责令负有责任的股东转让股权，限制负有责任的股东行使股东权利。

证券公司整改后，应当向国务院证券监督管理机构提交报告。国务院证券监督管理机构经验收，治理结构、合规管理、风险控制指标符合规定的，应当自验收完毕之日起三日内解除对其采取的前款规定的有关限制措施。

第一百四十一条 证券公司的股东有虚假出资、抽逃出资行为的，国务院证券监督管理机构应当责令其限期改正，并可责令其转让所持证券公司的股权。

在前款规定的股东按照要求改正违法行为、转让所持证券公司的股权前，国务院证券监督管理机构可以限制其股东权利。

第一百四十二条 证券公司的董事、监事、高级管理人员未能勤勉尽责，致使证券公司存在重大违法违规行为或者重大风险的，国务院证券监督管理机构可以责令证券公司予以更换。

第一百四十三条 证券公司违法经营或者出现重大风险，严重危害证券市场秩序、损害投资者利益的，国务院证券监督管理机构可以对该证券公司采取责令停业整顿、指定其他机构托管、接管或者撤销等监管措施。

第一百四十四条 在证券公司被责令停业整顿、被依法指定托管、接管或者清算期间，或者出现重大风险时，经国务院证券监督管理机构批准，可以对该证券公司直接负责的董事、监事、高级管理人员和其他直接责任人员采取以下措施：

（一）通知出境入境管理机关依法阻止其出境；

（二）申请司法机关禁止其转移、转让或者以其他方式处分财产，或者在财产上设定其他权利。

第九章　证券登记结算机构

第一百四十五条　证券登记结算机构为证券交易提供集中登记、存管与结算服务，不以营利为目的，依法登记，取得法人资格。

设立证券登记结算机构必须经国务院证券监督管理机构批准。

第一百四十六条　设立证券登记结算机构，应当具备下列条件：

（一）自有资金不少于人民币二亿元；

（二）具有证券登记、存管和结算服务所必须的场所和设施；

（三）国务院证券监督管理机构规定的其他条件。

证券登记结算机构的名称中应当标明证券登记结算字样。

第一百四十七条　证券登记结算机构履行下列职能：

（一）证券账户、结算账户的设立；

（二）证券的存管和过户；

（三）证券持有人名册登记；

（四）证券交易的清算和交收；

（五）受发行人的委托派发证券权益；

（六）办理与上述业务有关的查询、信息服务；

（七）国务院证券监督管理机构批准的其他业务。

第一百四十八条　在证券交易所和国务院批准的其他全国性证券交易场所交易的证券的登记结算，应当采取全国集中统一的运营方式。

前款规定以外的证券，其登记、结算可以委托证券登记结算机构或者其他依法从事证券登记、结算业务的机构办理。

第一百四十九条　证券登记结算机构应当依法制定章程和业务规则，并经国务院证券监督管理机构批准。证券登记结算业务参与人应当遵守证券登记结算机构制定的业务规则。

第一百五十条　在证券交易所或者国务院批准的其他全国性证券交易场所交易的证券，应当全部存管在证券登记结算机构。

证券登记结算机构不得挪用客户的证券。

第一百五十一条　证券登记结算机构应当向证券发行人提供证券持有人名册及有关资料。

证券登记结算机构应当根据证券登记结算的结果，确认证券持有人持有证券的事实，提供证券持有人登记资料。

证券登记结算机构应当保证证券持有人名册和登记过户记录真实、准确、完整，不得隐匿、伪造、篡改或者毁损。

第一百五十二条　证券登记结算机构应当采取下列措施保证业务的正常进行：

（一）具有必备的服务设备和完善的数据安全保护措施；

（二）建立完善的业务、财务和安全防范等管理制度；

（三）建立完善的风险管理系统。

第一百五十三条　证券登记结算机构应当妥善保存登记、存管和结算的原始凭证及有关文件和资料。其保存期限不得少于二十年。

第一百五十四条　证券登记结算机构应当设立证券结算风险基金，用于垫付或者弥补因违约交收、技术故障、操作失误、不可抗力造成的证券登记结算机构的损失。

证券结算风险基金从证券登记结算机构的业务收入和收益中提取，并可以由结算参与人按照证券交易业务量的一定比例缴纳。

证券结算风险基金的筹集、管理办法，由国务院证券监督管理机构会同国务院财政部门规定。

第一百五十五条　证券结算风险基金应当存入指定银行的专门账户，实行专项管理。

证券登记结算机构以证券结算风险基金赔偿后，应当向有关责任人追偿。

第一百五十六条　证券登记结算机构申请解散，应当经国务院证券监督管理机构批准。

第一百五十七条　投资者委托证券公司进行证券交易，应当通过证券公司申请在证券登记结算机构开立证券账户。证券登记结算机构应当按照规定为投资者开立证券账户。

投资者申请开立账户，应当持有证明中华人民共和国公民、法人、合伙企业身份的合法证件。

国家另有规定的除外。

第一百五十八条 证券登记结算机构作为中央对手方提供证券结算服务的，是结算参与人共同的清算交收对手，进行净额结算，为证券交易提供集中履约保障。

证券登记结算机构为证券交易提供净额结算服务时，应当要求结算参与人按照货银对付的原则，足额交付证券和资金，并提供交收担保。

在交收完成之前，任何人不得动用用于交收的证券、资金和担保物。

结算参与人未按时履行交收义务的，证券登记结算机构有权按照业务规则处理前款所述财产。

第一百五十九条 证券登记结算机构按照业务规则收取的各类结算资金和证券，必须存放于专门的清算交收账户，只能按业务规则用于已成交的证券交易的清算交收，不得被强制执行。

第十章 证券服务机构

第一百六十条 会计师事务所、律师事务所以及从事证券投资咨询、资产评估、资信评级、财务顾问、信息技术系统服务的证券服务机构，应当勤勉尽责、恪尽职守，按照相关业务规则为证券的交易及相关活动提供服务。

从事证券投资咨询服务业务，应当经国务院证券监督管理机构核准；未经核准，不得为证券的交易及相关活动提供服务。从事其他证券服务业务，应当报国务院证券监督管理机构和国务院有关主管部门备案。

第一百六十一条 证券投资咨询机构及其从业人员从事证券服务业务不得有下列行为：

（一）代理委托人从事证券投资；

（二）与委托人约定分享证券投资收益或者分担证券投资损失；

（三）买卖本证券投资咨询机构提供服务的证券；

（四）法律、行政法规禁止的其他行为。

有前款所列行为之一，给投资者造成损失的，应当依法承担赔偿责任。

第一百六十二条 证券服务机构应当妥善保存客户委托文件、核查和验证资料、工作底稿以及与质量控制、内部管理、业务经营有关的信息和资料，任何人不得泄露、隐匿、伪造、篡改或者毁损。上述信息和资料的保存期限不得少于十年，自业务委托结束之日起算。

第一百六十三条 证券服务机构为证券的发行、上市、交易等证券业务活动制作、出具审计报告及其他鉴证报告、资产评估报告、财务顾问报告、资信评级报告或者法律意见书等文件，应当勤勉尽责，对所依据的文件资料内容的真实性、准确性、完整性进行核查和验证。其制作、出具的文件有虚假记载、误导性陈述或者重大遗漏，给他人造成损失的，应当与委托人承担连带赔偿责任，但是能够证明自己没有过错的除外。

第十一章 证券业协会

第一百六十四条 证券业协会是证券业的自律性组织，是社会团体法人。

证券公司应当加入证券业协会。

证券业协会的权力机构为全体会员组成的会员大会。

第一百六十五条 证券业协会章程由会员大会制定，并报国务院证券监督管理机构备案。

第一百六十六条 证券业协会履行下列职责：

（一）教育和组织会员及其从业人员遵守证券法律、行政法规，组织开展证券行业诚信建设，督促证券行业履行社会责任；

（二）依法维护会员的合法权益，向证券监督管理机构反映会员的建议和要求；

（三）督促会员开展投资者教育和保护活动，维护投资者合法权益；

（四）制定和实施证券行业自律规则，监督、检查会员及其从业人员行为，对违反法律、行政法规、自律规则或者协会章程的，按照规定给予纪律处分或者实施其他自律管理措施；

（五）制定证券行业业务规范，组织从业人员的业务培训；

（六）组织会员就证券行业的发展、运作及有关内容进行研究，收集整理、发布证券相关信息，提供会员服务，组织行业交流，引导行业创新发展；

（七）对会员之间、会员与客户之间发生的证券业务纠纷进行调解；

（八）证券业协会章程规定的其他职责。

第一百六十七条　证券业协会设理事会。理事会成员依章程的规定由选举产生。

第十二章　证券监督管理机构

第一百六十八条　国务院证券监督管理机构依法对证券市场实行监督管理，维护证券市场公开、公平、公正，防范系统性风险，维护投资者合法权益，促进证券市场健康发展。

第一百六十九条　国务院证券监督管理机构在对证券市场实施监督管理中履行下列职责：

（一）依法制定有关证券市场监督管理的规章、规则，并依法进行审批、核准、注册，办理备案；

（二）依法对证券的发行、上市、交易、登记、存管、结算等行为，进行监督管理；

（三）依法对证券发行人、证券公司、证券服务机构、证券交易场所、证券登记结算机构的证券业务活动，进行监督管理；

（四）依法制定从事证券业务人员的行为准则，并监督实施；

（五）依法监督检查证券发行、上市、交易的信息披露；

（六）依法对证券业协会的自律管理活动进行指导和监督；

（七）依法监测并防范、处置证券市场风险；

（八）依法开展投资者教育；

（九）依法对证券违法行为进行查处；

（十）法律、行政法规规定的其他职责。

第一百七十条　国务院证券监督管理机构依法履行职责，有权采取下列措施：

（一）对证券发行人、证券公司、证券服务机构、证券交易场所、证券登记结算机构进行现场检查；

（二）进入涉嫌违法行为发生场所调查取证；

（三）询问当事人和与被调查事件有关的单位和个人，要求其对与被调查事件有关的事项作出说明；或者要求其按照指定的方式报送与被调查事件有关的文件和资料；

（四）查阅、复制与被调查事件有关的财产权登记、通讯记录等文件和资料；

（五）查阅、复制当事人和与被调查事件有关的单位和个人的证券交易记录、登记过户记录、财务会计资料及其他相关文件和资料；对可能被转移、隐匿或者毁损的文件和资料，可以予以封存、扣押；

（六）查询当事人和与被调查事件有关的单位和个人的资金账户、证券账户、银行账户以及其他具有支付、托管、结算等功能的账户信息，可以对有关文件和资料进行复制；对有证据证明已经或者可能转移或者隐匿违法资金、证券等涉案财产或者隐匿、伪造、毁损重要证据的，经国务院证券监督管理机构主要负责人或者其授权的其他负责人批准，可以冻结或者查封，期限为六个月；因特殊原因需要延长的，每次延长期限不得超过三个月，冻结、查封期限最长不得超过二年；

（七）在调查操纵证券市场、内幕交易等重大证券违法行为时，经国务院证券监督管理机构主要负责人或者其授权的其他负责人批准，可以限制被调查的当事人的证券买卖，但限制的期限不得超过三个月；案情复杂的，可以延长三个月；

（八）通知出境入境管理机关依法阻止涉嫌违法人员、涉嫌违法单位的主管人员和其他直接责任人员出境。

为防范证券市场风险，维护市场秩序，国务院证券监督管理机构可以采取责令改正、监管谈话、出具警示函等措施。

第一百七十一条　国务院证券监督管理机构对涉嫌证券违法的单位或者个人进行调查期间，被调查的当事人书面申请，承诺在国务院证券监督管理机构认可的期限内纠正涉嫌违法行为，赔偿有关投资者损失，消除损害或者不良影响的，国务院证券监督管理机构可以决定中止调查。被调查的当事人履行承诺的，国务院证券监督管理机构可以决定终止调查；被调查的当事人未履行承诺或者有国务院规定的其他情形的，应当恢复调查。具体办法由国务院规定。

国务院证券监督管理机构决定中止或者终止调查的，应当按照规定公开相关信息。

第一百七十二条　国务院证券监督管理机构依法履行职责，进行监督检查或者调查，其监督检查、调查的人员不得少于二人，并应当出示合法证件和监督检查、调查通知书或者其他执法文书。监督检查、调查的人员少于二人或者未出示合法证件和监督检查、调查通知书或者其他执法文书的，被检查、调查的单位和个人有权拒绝。

第一百七十三条 国务院证券监督管理机构依法履行职责，被检查、调查的单位和个人应当配合，如实提供有关文件和资料，不得拒绝、阻碍和隐瞒。

第一百七十四条 国务院证券监督管理机构制定的规章、规则和监督管理工作制度应当依法公开。

国务院证券监督管理机构依据调查结果，对证券违法行为作出的处罚决定，应当公开。

第一百七十五条 国务院证券监督管理机构应当与国务院其他金融监督管理机构建立监督管理信息共享机制。

国务院证券监督管理机构依法履行职责，进行监督检查或者调查时，有关部门应当予以配合。

第一百七十六条 对涉嫌证券违法、违规行为，任何单位和个人有权向国务院证券监督管理机构举报。

对涉嫌重大违法、违规行为的实名举报线索经查证属实的，国务院证券监督管理机构按照规定给予举报人奖励。

国务院证券监督管理机构应当对举报人的身份信息保密。

第一百七十七条 国务院证券监督管理机构可以和其他国家或者地区的证券监督管理机构建立监督管理合作机制，实施跨境监督管理。

境外证券监督管理机构不得在中华人民共和国境内直接进行调查取证等活动。未经国务院证券监督管理机构和国务院有关主管部门同意，任何单位和个人不得擅自向境外提供与证券业务活动有关的文件和资料。

第一百七十八条 国务院证券监督管理机构依法履行职责，发现证券违法行为涉嫌犯罪的，应当依法将案件移送司法机关处理；发现公职人员涉嫌职务违法或者职务犯罪的，应当依法移送监察机关处理。

第一百七十九条 国务院证券监督管理机构工作人员必须忠于职守、依法办事、公正廉洁，不得利用职务便利牟取不正当利益，不得泄露所知悉的有关单位和个人的商业秘密。

国务院证券监督管理机构工作人员在任职期间，或者离职后在《中华人民共和国公务员法》规定的期限内，不得到与原工作业务直接相关的企业或者其他营利性组织任职，不得从事与原工作业务直接相关的营利性活动。

第十三章 法律责任

第一百八十条 违反本法第九条的规定，擅自公开或者变相公开发行证券的，责令停止发行，退还所募资金并加算银行同期存款利息，处以非法所募资金金额百分之五以上百分之五十以下的罚款；对擅自公开或者变相公开发行证券设立的公司，由依法履行监督管理职责的机构或者部门会同县级以上地方人民政府予以取缔。对直接负责的主管人员和其他直接责任人员给予警告，并处以五十万元以上五百万元以下的罚款。

第一百八十一条 发行人在其公告的证券发行文件中隐瞒重要事实或者编造重大虚假内容，尚未发行证券的，处以二百万元以上二千万元以下的罚款；已经发行证券的，处以非法所募资金金额百分之十以上一倍以下的罚款。对直接负责的主管人员和其他直接责任人员，处以一百万元以上一千万元以下的罚款。

发行人的控股股东、实际控制人组织、指使从事前款违法行为的，没收违法所得，并处以违法所得百分之十以上一倍以下的罚款；没有违法所得或者违法所得不足二千万元的，处以二百万元以上二千万元以下的罚款。对直接负责的主管人员和其他直接责任人员，处以一百万元以上一千万元以下的罚款。

第一百八十二条 保荐人出具有虚假记载、误导性陈述或者重大遗漏的保荐书，或者不履行其他法定职责的，责令改正，给予警告，没收业务收入，并处以业务收入一倍以上十倍以下的罚款；没有业务收入或者业务收入不足一百万元的，处以一百万元以上一千万元以下的罚款；情节严重的，并处暂停或者撤销保荐业务许可。对直接负责的主管人员和其他直接责任人员给予警告，并处以五十万元以上五百万元以下的罚款。

第一百八十三条 证券公司承销或者销售

擅自公开发行或者变相公开发行的证券的，责令停止承销或者销售，没收违法所得，并处以违法所得一倍以上十倍以下的罚款；没有违法所得或者违法所得不足一百万元的，处以一百万元以上一千万元以下的罚款；情节严重的，并处暂停或者撤销相关业务许可。给投资者造成损失的，应当与发行人承担连带赔偿责任。对直接负责的主管人员和其他直接责任人员给予警告，并处以五十万元以上五百万元以下的罚款。

第一百八十四条　证券公司承销证券违反本法第二十九条规定的，责令改正，给予警告，没收违法所得，可以并处五十万元以上五百万元以下的罚款；情节严重的，暂停或者撤销相关业务许可。对直接负责的主管人员和其他直接责任人员给予警告，可以并处二十万元以上二百万元以下的罚款；情节严重的，并处以五十万元以上五百万元以下的罚款。

第一百八十五条　发行人违反本法第十四条、第十五条的规定擅自改变公开发行证券所募集资金的用途的，责令改正，处以五十万元以上五百万元以下的罚款；对直接负责的主管人员和其他直接责任人员给予警告，并处以十万元以上一百万元以下的罚款。

发行人的控股股东、实际控制人从事或者组织、指使从事前款违法行为的，给予警告，并处以五十万元以上五百万元以下的罚款；对直接负责的主管人员和其他直接责任人员，处以十万元以上一百万元以下的罚款。

第一百八十六条　违反本法第三十六条的规定，在限制转让期内转让证券，或者转让股票不符合法律、行政法规和国务院证券监督管理机构规定的，责令改正，给予警告，没收违法所得，并处以买卖证券等值以下的罚款。

第一百八十七条　法律、行政法规规定禁止参与股票交易的人员，违反本法第四十条的规定，直接或者以化名、借他人名义持有、买卖股票或者其他具有股权性质的证券的，责令依法处理非法持有的股票、其他具有股权性质的证券，没收违法所得，并处以买卖证券等值以下的罚款；属于国家工作人员的，还应当依法给予处分。

第一百八十八条　证券服务机构及其从业人员，违反本法第四十二条的规定买卖证券的，责令依法处理非法持有的证券，没收违法所得，并处以买卖证券等值以下的罚款。

第一百八十九条　上市公司、股票在国务院批准的其他全国性证券交易场所交易的公司的董事、监事、高级管理人员、持有该公司百分之五以上股份的股东，违反本法第四十四条的规定，买卖该公司股票或者其他具有股权性质的证券的，给予警告，并处以十万元以上一百万元以下的罚款。

第一百九十条　违反本法第四十五条的规定，采取程序化交易影响证券交易所系统安全或者正常交易秩序的，责令改正，并处以五十万元以上五百万元以下的罚款。对直接负责的主管人员和其他直接责任人员给予警告，并处以十万元以上一百万元以下的罚款。

第一百九十一条　证券交易内幕信息的知情人或者非法获取内幕信息的人违反本法第五十三条的规定从事内幕交易的，责令依法处理非法持有的证券，没收违法所得，并处以违法所得一倍以上十倍以下的罚款；没有违法所得或者违法所得不足五十万元的，处以五十万元以上五百万元以下的罚款。单位从事内幕交易的，还应当对直接负责的主管人员和其他直接责任人员给予警告，并处以二十万元以上二百万元以下的罚款。国务院证券监督管理机构工作人员从事内幕交易的，从重处罚。

违反本法第五十四条的规定，利用未公开信息进行交易的，依照前款的规定处罚。

第一百九十二条　违反本法第五十五条的规定，操纵证券市场的，责令依法处理其非法持有的证券，没收违法所得，并处以违法所得一倍以上十倍以下的罚款；没有违法所得或者违法所得不足一百万元的，处以一百万元以上一千万元以下的罚款。单位操纵证券市场的，还应当对直接负责的主管人员和其他直接责任人员给予警告，并处以五十万元以上五百万元以下的罚款。

第一百九十三条　违反本法第五十六条第一款、第三款的规定，编造、传播虚假信息或者误导性信息，扰乱证券市场的，没收违法所得，并处以违法所得一倍以上十倍以下的罚款；没有违法所得或者违法所得不足二十万元的，处以二十万元以上二百万元以下的罚款。

违反本法第五十六条第二款的规定，在证券交易活动中作出虚假陈述或者信息误导的，责令改正，处以二十万元以上二百万元以下的罚款；属于国家工作人员的，还应当依法给予处分。

传播媒介及其从事证券市场信息报道的工作人员违反本法第五十六条第三款的规定，从事与其工作职责发生利益冲突的证券买卖的，没收违法所得，并处以买卖证券等值以下的罚款。

第一百九十四条 证券公司及其从业人员违反本法第五十七条的规定，有损害客户利益的行为的，给予警告，没收违法所得，并处以违法所得一倍以上十倍以下的罚款；没有违法所得或者违法所得不足十万元的，处以十万元以上一百万元以下的罚款；情节严重的，暂停或者撤销相关业务许可。

第一百九十五条 违反本法第五十八条的规定，出借自己的证券账户或者借用他人的证券账户从事证券交易的，责令改正，给予警告，可以处五十万元以下的罚款。

第一百九十六条 收购人未按照本法规定履行上市公司收购的公告、发出收购要约义务的，责令改正，给予警告，并处以五十万元以上五百万元以下的罚款。对直接负责的主管人员和其他直接责任人员给予警告，并处以二十万元以上二百万元以下的罚款。

收购人及其控股股东、实际控制人利用上市公司收购，给被收购公司及其股东造成损失的，应当依法承担赔偿责任。

第一百九十七条 信息披露义务人未按照本法规定报送有关报告或者履行信息披露义务的，责令改正，给予警告，并处以五十万元以上五百万元以下的罚款；对直接负责的主管人员和其他直接责任人员给予警告，并处以二十万元以上二百万元以下的罚款。发行人的控股股东、实际控制人组织、指使从事上述违法行为，或者隐瞒相关事项导致发生上述情形的，处以五十万元以上五百万元以下的罚款；对直接负责的主管人员和其他直接责任人员，处以二十万元以上二百万元以下的罚款。

信息披露义务人报送的报告或者披露的信息有虚假记载、误导性陈述或者重大遗漏的，责令改正，给予警告，并处以一百万元以上一千万元以下的罚款；对直接负责的主管人员和其他直接责任人员给予警告，并处以五十万元以上五百万元以下的罚款。发行人的控股股东、实际控制人组织、指使从事上述违法行为，或者隐瞒相关事项导致发生上述情形的，处以一百万元以上一千万元以下的罚款；对直接负责的主管人员和其他直接责任人员，处以五十万元以上五百万元以下的罚款。

第一百九十八条 证券公司违反本法第八十八条的规定未履行或者未按照规定履行投资者适当性管理义务的，责令改正，给予警告，并处以十万元以上一百万元以下的罚款。对直接负责的主管人员和其他直接责任人员给予警告，并处以二十万元以下的罚款。

第一百九十九条 违反本法第九十条的规定征集股东权利的，责令改正，给予警告，可以处五十万元以下的罚款。

第二百条 非法开设证券交易场所的，由县级以上人民政府予以取缔，没收违法所得，并处以违法所得一倍以上十倍以下的罚款；没有违法所得或者违法所得不足一百万元的，处以一百万元以上一千万元以下的罚款。对直接负责的主管人员和其他直接责任人员给予警告，并处以二十万元以上二百万元以下的罚款。

证券交易所违反本法第一百零五条的规定，允许非会员直接参与股票的集中交易的，责令改正，可以并处五十万元以下的罚款。

第二百零一条 证券公司违反本法第一百零七条第一款的规定，未对投资者开立账户提供的身份信息进行核对的，责令改正，给予警告，并处以五万元以上五十万元以下的罚款。对直接负责的主管人员和其他直接责任人员给予警告，并处以十万元以下的罚款。

证券公司违反本法第一百零七条第二款的规定，将投资者的账户提供给他人使用的，责令改正，给予警告，并处以十万元以上一百万元以下的罚款。对直接负责的主管人员和其他直接责任人员给予警告，并处以二十万元以下的罚款。

第二百零二条 违反本法第一百一十八条、第一百二十条第一款、第四款的规定，擅自设立证券公司、非法经营证券业务或者未经批准以证券公司名义开展证券业务活动的，责令改正，没收违法所得，并处以违法所得一倍以上十倍以下的罚款；没有违法所得或者违法所得不足一百万元的，处以一百万元以上一千万元以下的罚款。对直接负责的主管人员和其他直接责任人员给予警告，并处以二十万元以上二百万元以下的罚款。对擅自设立的证券公司，由国务院证券监督管理机构予以取缔。

证券公司违反本法第一百二十条第五款规定提供证券融资融券服务的，没收违法所得，并处以融资融券等值以下的罚款；情节严重的，禁止其在一定期限内从事证券融资融券业务。对直接负责的主管人员和其他直接责任人员给予警告，并处以二十万元以上二百万元以下的罚款。

第二百零三条 提交虚假证明文件或者采取其他欺诈手段骗取证券公司设立许可、业务许可或者重大事项变更核准的，撤销相关许可，并处以一百万元以上一千万元以下的罚款。对直接负责的主管人员和其他直接责任人员给予警告，并处以二十万元以上二百万元以下的罚款。

第二百零四条 证券公司违反本法第一百二十二条的规定，未经核准变更证券业务范围，变更主要股东或者公司的实际控制人，合并、分立、停业、解散、破产的，责令改正，给予警告，没收违法所得，并处以违法所得一倍以上十倍以下的罚款；没有违法所得或者违法所得不足五十万元的，处以五十万元以上五百万元以下的罚款；情节严重的，并处撤销相关业务许可。对直接负责的主管人员和其他直接责任人员给予警告，并处以二十万元以上二百万元以下的罚款。

第二百零五条 证券公司违反本法第一百二十三条第二款的规定，为其股东或者股东的关联人提供融资或者担保的，责令改正，给予警告，并处以五十万元以上五百万元以下的罚款。对直接负责的主管人员和其他直接责任人员给予警告，并处以十万元以上一百万元以下的罚款。股东有过错的，在按照要求改正前，国务院证券监督管理机构可以限制其股东权利；拒不改正的，可以责令其转让所持证券公司股权。

第二百零六条 证券公司违反本法第一百二十八条的规定，未采取有效隔离措施防范利益冲突，或者未分开办理相关业务、混合操作的，责令改正，给予警告，没收违法所得，并处以违法所得一倍以上十倍以下的罚款；没有违法所得或者违法所得不足五十万元的，处以五十万元以上五百万元以下的罚款；情节严重的，并处撤销相关业务许可。对直接负责的主管人员和其他直接责任人员给予警告，并处以二十万元以上二百万元以下的罚款。

第二百零七条 证券公司违反本法第一百二十九条的规定从事证券自营业务的，责令改正，给予警告，没收违法所得，并处以违法所得一倍以上十倍以下的罚款；没有违法所得或者违法所得不足五十万元的，处以五十万元以上五百万元以下的罚款；情节严重的，并处撤销相关业务许可或者责令关闭。对直接负责的主管人员和其他直接责任人员给予警告，并处以二十万元以上二百万元以下的罚款。

第二百零八条 违反本法第一百三十一条的规定，将客户的资金和证券归入自有财产，或者挪用客户的资金和证券的，责令改正，给予警告，没收违法所得，并处以违法所得一倍以上十倍以下的罚款；没有违法所得或者违法所得不足一百万元的，处以一百万元以上一千万元以下的罚款；情节严重的，并处撤销相关业务许可或者责令关闭。对直接负责的主管人员和其他直接责任人员给予警告，并处以五十万元以上五百万元以下的罚款。

第二百零九条 证券公司违反本法第一百三十四条第一款的规定接受客户的全权委托买卖证券的，或者违反本法第一百三十五条的规定对客户的收益或者赔偿客户的损失作出承诺的，责令改正，给予警告，没收违法所得，并处以违法所得一倍以上十倍以下的罚款；没有违法所得或者违法所得不足五十万元的，处以五十万元以上五百万元以下的罚款；情节严重的，并处撤销相关业务许可。对直接负责的主管人员和其他直接责任人员给予警告，并处以二十万元以上二百万元以下的罚款。

证券公司违反本法第一百三十四条第二款的规定，允许他人以证券公司的名义直接参与证券的集中交易的，责令改正，可以并处五十万元以下的罚款。

第二百一十条 证券公司的从业人员违反本法第一百三十六条的规定,私下接受客户委托买卖证券的,责令改正,给予警告,没收违法所得,并处以违法所得一倍以上十倍以下的罚款;没有违法所得的,处以五十万元以下的罚款。

第二百一十一条 证券公司及其主要股东、实际控制人违反本法第一百三十八条的规定,未报送、提供信息和资料,或者报送、提供的信息和资料有虚假记载、误导性陈述或者重大遗漏的,责令改正,给予警告,并处以一百万元以下的罚款;情节严重的,并处撤销相关业务许可。对直接负责的主管人员和其他直接责任人员,给予警告,并处以五十万元以下的罚款。

第二百一十二条 违反本法第一百四十五条的规定,擅自设立证券登记结算机构的,由国务院证券监督管理机构予以取缔,没收违法所得,并处以违法所得一倍以上十倍以下的罚款;没有违法所得或者违法所得不足五十万元的,处以五十万元以上五百万元以下的罚款。对直接负责的主管人员和其他直接责任人员给予警告,并处以二十万元以上二百万元以下的罚款。

第二百一十三条 证券投资咨询机构违反本法第一百六十条第二款的规定擅自从事证券服务业务,或者从事证券服务业务有本法第一百六十一条规定行为的,责令改正,没收违法所得,并处以违法所得一倍以上十倍以下的罚款;没有违法所得或者违法所得不足五十万元的,处以五十万元以上五百万元以下的罚款。对直接负责的主管人员和其他直接责任人员,给予警告,并处以二十万元以上二百万元以下的罚款。

会计师事务所、律师事务所以及从事资产评估、资信评级、财务顾问、信息技术系统服务的机构违反本法第一百六十条第二款的规定,从事证券服务业务未报备案的,责令改正,可以处二十万元以下的罚款。

证券服务机构违反本法第一百六十三条的规定,未勤勉尽责,所制作、出具的文件有虚假记载、误导性陈述或者重大遗漏的,责令改正,没收业务收入,并处以业务收入一倍以上十倍以下的罚款,没有业务收入或者业务收入不足五十万元的,处以五十万元以上五百万元以下的罚款;情节严重的,并处暂停或者禁止从事证券服务业务。对直接负责的主管人员和其他直接责任人员给予警告,并处以二十万元以上二百万元以下的罚款。

第二百一十四条 发行人、证券登记结算机构、证券公司、证券服务机构未按照规定保存有关文件和资料的,责令改正,给予警告,并处以十万元以上一百万元以下的罚款;泄露、隐匿、伪造、篡改或者毁损有关文件和资料的,给予警告,并处以二十万元以上二百万元以下的罚款;情节严重的,处以五十万元以上五百万元以下的罚款,并处暂停、撤销相关业务许可或者禁止从事相关业务。对直接负责的主管人员和其他直接责任人员给予警告,并处以十万元以上一百万元以下的罚款。

第二百一十五条 国务院证券监督管理机构依法将有关市场主体遵守本法的情况纳入证券市场诚信档案。

第二百一十六条 国务院证券监督管理机构或者国务院授权的部门有下列情形之一的,对直接负责的主管人员和其他直接责任人员,依法给予处分:

(一)对不符合本法规定的发行证券、设立证券公司等申请予以核准、注册、批准的;

(二)违反本法规定采取现场检查、调查取证、查询、冻结或者查封等措施的;

(三)违反本法规定对有关机构和人员采取监督管理措施的;

(四)违反本法规定对有关机构和人员实施行政处罚的;

(五)其他不依法履行职责的行为。

第二百一十七条 国务院证券监督管理机构或者国务院授权的部门的工作人员,不履行本法规定的职责,滥用职权、玩忽职守,利用职务便利牟取不正当利益,或者泄露所知悉的有关单位和个人的商业秘密的,依法追究法律责任。

第二百一十八条 拒绝、阻碍证券监督管理机构及其工作人员依法行使监督检查、调查职权,由证券监督管理机构责令改正,处以十万元以上一百万元以下的罚款,并由公安机关依法给予治安管理处罚。

第二百一十九条 违反本法规定,构成犯罪的,依法追究刑事责任。

第二百二十条　违反本法规定，应当承担民事赔偿责任和缴纳罚款、罚金、违法所得，违法行为人的财产不足以支付的，优先用于承担民事赔偿责任。

第二百二十一条　违反法律、行政法规或者国务院证券监督管理机构的有关规定，情节严重的，国务院证券监督管理机构可以对有关责任人员采取证券市场禁入的措施。

前款所称证券市场禁入，是指在一定期限内直至终身不得从事证券业务、证券服务业务，不得担任证券发行人的董事、监事、高级管理人员，或者一定期限内不得在证券交易所、国务院批准的其他全国性证券交易场所交易证券的制度。

第二百二十二条　依照本法收缴的罚款和没收的违法所得，全部上缴国库。

第二百二十三条　当事人对证券监督管理机构或者国务院授权的部门的处罚决定不服的，可以依法申请行政复议，或者依法直接向人民法院提起诉讼。

第十四章　附　　则

第二百二十四条　境内企业直接或者间接到境外发行证券或者将其证券在境外上市交易，应当符合国务院的有关规定。

第二百二十五条　境内公司股票以外币认购和交易的，具体办法由国务院另行规定。

第二百二十六条　本法自2020年3月1日起施行。

最高人民法院关于如何确定证券回购合同履行地问题的批复

（1996年7月4日　法复〔1996〕9号）

湖北省高级人民法院：

你院（1996）鄂经他字第10号请示收悉。关于如何确定证券回购合同履行地问题，经研究，答复如下：

鉴于我国证券回购业务事实上存在着场内和场外交易的两种情况，因此，确定证券回购合同履行地应区分不同情况予以处理：

一、凡在交易场所内进行的证券回购业务，交易场所所在地应为合同履行地。

二、在上述交易场所之外进行的证券回购业务，最初付款一方（返售方）所在地应为合同履行地。

最高人民法院关于审理证券市场因虚假陈述引发的民事赔偿案件的若干规定

（2002年12月26日最高人民法院审判委员会第1261次会议通过　2003年1月9日最高人民法院公告公布　自2003年2月1日起施行　法释〔2003〕2号）

为正确审理证券市场因虚假陈述引发的民事赔偿案件，规范证券市场民事行为，保护投资人合法权益，根据《中华人民共和国民法通则》、《中华人民共和国证券法》、《中华人民共和国公司法》以及《中华人民共和国民事诉讼法》等法律、法规的规定，结合证券市场实际情况和审判实践，制定本规定。

一、一般规定

第一条　本规定所称证券市场因虚假陈述引发的民事赔偿案件（以下简称虚假陈述证券民事赔偿案件），是指证券市场投资人以信息披露义务人违反法律规定，进行虚假陈述并致使其遭受损失为由，而向人民法院提起诉讼的民事赔偿案件。

第二条　本规定所称投资人，是指在证券市场上从事证券认购和交易的自然人、法人或者其他组织。

本规定所称证券市场，是指发行人向社会公开募集股份的发行市场，通过证券交易所报价系统进行证券交易的市场，证券公司代办股份转让市场以及国家批准设立的其他证券市场。

第三条　因下列交易发生的民事诉讼，不适用本规定：

（一）在国家批准设立的证券市场以外进行的交易；

（二）在国家批准设立的证券市场上通过协议转让方式进行的交易。

第四条 人民法院审理虚假陈述证券民事赔偿案件,应当着重调解,鼓励当事人和解。

第五条 投资人对虚假陈述行为人提起民事赔偿的诉讼时效期间,适用民法通则第一百三十五条的规定,根据下列不同情况分别起算:

(一)中国证券监督管理委员会或其派出机构公布对虚假陈述行为人作出处罚决定之日;

(二)中华人民共和国财政部、其他行政机关以及有权作出行政处罚的机构公布对虚假陈述行为人作出处罚决定之日;

(三)虚假陈述行为人未受行政处罚,但已被人民法院认定有罪的,作出刑事判决生效之日。

因同一虚假陈述行为,对不同虚假陈述行为人作出两个以上行政处罚;或者既有行政处罚,又有刑事处罚的,以最先作出的行政处罚决定公告之日或者作出的刑事判决生效之日,为诉讼时效起算之日。

二、受理与管辖

第六条 投资人以自己受到虚假陈述侵害为由,依据有关机关的行政处罚决定或者人民法院的刑事裁判文书,对虚假陈述行为人提起的民事赔偿诉讼;符合民事诉讼法第一百零八条规定的,人民法院应当受理。

投资人提起虚假陈述证券民事赔偿诉讼,除提交行政处罚决定或者公告,或者人民法院的刑事裁判文书以外,还须提交以下证据:

(一)自然人、法人或者其他组织的身份证明文件,不能提供原件的,应当提交经公证证明的复印件;

(二)进行交易的凭证等投资损失证据材料。

第七条 虚假陈述证券民事赔偿案件的被告,应当是虚假陈述行为人,包括:

(一)发起人、控股股东等实际控制人;

(二)发行人或者上市公司;

(三)证券承销商;

(四)证券上市推荐人;

(五)会计师事务所、律师事务所、资产评估机构等专业中介服务机构;

(六)上述(二)、(三)、(四)项所涉单位中负有责任的董事、监事和经理等高级管理人员以及(五)项中直接责任人;

(七)其他作出虚假陈述的机构或者自然人。

第八条 虚假陈述证券民事赔偿案件,由省、直辖市、自治区人民政府所在的市、计划单列市和经济特区中级人民法院管辖。

第九条 投资人对多个被告提起证券民事赔偿诉讼的,按下列原则确定管辖:

(一)由发行人或者上市公司所在地有管辖权的中级人民法院管辖。但有本规定第十条第二款规定的情形除外。

(二)对发行人或者上市公司以外的虚假陈述行为人提起的诉讼,由被告所在地有管辖权的中级人民法院管辖。

(三)仅以自然人为被告提起的诉讼,由被告所在地有管辖权的中级人民法院管辖。

第十条 人民法院受理以发行人或者上市公司以外的虚假陈述行为人为被告提起的诉讼后,经当事人申请或者征得所有原告同意后,可以追加发行人或者上市公司为共同被告。人民法院追加后,应当将案件移送发行人或者上市公司所在地有管辖权的中级人民法院管辖。

当事人不申请或者原告不同意追加,人民法院认为确有必要追加的,应当通知发行人或者上市公司作为共同被告参加诉讼,但不得移送案件。

第十一条 人民法院受理虚假陈述证券民事赔偿案件后,受行政处罚当事人对行政处罚不服申请行政复议或者提起行政诉讼的,可以裁定中止审理。

人民法院受理虚假陈述证券民事赔偿案件后,有关行政处罚被撤销的,应当裁定终结诉讼。

三、诉讼方式

第十二条 本规定所涉证券民事赔偿案件的原告可以选择单独诉讼或者共同诉讼方式提起诉讼。

第十三条 多个原告因同一虚假陈述事实对相同被告提起的诉讼,既有单独诉讼也有共同诉讼的,人民法院可以通知提起单独诉讼的原告参加共同诉讼。

多个原告因同一虚假陈述事实对相同被告同时提起两个以上共同诉讼的,人民法院可以将其合并为一个共同诉讼。

第十四条 共同诉讼的原告人数应当在开

庭审理前确定。原告人数众多的可以推选二至五名诉讼代表人,每名诉讼代表人可以委托一至二名诉讼代理人。

第十五条 诉讼代表人应当经过其所代表的原告特别授权,代表原告参加开庭审理,变更或者放弃诉讼请求、与被告进行和解或者达成调解协议。

第十六条 人民法院判决被告对人数众多的原告承担民事赔偿责任时,可以在判决主文中对赔偿总额作出判决,并将每个原告的姓名、应获得赔偿金额等列表附于民事判决书后。

四、虚假陈述的认定

第十七条 证券市场虚假陈述,是指信息披露义务人违反证券法律规定,在证券发行或者交易过程中,对重大事件作出违背事实真相的虚假记载、误导性陈述,或者在披露信息时发生重大遗漏、不正当披露信息的行为。

对于重大事件,应当结合证券法第五十九条、第六十条、第六十一条、第六十二条、第七十二条及相关规定的内容认定。

虚假记载,是指信息披露义务人在披露信息时,将不存在的事实在信息披露文件中予以记载的行为。

误导性陈述,是指虚假陈述行为人在信息披露文件中或者通过媒体,作出使投资人对其投资行为发生错误判断并产生重大影响的陈述。

重大遗漏,是指信息披露义务人在信息披露文件中,未将应当记载的事项完全或者部分予以记载。

不正当披露,是指信息披露义务人未在适当期限内或者未以法定方式公开披露应当披露的信息。

第十八条 投资人具有以下情形的,人民法院应当认定虚假陈述与损害结果之间存在因果关系:

(一)投资人所投资的是与虚假陈述直接关联的证券;

(二)投资人在虚假陈述实施日及以后,至揭露日或者更正日之前买入该证券;

(三)投资人在虚假陈述揭露日或者更正日及以后,因卖出该证券发生亏损,或者因持续持有该证券而产生亏损。

第十九条 被告举证证明原告具有以下情形的,人民法院应当认定虚假陈述与损害结果之间不存在因果关系:

(一)在虚假陈述揭露日或者更正日之前已经卖出证券;

(二)在虚假陈述揭露日或者更正日及以后进行的投资;

(三)明知虚假陈述存在而进行的投资;

(四)损失或者部分损失是由证券市场系统风险等其他因素所导致;

(五)属于恶意投资、操纵证券价格的。

第二十条 本规定所指的虚假陈述实施日,是指作出虚假陈述或者发生虚假陈述之日。

虚假陈述揭露日,是指虚假陈述在全国范围发行或者播放的报刊、电台、电视台等媒体上,首次被公开揭露之日。

虚假陈述更正日,是指虚假陈述行为人在中国证券监督管理委员会指定披露证券市场信息的媒体上,自行公告更正虚假陈述并按规定履行停牌手续之日。

五、归责与免责事由

第二十一条 发起人、发行人或者上市公司对其虚假陈述给投资人造成的损失承担民事赔偿责任。

发行人、上市公司负有责任的董事、监事和经理等高级管理人员对前款的损失承担连带赔偿责任。但有证据证明无过错的,应予免责。

第二十二条 实际控制人操纵发行人或者上市公司违反证券法律规定,以发行人或者上市公司名义虚假陈述并给投资人造成损失的,可以由发行人或者上市公司承担赔偿责任。发行人或者上市公司承担赔偿责任后,可以向实际控制人追偿。

实际控制人违反证券法第四条、第五条以及第一百八十八条规定虚假陈述,给投资人造成损失的,由实际控制人承担赔偿责任。

第二十三条 证券承销商、证券上市推荐人对虚假陈述给投资人造成的损失承担赔偿责任。但有证据证明无过错的,应予免责。

负有责任的董事、监事和经理等高级管理人

员对证券承销商、证券上市推荐人承担的赔偿责任负连带责任。其免责事由同前款规定。

第二十四条　专业中介服务机构及其直接责任人违反证券法第一百六十一条和第二百零二条的规定虚假陈述，给投资人造成损失的，就其负有责任的部分承担赔偿责任。但有证据证明无过错的，应予免责。

第二十五条　本规定第七条第（七）项规定的其他作出虚假陈述行为的机构或者自然人，违反证券法第五条、第七十二条、第一百八十八条和第一百八十九条规定，给投资人造成损失的，应当承担赔偿责任。

六、共同侵权责任

第二十六条　发起人对发行人信息披露提供担保的，发起人与发行人对投资人的损失承担连带责任。

第二十七条　证券承销商、证券上市推荐人或者专业中介服务机构，知道或者应当知道发行人或者上市公司虚假陈述，而不予纠正或者不出具保留意见的，构成共同侵权，对投资人的损失承担连带责任。

第二十八条　发行人、上市公司、证券承销商、证券上市推荐人负有责任的董事、监事和经理等高级管理人员有下列情形之一的，应当认定为共同虚假陈述，分别与发行人、上市公司、证券承销商、证券上市推荐人对投资人的损失承担连带责任：

（一）参与虚假陈述的；

（二）知道或者应当知道虚假陈述而未明确表示反对的；

（三）其他应当负有责任的情形。

七、损失认定

第二十九条　虚假陈述行为人在证券发行市场虚假陈述，导致投资人损失的，投资人有权要求虚假陈述行为人按本规定第三十条赔偿损失；导致证券被停止发行的，投资人有权要求返还和赔偿所缴股款及银行同期活期存款利率的利息。

第三十条　虚假陈述行为人在证券交易市场承担民事赔偿责任的范围，以投资人因虚假陈述而实际发生的损失为限。投资人实际损失包括：

（一）投资差额损失；

（二）投资差额损失部分的佣金和印花税。

前款所涉资金利息，自买入至卖出证券日或者基准日，按银行同期活期存款利率计算。

第三十一条　投资人在基准日及以前卖出证券的，其投资差额损失，以买入证券平均价格与实际卖出证券平均价格之差，乘以投资人所持证券数量计算。

第三十二条　投资人在基准日之后卖出或者仍持有证券的，其投资差额损失，以买入证券平均价格与虚假陈述揭露日或者更正日起至基准日期间，每个交易日收盘价的平均价格之差，乘以投资人所持证券数量计算。

第三十三条　投资差额损失计算的基准日，是指虚假陈述揭露或者更正后，为将投资人应获赔偿限定在虚假陈述所造成的损失范围内，确定损失计算的合理期间而规定的截止日期。基准日分别按下列情况确定：

（一）揭露日或者更正日起，至被虚假陈述影响的证券累计成交量达到其可流通部分100%之日。但通过大宗交易协议转让的证券成交量不予计算。

（二）按前项规定在开庭审理前尚不能确定的，则以揭露日或者更正日后第30个交易日为基准日。

（三）已经退出证券交易市场的，以摘牌日前一交易日为基准日。

（四）已经停止证券交易的，可以停牌日前一交易日为基准日；恢复交易的，可以本条第（一）项规定确定基准日。

第三十四条　投资人持股期间基于股东身份取得的收益，包括红利、红股、公积金转增所得的股份以及投资人持股期间出资购买的配股、增发股和转配股，不得冲抵虚假陈述行为人的赔偿金额。

第三十五条　已经除权的证券，计算投资差额损失时，证券价格和证券数量应当复权计算。

八、附　则

第三十六条　本规定自2003年2月1日起施行。

第三十七条　本院2002年1月15日发布的《关于受理证券市场因虚假陈述引发的民事侵权纠纷案件有关问题的通知》中与本规定不一致的，以本规定为准。

最高人民法院关于依法审理和执行被风险处置证券公司相关案件的通知

（2009年5月26日　法发〔2009〕35号）

各省、自治区、直辖市高级人民法院，解放军军事法院，新疆维吾尔自治区高级人民法院生产建设兵团分院：

为维护证券市场和社会的稳定，依法审理和执行被风险处置证券公司的相关案件，现就有关问题通知如下：

一、为统一、规范证券公司风险处置中个人债权的处理，保持证券市场运行的连续性和稳定性，中国人民银行、财政部、中国银行业监督管理委员会、中国证券监督管理委员会联合制定发布了《个人债权及客户证券交易结算资金收购意见》。国家对个人债权和客户交易结算资金的收购，是国家有关行政部门和金融监管机构采取的特殊行政手段。相关债权是否属于应当收购的个人债权或者客户交易结算资金范畴，系由中国人民银行、金融监管机构以及依据《个人债权及客户证券交易结算资金收购意见》成立的甄别确认小组予以确认的，不属人民法院审理的范畴。因此，有关当事人因上述执行机关在风险处置过程中甄别确认其债权不属于国家收购范围的个人债权或者客户证券交易结算资金，向人民法院提起诉讼，请求确认其债权应纳入国家收购范围的，人民法院不予受理。国家收购范围之外的债权，有关权利人可以在相关证券公司进入破产程序后向人民法院申报。

二、托管是相关监管部门对高风险证券公司的证券经纪业务等涉及公众客户的业务采取的行政措施，托管机构仅对被托管证券公司的经纪业务行使经营管理权，不因托管而承继被托管证券公司的债务。因此，有关权利人仅以托管为由向人民法院提起诉讼，请求判令托管机构承担被托管证券公司债务的，人民法院不予受理。

三、处置证券类资产是行政处置过程中的一个重要环节，行政清算组依照法律、行政法规及国家相关政策，对证券类资产采取市场交易方式予以处置，在合理估价的基础上转让证券类资产，受让人支付相应的对价。因此，证券公司的债权人向人民法院提起诉讼，请求判令买受人承担证券公司债务偿还责任的，人民法院对其诉讼请求不予支持。

四、破产程序作为司法权介入的特殊偿债程序，是在债务人财产不足以清偿债务的情况下，以法定的程序和方法，为所有债权人创造获得公平受偿的条件和机会，以使所有债权人共同享有利益、共同分担损失。鉴此，根据企业破产法第十九条的规定，人民法院受理证券公司的破产申请后，有关证券公司财产的保全措施应当解除，执行程序应当中止。具体如下：

1. 人民法院受理破产申请后，已对证券公司有关财产采取了保全措施，包括执行程序中的查封、冻结、扣押措施的人民法院应当解除相应措施。人民法院解除有关证券公司财产的保全措施时，应当及时通知破产案件管理人并将有关财产移交管理人接管，管理人可以向受理破产案件的人民法院申请保全。

2. 人民法院受理破产申请后，已经受理有关证券公司执行案件的人民法院，对证券公司财产尚未执行或者尚未执行完毕的程序应当中止执行。当事人在破产申请受理后向有关法院申请对证券公司财产强制执行的，有关法院对其申请不予受理，并告知其依法向破产案件管理人申报债权。破产申请受理后人民法院未中止执行的，对于已经执行了的证券公司财产，执行法院应当依法执行回转，并交由管理人作为破产财产统一分配。

3. 管理人接管证券公司财产、调查证券公司财产状况后，发现有关法院仍然对证券公司财产进行保全或者继续执行，向采取保全措施或执行措施的人民法院提出申请的，有关人民法院应当依法及时解除保全或中止执行。

4. 受理破产申请的人民法院在破产宣告前裁定驳回申请人的破产申请，并终结证券公司破产程序的，应当在作出终结破产程序的裁定前，告知管理人通知原对证券公司财产采取保全措施的人民法院恢复原有的保全措施,有轮候保全的,以原采取保全措施的时间确定轮候顺位。对恢复受理证券公司为被执行人的执行案件,适用申请执行时效中断的规定。

五、证券公司进入破产程序后,人民法院作出的刑事附带民事赔偿或者涉及追缴赃款赃物的判决应当中止执行,由相关权利人在破产程序中以申报债权等方式行使权利;刑事判决中罚金、没收财产等处罚,应当在破产程序债权人获得全额清偿后的剩余财产中执行。

六、要进一步严格贯彻最高人民法院、最高人民检察院、公安部、中国证监会《关于查询、冻结、扣划证券和证券交易结算资金有关问题的通知》(法发〔2008〕4号),依法执行有关证券和证券交易结算资金。

各高级人民法院要及时组织辖区内法院有关部门认真学习和贯彻落实本通知精神,并依法监督下级法院严格执行,对未按照上述规定审理和执行有关案件的,上并追究相关人员的责任。

中华人民共和国证券投资基金法①

(2003年10月28日第十届全国人民代表大会常务委员会第五次会议通过 2003年10月28日中华人民共和国主席令第9号公布 自2004年6月1日起施行)

目 录

第一章 总 则

第一条 为了规范证券投资基金活动,保护投资人及相关当事人的合法权益,促进证券投资基金和证券市场的健康发展,制定本法。

第二条 在中华人民共和国境内,通过公开发售基金份额募集证券投资基金(以下简称基金),由基金管理人管理,基金托管人托管,为基金份额持有人的利益,以资产组合方式进行证券投资活动,适用本法;本法未规定的,适用《中华人民共和国信托法》、《中华人民共和国证券法》和其他有关法律、行政法规的规定。

第三条 基金管理人、基金托管人和基金份额持有人的权利、义务,依照本法在基金合同中约定。

基金管理人、基金托管人依照本法和基金合同的约定,履行受托职责。基金份额持有人按其所持基金份额享受收益和承担风险。

第四条 从事证券投资基金活动,应当遵循自愿、公平、诚实信用的原则,不得损害国家利益和社会公共利益。

第五条 基金合同应当约定基金运作方式。基金运作方式可以采用封闭式、开放式或者其他方式。

采用封闭式运作方式的基金(以下简称封闭式基金),是指经核准的基金份额总额在基金合同期限内固定不变,基金份额可以在依法设立的证券交易场所交易,但基金份额持有人不得申请赎回的基金。

采用开放式运作方式的基金(以下简称开放式基金),是指基金份额总额不固定,基金份额可以在基金合同约定的时间和场所申购或者赎回的基金。

采用其他运作方式的基金的基金份额发售、交易、申购、赎回的办法,由国务院另行规定。

第六条 基金财产独立于基金管理人、基金托管人的固有财产。基金管理人、基金托管人不得将基金财产归入其固有财产。

基金管理人、基金托管人因基金财产的管

① 编者注:已被修改。

理、运用或者其他情形而取得的财产和收益，归入基金财产。

基金管理人、基金托管人因依法解散、被依法撤销或者被依法宣告破产等原因进行清算的，基金财产不属于其清算财产。

第七条　基金财产的债权，不得与基金管理人、基金托管人固有财产的债务相抵销；不同基金财产的债权债务，不得相互抵销。

第八条　非因基金财产本身承担的债务，不得对基金财产强制执行。

第九条　基金管理人、基金托管人管理、运用基金财产，应当恪尽职守，履行诚实信用、谨慎勤勉的义务。

基金从业人员应当依法取得基金从业资格，遵守法律、行政法规，恪守职业道德和行为规范。

第十条　基金管理人、基金托管人和基金份额发售机构，可以成立同业协会，加强行业自律，协调行业关系，提供行业服务，促进行业发展。

第十一条　国务院证券监督管理机构依法对证券投资基金活动实施监督管理。

第二章　基金管理人

第十二条　基金管理人由依法设立的基金管理公司担任。

担任基金管理人，应当经国务院证券监督管理机构核准。

第十三条　设立基金管理公司，应当具备下列条件，并经国务院证券监督管理机构批准：

（一）有符合本法和《中华人民共和国公司法》规定的章程；

（二）注册资本不低于一亿元人民币，且必须为实缴货币资本；

（三）主要股东具有从事证券经营、证券投资咨询、信托资产管理或者其他金融资产管理的较好的经营业绩和良好的社会信誉，最近三年没有违法记录，注册资本不低于三亿元人民币；

（四）取得基金从业资格的人员达到法定人数；

（五）有符合要求的营业场所、安全防范设施和与基金管理业务有关的其他设施；

（六）有完善的内部稽核监控制度和风险控制制度；

（七）法律、行政法规规定的和经国务院批准的国务院证券监督管理机构规定的其他条件。

第十四条　国务院证券监督管理机构应当自受理基金管理公司设立申请之日起六个月内依照本法第十三条规定的条件和审慎监管原则进行审查，作出批准或者不予批准的决定，并通知申请人；不予批准的，应当说明理由。

基金管理公司设立分支机构、修改章程或者变更其他重大事项，应当报经国务院证券监督管理机构批准。国务院证券监督管理机构应当自受理申请之日起六十日内作出批准或者不予批准的决定，并通知申请人；不予批准的，应当说明理由。

第十五条　下列人员不得担任基金管理人的基金从业人员：

（一）因犯有贪污贿赂、渎职、侵犯财产罪或者破坏社会主义市场经济秩序罪，被判处刑罚的；

（二）对所任职的公司、企业因经营不善破产清算或者因违法被吊销营业执照负有个人责任的董事、监事、厂长、经理及其他高级管理人员，自该公司、企业破产清算终结或者被吊销营业执照之日起未逾五年的；

（三）个人所负债务数额较大，到期未清偿的；

（四）因违法行为被开除的基金管理人、基金托管人、证券交易所、证券公司、证券登记结算机构、期货交易所、期货经纪公司及其他机构的从业人员和国家机关工作人员；

（五）因违法行为被吊销执业证书或者被取消资格的律师、注册会计师和资产评估机构、验证机构的从业人员、投资咨询从业人员；

（六）法律、行政法规规定不得从事基金业务的其他人员。

第十六条　基金管理人的经理和其他高级管理人员，应当熟悉证券投资方面的法律、行政法规，具有基金从业资格和三年以上与其所任职务相关的工作经历。

第十七条　基金管理人的经理和其他高级管理人员的选任或者改任，应当报经国务院证券监督管理机构依照本法和其他有关法律、行政法规规定的任职条件进行审核。

第十八条 基金管理人的董事、监事、经理和其他从业人员,不得担任基金托管人或者其他基金管理人的任何职务,不得从事损害基金财产和基金份额持有人利益的证券交易及其他活动。

第十九条 基金管理人应当履行下列职责:

(一)依法募集基金,办理或者委托经国务院证券监督管理机构认定的其他机构代为办理基金份额的发售、申购、赎回和登记事宜;

(二)办理基金备案手续;

(三)对所管理的不同基金财产分别管理、分别记账,进行证券投资;

(四)按照基金合同的约定确定基金收益分配方案,及时向基金份额持有人分配收益;

(五)进行基金会计核算并编制基金财务会计报告;

(六)编制中期和年度基金报告;

(七)计算并公告基金资产净值,确定基金份额申购、赎回价格;

(八)办理与基金财产管理业务活动有关的信息披露事项;

(九)召集基金份额持有人大会;

(十)保存基金财产管理业务活动的记录、账册、报表和其他相关资料;

(十一)以基金管理人名义,代表基金份额持有人利益行使诉讼权利或者实施其他法律行为;

(十二)国务院证券监督管理机构规定的其他职责。

第二十条 基金管理人不得有下列行为:

(一)将其固有财产或者他人财产混同于基金财产从事证券投资;

(二)不公平地对待其管理的不同基金财产;

(三)利用基金财产为基金份额持有人以外的第三人牟取利益;

(四)向基金份额持有人违规承诺收益或者承担损失;

(五)依照法律、行政法规有关规定,由国务院证券监督管理机构规定禁止的其他行为。

第二十一条 国务院证券监督管理机构对有下列情形之一的基金管理人,依据职权责令整顿,或者取消基金管理资格:

(一)有重大违法违规行为;

(二)不再具备本法第十三条规定的条件;

(三)法律、行政法规规定的其他情形。

第二十二条 有下列情形之一的,基金管理人职责终止:

(一)被依法取消基金管理资格;

(二)被基金份额持有人大会解任;

(三)依法解散、被依法撤销或者被依法宣告破产;

(四)基金合同约定的其他情形。

第二十三条 基金管理人职责终止的,基金份额持有人大会应当在六个月内选任新基金管理人;新基金管理人产生前,由国务院证券监督管理机构指定临时基金管理人。

基金管理人职责终止的,应当妥善保管基金管理业务资料,及时办理基金管理业务的移交手续,新基金管理人或者临时基金管理人应当及时接收。

第二十四条 基金管理人职责终止的,应当按照规定聘请会计师事务所对基金财产进行审计,并将审计结果予以公告,同时报国务院证券监督管理机构备案。

第三章 基金托管人

第二十五条 基金托管人由依法设立并取得基金托管资格的商业银行担任。

第二十六条 申请取得基金托管资格,应当具备下列条件,并经国务院证券监督管理机构和国务院银行业监督管理机构核准:

(一)净资产和资本充足率符合有关规定;

(二)设有专门的基金托管部门;

(三)取得基金从业资格的专职人员达到法定人数;

(四)有安全保管基金财产的条件;

(五)有安全高效的清算、交割系统;

(六)有符合要求的营业场所、安全防范设施和与基金托管业务有关的其他设施;

(七)有完善的内部稽核监控制度和风险控制制度;

(八)法律、行政法规规定的和经国务院批准的国务院证券监督管理机构、国务院银行业监督管理机构规定的其他条件。

第二十七条 本法第十五条、第十八条的规定,适用于基金托管人的专门基金托管部门的从业人员。

本法第十六条、第十七条的规定，适用于基金托管人的专门基金托管部门的经理和其他高级管理人员。

第二十八条　基金托管人与基金管理人不得为同一人，不得相互出资或者持有股份。

第二十九条　基金托管人应当履行下列职责：

（一）安全保管基金财产；

（二）按照规定开设基金财产的资金账户和证券账户；

（三）对所托管的不同基金财产分别设置账户，确保基金财产的完整与独立；

（四）保存基金托管业务活动的记录、账册、报表和其他相关资料；

（五）按照基金合同的约定，根据基金管理人的投资指令，及时办理清算、交割事宜；

（六）办理与基金托管业务活动有关的信息披露事项；

（七）对基金财务会计报告、中期和年度基金报告出具意见；

（八）复核、审查基金管理人计算的基金资产净值和基金份额申购、赎回价格；

（九）按照规定召集基金份额持有人大会；

（十）按照规定监督基金管理人的投资运作；

（十一）国务院证券监督管理机构规定的其他职责。

第三十条　基金托管人发现基金管理人的投资指令违反法律、行政法规和其他有关规定，或者违反基金合同约定的，应当拒绝执行，立即通知基金管理人，并及时向国务院证券监督管理机构报告。

基金托管人发现基金管理人依据交易程序已经生效的投资指令违反法律、行政法规和其他有关规定，或者违反基金合同约定的，应当立即通知基金管理人，并及时向国务院证券监督管理机构报告。

第三十一条　本法第二十条的规定，适用于基金托管人。

第三十二条　国务院证券监督管理机构和国务院银行业监督管理机构对有下列情形之一的基金托管人，依据职权责令整顿，或者取消基金托管资格：

（一）有重大违法违规行为；

（二）不再具备本法第二十六条规定的条件；

（三）法律、行政法规规定的其他情形。

第三十三条　有下列情形之一的，基金托管人职责终止：

（一）被依法取消基金托管资格；

（二）被基金份额持有人大会解任；

（三）依法解散、被依法撤销或者被依法宣告破产；

（四）基金合同约定的其他情形。

第三十四条　基金托管人职责终止的，基金份额持有人大会应当在六个月内选任新基金托管人；新基金托管人产生前，由国务院证券监督管理机构指定临时基金托管人。

基金托管人职责终止的，应当妥善保管基金财产和基金托管业务资料，及时办理基金财产和基金托管业务的移交手续，新基金托管人或者临时基金托管人应当及时接收。

第三十五条　基金托管人职责终止的，应当按照规定聘请会计师事务所对基金财产进行审计，并将审计结果予以公告，同时报国务院证券监督管理机构备案。

第四章　基金的募集

第三十六条　基金管理人依照本法发售基金份额，募集基金，应当向国务院证券监督管理机构提交下列文件，并经国务院证券监督管理机构核准：

（一）申请报告；

（二）基金合同草案；

（三）基金托管协议草案；

（四）招募说明书草案；

（五）基金管理人和基金托管人的资格证明文件；

（六）经会计师事务所审计的基金管理人和基金托管人最近三年或者成立以来的财务会计报告；

（七）律师事务所出具的法律意见书；

（八）国务院证券监督管理机构规定提交的其他文件。

第三十七条　基金合同应当包括下列内容：

（一）募集基金的目的和基金名称；

（二）基金管理人、基金托管人的名称和住所；

（三）基金运作方式；

（四）封闭式基金的基金份额总额和基金合同期限，或者开放式基金的最低募集份额总额；

（五）确定基金份额发售日期、价格和费用的原则；

（六）基金份额持有人、基金管理人和基金托管人的权利、义务；

（七）基金份额持有人大会召集、议事及表决的程序和规则；

（八）基金份额发售、交易、申购、赎回的程序、时间、地点、费用计算方式，以及给付赎回款项的时间和方式；

（九）基金收益分配原则、执行方式；

（十）作为基金管理人、基金托管人报酬的管理费、托管费的提取、支付方式与比例；

（十一）与基金财产管理、运用有关的其他费用的提取、支付方式；

（十二）基金财产的投资方向和投资限制；

（十三）基金资产净值的计算方法和公告方式；

（十四）基金募集未达到法定要求的处理方式；

（十五）基金合同解除和终止的事由、程序以及基金财产清算方式；

（十六）争议解决方式；

（十七）当事人约定的其他事项。

第三十八条 基金招募说明书应当包括下列内容：

（一）基金募集申请的核准文件名称和核准日期；

（二）基金管理人、基金托管人的基本情况；

（三）基金合同和基金托管协议的内容摘要；

（四）基金份额的发售日期、价格、费用和期限；

（五）基金份额的发售方式、发售机构及登记机构名称；

（六）出具法律意见书的律师事务所和审计基金财产的会计师事务所的名称和住所；

（七）基金管理人、基金托管人报酬及其他有关费用的提取、支付方式与比例；

（八）风险警示内容；

（九）国务院证券监督管理机构规定的其他内容。

第三十九条 国务院证券监督管理机构应当自受理基金募集申请之日起六个月内依照法律、行政法规及国务院证券监督管理机构的规定和审慎监管原则进行审查，作出核准或者不予核准的决定，并通知申请人；不予核准的，应当说明理由。

第四十条 基金募集申请经核准后，方可发售基金份额。

第四十一条 基金份额的发售，由基金管理人负责办理；基金管理人可以委托经国务院证券监督管理机构认定的其他机构代为办理。

第四十二条 基金管理人应当在基金份额发售的三日前公布招募说明书、基金合同及其他有关文件。

前款规定的文件应当真实、准确、完整。

对基金募集所进行的宣传推介活动，应当符合有关法律、行政法规的规定，不得有本法第六十四条所列行为。

第四十三条 基金管理人应当自收到核准文件之日起六个月内进行基金募集。超过六个月开始募集，原核准的事项未发生实质性变化的，应当报国务院证券监督管理机构备案；发生实质性变化的，应当向国务院证券监督管理机构重新提交申请。

基金募集不得超过国务院证券监督管理机构核准的基金募集期限。基金募集期限自基金份额发售之日起计算。

第四十四条 基金募集期限届满，封闭式基金募集的基金份额总额达到核准规模的百分之八十以上，开放式基金募集的基金份额总额超过核准的最低募集份额总额，并且基金份额持有人人数符合国务院证券监督管理机构规定的，基金管理人应当自募集期限届满之日起十日内聘请法定验资机构验资，自收到验资报告之日起十日内，向国务院证券监督管理机构提交验资报告，办理基金备案手续，并予以公告。

第四十五条 基金募集期间募集的资金应当存入专门账户，在基金募集行为结束前，任何人不得动用。

第四十六条　投资人缴纳认购的基金份额的款项时，基金合同成立；基金管理人依照本法第四十四条的规定向国务院证券监督管理机构办理基金备案手续，基金合同生效。

基金募集期限届满，不能满足本法第四十四条规定的条件的，基金管理人应当承担下列责任：

（一）以其固有财产承担因募集行为而产生的债务和费用；

（二）在基金募集期限届满后三十日内返还投资人已缴纳的款项，并加计银行同期存款利息。

第五章　基金份额的交易

第四十七条　封闭式基金的基金份额，经基金管理人申请，国务院证券监督管理机构核准，可以在证券交易所上市交易。

国务院证券监督管理机构可以授权证券交易所依照法定条件和程序核准基金份额上市交易。

第四十八条　基金份额上市交易，应当符合下列条件：

（一）基金的募集符合本法规定；

（二）基金合同期限为五年以上；

（三）基金募集金额不低于二亿元人民币；

（四）基金份额持有人不少于一千人；

（五）基金份额上市交易规则规定的其他条件。

第四十九条　基金份额上市交易规则由证券交易所制定，报国务院证券监督管理机构核准。

第五十条　基金份额上市交易后，有下列情形之一的，由证券交易所终止其上市交易，并报国务院证券监督管理机构备案：

（一）不再具备本法第四十八条规定的上市交易条件；

（二）基金合同期限届满；

（三）基金份额持有人大会决定提前终止上市交易；

（四）基金合同约定的或者基金份额上市交易规则规定的终止上市交易的其他情形。

第六章　基金份额的申购与赎回

第五十一条　开放式基金的基金份额的申购、赎回和登记，由基金管理人负责办理；基金管理人可以委托经国务院证券监督管理机构认定的其他机构代为办理。

第五十二条　基金管理人应当在每个工作日办理基金份额的申购、赎回业务；基金合同另有约定的，按照其约定。

第五十三条　基金管理人应当按时支付赎回款项，但是下列情形除外：

（一）因不可抗力导致基金管理人不能支付赎回款项；

（二）证券交易场所依法决定临时停市，导致基金管理人无法计算当日基金资产净值；

（三）基金合同约定的其他特殊情形。

发生上述情形之一的，基金管理人应当在当日报国务院证券监督管理机构备案。

本条第一款规定的情形消失后，基金管理人应当及时支付赎回款项。

第五十四条　开放式基金应当保持足够的现金或者政府债券，以备支付基金份额持有人的赎回款项。基金财产中应当保持的现金或者政府债券的具体比例，由国务院证券监督管理机构规定。

第五十五条　基金份额的申购、赎回价格，依据申购、赎回日基金份额净值加、减有关费用计算。

第五十六条　基金份额净值计价出现错误时，基金管理人应当立即纠正，并采取合理的措施防止损失进一步扩大。计价错误达到基金份额净值百分之零点五时，基金管理人应当公告，并报国务院证券监督管理机构备案。

因基金份额净值计价错误造成基金份额持有人损失的，基金份额持有人有权要求基金管理人、基金托管人予以赔偿。

第七章　基金的运作与信息披露

第五十七条　基金管理人运用基金财产进行证券投资，应当采用资产组合的方式。

资产组合的具体方式和投资比例，依照本法和国务院证券监督管理机构的规定在基金合同中约定。

第五十八条 基金财产应当用于下列投资：

（一）上市交易的股票、债券；

（二）国务院证券监督管理机构规定的其他证券品种。

第五十九条 基金财产不得用于下列投资或者活动：

（一）承销证券；

（二）向他人贷款或者提供担保；

（三）从事承担无限责任的投资；

（四）买卖其他基金份额，但是国务院另有规定的除外；

（五）向其基金管理人、基金托管人出资或者买卖其基金管理人、基金托管人发行的股票或者债券；

（六）买卖与其基金管理人、基金托管人有控股关系的股东或者与其基金管理人、基金托管人有其他重大利害关系的公司发行的证券或者承销期内承销的证券；

（七）从事内幕交易、操纵证券交易价格及其他不正当的证券交易活动；

（八）依照法律、行政法规有关规定，由国务院证券监督管理机构规定禁止的其他活动。

第六十条 基金管理人、基金托管人和其他基金信息披露义务人应当依法披露基金信息，并保证所披露信息的真实性、准确性和完整性。

第六十一条 基金信息披露义务人应当确保应予披露的基金信息在国务院证券监督管理机构规定时间内披露，并保证投资人能够按照基金合同约定的时间和方式查阅或者复制公开披露的信息资料。

第六十二条 公开披露的基金信息包括：

（一）基金招募说明书、基金合同、基金托管协议；

（二）基金募集情况；

（三）基金份额上市交易公告书；

（四）基金资产净值、基金份额净值；

（五）基金份额申购、赎回价格；

（六）基金财产的资产组合季度报告、财务会计报告及中期和年度基金报告；

（七）临时报告；

（八）基金份额持有人大会决议；

（九）基金管理人、基金托管人的专门基金托管部门的重大人事变动；

（十）涉及基金管理人、基金财产、基金托管业务的诉讼；

（十一）依照法律、行政法规有关规定，由国务院证券监督管理机构规定应予披露的其他信息。

第六十三条 对公开披露的基金信息出具审计报告或者法律意见书的会计师事务所、律师事务所，应当保证其所出具文件内容的真实性、准确性和完整性。

第六十四条 公开披露基金信息，不得有下列行为：

（一）虚假记载、误导性陈述或者重大遗漏；

（二）对证券投资业绩进行预测；

（三）违规承诺收益或者承担损失；

（四）诋毁其他基金管理人、基金托管人或者基金份额发售机构；

（五）依照法律、行政法规有关规定，由国务院证券监督管理机构规定禁止的其他行为。

第八章 基金合同的变更、终止与基金财产清算

第六十五条 按照基金合同的约定或者基金份额持有人大会的决议，并经国务院证券监督管理机构核准，可以转换基金运作方式。

第六十六条 封闭式基金扩募或者延长基金合同期限，应当符合下列条件，并经国务院证券监督管理机构核准：

（一）基金运营业绩良好；

（二）基金管理人最近二年内没有因违法违规行为受到行政处罚或者刑事处罚；

（三）基金份额持有人大会决议通过；

（四）本法规定的其他条件。

第六十七条 有下列情形之一的，基金合同终止：

（一）基金合同期限届满而未延期的；

（二）基金份额持有人大会决定终止的；

（三）基金管理人、基金托管人职责终止，在六个月内没有新基金管理人、新基金托管人承接的；

（四）基金合同约定的其他情形。

第六十八条　基金合同终止时，基金管理人应当组织清算组对基金财产进行清算。

清算组由基金管理人、基金托管人以及相关的中介服务机构组成。

清算组作出的清算报告经会计师事务所审计，律师事务所出具法律意见书后，报国务院证券监督管理机构备案并公告。

第六十九条　清算后的剩余基金财产，应当按照基金份额持有人所持份额比例进行分配。

第九章　基金份额持有人权利及其行使

第七十条　基金份额持有人享有下列权利：

（一）分享基金财产收益；

（二）参与分配清算后的剩余基金财产；

（三）依法转让或者申请赎回其持有的基金份额；

（四）按照规定要求召开基金份额持有人大会；

（五）对基金份额持有人大会审议事项行使表决权；

（六）查阅或者复制公开披露的基金信息资料；

（七）对基金管理人、基金托管人、基金份额发售机构损害其合法权益的行为依法提起诉讼；

（八）基金合同约定的其他权利。

第七十一条　下列事项应当通过召开基金份额持有人大会审议决定：

（一）提前终止基金合同；

（二）基金扩募或者延长基金合同期限；

（三）转换基金运作方式；

（四）提高基金管理人、基金托管人的报酬标准；

（五）更换基金管理人、基金托管人；

（六）基金合同约定的其他事项。

第七十二条　基金份额持有人大会由基金管理人召集；基金管理人未按规定召集或者不能召集时，由基金托管人召集。

代表基金份额百分之十以上的基金份额持有人就同一事项要求召开基金份额持有人大会，而基金管理人、基金托管人都不召集的，代表基金份额百分之十以上的基金份额持有人有权自行召集，并报国务院证券监督管理机构备案。

第七十三条　召开基金份额持有人大会，召集人应当至少提前三十日公告基金份额持有人大会的召开时间、会议形式、审议事项、议事程序和表决方式等事项。

基金份额持有人大会不得就未经公告的事项进行表决。

第七十四条　基金份额持有人大会可以采取现场方式召开，也可以采取通讯等方式召开。

每一基金份额具有一票表决权，基金份额持有人可以委托代理人出席基金份额持有人大会并行使表决权。

第七十五条　基金份额持有人大会应当有代表百分之五十以上基金份额的持有人参加，方可召开；大会就审议事项作出决定，应当经参加大会的基金份额持有人所持表决权的百分之五十以上通过；但是，转换基金运作方式、更换基金管理人或者基金托管人、提前终止基金合同，应当经参加大会的基金份额持有人所持表决权的三分之二以上通过。

基金份额持有人大会决定的事项，应当依法报国务院证券监督管理机构核准或者备案，并予以公告。

第十章　监督管理

第七十六条　国务院证券监督管理机构依法履行下列职责：

（一）依法制定有关证券投资基金活动监督管理的规章、规则，并依法行使审批或者核准权；

（二）办理基金备案；

（三）对基金管理人、基金托管人及其他机构从事证券投资基金活动进行监督管理，对违法行为进行查处，并予以公告；

（四）制定基金从业人员的资格标准和行为准则，并监督实施；

（五）监督检查基金信息的披露情况；

（六）指导和监督基金同业协会的活动；

（七）法律、行政法规规定的其他职责。

第七十七条　国务院证券监督管理机构依法履行职责，有权采取下列措施：

（一）进入违法行为发生场所调查取证；

（二）询问当事人和与被调查事件有关的单

位和个人,要求其对与被调查事件有关的事项作出说明;

(三)查阅、复制当事人和与被调查事件有关的单位和个人的证券交易记录、登记过户记录、财务会计资料及其他相关文件和资料,对可能被转移或者隐匿的文件和资料予以封存;

(四)查询当事人和与被调查事件有关的单位和个人的资金账户、证券账户或者基金账户,对有证据证明有转移或者隐匿违法资金、证券迹象的,可以申请司法机关予以冻结;

(五)法律、行政法规规定的其他措施。

第七十八条 国务院证券监督管理机构工作人员依法履行职责,进行调查或者检查时,不得少于二人,并应当出示合法证件;对调查或者检查中知悉的商业秘密负有保密的义务。

第七十九条 国务院证券监督管理机构工作人员应当忠于职守,依法办事,公正廉洁,接受监督,不得利用职务牟取私利。

第八十条 国务院证券监督管理机构依法履行职责时,被调查、检查的单位和个人应当配合,如实提供有关文件和资料,不得拒绝、阻碍和隐瞒。

第八十一条 国务院证券监督管理机构依法履行职责,发现违法行为涉嫌犯罪的,应当将案件移送司法机关处理。

第八十二条 国务院证券监督管理机构工作人员不得在被监管的机构中兼任职务。

第十一章 法律责任

第八十三条 基金管理人、基金托管人在履行各自职责的过程中,违反本法规定或者基金合同约定,给基金财产或者基金份额持有人造成损害的,应当分别对各自的行为依法承担赔偿责任;因共同行为给基金财产或者基金份额持有人造成损害的,应当承担连带赔偿责任。

第八十四条 违反本法第四十五条规定,动用募集的资金的,责令返还,没收违法所得;违法所得五十万元以上的,并处违法所得一倍以上五倍以下罚款;没有违法所得或者违法所得不足五十万元的,并处五万元以上五十万元以下罚款;对直接负责的主管人员和其他直接责任人员给予警告,并处三万元以上三十万元以下罚款;给投资人造成损害的,依法承担赔偿责任;构成犯罪的,依法追究刑事责任。

第八十五条 未经国务院证券监督管理机构核准,擅自募集基金的,责令停止,返还所募资金和加计的银行同期存款利息,没收违法所得,并处所募资金金额百分之一以上百分之五以下罚款;构成犯罪的,依法追究刑事责任。

第八十六条 违反本法规定,未经批准,擅自设立基金管理公司的,由证券监督管理机构予以取缔,并处五万元以上五十万元以下罚款;构成犯罪的,依法追究刑事责任。

第八十七条 未经国务院证券监督管理机构核准,擅自从事基金管理业务或者基金托管业务的,责令停止,没收违法所得;违法所得一百万元以上的,并处违法所得一倍以上五倍以下罚款;没有违法所得或者违法所得不足一百万元的,并处十万元以上一百万元以下罚款;给基金财产或者基金份额持有人造成损害的,依法承担赔偿责任;对直接负责的主管人员和其他直接责任人员给予警告,并处三万元以上三十万元以下罚款;构成犯罪的,依法追究刑事责任。

第八十八条 基金管理人、基金托管人违反本法规定,未对基金财产实行分别管理或者分账保管,或者将基金财产挪作他用的,责令改正,处五万元以上五十万元以下罚款;给基金财产或者基金份额持有人造成损害的,依法承担赔偿责任;对直接负责的主管人员和其他直接责任人员给予警告,暂停或者取消基金从业资格,并处三万元以上三十万元以下罚款;构成犯罪的,依法追究刑事责任。

基金管理人、基金托管人将基金财产挪作他用而取得的财产和收益,归入基金财产。但是,法律、行政法规另有规定的,依照其规定。

第八十九条 基金管理人、基金托管人有本法第二十条所列行为之一的,责令改正,没收违法所得;违法所得一百万元以上的,并处违法所得一倍以上五倍以下罚款;没有违法所得或者违法所得不足一百万元的,并处十万元以上一百万元以下罚款;给基金财产或者基金份额持有人造成损害的,依法承担赔偿责任;对直接负责的主管人员和其他直接责任人员给予警告,暂停或者取消基金从业资格，并处三万元以上三十万元以下罚款；构成犯罪的，依法追究刑事责任。

第九十条　基金管理人、基金托管人有本法第五十九条第一项至第六项和第八项所列行为之一的，责令改正，处十万元以上一百万元以下罚款；给基金财产或者基金份额持有人造成损害的，依法承担赔偿责任；对直接负责的主管人员和其他直接责任人员给予警告，暂停或者取消基金从业资格，并处三万元以上三十万元以下罚款；构成犯罪的，依法追究刑事责任。

基金管理人、基金托管人有前款行为，运用基金财产而取得的财产和收益，归入基金财产。但是，法律、行政法规另有规定的，依照其规定。

第九十一条　基金管理人、基金托管人有本法第五十九条第七项规定行为的，除依照《中华人民共和国证券法》的有关规定处罚外，对直接负责的主管人员和其他直接责任人员给予警告，暂停或者取消基金从业资格，并处三万元以上三十万元以下罚款；给基金财产或者基金份额持有人造成损害的，依法承担赔偿责任。

第九十二条　基金管理人、基金托管人违反本法规定，相互出资或者持有股份的，责令改正，可以处十万元以下罚款。

第九十三条　基金信息披露义务人不依法披露基金信息或者披露的信息有虚假记载、误导性陈述或者重大遗漏的，责令改正，没收违法所得，并处十万元以上一百万元以下罚款；给基金份额持有人造成损害的，依法承担赔偿责任；对直接负责的主管人员和其他直接责任人员给予警告，暂停或者取消基金从业资格，并处三万元以上三十万元以下罚款；构成犯罪的，依法追究刑事责任。

第九十四条　为基金信息披露义务人公开披露的基金信息出具审计报告、法律意见书等文件的专业机构就其所应负责的内容弄虚作假的，责令改正，没收违法所得，并处违法所得一倍以上五倍以下罚款；情节严重的，责令停业，暂停或者取消直接责任人员的相关资格；给基金份额持有人造成损害的，依法承担赔偿责任；构成犯罪的，依法追究刑事责任。

第九十五条　基金管理人或者基金托管人不按照规定召集基金份额持有人大会的，责令改正，可以处五万元以下罚款；对直接负责的主管人员和其他直接责任人员给予警告，暂停或者取消基金从业资格。

第九十六条　基金管理人、基金托管人违反本法规定，情节严重的，依法取消基金管理资格或者基金托管资格。

第九十七条　基金管理人、基金托管人的专门基金托管部门的从业人员违反本法第十八条规定，给基金财产或者基金份额持有人造成损害的，依法承担赔偿责任；情节严重的，取消基金从业资格；构成犯罪的，依法追究刑事责任。

第九十八条　证券监督管理机构工作人员玩忽职守、滥用职权、徇私舞弊或者利用职务上的便利索取或者收受他人财物的，依法给予行政处分；构成犯罪的，依法追究刑事责任。

第九十九条　违反本法规定，应当承担民事赔偿责任和缴纳罚款、罚金，其财产不足以同时支付时，先承担民事赔偿责任。

第一百条　依照本法规定，基金管理人、基金托管人应当承担的民事赔偿责任和缴纳的罚款、罚金，由基金管理人、基金托管人以其固有财产承担。

依法收缴的罚款、罚金和没收的违法所得，应当全部上缴国库。

第十二章　附　　则

第一百零一条　基金管理公司或者国务院批准的其他机构，向特定对象募集资金或者接受特定对象财产委托从事证券投资活动的具体管理办法，由国务院根据本法的原则另行规定。

第一百零二条　通过公开发行股份募集资金，设立证券投资公司，从事证券投资等活动的管理办法，由国务院另行规定。

第一百零三条　本法自2004年6月1日起施行。

中华人民共和国证券投资基金法①

（2003年10月28日第十届全国人民代表大会常务委员会第五次会议通过 2012年12月28日第十一届全国人民代表大会常务委员会第三十次会议修订通过 2012年12月28日中华人民共和国主席令第71号公布 自2013年6月1日起施行）

目 录

第一章 总 则

第一条 为了规范证券投资基金活动，保护投资人及相关当事人的合法权益，促进证券投资基金和资本市场的健康发展，制定本法。

第二条 在中华人民共和国境内，公开或者非公开募集资金设立证券投资基金（以下简称基金），由基金管理人管理，基金托管人托管，为基金份额持有人的利益，进行证券投资活动，适用本法；本法未规定的，适用《中华人民共和国信托法》、《中华人民共和国证券法》和其他有关法律、行政法规的规定。

第三条 基金管理人、基金托管人和基金份额持有人的权利、义务，依照本法在基金合同中约定。

基金管理人、基金托管人依照本法和基金合同的约定，履行受托职责。

通过公开募集方式设立的基金（以下简称公开募集基金）的基金份额持有人按其所持基金份额享受收益和承担风险，通过非公开募集方式设立的基金（以下简称非公开募集基金）的收益分配和风险承担由基金合同约定。

第四条 从事证券投资基金活动，应当遵循自愿、公平、诚实信用的原则，不得损害国家利益和社会公共利益。

第五条 基金财产的债务由基金财产本身承担，基金份额持有人以其出资为限对基金财产的债务承担责任。但基金合同依照本法另有约定的，从其约定。

基金财产独立于基金管理人、基金托管人的固有财产。基金管理人、基金托管人不得将基金财产归入其固有财产。

基金管理人、基金托管人因基金财产的管理、运用或者其他情形而取得的财产和收益，归入基金财产。

基金管理人、基金托管人因依法解散、被依法撤销或者被依法宣告破产等原因进行清算的，基金财产不属于其清算财产。

第六条 基金财产的债权，不得与基金管理人、基金托管人固有财产的债务相抵销；不同基金财产的债权债务，不得相互抵销。

第七条 非因基金财产本身承担的债务，不得对基金财产强制执行。

第八条 基金财产投资的相关税收，由基金份额持有人承担，基金管理人或者其他扣缴义务人按照国家有关税收征收的规定代扣代缴。

第九条 基金管理人、基金托管人管理、运用基金财产，基金服务机构从事基金服务活动，应当恪尽职守，履行诚实信用、谨慎勤勉的义务。

基金管理人运用基金财产进行证券投资，应当遵守审慎经营规则，制定科学合理的投资策略和风险管理制度，有效防范和控制风险。

① 编者注：已被修改。

基金从业人员应当具备基金从业资格，遵守法律、行政法规，恪守职业道德和行为规范。

第十条 基金管理人、基金托管人和基金服务机构，应当依照本法成立证券投资基金行业协会（以下简称基金行业协会），进行行业自律，协调行业关系，提供行业服务，促进行业发展。

第十一条 国务院证券监督管理机构依法对证券投资基金活动实施监督管理；其派出机构依照授权履行职责。

第二章 基金管理人

第十二条 基金管理人由依法设立的公司或者合伙企业担任。

公开募集基金的基金管理人，由基金管理公司或者经国务院证券监督管理机构按照规定核准的其他机构担任。

第十三条 设立管理公开募集基金的基金管理公司，应当具备下列条件，并经国务院证券监督管理机构批准：

（一）有符合本法和《中华人民共和国公司法》规定的章程；

（二）注册资本不低于一亿元人民币，且必须为实缴货币资本；

（三）主要股东应当具有经营金融业务或者管理金融机构的良好业绩、良好的财务状况和社会信誉，资产规模达到国务院规定的标准，最近三年没有违法记录；

（四）取得基金从业资格的人员达到法定人数；

（五）董事、监事、高级管理人员具备相应的任职条件；

（六）有符合要求的营业场所、安全防范设施和与基金管理业务有关的其他设施；

（七）有良好的内部治理结构、完善的内部稽核监控制度、风险控制制度；

（八）法律、行政法规规定的和经国务院批准的国务院证券监督管理机构规定的其他条件。

第十四条 国务院证券监督管理机构应当自受理基金管理公司设立申请之日起六个月内依照本法第十三条规定的条件和审慎监管原则进行审查，作出批准或者不予批准的决定，并通知申请人；不予批准的，应当说明理由。

基金管理公司变更持有百分之五以上股权的股东，变更公司的实际控制人，或者变更其他重大事项，应当报经国务院证券监督管理机构批准。国务院证券监督管理机构应当自受理申请之日起六十日内作出批准或者不予批准的决定，并通知申请人；不予批准的，应当说明理由。

第十五条 有下列情形之一的，不得担任公开募集基金的基金管理人的董事、监事、高级管理人员和其他从业人员：

（一）因犯有贪污贿赂、渎职、侵犯财产罪或者破坏社会主义市场经济秩序罪，被判处刑罚的；

（二）对所任职的公司、企业因经营不善破产清算或者因违法被吊销营业执照负有个人责任的董事、监事、厂长、高级管理人员，自该公司、企业破产清算终结或者被吊销营业执照之日起未逾五年的；

（三）个人所负债务数额较大，到期未清偿的；

（四）因违法行为被开除的基金管理人、基金托管人、证券交易所、证券公司、证券登记结算机构、期货交易所、期货公司及其他机构的从业人员和国家机关工作人员；

（五）因违法行为被吊销执业证书或者被取消资格的律师、注册会计师和资产评估机构、验证机构的从业人员、投资咨询从业人员；

（六）法律、行政法规规定不得从事基金业务的其他人员。

第十六条 公开募集基金的基金管理人的董事、监事和高级管理人员，应当熟悉证券投资方面的法律、行政法规，具有三年以上与其所任职务相关的工作经历；高级管理人员还应当具备基金从业资格。

第十七条 公开募集基金的基金管理人的法定代表人、经营管理主要负责人和从事合规监管的负责人的选任或者改任，应当报经国务院证券监督管理机构依照本法和其他有关法律、行政法规规定的任职条件进行审核。

第十八条 公开募集基金的基金管理人的董事、监事、高级管理人员和其他从业人员，其本人、配偶、利害关系人进行证券投资，应当事先向基金管理人申报，并不得与基金份额持有人发生利益冲突。

公开募集基金的基金管理人应当建立前款规定人员进行证券投资的申报、登记、审查、处置等管理制度,并报国务院证券监督管理机构备案。

第十九条　公开募集基金的基金管理人的董事、监事、高级管理人员和其他从业人员,不得担任基金托管人或者其他基金管理人的任何职务,不得从事损害基金财产和基金份额持有人利益的证券交易及其他活动。

第二十条　公开募集基金的基金管理人应当履行下列职责:

(一)依法募集资金,办理基金份额的发售和登记事宜;

(二)办理基金备案手续;

(三)对所管理的不同基金财产分别管理、分别记账,进行证券投资;

(四)按照基金合同的约定确定基金收益分配方案,及时向基金份额持有人分配收益;

(五)进行基金会计核算并编制基金财务会计报告;

(六)编制中期和年度基金报告;

(七)计算并公告基金资产净值,确定基金份额申购、赎回价格;

(八)办理与基金财产管理业务活动有关的信息披露事项;

(九)按照规定召集基金份额持有人大会;

(十)保存基金财产管理业务活动的记录、账册、报表和其他相关资料;

(十一)以基金管理人名义,代表基金份额持有人利益行使诉讼权利或者实施其他法律行为;

(十二)国务院证券监督管理机构规定的其他职责。

第二十一条　公开募集基金的基金管理人及其董事、监事、高级管理人员和其他从业人员不得有下列行为:

(一)将其固有财产或者他人财产混同于基金财产从事证券投资;

(二)不公平地对待其管理的不同基金财产;

(三)利用基金财产或者职务之便为基金份额持有人以外的人牟取利益;

(四)向基金份额持有人违规承诺收益或者承担损失;

(五)侵占、挪用基金财产;

(六)泄露因职务便利获取的未公开信息、利用该信息从事或者明示、暗示他人从事相关的交易活动;

(七)玩忽职守,不按照规定履行职责;

(八)法律、行政法规和国务院证券监督管理机构规定禁止的其他行为。

第二十二条　公开募集基金的基金管理人应当建立良好的内部治理结构,明确股东会、董事会、监事会和高级管理人员的职责权限,确保基金管理人独立运作。

公开募集基金的基金管理人可以实行专业人士持股计划,建立长效激励约束机制。

公开募集基金的基金管理人的股东、董事、监事和高级管理人员在行使权利或者履行职责时,应当遵循基金份额持有人利益优先的原则。

第二十三条　公开募集基金的基金管理人应当从管理基金的报酬中计提风险准备金。

公开募集基金的基金管理人因违法违规、违反基金合同等原因给基金财产或者基金份额持有人合法权益造成损失,应当承担赔偿责任的,可以优先使用风险准备金予以赔偿。

第二十四条　公开募集基金的基金管理人的股东、实际控制人应当按照国务院证券监督管理机构的规定及时履行重大事项报告义务,并不得有下列行为:

(一)虚假出资或者抽逃出资;

(二)未依法经股东会或者董事会决议擅自干预基金管理人的基金经营活动;

(三)要求基金管理人利用基金财产为自己或者他人牟取利益,损害基金份额持有人利益;

(四)国务院证券监督管理机构规定禁止的其他行为。

公开募集基金的基金管理人的股东、实际控制人有前款行为或者股东不再符合法定条件的,国务院证券监督管理机构应当责令其限期改正,并可视情节责令其转让所持有或者控制的基金管理人的股权。

在前款规定的股东、实际控制人按照要求改正违法行为、转让所持有或者控制的基金管理人的股权前,国务院证券监督管理机构可以限制有关股东行使股东权利。

第二十五条 公开募集基金的基金管理人违法违规，或者其内部治理结构、稽核监控和风险控制管理不符合规定的，国务院证券监督管理机构应当责令其限期改正；逾期未改正，或者其行为严重危及该基金管理人的稳健运行、损害基金份额持有人合法权益的，国务院证券监督管理机构可以区别情形，对其采取下列措施：

（一）限制业务活动，责令暂停部分或者全部业务；

（二）限制分配红利，限制向董事、监事、高级管理人员支付报酬、提供福利；

（三）限制转让固有财产或者在固有财产上设定其他权利；

（四）责令更换董事、监事、高级管理人员或者限制其权利；

（五）责令有关股东转让股权或者限制有关股东行使股东权利。

公开募集基金的基金管理人整改后，应当向国务院证券监督管理机构提交报告。国务院证券监督管理机构经验收，符合有关要求的，应当自验收完毕之日起三日内解除对其采取的有关措施。

第二十六条 公开募集基金的基金管理人的董事、监事、高级管理人员未能勤勉尽责，致使基金管理人存在重大违法违规行为或者重大风险的，国务院证券监督管理机构可以责令更换。

第二十七条 公开募集基金的基金管理人违法经营或者出现重大风险，严重危害证券市场秩序、损害基金份额持有人利益的，国务院证券监督管理机构可以对该基金管理人采取责令停业整顿、指定其他机构托管、接管、取消基金管理资格或者撤销等监管措施。

第二十八条 在公开募集基金的基金管理人被责令停业整顿、被依法指定托管、接管或者清算期间，或者出现重大风险时，经国务院证券监督管理机构批准，可以对该基金管理人直接负责的董事、监事、高级管理人员和其他直接责任人员采取下列措施：

（一）通知出境管理机关依法阻止其出境；

（二）申请司法机关禁止其转移、转让或者以其他方式处分财产，或者在财产上设定其他权利。

第二十九条 有下列情形之一的，公开募集基金的基金管理人职责终止：

（一）被依法取消基金管理资格；

（二）被基金份额持有人大会解任；

（三）依法解散、被依法撤销或者被依法宣告破产；

（四）基金合同约定的其他情形。

第三十条 公开募集基金的基金管理人职责终止的，基金份额持有人大会应当在六个月内选任新基金管理人；新基金管理人产生前，由国务院证券监督管理机构指定临时基金管理人。

公开募集基金的基金管理人职责终止的，应当妥善保管基金管理业务资料，及时办理基金管理业务的移交手续，新基金管理人或者临时基金管理人应当及时接收。

第三十一条 公开募集基金的基金管理人职责终止的，应当按照规定聘请会计师事务所对基金财产进行审计，并将审计结果予以公告，同时报国务院证券监督管理机构备案。

第三十二条 对非公开募集基金的基金管理人进行规范的具体办法，由国务院金融监督管理机构依照本章的原则制定。

第三章 基金托管人

第三十三条 基金托管人由依法设立的商业银行或者其他金融机构担任。

商业银行担任基金托管人的，由国务院证券监督管理机构会同国务院银行业监督管理机构核准；其他金融机构担任基金托管人的，由国务院证券监督管理机构核准。

第三十四条 担任基金托管人，应当具备下列条件：

（一）净资产和风险控制指标符合有关规定；

（二）设有专门的基金托管部门；

（三）取得基金从业资格的专职人员达到法定人数；

（四）有安全保管基金财产的条件；

（五）有安全高效的清算、交割系统；

（六）有符合要求的营业场所、安全防范设施和与基金托管业务有关的其他设施；

（七）有完善的内部稽核监控制度和风险控制制度；

(八)法律、行政法规规定的和经国务院批准的国务院证券监督管理机构、国务院银行业监督管理机构规定的其他条件。

第三十五条 本法第十五条、第十八条、第十九条的规定,适用于基金托管人的专门基金托管部门的高级管理人员和其他从业人员。

本法第十六条的规定,适用于基金托管人的专门基金托管部门的高级管理人员。

第三十六条 基金托管人与基金管理人不得为同一机构,不得相互出资或者持有股份。

第三十七条 基金托管人应当履行下列职责:

(一)安全保管基金财产;

(二)按照规定开设基金财产的资金账户和证券账户;

(三)对所托管的不同基金财产分别设置账户,确保基金财产的完整与独立;

(四)保存基金托管业务活动的记录、账册、报表和其他相关资料;

(五)按照基金合同的约定,根据基金管理人的投资指令,及时办理清算、交割事宜;

(六)办理与基金托管业务活动有关的信息披露事项;

(七)对基金财务会计报告、中期和年度基金报告出具意见;

(八)复核、审查基金管理人计算的基金资产净值和基金份额申购、赎回价格;

(九)按照规定召集基金份额持有人大会;

(十)按照规定监督基金管理人的投资运作;

(十一)国务院证券监督管理机构规定的其他职责。

第三十八条 基金托管人发现基金管理人的投资指令违反法律、行政法规和其他有关规定,或者违反基金合同约定的,应当拒绝执行,立即通知基金管理人,并及时向国务院证券监督管理机构报告。

基金托管人发现基金管理人依据交易程序已经生效的投资指令违反法律、行政法规和其他有关规定,或者违反基金合同约定的,应当立即通知基金管理人,并及时向国务院证券监督管理机构报告。

第三十九条 本法第二十一条、第二十三条的规定,适用于基金托管人。

第四十条 基金托管人不再具备本法规定的条件,或者未能勤勉尽责,在履行本法规定的职责时存在重大失误的,国务院证券监督管理机构、国务院银行业监督管理机构应当责令其改正;逾期未改正,或者其行为严重影响所托管基金的稳健运行、损害基金份额持有人利益的,国务院证券监督管理机构、国务院银行业监督管理机构可以区别情形,对其采取下列措施:

(一)限制业务活动,责令暂停办理新的基金托管业务;

(二)责令更换负有责任的专门基金托管部门的高级管理人员。

基金托管人整改后,应当向国务院证券监督管理机构、国务院银行业监督管理机构提交报告;经验收,符合有关要求的,应当自验收完毕之日起三日内解除对其采取的有关措施。

第四十一条 国务院证券监督管理机构、国务院银行业监督管理机构对有下列情形之一的基金托管人,可以取消其基金托管资格:

(一)连续三年没有开展基金托管业务的;

(二)违反本法规定,情节严重的;

(三)法律、行政法规规定的其他情形。

第四十二条 有下列情形之一的,基金托管人职责终止:

(一)被依法取消基金托管资格;

(二)被基金份额持有人大会解任;

(三)依法解散、被依法撤销或者被依法宣告破产;

(四)基金合同约定的其他情形。

第四十三条 基金托管人职责终止的,基金份额持有人大会应当在六个月内选任新基金托管人;新基金托管人产生前,由国务院证券监督管理机构指定临时基金托管人。

基金托管人职责终止的,应当妥善保管基金财产和基金托管业务资料,及时办理基金财产和基金托管业务的移交手续,新基金托管人或者临时基金托管人应当及时接收。

第四十四条 基金托管人职责终止的,应当按照规定聘请会计师事务所对基金财产进行审计,并将审计结果予以公告,同时报国务院证券监督管理机构备案。

第四章　基金的运作方式和组织

第四十五条　基金合同应当约定基金的运作方式。

第四十六条　基金的运作方式可以采用封闭式、开放式或者其他方式。

采用封闭式运作方式的基金（以下简称封闭式基金），是指基金份额总额在基金合同期限内固定不变，基金份额持有人不得申请赎回的基金；采用开放式运作方式的基金（以下简称开放式基金），是指基金份额总额不固定，基金份额可以在基金合同约定的时间和场所申购或者赎回的基金。

采用其他运作方式的基金的基金份额发售、交易、申购、赎回的办法，由国务院证券监督管理机构另行规定。

第四十七条　基金份额持有人享有下列权利：

（一）分享基金财产收益；

（二）参与分配清算后的剩余基金财产；

（三）依法转让或者申请赎回其持有的基金份额；

（四）按照规定要求召开基金份额持有人大会或者召集基金份额持有人大会；

（五）对基金份额持有人大会审议事项行使表决权；

（六）对基金管理人、基金托管人、基金服务机构损害其合法权益的行为依法提起诉讼；

（七）基金合同约定的其他权利。

公开募集基金的基金份额持有人有权查阅或者复制公开披露的基金信息资料；非公开募集基金的基金份额持有人对涉及自身利益的情况，有权查阅基金的财务会计账簿等财务资料。

第四十八条　基金份额持有人大会由全体基金份额持有人组成，行使下列职权：

（一）决定基金扩募或者延长基金合同期限；

（二）决定修改基金合同的重要内容或者提前终止基金合同；

（三）决定更换基金管理人、基金托管人；

（四）决定调整基金管理人、基金托管人的报酬标准；

（五）基金合同约定的其他职权。

第四十九条　按照基金合同约定，基金份额持有人大会可以设立日常机构，行使下列职权：

（一）召集基金份额持有人大会；

（二）提请更换基金管理人、基金托管人；

（三）监督基金管理人的投资运作、基金托管人的托管活动；

（四）提请调整基金管理人、基金托管人的报酬标准；

（五）基金合同约定的其他职权。

前款规定的日常机构，由基金份额持有人大会选举产生的人员组成；其议事规则，由基金合同约定。

第五十条　基金份额持有人大会及其日常机构不得直接参与或者干涉基金的投资管理活动。

第五章　基金的公开募集

第五十一条　公开募集基金，应当经国务院证券监督管理机构注册。未经注册，不得公开或者变相公开募集基金。

前款所称公开募集基金，包括向不特定对象募集资金、向特定对象募集资金累计超过二百人，以及法律、行政法规规定的其他情形。

公开募集基金应当由基金管理人管理，基金托管人托管。

第五十二条　注册公开募集基金，由拟任基金管理人向国务院证券监督管理机构提交下列文件：

（一）申请报告；

（二）基金合同草案；

（三）基金托管协议草案；

（四）招募说明书草案；

（五）律师事务所出具的法律意见书；

（六）国务院证券监督管理机构规定提交的其他文件。

第五十三条　公开募集基金的基金合同应当包括下列内容：

（一）募集基金的目的和基金名称；

（二）基金管理人、基金托管人的名称和住所；

（三）基金的运作方式；

（四）封闭式基金的基金份额总额和基金合

同期限,或者开放式基金的最低募集份额总额;

(五)确定基金份额发售日期、价格和费用的原则;

(六)基金份额持有人、基金管理人和基金托管人的权利、义务;

(七)基金份额持有人大会召集、议事及表决的程序和规则;

(八)基金份额发售、交易、申购、赎回的程序、时间、地点、费用计算方式,以及给付赎回款项的时间和方式;

(九)基金收益分配原则、执行方式;

(十)基金管理人、基金托管人报酬的提取、支付方式与比例;

(十一)与基金财产管理、运用有关的其他费用的提取、支付方式;

(十二)基金财产的投资方向和投资限制;

(十三)基金资产净值的计算方法和公告方式;

(十四)基金募集未达到法定要求的处理方式;

(十五)基金合同解除和终止的事由、程序以及基金财产清算方式;

(十六)争议解决方式;

(十七)当事人约定的其他事项。

第五十四条 公开募集基金的基金招募说明书应当包括下列内容:

(一)基金募集申请的准予注册文件名称和注册日期;

(二)基金管理人、基金托管人的基本情况;

(三)基金合同和基金托管协议的内容摘要;

(四)基金份额的发售日期、价格、费用和期限;

(五)基金份额的发售方式、发售机构及登记机构名称;

(六)出具法律意见书的律师事务所和审计基金财产的会计师事务所的名称和住所;

(七)基金管理人、基金托管人报酬及其他有关费用的提取、支付方式与比例;

(八)风险警示内容;

(九)国务院证券监督管理机构规定的其他内容。

第五十五条 国务院证券监督管理机构应当自受理公开募集基金的募集注册申请之日起六个月内依照法律、行政法规及国务院证券监督管理机构的规定进行审查,作出注册或者不予注册的决定,并通知申请人;不予注册的,应当说明理由。

第五十六条 基金募集申请经注册后,方可发售基金份额。

基金份额的发售,由基金管理人或者其委托的基金销售机构办理。

第五十七条 基金管理人应当在基金份额发售的三日前公布招募说明书、基金合同及其他有关文件。

前款规定的文件应当真实、准确、完整。

对基金募集所进行的宣传推介活动,应当符合有关法律、行政法规的规定,不得有本法第七十八条所列行为。

第五十八条 基金管理人应当自收到准予注册文件之日起六个月内进行基金募集。超过六个月开始募集,原注册的事项未发生实质性变化的,应当报国务院证券监督管理机构备案;发生实质性变化的,应当向国务院证券监督管理机构重新提交注册申请。

基金募集不得超过国务院证券监督管理机构准予注册的基金募集期限。基金募集期限自基金份额发售之日起计算。

第五十九条 基金募集期限届满,封闭式基金募集的基金份额总额达到准予注册规模的百分之八十以上,开放式基金募集的基金份额总额超过准予注册的最低募集份额总额,并且基金份额持有人人数符合国务院证券监督管理机构规定的,基金管理人应当自募集期限届满之日起十日内聘请法定验资机构验资,自收到验资报告之日起十日内,向国务院证券监督管理机构提交验资报告,办理基金备案手续,并予以公告。

第六十条 基金募集期间募集的资金应当存入专门账户,在基金募集行为结束前,任何人不得动用。

第六十一条 投资人交纳认购的基金份额的款项时,基金合同成立;基金管理人依照本法第五十九条的规定向国务院证券监督管理机构办理基金备案手续,基金合同生效。

基金募集期限届满,不能满足本法第五十九

条规定的条件的，基金管理人应当承担下列责任：

（一）以其固有财产承担因募集行为而产生的债务和费用；

（二）在基金募集期限届满后三十日内返还投资人已交纳的款项，并加计银行同期存款利息。

第六章　公开募集基金的基金份额的交易、申购与赎回

第六十二条　申请基金份额上市交易，基金管理人应当向证券交易所提出申请，证券交易所依法审核同意的，双方应当签订上市协议。

第六十三条　基金份额上市交易，应当符合下列条件：

（一）基金的募集符合本法规定；

（二）基金合同期限为五年以上；

（三）基金募集金额不低于二亿元人民币；

（四）基金份额持有人不少于一千人；

（五）基金份额上市交易规则规定的其他条件。

第六十四条　基金份额上市交易规则由证券交易所制定，报国务院证券监督管理机构批准。

第六十五条　基金份额上市交易后，有下列情形之一的，由证券交易所终止其上市交易，并报国务院证券监督管理机构备案：

（一）不再具备本法第六十三条规定的上市交易条件；

（二）基金合同期限届满；

（三）基金份额持有人大会决定提前终止上市交易；

（四）基金合同约定的或者基金份额上市交易规则规定的终止上市交易的其他情形。

第六十六条　开放式基金的基金份额的申购、赎回、登记，由基金管理人或者其委托的基金服务机构办理。

第六十七条　基金管理人应当在每个工作日办理基金份额的申购、赎回业务；基金合同另有约定的，从其约定。

投资人交付申购款项，申购成立；基金份额登记机构确认基金份额时，申购生效。

基金份额持有人递交赎回申请，赎回成立；基金份额登记机构确认赎回时，赎回生效。

第六十八条　基金管理人应当按时支付赎回款项，但是下列情形除外：

（一）因不可抗力导致基金管理人不能支付赎回款项；

（二）证券交易场所依法决定临时停市，导致基金管理人无法计算当日基金资产净值；

（三）基金合同约定的其他特殊情形。

发生上述情形之一的，基金管理人应当在当日报国务院证券监督管理机构备案。

本条第一款规定的情形消失后，基金管理人应当及时支付赎回款项。

第六十九条　开放式基金应当保持足够的现金或者政府债券，以备支付基金份额持有人的赎回款项。基金财产中应当保持的现金或者政府债券的具体比例，由国务院证券监督管理机构规定。

第七十条　基金份额的申购、赎回价格，依据申购、赎回日基金份额净值加、减有关费用计算。

第七十一条　基金份额净值计价出现错误时，基金管理人应当立即纠正，并采取合理的措施防止损失进一步扩大。计价错误达到基金份额净值百分之零点五时，基金管理人应当公告，并报国务院证券监督管理机构备案。

因基金份额净值计价错误造成基金份额持有人损失的，基金份额持有人有权要求基金管理人、基金托管人予以赔偿。

第七章　公开募集基金的投资与信息披露

第七十二条　基金管理人运用基金财产进行证券投资，除国务院证券监督管理机构另有规定外，应当采用资产组合的方式。

资产组合的具体方式和投资比例，依照本法和国务院证券监督管理机构的规定在基金合同中约定。

第七十三条　基金财产应当用于下列投资：

（一）上市交易的股票、债券；

（二）国务院证券监督管理机构规定的其他证券及其衍生品种。

第七十四条　基金财产不得用于下列投资或者活动：

(一)承销证券;

(二)违反规定向他人贷款或者提供担保;

(三)从事承担无限责任的投资;

(四)买卖其他基金份额,但是国务院证券监督管理机构另有规定的除外;

(五)向基金管理人、基金托管人出资;

(六)从事内幕交易、操纵证券交易价格及其他不正当的证券交易活动;

(七)法律、行政法规和国务院证券监督管理机构规定禁止的其他活动。

运用基金财产买卖基金管理人、基金托管人及其控股股东、实际控制人或者与其有其他重大利害关系的公司发行的证券或承销期内承销的证券,或者从事其他重大关联交易的,应当遵循基金份额持有人利益优先的原则,防范利益冲突,符合国务院证券监督管理机构的规定,并履行信息披露义务。

第七十五条 基金管理人、基金托管人和其他基金信息披露义务人应当依法披露基金信息,并保证所披露信息的真实性、准确性和完整性。

第七十六条 基金信息披露义务人应当确保应予披露的基金信息在国务院证券监督管理机构规定时间内披露,并保证投资人能够按照基金合同约定的时间和方式查阅或者复制公开披露的信息资料。

第七十七条 公开披露的基金信息包括:

(一)基金招募说明书、基金合同、基金托管协议;

(二)基金募集情况;

(三)基金份额上市交易公告书;

(四)基金资产净值、基金份额净值;

(五)基金份额申购、赎回价格;

(六)基金财产的资产组合季度报告、财务会计报告及中期和年度基金报告;

(七)临时报告;

(八)基金份额持有人大会决议;

(九)基金管理人、基金托管人的专门基金托管部门的重大人事变动;

(十)涉及基金财产、基金管理业务、基金托管业务的诉讼或者仲裁;

(十一)国务院证券监督管理机构规定应予披露的其他信息。

第七十八条 公开披露基金信息,不得有下列行为:

(一)虚假记载、误导性陈述或者重大遗漏;

(二)对证券投资业绩进行预测;

(三)违规承诺收益或者承担损失;

(四)诋毁其他基金管理人、基金托管人或者基金销售机构;

(五)法律、行政法规和国务院证券监督管理机构规定禁止的其他行为。

第八章 公开募集基金的基金合同的变更、终止与基金财产清算

第七十九条 按照基金合同的约定或者基金份额持有人大会的决议,基金可以转换运作方式或者与其他基金合并。

第八十条 封闭式基金扩募或者延长基金合同期限,应当符合下列条件,并报国务院证券监督管理机构备案:

(一)基金运营业绩良好;

(二)基金管理人最近二年内没有因违法违规行为受到行政处罚或者刑事处罚;

(三)基金份额持有人大会决议通过;

(四)本法规定的其他条件。

第八十一条 有下列情形之一的,基金合同终止:

(一)基金合同期限届满而未延期;

(二)基金份额持有人大会决定终止;

(三)基金管理人、基金托管人职责终止,在六个月内没有新基金管理人、新基金托管人承接;

(四)基金合同约定的其他情形。

第八十二条 基金合同终止时,基金管理人应当组织清算组对基金财产进行清算。

清算组由基金管理人、基金托管人以及相关的中介服务机构组成。

清算组作出的清算报告经会计师事务所审计,律师事务所出具法律意见书后,报国务院证券监督管理机构备案并公告。

第八十三条 清算后的剩余基金财产,应当按照基金份额持有人所持份额比例进行分配。

第九章 公开募集基金的基金份额持有人权利行使

第八十四条 基金份额持有人大会由基金管理人召集。基金份额持有人大会设立日常机构的,由该日常机构召集;该日常机构未召集的,由基金管理人召集。基金管理人未按规定召集或者不能召集的,由基金托管人召集。

代表基金份额百分之十以上的基金份额持有人就同一事项要求召开基金份额持有人大会,而基金份额持有人大会的日常机构、基金管理人、基金托管人都不召集的,代表基金份额百分之十以上的基金份额持有人有权自行召集,并报国务院证券监督管理机构备案。

第八十五条 召开基金份额持有人大会,召集人应当至少提前三十日公告基金份额持有人大会的召开时间、会议形式、审议事项、议事程序和表决方式等事项。

基金份额持有人大会不得就未经公告的事项进行表决。

第八十六条 基金份额持有人大会可以采取现场方式召开,也可以采取通讯等方式召开。

每一基金份额具有一票表决权,基金份额持有人可以委托代理人出席基金份额持有人大会并行使表决权。

第八十七条 基金份额持有人大会应当有代表二分之一以上基金份额的持有人参加,方可召开。

参加基金份额持有人大会的持有人的基金份额低于前款规定比例的,召集人可以在原公告的基金份额持有人大会召开时间的三个月以后、六个月以内,就原定审议事项重新召集基金份额持有人大会。重新召集的基金份额持有人大会应当有代表三分之一以上基金份额的持有人参加,方可召开。

基金份额持有人大会就审议事项作出决定,应当经参加大会的基金份额持有人所持表决权的二分之一以上通过;但是,转换基金的运作方式、更换基金管理人或者基金托管人、提前终止基金合同、与其他基金合并,应当经参加大会的基金份额持有人所持表决权的三分之二以上通过。

基金份额持有人大会决定的事项,应当依法报国务院证券监督管理机构备案,并予以公告。

第十章 非公开募集基金

第八十八条 非公开募集基金应当向合格投资者募集,合格投资者累计不得超过二百人。

前款所称合格投资者,是指达到规定资产规模或者收入水平,并且具备相应的风险识别能力和风险承担能力、其基金份额认购金额不低于规定限额的单位和个人。

合格投资者的具体标准由国务院证券监督管理机构规定。

第八十九条 除基金合同另有约定外,非公开募集基金应当由基金托管人托管。

第九十条 担任非公开募集基金的基金管理人,应当按照规定向基金行业协会履行登记手续,报送基本情况。

第九十一条 未经登记,任何单位或者个人不得使用“基金”或者“基金管理”字样或者近似名称进行证券投资活动;但是,法律、行政法规另有规定的除外。

第九十二条 非公开募集基金,不得向合格投资者之外的单位和个人募集资金,不得通过报刊、电台、电视台、互联网等公众传播媒体或者讲座、报告会、分析会等方式向不特定对象宣传推介。

第九十三条 非公开募集基金,应当制定并签订基金合同。基金合同应当包括下列内容:

(一)基金份额持有人、基金管理人、基金托管人的权利、义务;

(二)基金的运作方式;

(三)基金的出资方式、数额和认缴期限;

(四)基金的投资范围、投资策略和投资限制;

(五)基金收益分配原则、执行方式;

(六)基金承担的有关费用;

(七)基金信息提供的内容、方式;

(八)基金份额的认购、赎回或者转让的程序和方式;

(九)基金合同变更、解除和终止的事由、程序;

(十)基金财产清算方式;

（十一）当事人约定的其他事项。

基金份额持有人转让基金份额的，应当符合本法第八十八条、第九十二条的规定。

第九十四条 按照基金合同约定，非公开募集基金可以由部分基金份额持有人作为基金管理人负责基金的投资管理活动，并在基金财产不足以清偿其债务时对基金财产的债务承担无限连带责任。

前款规定的非公开募集基金，其基金合同还应载明：

（一）承担无限连带责任的基金份额持有人和其他基金份额持有人的姓名或者名称、住所；

（二）承担无限连带责任的基金份额持有人的除名条件和更换程序；

（三）基金份额持有人增加、退出的条件、程序以及相关责任；

（四）承担无限连带责任的基金份额持有人和其他基金份额持有人的转换程序。

第九十五条 非公开募集基金募集完毕，基金管理人应当向基金行业协会备案。对募集的资金总额或者基金份额持有人的人数达到规定标准的基金，基金行业协会应当向国务院证券监督管理机构报告。

非公开募集基金财产的证券投资，包括买卖公开发行的股份有限公司股票、债券、基金份额，以及国务院证券监督管理机构规定的其他证券及其衍生品种。

第九十六条 基金管理人、基金托管人应当按照基金合同的约定，向基金份额持有人提供基金信息。

第九十七条 专门从事非公开募集基金管理业务的基金管理人，其股东、高级管理人员、经营期限、管理的基金资产规模等符合规定条件的，经国务院证券监督管理机构核准，可以从事公开募集基金管理业务。

第十一章 基金服务机构

第九十八条 从事公开募集基金的销售、销售支付、份额登记、估值、投资顾问、评价、信息技术系统服务等基金服务业务的机构，应当按照国务院证券监督管理机构的规定进行注册或者备案。

第九十九条 基金销售机构应当向投资人充分揭示投资风险，并根据投资人的风险承担能力销售不同风险等级的基金产品。

第一百条 基金销售支付机构应当按照规定办理基金销售结算资金的划付，确保基金销售结算资金安全、及时划付。

第一百零一条 基金销售结算资金、基金份额独立于基金销售机构、基金销售支付机构或者基金份额登记机构的自有财产。基金销售机构、基金销售支付机构或者基金份额登记机构破产或者清算时，基金销售结算资金、基金份额不属于其破产财产或者清算财产。非因投资人本身的债务或者法律规定的其他情形，不得查封、冻结、扣划或者强制执行基金销售结算资金、基金份额。

基金销售机构、基金销售支付机构、基金份额登记机构应当确保基金销售结算资金、基金份额的安全、独立，禁止任何单位或者个人以任何形式挪用基金销售结算资金、基金份额。

第一百零二条 基金管理人可以委托基金服务机构代为办理基金的份额登记、核算、估值、投资顾问等事项，基金托管人可以委托基金服务机构代为办理基金的核算、估值、复核等事项，但基金管理人、基金托管人依法应当承担的责任不因委托而免除。

第一百零三条 基金份额登记机构以电子介质登记的数据，是基金份额持有人权利归属的根据。基金份额持有人以基金份额出质的，质权自基金份额登记机构办理出质登记时设立。

基金份额登记机构应当妥善保存登记数据，并将基金份额持有人名称、身份信息及基金份额明细等数据备份至国务院证券监督管理机构认定的机构。其保存期限自基金账户销户之日起不得少于二十年。

基金份额登记机构应当保证登记数据的真实、准确、完整，不得隐匿、伪造、篡改或者毁损。

第一百零四条 基金投资顾问机构及其从业人员提供基金投资顾问服务，应当具有合理的依据，对其服务能力和经营业绩进行如实陈述，不得以任何方式承诺或者保证投资收益，不得损害服务对象的合法权益。

第一百零五条 基金评价机构及其从业人员应当客观公正，按照依法制定的业务规则开展基金评价业务，禁止误导投资人，防范可能发生的利益冲突。

第一百零六条 基金管理人、基金托管人、基金服务机构的信息技术系统，应当符合规定的要求。国务院证券监督管理机构可以要求信息技术系统服务机构提供该信息技术系统的相关资料。

第一百零七条 律师事务所、会计师事务所接受基金管理人、基金托管人的委托，为有关基金业务活动出具法律意见书、审计报告、内部控制评价报告等文件，应当勤勉尽责，对所依据的文件资料内容的真实性、准确性、完整性进行核查和验证。其制作、出具的文件有虚假记载、误导性陈述或者重大遗漏，给他人财产造成损失的，应当与委托人承担连带赔偿责任。

第一百零八条 基金服务机构应当勤勉尽责、恪尽职守，建立应急等风险管理制度和灾难备份系统，不得泄露与基金份额持有人、基金投资运作相关的非公开信息。

第十二章 基金行业协会

第一百零九条 基金行业协会是证券投资基金行业的自律性组织，是社会团体法人。

基金管理人、基金托管人应当加入基金行业协会，基金服务机构可以加入基金行业协会。

第一百一十条 基金行业协会的权力机构为全体会员组成的会员大会。

基金行业协会设理事会。理事会成员依章程的规定由选举产生。

第一百一十一条 基金行业协会章程由会员大会制定，并报国务院证券监督管理机构备案。

第一百一十二条 基金行业协会履行下列职责：

（一）教育和组织会员遵守有关证券投资的法律、行政法规，维护投资人合法权益；

（二）依法维护会员的合法权益，反映会员的建议和要求；

（三）制定和实施行业自律规则，监督、检查会员及其从业人员的执业行为，对违反自律规则和协会章程的，按照规定给予纪律处分；

（四）制定行业执业标准和业务规范，组织基金从业人员的从业考试、资质管理和业务培训；

（五）提供会员服务，组织行业交流，推动行业创新，开展行业宣传和投资人教育活动；

（六）对会员之间、会员与客户之间发生的基金业务纠纷进行调解；

（七）依法办理非公开募集基金的登记、备案；

（八）协会章程规定的其他职责。

第十三章 监督管理

第一百一十三条 国务院证券监督管理机构依法履行下列职责：

（一）制定有关证券投资基金活动监督管理的规章、规则，并行使审批、核准或者注册权；

（二）办理基金备案；

（三）对基金管理人、基金托管人及其他机构从事证券投资基金活动进行监督管理，对违法行为进行查处，并予以公告；

（四）制定基金从业人员的资格标准和行为准则，并监督实施；

（五）监督检查基金信息的披露情况；

（六）指导和监督基金行业协会的活动；

（七）法律、行政法规规定的其他职责。

第一百一十四条 国务院证券监督管理机构依法履行职责，有权采取下列措施：

（一）对基金管理人、基金托管人、基金服务机构进行现场检查，并要求其报送有关的业务资料；

（二）进入涉嫌违法行为发生场所调查取证；

（三）询问当事人和与被调查事件有关的单位和个人，要求其对与被调查事件有关的事项作出说明；

（四）查阅、复制与被调查事件有关的财产权登记、通讯记录等资料；

（五）查阅、复制当事人和与被调查事件有关的单位和个人的证券交易记录、登记过户记录、财务会计资料及其他相关文件和资料；对可能被转移、隐匿或者毁损的文件和资料，可以予以封存；

（六）查询当事人和与被调查事件有关的单位和个人的资金账户、证券账户和银行账户；对有证据证明已经或者可能转移或者隐匿违法资金、证券等涉案财产或者隐匿、伪造、毁损重要证据的，经国务院证券监督管理机构主要负责人批准，可以冻结或者查封；

（七）在调查操纵证券市场、内幕交易等重大证券违法行为时，经国务院证券监督管理机构主要负责人批准，可以限制被调查事件当事人的证券买卖，但限制的期限不得超过十五个交易日；案情复杂的，可以延长十五个交易日。

第一百一十五条 国务院证券监督管理机构工作人员依法履行职责，进行调查或者检查时，不得少于二人，并应当出示合法证件；对调查或者检查中知悉的商业秘密负有保密的义务。

第一百一十六条 国务院证券监督管理机构工作人员应当忠于职守，依法办事，公正廉洁，接受监督，不得利用职务牟取私利。

第一百一十七条 国务院证券监督管理机构依法履行职责时，被调查、检查的单位和个人应当配合，如实提供有关文件和资料，不得拒绝、阻碍和隐瞒。

第一百一十八条 国务院证券监督管理机构依法履行职责，发现违法行为涉嫌犯罪的，应当将案件移送司法机关处理。

第一百一十九条 国务院证券监督管理机构工作人员在任职期间，或者离职后在《中华人民共和国公务员法》规定的期限内，不得在被监管的机构中担任职务。

第十四章 法律责任

第一百二十条 违反本法规定，未经批准擅自设立基金管理公司或者未经核准从事公开募集基金管理业务的，由证券监督管理机构予以取缔或者责令改正，没收违法所得，并处违法所得一倍以上五倍以下罚款；没有违法所得或者违法所得不足一百万元的，并处十万元以上一百万元以下罚款。对直接负责的主管人员和其他直接责任人员给予警告，并处三万元以上三十万元以下罚款。

基金管理公司违反本法规定，擅自变更持有百分之五以上股权的股东、实际控制人或者其他重大事项的，责令改正，没收违法所得，并处违法所得一倍以上五倍以下罚款；没有违法所得或者违法所得不足五十万元的，并处五万元以上五十万元以下罚款。对直接负责的主管人员给予警告，并处三万元以上十万元以下罚款。

第一百二十一条 基金管理人的董事、监事、高级管理人员和其他从业人员，基金托管人的专门基金托管部门的高级管理人员和其他从业人员，未按照本法第十八条第一款规定申报的，责令改正，处三万元以上十万元以下罚款。

基金管理人、基金托管人违反本法第十八条第二款规定的，责令改正，处十万元以上一百万元以下罚款；对直接负责的主管人员和其他直接责任人员给予警告，暂停或者撤销基金从业资格，并处三万元以上三十万元以下罚款。

第一百二十二条 基金管理人的董事、监事、高级管理人员和其他从业人员，基金托管人的专门基金托管部门的高级管理人员和其他从业人员违反本法第十九条规定的，责令改正，没收违法所得，并处违法所得一倍以上五倍以下罚款；没有违法所得或者违法所得不足一百万元的，并处十万元以上一百万元以下罚款；情节严重的，撤销基金从业资格。

第一百二十三条 基金管理人、基金托管人违反本法规定，未对基金财产实行分别管理或者分账保管，责令改正，处五万元以上五十万元以下罚款；对直接负责的主管人员和其他直接责任人员给予警告，暂停或者撤销基金从业资格，并处三万元以上三十万元以下罚款。

第一百二十四条 基金管理人、基金托管人及其董事、监事、高级管理人员和其他从业人员有本法第二十一条所列行为之一的，责令改正，没收违法所得，并处违法所得一倍以上五倍以下罚款；没有违法所得或者违法所得不足一百万元的，并处十万元以上一百万元以下罚款；基金管理人、基金托管人有上述行为的，还应当对其直接负责的主管人员和其他直接责任人员给予警告，暂停或者撤销基金从业资格，并处三万元以上三十万元以下罚款。

基金管理人、基金托管人及其董事、监事、高级管理人员和其他从业人员侵占、挪用基金财产而取得的财产和收益，归入基金财产。但是，法律、行政法规另有规定的，依照其规定。

第一百二十五条 基金管理人的股东、实际控制人违反本法第二十四条规定的，责令改正，没收违法所得，并处违法所得一倍以上五倍以下罚款；没有违法所得或者违法所得不足一百万元的，并处十万元以上一百万元以下罚款；对直接负责的主管人员和其他直接责任人员给予警告，暂停或者撤销基金或证券从业资格，并处三万元以上三十万元以下罚款。

第一百二十六条　未经核准，擅自从事基金托管业务的，责令停止，没收违法所得，并处违法所得一倍以上五倍以下罚款；没有违法所得或者违法所得不足一百万元的，并处十万元以上一百万元以下罚款；对直接负责的主管人员和其他直接责任人员给予警告，并处三万元以上三十万元以下罚款。

第一百二十七条　基金管理人、基金托管人违反本法规定，相互出资或者持有股份的，责令改正，可以处十万元以下罚款。

第一百二十八条　违反本法规定，擅自公开或者变相公开募集基金的，责令停止，返还所募资金和加计的银行同期存款利息，没收违法所得，并处所募资金金额百分之一以上百分之五以下罚款。对直接负责的主管人员和其他直接责任人员给予警告，并处五万元以上五十万元以下罚款。

第一百二十九条　违反本法第六十条规定，动用募集的资金的，责令返还，没收违法所得，并处违法所得一倍以上五倍以下罚款；没有违法所得或者违法所得不足五十万元的，并处五万元以上五十万元以下罚款；对直接负责的主管人员和其他直接责任人员给予警告，并处三万元以上三十万元以下罚款。

第一百三十条　基金管理人、基金托管人有本法第七十四条第一款第一项至第五项和第七项所列行为之一，或者违反本法第七十四条第二款规定的，责令改正，处十万元以上一百万元以下罚款；对直接负责的主管人员和其他直接责任人员给予警告，暂停或者撤销基金从业资格，并处三万元以上三十万元以下罚款。

基金管理人、基金托管人有前款行为，运用基金财产而取得的财产和收益，归入基金财产。但是，法律、行政法规另有规定的，依照其规定。

第一百三十一条　基金管理人、基金托管人有本法第七十四条第一款第六项规定行为的，除依照《中华人民共和国证券法》的有关规定处罚外，对直接负责的主管人员和其他直接责任人员暂停或者撤销基金从业资格。

第一百三十二条　基金信息披露义务人不依法披露基金信息或者披露的信息有虚假记载、误导性陈述或者重大遗漏的，责令改正，没收违法所得，并处十万元以上一百万元以下罚款；对直接负责的主管人员和其他直接责任人员给予警告，暂停或者撤销基金从业资格，并处三万元以上三十万元以下罚款。

第一百三十三条　基金管理人或者基金托管人不按照规定召集基金份额持有人大会的，责令改正，可以处五万元以下罚款；对直接负责的主管人员和其他直接责任人员给予警告，暂停或者撤销基金从业资格。

第一百三十四条　违反本法规定，未经登记，使用“基金”或者“基金管理”字样或者近似名称进行证券投资活动的，没收违法所得，并处违法所得一倍以上五倍以下罚款；没有违法所得或者违法所得不足一百万元的，并处十万元以上一百万元以下罚款。对直接负责的主管人员和其他直接责任人员给予警告，并处三万元以上三十万元以下罚款。

第一百三十五条　违反本法规定，非公开募集基金募集完毕，基金管理人未备案的，处十万元以上三十万元以下罚款。对直接负责的主管人员和其他直接责任人员给予警告，并处三万元以上十万元以下罚款。

第一百三十六条　违反本法规定，向合格投资者之外的单位或者个人非公开募集资金或者转让基金份额的，没收违法所得，并处违法所得一倍以上五倍以下罚款；没有违法所得或者违法所得不足一百万元的，并处十万元以上一百万元以下罚款。对直接负责的主管人员和其他直接责任人员给予警告，并处三万元以上三十万元以下罚款。

第一百三十七条　违反本法规定，擅自从事公开募集基金的基金服务业务的，责令改正，没收违法所得，并处违法所得一倍以上五倍以下罚款；没有违法所得或者违法所得不足三十万元的，并处十万元以上三十万元以下罚款。对直接负责的主管人员和其他直接责任人员给予警告，并处三万元以上十万元以下罚款。

第一百三十八条 基金销售机构未向投资人充分揭示投资风险并误导其购买与其风险承担能力不相当的基金产品的,处十万元以上三十万元以下罚款;情节严重的,责令其停止基金服务业务。对直接负责的主管人员和其他直接责任人员给予警告,撤销基金从业资格,并处三万元以上十万元以下罚款。

第一百三十九条 基金销售支付机构未按照规定划付基金销售结算资金的,处十万元以上三十万元以下罚款;情节严重的,责令其停止基金服务业务。对直接负责的主管人员和其他直接责任人员给予警告,撤销基金从业资格,并处三万元以上十万元以下罚款。

第一百四十条 挪用基金销售结算资金或者基金份额的,责令改正,没收违法所得,并处违法所得一倍以上五倍以下罚款;没有违法所得或者违法所得不足一百万元的,并处十万元以上一百万元以下罚款。对直接负责的主管人员和其他直接责任人员给予警告,并处三万元以上三十万元以下罚款。

第一百四十一条 基金份额登记机构未妥善保存或者备份基金份额登记数据的,责令改正,给予警告,并处十万元以上三十万元以下罚款;情节严重的,责令其停止基金服务业务。对直接负责的主管人员和其他直接责任人员给予警告,撤销基金从业资格,并处三万元以上十万元以下罚款。

基金份额登记机构隐匿、伪造、篡改、毁损基金份额登记数据的,责令改正,处十万元以上一百万元以下罚款,并责令其停止基金服务业务。对直接负责的主管人员和其他直接责任人员给予警告,撤销基金从业资格,并处三万元以上三十万元以下罚款。

第一百四十二条 基金投资顾问机构、基金评价机构及其从业人员违反本法规定开展投资顾问、基金评价服务的,处十万元以上三十万元以下罚款;情节严重的,责令其停止基金服务业务。对直接负责的主管人员和其他直接责任人员给予警告,撤销基金从业资格,并处三万元以上十万元以下罚款。

第一百四十三条 信息技术系统服务机构未按照规定向国务院证券监督管理机构提供相关信息技术系统资料,或者提供的信息技术系统资料虚假、有重大遗漏的,责令改正,处三万元以上十万元以下罚款。对直接负责的主管人员和其他直接责任人员给予警告,并处一万元以上三万元以下罚款。

第一百四十四条 会计师事务所、律师事务所未勤勉尽责,所出具的文件有虚假记载、误导性陈述或者重大遗漏的,责令改正,没收业务收入,暂停或者撤销相关业务许可,并处业务收入一倍以上五倍以下罚款。对直接负责的主管人员和其他直接责任人员给予警告,并处三万元以上十万元以下罚款。

第一百四十五条 基金服务机构未建立应急等风险管理制度和灾难备份系统,或者泄露与基金份额持有人、基金投资运作相关的非公开信息的,处十万元以上三十万元以下罚款;情节严重的,责令其停止基金服务业务。对直接负责的主管人员和其他直接责任人员给予警告,撤销基金从业资格,并处三万元以上十万元以下罚款。

第一百四十六条 违反本法规定,给基金财产、基金份额持有人或者投资人造成损害的,依法承担赔偿责任。

基金管理人、基金托管人在履行各自职责的过程中,违反本法规定或者基金合同约定,给基金财产或者基金份额持有人造成损害的,应当分别对各自的行为依法承担赔偿责任;因共同行为给基金财产或者基金份额持有人造成损害的,应当承担连带赔偿责任。

第一百四十七条 证券监督管理机构工作人员玩忽职守、滥用职权、徇私舞弊或者利用职务上的便利索取或者收受他人财物的,依法给予行政处分。

第一百四十八条 拒绝、阻碍证券监督管理机构及其工作人员依法行使监督检查、调查职权未使用暴力、威胁方法的,依法给予治安管理处罚。

第一百四十九条 违反法律、行政法规或者国务院证券监督管理机构的有关规定,情节严重的,国务院证券监督管理机构可以对有关责任人员采取证券市场禁入的措施。

第一百五十条 违反本法规定,构成犯罪的,依法追究刑事责任。

第一百五十一条 违反本法规定,应当承担民事赔偿责任和缴纳罚款、罚金,其财产不足以同时支付时,先承担民事赔偿责任。

第一百五十二条 依照本法规定,基金管理人、基金托管人、基金服务机构应当承担的民事赔偿责任和缴纳的罚款、罚金,由基金管理人、基金托管人、基金服务机构以其固有财产承担。

依法收缴的罚款、罚金和没收的违法所得,应当全部上缴国库。

第十五章 附 则

第一百五十三条 在中华人民共和国境内募集投资境外证券的基金,以及合格境外投资者在境内进行证券投资,应当经国务院证券监督管理机构批准,具体办法由国务院证券监督管理机构会同国务院有关部门规定,报国务院批准。

第一百五十四条 公开或者非公开募集资金,以进行证券投资活动为目的设立的公司或者合伙企业,资产由基金管理人或者普通合伙人管理的,其证券投资活动适用本法。

第一百五十五条 本法自2013年6月1日起施行。

全国人民代表大会常务委员会关于修改《中华人民共和国港口法》等七部法律的决定(节录)

(2015年4月24日第十二届全国人民代表大会常务委员会第十四次会议通过 2015年4月24日中华人民共和国主席令第23号公布 自公布之日起施行)

第十二届全国人民代表大会常务委员会第十四次会议决定,对下列法律中有关行政审批的规定作出修改:

……

六、对《中华人民共和国证券投资基金法》作出修改

删去第十七条。

……

本决定自公布之日起施行。

……

中华人民共和国证券投资基金法

(2003年10月28日第十届全国人民代表大会常务委员会第五次会议通过 2012年12月28日第十一届全国人民代表大会常务委员会第三十次会议修订 根据2015年4月24日第十二届全国人民代表大会常务委员会第十四次会议《关于修改〈中华人民共和国港口法〉等七部法律的决定》修正)

目 录

第一章 总 则

第一条 为了规范证券投资基金活动,保护投资人及相关当事人的合法权益,促进证券投资基金和资本市场的健康发展,制定本法。

第二条 在中华人民共和国境内,公开或者非公开募集资金设立证券投资基金(以下简称基金),由基金管理人管理,基金托管人托管,为基金份额持有人的利益,进行证券投资活动,适用本法;本法未规定的,适用《中华人民共和国信托法》、《中华人民共和国证券法》和其他有关法律、行政法规的规定。

第三条 基金管理人、基金托管人和基金份额持有人的权利、义务,依照本法在基金合同中约定。

基金管理人、基金托管人依照本法和基金合同的约定,履行受托职责。

通过公开募集方式设立的基金(以下简称公开募集基金)的基金份额持有人按其所持基金份额享受收益和承担风险,通过非公开募集方式设立的基金(以下简称非公开募集基金)的收益分配和风险承担由基金合同约定。

第四条 从事证券投资基金活动,应当遵循自愿、公平、诚实信用的原则,不得损害国家利益和社会公共利益。

第五条 基金财产的债务由基金财产本身承担,基金份额持有人以其出资为限对基金财产的债务承担责任。但基金合同依照本法另有约定的,从其约定。

基金财产独立于基金管理人、基金托管人的固有财产。基金管理人、基金托管人不得将基金财产归入其固有财产。

基金管理人、基金托管人因基金财产的管理、运用或者其他情形而取得的财产和收益,归入基金财产。

基金管理人、基金托管人因依法解散、被依法撤销或者被依法宣告破产等原因进行清算的,基金财产不属于其清算财产。

第六条 基金财产的债权,不得与基金管理人、基金托管人固有财产的债务相抵销;不同基金财产的债权债务,不得相互抵销。

第七条 非因基金财产本身承担的债务,不得对基金财产强制执行。

第八条 基金财产投资的相关税收,由基金份额持有人承担,基金管理人或者其他扣缴义务人按照国家有关税收征收的规定代扣代缴。

第九条 基金管理人、基金托管人管理、运用基金财产,基金服务机构从事基金服务活动,应当恪尽职守,履行诚实信用、谨慎勤勉的义务。

基金管理人运用基金财产进行证券投资,应当遵守审慎经营规则,制定科学合理的投资策略和风险管理制度,有效防范和控制风险。

基金从业人员应当具备基金从业资格,遵守法律、行政法规,恪守职业道德和行为规范。

第十条 基金管理人、基金托管人和基金服务机构,应当依照本法成立证券投资基金行业协会(以下简称基金行业协会),进行行业自律,协调行业关系,提供行业服务,促进行业发展。

第十一条 国务院证券监督管理机构依法对证券投资基金活动实施监督管理;其派出机构依照授权履行职责。

第二章 基金管理人

第十二条 基金管理人由依法设立的公司或者合伙企业担任。

公开募集基金的基金管理人,由基金管理公司或者经国务院证券监督管理机构按照规定核准的其他机构担任。

第十三条 设立管理公开募集基金的基金管理公司,应当具备下列条件,并经国务院证券监督管理机构批准:

(一)有符合本法和《中华人民共和国公司法》规定的章程;

(二)注册资本不低于一亿元人民币,且必须为实缴货币资本;

(三)主要股东应当具有经营金融业务或者管理金融机构的良好业绩、良好的财务状况和社会信誉,资产规模达到国务院规定的标准,最近三年没有违法记录;

(四)取得基金从业资格的人员达到法定人数;

(五)董事、监事、高级管理人员具备相应的任职条件;

(六)有符合要求的营业场所、安全防范设施和与基金管理业务有关的其他设施;

(七)有良好的内部治理结构、完善的内部稽核监控制度、风险控制制度;

(八)法律、行政法规规定的和经国务院批准的国务院证券监督管理机构规定的其他条件。

第十四条 国务院证券监督管理机构应当自受理基金管理公司设立申请之日起六个月内依照本法第十三条规定的条件和审慎监管原则进行审查,作出批准或者不予批准的决定,并通知申请人;不予批准的,应当说明理由。

基金管理公司变更持有百分之五以上股权的股东,变更公司的实际控制人,或者变更其他重大事项，应当报经国务院证券监督管理机构批准。国务院证券监督管理机构应当自受理申请之日起六十日内作出批准或者不予批准的决定，并通知申请人；不予批准的，应当说明理由。

第十五条　有下列情形之一的，不得担任公开募集基金的基金管理人的董事、监事、高级管理人员和其他从业人员：

（一）因犯有贪污贿赂、渎职、侵犯财产罪或者破坏社会主义市场经济秩序罪，被判处刑罚的；

（二）对所任职的公司、企业因经营不善破产清算或者因违法被吊销营业执照负有个人责任的董事、监事、厂长、高级管理人员，自该公司、企业破产清算终结或者被吊销营业执照之日起未逾五年的；

（三）个人所负债务数额较大，到期未清偿的；

（四）因违法行为被开除的基金管理人、基金托管人、证券交易所、证券公司、证券登记结算机构、期货交易所、期货公司及其他机构的从业人员和国家机关工作人员；

（五）因违法行为被吊销执业证书或者被取消资格的律师、注册会计师和资产评估机构、验证机构的从业人员、投资咨询从业人员；

（六）法律、行政法规规定不得从事基金业务的其他人员。

第十六条　公开募集基金的基金管理人的董事、监事和高级管理人员，应当熟悉证券投资方面的法律、行政法规，具有三年以上与其所任职务相关的工作经历；高级管理人员还应当具备基金从业资格。

第十七条　公开募集基金的基金管理人的董事、监事、高级管理人员和其他从业人员，其本人、配偶、利害关系人进行证券投资，应当事先向基金管理人申报，并不得与基金份额持有人发生利益冲突。

公开募集基金的基金管理人应当建立前款规定人员进行证券投资的申报、登记、审查、处置等管理制度，并报国务院证券监督管理机构备案。

第十八条　公开募集基金的基金管理人的董事、监事、高级管理人员和其他从业人员，不得担任基金托管人或者其他基金管理人的任何职务，不得从事损害基金财产和基金份额持有人利益的证券交易及其他活动。

第十九条　公开募集基金的基金管理人应当履行下列职责：

（一）依法募集资金，办理基金份额的发售和登记事宜；

（二）办理基金备案手续；

（三）对所管理的不同基金财产分别管理、分别记账，进行证券投资；

（四）按照基金合同的约定确定基金收益分配方案，及时向基金份额持有人分配收益；

（五）进行基金会计核算并编制基金财务会计报告；

（六）编制中期和年度基金报告；

（七）计算并公告基金资产净值，确定基金份额申购、赎回价格；

（八）办理与基金财产管理业务活动有关的信息披露事项；

（九）按照规定召集基金份额持有人大会；

（十）保存基金财产管理业务活动的记录、账册、报表和其他相关资料；

（十一）以基金管理人名义，代表基金份额持有人利益行使诉讼权利或者实施其他法律行为；

（十二）国务院证券监督管理机构规定的其他职责。

第二十条　公开募集基金的基金管理人及其董事、监事、高级管理人员和其他从业人员不得有下列行为：

（一）将其固有财产或者他人财产混同于基金财产从事证券投资；

（二）不公平地对待其管理的不同基金财产；

（三）利用基金财产或者职务之便为基金份额持有人以外的人牟取利益；

（四）向基金份额持有人违规承诺收益或者承担损失；

（五）侵占、挪用基金财产；

（六）泄露因职务便利获取的未公开信息、利用该信息从事或者明示、暗示他人从事相关的交易活动；

（七）玩忽职守，不按照规定履行职责；

（八）法律、行政法规和国务院证券监督管理机构规定禁止的其他行为。

第二十一条 公开募集基金的基金管理人应当建立良好的内部治理结构，明确股东会、董事会、监事会和高级管理人员的职责权限，确保基金管理人独立运作。

公开募集基金的基金管理人可以实行专业人士持股计划，建立长效激励约束机制。

公开募集基金的基金管理人的股东、董事、监事和高级管理人员在行使权利或者履行职责时，应当遵循基金份额持有人利益优先的原则。

第二十二条 公开募集基金的基金管理人应当从管理基金的报酬中计提风险准备金。

公开募集基金的基金管理人因违法违规、违反基金合同等原因给基金财产或者基金份额持有人合法权益造成损失，应当承担赔偿责任的，可以优先使用风险准备金予以赔偿。

第二十三条 公开募集基金的基金管理人的股东、实际控制人应当按照国务院证券监督管理机构的规定及时履行重大事项报告义务，并不得有下列行为：

（一）虚假出资或者抽逃出资；

（二）未依法经股东会或者董事会决议擅自干预基金管理人的基金经营活动；

（三）要求基金管理人利用基金财产为自己或者他人牟取利益，损害基金份额持有人利益；

（四）国务院证券监督管理机构规定禁止的其他行为。

公开募集基金的基金管理人的股东、实际控制人有前款行为或者股东不再符合法定条件的，国务院证券监督管理机构应当责令其限期改正，并可视情节责令其转让所持有或者控制的基金管理人的股权。

在前款规定的股东、实际控制人按照要求改正违法行为、转让所持有或者控制的基金管理人的股权前，国务院证券监督管理机构可以限制有关股东行使股东权利。

第二十四条 公开募集基金的基金管理人违法违规，或者其内部治理结构、稽核监控和风险控制管理不符合规定的，国务院证券监督管理机构应当责令其限期改正；逾期未改正，或者其行为严重危及该基金管理人的稳健运行、损害基金份额持有人合法权益的，国务院证券监督管理机构可以区别情形，对其采取下列措施：

（一）限制业务活动，责令暂停部分或者全部业务；

（二）限制分配红利，限制向董事、监事、高级管理人员支付报酬、提供福利；

（三）限制转让固有财产或者在固有财产上设定其他权利；

（四）责令更换董事、监事、高级管理人员或者限制其权利；

（五）责令有关股东转让股权或者限制有关股东行使股东权利。

公开募集基金的基金管理人整改后，应当向国务院证券监督管理机构提交报告。国务院证券监督管理机构经验收，符合有关要求的，应当自验收完毕之日起三日内解除对其采取的有关措施。

第二十五条 公开募集基金的基金管理人的董事、监事、高级管理人员未能勤勉尽责，致使基金管理人存在重大违法违规行为或者重大风险的，国务院证券监督管理机构可以责令更换。

第二十六条 公开募集基金的基金管理人违法经营或者出现重大风险，严重危害证券市场秩序、损害基金份额持有人利益的，国务院证券监督管理机构可以对该基金管理人采取责令停业整顿、指定其他机构托管、接管、取消基金管理资格或者撤销等监管措施。

第二十七条 在公开募集基金的基金管理人被责令停业整顿、被依法指定托管、接管或者清算期间，或者出现重大风险时，经国务院证券监督管理机构批准，可以对该基金管理人直接负责的董事、监事、高级管理人员和其他直接责任人员采取下列措施：

（一）通知出境管理机关依法阻止其出境；

（二）申请司法机关禁止其转移、转让或者以其他方式处分财产，或者在财产上设定其他权利。

第二十八条 有下列情形之一的，公开募集基金的基金管理人职责终止：

（一）被依法取消基金管理资格；

（二）被基金份额持有人大会解任；

（三）依法解散、被依法撤销或者被依法宣告破产；

（四）基金合同约定的其他情形。

第二十九条　公开募集基金的基金管理人职责终止的，基金份额持有人大会应当在六个月内选任新基金管理人；新基金管理人产生前，由国务院证券监督管理机构指定临时基金管理人。

公开募集基金的基金管理人职责终止的，应当妥善保管基金管理业务资料，及时办理基金管理业务的移交手续，新基金管理人或者临时基金管理人应当及时接收。

第三十条　公开募集基金的基金管理人职责终止的，应当按照规定聘请会计师事务所对基金财产进行审计，并将审计结果予以公告，同时报国务院证券监督管理机构备案。

第三十一条　对非公开募集基金的基金管理人进行规范的具体办法，由国务院金融监督管理机构依照本章的原则制定。

第三章　基金托管人

第三十二条　基金托管人由依法设立的商业银行或者其他金融机构担任。

商业银行担任基金托管人的，由国务院证券监督管理机构会同国务院银行业监督管理机构核准；其他金融机构担任基金托管人的，由国务院证券监督管理机构核准。

第三十三条　担任基金托管人，应当具备下列条件：

（一）净资产和风险控制指标符合有关规定；

（二）设有专门的基金托管部门；

（三）取得基金从业资格的专职人员达到法定人数；

（四）有安全保管基金财产的条件；

（五）有安全高效的清算、交割系统；

（六）有符合要求的营业场所、安全防范设施和与基金托管业务有关的其他设施；

（七）有完善的内部稽核监控制度和风险控制制度；

（八）法律、行政法规规定的和经国务院批准的国务院证券监督管理机构、国务院银行业监督管理机构规定的其他条件。

第三十四条　本法第十五条、第十七条、第十八条的规定，适用于基金托管人的专门基金托管部门的高级管理人员和其他从业人员。

本法第十六条的规定，适用于基金托管人的专门基金托管部门的高级管理人员。

第三十五条　基金托管人与基金管理人不得为同一机构，不得相互出资或者持有股份。

第三十六条　基金托管人应当履行下列职责：

（一）安全保管基金财产；

（二）按照规定开设基金财产的资金账户和证券账户；

（三）对所托管的不同基金财产分别设置账户，确保基金财产的完整与独立；

（四）保存基金托管业务活动的记录、账册、报表和其他相关资料；

（五）按照基金合同的约定，根据基金管理人的投资指令，及时办理清算、交割事宜；

（六）办理与基金托管业务活动有关的信息披露事项；

（七）对基金财务会计报告、中期和年度基金报告出具意见；

（八）复核、审查基金管理人计算的基金资产净值和基金份额申购、赎回价格；

（九）按照规定召集基金份额持有人大会；

（十）按照规定监督基金管理人的投资运作；

（十一）国务院证券监督管理机构规定的其他职责。

第三十七条　基金托管人发现基金管理人的投资指令违反法律、行政法规和其他有关规定，或者违反基金合同约定的，应当拒绝执行，立即通知基金管理人，并及时向国务院证券监督管理机构报告。

基金托管人发现基金管理人依据交易程序已经生效的投资指令违反法律、行政法规和其他有关规定，或者违反基金合同约定的，应当立即通知基金管理人，并及时向国务院证券监督管理机构报告。

第三十八条　本法第二十条、第二十二条的规定，适用于基金托管人。

第三十九条　基金托管人不再具备本法规定的条件，或者未能勤勉尽责，在履行本法规定的职责时存在重大失误的，国务院证券监督管理机构、国务院银行业监督管理机构应当责令其改正；逾期未改正，或者其行为严重影响所托管基金的稳健运行、损害基金份额持有人利益的，国务院证券监督管理机构、国务院银行业监督管理机构可以区别情形，对其采取下列措施：

（一）限制业务活动，责令暂停办理新的基金托管业务；

（二）责令更换负有责任的专门基金托管部门的高级管理人员。

基金托管人整改后，应当向国务院证券监督管理机构、国务院银行业监督管理机构提交报告；经验收，符合有关要求的，应当自验收完毕之日起三日内解除对其采取的有关措施。

第四十条 国务院证券监督管理机构、国务院银行业监督管理机构对有下列情形之一的基金托管人，可以取消其基金托管资格：

（一）连续三年没有开展基金托管业务的；

（二）违反本法规定，情节严重的；

（三）法律、行政法规规定的其他情形。

第四十一条 有下列情形之一的，基金托管人职责终止：

（一）被依法取消基金托管资格；

（二）被基金份额持有人大会解任；

（三）依法解散、被依法撤销或者被依法宣告破产；

（四）基金合同约定的其他情形。

第四十二条 基金托管人职责终止的，基金份额持有人大会应当在六个月内选任新基金托管人；新基金托管人产生前，由国务院证券监督管理机构指定临时基金托管人。

基金托管人职责终止的，应当妥善保管基金财产和基金托管业务资料，及时办理基金财产和基金托管业务的移交手续，新基金托管人或者临时基金托管人应当及时接收。

第四十三条 基金托管人职责终止的，应当按照规定聘请会计师事务所对基金财产进行审计，并将审计结果予以公告，同时报国务院证券监督管理机构备案。

第四章 基金的运作方式和组织

第四十四条 基金合同应当约定基金的运作方式。

第四十五条 基金的运作方式可以采用封闭式、开放式或者其他方式。

采用封闭式运作方式的基金（以下简称封闭式基金），是指基金份额总额在基金合同期限内固定不变，基金份额持有人不得申请赎回的基金；采用开放式运作方式的基金（以下简称开放式基金），是指基金份额总额不固定，基金份额可以在基金合同约定的时间和场所申购或者赎回的基金。

采用其他运作方式的基金的基金份额发售、交易、申购、赎回的办法，由国务院证券监督管理机构另行规定。

第四十六条 基金份额持有人享有下列权利：

（一）分享基金财产收益；

（二）参与分配清算后的剩余基金财产；

（三）依法转让或者申请赎回其持有的基金份额；

（四）按照规定要求召开基金份额持有人大会或者召集基金份额持有人大会；

（五）对基金份额持有人大会审议事项行使表决权；

（六）对基金管理人、基金托管人、基金服务机构损害其合法权益的行为依法提起诉讼；

（七）基金合同约定的其他权利。

公开募集基金的基金份额持有人有权查阅或者复制公开披露的基金信息资料；非公开募集基金的基金份额持有人对涉及自身利益的情况，有权查阅基金的财务会计账簿等财务资料。

第四十七条 基金份额持有人大会由全体基金份额持有人组成，行使下列职权：

（一）决定基金扩募或者延长基金合同期限；

（二）决定修改基金合同的重要内容或者提前终止基金合同；

（三）决定更换基金管理人、基金托管人；

（四）决定调整基金管理人、基金托管人的报酬标准；

（五）基金合同约定的其他职权。

第四十八条 按照基金合同约定，基金份额持有人大会可以设立日常机构，行使下列职权：

（一）召集基金份额持有人大会；

（二）提请更换基金管理人、基金托管人；

（三）监督基金管理人的投资运作、基金托管人的托管活动；

（四）提请调整基金管理人、基金托管人的报酬标准；

（五）基金合同约定的其他职权。

前款规定的日常机构，由基金份额持有人大会选举产生的人员组成；其议事规则，由基金合同约定。

第四十九条　基金份额持有人大会及其日常机构不得直接参与或者干涉基金的投资管理活动。

第五章　基金的公开募集

第五十条　公开募集基金，应当经国务院证券监督管理机构注册。未经注册，不得公开或者变相公开募集基金。

前款所称公开募集基金，包括向不特定对象募集资金、向特定对象募集资金累计超过二百人，以及法律、行政法规规定的其他情形。

公开募集基金应当由基金管理人管理，基金托管人托管。

第五十一条　注册公开募集基金，由拟任基金管理人向国务院证券监督管理机构提交下列文件：

（一）申请报告；

（二）基金合同草案；

（三）基金托管协议草案；

（四）招募说明书草案；

（五）律师事务所出具的法律意见书；

（六）国务院证券监督管理机构规定提交的其他文件。

第五十二条　公开募集基金的基金合同应当包括下列内容：

（一）募集基金的目的和基金名称；

（二）基金管理人、基金托管人的名称和住所；

（三）基金的运作方式；

（四）封闭式基金的基金份额总额和基金合同期限，或者开放式基金的最低募集份额总额；

（五）确定基金份额发售日期、价格和费用的原则；

（六）基金份额持有人、基金管理人和基金托管人的权利、义务；

（七）基金份额持有人大会召集、议事及表决的程序和规则；

（八）基金份额发售、交易、申购、赎回的程序、时间、地点、费用计算方式，以及给付赎回款项的时间和方式；

（九）基金收益分配原则、执行方式；

（十）基金管理人、基金托管人报酬的提取、支付方式与比例；

（十一）与基金财产管理、运用有关的其他费用的提取、支付方式；

（十二）基金财产的投资方向和投资限制；

（十三）基金资产净值的计算方法和公告方式；

（十四）基金募集未达到法定要求的处理方式；

（十五）基金合同解除和终止的事由、程序以及基金财产清算方式；

（十六）争议解决方式；

（十七）当事人约定的其他事项。

第五十三条　公开募集基金的基金招募说明书应当包括下列内容：

（一）基金募集申请的准予注册文件名称和注册日期；

（二）基金管理人、基金托管人的基本情况；

（三）基金合同和基金托管协议的内容摘要；

（四）基金份额的发售日期、价格、费用和期限；

（五）基金份额的发售方式、发售机构及登记机构名称；

（六）出具法律意见书的律师事务所和审计基金财产的会计师事务所的名称和住所；

（七）基金管理人、基金托管人报酬及其他有关费用的提取、支付方式与比例；

（八）风险警示内容；

（九）国务院证券监督管理机构规定的其他内容。

第五十四条　国务院证券监督管理机构应当自受理公开募集基金的募集注册申请之日起六个月内依照法律、行政法规及国务院证券监督管理机构的规定进行审查，作出注册或者不予注册的决定，并通知申请人；不予注册的，应当说明理由。

第五十五条　基金募集申请经注册后，方可发售基金份额。

基金份额的发售，由基金管理人或者其委托的基金销售机构办理。

第五十六条 基金管理人应当在基金份额发售的三日前公布招募说明书、基金合同及其他有关文件。

前款规定的文件应当真实、准确、完整。

对基金募集所进行的宣传推介活动，应当符合有关法律、行政法规的规定，不得有本法第七十七条所列行为。

第五十七条 基金管理人应当自收到准予注册文件之日起六个月内进行基金募集。超过六个月开始募集，原注册的事项未发生实质性变化的，应当报国务院证券监督管理机构备案；发生实质性变化的，应当向国务院证券监督管理机构重新提交注册申请。

基金募集不得超过国务院证券监督管理机构准予注册的基金募集期限。基金募集期限自基金份额发售之日起计算。

第五十八条 基金募集期限届满，封闭式基金募集的基金份额总额达到准予注册规模的百分之八十以上，开放式基金募集的基金份额总额超过准予注册的最低募集份额总额，并且基金份额持有人人数符合国务院证券监督管理机构规定的，基金管理人应当自募集期限届满之日起十日内聘请法定验资机构验资，自收到验资报告之日起十日内，向国务院证券监督管理机构提交验资报告，办理基金备案手续，并予以公告。

第五十九条 基金募集期间募集的资金应当存入专门账户，在基金募集行为结束前，任何人不得动用。

第六十条 投资人交纳认购的基金份额的款项时，基金合同成立；基金管理人依照本法第五十八条的规定向国务院证券监督管理机构办理基金备案手续，基金合同生效。

基金募集期限届满，不能满足本法第五十八条规定的条件的，基金管理人应当承担下列责任：

（一）以其固有财产承担因募集行为而产生的债务和费用；

（二）在基金募集期限届满后三十日内返还投资人已交纳的款项，并加计银行同期存款利息。

第六章 公开募集基金的基金份额的交易、申购与赎回

第六十一条 申请基金份额上市交易，基金管理人应当向证券交易所提出申请，证券交易所依法审核同意的，双方应当签订上市协议。

第六十二条 基金份额上市交易，应当符合下列条件：

（一）基金的募集符合本法规定；

（二）基金合同期限为五年以上；

（三）基金募集金额不低于二亿元人民币；

（四）基金份额持有人不少于一千人；

（五）基金份额上市交易规则规定的其他条件。

第六十三条 基金份额上市交易规则由证券交易所制定，报国务院证券监督管理机构批准。

第六十四条 基金份额上市交易后，有下列情形之一的，由证券交易所终止其上市交易，并报国务院证券监督管理机构备案：

（一）不再具备本法第六十二条规定的上市交易条件；

（二）基金合同期限届满；

（三）基金份额持有人大会决定提前终止上市交易；

（四）基金合同约定的或者基金份额上市交易规则规定的终止上市交易的其他情形。

第六十五条 开放式基金的基金份额的申购、赎回、登记，由基金管理人或者其委托的基金服务机构办理。

第六十六条 基金管理人应当在每个工作日办理基金份额的申购、赎回业务；基金合同另有约定的，从其约定。

投资人交付申购款项，申购成立；基金份额登记机构确认基金份额时，申购生效。

基金份额持有人递交赎回申请，赎回成立；基金份额登记机构确认赎回时，赎回生效。

第六十七条 基金管理人应当按时支付赎回款项，但是下列情形除外：

（一）因不可抗力导致基金管理人不能支付赎回款项；

（二）证券交易场所依法决定临时停市，导致

基金管理人无法计算当日基金资产净值；

（三）基金合同约定的其他特殊情形。

发生上述情形之一的，基金管理人应当在当日报国务院证券监督管理机构备案。

本条第一款规定的情形消失后，基金管理人应当及时支付赎回款项。

第六十八条 开放式基金应当保持足够的现金或者政府债券，以备支付基金份额持有人的赎回款项。基金财产中应当保持的现金或者政府债券的具体比例，由国务院证券监督管理机构规定。

第六十九条 基金份额的申购、赎回价格，依据申购、赎回日基金份额净值加、减有关费用计算。

第七十条 基金份额净值计价出现错误时，基金管理人应当立即纠正，并采取合理的措施防止损失进一步扩大。计价错误达到基金份额净值百分之零点五时，基金管理人应当公告，并报国务院证券监督管理机构备案。

因基金份额净值计价错误造成基金份额持有人损失的，基金份额持有人有权要求基金管理人、基金托管人予以赔偿。

第七章 公开募集基金的投资与信息披露

第七十一条 基金管理人运用基金财产进行证券投资，除国务院证券监督管理机构另有规定外，应当采用资产组合的方式。

资产组合的具体方式和投资比例，依照本法和国务院证券监督管理机构的规定在基金合同中约定。

第七十二条 基金财产应当用于下列投资：

（一）上市交易的股票、债券；

（二）国务院证券监督管理机构规定的其他证券及其衍生品种。

第七十三条 基金财产不得用于下列投资或者活动：

（一）承销证券；

（二）违反规定向他人贷款或者提供担保；

（三）从事承担无限责任的投资；

（四）买卖其他基金份额，但是国务院证券监督管理机构另有规定的除外；

（五）向基金管理人、基金托管人出资；

（六）从事内幕交易、操纵证券交易价格及其他不正当的证券交易活动；

（七）法律、行政法规和国务院证券监督管理机构规定禁止的其他活动。

运用基金财产买卖基金管理人、基金托管人及其控股股东、实际控制人或者与其有其他重大利害关系的公司发行的证券或承销期内承销的证券，或者从事其他重大关联交易的，应当遵循基金份额持有人利益优先的原则，防范利益冲突，符合国务院证券监督管理机构的规定，并履行信息披露义务。

第七十四条 基金管理人、基金托管人和其他基金信息披露义务人应当依法披露基金信息，并保证所披露信息的真实性、准确性和完整性。

第七十五条 基金信息披露义务人应当确保应予披露的基金信息在国务院证券监督管理机构规定时间内披露，并保证投资人能够按照基金合同约定的时间和方式查阅或者复制公开披露的信息资料。

第七十六条 公开披露的基金信息包括：

（一）基金招募说明书、基金合同、基金托管协议；

（二）基金募集情况；

（三）基金份额上市交易公告书；

（四）基金资产净值、基金份额净值；

（五）基金份额申购、赎回价格；

（六）基金财产的资产组合季度报告、财务会计报告及中期和年度基金报告；

（七）临时报告；

（八）基金份额持有人大会决议；

（九）基金管理人、基金托管人的专门基金托管部门的重大人事变动；

（十）涉及基金财产、基金管理业务、基金托管业务的诉讼或者仲裁；

（十一）国务院证券监督管理机构规定应予披露的其他信息。

第七十七条 公开披露基金信息，不得有下列行为：

（一）虚假记载、误导性陈述或者重大遗漏；

（二）对证券投资业绩进行预测；

（三）违规承诺收益或者承担损失；

（四）诋毁其他基金管理人、基金托管人或者基金销售机构；

（五）法律、行政法规和国务院证券监督管理机构规定禁止的其他行为。

第八章 公开募集基金的基金合同的变更、终止与基金财产清算

第七十八条 按照基金合同的约定或者基金份额持有人大会的决议，基金可以转换运作方式或者与其他基金合并。

第七十九条 封闭式基金扩募或者延长基金合同期限，应当符合下列条件，并报国务院证券监督管理机构备案：

（一）基金运营业绩良好；

（二）基金管理人最近二年内没有因违法违规行为受到行政处罚或者刑事处罚；

（三）基金份额持有人大会决议通过；

（四）本法规定的其他条件。

第八十条 有下列情形之一的，基金合同终止：

（一）基金合同期限届满而未延期；

（二）基金份额持有人大会决定终止；

（三）基金管理人、基金托管人职责终止，在六个月内没有新基金管理人、新基金托管人承接；

（四）基金合同约定的其他情形。

第八十一条 基金合同终止时，基金管理人应当组织清算组对基金财产进行清算。

清算组由基金管理人、基金托管人以及相关的中介服务机构组成。

清算组作出的清算报告经会计师事务所审计，律师事务所出具法律意见书后，报国务院证券监督管理机构备案并公告。

第八十二条 清算后的剩余基金财产，应当按照基金份额持有人所持份额比例进行分配。

第九章 公开募集基金的基金份额持有人权利行使

第八十三条 基金份额持有人大会由基金管理人召集。基金份额持有人大会设立日常机构的，由该日常机构召集；该日常机构未召集的，由基金管理人召集。基金管理人未按规定召集或者不能召集的，由基金托管人召集。

代表基金份额百分之十以上的基金份额持有人就同一事项要求召开基金份额持有人大会，而基金份额持有人大会的日常机构、基金管理人、基金托管人都不召集的，代表基金份额百分之十以上的基金份额持有人有权自行召集，并报国务院证券监督管理机构备案。

第八十四条 召开基金份额持有人大会，召集人应当至少提前三十日公告基金份额持有人大会的召开时间、会议形式、审议事项、议事程序和表决方式等事项。

基金份额持有人大会不得就未经公告的事项进行表决。

第八十五条 基金份额持有人大会可以采取现场方式召开，也可以采取通讯等方式召开。

每一基金份额具有一票表决权，基金份额持有人可以委托代理人出席基金份额持有人大会并行使表决权。

第八十六条 基金份额持有人大会应当有代表二分之一以上基金份额的持有人参加，方可召开。

参加基金份额持有人大会的持有人的基金份额低于前款规定比例的，召集人可以在原公告的基金份额持有人大会召开时间的三个月以后、六个月以内，就原定审议事项重新召集基金份额持有人大会。重新召集的基金份额持有人大会应当有代表三分之一以上基金份额的持有人参加，方可召开。

基金份额持有人大会就审议事项作出决定，应当经参加大会的基金份额持有人所持表决权的二分之一以上通过；但是，转换基金的运作方式、更换基金管理人或者基金托管人、提前终止基金合同、与其他基金合并，应当经参加大会的基金份额持有人所持表决权的三分之二以上通过。

基金份额持有人大会决定的事项，应当依法报国务院证券监督管理机构备案，并予以公告。

第十章 非公开募集基金

第八十七条 非公开募集基金应当向合格投资者募集，合格投资者累计不得超过二百人。

前款所称合格投资者，是指达到规定资产规

模或者收入水平，并且具备相应的风险识别能力和风险承担能力、其基金份额认购金额不低于规定限额的单位和个人。

合格投资者的具体标准由国务院证券监督管理机构规定。

第八十八条　除基金合同另有约定外，非公开募集基金应当由基金托管人托管。

第八十九条　担任非公开募集基金的基金管理人，应当按照规定向基金行业协会履行登记手续，报送基本情况。

第九十条　未经登记，任何单位或者个人不得使用“基金”或者“基金管理”字样或者近似名称进行证券投资活动；但是，法律、行政法规另有规定的除外。

第九十一条　非公开募集基金，不得向合格投资者之外的单位和个人募集资金，不得通过报刊、电台、电视台、互联网等公众传播媒体或者讲座、报告会、分析会等方式向不特定对象宣传推介。

第九十二条　非公开募集基金，应当制定并签订基金合同。基金合同应当包括下列内容：

（一）基金份额持有人、基金管理人、基金托管人的权利、义务；

（二）基金的运作方式；

（三）基金的出资方式、数额和认缴期限；

（四）基金的投资范围、投资策略和投资限制；

（五）基金收益分配原则、执行方式；

（六）基金承担的有关费用；

（七）基金信息提供的内容、方式；

（八）基金份额的认购、赎回或者转让的程序和方式；

（九）基金合同变更、解除和终止的事由、程序；

（十）基金财产清算方式；

（十一）当事人约定的其他事项。

基金份额持有人转让基金份额的，应当符合本法第八十七条、第九十一条的规定。

第九十三条　按照基金合同约定，非公开募集基金可以由部分基金份额持有人作为基金管理人负责基金的投资管理活动，并在基金财产不足以清偿其债务时对基金财产的债务承担无限连带责任。

前款规定的非公开募集基金，其基金合同还应载明：

（一）承担无限连带责任的基金份额持有人和其他基金份额持有人的姓名或者名称、住所；

（二）承担无限连带责任的基金份额持有人的除名条件和更换程序；

（三）基金份额持有人增加、退出的条件、程序以及相关责任；

（四）承担无限连带责任的基金份额持有人和其他基金份额持有人的转换程序。

第九十四条　非公开募集基金募集完毕，基金管理人应当向基金行业协会备案。对募集的资金总额或者基金份额持有人的人数达到规定标准的基金，基金行业协会应当向国务院证券监督管理机构报告。

非公开募集基金财产的证券投资，包括买卖公开发行的股份有限公司股票、债券、基金份额，以及国务院证券监督管理机构规定的其他证券及其衍生品种。

第九十五条　基金管理人、基金托管人应当按照基金合同的约定，向基金份额持有人提供基金信息。

第九十六条　专门从事非公开募集基金管理业务的基金管理人，其股东、高级管理人员、经营期限、管理的基金资产规模等符合规定条件的，经国务院证券监督管理机构核准，可以从事公开募集基金管理业务。

第十一章　基金服务机构

第九十七条　从事公开募集基金的销售、销售支付、份额登记、估值、投资顾问、评价、信息技术系统服务等基金服务业务的机构，应当按照国务院证券监督管理机构的规定进行注册或者备案。

第九十八条　基金销售机构应当向投资人充分揭示投资风险，并根据投资人的风险承担能力销售不同风险等级的基金产品。

第九十九条　基金销售支付机构应当按照规定办理基金销售结算资金的划付，确保基金销售结算资金安全、及时划付。

第一百条　基金销售结算资金、基金份额独立于基金销售机构、基金销售支付机构或者基金份额登记机构的自有财产。基金销售机构、基金销售支付机构或者基金份额登记机构破产或者清算时,基金销售结算资金、基金份额不属于其破产财产或者清算财产。非因投资人本身的债务或者法律规定的其他情形,不得查封、冻结、扣划或者强制执行基金销售结算资金、基金份额。

基金销售机构、基金销售支付机构、基金份额登记机构应当确保基金销售结算资金、基金份额的安全、独立,禁止任何单位或者个人以任何形式挪用基金销售结算资金、基金份额。

第一百零一条 基金管理人可以委托基金服务机构代为办理基金的份额登记、核算、估值、投资顾问等事项,基金托管人可以委托基金服务机构代为办理基金的核算、估值、复核等事项,但基金管理人、基金托管人依法应当承担的责任不因委托而免除。

第一百零二条 基金份额登记机构以电子介质登记的数据,是基金份额持有人权利归属的根据。基金份额持有人以基金份额出质的,质权自基金份额登记机构办理出质登记时设立。

基金份额登记机构应当妥善保存登记数据,并将基金份额持有人名称、身份信息及基金份额明细等数据备份至国务院证券监督管理机构认定的机构。其保存期限自基金账户销户之日起不得少于二十年。

基金份额登记机构应当保证登记数据的真实、准确、完整,不得隐匿、伪造、篡改或者毁损。

第一百零三条 基金投资顾问机构及其从业人员提供基金投资顾问服务,应当具有合理的依据,对其服务能力和经营业绩进行如实陈述,不得以任何方式承诺或者保证投资收益,不得损害服务对象的合法权益。

第一百零四条 基金评价机构及其从业人员应当客观公正,按照依法制定的业务规则开展基金评价业务,禁止误导投资人,防范可能发生的利益冲突。

第一百零五条 基金管理人、基金托管人、基金服务机构的信息技术系统,应当符合规定的要求。国务院证券监督管理机构可以要求信息技术系统服务机构提供该信息技术系统的相关资料。

第一百零六条 律师事务所、会计师事务所接受基金管理人、基金托管人的委托,为有关基金业务活动出具法律意见书、审计报告、内部控制评价报告等文件,应当勤勉尽责,对所依据的文件资料内容的真实性、准确性、完整性进行核查和验证。其制作、出具的文件有虚假记载、误导性陈述或者重大遗漏,给他人财产造成损失的,应当与委托人承担连带赔偿责任。

第一百零七条 基金服务机构应当勤勉尽责、恪尽职守,建立应急等风险管理制度和灾难备份系统,不得泄露与基金份额持有人、基金投资运作相关的非公开信息。

第十二章 基金行业协会

第一百零八条 基金行业协会是证券投资基金行业的自律性组织,是社会团体法人。

基金管理人、基金托管人应当加入基金行业协会,基金服务机构可以加入基金行业协会。

第一百零九条 基金行业协会的权力机构为全体会员组成的会员大会。

基金行业协会设理事会。理事会成员依章程的规定由选举产生。

第一百一十条 基金行业协会章程由会员大会制定,并报国务院证券监督管理机构备案。

第一百一十一条 基金行业协会履行下列职责:

(一)教育和组织会员遵守有关证券投资的法律、行政法规,维护投资人合法权益;

(二)依法维护会员的合法权益,反映会员的建议和要求;

(三)制定和实施行业自律规则,监督、检查会员及其从业人员的执业行为,对违反自律规则和协会章程的,按照规定给予纪律处分;

(四)制定行业执业标准和业务规范,组织基金从业人员的从业考试、资质管理和业务培训;

(五)提供会员服务,组织行业交流,推动行业创新,开展行业宣传和投资人教育活动;

(六)对会员之间、会员与客户之间发生的基金业务纠纷进行调解;

(七)依法办理非公开募集基金的登记、备案;

(八)协会章程规定的其他职责。

第十三章 监督管理

第一百一十二条 国务院证券监督管理机构依法履行下列职责：

（一）制定有关证券投资基金活动监督管理的规章、规则，并行使审批、核准或者注册权；

（二）办理基金备案；

（三）对基金管理人、基金托管人及其他机构从事证券投资基金活动进行监督管理，对违法行为进行查处，并予以公告；

（四）制定基金从业人员的资格标准和行为准则，并监督实施；

（五）监督检查基金信息的披露情况；

（六）指导和监督基金行业协会的活动；

（七）法律、行政法规规定的其他职责。

第一百一十三条 国务院证券监督管理机构依法履行职责，有权采取下列措施：

（一）对基金管理人、基金托管人、基金服务机构进行现场检查，并要求其报送有关的业务资料；

（二）进入涉嫌违法行为发生场所调查取证；

（三）询问当事人和与被调查事件有关的单位和个人，要求其对与被调查事件有关的事项作出说明；

（四）查阅、复制与被调查事件有关的财产权登记、通讯记录等资料；

（五）查阅、复制当事人和与被调查事件有关的单位和个人的证券交易记录、登记过户记录、财务会计资料及其他相关文件和资料；对可能被转移、隐匿或者毁损的文件和资料，可以予以封存；

（六）查询当事人和与被调查事件有关的单位和个人的资金账户、证券账户和银行账户；对有证据证明已经或者可能转移或者隐匿违法资金、证券等涉案财产或者隐匿、伪造、毁损重要证据的，经国务院证券监督管理机构主要负责人批准，可以冻结或者查封；

（七）在调查操纵证券市场、内幕交易等重大证券违法行为时，经国务院证券监督管理机构主要负责人批准，可以限制被调查事件当事人的证券买卖，但限制的期限不得超过十五个交易日；案情复杂的，可以延长十五个交易日。

第一百一十四条 国务院证券监督管理机构工作人员依法履行职责，进行调查或者检查时，不得少于二人，并应当出示合法证件；对调查或者检查中知悉的商业秘密负有保密的义务。

第一百一十五条 国务院证券监督管理机构工作人员应当忠于职守，依法办事，公正廉洁，接受监督，不得利用职务牟取私利。

第一百一十六条 国务院证券监督管理机构依法履行职责时，被调查、检查的单位和个人应当配合，如实提供有关文件和资料，不得拒绝、阻碍和隐瞒。

第一百一十七条 国务院证券监督管理机构依法履行职责，发现违法行为涉嫌犯罪的，应当将案件移送司法机关处理。

第一百一十八条 国务院证券监督管理机构工作人员在任职期间，或者离职后在《中华人民共和国公务员法》规定的期限内，不得在被监管的机构中担任职务。

第十四章 法律责任

第一百一十九条 违反本法规定，未经批准擅自设立基金管理公司或者未经核准从事公开募集基金管理业务的，由证券监督管理机构予以取缔或者责令改正，没收违法所得，并处违法所得一倍以上五倍以下罚款；没有违法所得或者违法所得不足一百万元的，并处十万元以上一百万元以下罚款。对直接负责的主管人员和其他直接责任人员给予警告，并处三万元以上三十万元以下罚款。

基金管理公司违反本法规定，擅自变更持有百分之五以上股权的股东、实际控制人或者其他重大事项的，责令改正，没收违法所得，并处违法所得一倍以上五倍以下罚款；没有违法所得或者违法所得不足五十万元的，并处五万元以上五十万元以下罚款。对直接负责的主管人员给予警告，并处三万元以上十万元以下罚款。

第一百二十条 基金管理人的董事、监事、高级管理人员和其他从业人员，基金托管人的专门基金托管部门的高级管理人员和其他从业人员，未按照本法第十七条第一款规定申报的，责令改正，处三万元以上十万元以下罚款。

基金管理人、基金托管人违反本法第十七条

第二款规定的,责令改正,处十万元以上一百万元以下罚款;对直接负责的主管人员和其他直接责任人员给予警告,暂停或者撤销基金从业资格,并处三万元以上三十万元以下罚款。

第一百二十一条 基金管理人的董事、监事、高级管理人员和其他从业人员,基金托管人的专门基金托管部门的高级管理人员和其他从业人员违反本法第十八条规定的,责令改正,没收违法所得,并处违法所得一倍以上五倍以下罚款;没有违法所得或者违法所得不足一百万元的,并处十万元以上一百万元以下罚款;情节严重的,撤销基金从业资格。

第一百二十二条 基金管理人、基金托管人违反本法规定,未对基金财产实行分别管理或者分账保管,责令改正,处五万元以上五十万元以下罚款;对直接负责的主管人员和其他直接责任人员给予警告,暂停或者撤销基金从业资格,并处三万元以上三十万元以下罚款。

第一百二十三条 基金管理人、基金托管人及其董事、监事、高级管理人员和其他从业人员有本法第二十条所列行为之一的,责令改正,没收违法所得,并处违法所得一倍以上五倍以下罚款;没有违法所得或者违法所得不足一百万元的,并处十万元以上一百万元以下罚款;基金管理人、基金托管人有上述行为的,还应当对其直接负责的主管人员和其他直接责任人员给予警告,暂停或者撤销基金从业资格,并处三万元以上三十万元以下罚款。

基金管理人、基金托管人及其董事、监事、高级管理人员和其他从业人员侵占、挪用基金财产而取得的财产和收益,归入基金财产。但是,法律、行政法规另有规定的,依照其规定。

第一百二十四条 基金管理人的股东、实际控制人违反本法第二十三条规定的,责令改正,没收违法所得,并处违法所得一倍以上五倍以下罚款;没有违法所得或者违法所得不足一百万元的,并处十万元以上一百万元以下罚款;对直接负责的主管人员和其他直接责任人员给予警告,暂停或者撤销基金或证券从业资格,并处三万元以上三十万元以下罚款。

第一百二十五条 未经核准,擅自从事基金托管业务的,责令停止,没收违法所得,并处违法所得一倍以上五倍以下罚款;没有违法所得或者违法所得不足一百万元的,并处十万元以上一百万元以下罚款;对直接负责的主管人员和其他直接责任人员给予警告,并处三万元以上三十万元以下罚款。

第一百二十六条 基金管理人、基金托管人违反本法规定,相互出资或者持有股份的,责令改正,可以处十万元以下罚款。

第一百二十七条 违反本法规定,擅自公开或者变相公开募集基金的,责令停止,返还所募资金和加计的银行同期存款利息,没收违法所得,并处所募资金金额百分之一以上百分之五以下罚款。对直接负责的主管人员和其他直接责任人员给予警告,并处五万元以上五十万元以下罚款。

第一百二十八条 违反本法第五十九条规定,动用募集的资金的,责令返还,没收违法所得,并处违法所得一倍以上五倍以下罚款;没有违法所得或者违法所得不足五十万元的,并处五万元以上五十万元以下罚款;对直接负责的主管人员和其他直接责任人员给予警告,并处三万元以上三十万元以下罚款。

第一百二十九条 基金管理人、基金托管人有本法第七十三条第一款第一项至第五项和第七项所列行为之一,或者违反本法第七十三条第二款规定的,责令改正,处十万元以上一百万元以下罚款;对直接负责的主管人员和其他直接责任人员给予警告,暂停或者撤销基金从业资格,并处三万元以上三十万元以下罚款。

基金管理人、基金托管人有前款行为,运用基金财产而取得的财产和收益,归入基金财产。但是,法律、行政法规另有规定的,依照其规定。

第一百三十条 基金管理人、基金托管人有本法第七十三条第一款第六项规定行为的,除依照《中华人民共和国证券法》的有关规定处罚外,对直接负责的主管人员和其他直接责任人员暂停或者撤销基金从业资格。

第一百三十一条 基金信息披露义务人不依法披露基金信息或者披露的信息有虚假记载、误导性陈述或者重大遗漏的,责令改正,没收违法所得,并处十万元以上一百万元以下罚款;对直接负责的主管人员和其他直接责任人员给予警告，暂停或者撤销基金从业资格，并处三万元以上三十万元以下罚款。

第一百三十二条　基金管理人或者基金托管人不按照规定召集基金份额持有人大会的，责令改正，可以处五万元以下罚款；对直接负责的主管人员和其他直接责任人员给予警告，暂停或者撤销基金从业资格。

第一百三十三条　违反本法规定，未经登记，使用“基金”或者“基金管理”字样或者近似名称进行证券投资活动的，没收违法所得，并处违法所得一倍以上五倍以下罚款；没有违法所得或者违法所得不足一百万元的，并处十万元以上一百万元以下罚款。对直接负责的主管人员和其他直接责任人员给予警告，并处三万元以上三十万元以下罚款。

第一百三十四条　违反本法规定，非公开募集基金募集完毕，基金管理人未备案的，处十万元以上三十万元以下罚款。对直接负责的主管人员和其他直接责任人员给予警告，并处三万元以上十万元以下罚款。

第一百三十五条　违反本法规定，向合格投资者之外的单位或者个人非公开募集资金或者转让基金份额的，没收违法所得，并处违法所得一倍以上五倍以下罚款；没有违法所得或者违法所得不足一百万元的，并处十万元以上一百万元以下罚款。对直接负责的主管人员和其他直接责任人员给予警告，并处三万元以上三十万元以下罚款。

第一百三十六条　违反本法规定，擅自从事公开募集基金的基金服务业务的，责令改正，没收违法所得，并处违法所得一倍以上五倍以下罚款；没有违法所得或者违法所得不足三十万元的，并处十万元以上三十万元以下罚款。对直接负责的主管人员和其他直接责任人员给予警告，并处三万元以上十万元以下罚款。

第一百三十七条　基金销售机构未向投资人充分揭示投资风险并误导其购买与其风险承担能力不相当的基金产品的，处十万元以上三十万元以下罚款；情节严重的，责令其停止基金服务业务。对直接负责的主管人员和其他直接责任人员给予警告，撤销基金从业资格，并处三万元以上十万元以下罚款。

第一百三十八条　基金销售支付机构未按照规定划付基金销售结算资金的，处十万元以上三十万元以下罚款；情节严重的，责令其停止基金服务业务。对直接负责的主管人员和其他直接责任人员给予警告，撤销基金从业资格，并处三万元以上十万元以下罚款。

第一百三十九条　挪用基金销售结算资金或者基金份额的，责令改正，没收违法所得，并处违法所得一倍以上五倍以下罚款；没有违法所得或者违法所得不足一百万元的，并处十万元以上一百万元以下罚款。对直接负责的主管人员和其他直接责任人员给予警告，并处三万元以上三十万元以下罚款。

第一百四十条　基金份额登记机构未妥善保存或者备份基金份额登记数据的，责令改正，给予警告，并处十万元以上三十万元以下罚款；情节严重的，责令其停止基金服务业务。对直接负责的主管人员和其他直接责任人员给予警告，撤销基金从业资格，并处三万元以上十万元以下罚款。

基金份额登记机构隐匿、伪造、篡改、毁损基金份额登记数据的，责令改正，处十万元以上一百万元以下罚款，并责令其停止基金服务业务。对直接负责的主管人员和其他直接责任人员给予警告，撤销基金从业资格，并处三万元以上三十万元以下罚款。

第一百四十一条　基金投资顾问机构、基金评价机构及其从业人员违反本法规定开展投资顾问、基金评价服务的，处十万元以上三十万元以下罚款；情节严重的，责令其停止基金服务业务。对直接负责的主管人员和其他直接责任人员给予警告，撤销基金从业资格，并处三万元以上十万元以下罚款。

第一百四十二条　信息技术系统服务机构未按照规定向国务院证券监督管理机构提供相关信息技术系统资料，或者提供的信息技术系统资料虚假、有重大遗漏的，责令改正，处三万元以上十万元以下罚款。对直接负责的主管人员和其他直接责任人员给予警告，并处一万元以上三万元以下罚款。

第一百四十三条　会计师事务所、律师事务所未勤勉尽责，所出具的文件有虚假记载、误导性陈述或者重大遗漏的，责令改正，没收业务收入，暂停或者撤销相关业务许可，并处业务收入一倍以上五倍以下罚款。对直接负责的主管人员和其他直接责任人员给予警告，并处三万元以上十万元以下罚款。

第一百四十四条 基金服务机构未建立应急等风险管理制度和灾难备份系统，或者泄露与基金份额持有人、基金投资运作相关的非公开信息的，处十万元以上三十万元以下罚款；情节严重的，责令其停止基金服务业务。对直接负责的主管人员和其他直接责任人员给予警告，撤销基金从业资格，并处三万元以上十万元以下罚款。

第一百四十五条 违反本法规定，给基金财产、基金份额持有人或者投资人造成损害的，依法承担赔偿责任。

基金管理人、基金托管人在履行各自职责的过程中，违反本法规定或者基金合同约定，给基金财产或者基金份额持有人造成损害的，应当分别对各自的行为依法承担赔偿责任；因共同行为给基金财产或者基金份额持有人造成损害的，应当承担连带赔偿责任。

第一百四十六条 证券监督管理机构工作人员玩忽职守、滥用职权、徇私舞弊或者利用职务上的便利索取或者收受他人财物的，依法给予行政处分。

第一百四十七条 拒绝、阻碍证券监督管理机构及其工作人员依法行使监督检查、调查职权未使用暴力、威胁方法的，依法给予治安管理处罚。

第一百四十八条 违反法律、行政法规或者国务院证券监督管理机构的有关规定，情节严重的，国务院证券监督管理机构可以对有关责任人员采取证券市场禁入的措施。

第一百四十九条 违反本法规定，构成犯罪的，依法追究刑事责任。

第一百五十条 违反本法规定，应当承担民事赔偿责任和缴纳罚款、罚金，其财产不足以同时支付时，先承担民事赔偿责任。

第一百五十一条 依照本法规定，基金管理人、基金托管人、基金服务机构应当承担的民事赔偿责任和缴纳的罚款、罚金，由基金管理人、基金托管人、基金服务机构以其固有财产承担。

依法收缴的罚款、罚金和没收的违法所得，应当全部上缴国库。

第十五章 附 则

第一百五十二条 在中华人民共和国境内募集投资境外证券的基金，以及合格境外投资者在境内进行证券投资，应当经国务院证券监督管理机构批准，具体办法由国务院证券监督管理机构会同国务院有关部门规定，报国务院批准。

第一百五十三条 公开或者非公开募集资金，以进行证券投资活动为目的设立的公司或者合伙企业，资产由基金管理人或者普通合伙人管理的，其证券投资活动适用本法。

第一百五十四条 本法自2013年6月1日起施行。

证券投资基金管理暂行办法①

（1997年11月5日国务院批准 1997年11月14日发布 自发布之日起施行）

第一章 总 则

第一条 为了加强对证券投资基金的管理，保护基金当事人的合法权益，促进证券市场的健康、稳定发展，制定本办法。

第二条 本办法所称证券投资基金（以下简称基金）是指一种利益共享、风险共担的集合证券投资方式，即通过发行基金单位，集中投资者的资金，由基金托管人托管，由基金管理人管理和运用资金，从事股票、债券等金融工具投资。

第三条 基金资产独立于基金托管人和基金管理人的资产。

第四条 在中国境内从事基金活动及与该活动相关的自然人、法人和其他组织，应当遵守本办法。

第二章 基金的设立、募集与交易

第五条 基金的设立，必须经中国证券监督管理委员会（以下简称中国证监会）审查批准。

① 编者注：已废止。

第六条　基金发起人可以申请设立开放式基金，也可以申请设立封闭式基金。

第七条　申请设立基金，应当具备下列条件：

（一）主要发起人为按照国家有关规定设立的证券公司、信托投资公司、基金管理公司；

（二）每个发起人的实收资本不少于3亿元，主要发起人有3年以上从事证券投资经验、连续盈利的记录，但是基金管理公司除外；

（三）发起人、基金托管人、基金管理人有健全的组织机构和管理制度，财务状况良好，经营行为规范；

（四）基金托管人、基金管理人有符合要求的营业场所、安全防范设施和与业务有关的其他设施；

（五）中国证监会规定的其他条件。

申请设立开放式基金，还必须在人才和技术设施上能够保证每周至少一次向投资者公布基金资产净值和申购、赎回价格。

第八条　基金发起人申请设立基金，应当向中国证监会提交下列文件：

（一）申请报告；

（二）发起人名单及协议；

（三）基金契约和托管协议；

（四）招募说明书；

（五）证券公司、信托投资公司作为发起人的，经会计师事务所审计的发起人最近3年的财务报告；

（六）律师事务所出具的法律意见书；

（七）募集方案；

（八）中国证监会要求提交的其他文件。

前款基金契约、托管协议和招募说明书的内容和格式，由中国证监会规定。

第九条　基金发起人认购基金单位占基金总额的比例和在基金存续期间持有基金单位占基金总额的比例，由中国证监会规定。

第十条　封闭式基金的存续时间不得少于5年，最低募集数额不得少于2亿元。

第十一条　封闭式基金扩募或者续期，应当具备下列条件，并经中国证监会审查批准：

（一）年收益率高于全国基金平均收益率；

（二）基金托管人、基金管理人最近3年内无重大违法、违规行为；

（三）基金持有人大会和基金托管人同意扩募或者续期；

（四）中国证监会规定的其他条件。

申请基金扩募或者续期，应当按照中国证监会的要求提交有关文件。

第十二条　基金发起人应当于基金募集前3天在中国证监会指定的报刊上刊载招募说明书。

第十三条　封闭式基金的募集期限为3个月，自该基金批准之日起计算。封闭式基金自批准之日起3个月内募集的资金超过该基金批准规模的80%的，该基金方可成立。开放式基金自批准之日起3个月内净销售额超过2亿元的，该基金方可成立。

封闭式基金募集期满时，其所募集的资金少于该基金批准规模的80%的，该基金不得成立。开放式基金自批准之日起3个月内净销售额少于2亿元的，该基金不得成立。基金发起人必须承担基金募集费用，已募集的资金并加计银行活期存款利息必须在30天内退还基金认购人。

第十四条　开放式基金只能在符合国家规定的场所申购、赎回。

封闭式基金成立后，基金管理人、基金托管人可以向中国证监会及证券交易所提出基金上市申请。基金上市规则由证券交易所制定，报中国证监会批准。

第三章　基金托管人和基金管理人

第十五条　经批准设立的基金，应当委托商业银行作为基金托管人托管基金资产，委托基金管理公司作为基金管理人管理和运用基金资产。

第十六条　基金托管人必须经中国证监会和中国人民银行审查批准。

第十七条　基金托管人、基金管理人应当在行政上、财务上相互独立，其高级管理人员不得在对方兼任任何职务。

第十八条　基金托管人应当具备下列条件：

（一）设有专门的基金托管部；

（二）实收资本不少于80亿元；

（三）有足够的熟悉托管业务的专职人员；

（四）具备安全保管基金全部资产的条件；

（五）具备安全、高效的清算、交割能力。

第十九条 基金托管人应当履行下列职责：

（一）安全保管基金的全部资产；

（二）执行基金管理人的投资指令，并负责办理基金名下的资金往来；

（三）监督基金管理人的投资运作，发现基金管理人的投资指令违法、违规的，不予执行，并向中国证监会报告；

（四）复核、审查基金管理人计算的基金资产净值及基金价格；

（五）保存基金的会计帐册、记录 15 年以上；

（六）出具基金业绩报告，提供基金托管情况，并向中国证监会和中国人民银行报告；

（七）基金契约、托管协议规定的其他职责。

第二十条 基金托管人必须将其托管的基金资产与托管人的自有资产严格分开，对不同基金分别设置帐户，实行分帐管理。

第二十一条 有下列情形之一的，经中国证监会和中国人民银行批准，基金托管人必须退任：

（一）基金托管人解散、依法被撤销、破产或者由接管人接管其资产的；

（二）基金管理人有充分理由认为更换基金托管人符合基金持有人利益的；

（三）代表 50% 以上基金单位的基金持有人要求基金托管人退任的；

（四）中国人民银行有充分理由认为基金托管人不能继续履行基金托管职责的。

第二十二条 新任基金托管人应当经中国证监会和中国人民银行审查批准；经批准后，原任基金托管人方可退任。原任基金托管人托管的基金无新任基金托管人承接的，该基金应当终止。

第二十三条 申请设立基金管理公司，必须经中国证监会审查批准。

第二十四条 设立基金管理公司，应当具备下列条件：

（一）主要发起人为按照国家有关规定设立的证券公司、信托投资公司；

（二）主要发起人经营状况良好，最近 3 年连续盈利；

（三）每个发起人实收资本不少于 3 亿元；

（四）拟设立的基金管理公司的最低实收资本为 1000 万元；

（五）有明确可行的基金管理计划；

（六）有合格的基金管理人才；

（七）中国证监会规定的其他条件。

申请设立基金管理公司，应当按照中国证监会的要求提交有关文件。

第二十五条 基金管理公司经批准，可以从事下列业务：

（一）基金管理业务；

（二）发起设立基金。

第二十六条 基金管理人应当履行下列职责：

（一）按照基金契约的规定运用基金资产投资并管理基金资产；

（二）及时、足额向基金持有人支付基金收益；

（三）保存基金的会计帐册、记录 15 年以上；

（四）编制基金财务报告，及时公告，并向中国证监会报告；

（五）计算并公告基金资产净值及每一基金单位资产净值；

（六）基金契约规定的其他职责。

开放式基金的管理人还应当按照国家有关规定和基金契约的规定，及时、准确地办理基金的申购和赎回。

第二十七条 有下列情形之一的，经中国证监会批准，基金管理人必须退任：

（一）基金管理人解散、依法被撤销、破产或者由接管人接管其资产的；

（二）基金托管人有充分理由认为更换基金管理人符合基金持有人利益的；

（三）代表 50% 以上基金单位的基金持有人要求基金管理人退任的；

（四）中国证监会有充分理由认为基金管理人不能继续履行基金管理职责的。

第二十八条 新任基金管理人应当经中国证监会审查批准；经批准后，原任基金管理人方可退任。原任基金管理人管理的基金无新任基金管理人承接的，该基金应当终止。

第四章　基金持有人的权利和义务

第二十九条 基金持有人享有下列权利：

（一）出席或者委派代表出席基金持有人大会；

（二）取得基金收益；

（三）监督基金经营情况，获取基金业务及财务状况的资料；

（四）申购、赎回或者转让基金单位；

（五）取得基金清算后的剩余资产；

（六）基金契约规定的其他权利。

第三十条　有下列情形之一的，应当召开基金持有人大会：

（一）修改基金契约；

（二）提前终止基金；

（三）更换基金托管人；

（四）更换基金管理人；

（五）中国证监会规定的其他情形。

前款事项，经基金持有人大会作出决议后，应当经中国证监会批准。

第三十一条　基金持有人应当履行下列义务：

（一）遵守基金契约；

（二）交纳基金认购款项及规定的费用；

（三）承担基金亏损或者终止的有限责任；

（四）不从事任何有损基金及其他基金持有人利益的活动。

第五章　投资运作与监督管理

第三十二条　基金成立前，投资者的认购款项只能存入商业银行，不得运用。

第三十三条　基金的投资组合当应符合下列规定：

（一）1个基金投资于股票、债券的比例，不得低于该基金资产总值的80%；

（二）1个基金持有1家上市公司的股票，不得超过该基金资产净值的10%；

（三）同一基金管理人管理的全部基金持有1家公司发行的证券，不得超过该证券的10%；

（四）1个基金投资于国家债券的比例，不得低于该基金资产净值的20%；

（五）中国证监会规定的其他比例限制。

第三十四条　禁止从事下列行为：

（一）基金之间相互投资；

（二）基金托管人、商业银行从事基金投资；

（三）基金管理人以基金的名义使用不属于基金名下的资金买卖证券；

（四）基金管理人从事任何形式的证券承销或者从事除国家债券以外的其他证券自营业务；

（五）基金管理人从事资金拆借业务；

（六）动用银行信贷资金从事基金投资；

（七）国有企业违反国家有关规定炒作基金；

（八）将基金资产用于抵押、担保、资金拆借或者贷款；

（九）从事证券信用交易；

（十）以基金资产进行房地产投资；

（十一）从事可能使基金资产承担无限责任的投资；

（十二）将基金资产投资于与基金托管人或者基金管理人有利害关系的公司发行的证券；

（十三）中国证监会规定禁止从事的其他行为。

第三十五条　开放式基金必须保持足够的现金或者国家债券，以备支付赎金。

第三十六条　基金托管人的托管费、基金管理人的报酬以及可以在基金资产中扣除的其他费用，应当按照国家有关规定执行并在基金契约和托管协议中订明。

第三十七条　基金托管人、基金管理人应当执行国家财务会计制度，依法纳税。

第三十八条　基金收益分配应当采用现金形式，每年至少1次。基金收益分配比例不得低于基金净收益的90%。

第三十九条　中国证监会、中国人民银行按照各自的职权随时对基金募集、交易、投资运作以及相关的业务活动和财务会计资料进行检查、稽核。基金托管人、基金管理人以及有关的机构和人员应当及时提供有关情况和资料，不得拒绝、阻挠。

第四十条　有下列情形之一的，基金应当终止：

（一）基金封闭期满，未被批准续期的；

（二）基金经批准提前终止的；

（三）因重大违法、违规行为，基金被中国证监会责令终止的。

第四十一条　基金终止时，必须组成清算小组对基金资产进行清算；清算结果应当报中国证监会批准并予以公告。

中国证监会监督基金清算过程。

第四十二条 基金清算后的全部剩余资产，按基金持有人持有的基金单位占基金资产的比例，分配给基金持有人。

第六章 罚 则

第四十三条 未经批准，擅自设立、募集或者变相募集资金的，由中国证监会予以取缔，责令退还所募集的资金及其利息，有违法所得的，没收违法所得，并处违法所得1倍以上10倍以下的罚款；没有违法所得的，处100万元以下的罚款。

第四十四条 未经批准，擅自将基金上市交易的，由中国证监会责令停止交易，处100万元以下的罚款。

第四十五条 未经批准，擅自设立基金管理公司或者擅自从事基金管理业务的，由中国证监会予以取缔，有违法所得的，没收违法所得，并处违法所得1倍以上10倍以下的罚款；没有违法所得的，处100万元以下的罚款。

第四十六条 未经批准，擅自从事基金托管业务的，责令停止基金托管业务，没收违法所得，并处50万元以下的罚款。

基金托管人未按照规定将其托管的基金资产与托管人的自有资产分开，或者对基金资产未实行分帐管理的，责令改正，没收违法所得，并处违法所得1倍以上5倍以下的罚款。

第四十七条 基金管理人违反本办法第二十二条规定的，责令改正，有违法所得的，没收违法所得，并处违法所得1倍以上5倍以下的罚款；没有违法所得的，处50万元以下的罚款。

第四十八条 基金管理人违反本办法第三十三条规定的，由中国证监会责令改正，有违法所得的，没收违法所得，并处违法所得1倍以上3倍以下的罚款；没有违法所得的，处30万元以下的罚款。

第四十九条 有本办法第三十四条所列行为之一的，责令改正，有违法所得的，没收违法所得，并处违法所得1倍以上5倍以下的罚款；没有违法所得的，处50万元以下的罚款。

第五十条 基金管理人或者基金托管人营私舞弊、违规操作，不履行其基金管理或者基金托管职责的，或者严重失职，造成基金经营不善或者重大损失的，除依法给予处罚外，暂停、撤销其基金管理业务资格或者基金托管业务资格。

第五十一条 基金管理人或者基金托管人违反本办法第三十九条规定，不提供或者拖延提供有关情况和资料，或者拒绝、阻挠依法进行的检查、稽核的，责令改正，给予警告，并处5万元以下的罚款。

第五十二条 本办法第四十六条、第四十七条、第四十九条、第五十条、第五十一条规定的处罚，由中国证监会、中国人民银行按照各自的职权作出决定；但是，对同一违法行为，不得给予两次以上的处罚。

第五十三条 有操纵市场价格、内幕交易、虚假陈述等证券欺诈行为的，由中国证监会依法给予处罚。

第五十四条 违反本办法规定，除依法给予行政处罚外，对直接负责的主管人员和其他直接责任人员暂停、撤销其从业资格。

违反本办法规定，给他人造成损失的，依法承担民事赔偿责任。

违反本办法规定，构成犯罪的，依法追究刑事责任。

第七章 附 则

第五十五条 本办法下列用语的含义：

（一）“基金单位”，是指基金发起人向不特定的投资者发行的，表示持有人对基金享有资产所有权、收益分配权和其他相关权利，并承担相应义务的凭证。

（二）“开放式基金”，是指基金发行总额不固定，基金单位总数随时增减，投资者可以按基金的报价在国家规定的营业场所申购或者赎回基金单位的一种基金。

（三）“封闭式基金”，是指事先确定发行总额，在封闭期内基金单位总数不变，基金上市后投资者可以通过证券市场转让、买卖基金单位的一种基金。

（四）“基金资产总值”，包括基金购买的各类证券价值、银行存款本息以及其他投资所形成的价值总和。

（五）"基金资产净值"，是指基金资产总值减去按照国家有关规定可以在基金资产中扣除的费用后的价值。

（六）"每一单位基金资产净值"，是指计算日基金资产净值除以计算日基金单位总数后的价值。

（七）"基金收益"，包括基金投资所得红利、股息、债券利息，买卖证券价差，存款利息以及其他收入。

（八）"基金净收益"，是指基金收益减去按照国家有关规定可以在基金收益中扣除的费用后的余额。

第五十六条 本办法由中国证监会组织实施。

第五十七条 本办法自发布之日起施行。

证券投资基金管理公司管理办法①

（2004年9月16日中国证券监督管理委员会令第22号公布 自2004年10月1日起施行）

第一章 总 则

第一条 为了加强对证券投资基金管理公司的监督管理，规范证券投资基金管理公司的行为，保护基金份额持有人及相关当事人的合法权益，根据《证券投资基金法》、《公司法》和其他有关法律、行政法规，制定本办法。

第二条 本办法所称证券投资基金管理公司（以下简称基金管理公司），是指经中国证券监督管理委员会（以下简称中国证监会）批准，在中华人民共和国境内设立，从事证券投资基金管理业务的企业法人。

第三条 基金管理公司应当遵守法律、行政法规和中国证监会的规定，恪守诚信，审慎勤勉，忠实尽责，为基金份额持有人的利益管理和运用基金财产。

第四条 中国证监会及其派出机构依照《证券投资基金法》、《公司法》等法律、行政法规、中国证监会的规定和审慎监管原则，对基金管理公司及其业务活动实施监督管理。

第五条 基金行业的协会依据法律、行政法规、中国证监会的规定和自律规则，对基金管理公司及其业务活动进行自律管理。

第二章 基金管理公司的设立

第六条 设立基金管理公司，应当具备下列条件：

（一）股东符合《证券投资基金法》和本办法的规定；

（二）有符合《证券投资基金法》、《公司法》以及中国证监会规定的章程；

（三）注册资本不低于1亿元人民币，且股东必须以货币资金实缴，境外股东应当以可自由兑换货币出资；

（四）有符合法律、行政法规和中国证监会规定的拟任高级管理人员以及从事研究、投资、估值、营销等业务的人员，拟任高级管理人员、业务人员不少于15人，并应当取得基金从业资格；

（五）有符合要求的营业场所、安全防范设施和与业务有关的其他设施；

（六）设置了分工合理、职责清晰的组织机构和工作岗位；

（七）有符合中国证监会规定的监察稽核、风险控制等内部监控制度；

（八）经国务院批准的中国证监会规定的其他条件。

第七条 基金管理公司的主要股东是指出资额占基金管理公司注册资本的比例（以下简称出资比例）最高，且不低于25%的股东。

主要股东应当具备下列条件：

（一）从事证券经营、证券投资咨询、信托资产管理或者其他金融资产管理；

（二）注册资本不低于3亿元人民币；

（三）具有较好的经营业绩，资产质量良好；

（四）持续经营3个以上完整的会计年度，公司治理健全，内部监控制度完善；

（五）最近3年没有因违法违规行为受到行政处罚或者刑事处罚；

（六）没有挪用客户资产等损害客户利益的行为；

---
① 编者注：已废止。

（七）没有因违法违规行为正在被监管机构调查，或者正处于整改期间；

（八）具有良好的社会信誉，最近3年在税务、工商等行政机关，以及金融监管、自律管理、商业银行等机构无不良记录。

第八条 基金管理公司除主要股东外的其他股东，注册资本、净资产应当不低于1亿元人民币，资产质量良好，且具备本办法第七条第二款第（四）项至第（八）项规定的条件。

第九条 中外合资基金管理公司中，出资比例最高的境内股东应当具备本办法第七条第二款规定的主要股东的条件；其他境内股东应当具备本办法第八条规定的条件。

中外合资基金管理公司的境外股东应当具备下列条件：

（一）为依其所在国家或者地区法律设立，合法存续并具有金融资产管理经验的金融机构，财务稳健，资信良好，最近3年没有受到监管机构或者司法机关的处罚；

（二）所在国家或者地区具有完善的证券法律和监管制度，其证券监管机构已与中国证监会或者中国证监会认可的其他机构签订证券监管合作谅解备忘录，并保持着有效的监管合作关系；

（三）实缴资本不少于3亿元人民币的等值可自由兑换货币；

（四）经国务院批准的中国证监会规定的其他条件。

香港特别行政区、澳门特别行政区和台湾地区的投资机构比照适用前款规定。

第十条 基金管理公司股东的出资比例应当符合中国证监会的规定。

基金管理公司的股东不得持有其他股东的股份或者拥有其他股东的权益；不得与其他股东同属一个实际控制人或者有其他关联关系。

中外合资基金管理公司外资出资比例或者拥有的权益比例，累计（包括直接持有和间接持有）不得超过国家证券业对外开放所做的承诺。

第十一条 一家机构或者受同一实际控制人控制的多家机构参股基金管理公司的数量不得超过两家，其中控股基金管理公司的数量不得超过一家。

第十二条 申请设立基金管理公司，申请人应当按照中国证监会的规定报送设立申请材料。

主要股东应当组织、协调设立基金管理公司的相关事宜，对申请材料的真实性、完整性负主要责任。

第十三条 申请期间申请材料涉及的事项发生重大变化的，申请人应当自变化发生之日起5个工作日内向中国证监会提交更新材料；股东发生变动的，应当重新报送申请材料。

第十四条 中国证监会依照《行政许可法》和《证券投资基金法》第十四条第一款的规定，受理基金管理公司设立申请，并进行审查，做出决定。

第十五条 中国证监会审查基金管理公司设立申请，可以采取下列方式：

（一）征求相关机构和部门关于股东条件等方面的意见；

（二）采取专家评审、核查等方式对申请材料的内容进行审查；

（三）自受理之日起5个月内现场检查基金管理公司设立准备情况。

第十六条 中国证监会批准设立基金管理公司的，申请人应当自收到批准文件之日起30日内向工商行政管理机关办理注册登记手续；凭工商行政管理机关核发的《企业法人营业执照》向中国证监会领取《基金管理资格证书》。

中外合资基金管理公司还应当按照法律、行政法规的规定，申领《外商投资企业批准证书》，并开设外汇资本金账户。

基金管理公司应当自工商注册登记手续办理完毕之日起10日内，在中国证监会指定的报刊上将公司成立事项予以公告。

第三章 基金管理公司的变更、解散

第十七条 基金管理公司变更下列重大事项，应当报中国证监会批准：

（一）变更股东、注册资本或者股东出资比例；

（二）变更名称、住所；

（三）修改章程；

（四）中国证监会规定的其他重大事项。

第十八条 基金管理公司变更股东、注册资本、股东出资比例后,股东的条件、股东的出资比例、股东参股基金管理公司的数量、注册资本等应当符合本办法第二章的规定。

第十九条 基金管理公司的股东处分其出资,应当遵守下列规定:

(一)股东转让出资应当诚实守信,遵守在认购、受让出资时所做的承诺,不得损害基金份额持有人的合法权益;

(二)股东转让出资应当遵守《公司法》关于其他股东享有优先购买权的规定,不得采取虚报转让价格等不正当手段损害其他股东的合法权益;

(三)股东与受让方应当就转让期间的有关事宜明确约定,确保不损害基金管理公司和基金份额持有人的合法权益,股东不得通过股权托管、信托合同、秘密协议等形式处分其出资;

(四)变更股东的事项未经中国证监会批准并履行相关法律程序,转让方应当继续履行股东义务,承担相应责任,受让方不得以任何形式行使股东权利;

(五)法律、行政法规和公司章程的其他规定。

第二十条 基金管理公司增加的注册资本,股东必须以货币资金实缴。

第二十一条 基金管理公司变更重大事项,应当自董事会或者股东会做出决议之日起 15 日内按照中国证监会的规定提出变更申请;涉及股东出资转让的,基金管理公司未按规定提出申请时,相关股东可以直接提出申请。

第二十二条 中国证监会依照《行政许可法》和《证券投资基金法》第十四条第二款的规定,受理基金管理公司变更重大事项的申请,并进行审查,做出决定。

第二十三条 中国证监会可以采取约请相关人员谈话、专家评审、核查等方式,审查基金管理公司变更重大事项的申请。

涉及变更基金管理公司主要股东、合计出资比例超过50%以上的股东,或者提名董事人数最多的股东的,中国证监会比照本办法关于基金管理公司设立的规定进行审查。

第二十四条 基金管理公司的重大变更事项涉及变更工商登记的,基金管理公司应当自收到批准文件之日起 30 日内向工商行政管理机关办理变更登记手续。

变更为中外合资基金管理公司的,还应当按照有关规定申领《外商投资企业批准证书》,并开设外汇资本金账户。

第二十五条 基金管理公司高级管理人员的选任或者改任,应当按照法律、行政法规和中国证监会的规定办理。

第二十六条 基金管理公司的重大变更事项涉及《基金管理资格证书》内容变更的,基金管理公司应当向中国证监会换领《基金管理资格证书》。

第二十七条 基金管理公司应当按照法律、行政法规和中国证监会的规定将重大变更事项予以公告。

第二十八条 基金管理公司的解散,应当在中国证监会取消其基金管理资格后方可进行。

基金管理公司的解散应当按照《公司法》等法律、行政法规的规定办理。

第四章 基金管理公司分支机构的设立、变更、撤销

第二十九条 基金管理公司可以设立分公司或者中国证监会规定的其他形式的分支机构。

基金管理公司分支机构可以从事基金品种开发、基金销售及公司授权的其他业务活动。

第三十条 基金管理公司设立分支机构,应当具备下列条件:

(一)公司治理健全,内部监控完善,经营稳定,有较强的持续经营能力;

(二)公司最近 1 年内没有因违法违规行为受到行政处罚或者刑事处罚;

(三)公司没有因违法违规行为正在被监管机构调查,或者正处于整改期间;

(四)拟设立的分支机构有符合规定的名称、办公场所、业务人员、安全防范设施和与业务有关的其他设施;

(五)拟设立的分支机构有明确的职责和完善的管理制度;

(六)中国证监会规定的其他条件。

第三十一条 基金管理公司设立分支机构,应当自董事会或者股东会做出决议之日起 15 日

内,按照中国证监会的规定报送申请材料。

第三十二条 中国证监会依照《行政许可法》和《证券投资基金法》第十四条第二款的规定,受理基金管理公司设立分支机构的申请,并进行审查,做出决定。

中国证监会可以对拟设立的分支机构进行现场检查。

第三十三条 基金管理公司变更、撤销分支机构,应当自变更、撤销之日起15日内向中国证监会和分支机构所在地的中国证监会派出机构报告。

第三十四条 基金管理公司设立分支机构,应当自收到批准文件之日起30日内向工商行政管理机关办理登记注册手续。

基金管理公司变更、撤销分支机构,应当按照有关规定向工商行政管理机关办理有关手续。

第三十五条 基金管理公司应当按照法律、行政法规和中国证监会的规定将设立、变更或撤销分支机构的事项予以公告。

第五章 基金管理公司的治理和经营

第三十六条 基金管理公司应当按照《公司法》等法律、行政法规和中国证监会的规定,建立组织机构健全、职责划分清晰、制衡监督有效、激励约束合理的治理结构,保持公司规范运作,维护基金份额持有人的利益。

第三十七条 基金管理公司的股东应当履行法定义务,不得虚假出资、抽逃或者变相抽逃出资。

第三十八条 基金管理公司应当明确股东会的职权范围和议事规则。

基金管理公司应当建立和股东之间的业务隔离制度;股东应当通过股东会依法行使权利,不得越过股东会、董事会直接干预基金管理公司的经营管理或者基金财产的投资运作,不得在证券承销、证券投资等业务活动中要求基金管理公司为其提供配合,损害基金份额持有人和其他当事人的合法权益。

第三十九条 基金管理公司主要股东在公司不能正常经营时,应当召集其他股东及有关当事人,按照有利于保护基金份额持有人利益的原则妥善处理有关事宜。

第四十条 基金管理公司应当明确董事会的职权范围和议事规则,董事会应当按照法律、行政法规和公司章程的规定,制定公司基本制度,决策有关重大事项,监督、奖惩经营管理人员。

董事会和董事长不得越权干预经营管理人员的具体经营活动。

第四十一条 基金管理公司应当建立健全独立董事制度,独立董事人数不得少于3人,且不得少于董事会人数的1/3。

董事会审议下列事项应当经过2/3以上的独立董事通过:

(一)公司及基金投资运作中的重大关联交易;

(二)公司和基金审计事务,聘请或者更换会计师事务所;

(三)公司管理的基金的半年度报告和年度报告;

(四)法律、行政法规和公司章程规定的其他事项。

第四十二条 基金管理公司应当建立健全督察长制度,督察长由董事会聘任,对董事会负责,对公司经营运作的合法合规性进行监察和稽核。

督察长发现公司存在重大风险或者有违法违规行为,应当告知总经理和其他有关高级管理人员,并向董事会、中国证监会和公司所在地中国证监会派出机构报告。

第四十三条 基金管理公司应当加强监事会或者执行监事对公司财务、董事会履行职责的监督作用,维护股东合法利益。

第四十四条 基金管理公司的总经理负责公司的经营管理。基金管理公司的高级管理人员及其他工作人员应当忠实、勤勉地履行职责,不得为股东、本人或者他人谋取不正当利益。

第四十五条 基金管理公司应当按照中国证监会的规定,建立科学合理、控制严密、运行高效的内部监控体系,制定科学完善的内部监控制度,保持经营运作合法、合规,保持公司内部监控健全、有效。

第四十六条 基金管理公司应当建立健全由授权、研究、决策、执行和评估等环节构成的投资管理系统,公平对待其管理的不同基金财产和客户资产。

第四十七条 基金管理公司应当建立完善的基金财务核算与基金资产估值系统,严格遵守国家有关规定,及时、准确和完整地反映基金财产的状况。

第四十八条 基金管理公司应当建立和维护信息管理系统,严格信息管理,保证客户资料等信息安全、真实和完整。

第四十九条 基金管理公司应当建立和完善客户服务标准,加强销售管理,规范基金宣传推介,不得有不正当销售行为和不正当竞争行为。

第五十条 基金管理公司按照审慎经营原则和业务发展需要,可以相应增加注册资本。

基金管理公司应当按照规定提取风险准备金。

第五十一条 基金管理公司应当按照中国证监会的规定,管理和运用固有资金。

基金管理公司管理、运用固有资金,应当保持公司的正常运营,不得损害基金份额持有人的合法权益。

第五十二条 基金管理公司应当建立有效的管理制度,加强对分支机构的管理,分支机构不得以承包、租赁、托管、合作等方式经营。

基金管理公司可以设立办事处,办事处不得从事经营性活动。

第五十三条 基金管理公司应当建立突发事件处理预案制度,对发生严重影响基金份额持有人利益、可能引起系统性风险、严重影响社会稳定的突发事件,按照预案妥善处理。

第六章 监督管理

第五十四条 基金管理公司、基金管理公司的股东申请批准有关事项,隐瞒有关情况或者提供虚假材料的,中国证监会不予受理;已经受理的,不予批准。

第五十五条 中国证监会依照法律、行政法规、中国证监会规定和审慎监管原则对基金管理公司的公司治理、内部监控、经营运作、风险状况,以及相关业务活动进行非现场检查和现场检查。

第五十六条 非现场检查主要以审阅基金管理公司报送材料的方式进行。

基金管理公司应当向中国证监会和所在地中国证监会派出机构报送下列材料:

(一)经具有从事证券相关业务资格的会计师事务所审计的基金管理公司年度报告;

(二)由具有从事证券相关业务资格的会计师事务所出具的基金管理公司内部监控情况的年度评价报告;

(三)监察稽核季度报告和年度报告;

(四)中国证监会根据审慎监管原则要求报送的其他材料。

第五十七条 基金管理公司应当自年度结束之日起3个月内报送基金管理公司年度报告和年度评价报告;自季度结束之日起15日内报送监察稽核季度报告,自年度结束之日起30日内报送监察稽核年度报告。

第五十八条 基金管理公司发生下列情形之一的,应当自发生之日起5日内向中国证监会和所在地中国证监会派出机构报告:

(一)公司股东的出资被司法机关采取诉讼保全等措施;

(二)公司股东处分其出资;

(三)公司股东发生合并、分立或者进行重大资产、债务重组;

(四)公司股东被监管机构或者司法机关立案调查;

(五)公司股东进入清算程序或者被接管;

(六)公司及其董事、高级管理人员、基金经理受到刑事、行政处罚;

(七)公司及其董事、高级管理人员、基金经理被监管机构或者司法机关调查;

(八)公司财务状况发生重大变化;

(九)对公司经营产生重大影响的其他事项。

基金管理公司发生本办法第五十三条规定的突发事件,应当立即向中国证监会和所在地中国证监会派出机构报告。

基金管理公司设立、变更或者撤销办事处,应当自设立、变更或者撤销之日起15日内向中国证监会和所在地中国证监会派出机构报告。

第五十九条 中外合资基金管理公司的境外股东,其注册地或主要经营活动所在地的主管当局对境外投资有备案要求的，该境外股东在依法取得中国证监会的批准文件后，如向其注册地或主要经营活动所在地的主管当局提交有关备案材料，应当同时将副本报送中国证监会。

第六十条 中国证监会可以采取下列措施对基金管理公司进行现场检查，并根据日常监管情况确定现场检查的对象、内容和频率：

（一）进入基金管理公司及其分支机构进行检查；

（二）要求基金管理公司提供与检查事项有关的文件、会议记录、报表、凭证和其他资料；

（三）询问基金管理公司的工作人员，要求其对有关检查事项做出说明；

（四）查阅、复制基金管理公司与检查事项有关的文件、资料，对可能被转移、隐匿或者毁损的文件、资料予以封存；

（五）检查基金管理公司运用电子计算机管理业务数据的系统；

（六）中国证监会规定的其他措施。

第六十一条 中国证监会对基金管理公司进行现场检查，检查人员不得少于两人，并应当出示合法证件；检查人员少于两人或者未出示合法证件的，基金管理公司有权拒绝检查。

中国证监会可以聘请注册会计师、律师等专业人员为检查工作提供专业服务。

第六十二条 基金管理公司及有关人员应当配合中国证监会进行检查，不得以任何理由拒绝、拖延提供有关资料，或者提供不真实、不准确、不完整的资料。

第六十三条 中国证监会对基金管理公司进行现场检查后，应当向被检查的基金管理公司出具检查结论。

第六十四条 基金管理公司违反法律、行政法规、中国证监会的规定或者存在较大经营风险的，中国证监会可以责令其整改，暂停办理相关业务；对直接负责的主管人员和其他直接责任人员，可以采取监管谈话、出具警示函、记入诚信档案、暂停履行职务、认定为不适宜担任相关职务者等行政监管措施。

基金管理公司整改结束，应当向中国证监会提交整改报告，中国证监会对其进行检查验收。

第六十五条 基金管理公司股东违反本办法第十九条的规定认购、转让出资，或者违反本办法第三十七条的规定不履行法定义务的，中国证监会可以责令其整改；对其有关董事、监事、高级管理人员，可以采取监管谈话、记入诚信档案、认定为不适宜担任相关职务者等行政监管措施。

第六十六条 基金管理公司、基金管理公司的股东及其直接负责的主管人员和其他直接责任人员违反法律、行政法规和中国证监会的规定，依法应予行政处罚的，依照有关规定进行行政处罚；涉嫌犯罪的，依法移送司法机关，追究其刑事责任。

第七章 附 则

第六十七条 本办法所称中外合资基金管理公司，包括境外股东与境内股东共同出资设立的基金管理公司和境外股东受让、认购境内基金管理公司股权而变更的基金管理公司。

第六十八条 自然人参股基金管理公司、基金管理公司采用股份有限公司形式和在境外设立分支机构的具体管理办法，由中国证监会另行规定。

第六十九条 本办法自2004年10月1日起施行。中国证券监督管理委员会令第9号《外资参股基金管理公司设立规则》同时废止。

证券投资基金管理公司管理办法①

（2012年9月20日中国证券监督管理委员会令第84号公布 自2012年11月1日起施行）

第一章 总 则

第一条 为了加强对证券投资基金管理公司的监督管理，规范证券投资基金管理公司的行为，保护基金份额持有人及相关当事人的合法权益，根据《证券投资基金法》、《公司法》和其他有关法律、行政法规，制定本办法。

第二条 本办法所称证券投资基金管理公司（以下简称基金管理公司），是指经中国证券监督管理委员会（以下简称中国证监会）批准，

① 编者注：已被修改。

在中华人民共和国境内设立,从事证券投资基金管理业务和中国证监会许可的其他业务的企业法人。

第三条　基金管理公司应当遵守法律、行政法规、中国证监会的规定和中国证券投资基金业协会的自律规则,恪守诚信,审慎勤勉,忠实尽责,为基金份额持有人的利益管理和运用基金财产。

第四条　中国证监会及其派出机构依照《证券投资基金法》、《公司法》等法律、行政法规、中国证监会的规定和审慎监管原则,对基金管理公司及其业务活动实施监督管理。

第五条　中国证券投资基金业协会依据法律、行政法规、中国证监会的规定和自律规则,对基金管理公司及其业务活动进行自律管理。

第二章　基金管理公司的设立

第六条　设立基金管理公司,应当具备下列条件:

(一)股东符合《证券投资基金法》和本办法的规定;

(二)有符合《证券投资基金法》、《公司法》以及中国证监会规定的章程;

(三)注册资本不低于1亿元人民币,且股东必须以货币资金实缴,境外股东应当以可自由兑换货币出资;

(四)有符合法律、行政法规和中国证监会规定的拟任高级管理人员以及从事研究、投资、估值、营销等业务的人员,拟任高级管理人员、业务人员不少于15人,并应当取得基金从业资格;

(五)有符合要求的营业场所、安全防范设施和与业务有关的其他设施;

(六)设置了分工合理、职责清晰的组织机构和工作岗位;

(七)有符合中国证监会规定的监察稽核、风险控制等内部监控制度;

(八)经国务院批准的中国证监会规定的其他条件。

第七条　申请设立基金管理公司,出资或者持有股份占基金管理公司注册资本的比例(以下简称持股比例)在5%以上的股东,应当具备下列条件:

(一)注册资本、净资产不低于1亿元人民币,资产质量良好;

(二)持续经营3个以上完整的会计年度,公司治理健全,内部监控制度完善;

(三)最近3年没有因违法违规行为受到行政处罚或者刑事处罚;

(四)没有挪用客户资产等损害客户利益的行为;

(五)没有因违法违规行为正在被监管机构调查,或者正处于整改期间;

(六)具有良好的社会信誉,最近3年在金融监管、税务、工商等行政机关,以及自律管理、商业银行等机构无不良记录。

第八条　基金管理公司的主要股东是指持有基金管理公司股权比例最高且不低于25%的股东。

主要股东除应当符合本办法第七条规定的条件外,还应当具备下列条件:

(一)从事证券经营、证券投资咨询、信托资产管理或者其他金融资产管理业务;

(二)注册资本不低于3亿元人民币;

(三)具有较好的经营业绩,资产质量良好。

第九条　中外合资基金管理公司中,持股比例最高的境内股东应当具备本办法第八条规定的主要股东的条件,其他持股比例在5%以上的境内股东应当具备本办法第七条规定的条件。

中外合资基金管理公司的境外股东应当具备下列条件:

(一)为依其所在国家或者地区法律设立,合法存续并具有金融资产管理经验的金融机构,财务稳健,资信良好,最近3年没有受到监管机构或者司法机关的处罚;

(二)所在国家或者地区具有完善的证券法律和监管制度,其证券监管机构已与中国证监会或者中国证监会认可的其他机构签订证券监管合作谅解备忘录,并保持着有效的监管合作关系;

(三)实缴资本不少于3亿元人民币的等值可自由兑换货币;

(四)经国务院批准的中国证监会规定的其他条件。

香港特别行政区、澳门特别行政区和台湾地

区的投资机构比照适用前款规定。

第十条 基金管理公司股东的持股比例应当符合中国证监会的规定。中外合资基金管理公司外资持股比例或者拥有权益的比例，累计(包括直接持有和间接持有)不得超过我国证券业对外开放所做的承诺。

第十一条 一家机构或者受同一实际控制人控制的多家机构参股基金管理公司的数量不得超过2家，其中控股基金管理公司的数量不得超过1家。

第十二条 申请设立基金管理公司，申请人应当按照中国证监会的规定报送设立申请材料。

主要股东应当组织、协调设立基金管理公司的相关事宜，对申请材料的真实性、完整性负主要责任。

第十三条 申请期间申请材料涉及的事项发生重大变化的，申请人应当自变化发生之日起5个工作日内向中国证监会提交更新材料；股东发生变动的，应当重新报送申请材料。

第十四条 中国证监会依照《行政许可法》和《证券投资基金法》的规定，受理基金管理公司设立申请，并进行审查，做出决定。

第十五条 中国证监会审查基金管理公司设立申请，可以采取下列方式：

(一)征求相关机构和部门关于股东条件等方面的意见；

(二)采取专家评审、核查等方式对申请材料的内容进行审查；

(三)自受理之日起5个月内现场检查基金管理公司设立准备情况。

第十六条 中国证监会批准设立基金管理公司的，申请人应当自收到批准文件之日起30日内向工商行政管理机关办理注册登记手续；凭工商行政管理机关核发的《企业法人营业执照》向中国证监会领取《基金管理资格证书》。

中外合资基金管理公司还应当按照法律、行政法规的规定，申领《外商投资企业批准证书》，并开设外汇资本金账户。

基金管理公司应当自工商注册登记手续办理完毕之日起10日内，在中国证监会指定的报刊上将公司成立事项予以公告。

第三章 基金管理公司的变更、解散

第十七条 基金管理公司变更下列重大事项，应当报中国证监会批准：

(一)变更持股5%以上的股东；

(二)变更持股不足5%但对公司治理有重大影响的股东；

(三)变更股东的持股比例超过5%；

(四)修改公司章程重要条款；

(五)中国证监会规定的其他重大事项。

第十八条 基金管理公司变更股东、注册资本、股东持股比例后，股东的条件、股东的持股比例、股东参股基金管理公司的数量、注册资本等应当符合中国证监会的规定。

第十九条 基金管理公司的股东处分其股权，应当遵守下列规定：

(一)股东转让股权应当诚实守信，遵守在认购、受让股权时所做的承诺，不得损害基金份额持有人的合法权益；

(二)股东转让股权应当遵守《公司法》的规定，不得采取虚报转让价格等不正当手段损害其他股东的合法权益；

(三)股东与受让方应当就转让期间的有关事宜明确约定，确保不损害基金管理公司和基金份额持有人的合法权益，股东及受让方不得通过股权代持、股权托管、信托合同、秘密协议等形式处分其股权；

(四)相关的变更股东事项未经中国证监会批准并履行相关法律程序，转让方应当继续履行股东义务，承担相应责任，受让方不得以任何形式行使股东权利；

(五)法律、行政法规和公司章程的其他规定。

第二十条 基金管理公司增加的注册资本，股东必须以货币资金实缴。

第二十一条 基金管理公司变更重大事项，应当自董事会或者股东(大)会做出决议之日起60日内按照中国证监会的规定提出变更申请；涉及股东股权转让的，基金管理公司未按照规定提出申请时，相关股东可以直接提出申请。

第二十二条 中国证监会依照《行政许可法》和《证券投资基金法》的规定，受理基金管理公司变更重大事项的申请,并进行审查,做出决定。

第二十三条 中国证监会可以采取约请相关人员谈话、专家评审、核查等方式,审查基金管理公司变更重大事项的申请。

涉及变更基金管理公司主要股东、合计持股比例超过50%以上的股东,或者提名董事人数最多的股东的,中国证监会比照本办法关于基金管理公司设立的规定进行审查。

第二十四条 基金管理公司的重大变更事项涉及变更工商登记的,基金管理公司应当自收到批准文件之日起30日内向工商行政管理机关办理变更登记手续。

基金管理公司变更为中外合资的,还应当按照有关规定申领《外商投资企业批准证书》,并开设外汇资本金账户。

第二十五条 基金管理公司高级管理人员的选任或者改任,应当按照法律、行政法规和中国证监会的规定办理。

第二十六条 基金管理公司的重大变更事项涉及《基金管理资格证书》内容变更的,基金管理公司应当向中国证监会换领《基金管理资格证书》。

第二十七条 基金管理公司应当按照法律、行政法规和中国证监会的规定将重大变更事项予以公告。

第二十八条 基金管理公司的解散,应当在中国证监会取消其基金管理资格后进行。

基金管理公司的解散应当按照《公司法》等法律、行政法规的规定办理。

第四章 基金管理公司子公司及分支机构的设立、变更、撤销

第二十九条 基金管理公司可以根据专业化经营管理的需要,设立子公司、分公司或者中国证监会规定的其他形式的分支机构。

子公司可以从事特定客户资产管理、基金销售以及中国证监会许可的其他业务。分公司或者中国证监会规定的其他形式的分支机构,可以从事基金品种开发、基金销售以及基金管理公司授权的其他业务。

基金管理公司应当结合自身实际,合理审慎构建和完善经营管理组织模式,设立子公司、分支机构应当进行充分的评估论证,并履行必要的内部决策程序。

第三十条 基金管理公司子公司应当由基金管理公司控股,从事相关业务应当符合有关法律法规的规定。基金管理公司与子公司及各子公司之间应当建立必要的隔离墙制度,防止可能出现的风险传递和利益冲突。

基金管理公司应当建立有效的监督管理制度,加强对子公司、分支机构的业务、人员、财务等的监督和日常管理,分支机构不得以承包、租赁、托管、合作等方式经营。

基金管理公司可以设立办事处,办事处不得从事经营性活动。

第三十一条 基金管理公司设立子公司、分支机构,应当具备下列条件:

(一)公司治理健全,内部监控完善,经营稳定,有较强的持续经营能力;

(二)公司最近1年内没有因违法违规行为受到行政处罚或者刑事处罚;

(三)公司没有因违法违规行为正在被监管机构调查,或者正处于整改期间;

(四)拟设立的子公司、分支机构有符合规定的名称、办公场所、业务人员、安全防范设施和与业务有关的其他设施;

(五)拟设立的子公司、分支机构有明确的职责和完善的管理制度;

(六)中国证监会规定的其他条件。

第三十二条 基金管理公司设立子公司、分支机构,应当自董事会或者股东(大)会做出决议之日起60日内,按照中国证监会的规定报送申请材料。

第三十三条 中国证监会依照《行政许可法》和《证券投资基金法》的规定,受理基金管理公司设立子公司、分支机构的申请,并进行审查,做出决定。

中国证监会可以对拟设立的子公司、分支机构进行现场检查。

第三十四条 基金管理公司变更、撤销分支机构,应当自变更、撤销之日起15日内向中国证监会和所在地中国证监会派出机构报告。

基金管理公司设立、变更或者撤销办事处,

应当自设立、变更或者撤销之日起15日内向中国证监会和所在地中国证监会派出机构报告。

第三十五条 基金管理公司设立分支机构，应当自收到批准文件之日起30日内向工商行政管理机关办理登记注册手续。

基金管理公司变更、撤销分支机构，应当按照有关规定向工商行政管理机关办理有关手续。

第三十六条 基金管理公司应当按照法律、行政法规和中国证监会的规定将子公司、分支机构的设立、变更或者撤销事项予以公告。

第五章 基金管理公司的治理和经营

第三十七条 基金管理公司应当按照《公司法》等法律、行政法规和中国证监会的规定，建立组织机构健全、职责划分清晰、制衡监督有效、激励约束合理的治理结构，保持公司规范运作，维护基金份额持有人的利益。

公司治理应当遵循基金份额持有人利益优先的基本原则。基金管理公司及其股东和公司员工的利益与基金份额持有人的利益发生冲突时，应当优先保障基金份额持有人的利益。

第三十八条 基金管理公司的股东应当履行法定义务，不得虚假出资、抽逃或者变相抽逃出资。

基金管理公司的股东不得为其他机构或者个人代持基金管理公司的股权，不得委托其他机构或者个人代持股权。基金管理公司的股东及其实际控制人不得以任何形式占有或者转移基金管理公司资产。

基金管理公司的主要股东应当秉承长期投资理念，并书面承诺持有基金管理公司股权不少于3年。

第三十九条 基金管理公司应当明确股东(大)会的职权范围和议事规则。

基金管理公司应当建立与股东之间的业务和客户关键信息隔离制度。基金管理公司的股东及其实际控制人应当通过股东(大)会依法行使权利，不得越过股东(大)会、董事会任免基金管理公司的董事、监事、高级管理人员，或者直接干预基金管理公司的经营管理、基金财产的投资运作；不得在证券承销、证券投资等业务活动中要求基金管理公司为其提供配合，损害基金份额持有人和其他当事人的合法权益。

基金管理公司的单个股东或者有关联关系的股东合计持股比例在50%以上的，上述股东及其控制的机构不得经营公募或者类似公募的证券资产管理业务。

第四十条 基金管理公司的主要股东在公司不能正常经营时，应当召集其他股东及有关当事人，按照有利于保护基金份额持有人利益的原则妥善处理有关事宜。

第四十一条 基金管理公司应当明确董事会的职权范围和议事规则。董事会应当按照法律、行政法规和公司章程的规定，制定公司基本制度，决策有关重大事项，监督、奖惩经营管理人员。董事会会议由董事长召集和主持，董事会和董事长不得越权干预经营管理人员的具体经营活动。

董事会对经营管理人员的考核，应当关注基金长期投资业绩、公司合规和风险控制等维护基金份额持有人利益的情况，不得以短期的基金管理规模、盈利增长等为主要考核标准。

基金管理公司的总经理应当为董事会成员。基金管理公司的单个股东或者有关联关系的股东合计持股比例在50%以上的，与上述股东有关联关系的董事不得超过董事会人数的1/3。

第四十二条 基金管理公司应当建立健全独立董事制度，独立董事人数不得少于3人，且不得少于董事会人数的1/3。

独立董事应当独立于基金管理公司及其股东，以基金份额持有人利益最大化为出发点，勤勉尽责，依法对基金财产和公司运作的重大事项独立作出客观、公正的专业判断。

第四十三条 基金管理公司的董事会审议下列事项，应当经过2/3以上的独立董事通过：

(一)公司及基金投资运作中的重大关联交易；

(二)公司和基金审计事务，聘请或者更换会计师事务所；

(三)公司管理的基金的半年度报告和年度报告；

(四)法律、行政法规和公司章程规定的其他事项。

第四十四条 基金管理公司应当建立健全

督察长制度,督察长由董事会聘任,对董事会负责,对公司经营运作的合法合规性进行监察和稽核。

督察长发现公司存在重大风险或者有违法违规行为,应当告知总经理和其他有关高级管理人员,并向董事会、中国证监会和公司所在地中国证监会派出机构报告。

第四十五条 基金管理公司应当加强监事会或者执行监事对公司财务、董事会履行职责的监督作用,维护股东合法利益。

监事会应当包括股东代表和公司职工代表,其中职工代表的比例不得少于监事会人数的1/2。不设监事会的,执行监事中至少有1名职工代表。

监事会和监事会主席、执行监事不得越权干预经营管理人员的具体经营活动。

第四十六条 基金管理公司的总经理负责公司的经营管理。基金管理公司的高级管理人员及其他工作人员应当忠实、勤勉地履行职责,不得为股东、本人或者他人谋取不正当利益。

第四十七条 基金管理公司的董事、监事、高级管理人员、股东及有关各方,在基金管理公司主要股东不能正常经营或者基金管理公司股权转让期间,应当依法履行职责,恪尽职守,做好风险防范的安排,保证公司正常经营,基金份额持有人利益不受损害。

第四十八条 基金管理公司应当坚持稳健经营理念,管理资产规模应当与自身的人员储备、投研和客户服务能力、信息技术系统承受度、风险管理和内部监控水平相匹配,切实维护基金份额持有人的长远利益。

第四十九条 基金管理公司应当按照中国证监会的规定,建立科学合理、控制严密、运行高效的内部监控体系,制定科学完善的内部监控制度,保持经营运作合法、合规,保持公司内部监控健全、有效。

第五十条 基金管理公司应当建立健全由授权、研究、决策、执行和评估等环节构成的投资管理系统,公平对待其管理的不同基金财产和客户资产。

第五十一条 基金管理公司应当建立完善的基金财务核算与基金资产估值系统,严格遵守国家有关规定,及时、准确和完整地反映基金财产的状况。

第五十二条 基金管理公司应当遵守相关法律法规、行业监管要求、行业技术标准,遵循安全性、实用性、可操作性原则,建立与公司发展战略和业务操作相适应的信息技术系统。

第五十三条 基金管理公司应当建立健全人力资源管理制度,规范岗位职责,强化员工培训,建立与公司发展相适应的激励约束机制、基金从业人员与基金份额持有人的利益绑定机制,为公司经营管理和持续发展提供人力资源支持。

第五十四条 基金管理公司应当建立和完善客户服务标准,加强销售管理,规范基金宣传推介,不得有不正当销售或者不正当竞争的行为。

第五十五条 基金管理公司应当保持良好的财务状况,满足公司运营、业务发展和风险防范的需要。

基金管理公司应当建立健全财务管理制度,严格执行国家财经法律法规,相关资金或者资产必须列入符合规定的本单位会计账簿。

第五十六条 基金管理公司按照审慎经营原则和业务发展需要,可以相应增加注册资本。

基金管理公司应当按照规定提取风险准备金。

第五十七条 基金管理公司应当按照中国证监会的规定,管理和运用固有资金。

基金管理公司管理、运用固有资金,应当保持公司的正常运营,不得损害基金份额持有人的合法权益。

第五十八条 基金管理公司应当建立突发事件处理预案制度,对发生严重影响基金份额持有人利益、可能引起系统性风险、严重影响社会稳定的突发事件,按照预案妥善处理。

第五十九条 基金管理公司可以根据自身发展战略的需要,委托资质良好的基金服务机构代为办理基金份额登记、核算、估值以及信息技术系统开发维护等业务,但基金管理公司依法应当承担的责任并不因委托而免除。

委托基金服务机构代为办理部分业务的,基金管理公司应当进行充分的评估论证,履行必要的内部决策程序,审慎确定委托办理业务的范围、内容以及受托基金服务机构,并制定委托办理业务的风险管理和应急处理制度,加强对受托基金服务机构的评价和约束,确保业务信息的保密性和安全性,维护基金份额持有人的合法权益以及公司的商业秘密等。

第六十条 基金管理公司与基金服务机构签署委托协议后 10 日内,应当向中国证监会和所在地中国证监会派出机构报告委托办理业务的范围、内容、受托基金服务机构的基本情况和业务准备情况、主要风险及相应的风险防范措施等。基金管理公司应当在基金招募说明书、基金合同、基金年度报告、基金半年度报告以及基金管理公司年度报告中披露委托办理业务的有关情况。

开展受托业务的基金服务机构应当具有健全的治理结构,经营运作规范,财务状况良好,有与受托办理业务相适应的专业人才队伍、营业场所、安全防范设施和技术设施等,并具有完善的内部控制、风险管理、应急处理制度和业务操作流程等。基金服务机构及其从业人员开展相关受托业务应当恪尽职守、诚实守信、谨慎勤勉,确保受托业务运作安全有效,并保守商业秘密,不得泄露或者利用受托业务知悉的非公开信息牟利,不得损害基金份额持有人的合法权益。

第六章 监督管理

第六十一条 基金管理公司、基金管理公司的股东申请批准有关事项,隐瞒有关情况或者提供虚假材料的,中国证监会不予受理;已经受理的,不予批准。

第六十二条 中国证监会依照法律、行政法规、中国证监会规定和审慎监管原则对基金管理公司的公司治理、内部监控、经营运作、风险状况,以及相关业务活动进行非现场检查和现场检查。

第六十三条 非现场检查主要以审阅基金管理公司报送材料的方式进行。

基金管理公司应当向中国证监会和所在地中国证监会派出机构报送下列材料:

(一)经具有证券相关业务资格的会计师事务所审计的基金管理公司年度报告;

(二)由具有证券相关业务资格的会计师事务所出具的基金管理公司内部监控情况的年度评价报告;

(三)监察稽核季度报告和年度报告;

(四)中国证监会根据审慎监管原则要求报送的其他材料。

第六十四条 基金管理公司应当自年度结束之日起 3 个月内报送基金管理公司年度报告和年度评价报告;自季度结束之日起 15 日内报送监察稽核季度报告,自年度结束之日起 30 日内报送监察稽核年度报告。

第六十五条 基金管理公司发生下列情形之一的,应当在5 日内向中国证监会和所在地中国证监会派出机构报告:

(一)变更持股5%以下的股东;

(二)变更股东的持股比例不超过5%;

(三)变更名称、住所;

(四)股东同比例增减注册资本;

(五)修改公司章程一般条款;

(六)公司及其董事、高级管理人员、基金经理受到刑事、行政处罚;

(七)公司及其董事、高级管理人员、基金经理被监管机构或者司法机关调查;

(八)公司财务状况发生重大不利变化;

(九)因公司过失遭受重大投诉;

(十)面临重大诉讼;

(十一)对公司经营产生重大影响的其他事项。

发生前款第(六)项至第(十一)项规定事项的,基金管理公司应当书面通知全体股东。

基金管理公司发生本办法第五十八条规定的突发事件的,应当立即向中国证监会和所在地中国证监会派出机构报告。

第六十六条 基金管理公司股东发生下列情形之一的,应当书面通知公司,并在 5 日内向中国证监会和公司所在地中国证监会派出机构报告:

(一)名称、住所变更;

(二)控股股东或者实际控制人变更;

(三)主要股东连续 3 年亏损;

(四)所持股权被司法机关采取诉讼保全等措施;

(五)决定处分其股权;

（六）发生合并、分立或者进行重大资产、债务重组；

（七）被监管机构或者司法机关立案调查；

（八）被采取责令停业整顿、指定托管、接管或者撤销等监管措施或者进入破产清算程序；

（九）对公司运作产生重大影响的其他事项。

第六十七条 中外合资基金管理公司的境外股东，其注册地或者主要经营活动所在地的主管当局对境外投资有备案要求的，该境外股东在依法取得中国证监会的批准文件后，如向其注册地或者主要经营活动所在地的主管当局提交有关备案材料，应当同时将副本报送中国证监会。

第六十八条 中国证监会可以采取下列措施对基金管理公司进行现场检查，并根据日常监管情况确定现场检查的对象、内容和频率：

（一）进入基金管理公司及其子公司、分支机构进行检查；

（二）要求基金管理公司提供与检查事项有关的文件、会议记录、报表、凭证和其他资料；

（三）询问基金管理公司的工作人员，要求其对有关检查事项做出说明；

（四）查阅、复制基金管理公司与检查事项有关的文件、资料，对可能被转移、隐匿或者毁损的文件、资料予以封存；

（五）检查基金管理公司的信息技术系统；

（六）中国证监会规定的其他措施。

第六十九条 中国证监会对基金管理公司进行现场检查时，检查人员不得少于2人，并应当出示合法证件；检查人员少于2人或者未出示合法证件的，基金管理公司有权拒绝检查。

中国证监会可以聘请注册会计师、律师等专业人员为检查工作提供专业服务。

第七十条 基金管理公司及有关人员应当配合中国证监会进行检查，不得以任何理由拒绝、拖延提供有关资料，或者提供不真实、不准确、不完整的资料。

第七十一条 中国证监会对基金管理公司进行现场检查后，应当向被检查的基金管理公司出具检查结论。

第七十二条 中国证监会可以根据监管需要，建立基金管理公司风险控制指标监控体系和监管综合评价体系。对于相关风险控制指标、监管综合评价指标不符合规定的，中国证监会可以责令公司限期改正，并可以采取要求公司增加注册资本金、提高风险准备金提取比例、暂停部分或者全部业务等行政监管措施。

第七十三条 违反本办法的规定，有下列情形之一的，中国证监会责令改正，给予警告，并处3万元以下的罚款，对直接负责的主管人员和其他直接责任人员给予警告，撤销任职资格或者基金从业资格，并处3万元以下的罚款：

（一）未经批准持有基金管理公司5%以上股权，或者通过提供虚假申请材料等方式成为基金管理公司股东；

（二）委托他人或者接受他人委托持有基金管理公司的股权；

（三）基金管理公司的股东及其实际控制人占有或者转移基金管理公司资产；

（四）基金管理公司的股东及其实际控制人在证券承销、证券投资等业务活动中，强令、指使、接受基金管理公司为其提供配合，损害基金份额持有人和其他当事人的合法权益。

第七十四条 违反本办法的规定，有下列情形之一的，中国证监会责令改正，并对负有责任的股东、实际控制人、董事、监事、高级管理人员以及直接责任人员等可以采取监管谈话、出具警示函、暂停履行职务等行政监管措施：

（一）基金管理公司的股东、实际控制人越过股东（大）会、董事会任免基金管理公司的董事、监事、高级管理人员；

（二）基金管理公司的股东、实际控制人越过股东（大）会、董事会直接干预基金管理公司的经营管理或者基金财产的投资运作；

（三）基金管理公司及其股东、实际控制人未及时履行报告义务；

（四）基金管理公司董事会对经营管理人员的考核不符合规定。

第七十五条 基金管理公司出现下列情形之一的，中国证监会责令其限期整改，整改期间可以暂停受理及审核其基金产品募集申请或者其他业务申请，并对负有责任的董事、监事、高级管理人员以及直接责任人员可以采取监管谈话、出具警示函、暂停履行职务等行政监管措施：

（一）公司治理不健全，严重影响公司的独立性、完整性和统一性；

（二）公司内部控制制度不完善，相关制度不能有效执行，存在重大风险隐患或者发生较大风险事件；

（三）对子公司、分支机构管理松懈，或者选聘的基金服务机构不具备基本的资质条件，存在重大风险隐患或者发生较大风险事件；

（四）发生重大违法违规行为。

基金管理公司逾期未完成整改的，中国证监会可以停止批准其增设子公司或者分支机构；限制分配红利，限制其向负有责任的董事、监事、高级管理人员支付报酬、提供福利；责令其更换负有责任的董事、监事、高级管理人员或者限制权利。情节特别严重的，中国证监会可以采取指定其他机构托管、接管或者撤销等监管措施，对负有责任的董事、监事、高级管理人员以及直接责任人员给予警告，并处3万元以下的罚款。

第七十六条　基金管理公司的净资产低于4000万元人民币，或者现金、银行存款、国债等可运用的流动资产低于2000万元人民币且低于公司上一会计年度营业支出的，中国证监会可以暂停受理及审核其基金产品募集申请或者其他业务申请，并限期要求改善财务流动性。财务状况持续恶化的，中国证监会责令其进行停业整顿。

被责令停业整顿的，基金管理公司应当在规定的期限内将其管理的基金资产委托给中国证监会认可的基金管理公司进行管理。逾期未按照要求委托管理的，中国证监会可以指定其他机构对其基金管理业务进行托管。

第七十七条　基金服务机构违反本办法的规定，泄露或者利用受托业务知悉的非公开信息牟利，损害基金份额持有人合法权益的，责令改正，给予警告，并处3万元以下的罚款。对直接负责的主管人员和其他直接责任人员给予警告，并处3万元以下的罚款。

第七十八条　基金管理公司、基金管理公司的股东及实际控制人、基金服务机构及其直接负责的主管人员和其他直接责任人员违反本办法以及其他相关规定，依法应予行政处罚的，依照有关规定进行行政处罚；涉嫌犯罪的，依法移送司法机关，追究其刑事责任。

第七章　附　　则

第七十九条　本办法所称中外合资基金管理公司，包括境外股东与境内股东共同出资设立的基金管理公司和境外股东受让、认购境内基金管理公司股权而变更的基金管理公司。

第八十条　基金管理公司设立子公司的具体管理办法，由中国证监会另行规定。

第八十一条　本办法自2012年11月1日起施行。《证券投资基金管理公司管理办法》（证监会令第22号）同时废止。

中国证券监督管理委员会关于修改部分证券期货规章的决定（节录）

（2020年3月20日中国证券监督管理委员会令第166号　自公布之日起施行）

为做好新修订的《证券法》的贯彻落实工作，中国证监会对有关规章制度进行了清理，决定对13部规章的部分条款予以修改。

……

九、将《证券投资基金管理公司管理办法》第十六条第三款中“中国证监会指定的报刊”修改为“符合中国证监会规定条件的全国性报刊”。

第六十三条第二款第一项修改为：“（一）经符合《证券法》规定的会计师事务所审计的基金管理公司年度报告”。第二项修改为：“（二）由符合《证券法》规定的会计师事务所出具的基金管理公司内部监控情况的年度评价报告”。

……

证券投资基金管理公司管理办法

（2012年9月20日中国证券监督管理委员会令第84号公布　根据2020年3月20日《中国证券监督管理委员会关于修改部分证券期货规章的决定》修正）

第一章　总　　则

第一条　为了加强对证券投资基金管理公司的监督管理，规范证券投资基金管理公司的行为,保护基金份额持有人及相关当事人的合法权益,根据《证券投资基金法》、《公司法》和其他有关法律、行政法规,制定本办法。

第二条 本办法所称证券投资基金管理公司(以下简称基金管理公司),是指经中国证券监督管理委员会(以下简称中国证监会)批准,在中华人民共和国境内设立,从事证券投资基金管理业务和中国证监会许可的其他业务的企业法人。

第三条 基金管理公司应当遵守法律、行政法规、中国证监会的规定和中国证券投资基金业协会的自律规则,恪守诚信,审慎勤勉,忠实尽责,为基金份额持有人的利益管理和运用基金财产。

第四条 中国证监会及其派出机构依照《证券投资基金法》、《公司法》等法律、行政法规、中国证监会的规定和审慎监管原则,对基金管理公司及其业务活动实施监督管理。

第五条 中国证券投资基金业协会依据法律、行政法规、中国证监会的规定和自律规则,对基金管理公司及其业务活动进行自律管理。

第二章 基金管理公司的设立

第六条 设立基金管理公司,应当具备下列条件:

(一)股东符合《证券投资基金法》和本办法的规定;

(二)有符合《证券投资基金法》、《公司法》以及中国证监会规定的章程;

(三)注册资本不低于1亿元人民币,且股东必须以货币资金实缴,境外股东应当以可自由兑换货币出资;

(四)有符合法律、行政法规和中国证监会规定的拟任高级管理人员以及从事研究、投资、估值、营销等业务的人员,拟任高级管理人员、业务人员不少于15人,并应当取得基金从业资格;

(五)有符合要求的营业场所、安全防范设施和与业务有关的其他设施;

(六)设置了分工合理、职责清晰的组织机构和工作岗位;

(七)有符合中国证监会规定的监察稽核、风险控制等内部监控制度;

(八)经国务院批准的中国证监会规定的其他条件。

第七条 申请设立基金管理公司,出资或者持有股份占基金管理公司注册资本的比例(以下简称持股比例)在5%以上的股东,应当具备下列条件:

(一)注册资本、净资产不低于1亿元人民币,资产质量良好;

(二)持续经营3个以上完整的会计年度,公司治理健全,内部监控制度完善;

(三)最近3年没有因违法违规行为受到行政处罚或者刑事处罚;

(四)没有挪用客户资产等损害客户利益的行为;

(五)没有因违法违规行为正在被监管机构调查,或者正处于整改期间;

(六)具有良好的社会信誉,最近3年在金融监管、税务、工商等行政机关,以及自律管理、商业银行等机构无不良记录。

第八条 基金管理公司的主要股东是指持有基金管理公司股权比例最高且不低于25%的股东。

主要股东除应当符合本办法第七条规定的条件外,还应当具备下列条件:

(一)从事证券经营、证券投资咨询、信托资产管理或者其他金融资产管理业务;

(二)注册资本不低于3亿元人民币;

(三)具有较好的经营业绩,资产质量良好。

第九条 中外合资基金管理公司中,持股比例最高的境内股东应当具备本办法第八条规定的主要股东的条件,其他持股比例在5%以上的境内股东应当具备本办法第七条规定的条件。

中外合资基金管理公司的境外股东应当具备下列条件:

(一)为依其所在国家或者地区法律设立,合法存续并具有金融资产管理经验的金融机构,财务稳健,资信良好,最近3年没有受到监管机构或者司法机关的处罚;

(二)所在国家或者地区具有完善的证券法律和监管制度,其证券监管机构已与中国证监会或者中国证监会认可的其他机构签订证券监管合作谅解备忘录,并保持着有效的监管合作关系;

(三)实缴资本不少于3亿元人民币的等值

可自由兑换货币；

（四）经国务院批准的中国证监会规定的其他条件。

香港特别行政区、澳门特别行政区和台湾地区的投资机构比照适用前款规定。

第十条　基金管理公司股东的持股比例应当符合中国证监会的规定。中外合资基金管理公司外资持股比例或者拥有权益的比例，累计（包括直接持有和间接持有）不得超过我国证券业对外开放所做的承诺。

第十一条　一家机构或者受同一实际控制人控制的多家机构参股基金管理公司的数量不得超过2家，其中控股基金管理公司的数量不得超过1家。

第十二条　申请设立基金管理公司，申请人应当按照中国证监会的规定报送设立申请材料。

主要股东应当组织、协调设立基金管理公司的相关事宜，对申请材料的真实性、完整性负主要责任。

第十三条　申请期间申请材料涉及的事项发生重大变化的，申请人应当自变化发生之日起5个工作日内向中国证监会提交更新材料；股东发生变动的，应当重新报送申请材料。

第十四条　中国证监会依照《行政许可法》和《证券投资基金法》的规定，受理基金管理公司设立申请，并进行审查，做出决定。

第十五条　中国证监会审查基金管理公司设立申请，可以采取下列方式：

（一）征求相关机构和部门关于股东条件等方面的意见；

（二）采取专家评审、核查等方式对申请材料的内容进行审查；

（三）自受理之日起5个月内现场检查基金管理公司设立准备情况。

第十六条　中国证监会批准设立基金管理公司的，申请人应当自收到批准文件之日起30日内向工商行政管理机关办理注册登记手续；凭工商行政管理机关核发的《企业法人营业执照》向中国证监会领取《基金管理资格证书》。

中外合资基金管理公司还应当按照法律、行政法规的规定，申领《外商投资企业批准证书》，并开设外汇资本金账户。

基金管理公司应当自工商注册登记手续办理完毕之日起10日内，在符合中国证监会规定条件的全国性报刊上将公司成立事项予以公告。

第三章　基金管理公司的变更、解散

第十七条　基金管理公司变更下列重大事项，应当报中国证监会批准：

（一）变更持股5%以上的股东；

（二）变更持股不足5%但对公司治理有重大影响的股东；

（三）变更股东的持股比例超过5%；

（四）修改公司章程重要条款；

（五）中国证监会规定的其他重大事项。

第十八条　基金管理公司变更股东、注册资本、股东持股比例后，股东的条件、股东的持股比例、股东参股基金管理公司的数量、注册资本等应当符合中国证监会的规定。

第十九条　基金管理公司的股东处分其股权，应当遵守下列规定：

（一）股东转让股权应当诚实守信，遵守在认购、受让股权时所做的承诺，不得损害基金份额持有人的合法权益；

（二）股东转让股权应当遵守《公司法》的规定，不得采取虚报转让价格等不正当手段损害其他股东的合法权益；

（三）股东与受让方应当就转让期间的有关事宜明确约定，确保不损害基金管理公司和基金份额持有人的合法权益，股东及受让方不得通过股权代持、股权托管、信托合同、秘密协议等形式处分其股权；

（四）相关的变更股东事项未经中国证监会批准并履行相关法律程序，转让方应当继续履行股东义务，承担相应责任，受让方不得以任何形式行使股东权利；

（五）法律、行政法规和公司章程的其他规定。

第二十条　基金管理公司增加的注册资本，股东必须以货币资金实缴。

第二十一条　基金管理公司变更重大事项，应当自董事会或者股东（大）会做出决议之日起60日内按照中国证监会的规定提出变更申请；涉及股东股权转让的，基金管理公司未按照规定提出申请时,相关股东可以直接提出申请。

第二十二条　中国证监会依照《行政许可法》和《证券投资基金法》的规定,受理基金管理公司变更重大事项的申请,并进行审查,做出决定。

第二十三条　中国证监会可以采取约请相关人员谈话、专家评审、核查等方式,审查基金管理公司变更重大事项的申请。

涉及变更基金管理公司主要股东、合计持股比例超过50%以上的股东,或者提名董事人数最多的股东的,中国证监会比照本办法关于基金管理公司设立的规定进行审查。

第二十四条　基金管理公司的重大变更事项涉及变更工商登记的,基金管理公司应当自收到批准文件之日起30日内向工商行政管理机关办理变更登记手续。

基金管理公司变更为中外合资的,还应当按照有关规定申领《外商投资企业批准证书》,并开设外汇资本金账户。

第二十五条　基金管理公司高级管理人员的选任或者改任,应当按照法律、行政法规和中国证监会的规定办理。

第二十六条　基金管理公司的重大变更事项涉及《基金管理资格证书》内容变更的,基金管理公司应当向中国证监会换领《基金管理资格证书》。

第二十七条　基金管理公司应当按照法律、行政法规和中国证监会的规定将重大变更事项予以公告。

第二十八条　基金管理公司的解散,应当在中国证监会取消其基金管理资格后进行。

基金管理公司的解散应当按照《公司法》等法律、行政法规的规定办理。

第四章　基金管理公司子公司及分支机构的设立、变更、撤销

第二十九条　基金管理公司可以根据专业化经营管理的需要,设立子公司、分公司或者中国证监会规定的其他形式的分支机构。

子公司可以从事特定客户资产管理、基金销售以及中国证监会许可的其他业务。分公司或者中国证监会规定的其他形式的分支机构,可以从事基金品种开发、基金销售以及基金管理公司授权的其他业务。

基金管理公司应当结合自身实际,合理审慎构建和完善经营管理组织模式,设立子公司、分支机构应当进行充分的评估论证,并履行必要的内部决策程序。

第三十条　基金管理公司子公司应当由基金管理公司控股,从事相关业务应当符合有关法律法规的规定。基金管理公司与子公司及各子公司之间应当建立必要的隔离墙制度,防止可能出现的风险传递和利益冲突。

基金管理公司应当建立有效的监督管理制度,加强对子公司、分支机构的业务、人员、财务等的监督和日常管理,分支机构不得以承包、租赁、托管、合作等方式经营。

基金管理公司可以设立办事处,办事处不得从事经营性活动。

第三十一条　基金管理公司设立子公司、分支机构,应当具备下列条件:

(一)公司治理健全,内部监控完善,经营稳定,有较强的持续经营能力;

(二)公司最近1年内没有因违法违规行为受到行政处罚或者刑事处罚;

(三)公司没有因违法违规行为正在被监管机构调查,或者正处于整改期间;

(四)拟设立的子公司、分支机构有符合规定的名称、办公场所、业务人员、安全防范设施和与业务有关的其他设施;

(五)拟设立的子公司、分支机构有明确的职责和完善的管理制度;

(六)中国证监会规定的其他条件。

第三十二条　基金管理公司设立子公司、分支机构,应当自董事会或者股东(大)会做出决议之日起60日内,按照中国证监会的规定报送申请材料。

第三十三条　中国证监会依照《行政许可法》和《证券投资基金法》的规定,受理基金管理公司设立子公司、分支机构的申请,并进行审查,做出决定。

中国证监会可以对拟设立的子公司、分支机构进行现场检查。

第三十四条　基金管理公司变更、撤销分支

机构，应当自变更、撤销之日起15日内向中国证监会和所在地中国证监会派出机构报告。

基金管理公司设立、变更或者撤销办事处，应当自设立、变更或者撤销之日起15日内向中国证监会和所在地中国证监会派出机构报告。

第三十五条 基金管理公司设立分支机构，应当自收到批准文件之日起30日内向工商行政管理机关办理登记注册手续。

基金管理公司变更、撤销分支机构，应当按照有关规定向工商行政管理机关办理有关手续。

第三十六条 基金管理公司应当按照法律、行政法规和中国证监会的规定将子公司、分支机构的设立、变更或者撤销事项予以公告。

第五章 基金管理公司的治理和经营

第三十七条 基金管理公司应当按照《公司法》等法律、行政法规和中国证监会的规定，建立组织机构健全、职责划分清晰、制衡监督有效、激励约束合理的治理结构，保持公司规范运作，维护基金份额持有人的利益。

公司治理应当遵循基金份额持有人利益优先的基本原则。基金管理公司及其股东和公司员工的利益与基金份额持有人的利益发生冲突时，应当优先保障基金份额持有人的利益。

第三十八条 基金管理公司的股东应当履行法定义务，不得虚假出资、抽逃或者变相抽逃出资。

基金管理公司的股东不得为其他机构或者个人代持基金管理公司的股权，不得委托其他机构或者个人代持股权。基金管理公司的股东及其实际控制人不得以任何形式占有或者转移基金管理公司资产。

基金管理公司的主要股东应当秉承长期投资理念，并书面承诺持有基金管理公司股权不少于3年。

第三十九条 基金管理公司应当明确股东(大)会的职权范围和议事规则。

基金管理公司应当建立与股东之间的业务和客户关键信息隔离制度。基金管理公司的股东及其实际控制人应当通过股东(大)会依法行使权利，不得越过股东(大)会、董事会任免基金管理公司的董事、监事、高级管理人员，或者直接干预基金管理公司的经营管理、基金财产的投资运作；不得在证券承销、证券投资等业务活动中要求基金管理公司为其提供配合，损害基金份额持有人和其他当事人的合法权益。

基金管理公司的单个股东或者有关联关系的股东合计持股比例在50%以上的，上述股东及其控制的机构不得经营公募或者类似公募的证券资产管理业务。

第四十条 基金管理公司的主要股东在公司不能正常经营时，应当召集其他股东及有关当事人，按照有利于保护基金份额持有人利益的原则妥善处理有关事宜。

第四十一条 基金管理公司应当明确董事会的职权范围和议事规则。董事会应当按照法律、行政法规和公司章程的规定，制定公司基本制度，决策有关重大事项，监督、奖惩经营管理人员。董事会会议由董事长召集和主持，董事会和董事长不得越权干预经营管理人员的具体经营活动。

董事会对经营管理人员的考核，应当关注基金长期投资业绩、公司合规和风险控制等维护基金份额持有人利益的情况，不得以短期的基金管理规模、盈利增长等为主要考核标准。

基金管理公司的总经理应当为董事会成员。基金管理公司的单个股东或者有关联关系的股东合计持股比例在50%以上的，与上述股东有关联关系的董事不得超过董事会人数的1/3。

第四十二条 基金管理公司应当建立健全独立董事制度，独立董事人数不得少于3人，且不得少于董事会人数的1/3。

独立董事应当独立于基金管理公司及其股东，以基金份额持有人利益最大化为出发点，勤勉尽责，依法对基金财产和公司运作的重大事项独立作出客观、公正的专业判断。

第四十三条 基金管理公司的董事会审议下列事项，应当经过2/3以上的独立董事通过：

(一)公司及基金投资运作中的重大关联交易；

(二)公司和基金审计事务，聘请或者更换会计师事务所；

(三)公司管理的基金的半年度报告和年度报告；

（四）法律、行政法规和公司章程规定的其他事项。

第四十四条　基金管理公司应当建立健全督察长制度，督察长由董事会聘任，对董事会负责，对公司经营运作的合法合规性进行监察和稽核。

督察长发现公司存在重大风险或者有违法违规行为，应当告知总经理和其他有关高级管理人员，并向董事会、中国证监会和公司所在地中国证监会派出机构报告。

第四十五条　基金管理公司应当加强监事会或者执行监事对公司财务、董事会履行职责的监督作用，维护股东合法利益。

监事会应当包括股东代表和公司职工代表，其中职工代表的比例不得少于监事会人数的1/2。不设监事会的，执行监事中至少有1名职工代表。

监事会和监事会主席、执行监事不得越权干预经营管理人员的具体经营活动。

第四十六条　基金管理公司的总经理负责公司的经营管理。基金管理公司的高级管理人员及其他工作人员应当忠实、勤勉地履行职责，不得为股东、本人或者他人谋取不正当利益。

第四十七条　基金管理公司的董事、监事、高级管理人员、股东及有关各方，在基金管理公司主要股东不能正常经营或者基金管理公司股权转让期间，应当依法履行职责，恪尽职守，做好风险防范的安排，保证公司正常经营，基金份额持有人利益不受损害。

第四十八条　基金管理公司应当坚持稳健经营理念，管理资产规模应当与自身的人员储备、投研和客户服务能力、信息技术系统承受度、风险管理和内部监控水平相匹配，切实维护基金份额持有人的长远利益。

第四十九条　基金管理公司应当按照中国证监会的规定，建立科学合理、控制严密、运行高效的内部监控体系，制定科学完善的内部监控制度，保持经营运作合法、合规，保持公司内部监控健全、有效。

第五十条　基金管理公司应当建立健全由授权、研究、决策、执行和评估等环节构成的投资管理系统，公平对待其管理的不同基金财产和客户资产。

第五十一条　基金管理公司应当建立完善的基金财务核算与基金资产估值系统，严格遵守国家有关规定，及时、准确和完整地反映基金财产的状况。

第五十二条　基金管理公司应当遵守相关法律法规、行业监管要求、行业技术标准，遵循安全性、实用性、可操作性原则，建立与公司发展战略和业务操作相适应的信息技术系统。

第五十三条　基金管理公司应当建立健全人力资源管理制度，规范岗位职责，强化员工培训，建立与公司发展相适应的激励约束机制、基金从业人员与基金份额持有人的利益绑定机制，为公司经营管理和持续发展提供人力资源支持。

第五十四条　基金管理公司应当建立和完善客户服务标准，加强销售管理，规范基金宣传推介，不得有不正当销售或者不正当竞争的行为。

第五十五条　基金管理公司应当保持良好的财务状况，满足公司运营、业务发展和风险防范的需要。

基金管理公司应当建立健全财务管理制度，严格执行国家财经法律法规，相关资金或者资产必须列入符合规定的本单位会计账簿。

第五十六条　基金管理公司按照审慎经营原则和业务发展需要，可以相应增加注册资本。

基金管理公司应当按照规定提取风险准备金。

第五十七条　基金管理公司应当按照中国证监会的规定，管理和运用固有资金。

基金管理公司管理、运用固有资金，应当保持公司的正常运营，不得损害基金份额持有人的合法权益。

第五十八条　基金管理公司应当建立突发事件处理预案制度，对发生严重影响基金份额持有人利益、可能引起系统性风险、严重影响社会稳定的突发事件，按照预案妥善处理。

第五十九条　基金管理公司可以根据自身发展战略的需要，委托资质良好的基金服务机构代为办理基金份额登记、核算、估值以及信息技术系统开发维护等业务，但基金管理公司依法应当承担的责任并不因委托而免除。

委托基金服务机构代为办理部分业务的，基金管理公司应当进行充分的评估论证，履行必要的内部决策程序，审慎确定委托办理业务的范围、内容以及受托基金服务机构，并制定委托办理业务的风险管理和应急处理制度，加强对受托基金服务机构的评价和约束，确保业务信息的保密性和安全性，维护基金份额持有人的合法权益以及公司的商业秘密等。

第六十条 基金管理公司与基金服务机构签署委托协议后10日内，应当向中国证监会和所在地中国证监会派出机构报告委托办理业务的范围、内容、受托基金服务机构的基本情况和业务准备情况、主要风险及相应的风险防范措施等。基金管理公司应当在基金招募说明书、基金合同、基金年度报告、基金半年度报告以及基金管理公司年度报告中披露委托办理业务的有关情况。

开展受托业务的基金服务机构应当具有健全的治理结构，经营运作规范，财务状况良好，有与受托办理业务相适应的专业人才队伍、营业场所、安全防范设施和技术设施等，并具有完善的内部控制、风险管理、应急处理制度和业务操作流程等。基金服务机构及其从业人员开展相关受托业务应当恪尽职守、诚实守信、谨慎勤勉，确保受托业务运作安全有效，并保守商业秘密，不得泄露或者利用受托业务知悉的非公开信息牟利，不得损害基金份额持有人的合法权益。

第六章 监督管理

第六十一条 基金管理公司、基金管理公司的股东申请批准有关事项，隐瞒有关情况或者提供虚假材料的，中国证监会不予受理；已经受理的，不予批准。

第六十二条 中国证监会依照法律、行政法规、中国证监会规定和审慎监管原则对基金管理公司的公司治理、内部监控、经营运作、风险状况，以及相关业务活动进行非现场检查和现场检查。

第六十三条 非现场检查主要以审阅基金管理公司报送材料的方式进行。

基金管理公司应当向中国证监会和所在地中国证监会派出机构报送下列材料：

（一）经符合《证券法》规定的会计师事务所审计的基金管理公司年度报告；

（二）由符合《证券法》规定的会计师事务所出具的基金管理公司内部监控情况的年度评价报告；

（三）监察稽核季度报告和年度报告；

（四）中国证监会根据审慎监管原则要求报送的其他材料。

第六十四条 基金管理公司应当自年度结束之日起3个月内报送基金管理公司年度报告和年度评价报告；自季度结束之日起15日内报送监察稽核季度报告，自年度结束之日起30日内报送监察稽核年度报告。

第六十五条 基金管理公司发生下列情形之一的，应当在5日内向中国证监会和所在地中国证监会派出机构报告：

（一）变更持股5%以下的股东；

（二）变更股东的持股比例不超过5%；

（三）变更名称、住所；

（四）股东同比例增减注册资本；

（五）修改公司章程一般条款；

（六）公司及其董事、高级管理人员、基金经理受到刑事、行政处罚；

（七）公司及其董事、高级管理人员、基金经理被监管机构或者司法机关调查；

（八）公司财务状况发生重大不利变化；

（九）因公司过失遭受重大投诉；

（十）面临重大诉讼；

（十一）对公司经营产生重大影响的其他事项。

发生前款第（六）项至第（十一）项规定事项的，基金管理公司应当书面通知全体股东。

基金管理公司发生本办法第五十八条规定的突发事件的，应当立即向中国证监会和所在地中国证监会派出机构报告。

第六十六条 基金管理公司股东发生下列情形之一的，应当书面通知公司，并在5日内向中国证监会和公司所在地中国证监会派出机构报告：

（一）名称、住所变更；

（二）控股股东或者实际控制人变更；

（三）主要股东连续3年亏损；

（四）所持股权被司法机关采取诉讼保全等措施；

（五）决定处分其股权；

（六）发生合并、分立或者进行重大资产、债务重组；

（七）被监管机构或者司法机关立案调查；

（八）被采取责令停业整顿、指定托管、接管或者撤销等监管措施或者进入破产清算程序；

（九）对公司运作产生重大影响的其他事项。

第六十七条　中外合资基金管理公司的境外股东，其注册地或者主要经营活动所在地的主管当局对境外投资有备案要求的，该境外股东在依法取得中国证监会的批准文件后，如向其注册地或者主要经营活动所在地的主管当局提交有关备案材料，应当同时将副本报送中国证监会。

第六十八条　中国证监会可以采取下列措施对基金管理公司进行现场检查，并根据日常监管情况确定现场检查的对象、内容和频率：

（一）进入基金管理公司及其子公司、分支机构进行检查；

（二）要求基金管理公司提供与检查事项有关的文件、会议记录、报表、凭证和其他资料；

（三）询问基金管理公司的工作人员，要求其对有关检查事项做出说明；

（四）查阅、复制基金管理公司与检查事项有关的文件、资料，对可能被转移、隐匿或者毁损的文件、资料予以封存；

（五）检查基金管理公司的信息技术系统；

（六）中国证监会规定的其他措施。

第六十九条　中国证监会对基金管理公司进行现场检查时，检查人员不得少于2人，并应当出示合法证件；检查人员少于2人或者未出示合法证件的，基金管理公司有权拒绝检查。

中国证监会可以聘请注册会计师、律师等专业人员为检查工作提供专业服务。

第七十条　基金管理公司及有关人员应当配合中国证监会进行检查，不得以任何理由拒绝、拖延提供有关资料，或者提供不真实、不准确、不完整的资料。

第七十一条　中国证监会对基金管理公司进行现场检查后，应当向被检查的基金管理公司出具检查结论。

第七十二条　中国证监会可以根据监管需要，建立基金管理公司风险控制指标监控体系和监管综合评价体系。对于相关风险控制指标、监管综合评价指标不符合规定的，中国证监会可以责令公司限期改正，并可以采取要求公司增加注册资本金、提高风险准备金提取比例、暂停部分或者全部业务等行政监管措施。

第七十三条　违反本办法的规定，有下列情形之一的，中国证监会责令改正，给予警告，并处3万元以下的罚款，对直接负责的主管人员和其他直接责任人员给予警告，撤销任职资格或者基金从业资格，并处3万元以下的罚款：

（一）未经批准持有基金管理公司5%以上股权，或者通过提供虚假申请材料等方式成为基金管理公司股东；

（二）委托他人或者接受他人委托持有基金管理公司的股权；

（三）基金管理公司的股东及其实际控制人占有或者转移基金管理公司资产；

（四）基金管理公司的股东及其实际控制人在证券承销、证券投资等业务活动中，强令、指使、接受基金管理公司为其提供配合，损害基金份额持有人和其他当事人的合法权益。

第七十四条　违反本办法的规定，有下列情形之一的，中国证监会责令改正，并对负有责任的股东、实际控制人、董事、监事、高级管理人员以及直接责任人员等可以采取监管谈话、出具警示函、暂停履行职务等行政监管措施：

（一）基金管理公司的股东、实际控制人越过股东（大）会、董事会任免基金管理公司的董事、监事、高级管理人员；

（二）基金管理公司的股东、实际控制人越过股东（大）会、董事会直接干预基金管理公司的经营管理或者基金财产的投资运作；

（三）基金管理公司及其股东、实际控制人未及时履行报告义务；

（四）基金管理公司董事会对经营管理人员的考核不符合规定。

第七十五条　基金管理公司出现下列情形之一的，中国证监会责令其限期整改，整改期间可以暂停受理及审核其基金产品募集申请或者其他业务申请，并对负有责任的董事、监事、高级管理人员以及直接责任人员可以采取监管谈话、出具警示函、暂停履行职务等行政监管措施：

（一）公司治理不健全，严重影响公司的独立性、完整性和统一性；

（二）公司内部控制制度不完善，相关制度不能有效执行，存在重大风险隐患或者发生较大风险事件；

（三）对子公司、分支机构管理松懈，或者选聘的基金服务机构不具备基本的资质条件，存在重大风险隐患或者发生较大风险事件；

（四）发生重大违法违规行为。

基金管理公司逾期未完成整改的，中国证监会可以停止批准其增设子公司或者分支机构；限制分配红利，限制其向负有责任的董事、监事、高级管理人员支付报酬、提供福利；责令其更换负有责任的董事、监事、高级管理人员或者限制权利。情节特别严重的，中国证监会可以采取指定其他机构托管、接管或者撤销等监管措施，对负有责任的董事、监事、高级管理人员以及直接责任人员给予警告，并处3万元以下的罚款。

第七十六条 基金管理公司的净资产低于4000万元人民币，或者现金、银行存款、国债等可运用的流动资产低于2000万元人民币且低于公司上一会计年度营业支出的，中国证监会可以暂停受理及审核其基金产品募集申请或者其他业务申请，并限期要求改善财务流动性。财务状况持续恶化的，中国证监会责令其进行停业整顿。

被责令停业整顿的，基金管理公司应当在规定的期限内将其管理的基金资产委托给中国证监会认可的基金管理公司进行管理。逾期未按照要求委托管理的，中国证监会可以指定其他机构对其基金管理业务进行托管。

第七十七条 基金服务机构违反本办法的规定，泄露或者利用受托业务知悉的非公开信息牟利，损害基金份额持有人合法权益的，责令改正，给予警告，并处3万元以下的罚款。对直接负责的主管人员和其他直接责任人员给予警告，并处3万元以下的罚款。

第七十八条 基金管理公司、基金管理公司的股东及实际控制人、基金服务机构及其直接负责的主管人员和其他直接责任人员违反本办法以及其他相关规定，依法应予行政处罚的，依照有关规定进行行政处罚；涉嫌犯罪的，依法移送司法机关，追究其刑事责任。

第七章 附 则

第七十九条 本办法所称中外合资基金管理公司，包括境外股东与境内股东共同出资设立的基金管理公司和境外股东受让、认购境内基金管理公司股权而变更的基金管理公司。

第八十条 基金管理公司设立子公司的具体管理办法，由中国证监会另行规定。

第八十一条 本办法自2012年11月1日起施行。《证券投资基金管理公司管理办法》（证监会令第22号）同时废止。

（三）期 货

最高人民法院关于审理期货纠纷案件座谈会纪要

（1995年10月27日 法〔1995〕140号）

1995年4月18日至21日，最高人民法院在四川省成都市召开了十四个省、市高级人民法院，六个中级人民法院审理期货纠纷案件有关审判人员座谈会，最高人民法院经济审判庭副庭长奚晓明主持了会议，最高人民法院副院长唐德华出席会议并讲了话。与会同志通过认真讨论，对目前审理期货纠纷案件的一些主要问题取得了基本一致的看法。现纪要如下：

一、关于审理期货纠纷案件应遵循的原则问题。会议认为期货纠纷案件是新类型案件，如何公正、及时审理好前一阶段在期货市场盲目、无序状态下所形成的期货纠纷案件，保护当事人的合法权益，制裁非法交易行为，维护正常的期货市场秩序，是当前人民法院的一项重要任务。审理这类纠纷案件政策性强，缺乏法律依据；这类纠纷案件与其他经济纠纷案件相比，有着鲜明的特点。因此，处理这类案件，应特别注意坚持以下原则：

（一）坚持正确适用法律的原则。目前我国的期货交易法尚未颁布，人民法院审理期货纠纷案件，应当以民法通则作为基本依据，同时依照有关行政法规和地方性法规，参照国务院有关部门和地方人民政府制定的有关期货交易的规范性文件规定的精神，但对这类文件不宜直接引用。还应当明确处理客户与经纪公司之间的期货代理纠纷不能适用经济合同法和民法通则中关于委托代理的规定。处理涉外、涉港澳期货纠纷案件，还应参照有关国际惯例。

（二）坚持风险和利益相一致的原则。期货交易的投机性和风险性都很大，期货交易者必须具备风险意识。人民法院在审理期货纠纷案件处理风险与利益的关系时，要按照期货交易的特点，既要依法保护期货交易双方的合法利益，也要正确确定其应承担的风险，任何一方不能只享受利益而不承担风险，或只承担风险而不享受利益。

（三）坚持过错和责任相一致的原则。在审理期货纠纷案件中，要坚持过错和责任相一致的原则。认真分析各方当事人是否有过错以及过错的性质、大小、过错和损失之间的因果关系，并据此确定他们各自应承担的责任。

（四）坚持尊重当事人合法约定的原则。对于当事人的约定，只要其不违背法律、行政法规的规定和期货交易的惯例，就可以作为处理当事人之间纠纷的依据。

会议还认为，目前人民法院受理的期货纠纷大多数是在前一阶段期货市场混乱无序，当事人各方在交易过程中的行为很不规范，有关期货交易方面的法律、法规不健全的情况下发生的，因此，对这类案件的受理和审理均应持慎重态度。有些纠纷可先通过行政或其他有关部门解决，确实解决不了必须通过法院依诉讼程序解决的，要依法受理。在审理过程中，遇到难度大、涉及面广或其他有关社会稳定的案件，要主动听取期货管理机关及其他有关方面的意见，必要时，请示上级法院，以使案件得到及时、妥善公正地处理。

二、关于期货纠纷案件的管辖问题。会议认为，这类案件专业性较强，审理难度大，因此，一般应由被告所在地或期货交易所、经纪公司及领取营业执照的期货经纪公司的分支机构所在地的中级人民法院管辖，案件比较集中且审判人员素质较高的地方，经高级人民法院批准，基层人民法院也可以管辖。涉外、涉港澳期货纠纷案件参照民事诉讼法第四编第二十五章的规定确定管辖。高级人民法院作一审，须报最高人民法院同意。

三、关于从事期货交易业务的资格问题。会议认为，在1993年4月28日国家工商行政管理局发布《期货经纪公司登记管理暂行办法》（以下简称《暂行办法》）之前，经有关机关批准登记后，在获准的范围内从事境内期货经纪业务的期货经纪公司，应认定为具有经营期货经纪业务的主体资格。期货经纪公司在《暂行办法》发布后，经国家工商局重新登记注册或者予以单项核定的，以及在规定的期限内已申请尚未予以登记或核定，但未对其作出变更登记、注销登记的，应认定其具有在核定的业务范围的经营期货业务的主体资格。在《暂行办法》发布后，届期不提出重新登记申请，或者提出申请后登记主管机关对其作出变更或注销登记决定的，或经中国证监会审核后不予批准或取消资格的，自中国证监会正式公布的日期之后应认定为不再具备经营期货业务的主体资格。

会议还认为，在1994年5月16日国务院办公厅转发国务院证券委员会《关于坚决制止期货市场盲目发展若干意见的请示》下发前，经有关机关批准登记后，在获准的范围内，从事境外期货经纪业务的，可认定其具有经营主体资格。在该文件下发后，所有期货经纪公司不再具有从事境外期货经纪业务的主体资格。少数全国性有进出口业务的公司已经中国证券监督管理委员会受理审核的，在审核结束前，可以认定其具有主体资格。审核结束后，应取得中国证券监督管理委员会颁发的《境外期货业务许可证》，否则应认定为无经营主体资格。未取得国家外汇管理局核发的“经营外汇业务许可证”和“经营外汇期货业务许可证”，而开展外汇期货的，应认定不具备经营此项业务的主体资格。

四、关于经纪人的法律地位及民事责任的承担问题。会议认为，期货经纪公司的从业人员，不能独立地对外承担民事责任，其受委托所从事的行为产生的责任应由其所在的期货经纪公司承担。但因经纪人的非职务行为所产生的民事责任，应由经纪人自己承担。

五、关于违约纠纷的处理问题。会议认为：

（一）在期货交易过程中，期货交易所应承担保证期货合约履行的责任。任何一方不能如期全面履行期货合约规定的义务时,交易所均应代为履行,未代为履行的,应承担赔偿责任。交易所在代为履行后,享有向不履行义务一方追偿的权利。

(二)对客户下达的违反有关法律、行政法规、部门规章以及交易所交易规则的指令,经纪公司有权拒绝执行;因客户下达指令错误而造成损失的,由客户自己承担。就缺少品种的指令,经纪公司擅自进行交易,客户不予认可的,由经纪公司承担交易后果;只是缺少数量的,以实际交易量为准;只是缺少有效期限的,应视为当日委托有效;只是缺少价格的,应视为按市价交易。

(三)经纪公司应当准确及时地执行客户的指令,因错误执行客户指令而给客户造成损失的,由经纪公司承担赔偿责任。

(四)客户委派其工作人员具体操作交易的,应当在委托协议中确定操作人员的姓名或者向经纪公司留存其法定代表人的授权委托书。进行交易时,经纪公司只能按照客户操作人员的指令交易,接受非操作人员指令的,由经纪公司和下指令者共同承担责任。

(五)交易成交后,经纪公司应当在规定的时间内将交易的结果通知客户,因未及时通知而造成客户损失的,由经纪公司承担赔偿责任。但非经纪公司原因未能及时送达的,应分别情况区别对待。

(六)期货交易中经纪公司或者客户应当按照规定追加保证金。经纪公司或客户接到追加保证金的通知后,未能在规定的时间内追加保证金,交易所或者经纪公司可以就其未平仓的期货合约强行平仓,因强行平仓而造成的损失由经纪公司或客户承担。交易所或经纪公司未履行通知义务而强行平仓,给经纪公司或客户造成损失的,应承担赔偿责任。

(七)在规定的交割期限内,卖方未交付有效提货凭证的或者买方未向交易所账户解交足额货款的,交割期过后,卖方未按规定的时间、质量、数量交货,或者买方未按规定时间提货的均属违约,违约方应当按照交易所的规则承担违约责任。交易所委托的仓库接受卖方货物时,应当履行验收的责任,未在规定的期限内提出质量异议或因其保管不善造成损失的,卖方不承担责任,由交易所对买方承担违约责任,交易所再向仓库追索。

(八)期货交易所应提供完好的设备供会员公司使用,如因信息设备发生故障而给会员或客户造成损失的,期货交易所应当承担赔偿责任。但是,设备故障的原因如超出交易所合理控制范围的,可以免除交易所的责任。

六、关于期货交易中侵权纠纷的处理问题。会议认为,人民法院在处理期货交易中的侵权纠纷时,应当认真审查侵权行为和损失之间是否具有因果关系,行为人是否有过错,并应当按照过错大小准确确定当事人的民事责任。有过错的一方应当对无过错方的损失承担赔偿责任;双方均有过错的,各自承担相应的责任。

会议还认为,经纪公司应当将客户的保证金和自己的自有资金分户存放,专款专用,挪用客户的保证金给客户造成损失的,应当赔偿。会员公司或者客户透支的,应当返还占用交易所或经纪公司的款项;交易所允许会员透支所造成的损失,应由交易所承担;经纪公司允许客户透支,并和其约定分享利益、承担风险的,对客户用透支款项交易造成的亏损,应当按照约定承担责任,未作约定的,由经纪公司承担。

七、关于期货交易中的无效民事行为及其民事责任问题。会议认为,期货交易中的下列行为应认定为无效:

(一)没有从事期货经纪业务的主体资格而从事期货经纪业务的;

(二)以欺诈手段诱骗对方违背真实意思所为的;

(三)制造、散布虚假信息误导客户下单的;

(四)私下对冲、与客户对赌等违规操作的;

(五)其他违反法律或社会公共利益的。

上述无效行为给当事人造成保证金或佣金等损失的,应当根据无效行为与损失之间的因果关系确定责任的承担,如果一方的损失确系对方行为所致,则应判令对方承担赔偿损失的责任;如果一方的损失属于正常风险,而非另一方的行为所致,则不应判令另一方承担赔偿损失的责任,例如,未经批准而从事期货经纪业务的,如果有证据证明期货经纪公司已经按照客户的指令,进入期货交易市场进行交易,客户的损失属于正常风险损失,经纪公司对此不应承担民事赔偿责任。

会议还认为,对实施无效民事行为的当事人,根据具体情况,可以按照民法通则等有关规定,对其予以民事制裁。构成犯罪的,应移送有关机关依法追究刑事责任。

八、关于外汇按金交易问题。会议认为,外汇按金交易就其实质而言,属于一种远期的外汇现货交易,而不属于期货交易,但其在形式上与期货交易有相似之处。对这类案件可参照处理期货纠纷案件的有关原则处理。凡未经证监会和国家外汇管理局批准,擅自开展外汇按金交易业务的,客户委托未经批准登记的机构进行外汇按金交易的,均属违法行为。客户对剩余保证金可以请求返还。对客户请求赔偿损失的,也应认真分析损失与行为之间的因果关系,根据过错责任原则予以处理。

九、关于期货纠纷案件中的举证责任问题。会议认为,人民法院审理期货纠纷案件,一般应当贯彻民事诉讼法第六十四条规定的"谁主张、谁举证"的原则,但是如果客户主张经纪公司未入市交易,经纪公司否认的,应由经纪公司负举证责任。如果经纪公司提供不出相应的证据,就应当推定没有入市交易。

会议还认为,期货纠纷案件是一种新类型案件,难度大,政策性强,为了及时公正地审理这类案件,各级人民法院应当抽调较强的力量,组成专门合议庭,具体负责这类案件的审理。上级人民法院要加强对审理期货纠纷案件的监督指导,积极慎重、稳妥地完成这批期货纠纷案件的审判任务。

最高人民法院关于审理期货纠纷案件若干问题的规定

(2003年5月16日最高人民法院审判委员会第1270次会议通过　2003年6月18日最高人民法院公告公布　自2003年7月1日起施行　法释〔2003〕10号)

为了正确审理期货纠纷案件,根据《中华人民共和国民法通则》、《中华人民共和国合同法》、《中华人民共和国民事诉讼法》等有关法律、行政法规的规定,结合审判实践经验,对审理期货纠纷案件的若干问题制定本规定。

一、一般规定

第一条　人民法院审理期货纠纷案件,应当依法保护当事人的合法权益,正确确定其应承担的风险责任,并维护期货市场秩序。

第二条　人民法院审理期货合同纠纷案件,应当严格按照当事人在合同中的约定确定违约方承担的责任,当事人的约定违反法律、行政法规强制性规定的除外。

第三条　人民法院审理期货侵权纠纷和无效的期货交易合同纠纷案件,应当根据各方当事人是否有过错,以及过错的性质、大小,过错和损失之间的因果关系,确定过错方承担的民事责任。

二、管　　辖

第四条　人民法院应当依据民事诉讼法第二十四条、第二十五条和第二十九条的规定确定期货纠纷案件的管辖。

第五条　在期货公司的分公司、营业部等分支机构进行期货交易的,该分支机构住所地为合同履行地。

因实物交割发生纠纷的,期货交易所住所地为合同履行地。

第六条　侵权与违约竞合的期货纠纷案件,依当事人选择的诉由确定管辖。当事人既以违约又以侵权起诉的,以当事人起诉状中在先的诉讼请求确定管辖。

第七条　期货纠纷案件由中级人民法院管辖。

高级人民法院根据需要可以确定部分基层人民法院受理期货纠纷案件。

三、承担责任的主体

第八条　期货公司的从业人员在本公司经营范围内从事期货交易行为产生的民事责任,由其所在的期货公司承担。

第九条　期货公司授权非本公司人员以本公司的名义从事期货交易行为的,期货公司应当承担由此产生的民事责任;非期货公司人员以期货公司名义从事期货交易行为，具备合同法第四十九条所规定的表见代理条件的，期货公司应当承担由此产生的民事责任。

第十条 公民、法人受期货公司或者客户的委托，作为居间人为其提供订约的机会或者订立期货经纪合同的中介服务的，期货公司或者客户应当按照约定向居间人支付报酬。居间人应当独立承担基于居间经纪关系所产生的民事责任。

第十一条 不以真实身份从事期货交易的单位或者个人，交易行为符合期货交易所交易规则的，交易结果由其自行承担。

第十二条 期货公司设立的取得营业执照和经营许可证的分公司、营业部等分支机构超出经营范围开展经营活动所产生的民事责任，该分支机构不能承担的，由期货公司承担。

客户有过错的，应当承担相应的民事责任。

四、无效合同责任

第十三条 有下列情形之一的，应当认定期货经纪合同无效：

(一)没有从事期货经纪业务的主体资格而从事期货经纪业务的；

(二)不具备从事期货交易主体资格的客户从事期货交易的；

(三)违反法律、法规禁止性规定的。

第十四条 因期货经纪合同无效给客户造成经济损失的，应当根据无效行为与损失之间的因果关系确定责任的承担。一方的损失系对方行为所致，应当由对方赔偿损失；双方有过错的，根据过错大小各自承担相应的民事责任。

第十五条 不具有主体资格的经营机构因从事期货经纪业务而导致期货经纪合同无效，该机构按客户的交易指令入市交易的，收取的佣金应当返还给客户，交易结果由客户承担。

该机构未按客户的交易指令入市交易，客户没有过错的，该机构应当返还客户的保证金并赔偿客户的损失。赔偿损失的范围包括交易手续费、税金及利息。

五、交易行为责任

第十六条 期货公司在与客户订立期货经纪合同时，未提示客户注意《期货交易风险说明书》内容，并由客户签字或者盖章，对于客户在交易中的损失，应当依据合同法第四十二条第(三)项的规定承担相应的赔偿责任。但是，根据以往交易结果记载，证明客户已有交易经历的，应当免除期货公司的责任。

第十七条 期货公司接受客户全权委托进行期货交易的，对交易产生的损失，承担主要赔偿责任，赔偿额不超过损失的80%，法律、行政法规另有规定的除外。

第十八条 期货公司与客户签订的期货经纪合同对下达交易指令的方式未作约定或者约定不明确的，期货公司不能证明其所进行的交易是依据客户交易指令进行的，对该交易造成客户的损失，期货公司应当承担赔偿责任，客户予以追认的除外。

第十九条 期货公司执行非受托人的交易指令造成客户损失，应当由期货公司承担赔偿责任，非受托人承担连带责任，客户予以追认的除外。

第二十条 客户下达的交易指令没有品种、数量、买卖方向的，期货公司未予拒绝而进行交易造成客户的损失，由期货公司承担赔偿责任，客户予以追认的除外。

第二十一条 客户下达的交易指令数量和买卖方向明确，没有有效期限的，应当视为当日有效；没有成交价格的，应当视为按市价交易；没有开平仓方向的，应当视为开仓交易。

第二十二条 期货公司错误执行客户交易指令，除客户认可的以外，交易的后果由期货公司承担，并按下列方式分别处理：

(一)交易数量发生错误的，多于指令数量的部分由期货公司承担，少于指令数量的部分，由期货公司补足或者赔偿直接损失；

(二)交易价格超出客户指令价位范围的，交易差价损失或者交易结果由期货公司承担。

第二十三条 期货公司不当延误执行客户交易指令给客户造成损失的，应当承担赔偿责任，但由于市场原因致客户交易指令未能全部或者部分成交的，期货公司不承担责任。

第二十四条 期货公司超出客户指令价位的范围，将高于客户指令价格卖出或者低于客户指令价格买入后的差价利益占为己有的，客户要求期货公司返还的,人民法院应予支持,期货公司与客户另有约定的除外。

第二十五条　期货交易所未按交易规则规定的期限、方式,将交易或者持仓头寸的结算结果通知期货公司,造成期货公司损失的,由期货交易所承担赔偿责任。

期货公司未按期货经纪合同约定的期限、方式,将交易或者持仓头寸的结算结果通知客户,造成客户损失的,由期货公司承担赔偿责任。

第二十六条　期货公司与客户对交易结算结果的通知方式未作约定或者约定不明确,期货公司未能提供证据证明已经发出上述通知的,对客户因继续持仓而造成扩大的损失,应当承担主要赔偿责任,赔偿额不超过损失的80%。

第二十七条　客户对当日交易结算结果的确认,应当视为对该日之前所有持仓和交易结算结果的确认,所产生的交易后果由客户自行承担。

第二十八条　期货公司对交易结算结果提出异议,期货交易所未及时采取措施导致损失扩大的,对造成期货公司扩大的损失应当承担赔偿责任。

客户对交易结算结果提出异议,期货公司未及时采取措施导致损失扩大的,期货公司对造成客户扩大的损失应当承担赔偿责任。

第二十九条　期货公司对期货交易所或者客户对期货公司的交易结算结果有异议,而未在期货交易所交易规则规定或者期货经纪合同约定的时间内提出的,视为期货公司或者客户对交易结算结果已予以确认。

第三十条　期货公司进行混码交易的,客户不承担责任,但期货公司能够举证证明其已按照客户交易指令入市交易的,客户应当承担相应的交易结果。

六、透支交易责任

第三十一条　期货交易所在期货公司没有保证金或者保证金不足的情况下,允许期货公司开仓交易或者继续持仓,应当认定为透支交易。

期货公司在客户没有保证金或者保证金不足的情况下,允许客户开仓交易或者继续持仓,应当认定为透支交易。

审查期货公司或者客户是否透支交易,应当以期货交易所规定的保证金比例为标准。

第三十二条　期货公司的交易保证金不足,期货交易所未按规定通知期货公司追加保证金的,由于行情向持仓不利的方向变化导致期货公司透支发生的扩大损失,期货交易所应当承担主要赔偿责任,赔偿额不超过损失的60%。

客户的交易保证金不足,期货公司未按约定通知客户追加保证金的,由于行情向持仓不利的方向变化导致客户透支发生的扩大损失,期货公司应当承担主要赔偿责任,赔偿额不超过损失的80%。

第三十三条　期货公司的交易保证金不足,期货交易所履行了通知义务,而期货公司未及时追加保证金,期货公司要求保留持仓并经书面协商一致的,对保留持仓期间造成的损失,由期货公司承担;穿仓造成的损失,由期货交易所承担。

客户的交易保证金不足,期货公司履行了通知义务而客户未及时追加保证金,客户要求保留持仓并经书面协商一致的,对保留持仓期间造成的损失,由客户承担;穿仓造成的损失,由期货公司承担。

第三十四条　期货交易所允许期货公司开仓透支交易的,对透支交易造成的损失,由期货交易所承担主要赔偿责任,赔偿额不超过损失的60%。

期货公司允许客户开仓透支交易的,对透支交易造成的损失,由期货公司承担主要赔偿责任,赔偿额不超过损失的80%。

第三十五条　期货交易所允许期货公司透支交易,并与其约定分享利益,共担风险的,对透支交易造成的损失,期货交易所承担相应的赔偿责任。

期货公司允许客户透支交易,并与其约定分享利益,共担风险的,对透支交易造成的损失,期货公司承担相应的赔偿责任。

七、强行平仓责任

第三十六条　期货公司的交易保证金不足,又未能按期货交易所规定的时间追加保证金的,按交易规则的规定处理;规定不明确的,期货交易所有权就其未平仓的期货合约强行平仓,强行平仓所造成的损失,由期货公司承担。

客户的交易保证金不足,又未能按期货经纪合同约定的时间追加保证金的,按期货经纪合同的约定处理;约定不明确的,期货公司有权就其未平仓的期货合约强行平仓,强行平仓造成的损失,由客户承担。

第三十七条　期货交易所因期货公司违规超仓或者其他违规行为而必须强行平仓的,强行平仓所造成的损失,由期货公司承担。

期货公司因客户违规超仓或者其他违规行为而必须强行平仓的,强行平仓所造成的损失,由客户承担。

第三十八条　期货公司或者客户交易保证金不足,符合强行平仓条件后,应当自行平仓而未平仓造成的扩大损失,由期货公司或者客户自行承担。法律、行政法规另有规定或者当事人另有约定的除外。

第三十九条　期货交易所或者期货公司强行平仓数额应当与期货公司或者客户需追加的保证金数额基本相当。因超量平仓引起的损失,由强行平仓者承担。

第四十条　期货交易所对期货公司、期货公司对客户未按期货交易所交易规则规定或者期货经纪合同约定的强行平仓条件、时间、方式进行强行平仓,造成期货公司或者客户损失的,期货交易所或者期货公司应当承担赔偿责任。

第四十一条　期货交易所依法或依交易规则强行平仓发生的费用,由被平仓的期货公司承担;期货公司承担责任后有权向有过错的客户追偿。

期货公司依法或依约定强行平仓所发生的费用,由客户承担。

八、实物交割责任

第四十二条　交割仓库未履行货物验收职责或者因保管不善给仓单持有人造成损失的,应当承担赔偿责任。

第四十三条　期货公司没有代客户履行申请交割义务的,应当承担违约责任;造成客户损失的,应当承担赔偿责任。

第四十四条　在交割日,卖方期货公司未向期货交易所交付标准仓单,或者买方期货公司未向期货交易所账户交付足额货款,构成交割违约。

构成交割违约的,违约方应当承担违约责任;具有合同法第九十四条第(四)项规定情形的,对方有权要求终止交割或者要求违约方继续交割。

征购或者竞卖失败的,应当由违约方按照交易所有关赔偿办法的规定承担赔偿责任。

第四十五条　在期货合约交割期内,买方或者卖方客户违约的,期货交易所应当代期货公司、期货公司应当代客户向对方承担违约责任。

第四十六条　买方客户未在期货交易所交易规则规定的期限内对货物的质量、数量提出异议的,应视为其对货物的数量、质量无异议。

第四十七条　交割仓库不能在期货交易所交易规则规定的期限内,向标准仓单持有人交付符合期货合约要求的货物,造成标准仓单持有人损失的,交割仓库应当承担责任,期货交易所承担连带责任。

期货交易所承担责任后,有权向交割仓库追偿。

九、保证合约履行责任

第四十八条　期货公司未按照每日无负债结算制度的要求,履行相应的金钱给付义务,期货交易所亦未代期货公司履行,造成交易对方损失的,期货交易所应当承担赔偿责任。

期货交易所代期货公司履行义务或者承担赔偿责任后,有权向不履行义务的一方追偿。

第四十九条　期货交易所未代期货公司履行期货合约,期货公司应当根据客户请求向期货交易所主张权利。

期货公司拒绝代客户向期货交易所主张权利的,客户可直接起诉期货交易所,期货公司可作为第三人参加诉讼。

第五十条　因期货交易所的过错导致信息发布、交易指令处理错误,造成期货公司或者客户直接经济损失的,期货交易所应当承担赔偿责任,但其能够证明系不可抗力的除外。

第五十一条　期货交易所依据有关规定对期货市场出现的异常情况采取合理的紧急措施造成客户损失的,期货交易所不承担赔偿责任。

期货公司执行期货交易所的合理紧急措施造成客户损失的，期货公司不承担赔偿责任。

十、侵权行为责任

第五十二条　期货交易所、期货公司故意提供虚假信息误导客户下单的，由此造成客户的经济损失由期货交易所、期货公司承担。

第五十三条　期货公司私下对冲、与客户对赌等不将客户指令入市交易的行为，应当认定为无效，期货公司应当赔偿由此给客户造成的经济损失；期货公司与客户均有过错的，应当根据过错大小，分别承担相应的赔偿责任。

第五十四条　期货公司擅自以客户的名义进行交易，客户对交易结果不予追认的，所造成的损失由期货公司承担。

第五十五条　期货公司挪用客户保证金，或者违反有关规定划转客户保证金造成客户损失的，应当承担赔偿责任。

十一、举证责任

第五十六条　期货公司应当对客户的交易指令是否入市交易承担举证责任。

确认期货公司是否将客户下达的交易指令入市交易，应当以期货交易所的交易记录、期货公司通知的交易结算结果与客户交易指令记录中的品种、买卖方向是否一致，价格、交易时间是否相符为标准，指令交易数量可以作为参考。但客户有相反证据证明其交易指令未入市交易的除外。

第五十七条　期货交易所通知期货公司追加保证金，期货公司否认收到上述通知的，由期货交易所承担举证责任。

期货公司向客户发出追加保证金的通知，客户否认收到上述通知的，由期货公司承担举证责任。

十二、保全和执行

第五十八条　人民法院保全与会员资格相应的会员资格费或者交易席位，应当依法裁定不得转让该会员资格，但不得停止该会员交易席位的使用。人民法院在执行过程中，有权依法采取强制措施转让该交易席位。

第五十九条　期货交易所、期货公司为债务人的，人民法院不得冻结、划拨期货公司在期货交易所或者客户在期货公司保证金账户中的资金。

有证据证明该保证金账户中有超出期货公司、客户权益资金的部分，期货交易所、期货公司在人民法院指定的合理期限内不能提出相反证据的，人民法院可以依法冻结、划拨该账户中属于期货交易所、期货公司的自有资金。

第六十条　期货公司为债务人的，人民法院不得冻结、划拨专用结算账户中未被期货合约占用的用于担保期货合约履行的最低限额的结算准备金；期货公司已经结清所有持仓并清偿客户资金的，人民法院可以对结算准备金依法予以冻结、划拨。

期货公司有其他财产的，人民法院应当依法先行冻结、查封、执行期货公司的其他财产。

第六十一条　客户、自营会员为债务人的，人民法院可以对其保证金、持仓依法采取保全和执行措施。

十三、其　　他

第六十二条　本规定所称期货公司是指经依法批准代理投资者从事期货交易业务的经营机构及其分公司、营业部等分支机构。客户是指委托期货公司从事期货交易的投资者。

第六十三条　本规定自2003年7月1日起施行。

2003年7月1日前发生的期货交易行为或者侵权行为，适用当时的有关规定；当时规定不明确的，参照本规定处理。

最高人民法院关于审理期货纠纷案件若干问题的规定(二)

（2010年12月27日最高人民法院审判委员会第1507次会议通过　2010年12月31日最高人民法院公告公布　自2011年1月17日起施行　法释〔2011〕1号）

为解决相关期货纠纷案件的管辖、保全与执行等法律适用问题，根据《中华人民共和国民事诉讼法》等有关法律、行政法规的规定以及审判实践的需要,制定本规定。

第一条 以期货交易所为被告或者第三人的因期货交易所履行职责引起的商事案件,由期货交易所所在地的中级人民法院管辖。

第二条 期货交易所履行职责引起的商事案件是指:

(一)期货交易所会员及其相关人员、保证金存管银行及其相关人员、客户、其他期货市场参与者,以期货交易所违反法律法规以及国务院期货监督管理机构的规定,履行监督管理职责不当,造成其损害为由提起的商事诉讼案件;

(二)期货交易所会员及其相关人员、保证金存管银行及其相关人员、客户、其他期货市场参与者,以期货交易所违反其章程、交易规则、实施细则的规定以及业务协议的约定,履行监督管理职责不当,造成其损害为由提起的商事诉讼案件;

(三)期货交易所因履行职责引起的其他商事诉讼案件。

第三条 期货交易所为债务人,债权人请求冻结、划拨以下账户中资金或者有价证券的,人民法院不予支持:

(一)期货交易所会员在期货交易所保证金账户中的资金;

(二)期货交易所会员向期货交易所提交的用于充抵保证金的有价证券。

第四条 期货公司为债务人,债权人请求冻结、划拨以下账户中资金或者有价证券的,人民法院不予支持:

(一)客户在期货公司保证金账户中的资金;

(二)客户向期货公司提交的用于充抵保证金的有价证券。

第五条 实行会员分级结算制度的期货交易所的结算会员为债务人,债权人请求冻结、划拨结算会员以下资金或者有价证券的,人民法院不予支持:

(一)非结算会员在结算会员保证金账户中的资金;

(二)非结算会员向结算会员提交的用于充抵保证金的有价证券。

第六条 有证据证明保证金账户中有超过上述第三条、第四条、第五条规定的资金或者有价证券部分权益的,期货交易所、期货公司或者期货交易所结算会员在人民法院指定的合理期限内不能提出相反证据的,人民法院可以依法冻结、划拨超出部分的资金或者有价证券。

有证据证明期货交易所、期货公司、期货交易所结算会员自有资金与保证金发生混同,期货交易所、期货公司或者期货交易所结算会员在人民法院指定的合理期限内不能提出相反证据的,人民法院可以依法冻结、划拨相关账户内的资金或者有价证券。

第七条 实行会员分级结算制度的期货交易所或者其结算会员为债务人,债权人请求冻结、划拨期货交易所向其结算会员依法收取的结算担保金的,人民法院不予支持。

有证据证明结算会员在结算担保金专用账户中有超过交易所要求的结算担保金数额部分的,结算会员在人民法院指定的合理期限内不能提出相反证据的,人民法院可以依法冻结、划拨超出部分的资金。

第八条 人民法院在办理案件过程中,依法需要通过期货交易所、期货公司查询、冻结、划拨资金或者有价证券的,期货交易所、期货公司应当予以协助。应当协助而拒不协助的,按照《中华人民共和国民事诉讼法》第一百零三条之规定办理。

第九条 本规定施行前已经受理的上述案件不再移送。

第十条 本规定施行前本院作出的有关司法解释与本规定不一致的,以本规定为准。

期货交易管理条例[①]

(2007年2月7日国务院第168次常务会议通过 2007年3月6日中华人民共和国国务院令第489号公布 自2007年4月15日起施行)

第一章 总 则

第一条 为了规范期货交易行为,加强对期货交易的监督管理,维护期货市场秩序,防范风险,保护期货交易各方的合法权益和社会公共利

① 编者注:已被修改。

益,促进期货市场积极稳妥发展,制定本条例。

第二条 任何单位和个人从事期货交易,包括商品和金融期货合约、期权合约交易及其相关活动,应当遵守本条例。

第三条 从事期货交易活动,应当遵循公开、公平、公正和诚实信用的原则。禁止欺诈、内幕交易和操纵期货交易价格等违法行为。

第四条 期货交易应当在依法设立的期货交易所或者国务院期货监督管理机构批准的其他交易场所进行。

禁止在国务院期货监督管理机构批准的期货交易场所之外进行期货交易,禁止变相期货交易。

第五条 国务院期货监督管理机构对期货市场实行集中统一的监督管理。

国务院期货监督管理机构派出机构依照本条例的有关规定和国务院期货监督管理机构的授权,履行监督管理职责。

第二章 期货交易所

第六条 设立期货交易所,由国务院期货监督管理机构审批。

未经国务院期货监督管理机构批准,任何单位或者个人不得设立期货交易所或者以任何形式组织期货交易及其相关活动。

第七条 期货交易所不以营利为目的,按照其章程的规定实行自律管理。期货交易所以其全部财产承担民事责任。期货交易所的负责人由国务院期货监督管理机构任免。

期货交易所的管理办法由国务院期货监督管理机构制定。

第八条 期货交易所会员应当是在中华人民共和国境内登记注册的企业法人或者其他经济组织。

期货交易所可以实行会员分级结算制度。实行会员分级结算制度的期货交易所会员由结算会员和非结算会员组成。

结算会员的结算业务资格由国务院期货监督管理机构批准。国务院期货监督管理机构应当在受理结算业务资格申请之日起3个月内做出批准或者不批准的决定。

第九条 有《中华人民共和国公司法》第一百四十七条规定的情形或者下列情形之一的,不得担任期货交易所的负责人、财务会计人员:

(一)因违法行为或者违纪行为被解除职务的期货交易所、证券交易所、证券登记结算机构的负责人,或者期货公司、证券公司的董事、监事、高级管理人员,以及国务院期货监督管理机构规定的其他人员,自被解除职务之日起未逾5年;

(二)因违法行为或者违纪行为被撤销资格的律师、注册会计师或者投资咨询机构、财务顾问机构、资信评级机构、资产评估机构、验证机构的专业人员,自被撤销资格之日起未逾5年。

第十条 期货交易所应当依照本条例和国务院期货监督管理机构的规定,建立、健全各项规章制度,加强对交易活动的风险控制和对会员以及交易所工作人员的监督管理。期货交易所履行下列职责:

(一)提供交易的场所、设施和服务;

(二)设计合约,安排合约上市;

(三)组织并监督交易、结算和交割;

(四)保证合约的履行;

(五)按照章程和交易规则对会员进行监督管理;

(六)国务院期货监督管理机构规定的其他职责。

期货交易所不得直接或者间接参与期货交易。未经国务院期货监督管理机构审核并报国务院批准,期货交易所不得从事信托投资、股票投资、非自用不动产投资等与其职责无关的业务。

第十一条 期货交易所应当按照国家有关规定建立、健全下列风险管理制度:

(一)保证金制度;

(二)当日无负债结算制度;

(三)涨跌停板制度;

(四)持仓限额和大户持仓报告制度;

(五)风险准备金制度;

(六)国务院期货监督管理机构规定的其他风险管理制度。

实行会员分级结算制度的期货交易所,还应当建立、健全结算担保金制度。

第十二条 当期货市场出现异常情况时,期货交易所可以按照其章程规定的权限和程序,决定采取下列紧急措施,并应当立即报告国务院期货监督管理机构：

（一）提高保证金；

（二）调整涨跌停板幅度；

（三）限制会员或者客户的最大持仓量；

（四）暂时停止交易；

（五）采取其他紧急措施。

前款所称异常情况，是指在交易中发生操纵期货交易价格的行为或者发生不可抗拒的突发事件以及国务院期货监督管理机构规定的其他情形。

异常情况消失后，期货交易所应当及时取消紧急措施。

第十三条　期货交易所办理下列事项，应当经国务院期货监督管理机构批准：

（一）制定或者修改章程、交易规则；

（二）上市、中止、取消或者恢复交易品种；

（三）上市、修改或者终止合约；

（四）变更住所或者营业场所；

（五）合并、分立或者解散；

（六）国务院期货监督管理机构规定的其他事项。

国务院期货监督管理机构批准期货交易所上市新的交易品种，应当征求国务院有关部门的意见。

第十四条　期货交易所的所得收益按照国家有关规定管理和使用，但应当首先用于保证期货交易场所、设施的运行和改善。

第三章　期货公司

第十五条　期货公司是依照《中华人民共和国公司法》和本条例规定设立的经营期货业务的金融机构。设立期货公司，应当经国务院期货监督管理机构批准，并在公司登记机关登记注册。

未经国务院期货监督管理机构批准，任何单位或者个人不得设立或者变相设立期货公司，经营期货业务。

第十六条　申请设立期货公司，应当符合《中华人民共和国公司法》的规定，并具备下列条件：

（一）注册资本最低限额为人民币 3000 万元；

（二）董事、监事、高级管理人员具备任职资格，从业人员具有期货从业资格；

（三）有符合法律、行政法规规定的公司章程；

（四）主要股东以及实际控制人具有持续盈利能力，信誉良好，最近 3 年无重大违法违规记录；

（五）有合格的经营场所和业务设施；

（六）有健全的风险管理和内部控制制度；

（七）国务院期货监督管理机构规定的其他条件。

国务院期货监督管理机构根据审慎监管原则和各项业务的风险程度，可以提高注册资本最低限额。注册资本应当是实缴资本。股东应当以货币或者期货公司经营必需的非货币财产出资，货币出资比例不得低于 85%。

国务院期货监督管理机构应当在受理期货公司设立申请之日起 6 个月内，根据审慎监管原则进行审查，做出批准或者不批准的决定。

未经国务院期货监督管理机构批准，任何单位和个人不得委托或者接受他人委托持有或者管理期货公司的股权。

第十七条　期货公司业务实行许可制度，由国务院期货监督管理机构按照其商品期货、金融期货业务种类颁发许可证。期货公司除申请经营境内期货经纪业务外，还可以申请经营境外期货经纪、期货投资咨询以及国务院期货监督管理机构规定的其他期货业务。

期货公司不得从事与期货业务无关的活动，法律、行政法规或者国务院期货监督管理机构另有规定的除外。

期货公司不得从事或者变相从事期货自营业务。

期货公司不得为其股东、实际控制人或者其他关联人提供融资，不得对外担保。

第十八条　期货公司从事经纪业务，接受客户委托，以自己的名义为客户进行期货交易，交易结果由客户承担。

第十九条　期货公司办理下列事项，应当经国务院期货监督管理机构批准：

（一）合并、分立、停业、解散或者破产；

（二）变更公司形式；

（三）变更业务范围；

（四）变更注册资本；

(五)变更5%以上的股权;

(六)设立、收购、参股或者终止境外期货类经营机构;

(七)国务院期货监督管理机构规定的其他事项。

前款第(四)项、第(七)项所列事项,国务院期货监督管理机构应当自受理申请之日起20日内做出批准或者不批准的决定;前款所列其他事项,国务院期货监督管理机构应当自受理申请之日起2个月内做出批准或者不批准的决定。

第二十条 期货公司办理下列事项,应当经国务院期货监督管理机构派出机构批准:

(一)变更法定代表人;

(二)变更住所或者营业场所;

(三)设立或者终止境内分支机构;

(四)变更境内分支机构的营业场所、负责人或者经营范围;

(五)国务院期货监督管理机构规定的其他事项。

前款第(一)项、第(二)项、第(四)项、第(五)项所列事项,国务院期货监督管理机构派出机构应当自受理申请之日起20日内做出批准或者不批准的决定;前款第(三)项所列事项,国务院期货监督管理机构派出机构应当自受理申请之日起2个月内做出批准或者不批准的决定。

第二十一条 期货公司或者其分支机构有《中华人民共和国行政许可法》第七十条规定的情形或者下列情形之一的,国务院期货监督管理机构应当依法办理期货业务许可证注销手续:

(一)营业执照被公司登记机关依法注销;

(二)成立后无正当理由超过3个月未开始营业,或者开业后无正当理由停业连续3个月以上;

(三)主动提出注销申请;

(四)国务院期货监督管理机构规定的其他情形。

期货公司在注销期货业务许可证前,应当结清相关期货业务,并依法返还客户的保证金和其他资产。期货公司分支机构在注销经营许可证前,应当终止经营活动,妥善处理客户资产。

第二十二条 期货公司应当建立、健全并严格执行业务管理规则、风险管理制度,遵守信息披露制度,保障客户保证金的存管安全,按照期货交易所的规定,向期货交易所报告大户名单、交易情况。

第二十三条 从事期货投资咨询以及为期货公司提供中间介绍等业务的其他期货经营机构,应当取得国务院期货监督管理机构批准的业务资格,具体管理办法由国务院期货监督管理机构制定。

第四章 期货交易基本规则

第二十四条 在期货交易所进行期货交易的,应当是期货交易所会员。

第二十五条 期货公司接受客户委托为其进行期货交易,应当事先向客户出示风险说明书,经客户签字确认后,与客户签订书面合同。期货公司不得未经客户委托或者不按照客户委托内容,擅自进行期货交易。

期货公司不得向客户做获利保证;不得在经纪业务中与客户约定分享利益或者共担风险。

第二十六条 下列单位和个人不得从事期货交易,期货公司不得接受其委托为其进行期货交易:

(一)国家机关和事业单位;

(二)国务院期货监督管理机构、期货交易所、期货保证金安全存管监控机构和期货业协会的工作人员;

(三)证券、期货市场禁止进入者;

(四)未能提供开户证明材料的单位和个人;

(五)国务院期货监督管理机构规定不得从事期货交易的其他单位和个人。

第二十七条 客户可以通过书面、电话、互联网或者国务院期货监督管理机构规定的其他方式,向期货公司下达交易指令。客户的交易指令应当明确、全面。

期货公司不得隐瞒重要事项或者使用其他不正当手段诱骗客户发出交易指令。

第二十八条 期货交易所应当及时公布上市品种合约的成交量、成交价、持仓量、最高价与最低价、开盘价与收盘价和其他应当公布的即时行情,并保证即时行情的真实、准确。期货交易所不得发布价格预测信息。

未经期货交易所许可,任何单位和个人不得

发布期货交易即时行情。

第二十九条 期货交易应当严格执行保证金制度。期货交易所向会员、期货公司向客户收取的保证金,不得低于国务院期货监督管理机构、期货交易所规定的标准,并应当与自有资金分开,专户存放。

期货交易所向会员收取的保证金,属于会员所有,除用于会员的交易结算外,严禁挪作他用。

期货公司向客户收取的保证金,属于客户所有,除下列可划转的情形外,严禁挪作他用:

(一)依据客户的要求支付可用资金;

(二)为客户交存保证金,支付手续费、税款;

(三)国务院期货监督管理机构规定的其他情形。

第三十条 期货公司应当为每一个客户单独开立专门账户、设置交易编码,不得混码交易。

第三十一条 期货公司经营期货经纪业务又同时经营其他期货业务的,应当严格执行业务分离和资金分离制度,不得混合操作。

第三十二条 期货交易所会员、客户可以使用标准仓单、国债等价值稳定、流动性强的有价证券充抵保证金进行期货交易。有价证券的种类、价值的计算方法和充抵保证金的比例等,由国务院期货监督管理机构规定。

第三十三条 银行业金融机构从事期货保证金存管、期货结算业务的资格,经国务院银行业监督管理机构审核同意后,由国务院期货监督管理机构批准。

第三十四条 期货交易所、期货公司、非期货公司结算会员应当按照国务院期货监督管理机构、财政部门的规定提取、管理和使用风险准备金,不得挪用。

第三十五条 期货交易的收费项目、收费标准和管理办法由国务院有关主管部门统一制定并公布。

第三十六条 期货交易应当采用公开的集中交易方式或者国务院期货监督管理机构批准的其他方式。

第三十七条 期货交易的结算,由期货交易所统一组织进行。

期货交易所实行当日无负债结算制度。期货交易所应当在当日及时将结算结果通知会员。

期货公司根据期货交易所的结算结果对客户进行结算,并应当将结算结果按照与客户约定的方式及时通知客户。客户应当及时查询并妥善处理自己的交易持仓。

第三十八条 期货交易所会员的保证金不足时,应当及时追加保证金或者自行平仓。会员未在期货交易所规定的时间内追加保证金或者自行平仓的,期货交易所应当将该会员的合约强行平仓,强行平仓的有关费用和发生的损失由该会员承担。

客户保证金不足时,应当及时追加保证金或者自行平仓。客户未在期货公司规定的时间内及时追加保证金或者自行平仓的,期货公司应当将该客户的合约强行平仓,强行平仓的有关费用和发生的损失由该客户承担。

第三十九条 期货交易的交割,由期货交易所统一组织进行。

交割仓库由期货交易所指定。期货交易所不得限制实物交割总量,并应当与交割仓库签订协议,明确双方的权利和义务。交割仓库不得有下列行为:

(一)出具虚假仓单;

(二)违反期货交易所业务规则,限制交割商品的入库、出库;

(三)泄露与期货交易有关的商业秘密;

(四)违反国家有关规定参与期货交易;

(五)国务院期货监督管理机构规定的其他行为。

第四十条 会员在期货交易中违约的,期货交易所先以该会员的保证金承担违约责任;保证金不足的,期货交易所应当以风险准备金和自有资金代为承担违约责任,并由此取得对该会员的相应追偿权。

客户在期货交易中违约的,期货公司先以该客户的保证金承担违约责任;保证金不足的,期货公司应当以风险准备金和自有资金代为承担违约责任,并由此取得对该客户的相应追偿权。

第四十一条 实行会员分级结算制度的期货交易所,应当向结算会员收取结算担保金。期货交易所只对结算会员结算,收取和追收保证金,以结算担保金、风险准备金、自有资金代为承担违约责任,以及采取其他相关措施;对非结算会员的结算、收取和追收保证金、代为承担违约责任,以及采取其他相关措施,由结算会员执行。

第四十二条 期货交易所、期货公司和非期货公司结算会员应当保证期货交易、结算、交割资料的完整和安全。

第四十三条 任何单位或者个人不得编造、传播有关期货交易的虚假信息,不得恶意串通、联手买卖或者以其他方式操纵期货交易价格。

第四十四条 任何单位或者个人不得违规使用信贷资金、财政资金进行期货交易。

银行业金融机构从事期货交易融资或者担保业务的资格,由国务院银行业监督管理机构批准。

第四十五条 国有以及国有控股企业进行境内外期货交易,应当遵循套期保值的原则,严格遵守国务院国有资产监督管理机构以及其他有关部门关于企业以国有资产进入期货市场的有关规定。

第四十六条 国务院商务主管部门对境内单位或者个人从事境外商品期货交易的品种进行核准。

境外期货项下购汇、结汇以及外汇收支,应当符合国家外汇管理有关规定。

境内单位或者个人从事境外期货交易的办法,由国务院期货监督管理机构会同国务院商务主管部门、国有资产监督管理机构、银行业监督管理机构、外汇管理部门等有关部门制订,报国务院批准后施行。

第五章 期货业协会

第四十七条 期货业协会是期货业的自律性组织,是社会团体法人。

期货公司以及其他专门从事期货经营的机构应当加入期货业协会,并缴纳会员费。

第四十八条 期货业协会的权力机构为全体会员组成的会员大会。

期货业协会的章程由会员大会制定,并报国务院期货监督管理机构备案。

期货业协会设理事会。理事会成员按照章程的规定选举产生。

第四十九条 期货业协会履行下列职责:

(一)教育和组织会员遵守期货法律法规和政策;

(二)制定会员应当遵守的行业自律性规则,监督、检查会员行为,对违反协会章程和自律性规则的,按照规定给予纪律处分;

(三)负责期货从业人员资格的认定、管理以及撤销工作;

(四)受理客户与期货业务有关的投诉,对会员之间、会员与客户之间发生的纠纷进行调解;

(五)依法维护会员的合法权益,向国务院期货监督管理机构反映会员的建议和要求;

(六)组织期货从业人员的业务培训,开展会员间的业务交流;

(七)组织会员就期货业的发展、运作以及有关内容进行研究;

(八)期货业协会章程规定的其他职责。

期货业协会的业务活动应当接受国务院期货监督管理机构的指导和监督。

第六章 监督管理

第五十条 国务院期货监督管理机构对期货市场实施监督管理,依法履行下列职责:

(一)制定有关期货市场监督管理的规章、规则,并依法行使审批权;

(二)对品种的上市、交易、结算、交割等期货交易及其相关活动,进行监督管理;

(三)对期货交易所、期货公司及其他期货经营机构、非期货公司结算会员、期货保证金安全存管监控机构、期货保证金存管银行、交割仓库等市场相关参与者的期货业务活动,进行监督管理;

(四)制定期货从业人员的资格标准和管理办法,并监督实施;

(五)监督检查期货交易的信息公开情况;

(六)对期货业协会的活动进行指导和监督;

(七)对违反期货市场监督管理法律、行政法规的行为进行查处;

(八)开展与期货市场监督管理有关的国际交流、合作活动;

(九)法律、行政法规规定的其他职责。

第五十一条 国务院期货监督管理机构依法履行职责,可以采取下列措施:

(一)对期货交易所、期货公司及其他期货经营机构、非期货公司结算会员、期货保证金安全存管监控机构和交割仓库进行现场检查；

（二）进入涉嫌违法行为发生场所调查取证；

（三）询问当事人和与被调查事件有关的单位和个人，要求其对与被调查事件有关的事项做出说明；

（四）查阅、复制与被调查事件有关的财产权登记等资料；

（五）查阅、复制当事人和与被调查事件有关的单位和个人的期货交易记录、财务会计资料以及其他相关文件和资料；对可能被转移、隐匿或者毁损的文件和资料，可以予以封存；

（六）查询与被调查事件有关的单位的保证金账户和银行账户；

（七）在调查操纵期货交易价格、内幕交易等重大期货违法行为时，经国务院期货监督管理机构主要负责人批准，可以限制被调查事件当事人的期货交易，但限制的时间不得超过15个交易日；案情复杂的，可以延长至30个交易日；

（八）法律、行政法规规定的其他措施。

第五十二条 期货交易所、期货公司及其他期货经营机构、期货保证金安全存管监控机构，应当向国务院期货监督管理机构报送财务会计报告、业务资料和其他有关资料。

对期货公司及其他期货经营机构报送的年度报告，国务院期货监督管理机构应当指定专人进行审核，并制作审核报告。审核人员应当在审核报告上签字。审核中发现问题的，国务院期货监督管理机构应当及时采取相应措施。

必要时，国务院期货监督管理机构可以要求非期货公司结算会员、交割仓库，以及期货公司股东、实际控制人或者其他关联人报送相关资料。

第五十三条 国务院期货监督管理机构依法履行职责，进行监督检查或者调查时，被检查、调查的单位和个人应当配合，如实提供有关文件和资料，不得拒绝、阻碍和隐瞒；其他有关部门和单位应当给予支持和配合。

第五十四条 国家根据期货市场发展的需要，设立期货投资者保障基金。

期货投资者保障基金的筹集、管理和使用的具体办法，由国务院期货监督管理机构会同国务院财政部门制定。

第五十五条 国务院期货监督管理机构应当建立、健全保证金安全存管监控制度，设立期货保证金安全存管监控机构。

客户和期货交易所、期货公司及其他期货经营机构、非期货公司结算会员以及期货保证金存管银行，应当遵守国务院期货监督管理机构有关保证金安全存管监控的规定。

第五十六条 期货保证金安全存管监控机构依照有关规定对保证金安全实施监控，进行每日稽核，发现问题应当立即报告国务院期货监督管理机构。国务院期货监督管理机构应当根据不同情况，依照本条例有关规定及时处理。

第五十七条 国务院期货监督管理机构对期货交易所、期货公司及其他期货经营机构和期货保证金安全存管监控机构的董事、监事、高级管理人员以及其他期货从业人员，实行资格管理制度。

第五十八条 国务院期货监督管理机构应当制定期货公司持续性经营规则，对期货公司的净资本与净资产的比例，净资本与境内期货经纪、境外期货经纪等业务规模的比例，流动资产与流动负债的比例等风险监管指标做出规定；对期货公司及其分支机构的经营条件、风险管理、内部控制、保证金存管、关联交易等方面提出要求。

第五十九条 期货公司及其分支机构不符合持续性经营规则或者出现经营风险的，国务院期货监督管理机构可以对期货公司及其董事、监事和高级管理人员采取谈话、提示、记入信用记录等监管措施或者责令期货公司限期整改，并对其整改情况进行检查验收。

期货公司逾期未改正，其行为严重危及期货公司的稳健运行、损害客户合法权益，或者涉嫌严重违法违规正在被国务院期货监督管理机构调查的，国务院期货监督管理机构可以区别情形，对其采取下列措施：

（一）限制或者暂停部分期货业务；

（二）停止批准新增业务或者分支机构；

（三）限制分配红利，限制向董事、监事、高级管理人员支付报酬、提供福利；

（四）限制转让财产或者在财产上设定其他

权利；

（五）责令更换董事、监事、高级管理人员或者有关业务部门、分支机构的负责人员，或者限制其权利；

（六）限制期货公司自有资金或者风险准备金的调拨和使用；

（七）责令控股股东转让股权或者限制有关股东行使股东权利。

对经过整改符合有关法律、行政法规规定以及持续性经营规则要求的期货公司，国务院期货监督管理机构应当自验收完毕之日起3日内解除对其采取的有关措施。

对经过整改仍未达到持续性经营规则要求，严重影响正常经营的期货公司，国务院期货监督管理机构有权撤销其部分或者全部期货业务许可、关闭其分支机构。

第六十条　期货公司违法经营或者出现重大风险，严重危害期货市场秩序、损害客户利益的，国务院期货监督管理机构可以对该期货公司采取责令停业整顿、指定其他机构托管或者接管等监管措施。经国务院期货监督管理机构批准，可以对该期货公司直接负责的董事、监事、高级管理人员和其他直接责任人员采取以下措施：

（一）通知出境管理机关依法阻止其出境；

（二）申请司法机关禁止其转移、转让或者以其他方式处分财产，或者在财产上设定其他权利。

第六十一条　期货公司的股东有虚假出资或者抽逃出资行为的，国务院期货监督管理机构应当责令其限期改正，并可责令其转让所持期货公司的股权。

在股东按照前款要求改正违法行为、转让所持期货公司的股权前，国务院期货监督管理机构可以限制其股东权利。

第六十二条　当期货市场出现异常情况时，国务院期货监督管理机构可以采取必要的风险处置措施。

第六十三条　期货公司的交易软件、结算软件，应当满足期货公司审慎经营和风险管理以及国务院期货监督管理机构有关保证金安全存管监控规定的要求。期货公司的交易软件、结算软件不符合要求的，国务院期货监督管理机构有权要求期货公司予以改进或者更换。

国务院期货监督管理机构可以要求期货公司的交易软件、结算软件的供应商提供该软件的相关资料，供应商应当予以配合。国务院期货监督管理机构对供应商提供的相关资料负有保密义务。

第六十四条　期货公司涉及重大诉讼、仲裁，或者股权被冻结或者用于担保，以及发生其他重大事件时，期货公司及其相关股东、实际控制人应当自该事件发生之日起5日内向国务院期货监督管理机构提交书面报告。

第六十五条　会计师事务所、律师事务所、资产评估机构等中介服务机构向期货交易所和期货公司等市场相关参与者提供相关服务时，应当遵守期货法律、行政法规以及国家有关规定，并按照国务院期货监督管理机构的要求提供相关资料。

第六十六条　国务院期货监督管理机构应当与有关部门建立监督管理的信息共享和协调配合机制。

国务院期货监督管理机构可以和其他国家或者地区的期货监督管理机构建立监督管理合作机制，实施跨境监督管理。

第六十七条　国务院期货监督管理机构、期货交易所、期货保证金安全存管监控机构和期货保证金存管银行等相关单位的工作人员，应当忠于职守，依法办事，公正廉洁，保守国家秘密和有关当事人的商业秘密，不得利用职务便利牟取不正当的利益。

第七章　法律责任

第六十八条　期货交易所、非期货公司结算会员有下列行为之一的，责令改正，给予警告，没收违法所得：

（一）违反规定接纳会员的；

（二）违反规定收取手续费的；

（三）违反规定使用、分配收益的；

（四）不按照规定公布即时行情的，或者发布价格预测信息的；

（五）不按照规定向国务院期货监督管理机构履行报告义务的；

（六）不按照规定向国务院期货监督管理机

构报送有关文件、资料的；

（七）不按照规定建立、健全结算担保金制度的；

（八）不按照规定提取、管理和使用风险准备金的；

（九）违反国务院期货监督管理机构有关保证金安全存管监控规定的；

（十）限制会员实物交割总量的；

（十一）任用不具备资格的期货从业人员的；

（十二）违反国务院期货监督管理机构规定的其他行为。

有前款所列行为之一的，对直接负责的主管人员和其他直接责任人员给予纪律处分，处1万元以上10万元以下的罚款。

有本条第一款第（二）项所列行为的，应当责令退还多收取的手续费。

期货保证金安全存管监控机构有本条第一款第（五）项、第（六）项、第（九）项、第（十一）项、第（十二）项所列行为的，依照本条第一款、第二款的规定处罚、处分。期货保证金存管银行有本条第一款第（九）项、第（十二）项所列行为的，依照本条第一款、第二款的规定处罚、处分。

第六十九条 期货交易所、非期货公司结算会员有下列行为之一的，责令改正，给予警告，没收违法所得，并处违法所得1倍以上5倍以下的罚款；没有违法所得或者违法所得不满10万元的，并处10万元以上50万元以下的罚款；情节严重的，责令停业整顿：

（ ）未经批准，擅自办理本条例第十三条所列事项的；

（二）允许会员在保证金不足的情况下进行期货交易的；

（三）直接或者间接参与期货交易，或者违反规定从事与其职责无关的业务的；

（四）违反规定收取保证金，或者挪用保证金的；

（五）伪造、涂改或者不按照规定保存期货交易、结算、交割资料的；

（六）未建立或者未执行当日无负债结算、涨跌停板、持仓限额和大户持仓报告制度的；

（七）拒绝或者妨碍国务院期货监督管理机构监督检查的；

（八）违反国务院期货监督管理机构规定的其他行为。

有前款所列行为之一的，对直接负责的主管人员和其他直接责任人员给予纪律处分，处1万元以上10万元以下的罚款。

期货保证金安全存管监控机构有本条第一款第（三）项、第（七）项、第（八）项所列行为的，依照本条第一款、第二款的规定处罚、处分。

第七十条 期货公司有下列行为之一的，责令改正，给予警告，没收违法所得，并处违法所得1倍以上3倍以下的罚款；没有违法所得或者违法所得不满10万元的，并处10万元以上30万元以下的罚款；情节严重的，责令停业整顿或者吊销期货业务许可证：

（一）接受不符合规定条件的单位或者个人委托的；

（二）允许客户在保证金不足的情况下进行期货交易的；

（三）未经批准，擅自办理本条例第十九条、第二十条所列事项的；

（四）违反规定从事与期货业务无关的活动的；

（五）从事或者变相从事期货自营业务的；

（六）为其股东、实际控制人或者其他关联人提供融资，或者对外担保的；

（七）违反国务院期货监督管理机构有关保证金安全存管监控规定的；

（八）不按照规定向国务院期货监督管理机构履行报告义务或者报送有关文件、资料的；

（九）交易软件、结算软件不符合期货公司审慎经营和风险管理以及国务院期货监督管理机构有关保证金安全存管监控规定的要求的；

（十）不按照规定提取、管理和使用风险准备金的；

（十一）伪造、涂改或者不按照规定保存期货交易、结算、交割资料的；

（十二）任用不具备资格的期货从业人员的；

（十三）伪造、变造、出租、出借、买卖期货业务许可证或者经营许可证的；

（十四）进行混码交易的；

（十五）拒绝或者妨碍国务院期货监督管理机构监督检查的；

（十六）违反国务院期货监督管理机构规定的其他行为。

期货公司有前款所列行为之一的，对直接负责的主管人员和其他直接责任人员给予警告，并处1万元以上5万元以下的罚款；情节严重的，暂停或者撤销任职资格、期货从业人员资格。

期货公司之外的其他期货经营机构有本条第一款第（八）项、第（十二）项、第（十三）项、第（十五）项、第（十六）项所列行为的，依照本条第一款、第二款的规定处罚。

期货公司的股东、实际控制人或者其他关联人未经批准擅自委托他人或者接受他人委托持有或者管理期货公司股权的，拒不配合国务院期货监督管理机构的检查，拒不按照规定履行报告义务、提供有关信息和资料，或者报送、提供的信息和资料有虚假记载、误导性陈述或者重大遗漏的，依照本条第一款、第二款的规定处罚。

第七十一条 期货公司有下列欺诈客户行为之一的，责令改正，给予警告，没收违法所得，并处违法所得1倍以上5倍以下的罚款；没有违法所得或者违法所得不满10万元的，并处10万元以上50万元以下的罚款；情节严重的，责令停业整顿或者吊销期货业务许可证：

（一）向客户做获利保证或者不按照规定向客户出示风险说明书的；

（二）在经纪业务中与客户约定分享利益、共担风险的；

（三）不按照规定接受客户委托或者不按照客户委托内容擅自进行期货交易的；

（四）隐瞒重要事项或者使用其他不正当手段，诱骗客户发出交易指令的；

（五）向客户提供虚假成交回报的；

（六）未将客户交易指令下达到期货交易所的；

（七）挪用客户保证金的；

（八）不按照规定在期货保证金存管银行开立保证金账户，或者违规划转客户保证金的；

（九）国务院期货监督管理机构规定的其他欺诈客户的行为。

期货公司有前款所列行为之一的，对直接负责的主管人员和其他直接责任人员给予警告，并处1万元以上10万元以下的罚款；情节严重的，暂停或者撤销任职资格、期货从业人员资格。

任何单位或者个人编造并且传播有关期货交易的虚假信息，扰乱期货交易市场的，依照本条第一款、第二款的规定处罚。

第七十二条 期货公司及其他期货经营机构、非期货公司结算会员、期货保证金存管银行提供虚假申请文件或者采取其他欺诈手段隐瞒重要事实骗取期货业务许可的，撤销其期货业务许可，没收违法所得。

第七十三条 期货交易内幕信息的知情人或者非法获取期货交易内幕信息的人，在对期货交易价格有重大影响的信息尚未公开前，利用内幕信息从事期货交易，或者向他人泄露内幕信息，使他人利用内幕信息进行期货交易的，没收违法所得，并处违法所得1倍以上5倍以下的罚款；没有违法所得或者违法所得不满10万元的，处10万元以上50万元以下的罚款。单位从事内幕交易的，还应当对直接负责的主管人员和其他直接责任人员给予警告，并处3万元以上30万元以下的罚款。

国务院期货监督管理机构、期货交易所和期货保证金安全存管监控机构的工作人员进行内幕交易的，从重处罚。

第七十四条 任何单位或者个人有下列行为之一，操纵期货交易价格的，责令改正，没收违法所得，并处违法所得1倍以上5倍以下的罚款；没有违法所得或者违法所得不满20万元的，处20万元以上100万元以下的罚款：

（一）单独或者合谋，集中资金优势、持仓优势或者利用信息优势联合或者连续买卖合约，操纵期货交易价格的；

（二）蓄意串通，按事先约定的时间、价格和方式相互进行期货交易，影响期货交易价格或者期货交易量的；

（三）以自己为交易对象，自买自卖，影响期货交易价格或者期货交易量的；

（四）为影响期货市场行情囤积现货的；

（五）国务院期货监督管理机构规定的其他操纵期货交易价格的行为。

单位有前款所列行为之一的，对直接负责的主管人员和其他直接责任人员给予警告，并处1万元以上10万元以下的罚款。

第七十五条 交割仓库有本条例第三十九条第二款所列行为之一的,责令改正,给予警告,没收违法所得,并处违法所得1倍以上5倍以下的罚款;没有违法所得或者违法所得不满10万元的,并处10万元以上50万元以下的罚款;情节严重的,责令期货交易所暂停或者取消其交割仓库资格。对直接负责的主管人员和其他直接责任人员给予警告,并处1万元以上10万元以下的罚款。

第七十六条 国有以及国有控股企业违反本条例和国务院国有资产监督管理机构以及其他有关部门关于企业以国有资产进入期货市场的有关规定进行期货交易,或者单位、个人违规使用信贷资金、财政资金进行期货交易的,给予警告,没收违法所得,并处违法所得1倍以上5倍以下的罚款;没有违法所得或者违法所得不满10万元的,并处10万元以上50万元以下的罚款。对直接负责的主管人员和其他直接责任人员给予降级直至开除的纪律处分。

第七十七条 境内单位或者个人违反规定从事境外期货交易的,责令改正,给予警告,没收违法所得,并处违法所得1倍以上5倍以下的罚款;没有违法所得或者违法所得不满20万元的,并处20万元以上100万元以下的罚款;情节严重的,暂停其境外期货交易。对直接负责的主管人员和其他直接责任人员给予警告,并处1万元以上10万元以下的罚款。

第七十八条 任何单位或者个人非法设立或者变相设立期货交易所、期货公司及其他期货经营机构,或者擅自从事期货业务,或者组织变相期货交易活动的,予以取缔,没收违法所得,并处违法所得1倍以上5倍以下的罚款;没有违法所得或者违法所得不满20万元的,处20万元以上100万元以下的罚款。对直接负责的主管人员和其他直接责任人员给予警告,并处1万元以上10万元以下的罚款。

第七十九条 期货公司的交易软件、结算软件供应商拒不配合国务院期货监督管理机构调查,或者未按照规定向国务院期货监督管理机构提供相关软件资料,或者提供的软件资料有虚假、重大遗漏的,责令改正,处3万元以上10万元以下的罚款。对直接负责的主管人员和其他直接责任人员给予警告,并处1万元以上5万元以下的罚款。

第八十条 会计师事务所、律师事务所、资产评估机构等中介服务机构未勤勉尽责,所出具的文件有虚假记载、误导性陈述或者重大遗漏的,责令改正,没收业务收入,暂停或者撤销相关业务许可,并处业务收入1倍以上5倍以下的罚款。对直接负责的主管人员和其他直接责任人员给予警告,并处3万元以上10万元以下的罚款。

第八十一条 任何单位或者个人违反本条例规定,情节严重的,由国务院期货监督管理机构宣布该个人、该单位或者该单位的直接责任人员为期货市场禁止进入者。

第八十二条 国务院期货监督管理机构、期货交易所、期货保证金安全存管监控机构和期货保证金存管银行等相关单位的工作人员,泄露知悉的国家秘密或者会员、客户商业秘密,或者徇私舞弊、玩忽职守、滥用职权、收受贿赂的,依法给予行政处分或者纪律处分。

第八十三条 违反本条例规定,构成犯罪的,依法追究刑事责任。

第八十四条 对本条例规定的违法行为的行政处罚,由国务院期货监督管理机构决定;涉及其他有关部门法定职权的,国务院期货监督管理机构应当会同其他有关部门处理;属于其他有关部门法定职权的,国务院期货监督管理机构应当移交其他有关部门处理。

第八章 附 则

第八十五条 本条例下列用语的含义:

(一)期货合约,是指由期货交易所统一制定的、规定在将来某一特定的时间和地点交割一定数量标的物的标准化合约。根据合约标的物的不同,期货合约分为商品期货合约和金融期货合约。商品期货合约的标的物包括农产品、工业品、能源和其他商品及其相关指数产品;金融期货合约的标的物包括有价证券、利率、汇率等金融产品及其相关指数产品。

(二)期权合约,是指由期货交易所统一制定的、规定买方有权在将来某一时间以特定价格买入或者卖出约定标的物(包括期货合约)的标准化合约。

（三）保证金，是指期货交易者按照规定标准交纳的资金，用于结算和保证履约。

（四）结算，是指根据期货交易所公布的结算价格对交易双方的交易盈亏状况进行的资金清算和划转。

（五）交割，是指合约到期时，按照期货交易所的规则和程序，交易双方通过该合约所载标的物所有权的转移，或者按照规定结算价格进行现金差价结算，了结到期未平仓合约的过程。

（六）平仓，是指期货交易者买入或者卖出与其所持合约的品种、数量和交割月份相同但交易方向相反的合约，了结期货交易的行为。

（七）持仓量，是指期货交易者所持有的未平仓合约的数量。

（八）持仓限额，是指期货交易所对期货交易者的持仓量规定的最高数额。

（九）仓单，是指交割仓库开具并经期货交易所认定的标准化提货凭证。

（十）涨跌停板，是指合约在1个交易日中的交易价格不得高于或者低于规定的涨跌幅度，超出该涨跌幅度的报价将被视为无效，不能成交。

（十一）内幕信息，是指可能对期货交易价格产生重大影响的尚未公开的信息，包括：国务院期货监督管理机构以及其他相关部门制定的对期货交易价格可能发生重大影响的政策，期货交易所做出的可能对期货交易价格发生重大影响的决定，期货交易所会员、客户的资金和交易动向以及国务院期货监督管理机构认定的对期货交易价格有显著影响的其他重要信息。

（十二）内幕信息的知情人员，是指由于其管理地位、监督地位或者职业地位，或者作为雇员、专业顾问履行职务，能够接触或者获得内幕信息的人员，包括：期货交易所的管理人员以及其他由于任职可获取内幕信息的从业人员，国务院期货监督管理机构和其他有关部门的工作人员以及国务院期货监督管理机构规定的其他人员。

第八十六条 国务院期货监督管理机构可以批准设立期货专门结算机构，专门履行期货交易所的结算以及相关职责，并承担相应法律责任。

第八十七条 境外机构在境内设立、收购或者参股期货经营机构，以及境外期货经营机构在境内设立分支机构（含代表处）的管理办法，由国务院期货监督管理机构会同国务院商务主管部门、外汇管理部门等有关部门制订，报国务院批准后施行。

第八十八条 在期货交易所之外的国务院期货监督管理机构批准的交易场所进行的期货交易，依照本条例的有关规定执行。

第八十九条 任何机构或者市场，未经国务院期货监督管理机构批准，采用集中交易方式进行标准化合约交易，同时采用以下交易机制或者具备以下交易机制特征之一的，为变相期货交易：

（一）为参与集中交易的所有买方和卖方提供履约担保的；

（二）实行当日无负债结算制度和保证金制度，同时保证金收取比例低于合约（或者合同）标的额20%的。

本条例施行前采用前款规定的交易机制或者具备前款规定的交易机制特征之一的机构或者市场，应当在国务院商务主管部门规定的期限内进行整改。

第九十条 不属于期货交易的商品或者金融产品的其他交易活动，由国家有关部门监督管理，不适用本条例。

第九十一条 本条例自2007年4月15日起施行。1999年6月2日国务院发布的《期货交易管理暂行条例》同时废止。

国务院关于修改《期货交易管理条例》的决定

（2012年9月12日国务院第216次常务会议通过 2012年10月24日中华人民共和国国务院令第627号公布 自2012年12月1日起施行）

国务院决定对《期货交易管理条例》作如下修改：

一、第二条修改为：“任何单位和个人从事期货交易及其相关活动，应当遵守本条例。

“本条例所称期货交易，是指采用公开的集

中交易方式或者国务院期货监督管理机构批准的其他方式进行的以期货合约或者期权合约为交易标的的交易活动。

“本条例所称期货合约，是指期货交易场所统一制定的、规定在将来某一特定的时间和地点交割一定数量标的物的标准化合约。期货合约包括商品期货合约和金融期货合约及其他期货合约。

“本条例所称期权合约，是指期货交易场所统一制定的、规定买方有权在将来某一时间以特定价格买入或者卖出约定标的物(包括期货合约)的标准化合约。”

二、第四条修改为：“期货交易应当在依照本条例第六条第一款规定设立的期货交易所、国务院批准的或者国务院期货监督管理机构批准的其他期货交易场所进行。

“禁止在前款规定的期货交易场所之外进行期货交易。”

三、第六条第二款修改为：“未经国务院批准或者国务院期货监督管理机构批准，任何单位或者个人不得设立期货交易场所或者以任何形式组织期货交易及其相关活动。”

四、删去第八条第三款。

五、第十条第一款第四项修改为：“(四)为期货交易提供集中履约担保”。

六、删去第十九条第一款第二项。第四项改为第三项，修改为：“(三)变更注册资本且调整股权结构”。第五项改为第四项，修改为：“(四)新增持有5%以上股权的股东或者控股股东发生变化”。

七、第二十条第一款第四项修改为：“(四)变更境内分支机构的经营范围”。

八、第二十三条修改为：“从事期货投资咨询业务的其他期货经营机构应当取得国务院期货监督管理机构批准的业务资格，具体管理办法由国务院期货监督管理机构制定。”

九、第二十四条增加一款作为第二款：“符合规定条件的境外机构，可以在期货交易所从事特定品种的期货交易。具体办法由国务院期货监督管理机构制定。”

十、删去第三十二条。

十一、删去第三十三条。

十二、删去第三十六条。

十三、第六十九条第一款改为第六十六条第一款，修改为：“期货交易所有下列行为之一的，责令改正，给予警告，没收违法所得，并处违法所得1倍以上5倍以下的罚款；没有违法所得或者违法所得不满10万元的，并处10万元以上50万元以下的罚款；情节严重的，责令停业整顿：

“(一)未经批准，擅自办理本条例第十三条所列事项的；

“(二)允许会员在保证金不足的情况下进行期货交易的；

“(三)直接或者间接参与期货交易，或者违反规定从事与其职责无关的业务的；

“(四)违反规定收取保证金，或者挪用保证金的；

“(五)伪造、涂改或者不按照规定保存期货交易、结算、交割资料的；

“(六)未建立或者未执行当日无负债结算、涨跌停板、持仓限额和大户持仓报告制度的；

“(七)拒绝或者妨碍国务院期货监督管理机构监督检查的；

“(八)违反国务院期货监督管理机构规定的其他行为。”

增加一款作为第三款：“非期货公司结算会员有本条第一款第二项、第四项至第八项所列行为之一的，依照本条第一款、第二款的规定处罚、处分。”

十四、第七十八条改为第七十五条，修改为：“非法设立期货交易场所或者以其他形式组织期货交易活动的，由所在地县级以上地方人民政府予以取缔，没收违法所得，并处违法所得1倍以上5倍以下的罚款；没有违法所得或者违法所得不满20万元的，处20万元以上100万元以下的罚款。对单位直接负责的主管人员和其他直接责任人员给予警告，并处1万元以上10万元以下的罚款。

“非法设立期货公司及其他期货经营机构，或者擅自从事期货业务的，予以取缔，没收违法所得，并处违法所得1倍以上5倍以下的罚款；没有违法所得或者违法所得不满20万元的，处20万元以上100万元以下的罚款。对单位直接负责的主管人员和其他直接责任人员给予警告，并处1万元以上10万元以下的罚款。”

十五、第八十四条改为第八十一条,修改为:“对本条例规定的违法行为的行政处罚,除本条例已有规定的外,由国务院期货监督管理机构决定;涉及其他有关部门法定职权的,国务院期货监督管理机构应当会同其他有关部门处理;属于其他有关部门法定职权的,国务院期货监督管理机构应当移交其他有关部门处理。”

十六、第八十五条改为第八十二条,第一款第一项修改为:“(一)商品期货合约,是指以农产品、工业品、能源和其他商品及其相关指数产品为标的物的期货合约”。第二项修改为:“(二)金融期货合约,是指以有价证券、利率、汇率等金融产品及其相关指数产品为标的物的期货合约”。第三项修改为:“(三)保证金,是指期货交易者按照规定交纳的资金或者提交的价值稳定、流动性强的标准仓单、国债等有价证券,用于结算和保证履约”。第四项修改为:“(四)结算,是指根据期货交易所公布的结算价格对交易双方的交易结果进行的资金清算和划转”。第九项修改为:“(九)标准仓单,是指交割仓库开具并经期货交易所认定的标准化提货凭证”。

十七、删去第八十九条。

此外,对条文的顺序和个别文字作相应的调整和修改。

本决定自2012年12月1日起施行。

《期货交易管理条例》根据本决定作相应的修改,重新公布。

期货交易管理条例①

(2007年3月6日中华人民共和国国务院令第489号公布 根据2012年10月24日《国务院关于修改〈期货交易管理条例〉的决定》修订)

第一章 总 则

第一条 为了规范期货交易行为,加强对期货交易的监督管理,维护期货市场秩序,防范风险,保护期货交易各方的合法权益和社会公共利益,促进期货市场积极稳妥发展,制定本条例。

第二条 任何单位和个人从事期货交易及其相关活动,应当遵守本条例。

本条例所称期货交易,是指采用公开的集中交易方式或者国务院期货监督管理机构批准的其他方式进行的以期货合约或者期权合约为交易标的的交易活动。

本条例所称期货合约,是指期货交易场所统一制定的、规定在将来某一特定的时间和地点交割一定数量标的物的标准化合约。期货合约包括商品期货合约和金融期货合约及其他期货合约。

本条例所称期权合约,是指期货交易场所统一制定的、规定买方有权在将来某一时间以特定价格买入或者卖出约定标的物(包括期货合约)的标准化合约。

第三条 从事期货交易活动,应当遵循公开、公平、公正和诚实信用的原则。禁止欺诈、内幕交易和操纵期货交易价格等违法行为。

第四条 期货交易应当在依照本条例第六条第一款规定设立的期货交易所、国务院批准的或者国务院期货监督管理机构批准的其他期货交易场所进行。

禁止在前款规定的期货交易场所之外进行期货交易。

第五条 国务院期货监督管理机构对期货市场实行集中统一的监督管理。

国务院期货监督管理机构派出机构依照本条例的有关规定和国务院期货监督管理机构的授权,履行监督管理职责。

第二章 期货交易所

第六条 设立期货交易所,由国务院期货监督管理机构审批。

未经国务院批准或者国务院期货监督管理机构批准,任何单位或者个人不得设立期货交易场所或者以任何形式组织期货交易及其相关活动。

第七条 期货交易所不以营利为目的,按照其章程的规定实行自律管理。期货交易所以其全部财产承担民事责任。期货交易所的负责人由国务院期货监督管理机构任免。

① 编者注:已被修改。

期货交易所的管理办法由国务院期货监督管理机构制定。

第八条 期货交易所会员应当是在中华人民共和国境内登记注册的企业法人或者其他经济组织。

期货交易所可以实行会员分级结算制度。实行会员分级结算制度的期货交易所会员由结算会员和非结算会员组成。

第九条 有《中华人民共和国公司法》第一百四十七条规定的情形或者下列情形之一的,不得担任期货交易所的负责人、财务会计人员:

(一)因违法行为或者违纪行为被解除职务的期货交易所、证券交易所、证券登记结算机构的负责人,或者期货公司、证券公司的董事、监事、高级管理人员,以及国务院期货监督管理机构规定的其他人员,自被解除职务之日起未逾5年;

(二)因违法行为或者违纪行为被撤销资格的律师、注册会计师或者投资咨询机构、财务顾问机构、资信评级机构、资产评估机构、验证机构的专业人员,自被撤销资格之日起未逾5年。

第十条 期货交易所应当依照本条例和国务院期货监督管理机构的规定,建立、健全各项规章制度,加强对交易活动的风险控制和对会员以及交易所工作人员的监督管理。期货交易所履行下列职责:

(一)提供交易的场所、设施和服务;

(二)设计合约,安排合约上市;

(三)组织并监督交易、结算和交割;

(四)为期货交易提供集中履约担保;

(五)按照章程和交易规则对会员进行监督管理;

(六)国务院期货监督管理机构规定的其他职责。

期货交易所不得直接或者间接参与期货交易。未经国务院期货监督管理机构审核并报国务院批准,期货交易所不得从事信托投资、股票投资、非自用不动产投资等与其职责无关的业务。

第十一条 期货交易所应当按照国家有关规定建立、健全下列风险管理制度:

(一)保证金制度;

(二)当日无负债结算制度;

(三)涨跌停板制度;

(四)持仓限额和大户持仓报告制度;

(五)风险准备金制度;

(六)国务院期货监督管理机构规定的其他风险管理制度。

实行会员分级结算制度的期货交易所,还应当建立、健全结算担保金制度。

第十二条 当期货市场出现异常情况时,期货交易所可以按照其章程规定的权限和程序,决定采取下列紧急措施,并应当立即报告国务院期货监督管理机构:

(一)提高保证金;

(二)调整涨跌停板幅度;

(三)限制会员或者客户的最大持仓量;

(四)暂时停止交易;

(五)采取其他紧急措施。

前款所称异常情况,是指在交易中发生操纵期货交易价格的行为或者发生不可抗拒的突发事件以及国务院期货监督管理机构规定的其他情形。

异常情况消失后,期货交易所应当及时取消紧急措施。

第十三条 期货交易所办理下列事项,应当经国务院期货监督管理机构批准:

(一)制定或者修改章程、交易规则;

(二)上市、中止、取消或者恢复交易品种;

(三)上市、修改或者终止合约;

(四)变更住所或者营业场所;

(五)合并、分立或者解散;

(六)国务院期货监督管理机构规定的其他事项。

国务院期货监督管理机构批准期货交易所上市新的交易品种,应当征求国务院有关部门的意见。

第十四条 期货交易所的所得收益按照国家有关规定管理和使用,但应当首先用于保证期货交易场所、设施的运行和改善。

第三章 期货公司

第十五条 期货公司是依照《中华人民共和国公司法》和本条例规定设立的经营期货业务的

金融机构。设立期货公司,应当经国务院期货监督管理机构批准,并在公司登记机关登记注册。

未经国务院期货监督管理机构批准,任何单位或者个人不得设立或者变相设立期货公司,经营期货业务。

第十六条 申请设立期货公司,应当符合《中华人民共和国公司法》的规定,并具备下列条件:

(一)注册资本最低限额为人民币3000万元;

(二)董事、监事、高级管理人员具备任职资格,从业人员具有期货从业资格;

(三)有符合法律、行政法规规定的公司章程;

(四)主要股东以及实际控制人具有持续盈利能力,信誉良好,最近3年无重大违法违规记录;

(五)有合格的经营场所和业务设施;

(六)有健全的风险管理和内部控制制度;

(七)国务院期货监督管理机构规定的其他条件。

国务院期货监督管理机构根据审慎监管原则和各项业务的风险程度,可以提高注册资本最低限额。注册资本应当是实缴资本。股东应当以货币或者期货公司经营必需的非货币财产出资,货币出资比例不得低于85%。

国务院期货监督管理机构应当在受理期货公司设立申请之日起6个月内,根据审慎监管原则进行审查,作出批准或者不批准的决定。

未经国务院期货监督管理机构批准,任何单位和个人不得委托或者接受他人委托持有或者管理期货公司的股权。

第十七条 期货公司业务实行许可制度,由国务院期货监督管理机构按照其商品期货、金融期货业务种类颁发许可证。期货公司除申请经营境内期货经纪业务外,还可以申请经营境外期货经纪、期货投资咨询以及国务院期货监督管理机构规定的其他期货业务。

期货公司不得从事与期货业务无关的活动,法律、行政法规或者国务院期货监督管理机构另有规定的除外。

期货公司不得从事或者变相从事期货自营业务。

期货公司不得为其股东、实际控制人或者其他关联人提供融资,不得对外担保。

第十八条 期货公司从事经纪业务,接受客户委托,以自己的名义为客户进行期货交易,交易结果由客户承担。

第十九条 期货公司办理下列事项,应当经国务院期货监督管理机构批准:

(一)合并、分立、停业、解散或者破产;

(二)变更业务范围;

(三)变更注册资本且调整股权结构;

(四)新增持有5%以上股权的股东或者控股股东发生变化;

(五)设立、收购、参股或者终止境外期货类经营机构;

(六)国务院期货监督管理机构规定的其他事项。

前款第三项、第六项所列事项,国务院期货监督管理机构应当自受理申请之日起20日内作出批准或者不批准的决定;前款所列其他事项,国务院期货监督管理机构应当自受理申请之日起2个月内作出批准或者不批准的决定。

第二十条 期货公司办理下列事项,应当经国务院期货监督管理机构派出机构批准:

(一)变更法定代表人;

(二)变更住所或者营业场所;

(三)设立或者终止境内分支机构;

(四)变更境内分支机构的经营范围;

(五)国务院期货监督管理机构规定的其他事项。

前款第一项、第二项、第四项、第五项所列事项,国务院期货监督管理机构派出机构应当自受理申请之日起20日内作出批准或者不批准的决定;前款第三项所列事项,国务院期货监督管理机构派出机构应当自受理申请之日起2个月内作出批准或者不批准的决定。

第二十一条 期货公司或者其分支机构有《中华人民共和国行政许可法》第七十条规定的情形或者下列情形之一的,国务院期货监督管理机构应当依法办理期货业务许可证注销手续:

(一)营业执照被公司登记机关依法注销;

(二)成立后无正当理由超过3个月未开始

营业,或者开业后无正当理由停业连续 3 个月以上;

(三)主动提出注销申请;

(四)国务院期货监督管理机构规定的其他情形。

期货公司在注销期货业务许可证前,应当结清相关期货业务,并依法返还客户的保证金和其他资产。期货公司分支机构在注销经营许可证前,应当终止经营活动,妥善处理客户资产。

第二十二条 期货公司应当建立、健全并严格执行业务管理规则、风险管理制度,遵守信息披露制度,保障客户保证金的存管安全,按照期货交易所的规定,向期货交易所报告大户名单、交易情况。

第二十三条 从事期货投资咨询业务的其他期货经营机构应当取得国务院期货监督管理机构批准的业务资格,具体管理办法由国务院期货监督管理机构制定。

第四章 期货交易基本规则

第二十四条 在期货交易所进行期货交易的,应当是期货交易所会员。

符合规定条件的境外机构,可以在期货交易所从事特定品种的期货交易。具体办法由国务院期货监督管理机构制定。

第二十五条 期货公司接受客户委托为其进行期货交易,应当事先向客户出示风险说明书,经客户签字确认后,与客户签订书面合同。期货公司不得未经客户委托或者不按照客户委托内容,擅自进行期货交易。

期货公司不得向客户作获利保证;不得在经纪业务中与客户约定分享利益或者共担风险。

第二十六条 下列单位和个人不得从事期货交易,期货公司不得接受其委托为其进行期货交易:

(一)国家机关和事业单位;

(二)国务院期货监督管理机构、期货交易所、期货保证金安全存管监控机构和期货业协会的工作人员;

(三)证券、期货市场禁止进入者;

(四)未能提供开户证明材料的单位和个人;

(五)国务院期货监督管理机构规定不得从事期货交易的其他单位和个人。

第二十七条 客户可以通过书面、电话、互联网或者国务院期货监督管理机构规定的其他方式,向期货公司下达交易指令。客户的交易指令应当明确、全面。

期货公司不得隐瞒重要事项或者使用其他不正当手段诱骗客户发出交易指令。

第二十八条 期货交易所应当及时公布上市品种合约的成交量、成交价、持仓量、最高价与最低价、开盘价与收盘价和其他应当公布的即时行情,并保证即时行情的真实、准确。期货交易所不得发布价格预测信息。

未经期货交易所许可,任何单位和个人不得发布期货交易即时行情。

第二十九条 期货交易应当严格执行保证金制度。期货交易所向会员、期货公司向客户收取的保证金,不得低于国务院期货监督管理机构、期货交易所规定的标准,并应当与自有资金分开,专户存放。

期货交易所向会员收取的保证金,属于会员所有,除用于会员的交易结算外,严禁挪作他用。

期货公司向客户收取的保证金,属于客户所有,除下列可划转的情形外,严禁挪作他用:

(一)依据客户的要求支付可用资金;

(二)为客户交存保证金,支付手续费、税款;

(三)国务院期货监督管理机构规定的其他情形。

第三十条 期货公司应当为每一个客户单独开立专门账户、设置交易编码,不得混码交易。

第三十一条 期货公司经营期货经纪业务又同时经营其他期货业务的,应当严格执行业务分离和资金分离制度,不得混合操作。

第三十二条 期货交易所、期货公司、非期货公司结算会员应当按照国务院期货监督管理机构、财政部门的规定提取、管理和使用风险准备金,不得挪用。

第三十三条 期货交易的收费项目、收费标准和管理办法由国务院有关主管部门统一制定并公布。

第三十四条 期货交易的结算,由期货交易所统一组织进行。

期货交易所实行当日无负债结算制度。期

货交易所应当在当日及时将结算结果通知会员。

期货公司根据期货交易所的结算结果对客户进行结算，并应当将结算结果按照与客户约定的方式及时通知客户。客户应当及时查询并妥善处理自己的交易持仓。

第三十五条　期货交易所会员的保证金不足时，应当及时追加保证金或者自行平仓。会员未在期货交易所规定的时间内追加保证金或者自行平仓的，期货交易所应当将该会员的合约强行平仓，强行平仓的有关费用和发生的损失由该会员承担。

客户保证金不足时，应当及时追加保证金或者自行平仓。客户未在期货公司规定的时间内及时追加保证金或者自行平仓的，期货公司应当将该客户的合约强行平仓，强行平仓的有关费用和发生的损失由该客户承担。

第三十六条　期货交易的交割，由期货交易所统一组织进行。

交割仓库由期货交易所指定。期货交易所不得限制实物交割总量，并应当与交割仓库签订协议，明确双方的权利和义务。交割仓库不得有下列行为：

（一）出具虚假仓单；

（二）违反期货交易所业务规则，限制交割商品的入库、出库；

（三）泄露与期货交易有关的商业秘密；

（四）违反国家有关规定参与期货交易；

（五）国务院期货监督管理机构规定的其他行为。

第三十七条　会员在期货交易中违约的，期货交易所先以该会员的保证金承担违约责任；保证金不足的，期货交易所应当以风险准备金和自有资金代为承担违约责任，并由此取得对该会员的相应追偿权。

客户在期货交易中违约的，期货公司先以该客户的保证金承担违约责任；保证金不足的，期货公司应当以风险准备金和自有资金代为承担违约责任，并由此取得对该客户的相应追偿权。

第三十八条　实行会员分级结算制度的期货交易所，应当向结算会员收取结算担保金。期货交易所只对结算会员结算，收取和追收保证金，以结算担保金、风险准备金、自有资金代为承担违约责任，以及采取其他相关措施；对非结算会员的结算、收取和追收保证金、代为承担违约责任，以及采取其他相关措施，由结算会员执行。

第三十九条　期货交易所、期货公司和非期货公司结算会员应当保证期货交易、结算、交割资料的完整和安全。

第四十条　任何单位或者个人不得编造、传播有关期货交易的虚假信息，不得恶意串通、联手买卖或者以其他方式操纵期货交易价格。

第四十一条　任何单位或者个人不得违规使用信贷资金、财政资金进行期货交易。

银行业金融机构从事期货交易融资或者担保业务的资格，由国务院银行业监督管理机构批准。

第四十二条　国有以及国有控股企业进行境内外期货交易，应当遵循套期保值的原则，严格遵守国务院国有资产监督管理机构以及其他有关部门关于企业以国有资产进入期货市场的有关规定。

第四十三条　国务院商务主管部门对境内单位或者个人从事境外商品期货交易的品种进行核准。

境外期货项下购汇、结汇以及外汇收支，应当符合国家外汇管理有关规定。

境内单位或者个人从事境外期货交易的办法，由国务院期货监督管理机构会同国务院商务主管部门、国有资产监督管理机构、银行业监督管理机构、外汇管理部门等有关部门制订，报国务院批准后施行。

第五章　期货业协会

第四十四条　期货业协会是期货业的自律性组织，是社会团体法人。

期货公司以及其他专门从事期货经营的机构应当加入期货业协会，并缴纳会员费。

第四十五条　期货业协会的权力机构为全体会员组成的会员大会。

期货业协会的章程由会员大会制定，并报国务院期货监督管理机构备案。

期货业协会设理事会。理事会成员按照章程的规定选举产生。

第四十六条　期货业协会履行下列职责：

（一）教育和组织会员遵守期货法律法规和政策；

（二）制定会员应当遵守的行业自律性规则，监督、检查会员行为，对违反协会章程和自律性规则的，按照规定给予纪律处分；

（三）负责期货从业人员资格的认定、管理以及撤销工作；

（四）受理客户与期货业务有关的投诉，对会员之间、会员与客户之间发生的纠纷进行调解；

（五）依法维护会员的合法权益，向国务院期货监督管理机构反映会员的建议和要求；

（六）组织期货从业人员的业务培训，开展会员间的业务交流；

（七）组织会员就期货业的发展、运作以及有关内容进行研究；

（八）期货业协会章程规定的其他职责。

期货业协会的业务活动应当接受国务院期货监督管理机构的指导和监督。

第六章　监督管理

第四十七条　国务院期货监督管理机构对期货市场实施监督管理，依法履行下列职责：

（一）制定有关期货市场监督管理的规章、规则，并依法行使审批权；

（二）对品种的上市、交易、结算、交割等期货交易及其相关活动，进行监督管理；

（三）对期货交易所、期货公司及其他期货经营机构、非期货公司结算会员、期货保证金安全存管监控机构、期货保证金存管银行、交割仓库等市场相关参与者的期货业务活动，进行监督管理；

（四）制定期货从业人员的资格标准和管理办法，并监督实施；

（五）监督检查期货交易的信息公开情况；

（六）对期货业协会的活动进行指导和监督；

（七）对违反期货市场监督管理法律、行政法规的行为进行查处；

（八）开展与期货市场监督管理有关的国际交流、合作活动；

（九）法律、行政法规规定的其他职责。

第四十八条　国务院期货监督管理机构依法履行职责，可以采取下列措施：

（一）对期货交易所、期货公司及其他期货经营机构、非期货公司结算会员、期货保证金安全存管监控机构和交割仓库进行现场检查；

（二）进入涉嫌违法行为发生场所调查取证；

（三）询问当事人和与被调查事件有关的单位和个人，要求其对与被调查事件有关的事项作出说明；

（四）查阅、复制与被调查事件有关的财产权登记等资料；

（五）查阅、复制当事人和与被调查事件有关的单位和个人的期货交易记录、财务会计资料以及其他相关文件和资料；对可能被转移、隐匿或者毁损的文件和资料，可以予以封存；

（六）查询与被调查事件有关的单位的保证金账户和银行账户；

（七）在调查操纵期货交易价格、内幕交易等重大期货违法行为时，经国务院期货监督管理机构主要负责人批准，可以限制被调查事件当事人的期货交易，但限制的时间不得超过15个交易日；案情复杂的，可以延长至30个交易日；

（八）法律、行政法规规定的其他措施。

第四十九条　期货交易所、期货公司及其他期货经营机构、期货保证金安全存管监控机构，应当向国务院期货监督管理机构报送财务会计报告、业务资料和其他有关资料。

对期货公司及其他期货经营机构报送的年度报告，国务院期货监督管理机构应当指定专人进行审核，并制作审核报告。审核人员应当在审核报告上签字。审核中发现问题的，国务院期货监督管理机构应当及时采取相应措施。

必要时，国务院期货监督管理机构可以要求非期货公司结算会员、交割仓库，以及期货公司股东、实际控制人或者其他关联人报送相关资料。

第五十条　国务院期货监督管理机构依法履行职责，进行监督检查或者调查时，被检查、调查的单位和个人应当配合，如实提供有关文件和资料，不得拒绝、阻碍和隐瞒；其他有关部门和单位应当给予支持和配合。

第五十一条　国家根据期货市场发展的需要，设立期货投资者保障基金。

期货投资者保障基金的筹集、管理和使用的

具体办法，由国务院期货监督管理机构会同国务院财政部门制定。

第五十二条 国务院期货监督管理机构应当建立、健全保证金安全存管监控制度，设立期货保证金安全存管监控机构。

客户和期货交易所、期货公司及其他期货经营机构、非期货公司结算会员以及期货保证金存管银行，应当遵守国务院期货监督管理机构有关保证金安全存管监控的规定。

第五十三条 期货保证金安全存管监控机构依照有关规定对保证金安全实施监控，进行每日稽核，发现问题应当立即报告国务院期货监督管理机构。国务院期货监督管理机构应当根据不同情况，依照本条例有关规定及时处理。

第五十四条 国务院期货监督管理机构对期货交易所、期货公司及其他期货经营机构和期货保证金安全存管监控机构的董事、监事、高级管理人员以及其他期货从业人员，实行资格管理制度。

第五十五条 国务院期货监督管理机构应当制定期货公司持续性经营规则，对期货公司的净资本与净资产的比例，净资本与境内期货经纪、境外期货经纪等业务规模的比例，流动资产与流动负债的比例等风险监管指标作出规定；对期货公司及其分支机构的经营条件、风险管理、内部控制、保证金存管、关联交易等方面提出要求。

第五十六条 期货公司及其分支机构不符合持续性经营规则或者出现经营风险的，国务院期货监督管理机构可以对期货公司及其董事、监事和高级管理人员采取谈话、提示、记入信用记录等监管措施或者责令期货公司限期整改，并对其整改情况进行检查验收。

期货公司逾期未改正，其行为严重危及期货公司的稳健运行、损害客户合法权益，或者涉嫌严重违法违规正在被国务院期货监督管理机构调查的，国务院期货监督管理机构可以区别情形，对其采取下列措施：

（一）限制或者暂停部分期货业务；

（二）停止批准新增业务或者分支机构；

（三）限制分配红利，限制向董事、监事、高级管理人员支付报酬、提供福利；

（四）限制转让财产或者在财产上设定其他权利；

（五）责令更换董事、监事、高级管理人员或者有关业务部门、分支机构的负责人员，或者限制其权利；

（六）限制期货公司自有资金或者风险准备金的调拨和使用；

（七）责令控股股东转让股权或者限制有关股东行使股东权利。

对经过整改符合有关法律、行政法规规定以及持续性经营规则要求的期货公司，国务院期货监督管理机构应当自验收完毕之日起3日内解除对其采取的有关措施。

对经过整改仍未达到持续性经营规则要求，严重影响正常经营的期货公司，国务院期货监督管理机构有权撤销其部分或者全部期货业务许可、关闭其分支机构。

第五十七条 期货公司违法经营或者出现重大风险，严重危害期货市场秩序、损害客户利益的，国务院期货监督管理机构可以对该期货公司采取责令停业整顿、指定其他机构托管或者接管等监管措施。经国务院期货监督管理机构批准，可以对该期货公司直接负责的董事、监事、高级管理人员和其他直接责任人员采取以下措施：

（一）通知出境管理机关依法阻止其出境；

（二）申请司法机关禁止其转移、转让或者以其他方式处分财产，或者在财产上设定其他权利。

第五十八条 期货公司的股东有虚假出资或者抽逃出资行为的，国务院期货监督管理机构应当责令其限期改正，并可责令其转让所持期货公司的股权。

在股东按照前款要求改正违法行为、转让所持期货公司的股权前，国务院期货监督管理机构可以限制其股东权利。

第五十九条 当期货市场出现异常情况时，国务院期货监督管理机构可以采取必要的风险处置措施。

第六十条 期货公司的交易软件、结算软件，应当满足期货公司审慎经营和风险管理以及国务院期货监督管理机构有关保证金安全存管监控规定的要求。期货公司的交易软件、结算软件不符合要求的，国务院期货监督管理机构有权要求期货公司予以改进或者更换。

国务院期货监督管理机构可以要求期货公司的交易软件、结算软件的供应商提供该软件的相关资料，供应商应当予以配合。国务院期货监督管理机构对供应商提供的相关资料负有保密义务。

第六十一条 期货公司涉及重大诉讼、仲裁，或者股权被冻结或者用于担保，以及发生其他重大事件时，期货公司及其相关股东、实际控制人应当自该事件发生之日起5日内向国务院期货监督管理机构提交书面报告。

第六十二条 会计师事务所、律师事务所、资产评估机构等中介服务机构向期货交易所和期货公司等市场相关参与者提供相关服务时，应当遵守期货法律、行政法规以及国家有关规定，并按照国务院期货监督管理机构的要求提供相关资料。

第六十三条 国务院期货监督管理机构应当与有关部门建立监督管理的信息共享和协调配合机制。

国务院期货监督管理机构可以和其他国家或者地区的期货监督管理机构建立监督管理合作机制，实施跨境监督管理。

第六十四条 国务院期货监督管理机构、期货交易所、期货保证金安全存管监控机构和期货保证金存管银行等相关单位的工作人员，应当忠于职守，依法办事，公正廉洁，保守国家秘密和有关当事人的商业秘密，不得利用职务便利牟取不正当的利益。

第七章 法律责任

第六十五条 期货交易所、非期货公司结算会员有下列行为之一的，责令改正，给予警告，没收违法所得：

（一）违反规定接纳会员的；

（二）违反规定收取手续费的；

（三）违反规定使用、分配收益的；

（四）不按照规定公布即时行情的，或者发布价格预测信息的；

（五）不按照规定向国务院期货监督管理机构履行报告义务的；

（六）不按照规定向国务院期货监督管理机构报送有关文件、资料的；

（七）不按照规定建立、健全结算担保金制度的；

（八）不按照规定提取、管理和使用风险准备金的；

（九）违反国务院期货监督管理机构有关保证金安全存管监控规定的；

（十）限制会员实物交割总量的；

（十一）任用不具备资格的期货从业人员的；

（十二）违反国务院期货监督管理机构规定的其他行为。

有前款所列行为之一的，对直接负责的主管人员和其他直接责任人员给予纪律处分，处1万元以上10万元以下的罚款。

有本条第一款第二项所列行为的，应当责令退还多收取的手续费。

期货保证金安全存管监控机构有本条第一款第五项、第六项、第九项、第十一项、第十二项所列行为的，依照本条第一款、第二款的规定处罚、处分。期货保证金存管银行有本条第一款第九项、第十二项所列行为的，依照本条第一款、第二款的规定处罚、处分。

第六十六条 期货交易所有下列行为之一的，责令改正，给予警告，没收违法所得，并处违法所得1倍以上5倍以下的罚款；没有违法所得或者违法所得不满10万元的，并处10万元以上50万元以下的罚款；情节严重的，责令停业整顿：

（一）未经批准，擅自办理本条例第十三条所列事项的；

（二）允许会员在保证金不足的情况下进行期货交易的；

（三）直接或者间接参与期货交易，或者违反规定从事与其职责无关的业务的；

（四）违反规定收取保证金，或者挪用保证金的；

（五）伪造、涂改或者不按照规定保存期货交易、结算、交割资料的；

（六）未建立或者未执行当日无负债结算、涨跌停板、持仓限额和大户持仓报告制度的；

（七）拒绝或者妨碍国务院期货监督管理机构监督检查的；

（八）违反国务院期货监督管理机构规定的其他行为。

有前款所列行为之一的，对直接负责的主管人员和其他直接责任人员给予纪律处分，处1万元以上10万元以下的罚款。

非期货公司结算会员有本条第一款第二项、第四项至第八项所列行为之一的，依照本条第一款、第二款的规定处罚、处分。

期货保证金安全存管监控机构有本条第一款第三项、第七项、第八项所列行为的，依照本条第一款、第二款的规定处罚、处分。

第六十七条 期货公司有下列行为之一的，责令改正，给予警告，没收违法所得，并处违法所得1倍以上3倍以下的罚款；没有违法所得或者违法所得不满10万元的，并处10万元以上30万元以下的罚款；情节严重的，责令停业整顿或者吊销期货业务许可证：

（一）接受不符合规定条件的单位或者个人委托的；

（二）允许客户在保证金不足的情况下进行期货交易的；

（三）未经批准，擅自办理本条例第十九条、第二十条所列事项的；

（四）违反规定从事与期货业务无关的活动的；

（五）从事或者变相从事期货自营业务的；

（六）为其股东、实际控制人或者其他关联人提供融资，或者对外担保的；

（七）违反国务院期货监督管理机构有关保证金安全存管监控规定的；

（八）不按照规定向国务院期货监督管理机构履行报告义务或者报送有关文件、资料的；

（九）交易软件、结算软件不符合期货公司审慎经营和风险管理以及国务院期货监督管理机构有关保证金安全存管监控规定的要求的；

（十）不按照规定提取、管理和使用风险准备金的；

（十一）伪造、涂改或者不按照规定保存期货交易、结算、交割资料的；

（十二）任用不具备资格的期货从业人员的；

（十三）伪造、变造、出租、出借、买卖期货业务许可证或者经营许可证的；

（十四）进行混码交易的；

（十五）拒绝或者妨碍国务院期货监督管理机构监督检查的；

（十六）违反国务院期货监督管理机构规定的其他行为。

期货公司有前款所列行为之一的，对直接负责的主管人员和其他直接责任人员给予警告，并处1万元以上5万元以下的罚款；情节严重的，暂停或者撤销任职资格、期货从业人员资格。

期货公司之外的其他期货经营机构有本条第一款第八项、第十二项、第十三项、第十五项、第十六项所列行为的，依照本条第一款、第二款的规定处罚。

期货公司的股东、实际控制人或者其他关联人未经批准擅自委托他人或者接受他人委托持有或者管理期货公司股权的，拒不配合国务院期货监督管理机构的检查，拒不按照规定履行报告义务、提供有关信息和资料，或者报送、提供的信息和资料有虚假记载、误导性陈述或者重大遗漏的，依照本条第一款、第二款的规定处罚。

第六十八条 期货公司有下列欺诈客户行为之一的，责令改正，给予警告，没收违法所得，并处违法所得1倍以上5倍以下的罚款；没有违法所得或者违法所得不满10万元的，并处10万元以上50万元以下的罚款；情节严重的，责令停业整顿或者吊销期货业务许可证：

（一）向客户作获利保证或者不按照规定向客户出示风险说明书的；

（二）在经纪业务中与客户约定分享利益、共担风险的；

（三）不按照规定接受客户委托或者不按照客户委托内容擅自进行期货交易的；

（四）隐瞒重要事项或者使用其他不正当手段，诱骗客户发出交易指令的；

（五）向客户提供虚假成交回报的；

（六）未将客户交易指令下达到期货交易所的；

（七）挪用客户保证金的；

（八）不按照规定在期货保证金存管银行开

立保证金账户，或者违规划转客户保证金的；

（九）国务院期货监督管理机构规定的其他欺诈客户的行为。

期货公司有前款所列行为之一的，对直接负责的主管人员和其他直接责任人员给予警告，并处1万元以上10万元以下的罚款；情节严重的，暂停或者撤销任职资格、期货从业人员资格。

任何单位或者个人编造并且传播有关期货交易的虚假信息，扰乱期货交易市场的，依照本条第一款、第二款的规定处罚。

第六十九条 期货公司及其他期货经营机构、非期货公司结算会员、期货保证金存管银行提供虚假申请文件或者采取其他欺诈手段隐瞒重要事实骗取期货业务许可的，撤销其期货业务许可，没收违法所得。

第七十条 期货交易内幕信息的知情人或者非法获取期货交易内幕信息的人，在对期货交易价格有重大影响的信息尚未公开前，利用内幕信息从事期货交易，或者向他人泄露内幕信息，使他人利用内幕信息进行期货交易的，没收违法所得，并处违法所得1倍以上5倍以下的罚款；没有违法所得或者违法所得不满10万元的，处10万元以上50万元以下的罚款。单位从事内幕交易的，还应当对直接负责的主管人员和其他直接责任人员给予警告，并处3万元以上30万元以下的罚款。

国务院期货监督管理机构、期货交易所和期货保证金安全存管监控机构的工作人员进行内幕交易的，从重处罚。

第七十一条 任何单位或者个人有下列行为之一，操纵期货交易价格的，责令改正，没收违法所得，并处违法所得1倍以上5倍以下的罚款；没有违法所得或者违法所得不满20万元的，处20万元以上100万元以下的罚款：

（一）单独或者合谋，集中资金优势、持仓优势或者利用信息优势联合或者连续买卖合约，操纵期货交易价格的；

（二）蓄意串通，按事先约定的时间、价格和方式相互进行期货交易，影响期货交易价格或者期货交易量的；

（三）以自己为交易对象，自买自卖，影响期货交易价格或者期货交易量的；

（四）为影响期货市场行情囤积现货的；

（五）国务院期货监督管理机构规定的其他操纵期货交易价格的行为。

单位有前款所列行为之一的，对直接负责的主管人员和其他直接责任人员给予警告，并处1万元以上10万元以下的罚款。

第七十二条 交割仓库有本条例第三十六条第二款所列行为之一的，责令改正，给予警告，没收违法所得，并处违法所得1倍以上5倍以下的罚款；没有违法所得或者违法所得不满10万元的，并处10万元以上50万元以下的罚款；情节严重的，责令期货交易所暂停或者取消其交割仓库资格。对直接负责的主管人员和其他直接责任人员给予警告，并处1万元以上10万元以下的罚款。

第七十三条 国有以及国有控股企业违反本条例和国务院国有资产监督管理机构以及其他有关部门关于企业以国有资产进入期货市场的有关规定进行期货交易，或者单位、个人违规使用信贷资金、财政资金进行期货交易的，给予警告，没收违法所得，并处违法所得1倍以上5倍以下的罚款；没有违法所得或者违法所得不满10万元的，并处10万元以上50万元以下的罚款。对直接负责的主管人员和其他直接责任人员给予降级直至开除的纪律处分。

第七十四条 境内单位或者个人违反规定从事境外期货交易的，责令改正，给予警告，没收违法所得，并处违法所得1倍以上5倍以下的罚款；没有违法所得或者违法所得不满20万元的，并处20万元以上100万元以下的罚款；情节严重的，暂停其境外期货交易。对单位直接负责的主管人员和其他直接责任人员给予警告，并处1万元以上10万元以下的罚款。

第七十五条 非法设立期货交易场所或者以其他形式组织期货交易活动的，由所在地县级以上地方人民政府予以取缔，没收违法所得，并处违法所得1倍以上5倍以下的罚款；没有违法所得或者违法所得不满20万元的，处20万元以上100万元以下的罚款。对单位直接负责的主管人员和其他直接责任人员给予警告，并处1万元以上10万元以下的罚款。

非法设立期货公司及其他期货经营机构，或

者擅自从事期货业务的，予以取缔，没收违法所得，并处违法所得1倍以上5倍以下的罚款；没有违法所得或者违法所得不满20万元的，处20万元以上100万元以下的罚款。对单位直接负责的主管人员和其他直接责任人员给予警告，并处1万元以上10万元以下的罚款。

第七十六条 期货公司的交易软件、结算软件供应商拒不配合国务院期货监督管理机构调查，或者未按照规定向国务院期货监督管理机构提供相关软件资料，或者提供的软件资料有虚假、重大遗漏的，责令改正，处3万元以上10万元以下的罚款。对直接负责的主管人员和其他直接责任人员给予警告，并处1万元以上5万元以下的罚款。

第七十七条 会计师事务所、律师事务所、资产评估机构等中介服务机构未勤勉尽责，所出具的文件有虚假记载、误导性陈述或者重大遗漏的，责令改正，没收业务收入，暂停或者撤销相关业务许可，并处业务收入1倍以上5倍以下的罚款。对直接负责的主管人员和其他直接责任人员给予警告，并处3万元以上10万元以下的罚款。

第七十八条 任何单位或者个人违反本条例规定，情节严重的，由国务院期货监督管理机构宣布该个人、该单位或者该单位的直接责任人员为期货市场禁止进入者。

第七十九条 国务院期货监督管理机构、期货交易所、期货保证金安全存管监控机构和期货保证金存管银行等相关单位的工作人员，泄露知悉的国家秘密或者会员、客户商业秘密，或者徇私舞弊、玩忽职守、滥用职权、收受贿赂的，依法给予行政处分或者纪律处分。

第八十条 违反本条例规定，构成犯罪的，依法追究刑事责任。

第八十一条 对本条例规定的违法行为的行政处罚，除本条例已有规定的外，由国务院期货监督管理机构决定；涉及其他有关部门法定职权的，国务院期货监督管理机构应当会同其他有关部门处理；属于其他有关部门法定职权的，国务院期货监督管理机构应当移交其他有关部门处理。

第八章 附 则

第八十二条 本条例下列用语的含义：

（一）商品期货合约，是指以农产品、工业品、能源和其他商品及其相关指数产品为标的物的期货合约。

（二）金融期货合约，是指以有价证券、利率、汇率等金融产品及其相关指数产品为标的物的期货合约。

（三）保证金，是指期货交易者按照规定交纳的资金或者提交的价值稳定、流动性强的标准仓单、国债等有价证券，用于结算和保证履约。

（四）结算，是指根据期货交易所公布的结算价格对交易双方的交易结果进行的资金清算和划转。

（五）交割，是指合约到期时，按照期货交易所的规则和程序，交易双方通过该合约所载标的物所有权的转移，或者按照规定结算价格进行现金差价结算，了结到期未平仓合约的过程。

（六）平仓，是指期货交易者买入或者卖出与其所持合约的品种、数量和交割月份相同但交易方向相反的合约，了结期货交易的行为。

（七）持仓量，是指期货交易者所持有的未平仓合约的数量。

（八）持仓限额，是指期货交易所对期货交易者的持仓量规定的最高数额。

（九）标准仓单，是指交割仓库开具并经期货交易所认定的标准化提货凭证。

（十）涨跌停板，是指合约在1个交易日中的交易价格不得高于或者低于规定的涨跌幅度，超出该涨跌幅度的报价将被视为无效，不能成交。

（十一）内幕信息，是指可能对期货交易价格产生重大影响的尚未公开的信息，包括：国务院期货监督管理机构以及其他相关部门制定的对期货交易价格可能发生重大影响的政策，期货交易所作出的可能对期货交易价格发生重大影响的决定，期货交易所会员、客户的资金和交易动向以及国务院期货监督管理机构认定的对期货交易价格有显著影响的其他重要信息。

（十二）内幕信息的知情人员，是指由于其管理地位、监督地位或者职业地位，或者作为雇员、专业顾问履行职务，能够接触或者获得内幕信息的人员,包括:期货交易所的管理人员以及其他由于任职可获取内幕信息的从业人员,国务院期货监督管理机构和其他有关部门的工作人员以及国务院期货监督管理机构规定的其他人员。

第八十三条 国务院期货监督管理机构可以批准设立期货专门结算机构,专门履行期货交易所的结算以及相关职责,并承担相应法律责任。

第八十四条 境外机构在境内设立、收购或者参股期货经营机构,以及境外期货经营机构在境内设立分支机构(含代表处)的管理办法,由国务院期货监督管理机构会同国务院商务主管部门、外汇管理部门等有关部门制订,报国务院批准后施行。

第八十五条 在期货交易所之外的国务院期货监督管理机构批准的交易场所进行的期货交易,依照本条例的有关规定执行。

第八十六条 不属于期货交易的商品或者金融产品的其他交易活动,由国家有关部门监督管理,不适用本条例。

第八十七条 本条例自2007年4月15日起施行。1999年6月2日国务院发布的《期货交易管理暂行条例》同时废止。

国务院关于废止和修改部分行政法规的决定(节录)

(2013年5月31日国务院第10次常务会议通过 2013年7月18日中华人民共和国国务院令第638号公布 自公布之日起施行)

为了依法推进行政审批制度改革和政府职能转变,进一步激发市场、社会的创造活力,发挥好地方政府贴近基层的优势,促进和保障政府管理由事前审批更多地转为事中事后监管,国务院对有关的行政法规进行了清理。经过清理,现决定:

……

十五、删去《期货交易管理条例》第四十三条第一款。

……

国务院关于修改部分行政法规的决定(节录)

(2016年1月13日国务院第119次常务会议通过 2016年2月6日中华人民共和国国务院令第666号公布 自公布之日起施行)

为了依法推进简政放权、放管结合、优化服务改革,国务院对取消和调整行政审批项目、价格改革和实施普遍性降费措施涉及的行政法规进行了清理。经过清理,国务院决定:对66部行政法规的部分条款予以修改。

……

五十二、删去《期货交易管理条例》第十三条第一款第三项、第四项和第五项。

第十五条第一款中的“经国务院期货监督管理机构批准,并在公司登记机关登记注册”修改为“在公司登记机关登记注册,并经国务院期货监督管理机构批准”。

第十六条第一款第二项中的“任职资格”修改为“任职条件”。

删去第十九条第一款第五项。第二款中的“第六项”修改为“第五项”。

删去第二十条。

第五十四条改为第五十三条,修改为:“国务院期货监督管理机构对期货交易所和期货保证金安全存管监控机构的董事、监事、高级管理人员,实行资格管理制度。”

第五十六条改为第五十五条,删去第二款第二项中的“或者分支机构”。

第六十七条改为第六十六条,删去第一款第三项中的“第二十条”和第二款中的“任职资格”。

第六十八条改为第六十七条,删去第二款中的“任职资格”。

……

本决定自公布之日起施行。

期货交易管理条例①

（2007年3月6日中华人民共和国国务院令第489号公布　根据2012年10月24日《国务院关于修改〈期货交易管理条例〉的决定》第一次修订　根据2013年7月18日《国务院关于废止和修改部分行政法规的决定》第二次修订　根据2016年2月6日《国务院关于修改部分行政法规的决定》第三次修订）

第一章　总　　则

第一条　为了规范期货交易行为，加强对期货交易的监督管理，维护期货市场秩序，防范风险，保护期货交易各方的合法权益和社会公共利益，促进期货市场积极稳妥发展，制定本条例。

第二条　任何单位和个人从事期货交易及其相关活动，应当遵守本条例。

本条例所称期货交易，是指采用公开的集中交易方式或者国务院期货监督管理机构批准的其他方式进行的以期货合约或者期权合约为交易标的的交易活动。

本条例所称期货合约，是指期货交易场所统一制定的、规定在将来某一特定的时间和地点交割一定数量标的物的标准化合约。期货合约包括商品期货合约和金融期货合约及其他期货合约。

本条例所称期权合约，是指期货交易场所统一制定的、规定买方有权在将来某一时间以特定价格买入或者卖出约定标的物（包括期货合约）的标准化合约。

第三条　从事期货交易活动，应当遵循公开、公平、公正和诚实信用的原则。禁止欺诈、内幕交易和操纵期货交易价格等违法行为。

第四条　期货交易应当在依照本条例第六条第一款规定设立的期货交易所、国务院批准的或者国务院期货监督管理机构批准的其他期货交易场所进行。

禁止在前款规定的期货交易场所之外进行期货交易。

第五条　国务院期货监督管理机构对期货市场实行集中统一的监督管理。

国务院期货监督管理机构派出机构依照本条例的有关规定和国务院期货监督管理机构的授权，履行监督管理职责。

第二章　期货交易所

第六条　设立期货交易所，由国务院期货监督管理机构审批。

未经国务院批准或者国务院期货监督管理机构批准，任何单位或者个人不得设立期货交易场所或者以任何形式组织期货交易及其相关活动。

第七条　期货交易所不以营利为目的，按照其章程的规定实行自律管理。期货交易所以其全部财产承担民事责任。期货交易所的负责人由国务院期货监督管理机构任免。

期货交易所的管理办法由国务院期货监督管理机构制定。

第八条　期货交易所会员应当是在中华人民共和国境内登记注册的企业法人或者其他经济组织。

期货交易所可以实行会员分级结算制度。实行会员分级结算制度的期货交易所会员由结算会员和非结算会员组成。

第九条　有《中华人民共和国公司法》第一百四十七条规定的情形或者下列情形之一的，不得担任期货交易所的负责人、财务会计人员：

（一）因违法行为或者违纪行为被解除职务的期货交易所、证券交易所、证券登记结算机构的负责人，或者期货公司、证券公司的董事、监事、高级管理人员，以及国务院期货监督管理机构规定的其他人员，自被解除职务之日起未逾5年；

（二）因违法行为或者违纪行为被撤销资格的律师、注册会计师或者投资咨询机构、财务顾问机构、资信评级机构、资产评估机构、验证机构的专业人员，自被撤销资格之日起未逾5年。

第十条　期货交易所应当依照本条例和国务院期货监督管理机构的规定，建立、健全各项规章制度，加强对交易活动的风险控制和对会员

---

① 编者注：已被修改。

以及交易所工作人员的监督管理。期货交易所履行下列职责：

（一）提供交易的场所、设施和服务；

（二）设计合约，安排合约上市；

（三）组织并监督交易、结算和交割；

（四）为期货交易提供集中履约担保；

（五）按照章程和交易规则对会员进行监督管理；

（六）国务院期货监督管理机构规定的其他职责。

期货交易所不得直接或者间接参与期货交易。未经国务院期货监督管理机构审核并报国务院批准，期货交易所不得从事信托投资、股票投资、非自用不动产投资等与其职责无关的业务。

第十一条 期货交易所应当按照国家有关规定建立、健全下列风险管理制度：

（一）保证金制度；

（二）当日无负债结算制度；

（三）涨跌停板制度；

（四）持仓限额和大户持仓报告制度；

（五）风险准备金制度；

（六）国务院期货监督管理机构规定的其他风险管理制度。

实行会员分级结算制度的期货交易所，还应当建立、健全结算担保金制度。

第十二条 当期货市场出现异常情况时，期货交易所可以按照其章程规定的权限和程序，决定采取下列紧急措施，并应当立即报告国务院期货监督管理机构：

（一）提高保证金；

（二）调整涨跌停板幅度；

（三）限制会员或者客户的最大持仓量；

（四）暂时停止交易；

（五）采取其他紧急措施。

前款所称异常情况，是指在交易中发生操纵期货交易价格的行为或者发生不可抗拒的突发事件以及国务院期货监督管理机构规定的其他情形。

异常情况消失后，期货交易所应当及时取消紧急措施。

第十三条 期货交易所办理下列事项，应当经国务院期货监督管理机构批准：

（一）制定或者修改章程、交易规则；

（二）上市、中止、取消或者恢复交易品种；

（三）国务院期货监督管理机构规定的其他事项。

国务院期货监督管理机构批准期货交易所上市新的交易品种，应当征求国务院有关部门的意见。

第十四条 期货交易所的所得收益按照国家有关规定管理和使用，但应当首先用于保证期货交易场所、设施的运行和改善。

第三章 期货公司

第十五条 期货公司是依照《中华人民共和国公司法》和本条例规定设立的经营期货业务的金融机构。设立期货公司，应当在公司登记机关登记注册，并经国务院期货监督管理机构批准。

未经国务院期货监督管理机构批准，任何单位或者个人不得设立或者变相设立期货公司，经营期货业务。

第十六条 申请设立期货公司，应当符合《中华人民共和国公司法》的规定，并具备下列条件：

（一）注册资本最低限额为人民币 3000 万元；

（二）董事、监事、高级管理人员具备任职条件，从业人员具有期货从业资格；

（三）有符合法律、行政法规规定的公司章程；

（四）主要股东以及实际控制人具有持续盈利能力，信誉良好，最近 3 年无重大违法违规记录；

（五）有合格的经营场所和业务设施；

（六）有健全的风险管理和内部控制制度；

（七）国务院期货监督管理机构规定的其他条件。

国务院期货监督管理机构根据审慎监管原则和各项业务的风险程度，可以提高注册资本最低限额。注册资本应当是实缴资本。股东应当以货币或者期货公司经营必需的非货币财产出资，货币出资比例不得低于 85%。

国务院期货监督管理机构应当在受理期货

公司设立申请之日起6个月内,根据审慎监管原则进行审查,作出批准或者不批准的决定。

未经国务院期货监督管理机构批准,任何单位和个人不得委托或者接受他人委托持有或者管理期货公司的股权。

第十七条　期货公司业务实行许可制度,由国务院期货监督管理机构按照其商品期货、金融期货业务种类颁发许可证。期货公司除申请经营境内期货经纪业务外,还可以申请经营境外期货经纪、期货投资咨询以及国务院期货监督管理机构规定的其他期货业务。

期货公司不得从事与期货业务无关的活动,法律、行政法规或者国务院期货监督管理机构另有规定的除外。

期货公司不得从事或者变相从事期货自营业务。

期货公司不得为其股东、实际控制人或者其他关联人提供融资,不得对外担保。

第十八条　期货公司从事经纪业务,接受客户委托,以自己的名义为客户进行期货交易,交易结果由客户承担。

第十九条　期货公司办理下列事项,应当经国务院期货监督管理机构批准:

(一)合并、分立、停业、解散或者破产;

(二)变更业务范围;

(三)变更注册资本且调整股权结构;

(四)新增持有5%以上股权的股东或者控股股东发生变化;

(五)国务院期货监督管理机构规定的其他事项。

前款第三项、第五项所列事项,国务院期货监督管理机构应当自受理申请之日起20日内作出批准或者不批准的决定;前款所列其他事项,国务院期货监督管理机构应当自受理申请之日起2个月内作出批准或者不批准的决定。

第二十条　期货公司或者其分支机构有《中华人民共和国行政许可法》第七十条规定的情形或者下列情形之一的,国务院期货监督管理机构应当依法办理期货业务许可证注销手续:

(一)营业执照被公司登记机关依法注销;

(二)成立后无正当理由超过3个月未开始营业,或者开业后无正当理由停业连续3个月以上;

(三)主动提出注销申请;

(四)国务院期货监督管理机构规定的其他情形。

期货公司在注销期货业务许可证前,应当结清相关期货业务,并依法返还客户的保证金和其他资产。期货公司分支机构在注销经营许可证前,应当终止经营活动,妥善处理客户资产。

第二十一条　期货公司应当建立、健全并严格执行业务管理规则、风险管理制度,遵守信息披露制度,保障客户保证金的存管安全,按照期货交易所的规定,向期货交易所报告大户名单、交易情况。

第二十二条　从事期货投资咨询业务的其他期货经营机构应当取得国务院期货监督管理机构批准的业务资格,具体管理办法由国务院期货监督管理机构制定。

第四章　期货交易基本规则

第二十三条　在期货交易所进行期货交易的,应当是期货交易所会员。

符合规定条件的境外机构,可以在期货交易所从事特定品种的期货交易。具体办法由国务院期货监督管理机构制定。

第二十四条　期货公司接受客户委托为其进行期货交易,应当事先向客户出示风险说明书,经客户签字确认后,与客户签订书面合同。期货公司不得未经客户委托或者不按照客户委托内容,擅自进行期货交易。

期货公司不得向客户作获利保证;不得在经纪业务中与客户约定分享利益或者共担风险。

第二十五条　下列单位和个人不得从事期货交易,期货公司不得接受其委托为其进行期货交易:

(一)国家机关和事业单位;

(二)国务院期货监督管理机构、期货交易所、期货保证金安全存管监控机构和期货业协会的工作人员;

(三)证券、期货市场禁止进入者;

(四)未能提供开户证明材料的单位和个人;

(五)国务院期货监督管理机构规定不得从事期货交易的其他单位和个人。

第二十六条 客户可以通过书面、电话、互联网或者国务院期货监督管理机构规定的其他方式,向期货公司下达交易指令。客户的交易指令应当明确、全面。

期货公司不得隐瞒重要事项或者使用其他不正当手段诱骗客户发出交易指令。

第二十七条 期货交易所应当及时公布上市品种合约的成交量、成交价、持仓量、最高价与最低价、开盘价与收盘价和其他应当公布的即时行情,并保证即时行情的真实、准确。期货交易所不得发布价格预测信息。

未经期货交易所许可,任何单位和个人不得发布期货交易即时行情。

第二十八条 期货交易应当严格执行保证金制度。期货交易所向会员、期货公司向客户收取的保证金,不得低于国务院期货监督管理机构、期货交易所规定的标准,并应当与自有资金分开,专户存放。

期货交易所向会员收取的保证金,属于会员所有,除用于会员的交易结算外,严禁挪作他用。

期货公司向客户收取的保证金,属于客户所有,除下列可划转的情形外,严禁挪作他用:

(一)依据客户的要求支付可用资金;

(二)为客户交存保证金,支付手续费、税款;

(三)国务院期货监督管理机构规定的其他情形。

第二十九条 期货公司应当为每一个客户单独开立专门账户、设置交易编码,不得混码交易。

第三十条 期货公司经营期货经纪业务又同时经营其他期货业务的,应当严格执行业务分离和资金分离制度,不得混合操作。

第三十一条 期货交易所、期货公司、非期货公司结算会员应当按照国务院期货监督管理机构、财政部门的规定提取、管理和使用风险准备金,不得挪用。

第三十二条 期货交易的收费项目、收费标准和管理办法由国务院有关主管部门统一制定并公布。

第三十三条 期货交易的结算,由期货交易所统一组织进行。

期货交易所实行当日无负债结算制度。期货交易所应当在当日及时将结算结果通知会员。

期货公司根据期货交易所的结算结果对客户进行结算,并应当将结算结果按照与客户约定的方式及时通知客户。客户应当及时查询并妥善处理自己的交易持仓。

第三十四条 期货交易所会员的保证金不足时,应当及时追加保证金或者自行平仓。会员未在期货交易所规定的时间内追加保证金或者自行平仓的,期货交易所应当将该会员的合约强行平仓,强行平仓的有关费用和发生的损失由该会员承担。

客户保证金不足时,应当及时追加保证金或者自行平仓。客户未在期货公司规定的时间内及时追加保证金或者自行平仓的,期货公司应当将该客户的合约强行平仓,强行平仓的有关费用和发生的损失由该客户承担。

第三十五条 期货交易的交割,由期货交易所统一组织进行。

交割仓库由期货交易所指定。期货交易所不得限制实物交割总量,并应当与交割仓库签订协议,明确双方的权利和义务。交割仓库不得有下列行为:

(一)出具虚假仓单;

(二)违反期货交易所业务规则,限制交割商品的入库、出库;

(三)泄露与期货交易有关的商业秘密;

(四)违反国家有关规定参与期货交易;

(五)国务院期货监督管理机构规定的其他行为。

第三十六条 会员在期货交易中违约的,期货交易所先以该会员的保证金承担违约责任;保证金不足的,期货交易所应当以风险准备金和自有资金代为承担违约责任,并由此取得对该会员的相应追偿权。

客户在期货交易中违约的,期货公司先以该客户的保证金承担违约责任;保证金不足的,期货公司应当以风险准备金和自有资金代为承担违约责任,并由此取得对该客户的相应追偿权。

第三十七条 实行会员分级结算制度的期货交易所,应当向结算会员收取结算担保金。期货交易所只对结算会员结算,收取和追收保证金,以结算担保金、风险准备金、自有资金代为承担违约责任,以及采取其他相关措施;对非结算会员的结算、收取和追收保证金、代为承担违约责任,以及采取其他相关措施,由结算会员执行。

第三十八条　期货交易所、期货公司和非期货公司结算会员应当保证期货交易、结算、交割资料的完整和安全。

第三十九条　任何单位或者个人不得编造、传播有关期货交易的虚假信息,不得恶意串通、联手买卖或者以其他方式操纵期货交易价格。

第四十条　任何单位或者个人不得违规使用信贷资金、财政资金进行期货交易。

银行业金融机构从事期货交易融资或者担保业务的资格,由国务院银行业监督管理机构批准。

第四十一条　国有以及国有控股企业进行境内外期货交易,应当遵循套期保值的原则,严格遵守国务院国有资产监督管理机构以及其他有关部门关于企业以国有资产进入期货市场的有关规定。

第四十二条　境外期货项下购汇、结汇以及外汇收支,应当符合国家外汇管理有关规定。

境内单位或者个人从事境外期货交易的办法,由国务院期货监督管理机构会同国务院商务主管部门、国有资产监督管理机构、银行业监督管理机构、外汇管理部门等有关部门制订,报国务院批准后施行。

第五章　期货业协会

第四十三条　期货业协会是期货业的自律性组织,是社会团体法人。

期货公司以及其他专门从事期货经营的机构应当加入期货业协会,并缴纳会员费。

第四十四条　期货业协会的权力机构为全体会员组成的会员大会。

期货业协会的章程由会员大会制定,并报国务院期货监督管理机构备案。

期货业协会设理事会。理事会成员按照章程的规定选举产生。

第四十五条　期货业协会履行下列职责:

(一)教育和组织会员遵守期货法律法规和政策;

(二)制定会员应当遵守的行业自律性规则,监督、检查会员行为,对违反协会章程和自律性规则的,按照规定给予纪律处分;

(三)负责期货从业人员资格的认定、管理以及撤销工作;

(四)受理客户与期货业务有关的投诉,对会员之间、会员与客户之间发生的纠纷进行调解;

(五)依法维护会员的合法权益,向国务院期货监督管理机构反映会员的建议和要求;

(六)组织期货从业人员的业务培训,开展会员间的业务交流;

(七)组织会员就期货业的发展、运作以及有关内容进行研究;

(八)期货业协会章程规定的其他职责。

期货业协会的业务活动应当接受国务院期货监督管理机构的指导和监督。

第六章　监督管理

第四十六条　国务院期货监督管理机构对期货市场实施监督管理,依法履行下列职责:

(一)制定有关期货市场监督管理的规章、规则,并依法行使审批权;

(二)对品种的上市、交易、结算、交割等期货交易及其相关活动,进行监督管理;

(三)对期货交易所、期货公司及其他期货经营机构、非期货公司结算会员、期货保证金安全存管监控机构、期货保证金存管银行、交割仓库等市场相关参与者的期货业务活动,进行监督管理;

(四)制定期货从业人员的资格标准和管理办法,并监督实施;

(五)监督检查期货交易的信息公开情况;

(六)对期货业协会的活动进行指导和监督;

(七)对违反期货市场监督管理法律、行政法规的行为进行查处;

(八)开展与期货市场监督管理有关的国际交流、合作活动;

(九)法律、行政法规规定的其他职责。

第四十七条　国务院期货监督管理机构依法履行职责,可以采取下列措施:

(一)对期货交易所、期货公司及其他期货经营机构、非期货公司结算会员、期货保证金安全存管监控机构和交割仓库进行现场检查;

（二）进入涉嫌违法行为发生场所调查取证；

（三）询问当事人和与被调查事件有关的单位和个人，要求其对与被调查事件有关的事项作出说明；

（四）查阅、复制与被调查事件有关的财产权登记等资料；

（五）查阅、复制当事人和与被调查事件有关的单位和个人的期货交易记录、财务会计资料以及其他相关文件和资料；对可能被转移、隐匿或者毁损的文件和资料，可以予以封存；

（六）查询与被调查事件有关的单位的保证金账户和银行账户；

（七）在调查操纵期货交易价格、内幕交易等重大期货违法行为时，经国务院期货监督管理机构主要负责人批准，可以限制被调查事件当事人的期货交易，但限制的时间不得超过15个交易日；案情复杂的，可以延长至30个交易日；

（八）法律、行政法规规定的其他措施。

第四十八条 期货交易所、期货公司及其他期货经营机构、期货保证金安全存管监控机构，应当向国务院期货监督管理机构报送财务会计报告、业务资料和其他有关资料。

对期货公司及其他期货经营机构报送的年度报告，国务院期货监督管理机构应当指定专人进行审核，并制作审核报告。审核人员应当在审核报告上签字。审核中发现问题的，国务院期货监督管理机构应当及时采取相应措施。

必要时，国务院期货监督管理机构可以要求非期货公司结算会员、交割仓库，以及期货公司股东、实际控制人或者其他关联人报送相关资料。

第四十九条 国务院期货监督管理机构依法履行职责，进行监督检查或者调查时，被检查、调查的单位和个人应当配合，如实提供有关文件和资料，不得拒绝、阻碍和隐瞒；其他有关部门和单位应当给予支持和配合。

第五十条 国家根据期货市场发展的需要，设立期货投资者保障基金。

期货投资者保障基金的筹集、管理和使用的具体办法，由国务院期货监督管理机构会同国务院财政部门制定。

第五十一条 国务院期货监督管理机构应当建立、健全保证金安全存管监控制度，设立期货保证金安全存管监控机构。

客户和期货交易所、期货公司及其他期货经营机构、非期货公司结算会员以及期货保证金存管银行，应当遵守国务院期货监督管理机构有关保证金安全存管监控的规定。

第五十二条 期货保证金安全存管监控机构依照有关规定对保证金安全实施监控，进行每日稽核，发现问题应当立即报告国务院期货监督管理机构。国务院期货监督管理机构应当根据不同情况，依照本条例有关规定及时处理。

第五十三条 国务院期货监督管理机构对期货交易所和期货保证金安全存管监控机构的董事、监事、高级管理人员，实行资格管理制度。

第五十四条 国务院期货监督管理机构应当制定期货公司持续性经营规则，对期货公司的净资本与净资产的比例，净资本与境内期货经纪、境外期货经纪等业务规模的比例，流动资产与流动负债的比例等风险监管指标作出规定；对期货公司及其分支机构的经营条件、风险管理、内部控制、保证金存管、关联交易等方面提出要求。

第五十五条 期货公司及其分支机构不符合持续性经营规则或者出现经营风险的，国务院期货监督管理机构可以对期货公司及其董事、监事和高级管理人员采取谈话、提示、记入信用记录等监管措施或者责令期货公司限期整改，并对其整改情况进行检查验收。

期货公司逾期未改正，其行为严重危及期货公司的稳健运行、损害客户合法权益，或者涉嫌严重违法违规正在被国务院期货监督管理机构调查的，国务院期货监督管理机构可以区别情形，对其采取下列措施：

（一）限制或者暂停部分期货业务；

（二）停止批准新增业务；

（三）限制分配红利，限制向董事、监事、高级管理人员支付报酬、提供福利；

（四）限制转让财产或者在财产上设定其他权利；

（五）责令更换董事、监事、高级管理人员或者有关业务部门、分支机构的负责人员，或者限制其权利；

（六）限制期货公司自有资金或者风险准备金的调拨和使用；

（七）责令控股股东转让股权或者限制有关股东行使股东权利。

对经过整改符合有关法律、行政法规规定以及持续性经营规则要求的期货公司，国务院期货监督管理机构应当自验收完毕之日起3日内解除对其采取的有关措施。

对经过整改仍未达到持续性经营规则要求，严重影响正常经营的期货公司，国务院期货监督管理机构有权撤销其部分或者全部期货业务许可、关闭其分支机构。

第五十六条　期货公司违法经营或者出现重大风险，严重危害期货市场秩序、损害客户利益的，国务院期货监督管理机构可以对该期货公司采取责令停业整顿、指定其他机构托管或者接管等监管措施。经国务院期货监督管理机构批准，可以对该期货公司直接负责的董事、监事、高级管理人员和其他直接责任人员采取以下措施：

（一）通知出境管理机关依法阻止其出境；

（二）申请司法机关禁止其转移、转让或者以其他方式处分财产，或者在财产上设定其他权利。

第五十七条　期货公司的股东有虚假出资或者抽逃出资行为的，国务院期货监督管理机构应当责令其限期改正，并可责令其转让所持期货公司的股权。

在股东按照前款要求改正违法行为、转让所持期货公司的股权前，国务院期货监督管理机构可以限制其股东权利。

第五十八条　当期货市场出现异常情况时，国务院期货监督管理机构可以采取必要的风险处置措施。

第五十九条　期货公司的交易软件、结算软件，应当满足期货公司审慎经营和风险管理以及国务院期货监督管理机构有关保证金安全存管监控规定的要求。期货公司的交易软件、结算软件不符合要求的，国务院期货监督管理机构有权要求期货公司予以改进或者更换。

国务院期货监督管理机构可以要求期货公司的交易软件、结算软件的供应商提供该软件的相关资料，供应商应当予以配合。国务院期货监督管理机构对供应商提供的相关资料负有保密义务。

第六十条　期货公司涉及重大诉讼、仲裁，或者股权被冻结或者用于担保，以及发生其他重大事件时，期货公司及其相关股东、实际控制人应当自该事件发生之日起5日内向国务院期货监督管理机构提交书面报告。

第六十一条　会计师事务所、律师事务所、资产评估机构等中介服务机构向期货交易所和期货公司等市场相关参与者提供相关服务时，应当遵守期货法律、行政法规以及国家有关规定，并按照国务院期货监督管理机构的要求提供相关资料。

第六十二条　国务院期货监督管理机构应当与有关部门建立监督管理的信息共享和协调配合机制。

国务院期货监督管理机构可以和其他国家或者地区的期货监督管理机构建立监督管理合作机制，实施跨境监督管理。

第六十三条　国务院期货监督管理机构、期货交易所、期货保证金安全存管监控机构和期货保证金存管银行等相关单位的工作人员，应当忠于职守，依法办事，公正廉洁，保守国家秘密和有关当事人的商业秘密，不得利用职务便利牟取不正当的利益。

第七章　法律责任

第六十四条　期货交易所、非期货公司结算会员有下列行为之一的，责令改正，给予警告，没收违法所得：

（一）违反规定接纳会员的；

（二）违反规定收取手续费的；

（三）违反规定使用、分配收益的；

（四）不按照规定公布即时行情的，或者发布价格预测信息的；

（五）不按照规定向国务院期货监督管理机构履行报告义务的；

（六）不按照规定向国务院期货监督管理机构报送有关文件、资料的；

（七）不按照规定建立、健全结算担保金制度的；

（八）不按照规定提取、管理和使用风险准备金的；

（九）违反国务院期货监督管理机构有关保证金安全存管监控规定的；

（十）限制会员实物交割总量的；

（十一）任用不具备资格的期货从业人员的；

（十二）违反国务院期货监督管理机构规定的其他行为。

有前款所列行为之一的，对直接负责的主管人员和其他直接责任人员给予纪律处分，处1万元以上10万元以下的罚款。

有本条第一款第二项所列行为的，应当责令退还多收取的手续费。

期货保证金安全存管监控机构有本条第一款第五项、第六项、第九项、第十一项、第十二项所列行为的，依照本条第一款、第二款的规定处罚、处分。期货保证金存管银行有本条第一款第九项、第十二项所列行为的，依照本条第一款、第二款的规定处罚、处分。

第六十五条　期货交易所有下列行为之一的，责令改正，给予警告，没收违法所得，并处违法所得1倍以上5倍以下的罚款；没有违法所得或者违法所得不满10万元的，并处10万元以上50万元以下的罚款；情节严重的，责令停业整顿：

（一）未经批准，擅自办理本条例第十三条所列事项的；

（二）允许会员在保证金不足的情况下进行期货交易的；

（三）直接或者间接参与期货交易，或者违反规定从事与其职责无关的业务的；

（四）违反规定收取保证金，或者挪用保证金的；

（五）伪造、涂改或者不按照规定保存期货交易、结算、交割资料的；

（六）未建立或者未执行当日无负债结算、涨跌停板、持仓限额和大户持仓报告制度的；

（七）拒绝或者妨碍国务院期货监督管理机构监督检查的；

（八）违反国务院期货监督管理机构规定的其他行为。

有前款所列行为之一的，对直接负责的主管人员和其他直接责任人员给予纪律处分，处1万元以上10万元以下的罚款。

非期货公司结算会员有本条第一款第二项、第四项至第八项所列行为之一的，依照本条第一款、第二款的规定处罚、处分。

期货保证金安全存管监控机构有本条第一款第三项、第七项、第八项所列行为的，依照本条第一款、第二款的规定处罚、处分。

第六十六条　期货公司有下列行为之一的，责令改正，给予警告，没收违法所得，并处违法所得1倍以上3倍以下的罚款；没有违法所得或者违法所得不满10万元的，并处10万元以上30万元以下的罚款；情节严重的，责令停业整顿或者吊销期货业务许可证：

（一）接受不符合规定条件的单位或者个人委托的；

（二）允许客户在保证金不足的情况下进行期货交易的；

（三）未经批准，擅自办理本条例第十九条所列事项的；

（四）违反规定从事与期货业务无关的活动的；

（五）从事或者变相从事期货自营业务的；

（六）为其股东、实际控制人或者其他关联人提供融资，或者对外担保的；

（七）违反国务院期货监督管理机构有关保证金安全存管监控规定的；

（八）不按照规定向国务院期货监督管理机构履行报告义务或者报送有关文件、资料的；

（九）交易软件、结算软件不符合期货公司审慎经营和风险管理以及国务院期货监督管理机构有关保证金安全存管监控规定的要求的；

（十）不按照规定提取、管理和使用风险准备金的；

（十一）伪造、涂改或者不按照规定保存期货交易、结算、交割资料的；

（十二）任用不具备资格的期货从业人员的；

（十三）伪造、变造、出租、出借、买卖期货业务许可证或者经营许可证的；

（十四）进行混码交易的；

（十五）拒绝或者妨碍国务院期货监督管理机构监督检查的；

（十六）违反国务院期货监督管理机构规定的其他行为。

期货公司有前款所列行为之一的，对直接负责的主管人员和其他直接责任人员给予警告，并处1万元以上5万元以下的罚款；情节严重的，暂停或者撤销期货从业人员资格。

期货公司之外的其他期货经营机构有本条第一款第八项、第十二项、第十三项、第十五项、第十六项所列行为的，依照本条第一款、第二款的规定处罚。

期货公司的股东、实际控制人或者其他关联人未经批准擅自委托他人或者接受他人委托持有或者管理期货公司股权的，拒不配合国务院期货监督管理机构的检查，拒不按照规定履行报告义务、提供有关信息和资料，或者报送、提供的信息和资料有虚假记载、误导性陈述或者重大遗漏的，依照本条第一款、第二款的规定处罚。

第六十七条 期货公司有下列欺诈客户行为之一的，责令改正，给予警告，没收违法所得，并处违法所得1倍以上5倍以下的罚款；没有违法所得或者违法所得不满10万元的，并处10万元以上50万元以下的罚款；情节严重的，责令停业整顿或者吊销期货业务许可证：

（一）向客户作获利保证或者不按照规定向客户出示风险说明书的；

（二）在经纪业务中与客户约定分享利益、共担风险的；

（三）不按照规定接受客户委托或者不按照客户委托内容擅自进行期货交易的；

（四）隐瞒重要事项或者使用其他不正当手段，诱骗客户发出交易指令的；

（五）向客户提供虚假成交回报的；

（六）未将客户交易指令下达到期货交易所的；

（七）挪用客户保证金的；

（八）不按照规定在期货保证金存管银行开立保证金账户，或者违规划转客户保证金的；

（九）国务院期货监督管理机构规定的其他欺诈客户的行为。

期货公司有前款所列行为之一的，对直接负责的主管人员和其他直接责任人员给予警告，并处1万元以上10万元以下的罚款；情节严重的，暂停或者撤销期货从业人员资格。

任何单位或者个人编造并且传播有关期货交易的虚假信息，扰乱期货交易市场的，依照本条第一款、第二款的规定处罚。

第六十八条 期货公司及其他期货经营机构、非期货公司结算会员、期货保证金存管银行提供虚假申请文件或者采取其他欺诈手段隐瞒重要事实骗取期货业务许可的，撤销其期货业务许可，没收违法所得。

第六十九条 期货交易内幕信息的知情人或者非法获取期货交易内幕信息的人，在对期货交易价格有重大影响的信息尚未公开前，利用内幕信息从事期货交易，或者向他人泄露内幕信息，使他人利用内幕信息进行期货交易的，没收违法所得，并处违法所得1倍以上5倍以下的罚款；没有违法所得或者违法所得不满10万元的，处10万元以上50万元以下的罚款。单位从事内幕交易的，还应当对直接负责的主管人员和其他直接责任人员给予警告，并处3万元以上30万元以下的罚款。

国务院期货监督管理机构、期货交易所和期货保证金安全存管监控机构的工作人员进行内幕交易的，从重处罚。

第七十条 任何单位或者个人有下列行为之一，操纵期货交易价格的，责令改正，没收违法所得，并处违法所得1倍以上5倍以下的罚款；没有违法所得或者违法所得不满20万元的，处20万元以上100万元以下的罚款：

（一）单独或者合谋，集中资金优势、持仓优势或者利用信息优势联合或者连续买卖合约，操纵期货交易价格的；

（二）蓄意串通，按事先约定的时间、价格和方式相互进行期货交易，影响期货交易价格或者期货交易量的；

（三）以自己为交易对象，自买自卖，影响期货交易价格或者期货交易量的；

（四）为影响期货市场行情囤积现货的；

（五）国务院期货监督管理机构规定的其他操纵期货交易价格的行为。

单位有前款所列行为之一的，对直接负责的主管人员和其他直接责任人员给予警告，并处1

万元以上10万元以下的罚款。

第七十一条 交割仓库有本条例第三十五条第二款所列行为之一的，责令改正，给予警告，没收违法所得，并处违法所得1倍以上5倍以下的罚款；没有违法所得或者违法所得不满10万元的，并处10万元以上50万元以下的罚款；情节严重的，责令期货交易所暂停或者取消其交割仓库资格。对直接负责的主管人员和其他直接责任人员给予警告，并处1万元以上10万元以下的罚款。

第七十二条 国有以及国有控股企业违反本条例和国务院国有资产监督管理机构以及其他有关部门关于企业以国有资产进入期货市场的有关规定进行期货交易，或者单位、个人违规使用信贷资金、财政资金进行期货交易的，给予警告，没收违法所得，并处违法所得1倍以上5倍以下的罚款；没有违法所得或者违法所得不满10万元的，并处10万元以上50万元以下的罚款。对直接负责的主管人员和其他直接责任人员给予降级直至开除的纪律处分。

第七十三条 境内单位或者个人违反规定从事境外期货交易的，责令改正，给予警告，没收违法所得，并处违法所得1倍以上5倍以下的罚款；没有违法所得或者违法所得不满20万元的，并处20万元以上100万元以下的罚款；情节严重的，暂停其境外期货交易。对单位直接负责的主管人员和其他直接责任人员给予警告，并处1万元以上10万元以下的罚款。

第七十四条 非法设立期货交易场所或者以其他形式组织期货交易活动的，由所在地县级以上地方人民政府予以取缔，没收违法所得，并处违法所得1倍以上5倍以下的罚款；没有违法所得或者违法所得不满20万元的，处20万元以上100万元以下的罚款。对单位直接负责的主管人员和其他直接责任人员给予警告，并处1万元以上10万元以下的罚款。

非法设立期货公司及其他期货经营机构，或者擅自从事期货业务的，予以取缔，没收违法所得，并处违法所得1倍以上5倍以下的罚款；没有违法所得或者违法所得不满20万元的，处20万元以上100万元以下的罚款。对单位直接负责的主管人员和其他直接责任人员给予警告，并处1万元以上10万元以下的罚款。

第七十五条 期货公司的交易软件、结算软件供应商拒不配合国务院期货监督管理机构调查，或者未按照规定向国务院期货监督管理机构提供相关软件资料，或者提供的软件资料有虚假、重大遗漏的，责令改正，处3万元以上10万元以下的罚款。对直接负责的主管人员和其他直接责任人员给予警告，并处1万元以上5万元以下的罚款。

第七十六条 会计师事务所、律师事务所、资产评估机构等中介服务机构未勤勉尽责，所出具的文件有虚假记载、误导性陈述或者重大遗漏的，责令改正，没收业务收入，暂停或者撤销相关业务许可，并处业务收入1倍以上5倍以下的罚款。对直接负责的主管人员和其他直接责任人员给予警告，并处3万元以上10万元以下的罚款。

第七十七条 任何单位或者个人违反本条例规定，情节严重的，由国务院期货监督管理机构宣布该个人、该单位或者该单位的直接责任人员为期货市场禁止进入者。

第七十八条 国务院期货监督管理机构、期货交易所、期货保证金安全存管监控机构和期货保证金存管银行等相关单位的工作人员，泄露知悉的国家秘密或者会员、客户商业秘密，或者徇私舞弊、玩忽职守、滥用职权、收受贿赂的，依法给予行政处分或者纪律处分。

第七十九条 违反本条例规定，构成犯罪的，依法追究刑事责任。

第八十条 对本条例规定的违法行为的行政处罚，除本条例已有规定的外，由国务院期货监督管理机构决定；涉及其他有关部门法定职权的，国务院期货监督管理机构应当会同其他有关部门处理；属于其他有关部门法定职权的，国务院期货监督管理机构应当移交其他有关部门处理。

第八章 附 则

第八十一条 本条例下列用语的含义：

（一）商品期货合约，是指以农产品、工业品、能源和其他商品及其相关指数产品为标的物的期货合约。

（二）金融期货合约，是指以有价证券、利率、汇率等金融产品及其相关指数产品为标的物的期货合约。

（三）保证金，是指期货交易者按照规定交纳的资金或者提交的价值稳定、流动性强的标准仓单、国债等有价证券，用于结算和保证履约。

（四）结算，是指根据期货交易所公布的结算价格对交易双方的交易结果进行的资金清算和划转。

（五）交割，是指合约到期时，按照期货交易所的规则和程序，交易双方通过该合约所载标的物所有权的转移，或者按照规定结算价格进行现金差价结算，了结到期未平仓合约的过程。

（六）平仓，是指期货交易者买入或者卖出与其所持合约的品种、数量和交割月份相同但交易方向相反的合约，了结期货交易的行为。

（七）持仓量，是指期货交易者所持有的未平仓合约的数量。

（八）持仓限额，是指期货交易所对期货交易者的持仓量规定的最高数额。

（九）标准仓单，是指交割仓库开具并经期货交易所认定的标准化提货凭证。

（十）涨跌停板，是指合约在1个交易日中的交易价格不得高于或者低于规定的涨跌幅度，超出该涨跌幅度的报价将被视为无效，不能成交。

（十一）内幕信息，是指可能对期货交易价格产生重大影响的尚未公开的信息，包括：国务院期货监督管理机构以及其他相关部门制定的对期货交易价格可能发生重大影响的政策，期货交易所作出的可能对期货交易价格发生重大影响的决定，期货交易所会员、客户的资金和交易动向以及国务院期货监督管理机构认定的对期货交易价格有显著影响的其他重要信息。

（十二）内幕信息的知情人员，是指由于其管理地位、监督地位或者职业地位，或者作为雇员、专业顾问履行职务，能够接触或者获得内幕信息的人员，包括：期货交易所的管理人员以及其他由于任职可获取内幕信息的从业人员，国务院期货监督管理机构和其他有关部门的工作人员以及国务院期货监督管理机构规定的其他人员。

第八十二条 国务院期货监督管理机构可以批准设立期货专门结算机构，专门履行期货交易所的结算以及相关职责，并承担相应法律责任。

第八十三条 境外机构在境内设立、收购或者参股期货经营机构，以及境外期货经营机构在境内设立分支机构（含代表处）的管理办法，由国务院期货监督管理机构会同国务院商务主管部门、外汇管理部门等有关部门制订，报国务院批准后施行。

第八十四条 在期货交易所之外的国务院期货监督管理机构批准的交易场所进行的期货交易，依照本条例的有关规定执行。

第八十五条 不属于期货交易的商品或者金融产品的其他交易活动，由国家有关部门监督管理，不适用本条例。

第八十六条 本条例自2007年4月15日起施行。1999年6月2日国务院发布的《期货交易管理暂行条例》同时废止。

国务院关于修改和废止部分行政法规的决定（节录）①

（2017年3月1日中华人民共和国国务院令第676号公布　自公布之日起施行）

为了依法推进简政放权、放管结合、优化服务改革，国务院对取消行政审批项目、中介服务事项、职业资格许可事项和企业投资项目核准前置审批改革涉及的行政法规，以及不利于稳增长、促改革、调结构、惠民生的行政法规，进行了清理。经过清理，国务院决定：

……

二十八、将《期货交易管理条例》第二十二条修改为："其他期货经营机构从事期货投资咨询业务，应当遵守国务院期货监督管理机构的规定。"

……

① 编者注：部分废止。

期货交易管理条例

（2007年3月6日中华人民共和国国务院令第489号公布 根据2012年10月24日《国务院关于修改〈期货交易管理条例〉的决定》第一次修订 根据2013年7月18日《国务院关于废止和修改部分行政法规的决定》第二次修订 根据2016年2月6日《国务院关于修改部分行政法规的决定》第三次修订 根据2017年3月1日《国务院关于修改和废止部分行政法规的决定》第四次修订）

第一章 总 则

第一条 为了规范期货交易行为，加强对期货交易的监督管理，维护期货市场秩序，防范风险，保护期货交易各方的合法权益和社会公共利益，促进期货市场积极稳妥发展，制定本条例。

第二条 任何单位和个人从事期货交易及其相关活动，应当遵守本条例。

本条例所称期货交易，是指采用公开的集中交易方式或者国务院期货监督管理机构批准的其他方式进行的以期货合约或者期权合约为交易标的的交易活动。

本条例所称期货合约，是指期货交易场所统一制定的、规定在将来某一特定的时间和地点交割一定数量标的物的标准化合约。期货合约包括商品期货合约和金融期货合约及其他期货合约。

本条例所称期权合约，是指期货交易场所统一制定的、规定买方有权在将来某一时间以特定价格买入或者卖出约定标的物（包括期货合约）的标准化合约。

第三条 从事期货交易活动，应当遵循公开、公平、公正和诚实信用的原则。禁止欺诈、内幕交易和操纵期货交易价格等违法行为。

第四条 期货交易应当在依照本条例第六条第一款规定设立的期货交易所、国务院批准的或者国务院期货监督管理机构批准的其他期货交易场所进行。

禁止在前款规定的期货交易场所之外进行期货交易。

第五条 国务院期货监督管理机构对期货市场实行集中统一的监督管理。

国务院期货监督管理机构派出机构依照本条例的有关规定和国务院期货监督管理机构的授权，履行监督管理职责。

第二章 期货交易所

第六条 设立期货交易所，由国务院期货监督管理机构审批。

未经国务院批准或者国务院期货监督管理机构批准，任何单位或者个人不得设立期货交易场所或者以任何形式组织期货交易及其相关活动。

第七条 期货交易所不以营利为目的，按照其章程的规定实行自律管理。期货交易所以其全部财产承担民事责任。期货交易所的负责人由国务院期货监督管理机构任免。

期货交易所的管理办法由国务院期货监督管理机构制定。

第八条 期货交易所会员应当是在中华人民共和国境内登记注册的企业法人或者其他经济组织。

期货交易所可以实行会员分级结算制度。实行会员分级结算制度的期货交易所会员由结算会员和非结算会员组成。

第九条 有《中华人民共和国公司法》第一百四十六条规定的情形或者下列情形之一的，不得担任期货交易所的负责人、财务会计人员：

（一）因违法行为或者违纪行为被解除职务的期货交易所、证券交易所、证券登记结算机构的负责人，或者期货公司、证券公司的董事、监事、高级管理人员，以及国务院期货监督管理机构规定的其他人员，自被解除职务之日起未逾5年；

（二）因违法行为或者违纪行为被撤销资格的律师、注册会计师或者投资咨询机构、财务顾问机构、资信评级机构、资产评估机构、验证机构的专业人员，自被撤销资格之日起未逾5年。

第十条 期货交易所应当依照本条例和国务院期货监督管理机构的规定，建立、健全各项规章制度，加强对交易活动的风险控制和对会员以及交易所工作人员的监督管理。期货交易所履行下列职责：

（一）提供交易的场所、设施和服务；

（二）设计合约，安排合约上市；

（三）组织并监督交易、结算和交割；

（四）为期货交易提供集中履约担保；

（五）按照章程和交易规则对会员进行监督管理；

（六）国务院期货监督管理机构规定的其他职责。

期货交易所不得直接或者间接参与期货交易。未经国务院期货监督管理机构审核并报国务院批准，期货交易所不得从事信托投资、股票投资、非自用不动产投资等与其职责无关的业务。

第十一条　期货交易所应当按照国家有关规定建立、健全下列风险管理制度：

（一）保证金制度；

（二）当日无负债结算制度；

（三）涨跌停板制度；

（四）持仓限额和大户持仓报告制度；

（五）风险准备金制度；

（六）国务院期货监督管理机构规定的其他风险管理制度。

实行会员分级结算制度的期货交易所，还应当建立、健全结算担保金制度。

第十二条　当期货市场出现异常情况时，期货交易所可以按照其章程规定的权限和程序，决定采取下列紧急措施，并应当立即报告国务院期货监督管理机构：

（一）提高保证金；

（二）调整涨跌停板幅度；

（三）限制会员或者客户的最大持仓量；

（四）暂时停止交易；

（五）采取其他紧急措施。

前款所称异常情况，是指在交易中发生操纵期货交易价格的行为或者发生不可抗拒的突发事件以及国务院期货监督管理机构规定的其他情形。

异常情况消失后，期货交易所应当及时取消紧急措施。

第十三条　期货交易所办理下列事项，应当经国务院期货监督管理机构批准：

（一）制定或者修改章程、交易规则；

（二）上市、中止、取消或者恢复交易品种；

（三）国务院期货监督管理机构规定的其他事项。

国务院期货监督管理机构批准期货交易所上市新的交易品种，应当征求国务院有关部门的意见。

第十四条　期货交易所的所得收益按照国家有关规定管理和使用，但应当首先用于保证期货交易场所、设施的运行和改善。

第三章　期货公司

第十五条　期货公司是依照《中华人民共和国公司法》和本条例规定设立的经营期货业务的金融机构。设立期货公司，应当在公司登记机关登记注册，并经国务院期货监督管理机构批准。

未经国务院期货监督管理机构批准，任何单位或者个人不得设立或者变相设立期货公司，经营期货业务。

第十六条　申请设立期货公司，应当符合《中华人民共和国公司法》的规定，并具备下列条件：

（一）注册资本最低限额为人民币3000万元；

（二）董事、监事、高级管理人员具备任职条件，从业人员具有期货从业资格；

（三）有符合法律、行政法规规定的公司章程；

（四）主要股东以及实际控制人具有持续盈利能力，信誉良好，最近3年无重大违法违规记录；

（五）有合格的经营场所和业务设施；

（六）有健全的风险管理和内部控制制度；

（七）国务院期货监督管理机构规定的其他条件。

国务院期货监督管理机构根据审慎监管原则和各项业务的风险程度，可以提高注册资本最低限额。注册资本应当是实缴资本。股东应当以货币或者期货公司经营必需的非货币财产出资，货币出资比例不得低于85%。

国务院期货监督管理机构应当在受理期货公司设立申请之日起6个月内，根据审慎监管原则则进行审查,作出批准或者不批准的决定。

未经国务院期货监督管理机构批准,任何单位和个人不得委托或者接受他人委托持有或者管理期货公司的股权。

第十七条　期货公司业务实行许可制度,由国务院期货监督管理机构按照其商品期货、金融期货业务种类颁发许可证。期货公司除申请经营境内期货经纪业务外,还可以申请经营境外期货经纪、期货投资咨询以及国务院期货监督管理机构规定的其他期货业务。

期货公司不得从事与期货业务无关的活动,法律、行政法规或者国务院期货监督管理机构另有规定的除外。

期货公司不得从事或者变相从事期货自营业务。

期货公司不得为其股东、实际控制人或者其他关联人提供融资,不得对外担保。

第十八条　期货公司从事经纪业务,接受客户委托,以自己的名义为客户进行期货交易,交易结果由客户承担。

第十九条　期货公司办理下列事项,应当经国务院期货监督管理机构批准:

(一)合并、分立、停业、解散或者破产;

(二)变更业务范围;

(三)变更注册资本且调整股权结构;

(四)新增持有5%以上股权的股东或者控股股东发生变化;

(五)国务院期货监督管理机构规定的其他事项。

前款第三项、第五项所列事项,国务院期货监督管理机构应当自受理申请之日起20日内作出批准或者不批准的决定;前款所列其他事项,国务院期货监督管理机构应当自受理申请之日起2个月内作出批准或者不批准的决定。

第二十条　期货公司或者其分支机构有《中华人民共和国行政许可法》第七十条规定的情形或者下列情形之一的,国务院期货监督管理机构应当依法办理期货业务许可证注销手续:

(一)营业执照被公司登记机关依法注销;

(二)成立后无正当理由超过3个月未开始营业,或者开业后无正当理由停业连续3个月以上;

(三)主动提出注销申请;

(四)国务院期货监督管理机构规定的其他情形。

期货公司在注销期货业务许可证前,应当结清相关期货业务,并依法返还客户的保证金和其他资产。期货公司分支机构在注销经营许可证前,应当终止经营活动,妥善处理客户资产。

第二十一条　期货公司应当建立、健全并严格执行业务管理规则、风险管理制度,遵守信息披露制度,保障客户保证金的存管安全,按照期货交易所的规定,向期货交易所报告大户名单、交易情况。

第二十二条　其他期货经营机构从事期货投资咨询业务,应当遵守国务院期货监督管理机构的规定。

第四章　期货交易基本规则

第二十三条　在期货交易所进行期货交易的,应当是期货交易所会员。

符合规定条件的境外机构,可以在期货交易所从事特定品种的期货交易。具体办法由国务院期货监督管理机构制定。

第二十四条　期货公司接受客户委托为其进行期货交易,应当事先向客户出示风险说明书,经客户签字确认后,与客户签订书面合同。期货公司不得未经客户委托或者不按照客户委托内容,擅自进行期货交易。

期货公司不得向客户作获利保证;不得在经纪业务中与客户约定分享利益或者共担风险。

第二十五条　下列单位和个人不得从事期货交易,期货公司不得接受其委托为其进行期货交易:

(一)国家机关和事业单位;

(二)国务院期货监督管理机构、期货交易所、期货保证金安全存管监控机构和期货业协会的工作人员;

(三)证券、期货市场禁止进入者;

(四)未能提供开户证明材料的单位和个人;

(五)国务院期货监督管理机构规定不得从事期货交易的其他单位和个人。

第二十六条　客户可以通过书面、电话、互联网或者国务院期货监督管理机构规定的其他方式，向期货公司下达交易指令。客户的交易指令应当明确、全面。

期货公司不得隐瞒重要事项或者使用其他不正当手段诱骗客户发出交易指令。

第二十七条　期货交易所应当及时公布上市品种合约的成交量、成交价、持仓量、最高价与最低价、开盘价与收盘价和其他应当公布的即时行情，并保证即时行情的真实、准确。期货交易所不得发布价格预测信息。

未经期货交易所许可，任何单位和个人不得发布期货交易即时行情。

第二十八条　期货交易应当严格执行保证金制度。期货交易所向会员、期货公司向客户收取的保证金，不得低于国务院期货监督管理机构、期货交易所规定的标准，并应当与自有资金分开，专户存放。

期货交易所向会员收取的保证金，属于会员所有，除用于会员的交易结算外，严禁挪作他用。

期货公司向客户收取的保证金，属于客户所有，除下列可划转的情形外，严禁挪作他用：

（一）依据客户的要求支付可用资金；

（二）为客户交存保证金，支付手续费、税款；

（三）国务院期货监督管理机构规定的其他情形。

第二十九条　期货公司应当为每一个客户单独开立专门账户、设置交易编码，不得混码交易。

第三十条　期货公司经营期货经纪业务又同时经营其他期货业务的，应当严格执行业务分离和资金分离制度，不得混合操作。

第三十一条　期货交易所、期货公司、非期货公司结算会员应当按照国务院期货监督管理机构、财政部门的规定提取、管理和使用风险准备金，不得挪用。

第三十二条　期货交易的收费项目、收费标准和管理办法由国务院有关主管部门统一制定并公布。

第三十三条　期货交易的结算，由期货交易所统一组织进行。

期货交易所实行当日无负债结算制度。期货交易所应当在当日及时将结算结果通知会员。

期货公司根据期货交易所的结算结果对客户进行结算，并应当将结算结果按照与客户约定的方式及时通知客户。客户应当及时查询并妥善处理自己的交易持仓。

第三十四条　期货交易所会员的保证金不足时，应当及时追加保证金或者自行平仓。会员未在期货交易所规定的时间内追加保证金或者自行平仓的，期货交易所应当将该会员的合约强行平仓，强行平仓的有关费用和发生的损失由该会员承担。

客户保证金不足时，应当及时追加保证金或者自行平仓。客户未在期货公司规定的时间内及时追加保证金或者自行平仓的，期货公司应当将该客户的合约强行平仓，强行平仓的有关费用和发生的损失由该客户承担。

第三十五条　期货交易的交割，由期货交易所统一组织进行。

交割仓库由期货交易所指定。期货交易所不得限制实物交割总量，并应当与交割仓库签订协议，明确双方的权利和义务。交割仓库不得有下列行为：

（一）出具虚假仓单；

（二）违反期货交易所业务规则，限制交割商品的入库、出库；

（三）泄露与期货交易有关的商业秘密；

（四）违反国家有关规定参与期货交易；

（五）国务院期货监督管理机构规定的其他行为。

第三十六条　会员在期货交易中违约的，期货交易所先以该会员的保证金承担违约责任；保证金不足的，期货交易所应当以风险准备金和自有资金代为承担违约责任，并由此取得对该会员的相应追偿权。

客户在期货交易中违约的，期货公司先以该客户的保证金承担违约责任；保证金不足的，期货公司应当以风险准备金和自有资金代为承担违约责任，并由此取得对该客户的相应追偿权。

第三十七条　实行会员分级结算制度的期货交易所，应当向结算会员收取结算担保金。期货交易所只对结算会员结算，收取和追收保证金，以结算担保金、风险准备金、自有资金代为承担违约责任，以及采取其他相关措施；对非结算会员的结算、收取和追收保证金、代为承担违约责任,以及采取其他相关措施,由结算会员执行。

第三十八条 期货交易所、期货公司和非期货公司结算会员应当保证期货交易、结算、交割资料的完整和安全。

第三十九条 任何单位或者个人不得编造、传播有关期货交易的虚假信息,不得恶意串通、联手买卖或者以其他方式操纵期货交易价格。

第四十条 任何单位或者个人不得违规使用信贷资金、财政资金进行期货交易。

银行业金融机构从事期货交易融资或者担保业务的资格,由国务院银行业监督管理机构批准。

第四十一条 国有以及国有控股企业进行境内外期货交易,应当遵循套期保值的原则,严格遵守国务院国有资产监督管理机构以及其他有关部门关于企业以国有资产进入期货市场的有关规定。

第四十二条 境外期货项下购汇、结汇以及外汇收支,应当符合国家外汇管理有关规定。

境内单位或者个人从事境外期货交易的办法,由国务院期货监督管理机构会同国务院商务主管部门、国有资产监督管理机构、银行业监督管理机构、外汇管理部门等有关部门制订,报国务院批准后施行。

第五章 期货业协会

第四十三条 期货业协会是期货业的自律性组织,是社会团体法人。

期货公司以及其他专门从事期货经营的机构应当加入期货业协会,并缴纳会员费。

第四十四条 期货业协会的权力机构为全体会员组成的会员大会。

期货业协会的章程由会员大会制定,并报国务院期货监督管理机构备案。

期货业协会设理事会。理事会成员按照章程的规定选举产生。

第四十五条 期货业协会履行下列职责:

(一)教育和组织会员遵守期货法律法规和政策;

(二)制定会员应当遵守的行业自律性规则,监督、检查会员行为,对违反协会章程和自律性规则的,按照规定给予纪律处分;

(三)负责期货从业人员资格的认定、管理以及撤销工作;

(四)受理客户与期货业务有关的投诉,对会员之间、会员与客户之间发生的纠纷进行调解;

(五)依法维护会员的合法权益,向国务院期货监督管理机构反映会员的建议和要求;

(六)组织期货从业人员的业务培训,开展会员间的业务交流;

(七)组织会员就期货业的发展、运作以及有关内容进行研究;

(八)期货业协会章程规定的其他职责。

期货业协会的业务活动应当接受国务院期货监督管理机构的指导和监督。

第六章 监督管理

第四十六条 国务院期货监督管理机构对期货市场实施监督管理,依法履行下列职责:

(一)制定有关期货市场监督管理的规章、规则,并依法行使审批权;

(二)对品种的上市、交易、结算、交割等期货交易及其相关活动,进行监督管理;

(三)对期货交易所、期货公司及其他期货经营机构、非期货公司结算会员、期货保证金安全存管监控机构、期货保证金存管银行、交割仓库等市场相关参与者的期货业务活动,进行监督管理;

(四)制定期货从业人员的资格标准和管理办法,并监督实施;

(五)监督检查期货交易的信息公开情况;

(六)对期货业协会的活动进行指导和监督;

(七)对违反期货市场监督管理法律、行政法规的行为进行查处;

(八)开展与期货市场监督管理有关的国际交流、合作活动;

(九)法律、行政法规规定的其他职责。

第四十七条 国务院期货监督管理机构依法履行职责,可以采取下列措施:

(一)对期货交易所、期货公司及其他期货经营机构、非期货公司结算会员、期货保证金安全存管监控机构和交割仓库进行现场检查;

（二）进入涉嫌违法行为发生场所调查取证；

（三）询问当事人和与被调查事件有关的单位和个人，要求其对与被调查事件有关的事项作出说明；

（四）查阅、复制与被调查事件有关的财产权登记等资料；

（五）查阅、复制当事人和与被调查事件有关的单位和个人的期货交易记录、财务会计资料以及其他相关文件和资料；对可能被转移、隐匿或者毁损的文件和资料，可以予以封存；

（六）查询与被调查事件有关的单位的保证金账户和银行账户；

（七）在调查操纵期货交易价格、内幕交易等重大期货违法行为时，经国务院期货监督管理机构主要负责人批准，可以限制被调查事件当事人的期货交易，但限制的时间不得超过15个交易日；案情复杂的，可以延长至30个交易日；

（八）法律、行政法规规定的其他措施。

第四十八条　期货交易所、期货公司及其他期货经营机构、期货保证金安全存管监控机构，应当向国务院期货监督管理机构报送财务会计报告、业务资料和其他有关资料。

对期货公司及其他期货经营机构报送的年度报告，国务院期货监督管理机构应当指定专人进行审核，并制作审核报告。审核人员应当在审核报告上签字。审核中发现问题的，国务院期货监督管理机构应当及时采取相应措施。

必要时，国务院期货监督管理机构可以要求非期货公司结算会员、交割仓库，以及期货公司股东、实际控制人或者其他关联人报送相关资料。

第四十九条　国务院期货监督管理机构依法履行职责，进行监督检查或者调查时，被检查、调查的单位和个人应当配合，如实提供有关文件和资料，不得拒绝、阻碍和隐瞒；其他有关部门和单位应当给予支持和配合。

第五十条　国家根据期货市场发展的需要，设立期货投资者保障基金。

期货投资者保障基金的筹集、管理和使用的具体办法，由国务院期货监督管理机构会同国务院财政部门制定。

第五十一条　国务院期货监督管理机构应当建立、健全保证金安全存管监控制度，设立期货保证金安全存管监控机构。

客户和期货交易所、期货公司及其他期货经营机构、非期货公司结算会员以及期货保证金存管银行，应当遵守国务院期货监督管理机构有关保证金安全存管监控的规定。

第五十二条　期货保证金安全存管监控机构依照有关规定对保证金安全实施监控，进行每日稽核，发现问题应当立即报告国务院期货监督管理机构。国务院期货监督管理机构应当根据不同情况，依照本条例有关规定及时处理。

第五十三条　国务院期货监督管理机构对期货交易所和期货保证金安全存管监控机构的董事、监事、高级管理人员，实行资格管理制度。

第五十四条　国务院期货监督管理机构应当制定期货公司持续性经营规则，对期货公司的净资本与净资产的比例，净资本与境内期货经纪、境外期货经纪等业务规模的比例，流动资产与流动负债的比例等风险监管指标作出规定；对期货公司及其分支机构的经营条件、风险管理、内部控制、保证金存管、关联交易等方面提出要求。

第五十五条　期货公司及其分支机构不符合持续性经营规则或者出现经营风险的，国务院期货监督管理机构可以对期货公司及其董事、监事和高级管理人员采取谈话、提示、记入信用记录等监管措施或者责令期货公司限期整改，并对其整改情况进行检查验收。

期货公司逾期未改正，其行为严重危及期货公司的稳健运行、损害客户合法权益，或者涉嫌严重违法违规正在被国务院期货监督管理机构调查的，国务院期货监督管理机构可以区别情形，对其采取下列措施：

（一）限制或者暂停部分期货业务；

（二）停止批准新增业务；

（三）限制分配红利，限制向董事、监事、高级管理人员支付报酬、提供福利；

（四）限制转让财产或者在财产上设定其他权利；

（五）责令更换董事、监事、高级管理人员或者有关业务部门、分支机构的负责人员，或者限制其权利；

（六）限制期货公司自有资金或者风险准备金的调拨和使用；

（七）责令控股股东转让股权或者限制有关股东行使股东权利。

对经过整改符合有关法律、行政法规规定以及持续性经营规则要求的期货公司，国务院期货监督管理机构应当自验收完毕之日起3日内解除对其采取的有关措施。

对经过整改仍未达到持续性经营规则要求，严重影响正常经营的期货公司，国务院期货监督管理机构有权撤销其部分或者全部期货业务许可、关闭其分支机构。

第五十六条　期货公司违法经营或者出现重大风险，严重危害期货市场秩序、损害客户利益的，国务院期货监督管理机构可以对该期货公司采取责令停业整顿、指定其他机构托管或者接管等监管措施。经国务院期货监督管理机构批准，可以对该期货公司直接负责的董事、监事、高级管理人员和其他直接责任人员采取以下措施：

（一）通知出境管理机关依法阻止其出境；

（二）申请司法机关禁止其转移、转让或者以其他方式处分财产，或者在财产上设定其他权利。

第五十七条　期货公司的股东有虚假出资或者抽逃出资行为的，国务院期货监督管理机构应当责令其限期改正，并可责令其转让所持期货公司的股权。

在股东按照前款要求改正违法行为、转让所持期货公司的股权前，国务院期货监督管理机构可以限制其股东权利。

第五十八条　当期货市场出现异常情况时，国务院期货监督管理机构可以采取必要的风险处置措施。

第五十九条　期货公司的交易软件、结算软件，应当满足期货公司审慎经营和风险管理以及国务院期货监督管理机构有关保证金安全存管监控规定的要求。期货公司的交易软件、结算软件不符合要求的，国务院期货监督管理机构有权要求期货公司予以改进或者更换。

国务院期货监督管理机构可以要求期货公司的交易软件、结算软件的供应商提供该软件的相关资料，供应商应当予以配合。国务院期货监督管理机构对供应商提供的相关资料负有保密义务。

第六十条　期货公司涉及重大诉讼、仲裁，或者股权被冻结或者用于担保，以及发生其他重大事件时，期货公司及其相关股东、实际控制人应当自该事件发生之日起5日内向国务院期货监督管理机构提交书面报告。

第六十一条　会计师事务所、律师事务所、资产评估机构等中介服务机构向期货交易所和期货公司等市场相关参与者提供相关服务时，应当遵守期货法律、行政法规以及国家有关规定，并按照国务院期货监督管理机构的要求提供相关资料。

第六十二条　国务院期货监督管理机构应当与有关部门建立监督管理的信息共享和协调配合机制。

国务院期货监督管理机构可以和其他国家或者地区的期货监督管理机构建立监督管理合作机制，实施跨境监督管理。

第六十三条　国务院期货监督管理机构、期货交易所、期货保证金安全存管监控机构和期货保证金存管银行等相关单位的工作人员，应当忠于职守，依法办事，公正廉洁，保守国家秘密和有关当事人的商业秘密，不得利用职务便利牟取不正当的利益。

第七章　法律责任

第六十四条　期货交易所、非期货公司结算会员有下列行为之一的，责令改正，给予警告，没收违法所得：

（一）违反规定接纳会员的；

（二）违反规定收取手续费的；

（三）违反规定使用、分配收益的；

（四）不按照规定公布即时行情的，或者发布价格预测信息的；

（五）不按照规定向国务院期货监督管理机构履行报告义务的；

（六）不按照规定向国务院期货监督管理机构报送有关文件、资料的；

（七）不按照规定建立、健全结算担保金制度的；

（八）不按照规定提取、管理和使用风险准备金的；

（九）违反国务院期货监督管理机构有关保证金安全存管监控规定的；

（十）限制会员实物交割总量的；

（十一）任用不具备资格的期货从业人员的；

（十二）违反国务院期货监督管理机构规定的其他行为。

有前款所列行为之一的，对直接负责的主管人员和其他直接责任人员给予纪律处分，处1万元以上10万元以下的罚款。

有本条第一款第二项所列行为的，应当责令退还多收取的手续费。

期货保证金安全存管监控机构有本条第一款第五项、第六项、第九项、第十一项、第十二项所列行为的，依照本条第一款、第二款的规定处罚、处分。期货保证金存管银行有本条第一款第九项、第十二项所列行为的，依照本条第一款、第二款的规定处罚、处分。

第六十五条 期货交易所有下列行为之一的，责令改正，给予警告，没收违法所得，并处违法所得1倍以上5倍以下的罚款；没有违法所得或者违法所得不满10万元的，并处10万元以上50万元以下的罚款；情节严重的，责令停业整顿：

（一）未经批准，擅自办理本条例第十三条所列事项的；

（二）允许会员在保证金不足的情况下进行期货交易的；

（三）直接或者间接参与期货交易，或者违反规定从事与其职责无关的业务的；

（四）违反规定收取保证金，或者挪用保证金的；

（五）伪造、涂改或者不按照规定保存期货交易、结算、交割资料的；

（六）未建立或者未执行当日无负债结算、涨跌停板、持仓限额和大户持仓报告制度的；

（七）拒绝或者妨碍国务院期货监督管理机构监督检查的；

（八）违反国务院期货监督管理机构规定的其他行为。

有前款所列行为之一的，对直接负责的主管人员和其他直接责任人员给予纪律处分，处1万元以上10万元以下的罚款。

非期货公司结算会员有本条第一款第二项、第四项至第八项所列行为之一的，依照本条第一款、第二款的规定处罚、处分。

期货保证金安全存管监控机构有本条第一款第三项、第七项、第八项所列行为的，依照本条第一款、第二款的规定处罚、处分。

第六十六条 期货公司有下列行为之一的，责令改正，给予警告，没收违法所得，并处违法所得1倍以上3倍以下的罚款；没有违法所得或者违法所得不满10万元的，并处10万元以上30万元以下的罚款；情节严重的，责令停业整顿或者吊销期货业务许可证：

（一）接受不符合规定条件的单位或者个人委托的；

（二）允许客户在保证金不足的情况下进行期货交易的；

（三）未经批准，擅自办理本条例第十九条所列事项的；

（四）违反规定从事与期货业务无关的活动的；

（五）从事或者变相从事期货自营业务的；

（六）为其股东、实际控制人或者其他关联人提供融资，或者对外担保的；

（七）违反国务院期货监督管理机构有关保证金安全存管监控规定的；

（八）不按照规定向国务院期货监督管理机构履行报告义务或者报送有关文件、资料的；

（九）交易软件、结算软件不符合期货公司审慎经营和风险管理以及国务院期货监督管理机构有关保证金安全存管监控规定的要求的；

（十）不按照规定提取、管理和使用风险准备金的；

（十一）伪造、涂改或者不按照规定保存期货交易、结算、交割资料的；

（十二）任用不具备资格的期货从业人员的；

（十三）伪造、变造、出租、出借、买卖期货业务许可证或者经营许可证的；

（十四）进行混码交易的；

（十五）拒绝或者妨碍国务院期货监督管理机构监督检查的；

（十六）违反国务院期货监督管理机构规定

的其他行为。

期货公司有前款所列行为之一的,对直接负责的主管人员和其他直接责任人员给予警告,并处1万元以上5万元以下的罚款;情节严重的,暂停或者撤销期货从业人员资格。

期货公司之外的其他期货经营机构有本条第一款第八项、第十二项、第十三项、第十五项、第十六项所列行为的,依照本条第一款、第二款的规定处罚。

期货公司的股东、实际控制人或者其他关联人未经批准擅自委托他人或者接受他人委托持有或者管理期货公司股权的,拒不配合国务院期货监督管理机构的检查,拒不按照规定履行报告义务、提供有关信息和资料,或者报送、提供的信息和资料有虚假记载、误导性陈述或者重大遗漏的,依照本条第一款、第二款的规定处罚。

第六十七条 期货公司有下列欺诈客户行为之一的,责令改正,给予警告,没收违法所得,并处违法所得1倍以上5倍以下的罚款;没有违法所得或者违法所得不满10万元的,并处10万元以上50万元以下的罚款;情节严重的,责令停业整顿或者吊销期货业务许可证:

(一)向客户作获利保证或者不按照规定向客户出示风险说明书的;

(二)在经纪业务中与客户约定分享利益、共担风险的;

(三)不按照规定接受客户委托或者不按照客户委托内容擅自进行期货交易的;

(四)隐瞒重要事项或者使用其他不正当手段,诱骗客户发出交易指令的;

(五)向客户提供虚假成交回报的;

(六)未将客户交易指令下达到期货交易所的;

(七)挪用客户保证金的;

(八)不按照规定在期货保证金存管银行开立保证金账户,或者违规划转客户保证金的;

(九)国务院期货监督管理机构规定的其他欺诈客户的行为。

期货公司有前款所列行为之一的,对直接负责的主管人员和其他直接责任人员给予警告,并处1万元以上10万元以下的罚款;情节严重的,暂停或者撤销期货从业人员资格。

任何单位或者个人编造并且传播有关期货交易的虚假信息,扰乱期货交易市场的,依照本条第一款、第二款的规定处罚。

第六十八条 期货公司及其他期货经营机构、非期货公司结算会员、期货保证金存管银行提供虚假申请文件或者采取其他欺诈手段隐瞒重要事实骗取期货业务许可的,撤销其期货业务许可,没收违法所得。

第六十九条 期货交易内幕信息的知情人或者非法获取期货交易内幕信息的人,在对期货交易价格有重大影响的信息尚未公开前,利用内幕信息从事期货交易,或者向他人泄露内幕信息,使他人利用内幕信息进行期货交易的,没收违法所得,并处违法所得1倍以上5倍以下的罚款;没有违法所得或者违法所得不满10万元的,处10万元以上50万元以下的罚款。单位从事内幕交易的,还应当对直接负责的主管人员和其他直接责任人员给予警告,并处3万元以上30万元以下的罚款。

国务院期货监督管理机构、期货交易所和期货保证金安全存管监控机构的工作人员进行内幕交易的,从重处罚。

第七十条 任何单位或者个人有下列行为之一,操纵期货交易价格的,责令改正,没收违法所得,并处违法所得1倍以上5倍以下的罚款;没有违法所得或者违法所得不满20万元的,处20万元以上100万元以下的罚款:

(一)单独或者合谋,集中资金优势、持仓优势或者利用信息优势联合或者连续买卖合约,操纵期货交易价格的;

(二)蓄意串通,按事先约定的时间、价格和方式相互进行期货交易,影响期货交易价格或者期货交易量的;

(三)以自己为交易对象,自买自卖,影响期货交易价格或者期货交易量的;

(四)为影响期货市场行情囤积现货的;

(五)国务院期货监督管理机构规定的其他操纵期货交易价格的行为。

单位有前款所列行为之一的,对直接负责的主管人员和其他直接责任人员给予警告,并处1万元以上10万元以下的罚款。

第七十一条 交割仓库有本条例第三十五

条第二款所列行为之一的，责令改正，给予警告，没收违法所得，并处违法所得1倍以上5倍以下的罚款；没有违法所得或者违法所得不满10万元的，并处10万元以上50万元以下的罚款；情节严重的，责令期货交易所暂停或者取消其交割仓库资格。对直接负责的主管人员和其他直接责任人员给予警告，并处1万元以上10万元以下的罚款。

第七十二条　国有以及国有控股企业违反本条例和国务院国有资产监督管理机构以及其他有关部门关于企业以国有资产进入期货市场的有关规定进行期货交易，或者单位、个人违规使用信贷资金、财政资金进行期货交易的，给予警告，没收违法所得，并处违法所得1倍以上5倍以下的罚款；没有违法所得或者违法所得不满10万元的，并处10万元以上50万元以下的罚款。对直接负责的主管人员和其他直接责任人员给予降级直至开除的纪律处分。

第七十三条　境内单位或者个人违反规定从事境外期货交易的，责令改正，给予警告，没收违法所得，并处违法所得1倍以上5倍以下的罚款；没有违法所得或者违法所得不满20万元的，并处20万元以上100万元以下的罚款；情节严重的，暂停其境外期货交易。对单位直接负责的主管人员和其他直接责任人员给予警告，并处1万元以上10万元以下的罚款。

第七十四条　非法设立期货交易场所或者以其他形式组织期货交易活动的，由所在地县级以上地方人民政府予以取缔，没收违法所得，并处违法所得1倍以上5倍以下的罚款；没有违法所得或者违法所得不满20万元的，处20万元以上100万元以下的罚款。对单位直接负责的主管人员和其他直接责任人员给予警告，并处1万元以上10万元以下的罚款。

非法设立期货公司及其他期货经营机构，或者擅自从事期货业务的，予以取缔，没收违法所得，并处违法所得1倍以上5倍以下的罚款；没有违法所得或者违法所得不满20万元的，处20万元以上100万元以下的罚款。对单位直接负责的主管人员和其他直接责任人员给予警告，并处1万元以上10万元以下的罚款。

第七十五条　期货公司的交易软件、结算软件供应商拒不配合国务院期货监督管理机构调查，或者未按照规定向国务院期货监督管理机构提供相关软件资料，或者提供的软件资料有虚假、重大遗漏的，责令改正，处3万元以上10万元以下的罚款。对直接负责的主管人员和其他直接责任人员给予警告，并处1万元以上5万元以下的罚款。

第七十六条　会计师事务所、律师事务所、资产评估机构等中介服务机构未勤勉尽责，所出具的文件有虚假记载、误导性陈述或者重大遗漏的，责令改正，没收业务收入，暂停或者撤销相关业务许可，并处业务收入1倍以上5倍以下的罚款。对直接负责的主管人员和其他直接责任人员给予警告，并处3万元以上10万元以下的罚款。

第七十七条　任何单位或者个人违反本条例规定，情节严重的，由国务院期货监督管理机构宣布该个人、该单位或者该单位的直接责任人员为期货市场禁止进入者。

第七十八条　国务院期货监督管理机构、期货交易所、期货保证金安全存管监控机构和期货保证金存管银行等相关单位的工作人员，泄露知悉的国家秘密或者会员、客户商业秘密，或者徇私舞弊、玩忽职守、滥用职权、收受贿赂的，依法给予行政处分或者纪律处分。

第七十九条　违反本条例规定，构成犯罪的，依法追究刑事责任。

第八十条　对本条例规定的违法行为的行政处罚，除本条例已有规定的外，由国务院期货监督管理机构决定；涉及其他有关部门法定职权的，国务院期货监督管理机构应当会同其他有关部门处理；属于其他有关部门法定职权的，国务院期货监督管理机构应当移交其他有关部门处理。

第八章　附　　则

第八十一条　本条例下列用语的含义：

（一）商品期货合约，是指以农产品、工业品、能源和其他商品及其相关指数产品为标的物的期货合约。

（二）金融期货合约，是指以有价证券、利率、汇率等金融产品及其相关指数产品为标的物的期货合约。

(三)保证金,是指期货交易者按照规定交纳的资金或者提交的价值稳定、流动性强的标准仓单、国债等有价证券,用于结算和保证履约。

(四)结算,是指根据期货交易所公布的结算价格对交易双方的交易结果进行的资金清算和划转。

(五)交割,是指合约到期时,按照期货交易所的规则和程序,交易双方通过该合约所载标的物所有权的转移,或者按照规定结算价格进行现金差价结算,了结到期未平仓合约的过程。

(六)平仓,是指期货交易者买入或者卖出与其所持合约的品种、数量和交割月份相同但交易方向相反的合约,了结期货交易的行为。

(七)持仓量,是指期货交易者所持有的未平仓合约的数量。

(八)持仓限额,是指期货交易所对期货交易者的持仓量规定的最高数额。

(九)标准仓单,是指交割仓库开具并经期货交易所认定的标准化提货凭证。

(十)涨跌停板,是指合约在1个交易日中的交易价格不得高于或者低于规定的涨跌幅度,超出该涨跌幅度的报价将被视为无效,不能成交。

(十一)内幕信息,是指可能对期货交易价格产生重大影响的尚未公开的信息,包括:国务院期货监督管理机构以及其他相关部门制定的对期货交易价格可能发生重大影响的政策,期货交易所作出的可能对期货交易价格发生重大影响的决定,期货交易所会员、客户的资金和交易动向以及国务院期货监督管理机构认定的对期货交易价格有显著影响的其他重要信息。

(十二)内幕信息的知情人员,是指由于其管理地位、监督地位或者职业地位,或者作为雇员、专业顾问履行职务,能够接触或者获得内幕信息的人员,包括:期货交易所的管理人员以及其他由于任职可获取内幕信息的从业人员,国务院期货监督管理机构和其他有关部门的工作人员以及国务院期货监督管理机构规定的其他人员。

第八十二条 国务院期货监督管理机构可以批准设立期货专门结算机构,专门履行期货交易所的结算以及相关职责,并承担相应法律责任。

第八十三条 境外机构在境内设立、收购或者参股期货经营机构,以及境外期货经营机构在境内设立分支机构(含代表处)的管理办法,由国务院期货监督管理机构会同国务院商务主管部门、外汇管理部门等有关部门制订,报国务院批准后施行。

第八十四条 在期货交易所之外的国务院期货监督管理机构批准的交易场所进行的期货交易,依照本条例的有关规定执行。

第八十五条 不属于期货交易的商品或者金融产品的其他交易活动,由国家有关部门监督管理,不适用本条例。

第八十六条 本条例自2007年4月15日起施行。1999年6月2日国务院发布的《期货交易管理暂行条例》同时废止。

期货公司监督管理办法①

(2014年10月29日中国证券监督管理委员会令第110号公布 自公布之日起施行)

第一章 总 则

第一条 为了规范期货公司经营活动,加强对期货公司监督管理,保护客户合法权益,推进期货市场建设,根据《公司法》和《期货交易管理条例》等法律、行政法规,制定本办法。

第二条 在中华人民共和国境内设立的期货公司,适用本办法。

第三条 期货公司应当遵守法律、行政法规和中国证券监督管理委员会(以下简称中国证监会)的规定,审慎经营,防范利益冲突,履行对客户的诚信义务。

第四条 期货公司的股东、实际控制人和其他关联人不得滥用权利,不得占用期货公司资产或者挪用客户资产,不得侵害期货公司、客户的合法权益。

第五条 中国证监会及其派出机构依法对期货公司及其分支机构实行监督管理。

中国期货业协会、期货交易所按照自律规则对期货公司实行自律管理。

---

① 编者注:已废止。

期货保证金安全存管监控机构依法对客户保证金安全实施监控。

第二章 设立、变更与业务终止

第六条 申请设立期货公司，除应当符合《期货交易管理条例》第十六条规定的条件外，还应当具备下列条件：

（一）具有期货从业人员资格的人员不少于15人；

（二）具备任职资格的高级管理人员不少于3人。

第七条 持有5%以上股权的股东为法人或者其他组织的，应当具备下列条件：

（一）实收资本和净资产均不低于人民币3000万元；

（二）净资产不低于实收资本的50%，或有负债低于净资产的50%，不存在对财务状况产生重大不确定影响的其他风险；

（三）没有较大数额的到期未清偿债务；

（四）近3年未因重大违法违规行为受到行政处罚或者刑事处罚；

（五）未因涉嫌重大违法违规正在被有权机关立案调查或者采取强制措施；

（六）近3年作为公司（含金融机构）的股东或者实际控制人，未有滥用股东权利、逃避股东义务等不诚信行为；

（七）不存在中国证监会根据审慎监管原则认定的其他不适合持有期货公司股权的情形。

第八条 持有期货公司5%以上股权的个人股东应当符合本办法第七条第（三）项至第（七）项规定的条件，且其个人金融资产不低于人民币3000万元。

第九条 持有期货公司5%以上股权的境外股东，除应当符合本办法第七条规定的条件外，还应当具备下列条件：

（一）依其所在国家或者地区法律设立、合法存续的金融机构；

（二）近3年各项财务指标及监管指标符合所在国家或者地区法律的规定和监管机构的要求；

（三）所在国家或者地区具有完善的期货法律和监督管理制度，其期货监管机构已与中国证监会签订监管合作备忘录，并保持有效的监管合作关系；

（四）期货公司外资持股比例或者拥有的权益比例，累计（包括直接持有和间接持有）不得超过我国期货业对外或者对我国香港特别行政区、澳门特别行政区和台湾地区开放所作的承诺。

境外股东应当以可自由兑换货币或者合法取得的人民币出资。

第十条 期货公司有关联关系的股东持股比例合计达到5%的，持股比例最高的股东应当符合本办法第七条至第九条规定的条件。

第十一条 申请设立期货公司，应当向中国证监会提交下列申请材料：

（一）申请书；

（二）公司章程草案；

（三）经营计划；

（四）发起人名单及其审计报告或者个人金融资产证明；

（五）拟任用高级管理人员和从业人员名单、简历和相关资格证明；

（六）拟订的期货业务制度、内部控制制度和风险管理制度文本；

（七）场地、设备、资金证明文件；

（八）律师事务所出具的法律意见书；

（九）中国证监会规定的其他申请材料。

第十二条 外资持有股权的期货公司，应当按照法律、行政法规的规定，向国务院商务主管部门申请办理外商投资企业批准证书，并向外汇管理部门申请办理外汇登记、资本金账户开立以及有关资金结购汇手续。

第十三条 按照本办法设立的期货公司，可以依法从事商品期货经纪业务；从事金融期货经纪、境外期货经纪、期货投资咨询的，应当取得相应业务资格。从事资产管理业务的，应当依法登记备案。

期货公司经批准可以从事中国证监会规定的其他业务。

第十四条 期货公司申请金融期货经纪业务资格，应当具备下列条件：

（一）申请日前2个月风险监管指标持续符合规定标准；

（二）具有健全的公司治理、风险管理制度和

内部控制制度,并有效执行;

(三)符合中国证监会期货保证金安全存管监控的规定;

(四)业务设施和技术系统符合相关技术规范且运行状况良好;

(五)高级管理人员近2年内未受到刑事处罚,未因违法违规经营受到行政处罚,无不良信用记录,且不存在因涉嫌违法违规经营正在被有权机关调查的情形;

(六)不存在被中国证监会及其派出机构采取《期货交易管理条例》第五十六条第二款、第五十七条规定的监管措施的情形;

(七)不存在因涉嫌违法违规正在被有权机关立案调查的情形;

(八)近2年内未因违法违规行为受过刑事处罚或者行政处罚。但期货公司控股股东或者实际控制人变更,高级管理人员变更比例超过50%,对出现上述情形负有责任的高级管理人员和业务负责人已不在公司任职,且已整改完成并经期货公司住所地中国证监会派出机构验收合格的,可不受此限制;

(九)控股股东净资产或者个人金融资产不低于人民币3000万元;

(十)中国证监会根据审慎监管原则规定的其他条件。

第十五条 期货公司申请金融期货经纪业务资格,应当向中国证监会提交下列申请材料:

(一)申请书;

(二)加盖公司公章的营业执照和业务许可证复印件;

(三)股东会或者董事会决议文件;

(四)申请日前2个月风险监管报表;

(五)公司治理、风险管理制度和内部控制制度执行情况报告;

(六)业务设施和技术系统运行情况报告;

(七)控股股东经具有证券、期货相关业务资格的会计师事务所审计的最近一期财务报告或者个人金融资产证明;

(八)律师事务所出具的法律意见书;

(九)若存在本办法第十四条第(八)项规定的情形的,还应提供期货公司住所地中国证监会派出机构出具的整改验收合格意见书;

(十)中国证监会规定的其他申请材料。

第十六条 期货公司申请境外期货经纪、期货投资咨询以及经批准的其他业务的条件,由中国证监会另行规定。

第十七条 期货公司变更股权有下列情形之一的,应当经中国证监会批准:

(一)变更控股股东、第一大股东;

(二)单个股东或者有关联关系的股东持股比例增加到100%;

(三)单个股东的持股比例或者有关联关系的股东合计持股比例增加到5%以上,且涉及境外股东的。

除前款规定情形外,期货公司单个股东的持股比例或者有关联关系的股东合计持股比例增加到5%以上,应当经期货公司住所地中国证监会派出机构批准。

第十八条 期货公司变更股权有本办法第十七条所列情形的,应当具备下列条件:

(一)拟变更的股权不存在被查封、冻结等情形;

(二)期货公司与股东之间不存在交叉持股的情形,期货公司不存在为股权受让方提供任何形式财务支持的情形;

(三)涉及的股东符合本办法第七条至第十条规定的条件。

第十九条 期货公司变更股权,有本办法第十七条所列情形的,应当提交下列相关申请材料:

(一)申请书;

(二)关于变更股权的决议文件;

(三)股权转让或者变更出资合同,以及有限责任公司其他股东放弃优先购买权的承诺书;

(四)所涉及股东的基本情况报告、变更后期货公司股东股权背景情况图以及期货公司关于变更后股东是否存在关联关系、期货公司是否为股权受让方提供任何形式财务支持的情况说明;

(五)所涉及股东的股东会、董事会或者其他决策机构做出的相关决议;

(六)所涉及股东的审计报告或者个人金融资产证明;

(七)律师事务所出具的法律意见书;

(八)中国证监会规定的其他材料。

期货公司单个境外股东的持股比例或者有关联关系的境外股东合计持股比例增加到5%以上的,还应当提交下列申请材料:

(一)境外股东的章程、营业执照或者注册证书和相关业务资格证书复印件;

(二)境外股东所在国家或者地区的相关监管机构或者中国证监会认可的境外机构出具的关于其符合本办法第七条第(四)项、第(五)项与第九条第一款第(二)项规定条件的说明函。

期货公司发生本办法第十七条规定情形以外的股权变更,应当自完成工商变更登记手续之日起5个工作日内向公司住所地中国证监会派出机构报备下列书面材料:

(一)变更持有5%以下股权股东情况报告;

(二)股权受让方相关背景材料;

(三)股权背景情况图;

(四)股权变更相关文件;

(五)公司章程、准予变更登记文件、营业执照复印件;

(六)中国证监会规定的其他材料。

第二十条　期货公司变更法定代表人,拟任法定代表人应当具备任职资格。期货公司应当向住所地中国证监会派出机构提交下列申请材料:

(一)申请书;

(二)关于变更法定代表人的决议文件;

(三)拟任法定代表人任职资格证明;

(四)中国证监会规定的其他材料。

第二十一条　期货公司变更住所,应当妥善处理客户资产,拟迁入的住所和拟使用的设施应当符合业务需要。期货公司在中国证监会不同派出机构辖区变更住所的,还应当符合下列条件:

(一)符合持续性经营规则;

(二)近2年未因重大违法违规行为受到行政处罚或者刑事处罚;

(三)中国证监会根据审慎监管原则规定的其他条件。

第二十二条　期货公司变更住所,应当向拟迁入地中国证监会派出机构提交下列申请材料:

(一)申请书;

(二)拟变更后的住所所有权或者使用权证明和相关消防合格证明材料;

(三)客户资产处理情况报告;

(四)中国证监会规定的其他材料。

第二十三条　期货公司可以设立营业部、分公司等分支机构。

期货公司申请设立分支机构,应当具备下列条件:

(一)公司治理健全,内部控制制度符合有关规定并有效执行;

(二)申请日前3个月符合风险监管指标标准;

(三)符合有关客户资产保护和期货保证金安全存管监控的规定;

(四)未因涉嫌违法违规经营正在被有权机关调查,近1年内未因违法违规经营受到行政处罚或者刑事处罚;

(五)具有符合业务发展需要的分支机构设立方案;

(六)中国证监会根据审慎监管原则规定的其他条件。

第二十四条　期货公司申请设立分支机构,应当向公司所在地中国证监会派出机构提交下列申请材料:

(一)申请书;

(二)拟设立分支机构的决议文件;

(三)公司治理和内部控制制度运行情况报告;

(四)申请日前3个月风险监管报表;

(五)分支机构设立方案;

(六)中国证监会规定的其他材料。

期货公司在提交申请材料时,应当将申请材料同时抄报拟设立分支机构所在地的中国证监会派出机构。

第二十五条　期货公司变更分支机构营业场所的,应当妥善处理客户资产,拟迁入的营业场所和拟使用的设施应当满足业务需要。

本办法所称期货公司变更分支机构营业场所仅限于在中国证监会同一派出机构辖区内变更营业场所。

第二十六条　期货公司终止分支机构的,应当先行妥善处理该分支机构客户资产,结清分支机构业务并终止经营活动。

期货公司应当向分支机构住所地中国证监会派出机构提交下列申请材料：

（一）申请书；

（二）拟终止分支机构的决议文件；

（三）关于处理客户资产、结清分支机构业务并终止经营活动的情况报告；

（四）中国证监会规定的其他材料。

第二十七条　期货公司申请设立、收购或者参股境外期货类经营机构，应当具备下列条件：

（一）申请日前6个月符合风险监管指标标准；

（二）近2年内未因重大违法违规行为受到行政处罚或者刑事处罚；

（三）具有完备的境外机构管理制度，能够有效隔离风险；

（四）拟设立、收购或者参股机构所在国家或者地区的期货监管机构已与中国证监会签署监管合作备忘录；

（五）中国证监会根据审慎监管原则规定的其他条件。

第二十八条　期货公司申请设立、收购或者参股境外期货类经营机构，应当向中国证监会提交下列申请材料：

（一）申请书；

（二）拟设立、收购或者参股境外期货类经营机构的决议文件；

（三）申请日前6个月风险监管报表；

（四）境外机构管理制度文本；

（五）经具有证券、期货相关业务资格的会计师事务所审计的前一年度财务报告；申请日在下半年的，还应当提供经审计的半年度财务报告；

（六）律师事务所出具的法律意见书；

（七）中国证监会规定的其他材料。

第二十九条　期货公司申请设立、收购或者参股境外期货类经营机构，应当按照外汇管理部门相关规定，办理外汇登记、有关资金划转以及结购汇手续。

第三十条　期货公司因遭遇不可抗力等正当事由申请停业的，应当妥善处理客户资产，清退或者转移客户。

期货公司恢复营业的，应当符合期货公司持续性经营规则。停业期限届满后，期货公司未能恢复营业或者不符合持续性经营规则的，中国证监会可以根据《期货交易管理条例》第二十一条第一款规定注销其期货业务许可证。

第三十一条　期货公司停业的，应当向中国证监会提交下列申请材料：

（一）申请书；

（二）停业决议文件；

（三）关于处理客户资产、处置或者清退客户情况的报告；

（四）中国证监会规定的其他材料。

第三十二条　期货公司被撤销所有期货业务许可的，应当妥善处理客户资产，结清期货业务；公司继续存续的，应当依法办理名称、营业范围和公司章程等工商变更登记，存续公司不得继续以期货公司名义从事业务，其名称中不得有“期货”或者近似字样。

期货公司解散、破产的，应当先行妥善处理客户资产，结清业务。

第三十三条　期货公司设立、变更、停业、解散、破产、被撤销期货业务许可或者其分支机构设立、变更、终止的，期货公司应当在中国证监会指定的媒体上公告。

第三十四条　期货公司及其分支机构的许可证由中国证监会统一印制。许可证正本或者副本遗失或者灭失的，期货公司应当在30个工作日内在中国证监会指定的媒体上声明作废，并持登载声明向中国证监会重新申领。

第三章　公司治理

第三十五条　期货公司应当按照明晰职责、强化制衡、加强风险管理的原则，建立并完善公司治理。

第三十六条　期货公司与其控股股东、实际控制人在业务、人员、资产、财务等方面应当严格分开，独立经营，独立核算。

未依法经期货公司股东会或者董事会决议，期货公司控股股东、实际控制人不得任免期货公司的董事、监事、高级管理人员，或者非法干预期货公司经营管理活动。

期货公司向股东、实际控制人及其关联人提供服务的，不得降低风险管理要求。

第三十七条　持有期货公司5%以上股权的

股东或者实际控制人出现下列情形之一的，应当在3个工作日内通知期货公司：

（一）所持有的期货公司股权被冻结、查封或者被强制执行；

（二）质押所持有的期货公司股权；

（三）决定转让所持有的期货公司股权；

（四）不能正常行使股东权利或者承担股东义务，可能造成期货公司治理的重大缺陷；

（五）涉嫌重大违法违规被有权机关调查或者采取强制措施；

（六）因重大违法违规行为受到行政处罚或者刑事处罚；

（七）变更名称；

（八）合并、分立或者进行重大资产、债务重组；

（九）被采取停业整顿、撤销、接管、托管等监管措施，或者进入解散、破产、关闭程序；

（十）其他可能影响期货公司股权变更或者持续经营的情形。

持有期货公司5%以上股权的股东发生前款规定情形的，期货公司应当自收到通知之日起3个工作日内向期货公司住所地中国证监会派出机构报告。

期货公司实际控制人发生第一款第（五）项至第（九）项所列情形的，期货公司应当自收到通知之日起3个工作日内向住所地中国证监会派出机构报告。

第三十八条　期货公司有下列情形之一的，应当立即书面通知全体股东或进行公告，并向住所地中国证监会派出机构报告：

（一）公司或者其董事、监事、高级管理人员因涉嫌违法违规被有权机关立案调查或者采取强制措施；

（二）公司或者其董事、监事、高级管理人员因违法违规行为受到行政处罚或者刑事处罚；

（三）风险监管指标不符合规定标准；

（四）客户发生重大透支、穿仓，可能影响期货公司持续经营；

（五）发生突发事件，对期货公司或者客户利益产生或者可能产生重大不利影响；

（六）其他可能影响期货公司持续经营的情形。

中国证监会及其派出机构对期货公司及其分支机构采取《期货交易管理条例》第五十六条第二款、第四款或者第五十七条规定的监管措施或者作出行政处罚，期货公司应当书面通知全体股东或进行公告。

第三十九条　期货公司股东会应当按照《公司法》和公司章程，对职权范围内的事项进行审议和表决。股东会每年应当至少召开一次会议。期货公司股东应当按照出资比例或者所持股份比例行使表决权。

第四十条　期货公司应当设立董事会，并按照《公司法》的规定设立监事会或监事，切实保障监事会和监事对公司经营情况的知情权。

期货公司可以设立独立董事，期货公司的独立董事不得在期货公司担任董事会以外的职务，不得与本期货公司存在可能妨碍其作出独立、客观判断的关系。

第四十一条　期货公司应当设首席风险官，对期货公司经营管理行为的合法合规性、风险管理进行监督、检查。

首席风险官发现涉嫌占用、挪用客户保证金等违法违规行为或者可能发生风险的，应当立即向住所地中国证监会派出机构和公司董事会报告。

期货公司拟解聘首席风险官的，应当有正当理由，并向住所地中国证监会派出机构报告。

第四十二条　期货公司的董事长、总经理、首席风险官之间不得存在近亲属关系。董事长和总经理不得由一人兼任。

第四十三条　期货公司应当合理设置业务部门及其职能，建立岗位责任制度，不相容岗位应当分离。交易、结算、财务业务应当由不同部门和人员分开办理。

期货公司应当设立风险管理部门或者岗位，管理和控制期货公司的经营风险。

期货公司应当设立合规审查部门或者岗位，审查和稽核期货公司经营管理的合法合规性。

第四十四条　期货公司应当对分支机构实行集中统一管理，不得与他人合资、合作经营管理分支机构，不得将分支机构承包、租赁或者委托给他人经营管理。

分支机构经营的业务不得超出期货公司的

业务范围,并应当符合中国证监会对相关业务的规定。

期货公司应当按照规定对营业部实行统一结算、统一风险管理、统一资金调拨、统一财务管理和会计核算。

第四十五条 期货公司可以按照规定,运用自有资金投资于股票、投资基金、债券等金融类资产,与业务相关的股权以及中国证监会规定的其他业务,但不得从事《期货交易管理条例》禁止的业务。

第四章 业务规则

第一节 一般规定

第四十六条 期货公司应当建立并有效执行风险管理、内部控制、期货保证金存管等业务制度和流程,有效隔离不同业务之间的风险,确保客户资产安全和交易安全。

第四十七条 期货公司应当按照规定实行投资者适当性管理制度,建立执业规范和内部问责机制,了解客户的经济实力、专业知识、投资经历和风险偏好等情况,审慎评估客户的风险承受能力,提供与评估结果相适应的产品或者服务。

期货公司应当向客户全面客观介绍相关法律法规、业务规则、产品或者服务的特征,充分揭示风险,并按照合同的约定,如实向客户提供与交易相关的资料、信息,不得欺诈或者误导客户。

期货公司应充分了解和评估客户风险承受能力,加强对客户的管理。

第四十八条 期货公司应当在营业场所公示业务流程。

期货公司应当提供从业人员资格证明等资料供客户查阅,并在本公司网站和营业场所提示客户可以通过中国期货业协会网站查询。

第四十九条 期货公司应当具有符合行业标准和自身业务发展需要的信息系统,制定信息技术管理制度,按照规定设置信息技术部门或岗位,保障信息系统安全运行。

第五十条 期货公司应当承担投资者投诉处理的首要责任,建立、健全客户投诉处理制度,公开投诉处理流程,妥善处理客户投诉及与客户的纠纷。

第五十一条 期货公司应当建立数据备份制度,对交易、结算、财务等数据进行备份管理。

期货公司应当妥善保存客户资料,除依法接受调查和检查外,应当为客户保密。客户资料保存期限不得少于20年。

第二节 期货经纪业务

第五十二条 期货公司不得接受下列单位和个人的委托,为其进行期货交易:

(一)国家机关和事业单位;

(二)中国证监会及其派出机构、期货交易所、期货保证金安全存管监控机构、中国期货业协会工作人员及其配偶;

(三)期货公司工作人员及其配偶;

(四)证券、期货市场禁止进入者;

(五)未能提供开户证明材料的单位和个人;

(六)中国证监会规定的不得从事期货交易的其他单位和个人。

第五十三条 客户开立账户,应当出具合法有效的单位、个人身份证明或者其他证明材料。

第五十四条 期货公司在为客户开立期货经纪账户前,应当向客户出示《期货交易风险说明书》,由客户签字确认,并签订期货经纪合同。

《〈期货经纪合同〉指引》和《期货交易风险说明书》由中国期货业协会制定。

第五十五条 客户可以通过书面、电话、计算机、互联网等委托方式下达交易指令。

期货公司应当建立交易指令委托管理制度,并与客户就委托方式和程序进行约定。期货公司应当按照客户委托下达交易指令,不得未经客户委托或者未按客户委托内容,擅自进行期货交易。期货公司从业人员不得未经过其依法设立的营业场所私下接受客户委托进行期货交易。

以书面方式下达交易指令的,客户应当填写书面交易指令单;以电话方式下达交易指令的,期货公司应当同步录音;以计算机、互联网等委托方式下达交易指令的,期货公司应当以适当方式保存。以互联网方式下达交易指令的,期货公司应当对互联网交易风险进行特别提示。

第五十六条 期货公司应当在传递交易指令前对客户账户资金和持仓进行验证。

期货公司应当按照时间优先的原则传递客

户交易指令。

第五十七条 期货公司应当在每日结算后为客户提供交易结算报告,并提示客户可以通过期货保证金安全存管监控机构进行查询。客户应当按照期货经纪合同约定方式对交易结算报告内容进行确认。

客户对交易结算报告有异议的,应当在期货经纪合同约定的时间内以书面方式提出,期货公司应当在约定时间内进行核实。客户未在约定时间内提出异议的,视为对交易结算报告内容的确认。

第五十八条 期货公司应当制定并执行错单处理业务规则。

第五十九条 期货公司应当按照规定为客户申请、注销交易编码。客户与期货公司的委托关系终止的,应当办理销户手续。期货公司不得将客户未注销的资金账号、交易编码借给他人使用。

第六十条 期货公司可以按照规定委托其他机构或者接受其他机构委托从事中间介绍业务。

第三节 期货投资咨询业务

第六十一条 期货公司可以依法从事期货投资咨询业务,接受客户委托,向客户提供风险管理顾问、研究分析、交易咨询等服务。

第六十二条 期货公司从事期货投资咨询业务,应当与客户签订服务合同,明确约定服务内容、收费标准及纠纷处理方式等事项。

第六十三条 期货公司及其从业人员从事期货投资咨询业务,不得有下列行为:

(一)向客户做获利保证;

(二)以虚假信息、市场传言或者内幕信息为依据向客户提供期货投资咨询服务;

(三)对价格涨跌或者市场走势做出确定性的判断;

(四)利用向客户提供投资建议谋取不正当利益;

(五)利用期货投资咨询活动传播虚假、误导性信息;

(六)以个人名义收取服务报酬;

(七)法律、行政法规和中国证监会规定禁止的其他行为。

第四节 资产管理业务

第六十四条 期货公司可以依法从事资产管理业务,接受客户委托,运用客户资产进行投资。投资收益由客户享有,损失由客户承担。

第六十五条 期货公司从事资产管理业务,应当与客户签订资产管理合同,通过专门账户提供服务。

第六十六条 期货公司可以依法从事下列资产管理业务:

(一)为单一客户办理资产管理业务;

(二)为特定多个客户办理资产管理业务。

第六十七条 资产管理业务的投资范围包括:

(一)期货、期权及其他金融衍生产品;

(二)股票、债券、证券投资基金、集合资产管理计划、央行票据、短期融资券、资产支持证券等;

(三)中国证监会认可的其他投资品种。

第六十八条 期货公司及其从业人员从事资产管理业务,不得有下列行为:

(一)以欺诈手段或者其他不当方式误导、诱导客户;

(二)向客户做出保证其资产本金不受损失或者取得最低收益的承诺;

(三)接受客户委托的初始资产低于中国证监会规定的最低限额;

(四)占用、挪用客户委托资产;

(五)以转移资产管理账户收益或者亏损为目的,在不同账户之间进行买卖,损害客户利益;

(六)以获取佣金或者其他利益为目的,使用客户资产进行不必要的交易;

(七)利用管理的客户资产为第三方谋取不正当利益,进行利益输送;

(八)法律、行政法规以及中国证监会规定禁止的其他行为。

第五章 客户资产保护

第六十九条 客户的保证金和委托资产属于客户资产,归客户所有。客户资产应当与期货公司的自有资产相互独立、分别管理。非因客户本身的债务或者法律、行政法规规定的其他情形,不得查封、冻结、扣划或者强制执行客户资产。期货公司破产或者清算时,客户资产不属于破产财产或者清算财产。

第七十条 期货公司应当在期货保证金存管银行开立期货保证金账户。

期货公司开立、变更或者撤销期货保证金账户的,应于当日向期货保证金安全存管监控机构备案,并通过规定方式向客户披露账户开立、变更或者撤销情况。

第七十一条 客户应当向期货公司登记以本人名义开立的用于存取期货保证金的结算账户。

期货公司和客户应当通过备案的期货保证金账户和登记的期货结算账户转账存取保证金。

第七十二条 期货公司存管的客户保证金应当全额存放在期货保证金账户和期货交易所专用结算账户内,严禁在期货保证金账户和期货交易所专用结算账户之外存放。

第七十三条 期货公司应当按照规定及时向期货保证金安全存管监控机构报送信息。

第七十四条 期货保证金存管银行未按规定向期货保证金安全存管监控机构报送信息,被期货交易所采取自律监管措施或者被中国证监会采取监管措施、处以行政处罚的,期货公司应当暂停在该存管银行开立期货保证金账户,并将期货保证金转存至其他符合规定的期货保证金存管银行。

第七十五条 期货公司应当按照期货交易所规则,缴存结算担保金,并维持最低数额的结算准备金等专用资金,确保客户正常交易。

第七十六条 除依据《期货交易管理条例》第二十九条划转外,任何单位或者个人不得以任何形式占用、挪用客户保证金。

客户在期货交易中违约造成保证金不足的,期货公司应当以风险准备金和自有资金垫付,不得占用其他客户保证金。

期货公司应当按照规定提取、管理和使用风险准备金,不得挪作他用。

第六章 监督管理

第七十七条 期货公司应当按照规定报送年度报告、月度报告等资料。

期货公司法定代表人、经营管理主要负责人、首席风险官、财务负责人应当对年度报告和月度报告签署确认意见;监事会或监事应对年度报告进行审核并提出书面审核意见;期货公司董事应当对年度报告签署确认意见。

期货公司年度报告、月度报告签字人员应当保证报告内容真实、准确、完整;对报告内容有异议的,应当注明意见和理由。

第七十八条 中国证监会及其派出机构可以要求下列机构或者个人,在指定期限内报送与期货公司经营相关的资料:

(一)期货公司及其董事、监事、高级管理人员及其他工作人员;

(二)期货公司股东、实际控制人或者其他关联人;

(三)期货公司控股、参股或者实际控制的企业;

(四)为期货公司提供相关服务的会计师事务所、律师事务所、资产评估机构等中介服务机构。

报送、提供或者披露的资料、信息应当真实、准确、完整,不得有虚假记载、误导性陈述或者重大遗漏。

第七十九条 持有期货公司5%以上股权的股东、实际控制人或者其他关联人在期货公司从事期货交易的,期货公司应当自开户之日起5个工作日内向住所地中国证监会派出机构报告开户情况,并定期报告交易情况。

第八十条 发生下列事项之一的,期货公司应当在5个工作日内向住所地中国证监会派出机构书面报告:

(一)变更公司名称、形式、章程;

(二)发生本办法第十七条规定情形以外的股权或者注册资本变更;

(三)变更分支机构负责人或者营业场所;

(四)作出终止业务等重大决议;

(五)被有权机关立案调查或者采取强制措施;

(六)发生影响或者可能影响期货公司经营管理、财务状况或者客户资产安全等重大事件;

(七)中国证监会规定的其他事项。

上述事项涉及期货公司分支机构的,期货公

司应当同时向分支机构住所地中国证监会派出机构书面报告。

第八十一条　期货公司聘请或者解聘会计师事务所的，应当自作出决定之日起 5 个工作日内向住所地中国证监会派出机构报告；解聘会计师事务所的，应当说明理由。

第八十二条　期货公司应当按照规定，公示基本情况、历史情况、分支机构基本情况、董事及监事信息、高级管理人员及从业人员信息、公司股东信息、公司诚信记录以及中国证监会要求的其他信息。

第八十三条　中国证监会可以按照规定对期货公司进行分类监管。

第八十四条　中国证监会及其派出机构可以对期货公司及其分支机构进行定期或者不定期现场检查。

中国证监会及其派出机构依法进行现场检查时，检查人员不得少于 2 人，并应当出示合法证件和检查通知书，必要时可以聘请外部专业人士协助检查。

中国证监会及其派出机构可以对期货公司子公司以及期货公司的控股股东、实际控制人进行延伸检查。

第八十五条　中国证监会及其派出机构对期货公司及其分支机构进行检查，有权采取下列措施：

（一）询问期货公司及其分支机构的工作人员，要求其对被检查事项作出解释、说明；

（二）查阅、复制与被检查事项有关的文件、资料；

（三）查询期货公司及其分支机构的客户资产账户；

（四）检查期货公司及其分支机构的信息系统，调阅交易、结算及财务数据。

第八十六条　中国证监会及其派出机构认为期货公司可能存在下列情形之一的，可以要求其聘请中介服务机构进行专项审计、评估或者出具法律意见：

（一）期货公司年度报告、月度报告或者临时报告等存在虚假记载、误导性陈述或者重大遗漏；

（二）违反客户资产保护、期货保证金安全存管监控规定或者风险监管指标管理规定；

（三）中国证监会根据审慎监管原则认定的其他情形。

期货公司应当配合中介服务机构工作。

第八十七条　期货公司违反本办法有关规定的，中国证监会及其派出机构可以对其采取监管谈话、责令改正、出具警示函等监督管理措施。

第八十八条　期货公司或其分支机构有下列情形之一的，中国证监会及其派出机构可以依据《期货交易管理条例》第五十六条规定采取监管措施：

（一）公司治理不健全，部门或者岗位设置存在较大缺陷，关键业务岗位人员缺位或者未履行职责，可能影响期货公司持续经营；

（二）业务规则不健全或者未有效执行，风险管理或者内部控制等存在较大缺陷，经营管理混乱，可能影响期货公司持续经营或者可能损害客户合法权益；

（三）不符合有关客户资产保护或者期货保证金安全存管监控规定，可能影响客户资产安全；

（四）未按规定执行分支机构统一管理制度，经营管理存在较大风险或者风险隐患；

（五）未按规定实行投资者适当性管理制度，存在较大风险或者风险隐患；

（六）未按规定委托或者接受委托从事中间介绍业务；

（七）交易、结算或者财务信息系统存在重大缺陷，可能造成有关数据失真或者损害客户合法权益；

（八）信息系统不符合规定；

（九）股东、实际控制人或者其他关联人停业、发生重大风险或者涉嫌严重违法违规，可能影响期货公司治理或者持续经营；

（十）存在重大纠纷、仲裁、诉讼，可能影响持续经营；

（十一）未按规定进行信息报送、披露或者报送、披露的信息存在虚假记载、误导性陈述或者重大遗漏；

（十二）其他不符合持续性经营规则规定或者出现其他经营风险的情形。

对经过整改仍未达到经营条件的分支机构，中国证监会派出机构有权依法关闭。

第八十九条 期货公司股东、实际控制人、其他关联人，为期货公司提供相关服务的会计师事务所、律师事务所、资产评估机构等中介服务机构违反本办法规定的，中国证监会及其派出机构可以对其采取监管谈话、责令改正、出具警示函等监督管理措施。

第九十条 期货公司的股东、实际控制人或者其他关联人有下列情形之一的，中国证监会及其派出机构可以责令其限期整改：

（一）占用期货公司资产；

（二）直接任免期货公司董事、监事、高级管理人员，或者非法干预期货公司经营管理活动；

（三）股东未按照出资比例或者所持股份比例行使表决权；

（四）报送、提供或者出具的材料、信息或者报告等存在虚假记载、误导性陈述或者重大遗漏。

因前款情形致使期货公司不符合持续性经营规则或者出现经营风险的，中国证监会及其派出机构可以依据《期货交易管理条例》第五十六条的规定责令控股股东转让股权或者限制其行使股东权利。

第九十一条 未经中国证监会或其派出机构批准，任何个人或者单位及其关联人擅自持有期货公司5%以上股权，或者通过提供虚假申请材料等方式成为期货公司股东的，中国证监会或其派出机构可以责令其限期转让股权。该股权在转让之前，不具有表决权、分红权。

第七章 法律责任

第九十二条 期货公司及其分支机构接受未办理开户手续的单位或者个人委托进行期货交易，或者将客户的资金账号、交易编码借给其他单位或者个人使用的，给予警告，单处或者并处3万元以下罚款。

第九十三条 期货公司及其分支机构有下列行为之一的，根据《期货交易管理条例》第六十七条处罚：

（一）未按规定实行投资者适当性管理制度，损害客户合法权益；

（二）未按规定将客户资产与期货公司自有资产相互独立、分别管理；

（三）在期货保证金账户和期货交易所专用结算账户之外存放客户保证金；

（四）占用客户保证金；

（五）向期货保证金安全存管监控机构报送的信息存在虚假记载、误导性陈述或者重大遗漏；

（六）违反期货保证金安全存管监控管理相关规定，损害客户合法权益；

（七）未按规定缴存结算担保金，或者未能维持最低数额的结算准备金等专用资金；

（八）在传递交易指令前未对客户账户资金和持仓进行验证；

（九）违反中国证监会有关结算业务管理规定，损害其他期货公司及其客户合法权益；

（十）信息系统不符合规定，损害客户合法权益；

（十一）违反中国证监会风险监管指标规定；

（十二）违反规定从事期货投资咨询或者资产管理业务，情节严重的；

（十三）违反规定委托或者接受其他机构委托从事中间介绍业务；

（十四）对股东、实际控制人及其关联人降低风险管理要求，侵害其他客户合法权益；

（十五）以合资、合作、联营方式设立分支机构，或者将分支机构承包、出租给他人，或者违反分支机构集中统一管理规定；

（十六）拒不配合、阻碍或者破坏中国证监会及其派出机构的监督管理；

（十七）违反期货投资者保障基金管理规定。

第九十四条 期货公司及其分支机构有下列情形之一的，根据《期货交易管理条例》第六十八条处罚：

（一）发布虚假广告或者进行虚假宣传，诱骗客户参与期货交易；

（二）不按照规定变更或者撤销期货保证金账户，或者不按照规定方式向客户披露期货保证金账户信息。

第九十五条 会计师事务所、律师事务所、资产评估机构等中介服务机构不按照规定履行报告义务，提供或者出具的材料、报告、意见不完整，责令改正，没收业务收入，单处或者并处3万元以下罚款。对直接负责的主管人员和其他责任人员给予警告，并处3万元以下罚款。

第九十六条 未经中国证监会或其派出机

构批准,任何个人或者单位及其关联人擅自持有期货公司5%以上股权,或者通过提供虚假申请材料等方式成为期货公司股东,情节严重的,给予警告,单处或者并处3万元以下罚款。

第八章 附 则

第九十七条 经中国证监会批准,其他期货经营机构可以从事特定期货业务。具体办法由中国证监会另行制定。

第九十八条 期货公司参与其他交易场所交易的,应当遵守法律、行政法规及其他交易场所业务规则的规定。

第九十九条 本办法中所称金融资产包括银行存款、股票、债券、基金份额、资产管理计划、银行理财产品、信托计划、保险产品、期货权益等。

第一百条 本办法自公布之日起施行。2005年8月19日发布的《关于香港、澳门服务提供者参股期货经纪公司有关问题的通知》(证监期货字〔2005〕138号)、2007年2月25日发布的《关于加强期货公司客户风险控制有关工作的通知》(证监期货字〔2007〕18号)、2007年4月9日发布的《期货公司管理办法》(证监会令第43号)、2011年11月3日发布的《期货营业部管理规定(试行)》(证监会公告〔2011〕33号)、2012年5月10日发布的《关于期货公司变更注册资本或股权有关问题的规定》(证监会公告〔2012〕11号)同时废止。

中国证券监督管理委员会关于修改《证券登记结算管理办法》等七部规章的决定(节录)①

(2017年12月7日中国证券监督管理委员会令第137号公布 自公布之日起施行)

根据《国务院办公厅关于进一步做好“放管服”改革涉及的规章、规范性文件清理工作的通知》(国办发〔2017〕40号)要求,中国证券监督管理委员会对“放管服”改革涉及的部门规章进行了清理。经过清理,决定对七部规章的部分条款予以修改。

……

六、将《期货公司监督管理办法》第十四条第六项中的“《期货交易管理条例》第五十六条第二款、第五十七条”修改为“《期货交易管理条例》第五十五条第二款、第五十六条”。

第二十条修改为:“期货公司变更法定代表人,拟任法定代表人应当具备任职条件。期货公司应当自完成相关工商变更登记之日起5个工作日内向住所地中国证监会派出机构提交下列备案材料:

“(一)备案报告;

“(二)变更后的营业执照副本复印件;

“(三)公司决议文件;

“(四)法定代表人期货从业资格证明、任职资格证明;

“(五)期货公司原《经营期货业务许可证》正、副本原件;

“(六)中国证监会要求提交的其他文件。”

第二十一条中的“期货公司变更住所,应当妥善处理客户资产,拟迁入的住所和拟使用的设施应当符合业务需要”修改为“期货公司变更住所或营业场所,应当妥善处理客户资产,拟迁入的住所和拟使用的设施应当符合业务需要,并自完成相关工商变更登记之日起5个工作日内向住所地中国证监会派出机构报备”。

第二十二条修改为:“期货公司变更住所或营业场所,应当向拟迁入地中国证监会派出机构提交下列备案材料:

“(一)备案报告;

“(二)变更后的营业执照副本复印件;

“(三)公司决议文件;

“(四)关于客户资产处理情况,变更后住所和使用的设施符合期货业务需要的说明;

“(五)变更后住所所有权或者使用权证明和消防合格证明;

“(六)首席风险官出具的公司符合相关条件的意见;

“(七)期货公司原《经营期货业务许可证》正、副本原件;

“(八)中国证监会要求提交的其他文件。

① 编者注:部分废止。

"期货公司在提交备案材料时,应当将备案材料同时抄报拟迁出地中国证监会派出机构。"

第二十三条第一款修改为:"期货公司设立营业部、分公司等境内分支机构,应当自完成相关工商设立登记之日起5个工作日内向公司住所地中国证监会派出机构报备。"第二款中的"期货公司申请设立分支机构"修改为"期货公司设立境内分支机构"。

第二十四条修改为:"期货公司设立境内分支机构,应当向公司住所地中国证监会派出机构提交下列备案材料:

"(一)备案报告;

"(二)分支机构营业执照副本复印件;

"(三)公司决议文件;

"(四)分支机构负责人任职资格证明;

"(五)分支机构从业人员名册及期货从业资格证明;

"(六)营业场所所有权或者使用权证明和消防合格证明;

"(七)首席风险官出具的公司符合相关条件的意见;

"(八)中国证监会要求提交的其他文件。

"期货公司在提交备案材料时,应当将备案材料同时抄报拟设立分支机构所在地的中国证监会派出机构。"

第二十六条修改为:"期货公司终止境内分支机构的,应当先行妥善处理该分支机构客户资产,结清分支机构业务并终止经营活动,并自完成上述工作之日起5个工作日内向分支机构所在地中国证监会派出机构提交下列备案材料:

"(一)备案报告;

"(二)公司决议文件;

"(三)关于处理分支机构客户资产、结清期货业务并终止经营活动情况的说明;

"(四)在中国证监会指定报刊上的公告证明;

"(五)首席风险官出具的公司符合相关条件的意见;

"(六)中国证监会要求提交的其他文件。

"期货公司在提交备案材料时,应当将备案材料同时抄报公司住所地的中国证监会派出机构。"

第二十七条中的"期货公司申请设立、收购或者参股境外期货类经营机构,应当具备下列条件"修改为"期货公司设立、收购、参股或者终止境外期货类经营机构,应当具备下列条件,并应当自公司决议生效之日起5个工作日内向中国证监会报备"。

第二十八条修改为:"期货公司设立、收购、参股或者终止境外期货类经营机构,应当自获得境外有关监管机构核准文件之日起5个工作日内向中国证监会提交下列备案材料:

"(一)备案报告;

"(二)境外期货类经营机构的章程;

"(三)境外有关监管部门核准文件;

"(四)拟设立、收购、参股境外机构所在国家或者地区的监管机构已与中国证监会签署监管合作谅解备忘录;

"(五)中国证监会要求的其他资料。

"期货公司变更境外期货类经营机构注册资本或股权的,应当自获得境外有关监管机构核准文件之日起5个工作日内向中国证监会提交下列备案材料:

"(一)备案报告;

"(二)最近一年经审计的财务报告;

"(三)中国证监会要求的其他资料。"

第三十条中的"《期货交易管理条例》第二十一条第一款"修改为"《期货交易管理条例》第二十条第一款"。

第三十八条第二款中的"《期货交易管理条例》第五十六条第二款、第四款或者第五十七条"修改为"《期货交易管理条例》第五十五条第二款、第四款或者第五十六条"。

第七十六条中的"《期货交易管理条例》第二十九条"修改为"《期货交易管理条例》第二十八条"。

第八十八条中的"《期货交易管理条例》第五十六条"修改为"《期货交易管理条例》第五十五条"。

第九十条第二款中的"《期货交易管理条例》第五十六条"修改为"《期货交易管理条例》第五十五条"。

第九十三条中的"《期货交易管理条例》第六十七条"修改为"《期货交易管理条例》第六十六条"。

第九十四条中的"《期货交易管理条例》第六十八条"修改为"《期货交易管理条例》第六十七条"。

……

期货公司监督管理办法

（2019年6月4日中国证券监督管理委员会令第155号公布　自公布之日起施行）

第一章　总　　则

第一条　为了规范期货公司经营活动，加强对期货公司监督管理，保护客户合法权益，推进期货市场建设，根据《公司法》和《期货交易管理条例》等法律、行政法规，制定本办法。

第二条　在中华人民共和国境内设立的期货公司，适用本办法。

第三条　期货公司应当遵守法律、行政法规和中国证券监督管理委员会（以下简称中国证监会）的规定，审慎经营，防范利益冲突，履行对客户的诚信义务。

第四条　期货公司的股东、实际控制人和其他关联人不得滥用权利，不得占用期货公司资产或者挪用客户资产，不得侵害期货公司、客户的合法权益。

第五条　中国证监会及其派出机构依法对期货公司及其分支机构实行监督管理。

中国期货业协会、期货交易所按照自律规则对期货公司实行自律管理。

期货保证金安全存管监控机构依法对客户保证金安全实施监控。

第二章　设立、变更与业务终止

第六条　申请设立期货公司，除应当符合《期货交易管理条例》第十六条规定的条件外，还应当具备下列条件：

（一）注册资本不低于人民币1亿元；

（二）具有期货从业人员资格的人员不少于15人；

（三）具备任职条件的高级管理人员不少于3人。

第七条　期货公司主要股东为法人或者非法人组织的，应当具备下列条件：

（一）实收资本和净资产均不低于人民币1亿元；

（二）净资产不低于实收资本的50%，或有负债低于净资产的50%，不存在对财务状况产生重大不确定影响的其他风险；

（三）具备持续盈利能力，持续经营3个以上完整的会计年度，最近3个会计年度连续盈利；

（四）出资额不得超过其净资产，且资金来源真实合法，不得以委托资金、负债资金等入股期货公司；

（五）信誉良好、公司治理规范、组织架构清晰、股权结构透明，主营业务性质与期货公司具有相关性；

（六）没有较大数额的到期未清偿债务；

（七）近3年未因重大违法违规行为受到行政处罚或者刑事处罚；

（八）未因涉嫌重大违法违规正在被有权机关立案调查或者采取强制措施；

（九）近3年作为公司（含金融机构）的股东或者实际控制人，未有滥用股东权利、逃避股东义务等不诚信行为；

（十）不存在中国证监会根据审慎监管原则认定的其他不适合持有期货公司股权的情形。

第八条　期货公司主要股东为自然人的，除应当符合本办法第七条第（四）项、第（六）项至第（十）项规定的条件外，还应当具备下列条件：

（一）个人金融资产不低于人民币3000万元；

（二）信誉良好，不存在对所投资企业经营失败或重大违法违规行为负有直接责任未逾3年的情形。

间接持有期货公司5%以上股权的自然人应当符合前款规定。

第九条　期货公司控股股东、第一大股东除应当符合本办法第七条、第八条规定的条件外，还应当具备下列条件：

（一）净资本不低于人民币5亿元；股东不适用净资本或者类似指标的，净资产不低于人民币10亿元；

（二）在技术能力、管理服务、人员培训或营销渠道等方面具有较强优势；

（三）具备对期货公司持续的资本补充能力，对期货公司可能发生风险导致无法正常经营的情况具有妥善处置的能力；

（四）中国证监会根据审慎监管原则规定的其他条件。

第十条 非金融企业入股期货公司成为主要股东或者控股股东、第一大股东的，除应当符合本办法第七条、第九条规定的相关条件外，还应当具备下列条件：

（一）符合国家关于加强非金融企业投资金融机构监管的有关规定和相关指导意见；

（二）中国证监会根据审慎监管原则规定的其他条件。

第十一条 期货公司主要股东、控股股东、第一大股东为境外股东的，除应当符合本办法第七条、第九条规定的条件外，还应当具备下列条件：

（一）依其所在国家或者地区法律设立、合法存续的金融机构；

（二）近3年各项财务指标及监管指标符合所在国家或者地区法律的规定和监管机构的要求；

（三）所在国家或者地区具有完善的期货法律和监督管理制度，其期货监管机构已与中国证监会签订监管合作备忘录，并保持有效的监管合作关系；

（四）期货公司外资持股比例或者拥有的权益比例，累计（包括直接持有和间接持有）不得超过我国期货业对外或者对我国香港特别行政区、澳门特别行政区和台湾地区开放所作的承诺。

境外股东应当以可自由兑换货币或者合法取得的人民币出资。

（五）中国证监会根据审慎监管原则规定的其他条件。

第十二条 期货公司有关联关系的股东持股比例合计达到5%的，持股比例最高的股东应当符合本办法第七条、第八条和第十一条规定的条件。

期货公司有关联关系的股东、一致行动人持股比例合计达到成为期货公司控股股东、第一大股东的，持股比例最高的股东应当符合本办法第九条、第十一条规定的条件。涉及的非金融企业股东应当符合本办法第十条、第十一条规定的条件。

第十三条 申请设立期货公司，应当向中国证监会提交下列申请材料：

（一）申请书；

（二）发起协议；

（三）非自然人股东按照其自身决策程序同意出资设立期货公司的决定文件；

（四）公司章程草案；

（五）经营计划；

（六）发起人名单及其最近3年经会计师事务所审计的财务报告或者个人金融资产证明以及不存在对所投资企业经营失败或重大违法违规行为负有直接责任未逾3年的说明；

（七）拟任用高级管理人员和从业人员名单、简历、相关任职条件证明和相关资格证书；

（八）拟订的期货业务制度、内部控制制度和风险管理制度文本；

（九）场地、设备、资金来源证明文件；

（十）股权结构及股东间关联关系、一致行动人关系的说明；

（十一）资本补充方案及风险处置预案；

（十二）律师事务所出具的法律意见书；

（十三）中国证监会规定的其他申请材料。

期货公司单个境外股东的持股比例或者有关联关系的境外股东合计持股比例达到5%以上的，还应当提交下列申请材料：

（一）境外股东的章程、营业执照或者注册证书和相关业务资格证书复印件；

（二）境外股东所在国家或者地区的相关监管机构或者中国证监会认可的境外机构出具的关于其符合本办法第七条第（七）项、第（八）项与第十一条第（二）项规定条件的说明函。

存在非金融企业为期货公司主要股东、控股股东、第一大股东情形的，除上述材料外，还需提交国家关于加强非金融企业投资金融机构监管的有关规定和相关指导意见要求的其他材料。

第十四条 外资持有股权的期货公司，应当按照法律、行政法规的规定，向国务院商务主管部门和外汇管理部门申请办理相关手续。

第十五条 按照本办法设立的期货公司，可以依法从事商品期货经纪业务；从事金融期货经纪、境外期货经纪、期货投资咨询的，应当取得相应业务资格。从事资产管理业务的，应当依法登记备案。

期货公司经批准或者备案可以从事中国证监会规定的其他业务。

第十六条 期货公司申请金融期货经纪业务资格，应当具备下列条件：

（一）申请日前2个月风险监管指标持续符合规定标准；

（二）具有健全的公司治理、风险管理制度和内部控制制度，并有效执行；

（三）符合中国证监会期货保证金安全存管监控的规定；

（四）业务设施和技术系统符合相关技术规范且运行状况良好；

（五）高级管理人员近2年内未受到刑事处罚，未因违法违规经营受到行政处罚，无不良信用记录，且不存在因涉嫌违法违规经营正在被有权机关调查的情形；

（六）不存在被中国证监会及其派出机构采取《期货交易管理条例》第五十五条第二款、第五十六条规定的监管措施的情形；

（七）不存在因涉嫌违法违规正在被有权机关立案调查的情形；

（八）近2年内未因违法违规行为受过刑事处罚或者行政处罚。但期货公司控股股东或者实际控制人变更，高级管理人员变更比例超过50%，对出现上述情形负有责任的高级管理人员和业务负责人已不在公司任职，且已整改完成并经期货公司住所地中国证监会派出机构验收合格的，可不受此限制；

（九）中国证监会根据审慎监管原则规定的其他条件。

第十七条 期货公司申请金融期货经纪业务资格，应当向中国证监会提交下列申请材料：

（一）申请书；

（二）加盖公司公章的营业执照和业务许可证复印件；

（三）股东会或者董事会决议文件；

（四）申请日前2个月风险监管报表；

（五）公司治理、风险管理制度和内部控制制度执行情况报告；

（六）业务设施和技术系统运行情况报告，以及信息系统内部审计报告等网络安全相关材料；

（七）律师事务所出具的法律意见书；

（八）若存在本办法第十六条第（八）项规定情形的，还应提供期货公司住所地中国证监会派出机构出具的整改验收合格意见书；

（九）中国证监会规定的其他申请材料。

第十八条 期货公司申请境外期货经纪、期货投资咨询以及经批准或者备案的其他业务的条件，由中国证监会另行规定。

第十九条 期货公司变更股权有下列情形之一的，应当经中国证监会批准：

（一）变更控股股东、第一大股东；

（二）单个股东的持股比例或者有关联关系的股东合计持股比例增加到5%以上，且涉及境外股东的。

除前款规定情形外，期货公司单个股东的持股比例或者有关联关系的股东合计持股比例增加到5%以上，应当经期货公司住所地中国证监会派出机构批准。

第二十条 期货公司变更股权有本办法第十九条所列情形的，应当具备下列条件：

（一）拟变更的股权不存在被冻结等情形；

（二）期货公司与股东之间不存在交叉持股的情形，期货公司不存在为股权受让方提供任何形式财务支持的情形；

（三）涉及的股东符合本办法第七条至第十二条规定的条件。

第二十一条 期货公司变更股权，有本办法第十九条所列情形的，应当提交下列相关申请材料：

（一）申请书；

（二）关于变更股权的决议文件；

（三）股权转让或者变更出资合同，以及有限责任公司其他股东放弃优先购买权的承诺书；

（四）所涉及股东的基本情况报告、变更后期货公司股东股权背景情况图以及期货公司关于变更后股东是否存在关联关系、期货公司是否为股权受让方提供任何形式财务支持的情况说明；

（五）所涉及股东的股东会、董事会或者其他决策机构做出的相关决议；

（六）所涉及股东的最近3年经会计师事务

所审计的财务报告或者个人金融资产证明以及不存在对所投资企业经营失败或重大违法违规行为负有直接责任未逾3年的说明；

（七）律师事务所出具的法律意见书；

（八）中国证监会规定的其他材料。

期货公司单个境外股东的持股比例或者有关联关系的境外股东合计持股比例增加到5%以上的，还应当提交本办法第十三条第二款所规定的申请材料。

存在非金融企业为期货公司主要股东、控股股东、第一大股东情形的，除上述材料外，还需提交国家关于加强非金融企业投资金融机构监管的有关规定和相关指导意见要求的其他材料。

期货公司发生本办法第十九条规定情形以外的股权变更，且股权登记管理未在证券登记结算机构实施的，应当自完成工商变更登记手续之日起5个工作日内向公司住所地中国证监会派出机构报备下列书面材料：

（一）变更持有5%以下股权股东情况报告；

（二）股权受让方相关背景材料；

（三）股权背景情况图；

（四）股权变更相关文件；

（五）公司章程、准予变更登记文件、营业执照复印件；

（六）中国证监会规定的其他材料。

第二十二条 期货公司股东应当秉承长期投资理念，依法行使股东权利，履行股东义务，督促期货公司完善治理结构、风险管理与内部控制制度，实现持续、健康发展。

第二十三条 期货公司拟入股股东应当充分了解期货公司股东条件、权利和义务，入股期货公司的程序应当完备合法，不得存在损害期货公司其他股东或者客户的合法权益以及通过隐瞒等方式规避期货公司股东资格审批或者监管的情况。

第二十四条 期货公司股权出让方在股权转让期间，应当支持并配合期货公司董事会、监事会和高级管理人员依法履行职责，不得在股权转让完成前推荐股权受让方相关人员担任期货公司董事、监事、高级管理人员。

期货公司股东出让股权依法应经中国证监会批准的，在批准前，股权出让方应当继续独立行使表决权及其他股东权利，不得以任何形式变相让渡表决权予股权受让方。

第二十五条 期货公司变更法定代表人，拟任法定代表人应当具备任职条件。期货公司应当自完成相关工商变更登记之日起5个工作日内向住所地中国证监会派出机构提交下列备案材料：

（一）备案报告；

（二）变更后的营业执照副本复印件；

（三）公司决议文件；

（四）法定代表人期货从业资格证书、任职条件证明；

（五）期货公司原《经营证券期货业务许可证》正、副本原件；

（六）中国证监会要求提交的其他文件。

第二十六条 期货公司变更住所或营业场所，应当妥善处理客户资产，拟迁入的住所和拟使用的设施应当符合业务需要，并自完成相关工商变更登记之日起5个工作日内向住所地中国证监会派出机构报备。期货公司在中国证监会不同派出机构辖区变更住所的，还应当符合下列条件：

（一）符合持续性经营规则；

（二）近2年未因重大违法违规行为受到行政处罚或者刑事处罚；

（三）中国证监会根据审慎监管原则规定的其他条件。

第二十七条 期货公司变更住所或营业场所，应当向拟迁入地中国证监会派出机构提交下列备案材料：

（一）备案报告；

（二）变更后的营业执照副本复印件；

（三）公司决议文件；

（四）关于客户资产处理情况，变更后住所和使用的设施符合期货业务需要的说明；

（五）变更后住所所有权或者使用权证明；

（六）首席风险官出具的公司符合相关条件的意见；

（七）期货公司原《经营证券期货业务许可证》正、副本原件；

（八）中国证监会要求提交的其他文件。

期货公司在提交备案材料时，应当将备案材

料同时抄报拟迁出地中国证监会派出机构。

第二十八条　期货公司设立营业部、分公司等境内分支机构，应当自完成相关工商设立登记之日起5个工作日内向公司住所地中国证监会派出机构报备。

期货公司设立境内分支机构，应当具备下列条件：

（一）公司治理健全，内部控制制度符合有关规定并有效执行；

（二）申请日前3个月符合风险监管指标标准；

（三）符合有关客户资产保护和期货保证金安全存管监控的规定；

（四）未因涉嫌违法违规经营正在被有权机关调查，近1年内未因违法违规经营受到行政处罚或者刑事处罚；

（五）具有符合业务发展需要的分支机构设立方案和稳定的经营计划；

（六）中国证监会根据审慎监管原则规定的其他条件。

第二十九条　期货公司设立境内分支机构，应当向公司住所地中国证监会派出机构提交下列备案材料：

（一）备案报告；

（二）分支机构营业执照副本复印件；

（三）公司决议文件；

（四）分支机构负责人任职条件证明；

（五）分支机构从业人员名册及期货从业资格证书；

（六）营业场所所有权或者使用权证明；

（七）首席风险官出具的公司符合相关条件的意见；

（八）中国证监会要求提交的其他文件。

期货公司在提交备案材料时，应当将备案材料同时抄报拟设立分支机构所在地的中国证监会派出机构。

第三十条　期货公司变更分支机构营业场所的，应当妥善处理客户资产，拟迁入的营业场所和拟使用的设施应当满足业务需要。

本办法所称期货公司变更分支机构营业场所仅限于在中国证监会同一派出机构辖区内变更营业场所。

第三十一条　期货公司终止境内分支机构的，应当先行妥善处理该分支机构客户资产，结清分支机构业务并终止经营活动，并自完成上述工作之日起5个工作日内向分支机构所在地中国证监会派出机构提交下列备案材料：

（一）备案报告；

（二）公司决议文件；

（三）关于处理分支机构客户资产、结清期货业务并终止经营活动情况的说明；

（四）在中国证监会指定报刊上的公告证明；

（五）首席风险官出具的公司符合相关条件的意见；

（六）期货公司分支机构《经营证券期货业务许可证》正、副本原件；

（七）中国证监会要求提交的其他文件。

期货公司在提交备案材料时，应当将备案材料同时抄报公司住所地的中国证监会派出机构。

第三十二条　期货公司设立、收购、参股境外经营机构，应当具备下列条件，并应当自公司决议生效之日起5个工作日内向中国证监会报备：

（一）申请日前6个月符合风险监管指标标准；

（二）最近一次期货公司分类监管评级不低于B类BB级；

（三）近3年内未因重大违法违规行为受到行政处罚或者刑事处罚，近1年未因治理结构不健全、内部控制不完善等原因被采取监管措施，不存在因涉嫌重大违法违规行为正在被立案调查或者正处于整改期间的情形；

（四）具有完备的境外机构管理制度，能够有效隔离风险；

（五）拟设立、收购或者参股机构所在国家或者地区的期货监管机构已与中国证监会签署监管合作备忘录；

（六）中国证监会根据审慎监管原则规定的其他条件。

第三十三条　期货公司设立、收购、参股境外经营机构，应当自获得境外有关监管机构核准文件之日起5个工作日内向中国证监会提交下列备案材料：

（一）备案报告；

（二）境外经营机构的章程；

（三）境外有关监管机构核准文件；

（四）中国证监会要求的其他资料。

期货公司变更境外经营机构注册资本或股权以及终止境外经营机构的，应当自获得境外有关监管机构核准文件之日起5个工作日内向中国证监会提交下列备案材料：

（一）备案报告；

（二）最近一年经具有证券、期货相关业务资格的会计师事务所审计的境外经营机构的财务报告；

（三）中国证监会要求的其他资料。

第三十四条 期货公司申请设立、收购或者参股境外经营机构，应当按照外汇管理部门相关规定办理有关手续。

第三十五条 期货公司因遭遇不可抗力等正当事由申请停业的，应当妥善处理客户资产，清退或者转移客户。

期货公司恢复营业的，应当符合期货公司持续性经营规则。停业期限届满后，期货公司未能恢复营业或者不符合持续性经营规则的，中国证监会可以根据《期货交易管理条例》第二十条第一款规定注销其期货业务许可证。

第三十六条 期货公司停业的，应当向中国证监会提交下列申请材料：

（一）申请书；

（二）停业决议文件；

（三）关于处理客户资产、处置或者清退客户情况的报告；

（四）中国证监会规定的其他材料。

第三十七条 期货公司被撤销所有期货业务许可的，应当妥善处理客户资产，结清期货业务；公司继续存续的，应当依法办理名称、营业范围和公司章程等工商变更登记，存续公司不得继续以期货公司名义从事业务，其名称中不得有“期货”或者近似字样。

期货公司解散、破产的，应当先行妥善处理客户资产，结清业务。

第三十八条 期货公司设立、变更、停业、解散、破产、被撤销期货业务许可或者其分支机构设立、变更、终止的，期货公司应当在中国证监会指定的媒体上公告。

第三十九条 期货公司及其分支机构的许可证由中国证监会统一印制。许可证正本或者副本遗失或者灭失的，期货公司应当在30个工作日内在中国证监会指定的媒体上声明作废，并持登载声明向中国证监会或期货公司分支机构所在地派出机构重新申领。

第三章 公司治理

第四十条 期货公司应当按照明晰职责、强化制衡、加强风险管理的原则，建立并完善公司治理。

第四十一条 期货公司与其股东、实际控制人及其他关联人在业务、人员、资产、财务等方面应当严格分开，独立经营，独立核算。

未依法经期货公司股东会或者董事会决议，期货公司股东、实际控制人不得任免期货公司的董事、监事、高级管理人员，或者非法干预期货公司经营管理活动。

期货公司向股东、实际控制人及其关联人提供服务的，不得降低风险管理要求。

第四十二条 期货公司应当加强关联交易管理，准确识别关联方，严格落实关联交易审批和信息披露制度，及时向公司住所地中国证监会派出机构报告关联交易情况。

期货公司股东、实际控制人和其他关联人应当遵守法律、行政法规和中国证监会关于关联交易的相关规定，不得与期货公司进行不当的关联交易，不得利用其对期货公司经营管理的影响力获取不当利益。

第四十三条 期货公司控股股东、第一大股东应当每年对自身遵守法律法规及监管规定情况、经营状况、履行对期货公司承诺事项和期货公司章程的情况进行自查自评，每年度结束之日起4个月内将评估报告通过期货公司报送期货公司住所地中国证监会派出机构。

第四十四条 期货公司主要股东或者实际控制人出现下列情形之一的，应当主动、准确、完整地在3个工作日内通知期货公司：

（一）所持有的期货公司股权被冻结或者被强制执行；

（二）质押或解除质押所持有的期货公司股权；

（三）决定转让所持有的期货公司股权；

（四）不能正常行使股东权利或者承担股东义务，可能造成期货公司治理的重大缺陷；

（五）股权变更或者业务范围、经营管理发生重大变化；

（六）董事长、总经理或者代为履行相应职务的董事、高级管理人员等发生变动；

（七）因国家法律法规、重大政策调整或者不可抗力等因素，可能对公司经营管理产生重大不利影响；

（八）涉嫌重大违法违规被有权机关调查或者采取强制措施；

（九）因重大违法违规行为受到行政处罚或者刑事处罚；

（十）变更名称；

（十一）合并、分立或者进行重大资产、债务重组；

（十二）被采取停业整顿、撤销、接管、托管等监管措施，或者进入解散、破产、关闭程序；

（十三）其他可能影响期货公司股权变更或者持续经营的情形。

期货公司主要股东发生前款规定情形的，期货公司应当自收到通知之日起3个工作日内向期货公司住所地中国证监会派出机构报告。

期货公司实际控制人发生第一款第（八）项至第（十二）项所列情形的，期货公司应当自收到通知之日起3个工作日内向中国证监会及住所地派出机构报告。

第四十五条　期货公司有下列情形之一的，应当立即书面通知全体股东或进行公告，并向住所地中国证监会派出机构报告：

（一）公司或者其董事、监事、高级管理人员因涉嫌违法违规被有权机关立案调查或者采取强制措施；

（二）公司或者其董事、监事、高级管理人员因违法违规行为受到行政处罚或者刑事处罚；

（三）风险监管指标不符合规定标准；

（四）客户发生重大透支、穿仓，可能影响期货公司持续经营；

（五）发生突发事件，对期货公司或者客户利益产生或者可能产生重大不利影响；

（六）其他可能影响期货公司持续经营的情形。

中国证监会及其派出机构对期货公司及其分支机构采取《期货交易管理条例》第五十五条第二款、第四款或者第五十六条规定的监管措施或者作出行政处罚，期货公司应当书面通知全体股东或进行公告。

第四十六条　期货公司股东会或股东大会应当按照《公司法》和公司章程，对职权范围内的事项进行审议和表决。股东会或股东大会每年应当至少召开一次会议。期货公司股东应当按照出资比例或者所持股份比例行使表决权。

第四十七条　期货公司应当设立董事会，并按照《公司法》的规定设立监事会或监事，切实保障监事会和监事对公司经营情况的知情权。

期货公司可以设立独立董事，期货公司的独立董事不得在期货公司担任董事会以外的职务，不得与本期货公司存在可能妨碍其作出独立、客观判断的关系。

第四十八条　期货公司应当设首席风险官，对期货公司经营管理行为的合法合规性、风险管理进行监督、检查。

首席风险官发现涉嫌占用、挪用客户保证金等违法违规行为或者可能发生风险的，应当立即向住所地中国证监会派出机构和公司董事会报告。

期货公司拟解聘首席风险官的，应当有正当理由，并向住所地中国证监会派出机构报告。

第四十九条　期货公司的董事长、总经理、首席风险官之间不得存在近亲属关系。

第五十条　期货公司应当合理设置业务部门及其职能，建立岗位责任制度，不相容岗位应当分离。交易、结算、财务业务应当由不同部门和人员分开办理。

期货公司应当设立风险管理部门或者岗位，管理和控制期货公司的经营风险。

期货公司应当设立合规审查部门或者岗位，审查和稽核期货公司经营管理的合法合规性。

第五十一条　期货公司应当建立健全并持续完善覆盖境内外分支机构、子公司及其业务的合规管理、风险管理和内部控制体系，贯穿决策、执行、监督、反馈等各个环节，实现风险管理全覆盖。

第五十二条　期货公司应当对分支机构实行集中统一管理，不得与他人合资、合作经营管理分支机构，不得将分支机构承包、租赁或者委托给他人经营管理。

分支机构经营的业务不得超出期货公司的业务范围，并应当符合中国证监会对相关业务的规定。

期货公司应当按照规定对分支机构实行统一结算、统一风险管理、统一资金调拨、统一财务管理和会计核算。

第五十三条 期货公司设立、收购、参股的境外经营机构发生下列事项的，期货公司应当在5个工作日内向公司住所地中国证监会派出机构书面报告：

（一）注册登记、取得业务资格、设立子公司；

（二）变更名称、变更业务范围以及修改章程重要条款等；

（三）取得、变更或者注销交易所、协会等会员资格；

（四）变更董事长、总经理、合规负责人和风险管理负责人；

（五）机构或其从业人员受到境外监管机构或交易所的调查、纪律处分或处罚；

（六）预计发生重大亏损或者遭受超过净资产10%的重大损失；

（七）与期货公司及其关联方发生重大关联交易；

（八）按规定应当向境外监管机构报告的重大事项；

（九）中国证监会规定的其他重大事项。

第五十四条 期货公司应当在每月结束之日起7个工作日内报送设立、收购的境外经营机构的上一月度主要财务数据及业务情况。

期货公司应当在每会计年度结束之日起4个月内报送上一年度境外经营机构经审计的财务报告、审计报告以及年度工作报告，年度工作报告的内容包括但不限于：持牌情况、业务开展情况、财务状况、下属机构以及被境外监管机构采取监管措施或处罚等情况。

第五十五条 期货公司可以按照规定，运用自有资金投资于股票、投资基金、债券等金融类资产，与业务相关的股权以及中国证监会规定的其他业务，但不得从事《期货交易管理条例》禁止的业务。

第四章 业务规则

第一节 一般规定

第五十六条 期货公司应当建立并有效执行风险管理、内部控制、期货保证金存管等业务制度和流程，有效隔离不同业务之间的风险，确保客户资产安全和交易安全。

第五十七条 期货公司应当按照规定实行投资者适当性管理制度，建立执业规范和内部问责机制，了解客户的经济实力、专业知识、投资经历和风险偏好等情况，审慎评估客户的风险承受能力，提供与评估结果相适应的产品或者服务。

期货公司应当向客户全面客观介绍相关法律法规、业务规则、产品或者服务的特征，充分揭示风险，并按照合同的约定，如实向客户提供相关的资料、信息，不得欺诈或者误导客户。

期货公司应充分了解和评估客户风险承受能力，加强对客户的管理。

期货公司应当承担各项产品和服务的投资者教育义务，保障必要费用和人员配备，将投资者教育纳入各业务环节。

第五十八条 期货公司应当在本公司网站、营业场所等公示业务流程。

期货公司应当提供从业人员资格证书等资料供客户查阅，并在本公司网站和营业场所提示客户可以通过中国期货业协会网站查询。

第五十九条 期货公司应当承担投资者投诉处理的首要责任，建立、健全客户投诉处理制度，公开投诉处理流程，妥善处理客户投诉及与客户的纠纷。

第六十条 期货公司应当建立数据备份制度，对交易、结算、财务等数据进行备份管理。

期货公司应当妥善保存客户开户资料、委托记录、交易记录和与内部管理、业务经营有关的各项资料，任何人不得隐匿、伪造、篡改或者毁损，除依法接受调查和检查外，应当为客户保密，不得非法提供给他人。客户资料保存期限自账户销户之日起不得少于20年。

第二节 期货经纪业务

第六十一条 期货公司不得接受下列单位

和个人的委托，为其进行期货交易：

（一）国家机关和事业单位；

（二）中国证监会及其派出机构、期货交易所、期货保证金安全存管监控机构、中国期货业协会工作人员及其配偶；

（三）期货公司工作人员及其配偶；

（四）证券、期货市场禁止进入者；

（五）未能提供开户证明材料的单位和个人；

（六）中国证监会规定的不得从事期货交易的其他单位和个人。

第六十二条　客户应当以自己的名义向期货公司提出开户申请，出具合法有效的单位、个人身份证明或者其他证明材料，如实提供相关信息和材料，承诺资金来源合法，对拟开立的账户与其他账户存在实际控制关系的，应当在开户时向期货公司披露。期货公司应当及时向期货交易所、期货保证金安全存管监控机构报告。

期货公司应当充分告知客户有关实际控制关系账户管理的规定，对客户实际控制关系账户的申报和变更进行管理。

第六十三条　期货公司应当对客户开户信息和资料进行审核。开户信息和资料不真实、不准确和不完整的，期货公司不得为其办理开户手续。

第六十四条　期货公司在为客户开立期货经纪账户前，应当向客户出示《期货交易风险说明书》，由客户签字确认，并签订期货经纪合同。

《〈期货经纪合同〉指引》和《期货交易风险说明书》由中国期货业协会制定。

第六十五条　客户可以通过书面、电话、计算机、互联网等委托方式下达交易指令。

期货公司应当建立交易指令委托管理制度，并与客户就委托方式和程序进行约定。期货公司应当按照客户委托下达交易指令，不得未经客户委托或者未按客户委托内容，擅自进行期货交易。期货公司从业人员不得私下接受客户委托进行期货交易。

以书面方式下达交易指令的，客户应当填写书面交易指令单；以电话方式下达交易指令的，期货公司应当同步录音；以计算机、互联网等委托方式下达交易指令的，期货公司应当以适当方式保存。以互联网方式下达交易指令的，期货公司应当对互联网交易风险进行特别提示。

第六十六条　期货公司应当进行客户交易指令审核。期货公司应当在传递交易指令前对客户账户资金和持仓进行验证。

期货公司应当按照时间优先的原则传递客户交易指令。

第六十七条　期货公司应当建立健全客户交易行为管理制度，发现客户交易指令涉嫌违法违规或者出现交易异常的，应当及时向期货交易所、期货保证金安全存管监控机构及住所地中国证监会派出机构报告。

第六十八条　期货公司应当在每日结算后为客户提供交易结算报告，并提示客户可以通过期货保证金安全存管监控机构进行查询。客户应当按照期货经纪合同约定方式对交易结算报告内容进行确认。

客户对交易结算报告有异议的，应当在期货经纪合同约定的时间内以书面方式提出，期货公司应当在约定时间内进行核实。客户未在约定时间内提出异议的，视为对交易结算报告内容的确认。

第六十九条　期货公司应当制定并执行错单处理业务规则。

第七十条　期货公司应当按照规定为客户申请、注销交易编码。客户与期货公司的委托关系终止的，应当办理销户手续。期货公司不得将客户未注销的资金账号、交易编码借给他人使用。

第七十一条　期货公司为境外交易者和境外经纪机构提供境内特定品种期货交易、结算服务的，应当遵守法律、行政法规及中国证监会的有关规定。

第七十二条　期货公司可以按照规定委托其他机构或者接受其他机构委托从事中间介绍业务。

第三节　期货投资咨询业务

第七十三条　期货公司可以依法从事期货投资咨询业务，接受客户委托，向客户提供风险管理顾问、研究分析、交易咨询等服务。

第七十四条　期货公司从事期货投资咨询业务，应当与客户签订服务合同，明确约定服务内容、收费标准及纠纷处理方式等事项。

第七十五条 期货公司及其从业人员从事期货投资咨询业务，不得有下列行为：

（一）向客户做出保证其资产本金不受损失或者取得最低收益的承诺；

（二）以虚假信息、市场传言或者内幕信息为依据向客户提供期货投资咨询服务；

（三）对价格涨跌或者市场走势做出确定性的判断；

（四）利用向客户提供投资建议谋取不正当利益；

（五）利用期货投资咨询活动传播虚假、误导性信息；

（六）以个人名义收取服务报酬；

（七）法律、行政法规和中国证监会规定禁止的其他行为。

第四节 资产管理业务

第七十六条 期货公司可以依法从事资产管理业务，接受客户委托，运用客户资产进行投资。投资收益由客户享有，损失由客户承担。

第七十七条 期货公司从事资产管理业务，应当与客户签订资产管理合同，通过专门账户提供服务。

第七十八条 期货公司可以依法从事下列资产管理业务：

（一）为单一客户办理资产管理业务；

（二）为特定多个客户办理资产管理业务。

第七十九条 期货公司及其从业人员从事资产管理业务，不得有下列行为：

（一）以欺诈手段或者其他不当方式误导、诱导客户；

（二）向客户做出保证其资产本金不受损失或者取得最低收益的承诺；

（三）接受客户委托的初始资产低于中国证监会规定的最低限额；

（四）占用、挪用客户委托资产；

（五）以转移资产管理账户收益或者亏损为目的，在不同账户之间进行买卖，损害客户利益；

（六）以获取佣金或者其他利益为目的，使用客户资产进行不必要的交易；

（七）利用管理的客户资产为第三方谋取不正当利益，进行利益输送；

（八）利用或协助客户利用资管账户规避期货交易所限仓管理规定；

（九）违反投资者适当性要求，通过拆分资产管理产品等方式，向风险承受能力低于产品风险等级的投资者销售资产管理产品；

（十）法律、行政法规以及中国证监会规定禁止的其他行为。

第八十条 期货公司从事资产管理业务，除应当符合本办法规定外，还应当符合中国证监会关于期货公司从事资产管理业务的其他规定。

第五章 客户资产保护

第八十一条 客户的保证金和委托资产属于客户资产，归客户所有。客户资产应当与期货公司的自有资产相互独立、分别管理。非因客户本身的债务或者法律、行政法规规定的其他情形，不得查封、冻结、扣划或者强制执行客户资产。期货公司破产或者清算时，客户资产不属于破产财产或者清算财产。

第八十二条 期货公司应当在期货保证金存管银行开立期货保证金账户。

期货公司开立、变更或者撤销期货保证金账户的，应于当日向期货保证金安全存管监控机构备案，并通过规定方式向客户披露账户开立、变更或者撤销情况。

第八十三条 客户应当向期货公司登记以本人名义开立的用于存取期货保证金的结算账户。

期货公司和客户应当通过备案的期货保证金账户和登记的期货结算账户转账存取保证金。

第八十四条 期货公司存管的客户保证金应当全额存放在期货保证金账户和期货交易所专用结算账户内，严禁在期货保证金账户和期货交易所专用结算账户之外存放。

第八十五条 期货公司应当按照规定及时向期货保证金安全存管监控机构报送信息。

第八十六条 期货保证金存管银行未按规定向期货保证金安全存管监控机构报送信息，被期货交易所采取自律监管措施或者被中国证监会采取监管措施、处以行政处罚的，期货公司应当暂停在该存管银行开立期货保证金账户，并将期货保证金转存至其他符合规定的期货保证金存管银行。

第八十七条 期货公司应当按照期货交易所规则，缴存结算担保金，并维持最低数额的结算准备金等专用资金，确保客户正常交易。

第八十八条 除依据《期货交易管理条例》第二十八条划转外，任何单位或者个人不得以任何形式占用、挪用客户保证金。

客户在期货交易中违约造成保证金不足的，期货公司应当以风险准备金和自有资金垫付，不得占用其他客户保证金。

期货公司应当按照规定提取、管理和使用风险准备金，不得挪作他用。

第六章 信息系统管理

第八十九条 期货公司应当具有符合行业标准和自身业务发展需要的信息系统，制定信息技术管理制度，按照规定设置信息技术部门或岗位，保障信息系统安全运行。

第九十条 期货公司应当将合规与风险管理贯穿信息技术管理的各个环节，建立相应的审查、测试、监测和应急处置机制。

第九十一条 期货公司运用信息系统从事期货业务活动前，应当进行内部审查，验证下列事项并建立存档记录：

（一）信息系统的功能设计与技术实现应当遵循业务合规的原则，各项功能符合法律、行政法规以及中国证监会的规定；

（二）风险管理系统功能完备、权限清晰，能够正常运行；

（三）信息系统的安全防护措施能够保障经营数据和客户信息的安全、完整；

（四）期货公司运行管理能力和信息系统备份能力能够保障信息系统的安全运行；

（五）可能影响信息系统运行连续性、合规性、安全性的其他事项。

第九十二条 期货公司应当建立独立于生产环境的专用信息系统开发测试环境，运用信息系统从事期货业务活动前应当进行测试。

第九十三条 期货公司应当通过自身具有管理权限的信息系统直接接受客户交易指令，不得允许或者配合其他机构、个人截取、留存客户信息，不得以任何方式向其他机构、个人违规提供客户信息，法律、行政法规以及中国证监会另有规定的除外。

期货公司发现其他机构、个人违规传输、转发、存储或者使用本公司经营数据和客户信息的，应当及时向公司住所地中国证监会派出机构报告，并评估影响范围、排查泄露途径。如涉及业务合作机构的，期货公司应当立即终止与其合作。

第九十四条 期货公司应当建立健全信息系统安全监测机制，设立监测指标并持续监测重要信息系统的运行状况。

期货公司应当跟踪监测发现的异常情形，及时处理并定期开展评估分析。

第九十五条 期货公司应当建立信息系统安全应急处置和报告机制，及时处置重大异常情况和突发信息安全事件，尽快恢复信息系统的正常运行，并向中国证监会及其派出机构和期货交易所报告。

第九十六条 期货公司重要信息系统部署以及所承载数据的管理，应当符合法律法规等规定。

第九十七条 期货公司应当建立健全外部接入信息系统管理制度。期货公司信息系统接入外部信息系统的，应当对接入的外部信息系统开展合规评估、风险评估和技术系统测试，保证接入的外部信息系统的合规性和安全性，并按照期货交易所、中国期货业协会的要求报告接入方及接入信息系统情况，不得违规为客户提供信息系统外部接入服务。

第九十八条 期货公司委托信息技术服务机构提供信息技术服务，应当建立内部审查、评估和管理机制。期货公司依法应当承担的相应责任不因委托而免除或减轻。

期货信息技术服务机构应当遵守法律、行政法规及中国证监会的相关规定。

第七章 监督管理

第九十九条 期货公司应当按照规定报送年度报告、月度报告等资料。

期货公司法定代表人、经营管理主要负责人、首席风险官、财务负责人应当对年度报告和月度报告签署确认意见；监事会或监事应对年度报告进行审核并提出书面审核意见；期货公司董事应当对年度报告签署确认意见。

期货公司年度报告、月度报告签字人员应当保证报告内容真实、准确、完整；对报告内容有异议的，应当注明意见和理由。

第一百条 中国证监会及其派出机构可以要求下列机构或者个人，在指定期限内报送与期货公司经营相关的资料：

（一）期货公司及其董事、监事、高级管理人员及其他工作人员；

（二）期货公司股东、实际控制人或者其他关联人；

（三）期货公司控股、参股或者实际控制的企业；

（四）为期货公司提供相关服务的会计师事务所、律师事务所、资产评估机构等中介服务机构。

报送、提供或者披露的资料、信息应当真实、准确、完整，不得有虚假记载、误导性陈述或者重大遗漏。

第一百零一条 期货公司主要股东、实际控制人或者其他关联人在期货公司从事期货交易的，期货公司应当自开户之日起5个工作日内向住所地中国证监会派出机构报告开户情况，并定期报告交易情况。

第一百零二条 发生下列事项之一的，期货公司应当在5个工作日内向住所地中国证监会派出机构书面报告：

（一）变更公司名称、形式、章程；

（二）同比例增减资；

（三）变更股权或注册资本，且不涉及新增持有5%以上股权的股东；

（四）变更分支机构负责人或者营业场所；

（五）作出终止业务等重大决议；

（六）被有权机关立案调查或者采取强制措施；

（七）发生影响或者可能影响期货公司经营管理、财务状况或者客户资产安全等重大事件；

（八）中国证监会规定的其他事项。

上述事项涉及期货公司分支机构的，期货公司应当同时向分支机构住所地中国证监会派出机构书面报告。

第一百零三条 期货公司聘请或者解聘会计师事务所的，应当自作出决定之日起5个工作日内向住所地中国证监会派出机构报告；解聘会计师事务所的，应当说明理由。

第一百零四条 期货公司应当按照规定，公示基本情况、历史情况、分支机构基本情况、董事及监事信息、高级管理人员及从业人员信息、公司股东信息、公司诚信记录以及中国证监会要求的其他信息。

期货公司公示信息及其他重大事项发生变更的，应当自变更之日起5个工作日内在中国证监会有关监管信息系统中进行更新。

第一百零五条 中国证监会可以按照规定对期货公司进行分类监管。

第一百零六条 中国证监会及其派出机构可以对期货公司及其分支机构进行定期或者不定期现场检查。

中国证监会及其派出机构依法进行现场检查时，检查人员不得少于2人，并应当出示合法证件和检查通知书，必要时可以聘请外部专业人士协助检查。

中国证监会及其派出机构可以对期货公司子公司以及期货公司的股东、实际控制人进行延伸检查。

第一百零七条 中国证监会及其派出机构对期货公司及其分支机构进行检查，有权采取下列措施：

（一）询问期货公司及其分支机构的工作人员，要求其对被检查事项作出解释、说明；

（二）查阅、复制与被检查事项有关的文件、资料；

（三）查询期货公司及其分支机构的客户资产账户；

（四）检查期货公司及其分支机构的信息系统，调阅交易、结算及财务数据。

第一百零八条 中国证监会及其派出机构认为期货公司可能存在下列情形之一的，可以要求其聘请中介服务机构进行专项审计、评估或者出具法律意见：

（一）期货公司年度报告、月度报告或者临时报告等存在虚假记载、误导性陈述或者重大遗漏；

（二）违反客户资产保护、期货保证金安全存管监控规定或者风险监管指标管理规定；

（三）中国证监会根据审慎监管原则认定的其他情形。

期货公司应当配合中介服务机构工作。

第一百零九条 期货公司及其分支机构、期货公司负有责任的董事、监事、高级管理人员以及其他直接责任人员违反本办法有关规定的，中国证监会及其派出机构可以对其采取监管谈话、责令改正、出具警示函等监管措施。

第一百一十条 期货公司或其分支机构有下列情形之一的，中国证监会及其派出机构可以依据《期货交易管理条例》第五十五条规定采取监管措施：

（一）公司治理不健全，部门或者岗位设置存在较大缺陷，关键业务岗位人员缺位或者未履行职责，可能影响期货公司持续经营；

（二）业务规则不健全或者未有效执行，风险管理或者内部控制等存在较大缺陷，经营管理混乱，可能影响期货公司持续经营或者可能损害客户合法权益；

（三）不符合有关客户资产保护或者期货保证金安全存管监控规定，可能影响客户资产安全；

（四）未按规定执行分支机构统一管理制度，经营管理存在较大风险或者风险隐患；

（五）未按规定实行投资者适当性管理制度，存在较大风险或者风险隐患；

（六）未按规定委托或者接受委托从事中间介绍业务；

（七）交易、结算或者财务信息系统存在重大缺陷，可能造成有关数据失真或者损害客户合法权益；

（八）信息系统不符合规定或者未按照规定要求实施信息系统管理，存在较大风险或者风险隐患；

（九）违规开展关联交易，可能影响持续经营；

（十）未按规定实施外部接入信息系统管理，存在较大风险或者风险隐患；

（十一）未按规定调拨和使用自有资金，存在较大风险或者风险隐患；

（十二）未按规定从事资产管理业务，存在较大风险或者风险隐患；

（十三）设立、收购、参股境外经营机构不符合本办法有关规定，存在较大风险或者风险隐患；

（十四）未按规定履行对境外经营机构的管理责任，导致境外经营机构运营不合规或者出现较大风险的；

（十五）股东、实际控制人或者其他关联人停业、发生重大风险或者涉嫌严重违法违规，可能影响期货公司治理或者持续经营；

（十六）存在重大纠纷、仲裁、诉讼，可能影响持续经营；

（十七）未按规定进行信息报送、披露或者报送、披露的信息存在虚假记载、误导性陈述或者重大遗漏；

（十八）其他不符合持续性经营规则规定或者出现其他经营风险的情形。

对经过整改仍未达到经营条件的分支机构，中国证监会派出机构有权依法关闭。

第一百一十一条 期货公司股东、实际控制人、其他关联人，为期货公司提供相关服务的会计师事务所、律师事务所、资产评估机构等中介服务机构违反本办法规定的，中国证监会及其派出机构可以对其采取监管谈话、责令改正、出具警示函等监管措施。

第一百一十二条 期货公司的股东、实际控制人或者其他关联人有下列情形之一的，中国证监会及其派出机构可以责令其限期整改：

（一）虚假出资、出资不实、抽逃出资的；

（二）违规使用委托资金、负债资金等投资入股的；

（三）股权转让过程中，在股权转让完成前推荐股权受让方相关人员担任期货公司董事、监事、高级管理人员或者出让股权依法应经中国证监会批准的，在批准前，让渡或者变相让渡表决权予股权受让方；

（四）占用期货公司资产；

（五）直接任免期货公司董事、监事、高级管理人员，或者非法干预期货公司经营管理活动；

（六）股东未按照出资比例或者所持股份比例行使表决权；

（七）报送、提供或者出具的材料、信息或者报告等存在虚假记载、误导性陈述或者重大遗漏；

（八）违规开展关联交易；

（九）拒绝或阻碍中国证监会或其派出机构进行调查核实；

（十）不配合中国证监会或其派出机构开展风险处置；

（十一）其他损害期货公司及其客户合法利益，扰乱期货市场秩序的行为。

因前款情形致使期货公司不符合持续性经营规则或者出现经营风险的，中国证监会及其派出机构可以依据《期货交易管理条例》第五十五条的规定责令控股股东转让股权或者限制有关股东行使股东权利。

第一百一十三条　未经中国证监会或其派出机构批准，任何个人或者单位及其关联人擅自持有期货公司5%以上股权，或者通过提供虚假申请材料等方式成为期货公司股东的，中国证监会或其派出机构可以责令其限期转让股权。该股权在转让之前，不具有表决权、分红权。

第八章　法律责任

第一百一十四条　期货公司及其分支机构接受未办理开户手续的单位或者个人委托进行期货交易，或者将客户的资金账号、交易编码借给其他单位或者个人使用的，给予警告，单处或者并处3万元以下罚款。

第一百一十五条　期货公司及其分支机构有下列行为之一的，根据《期货交易管理条例》第六十六条处罚：

（一）未按规定实行投资者适当性管理制度，损害客户合法权益；

（二）未按规定将客户资产与期货公司自有资产相互独立、分别管理；

（三）在期货保证金账户和期货交易所专用结算账户之外存放客户保证金；

（四）占用客户保证金；

（五）向期货保证金安全存管监控机构报送的信息存在虚假记载、误导性陈述或者重大遗漏；

（六）违反期货保证金安全存管监控管理相关规定，损害客户合法权益；

（七）未按规定缴存结算担保金，或者未能维持最低数额的结算准备金等专用资金；

（八）在传递交易指令前未对客户账户资金和持仓进行验证；

（九）违反中国证监会有关结算业务管理规定，损害其他期货公司及其客户合法权益；

（十）信息系统不符合规定或者未按照规定要求实施信息系统管理，损害客户合法权益或者扰乱期货市场秩序；

（十一）未按规定实施外部接入信息系统管理，损害客户合法权益或者扰乱期货市场秩序；

（十二）违反中国证监会风险监管指标规定；

（十三）违反规定从事期货投资咨询或者资产管理业务，情节严重的；

（十四）设立、收购、参股境外经营机构不符合本办法有关规定，情节严重或者出现严重后果的；

（十五）未按规定履行对境外经营机构的管理责任，导致境外经营机构违法经营或者出现重大风险的；

（十六）违反规定委托或者接受其他机构委托从事中间介绍业务，损害客户合法权益；

（十七）违规开展关联交易，情节严重的；

（十八）对股东、实际控制人及其关联人降低风险管理要求，侵害其他客户合法权益；

（十九）以合资、合作、联营方式设立分支机构，或者将分支机构承包、出租给他人，或者违反分支机构集中统一管理规定；

（二十）拒不配合、阻碍或者破坏中国证监会及其派出机构的监督管理；

（二十一）违反期货投资者保障基金管理规定。

第一百一十六条　期货公司及其分支机构有下列情形之一的，根据《期货交易管理条例》第六十七条处罚：

（一）发布虚假广告或者进行虚假宣传，诱骗客户参与期货交易；

（二）不按照规定变更或者撤销期货保证金账户，或者不按照规定方式向客户披露期货保证金账户信息。

第一百一十七条　期货公司因治理结构不健全、内部控制不完善，未按有关规定履行对子公司的管理职责,导致子公司违法经营或者出现重大风险的,对期货公司及其直接负责的董事、监事、高级管理人员和其他直接责任人员,依照《期货交易管理条例》第六十六条处罚。

第一百一十八条 会计师事务所、律师事务所、资产评估机构等中介服务机构不按照规定履行报告义务,提供或者出具的材料、报告、意见不完整,责令改正,没收业务收入,单处或者并处3万元以下罚款。对直接负责的主管人员和其他责任人员给予警告,并处3万元以下罚款。

第一百一十九条 未经中国证监会或其派出机构批准,任何个人或者单位及其关联人擅自持有期货公司5%以上股权,或者通过提供虚假申请材料等方式成为期货公司股东,情节严重的,给予警告,单处或者并处3万元以下罚款。

第一百二十条 期货公司股东、实际控制人或者其他关联人等有下列情形之一,除法律、行政法规另有规定外,给予警告,单独或者并处三万元以下罚款。对直接负责的主管人员和其他直接责任人员,给予警告,单独或者并处三万元以下罚款:

(一)违规使用委托资金、负债资金等投资入股,情节严重的;

(二)股权转让过程中,在股权转让完成前推荐股权受让方相关人员担任期货公司董事、监事、高级管理人员或者出让股权依法应经中国证监会批准的,在批准前,让渡或者变相让渡表决权予股权受让方,情节严重的;

(三)占用期货公司资产;

(四)直接任免期货公司董事、监事、高级管理人员,或者非法干预期货公司经营管理活动,情节严重的;

(五)股东未按照出资比例或者所持股份比例行使表决权,情节严重的;

(六)违规开展关联交易,情节严重的;

(七)其他损害期货公司及其客户合法利益,严重扰乱期货市场秩序的行为。

第九章 附 则

第一百二十一条 经中国证监会批准,其他期货经营机构可以从事特定期货业务。具体办法由中国证监会另行制定。

第一百二十二条 期货公司参与其他交易场所交易的,应当遵守法律、行政法规、中国证监会的规定及其他交易场所业务规则的规定。

第一百二十三条 本办法下列用语的含义:

(一)期货公司主要股东,是指持有期货公司5%以上股权的法人、非法人组织或者自然人。

(二)外部接入信息系统,是指通过期货公司交易信息系统接口或其他信息技术手段接入期货公司交易信息系统,且期货公司不具有管理权限的客户交易系统。

第一百二十四条 本办法中所称金融资产包括银行存款、股票、债券、基金份额、资产管理计划、银行理财产品、信托计划、保险产品、期货权益等。

第一百二十五条 本办法自公布之日起施行。2014年10月29日发布的《期货公司监督管理办法》(证监会令第110号)同时废止。

(四)保 险

中华人民共和国保险法①

(1995年6月30日第八届全国人民代表大会常务委员会第十四次会议通过 自1995年10月1日起施行)

目 录

① 编者注:已被修改。

第一章 总 则

第一条 为了规范保险活动,保护保险活动当事人的合法权益,加强对保险业的监督管理,促进保险事业的健康发展,制定本法。

第二条 本法所称保险,是指投保人根据合同约定,向保险人支付保险费,保险人对于合同约定的可能发生的事故因其发生所造成的财产损失承担赔偿保险金责任,或者当被保险人死亡、伤残、疾病或者达到合同约定的年龄、期限时承担给付保险金责任的商业保险行为。

第三条 在中华人民共和国境内从事保险活动,适用本法。

第四条 从事保险活动必须遵守法律、行政法规,遵循自愿和诚实信用的原则。

第五条 经营商业保险业务,必须是依照本法设立的保险公司。其他单位和个人不得经营商业保险业务。

第六条 在中华人民共和国境内的法人和其他组织需要办理境内保险的,应当向中华人民共和国境内的保险公司投保。

第七条 保险公司开展业务,应当遵循公平竞争的原则,不得从事不正当竞争。

第八条 国务院金融监督管理部门依照本法负责对保险业实施监督管理。

第二章 保险合同

第一节 一般规定

第九条 保险合同是投保人与保险人约定保险权利义务关系的协议。

投保人是指与保险人订立保险合同,并按照保险合同负有支付保险费义务的人。

保险人是指与投保人订立保险合同,并承担赔偿或者给付保险金责任的保险公司。

第十条 投保人和保险人订立保险合同,应当遵循公平互利、协商一致、自愿订立的原则,不得损害社会公共利益。

除法律、行政法规规定必须保险的以外,保险公司和其他单位不得强制他人订立保险合同。

第十一条 投保人对保险标的应当具有保险利益。

投保人对保险标的不具有保险利益的,保险合同无效。

保险利益是指投保人对保险标的具有的法律上承认的利益。

保险标的是指作为保险对象的财产及其有关利益或者人的寿命和身体。

第十二条 投保人提出保险要求,经保险人同意承保,并就合同的条款达成协议,保险合同成立。保险人应当及时向投保人签发保险单或者其他保险凭证,并在保险单或者其他保险凭证中载明当事人双方约定的合同内容。

经投保人和保险人协商同意,也可以采取前款规定以外的其他书面协议形式订立保险合同。

第十三条 保险合同成立后,投保人按照约定交付保险费;保险人按照约定的时间开始承担保险责任。

第十四条 除本法另有规定或者保险合同另有约定外,保险合同成立后,投保人可以解除保险合同。

第十五条 除本法另有规定或者保险合同另有约定外,保险合同成立后,保险人不得解除保险合同。

第十六条 订立保险合同,保险人应当向投保人说明保险合同的条款内容,并可以就保险标的或者被保险人的有关情况提出询问,投保人应当如实告知。

投保人故意隐瞒事实,不履行如实告知义务的,或者因过失未履行如实告知义务,足以影响保险人决定是否同意承保或者提高保险费率的,保险人有权解除保险合同。

投保人故意不履行如实告知义务的,保险人对于保险合同解除前发生的保险事故,不承担赔偿或者给付保险金的责任,并不退还保险费。

投保人因过失未履行如实告知义务,对保险事故的发生有严重影响的,保险人对于保险合同解除前发生的保险事故,不承担赔偿或者给付保险金的责任,但可以退还保险费。

保险事故是指保险合同约定的保险责任范围内的事故。

第十七条 保险合同中规定有关于保险人责任免除条款的,保险人在订立保险合同时应当向投保人明确说明,未明确说明的,该条款不产生效力。

第十八条　保险合同应当包括下列事项：

（一）保险人名称和住所；

（二）投保人、被保险人名称和住所，以及人身保险的受益人的名称和住所；

（三）保险标的；

（四）保险责任和责任免除；

（五）保险期间和保险责任开始时间；

（六）保险价值；

（七）保险金额；

（八）保险费以及支付办法；

（九）保险金赔偿或者给付办法；

（十）违约责任和争议处理；

（十一）订立合同的年、月、日。

第十九条　投保人和保险人在前条规定的保险合同事项外，可以就与保险有关的其他事项作出约定。

第二十条　在保险合同有效期内，投保人和保险人经协商同意，可以变更保险合同的有关内容。

变更保险合同的，应当由保险人在原保险单或者其他保险凭证上批注或者附贴批单，或者由投保人和保险人订立变更的书面协议。

第二十一条　投保人、被保险人或者受益人知道保险事故发生后，应当及时通知保险人。

被保险人是指其财产或者人身受保险合同保障，享有保险金请求权的人，投保人可以为被保险人。

受益人是指人身保险合同中由被保险人或者投保人指定的享有保险金请求权的人，投保人、被保险人可以为受益人。

第二十二条　保险事故发生后，依照保险合同请求保险人赔偿或者给付保险金时，投保人、被保险人或者受益人应当向保险人提供其所能提供的与确认保险事故的性质、原因、损失程度等有关的证明和资料。

保险人依照保险合同的约定，认为有关的证明和资料不完整的，应当通知投保人、被保险人或者受益人补充提供有关的证明和资料。

第二十三条　保险人收到被保险人或者受益人的赔偿或者给付保险金的请求后，应当及时作出核定；对属于保险责任的，在与被保险人或者受益人达成有关赔偿或者给付保险金额的协议后十日内，履行赔偿或者给付保险金义务。保险合同对保险金额及赔偿或者给付期限有约定的，保险人应当依照保险合同的约定，履行赔偿或者给付保险金义务。

保险人未及时履行前款规定义务的，除支付保险金外，应当赔偿被保险人或者受益人因此受到的损失。

任何单位或者个人都不得非法干预保险人履行赔偿或者给付保险金的义务，也不得限制被保险人或者受益人取得保险金的权利。

保险金额是指保险人承担赔偿或者给付保险金责任的最高限额。

第二十四条　保险人收到被保险人或者受益人的赔偿或者给付保险金的请求后，对不属于保险责任的，应当向被保险人或者受益人发出拒绝赔偿或者拒绝给付保险金通知书。

第二十五条　保险人自收到赔偿或者给付保险金的请求和有关证明、资料之日起六十日内，对其赔偿或者给付保险金的数额不能确定的，应当根据已有证明和资料可以确定的最低数额先予支付；保险人最终确定赔偿或者给付保险金的数额后，应当支付相应的差额。

第二十六条　人寿保险以外的其他保险的被保险人或者受益人，对保险人请求赔偿或者给付保险金的权利，自其知道保险事故发生之日起二年不行使而消灭。

人寿保险的被保险人或者受益人对保险人请求给付保险金的权利，自其知道保险事故发生之日起五年不行使而消灭。

第二十七条　被保险人或者受益人在未发生保险事故的情况下，谎称发生了保险事故，向保险人提出赔偿或者给付保险金的请求的，保险人有权解除保险合同，并不退还保险费。

投保人、被保险人或者受益人故意制造保险事故的，保险人有权解除保险合同，不承担赔偿或者给付保险金的责任，除本法第六十四条第一款另有规定外，也不退还保险费。

保险事故发生后，投保人、被保险人或者受益人以伪造、变造的有关证明、资料或者其他证据，编造虚假的事故原因或者夸大损失程度的，保险人对其虚报的部分不承担赔偿或者给付保险金的责任。

投保人、被保险人或者受益人有前三款所列行为之一,致使保险人支付保险金或者支出费用的,应当退回或者赔偿。

第二十八条 保险人将其承担的保险业务,以承保形式,部分转移给其他保险人的,为再保险。

应再保险接受人的要求,再保险分出人应当将其自负责任及原保险的有关情况告知再保险接受人。

第二十九条 再保险接受人不得向原保险的投保人要求支付保险费。

原保险的被保险人或者受益人,不得向再保险接受人提出赔偿或者给付保险金的请求。

再保险分出人不得以再保险接受人未履行再保险责任为由,拒绝履行或者迟延履行其原保险责任。

第三十条 对于保险合同的条款,保险人与投保人、被保险人或者受益人有争议时,人民法院或者仲裁机关应当作有利于被保险人和受益人的解释。

第三十一条 保险人或者再保险接受人对在办理保险业务中知道的投保人、被保险人或者再保险分出人的业务和财产情况,负有保密的义务。

第二节 财产保险合同

第三十二条 财产保险合同是以财产及其有关利益为保险标的的保险合同。

本节中的财产保险合同,除特别指明的外,简称合同。

第三十三条 保险标的的转让应当通知保险人,经保险人同意继续承保后,依法变更合同。但是,货物运输保险合同和另有约定的合同除外。

第三十四条 货物运输保险合同和运输工具航程保险合同,保险责任开始后,合同当事人不得解除合同。

第三十五条 被保险人应当遵守国家有关消防、安全、生产操作、劳动保护等方面的规定,维护保险标的的安全。

根据合同的约定,保险人可以对保险标的的安全状况进行检查,及时向投保人、被保险人提出消除不安全因素和隐患的书面建议。

投保人、被保险人未按照约定履行其对保险标的的安全应尽的责任的,保险人有权要求增加保险费或者解除合同。

保险人为维护保险标的的安全,经被保险人同意,可以采取安全预防措施。

第三十六条 在合同有效期内,保险标的的危险程度增加的,被保险人按照合同约定应当及时通知保险人,保险人有权要求增加保险费或者解除合同。

被保险人未履行前款规定的通知义务的,因保险标的的危险程度增加而发生的保险事故,保险人不承担赔偿责任。

第三十七条 有下列情形之一的,除合同另有约定外,保险人应当降低保险费,并按日计算退还相应的保险费:

(一)据以确定保险费率的有关情况发生变化,保险标的的危险程度明显减少;

(二)保险标的的保险价值明显减少。

第三十八条 保险责任开始前,投保人要求解除合同的,应当向保险人支付手续费,保险人应当退还保险费。保险责任开始后,投保人要求解除合同的,保险人可以收取自保险责任开始之日起至合同解除之日止期间的保险费,剩余部分退还投保人。

第三十九条 保险标的的保险价值,可以由投保人和保险人约定并在合同中载明,也可以按照保险事故发生时保险标的的实际价值确定。

保险金额不得超过保险价值;超过保险价值的,超过的部分无效。

保险金额低于保险价值的,除合同另有约定外,保险人按照保险金额与保险价值的比例承担赔偿责任。

第四十条 重复保险的投保人应当将重复保险的有关情况通知各保险人。

重复保险的保险金额总和超过保险价值的,各保险人的赔偿金额的总和不得超过保险价值。除合同另有约定外,各保险人按照其保险金额与保险金额总和的比例承担赔偿责任。

重复保险是指投保人对同一保险标的、同一保险利益、同一保险事故分别向二个以上保险人订立保险合同的保险。

第四十一条 保险事故发生时，被保险人有责任尽力采取必要的措施，防止或者减少损失。

保险事故发生后，被保险人为防止或者减少保险标的的损失所支付的必要的、合理的费用，由保险人承担；保险人所承担的数额在保险标的损失赔偿金额以外另行计算，最高不超过保险金额的数额。

第四十二条 保险标的发生部分损失的，在保险人赔偿后三十日内，投保人可以终止合同；除合同约定不得终止合同的以外，保险人也可以终止合同。保险人终止合同的，应当提前十五日通知投保人，并将保险标的未受损失部分的保险费，扣除自保险责任开始之日起至终止合同之日止期间的应收部分后，退还投保人。

第四十三条 保险事故发生后，保险人已支付了全部保险金额，并且保险金额相等于保险价值的，受损保险标的的全部权利归于保险人；保险金额低于保险价值的，保险人按照保险金额与保险价值的比例取得受损保险标的的部分权利。

第四十四条 因第三者对保险标的的损害而造成保险事故的，保险人自向被保险人赔偿保险金之日起，在赔偿金额范围内代位行使被保险人对第三者请求赔偿的权利。

前款规定的保险事故发生后，被保险人已经从第三者取得损害赔偿的，保险人赔偿保险金时，可以相应扣减被保险人从第三者已取得的赔偿金额。

保险人依照第一款行使代位请求赔偿的权利，不影响被保险人就未取得赔偿的部分向第三者请求赔偿的权利。

第四十五条 保险事故发生后，保险人未赔偿保险金之前，被保险人放弃对第三者的请求赔偿的权利的，保险人不承担赔偿保险金的责任。

保险人向被保险人赔偿保险金后，被保险人未经保险人同意放弃对第三者请求赔偿的权利的，该行为无效。

由于被保险人的过错致使保险人不能行使代位请求赔偿的权利的，保险人可以相应扣减保险赔偿金。

第四十六条 除被保险人的家庭成员或者其组成人员故意造成本法第四十四条第一款规定的保险事故以外，保险人不得对被保险人的家庭成员或者其组成人员行使代位请求赔偿的权利。

第四十七条 在保险人向第三者行使代位请求赔偿权利时，被保险人应当向保险人提供必要的文件和其所知道的有关情况。

第四十八条 保险人、被保险人为查明和确定保险事故的性质、原因和保险标的的损失程度所支付的必要的、合理的费用，由保险人承担。

第四十九条 保险人对责任保险的被保险人给第三者造成的损害，可以依照法律的规定或者合同的约定，直接向该第三者赔偿保险金。

责任保险是指以被保险人对第三者依法应负的赔偿责任为保险标的的保险。

第五十条 责任保险的被保险人因给第三者造成损害的保险事故而被提起仲裁或者诉讼的，除合同另有约定外，由被保险人支付的仲裁或者诉讼费用以及其他必要的、合理的费用，由保险人承担。

第三节 人身保险合同

第五十一条 人身保险合同是以人的寿命和身体为保险标的的保险合同。

本节中的人身保险合同，除特别指明的外，简称合同。

第五十二条 投保人对下列人员具有保险利益：

（一）本人；

（二）配偶、子女、父母；

（三）前项以外与投保人有抚养、赡养或者扶养关系的家庭其他成员、近亲属。

除前款规定外，被保险人同意投保人为其订立合同的，视为投保人对被保险人具有保险利益。

第五十三条 投保人申报的被保险人年龄不真实，并且其真实年龄不符合合同约定的年龄限制的，保险人可以解除合同，并在扣除手续费后，向投保人退还保险费，但是自合同成立之日起逾二年的除外。

投保人申报的被保险人年龄不真实，致使投保人支付的保险费少于应付保险费的，保险人有权更正并要求投保人补交保险费，或者在给付保险金时按照实付保险费与应付保险费的比例支付。

投保人申报的被保险人年龄不真实,致使投保人实付保险费多于应付保险费的,保险人应当将多收的保险费退还投保人。

第五十四条 投保人不得为无民事行为能力人投保以死亡为给付保险金条件的人身保险,保险人也不得承保。

父母为其未成年子女投保的人身保险,不受前款规定限制,但是死亡给付保险金额总和不得超过金融监督管理部门规定的限额。

第五十五条 以死亡为给付保险金条件的合同,未经被保险人书面同意并认可保险金额的,合同无效。

依照以死亡为给付保险金条件的合同所签发的保险单,未经被保险人书面同意,不得转让或者质押。

父母为其未成年子女投保的人身保险,不受第一款规定限制。

第五十六条 投保人于合同成立后,可以向保险人一次支付全部保险费,也可以按照合同约定分期支付保险费。

合同约定分期支付保险费的,投保人应当于合同成立时支付首期保险费,并应当按期支付其余各期的保险费。

第五十七条 合同约定分期支付保险费,投保人支付首期保险费后,除合同另有约定外,投保人超过规定的期限六十日未支付当期保险费的,合同效力中止,或者由保险人按照合同约定的条件减少保险金额。

第五十八条 依照前条规定合同效力中止的,经保险人与投保人协商并达成协议,在投保人补交保险费后,合同效力恢复。但是,自合同效力中止之日起二年内双方未达成协议的,保险人有权解除合同。

保险人依照前款规定解除合同,投保人已交足二年以上保险费的,保险人应当按照合同约定退还保险单的现金价值;投保人未交足二年保险费的,保险人应当在扣除手续费后,退还保险费。

第五十九条 保险人对人身保险的保险费,不得用诉讼方式要求投保人支付。

第六十条 人身保险的受益人由被保险人或者投保人指定。

投保人指定受益人时须经被保险人同意。

被保险人为无民事行为能力人或者限制民事行为能力人的,可以由其监护人指定受益人。

第六十一条 被保险人或者投保人可以指定一人或者数人为受益人。

受益人为数人的,被保险人或者投保人可以确定受益顺序和受益份额;未确定受益份额的,受益人按照相等份额享有受益权。

第六十二条 被保险人或者投保人可以变更受益人并书面通知保险人。保险人收到变更受益人的书面通知后,应当在保险单上批注。

投保人变更受益人时须经被保险人同意。

第六十三条 被保险人死亡后,遇有下列情形之一的,保险金作为被保险人的遗产,由保险人向被保险人的继承人履行给付保险金的义务:

(一)没有指定受益人的;

(二)受益人先于被保险人死亡,没有其他受益人的;

(三)受益人依法丧失受益权或者放弃受益权,没有其他受益人的。

第六十四条 投保人、受益人故意造成被保险人死亡、伤残或者疾病的,保险人不承担给付保险金的责任。投保人已交足二年以上保险费的,保险人应当按照合同约定向其他享有权利的受益人退还保险单的现金价值。

受益人故意造成被保险人死亡或者伤残的,或者故意杀害被保险人未遂的,丧失受益权。

第六十五条 以死亡为给付保险金条件的合同,被保险人自杀的,除本条第二款规定外,保险人不承担给付保险金的责任,但对投保人已支付的保险费,保险人应按照保险单退还其现金价值。

以死亡为给付保险金条件的合同,自成立之日起满二年后,如果被保险人自杀的,保险人可以按照合同给付保险金。

第六十六条 被保险人故意犯罪导致其自身伤残或者死亡的,保险人不承担给付保险金的责任。投保人已交足二年以上保险费的,保险人应当按照保险单退还其现金价值。

第六十七条 人身保险的被保险人因第三者的行为而发生死亡、伤残或者疾病等保险事故的,保险人向被保险人或者受益人给付保险金后,不得享有向第三者追偿的权利。

第六十八条 投保人解除合同,已交足二年以上保险费的,保险人应当自接到解除合同通知之日起三十日内,退还保险单的现金价值;未交足二年保险费的,保险人按照合同约定在扣除手续费后,退还保险费。

第三章 保 险 公 司

第六十九条 保险公司应当采取下列组织形式:

(一)股份有限公司;

(二)国有独资公司。

第七十条 设立保险公司,必须经金融监督管理部门批准。

第七十一条 设立保险公司,应当具备下列条件:

(一)有符合本法和公司法规定的章程;

(二)有符合本法规定的注册资本最低限额;

(三)有具备任职专业知识和业务工作经验的高级管理人员;

(四)有健全的组织机构和管理制度;

(五)有符合要求的营业场所和与业务有关的其他设施。

金融监督管理部门审查设立申请时,应当考虑保险业的发展和公平竞争的需要。

第七十二条 设立保险公司,其注册资本的最低限额为人民币二亿元。

保险公司注册资本最低限额必须为实缴货币资本。

金融监督管理部门根据保险公司业务范围、经营规模,可以调整其注册资本的最低限额。但是,不得低于第一款规定的限额。

第七十三条 申请设立保险公司,应当提交下列文件、资料:

(一)设立申请书,申请书应当载明拟设立的保险公司的名称、注册资本、业务范围等;

(二)可行性研究报告;

(三)金融监督管理部门规定的其他文件、资料。

第七十四条 设立保险公司的申请经初步审查合格后,申请人应当依照本法和公司法的规定进行保险公司的筹建。具备本法第七十一条规定的设立条件的,向金融监督管理部门提交正式申请表和下列有关文件、资料:

(一)保险公司的章程;

(二)股东名册及其股份或者出资人及其出资额;

(三)持有公司股份百分之十以上的股东的资信证明和有关资料;

(四)法定验资机构出具的验资证明;

(五)拟任职的高级管理人员的简历和资格证明;

(六)经营方针和计划;

(七)营业场所和与业务有关的其他设施的资料;

(八)金融监督管理部门规定的其他文件、资料。

第七十五条 金融监督管理部门自收到设立保险公司的正式申请文件之日起六个月内,应当作出批准或者不批准的决定。

第七十六条 经批准设立的保险公司,由批准部门颁发经营保险业务许可证,并凭经营保险业务许可证向工商行政管理机关办理登记,领取营业执照。

第七十七条 保险公司自取得经营保险业务许可证之日起六个月内无正当理由未办理公司设立登记的,其经营保险业务许可证自动失效。

第七十八条 保险公司成立后应当按照其注册资本总额的百分之二十提取保 证金,存入金融监督管理部门指定的银行,除保险公司清算时用于清偿债务外,不得动用。

第七十九条 保险公司在中华人民共和国境内外设立分支机构,须经金融监督管理部门批准,取得分支机构经营保险业务许可证。

保险公司分支机构不具有法人资格,其民事责任由保险公司承担。

第八十条 保险公司在中华人民共和国境内外设立代表机构,须经金融监督管理部门批准。

第八十一条 保险公司有下列变更事项之一的,须经金融监督管理部门批准:

(一)变更名称;

（二）变更注册资本；

（三）变更公司或者分支机构的营业场所；

（四）调整业务范围；

（五）公司分立或者合并；

（六）修改公司章程；

（七）变更出资人或者持有公司股份百分之十以上的股东；

（八）金融监督管理部门规定的其他变更事项。

保险公司更换董事长、总经理，应当报经金融监督管理部门审查其任职资格。

第八十二条 保险公司的组织机构，适用公司法的规定。

第八十三条 国有独资保险公司设立监事会。监事会由金融监督管理部门、有关专家和保险公司工作人员的代表组成，对国有独资保险公司提取各项准备金、最低偿付能力和国有资产保值增值等情况以及高级管理人员违反法律、行政法规或者章程的行为和损害公司利益的行为进行监督。

第八十四条 保险公司因分立、合并或者公司章程规定的解散事由出现，经金融监督管理部门批准后解散。保险公司应当依法成立清算组，进行清算。

经营有人寿保险业务的保险公司，除分立、合并外，不得解散。

第八十五条 保险公司违反法律、行政法规，被金融监督管理部门吊销经营保险业务许可证的，依法撤销。由金融监督管理部门依法及时组织清算组，进行清算。

第八十六条 保险公司不能支付到期债务，经金融监督管理部门同意，由人民法院依法宣告破产。保险公司被宣告破产的，由人民法院组织金融监督管理部门等有关部门和有关人员成立清算组，进行清算。

第八十七条 经营有人寿保险业务的保险公司被依法撤销的或者被依法宣告破产的，其持有的人寿保险合同及准备金，必须转移给其他经营有人寿保险业务的保险公司；不能同其他保险公司达成转让协议的，由金融监督管理部门指定经营有人寿保险业务的保险公司接受。

第八十八条 保险公司依法破产的，破产财产优先支付其破产费用后，按照下列顺序清偿：

（一）所欠职工工资和劳动保险费用；

（二）赔偿或者给付保险金；

（三）所欠税款；

（四）清偿公司债务。

破产财产不足清偿同一顺序清偿要求的，按照比例分配。

第八十九条 保险公司依法终止其业务活动，应当注销其经营保险业务许可证。

第九十条 保险公司的设立、变更、解散和清算事项，本法未作规定的，适用公司法和其他有关法律、行政法规的规定。

第四章 保险经营规则

第九十一条 保险公司的业务范围：

（一）财产保险业务，包括财产损失保险、责任保险、信用保险等保险业务；

（二）人身保险业务，包括人寿保险、健康保险、意外伤害保险等保险业务。

同一保险人不得同时兼营财产保险业务和人身保险业务。

保险公司的业务范围由金融监督管理部门核定。保险公司只能在被核定的业务范围内从事保险经营活动。

本法施行前已设立的保险公司，按照第二款实行分业经营的办法，由国务院规定。

第九十二条 经金融监督管理部门核定，保险公司可以经营前条规定的保险业务的下列再保险业务：

（一）分出保险；

（二）分入保险。

第九十三条 除人寿保险业务外，经营其他保险业务，应当从当年自留保险费中提取未到期责任准备金；提取和结转的数额，应当相当于当年自留保险费的百分之五十。

经营有人寿保险业务的保险公司，应当按照有效的人寿保险单的全部净值提取未到期责任准备金。

第九十四条 保险公司应当按照已经提出的保险赔偿或者给付金额，以及已经发生保险事故但尚未提出的保险赔偿或者给付金额，提取未决赔款准备金。

第九十五条　除依照前二条规定提取准备金外,保险公司应当依照有关法律、行政法规及国家财务会计制度的规定提取公积金。

第九十六条　为了保障被保险人的利益,支持保险公司稳健经营,保险公司应当按照金融监督管理部门的规定提存保险保障基金。

保险保障基金应当集中管理,统筹使用。

第九十七条　保险公司应当具有与其业务规模相适应的最低偿付能力。保险公司的实际资产减去实际负债的差额不得低于金融监督管理部门规定的数额;低于规定数额的,应当增加资本金,补足差额。

第九十八条　经营财产保险业务的保险公司当年自留保险费,不得超过其实有资本金加公积金总和的四倍。

第九十九条　保险公司对每一危险单位,即对一次保险事故可能造成的最大损失范围所承担的责任,不得超过其实有资本金加公积金总和的百分之十;超过的部分,应当办理再保险。

第一百条　保险公司对危险单位的计算办法和巨灾风险安排计划,应当报经金融监督管理部门核准。

第一百零一条　除人寿保险业务外,保险公司应当将其承保的每笔保险业务的百分之二十按照国家有关规定办理再保险。

第一百零二条　保险公司需要办理再保险分出业务的,应当优先向中国境内的保险公司办理。

第一百零三条　金融监督管理部门有权限制或者禁止保险公司向中国境外的保险公司办理再保险分出业务或者接受中国境外再保险分入业务。

第一百零四条　保险公司的资金运用必须稳健,遵循安全性原则,并保证资产的保值增值。

保险公司的资金运用,限于在银行存款、买卖政府债券、金融债券和国务院规定的其他资金运用形式。

保险公司的资金不得用于设立证券经营机构和向企业投资。

保险公司运用的资金和具体项目的资金占其资金总额的具体比例,由金融监督管理部门规定。

第一百零五条　保险公司及其工作人员在保险业务活动中不得有下列行为:

(一)欺骗投保人、被保险人或者受益人;

(二)对投保人隐瞒与保险合同有关的重要情况;

(三)阻碍投保人履行本法规定的如实告知义务,或者诱导其不履行本法规定的如实告知义务;

(四)承诺向投保人、被保险人或者受益人给予保险合同规定以外的保险费回扣或者其他利益。

第五章　保险业的监督管理

第一百零六条　商业保险的主要险种的基本保险条款和保险费率,由金融监督管理部门制订。

保险公司拟订的其他险种的保险条款和保险费率,应当报金融监督管理部门备案。

第一百零七条　金融监督管理部门有权检查保险公司的业务状况、财务状况及资金运用状况,有权要求保险公司在规定的期限内提供有关的书面报告和资料。

保险公司依法接受监督检查。

第一百零八条　保险公司未按照本法规定提取或者结转各项准备金,或者未按照本法规定办理再保险,或者严重违反本法关于资金运用的规定的,由金融监督管理部门责令该保险公司采取下列措施限期改正:

(一)依法提取或者结转各项准备金;

(二)依法办理再保险;

(三)纠正违法运用资金的行为;

(四)调整负责人及有关管理人员。

第一百零九条　依照前条规定,金融监督管理部门作出限期改正的决定后,保险公司在限期内未予改正的,由金融监督管理部门决定选派保险专业人员和指定该保险公司的有关人员,组成整顿组织,对该保险公司进行整顿。

整顿决定应当载明被整顿保险公司的名称、整顿理由、整顿组织和整顿期限,并予以公告。

第一百一十条　整顿组织在整顿过程中,有权监督该保险公司的日常业务。该保险公司的负责人及有关管理人员,应当在整顿组织的监督下行使自己的职权。

第一百一十一条 在整顿过程中,保险公司的原有业务继续进行,但是金融监督管理部门有权停止开展新的业务或者停止部分业务,调整资金运用。

第一百一十二条 被整顿的保险公司经整顿已纠正其违反本法规定的行为,恢复正常经营状况的,由整顿组织提出报告,经金融监督管理部门批准,整顿结束。

第一百一十三条 保险公司违反本法规定,损害社会公共利益,可能严重危及或者已经危及保险公司的偿付能力的,金融监督管理部门可以对该保险公司实行接管。

接管的目的是对被接管的保险公司采取必要措施,以保护被保险人的利益,恢复保险公司的正常经营。被接管的保险公司的债权债务关系不因接管而变化。

第一百一十四条 接管组织的组成和接管的实施办法,由金融监督管理部门决定,并予公告。

第一百一十五条 接管期限届满,金融监督管理部门可以决定延期,但接管期限最长不得超过二年。

第一百一十六条 接管期限届满,被接管的保险公司已恢复正常经营能力的,金融监督管理部门可以决定接管终止。

接管组织认为被接管的保险公司的财产已不足以清偿所负债务的,经金融监督管理部门批准,依法向人民法院申请宣告该保险公司破产。

第一百一十七条 保险公司应当于每一会计年度终了后三个月内,将上一年度的营业报告、财务会计报告及有关报表报送金融监督管理部门,并依法公布。

第一百一十八条 保险公司应当于每月月底前将上一月的营业统计报表报送金融监督管理部门。

第一百一十九条 经营人身保险业务的保险公司,必须聘用经金融监督管理部门认可的精算专业人员,建立精算报告制度。

第一百二十条 保险人和被保险人可以聘请依法设立的独立的评估机构或者具有法定资格的专家,对保险事故进行评估和鉴定。

第一百二十一条 保险公司应当妥善保管有关业务经营活动的完整帐簿、原始凭证及有关资料。

前款规定的帐簿、原始凭证及有关资料的保管期限,自保险合同终止之日起计算,不得少于十年。

第六章 保险代理人和保险经纪人

第一百二十二条 保险代理人是根据保险人的委托,向保险人收取代理手续费,并在保险人授权的范围内代为办理保险业务的单位或者个人。

第一百二十三条 保险经纪人是基于投保人的利益,为投保人与保险人订立保险合同提供中介服务,并依法收取佣金的单位。

第一百二十四条 保险代理人根据保险人的授权代为办理保险业务的行为,由保险人承担责任。

经营人寿保险代理业务的保险代理人,不得同时接受两个以上保险人的委托。

第一百二十五条 因保险经纪人在办理保险业务中的过错,给投保人、被保险人造成损失的,由保险经纪人承担赔偿责任。

第一百二十六条 保险代理人、保险经纪人办理保险业务时,不得利用行政权力、职务或者职业便利以及其他不正当手段强迫、引诱或者限制投保人订立保险合同。

第一百二十七条 保险代理人、保险经纪人应当具备金融监督管理部门规定的资格条件,并取得金融监督管理部门颁发的经营保险代理业务许可证或者经纪业务许可证,向工商行政管理机关办理登记,领取营业执照,并缴存保证金或者投保职业责任保险。

第一百二十八条 保险代理人、保险经纪人应当有自己的经营场所,设立专门帐簿记载保险代理业务或者经纪业务的收支情况,并接受金融监督管理部门的监督。

第一百二十九条 保险公司应当设立本公司保险代理人登记簿。

第一百三十条 本法第一百零五条、第一百零七条、第一百一十七条的规定,适用于保险代理人和保险经纪人。

第七章　法律责任

第一百三十一条　投保人、被保险人或者受益人有下列行为之一，进行保险欺诈活动，构成犯罪的，依法追究刑事责任：

（一）投保人故意虚构保险标的，骗取保险金的；

（二）未发生保险事故而谎称发生保险事故，骗取保险金的；

（三）故意造成财产损失的保险事故，骗取保险金的；

（四）故意造成被保险人死亡、伤残或者疾病等人身保险事故，骗取保险金的；

（五）伪造、变造与保险事故有关的证明、资料和其他证据，或者指使、唆使、收买他人提供虚假证明、资料或者其他证据，编造虚假的事故原因或者夸大损失程度，骗取保险金的。

有前款所列行为之一，情节轻微，不构成犯罪的，依照国家有关规定给予行政处罚。

第一百三十二条　保险公司及其工作人员在保险业务中隐瞒与保险合同有关的重要情况，欺骗投保人、被保险人或者受益人，或者拒不履行保险合同约定的赔偿或者给付保险金的义务，构成犯罪的，依法追究刑事责任；不构成犯罪的，由金融监督管理部门对保险公司处以一万元以上五万元以下的罚款；对有违法行为的工作人员，给予处分，并处以一万元以下的罚款。

保险公司及其工作人员阻碍投保人履行如实告知义务，或者诱导其不履行如实告知义务的，或者承诺向投保人、被保险人或者受益人给予非法的保险费回扣或者其他利益的，由金融监督管理部门责令改正，对保险公司处以一万元以上五万元以下的罚款；对有违法行为的工作人员，给予处分，并处以一万元以下的罚款。

第一百三十三条　保险代理人或者保险经纪人在其业务中欺骗投保人、被保险人或者受益人的，由金融监督管理部门责令改正，并处以一万元以上五万元以下的罚款；情节严重的，吊销经营保险代理业务许可证或者经纪业务许可证。构成犯罪的，依法追究刑事责任。

第一百三十四条　保险公司的工作人员利用职务上的便利，故意编造未曾发生的保险事故进行虚假理赔，骗取保险金的，依法追究刑事责任。

第一百三十五条　违反本法规定，擅自设立保险公司或者非法从事商业保险业务活动的，依法追究刑事责任，并由金融监督管理部门予以取缔。情节轻微，不构成犯罪的，给予行政处罚。

第一百三十六条　违反本法规定，超出核定的业务范围从事保险业务的，由金融监督管理部门责令改正，责令退还收取的保险费，有违法所得的，没收违法所得，并处以违法所得一倍以上五倍以下的罚款；没有违法所得的，处以十万元以上五十万元以下的罚款；逾期不改正或者造成严重后果的，责令停业整顿或者吊销经营保险业务许可证。

第一百三十七条　违反本法规定，未经批准，擅自变更保险公司的名称、章程、注册资本、公司或者分支机构的营业场所等事项的，由金融监督管理部门责令改正，并处以一万元以上十万元以下的罚款。

第一百三十八条　违反本法规定，有下列行为之一的，由金融监督管理部门责令改正，并处以五万元以上三十万元以下的罚款；情节严重的，可以限制业务范围、责令停止接受新业务或者吊销经营保险业务许可证：

（一）未按照规定提存保证金或者违反规定动用保证金的；

（二）未按照规定提取或者结转未到期责任准备金或者未按照规定提取未决赔款准备金的；

（三）未按照规定提取保险保障基金、公积金的；

（四）未按照规定办理再保险分出业务的；

（五）违反规定运用保险公司资金的；

（六）未经批准设立分支机构或者代表机构的；

（七）未经批准分立、合并的。

第一百三十九条　违反本法规定，有下列行为之一的，由金融监督管理部门责令改正，逾期不改正的，处以一万元以上十万元以下的罚款：

（一）未按照规定报送有关报告、报表、文件和资料的；

（二）未按照规定将拟定险种的保险条款和保险费率报送备案的。

第一百四十条　违反本法规定,有下列行为之一的,由金融监督管理部门责令改正,处以十万元以上五十万元以下的罚款:

(一)提供虚假的报告、报表、文件和资料的;

(二)拒绝或者妨碍依法检查监督的。

第一百四十一条　违反本法规定,有下列行为之一的,由金融监督管理部门责令改正,处以五万元以上三十万元以下的罚款:

(一)超额承保,情节严重的;

(二)为无民事行为能力人承保以死亡为给付保险金条件的保险的。

第一百四十二条　违反本法规定,未取得经营保险代理业务许可证或者经纪业务许可证,非法从事保险代理业务或者经纪业务活动的,由金融监督管理部门予以取缔,没收违法所得,处以违法所得五倍以上十倍以下的罚款。构成犯罪的,依法追究刑事责任。

第一百四十三条　对违反本法规定尚未构成犯罪的行为负有直接责任的保险公司高级管理人员和其他直接责任人员,金融监督管理部门可以区别不同情况予以警告,责令予以撤换,处以五千元以上三万元以下的罚款。

第一百四十四条　违反本法规定,给他人造成损害的,应当依法承担民事责任。

第一百四十五条　对不符合本法规定条件的设立保险公司的申请予以批准的,或者对不符合保险代理人、保险经纪人条件的申请予以批准的,给予行政处分;情节严重,构成犯罪的,依法追究刑事责任。

第一百四十六条　金融监督管理部门工作人员在对保险业的监督管理工作中滥用职权、徇私舞弊、玩忽职守,构成犯罪的,依法追究刑事责任;不构成犯罪的,给予行政处分。

第八章　附　　则

第一百四十七条　海上保险适用海商法的有关规定;海商法未作规定的,适用本法的有关规定。

第一百四十八条　设立外资参股的保险公司,或者外国保险公司在中国境内设立分公司,适用本法规定,法律、行政法规另有规定的,适用其规定。

第一百四十九条　国家支持发展为农业生产服务的保险事业,农业保险由法律、行政法规另行规定。

第一百五十条　本法规定的保险公司以外的其他性质的保险组织,由法律、行政法规另行规定。

第一百五十一条　本法施行前按照国务院规定经批准设立的保险公司继续保留,其中不完全具备本法规定的条件的,应当在规定的期限内达到本法规定的条件。具体办法由国务院规定。

第一百五十二条　本法自1995年10月1日起施行。

全国人民代表大会常务委员会关于修改《中华人民共和国保险法》的决定

(2002年10月28日第九届全国人民代表大会常务委员会第三十次会议通过　2002年10月28日中华人民共和国主席令第78号公布　自2003年1月1日起施行)

第九届全国人民代表大会常务委员会第三十次会议决定对《中华人民共和国保险法》作如下修改:

一、第四条修改为:"从事保险活动必须遵守法律、行政法规,尊重社会公德,遵循自愿原则。"

二、增加一条,作为第五条:"保险活动当事人行使权利、履行义务应当遵循诚实信用原则。"

三、第八条改为第九条,修改为:"国务院保险监督管理机构依照本法负责对保险业实施监督管理。"并相应地将有关条文中的"金融监督管理部门"修改为"保险监督管理机构"。

四、第二十三条改为第二十四条,第一款修改为:"保险人收到被保险人或者受益人的赔偿或者给付保险金的请求后,应当及时作出核定,并将核定结果通知被保险人或者受益人;对属于保险责任的,在与被保险人或者受益人达成有关赔偿或者给付保险金额的协议后十日内,履行赔偿或者给付保险金义务。保险合同对保险金额及赔偿或者给付期限有约定的,保险人应当依照保险合同的约定,履行赔偿或者给付保险金义务。"

五、第三十一条改为第三十二条，修改为："保险人或者再保险接受人对在办理保险业务中知道的投保人、被保险人、受益人或者再保险分出人的业务和财产情况及个人隐私，负有保密的义务。"

六、第六十七条改为第六十八条，修改为："人身保险的被保险人因第三者的行为而发生死亡、伤残或者疾病等保险事故的，保险人向被保险人或者受益人给付保险金后，不得享有向第三者追偿的权利。但被保险人或者受益人仍有权向第三者请求赔偿。"

七、第八十七条改为第八十八条，增加一款，作为第二款："转让或者由保险监督管理机构指定接受前款规定的人寿保险合同及准备金的，应当维护被保险人、受益人的合法权益。"

八、第九十一条改为第九十二条，第二款修改为："同一保险人不得同时兼营财产保险业务和人身保险业务；但是，经营财产保险业务的保险公司经保险监督管理机构核定，可以经营短期健康保险业务和意外伤害保险业务。"

第四款修改为："保险公司不得兼营本法及其他法律、行政法规规定以外的业务。"

九、第九十三条改为第九十四条，修改为："保险公司应当根据保障被保险人利益、保证偿付能力的原则，提取各项责任准备金。

"保险公司提取和结转责任准备金的具体办法由保险监督管理机构制定。"

十、第九十六条改为第九十七条，增加一款，作为第三款："保险保障基金管理使用的具体办法由保险监督管理机构制定。"

十一、第一百零一条改为第一百零二条，修改为："保险公司应当按照保险监督管理机构的有关规定办理再保险。"

十二、第一百零四条改为第一百零五条，第三款修改为："保险公司的资金不得用于设立证券经营机构，不得用于设立保险业以外的企业。"

十三、第一百零五条改为第一百零六条，增加一项，作为第五项："（五）故意编造未曾发生的保险事故进行虚假理赔，骗取保险金。"

十四、第一百零六条改为第一百零七条，修改为："关系社会公众利益的保险险种、依法实行强制保险的险种和新开发的人寿保险险种等的保险条款和保险费率，应当报保险监督管理机构审批。保险监督管理机构审批时，遵循保护社会公众利益和防止不正当竞争的原则。审批的范围和具体办法，由保险监督管理机构制定。

"其他保险险种的保险条款和保险费率，应当报保险监督管理机构备案。"

十五、增加一条，作为第一百零八条："保险监督管理机构应当建立健全保险公司偿付能力监管指标体系，对保险公司的最低偿付能力实施监控。"

十六、第一百零七条改为第一百零九条，增加一款，作为第三款："保险监督管理机构有权查询保险公司在金融机构的存款。"

十七、第一百一十九条改为第一百二十一条，修改为："保险公司必须聘用经保险监督管理机构认可的精算专业人员，建立精算报告制度。"

十八、增加一条，作为第一百二十二条："保险公司的营业报告、财务会计报告、精算报告及其他有关报表、文件和资料必须如实记录保险业务事项，不得有虚假记载、误导性陈述和重大遗漏。"

十九、第一百二十条改为第一百二十三条，增加一款，作为第二款："依法受聘对保险事故进行评估和鉴定的评估机构和专家，应当依法公正地执行业务。因故意或者过失给保险人或者被保险人造成损害的，依法承担赔偿责任。"

增加一款，作为第三款："依法受聘对保险事故进行评估和鉴定的评估机构收取费用，应当依照法律、行政法规的规定办理。"

二十、增加一条，作为第一百二十七条："保险人委托保险代理人代为办理保险业务的，应当与保险代理人签订委托代理协议，依法约定双方的权利和义务及其他代理事项。"

二十一、第一百二十四条改为第一百二十八条，增加一款，作为第二款："保险代理人为保险人代为办理保险业务，有超越代理权限行为，投保人有理由相信其有代理权，并已订立保险合同的，保险人应当承担保险责任；但是保险人可以依法追究越权的保险代理人的责任。"

二十二、第一百二十四条第二款改为第一百二十九条，修改为："个人保险代理人在代为办理人寿保险业务时，不得同时接受两个以上保险人的委托。”

二十三、第一百二十六条改为第一百三十一条,修改为:“保险代理人、保险经纪人在办理保险业务活动中不得有下列行为:

“(一)欺骗保险人、投保人、被保险人或者受益人;

“(二)隐瞒与保险合同有关的重要情况;

“(三)阻碍投保人履行本法规定的如实告知义务,或者诱导其不履行本法规定的如实告知义务;

“(四)承诺向投保人、被保险人或者受益人给予保险合同规定以外的其他利益;

“(五)利用行政权力、职务或者职业便利以及其他不正当手段强迫、引诱或者限制投保人订立保险合同。”

二十四、增加一条,作为第一百三十四条:“保险代理手续费和经纪人佣金,只限于向具有合法资格的保险代理人、保险经纪人支付,不得向其他人支付。”

二十五、增加一条,作为第一百三十六条:“保险公司应当加强对保险代理人的培训和管理,提高保险代理人的职业道德和业务素质,不得唆使、误导保险代理人进行违背诚信义务的活动。”

二十六、第一百三十一条改为第一百三十八条,修改为:“投保人、被保险人或者受益人有下列行为之一,进行保险欺诈活动,构成犯罪的,依法追究刑事责任:

“(一)投保人故意虚构保险标的,骗取保险金的;

“(二)未发生保险事故而谎称发生保险事故,骗取保险金的;

“(三)故意造成财产损失的保险事故,骗取保险金的;

“(四)故意造成被保险人死亡、伤残或者疾病等人身保险事故,骗取保险金的;

“(五)伪造、变造与保险事故有关的证明、资料和其他证据,或者指使、唆使、收买他人提供虚假证明、资料或者其他证据,编造虚假的事故原因或者夸大损失程度,骗取保险金的。

“有前款所列行为之一,情节轻微,尚不构成犯罪的,依照国家有关规定给予行政处罚。”

二十七、第一百三十二条改为第一百三十九条,修改为:“保险公司及其工作人员在保险业务中隐瞒与保险合同有关的重要情况,欺骗投保人、被保险人或者受益人,或者拒不履行保险合同约定的赔偿或者给付保险金的义务,构成犯罪的,依法追究刑事责任;尚不构成犯罪的,由保险监督管理机构对保险公司处以五万元以上三十万元以下的罚款;对有违法行为的工作人员,处以二万元以上十万元以下的罚款;情节严重的,限制保险公司业务范围或者责令停止接受新业务。

“保险公司及其工作人员阻碍投保人履行如实告知义务,或者诱导其不履行如实告知义务,或者承诺向投保人、被保险人或者受益人给予非法的保险费回扣或者其他利益,构成犯罪的,依法追究刑事责任;尚不构成犯罪的,由保险监督管理机构责令改正,对保险公司处以五万元以上三十万元以下的罚款;对有违法行为的工作人员,处以二万元以上十万元以下的罚款;情节严重的,限制保险公司业务范围或者责令停止接受新业务。”

二十八、第一百三十三条改为第一百四十条,修改为:“保险代理人或者保险经纪人在其业务中欺骗保险人、投保人、被保险人或者受益人,构成犯罪的,依法追究刑事责任;尚不构成犯罪的,由保险监督管理机构责令改正,并处以五万元以上三十万元以下的罚款;情节严重的,吊销经营保险代理业务许可证或者经纪业务许可证。”

二十九、第一百三十四条改为第一百四十一条,修改为:“保险公司及其工作人员故意编造未曾发生的保险事故进行虚假理赔,骗取保险金,构成犯罪的,依法追究刑事责任。”

三十、第一百三十五条改为第一百四十二条,修改为:“违反本法规定,擅自设立保险公司或者非法从事商业保险业务活动的,由保险监督管理机构予以取缔;构成犯罪的,依法追究刑事责任;尚不构成犯罪的,由保险监督管理机构没收违法所得,并处以违法所得一倍以上五倍以下的罚款,没有违法所得或者违法所得不足二十万元的,处以二十万元以上一百万元以下的罚款。”

三十一、第一百三十六条改为第一百四十三条,修改为:“违反本法规定,超出核定的业务范围从事保险业务或者兼营本法及其他法律、行政法规规定以外的业务,构成犯罪的,依法追究刑事责任;尚不构成犯罪的,由保险监督管理机构责令改正,责令退还收取的保险费,没收违法所得,并处以违法所得一倍以上五倍以下的罚款;没有违法所得或者违法所得不足十万元的,处以十万元以上五十万元以下的罚款;逾期不改正或者造成严重后果的,责令停业整顿或者吊销经营保险业务许可证。”

三十二、第一百三十八条改为第一百四十五条,第二项修改为:“(二)未按照规定提取或者结转各项责任准备金或者未按照规定提取未决赔款准备金的”;增加一项,作为第八项:“(八)未按照规定将应当报送审批的险种的保险条款和保险费率报送审批的。”

三十三、第一百三十九条改为第一百四十六条,第二项修改为:“(二)未按照规定将应当报送备案的险种的保险条款和保险费率报送备案的。”

三十四、第一百四十条改为第一百四十七条,修改为:“违反本法规定,有下列行为之一,构成犯罪的,依法追究刑事责任;尚不构成犯罪的,由保险监督管理机构责令改正,处以十万元以上五十万元以下的罚款;情节严重的,可以限制业务范围、责令停止接受新业务或者吊销经营保险业务许可证:

“(一)提供虚假的报告、报表、文件和资料的;

“(二)拒绝或者妨碍依法检查监督的。”

三十五、第一百四十二条改为第一百四十九条,修改为:“违反本法规定,未取得经营保险代理业务许可证或者经纪业务许可证,非法从事保险代理业务或者经纪业务活动的,由保险监督管理机构予以取缔;构成犯罪的,依法追究刑事责任;尚不构成犯罪的,由保险监督管理机构没收违法所得,并处以违法所得一倍以上五倍以下的罚款,没有违法所得或者违法所得不足十万元的,处以十万元以上五十万元以下的罚款。”

三十六、第一百四十三条改为第一百五十条,修改为:“对违反本法规定尚未构成犯罪的行为负有直接责任的保险公司高级管理人员和其他直接责任人员,保险监督管理机构可以区别不同情况予以警告,责令予以撤换,处以二万元以上十万元以下的罚款。”

三十七、第一百四十五条、第一百四十六条合并为一条,作为第一百五十二条,修改为:“对不符合本法规定条件的设立保险公司的申请予以批准,或者对不符合保险代理人、保险经纪人条件的申请予以批准,或者有滥用职权、玩忽职守的其他行为,构成犯罪的,依法追究刑事责任;尚不构成犯罪的,依法给予行政处分。”

三十八、第一百四十八条改为第一百五十四条,修改为:“中外合资保险公司、外资独资保险公司、外国保险公司分公司适用本法规定;法律、行政法规另有规定的,适用其规定。”

此外,根据本决定对部分条文的文字作相应修改并对条文顺序作相应调整。

本决定自2003年1月1日起施行。

《中华人民共和国保险法》根据本决定作相应修改,重新公布。

中华人民共和国保险法①

(1995年6月30日第八届全国人民代表大会常务委员会第十四次会议通过 根据2002年10月28日第九届全国人民代表大会常务委员会第三十次会议《关于修改〈中华人民共和国保险法〉的决定》修正)

目 录

① 编者注:已被修改。

第一章 总 则

第一条 为了规范保险活动,保护保险活动当事人的合法权益,加强对保险业的监督管理,促进保险事业的健康发展,制定本法。

第二条 本法所称保险,是指投保人根据合同约定,向保险人支付保险费,保险人对于合同约定的可能发生的事故因其发生所造成的财产损失承担赔偿保险金责任,或者当被保险人死亡、伤残、疾病或者达到合同约定的年龄、期限时承担给付保险金责任的商业保险行为。

第三条 在中华人民共和国境内从事保险活动,适用本法。

第四条 从事保险活动必须遵守法律、行政法规,尊重社会公德,遵循自愿原则。

第五条 保险活动当事人行使权利、履行义务应当遵循诚实信用原则。

第六条 经营商业保险业务,必须是依照本法设立的保险公司。其他单位和个人不得经营商业保险业务。

第七条 在中华人民共和国境内的法人和其他组织需要办理境内保险的,应当向中华人民共和国境内的保险公司投保。

第八条 保险公司开展业务,应当遵循公平竞争的原则,不得从事不正当竞争。

第九条 国务院保险监督管理机构依照本法负责对保险业实施监督管理。

第二章 保险合同

第一节 一般规定

第十条 保险合同是投保人与保险人约定保险权利义务关系的协议。

投保人是指与保险人订立保险合同,并按照保险合同负有支付保险费义务的人。

保险人是指与投保人订立保险合同,并承担赔偿或者给付保险金责任的保险公司。

第十一条 投保人和保险人订立保险合同,应当遵循公平互利、协商一致、自愿订立的原则,不得损害社会公共利益。

除法律、行政法规规定必须保险的以外,保险公司和其他单位不得强制他人订立保险合同。

第十二条 投保人对保险标的应当具有保险利益。

投保人对保险标的不具有保险利益的,保险合同无效。

保险利益是指投保人对保险标的具有的法律上承认的利益。

保险标的是指作为保险对象的财产及其有关利益或者人的寿命和身体。

第十三条 投保人提出保险要求,经保险人同意承保,并就合同的条款达成协议,保险合同成立。保险人应当及时向投保人签发保险单或者其他保险凭证,并在保险单或者其他保险凭证中载明当事人双方约定的合同内容。

经投保人和保险人协商同意,也可以采取前款规定以外的其他书面协议形式订立保险合同。

第十四条 保险合同成立后,投保人按照约定交付保险费;保险人按照约定的时间开始承担保险责任。

第十五条 除本法另有规定或者保险合同另有约定外,保险合同成立后,投保人可以解除保险合同。

第十六条 除本法另有规定或者保险合同另有约定外,保险合同成立后,保险人不得解除保险合同。

第十七条 订立保险合同,保险人应当向投保人说明保险合同的条款内容,并可以就保险标的或者被保险人的有关情况提出询问,投保人应当如实告知。

投保人故意隐瞒事实,不履行如实告知义务的,或者因过失未履行如实告知义务,足以影响保险人决定是否同意承保或者提高保险费率的,保险人有权解除保险合同。

投保人故意不履行如实告知义务的,保险人对于保险合同解除前发生的保险事故,不承担赔偿或者给付保险金的责任,并不退还保险费。

投保人因过失未履行如实告知义务,对保险事故的发生有严重影响的,保险人对于保险合同解除前发生的保险事故,不承担赔偿或者给付保险金的责任,但可以退还保险费。

保险事故是指保险合同约定的保险责任范围内的事故。

第十八条 保险合同中规定有关于保险人

责任免除条款的，保险人在订立保险合同时应当向投保人明确说明，未明确说明的，该条款不产生效力。

第十九条　保险合同应当包括下列事项：

（一）保险人名称和住所；

（二）投保人、被保险人名称和住所，以及人身保险的受益人的名称和住所；

（三）保险标的；

（四）保险责任和责任免除；

（五）保险期间和保险责任开始时间；

（六）保险价值；

（七）保险金额；

（八）保险费以及支付办法；

（九）保险金赔偿或者给付办法；

（十）违约责任和争议处理；

（十一）订立合同的年、月、日。

第二十条　投保人和保险人在前条规定的保险合同事项外，可以就与保险有关的其他事项作出约定。

第二十一条　在保险合同有效期内，投保人和保险人经协商同意，可以变更保险合同的有关内容。

变更保险合同的，应当由保险人在原保险单或者其他保险凭证上批注或者附贴批单，或者由投保人和保险人订立变更的书面协议。

第二十二条　投保人、被保险人或者受益人知道保险事故发生后，应当及时通知保险人。

被保险人是指其财产或者人身受保险合同保障，享有保险金请求权的人，投保人可以为被保险人。

受益人是指人身保险合同中由被保险人或者投保人指定的享有保险金请求权的人，投保人、被保险人可以为受益人。

第二十三条　保险事故发生后，依照保险合同请求保险人赔偿或者给付保险金时，投保人、被保险人或者受益人应当向保险人提供其所能提供的与确认保险事故的性质、原因、损失程度等有关的证明和资料。

保险人依照保险合同的约定，认为有关的证明和资料不完整的，应当通知投保人、被保险人或者受益人补充提供有关的证明和资料。

第二十四条　保险人收到被保险人或者受益人的赔偿或者给付保险金的请求后，应当及时作出核定，并将核定结果通知被保险人或者受益人；对属于保险责任的，在与被保险人或者受益人达成有关赔偿或者给付保险金额的协议后十日内，履行赔偿或者给付保险金义务。保险合同对保险金额及赔偿或者给付期限有约定的，保险人应当依照保险合同的约定，履行赔偿或者给付保险金义务。

保险人未及时履行前款规定义务的，除支付保险金外，应当赔偿被保险人或者受益人因此受到的损失。

任何单位或者个人都不得非法干预保险人履行赔偿或者给付保险金的义务，也不得限制被保险人或者受益人取得保险金的权利。

保险金额是指保险人承担赔偿或者给付保险金责任的最高限额。

第二十五条　保险人收到被保险人或者受益人的赔偿或者给付保险金的请求后，对不属于保险责任的，应当向被保险人或者受益人发出拒绝赔偿或者拒绝给付保险金通知书。

第二十六条　保险人自收到赔偿或者给付保险金的请求和有关证明、资料之日起六十日内，对其赔偿或者给付保险金的数额不能确定的，应当根据已有证明和资料可以确定的最低数额先予支付；保险人最终确定赔偿或者给付保险金的数额后，应当支付相应的差额。

第二十七条　人寿保险以外的其他保险的被保险人或者受益人，对保险人请求赔偿或者给付保险金的权利，自其知道保险事故发生之日起二年不行使而消灭。

人寿保险的被保险人或者受益人对保险人请求给付保险金的权利，自其知道保险事故发生之日起五年不行使而消灭。

第二十八条　被保险人或者受益人在未发生保险事故的情况下，谎称发生了保险事故，向保险人提出赔偿或者给付保险金的请求的，保险人有权解除保险合同，并不退还保险费。

投保人、被保险人或者受益人故意制造保险事故的，保险人有权解除保险合同，不承担赔偿或者给付保险金的责任，除本法第六十五条第一款另有规定外，也不退还保险费。

保险事故发生后，投保人、被保险人或者受

益人以伪造、变造的有关证明、资料或者其他证据,编造虚假的事故原因或者夸大损失程度的,保险人对其虚报的部分不承担赔偿或者给付保险金的责任。

投保人、被保险人或者受益人有前三款所列行为之一,致使保险人支付保险金或者支出费用的,应当退回或者赔偿。

第二十九条 保险人将其承担的保险业务,以分保形式,部分转移给其他保险人的,为再保险。

应再保险接受人的要求,再保险分出人应当将其自负责任及原保险的有关情况告知再保险接受人。

第三十条 再保险接受人不得向原保险的投保人要求支付保险费。

原保险的被保险人或者受益人,不得向再保险接受人提出赔偿或者给付保险金的请求。

再保险分出人不得以再保险接受人未履行再保险责任为由,拒绝履行或者迟延履行其原保险责任。

第三十一条 对于保险合同的条款,保险人与投保人、被保险人或者受益人有争议时,人民法院或者仲裁机关应当作有利于被保险人和受益人的解释。

第三十二条 保险人或者再保险接受人对在办理保险业务中知道的投保人、被保险人、受益人或者再保险分出人的业务和财产情况及个人隐私,负有保密的义务。

第二节 财产保险合同

第三十三条 财产保险合同是以财产及其有关利益为保险标的的保险合同。

本节中的财产保险合同,除特别指明的外,简称合同。

第三十四条 保险标的的转让应当通知保险人,经保险人同意继续承保后,依法变更合同。但是,货物运输保险合同和另有约定的合同除外。

第三十五条 货物运输保险合同和运输工具航程保险合同,保险责任开始后,合同当事人不得解除合同。

第三十六条 被保险人应当遵守国家有关消防、安全、生产操作、劳动保护等方面的规定,维护保险标的的安全。

根据合同的约定,保险人可以对保险标的的安全状况进行检查,及时向投保人、被保险人提出消除不安全因素和隐患的书面建议。

投保人、被保险人未按照约定履行其对保险标的的安全应尽的责任的,保险人有权要求增加保险费或者解除合同。

保险人为维护保险标的的安全,经被保险人同意,可以采取安全预防措施。

第三十七条 在合同有效期内,保险标的的危险程度增加的,被保险人按照合同约定应当及时通知保险人,保险人有权要求增加保险费或者解除合同。

被保险人未履行前款规定的通知义务的,因保险标的的危险程度增加而发生的保险事故,保险人不承担赔偿责任。

第三十八条 有下列情形之一的,除合同另有约定外,保险人应当降低保险费,并按日计算退还相应的保险费:

(一)据以确定保险费率的有关情况发生变化,保险标的的危险程度明显减少;

(二)保险标的的保险价值明显减少。

第三十九条 保险责任开始前,投保人要求解除合同的,应当向保险人支付手续费,保险人应当退还保险费。保险责任开始后,投保人要求解除合同的,保险人可以收取自保险责任开始之日起至合同解除之日止期间的保险费,剩余部分退还投保人。

第四十条 保险标的的保险价值,可以由投保人和保险人约定并在合同中载明,也可以按照保险事故发生时保险标的的实际价值确定。

保险金额不得超过保险价值;超过保险价值的,超过的部分无效。

保险金额低于保险价值的,除合同另有约定外,保险人按照保险金额与保险价值的比例承担赔偿责任。

第四十一条 重复保险的投保人应当将重复保险的有关情况通知各保险人。

重复保险的保险金额总和超过保险价值的,各保险人的赔偿金额的总和不得超过保险价值。除合同另有约定外,各保险人按照其保险金额与保险金额总和的比例承担赔偿责任。

重复保险是指投保人对同一保险标的、同一保险利益、同一保险事故分别向二个以上保险人订立保险合同的保险。

第四十二条 保险事故发生时，被保险人有责任尽力采取必要的措施，防止或者减少损失。

保险事故发生后，被保险人为防止或者减少保险标的的损失所支付的必要的、合理的费用，由保险人承担；保险人所承担的数额在保险标的损失赔偿金额以外另行计算，最高不超过保险金额的数额。

第四十三条 保险标的发生部分损失的，在保险人赔偿后三十日内，投保人可以终止合同；除合同约定不得终止合同的以外，保险人也可以终止合同。保险人终止合同的，应当提前十五日通知投保人，并将保险标的未受损失部分的保险费，扣除自保险责任开始之日起至终止合同之日止期间的应收部分后，退还投保人。

第四十四条 保险事故发生后，保险人已支付了全部保险金额，并且保险金额相等于保险价值的，受损保险标的的全部权利归于保险人；保险金额低于保险价值的，保险人按照保险金额与保险价值的比例取得受损保险标的的部分权利。

第四十五条 因第三者对保险标的的损害而造成保险事故的，保险人自向被保险人赔偿保险金之日起，在赔偿金额范围内代位行使被保险人对第三者请求赔偿的权利。

前款规定的保险事故发生后，被保险人已经从第三者取得损害赔偿的，保险人赔偿保险金时，可以相应扣减被保险人从第三者已取得的赔偿金额。

保险人依照第一款行使代位请求赔偿的权利，不影响被保险人就未取得赔偿的部分向第三者请求赔偿的权利。

第四十六条 保险事故发生后，保险人未赔偿保险金之前，被保险人放弃对第三者的请求赔偿的权利的，保险人不承担赔偿保险金的责任。

保险人向被保险人赔偿保险金后，被保险人未经保险人同意放弃对第三者请求赔偿的权利的，该行为无效。

由于被保险人的过错致使保险人不能行使代位请求赔偿的权利的，保险人可以相应扣减保险赔偿金。

第四十七条 除被保险人的家庭成员或者其组成人员故意造成本法第四十五条第一款规定的保险事故以外，保险人不得对被保险人的家庭成员或者其组成人员行使代位请求赔偿的权利。

第四十八条 在保险人向第三者行使代位请求赔偿权利时，被保险人应当向保险人提供必要的文件和其所知道的有关情况。

第四十九条 保险人、被保险人为查明和确定保险事故的性质、原因和保险标的的损失程度所支付的必要的、合理的费用，由保险人承担。

第五十条 保险人对责任保险的被保险人给第三者造成的损害，可以依照法律的规定或者合同的约定，直接向该第三者赔偿保险金。

责任保险是指以被保险人对第三者依法应负的赔偿责任为保险标的的保险。

第五十一条 责任保险的被保险人因给第三者造成损害的保险事故而被提起仲裁或者诉讼的，除合同另有约定外，由被保险人支付的仲裁或者诉讼费用以及其他必要的、合理的费用，由保险人承担。

第三节 人身保险合同

第五十二条 人身保险合同是以人的寿命和身体为保险标的的保险合同。

本节中的人身保险合同，除特别指明的外，简称合同。

第五十三条 投保人对下列人员具有保险利益：

（一）本人；

（二）配偶、子女、父母；

（三）前项以外与投保人有抚养、赡养或者扶养关系的家庭其他成员、近亲属。

除前款规定外，被保险人同意投保人为其订立合同的，视为投保人对被保险人具有保险利益。

第五十四条 投保人申报的被保险人年龄不真实，并且其真实年龄不符合合同约定的年龄限制的，保险人可以解除合同，并在扣除手续费后，向投保人退还保险费，但是自合同成立之日起逾二年的除外。

投保人申报的被保险人年龄不真实,致使投保人支付的保险费少于应付保险费的,保险人有权更正并要求投保人补交保险费,或者在给付保险金时按照实付保险费与应付保险费的比例支付。

投保人申报的被保险人年龄不真实,致使投保人实付保险费多于应付保险费的,保险人应当将多收的保险费退还投保人。

第五十五条 投保人不得为无民事行为能力人投保以死亡为给付保险金条件的人身保险,保险人也不得承保。

父母为其未成年子女投保的人身保险,不受前款规定限制,但是死亡给付保险金额总和不得超过保险监督管理机构规定的限额。

第五十六条 以死亡为给付保险金条件的合同,未经被保险人书面同意并认可保险金额的,合同无效。

依照以死亡为给付保险金条件的合同所签发的保险单,未经被保险人书面同意,不得转让或者质押。

父母为其未成年子女投保的人身保险,不受第一款规定限制。

第五十七条 投保人于合同成立后,可以向保险人一次支付全部保险费,也可以按照合同约定分期支付保险费。

合同约定分期支付保险费的,投保人应当于合同成立时支付首期保险费,并应当按期支付其余各期的保险费。

第五十八条 合同约定分期支付保险费,投保人支付首期保险费后,除合同另有约定外,投保人超过规定的期限六十日未支付当期保险费的,合同效力中止,或者由保险人按照合同约定的条件减少保险金额。

第五十九条 依照前条规定合同效力中止的,经保险人与投保人协商并达成协议,在投保人补交保险费后,合同效力恢复。但是,自合同效力中止之日起二年内双方未达成协议的,保险人有权解除合同。

保险人依照前款规定解除合同,投保人已交足二年以上保险费的,保险人应当按照合同约定退还保险单的现金价值;投保人未交足二年保险费的,保险人应当在扣除手续费后,退还保险费。

第六十条 保险人对人身保险的保险费,不得用诉讼方式要求投保人支付。

第六十一条 人身保险的受益人由被保险人或者投保人指定。

投保人指定受益人时须经被保险人同意。

被保险人为无民事行为能力人或者限制民事行为能力人的,可以由其监护人指定受益人。

第六十二条 被保险人或者投保人可以指定一人或者数人为受益人。

受益人为数人的,被保险人或者投保人可以确定受益顺序和受益份额;未确定受益份额的,受益人按照相等份额享有受益权。

第六十三条 被保险人或者投保人可以变更受益人并书面通知保险人。保险人收到变更受益人的书面通知后,应当在保险单上批注。

投保人变更受益人时须经被保险人同意。

第六十四条 被保险人死亡后,遇有下列情形之一的,保险金作为被保险人的遗产,由保险人向被保险人的继承人履行给付保险金的义务:

(一)没有指定受益人的;

(二)受益人先于被保险人死亡,没有其他受益人的;

(三)受益人依法丧失受益权或者放弃受益权,没有其他受益人的。

第六十五条 投保人、受益人故意造成被保险人死亡、伤残或者疾病的,保险人不承担给付保险金的责任。投保人已交足二年以上保险费的,保险人应当按照合同约定向其他享有权利的受益人退还保险单的现金价值。

受益人故意造成被保险人死亡或者伤残的,或者故意杀害被保险人未遂的,丧失受益权。

第六十六条 以死亡为给付保险金条件的合同,被保险人自杀的,除本条第二款规定外,保险人不承担给付保险金的责任,但对投保人已支付的保险费,保险人应按照保险单退还其现金价值。

以死亡为给付保险金条件的合同,自成立之日起满二年后,如果被保险人自杀的,保险人可以按照合同给付保险金。

第六十七条 被保险人故意犯罪导致其自身伤残或者死亡的,保险人不承担给付保险金的责任。投保人已交足二年以上保险费的,保险人应当按照保险单退还其现金价值。

第六十八条 人身保险的被保险人因第三者的行为而发生死亡、伤残或者疾病等保险事故的,保险人向被保险人或者受益人给付保险金后,不得享有向第三者追偿的权利。但被保险人或者受益人仍有权向第三者请求赔偿。

第六十九条 投保人解除合同,已交足二年以上保险费的,保险人应当自接到解除合同通知之日起三十日内,退还保险单的现金价值;未交足二年保险费的,保险人按照合同约定在扣除手续费后,退还保险费。

第三章 保险公司

第七十条 保险公司应当采取下列组织形式:

(一)股份有限公司;

(二)国有独资公司。

第七十一条 设立保险公司,必须经保险监督管理机构批准。

第七十二条 设立保险公司,应当具备下列条件:

(一)有符合本法和公司法规定的章程;

(二)有符合本法规定的注册资本最低限额;

(三)有具备任职专业知识和业务工作经验的高级管理人员;

(四)有健全的组织机构和管理制度;

(五)有符合要求的营业场所和与业务有关的其他设施。

保险监督管理机构审查设立申请时,应当考虑保险业的发展和公平竞争的需要。

第七十三条 设立保险公司,其注册资本的最低限额为人民币二亿元。

保险公司注册资本最低限额必须为实缴货币资本。

保险监督管理机构根据保险公司业务范围、经营规模,可以调整其注册资本的最低限额。但是,不得低于第一款规定的限额。

第七十四条 申请设立保险公司,应当提交下列文件、资料:

(一)设立申请书,申请书应当载明拟设立的保险公司的名称、注册资本、业务范围等;

(二)可行性研究报告;

(三)保险监督管理机构规定的其他文件、资料。

第七十五条 设立保险公司的申请经初步审查合格后,申请人应当依照本法和公司法的规定进行保险公司的筹建。具备本法第七十二条规定的设立条件的,向保险监督管理机构提交正式申请表和下列有关文件、资料:

(一)保险公司的章程;

(二)股东名册及其股份或者出资人及其出资额;

(三)持有公司股份百分之十以上的股东资信证明和有关资料;

(四)法定验资机构出具的验资证明;

(五)拟任职的高级管理人员的简历和资格证明;

(六)经营方针和计划;

(七)营业场所和与业务有关的其他设施的资料;

(八)保险监督管理机构规定的其他文件、资料。

第七十六条 保险监督管理机构自收到设立保险公司的正式申请文件之日起六个月内,应当作出批准或者不批准的决定。

第七十七条 经批准设立的保险公司,由批准部门颁发经营保险业务许可证,并凭经营保险业务许可证向工商行政管理机关办理登记,领取营业执照。

第七十八条 保险公司自取得经营保险业务许可证之日起六个月内无正当理由未办理公司设立登记的,其经营保险业务许可证自动失效。

第七十九条 保险公司成立后应当按照其注册资本总额的百分之二十提取保证金,存入保险监督管理机构指定的银行,除保险公司清算时用于清偿债务外,不得动用。

第八十条 保险公司在中华人民共和国境内外设立分支机构,须经保险监督管理机构批准,取得分支机构经营保险业务许可证。

保险公司分支机构不具有法人资格,其民事责任由保险公司承担。

第八十一条 保险公司在中华人民共和国境内外设立代表机构,须经保险监督管理机构批准。

第八十二条 保险公司有下列变更事项之一的，须经保险监督管理机构批准：

（一）变更名称；

（二）变更注册资本；

（三）变更公司或者分支机构的营业场所；

（四）调整业务范围；

（五）公司分立或者合并；

（六）修改公司章程；

（七）变更出资人或者持有公司股份百分之十以上的股东；

（八）保险监督管理机构规定的其他变更事项。

保险公司更换董事长、总经理，应当报经保险监督管理机构审查其任职资格。

第八十三条 保险公司的组织机构，适用公司法的规定。

第八十四条 国有独资保险公司设立监事会。监事会由保险监督管理机构、有关专家和保险公司工作人员的代表组成，对国有独资保险公司提取各项准备金、最低偿付能力和国有资产保值增值等情况以及高级管理人员违反法律、行政法规或者章程的行为和损害公司利益的行为进行监督。

第八十五条 保险公司因分立、合并或者公司章程规定的解散事由出现，经保险监督管理机构批准后解散。保险公司应当依法成立清算组，进行清算。

经营有人寿保险业务的保险公司，除分立、合并外，不得解散。

第八十六条 保险公司违反法律、行政法规，被保险监督管理机构吊销经营保险业务许可证的，依法撤销。由保险监督管理机构依法及时组织清算组，进行清算。

第八十七条 保险公司不能支付到期债务，经保险监督管理机构同意，由人民法院依法宣告破产。保险公司被宣告破产的，由人民法院组织保险监督管理机构等有关部门和有关人员成立清算组，进行清算。

第八十八条 经营有人寿保险业务的保险公司被依法撤销的或者被依法宣告破产的，其持有的人寿保险合同及准备金，必须转移给其他经营有人寿保险业务的保险公司；不能同其他保险公司达成转让协议的，由保险监督管理机构指定经营有人寿保险业务的保险公司接受。

转让或者由保险监督管理机构指定接受前款规定的人寿保险合同及准备金的，应当维护被保险人、受益人的合法权益。

第八十九条 保险公司依法破产的，破产财产优先支付其破产费用后，按照下列顺序清偿：

（一）所欠职工工资和劳动保险费用；

（二）赔偿或者给付保险金；

（三）所欠税款；

（四）清偿公司债务。

破产财产不足清偿同一顺序清偿要求的，按照比例分配。

第九十条 保险公司依法终止其业务活动，应当注销其经营保险业务许可证。

第九十一条 保险公司的设立、变更、解散和清算事项，本法未作规定的，适用公司法和其他有关法律、行政法规的规定。

第四章 保险经营规则

第九十二条 保险公司的业务范围：

（一）财产保险业务，包括财产损失保险、责任保险、信用保险等保险业务；

（二）人身保险业务，包括人寿保险、健康保险、意外伤害保险等保险业务。

同一保险人不得同时兼营财产保险业务和人身保险业务；但是，经营财产保险业务的保险公司经保险监督管理机构核定，可以经营短期健康保险业务和意外伤害保险业务。

保险公司的业务范围由保险监督管理机构依法核定。保险公司只能在被核定的业务范围内从事保险经营活动。

保险公司不得兼营本法及其他法律、行政法规规定以外的业务。

第九十三条 经保险监督管理机构核定，保险公司可以经营前条规定的保险业务的下列再保险业务：

（一）分出保险；

（二）分入保险。

第九十四条 保险公司应当根据保障被保险人利益、保证偿付能力的原则，提取各项责任准备金。

保险公司提取和结转责任准备金的具体办法由保险监督管理机构制定。

第九十五条　保险公司应当按照已经提出的保险赔偿或者给付金额,以及已经发生保险事故但尚未提出的保险赔偿或者给付金额,提取未决赔款准备金。

第九十六条　除依照前二条规定提取准备金外,保险公司应当依照有关法律、行政法规及国家财务会计制度的规定提取公积金。

第九十七条　为了保障被保险人的利益,支持保险公司稳健经营,保险公司应当按照保险监督管理机构的规定提存保险保障基金。

保险保障基金应当集中管理,统筹使用。

保险保障基金管理使用的具体办法由保险监督管理机构制定。

第九十八条　保险公司应当具有与其业务规模相适应的最低偿付能力。保险公司的实际资产减去实际负债的差额不得低于保险监督管理机构规定的数额;低于规定数额的,应当增加资本金,补足差额。

第九十九条　经营财产保险业务的保险公司当年自留保险费,不得超过其实有资本金加公积金总和的四倍。

第一百条　保险公司对每一危险单位,即对一次保险事故可能造成的最大损失范围所承担的责任,不得超过其实有资本金加公积金总和的百分之十;超过的部分,应当办理再保险。

第一百零一条　保险公司对危险单位的计算办法和巨灾风险安排计划,应当报经保险监督管理机构核准。

第一百零二条　保险公司应当按照保险监督管理机构的有关规定办理再保险。

第一百零三条　保险公司需要办理再保险分出业务的,应当优先向中国境内的保险公司办理。

第一百零四条　保险监督管理机构有权限制或者禁止保险公司向中国境外的保险公司办理再保险分出业务或者接受中国境外再保险分入业务。

第一百零五条　保险公司的资金运用必须稳健,遵循安全性原则,并保证资产的保值增值。

保险公司的资金运用,限于在银行存款、买卖政府债券、金融债券和国务院规定的其他资金运用形式。

保险公司的资金不得用于设立证券经营机构,不得用于设立保险业以外的企业。

保险公司运用的资金和具体项目的资金占其资金总额的具体比例,由保险监督管理机构规定。

第一百零六条　保险公司及其工作人员在保险业务活动中不得有下列行为:

(一)欺骗投保人、被保险人或者受益人;

(二)对投保人隐瞒与保险合同有关的重要情况;

(三)阻碍投保人履行本法规定的如实告知义务,或者诱导其不履行本法规定的如实告知义务;

(四)承诺向投保人、被保险人或者受益人给予保险合同规定以外的保险费回扣或者其他利益;

(五)故意编造未曾发生的保险事故进行虚假理赔,骗取保险金。

第五章　保险业的监督管理

第一百零七条　关系社会公众利益的保险险种、依法实行强制保险的险种和新开发的人寿保险险种等的保险条款和保险费率,应当报保险监督管理机构审批。保险监督管理机构审批时,遵循保护社会公众利益和防止不正当竞争的原则。审批的范围和具体办法,由保险监督管理机构制定。

其他保险险种的保险条款和保险费率,应当报保险监督管理机构备案。

第一百零八条　保险监督管理机构应当建立健全保险公司偿付能力监管指标体系,对保险公司的最低偿付能力实施监控。

第一百零九条　保险监督管理机构有权检查保险公司的业务状况、财务状况及资金运用状况,有权要求保险公司在规定的期限内提供有关的书面报告和资料。

保险公司依法接受监督检查。

保险监督管理机构有权查询保险公司在金融机构的存款。

第一百一十条　保险公司未按照本法规定

提取或者结转各项准备金,或者未按照本法规定办理再保险,或者严重违反本法关于资金运用的规定的,由保险监督管理机构责令该保险公司采取下列措施限期改正:

(一)依法提取或者结转各项准备金;

(二)依法办理再保险;

(三)纠正违法运用资金的行为;

(四)调整负责人及有关管理人员。

第一百一十一条 依照前条规定,保险监督管理机构作出限期改正的决定后,保险公司在限期内未予改正的,由保险监督管理机构决定选派保险专业人员和指定该保险公司的有关人员,组成整顿组织,对该保险公司进行整顿。

整顿决定应当载明被整顿保险公司的名称、整顿理由、整顿组织和整顿期限,并予以公告。

第一百一十二条 整顿组织在整顿过程中,有权监督该保险公司的日常业务。该保险公司的负责人及有关管理人员,应当在整顿组织的监督下行使自己的职权。

第一百一十三条 在整顿过程中,保险公司的原有业务继续进行,但是保险监督管理机构有权停止开展新的业务或者停止部分业务,调整资金运用。

第一百一十四条 被整顿的保险公司经整顿已纠正其违反本法规定的行为,恢复正常经营状况的,由整顿组织提出报告,经保险监督管理机构批准,整顿结束。

第一百一十五条 保险公司违反本法规定,损害社会公共利益,可能严重危及或者已经危及保险公司的偿付能力的,保险监督管理机构可以对该保险公司实行接管。

接管的目的是对被接管的保险公司采取必要措施,以保护被保险人的利益,恢复保险公司的正常经营。被接管的保险公司的债权债务关系不因接管而变化。

第一百一十六条 接管组织的组成和接管的实施办法,由保险监督管理机构决定,并予公告。

第一百一十七条 接管期限届满,保险监督管理机构可以决定延期,但接管期限最长不得超过二年。

第一百一十八条 接管期限届满,被接管的保险公司已恢复正常经营能力的,保险监督管理机构可以决定接管终止。

接管组织认为被接管的保险公司的财产已不足以清偿所负债务的,经保险监督管理机构批准,依法向人民法院申请宣告该保险公司破产。

第一百一十九条 保险公司应当于每一会计年度终了后三个月内,将上一年度的营业报告、财务会计报告及有关报表报送保险监督管理机构,并依法公布。

第一百二十条 保险公司应当于每月月底前将上一月的营业统计报表报送保险监督管理机构。

第一百二十一条 保险公司必须聘用经保险监督管理机构认可的精算专业人员,建立精算报告制度。

第一百二十二条 保险公司的营业报告、财务会计报告、精算报告及其他有关报表、文件和资料必须如实记录保险业务事项,不得有虚假记载、误导性陈述和重大遗漏。

第一百二十三条 保险人和被保险人可以聘请依法设立的独立的评估机构或者具有法定资格的专家,对保险事故进行评估和鉴定。

依法受聘对保险事故进行评估和鉴定的评估机构和专家,应当依法公正地执行业务。因故意或者过失给保险人或者被保险人造成损害的,依法承担赔偿责任。

依法受聘对保险事故进行评估和鉴定的评估机构收取费用,应当依照法律、行政法规的规定办理。

第一百二十四条 保险公司应当妥善保管有关业务经营活动的完整账簿、原始凭证及有关资料。

前款规定的账簿、原始凭证及有关资料的保管期限,自保险合同终止之日起计算,不得少于十年。

第六章 保险代理人和保险经纪人

第一百二十五条 保险代理人是根据保险人的委托,向保险人收取代理手续费,并在保险人授权的范围内代为办理保险业务的单位或者个人。

第一百二十六条 保险经纪人是基于投保

人的利益，为投保人与保险人订立保险合同提供中介服务，并依法收取佣金的单位。

第一百二十七条　保险人委托保险代理人代为办理保险业务的，应当与保险代理人签订委托代理协议，依法约定双方的权利和义务及其他代理事项。

第一百二十八条　保险代理人根据保险人的授权代为办理保险业务的行为，由保险人承担责任。

保险代理人为保险人代为办理保险业务，有超越代理权限行为，投保人有理由相信其有代理权，并已订立保险合同的，保险人应当承担保险责任；但是保险人可以依法追究越权的保险代理人的责任。

第一百二十九条　个人保险代理人在代为办理人寿保险业务时，不得同时接受两个以上保险人的委托。

第一百三十条　因保险经纪人在办理保险业务中的过错，给投保人、被保险人造成损失的，由保险经纪人承担赔偿责任。

第一百三十一条　保险代理人、保险经纪人在办理保险业务活动中不得有下列行为：

（一）欺骗保险人、投保人、被保险人或者受益人；

（二）隐瞒与保险合同有关的重要情况；

（三）阻碍投保人履行本法规定的如实告知义务，或者诱导其不履行本法规定的如实告知义务；

（四）承诺向投保人、被保险人或者受益人给予保险合同规定以外的其他利益；

（五）利用行政权力、职务或者职业便利以及其他不正当手段强迫、引诱或者限制投保人订立保险合同。

第一百三十二条　保险代理人、保险经纪人应当具备保险监督管理机构规定的资格条件，并取得保险监督管理机构颁发的经营保险代理业务许可证或者经纪业务许可证，向工商行政管理机关办理登记，领取营业执照，并缴存保证金或者投保职业责任保险。

第一百三十三条　保险代理人、保险经纪人应当有自己的经营场所，设立专门账簿记载保险代理业务或者经纪业务的收支情况，并接受保险监督管理机构的监督。

第一百三十四条　保险代理手续费和经纪人佣金，只限于向具有合法资格的保险代理人、保险经纪人支付，不得向其他人支付。

第一百三十五条　保险公司应当设立本公司保险代理人登记簿。

第一百三十六条　保险公司应当加强对保险代理人的培训和管理，提高保险代理人的职业道德和业务素质，不得唆使、误导保险代理人进行违背诚信义务的活动。

第一百三十七条　本法第一百零九条、第一百一十九条的规定，适用于保险代理人和保险经纪人。

第七章　法律责任

第一百三十八条　投保人、被保险人或者受益人有下列行为之一，进行保险欺诈活动，构成犯罪的，依法追究刑事责任：

（一）投保人故意虚构保险标的，骗取保险金的；

（二）未发生保险事故而谎称发生保险事故，骗取保险金的；

（三）故意造成财产损失的保险事故，骗取保险金的；

（四）故意造成被保险人死亡、伤残或者疾病等人身保险事故，骗取保险金的；

（五）伪造、变造与保险事故有关的证明、资料和其他证据，或者指使、唆使、收买他人提供虚假证明、资料或者其他证据，编造虚假的事故原因或者夸大损失程度，骗取保险金的。

有前款所列行为之一，情节轻微，尚不构成犯罪的，依照国家有关规定给予行政处罚。

第一百三十九条　保险公司及其工作人员在保险业务中隐瞒与保险合同有关的重要情况，欺骗投保人、被保险人或者受益人，或者拒不履行保险合同约定的赔偿或者给付保险金的义务，构成犯罪的，依法追究刑事责任；尚不构成犯罪的，由保险监督管理机构对保险公司处以五万元以上三十万元以下的罚款；对有违法行为的工作人员，处以二万元以上十万元以下的罚款；情节严重的，限制保险公司业务范围或者责令停止接受新业务。

保险公司及其工作人员阻碍投保人履行如实告知义务,或者诱导其不履行如实告知义务,或者承诺向投保人、被保险人或者受益人给予非法的保险费回扣或者其他利益,构成犯罪的,依法追究刑事责任;尚不构成犯罪的,由保险监督管理机构责令改正,对保险公司处以五万元以上三十万元以下的罚款;对有违法行为的工作人员,处以二万元以上十万元以下的罚款;情节严重的,限制保险公司业务范围或者责令停止接受新业务。

第一百四十条 保险代理人或者保险经纪人在其业务中欺骗保险人、投保人、被保险人或者受益人,构成犯罪的,依法追究刑事责任;尚不构成犯罪的,由保险监督管理机构责令改正,并处以五万元以上三十万元以下的罚款;情节严重的,吊销经营保险代理业务许可证或者经纪业务许可证。

第一百四十一条 保险公司及其工作人员故意编造未曾发生的保险事故进行虚假理赔,骗取保险金,构成犯罪的,依法追究刑事责任。

第一百四十二条 违反本法规定,擅自设立保险公司或者非法从事商业保险业务活动的,由保险监督管理机构予以取缔;构成犯罪的,依法追究刑事责任;尚不构成犯罪的,由保险监督管理机构没收违法所得,并处以违法所得一倍以上五倍以下的罚款,没有违法所得或者违法所得不足二十万元的,处以二十万元以上一百万元以下的罚款。

第一百四十三条 违反本法规定,超出核定的业务范围从事保险业务或者兼营本法及其他法律、行政法规规定以外的业务,构成犯罪的,依法追究刑事责任;尚不构成犯罪的,由保险监督管理机构责令改正,责令退还收取的保险费,没收违法所得,并处以违法所得一倍以上五倍以下的罚款;没有违法所得或者违法所得不足十万元的,处以十万元以上五十万元以下的罚款;逾期不改正或者造成严重后果的,责令停业整顿或者吊销经营保险业务许可证。

第一百四十四条 违反本法规定,未经批准,擅自变更保险公司的名称、章程、注册资本、公司或者分支机构的营业场所等事项的,由保险监督管理机构责令改正,并处以一万元以上十万元以下的罚款。

第一百四十五条 违反本法规定,有下列行为之一的,由保险监督管理机构责令改正,并处以五万元以上三十万元以下的罚款;情节严重的,可以限制业务范围、责令停止接受新业务或者吊销经营保险业务许可证:

(一)未按照规定提存保证金或者违反规定动用保证金的;

(二)未按照规定提取或者结转各项责任准备金或者未按照规定提取未决赔款准备金的;

(三)未按照规定提取保险保障基金、公积金的;

(四)未按照规定办理再保险分出业务的;

(五)违反规定运用保险公司资金的;

(六)未经批准设立分支机构或者代表机构的;

(七)未经批准分立、合并的;

(八)未按照规定将应当报送审批的险种的保险条款和保险费率报送审批的。

第一百四十六条 违反本法规定,有下列行为之一的,由保险监督管理机构责令改正,逾期不改正的,处以一万元以上十万元以下的罚款:

(一)未按照规定报送有关报告、报表、文件和资料的;

(二)未按照规定将应当报送备案的险种的保险条款和保险费率报送备案的。

第一百四十七条 违反本法规定,有下列行为之一,构成犯罪的,依法追究刑事责任;尚不构成犯罪的,由保险监督管理机构责令改正,处以十万元以上五十万元以下的罚款;情节严重的,可以限制业务范围、责令停止接受新业务或者吊销经营保险业务许可证:

(一)提供虚假的报告、报表、文件和资料的;

(二)拒绝或者妨碍依法检查监督的。

第一百四十八条 违反本法规定,有下列行为之一的,由保险监督管理机构责令改正,处以五万元以上三十万元以下的罚款:

(一)超额承保,情节严重的;

(二)为无民事行为能力人承保以死亡为给付保险金条件的保险的。

第一百四十九条 违反本法规定,未取得经营保险代理业务许可证或者经纪业务许可证,非法从事保险代理业务或者经纪业务活动的，由保险监督管理机构予以取缔；构成犯罪的，依法追究刑事责任；尚不构成犯罪的，由保险监督管理机构没收违法所得，并处以违法所得一倍以上五倍以下的罚款，没有违法所得或者违法所得不足十万元的，处以十万元以上五十万元以下的罚款。

第一百五十条 对违反本法规定尚未构成犯罪的行为负有直接责任的保险公司高级管理人员和其他直接责任人员，保险监督管理机构可以区别不同情况予以警告，责令予以撤换，处以二万元以上十万元以下的罚款。

第一百五十一条 违反本法规定，给他人造成损害的，应当依法承担民事责任。

第一百五十二条 对不符合本法规定条件的设立保险公司的申请予以批准，或者对不符合保险代理人、保险经纪人条件的申请予以批准，或者有滥用职权、玩忽职守的其他行为，构成犯罪的，依法追究刑事责任；尚不构成犯罪的，依法给予行政处分。

第八章 附　　则

第一百五十三条 海上保险适用海商法的有关规定；海商法未作规定的，适用本法的有关规定。

第一百五十四条 中外合资保险公司、外资独资保险公司、外国保险公司分公司适用本法规定；法律、行政法规另有规定的，适用其规定。

第一百五十五条 国家支持发展为农业生产服务的保险事业，农业保险由法律、行政法规另行规定。

第一百五十六条 本法规定的保险公司以外的其他性质的保险组织，由法律、行政法规另行规定。

第一百五十七条 本法施行前按照国务院规定经批准设立的保险公司继续保留，其中不完全具备本法规定的条件的，应当在规定的期限内达到本法规定的条件。具体办法由国务院规定。

第一百五十八条 本法自1995年10月1日起施行。

中华人民共和国保险法①

（1995年6月30日第八届全国人民代表大会常务委员会第十四次会议通过　根据2002年10月28日第九届全国人民代表大会常务委员会第三十次会议《关于修改〈中华人民共和国保险法〉的决定》修正　2009年2月28日第十一届全国人民代表大会常务委员会第七次会议修订通过　2009年2月28日中华人民共和国主席令第11号公布　自2009年10月1日起施行）

目　　录

第一章 总　　则

第一条 为了规范保险活动，保护保险活动当事人的合法权益，加强对保险业的监督管理，维护社会经济秩序和社会公共利益，促进保险事业的健康发展，制定本法。

第二条 本法所称保险，是指投保人根据合同约定，向保险人支付保险费，保险人对于合同约定的可能发生的事故因其发生所造成的财产损失承担赔偿保险金责任，或者当被保险人死亡、伤残、疾病或者达到合同约定的年龄、期限等条件时承担给付保险金责任的商业保险行为。

第三条 在中华人民共和国境内从事保险活动，适用本法。

第四条 从事保险活动必须遵守法律、行政法规，尊重社会公德，不得损害社会公共利益。

① 编者注：已被修改。

第五条 保险活动当事人行使权利、履行义务应当遵循诚实信用原则。

第六条 保险业务由依照本法设立的保险公司以及法律、行政法规规定的其他保险组织经营,其他单位和个人不得经营保险业务。

第七条 在中华人民共和国境内的法人和其他组织需要办理境内保险的,应当向中华人民共和国境内的保险公司投保。

第八条 保险业和银行业、证券业、信托业实行分业经营、分业管理,保险公司与银行、证券、信托业务机构分别设立。国家另有规定的除外。

第九条 国务院保险监督管理机构依法对保险业实施监督管理。

国务院保险监督管理机构根据履行职责的需要设立派出机构。派出机构按照国务院保险监督管理机构的授权履行监督管理职责。

第二章 保险合同

第一节 一般规定

第十条 保险合同是投保人与保险人约定保险权利义务关系的协议。

投保人是指与保险人订立保险合同,并按照合同约定负有支付保险费义务的人。

保险人是指与投保人订立保险合同,并按照合同约定承担赔偿或者给付保险金责任的保险公司。

第十一条 订立保险合同,应当协商一致,遵循公平原则确定各方的权利和义务。

除法律、行政法规规定必须保险的外,保险合同自愿订立。

第十二条 人身保险的投保人在保险合同订立时,对被保险人应当具有保险利益。

财产保险的被保险人在保险事故发生时,对保险标的应当具有保险利益。

人身保险是以人的寿命和身体为保险标的的保险。

财产保险是以财产及其有关利益为保险标的的保险。

被保险人是指其财产或者人身受保险合同保障,享有保险金请求权的人。投保人可以为被保险人。

保险利益是指投保人或者被保险人对保险标的具有的法律上承认的利益。

第十三条 投保人提出保险要求,经保险人同意承保,保险合同成立。保险人应当及时向投保人签发保险单或者其他保险凭证。

保险单或者其他保险凭证应当载明当事人双方约定的合同内容。当事人也可以约定采用其他书面形式载明合同内容。

依法成立的保险合同,自成立时生效。投保人和保险人可以对合同的效力约定附条件或者附期限。

第十四条 保险合同成立后,投保人按照约定交付保险费,保险人按照约定的时间开始承担保险责任。

第十五条 除本法另有规定或者保险合同另有约定外,保险合同成立后,投保人可以解除合同,保险人不得解除合同。

第十六条 订立保险合同,保险人就保险标的或者被保险人的有关情况提出询问的,投保人应当如实告知。

投保人故意或者因重大过失未履行前款规定的如实告知义务,足以影响保险人决定是否同意承保或者提高保险费率的,保险人有权解除合同。

前款规定的合同解除权,自保险人知道有解除事由之日起,超过三十日不行使而消灭。自合同成立之日起超过二年的,保险人不得解除合同;发生保险事故的,保险人应当承担赔偿或者给付保险金的责任。

投保人故意不履行如实告知义务的,保险人对于合同解除前发生的保险事故,不承担赔偿或者给付保险金的责任,并不退还保险费。

投保人因重大过失未履行如实告知义务,对保险事故的发生有严重影响的,保险人对于合同解除前发生的保险事故,不承担赔偿或者给付保险金的责任,但应当退还保险费。

保险人在合同订立时已经知道投保人未如实告知的情况的,保险人不得解除合同;发生保险事故的,保险人应当承担赔偿或者给付保险金的责任。

保险事故是指保险合同约定的保险责任范

围内的事故。

第十七条 订立保险合同,采用保险人提供的格式条款的,保险人向投保人提供的投保单应当附格式条款,保险人应当向投保人说明合同的内容。

对保险合同中免除保险人责任的条款,保险人在订立合同时应当在投保单、保险单或者其他保险凭证上作出足以引起投保人注意的提示,并对该条款的内容以书面或者口头形式向投保人作出明确说明;未作提示或者明确说明的,该条款不产生效力。

第十八条 保险合同应当包括下列事项:

(一)保险人的名称和住所;

(二)投保人、被保险人的姓名或者名称、住所,以及人身保险的受益人的姓名或者名称、住所;

(三)保险标的;

(四)保险责任和责任免除;

(五)保险期间和保险责任开始时间;

(六)保险金额;

(七)保险费以及支付办法;

(八)保险金赔偿或者给付办法;

(九)违约责任和争议处理;

(十)订立合同的年、月、日。

投保人和保险人可以约定与保险有关的其他事项。

受益人是指人身保险合同中由被保险人或者投保人指定的享有保险金请求权的人。投保人、被保险人可以为受益人。

保险金额是指保险人承担赔偿或者给付保险金责任的最高限额。

第十九条 采用保险人提供的格式条款订立的保险合同中的下列条款无效:

(一)免除保险人依法应承担的义务或者加重投保人、被保险人责任的;

(二)排除投保人、被保险人或者受益人依法享有的权利的。

第二十条 投保人和保险人可以协商变更合同内容。

变更保险合同的,应当由保险人在保险单或者其他保险凭证上批注或者附贴批单,或者由投保人和保险人订立变更的书面协议。

第二十一条 投保人、被保险人或者受益人知道保险事故发生后,应当及时通知保险人。故意或者因重大过失未及时通知,致使保险事故的性质、原因、损失程度等难以确定的,保险人对无法确定的部分,不承担赔偿或者给付保险金的责任,但保险人通过其他途径已经及时知道或者应当及时知道保险事故发生的除外。

第二十二条 保险事故发生后,按照保险合同请求保险人赔偿或者给付保险金时,投保人、被保险人或者受益人应当向保险人提供其所能提供的与确认保险事故的性质、原因、损失程度等有关的证明和资料。

保险人按照合同的约定,认为有关的证明和资料不完整的,应当及时一次性通知投保人、被保险人或者受益人补充提供。

第二十三条 保险人收到被保险人或者受益人的赔偿或者给付保险金的请求后,应当及时作出核定;情形复杂的,应当在三十日内作出核定,但合同另有约定的除外。保险人应当将核定结果通知被保险人或者受益人;对属于保险责任的,在与被保险人或者受益人达成赔偿或者给付保险金的协议后十日内,履行赔偿或者给付保险金义务。保险合同对赔偿或者给付保险金的期限有约定的,保险人应当按照约定履行赔偿或者给付保险金义务。

保险人未及时履行前款规定义务的,除支付保险金外,应当赔偿被保险人或者受益人因此受到的损失。

任何单位和个人不得非法干预保险人履行赔偿或者给付保险金的义务,也不得限制被保险人或者受益人取得保险金的权利。

第二十四条 保险人依照本法第二十三条的规定作出核定后,对不属于保险责任的,应当自作出核定之日起三日内向被保险人或者受益人发出拒绝赔偿或者拒绝给付保险金通知书,并说明理由。

第二十五条 保险人自收到赔偿或者给付保险金的请求和有关证明、资料之日起六十日内,对其赔偿或者给付保险金的数额不能确定的,应当根据已有证明和资料可以确定的数额先予支付;保险人最终确定赔偿或者给付保险金的数额后,应当支付相应的差额。

第二十六条 人寿保险以外的其他保险的被保险人或者受益人,向保险人请求赔偿或者给付保险金的诉讼时效期间为二年,自其知道或者应当知道保险事故发生之日起计算。

人寿保险的被保险人或者受益人向保险人请求给付保险金的诉讼时效期间为五年,自其知道或者应当知道保险事故发生之日起计算。

第二十七条 未发生保险事故,被保险人或者受益人谎称发生了保险事故,向保险人提出赔偿或者给付保险金请求的,保险人有权解除合同,并不退还保险费。

投保人、被保险人故意制造保险事故的,保险人有权解除合同,不承担赔偿或者给付保险金的责任;除本法第四十三条规定外,不退还保险费。

保险事故发生后,投保人、被保险人或者受益人以伪造、变造的有关证明、资料或者其他证据,编造虚假的事故原因或者夸大损失程度的,保险人对其虚报的部分不承担赔偿或者给付保险金的责任。

投保人、被保险人或者受益人有前三款规定行为之一,致使保险人支付保险金或者支出费用的,应当退回或者赔偿。

第二十八条 保险人将其承担的保险业务,以分保形式部分转移给其他保险人的,为再保险。

应再保险接受人的要求,再保险分出人应当将其自负责任及原保险的有关情况书面告知再保险接受人。

第二十九条 再保险接受人不得向原保险的投保人要求支付保险费。

原保险的被保险人或者受益人不得向再保险接受人提出赔偿或者给付保险金的请求。

再保险分出人不得以再保险接受人未履行再保险责任为由,拒绝履行或者迟延履行其原保险责任。

第三十条 采用保险人提供的格式条款订立的保险合同,保险人与投保人、被保险人或者受益人对合同条款有争议的,应当按照通常理解予以解释。对合同条款有两种以上解释的,人民法院或者仲裁机构应当作出有利于被保险人和受益人的解释。

第二节 人身保险合同

第三十一条 投保人对下列人员具有保险利益:

(一)本人;

(二)配偶、子女、父母;

(三)前项以外与投保人有抚养、赡养或者扶养关系的家庭其他成员、近亲属;

(四)与投保人有劳动关系的劳动者。

除前款规定外,被保险人同意投保人为其订立合同的,视为投保人对被保险人具有保险利益。

订立合同时,投保人对被保险人不具有保险利益的,合同无效。

第三十二条 投保人申报的被保险人年龄不真实,并且其真实年龄不符合合同约定的年龄限制的,保险人可以解除合同,并按照合同约定退还保险单的现金价值。保险人行使合同解除权,适用本法第十六条第三款、第六款的规定。

投保人申报的被保险人年龄不真实,致使投保人支付的保险费少于应付保险费的,保险人有权更正并要求投保人补交保险费,或者在给付保险金时按照实付保险费与应付保险费的比例支付。

投保人申报的被保险人年龄不真实,致使投保人支付的保险费多于应付保险费的,保险人应当将多收的保险费退还投保人。

第三十三条 投保人不得为无民事行为能力人投保以死亡为给付保险金条件的人身保险,保险人也不得承保。

父母为其未成年子女投保的人身保险,不受前款规定限制。但是,因被保险人死亡给付的保险金总和不得超过国务院保险监督管理机构规定的限额。

第三十四条 以死亡为给付保险金条件的合同,未经被保险人同意并认可保险金额的,合同无效。

按照以死亡为给付保险金条件的合同所签发的保险单,未经被保险人书面同意,不得转让或者质押。

父母为其未成年子女投保的人身保险,不受本条第一款规定限制。

第三十五条 投保人可以按照合同约定向保险人一次支付全部保险费或者分期支付保险费。

第三十六条 合同约定分期支付保险费，投保人支付首期保险费后，除合同另有约定外，投保人自保险人催告之日起超过三十日未支付当期保险费，或者超过约定的期限六十日未支付当期保险费的，合同效力中止，或者由保险人按照合同约定的条件减少保险金额。

被保险人在前款规定期限内发生保险事故的，保险人应当按照合同约定给付保险金，但可以扣减欠交的保险费。

第三十七条 合同效力依照本法第三十六条规定中止的，经保险人与投保人协商并达成协议，在投保人补交保险费后，合同效力恢复。但是，自合同效力中止之日起满二年双方未达成协议的，保险人有权解除合同。

保险人依照前款规定解除合同的，应当按照合同约定退还保险单的现金价值。

第三十八条 保险人对人寿保险的保险费，不得用诉讼方式要求投保人支付。

第三十九条 人身保险的受益人由被保险人或者投保人指定。

投保人指定受益人时须经被保险人同意。投保人为与其有劳动关系的劳动者投保人身保险，不得指定被保险人及其近亲属以外的人为受益人。

被保险人为无民事行为能力人或者限制民事行为能力人的，可以由其监护人指定受益人。

第四十条 被保险人或者投保人可以指定一人或者数人为受益人。

受益人为数人的，被保险人或者投保人可以确定受益顺序和受益份额；未确定受益份额的，受益人按照相等份额享有受益权。

第四十一条 被保险人或者投保人可以变更受益人并书面通知保险人。保险人收到变更受益人的书面通知后，应当在保险单或者其他保险凭证上批注或者附贴批单。

投保人变更受益人时须经被保险人同意。

第四十二条 被保险人死亡后，有下列情形之一的，保险金作为被保险人的遗产，由保险人依照《中华人民共和国继承法》的规定履行给付保险金的义务：

（一）没有指定受益人，或者受益人指定不明无法确定的；

（二）受益人先于被保险人死亡，没有其他受益人的；

（三）受益人依法丧失受益权或者放弃受益权，没有其他受益人的。

受益人与被保险人在同一事件中死亡，且不能确定死亡先后顺序的，推定受益人死亡在先。

第四十三条 投保人故意造成被保险人死亡、伤残或者疾病的，保险人不承担给付保险金的责任。投保人已交足二年以上保险费的，保险人应当按照合同约定向其他权利人退还保险单的现金价值。

受益人故意造成被保险人死亡、伤残、疾病的，或者故意杀害被保险人未遂的，该受益人丧失受益权。

第四十四条 以被保险人死亡为给付保险金条件的合同，自合同成立或者合同效力恢复之日起二年内，被保险人自杀的，保险人不承担给付保险金的责任，但被保险人自杀时为无民事行为能力人的除外。

保险人依照前款规定不承担给付保险金责任的，应当按照合同约定退还保险单的现金价值。

第四十五条 因被保险人故意犯罪或者抗拒依法采取的刑事强制措施导致其伤残或者死亡的，保险人不承担给付保险金的责任。投保人已交足二年以上保险费的，保险人应当按照合同约定退还保险单的现金价值。

第四十六条 被保险人因第三者的行为而发生死亡、伤残或者疾病等保险事故的，保险人向被保险人或者受益人给付保险金后，不享有向第三者追偿的权利，但被保险人或者受益人仍有权向第三者请求赔偿。

第四十七条 投保人解除合同的，保险人应当自收到解除合同通知之日起三十日内，按照合同约定退还保险单的现金价值。

第三节 财产保险合同

第四十八条 保险事故发生时，被保险人对保险标的不具有保险利益的，不得向保险人请求赔偿保险金。

第四十九条 保险标的转让的，保险标的的受让人承继被保险人的权利和义务。

保险标的转让的，被保险人或者受让人应当及时通知保险人，但货物运输保险合同和另有约定的合同除外。

因保险标的转让导致危险程度显著增加的，保险人自收到前款规定的通知之日起三十日内，可以按照合同约定增加保险费或者解除合同。保险人解除合同的，应当将已收取的保险费，按照合同约定扣除自保险责任开始之日起至合同解除之日止应收的部分后，退还投保人。

被保险人、受让人未履行本条第二款规定的通知义务的，因转让导致保险标的危险程度显著增加而发生的保险事故，保险人不承担赔偿保险金的责任。

第五十条 货物运输保险合同和运输工具航程保险合同，保险责任开始后，合同当事人不得解除合同。

第五十一条 被保险人应当遵守国家有关消防、安全、生产操作、劳动保护等方面的规定，维护保险标的的安全。

保险人可以按照合同约定对保险标的的安全状况进行检查，及时向投保人、被保险人提出消除不安全因素和隐患的书面建议。

投保人、被保险人未按照约定履行其对保险标的的安全应尽责任的，保险人有权要求增加保险费或者解除合同。

保险人为维护保险标的的安全，经被保险人同意，可以采取安全预防措施。

第五十二条 在合同有效期内，保险标的的危险程度显著增加的，被保险人应当按照合同约定及时通知保险人，保险人可以按照合同约定增加保险费或者解除合同。保险人解除合同的，应当将已收取的保险费，按照合同约定扣除自保险责任开始之日起至合同解除之日止应收的部分后，退还投保人。

被保险人未履行前款规定的通知义务的，因保险标的的危险程度显著增加而发生的保险事故，保险人不承担赔偿保险金的责任。

第五十三条 有下列情形之一的，除合同另有约定外，保险人应当降低保险费，并按日计算退还相应的保险费：

（一）据以确定保险费率的有关情况发生变化，保险标的的危险程度明显减少的；

（二）保险标的的保险价值明显减少的。

第五十四条 保险责任开始前，投保人要求解除合同的，应当按照合同约定向保险人支付手续费，保险人应当退还保险费。保险责任开始后，投保人要求解除合同的，保险人应当将已收取的保险费，按照合同约定扣除自保险责任开始之日起至合同解除之日止应收的部分后，退还投保人。

第五十五条 投保人和保险人约定保险标的的保险价值并在合同中载明的，保险标的发生损失时，以约定的保险价值为赔偿计算标准。

投保人和保险人未约定保险标的的保险价值的，保险标的发生损失时，以保险事故发生时保险标的的实际价值为赔偿计算标准。

保险金额不得超过保险价值。超过保险价值的，超过部分无效，保险人应当退还相应的保险费。

保险金额低于保险价值的，除合同另有约定外，保险人按照保险金额与保险价值的比例承担赔偿保险金的责任。

第五十六条 重复保险的投保人应当将重复保险的有关情况通知各保险人。

重复保险的各保险人赔偿保险金的总和不得超过保险价值。除合同另有约定外，各保险人按照其保险金额与保险金额总和的比例承担赔偿保险金的责任。

重复保险的投保人可以就保险金额总和超过保险价值的部分，请求各保险人按比例返还保险费。

重复保险是指投保人对同一保险标的、同一保险利益、同一保险事故分别与两个以上保险人订立保险合同，且保险金额总和超过保险价值的保险。

第五十七条 保险事故发生时，被保险人应当尽力采取必要的措施，防止或者减少损失。

保险事故发生后，被保险人为防止或者减少保险标的的损失所支付的必要的、合理的费用，由保险人承担；保险人所承担的费用数额在保险标的的损失赔偿金额以外另行计算，最高不超过保险金额的数额。

第五十八条 保险标的发生部分损失的，自保险人赔偿之日起三十日内，投保人可以解除合同；除合同另有约定外，保险人也可以解除合同，但应当提前十五日通知投保人。

合同解除的，保险人应当将保险标的未受损失部分的保险费，按照合同约定扣除自保险责任开始之日起至合同解除之日止应收的部分后，退还投保人。

第五十九条 保险事故发生后，保险人已支付了全部保险金额，并且保险金额等于保险价值的，受损保险标的的全部权利归于保险人；保险金额低于保险价值的，保险人按照保险金额与保险价值的比例取得受损保险标的的部分权利。

第六十条 因第三者对保险标的的损害而造成保险事故的，保险人自向被保险人赔偿保险金之日起，在赔偿金额范围内代位行使被保险人对第三者请求赔偿的权利。

前款规定的保险事故发生后，被保险人已经从第三者取得损害赔偿的，保险人赔偿保险金时，可以相应扣减被保险人从第三者已取得的赔偿金额。

保险人依照本条第一款规定行使代位请求赔偿的权利，不影响被保险人就未取得赔偿的部分向第三者请求赔偿的权利。

第六十一条 保险事故发生后，保险人未赔偿保险金之前，被保险人放弃对第三者请求赔偿的权利的，保险人不承担赔偿保险金的责任。

保险人向被保险人赔偿保险金后，被保险人未经保险人同意放弃对第三者请求赔偿的权利的，该行为无效。

被保险人故意或者因重大过失致使保险人不能行使代位请求赔偿的权利的，保险人可以扣减或者要求返还相应的保险金。

第六十二条 除被保险人的家庭成员或者其组成人员故意造成本法第六十条第一款规定的保险事故外，保险人不得对被保险人的家庭成员或者其组成人员行使代位请求赔偿的权利。

第六十三条 保险人向第三者行使代位请求赔偿的权利时，被保险人应当向保险人提供必要的文件和所知道的有关情况。

第六十四条 保险人、被保险人为查明和确定保险事故的性质、原因和保险标的的损失程度所支付的必要的、合理的费用，由保险人承担。

第六十五条 保险人对责任保险的被保险人给第三者造成的损害，可以依照法律的规定或者合同的约定，直接向该第三者赔偿保险金。

责任保险的被保险人给第三者造成损害，被保险人对第三者应负的赔偿责任确定的，根据被保险人的请求，保险人应当直接向该第三者赔偿保险金。被保险人怠于请求的，第三者有权就其应获赔偿部分直接向保险人请求赔偿保险金。

责任保险的被保险人给第三者造成损害，被保险人未向该第三者赔偿的，保险人不得向被保险人赔偿保险金。

责任保险是指以被保险人对第三者依法应负的赔偿责任为保险标的的保险。

第六十六条 责任保险的被保险人因给第三者造成损害的保险事故而被提起仲裁或者诉讼的，被保险人支付的仲裁或者诉讼费用以及其他必要的、合理的费用，除合同另有约定外，由保险人承担。

第三章 保险公司

第六十七条 设立保险公司应当经国务院保险监督管理机构批准。

国务院保险监督管理机构审查保险公司的设立申请时，应当考虑保险业的发展和公平竞争的需要。

第六十八条 设立保险公司应当具备下列条件：

（一）主要股东具有持续盈利能力，信誉良好，最近三年内无重大违法违规记录，净资产不低于人民币二亿元；

（二）有符合本法和《中华人民共和国公司法》规定的章程；

（三）有符合本法规定的注册资本；

（四）有具备任职专业知识和业务工作经验的董事、监事和高级管理人员；

（五）有健全的组织机构和管理制度；

（六）有符合要求的营业场所和与经营业务有关的其他设施；

（七）法律、行政法规和国务院保险监督管理机构规定的其他条件。

第六十九条 设立保险公司，其注册资本的最低限额为人民币二亿元。

国务院保险监督管理机构根据保险公司的业务范围、经营规模，可以调整其注册资本的最低限额，但不得低于本条第一款规定的限额。

保险公司的注册资本必须为实缴货币资本。

第七十条 申请设立保险公司，应当向国务院保险监督管理机构提出书面申请，并提交下列材料：

（一）设立申请书，申请书应当载明拟设立的保险公司的名称、注册资本、业务范围等；

（二）可行性研究报告；

（三）筹建方案；

（四）投资人的营业执照或者其他背景资料，经会计师事务所审计的上一年度财务会计报告；

（五）投资人认可的筹备组负责人和拟任董事长、经理名单及本人认可证明；

（六）国务院保险监督管理机构规定的其他材料。

第七十一条 国务院保险监督管理机构应当对设立保险公司的申请进行审查，自受理之日起六个月内作出批准或者不批准筹建的决定，并书面通知申请人。决定不批准的，应当书面说明理由。

第七十二条 申请人应当自收到批准筹建通知之日起一年内完成筹建工作；筹建期间不得从事保险经营活动。

第七十三条 筹建工作完成后，申请人具备本法第六十八条规定的设立条件的，可以向国务院保险监督管理机构提出开业申请。

国务院保险监督管理机构应当自受理开业申请之日起六十日内，作出批准或者不批准开业的决定。决定批准的，颁发经营保险业务许可证；决定不批准的，应当书面通知申请人并说明理由。

第七十四条 保险公司在中华人民共和国境内设立分支机构，应当经保险监督管理机构批准。

保险公司分支机构不具有法人资格，其民事责任由保险公司承担。

第七十五条 保险公司申请设立分支机构，应当向保险监督管理机构提出书面申请，并提交下列材料：

（一）设立申请书；

（二）拟设机构三年业务发展规划和市场分析材料；

（三）拟任高级管理人员的简历及相关证明材料；

（四）国务院保险监督管理机构规定的其他材料。

第七十六条 保险监督管理机构应当对保险公司设立分支机构的申请进行审查，自受理之日起六十日内作出批准或者不批准的决定。决定批准的，颁发分支机构经营保险业务许可证；决定不批准的，应当书面通知申请人并说明理由。

第七十七条 经批准设立的保险公司及其分支机构，凭经营保险业务许可证向工商行政管理机关办理登记，领取营业执照。

第七十八条 保险公司及其分支机构自取得经营保险业务许可证之日起六个月内，无正当理由未向工商行政管理机关办理登记的，其经营保险业务许可证失效。

第七十九条 保险公司在中华人民共和国境外设立子公司、分支机构、代表机构，应当经国务院保险监督管理机构批准。

第八十条 外国保险机构在中华人民共和国境内设立代表机构，应当经国务院保险监督管理机构批准。代表机构不得从事保险经营活动。

第八十一条 保险公司的董事、监事和高级管理人员，应当品行良好，熟悉与保险相关的法律、行政法规，具有履行职责所需的经营管理能力，并在任职前取得保险监督管理机构核准的任职资格。

保险公司高级管理人员的范围由国务院保险监督管理机构规定。

第八十二条 有《中华人民共和国公司法》第一百四十七条规定的情形或者下列情形之一的，不得担任保险公司的董事、监事、高级管理人员：

（一）因违法行为或者违纪行为被金融监督管理机构取消任职资格的金融机构的董事、监事、高级管理人员，自被取消任职资格之日起未逾五年的；

（二）因违法行为或者违纪行为被吊销执业

资格的律师、注册会计师或者资产评估机构、验证机构等机构的专业人员，自被吊销执业资格之日起未逾五年的。

第八十三条　保险公司的董事、监事、高级管理人员执行公司职务时违反法律、行政法规或者公司章程的规定，给公司造成损失的，应当承担赔偿责任。

第八十四条　保险公司有下列情形之一的，应当经保险监督管理机构批准：

（一）变更名称；

（二）变更注册资本；

（三）变更公司或者分支机构的营业场所；

（四）撤销分支机构；

（五）公司分立或者合并；

（六）修改公司章程；

（七）变更出资额占有限责任公司资本总额百分之五以上的股东，或者变更持有股份有限公司股份百分之五以上的股东；

（八）国务院保险监督管理机构规定的其他情形。

第八十五条　保险公司应当聘用经国务院保险监督管理机构认可的精算专业人员，建立精算报告制度。

保险公司应当聘用专业人员，建立合规报告制度。

第八十六条　保险公司应当按照保险监督管理机构的规定，报送有关报告、报表、文件和资料。

保险公司的偿付能力报告、财务会计报告、精算报告、合规报告及其他有关报告、报表、文件和资料必须如实记录保险业务事项，不得有虚假记载、误导性陈述和重大遗漏。

第八十七条　保险公司应当按照国务院保险监督管理机构的规定妥善保管业务经营活动的完整账簿、原始凭证和有关资料。

前款规定的账簿、原始凭证和有关资料的保管期限，自保险合同终止之日起计算，保险期间在一年以下的不得少于五年，保险期间超过一年的不得少于十年。

第八十八条　保险公司聘请或者解聘会计师事务所、资产评估机构、资信评级机构等中介服务机构，应当向保险监督管理机构报告；解聘会计师事务所、资产评估机构、资信评级机构等中介服务机构，应当说明理由。

第八十九条　保险公司因分立、合并需要解散，或者股东会、股东大会决议解散，或者公司章程规定的解散事由出现，经国务院保险监督管理机构批准后解散。

经营有人寿保险业务的保险公司，除因分立、合并或者被依法撤销外，不得解散。

保险公司解散，应当依法成立清算组进行清算。

第九十条　保险公司有《中华人民共和国企业破产法》第二条规定情形的，经国务院保险监督管理机构同意，保险公司或者其债权人可以依法向人民法院申请重整、和解或者破产清算；国务院保险监督管理机构也可以依法向人民法院申请对该保险公司进行重整或者破产清算。

第九十一条　破产财产在优先清偿破产费用和共益债务后，按照下列顺序清偿：

（一）所欠职工工资和医疗、伤残补助、抚恤费用，所欠应当划入职工个人账户的基本养老保险、基本医疗保险费用，以及法律、行政法规规定应当支付给职工的补偿金；

（二）赔偿或者给付保险金；

（三）保险公司欠缴的除第（一）项规定以外的社会保险费用和所欠税款；

（四）普通破产债权。

破产财产不足以清偿同一顺序的清偿要求的，按照比例分配。

破产保险公司的董事、监事和高级管理人员的工资，按照该公司职工的平均工资计算。

第九十二条　经营有人寿保险业务的保险公司被依法撤销或者被依法宣告破产的，其持有的人寿保险合同及责任准备金，必须转让给其他经营有人寿保险业务的保险公司；不能同其他保险公司达成转让协议的，由国务院保险监督管理机构指定经营有人寿保险业务的保险公司接受转让。

转让或者由国务院保险监督管理机构指定接受转让前款规定的人寿保险合同及责任准备金的，应当维护被保险人、受益人的合法权益。

第九十三条　保险公司依法终止其业务活动，应当注销其经营保险业务许可证。

第九十四条 保险公司,除本法另有规定外,适用《中华人民共和国公司法》的规定。

第四章 保险经营规则

第九十五条 保险公司的业务范围:

(一)人身保险业务,包括人寿保险、健康保险、意外伤害保险等保险业务;

(二)财产保险业务,包括财产损失保险、责任保险、信用保险、保证保险等保险业务;

(三)国务院保险监督管理机构批准的与保险有关的其他业务。

保险人不得兼营人身保险业务和财产保险业务。但是,经营财产保险业务的保险公司经国务院保险监督管理机构批准,可以经营短期健康保险业务和意外伤害保险业务。

保险公司应当在国务院保险监督管理机构依法批准的业务范围内从事保险经营活动。

第九十六条 经国务院保险监督管理机构批准,保险公司可以经营本法第九十五条规定的保险业务的下列再保险业务:

(一)分出保险;

(二)分入保险。

第九十七条 保险公司应当按照其注册资本总额的百分之二十提取保证金,存入国务院保险监督管理机构指定的银行,除公司清算时用于清偿债务外,不得动用。

第九十八条 保险公司应当根据保障被保险人利益、保证偿付能力的原则,提取各项责任准备金。

保险公司提取和结转责任准备金的具体办法,由国务院保险监督管理机构制定。

第九十九条 保险公司应当依法提取公积金。

第一百条 保险公司应当缴纳保险保障基金。

保险保障基金应当集中管理,并在下列情形下统筹使用:

(一)在保险公司被撤销或者被宣告破产时,向投保人、被保险人或者受益人提供救济;

(二)在保险公司被撤销或者被宣告破产时,向依法接受其人寿保险合同的保险公司提供救济;

(三)国务院规定的其他情形。

保险保障基金筹集、管理和使用的具体办法,由国务院制定。

第一百零一条 保险公司应当具有与其业务规模和风险程度相适应的最低偿付能力。保险公司的认可资产减去认可负债的差额不得低于国务院保险监督管理机构规定的数额;低于规定数额的,应当按照国务院保险监督管理机构的要求采取相应措施达到规定的数额。

第一百零二条 经营财产保险业务的保险公司当年自留保险费,不得超过其实有资本金加公积金总和的四倍。

第一百零三条 保险公司对每一危险单位,即对一次保险事故可能造成的最大损失范围所承担的责任,不得超过其实有资本金加公积金总和的百分之十;超过的部分应当办理再保险。

保险公司对危险单位的划分应当符合国务院保险监督管理机构的规定。

第一百零四条 保险公司对危险单位的划分方法和巨灾风险安排方案,应当报国务院保险监督管理机构备案。

第一百零五条 保险公司应当按照国务院保险监督管理机构的规定办理再保险,并审慎选择再保险接受人。

第一百零六条 保险公司的资金运用必须稳健,遵循安全性原则。

保险公司的资金运用限于下列形式:

(一)银行存款;

(二)买卖债券、股票、证券投资基金份额等有价证券;

(三)投资不动产;

(四)国务院规定的其他资金运用形式。

保险公司资金运用的具体管理办法,由国务院保险监督管理机构依照前两款的规定制定。

第一百零七条 经国务院保险监督管理机构会同国务院证券监督管理机构批准,保险公司可以设立保险资产管理公司。

保险资产管理公司从事证券投资活动,应当遵守《中华人民共和国证券法》等法律、行政法规的规定。

保险资产管理公司的管理办法,由国务院保险监督管理机构会同国务院有关部门制定。

第一百零八条　保险公司应当按照国务院保险监督管理机构的规定，建立对关联交易的管理和信息披露制度。

第一百零九条　保险公司的控股股东、实际控制人、董事、监事、高级管理人员不得利用关联交易损害公司的利益。

第一百一十条　保险公司应当按照国务院保险监督管理机构的规定，真实、准确、完整地披露财务会计报告、风险管理状况、保险产品经营情况等重大事项。

第一百一十一条　保险公司从事保险销售的人员应当符合国务院保险监督管理机构规定的资格条件，取得保险监督管理机构颁发的资格证书。

前款规定的保险销售人员的范围和管理办法，由国务院保险监督管理机构规定。

第一百一十二条　保险公司应当建立保险代理人登记管理制度，加强对保险代理人的培训和管理，不得唆使、诱导保险代理人进行违背诚信义务的活动。

第一百一十三条　保险公司及其分支机构应当依法使用经营保险业务许可证，不得转让、出租、出借经营保险业务许可证。

第一百一十四条　保险公司应当按照国务院保险监督管理机构的规定，公平、合理拟订保险条款和保险费率，不得损害投保人、被保险人和受益人的合法权益。

保险公司应当按照合同约定和本法规定，及时履行赔偿或者给付保险金义务。

第一百一十五条　保险公司开展业务，应当遵循公平竞争的原则，不得从事不正当竞争。

第一百一十六条　保险公司及其工作人员在保险业务活动中不得有下列行为：

（一）欺骗投保人、被保险人或者受益人；

（二）对投保人隐瞒与保险合同有关的重要情况；

（三）阻碍投保人履行本法规定的如实告知义务，或者诱导其不履行本法规定的如实告知义务；

（四）给予或者承诺给予投保人、被保险人、受益人保险合同约定以外的保险费回扣或者其他利益；

（五）拒不依法履行保险合同约定的赔偿或者给付保险金义务；

（六）故意编造未曾发生的保险事故、虚构保险合同或者故意夸大已经发生的保险事故的损失程度进行虚假理赔，骗取保险金或者牟取其他不正当利益；

（七）挪用、截留、侵占保险费；

（八）委托未取得合法资格的机构或者个人从事保险销售活动；

（九）利用开展保险业务为其他机构或者个人牟取不正当利益；

（十）利用保险代理人、保险经纪人或者保险评估机构，从事以虚构保险中介业务或者编造退保等方式套取费用等违法活动；

（十一）以捏造、散布虚假事实等方式损害竞争对手的商业信誉，或者以其他不正当竞争行为扰乱保险市场秩序；

（十二）泄露在业务活动中知悉的投保人、被保险人的商业秘密；

（十三）违反法律、行政法规和国务院保险监督管理机构规定的其他行为。

第五章　保险代理人和保险经纪人

第一百一十七条　保险代理人是根据保险人的委托，向保险人收取佣金，并在保险人授权的范围内代为办理保险业务的机构或者个人。

保险代理机构包括专门从事保险代理业务的保险专业代理机构和兼营保险代理业务的保险兼业代理机构。

第一百一十八条　保险经纪人是基于投保人的利益，为投保人与保险人订立保险合同提供中介服务，并依法收取佣金的机构。

第一百一十九条　保险代理机构、保险经纪人应当具备国务院保险监督管理机构规定的条件，取得保险监督管理机构颁发的经营保险代理业务许可证、保险经纪业务许可证。

保险专业代理机构、保险经纪人凭保险监督管理机构颁发的许可证向工商行政管理机关办理登记，领取营业执照。

保险兼业代理机构凭保险监督管理机构颁发的许可证，向工商行政管理机关办理变更登记。

第一百二十条 以公司形式设立保险专业代理机构、保险经纪人，其注册资本最低限额适用《中华人民共和国公司法》的规定。

国务院保险监督管理机构根据保险专业代理机构、保险经纪人的业务范围和经营规模，可以调整其注册资本的最低限额，但不得低于《中华人民共和国公司法》规定的限额。

保险专业代理机构、保险经纪人的注册资本或者出资额必须为实缴货币资本。

第一百二十一条 保险专业代理机构、保险经纪人的高级管理人员，应当品行良好，熟悉保险法律、行政法规，具有履行职责所需的经营管理能力，并在任职前取得保险监督管理机构核准的任职资格。

第一百二十二条 个人保险代理人、保险代理机构的代理从业人员、保险经纪人的经纪从业人员，应当具备国务院保险监督管理机构规定的资格条件，取得保险监督管理机构颁发的资格证书。

第一百二十三条 保险代理机构、保险经纪人应当有自己的经营场所，设立专门账簿记载保险代理业务、经纪业务的收支情况。

第一百二十四条 保险代理机构、保险经纪人应当按照国务院保险监督管理机构的规定缴存保证金或者投保职业责任保险。未经保险监督管理机构批准，保险代理机构、保险经纪人不得动用保证金。

第一百二十五条 个人保险代理人在代为办理人寿保险业务时，不得同时接受两个以上保险人的委托。

第一百二十六条 保险人委托保险代理人代为办理保险业务，应当与保险代理人签订委托代理协议，依法约定双方的权利和义务。

第一百二十七条 保险代理人根据保险人的授权代为办理保险业务的行为，由保险人承担责任。

保险代理人没有代理权、超越代理权或者代理权终止后以保险人名义订立合同，使投保人有理由相信其有代理权的，该代理行为有效。保险人可以依法追究越权的保险代理人的责任。

第一百二十八条 保险经纪人因过错给投保人、被保险人造成损失的，依法承担赔偿责任。

第一百二十九条 保险活动当事人可以委托保险公估机构等依法设立的独立评估机构或者具有相关专业知识的人员，对保险事故进行评估和鉴定。

接受委托对保险事故进行评估和鉴定的机构和人员，应当依法、独立、客观、公正地进行评估和鉴定，任何单位和个人不得干涉。

前款规定的机构和人员，因故意或者过失给保险人或者被保险人造成损失的，依法承担赔偿责任。

第一百三十条 保险佣金只限于向具有合法资格的保险代理人、保险经纪人支付，不得向其他人支付。

第一百三十一条 保险代理人、保险经纪人及其从业人员在办理保险业务活动中不得有下列行为：

（一）欺骗保险人、投保人、被保险人或者受益人；

（二）隐瞒与保险合同有关的重要情况；

（三）阻碍投保人履行本法规定的如实告知义务，或者诱导其不履行本法规定的如实告知义务；

（四）给予或者承诺给予投保人、被保险人或者受益人保险合同约定以外的利益；

（五）利用行政权力、职务或者职业便利以及其他不正当手段强迫、引诱或者限制投保人订立保险合同；

（六）伪造、擅自变更保险合同，或者为保险合同当事人提供虚假证明材料；

（七）挪用、截留、侵占保险费或者保险金；

（八）利用业务便利为其他机构或者个人牟取不正当利益；

（九）串通投保人、被保险人或者受益人，骗取保险金；

（十）泄露在业务活动中知悉的保险人、投保人、被保险人的商业秘密。

第一百三十二条 保险专业代理机构、保险经纪人分立、合并、变更组织形式、设立分支机构或者解散的，应当经保险监督管理机构批准。

第一百三十三条 本法第八十六条第一款、第一百一十三条的规定，适用于保险代理机构和保险经纪人。

第六章 保险业监督管理

第一百三十四条 保险监督管理机构依照本法和国务院规定的职责，遵循依法、公开、公正的原则，对保险业实施监督管理，维护保险市场秩序，保护投保人、被保险人和受益人的合法权益。

第一百三十五条 国务院保险监督管理机构依照法律、行政法规制定并发布有关保险业监督管理的规章。

第一百三十六条 关系社会公众利益的保险险种、依法实行强制保险的险种和新开发的人寿保险险种等的保险条款和保险费率，应当报国务院保险监督管理机构批准。国务院保险监督管理机构审批时，应当遵循保护社会公众利益和防止不正当竞争的原则。其他保险险种的保险条款和保险费率，应当报保险监督管理机构备案。

保险条款和保险费率审批、备案的具体办法，由国务院保险监督管理机构依照前款规定制定。

第一百三十七条 保险公司使用的保险条款和保险费率违反法律、行政法规或者国务院保险监督管理机构的有关规定的，由保险监督管理机构责令停止使用，限期修改；情节严重的，可以在一定期限内禁止申报新的保险条款和保险费率。

第一百三十八条 国务院保险监督管理机构应当建立健全保险公司偿付能力监管体系，对保险公司的偿付能力实施监控。

第一百三十九条 对偿付能力不足的保险公司，国务院保险监督管理机构应当将其列为重点监管对象，并可以根据具体情况采取下列措施：

（一）责令增加资本金、办理再保险；

（二）限制业务范围；

（三）限制向股东分红；

（四）限制固定资产购置或者经营费用规模；

（五）限制资金运用的形式、比例；

（六）限制增设分支机构；

（七）责令拍卖不良资产、转让保险业务；

（八）限制董事、监事、高级管理人员的薪酬水平；

（九）限制商业性广告；

（十）责令停止接受新业务。

第一百四十条 保险公司未依照本法规定提取或者结转各项责任准备金，或者未依照本法规定办理再保险，或者严重违反本法关于资金运用的规定的，由保险监督管理机构责令限期改正，并可以责令调整负责人及有关管理人员。

第一百四十一条 保险监督管理机构依照本法第一百四十条的规定作出限期改正的决定后，保险公司逾期未改正的，国务院保险监督管理机构可以决定选派保险专业人员和指定该保险公司的有关人员组成整顿组，对公司进行整顿。

整顿决定应当载明被整顿公司的名称、整顿理由、整顿组成员和整顿期限，并予以公告。

第一百四十二条 整顿组有权监督被整顿保险公司的日常业务。被整顿公司的负责人及有关管理人员应当在整顿组的监督下行使职权。

第一百四十三条 整顿过程中，被整顿保险公司的原有业务继续进行。但是，国务院保险监督管理机构可以责令被整顿公司停止部分原有业务、停止接受新业务，调整资金运用。

第一百四十四条 被整顿保险公司经整顿已纠正其违反本法规定的行为，恢复正常经营状况的，由整顿组提出报告，经国务院保险监督管理机构批准，结束整顿，并由国务院保险监督管理机构予以公告。

第一百四十五条 保险公司有下列情形之一的，国务院保险监督管理机构可以对其实行接管：

（一）公司的偿付能力严重不足的；

（二）违反本法规定，损害社会公共利益，可能严重危及或者已经严重危及公司的偿付能力的。

被接管的保险公司的债权债务关系不因接管而变化。

第一百四十六条 接管组的组成和接管的实施办法，由国务院保险监督管理机构决定，并予以公告。

第一百四十七条 接管期限届满，国务院保险监督管理机构可以决定延长接管期限，但接管期限最长不得超过二年。

第一百四十八条 接管期限届满,被接管的保险公司已恢复正常经营能力的,由国务院保险监督管理机构决定终止接管,并予以公告。

第一百四十九条 被整顿、被接管的保险公司有《中华人民共和国企业破产法》第二条规定情形的,国务院保险监督管理机构可以依法向人民法院申请对该保险公司进行重整或者破产清算。

第一百五十条 保险公司因违法经营被依法吊销经营保险业务许可证的,或者偿付能力低于国务院保险监督管理机构规定标准,不予撤销将严重危害保险市场秩序、损害公共利益的,由国务院保险监督管理机构予以撤销并公告,依法及时组织清算组进行清算。

第一百五十一条 国务院保险监督管理机构有权要求保险公司股东、实际控制人在指定的期限内提供有关信息和资料。

第一百五十二条 保险公司的股东利用关联交易严重损害公司利益,危及公司偿付能力的,由国务院保险监督管理机构责令改正。在按照要求改正前,国务院保险监督管理机构可以限制其股东权利;拒不改正的,可以责令其转让所持的保险公司股权。

第一百五十三条 保险监督管理机构根据履行监督管理职责的需要,可以与保险公司董事、监事和高级管理人员进行监督管理谈话,要求其就公司的业务活动和风险管理的重大事项作出说明。

第一百五十四条 保险公司在整顿、接管、撤销清算期间,或者出现重大风险时,国务院保险监督管理机构可以对该公司直接负责的董事、监事、高级管理人员和其他直接责任人员采取以下措施:

(一)通知出境管理机关依法阻止其出境;

(二)申请司法机关禁止其转移、转让或者以其他方式处分财产,或者在财产上设定其他权利。

第一百五十五条 保险监督管理机构依法履行职责,可以采取下列措施:

(一)对保险公司、保险代理人、保险经纪人、保险资产管理公司、外国保险机构的代表机构进行现场检查;

(二)进入涉嫌违法行为发生场所调查取证;

(三)询问当事人及与被调查事件有关的单位和个人,要求其对与被调查事件有关的事项作出说明;

(四)查阅、复制与被调查事件有关的财产权登记等资料;

(五)查阅、复制保险公司、保险代理人、保险经纪人、保险资产管理公司、外国保险机构的代表机构以及与被调查事件有关的单位和个人的财务会计资料及其他相关文件和资料;对可能被转移、隐匿或者毁损的文件和资料予以封存;

(六)查询涉嫌违法经营的保险公司、保险代理人、保险经纪人、保险资产管理公司、外国保险机构的代表机构以及与涉嫌违法事项有关的单位和个人的银行账户;

(七)对有证据证明已经或者可能转移、隐匿违法资金等涉案财产或者隐匿、伪造、毁损重要证据的,经保险监督管理机构主要负责人批准,申请人民法院予以冻结或者查封。

保险监督管理机构采取前款第(一)项、第(二)项、第(五)项措施的,应当经保险监督管理机构负责人批准;采取第(六)项措施的,应当经国务院保险监督管理机构负责人批准。

保险监督管理机构依法进行监督检查或者调查,其监督检查、调查的人员不得少于二人,并应当出示合法证件和监督检查、调查通知书;监督检查、调查的人员少于二人或者未出示合法证件和监督检查、调查通知书的,被检查、调查的单位和个人有权拒绝。

第一百五十六条 保险监督管理机构依法履行职责,被检查、调查的单位和个人应当配合。

第一百五十七条 保险监督管理机构工作人员应当忠于职守,依法办事,公正廉洁,不得利用职务便利牟取不正当利益,不得泄露所知悉的有关单位和个人的商业秘密。

第一百五十八条 国务院保险监督管理机构应当与中国人民银行、国务院其他金融监督管理机构建立监督管理信息共享机制。

保险监督管理机构依法履行职责,进行监督检查、调查时,有关部门应当予以配合。

第七章　法律责任

第一百五十九条　违反本法规定，擅自设立保险公司、保险资产管理公司或者非法经营商业保险业务的，由保险监督管理机构予以取缔，没收违法所得，并处违法所得一倍以上五倍以下的罚款；没有违法所得或者违法所得不足二十万元的，处二十万元以上一百万元以下的罚款。

第一百六十条　违反本法规定，擅自设立保险专业代理机构、保险经纪人，或者未取得经营保险代理业务许可证、保险经纪业务许可证从事保险代理业务、保险经纪业务的，由保险监督管理机构予以取缔，没收违法所得，并处违法所得一倍以上五倍以下的罚款；没有违法所得或者违法所得不足五万元的，处五万元以上三十万元以下的罚款。

第一百六十一条　保险公司违反本法规定，超出批准的业务范围经营的，由保险监督管理机构责令限期改正，没收违法所得，并处违法所得一倍以上五倍以下的罚款；没有违法所得或者违法所得不足十万元的，处十万元以上五十万元以下的罚款。逾期不改正或者造成严重后果的，责令停业整顿或者吊销业务许可证。

第一百六十二条　保险公司有本法第一百一十六条规定行为之一的，由保险监督管理机构责令改正，处五万元以上三十万元以下的罚款；情节严重的，限制其业务范围、责令停止接受新业务或者吊销业务许可证。

第一百六十三条　保险公司违反本法第八十四条规定的，由保险监督管理机构责令改正，处一万元以上十万元以下的罚款。

第一百六十四条　保险公司违反本法规定，有下列行为之一的，由保险监督管理机构责令改正，处五万元以上三十万元以下的罚款：

（一）超额承保，情节严重的；

（二）为无民事行为能力人承保以死亡为给付保险金条件的保险的。

第一百六十五条　违反本法规定，有下列行为之一的，由保险监督管理机构责令改正，处五万元以上三十万元以下的罚款；情节严重的，可以限制其业务范围、责令停止接受新业务或者吊销业务许可证：

（一）未按照规定提存保证金或者违反规定动用保证金的；

（二）未按照规定提取或者结转各项责任准备金的；

（三）未按照规定缴纳保险保障基金或者提取公积金的；

（四）未按照规定办理再保险的；

（五）未按照规定运用保险公司资金的；

（六）未经批准设立分支机构或者代表机构的；

（七）未按照规定申请批准保险条款、保险费率的。

第一百六十六条　保险代理机构、保险经纪人有本法第一百三十一条规定行为之一的，由保险监督管理机构责令改正，处五万元以上三十万元以下的罚款；情节严重的，吊销业务许可证。

第一百六十七条　保险代理机构、保险经纪人违反本法规定，有下列行为之一的，由保险监督管理机构责令改正，处二万元以上十万元以下的罚款；情节严重的，责令停业整顿或者吊销业务许可证：

（一）未按照规定缴存保证金或者投保职业责任保险的；

（二）未按照规定设立专门账簿记载业务收支情况的。

第一百六十八条　保险专业代理机构、保险经纪人违反本法规定，未经批准设立分支机构或者变更组织形式的，由保险监督管理机构责令改正，处一万元以上五万元以下的罚款。

第一百六十九条　违反本法规定，聘任不具有任职资格、从业资格的人员的，由保险监督管理机构责令改正，处二万元以上十万元以下的罚款。

第一百七十条　违反本法规定，转让、出租、出借业务许可证的，由保险监督管理机构处一万元以上十万元以下的罚款；情节严重的，责令停业整顿或者吊销业务许可证。

第一百七十一条　违反本法规定，有下列行为之一的，由保险监督管理机构责令限期改正；逾期不改正的，处一万元以上十万元以下的罚款：

（一）未按照规定报送或者保管报告、报表、

文件、资料的,或者未按照规定提供有关信息、资料的;

(二)未按照规定报送保险条款、保险费率备案的;

(三)未按照规定披露信息的。

第一百七十二条 违反本法规定,有下列行为之一的,由保险监督管理机构责令改正,处十万元以上五十万元以下的罚款;情节严重的,可以限制其业务范围、责令停止接受新业务或者吊销业务许可证:

(一)编制或者提供虚假的报告、报表、文件、资料的;

(二)拒绝或者妨碍依法监督检查的;

(三)未按照规定使用经批准或者备案的保险条款、保险费率的。

第一百七十三条 保险公司、保险资产管理公司、保险专业代理机构、保险经纪人违反本法规定的,保险监督管理机构除分别依照本法第一百六十一条至第一百七十二条的规定对该单位给予处罚外,对其直接负责的主管人员和其他直接责任人员给予警告,并处一万元以上十万元以下的罚款;情节严重的,撤销任职资格或者从业资格。

第一百七十四条 个人保险代理人违反本法规定的,由保险监督管理机构给予警告,可以并处二万元以下的罚款;情节严重的,处二万元以上十万元以下的罚款,并可以吊销其资格证书。

未取得合法资格的人员从事个人保险代理活动的,由保险监督管理机构给予警告,可以并处二万元以下的罚款;情节严重的,处二万元以上十万元以下的罚款。

第一百七十五条 外国保险机构未经国务院保险监督管理机构批准,擅自在中华人民共和国境内设立代表机构的,由国务院保险监督管理机构予以取缔,处五万元以上三十万元以下的罚款。

外国保险机构在中华人民共和国境内设立的代表机构从事保险经营活动的,由保险监督管理机构责令改正,没收违法所得,并处违法所得一倍以上五倍以下的罚款;没有违法所得或者违法所得不足二十万元的,处二十万元以上一百万元以下的罚款;对其首席代表可以责令撤换;情节严重的,撤销其代表机构。

第一百七十六条 投保人、被保险人或者受益人有下列行为之一,进行保险诈骗活动,尚不构成犯罪的,依法给予行政处罚:

(一)投保人故意虚构保险标的,骗取保险金的;

(二)编造未曾发生的保险事故,或者编造虚假的事故原因或者夸大损失程度,骗取保险金的;

(三)故意造成保险事故,骗取保险金的。

保险事故的鉴定人、评估人、证明人故意提供虚假的证明文件,为投保人、被保险人或者受益人进行保险诈骗提供条件的,依照前款规定给予处罚。

第一百七十七条 违反本法规定,给他人造成损害的,依法承担民事责任。

第一百七十八条 拒绝、阻碍保险监督管理机构及其工作人员依法行使监督检查、调查职权,未使用暴力、威胁方法的,依法给予治安管理处罚。

第一百七十九条 违反法律、行政法规的规定,情节严重的,国务院保险监督管理机构可以禁止有关责任人员一定期限直至终身进入保险业。

第一百八十条 保险监督管理机构从事监督管理工作的人员有下列情形之一的,依法给予处分:

(一)违反规定批准机构的设立的;

(二)违反规定进行保险条款、保险费率审批的;

(三)违反规定进行现场检查的;

(四)违反规定查询账户或者冻结资金的;

(五)泄露其知悉的有关单位和个人的商业秘密的;

(六)违反规定实施行政处罚的;

(七)滥用职权、玩忽职守的其他行为。

第一百八十一条 违反本法规定,构成犯罪的,依法追究刑事责任。

第八章 附 则

第一百八十二条 保险公司应当加入保险

行业协会。保险代理人、保险经纪人、保险公估机构可以加入保险行业协会。

保险行业协会是保险业的自律性组织，是社会团体法人。

第一百八十三条　保险公司以外的其他依法设立的保险组织经营的商业保险业务，适用本法。

第一百八十四条　海上保险适用《中华人民共和国海商法》的有关规定；《中华人民共和国海商法》未规定的，适用本法的有关规定。

第一百八十五条　中外合资保险公司、外资独资保险公司、外国保险公司分公司适用本法规定；法律、行政法规另有规定的，适用其规定。

第一百八十六条　国家支持发展为农业生产服务的保险事业。农业保险由法律、行政法规另行规定。

强制保险，法律、行政法规另有规定的，适用其规定。

第一百八十七条　本法自2009年10月1日起施行。

全国人民代表大会常务委员会关于修改《中华人民共和国保险法》等五部法律的决定（节录）

（2014年8月31日第十二届全国人民代表大会常务委员会第十次会议通过　2014年8月31日中华人民共和国主席令第14号公布　自公布之日起施行）

第十二届全国人民代表大会常务委员会第十次会议决定：

一、对《中华人民共和国保险法》作出修改

（一）将第八十二条中的“有《中华人民共和国公司法》第一百四十七条规定的情形”修改为“有《中华人民共和国公司法》第一百四十六条规定的情形”。

（二）将第八十五条修改为：“保险公司应当聘用专业人员，建立精算报告制度和合规报告制度。”

……

本决定自公布之日起施行。

《中华人民共和国保险法》、《中华人民共和国证券法》、《中华人民共和国注册会计师法》、《中华人民共和国政府采购法》、《中华人民共和国气象法》根据本决定作相应修改，重新公布。

全国人民代表大会常务委员会关于修改《中华人民共和国计量法》等五部法律的决定（节录）

（2015年4月24日第十二届全国人民代表大会常务委员会第十四次会议通过　2015年4月24日中华人民共和国主席令第26号公布　自公布之日起施行）

第十二届全国人民代表大会常务委员会第十四次会议决定，对下列法律中有关行政审批、工商登记前置审批或者价格管理的规定作出修改：

……

三、对《中华人民共和国保险法》作出修改

（一）删去第七十九条中的“代表机构”。

（二）将第一百一十一条修改为：“保险公司从事保险销售的人员应当品行良好，具有保险销售所需的专业能力。保险销售人员的行为规范和管理办法，由国务院保险监督管理机构规定。”

（三）删去第一百一十六条第八项中的“或者个人”。

（四）删去第一百一十九条第二款、第三款。

（五）将第一百二十二条修改为：“个人保险代理人、保险代理机构的代理从业人员、保险经纪人的经纪从业人员，应当品行良好，具有从事保险代理业务或者保险经纪业务所需的专业能力。”

（六）删去第一百二十四条中的“未经保险监督管理机构批准，保险代理机构、保险经纪人不得动用保证金。”

（七）删去第一百三十条中的“具有合法资格的”。

（八）删去第一百三十二条。

（九）将第一百六十五条改为第一百六十四条，并删去第六项中的“或者代表机构”。

（十）删去第一百六十八条。

（十一）将第一百六十九条改为第一百六十

七条,并删去其中的"从业资格"。

(十二)将第一百七十三条改为第一百七十一条,修改为:"保险公司、保险资产管理公司、保险专业代理机构、保险经纪人违反本法规定的,保险监督管理机构除分别依照本法第一百六十条至第一百七十条的规定对该单位给予处罚外,对其直接负责的主管人员和其他直接责任人员给予警告,并处一万元以上十万元以下的罚款;情节严重的,撤销任职资格。"

(十三)将第一百七十四条改为第一百七十二条,并删去第一款中的"并可以吊销其资格证书"和第二款。

……

本决定自公布之日起施行。

《中华人民共和国计量法》、《中华人民共和国烟草专卖法》、《中华人民共和国保险法》、《中华人民共和国民用航空法》、《中华人民共和国畜牧法》根据本决定作相应修改,重新公布。

中华人民共和国保险法

(1995年6月30日第八届全国人民代表大会常务委员会第十四次会议通过 根据2002年10月28日第九届全国人民代表大会常务委员会第三十次会议《关于修改〈中华人民共和国保险法〉的决定》第一次修正 2009年2月28日第十一届全国人民代表大会常务委员会第七次会议修订 根据2014年8月31日第十二届全国人民代表大会常务委员会第十次会议《关于修改〈中华人民共和国保险法〉等五部法律的决定》第二次修正 根据2015年4月24日第十二届全国人民代表大会常务委员会第十四次会议《关于修改〈中华人民共和国计量法〉等五部法律的决定》第三次修正)

目 录

第一章 总 则

第一条 为了规范保险活动,保护保险活动当事人的合法权益,加强对保险业的监督管理,维护社会经济秩序和社会公共利益,促进保险事业的健康发展,制定本法。

第二条 本法所称保险,是指投保人根据合同约定,向保险人支付保险费,保险人对于合同约定的可能发生的事故因其发生所造成的财产损失承担赔偿保险金责任,或者当被保险人死亡、伤残、疾病或者达到合同约定的年龄、期限等条件时承担给付保险金责任的商业保险行为。

第三条 在中华人民共和国境内从事保险活动,适用本法。

第四条 从事保险活动必须遵守法律、行政法规,尊重社会公德,不得损害社会公共利益。

第五条 保险活动当事人行使权利、履行义务应当遵循诚实信用原则。

第六条 保险业务由依照本法设立的保险公司以及法律、行政法规规定的其他保险组织经营,其他单位和个人不得经营保险业务。

第七条 在中华人民共和国境内的法人和其他组织需要办理境内保险的,应当向中华人民共和国境内的保险公司投保。

第八条 保险业和银行业、证券业、信托业实行分业经营、分业管理,保险公司与银行、证券、信托业务机构分别设立。国家另有规定的除外。

第九条 国务院保险监督管理机构依法对保险业实施监督管理。

国务院保险监督管理机构根据履行职责的需要设立派出机构。派出机构按照国务院保险监督管理机构的授权履行监督管理职责。

第二章 保险合同

第一节 一般规定

第十条 保险合同是投保人与保险人约定

保险权利义务关系的协议。

投保人是指与保险人订立保险合同,并按照合同约定负有支付保险费义务的人。

保险人是指与投保人订立保险合同,并按照合同约定承担赔偿或者给付保险金责任的保险公司。

第十一条　订立保险合同,应当协商一致,遵循公平原则确定各方的权利和义务。

除法律、行政法规规定必须保险的外,保险合同自愿订立。

第十二条　人身保险的投保人在保险合同订立时,对被保险人应当具有保险利益。

财产保险的被保险人在保险事故发生时,对保险标的应当具有保险利益。

人身保险是以人的寿命和身体为保险标的的保险。

财产保险是以财产及其有关利益为保险标的的保险。

被保险人是指其财产或者人身受保险合同保障,享有保险金请求权的人。投保人可以为被保险人。

保险利益是指投保人或者被保险人对保险标的具有的法律上承认的利益。

第十三条　投保人提出保险要求,经保险人同意承保,保险合同成立。保险人应当及时向投保人签发保险单或者其他保险凭证。

保险单或者其他保险凭证应当载明当事人双方约定的合同内容。当事人也可以约定采用其他书面形式载明合同内容。

依法成立的保险合同,自成立时生效。投保人和保险人可以对合同的效力约定附条件或者附期限。

第十四条　保险合同成立后,投保人按照约定交付保险费,保险人按照约定的时间开始承担保险责任。

第十五条　除本法另有规定或者保险合同另有约定外,保险合同成立后,投保人可以解除合同,保险人不得解除合同。

第十六条　订立保险合同,保险人就保险标的或者被保险人的有关情况提出询问的,投保人应当如实告知。

投保人故意或者因重大过失未履行前款规定的如实告知义务,足以影响保险人决定是否同意承保或者提高保险费率的,保险人有权解除合同。

前款规定的合同解除权,自保险人知道有解除事由之日起,超过三十日不行使而消灭。自合同成立之日起超过二年的,保险人不得解除合同;发生保险事故的,保险人应当承担赔偿或者给付保险金的责任。

投保人故意不履行如实告知义务的,保险人对于合同解除前发生的保险事故,不承担赔偿或者给付保险金的责任,并不退还保险费。

投保人因重大过失未履行如实告知义务,对保险事故的发生有严重影响的,保险人对于合同解除前发生的保险事故,不承担赔偿或者给付保险金的责任,但应当退还保险费。

保险人在合同订立时已经知道投保人未如实告知的情况的,保险人不得解除合同;发生保险事故的,保险人应当承担赔偿或者给付保险金的责任。

保险事故是指保险合同约定的保险责任范围内的事故。

第十七条　订立保险合同,采用保险人提供的格式条款的,保险人向投保人提供的投保单应当附格式条款,保险人应当向投保人说明合同的内容。

对保险合同中免除保险人责任的条款,保险人在订立合同时应当在投保单、保险单或者其他保险凭证上作出足以引起投保人注意的提示,并对该条款的内容以书面或者口头形式向投保人作出明确说明;未作提示或者明确说明的,该条款不产生效力。

第十八条　保险合同应当包括下列事项:

(一)保险人的名称和住所;

(二)投保人、被保险人的姓名或者名称、住所,以及人身保险的受益人的姓名或者名称、住所;

(三)保险标的;

(四)保险责任和责任免除;

(五)保险期间和保险责任开始时间;

(六)保险金额;

(七)保险费以及支付办法;

(八)保险金赔偿或者给付办法;

（九）违约责任和争议处理；

（十）订立合同的年、月、日。

投保人和保险人可以约定与保险有关的其他事项。

受益人是指人身保险合同中由被保险人或者投保人指定的享有保险金请求权的人。投保人、被保险人可以为受益人。

保险金额是指保险人承担赔偿或者给付保险金责任的最高限额。

第十九条 采用保险人提供的格式条款订立的保险合同中的下列条款无效：

（一）免除保险人依法应承担的义务或者加重投保人、被保险人责任的；

（二）排除投保人、被保险人或者受益人依法享有的权利的。

第二十条 投保人和保险人可以协商变更合同内容。

变更保险合同的，应当由保险人在保险单或者其他保险凭证上批注或者附贴批单，或者由投保人和保险人订立变更的书面协议。

第二十一条 投保人、被保险人或者受益人知道保险事故发生后，应当及时通知保险人。故意或者因重大过失未及时通知，致使保险事故的性质、原因、损失程度等难以确定的，保险人对无法确定的部分，不承担赔偿或者给付保险金的责任，但保险人通过其他途径已经及时知道或者应当及时知道保险事故发生的除外。

第二十二条 保险事故发生后，按照保险合同请求保险人赔偿或者给付保险金时，投保人、被保险人或者受益人应当向保险人提供其所能提供的与确认保险事故的性质、原因、损失程度等有关的证明和资料。

保险人按照合同的约定，认为有关的证明和资料不完整的，应当及时一次性通知投保人、被保险人或者受益人补充提供。

第二十三条 保险人收到被保险人或者受益人的赔偿或者给付保险金的请求后，应当及时作出核定；情形复杂的，应当在三十日内作出核定，但合同另有约定的除外。保险人应当将核定结果通知被保险人或者受益人；对属于保险责任的，在与被保险人或者受益人达成赔偿或者给付保险金的协议后十日内，履行赔偿或者给付保险金义务。保险合同对赔偿或者给付保险金的期限有约定的，保险人应当按照约定履行赔偿或者给付保险金义务。

保险人未及时履行前款规定义务的，除支付保险金外，应当赔偿被保险人或者受益人因此受到的损失。

任何单位和个人不得非法干预保险人履行赔偿或者给付保险金的义务，也不得限制被保险人或者受益人取得保险金的权利。

第二十四条 保险人依照本法第二十三条的规定作出核定后，对不属于保险责任的，应当自作出核定之日起三日内向被保险人或者受益人发出拒绝赔偿或者拒绝给付保险金通知书，并说明理由。

第二十五条 保险人自收到赔偿或者给付保险金的请求和有关证明、资料之日起六十日内，对其赔偿或者给付保险金的数额不能确定的，应当根据已有证明和资料可以确定的数额先予支付；保险人最终确定赔偿或者给付保险金的数额后，应当支付相应的差额。

第二十六条 人寿保险以外的其他保险的被保险人或者受益人，向保险人请求赔偿或者给付保险金的诉讼时效期间为二年，自其知道或者应当知道保险事故发生之日起计算。

人寿保险的被保险人或者受益人向保险人请求给付保险金的诉讼时效期间为五年，自其知道或者应当知道保险事故发生之日起计算。

第二十七条 未发生保险事故，被保险人或者受益人谎称发生了保险事故，向保险人提出赔偿或者给付保险金请求的，保险人有权解除合同，并不退还保险费。

投保人、被保险人故意制造保险事故的，保险人有权解除合同，不承担赔偿或者给付保险金的责任；除本法第四十三条规定外，不退还保险费。

保险事故发生后，投保人、被保险人或者受益人以伪造、变造的有关证明、资料或者其他证据，编造虚假的事故原因或者夸大损失程度的，保险人对其虚报的部分不承担赔偿或者给付保险金的责任。

投保人、被保险人或者受益人有前三款规定行为之一，致使保险人支付保险金或者支出费用的,应当退回或者赔偿。

第二十八条　保险人将其承担的保险业务,以分保形式部分转移给其他保险人的,为再保险。

应再保险接受人的要求,再保险分出人应当将其自负责任及原保险的有关情况书面告知再保险接受人。

第二十九条　再保险接受人不得向原保险的投保人要求支付保险费。

原保险的被保险人或者受益人不得向再保险接受人提出赔偿或者给付保险金的请求。

再保险分出人不得以再保险接受人未履行再保险责任为由,拒绝履行或者迟延履行其原保险责任。

第三十条　采用保险人提供的格式条款订立的保险合同,保险人与投保人、被保险人或者受益人对合同条款有争议的,应当按照通常理解予以解释。对合同条款有两种以上解释的,人民法院或者仲裁机构应当作出有利于被保险人和受益人的解释。

第二节　人身保险合同

第三十一条　投保人对下列人员具有保险利益:

(一)本人;

(二)配偶、子女、父母;

(三)前项以外与投保人有抚养、赡养或者扶养关系的家庭其他成员、近亲属;

(四)与投保人有劳动关系的劳动者。

除前款规定外,被保险人同意投保人为其订立合同的,视为投保人对被保险人具有保险利益。

订立合同时,投保人对被保险人不具有保险利益的,合同无效。

第三十二条　投保人申报的被保险人年龄不真实,并且其真实年龄不符合合同约定的年龄限制的,保险人可以解除合同,并按照合同约定退还保险单的现金价值。保险人行使合同解除权,适用本法第十六条第三款、第六款的规定。

投保人申报的被保险人年龄不真实,致使投保人支付的保险费少于应付保险费的,保险人有权更正并要求投保人补交保险费,或者在给付保险金时按照实付保险费与应付保险费的比例支付。

投保人申报的被保险人年龄不真实,致使投保人支付的保险费多于应付保险费的,保险人应当将多收的保险费退还投保人。

第三十三条　投保人不得为无民事行为能力人投保以死亡为给付保险金条件的人身保险,保险人也不得承保。

父母为其未成年子女投保的人身保险,不受前款规定限制。但是,因被保险人死亡给付的保险金总和不得超过国务院保险监督管理机构规定的限额。

第三十四条　以死亡为给付保险金条件的合同,未经被保险人同意并认可保险金额的,合同无效。

按照以死亡为给付保险金条件的合同所签发的保险单,未经被保险人书面同意,不得转让或者质押。

父母为其未成年子女投保的人身保险,不受本条第一款规定限制。

第三十五条　投保人可以按照合同约定向保险人一次支付全部保险费或者分期支付保险费。

第三十六条　合同约定分期支付保险费,投保人支付首期保险费后,除合同另有约定外,投保人自保险人催告之日起超过三十日未支付当期保险费,或者超过约定的期限六十日未支付当期保险费的,合同效力中止,或者由保险人按照合同约定的条件减少保险金额。

被保险人在前款规定期限内发生保险事故的,保险人应当按照合同约定给付保险金,但可以扣减欠交的保险费。

第三十七条　合同效力依照本法第三十六条规定中止的,经保险人与投保人协商并达成协议,在投保人补交保险费后,合同效力恢复。但是,自合同效力中止之日起满二年双方未达成协议的,保险人有权解除合同。

保险人依照前款规定解除合同的,应当按照合同约定退还保险单的现金价值。

第三十八条　保险人对人寿保险的保险费,不得用诉讼方式要求投保人支付。

第三十九条　人身保险的受益人由被保险

人或者投保人指定。

投保人指定受益人时须经被保险人同意。投保人为与其有劳动关系的劳动者投保人身保险,不得指定被保险人及其近亲属以外的人为受益人。

被保险人为无民事行为能力人或者限制民事行为能力人的,可以由其监护人指定受益人。

第四十条 被保险人或者投保人可以指定一人或者数人为受益人。

受益人为数人的,被保险人或者投保人可以确定受益顺序和受益份额;未确定受益份额的,受益人按照相等份额享有受益权。

第四十一条 被保险人或者投保人可以变更受益人并书面通知保险人。保险人收到变更受益人的书面通知后,应当在保险单或者其他保险凭证上批注或者附贴批单。

投保人变更受益人时须经被保险人同意。

第四十二条 被保险人死亡后,有下列情形之一的,保险金作为被保险人的遗产,由保险人依照《中华人民共和国继承法》的规定履行给付保险金的义务:

(一)没有指定受益人,或者受益人指定不明无法确定的;

(二)受益人先于被保险人死亡,没有其他受益人的;

(三)受益人依法丧失受益权或者放弃受益权,没有其他受益人的。

受益人与被保险人在同一事件中死亡,且不能确定死亡先后顺序的,推定受益人死亡在先。

第四十三条 投保人故意造成被保险人死亡、伤残或者疾病的,保险人不承担给付保险金的责任。投保人已交足二年以上保险费的,保险人应当按照合同约定向其他权利人退还保险单的现金价值。

受益人故意造成被保险人死亡、伤残、疾病的,或者故意杀害被保险人未遂的,该受益人丧失受益权。

第四十四条 以被保险人死亡为给付保险金条件的合同,自合同成立或者合同效力恢复之日起二年内,被保险人自杀的,保险人不承担给付保险金的责任,但被保险人自杀时为无民事行为能力人的除外。

保险人依照前款规定不承担给付保险金责任的,应当按照合同约定退还保险单的现金价值。

第四十五条 因被保险人故意犯罪或者抗拒依法采取的刑事强制措施导致其伤残或者死亡的,保险人不承担给付保险金的责任。投保人已交足二年以上保险费的,保险人应当按照合同约定退还保险单的现金价值。

第四十六条 被保险人因第三者的行为而发生死亡、伤残或者疾病等保险事故的,保险人向被保险人或者受益人给付保险金后,不享有向第三者追偿的权利,但被保险人或者受益人仍有权向第三者请求赔偿。

第四十七条 投保人解除合同的,保险人应当自收到解除合同通知之日起三十日内,按照合同约定退还保险单的现金价值。

第三节 财产保险合同

第四十八条 保险事故发生时,被保险人对保险标的不具有保险利益的,不得向保险人请求赔偿保险金。

第四十九条 保险标的转让的,保险标的的受让人承继被保险人的权利和义务。

保险标的转让的,被保险人或者受让人应当及时通知保险人,但货物运输保险合同和另有约定的合同除外。

因保险标的转让导致危险程度显著增加的,保险人自收到前款规定的通知之日起三十日内,可以按照合同约定增加保险费或者解除合同。保险人解除合同的,应当将已收取的保险费,按照合同约定扣除自保险责任开始之日起至合同解除之日止应收的部分后,退还投保人。

被保险人、受让人未履行本条第二款规定的通知义务的,因转让导致保险标的的危险程度显著增加而发生的保险事故,保险人不承担赔偿保险金的责任。

第五十条 货物运输保险合同和运输工具航程保险合同,保险责任开始后,合同当事人不得解除合同。

第五十一条 被保险人应当遵守国家有关消防、安全、生产操作、劳动保护等方面的规定,维护保险标的的安全。

保险人可以按照合同约定对保险标的的安

全状况进行检查，及时向投保人、被保险人提出消除不安全因素和隐患的书面建议。

投保人、被保险人未按照约定履行其对保险标的的安全应尽责任的，保险人有权要求增加保险费或者解除合同。

保险人为维护保险标的的安全，经被保险人同意，可以采取安全预防措施。

第五十二条 在合同有效期内，保险标的的危险程度显著增加的，被保险人应当按照合同约定及时通知保险人，保险人可以按照合同约定增加保险费或者解除合同。保险人解除合同的，应当将已收取的保险费，按照合同约定扣除自保险责任开始之日起至合同解除之日止应收的部分后，退还投保人。

被保险人未履行前款规定的通知义务的，因保险标的的危险程度显著增加而发生的保险事故，保险人不承担赔偿保险金的责任。

第五十三条 有下列情形之一的，除合同另有约定外，保险人应当降低保险费，并按日计算退还相应的保险费：

（一）据以确定保险费率的有关情况发生变化，保险标的的危险程度明显减少的；

（二）保险标的的保险价值明显减少的。

第五十四条 保险责任开始前，投保人要求解除合同的，应当按照合同约定向保险人支付手续费，保险人应当退还保险费。保险责任开始后，投保人要求解除合同的，保险人应当将已收取的保险费，按照合同约定扣除自保险责任开始之日起至合同解除之日止应收的部分后，退还投保人。

第五十五条 投保人和保险人约定保险标的的保险价值并在合同中载明的，保险标的发生损失时，以约定的保险价值为赔偿计算标准。

投保人和保险人未约定保险标的的保险价值的，保险标的发生损失时，以保险事故发生时保险标的的实际价值为赔偿计算标准。

保险金额不得超过保险价值。超过保险价值的，超过部分无效，保险人应当退还相应的保险费。

保险金额低于保险价值的，除合同另有约定外，保险人按照保险金额与保险价值的比例承担赔偿保险金的责任。

第五十六条 重复保险的投保人应当将重复保险的有关情况通知各保险人。

重复保险的各保险人赔偿保险金的总和不得超过保险价值。除合同另有约定外，各保险人按照其保险金额与保险金额总和的比例承担赔偿保险金的责任。

重复保险的投保人可以就保险金额总和超过保险价值的部分，请求各保险人按比例返还保险费。

重复保险是指投保人对同一保险标的、同一保险利益、同一保险事故分别与两个以上保险人订立保险合同，且保险金额总和超过保险价值的保险。

第五十七条 保险事故发生时，被保险人应当尽力采取必要的措施，防止或者减少损失。

保险事故发生后，被保险人为防止或者减少保险标的的损失所支付的必要的、合理的费用，由保险人承担；保险人所承担的费用数额在保险标的损失赔偿金额以外另行计算，最高不超过保险金额的数额。

第五十八条 保险标的发生部分损失的，自保险人赔偿之日起三十日内，投保人可以解除合同；除合同另有约定外，保险人也可以解除合同，但应当提前十五日通知投保人。

合同解除的，保险人应当将保险标的未受损失部分的保险费，按照合同约定扣除自保险责任开始之日起至合同解除之日止应收的部分后，退还投保人。

第五十九条 保险事故发生后，保险人已支付了全部保险金额，并且保险金额等于保险价值的，受损保险标的的全部权利归于保险人；保险金额低于保险价值的，保险人按照保险金额与保险价值的比例取得受损保险标的的部分权利。

第六十条 因第三者对保险标的的损害而造成保险事故的，保险人自向被保险人赔偿保险金之日起，在赔偿金额范围内代位行使被保险人对第三者请求赔偿的权利。

前款规定的保险事故发生后，被保险人已经从第三者取得损害赔偿的，保险人赔偿保险金时，可以相应扣减被保险人从第三者已取得的赔偿金额。

保险人依照本条第一款规定行使代位请求

赔偿的权利,不影响被保险人就未取得赔偿的部分向第三者请求赔偿的权利。

第六十一条 保险事故发生后,保险人未赔偿保险金之前,被保险人放弃对第三者请求赔偿的权利的,保险人不承担赔偿保险金的责任。

保险人向被保险人赔偿保险金后,被保险人未经保险人同意放弃对第三者请求赔偿的权利的,该行为无效。

被保险人故意或者因重大过失致使保险人不能行使代位请求赔偿的权利的,保险人可以扣减或者要求返还相应的保险金。

第六十二条 除被保险人的家庭成员或者其组成人员故意造成本法第六十条第一款规定的保险事故外,保险人不得对被保险人的家庭成员或者其组成人员行使代位请求赔偿的权利。

第六十三条 保险人向第三者行使代位请求赔偿的权利时,被保险人应当向保险人提供必要的文件和所知道的有关情况。

第六十四条 保险人、被保险人为查明和确定保险事故的性质、原因和保险标的的损失程度所支付的必要的、合理的费用,由保险人承担。

第六十五条 保险人对责任保险的被保险人给第三者造成的损害,可以依照法律的规定或者合同的约定,直接向该第三者赔偿保险金。

责任保险的被保险人给第三者造成损害,被保险人对第三者应负的赔偿责任确定的,根据被保险人的请求,保险人应当直接向该第三者赔偿保险金。被保险人怠于请求的,第三者有权就其应获赔偿部分直接向保险人请求赔偿保险金。

责任保险的被保险人给第三者造成损害,被保险人未向该第三者赔偿的,保险人不得向被保险人赔偿保险金。

责任保险是指以被保险人对第三者依法应负的赔偿责任为保险标的的保险。

第六十六条 责任保险的被保险人因给第三者造成损害的保险事故而被提起仲裁或者诉讼的,被保险人支付的仲裁或者诉讼费用以及其他必要的、合理的费用,除合同另有约定外,由保险人承担。

第三章 保险公司

第六十七条 设立保险公司应当经国务院保险监督管理机构批准。

国务院保险监督管理机构审查保险公司的设立申请时,应当考虑保险业的发展和公平竞争的需要。

第六十八条 设立保险公司应当具备下列条件:

(一)主要股东具有持续盈利能力,信誉良好,最近三年内无重大违法违规记录,净资产不低于人民币二亿元;

(二)有符合本法和《中华人民共和国公司法》规定的章程;

(三)有符合本法规定的注册资本;

(四)有具备任职专业知识和业务工作经验的董事、监事和高级管理人员;

(五)有健全的组织机构和管理制度;

(六)有符合要求的营业场所和与经营业务有关的其他设施;

(七)法律、行政法规和国务院保险监督管理机构规定的其他条件。

第六十九条 设立保险公司,其注册资本的最低限额为人民币二亿元。

国务院保险监督管理机构根据保险公司的业务范围、经营规模,可以调整其注册资本的最低限额,但不得低于本条第一款规定的限额。

保险公司的注册资本必须为实缴货币资本。

第七十条 申请设立保险公司,应当向国务院保险监督管理机构提出书面申请,并提交下列材料:

(一)设立申请书,申请书应当载明拟设立的保险公司的名称、注册资本、业务范围等;

(二)可行性研究报告;

(三)筹建方案;

(四)投资人的营业执照或者其他背景资料,经会计师事务所审计的上一年度财务会计报告;

(五)投资人认可的筹备组负责人和拟任董事长、经理名单及本人认可证明;

(六)国务院保险监督管理机构规定的其他材料。

第七十一条 国务院保险监督管理机构应当对设立保险公司的申请进行审查,自受理之日起六个月内作出批准或者不批准筹建的决定,并书面通知申请人。决定不批准的,应当书面说明理由。

第七十二条 申请人应当自收到批准筹建通知之日起一年内完成筹建工作;筹建期间不得从事保险经营活动。

第七十三条 筹建工作完成后,申请人具备本法第六十八条规定的设立条件的,可以向国务院保险监督管理机构提出开业申请。

国务院保险监督管理机构应当自受理开业申请之日起六十日内,作出批准或者不批准开业的决定。决定批准的,颁发经营保险业务许可证;决定不批准的,应当书面通知申请人并说明理由。

第七十四条 保险公司在中华人民共和国境内设立分支机构,应当经保险监督管理机构批准。

保险公司分支机构不具有法人资格,其民事责任由保险公司承担。

第七十五条 保险公司申请设立分支机构,应当向保险监督管理机构提出书面申请,并提交下列材料:

(一)设立申请书;

(二)拟设机构三年业务发展规划和市场分析材料;

(三)拟任高级管理人员的简历及相关证明材料;

(四)国务院保险监督管理机构规定的其他材料。

第七十六条 保险监督管理机构应当对保险公司设立分支机构的申请进行审查,自受理之日起六十日内作出批准或者不批准的决定。决定批准的,颁发分支机构经营保险业务许可证;决定不批准的,应当书面通知申请人并说明理由。

第七十七条 经批准设立的保险公司及其分支机构,凭经营保险业务许可证向工商行政管理机关办理登记,领取营业执照。

第七十八条 保险公司及其分支机构自取得经营保险业务许可证之日起六个月内,无正当理由未向工商行政管理机关办理登记的,其经营保险业务许可证失效。

第七十九条 保险公司在中华人民共和国境外设立子公司、分支机构,应当经国务院保险监督管理机构批准。

第八十条 外国保险机构在中华人民共和国境内设立代表机构,应当经国务院保险监督管理机构批准。代表机构不得从事保险经营活动。

第八十一条 保险公司的董事、监事和高级管理人员,应当品行良好,熟悉与保险相关的法律、行政法规,具有履行职责所需的经营管理能力,并在任职前取得保险监督管理机构核准的任职资格。

保险公司高级管理人员的范围由国务院保险监督管理机构规定。

第八十二条 有《中华人民共和国公司法》第一百四十六条规定的情形或者下列情形之一的,不得担任保险公司的董事、监事、高级管理人员:

(一)因违法行为或者违纪行为被金融监督管理机构取消任职资格的金融机构的董事、监事、高级管理人员,自被取消任职资格之日起未逾五年的;

(二)因违法行为或者违纪行为被吊销执业资格的律师、注册会计师或者资产评估机构、验证机构等机构的专业人员,自被吊销执业资格之日起未逾五年的。

第八十三条 保险公司的董事、监事、高级管理人员执行公司职务时违反法律、行政法规或者公司章程的规定,给公司造成损失的,应当承担赔偿责任。

第八十四条 保险公司有下列情形之一的,应当经保险监督管理机构批准:

(一)变更名称;

(二)变更注册资本;

(三)变更公司或者分支机构的营业场所;

(四)撤销分支机构;

(五)公司分立或者合并;

(六)修改公司章程;

(七)变更出资额占有限责任公司资本总额百分之五以上的股东,或者变更持有股份有限公司股份百分之五以上的股东;

(八)国务院保险监督管理机构规定的其他情形。

第八十五条 保险公司应当聘用专业人员,建立精算报告制度和合规报告制度。

第八十六条 保险公司应当按照保险监督管理机构的规定，报送有关报告、报表、文件和资料。

保险公司的偿付能力报告、财务会计报告、精算报告、合规报告及其他有关报告、报表、文件和资料必须如实记录保险业务事项，不得有虚假记载、误导性陈述和重大遗漏。

第八十七条 保险公司应当按照国务院保险监督管理机构的规定妥善保管业务经营活动的完整账簿、原始凭证和有关资料。

前款规定的账簿、原始凭证和有关资料的保管期限，自保险合同终止之日起计算，保险期间在一年以下的不得少于五年，保险期间超过一年的不得少于十年。

第八十八条 保险公司聘请或者解聘会计师事务所、资产评估机构、资信评级机构等中介服务机构，应当向保险监督管理机构报告；解聘会计师事务所、资产评估机构、资信评级机构等中介服务机构，应当说明理由。

第八十九条 保险公司因分立、合并需要解散，或者股东会、股东大会决议解散，或者公司章程规定的解散事由出现，经国务院保险监督管理机构批准后解散。

经营有人寿保险业务的保险公司，除因分立、合并或者被依法撤销外，不得解散。

保险公司解散，应当依法成立清算组进行清算。

第九十条 保险公司有《中华人民共和国企业破产法》第二条规定情形的，经国务院保险监督管理机构同意，保险公司或者其债权人可以依法向人民法院申请重整、和解或者破产清算；国务院保险监督管理机构也可以依法向人民法院申请对该保险公司进行重整或者破产清算。

第九十一条 破产财产在优先清偿破产费用和共益债务后，按照下列顺序清偿：

（一）所欠职工工资和医疗、伤残补助、抚恤费用，所欠应当划入职工个人账户的基本养老保险、基本医疗保险费用，以及法律、行政法规规定应当支付给职工的补偿金；

（二）赔偿或者给付保险金；

（三）保险公司欠缴的除第（一）项规定以外的社会保险费用和所欠税款；

（四）普通破产债权。

破产财产不足以清偿同一顺序的清偿要求的，按照比例分配。

破产保险公司的董事、监事和高级管理人员的工资，按照该公司职工的平均工资计算。

第九十二条 经营有人寿保险业务的保险公司被依法撤销或者被依法宣告破产的，其持有的人寿保险合同及责任准备金，必须转让给其他经营有人寿保险业务的保险公司；不能同其他保险公司达成转让协议的，由国务院保险监督管理机构指定经营有人寿保险业务的保险公司接受转让。

转让或者由国务院保险监督管理机构指定接受转让前款规定的人寿保险合同及责任准备金的，应当维护被保险人、受益人的合法权益。

第九十三条 保险公司依法终止其业务活动，应当注销其经营保险业务许可证。

第九十四条 保险公司，除本法另有规定外，适用《中华人民共和国公司法》的规定。

第四章 保险经营规则

第九十五条 保险公司的业务范围：

（一）人身保险业务，包括人寿保险、健康保险、意外伤害保险等保险业务；

（二）财产保险业务，包括财产损失保险、责任保险、信用保险、保证保险等保险业务；

（三）国务院保险监督管理机构批准的与保险有关的其他业务。

保险人不得兼营人身保险业务和财产保险业务。但是，经营财产保险业务的保险公司经国务院保险监督管理机构批准，可以经营短期健康保险业务和意外伤害保险业务。

保险公司应当在国务院保险监督管理机构依法批准的业务范围内从事保险经营活动。

第九十六条 经国务院保险监督管理机构批准，保险公司可以经营本法第九十五条规定的保险业务的下列再保险业务：

（一）分出保险；

（二）分入保险。

第九十七条 保险公司应当按照其注册资本总额的百分之二十提取保证金，存入国务院保险监督管理机构指定的银行，除公司清算时用于清偿债务外，不得动用。

第九十八条　保险公司应当根据保障被保险人利益、保证偿付能力的原则，提取各项责任准备金。

保险公司提取和结转责任准备金的具体办法，由国务院保险监督管理机构制定。

第九十九条　保险公司应当依法提取公积金。

第一百条　保险公司应当缴纳保险保障基金。

保险保障基金应当集中管理，并在下列情形下统筹使用：

（一）在保险公司被撤销或者被宣告破产时，向投保人、被保险人或者受益人提供救济；

（二）在保险公司被撤销或者被宣告破产时，向依法接受其人寿保险合同的保险公司提供救济；

（三）国务院规定的其他情形。

保险保障基金筹集、管理和使用的具体办法，由国务院制定。

第一百零一条　保险公司应当具有与其业务规模和风险程度相适应的最低偿付能力。保险公司的认可资产减去认可负债的差额不得低于国务院保险监督管理机构规定的数额；低于规定数额的，应当按照国务院保险监督管理机构的要求采取相应措施达到规定的数额。

第一百零二条　经营财产保险业务的保险公司当年自留保险费，不得超过其实有资本金加公积金总和的四倍。

第一百零三条　保险公司对每一危险单位，即对一次保险事故可能造成的最大损失范围所承担的责任，不得超过其实有资本金加公积金总和的百分之十；超过的部分应当办理再保险。

保险公司对危险单位的划分应当符合国务院保险监督管理机构的规定。

第一百零四条　保险公司对危险单位的划分方法和巨灾风险安排方案，应当报国务院保险监督管理机构备案。

第一百零五条　保险公司应当按照国务院保险监督管理机构的规定办理再保险，并审慎选择再保险接受人。

第一百零六条　保险公司的资金运用必须稳健，遵循安全性原则。

保险公司的资金运用限于下列形式：

（一）银行存款；

（二）买卖债券、股票、证券投资基金份额等有价证券；

（三）投资不动产；

（四）国务院规定的其他资金运用形式。

保险公司资金运用的具体管理办法，由国务院保险监督管理机构依照前两款的规定制定。

第一百零七条　经国务院保险监督管理机构会同国务院证券监督管理机构批准，保险公司可以设立保险资产管理公司。

保险资产管理公司从事证券投资活动，应当遵守《中华人民共和国证券法》等法律、行政法规的规定。

保险资产管理公司的管理办法，由国务院保险监督管理机构会同国务院有关部门制定。

第一百零八条　保险公司应当按照国务院保险监督管理机构的规定，建立对关联交易的管理和信息披露制度。

第一百零九条　保险公司的控股股东、实际控制人、董事、监事、高级管理人员不得利用关联交易损害公司的利益。

第一百一十条　保险公司应当按照国务院保险监督管理机构的规定，真实、准确、完整地披露财务会计报告、风险管理状况、保险产品经营情况等重大事项。

第一百一十一条　保险公司从事保险销售的人员应当品行良好，具有保险销售所需的专业能力。保险销售人员的行为规范和管理办法，由国务院保险监督管理机构规定。

第一百一十二条　保险公司应当建立保险代理人登记管理制度，加强对保险代理人的培训和管理，不得唆使、诱导保险代理人进行违背诚信义务的活动。

第一百一十三条　保险公司及其分支机构应当依法使用经营保险业务许可证，不得转让、出租、出借经营保险业务许可证。

第一百一十四条　保险公司应当按照国务院保险监督管理机构的规定，公平、合理拟订保险条款和保险费率，不得损害投保人、被保险人和受益人的合法权益。

保险公司应当按照合同约定和本法规定,及时履行赔偿或者给付保险金义务。

第一百一十五条 保险公司开展业务,应当遵循公平竞争的原则,不得从事不正当竞争。

第一百一十六条 保险公司及其工作人员在保险业务活动中不得有下列行为:

(一)欺骗投保人、被保险人或者受益人;

(二)对投保人隐瞒与保险合同有关的重要情况;

(三)阻碍投保人履行本法规定的如实告知义务,或者诱导其不履行本法规定的如实告知义务;

(四)给予或者承诺给予投保人、被保险人、受益人保险合同约定以外的保险费回扣或者其他利益;

(五)拒不依法履行保险合同约定的赔偿或者给付保险金义务;

(六)故意编造未曾发生的保险事故、虚构保险合同或者故意夸大已经发生的保险事故的损失程度进行虚假理赔,骗取保险金或者牟取其他不正当利益;

(七)挪用、截留、侵占保险费;

(八)委托未取得合法资格的机构从事保险销售活动;

(九)利用开展保险业务为其他机构或者个人牟取不正当利益;

(十)利用保险代理人、保险经纪人或者保险评估机构,从事以虚构保险中介业务或者编造退保等方式套取费用等违法活动;

(十一)以捏造、散布虚假事实等方式损害竞争对手的商业信誉,或者以其他不正当竞争行为扰乱保险市场秩序;

(十二)泄露在业务活动中知悉的投保人、被保险人的商业秘密;

(十三)违反法律、行政法规和国务院保险监督管理机构规定的其他行为。

第五章 保险代理人和保险经纪人

第一百一十七条 保险代理人是根据保险人的委托,向保险人收取佣金,并在保险人授权的范围内代为办理保险业务的机构或者个人。

保险代理机构包括专门从事保险代理业务的保险专业代理机构和兼营保险代理业务的保险兼业代理机构。

第一百一十八条 保险经纪人是基于投保人的利益,为投保人与保险人订立保险合同提供中介服务,并依法收取佣金的机构。

第一百一十九条 保险代理机构、保险经纪人应当具备国务院保险监督管理机构规定的条件,取得保险监督管理机构颁发的经营保险代理业务许可证、保险经纪业务许可证。

第一百二十条 以公司形式设立保险专业代理机构、保险经纪人,其注册资本最低限额适用《中华人民共和国公司法》的规定。

国务院保险监督管理机构根据保险专业代理机构、保险经纪人的业务范围和经营规模,可以调整其注册资本的最低限额,但不得低于《中华人民共和国公司法》规定的限额。

保险专业代理机构、保险经纪人的注册资本或者出资额必须为实缴货币资本。

第一百二十一条 保险专业代理机构、保险经纪人的高级管理人员,应当品行良好,熟悉保险法律、行政法规,具有履行职责所需的经营管理能力,并在任职前取得保险监督管理机构核准的任职资格。

第一百二十二条 个人保险代理人、保险代理机构的代理从业人员、保险经纪人的经纪从业人员,应当品行良好,具有从事保险代理业务或者保险经纪业务所需的专业能力。

第一百二十三条 保险代理机构、保险经纪人应当有自己的经营场所,设立专门账簿记载保险代理业务、经纪业务的收支情况。

第一百二十四条 保险代理机构、保险经纪人应当按照国务院保险监督管理机构的规定缴存保证金或者投保职业责任保险。

第一百二十五条 个人保险代理人在代为办理人寿保险业务时,不得同时接受两个以上保险人的委托。

第一百二十六条 保险人委托保险代理人代为办理保险业务,应当与保险代理人签订委托代理协议,依法约定双方的权利和义务。

第一百二十七条 保险代理人根据保险人的授权代为办理保险业务的行为,由保险人承担责任。

保险代理人没有代理权、超越代理权或者代理权终止后以保险人名义订立合同，使投保人有理由相信其有代理权的，该代理行为有效。保险人可以依法追究越权的保险代理人的责任。

第一百二十八条　保险经纪人因过错给投保人、被保险人造成损失的，依法承担赔偿责任。

第一百二十九条　保险活动当事人可以委托保险公估机构等依法设立的独立评估机构或者具有相关专业知识的人员，对保险事故进行评估和鉴定。

接受委托对保险事故进行评估和鉴定的机构和人员，应当依法、独立、客观、公正地进行评估和鉴定，任何单位和个人不得干涉。

前款规定的机构和人员，因故意或者过失给保险人或者被保险人造成损失的，依法承担赔偿责任。

第一百三十条　保险佣金只限于向保险代理人、保险经纪人支付，不得向其他人支付。

第一百三十一条　保险代理人、保险经纪人及其从业人员在办理保险业务活动中不得有下列行为：

（一）欺骗保险人、投保人、被保险人或者受益人；

（二）隐瞒与保险合同有关的重要情况；

（三）阻碍投保人履行本法规定的如实告知义务，或者诱导其不履行本法规定的如实告知义务；

（四）给予或者承诺给予投保人、被保险人或者受益人保险合同约定以外的利益；

（五）利用行政权力、职务或者职业便利以及其他不正当手段强迫、引诱或者限制投保人订立保险合同；

（六）伪造、擅自变更保险合同，或者为保险合同当事人提供虚假证明材料；

（七）挪用、截留、侵占保险费或者保险金；

（八）利用业务便利为其他机构或者个人牟取不正当利益；

（九）串通投保人、被保险人或者受益人，骗取保险金；

（十）泄露在业务活动中知悉的保险人、投保人、被保险人的商业秘密。

第一百三十二条　本法第八十六条第一款、第一百一十三条的规定，适用于保险代理机构和保险经纪人。

第六章　保险业监督管理

第一百三十三条　保险监督管理机构依照本法和国务院规定的职责，遵循依法、公开、公正的原则，对保险业实施监督管理，维护保险市场秩序，保护投保人、被保险人和受益人的合法权益。

第一百三十四条　国务院保险监督管理机构依照法律、行政法规制定并发布有关保险业监督管理的规章。

第一百三十五条　关系社会公众利益的保险险种、依法实行强制保险的险种和新开发的人寿保险险种等的保险条款和保险费率，应当报国务院保险监督管理机构批准。国务院保险监督管理机构审批时，应当遵循保护社会公众利益和防止不正当竞争的原则。其他保险险种的保险条款和保险费率，应当报保险监督管理机构备案。

保险条款和保险费率审批、备案的具体办法，由国务院保险监督管理机构依照前款规定制定。

第一百三十六条　保险公司使用的保险条款和保险费率违反法律、行政法规或者国务院保险监督管理机构的有关规定的，由保险监督管理机构责令停止使用，限期修改；情节严重的，可以在一定期限内禁止申报新的保险条款和保险费率。

第一百三十七条　国务院保险监督管理机构应当建立健全保险公司偿付能力监管体系，对保险公司的偿付能力实施监控。

第一百三十八条　对偿付能力不足的保险公司，国务院保险监督管理机构应当将其列为重点监管对象，并可以根据具体情况采取下列措施：

（一）责令增加资本金、办理再保险；

（二）限制业务范围；

（三）限制向股东分红；

（四）限制固定资产购置或者经营费用规模；

（五）限制资金运用的形式、比例；

（六）限制增设分支机构；

（七）责令拍卖不良资产、转让保险业务；

（八）限制董事、监事、高级管理人员的薪酬水平；

（九）限制商业性广告；

（十）责令停止接受新业务。

第一百三十九条 保险公司未依照本法规定提取或者结转各项责任准备金，或者未依照本法规定办理再保险，或者严重违反本法关于资金运用的规定的，由保险监督管理机构责令限期改正，并可以责令调整负责人及有关管理人员。

第一百四十条 保险监督管理机构依照本法第一百三十九条的规定作出限期改正的决定后，保险公司逾期未改正的，国务院保险监督管理机构可以决定选派保险专业人员和指定该保险公司的有关人员组成整顿组，对公司进行整顿。

整顿决定应当载明被整顿公司的名称、整顿理由、整顿组成员和整顿期限，并予以公告。

第一百四十一条 整顿组有权监督被整顿保险公司的日常业务。被整顿公司的负责人及有关管理人员应当在整顿组的监督下行使职权。

第一百四十二条 整顿过程中，被整顿保险公司的原有业务继续进行。但是，国务院保险监督管理机构可以责令被整顿公司停止部分原有业务、停止接受新业务，调整资金运用。

第一百四十三条 被整顿保险公司经整顿已纠正其违反本法规定的行为，恢复正常经营状况的，由整顿组提出报告，经国务院保险监督管理机构批准，结束整顿，并由国务院保险监督管理机构予以公告。

第一百四十四条 保险公司有下列情形之一的，国务院保险监督管理机构可以对其实行接管：

（一）公司的偿付能力严重不足的；

（二）违反本法规定，损害社会公共利益，可能严重危及或者已经严重危及公司的偿付能力的。

被接管的保险公司的债权债务关系不因接管而变化。

第一百四十五条 接管组的组成和接管的实施办法，由国务院保险监督管理机构决定，并予以公告。

第一百四十六条 接管期限届满，国务院保险监督管理机构可以决定延长接管期限，但接管期限最长不得超过二年。

第一百四十七条 接管期限届满，被接管的保险公司已恢复正常经营能力的，由国务院保险监督管理机构决定终止接管，并予以公告。

第一百四十八条 被整顿、被接管的保险公司有《中华人民共和国企业破产法》第二条规定情形的，国务院保险监督管理机构可以依法向人民法院申请对该保险公司进行重整或者破产清算。

第一百四十九条 保险公司因违法经营被依法吊销经营保险业务许可证的，或者偿付能力低于国务院保险监督管理机构规定标准，不予撤销将严重危害保险市场秩序、损害公共利益的，由国务院保险监督管理机构予以撤销并公告，依法及时组织清算组进行清算。

第一百五十条 国务院保险监督管理机构有权要求保险公司股东、实际控制人在指定的期限内提供有关信息和资料。

第一百五十一条 保险公司的股东利用关联交易严重损害公司利益，危及公司偿付能力的，由国务院保险监督管理机构责令改正。在按照要求改正前，国务院保险监督管理机构可以限制其股东权利；拒不改正的，可以责令其转让所持的保险公司股权。

第一百五十二条 保险监督管理机构根据履行监督管理职责的需要，可以与保险公司董事、监事和高级管理人员进行监督管理谈话，要求其就公司的业务活动和风险管理的重大事项作出说明。

第一百五十三条 保险公司在整顿、接管、撤销清算期间，或者出现重大风险时，国务院保险监督管理机构可以对该公司直接负责的董事、监事、高级管理人员和其他直接责任人员采取以下措施：

（一）通知出境管理机关依法阻止其出境；

（二）申请司法机关禁止其转移、转让或者以其他方式处分财产，或者在财产上设定其他权利。

第一百五十四条 保险监督管理机构依法履行职责，可以采取下列措施：

（一）对保险公司、保险代理人、保险经纪人、保险资产管理公司、外国保险机构的代表机构进行现场检查；

（二）进入涉嫌违法行为发生场所调查取证；

（三）询问当事人及与被调查事件有关的单位和个人，要求其对与被调查事件有关的事项作出说明；

（四）查阅、复制与被调查事件有关的财产权登记等资料；

（五）查阅、复制保险公司、保险代理人、保险经纪人、保险资产管理公司、外国保险机构的代表机构以及与被调查事件有关的单位和个人的财务会计资料及其他相关文件和资料；对可能被转移、隐匿或者毁损的文件和资料予以封存；

（六）查询涉嫌违法经营的保险公司、保险代理人、保险经纪人、保险资产管理公司、外国保险机构的代表机构以及与涉嫌违法事项有关的单位和个人的银行账户；

（七）对有证据证明已经或者可能转移、隐匿违法资金等涉案财产或者隐匿、伪造、毁损重要证据的，经保险监督管理机构主要负责人批准，申请人民法院予以冻结或者查封。

保险监督管理机构采取前款第（一）项、第（二）项、第（五）项措施的，应当经保险监督管理机构负责人批准；采取第（六）项措施的，应当经国务院保险监督管理机构负责人批准。

保险监督管理机构依法进行监督检查或者调查，其监督检查、调查的人员不得少于二人，并应当出示合法证件和监督检查、调查通知书；监督检查、调查的人员少于二人或者未出示合法证件和监督检查、调查通知书的，被检查、调查的单位和个人有权拒绝。

第一百五十五条 保险监督管理机构依法履行职责，被检查、调查的单位和个人应当配合。

第一百五十六条 保险监督管理机构工作人员应当忠于职守，依法办事，公正廉洁，不得利用职务便利牟取不正当利益，不得泄露所知悉的有关单位和个人的商业秘密。

第一百五十七条 国务院保险监督管理机构应当与中国人民银行、国务院其他金融监督管理机构建立监督管理信息共享机制。

保险监督管理机构依法履行职责，进行监督检查、调查时，有关部门应当予以配合。

第七章 法律责任

第一百五十八条 违反本法规定，擅自设立保险公司、保险资产管理公司或者非法经营商业保险业务的，由保险监督管理机构予以取缔，没收违法所得，并处违法所得一倍以上五倍以下的罚款；没有违法所得或者违法所得不足二十万元的，处二十万元以上一百万元以下的罚款。

第一百五十九条 违反本法规定，擅自设立保险专业代理机构、保险经纪人，或者未取得经营保险代理业务许可证、保险经纪业务许可证从事保险代理业务、保险经纪业务的，由保险监督管理机构予以取缔，没收违法所得，并处违法所得一倍以上五倍以下的罚款；没有违法所得或者违法所得不足五万元的，处五万元以上三十万元以下的罚款。

第一百六十条 保险公司违反本法规定，超出批准的业务范围经营的，由保险监督管理机构责令限期改正，没收违法所得，并处违法所得一倍以上五倍以下的罚款；没有违法所得或者违法所得不足十万元的，处十万元以上五十万元以下的罚款。逾期不改正或者造成严重后果的，责令停业整顿或者吊销业务许可证。

第一百六十一条 保险公司有本法第一百一十六条规定行为之一的，由保险监督管理机构责令改正，处五万元以上三十万元以下的罚款；情节严重的，限制其业务范围、责令停止接受新业务或者吊销业务许可证。

第一百六十二条 保险公司违反本法第八十四条规定的，由保险监督管理机构责令改正，处一万元以上十万元以下的罚款。

第一百六十三条 保险公司违反本法规定，有下列行为之一的，由保险监督管理机构责令改正，处五万元以上三十万元以下的罚款：

（一）超额承保，情节严重的；

（二）为无民事行为能力人承保以死亡为给付保险金条件的保险的。

第一百六十四条 违反本法规定，有下列行为之一的，由保险监督管理机构责令改正，处五万元以上三十万元以下的罚款；情节严重的，可以限制其业务范围、责令停止接受新业务或者吊销业务许可证：

（一）未按照规定提存保证金或者违反规定动用保证金的；

（二）未按照规定提取或者结转各项责任准备金的；

（三）未按照规定缴纳保险保障基金或者提取公积金的；

（四）未按照规定办理再保险的；

（五）未按照规定运用保险公司资金的；

（六）未经批准设立分支机构的；

（七）未按照规定申请批准保险条款、保险费率的。

第一百六十五条 保险代理机构、保险经纪人有本法第一百三十一条规定行为之一的，由保险监督管理机构责令改正，处五万元以上三十万元以下的罚款；情节严重的，吊销业务许可证。

第一百六十六条 保险代理机构、保险经纪人违反本法规定，有下列行为之一的，由保险监督管理机构责令改正，处二万元以上十万元以下的罚款；情节严重的，责令停业整顿或者吊销业务许可证：

（一）未按照规定缴存保证金或者投保职业责任保险的；

（二）未按照规定设立专门账簿记载业务收支情况的。

第一百六十七条 违反本法规定，聘任不具有任职资格的人员的，由保险监督管理机构责令改正，处二万元以上十万元以下的罚款。

第一百六十八条 违反本法规定，转让、出租、出借业务许可证的，由保险监督管理机构处一万元以上十万元以下的罚款；情节严重的，责令停业整顿或者吊销业务许可证。

第一百六十九条 违反本法规定，有下列行为之一的，由保险监督管理机构责令限期改正；逾期不改正的，处一万元以上十万元以下的罚款：

（一）未按照规定报送或者保管报告、报表、文件、资料的，或者未按照规定提供有关信息、资料的；

（二）未按照规定报送保险条款、保险费率备案的；

（三）未按照规定披露信息的。

第一百七十条 违反本法规定，有下列行为之一的，由保险监督管理机构责令改正，处十万元以上五十万元以下的罚款；情节严重的，可以限制其业务范围、责令停止接受新业务或者吊销业务许可证：

（一）编制或者提供虚假的报告、报表、文件、资料的；

（二）拒绝或者妨碍依法监督检查的；

（三）未按照规定使用经批准或者备案的保险条款、保险费率的。

第一百七十一条 保险公司、保险资产管理公司、保险专业代理机构、保险经纪人违反本法规定的，保险监督管理机构除分别依照本法第一百六十条至第一百七十条的规定对该单位给予处罚外，对其直接负责的主管人员和其他直接责任人员给予警告，并处一万元以上十万元以下的罚款；情节严重的，撤销任职资格。

第一百七十二条 个人保险代理人违反本法规定的，由保险监督管理机构给予警告，可以并处二万元以下的罚款；情节严重的，处二万元以上十万元以下的罚款。

第一百七十三条 外国保险机构未经国务院保险监督管理机构批准，擅自在中华人民共和国境内设立代表机构的，由国务院保险监督管理机构予以取缔，处五万元以上三十万元以下的罚款。

外国保险机构在中华人民共和国境内设立的代表机构从事保险经营活动的，由保险监督管理机构责令改正，没收违法所得，并处违法所得一倍以上五倍以下的罚款；没有违法所得或者违法所得不足二十万元的，处二十万元以上一百万元以下的罚款；对其首席代表可以责令撤换；情节严重的，撤销其代表机构。

第一百七十四条 投保人、被保险人或者受益人有下列行为之一，进行保险诈骗活动，尚不构成犯罪的，依法给予行政处罚：

（一）投保人故意虚构保险标的，骗取保险金的；

（二）编造未曾发生的保险事故，或者编造虚假的事故原因或者夸大损失程度，骗取保险金的；

（三）故意造成保险事故，骗取保险金的。

保险事故的鉴定人、评估人、证明人故意提

供虚假的证明文件，为投保人、被保险人或者受益人进行保险诈骗提供条件的，依照前款规定给予处罚。

第一百七十五条　违反本法规定，给他人造成损害的，依法承担民事责任。

第一百七十六条　拒绝、阻碍保险监督管理机构及其工作人员依法行使监督检查、调查职权，未使用暴力、威胁方法的，依法给予治安管理处罚。

第一百七十七条　违反法律、行政法规的规定，情节严重的，国务院保险监督管理机构可以禁止有关责任人员一定期限直至终身进入保险业。

第一百七十八条　保险监督管理机构从事监督管理工作的人员有下列情形之一的，依法给予处分：

（一）违反规定批准机构的设立的；

（二）违反规定进行保险条款、保险费率审批的；

（三）违反规定进行现场检查的；

（四）违反规定查询账户或者冻结资金的；

（五）泄露其知悉的有关单位和个人的商业秘密的；

（六）违反规定实施行政处罚的；

（七）滥用职权、玩忽职守的其他行为。

第一百七十九条　违反本法规定，构成犯罪的，依法追究刑事责任。

第八章　附　　则

第一百八十条　保险公司应当加入保险行业协会。保险代理人、保险经纪人、保险公估机构可以加入保险行业协会。

保险行业协会是保险业的自律性组织，是社会团体法人。

第一百八十一条　保险公司以外的其他依法设立的保险组织经营的商业保险业务，适用本法。

第一百八十二条　海上保险适用《中华人民共和国海商法》的有关规定；《中华人民共和国海商法》未规定的，适用本法的有关规定。

第一百八十三条　中外合资保险公司、外资独资保险公司、外国保险公司分公司适用本法规定；法律、行政法规另有规定的，适用其规定。

第一百八十四条　国家支持发展为农业生产服务的保险事业。农业保险由法律、行政法规另行规定。

强制保险，法律、行政法规另有规定的，适用其规定。

第一百八十五条　本法自2009年10月1日起施行。

最高人民法院关于适用《中华人民共和国保险法》若干问题的解释（一）

（2009年9月14日最高人民法院审判委员会第1473次会议通过　2009年9月21日最高人民法院公告公布　自2009年10月1日起施行　法释〔2009〕12号）

为正确审理保险合同纠纷案件，切实维护当事人的合法权益，现就人民法院适用2009年2月28日第十一届全国人大常委会第七次会议修订的《中华人民共和国保险法》（以下简称保险法）的有关问题规定如下：

第一条　保险法施行后成立的保险合同发生的纠纷，适用保险法的规定。保险法施行前成立的保险合同发生的纠纷，除本解释另有规定外，适用当时的法律规定；当时的法律没有规定的，参照适用保险法的有关规定。

认定保险合同是否成立，适用合同订立时的法律。

第二条　对于保险法施行前成立的保险合同，适用当时的法律认定无效而适用保险法认定有效的，适用保险法的规定。

第三条　保险合同成立于保险法施行前而保险标的转让、保险事故、理赔、代位求偿等行为或事件，发生于保险法施行后的，适用保险法的规定。

第四条　保险合同成立于保险法施行前，保险法施行后，保险人以投保人未履行如实告知义务或者申报被保险人年龄不真实为由，主张解除合同的，适用保险法的规定。

第五条　保险法施行前成立的保险合同，下列情形下的期间自2009年10月1日起计算：

（一）保险法施行前，保险人收到赔偿或者给付保险金的请求，保险法施行后，适用保险法第二十三条规定的三十日的；

（二）保险法施行前，保险人知道解除事由，保险法施行后，按照保险法第十六条、第三十二条的规定行使解除权，适用保险法第十六条规定的三十日的；

（三）保险法施行后，保险人按照保险法第十六条第二款的规定请求解除合同，适用保险法第十六条规定的二年的；

（四）保险法施行前，保险人收到保险标的转让通知，保险法施行后，以保险标的转让导致危险程度显著增加为由请求按照合同约定增加保险费或者解除合同，适用保险法第四十九条规定的三十日的。

第六条　保险法施行前已经终审的案件，当事人申请再审或者按照审判监督程序提起再审的案件，不适用保险法的规定。

最高人民法院关于适用《中华人民共和国保险法》若干问题的解释（二）

（2013年5月6日最高人民法院审判委员会第1577次会议通过　2013年5月31日最高人民法院公告公布　自2013年6月8日起施行　法释〔2013〕14号）

为正确审理保险合同纠纷案件，切实维护当事人的合法权益，根据《中华人民共和国保险法》《中华人民共和国合同法》《中华人民共和国民事诉讼法》等法律规定，结合审判实践，就保险法中关于保险合同一般规定部分有关法律适用问题解释如下：

第一条　财产保险中，不同投保人就同一保险标的分别投保，保险事故发生后，被保险人在其保险利益范围内依据保险合同主张保险赔偿的，人民法院应予支持。

第二条　人身保险中，因投保人对被保险人不具有保险利益导致保险合同无效，投保人主张保险人退还扣减相应手续费后的保险费的，人民法院应予支持。

第三条　投保人或者投保人的代理人订立保险合同时没有亲自签字或者盖章，而由保险人或者保险人的代理人代为签字或者盖章的，对投保人不生效。但投保人已经交纳保险费的，视为其对代签字或者盖章行为的追认。

保险人或者保险人的代理人代为填写保险单证后经投保人签字或者盖章确认的，代为填写的内容视为投保人的真实意思表示。但有证据证明保险人或者保险人的代理人存在保险法第一百一十六条、第一百三十一条相关规定情形的除外。

第四条　保险人接受了投保人提交的投保单并收取了保险费，尚未作出是否承保的意思表示，发生保险事故，被保险人或者受益人请求保险人按照保险合同承担赔偿或者给付保险金责任，符合承保条件的，人民法院应予支持；不符合承保条件的，保险人不承担保险责任，但应当退还已经收取的保险费。

保险人主张不符合承保条件的，应承担举证责任。

第五条　保险合同订立时，投保人明知的与保险标的或者被保险人有关的情况，属于保险法第十六条第一款规定的投保人"应当如实告知"的内容。

第六条　投保人的告知义务限于保险人询问的范围和内容。当事人对询问范围及内容有争议的，保险人负举证责任。

保险人以投保人违反了对投保单询问表中所列概括性条款的如实告知义务为由请求解除合同的，人民法院不予支持。但该概括性条款有具体内容的除外。

第七条　保险人在保险合同成立后知道或者应当知道投保人未履行如实告知义务，仍然收取保险费，又依照保险法第十六条第二款的规定主张解除合同的，人民法院不予支持。

第八条　保险人未行使合同解除权，直接以存在保险法第十六条第四款、第五款规定的情形为由拒绝赔偿的，人民法院不予支持。但当事人就拒绝赔偿事宜及保险合同存续另行达成一致的情况除外。

第九条　保险人提供的格式合同文本中的

责任免除条款、免赔额、免赔率、比例赔付或者给付等免除或者减轻保险人责任的条款，可以认定为保险法第十七条第二款规定的“免除保险人责任的条款”。

保险人因投保人、被保险人违反法定或者约定义务，享有解除合同权利的条款，不属于保险法第十七条第二款规定的“免除保险人责任的条款”。

第十条 保险人将法律、行政法规中的禁止性规定情形作为保险合同免责条款的免责事由，保险人对该条款作出提示后，投保人、被保险人或者受益人以保险人未履行明确说明义务为由主张该条款不生效的，人民法院不予支持。

第十一条 保险合同订立时，保险人在投保单或者保险单等其他保险凭证上，对保险合同中免除保险人责任的条款，以足以引起投保人注意的文字、字体、符号或者其他明显标志作出提示的，人民法院应当认定其履行了保险法第十七条第二款规定的提示义务。

保险人对保险合同中有关免除保险人责任条款的概念、内容及其法律后果以书面或者口头形式向投保人作出常人能够理解的解释说明的，人民法院应当认定保险人履行了保险法第十七条第二款规定的明确说明义务。

第十二条 通过网络、电话等方式订立的保险合同，保险人以网页、音频、视频等形式对免除保险人责任条款予以提示和明确说明的，人民法院可以认定其履行了提示和明确说明义务。

第十三条 保险人对其履行了明确说明义务负举证责任。

投保人对保险人履行了符合本解释第十一条第二款要求的明确说明义务在相关文书上签字、盖章或者以其他形式予以确认的，应当认定保险人履行了该项义务。但另有证据证明保险人未履行明确说明义务的除外。

第十四条 保险合同中记载的内容不一致的，按照下列规则认定：

（一）投保单与保险单或者其他保险凭证不一致的，以投保单为准。但不一致的情形系经保险人说明并经投保人同意的，以投保人签收的保险单或者其他保险凭证载明的内容为准；

（二）非格式条款与格式条款不一致的，以非格式条款为准；

（三）保险凭证记载的时间不同的，以形成时间在后的为准；

（四）保险凭证存在手写和打印两种方式的，以双方签字、盖章的手写部分的内容为准。

第十五条 保险法第二十三条规定的三十日核定期间，应自保险人初次收到索赔请求及投保人、被保险人或者受益人提供的有关证明和资料之日起算。

保险人主张扣除投保人、被保险人或者受益人补充提供有关证明和资料期间的，人民法院应予支持。扣除期间自保险人根据保险法第二十二条规定作出的通知到达投保人、被保险人或者受益人之日起，至投保人、被保险人或者受益人按照通知要求补充提供的有关证明和资料到达保险人之日止。

第十六条 保险人应以自己的名义行使保险代位求偿权。

根据保险法第六十条第一款的规定，保险人代位求偿权的诉讼时效期间应自其取得代位求偿权之日起算。

第十七条 保险人在其提供的保险合同格式条款中对非保险术语所作的解释符合专业意义，或者虽不符合专业意义，但有利于投保人、被保险人或者受益人的，人民法院应予认可。

第十八条 行政管理部门依据法律规定制作的交通事故认定书、火灾事故认定书等，人民法院应当依法审查并确认其相应的证明力，但有相反证据能够推翻的除外。

第十九条 保险事故发生后，被保险人或者受益人起诉保险人，保险人以被保险人或者受益人未要求第三者承担责任为由抗辩不承担保险责任的，人民法院不予支持。

财产保险事故发生后，被保险人就其所受损失从第三者取得赔偿后的不足部分提起诉讼，请求保险人赔偿的，人民法院应予依法受理。

第二十条 保险公司依法设立并取得营业执照的分支机构属于《中华人民共和国民事诉讼法》第四十八条规定的其他组织，可以作为保险合同纠纷案件的当事人参加诉讼。

第二十一条 本解释施行后尚未终审的保

险合同纠纷案件，适用本解释；本解释施行前已经终审，当事人申请再审或者按照审判监督程序决定再审的案件，不适用本解释。

最高人民法院关于“《保险法解释二》第九条适用”问题的答复

（2015 年 1 月 26 日）

《保险法解释二》第九条是对《保险法》第十七条中“免除保险人责任的条款（以下简称“免责条款”）”的解释。《保险法》第十七条分为两款：第一款是对保险人提供的格式条款的一般说明义务，第二款是保险合同中免除保险人责任的条款的提示和明确说明义务。第二款的理解应以第一款的规定为前提，故第二款中的“免责条款”应指保险人提供的格式条款中的“免责条款”，不包括非格式条款中的“免责条款”。因此，保险合同中的比例赔付条款如不是格式条款，则不属于《保险法司法解释二》第九条规定的“免除保险人责任的条款”，因为非格式条款往往是当事人双方协商的结果，根据《保险法》第十七条的立法本意，保险人对非格式条款不具有提示和说明义务。

以上意见供参考。

最高人民法院关于适用《中华人民共和国保险法》若干问题的解释（三）

（2015 年 9 月 21 日最高人民法院审判委员会第 1661 次会议通过　2015 年 11 月 25 日最高人民法院公告公布　自 2015 年 12 月 1 日起施行　法释〔2015〕21 号）

为正确审理保险合同纠纷案件，切实维护当事人的合法权益，根据《中华人民共和国保险法》《中华人民共和国合同法》《中华人民共和国民事诉讼法》等法律规定，结合审判实践，就保险法中关于保险合同章人身保险部分有关法律适用问题解释如下：

第一条　当事人订立以死亡为给付保险金条件的合同，根据保险法第三十四条的规定，“被保险人同意并认可保险金额”可以采取书面形式、口头形式或者其他形式；可以在合同订立时作出，也可以在合同订立后追认。

有下列情形之一的，应认定为被保险人同意投保人为其订立保险合同并认可保险金额：

（一）被保险人明知他人代其签名同意而未表示异议的；

（二）被保险人同意投保人指定的受益人的；

（三）有证据足以认定被保险人同意投保人为其投保的其他情形。

第二条　被保险人以书面形式通知保险人和投保人撤销其依据保险法第三十四条第一款规定所作出的同意意思表示的，可认定为保险合同解除。

第三条　人民法院审理人身保险合同纠纷案件时，应主动审查投保人订立保险合同时是否具有保险利益，以及以死亡为给付保险金条件的合同是否经过被保险人同意并认可保险金额。

第四条　保险合同订立后，因投保人丧失对被保险人的保险利益，当事人主张保险合同无效的，人民法院不予支持。

第五条　保险合同订立时，被保险人根据保险人的要求在指定医疗服务机构进行体检，当事人主张投保人如实告知义务免除的，人民法院不予支持。

保险人知道被保险人的体检结果，仍以投保人未就相关情况履行如实告知义务为由要求解除合同的，人民法院不予支持。

第六条　未成年人父母之外的其他履行监护职责的人为未成年人订立以死亡为给付保险金条件的合同，当事人主张参照保险法第三十三条第二款、第三十四条第三款的规定认定该合同有效的，人民法院不予支持，但经未成年人父母同意的除外。

第七条　当事人以被保险人、受益人或者他人已经代为支付保险费为由，主张投保人对应的交费义务已经履行的，人民法院应予支持。

第八条　保险合同效力依照保险法第三十六条规定中止，投保人提出恢复效力申请并同意补交保险费的，除被保险人的危险程度在中止期间显著增加外，保险人拒绝恢复效力的，人民法院不予支持。

保险人在收到恢复效力申请后，三十日内未明确拒绝的，应认定为同意恢复效力。

保险合同自投保人补交保险费之日恢复效力。保险人要求投保人补交相应利息的，人民法院应予支持。

第九条　投保人指定受益人未经被保险人同意的，人民法院应认定指定行为无效。

当事人对保险合同约定的受益人存在争议，除投保人、被保险人在保险合同之外另有约定外，按照以下情形分别处理：

（一）受益人约定为"法定"或者"法定继承人"的，以继承法规定的法定继承人为受益人；

（二）受益人仅约定为身份关系，投保人与被保险人为同一主体的，根据保险事故发生时与被保险人的身份关系确定受益人；投保人与被保险人为不同主体的，根据保险合同成立时与被保险人的身份关系确定受益人；

（三）受益人的约定包括姓名和身份关系，保险事故发生时身份关系发生变化的，认定为未指定受益人。

第十条　投保人或者被保险人变更受益人，当事人主张变更行为自变更意思表示发出时生效的，人民法院应予支持。

投保人或者被保险人变更受益人未通知保险人，保险人主张变更对其不发生效力的，人民法院应予支持。

投保人变更受益人未经被保险人同意的，人民法院应认定变更行为无效。

第十一条　投保人或者被保险人在保险事故发生后变更受益人，变更后的受益人请求保险人给付保险金的，人民法院不予支持。

第十二条　投保人或者被保险人指定数人为受益人，部分受益人在保险事故发生前死亡、放弃受益权或者依法丧失受益权的，该受益人应得的受益份额按照保险合同的约定处理；保险合同没有约定或者约定不明的，该受益人应得的受益份额按照以下情形分别处理：

（一）未约定受益顺序和受益份额的，由其他受益人平均享有；

（二）未约定受益顺序但约定受益份额的，由其他受益人按照相应比例享有；

（三）约定受益顺序但未约定受益份额的，由同顺序的其他受益人平均享有；同一顺序没有其他受益人的，由后一顺序的受益人平均享有；

（四）约定受益顺序和受益份额的，由同顺序的其他受益人按照相应比例享有；同一顺序没有其他受益人的，由后一顺序的受益人按照相应比例享有。

第十三条　保险事故发生后，受益人将与本次保险事故相对应的全部或者部分保险金请求权转让给第三人，当事人主张该转让行为有效的，人民法院应予支持，但根据合同性质、当事人约定或者法律规定不得转让的除外。

第十四条　保险金根据保险法第四十二条规定作为被保险人的遗产，被保险人的继承人要求保险人给付保险金，保险人以其已向持有保险单的被保险人的其他继承人给付保险金为由抗辩的，人民法院应予支持。

第十五条　受益人与被保险人存在继承关系，在同一事件中死亡且不能确定死亡先后顺序的，人民法院应根据保险法第四十二条第二款的规定推定受益人死亡在先，并按照保险法及本解释的相关规定确定保险金归属。

第十六条　保险合同解除时，投保人与被保险人、受益人为不同主体，被保险人或者受益人要求退还保险单的现金价值的，人民法院不予支持，但保险合同另有约定的除外。

投保人故意造成被保险人死亡、伤残或者疾病，保险人依照保险法第四十三条规定退还保险单的现金价值的，其他权利人按照被保险人、被保险人继承人的顺序确定。

第十七条　投保人解除保险合同，当事人以其解除合同未经被保险人或者受益人同意为由主张解除行为无效的，人民法院不予支持，但被保险人或者受益人已向投保人支付相当于保险单现金价值的款项并通知保险人的除外。

第十八条　保险人给付费用补偿型的医疗费用保险金时，主张扣减被保险人从公费医疗或者社会医疗保险取得的赔偿金额的，应当证明该保险产品在厘定医疗费用保险费率时已经将公费医疗或者社会医疗保险部分相应扣除，并按照扣减后的标准收取保险费。

第十九条 保险合同约定按照基本医疗保险的标准核定医疗费用,保险人以被保险人的医疗支出超出基本医疗保险范围为由拒绝给付保险金的,人民法院不予支持;保险人有证据证明被保险人支出的费用超过基本医疗保险同类医疗费用标准,要求对超出部分拒绝给付保险金的,人民法院应予支持。

第二十条 保险人以被保险人未在保险合同约定的医疗服务机构接受治疗为由拒绝给付保险金的,人民法院应予支持,但被保险人因情况紧急必须立即就医的除外。

第二十一条 保险人以被保险人自杀为由拒绝给付保险金的,由保险人承担举证责任。

受益人或者被保险人的继承人以被保险人自杀时无民事行为能力为由抗辩的,由其承担举证责任。

第二十二条 保险法第四十五条规定的"被保险人故意犯罪"的认定,应当以刑事侦查机关、检察机关和审判机关的生效法律文书或者其他结论性意见为依据。

第二十三条 保险人主张根据保险法第四十五条的规定不承担给付保险金责任的,应当证明被保险人的死亡、伤残结果与其实施的故意犯罪或者抗拒依法采取的刑事强制措施的行为之间存在因果关系。

被保险人在羁押、服刑期间因意外或者疾病造成伤残或者死亡,保险人主张根据保险法第四十五条的规定不承担给付保险金责任的,人民法院不予支持。

第二十四条 投保人为被保险人订立以死亡为给付保险金条件的保险合同,被保险人被宣告死亡后,当事人要求保险人按照保险合同约定给付保险金的,人民法院应予支持。

被保险人被宣告死亡之日在保险责任期间之外,但有证据证明下落不明之日在保险责任期间之内,当事人要求保险人按照保险合同约定给付保险金的,人民法院应予支持。

第二十五条 被保险人的损失系由承保事故或者非承保事故、免责事由造成难以确定,当事人请求保险人给付保险金的,人民法院可以按照相应比例予以支持。

第二十六条 本解释自2015年12月1日起施行。本解释施行后尚未终审的保险合同纠纷案件,适用本解释;本解释施行前已经终审,当事人申请再审或者按照审判监督程序决定再审的案件,不适用本解释。

最高人民法院关于适用《中华人民共和国保险法》若干问题的解释(四)

(2018年5月14日最高人民法院审判委员会第1738次会议通过 2018年7月31日最高人民法院公告公布 自2018年9月1日起施行 法释〔2018〕13号)

为正确审理保险合同纠纷案件,切实维护当事人的合法权益,根据《中华人民共和国保险法》《中华人民共和国合同法》《中华人民共和国民事诉讼法》等法律规定,结合审判实践,就保险法中财产保险合同部分有关法律适用问题解释如下:

第一条 保险标的已交付受让人,但尚未依法办理所有权变更登记,承担保险标的毁损灭失风险的受让人,依照保险法第四十八条、第四十九条的规定主张行使被保险人权利的,人民法院应予支持。

第二条 保险人已向投保人履行了保险法规定的提示和明确说明义务,保险标的受让人以保险标的转让后保险人未向其提示或者明确说明为由,主张免除保险人责任的条款不生效的,人民法院不予支持。

第三条 被保险人死亡,继承保险标的的当事人主张承继被保险人的权利和义务的,人民法院应予支持。

第四条 人民法院认定保险标的是否构成保险法第四十九条、第五十二条规定的"危险程度显著增加"时,应当综合考虑以下因素:

(一)保险标的用途的改变;

(二)保险标的使用范围的改变;

(三)保险标的所处环境的变化;

(四)保险标的因改装等原因引起的变化;

(五)保险标的使用人或者管理人的改变;

(六)危险程度增加持续的时间;

（七）其他可能导致危险程度显著增加的因素。

保险标的危险程度虽然增加，但增加的危险属于保险合同订立时保险人预见或者应当预见的保险合同承保范围的，不构成危险程度显著增加。

第五条 被保险人、受让人依法及时向保险人发出保险标的转让通知后，保险人作出答复前，发生保险事故，被保险人或者受让人主张保险人按照保险合同承担赔偿保险金的责任的，人民法院应予支持。

第六条 保险事故发生后，被保险人依照保险法第五十七条的规定，请求保险人承担为防止或者减少保险标的的损失所支付的必要、合理费用，保险人以被保险人采取的措施未产生实际效果为由抗辩的，人民法院不予支持。

第七条 保险人依照保险法第六十条的规定，主张代位行使被保险人因第三者侵权或者违约等享有的请求赔偿的权利的，人民法院应予支持。

第八条 投保人和被保险人为不同主体，因投保人对保险标的的损害而造成保险事故，保险人依法主张代位行使被保险人对投保人请求赔偿的权利的，人民法院应予支持，但法律另有规定或者保险合同另有约定的除外。

第九条 在保险人以第三者为被告提起的代位求偿权之诉中，第三者以被保险人在保险合同订立前已放弃对其请求赔偿的权利为由进行抗辩，人民法院认定上述放弃行为合法有效，保险人就相应部分主张行使代位求偿权的，人民法院不予支持。

保险合同订立时，保险人就是否存在上述放弃情形提出询问，投保人未如实告知，导致保险人不能代位行使请求赔偿的权利，保险人请求返还相应保险金的，人民法院应予支持，但保险人知道或者应当知道上述情形仍同意承保的除外。

第十条 因第三者对保险标的的损害而造成保险事故，保险人获得代位请求赔偿的权利的情况未通知第三者或者通知到达第三者前，第三者在被保险人已经从保险人处获赔的范围内又向被保险人作出赔偿，保险人主张代位行使被保险人对第三者请求赔偿的权利的，人民法院不予支持。保险人就相应保险金主张被保险人返还的，人民法院应予支持。

保险人获得代位请求赔偿的权利的情况已经通知到第三者，第三者又向被保险人作出赔偿，保险人主张代位行使请求赔偿的权利，第三者以其已经向被保险人赔偿为由抗辩的，人民法院不予支持。

第十一条 被保险人因故意或者重大过失未履行保险法第六十三条规定的义务，致使保险人未能行使或者未能全部行使代位请求赔偿的权利，保险人主张在其损失范围内扣减或者返还相应保险金的，人民法院应予支持。

第十二条 保险人以造成保险事故的第三者为被告提起代位求偿权之诉的，以被保险人与第三者之间的法律关系确定管辖法院。

第十三条 保险人提起代位求偿权之诉时，被保险人已经向第三者提起诉讼的，人民法院可以依法合并审理。

保险人行使代位求偿权时，被保险人已经向第三者提起诉讼，保险人向受理该案的人民法院申请变更当事人，代位行使被保险人对第三者请求赔偿的权利，被保险人同意的，人民法院应予准许；被保险人不同意的，保险人可以作为共同原告参加诉讼。

第十四条 具有下列情形之一的，被保险人可以依照保险法第六十五条第二款的规定请求保险人直接向第三者赔偿保险金：

（一）被保险人对第三者所负的赔偿责任经人民法院生效裁判、仲裁裁决确认；

（二）被保险人对第三者所负的赔偿责任经被保险人与第三者协商一致；

（三）被保险人对第三者应负的赔偿责任能够确定的其他情形。

前款规定的情形下，保险人主张按照保险合同确定保险赔偿责任的，人民法院应予支持。

第十五条 被保险人对第三者应负的赔偿责任确定后，被保险人不履行赔偿责任，且第三者以保险人为被告或者以保险人与被保险人为共同被告提起诉讼时，被保险人尚未向保险人提出直接向第三者赔偿保险金的请求的，可以认定为属于保险法第六十五条第二款规定的“被保险人怠于请求”的情形。

第十六条　责任保险的被保险人因共同侵权依法承担连带责任,保险人以该连带责任超出被保险人应承担的责任份额为由,拒绝赔付保险金的,人民法院不予支持。保险人承担保险责任后,主张就超出被保险人责任份额的部分向其他连带责任人追偿的,人民法院应予支持。

第十七条　责任保险的被保险人对第三者所负的赔偿责任已经生效判决确认并已进入执行程序,但未获得清偿或者未获得全部清偿,第三者依法请求保险人赔偿保险金,保险人以前述生效判决已进入执行程序为由抗辩的,人民法院不予支持。

第十八条　商业责任险的被保险人向保险人请求赔偿保险金的诉讼时效期间,自被保险人对第三者应负的赔偿责任确定之日起计算。

第十九条　责任保险的被保险人与第三者就被保险人的赔偿责任达成和解协议且经保险人认可,被保险人主张保险人在保险合同范围内依据和解协议承担保险责任的,人民法院应予支持。

被保险人与第三者就被保险人的赔偿责任达成和解协议,未经保险人认可,保险人主张对保险责任范围以及赔偿数额重新予以核定的,人民法院应予支持。

第二十条　责任保险的保险人在被保险人向第三者赔偿之前向被保险人赔偿保险金,第三者依照保险法第六十五条第二款的规定行使保险金请求权时,保险人以其已向被保险人赔偿为由拒绝赔偿保险金的,人民法院不予支持。保险人向第三者赔偿后,请求被保险人返还相应保险金的,人民法院应予支持。

第二十一条　本解释自2018年9月1日起施行。

本解释施行后人民法院正在审理的一审、二审案件,适用本解释;本解释施行前已经终审,当事人申请再审或者按照审判监督程序决定再审的案件,不适用本解释。

最高人民法院关于审理出口信用保险合同纠纷案件适用相关法律问题的批复

(2013年4月15日最高人民法院审判委员会第1575次会议通过　2013年5月2日最高人民法院公告公布　自2013年5月8日起施行　法释〔2013〕13号)

广东省高级人民法院:

你院《关于出口信用保险合同法律适用问题的请示》(粤高法〔2012〕442号)收悉。经研究,批复如下:

对出口信用保险合同的法律适用问题,保险法没有作出明确规定。鉴于出口信用保险的特殊性,人民法院审理出口信用保险合同纠纷案件,可以参照适用保险法的相关规定;出口信用保险合同另有约定的,从其约定。

(五)支付结算

中华人民共和国票据法①

(1995年5月10日第八届人民代表大会常务委员会第十三次会议通过　1995年5月10日中华人民共和国主席令第49号公布　自1996年1月1日起施行)

目　　录

① 编者注:已被修改。

第一章 总　　则

第一条 为了规范票据行为,保障票据活动中当事人的合法权益,维护社会经济秩序,促进社会主义市场经济的发展,制定本法。

第二条 在中华人民共和国境内的票据活动,适用本法。

本法所称票据,是指汇票、本票和支票。

第三条 票据活动应当遵守法律、行政法规,不得损害社会公共利益。

第四条 票据出票人制作票据,应当按照法定条件在票据上签章,并按照所记载的事项承担票据责任。

持票人行使票据权利,应当按照法定程序在票据上签章,并出示票据。

其他票据债务人在票据上签章的,按照票据所记载的事项承担票据责任。

本法所称票据权利,是指持票人向票据债务人请求支付票据金额的权利,包括付款请求权和追索权。

本法所称票据责任,是指票据债务人向持票人支付票据金额的义务。

第五条 票据当事人可以委托其代理人在票据上签章,并应当在票据上表明其代理关系。

没有代理权而以代理人名义在票据上签章的,应当由签章人承担票据责任;代理人超越代理权限的,应当就其超越权限的部分承担票据责任。

第六条 无民事行为能力人或者限制民事行为能力人在票据上签章的,其签章无效,但是不影响其他签章的效力。

第七条 票据上的签章,为签名、盖章或者签名加盖章。

法人和其他使用票据的单位在票据上的签章,为法人或者单位的盖章加其法定代表人或其授权的代理人的签章。

在票据上的签名,应当为该当事人的本名。

第八条 票据金额以中文大写和数码同时记载;二者必须一致,二者不一致的,票据无效。

第九条 票据上记载的事项必须符合本法的规定。

票据金额、日期、收款人名称不得更改,更改的票据无效。

对票据上的其他记载事项,原记载人可以更改,更改时应当由原记载人签章证明。

第十条 票据的签发、取得和转让,应当遵守诚实信用的原则,具有真实的交易关系和债权债务关系。

票据的取得,必须给付对价,即应当给付票据双方当事人认可的相对应的代价。

第十一条 因税收、继承、赠与可以依法无偿取得票据的,不受给付对价的限制。但是,所享有的票据权利不得优于其前手的权利。

前手是指在票据签章人或者持票人之前签章的其他票据债务人。

第十二条 以欺诈、偷盗或者胁迫等手段取得票据的,或者明知有前列情形,出于恶意取得票据的,不得享有票据权利。

持票人因重大过失取得不符合本法规定的票据的,也不得享有票据权利。

第十三条 票据债务人不得以自己与出票人或者与持票人的前手之间的抗辩事由,对抗持票人。但是,持票明知存在抗辩事由而取得票据的除外。

票据债务人可以对不履行约定义务的与自己有直接债权债务关系的持票人,进行抗辩。

本法所称抗辩,是指票据债务人根据本法规定对票据债权人拒绝履行义务的行为。

第十四条 票据上记载事项应当真实,不得伪造、变造。伪造、变造票据上的签章和其他记载事项的,应当承担法律责任。

票据上有伪造、变造的签章的,不影响票据上其他真实签章的效力。

票据上其他记载事项被变造的,在变造之前签章的人,对原记载事项负责;在变造之后签章的人,对变造之后的记载事项负责;不能辨别是在被变造之前或者之后签章的,视同在变造之前签章。

第十五条 票据丧失,失票人可以及时通知票据的付款人挂失止付,但是,未记载付款人或者无法确定付款人及其代理付款人的票据除外。

收到挂失止付通知的付款人,应当暂停支付。

失票人应当在通知挂失止付后3日内,也可以在票据丧失后,依法向人民法院申请公示催告,或者向人民法院提起诉讼。

第十六条 持票人对票据债务人行使票据权利,或者保全票据权利,应当在票据当事人的营业场所和营业时间内进行,票据当事人无营业场所的,应当在其住所进行。

第十七条 票据权利在下列期限内不行使而消灭:

(一)持票人对票据的出票人和承兑人的权利,自票据到期日起2年。见票即付的汇票、本票,自出票日起2年;

(二)持票人对支票出票人的权利,自出票日起6个月;

(三)持票人对前手的追索权,自被拒绝承兑或者被拒绝付款之日起6个月;

(四)持票人对前手的再追索权,自清偿日或者被提起诉讼之日起3个月。

票据的出票日、到期日由票据当事人依法确定。

第十八条 持票人因超票据权利时效或者因票据记载事项欠缺而丧失票据权利的,仍享有民事权利,可以请求出票人或者承兑人返还其与未支付的票据款金额相当的利益。

第二章 汇 票

第一节 出 票

第十九条 汇票是出票人签发的,委托付款人在见票时或者在指定日期无条件支付确定的金额给收款人或者持票人的票据。

汇票分为银行汇票和商业汇票。

第二十条 出票是指出票人签发票据并将其交付给收款人的票据行为。

第二十一条 汇票的出票人必须与付款人具有真实的委托付款关系,并且具有支付汇票金额的可靠资金来源。

不得签发无对价的汇票用以骗取银行或者其他票据当事人的资金。

第二十二条 汇票必须记载下列事项:

(一)表明"汇票"的字样;

(二)无条件支付的委托;

(三)确定的金额;

(四)付款人名称;

(五)收款人名称;

(六)出票日期;

(七)出票人签章。

汇票上未记载前款规定事项之一的,汇票无效。

第二十三条 汇票上记载付款日期、付款地、出票地等事项的,应当清楚、明确。

汇票上未记载付款日期的,为见票即付。

汇票上未记载付款地的,付款人的营业场所、住所或者经常居住地为付款地。

汇票上未记载出票地的,出票人的营业场所、住所或者经常居住地为出票地。

第二十四条 汇票可以记载本法规定事项以外的其他出票事项,但是该记载事项不具有汇票上的效力。

第二十五条 付款日期可以按照下列形式之一记载:

(一)见票即付;

(二)定日付款;

(三)出票后定期付款;

(四)见票后定期付款。

前款规定的付款日期为汇票到期日。

第二十六条 出票人签发汇票后,即承担该汇票承兑和付款的责任。出票人在汇票得不到承兑或者付款时,应当向持票人清偿本法第七十条、第七十一条规定的金额和费用。

第二节 背 书

第二十七条 持票人可以将汇票权利转让给他人或者将一定的汇票权利授予他人行使。

出票人在汇票上记载"不得转让"字样的,汇票不得转让。

持票人行使第一款规定的权利时,应当背书并交付汇票。

背书是指在票据背面或者粘单上记载有关事项并签章的票据行为。

第二十八条 票据凭证不能满足背书人记

载事项的需要，可以加附粘单，粘附于票据凭证上。

粘单上的第一记载人，应当在汇票和粘单的粘接处签章。

第二十九条　背书由背书人签章并记载背书日期。

背书未记载日期的，视为在汇票到期日前背书。

第三十条　汇票以背书转让或者以背书将一定的汇票权利授予他人行使时，必须记载背书人名称。

第三十一条　以背书转让的汇票，背书应当连续。持票人以背书的连续，证明其汇票权利；非经背书转让，而以其他合法方式取得汇票的，依法举证，证明其汇票权利。

前款所称背书连续，是指在票据转让中，转让汇票的背书人与受让汇票的被背书人在汇票上的签章依次前后衔接。

第三十二条　以背书转让的汇票，后手应当对其直接前手背书的真实性负责。

后手是指在票据签章人之后签章的其他票据债务人。

第三十三条　背书不得附有条件。背书时附有条件的，所附条件不具有汇票上的效力。

将汇票金额的一部分转让的背书或者将汇票金额分别转让给二人以上的背书无效。

第三十四条　背书人在汇票上记载“不得转让”字样，其后手再背书转让的，原背书人对后手的被背书人不承担保证责任。

第三十五条　背书记载“委托收款”字样的，被背书人有权代背书人行使被委托的汇票权利。但是，被背书人不得再以背书转让汇票权利。

汇票可以设定质押；质押时应当以背书记载“质押”字样。被背书人依法实现其质权时，可以行使汇票权利。

第三十六条　汇票被拒绝承兑、被拒绝付款或者超过付款提示期限的，不得背书转让；背书转让的，背书人应当承担汇票责任。

第三十七条　背书人以背书转让汇票后，即承担保证其后手所持汇票承兑和付款的责任。背书人在汇票得不到承兑和付款时，应当向持票人清偿本法第七十条、第七十一条规定的金额和费用。

第三节　承　　兑

第三十八条　承兑是指汇票付款人承诺在汇票到期日支付汇票金额的票据行为。

第三十九条　定日付款或者出票后定期付款的汇票，持票人应当在汇票到期日前向付款人提示承兑。

提示承兑是指持票人向付款人出示汇票，并要求付款人承诺付款的行为。

第四十条　见票后定期付款的汇票，持票人应当自出票日起1个月内向付款人提示承兑。

汇票未按照规定期限提示承兑的，持票人丧失对其前手的追索权。

见票即付的汇票无需提示承兑。

第四十一条　付款人对向其提示承兑的汇票。应当自收到提示承兑的汇票之日起3日内承兑或者拒绝承兑。

付款人收到持票人提示承兑的汇票时，应当向持票人签发收到汇票的回单。回单上应当记明汇票提示承兑日期并签章。

第四十二条　付款人承兑汇票的，应当在汇票正面记载“承兑”字样和承兑日期并签章；见票后定期付款的汇票，应当在承兑时记载付款日期。

汇票上未记载承兑日期的，以前条第一款规定期限的最后一日为承兑日期。

第四十三条　付款人承兑汇票，不得附有条件；承兑附有条件的，视为拒绝承兑。

第四十四条　付款人承兑汇票后，应当承担到期付款的责任。

第四节　保　　证

第四十五条　汇票的债务可以由保证人承担保证责任。

保证人由汇票债务人以外的他人担当。

第四十六条　保证人必须在汇票或者粘单上记载下列事项：

（一）表明“保证”的字样；

（二）保证人名称和住所；

（三）被保证人的名称；

（四）保证日期；

（五）保证人签章。

第四十七条 保证人在汇票或者粘单上未记载前条第（三）项的，已承兑的汇票，承兑人为被保证人；未承兑的汇票，出票人为被保证人。

保证人在汇票或者粘单上未记载前条第（四）项的，出票日期为保证日期。

第四十八条 保证不得附有条件；附有条件的，不影响对汇票的保证责任。

第四十九条 保证人对合法取得汇票的持票人所享有的汇票权利，承担保证责任。但是，被保证人的债务因汇票记载事项欠缺而无效的除外。

第五十条 被保证的汇票，保证人应当与被保证人对持票人承担连带责任。汇票到期后得不到付款的，持票人有权向保证人请求付款，保证人应当足额付款。

第五十一条 保证人为二人以上的，保证人之间承担连带责任。

第五十二条 保证人清偿汇票债务后，可以行使持票人对被保证人及其前手的追索权。

第五节 付 款

第五十三条 持票人应当按照下列期限提示付款：

（一）见票即付的汇票，自出票日起1个月内向付款人提示付款；

（二）定日付款、出票后定期付款或者见票后定期付款的汇票，自到期日起10日内向承兑人提示付款。

持票人未按照前款规定期限提示付款的，在作出说明后，承兑人或者付款人仍应当继续对持票人承担付款责任。

通过委托收款银行或者通过票据交换系统向付款人提示付款的，视同持票人提示付款。

第五十四条 持票人依照前条规定提示付款的，付款人必须在当日足额付款。

第五十五条 持票人获得付款的，应当在汇票上签收，并将汇票交给付款人。持票人委托银行收款的，受委托的银行将代收的汇票金额转帐收入持票人帐户，视同签收。

第五十六条 持票人委托的收款银行的责任，限于按照汇票上记载事项将汇票金额转入持票人帐户。

付款人委托的付款银行的责任，限于按照汇票上记载事项从付款人帐户支付汇票金额。

第五十七条 付款人及其代理付款人付款时，应当审查汇票背书的连续，并审查提示付款人合法身份证明或者有效证件。

付款人及其代理付款人以恶意或者有重大过失付款的，应当自行承担责任。

第五十八条 对定日付款、出票后定期付款或者见票后定期付款的汇票，付款人在到期日前付款的，由付款人自行承担所产生的责任。

第五十九条 汇票金额为外币的，按照付款日的市场汇价，以人民币支付。

汇票当事人对汇票支付的货币种类另有约定的，从其约定。

第六十条 付款人依法足额付款后，全体汇票债务人的责任解除。

第六节 追 索 权

第六十一条 汇票到期被拒绝付款的，持票人可以对背书人、出票人以及汇票的其他债务人行使追索权。

汇票到期日前，有下列情形之一的，持票人也可以行使追索权：

（一）汇票被拒绝承兑的；

（二）承兑人或者付款人死亡、逃匿的；

（三）承兑人或者付款人被依法宣告破产的或者因违法被责令终止业务活动的。

第六十二条 持票人行使追索权时，应当提供被拒绝承兑或者拒绝付款的有关证明。

持票人提示承兑或者提示付款被拒绝的，承兑人或者付款人必须出具拒绝证明，或者出具退票理由书。未出具拒绝证明或者退票理由书的，应当承担由此产生的民事责任。

第六十三条 持票人因承兑人或者付款人死亡、逃匿或者其他原因，不能取得拒绝证明的，可以依法取得其他有关证明。

第六十四条 承兑人或者付款人被人民法院依法宣告破产的，人民法院的有关司法文书具有拒绝证明的效力。

承兑人或者付款人因违法被责令终止业务活动的，有关行政主管部门的处罚决定具有拒绝证明的效力。

第六十五条 持票人不能出示拒绝证明、退票理由书或者未按照规定期限提供其他合法证明的,丧失对其前手的追索权。但是,承兑人或者付款人仍应当对持票人承担责任。

第六十六条 持票人应当自收到被拒绝承兑或者被拒绝付款的有关证明之日起3日内,将被拒绝事由书面通知其前手;其前手应当自收到通知之日起3日内书面通知其再前手。持票人也可以同时向各汇票债务人发出书面通知。

未按照前款规定期限通知的,持票人仍可以行使追索权。因延期通知给其前手或者出票人造成损失的,由没有按照规定期限通知的汇票当事人,承担对该损失的赔偿责任,但是所赔偿的金额以汇票金额为限。

在规定期限内将通知按照法定地址或者约定的地址邮寄的,视为已经发出通知。

第六十七条 依照前条第一款所作的书面通知,应当记明汇票的主要记载事项,并说明该汇票已被退票。

第六十八条 汇票的出票人、背书人、承兑人和保证人对持票人承担连带责任。

持票人可以不按照汇票债务人的先后顺序,对其中任何一人、数人或者全体行使追索权。

持票人对汇票债务人中的一人或者数人已经进行追索的,对其他汇票债务人仍可以行使追索权。被追索人清偿债务后,与持票人享有同一权利。

第六十九条 持票人为出票人的,对其前手无追索权。持票人为背书人的,对其后手无追索权。

第七十条 持票人行使追索权,可以请求被追索人支付下列金额和费用:

(一)被拒绝付款的汇票金额;

(二)汇票金额自到期日或者提示付款日起至清偿日止,按照中国人民银行规定的利率计算的利息;

(三)取得有关拒绝证明和发出通知书的费用。

被追索人清偿债务时,持票人应当交出汇票和有关拒绝证明,并出具所收到利息和费用的收据。

第七十一条 被追索人依照前条规定清偿后,可以向其他汇票债务人行使再追索权,请求其他汇票债务人支付下列金额和费用:

(一)已清偿的全部金额;

(二)前项金额自清偿日起至再追索清偿日止,按照中国人民银行规定的利率计算的利息;

(三)发出通知书的费用。

行使再追索权的被追索人获得清偿时,应当交出汇票和有关拒绝证明,并出具所收到利息和费用的收据。

第七十二条 被追索人依照前二条规定清偿债务后,其责任解除。

第三章 本 票

第七十三条 本票是出票人签发的,承诺自己在见票时无条件支付确定的金额给收款人或者持票人的票据。

本法所称本票,是指银行本票。

第七十四条 本票的出票人必须具有支付本票金额的可靠资金来源,并保证支付。

第七十五条 本票出票人的资格由中国人民银行审定,具体管理办法由中国人民银行规定。

第七十六条 本票必须记载下列事项:

(一)表明"本票"的字样;

(二)无条件支付的承诺;

(三)确定的金额;

(四)收款人名称;

(五)出票日期;

(六)出票人签章。

本票上未记载前款规定事项之一的,本票无效。

第七十七条 本票上记载付款地、出票地等事项的,应当清楚、明确。

本票上未记载付款地的,出票人的营业场所为付款地。

本票上未记载出票地的,出票人的营业场所为出票地。

第七十八条 本票的出票人在持票人提示见票时,必须承担付款的责任。

第七十九条 本票自出票日起,付款期限最长不得超过2个月。

第八十条 本票的持票人未按照规定期限提示见票的,丧失对出票人以外的前手的追索权。

第八十一条 本票的背书、保证、付款行为和追索权的行使,除本章规定外,适用本法第二章有关汇票的规定。

本票的出票行为,除本章规定外,适用本法第二十四条关于汇票的规定。

第四章 支 票

第八十二条 支票是出票人签发的,委托办理支票存款业务的银行或者其他金融机构在见票时无条件支付确定的金额给收款人或者持票人的票据。

第八十三条 开立支票存款帐户,申请人必须使用本名,并提交证明其身份的合法证件。

开立支票存款帐户和领用支票,应当有可靠的资信,并存入一定的资金。

开立支票存款帐户,申请人应当预留其本名的签名式样和印鉴。

第八十四条 支票可以支取现金,也可以转帐,用于转帐时,应当在支票正面注明。

第八十五条 支票必须记载下列事项:

(一)表明"支票"的字样;

(二)无条件支付的委托;

(三)确定的金额;

(四)付款人名称;

(五)出票日期;

(六)出票人签章。

支票上未记载前款规定事项之一的,支票无效。

第八十六条 支票上的金额可以由出票人授权补记,未补记前的支票,不得使用。

第八十七条 支票上未记载收款人名称的,经出票人授权,可以补记。

支票上未记载付款地的,付款人的营业场所为付款地。

支票上未记载出票地的,出票人的营业场所、住所或者经常居住地为出票地。

出票人可以在支票上记载自己为收款人。

第八十八条 支票的出票人所签发的支票金额不得超过其付款时在付款人处实有的存款金额。

出票人签发的支票金额超过其付款时在付款人处实有的存款金额的,为空头支票。禁止签发空头支票。

第八十九条 支票的出票人不得签发与其预留本名的签名式样或者印鉴不符的支票。

第九十条 出票人必须按照签发的支票金额承担保证向该持票人付款的责任。

出票人在付款人处的存款足以支付支票金额时,付款人应当在当日足额付款。

第九十一条 支票限于见票即付,不得另行记载付款日期。得另行记载付款日期的,该记载无效。

第九十二条 持票人应当自出票日起10日内提示付款;异地使用的支票,其提示付款期限由中国人民银行另行规定。

超过提示付款期限的,付款人可以不予付款;付款人不予付款的,出票人仍应当对持票人承担票据责任。

第九十三条 付款人依法支付支票金额的,对出票人不再承担受委托付款的责任,对持票人不再承担付款的责任。但是,付款人以恶意或者有重大过失付款的除外。

第九十四条 支票的背书、付款行为和追索权的行使,除本章规定外,适用本法第二章有关汇票的规定。

支票的出票行为,除本章规定外,适用本法第十四条、第二十六条关于汇票的规定。

第五章 涉外票据的法律适用

第九十五条 涉外票据的法律适用,依照本章的规定确定。

前款所称涉外票据,是指出票、背书、承兑、保证、付款等行为中,既有发生在中华人民共和国境内又有发生在中华人民共和国境外的票据。

第九十六条 中华人民共和国缔结或者参加的国际条约同本法有不同规定的,适用国际条约的规定。但是,中华人民共和国声明保留的条款除外。

本法和中华人民共和国缔结或者参加的国际条约没有规定的,可以适用国际惯例。

第九十七条 票据债务人的民事行为能力,

适用其本国法律。

票据债务人的民事行为能力，依照其本国法律为无民事行为能力或者为限制民事行为能力而依照行为地法律为完全民事行为能力的，适用行为地法律。

第九十八条　汇票、本票出票时的记载事项，适用出票地法律。

支票出票时的记载事项，适用出票地法律，经当事人协议，也可以适用付款地法律。

第九十九条　票据的背书、承兑、付款和保证行为，适用行为地法律。

第一百条　票据追索权的行使期限，适用出票地法律。

第一百零一条　票据的提示期限、有关拒绝证明的方式、出具拒绝证明的期限，适用付款地法律。

第一百零二条　票据丧失时，失票人请求保全票据权利的程序，适用付款地法律。

第六章　法律责任

第一百零三条　有下列票据欺诈行为之一的，依法追究刑事责任：

（一）伪造、变造票据的；

（二）故意使用伪造、变造的票据的；

（三）签发空头支票或者故意签发与其预留的本名签名式样或者印鉴不符的支票，骗取财物的；

（四）签发无可靠资金来源的汇票、本票，骗取资金的；

（五）汇票、本票的出票人在出票时作虚假记载，骗取财物的；

（六）冒用他人的票据，或者故意使用过期或者作废的票据，骗取财物的；

（七）付款人同出票人、持票人恶意串通，实施前六项所列行为之一的。

第一百零四条　有前条所列行为之一，情节轻微，不构成犯罪的，依照国家有关规定给予行政处罚。

第一百零五条　金融机构工作人员在票据业务中玩忽职守，对违反本法规定的票据予以承兑、付款或者保证的，给予处分；造成重大损失，构成犯罪的，依法追究刑事责任。

由于金融机构工作人员因前款行为给当事人造成损失的，由该金融机构和直接责任人员依法承担赔偿责任。

第一百零六条　票据的付款人对见票即付或者到期的票据，故意压票，拖延支付的，由金融行政管理部门处以罚款，对直接责任人员给予处分。

票据的付款人故意压票，拖延支付，给持票人造成损失的，依法承担赔偿责任。

第一百零七条　依照本法规定承担赔偿责任以外的其他违反本法规定的行为，给他人造成损失的，应当依法承担民事责任。

第七章　附　　则

第一百零八条　本法规定的各项期限的计算，适用民法通则关于计算期间的规定。

按月计算期限的，按到期月的对日计算；无对日的，月末日为到期日。

第一百零九条　汇票、本票、支票的格式应当统一。

票据凭证的格式和印制管理办法，由中国人民银行规定。

第一百一十条　票据管理的具体实施办法，由中国人民银行依照本法制定，报国务院批准后施行。

第一百一十一条　本法自1996年1月1日起施行。

全国人民代表大会常务委员会关于修改《中华人民共和国票据法》的决定

（2004年8月28日第十届全国人民代表大会常务委员会第十一次会议通过　2004年8月28日中华人民共和国主席令第22号公布　自公布之日起施行）

第十届全国人民代表大会常务委员会第十一次会议决定对《中华人民共和国票据法》作如下修改：

删去第七十五条。

本决定自公布之日起施行。

《中华人民共和国票据法》根据本决定作修改并对条款顺序作调整后，重新公布。

中华人民共和国票据法

（1995 年 5 月 10 日第八届全国人民代表大会常务委员会第十三次会议通过　根据 2004 年 8 月 28 日第十届全国人民代表大会常务委员会第十一次会议《关于修改〈中华人民共和国票据法〉的决定》修正）

目　　录

第一章　总　　则

第一条　为了规范票据行为，保障票据活动中当事人的合法权益，维护社会经济秩序，促进社会主义市场经济的发展，制定本法。

第二条　在中华人民共和国境内的票据活动，适用本法。

本法所称票据，是指汇票、本票和支票。

第三条　票据活动应当遵守法律、行政法规，不得损害社会公共利益。

第四条　票据出票人制作票据，应当按照法定条件在票据上签章，并按照所记载的事项承担票据责任。

持票人行使票据权利，应当按照法定程序在票据上签章，并出示票据。

其他票据债务人在票据上签章的，按照票据所记载的事项承担票据责任。

本法所称票据权利，是指持票人向票据债务人请求支付票据金额的权利，包括付款请求权和追索权。

本法所称票据责任，是指票据债务人向持票人支付票据金额的义务。

第五条　票据当事人可以委托其代理人在票据上签章，并应当在票据上表明其代理关系。

没有代理权而以代理人名义在票据上签章的，应当由签章人承担票据责任；代理人超越代理权限的，应当就其超越权限的部分承担票据责任。

第六条　无民事行为能力人或者限制民事行为能力人在票据上签章的，其签章无效，但是不影响其他签章的效力。

第七条　票据上的签章，为签名、盖章或者签名加盖章。

法人和其他使用票据的单位在票据上的签章，为该法人或者该单位的盖章加其法定代表人或者其授权的代理人的签章。

在票据上的签名，应当为该当事人的本名。

第八条　票据金额以中文大写和数码同时记载，二者必须一致，二者不一致的，票据无效。

第九条　票据上的记载事项必须符合本法的规定。

票据金额、日期、收款人名称不得更改，更改的票据无效。

对票据上的其他记载事项，原记载人可以更改，更改时应当由原记载人签章证明。

第十条　票据的签发、取得和转让，应当遵循诚实信用的原则，具有真实的交易关系和债权债务关系。

票据的取得，必须给付对价，即应当给付票据双方当事人认可的相对应的代价。

第十一条　因税收、继承、赠与可以依法无偿取得票据的，不受给付对价的限制。但是，所享有的票据权利不得优于其前手的权利。

前手是指在票据签章人或者持票人之前签章的其他票据债务人。

第十二条　以欺诈、偷盗或者胁迫等手段取得票据的，或者明知有前列情形，出于恶意取得票据的，不得享有票据权利。

持票人因重大过失取得不符合本法规定的票据的，也不得享有票据权利。

第十三条　票据债务人不得以自己与出票

人或者与持票人的前手之间的抗辩事由，对抗持票人。但是，持票人明知存在抗辩事由而取得票据的除外。

票据债务人可以对不履行约定义务的与自己有直接债权债务关系的持票人，进行抗辩。

本法所称抗辩，是指票据债务人根据本法规定对票据债权人拒绝履行义务的行为。

第十四条　票据上的记载事项应当真实，不得伪造、变造。伪造、变造票据上的签章和其他记载事项的，应当承担法律责任。

票据上有伪造、变造的签章的，不影响票据上其他真实签章的效力。

票据上其他记载事项被变造的，在变造之前签章的人，对原记载事项负责；在变造之后签章的人，对变造之后的记载事项负责；不能辨别是在票据被变造之前或者之后签章的，视同在变造之前签章。

第十五条　票据丧失，失票人可以及时通知票据的付款人挂失止付，但是，未记载付款人或者无法确定付款人及其代理付款人的票据除外。

收到挂失止付通知的付款人，应当暂停支付。

失票人应当在通知挂失止付后3日内，也可以在票据丧失后，依法向人民法院申请公示催告，或者向人民法院提起诉讼。

第十六条　持票人对票据债务人行使票据权利，或者保全票据权利，应当在票据当事人的营业场所和营业时间内进行，票据当事人无营业场所的，应当在其住所进行。

第十七条　票据权利在下列期限内不行使而消灭：

（一）持票人对票据的出票人和承兑人的权利，自票据到期日起2年。见票即付的汇票、本票，自出票日起2年；

（二）持票人对支票出票人的权利，自出票日起6个月；

（三）持票人对前手的追索权，自被拒绝承兑或者被拒绝付款之日起6个月；

（四）持票人对前手的再追索权，自清偿日或者被提起诉讼之日起3个月。

票据的出票日、到期日由票据当事人依法确定。

第十八条　持票人因超过票据权利时效或者因票据记载事项欠缺而丧失票据权利的，仍享有民事权利，可以请求出票人或者承兑人返还其与未支付的票据金额相当的利益。

第二章　汇　　票

第一节　出　　票

第十九条　汇票是出票人签发的，委托付款人在见票时或者在指定日期无条件支付确定的金额给收款人或者持票人的票据。

汇票分为银行汇票和商业汇票。

第二十条　出票是指出票人签发票据并将其交付给收款人的票据行为。

第二十一条　汇票的出票人必须与付款人具有真实的委托付款关系，并且具有支付汇票金额的可靠资金来源。

不得签发无对价的汇票用以骗取银行或者其他票据当事人的资金。

第二十二条　汇票必须记载下列事项：

（一）表明“汇票”的字样；

（二）无条件支付的委托；

（三）确定的金额；

（四）付款人名称；

（五）收款人名称；

（六）出票日期；

（七）出票人签章。

汇票上未记载前款规定事项之一的，汇票无效。

第二十三条　汇票上记载付款日期、付款地、出票地等事项的，应当清楚、明确。

汇票上未记载付款日期的，为见票即付。

汇票上未记载付款地的，付款人的营业场所、住所或者经常居住地为付款地。

汇票上未记载出票地的，出票人的营业场所、住所或者经常居住地为出票地。

第二十四条　汇票上可以记载本法规定事项以外的其他出票事项，但是该记载事项不具有汇票上的效力。

第二十五条　付款日期可以按照下列形式之一记载：

（一）见票即付；

（二）定日付款；

（三）出票后定期付款；

（四）见票后定期付款。

前款规定的付款日期为汇票到期日。

第二十六条 出票人签发汇票后，即承担保证该汇票承兑和付款的责任。出票人在汇票得不到承兑或者付款时，应当向持票人清偿本法第七十条、第七十一条规定的金额和费用。

第二节 背 书

第二十七条 持票人可以将汇票权利转让给他人或者将一定的汇票权利授予他人行使。

出票人在汇票上记载“不得转让”字样的，汇票不得转让。

持票人行使第一款规定的权利时，应当背书并交付汇票。

背书是指在票据背面或者粘单上记载有关事项并签章的票据行为。

第二十八条 票据凭证不能满足背书人记载事项的需要，可以加附粘单，粘附于票据凭证上。

粘单上的第一记载人，应当在汇票和粘单的粘接处签章。

第二十九条 背书由背书人签章并记载背书日期。

背书未记载日期的，视为在汇票到期日前背书。

第三十条 汇票以背书转让或者以背书将一定的汇票权利授予他人行使时，必须记载被背书人名称。

第三十一条 以背书转让的汇票，背书应当连续。持票人以背书的连续，证明其汇票权利；非经背书转让，而以其他合法方式取得汇票的，依法举证，证明其汇票权利。

前款所称背书连续，是指在票据转让中，转让汇票的背书人与受让汇票的被背书人在汇票上的签章依次前后衔接。

第三十二条 以背书转让的汇票，后手应当对其直接前手背书的真实性负责。

后手是指在票据签章人之后签章的其他票据债务人。

第三十三条 背书不得附有条件。背书时附有条件的，所附条件不具有汇票上的效力。

将汇票金额的一部分转让的背书或者将汇票金额分别转让给2人以上的背书无效。

第三十四条 背书人在汇票上记载“不得转让”字样，其后手再背书转让的，原背书人对后手的被背书人不承担保证责任。

第三十五条 背书记载“委托收款”字样的，被背书人有权代背书人行使被委托的汇票权利。但是，被背书人不得再以背书转让汇票权利。

汇票可以设定质押；质押时应当以背书记载“质押”字样。被背书人依法实现其质权时，可以行使汇票权利。

第三十六条 汇票被拒绝承兑、被拒绝付款或者超过付款提示期限的，不得背书转让；背书转让的，背书人应当承担汇票责任。

第三十七条 背书人以背书转让汇票后，即承担保证其后手所持汇票承兑和付款的责任。背书人在汇票得不到承兑或者付款时，应当向持票人清偿本法第七十条、第七十一条规定的金额和费用。

第三节 承 兑

第三十八条 承兑是指汇票付款人承诺在汇票到期日支付汇票金额的票据行为。

第三十九条 定日付款或者出票后定期付款的汇票，持票人应当在汇票到期日前向付款人提示承兑。

提示承兑是指持票人向付款人出示汇票，并要求付款人承诺付款的行为。

第四十条 见票后定期付款的汇票，持票人应当自出票日起1个月内向付款人提示承兑。

汇票未按照规定期限提示承兑的，持票人丧失对其前手的追索权。

见票即付的汇票无需提示承兑。

第四十一条 付款人对向其提示承兑的汇票，应当自收到提示承兑的汇票之日起3日内承兑或者拒绝承兑。

付款人收到持票人提示承兑的汇票时，应当向持票人签发收到汇票的回单。回单上应当记明汇票提示承兑日期并签章。

第四十二条 付款人承兑汇票的，应当在汇票正面记载“承兑”字样和承兑日期并签章；见票后定期付款的汇票,应当在承兑时记载付款日期。

汇票上未记载承兑日期的,以前条第一款规定期限的最后1日为承兑日期。

第四十三条 付款人承兑汇票,不得附有条件;承兑附有条件的,视为拒绝承兑。

第四十四条 付款人承兑汇票后,应当承担到期付款的责任。

第四节 保　　证

第四十五条 汇票的债务可以由保证人承担保证责任。

保证人由汇票债务人以外的他人担当。

第四十六条 保证人必须在汇票或者粘单上记载下列事项:

(一)表明"保证"的字样;

(二)保证人名称和住所;

(三)被保证人的名称;

(四)保证日期;

(五)保证人签章。

第四十七条 保证人在汇票或者粘单上未记载前条第(三)项的,已承兑的汇票,承兑人为被保证人;未承兑的汇票,出票人为被保证人。

保证人在汇票或者粘单上未记载前条第(四)项的,出票日期为保证日期。

第四十八条 保证不得附有条件;附有条件的,不影响对汇票的保证责任。

第四十九条 保证人对合法取得汇票的持票人所享有的汇票权利,承担保证责任。但是,被保证人的债务因汇票记载事项欠缺而无效的除外。

第五十条 被保证的汇票,保证人应当与被保证人对持票人承担连带责任。汇票到期后得不到付款的,持票人有权向保证人请求付款,保证人应当足额付款。

第五十一条 保证人为2人以上的,保证人之间承担连带责任。

第五十二条 保证人清偿汇票债务后,可以行使持票人对被保证人及其前手的追索权。

第五节 付　　款

第五十三条 持票人应当按照下列期限提示付款:

(一)见票即付的汇票,自出票日起1个月内向付款人提示付款;

(二)定日付款、出票后定期付款或者见票后定期付款的汇票,自到期日起10日内向承兑人提示付款。

持票人未按照前款规定期限提示付款的,在作出说明后,承兑人或者付款人仍应当继续对持票人承担付款责任。

通过委托收款银行或者通过票据交换系统向付款人提示付款的,视同持票人提示付款。

第五十四条 持票人依照前条规定提示付款的,付款人必须在当日足额付款。

第五十五条 持票人获得付款的,应当在汇票上签收,并将汇票交给付款人。持票人委托银行收款的,受委托的银行将代收的汇票金额转账收入持票人账户,视同签收。

第五十六条 持票人委托的收款银行的责任,限于按照汇票上记载事项将汇票金额转入持票人账户。

付款人委托的付款银行的责任,限于按照汇票上记载事项从付款人账户支付汇票金额。

第五十七条 付款人及其代理付款人付款时,应当审查汇票背书的连续,并审查提示付款人的合法身份证明或者有效证件。

付款人及其代理付款人以恶意或者有重大过失付款的,应当自行承担责任。

第五十八条 对定日付款、出票后定期付款或者见票后定期付款的汇票,付款人在到期日前付款的,由付款人自行承担所产生的责任。

第五十九条 汇票金额为外币的,按照付款日的市场汇价,以人民币支付。

汇票当事人对汇票支付的货币种类另有约定的,从其约定。

第六十条 付款人依法足额付款后,全体汇票债务人的责任解除。

第六节 追 索 权

第六十一条 汇票到期被拒绝付款的,持票人可以对背书人、出票人以及汇票的其他债务人行使追索权。

汇票到期日前,有下列情形之一的,持票人

也可以行使追索权：

（一）汇票被拒绝承兑的；

（二）承兑人或者付款人死亡、逃匿的；

（三）承兑人或者付款人被依法宣告破产的或者因违法被责令终止业务活动的。

第六十二条 持票人行使追索权时，应当提供被拒绝承兑或者被拒绝付款的有关证明。

持票人提示承兑或者提示付款被拒绝的，承兑人或者付款人必须出具拒绝证明，或者出具退票理由书。未出具拒绝证明或者退票理由书的，应当承担由此产生的民事责任。

第六十三条 持票人因承兑人或者付款人死亡、逃匿或者其他原因，不能取得拒绝证明的，可以依法取得其他有关证明。

第六十四条 承兑人或者付款人被人民法院依法宣告破产的，人民法院的有关司法文书具有拒绝证明的效力。

承兑人或者付款人因违法被责令终止业务活动的，有关行政主管部门的处罚决定具有拒绝证明的效力。

第六十五条 持票人不能出示拒绝证明、退票理由书或者未按照规定期限提供其他合法证明的，丧失对其前手的追索权。但是，承兑人或者付款人仍应当对持票人承担责任。

第六十六条 持票人应当自收到被拒绝承兑或者被拒绝付款的有关证明之日起3日内，将被拒绝事由书面通知其前手；其前手应当自收到通知之日起3日内书面通知其再前手。持票人也可以同时向各汇票债务人发出书面通知。

未按照前款规定期限通知的，持票人仍可以行使追索权。因延期通知给其前手或者出票人造成损失的，由没有按照规定期限通知的汇票当事人，承担对该损失的赔偿责任，但是所赔偿的金额以汇票金额为限。

在规定期限内将通知按照法定地址或者约定的地址邮寄的，视为已经发出通知。

第六十七条 依照前条第一款所作的书面通知，应当记明汇票的主要记载事项，并说明该汇票已被退票。

第六十八条 汇票的出票人、背书人、承兑人和保证人对持票人承担连带责任。

持票人可以不按照汇票债务人的先后顺序，对其中任何一人、数人或者全体行使追索权。

持票人对汇票债务人中的1人或者数人已经进行追索的，对其他汇票债务人仍可以行使追索权。被追索人清偿债务后，与持票人享有同一权利。

第六十九条 持票人为出票人的，对其前手无追索权。持票人为背书人的，对其后手无追索权。

第七十条 持票人行使追索权，可以请求被追索人支付下列金额和费用：

（一）被拒绝付款的汇票金额；

（二）汇票金额自到期日或者提示付款日起至清偿日止，按照中国人民银行规定的利率计算的利息；

（三）取得有关拒绝证明和发出通知书的费用。

被追索人清偿债务时，持票人应当交出汇票和有关拒绝证明，并出具所收到利息和费用的收据。

第七十一条 被追索人依照前条规定清偿后，可以向其他汇票债务人行使再追索权，请求其他汇票债务人支付下列金额和费用：

（一）已清偿的全部金额；

（二）前项金额自清偿日起至再追索清偿日止，按照中国人民银行规定的利率计算的利息；

（三）发出通知书的费用。

行使再追索权的被追索人获得清偿时，应当交出汇票和有关拒绝证明，并出具所收到利息和费用的收据。

第七十二条 被追索人依照前二条规定清偿债务后，其责任解除。

第三章 本 票

第七十三条 本票是出票人签发的，承诺自己在见票时无条件支付确定的金额给收款人或者持票人的票据。

本法所称本票，是指银行本票。

第七十四条 本票的出票人必须具有支付本票金额的可靠资金来源，并保证支付。

第七十五条 本票必须记载下列事项：

（一）表明“本票”的字样；

（二）无条件支付的承诺；

（三）确定的金额；

（四）收款人名称；

（五）出票日期；

（六）出票人签章。

本票上未记载前款规定事项之一的，本票无效。

第七十六条　本票上记载付款地、出票地等事项的，应当清楚、明确。

本票上未记载付款地的，出票人的营业场所为付款地。

本票上未记载出票地的，出票人的营业场所为出票地。

第七十七条　本票的出票人在持票人提示见票时，必须承担付款的责任。

第七十八条　本票自出票日起，付款期限最长不得超过2个月。

第七十九条　本票的持票人未按照规定期限提示见票的，丧失对出票人以外的前手的追索权。

第八十条　本票的背书、保证、付款行为和追索权的行使，除本章规定外，适用本法第二章有关汇票的规定。

本票的出票行为，除本章规定外，适用本法第二十四条关于汇票的规定。

第四章　支　　票

第八十一条　支票是出票人签发的，委托办理支票存款业务的银行或者其他金融机构在见票时无条件支付确定的金额给收款人或者持票人的票据。

第八十二条　开立支票存款账户，申请人必须使用其本名，并提交证明其身份的合法证件。

开立支票存款账户和领用支票，应当有可靠的资信，并存入一定的资金。

开立支票存款账户，申请人应当预留其本名的签名式样和印鉴。

第八十三条　支票可以支取现金，也可以转账，用于转账时，应当在支票正面注明。

支票中专门用于支取现金的，可以另行制作现金支票，现金支票只能用于支取现金。

支票中专门用于转账的，可以另行制作转账支票，转账支票只能用于转账，不得支取现金。

第八十四条　支票必须记载下列事项：

（一）表明“支票”的字样；

（二）无条件支付的委托；

（三）确定的金额；

（四）付款人名称；

（五）出票日期；

（六）出票人签章。

支票上未记载前款规定事项之一的，支票无效。

第八十五条　支票上的金额可以由出票人授权补记，未补记前的支票，不得使用。

第八十六条　支票上未记载收款人名称的，经出票人授权，可以补记。

支票上未记载付款地的，付款人的营业场所为付款地。

支票上未记载出票地的，出票人的营业场所、住所或者经常居住地为出票地。

出票人可以在支票上记载自己为收款人。

第八十七条　支票的出票人所签发的支票金额不得超过其付款时在付款人处实有的存款金额。

出票人签发的支票金额超过其付款时在付款人处实有的存款金额的，为空头支票。禁止签发空头支票。

第八十八条　支票的出票人不得签发与其预留本名的签名式样或者印鉴不符的支票。

第八十九条　出票人必须按照签发的支票金额承担保证向该持票人付款的责任。

出票人在付款人处的存款足以支付支票金额时，付款人应当在当日足额付款。

第九十条　支票限于见票即付，不得另行记载付款日期。另行记载付款日期的，该记载无效。

第九十一条　支票的持票人应当自出票日起10日内提示付款；异地使用的支票，其提示付款的期限由中国人民银行另行规定。

超过提示付款期限的，付款人可以不予付款；付款人不予付款的，出票人仍应当对持票人承担票据责任。

第九十二条　付款人依法支付支票金额的，对出票人不再承担受委托付款的责任，对持票人不再承担付款的责任。但是，付款人以恶意或者有重大过失付款的除外。

第九十三条　支票的背书、付款行为和追索权的行使，除本章规定外，适用本法第二章有关汇票的规定。

支票的出票行为，除本章规定外，适用本法第二十四条、第二十六条关于汇票的规定。

第五章　涉外票据的法律适用

第九十四条　涉外票据的法律适用，依照本章的规定确定。

前款所称涉外票据，是指出票、背书、承兑、保证、付款等行为中，既有发生在中华人民共和国境内又有发生在中华人民共和国境外的票据。

第九十五条　中华人民共和国缔结或者参加的国际条约同本法有不同规定的，适用国际条约的规定。但是，中华人民共和国声明保留的条款除外。

本法和中华人民共和国缔结或者参加的国际条约没有规定的，可以适用国际惯例。

第九十六条　票据债务人的民事行为能力，适用其本国法律。

票据债务人的民事行为能力，依照其本国法律为无民事行为能力或者为限制民事行为能力而依照行为地法律为完全民事行为能力的，适用行为地法律。

第九十七条　汇票、本票出票时的记载事项，适用出票地法律。

支票出票时的记载事项，适用出票地法律，经当事人协议，也可以适用付款地法律。

第九十八条　票据的背书、承兑、付款和保证行为，适用行为地法律。

第九十九条　票据追索权的行使期限，适用出票地法律。

第一百条　票据的提示期限、有关拒绝证明的方式、出具拒绝证明的期限，适用付款地法律。

第一百零一条　票据丧失时，失票人请求保全票据权利的程序，适用付款地法律。

第六章　法 律 责 任

第一百零二条　有下列票据欺诈行为之一的，依法追究刑事责任：

（一）伪造、变造票据的；

（二）故意使用伪造、变造的票据的；

（三）签发空头支票或者故意签发与其预留的本名签名式样或者印鉴不符的支票，骗取财物的；

（四）签发无可靠资金来源的汇票、本票，骗取资金的；

（五）汇票、本票的出票人在出票时作虚假记载，骗取财物的；

（六）冒用他人的票据，或者故意使用过期或者作废的票据，骗取财物的；

（七）付款人同出票人、持票人恶意串通，实施前六项所列行为之一的。

第一百零三条　有前条所列行为之一，情节轻微，不构成犯罪的，依照国家有关规定给予行政处罚。

第一百零四条　金融机构工作人员在票据业务中玩忽职守，对违反本法规定的票据予以承兑、付款或者保证的，给予处分；造成重大损失，构成犯罪的，依法追究刑事责任。

由于金融机构工作人员因前款行为给当事人造成损失的，由该金融机构和直接责任人员依法承担赔偿责任。

第一百零五条　票据的付款人对见票即付或者到期的票据，故意压票，拖延支付的，由金融行政管理部门处以罚款，对直接责任人员给予处分。

票据的付款人故意压票，拖延支付，给持票人造成损失的，依法承担赔偿责任。

第一百零六条　依照本法规定承担赔偿责任以外的其他违反本法规定的行为，给他人造成损失的，应当依法承担民事责任。

第七章　附　　则

第一百零七条　本法规定的各项期限的计算，适用民法通则关于计算期间的规定。

按月计算期限的，按到期月的对日计算；无对日的，月末日为到期日。

第一百零八条　汇票、本票、支票的格式应当统一。

票据凭证的格式和印制管理办法，由中国人民银行规定。

第一百零九条　票据管理的具体实施办法，由中国人民银行依照本法制定，报国务院批准后施行。

第一百一十条　本法自1996年1月1日起施行。

最高人民法院研究室对《票据法》第十七条如何理解和适用问题的复函

（2000年9月29日　法（研）明传〔2000〕21号）

上海市高级人民法院：

你院〔1999〕沪高经终字第584号《关于如何理解和适用（票据法）第十七条之规定的请示》收悉。经研究，答复如下：

一、《中华人民共和国票据法》第十七条第一款第（一）项规定的“持票人对票据的出票人和承兑人的权利”，包括付款请求权和追索权；第（三）项规定的“持票人对前手的追索权”，不包括对票据出票人的追索权。

二、你院请示的持票人行使追索权的期限，应当适用《中华人民共和国票据法》第十七条第一款第（一）项规定的两年期限。

最高人民法院关于审理票据纠纷案件若干问题的规定

（2000年2月24日最高人民法院审判委员会第1102次会议通过　2000年11月14日最高人民法院公告公布　自2000年11月21日起施行　法释〔2000〕32号）

为了正确适用《中华人民共和国票据法》（以下简称票据法），公正、及时审理票据纠纷案件，保护票据当事人的合法权益，维护金融秩序和金融安全，根据票据法及其他有关法律的规定，结合审判实践，现对人民法院审理票据纠纷案件的若干问题规定如下：

一、受理和管辖

第一条　因行使票据权利或者票据法上的非票据权利而引起的纠纷，人民法院应当依法受理。

第二条　依照票据法第十条的规定，票据债务人（即出票人）以在票据未转让时的基础关系违法、双方不具有真实的交易关系和债权债务关系、持票人应付对价而未付对价为由，要求返还票据而提起诉讼的，人民法院应当依法受理。

第三条　依照票据法第三十六条的规定，票据被拒绝承兑、被拒绝付款或者汇票、支票超过提示付款期限后，票据持有人背书转让的，被背书人以背书人为被告行使追索权而提起诉讼的，人民法院应当依法受理。

第四条　持票人不先行使付款请求权而先行使追索权遭拒绝提起诉讼的，人民法院不予受理。除有票据法第六十一条第二款和本规定第三条所列情形外，持票人只能在首先向付款人行使付款请求权而得不到付款时，才可以行使追索权。

第五条　付款请求权是持票人享有的第一顺序权利，追索权是持票人享有的第二顺序权利，即汇票到期被拒绝付款或者具有票据法第六十一条第二款所列情形的，持票人请求背书人、出票人以及汇票的其他债务人支付票据法第七十条第一款所列金额和费用的权利。

第六条　因票据权利纠纷提起的诉讼，依法由票据支付地或者被告住所地人民法院管辖。

票据支付地是指票据上载明的付款地，票据上未载明付款地的，汇票付款人或者代理付款人的营业场所、住所或者经常居住地，本票出票人的营业场所，支票付款人或者代理付款人的营业场所所在地为票据付款地。代理付款人即付款人的委托代理人，是指根据付款人的委托代为支付票据金额的银行、信用合作社等金融机构。

第七条　因非票据权利纠纷提起的诉讼，依法由被告住所地人民法院管辖。

二、票据保全

第八条　人民法院在审理、执行票据纠纷案件时，对具有下列情形之一的票据，经当事人申请并提供担保，可以依法采取保全措施或者执行措施：

（一）不履行约定义务，与票据债务人有直接债权债务关系的票据当事人所持有的票据；

（二）持票人恶意取得的票据；

（三）应付对价而未付对价的持票人持有的票据；

（四）记载有“不得转让”字样而用于贴现的票据；

（五）记载有“不得转让”字样而用于质押的票据；

（六）法律或者司法解释规定有其他情形的票据。

三、举证责任

第九条 票据诉讼的举证责任由提出主张的一方当事人承担。

依照票据法第四条第二款、第十条、第十二条、第二十一条的规定，向人民法院提起诉讼的持票人有责任提供诉争票据。该票据的出票、承兑、交付、背书转让涉嫌欺诈、偷盗、胁迫、恐吓、暴力等非法行为的，持票人对持票的合法性应当负责举证。

第十条 票据债务人依照票据法第十三条的规定，对与其有直接债权债务关系的持票人提出抗辩，人民法院合并审理票据关系和基础关系的，持票人应当提供相应的证据证明已经履行了约定义务。

第十一条 付款人或者承兑人被人民法院依法宣告破产的，持票人因行使追索权而向人民法院提起诉讼时，应当向受理法院提供人民法院依法作出的宣告破产裁定书或者能够证明付款人或者承兑人破产的其他证据。

第十二条 在票据诉讼中，负有举证责任的票据当事人应当在一审人民法院法庭辩论结束以前提供证据。因客观原因不能在上述举证期限以内提供的，应当在举证期限届满以前向人民法院申请延期。延长的期限由人民法院根据案件的具体情况决定。

票据当事人在一审人民法院审理期间隐匿票据、故意有证不举，应当承担相应的诉讼后果。

四、票据权利及抗辩

第十三条 票据法第十七条第一款第(一)、(二)项规定的持票人对票据的出票人和承兑人的权利，包括付款请求权和追索权。

第十四条 票据债务人以票据法第十条、第二十一条的规定为由，对业经背书转让票据的持票人进行抗辩的，人民法院不予支持。

第十五条 票据债务人依照票据法第十二条、第十三条的规定，对持票人提出下列抗辩的，人民法院应予支持：

（一）与票据债务人有直接债权债务关系并且不履行约定义务的；

（二）以欺诈、偷盗或者胁迫等非法手段取得票据，或者明知有前列情形，出于恶意取得票据的；

（三）明知票据债务人与出票人或者与持票人的前手之间存在抗辩事由而取得票据的；

（四）因重大过失取得票据的；

（五）其他依法不得享有票据权利的。

第十六条 票据债务人依照票据法第九条、第十七条、第十八条、第二十二条和第三十一条的规定，对持票人提出下列抗辩的，人民法院应予支持：

（一）欠缺法定必要记载事项或者不符合法定格式的；

（二）超过票据权利时效的；

（三）人民法院作出的除权判决已经发生法律效力的；

（四）以背书方式取得但背书不连续的；

（五）其他依法不得享有票据权利的。

第十七条 票据出票人或者背书人被宣告破产的，而付款人或者承兑人不知其事实而付款或者承兑，因此所产生的追索权可以登记为破产债权，付款人或者承兑人为债权人。

第十八条 票据法第十七条第一款第(三)、(四)项规定的持票人对前手的追索权，不包括对票据出票人的追索权。

第十九条 票据法第四十条第二款和第六十五条规定的持票人丧失对其前手的追索权，不包括对票据出票人的追索权。

第二十条 票据法第十七条规定的票据权利时效发生中断的，只对发生时效中断事由的当事人有效。

第二十一条 票据法第六十六条第一款规定的书面通知是否逾期，以持票人或者其前手发出书面通知之日为准；以信函通知的，以信函投寄邮戳记载之日为准。

第二十二条　票据法第七十条、第七十一条所称中国人民银行规定的利率，是指中国人民银行规定的企业同期流动资金贷款利率。

第二十三条　代理付款人在人民法院公示催告公告发布以前按照规定程序善意付款后，承兑人或者付款人以已经公示催告为由拒付代理付款人已经垫付的款项的，人民法院不予支持。

五、失票救济

第二十四条　票据丧失后，失票人直接向人民法院申请公示催告或者提起诉讼的，人民法院应当依法受理。

第二十五条　出票人已经签章的授权补记的支票丧失后，失票人依法向人民法院申请公示催告的，人民法院应当依法受理。

第二十六条　票据法第十五条第三款规定的可以申请公示催告的失票人，是指按照规定可以背书转让的票据在丧失票据占有以前的最后合法持票人。

第二十七条　出票人已经签章但未记载代理付款人的银行汇票丧失后，失票人依法向付款人即出票银行所在地人民法院申请公示催告的，人民法院应当依法受理。

第二十八条　超过付款提示期限的票据丧失以后，失票人申请公示催告的，人民法院应当依法受理。

第二十九条　失票人通知票据付款人挂失止付后3日内向人民法院申请公示催告的，公示催告申请书应当载明下列内容：

（一）票面金额；

（二）出票人、持票人、背书人；

（三）申请的理由、事实；

（四）通知票据付款人或者代理付款人挂失止付的时间；

（五）付款人或者代理付款人的名称、通信地址、电话号码等。

第三十条　人民法院决定受理公示催告申请，应当同时通知付款人及代理付款人停止支付，并自立案之日起3日内发出公告。

第三十一条　付款人或者代理付款人收到人民法院发出的止付通知，应当立即停止支付，直至公示催告程序终结。非经发出止付通知的人民法院许可擅自解付的，不得免除票据责任。

第三十二条　人民法院决定受理公示催告申请后发布的公告应当在全国性的报刊上登载。

第三十三条　依照《中华人民共和国民事诉讼法》（以下简称民事诉讼法）第一百九十六条的规定，公示催告的期间，国内票据自公告发布之日起60日，涉外票据可根据具体情况适当延长，但最长不得超过90日①。

第三十四条　依照民事诉讼法第一百九十七条第二款的规定，在公示催告期间，以公示催告的票据质押、贴现，因质押、贴现而接受该票据的持票人主张票据权利的，人民法院不予支持，但公示催告期间届满以后人民法院作出除权判决以前取得该票据的除外。②

第三十五条　票据丧失后，失票人在票据权利时效届满以前请求出票人补发票据，或者请求债务人付款，在提供相应担保的情况下因债务人拒绝付款或者出票人拒绝补发票据提起诉讼的，由被告住所地或者票据支付地人民法院管辖。

第三十六条　失票人因请求出票人补发票据或者请求债务人付款遭到拒绝而向人民法院提起诉讼的，被告为与失票人具有票据债权债务关系的出票人、拒绝付款的票据付款人或者承兑人。

第三十七条　失票人为行使票据所有权，向非法持有票据人请求返还票据的，人民法院应当依法受理。

第三十八条　失票人向人民法院提起诉讼的，除向人民法院说明曾经持有票据及丧失票据的情形外，还应当提供担保。担保的数额相当于票据载明的金额。

第三十九条　对于伪报票据丧失的当事人，人民法院在查明事实，裁定终结公示催告或者诉讼程序后，可以参照民事诉讼法第一百零二条的规定，追究伪报人的法律责任。

六、票据效力

第四十条　依照票据法第一百零九条以及

---

① 本条根据法释〔2008〕18号第六十二条调整。

② 本条根据法释〔2008〕18号第六十三条调整。

经国务院批准的《票据管理实施办法》的规定，票据当事人使用的不是中国人民银行规定的统一格式票据的，按照《票据管理实施办法》的规定认定，但在中国境外签发的票据除外。

第四十一条 票据出票人在票据上的签章上不符合票据法以及下述规定的，该签章不具有票据法上的效力：

（一）商业汇票上的出票人的签章，为该法人或者该单位的财务专用章或者公章加其法定代表人、单位负责人或者其授权的代理人的签名或者盖章；

（二）银行汇票上的出票人的签章和银行承兑汇票的承兑人的签章，为该银行汇票专用章加其法定代表人或者其授权的代理人的签名或者盖章；

（三）银行本票上的出票人的签章，为该银行的本票专用章加其法定代表人或者其授权的代理人的签名或者盖章；

（四）支票上的出票人的签章，出票人为单位的，为与该单位在银行预留签章一致的财务专用章或者公章加其法定代表人或者其授权的代理人的签名或者盖章；出票人为个人的，为与该个人在银行预留签章一致的签名或者盖章。

第四十二条 银行汇票、银行本票的出票人以及银行承兑汇票的承兑人在票据上未加盖规定的专用章而加盖该银行的公章，支票的出票人在票据上未加盖与该单位在银行预留签章一致的财务专用章而加盖该出票人公章的，签章人应当承担票据责任。

第四十三条 依照票据法第九条以及《票据管理实施办法》的规定，票据金额的中文大写与数码不一致，或者票据载明的金额、出票日期或者签发日期、收款人名称更改，或者违反规定加盖银行部门印章代替专用章，付款人或者代理付款人对此类票据付款的，应当承担责任。

第四十四条 因更改银行汇票的实际结算金额引起纠纷而提起诉讼，当事人请求认定汇票效力的，人民法院应当认定该银行汇票无效。

第四十五条 空白授权票据的持票人行使票据权利时未对票据必须记载事项补充完全，因付款人或者代理付款人拒绝接收该票据而提起诉讼的，人民法院不予支持。

第四十六条 票据的背书人、承兑人、保证人在票据上的签章不符合票据法以及《票据管理实施办法》规定的，或者无民事行为能力人、限制民事行为能力人在票据上签章的，其签章无效，但不影响人民法院对票据上其他签章效力的认定。

七、票据背书

第四十七条 因票据质权人以质押票据再行背书质押或者背书转让引起纠纷而提起诉讼的，人民法院应当认定背书行为无效。

第四十八条 依照票据法第二十七条的规定，票据的出票人在票据上记载“不得转让”字样，票据持有人背书转让的，背书行为无效。背书转让后的受让人不得享有票据权利，票据的出票人、承兑人对受让人不承担票据责任。

第四十九条 依照票据法第二十七条和第三十条的规定，背书人未记载被背书人名称即将票据交付他人的，持票人在票据被背书人栏内记载自己的名称与背书人记载具有同等法律效力。

第五十条 依照票据法第三十一条的规定，连续背书的第一背书人应当是在票据上记载的收款人，最后的票据持有人应当是最后一次背书的被背书人。

第五十一条 依照票据法第三十四条和第三十五条的规定，背书人在票据上记载“不得转让”、“委托收款”、“质押”字样，其后手再背书转让、委托收款或者质押的，原背书人对后手的被背书人不承担票据责任，但不影响出票人、承兑人以及原背书人之前手的票据责任。

第五十二条 依照票据法第五十七条第二款的规定，贷款人恶意或者有重大过失从事票据质押贷款的，人民法院应当认定质押行为无效。

第五十三条 依照票据法第二十七条的规定，出票人在票据上记载“不得转让”字样，其后手以此票据进行贴现、质押的，通过贴现、质押取得票据的持票人主张票据权利的，人民法院不予支持。

第五十四条 依照票据法第三十四条和第三十五条的规定，背书人在票据上记载“不得转让”字样，其后手以此票据进行贴现、质押的，原背书人对后手的被背书人不承担票据责任。

第五十五条　依照票据法第三十五条第二款的规定，以汇票设定质押时，出质人在汇票上只记载了“质押”字样未在票据上签章的，或者出质人未在汇票、粘单上记载“质押”字样而另行签订质押合同、质押条款的，不构成票据质押。

第五十六条　商业汇票的持票人向其非开户银行申请贴现，与向自己开立存款账户的银行申请贴现具有同等法律效力。但是，持票人有恶意或者与贴现银行恶意串通的除外。

第五十七条　违反规定区域出票，背书转让银行汇票，或者违反票据管理规定跨越票据交换区域出票、背书转让银行本票、支票的，不影响出票人、背书人依法应当承担的票据责任。

第五十八条　依照票据法第三十六条的规定，票据被拒绝承兑、被拒绝付款或者超过提示付款期限，票据持有人背书转让的，背书人应当承担票据责任。

第五十九条　承兑人或者付款人依照票据法第五十三条第二款的规定对逾期提示付款的持票人付款与按照规定的期限付款具有同等法律效力。

八、票据保证

第六十条　国家机关、以公益为目的的事业单位、社会团体、企业法人的分支机构和职能部门作为票据保证人的，票据保证无效，但经国务院批准为使用外国政府或者国际经济组织贷款进行转贷，国家机关提供票据保证的，以及企业法人的分支机构在法人书面授权范围内提供票据保证的除外。

第六十一条　票据保证无效的，票据的保证人应当承担与其过错相应的民事责任。

第六十二条　保证人未在票据或者粘单上记载“保证”字样而另行签订保证合同或者保证条款的，不属于票据保证，人民法院应当适用《中华人民共和国担保法》的有关规定。

九、法律适用

第六十三条　人民法院审理票据纠纷案件，适用票据法的规定；票据法没有规定的，适用《中华人民共和国民法通则》、《中华人民共和国合同法》、《中华人民共和国担保法》等民商事法律以及国务院制定的行政法规。

中国人民银行制定并公布施行的有关行政规章与法律、行政法规不抵触的，可以参照适用。

第六十四条　票据当事人因对金融行政管理部门的具体行政行为不服提起诉讼的，适用《中华人民共和国行政处罚法》、票据法以及《票据管理实施办法》等有关票据管理的规定。

中国人民银行制定并公布施行的有关行政规章与法律、行政法规不抵触的，可以参照适用。

第六十五条　人民法院对票据法施行以前已经作出终审裁决的票据纠纷案件进行再审，不适用票据法。

十、法律责任

第六十六条　具有下列情形之一的票据，未经背书转让的，票据债务人不承担票据责任；已经背书转让的，票据无效不影响其他真实签章的效力：

（一）出票人签章不真实的；

（二）出票人为无民事行为能力人的；

（三）出票人为限制民事行为能力人的。

第六十七条　依照票据法第十四条、第一百零三条、第一百零四条的规定，伪造、变造票据者除应当依法承担刑事、行政责任外，给他人造成损失的，还应当承担民事赔偿责任。被伪造签章者不承担票据责任。

第六十八条　对票据未记载事项或者未完全记载事项作补充记载，补充事项超出授权范围的，出票人对补充后的票据应当承担票据责任。给他人造成损失的，出票人还应当承担相应的民事责任。

第六十九条　付款人或者代理付款人未能识别出伪造、变造的票据或者身份证件而错误付款，属于票据法第五十七条规定的“重大过失”，给持票人造成损失的，应当依法承担民事责任。付款人或者代理付款人承担责任后有权向伪造者、变造者依法追偿。

持票人有过错的，也应当承担相应的民事责任。

第七十条　付款人及其代理付款人有下列情形之一的，应当自行承担责任：

（一）未依照票据法第五十七条的规定对提

示付款人的合法身份证明或者有效证件以及汇票背书的连续性履行审查义务而错误付款的；

（二）公示催告期间对公示催告的票据付款的；

（三）收到人民法院的止付通知后付款的；

（四）其他以恶意或者重大过失付款的。

第七十一条 票据法第六十三条所称“其他有关证明”是指：

（一）人民法院出具的宣告承兑人、付款人失踪或者死亡的证明、法律文书；

（二）公安机关出具的承兑人、付款人逃匿或者下落不明的证明；

（三）医院或者有关单位出具的承兑人、付款人死亡的证明；

（四）公证机构出具的具有拒绝证明效力的文书。

第七十二条 当事人因申请票据保全错误而给他人造成损失的，应当依法承担民事责任。

第七十三条 因出票人签发空头支票、与其预留本名的签名式样或者印鉴不符的支票给他人造成损失的，支票的出票人和背书人应当依法承担民事责任。

第七十四条 人民法院在审理票据纠纷案件时，发现与本案有牵连但不属同一法律关系的票据欺诈犯罪嫌疑线索的，应当及时将犯罪嫌疑线索提供给有关公安机关，但票据纠纷案件不应因此而中止审理。

第七十五条 依照票据法第一百零五条的规定，由于金融机构工作人员在票据业务中玩忽职守，对违反票据法规定的票据予以承兑、付款、贴现或者保证，给当事人造成损失的，由该金融机构与直接责任人员依法承担连带责任。

第七十六条 依照票据法第一百零七条的规定，由于出票人制作票据，或者其他票据债务人未按照法定条件在票据上签章，给他人造成损失的，除应当按照所记载事项承担票据责任外，还应当承担相应的民事责任。

持票人明知或者应当知道前款情形而接受的，可以适当减轻出票人或者票据债务人的责任。

票据管理实施办法①

（1997年6月23日国务院批准 1997年8月21日中国人民银行令第2号发布）

第一条 为了加强票据管理，维护金融秩序，根据《中华人民共和国票据法》（以下简称票据法）的规定，制定本办法。

第二条 在中华人民共和国境内的票据管理，适用本办法。

第三条 中国人民银行是票据的管理部门。

票据管理应当遵守票据法和本办法以及有关法律、行政法规的规定，不得损害票据当事人的合法权益。

第四条 票据当事人应当依法从事票据活动，行使票据权利，履行票据义务。

第五条 票据当事人应当使用中国人民银行规定的统一格式的票据。

第六条 银行汇票的出票人，为经中国人民银行批准办理银行汇票业务的银行。

第七条 银行本票的出票人，为经中国人民银行批准办理银行本票业务的银行。

第八条 商业汇票的出票人，为银行以外的企业和其他组织。

向银行申请办理汇票承兑的商业汇票的出票人，必须具备下列条件：

（一）在承兑银行开立存款账户；

（二）资信状况良好，并具有支付汇票金额的可靠资金来源。

第九条 承兑商业汇票的银行，必须具备下列条件：

（一）与出票人具有真实的委托付款关系；

（二）具有支付汇票金额的可靠资金。

第十条 向银行申请办理票据贴现的商业汇票的持票人，必须具备下列条件：

（一）在银行开立存款账户；

（二）与出票人、前手之间具有真实的交易关系和债权债务关系。

第十一条 支票的出票人，为在经中国人民

① 编者注：已被修改。

银行批准办理支票存款业务的银行、城市信用合作社和农村信用合作社开立支票存款账户的企业、其他组织和个人。

第十二条　票据法所称“保证人”，是指具有代为清偿票据债务能力的法人、其他组织或者个人。

国家机关、以公益为目的的事业单位、社会团体、企业法人的分支机构和职能部门不得为保证人；但是，法律另有规定的除外。

第十三条　银行汇票上的出票人的签章、银行承兑商业汇票的签章，为该银行的汇票专用章加其法定代表人或者其授权的代理人的签名或者盖章。

银行本票上的出票人的签章，为该银行的本票专用章加其法定代表人或者其授权的代理人的签名或者盖章。

银行汇票专用章、银行本票专用章须经中国人民银行批准。

第十四条　商业汇票上的出票人的签章，为该单位的财务专用章或者公章加其法定代表人或者其授权的代理人的签名或者盖章。

第十五条　支票上的出票人的签章，出票人为单位的，为与该单位在银行预留签章一致的财务专用章或者公章加其法定代表人或者其授权的代理人的签名或者盖章；出票人为个人的，为与该个人在银行预留签章一致的签名或者盖章。

第十六条　票据法所称“本名”，是指符合法律、行政法规以及国家有关规定的身份证件上的姓名。

第十七条　出票人在票据上的签章不符合票据法和本办法规定的，票据无效；背书人、承兑人、保证人在票据上的签章不符合票据法和本办法规定的，其签章无效，但是不影响票据上其他签章的效力。

第十八条　票据法所称“代理付款人”，是指根据付款人的委托，代其支付票据金额的银行、城市信用合作社和农村信用合作社。

第十九条　票据法规定可以办理挂失止付的票据丧失的，失票人可以依照票据法的规定及时通知付款人或者代理付款人挂失止付。

失票人通知票据的付款人或者代理付款人挂失止付时，应当填写挂失止付通知书并签章。挂失止付通知书应当记载下列事项：

（一）票据丧失的时间和事由；

（二）票据种类、号码、金额、出票日期、付款日期、付款人名称、收款人名称；

（三）挂失止付人的名称、营业场所或者住所以及联系方法。

第二十条　付款人或者代理付款人收到挂失止付通知书，应当立即暂停支付。付款人或者代理付款人自收到挂失止付通知书之日起12日内没有收到人民法院的止付通知书的，自第13日起，挂失止付通知书失效。

第二十一条　付款人或者代理付款人在收到挂失止付通知书前，已经依法向持票人付款的，不再接受挂失止付。

第二十二条　申请人申请开立支票存款账户的，银行、城市信用合作社和农村信用合作社可以与申请人约定在支票上使用支付密码，作为支付支票金额的条件。

第二十三条　保证人应当依照票据法的规定，在票据或者其粘单上记载保证事项。保证人为出票人、付款人、承兑人保证的，应当在票据的正面记载保证事项；保证人为背书人保证的，应当在票据的背面或者其粘单上记载保证事项。

第二十四条　依法背书转让的票据，任何单位和个人不得冻结票据款项；但是，法律另有规定的除外。

第二十五条　票据法第五十五条所称“签收”，是指持票人在票据的正面签章，表明持票人已经获得付款。

第二十六条　通过委托收款银行或者通过票据交换系统向付款人提示付款的，持票人向银行提交票据日为提示付款日。

第二十七条　票据法第六十二条所称“拒绝证明”应当包括下列事项：

（一）被拒绝承兑、付款的票据的种类及其主要记载事项；

（二）拒绝承兑、付款的事实依据和法律依据；

（三）拒绝承兑、付款的时间；

（四）拒绝承兑人、拒绝付款人的签章。

票据法第六十二条所称“退票理由书”应当包括下列事项：

（一）所退票据的种类；

（二）退票的事实依据和法律依据；

（三）退票时间；

（四）退票人签章。

第二十八条 票据法第六十三条规定的“其他有关证明”是指：

（一）医院或者有关单位出具的承兑人、付款人死亡的证明；

（二）司法机关出具的承兑人、付款人逃匿的证明；

（三）公证机关出具的具有拒绝证明效力的文书。

第二十九条 票据法第七十条第一款第（二）项、第七十一条第一款第（二）项规定的“利率”，是指中国人民银行规定的流动资金贷款利率。

第三十条 有票据法第一百零三条所列行为之一，情节轻微，不构成犯罪的，由公安机关依法予以处罚。

第三十一条 签发空头支票或者签发与其预留的签章不符的支票，不以骗取财物为目的的，由中国人民银行处以票面金额5%但不低于1000元的罚款；持票人有权要求出票人赔偿支票金额2%的赔偿金。

第三十二条 金融机构的工作人员在票据业务中玩忽职守，对违反票据法和本办法规定的票据予以承兑、付款、保证或者贴现的，对直接负责的主管人员和其他直接责任人员给予警告、记过、撤职或者开除的处分；造成重大损失，构成犯罪的，依法追究刑事责任。

第三十三条 票据的付款人对见票即付或者到期的票据，故意压票、拖延支付的，由中国人民银行处以压票、拖延支付期间内每日票据金额0.7‰的罚款；对直接负责的主管人员和其他直接责任人员给予警告、记过、撤职或者开除的处分。

第三十四条 违反中国人民银行规定，擅自印制票据的，由中国人民银行责令改正，处以1万元以上20万元以下的罚款；情节严重的，中国人民银行有权提请有关部门吊销其营业执照。

第三十五条 票据的格式、联次、颜色、规格及防伪技术要求和印制，由中国人民银行规定。

中国人民银行在确定票据格式时，可以根据少数民族地区和外国驻华使领馆的实际需要，在票据格式中增加少数民族文字或者外国文字。

第三十六条 本办法自1997年10月1日起施行。

国务院关于废止和修改部分行政法规的决定（节录）①

（2010年12月29日国务院第138次常务会议通过 2011年1月8日中华人民共和国国务院令第588号公布 自公布之日起施行）

为进一步深入贯彻依法治国基本方略，维护社会主义法制统一，全面推进依法行政，国务院在1983年以来已对行政法规进行过4次全面清理的基础上，根据经济社会发展和改革深化的新情况、新要求，再次对截至2009年底现行的行政法规共691件进行了全面清理。经过清理，国务院决定：

……

110. 将《票据管理实施办法》第三十条中的“有票据法第一百零三条所列行为之一”修改为“有票据法第一百零二条所列行为之一”。

……

票据管理实施办法

（1997年6月23日国务院批准 1997年8月21日中国人民银行令第2号发布 根据2011年1月8日《国务院关于废止和修改部分行政法规的决定》修订）

第一条 为了加强票据管理，维护金融秩序，根据《中华人民共和国票据法》（以下简称票据法）的规定，制定本办法。

第二条 在中华人民共和国境内的票据管理，适用本办法。

第三条 中国人民银行是票据的管理部门。

票据管理应当遵守票据法和本办法以及有

① 编者注：部分废止。

关法律、行政法规的规定，不得损害票据当事人的合法权益。

第四条　票据当事人应当依法从事票据活动，行使票据权利，履行票据义务。

第五条　票据当事人应当使用中国人民银行规定的统一格式的票据。

第六条　银行汇票的出票人，为经中国人民银行批准办理银行汇票业务的银行。

第七条　银行本票的出票人，为经中国人民银行批准办理银行本票业务的银行。

第八条　商业汇票的出票人，为银行以外的企业和其他组织。

向银行申请办理汇票承兑的商业汇票的出票人，必须具备下列条件：

（一）在承兑银行开立存款账户；

（二）资信状况良好，并具有支付汇票金额的可靠资金来源。

第九条　承兑商业汇票的银行，必须具备下列条件：

（一）与出票人具有真实的委托付款关系；

（二）具有支付汇票金额的可靠资金。

第十条　向银行申请办理票据贴现的商业汇票的持票人，必须具备下列条件：

（一）在银行开立存款账户；

（二）与出票人、前手之间具有真实的交易关系和债权债务关系。

第十一条　支票的出票人，为在经中国人民银行批准办理支票存款业务的银行、城市信用合作社和农村信用合作社开立支票存款账户的企业、其他组织和个人。

第十二条　票据法所称“保证人”，是指具有代为清偿票据债务能力的法人、其他组织或者个人。

国家机关、以公益为目的的事业单位、社会团体、企业法人的分支机构和职能部门不得为保证人；但是，法律另有规定的除外。

第十三条　银行汇票上的出票人的签章、银行承兑商业汇票的签章，为该银行的汇票专用章加其法定代表人或者其授权的代理人的签名或者盖章。

银行本票上的出票人的签章，为该银行的本票专用章加其法定代表人或者其授权的代理人的签名或者盖章。

银行汇票专用章、银行本票专用章须经中国人民银行批准。

第十四条　商业汇票上的出票人的签章，为该单位的财务专用章或者公章加其法定代表人或者其授权的代理人的签名或者盖章。

第十五条　支票上的出票人的签章，出票人为单位的，为与该单位在银行预留签章一致的财务专用章或者公章加其法定代表人或者其授权的代理人的签名或者盖章；出票人为个人的，为与该个人在银行预留签章一致的签名或者盖章。

第十六条　票据法所称“本名”，是指符合法律、行政法规以及国家有关规定的身份证件上的姓名。

第十七条　出票人在票据上的签章不符合票据法和本办法规定的，票据无效；背书人、承兑人、保证人在票据上的签章不符合票据法和本办法规定的，其签章无效，但是不影响票据上其他签章的效力。

第十八条　票据法所称“代理付款人”，是指根据付款人的委托，代其支付票据金额的银行、城市信用合作社和农村信用合作社。

第十九条　票据法规定可以办理挂失止付的票据丧失的，失票人可以依照票据法的规定及时通知付款人或者代理付款人挂失止付。

失票人通知票据的付款人或者代理付款人挂失止付时，应当填写挂失止付通知书并签章。挂失止付通知书应当记载下列事项：

（一）票据丧失的时间和事由；

（二）票据种类、号码、金额、出票日期、付款日期、付款人名称、收款人名称；

（三）挂失止付人的名称、营业场所或者住所以及联系方法。

第二十条　付款人或者代理付款人收到挂失止付通知书，应当立即暂停支付。付款人或者代理付款人自收到挂失止付通知书之日起12日内没有收到人民法院的止付通知书的，自第13日起，挂失止付通知书失效。

第二十一条　付款人或者代理付款人在收到挂失止付通知书前，已经依法向持票人付款的，不再接受挂失止付。

第二十二条　申请人申请开立支票存款账

户的,银行、城市信用合作社和农村信用合作社可以与申请人约定在支票上使用支付密码,作为支付支票金额的条件。

第二十三条 保证人应当依照票据法的规定,在票据或者其粘单上记载保证事项。保证人为出票人、付款人、承兑人保证的,应当在票据的正面记载保证事项;保证人为背书人保证的,应当在票据的背面或者其粘单上记载保证事项。

第二十四条 依法背书转让的票据,任何单位和个人不得冻结票据款项;但是,法律另有规定的除外。

第二十五条 票据法第五十五条所称"签收",是指持票人在票据的正面签章,表明持票人已经获得付款。

第二十六条 通过委托收款银行或者通过票据交换系统向付款人提示付款的,持票人向银行提交票据日为提示付款日。

第二十七条 票据法第六十二条所称"拒绝证明"应当包括下列事项:

(一)被拒绝承兑、付款的票据的种类及其主要记载事项;

(二)拒绝承兑、付款的事实依据和法律依据;

(三)拒绝承兑、付款的时间;

(四)拒绝承兑人、拒绝付款人的签章。

票据法第六十二条所称"退票理由书"应当包括下列事项:

(一)所退票据的种类;

(二)退票的事实依据和法律依据;

(三)退票时间;

(四)退票人签章。

第二十八条 票据法第六十三条规定的"其他有关证明"是指:

(一)医院或者有关单位出具的承兑人、付款人死亡的证明;

(二)司法机关出具的承兑人、付款人逃匿的证明;

(三)公证机关出具的具有拒绝证明效力的文书。

第二十九条 票据法第七十条第一款第(二)项、第七十一条第一款第(二)项规定的"利率",是指中国人民银行规定的流动资金贷款利率。

第三十条 有票据法第一百零二条所列行为之一,情节轻微,不构成犯罪的,由公安机关依法予以处罚。

第三十一条 签发空头支票或者签发与其预留的签章不符的支票,不以骗取财物为目的的,由中国人民银行处以票面金额5%但不低于1000元的罚款;持票人有权要求出票人赔偿支票金额2%的赔偿金。

第三十二条 金融机构的工作人员在票据业务中玩忽职守,对违反票据法和本办法规定的票据予以承兑、付款、保证或者贴现的,对直接负责的主管人员和其他直接责任人员给予警告、记过、撤职或者开除的处分;造成重大损失,构成犯罪的,依法追究刑事责任。

第三十三条 票据的付款人对见票即付或者到期的票据,故意压票、拖延支付的,由中国人民银行处以压票、拖延支付期间内每日票据金额0.7‰的罚款;对直接负责的主管人员和其他直接责任人员给予警告、记过、撤职或者开除的处分。

第三十四条 违反中国人民银行规定,擅自印制票据的,由中国人民银行责令改正,处以1万元以上20万元以下的罚款;情节严重的,中国人民银行有权提请有关部门吊销其营业执照。

第三十五条 票据的格式、联次、颜色、规格及防伪技术要求和印制,由中国人民银行规定。

中国人民银行在确定票据格式时,可以根据少数民族地区和外国驻华使领馆的实际需要,在票据格式中增加少数民族文字或者外国文字。

第三十六条 本办法自1997年10月1日起施行。

商业汇票承兑、贴现与再贴现管理暂行办法

(1997年5月22日中国人民银行银发〔1997〕216号发布)

第一章 总 则

第一条 为了规范商业汇票承兑、贴现与再贴现业务操作,根据《中华人民共和国中国人民

银行法》、《中华人民共和国商业银行法》、《中华人民共和国票据法》及有关规定，制定本办法。

第二条　本办法所称承兑系指付款人承诺在商业汇票到期日支付汇票金额的票据行为。

本办法所称贴现系指商业汇票的持票人在汇票到期日前，为了取得资金贴付一定利息将票据权利转让给金融机构的票据行为，是金融机构向持票人融通资金的一种方式。

本办法所称转贴现系指金融机构为了取得资金，将未到期的已贴现商业汇票再以贴现方式向另一金融机构转让的票据行为，是金融机构间融通资金的一种方式。

本办法所称再贴现系指金融机构为了取得资金，将未到期的已贴现商业汇票再以贴现方式向中国人民银行转让的票据行为，是中央银行的一种货币政策工具。

第三条　承兑、贴现、转贴现、再贴现的商业汇票，应以真实、合法的商品交易为基础。

第四条　承兑、贴现、转贴现、再贴现等票据活动，应当遵循平等、自愿、公平和诚实信用的原则。再贴现应当有利于实现货币政策目标。

第五条　承兑、贴现、转贴现的期限，最长不超过6个月。再贴现的期限，最长不超过4个月。

第六条　再贴现利率由中国人民银行制定、发布与调整。

贴现利率采取在再贴现利率基础上加百分点的方式生成，加点幅度由中国人民银行确定。

转贴现利率由交易双方自主商定。

第七条　为防范商业汇票业务风险，有关金融机构要健全商业汇票承兑、贴现、转贴现、再贴现的申请、审查、审批制度，依法进行业务操作。

第八条　商业汇票承兑、贴现、转贴现、再贴现的处理手续，按照中国人民银行《支付结算会计核算手续》的有关规定办理。

第九条　办理商业汇票承兑、贴现、转贴现、再贴现业务的金融机构，须健全有关业务统计和原始凭证档案管理制度，并按规定向其上级行和中国人民银行或其分支机构报送有关业务统计数据。

第二章　承　　兑

第十条　向银行申请承兑的商业汇票出票人，必须具备下列条件：

一、为企业法人和其他经济组织，并依法从事经营活动；

二、资信状况良好，具有支付汇票金额的资金来源；

三、在承兑银行开立存款账户。

商业汇票的出票人应首先向其主办银行申请承兑。

第十一条　商业银行、政策性银行及经其授权或转授权的银行分支机构可承兑商业汇票。

非银行金融机构、不具有贷款权限或未经其上级行承兑授权、转授权的银行分支机构，不得承兑商业汇票。

第十二条　承兑商业汇票的银行，必须具备下列条件：

一、具有承兑商业汇票的资格；

二、与出票人建立委托付款关系；

三、有支付汇票金额的资金来源。

第十三条　银行承兑商业汇票时，应考核承兑申请人的资信情况，必要时可依法要求承兑申请人提供担保。

第十四条　承兑人按中国人民银行的规定，向承兑申请人收取承兑手续费。

第十五条　各商业银行、政策性银行应对其分支机构核定可承兑总量或比例，实行承兑授权管理，并依法承担承兑风险。银行分支机构依据其上级行的承兑授权，在核定的可承兑总量或比例内承兑商业汇票。

第十六条　中国人民银行一级分行对辖内城市合作银行、农村合作银行承兑商业汇票实行总量控制。上列商业银行要在当地人民银行核定的可承兑总量或比例内承兑商业汇票。

第十七条　中国人民银行各分支行应督促辖内银行或银行分支机构完善商业汇票承兑业务管理和风险防范制度，监控辖内承兑总量与风险度。

第三章　贴　　现

第十八条　向金融机构申请票据贴现的商业汇票持票人，必须具备下列条件：

一、为企业法人和其他经济组织，并依法从事经营活动；

二、与出票人或其前手之间具有真实的商品交易关系；

三、在申请贴现的金融机构开立存款账户。

第十九条 持票人申请贴现时，须提交贴现申请书，经其背书的未到期商业汇票，持票人与出票人或其前手之间的增值税发票和商品交易合同复印件。

第二十条 办理票据贴现业务的机构，是经中国人民银行批准经营贷款业务的金融机构（以下简称贴现人）。

第二十一条 贴现人选择贴现票据应当遵循效益性、安全性和流动性的原则，贴现资金投向应符合国家产业政策和信贷政策。

第二十二条 贴现人应将贴现、转贴现纳入其信贷总量，并在存贷比例内考核。

第二十三条 贴现人对贴现申请人提交的商业汇票，应按规定向承兑人以书面方式查询。承兑人须按照中国人民银行的有关规定查复贴现人。

第二十四条 各商业银行、政策性银行应当运用贴现、转贴现方式增加票据资产，调整信贷结构。

第四章 再 贴 现

第二十五条 再贴现的对象是在中国人民银行及其分支机构开立存款账户的商业银行、政策性银行及其分支机构。

对非银行金融机构再贴现，须经中国人民银行总行批准。

第二十六条 再贴现的操作体系：

一、中国人民银行总行设立再贴现窗口，受理、审查、审批各银行总行的再贴现申请，并经办有关的再贴现业务（以下简称再贴现窗口）。

二、中国人民银行各一级分行和计划单列城市分行设立授权再贴现窗口，受理、审查、并在总行下达的再贴现限额之内审批辖内银行及其分支机构的再贴现申请，经办有关的再贴现业务（以下简称授权窗口）。

三、授权窗口认为必要时可对辖内一部分二级分行实行再贴现转授权（以下简称转授权窗口），转授权窗口的权限由授权窗口规定。

四、中国人民银行县级支行和未被转授权的二级分行，可受理、审查辖内银行及其分支机构的再贴现申请，并提出审批建议，在报经授权窗口或转授权窗口审批后，经办有关的再贴现业务。

第二十七条 中国人民银行根据金融宏观调控和结构调整的需要，不定期公布再贴现优先支持的行业、企业和产品目录。各授权窗口须据此选择再贴现票据，安排再贴现资金投向，并对有商业汇票基础、业务操作规范的金融机构和跨地区、跨系统的贴现票据优先办理再贴现。

第二十八条 持票人申请再贴现时，须提交贴现申请人与出票人或其前手之间的增值税发票。

第二十九条 中国人民银行对各授权窗口的再贴现操作效果实行量化考核：

一、总量比例：按发生额计算，再贴现与贴现、商业汇票三者之比不高于1∶2∶4。

二、期限比例：累计3个月以内（含3个月）的再贴现不低于再贴现总量的70%。

三、投向比例：对国家重点产业、行业和产品的再贴现不低于再贴现总量的70%；对国有独资商业银行的再贴现不低于再贴现总量的80%。

第三十条 中国人民银行对各授权窗口的再贴现实行总量控制，并根据金融宏观调控的需要适时调增或调减各授权窗口的再贴现限额。各授权窗口对再贴现限额实行集中管理和统一调度，不得逐级分配再贴现限额。

第五章 罚 则

第三十一条 承兑、贴现申请人有下列情形之一，承兑人和贴现人暂停对其办理商业汇票承兑和贴现：

一、未支付或未足额支付其签发商业汇票票面金额的；

二、未以商品交易为基础签发商业汇票的；

三、以非法手段骗取金融机构承兑、贴现的。

第三十二条 金融机构有下列情形之一，同级人民银行暂停对其办理再贴现，情节严重的，由其上级行责令其暂停承兑、贴现业务：

一、对未以商品交易为基础的商业汇票办理承兑、贴现的；

二、将未以商品交易为基础的商业汇票用于申请再贴现的；

三、越权承兑商业汇票的；

四、未按规定办理票据查复或查复内容不真实的。

第三十三条　授权窗口或转授权窗口有下列情形之一，中国人民银行上级行给予通报批评，情节严重的，暂停其再贴现授权：

一、越权办理再贴现的；

二、逐级分配再贴现限额，执行限额集中管理、统一调度原则不力的；

三、对未以商品交易为基础的商业汇票办理再贴现的；

四、再贴现投向不合理的。

第三十四条　承兑、贴现申请人采取欺诈手段骗取金融机构承兑、贴现，情节严重并构成犯罪的，由司法机关依法追究其刑事责任。

第三十五条　对未以商品交易为基础的商业汇票办理承兑、贴现、再贴现，并造成信贷资金损失的，分别由中国人民银行上级行、有关商业银行上级行对有关责任人给予纪律处分，情节严重并构成犯罪的，由司法机关依法追究其刑事责任。

第六章　附　　则

第三十六条　经中国人民银行核准经营人民币存款、贷款和结算业务的外资银行或其分支机构适用本办法。

第三十七条　经中国人民银行核准经营有关商业汇票业务的非银行金融机构，适用本办法有关规定。

第三十八条　各授权窗口、商业银行、政策性银行要根据本办法制定实施细则，并报中国人民银行备案。

第三十九条　本办法由中国人民银行负责解释。

第四十条　本办法自颁布之日起施行。

支付结算办法

（1997年9月19日　银发〔1997〕393号）

第一章　总　　则

第一条　为了规范支付结算行为，保障支付结算活动中当事人的合法权益，加速资金周转和商品流通，促进社会主义市场经济的发展，依据《中华人民共和国票据法》（以下简称《票据法》）和《票据管理实施办法》以及有关法律、行政法规，制定本办法。

第二条　中华人民共和国境内人民币的支付结算适用本办法，但中国人民银行另有规定的除外。

第三条　本办法所称支付结算是指单位、个人在社会经济活动中使用票据、信用卡和汇兑、托收承付、委托收款等结算方式进行货币给付及其资金清算的行为。

第四条　支付结算工作的任务，是根据经济往来组织支付结算，准确、及时、安全办理支付结算，按照有关法律、行政法规和本办法的规定管理支付结算，保障支付结算活动的正常进行。

第五条　银行、城市信用合作社、农村信用合作社（以下简称银行）以及单位和个人（含个体工商户），办理支付结算必须遵守国家的法律、行政法规和本办法的各项规定，不得损害社会公共利益。

第六条　银行是支付结算和资金清算的中介机构。未经中国人民银行批准的非银行金融机构和其他单位不得作为中介机构经营支付结算业务。但法律、行政法规另有规定的除外。

第七条　单位、个人和银行应当按照《银行账户管理办法》的规定开立、使用账户。

第八条　在银行开立存款账户的单位和个人办理支付结算，账户内须有足够的资金保证支付，本办法另有规定的除外。没有开立存款账户的个人向银行交付款项后，也可以通过银行办理支付结算。

第九条　票据和结算凭证是办理支付结算的工具。单位、个人和银行办理支付结算，必须使用按中国人民银行统一规定印制的票据凭证和统一规定的结算凭证。

未使用按中国人民银行统一规定印制的票据，票据无效；未使用中国人民银行统一规定格式的结算凭证，银行不予受理。

第十条　单位、个人和银行签发票据、填写结算凭证，应按照本办法和附一《正确填写票据和结算凭证的基本规定》记载，单位和银行的名称应当记载全称或者规范化简称。

第十一条 票据和结算凭证上的签章，为签名、盖章或者签名加盖章。

单位、银行在票据上的签章和单位在结算凭证上的签章，为该单位、银行的盖章加其法定代表人或其授权的代理人的签名或盖章。

个人在票据和结算凭证上的签章，应为该个人本名的签名或盖章。

第十二条 票据和结算凭证的金额、出票或签发日期、收款人名称不得更改，更改的票据无效；更改的结算凭证，银行不予受理。

对票据和结算凭证上的其他记载事项，原记载人可以更改，更改时应当由原记载人在更改处签章证明。

第十三条 票据和结算凭证金额以中文大写和阿拉伯数码同时记载，二者必须一致，二者不一致的票据无效；二者不一致的结算凭证，银行不予受理。

少数民族地区和外国驻华使领馆根据实际需要，金额大写可以使用少数民族文字或者外国文字记载。

第十四条 票据和结算凭证上的签章和其他记载事项应当真实，不得伪造、变造。

票据上有伪造、变造的签章的，不影响票据上其他当事人真实签章的效力。

本条所称的伪造是指无权限人假冒他人或虚构人名义签章的行为。签章的变造属于伪造。

本条所称的变造是指无权更改票据内容的人，对票据上签章以外的记载事项加以改变的行为。

第十五条 办理支付结算需要交验的个人有效身份证件是指居民身份证、军官证、警官证、文职干部证、士兵证、户口簿、护照、港澳台同胞回乡证等符合法律、行政法规以及国家有关规定的身份证件。

第十六条 单位、个人和银行办理支付结算必须遵守下列原则：

一、恪守信用，履约付款；

二、谁的钱进谁的账，由谁支配；

三、银行不垫款。

第十七条 银行以善意且符合规定和正常操作程序审查，对伪造、变造的票据和结算凭证上的签章以及需要交验的个人有效身份证件，未发现异常而支付金额的，对出票人或付款人不再承担受委托付款的责任，对持票人或收款人不再承担付款的责任。

第十八条 依法背书转让的票据，任何单位和个人不得冻结票据款项。但是法律另有规定的除外。

第十九条 银行依法为单位、个人在银行开立的基本存款账户、一般存款账户、专用存款账户和临时存款账户的存款保密，维护其资金的自主支配权。对单位、个人在银行开立上述存款账户的存款，除国家法律、行政法规另有规定外，银行不得为任何单位或者个人查询；除国家法律另有规定外，银行不代任何单位或者个人冻结、扣款，不得停止单位、个人存款的正常支付。

第二十条 支付结算实行集中统一和分级管理相结合的管理体制。

中国人民银行总行负责制定统一的支付结算制度，组织、协调、管理、监督全国的支付结算工作，调解、处理银行之间的支付结算纠纷。

中国人民银行省、自治区、直辖市分行根据统一的支付结算制度制定实施细则，报总行备案；根据需要可以制定单项支付结算办法，报经中国人民银行总行批准后执行。中国人民银行分、支行负责组织、协调、管理、监督本辖区的支付结算工作，调解、处理本辖区银行之间的支付结算纠纷。

政策性银行、商业银行总行可以根据统一的支付结算制度，结合本行情况，制定具体管理实施办法，报经中国人民银行总行批准后执行。政策性银行、商业银行负责组织、管理、协调本行内的支付结算工作，调解、处理本行内分支机构之间的支付结算纠纷。

第二章 票 据

第一节 基本规定

第二十一条 本办法所称票据，是指银行汇票、商业汇票、银行本票和支票。

第二十二条 票据的签发、取得和转让，必须具有真实的交易关系和债权债务关系。

票据的取得，必须给付对价。但因税收、继承、赠与可以依法无偿取得票据的，不受给付对价的限制。

第二十三条 银行汇票的出票人在票据上的签章，应为经中国人民银行批准使用的该银行汇票专用章加其法定代表人或其授权经办人的签名或者盖章。银行承兑商业汇票、办理商业汇票转贴现、再贴现时的签章，应为经中国人民银行批准使用的该银行汇票专用章加其法定代表人或其授权经办人的签名或者盖章。银行本票的出票人在票据上的签章，应为经中国人民银行批准使用的该银行本票专用章加其法定代表人或其授权经办人的签名或者盖章。

单位在票据上的签章，应为该单位的财务专用章或者公章加其法定代表人或其授权的代理人的签名或者盖章。个人在票据上的签章，应为该个人的签名或者盖章。

支票的出票人和商业承兑汇票的承兑人在票据上的签章，应为其预留银行的签章。

第二十四条 出票人在票据上的签章不符合《票据法》、《票据管理实施办法》和本办法规定的，票据无效；承兑人、保证人在票据上的签章不符合《票据法》、《票据管理实施办法》和本办法规定的，其签章无效，但不影响其他符合规定签章的效力；背书人在票据上的签章不符合《票据法》、《票据管理实施办法》和本办法规定的，其签章无效，但不影响其前手符合规定签章的效力。

第二十五条 出票人在票据上的记载事项必须符合《票据法》、《票据管理实施办法》和本办法的规定。票据上可以记载《票据法》和本办法规定事项以外的其他出票事项，但是该记载事项不具有票据上的效力，银行不负审查责任。

第二十六条 区域性银行汇票仅限于出票人向本区域内的收款人出票，银行本票和支票仅限于出票人向其票据交换区域内的收款人出票。

第二十七条 票据可以背书转让，但填明"现金"字样的银行汇票、银行本票和用于支取现金的支票不得背书转让。

区域性银行汇票仅限于在本区域内背书转让。银行本票、支票仅限于在其票据交换区域内背书转让。

第二十八条 区域性银行汇票和银行本票、支票出票人向规定区域以外的收款人出票的，背书人向规定区域以外的被背书人转让票据的，区域外的银行不予受理，但出票人、背书人仍应承担票据责任。

第二十九条 票据背书转让时，由背书人在票据背面签章、记载被背书人名称和背书日期。背书未记载日期的，视为在票据到期日前背书。

持票人委托银行收款或以票据质押的，除按上款规定记载背书外，还应在背书人栏记载"委托收款"或"质押"字样。

第三十条 票据出票人在票据正面记载"不得转让"字样的，票据不得转让；其直接后手再背书转让的，出票人对其直接后手的被背书人不承担保证责任，对被背书人提示付款或委托收款的票据，银行不予受理。

票据背书人在票据背面背书人栏记载"不得转让"字样的，其后手再背书转让的，记载"不得转让"字样的背书人对其后手的被背书人不承担保证责任。

第三十一条 票据被拒绝承兑、拒绝付款或者超过付款提示期限的，不得背书转让。背书转让的，背书人应当承担票据责任。

第三十二条 背书不得附有条件。背书附有条件的，所附条件不具有票据上的效力。

第三十三条 以背书转让的票据，背书应当连续。持票人以背书的连续，证明其票据权利。非经背书转让，而以其他合法方式取得票据的，依法举证，证明其票据权利。

背书连续，是指票据第一次背书转让的背书人是票据上记载的收款人，前次背书转让的被背书人是后一次背书转让的背书人，依次前后衔接，最后一次背书转让的被背书人是票据的最后持票人。

第三十四条 票据的背书人应当在票据背面的背书栏依次背书。背书栏不敷背书的，可以使用统一格式的粘单，粘附于票据凭证上规定的粘接处。粘单上的第一记载人，应当在票据和粘单的粘接处签章。

第三十五条 银行汇票、商业汇票和银行本票的债务可以依法由保证人承担保证责任。

保证人必须按照《票据法》的规定在票据上记载保证事项。保证人为出票人、承兑人保证的，应将保证事项记载在票据的正面；保证人为背书人保证的,应将保证事项记载在票据的背面或粘单上。

第三十六条 商业汇票的持票人超过规定期限提示付款的,丧失对其前手的追索权,持票人在作出说明后,仍可以向承兑人请求付款。

银行汇票、银行本票的持票人超过规定期限提示付款的,丧失对出票人以外的前手的追索权,持票人在作出说明后,仍可以向出票人请求付款。

支票的持票人超过规定的期限提示付款的,丧失对出票人以外的前手的追索权。

第三十七条 通过委托收款银行或者通过票据交换系统向付款人或代理付款人提示付款的,视同持票人提示付款;其提示付款日期以持票人向开户银行提交票据日为准。

付款人或代理付款人应于见票当日足额付款。

本条所称"代理付款人"是指根据付款人的委托,代理其支付票据金额的银行。

第三十八条 票据债务人对下列情况的持票人可以拒绝付款:

(一) 对不履行约定义务的与自己有直接债权债务关系的持票人;

(二) 以欺诈、偷盗或者胁迫等手段取得票据的持票人;

(三) 对明知有欺诈、偷盗或者胁迫等情形,出于恶意取得票据的持票人;

(四) 明知债务人与出票人或者持票人的前手之间存在抗辩事由而取得票据的持票人;

(五) 因重大过失取得不符合《票据法》规定的票据的持票人;

(六) 对取得背书不连续票据的持票人;

(七) 符合《票据法》规定的其他抗辩事由。

第三十九条 票据债务人对下列情况不得拒绝付款:

(一) 与出票人之间有抗辩事由;

(二) 与持票人的前手之间有抗辩事由。

第四十条 票据到期被拒绝付款或者在到期前被拒绝承兑,承兑人或付款人死亡、逃匿的,承兑人或付款人被依法宣告破产的或者因违法被责令终止业务活动的,持票人可以对背书人、出票人以及票据的其他债务人行使追索权。

持票人行使追索权,应当提供被拒绝承兑或者被拒绝付款的拒绝证明或者退票理由书以及其他有关证明。

第四十一条 本办法所称"拒绝证明"应当包括下列事项:

(一) 被拒绝承兑、付款的票据种类及其主要记载事项;

(二) 拒绝承兑、付款的事实依据和法律依据;

(三) 拒绝承兑、付款的时间;

(四) 拒绝承兑人、拒绝付款人的签章。

第四十二条 本办法所称退票理由书应当包括下列事项:

(一) 所退票据的种类;

(二) 退票的事实依据和法律依据;

(三) 退票时间;

(四) 退票人签章。

第四十三条 本办法所称的其他证明是指:

(一) 医院或者有关单位出具的承兑人、付款人死亡证明;

(二) 司法机关出具的承兑人、付款人逃匿的证明;

(三) 公证机关出具的具有拒绝证明效力的文书。

第四十四条 持票人应当自收到被拒绝承兑或者被拒绝付款的有关证明之日起3日内,将被拒绝事由书面通知其前手;其前手应当自收到通知之日起3日内书面通知其再前手。持票人也可以同时向各票据债务人发出书面通知。

未按照前款规定期限通知的,持票人仍可以行使追索权。

第四十五条 持票人可以不按照票据债务人的先后顺序,对其中任何一人、数人或者全体行使追索权。

持票人对票据债务人中的一人或者数人已经进行追索的,对其他票据债务人仍可以行使追索权。被追索人清偿债务后,与持票人享有同一权利。

第四十六条 持票人行使追索权,可以请求被追索人支付下列金额和费用:

(一)被拒绝付款的票据金额;

(二)票据金额自到期日或者提示付款日起

至清偿日止按照中国人民银行规定的同档次流动资金贷款利率计算的利息。

(三)取得有关拒绝证明和发出通知书的费用。

被追索人清偿债务时,持票人应当交出票据和有关拒绝证明,并出具所收到利息和费用的收据。

第四十七条　被追索人依照前条规定清偿后,可以向其他票据债务人行使再追索权,请求其他票据债务人支付下列金额和费用:

(一)已清偿的全部金额;

(二)前项金额自清偿日起至再追索清偿日止,按照中国人民银行规定的同档次流动资金贷款利率计算的利息;

(三)发出通知书的费用。

行使再追索权的被追索人获得清偿时,应当交出票据和有关拒绝证明,并出具所收到利息和费用的收据。

第四十八条　已承兑的商业汇票、支票、填明"现金"字样和代理付款人的银行汇票以及填明"现金"字样的银行本票丧失,可以由失票人通知付款人或者代理付款人挂失止付。

未填明"现金"字样和代理付款人的银行汇票以及未填明"现金"字样的银行本票丧失,不得挂失止付。

第四十九条　允许挂失止付的票据丧失,失票人需要挂失止付的,应填写挂失止付通知书并签章。挂失止付通知书应当记载下列事项:

(一)票据丧失的时间、地点、原因;

(二)票据的种类、号码、金额、出票日期、付款日期、付款人名称、收款人名称;

(三)挂失止付人的姓名、营业场所或者住所以及联系方法。

欠缺上述记载事项之一的,银行不予受理。

第五十条　付款人或者代理付款人收到挂失止付通知书后,查明挂失票据确未付款时,应立即暂停支付。付款人或者代理付款人自收到挂失止付通知书之日起12日内没有收到人民法院的止付通知书的,自第13日起,持票人提示付款并依法向持票人付款的,不再承担责任。

第五十一条　付款人或者代理付款人在收到挂失止付通知书之前,已经向持票人付款的,不再承担责任。但是,付款人或者代理付款人以恶意或者重大过失付款的除外。

第五十二条　银行汇票的付款地为代理付款人或出票人所在地,银行本票的付款地为出票人所在地,商业汇票的付款地为承兑人所在地,支票的付款地为付款人所在地。

第二节　银行汇票

第五十三条　银行汇票是出票银行签发的,由其在见票时按照实际结算金额无条件支付给收款人或者持票人的票据。

银行汇票的出票银行为银行汇票的付款人。

第五十四条　单位和个人各种款项结算,均可使用银行汇票。

银行汇票可以用于转账,填明"现金"字样的银行汇票也可以用于支取现金。

第五十五条　银行汇票的出票和付款,全国范围限于中国人民银行和各商业银行参加"全国联行往来"的银行机构办理。跨系统银行签发的转账银行汇票的付款,应通过同城票据交换将银行汇票和解讫通知提交给同城的有关银行审核支付后抵用。代理付款人不得受理未在本行开立存款账户的持票人为单位直接提交的银行汇票。省、自治区、直辖市内和跨省、市的经济区域内银行汇票的出票和付款,按照有关规定办理。

银行汇票的代理付款人是代理本系统出票银行或跨系统签约银行审核支付汇票款项的银行。

第五十六条　签发银行汇票必须记载下列事项:

(一)表明"银行汇票"的字样;

(二)无条件支付的承诺;

(三)出票金额;

(四)付款人名称;

(五)收款人名称;

(六)出票日期;

(七)出票人签章。

欠缺记载上列事项之一的,银行汇票无效。

第五十七条　银行汇票的提示付款期限自出票日起1个月。

持票人超过付款期限提示付款的,代理付款人不予受理。

第五十八条 申请人使用银行汇票,应向出票银行填写"银行汇票申请书",填明收款人名称、汇票金额、申请人名称、申请日期等事项并签章,签章为其预留银行的签章。

申请人和收款人均为个人,需要使用银行汇票向代理付款人支取现金的,申请人须在"银行汇票申请书"上填明代理付款人名称,在"汇票金额"栏先填写"现金"字样,后填写汇票金额。

申请人或者收款人为单位的,不得在"银行汇票申请书"上填明"现金"字样。

第五十九条 出票银行受理银行汇票申请书,收妥款项后签发银行汇票,并用压数机压印出票金额,将银行汇票和解讫通知一并交给申请人。

签发转账银行汇票,不得填写代理付款人名称,但由人民银行代理兑付银行汇票的商业银行,向设有分支机构地区签发转账银行汇票的除外。

签发现金银行汇票,申请人和收款人必须均为个人,收妥申请人交存的现金后,在银行汇票"出票金额"栏先填写"现金"字样,后填写出票金额,并填写代理付款人名称。申请人或者收款人为单位的,银行不得为其签发现金银行汇票。

第六十条 申请人应将银行汇票和解讫通知一并交付给汇票上记明的收款人。

收款人受理银行汇票时,应审查下列事项:

(一)银行汇票和解讫通知是否齐全、汇票号码和记载的内容是否一致;

(二)收款人是否确为本单位或本人;

(三)银行汇票是否在提示付款期限内;

(四)必须记载的事项是否齐全;

(五)出票人签章是否符合规定,是否有压数机压印的出票金额,并与大写出票金额一致;

(六)出票金额、出票日期、收款人名称是否更改,更改的其他记载事项是否由原记载人签章证明。

第六十一条 收款人受理申请人交付的银行汇票时,应在出票金额以内,根据实际需要的款项办理结算,并将实际结算金额和多余金额准确、清晰地填入银行汇票和解讫通知的有关栏内。未填明实际结算金额和多余金额或实际结算金额超过出票金额的,银行不予受理。

第六十二条 银行汇票的实际结算金额不得更改,更改实际结算金额的银行汇票无效。

第六十三条 收款人可以将银行汇票背书转让给被背书人。

银行汇票的背书转让以不超过出票金额的实际结算金额为准。未填写实际结算金额或实际结算金额超过出票金额的银行汇票不得背书转让。

第六十四条 被背书人受理银行汇票时,除按照第六十条的规定审查外,还应审查下列事项:

(一)银行汇票是否记载实际结算金额,有无更改,其金额是否超过出票金额;

(二)背书是否连续,背书人签章是否符合规定,背书使用粘单的是否按规定签章;

(三)背书人为个人的身份证件。

第六十五条 持票人向银行提示付款时,必须同时提交银行汇票和解讫通知,缺少任何一联,银行不予受理。

第六十六条 在银行开立存款账户的持票人向开户银行提示付款时,应在汇票背面"持票人向银行提示付款签章"处签章,签章须与预留银行签章相同,并将银行汇票和解讫通知、进账单送交开户银行。银行审查无误后办理转账。

第六十七条 未在银行开立存款账户的个人持票人,可以向选择的任何一家银行机构提示付款。提示付款时,应在汇票背面"持票人向银行提示付款签章"处签章,并填明本人身份证件名称、号码及发证机关,由其本人向银行提交身份证件及其复印件。银行审核无误后,将其身份证件复印件留存备查,并以持票人的姓名开立应解汇款及临时存款账户,该账户只付不收,付完清户,不计付利息。

转账支付的,应由原持票人向银行填制支款凭证,并由本人交验其身份证件办理支付款项。该账户的款项只能转入单位或个体工商户的存款账户,严禁转入储蓄和信用卡账户。

支取现金的,银行汇票上必须有出票银行按规定填明的"现金"字样,才能办理。未填明"现金"字样,需要支取现金的,由银行按照国家现金管理规定审查支付。

持票人对填明"现金"字样的银行汇票,需要委托他人向银行提示付款的，应在银行汇票背面背书栏签章，记载“委托收款”字样、被委托人姓名和背书日期以及委托人身份证件名称、号码、发证机关。被委托人向银行提示付款时，也应在银行汇票背面“持票人向银行提示付款签章”处签章，记载证件名称、号码及发证机关，并同时向银行交验委托人和被委托人的身份证件及其复印件。

第六十八条　银行汇票的实际结算金额低于出票金额的，其多余金额由出票银行退交申请人。

第六十九条　持票人超过期限向代理付款银行提示付款不获付款的，须在票据权利时效内向出票银行作出说明，并提供本人身份证件或单位证明，持银行汇票和解讫通知向出票银行请求付款。

第七十条　申请人因银行汇票超过付款提示期限或其他原因要求退款时，应将银行汇票和解讫通知同时提交到出票银行。申请人为单位的，应出具该单位的证明；申请人为个人的，应出具该本人的身份证件。对于代理付款银行查询的该张银行汇票，应在汇票提示付款期满后方能办理退款。出票银行对于转账银行汇票的退款，只能转入原申请人账户；对于符合规定填明“现金”字样银行汇票的退款，才能退付现金。

申请人缺少解讫通知要求退款的，出票银行应于银行汇票提示付款期满1个月后办理。

第七十一条　银行汇票丧失，失票人可以凭人民法院出具的其享有票据权利的证明，向出票银行请求付款或退款。

第三节　商业汇票

第七十二条　商业汇票是出票人签发的，委托付款人在指定日期无条件支付确定的金额给收款人或者持票人的票据。

第七十三条　商业汇票分为商业承兑汇票和银行承兑汇票。

商业承兑汇票由银行以外的付款人承兑。

银行承兑汇票由银行承兑。

商业汇票的付款人为承兑人。

第七十四条　在银行开立存款账户的法人以及其他组织之间，必须具有真实的交易关系或债权债务关系，才能使用商业汇票。

第七十五条　商业承兑汇票的出票人，为在银行开立存款账户的法人以及其他组织，与付款人具有真实的委托付款关系，具有支付汇票金额的可靠资金来源。

第七十六条　银行承兑汇票的出票人必须具备下列条件：

（一）在承兑银行开立存款账户的法人以及其他组织；

（二）与承兑银行具有真实的委托付款关系；

（三）资信状况良好，具有支付汇票金额的可靠资金来源。

第七十七条　出票人不得签发无对价的商业汇票用以骗取银行或者其他票据当事人的资金。

第七十八条　签发商业汇票必须记载下列事项：

（一）表明“商业承兑汇票”或“银行承兑汇票”的字样；

（二）无条件支付的委托；

（三）确定的金额；

（四）付款人名称；

（五）收款人名称；

（六）出票日期；

（七）出票人签章。

欠缺记载上列事项之一的，商业汇票无效。

第七十九条　商业承兑汇票可以由付款人签发并承兑，也可以由收款人签发交由付款人承兑。

银行承兑汇票应由在承兑银行开立存款账户的存款人签发。

第八十条　商业汇票可以在出票时向付款人提示承兑后使用，也可以在出票后先使用再向付款人提示承兑。

定日付款或者出票后定期付款的商业汇票，持票人应当在汇票到期日前向付款人提示承兑。见票后定期付款的汇票，持票人应当自出票日起1个月内向付款人提示承兑。

汇票未按照规定期限提示承兑的，持票人丧失对其前手的追索权。

第八十一条　商业汇票的付款人接到出票

人或持票人向其提示承兑的汇票时,应当向出票人或持票人签发收到汇票的回单,记明汇票提示承兑日期并签章。付款人应当在自收到提示承兑的汇票之日起3日内承兑或者拒绝承兑。

付款人拒绝承兑的,必须出具拒绝承兑的证明。

第八十二条 商业汇票的承兑银行,必须具备下列条件:

(一)与出票人具有真实的委托付款关系;

(二)具有支付汇票金额的可靠资金;

(三)内部管理完善,经其法人授权的银行审定。

第八十三条 银行承兑汇票的出票人或持票人向银行提示承兑时,银行的信贷部门负责按照有关规定和审批程序,对出票人的资格、资信、购销合同和汇票记载的内容进行认真审查,必要时可由出票人提供担保。符合规定和承兑条件的,与出票人签订承兑协议。

第八十四条 付款人承兑商业汇票,应当在汇票正面记载"承兑"字样和承兑日期并签章。

第八十五条 付款人承兑商业汇票,不得附有条件;承兑附有条件的,视为拒绝承兑。

第八十六条 银行承兑汇票的承兑银行,应按票面金额向出票人收取5‱的手续费。

第八十七条 商业汇票的付款期限,最长不得超过6个月。

定日付款的汇票付款期限自出票日起计算,并在汇票上记载具体的到期日。

出票后定期付款的汇票付款期限自出票日起按月计算,并在汇票上记载。

见票后定期付款的汇票付款期限自承兑或拒绝承兑日起按月计算,并在汇票上记载。

第八十八条 商业汇票的提示付款期限,自汇票到期日起10日。

持票人应在提示付款期限内通过开户银行委托收款或直接向付款人提示付款。对异地委托收款的,持票人可匡算邮程,提前通过开户银行委托收款。持票人超过提示付款期限提示付款的,持票人开户银行不予受理。

第八十九条 商业承兑汇票的付款人开户银行收到通过委托收款寄来的商业承兑汇票,将商业承兑汇票留存,并及时通知付款人。

(一)付款人收到开户银行的付款通知,应在当日通知银行付款。付款人在接到通知日的次日起3日内(遇法定休假日顺延,下同)未通知银行付款的,视同付款人承诺付款,银行应于付款人接到通知日的次日起第4日(法定休假日顺延,下同)上午开始营业时,将票款划给持票人。

付款人提前收到由其承兑的商业汇票,应通知银行于汇票到期日付款。付款人在接到通知日的次日起3日内未通知银行付款,付款人接到通知日的次日起第4日在汇票到期日之前的,银行应于汇票到期日将票款划给持票人。

(二)银行在办理划款时,付款人存款账户不足支付的,应填制付款人未付票款通知书,连同商业承兑汇票邮寄持票人开户银行转交持票人。

(三)付款人存在合法抗辩事由拒绝支付的,应自接到通知日的次日起3日内,作成拒绝付款证明送交开户银行,银行将拒绝付款证明和商业承兑汇票邮寄持票人开户银行转交持票人。

第九十条 银行承兑汇票的出票人应于汇票到期前将票款足额交存其开户银行。承兑银行应在汇票到期日或到期日后的见票当日支付票款。

承兑银行存在合法抗辩事由拒绝支付的,应自接到商业汇票的次日起3日内,作成拒绝付款证明,连同商业银行承兑汇票邮寄持票人开户银行转交持票人。

第九十一条 银行承兑汇票的出票人于汇票到期日未能足额交存票款时,承兑银行除凭票向持票人无条件付款外,对出票人尚未支付的汇票金额按照每天5‱计收利息。

第九十二条 商业汇票的持票人向银行办理贴现必须具备下列条件:

(一)在银行开立存款账户的企业法人以及其他组织;

(二)与出票人或者直接前手之间具有真实的商品交易关系;

(三)提供与其直接前手之间的增值税发票和商品发运单据复印件。

第九十三条 符合条件的商业汇票的持票人可持未到期的商业汇票连同贴现凭证向银行申请贴现。贴现银行可持未到期的商业汇票向其他银行转贴现,也可向中国人民银行申请再贴现。贴现、转贴现、再贴现时,应作成转让背书,并提供贴现申请人与其直接前手之间的增值税发票和商品发运单据复印件。

第九十四条　贴现、转贴现和再贴现的期限从其贴现之日起至汇票到期日止。实付贴现金额按票面金额扣除贴现日至汇票到期前1日的利息计算。

承兑人在异地的,贴现、转贴现和再贴现的期限以及贴现利息的计算应另加3天的划款日期。

第九十五条　贴现、转贴现、再贴现到期,贴现、转贴现、再贴现银行应向付款人收取票款。不获付款的,贴现、转贴现、再贴现银行应向其前手追索票款。贴现、再贴现银行追索票款时可从申请人的存款账户收取票款。

第九十六条　存款人领购商业汇票,必须填写"票据和结算凭证领用单"并签章,签章应与预留银行的签章相符。存款账户结清时,必须将全部剩余空白商业汇票交回银行注销。

第四节　银行本票

第九十七条　银行本票是银行签发的,承诺自己在见票时无条件支付确定的金额给收款人或者持票人的票据。

第九十八条　单位和个人在同一票据交换区域需要支付各种款项,均可以使用银行本票。

银行本票可以用于转账,注明"现金"字样的银行本票可以用于支取现金。

第九十九条　银行本票分为不定额本票和定额本票两种。

第一百条　银行本票的出票人,为经中国人民银行当地分支行批准办理银行本票业务的银行机构。

第一百零一条　签发银行本票必须记载下列事项:

(一)表明"银行本票"的字样;

(二)无条件支付的承诺;

(三)确定的金额;

(四)收款人名称;

(五)出票日期;

(六)出票人签章。

欠缺记载上列事项之一的,银行本票无效。

第一百零二条　定额银行本票面额为1千元、5千元、1万元和5万元。

第一百零三条　银行本票的提示付款期限自出票日起最长不得超过2个月。

持票人超过付款期限提示付款的,代理付款人不予受理。

银行本票的代理付款人是代理出票银行审核支付银行本票款项的银行。

第一百零四条　申请人使用银行本票,应向银行填写"银行本票申请书",填明收款人名称、申请人名称、支付金额、申请日期等事项并签章。申请人和收款人均为个人需要支取现金的,应在"支付金额"栏先填写"现金"字样,后填写支付金额。

申请人或收款人为单位的,不得申请签发现金银行本票。

第一百零五条　出票银行受理银行本票申请书,收妥款项签发银行本票。用于转账的,在银行本票上划去"现金"字样;申请人和收款人均为个人需要支取现金的,在银行本票上划去"转账"字样。不定额银行本票用压数机压印出票金额。出票银行在银行本票上签章后交给申请人。

申请人或收款人为单位的,银行不得为其签发现金银行本票。

第一百零六条　申请人应将银行本票交付给本票上记明的收款人。

收款人受理银行本票时,应审查下列事项:

(一)收款人是否确为本单位或本人;

(二)银行本票是否在提示付款期限内;

(三)必须记载的事项是否齐全;

(四)出票人签章是否符合规定,不定额银行本票是否有压数机压印的出票金额,并与大写出票金额一致;

(五)出票金额、出票日期、收款人名称是否更改,更改的其他记载事项是否由原记载人签章证明。

第一百零七条　收款人可以将银行本票背书转让给被背书人。

被背书人受理银行本票时,除按照第一百零六条的规定审查外,还应审查下列事项:

(一)背书是否连续,背书人签章是否符合规定,背书使用粘单的是否按规定签章;

(二)背书人为个人的身份证件。

第一百零八条 银行本票见票即付。跨系统银行本票的兑付,持票人开户银行可根据中国人民银行规定的金融机构同业往来利率向出票银行收取利息。

第一百零九条 在银行开立存款账户的持票人向开户银行提示付款时,应在银行本票背面“持票人向银行提示付款签章”处签章,签章须与预留银行签章相同,并将银行本票、进账单送交开户银行。银行审查无误后办理转账。

第一百一十条 未在银行开立存款账户的个人持票人,凭注明“现金”字样的银行本票向出票银行支取现金的,应在银行本票背面签章,记载本人身份证件名称、号码及发证机关,并交验本人身份证件及其复印件。

持票人对注明“现金”字样的银行本票需要委托他人向出票银行提示付款的,应在银行本票背面“持票人向银行提示付款签章”处签章,记载“委托收款”字样、被委托人姓名和背书日期以及委托人身份证件名称、号码、发证机关。被委托人向出票银行提示付款时,也应在银行本票背面“持票人向银行提示付款签章”处签章,记载证件名称、号码及发证机关,并同时交验委托人和被委托人的身份证件及其复印件。

第一百一十一条 持票人超过提示付款期限不获付款的,在票据权利时效内向出票银行作出说明,并提供本人身份证件或单位证明,可持银行本票向出票银行请求付款。

第一百一十二条 申请人因银行本票超过提示付款期限或其他原因要求退款时,应将银行本票提交到出票银行,申请人为单位的,应出具该单位的证明;申请人为个人的,应出具该本人的身份证件。出票银行对于在本行开立存款账户的申请人,只能将款项转入原申请人账户;对于现金银行本票和未在本行开立存款账户的申请人,才能退付现金。

第一百一十三条 银行本票丧失,失票人可以凭人民法院出具的其享有票据权利的证明,向出票银行请求付款或退款。

第五节 支 票

第一百一十四条 支票是出票人签发的,委托办理支票存款业务的银行在见票时无条件支付确定的金额给收款人或者持票人的票据。

第一百一十五条 支票上印有“现金”字样的为现金支票,现金支票只能用于支取现金。

支票上印有“转账”字样的为转账支票,转账支票只能用于转账。

支票上未印有“现金”或“转账”字样的为普通支票,普通支票可以用于支取现金,也可以用于转账。在普通支票左上角划两条平行线的,为划线支票,划线支票只能用于转账,不得支取现金。

第一百一十六条 单位和个人在同一票据交换区域的各种款项结算,均可以使用支票。

第一百一十七条 支票的出票人,为在经中国人民银行当地分支行批准办理支票业务的银行机构开立可以使用支票的存款账户的单位和个人。

第一百一十八条 签发支票必须记载下列事项:

(一) 表明“支票”的字样;

(二) 无条件支付的委托;

(三) 确定的金额;

(四) 付款人名称;

(五) 出票日期;

(六) 出票人签章。

欠缺记载上列事项之一的,支票无效。

支票的付款人为支票上记载的出票人开户银行。

第一百一十九条 支票的金额、收款人名称,可以由出票人授权补记。未补记前不得背书转让和提示付款。

第一百二十条 签发支票应使用炭素墨水或墨汁填写,中国人民银行另有规定的除外。

第一百二十一条 签发现金支票和用于支取现金的普通支票,必须符合国家现金管理的规定。

第一百二十二条 支票的出票人签发支票的金额不得超过付款时在付款人处实有的存款金额。禁止签发空头支票。

第一百二十三条 支票的出票人预留银行签章是银行审核支票付款的依据。银行也可以与出票人约定使用支付密码,作为银行审核支付支票金额的条件。

第一百二十四条　出票人不得签发与其预留银行签章不符的支票；使用支付密码的，出票人不得签发支付密码错误的支票。

第一百二十五条　出票人签发空头支票、签章与预留银行签章不符的支票、使用支付密码地区，支付密码错误的支票，银行应予以退票，并按票面金额处以5%但不低于1000元的罚款；持票人有权要求出票人赔偿支票金额2%的赔偿金。对屡次签发的，银行应停止其签发支票。

第一百二十六条　支票的提示付款期限自出票日起10日，但中国人民银行另有规定的除外。超过提示付款期限提示付款的，持票人开户银行不予受理，付款人不予付款。

第一百二十七条　持票人可以委托开户银行收款或直接向付款人提示付款。用于支取现金的支票仅限于收款人向付款人提示付款。

持票人委托开户银行收款的支票，银行应通过票据交换系统收妥后入账。

持票人委托开户银行收款时，应作委托收款背书，在支票背面背书人签章栏签章、记载“委托收款”字样、背书日期，在被背书人栏记载开户银行名称，并将支票和填制的进账单送交开户银行。持票人持用于转账的支票向付款人提示付款时，应在支票背面背书人签章栏签章，并将支票和填制的进账单交送出票人开户银行。收款人持用于支取现金的支票向付款人提示付款时，应在支票背面“收款人签章”处签章，持票人为个人的，还需交验本人身份证件，并在支票背面注明证件名称、号码及发证机关。

第一百二十八条　出票人在付款人处的存款足以支付支票金额时，付款人应当在见票当日足额付款。

第一百二十九条　存款人领购支票，必须填写“票据和结算凭证领用单”并签章，签章应与预留银行的签章相符。存款账户结清时，必须将全部剩余空白支票交回银行注销。

第三章　信　用　卡

第一百三十条　信用卡是指商业银行向个人和单位发行的，凭以向特约单位购物、消费和向银行存取现金，且具有消费信用的特制载体卡片。

第一百三十一条　信用卡按使用对象分为单位卡和个人卡；按信誉等级分为金卡和普通卡。

第一百三十二条　商业银行（包括外资银行、合资银行）、非银行金融机构未经中国人民银行批准不得发行信用卡。

非金融机构、境外金融机构的驻华代表机构不得发行信用卡和代理收单结算业务。

第一百三十三条　申请发行信用卡的银行、非银行金融机构，必须具备下列条件：

（一）符合中国人民银行颁布的商业银行资产负债比例监控指标；

（二）相应的管理机构；

（三）合格的管理人员和技术人员；

（四）健全的管理制度和安全制度；

（五）必要的电信设备和营业场所；

（六）中国人民银行规定的其他条件。

第一百三十四条　商业银行、非银行金融机构开办信用卡业务须报经中国人民银行总行批准；其所属分、支机构开办信用卡业务，须报经辖区内中国人民银行分、支行备案。

第一百三十五条　凡在中国境内金融机构开立基本存款账户的单位可申领单位卡。单位卡可申领若干张，持卡人资格由申领单位法定代表人或其委托的代理人书面指定和注销。

凡具有完全民事行为能力的公民可申领个人卡。个人卡的主卡持卡人可为其配偶及年满18周岁的亲属申领附属卡，申领的附属卡最多不得超过两张，也有权要求注销其附属卡。

第一百三十六条　单位或个人申领信用卡，应按规定填制申请表，连同有关资料一并送交发卡银行。符合条件并按银行要求交存一定金额的备用金后，银行为申领人开立信用卡存款账户，并发给信用卡。

第一百三十七条　单位卡账户的资金一律从其基本存款账户转账存入，不得交存现金，不得将销货收入的款项存入其账户。

个人卡账户的资金以其持有的现金存入或以其工资性款项及属于个人的劳务报酬收入转账存入。严禁将单位的款项存入个人卡账户。

第一百三十八条　发卡银行可根据申请人的资信程度，要求其提供担保。担保的方式可采用保证、抵押或质押。

第一百三十九条 信用卡备用金存款利息,按照中国人民银行规定的活期存款利率及计息办法计算。

第一百四十条 信用卡仅限于合法持卡人本人使用,持卡人不得出租或转借信用卡。

第一百四十一条 发卡银行应建立授权审批制度;信用卡结算超过规定限额的必须取得发卡银行的授权。

第一百四十二条 持卡人可持信用卡在特约单位购物、消费。单位卡不得用于10万元以上的商品交易、劳务供应款项的结算。

第一百四十三条 持卡人凭卡购物、消费时,需将信用卡和身份证件一并交特约单位。智能卡(下称IC卡)、照片卡可免验身份证件。

特约单位不得拒绝受理持卡人合法持有的、签约银行发行的有效信用卡,不得因持卡人使用信用卡而向其收取附加费用。

第一百四十四条 特约单位受理信用卡时,应审查下列事项:

(一)确为本单位可受理的信用卡;

(二)信用卡在有效期内,未列入"止付名单";

(三)签名条上没有"样卡"或"专用卡"等非正常签名的字样;

(四)信用卡无打孔、剪角、毁坏或涂改的痕迹;

(五)持卡人身份证件或卡片上的照片与持卡人相符,但使用IC卡、照片卡或持卡人凭密码在销售点终端上消费、购物,可免验身份证件(下同);

(六)卡片正面的拼音姓名与卡片背面的签名和身份证件上的姓名一致。

第一百四十五条 特约单位受理信用卡审查无误的,在签购单上压卡,填写实际结算金额、用途、持卡人身份证件号码、特约单位名称和编号。如超过支付限额的,应向发卡银行索权并填写授权号码,交持卡人签名确认,同时核对其签名与卡片背面签名是否一致。无误后,对同意按经办人填写的金额和用途付款的,由持卡人在签购单上签名确认,并将信用卡、身份证件和第一联签购单交还给持卡人。

审查发现问题的,应及时与签约银行联系,征求处理意见。对止付的信用卡,应收回并交还发卡银行。

第一百四十六条 特约单位不得通过压卡、签单和退货等方式支付持卡人现金。

第一百四十七条 特约单位在每日营业终了,应将当日受理的信用卡签购单汇总,计算手续费和净计金额,并填写汇(总)计单和进账单,连同签购单一并送交收单银行办理进账。

第一百四十八条 收单银行接到特约单位送交的各种单据,经审查无误后,为特约单位办理进账。

第一百四十九条 持卡人要求退货的,特约单位应使用退货单办理压(刷)卡,并将退货单金额从当日签购单累计金额中抵减,退货单随签购单一并送交收单银行。

第一百五十条 单位卡一律不得支取现金。

第一百五十一条 个人卡持卡人在银行支取现金时,应将信用卡和身份证件一并交发卡银行或代理银行。IC卡、照片卡以及凭密码在POS上支取现金的可免验身份证件。

发卡银行或代理银行压(刷)卡后,填写取现单,经审查无误,交持卡人签名确认。超过支付限额的,代理银行应向发卡银行索权,并在取现单上填写授权号码。办理付款手续后,将现金、信用卡、身份证件和取现单回单联交给持卡人。

第一百五十二条 发卡银行收到代理银行通过同城票据交换或本系统联行划转的各种单据审核无误后办理付款。

第一百五十三条 信用卡透支额,金卡最高不得超过1万元,普通卡最高不得超过5000元。

信用卡透支期限最长为60天。

第一百五十四条 信用卡透支利息,自签单日或银行记账日起15日内按日息5‱计算,超过15日按日息10‱计算,超过30日或透支金额超过规定限额的,按日息15‱计算。透支计息不分段,按最后期限或者最高透支额的最高利率档次计息。

第一百五十五条 持卡人使用信用卡不得发生恶意透支。

恶意透支是指持卡人超过规定限额或规定期限,并且经发卡银行催收无效的透支行为。

第一百五十六条 单位卡在使用过程中，需要向其账户续存资金的，一律从其基本存款账户转账存入。

个人卡在使用过程中，需要向其账户续存资金的，只限于其持有的现金存入和工资性款项以及属于个人的劳务报酬收入转账存入。

第一百五十七条 个人卡持卡人或其代理人交存现金，应在发卡银行或其代理银行办理。

持卡人凭信用卡在发卡银行或代理银行交存现金的，银行经审查并收妥现金后，在存款单上压卡，将存款单回单联及信用卡交给持卡人。

持卡人委托他人在不压卡的情况下代为办理交存现金的，代理人应在信用卡存款单上填写持卡人的卡号、姓名、存款金额等内容，并将现金送交银行办理交存手续。

第一百五十八条 发卡银行收到代理银行通过同城票据交换或本系统联行划转的各种单据审核无误后，为持卡人办理收款。

第一百五十九条 持卡人不需要继续使用信用卡的，应持信用卡主动到发卡银行办理销户。

销户时，单位卡账户余额转入其基本存款账户，不得提取现金；个人卡账户可以转账结清，也可以提取现金。

第一百六十条 持卡人还清透支本息后，属于下列情况之一的，可以办理销户：

（一）信用卡有效期满45天后，持卡人不更换新卡的；

（二）信用卡挂失满45天后，没有附属卡又不更换新卡的；

（三）信用卡被列入止付名单，发卡银行已收回其信用卡45天的；

（四）持卡人死亡，发卡银行已收回其信用卡45天的；

（五）持卡人要求销户或担保人撤销担保，并已交回全部信用卡45天的；

（六）信用卡账户两年（含）以上未发生交易的；

（七）持卡人违反其他规定，发卡银行认为应该取消资格的。

发卡银行办理销户，应当收回信用卡。有效信用卡无法收回的，应当将其止付。

第一百六十一条 信用卡丧失，持卡人应立即持本人身份证件或其他有效证明，并按规定提供有关情况，向发卡银行或代办银行申请挂失。发卡银行或代办银行审核后办理挂失手续。

第四章 结算方式

第一节 基本规定

第一百六十二条 本办法所称结算方式，是指汇兑、托收承付和委托收款。

第一百六十三条 单位在结算凭证上的签章，应为该单位的财务专用章或者公章加其法定代表人或者其授权的代理人的签名或者盖章。

第一百六十四条 银行办理结算，给单位或个人的收、付款通知和汇兑回单，应加盖该银行的转讫章；银行给单位或个人的托收承付、委托收款的回单和向付款人发出的承付通知，应加盖该银行的业务公章。

第一百六十五条 结算凭证上的记载事项，必须符合本办法的规定。结算凭证上可以记载本办法规定以外的其他记载事项，除国家和中国人民银行另有规定外，该记载事项不具有支付结算的效力。

第一百六十六条 按照本办法的规定必须在结算凭证上记载汇款人、付款人和收款人账号的，账号与户名必须一致。

第一百六十七条 银行办理结算向外发出的结算凭证，必须于当日至迟次日寄发；收到的结算凭证，必须及时将款项支付给结算凭证上记载的收款人。

第二节 汇兑

第一百六十八条 汇兑是汇款人委托银行将其款项支付给收款人的结算方式。

第一百六十九条 单位和个人的各种款项的结算，均可使用汇兑结算方式。

第一百七十条 汇兑分为信汇、电汇两种，由汇款人选择使用。

第一百七十一条 签发汇兑凭证必须记载下列事项：

（一）表明“信汇”或“电汇”的字样；

（二）无条件支付的委托；

（三）确定的金额；
（四）收款人名称；
（五）汇款人名称；
（六）汇入地点、汇入行名称；
（七）汇出地点、汇出行名称；
（八）委托日期；
（九）汇款人签章。

汇兑凭证上欠缺上列记载事项之一的，银行不予受理。

汇兑凭证记载的汇款人名称、收款人名称，其在银行开立存款账户的，必须记载其账号。欠缺记载的，银行不予受理。

委托日期是指汇款人向汇出银行提交汇兑凭证的当日。

第一百七十二条 汇兑凭证上记载收款人为个人的，收款人需要到汇入银行领取汇款，汇款人应在汇兑凭证上注明“留行待取”字样；留行待取的汇款，需要指定单位的收款人领取汇款的，应注明收款人的单位名称；信汇凭收款人签章支取的，应在信汇凭证上预留其签章。

汇款人确定不得转汇的，应在汇兑凭证备注栏注明“不得转汇”字样。

第一百七十三条 汇款人和收款人均为个人，需要在汇入银行支取现金的，应在信、电汇凭证的“汇款金额”大写栏，先填写“现金”字样，后填写汇款金额。

第一百七十四条 汇出银行受理汇款人签发的汇兑凭证，经审查无误后，应及时向汇入银行办理汇款，并向汇款人签发汇款回单。

汇款回单只能作为汇出银行受理汇款的依据，不能作为该笔汇款已转入收款人账户的证明。

第一百七十五条 汇入银行对开立存款账户的收款人，应将汇给其的款项直接转入收款人账户，并向其发出收账通知。

收账通知是银行将款项确已收入收款人账户的凭据。

第一百七十六条 未在银行开立存款账户的收款人，凭信、电汇的取款通知或“留行待取”的，向汇入银行支取款项，必须交验本人的身份证件，在信、电汇凭证上注明证件名称、号码及发证机关，并在“收款人签盖章”处签章；信汇凭签章支取的，收款人的签章必须与预留信汇凭证上的签章相符。银行审查无误后，以收款人的姓名开立应解汇款及临时存款账户，该账户只付不收，付完清户，不计付利息。

支取现金的，信、电汇凭证上必须有按规定填明的“现金”字样，才能办理。未填明“现金”字样，需要支取现金的，由汇入银行按照国家现金管理规定审查支付。

收款人需要委托他人向汇入银行支取款项的，应在取款通知上签章，注明本人身份证件名称、号码、发证机关和“代理”字样以及代理人姓名。代理人代理取款时，也应在取款通知上签章，注明其身份证件名称、号码及发证机关，并同时交验代理人和被代理人的身份证件。

转账支付的，应由原收款人向银行填制支款凭证。并由本人交验其身份证件办理支付款项。该账户的款项只能转入单位或个体工商户的存款账户，严禁转入储蓄和信用卡账户。

转汇的，应由原收款人向银行填制信、电汇凭证，并由本人交验其身份证件。转汇的收款人必须是原收款人。原汇入银行必须在信、电汇凭证上加盖“转汇”戳记。

第一百七十七条 汇款人对汇出银行尚未汇出的款项可以申请撤销。申请撤销时，应出具正式函件或本人身份证件及原信、电汇回单。汇出银行查明确未汇出款项的，收回原信、电汇回单，方可办理撤销。

第一百七十八条 汇款人对汇出银行已经汇出的款项可以申请退汇。对在汇入银行开立存款账户的收款人，由汇款人与收款人自行联系退汇；对未在汇入银行开立存款账户的收款人，汇款人应出具正式函件或本人身份证件以及原信、电汇回单，由汇出银行通知汇入银行，经汇入银行核实汇款确未支付，并将款项汇回汇出银行，方可办理退汇。

第一百七十九条 转汇银行不得受理汇款人或汇出银行对汇款的撤销或退汇。

第一百八十条 汇入银行对于收款人拒绝接受的汇款，应即办理退汇。汇入银行对于向收款人发出取款通知，经过2个月无法交付的汇款，应主动办理退汇。

第三节 托收承付

第一百八十一条 托收承付是根据购销合同由收款人发货后委托银行向异地付款人收取款项，由付款人向银行承认付款的结算方式。

第一百八十二条 使用托收承付结算方式的收款单位和付款单位，必须是国有企业、供销合作社以及经营管理较好，并经开户银行审查同意的城乡集体所有制工业企业。

第一百八十三条 办理托收承付结算的款项，必须是商品交易，以及因商品交易而产生的劳务供应的款项。代销、寄销、赊销商品的款项，不得办理托收承付结算。

第一百八十四条 收付双方使用托收承付结算必须签有符合《经济合同法》的购销合同，并在合同上订明使用托收承付结算方式。

第一百八十五条 收付双方办理托收承付结算，必须重合同、守信用。收款人对同一付款人发货托收累计3次收不回货款的，收款人开户银行应暂停收款人向该付款人办理托收；付款人累计3次提出无理拒付的，付款人开户银行应暂停其向外办理托收。

第一百八十六条 收款人办理托收，必须具有商品确已发运的证件（包括铁路、航运、公路等运输部门签发运单、运单副本和邮局包裹回执）。

没有发运证件，属于下列情况的，可凭其他有关证件办理托收：

（一）内贸、外贸部门系统内商品调拨，自备运输工具发送或自提的；易燃、易爆、剧毒、腐蚀性强的商品，以及电、石油、天然气等必须使用专用工具或线路、管道运输的，可凭付款人确已收到商品的证明（粮食部门凭提货单及发货明细表）。

（二）铁道部门的材料厂向铁道系统供应专用器材，可凭其签发注明车辆号码和发运日期的证明。

（三）军队使用军列整车装运物资，可凭注明车辆号码、发运日期的单据；军用仓库对军内发货，可凭总后勤部签发的提货单副本，各大军区、省军区也可比照办理。

（四）收款人承造或大修理船舶、锅炉和大型机器等，生产周期长，合同规定按工程进度分次结算的，可凭工程进度完工证明书。

（五）付款人购进的商品，在收款人所在地转厂加工、配套的，可凭付款人和承担加工、配套单位的书面证明。

（六）合同规定商品由收款人暂时代为保管的，可凭寄存证及付款人委托保管商品的证明。

（七）使用“铁路集装箱”或将零担凑整车发运商品的，由于铁路只签发一张运单，可凭持有发运证件单位出具的证明。

（八）外贸部门进口商品，可凭国外发来的账单、进口公司开出的结算账单。

第一百八十七条 托收承付结算每笔的金额起点为1万元。新华书店系统每笔的金额起点为1000元。

第一百八十八条 托收承付结算款项的划回方法，分邮寄和电报两种，由收款人选用。

第一百八十九条 签发托收承付凭证必须记载下列事项：

（一）表明“托收承付”的字样；

（二）确定的金额；

（三）付款人名称及账号；

（四）收款人名称及账号；

（五）付款人开户银行名称；

（六）收款人开户银行名称；

（七）托收附寄单证张数或册数；

（八）合同名称、号码；

（九）委托日期；

（十）收款人签章。

托收承付凭证上欠缺记载上列事项之一的，银行不予受理。

第一百九十条 托收。收款人按照签订的购销合同发货后，委托银行办理托收。

（一）收款人应将托收凭证并附发运证件或其他符合托收承付结算的有关证明和交易单证送交银行。收款人如需取回发运证件，银行应在托收凭证上加盖“已验发运证件”戳记。

对于军品托收，有驻厂军代表检验产品或有指定专人负责财务监督的，收款人还应当填制盖有驻厂军代表或指定人员印章（要在银行预留印模）的结算通知单，将交易单证和发运证件装入密封袋，并在密封袋上填明托收号码；同时，在托收凭证上填明结算通知单和密封袋的号码。然后，将托收凭证和结算通知单送交银行办理托收。

没有驻厂军代表使用代号明件办理托收的，不填结算通知单，但应在交易单证上填写保密代号，按照正常托收办法处理。

（二）收款人开户银行接到托收凭证及其附件后，应当按照托收的范围、条件和托收凭证记载的要求认真进行审查，必要时，还应查验收付款人签订的购销合同。凡不符合要求或违反购销合同发货的，不能办理。审查时间最长不得超过次日。

第一百九十一条 承付。付款人开户银行收到托收凭证及其附件后，应当及时通知付款人。通知的方法，可以根据具体情况与付款人签订协议，采取付款人来行自取、派人送达、对距离较远的付款人邮寄等。付款人应在承付期内审查核对，安排资金。

承付货款分为验单付款和验货付款两种，由收付双方商量选用，并在合同中明确规定。

（一）验单付款。验单付款的承付期为3天，从付款人开户银行发出承付通知的次日算起（承付期内遇法定休假日顺延）。

付款人在承付期内，未向银行表示拒绝付款，银行即视作承付，并在承付期满的次日（法定休假日顺延）上午银行开始营业时，将款项主动从付款人的账户内付出，按照收款人指定的划款方式，划给收款人。

（二）验货付款。验货付款的承付期为10天，从运输部门向付款人发出提货通知的次日算起。对收付双方在合同中明确规定，并在托收凭证上注明验货付款期限的，银行从其规定。

付款人收到提货通知后，应即向银行交验提货通知。付款人在银行发出承付通知的次日起10天内，未收到提货通知的，应在第10天将货物尚未到达的情况通知银行。在第10天付款人没有通知银行的，银行即视作已经验货，于10天期满的次日上午银行开始营业时，将款项划给收款人；在第10天付款人通知银行货物未到，而以后收到提货通知没有及时送交银行，银行仍按10天期满的次日作为划款日期，并按超过的天数，计扣逾期付款赔偿金。

采用验货付款的，收款人必须在托收凭证上加盖明显的“验货付款”字样戳记。托收凭证未注明验货付款，经付款人提出合同证明是验货付款的，银行可按验货付款处理。

（三）不论验单付款还是验货付款，付款人都可以在承付期内提前向银行表示承付，并通知银行提前付款，银行应立即办理划款；因商品的价格、数量或金额变动，付款人应多承付款项的，须在承付期内向银行提出书面通知，银行据以随同当次托收款项划给收款人。

付款人不得在承付货款中，扣抵其他款项或以前托收的货款。

第一百九十二条 逾期付款。付款人在承付期满日银行营业终了时，如无足够资金支付，其不足部分，即为逾期未付款项，按逾期付款处理。

（一）付款人开户银行对付款人逾期支付的款项，应当根据逾期付款金额和逾期天数，按每天5‰计算逾期付款赔偿金。

逾期付款天数从承付期满日算起。承付期满日银行营业终了时，付款人如无足够资金支付，其不足部分，应当算作逾期1天，计算1天的赔偿金。在承付期满的次日（遇法定休假日，逾期付款赔偿金的天数计算相应顺延，但在以后遇法定休假日应当照算逾期天数）银行营业终了时，仍无足够资金支付，其不足部分，应当算作逾期2天，计算2天的赔偿金。余类推。

银行审查拒绝付款期间，不能算作付款人逾期付款，但对无理的拒绝付款，而增加银行审查时间的，应从承付期满日起计算逾期付款赔偿金。

（二）赔偿金实行定期扣付，每月计算一次，于次月3日内单独划给收款人。在月内有部分付款的，其赔偿金随同部分支付的款项划给收款人，对尚未支付的款项，月终再计算赔偿金，于次月3日内划给收款人；次月又有部分付款时，从当月1日起计算赔偿金，随同部分支付的款项划给收款人，对尚未支付的款项，从当月1日起至月终再计算赔偿金，于第3月3日内划给收款人。第3月仍有部分付款的，按照上述方法计扣赔偿金。

赔偿金的扣付列为企业销货收入扣款顺序的首位。付款人账户余额不足全额支付时，应排列在工资之前，并对该账户采取“只收不付”的控制办法，待一次足额扣付赔偿金后，才准予办理其他款项的支付。因此而产生的经济后果，由付款人自行负责。

（三）付款人开户银行对付款人逾期未能付款的情况，应当及时通知收款人开户银行，由其转知收款人。

（四）付款人开户银行要随时掌握付款人账户逾期未付的资金情况，俟账户有款时，必须将逾期未付款项和应付的赔偿金及时扣划给收款人，不得拖延扣划。在各单位的流动资金账户内扣付货款，要严格按照国务院关于国营企业销货收入扣款顺序的规定（即从企业销货收入中预留工资后，按照应缴纳税款、到期贷款、应偿付货款、应上缴利润的顺序）扣款，同类性质的款项按照应付时间的先后顺序扣款。

（五）付款人开户银行对不执行合同规定、三次拖欠货款的付款人，应当通知收款人开户银行转知收款人，停止对该付款人办理托收。收款人不听劝告，继续对该付款人办理托收，付款人开户银行对发出通知的次日起1个月之后收到的托收凭证，可以拒绝受理，注明理由，原件退回。

（六）付款人开户银行对逾期未付的托收凭证，负责进行扣款的期限为3个月（从承付期满日算起）。在此期限内，银行必须按照扣款顺序陆续扣款。期满时，付款人仍无足够资金支付该笔尚未付清的欠款，银行应于次日通知付款人将有关交易单证（单证已作账务处理或已部分支付的，可以填制应付款项证明单）在2日内退回银行。银行将有关结算凭证连同交易单证或应付款项证明单退回收款人开户银行转交收款人，并将应付的赔偿金划给收款人。

对付款人逾期不退回单证的，开户银行应当自发出通知的第3天起，按照该笔尚未付清欠款的金额，每天处以5‰但不低于50元的罚款，并暂停付款人向外办理结算业务，直到退回单证时止。

第一百九十三条 拒绝付款。对下列情况，付款人在承付期内，可向银行提出全部或部分拒绝付款：

（一）没有签订购销合同或购销合同未订明托收承付结算方式的款项。

（二）未经双方事先达成协议，收款人提前交货或因逾期交货付款人不再需要该项货物的款项。

（三）未按合同规定的到货地址发货的款项。

（四）代销、寄销、赊销商品的款项。

（五）验单付款，发现所列货物的品种、规格、数量、价格与合同规定不符，或货物已到，经查验货物与合同规定或发货清单不符的款项。

（六）验货付款，经查验货物与合同规定或与发货清单不符的款项。

（七）货款已经支付或计算有错误的款项。

不属于上述情况的，付款人不得向银行提出拒绝付款。

外贸部门托收进口商品的款项，在承付期内，订货部门除因商品的质量问题不能提出拒绝付款，应当另行向外贸部门提出索赔外，属于上述其他情况，可以向银行提出全部或部分拒绝付款。

付款人对以上情况提出拒绝付款时，必须填写“拒绝付款理由书”并签章，注明拒绝付款理由，涉及合同的应引证合同上的有关条款。属于商品质量问题，需要提出商品检验部门的检验证明；属于商品数量问题，需要提出数量问题的证明及其有关数量的记录；属于外贸部门进口商品，应当提出国家商品检验或运输等部门出具的证明。

开户银行必须认真审查拒绝付款理由，查验合同。对于付款人提出拒绝付款的手续不全、依据不足、理由不符合规定和不属于本条七种拒绝付款情况的，以及超过承付期拒付和应当部分拒付提为全部拒付的，银行均不得受理，应实行强制扣款。

对于军品的拒绝付款，银行不审查拒绝付款理由。

银行同意部分或全部拒绝付款的，应在拒绝付款理由书上签注意见。部分拒绝付款，除办理部分付款外，应将拒绝付款理由书连同拒付证明和拒付商品清单邮寄收款人开户银行转交收款人。全部拒绝付款，应将拒绝付款理由书连同拒付证明和有关单证邮寄收款人开户银行转交收款人。

第一百九十四条 重办托收。收款人对被无理拒绝付款的托收款项，在收到退回的结算凭证及其所附单证后，需要委托银行重办托收，应当填写四联“重办托收理由书”，将其中三联连同购销合同、有关证据和退回的原托收凭证及交易单证，一并送交银行。经开户银行审查，确属无理拒绝付款，可以重办托收。

第一百九十五条 收款人开户银行对逾期尚未划回，又未收到付款人开户银行寄来逾期付款通知或拒绝付款理由书的托收款项，应当及时发出查询。付款人开户银行要积极查明，及时答复。

第一百九十六条 付款人提出的拒绝付款，银行按照本办法规定审查无法判明是非的，应由收付双方自行协商处理，或向仲裁机关，人民法院申请调解或裁决。

第一百九十七条 未经开户银行批准使用托收承付结算方式的城乡集体所有制工业企业，收款人开户银行不得受理其办理托收；付款人开户银行对其承付的款项应按规定支付款项外，还要对该付款人按结算金额处以5%罚款。

第四节 委托收款

第一百九十八条 委托收款是收款人委托银行向付款人收取款项的结算方式。

第一百九十九条 单位和个人凭已承兑商业汇票、债券、存单等付款人债务证明办理款项的结算，均可以使用委托收款结算方式。

第二百条 委托收款在同城、异地均可以使用。

第二百零一条 委托收款结算款项的划回方式，分邮寄和电报两种，由收款人选用。

第二百零二条 签发委托收款凭证必须记载下列事项：

（一）表明“委托收款”的字样；

（二）确定的金额；

（三）付款人名称；

（四）收款人名称；

（五）委托收款凭据名称及附寄单证张数；

（六）委托日期；

（七）收款人签章。

欠缺记载上列事项之一的，银行不予受理。

委托收款以银行以外的单位为付款人的，委托收款凭证必须记载付款人开户银行名称；以银行以外的单位或在银行开立存款账户的个人为收款人的，委托收款凭证必须记载收款人开户银行名称；未在银行开立存款账户的个人为收款人的，委托收款凭证必须记载被委托银行名称。欠缺记载的，银行不予受理。

第二百零三条 委托。收款人办理委托收款应向银行提交委托收款凭证和有关的债务证明。

第二百零四条 付款。银行接到寄来的委托收款凭证及债务证明，审查无误办理付款。

（一）以银行为付款人的，银行应在当日将款项主动支付给收款人。

（二）以单位为付款人的，银行应及时通知付款人，按照有关办法规定，需要将有关债务证明交给付款人的应交给付款人，并签收。

付款人应于接到通知的当日书面通知银行付款。

按照有关办法规定，付款人未在接到通知日的次日起3日内通知银行付款的，视同付款人同意付款，银行应于付款人接到通知日的次日起第4日上午开始营业时，将款项划给收款人。

付款人提前收到由其付款的债务证明，应通知银行于债务证明的到期日付款。付款人未于接到通知日的次日起3日内通知银行付款，付款人接到通知日的次日起第4日在债务证明到期日之前的，银行应于债务证明到期日将款项划给收款人。

银行在办理划款时，付款人存款账户不足支付的，应通过被委托银行向收款人发出未付款项通知书。按照有关办法规定，债务证明留存付款人开户银行的，应将其债务证明连同未付款项通知书邮寄被委托银行转交收款人。

第二百零五条 拒绝付款。付款人审查有关债务证明后，对收款人委托收取的款项需要拒绝付款的，可以办理拒绝付款。

（一）以银行为付款人的，应自收到委托收款及债务证明的次日起3日内出具拒绝证明连同有关债务证明、凭证寄给被委托银行，转交收款人。

（二）以单位为付款人的，应在付款人接到

通知日的次日起3日内出具拒绝证明,持有债务证明的,应将其送交开户银行。银行将拒绝证明、债务证明和有关凭证一并寄给被委托银行,转交收款人。

第二百零六条　在同城范围内,收款人收取公用事业费或根据国务院的规定,可以使用同城特约委托收款。

收取公用事业费,必须具有收付双方事先签订的经济合同,由付款人向开户银行授权,并经开户银行同意,报经中国人民银行当地分支行批准。

第五章　结算纪律与责任

第二百零七条　单位和个人办理支付结算,不准签发没有资金保证的票据或远期支票,套取银行信用;不准签发、取得和转让没有真实交易和债权债务的票据,套取银行和他人资金;不准无理拒绝付款,任意占用他人资金;不准违反规定开立和使用账户。

第二百零八条　银行办理支付结算,不准以任何理由压票、任意退票、截留挪用客户和他行资金;不准无理拒绝支付应由银行支付的票据款项;不准受理无理拒付、不扣少扣滞纳金;不准违章签发、承兑、贴现票据,套取银行资金;不准签发空头银行汇票、银行本票和办理空头汇款;不准在支付结算制度之外规定附加条件,影响汇路畅通;不准违反规定为单位和个人开立账户;不准拒绝受理、代理他行正常结算业务;不准放弃对企事业单位和个人违反结算纪律的制裁;不准逃避向人民银行转汇大额汇划款项。

第二百零九条　单位、个人和银行按照法定条件在票据上签章的,必须按照所记载的事项承担票据责任。

第二百一十条　单位签发商业汇票后,必须承担保证该汇票承兑和付款的责任。

单位和个人签发支票后,必须承担保证该支票付款的责任。

银行签发银行汇票、银行本票后,即承担该票据付款的责任。

第二百一十一条　商业汇票的背书人背书转让票据后,即承担保证其后手所持票据承兑和付款责任。

银行汇票、银行本票或支票的背书人背书转让票据后,即承担保证其后手所持票据付款的责任。

单位或银行承兑商业汇票后,必须承担该票据付款的责任。

第二百一十二条　票据的保证人应当与被保证人对持票人承担连带责任。

第二百一十三条　变造票据除签章以外的记载事项的,在变造之前签章的人,对原记载事项负责、在变造之后签章的人,对变造之后的记载事项负责;不能辨别在票据被变造之前或者之后签章的,视同在变造之前签章。

第二百一十四条　持票人超过规定期限提示付款的,银行汇票、银行本票的出票人、商业汇票的承兑人,在持票人作出说明后,仍应当继续对持票人承担付款责任;支票的出票人对持票人的追索,仍应当承担清偿责任。

第二百一十五条　付款人及其代理付款人以恶意或者重大过失付款的,应当自行承担责任。

第二百一十六条　商业汇票的付款人在到期前付款的,由付款人自行承担所产生的责任。

第二百一十七条　承兑人或者付款人拒绝承兑或拒绝付款,未按规定出具拒绝证明、或者出具退票理由书的,应当承担由此产生的民事责任。

第二百一十八条　持票人不能出示拒绝证明、退票理由书或者未按规定期限提供其他合法证明丧失对其前手追索权的,承兑人或者付款人应对持票人承担责任。

第二百一十九条　持票人因不获承兑或不获付款,对其前手行使追索权时,票据的出票人、背书人和保证人对持票人承担连带责任。

第二百二十条　持票人行使追索权时,持票人及其前手未按《票据法》规定期限将被拒绝事由书面通知其前手的,因延期通知给其前手或者出票人造成损失的,由没有按照规定期限通知的票据当事人,在票据金额内承担对该损失的赔偿责任。

第二百二十一条　票据债务人在持票人不获付款或不获承兑时,应向持票人清偿《票据法》规定的金额和费用。

第二百二十二条 单位和个人签发空头支票、签章与预留银行签章不符或者支付密码错误的支票，应按照《票据管理实施办法》和本办法的规定承担行政责任。

第二百二十三条 单位为票据的付款人，对见票即付或者到期的票据，故意压票、拖延支付的，应按照《票据管理实施办法》的规定承担行政责任。

第二百二十四条 持卡人必须妥善保管和正确使用其信用卡，否则，应按规定承担因此造成的资金损失。

第二百二十五条 持卡人使用单位卡发生透支的，由其单位承担透支金额的偿还和支付透支利息的责任。持卡人使用个人卡附属卡发生透支的，由其主卡持卡人承担透支金额的偿还和支付透支利息的责任；主卡持卡人丧失偿还能力的，由其附属卡持卡人承担透支金额的偿还和支付透支利息的责任。

第二百二十六条 持卡人办理挂失后，被冒用造成的损失，有关责任人按照信用卡章程的规定承担责任。

第二百二十七条 持卡人违反本办法规定使用信用卡进行商品交易、套取现金以及出租或转借信用卡的，应按规定承担行政责任。

第二百二十八条 单位卡持卡人违反本办法规定，将基本存款账户以外的存款和销货款收入的款项转入其信用卡账户的；个人卡持卡人违反本办法规定，将单位的款项转入其信用卡账户的，应按规定承担行政责任。

第二百二十九条 特约单位受理信用卡时，应当按照规定的操作程序办理，否则，由其承担因此造成的资金损失。

第二百三十条 发卡银行未按规定时间将止付名单发至特约单位的，应由其承担因此造成的资金损失。

第二百三十一条 银行违反本办法规定，未经批准发行信用卡的；帮助持卡人将其基本存款账户以外的存款或其他款项转入单位卡账户，将单位的款项转入个人卡账户的；违反规定帮助持卡人提取现金的，应按规定承担行政责任。

第二百三十二条 非金融机构、非银行金融机构、境外金融机构驻华代表机构违反规定，经营信用卡业务的，应按规定承担行政责任。

第二百三十三条 付款单位对收款单位托收的款项逾期付款，应按照规定承担赔偿责任；付款单位变更开户银行、账户名称和账号，未能及时通知收款单位，影响收取款项的，应由付款单位承担逾期付款赔偿责任；付款单位提出的无理拒绝付款，对收款单位重办的托收，应承担自第一次托收承付期满日起逾期付款赔偿责任。

第二百三十四条 单位和个人办理支付结算，未按照本办法的规定填写票据或结算凭证或者填写有误，影响资金使用或造成资金损失；票据或印章丢失，造成资金损失的，由其自行负责。

第二百三十五条 单位和个人违反本办法的规定，银行停止其使用有关支付结算工具，因此造成的后果，由单位和个人自行负责。

第二百三十六条 付款单位到期无款支付，逾期不退回托收承付有关单证的，应按规定承担行政责任。

第二百三十七条 城乡集体所有制工业企业未经银行批准，擅自办理托收承付结算的，应按规定承担行政责任。

第二百三十八条 单位和个人违反《银行账户管理办法》开立和使用账户的，应按规定承担行政责任。

第二百三十九条 对单位和个人承担行政责任的处罚，由中国人民银行委托商业银行执行。

第二百四十条 收款人或持票人委托的收款银行的责任，限于收到付款人支付的款项后按照票据和结算凭证上记载的事项将票据或结算凭证记载的金额转入收款人或持票人账户。

付款人委托的付款银行的责任，限于按照票据和结算凭证上记载事项从付款人账户支付金额。但托收承付结算中的付款人开户银行，应按照托收承付结算方式有关规定承担责任。

第二百四十一条 银行办理支付结算，因工作差错发生延误，影响客户和他行资金使用的，按中国人民银行规定的同档次流动资金贷款利率计付赔偿金。

第二百四十二条 银行违反规定故意压票、退票、拖延支付，受理无理拒付、擅自拒付退票、有款不扣以及不扣、少扣赔偿金，截留挪用结算资金，影响客户和他行资金使用的，要按规定承担赔偿责任。因重大过失错付或被冒领的，要负责资金赔偿。

第二百四十三条 银行违反本办法规定将支付结算的款项转入储蓄和信用卡账户的，应按规定承担行政责任。

第二百四十四条 银行违反规定签发空头银行汇票、银行本票和办理空头汇款的，应按照规定承担行政责任。

第二百四十五条 银行违反规定故意压票、退票、拖延支付，受理无理拒付、擅自拒付退票、有款不扣以及不扣、少扣赔偿金，截留、挪用结算资金的，应按规定承担行政责任。

第二百四十六条 银行未按规定通过人民银行办理大额转汇的，应按规定承担行政责任。

第二百四十七条 银行在结算制度之外规定附加条件，影响汇路畅通的，应按规定承担行政责任。

第二百四十八条 银行违反《银行账户管理办法》开立和管理账户的，应按规定承担行政责任。

第二百四十九条 违反国家法律、法规和未经中国人民银行批准，作为中介机构经营结算业务的；未经中国人民银行批准，开办银行汇票、银行本票、支票、信用卡业务的，应按规定承担行政责任。

第二百五十条 金融机构的工作人员在票据业务中玩忽职守，对违反规定的票据予以承兑、付款、保证或者贴现的，应按照《票据管理实施办法》的规定承担行政责任或刑事责任。

第二百五十一条 违反本办法规定擅自印制票据的，应按照《票据管理实施办法》的规定承担行政责任。

第二百五十二条 邮电部门在传递票据、结算凭证和拍发电报中，因工作差错而发生积压、丢失、错投、错拍、漏拍、重拍等，造成结算延误，影响单位、个人和银行资金使用或造成资金损失的，由邮电部门负责。

第二百五十三条 伪造、变造票据和结算凭证上的签章或其他记载事项的，应当承担民事责任或刑事责任。

第二百五十四条 有利用票据、信用卡、结算凭证欺诈的行为，构成犯罪的，应依法承担刑事责任。情节轻微，不构成犯罪的，应按照规定承担行政责任。

第六章 附 则

第二百五十五条 本办法规定的各项期限的计算，适用民法通则关于计算期间的规定。期限最后一日是法定休假日的，以休假日的次日为最后一日。

按月计算期限的，按到期月的对日计算；无对日的，月末日为到期日。

本办法所规定的各项期限，可以因不可抗力的原因而中止。不可抗力的原因消失时，期限可以顺延。

第二百五十六条 银行汇票、商业汇票由中国人民银行总行统一格式、联次、颜色、规格，并在中国人民银行总行批准的印制厂印制。由各家银行总行组织定货和管理。

银行本票、支票由中国人民银行总行统一格式、联次、颜色、规格，并在中国人民银行总行批准的印制厂印制，由中国人民银行各省、自治区、直辖市、计划单列市分行负责组织各商业银行定货和管理。

信用卡按中国人民银行的有关规定印制，信用卡结算凭证的格式、联次、颜色、规格由中国人民银行总行统一规定，各发卡银行总行负责印制。

汇兑凭证、托收承付凭证、委托收款凭证由中国人民银行总行统一格式、联次、颜色、规格，由各行负责印制和管理。

第二百五十七条 银行办理各项支付结算业务，根据承担的责任和业务成本以及应付给有关部门的费用，分别收取邮费、电报费、手续费、凭证工本费(信用卡卡片费)、挂失手续费，以及信用卡年费、特约手续费、异地存取款手续费。收费范围，除财政金库全部免收、存款不计息账户免收邮费、手续费外，对其他单位和个人都要按照规定收取费用。

邮费，单程的每笔按邮局挂号信每件收费标准收费；双程的每笔按邮局挂号信二件收费标准收费；客户要求使用特快专递的，按邮局规定的收费标准收取；超重部分按邮局规定的标准加收。

电报费，每笔按四十五个字照电报费标准收

取，超过的字数按每字收费的标准加收。急电均加倍收取电报费。

手续费，按银行规定的标准收取。

银行办理支付结算业务按照附二《支付结算业务收费表》收取手续费和邮电费。

信用卡统一的收费标准，中国人民银行将另行规定。

支票的手续费由经办银行向购买人收取，其他结算的手续费、邮电费一律由经办银行向委托人收取。

凭证工本费，按照不同凭证的成本价格，向领用人收取。

第二百五十八条 各部门、各单位制定的有关规定，涉及支付结算而与本办法有抵触的，一律按照本办法的规定执行。

中国人民银行过去有关支付结算的规定与本办法有抵触的，以本办法为准。

第二百五十九条 本办法由中国人民银行总行负责解释、修改。

第二百六十条 本办法自1997年12月1日起施行。

电子商业汇票业务管理办法

（2009年10月16日中国人民银行令第2号公布 自公布之日起施行）

第一章 总 则

第一条 为规范电子商业汇票业务，保障电子商业汇票活动中当事人的合法权益，促进电子商业汇票业务发展，依据《中华人民共和国中国人民银行法》、《中华人民共和国票据法》、《中华人民共和国电子签名法》、《中华人民共和国物权法》、《票据管理实施办法》等有关法律法规，制定本办法。

第二条 电子商业汇票是指出票人依托电子商业汇票系统，以数据电文形式制作的，委托付款人在指定日期无条件支付确定金额给收款人或者持票人的票据。

电子商业汇票分为电子银行承兑汇票和电子商业承兑汇票。

电子银行承兑汇票由银行业金融机构、财务公司（以下统称金融机构）承兑；电子商业承兑汇票由金融机构以外的法人或其他组织承兑。

电子商业汇票的付款人为承兑人。

第三条 电子商业汇票系统是经中国人民银行批准建立，依托网络和计算机技术，接收、存储、发送电子商业汇票数据电文，提供与电子商业汇票货币给付、资金清算行为相关服务的业务处理平台。

第四条 电子商业汇票各当事人应本着诚实信用原则，按照本办法的规定作出票据行为。

第五条 电子商业汇票的出票、承兑、背书、保证、提示付款和追索等业务，必须通过电子商业汇票系统办理。

第六条 电子商业汇票业务主体的类别分为：

（一）直接接入电子商业汇票系统的金融机构（以下简称接入机构）；

（二）通过接入机构办理电子商业汇票业务的金融机构（以下简称被代理机构）；

（三）金融机构以外的法人及其他组织。

电子商业汇票系统对不同业务主体分配不同的类别代码。

第七条 票据当事人办理电子商业汇票业务应具备中华人民共和国组织机构代码。

被代理机构、金融机构以外的法人及其他组织办理电子商业汇票业务，应在接入机构开立账户。

第八条 接入机构提供电子商业汇票业务服务，应对客户基本信息的真实性负审核责任，并依据本办法及相关规定，与客户签订电子商业汇票业务服务协议，明确双方的权利和义务。

客户基本信息包括客户名称、账号、组织机构代码和业务主体类别等信息。

第九条 电子商业汇票系统运营者由中国人民银行指定和监管。

第十条 接入机构应按规定向客户和电子商业汇票系统转发电子商业汇票信息，并保证内部系统存储的电子商业汇票信息与电子商业汇票系统存储的相关信息相符。

第十一条 电子商业汇票信息以电子商业汇票系统的记录为准。

第十二条 电子商业汇票以人民币为计价单位。

第二章　基本规定

第十三条　电子商业汇票为定日付款票据。

电子商业汇票的付款期限自出票日起至到期日止,最长不得超过1年。

第十四条　票据当事人在电子商业汇票上的签章,为该当事人可靠的电子签名。

电子签名所需的认证服务应由合法的电子认证服务提供者提供。

可靠的电子签名必须符合《中华人民共和国电子签名法》第十三条第一款的规定。

第十五条　电子商业汇票业务活动中,票据当事人所使用的数据电文和电子签名应符合《中华人民共和国电子签名法》的有关规定。

第十六条　客户开展电子商业汇票活动时,其签章所依赖的电子签名制作数据和电子签名认证证书,应向接入机构指定的电子认证服务提供者的注册审批机构申请。

接入机构为客户提供电子商业汇票业务服务或作为电子商业汇票当事人时,其签章所依赖的电子签名制作数据和电子签名认证证书,应向电子商业汇票系统运营者指定的电子认证服务提供者的注册审批机构申请。

第十七条　接入机构、电子商业汇票系统运营者指定的电子认证服务机构提供者,应对电子签名认证证书申请者的身份真实性负审核责任。

电子认证服务提供者依据《中华人民共和国电子签名法》承担相应责任。

第十八条　接入机构应对通过其办理电子商业汇票业务客户的电子签名真实性负审核责任。

电子商业汇票系统运营者应对接入机构的身份真实性和电子签名真实性负审核责任。

第十九条　电子商业汇票系统应实时接收、处理电子商业汇票信息,并向相关票据当事人的接入机构实时发送该信息;接入机构应实时接收、处理电子商业汇票信息,并向相关票据当事人实时发送该信息。

第二十条　出票人签发电子商业汇票时,应将其交付收款人。

电子商业汇票背书,背书人应将电子商业汇票交付被背书人。

电子商业汇票质押解除,质权人应将电子商业汇票交付出质人。

交付是指票据当事人将电子商业汇票发送给受让人,且受让人签收的行为。

第二十一条　签收是指票据当事人同意接受其他票据当事人的行为申请,签章并发送电子指令予以确认的行为。

驳回是指票据当事人拒绝接受其他票据当事人的行为申请,签章并发送电子指令予以确认的行为。

收款人、被背书人可与接入机构签订协议,委托接入机构代为签收或驳回行为申请,并代理签章。

商业承兑汇票的承兑人应与接入机构签订协议,在符合本办法规定的情况下,由接入机构代为签收或驳回提示付款指令,并代理签章。

第二十二条　出票人或背书人在电子商业汇票上记载了“不得转让”事项的,电子商业汇票不得继续背书。

第二十三条　票据当事人通过电子商业汇票系统作出行为申请,行为接收方未签收且未驳回的,票据当事人可撤销该行为申请。电子商业汇票系统为行为接收方的,票据当事人不得撤销。

第二十四条　电子商业汇票的出票日是指出票人记载在电子商业汇票上的出票日期。

电子商业汇票的提示付款日是指提示付款申请的指令进入电子商业汇票系统的日期。

电子商业汇票的拒绝付款日是指驳回提示付款申请的指令进入电子商业汇票系统的日期。

电子商业汇票追索行为的发生日是指追索通知的指令进入电子商业汇票系统的日期。

承兑、背书、保证、质押解除、付款和追索清偿等行为的发生日是指相应的签收指令进入电子商业汇票系统的日期。

第二十五条　电子商业汇票责任解除前,电子商业汇票的承兑人不得撤销原办理电子商业汇票业务的账户,接入机构不得为其办理销户手续。

第二十六条　接入机构终止提供电子商业汇票业务服务的,应按规定由其他接入机构承接其电子商业汇票业务服务。

第三章 票据行为

第一节 出 票

第二十七条 电子商业汇票的出票,是指出票人签发电子商业汇票并交付收款人的票据行为。

出票人在电子商业汇票交付收款人前,可办理票据的未用退回。

出票人不得在提示付款期后将票据交付收款人。

第二十八条 电子商业汇票的出票人必须为银行业金融机构以外的法人或其他组织。

电子银行承兑汇票的出票人应在承兑金融机构开立账户。

第二十九条 电子商业汇票出票必须记载下列事项:

(一)表明"电子银行承兑汇票"或"电子商业承兑汇票"的字样;

(二)无条件支付的委托;

(三)确定的金额;

(四)出票人名称;

(五)付款人名称;

(六)收款人名称;

(七)出票日期;

(八)票据到期日;

(九)出票人签章。

第三十条 出票人可在电子商业汇票上记载自身的评级信息,并对记载信息的真实性负责,但该记载事项不具有票据上的效力。

评级信息包括评级机构、信用等级和评级到期日。

第二节 承 兑

第三十一条 电子商业汇票的承兑,是指付款人承诺在票据到期日支付电子商业汇票金额的票据行为。

第三十二条 电子商业汇票交付收款人前,应由付款人承兑。

第三十三条 电子银行承兑汇票由真实交易关系或债权债务关系中的债务人签发,并交由金融机构承兑。

电子银行承兑汇票的出票人与收款人不得为同一人。

第三十四条 电子商业承兑汇票的承兑有以下几种方式:

(一)真实交易关系或债权债务关系中的债务人签发并承兑;

(二)真实交易关系或债权债务关系中的债务人签发,交由第三人承兑;

(三)第三人签发,交由真实交易关系或债权债务关系中的债务人承兑;

(四)收款人签发,交由真实交易关系或债权债务关系中的债务人承兑。

第三十五条 电子银行承兑汇票的出票人应向承兑金融机构提交真实、有效、用以证实真实交易关系或债权债务关系的交易合同或其他证明材料,并在电子商业汇票上作相应记录,承兑金融机构应负责审核。

第三十六条 承兑人应在票据到期日前,承兑电子商业汇票。

第三十七条 承兑人承兑电子商业汇票,必须记载下列事项:

(一)表明"承兑"的字样;

(二)承兑日期;

(三)承兑人签章。

第三十八条 承兑人可在电子商业汇票上记载自身的评级信息,并对记载信息的真实性负责,但该记载事项不具有票据上的效力。

评级信息包括评级机构、信用等级和评级到期日。

第三节 转让背书

第三十九条 转让背书是指持票人将电子商业汇票权利依法转让给他人的票据行为。

票据在提示付款期后,不得进行转让背书。

第四十条 转让背书应当基于真实、合法的交易关系和债权债务关系,或以税收、继承、捐赠、股利分配等合法行为为基础。

第四十一条 转让背书必须记载下列事项:

(一)背书人名称;

(二)被背书人名称;

(三)背书日期;

(四)背书人签章。

第四节　贴现、转贴现和再贴现

第四十二条　贴现是指持票人在票据到期日前，将票据权利背书转让给金融机构，由其扣除一定利息后，将约定金额支付给持票人的票据行为。

转贴现是指持有票据的金融机构在票据到期日前，将票据权利背书转让给其他金融机构，由其扣除一定利息后，将约定金额支付给持票人的票据行为。

再贴现是指持有票据的金融机构在票据到期日前，将票据权利背书转让给中国人民银行，由其扣除一定利息后，将约定金额支付给持票人的票据行为。

第四十三条　贴现、转贴现和再贴现按照交易方式，分为买断式和回购式。

买断式是指贴出人将票据权利转让给贴入人，不约定日后赎回的交易方式。

回购式是指贴出人将票据权利转让给贴入人，约定日后赎回的交易方式。

电子商业汇票贴现、转贴现和再贴现业务中转让票据权利的票据当事人为贴出人，受让票据权利的票据当事人为贴入人。

第四十四条　电子商业汇票当事人在办理回购式贴现、回购式转贴现和回购式再贴现业务时，应明确赎回开放日、赎回截止日。

赎回开放日是指办理回购式贴现赎回、回购式转贴现赎回和回购式再贴现赎回业务的起始日期。

赎回截止日是指办理回购式贴现赎回、回购式转贴现赎回和回购式再贴现赎回业务的截止日期，该日期应早于票据到期日。

自赎回开放日起至赎回截止日止，为赎回开放期。

第四十五条　在赎回开放日前，原贴出人、原贴入人不得作出除追索行为外的其他票据行为。

回购式贴现、回购式转贴现和回购式再贴现业务的原贴出人、原贴入人应按照协议约定，在赎回开放期赎回票据。

在赎回开放期未赎回票据的，原贴入人在赎回截止日后只可将票据背书给他人或行使票据权利，除票据关系以外的其他权利义务关系由双方协议约定。

第四十六条　持票人申请贴现时，应向贴入人提供用以证明其与直接前手间真实交易关系或债权债务关系的合同、发票等其他材料，并在电子商业汇票上作相应记录，贴入人应负责审查。

第四十七条　电子商业汇票贴现、转贴现和再贴现必须记载下列事项：

（一）贴出人名称；

（二）贴入人名称；

（三）贴现、转贴现或再贴现日期；

（四）贴现、转贴现或再贴现类型；

（五）贴现、转贴现或再贴现利率；

（六）实付金额；

（七）贴出人签章。

实付金额为贴入人实际支付给贴出人的金额。

回购式贴现、回购式转贴现和回购式再贴现还应记载赎回开放日和赎回截止日。

贴现还应记载贴出人贴现资金入账信息。

第四十八条　电子商业汇票回购式贴现、回购式转贴现和回购式再贴现赎回应作成背书，并记载下列事项：

（一）原贴出人名称；

（二）原贴入人名称；

（三）赎回日期；

（四）赎回利率；

（五）赎回金额；

（六）原贴入人签章。

第四十九条　贴现和转贴现利率、期限等由贴出人与贴入人协商确定。

再贴现利率由中国人民银行规定。

第五十条　电子商业汇票贴现、转贴现和再贴现可选择票款对付方式或其他方式清算资金。

本办法所称票款对付，是指票据交付和资金交割同时完成，并互为条件的一种交易方式。

第五节　质　　押

第五十一条　电子商业汇票的质押，是指电子商业汇票持票人为了给债权提供担保，在票据到期日前在电子商业汇票系统中进行登记，以该票据为债权人设立质权的票据行为。

第五十二条 主债务到期日先于票据到期日,且主债务已经履行完毕的,质权人应按约定解除质押。

主债务到期日先于票据到期日,且主债务到期未履行的,质权人可行使票据权利,但不得继续背书。

票据到期日先于主债务到期日的,质权人可在票据到期后行使票据权利,并与出质人协议将兑现的票款用于提前清偿所担保的债权或继续作为债权的担保。

第五十三条 电子商业汇票质押,必须记载下列事项:

(一)出质人名称;

(二)质权人名称;

(三)质押日期;

(四)表明“质押”的字样;

(五)出质人签章。

第五十四条 电子商业汇票质押解除,必须记载下列事项:

(一)表明“质押解除”的字样;

(二)质押解除日期。

第六节 保　　证

第五十五条 电子商业汇票的保证,是指电子商业汇票上记载的债务人以外的第三人保证该票据获得付款的票据行为。

第五十六条 电子商业汇票获得承兑前,保证人作出保证行为的,被保证人为出票人。

电子商业汇票获得承兑后、出票人将电子商业汇票交付收款人前,保证人作出保证行为的,被保证人为承兑人。

出票人将电子商业汇票交付收款人后,保证人作出保证行为的,被保证人为背书人。

第五十七条 电子商业汇票保证,必须记载下列事项:

(一)表明“保证”的字样;

(二)保证人名称;

(三)保证人住所;

(四)被保证人名称;

(五)保证日期;

(六)保证人签章。

第七节 付　　款

第五十八条 提示付款是指持票人通过电子商业汇票系统向承兑人请求付款的行为。

持票人应在提示付款期内向承兑人提示付款。

提示付款期自票据到期日起 10 日,最后一日遇法定休假日、大额支付系统非营业日、电子商业汇票系统非营业日顺延。

第五十九条 持票人在票据到期日前提示付款的,承兑人可付款或拒绝付款,或于到期日付款。承兑人拒绝付款或未予应答的,持票人可待票据到期后再次提示付款。

第六十条 持票人在提示付款期内提示付款的,承兑人应在收到提示付款请求的当日至迟次日(遇法定休假日、大额支付系统非营业日、电子商业汇票系统非营业日顺延)付款或拒绝付款。

持票人超过提示付款期提示付款的,接入机构不得拒绝受理。持票人在作出合理说明后,承兑人仍应当承担付款责任,并在上款规定的期限内付款或拒绝付款。

电子商业承兑汇票承兑人在票据到期后收到提示付款请求,且在收到该请求次日起第 3 日(遇法定休假日、大额支付系统非营业日、电子商业汇票系统非营业日顺延)仍未应答的,接入机构应按其与承兑人签订的《电子商业汇票业务服务协议》,进行如下处理:

(一)承兑人账户余额在该日电子商业汇票系统营业截止时足够支付票款的,则视同承兑人同意付款,接入机构应扣划承兑人账户资金支付票款,并在下一日(遇法定休假日、大额支付系统非营业日、电子商业汇票系统非营业日顺延)电子商业汇票系统营业开始时,代承兑人作出付款应答,并代理签章;

(二)承兑人账户余额在该日电子商业汇票系统营业截止时不足以支付票款的,则视同承兑人拒绝付款,接入机构应在下一日(遇法定休假日、大额支付系统非营业日、电子商业汇票系统非营业日顺延)电子商业汇票系统营业开始时,代承兑人作出拒付应答,并代理签章。

第六十一条 接入机构应及时将持票人的

提示付款请求通知电子商业承兑汇票的承兑人。通知方式由接入机构与承兑人自行约定。

第六十二条　持票人可选择票款对付方式或其他方式向承兑人提示付款。

第六十三条　电子商业汇票提示付款，必须记载下列事项：

（一）提示付款日期；

（二）提示付款人签章。

持票人可与接入机构签订协议，委托接入机构代为提示付款并代理签章。

第六十四条　承兑人付款或拒绝付款，必须记载下列事项：

（一）承兑人名称；

（二）付款日期或拒绝付款日期；

（三）承兑人签章。

承兑人拒绝付款的，还应注明拒绝付款的理由。

第八节　追　　索

第六十五条　追索分为拒付追索和非拒付追索。

拒付追索是指电子商业汇票到期后被拒绝付款，持票人请求前手付款的行为。

非拒付追索是指存在下列情形之一，持票人请求前手付款的行为：

（一）承兑人被依法宣告破产的；

（二）承兑人因违法被责令终止业务活动的。

第六十六条　持票人在票据到期日前被拒付的，不得拒付追索。

持票人在提示付款期内被拒付的，可向所有前手拒付追索。

持票人超过提示付款期提示付款被拒付的，若持票人在提示付款期内曾发出过提示付款，则可向所有前手拒付追索；若未在提示付款期内发出过提示付款，则只可向出票人、承兑人拒付追索。

第六十七条　追索时，追索人应当提供拒付证明。

拒付追索时，拒付证明为票据信息和拒付理由。

非拒付追索时，拒付证明为票据信息和相关法律文件。

第六十八条　持票人因电子商业汇票到期后被拒绝付款或法律法规规定其他原因，拥有的向票据债务人追索的权利时效规定如下：

（一）持票人对出票人、承兑人追索和再追索权利时效，自票据到期日起2年，且不短于持票人对其他前手的追索和再追索权利时效。

（二）持票人对其他前手的追索权利时效，自被拒绝付款之日起6个月；持票人对其他前手的再追索权利时效，自清偿日或被提起诉讼之日起3个月。

第六十九条　持票人发出追索通知，必须记载下列事项：

（一）追索人名称；

（二）被追索人名称；

（三）追索通知日期；

（四）追索类型；

（五）追索金额；

（六）追索人签章。

第七十条　电子商业汇票清偿，必须记载下列事项：

（一）追索人名称；

（二）清偿人名称；

（三）同意清偿金额；

（四）清偿日期；

（五）清偿人签章。

第四章　信 息 查 询

第七十一条　票据当事人可通过接入机构查询与其相关的电子商业汇票票据信息。

第七十二条　接入机构应记录其与电子商业汇票系统之间发送和接收的电子商业汇票票据信息，并按规定将该信息向客户展示。

票据信息包括票面信息和行为信息。

票面信息是指出票人将票据交付收款人后、其他行为发生前，记载在票据上的所有信息。

行为信息是指票据行为的必须记载事项。

第七十三条　出票人可查询电子商业汇票票面信息。

承兑人在收到提示付款申请前，可查询电子商业汇票票面信息。收到提示付款申请后，可查询该票据的所有票据信息。

收款人、被背书人和保证人可查询自身作出

的行为信息及之前的票据信息。

持票人可查询所有票据信息。

在追索阶段,被追索人可查询所有票据信息。

第七十四条 票据当事人对票据信息有异议的,应通过接入机构向电子商业汇票系统运营者提出书面申请,电子商业汇票系统运营者应在10个工作日内按照查询权限办理相关查询业务。

第七十五条 电子商业汇票所有票据行为中,处于待签收状态的接收方可向电子商业汇票系统查询该票据承兑人和行为发起方的电子商业汇票支付信用信息。

第七十六条 电子商业汇票系统仅提供票据当事人的电子商业汇票支付信用信息,不对其进行信用评价或评级。

第五章 法律责任

第七十七条 电子商业汇票发生法律纠纷时,电子商业汇票系统运营者负有出具电子商业汇票系统相关记录的义务。

第七十八条 承兑人应及时足额支付电子商业汇票票款。承兑人故意压票、拖延支付,影响持票人资金使用的,按中国人民银行规定的同档次流动资金贷款利率计付赔偿金。

第七十九条 电子银行承兑汇票的出票人于票据到期日未能足额交存票款时,承兑人除向持票人无条件付款外,对出票人尚未支付的汇票金额转入逾期贷款处理,并按照每天万分之五计收罚息。

第八十条 电子商业汇票相关各方存在下列情形之一,影响电子商业汇票业务处理或造成其他票据当事人资金损失的,应承担相应赔偿责任。中国人民银行有权视情节轻重对其处以警告或3万元以下罚款:

(一)作为电子银行承兑汇票承兑人的财务公司、电子商业承兑汇票的承兑人违反《中华人民共和国票据法》、《票据管理实施办法》和本办法规定无理拒付或拖延支付的;

(二)接入机构为客户提供电子商业汇票业务服务,未对客户基本信息尽审核义务的;

(三)为电子商业汇票业务活动提供电子认证服务的电子认证服务提供者,未依据《中华人民共和国电子签名法》承担相应责任的;

(四)接入机构为客户提供电子商业汇票业务服务,未对客户电子签名真实性进行认真审核,造成资金损失的;

(五)电子商业汇票系统运营者未对接入机构身份真实性和电子签名真实性进行认真审核,造成资金损失的;

(六)接入机构因清算资金不足导致电子商业汇票资金清算失败,给票据当事人造成损失的;

(七)接入机构因人为或系统原因未及时转发电子商业汇票信息,给票据当事人造成损失的;

(八)接入机构内部系统存储的电子商业汇票信息与电子商业汇票系统相关信息严重不符,给票据当事人造成损失的;

(九)接入机构的内部系统出现故障,未及时排除,造成重大影响的;

(十)电子商业汇票系统运营者运营的电子商业汇票系统出现故障,未及时排除,造成重大影响的;

(十一)电子商业汇票债务解除前,接入机构违反本办法规定为承兑人撤销账户的;

(十二)其他违反《中华人民共和国票据法》、《票据管理实施办法》及本办法规定的行为。

第八十一条 电子商业汇票当事人应当妥善保管电子签名制作数据,严防泄露。因保管不善造成资金损失的,有关责任方应当依法承担赔偿责任。

第八十二条 金融机构发现利用电子商业汇票从事违法犯罪活动的,应依法履行报告义务。

第六章 附 则

第八十三条 电子商业汇票的数据电文格式和票据显示样式由中国人民银行统一规定。

第八十四条 本办法未尽事宜,遵照《中华人民共和国票据法》、《票据管理实施办法》等法律法规执行。

第八十五条 本办法由中国人民银行负责

解释和修订。

第八十六条　本办法自公布之日起施行。

最高人民法院关于审理信用证纠纷案件若干问题的规定

（2005年10月24日最高人民法院审判委员会第1368次会议通过　2005年11月14日最高人民法院公告公布　自2006年1月1日起施行　法释〔2005〕13号）

根据《中华人民共和国民法通则》、《中华人民共和国合同法》、《中华人民共和国担保法》、《中华人民共和国民事诉讼法》等法律，参照国际商会《跟单信用证统一惯例》等相关国际惯例，结合审判实践，就审理信用证纠纷案件的有关问题，制定本规定。

第一条　本规定所指的信用证纠纷案件，是指在信用证开立、通知、修改、撤销、保兑、议付、偿付等环节产生的纠纷。

第二条　人民法院审理信用证纠纷案件时，当事人约定适用相关国际惯例或者其他规定的，从其约定；当事人没有约定的，适用国际商会《跟单信用证统一惯例》或者其他相关国际惯例。

第三条　开证申请人与开证行之间因申请开立信用证而产生的欠款纠纷、委托人和受托人之间因委托开立信用证产生的纠纷、担保人为申请开立信用证或者委托开立信用证提供担保而产生的纠纷以及信用证项下融资产生的纠纷，适用本规定。

第四条　因申请开立信用证而产生的欠款纠纷、委托开立信用证纠纷和因此产生的担保纠纷以及信用证项下融资产生的纠纷应当适用中华人民共和国相关法律。涉外合同当事人对法律适用另有约定的除外。

第五条　开证行在作出付款、承兑或者履行信用证项下其他义务的承诺后，只要单据与信用证条款、单据与单据之间在表面上相符，开证行应当履行在信用证规定的期限内付款的义务。当事人以开证申请人与受益人之间的基础交易提出抗辩的，人民法院不予支持。具有本规定第八条的情形除外。

第六条　人民法院在审理信用证纠纷案件中涉及单证审查的，应当根据当事人约定适用的相关国际惯例或者其他规定进行；当事人没有约定的，应当按照国际商会《跟单信用证统一惯例》以及国际商会确定的相关标准，认定单据与信用证条款、单据与单据之间是否在表面上相符。

信用证项下单据与信用证条款之间、单据与单据之间在表面上不完全一致，但并不导致相互之间产生歧义的，不应认定为不符点。

第七条　开证行有独立审查单据的权利和义务，有权自行作出单据与信用证条款、单据与单据之间是否在表面上相符的决定，并自行决定接受或者拒绝接受单据与信用证条款、单据与单据之间的不符点。

开证行发现信用证项下存在不符点后，可以自行决定是否联系开证申请人接受不符点。开证申请人决定是否接受不符点，并不影响开证行最终决定是否接受不符点。开证行和开证申请人另有约定的除外。

开证行向受益人明确表示接受不符点的，应当承担付款责任。

开证行拒绝接受不符点时，受益人以开证申请人已接受不符点为由要求开证行承担信用证项下付款责任的，人民法院不予支持。

第八条　凡有下列情形之一的，应当认定存在信用证欺诈：

（一）受益人伪造单据或者提交记载内容虚假的单据；

（二）受益人恶意不交付货物或者交付的货物无价值；

（三）受益人和开证申请人或者其他第三方串通提交假单据，而没有真实的基础交易；

（四）其他进行信用证欺诈的情形。

第九条　开证申请人、开证行或者其他利害关系人发现有本规定第八条的情形，并认为将会给其造成难以弥补的损害时，可以向有管辖权的人民法院申请中止支付信用证项下的款项。

第十条　人民法院认定存在信用证欺诈的，应当裁定中止支付或者判决终止支付信用证项下款项，但有下列情形之一的除外：

（一）开证行的指定人、授权人已按照开证行的指令善意地进行了付款；

（二）开证行或者其指定人、授权人已对信用证项下票据善意地作出了承兑；

（三）保兑行善意地履行了付款义务；

（四）议付行善意地进行了议付。

第十一条 当事人在起诉前申请中止支付信用证项下款项符合下列条件的，人民法院应予受理：

（一）受理申请的人民法院对该信用证纠纷案件享有管辖权；

（二）申请人提供的证据材料证明存在本规定第八条的情形；

（三）如不采取中止支付信用证项下款项的措施，将会使申请人的合法权益受到难以弥补的损害；

（四）申请人提供了可靠、充分的担保；

（五）不存在本规定第十条的情形。

当事人在诉讼中申请中止支付信用证项下款项的，应当符合前款第（二）、（三）、（四）、（五）项规定的条件。

第十二条 人民法院接受中止支付信用证项下款项申请后，必须在四十八小时内作出裁定；裁定中止支付的，应当立即开始执行。

人民法院作出中止支付信用证项下款项的裁定，应当列明申请人、被申请人和第三人。

第十三条 当事人对人民法院作出中止支付信用证项下款项的裁定有异议的，可以在裁定书送达之日起十日内向上一级人民法院申请复议。上一级人民法院应当自收到复议申请之日起十日内作出裁定。

复议期间，不停止原裁定的执行。

第十四条 人民法院在审理信用证欺诈案件过程中，必要时可以将信用证纠纷与基础交易纠纷一并审理。

当事人以基础交易欺诈为由起诉的，可以将与案件有关的开证行、议付行或者其他信用证法律关系的利害关系人列为第三人；第三人可以申请参加诉讼，人民法院也可以通知第三人参加诉讼。

第十五条 人民法院通过实体审理，认定构成信用证欺诈并且不存在本规定第十条的情形的，应当判决终止支付信用证项下的款项。

第十六条 保证人以开证行或者开证申请人接受不符点未征得其同意为由请求免除保证责任的，人民法院不予支持。保证合同另有约定的除外。

第十七条 开证申请人与开证行对信用证进行修改未征得保证人同意的，保证人只在原保证合同约定的或者法律规定的期间和范围内承担保证责任。保证合同另有约定的除外。

第十八条 本规定自2006年1月1日起施行。

国内信用证结算办法①

（1997年6月23日）

第一章 总 则

第一条 为适应国内贸易活动的需要，促进我国社会主义市场经济的健康发展，依据《中华人民共和国中国人民银行法》以及有关法律法规，制定本办法。

第二条 本办法所称信用证，是指开证行依照申请人的申请开出的，凭符合信用证条款的单据支付的付款承诺。

前款规定的信用证为不可撤销、不可转让的跟单信用证。

第三条 本办法适用于国内企业之间商品交易的信用证结算。

第四条 经中国人民银行批准经营结算业务的商业银行总行以及经商业银行总行批准开办信用证结算业务的分支机构，可以办理信用证结算业务。未经批准的银行机构和城市信用合作社、农村信用合作社及其他非银行金融机构不得办理信用证结算业务。

第五条 信用证结算的当事人应当遵守法律、法规以及本办法的规定，不得损害社会公共利益。

信用证结算的当事人应当遵守诚实信用原则，认真履行义务，不得利用信用证进行欺诈等违法犯罪活动。

第六条 信用证只限于转账结算，不得支取现金。

① 编者注：已废止。

第七条 信用证与作为其依据的购销合同相互独立,银行在处理信用证业务时,不受购销合同的约束。

一家银行作出的付款、议付或履行信用证项下其他义务的承诺不受申请人与开证行、申请人与受益人之间关系的制约。

受益人在任何情况下,不得利用银行之间或申请人与开证行之间的契约关系。

第八条 在信用证结算中,各有关当事人处理的只是单据,而不是与单据有关的货物及劳务。

第二章 开证与通知

第九条 开证申请

开证申请人使用信用证时,应委托其开户银行办理开证业务。

开证申请人申请办理开证业务时,应当填具开证申请书、信用证申请人承诺书并提交有关购销合同。开证申请书和承诺书记载的事项应完整、明确,并由申请人签章。签章应与预留银行的签章相符。

开证申请书和承诺书是开证银行向受益人开立信用证的依据,也是开证银行与开证申请人之间明确各自权责的契约性文件。

第十条 受理开证

开证行根据申请人提交的开证申请书、信用证申请人承诺书及购销合同决定是否受理开证业务。开证行在决定受理该项业务时,应向申请人收取不低于开证金额20%的保证金,并可根据申请人资信情况要求其提供抵押、质押或由其他金融机构出具保函。

开证行开立信用证,应按规定向申请人收取开证手续费及邮电费。

第十一条 信用证的基本条款

信用证应包括如下条款:

(一)开证行名称及地址。

(二)开证日期。

(三)信用证编号。

(四)不可撤销、不可转让信用证。

(五)开证申请人名称及地址。

(六)受益人名称及地址。受益人为有权收取信用证款项的人,一般为购销合同的供方。

(七)通知行名称。通知行为受开证行委托向受益人通知信用证的银行。

(八)信用证有效期及有效地点。信用证有效期为受益人向银行提交单据的最迟期限,最长不得超过6个月;信用证的有效地点为信用证指定的单据提交地点,即议付行或开证行所在地。

(九)交单期。交单期为提交运输单据的信用证所注明的货物装运后必须交单的特定日期。未规定该期限,银行不接受迟于装运日后15天提交的单据。

(十)信用证金额。

(十一)付款方式,即期付款、延期付款或议付。延期付款信用证的付款期限为货物发运日后定期付款,最长不得超过6个月。议付信用证应在此条款中指定受益人的开户行为议付行并授权其议付。

(十二)运输条款:

1. 运输方式;

2. 货物装运地和目的地;

3. 货物是否分批装运和转运,未作规定的,视为允许货物分批装运和转运;

4. 货物最迟装运期,未规定此期限的,信用证有效期视为货物最迟装运期。

(十三)货物描述,包括货物名称、数量、价格等。

(十四)单据条款,必须注明据以付款或议付的单据,至少包括发票、运输单据或货物收据。

(十五)其他条款。

(十六)开证行保证文句。

第十二条 信用证开立方式

开立信用证可以采用信开和电开方式。信开信用证,应由开证行加盖信用证专用章和经办人名章并加编密押,寄送通知行;电开信用证,应由开证行加编密押,以电传方式发送通知行。

第十三条 开证行的义务

信用证开立后,在其规定的单据提交开证行,并符合信用证条款的,开证行应履行如下义务:

(一)对即期付款的信用证,应即期付款;

(二)对延期付款的信用征,应于信用证规定的到期日付款;

(三)对议付信用证,应于信用证规定的到期日向议付行付款。

第十四条 信用证的修改

(一)信用证修改申请

开证申请人需对已开立的信用证内容修改的,应向原信用证开证行填具信用证修改申请书、信用证修改申请人承诺书并出具受益人同意修改的书面证明,明确修改的内容。

(二)受理修改

增额修改的,开证行可要求申请人追加开证担保。

有效期修改的,不得超过信用证有效期的最长期限。

开证行发出的信用证修改书中应注明本次修改的次数。

(三)信用证修改的开立方式

开立信用证修改书可以采用信开和电开方式。信开信用证修改书的,应由开证行加盖信用证专用章和经办人名章并加编密押,寄送通知行;电开信用证修改书的,应由开证行加编密押,以电传方式发送通知行。

开证行发出信用证修改的通知,应通过原信用证通知行办理。

(四)自发出信用证修改书之日起,开证行即应受修改内容的约束。

(五)开证行开立信用证修改书,应按规定向申请人收取修改手续费及邮电费。

第十五条 信用证的通知

(一)通知行的确定

开证行与受益人开户行为同一系统行的,受益人开户行为通知行。

开证行与受益人开户行为跨系统行的,开证行确定的在受益人开户行的同城同系统银行机构为通知行。

开证行在受益人开户行所在地没有同系统分支机构的,应在受益人所在地选择一家银行机构建立信用证代理关系,其代理行为通知行。

(二)通知行的责任

1. 通知行收到信用证及信用证修改书,应认真核验开证行签章的真伪、所用密押是否正确等表面真实性。无误的,应填制信用证通知书或信用证修改通知书,连同信用证或信用证修改书交付受益人。

2. 通知行确定信用证或信用证修改书签章不符的,必须及时退开证行,并告知开证行签章不符;密押不符的,应向开证行查询补正。

3. 通知行收到的信用证或信用证修改书的内容不完整或不清楚的,必须及时查询开证行,并要求开证行提供必要的内容。通知行在收到开证行回复前,可先将收到的信用证或信用证修改书通知受益人,并在信用证通知书或信用证修改通知书上注明该通知仅供参考,通知行不负任何责任。

4. 通知行应在收到信用证或信用证修改书的次日起三个营业日内作出处理。

第十六条 开证行必须于收到通知行查询的次日营业终了前,对查询行作出答复或提供其所要求的必要内容。

第十七条 信用证的注销

信用证未逾有效期的,经信用证各当事人协商同意,且开证行已收回正本信用证,该信用证可予注销。

受益人未在信用证有效期内提交单据的,开证行可在信用证逾有效期一个月后注销该信用证。

信用证注销后,开证行应解除开证申请人提供的担保。

第三章 议　　付

第十八条 议付是指信用证指定的议付行在单证相符条件下,扣除议付利息后向受益人给付对价的行为。

只审核单据而未付出对价的,不构成议付。

议付仅限于延期付款信用证。

第十九条 议付行必须是开证行指定的受益人开户行。未被指定议付的银行或指定的议付行不是受益人开户行,不得办理议付。

第二十条 受益人可以对议付信用证在交单期或信用证有效期内向议付行提示单据、信用证正本、信用证修改书正本及信用证通知书、信用证修改通知书,并填制信用证议付委托收款申请书和议付凭证,请求议付。议付行在受理的次日起五个营业日内审核信用证规定的单据,确定表面与信用证条款相符并决定议付的,应在信用证正本背面记明议付日期、业务编号、增额、议付金额、信用证余额、议付行名称，并加盖业务公章。

实付议付金额按议付金额扣除议付日至信用证付款到期日前一日的利息计算。议付利率比照贴现利率。

第二十一条　议付行审核受益人提示的单据发现单据不符时，可洽受益人修改相符后，同意议付的，办理议付；经洽受益人修改仍不符，拒绝议付的，应及时作出书面拒绝议付通知，注明拒绝议付理由，通知受益人。

第二十二条　议付行可以根据受益人的要求不作议付，仅为其办理委托收款。

第二十三条　索偿

议付行议付后，应通过委托收款将单据寄开证行索偿资金。除非信用证另有规定，索偿金额不得超过单据金额。

第二十四条　追索权的行使

议付行议付信用证后，对受益人具有追索权。到期不获付款的，议付行可从受益人账户收取议付金额。

第二十五条　议付行议付后，应按规定向受益人收取议付手续费及邮电费。

第四章　付　　款

第二十六条　受益人在交单期或信用证有效期内向开证行交单收款，应向开户银行填制委托收款凭证和信用证议付/委托收款申请书，并出具单据和信用证正本、信用证修改书正本。开户银行收到凭证和单证审查齐全后，应及时为其向开证行办理交单和收款。

第二十七条　开证行在收到议付行寄交的委托收款凭证、单据及寄单通知书或受益人开户行寄交的委托收款凭证、信用证正本、信用证修改书正本、单据及信用证议付/委托收款申请书的次日起五个营业日内，及时核对单据表面与信用证条款是否相符。无误后，对即期付款信用证，从申请人账户收取款项支付给受益人；对延期付款信用证，应向议付行或受益人发出到期付款确认书，并于到期日从申请人账户收取款项支付给议付行或受益人。

开证行付款后，应在信用证正本背面记明付款日期、业务编号、增额、付款金额、信用证余额、开证行名称，加盖业务公章，并将信用证来单通知书连同有关单据交开证申请人。

开证申请人收到开证行交来的信用证来单通知书及单据，发现单证不符的，应与开证行、受益人协商解决，或向人民法院提起诉讼。

第二十八条　开证行审核单据发现不符时，应在收到单据的次日起五个营业日内将全部不符点用电讯方式通知交单人。该通知必须说明单据已代为保管听候处理。同时商洽开证申请人，开证申请人同意付款的，开证行应即办理付款，开证申请人不同意付款的，开证行应将单据退交议付行或将信用证正本、信用证修改书正本及单据退交受益人。

第二十九条　申请人交存的保证金和其存款账户余额不足支付的，开证行仍应在二十七条规定的时间内进行付款。对不足支付的部分作逾期贷款处理。对申请人提供抵押、质押、保函等担保的，按《中华人民共和国担保法》的有关规定索偿。

第三十条　开证行付款后，对议付行或受益人不具有追索权。

第五章　单据审核标准

第三十一条　银行收到单据时，必须仅以单据为依据，认真审核信用证规定的一切单据，以确定其表面是否与信用证条款相符合。单据表面与信用证条款不符的，可以拒绝接受。

单据之间不一致，即视为表面与信用证条款不符。

第三十二条　银行不审核信用证没有规定的单据。银行收到此类单据，应退还交单人或将其照转，并对此不负责任。

信用证含有某些条件而未列明必须提交的单据，视为未列明此条件。

第三十三条　信用证要求多份单据的，所提交的单据中至少应有一份正本。除信用证号有规定外，单据通过电脑处理或复写等方法制作，只要单据注明为正本，银行也将接受其作为正本。

第三十四条　信用证要求提交运输单据、保险单据和商业发票以外的单据时，应对单据的出单人及其内容作出明确规定。未作此规定的，只要所提交的单据内容与其他规定单据不矛盾，银行可予接受。

信用证使用意义模糊的词语(如"著名的"、"一流的"等)描述单据的出单人时,所提交的单据表面与信用证其他条款相符,银行可予接受。

第三十五条 所有单据的出单日期均不得迟于信用征的有效期或交单期。

第三十六条 商业发票

(一)商业发票必须是国家税务部门统一印制的发票,其抬头应为开证申请人。

(二)发票中的货物描述必须与信用证规定相符,其他一切单据则可使用货物统称,但不得与信用证规定的货物描述有抵触。

(三)除信用证另有规定外,发票金额不得超过信用证所允许的金额。

第三十七条 运输单据

(一)公路、铁路、内河、空运或海洋运输单据

1. 信用证要求公路、铁路、内河、空运或海洋运输单据,只要单据类型与信用证规定相符,银行可予接受。

2. 单据表面必须有承运人或其代理人的签章。

3. 单据盖有收妥印章,盖章日期即视为装运日期;未盖此章的,则单据出具日期即视为装运日期。

4. 运输单据必须注明信用证规定的装运地和目的地。

5. 信用证禁止转运的,只要运输全过程包括在同一运输单据中,银行可予接受注明将转运或可能发生转运的运输单据。

6. 在公路、铁路、内河或海洋运输方式中,不论运输单据是否注明为正本,银行将视所提交的运输单据为全套正本予以接受;在空运方式中,不论信用证如何规定,银行将接受开给发货人的正本空运单据。

(二)邮政收据

邮政收据表面应有信用证规定的装运人盖章,盖章日期或其他加注日期视为装运日期。

(三)信用证规定仅提交货物收据作为运输单据时,该单据的出具日期即视为货物装运日期。

第三十八条 保险单据

(一)保险单据必须由保险公司或其代理人出具并签章。

(二)除信用证另有规定外,保险单必须提交正本。

(三)除保险单据表明保险责任最迟于装运日起生效外,该单据的签发日期不得迟于运输单据注明的装运日期。

(四)除信用证另有规定外,保险单据的投保金额不得低于发票上的货物金额。

(五)信用证应规定所需投保险别种类及必要的附加险,无此规定的,保险单据应表明已投保基本险。

(六)除信用证另有规定外,银行将接受标注有免赔率或免赔额约束的保险单据。

第六章 免责与罚则

第三十九条 银行对于任何单据的形式、完整性、准确性、真伪性或法律效力,不承担责任。

银行对任何单据中有关货物状况及与货物运输有关当事人的信誉、能力等,不承担责任。

第四十条 银行对由于任何电报、信函或单据邮递过程中发生延误、遗失所造成的后果,或者电讯传递过程中发生的差错,不承担责任。

第四十一条 银行对于因特大水灾、地震等不可抗力而中断营业所引起的一切后果,不承担责任。除经开证行特别授权外,银行恢复营业后,对于在营业中断期间逾交单期或有效期的信用证,将不再据以议付。

第四十二条 对不符合本办法规定开办信用证业务的金融机构,除按本办法承担信用证上的责任外,中国人民银行应没收其手续费所得,根据情节轻重,对其处以3万元以下的罚款,并追究有关责任人员的责任。

对于伪造、变造信用证或伪造、变造附随的单据、文件的,或者利用伪造的信用证进行诈骗的,依照《中华人民共和国刑法》和《全国人民代表大会常务委员会关于惩治破坏金融秩序犯罪的决定》等法律,追究其法律责任。

第四十三条 通知行未按本办法规定时间通知信用证的,对其处以通知手续费10倍的罚款。

第四十四条 开证行对符合信用证条款的单据无理拒付、拖延付款的,应按单据金额每天万分之五向议付行或受益人支付赔偿金,并对其处以按单据金额每天万分之七罚款。

第七章 附 则

第四十五条 信用证凭证、信用证申请书、信用证修改申请书、信用证修改书、通知书、议付申请书、议付结算凭证等格式、联次由中国人民银行统一制定,各商业银行制作。

第四十六条 银行办理信用证结算业务,应按邮电部门规定的标准向当事人收取邮电费,并按以下标准收取手续费。

开证手续费:按开证金额的0.15%收取,最少不低于100元;

修改手续费:按每笔100元收取,增额修改的,对增额部分按开证手续费标准收取,最少不低于100元。不另收取修改手续费;

通知手续费:按每笔50元收取;

修改通知手续费:按每笔50元收取;

议付手续费:按议付单据金额的0.1%收取。

第四十七条 本办法由中国人民银行负责解释和修改。

第四十八条 本办法自1997年8月1日起施行。

国内信用证结算办法

(2016年4月27日中国人民银行、中国银行业监督管理委员会公告〔2016〕第10号公布 自2016年10月8日起施行)

第一章 总 则

第一条 为适应国内贸易活动需要,促进经济发展,依据《中华人民共和国中国人民银行法》、《中华人民共和国银行业监督管理法》、《中华人民共和国商业银行法》以及有关法律法规,制定本办法。

第二条 本办法所称国内信用证(以下简称信用证),是指银行(包括政策性银行、商业银行、农村合作银行、村镇银行和农村信用社)依照申请人的申请开立的、对相符交单予以付款的承诺。

前款规定的信用证是以人民币计价、不可撤销的跟单信用证。

第三条 本办法适用于银行为国内企事业单位之间货物和服务贸易提供的信用证服务。服务贸易包括但不限于运输、旅游、咨询、通讯、建筑、保险、金融、计算机和信息、专有权利使用和特许、广告宣传、电影音像等服务项目。

第四条 信用证业务的各方当事人应当遵守中华人民共和国的法律、法规以及本办法的规定,遵守诚实信用原则,认真履行义务,不得利用信用证进行欺诈等违法犯罪活动,不得损害社会公共利益。

第五条 信用证的开立和转让,应当具有真实的贸易背景。

第六条 信用证只限于转账结算,不得支取现金。

第七条 信用证与作为其依据的贸易合同相互独立,即使信用证含有对此类合同的任何援引,银行也与该合同无关,且不受其约束。

银行对信用证作出的付款、确认到期付款、议付或履行信用证项下其他义务的承诺,不受申请人与开证行、申请人与受益人之间关系而产生的任何请求或抗辩的制约。

受益人在任何情况下,不得利用银行之间或申请人与开证行之间的契约关系。

第八条 在信用证业务中,银行处理的是单据,而不是单据所涉及的货物或服务。

第二章 定 义

第九条 信用证业务当事人

(一)申请人指申请开立信用证的当事人,一般为货物购买方或服务接受方。

(二)受益人指接受信用证并享有信用证权益的当事人,一般为货物销售方或服务提供方。

(三)开证行指应申请人申请开立信用证的银行。

(四)通知行指应开证行的要求向受益人通知信用证的银行。

(五)交单行指向信用证有效地点提交信用证项下单据的银行。

(六)转让行指开证行指定的办理信用证转让的银行。

(七)保兑行指根据开证行的授权或要求对信用证加具保兑的银行。

(八)议付行指开证行指定的为受益人办理

议付的银行,开证行应指定一家或任意银行作为议付信用证的议付行。

第十条 信用证的有关日期和期限

(一)开证日期指开证行开立信用证的日期。信用证未记载生效日的,开证日期即为信用证生效日期。

(二)有效期指受益人向有效地点交单的截止日期。

(三)最迟货物装运日或服务提供日指信用证规定的货物装运或服务提供的截止日期。最迟货物装运日或服务提供日不得晚于信用证有效期。信用证未作规定的,有效期视为最迟货物装运日或服务提供日。

(四)付款期限指开证行收到相符单据后,按信用证条款规定进行付款的期限。信用证按付款期限分为即期信用证和远期信用证。

即期信用证,开证行应在收到相符单据次日起5个营业日内付款。

远期信用证,开证行应在收到相符单据次日起5个营业日内确认到期付款,并在到期日付款。远期的表示方式包括:单据日后定期付款、见单后定期付款、固定日付款等可确定到期日的方式。信用证付款期限最长不超过1年。

(五)交单期指信用证项下所要求的单据提交到有效地的有效期限,以当次货物装运日或服务提供日开始计算。未规定该期限的,默认为货物装运日或服务提供日后15天。任何情况下,交单不得迟于信用证有效期。

第十一条 信用证有效地点

信用证有效地点指信用证规定的单据提交地点,即开证行、保兑行(转让行、议付行)所在地。如信用证规定有效地点为保兑行(转让行、议付行)所在地,则开证行所在地也视为信用证有效地点。

第十二条 转运、分批装运或分次提供服务、分期装运或分期提供服务

(一)转运指信用证项下货物在规定的装运地(港到卸货地、港)的运输途中,将货物从一运输工具卸下再装上另一运输工具。

(二)分批装运或分次提供服务指信用证规定的货物或服务在信用证规定的数量、内容或金额内部分或分次交货或部分或分次提供。

(三)分期装运或分期提供服务指信用证规定的货物或服务在信用证规定的分期时间表内装运或提供。任何一期未按信用证规定期限装运或提供的,信用证对该期及以后各期均告失效。

第三章 信用证业务办理

第一节 开 证

第十三条 开证银行与申请人在开证前应签订明确双方权利义务的协议。开证行可要求申请人交存一定数额的保证金,并可根据申请人资信情况要求其提供抵押、质押、保证等合法有效的担保。

开证申请人申请开立信用证,须提交其与受益人签订的贸易合同。

开证行应根据贸易合同及开证申请书等文件,合理、审慎设置信用证付款期限、有效期、交单期、有效地点。

第十四条 信用证的基本条款

信用证应使用中文开立,记载条款包括:

(一)表明“国内信用证”的字样。

(二)开证申请人名称及地址。

(三)开证行名称及地址。

(四)受益人名称及地址。

(五)通知行名称。

(六)开证日期。开证日期格式应按年、月、日依次书写。

(七)信用证编号。

(八)不可撤销信用证。

(九)信用证有效期及有效地点。

(十)是否可转让。可转让信用证须记载“可转让”字样并指定一家转让行。

(十一)是否可保兑。保兑信用证须记载“可保兑”字样并指定一家保兑行。

(十二)是否可议付。议付信用证须记载“议付”字样并指定一家或任意银行作为议付行。

(十三)信用证金额。金额须以大、小写同时记载。

(十四)付款期限。

(十五)货物或服务描述。

(十六)溢短装条款(如有)。

（十七）货物贸易项下的运输交货或服务贸易项下的服务提供条款。

货物贸易项下运输交货条款：

1. 运输或交货方式。

2. 货物装运地（港），目的地、交货地（港）。

3. 货物是否分批装运、分期装运和转运，未作规定的，视为允许货物分批装运和转运。

4. 最迟货物装运日。

服务贸易项下服务提供条款：

1. 服务提供方式。

2. 服务提供地点。

3. 服务是否分次提供、分期提供，未作规定的，视为允许服务分次提供。

4. 最迟服务提供日。

5. 服务贸易项下双方认为应记载的其他事项。

（十八）单据条款，须注明据以付款或议付的单据，至少包括发票，表明货物运输或交付、服务提供的单据，如运输单据或货物收据、服务接受方的证明或服务提供方或第三方的服务履约证明。

（十九）交单期。

（二十）信用证项下相关费用承担方。未约定费用承担方时，由业务委托人或申请人承担相应费用。

（二十一）表明“本信用证依据《国内信用证结算办法》开立”的开证行保证文句。

（二十二）其他条款。

第十五条 信用证开立方式

开立信用证可以采用信开和电开方式。信开信用证，由开证行加盖业务用章（信用证专用章或业务专用章，下同），寄送通知行，同时应视情况需要以双方认可的方式证实信用证的真实有效性；电开信用证，由开证行以数据电文发送通知行。

第十六条 开证行的义务

开证行自开立信用证之时起，即受信用证内容的约束。

第二节 保 兑

第十七条 保兑是指保兑行根据开证行的授权或要求，在开证行承诺之外做出的对相符交单付款、确认到期付款或议付的确定承诺。

第十八条 保兑行自对信用证加具保兑之时起即不可撤销地承担对相符交单付款、确认到期付款或议付的责任。

第十九条 指定银行拒绝按照开证行授权或要求对信用证加具保兑时，应及时通知开证行，并可仅通知信用证而不加具保兑。

第二十条 开证行对保兑行的偿付义务不受开证行与受益人关系的约束。

第三节 修 改

第二十一条 信用证的修改

（一）开证申请人需对已开立的信用证内容修改的，应向开证行提出修改申请，明确修改的内容。

（二）增额修改的，开证行可要求申请人追加增额担保；付款期限修改的，不得超过本办法规定的信用证付款期限的最长期限。

（三）开证行发出的信用证修改书中应注明本次修改的次数。

（四）信用证受益人同意或拒绝接受修改的，应提供接受或拒绝修改的通知。如果受益人未能给予通知，当交单与信用证以及尚未接受的修改的要求一致时，即视为受益人已做出接受修改的通知，并且该信用证修改自此对受益人形成约束。

对同一修改的内容不允许部分接受，部分接受将被视作拒绝接受修改。

（五）开证行自开出信用证修改书之时起，即不可撤销地受修改内容的约束。

第二十二条 保兑行有权选择是否将其保兑扩展至修改。保兑行将其保兑扩展至修改的，自作出此类扩展通知时，即不可撤销地受其约束；保兑行不对修改加具保兑的，应及时告知开证行并在给受益人的通知中告知受益人。

第四节 通 知

第二十三条 信用证及其修改的通知

（一）通知行的确定。

通知行可由开证申请人指定，如开证申请人没有指定，开证行有权指定通知行。通知行可自行决定是否通知。通知行同意通知的，应于收到信用证次日起3个营业日内通知受益人;拒绝通知的,应于收到信用证次日起3个营业日内告知开证行。

开证行发出的信用证修改书,应通过原信用证通知行办理通知。

(二)通知行的责任。

1. 通知行收到信用证或信用证修改书,应认真审查内容表面是否完整、清楚,核验开证行签字、印章、所用密押是否正确等表面真实性,或另以电讯方式证实。核验无误的,应填制信用证通知书或信用证修改通知书,连同信用证或信用证修改书正本交付受益人。

通知行通知信用证或信用证修改的行为,表明其已确信信用证或修改的表面真实性,而且其通知准确反映了其收到的信用证或修改的内容。

2. 通知行确定信用证或信用证修改书签字、印章、密押不符的,应即时告知开证行;表面内容不清楚、不完整的,应即时向开证行查询补正。

3. 通知行在收到开证行回复前,可先将收到的信用证或信用证修改书通知受益人,并在信用证通知书或信用证修改通知书上注明该通知仅供参考,通知行不负任何责任。

第二十四条 开证行应于收到通知行查询次日起2个营业日内,对通知行做出答复或提供其所要求的必要内容。

第二十五条 通知行应于收到受益人同意或拒绝修改通知书次日起3个营业日内告知开证行,在受益人告知通知行其接受修改或以交单方式表明接受修改之前,原信用证(或含有先前被接受的修改的信用证)条款对受益人仍然有效。

开证行收到通知行发来的受益人拒绝修改的通知,信用证视为未做修改,开证行应于收到通知次日起2个营业日内告知开证申请人。

第五节 转 让

第二十六条 转让是指由转让行应第一受益人的要求,将可转让信用证的部分或者全部转为可由第二受益人兑用。

可转让信用证指特别标注"可转让"字样的信用证。

第二十七条 对于可转让信用证,开证行必须指定转让行,转让行可为开证行。转让行无办理信用证转让的义务,除非其明确同意。转让行仅办理转让,并不承担信用证项下的付款责任,但转让行是保兑行或开证行的除外。

第二十八条 可转让信用证只能转让一次,即只能由第一受益人转让给第二受益人,已转让信用证不得应第二受益人的要求转让给任何其后的受益人,但第一受益人不视为其后的受益人。

已转让信用证指已由转让行转为可由第二受益人兑用的信用证。

第二十九条 第二受益人拥有收取转让后信用证款项的权利并承担相应的义务。

第三十条 已转让信用证必须转载原证条款,包括保兑(如有),但下列项目除外:

可用第一受益人名称替代开证申请人名称;如果原信用证特别要求开证申请人名称应在除发票以外的任何单据中出现时,转让行转让信用证时须反映该项要求。

信用证金额、单价可以减少,有效期、交单期可以缩短,最迟货物装运日或服务提供日可以提前。

投保比例可以增加。

有效地点可以修改为转让行所在地。

第三十一条 转让交单

(一)第一受益人有权以自己的发票替换第二受益人的发票后向开证行或保兑行索偿,以支取发票间的差额,但第一受益人以自己的发票索偿的金额不得超过原信用证金额。

(二)转让行应于收到第二受益人单据次日起2个营业日内通知第一受益人换单,第一受益人须在收到转让行换单通知次日起5个营业日内且在原信用证交单期和有效期内换单。

(三)若第一受益人提交的发票导致了第二受益人的交单中本不存在的不符点,转让行应在发现不符点的下一个营业日内通知第一受益人在5个营业日内且在原信用证交单期和有效期内修正。

(四)如第一受益人未能在规定的期限内换单,或未对其提交的发票导致的第二受益人交单中本不存在的不符点予以及时修正的,转让行有权将第二受益人的单据随附已转让信用证副本、信用证修改书副本及修改确认书(如有)直接寄往开证行或保兑行,并不再对第一受益人承担责任。

开证行或保兑行将依据已转让信用证副本、信用证修改书副本及修改确认书(如有)来审核第二受益人的交单是否与已转让信用证相符。

(五)第二受益人或者代表第二受益人的交单行的交单必须交给转让行,信用证另有规定的除外。

第三十二条　部分转让

若原信用证允许分批装运或分次提供服务,则第一受益人可将信用证部分或全部转让给一个或数个第二受益人,并由第二受益人分批装运或分次提供服务。

第三十三条　第一受益人的任何转让要求须说明是否允许以及在何条件下允许将修改通知第二受益人。已转让信用证须明确说明该项条款。

如信用证转让的第二受益人为多名,其中一名或多名第二受益人对信用证修改的拒绝不影响其他第二受益人接受修改。对接受者而言,该已转让信用证即被相应修改,而对拒绝修改的第二受益人而言,该信用证未被修改。

第三十四条　开证行或保兑行对第二受益人提交的单据不得以索款金额与单价的减少,投保比例的增加,以及受益人名称与原信用证规定的受益人名称不同而作为不符交单予以拒付。

转让行应在收到开证行付款、确认到期付款函(电)次日起2个营业日内对第二受益人付款、发出开证行已确认到期付款的通知。

转让行可按约定向第一受益人收取转让费用,并在转让信用证时注明须由第二受益人承担的费用。

第六节　议　　付

第三十五条　议付指可议付信用证项下单证相符或在开证行或保兑行已确认到期付款的情况下,议付行在收到开证行或保兑行付款前购买单据、取得信用证项下索款权利,向受益人预付或同意预付资金的行为。

议付行审核并转递单据而没有预付或没有同意预付资金不构成议付。

第三十六条　信用证未明示可议付,任何银行不得办理议付;信用证明示可议付,如开证行仅指定一家议付行,未被指定为议付行的银行不得办理议付,被指定的议付行可自行决定是否办理议付。

保兑行对以其为议付行的议付信用证加具保兑,在受益人请求议付时,须承担对受益人相符交单的议付责任。

指定议付行非保兑行且未议付时,保兑行仅承担对受益人相符交单的付款责任。

第三十七条　受益人可对议付信用证在信用证交单期和有效期内向议付行提示单据、信用证正本、信用证通知书、信用证修改书正本及信用证修改通知书(如有),并填制交单委托书和议付申请书,请求议付。

议付行在受理议付申请的次日起5个营业日内审核信用证规定的单据并决定议付的,应在信用证正本背面记明议付日期、业务编号、议付金额、到期日并加盖业务用章。

议付行拒绝议付的,应及时告知受益人。

第三十八条　索偿

议付行将注明付款提示的交单面函(寄单通知书)及单据寄开证行或保兑行索偿资金。除信用证另有约定外,索偿金额不得超过单据金额。

开证行、保兑行负有对议付行符合本办法的议付行为的偿付责任,该偿付责任独立于开证行、保兑行对受益人的付款责任并不受其约束。

第三十九条　追索权的行使

议付行议付时,必须与受益人书面约定是否有追索权。若约定有追索权,到期不获付款议付行可向受益人追索。若约定无追索权,到期不获付款议付行不得向受益人追索,议付行与受益人约定的例外情况或受益人存在信用证欺诈的情形除外。

保兑行议付时,对受益人不具有追索权,受益人存在信用证欺诈的情形除外。

第七节　寄单索款

第四十条　受益人委托交单行交单,应在信用证交单期和有效期内填制信用证交单委托书,并提交单据和信用证正本及信用证通知书、信用证修改书正本及信用证修改通知书（如有）。交单行应在收单次日起5个营业日内对其审核相符的单据寄单。

第四十一条 交单行应合理谨慎地审查单据是否相符，但非保兑行的交单行对单据相符性不承担责任，交单行与受益人另有约定的除外。

第四十二条 交单行在交单时，应附寄一份交单面函（寄单通知书），注明单据金额、索偿金额、单据份数、寄单编号、索款路径、收款账号、受益人名称、申请人名称、信用证编号等信息，并注明此次交单是在正本信用证项下进行并已在信用证正本背面批注交单情况。

受益人直接交单时，应提交信用证正本及信用证通知书、信用证修改书正本及信用证修改通知书（如有）、开证行（保兑行、转让行、议付行）认可的身份证明文件。

第四十三条 交单行在确认受益人交单无误后，应在发票的“发票联”联次批注“已办理交单”字样或加盖“已办理交单”戳记，注明交单日期及交单行名称。

交单行寄单后，须在信用证正本背面批注交单日期、交单金额和信用证余额等交单情况。

第八节 付 款

第四十四条 开证行或保兑行在收到交单行寄交的单据及交单面函（寄单通知书）或受益人直接递交的单据的次日起5个营业日内，及时核对是否为相符交单。单证相符或单证不符但开证行或保兑行接受不符点的，对即期信用证，应于收到单据次日起5个营业日内支付相应款项给交单行或受益人（受益人直接交单时，本节下同）；对远期信用证，应于收到单据次日起5个营业日内发出到期付款确认书，并于到期日支付款项给交单行或受益人。

第四十五条 开证行或保兑行付款后，应在信用证相关业务系统或信用证正本或副本背面记明付款日期、业务编号、来单金额、付款金额、信用证余额，并将信用证有关单据交开证申请人或寄开证行。

若受益人提交了相符单据或开证行已发出付款承诺，即使申请人交存的保证金及其存款账户余额不足支付，开证行仍应在规定的时间内付款。对申请人提供抵押、质押、保函等担保的，按《中华人民共和国担保法》、《中华人民共和国物权法》的有关规定索偿。

第四十六条 开证行或保兑行审核单据发现不符并决定拒付的，应在收到单据的次日起5个营业日内一次性将全部不符点以电子方式或其他快捷方式通知交单行或受益人。如开证行或保兑行未能按规定通知不符点，则无权宣称交单不符。

开证行或保兑行审核单据发现不符并拒付后，在收到交单行或受益人退单的要求之前，开证申请人接受不符点的，开证行或保兑行独立决定是否付款、出具到期付款确认书或退单；开证申请人不接受不符点的，开证行或保兑行可将单据退交单行或受益人。

第四十七条 开证行或保兑行拒付时，应提供书面拒付通知。拒付通知应包括如下内容：

（一）开证行或保兑行拒付。

（二）开证行或保兑行拒付所依据的每一个不符点。

（三）开证行或保兑行拒付后可选择以下意见处理单据：

1. 开证行或保兑行留存单据听候交单行或受益人的进一步指示。

2. 开证行留存单据直到其从开证申请人处收到放弃不符点的通知并同意接受该放弃，或者其同意接受对不符点的放弃之前从交单行或受益人处收到进一步指示。

3. 开证行或保兑行将退回单据。

4. 开证行或保兑行将按之前从交单行或受益人处获得的指示处理。

第四十八条 开证行或保兑行付款后，对受益人不具有追索权，受益人存在信用证欺诈的情形除外。

第九节 注 销

第四十九条 信用证注销是指开证行对信用证未支用的金额解除付款责任的行为。

（一）开证行、保兑行、议付行未在信用证有效期内收到单据的，开证行可在信用证逾有效期一个月后予以注销。具体处理办法由各银行自定。

（二）其他情况下，须经开证行、已办理过保兑的保兑行、已办理过议付的议付行、已办理过转让的转让行与受益人协商同意，或受益人、上述保兑行（议付行、转让行）声明同意注销信用证，并与开证行就全套正本信用证收回达成一致后，信用证方可注销。

第四章　单据审核标准

第五十条　银行收到单据时，应仅以单据本身为依据，认真审核信用证规定的所有单据，以确定是否为相符交单。

相符交单指与信用证条款、本办法的相关适用条款、信用证审单规则及单据之内、单据之间相互一致的交单。

第五十一条　银行只对单据进行表面审核。

银行不审核信用证没有规定的单据。银行收到此类单据，应予退还或将其照转。

如信用证含有一项条件，却未规定用以表明该条件得到满足的单据，银行将视为未作规定不予理会，但提交的单据中显示的相关信息不得与上述条件冲突。

第五十二条　信用证要求提交运输单据、保险单据和发票以外的单据时，应对单据的出单人及其内容作出明确规定。未作规定的，只要所提交的单据内容表面形式满足单据功能且与信用证及其他规定单据不矛盾，银行可予接受。

除发票外，其他单据中的货物或服务或行为描述可使用统称，但不得与信用证规定的描述相矛盾。

发票须是税务部门统一监制的原始正本发票。

第五十三条　信用证要求某种单据提交多份的，所提交的该种单据中至少应有一份正本。

除信用证另有规定外，银行应将任何表面上带有出单人的原始签名或印章的单据视为正本单据（除非单据本身表明其非正本），但此款不适用于增值税发票或其他类型的税务发票。

第五十四条　所有单据的出单日期均不得迟于信用证的有效期、交单期截止日以及实际交单日期。

受益人和开证申请人的开户银行、账号和地址出现在任何规定的单据中时，无须与信用证或其他规定单据中所载相同。

第五十五条　信用证审单规则由行业协会组织会员单位拟定并推广执行。行业协会应根据信用证业务开展实际，适时修订审单规则。

第五章　附　　则

第五十六条　信用证凭证、信用证修改书、交单面函（寄单通知书）等格式、联次由行业协会制定并推荐使用，各银行参照其范式制作。

第五十七条　银行办理信用证业务的各项手续费收费标准，由各银行按照服务成本、依据市场定价原则制定，并遵照《商业银行服务价格管理办法》（中国银监会国家发展改革委令 2014 年第 1 号）相关要求向客户公示并向管理部门报告。

第五十八条　本办法规定的各项期限的计算，适用民法通则关于计算期间的规定。期限最后一日是法定节假日的，顺延至下一个营业日，但信用证规定的装运日或服务提供日不得顺延。

本办法规定的营业日指可办理信用证业务的银行工作日。

第五十九条　本办法由中国人民银行会同中国银行业监督管理委员会解释。

第六十条　本办法自 2016 年 10 月 8 日起施行。

最高人民法院关于审理独立保函纠纷案件若干问题的规定

（2016 年 7 月 11 日最高人民法院审判委员会第 1688 次会议通过　2016 年 11 月 18 日最高人民法院公告公布　自 2016 年 12 月 1 日起施行　法释〔2016〕24 号）

为正确审理独立保函纠纷案件，切实维护当事人的合法权益，服务和保障“一带一路”建设，促进对外开放，根据《中华人民共和国民法通则》《中华人民共和国合同法》《中华人民共和国担保法》《中华人民共和国涉外民事关系法律适用法》《中华人民共和国民事诉讼法》等法律，结合审判实际，制定本规定：

第一条　本规定所称的独立保函，是指银行或非银行金融机构作为开立人,以书面形式向受益人出具的,同意在受益人请求付款并提交符合保函要求的单据时,向其支付特定款项或在保函最高金额内付款的承诺。

前款所称的单据,是指独立保函载明的受益人应提交的付款请求书、违约声明、第三方签发的文件、法院判决、仲裁裁决、汇票、发票等表明发生付款到期事件的书面文件。

独立保函可以依保函申请人的申请而开立,也可以依另一金融机构的指示而开立。开立人依指示开立独立保函的,可以要求指示人向其开立用以保障追偿权的独立保函。

第二条 本规定所称的独立保函纠纷,是指在独立保函的开立、撤销、修改、转让、付款、追偿等环节产生的纠纷。

第三条 保函具有下列情形之一,当事人主张保函性质为独立保函的,人民法院应予支持,但保函未载明据以付款的单据和最高金额的除外:

(一)保函载明见索即付;

(二)保函载明适用国际商会《见索即付保函统一规则》等独立保函交易示范规则;

(三)根据保函文本内容,开立人的付款义务独立于基础交易关系及保函申请法律关系,其仅承担相符交单的付款责任。

当事人以独立保函记载了对应的基础交易为由,主张该保函性质为一般保证或连带保证的,人民法院不予支持。

当事人主张独立保函适用担保法关于一般保证或连带保证规定的,人民法院不予支持。

第四条 独立保函的开立时间为开立人发出独立保函的时间。

独立保函一经开立即生效,但独立保函载明生效日期或事件的除外。

独立保函未载明可撤销,当事人主张独立保函开立后不可撤销的,人民法院应予支持。

第五条 独立保函载明适用《见索即付保函统一规则》等独立保函交易示范规则,或开立人和受益人在一审法庭辩论终结前一致援引的,人民法院应当认定交易示范规则的内容构成独立保函条款的组成部分。

不具有前款情形,当事人主张独立保函适用相关交易示范规则的,人民法院不予支持。

第六条 受益人提交的单据与独立保函条款之间、单据与单据之间表面相符,受益人请求开立人依据独立保函承担付款责任的,人民法院应予支持。

开立人以基础交易关系或独立保函申请关系对付款义务提出抗辩的,人民法院不予支持,但有本规定第十二条情形的除外。

第七条 人民法院在认定是否构成表面相符时,应当根据独立保函载明的审单标准进行审查;独立保函未载明的,可以参照适用国际商会确定的相关审单标准。

单据与独立保函条款之间、单据与单据之间表面上不完全一致,但并不导致相互之间产生歧义的,人民法院应当认定构成表面相符。

第八条 开立人有独立审查单据的权利与义务,有权自行决定单据与独立保函条款之间、单据与单据之间是否表面相符,并自行决定接受或拒绝接受不符点。

开立人已向受益人明确表示接受不符点,受益人请求开立人承担付款责任的,人民法院应予支持。

开立人拒绝接受不符点,受益人以保函申请人已接受不符点为由请求开立人承担付款责任的,人民法院不予支持。

第九条 开立人依据独立保函付款后向保函申请人追偿的,人民法院应予支持,但受益人提交的单据存在不符点的除外。

第十条 独立保函未同时载明可转让和据以确定新受益人的单据,开立人主张受益人付款请求权的转让对其不发生效力的,人民法院应予支持。独立保函对受益人付款请求权的转让有特别约定的,从其约定。

第十一条 独立保函具有下列情形之一,当事人主张独立保函权利义务终止的,人民法院应予支持:

(一)独立保函载明的到期日或到期事件届至,受益人未提交符合独立保函要求的单据;

(二)独立保函项下的应付款项已经全部支付;

(三)独立保函的金额已减额至零;

(四)开立人收到受益人出具的免除独立保

函项下付款义务的文件；

（五）法律规定或者当事人约定终止的其他情形。

独立保函具有前款权利义务终止的情形，受益人以其持有独立保函文本为由主张享有付款请求权的，人民法院不予支持。

第十二条 具有下列情形之一的，人民法院应当认定构成独立保函欺诈：

（一）受益人与保函申请人或其他人串通，虚构基础交易的；

（二）受益人提交的第三方单据系伪造或内容虚假的；

（三）法院判决或仲裁裁决认定基础交易债务人没有付款或赔偿责任的；

（四）受益人确认基础交易债务已得到完全履行或者确认独立保函载明的付款到期事件并未发生的；

（五）受益人明知其没有付款请求权仍滥用该权利的其他情形。

第十三条 独立保函的申请人、开立人或指示人发现有本规定第十二条情形的，可以在提起诉讼或申请仲裁前，向开立人住所地或其他对独立保函欺诈纠纷案件具有管辖权的人民法院申请中止支付独立保函项下的款项，也可以在诉讼或仲裁过程中提出申请。

第十四条 人民法院裁定中止支付独立保函项下的款项，必须同时具备下列条件：

（一）止付申请人提交的证据材料证明本规定第十二条情形的存在具有高度可能性；

（二）情况紧急，不立即采取止付措施，将给止付申请人的合法权益造成难以弥补的损害；

（三）止付申请人提供了足以弥补被申请人因止付可能遭受损失的担保。

止付申请人以受益人在基础交易中违约为由请求止付的，人民法院不予支持。

开立人在依指示开立的独立保函项下已经善意付款的，对保障该开立人追偿权的独立保函，人民法院不得裁定止付。

第十五条 因止付申请错误造成损失，当事人请求止付申请人赔偿的，人民法院应予支持。

第十六条 人民法院受理止付申请后，应当在四十八小时内作出书面裁定。裁定应当列明申请人、被申请人和第三人，并包括初步查明的事实和是否准许止付申请的理由。

裁定中止支付的，应当立即执行。

止付申请人在止付裁定作出后三十日内未依法提起独立保函欺诈纠纷诉讼或申请仲裁的，人民法院应当解除止付裁定。

第十七条 当事人对人民法院就止付申请作出的裁定有异议的，可以在裁定书送达之日起十日内向作出裁定的人民法院申请复议。复议期间不停止裁定的执行。

人民法院应当在收到复议申请后十日内审查，并询问当事人。

第十八条 人民法院审理独立保函欺诈纠纷案件或处理止付申请，可以就当事人主张的本规定第十二条的具体情形，审查认定基础交易的相关事实。

第十九条 保函申请人在独立保函欺诈诉讼中仅起诉受益人的，独立保函的开立人、指示人可以作为第三人申请参加，或由人民法院通知其参加。

第二十条 人民法院经审理独立保函欺诈纠纷案件，能够排除合理怀疑地认定构成独立保函欺诈，并且不存在本规定第十四条第三款情形的，应当判决开立人终止支付独立保函项下被请求的款项。

第二十一条 受益人和开立人之间因独立保函而产生的纠纷案件，由开立人住所地或被告住所地人民法院管辖，独立保函载明由其他法院管辖或提交仲裁的除外。当事人主张根据基础交易合同争议解决条款确定管辖法院或提交仲裁的，人民法院不予支持。

独立保函欺诈纠纷案件由被请求止付的独立保函的开立人住所地或被告住所地人民法院管辖，当事人书面协议由其他法院管辖或提交仲裁的除外。当事人主张根据基础交易合同或独立保函的争议解决条款确定管辖法院或提交仲裁的，人民法院不予支持。

第二十二条 涉外独立保函未载明适用法律，开立人和受益人在一审法庭辩论终结前亦未就适用法律达成一致的，开立人和受益人之间因涉外独立保函而产生的纠纷适用开立人经常居所地法律；独立保函由金融机构依法登记设立的分支机构开立的，适用分支机构登记地法律。

涉外独立保函欺诈纠纷，当事人就适用法律不能达成一致的，适用被请求止付的独立保函的开立人经常居所地法律；独立保函由金融机构依法登记设立的分支机构开立的，适用分支机构登记地法律；当事人有共同经常居所地的，适用共同经常居所地法律。

涉外独立保函止付保全程序，适用中华人民共和国法律。

第二十三条 当事人约定在国内交易中适用独立保函，一方当事人以独立保函不具有涉外因素为由，主张保函独立性的约定无效的，人民法院不予支持。

第二十四条 对于按照特户管理并移交开立人占有的独立保函开立保证金，人民法院可以采取冻结措施，但不得扣划。保证金账户内的款项丧失开立保证金的功能时，人民法院可以依法采取扣划措施。

开立人已履行对外支付义务的，根据该开立人的申请，人民法院应当解除对开立保证金相应部分的冻结措施。

第二十五条 本规定施行后尚未终审的案件，适用本规定；本规定施行前已经终审的案件，当事人申请再审或者人民法院按照审判监督程序再审的，不适用本规定。

第二十六条 本规定自2016年12月1日起施行。

（六）信　贷

信贷资金管理暂行办法①

（1994年2月15日　银发〔1994〕37号）

第一章　总　　则

第一条 为保证在社会主义市场经济体制下货币需求与货币供应的基本平衡，保持币值稳定，保障信贷资金安全，以促进国民经济持续、快速、健康地发展，特制定本办法。

第二条 本办法适用于：中国人民银行、商业银行（含合作银行，下同）、政策性银行、信托投资公司、企业集团财务公司、金融租赁公司、保险公司、信用合作社、融资中介机构以及邮政储蓄机构等。

第三条 本办法中的信贷资金系指上述机构人民币下列项目的全部或部分：

1. 资本，包括核心资本及附属资本。

2. 负债，包括各类存款、借入款项及其他负债。

3. 资产，包括贷款、投资、其他金融资产及表外资产。

第四条 信贷资金管理系指中国人民银行（以下简称人民银行）对货币信贷总量的控制和信贷资金的调节与监管。

第五条 信贷资金管理的基本原则是：总量控制，比例管理，分类指导，市场融通。

总量控制，系指人民银行主要运用间接的、经济的手段，控制货币发行、基础货币、信贷规模以及金融机构的金融资产总量，以保证货币信贷的增长与经济发展相适应。

比例管理，系指规定金融机构的资产与负债之间必须保持一定的比例，以保证信贷资金的安全性和流动性。

分类指导，系指在统一的货币政策下，对不同的金融机构的信贷资金实施有区别的管理方法。

市场融通，系指人民银行主要通过市场来促使信贷资金的合理配置。商业银行和非银行金融机构，主要通过市场融通资金，改善资产负债结构。

第六条 人民银行是信贷资金管理的主管机关。

第二章　货币信贷总量控制

第七条 人民银行总行掌握货币政策决定权、货币发行权、基础货币管理权、信贷总量控制权、基准利率和法定利率调节权。人民银行的分支机构按照总行的授权，负责辖区内的信贷资金管理。

第八条 人民银行对货币信贷总量的控制，要由信贷规模管理为主的直接控制逐步转向运

① 编者注：已废止。

用社会信用规划、再贷款、再贴现、公开市场操作、准备金率、基准利率、比例管理等手段的间接控制。

第九条 人民银行要建立经济、金融宏观指标监测体系，通过对国民生产总值、物价指数、国际收支状况等主要指标的分析、预测，确定货币供应量的年度增长幅度。货币供应量的中长期目标是 M_2，短期目标是 M_1。

第十条 人民银行根据确定的货币供应量增长幅度，编制社会信用规划。社会信用规划包括商业银行、政策性银行、非银行金融机构信贷计划和企业融资计划。金融机构要按照人民银行的有关规定，编制上报信贷计划，人民银行将其纳入社会信用规划综合平衡后用于指导金融机构的信用活动。

第十一条 人民银行要减少信用贷款，增加再贴现和抵押贷款，发展以国债、外汇为操作对象的公开市场业务，逐步提高通过货币市场吞吐基础货币的比重。

第十二条 人民银行制定资产负债比例管理办法，监管金融机构资产负债比例指标执行情况。金融机构要建立健全内部资金运用总量约束和风险管理机制，以保证货币信贷总量的健康适度。

第十三条 人民银行在必要时，可以运用贷款限额管理手段控制信贷规模。

第十四条 各金融机构必须遵守人民银行关于信贷资金管理的规定，执行人民银行规定的利率及其浮动幅度。

第三章 信贷资金的比例管理

第十五条 商业银行和非银行金融机构按照自主经营、自担风险、自负盈亏、自求平衡、自我约束、自我发展的原则，实行资产负债比例和风险管理。

第十六条 资产负债比例管理是以金融机构的资本及负债制约其资产总量及结构。实行这种管理是为了保持资产的安全性和流动性，保证资产质量，防范和减少资产风险，提高信贷资金效益。

第十七条 资产负债比例管理指标，主要包括资本充足率、存贷款比例、中长期贷款比例、资产流动性比率、备付金比例、单个贷款比例、拆借资金比例、股东贷款比例和贷款质量比例。商业银行根据本行情况可增加其他监测指标。

第十八条 商业银行和非银行金融机构，要建立健全贷款审查审批制度；逐步降低信用放款比重，提高抵押、担保贷款和贴现比重；对金融资产实行风险权数考核，控制风险资产比重；建立大额贷款、大额信用证、大额提现向人民银行报告制度；完善信贷资产风险准备制度。

第十九条 商业银行和非银行金融机构要接受人民银行对其资产负债比例及其资产质量的检查和考核。商业银行和非银行金融机构要按照人民银行的要求，及时、准确、完整上报资产负债比例和资产质量管理的统计报表和分析报告。

第四章 商业银行信贷资金的管理

第二十条 商业银行要按照人民银行规定的业务范围吸收存款、发放贷款和组织资金营运，实施资产负债比例和风险管理。

第二十一条 商业银行要按照国家金融宏观调控的要求和业务发展的需要，对贷款和其他资产全面实行期限管理，编制年度信贷资金营运计划，按季分月组织实施。

第二十二条 商业银行总行对本行资产的流动性及支付能力负全部责任，应加强系统内信贷资金的集中管理和统一调度，可根据情况建立第二存款准备金制度，并谨慎地使用第二存款准备金，保证全系统资金的正常运行。

第二十三条 商业银行之间的资金余缺调剂，可以采用以下方式：

一、同业头寸拆借；

二、同业短期拆借；

三、商业票据的贴现与转贴现；

四、债券买卖和抵押借款。

第二十四条 商业银行总行应对其分支机构拆出拆入资金、向人民银行借款和再贴现的数额、期限作出明确规定，并将规定抄报人民银行总行和抄送分支机构所在地的人民银行分行。

第二十五条 商业银行在坚持组织存款、加强系统内资金调度和市场融资的前提下，资金仍然不足，方可向人民银行申请借款和再贴现。

商业银行对到期的人民银行借款，应主动办

理还款手续。如确有困难,可向人民银行申请展期。

第二十六条 商业银行必须在当地人民银行开户,按照人民银行的规定及时缴存存款准备金和留足备付金,不得透支。

第二十七条 商业银行应持有一定数量的国债,通过国债的抵押和转让,保持资产的流动性。

第二十八条 商业银行的资金运用,要体现国家产业政策和信贷政策的要求。对国家限制发展的产业和产品,要严格控制贷款的发放;对国家明令禁止生产的产品,不得发放贷款。

商业银行要按照人民银行规定购买政策性银行发行的金融债券。

第二十九条 商业银行房地产信贷业务的管理:

一、经人民银行批准,由商业银行房地产信贷部门办理的房地产信贷业务,分为委托性住房信贷业务和自营性住房信贷业务。

二、委托性住房信贷业务是指受政府委托以城市住房基金和住房公积金为资金来源的委托贷款业务。商业银行经办委托性住房信贷业务只收取手续费,不承担经济责任。委托性住房信贷业务资金自求平衡,并纳入社会信用规划。

三、自营性住房信贷业务是指按规定吸收的单位存款及个人住房储蓄存款,按规定对企事业单位、个人发放的房屋抵押贷款等。自营性住房贷款纳入主管行的信贷收支计划,并实行比例管理,单独考核。住房信贷资金必须自求平衡,不得使用拆借资金和其他借款发放住房贷款。

第三十条 商业银行结汇资金的管理:

一、外汇指定银行结算周转外汇所需的人民币资金(简称人民币周转金),应由各银行自行解决。

二、外汇指定银行的人民币周转金实行比例管理,比例由人民银行核定。人民币周转金超过核定比例的,必须将外汇结售给其他外汇指定银行或人民银行;人民币周转金低于核定比例的,应及时从其他外汇指定银行或人民银行购入外汇。

第五章 政策性银行信贷资金的管理

第三十一条 政策性银行应在严格界定的政策性业务范围内开展经营活动,并接受人民银行监督,其信贷资金实行计划管理、定向筹集和使用、自求平衡、保本经营的原则。

第三十二条 政策性银行的资金来源主要包括财政拨给的资本金及专项资金,向社会发行的国家担保债券和对向金融机构发行的金融债券,从原专业银行划出的政策性贷款所占用的人民银行贷款。其发债规模实行计划控制并与资本金挂钩。

第三十三条 政策性银行要按照人民银行的要求,编制上报信贷计划,并根据自身业务特点,制定内部信贷资金管理办法,强化资金营运的管理。

第三十四条 国家开发银行要按照建设项目的用款进度,提前筹措资金,按期将资金划给代理业务的商业银行。人民银行对国家开发银行不提供资金。

第三十五条 中国进出口银行为大型成套设备进出口提供买方信贷和卖方信贷所需资金,除财政拨给的外,经批准可发行债券筹措。人民银行不提供资金。

第三十六条 中国农业发展银行主要承担粮棉油收购、国家储备和农业开发业务中的政策性贷款业务。对其因季节性等原因出现先支后收的临时性资金需要,人民银行可视情况对其总行发放少量短期贷款予以支持。

第六章 非银行金融机构的资金管理

第三十七条 非银行金融机构资金管理,包括城市信用合作社、农村信用合作社、信托投资公司、金融租赁公司、企业集团财务公司的信贷资金管理和保险公司有偿资金运用、邮政储蓄机构的资金运用管理。

第三十八条 非银行金融机构要坚持以资本总额制约资产,资金自求平衡的原则。非银行金融机构发生头寸困难时,可以向人民银行申请头寸借款或再贴现。

第三十九条 城市信用合作社、农村信用合作社要按照人民银行规定业务范围从事经营活动,对其资金营运实行资产负债比例管理。

城市信用社应在人民银行开设存款账户,在人民银行开户有困难的,也可在人民银行指定的商业银行开户。农村信用社在中国农业银行开设账户。

第四十条　信用合作社要按规定向人民银行上缴存款准备金，不在人民银行开户的，其开户银行应将信用合作社的存款准备金按时足额划缴人民银行。

信用合作社出现短期资金困难的，可以通过货币市场调剂解决；农村信用合作社也可以由其开户的农业银行给予短期资金支持。

第四十一条　信托投资公司、金融租赁公司、企业集团财务公司要严格按照人民银行批准的业务范围从事经营活动，其资金分类实行资产负债比例管理。上述金融机构必须在人民银行开设存款账户，并按规定向人民银行缴存存款准备金。企业集团财务公司只能在企业集团内部办理金融业务。

第四十二条　保险公司的资金运用以购买国债等有价证券为主。保险公司的资金运用不得超过可用资金来源的总额，不准吸收单位和个人的存款，不准拆入期限在 7 天（不含 7 天）以上的资金。

第四十三条　邮政储蓄存款除按余额 10%的比例留存存款备付金以外，主要用于购买国家开发银行发行的金融债券，各地、各部门一律不得截留或挪作它用。

第七章　货币市场资金的管理

第四十四条　本办法所称货币市场，主要指金融机构之间的同业拆借、证券回购，企业发行短期融资债券，商业银行发行大额可转让定期存单等业务。非金融机构未经人民银行总行批准不得参加，严禁个人从事货币市场业务。

第四十五条　金融机构之间的同业拆借按期限分为 7 天（含 7 天）以内的同业头寸拆借和 7 天以上、4 个月（含 4 个月）以内的同业短期拆借。

第四十六条　同业头寸拆借以无形市场为主，参加同城票据交换的金融机构均可以通过同业头寸拆借调剂头寸余缺。

第四十七条　商业银行向证券公司、信托投资公司、企业集团财务公司、金融租赁公司拆出资金的期限不得超过 7 天。

第四十八条　同业短期拆借要通过人民银行牵头的融资中心主要采用同业融通票据、贴现和转贴现方式办理。商业银行分支机构在同业短期拆借市场拆入拆出资金的数额由其总行规定。银行和非银行金融机构（除另有规定者外）可参加同业短期拆借。银行和非银行金融机构均可向融资中心拆出 4 个月以内的短期资金。

第四十九条　政策性银行、证券公司、保险公司在同业拆借市场上只能拆入 7 天（含 7 天）以内的头寸资金。

第五十条　人民银行牵头的融资中心在本办法中均视同为独立的非银行金融机构，可向所有金融机构拆入 4 个月以内的资金，可向银行（政策性银行除外）拆出 4 个月以内的资金。

第五十一条　金融机构同业拆借资金的数额不得超过人民银行规定的有关比例。

第五十二条　证券回购业务中的回购方应有真实的足额的有价证券，必须向对方办理交割或者由对方封存。证券回购的期限，交易对象与同业拆借同。

第五十三条　人民银行省、自治区、直辖市和计划单列市分行在总行下达的额度内，可以批准企业发行用于临时性、季节性流动资金不足的期限为 3 个月、6 个月、9 个月的短期融资债券。

第五十四条　经人民银行总行批准，商业银行可以发行大额可转让定期存单。大额可转让定期存单的期限最长不得超过 12 个月。非银行金融机构不得发行大额可转让定期存单。

第八章　人民银行信贷资金管理

第五十五条　人民银行信贷资金是调控货币信贷总量的重要手段。人民银行根据年度货币供应量增长目标确定信贷资金运用总量并编制信贷收支计划。

第五十六条　金融机构的存款准备金、财政性存款是人民银行的信贷资金来源。人民银行各级行要按照规定的存款准备金比率和缴存范围按期、足额收缴准备金。对财政性存款，要督促受托银行按规定全额划转人民银行。

第五十七条　人民银行信贷资金运用主要包括：

1. 对金融机构贷款；
2. 对金融机构再贴现；

3. 在公开市场上买卖国债和外汇；

4. 金银外汇占款。

第五十八条 人民银行只对通过下列途径仍未获得足够资金的金融机构发放贷款：一、系统内调剂；二、市场融通；三、再贴现。

第五十九条 人民银行只对金融机构办理再贴现业务，再贴现期限自贴现日起到票据到期日止不超过6个月，再贴现利率和浮动幅度由人民银行总行确定。

第六十条 人民银行总行对商业银行总行和全国性其他金融机构办理信用放款、"回购"贷款、抵押贷款和再贴现；对具有法人资格的全国性融资中介机构办理再贴现和抵押贷款业务；通过公开市场操作窗口买卖国债和外汇。

第六十一条 人民银行省、区、市（含计划单列市）分行负责辖区内金融机构（含分支机构）信贷资金的监管，检查、考核金融机构的资产负债比例管理情况和资金营运状况；按总行的规定和授权，办理头寸放款和再贴现，并负责按期收回。人民银行对商业银行分支机构办理的头寸放款和再贴现，不得超过商业银行总行规定的数额和期限。

第六十二条 对3个月以上的再贷款，特殊情况下，人民银行总行与商业银行总行在核定借（还）款额度后，可由商业银行总行提出分地区数额。人民银行省、区、市（含计划单列市）分行根据人民银行总行通知，办理有关手续，具体借（还）款日期和借（还）款额由人民银行及商业银行省级分行商定。借款额度不得在行际间调剂。

第九章 现金管理

第六十三条 对金融机构现金管理与监督：

一、金融机构业务库现金必须由人民银行核定最高限额，各金融机构自身财务库存现金必须与业务库存现金严格分开，其最高限额也由人民银行核定。

二、金融机构从人民银行发行库提取现金，应提前报告现金支出的数量和用途，并接受人民银行的审查和监督。

三、各金融机构不得跨省、市、县或跨系统调拨、借用现金。

四、各开户银行必须建立大额现金支出登记台账，健全审批制度，定期汇总向人民银行报告。

五、开户银行对企事业单位（开户单位）坐支现金的限额和范围，必须列具清单报人民银行审查备案。

六、各开户银行必须对开户单位的现金活动进行经常监督、检查。如开户单位因开户银行对其进行严格现金管理而要求转户，人民银行有权制止，其他银行不准接受。

第六十四条 统一和规范现金管理，实行现金管理检查证制度。

第十章 统计报告制度

第六十五条 人民银行按照本办法的要求，建立相应的信贷资金的统计报告制度。

第六十六条 金融机构必须执行人民银行规定的信贷资金统计报告制度；可以结合自身实际情况制定若干专业统计报表，并报人民银行备案。

第六十七条 金融机构必须准确、完整地填制报表，及时报送人民银行。

第十一章 罚 则

第六十八条 金融机构违反本办法，人民银行可视情况给予以下处罚：

一、警告；

二、通报；

三、限制放款；

四、限期调整资产负债结构；

五、罚款；

六、冻结在人民银行的账户；

七、停业整顿；

八、追究有关当事人和负责人的行政责任。

以上处罚可以并用。

第十二章 附 则

第六十九条 各金融机构可按照本办法制定实施细则，报人民银行总行备案。

第七十条 商业银行、信用合作社、信托投资公司、企业集团财务公司、金融租赁公司资产负债比例管理办法另行下达。

第七十一条 本办法的解释、修改权属中国人民银行总行。

第七十二条　本办法自1994年2月1日起实施。在本办法实施之日前公布的规章与本办法相抵触的，以本办法为准。

贷款通则（试行）

（1995年7月27日中国人民银行通过银发〔1995〕第217号文件发布　自1995年7月27日起试行）

第一章　总　　则

第一条　为了规范贷款行为，保护借贷双方的合法权益，提高贷款质量，加速信贷资金周转，根据《中华人民共和国中国人民银行法》、《中华人民共和国商业银行法》等有关法律，特制定本通则。

第二条　本通则是中华人民共和国境内借贷活动必须遵循的原则和规范。

第三条　本通则所称贷款人，系指在中国境内设立的中资商业银行、信托投资公司、企业集团财务公司、金融租赁公司、城乡信用合作社及其他经营贷款业务的金融机构。本通则所称借款人，系指从上述金融机构取得贷款的企事业法人和自然人。

第四条　本通则中的贷款系指贷款人对借款人提供的并按约定的利率和期限还本付息的货币资金。

第五条　本通则中的贷款币种包括人民币和外币。

第六条　贷款的发放和使用应当符合国家的法律、行政法规和中国人民银行发布的命令、规章，应当遵循资金使用效益性、安全性和流动性的原则。

第七条　借款人与贷款人的借贷业务往来应当遵循自愿、平等、诚实和守信的原则。

第八条　贷款人开展贷款业务，应当遵循公平竞争、密切协作的原则，不得从事不正当竞争。

第九条　中国人民银行是实施《贷款通则》（试行）的监管机关。

第二章　贷 款 种 类

第十条　短期贷款、中期贷款和长期贷款

一、短期贷款，系指贷款期限在1年以内的贷款。

二、中期贷款，系指贷款期限在1年以上（含1年）5年以下的贷款。

三、长期贷款，系指贷款期限在5年（含5年）以上的贷款。

第十一条　信用贷款、担保贷款和票据贴现

一、信用贷款，系指以借款人的信誉发放的贷款。

二、担保贷款

（一）保证贷款，系指按《担保法》规定的保证方式以第三人承诺在借款人不能偿还贷款时，按约定承担一般保证责任或者连带责任为前提而发放的贷款。

（二）抵押贷款，系指按《担保法》规定的抵押方式以借款人或第三人的财产作为抵押物发放的贷款。

（三）质押贷款，系指按《担保法》规定的质押方式以借款人或第三人的动产或权利作为质物发放的贷款。

三、票据贴现，系指贷款人用信贷资金购买未到期商业汇票，在汇票到期被拒绝付款时，可以对背书人、出票人以及汇票的其他债务人行使追索权。

第十二条　自营贷款和委托贷款

一、自营贷款，系指贷款人以合法方式筹集的资金自主发放的贷款，其风险由贷款人承担，并由贷款人收取本金和利息。

二、委托贷款，系指由政府部门、企事业单位及个人等委托人提供资金，由贷款人（即受托人）根据委托人确定的贷款对象、用途、金额、期限、利率等而代理发放、监督使用并协助收回的贷款，其风险由委托人承担，贷款人（即受托人）收取手续费，不得代垫资金。贷款人办理委托贷款的资格由中国人民银行另行规定。

第十三条　其他经中国人民银行批准的贷款种类。

第三章　贷款期限和利率

第十四条　贷款期限

一、贷款期限根据借款人的生产经营周期、还款能力和贷款人的资金供给能力由借贷双方

共同商议后确定,并在借款合同中标明。

二、自营贷款期限一般最长不得超过10年,超过10年应当报中国人民银行备案。

三、票据贴现的贴现期最长不得超过6个月,贴现期限为从贴现之日起到承兑票据到期日止。

第十五条 贷款延期

一、不能按期归还贷款的,借款人应当提前向贷款人申请贷款延期。申请保证贷款、抵押贷款、质押贷款延期还应当由保证人、抵押人、出质人出具同意的书面证明。是否延期由贷款人决定。

二、短期贷款延期不得超过原贷款期限;中期贷款延期不得超过原贷款期限的一半;长期贷款延期不得超过3年。国家另有规定者除外。

第十六条 贷款利息和利息管理

一、贷款人应当按照中国人民银行规定的贷款利率的上下限,确定每笔贷款利率,并在借款合同中标明。

二、延期贷款利率按签定延期合同之日的中国人民银行的规定执行。贷款的延期期限加上原期限达到新的利率档次期限,则在原期限和延期内均按新的利率档次计收利息。

三、逾期贷款按规定加收利息。

四、贷款人和借款人应当按借款合同的规定按期计收或交付利息。

五、贷款贴息应当坚持谁确定谁贴息的原则。应贴补的贷款利息,由利息贴补者直接补偿给借款人。

六、除国务院外,任何单位和个人无权决定停息、减息、缓息和免息。

第四章 借 款 人

第十七条 借款人应当是经工商行政管理机关(或主管机关)核准登记的企(事)业法人、个人合伙、个体工商户或具有中华人民共和国国籍的具有完全民事行为能力的自然人。

第十八条 借款人申请贷款应当具备以下基本条件:

一、有按期还本付息的能力;

二、原应付贷款利息和到期贷款已按期清偿;

三、除自然人外,应当经过工商部门办理年检手续;

四、已开立基本账户或一般存款账户;

五、企业法人对外的股本权益性投资总额不得超过其资产净值的50%;

六、申请中、长期贷款,新建项目企业法人的所有者权益一般不得低于项目所需总投资的25%。在具体执行时,加工业应高一些,商业可以低一些;盈利水平低的应高一些,盈利水平高的可以低一些;

七、申请短期贷款,企业法人的新增流动资产一般不得小于新增流动负债。

第十九条 借款人的权利

一、可以向多个独立的贷款人申请贷款并依条件取得贷款;

二、有权按合同约定提取和使用全部贷款;

三、有权拒绝借款合同以外的附加条件;

四、有权向贷款人的上级和中国人民银行反映、举报有关情况。

第二十条 借款人的义务

一、应当如实提供贷款人要求的资料(法律规定不能提供者除外),应当向贷款人如实提供所有开户行、帐号及存款余额情况,配合贷款人的调查、审查和检查;

二、应当接受贷款人对其使用信贷资金的情况和有关生产经营、财务活动的监督;

三、应当按借款合同规定用途使用贷款;

四、应当按借款合同规定及时清偿贷款本息;

五、将债务全部或部分转让给第三人的,应当取得贷款人的同意;

六、有危及贷款人债权安全情况时,应当及时通知贷款人,同时采取保全措施。

第二十一条 对借款人的限制

一、不得在一个贷款人同一辖区内的两个或两个以上同级分支机构取得贷款;

二、不得向贷款人提供虚假的或者隐瞒重要事实的资产负债表、损益表等;

三、不得用贷款从事股本权益性投资;

四、不得用贷款炒买炒卖有价证券、期货和房地产;

五、不得套用贷款,相互借贷牟取非法收入;

六、不得把外币贷款串换成人民币使用。

第五章　贷　款　人

第二十二条　贷款人必须经中国人民银行批准,持有中国人民银行颁发的《金融机构法人许可证》或《金融机构营业许可证》,并经工商行政管理部门核准登记。

第二十三条　贷款人的权利

一、要求借款人提供与借款相关的资料;

二、根据借款人提供的资料,决定贷与不贷、贷款金额、利率等;

三、贷款到期时依合同约定从借款人账户上划收贷款本金和利息;

四、在借款人未能履行借款合同规定的义务,经指出不改正者,可以要求借款人提前归还贷款或停止支付借款人尚未使用的贷款。

第二十四条　贷款人的义务

一、应当公布贷款业务的种类、范围、程序和贷款利率等信息,并向借款人提供咨询;

二、应当公开贷款要审查的资信内容和发放贷款的条件;

三、在收到贷款申请后,应当及时给予书面答复。短期贷款答复时间不得超过20个工作日,中期、长期贷款答复时间不得超过130个工作日;

四、应当对借款人的债务、财务、生产、经营情况保密,但对依法查询者除外;

五、将债权转让给第三者的,应当取得借款人的同意。

第二十五条　对贷款人的限制

一、贷款的发放必须严格执行中国人民银行规定的资产负债比例管理指标(或资产负债风险管理指标)。

二、不得发放贷款用于收取利息。

三、借款人有下列情况之一者,不得对其发放贷款:

(一)国家明文禁止生产、经营和投资的产品、项目;

(二)严重违反国家有关外汇管理规定;

(三)建设项目未列入投资计划,未取得建筑、投资、开工许可证或有关批文;

(四)生产经营或投资项目违反环境保护规定;

(五)其他严重违法经营行为。

四、未得到中国人民银行批准,不得对自然人发放外币币种的贷款。

五、不得在借款合同之外收取任何费用。

六、贷款人的工作人员不得泄露其在办理贷款业务过程中知悉的国家秘密、商业秘密。

第六章　贷 款 程 序

第二十六条　贷款申请

借款人必须填写包含借款用途、偿还能力、还款方式等主要内容的《借款申请书》并提供以下资料:

一、借款人及保证人基本情况。

二、财政部门或会计(审计)事务所核准的上年度财会报告,以及申请借款前一期的财会报告。

三、原有不合理占用的贷款的纠正情况。

四、抵押物、质物清单和有处分权人的同意抵押、质押的证明及保证人拟同意保证的有关证明文件。

五、申请中长期贷款还必须提供以下资料:

(一)项目可行性报告;

(二)项目开工前期准备工作完成情况的报告;

(三)在开户银行存入了规定比例资金的证明;

(四)经有权单位批准下达的项目投资计划或开工通知书;

(五)按规定项目竣工投产所需自筹流动资金落实情况及证明材料。

六、贷款人认为需要提供的其他资料等。

第二十七条　对借款人的信用等级评估

应当根据贷款人的领导者素质、经济实力、资金结构、经营效益和发展前景等因素,评定借款人的信用等级。信用等级高的企业,优先取得贷款;信用等级低的企业,应当限制贷款。评级可由贷款人独立进行,内部掌握,也可由有权部门批准的机构进行。

第二十八条　贷款调查

贷款人受理借款人申请后,应当对借款人的信用等级以及借款的合法性、安全性、盈利性等情况进行调查,核实抵押物、质物、保证人情况,测定贷款的风险度。

第二十九条 贷款审批

贷款人应当按照审贷分离、分级审批的贷款管理制度进行贷款的审批。审查人员应当对调查人员提供的情况资料进行核实、评定,复测贷款风险度,提出贷款意见,按规定权限报有权审批人员批准。

第三十条 签订借款合同

所有贷款应当由贷款人与借款人签订借款合同。借款合同应当约定贷款种类、贷款用途、金额、利率、还款期限、还款方式、违约责任和双方认为需要约定的其他事项。

保证贷款应当由保证人与贷款人签订保证合同或保证人在借款合同上写明,并签名盖章。抵押贷款、质押贷款应当由抵押人、出质人与贷款人签订抵押合同、质押合同,并依法办理登记。

第三十一条 贷款发放

贷款人要按借款合同规定按期发放贷款。贷款人不按合同规定按期发放贷款的,应偿付违约金。

第三十二条 贷后检查

贷款发放后,贷款人应当对借款人执行借款合同情况及借款人的资信情况进行追踪调查和检查。

第三十三条 贷款归还

借款人应当按照借款合同规定按时足额归还贷款本息。借款人不按合同规定归还贷款的,应当承担违约责任,并加付利息。任何单位和个人不得干涉。

借款人提前归还贷款,应当与贷款人协商一致确定。

第七章 贷款质量监管

第三十四条 贷款人应当建立和完善贷款的质量监管制度,对不良贷款进行分类、登记、考核和催收。

第三十五条 不良贷款的分类标准

逾期贷款:系指逾期(含展期后到期)不能归还的贷款(不含呆滞贷款和呆帐贷款)。

呆滞贷款:系指逾期(含展期后到期)2 年(含 2 年)以上仍不能归还的贷款和贷款虽然未到期或逾期不到 2 年但生产经营已停止、项目已停建的贷款(不含呆帐贷款)。

呆帐贷款,系指:

一、借款人和担保人依法宣告破产,进行清偿后,未能还清的贷款;

二、借款人死亡或者依照《中华人民共和国民法通则》的规定,宣告失踪或宣告死亡,以其财产或遗产清偿后,未能还清的贷款;

三、借款人遭到重大自然灾害或意外事故,损失巨大且不能获得保险补偿,确实无力偿还的部分或全部贷款,或者以保险清偿后,未能还清的贷款;

四、贷款人依法处置贷款抵押物、质物所得价款不足以补偿抵押、质押贷款的部分;

五、经国务院专案批准核销的贷款。

第三十六条 不良贷款的登记

不良贷款由会计、信贷部门提供数据,由稽核部门负责审核并按规定权限认定,各贷款人应当按季填报不良贷款情况表。

第三十七条 不良贷款的考核

贷款人的逾期贷款、呆滞贷款、呆帐贷款均不得超过人民银行规定的比例。各贷款人应当对所属分支机构下达和考核逾期贷款率、呆滞贷款率、呆帐贷款率等指标。

第三十八条 不良贷款的催收和呆帐贷款的冲销

信贷部门负责不良贷款的催收,稽核部门负责对催收情况的检查。各贷款人应当按照财政部规定提取呆帐准备金,并按照呆帐冲销的条件和程序冲销呆帐贷款。

第八章 贷款管理责任制

第三十九条 贷款管理实行行长(经理、主任,下同)负责制

贷款实行分级经营管理,各级行长应当对本级行贷款的发放和收回负全部责任。行长可以授权副行长或贷款管理部门负责审批贷款,副行长或贷款管理部门负责人应当对行长负责。

第四十条 贷款人各级机构应当对建立有主管行长(经理、主任,下同)和有关部门负责人参加的贷款审查委员会(小组),负责贷款的审查。审查结果应当报行长审定。

第四十一条 应当建立以“三查”分离为基础的审贷分离制度

贷款调查部门负责贷款调查评估，承担调查失误和评估失准的责任；贷款审查部门负责贷款风险的审查，承担审查失误的责任；贷款检查部门负责贷款的检查和清收处理，承担检查失误、清收和督导不力的责任。

第四十二条　应当建立分级审批制度

贷款人应当根据业务量大小、管理水平和贷款风险度确定各级分支机构的审批权限。各级分支机构应当根据贷款种类、借款人的信用等级和抵押物、质物、保证人等情况确定每一笔贷款的风险度。在审批权限以上的贷款，应当报上级审批。

第四十三条　应当建立和健全信贷工作岗位责任制

各级贷款管理部门应将贷款管理的每一个环节的管理责任落实到部门、岗位、个人，严格划分各级信贷工作人员的职责。

第四十四条　应当对大额借款人建立驻厂信贷员制度。

第四十五条　贷款人的贷款业务人员，不得有下列行为：

一、索取、收受贿赂或者违反国家规定收受各种名义的回扣、手续费；

二、贪污、挪用、侵占贷款资金；

三、违反规定向亲属、朋友发放贷款或者提供担保；

四、在贷款人或其他经济组织兼职；

五、违反法律、行政法规和业务管理规定的其他行为。

第九章　贷款债权保全和清偿的管理

第四十六条　借款人实行承包、租赁经营时，应当清偿贷款债务或提供相应的担保。不能落实债务的，其所欠贷款债务应当经贷款人同意，由发包方或出租方与承包方或租赁方在协议或合同中明确各自的偿还责任；对于已设定抵押权、质权的财产，应当经抵押权人、质权人同意，方可承包、租赁。

第四十七条　借款人实行股份制改造，应当清偿贷款债务或提供相应的担保，不清偿贷款债务或提供相应担保的，不得实行股份制改造。

借款人实行整体股份制改造后，所欠贷款债务由改造后公司全部承担；实行部分股份制改造后，改造后的股份公司应当按占用借款人的资本金或资产的比例承担原借款人的贷款债务。

第四十八条　借款人实行联营的，联营后如组成新的企业法人，新的企业法人应当按其占用借款人的资本金或资产的比例承担贷款债务；不组成新的企业法人，借款人原有贷款债务仍由借款人承担。

第四十九条　借款人被合并（兼并）时，应当清偿贷款债务或提供相应担保，不清偿贷款债务或提供相应担保的，不得合并（兼并）。

合并（兼并）企业或合并后新成立的企业应当承担归还原借款人贷款的义务，并与贷款人重新签订有关合同或协议。

第五十条　借款人与外商合资（合作）后，仍应承担合资（合作）前的贷款归还责任，所得收益应优先归还贷款。借款人不能用已作为贷款抵押、质押的财产与外商合资（合作）。

第五十一条　借款人分立时，应当清偿贷款债务或提供相应的担保，不清偿贷款债务或提供相应担保的，不得分立。

借款人分立后的各企业，按照分立时所占资本或资产比例或协议对原借款人的所欠贷款承担清偿责任。借款人设立子公司的，其子公司应当按所得资本或资产的比例承担和偿还母公司相应的贷款债务。

第五十二条　借款人产权被有偿转让及确定转让方式、转让价格等时，应当征求贷款人的意见；转让收入按法定程序和比例清偿贷款债务。借款人已设立担保权的财产，应当征得贷款人（即担保权人）的同意才能转让，转让收入应当优先用于清偿所欠贷款债务。

第五十三条　借款人在保证清偿贷款债务前提下，方可经有关部门批准解散。

第五十四条　借款人申请破产前，应当通知贷款人。破产借款人财产的认定与债权债务的处置应当在贷款人的参与下，严格按照有关法律进行，对于破产借款人已设定财产抵押、质押或其他担保的贷款应优先受偿；无财产担保的贷款债权按法定程序和比例受偿。借款人全资附属公司资产或参股公司股权，属于破产财产，应当用于清偿债务。

第十章 贷款管理特别条款

第五十五条 建立贷款主办行制度

借款人应当与其开立基本账户的贷款人建立贷款主办行关系。主办行除了按规定有计划地对借款人提供贷款外,还应当为借款人提供必要的信息、咨询、代理等金融服务。借款人发生涉及信贷资金使用的重大经济活动,事先应当征求主办行的意见。一个借款人只能有一个贷款主办行,主办行变更应当经借贷双方协商,但一年内只能变更一次。

第五十六条 对贷款数额较大的贷款,由2家或2家以上贷款人组织银团贷款。银团贷款应当确定一个贷款人为牵头行,并签订银团贷款协议,明确各贷款人的权利和义务,共同评审贷款项目。牵头行要按协议确定的比例监督贷款的偿还。

银团贷款要报人民银行备案。

第五十七条 各级行政部门和企事业单位不得经营贷款业务。企业之间不得办理借贷或者变相借贷的融资业务。

第五十八条 供销合作社等股份合作经济组织、农村合作基金会和其他基金会,经批准可以吸收股金,但入股人必须参加管理,承担风险,股金不能抽回,不能保息分红;不得以吸收股金为名办理存贷款业务。

第五十九条 任何单位和个人不得强令贷款人发放贷款或者提供担保。贷款人有权拒绝任何单位和个人强令要求其发放贷款或者提供担保。

法律另有规定者除外。

第六十条 贷款人不得对关系人发放信用贷款,向关系人发放担保贷款的条件不得优于其他借款人同类贷款。本条所称关系人系指:

一、贷款人的董事、监事、管理人员、信贷业务人员及其近亲属;

二、前项所列人员投资或担任高级管理职务的公司、企业和其他经济组织。

第六十一条 民间的借贷活动必须严格遵守国家的有关法律,用于借贷的仅限于个人所有的资金,严禁用债务资金借贷,不得放高利贷。

第十一章 违约责任和罚则

第六十二条 借款人有下列情形之一,贷款人可以加收部分或全部贷款利息;情节特别严重或逾期不改正的,贷款人可以提前收回部分或全部贷款,停止支付借款人尚未使用的贷款:

一、向贷款人提供虚假或者隐瞒重要事实的资产负债表、损益表等资料的;

二、不如实向贷款人提供所有开户行、账号及存款余额等资料的;

三、不按借款合同规定用途使用贷款的;

四、用贷款人从事股本权益性投资的;

五、利用贷款炒买炒卖有价证券、期货和房地产的;

六、不按借款合同规定清偿贷款本息的;

七、拒绝接受贷款人对其使用信贷资金情况和有关生产经营、财务活动监督的;

八、套用贷款,相互借贷牟取非法收入的。

第六十三条 借款人违反本通则第九章规定致使贷款债务落空,贷款人可停止新增加贷款,提前收回贷款。造成信贷资产损失的,借款人及其主管人员或者个人,应当承担全部或部分赔偿责任。

第六十四条 贷款人的有关责任人员对借款人违反本通则第九章规定致使贷款债权落空未予拒绝、反映不及时,应当给予纪律处分;造成信贷资产损失的,应当承担相应的赔偿责任。

第六十五条 贷款人有下列情形之一,由中国人民银行责令改正。有违法所得,没收违法所得,并处以违法所得1倍以上5倍以下罚款;情节特别严重或者逾期不改正的,中国人民银行可以责令停业整顿或者吊销其经营许可证:

一、向关系人发放信用贷款或者发放担保贷款的条件优于其他借款人同类贷款的;

二、提供虚假或者隐瞒重要事实的资产负债比例管理报表(资产负债风险管理报表)的;

三、拒绝中国人民银行稽核、检查监督的;

四、违反本通则第二十五条第三款规定,发放贷款的。

第六十六条 贷款人有下列情形之一,由中国人民银行责令改正,有违法所得的,没收违法所得,并处以违法所得1倍以上3倍以下罚款;

没有违法所得,处以1万元以上5万元以下罚款;

一、未遵守中国人民银行资产负债比例管理、资产风险管理规定指标的;

二、发放贷款收取利息的;

三、违反规定提高或者降低利率以及采取其他不正当手段发放贷款的;

四、贷款人代垫委托贷款资金或者不按中国人民银行规定收取手续费的;

五、未经中国人民银行批准,对自然人发放外币币种贷款的;

六、贷款人在借款合同之外收取任何费用的。

第六十七条 有下列情形之一,由中国人民银行责令改正;逾期不改正的,中国人民银行可以处以5千元以上1万元以下罚款;

一、没有公布贷款种类、期限、利率、贷款程序等的;

二、没有公开贷款条件和发放贷款时要审查的内容的;

三、没有在规定期限内答复借款人贷款申请的。

第六十八条 贷款人有第六十五条、六十六条、六十七条规定的情形的,对直接负责的主管人员和其他责任人员,应当给予纪律处分。

第六十九条 贷款人的工作人员利用职务上的便利,违反国家规定收受回扣、手续费的,要给予纪律处分;索取、收受贿赂的,依法追究刑事责任。

有前款行为,发放贷款或者提供担保造成损失的,应当承担全部或者部分赔偿责任。

第七十条 贷款人的工作人员利用职务上的便利,贪污、挪用、侵占借款人的贷款资金,应当给予纪律处分。

第七十一条 贷款人的工作人员违反本通则规定玩忽职守造成损失的,应当给予纪律处分。

违反规定向亲属、朋友发放贷款或者提供担保造成损失的,应当承担全部或者部分赔偿责任。

第七十二条 贷款人的工作人员泄露在办理贷款过程中知悉的国家秘密、商业秘密的,应当给予纪律处分。

第七十三条 单位或者个人强令贷款人发放贷款或者提供担保的,应当对直接负责的主管人员和其他直接责任人员给予纪律处分;造成损失的,应当承担全部或者部分赔偿责任。

贷款人的工作人员对单位或者个人强令其发放贷款或者提供担保未予拒绝的,应当给予纪律处分;造成损失的,应当承担相应的赔偿责任。

第七十四条 行政部门、企事业单位、供销合作社等股份合作经济组织、农村合作基金会和其他基金会擅自发放贷款的;企业之间擅自办理借贷或者变相借贷的,由中国人民银行对出借方已经取得或者约定取得的利息予以收缴,并对借入方处以相当于银行贷款利息的罚款。

第七十五条 借款人利用贷款资金办理民间借贷的,由中国人民银行责令改正。有违法所得,没收违法所得,并处以违法所得1倍以上5倍以下罚款。

第七十六条 当事人对中国人民银行处罚不服的,可按《中国人民银行行政复议办法(试行)》的规定申请复议。

第十二章 附　　则

第七十七条 国家政策性银行与其借款人的借贷业务往来原则上适用本通则。

第七十八条 外资金融机构(含外资、中外合资、外资金融机构的分支机构等)与其借款人的借贷业务往来不适用本通则。

第七十九条 贷款人应根据本通则制定实施细则,报中国人民银行备案。

第八十条 本通则自实施之日起,中国人民银行和各贷款人在此以前制定的各种规章,与本通则有抵触者,以本通则为准。

第八十一条 本通则由中国人民银行总行解释和修改。

第八十二条 本通则自1995年7月27日起试行。

贷款通则

(1996年6月28日中国人民银行令〔1996〕第2号公布 自1996年8月1日起施行)

目 录

第一章 总 则

第一条 为了规范贷款行为,维护借贷双方的合法权益,保证信贷资产的安全,提高贷款使用的整体效益,促进社会经济的持续发展,根据《中华人民共和国中国人民银行法》、《中华人民共和国商业银行法》等有关法律规定,制定本通则。

第二条 本通则所称贷款人,系指在中国境内依法设立的经营贷款业务的中资金融机构。

本通则所称借款人,系指从经营贷款业务的中资金融机构取得贷款的法人、其他经济组织、个体工商户和自然人。

本通则中所称贷款系指贷款人对借款人提供的并按约定的利率和期限还本付息的货币资金。

本通则中的贷款币种包括人民币和外币。

第三条 贷款的发放和使用应当符合国家的法律、行政法规和中国人民银行发布的行政规章,应当遵循效益性、安全性和流动性的原则。

第四条 借款人与贷款人的借贷活动应当遵循平等、自愿、公平和诚实信用的原则。

第五条 贷款人开展贷款业务,应当遵循公平竞争、密切协作的原则,不得从事不正当竞争。

第六条 中国人民银行及其分支机构是实施《贷款通则》的监管机关。

第二章 贷款种类

第七条 自营贷款、委托贷款和特定贷款:

自营贷款,系指贷款人以合法方式筹集的资金自主发放的贷款,其风险由贷款人承担,并由贷款人收回本金和利息。

委托贷款,系指由政府部门、企事业单位及个人等委托人提供资金,由贷款人(即受托人)根据委托人确定的贷款对象、用途、金额期限、利率等代为发放、监督使用并协助收回的贷款。贷款人(受托人)只收取手续费,不承担贷款风险。

特定贷款,系指经国务院批准并对贷款可能造成的损失采取相应补救措施后责成国有独资商业银行发放的贷款。

第八条 短期贷款、中期贷款和长期贷款:

短期贷款,系指贷款期限在1年以内(含1年)的贷款。

中期贷款,系指贷款期限在1年以上(不含1年)5年以下(含5年)的贷款。

长期贷款,系指贷款期限在5年(不含5年)以上的贷款。

第九条 信用贷款、担保贷款和票据贴现:

信用贷款,系指以借款人的信誉发放的贷款。

担保贷款,系指保证贷款、抵押贷款、质押贷款。

保证贷款,系指按《中华人民共和国担保法》规定的保证方式以第三人承诺在借款人不能偿还贷款时,按约定承担一般保证责任或者连带责任而发放的贷款。

抵押贷款,系指按《中华人民共和国担保法》规定的抵押方式以借款人或第三人的财产作为抵押物发放的贷款。

质押贷款,系指按《中华人民共和国担保法》规定的质押方式以借款人或第三人的动产或权利作为质物发放的贷款。

票据贴现,系指贷款人以购买借款人未到期商业票据的方式发放的贷款。

第十条 除委托贷款以外,贷款人发放贷款,借款人应当提供担保。贷款人应当对保证人的偿还能力,抵押物、质物的权属和价值以及实现抵押权、质权的可行性进行严格审查。

经贷款审查、评估,确认借款人资信良好,确能偿还贷款的,可以不提供担保。

第三章 贷款期限和利率

第十一条 贷款期限:

贷款期限根据借款人的生产经营周期、还款能力和贷款人的资金供给能力由借贷双方共同商议后确定,并在借款合同中载明。

自营贷款期限最长一般不得超过10年,超过10年应当报中国人民银行备案。

票据贴现的贴现期限最长不得超过6个月,贴现期限为从贴现之日起到票据到期日止。

第十二条 贷款展期:

不能按期归还贷款的,借款人应当在贷款到期日之前,向贷款人申请贷款展期。是否展期由贷款人决定。申请保证贷款、抵押贷款、质押贷款展期的,还应当由保证人、抵押人、出质人出具同意的书面证明。已有约定的,按照约定执行。

短期贷款展期期限累计不得超过原贷款期限;中期贷款展期期限累计不得超过原贷款期限的一半;长期贷款展期期限累计不得超过3年。国家另有规定者除外。借款人未申请展期或申请展期未得到批准,其贷款从到期日次日起,转入逾期贷款账户。

第十三条 贷款利率的确定:

贷款人应当按照中国人民银行规定的贷款利率的上下限,确定每笔贷款利率,并在借款合同中载明。

第十四条 贷款利息的计收:

贷款人和借款人应当按借款合同和中国人民银行有关计息规定按期计收或交付利息。

贷款的展期期限加上原期限达到新的利率期限档次时,从展期之日起,贷款利息按新的期限档次利率计收。

逾期贷款按规定计收罚息。

第十五条 贷款的贴息:

根据国家政策,为了促进某些产业和地区经济的发展,有关部门可以对贷款补贴利息。

对有关部门贴息的贷款,承办银行应当自主审查发放,并根据本通则有关规定严格管理。

第十六条 贷款停息、减息、缓息和免息:

除国务院决定外,任何单位和个人无权决定停息、减息、缓息和免息。贷款人应当依据国务院决定,按照职责权限范围具体办理停息、减息、缓息和免息。

第四章 借款人

第十七条 借款人应当是经工商行政管理机关(或主管机关)核准登记的企(事)业法人、其他经济组织、个体工商户或具有中华人民共和国国籍的具有完全民事行为能力的自然人。

借款人申请贷款,应当具备产品有市场、生产经营有效益、不挤占挪用信贷资金、恪守信用等基本条件,并且应当符合以下要求:

一、有按期还本付息的能力,原应付贷款利息和到期贷款已清偿;没有清偿的,已经做了贷款人认可的偿还计划。

二、除自然人和不需要经工商部门核准登记的事业法人外,应当经过工商部门办理年检手续。

三、已开立基本账户或一般存款账户。

四、除国务院规定外,有限责任公司和股份有限公司对外股本权益性投资累计额未超过其净资产总额的50%。

五、借款人的资产负债率符合贷款人的要求。

六、申请中期、长期贷款的,新建项目的企业法人所有者权益与项目所需总投资的比例不低于国家规定的投资项目的资本金比例。

第十八条 借款人的权利:

一、可以自主向主办银行或者其他银行的经办机构申请贷款并依条件取得贷款;

二、有权按合同约定提取和使用全部贷款;

三、有权拒绝借款合同以外的附加条件;

四、有权向贷款人的上级和中国人民银行反映、举报有关情况;

五、在征得贷款人同意后,有权向第三人转让债务。

第十九条 借款人的义务:

一、应当如实提供贷款人要求的资料(法律规定不能提供者除外),应当向贷款人如实提供所有开户行、账号及存贷款余额情况,配合贷款人的调查、审查和检查；

二、应当接受贷款人对其使用信贷资金情况和有关生产经营、财务活动的监督；

三、应当按借款合同约定用途使用贷款；

四、应当按借款合同约定及时清偿贷款本息；

五、将债务全部或部分转让给第三人的，应当取得贷款人的同意；

六、有危及贷款人债权安全情况时，应当及时通知贷款人，同时采取保全措施。

第二十条 对借款人的限制：

一、不得在一个贷款人同一辖区内的两个或两个以上同级分支机构取得贷款。

二、不得向贷款人提供虚假的或者隐瞒重要事实的资产负债表、损益表等。

三、不得用贷款从事股本权益性投资，国家另有规定的除外。

四、不得用贷款在有价证券、期货等方面从事投机经营。

五、除依法取得经营房地产资格的借款人以外，不得用贷款经营房地产业务；依法取得经营房地产资格的借款人，不得用贷款从事房地产投机。

六、不得套取贷款用于借贷牟取非法收入。

七、不得违反国家外汇管理规定使用外币贷款。

八、不得采取欺诈手段骗取贷款。

第五章 贷款人

第二十一条 贷款人必须经中国人民银行批准经营贷款业务，持有中国人民银行颁发的《金融机构法人许可证》或《金融机构营业许可证》，并经工商行政管理部门核准登记。

第二十二条 贷款人的权利：

根据贷款条件和贷款程序自主审查和决定贷款，除国务院批准的特定贷款外，有权拒绝任何单位和个人强令其发放贷款或者提供担保。

一、要求借款人提供与借款有关的资料；

二、根据借款人的条件，决定贷与不贷、贷款金额、期限和利率等；

三、了解借款人的生产经营活动和财务活动；

四、依合同约定从借款人账户上划收贷款本金和利息；

五、借款人未能履行借款合同规定义务的，贷款人有权依合同约定要求借款人提前归还贷款或停止支付借款人尚未使用的贷款；

六、在贷款将受或已受损失时，可依据合同规定，采取使贷款免受损失的措施。

第二十三条 贷款人的义务：

一、应当公布所经营的贷款的种类、期限和利率，并向借款人提供咨询。

二、应当公开贷款审查的资信内容和发放贷款的条件。

三、贷款人应当审议借款人的借款申请，并及时答复贷与不贷。短期贷款答复时间不得超过1个月，中期、长期贷款答复时间不得超过6个月；国家另有规定者除外。

四、应当对借款人的债务、财务、生产、经营情况保密，但对依法查询者除外。

第二十四条 对贷款人的限制：

一、贷款的发放必须严格执行《中华人民共和国商业银行法》第三十九条关于资产负债比例管理的有关规定，第四十条关于不得向关系人发放信用贷款、向关系人发放担保贷款的条件不得优于其他借款人同类贷款条件的规定。

二、借款人有下列情形之一者，不得对其发放贷款：

（一）不具备本通则第四章第十七条所规定的资格和条件的；

（二）生产、经营或投资国家明文禁止的产品、项目的；

（三）违反国家外汇管理规定的；

（四）建设项目按国家规定应当报有关部门批准而未取得批准文件的；

（五）生产经营或投资项目未取得环境保护部门许可的；

（六）在实行承包、租赁、联营、合并（兼并）、合作、分立、产权有偿转让、股份制改造等体制变更过程中，未清偿原有贷款债务、落实原有贷款债务或提供相应担保的；

（七）有其他严重违法经营行为的。

三、未经中国人民银行批准，不得对自然人发放外币币种的贷款。

四、自营贷款和特定贷款，除按中国人民银行规定计收利息之外，不得收取其他任何费用；委托贷款，除按中国人民银行规定计收手续费之外，不得收取其他任何费用。

五、不得给委托人垫付资金，国家另有规定的除外。

六、严格控制信用贷款，积极推广担保贷款。

第六章 贷款程序

第二十五条 贷款申请：

借款人需要贷款，应当向主办银行或者其他银行的经办机构直接申请。

借款人应当填写包括借款金额、借款用途、偿还能力及还款方式等主要内容的《借款申请书》并提供以下资料：

一、借款人及保证人基本情况；

二、财政部门或会计（审计）事务所核准的上年度财务报告，以及申请借款前一期的财务报告；

三、原有不合理占用的贷款的纠正情况；

四、抵押物、质物清单和有处分权人的同意抵押、质押的证明及保证人拟同意保证的有关证明文件；

五、项目建议书和可行性报告；

六、贷款人认为需要提供的其他有关资料。

第二十六条 对借款人的信用等级评估：

应当根据借款人的领导者素质、经济实力、资金结构、履约情况、经营效益和发展前景等因素，评定借款人的信用等级。评级可由贷款人独立进行，内部掌握，也可由有权部门批准的评估机构进行。

第二十七条 贷款调查：

贷款人受理借款人申请后，应当对借款人的信用等级以及借款的合法性、安全性、盈利性等情况进行调查，核实抵押物、质物、保证人情况，测定贷款的风险度。

第二十八条 贷款审批：

贷款人应当建立审贷分离、分级审批的贷款管理制度。审查人员应当对调查人员提供的资料进行核实、评定、复测贷款风险度，提出意见，按规定权限报批。

第二十九条 签订借款合同：

所有贷款应当由贷款人与借款人签订借款合同。借款合同应当约定借款种类，借款用途、金额、利率，借款期限，还款方式，借、贷双方的权利、义务，违约责任和双方认为需要约定的其他事项。

保证贷款应当由保证人与贷款人签订保证合同，或保证人在借款合同上载明与贷款人协商一致的保证条款，加盖保证人的法人公章，并由保证人的法定代表人或其授权代理人签署姓名。抵押贷款、质押贷款应当由抵押人、出质人与贷款人签订抵押合同、质押合同，需要办理登记的，应依法办理登记。

第三十条 贷款发放：

贷款人要按借款合同规定按期发放贷款。贷款人不按合同约定按期发放贷款的，应偿付违约金。借款人不按合同约定用款的，应偿付违约金。

第三十一条 贷后检查：

贷款发放后，贷款人应当对借款人执行借款合同情况及借款人的经营情况进行追踪调查和检查。

第三十二条 贷款归还：

借款人应当按照借款合同规定按时足额归还贷款本息。

贷款人在短期贷款到期 1 个星期之前、中长期贷款到期 1 个月之前，应当向借款人发送还本付息通知单；借款人应当及时筹备资金，按时还本付息。

贷款人对逾期的贷款要及时发出催收通知单，做好逾期贷款本息的催收工作。

贷款人对不能按借款合同约定期限归还的贷款，应当按规定加罚利息；对不能归还或者不能落实还本付息事宜的，应当督促归还或者依法起诉。

借款人提前归还贷款，应当与贷款人协商。

第七章 不良贷款监管

第三十三条 贷款人应当建立和完善贷款的质量监管制度，对不良贷款进行分类、登记、考核和催收。

第三十四条 不良贷款系指呆账贷款、呆滞贷款、逾期贷款。

呆账贷款,系指按财政部有关规定列为呆账的贷款。

呆滞贷款,系指按财政部有关规定,逾期(含展期后到期)超过规定年限以上仍未归还的贷款,或虽未逾期或逾期不满规定年限但生产经营已终止、项目已停建的贷款(不含呆账贷款)。

逾期贷款,系指借款合同约定到期(含展期后到期)未归还的贷款(不含呆滞贷款和呆账贷款)。

第三十五条　不良贷款的登记:

不良贷款由会计、信贷部门提供数据,由稽核部门负责审核并按规定权限认定,贷款人应当按季填报不良贷款情况表。在报上级行的同时,应当报中国人民银行当地分支机构。

第三十六条　不良贷款的考核:

贷款人的呆账贷款、呆滞贷款、逾期贷款不得超过中国人民银行规定的比例。贷款人应当对所属分支机构下达和考核呆账贷款、呆滞贷款和逾期贷款的有关指标。

第三十七条　不良贷款的催收和呆账贷款的冲销:

信贷部门负责不良贷款的催收,稽核部门负责对催收情况的检查。贷款人应当按照国家有关规定提取呆账准备金,并按照呆账冲销的条件和程序冲销呆账贷款。

未经国务院批准,贷款人不得豁免贷款。除国务院批准外,任何单位和个人不得强令贷款人豁免贷款。

第八章　贷款管理责任制

第三十八条　贷款管理实行行长(经理、主任,下同)负责制。

贷款实行分级经营管理,各级行长应当在授权范围内对贷款的发放和收回负全部责任。行长可以授权副行长或贷款管理部门负责审批贷款,副行长或贷款管理部门负责人应当对行长负责。

第三十九条　贷款人各级机构应当建立有行长或副行长(经理、主任,下同)和有关部门负责人参加的贷款审查委员会(小组),负责贷款的审查。

第四十条　建立审贷分离制:

贷款调查评估人员负责贷款调查评估,承担调查失误和评估失准的责任;贷款审查人员负责贷款风险的审查,承担审查失误的责任;贷款发放人员负责贷款的检查和清收,承担检查失误、清收不力的责任。

第四十一条　建立贷款分级审批制:

贷款人应当根据业务量大小、管理水平和贷款风险度确定各级分支机构的审批权限,超过审批权限的贷款,应当报上级审批。各级分支机构应当根据贷款种类、借款人的信用等级和抵押物、质物、保证人等情况确定每一笔贷款的风险度。

第四十二条　建立和健全信贷工作岗位责任制:

各级贷款管理部门应将贷款管理的每一个环节的管理责任落实到部门、岗位、个人,严格划分各级信贷工作人员的职责。

第四十三条　贷款人对大额借款人建立驻厂信贷员制度。

第四十四条　建立离职审计制:

贷款管理人员在调离原工作岗位时,应当对其在任职期间和权限内所发放的贷款风险情况进行审计。

第九章　贷款债权保全和清偿的管理

第四十五条　借款人不得违反法律规定,借兼并、破产或者股份制改造等途径,逃避银行债务,侵吞信贷资金;不得借承包、租赁等途径逃避贷款人的信贷监管以及偿还贷款本息的责任。

第四十六条　贷款人有权参与处于兼并、破产或股份制改造等过程中的借款人的债务重组,应当要求借款人落实贷款还本付息事宜。

第四十七条　贷款人应当要求实行承包、租赁经营的借款人,在承包、租赁合同中明确落实原贷款债务的偿还责任。

第四十八条　贷款人对实行股份制改造的借款人,应当要求其重新签订借款合同,明确原贷款债务的清偿责任。

对实行整体股份制改造的借款人,应当明确其所欠贷款债务由改造后公司全部承担;对实行部分股份制改造的借款人,应当要求改造后的股份公司按占用借款人的资本金或资产的比例承担原借款人的贷款债务。

第四十九条 贷款人对联营后组成新的企业法人的借款人，应当要求其依据所占用的资本金或资产的比例将贷款债务落实到新的企业法人。

第五十条 贷款人对合并(兼并)的借款人，应当要求其在合并(兼并)前清偿贷款债务或提供相应的担保。

借款人不清偿贷款债务或未提供相应担保，贷款人应当要求合并(兼并)企业或合并后新成立的企业承担归还原借款人贷款的义务，并与之重新签订有关合同或协议。

第五十一条 贷款人对与外商合资(合作)的借款人，应当要求其继续承担合资(合作)前的贷款归还责任，并要求其将所得收益优先归还贷款。借款人用已作为贷款抵押、质押的财产与外商合资(合作)时必须征求贷款人同意。

第五十二条 贷款人对分立的借款人，应当要求其在分立前清偿贷款债务或提供相应的担保。

借款人不清偿贷款债务或未提供相应担保，贷款人应当要求分立后的各企业，按照分立时所占资本或资产比例或协议，对原借款人所欠贷款承担清偿责任。对设立子公司的借款人，应当要求其子公司按所得资本或资产的比例承担和偿还母公司相应的贷款债务。

第五十三条 贷款人对产权有偿转让或申请解散的借款人，应当要求其在产权转让或解散前必须落实贷款债务的清偿。

第五十四条 贷款人应当按照有关法律参与借款人破产财产的认定与债权债务的处置，对于破产借款人已设定财产抵押、质押或其他担保的贷款债权，贷款人依法享有优先受偿权；无财产担保的贷款债权按法定程序和比例受偿。

第十章 贷款管理特别规定

第五十五条 建立贷款主办行制度：

借款人应按中国人民银行的规定与其开立基本账户的贷款人建立贷款主办行关系。

借款人发生企业分立、股份制改造、重大项目建设等涉及信贷资金使用和安全的重大经济活动，事先应当征求主办行的意见。一个借款人只能有一个贷款主办行，主办行应当随基本账户的变更而变更。

主办行不包资金，但应当按规定有计划地对借款人提供贷款，为借款人提供必要的信息咨询、代理等金融服务。

贷款主办行制度与实施办法，由中国人民银行另行规定。

第五十六条 银团贷款应当确定一个贷款人为牵头行，并签订银团贷款协议，明确各贷款人的权利和义务，共同评审贷款项目。牵头行应当按协议确定的比例监督贷款的偿还。银团贷款管理办法由中国人民银行另行规定。

第五十七条 特定贷款管理：

国有独资商业银行应当按国务院规定发放和管理特定贷款。

特定贷款管理办法另行规定。

第五十八条 非银行金融机构贷款的种类、对象、范围，应当符合中国人民银行规定。

第五十九条 贷款人发放异地贷款，或者接受异地存款，应当报中国人民银行当地分支机构备案。

第六十条 信贷资金不得用于财政支出。

第六十一条 各级行政部门和企事业单位、供销合作社等合作经济组织、农村合作基金会和其他基金会，不得经营存贷款等金融业务。企业之间不得违反国家规定办理借贷或者变相借贷融资业务。

第十一章 罚 则

第六十二条 贷款人违反资产负债比例管理有关规定发放贷款的，应当依照《中华人民共和国商业银行法》第七十五条，由中国人民银行责令改正，处以罚款，有违法所得的没收违法所得，并且应当依照第七十六条对直接负责的主管人员和其他直接责任人员给予处罚。

第六十三条 贷款人违反规定向关系人发放信用贷款或者发放担保贷款的条件优于其他借款人同类贷款条件的，应当依照《中华人民共和国商业银行法》第七十四条处罚，并且应当依照第七十六条对有关直接责任人员给予处罚。

第六十四条 贷款人的工作人员对单位或者个人强令其发放贷款或者提供担保未予拒绝

的，应当依照《中华人民共和国商业银行法》第八十五条给予纪律处分，造成损失的应当承担相应的赔偿责任。

第六十五条 贷款人的有关责任人员违反本通则有关规定，应当给予纪律处分和罚款；情节严重或屡次违反的，应当调离工作岗位，取消任职资格；造成严重经济损失或者构成其他经济犯罪的，应当依照有关法律规定追究刑事责任。

第六十六条 贷款人有下列情形之一，由中国人民银行责令改正；逾期不改正的，中国人民银行可以处以5000元以上1万元以下罚款：

一、没有公布所经营贷款的种类、期限、利率的；

二、没有公开贷款条件和发放贷款时要审查的内容的；

三、没有在规定期限内答复借款人贷款申请的。

第六十七条 贷款人有下列情形之一，由中国人民银行责令改正；有违法所得的，没收违法所得，并处以违法所得1倍以上3倍以下罚款；没有违法所得的，处以5万元以上30万元以下罚款；构成犯罪的，依法追究刑事责任：

一、贷款人违反规定代垫委托贷款资金的；

二、未经中国人民银行批准，对自然人发放外币贷款的；

三、贷款人违反中国人民银行规定，对自营贷款或者特定贷款在计收利息之外收取其他任何费用的，或者对委托贷款在计收手续费之外收取其他任何费用的。

第六十八条 任何单位和个人强令银行发放贷款或者提供担保的，应当依照《中华人民共和国商业银行法》第八十五条，对直接负责的主管人员和其他直接责任人员或者个人给予纪律处分；造成经济损失的，承担全部或者部分赔偿责任。

第六十九条 借款人采取欺诈手段骗取贷款，构成犯罪的，应当依照《中华人民共和国商业银行法》第八十条等法律规定处以罚款并追究刑事责任。

第七十条 借款人违反本通则第九章第四十二条规定，蓄意通过兼并、破产或者股份制改造等途径侵吞信贷资金的，应当依据有关法律规定承担相应部分的赔偿责任并处以罚款；造成贷款人重大经济损失的，应当依照有关法律规定追究直接责任人员的刑事责任。

借款人违反本通则第九章其他条款规定，致使贷款债务落空，由贷款人停止发放新贷款，并提前收回原发放的贷款。造成信贷资产损失的，借款人及其主管人员或其他个人，应当承担部分或全部赔偿责任。在未履行赔偿责任之前，其他任何贷款人不得对其发放贷款。

第七十一条 借款人有下列情形之一，由贷款人对其部分或全部贷款加收利息；情节特别严重的，由贷款人停止支付借款人尚未使用的贷款，并提前收回部分或全部贷款：

一、不按借款合同规定用途使用贷款的。

二、用贷款进行股本权益性投资的。

三、用贷款在有价证券、期货等方面从事投机经营的。

四、未依法取得经营房地产资格的借款人用贷款经营房地产业务的；依法取得经营房地产资格的借款人，用贷款从事房地产投机的。

五、不按借款合同规定清偿贷款本息的。

六、套取贷款相互借贷牟取非法收入的。

第七十二条 借款人有下列情形之一，由贷款人责令改正。情节特别严重或逾期不改正的，由贷款人停止支付借款人尚未使用的贷款，并提前收回部分或全部贷款：

一、向贷款人提供虚假或者隐瞒重要事实的资产负债表、损益表等资料的；

二、不如实向贷款人提供所有开户行、账号及存贷款余额等资料的；

三、拒绝接受贷款人对其使用信贷资金情况和有关生产经营、财务活动监督的。

第七十三条 行政部门、企事业单位、股份合作经济组织、供销合作社、农村合作基金会和其他基金会擅自发放贷款的；企业之间擅自办理借贷或者变相借贷的，由中国人民银行对出借方按违规收入处以1倍以上至5倍以下罚款，并由中国人民银行予以取缔。

第七十四条 当事人对中国人民银行处罚决定不服的，可按《中国人民银行行政复议办法(试行)》的规定申请复议，复议期间仍按原处罚执行。

第十二章　附　　则

第七十五条　国家政策性银行、外资金融机构（含外资、中外合资、外资金融机构的分支机构等）的贷款管理办法，由中国人民银行另行制定。

第七十六条　有关外国政府贷款、出口信贷、外商贴息贷款、出口信贷项下的对外担保以及与上述贷款配套的国际商业贷款的管理办法，由中国人民银行另行制定。

第七十七条　贷款人可根据本通则制定实施细则，报中国人民银行备案。

第七十八条　本通则自实施之日起，中国人民银行和各贷款人在此以前制定的各种规定，与本通则有抵触者，以本通则为准。

第七十九条　本通则由中国人民银行负责解释。

第八十条　本通则自1996年8月1日起施行。

单位定期存单质押贷款管理规定

（2007年7月3日中国银行业监督管理委员会令2007年第9号公布　自公布之日起施行）

第一章　总　　则

第一条　为加强单位定期存单质押贷款管理，根据《中华人民共和国银行业监督管法》、《中华人民共和国商业银行法》、《中华人民共和国物权法》及其他有关法律、行政法规，制定本规定。

第二条　在中华人民共和国境内从事单位定期存单质押贷款活动适用本规定。

本规定所称单位包括企业、事业单位、社会团体以及其他组织。

第三条　本规定所称单位定期存单是指借款人为办理质押贷款而委托贷款人依据开户证实书向接受存款的金融机构（以下简称存款行）申请开具的人民币定期存款权利凭证。

单位定期存单只能以质押贷款为目的开立和使用。

单位在金融机构办理定期存款时，金融机构为其开具的《单位定期存款开户证实书》不得作为质押的权利凭证。

金融机构应制定相应的管理制度，加强对开具《单位定期存款开户证实书》和开立、使用单位定期存单的管理。

第四条　单位定期存单质押贷款活动应当遵守国家法律、行政法规，遵循平等、自愿、诚实信用的原则。

第二章　单位定期存单的开立与确认

第五条　借款人办理单位定期存单质押贷款，除按其他有关规定提交文件、资料外，还应向贷款人提交下列文件、资料：

（一）开户证实书，包括借款人所有的或第三人所有而向借款人提供的开户证实书；

（二）存款人委托贷款人向存款行申请开具单位定期存单的委托书；

（三）存款人在存款行的预留印鉴或密码。

开户证实书为第三人向借款人提供的，应同时提交第三人同意由借款人为质押贷款目的而使用其开户证实书的协议书。

第六条　贷款人经审查同意借款人的贷款申请的，应将开户证实书和开具单位定期存单的委托书一并提交给存款行，向存款行申请开具单位定期存单和确认书。

贷款人经审查不同意借款人的贷款申请的，应将开户证实书和委托书及时退还给借款人。

第七条　存款行收到贷款人提交的有关材料后，应认真审查开户证实书是否真实，存款人与本行是否存在真实的存款关系，以及开具单位定期存单的申请书上的预留印鉴或提供的密码是否和存款人在存款时预留的印鉴或密码一致。必要时，存款行可以向存款人核实有关情况。

第八条　存款行经过审查认为开户证实书证明的存款属实的，应保留开户证实书及第三人同意由借款人使用其开户证实书的协议书，并在收到贷款人的有关材料后3个工作日内开具单位定期存单。

存款行不得开具没有存款关系的虚假单位定期存单或与真实存款情况不一致的单位定期存单。

第九条　存款行在开具单位定期存单的同时，应对单位定期存单进行确认，确认后认为存单内容真实的,应出具单位定期存单确认书。确认书应由存款行的负责人签字并加盖单位公章,与单位定期存单一并递交给贷款人。

第十条 存款行对单位定期存单进行确认的内容包括:

(一)单位定期存单所载开立机构、户名、账号、存款数额、存单号码、期限、利率等是否真实准确;

(二)借款人提供的预留印鉴或密码是否一致;

(三)需要确认的其他事项。

第十一条 存款行经过审查,发现开户证实书所载事项与账户记载不符的,不得开具单位定期存单,并及时告知贷款人,认为有犯罪嫌疑的,应及时向司法机关报案。

第十二条 经确认后的单位定期存单用于贷款质押时,其质押的贷款数额一般不超过确认数额的90%。各行也可以根据存单质押担保的范围合理确定贷款金额,但存单金额应能覆盖贷款本息。

第十三条 贷款人不得接受未经确认的单位定期存单作为贷款的担保。

第十四条 贷款人对质押的单位定期存单及借款人或第三人提供的预留印鉴和密码等应妥善保管,因保管不善造成其丢失、毁损或泄密的,由贷款人承担责任。

第三章 质押合同

第十五条 办理单位定期存单质押贷款,贷款人和出质人应当订立书面质押合同。在借款合同中订立质押条款的,质押条款应符合本章的规定。

第十六条 质押合同应当载明下列内容:

(一)出质人、借款人和质权人名称、住址或营业场所;

(二)被担保的贷款的种类、数额、期限、利率、贷款用途以及贷款合同号;

(三)单位定期存单号码及所载存款的种类、户名、账户、开立机构、数额、期限、利率;

(四)质押担保的范围;

(五)存款行是否对单位定期存单进行了确认;

(六)单位定期存单的保管责任;

(七)质权的实现方式;

(八)违约责任;

(九)争议的解决方式;

(十)当事人认为需要约定的其他事项。

第十七条 质押合同应当由出质人和贷款人签章。签章为其法定代表人、经法定代表人授权的代理人或主要负责人的签字并加盖单位公章。

第十八条 质押期间,除法律另有规定外,任何人不得擅自动用质押款项。

第十九条 出质人和贷款人可以在质押合同中约定,当借款人没有依约履行合同的,贷款人可直接将存单兑现以实现质权。

第二十条 存款行应对其开具并经过确认的单位定期存单进行登记备查,并妥善保管有关文件和材料。质押的单位定期存单被退回时,也应及时登记注销。

第四章 质权的实现

第二十一条 单位定期存单质押担保的范围包括贷款本金和利息、罚息、损害赔偿金、违约金和实现质权的费用。质押合同另有约定的,按照约定执行。

第二十二条 贷款期满借款人履行债务的,或者借款人提前偿还所担保的贷款的,贷款人应当及时将质押的单位定期存单退还存款行。存款行收到退回的单位定期存单后,应将开户证实书退还贷款人并由贷款人退还借款人。

第二十三条 有下列情形之一的,贷款人可依法定方式处分单位定期存单:

(一)质押贷款合同期满,借款人未按期归还贷款本金和利息的;

(二)借款人或出质人违约,贷款人需依法提前收回贷款的;

(三)借款人或出质人被宣告破产或解散的。

第二十四条 有第二十三条所列情形之一的,贷款人和出质人可以协议以单位定期存单兑现或以法律规定的其他方式处分单位定期存单。以单位定期存单兑现时,贷款人应向存款行提交单位定期存单和其与出质人的协议。

单位定期存单处分所得不足偿付第二十一

条规定的款项的,贷款人应当向借款人另行追偿;偿还第二十一条规定的款项后有剩余的,其超出部分应当退还出质人。

第二十五条 质押存单期限先于贷款期限届满的,贷款人可以提前兑现存单,并与出质人协议将兑现的款项提前清偿借款或向与出质人约定的第三人提存,质押合同另有约定的,从其约定。提存的具体办法由各当事人自行协商确定。

贷款期限先于质押的单位定期存单期限届满,借款人未履行其债务的,贷款人可以继续保管定期存单,在存单期限届满时兑现用于抵偿贷款本息。

第二十六条 经与出质人协商一致,贷款人提前兑现或提前支取的,应向存款行提供单位定期存单、质押合同、需要提前兑现或提前支取的有关协议。

第二十七条 用于质押的单位定期存单项下的款项在质押期间被司法机关或法律规定的其他机关采取冻结、扣划等强制措施的,贷款人应当在处分此定期存款时优先受偿。

第二十八条 用于质押的单位定期存单在质押期间丢失,贷款人应立即通知借款人和出质人,并申请挂失;单位定期存单毁损的,贷款人应持有关证明申请补办。

质押期间,存款行不得受理存款人提出的挂失申请。

第二十九条 贷款人申请挂失时,应向存款行提交挂失申请书,并提供贷款人的营业执照复印件、质押合同副本。

挂失申请应采用书面形式。在特殊情况下,可以用口头或函电形式,但必须在五个工作日内补办书面挂失手续。

挂失生效,原单位定期存单所载的金额及利息应继续作为出质资产。

第三十条 出质人合并、分立或债权债务发生变更时,贷款人仍然拥有单位定期存单所代表的质权。

第五章 罚 则

第三十一条 存款行出具虚假的单位定期存单或单位定期存单确认书的,依照《金融违法行为处罚办法》第十三条的规定对存款行及相关责任人予以处罚。

第三十二条 存款行不按本规定对质物进行确认或贷款行接受未经确认的单位定期存单质押的,由中国银行业监督管理委员会给予警告,并处以三万元以下的罚款,并责令对其主要负责人和直接责任人员依法给予行政处分。

第三十三条 贷款人不按规定及时向存款行退回单位定期存单的,由中国银行业监督管理委员会给予警告,并处以三万元以下罚款。给存款人造成损失的,依法承担相应的民事责任。构成犯罪的,由司法机关依法追究刑事责任。

第六章 附 则

第三十四条 个人定期储蓄存款存单质押贷款不适用本规定。

第三十五条 中华人民共和国境内的国际结算和融资活动中需用单位定期存单作质押担保的,参照本规定执行。

第三十六条 本规定由中国银行业监督管理委员会负责解释和修改。

第三十七条 本规定自公布之日起施行。本规定公布施行前的有关规定与本规定有抵触的,以本规定为准。

个人定期存单质押贷款办法

(2007年7月3日中国银行业监督管理委员会令2007年第4号公布 自公布之日起施行)

第一条 为加强个人定期存单质押贷款管理,根据《中华人民共和国商业银行法》、《中华人民共和国担保法》及其他有关法律、行政法规,制定本办法。

第二条 个人定期存单质押贷款(以下统称存单质押贷款)是指借款人以未到期的个人定期存单作质押,从商业银行(以下简称贷款人)取得一定金额的人民币贷款,到期由借款人偿还本息的贷款业务。

第三条 本办法所称借款人,是指中华人民共和国境内具有相应民事行为能力的自然人、法人和其他组织。

外国人、无国籍人以及港、澳、台居民为借款人的，应在中华人民共和国境内居住满一年并有固定居所和职业。

第四条 作为质押品的定期存单包括未到期的整存整取、存本取息和外币定期储蓄存款存单等具有定期存款性质的权利凭证。

所有权有争议、已作担保、挂失、失效或被依法止付的存单不得作为质押品。

第五条 借款人以本人名下定期存单作质押的小额贷款（以下统称小额存单质押贷款），存单开户银行可授权办理储蓄业务的营业网点直接受理并发放。

各商业银行总行可根据本行实际，确定前款小额存单质押贷款额度。

第六条 以第三人存单作质押的，贷款人应制定严格的内部程序，认真审查存单的真实性、合法性和有效性，防止发生权利瑕疵的情形。对于借款人以公开向不特定的自然人、法人和其他组织募集的存单申请质押贷款的，贷款人不得向其发放贷款。

第七条 存单质押担保的范围包括贷款本金和利息、罚息、损害赔偿金、违约金和实现质权的费用。

存单质押贷款金额原则上不超过存单本金的90%（外币存款按当日公布的外汇（钞）买入价折成人民币计算）。各行也可以根据存单质押担保的范围合理确定贷款金额，但存单金额应能覆盖贷款本息。

第八条 存单质押贷款期限不得超过质押存单的到期日。若为多张存单质押，以距离到期日时间最近者确定贷款期限，分笔发放的贷款除外。

第九条 存单质押贷款利率按国家利率管理规定执行，计、结息方式由借贷双方协商确定。

第十条 在贷款到期日前，借款人可申请展期。贷款人办理展期应当根据借款人资信状况和生产经营实际需要，按审慎管理原则，合理确定贷款展期期限，但累计贷款期限不得超过质押存单的到期日。

第十一条 质押存单存期内按正常存款利率计息。存本取息定期存款存单用于质押时，停止取息。

第十二条 凭预留印鉴或密码支取的存单作为质押时，出质人须向发放贷款的银行提供印鉴或密码；以凭有效身份证明支取的存单作为质押时，出质人应转为凭印鉴或密码支取，否则银行有权拒绝发放贷款。

以存单作质押申请贷款时，出质人应委托贷款行申请办理存单确认和登记止付手续。

第十三条 办理存单质押贷款，贷款人和出质人应当订立书面质押合同，或者贷款人、借款人和出质人在借款合同中订立符合本办法规定的质押条款。

第十四条 质押合同应当载明下列内容：

（一）出质人、借款人和质权人姓名（名称）、住址或营业场所；

（二）被担保的贷款的种类、数额、期限、利率、贷款用途以及贷款合同号；

（三）定期存单号码及所载存款的种类、户名、开立机构、数额、期限、利率；

（四）质押担保的范围；

（五）定期存单确认情况；

（六）定期存单的保管责任；

（七）质权的实现方式；

（八）违约责任；

（九）争议的解决方式；

（十）当事人认为需要约定的其他事项。

第十五条 质押存续期间，除法律另有规定外，任何人不得擅自动用质押存单。

第十六条 出质人和贷款人可以在质押合同中约定，当借款人没有依法履行合同的，贷款人可直接将存单兑现以实现质权。存单到期日后于借款到期日的，贷款人可继续保管质押存单，在存单到期日兑现以实现质权。

第十七条 存单开户行（以下简称存款行）应根据出质人的申请及质押合同办理存单确认和登记止付手续，并妥善保管有关文件和资料。

第十八条 贷款人应妥善管理质押存单及出质人提供的预留印鉴或密码。因保管不善造成丢失、损坏，由贷款人承担责任。

用于质押的定期存单在质押期间丢失、毁损的，贷款人应立即通知借款人和出质人，并与出质人共同向存款开户行申请挂失、补办。补办的存单仍应继续作为质物。

质押存单的挂失申请应采用书面形式。在特殊情况下，可以用口头或函电形式，但必须在五个工作日内补办书面挂失手续。

申请挂失时，除出质人应按规定提交的申请资料外，贷款人应提交营业执照复印件、质押合同副本。

挂失生效，原定期存单所载的金额及利息应继续作为出质资产。

质押期间，未经贷款人同意，存款行不得受理存款人提出的挂失申请。

第十九条　质押存续期间如出质人死亡，其合法继承人依法办理存款过户和继承手续，并继续履行原出质人签订的质押合同。

第二十条　贷款期满借款人履行债务的，或者借款人提前偿还质押贷款的，贷款人应当及时将质押的定期存单退还出质人，并及时到存单开户行办理登记注销手续。

第二十一条　借款人按贷款合同约定还清贷款本息后，出质人凭存单保管收据取回质押存单。若出质人将存单保管收据丢失，由出质人、借款人共同出具书面证明，并凭合法身份证明到贷款行取回质押存单。

第二十二条　有下列情形之一的，贷款人可依第十六条的约定方式或其他法定方式处分质押的定期存单：

（一）质押贷款合同期满，借款人未按期归还贷款本金和利息的；

（二）借款人或出质人违约，贷款人需依法提前收回贷款的；

（三）借款人或出质人被宣告破产的；

（四）借款人或出质人死亡而无继承人履行合同的。

第二十三条　质押合同、贷款合同发生纠纷时，各方当事人均可按协议向仲裁机构申请调解或仲裁，或者向人民法院起诉。

第二十四条　存款行出具虚假的个人定期储蓄存单或个人定期储蓄存单确认书的，依照《金融违法行为处罚办法》第十三条的规定予以处罚。

第二十五条　存款行不按本办法规定对质物进行确认，或者贷款行接受未经确认的个人定期储蓄存单质押的，由中国银行业监督管理委员会给予警告，并处三万元以下的罚款，并责令对其主要负责人和直接责任人员依法给予行政处分。

第二十六条　借款人已履行合同，贷款人不按规定及时向出质人退回个人定期储蓄存单或在质押存续期间，未经贷款人同意，存款行受理存款人提出的挂失申请并挂失的，由中国银行业监督管理委员会给予警告，并处三万元以下罚款。构成犯罪的，由司法机关依法追究刑事责任。

第二十七条　各商业银行总行可根据本办法制定实施细则，并报中国银业监督管理委员会或其派出机构备案。

第二十八条　城市信用社、农村信用社、村镇银行、贷款公司、农村资金互助社办理个人存单质押贷款业务适用本办法。

第二十九条　本办法由中国银行业监督管理委员会负责解释和修改。

第三十条　本办法自公布之日起施行，本办法施行之前有关规定与本办法相抵触的，以本办法为准。

固定资产贷款管理暂行办法

（2009年7月23日中国银行业监督管理委员会令2009年第2号发布　自2009年10月23日起施行）

第一章　总　　则

第一条　为规范银行业金融机构固定资产贷款业务经营行为，加强固定资产贷款审慎经营管理，促进固定资产贷款业务健康发展，依据《中华人民共和国银行业监督管理法》、《中华人民共和国商业银行法》等法律法规，制定本办法。

第二条　中华人民共和国境内经国务院银行业监督管理机构批准设立的银行业金融机构（以下简称贷款人），经营固定资产贷款业务应遵守本办法。

第三条　本办法所称固定资产贷款，是指贷款人向企（事）业法人或国家规定可以作为借款人的其他组织发放的，用于借款人固定资产投资的本外币贷款。

第四条　贷款人开展固定资产贷款业务应

当遵循依法合规、审慎经营、平等自愿、公平诚信的原则。

第五条 贷款人应完善内部控制机制，实行贷款全流程管理，全面了解客户和项目信息，建立固定资产贷款风险管理制度和有效的岗位制衡机制，将贷款管理各环节的责任落实到具体部门和岗位，并建立各岗位的考核和问责机制。

第六条 贷款人应将固定资产贷款纳入对借款人及借款人所在集团客户的统一授信额度管理，并按区域、行业、贷款品种等维度建立固定资产贷款的风险限额管理制度。

第七条 贷款人应与借款人约定明确、合法的贷款用途，并按照约定检查、监督贷款的使用情况，防止贷款被挪用。

第八条 银行业监督管理机构依照本办法对贷款人固定资产贷款业务实施监督管理。

第二章 受理与调查

第九条 贷款人受理的固定资产贷款申请应具备以下条件：

（一）借款人依法经工商行政管理机关或主管机关核准登记；

（二）借款人信用状况良好，无重大不良记录；

（三）借款人为新设项目法人的，其控股股东应有良好的信用状况，无重大不良记录；

（四）国家对拟投资项目有投资主体资格和经营资质要求的，符合其要求；

（五）借款用途及还款来源明确、合法；

（六）项目符合国家的产业、土地、环保等相关政策，并按规定履行了固定资产投资项目的合法管理程序；

（七）符合国家有关投资项目资本金制度的规定；

（八）贷款人要求的其他条件。

第十条 贷款人应对借款人提供申请材料的方式和具体内容提出要求，并要求借款人恪守诚实守信原则，承诺所提供材料真实、完整、有效。

第十一条 贷款人应落实具体的责任部门和岗位，履行尽职调查并形成书面报告。尽职调查的主要内容包括：

（一）借款人及项目发起人等相关关系人的情况；

（二）贷款项目的情况；

（三）贷款担保情况；

（四）需要调查的其他内容。

尽职调查人员应当确保尽职调查报告内容的真实性、完整性和有效性。

第三章 风险评价与审批

第十二条 贷款人应落实具体的责任部门和岗位，对固定资产贷款进行全面的风险评价，并形成风险评价报告。

第十三条 贷款人应建立完善的固定资产贷款风险评价制度，设置定量或定性的指标和标准，从借款人、项目发起人、项目合规性、项目技术和财务可行性、项目产品市场、项目融资方案、还款来源可靠性、担保、保险等角度进行贷款风险评价。

第十四条 贷款人应按照审贷分离、分级审批的原则，规范固定资产贷款审批流程，明确贷款审批权限，确保审批人员按照授权独立审批贷款。

第四章 合同签订

第十五条 贷款人应与借款人及其他相关当事人签订书面借款合同、担保合同等相关合同。合同中应详细规定各方当事人的权利、义务及违约责任，避免对重要事项未约定、约定不明或约定无效。

第十六条 贷款人应在合同中与借款人约定具体的贷款金额、期限、利率、用途、支付、还贷保障及风险处置等要素和有关细节。

第十七条 贷款人应在合同中与借款人约定提款条件以及贷款资金支付接受贷款人管理和控制等与贷款使用相关的条款，提款条件应包括与贷款同比例的资本金已足额到位、项目实际进度与已投资额相匹配等要求。

第十八条 贷款人应在合同中与借款人约定对借款人相关账户实施监控，必要时可约定专门的贷款发放账户和还款准备金账户。

第十九条 贷款人应要求借款人在合同中对与贷款相关的重要内容作出承诺，承诺内容应包括：贷款项目及其借款事项符合法律法规的要求；及时向贷款人提供完整、真实、有效的材料；配合贷款人对贷款的相关检查;发生影响其偿债能力的重大不利事项及时通知贷款人;进行合并、分立、股权转让、对外投资、实质性增加债务融资等重大事项前征得贷款人同意等。

第二十条 贷款人应在合同中与借款人约定,借款人出现未按约定用途使用贷款、未按约定方式支用贷款资金、未遵守承诺事项、申贷文件信息失真、突破约定的财务指标约束等情形时借款人应承担的违约责任和贷款人可采取的措施。

第五章 发放与支付

第二十一条 贷款人应设立独立的责任部门或岗位,负责贷款发放和支付审核。

第二十二条 贷款人在发放贷款前应确认借款人满足合同约定的提款条件,并按照合同约定的方式对贷款资金的支付实施管理与控制,监督贷款资金按约定用途使用。

第二十三条 合同约定专门贷款发放账户的,贷款发放和支付应通过该账户办理。

第二十四条 贷款人应通过贷款人受托支付或借款人自主支付的方式对贷款资金的支付进行管理与控制。

贷款人受托支付是指贷款人根据借款人的提款申请和支付委托,将贷款资金支付给符合合同约定用途的借款人交易对手。

借款人自主支付是指贷款人根据借款人的提款申请将贷款资金发放至借款人账户后,由借款人自主支付给符合合同约定用途的借款人交易对手。

第二十五条 单笔金额超过项目总投资5%或超过500万元人民币的贷款资金支付,应采用贷款人受托支付方式。

第二十六条 采用贷款人受托支付的,贷款人应在贷款资金发放前审核借款人相关交易资料是否符合合同约定条件。贷款人审核同意后,将贷款资金通过借款人账户支付给借款人交易对手,并应做好有关细节的认定记录。

第二十七条 采用借款人自主支付的,贷款人应要求借款人定期汇总报告贷款资金支付情况,并通过账户分析、凭证查验、现场调查等方式核查贷款支付是否符合约定用途。

第二十八条 固定资产贷款发放和支付过程中,贷款人应确认与拟发放贷款同比例的项目资本金足额到位,并与贷款配套使用。

第二十九条 在贷款发放和支付过程中,借款人出现以下情形的,贷款人应与借款人协商补充贷款发放和支付条件,或根据合同约定停止贷款资金的发放和支付:

(一)信用状况下降;

(二)不按合同约定支付贷款资金;

(三)项目进度落后于资金使用进度;

(四)违反合同约定,以化整为零方式规避贷款人受托支付。

第六章 贷后管理

第三十条 贷款人应定期对借款人和项目发起人的履约情况及信用状况、项目的建设和运营情况、宏观经济变化和市场波动情况、贷款担保的变动情况等内容进行检查与分析,建立贷款质量监控制度和贷款风险预警体系。

出现可能影响贷款安全的不利情形时,贷款人应对贷款风险进行重新评价并采取针对性措施。

第三十一条 项目实际投资超过原定投资金额,贷款人经重新风险评价和审批决定追加贷款的,应要求项目发起人配套追加不低于项目资本金比例的投资和相应担保。

第三十二条 贷款人应对抵(质)押物的价值和担保人的担保能力建立贷后动态监测和重估制度。

第三十三条 贷款人应对固定资产投资项目的收入现金流以及借款人的整体现金流进行动态监测,对异常情况及时查明原因并采取相应措施。

第三十四条 合同约定专门还款准备金账户的,贷款人应按约定根据需要对固定资产投资项目或借款人的收入现金流进入该账户的比例和账户内的资金平均存量提出要求。

第三十五条 借款人出现违反合同约定情形的,贷款人应及时采取有效措施,必要时应依法追究借款人的违约责任。

第三十六条 固定资产贷款形成不良贷款的,贷款人应对其进行专门管理,并及时制定清收或盘活措施。

对借款人确因暂时经营困难不能按期归还贷款本息的,贷款人可与借款人协商进行贷款重组。

第三十七条 对确实无法收回的固定资产不良贷款,贷款人按照相关规定对贷款进行核销后,应继续向债务人追索或进行市场化处置。

第七章 法律责任

第三十八条 贷款人违反本办法规定经营固定资产贷款业务的,银行业监督管理机构应当责令其限期改正。贷款人有下列情形之一的,银行业监督管理机构可根据《中华人民共和国银行业监督管理法》第三十七条的规定采取监管措施:

(一)固定资产贷款业务流程有缺陷的;

(二)未按本办法要求将贷款管理各环节的责任落实到具体部门和岗位的;

(三)贷款调查、风险评价未尽职的;

(四)未按本办法规定对借款人和项目的经营情况进行持续有效监控的;

(五)对借款人违反合同约定的行为未及时采取有效措施的。

第三十九条 贷款人有下列情形之一的,银行业监督管理机构除按本办法第三十八条规定采取监管措施外,还可根据《中华人民共和国银行业监督管理法》第四十六条、第四十八条规定对其进行处罚:

(一)受理不符合条件的固定资产贷款申请并发放贷款的;

(二)与借款人串通,违法违规发放固定资产贷款的;

(三)超越、变相超越权限或不按规定流程审批贷款的;

(四)未按本办法规定签订贷款协议的;

(五)与贷款同比例的项目资本金到位前发放贷款的;

(六)未按本办法规定进行贷款资金支付管理与控制的;

(七)有其他严重违反本办法规定的行为的。

第八章 附 则

第四十条 全额保证金类质押项下的固定资产贷款参照本办法执行。

第四十一条 贷款人应依照本办法制定固定资产贷款管理细则及操作规程。

第四十二条 本办法由中国银行业监督管理委员会负责解释。

第四十三条 本办法自发布之日起三个月后施行。

流动资金贷款管理暂行办法

(2010年2月12日中国银行业监督管理委员会令2010年第1号公布 自公布之日起施行)

第一章 总 则

第一条 为规范银行业金融机构流动资金贷款业务经营行为,加强流动资金贷款审慎经营管理,促进流动资金贷款业务健康发展,依据《中华人民共和国银行业监督管理法》、《中华人民共和国商业银行法》等有关法律法规,制定本办法。

第二条 中华人民共和国境内经中国银行业监督管理委员会批准设立的银行业金融机构(以下简称贷款人)经营流动资金贷款业务,应遵守本办法。

第三条 本办法所称流动资金贷款,是指贷款人向企(事)业法人或国家规定可以作为借款人的其他组织发放的用于借款人日常生产经营周转的本外币贷款。

第四条 贷款人开展流动资金贷款业务,应当遵循依法合规、审慎经营、平等自愿、公平诚信的原则。

第五条 贷款人应完善内部控制机制,实行贷款全流程管理,全面了解客户信息,建立流动资金贷款风险管理制度和有效的岗位制衡机制,将贷款管理各环节的责任落实到具体部门和岗位,并建立各岗位的考核和问责机制。

第六条 贷款人应合理测算借款人营运资金需求,审慎确定借款人的流动资金授信总额及具体贷款的额度,不得超过借款人的实际需求发放流动资金贷款。

贷款人应根据借款人生产经营的规模和周期特点,合理设定流动资金贷款的业务品种和期限，以满足借款人生产经营的资金需求，实现对贷款资金回笼的有效控制。

第七条　贷款人应将流动资金贷款纳入对借款人及其所在集团客户的统一授信管理，并按区域、行业、贷款品种等维度建立风险限额管理制度。

第八条　贷款人应根据经济运行状况、行业发展规律和借款人的有效信贷需求等，合理确定内部绩效考核指标，不得制订不合理的贷款规模指标，不得恶性竞争和突击放贷。

第九条　贷款人应与借款人约定明确、合法的贷款用途。

流动资金贷款不得用于固定资产、股权等投资，不得用于国家禁止生产、经营的领域和用途。

流动资金贷款不得挪用，贷款人应按照合同约定检查、监督流动资金贷款的使用情况。

第十条　中国银行业监督管理委员会依照本办法对流动资金贷款业务实施监督管理。

第二章　受理与调查

第十一条　流动资金贷款申请应具备以下条件：

（一）借款人依法设立；

（二）借款用途明确、合法；

（三）借款人生产经营合法、合规；

（四）借款人具有持续经营能力，有合法的还款来源；

（五）借款人信用状况良好，无重大不良信用记录；

（六）贷款人要求的其他条件。

第十二条　贷款人应对流动资金贷款申请材料的方式和具体内容提出要求，并要求借款人恪守诚实守信原则，承诺所提供材料真实、完整、有效。

第十三条　贷款人应采取现场与非现场相结合的形式履行尽职调查，形成书面报告，并对其内容的真实性、完整性和有效性负责。尽职调查包括但不限于以下内容：

（一）借款人的组织架构、公司治理、内部控制及法定代表人和经营管理团队的资信等情况；

（二）借款人的经营范围、核心主业、生产经营、贷款期内经营规划和重大投资计划等情况；

（三）借款人所在行业状况；

（四）借款人的应收账款、应付账款、存货等真实财务状况；

（五）借款人营运资金总需求和现有融资性负债情况；

（六）借款人关联方及关联交易等情况；

（七）贷款具体用途及与贷款用途相关的交易对手资金占用等情况；

（八）还款来源情况，包括生产经营产生的现金流、综合收益及其他合法收入等；

（九）对有担保的流动资金贷款，还需调查抵（质）押物的权属、价值和变现难易程度，或保证人的保证资格和能力等情况。

第三章　风险评价与审批

第十四条　贷款人应建立完善的风险评价机制，落实具体的责任部门和岗位，全面审查流动资金贷款的风险因素。

第十五条　贷款人应建立和完善内部评级制度，采用科学合理的评级和授信方法，评定客户信用等级，建立客户资信记录。

第十六条　贷款人应根据借款人经营规模、业务特征及应收账款、存货、应付账款、资金循环周期等要素测算其营运资金需求（测算方法参考附件），综合考虑借款人现金流、负债、还款能力、担保等因素，合理确定贷款结构，包括金额、期限、利率、担保和还款方式等。

第十七条　贷款人应根据贷审分离、分级审批的原则，建立规范的流动资金贷款评审制度和流程，确保风险评价和信贷审批的独立性。

贷款人应建立健全内部审批授权与转授权机制。审批人员应在授权范围内按规定流程审批贷款，不得越权审批。

第四章　合同签订

第十八条　贷款人应和借款人及其他相关当事人签订书面借款合同及其他相关协议，需担保的应同时签订担保合同。

第十九条　贷款人应在借款合同中与借款人明确约定流动资金贷款的金额、期限、利率、用途、支付、还款方式等条款。

第二十条　前条所指支付条款，包括但不限于以下内容：

（一）贷款资金的支付方式和贷款人受托支付的金额标准；

（二）支付方式变更及触发变更条件；

（三）贷款资金支付的限制、禁止行为；

（四）借款人应及时提供的贷款资金使用记录和资料。

第二十一条 贷款人应在借款合同中约定由借款人承诺以下事项：

（一）向贷款人提供真实、完整、有效的材料；

（二）配合贷款人进行贷款支付管理、贷后管理及相关检查；

（三）进行对外投资、实质性增加债务融资，以及进行合并、分立、股权转让等重大事项前征得贷款人同意；

（四）贷款人有权根据借款人资金回笼情况提前收回贷款；

（五）发生影响偿债能力的重大不利事项时及时通知贷款人。

第二十二条 贷款人应与借款人在借款合同中约定，出现以下情形之一时，借款人应承担的违约责任和贷款人可采取的措施：

（一）未按约定用途使用贷款的；

（二）未按约定方式进行贷款资金支付的；

（三）未遵守承诺事项的；

（四）突破约定财务指标的；

（五）发生重大交叉违约事件的；

（六）违反借款合同约定的其他情形的。

第五章 发放和支付

第二十三条 贷款人应设立独立的责任部门或岗位，负责流动资金贷款发放和支付审核。

第二十四条 贷款人在发放贷款前应确认借款人满足合同约定的提款条件，并按照合同约定通过贷款人受托支付或借款人自主支付的方式对贷款资金的支付进行管理与控制，监督贷款资金按约定用途使用。

贷款人受托支付是指贷款人根据借款人的提款申请和支付委托，将贷款通过借款人账户支付给符合合同约定用途的借款人交易对象。

借款人自主支付是指贷款人根据借款人的提款申请将贷款资金发放至借款人账户后，由借款人自主支付给符合合同约定用途的借款人交易对象。

第二十五条 贷款人应根据借款人的行业特征、经营规模、管理水平、信用状况等因素和贷款业务品种，合理约定贷款资金支付方式及贷款人受托支付的金额标准。

第二十六条 具有以下情形之一的流动资金贷款，原则上应采用贷款人受托支付方式：

（一）与借款人新建立信贷业务关系且借款人信用状况一般；

（二）支付对象明确且单笔支付金额较大；

（三）贷款人认定的其他情形。

第二十七条 采用贷款人受托支付的，贷款人应根据约定的贷款用途，审核借款人提供的支付申请所列支付对象、支付金额等信息是否与相应的商务合同等证明材料相符。审核同意后，贷款人应将贷款资金通过借款人账户支付给借款人交易对象。

第二十八条 采用借款人自主支付的，贷款人应按借款合同约定要求借款人定期汇总报告贷款资金支付情况，并通过账户分析、凭证查验或现场调查等方式核查贷款支付是否符合约定用途。

第二十九条 贷款支付过程中，借款人信用状况下降、主营业务盈利能力不强、贷款资金使用出现异常的，贷款人应与借款人协商补充贷款发放和支付条件，或根据合同约定变更贷款支付方式、停止贷款资金的发放和支付。

第六章 贷后管理

第三十条 贷款人应加强贷款资金发放后的管理，针对借款人所属行业及经营特点，通过定期与不定期现场检查与非现场监测，分析借款人经营、财务、信用、支付、担保及融资数量和渠道变化等状况，掌握各种影响借款人偿债能力的风险因素。

第三十一条 贷款人应通过借款合同的约定，要求借款人指定专门资金回笼账户并及时提供该账户资金进出情况。

贷款人可根据借款人信用状况、融资情况等，与借款人协商签订账户管理协议，明确约定对指定账户回笼资金进出的管理。

贷款人应关注大额及异常资金流入流出情况,加强对资金回笼账户的监控。

第三十二条　贷款人应动态关注借款人经营、管理、财务及资金流向等重大预警信号,根据合同约定及时采取提前收贷、追加担保等有效措施防范化解贷款风险。

第三十三条　贷款人应评估贷款品种、额度、期限与借款人经营状况、还款能力的匹配程度,作为与借款人后续合作的依据,必要时及时调整与借款人合作的策略和内容。

第三十四条　贷款人应根据法律法规规定和借款合同的约定,参与借款人大额融资、资产出售以及兼并、分立、股份制改造、破产清算等活动,维护贷款人债权。

第三十五条　流动资金贷款需要展期的,贷款人应审查贷款所对应的资产转换周期的变化原因和实际需要,决定是否展期,并合理确定贷款展期期限,加强对展期贷款的后续管理。

第三十六条　流动资金贷款形成不良的,贷款人应对其进行专门管理,及时制定清收处置方案。对借款人确因暂时经营困难不能按期归还贷款本息的,贷款人可与其协商重组。

第三十七条　对确实无法收回的不良贷款,贷款人按照相关规定对贷款进行核销后,应继续向债务人追索或进行市场化处置。

第七章　法 律 责 任

第三十八条　贷款人违反本办法规定经营流动资金贷款业务的,中国银行业监督管理委员会应当责令其限期改正。贷款人有下列情形之一的,中国银行业监督管理委员会可采取《中华人民共和国银行业监督管理法》第三十七条规定的监管措施:

(一)流动资金贷款业务流程有缺陷的;

(二)未将贷款管理各环节的责任落实到具体部门和岗位的;

(三)贷款调查、风险评价、贷后管理未尽职的;

(四)对借款人违反合同约定的行为应发现而未发现,或虽发现但未及时采取有效措施的。

第三十九条　贷款人有下列情形之一的,中国银行业监督管理委员会除按本办法第三十八条采取监管措施外,还可根据《中华人民共和国银行业监督管理法》第四十六条、第四十八条对其进行处罚:

(一)以降低信贷条件或超过借款人实际资金需求发放贷款的;

(二)未按本办法规定签订借款合同的;

(三)与借款人串通违规发放贷款的;

(四)放任借款人将流动资金贷款用于固定资产投资、股权投资以及国家禁止生产、经营的领域和用途的;

(五)超越或变相超越权限审批贷款的;

(六)未按本办法规定进行贷款资金支付管理与控制的;

(七)严重违反本办法规定的审慎经营规则的其他情形的。

第八章　附　　则

第四十条　贷款人应依据本办法制定流动资金贷款管理实施细则及操作规程。

第四十一条　本办法由中国银行业监督管理委员会负责解释。

第四十二条　本办法自发布之日起施行。

附件:

流动资金贷款需求量的测算参考

流动资金贷款需求量应基于借款人日常生产经营所需营运资金与现有流动资金的差额(即流动资金缺口)确定。一般来讲,影响流动资金需求的关键因素为存货(原材料、半成品、产成品)、现金、应收账款和应付账款。同时,还会受到借款人所属行业、经营规模、发展阶段、谈判地位等重要因素的影响。银行业金融机构根据借款人当期财务报告和业务发展预测,按以下方法测算其流动资金贷款需求量:

一、估算借款人营运资金量

借款人营运资金量影响因素主要包括现金、存货、应收账款、应付账款、预收账款、预付账款等。在调查基础上,预测各项资金周转时间变化,合理估算借款人营运资金量。在实际测算中,借款人营运资金需求可参考如下公式:

营运资金量 = 上年度销售收入 ×(1 - 上年度销售利润率)×(1 + 预计销售收入年增长率)/营运资金周转次数

其中:营运资金周转次数 = 360/(存货周转天数 + 应收账款周转天数 - 应付账款周转天数 + 预付账款周转天数 - 预收账款周转天数)

周转天数 = 360/周转次数

应收账款周转次数 = 销售收入/平均应收账款余额

预收账款周转次数 = 销售收入/平均预收账款余额

存货周转次数 = 销售成本/平均存货余额

预付账款周转次数 = 销售成本/平均预付账款余额

应付账款周转次数 = 销售成本/平均应付账款余额

二、估算新增流动资金贷款额度

将估算出的借款人营运资金需求量扣除借款人自有资金、现有流动资金贷款以及其他融资,即可估算出新增流动资金贷款额度。

新增流动资金贷款额度 = 营运资金量 - 借款人自有资金 - 现有流动资金贷款 - 其他渠道提供的营运资金

三、需要考虑的其他因素

(一)各银行业金融机构应根据实际情况和未来发展情况(如借款人所属行业、规模、发展阶段、谈判地位等)分别合理预测借款人应收账款、存货和应付账款的周转天数,并可考虑一定的保险系数。

(二)对集团关联客户,可采用合并报表估算流动资金贷款额度,原则上纳入合并报表范围内的成员企业流动资金贷款总和不能超过估算值。

(三)对小企业融资、订单融资、预付租金或者临时大额债项融资等情况,可在交易真实性的基础上,确保有效控制用途和回款情况下,根据实际交易需求确定流动资金额度。

(四)对季节性生产借款人,可按每年的连续生产时段作为计算周期估算流动资金需求,贷款期限应根据回款周期合理确定。

个人贷款管理暂行办法

(2010年2月12日中国银行业监督管理委员会令2010年第2号公布　自公布之日起施行)

第一章　总　　则

第一条　为规范银行业金融机构个人贷款业务行为,加强个人贷款业务审慎经营管理,促进个人贷款业务健康发展,依据《中华人民共和国银行业监督管理法》、《中华人民共和国商业银行法》等法律法规,制定本办法。

第二条　中华人民共和国境内经中国银行业监督管理委员会批准设立的银行业金融机构(以下简称贷款人)经营个人贷款业务,应遵守本办法。

第三条　本办法所称个人贷款,是指贷款人向符合条件的自然人发放的用于个人消费、生产经营等用途的本外币贷款。

第四条　个人贷款应当遵循依法合规、审慎经营、平等自愿、公平诚信的原则。

第五条　贷款人应建立有效的个人贷款全流程管理机制,制订贷款管理制度及每一贷款品种的操作规程,明确相应贷款对象和范围,实施差别风险管理,建立贷款各操作环节的考核和问责机制。

第六条　贷款人应按区域、品种、客户群等维度建立个人贷款风险限额管理制度。

第七条　个人贷款用途应符合法律法规规定和国家有关政策,贷款人不得发放无指定用途的个人贷款。

贷款人应加强贷款资金支付管理,有效防范个人贷款业务风险。

第八条　个人贷款的期限和利率应符合国家相关规定。

第九条　贷款人应建立借款人合理的收入偿债比例控制机制,结合借款人收入、负债、支出、贷款用途、担保情况等因素,合理确定贷款金额和期限,控制借款人每期还款额不超过其还款能力。

第十条　中国银行业监督管理委员会依照本办法对个人贷款业务实施监督管理。

第二章 受理与调查

第十一条 个人贷款申请应具备以下条件：

（一）借款人为具有完全民事行为能力的中华人民共和国公民或符合国家有关规定的境外自然人；

（二）贷款用途明确合法；

（三）贷款申请数额、期限和币种合理；

（四）借款人具备还款意愿和还款能力；

（五）借款人信用状况良好，无重大不良信用记录；

（六）贷款人要求的其他条件。

第十二条 贷款人应要求借款人以书面形式提出个人贷款申请，并要求借款人提供能够证明其符合贷款条件的相关资料。

第十三条 贷款人受理借款人贷款申请后，应履行尽职调查职责，对个人贷款申请内容和相关情况的真实性、准确性、完整性进行调查核实，形成调查评价意见。

第十四条 贷款调查包括但不限于以下内容：

（一）借款人基本情况；

（二）借款人收入情况；

（三）借款用途；

（四）借款人还款来源、还款能力及还款方式；

（五）保证人担保意愿、担保能力或抵（质）押物价值及变现能力。

第十五条 贷款调查应以实地调查为主、间接调查为辅，采取现场核实、电话查问以及信息咨询等途径和方法。

第十六条 贷款人在不损害借款人合法权益和风险可控的前提下，可将贷款调查中的部分特定事项审慎委托第三方代为办理，但必须明确第三方的资质条件。

贷款人不得将贷款调查的全部事项委托第三方完成。

第十七条 贷款人应建立并严格执行贷款面谈制度。

通过电子银行渠道发放低风险质押贷款的，贷款人至少应当采取有效措施确定借款人真实身份。

第三章 风险评价与审批

第十八条 贷款审查应对贷款调查内容的合法性、合理性、准确性进行全面审查，重点关注调查人的尽职情况和借款人的偿还能力、诚信状况、担保情况、抵（质）押比率、风险程度等。

第十九条 贷款风险评价应以分析借款人现金收入为基础，采取定量和定性分析方法，全面、动态地进行贷款审查和风险评估。

贷款人应建立和完善借款人信用记录和评价体系。

第二十条 贷款人应根据审慎性原则，完善授权管理制度，规范审批操作流程，明确贷款审批权限，实行审贷分离和授权审批，确保贷款审批人员按照授权独立审批贷款。

第二十一条 对未获批准的个人贷款申请，贷款人应告知借款人。

第二十二条 贷款人应根据重大经济形势变化、违约率明显上升等异常情况，对贷款审批环节进行评价分析，及时、有针对性地调整审批政策，加强相关贷款的管理。

第四章 协议与发放

第二十三条 贷款人应与借款人签订书面借款合同，需担保的应同时签订担保合同。贷款人应要求借款人当面签订借款合同及其他相关文件，但电子银行渠道办理的贷款除外。

第二十四条 借款合同应符合《中华人民共和国合同法》的规定，明确约定各方当事人的诚信承诺和贷款资金的用途、支付对象（范围）、支付金额、支付条件、支付方式等。

借款合同应设立相关条款，明确借款人不履行合同或怠于履行合同时应当承担的违约责任。

第二十五条 贷款人应建立健全合同管理制度，有效防范个人贷款法律风险。

借款合同采用格式条款的，应当维护借款人的合法权益，并予以公示。

第二十六条 贷款人应依照《中华人民共和国物权法》、《中华人民共和国担保法》等法律法规的相关规定，规范担保流程与操作。

按合同约定办理抵押物登记的，贷款人应当参与。贷款人委托第三方办理的，应对抵押物登记情况予以核实。

以保证方式担保的个人贷款,贷款人应由不少于两名信贷人员完成。

第二十七条 贷款人应加强对贷款的发放管理,遵循审贷与放贷分离的原则,设立独立的放款管理部门或岗位,负责落实放款条件、发放满足约定条件的个人贷款。

第二十八条 借款合同生效后,贷款人应按合同约定及时发放贷款。

第五章 支付管理

第二十九条 贷款人应按照借款合同约定,通过贷款人受托支付或借款人自主支付的方式对贷款资金的支付进行管理与控制。

贷款人受托支付是指贷款人根据借款人的提款申请和支付委托,将贷款资金支付给符合合同约定用途的借款人交易对象。

借款人自主支付是指贷款人根据借款人的提款申请将贷款资金直接发放至借款人账户,并由借款人自主支付给符合合同约定用途的借款人交易对象。

第三十条 个人贷款资金应当采用贷款人受托支付方式向借款人交易对象支付,但本办法第三十三条规定的情形除外。

第三十一条 采用贷款人受托支付的,贷款人应要求借款人在使用贷款时提出支付申请,并授权贷款人按合同约定方式支付贷款资金。

贷款人应在贷款资金发放前审核借款人相关交易资料和凭证是否符合合同约定条件,支付后做好有关细节的认定记录。

第三十二条 贷款人受托支付完成后,应详细记录资金流向,归集保存相关凭证。

第三十三条 有下列情形之一的个人贷款,经贷款人同意可以采取借款人自主支付方式:

(一)借款人无法事先确定具体交易对象且金额不超过三十万元人民币的;

(二)借款人交易对象不具备条件有效使用非现金结算方式的;

(三)贷款资金用于生产经营且金额不超过五十万元人民币的;

(四)法律法规规定的其他情形的。

第三十四条 采用借款人自主支付的,贷款人应与借款人在借款合同中事先约定,要求借款人定期报告或告知贷款人贷款资金支付情况。

贷款人应当通过账户分析、凭证查验或现场调查等方式,核查贷款支付是否符合约定用途。

第六章 贷后管理

第三十五条 个人贷款支付后,贷款人应采取有效方式对贷款资金使用、借款人的信用及担保情况变化等进行跟踪检查和监控分析,确保贷款资产安全。

第三十六条 贷款人应区分个人贷款的品种、对象、金额等,确定贷款检查的相应方式、内容和频度。贷款人内部审计等部门应对贷款检查职能部门的工作质量进行抽查和评价。

第三十七条 贷款人应定期跟踪分析评估借款人履行借款合同约定内容的情况,并作为与借款人后续合作的信用评价基础。

第三十八条 贷款人应当按照法律法规规定和借款合同的约定,对借款人未按合同承诺提供真实、完整信息和未按合同约定用途使用、支付贷款等行为追究违约责任。

第三十九条 经贷款人同意,个人贷款可以展期。

一年以内(含)的个人贷款,展期期限累计不得超过原贷款期限;一年以上的个人贷款,展期期限累计与原贷款期限相加,不得超过该贷款品种规定的最长贷款期限。

第四十条 贷款人应按照借款合同约定,收回贷款本息。

对于未按照借款合同约定偿还的贷款,贷款人应采取措施进行清收,或者协议重组。

第七章 法律责任

第四十一条 贷款人违反本办法规定办理个人贷款业务的,中国银行业监督管理委员会应当责令其限期改正。贷款人有下列情形之一的,中国银行业监督管理委员会可采取《中华人民共和国银行业监督管理法》第三十七条规定的监管措施:

(一)贷款调查、审查未尽职的;

(二)未按规定建立、执行贷款面谈、借款合同面签制度的;

（三）借款合同采用格式条款未公示的；

（四）违反本办法第二十七条规定的；

（五）支付管理不符合本办法要求的。

第四十二条 贷款人有下列情形之一的，中国银行业监督管理委员会除按本办法第四十一条采取监管措施外，还可根据《中华人民共和国银行业监督管理法》第四十六条、第四十八条规定对其进行处罚：

（一）发放不符合条件的个人贷款的；

（二）签订的借款合同不符合本办法规定的；

（三）违反本办法第七条规定的；

（四）将贷款调查的全部事项委托第三方完成的；

（五）超越或变相超越贷款权限审批贷款的；

（六）授意借款人虚构情节获得贷款的；

（七）对借款人违背借款合同约定的行为应发现而未发现，或虽发现但未采取有效措施的；

（八）严重违反本办法规定的审慎经营规则的其他情形的。

第八章 附 则

第四十三条 以存单、国债或者中国银行业监督管理委员会认可的其他金融产品作质押发放的个人贷款，消费金融公司、汽车金融公司等非银行金融机构发放的个人贷款，可参照本办法执行。

银行业金融机构发放给农户用于生产性贷款等国家有专门政策规定的特殊类个人贷款，暂不执行本办法。

信用卡透支，不适用本办法。

第四十四条 个体工商户和农村承包经营户申请个人贷款用于生产经营且金额超过五十万元人民币的，按贷款用途适用相关贷款管理办法的规定。

第四十五条 贷款人应依照本办法制定个人贷款业务管理细则及操作规程。

第四十六条 本办法由中国银行业监督管理委员会负责解释。

第四十七条 本办法自发布之日起施行。

（七）信 托

中华人民共和国信托法

（2001年4月28日第九届全国人民代表大会常务委员会第二十一次会议通过 2001年4月28日中华人民共和国主席令第50号公布 自2001年10月1日起施行）

目 录

第一章 总 则

第一条 为了调整信托关系，规范信托行为，保护信托当事人的合法权益，促进信托事业的健康发展，制定本法。

第二条 本法所称信托，是指委托人基于对受托人的信任，将其财产权委托给受托人，由受托人按委托人的意愿以自己的名义，为受益人的利益或者特定目的，进行管理或者处分的行为。

第三条 委托人、受托人、受益人（以下统称信托当事人）在中华人民共和国境内进行民事、营业、公益信托活动，适用本法。

第四条 受托人采取信托机构形式从事信托活动，其组织和管理由国务院制定具体办法。

第五条 信托当事人进行信托活动，必须遵守法律、行政法规，遵循自愿、公平和诚实信用原则，不得损害国家利益和社会公共利益。

第二章 信托的设立

第六条 设立信托，必须有合法的信托目的。

第七条 设立信托,必须有确定的信托财产,并且该信托财产必须是委托人合法所有的财产。

本法所称财产包括合法的财产权利。

第八条 设立信托,应当采取书面形式。

书面形式包括信托合同、遗嘱或者法律、行政法规规定的其他书面文件等。

采取信托合同形式设立信托的,信托合同签订时,信托成立。采取其他书面形式设立信托的,受托人承诺信托时,信托成立。

第九条 设立信托,其书面文件应当载明下列事项:

(一)信托目的;

(二)委托人、受托人的姓名或者名称、住所;

(三)受益人或者受益人范围;

(四)信托财产的范围、种类及状况;

(五)受益人取得信托利益的形式、方法。

除前款所列事项外,可以载明信托期限、信托财产的管理方法、受托人的报酬、新受托人的选任方式、信托终止事由等事项。

第十条 设立信托,对于信托财产,有关法律、行政法规规定应当办理登记手续的,应当依法办理信托登记。

未依照前款规定办理信托登记的,应当补办登记手续;不补办的,该信托不产生效力。

第十一条 有下列情形之一的,信托无效:

(一)信托目的违反法律、行政法规或者损害社会公共利益;

(二)信托财产不能确定;

(三)委托人以非法财产或者本法规定不得设立信托的财产设立信托;

(四)专以诉讼或者讨债为目的设立信托;

(五)受益人或者受益人范围不能确定;

(六)法律、行政法规规定的其他情形。

第十二条 委托人设立信托损害其债权人利益的,债权人有权申请人民法院撤销该信托。

人民法院依照前款规定撤销信托的,不影响善意受益人已经取得的信托利益。

本条第一款规定的申请权,自债权人知道或者应当知道撤销原因之日起一年内不行使的,归于消灭。

第十三条 设立遗嘱信托,应当遵守继承法关于遗嘱的规定。

遗嘱指定的人拒绝或者无能力担任受托人的,由受益人另行选任受托人;受益人为无民事行为能力人或者限制民事行为能力人的,依法由其监护人代行选任。遗嘱对选任受托人另有规定的,从其规定。

第三章 信托财产

第十四条 受托人因承诺信托而取得的财产是信托财产。

受托人因信托财产的管理运用、处分或者其他情形而取得的财产,也归入信托财产。

法律、行政法规禁止流通的财产,不得作为信托财产。

法律、行政法规限制流通的财产,依法经有关主管部门批准后,可以作为信托财产。

第十五条 信托财产与委托人未设立信托的其他财产相区别。设立信托后,委托人死亡或者依法解散、被依法撤销、被宣告破产时,委托人是唯一受益人的,信托终止,信托财产作为其遗产或者清算财产;委托人不是唯一受益人的,信托存续,信托财产不作为其遗产或者清算财产;但作为共同受益人的委托人死亡或者依法解散、被依法撤销、被宣告破产时,其信托受益权作为其遗产或者清算财产。

第十六条 信托财产与属于受托人所有的财产(以下简称固有财产)相区别,不得归入受托人的固有财产或者成为固有财产的一部分。

受托人死亡或者依法解散、被依法撤销、被宣告破产而终止,信托财产不属于其遗产或者清算财产。

第十七条 除因下列情形之一外,对信托财产不得强制执行:

(一)设立信托前债权人已对该信托财产享有优先受偿的权利,并依法行使该权利的;

(二)受托人处理信托事务所产生债务,债权人要求清偿该债务的;

(三)信托财产本身应担负的税款;

(四)法律规定的其他情形。

对于违反前款规定而强制执行信托财产,委托人、受托人或者受益人有权向人民法院提出异议。

第十八条　受托人管理运用、处分信托财产所产生的债权，不得与其固有财产产生的债务相抵销。

受托人管理运用、处分不同委托人的信托财产所产生的债权债务，不得相互抵销。

第四章　信托当事人

第一节　委　托　人

第十九条　委托人应当是具有完全民事行为能力的自然人、法人或者依法成立的其他组织。

第二十条　委托人有权了解其信托财产的管理运用、处分及收支情况，并有权要求受托人作出说明。

委托人有权查阅、抄录或者复制与其信托财产有关的信托账目以及处理信托事务的其他文件。

第二十一条　因设立信托时未能预见的特别事由，致使信托财产的管理方法不利于实现信托目的或者不符合受益人的利益时，委托人有权要求受托人调整该信托财产的管理方法。

第二十二条　受托人违反信托目的处分信托财产或者因违背管理职责、处理信托事务不当致使信托财产受到损失的，委托人有权申请人民法院撤销该处分行为，并有权要求受托人恢复信托财产的原状或者予以赔偿；该信托财产的受让人明知是违反信托目的而接受该财产的，应当予以返还或者予以赔偿。

前款规定的申请权，自委托人知道或者应当知道撤销原因之日起一年内不行使的，归于消灭。

第二十三条　受托人违反信托目的处分信托财产或者管理运用、处分信托财产有重大过失的，委托人有权依照信托文件的规定解任受托人，或者申请人民法院解任受托人。

第二节　受 托 人

第二十四条　受托人应当是具有完全民事行为能力的自然人、法人。

法律、行政法规对受托人的条件另有规定的，从其规定。

第二十五条　受托人应当遵守信托文件的规定，为受益人的最大利益处理信托事务。

受托人管理信托财产，必须恪尽职守，履行诚实、信用、谨慎、有效管理的义务。

第二十六条　受托人除依照本法规定取得报酬外，不得利用信托财产为自己谋取利益。

受托人违反前款规定，利用信托财产为自己谋取利益的，所得利益归入信托财产。

第二十七条　受托人不得将信托财产转为其固有财产。受托人将信托财产转为其固有财产的，必须恢复该信托财产的原状；造成信托财产损失的，应当承担赔偿责任。

第二十八条　受托人不得将其固有财产与信托财产进行交易或者将不同委托人的信托财产进行相互交易，但信托文件另有规定或者经委托人或者受益人同意，并以公平的市场价格进行交易的除外。

受托人违反前款规定，造成信托财产损失的，应当承担赔偿责任。

第二十九条　受托人必须将信托财产与其固有财产分别管理、分别记账，并将不同委托人的信托财产分别管理、分别记账。

第三十条　受托人应当自己处理信托事务，但信托文件另有规定或者有不得已事由的，可以委托他人代为处理。

受托人依法将信托事务委托他人代理的，应当对他人处理信托事务的行为承担责任。

第三十一条　同一信托的受托人有两个以上的，为共同受托人。

共同受托人应当共同处理信托事务，但信托文件规定对某些具体事务由受托人分别处理的，从其规定。

共同受托人共同处理信托事务，意见不一致时，按信托文件规定处理；信托文件未规定的，由委托人、受益人或者其利害关系人决定。

第三十二条　共同受托人处理信托事务对第三人所负债务，应当承担连带清偿责任。第三人对共同受托人之一所作的意思表示，对其他受托人同样有效。

共同受托人之一违反信托目的处分信托财产或者因违背管理职责、处理信托事务不当致使信托财产受到损失的，其他受托人应当承担连带赔偿责任。

第三十三条　受托人必须保存处理信托事务的完整记录。

受托人应当每年定期将信托财产的管理运用、处分及收支情况，报告委托人和受益人。

受托人对委托人、受益人以及处理信托事务的情况和资料负有依法保密的义务。

第三十四条　受托人以信托财产为限向受益人承担支付信托利益的义务。

第三十五条　受托人有权依照信托文件的约定取得报酬。信托文件未作事先约定的，经信托当事人协商同意，可以作出补充约定；未作事先约定和补充约定的，不得收取报酬。

约定的报酬经信托当事人协商同意，可以增减其数额。

第三十六条　受托人违反信托目的处分信托财产或者因违背管理职责、处理信托事务不当致使信托财产受到损失的，在未恢复信托财产的原状或者未予赔偿前，不得请求给付报酬。

第三十七条　受托人因处理信托事务所支出的费用、对第三人所负债务，以信托财产承担。受托人以其固有财产先行支付的，对信托财产享有优先受偿的权利。

受托人违背管理职责或者处理信托事务不当对第三人所负债务或者自己所受到的损失，以其固有财产承担。

第三十八条　设立信托后，经委托人和受益人同意，受托人可以辞任。本法对公益信托的受托人辞任另有规定的，从其规定。

受托人辞任的，在新受托人选出前仍应履行管理信托事务的职责。

第三十九条　受托人有下列情形之一的，其职责终止：

（一）死亡或者被依法宣告死亡；

（二）被依法宣告为无民事行为能力人或者限制民事行为能力人；

（三）被依法撤销或者被宣告破产；

（四）依法解散或者法定资格丧失；

（五）辞任或者被解任；

（六）法律、行政法规规定的其他情形。

受托人职责终止时，其继承人或者遗产管理人、监护人、清算人应当妥善保管信托财产，协助新受托人接管信托事务。

第四十条　受托人职责终止的，依照信托文件规定选任新受托人；信托文件未规定的，由委托人选任；委托人不指定或者无能力指定的，由受益人选任；受益人为无民事行为能力人或者限制民事行为能力人的，依法由其监护人代行选任。

原受托人处理信托事务的权利和义务，由新受托人承继。

第四十一条　受托人有本法第三十九条第一款第（三）项至第（六）项所列情形之一，职责终止的，应当作出处理信托事务的报告，并向新受托人办理信托财产和信托事务的移交手续。

前款报告经委托人或者受益人认可，原受托人就报告中所列事项解除责任。但原受托人有不正当行为的除外。

第四十二条　共同受托人之一职责终止的，信托财产由其他受托人管理和处分。

第三节　受益人

第四十三条　受益人是在信托中享有信托受益权的人。受益人可以是自然人、法人或者依法成立的其他组织。

委托人可以是受益人，也可以是同一信托的唯一受益人。

受托人可以是受益人，但不得是同一信托的唯一受益人。

第四十四条　受益人自信托生效之日起享有信托受益权。信托文件另有规定的，从其规定。

第四十五条　共同受益人按照信托文件的规定享受信托利益。信托文件对信托利益的分配比例或者分配方法未作规定的，各受益人按照均等的比例享受信托利益。

第四十六条　受益人可以放弃信托受益权。

全体受益人放弃信托受益权的，信托终止。

部分受益人放弃信托受益权的，被放弃的信托受益权按下列顺序确定归属：

（一）信托文件规定的人；

（二）其他受益人；

（三）委托人或者其继承人。

第四十七条　受益人不能清偿到期债务的，其信托受益权可以用于清偿债务，但法律、行政法规以及信托文件有限制性规定的除外。

第四十八条　受益人的信托受益权可以依法转让和继承，但信托文件有限制性规定的除外。

第四十九条　受益人可以行使本法第二十条至第二十三条规定的委托人享有的权利。受益人行使上述权利，与委托人意见不一致时，可以申请人民法院作出裁定。

受托人有本法第二十二条第一款所列行为，共同受益人之一申请人民法院撤销该处分行为的，人民法院所作出的撤销裁定，对全体共同受益人有效。

第五章　信托的变更与终止

第五十条　委托人是唯一受益人的，委托人或者其继承人可以解除信托。信托文件另有规定的，从其规定。

第五十一条　设立信托后，有下列情形之一的，委托人可以变更受益人或者处分受益人的信托受益权：

（一）受益人对委托人有重大侵权行为；

（二）受益人对其他共同受益人有重大侵权行为；

（三）经受益人同意；

（四）信托文件规定的其他情形。

有前款第（一）项、第（三）项、第（四）项所列情形之一的，委托人可以解除信托。

第五十二条　信托不因委托人或者受托人的死亡、丧失民事行为能力、依法解散、被依法撤销或者被宣告破产而终止，也不因受托人的辞任而终止。但本法或者信托文件另有规定的除外。

第五十三条　有下列情形之一的，信托终止：

（一）信托文件规定的终止事由发生；

（二）信托的存续违反信托目的；

（三）信托目的已经实现或者不能实现；

（四）信托当事人协商同意；

（五）信托被撤销；

（六）信托被解除。

第五十四条　信托终止的，信托财产归属于信托文件规定的人；信托文件未规定的，按下列顺序确定归属：

（一）受益人或者其继承人；

（二）委托人或者其继承人。

第五十五条　依照前条规定，信托财产的归属确定后，在该信托财产转移给权利归属人的过程中，信托视为存续，权利归属人视为受益人。

第五十六条　信托终止后，人民法院依据本法第十七条的规定对原信托财产进行强制执行的，以权利归属人为被执行人。

第五十七条　信托终止后，受托人依照本法规定行使请求给付报酬、从信托财产中获得补偿的权利时，可以留置信托财产或者对信托财产的权利归属人提出请求。

第五十八条　信托终止的，受托人应当作出处理信托事务的清算报告。受益人或者信托财产的权利归属人对清算报告无异议的，受托人就清算报告所列事项解除责任。但受托人有不正当行为的除外。

第六章　公益信托

第五十九条　公益信托适用本章规定。本章未规定的，适用本法及其他相关法律的规定。

第六十条　为了下列公共利益目的之一而设立的信托，属于公益信托：

（一）救济贫困；

（二）救助灾民；

（三）扶助残疾人；

（四）发展教育、科技、文化、艺术、体育事业；

（五）发展医疗卫生事业；

（六）发展环境保护事业，维护生态环境；

（七）发展其他社会公益事业。

第六十一条　国家鼓励发展公益信托。

第六十二条　公益信托的设立和确定其受托人，应当经有关公益事业的管理机构（以下简称公益事业管理机构）批准。

未经公益事业管理机构的批准，不得以公益信托的名义进行活动。

公益事业管理机构对于公益信托活动应当给予支持。

第六十三条　公益信托的信托财产及其收益，不得用于非公益目的。

第六十四条　公益信托应当设置信托监察人。

信托监察人由信托文件规定。信托文件未规定的，由公益事业管理机构指定。

第六十五条 信托监察人有权以自己的名义，为维护受益人的利益，提起诉讼或者实施其他法律行为。

第六十六条 公益信托的受托人未经公益事业管理机构批准，不得辞任。

第六十七条 公益事业管理机构应当检查受托人处理公益信托事务的情况及财产状况。

受托人应当至少每年一次作出信托事务处理情况及财产状况报告，经信托监察人认可后，报公益事业管理机构核准，并由受托人予以公告。

第六十八条 公益信托的受托人违反信托义务或者无能力履行其职责的，由公益事业管理机构变更受托人。

第六十九条 公益信托成立后，发生设立信托时不能预见的情形，公益事业管理机构可以根据信托目的，变更信托文件中的有关条款。

第七十条 公益信托终止的，受托人应当于终止事由发生之日起十五日内，将终止事由和终止日期报告公益事业管理机构。

第七十一条 公益信托终止的，受托人作出的处理信托事务的清算报告，应当经信托监察人认可后，报公益事业管理机构核准，并由受托人予以公告。

第七十二条 公益信托终止，没有信托财产权利归属人或者信托财产权利归属人是不特定的社会公众的，经公益事业管理机构批准，受托人应当将信托财产用于与原公益目的相近似的目的，或者将信托财产转移给具有近似目的的公益组织或者其他公益信托。

第七十三条 公益事业管理机构违反本法规定的，委托人、受托人或者受益人有权向人民法院起诉。

第七章 附 则

第七十四条 本法自2001年10月1日起施行。

信托公司管理办法

（2007年1月23日中国银行业监督管理委员会令2007年第2号公布 自2007年3月1日起施行）

第一章 总 则

第一条 为加强对信托公司的监督管理，规范信托公司的经营行为，促进信托业的健康发展，根据《中华人民共和国信托法》、《中华人民共和国银行业监督管理法》等法律法规，制定本办法。

第二条 本办法所称信托公司，是指依照《中华人民共和国公司法》和本办法设立的主要经营信托业务的金融机构。

本办法所称信托业务，是指信托公司以营业和收取报酬为目的，以受托人身份承诺信托和处理信托事务的经营行为。

第三条 信托财产不属于信托公司的固有财产，也不属于信托公司对受益人的负债。信托公司终止时，信托财产不属于其清算财产。

第四条 信托公司从事信托活动，应当遵守法律法规的规定和信托文件的约定，不得损害国家利益、社会公共利益和受益人的合法权益。

第五条 中国银行业监督管理委员会对信托公司及其业务活动实施监督管理。

第二章 机构的设立、变更与终止

第六条 设立信托公司，应当采取有限责任公司或者股份有限公司的形式。

第七条 设立信托公司，应当经中国银行业监督管理委员会批准，并领取金融许可证。

未经中国银行业监督管理委员会批准，任何单位和个人不得经营信托业务，任何经营单位不得在其名称中使用“信托公司”字样。法律法规另有规定的除外。

第八条 设立信托公司，应当具备下列条件：

（一）有符合《中华人民共和国公司法》和中国银行业监督管理委员会规定的公司章程；

（二）有具备中国银行业监督管理委员会规

定的入股资格的股东；

（三）具有本办法规定的最低限额的注册资本；

（四）有具备中国银行业监督管理委员会规定任职资格的董事、高级管理人员和与其业务相适应的信托从业人员；

（五）具有健全的组织机构、信托业务操作规程和风险控制制度；

（六）有符合要求的营业场所、安全防范措施和与业务有关的其他设施；

（七）中国银行业监督管理委员会规定的其他条件。

第九条　中国银行业监督管理委员会依照法律法规和审慎监管原则对信托公司的设立申请进行审查，作出批准或者不予批准的决定；不予批准的，应说明理由。

第十条　信托公司注册资本最低限额为3亿元人民币或等值的可自由兑换货币，注册资本为实缴货币资本。

申请经营企业年金基金、证券承销、资产证券化等业务，应当符合相关法律法规规定的最低注册资本要求。

中国银行业监督管理委员会根据信托公司行业发展的需要，可以调整信托公司注册资本最低限额。

第十一条　未经中国银行业监督管理委员会批准，信托公司不得设立或变相设立分支机构。

第十二条　信托公司有下列情形之一的，应当经中国银行业监督管理委员会批准：

（一）变更名称；

（二）变更注册资本；

（三）变更公司住所；

（四）改变组织形式；

（五）调整业务范围；

（六）更换董事或高级管理人员；

（七）变更股东或者调整股权结构，但持有上市公司流通股份未达到公司总股份5%的除外；

（八）修改公司章程；

（九）合并或者分立；

（十）中国银行业监督管理委员会规定的其他情形。

第十三条　信托公司出现分立、合并或者公司章程规定的解散事由，申请解散的，经中国银行业监督管理委员会批准后解散，并依法组织清算组进行清算。

第十四条　信托公司不能清偿到期债务，且资产不足以清偿债务或明显缺乏清偿能力的，经中国银行业监督管理委员会同意，可向人民法院提出破产申请。

中国银行业监督管理委员会可以向人民法院直接提出对该信托公司进行重整或破产清算的申请。

第十五条　信托公司终止时，其管理信托事务的职责同时终止。清算组应当妥善保管信托财产，作出处理信托事务的报告并向新受托人办理信托财产的移交。信托文件另有约定的，从其约定。

第三章　经营范围

第十六条　信托公司可以申请经营下列部分或者全部本外币业务：

（一）资金信托；

（二）动产信托；

（三）不动产信托；

（四）有价证券信托；

（五）其他财产或财产权信托；

（六）作为投资基金或者基金管理公司的发起人从事投资基金业务；

（七）经营企业资产的重组、购并及项目融资、公司理财、财务顾问等业务；

（八）受托经营国务院有关部门批准的证券承销业务；

（九）办理居间、咨询、资信调查等业务；

（十）代保管及保管箱业务；

（十一）法律法规规定或中国银行业监督管理委员会批准的其他业务。

第十七条　信托公司可以根据《中华人民共和国信托法》等法律法规的有关规定开展公益信托活动。

第十八条　信托公司可以根据市场需要，按照信托目的、信托财产的种类或者对信托财产管理方式的不同设置信托业务品种。

第十九条　信托公司管理运用或处分信托

财产时，可以依照信托文件的约定，采取投资、出售、存放同业、买入返售、租赁、贷款等方式进行。中国银行业监督管理委员会另有规定的，从其规定。

信托公司不得以卖出回购方式管理运用信托财产。

第二十条 信托公司固有业务项下可以开展存放同业、拆放同业、贷款、租赁、投资等业务。投资业务限定为金融类公司股权投资、金融产品投资和自用固定资产投资。

信托公司不得以固有财产进行实业投资，但中国银行业监督管理委员会另有规定的除外。

第二十一条 信托公司不得开展除同业拆入业务以外的其他负债业务，且同业拆入余额不得超过其净资产的20%。中国银行业监督管理委员会另有规定的除外。

第二十二条 信托公司可以开展对外担保业务，但对外担保余额不得超过其净资产的50%。

第二十三条 信托公司经营外汇信托业务，应当遵守国家外汇管理的有关规定，并接受外汇主管部门的检查、监督。

第四章 经营规则

第二十四条 信托公司管理运用或者处分信托财产，必须恪尽职守，履行诚实、信用、谨慎、有效管理的义务，维护受益人的最大利益。

第二十五条 信托公司在处理信托事务时应当避免利益冲突，在无法避免时，应向委托人、受益人予以充分的信息披露，或拒绝从事该项业务。

第二十六条 信托公司应当亲自处理信托事务。信托文件另有约定或有不得已事由时，可委托他人代为处理，但信托公司应尽足够的监督义务，并对他人处理信托事务的行为承担责任。

第二十七条 信托公司对委托人、受益人以及所处理信托事务的情况和资料负有依法保密的义务，但法律法规另有规定或者信托文件另有约定的除外。

第二十八条 信托公司应当妥善保存处理信托事务的完整记录，定期向委托人、受益人报告信托财产及其管理运用、处分及收支的情况。

委托人、受益人有权向信托公司了解对其信托财产的管理运用、处分及收支情况，并要求信托公司作出说明。

第二十九条 信托公司应当将信托财产与其固有财产分别管理、分别记账，并将不同委托人的信托财产分别管理、分别记账。

第三十条 信托公司应当依法建账，对信托业务与非信托业务分别核算，并对每项信托业务单独核算。

第三十一条 信托公司的信托业务部门应当独立于公司的其他部门，其人员不得与公司其他部门的人员相互兼职，业务信息不得与公司的其他部门共享。

第三十二条 以信托合同形式设立信托时，信托合同应当载明以下事项：

（一）信托目的；

（二）委托人、受托人的姓名或者名称、住所；

（三）受益人或者受益人范围；

（四）信托财产的范围、种类及状况；

（五）信托当事人的权利义务；

（六）信托财产管理中风险的揭示和承担；

（七）信托财产的管理方式和受托人的经营权限；

（八）信托利益的计算，向受益人交付信托利益的形式、方法；

（九）信托公司报酬的计算及支付；

（十）信托财产税费的承担和其他费用的核算；

（十一）信托期限和信托的终止；

（十二）信托终止时信托财产的归属；

（十三）信托事务的报告；

（十四）信托当事人的违约责任及纠纷解决方式；

（十五）新受托人的选任方式；

（十六）信托当事人认为需要载明的其他事项。

以信托合同以外的其他书面文件设立信托时，书面文件的载明事项按照有关法律法规规定执行。

第三十三条 信托公司开展固有业务，不得有下列行为：

（一）向关联方融出资金或转移财产；

（二）为关联方提供担保；

（三）以股东持有的本公司股权作为质押进行融资。

信托公司的关联方按照《中华人民共和国公司法》和企业会计准则的有关标准界定。

第三十四条 信托公司开展信托业务，不得有下列行为：

（一）利用受托人地位谋取不当利益；

（二）将信托财产挪用于非信托目的的用途；

（三）承诺信托财产不受损失或者保证最低收益；

（四）以信托财产提供担保；

（五）法律法规和中国银行业监督管理委员会禁止的其他行为。

第三十五条 信托公司开展关联交易，应以公平的市场价格进行，逐笔向中国银行业监督管理委员会事前报告，并按照有关规定进行信息披露。

第三十六条 信托公司经营信托业务，应依照信托文件约定以手续费或者佣金的方式收取报酬，中国银行业监督管理委员会另有规定的除外。

信托公司收取报酬，应当向受益人公开，并向受益人说明收费的具体标准。

第三十七条 信托公司违反信托目的处分信托财产，或者因违背管理职责、处理信托事务不当致使信托财产受到损失的，在恢复信托财产的原状或者予以赔偿前，信托公司不得请求给付报酬。

第三十八条 信托公司因处理信托事务而支出的费用、负担的债务，以信托财产承担，但应在信托合同中列明或明确告知受益人。信托公司以其固有财产先行支付的，对信托财产享有优先受偿的权利。因信托公司违背管理职责或者管理信托事务不当所负债务及所受到的损害，以其固有财产承担。

第三十九条 信托公司违反信托目的处分信托财产，或者管理运用、处分信托财产有重大过失的，委托人或受益人有权依照信托文件的约定解任该信托公司，或者申请人民法院解任该信托公司。

第四十条 受托人职责依法终止的，新受托人依照信托文件的约定选任；信托文件未规定的，由委托人选任；委托人不能选任的，由受益人选任；受益人为无民事行为能力人或者限制民事行为能力人的，依法由其监护人代行选任。新受托人未产生前，中国银行业监督管理委员会可以指定临时受托人。

第四十一条 信托公司经营信托业务，有下列情形之一的，信托终止：

（一）信托文件约定的终止事由发生；

（二）信托的存续违反信托目的；

（三）信托目的已经实现或者不能实现；

（四）信托当事人协商同意；

（五）信托期限届满；

（六）信托被解除；

（七）信托被撤销；

（八）全体受益人放弃信托受益权。

第四十二条 信托终止的，信托公司应当依照信托文件的约定作出处理信托事务的清算报告。受益人或者信托财产的权利归属人对清算报告无异议的，信托公司就清算报告所列事项解除责任，但信托公司有不当行为的除外。

第五章 监督管理

第四十三条 信托公司应当建立以股东（大）会、董事会、监事会、高级管理层等为主体的组织架构，明确各自的职责划分，保证相互之间独立运行、有效制衡，形成科学高效的决策、激励与约束机制。

第四十四条 信托公司应当按照职责分离的原则设立相应的工作岗位，保证公司对风险能够进行事前防范、事中控制、事后监督和纠正，形成健全的内部约束机制和监督机制。

第四十五条 信托公司应当按规定制订本公司的信托业务及其他业务规则，建立、健全本公司的各项业务管理制度和内部控制制度，并报中国银行业监督管理委员会备案。

第四十六条 信托公司应当按照国家有关规定建立、健全本公司的财务会计制度，真实记录并全面反映其业务活动和财务状况。公司年度财务会计报表应当经具有良好资质的中介机构审计。

第四十七条 中国银行业监督管理委员会

可以定期或者不定期对信托公司的经营活动进行检查;必要时,可以要求信托公司提供由具有良好资质的中介机构出具的相关审计报告。

信托公司应当按照中国银行业监督管理委员会的要求提供有关业务、财务等报表和资料,并如实介绍有关业务情况。

第四十八条 中国银行业监督管理委员会对信托公司实行净资本管理。具体办法由中国银行业监督管理委员会另行制定。

第四十九条 信托公司每年应当从税后利润中提取5%作为信托赔偿准备金,但该赔偿准备金累计总额达到公司注册资本的20%时,可不再提取。

信托公司的赔偿准备金应存放于经营稳健、具有一定实力的境内商业银行,或者用于购买国债等低风险高流动性证券品种。

第五十条 中国银行业监督管理委员会对信托公司的董事、高级管理人员实行任职资格审查制度。未经中国银行业监督管理委员会任职资格审查或者审查不合格的,不得任职。

信托公司对拟离任的董事、高级管理人员,应当进行离任审计,并将审计结果报中国银行业监督管理委员会备案。信托公司的法定代表人变更时,在新的法定代表人经中国银行业监督管理委员会核准任职资格前,原法定代表人不得离任。

第五十一条 中国银行业监督管理委员会对信托公司的信托从业人员实行信托业务资格管理制度。符合条件的,颁发信托从业人员资格证书;未取得信托从业人员资格证书的,不得经办信托业务。

第五十二条 信托公司的董事、高级管理人员和信托从业人员违反法律、行政法规或中国银行业监督管理委员会有关规定的,中国银行业监督管理委员会有权取消其任职资格或者从业资格。

第五十三条 中国银行业监督管理委员会根据履行职责的需要,可以与信托公司董事、高级管理人员进行监督管理谈话,要求信托公司董事、高级管理人员就信托公司的业务活动和风险管理的重大事项作出说明。

第五十四条 信托公司违反审慎经营规则的,中国银行业监督管理委员会责令限期改正;逾期未改正的,或者其行为严重危及信托公司的稳健运行、损害受益人合法权益的,中国银行业监督管理委员会可以区别情形,依据《中华人民共和国银行业监督管理法》等法律法规的规定,采取暂停业务、限制股东权利等监管措施。

第五十五条 信托公司已经或者可能发生信用危机,严重影响受益人合法权益的,中国银行业监督管理委员会可以依法对该信托公司实行接管或者督促机构重组。

第五十六条 中国银行业监督管理委员会在批准信托公司设立、变更、终止后,发现原申请材料有隐瞒、虚假的情形,可以责令补正或者撤销批准。

第五十七条 信托公司可以加入中国信托业协会,实行行业自律。

中国信托业协会开展活动,应当接受中国银行业监督管理委员会的指导和监督。

第六章 罚 则

第五十八条 未经中国银行业监督管理委员会批准,擅自设立信托公司的,由中国银行业监督管理委员会依法予以取缔;构成犯罪的,依法追究刑事责任;尚不构成犯罪的,由中国银行业监督管理委员会没收违法所得,违法所得五十万元以上的,并处违法所得一倍以上五倍以下罚款;没有违法所得或者违法所得不足五十万元的,处五十万元以上二百万元以下罚款。

第五十九条 未经中国银行业监督管理委员会批准,信托公司擅自设立分支机构或开展本办法第十九条、第二十条、第二十一条、第二十二条、第三十三条和第三十四条禁止的业务的,由中国银行业监督管理委员会责令改正,有违法所得的,没收违法所得,违法所得五十万元以上的,并处违法所得一倍以上五倍以下罚款;没有违法所得或者违法所得不足五十万元的,处五十万元以上二百万元以下罚款;情节特别严重或者逾期不改正的,责令停业整顿或者吊销其金融许可证;构成犯罪的,依法追究刑事责任。

第六十条 信托公司违反本办法其他规定的,中国银行业监督管理委员会根据《中华人民共和国银行业监督管理法》等法律法规的规定,采取相应的处罚措施。

第六十一条 信托公司有违法经营、经营管理不善等情形，不予撤销将严重危害金融秩序、损害公众利益的，由中国银行业监督管理委员会依法予以撤销。

第六十二条 对信托公司违规负有直接责任的董事、高级管理人员和其他直接责任人员，中国银行业监督管理委员会可以区别不同情形，根据《中华人民共和国银行业监督管理法》等法律法规的规定，采取罚款、取消任职资格或从业资格等处罚措施。

第六十三条 对中国银行业监督管理委员会的处罚决定不服的，可以依法提请行政复议或者向人民法院提起行政诉讼。

第七章 附　　则

第六十四条 信托公司处理信托事务不履行亲自管理职责，即不承担投资管理人职责的，其注册资本不得低于1亿元人民币或等值的可自由兑换货币。对该类信托公司的监督管理参照本办法执行。

第六十五条 本办法由中国银行业监督管理委员会负责解释。

第六十六条 本办法自2007年3月1日起施行，原《信托投资公司管理办法》（中国人民银行令〔2002〕第5号）不再适用。

信托登记管理办法

（2017年8月25日　银监发〔2017〕47号）

第一章　总　　则

第一条 为规范信托登记活动，保护信托当事人的合法权益，促进信托业持续健康发展，根据《中华人民共和国信托法》《中华人民共和国银行业监督管理法》等法律法规，制定本办法。

第二条 本办法所称信托登记是指中国信托登记有限责任公司（简称信托登记公司）对信托机构的信托产品及其受益权信息、国务院银行业监督管理机构规定的其他信息及其变动情况予以记录的行为。

本办法所称信托机构，是指依法设立的信托公司和国务院银行业监督管理机构认可的其他机构。

第三条 信托机构开展信托业务，应当办理信托登记，但法律、行政法规或者国务院银行业监督管理机构另有规定的除外。

第四条 信托登记活动应当遵守法律、行政法规和国务院银行业监督管理机构的有关规定，遵循诚实信用原则，不得损害国家利益和社会公共利益。

第五条 信托登记公司以提供信托业基础服务为主要职能，应当坚持依法合规、稳健经营的原则，忠实履行信托登记和其他相关职能。

第六条 信托登记公司应当具有与信托登记活动及履行其他职能相适应的场所、设施和安全防范措施，建立独立、安全、高效的信托登记系统及相关配套系统，强化信息技术保障，切实保护信托当事人及其他相关方的合法权益。

第七条 国务院银行业监督管理机构依法对信托登记及相关活动实施监督管理。

第二章　信托登记申请

第八条 信托登记由信托机构提出申请，但法律、行政法规或者国务院银行业监督管理机构另有规定的除外。

第九条 信托登记信息包括信托产品名称、信托类别、信托目的、信托期限、信托当事人、信托财产、信托利益分配等信托产品及其受益权信息和变动情况。

第十条 信托机构应当在集合资金信托计划发行日五个工作日前或者在单一资金信托和财产权信托成立日两个工作日前申请办理信托产品预登记（简称信托预登记），并在信托登记公司取得唯一产品编码。

申请办理信托预登记的，应当提交下列文件：

（一）信托预登记申请书，包括信托产品名称、信托类别、拟发行或者成立时间、预计存续期限、拟发行或者成立信托规模、信托财产来源、信托财产管理或者运用方向和方式、交易对手、交易结构、风险提示、风控措施、清算方式、异地推介信息、关联交易信息、保管人信息等内容；

（二）法律、行政法规、国务院银行业监督管理机构要求的其他文件。

信托产品在信托预登记后六个月内未成立或者未生效的，或者信托机构未按照本办法办理信托初始登记的，信托机构已办理的信托预登记自动注销，无需办理终止登记。

信托机构办理信托预登记后，信托登记信息发生重大变动的，应当重新申请办理信托预登记。

第十一条 信托机构应当在信托成立或者生效后十个工作日内申请办理信托产品及其受益权初始登记（简称信托初始登记）。

申请办理信托初始登记时，应当提交下列文件：

（一）信托初始登记申请书；

（二）加盖公章的信托文件样本；

（三）法律、行政法规、国务院银行业监督管理机构要求的其他文件。

第十二条 信托存续期间，信托登记信息发生重大变动的，信托机构应当在相关事项发生变动之日起十个工作日内就变动事项申请办理信托产品及其受益权变更登记（简称信托变更登记）。

申请办理信托变更登记时，应当提交下列文件：

（一）信托变更登记申请书；

（二）证明发生变更事实的文件；

（三）法律、行政法规、国务院银行业监督管理机构要求的其他文件。

第十三条 信托终止后，信托机构应当在按照信托合同约定解除受托人责任后十个工作日内申请办理信托产品及其受益权终止登记（简称信托终止登记）。

申请办理信托终止登记的，应当提交下列文件：

（一）信托终止登记申请书；

（二）受托人出具的清算报告；

（三）法律、行政法规、国务院银行业监督管理机构要求的其他文件。

第十四条 信托机构发现信托登记信息错误需要更正的，应当在发现之日起十个工作日内申请办理信托产品及其受益权更正登记（简称信托更正登记）。

申请办理信托更正登记的，应当提交下列文件：

（一）信托更正登记申请书；

（二）证明发生需要更正事实的文件；

（三）法律、行政法规、国务院银行业监督管理机构要求的其他文件。

第十五条 信托机构应当对所提供的信托登记相关文件和信息的真实性、准确性、完整性和及时性负责。

第三章 信托登记办理

第十六条 信托登记公司接受信托机构提出的信托登记申请，依法办理信托登记业务。

第十七条 信托机构申请办理信托登记，应当根据本办法和信托登记公司的规定，通过信托登记公司的信托登记系统提交信托登记信息，并上传相关文件。

信托登记公司与信托机构应当建立专用网络，实现系统对接，确保信托登记信息和相关文件报送安全、高效。

第十八条 信托机构提交的登记申请文件齐全且符合规定的形式要求的，信托登记公司在收到登记申请文件时应当出具受理凭证，该受理凭证的出具日为受理日。

信托机构提交的登记申请文件不齐全或者不符合规定的形式要求的，信托登记公司应当书面告知补正要求，并在收到完整的登记申请文件时出具受理凭证，该受理凭证的出具日为受理日。

第十九条 信托登记公司对信托机构提供的信托登记信息及相关文件进行形式审查。

信托登记和本办法第三十八条规定的信息公示不构成对信托产品持续合规情况、投资价值及投资风险的判断或者保证。

第二十条 对于符合登记条件的，信托登记公司应当自受理之日起两个工作日内完成审查，并准予办理信托登记。对于不符合登记条件的，信托登记公司应当自收到登记申请文件之日起两个工作日内一次性告知信托机构需要补正的全部内容，并自收到完整补正材料之日起两个工作日内完成审查。

第二十一条 信托登记公司应当在完成信托登记当日向信托机构出具统一格式的信托登记证明文书。

第四章 信托受益权账户管理

第二十二条 信托受益权账户是信托登记公司为受益人开立的记载其信托受益权及其变动情况的簿记账户。

委托人或者受益人根据自愿原则申请开立信托受益权账户。

第二十三条 任一民事主体仅可以开立一个信托受益权账户，国务院银行业监督管理机构另有规定的除外。

任一信托产品或者其他承担特定目的载体功能的金融产品仅可以开立一个信托受益权账户，户名应当采用作为管理人的金融机构全称加金融产品全称的模式。

第二十四条 信托受益权账户由信托登记公司集中管理。

第二十五条 委托人或者受益人可以委托信托公司等金融机构代办信托受益权账户开立业务。信托公司可以代办信托受益权账户开立业务；其他金融机构代办信托受益权账户开立业务的，由信托登记公司依申请评估确定。

委托人或者受益人应当向信托登记公司或者代理开户机构提交开户信息，且保证所提交的信息真实、准确、完整。代理开户机构应当核实并向信托登记公司提交委托人或者受益人的开户信息。

第二十六条 信托登记公司为符合条件的受益人开立信托受益权账户，配发唯一账户编码，并出具开户通知书。

信托登记公司和信托受益权账户代理开户机构应当对所知悉的委托人或者受益人开户信息以及信托受益权账户信息依法保密。

第二十七条 信托受益权账户采用实名制，不得出租、出借或者转让。

第二十八条 受益人可以依法查询其信托受益权账户中记载的信托受益权信息。

第二十九条 受益人可以申请注销或者委托代理开户机构代为申请注销其信托受益权账户。当受益人出现民事行为能力丧失等情形时，信托财产法定继承人或者承继人等利害关系人，可以凭具有法律效力的证明文件，申请注销或者委托代理开户机构代为申请注销其信托受益权账户。

无信托受益权份额的信托受益权账户方可办理注销。

第五章 信托登记信息管理和使用

第三十条 信托登记公司负责管理和维护信托登记信息，确保有关信息的安全、完整和数据的依法、合规使用。

第三十一条 信托登记信息受法律保护，信托登记公司应当对信托登记信息及相关文件依法保密。

除法律、行政法规或者国务院银行业监督管理机构规定可以公开的情形外，任何单位或者个人不得查询或者获取信托登记信息。

第三十二条 除法律、行政法规规定或者国务院银行业监督管理机构同意的情形外，信托登记公司不得将由信托登记信息统计、分析形成的有关信息进行披露或者对外提供。

第三十三条 信托登记公司应当依据有关法律法规，建立保密制度，加强保密教育，采取相应的保密措施。

第三十四条 信托登记公司应当根据法律、行政法规、国务院银行业监督管理机构的规定以及信托文件约定的信托登记信息保密要求，设置不同级别的查询权限：

（一）委托人、受益人仅可以查询与其权利、义务直接相关且不违背信托文件约定的信托登记信息。当委托人、受益人出现民事行为能力丧失等情形时，信托财产法定继承人或者承继人等利害关系人，仅可以凭具有法律效力的证明文件申请查询与其权利、义务直接相关的信托登记信息；

（二）信托机构仅可以查询与其自身业务直接相关的信托登记信息；

（三）银行业监督管理机构和其他有权机关仅可以在法定职责范围内，依法查询相关信托登记信息。

向信托登记公司申请信托登记信息查询的，应当提交有效身份证明文件、授权文件和相关证明材料，并书面说明查询目的。

除法律明确规定或者授权外，任何单位或者个人不得查询受益人的个人基本信息。

第三十五条 信托登记公司应当妥善保存信托登记信息及相关文件,自信托终止之日起至少保存十五年。

第三十六条 信托登记公司应当按月向国务院银行业监督管理机构报告信托登记总体情况、信托业运行情况等信息,并按照国务院银行业监督管理机构的要求定期或者不定期报告其他有关信息。

第三十七条 对信托机构未按规定办理信托登记或者在信托登记中存在信息严重错报、漏报的行为,信托登记公司应当及时将有关情况报告银行业监督管理机构。

第六章 监督管理

第三十八条 集合资金信托计划的信托登记基本信息应当在信托初始登记后五个工作日内在信托登记公司官方网站公示。

前款所称信托登记基本信息包括集合资金信托计划名称、登记时间、产品编码、信托类别、受托人名称、预计存续期限、信托财产主要运用领域等内容,国务院银行业监督管理机构另有规定的除外。

财产权信托进行受益权拆分转让或者对外发行受益权的,参照集合资金信托计划进行公示。

第三十九条 银行业监督管理机构对信托产品的发行、公示和管理履行日常监管职责,可以根据信托公司监管评级、净资本状况、风险及合规情况等采取必要的监管措施。

履行法人监管职责的银行业监督管理机构发现信托产品存在违法违规情形的,应当立即依法进行处理。

第四十条 信托公司应当按照监管要求,定期更新并向信托登记公司报送有关的信托业务信息,以满足信息披露和持续监管的需要。

第四十一条 信托登记公司、信托机构违反本办法有关规定的,银行业监督管理机构应当责令限期改正;逾期未改正的,或者其行为严重危及信托机构的稳健运行、损害受益人合法权益的,银行业监督管理机构可以依据《中华人民共和国银行业监督管理法》等法律法规,采取相应的监管措施。

第四十二条 信托机构或者其工作人员伪造、变造登记申请文件,或者提交的登记申请文件存在重大错误给当事人或者利害关系人造成损失的,应当依法承担相应法律责任。

第四十三条 信托机构或者其工作人员伪造、变造信托登记证明文件的,应当依法承担相应法律责任。

第四十四条 信托登记公司或者其工作人员违反本办法规定,导致信托登记错误或者泄露保密信息的,信托登记公司应当采取内部问责措施,信托登记公司或者有关责任人员应当依法承担相应法律责任。

第七章 附 则

第四十五条 信托登记公司应当根据相关法律法规以及本办法制定信托登记业务细则,报国务院银行业监督管理机构批准后实施。

第四十六条 本办法由国务院银行业监督管理机构负责解释。

第四十七条 本办法自2017年9月1日起施行。

(八)其 他

最高人民法院关于审理存单纠纷案件的若干规定

(1997年11月25日最高人民法院审判委员会第946次会议通过 1997年12月11日最高人民法院公告公布 自1997年12月13日起施行 法释〔1997〕8号)

为正确审理存单纠纷案件,根据《中华人民共和国民法通则》、《中华人民共和国经济合同法》、《中华人民共和国担保法》的有关规定和在总结审判经验的基础上,制定本规定。

第一条 存单纠纷案件的范围

(一)存单持有人以存单为重要证据向人民法院提起诉讼的纠纷案件;

(二)当事人以进账单、对账单、存款合同等凭证为主要证据向人民法院提起诉讼的纠纷案件;

（三）金融机构向人民法院起诉要求确认存单、进账单、对账单、存款合同等凭证无效的纠纷案件；

（四）以存单为表现形式的借贷纠纷案件。

第二条 存单纠纷案件的案由

人民法院可将本规定第一条所列案件，一律以存单纠纷为案由。实体审理时应以存单纠纷案件中真实法律关系为基础依法处理。

第三条 存单纠纷案件的受理与中止

存单纠纷案件当事人向人民法院提起诉讼，人民法院应当依照《中华人民共和国民事诉讼法》第一百零八条的规定予以审查，符合规定的，均应受理。

人民法院在受理存单纠纷案件后，如发现犯罪线索，应将犯罪线索及时书面告知公安或检察机关。如案件当事人因伪造、变造、虚开存单或涉嫌诈骗，有关国家机关已立案侦查，存单纠纷案件确须待刑事案件结案后才能审理的，人民法院应当中止审理。对于追究有关当事人的刑事责任不影响对存单纠纷案件审理的，人民法院应对存单纠纷案件有关当事人是否承担民事责任以及承担民事责任的大小依法及时进行认定和处理。

第四条 存单纠纷案件的管辖

依照《中华人民共和国民事诉讼法》第二十四条的规定，存单纠纷案件由被告住所地人民法院或出具存单、进账单、对账单或与当事人签订存款合同的金融机构住所地人民法院管辖。住所地与经常居住地不一致的，由经常居住地人民法院管辖。

第五条 对一般存单纠纷案件的认定和处理

（一）认定

当事人以存单或进账单、对账单、存款合同等凭证为主要证据向人民法院提起诉讼的存单纠纷案件和金融机构向人民法院提起的确认存单或进账单、对账单、存款合同等凭证无效的存单纠纷案件，为一般存单纠纷案件。

（二）处理

人民法院在审理一般存单纠纷案件中，除应审查存单、进账单、对账单、存款合同等凭证的真实性外，还应审查持有人与金融机构间存款关系的真实性，并以存单、进账单、对账单、存款合同等凭证的真实性以及存款关系的真实性为依据，作出正确处理。

1. 持有人以上述真实凭证为证据提起诉讼的，金融机构应当对持有人与金融机构间是否存在存款关系负举证责任。如金融机构有充分证据证明持有人未向金融机构交付上述凭证所记载的款项的，人民法院应当认定持有人与金融机构间不存在存款关系，并判决驳回原告的诉讼请求。

2. 持有人以上述真实凭证为证据提起诉讼的，如金融机构不能提供证明存款关系不真实的证据，或仅以金融机构底单的记载内容与上述凭证记载内容不符为由进行抗辩的，人民法院应认定持有人与金融机构间存款关系成立，金融机构应当承担兑付款项的义务。

3. 持有人以在样式、印鉴、记载事项上有别于真实凭证，但无充分证据证明系伪造或变造的瑕疵凭证提起诉讼的，持有人应对瑕疵凭证的取得提供合理的陈述。如持有人对瑕疵凭证的取得提供了合理陈述，而金融机构否认存款关系存在的，金融机构应当对持有人与金融机构间是否存在存款关系负举证责任。如金融机构有充分证据证明持有人未向金融机构交付上述凭证所记载的款项的，人民法院应当认定持有人与金融机构间不存在存款关系，判决驳回原告的诉讼请求；如金融机构不能提供证明存款关系不真实的证据，或仅以金融机构底单的记载内容与上述凭证记载内容不符为由进行抗辩的，人民法院应认定持有人与金融机构间存款关系成立，金融机构应当承担兑付款项的义务。

4. 存单纠纷案件的审理中，如有充足证据证明存单、进账单、对账单、存款合同等凭证系伪造、变造，人民法院应在查明案件事实的基础上，依法确认上述凭证无效，并可驳回持上述凭证起诉的原告的诉讼请求或根据实际存款数额进行判决。如有本规定第三条中止审理情形的，人民法院应当中止审理。

第六条 对以存单为表现形式的借贷纠纷案件的认定和处理

（一）认定

在出资人直接将款项交与用资人使用，或通

过金融机构将款项交与用资人使用,金融机构向出资人出具存单或进账单、对账单或与出资人签订存款合同,出资人从用资人或从金融机构取得或约定取得高额利差的行为中发生的存单纠纷案件,为以存单为表现形式的借贷纠纷案件。但符合本规定第七条所列委托贷款和信托贷款的除外。

(二) 处理

以存单为表现形式的借贷,属于违法借贷,出资人收取的高额利差应充抵本金,出资人、金融机构与用资人因参与违法借贷均应当承担相应的民事责任。可分以下几种情况处理:

1. 出资人将款项或票据(以下统称资金)交付给金融机构,金融机构给出资人出具存单或进账单、对账单或与出资人签订存款合同,并将资金自行转给用资人的,金融机构与用资人对偿还出资人本金及利息承担连带责任;利息按人民银行同期存款利率计算至给付之日。

2. 出资人未将资金交付给金融机构,而是依照金融机构的指定将资金直接转给用资人,金融机构给出资人出具存单或进账单、对账单或与出资人签订存款合同的,首先由用资人偿还出资人本金及利息,金融机构对用资人不能偿还出资人本金及利息部分承担补充赔偿责任;利息按人民银行同期存款利率计算至给付之日。

3. 出资人将资金交付给金融机构,金融机构给出资人出具存单或进账单、对账单或与出资人签订存款合同,出资人再指定金融机构将资金转给用资人的,首先由用资人返还出资人本金和法定利息。金融机构因其帮助违法借贷的过错,应当对用资人不能偿还出资人本金部分承担赔偿责任,但不超过不能偿还本金部分的40%。

4. 出资人未将资金交付给金融机构,而是自行将资金直接转给用资人,金融机构给出资人出具存单或进账单、对账单或与出资人签订存款合同的,首先由用资人返还出资人本金和法定利息。金融机构因其帮助违法借贷的过错,应当对用资人不能偿还出资人本金部分承担赔偿责任,但不超过不能偿还本金部分的20%。

本条中所称交付,指出资人向金融机构转移现金的占有或出资人向金融机构交付注明出资人或金融机构(包括金融机构的下属部门)为收款人的票据。出资人向金融机构交付有资金数额但未注明收款人的票据的,亦属于本条中所称交付。

如以存单为表现形式的借贷行为确已发生,即使金融机构向出资人出具的存单、进账单、对账单或与出资人签订的存款合同存在虚假、瑕疵,或金融机构工作人员超越权限出具上述凭证等情形,不影响人民法院按以上规定对案件进行处理。

(三) 当事人的确定

出资人起诉金融机构的,人民法院应通知用资人作为第三人参加诉讼;出资人起诉用资人的,人民法院应通知金融机构作为第三人参加诉讼;公款私存的,人民法院在查明款项的真实所有人基础上,应通知款项的真实所有人为权利人参加诉讼,与存单记载的个人为共同诉讼人。该个人申请退出诉讼的,人民法院可予准许。

第七条　对存单纠纷案件中存在的委托贷款关系和信托贷款关系的认定和纠纷的处理

(一) 认定

存单纠纷案件中,出资人与金融机构、用资人之间按有关委托贷款的要求签订有委托贷款协议的,人民法院应认定出资人与金融机构间成立委托贷款关系。金融机构向出资人出具的存单或进账单、对账单或与出资人签订的存款合同,均不影响金融机构与出资人间委托贷款关系的成立。出资人与金融机构间签订委托贷款协议后,由金融机构自行确定用资人,人民法院应认定出资人与金融机构间成立信托贷款关系。

委托贷款协议和信托贷款协议应当用书面形式。口头委托贷款或信托贷款,当事人无异议的,人民法院可予以认定;有其他证据能够证明金融机构与出资人之间确系委托贷款或信托贷款关系的,人民法院亦予以认定。

(二) 处理

构成委托贷款的,金融机构出具的存单或进账单、对账单或与出资人签订的存款合同不作为存款关系的证明,借款方不能偿还贷款的风险应当由委托人承担。如有证据证明金融机构出具上述凭证是对委托贷款进行担保的,金融机构对偿还贷款承担连带担保责任。委托贷款中约定的利率超过人民银行规定的部分无效。构成信托贷款的，按人民银行有关信托贷款的规定处理。

第八条　对存单质押的认定和处理

存单可以质押。存单持有人以伪造、变造的虚假存单质押的，质押合同无效。接受虚假存单质押的当事人如以该存单质押为由起诉金融机构，要求兑付存款优先受偿的，人民法院应当判决驳回其诉讼请求，并告知其可另案起诉出质人。

存单持有人以金融机构开具的、未有实际存款或与实际存款不符的存单进行质押，以骗取或占用他人财产的，该质押关系无效。接受存单质押的人起诉的，该存单持有人与开具存单的金融机构为共同被告。利用存单骗取或占用他人财产的存单持有人对侵犯他人财产权承担赔偿责任，开具存单的金融机构因其过错致他人财产权受损，对所造成的损失承担连带赔偿责任。接受存单质押的人在审查存单的真实性上有重大过失的，开具存单的金融机构仅对所造成的损失承担补充赔偿责任。明知存单虚假而接受存单质押的，开具存单的金融机构不承担民事赔偿责任。

以金融机构核押的存单出质的，即便存单系伪造、变造、虚开，质押合同均为有效，金融机构应当依法向质权人兑付存单所记载的款项。

第九条　其他

在存单纠纷案件的审理中，有关当事人如有违法行为，依法应给予民事制裁的，人民法院可依法对有关当事人实施民事制裁。案件审理中发现的犯罪线索，人民法院应及时书面告知公安或检察机关，并将有关材料及时移送公安或检察机关。

最高人民法院关于银行储蓄卡密码被泄露导致存款被他人骗取引起的储蓄合同纠纷应否作为民事案件受理问题的批复

（2005年7月4日最高人民法院审判委员会第1358次会议通过　2005年7月25日最高人民法院公告公布　自2005年8月1日起施行　法释〔2005〕7号）

四川省高级人民法院：

你院《关于存款人泄露银行储蓄卡密码导致存款被他人骗取引起的纠纷应否作为民事案件受理的请求》收悉。经研究，答复如下：

因银行储蓄卡密码被泄露，他人伪造银行储蓄卡骗取存款人银行存款，存款人依其与银行订立的储蓄合同提起民事诉讼的，人民法院应当依法受理。

此复。

储蓄管理条例①

（1992年12月11日中华人民共和国国务院令第107号发布　自1993年3月1日起施行）

第一章　总　　则

第一条　为了发展储蓄事业，保护储户的合法权益，加强储蓄管理，制定本条例。

第二条　凡在中国境内办理储蓄业务的储蓄机构和参加储蓄的个人，必须遵守本条例的规定。

第三条　本条例所称储蓄是指个人将属于其所有的人民币或者外币存入储蓄机构，储蓄机构开具存折或者存单作为凭证，个人凭存折或者存单可以支取存款本金和利息，储蓄机构依照规定支付存款本金和利息的活动。

任何单位和个人不得将公款以个人名义转为储蓄存款。

第四条　本条例所称储蓄机构是指经中国人民银行或者分支机构批准，各银行、信用合作社办理储蓄业务的机构，以及邮政企业依法办理储蓄业务的机构。

第五条　国家保护个人合法储蓄存款的所有权及其他合法权益，鼓励个人参加储蓄。

储蓄机构办理储蓄业务，必须遵循“存款自愿，取款自由，存款有息，为储户保密”的原则。

第六条　中国人民银行负责全国储蓄管理工作。

中国人民银行及其分支机构负责储蓄机构和储蓄业务的审批，协调、仲裁有关储蓄机构之间在储蓄业务方面的争议，监督、稽核储蓄机构的业务工作，纠正和处罚违反国家储蓄法律、法

---

① 编者注：已被修改。

规和政策的行为。

第七条 中国人民银行经国务院批准,可以采取适当措施稳定储蓄,保护储户利益。

第八条 除储蓄机构外,任何单位和个人不得办理储蓄业务。

第二章 储蓄机构

第九条 储蓄机构的设置,应当遵循统一规划,方便群众,注重实效,确保安全的原则。

第十条 储蓄机构的设置,应当按照国家有关规定报中国人民银行或其分支机构批准,并申领《经营金融业务许可证》,但国家法律、行政法规另有规定的除外。

第十一条 储蓄机构的设置必须具备下列条件:

(一)有机构名称、组织机构和营业场所;

(二)熟悉储蓄业务的工作人员不少于四人;

(三)有必要的安全防范设备。

第十二条 经当地中国人民银行分支机构批准,储蓄机构可以设立储蓄代办点。储蓄代办点的管理办法,由中国人民银行规定。

第十三条 储蓄机构应当按照规定时间营业,不得擅自停业或者缩短营业时间。

第十四条 储蓄机构应当保证储蓄存款本金和利息的支付,不得违反规定拒绝支付储蓄存款本金和利息。

第十五条 储蓄机构不得使用不正当手段吸收储蓄存款。

第三章 储蓄业务

第十六条 储蓄机构可以办理下列人民币储蓄业务:

(一)活期储蓄存款;

(二)整存整取定期储蓄存款;

(三)零存整取定期储蓄存款;

(四)存本取息定期储蓄存款;

(五)整存零取定期储蓄存款;

(六)定活两便储蓄存款;

(七)华侨(人民币)整存整取定期储蓄存款;

(八)经中国人民银行批准开办的其他种类的储蓄存款。

第十七条 经外汇管理部门批准,储蓄机构可以办理下列外币储蓄业务:

(一)活期储蓄存款;

(二)整存整取定期储蓄存款;

(三)经中国人民银行批准开办的其他种类的外币储蓄存款。

办理外币储蓄业务,存款本金和利息应当用外币支付。

第十八条 储蓄机构办理定期储蓄存款时,根据储户的意愿,可以同时为储户办理定期储蓄存款到期自动转存业务。

第十九条 根据国家住房改革的有关政策和实际需要,经当地中国人民银行分支机构批准,储蓄机构可以办理个人住房储蓄业务。

第二十条 经中国人民银行或其分支机构批准,储蓄机构可以办理下列金融业务:

(一)发售和兑付以居民个人为发行对象的国库券、金融债券、企业债券等有价证券;

(二)个人定期储蓄存款存单小额抵押贷款业务;

(三)其他金融业务。

第二十一条 储蓄机构可以办理代发工资和代收房租、水电费等服务性业务。

第四章 储蓄存款利率和计息

第二十二条 储蓄存款利率由中国人民银行拟订,经国务院批准后公布,或者由国务院授权中国人民银行制定、公布。

第二十三条 储蓄机构必须挂牌公告储蓄存款利率,不得擅自变动。

第二十四条 未到期的定期储蓄存款,全部提前支取的,按支取日挂牌公告的活期储蓄存款利率计付利息;部分提前支取的,提前支取的部分按支取日挂牌公告的活期储蓄存款计付利息,其余部分到期时按存单开户日挂牌公告的定期储蓄存款利率计付利息。

第二十五条 逾期支取的定期储蓄存款,其超过原定存期的部分,除约定自动转存的外,按支取日挂牌公告的活期储蓄存款利率计付利息。

第二十六条 定期储蓄存款在存期内遇有利率调整,按存单开户日挂牌公告的相应的定期储蓄存款利率计付利息。

第二十七条　活期储蓄存款在存入期间遇有利率调整,按结息日挂牌公告的活期储蓄存款利率计付利息。全部支取活期储蓄存款,按清户日挂牌公告的活期储蓄存款利率计付利息。

第二十八条　储户认为储蓄存款利息支付有错误时,有权向经办的储蓄机构申请复核;经办的储蓄机构应当及时受理、复核。

第五章　提前支取、挂失、查询和过户

第二十九条　未到期的定期储蓄存款,储户提前支取的,必须持存单和存款人的身份证明办理;代储户支取的,代支取人还必须持其身份证明。

第三十条　存单、存折分为记名式和不记名式。记名式的存单、存折可以挂失,不记名式的存单、存折不能挂失。

第三十一条　储户遗失存单、存折或者预留印鉴的印章的,必须立即持本人身份证明,并提供储户的姓名、开户时间、储蓄种类、金额、账号及住址等有关情况,向其开户的储蓄机构书面申请挂失。在特殊情况下,储户可以用口头或者函电形式申请挂失,但必须在5天内补办书面申请挂失手续。

储蓄机构受理挂失后,必须立即停止支付该储蓄存款;受理挂失前该储蓄存款已被他人支取的,储蓄机构不负赔偿责任。

第三十二条　储蓄机构及其工作人员对储户的储蓄情况负有保密责任。

储蓄机构不代任何单位和个人查询、冻结或者划拨储蓄存款,国家法律、行政法规另有规定的除外。

第三十三条　储蓄存款的所有权发生争议,涉及办理过户的,储蓄机构依据人民法院发生法律效力的判决书、裁定书或者调解书办理过户手续。

第六章　法律责任

第三十四条　违反本条例规定,有下列行为之一的单位和个人,由中国人民银行或其分支机构责令其纠正,并可以根据情节轻重处以罚款、停业整顿、吊销《经营金融业务许可证》;情节严重,构成犯罪的,依法追究刑事责任:

(一)擅自开办储蓄业务的;

(二)擅自设置储蓄机构的;

(三)储蓄机构擅自开办新的储蓄种类的;

(四)储蓄机构擅自办理本条例规定以外的其他金融业务的;

(五)擅自停业或者缩短营业时间的;

(六)储蓄机构采取不正当手段吸收储蓄存款的;

(七)违反国家利率规定,擅自变动储蓄存款利率的;

(八)泄露储户储蓄情况或者未经法定程序代为查询、冻结、划拨储蓄存款的;

(九)其他违反国家储蓄法律、法规和政策的。

违反本条例第三条第二款规定的,依照国家有关规定予以处罚。

第三十五条　对处罚决定不服的,当事人可以依照《行政复议条例》的规定申请复议。对复议决定不服的,当事人可以依照《中华人民共和国行政诉讼法》的规定向人民法院提起诉讼。

第三十六条　复议申请人逾期不起诉又不履行复议决定的,依照《行政复议条例》的规定执行。

第三十七条　储蓄机构违反国家有关规定,侵犯储户合法权益,造成损失的,应当依法承担赔偿责任。

第七章　附　　则

第三十八条　本条例施行前的定期储蓄存款,在原定存期内,依照本条例施行前国家有关规定办理计息事宜。

第三十九条　本条例由中国人民银行负责解释,实施细则由中国人民银行制定。

第四十条　本条例自1993年3月1日起施行。1980年5月28日中国人民银行发布的《中国人民银行储蓄存款章程》同时废止。

国务院关于废止和修改部分行政法规的决定(节录)①

(2010年12月29日国务院第138次常务会议通过 2011年1月8日中华人民共和国国务院令第588号公布 自公布之日起施行)

为进一步深入贯彻依法治国基本方略,维护社会主义法制统一,全面推进依法行政,国务院在1983年以来已对行政法规进行过4次全面清理的基础上,根据经济社会发展和改革深化的新情况、新要求,再次对截至2009年底现行的行政法规共691件进行了全面清理。经过清理,国务院决定:

……

86. 将《储蓄管理条例》第三十五条、第三十六条中的"《行政复议条例》"修改为"《中华人民共和国行政复议法》"。

……

储蓄管理条例

(1992年12月11日中华人民共和国国务院令第107号发布 根据2011年1月8日《国务院关于废止和修改部分行政法规的决定》修订)

目 录

第一章 总 则

第一条 为了发展储蓄事业,保护储户的合法权益,加强储蓄管理,制定本条例。

第二条 凡在中国境内办理储蓄业务的储蓄机构和参加储蓄的个人,必须遵守本条例的规定。

第三条 本条例所称储蓄是指个人将属于其所有的人民币或者外币存入储蓄机构,储蓄机构开具存折或者存单作为凭证,个人凭存折或者存单可以支取存款本金和利息,储蓄机构依照规定支付存款本金和利息的活动。

任何单位和个人不得将公款以个人名义转为储蓄存款。

第四条 本条例所称储蓄机构是指经中国人民银行或其分支机构批准,各银行、信用合作社办理储蓄业务的机构,以及邮政企业依法办理储蓄业务的机构。

第五条 国家保护个人合法储蓄存款的所有权及其他合法权益,鼓励个人参加储蓄。

储蓄机构办理储蓄业务,必须遵循"存款自愿,取款自由,存款有息,为储户保密"的原则。

第六条 中国人民银行负责全国储蓄管理工作。

中国人民银行及其分支机构负责储蓄机构和储蓄业务的审批,协调、仲裁有关储蓄机构之间在储蓄业务方面的争议,监督、稽核储蓄机构的业务工作,纠正和处罚违反国家储蓄法律、法规和政策的行为。

第七条 中国人民银行经国务院批准,可以采取适当措施稳定储蓄,保护储户利益。

第八条 除储蓄机构外,任何单位和个人不得办理储蓄业务。

第二章 储蓄机构

第九条 储蓄机构的设置,应当遵循统一规划,方便群众,注重实效,确保安全的原则。

第十条 储蓄机构的设置,应当按照国家有关规定报中国人民银行或其分支机构批准,并申领《经营金融业务许可证》,但国家法律、行政法规另有规定的除外。

第十一条 储蓄机构的设置必须具备下列条件:

(一)有机构名称、组织机构和营业场所;

(二)熟悉储蓄业务的工作人员不少于四人;

(三)有必要的安全防范设备。

第十二条 经当地中国人民银行分支机构

---

① 编者注:部分废止。

批准，储蓄机构可以设立储蓄代办点。储蓄代办点的管理办法，由中国人民银行规定。

第十三条　储蓄机构应当按照规定时间营业，不得擅自停业或者缩短营业时间。

第十四条　储蓄机构应当保证储蓄存款本金和利息的支付，不得违反规定拒绝支付储蓄存款本金和利息。

第十五条　储蓄机构不得使用不正当手段吸收储蓄存款。

第三章　储 蓄 业 务

第十六条　储蓄机构可以办理下列人民币储蓄业务：

（一）活期储蓄存款；

（二）整存整取定期储蓄存款；

（三）零存整取定期储蓄存款；

（四）存本取息定期储蓄存款；

（五）整存零取定期储蓄存款；

（六）定活两便储蓄存款；

（七）华侨（人民币）整存整取定期储蓄存款；

（八）经中国人民银行批准开办的其他种类的储蓄存款。

第十七条　经外汇管理部门批准，储蓄机构可以办理下列外币储蓄业务：

（一）活期储蓄存款；

（二）整存整取定期储蓄存款；

（三）经中国人民银行批准开办的其他种类的外币储蓄存款。

办理外币储蓄业务，存款本金和利息应当用外币支付。

第十八条　储蓄机构办理定期储蓄存款时，根据储户的意愿，可以同时为储户办理定期储蓄存款到期自动转存业务。

第十九条　根据国家住房改革的有关政策和实际需要，经当地中国人民银行分支机构批准，储蓄机构可以办理个人住房储蓄业务。

第二十条　经中国人民银行或其分支机构批准，储蓄机构可以办理下列金融业务：

（一）发售和兑付以居民个人为发行对象的国库券、金融债券、企业债券等有价证券；

（二）个人定期储蓄存款存单小额抵押贷款业务；

（三）其他金融业务。

第二十一条　储蓄机构可以办理代发工资和代收房租、水电费等服务性业务。

第四章　储蓄存款利率和计息

第二十二条　储蓄存款利率由中国人民银行拟订，经国务院批准后公布，或者由国务院授权中国人民银行制定、公布。

第二十三条　储蓄机构必须挂牌公告储蓄存款利率，不得擅自变动。

第二十四条　未到期的定期储蓄存款，全部提前支取的，按支取日挂牌公告的活期储蓄存款利率计付利息；部分提前支取的，提前支取的部分按支取日挂牌公告的活期储蓄存款利率计付利息，其余部分到期时按存单开户日挂牌公告的定期储蓄存款利率计付利息。

第二十五条　逾期支取的定期储蓄存款，其超过原定存期的部分，除约定自动转存的外，按支取日挂牌公告的活期储蓄存款利率计付利息。

第二十六条　定期储蓄存款在存期内遇有利率调整，按存单开户日挂牌公告的相应的定期储蓄存款利率计付利息。

第二十七条　活期储蓄存款在存入期间遇有利率调整，按结息日挂牌公告的活期储蓄存款利率计付利息。全部支取活期储蓄存款，按清户日挂牌公告的活期储蓄存款利率计付利息。

第二十八条　储户认为储蓄存款利息支付有错误时，有权向经办的储蓄机构申请复核；经办的储蓄机构应当及时受理、复核。

第五章　提前支取、挂失、查询和过户

第二十九条　未到期的定期储蓄存款，储户提前支取的，必须持存单和存款人的身份证明办理；代储户支取的，代支取人还必须持其身份证明。

第三十条　存单、存折分为记名式和不记名式。记名式的存单、存折可以挂失，不记名式的存单、存折不能挂失。

第三十一条　储户遗失存单、存折或者预留印鉴的印章的，必须立即持本人身份证明，并提供储户的姓名、开户时间、储蓄种类、金额、账号及住址等有关情况，向其开户的储蓄机构书面申

请挂失。在特殊情况下,储户可以用口头或者函电形式申请挂失,但必须在5天内补办书面申请挂失手续。

储蓄机构受理挂失后,必须立即停止支付该储蓄存款;受理挂失前该储蓄存款已被他人支取的,储蓄机构不负赔偿责任。

第三十二条 储蓄机构及其工作人员对储户的储蓄情况负有保密责任。

储蓄机构不代任何单位和个人查询、冻结或者划拨储蓄存款,国家法律、行政法规另有规定的除外。

第三十三条 储蓄存款的所有权发生争议,涉及办理过户的,储蓄机构依据人民法院发生法律效力的判决书、裁定书或者调解书办理过户手续。

第六章 法律责任

第三十四条 违反本条例规定,有下列行为之一的单位和个人,由中国人民银行或其分支机构责令其纠正,并可以根据情节轻重处以罚款、停业整顿、吊销《经营金融业务许可证》;情节严重,构成犯罪的,依法追究刑事责任:

(一)擅自开办储蓄业务的;

(二)擅自设置储蓄机构的;

(三)储蓄机构擅自开办新的储蓄种类的;

(四)储蓄机构擅自办理本条例规定以外的其他金融业务的;

(五)擅自停业或者缩短营业时间的;

(六)储蓄机构采取不正当手段吸收储蓄存款的;

(七)违反国家利率规定,擅自变动储蓄存款利率的;

(八)泄露储户储蓄情况或者未经法定程序代为查询、冻结、划拨储蓄存款的;

(九)其他违反国家储蓄法律、法规和政策的。

违反本条例第三条第二款规定的,依照国家有关规定予以处罚。

第三十五条 对处罚决定不服的,当事人可以依照《中华人民共和国行政复议法》的规定申请复议。对复议决定不服的,当事人可以依照《中华人民共和国行政诉讼法》的规定向人民法院提起诉讼。

第三十六条 复议申请人逾期不起诉又不履行复议决定的,依照《中华人民共和国行政复议法》的规定执行。

第三十七条 储蓄机构违反国家有关规定,侵犯储户合法权益,造成损失的,应当依法承担赔偿责任。

第七章 附 则

第三十八条 本条例施行前的定期储蓄存款,在原定存期内,依照本条例施行前国家有关规定办理计息事宜。

第三十九条 本条例由中国人民银行负责解释,实施细则由中国人民银行制定。

第四十条 本条例自1993年3月1日起施行。1980年5月28日中国人民银行发布的《中国人民银行储蓄存款章程》同时废止。

最高人民法院关于审理涉及金融资产管理公司收购、管理、处置国有银行不良贷款形成的资产的案件适用法律若干问题的规定

(2001年4月3日最高人民法院审判委员会第1167次会议通过 2001年4月11日最高人民法院公告公布 自2001年4月23日起施行 法释〔2001〕12号)

为深化金融改革,规范金融秩序,根据有关法律规定,现对人民法院审理涉及金融资产管理公司收购、管理、处置国有银行不良贷款形成的资产的案件适用法律若干问题作如下规定:

第一条 金融资产管理公司办事处领取中国人民银行颁发的《金融机构营业许可证》,并向工商行政管理部门依法办理登记的,可以作为诉讼主体参加诉讼。

第二条 金融资产管理公司受让国有银行债权后,人民法院对于债权转让前原债权银行已经提起诉讼尚未审结的案件,可以根据原债权银行或者金融资产管理公司的申请将诉讼主体变更为受让债权的金融资产管理公司。

第三条 金融资产管理公司向债务人提起诉讼的,应当由被告人住所地人民法院管辖。

原债权银行与债务人有协议管辖约定的,如

不违反法律规定,该约定继续有效。

第四条　人民法院对金融资产管理公司申请支付令的,应当依法受理。债务人提出异议的,依照《中华人民共和国民事诉讼法》第十七条的规定处理。

第五条　人民法院对金融资产管理公司申请财产保全的,如金融资产管理公司与债务人之间债权债务关系明确,根据《中华人民共和国民事诉讼法》第九十二条第二款的规定,可以不要求金融资产管理公司提供担保。

第六条　金融资产管理公司受让国有银行债权后,原债权银行在全国或者省级有影响的报纸上发布债权转让公告或通知的,人民法院可以认定债权人履行了《中华人民共和国合同法》第八十条第一款规定的通知义务。

在案件审理中,债务人以原债权银行转让债权未履行通知义务为由进行抗辩的,人民法院可以将原债权银行传唤到庭调查债权转让事实,并责令原债权银行告知债务人债权转让的事实。

第七条　债务人逾期归还贷款,原借款合同约定的利息计算方法不违反法律法规规定的,该约定有效。没有约定或者不明的,依照中国人民银行《人民币利率管理规定》计算利息和复息。

第八条　人民法院对最高额抵押所担保的不特定债权特定后,原债权银行转让主债权的,可以认定转让债权的行为有效。

第九条　金融资产管理公司受让有抵押担保的债权后,可以依法取得对债权的抵押权,原抵押权登记继续有效。

第十条　债务人在债权转让协议,债权转让通知上签章或者签收债务催收通知的,诉讼时效中断。原债权银行在全国或者省级有影响的报纸上发布的债权转让公告或通知中,有催收债务内容的,该公告或通知可以作为诉讼时效中断证据。

第十一条　本规定所称金融资产管理公司包括其依法设立在各地的办事处。

第十二条　本规定仅适用于审理涉及金融资产管理公司收购、管理、处置国有银行不良贷款形成的资产的有关案件。

最高人民法院关于金融资产管理公司收购、处置银行不良资产有关问题的补充通知

(2005年5月30日　法〔2005〕62号)

各省、自治区、直辖市高级人民法院,新疆维吾尔自治区高级人民法院生产建设兵团分院:

为了深化金融改革,规范金融秩序,本院先后下发了《关于审理金融资产管理公司收购、管理、处置国有银行不良贷款形成的资产的案件适用法律若干问题的规定》、《关于贯彻执行最高人民法院"十二条"司法解释有关问题的函的答复》和《关于国有金融资产管理公司处置国有商业银行不良资产案件交纳诉讼费用的通知》。最近,根据国务院关于国有独资商业银行股份制改革的总体部署,中国信达资产管理公司收购了中国银行、中国建设银行和交通银行剥离的不良资产。为了维护金融资产安全,降低不良资产处置成本,现将审理金融资产管理公司在收购、处置不良资产发生的纠纷案件的有关问题补充通知如下:

一、国有商业银行(包括国有控股银行)向金融资产管理公司转让不良贷款,或者金融资产管理公司受让不良贷款后,通过债权转让方式处置不良资产的,可以适用本院发布的上述规定。

二、国有商业银行(包括国有控股银行)向金融资产管理公司转让不良贷款,或者金融资产管理公司收购、处置不良贷款的,担保债权同时转让,无须征得担保人的同意,担保人仍应在原担保范围内对受让人继续承担担保责任。担保合同中关于合同变更需经担保人同意的约定,对债权人转让债权没有约束力。

三、金融资产管理公司转让、处置已经涉及诉讼、执行或者破产等程序的不良债权时,人民法院应当根据债权转让协议和转让人或者受让人的申请,裁定变更诉讼或者执行主体。

金融资产管理公司条例

(2000年11月1日国务院第32次常务会议通过 2000年11月10日中华人民共和国国务院令第297号公布 自公布之日起施行)

第一章 总 则

第一条 为了规范金融资产管理公司的活动,依法处理国有银行不良贷款,促进国有银行和国有企业的改革和发展,制定本条例。

第二条 金融资产管理公司,是指经国务院决定设立的收购国有银行不良贷款,管理和处置因收购国有银行不良贷款形成的资产的国有独资非银行金融机构。

第三条 金融资产管理公司以最大限度保全资产、减少损失为主要经营目标,依法独立承担民事责任。

第四条 中国人民银行、财政部和中国证券监督管理委员会依据各自的法定职责对金融资产管理公司实施监督管理。

第二章 公司的设立和业务范围

第五条 金融资产管理公司的注册资本为人民币100亿元,由财政部核拨。

第六条 金融资产管理公司由中国人民银行颁发《金融机构法人许可证》,并向工商行政管理部门依法办理登记。

第七条 金融资产管理公司设立分支机构,须经财政部同意,并报中国人民银行批准,由中国人民银行颁发《金融机构营业许可证》,并向工商行政管理部门依法办理登记。

第八条 金融资产管理公司设总裁1人、副总裁若干人。总裁、副总裁由国务院任命。总裁对外代表金融资产管理公司行使职权,负责金融资产管理公司的经营管理。

金融资产管理公司的高级管理人员须经中国人民银行审查任职资格。

第九条 金融资产管理公司监事会的组成、职责和工作程序,依照《国有重点金融机构监事会暂行条例》执行。

第十条 金融资产管理公司在其收购的国有银行不良贷款范围内,管理和处置因收购国有银行不良贷款形成的资产时,可以从事下列业务活动:

(一)追偿债务;

(二)对所收购的不良贷款形成的资产进行租赁或者以其他形式转让、重组;

(三)债权转股权,并对企业阶段性持股;

(四)资产管理范围内公司的上市推荐及债券、股票承销;

(五)发行金融债券,向金融机构借款;

(六)财务及法律咨询,资产及项目评估;

(七)中国人民银行、中国证券监督管理委员会批准的其他业务活动。

金融资产管理公司可以向中国人民银行申请再贷款。

第三章 收购不良贷款的范围、额度及资金来源

第十一条 金融资产管理公司按照国务院确定的范围和额度收购国有银行不良贷款;超出确定的范围或者额度收购的,须经国务院专项审批。

第十二条 在国务院确定的额度内,金融资产管理公司按照账面价值收购有关贷款本金和相对应的计入损益的应收未收利息;对未计入损益的应收未收利息,实行无偿划转。

第十三条 金融资产管理公司收购不良贷款后,即取得原债权人对债务人的各项权利。原借款合同的债务人、担保人及有关当事人应当继续履行合同规定的义务。

第十四条 金融资产管理公司收购不良贷款的资金来源包括:

(一)划转中国人民银行发放给国有独资商业银行的部分再贷款;

(二)发行金融债券。

中国人民银行发放给国有独资商业银行的再贷款划转给金融资产管理公司,实行固定利率,年利率为2.25%。

第十五条 金融资产管理公司发行金融债券,由中国人民银行会同财政部审批。

第四章　债权转股权

第十六条　金融资产管理公司可以将收购国有银行不良贷款取得的债权转为对借款企业的股权。

金融资产管理公司持有的股权，不受本公司净资产额或者注册资本的比例限制。

第十七条　实施债权转股权，应当贯彻国家产业政策，有利于优化经济结构，促进有关企业的技术进步和产品升级。

第十八条　实施债权转股权的企业，由国家经济贸易委员会向金融资产管理公司推荐。金融资产管理公司对被推荐的企业进行独立评审，制定企业债权转股权的方案并与企业签订债权转股权协议。债权转股权的方案和协议由国家经济贸易委员会会同财政部、中国人民银行审核，报国务院批准后实施。

第十九条　实施债权转股权的企业，应当按照现代企业制度的要求，转换经营机制，建立规范的公司法人治理结构，加强企业管理。有关地方人民政府应当帮助企业减员增效、下岗分流，分离企业办社会的职能。

第二十条　金融资产管理公司的债权转股权后，作为企业的股东，可以派员参加企业董事会、监事会，依法行使股东权利。

第二十一条　金融资产管理公司持有的企业股权，可以按照国家有关规定向境内外投资者转让，也可以由债权转股权企业依法回购。

第二十二条　企业实施债权转股权后，应当按照国家有关规定办理企业产权变更等有关登记。

第二十三条　国家经济贸易委员会负责组织、指导、协调企业债权转股权工作。

第五章　公司的经营和管理

第二十四条　金融资产管理公司实行经营目标责任制。

财政部根据不良贷款质量的情况，确定金融资产管理公司处置不良贷款的经营目标，并进行考核和监督。

第二十五条　金融资产管理公司应当根据不良贷款的特点，制定经营方针和有关措施，完善内部治理结构，建立内部约束机制和激励机制。

第二十六条　金融资产管理公司管理、处置因收购国有银行不良贷款形成的资产，应当按照公开、竞争、择优的原则运作。

金融资产管理公司转让资产，主要采取招标、拍卖等方式。

金融资产管理公司的债权因债务人破产等原因得不到清偿的，按照国务院的规定处理。

金融资产管理公司资产处置管理办法由财政部制定。

第二十七条　金融资产管理公司根据业务需要，可以聘请具有会计、资产评估和法律服务等资格的中介机构协助开展业务。

第二十八条　金融资产管理公司免交在收购国有银行不良贷款和承接、处置因收购国有银行不良贷款形成的资产的业务活动中的税收。具体办法由财政部会同国家税务总局制定。

金融资产管理公司免交工商登记注册费等行政性收费。

第二十九条　金融资产管理公司应当按照中国人民银行、财政部和中国证券监督管理委员会等有关部门的要求，报送财务、统计报表和其他有关材料。

第三十条　金融资产管理公司应当依法接受审计机关的审计监督。

金融资产管理公司应当聘请财政部认可的注册会计师对其财务状况进行年度审计，并将审计报告及时报送各有关监督管理部门。

第六章　公司的终止和清算

第三十一条　金融资产管理公司终止时，由财政部组织清算组，进行清算。

第三十二条　金融资产管理公司处置不良贷款形成的最终损失，由财政部提出解决方案，报国务院批准执行。

第七章　附　　则

第三十三条　金融资产管理公司违反金融法律、行政法规的，由中国人民银行依照有关法律和《金融违法行为处罚办法》给予处罚；违反其他有关法律、行政法规的，由有关部门依法给予处罚;构成犯罪的,依法追究刑事责任。

第三十四条 本条例自公布之日起施行。

企业集团财务公司管理办法①

(2000年6月30日中国人民银行公布 自公布之日起施行)

目 录

第一章 总 则

第一条 为了规范企业集团财务公司(以下简称财务公司)行为,促进财务公司发展,依据《中华人民共和国公司法》和《中华人民共和国中国人民银行法》,制定本办法。

第二条 本办法所称财务公司是指依据《中华人民共和国公司法》和本办法设立的、为企业集团成员单位(以下简称成员单位)技术改造、新产品开发及产品销售提供金融服务,以中长期金融业务为主的非银行金融机构。

第三条 本办法所称成员单位包括集团母公司,母公司控股51%以上的子公司(以下简称子公司),母公司、子公司单独或共同持股20%以上的公司,或持股不足20%但处于最大股东地位的公司。

外资企业集团的成员单位还包括该外资企业集团的外方投资者在中国境内直接持股或与该外资企业集团共同持股20%以上的公司。

第四条 财务公司依法接受中国人民银行的监督管理。

第二章 机构设立及变更

第五条 申请设立财务公司应具备下列条件:

(一)申请人必须是具备下列条件的企业集团:

1. 符合国家产业政策;

2. 申请前一年集团控股或按规定并表核算的成员单位总资产不低于80亿元人民币或等值的自由兑换货币,所有者权益不低于30亿元人民币或等值的自由兑换货币,且净资产率不低于35%;

3. 集团控股或按规定并表核算的成员单位在申请前连续3年每年总营业收入不低于60亿元人民币、利润总额不少于2亿元人民币或等值的自由兑换货币;

4. 母公司成立3年以上并具有集团内部财务管理和资金管理经验,近3年未发生重大违法违规行为。

(二)具有符合《中华人民共和国公司法》和本办法规定的章程;

(三)具有符合本办法规定的最低限额注册资本;

(四)具有符合中国人民银行规定的任职资格的高级管理人员和从业人员;

(五)有健全的组织机构、管理制度和风险控制制度;

(六)有与业务经营相适应的营业场所、安全防范措施和其他设施;

(七)中国人民银行规定的其他条件。

第六条 财务公司的最低注册资本金为3亿元人民币或等值的自由兑换货币。

财务公司的注册资本为实收货币资本。财务公司依法注册登记后,不得以任何形式抽减资本金。

第七条 财务公司的资本金应主要从成员单位(包括中外合资的成员单位)中募集,成员单位以外的股份不得高于40%。其资金来源限于按国家规定可用于投资的自有资金,其股本结构、股东资格还应符合《中华人民共和国公司法》和中国人民银行关于向金融机构投资入股的规定。

第八条 财务公司高级管理人员须具备中国人民银行规定的任职资格,并在任职前报经中国人民银行审核。

---

① 编者注:已废止。

第九条 财务公司从业人员中从事金融或财务工作2年以上的人员应超过总人数的三分之二,其中从事金融或财务工作5年以上人员应超过总人数的三分之一。

由外资企业集团设立的财务公司,其高级管理人员中至少须有1名中国公民。

第十条 财务公司的设立须经过筹建和开业两个阶段。

第十一条 申请筹建财务公司,申请人须向中国人民银行提交下列文件、资料:

(一)筹建申请书,其内容应包括拟设财务公司名称,公司所在地、注册资本金、股东及其股权结构、业务范围等;

(二)设立财务公司的可行性研究报告,其内容包括:

1. 集团生产经营状况、现金流量分析、在同行业中所处的地位以及中长期发展规划;

2. 设立财务公司的目的及作用;

3. 经会计师事务所审计的企业集团或集团母公司最近3年的合并资产负债表及损益表;

(三)企业集团的设立批文;

(四)拟设立财务公司的章程;

(五)成员单位的名册及产权关系证明;

(六)发起单位的营业执照复印件、资信证明及出资保证;

(七)筹建负责人名单及简历;

(八)母公司法定代表人亲笔签名确认上述文件、材料真实可信的证明;

(九)中国人民银行要求提交的其他文件。

上述文件用中文书写。申请人如为外资或中外合资的企业集团,须同时附英文文本。

第十二条 中国人民银行对财务公司筹建申请的答复期为3个月。如未获书面批复,申请人在6个月内不得再次提出同样内容的申请。

第十三条 财务公司的筹建期限为6个月。逾期不申请开业或筹建期满未达到开业标准的,原批准筹建文件自动失效。如遇特殊情况,由筹建人提出申请,经中国人民银行批准,可适当延长筹建期限,但延长的期限不得超过6个月。筹建期内不得以财务公司名义从事经营活动。

第十四条 财务公司筹建工作完成后,应向中国人民银行提出开业申请,并提交下列文件:

(一)筹建工作报告和申请开业报告;

(二)中国法定验资机构出具的股东资金到位的验资证明和中国人民银行指定的金融机构出具的货币资金入账证明;

(三)财务公司章程;

(四)拟任高级管理人员的名单、详细履历及符合中国人民银行规定的任职资格证明材料;

(五)从业人员中从事金融或财务工作5年以上人员的证明材料;

(六)股东名称及其出资额;

(七)拟办业务的规章制度及内部风险控制制度;

(八)营业场所及其他与业务有关设施的资料;

(九)中国人民银行要求的其他文件。

第十五条 财务公司的开业申请经中国人民银行批准后,由中国人民银行颁发《金融机构法人许可证》。财务公司凭该许可证到工商行政管理机关办理注册登记,领取《企业法人营业执照》后方可营业。

第十六条 经批准开业的财务公司自领取营业执照之日起,无正当理由3个月不开业或开业后自行停业连续6个月的,由中国人民银行吊销其许可证,并予以公告。

第十七条 财务公司有下列变更事项之一的,须报经中国人民银行批准:

(一)变更名称;

(二)改变组织形式;

(三)调整业务范围;

(四)变更注册资本;

(五)调整股权结构;

(六)修改章程;

(七)变更高级管理人员;

(八)变更营业场所;

(九)中国人民银行规定的其他变更事项。

第十八条 财务公司经中国人民银行批准变更《金融机构法人许可证》上有关内容后,需按规定到中国人民银行更换许可证。

第三章 业务范围与风险控制

第十九条 经中国人民银行批准,财务公司可从事下列部分或全部业务：

（一）吸收成员单位3个月以上定期存款；

（二）发行财务公司债券；

（三）同业拆借；

（四）对成员单位办理贷款及融资租赁；

（五）办理集团成员单位产品的消费信贷、买方信贷及融资租赁；

（六）办理成员单位商业汇票的承兑及贴现；

（七）办理成员单位的委托贷款及委托投资；

（八）有价证券、金融机构股权及成员单位股权投资；

（九）承销成员单位的企业债券；

（十）对成员单位办理财务顾问、信用鉴证及其他咨询代理业务；

（十一）对成员单位提供担保；

（十二）境外外汇借款；

（十三）经中国人民银行批准的其他业务。

第二十条 企业集团规模较大、集团成员单位之间经济往来密切、且结算业务量较大的财务公司，需办理成员单位之间内部转账结算业务的，应另行报中国人民银行批准。

第二十一条 财务公司应加强风险管理及控制，业务经营遵循下列资产负债比例：

（一）资本总额与风险资产的比例不低于10%；

（二）一年期以上的长期负债与总负债的比例不低于50%；

（三）拆入资金余额与注册资本的比例不高于100%；

（四）对集团外的全部负债余额不高于对集团成员单位的全部负债余额；

（五）长期投资与资本总额的比例不高于30%，且对单一企业的股权投资不得超过该企业注册资本的50%；

（六）消费信贷、买方信贷及产品融资租赁金额均不得超过相应产品售价的70%；

（七）自有固定资产与资本总额的比例不得高于20%。

第二十二条 财务公司对股东融资逾期1年后未归还，人民银行可责成财务公司股东会转让该股东出资及其他权益，用于偿还对财务公司的负债。

第二十三条 财务公司应依据审慎原则进行授信业务，并要求受信方依法提供担保。

第四章 监督管理与行业自律

第二十四条 财务公司应按中国人民银行的有关规定确定其贷款利率及各项手续费率。业务涉及外汇及外债管理的，按国家外汇管理局的有关规定办理。

第二十五条 财务公司必须按照国家有关规定，实行审慎会计原则和会计制度。编制并按规定向中国人民银行报送资产负债表、损益表、现金流量表、非现场检查指标考核表及中国人民银行要求的其他报表，并于每一会计年度终了后的一个月内报送上一年度的财务报表和资料。

财务公司的法定代表人及直接经办人员应对所提供的财务会计报表的真实性承担法律责任。

第二十六条 财务公司应按照国家有关规定提取呆账准备金、坏账准备金及投资风险准备金，并冲销呆坏账。

第二十七条 财务公司应按照中国人民银行的规定，制定本公司的业务规则，建立、健全本公司的业务管理、现金管理和安全防范制度。

第二十八条 财务公司应建立对各项业务的稽核、检查制度，并设立独立于经营管理层的专职稽核部门，直接向董事会负责，以加强内控制度的建设。

第二十九条 中国人民银行对财务公司实行现场检查及非现场检查制度。

第三十条 中国人民银行认为有必要时，有权随时要求财务公司报送有关业务和财务状况的报告和资料。

第三十一条 中国人民银行根据日常监管中发现的问题，可以向财务公司的法定代表人和其他高级管理人员提出质询，并责令该公司限期改正或进行整顿，拒不改正或整顿的，中国人民银行可以取消该公司法定代表人或有关高级管理人员的任职资格。

第三十二条 财务公司应建立定期审计制度。

财务公司的董事会或监事会应于每年初委托具有资格的会计师事务所对公司上一年度的

经营活动进行一次审计，并于每年的4月15日前将经董事长或监事会主席签名确认的年度审计报告报送中国人民银行。

第三十三条　财务公司可成立行业性自律组织，对财务公司实行行业自律管理。中国人民银行认为有必要时，可授权行业性自律组织行使有关行业管理职能。

第三十四条　中国人民银行对财务公司实行年检制度。

第五章　整顿、接管及终止

第三十五条　财务公司出现支付困难等紧急情况时，应立即向中国人民银行报告，其董事会有义务对财务公司采取必要的救助措施。

第三十六条　财务公司出现下列情况之一的，中国人民银行可视情形责令其进行整顿：

（一）出现严重支付困难；

（二）当年亏损超过注册资本的30%或连续3年亏损超过注册资本的10%；

（三）违反国家有关法律或规章；

（四）中国人民银行认为其他必须整顿的情况。

第三十七条　中国人民银行责令财务公司整顿后，可对财务公司采取下列措施：

（一）要求更换或禁止更换财务公司高级管理人员；

（二）暂停其部分或全部业务活动；

（三）要求在规定期限内增加资本金；

（四）责令改变股权结构；

（五）责令财务公司重组；

（六）中国人民银行认为必要的其他措施。

第三十八条　财务公司经过整顿，符合下列条件的，可恢复正常营业：

（一）已恢复支付能力；

（二）亏损得到弥补；

（三）违法违规行为得到纠正。

整顿时间最长不超过1年。

第三十九条　财务公司已经或者可能发生支付危机，严重影响债权人利益和金融秩序的稳定时，中国人民银行可对财务公司实行接管。

接管的目的是对被接管的财务公司采取必要措施，恢复财务公司的正常经营能力。被接管的财务公司的债权债务关系不因接管而变化。

接管由中国人民银行决定并组织实施。

第四十条　财务公司出现下列情况时，经中国人民银行核准后，予以解散：

（一）组建财务公司的企业集团解散，财务公司不能实现合并或改组；

（二）章程中规定的解散事由出现；

（三）股东会议决定解散；

（四）财务公司因分立或者合并不需存在的。

第四十一条　财务公司经营出现严重困难或有重大违法违规行为时，中国人民银行可依法对其予以撤销。

第四十二条　财务公司解散或撤销后，应依法成立清算组，按照法定程序进行清算，并由中国人民银行发布公告。

中国人民银行可直接委派清算组成员并监督清算过程。

第四十三条　清算组在清理财产时发现财务公司的资产不足以清偿其债务时，应立即停止清算，并向中国人民银行报告。经中国人民银行核准，向人民法院申请该财务公司破产。

第六章　附　　则

第四十四条　凡违反本办法有关规定者，由中国人民银行按《金融违法行为处罚办法》及其他有关规定予以处罚。财务公司对中国人民银行的处罚决定不服的，可以依法提请复议或者向人民法院提起行政诉讼。

第四十五条　本办法适用于外资企业集团财务公司。

第四十六条　本办法颁布前设立的财务公司须按本办法进行规范，过渡期由中国人民银行另行通知。

第四十七条　本办法自发布之日起生效。中国人民银行原发布的《企业集团财务公司管理暂行办法》、《关于加强企业集团财务公司资金管理有关问题的通知》及《关于外资企业集团财务公司设立及经营有关问题的通知》同时废止。

第四十八条　本办法由中国人民银行负责解释。

企业集团财务公司管理办法①

(2004年7月27日中国银行业监督管理委员会令第5号公布 自2004年9月1日起施行)

第一章 总 则

第一条 为了规范企业集团财务公司(以下简称财务公司)的行为,防范金融风险,促进财务公司的稳健经营和健康发展,依据《中华人民共和国公司法》和《中华人民共和国银行业监督管理法》等有关法律、行政法规,制定本办法。

第二条 本办法所称财务公司是指以加强企业集团资金集中管理和提高企业集团资金使用效率为目的,为企业集团成员单位(以下简称成员单位)提供财务管理服务的非银行金融机构。

外资投资性公司为其在中国境内的投资企业提供财务管理服务而设立的财务公司适用本办法的相关规定。

第三条 本办法所称企业集团是指在中华人民共和国境内依法登记,以资本为联结纽带、以母子公司为主体、以集团章程为共同行为规范,由母公司、子公司、参股公司及其他成员企业或机构共同组成的企业法人联合体。

本办法所称成员单位包括母公司及其控股51%以上的子公司(以下简称子公司);母公司、子公司单独或者共同持股20%以上的公司,或者持股不足20%但处于最大股东地位的公司;母公司、子公司下属的事业单位法人或者社会团体法人。

本办法所称外资投资性公司是指外国投资者在中国境内独资设立的从事直接投资的公司。所称投资企业包括该外资投资性公司以及在中国境内注册的,该外资投资性公司单独或者与其投资者共同持股超过25%,且该外资投资性公司持股比例超过10%的企业。外资投资性公司适用本办法中对母公司的相关规定,投资企业适用本办法中对成员单位的相关规定。

第四条 财务公司应当依法合规经营,不得损害国家和社会公共利益。

第五条 财务公司依法接受中国银行业监督管理委员会的监督管理。

第二章 机构设立及变更

第六条 设立财务公司,应当报经中国银行业监督管理委员会审查批准。

财务公司名称应当经工商登记机关核准,并标明“财务有限公司”或“财务有限责任公司”字样,名称中应包含其所属企业集团的全称或者简称。未经中国银行业监督管理委员会批准,任何单位不得在其名称中使用“财务公司”字样。

第七条 申请设立财务公司的企业集团应当具备下列条件:

(一)符合国家的产业政策;

(二)申请前一年,母公司的注册资本金不低于8亿元人民币;

(三)申请前一年,按规定并表核算的成员单位资产总额不低于50亿元人民币,净资产率不低于30%;

(四)申请前连续两年,按规定并表核算的成员单位营业收入总额每年不低于40亿元人民币,税前利润总额每年不低于2亿元人民币;

(五)现金流量稳定并具有较大规模;

(六)母公司成立2年以上并且具有企业集团内部财务管理和资金管理经验;

(七)母公司具有健全的公司法人治理结构,未发生违法违规行为,近3年无不良诚信纪录;

(八)母公司拥有核心主业;

(九)母公司无不当关联交易。

外资投资性公司除适用本条第(一)、(二)、(五)、(六)、(七)、(八)、(九)项的规定外,申请前一年其净资产应不低于20亿元人民币,申请前连续两年每年税前利润总额不低于2亿元人民币。

第八条 申请设立财务公司,母公司董事会应当作出书面承诺,在财务公司出现支付困难的紧急情况时,按照解决支付困难的实际需要,增加相应资本金,并在财务公司章程中载明。

第九条 设立财务公司,应当具备下列条件:

---

① 编者注:已被修改。

（一）确属集中管理企业集团资金的需要，经合理预测能够达到一定的业务规模；

（二）有符合《中华人民共和国公司法》和本办法规定的章程；

（三）有符合本办法规定的最低限额注册资本金；

（四）有符合中国银行业监督管理委员会规定的任职资格的董事、高级管理人员和规定比例的从业人员，在风险管理、资金集约管理等关键岗位上有合格的专门人才；

（五）在法人治理、内部控制、业务操作、风险防范等方面具有完善的制度；

（六）有符合要求的营业场所、安全防范措施和其他设施；

（七）中国银行业监督管理委员会规定的其他条件。

第十条 设立财务公司的注册资本金最低为1亿元人民币。财务公司的注册资本金应当是实缴的人民币或者等值的可自由兑换货币。

经营外汇业务的财务公司，其注册资本金中应当包括不低于500万美元或者等值的可自由兑换货币。

中国银行业监督管理委员会根据财务公司的发展情况和审慎监管的需要，可以调整财务公司注册资本金的最低限额。

第十一条 财务公司的注册资本金应当主要从成员单位中募集，并可以吸收成员单位以外的合格的机构投资者的股份。

本条所称的合格的机构投资者是指原则上在5年内不转让所持财务公司股份的、具有丰富行业管理经验的外部战略投资者。

财务公司的股东资格应当符合中国银行业监督管理委员会的有关规定。

第十二条 外资投资性公司设立财务公司的注册资本金可以由该外资投资性公司单独或者与其投资者共同出资。

第十三条 财务公司从业人员中从事金融或财务工作3年以上的人员应当不低于总人数的三分之二，其中从事金融或者财务工作5年以上人员应当不低于总人数的三分之一。

曾任国际知名会计师事务所查账员、电脑公司程序设计师或系统分析员，或在国际知名资产管理公司、基金公司、投资银行、证券公司相关业务和管理岗位上工作过的专业人员，如果具有2年以上工作经验，并经国内相关业务及政策培训，则视同从事金融或财务工作3年以上。

第十四条 设立财务公司应当经过筹建和开业两个阶段。申请筹建财务公司，应当由母公司向中国银行业监督管理委员会提出申请，并提交下列文件、资料：

（一）申请书，其内容应当包括拟设财务公司名称、所在地、注册资本、股东、股权结构、业务范围等。

（二）可行性研究报告，其内容包括：

1. 母公司及其他成员单位整体的生产经营状况、现金流量分析、在同行业中所处的地位以及中长期发展规划；

2. 设立财务公司的宗旨、作用及其业务量预测；

3. 经有资质的会计师事务所审计的最近2年的合并资产负债表、损益表及现金流量表。

（三）成员单位名册及有权部门出具的相关证明资料。

（四）《企业集团登记证》、申请人和其他出资人的营业执照复印件及出资保证。

（五）设立外资财务公司的，需提供外资投资性公司及其投资企业的外商投资企业批准证书。

（六）母公司法定代表人签署的确认上述资料真实性的证明文件。

（七）中国银行业监督管理委员会要求提交的其他文件、资料。

第十五条 财务公司的筹建申请，经中国银行业监督管理委员会审批同意的，申请人应当自收到批准筹建文件起3个月内完成财务公司的筹建工作，并向中国银行业监督管理委员会提出开业申请，同时提交下列文件：

（一）财务公司章程草案；

（二）财务公司经营方针和计划；

（三）财务公司股东名册及其出资额、出资比例；

（四）法定验资机构出具的对财务公司股东出资的验资证明；

（五）拟任职的董事、高级管理人员的名单、详细履历及任职资格证明材料；

（六）从业人员中拟从事风险管理、资金集中管理的人员的名单、详细履历；

（七）从业人员中从事金融、财务工作5年及5年以上有关人员的证明材料；

（八）财务公司业务规章及风险防范制度；

（九）财务公司营业场所及其他与业务有关设施的资料；

（十）中国银行业监督管理委员会要求提交的其他文件、资料。

第十六条 财务公司的开业申请经中国银行业监督管理委员会核准后，由中国银行业监督管理委员会颁发《金融许可证》并予以公告。财务公司凭《金融许可证》到工商行政管理机关办理注册登记，领取《企业法人营业执照》后方可开业。

第十七条 财务公司根据业务需要，经中国银行业监督管理委员会审查批准，可以在成员单位集中且业务量较大的地区设立分公司。

财务公司的分公司不具有法人资格，由财务公司依照本办法的规定授权其开展业务活动，其民事责任由财务公司承担。

第十八条 财务公司根据业务管理需要，可以在成员单位比较集中的地区设立代表处，并报中国银行业监督管理委员会备案。

财务公司的代表处不得经营业务，只限于从事业务推介、客户服务、债权催收以及信息的收集、反馈等相关工作。

第十九条 财务公司申请设立分公司，应当符合下列条件：

（一）确属业务发展和为成员单位提供财务管理服务需要；

（二）财务公司设立2年以上，且注册资本金不低于3亿元人民币，资本充足率不低于10%；

（三）拟设立分公司所服务的成员单位不少于10家，且上述成员单位资产合计不低于10亿元人民币，或成员单位不足10家，但成员单位资产合计不低于20亿元人民币；

（四）财务公司经营状况良好，且在2年内没有违法、违规经营记录。

第二十条 财务公司的分公司应当具备下列条件：

（一）有符合本办法规定的最低限额的营运资金；

（二）有符合中国银行业监督管理委员会规定的任职资格的高级管理人员；

（三）有健全的业务操作、内部控制、风险管理及问责制度；

（四）有符合要求的营业场所、安全防范措施和与业务有关的其他设施；

（五）中国银行业监督管理委员会规定的其他条件。

第二十一条 财务公司分公司的营运资金不得少于5000万元人民币。财务公司拨付各分公司的营运资金总计不得超过其注册资本金的50%。

第二十二条 财务公司申请设立分公司，应当向中国银行业监督管理委员会报送以下文件、资料：

（一）申请书，其内容包括拟设分公司的名称、所在地、营运资金、业务范围及服务对象等；

（二）可行性研究报告，包括拟设分公司的业务量预测，所在地成员单位的生产经营状况、资金流量分析以及中长期发展规划等内容；

（三）符合第二十条规定的有关证明文件；

（四）财务公司董事会关于申请设立该分公司的决议以及对拟设分公司业务范围授权的决议草案；

（五）中国银行业监督管理委员会要求提交的其他文件、资料。

第二十三条 经批准设立的财务公司分公司，由中国银行业监督管理委员会颁发《金融许可证》并予以公告，凭《金融许可证》向工商行政管理部门办理登记手续，领取营业执照，方可开业。

第二十四条 经批准设立的财务公司及其分公司自领取营业执照之日起，无正当理由6个月不开业或者开业后无正当理由连续停业6个月以上的，由中国银行业监督管理委员会吊销其《金融许可证》，并予以公告。

第二十五条 财务公司应当依照法律、行政法规及中国银行业监督管理委员会的规定使用《金融许可证》，禁止伪造、变造、转让、出租、出借《金融许可证》。

第二十六条 财务公司的公司性质、组织形式及组织机构应当符合《中华人民共和国公司法》及其他有关法律、法规的规定，并应当在公司章程中载明。

第二十七条　财务公司有下列变更事项之一的，应当报经中国银行业监督管理委员会批准：

（一）变更名称；

（二）调整业务范围；

（三）变更注册资本金；

（四）变更股东或者调整股权结构；

（五）修改章程；

（六）更换董事、高级管理人员；

（七）变更营业场所；

（八）中国银行业监督管理委员会规定的其他变更事项。

财务公司的分公司变更名称、营运资金、营业场所或者更换高级管理人员，应当由财务公司报中国银行业监督管理委员会批准。

第三章　业务范围

第二十八条　财务公司可以经营下列部分或者全部业务：

（一）对成员单位办理财务和融资顾问、信用鉴证及相关的咨询、代理业务；

（二）协助成员单位实现交易款项的收付；

（三）经批准的保险代理业务；

（四）对成员单位提供担保；

（五）办理成员单位之间的委托贷款及委托投资；

（六）对成员单位办理票据承兑与贴现；

（七）办理成员单位之间的内部转账结算及相应的结算、清算方案设计；

（八）吸收成员单位的存款；

（九）对成员单位办理贷款及融资租赁；

（十）从事同业拆借；

（十一）中国银行业监督管理委员会批准的其他业务。

第二十九条　符合条件的财务公司，可以向中国银行业监督管理委员会申请从事下列业务：

（一）经批准发行财务公司债券；

（二）承销成员单位的企业债券；

（三）对金融机构的股权投资；

（四）有价证券投资；

（五）成员单位产品的消费信贷、买方信贷及融资租赁。

第三十条　财务公司从事本办法第二十九条所列业务，必须严格遵守国家的有关规定和中国银行业监督管理委员会审慎监管的有关要求，并应当具备以下条件：

（一）财务公司设立1年以上，且经营状况良好；

（二）注册资本金不低于3亿元人民币，从事成员单位产品消费信贷、买方信贷及融资租赁业务的，注册资本金不低于5亿元人民币；

（三）经股东大会同意并经董事会授权；

（四）具有比较完善的投资决策机制、风险控制制度、操作规程以及相应的管理信息系统；

（五）具有相应的合格的专业人员；

（六）中国银行业监督管理委员会规定的其他条件。

第三十一条　财务公司不得从事离岸业务，除本办法第二十八条第二款业务外，不得从事任何形式的资金跨境业务。

第三十二条　财务公司的业务范围经中国银行业监督管理委员会批准后，应当在财务公司章程中载明。财务公司不得办理实业投资、贸易等非金融业务。

财务公司在经批准的业务范围内细分业务品种，应当报中国银行业监督管理委员会备案，但不涉及债权或者债务的中间业务除外。

第三十三条　财务公司分公司的业务范围，由财务公司在其业务范围内根据审慎经营的原则进行授权，报中国银行业监督管理委员会备案。财务公司分公司不得办理担保、同业拆借及本办法第二十九条规定的业务。

第四章　监督管理与风险控制

第三十四条　财务公司经营业务，应当遵守下列资产负债比例的要求：

（一）资本充足率不得低于10%；

（二）拆入资金余额不得高于资本总额；

（三）担保余额不得高于资本总额；

（四）短期证券投资与资本总额的比例不得高于40%；

（五）长期投资与资本总额的比例不得高于30%；

（六）自有固定资产与资本总额的比例不得高于20%。

中国银行业监督管理委员会根据财务公司业务发展或者审慎监管的需要，可以对上述比例进行调整。

第三十五条　财务公司应当按照审慎经营的原则，制定本公司的各项业务规则和程序，建立、健全本公司的内部控制制度。

第三十六条　财务公司应当分别设立对董事会负责的风险管理、业务稽核部门，制订对各项业务的风险控制和业务稽核制度，每年定期向董事会报告工作，并向中国银行业监督管理委员会报告。

第三十七条　财务公司董事会应当每年委托具有资格的中介机构对公司上一年度的经营活动进行审计，并于每年的4月15日前将经董事长签名确认的年度审计报告报送中国银行业监督管理委员会。

第三十八条　财务公司应当依照国家有关规定，建立、健全本公司的财务、会计制度。

财务公司应当遵循审慎的会计原则，真实记录并全面反映其业务活动和财务状况。

第三十九条　财务公司应当按规定向中国银行业监督管理委员会报送资产负债表、损益表、现金流量表、非现场监管指标考核表及中国银行业监督管理委员会要求报送的其他报表，并于每一会计年度终了后的1个月内报送上一年度财务报表和资料。

财务公司的法定代表人应当对经其签署报送的上述报表的真实性承担责任。

第四十条　财务公司应当每年的4月底前向中国银行业监督管理委员会报送其所属企业集团的成员单位名录，并提供其所属企业集团上年度的业务经营状况及有关数据。

财务公司对新成员单位开展业务前，应当向中国银行业监督管理委员会及时备案，并提供该成员单位的有关资料；与财务公司有业务往来的成员单位由于产权变化脱离企业集团的，财务公司应当及时向中国银行业监督管理委员会备案，存有遗留业务的，应当同时提交遗留业务的处理方案。

第四十一条　中国银行业监督管理委员会有权随时要求财务公司报送有关业务和财务状况的报告和资料。

第四十二条　财务公司发生挤提存款、到期债务不能支付、大额贷款逾期或担保垫款、电脑系统严重故障、被抢劫或诈骗、董事或高级管理人员涉及严重违纪、刑事案件等重大事项时，应当立即采取应急措施并及时向中国银行业监督管理委员会报告。

企业集团及其成员单位发生可能影响财务公司正常经营的重大机构变动、股权交易或者经营风险等事项时，财务公司应当及时向中国银行业监督管理委员会报告。

第四十三条　财务公司应当按中国人民银行的规定缴存存款准备金，并按有关规定提取损失准备，核销损失。

第四十四条　财务公司应当遵守中国人民银行有关利率管理的规定；经营外汇业务的，应当遵守国家外汇管理的有关规定。

第四十五条　中国银行业监督管理委员会根据审慎监管的要求，有权依照有关程序和规定采取下列措施对财务公司进行现场检查：

（一）进入财务公司进行检查；

（二）询问财务公司的工作人员，要求其对有关检查事项作出说明；

（三）查阅、复制财务公司与检查事项有关的文件、资料，对可能被转移、藏匿或者毁损的文件、资料予以封存；

（四）检查财务公司电子计算机业务管理数据系统。

第四十六条　财务公司对单一股东发放贷款余额超过财务公司注册资本金50%或者该股东对财务公司出资额的，应当及时向中国银行业监督管理委员会报告。

第四十七条　财务公司的股东对财务公司的负债逾期1年以上未偿还的，中国银行业监督管理委员会可以责成财务公司股东会转让该股东出资及其他权益，用于偿还其对财务公司的负债。

第四十八条　中国银行业监督管理委员会根据履行职责的需要和日常监管中发现的问题，

可以与财务公司的董事、高级管理人员进行监督管理谈话，要求其就财务公司的业务活动和风险管理等重大事项作出说明。

第四十九条　财务公司的董事、高级管理人员应当具有财务公司资金集中管理经验。

董事、高级管理人员在任职前应当按规定报中国银行业监督管理委员会进行任职资格审查，未经任职资格审查或者经审查不具备任职资格的，不得担任财务公司的董事、高级管理人员。具体任职资格管理办法另行规定。

财务公司的董事、高级管理人员离任，应当由母公司依照有关规定进行离任审计，并将离任审计报告报中国银行业监督管理委员会。

第五十条　财务公司违反审慎经营原则的，中国银行业监督管理委员会应当依照程序责令其限期改正；逾期未改正的，或者其行为严重危及该财务公司的稳健运行、损害存款人和其他客户合法权益的，中国银行业监督管理委员会可以依照有关程序，采取下列措施：

（一）责令暂停部分业务，停止批准开办新业务；

（二）限制分配红利和其他收入；

（三）限制资产转让；

（四）责令控股股东转让股权或者限制有关股东的权利；

（五）责令调整董事、高级管理人员或者限制其权利；

（六）停止批准增设分公司。

第五十一条　财务公司可成立行业性自律组织。中国银行业监督管理委员会对财务公司行业性自律组织进行业务指导。

第五章　整顿、接管及终止

第五十二条　财务公司出现下列情形之一的，中国银行业监督管理委员会可以责令其进行整顿：

（一）出现严重支付危机；

（二）当年亏损超过注册资本金的30%或者连续3年亏损超过注册资本金的10%；

（三）严重违反国家法律、行政法规或者有关规章。

整顿时间最长不超过1年。

第五十三条　财务公司整顿期间，应当暂停经营部分或者全部业务。

第五十四条　财务公司经过整顿，符合下列条件的，可恢复正常营业：

（一）已恢复支付能力；

（二）亏损得到弥补；

（三）违法违规行为得到纠正。

第五十五条　财务公司已经或者可能发生支付危机，严重影响债权人利益和金融秩序的稳定时，中国银行业监督管理委员会可以依法对财务公司实行接管或者促成其机构重组。

接管或者机构重组由中国银行业监督管理委员会决定并组织实施。

第五十六条　财务公司出现下列情况时，经中国银行业监督管理委员会核准后，予以解散：

（一）组建财务公司的企业集团解散，财务公司不能实现合并或改组；

（二）章程中规定的解散事由出现；

（三）股东会议决定解散；

（四）财务公司因分立或者合并不需要继续存在的。

第五十七条　财务公司有违法经营、经营管理不善等情形，不予撤销将严重危害金融秩序、损害公众利益的，中国银行业监督管理委员会有权予以撤销。

第五十八条　财务公司被接管、重组或者被撤销的，中国银行业监督管理委员会有权要求该财务公司的董事、高级管理人员和其他工作人员，按照中国银行业监督管理委员会的要求履行职责。

第五十九条　财务公司解散或者被撤销，母公司应当依法成立清算组，按照法定程序进行清算，并由中国银行业监督管理委员会公告。

中国银行业监督管理委员会可以直接委派清算组成员并监督清算过程。

第六十条　清算组在清算中发现财务公司的资产不足以清偿其债务时，应当立即停止清算，并向中国银行业监督管理委员会报告，经中国银行业监督管理委员会核准，依法向人民法院申请该财务公司破产。

第六章 附 则

第六十一条 凡违反本办法有关规定的,由中国银行业监督管理委员会依照《中华人民共和国银行业监督管理法》及其他有关规定进行处理。

财务公司对中国银行业监督管理委员会的处理决定不服的,可以依法申请行政复议或者向人民法院提起行政诉讼。

第六十二条 本办法颁布前设立的财务公司凡不符合本办法有关规定的,应当在规定的期限内进行规范。在规范期内应遵从本办法关于最低实收资本金、资本充足率等审慎性监管的规定。具体要求由中国银行业监督管理委员会另行规定。

第六十三条 本办法由中国银行业监督管理委员会负责解释。

第六十四条 本办法自2004年9月1日起施行。原《企业集团财务公司管理办法》(中国人民银行令〔2000〕第3号)同时废止。

中国银行业监督管理委员会关于修改《企业集团财务公司管理办法》的决定

(2006年12月28日中国银行业监督管理委员会第55次主席会议通过 2016年12月28日公布 自公布之日起施行)

中国银行业监督管理委员会对《企业集团财务公司管理办法》作如下修改:

《企业集团财务公司管理办法》第十一条第二款"本条所称的合格的机构投资者是指原则上在5年内不转让所持财务公司股份的、具有丰富行业管理经验的外部战略投资者",修改为:"本条所称的合格的机构投资者是指原则上在3年内不转让所持财务公司股份的、具有丰富行业管理经验的战略投资者"。

本决定自公布之日起施行。

《企业集团财务公司管理办法》根据本决定作相应的修改,重新公布。

企业集团财务公司管理办法

(2006年12月28日中国银行业监督管理委员会第55次主席会议通过 2006年12月28日公布 自公布之日起施行)

第一章 总 则

第一条 为了规范企业集团财务公司(以下简称财务公司)的行为,防范金融风险,促进财务公司的稳健经营和健康发展,依据《中华人民共和国公司法》和《中华人民共和国银行业监督管理法》等有关法律、行政法规,制定本办法。

第二条 本办法所称财务公司是指以加强企业集团资金集中管理和提高企业集团资金使用效率为目的,为企业集团成员单位(以下简称成员单位)提供财务管理服务的非银行金融机构。

外资投资性公司为其在中国境内的投资企业提供财务管理服务而设立的财务公司适用本办法的相关规定。

第三条 本办法所称企业集团是指在中华人民共和国境内依法登记,以资本为联结纽带、以母子公司为主体、以集团章程为共同行为规范,由母公司、子公司、参股公司及其他成员企业或机构共同组成的企业法人联合体。

本办法所称成员单位包括母公司及其控股51%以上的子公司(以下简称子公司);母公司、子公司单独或者共同持股20%以上的公司,或者持股不足20%但处于最大股东地位的公司;母公司、子公司下属的事业单位法人或者社会团体法人。

本办法所称外资投资性公司是指外国投资者在中国境内独资设立的从事直接投资的公司。所称投资企业包括该外资投资性公司以及在中国境内注册的,该外资投资性公司单独或者与其投资者共同持股超过25%,且该外资投资性公司持股比例超过10%的企业。外资投资性公司适用本办法中对母公司的相关规定,投资企业适用本办法中对成员单位的相关规定。

第四条 财务公司应当依法合规经营,不得损害国家和社会公共利益。

第五条 财务公司依法接受中国银行业监督管理委员会的监督管理。

第二章 机构设立及变更

第六条 设立财务公司，应当报经中国银行业监督管理委员会审查批准。

财务公司名称应当经工商登记机关核准，并标明“财务有限公司”或“财务有限责任公司”字样，名称中应包含其所属企业集团的全称或者简称。未经中国银行业监督管理委员会批准，任何单位不得在其名称中使用“财务公司”字样。

第七条 申请设立财务公司的企业集团应当具备下列条件：

（一）符合国家的产业政策；

（二）申请前一年，母公司的注册资本金不低于8亿元人民币；

（三）申请前一年，按规定并表核算的成员单位资产总额不低于50亿元人民币，净资产率不低于30%；

（四）申请前连续两年，按规定并表核算的成员单位营业收入总额每年不低于40亿元人民币，税前利润总额每年不低于2亿元人民币；

（五）现金流量稳定并具有较大规模；

（六）母公司成立2年以上并且具有企业集团内部财务管理和资金管理经验；

（七）母公司具有健全的公司法人治理结构，未发生违法违规行为，近3年无不良诚信纪录；

（八）母公司拥有核心主业；

（九）母公司无不当关联交易。

外资投资性公司除适用本条第（一）、（二）、（五）、（六）、（七）、（八）、（九）项的规定外，申请前一年其净资产应不低于20亿元人民币，申请前连续两年每年税前利润总额不低于2亿元人民币。

第八条 申请设立财务公司，母公司董事会应当作出书面承诺，在财务公司出现支付困难的紧急情况时，按照解决支付困难的实际需要，增加相应资本金，并在财务公司章程中载明。

第九条 设立财务公司，应当具备下列条件：

（一）确属集中管理企业集团资金的需要，经合理预测能够达到一定的业务规模；

（二）有符合《中华人民共和国公司法》和本办法规定的章程；

（三）有符合本办法规定的最低限额注册资本金；

（四）有符合中国银行业监督管理委员会规定的任职资格的董事、高级管理人员和规定比例的从业人员，在风险管理、资金集约管理等关键岗位上有合格的专门人才；

（五）在法人治理、内部控制、业务操作、风险防范等方面具有完善的制度；

（六）有符合要求的营业场所、安全防范措施和其他设施；

（七）中国银行业监督管理委员会规定的其他条件。

第十条 设立财务公司的注册资本金最低为1亿元人民币。财务公司的注册资本金应当是实缴的人民币或者等值的可自由兑换货币。

经营外汇业务的财务公司，其注册资本金中应当包括不低于500万美元或者等值的可自由兑换货币。

中国银行业监督管理委员会根据财务公司的发展情况和审慎监管的需要，可以调整财务公司注册资本金的最低限额。

第十一条 财务公司的注册资本金应当主要从成员单位中募集，并可以吸收成员单位以外的合格的机构投资者的股份。

本条所称的合格的机构投资者是指原则上在3年内不转让所持财务公司股份的、具有丰富行业管理经验的战略投资者。

财务公司的股东资格应当符合中国银行业监督管理委员会的有关规定。

第十二条 外资投资性公司设立财务公司的注册资本金可以由该外资投资性公司单独或者与其投资者共同出资。

第十三条 财务公司从业人员中从事金融或财务工作3年以上的人员应当不低于总人数的三分之二，其中从事金融或者财务工作5年以上人员应当不低于总人数的三分之一。

曾任国际知名会计师事务所查账员、电脑公司程序设计师或系统分析员，或在国际知名资产管理公司、基金公司、投资银行、证券公司相关业务和管理岗位上工作过的专业人员，如果具有2

年以上工作经验,并经国内相关业务及政策培训,则视同从事金融或财务工作3年以上。

第十四条 设立财务公司应当经过筹建和开业两个阶段。申请筹建财务公司,应当由母公司向中国银行业监督管理委员会提出申请,并提交下列文件、资料:

(一)申请书,其内容应当包括拟设财务公司名称、所在地、注册资本、股东、股权结构、业务范围等。

(二)可行性研究报告,其内容包括:

1. 母公司及其他成员单位整体的生产经营状况、现金流量分析、在同行业中所处的地位以及中长期发展规划;

2. 设立财务公司的宗旨、作用及其业务量预测;

3. 经有资质的会计师事务所审计的最近2年的合并资产负债表、损益表及现金流量表。

(三)成员单位名册及有权部门出具的相关证明资料。

(四)《企业集团登记证》、申请人和其他出资人的营业执照复印件及出资保证。

(五)设立外资财务公司的,需提供外资投资性公司及其投资企业的外商投资企业批准证书。

(六)母公司法定代表人签署的确认上述资料真实性的证明文件。

(七)中国银行业监督管理委员会要求提交的其他文件、资料。

第十五条 财务公司的筹建申请,经中国银行业监督管理委员会审批同意的,申请人应当自收到批准筹建文件起3个月内完成财务公司的筹建工作,并向中国银行业监督管理委员会提出开业申请,同时提交下列文件:

(一)财务公司章程草案;

(二)财务公司经营方针和计划;

(三)财务公司股东名册及其出资额、出资比例;

(四)法定验资机构出具的对财务公司股东出资的验资证明;

(五)拟任职的董事、高级管理人员的名单、详细履历及任职资格证明材料;

(六)从业人员中拟从事风险管理、资金集中管理的人员的名单、详细履历;

(七)从业人员中从事金融、财务工作5年及5年以上有关人员的证明材料;

(八)财务公司业务规章及风险防范制度;

(九)财务公司营业场所及其他与业务有关设施的资料;

(十)中国银行业监督管理委员会要求提交的其他文件、资料。

第十六条 财务公司的开业申请经中国银行业监督管理委员会核准后,由中国银行业监督管理委员会颁发《金融许可证》并予以公告。财务公司凭《金融许可证》到工商行政管理机关办理注册登记,领取《企业法人营业执照》后方可开业。

第十七条 财务公司根据业务需要,经中国银行业监督管理委员会审查批准,可以在成员单位集中且业务量较大的地区设立分公司。

财务公司的分公司不具有法人资格,由财务公司依照本办法的规定授权其开展业务活动,其民事责任由财务公司承担。

第十八条 财务公司根据业务管理需要,可以在成员单位比较集中的地区设立代表处,并报中国银行业监督管理委员会备案。

财务公司的代表处不得经营业务,只限于从事业务推介、客户服务、债权催收以及信息的收集、反馈等相关工作。

第十九条 财务公司申请设立分公司,应当符合下列条件:

(一)确属业务发展和为成员单位提供财务管理服务需要;

(二)财务公司设立2年以上,且注册资本金不低于3亿元人民币,资本充足率不低于10%;

(三)拟设立分公司所服务的成员单位不少于10家,且上述成员单位资产合计不低于10亿元人民币,或成员单位不足10家,但成员单位资产合计不低于20亿元人民币;

(四)财务公司经营状况良好,且在2年内没有违法、违规经营记录。

第二十条 财务公司的分公司应当具备下列条件:

(一)有符合本办法规定的最低限额的营运资金;

(二)有符合中国银行业监督管理委员会规

定的任职资格的高级管理人员；

（三）有健全的业务操作、内部控制、风险管理及问责制度；

（四）有符合要求的营业场所、安全防范措施和与业务有关的其他设施；

（五）中国银行业监督管理委员会规定的其他条件。

第二十一条　财务公司分公司的营运资金不得少于5000万元人民币。财务公司拨付各分公司的营运资金总计不得超过其注册资本金的50%。

第二十二条　财务公司申请设立分公司，应当向中国银行业监督管理委员会报送以下文件、资料：

（一）申请书，其内容包括拟设分公司的名称、所在地、营运资金、业务范围及服务对象等；

（二）可行性研究报告，包括拟设分公司的业务量预测，所在地成员单位的生产经营状况、资金流量分析以及中长期发展规划等内容；

（三）符合第二十条规定的有关证明文件；

（四）财务公司董事会关于申请设立该分公司的决议以及对拟设分公司业务范围授权的决议草案；

（五）中国银行业监督管理委员会要求提交的其他文件、资料。

第二十三条　经批准设立的财务公司分公司，由中国银行业监督管理委员会颁发《金融许可证》并予以公告，凭《金融许可证》向工商行政管理部门办理登记手续，领取营业执照，方可开业。

第二十四条　经批准设立的财务公司及其分公司自领取营业执照之日起，无正当理由6个月不开业或者开业后无正当理由连续停业6个月以上的，由中国银行业监督管理委员会吊销其《金融许可证》，并予以公告。

第二十五条　财务公司应当依照法律、行政法规及中国银行业监督管理委员会的规定使用《金融许可证》，禁止伪造、变造、转让、出租、出借《金融许可证》。

第二十六条　财务公司的公司性质、组织形式及组织机构应当符合《中华人民共和国公司法》及其他有关法律、法规的规定，并应当在公司章程中载明。

第二十七条　财务公司有下列变更事项之一的，应当报经中国银行业监督管理委员会批准：

（一）变更名称；

（二）调整业务范围；

（三）变更注册资本金；

（四）变更股东或者调整股权结构；

（五）修改章程；

（六）更换董事、高级管理人员；

（七）变更营业场所；

（八）中国银行业监督管理委员会规定的其他变更事项。

财务公司的分公司变更名称、营运资金、营业场所或者更换高级管理人员，应当由财务公司报中国银行业监督管理委员会批准。

第三章　业务范围

第二十八条　财务公司可以经营下列部分或者全部业务：

（一）对成员单位办理财务和融资顾问、信用鉴证及相关的咨询、代理业务；

（二）协助成员单位实现交易款项的收付；

（三）经批准的保险代理业务；

（四）对成员单位提供担保；

（五）办理成员单位之间的委托贷款及委托投资；

（六）对成员单位办理票据承兑与贴现；

（七）办理成员单位之间的内部转账结算及相应的结算、清算方案设计；

（八）吸收成员单位的存款；

（九）对成员单位办理贷款及融资租赁；

（十）从事同业拆借；

（十一）中国银行业监督管理委员会批准的其他业务。

第二十九条　符合条件的财务公司，可以向中国银行业监督管理委员会申请从事下列业务：

（一）经批准发行财务公司债券；

（二）承销成员单位的企业债券；

（三）对金融机构的股权投资；

（四）有价证券投资；

（五）成员单位产品的消费信贷、买方信贷及融资租赁。

第三十条 财务公司从事本办法第二十九条所列业务,必须严格遵守国家的有关规定和中国银行业监督管理委员会审慎监管的有关要求,并应当具备以下条件:

(一)财务公司设立1年以上,且经营状况良好;

(二)注册资本金不低于3亿元人民币,从事成员单位产品消费信贷、买方信贷及融资租赁业务的,注册资本金不低于5亿元人民币;

(三)经股东大会同意并经董事会授权;

(四)具有比较完善的投资决策机制、风险控制制度、操作规程以及相应的管理信息系统;

(五)具有相应的合格的专业人员;

(六)中国银行业监督管理委员会规定的其他条件。

第三十一条 财务公司不得从事离岸业务,除本办法第二十八条第二款业务外,不得从事任何形式的资金跨境业务。

第三十二条 财务公司的业务范围经中国银行业监督管理委员会批准后,应当在财务公司章程中载明。财务公司不得办理实业投资、贸易等非金融业务。

财务公司在经批准的业务范围内细分业务品种,应当报中国银行业监督管理委员会备案,但不涉及债权或者债务的中间业务除外。

第三十三条 财务公司分公司的业务范围,由财务公司在其业务范围内根据审慎经营的原则进行授权,报中国银行业监督管理委员会备案。财务公司分公司不得办理担保、同业拆借及本办法第二十九条规定的业务。

第四章 监督管理与风险控制

第三十四条 财务公司经营业务,应当遵守下列资产负债比例的要求:

(一)资本充足率不得低于10%;

(二)拆入资金余额不得高于资本总额;

(三)担保余额不得高于资本总额;

(四)短期证券投资与资本总额的比例不得高于40%;

(五)长期投资与资本总额的比例不得高于30%;

(六)自有固定资产与资本总额的比例不得高于20%。

中国银行业监督管理委员会根据财务公司业务发展或者审慎监管的需要,可以对上述比例进行调整。

第三十五条 财务公司应当按照审慎经营的原则,制定本公司的各项业务规则和程序,建立、健全本公司的内部控制制度。

第三十六条 财务公司应当分别设立对董事会负责的风险管理、业务稽核部门,制订对各项业务的风险控制和业务稽核制度,每年定期向董事会报告工作,并向中国银行业监督管理委员会报告。

第三十七条 财务公司董事会应当每年委托具有资格的中介机构对公司上一年度的经营活动进行审计,并于每年的4月15日前将经董事长签名确认的年度审计报告报送中国银行业监督管理委员会。

第三十八条 财务公司应当依照国家有关规定,建立、健全本公司的财务、会计制度。

财务公司应当遵循审慎的会计原则,真实记录并全面反映其业务活动和财务状况。

第三十九条 财务公司应当按规定向中国银行业监督管理委员会报送资产负债表、损益表、现金流量表、非现场监管指标考核表及中国银行业监督管理委员会要求报送的其他报表,并于每一会计年度终了后的1个月内报送上一年度财务报表和资料。

财务公司的法定代表人应当对经其签署报送的上述报表的真实性承担责任。

第四十条 财务公司应当每年的4月底前向中国银行业监督管理委员会报送其所属企业集团的成员单位名录,并提供其所属企业集团上年度的业务经营状况及有关数据。

财务公司对新成员单位开展业务前,应当向中国银行业监督管理委员会及时备案,并提供该成员单位的有关资料;与财务公司有业务往来的成员单位由于产权变化脱离企业集团的,财务公司应当及时向中国银行业监督管理委员会备案,存有遗留业务的,应当同时提交遗留业务的处理方案。

第四十一条 中国银行业监督管理委员会

有权随时要求财务公司报送有关业务和财务状况的报告和资料。

第四十二条　财务公司发生挤提存款、到期债务不能支付、大额贷款逾期或担保垫款、电脑系统严重故障、被抢劫或诈骗、董事或高级管理人员涉及严重违纪、刑事案件等重大事项时，应当立即采取应急措施并及时向中国银行业监督管理委员会报告。

企业集团及其成员单位发生可能影响财务公司正常经营的重大机构变动、股权交易或者经营风险等事项时，财务公司应当及时向中国银行业监督管理委员会报告。

第四十三条　财务公司应当按中国人民银行的规定缴存存款准备金，并按有关规定提取损失准备，核销损失。

第四十四条　财务公司应当遵守中国人民银行有关利率管理的规定；经营外汇业务的，应当遵守国家外汇管理的有关规定。

第四十五条　中国银行业监督管理委员会根据审慎监管的要求，有权依照有关程序和规定采取下列措施对财务公司进行现场检查：

（一）进入财务公司进行检查；

（二）询问财务公司的工作人员，要求其对有关检查事项作出说明；

（三）查阅、复制财务公司与检查事项有关的文件、资料，对可能被转移、藏匿或者毁损的文件、资料予以封存；

（四）检查财务公司电子计算机业务管理数据系统。

第四十六条　财务公司对单一股东发放贷款余额超过财务公司注册资本金50%或者该股东对财务公司出资额的，应当及时向中国银行业监督管理委员会报告。

第四十七条　财务公司的股东对财务公司的负债逾期1年以上未偿还的，中国银行业监督管理委员会可以责成财务公司股东会转让该股东出资及其他权益，用于偿还其对财务公司的负债。

第四十八条　中国银行业监督管理委员会根据履行职责的需要和日常监管中发现的问题，可以与财务公司的董事、高级管理人员进行监督管理谈话，要求其就财务公司的业务活动和风险管理等重大事项作出说明。

第四十九条　财务公司的董事、高级管理人员应当具有财务公司资金集中管理经验。

董事、高级管理人员在任职前应当按规定报中国银行业监督管理委员会进行任职资格审查，未经任职资格审查或者经审查不具备任职资格的，不得担任财务公司的董事、高级管理人员。具体任职资格管理办法另行规定。

财务公司的董事、高级管理人员离任，应当由母公司依照有关规定进行离任审计，并将离任审计报告报中国银行业监督管理委员会。

第五十条　财务公司违反审慎经营原则的，中国银行业监督管理委员会应当依照程序责令其限期改正；逾期未改正的，或者其行为严重危及该财务公司的稳健运行、损害存款人和其他客户合法权益的，中国银行业监督管理委员会可以依照有关程序，采取下列措施：

（一）责令暂停部分业务，停止批准开办新业务；

（二）限制分配红利和其他收入；

（三）限制资产转让；

（四）责令控股股东转让股权或者限制有关股东的权利；

（五）责令调整董事、高级管理人员或者限制其权利；

（六）停止批准增设分公司。

第五十一条　财务公司可成立行业性自律组织。中国银行业监督管理委员会对财务公司行业性自律组织进行业务指导。

第五章　整顿、接管及终止

第五十二条　财务公司出现下列情形之一的，中国银行业监督管理委员会可以责令其进行整顿：

（一）出现严重支付危机；

（二）当年亏损超过注册资本金的30%或者连续3年亏损超过注册资本金的10%；

（三）严重违反国家法律、行政法规或者有关规章。

整顿时间最长不超过1年。

第五十三条　财务公司整顿期间，应当暂停经营部分或者全部业务。

第五十四条 财务公司经过整顿,符合下列条件的,可恢复正常营业:

(一)已恢复支付能力;

(二)亏损得到弥补;

(三)违法违规行为得到纠正。

第五十五条 财务公司已经或者可能发生支付危机,严重影响债权人利益和金融秩序的稳定时,中国银行业监督管理委员会可以依法对财务公司实行接管或者促成其机构重组。

接管或者机构重组由中国银行业监督管理委员会决定并组织实施。

第五十六条 财务公司出现下列情况时,经中国银行业监督管理委员会核准后,予以解散:

(一)组建财务公司的企业集团解散,财务公司不能实现合并或改组;

(二)章程中规定的解散事由出现;

(三)股东会议决定解散;

(四)财务公司因分立或者合并不需要继续存在的。

第五十七条 财务公司有违法经营、经营管理不善等情形,不予撤销将严重危害金融秩序、损害公众利益的,中国银行业监督管理委员会有权予以撤销。

第五十八条 财务公司被接管、重组或者被撤销的,中国银行业监督管理委员会有权要求该财务公司的董事、高级管理人员和其他工作人员,按照中国银行业监督管理委员会的要求履行职责。

第五十九条 财务公司解散或者被撤销,母公司应当依法成立清算组,按照法定程序进行清算,并由中国银行业监督管理委员会公告。

中国银行业监督管理委员会可以直接委派清算组成员并监督清算过程。

第六十条 清算组在清算中发现财务公司的资产不足以清偿其债务时,应当立即停止清算,并向中国银行业监督管理委员会报告,经中国银行业监督管理委员会核准,依法向人民法院申请该财务公司破产。

第六章 附 则

第六十一条 凡违反本办法有关规定的,由中国银行业监督管理委员会依照《中华人民共和国银行业监督管理法》及其他有关规定进行处理。

财务公司对中国银行业监督管理委员会的处理决定不服的,可以依法申请行政复议或者向人民法院提起行政诉讼。

第六十二条 本办法颁布前设立的财务公司凡不符合本办法有关规定的,应当在规定的期限内进行规范。在规范期内应遵从本办法关于最低实收资本金、资本充足率等审慎性监管的规定。具体要求由中国银行业监督管理委员会另行规定。

第六十三条 本办法由中国银行业监督管理委员会负责解释。

第六十四条 本办法自2006年12月28日起施行。原《企业集团财务公司管理办法》(中国银行业监督管理委员会令〔2004〕第5号)同时废止。

金融租赁公司管理办法①

(2000年6月30日中国人民银行发布 自公布之日起施行)

目 录

第一章 总 则

第一条 为促进我国融资租赁业的健康发展,加强对金融租赁公司的监督管理,根据《中华人民共和国合同法》、《中华人民共和国公司法》、《中华人民共和国中国人民银行法》等有关法律法规,制定本办法。

第二条 本办法所称金融租赁公司是指经中国人民银行批准以经营融资租赁业务为主的非银行金融机构。

① 编者注:已废止。

第三条　金融租赁公司组织形式、组织机构适用《公司法》的规定，并在其名称中标明"金融租赁"字样。

未经中国人民银行批准，其他公司名称中不得有"金融租赁"字样。

第四条　金融租赁公司依法接受中国人民银行的监督管理。

第二章　机构设立及变更

第五条　申请设立金融租赁公司应具备下列条件：

（一）具有符合本办法规定的最低限额注册资本金；

（二）具有符合《中华人民共和国公司法》和本办法规定的章程；

（三）具有符合中国人民银行规定的任职资格的高级管理人员和熟悉金融租赁业务的合格从业人员；

（四）有健全的组织机构、内部管理制度和风险控制制度；

（五）有与业务经营相适应的营业场所、安全防范措施和其他设施；

（六）中国人民银行规定的其他条件。

中国人民银行审查金融租赁公司设立申请时，要考虑国家经济发展需要和融资租赁业竞争状况。

第六条　金融租赁公司的最低注册资本金为人民币5亿元，经营外汇业务的金融租赁公司应另有不低于5000万美元（或等值可兑换货币）的外汇资本金。

中国人民银行可以根据融资租赁业发展的需要调整金融租赁公司的最低注册资本限额。

第七条　金融租赁公司的设立须经过筹建和开业两个阶段。

第八条　经中国人民银行批准，发起人方可进行金融租赁公司的筹建工作。申请筹建金融租赁公司，须向中国人民银行提交下列文件：

（一）筹建申请书，其内容包括拟设立金融租赁公司的名称、所在地、注册资本金、股东及其股权结构、业务范围等；

（二）可行性研究报告，其内容包括发起人情况（名称、法定代表人、经营情况、资信状况、近3年资产负债及利润状况）和市场预测情况；

（三）拟设立金融租赁公司的章程；

（四）筹建负责人名单及简历；

（五）中国人民银行要求提交的其他文件。

第九条　中国人民银行对金融租赁公司筹建申请的答复期为3个月。如未获批准，申请人在6个月内不得再次提出同样的申请。

第十条　金融租赁公司筹建期限为6个月。逾期不申请开业或筹建期满未达到开业标准的，原批准筹建文件自动失效。筹建期内不得以金融租赁公司的名义从事经营活动。

第十一条　金融租赁公司筹建工作完成后，应向中国人民银行提出开业申请，并提交下列文件：

（一）筹建工作报告和申请开业报告；

（二）会计师事务所出具的股东投资能力证明和中国人民银行指定的金融机构出具的股东货币资金入账证明；

（三）金融租赁公司章程；

（四）拟任高级管理人员的名单、详细履历及任职资格证明材料；

（五）从业人员中从事金融工作3年以上人员的证明材料；

（六）拟办业务的规章制度和内部风险控制制度；

（七）工商管理机关出具的对拟设公司名称的预核准登记书；

（八）营业场所和其他与业务有关设施的资料；

（九）中国人民银行要求的其他文件。

第十二条　金融租赁公司的开业申请经中国人民银行批准后，由中国人民银行颁发《金融机构法人许可证》，并凭该许可证到工商行政管理机关办理注册登记，领取《企业法人营业执照》后方可开业。金融租赁公司自领取营业执照之日起，无正当理由3个月不开业或开业后自行停业连续6个月的，由中国人民银行吊销其许可证，并予以公告。

第十三条　经中国人民银行批准，金融租赁公司可设立分支机构。设立分支机构的具体条件由中国人民银行另行规定。

第十四条　金融租赁公司有下列变更事项

之一的,须报经中国人民银行批准:

(一) 变更名称;

(二) 改变组织形式;

(三)调整业务范围;

(四) 变更注册资本;

(五) 调整股权结构;

(六) 修改章程;

(七) 变更营业地址;

(八) 变更高级管理人员;

(九) 中国人民银行规定的其他变更事项。

第十五条 金融租赁公司经中国人民银行批准变更《金融机构法人许可证》上有关内容后,需按规定到中国人民银行更换许可证。

第十六条 金融租赁公司的股东及其投资比例应符合《公司法》及中国人民银行有关规定。

第十七条 金融租赁公司不得吸收自然人为公司股东,但采取股份有限公司组织形式,并经批准上市的除外;金融租赁公司可以吸收外资入股。

第三章 业务经营

第十八条 经中国人民银行批准,金融租赁公司可经营下列本外币业务:

(一) 直接租赁、回租、转租赁、委托租赁等融资性租赁业务;

(二) 经营性租赁业务;

(三) 接受法人或机构委托租赁资金;

(四) 接受有关租赁当事人的租赁保证金;

(五) 向承租人提供租赁项下的流动资金贷款;

(六) 有价证券投资、金融机构股权投资;

(七) 经中国人民银行批准发行金融债券;

(八) 向金融机构借款;

(九) 外汇借款;

(十) 同业拆借业务;

(十一) 租赁物品残值变卖及处理业务;

(十二) 经济咨询和担保;

(十三) 中国人民银行批准的其他业务。

第十九条 适用于融资租赁交易的租赁物为固定资产。

第二十条 金融租赁公司经营租赁业务或提供其他服务收取租金或手续费。租金或手续费标准由金融租赁公司和承租人协商确定。

第二十一条 金融租赁公司作为受托人经营的委托租赁财产和作为转租人经营的转租赁财产独立于金融租赁公司的其他财产。金融租赁公司应当对上述委托租赁、转租赁财产分别管理,单独建账。公司清算时,委托租赁和转租赁财产不作为清算资产。

第二十二条 经营外汇租赁业务的金融租赁公司在境外或向境内外资金融机构筹措外汇资金、发行债券,向境外投资,必须按国家外汇管理规定办理,并报中国人民银行备案。

第二十三条 金融租赁公司必须按照国家有关规定实行审慎会计原则和会计制度。

第四章 监督管理

第二十四条 金融租赁公司必须按照中国人民银行的有关规定,建立、健全内控制度。

第二十五条 金融租赁公司必须接受中国人民银行的现场检查和非现场检查。

第二十六条 金融租赁公司业务经营须遵循下列资产负债比例:

(一) 资本总额不得低于风险资产总额的10%;

(二) 对同一承租人的融资余额(租赁+贷款)最高不得超过金融租赁公司资本总额的15%;

(三) 对承租人提供的流动资金贷款不得超过租赁合同金额的60%;

(四) 长期投资总额不得高于资本总额的30%;

(五) 租赁资产(含委托租赁、转租赁资产)比重不得低于总资产的60%;

(六) 拆入资金余额不得超过资本总额的100%;

(七) 对外担保余额不得超过资本总额的200%;

(八) 中国人民银行规定的其他比例。

中国人民银行可对上述比例进行调整。

第二十七条 金融租赁公司对股东租赁和其他融资逾期1年后,中国人民银行可责成金融租赁公司转让该股东出资及其他权益,用于偿还对金融租赁公司的负债。

第二十八条 金融租赁公司必须按规定向中国人民银行报送资产负债表、损益表及业务比例考核报表和书面报告；并于每一会计年度终了后的1个月内报送上一年度的财务报表和资料。

金融租赁公司法定代表人及直接经办人员应对所提供的财务会计报表的真实性承担法律责任。

第二十九条 中国人民银行对日常监督管理中发现的问题，可以向金融租赁公司的法定代表人和高级管理人员提出质询，并责令该公司限期改正或进行整顿。拒不改正或整顿的，中国人民银行可以取消该公司法定代表人或有关高级管理人员的任职资格。

第三十条 金融租赁公司应建立对各项业务的稽核、检查制度，并设立独立于经营管理层的专职稽核部门，直接向董事会负责，以加强内控制度的建设。

第三十一条 金融租赁公司应建立定期审计制度。金融租赁公司的董事会或监事会应于每年初委托具有资格的会计师事务所对公司上一年度的经营活动进行一次审计。并于每年的4月15日前将经董事会或监事会主席签名确认的年度审计报告报送中国人民银行。

第三十二条 中国人民银行认为有必要时，有权随时要求金融租赁公司报送有关业务和财产状况的报告和资料。

第三十三条 中国人民银行对金融租赁公司的设立、变更、撤销等重大事项实行公告制度。

第三十四条 金融租赁公司可成立行业性自律组织，对金融租赁公司实行自律管理。中国人民银行认为必要时，可授权行业性自律组织行使有关行业管理职能。

第三十五条 凡违反本办法有关规定者，由中国人民银行按《金融违法行为处罚办法》进行处罚。金融租赁公司对中国人民银行的处罚决定不服的，可以依法提请复议或者向人民法院提起行政诉讼。

第三十六条 中国人民银行对金融租赁公司实行年检制度。

第五章 整顿、接管及终止

第三十七条 金融租赁公司出现支付困难等紧急情况时，应立即向中国人民银行报告。

第三十八条 金融租赁公司出现下列情况之一的，中国人民银行可视情况责令其进行内部整顿或停业整顿：

（一）当年亏损超过注册资本的30%或连续3年亏损超过注册资本的10%；

（二）出现严重支付困难；

（三）违反国家有关法律或规章；

（四）中国人民银行认为其他必须整顿的情况。

第三十九条 中国人民银行责令金融租赁公司整顿后，可对金融租赁公司采取下列措施：

（一）要求更换或禁止更换金融租赁公司高级管理人员；

（二）暂停其部分或全部业务；

（三）要求在规定期限内增加资本金；

（四）责令改变股权结构；

（五）责令金融租赁公司重组；

（六）中国人民银行认为必要的其他措施。

第四十条 金融租赁公司经过整顿，符合下列条件的，可恢复正常营业：

（一）已恢复支付能力；

（二）亏损得到弥补；

（三）违法违规行为得到纠正。

整顿时间最长不超过1年。

第四十一条 金融租赁公司已经或者可能发生支付危机，严重影响债权人利益和金融秩序的稳定时，中国人民银行可对金融租赁公司实行接管。

接管的目的是对被接管的金融租赁公司采取必要措施，恢复金融租赁公司的正常经营能力。被接管的金融租赁公司的债权债务关系不因接管而变化。

接管由中国人民银行决定并组织实施。

第四十二条 金融租赁公司出现下列情况时，经中国人民银行核准后，予以解散：

（一）组建金融租赁公司的发起人解散，金融租赁公司不能实现合并或改组；

（二）章程中规定的解散事由出现；

（三）股东会议决定解散；

（四）金融租赁公司已分立或被合并。

第四十三条 金融租赁公司经营出现严重

困难或有重大违法违规行为时，中国人民银行可依法对其予以撤销。

第四十四条 金融租赁公司解散或撤销后，应依法成立清算组，按照法定程序进行清算，并由中国人民银行发布公告。

中国人民银行可直接委派清算组成员并监督清算过程。

第四十五条 清算组在清理财产时发现金融租赁公司的资产不足以清偿其债务时，应立即停止清算，并向中国人民银行报告。经中国人民银行核准，向人民法院申请该金融租赁公司破产。

第六章 附 则

第四十六条 本办法所称融资租赁业务，是指出租人根据承租人对出卖人、租赁物的选择，向出卖人购买租赁物件，提供给承租人使用，向承租人收取租金的交易，它以出租人保留租赁物的所有权和收取租金为条件，使承租人在租赁合同期内对租赁物取得占有、使用和受益的权利。

第四十七条 本办法中所称回租业务是指承租人将自有物件出卖给出租人，同时与出租人签订一份融资租赁合同，再将该物件从出租人处租回的租赁形式。回租业务是承租人和出卖人为同一人的特殊融资租赁方式。

第四十八条 本办法中所称转租赁业务是指以同一物件为标的物的多次融资租赁业务。在转租赁业务中，上一租赁合同的承租人同时又是下一租赁合同的出租人，称为转租人。转租人从其他出租人处租入租赁物件再转租给第三人，转租人以收取租金差为目的的租赁形式。租赁物品的所有权归第一出租人。

第四十九条 本办法中所称委托租赁业务是指出租人接受委托人的资金或租赁标的物，根据委托人的书面委托，向委托人指定的承租人办理融资租赁业务。在租赁期内租赁标的物的所有权归委托人，出租人只收取手续费，不承担风险。

第五十条 本办法中所称租赁当事人包括出租人、承租人、出卖人、委托租赁的委托人。

第五十一条 本办法由中国人民银行负责解释。

第五十二条 本办法自公布之日起施行。

金融租赁公司管理办法[①]

（2006年12月28日经会第55次主席会议通过 2007年1月23日公布 自2007年3月1日起施行）

目 录

第一章 总 则

第一条 为促进我国融资租赁业的健康发展，加强对金融租赁公司的监督管理，根据《中华人民共和国银行业监督管理法》、《中华人民共和国公司法》等法律法规，制定本办法。

第二条 本办法所称金融租赁公司，是指经中国银行业监督管理委员会批准，以经营融资租赁业务为主的非银行金融机构。

金融租赁公司名称中标明“金融租赁”字样。未经中国银行业监督管理委员会批准，任何单位和个人不得经营融资租赁业务或在其名称中使用“金融租赁”字样，但法律法规另有规定的除外。

第三条 本办法所称融资租赁，是指出租人根据承租人对租赁物和供货人的选择或认可，将其从供货人处取得的租赁物按合同约定出租给承租人占有、使用，向承租人收取租金的交易活动。

适用于融资租赁交易的租赁物为固定资产。

第四条 本办法所称售后回租业务，是指承租人将自有物件出卖给出租人，同时与出租人签定融资租赁合同，再将该物件从出租人处租回的融资租赁形式。售后回租业务是承租人和供货人为同一人的融资租赁方式。

第五条 本办法所称关联方关系及关联交

① 编者注：已废止。

易，是指符合有关企业会计准则规定的关联方关系及关联交易。

第六条　中国银行业监督管理委员会及其派出机构依法对金融租赁公司实施监督管理。

第二章　机构设立、变更与终止

第七条　申请设立金融租赁公司应具备下列条件：

（一）具有符合本办法规定的出资人；

（二）具有符合本办法规定的最低限额注册资本；

（三）具有符合《中华人民共和国公司法》和本办法规定的章程；

（四）具有符合中国银行业监督管理委员会规定的任职资格条件的董事、高级管理人员和熟悉融资租赁业务的合格从业人员；

（五）具有完善的公司治理、内部控制、业务操作、风险防范等制度；

（六）具有合格的营业场所、安全防范措施和与业务有关的其他设施；

（七）中国银行业监督管理委员会规定的其他条件。

第八条　金融租赁公司的出资人分为主要出资人和一般出资人。主要出资人是指出资额占拟设金融租赁公司注册资本50%以上的出资人。一般出资人是指除主要出资人以外的其他出资人。

设立金融租赁公司，应由主要出资人作为申请人向中国银行业监督管理委员会提出申请。

第九条　金融租赁公司主要出资人应符合下列条件之一：

（一）中国境内外注册的具有独立法人资格的商业银行，还应具备以下条件：

1. 资本充足率符合注册地金融监管机构要求且不低于8%；

2. 最近1年年末资产不低于800亿元人民币或等值的自由兑换货币；

3. 最近2年连续盈利；

4. 遵守注册地法律法规，最近2年内未发生重大案件或重大违法违规行为；

5. 具有良好的公司治理结构、内部控制机制和健全的风险管理制度；

6. 中国银行业监督管理委员会规定的其他审慎性条件。

（二）中国境内外注册的租赁公司，还应具备以下条件：

1. 最近1年年末资产不低于100亿元人民币或等值的自由兑换货币；

2. 最近2年连续盈利；

3. 遵守注册地法律法规，最近2年内未发生重大案件或重大违法违规行为。

（三）在中国境内注册的、主营业务为制造适合融资租赁交易产品的大型企业，还应具备以下条件：

1. 最近1年的营业收入不低于50亿元人民币或等值的自由兑换货币；

2. 最近2年连续盈利；

3. 最近1年年末净资产率不低于30%；

4. 主营业务销售收入占全部营业收入的80%以上；

5. 信用记录良好；

6. 遵守注册地法律法规，最近2年内未发生重大案件或重大违法违规行为。

（四）中国银行业监督管理委员会认可的可以担任主要出资人的其他金融机构。

第十条　金融租赁公司一般出资人应符合中国银行业监督管理委员会投资入股金融机构相关规定。符合本办法主要出资人条件的出资人可以担任金融租赁公司的一般出资人。

第十一条　金融租赁公司的最低注册资本为1亿元人民币或等值的自由兑换货币，注册资本为实缴货币资本。

中国银行业监督管理委员会根据融资租赁业发展的需要，可以调整金融租赁公司的最低注册资本限额。

第十二条　金融租赁公司的设立需经过筹建和开业两个阶段。申请人提交的申请筹建、申请开业的资料，以中文文本为准。资料受理及审批程序按照中国银行业监督管理委员会有关行政许可事项实施规定执行。

第十三条　申请筹建金融租赁公司，申请人应当提交下列文件：

（一）筹建申请书，内容包括拟设立金融租赁公司的名称、注册所在地、注册资本金、出资人及各自的出资额、业务范围等；

（二）可行性研究报告，内容包括对拟设公司的市场前景分析、未来业务发展规划、组织管理架构和风险控制能力分析、公司开业后3年的资产负债规模和盈利预测等内容；

（三）拟设立金融租赁公司的章程（草案）；

（四）出资人基本情况，包括出资人名称、法定代表人、注册地址、营业执照复印件及营业情况以及出资协议。出资人为境外金融机构的，应提供注册地金融监管机构出具的意见函；

（五）出资人最近2年经有资质的中介机构审计的年度审计报告；

（六）中国银行业监督管理委员会要求提交的其他文件。

第十四条 金融租赁公司筹建工作完成后，应向中国银行业监督管理委员会提出开业申请，并提交下列文件：

（一）筹建工作报告和开业申请书；

（二）境内有资质的中介机构出具的验资证明、工商行政管理机关出具的对拟设金融租赁公司名称的预核准登记书；

（三）股东名册及其出资额、出资比例；

（四）金融租赁公司章程。金融租赁公司章程至少包括以下内容：机构名称、营业地址、机构性质、注册资本金、业务范围、组织形式、经营管理和中止、清算等事项；

（五）拟任高级管理人员名单、详细履历及任职资格证明材料；

（六）拟办业务规章制度和风险控制制度；

（七）营业场所和其他与业务有关设施的资料；

（八）中国银行业监督管理委员会要求的其他文件。

第十五条 经中国银行业监督管理委员会批准，金融租赁公司可设立分支机构。设立分支机构的具体条件由中国银行业监督管理委员会另行规定。

第十六条 中国银行业监督管理委员会对金融租赁公司董事和高级管理人员实行任职资格核准制度。

第十七条 金融租赁公司有下列变更事项之一的，须报经中国银行业监督管理委员会批准。

（一）变更名称；

（二）改变组织形式；

（三）调整业务范围；

（四）变更注册资本；

（五）变更股权；

（六）修改章程；

（七）变更注册地或营业场所；

（八）变更董事及高级管理人员；

（九）合并与分立；

（十）中国银行业监督管理委员会规定的其他变更事项。

第十八条 金融租赁公司有以下情况之一的，经中国银行业监督管理委员会批准后可以解散：

（一）公司章程规定的营业期限届满或者公司章程规定的其他解散事由出现；

（二）股东（大）会决议解散；

（三）因公司合并或者分立需要解散；

（四）依法被吊销营业执照、责令关闭或者被撤销；

（五）其他法定事由。

第十九条 金融租赁公司有以下情形之一的，经中国银行业监督管理委员会批准，可向法院申请破产：

（一）不能支付到期债务，自愿或其债权人要求申请破产的；

（二）因解散或被撤销而清算，清算组发现该金融租赁公司财产不足以清偿债务，应当申请破产的。

第二十条 金融租赁公司不能清偿到期债务，并且资产不足以清偿全部债务或者明显缺乏清偿能力的，中国银行业监督管理委员会可以向人民法院提出对该金融租赁公司进行重整或者破产清算的申请。

第二十一条 金融租赁公司因解散、依法被撤销或被宣告破产而终止的，其清算事宜，按照国家有关法律法规办理。

第三章 业务范围

第二十二条 经中国银行业监督管理委员会批准，金融租赁公司可经营下列部分或全部本外币业务：

（一）融资租赁业务；

（二）吸收股东1年期（含）以上定期存款；

（三）接受承租人的租赁保证金；

（四）向商业银行转让应收租赁款；

（五）经批准发行金融债券；

（六）同业拆借；

（七）向金融机构借款；

（八）境外外汇借款；

（九）租赁物品残值变卖及处理业务；

（十）经济咨询；

（十一）中国银行业监督管理委员会批准的其他业务。

第二十三条　金融租赁公司不得吸收银行股东的存款。

第二十四条　金融租赁公司经营业务中涉及外汇管理事项的，需遵守国家外汇管理有关规定。

第四章　经营规则

第二十五条　金融租赁公司的公司治理应当建立以股东（大）会、董事会、监事会、高级管理层等为主体的组织架构，明确各自之间的职责划分，保证相互之间独立运行、有效制衡，形成科学、高效的决策、激励和约束机制。

第二十六条　金融租赁公司应当按照全面、审慎、有效、独立的原则，建立和健全内部控制制度，并报中国银行业监督管理委员会或其派出机构备案。

第二十七条　金融租赁公司的关联交易应当按照商业原则，以不优于对非关联方同类交易的条件进行。

第二十八条　金融租赁公司应当制定关联交易管理制度，具体内容应当包括：

（一）董事会或者经营决策机构对关联交易的监督管理；

（二）关联交易控制委员会的职责和人员组成；

（三）关联方的信息收集与管理；

（四）关联方的报告与承诺、识别与确认制度；

（五）关联交易的种类和定价政策、审批程序和标准；

（六）回避制度；

（七）内部审计监督；

（八）信息披露；

（九）处罚办法；

（十）银监会要求的其他内容。

第二十九条　金融租赁公司的重大关联交易应经董事会批准。重大关联交易是指金融租赁公司与一个关联方之间单笔交易金额占金融租赁公司资本净额5%以上，或金融租赁公司与一个关联方发生交易后金融租赁公司与该关联方的交易余额占金融租赁公司资本净额10%以上的交易。

第三十条　金融租赁公司董事会、未设立董事会的金融租赁公司经营决策机构及关联交易控制委员会对关联交易进行表决或决策时，与该关联交易有关联关系的人员应当回避。

第三十一条　售后回租业务必须有明确的标的物，标的物应当符合本办法的规定。

第三十二条　售后回租业务的标的物必须由承租人真实拥有并有权处分。金融租赁公司不得接受已设置任何抵押、权属存在争议或已被司法机关查封、扣押的财产或其所有权存在任何其他瑕疵的财产作为售后回租业务的标的物。

第三十三条　售后回租业务中，金融租赁公司对标的物的买入价格应有合理的、不违反会计准则的定价依据作为参考，不得低值高买。

第三十四条　从事售后回租业务的金融租赁公司应真实取得相应标的物的所有权。标的物属于国家法律法规规定其产权转移必须到登记部门进行登记的财产类别的，金融租赁公司应进行相关登记。

第五章　监督管理

第三十五条　金融租赁公司应遵守以下监管指标：

（一）资本充足率。金融租赁公司资本净额不得低于风险加权资产的8%；

（二）单一客户融资集中度。金融租赁公司对单一承租人的融资余额不得超过资本净额的30%。计算对客户融资余额时，可以扣除授信时承租人提供的保证金；

（三）单一客户关联度。金融租赁公司对一

个关联方的融资余额不得超过金融租赁公司资本净额的30%；

（四）集团客户关联度。金融租赁公司对全部关联方的融资余额不得超过金融租赁公司资本净额的50%；

（五）同业拆借比例。金融租赁公司同业拆入资金余额不得超过金融租赁公司资本净额的100%。

中国银行业监督管理委员会视监管工作需要可对上述指标做出适当调整。

第三十六条 金融租赁公司应按照相关企业会计准则及中国银行业监督管理委员会有关规定进行信息披露。

第三十七条 金融租赁公司应实行风险资产五级分类制度。

第三十八条 金融租赁公司应当按照有关规定制定呆账准备制度，及时足额计提呆账准备。未提足呆账准备的，不得进行利润分配。

第三十九条 金融租赁公司应按规定编制并向中国银行业监督管理委员会报送资产负债表、损益表及中国银行业监督管理委员会要求的其他报表。金融租赁公司法定代表人及直接经办人员对所提供的报表的真实性承担法律责任。

第四十条 金融租赁公司应在每会计年度结束后4个月内向中国银行业监督管理委员会或有关派出机构报送前一会计年度的关联交易情况报告。报告内容应当包括：关联方、交易类型、交易金额及标的、交易价格及定价方式、交易收益与损失、关联方在交易中所占权益的性质及比重等。

第四十一条 金融租赁公司应建立定期外部审计制度，并在每个会计年度结束后的4个月内，将经法定代表人签名确认的年度审计报告报送中国银行业监督管理委员会及相应派出机构。

第四十二条 金融租赁公司违反本办法有关规定的，中国银行业监督管理委员会可责令限期整改；逾期未整改的，或者其行为严重危及该金融租赁公司的稳健运行、损害客户合法权益的，中国银行业监督管理委员会可以区别情形，依照《中华人民共和国银行业监督管理法》等法律法规的规定，采取暂停业务、限制股东权利等监管措施。

第四十三条 金融租赁公司已经或者可能发生信用危机，严重影响客户合法权益的，中国银行业监督管理委员会依法对其实行托管或者督促其重组，问题严重的，有权予以撤销。

第四十四条 凡违反本办法有关规定的，中国银行业监督管理委员会按《中华人民共和国银行业监督管理法》等有关法律法规进行处罚。金融租赁公司对中国银行业监督管理委员会的处罚决定不服的，可以依法申请行政复议或者向人民法院提起行政诉讼。

第六章 附 则

第四十五条 本办法由中国银行业监督管理委员会解释。

第四十六条 本办法自2007年3月1日起施行。

金融租赁公司管理办法

（2014年3月13日中国银行业监督管理委员会令2014年第3号公布 自公布之日起施行）

第一章 总 则

第一条 为促进融资租赁业务发展，规范金融租赁公司的经营行为，根据《中华人民共和国银行业监督管理法》、《中华人民共和国公司法》等法律法规，制定本办法。

第二条 本办法所称金融租赁公司，是指经银监会批准，以经营融资租赁业务为主的非银行金融机构。

金融租赁公司名称中应当标明“金融租赁”字样。未经银监会批准，任何单位不得在其名称中使用“金融租赁”字样。

第三条 本办法所称融资租赁，是指出租人根据承租人对租赁物和供货人的选择或认可，将其从供货人处取得的租赁物按合同约定出租给承租人占有、使用，向承租人收取租金的交易活动。

第四条 适用于融资租赁交易的租赁物为固定资产，银监会另有规定的除外。

第五条 本办法所称售后回租业务，是指承租人将自有物件出卖给出租人，同时与出租人签订融资租赁合同，再将该物件从出租人处租回的融资租赁形式。售后回租业务是承租人和供货人为同一人的融资租赁方式。

第六条 银监会及其派出机构依法对金融租赁公司实施监督管理。

第二章 机构设立、变更与终止

第七条 申请设立金融租赁公司，应当具备以下条件：

（一）有符合《中华人民共和国公司法》和银监会规定的公司章程；

（二）有符合规定条件的发起人；

（三）注册资本为一次性实缴货币资本，最低限额为1亿元人民币或等值的可自由兑换货币；

（四）有符合任职资格条件的董事、高级管理人员，并且从业人员中具有金融或融资租赁工作经历3年以上的人员应当不低于总人数的50%；

（五）建立了有效的公司治理、内部控制和风险管理体系；

（六）建立了与业务经营和监管要求相适应的信息科技架构，具有支撑业务经营的必要、安全且合规的信息系统，具备保障业务持续运营的技术与措施；

（七）有与业务经营相适应的营业场所、安全防范措施和其他设施；

（八）银监会规定的其他审慎性条件。

第八条 金融租赁公司的发起人包括在中国境内外注册的具有独立法人资格的商业银行，在中国境内注册的、主营业务为制造适合融资租赁交易产品的大型企业，在中国境外注册的融资租赁公司以及银监会认可的其他发起人。

银监会认可的其他发起人是指除符合本办法第九条至第十一条规定的发起人以外的其他境内法人机构和境外金融机构。

第九条 在中国境内外注册的具有独立法人资格的商业银行作为金融租赁公司发起人，应当具备以下条件：

（一）满足所在国家或地区监管当局的审慎监管要求；

（二）具有良好的公司治理结构、内部控制机制和健全的风险管理体系；

（三）最近1年年末总资产不低于800亿元人民币或等值的可自由兑换货币；

（四）财务状况良好，最近2个会计年度连续盈利；

（五）为拟设金融租赁公司确定了明确的发展战略和清晰的盈利模式；

（六）遵守注册地法律法规，最近2年内未发生重大案件或重大违法违规行为；

（七）境外商业银行作为发起人的，其所在国家或地区金融监管当局已经与银监会建立良好的监督管理合作机制；

（八）入股资金为自有资金，不得以委托资金、债务资金等非自有资金入股；

（九）承诺5年内不转让所持有的金融租赁公司股权、不将所持有的金融租赁公司股权进行质押或设立信托，并在拟设公司章程中载明；

（十）银监会规定的其他审慎性条件。

第十条 在中国境内注册的、主营业务为制造适合融资租赁交易产品的大型企业作为金融租赁公司发起人，应当具备以下条件：

（一）有良好的公司治理结构或有效的组织管理方式；

（二）最近1年的营业收入不低于50亿元人民币或等值的可自由兑换货币；

（三）财务状况良好，最近2个会计年度连续盈利；

（四）最近1年年末净资产不低于总资产的30%；

（五）最近1年主营业务销售收入占全部营业收入的80%以上；

（六）为拟设金融租赁公司确定了明确的发展战略和清晰的盈利模式；

（七）有良好的社会声誉、诚信记录和纳税记录；

（八）遵守国家法律法规，最近2年内未发生重大案件或重大违法违规行为；

（九）入股资金为自有资金，不得以委托资金、债务资金等非自有资金入股；

（十）承诺5年内不转让所持有的金融租赁公司股权、不将所持有的金融租赁公司股权进行质押或设立信托，并在拟设公司章程中载明；

（十一）银监会规定的其他审慎性条件。

第十一条 在中国境外注册的具有独立法人资格的融资租赁公司作为金融租赁公司发起人,应当具备以下条件:

(一)具有良好的公司治理结构、内部控制机制和健全的风险管理体系;

(二)最近1年年末总资产不低于100亿元人民币或等值的可自由兑换货币;

(三)财务状况良好,最近2个会计年度连续盈利;

(四)遵守注册地法律法规,最近2年内未发生重大案件或重大违法违规行为;

(五)所在国家或地区经济状况良好;

(六)入股资金为自有资金,不得以委托资金、债务资金等非自有资金入股;

(七)承诺5年内不转让所持有的金融租赁公司股权、不将所持有的金融租赁公司股权进行质押或设立信托,并在拟设公司章程中载明;

(八)银监会规定的其他审慎性条件。

第十二条 金融租赁公司至少应当有一名符合第九条至第十一条规定的发起人,且其出资比例不低于拟设金融租赁公司全部股本的30%。

第十三条 其他境内法人机构作为金融租赁公司发起人,应当具备以下条件:

(一)有良好的公司治理结构或有效的组织管理方式;

(二)有良好的社会声誉、诚信记录和纳税记录;

(三)经营管理良好,最近2年内无重大违法违规经营记录;

(四)财务状况良好,且最近2个会计年度连续盈利;

(五)入股资金为自有资金,不得以委托资金、债务资金等非自有资金入股;

(六)承诺5年内不转让所持有的金融租赁公司股权,不将所持有的金融租赁公司股权进行质押或设立信托,并在公司章程中载明;

(七)银监会规定的其他审慎性条件;

其他境内法人机构为非金融机构的,最近1年年末净资产不得低于总资产的30%;

其他境内法人机构为金融机构的,应当符合与该类金融机构有关的法律、法规、相关监管规定要求。

第十四条 其他境外金融机构作为金融租赁公司发起人,应当具备以下条件:

(一)满足所在国家或地区监管当局的审慎监管要求;

(二)具有良好的公司治理结构、内部控制机制和健全的风险管理体系;

(三)最近1年年末总资产原则上不低于10亿美元或等值的可自由兑换货币;

(四)财务状况良好,最近2个会计年度连续盈利;

(五)入股资金为自有资金,不得以委托资金、债务资金等非自有资金入股;

(六)承诺5年内不转让所持有的金融租赁公司股权、不将所持有的金融租赁公司股权进行质押或设立信托,并在公司章程中载明;

(七)所在国家或地区金融监管当局已经与银监会建立良好的监督管理合作机制;

(八)具有有效的反洗钱措施;

(九)所在国家或地区经济状况良好;

(十)银监会规定的其他审慎性条件。

第十五条 有以下情形之一的企业不得作为金融租赁公司的发起人:

(一)公司治理结构与机制存在明显缺陷;

(二)关联企业众多、股权关系复杂且不透明、关联交易频繁且异常;

(三)核心主业不突出且其经营范围涉及行业过多;

(四)现金流量波动受经济景气影响较大;

(五)资产负债率、财务杠杆率高于行业平均水平;

(六)其他对金融租赁公司产生重大不利影响的情况。

第十六条 金融租赁公司发起人应当在金融租赁公司章程中约定,在金融租赁公司出现支付困难时,给予流动性支持;当经营损失侵蚀资本时,及时补足资本金。

第十七条 金融租赁公司根据业务发展的需要,经银监会批准,可以设立分公司、子公司。设立分公司、子公司的具体条件由银监会另行制定。

第十八条 金融租赁公司董事和高级管理人员实行任职资格核准制度。

第十九条　金融租赁公司有下列变更事项之一的，须报经银监会或其派出机构批准。

（一）变更公司名称；

（二）变更组织形式；

（三）调整业务范围；

（四）变更注册资本；

（五）变更股权或调整股权结构；

（六）修改公司章程；

（七）变更公司住所或营业场所；

（八）变更董事和高级管理人员；

（九）合并或分立；

（十）银监会规定的其他变更事项。

第二十条　金融租赁公司变更股权及调整股权结构，拟投资入股的出资人需符合本办法第八条至第十六条规定的新设金融租赁公司发起人条件。

第二十一条　金融租赁公司有以下情况之一的，经银监会批准可以解散：

（一）公司章程规定的营业期限届满或者公司章程规定的其他解散事由出现；

（二）股东决定或股东（大）会决议解散；

（三）因公司合并或者分立需要解散；

（四）依法被吊销营业执照、责令关闭或者被撤销；

（五）其他法定事由。

第二十二条　金融租赁公司有以下情形之一的，经银监会批准，可以向法院申请破产：

（一）不能支付到期债务，自愿或债权人要求申请破产的；

（二）因解散或被撤销而清算，清算组发现财产不足以清偿债务，应当申请破产的。

第二十三条　金融租赁公司不能清偿到期债务，并且资产不足以清偿全部债务或者明显缺乏清偿能力的，银监会可以向人民法院提出对该金融租赁公司进行重整或者破产清算的申请。

第二十四条　金融租赁公司因解散、依法被撤销或被宣告破产而终止的，其清算事宜，按照国家有关法律法规办理。

第二十五条　金融租赁公司设立、变更、终止和董事及高管人员任职资格核准的行政许可程序，按照银监会相关规定执行。

第三章　业务范围

第二十六条　经银监会批准，金融租赁公司可以经营下列部分或全部本外币业务：

（一）融资租赁业务；

（二）转让和受让融资租赁资产；

（三）固定收益类证券投资业务；

（四）接受承租人的租赁保证金；

（五）吸收非银行股东 3 个月（含）以上定期存款；

（六）同业拆借；

（七）向金融机构借款；

（八）境外借款；

（九）租赁物变卖及处理业务；

（十）经济咨询。

第二十七条　经银监会批准，经营状况良好、符合条件的金融租赁公司可以开办下列部分或全部本外币业务：

（一）发行债券；

（二）在境内保税地区设立项目公司开展融资租赁业务；

（三）资产证券化；

（四）为控股子公司、项目公司对外融资提供担保；

（五）银监会批准的其他业务。

金融租赁公司开办前款所列业务的具体条件和程序，按照有关规定执行。

第二十八条　金融租赁公司业务经营中涉及外汇管理事项的，需遵守国家外汇管理有关规定。

第四章　经营规则

第二十九条　金融租赁公司应当建立以股东或股东（大）会、董事会、监事（会）、高级管理层等为主体的组织架构，明确职责划分，保证相互之间独立运行、有效制衡，形成科学高效的决策、激励和约束机制。

第三十条　金融租赁公司应当按照全面、审慎、有效、独立原则，建立健全内部控制制度，防范、控制和化解风险，保障公司安全稳健运行。

第三十一条　金融租赁公司应当根据其组织架构、业务规模和复杂程度建立全面的风险管理体系，对信用风险、流动性风险、市场风险、操作风险等各类风险进行有效的识别、计量、监测和控制，同时还应当及时识别和管理与融资租赁业务相关的特定风险。

第三十二条　金融租赁公司应当合法取得租赁物的所有权。

第三十三条　租赁物属于国家法律法规规定所有权转移必须到登记部门进行登记的财产类别，金融租赁公司应当进行相关登记。租赁物不属于需要登记的财产类别，金融租赁公司应当采取有效措施保障对租赁物的合法权益。

第三十四条　售后回租业务的租赁物必须由承租人真实拥有并有权处分。金融租赁公司不得接受已设置任何抵押、权属存在争议或已被司法机关查封、扣押的财产或所有权存在瑕疵的财产作为售后回租业务的租赁物。

第三十五条　金融租赁公司应当在签订融资租赁合同或明确融资租赁业务意向的前提下，按照承租人要求购置租赁物。特殊情况下需提前购置租赁物的，应当与自身现有业务领域或业务规划保持一致，且与自身风险管理能力和专业化经营水平相符。

第三十六条　金融租赁公司应当建立健全租赁物价值评估和定价体系，根据租赁物的价值、其他成本和合理利润等确定租金水平。

售后回租业务中，金融租赁公司对租赁物的买入价格应当有合理的、不违反会计准则的定价依据作为参考，不得低值高买。

第三十七条　金融租赁公司应当重视租赁物的风险缓释作用，密切监测租赁物价值对融资租赁债权的风险覆盖水平，制定有效的风险应对措施。

第三十八条　金融租赁公司应当加强租赁物未担保余值的估值管理，定期评估未担保余值，并开展减值测试。当租赁物未担保余值出现减值迹象时，应当按照会计准则要求计提减值准备。

第三十九条　金融租赁公司应当加强未担保余值风险的限额管理，根据业务规模、业务性质、复杂程度和市场状况，对未担保余值比例较高的融资租赁资产设定风险限额。

第四十条　金融租赁公司应当加强对租赁期限届满返还或因承租人违约而取回的租赁物的风险管理，建立完善的租赁物处置制度和程序，降低租赁物持有期风险。

第四十一条　金融租赁公司应当严格按照会计准则等相关规定，真实反映融资租赁资产转让和受让业务的实质和风险状况。

第四十二条　金融租赁公司应当建立健全集中度风险管理体系，有效防范和分散经营风险。

第四十三条　金融租赁公司应当建立严格的关联交易管理制度，其关联交易应当按照商业原则，以不优于非关联方同类交易的条件进行。

第四十四条　金融租赁公司与其设立的控股子公司、项目公司之间的交易，不适用本办法对关联交易的监管要求。

第四十五条　金融租赁公司的重大关联交易应当经董事会批准。

重大关联交易是指金融租赁公司与一个关联方之间单笔交易金额占金融租赁公司资本净额5%以上，或金融租赁公司与一个关联方发生交易后金融租赁公司与该关联方的交易余额占金融租赁公司资本净额10%以上的交易。

第四十六条　金融租赁公司所开展的固定收益类证券投资业务，不得超过资本净额的20%。

第四十七条　金融租赁公司开办资产证券化业务，可以参照信贷资产证券化相关规定。

第五章　监督管理

第四十八条　金融租赁公司应当遵守以下监管指标的规定：

（一）资本充足率。金融租赁公司资本净额与风险加权资产的比例不得低于银监会的最低监管要求。

（二）单一客户融资集中度。金融租赁公司对单一承租人的全部融资租赁业务余额不得超过资本净额的30%。

（三）单一集团客户融资集中度。金融租赁公司对单一集团的全部融资租赁业务余额不得超过资本净额的50%。

（四）单一客户关联度。金融租赁公司对一个关联方的全部融资租赁业务余额不得超过资本净额的30%。

（五）全部关联度。金融租赁公司对全部关联方的全部融资租赁业务余额不得超过资本净额的50%。

（六）单一股东关联度。对单一股东及其全部关联方的融资余额不得超过该股东在金融租赁公司的出资额，且应同时满足本办法对单一客户关联度的规定。

（七）同业拆借比例。金融租赁公司同业拆入资金余额不得超过资本净额的100%。

经银监会认可，特定行业的单一客户融资集中度和单一集团客户融资集中度要求可以适当调整。

银监会根据监管需要可以对上述指标做出适当调整。

第四十九条 金融租赁公司应当按照银监会的相关规定构建资本管理体系，合理评估资本充足状况，建立审慎、规范的资本补充、约束机制。

第五十条 金融租赁公司应当按照监管规定建立资产质量分类制度。

第五十一条 金融租赁公司应当按照相关规定建立准备金制度，在准确分类的基础上及时足额计提资产减值损失准备，增强风险抵御能力。未提足准备的，不得进行利润分配。

第五十二条 金融租赁公司应当建立健全内部审计制度，审查评价并改善经营活动、风险状况、内部控制和公司治理效果，促进合法经营和稳健发展。

第五十三条 金融租赁公司应当执行国家统一的会计准则和制度，真实记录并全面反映财务状况和经营成果等信息。

第五十四条 金融租赁公司应当按规定报送会计报表及银监会及其派出机构要求的其他报表，并对所报报表、资料的真实性、准确性和完整性负责。

第五十五条 金融租赁公司应当建立定期外部审计制度，并在每个会计年度结束后的4个月内，将经法定代表人签名确认的年度审计报告报送银监会或其派出机构。

第五十六条 金融租赁公司违反本办法有关规定的，银监会及其派出机构应当依法责令限期整改；逾期未整改的，或者其行为严重危及该金融租赁公司的稳健运行、损害客户合法权益的，可以区别情形，依照《中华人民共和国银行业监督管理法》等法律法规，采取暂停业务、限制股东权利等监管措施。

第五十七条 金融租赁公司已经或者可能发生信用危机，严重影响客户合法权益的，银监会依法对其实行托管或者督促其重组，问题严重的，有权予以撤销。

第五十八条 凡违反本办法有关规定的，银监会及其派出机构依照《中华人民共和国银行业监督管理法》等有关法律法规进行处罚。金融租赁公司对处罚决定不服的，可以依法申请行政复议或者向人民法院提起行政诉讼。

第六章 附 则

第五十九条 除特别说明外，本办法中各项财务指标要求均为合并会计报表口径。

第六十条 本办法由银监会负责解释。

第六十一条 本办法自公布之日起施行，原《金融租赁公司管理办法》（中国银行业监督管理委员会令2007年第1号）同时废止。

上市公司收购管理办法[①]

（2002年9月28日中国证券监督管理委员会令第10号公布　自2002年12月1日起施行）

目 录

第一章 总 则

第一条 为规范上市公司收购活动，促进证券市场资源的优化配置，保护投资者的合法权益，维护证券市场的正常秩序，根据《公司法》、

① 编者注：已废止。

《证券法》及其他法律和相关行政法规,制定本办法。

第二条 本办法所称上市公司收购,是指收购人通过在证券交易所的股份转让活动持有一个上市公司的股份达到一定比例、通过证券交易所股份转让活动以外的其他合法途径控制一个上市公司的股份达到一定程度,导致其获得或者可能获得对该公司的实际控制权的行为。

第三条 收购人可以通过协议收购、要约收购或者证券交易所的集中竞价交易方式进行上市公司收购,获得对一个上市公司的实际控制权。

收购人进行上市公司收购,应当遵守本办法规定的收购规则,并按照本办法的规定及时履行报告、公告义务。

第四条 上市公司收购活动应当遵循公开、公平、公正的原则,相关当事人应当诚实守信,自觉维护证券市场秩序。

第五条 上市公司收购活动相关当事人所报告、公告的信息,必须真实、准确、完整,不得有虚假记载、误导性陈述或者重大遗漏。

任何人不得利用上市公司收购散布虚假信息,扰乱市场秩序或者进行其他欺诈活动。

第六条 上市公司收购可以采用现金、依法可以转让的证券以及法律、行政法规规定的其他支付方式进行。

第七条 收购人不得利用上市公司收购损害被收购公司及其股东的合法权益。

禁止不具备实际履约能力的收购人进行上市公司收购,被收购公司不得向收购人提供任何形式的财务资助。

第八条 上市公司的控股股东和其他实际控制人对其所控制的上市公司及该公司其他股东负有诚信义务。

收购人对其所收购的上市公司及其股东负有诚信义务,并应当就其承诺的具体事项提供充分有效的履行保证。

第九条 上市公司的董事、监事和高级管理人员对其所任职的上市公司及其股东负有诚信义务。

被收购公司在收购期间有更换董事或者董事辞任情形的,公司应当说明原因,并做出公告。

第十条 中国证券监督管理委员会(以下简称中国证监会)依法对上市公司收购活动实行监督管理。

证券交易所和证券登记结算机构根据中国证监会赋予的职责及其业务规则,对上市公司收购活动实行日常监督管理。

第十一条 中国证监会可以设立由专业人士组成的专门委员会,就具体交易事项是否构成上市公司收购、当事人应当如何履行相关义务、具体交易事项是否影响被收购公司的持续上市地位以及其他相关实体、程序事宜提出意见。

第二章 协议收购规则

第十二条 以协议收购方式进行上市公司收购的,收购人应当在达成收购协议的次日向中国证监会报送上市公司收购报告书,同时抄报上市公司所在地的中国证监会派出机构,抄送证券交易所,通知被收购公司,并对上市公司收购报告书摘要做出提示性公告。

中国证监会在收到上市公司收购报告书后15日内未提出异议的,收购人可以公告上市公司收购报告书,履行收购协议。

第十三条 以协议收购方式进行上市公司收购,收购人所持有、控制一个上市公司的股份达到该公司已发行股份的30%时,继续增持股份或者增加控制的,应当以要约收购方式向该公司的所有股东发出收购其所持有的全部股份的要约;符合本办法第四章规定情形的,收购人可以向中国证监会申请豁免;获得豁免的,可以以协议收购方式进行。

第十四条 以协议收购方式进行上市公司收购,收购人拟持有、控制一个上市公司的股份超过该公司已发行股份的30%的,应当以要约收购方式向该公司的所有股东发出收购其所持有的全部股份的要约;符合本办法第四章规定情形的,收购人可以向中国证监会申请豁免;获得豁免的,可以以协议收购方式进行。

第十五条 被收购公司收到收购人的通知后,其董事会应当及时就收购可能对公司产生的影响发表意见,独立董事在参与形成董事会意见的同时还应当单独发表意见。被收购公司董事会认为有必要的,可以为公司聘请独立财务顾问等专业机构提供咨询意见。被收购公司董事会意见、独立董事意见和专业机构意见一并予以公告。

管理层、员工进行上市公司收购的,被收购公司的独立董事应当就收购可能对公司产生的影响发表意见。独立董事应当要求公司聘请独立财务顾问等专业机构提供咨询意见,咨询意见与独立董事意见一并予以公告。财务顾问费用由被收购公司承担。

第十六条 涉及国家授权机构持有的股份的转让,或者须经行政审批方可进行的股份转让,协议收购相关当事人应当在获得有关主管部门批准后,方可履行收购协议。

第十七条 协议收购相关当事人应当按照证券交易所和证券登记结算机构的业务规则和要求,申请办理股份转让和过户登记手续。

未按照规定履行报告、公告义务或者未按照规定提出申请的,证券交易所和证券登记结算机构不予办理股份转让和过户登记手续。

第十八条 以协议收购方式进行上市公司收购,相关当事人应当委托证券登记结算机构临时保管拟转让的股票,并将用于支付的现金存放于证券登记结算机构指定的银行账户。

第十九条 以协议收购方式转让一个上市公司的挂牌交易股票,导致受让人获得或者可能获得对该公司的实际控制权的,应当按照以下程序办理:

(一)公告上市公司收购报告书后,相关当事人应当委托证券公司申请办理股份转让和过户登记手续;接受委托的证券公司应当向证券交易所和证券登记结算机构申请拟收购部分的暂停交易和临时保管;予以暂停交易和临时保管的,应当做出公告;

证券交易所可以根据证券市场管理的需要,做出被收购公司挂牌交易股票暂停交易的决定;

(二)受让人应当在提出股份转让申请的次日,就转让协议事宜以及接受委托的证券公司名称做出公告,并通知该上市公司;

(三)证券交易所在收到股份转让申请后三个工作日内完成审核,对所申请的股份转让做出予以确认或者不予确认的决定;

(四)证券交易所对所申请的股份转让予以确认的,由接受委托的证券公司代表转让双方向证券登记结算机构申请办理股份过户登记手续,受让人在过户登记手续完成后二个工作日内做出公告;

证券交易所不予确认的,接受委托的证券公司应当在收到证券交易所通知的当日,将不予确认的决定通知转让双方和被收购公司,并代表转让双方向证券登记结算机构申请解除对该部分股票的临时保管;出让人应当在获悉不予确认决定后二个工作日内做出公告;

(五)股份转让过户登记手续完成后,由接受委托的证券公司代表受让人向证券登记结算机构申请解除该部分股票的临时保管,受让人在提出解除保管申请后的二个工作日内做出公告,该部分股票在证券交易所恢复交易。

第二十条 上市公司控股股东和其他实际控制人在转让其对一个上市公司的实际控制权时,未清偿其对公司的负债,未解除公司为其负债提供的担保,或者存在其损害公司利益的其他情形的,被收购公司董事会应当为公司聘请审计机构就有关事项进行专项核查并出具核查报告,要求该控股股东和其他实际控制人提出切实可行的解决方案,被收购公司董事会、独立董事应当就其解决方案是否切实可行分别发表意见。被收购公司应当将核查报告、解决方案与董事会和独立董事意见一并予以公告。

前款控股股东和其他实际控制人拒不提出解决方案的,董事会、独立董事应当采取充分有效的法律措施维护公司利益。

第二十一条 经中国证监会和证券交易所同意,上市公司股东通过公开征集方式出让其所持有的上市公司股份的,应当委托证券公司代为办理,具体程序和要求执行证券交易所的相关业务规则。

第二十二条 收购人通过国有股权行政划转、法院裁决、继承、赠与等合法途径持有、控制一个上市公司的股份,导致其获得或者可能获得对一个上市公司的实际控制权的,按照本章规定办理。

第三章 要约收购规则

第二十三条 收购人持有、控制一个上市公司司的股份达到该公司已发行股份的30%时,应当在该事实发生的次日向中国证监会报送上市公司收购报告书,同时抄报上市公司所在地的中国证监会派出机构,抄送证券交易所,通知被收购公司,并做出公告。未按照本办法的规定履行报告、公告义务的,收购人不得继续增持股份或者增加控制。

前款收购人继续增持股份或者增加控制的,应当以要约收购方式向该公司的所有股东发出收购其所持有的全部股份的要约;符合本办法第四章规定的,可以向中国证监会申请豁免。

前款收购人持有、控制一个上市公司的股份达到该公司已发行股份的30%之前,已经报告、公告过上市公司收购报告书的,可以仅就本次报告书与前次报告书不同的部分做出报告、公告。

第二十四条 持有、控制一个上市公司的股份低于该公司已发行股份的30%的收购人,以要约收购方式增持该上市公司股份的,其预定收购的股份比例不得低于5%,预定收购完成后所持有、控制的股份比例不得超过30%;拟超过的,应当向该公司的所有股东发出收购其所持有的全部股份的要约;符合本办法第四章规定的,可以向中国证监会申请豁免。

第二十五条 以要约收购方式进行上市公司收购的,收购人应当向中国证监会报送要约收购报告书,同时抄报上市公司所在地的中国证监会派出机构,抄送证券交易所,通知被收购公司,并对要约收购报告书摘要做出提示性公告。

证券交易所可以根据证券市场管理的需要,做出被收购公司挂牌交易股票暂停交易的决定。

第二十六条 要约收购报告书应当载明下列事项:

(一)收购人的名称、住所;

(二)收购人关于收购的决定;

(三)被收购的上市公司名称;

(四)收购目的;

(五)收购股份的详细名称和预定收购的股份数额;

(六)收购的期限、收购的价格;

(七)收购所需的资金额及资金保证;

(八)报送要约收购报告书时所持有被收购公司股份数占该上市公司已发行的股份总数的比例;

(九)收购完成后的后续计划;

(十)中国证监会要求载明的其他事项。

第二十七条 收购人应当在要约收购报告书中说明有无将被收购公司终止上市的意图;有终止上市意图的,应当在要约收购报告书的显著位置做出特别提示。

收购人应当在要约收购报告书中说明收购完成后,被收购公司股权分布发生变化是否影响该公司的持续上市地位;造成影响的,应当就维持公司的持续上市地位提出具体方案。

第二十八条 收购人应当聘请律师对其要约收购报告书内容的真实性、准确性、完整性进行核查,并出具法律意见书。

收购人应当聘请财务顾问等专业机构对收购人的实际履约能力做出评判。财务顾问的专业意见应当予以公告。

第二十九条 收购人向中国证监会报送要约收购报告书后,在发出收购要约前申请取消收购计划的,在向中国证监会提出取消收购计划的书面申请之日起12个月内,不得再次对同一上市公司进行收购。

第三十条 中国证监会在收到要约收购报告书后15日内未提出异议的,收购人可以公告其收购要约文件;提出异议的,收购人应当就有关事项做出修改或者补充。收购人修改、补充的时间不计入上述期间。

第三十一条 被收购公司董事会应当为公司聘请独立财务顾问等专业机构,分析被收购公司的财务状况,就收购要约条件是否公平合理、收购可能对公司产生的影响等事宜提出专业意见,并予以公告。

管理层、员工进行上市公司收购的,被收购公司的独立董事应当为公司聘请独立财务顾问等专业机构,分析被收购公司的财务状况,就收购要约条件是否公平合理、收购可能对公司产生的影响等事宜提出专业意见,并予以公告。财务顾问费用由被收购公司承担。

第三十二条 被收购公司董事会应当在收购人发出收购要约后10日内,将被收购公司董事会报告书与独立财务顾问的专业意见一并报送中国证监会,同时抄报上市公司所在地的中国证监会派出机构,抄送证券交易所,并予以公告。

被收购公司董事会报告书应当就是否接受收购要约向股东提出建议,被收购公司的独立董事应当单独发表意见,一并予以公告。

收购人对收购要约条件做出重大更改的,被收购公司董事会应当就要约条件的更改情况报送补充报告书,独立董事应当发表补充意见,一并予以公告。

第三十三条 被收购公司的董事、监事、高级管理人员针对收购行为所做出的决策及采取的措施,不得损害公司及其股东的合法权益。

收购人做出提示性公告后,被收购公司董事会除可以继续执行已经订立的合同或者股东大会已经做出的决议外,不得提议如下事项:

(一)发行股份;

(二)发行可转换公司债券;

(三)回购上市公司股份;

(四)修改公司章程;

(五)订立可能对公司的资产、负债、权益或者经营成果产生重大影响的合同;但是公司开展正常业务的除外;

(六)处置、购买重大资产,调整公司主要业务;但是面临严重财务困难的公司调整业务或者进行资产重组的除外。

第三十四条 收购人确定要约收购价格,应当遵循以下原则:

(一)要约收购挂牌交易的同一种类股票的价格不低于下列价格中较高者:

1. 在提示性公告日前6个月内,收购人买入被收购公司挂牌交易的该种股票所支付的最高价格;

2. 在提示性公告日前三十个交易日内,被收购公司挂牌交易的该种股票的每日加权平均价格的算术平均值的90%;

(二)要约收购未挂牌交易股票的价格不低于下列价格中较高者:

1. 在提示性公告日前6个月内,收购人取得被收购公司未挂牌交易股票所支付的最高价格;

2. 被收购公司最近一期经审计的每股净资产值。

特殊情况下需要对上述价格确定原则做调整执行的,收购人应当事先征得中国证监会同意。收购人提出的收购价格显失公平的,中国证监会可以要求其做出调整。

第三十五条 收购人以现金进行支付的,应当在做出提示性公告的同时,将不少于收购总金额20%的履约保证金存放在证券登记结算机构指定的银行账户,并办理冻结手续。

收购人以依法可以转让的证券进行支付的,应当在做出提示性公告的同时,将其用以支付的全部证券交由证券登记结算机构保管;但是根据证券登记结算机构的业务规则不在保管范围内的除外。

收购人取消收购计划,未涉及不当行为调查的,可以申请解除对履约保证金的冻结或者对证券的保管。

第三十六条 收购要约的有效期不得少于30日,不得超过60日;但是出现竞争要约的除外。

在收购要约有效期限内,收购人不得撤回其收购要约。

第三十七条 收购人在收购要约有效期限内更改收购要约条件的,必须事先向中国证监会报送书面报告,同时抄报上市公司所在地的中国证监会派出机构,抄送证券交易所,通知被收购公司;经中国证监会批准后,方可执行,并予以公告。

第三十八条 收购要约期满前15日内,收购人不得更改收购要约条件;但是出现竞争要约的除外。

出现竞争要约时,初始要约人更改收购要约条件距收购要约期满不足15日的,应当予以延长,延长后的有效期不应少于15日,不得超过最后一个竞争要约的期满日。

第三十九条 要约收购报告书所披露的基本事实发生重大变化的,收购人应当在该变化发生之日起二个工作日内,向中国证监会做出书面报告,同时抄报上市公司所在地的中国证监会派出机构,抄送证券交易所,通知被收购公司,并予以公告。

第四十条 收购人应当委托证券公司向证券登记结算机构申请办理预受要约股票的临时保管。

证券登记结算机构临时保管的预受要约股票,在要约收购期间不再进行任何形式的转让。

第四十一条 预受要约的股东有权在要约期满前撤回预受，证券登记结算机构应当根据预受要约股东的申请解除对预受要约股票的临时保管。

在收购要约有效期间，收购人应当每日在证券交易所网站上公告预受要约股份的数量以及撤回预受要约股份的数量。

第四十二条 要约收购期满，收购人应当按照收购要约规定的条件购买被收购公司股东预受的全部股份；预受要约股份的数量超过预定收购数量时，收购人应当按照同等比例收购预受要约的股份。

收购要约期满后三个工作日内，接受委托的证券公司应当向证券登记结算机构申请办理股份转让结算和过户登记手续，解除对超过预定收购比例的股票的临时保管。

第四十三条 收购要约期满后三个工作日内，收购人应当向中国证监会报送关于收购情况的书面报告，同时抄报上市公司所在地的中国证监会派出机构，抄送证券交易所，通知被收购公司，并予以公告。

第四十四条 收购人做出提示性公告后至收购要约期满前，不得采取要约收购以外的形式和超出要约的条件买卖被收购公司的股票。

第四十五条 出现竞争要约时，被收购公司董事会应当公平对待所有要约收购人。

第四十六条 拟发出竞争要约的收购人，最迟不得晚于初始要约期满前5日向中国证监会报送要约收购报告书，同时抄报上市公司所在地的中国证监会派出机构，抄送证券交易所，通知被收购公司，并就要约收购报告书摘要做出提示性公告；中国证监会收到要约收购报告书后15日内未提出异议的，收购人可以公告其收购要约文件。

第四十七条 收购人拟向同一上市公司的股东连续公开求购其所持有的该上市公司股份，导致其在收购完成后持有、控制该上市公司已发行的股份达到或者超过5%的，构成要约收购行为，应当遵守本办法规定的要约收购规则。

第四章 要约收购义务的豁免

第四十八条 符合本办法第四十九条、第五十一条规定情形的，收购人可以向中国证监会申请下列豁免事项：

（一）免于以要约收购方式增持股份；

（二）免于向被收购公司的所有股东发出收购要约；

（三）免于要约收购被收购公司的全部股份。

第四十九条 有下列情形之一的，收购人可以向中国证监会提出豁免申请：

（一）上市公司股份转让在受同一实际控制人控制的不同主体之间进行，股份转让完成后的上市公司实际控制人未发生变化，且受让人承诺履行发起人义务的；

（二）上市公司面临严重财务困难，收购人为挽救该公司而进行收购，且提出切实可行的重组方案的；

（三）上市公司根据股东大会决议发行新股，导致收购人持有、控制该公司股份比例超过30%的；

（四）基于法院裁决申请办理股份转让手续，导致收购人持有、控制一个上市公司已发行股份超过30%的；

（五）中国证监会为适应证券市场发展变化和保护投资者合法权益的需要而认定的其他情形。

第五十条 收购人向中国证监会提出豁免申请，其所报送的申请文件符合规定要求，并且已经按照规定履行信息披露义务的，中国证监会做出予以受理的决定；不符合规定要求或者未按照规定履行信息披露义务的，中国证监会不予受理。

中国证监会在受理豁免申请后3个月内，就收购人所申请的具体事项做出是否予以豁免的决定；获得豁免的，收购人可以继续增持股份或者增加控制。

第五十一条 有下列情形之一的，相关当事人可以向中国证监会报送豁免申请文件：

（一）合法持有、控制一个上市公司50%以上股份的股东，继续增持股份、增加控制后不超过该公司已发行股份的75%的；

（二）因上市公司减少股本导致其持有、控制一个上市公司已发行股份超过30%的；

（三）证券公司因开展正常的股票承销业务

导致其持有一个上市公司已发行股份超过30%，但无实际控制该公司的行为或者意图，并且提出在合理期限内向非关联方转让超出部分的解决方案的；

（四）银行因开展正常的银行业务导致其持有一个上市公司已发行股份超过30%，但无实际控制该公司的行为或者意图，并且提出在合理期限内向非关联方转让超出部分的解决方案的；

（五）当事人因国有资产行政划转导致其持有、控制一个上市公司已发行股份超过30%的；

（六）当事人因合法继承导致其持有、控制一个上市公司已发行股份超过30%的；

（七）中国证监会为适应证券市场发展变化和保护投资者合法权益的需要认定的其他情形。

中国证监会自收到符合规定的申请文件之日起五个工作日内未提出异议的，当事人可以向证券交易所和证券登记结算机构申请办理股份转让和过户登记手续。

第五十二条　收购人发出的收购要约应当适用于被收购公司的所有股东；但是存在主体资格、股份种类限制或者法律、行政法规、规章规定的特殊情形的，收购人可以向中国证监会提出豁免申请。

第五十三条　收购人提出豁免申请的，应当聘请律师事务所就其所申请的具体豁免事项出具专业意见；依据本办法第四十九条第（二）项、第（三）项的规定申请豁免的收购人，应当聘请财务顾问等专业机构出具专业意见。

第五章　监管措施及法律责任

第五十四条　收购人违反本办法的规定，持有、控制被收购公司的股份超过该公司已发行股份的30%的，应当主动改正；未能改正的，证券交易所依据业务规则进行处理；拒不改正的，中国证监会责令改正。收购人在改正前不得向被收购公司选派董事、监事、高级管理人员；在整改期间，中国证监会不受理任何专业机构为其出具的文件。

第五十五条　收购人未按照本办法的规定履行报告、公告义务的，应当主动改正；未能改正的，证券交易所依据业务规则进行处理；拒不改正的，中国证监会责令改正、停止收购活动。收购人在改正前不得向被收购公司选派董事、监事、高级管理人员；在整改期间，中国证监会不受理任何专业机构为其出具的文件。构成证券违法行为的，依法追究法律责任。

第五十六条　收购人的报告、公告等文件中有虚假记载、误导性陈述或者重大遗漏的，应当主动改正；未能改正的，证券交易所依据业务规则进行处理；拒不改正的，中国证监会责令改正、停止收购活动。收购人在改正前不得向被收购公司选派董事、监事、高级管理人员；在整改期间，中国证监会不受理任何专业机构为其出具的文件。构成证券违法行为的，依法追究法律责任。

第五十七条　上市公司控股股东和其他实际控制人在转让其对一个上市公司的实际控制权时，未清偿其对公司的负债，未解除公司为其提供的担保，或者未对其损害公司利益的其他情形做出纠正的，应当主动纠正；未能纠正的，被收购公司董事会、独立董事应当采取充分有效的法律措施促其纠正，证券交易所依据业务规则进行处理；拒不纠正的，中国证监会责令改正、停止收购活动。构成证券违法行为的，依法追究法律责任。

被收购公司董事会、独立董事未能采取前款措施的，证券交易所依据业务规则进行处理；拒不采取措施的，中国证监会责令改正。构成证券违法行为的，依法追究法律责任。

第五十八条　为上市公司收购出具资产评估报告、审计报告、法律意见书和提供财务顾问意见等文件的专业机构和专业人员，其出具、提供的文件中有虚假记载、误导性陈述或者重大遗漏的，应当主动改正；未能改正的，证券交易所依据业务规则进行处理；拒不改正的，中国证监会责令改正。在整改期间，中国证监会不受理其出具的文件。构成证券违法行为的，依法追究法律责任。

第五十九条　任何知悉上市公司收购信息的人员在有关收购信息未经依法公开之前，泄露该收购信息、买卖该上市公司证券或者建议他人买卖该上市公司证券，或者利用上市公司收购散布虚假信息或者进行欺诈活动的，依法追究法律责任。

利用上市公司收购进行其他不当活动的,当事人应当主动改正;未能改正的,证券交易所依据业务规则进行处理;拒不改正的,中国证监会责令改正。构成证券违法行为的,依法追究法律责任。

第六章　附　　则

第六十条　进行上市公司收购的股份持有人、股份控制人、一致行动人,其所持有、控制被收购公司已发行的股份数量应当合并计算。

第六十一条　收购人有下列情形之一的,构成对一个上市公司的实际控制:

(一)在一个上市公司股东名册中持股数量最多的;但是有相反证据的除外;

(二)能够行使、控制一个上市公司的表决权超过该公司股东名册中持股数量最多的股东的;

(三)持有、控制一个上市公司股份、表决权的比例达到或者超过30%的;但是有相反证据的除外;

(四)通过行使表决权能够决定一个上市公司董事会半数以上成员当选的;

(五)中国证监会认定的其他情形。

第六十二条　本办法下列用语的含义:

(一)"收购要约"是指收购人向被收购公司股东公开发出的、愿意按照要约条件购买其所持有的被收购公司股份的意思表示。

(二)"预受"是指受要约人同意接受要约的初步意思表示,在要约期满前不构成承诺。

(三)"股份持有人"、"股份控制人"、"一致行动人"的含义与《上市公司股东持股变动信息披露管理办法》中"股份持有人"、"股份控制人"、"一致行动人"的含义相同。

第六十三条　上市公司收购报告书、要约收购报告书、被收购公司董事会报告书、要约收购豁免申请文件的格式与内容,由中国证监会另行制定。

第六十四条　本办法自2002年12月1日起施行。

上市公司收购管理办法①

(2006年7月31日中国证券监督管理委员会令第35号公布　自2006年9月1日起施行)

第一章　总　　则

第一条　为了规范上市公司的收购及相关股份权益变动活动,保护上市公司和投资者的合法权益,维护证券市场秩序和社会公共利益,促进证券市场资源的优化配置,根据《证券法》、《公司法》及其他相关法律、行政法规,制定本办法。

第二条　上市公司的收购及相关股份权益变动活动,必须遵守法律、行政法规及中国证券监督管理委员会(以下简称中国证监会)的规定。当事人应当诚实守信,遵守社会公德、商业道德,自觉维护证券市场秩序,接受政府、社会公众的监督。

第三条　上市公司的收购及相关股份权益变动活动,必须遵循公开、公平、公正的原则。

上市公司的收购及相关股份权益变动活动中的信息披露义务人,应当充分披露其在上市公司中的权益及变动情况,依法严格履行报告、公告和其他法定义务。在相关信息披露前,负有保密义务。

信息披露义务人报告、公告的信息必须真实、准确、完整,不得有虚假记载、误导性陈述或者重大遗漏。

第四条　上市公司的收购及相关股份权益变动活动不得危害国家安全和社会公共利益。

上市公司的收购及相关股份权益变动活动涉及国家产业政策、行业准入、国有股份转让等事项,需要取得国家相关部门批准的,应当在取得批准后进行。

外国投资者进行上市公司的收购及相关股份权益变动活动的,应当取得国家相关部门的批准,适用中国法律,服从中国的司法、仲裁管辖。

第五条　收购人可以通过取得股份的方式成为一个上市公司的控股股东,可以通过投资关

① 编者注:已被修改。

系、协议、其他安排的途径成为一个上市公司的实际控制人,也可以同时采取上述方式和途径取得上市公司控制权。

收购人包括投资者及与其一致行动的他人。

第六条 任何人不得利用上市公司的收购损害被收购公司及其股东的合法权益。

有下列情形之一的,不得收购上市公司:

(一)收购人负有数额较大债务,到期未清偿,且处于持续状态;

(二)收购人最近3年有重大违法行为或者涉嫌有重大违法行为;

(三)收购人最近3年有严重的证券市场失信行为;

(四)收购人为自然人的,存在《公司法》第一百四十七条规定情形;

(五)法律、行政法规规定以及中国证监会认定的不得收购上市公司的其他情形。

第七条 被收购公司的控股股东或者实际控制人不得滥用股东权利损害被收购公司或者其他股东的合法权益。

被收购公司的控股股东、实际控制人及其关联方有损害被收购公司及其他股东合法权益的,上述控股股东、实际控制人在转让被收购公司控制权之前,应当主动消除损害;未能消除损害的,应当就其出让相关股份所得收入用于消除全部损害做出安排,对不足以消除损害的部分应当提供充分有效的履约担保或安排,并依照公司章程取得被收购公司股东大会的批准。

第八条 被收购公司的董事、监事、高级管理人员对公司负有忠实义务和勤勉义务,应当公平对待收购本公司的所有收购人。

被收购公司董事会针对收购所做出的决策及采取的措施,应当有利于维护公司及其股东的利益,不得滥用职权对收购设置不适当的障碍,不得利用公司资源向收购人提供任何形式的财务资助,不得损害公司及其股东的合法权益。

第九条 收购人进行上市公司的收购,应当聘请在中国注册的具有从事财务顾问业务资格的专业机构担任财务顾问。收购人未按照本办法规定聘请财务顾问的,不得收购上市公司。

财务顾问应当勤勉尽责,遵守行业规范和职业道德,保持独立性,保证其所制作、出具文件的真实性、准确性和完整性。

财务顾问认为收购人利用上市公司的收购损害被收购公司及其股东合法权益的,应当拒绝为收购人提供财务顾问服务。

第十条 中国证监会依法对上市公司的收购及相关股份权益变动活动进行监督管理。

中国证监会设立由专业人员和有关专家组成的专门委员会。专门委员会可以根据中国证监会职能部门的请求,就是否构成上市公司的收购、是否有不得收购上市公司的情形以及其他相关事宜提供咨询意见。中国证监会依法做出决定。

第十一条 证券交易所依法制定业务规则,为上市公司的收购及相关股份权益变动活动组织交易和提供服务,对相关证券交易活动进行实时监控,监督上市公司的收购及相关股份权益变动活动的信息披露义务人切实履行信息披露义务。

证券登记结算机构依法制定业务规则,为上市公司的收购及相关股份权益变动活动所涉及的证券登记、存管、结算等事宜提供服务。

第二章 权益披露

第十二条 投资者在一个上市公司中拥有的权益,包括登记在其名下的股份和虽未登记在其名下但该投资者可以实际支配表决权的股份。投资者及其一致行动人在一个上市公司中拥有的权益应当合并计算。

第十三条 通过证券交易所的证券交易,投资者及其一致行动人拥有权益的股份达到一个上市公司已发行股份的5%时,应当在该事实发生之日起3日内编制权益变动报告书,向中国证监会、证券交易所提交书面报告,抄报该上市公司所在地的中国证监会派出机构(以下简称派出机构),通知该上市公司,并予公告;在上述期限内,不得再行买卖该上市公司的股票。

前述投资者及其一致行动人拥有权益的股份达到一个上市公司已发行股份的5%后,通过证券交易所的证券交易,其拥有权益的股份占该上市公司已发行股份的比例每增加或者减少5%,应当依照前款规定进行报告和公告。在报告期限内和作出报告、公告后2日内,不得再行买卖该上市公司的股票。

第十四条 通过协议转让方式,投资者及其一致行动人在一个上市公司中拥有权益的股份拟达到或者超过一个上市公司已发行股份的5%时,应当在该事实发生之日起3日内编制权益变动报告书,向中国证监会、证券交易所提交书面报告,抄报派出机构,通知该上市公司,并予公告。

投资者及其一致行动人拥有权益的股份达到一个上市公司已发行股份的5%后,其拥有权益的股份占该上市公司已发行股份的比例每增加或者减少达到或者超过5%的,应当依照前款规定履行报告、公告义务。

前两款规定的投资者及其一致行动人在作出报告、公告前,不得再行买卖该上市公司的股票。相关股份转让及过户登记手续按照本办法第四章及证券交易所、证券登记结算机构的规定办理。

第十五条 投资者及其一致行动人通过行政划转或者变更、执行法院裁定、继承、赠与等方式拥有权益的股份变动达到前条规定比例的,应当按照前条规定履行报告、公告义务,并参照前条规定办理股份过户登记手续。

第十六条 投资者及其一致行动人不是上市公司的第一大股东或者实际控制人,其拥有权益的股份达到或者超过该公司已发行股份的5%,但未达到20%的,应当编制包括下列内容的简式权益变动报告书:

(一)投资者及其一致行动人的姓名、住所;投资者及其一致行动人为法人的,其名称、注册地及法定代表人;

(二)持股目的,是否有意在未来12个月内继续增加其在上市公司中拥有的权益;

(三)上市公司的名称、股票的种类、数量、比例;

(四)在上市公司中拥有权益的股份达到或者超过上市公司已发行股份的5%或者拥有权益的股份增减变化达到5%的时间及方式;

(五)权益变动事实发生之日前6个月内通过证券交易所的证券交易买卖该公司股票的简要情况;

(六)中国证监会、证券交易所要求披露的其他内容。

前述投资者及其一致行动人为上市公司第一大股东或者实际控制人,其拥有权益的股份达到或者超过一个上市公司已发行股份的5%,但未达到20%的,还应当披露本办法第十七条第一款规定的内容。

第十七条 投资者及其一致行动人拥有权益的股份达到或者超过一个上市公司已发行股份的20%但未超过30%的,应当编制详式权益变动报告书,除须披露前条规定的信息外,还应当披露以下内容:

(一)投资者及其一致行动人的控股股东、实际控制人及其股权控制关系结构图;

(二)取得相关股份的价格、所需资金额、资金来源,或者其他支付安排;

(三)投资者、一致行动人及其控股股东、实际控制人所从事的业务与上市公司的业务是否存在同业竞争或者潜在的同业竞争,是否存在持续关联交易;存在同业竞争或者持续关联交易的,是否已做出相应的安排,确保投资者、一致行动人及其关联方与上市公司之间避免同业竞争以及保持上市公司的独立性;

(四)未来12个月内对上市公司资产、业务、人员、组织结构、公司章程等进行调整的后续计划;

(五)前24个月内投资者及其一致行动人与上市公司之间的重大交易;

(六)不存在本办法第六条规定的情形;

(七)能够按照本办法第五十条的规定提供相关文件。

前述投资者及其一致行动人为上市公司第一大股东或者实际控制人的,还应当聘请财务顾问对上述权益变动报告书所披露的内容出具核查意见,但国有股行政划转或者变更、股份转让在同一实际控制人控制的不同主体之间进行、因继承取得股份的除外。投资者及其一致行动人承诺至少3年放弃行使相关股份表决权的,可免于聘请财务顾问和提供前款第(七)项规定的文件。

第十八条 已披露权益变动报告书的投资者及其一致行动人在披露之日起6个月内,因拥有权益的股份变动需要再次报告、公告权益变动报告书的，可以仅就与前次报告书不同的部分作出报告、公告；自前次披露之日起超过6个月的，投资者及其一致行动人应当按照本章的规定编制权益变动报告书，履行报告、公告义务。

第十九条　因上市公司减少股本导致投资者及其一致行动人拥有权益的股份变动出现本办法第十四条规定情形的，投资者及其一致行动人免于履行报告和公告义务。上市公司应当自完成减少股本的变更登记之日起2个工作日内，就因此导致的公司股东拥有权益的股份变动情况作出公告；因公司减少股本可能导致投资者及其一致行动人成为公司第一大股东或者实际控制人的，该投资者及其一致行动人应当自公司董事会公告有关减少公司股本决议之日起3个工作日内，按照本办法第十七条第一款的规定履行报告、公告义务。

第二十条　上市公司的收购及相关股份权益变动活动中的信息披露义务人依法披露前，相关信息已在媒体上传播或者公司股票交易出现异常的，上市公司应当立即向当事人进行查询，当事人应当及时予以书面答复，上市公司应当及时作出公告。

第二十一条　上市公司的收购及相关股份权益变动活动中的信息披露义务人应当在至少一家中国证监会指定媒体上依法披露信息；在其他媒体上进行披露的，披露内容应当一致，披露时间不得早于指定媒体的披露时间。

第二十二条　上市公司的收购及相关股份权益变动活动中的信息披露义务人采取一致行动的，可以以书面形式约定由其中一人作为指定代表负责统一编制信息披露文件，并同意授权指定代表在信息披露文件上签字、盖章。

各信息披露义务人应当对信息披露文件中涉及其自身的信息承担责任；对信息披露文件中涉及的与多个信息披露义务人相关的信息，各信息披露义务人对相关部分承担连带责任。

第三章　要约收购

第二十三条　投资者自愿选择以要约方式收购上市公司股份的，可以向被收购公司所有股东发出收购其所持有的全部股份的要约（以下简称全面要约），也可以向被收购公司所有股东发出收购其所持有的部分股份的要约（以下简称部分要约）。

第二十四条　通过证券交易所的证券交易，收购人持有一个上市公司的股份达到该公司已发行股份的30%时，继续增持股份的，应当采取要约方式进行，发出全面要约或者部分要约。

第二十五条　收购人依照本办法第二十三条、第二十四条、第四十七条、第五十六条的规定，以要约方式收购一个上市公司股份的，其预定收购的股份比例均不得低于该上市公司已发行股份的5%。

第二十六条　以要约方式进行上市公司收购的，收购人应当公平对待被收购公司的所有股东。持有同一种类股份的股东应当得到同等对待。

第二十七条　收购人为终止上市公司的上市地位而发出全面要约的，或者向中国证监会提出申请但未取得豁免而发出全面要约的，应当以现金支付收购价款；以依法可以转让的证券（以下简称证券）支付收购价款的，应当同时提供现金方式供被收购公司股东选择。

第二十八条　以要约方式收购上市公司股份的，收购人应当编制要约收购报告书，并应当聘请财务顾问向中国证监会、证券交易所提交书面报告，抄报派出机构，通知被收购公司，同时对要约收购报告书摘要作出提示性公告。

收购人依照前款规定报送符合中国证监会规定的要约收购报告书及本办法第五十条规定的相关文件之日起15日后，公告其要约收购报告书、财务顾问专业意见和律师出具的法律意见书。在15日内，中国证监会对要约收购报告书披露的内容表示无异议的，收购人可以进行公告；中国证监会发现要约收购报告书不符合法律、行政法规及相关规定的，及时告知收购人，收购人不得公告其收购要约。

第二十九条　前条规定的要约收购报告书，应当载明下列事项：

（一）收购人的姓名、住所；收购人为法人的，其名称、注册地及法定代表人，与其控股股东、实际控制人之间的股权控制关系结构图；

（二）收购人关于收购的决定及收购目的，是否拟在未来12个月内继续增持；

（三）上市公司的名称、收购股份的种类；

（四）预定收购股份的数量和比例；

（五）收购价格；

（六）收购所需资金额、资金来源及资金保证，或者其他支付安排；

（七）收购要约约定的条件；

（八）收购期限；

（九）报送收购报告书时持有被收购公司的股份数量、比例；

（十）本次收购对上市公司的影响分析，包括收购人及其关联方所从事的业务与上市公司的业务是否存在同业竞争或者潜在的同业竞争，是否存在持续关联交易；存在同业竞争或者持续关联交易的，收购人是否已作出相应的安排，确保收购人及其关联方与上市公司之间避免同业竞争以及保持上市公司的独立性；

（十一）未来12个月内对上市公司资产、业务、人员、组织结构、公司章程等进行调整的后续计划；

（十二）前24个月内收购人及其关联方与上市公司之间的重大交易；

（十三）前6个月内通过证券交易所的证券交易买卖被收购公司股票的情况；

（十四）中国证监会要求披露的其他内容。

收购人发出全面要约的，应当在要约收购报告书中充分披露终止上市的风险、终止上市后收购行为完成的时间及仍持有上市公司股份的剩余股东出售其股票的其他后续安排；收购人发出以终止公司上市地位为目的的全面要约，无须披露前款第（十）项规定的内容。

第三十条 收购人按照本办法第四十七条拟收购上市公司股份超过30%，须改以要约方式进行收购的，收购人应当在达成收购协议或者做出类似安排后的3日内对要约收购报告书摘要作出提示性公告，并按照本办法第二十八条、第二十九条的规定履行报告和公告义务，同时免于编制、报告和公告上市公司收购报告书；依法应当取得批准的，应当在公告中特别提示本次要约须取得相关批准方可进行。

未取得批准的，收购人应当在收到通知之日起2个工作日内，向中国证监会提交取消收购计划的报告，同时抄报派出机构，抄送证券交易所，通知被收购公司，并予公告。

第三十一条 收购人向中国证监会报送要约收购报告书后，在公告要约收购报告书之前，拟自行取消收购计划的，应当向中国证监会提出取消收购计划的申请及原因说明，并予公告；自公告之日起12个月内，该收购人不得再次对同一上市公司进行收购。

第三十二条 被收购公司董事会应当对收购人的主体资格、资信情况及收购意图进行调查，对要约条件进行分析，对股东是否接受要约提出建议，并聘请独立财务顾问提出专业意见。在收购人公告要约收购报告书后20日内，被收购公司董事会应当将被收购公司董事会报告书与独立财务顾问的专业意见报送中国证监会，同时抄报派出机构，抄送证券交易所，并予公告。

收购人对收购要约条件做出重大变更的，被收购公司董事会应当在3个工作日内提交董事会及独立财务顾问就要约条件的变更情况所出具的补充意见，并予以报告、公告。

第三十三条 收购人作出提示性公告后至要约收购完成前，被收购公司除继续从事正常的经营活动或者执行股东大会已经作出的决议外，未经股东大会批准，被收购公司董事会不得通过处置公司资产、对外投资、调整公司主要业务、担保、贷款等方式，对公司的资产、负债、权益或者经营成果造成重大影响。

第三十四条 在要约收购期间，被收购公司董事不得辞职。

第三十五条 收购人按照本办法规定进行要约收购的，对同一种类股票的要约价格，不得低于要约收购提示性公告日前6个月内收购人取得该种股票所支付的最高价格。

要约价格低于提示性公告日前30个交易日该种股票的每日加权平均价格的算术平均值的，收购人聘请的财务顾问应当就该种股票前6个月的交易情况进行分析，说明是否存在股价被操纵、收购人是否有未披露的一致行动人、收购人前6个月取得公司股份是否存在其他支付安排、要约价格的合理性等。

第三十六条 收购人可以采用现金、证券、现金与证券相结合等合法方式支付收购上市公司的价款。收购人聘请的财务顾问应当说明收购人具备要约收购的能力。

以现金支付收购价款的，应当在作出要约收购提示性公告的同时，将不少于收购价款总额的20%作为履约保证金存入证券登记结算机构指定的银行。

收购人以证券支付收购价款的，应当提供该证券的发行人最近3年经审计的财务会计报告、证券估值报告，并配合被收购公司聘请的独立财务顾问的尽职调查工作。

收购人以在证券交易所上市交易的证券支付收购价款的，应当在作出要约收购提示性公告的同时，将用于支付的全部证券交由证券登记结算机构保管，但上市公司发行新股的除外；收购人以在证券交易所上市的债券支付收购价款的，该债券的可上市交易时间应当不少于一个月；收购人以未在证券交易所上市交易的证券支付收购价款的，必须同时提供现金方式供被收购公司的股东选择，并详细披露相关证券的保管、送达被收购公司股东的方式和程序安排。

第三十七条　收购要约约定的收购期限不得少于30日，并不得超过60日；但是出现竞争要约的除外。

在收购要约约定的承诺期限内，收购人不得撤销其收购要约。

第三十八条　采取要约收购方式的，收购人作出公告后至收购期限届满前，不得卖出被收购公司的股票，也不得采取要约规定以外的形式和超出要约的条件买入被收购公司的股票。

第三十九条　收购要约提出的各项收购条件，适用于被收购公司的所有股东。

收购人需要变更收购要约的，必须事先向中国证监会提出书面报告，同时抄报派出机构，抄送证券交易所和证券登记结算机构，通知被收购公司；经中国证监会批准后，予以公告。

第四十条　收购要约期限届满前15日内，收购人不得变更收购要约；但是出现竞争要约的除外。

出现竞争要约时，发出初始要约的收购人变更收购要约距初始要约收购期限届满不足15日的，应当延长收购期限，延长后的要约期应当不少于15日，不得超过最后一个竞争要约的期满日，并按规定比例追加履约保证金；以证券支付收购价款的，应当追加相应数量的证券，交由证券登记结算机构保管。

发出竞争要约的收购人最迟不得晚于初始要约收购期限届满前15日发出要约收购的提示性公告，并应当根据本办法第二十八条和第二十九条的规定履行报告、公告义务。

第四十一条　要约收购报告书所披露的基本事实发生重大变化的，收购人应当在该重大变化发生之日起2个工作日内，向中国证监会作出书面报告，同时抄报派出机构，抄送证券交易所，通知被收购公司，并予公告。

第四十二条　同意接受收购要约的股东（以下简称预受股东），应当委托证券公司办理预受要约的相关手续。收购人应当委托证券公司向证券登记结算机构申请办理预受要约股票的临时保管。证券登记结算机构临时保管的预受要约的股票，在要约收购期间不得转让。

前款所称预受，是指被收购公司股东同意接受要约的初步意思表示，在要约收购期限内不可撤回之前不构成承诺。在要约收购期限届满3个交易日前，预受股东可以委托证券公司办理撤回预受要约的手续，证券登记结算机构根据预受要约股东的撤回申请解除对预受要约股票的临时保管。在要约收购期限届满前3个交易日内，预受股东不得撤回其对要约的接受。在要约收购期限内，收购人应当每日在证券交易所网站上公告已预受收购要约的股份数量。

出现竞争要约时，接受初始要约的预受股东撤回全部或者部分预受的股份，并将撤回的股份售予竞争要约人的，应当委托证券公司办理撤回预受初始要约的手续和预受竞争要约的相关手续。

第四十三条　收购期限届满，发出部分要约的收购人应当按照收购要约约定的条件购买被收购公司股东预受的股份，预受要约股份的数量超过预定收购数量时，收购人应当按照同等比例收购预受要约的股份；以终止被收购公司上市地位为目的的，收购人应当按照收购要约约定的条件购买被收购公司股东预受的全部股份；未取得中国证监会豁免而发出全面要约的收购人应当购买被收购公司股东预受的全部股份。

收购期限届满后3个交易日内，接受委托的

证券公司应当向证券登记结算机构申请办理股份转让结算、过户登记手续，解除对超过预定收购比例的股票的临时保管；收购人应当公告本次要约收购的结果。

第四十四条　收购期限届满，被收购公司股权分布不符合上市条件，该上市公司的股票由证券交易所依法终止上市交易。在收购行为完成前，其余仍持有被收购公司股票的股东，有权在收购报告书规定的合理期限内向收购人以收购要约的同等条件出售其股票，收购人应当收购。

第四十五条　收购期限届满后15日内，收购人应当向中国证监会报送关于收购情况的书面报告，同时抄报派出机构，抄送证券交易所，通知被收购公司。

第四十六条　除要约方式外，投资者不得在证券交易所外公开求购上市公司的股份。

第四章　协议收购

第四十七条　收购人通过协议方式在一个上市公司中拥有权益的股份达到或者超过该公司已发行股份的5%，但未超过30%的，按照本办法第二章的规定办理。

收购人拥有权益的股份达到该公司已发行股份的30%时，继续进行收购的，应当依法向该上市公司的股东发出全面要约或者部分要约。符合本办法第六章规定情形的，收购人可以向中国证监会申请免除发出要约。

收购人拟通过协议方式收购一个上市公司的股份超过30%的，超过30%的部分，应当改以要约方式进行；但符合本办法第六章规定情形的，收购人可以向中国证监会申请免除发出要约。收购人在取得中国证监会豁免后，履行其收购协议；未取得中国证监会豁免且拟继续履行其收购协议的，或者不申请豁免的，在履行其收购协议前，应当发出全面要约。

第四十八条　以协议方式收购上市公司股份超过30%，收购人拟依据本办法第六章的规定申请豁免的，应当在与上市公司股东达成收购协议之日起3日内编制上市公司收购报告书，提交豁免申请及本办法第五十条规定的相关文件，委托财务顾问向中国证监会、证券交易所提交书面报告，同时抄报派出机构，通知被收购公司，并公告上市公司收购报告书摘要。派出机构收到书面报告后通报上市公司所在地省级人民政府。

收购人自取得中国证监会的豁免之日起3日内公告其收购报告书、财务顾问专业意见和律师出具的法律意见书；收购人未取得豁免的，应当自收到中国证监会的决定之日起3日内予以公告，并按照本办法第六十一条第二款的规定办理。

中国证监会发现收购报告书不符合法律、行政法规及相关规定的，应当及时告知收购人，收购人未纠正的，不得公告收购报告书，在公告前不得履行收购协议。

第四十九条　依据前条规定所作的上市公司收购报告书，须披露本办法第二十九条第(一)项至第(六)项和第(九)项至第(十四)项规定的内容及收购协议的生效条件和付款安排。

已披露收购报告书的收购人在披露之日起6个月内，因权益变动需要再次报告、公告的，可以仅就与前次报告书不同的部分作出报告、公告；超过6个月的，应当按照本办法第二章的规定履行报告、公告义务。

第五十条　收购人进行上市公司的收购，应当向中国证监会提交以下文件：

(一)中国公民的身份证明，或者在中国境内登记注册的法人、其他组织的证明文件；

(二)基于收购人的实力和从业经验对上市公司后续发展计划可行性的说明，收购人拟修改公司章程、改选公司董事会、改变或者调整公司主营业务的，还应当补充其具备规范运作上市公司的管理能力的说明；

(三)收购人及其关联方与被收购公司存在同业竞争、关联交易的，应提供避免同业竞争等利益冲突、保持被收购公司经营独立性的说明；

(四)收购人为法人或者其他组织的，其控股股东、实际控制人最近2年未变更的说明；

(五)收购人及其控股股东或实际控制人的核心企业和核心业务、关联企业及主营业务的说明；收购人或其实际控制人为两个或两个以上的上市公司控股股东或实际控制人的，还应当提供其持股5%以上的上市公司以及银行、信托公司、证券公司、保险公司等其他金融机构的情况说明；

(六)财务顾问关于收购人最近3年的诚信记录、收购资金来源合法性、收购人具备履行相关承诺的能力以及相关信息披露内容真实性、准确性、完整性的核查意见;收购人成立未满3年的,财务顾问还应当提供其控股股东或者实际控制人最近3年诚信记录的核查意见。

境外法人或者境外其他组织进行上市公司收购的,除应当提交第一款第(二)项至第(六)项规定的文件外,还应当提交以下文件:

(一)财务顾问出具的收购人符合对上市公司进行战略投资的条件、具有收购上市公司的能力的核查意见;

(二)收购人接受中国司法、仲裁管辖的声明。

第五十一条　上市公司董事、监事、高级管理人员、员工或者其所控制或者委托的法人或者其他组织,拟对本公司进行收购或者通过本办法第五章规定的方式取得本公司控制权(以下简称管理层收购)的,该上市公司应当具备健全且运行良好的组织机构以及有效的内部控制制度,公司董事会成员中独立董事的比例应当达到或者超过1/2。公司应当聘请具有证券、期货从业资格的资产评估机构提供公司资产评估报告,本次收购应当经董事会非关联董事作出决议,且取得2/3以上的独立董事同意后,提交公司股东大会审议,经出席股东大会的非关联股东所持表决权过半数通过。独立董事发表意见前,应当聘请独立财务顾问就本次收购出具专业意见,独立董事及独立财务顾问的意见应当一并予以公告。

上市公司董事、监事、高级管理人员存在《公司法》第一百四十九条规定情形,或者最近3年有证券市场不良诚信记录的,不得收购本公司。

第五十二条　以协议方式进行上市公司收购的,自签订收购协议起至相关股份完成过户的期间为上市公司收购过渡期(以下简称过渡期)。在过渡期内,收购人不得通过控股股东提议改选上市公司董事会,确有充分理由改选董事会的,来自收购人的董事不得超过董事会成员的1/3;被收购公司不得为收购人及其关联方提供担保;被收购公司不得公开发行股份募集资金,不得进行重大购买、出售资产及重大投资行为或者与收购人及其关联方进行其他关联交易,但收购人为挽救陷入危机或者面临严重财务困难的上市公司的情形除外。

第五十三条　上市公司控股股东向收购人协议转让其所持有的上市公司股份的,应当对收购人的主体资格、诚信情况及收购意图进行调查,并在其权益变动报告书中披露有关调查情况。

控股股东及其关联方未清偿其对公司的负债,未解除公司为其负债提供的担保,或者存在损害公司利益的其他情形的,被收购公司董事会应当对前述情形及时予以披露,并采取有效措施维护公司利益。

第五十四条　协议收购的相关当事人应当向证券登记结算机构申请办理拟转让股份的临时保管手续,并可以将用于支付的现金存放于证券登记结算机构指定的银行。

第五十五条　收购报告书公告后,相关当事人应当按照证券交易所和证券登记结算机构的业务规则,在证券交易所就本次股份转让予以确认后,凭全部转让款项存放于双方认可的银行账户的证明,向证券登记结算机构申请解除拟协议转让股票的临时保管,并办理过户登记手续。

收购人未按规定履行报告、公告义务,或者未按规定提出申请的,证券交易所和证券登记结算机构不予办理股份转让和过户登记手续。

收购人在收购报告书公告后30日内仍未完成相关股份过户手续的,应当立即作出公告,说明理由;在未完成相关股份过户期间,应当每隔30日公告相关股份过户办理进展情况。

第五章　间接收购

第五十六条　收购人虽不是上市公司的股东,但通过投资关系、协议、其他安排导致其拥有权益的股份达到或者超过一个上市公司已发行股份的5%未超过30%的,应当按照本办法第二章的规定办理。

收购人拥有权益的股份超过该公司已发行股份的30%的,应当向该公司所有股东发出全面要约;收购人预计无法在事实发生之日起30日内发出全面要约的,应当在前述30日内促使其控制的股东将所持有的上市公司股份减持至30%或者30%以下,并自减持之日起2个工作日内予以公告;其后收购人或者其控制的股东拟继续增持的，应当采取要约方式；拟依据本办法第六章的规定申请豁免的，应当按照本办法第四十八条的规定办理。

第五十七条 投资者虽不是上市公司的股东，但通过投资关系取得对上市公司股东的控制权，而受其支配的上市公司股东所持股份达到前条规定比例、且对该股东的资产和利润构成重大影响的，应当按照前条规定履行报告、公告义务。

第五十八条 上市公司实际控制人及受其支配的股东，负有配合上市公司真实、准确、完整披露有关实际控制人发生变化的信息的义务；实际控制人及受其支配的股东拒不履行上述配合义务，导致上市公司无法履行法定信息披露义务而承担民事、行政责任的，上市公司有权对其提起诉讼。实际控制人、控股股东指使上市公司及其有关人员不依法履行信息披露义务的，中国证监会依法进行查处。

第五十九条 上市公司实际控制人及受其支配的股东未履行报告、公告义务的，上市公司应当自知悉之日起立即作出报告和公告。上市公司就实际控制人发生变化的情况予以公告后，实际控制人仍未披露的，上市公司董事会应当向实际控制人和受其支配的股东查询，必要时可以聘请财务顾问进行查询，并将查询情况向中国证监会、派出机构和证券交易所报告；中国证监会依法对拒不履行报告、公告义务的实际控制人进行查处。

上市公司知悉实际控制人发生较大变化而未能将有关实际控制人的变化情况及时予以报告和公告的，中国证监会责令改正，情节严重的，认定上市公司负有责任的董事为不适当人选。

第六十条 上市公司实际控制人及受其支配的股东未履行报告、公告义务，拒不履行第五十八条规定的配合义务，或者实际控制人存在不得收购上市公司情形的，上市公司董事会应当拒绝接受受实际控制人支配的股东向董事会提交的提案或者临时议案，并向中国证监会、派出机构和证券交易所报告。中国证监会责令实际控制人改正，可以认定实际控制人通过受其支配的股东所提名的董事为不适当人选；改正前，受实际控制人支配的股东不得行使其持有股份的表决权。上市公司董事会未拒绝接受实际控制人及受其支配的股东所提出的提案的，中国证监会可以认定负有责任的董事为不适当人选。

第六章 豁免申请

第六十一条 符合本办法第六十二条、第六十三条规定情形的，投资者及其一致行动人可以向中国证监会申请下列豁免事项：

（一）免于以要约收购方式增持股份；

（二）存在主体资格、股份种类限制或者法律、行政法规、中国证监会规定的特殊情形的，可以申请免于向被收购公司的所有股东发出收购要约。

未取得豁免的，投资者及其一致行动人应当在收到中国证监会通知之日起30日内将其或者其控制的股东所持有的被收购公司股份减持到30%或者30%以下；拟以要约以外的方式继续增持股份的，应当发出全面要约。

第六十二条 有下列情形之一的，收购人可以向中国证监会提出免于以要约方式增持股份的申请：

（一）收购人与出让人能够证明本次转让未导致上市公司的实际控制人发生变化；

（二）上市公司面临严重财务困难，收购人提出的挽救公司的重组方案取得该公司股东大会批准，且收购人承诺3年内不转让其在该公司中所拥有的权益；

（三）经上市公司股东大会非关联股东批准，收购人取得上市公司向其发行的新股，导致其在该公司拥有权益的股份超过该公司已发行股份的30%，收购人承诺3年内不转让其拥有权益的股份，且公司股东大会同意收购人免于发出要约；

（四）中国证监会为适应证券市场发展变化和保护投资者合法权益的需要而认定的其他情形。

收购人报送的豁免申请文件符合规定，并且已经按照本办法的规定履行报告、公告义务的，中国证监会予以受理；不符合规定或者未履行报告、公告义务的，中国证监会不予受理。中国证监会在受理豁免申请后20个工作日内，就收购人所申请的具体事项做出是否予以豁免的决定；取得豁免的，收购人可以继续增持股份。

第六十三条 有下列情形之一的，当事人可以向中国证监会申请以简易程序免除发出要约：

（一）经政府或者国有资产管理部门批准进行国有资产无偿划转、变更、合并，导致投资者在一个上市公司中拥有权益的股份占该公司已发行股份的比例超过30%；

（二）在一个上市公司中拥有权益的股份达到或者超过该公司已发行股份的30%的，自上述事实发生之日起一年后，每12个月内增加其在该公司中拥有权益的股份不超过该公司已发行股份的2%；

（三）在一个上市公司中拥有权益的股份达到或者超过该公司已发行股份的50%的，继续增加其在该公司拥有的权益不影响该公司的上市地位；

（四）因上市公司按照股东大会批准的确定价格向特定股东回购股份而减少股本，导致当事人在该公司中拥有权益的股份超过该公司已发行股份的30%；

（五）证券公司、银行等金融机构在其经营范围内依法从事承销、贷款等业务导致其持有一个上市公司已发行股份超过30%，没有实际控制该公司的行为或者意图，并且提出在合理期限内向非关联方转让相关股份的解决方案；

（六）因继承导致在一个上市公司中拥有权益的股份超过该公司已发行股份的30%；

（七）中国证监会为适应证券市场发展变化和保护投资者合法权益的需要而认定的其他情形。

中国证监会自收到符合规定的申请文件之日起5个工作日内未提出异议的，相关投资者可以向证券交易所和证券登记结算机构申请办理股份转让和过户登记手续。中国证监会不同意其以简易程序申请的，相关投资者应当按照本办法第六十二条的规定提出申请。

第六十四条 收购人提出豁免申请的，应当聘请律师事务所等专业机构出具专业意见。

第七章 财务顾问

第六十五条 收购人聘请的财务顾问应当履行以下职责：

（一）对收购人的相关情况进行尽职调查；

（二）应收购人的要求向收购人提供专业化服务，全面评估被收购公司的财务和经营状况，帮助收购人分析收购所涉及的法律、财务、经营风险，就收购方案所涉及的收购价格、收购方式、支付安排等事项提出对策建议，并指导收购人按照规定的内容与格式制作申报文件；

（三）对收购人进行证券市场规范化运作的辅导，使收购人的董事、监事和高级管理人员熟悉有关法律、行政法规和中国证监会的规定，充分了解其应当承担的义务和责任，督促其依法履行报告、公告和其他法定义务；

（四）对收购人是否符合本办法的规定及申报文件内容的真实性、准确性、完整性进行充分核查和验证，对收购事项客观、公正地发表专业意见；

（五）接受收购人委托，向中国证监会报送申报材料，根据中国证监会的审核意见，组织、协调收购人及其他专业机构予以答复；

（六）与收购人签订协议，在收购完成后12个月内，持续督导收购人遵守法律、行政法规、中国证监会的规定、证券交易所规则、上市公司章程，依法行使股东权利，切实履行承诺或者相关约定。

第六十六条 收购人聘请的财务顾问就本次收购出具的财务顾问报告，应当对以下事项进行说明和分析，并逐项发表明确意见：

（一）收购人编制的上市公司收购报告书或者要约收购报告书所披露的内容是否真实、准确、完整；

（二）本次收购的目的；

（三）收购人是否提供所有必备证明文件，根据对收购人及其控股股东、实际控制人的实力、从事的主要业务、持续经营状况、财务状况和诚信情况的核查，说明收购人是否具备主体资格，是否具备收购的经济实力，是否具备规范运作上市公司的管理能力，是否需要承担其他附加义务及是否具备履行相关义务的能力，是否存在不良诚信记录；

（四）对收购人进行证券市场规范化运作辅导的情况，其董事、监事和高级管理人员是否已经熟悉有关法律、行政法规和中国证监会的规定，充分了解应承担的义务和责任，督促其依法履行报告、公告和其他法定义务的情况；

（五）收购人的股权控制结构及其控股股东、实际控制人支配收购人的方式；

（六）收购人的收购资金来源及其合法性，是否存在利用本次收购的股份向银行等金融机构质押取得融资的情形；

（七）涉及收购人以证券支付收购价款的，应当说明有关该证券发行人的信息披露是否真实、准确、完整以及该证券交易的便捷性等情况；

（八）收购人是否已经履行了必要的授权和批准程序；

（九）是否已对收购过渡期间保持上市公司稳定经营作出安排，该安排是否符合有关规定；

（十）对收购人提出的后续计划进行分析，收购人所从事的业务与上市公司从事的业务存在同业竞争、关联交易的，对收购人解决与上市公司同业竞争等利益冲突及保持上市公司经营独立性的方案进行分析，说明本次收购对上市公司经营独立性和持续发展可能产生的影响；

（十一）在收购标的上是否设定其他权利，是否在收购价款之外还作出其他补偿安排；

（十二）收购人及其关联方与被收购公司之间是否存在业务往来，收购人与被收购公司的董事、监事、高级管理人员是否就其未来任职安排达成某种协议或者默契；

（十三）上市公司原控股股东、实际控制人及其关联方是否存在未清偿对公司的负债、未解除公司为其负债提供的担保或者损害公司利益的其他情形；存在该等情形的，是否已提出切实可行的解决方案；

（十四）涉及收购人拟提出豁免申请的，应当说明本次收购是否属于可以得到豁免的情形，收购人是否作出承诺及是否具备履行相关承诺的实力。

第六十七条 上市公司董事会或者独立董事聘请的独立财务顾问，不得同时担任收购人的财务顾问或者与收购人的财务顾问存在关联关系。独立财务顾问应当根据委托进行尽职调查，对本次收购的公正性和合法性发表专业意见。独立财务顾问报告应当对以下问题进行说明和分析，发表明确意见：

（一）收购人是否具备主体资格；

（二）收购人的实力及本次收购对被收购公司经营独立性和持续发展可能产生的影响分析；

（三）收购人是否存在利用被收购公司的资产或者由被收购公司为本次收购提供财务资助的情形；

（四）涉及要约收购的，分析被收购公司的财务状况，说明收购价格是否充分反映被收购公司价值，收购要约是否公平、合理，对被收购公司社会公众股股东接受要约提出的建议；

（五）涉及收购人以证券支付收购价款的，还应当根据该证券发行人的资产、业务和盈利预测，对相关证券进行估值分析，就收购条件对被收购公司的社会公众股股东是否公平合理、是否接受收购人提出的收购条件提出专业意见；

（六）涉及管理层收购的，应当对上市公司进行估值分析，就本次收购的定价依据、支付方式、收购资金来源、融资安排、还款计划及其可行性、上市公司内部控制制度的执行情况及其有效性、上述人员及其直系亲属在最近24个月内与上市公司业务往来情况以及收购报告书披露的其他内容等进行全面核查，发表明确意见。

第六十八条 财务顾问受托向中国证监会报送申报文件，应当在财务顾问报告中作出以下承诺：

（一）已按照规定履行尽职调查义务，有充分理由确信所发表的专业意见与收购人申报文件的内容不存在实质性差异；

（二）已对收购人申报文件进行核查，确信申报文件的内容与格式符合规定；

（三）有充分理由确信本次收购符合法律、行政法规和中国证监会的规定，有充分理由确信收购人披露的信息真实、准确、完整，不存在虚假记载、误导性陈述和重大遗漏；

（四）就本次收购所出具的专业意见已提交其内核机构审查，并获得通过；

（五）在担任财务顾问期间，已采取严格的保密措施，严格执行内部防火墙制度；

（六）与收购人已订立持续督导协议。

第六十九条 财务顾问在收购过程中和持续督导期间，应当关注被收购公司是否存在为收购人及其关联方提供担保或者借款等损害上市公司利益的情形，发现有违法或者不当行为的，应当及时向中国证监会、派出机构和证券交易所报告。

第七十条 财务顾问为履行职责,可以聘请其他专业机构协助其对收购人进行核查,但应当对收购人提供的资料和披露的信息进行独立判断。

第七十一条 自收购人公告上市公司收购报告书至收购完成后12个月内,财务顾问应当通过日常沟通、定期回访等方式,关注上市公司的经营情况,结合被收购公司定期报告和临时公告的披露事宜,对收购人及被收购公司履行持续督导职责:

(一)督促收购人及时办理股权过户手续,并依法履行报告和公告义务;

(二)督促和检查收购人及被收购公司依法规范运作;

(三)督促和检查收购人履行公开承诺的情况;

(四)结合被收购公司定期报告,核查收购人落实后续计划的情况,是否达到预期目标,实施效果是否与此前的披露内容存在较大差异,是否实现相关盈利预测或者管理层预计达到的目标;

(五)涉及管理层收购的,核查被收购公司定期报告中披露的相关还款计划的落实情况与事实是否一致;

(六)督促和检查履行收购中约定的其他义务的情况。

在持续督导期间,财务顾问应当结合上市公司披露的季度报告、半年度报告和年度报告出具持续督导意见,并在前述定期报告披露后的15日内向派出机构报告。

在此期间,财务顾问发现收购人在上市公司收购报告书中披露的信息与事实不符的,应当督促收购人如实披露相关信息,并及时向中国证监会、派出机构、证券交易所报告。财务顾问解除委托合同的,应当及时向中国证监会、派出机构作出书面报告,说明无法继续履行持续督导职责的理由,并予公告。

第八章 持续监管

第七十二条 在上市公司收购行为完成后12个月内,收购人聘请的财务顾问应当在每季度前3日内就上一季度对上市公司影响较大的投资、购买或者出售资产、关联交易、主营业务调整以及董事、监事、高级管理人员的更换、职工安置、收购人履行承诺等情况向派出机构报告。

收购人注册地与上市公司注册地不同的,还应当将前述情况的报告同时抄报收购人所在地的派出机构。

第七十三条 派出机构根据审慎监管原则,通过与承办上市公司审计业务的会计师事务所谈话、检查财务顾问持续督导责任的落实、定期或者不定期的现场检查等方式,在收购完成后对收购人和上市公司进行监督检查。

派出机构发现实际情况与收购人披露的内容存在重大差异的,对收购人及上市公司予以重点关注,可以责令收购人延长财务顾问的持续督导期,并依法进行查处。

在持续督导期间,财务顾问与收购人解除合同的,收购人应当另行聘请其他财务顾问机构履行持续督导职责。

第七十四条 在上市公司收购中,收购人持有的被收购公司的股份,在收购完成后12个月内不得转让。

收购人在被收购公司中拥有权益的股份在同一实际控制人控制的不同主体之间进行转让不受前述12个月的限制,但应当遵守本办法第六章的规定。

第九章 监管措施与法律责任

第七十五条 上市公司的收购及相关股份权益变动活动中的信息披露义务人,未按照本办法的规定履行报告、公告以及其他相关义务的,中国证监会责令改正,采取监管谈话、出具警示函、责令暂停或者停止收购等监管措施。在改正前,相关信息披露义务人不得对其持有或者实际支配的股份行使表决权。

第七十六条 上市公司的收购及相关股份权益变动活动中的信息披露义务人在报告、公告等文件中有虚假记载、误导性陈述或者重大遗漏的,中国证监会责令改正,采取监管谈话、出具警示函、责令暂停或者停止收购等监管措施。在改正前,收购人对其持有或者实际支配的股份不得行使表决权。

第七十七条 投资者及其一致行动人取得上市公司控制权而未按照本办法的规定聘请财务顾问，规避法定程序和义务，变相进行上市公司的收购，或者外国投资者规避管辖的，中国证监会责令改正，采取出具警示函、责令暂停或者停止收购等监管措施。在改正前，收购人不得对其持有或者实际支配的股份行使表决权。

第七十八条 发出收购要约的收购人在收购要约期限届满，不按照约定支付收购价款或者购买预受股份的，自该事实发生之日起 3 年内不得收购上市公司，中国证监会不受理收购人及其关联方提交的申报文件；涉嫌虚假信息披露、操纵证券市场的，中国证监会对收购人进行立案稽查，依法追究其法律责任。

前款规定的收购人聘请的财务顾问没有充分证据表明其勤勉尽责的，中国证监会依法追究法律责任。

第七十九条 上市公司控股股东和实际控制人在转让其对公司的控制权时，未清偿其对公司的负债，未解除公司为其提供的担保，或者未对其损害公司利益的其他情形作出纠正的，中国证监会责令改正、责令暂停或者停止收购活动。

被收购公司董事会未能依法采取有效措施促使公司控股股东、实际控制人予以纠正，或者在收购完成后未能促使收购人履行承诺、安排或者保证的，中国证监会可以认定相关董事为不适当人选。

第八十条 上市公司董事未履行忠实义务和勤勉义务，利用收购谋取不当利益的，中国证监会采取监管谈话、出具警示函等监管措施，可以认定为不适当人选。

上市公司章程中涉及公司控制权的条款违反法律、行政法规和本办法规定的，中国证监会责令改正。

第八十一条 为上市公司收购出具资产评估报告、审计报告、法律意见书和财务顾问报告的证券服务机构或者证券公司及其专业人员，未依法履行职责的，中国证监会责令改正，采取监管谈话、出具警示函等监管措施。

第八十二条 中国证监会将上市公司的收购及相关股份权益变动活动中的当事人的违法行为和整改情况记入诚信档案。

违反本办法的规定构成证券违法行为的，依法追究法律责任。

第十章 附 则

第八十三条 本办法所称一致行动，是指投资者通过协议、其他安排，与其他投资者共同扩大其所能够支配的一个上市公司股份表决权数量的行为或者事实。

在上市公司的收购及相关股份权益变动活动中有一致行动情形的投资者，互为一致行动人。如无相反证据，投资者有下列情形之一的，为一致行动人：

（一）投资者之间有股权控制关系；

（二）投资者受同一主体控制；

（三）投资者的董事、监事或者高级管理人员中的主要成员，同时在另一个投资者担任董事、监事或者高级管理人员；

（四）投资者参股另一投资者，可以对参股公司的重大决策产生重大影响；

（五）银行以外的其他法人、其他组织和自然人为投资者取得相关股份提供融资安排；

（六）投资者之间存在合伙、合作、联营等其他经济利益关系；

（七）持有投资者 30% 以上股份的自然人，与投资者持有同一上市公司股份；

（八）在投资者任职的董事、监事及高级管理人员，与投资者持有同一上市公司股份；

（九）持有投资者 30% 以上股份的自然人和在投资者任职的董事、监事及高级管理人员，其父母、配偶、子女及其配偶、配偶的父母、兄弟姐妹及其配偶、配偶的兄弟姐妹及其配偶等亲属，与投资者持有同一上市公司股份；

（十）在上市公司任职的董事、监事、高级管理人员及其前项所述亲属同时持有本公司股份的，或者与其自己或者其前项所述亲属直接或者间接控制的企业同时持有本公司股份；

（十一）上市公司董事、监事、高级管理人员和员工与其所控制或者委托的法人或者其他组织持有本公司股份；

（十二）投资者之间具有其他关联关系。

一致行动人应当合并计算其所持有的股份。投资者计算其所持有的股份，应当包括登记在其名下的股份,也包括登记在其一致行动人名下的股份。

投资者认为其与他人不应被视为一致行动人的,可以向中国证监会提供相反证据。

第八十四条 有下列情形之一的,为拥有上市公司控制权:

(一)投资者为上市公司持股50%以上的控股股东;

(二)投资者可以实际支配上市公司股份表决权超过30%;

(三)投资者通过实际支配上市公司股份表决权能够决定公司董事会半数以上成员选任;

(四)投资者依其可实际支配的上市公司股份表决权足以对公司股东大会的决议产生重大影响;

(五)中国证监会认定的其他情形。

第八十五条 信息披露义务人涉及计算其持股比例的,应当将其所持有的上市公司已发行的可转换为公司股票的证券中有权转换部分与其所持有的同一上市公司的股份合并计算,并将其持股比例与合并计算非股权类证券转为股份后的比例相比,以二者中的较高者为准;行权期限届满未行权的,或者行权条件不再具备的,无需合并计算。

前款所述二者中的较高者,应当按下列公式计算:

(一)投资者持有的股份数量/上市公司已发行股份总数

(二)(投资者持有的股份数量+投资者持有的可转换为公司股票的非股权类证券所对应的股份数量)/(上市公司已发行股份总数+上市公司发行的可转换为公司股票的非股权类证券所对应的股份总数)

第八十六条 投资者因行政划转、执行法院裁决、继承、赠与等方式取得上市公司控制权的,应当按照本办法第四章的规定履行报告、公告义务。

第八十七条 权益变动报告书、收购报告书、要约收购报告书、被收购公司董事会报告书、要约收购豁免申请文件等文件的内容与格式,由中国证监会另行制定。

第八十八条 被收购公司在境内、境外同时上市的,收购人除应当遵守本办法及中国证监会的相关规定外,还应当遵守境外上市地的相关规定。

第八十九条 外国投资者收购上市公司及在上市公司中拥有的权益发生变动的,除应当遵守本办法的规定外,还应当遵守外国投资者投资上市公司的相关规定。

第九十条 本办法自2006年9月1日起施行。中国证监会发布的《上市公司收购管理办法》(证监会令第10号)、《上市公司股东持股变动信息披露管理办法》(证监会令第11号)、《关于要约收购涉及的被收购公司股票上市交易条件有关问题的通知》(证监公司字〔2003〕16号)和《关于规范上市公司实际控制权转移行为有关问题的通知》(证监公司字〔2004〕1号)同时废止。

中国证券监督管理委员会关于修改《上市公司收购管理办法》第六十三条的决定

(2008年8月27日中国证券监督管理委员会令第56号公布 自公布之日起施行)

一、第六十三条第二款修改为“根据前款第(一)项和第(三)项至第(七)项规定提出豁免申请的,中国证监会自收到符合规定的申请文件之日起10个工作日内未提出异议的,相关投资者可以向证券交易所和证券登记结算机构申请办理股份转让和过户登记手续;根据前款第(二)项规定,相关投资者在增持行为完成后3日内应当就股份增持情况做出公告,并向中国证监会提出豁免申请,中国证监会自收到符合规定的申请文件之日起10个工作日内做出是否予以豁免的决定。中国证监会不同意其以简易程序申请的,相关投资者应当按照本办法第六十二条的规定提出申请。”

二、本决定自公布之日起施行。

《上市公司收购管理办法》根据本决定作相应的修改,重新公布。

中国证券监督管理委员会关于修改《上市公司收购管理办法》第六十二条及第六十三条的决定

(2012年2月14日中国证券监督管理委员会令第77号公布 自2012年3月15日起施行)

一、第六十二条修改为:“有下列情形之一的,收购人可以向中国证监会提出免于以要约方式增持股份的申请:

(一)收购人与出让人能够证明本次转让未导致上市公司的实际控制人发生变化;

(二)上市公司面临严重财务困难,收购人提出的挽救公司的重组方案取得该公司股东大会批准,且收购人承诺3年内不转让其在该公司中所拥有的权益;

(三)经上市公司股东大会非关联股东批准,收购人取得上市公司向其发行的新股,导致其在该公司拥有权益的股份超过该公司已发行股份的30%,收购人承诺3年内不转让本次向其发行的新股,且公司股东大会同意收购人免于发出要约;

(四)中国证监会为适应证券市场发展变化和保护投资者合法权益的需要而认定的其他情形。

收购人报送的豁免申请文件符合规定,并且已经按照本办法的规定履行报告、公告义务的,中国证监会予以受理;不符合规定或者未履行报告、公告义务的,中国证监会不予受理。中国证监会在受理豁免申请后20个工作日内,就收购人所申请的具体事项做出是否予以豁免的决定;取得豁免的,收购人可以完成本次增持行为。收购人有前款第(三)项规定情形,但在其取得上市公司发行的新股前已经拥有该公司控制权的,可以免于按照前款规定提交豁免申请,律师就收购人有关行为发表符合该项规定的专项核查意见并经上市公司信息披露后,收购人凭发行股份的行政许可决定,按照证券登记结算机构的规定办理相关事宜。”

二、第六十三条修改为:“有下列情形之一的,当事人可以向中国证监会提出免于发出要约的申请,中国证监会自收到符合规定的申请文件之日起10个工作日内未提出异议的,相关投资者可以向证券交易所和证券登记结算机构申请办理股份转让和过户登记手续;中国证监会不同意其申请的,相关投资者应当按照本办法第六十一条的规定办理:

(一)经政府或者国有资产管理部门批准进行国有资产无偿划转、变更、合并,导致投资者在一个上市公司中拥有权益的股份占该公司已发行股份的比例超过30%;

(二)因上市公司按照股东大会批准的确定价格向特定股东回购股份而减少股本,导致当事人在该公司中拥有权益的股份超过该公司已发行股份的30%;

(三)证券公司、银行等金融机构在其经营范围内依法从事承销、贷款等业务导致其持有一个上市公司已发行股份超过30%,没有实际控制该公司的行为或者意图,并且提出在合理期限内向非关联方转让相关股份的解决方案;

(四)中国证监会为适应证券市场发展变化和保护投资者合法权益的需要而认定的其他情形。

有下列情形之一的,相关投资者可以免于按照前款规定提出豁免申请,直接向证券交易所和证券登记结算机构申请办理股份转让和过户登记手续:

(一)在一个上市公司中拥有权益的股份达到或者超过该公司已发行股份的30%的,自上述事实发生之日起一年后,每12个月内增持不超过该公司已发行的2%的股份;

(二)在一个上市公司中拥有权益的股份达到或者超过该公司已发行股份的50%的,继续增加其在该公司拥有的权益不影响该公司的上市地位;

(三)因继承导致在一个上市公司中拥有权益的股份超过该公司已发行股份的30%。

相关投资者应在前款规定的权益变动行为完成后3日内就股份增持情况做出公告,律师应就相关投资者权益变动行为发表符合规定的专项核查意见并由上市公司予以披露。相关投资者按照前款第(一)项、第(二)项规定采用集中竞价方式增持股份，每累计增持股份比例达到该公司已发行股份的1%的，应当在事实发生之日通知上市公司，由上市公司在次一交易日发布相关股东增持公司股份的进展公告。相关投资者按照前款第（二）项规定采用集中竞价方式增持股份的，每累计增持股份比例达到上市公司已发行股份的2%的，在事实发生当日和上市公司发布相关股东增持公司股份进展公告的当日不得再行增持股份。前款第（一）项规定的增持不超过2%的股份锁定期为增持行为完成之日起6个月。"

本决定自2012年3月15日起施行。

《上市公司收购管理办法》根据本决定作相应修改，重新公布。

中国证券监督管理委员会关于修改《上市公司收购管理办法》的决定

（2014年10月23日中国证券监督管理委员会令第108号公布　自2014年11月23日起施行）

一、第六条第二款第（四）项修改为："收购人为自然人的，存在《公司法》第一百四十六条规定情形；"

二、第九条增加一款，作为第四款："财务顾问不得教唆、协助或者伙同委托人编制或披露存在虚假记载、误导性陈述或者重大遗漏的报告、公告文件，不得从事不正当竞争，不得利用上市公司的收购谋取不正当利益。"

三、第十三条第一款修改为："通过证券交易所的证券交易，投资者及其一致行动人拥有权益的股份达到一个上市公司已发行股份的5%时，应当在该事实发生之日起3日内编制权益变动报告书，向中国证监会、证券交易所提交书面报告，通知该上市公司，并予公告；在上述期限内，不得再行买卖该上市公司的股票。"

四、第十四条第一款修改为："通过协议转让方式，投资者及其一致行动人在一个上市公司中拥有权益的股份拟达到或者超过一个上市公司已发行股份的5%时，应当在该事实发生之日起3日内编制权益变动报告书，向中国证监会、证券交易所提交书面报告，通知该上市公司，并予公告。"

五、第二十八条修改为："以要约方式收购上市公司股份的，收购人应当编制要约收购报告书，聘请财务顾问，通知被收购公司，同时对要约收购报告书摘要作出提示性公告。

"本次收购依法应当取得相关部门批准的，收购人应当在要约收购报告书摘要中作出特别提示，并在取得批准后公告要约收购报告书。"

六、第二十九条第一款第（九）项修改为："公告收购报告书时持有被收购公司的股份数量、比例；"

七、第三十条修改为："收购人按照本办法第四十七条拟收购上市公司股份超过30%，须改以要约方式进行收购的，收购人应当在达成收购协议或者做出类似安排后的3日内对要约收购报告书摘要作出提示性公告，并按照本办法第二十八条、第二十九条的规定履行公告义务，同时免于编制、公告上市公司收购报告书；依法应当取得批准的，应当在公告中特别提示本次要约须取得相关批准方可进行。

"未取得批准的，收购人应当在收到通知之日起2个工作日内，公告取消收购计划，并通知被收购公司。"

八、第三十一条修改为："收购人自作出要约收购提示性公告起60日内，未公告要约收购报告书的，收购人应当在期满后次一个工作日通知被收购公司，并予公告；此后每30日应当公告一次，直至公告要约收购报告书。

"收购人作出要约收购提示性公告后，在公告要约收购报告书之前，拟自行取消收购计划的，应当公告原因；自公告之日起12个月内，该收购人不得再次对同一上市公司进行收购。"

九、第三十二条修改为："被收购公司董事会应当对收购人的主体资格、资信情况及收购意图进行调查，对要约条件进行分析，对股东是否接受要约提出建议，并聘请独立财务顾问提出专业意见。在收购人公告要约收购报告书后20日内，被收购公司董事会应当公告被收购公司董事会报告书与独立财务顾问的专业意见。

"收购人对收购要约条件做出重大变更的，

被收购公司董事会应当在3个工作日内公告董事会及独立财务顾问就要约条件的变更情况所出具的补充意见。”

十、第三十六条修改为：“收购人可以采用现金、证券、现金与证券相结合等合法方式支付收购上市公司的价款。收购人以证券支付收购价款的，应当提供该证券的发行人最近3年经审计的财务会计报告、证券估值报告，并配合被收购公司聘请的独立财务顾问的尽职调查工作。收购人以在证券交易所上市的债券支付收购价款的，该债券的可上市交易时间应当不少于一个月。收购人以未在证券交易所上市交易的证券支付收购价款的，必须同时提供现金方式供被收购公司的股东选择，并详细披露相关证券的保管、送达被收购公司股东的方式和程序安排。

“收购人聘请的财务顾问应当对收购人支付收购价款的能力和资金来源进行充分的尽职调查，详细披露核查的过程和依据，说明收购人是否具备要约收购的能力。收购人应当在作出要约收购提示性公告的同时，提供以下至少一项安排保证其具备履约能力：

（一）以现金支付收购价款的，将不少于收购价款总额的20%作为履约保证金存入证券登记结算机构指定的银行；收购人以在证券交易所上市交易的证券支付收购价款的，将用于支付的全部证券交由证券登记结算机构保管，但上市公司发行新股的除外；

（二）银行对要约收购所需价款出具保函；

（三）财务顾问出具承担连带保证责任的书面承诺，明确如要约期满收购人不支付收购价款，财务顾问进行支付。”

十一、第三十九条第二款修改为：“收购人需要变更收购要约的，必须及时公告，载明具体变更事项，并通知被收购公司。”

十二、第四十条修改为：“收购要约期限届满前15日内，收购人不得变更收购要约；但是出现竞争要约的除外。

“出现竞争要约时，发出初始要约的收购人变更收购要约距初始要约收购期限届满不足15日的，应当延长收购期限，延长后的要约期应当不少于15日，不得超过最后一个竞争要约的期满日，并按规定追加履约保证。

“发出竞争要约的收购人最迟不得晚于初始要约收购期限届满前15日发出要约收购的提示性公告，并应当根据本办法第二十八条和第二十九条的规定履行公告义务。”

十三、第四十一条修改为：“要约收购报告书所披露的基本事实发生重大变化的，收购人应当在该重大变化发生之日起2个工作日内作出公告，并通知被收购公司。”

十四、第四十五条修改为：“收购期限届满后15日内，收购人应当向证券交易所提交关于收购情况的书面报告，并予以公告。”

十五、第四十八条第一款修改为：“以协议方式收购上市公司股份超过30%，收购人拟依据本办法第六章的规定申请豁免的，应当在与上市公司股东达成收购协议之日起3日内编制上市公司收购报告书，提交豁免申请，委托财务顾问向中国证监会、证券交易所提交书面报告，通知被收购公司，并公告上市公司收购报告书摘要。”

删除第四十八条第三款。

十六、第五十条第一款修改为：“收购人公告上市公司收购报告书时，应当提交以下备查文件：

（一）中国公民的身份证明，或者在中国境内登记注册的法人、其他组织的证明文件；

（二）基于收购人的实力和从业经验对上市公司后续发展计划可行性的说明，收购人拟修改公司章程、改选公司董事会、改变或者调整公司主营业务的，还应当补充其具备规范运作上市公司的管理能力的说明；

（三）收购人及其关联方与被收购公司存在同业竞争、关联交易的，应提供避免同业竞争等利益冲突、保持被收购公司经营独立性的说明；

（四）收购人为法人或者其他组织的，其控股股东、实际控制人最近2年未变更的说明；

（五）收购人及其控股股东或实际控制人的核心企业和核心业务、关联企业及主营业务的说明；收购人或其实际控制人为两个或两个以上的上市公司控股股东或实际控制人的，还应当提供其持股5%以上的上市公司以及银行、信托公司、证券公司、保险公司等其他金融机构的情况说明；

（六）财务顾问关于收购人最近3年的诚信

记录、收购资金来源合法性、收购人具备履行相关承诺的能力以及相关信息披露内容真实性、准确性、完整性的核查意见；收购人成立未满3年的，财务顾问还应当提供其控股股东或者实际控制人最近3年诚信记录的核查意见。”

十七、第五十一条第二款修改为：“上市公司董事、监事、高级管理人员存在《公司法》第一百四十八条规定情形，或者最近3年有证券市场不良诚信记录的，不得收购本公司。”

十八、第五十九条第一款修改为：“上市公司实际控制人及受其支配的股东未履行报告、公告义务的，上市公司应当自知悉之日起立即作出报告和公告。上市公司就实际控制人发生变化的情况予以公告后，实际控制人仍未披露的，上市公司董事会应当向实际控制人和受其支配的股东查询，必要时可以聘请财务顾问进行查询，并将查询情况向中国证监会、上市公司所在地的中国证监会派出机构（以下简称派出机构）和证券交易所报告；中国证监会依法对拒不履行报告、公告义务的实际控制人进行查处。”

十九、第六十二条修改为：“有下列情形之一的，收购人可以向中国证监会提出免于以要约方式增持股份的申请：

（一）收购人与出让人能够证明本次股份转让是在同一实际控制人控制的不同主体之间进行，未导致上市公司的实际控制人发生变化；

（二）上市公司面临严重财务困难，收购人提出的挽救公司的重组方案取得该公司股东大会批准，且收购人承诺3年内不转让其在该公司中所拥有的权益；

（三）中国证监会为适应证券市场发展变化和保护投资者合法权益的需要而认定的其他情形。

“收购人报送的豁免申请文件符合规定，并且已经按照本办法的规定履行报告、公告义务的，中国证监会予以受理；不符合规定或者未履行报告、公告义务的，中国证监会不予受理。中国证监会在受理豁免申请后20个工作日内，就收购人所申请的具体事项做出是否予以豁免的决定；取得豁免的，收购人可以完成本次增持行为。”

二十、第六十三条修改为：“有下列情形之一的，投资者可以向中国证监会提出免于发出要约的申请，中国证监会自收到符合规定的申请文件之日起10个工作日内未提出异议的，相关投资者可以向证券交易所和证券登记结算机构申请办理股份转让和过户登记手续；中国证监会不同意其申请的，相关投资者应当按照本办法第六十一条的规定办理：

（一）经政府或者国有资产管理部门批准进行国有资产无偿划转、变更、合并，导致投资者在一个上市公司中拥有权益的股份占该公司已发行股份的比例超过30%；

（二）因上市公司按照股东大会批准的确定价格向特定股东回购股份而减少股本，导致投资者在该公司中拥有权益的股份超过该公司已发行股份的30%；

（三）中国证监会为适应证券市场发展变化和保护投资者合法权益的需要而认定的其他情形。

“有下列情形之一的，相关投资者可以免于按照前款规定提交豁免申请，直接向证券交易所和证券登记结算机构申请办理股份转让和过户登记手续：

（一）经上市公司股东大会非关联股东批准，投资者取得上市公司向其发行的新股，导致其在该公司拥有权益的股份超过该公司已发行股份的30%，投资者承诺3年内不转让本次向其发行的新股，且公司股东大会同意投资者免于发出要约；

（二）在一个上市公司中拥有权益的股份达到或者超过该公司已发行股份的30%的，自上述事实发生之日起一年后，每12个月内增持不超过该公司已发行的2%的股份；

（三）在一个上市公司中拥有权益的股份达到或者超过该公司已发行股份的50%的，继续增加其在该公司拥有的权益不影响该公司的上市地位；

（四）证券公司、银行等金融机构在其经营范围内依法从事承销、贷款等业务导致其持有一个上市公司已发行股份超过30%，没有实际控制该公司的行为或者意图，并且提出在合理期限内向非关联方转让相关股份的解决方案；

（五）因继承导致在一个上市公司中拥有权

益的股份超过该公司已发行股份的30%；

（六）因履行约定购回式证券交易协议购回上市公司股份导致投资者在一个上市公司中拥有权益的股份超过该公司已发行股份的30%，并且能够证明标的股份的表决权在协议期间未发生转移；

（七）因所持优先股表决权依法恢复导致投资者在一个上市公司中拥有权益的股份超过该公司已发行股份的30%。

"相关投资者应在前款规定的权益变动行为完成后3日内就股份增持情况做出公告，律师应就相关投资者权益变动行为发表符合规定的专项核查意见并由上市公司予以披露。相关投资者按照前款第（二）项、第（三）项规定采用集中竞价方式增持股份，每累计增持股份比例达到该公司已发行股份的1%的，应当在事实发生之日通知上市公司，由上市公司在次一交易日发布相关股东增持公司股份的进展公告。相关投资者按照前款第（三）项规定采用集中竞价方式增持股份的，每累计增持股份比例达到上市公司已发行股份的2%的，在事实发生当日和上市公司发布相关股东增持公司股份进展公告的当日不得再行增持股份。前款第（二）项规定的增持不超过2%的股份锁定期为增持行为完成之日起6个月。"

二十一、第六十八条修改为："财务顾问应当在财务顾问报告中作出以下承诺：

（一）已按照规定履行尽职调查义务，有充分理由确信所发表的专业意见与收购人公告文件的内容不存在实质性差异；

（二）已对收购人公告文件进行核查，确信公告文件的内容与格式符合规定；

（三）有充分理由确信本次收购符合法律、行政法规和中国证监会的规定，有充分理由确信收购人披露的信息真实、准确、完整，不存在虚假记载、误导性陈述和重大遗漏；

（四）就本次收购所出具的专业意见已提交其内核机构审查，并获得通过；

（五）在担任财务顾问期间，已采取严格的保密措施，严格执行内部防火墙制度；

（六）与收购人已订立持续督导协议。"

二十二、第七十八条修改为："收购人未依照本办法的规定履行相关义务或者相应程序擅自实施要约收购的，中国证监会责令改正，采取监管谈话、出具警示函、责令暂停或者停止收购等监管措施；在改正前，收购人不得对其持有或者支配的股份行使表决权。

"发出收购要约的收购人在收购要约期限届满，不按照约定支付收购价款或者购买预受股份的，自该事实发生之日起3年内不得收购上市公司，中国证监会不受理收购人及其关联方提交的申报文件。

"存在前二款规定情形，收购人涉嫌虚假披露、操纵证券市场的，中国证监会对收购人进行立案稽查，依法追究其法律责任；收购人聘请的财务顾问没有充分证据表明其勤勉尽责的，自收购人违规事实发生之日起1年内，中国证监会不受理该财务顾问提交的上市公司并购重组申报文件，情节严重的，依法追究法律责任。"

二十三、第八十一条增加一款，作为第二款："前款规定的证券服务机构及其从业人员被责令改正的，在改正前，不得接受新的上市公司并购重组业务。"

二十四、第八十五条修改为："信息披露义务人涉及计算其拥有权益比例的，应当将其所持有的上市公司已发行的可转换为公司股票的证券中有权转换部分与其所持有的同一上市公司的股份合并计算，并将其持股比例与合并计算非股权类证券转为股份后的比例相比，以二者中的较高者为准；行权期限届满未行权的，或者行权条件不再具备的，无需合并计算。

"前款所述二者中的较高者，应当按下列公式计算：

（一）投资者持有的股份数量/上市公司已发行股份总数

（二）（投资者持有的股份数量＋投资者持有的可转换为公司股票的非股权类证券所对应的股份数量）/（上市公司已发行股份总数＋上市公司发行的可转换为公司股票的非股权类证券所对应的股份总数）

"前款所称'投资者持有的股份数量'包括投资者拥有的普通股数量和优先股恢复的表决权数量，'上市公司已发行股份总数'包括上市公司已发行的普通股总数和优先股恢复的表决权总数。"

二十五、本决定自2014年11月23日起施行。《上市公司收购管理办法》根据本决定做相应修改,重新发布。

上市公司收购管理办法①

(2006年5月17日中国证券监督管理委员会令第35号公布 根据2008年8月27日中国证券监督管理委员会《关于修改〈上市公司收购管理办法〉第六十三条的决定》第一次修订 根据2012年2月14日中国证券监督管理委员会《关于修改〈上市公司收购管理办法〉第六十二条及第六十三条的决定》第二次修订 根据2014年10月23日中国证券监督管理委员会《关于修改〈上市公司收购管理办法〉的决定》第三次修订)

目 录

第一章 总 则

第一条 为了规范上市公司的收购及相关股份权益变动活动,保护上市公司和投资者的合法权益,维护证券市场秩序和社会公共利益,促进证券市场资源的优化配置,根据《证券法》、《公司法》及其他相关法律、行政法规,制定本办法。

第二条 上市公司的收购及相关股份权益变动活动,必须遵守法律、行政法规及中国证券监督管理委员会(以下简称中国证监会)的规定。当事人应当诚实守信,遵守社会公德、商业道德,自觉维护证券市场秩序,接受政府、社会公众的监督。

第三条 上市公司的收购及相关股份权益变动活动,必须遵循公开、公平、公正的原则。

上市公司的收购及相关股份权益变动活动中的信息披露义务人,应当充分披露其在上市公司中的权益及变动情况,依法严格履行报告、公告和其他法定义务。在相关信息披露前,负有保密义务。

信息披露义务人报告、公告的信息必须真实、准确、完整,不得有虚假记载、误导性陈述或者重大遗漏。

第四条 上市公司的收购及相关股份权益变动活动不得危害国家安全和社会公共利益。

上市公司的收购及相关股份权益变动活动涉及国家产业政策、行业准入、国有股份转让等事项,需要取得国家相关部门批准的,应当在取得批准后进行。

外国投资者进行上市公司的收购及相关股份权益变动活动的,应当取得国家相关部门的批准,适用中国法律,服从中国的司法、仲裁管辖。

第五条 收购人可以通过取得股份的方式成为一个上市公司的控股股东,可以通过投资关系、协议、其他安排的途径成为一个上市公司的实际控制人,也可以同时采取上述方式和途径取得上市公司控制权。

收购人包括投资者及与其一致行动的他人。

第六条 任何人不得利用上市公司的收购损害被收购公司及其股东的合法权益。

有下列情形之一的,不得收购上市公司:

(一)收购人负有数额较大债务,到期未清偿,且处于持续状态;

(二)收购人最近3年有重大违法行为或者涉嫌有重大违法行为;

(三)收购人最近3年有严重的证券市场失信行为;

(四)收购人为自然人的,存在《公司法》第一百四十六条规定情形;

(五)法律、行政法规规定以及中国证监会认定的不得收购上市公司的其他情形。

---

① 编者注:已被修改。

第七条　被收购公司的控股股东或者实际控制人不得滥用股东权利损害被收购公司或者其他股东的合法权益。

被收购公司的控股股东、实际控制人及其关联方有损害被收购公司及其他股东合法权益的,上述控股股东、实际控制人在转让被收购公司控制权之前,应当主动消除损害;未能消除损害的,应当就其出让相关股份所得收入用于消除全部损害做出安排,对不足以消除损害的部分应当提供充分有效的履约担保或安排,并依照公司章程取得被收购公司股东大会的批准。

第八条　被收购公司的董事、监事、高级管理人员对公司负有忠实义务和勤勉义务,应当公平对待收购本公司的所有收购人。

被收购公司董事会针对收购所做出的决策及采取的措施,应当有利于维护公司及其股东的利益,不得滥用职权对收购设置不适当的障碍,不得利用公司资源向收购人提供任何形式的财务资助,不得损害公司及其股东的合法权益。

第九条　收购人进行上市公司的收购,应当聘请在中国注册的具有从事财务顾问业务资格的专业机构担任财务顾问。收购人未按照本办法规定聘请财务顾问的,不得收购上市公司。

财务顾问应当勤勉尽责,遵守行业规范和职业道德,保持独立性,保证其所制作、出具文件的真实性、准确性和完整性。

财务顾问认为收购人利用上市公司的收购损害被收购公司及其股东合法权益的,应当拒绝为收购人提供财务顾问服务。

财务顾问不得教唆、协助或者伙同委托人编制或披露存在虚假记载、误导性陈述或者重大遗漏的报告、公告文件,不得从事不正当竞争,不得利用上市公司的收购谋取不正当利益。

第十条　中国证监会依法对上市公司的收购及相关股份权益变动活动进行监督管理。

中国证监会设立由专业人员和有关专家组成的专门委员会。专门委员会可以根据中国证监会职能部门的请求,就是否构成上市公司的收购、是否有不得收购上市公司的情形以及其他相关事宜提供咨询意见。中国证监会依法做出决定。

第十一条　证券交易所依法制定业务规则,为上市公司的收购及相关股份权益变动活动组织交易和提供服务,对相关证券交易活动进行实时监控,监督上市公司的收购及相关股份权益变动活动的信息披露义务人切实履行信息披露义务。

证券登记结算机构依法制定业务规则,为上市公司的收购及相关股份权益变动活动所涉及的证券登记、存管、结算等事宜提供服务。

第二章　权益披露

第十二条　投资者在一个上市公司中拥有的权益,包括登记在其名下的股份和虽未登记在其名下但该投资者可以实际支配表决权的股份。投资者及其一致行动人在一个上市公司中拥有的权益应当合并计算。

第十三条　通过证券交易所的证券交易,投资者及其一致行动人拥有权益的股份达到一个上市公司已发行股份的5%时,应当在该事实发生之日起3日内编制权益变动报告书,向中国证监会、证券交易所提交书面报告,通知该上市公司,并予公告;在上述期限内,不得再行买卖该上市公司的股票。

前述投资者及其一致行动人拥有权益的股份达到一个上市公司已发行股份的5%后,通过证券交易所的证券交易,其拥有权益的股份占该上市公司已发行股份的比例每增加或者减少5%,应当依照前款规定进行报告和公告。在报告期限内和作出报告、公告后2日内,不得再行买卖该上市公司的股票。

第十四条　通过协议转让方式,投资者及其一致行动人在一个上市公司中拥有权益的股份拟达到或者超过一个上市公司已发行股份的5%时,应当在该事实发生之日起3日内编制权益变动报告书,向中国证监会、证券交易所提交书面报告,通知该上市公司,并予公告。

投资者及其一致行动人拥有权益的股份达到一个上市公司已发行股份的5%后,其拥有权益的股份占该上市公司已发行股份的比例每增加或者减少达到或者超过5%的,应当依照前款规定履行报告、公告义务。

前两款规定的投资者及其一致行动人在作出报告、公告前,不得再行买卖该上市公司的股票。相关股份转让及过户登记手续按照本办法第四章及证券交易所、证券登记结算机构的规定办理。

第十五条 投资者及其一致行动人通过行政划转或者变更、执行法院裁定、继承、赠与等方式拥有权益的股份变动达到前条规定比例的,应当按照前条规定履行报告、公告义务,并参照前条规定办理股份过户登记手续。

第十六条 投资者及其一致行动人不是上市公司的第一大股东或者实际控制人,其拥有权益的股份达到或者超过该公司已发行股份的5%,但未达到20%的,应当编制包括下列内容的简式权益变动报告书:

(一)投资者及其一致行动人的姓名、住所;投资者及其一致行动人为法人的,其名称、注册地及法定代表人;

(二)持股目的,是否有意在未来12个月内继续增加其在上市公司中拥有的权益;

(三)上市公司的名称、股票的种类、数量、比例;

(四)在上市公司中拥有权益的股份达到或者超过上市公司已发行股份的5%或者拥有权益的股份增减变化达到5%的时间及方式;

(五)权益变动事实发生之日前6个月内通过证券交易所的证券交易买卖该公司股票的简要情况;

(六)中国证监会、证券交易所要求披露的其他内容。

前述投资者及其一致行动人为上市公司第一大股东或者实际控制人,其拥有权益的股份达到或者超过一个上市公司已发行股份的5%,但未达到20%的,还应当披露本办法第十七条第一款规定的内容。

第十七条 投资者及其一致行动人拥有权益的股份达到或者超过一个上市公司已发行股份的20%但未超过30%的,应当编制详式权益变动报告书,除须披露前条规定的信息外,还应当披露以下内容:

(一)投资者及其一致行动人的控股股东、实际控制人及其股权控制关系结构图;

(二)取得相关股份的价格、所需资金额、资金来源,或者其他支付安排;

(三)投资者、一致行动人及其控股股东、实际控制人所从事的业务与上市公司的业务是否存在同业竞争或者潜在的同业竞争,是否存在持续关联交易;存在同业竞争或者持续关联交易的,是否已做出相应的安排,确保投资者、一致行动人及其关联方与上市公司之间避免同业竞争以及保持上市公司的独立性;

(四)未来12个月内对上市公司资产、业务、人员、组织结构、公司章程等进行调整的后续计划;

(五)前24个月内投资者及其一致行动人与上市公司之间的重大交易;

(六)不存在本办法第六条规定的情形;

(七)能够按照本办法第五十条的规定提供相关文件。

前述投资者及其一致行动人为上市公司第一大股东或者实际控制人的,还应当聘请财务顾问对上述权益变动报告书所披露的内容出具核查意见,但国有股行政划转或者变更、股份转让在同一实际控制人控制的不同主体之间进行、因继承取得股份的除外。投资者及其一致行动人承诺至少3年放弃行使相关股份表决权的,可免于聘请财务顾问和提供前款第(七)项规定的文件。

第十八条 已披露权益变动报告书的投资者及其一致行动人在披露之日起6个月内,因拥有权益的股份变动需要再次报告、公告权益变动报告书的,可以仅就与前次报告书不同的部分作出报告、公告;自前次披露之日起超过6个月的,投资者及其一致行动人应当按照本章的规定编制权益变动报告书,履行报告、公告义务。

第十九条 因上市公司减少股本导致投资者及其一致行动人拥有权益的股份变动出现本办法第十四条规定情形的,投资者及其一致行动人免于履行报告和公告义务。上市公司应当自完成减少股本的变更登记之日起2个工作日内,就因此导致的公司股东拥有权益的股份变动情况作出公告;因公司减少股本可能导致投资者及其一致行动人成为公司第一大股东或者实际控制人的,该投资者及其一致行动人应当自公司董事会公告有关减少公司股本决议之日起3个工作日内,按照本办法第十七条第一款的规定履行报告、公告义务。

第二十条 上市公司的收购及相关股份权益变动活动中的信息披露义务人依法披露前，相关信息已在媒体上传播或者公司股票交易出现异常的，上市公司应当立即向当事人进行查询，当事人应当及时予以书面答复，上市公司应当及时作出公告。

第二十一条 上市公司的收购及相关股份权益变动活动中的信息披露义务人应当在至少一家中国证监会指定媒体上依法披露信息；在其他媒体上进行披露的，披露内容应当一致，披露时间不得早于指定媒体的披露时间。

第二十二条 上市公司的收购及相关股份权益变动活动中的信息披露义务人采取一致行动的，可以以书面形式约定由其中一人作为指定代表负责统一编制信息披露文件，并同意授权指定代表在信息披露文件上签字、盖章。

各信息披露义务人应当对信息披露文件中涉及其自身的信息承担责任；对信息披露文件中涉及的与多个信息披露义务人相关的信息，各信息披露义务人对相关部分承担连带责任。

第三章 要约收购

第二十三条 投资者自愿选择以要约方式收购上市公司股份的，可以向被收购公司所有股东发出收购其所持有的全部股份的要约（以下简称全面要约），也可以向被收购公司所有股东发出收购其所持有的部分股份的要约（以下简称部分要约）。

第二十四条 通过证券交易所的证券交易，收购人持有一个上市公司的股份达到该公司已发行股份的30%时，继续增持股份的，应当采取要约方式进行，发出全面要约或者部分要约。

第二十五条 收购人依照本办法第二十三条、第二十四条、第四十七条、第五十六条的规定，以要约方式收购一个上市公司股份的，其预定收购的股份比例均不得低于该上市公司已发行股份的5%。

第二十六条 以要约方式进行上市公司收购的，收购人应当公平对待被收购公司的所有股东。持有同一种类股份的股东应当得到同等对待。

第二十七条 收购人为终止上市公司的上市地位而发出全面要约的，或者向中国证监会提出申请但未取得豁免而发出全面要约的，应当以现金支付收购价款；以依法可以转让的证券（以下简称证券）支付收购价款的，应当同时提供现金方式供被收购公司股东选择。

第二十八条 以要约方式收购上市公司股份的，收购人应当编制要约收购报告书，聘请财务顾问，通知被收购公司，同时对要约收购报告书摘要作出提示性公告。

本次收购依法应当取得相关部门批准的，收购人应当在要约收购报告书摘要中作出特别提示，并在取得批准后公告要约收购报告书。

第二十九条 前条规定的要约收购报告书，应当载明下列事项：

（一）收购人的姓名、住所；收购人为法人的，其名称、注册地及法定代表人，与其控股股东、实际控制人之间的股权控制关系结构图；

（二）收购人关于收购的决定及收购目的，是否拟在未来12个月内继续增持；

（三）上市公司的名称、收购股份的种类；

（四）预定收购股份的数量和比例；

（五）收购价格；

（六）收购所需资金额、资金来源及资金保证，或者其他支付安排；

（七）收购要约约定的条件；

（八）收购期限；

（九）公告收购报告书时持有被收购公司的股份数量、比例；

（十）本次收购对上市公司的影响分析，包括收购人及其关联方所从事的业务与上市公司的业务是否存在同业竞争或者潜在的同业竞争，是否存在持续关联交易；存在同业竞争或者持续关联交易的，收购人是否已作出相应的安排，确保收购人及其关联方与上市公司之间避免同业竞争以及保持上市公司的独立性；

（十一）未来12个月内对上市公司资产、业务、人员、组织结构、公司章程等进行调整的后续计划；

（十二）前24个月内收购人及其关联方与上市公司之间的重大交易；

（十三）前6个月内通过证券交易所的证券

交易买卖被收购公司股票的情况；

（十四）中国证监会要求披露的其他内容。

收购人发出全面要约的，应当在要约收购报告书中充分披露终止上市的风险、终止上市后收购行为完成的时间及仍持有上市公司股份的剩余股东出售其股票的其他后续安排；收购人发出以终止公司上市地位为目的的全面要约，无须披露前款第（十）项规定的内容。

第三十条 收购人按照本办法第四十七条拟收购上市公司股份超过30%，须改以要约方式进行收购的，收购人应当在达成收购协议或者做出类似安排后的3日内对要约收购报告书摘要作出提示性公告，并按照本办法第二十八条、第二十九条的规定履行公告义务，同时免于编制、公告上市公司收购报告书；依法应当取得批准的，应当在公告中特别提示本次要约须取得相关批准方可进行。

未取得批准的，收购人应当在收到通知之日起2个工作日内，公告取消收购计划，并通知被收购公司。

第三十一条 收购人自作出要约收购提示性公告起60日内，未公告要约收购报告书的，收购人应当在期满后次一个工作日通知被收购公司，并予公告；此后每30日应当公告一次，直至公告要约收购报告书。

收购人作出要约收购提示性公告后，在公告要约收购报告书之前，拟自行取消收购计划的，应当公告原因；自公告之日起12个月内，该收购人不得再次对同一上市公司进行收购。

第三十二条 被收购公司董事会应当对收购人的主体资格、资信情况及收购意图进行调查，对要约条件进行分析，对股东是否接受要约提出建议，并聘请独立财务顾问提出专业意见。在收购人公告要约收购报告书后20日内，被收购公司董事会应当公告被收购公司董事会报告书与独立财务顾问的专业意见。

收购人对收购要约条件做出重大变更的，被收购公司董事会应当在3个工作日内公告董事会及独立财务顾问就要约条件的变更情况所出具的补充意见。

第三十三条 收购人作出提示性公告后至要约收购完成前，被收购公司除继续从事正常的经营活动或者执行股东大会已经作出的决议外，未经股东大会批准，被收购公司董事会不得通过处置公司资产、对外投资、调整公司主要业务、担保、贷款等方式，对公司的资产、负债、权益或者经营成果造成重大影响。

第三十四条 在要约收购期间，被收购公司董事不得辞职。

第三十五条 收购人按照本办法规定进行要约收购的，对同一种类股票的要约价格，不得低于要约收购提示性公告日前6个月内收购人取得该种股票所支付的最高价格。

要约价格低于提示性公告日前30个交易日该种股票的每日加权平均价格的算术平均值的，收购人聘请的财务顾问应当就该种股票前6个月的交易情况进行分析，说明是否存在股价被操纵、收购人是否有未披露的一致行动人、收购人前6个月取得公司股份是否存在其他支付安排、要约价格的合理性等。

第三十六条 收购人可以采用现金、证券、现金与证券相结合等合法方式支付收购上市公司的价款。收购人以证券支付收购价款的，应当提供该证券的发行人最近3年经审计的财务会计报告、证券估值报告，并配合被收购公司聘请的独立财务顾问的尽职调查工作。收购人以在证券交易所上市的债券支付收购价款的，该债券的可上市交易时间应当不少于一个月。收购人以未在证券交易所上市交易的证券支付收购价款的，必须同时提供现金方式供被收购公司的股东选择，并详细披露相关证券的保管、送达被收购公司股东的方式和程序安排。

收购人聘请的财务顾问应当对收购人支付收购价款的能力和资金来源进行充分的尽职调查，详细披露核查的过程和依据，说明收购人是否具备要约收购的能力。收购人应当在作出要约收购提示性公告的同时，提供以下至少一项安排保证其具备履约能力：

（一）以现金支付收购价款的，将不少于收购价款总额的20%作为履约保证金存入证券登记结算机构指定的银行；收购人以在证券交易所上市交易的证券支付收购价款的，将用于支付的全部证券交由证券登记结算机构保管，但上市公司发行新股的除外；

（二）银行对要约收购所需价款出具保函；

（三）财务顾问出具承担连带保证责任的书面承诺，明确如要约期满收购人不支付收购价款，财务顾问进行支付。

第三十七条 收购要约约定的收购期限不得少于30日，并不得超过60日；但是出现竞争要约的除外。

在收购要约约定的承诺期限内，收购人不得撤销其收购要约。

第三十八条 采取要约收购方式的，收购人作出公告后至收购期限届满前，不得卖出被收购公司的股票，也不得采取要约规定以外的形式和超出要约的条件买入被收购公司的股票。

第三十九条 收购要约提出的各项收购条件，适用于被收购公司的所有股东。

收购人需要变更收购要约的，必须及时公告，载明具体变更事项，并通知被收购公司。

第四十条 收购要约期限届满前15日内，收购人不得变更收购要约；但是出现竞争要约的除外。

出现竞争要约时，发出初始要约的收购人变更收购要约距初始要约收购期限届满不足15日的，应当延长收购期限，延长后的要约期应当不少于15日，不得超过最后一个竞争要约的期满日，并按规定追加履约保证。

发出竞争要约的收购人最迟不得晚于初始要约收购期限届满前15日发出要约收购的提示性公告，并应当根据本办法第二十八条和第二十九条的规定履行公告义务。

第四十一条 要约收购报告书所披露的基本事实发生重大变化的，收购人应当在该重大变化发生之日起2个工作日内作出公告，并通知被收购公司。

第四十二条 同意接受收购要约的股东（以下简称预受股东），应当委托证券公司办理预受要约的相关手续。收购人应当委托证券公司向证券登记结算机构申请办理预受要约股票的临时保管。证券登记结算机构临时保管的预受要约的股票，在要约收购期间不得转让。

前款所称预受，是指被收购公司股东同意接受要约的初步意思表示，在要约收购期限内不可撤回之前不构成承诺。在要约收购期限届满3个交易日前，预受股东可以委托证券公司办理撤回预受要约的手续，证券登记结算机构根据预受要约股东的撤回申请解除对预受要约股票的临时保管。在要约收购期限届满前3个交易日内，预受股东不得撤回其对要约的接受。在要约收购期限内，收购人应当每日在证券交易所网站上公告已预受收购要约的股份数量。

出现竞争要约时，接受初始要约的预受股东撤回全部或者部分预受的股份，并将撤回的股份售予竞争要约人的，应当委托证券公司办理撤回预受初始要约的手续和预受竞争要约的相关手续。

第四十三条 收购期限届满，发出部分要约的收购人应当按照收购要约约定的条件购买被收购公司股东预受的股份，预受要约股份的数量超过预定收购数量时，收购人应当按照同等比例收购预受要约的股份；以终止被收购公司上市地位为目的的，收购人应当按照收购要约约定的条件购买被收购公司股东预受的全部股份；未取得中国证监会豁免而发出全面要约的收购人应当购买被收购公司股东预受的全部股份。

收购期限届满后3个交易日内，接受委托的证券公司应当向证券登记结算机构申请办理股份转让结算、过户登记手续，解除对超过预定收购比例的股票的临时保管；收购人应当公告本次要约收购的结果。

第四十四条 收购期限届满，被收购公司股权分布不符合上市条件，该上市公司的股票由证券交易所依法终止上市交易。在收购行为完成前，其余仍持有被收购公司股票的股东，有权在收购报告书规定的合理期限内向收购人以收购要约的同等条件出售其股票，收购人应当收购。

第四十五条 收购期限届满后15日内，收购人应当向证券交易所提交关于收购情况的书面报告，并予以公告。

第四十六条 除要约方式外，投资者不得在证券交易所外公开求购上市公司的股份。

第四章 协议收购

第四十七条 收购人通过协议方式在一个上市公司中拥有权益的股份达到或者超过该公司已发行股份的5%，但未超过30%的，按照本办法第二章的规定办理。

收购人拥有权益的股份达到该公司已发行股份的30%时，继续进行收购的，应当依法向该上市公司的股东发出全面要约或者部分要约。符合本办法第六章规定情形的，收购人可以向中国证监会申请免除发出要约。

收购人拟通过协议方式收购一个上市公司的股份超过30%的，超过30%的部分，应当改以要约方式进行；但符合本办法第六章规定情形的，收购人可以向中国证监会申请免除发出要约。收购人在取得中国证监会豁免后，履行其收购协议；未取得中国证监会豁免且拟继续履行其收购协议的，或者不申请豁免的，在履行其收购协议前，应当发出全面要约。

第四十八条　以协议方式收购上市公司股份超过30%，收购人拟依据本办法第六章的规定申请豁免的，应当在与上市公司股东达成收购协议之日起3日内编制上市公司收购报告书，提交豁免申请，委托财务顾问向中国证监会、证券交易所提交书面报告，通知被收购公司，并公告上市公司收购报告书摘要。

收购人自取得中国证监会的豁免之日起3日内公告其收购报告书、财务顾问专业意见和律师出具的法律意见书；收购人未取得豁免的，应当自收到中国证监会的决定之日起3日内予以公告，并按照本办法第六十一条第二款的规定办理。

第四十九条　依据前条规定所作的上市公司收购报告书，须披露本办法第二十九条第（一）项至第（六）项和第（九）项至第（十四）项规定的内容及收购协议的生效条件和付款安排。

已披露收购报告书的收购人在披露之日起6个月内，因权益变动需要再次报告、公告的，可以仅就与前次报告书不同的部分作出报告、公告；超过6个月的，应当按照本办法第二章的规定履行报告、公告义务。

第五十条　收购人公告上市公司收购报告书时，应当提交以下备查文件：

（一）中国公民的身份证明，或者在中国境内登记注册的法人、其他组织的证明文件；

（二）基于收购人的实力和从业经验对上市公司后续发展计划可行性的说明，收购人拟修改公司章程、改选公司董事会、改变或者调整公司主营业务的，还应当补充其具备规范运作上市公司的管理能力的说明；

（三）收购人及其关联方与被收购公司存在同业竞争、关联交易的，应提供避免同业竞争等利益冲突、保持被收购公司经营独立性的说明；

（四）收购人为法人或者其他组织的，其控股股东、实际控制人最近2年未变更的说明；

（五）收购人及其控股股东或实际控制人的核心企业和核心业务、关联企业及主营业务的说明；收购人或其实际控制人为两个或两个以上的上市公司控股股东或实际控制人的，还应当提供其持股5%以上的上市公司以及银行、信托公司、证券公司、保险公司等其他金融机构的情况说明；

（六）财务顾问关于收购人最近3年的诚信记录、收购资金来源合法性、收购人具备履行相关承诺的能力以及相关信息披露内容真实性、准确性、完整性的核查意见；收购人成立未满3年的，财务顾问还应当提供其控股股东或者实际控制人最近3年诚信记录的核查意见。

境外法人或者境外其他组织进行上市公司收购的，除应当提交第一款第（二）项至第（六）项规定的文件外，还应当提交以下文件：

（一）财务顾问出具的收购人符合对上市公司进行战略投资的条件、具有收购上市公司的能力的核查意见；

（二）收购人接受中国司法、仲裁管辖的声明。

第五十一条　上市公司董事、监事、高级管理人员、员工或者其所控制或者委托的法人或者其他组织，拟对本公司进行收购或者通过本办法第五章规定的方式取得本公司控制权（以下简称管理层收购）的，该上市公司应当具备健全且运行良好的组织机构以及有效的内部控制制度，公司董事会成员中独立董事的比例应当达到或者超过1/2。公司应当聘请具有证券、期货从业资格的资产评估机构提供公司资产评估报告，本次收购应当经董事会非关联董事作出决议，且取得2/3以上的独立董事同意后，提交公司股东大会审议，经出席股东大会的非关联股东所持表决权过半数通过。独立董事发表意见前，应当聘请独立财务顾问就本次收购出具专业意见,独立董事及独立财务顾问的意见应当一并予以公告。

上市公司董事、监事、高级管理人员存在《公司法》第一百四十八条规定情形,或者最近3年有证券市场不良诚信记录的,不得收购本公司。

第五十二条 以协议方式进行上市公司收购的,自签订收购协议起至相关股份完成过户的期间为上市公司收购过渡期(以下简称过渡期)。在过渡期内,收购人不得通过控股股东提议改选上市公司董事会,确有充分理由改选董事会的,来自收购人的董事不得超过董事会成员的1/3;被收购公司不得为收购人及其关联方提供担保;被收购公司不得公开发行股份募集资金,不得进行重大购买、出售资产及重大投资行为或者与收购人及其关联方进行其他关联交易,但收购人为挽救陷入危机或者面临严重财务困难的上市公司的情形除外。

第五十三条 上市公司控股股东向收购人协议转让其所持有的上市公司股份的,应当对收购人的主体资格、诚信情况及收购意图进行调查,并在其权益变动报告书中披露有关调查情况。

控股股东及其关联方未清偿其对公司的负债,未解除公司为其负债提供的担保,或者存在损害公司利益的其他情形的,被收购公司董事会应当对前述情形及时予以披露,并采取有效措施维护公司利益。

第五十四条 协议收购的相关当事人应当向证券登记结算机构申请办理拟转让股份的临时保管手续,并可以将用于支付的现金存放于证券登记结算机构指定的银行。

第五十五条 收购报告书公告后,相关当事人应当按照证券交易所和证券登记结算机构的业务规则,在证券交易所就本次股份转让予以确认后,凭全部转让款项存放于双方认可的银行账户的证明,向证券登记结算机构申请解除拟协议转让股票的临时保管,并办理过户登记手续。

收购人未按规定履行报告、公告义务,或者未按规定提出申请的,证券交易所和证券登记结算机构不予办理股份转让和过户登记手续。

收购人在收购报告书公告后30日内仍未完成相关股份过户手续的,应当立即作出公告,说明理由;在未完成相关股份过户期间,应当每隔30日公告相关股份过户办理进展情况。

第五章 间接收购

第五十六条 收购人虽不是上市公司的股东,但通过投资关系、协议、其他安排导致其拥有权益的股份达到或者超过一个上市公司已发行股份的5%未超过30%的,应当按照本办法第二章的规定办理。

收购人拥有权益的股份超过该公司已发行股份的30%的,应当向该公司所有股东发出全面要约;收购人预计无法在事实发生之日起30日内发出全面要约的,应当在前述30日内促使其控制的股东将所持有的上市公司股份减持至30%或者30%以下,并自减持之日起2个工作日内予以公告;其后收购人或者其控制的股东拟继续增持的,应当采取要约方式;拟依据本办法第六章的规定申请豁免的,应当按照本办法第四十八条的规定办理。

第五十七条 投资者虽不是上市公司的股东,但通过投资关系取得对上市公司股东的控制权,而受其支配的上市公司股东所持股份达到前条规定比例、且对该股东的资产和利润构成重大影响的,应当按照前条规定履行报告、公告义务。

第五十八条 上市公司实际控制人及受其支配的股东,负有配合上市公司真实、准确、完整披露有关实际控制人发生变化的信息的义务;实际控制人及受其支配的股东拒不履行上述配合义务,导致上市公司无法履行法定信息披露义务而承担民事、行政责任的,上市公司有权对其提起诉讼。实际控制人、控股股东指使上市公司及其有关人员不依法履行信息披露义务的,中国证监会依法进行查处。

第五十九条 上市公司实际控制人及受其支配的股东未履行报告、公告义务的,上市公司应当自知悉之日起立即作出报告和公告。上市公司就实际控制人发生变化的情况予以公告后,实际控制人仍未披露的,上市公司董事会应当向实际控制人和受其支配的股东查询,必要时可以聘请财务顾问进行查询,并将查询情况向中国证监会、上市公司所在地的中国证监会派出机构

（以下简称派出机构）和证券交易所报告；中国证监会依法对拒不履行报告、公告义务的实际控制人进行查处。

上市公司知悉实际控制人发生较大变化而未能将有关实际控制人的变化情况及时予以报告和公告的，中国证监会责令改正，情节严重的，认定上市公司负有责任的董事为不适当人选。

第六十条 上市公司实际控制人及受其支配的股东未履行报告、公告义务，拒不履行第五十八条规定的配合义务，或者实际控制人存在不得收购上市公司情形的，上市公司董事会应当拒绝接受受实际控制人支配的股东向董事会提交的提案或者临时议案，并向中国证监会、派出机构和证券交易所报告。中国证监会责令实际控制人改正，可以认定实际控制人通过受其支配的股东所提名的董事为不适当人选；改正前，受实际控制人支配的股东不得行使其持有股份的表决权。上市公司董事会未拒绝接受实际控制人及受其支配的股东所提出的提案的，中国证监会可以认定负有责任的董事为不适当人选。

第六章 豁免申请

第六十一条 符合本办法第六十二条、第六十三条规定情形的，投资者及其一致行动人可以向中国证监会申请下列豁免事项：

（一）免于以要约收购方式增持股份；

（二）存在主体资格、股份种类限制或者法律、行政法规、中国证监会规定的特殊情形的，可以申请免于向被收购公司的所有股东发出收购要约。

未取得豁免的，投资者及其一致行动人应当在收到中国证监会通知之日起30日内将其或者其控制的股东所持有的被收购公司股份减持到30%或者30%以下；拟以要约以外的方式继续增持股份的，应当发出全面要约。

第六十二条 有下列情形之一的，收购人可以向中国证监会提出免于以要约方式增持股份的申请：

（一）收购人与出让人能够证明本次股份转让是在同一实际控制人控制的不同主体之间进行，未导致上市公司的实际控制人发生变化；

（二）上市公司面临严重财务困难，收购人提出的挽救公司的重组方案取得该公司股东大会批准，且收购人承诺3年内不转让其在该公司中所拥有的权益；

（三）中国证监会为适应证券市场发展变化和保护投资者合法权益的需要而认定的其他情形。

收购人报送的豁免申请文件符合规定，并且已经按照本办法的规定履行报告、公告义务的，中国证监会予以受理；不符合规定或者未履行报告、公告义务的，中国证监会不予受理。中国证监会在受理豁免申请后20个工作日内，就收购人所申请的具体事项做出是否予以豁免的决定；取得豁免的，收购人可以完成本次增持行为。

第六十三条 有下列情形之一的，投资者可以向中国证监会提出免于发出要约的申请，中国证监会自收到符合规定的申请文件之日起10个工作日内未提出异议的，相关投资者可以向证券交易所和证券登记结算机构申请办理股份转让和过户登记手续；中国证监会不同意其申请的，相关投资者应当按照本办法第六十一条的规定办理：

（一）经政府或者国有资产管理部门批准进行国有资产无偿划转、变更、合并，导致投资者在一个上市公司中拥有权益的股份占该公司已发行股份的比例超过30%；

（二）因上市公司按照股东大会批准的确定价格向特定股东回购股份而减少股本，导致投资者在该公司中拥有权益的股份超过该公司已发行股份的30%；

（三）中国证监会为适应证券市场发展变化和保护投资者合法权益的需要而认定的其他情形。

有下列情形之一的，相关投资者可以免于按照前款规定提交豁免申请，直接向证券交易所和证券登记结算机构申请办理股份转让和过户登记手续：

（一）经上市公司股东大会非关联股东批准，投资者取得上市公司向其发行的新股，导致其在该公司拥有权益的股份超过该公司已发行股份的30%，投资者承诺3年内不转让本次向其发行的新股，且公司股东大会同意投资者免于发出要约；

（二）在一个上市公司中拥有权益的股份达到或者超过该公司已发行股份的30%的，自上述事实发生之日起一年后，每12个月内增持不超过该公司已发行的2%的股份；

（三）在一个上市公司中拥有权益的股份达到或者超过该公司已发行股份的50%的，继续增加其在该公司拥有的权益不影响该公司的上市地位；

（四）证券公司、银行等金融机构在其经营范围内依法从事承销、贷款等业务导致其持有一个上市公司已发行股份超过30%，没有实际控制该公司的行为或者意图，并且提出在合理期限内向非关联方转让相关股份的解决方案；

（五）因继承导致在一个上市公司中拥有权益的股份超过该公司已发行股份的30%；

（六）因履行约定购回式证券交易协议购回上市公司股份导致投资者在一个上市公司中拥有权益的股份超过该公司已发行股份的30%，并且能够证明标的股份的表决权在协议期间未发生转移；

（七）因所持优先股表决权依法恢复导致投资者在一个上市公司中拥有权益的股份超过该公司已发行股份的30%。

相关投资者应在前款规定的权益变动行为完成后3日内就股份增持情况做出公告，律师应就相关投资者权益变动行为发表符合规定的专项核查意见并由上市公司予以披露。相关投资者按照前款第（二）项、第（三）项规定采用集中竞价方式增持股份，每累计增持股份比例达到该公司已发行股份的1%的，应当在事实发生之日通知上市公司，由上市公司在次一交易日发布相关股东增持公司股份的进展公告。相关投资者按照前款第（三）项规定采用集中竞价方式增持股份的，每累计增持股份比例达到上市公司已发行股份的2%的，在事实发生当日和上市公司发布相关股东增持公司股份进展公告的当日不得再行增持股份。前款第（二）项规定的增持不超过2%的股份锁定期为增持行为完成之日起6个月。

第六十四条　收购人提出豁免申请的，应当聘请律师事务所等专业机构出具专业意见。

第七章　财务顾问

第六十五条　收购人聘请的财务顾问应当履行以下职责：

（一）对收购人的相关情况进行尽职调查；

（二）应收购人的要求向收购人提供专业化服务，全面评估被收购公司的财务和经营状况，帮助收购人分析收购所涉及的法律、财务、经营风险，就收购方案所涉及的收购价格、收购方式、支付安排等事项提出对策建议，并指导收购人按照规定的内容与格式制作申报文件；

（三）对收购人进行证券市场规范化运作的辅导，使收购人的董事、监事和高级管理人员熟悉有关法律、行政法规和中国证监会的规定，充分了解其应当承担的义务和责任，督促其依法履行报告、公告和其他法定义务；

（四）对收购人是否符合本办法的规定及申报文件内容的真实性、准确性、完整性进行充分核查和验证，对收购事项客观、公正地发表专业意见；

（五）接受收购人委托，向中国证监会报送申报材料，根据中国证监会的审核意见，组织、协调收购人及其他专业机构予以答复；

（六）与收购人签订协议，在收购完成后12个月内，持续督导收购人遵守法律、行政法规、中国证监会的规定、证券交易所规则、上市公司章程，依法行使股东权利，切实履行承诺或者相关约定。

第六十六条　收购人聘请的财务顾问就本次收购出具的财务顾问报告，应当对以下事项进行说明和分析，并逐项发表明确意见：

（一）收购人编制的上市公司收购报告书或者要约收购报告书所披露的内容是否真实、准确、完整；

（二）本次收购的目的；

（三）收购人是否提供所有必备证明文件，根据对收购人及其控股股东、实际控制人的实力、从事的主要业务、持续经营状况、财务状况和诚信情况的核查，说明收购人是否具备主体资格，是否具备收购的经济实力，是否具备规范运作上市公司的管理能力，是否需要承担其他附加义务及是否具备履行相关义务的能力，是否存在不良诚信记录；

（四）对收购人进行证券市场规范化运作辅导的情况，其董事、监事和高级管理人员是否已经熟悉有关法律、行政法规和中国证监会的规定，充分了解应承担的义务和责任，督促其依法履行报告、公告和其他法定义务的情况；

（五）收购人的股权控制结构及其控股股东、实际控制人支配收购人的方式；

（六）收购人的收购资金来源及其合法性，是否存在利用本次收购的股份向银行等金融机构质押取得融资的情形；

（七）涉及收购人以证券支付收购价款的，应当说明有关该证券发行人的信息披露是否真实、准确、完整以及该证券交易的便捷性等情况；

（八）收购人是否已经履行了必要的授权和批准程序；

（九）是否已对收购过渡期间保持上市公司稳定经营作出安排，该安排是否符合有关规定；

（十）对收购人提出的后续计划进行分析，收购人所从事的业务与上市公司从事的业务存在同业竞争、关联交易的，对收购人解决与上市公司同业竞争等利益冲突及保持上市公司经营独立性的方案进行分析，说明本次收购对上市公司经营独立性和持续发展可能产生的影响；

（十一）在收购标的上是否设定其他权利，是否在收购价款之外还作出其他补偿安排；

（十二）收购人及其关联方与被收购公司之间是否存在业务往来，收购人与被收购公司的董事、监事、高级管理人员是否就其未来任职安排达成某种协议或者默契；

（十三）上市公司原控股股东、实际控制人及其关联方是否存在未清偿对公司的负债、未解除公司为其负债提供的担保或者损害公司利益的其他情形；存在该等情形的，是否已提出切实可行的解决方案；

（十四）涉及收购人拟提出豁免申请的，应当说明本次收购是否属于可以得到豁免的情形，收购人是否作出承诺及是否具备履行相关承诺的实力。

第六十七条 上市公司董事会或者独立董事聘请的独立财务顾问，不得同时担任收购人的财务顾问或者与收购人的财务顾问存在关联关系。独立财务顾问应当根据委托进行尽职调查，对本次收购的公正性和合法性发表专业意见。独立财务顾问报告应当对以下问题进行说明和分析，发表明确意见：

（一）收购人是否具备主体资格；

（二）收购人的实力及本次收购对被收购公司经营独立性和持续发展可能产生的影响分析；

（三）收购人是否存在利用被收购公司的资产或者由被收购公司为本次收购提供财务资助的情形；

（四）涉及要约收购的，分析被收购公司的财务状况，说明收购价格是否充分反映被收购公司价值，收购要约是否公平、合理，对被收购公司社会公众股股东接受要约提出的建议；

（五）涉及收购人以证券支付收购价款的，还应当根据该证券发行人的资产、业务和盈利预测，对相关证券进行估值分析，就收购条件对被收购公司的社会公众股股东是否公平合理、是否接受收购人提出的收购条件提出专业意见；

（六）涉及管理层收购的，应当对上市公司进行估值分析，就本次收购的定价依据、支付方式、收购资金来源、融资安排、还款计划及其可行性、上市公司内部控制制度的执行情况及其有效性、上述人员及其直系亲属在最近24个月内与上市公司业务往来情况以及收购报告书披露的其他内容等进行全面核查，发表明确意见。

第六十八条 财务顾问应当在财务顾问报告中作出以下承诺：

（一）已按照规定履行尽职调查义务，有充分理由确信所发表的专业意见与收购人公告文件的内容不存在实质性差异；

（二）已对收购人公告文件进行核查，确信公告文件的内容与格式符合规定；

（三）有充分理由确信本次收购符合法律、行政法规和中国证监会的规定，有充分理由确信收购人披露的信息真实、准确、完整，不存在虚假记载、误导性陈述和重大遗漏；

（四）就本次收购所出具的专业意见已提交其内核机构审查，并获得通过；

（五）在担任财务顾问期间，已采取严格的保密措施，严格执行内部防火墙制度；

（六）与收购人已订立持续督导协议。

第六十九条 财务顾问在收购过程中和持续督导期间，应当关注被收购公司是否存在为收购人及其关联方提供担保或者借款等损害上市公司利益的情形，发现有违法或者不当行为的，应当及时向中国证监会、派出机构和证券交易所报告。

第七十条 财务顾问为履行职责，可以聘请其他专业机构协助其对收购人进行核查，但应当对收购人提供的资料和披露的信息进行独立判断。

第七十一条 自收购人公告上市公司收购报告书至收购完成后12个月内，财务顾问应当通过日常沟通、定期回访等方式，关注上市公司的经营情况，结合被收购公司定期报告和临时公告的披露事宜，对收购人及被收购公司履行持续督导职责：

（一）督促收购人及时办理股权过户手续，并依法履行报告和公告义务；

（二）督促和检查收购人及被收购公司依法规范运作；

（三）督促和检查收购人履行公开承诺的情况；

（四）结合被收购公司定期报告，核查收购人落实后续计划的情况，是否达到预期目标，实施效果是否与此前的披露内容存在较大差异，是否实现相关盈利预测或者管理层预计达到的目标；

（五）涉及管理层收购的，核查被收购公司定期报告中披露的相关还款计划的落实情况与事实是否一致；

（六）督促和检查履行收购中约定的其他义务的情况。

在持续督导期间，财务顾问应当结合上市公司披露的季度报告、半年度报告和年度报告出具持续督导意见，并在前述定期报告披露后的15日内向派出机构报告。

在此期间，财务顾问发现收购人在上市公司收购报告书中披露的信息与事实不符的，应当督促收购人如实披露相关信息，并及时向中国证监会、派出机构、证券交易所报告。财务顾问解除委托合同的，应当及时向中国证监会、派出机构作出书面报告，说明无法继续履行持续督导职责的理由，并予公告。

第八章 持续监管

第七十二条 在上市公司收购行为完成后12个月内，收购人聘请的财务顾问应当在每季度前3日内就上一季度对上市公司影响较大的投资、购买或者出售资产、关联交易、主营业务调整以及董事、监事、高级管理人员的更换、职工安置、收购人履行承诺等情况向派出机构报告。

收购人注册地与上市公司注册地不同的，还应当将前述情况的报告同时抄报收购人所在地的派出机构。

第七十三条 派出机构根据审慎监管原则，通过与承办上市公司审计业务的会计师事务所谈话、检查财务顾问持续督导责任的落实、定期或者不定期的现场检查等方式，在收购完成后对收购人和上市公司进行监督检查。

派出机构发现实际情况与收购人披露的内容存在重大差异的，对收购人及上市公司予以重点关注，可以责令收购人延长财务顾问的持续督导期，并依法进行查处。

在持续督导期间，财务顾问与收购人解除合同的，收购人应当另行聘请其他财务顾问机构履行持续督导职责。

第七十四条 在上市公司收购中，收购人持有的被收购公司的股份，在收购完成后12个月内不得转让。

收购人在被收购公司中拥有权益的股份在同一实际控制人控制的不同主体之间进行转让不受前述12个月的限制，但应当遵守本办法第六章的规定。

第九章 监管措施与法律责任

第七十五条 上市公司的收购及相关股份权益变动活动中的信息披露义务人，未按照本办法的规定履行报告、公告以及其他相关义务的，中国证监会责令改正，采取监管谈话、出具警示函、责令暂停或者停止收购等监管措施。在改正前，相关信息披露义务人不得对其持有或者实际支配的股份行使表决权。

第七十六条 上市公司的收购及相关股份

权益变动活动中的信息披露义务人在报告、公告等文件中有虚假记载、误导性陈述或者重大遗漏的，中国证监会责令改正，采取监管谈话、出具警示函、责令暂停或者停止收购等监管措施。在改正前，收购人对其持有或者实际支配的股份不得行使表决权。

第七十七条　投资者及其一致行动人取得上市公司控制权而未按照本办法的规定聘请财务顾问，规避法定程序和义务，变相进行上市公司的收购，或者外国投资者规避管辖的，中国证监会责令改正，采取出具警示函、责令暂停或者停止收购等监管措施。在改正前，收购人不得对其持有或者实际支配的股份行使表决权。

第七十八条　收购人未依照本办法的规定履行相关义务或者相应程序擅自实施要约收购的，中国证监会责令改正，采取监管谈话、出具警示函、责令暂停或者停止收购等监管措施；在改正前，收购人不得对其持有或者支配的股份行使表决权。

发出收购要约的收购人在收购要约期限届满，不按照约定支付收购价款或者购买预受股份的，自该事实发生之日起3年内不得收购上市公司，中国证监会不受理收购人及其关联方提交的申报文件。

存在前二款规定情形，收购人涉嫌虚假披露、操纵证券市场的，中国证监会对收购人进行立案稽查，依法追究其法律责任；收购人聘请的财务顾问没有充分证据表明其勤勉尽责的，自收购人违规事实发生之日起1年内，中国证监会不受理该财务顾问提交的上市公司并购重组申报文件，情节严重的，依法追究法律责任。

第七十九条　上市公司控股股东和实际控制人在转让其对公司的控制权时，未清偿其对公司的负债，未解除公司为其提供的担保，或者未对其损害公司利益的其他情形作出纠正的，中国证监会责令改正、责令暂停或者停止收购活动。

被收购公司董事会未能依法采取有效措施促使公司控股股东、实际控制人予以纠正，或者在收购完成后未能促使收购人履行承诺、安排或者保证的，中国证监会可以认定相关董事为不适当人选。

第八十条　上市公司董事未履行忠实义务和勤勉义务，利用收购谋取不当利益的，中国证监会采取监管谈话、出具警示函等监管措施，可以认定为不适当人选。

上市公司章程中涉及公司控制权的条款违反法律、行政法规和本办法规定的，中国证监会责令改正。

第八十一条　为上市公司收购出具资产评估报告、审计报告、法律意见书和财务顾问报告的证券服务机构或者证券公司及其专业人员，未依法履行职责的，中国证监会责令改正，采取监管谈话、出具警示函等监管措施。

前款规定的证券服务机构及其从业人员被责令改正的，在改正前，不得接受新的上市公司并购重组业务。

第八十二条　中国证监会将上市公司的收购及相关股份权益变动活动中的当事人的违法行为和整改情况记入诚信档案。

违反本办法的规定构成证券违法行为的，依法追究法律责任。

第十章　附　　则

第八十三条　本办法所称一致行动，是指投资者通过协议、其他安排，与其他投资者共同扩大其所能够支配的一个上市公司股份表决权数量的行为或者事实。

在上市公司的收购及相关股份权益变动活动中有一致行动情形的投资者，互为一致行动人。如无相反证据，投资者有下列情形之一的，为一致行动人：

（一）投资者之间有股权控制关系；

（二）投资者受同一主体控制；

（三）投资者的董事、监事或者高级管理人员中的主要成员，同时在另一个投资者担任董事、监事或者高级管理人员；

（四）投资者参股另一投资者，可以对参股公司的重大决策产生重大影响；

（五）银行以外的其他法人、其他组织和自然人为投资者取得相关股份提供融资安排；

（六）投资者之间存在合伙、合作、联营等其他经济利益关系；

（七）持有投资者30%以上股份的自然人，与

投资者持有同一上市公司股份;

（八）在投资者任职的董事、监事及高级管理人员，与投资者持有同一上市公司股份；

（九）持有投资者30%以上股份的自然人和在投资者任职的董事、监事及高级管理人员，其父母、配偶、子女及其配偶、配偶的父母、兄弟姐妹及其配偶、配偶的兄弟姐妹及其配偶等亲属，与投资者持有同一上市公司股份；

（十）在上市公司任职的董事、监事、高级管理人员及其前项所述亲属同时持有本公司股份的，或者与其自己或者其前项所述亲属直接或者间接控制的企业同时持有本公司股份；

（十一）上市公司董事、监事、高级管理人员和员工与其所控制或者委托的法人或者其他组织持有本公司股份；

（十二）投资者之间具有其他关联关系。

一致行动人应当合并计算其所持有的股份。投资者计算其所持有的股份，应当包括登记在其名下的股份，也包括登记在其一致行动人名下的股份。

投资者认为其与他人不应被视为一致行动人的，可以向中国证监会提供相反证据。

第八十四条 有下列情形之一的，为拥有上市公司控制权：

（一）投资者为上市公司持股50%以上的控股股东；

（二）投资者可以实际支配上市公司股份表决权超过30%；

（三）投资者通过实际支配上市公司股份表决权能够决定公司董事会半数以上成员选任；

（四）投资者依其可实际支配的上市公司股份表决权足以对公司股东大会的决议产生重大影响；

（五）中国证监会认定的其他情形。

第八十五条 信息披露义务人涉及计算其拥有权益比例的，应当将其所持有的上市公司已发行的可转换为公司股票的证券中有权转换部分与其所持有的同一上市公司的股份合并计算，并将其持股比例与合并计算非股权类证券转为股份后的比例相比，以二者中的较高者为准；行权期限届满未行权的，或者行权条件不再具备的，无需合并计算。

前款所述二者中的较高者，应当按下列公式计算：

（一）投资者持有的股份数量/上市公司已发行股份总数

（二）（投资者持有的股份数量＋投资者持有的可转换为公司股票的非股权类证券所对应的股份数量）/（上市公司已发行股份总数＋上市公司发行的可转换为公司股票的非股权类证券所对应的股份总数）

前款所称“投资者持有的股份数量”包括投资者拥有的普通股数量和优先股恢复的表决权数量，“上市公司已发行股份总数”包括上市公司已发行的普通股总数和优先股恢复的表决权总数。

第八十六条 投资者因行政划转、执行法院裁决、继承、赠与等方式取得上市公司控制权的，应当按照本办法第四章的规定履行报告、公告义务。

第八十七条 权益变动报告书、收购报告书、要约收购报告书、被收购公司董事会报告书、要约收购豁免申请文件等文件的内容与格式，由中国证监会另行制定。

第八十八条 被收购公司在境内、境外同时上市的，收购人除应当遵守本办法及中国证监会的相关规定外，还应当遵守境外上市地的相关规定。

第八十九条 外国投资者收购上市公司及在上市公司中拥有的权益发生变动的，除应当遵守本办法的规定外，还应当遵守外国投资者投资上市公司的相关规定。

第九十条 本办法自2006年9月1日起施行。中国证监会发布的《上市公司收购管理办法》（证监会令第10号）、《上市公司股东持股变动信息披露管理办法》（证监会令第11号）、《关于要约收购涉及的被收购公司股票上市交易条件有关问题的通知》（证监公司字〔2003〕16号）和《关于规范上市公司实际控制权转移行为有关问题的通知》（证监公司字〔2004〕1号）同时废止。

中国证券监督管理委员会关于修改部分证券期货规章的决定(节录)

(2020年3月20日中国证券监督管理委员会令第166号公布　自公布之日起施行)

为做好新修订的《证券法》的贯彻落实工作,中国证监会对有关规章制度进行了清理,决定对13部规章的部分条款予以修改。

一、将《上市公司收购管理办法》第九条第一款修改为:"收购人进行上市公司的收购,应当聘请符合《证券法》规定的专业机构担任财务顾问。收购人未按照本办法规定聘请财务顾问的,不得收购上市公司。"增加一款,作为第五款:"为上市公司收购出具资产评估报告、审计报告、法律意见书的证券服务机构及其从业人员,应当遵守法律、行政法规、中国证监会的有关规定,以及证券交易所的相关规则,遵循本行业公认的业务标准和道德规范,诚实守信,勤勉尽责,对其所制作、出具文件的真实性、准确性和完整性承担责任。"

第十三条修改为:"通过证券交易所的证券交易,投资者及其一致行动人拥有权益的股份达到一个上市公司已发行股份的5%时,应当在该事实发生之日起3日内编制权益变动报告书,向中国证监会、证券交易所提交书面报告,通知该上市公司,并予公告;在上述期限内,不得再行买卖该上市公司的股票,但中国证监会规定的情形除外。

前述投资者及其一致行动人拥有权益的股份达到一个上市公司已发行股份的5%后,通过证券交易所的证券交易,其拥有权益的股份占该上市公司已发行股份的比例每增加或者减少5%,应当依照前款规定进行报告和公告。在该事实发生之日起至公告后3日内,不得再行买卖该上市公司的股票,但中国证监会规定的情形除外。

前述投资者及其一致行动人拥有权益的股份达到一个上市公司已发行股份的5%后,其拥有权益的股份占该上市公司已发行股份的比例每增加或者减少1%,应当在该事实发生的次日通知该上市公司,并予公告。

违反本条第一款、第二款的规定买入在上市公司中拥有权益的股份的,在买入后的36个月内,对该超过规定比例部分的股份不得行使表决权。"

第十四条第二款修改为:"前述投资者及其一致行动人拥有权益的股份达到一个上市公司已发行股份的5%后,其拥有权益的股份占该上市公司已发行股份的比例每增加或者减少达到或者超过5%的,应当依照前款规定履行报告、公告义务。"

第十六条第一款第四项修改为:"(四)在上市公司中拥有权益的股份达到或者超过上市公司已发行股份的5%或者拥有权益的股份增减变化达到5%的时间及方式、增持股份的资金来源"。增加一项,作为第五项:"(五)在上市公司中拥有权益的股份变动的时间及方式"。

第十七条第一款第二项修改为:"(二)取得相关股份的价格、所需资金额,或者其他支付安排"。

第二十一条修改为:"上市公司的收购及相关股份权益变动活动中的信息披露义务人应当在证券交易所的网站和符合中国证监会规定条件的媒体上依法披露信息;在其他媒体上进行披露的,披露内容应当一致,披露时间不得早于前述披露的时间。"

第二十七条修改为:"收购人为终止上市公司的上市地位而发出全面要约的,或者因不符合本办法第六章的规定而发出全面要约的,应当以现金支付收购价款;以依法可以转让的证券(以下简称证券)支付收购价款的,应当同时提供现金方式供被收购公司股东选择。"

第三十九条增加一款,作为第二款:"上市公司发行不同种类股份的,收购人可以针对持有不同种类股份的股东提出不同的收购条件。"第二款改为第三款,修改为:"收购人需要变更收购要约的,必须及时公告,载明具体变更事项,并通知被收购公司。变更收购要约不得存在下列情形:

(一)降低收购价格;

(二)减少预定收购股份数额;

(三)缩短收购期限;

(四)中国证监会规定的其他情形。"

第四十三条第一款修改为:"收购期限届满,

发出部分要约的收购人应当按照收购要约约定的条件购买被收购公司股东预受的股份,预受要约股份的数量超过预定收购数量时,收购人应当按照同等比例收购预受要约的股份;以终止被收购公司上市地位为目的的,收购人应当按照收购要约约定的条件购买被收购公司股东预受的全部股份;因不符合本办法第六章的规定而发出全面要约的收购人应当购买被收购公司股东预受的全部股份。”

第四十四条修改为:“收购期限届满,被收购公司股权分布不符合证券交易所规定的上市交易要求,该上市公司的股票由证券交易所依法终止上市交易。在收购行为完成前,其余仍持有被收购公司股票的股东,有权在收购报告书规定的合理期限内向收购人以收购要约的同等条件出售其股票,收购人应当收购。”

第四十七条第二款修改为:“收购人拥有权益的股份达到该公司已发行股份的30%时,继续进行收购的,应当依法向该上市公司的股东发出全面要约或者部分要约。符合本办法第六章规定情形的,收购人可以免于发出要约。”第三款修改为:“收购人拟通过协议方式收购一个上市公司的股份超过30%的,超过30%的部分,应当改以要约方式进行;但符合本办法第六章规定情形的,收购人可以免于发出要约。符合前述规定情形的,收购人可以履行其收购协议;不符合前述规定情形的,在履行其收购协议前,应当发出全面要约。”

第四十八条修改为:“以协议方式收购上市公司股份超过30%,收购人拟依据本办法第六十二条、第六十三条第一款第(一)项、第(二)项、第(十)项的规定免于发出要约的,应当在与上市公司股东达成收购协议之日起3日内编制上市公司收购报告书,通知被收购公司,并公告上市公司收购报告书摘要。

收购人应当在收购报告书摘要公告后5日内,公告其收购报告书、财务顾问专业意见和律师出具的法律意见书;不符合本办法第六章规定的情形的,应当予以公告,并按照本办法第六十一条第二款的规定办理。”

第五十一条第一款修改为:“上市公司董事、监事、高级管理人员、员工或者其所控制或者委托的法人或者其他组织,拟对本公司进行收购或者通过本办法第五章规定的方式取得本公司控制权(以下简称管理层收购)的,该上市公司应当具备健全且运行良好的组织机构以及有效的内部控制制度,公司董事会成员中独立董事的比例应当达到或者超过1/2。公司应当聘请符合《证券法》规定的资产评估机构提供公司资产评估报告,本次收购应当经董事会非关联董事作出决议,且取得2/3以上的独立董事同意后,提交公司股东大会审议,经出席股东大会的非关联股东所持表决权过半数通过。独立董事发表意见前,应当聘请独立财务顾问就本次收购出具专业意见,独立董事及独立财务顾问的意见应当一并予以公告。”

第五十六条第二款修改为:“收购人拥有权益的股份超过该公司已发行股份的30%的,应当向该公司所有股东发出全面要约;收购人预计无法在事实发生之日起30日内发出全面要约的,应当在前述30日内促使其控制的股东将所持有的上市公司股份减持至30%或者30%以下,并自减持之日起2个工作日内予以公告;其后收购人或者其控制的股东拟继续增持的,应当采取要约方式;拟依据本办法第六章的规定免于发出要约的,应当按照本办法第四十八条的规定办理。”

第六章章名修改为:“免除发出要约”。

第六十一条修改为:“符合本办法第六十二条、第六十三条规定情形的,投资者及其一致行动人可以:

(一)免于以要约收购方式增持股份;

(二)存在主体资格、股份种类限制或者法律、行政法规、中国证监会规定的特殊情形的,免于向被收购公司的所有股东发出收购要约。

不符合本章规定情形的,投资者及其一致行动人应当在30日内将其或者其控制的股东所持有的被收购公司股份减持到30%或者30%以下;拟以要约以外的方式继续增持股份的,应当发出全面要约。”

第六十二条修改为:“有下列情形之一的,收购人可以免于以要约方式增持股份:

(一)收购人与出让人能够证明本次股份转让是在同一实际控制人控制的不同主体之间进行,未导致上市公司的实际控制人发生变化;

（二）上市公司面临严重财务困难，收购人提出的挽救公司的重组方案取得该公司股东大会批准，且收购人承诺3年内不转让其在该公司中所拥有的权益；

（三）中国证监会为适应证券市场发展变化和保护投资者合法权益的需要而认定的其他情形。”

第六十三条修改为：“有下列情形之一的，投资者可以免于发出要约：

（一）经政府或者国有资产管理部门批准进行国有资产无偿划转、变更、合并，导致投资者在一个上市公司中拥有权益的股份占该公司已发行股份的比例超过30%；

（二）因上市公司按照股东大会批准的确定价格向特定股东回购股份而减少股本，导致投资者在该公司中拥有权益的股份超过该公司已发行股份的30%；

（三）经上市公司股东大会非关联股东批准，投资者取得上市公司向其发行的新股，导致其在该公司拥有权益的股份超过该公司已发行股份的30%，投资者承诺3年内不转让本次向其发行的新股，且公司股东大会同意投资者免于发出要约；

（四）在一个上市公司中拥有权益的股份达到或者超过该公司已发行股份的30%的，自上述事实发生之日起一年后，每12个月内增持不超过该公司已发行的2%的股份；

（五）在一个上市公司中拥有权益的股份达到或者超过该公司已发行股份的50%的，继续增加其在该公司拥有的权益不影响该公司的上市地位；

（六）证券公司、银行等金融机构在其经营范围内依法从事承销、贷款等业务导致其持有一个上市公司已发行股份超过30%，没有实际控制该公司的行为或者意图，并且提出在合理期限内向非关联方转让相关股份的解决方案；

（七）因继承导致在一个上市公司中拥有权益的股份超过该公司已发行股份的30%；

（八）因履行约定购回式证券交易协议购回上市公司股份导致投资者在一个上市公司中拥有权益的股份超过该公司已发行股份的30%，并且能够证明标的股份的表决权在协议期间未发生转移；

（九）因所持优先股表决权依法恢复导致投资者在一个上市公司中拥有权益的股份超过该公司已发行股份的30%；

（十）中国证监会为适应证券市场发展变化和保护投资者合法权益的需要而认定的其他情形。

相关投资者应在前款规定的权益变动行为完成后3日内就股份增持情况做出公告，律师应就相关投资者权益变动行为发表符合规定的专项核查意见并由上市公司予以披露。相关投资者按照前款第（五）项规定采用集中竞价方式增持股份的，每累计增持股份比例达到上市公司已发行股份的2%的，在事实发生当日和上市公司发布相关股东增持公司股份进展公告的当日不得再行增持股份。前款第（四）项规定的增持不超过2%的股份锁定期为增持行为完成之日起6个月。”

第六十四条修改为：“收购人按照本章规定的情形免于发出要约的，应当聘请符合《证券法》规定的律师事务所等专业机构出具专业意见。”

第六十五条第二项、第四项中的“申报文件”修改为“公告文件”。删去第五项。

第六十六条第十四项修改为：“（十四）涉及收购人拟免于发出要约的，应当说明本次收购是否属于本办法第六章规定的情形，收购人是否作出承诺及是否具备履行相关承诺的实力”。

第七十四条修改为：“在上市公司收购中，收购人持有的被收购公司的股份，在收购完成后18个月内不得转让。

收购人在被收购公司中拥有权益的股份在同一实际控制人控制的不同主体之间进行转让不受前述18个月的限制，但应当遵守本办法第六章的规定。”

第七十八条第一款修改为：“收购人未依照本办法的规定履行相关义务、相应程序擅自实施要约收购的，或者不符合本办法规定的免除发出要约情形，拒不履行相关义务、相应程序的，中国证监会责令改正，采取监管谈话、出具警示函、责令暂停或者停止收购等监管措施。在改正前，收购人不得对其持有或者支配的股份行使表决权。”

第八十一条第一款修改为:“为上市公司收购出具资产评估报告、审计报告、法律意见书和财务顾问报告的证券服务机构或者证券公司及其专业人员,未依法履行职责的,或者违反中国证监会的有关规定或者行业规范、业务规则的,中国证监会责令改正,采取监管谈话、出具警示函、责令公开说明、责令定期报告等监管措施。”

第八十七条修改为:“权益变动报告书、收购报告书、要约收购报告书、被收购公司董事会报告书等文件的内容与格式,由中国证监会另行制定。”

……

上市公司收购管理办法

(2006年5月17日中国证券监督管理委员会令第35号公布 根据2008年8月27日中国证券监督管理委员会《关于修改〈上市公司收购管理办法〉第六十三条的决定》第一次修订 根据2012年2月14日中国证券监督管理委员会《关于修改〈上市公司收购管理办法〉第六十二条及第六十三条的决定》第二次修订 根据2014年10月23日中国证券监督管理委员会《关于修改〈上市公司收购管理办法〉的决定》第三次修订 根据2020年3月20日中国证券监督管理委员会《关于修改部分证券期货规章的决定》第四次修订)

第一章 总 则

第一条 为了规范上市公司的收购及相关股份权益变动活动,保护上市公司和投资者的合法权益,维护证券市场秩序和社会公共利益,促进证券市场资源的优化配置,根据《证券法》、《公司法》及其他相关法律、行政法规,制定本办法。

第二条 上市公司的收购及相关股份权益变动活动,必须遵守法律、行政法规及中国证券监督管理委员会(以下简称中国证监会)的规定。当事人应当诚实守信,遵守社会公德、商业道德,自觉维护证券市场秩序,接受政府、社会公众的监督。

第三条 上市公司的收购及相关股份权益变动活动,必须遵循公开、公平、公正的原则。

上市公司的收购及相关股份权益变动活动中的信息披露义务人,应当充分披露其在上市公司中的权益及变动情况,依法严格履行报告、公告和其他法定义务。在相关信息披露前,负有保密义务。

信息披露义务人报告、公告的信息必须真实、准确、完整,不得有虚假记载、误导性陈述或者重大遗漏。

第四条 上市公司的收购及相关股份权益变动活动不得危害国家安全和社会公共利益。

上市公司的收购及相关股份权益变动活动涉及国家产业政策、行业准入、国有股份转让等事项,需要取得国家相关部门批准的,应当在取得批准后进行。

外国投资者进行上市公司的收购及相关股份权益变动活动的,应当取得国家相关部门的批准,适用中国法律,服从中国的司法、仲裁管辖。

第五条 收购人可以通过取得股份的方式成为一个上市公司的控股股东,可以通过投资关系、协议、其他安排的途径成为一个上市公司的实际控制人,也可以同时采取上述方式和途径取得上市公司控制权。

收购人包括投资者及与其一致行动的他人。

第六条 任何人不得利用上市公司的收购损害被收购公司及其股东的合法权益。

有下列情形之一的,不得收购上市公司:

(一)收购人负有数额较大债务,到期未清偿,且处于持续状态;

(二)收购人最近3年有重大违法行为或者涉嫌有重大违法行为;

(三)收购人最近3年有严重的证券市场失信行为;

(四)收购人为自然人的,存在《公司法》第一百四十六条规定情形;

(五)法律、行政法规规定以及中国证监会认定的不得收购上市公司的其他情形。

第七条 被收购公司的控股股东或者实际控制人不得滥用股东权利损害被收购公司或者其他股东的合法权益。

被收购公司的控股股东、实际控制人及其关联方有损害被收购公司及其他股东合法权益的,上述控股股东、实际控制人在转让被收购公司控制权之前，应当主动消除损害；未能消除损害的，应当就其出让相关股份所得收入用于消除全部损害做出安排，对不足以消除损害的部分应当提供充分有效的履约担保或安排，并依照公司章程取得被收购公司股东大会的批准。

第八条 被收购公司的董事、监事、高级管理人员对公司负有忠实义务和勤勉义务，应当公平对待收购本公司的所有收购人。

被收购公司董事会针对收购所做出的决策及采取的措施，应当有利于维护公司及其股东的利益，不得滥用职权对收购设置不适当的障碍，不得利用公司资源向收购人提供任何形式的财务资助，不得损害公司及其股东的合法权益。

第九条 收购人进行上市公司的收购，应当聘请符合《证券法》规定的专业机构担任财务顾问。收购人未按照本办法规定聘请财务顾问的，不得收购上市公司。

财务顾问应当勤勉尽责，遵守行业规范和职业道德，保持独立性，保证其所制作、出具文件的真实性、准确性和完整性。

财务顾问认为收购人利用上市公司的收购损害被收购公司及其股东合法权益的，应当拒绝为收购人提供财务顾问服务。

财务顾问不得教唆、协助或者伙同委托人编制或披露存在虚假记载、误导性陈述或者重大遗漏的报告、公告文件，不得从事不正当竞争，不得利用上市公司的收购谋取不正当利益。

为上市公司收购出具资产评估报告、审计报告、法律意见书的证券服务机构及其从业人员，应当遵守法律、行政法规、中国证监会的有关规定，以及证券交易所的相关规则，遵循本行业公认的业务标准和道德规范，诚实守信，勤勉尽责，对其所制作、出具文件的真实性、准确性和完整性承担责任。

第十条 中国证监会依法对上市公司的收购及相关股份权益变动活动进行监督管理。

中国证监会设立由专业人员和有关专家组成的专门委员会。专门委员会可以根据中国证监会职能部门的请求，就是否构成上市公司的收购、是否有不得收购上市公司的情形以及其他相关事宜提供咨询意见。中国证监会依法做出决定。

第十一条 证券交易所依法制定业务规则，为上市公司的收购及相关股份权益变动活动组织交易和提供服务，对相关证券交易活动进行实时监控，监督上市公司的收购及相关股份权益变动活动的信息披露义务人切实履行信息披露义务。

证券登记结算机构依法制定业务规则，为上市公司的收购及相关股份权益变动活动所涉及的证券登记、存管、结算等事宜提供服务。

第二章 权益披露

第十二条 投资者在一个上市公司中拥有的权益，包括登记在其名下的股份和虽未登记在其名下但该投资者可以实际支配表决权的股份。投资者及其一致行动人在一个上市公司中拥有的权益应当合并计算。

第十三条 通过证券交易所的证券交易，投资者及其一致行动人拥有权益的股份达到一个上市公司已发行股份的5%时，应当在该事实发生之日起3日内编制权益变动报告书，向中国证监会、证券交易所提交书面报告，通知该上市公司，并予公告；在上述期限内，不得再行买卖该上市公司的股票，但中国证监会规定的情形除外。

前述投资者及其一致行动人拥有权益的股份达到一个上市公司已发行股份的5%后，通过证券交易所的证券交易，其拥有权益的股份占该上市公司已发行股份的比例每增加或者减少5%，应当依照前款规定进行报告和公告。在该事实发生之日起至公告后3日内，不得再行买卖该上市公司的股票，但中国证监会规定的情形除外。

前述投资者及其一致行动人拥有权益的股份达到一个上市公司已发行股份的5%后，其拥有权益的股份占该上市公司已发行股份的比例每增加或者减少1%，应当在该事实发生的次日通知该上市公司，并予公告。

违反本条第一款、第二款的规定买入在上市公司中拥有权益的股份的，在买入后的36个月内，对该超过规定比例部分的股份不得行使表决权。

第十四条 通过协议转让方式，投资者及其一致行动人在一个上市公司中拥有权益的股份拟达到或者超过一个上市公司已发行股份的5%时，应当在该事实发生之日起3日内编制权益变动报告书，向中国证监会、证券交易所提交书面报告，通知该上市公司，并予公告。

前述投资者及其一致行动人拥有权益的股份达到一个上市公司已发行股份的5%后，其拥有权益的股份占该上市公司已发行股份的比例每增加或者减少达到或者超过5%的，应当依照前款规定履行报告、公告义务。

前两款规定的投资者及其一致行动人在作出报告、公告前，不得再行买卖该上市公司的股票。相关股份转让及过户登记手续按照本办法第四章及证券交易所、证券登记结算机构的规定办理。

第十五条　投资者及其一致行动人通过行政划转或者变更、执行法院裁定、继承、赠与等方式拥有权益的股份变动达到前条规定比例的，应当按照前条规定履行报告、公告义务，并参照前条规定办理股份过户登记手续。

第十六条　投资者及其一致行动人不是上市公司的第一大股东或者实际控制人，其拥有权益的股份达到或者超过该公司已发行股份的5%，但未达到20%的，应当编制包括下列内容的简式权益变动报告书：

（一）投资者及其一致行动人的姓名、住所；投资者及其一致行动人为法人的，其名称、注册地及法定代表人；

（二）持股目的，是否有意在未来12个月内继续增加其在上市公司中拥有的权益；

（三）上市公司的名称、股票的种类、数量、比例；

（四）在上市公司中拥有权益的股份达到或者超过上市公司已发行股份的5%或者拥有权益的股份增减变化达到5%的时间及方式、增持股份的资金来源；

（五）在上市公司中拥有权益的股份变动的时间及方式；

（六）权益变动事实发生之日前6个月内通过证券交易所的证券交易买卖该公司股票的简要情况；

（七）中国证监会、证券交易所要求披露的其他内容。

前述投资者及其一致行动人为上市公司第一大股东或者实际控制人，其拥有权益的股份达到或者超过一个上市公司已发行股份的5%，但未达到20%的，还应当披露本办法第十七条第一款规定的内容。

第十七条　投资者及其一致行动人拥有权益的股份达到或者超过一个上市公司已发行股份的20%但未超过30%的，应当编制详式权益变动报告书，除须披露前条规定的信息外，还应当披露以下内容：

（一）投资者及其一致行动人的控股股东、实际控制人及其股权控制关系结构图；

（二）取得相关股份的价格、所需资金额，或者其他支付安排；

（三）投资者、一致行动人及其控股股东、实际控制人所从事的业务与上市公司的业务是否存在同业竞争或者潜在的同业竞争，是否存在持续关联交易；存在同业竞争或者持续关联交易的，是否已做出相应的安排，确保投资者、一致行动人及其关联方与上市公司之间避免同业竞争以及保持上市公司的独立性；

（四）未来12个月内对上市公司资产、业务、人员、组织结构、公司章程等进行调整的后续计划；

（五）前24个月内投资者及其一致行动人与上市公司之间的重大交易；

（六）不存在本办法第六条规定的情形；

（七）能够按照本办法第五十条的规定提供相关文件。

前述投资者及其一致行动人为上市公司第一大股东或者实际控制人的，还应当聘请财务顾问对上述权益变动报告书所披露的内容出具核查意见，但国有股行政划转或者变更、股份转让在同一实际控制人控制的不同主体之间进行、因继承取得股份的除外。投资者及其一致行动人承诺至少3年放弃行使相关股份表决权的，可免于聘请财务顾问和提供前款第（七）项规定的文件。

第十八条　已披露权益变动报告书的投资者及其一致行动人在披露之日起6个月内，因拥有权益的股份变动需要再次报告、公告权益变动报告书的，可以仅就与前次报告书不同的部分作出报告、公告；自前次披露之日起超过6个月的，投资者及其一致行动人应当按照本章的规定编制权益变动报告书，履行报告、公告义务。

第十九条　因上市公司减少股本导致投资者及其一致行动人拥有权益的股份变动出现本办法第十四条规定情形的，投资者及其一致行动人免于履行报告和公告义务。上市公司应当自完成减少股本的变更登记之日起2个工作日内，就因此导致的公司股东拥有权益的股份变动情况作出公告；因公司减少股本可能导致投资者及其一致行动人成为公司第一大股东或者实际控制人的，该投资者及其一致行动人应当自公司董事会公告有关减少公司股本决议之日起3个工作日内，按照本办法第十七条第一款的规定履行报告、公告义务。

第二十条　上市公司的收购及相关股份权益变动活动中的信息披露义务人依法披露前，相关信息已在媒体上传播或者公司股票交易出现异常的，上市公司应当立即向当事人进行查询，当事人应当及时予以书面答复，上市公司应当及时作出公告。

第二十一条　上市公司的收购及相关股份权益变动活动中的信息披露义务人应当在证券交易所的网站和符合中国证监会规定条件的媒体上依法披露信息；在其他媒体上进行披露的，披露内容应当一致，披露时间不得早于前述披露的时间。

第二十二条　上市公司的收购及相关股份权益变动活动中的信息披露义务人采取一致行动的，可以以书面形式约定由其中一人作为指定代表负责统一编制信息披露文件，并同意授权指定代表在信息披露文件上签字、盖章。

各信息披露义务人应当对信息披露文件中涉及其自身的信息承担责任；对信息披露文件中涉及的与多个信息披露义务人相关的信息，各信息披露义务人对相关部分承担连带责任。

第三章　要约收购

第二十三条　投资者自愿选择以要约方式收购上市公司股份的，可以向被收购公司所有股东发出收购其所持有的全部股份的要约（以下简称全面要约），也可以向被收购公司所有股东发出收购其所持有的部分股份的要约（以下简称部分要约）。

第二十四条　通过证券交易所的证券交易，收购人持有一个上市公司的股份达到该公司已发行股份的30%时，继续增持股份的，应当采取要约方式进行，发出全面要约或者部分要约。

第二十五条　收购人依照本办法第二十三条、第二十四条、第四十七条、第五十六条的规定，以要约方式收购一个上市公司股份的，其预定收购的股份比例均不得低于该上市公司已发行股份的5%。

第二十六条　以要约方式进行上市公司收购的，收购人应当公平对待被收购公司的所有股东。持有同一种类股份的股东应当得到同等对待。

第二十七条　收购人为终止上市公司的上市地位而发出全面要约的，或者因不符合本办法第六章的规定而发出全面要约的，应当以现金支付收购价款；以依法可以转让的证券（以下简称证券）支付收购价款的，应当同时提供现金方式供被收购公司股东选择。

第二十八条　以要约方式收购上市公司股份的，收购人应当编制要约收购报告书，聘请财务顾问，通知被收购公司，同时对要约收购报告书摘要作出提示性公告。

本次收购依法应当取得相关部门批准的，收购人应当在要约收购报告书摘要中作出特别提示，并在取得批准后公告要约收购报告书。

第二十九条　前条规定的要约收购报告书，应当载明下列事项：

（一）收购人的姓名、住所；收购人为法人的，其名称、注册地及法定代表人，与其控股股东、实际控制人之间的股权控制关系结构图；

（二）收购人关于收购的决定及收购目的，是否拟在未来12个月内继续增持；

（三）上市公司的名称、收购股份的种类；

（四）预定收购股份的数量和比例；

（五）收购价格；

（六）收购所需资金额、资金来源及资金保证，或者其他支付安排；

（七）收购要约约定的条件；

（八）收购期限；

（九）公告收购报告书时持有被收购公司的股份数量、比例；

（十）本次收购对上市公司的影响分析，包括收购人及其关联方所从事的业务与上市公司的业务是否存在同业竞争或者潜在的同业竞争，是否存在持续关联交易；存在同业竞争或者持续关联交易的，收购人是否已作出相应的安排，确保收购人及其关联方与上市公司之间避免同业竞争以及保持上市公司的独立性；

（十一）未来12个月内对上市公司资产、业务、人员、组织结构、公司章程等进行调整的后续计划；

（十二）前24个月内收购人及其关联方与上市公司之间的重大交易；

（十三）前6个月内通过证券交易所的证券交易买卖被收购公司股票的情况；

（十四）中国证监会要求披露的其他内容。

收购人发出全面要约的，应当在要约收购报告书中充分披露终止上市的风险、终止上市后收购行为完成的时间及仍持有上市公司股份的剩余股东出售其股票的其他后续安排；收购人发出以终止公司上市地位为目的的全面要约，无须披露前款第（十）项规定的内容。

第三十条 收购人按照本办法第四十七条拟收购上市公司股份超过30%，须改以要约方式进行收购的，收购人应当在达成收购协议或者做出类似安排后的3日内对要约收购报告书摘要作出提示性公告，并按照本办法第二十八条、第二十九条的规定履行公告义务，同时免于编制、公告上市公司收购报告书；依法应当取得批准的，应当在公告中特别提示本次要约须取得相关批准方可进行。

未取得批准的，收购人应当在收到通知之日起2个工作日内，公告取消收购计划，并通知被收购公司。

第三十一条 收购人自作出要约收购提示性公告起60日内，未公告要约收购报告书的，收购人应当在期满后次一个工作日通知被收购公司，并予公告；此后每30日应当公告一次，直至公告要约收购报告书。

收购人作出要约收购提示性公告后，在公告要约收购报告书之前，拟自行取消收购计划的，应当公告原因；自公告之日起12个月内，该收购人不得再次对同一上市公司进行收购。

第三十二条 被收购公司董事会应当对收购人的主体资格、资信情况及收购意图进行调查，对要约条件进行分析，对股东是否接受要约提出建议，并聘请独立财务顾问提出专业意见。在收购人公告要约收购报告书后20日内，被收购公司董事会应当公告被收购公司董事会报告书与独立财务顾问的专业意见。

收购人对收购要约条件做出重大变更的，被收购公司董事会应当在3个工作日内公告董事会及独立财务顾问就要约条件的变更情况所出具的补充意见。

第三十三条 收购人作出提示性公告后至要约收购完成前，被收购公司除继续从事正常的经营活动或者执行股东大会已经作出的决议外，未经股东大会批准，被收购公司董事会不得通过处置公司资产、对外投资、调整公司主要业务、担保、贷款等方式，对公司的资产、负债、权益或者经营成果造成重大影响。

第三十四条 在要约收购期间，被收购公司董事不得辞职。

第三十五条 收购人按照本办法规定进行要约收购的，对同一种类股票的要约价格，不得低于要约收购提示性公告日前6个月内收购人取得该种股票所支付的最高价格。

要约价格低于提示性公告日前30个交易日该种股票的每日加权平均价格的算术平均值的，收购人聘请的财务顾问应当就该种股票前6个月的交易情况进行分析，说明是否存在股价被操纵、收购人是否有未披露的一致行动人、收购人前6个月取得公司股份是否存在其他支付安排、要约价格的合理性等。

第三十六条 收购人可以采用现金、证券、现金与证券相结合等合法方式支付收购上市公司的价款。收购人以证券支付收购价款的，应当提供该证券的发行人最近3年经审计的财务会计报告、证券估值报告，并配合被收购公司聘请的独立财务顾问的尽职调查工作。收购人以在证券交易所上市的债券支付收购价款的，该债券的可上市交易时间应当不少于一个月。收购人以未在证券交易所上市交易的证券支付收购价款的，必须同时提供现金方式供被收购公司的股东选择，并详细披露相关证券的保管、送达被收购公司股东的方式和程序安排。

收购人聘请的财务顾问应当对收购人支付收购价款的能力和资金来源进行充分的尽职调查，详细披露核查的过程和依据，说明收购人是否具备要约收购的能力。收购人应当在作出要约收购提示性公告的同时，提供以下至少一项安排保证其具备履约能力：

（一）以现金支付收购价款的，将不少于收购价款总额的20%作为履约保证金存入证券登记结算机构指定的银行；收购人以在证券交易所上市交易的证券支付收购价款的，将用于支付的全部证券交由证券登记结算机构保管，但上市公司发行新股的除外；

（二）银行对要约收购所需价款出具保函；

（三）财务顾问出具承担连带保证责任的书面承诺，明确如要约期满收购人不支付收购价款，财务顾问进行支付。

第三十七条　收购要约约定的收购期限不得少于30日，并不得超过60日；但是出现竞争要约的除外。

在收购要约约定的承诺期限内，收购人不得撤销其收购要约。

第三十八条　采取要约收购方式的，收购人作出公告后至收购期限届满前，不得卖出被收购公司的股票，也不得采取要约规定以外的形式和超出要约的条件买入被收购公司的股票。

第三十九条　收购要约提出的各项收购条件，适用于被收购公司的所有股东。

上市公司发行不同种类股份的，收购人可以针对持有不同种类股份的股东提出不同的收购条件。

收购人需要变更收购要约的，必须及时公告，载明具体变更事项，并通知被收购公司。变更收购要约不得存在下列情形：

（一）降低收购价格；

（二）减少预定收购股份数额；

（三）缩短收购期限；

（四）中国证监会规定的其他情形。

第四十条　收购要约期限届满前15日内，收购人不得变更收购要约；但是出现竞争要约的除外。

出现竞争要约时，发出初始要约的收购人变更收购要约距初始要约收购期限届满不足15日的，应当延长收购期限，延长后的要约期应当不少于15日，不得超过最后一个竞争要约的期满日，并按规定追加履约保证。

发出竞争要约的收购人最迟不得晚于初始要约收购期限届满前15日发出要约收购的提示性公告，并应当根据本办法第二十八条和第二十九条的规定履行公告义务。

第四十一条　要约收购报告书所披露的基本事实发生重大变化的，收购人应当在该重大变化发生之日起2个工作日内作出公告，并通知被收购公司。

第四十二条　同意接受收购要约的股东（以下简称预受股东），应当委托证券公司办理预受要约的相关手续。收购人应当委托证券公司向证券登记结算机构申请办理预受要约股票的临时保管。证券登记结算机构临时保管的预受要约的股票，在要约收购期间不得转让。

前款所称预受，是指被收购公司股东同意接受要约的初步意思表示，在要约收购期限内不可撤回之前不构成承诺。在要约收购期限届满3个交易日前，预受股东可以委托证券公司办理撤回预受要约的手续，证券登记结算机构根据预受要约股东的撤回申请解除对预受要约股票的临时保管。在要约收购期限届满前3个交易日内，预受股东不得撤回其对要约的接受。在要约收购期限内，收购人应当每日在证券交易所网站上公告已预受收购要约的股份数量。

出现竞争要约时，接受初始要约的预受股东撤回全部或者部分预受的股份，并将撤回的股份售予竞争要约人的，应当委托证券公司办理撤回预受初始要约的手续和预受竞争要约的相关手续。

第四十三条　收购期限届满，发出部分要约的收购人应当按照收购要约约定的条件购买被收购公司股东预受的股份，预受要约股份的数量超过预定收购数量时，收购人应当按照同等比例收购预受要约的股份；以终止被收购公司上市地位为目的的，收购人应当按照收购要约约定的条件购买被收购公司股东预受的全部股份；因不符合本办法第六章的规定而发出全面要约的收购人应当购买被收购公司股东预受的全部股份。

收购期限届满后3个交易日内，接受委托的证券公司应当向证券登记结算机构申请办理股份转让结算、过户登记手续，解除对超过预定收购比例的股票的临时保管；收购人应当公告本次要约收购的结果。

第四十四条 收购期限届满，被收购公司股权分布不符合证券交易所规定的上市交易要求，该上市公司的股票由证券交易所依法终止上市交易。在收购行为完成前，其余仍持有被收购公司股票的股东，有权在收购报告书规定的合理期限内向收购人以收购要约的同等条件出售其股票，收购人应当收购。

第四十五条 收购期限届满后15日内，收购人应当向证券交易所提交关于收购情况的书面报告，并予以公告。

第四十六条 除要约方式外，投资者不得在证券交易所外公开求购上市公司的股份。

第四章 协议收购

第四十七条 收购人通过协议方式在一个上市公司中拥有权益的股份达到或者超过该公司已发行股份的5%，但未超过30%的，按照本办法第二章的规定办理。

收购人拥有权益的股份达到该公司已发行股份的30%时，继续进行收购的，应当依法向该上市公司的股东发出全面要约或者部分要约。符合本办法第六章规定情形的，收购人可以免于发出要约。

收购人拟通过协议方式收购一个上市公司的股份超过30%的，超过30%的部分，应当改以要约方式进行；但符合本办法第六章规定情形的，收购人可以免于发出要约。符合前述规定情形的，收购人可以履行其收购协议；不符合前述规定情形的，在履行其收购协议前，应当发出全面要约。

第四十八条 以协议方式收购上市公司股份超过30%，收购人拟依据本办法第六十二条、第六十三条第一款第（一）项、第（二）项、第（十）项的规定免于发出要约的，应当在与上市公司股东达成收购协议之日起3日内编制上市公司收购报告书，通知被收购公司，并公告上市公司收购报告书摘要。

收购人应当在收购报告书摘要公告后5日内，公告其收购报告书、财务顾问专业意见和律师出具的法律意见书；不符合本办法第六章规定的情形的，应当予以公告，并按照本办法第六十一条第二款的规定办理。

第四十九条 依据前条规定所作的上市公司收购报告书，须披露本办法第二十九条第（一）项至第（六）项和第（九）项至第（十四）项规定的内容及收购协议的生效条件和付款安排。

已披露收购报告书的收购人在披露之日起6个月内，因权益变动需要再次报告、公告的，可以仅就与前次报告书不同的部分作出报告、公告；超过6个月的，应当按照本办法第二章的规定履行报告、公告义务。

第五十条 收购人公告上市公司收购报告书时，应当提交以下备查文件：

（一）中国公民的身份证明，或者在中国境内登记注册的法人、其他组织的证明文件；

（二）基于收购人的实力和从业经验对上市公司后续发展计划可行性的说明，收购人拟修改公司章程、改选公司董事会、改变或者调整公司主营业务的，还应当补充其具备规范运作上市公司的管理能力的说明；

（三）收购人及其关联方与被收购公司存在同业竞争、关联交易的，应提供避免同业竞争等利益冲突、保持被收购公司经营独立性的说明；

（四）收购人为法人或者其他组织的，其控股股东、实际控制人最近2年未变更的说明；

（五）收购人及其控股股东或实际控制人的核心企业和核心业务、关联企业及主营业务的说明；收购人或其实际控制人为两个或两个以上的上市公司控股股东或实际控制人的，还应当提供其持股5%以上的上市公司以及银行、信托公司、证券公司、保险公司等其他金融机构的情况说明；

（六）财务顾问关于收购人最近3年的诚信记录、收购资金来源合法性、收购人具备履行相关承诺的能力以及相关信息披露内容真实性、准确性、完整性的核查意见；收购人成立未满3年的，财务顾问还应当提供其控股股东或者实际控制人最近3年诚信记录的核查意见。

境外法人或者境外其他组织进行上市公司收购的，除应当提交第一款第（二）项至第（六）项规定的文件外，还应当提交以下文件：

（一）财务顾问出具的收购人符合对上市公司进行战略投资的条件、具有收购上市公司的能力的核查意见；

（二）收购人接受中国司法、仲裁管辖的声明。

第五十一条　上市公司董事、监事、高级管理人员、员工或者其所控制或者委托的法人或者其他组织，拟对本公司进行收购或者通过本办法第五章规定的方式取得本公司控制权（以下简称管理层收购）的，该上市公司应当具备健全且运行良好的组织机构以及有效的内部控制制度，公司董事会成员中独立董事的比例应当达到或者超过1/2。公司应当聘请符合《证券法》规定的资产评估机构提供公司资产评估报告，本次收购应当经董事会非关联董事作出决议，且取得2/3以上的独立董事同意后，提交公司股东大会审议，经出席股东大会的非关联股东所持表决权过半数通过。独立董事发表意见前，应当聘请独立财务顾问就本次收购出具专业意见，独立董事及独立财务顾问的意见应当一并予以公告。

上市公司董事、监事、高级管理人员存在《公司法》第一百四十八条规定情形，或者最近3年有证券市场不良诚信记录的，不得收购本公司。

第五十二条　以协议方式进行上市公司收购的，自签订收购协议起至相关股份完成过户的期间为上市公司收购过渡期（以下简称过渡期）。在过渡期内，收购人不得通过控股股东提议改选上市公司董事会，确有充分理由改选董事会的，来自收购人的董事不得超过董事会成员的1/3；被收购公司不得为收购人及其关联方提供担保；被收购公司不得公开发行股份募集资金，不得进行重大购买、出售资产及重大投资行为或者与收购人及其关联方进行其他关联交易，但收购人为挽救陷入危机或者面临严重财务困难的上市公司的情形除外。

第五十三条　上市公司控股股东向收购人协议转让其所持有的上市公司股份的，应当对收购人的主体资格、诚信情况及收购意图进行调查，并在其权益变动报告书中披露有关调查情况。

控股股东及其关联方未清偿其对公司的负债，未解除公司为其负债提供的担保，或者存在损害公司利益的其他情形的，被收购公司董事会应当对前述情形及时予以披露，并采取有效措施维护公司利益。

第五十四条　协议收购的相关当事人应当向证券登记结算机构申请办理拟转让股份的临时保管手续，并可以将用于支付的现金存放于证券登记结算机构指定的银行。

第五十五条　收购报告书公告后，相关当事人应当按照证券交易所和证券登记结算机构的业务规则，在证券交易所就本次股份转让予以确认后，凭全部转让款项存放于双方认可的银行账户的证明，向证券登记结算机构申请解除拟协议转让股票的临时保管，并办理过户登记手续。

收购人未按规定履行报告、公告义务，或者未按规定提出申请的，证券交易所和证券登记结算机构不予办理股份转让和过户登记手续。

收购人在收购报告书公告后30日内仍未完成相关股份过户手续的，应当立即作出公告，说明理由；在未完成相关股份过户期间，应当每隔30日公告相关股份过户办理进展情况。

第五章　间接收购

第五十六条　收购人虽不是上市公司的股东，但通过投资关系、协议、其他安排导致其拥有权益的股份达到或者超过一个上市公司已发行股份的5%未超过30%的，应当按照本办法第二章的规定办理。

收购人拥有权益的股份超过该公司已发行股份的30%的，应当向该公司所有股东发出全面要约；收购人预计无法在事实发生之日起30日内发出全面要约的，应当在前述30日内促使其控制的股东将所持有的上市公司股份减持至30%或者30%以下，并自减持之日起2个工作日内予以公告；其后收购人或者其控制的股东拟继续增持的，应当采取要约方式；拟依据本办法第六章的规定免于发出要约的，应当按照本办法第四十八条的规定办理。

第五十七条　投资者虽不是上市公司的股

东,但通过投资关系取得对上市公司股东的控制权,而受其支配的上市公司股东所持股份达到前条规定比例、且对该股东的资产和利润构成重大影响的,应当按照前条规定履行报告、公告义务。

第五十八条 上市公司实际控制人及受其支配的股东,负有配合上市公司真实、准确、完整披露有关实际控制人发生变化的信息的义务;实际控制人及受其支配的股东拒不履行上述配合义务,导致上市公司无法履行法定信息披露义务而承担民事、行政责任的,上市公司有权对其提起诉讼。实际控制人、控股股东指使上市公司及其有关人员不依法履行信息披露义务的,中国证监会依法进行查处。

第五十九条 上市公司实际控制人及受其支配的股东未履行报告、公告义务的,上市公司应当自知悉之日起立即作出报告和公告。上市公司就实际控制人发生变化的情况予以公告后,实际控制人仍未披露的,上市公司董事会应当向实际控制人和受其支配的股东查询,必要时可以聘请财务顾问进行查询,并将查询情况向中国证监会、上市公司所在地的中国证监会派出机构(以下简称派出机构)和证券交易所报告;中国证监会依法对拒不履行报告、公告义务的实际控制人进行查处。

上市公司知悉实际控制人发生较大变化而未能将有关实际控制人的变化情况及时予以报告和公告的,中国证监会责令改正,情节严重的,认定上市公司负有责任的董事为不适当人选。

第六十条 上市公司实际控制人及受其支配的股东未履行报告、公告义务,拒不履行第五十八条规定的配合义务,或者实际控制人存在不得收购上市公司情形的,上市公司董事会应当拒绝接受受实际控制人支配的股东向董事会提交的提案或者临时议案,并向中国证监会、派出机构和证券交易所报告。中国证监会责令实际控制人改正,可以认定实际控制人通过受其支配的股东所提名的董事为不适当人选;改正前,受实际控制人支配的股东不得行使其持有股份的表决权。上市公司董事会未拒绝接受实际控制人及受其支配的股东所提出的提案的,中国证监会可以认定负有责任的董事为不适当人选。

第六章 免除发出要约

第六十一条 符合本办法第六十二条、第六十三条规定情形的,投资者及其一致行动人可以:

(一)免于以要约收购方式增持股份;

(二)存在主体资格、股份种类限制或者法律、行政法规、中国证监会规定的特殊情形的,免于向被收购公司的所有股东发出收购要约。

不符合本章规定情形的,投资者及其一致行动人应当在30日内将其或者其控制的股东所持有的被收购公司股份减持到30%或者30%以下;拟以要约以外的方式继续增持股份的,应当发出全面要约。

第六十二条 有下列情形之一的,收购人可以免于以要约方式增持股份:

(一)收购人与出让人能够证明本次股份转让是在同一实际控制人控制的不同主体之间进行,未导致上市公司的实际控制人发生变化;

(二)上市公司面临严重财务困难,收购人提出的挽救公司的重组方案取得该公司股东大会批准,且收购人承诺3年内不转让其在该公司中所拥有的权益;

(三)中国证监会为适应证券市场发展变化和保护投资者合法权益的需要而认定的其他情形。

第六十三条 有下列情形之一的,投资者可以免于发出要约:

(一)经政府或者国有资产管理部门批准进行国有资产无偿划转、变更、合并,导致投资者在一个上市公司中拥有权益的股份占该公司已发行股份的比例超过30%;

(二)因上市公司按照股东大会批准的确定价格向特定股东回购股份而减少股本,导致投资者在该公司中拥有权益的股份超过该公司已发行股份的30%;

(三)经上市公司股东大会非关联股东批准,投资者取得上市公司向其发行的新股,导致其在该公司拥有权益的股份超过该公司已发行股份的30%,投资者承诺3年内不转让本次向其发行的新股,且公司股东大会同意投资者免于发出要约;

(四)在一个上市公司中拥有权益的股份达

到或者超过该公司已发行股份的30%的,自上述事实发生之日起一年后,每12个月内增持不超过该公司已发行的2%的股份;

(五)在一个上市公司中拥有权益的股份达到或者超过该公司已发行股份的50%的,继续增加其在该公司拥有的权益不影响该公司的上市地位;

(六)证券公司、银行等金融机构在其经营范围内依法从事承销、贷款等业务导致其持有一个上市公司已发行股份超过30%,没有实际控制该公司的行为或者意图,并且提出在合理期限内向非关联方转让相关股份的解决方案;

(七)因继承导致在一个上市公司中拥有权益的股份超过该公司已发行股份的30%;

(八)因履行约定购回式证券交易协议购回上市公司股份导致投资者在一个上市公司中拥有权益的股份超过该公司已发行股份的30%,并且能够证明标的股份的表决权在协议期间未发生转移;

(九)因所持优先股表决权依法恢复导致投资者在一个上市公司中拥有权益的股份超过该公司已发行股份的30%;

(十)中国证监会为适应证券市场发展变化和保护投资者合法权益的需要而认定的其他情形。

相关投资者应在前款规定的权益变动行为完成后3日内就股份增持情况做出公告,律师应就相关投资者权益变动行为发表符合规定的专项核查意见并由上市公司予以披露。相关投资者按照前款第(五)项规定采用集中竞价方式增持股份的,每累计增持股份比例达到上市公司已发行股份的2%的,在事实发生当日和上市公司发布相关股东增持公司股份进展公告的当日不得再行增持股份。前款第(四)项规定的增持不超过2%的股份锁定期为增持行为完成之日起6个月。

第六十四条　收购人按照本章规定的情形免于发出要约的,应当聘请符合《证券法》规定的律师事务所等专业机构出具专业意见。

第七章　财务顾问

第六十五条　收购人聘请的财务顾问应当履行以下职责:

(一)对收购人的相关情况进行尽职调查;

(二)应收购人的要求向收购人提供专业化服务,全面评估被收购公司的财务和经营状况,帮助收购人分析收购所涉及的法律、财务、经营风险,就收购方案所涉及的收购价格、收购方式、支付安排等事项提出对策建议,并指导收购人按照规定的内容与格式制作公告文件;

(三)对收购人进行证券市场规范化运作的辅导,使收购人的董事、监事和高级管理人员熟悉有关法律、行政法规和中国证监会的规定,充分了解其应当承担的义务和责任,督促其依法履行报告、公告和其他法定义务;

(四)对收购人是否符合本办法的规定及公告文件内容的真实性、准确性、完整性进行充分核查和验证,对收购事项客观、公正地发表专业意见;

(五)与收购人签订协议,在收购完成后12个月内,持续督导收购人遵守法律、行政法规、中国证监会的规定、证券交易所规则、上市公司章程,依法行使股东权利,切实履行承诺或者相关约定。

第六十六条　收购人聘请的财务顾问就本次收购出具的财务顾问报告,应当对以下事项进行说明和分析,并逐项发表明确意见:

(一)收购人编制的上市公司收购报告书或者要约收购报告书所披露的内容是否真实、准确、完整;

(二)本次收购的目的;

(三)收购人是否提供所有必备证明文件,根据对收购人及其控股股东、实际控制人的实力、从事的主要业务、持续经营状况、财务状况和诚信情况的核查,说明收购人是否具备主体资格,是否具备收购的经济实力,是否具备规范运作上市公司的管理能力,是否需要承担其他附加义务及是否具备履行相关义务的能力,是否存在不良诚信记录;

(四)对收购人进行证券市场规范化运作辅导的情况,其董事、监事和高级管理人员是否已经熟悉有关法律、行政法规和中国证监会的规定,充分了解应承担的义务和责任,督促其依法履行报告、公告和其他法定义务的情况;

(五)收购人的股权控制结构及其控股股东、

实际控制人支配收购人的方式；

（六）收购人的收购资金来源及其合法性，是否存在利用本次收购的股份向银行等金融机构质押取得融资的情形；

（七）涉及收购人以证券支付收购价款的，应当说明有关该证券发行人的信息披露是否真实、准确、完整以及该证券交易的便捷性等情况；

（八）收购人是否已经履行了必要的授权和批准程序；

（九）是否已对收购过渡期间保持上市公司稳定经营作出安排，该安排是否符合有关规定；

（十）对收购人提出的后续计划进行分析，收购人所从事的业务与上市公司从事的业务存在同业竞争、关联交易的，对收购人解决与上市公司同业竞争等利益冲突及保持上市公司经营独立性的方案进行分析，说明本次收购对上市公司经营独立性和持续发展可能产生的影响；

（十一）在收购标的上是否设定其他权利，是否在收购价款之外还作出其他补偿安排；

（十二）收购人及其关联方与被收购公司之间是否存在业务往来，收购人与被收购公司的董事、监事、高级管理人员是否就其未来任职安排达成某种协议或者默契；

（十三）上市公司原控股股东、实际控制人及其关联方是否存在未清偿对公司的负债、未解除公司为其负债提供的担保或者损害公司利益的其他情形；存在该等情形的，是否已提出切实可行的解决方案；

（十四）涉及收购人拟免于发出要约的，应当说明本次收购是否属于本办法第六章规定的情形，收购人是否作出承诺及是否具备履行相关承诺的实力。

第六十七条 上市公司董事会或者独立董事聘请的独立财务顾问，不得同时担任收购人的财务顾问或者与收购人的财务顾问存在关联关系。独立财务顾问应当根据委托进行尽职调查，对本次收购的公正性和合法性发表专业意见。独立财务顾问报告应当对以下问题进行说明和分析，发表明确意见：

（一）收购人是否具备主体资格；

（二）收购人的实力及本次收购对被收购公司经营独立性和持续发展可能产生的影响分析；

（三）收购人是否存在利用被收购公司的资产或者由被收购公司为本次收购提供财务资助的情形；

（四）涉及要约收购的，分析被收购公司的财务状况，说明收购价格是否充分反映被收购公司价值，收购要约是否公平、合理，对被收购公司社会公众股股东接受要约提出的建议；

（五）涉及收购人以证券支付收购价款的，还应当根据该证券发行人的资产、业务和盈利预测，对相关证券进行估值分析，就收购条件对被收购公司的社会公众股股东是否公平合理、是否接受收购人提出的收购条件提出专业意见；

（六）涉及管理层收购的，应当对上市公司进行估值分析，就本次收购的定价依据、支付方式、收购资金来源、融资安排、还款计划及其可行性、上市公司内部控制制度的执行情况及其有效性、上述人员及其直系亲属在最近24个月内与上市公司业务往来情况以及收购报告书披露的其他内容等进行全面核查，发表明确意见。

第六十八条 财务顾问应当在财务顾问报告中作出以下承诺：

（一）已按照规定履行尽职调查义务，有充分理由确信所发表的专业意见与收购人公告文件的内容不存在实质性差异；

（二）已对收购人公告文件进行核查，确信公告文件的内容与格式符合规定；

（三）有充分理由确信本次收购符合法律、行政法规和中国证监会的规定，有充分理由确信收购人披露的信息真实、准确、完整，不存在虚假记载、误导性陈述和重大遗漏；

（四）就本次收购所出具的专业意见已提交其内核机构审查，并获得通过；

（五）在担任财务顾问期间，已采取严格的保密措施，严格执行内部防火墙制度；

（六）与收购人已订立持续督导协议。

第六十九条 财务顾问在收购过程中和持续督导期间，应当关注被收购公司是否存在为收购人及其关联方提供担保或者借款等损害上市公司利益的情形，发现有违法或者不当行为的，应当及时向中国证监会、派出机构和证券交易所报告。

第七十条 财务顾问为履行职责，可以聘请其他专业机构协助其对收购人进行核查,但应当对收购人提供的资料和披露的信息进行独立判断。

第七十一条　自收购人公告上市公司收购报告书至收购完成后12个月内,财务顾问应当通过日常沟通、定期回访等方式,关注上市公司的经营情况,结合被收购公司定期报告和临时公告的披露事宜,对收购人及被收购公司履行持续督导职责:

(一)督促收购人及时办理股权过户手续,并依法履行报告和公告义务;

(二)督促和检查收购人及被收购公司依法规范运作;

(三)督促和检查收购人履行公开承诺的情况;

(四)结合被收购公司定期报告,核查收购人落实后续计划的情况,是否达到预期目标,实施效果是否与此前的披露内容存在较大差异,是否实现相关盈利预测或者管理层预计达到的目标;

(五)涉及管理层收购的,核查被收购公司定期报告中披露的相关还款计划的落实情况与事实是否一致;

(六)督促和检查履行收购中约定的其他义务的情况。

在持续督导期间,财务顾问应当结合上市公司披露的季度报告、半年度报告和年度报告出具持续督导意见,并在前述定期报告披露后的15日内向派出机构报告。

在此期间,财务顾问发现收购人在上市公司收购报告书中披露的信息与事实不符的,应当督促收购人如实披露相关信息,并及时向中国证监会、派出机构、证券交易所报告。财务顾问解除委托合同的,应当及时向中国证监会、派出机构作出书面报告,说明无法继续履行持续督导职责的理由,并予公告。

第八章　持续监管

第七十二条　在上市公司收购行为完成后12个月内,收购人聘请的财务顾问应当在每季度前3日内就上一季度对上市公司影响较大的投资、购买或者出售资产、关联交易、主营业务调整以及董事、监事、高级管理人员的更换、职工安置、收购人履行承诺等情况向派出机构报告。

收购人注册地与上市公司注册地不同的,还应当将前述情况的报告同时抄报收购人所在地的派出机构。

第七十三条　派出机构根据审慎监管原则,通过与承办上市公司审计业务的会计师事务所谈话、检查财务顾问持续督导责任的落实、定期或者不定期的现场检查等方式,在收购完成后对收购人和上市公司进行监督检查。

派出机构发现实际情况与收购人披露的内容存在重大差异的,对收购人及上市公司予以重点关注,可以责令收购人延长财务顾问的持续督导期,并依法进行查处。

在持续督导期间,财务顾问与收购人解除合同的,收购人应当另行聘请其他财务顾问机构履行持续督导职责。

第七十四条　在上市公司收购中,收购人持有的被收购公司的股份,在收购完成后18个月内不得转让。

收购人在被收购公司中拥有权益的股份在同一实际控制人控制的不同主体之间进行转让不受前述18个月的限制,但应当遵守本办法第六章的规定。

第九章　监管措施与法律责任

第七十五条　上市公司的收购及相关股份权益变动活动中的信息披露义务人,未按照本办法的规定履行报告、公告以及其他相关义务的,中国证监会责令改正,采取监管谈话、出具警示函、责令暂停或者停止收购等监管措施。在改正前,相关信息披露义务人不得对其持有或者实际支配的股份行使表决权。

第七十六条　上市公司的收购及相关股份权益变动活动中的信息披露义务人在报告、公告等文件中有虚假记载、误导性陈述或者重大遗漏的,中国证监会责令改正,采取监管谈话、出具警示函、责令暂停或者停止收购等监管措施。在改正前,收购人对其持有或者实际支配的股份不得行使表决权。

第七十七条　投资者及其一致行动人取得上市公司控制权而未按照本办法的规定聘请财务顾问,规避法定程序和义务,变相进行上市公司的收购,或者外国投资者规避管辖的,中国证监会责令改正,采取出具警示函、责令暂停或者停止收购等监管措施。在改正前,收购人不得对其持有或者实际支配的股份行使表决权。

第七十八条 收购人未依照本办法的规定履行相关义务、相应程序擅自实施要约收购的,或者不符合本办法规定的免除发出要约情形,拒不履行相关义务、相应程序的,中国证监会责令改正,采取监管谈话、出具警示函、责令暂停或者停止收购等监管措施。在改正前,收购人不得对其持有或者支配的股份行使表决权。

发出收购要约的收购人在收购要约期限届满,不按照约定支付收购价款或者购买预受股份的,自该事实发生之日起3年内不得收购上市公司,中国证监会不受理收购人及其关联方提交的申报文件。

存在前二款规定情形,收购人涉嫌虚假披露、操纵证券市场的,中国证监会对收购人进行立案稽查,依法追究其法律责任;收购人聘请的财务顾问没有充分证据表明其勤勉尽责的,自收购人违规事实发生之日起1年内,中国证监会不受理该财务顾问提交的上市公司并购重组申报文件,情节严重的,依法追究法律责任。

第七十九条 上市公司控股股东和实际控制人在转让其对公司的控制权时,未清偿其对公司的负债,未解除公司为其提供的担保,或者未对其损害公司利益的其他情形作出纠正的,中国证监会责令改正、责令暂停或者停止收购活动。

被收购公司董事会未能依法采取有效措施促使公司控股股东、实际控制人予以纠正,或者在收购完成后未能促使收购人履行承诺、安排或者保证的,中国证监会可以认定相关董事为不适当人选。

第八十条 上市公司董事未履行忠实义务和勤勉义务,利用收购谋取不当利益的,中国证监会采取监管谈话、出具警示函等监管措施,可以认定为不适当人选。

上市公司章程中涉及公司控制权的条款违反法律、行政法规和本办法规定的,中国证监会责令改正。

第八十一条 为上市公司收购出具资产评估报告、审计报告、法律意见书和财务顾问报告的证券服务机构或者证券公司及其专业人员,未依法履行职责的,或者违反中国证监会的有关规定或者行业规范、业务规则的,中国证监会责令改正,采取监管谈话、出具警示函、责令公开说明、责令定期报告等监管措施。

前款规定的证券服务机构及其从业人员被责令改正的,在改正前,不得接受新的上市公司并购重组业务。

第八十二条 中国证监会将上市公司的收购及相关股份权益变动活动中的当事人的违法行为和整改情况记入诚信档案。

违反本办法的规定构成证券违法行为的,依法追究法律责任。

第十章 附 则

第八十三条 本办法所称一致行动,是指投资者通过协议、其他安排,与其他投资者共同扩大其所能够支配的一个上市公司股份表决权数量的行为或者事实。

在上市公司的收购及相关股份权益变动活动中有一致行动情形的投资者,互为一致行动人。如无相反证据,投资者有下列情形之一的,为一致行动人:

(一)投资者之间有股权控制关系;

(二)投资者受同一主体控制;

(三)投资者的董事、监事或者高级管理人员中的主要成员,同时在另一个投资者担任董事、监事或者高级管理人员;

(四)投资者参股另一投资者,可以对参股公司的重大决策产生重大影响;

(五)银行以外的其他法人、其他组织和自然人为投资者取得相关股份提供融资安排;

(六)投资者之间存在合伙、合作、联营等其他经济利益关系;

(七)持有投资者30%以上股份的自然人,与投资者持有同一上市公司股份;

(八)在投资者任职的董事、监事及高级管理人员,与投资者持有同一上市公司股份;

(九)持有投资者30%以上股份的自然人和在投资者任职的董事、监事及高级管理人员,其父母、配偶、子女及其配偶、配偶的父母、兄弟姐妹及其配偶、配偶的兄弟姐妹及其配偶等亲属,与投资者持有同一上市公司股份；

（十）在上市公司任职的董事、监事、高级管理人员及其前项所述亲属同时持有本公司股份的，或者与其自己或者其前项所述亲属直接或者间接控制的企业同时持有本公司股份；

（十一）上市公司董事、监事、高级管理人员和员工与其所控制或者委托的法人或者其他组织持有本公司股份；

（十二）投资者之间具有其他关联关系。

一致行动人应当合并计算其所持有的股份。投资者计算其所持有的股份，应当包括登记在其名下的股份，也包括登记在其一致行动人名下的股份。

投资者认为其与他人不应被视为一致行动人的，可以向中国证监会提供相反证据。

第八十四条　有下列情形之一的，为拥有上市公司控制权：

（一）投资者为上市公司持股50%以上的控股股东；

（二）投资者可以实际支配上市公司股份表决权超过30%；

（三）投资者通过实际支配上市公司股份表决权能够决定公司董事会半数以上成员选任；

（四）投资者依其可实际支配的上市公司股份表决权足以对公司股东大会的决议产生重大影响；

（五）中国证监会认定的其他情形。

第八十五条　信息披露义务人涉及计算其拥有权益比例的，应当将其所持有的上市公司已发行的可转换为公司股票的证券中有权转换部分与其所持有的同一上市公司的股份合并计算，并将其持股比例与合并计算非股权类证券转为股份后的比例相比，以二者中的较高者为准；行权期限届满未行权的，或者行权条件不再具备的，无需合并计算。

前款所述二者中的较高者，应当按下列公式计算：

（一）投资者持有的股份数量/上市公司已发行股份总数

（二）（投资者持有的股份数量＋投资者持有的可转换为公司股票的非股权类证券所对应的股份数量）/（上市公司已发行股份总数＋上市公司发行的可转换为公司股票的非股权类证券所对应的股份总数）

前款所称“投资者持有的股份数量”包括投资者拥有的普通股数量和优先股恢复的表决权数量，“上市公司已发行股份总数”包括上市公司已发行的普通股总数和优先股恢复的表决权总数。

第八十六条　投资者因行政划转、执行法院裁决、继承、赠与等方式取得上市公司控制权的，应当按照本办法第四章的规定履行报告、公告义务。

第八十七条　权益变动报告书、收购报告书、要约收购报告书、被收购公司董事会报告书等文件的内容与格式，由中国证监会另行制定。

第八十八条　被收购公司在境内、境外同时上市的，收购人除应当遵守本办法及中国证监会的相关规定外，还应当遵守境外上市地的相关规定。

第八十九条　外国投资者收购上市公司及在上市公司中拥有的权益发生变动的，除应当遵守本办法的规定外，还应当遵守外国投资者投资上市公司的相关规定。

第九十条　本办法自2006年9月1日起施行。中国证监会发布的《上市公司收购管理办法》（证监会令第10号）、《上市公司股东持股变动信息披露管理办法》（证监会令第11号）、《关于要约收购涉及的被收购公司股票上市交易条件有关问题的通知》（证监公司字〔2003〕16号）和《关于规范上市公司实际控制权转移行为有关问题的通知》（证监公司字〔2004〕1号）同时废止。

信用卡业务管理办法①

（1996年1月26日中国人民银行公布　自1996年4月1日起施行）

第一章　总　　则

第一条　为适应社会主义市场经济发展的需要，规范和管理信用卡业务，促进我国信用卡

① 编者注：已废止。

业务的健康发展,制定本办法。

第二条 凡在中华人民共和国境内经办信用卡业务的商业银行及其分支机构、持卡人和受理信用卡的特约单位,必须遵守本办法的规定。

第三条 本办法所称信用卡,是指中华人民共和国境内各商业银行(含外资银行、中外合资银行,以下简称商业银行)向个人和单位发行的信用支付工具。

信用卡具有转帐结算、存取现金、消费信用等功能。

第四条 信用卡按使用对象分为单位卡和个人卡;按信誉等级分为金卡和普通卡;按币种分为人民币卡和外币卡;按载体材料分为磁条卡和智能卡(下称IC卡)。

第五条 商业银行未经中国人民银行批准不得发行信用卡。

非金融机构、非银行金融机构、境外金融机构的驻华代表机构不得经营信用卡业务。

第六条 中国人民银行负责全国信用卡业务的管理和协调工作。各发卡银行负责本系统信用卡业务的组织、管理和协调工作。

第七条 经营信用卡业务的商业银行,应根据本办法及中国人民银行颁发的其他有关规章制度,制订信用卡业务章程,并报经中国人民银行批准。

第八条 各商业银行的信用卡部为内部业务部门,不得办成实行独立核算、自成体系的法人机构。

第二章 业务规则

第九条 单位卡必须在卡面左下方的左边凸印"DWK"字样,在"DWK"字样的右边凸印持卡人姓名(拼音)。

第十条 各银行发行的磁条卡、IC卡,须执行国家技术监督局和中国人民银行颁布的有关标准,但参加国际信用卡组织并发行带有国际组织标记的信用卡除外。

第十一条 单位或个人领取信用卡,应按规定向发卡银行交存备用金。

第十二条 发卡银行可根据申请人的资信程度,要求其提供担保。担保的方式可采用保证、抵押或质押。

第十三条 信用卡备用金存款利息,按照中国人民银行规定的活期存款利率及计息办法计算。

以定期存款质押的,其定期存款按照中国人民银行规定的定期存款利率及计息办法计算。

第十四条 发卡银行吸收的信用卡备用金和以定期存款质押的存款应按规定比例向人民银行当地分支机构缴存存款准备金。

第十五条 发卡银行应建立授权审批制度。

持卡人凭信用卡办理转帐结算、支取现金时,超过规定限额的必须取得发卡银行的授权。

第十六条 单位卡持卡人不得凭信用卡在异地和其领卡城市范围内银行网点及自动柜员机上提取现金。

第十七条 允许持卡人在本办法规定的限额和期限内进行消费用途的透支,透支限额为金卡1万元、普通卡5千元。

第十八条 信用卡的透支期限最长为60天。

第十九条 信用卡透支利息,自签单日或银行记帐日起15日内按日息万分之五计算,超过15日按日息万分之十计算,超过30日或透支金额超过规定限额的,按日息万分之十五计算。透支计息不分段,按最后期限或最高透支额的最高利率档次计息。

第二十条 各发卡银行的透支业务须纳入其信贷规模进行管理。透支额转入短期贷款核算。

第二十一条 恶意透支是指持卡人以非法占有为目的,超过规定限额或规定期限,并且经发卡银行催收无效的透支行为。

第二十二条 特约单位不得以任何理由拒绝受理持卡人合法持有的、签约银行发行的有效信用卡,不得因持卡人使用信用卡而向其收取附加费用。

第二十三条 特约单位不得通过压卡、签单和退货等方式支付持卡人现金。

第二十四条 各商业银行应按如下标准向特约单位收取信用卡交易手续费:

(一)人民币信用卡,不得低于交易金额的2%;

(二)境外机构发行、在中国境内使用的信用卡,不得低于交易金额的4%。

境内银行与境外机构签订信用卡代理收单协议,其利润分配比率按境内银行与境外机构分别占特约单位所交手续费的37.5%和62.5%执行。

第二十五条 外币信用卡的业务规则,另行制定。

第三章 业务管理

第二十六条 商业银行开办信用卡业务须报经中国人民银行批准;其所属分、支行办理信用卡业务,须报辖区内中国人民银行分、支行备案。

第二十七条 开办信用卡业务的银行,必须具备以下条件:

(一)符合《中华人民共和国商业银行法》和中国人民银行补充规定的资产负债比例监控指标;

(二)相应的内部管理机构;

(三)合格的管理人员和技术人员;

(四)健全的管理制度和安全制度;

(五)必要的电信设备和营业场所;

(六)中国人民银行规定的其他条件。

第二十八条 申请开办信用卡业务的银行,应向中国人民银行提交下列资料:

(一)申请报告;

(二)信用卡章程及卡样;

(三)信用控制、风险管理计划及电信设备配备情况;

(四)信用卡部门主要负责人简历及有关情况;

(五)参加国际信用卡组织的有关资料;

(六)中国人民银行要求提供的其他资料。

第二十九条 信用卡章程应载明以下内容:

(一)信用卡名称、种类、发行对象;

(二)信用卡的使用范围;

(三)各项手续费收费标准;

(四)发卡银行与特约单位、持卡人三方的权利、义务和责任;

(五)中国人民银行要求的其他事项。

第三十条 商业银行发行外币信用卡、IC卡,以及修改信用卡章程,须报经中国人民银行批准。

第三十一条 参与信用卡业务的各银行应在开办信用卡业务中逐步开展收单、机具、信息、受卡等方面的合作。

第三十二条 开办信用卡业务的各银行总行须按季向中国人民银行报送信用卡业务统计报表,其发行信用卡的分、支机构须按月向人民银行当地分、支机构报送信用卡业务统计报表。

第四章 信用卡的申领与销户

第三十三条 凡在中华人民共和国境内金融机构开立基本存款帐户的单位可申领单位卡。单位卡可申领若干张,持卡人资格由申领单位法定代表人或其委托的代理人书面指定和注销。

凡具有完全民事行为能力的公民可申领个人卡。个人卡的主卡持卡人可为其配偶及年满18周岁的亲属申领附属卡,附属卡最多不得超过两张,主卡持卡人有权要求注销其附属卡。

第三十四条 单位或个人申领信用卡,应按规定填制申请表,连同有关资料一并送交发卡银行。对符合条件的,发卡银行为申领人开立信用卡帐户,并发给信用卡。

第三十五条 单位卡帐户的资金一律从其基本存款帐户转帐存入,不得交存现金,不得将其他存款帐户和销货收入的款项存入单位卡帐户。

个人卡帐户的资金只限于其持有的现金存入或以其工资性款项及属于个人的其他合法收入转帐存入。严禁将单位的款项转帐存入个人卡帐户。

第三十六条 信用卡仅限于合法持卡人本人使用,持卡人不得出租或转借帐户。

第三十七条 持卡人还清透支本息后,属于下列情况之一的可以办理销户:

(一)信用卡有效期满45天后,持卡人不更换新卡的;

(二)信用卡挂失满45天后,没有附属卡又不更换新卡的;

(三)信誉不佳,被列入止付名单,发卡银行已收回其信用卡45天的;

(四)持卡人因故死亡,发卡银行已回收其信用卡45天的;

(五)持卡人要求销户或担保人撤销担保,并已交回全部信用卡45天的；

（六）信用卡帐户两年（含）以上未发生交易的；

（七）持卡人违反其他规定，发卡银行认为应该取消资格的。

第三十八条 发卡银行办理销户，应当收回信用卡。有效卡无法收回的，应当将其止付。

销户时，单位卡帐户余额转入基本存款帐户，不得提取现金。

第三十九条 信用卡遗失或被盗，持卡人应立即持本人身份证或其他有效证明，就近向发卡银行或代办银行申请挂失，并按规定提供有关情况，办理挂失手续。

第四十条 持卡人申请挂失后，找回信用卡的，可申请撤销挂失止付。

第五章 转帐结算

第四十一条 持卡人可持信用卡在特约单位购物消费。单位卡不得用于10万元以上的商品交易、劳务供应款项的结算。

第四十二条 持卡人凭卡购物消费时，需将信用卡和身份证一并交特约单位经办人。IC卡、照片卡免验身份证。

第四十三条 特约单位经办人员受理信用卡时，应审查下列内容：

（一）确为本单位可受理的信用卡；

（二）信用卡在有效期内，未列入“止付名单”；

（三）签名条上没有“样卡”或“专用卡”字样；

（四）信用卡无打洞、剪角、毁坏或涂改的痕迹；

（五）持卡人身份证或卡片上的照片与持卡人相符；

（六）卡片正面的拼音姓名与卡片背面的签名和身份证上的姓名一致。

第四十四条 特约单位受理信用卡审查无误的，应在签购单上压卡，填写实际结算金额、用途、持卡人身份证号码、特约单位名称和编号。如超过支付限额的，应向发卡银行索权并填写授权号码，交持卡人签名确认，同时核对其签名与卡片背面签名是否一致，无误后，将信用卡、身份证和第一联签购单交还给持卡人。

审查发现问题的，应及时与签约银行联系，征求处理意见。对止付的信用卡，应收回并交还发卡银行。

第四十五条 特约单位在每日营业终了，应将当日受理的信用卡签购单汇总，计算手续费和净计金额，并填写汇（总）计单和进帐单，连同签购单一并送交收单银行办理进帐。

第四十六条 持卡人要求退货的，特约单位应使用退货单压（刷）卡，并将退货单金额在当日签购单累计金额中抵减，退货单随签购单一并送交收单银行。

第四十七条 收单银行接到特约单位送交的各种单据，经审查无误后，为特约单位办理进帐，并与发卡银行清算资金。

第四十八条 发卡银行（或代理银行）收到收单银行通过同城票据交换或本系统联行划转的各种单据后，为持卡人办理付款手续。

第四十九条 持卡人在异地凭卡通过银行向收款人办理转帐时，银行应按特约单位的有关处理规定处理。

第六章 存取现金

第五十条 个人卡持卡人或其代理人交存现金，应在发卡银行或其代理银行办理。

持卡人凭信用卡在发卡银行或代理银行交存现金的，银行应在存款单上压卡，经审查并收妥现金后，将存款单回单联及信用卡交给持卡人。

持卡人委托他人在不压卡的情况下代为办理交存现金的，代理人应在信用卡存款单上填写持卡人的卡号、姓名、存款金额等内容，并将现金送交银行办理交存手续。

第五十一条 持卡人在银行支取现金时，应将信用卡和身份证一并交银行或代理银行。IC卡、照片卡免验身份证。

发卡银行或代理银行压（刷）卡后，填写取现单，经审查无误，交持卡人签名确认。超过支付限额的，代理银行应向发卡银行索权，并在取现单上填写授权号码。办理付款手续后，将现金、信用卡、身份证和取现单回单联交给持卡人。

第五十二条 发卡银行（或代理银行）收到

收单银行通过同城票据交换或本系统联行划转的各种单据后，为持卡人办理收、付款手续。

第七章 法律责任

第五十三条 发卡银行有下列情形之一的，由中国人民银行责令改正，并处以5万元至30万元的罚款。

（一）未经批准开办信用卡业务的；

（二）未经批准发行IC卡、外币信用卡的。

第五十四条 非金融机构、非银行金融机构、境外金融机构的驻华代表机构违反规定经营信用卡业务的，由中国人民银行依法予以取缔，并对其处以10万元至50万元的罚款。

第五十五条 发卡银行有下列情形之一的，由中国人民银行责令改正，没收非法所得，并处以5万元至10万元的罚款；情节严重或逾期不改的，可责令其营业机构停业整顿。

（一）不执行本办法规定的技术标准的；

（二）随意降低手续费标准的；

（三）不执行本办法规定的透支利率及计息办法的。

第五十六条 发卡银行违反本办法规定，不向中国人民银行报批信用卡章程、报送备案材料和业务报表的，由中国人民银行责令改正；逾期不改的，处以1万元至10万元罚款。

第五十七条 发卡银行有下列情况之一的，按照《中华人民共和国商业银行法》和现金管理的有关规定给予相应处罚：

（一）不执行规定的存款利率的；

（二）不按规定向中国人民银行缴存存款准备金的；

（三）违反规定帮助持卡人提取现金的。

第五十八条 发卡银行未按规定时间将止付名单发至特约单位造成资金损失的，由发卡银行承担经济责任。

第五十九条 发卡银行或代理银行违反本办法规定，帮助单位卡持卡人将其他存款帐户或销货收入的款项转入其信用卡帐户的，或帮助个人卡持卡人将其他款项转入其信用卡帐户的，处以5万元至10万元罚款。

第六十条 持卡人使用单位卡进行透支的，由其单位承担透支金额的偿还和支付透支利息的责任。持卡人使用个人卡附属卡发生透支的，由其主卡持卡人承担透支金额的偿还和支付透支利息的责任；主卡持卡人丧失偿还能力的，由其附属卡持卡人承担透支金额的偿还和支付透支利息的责任。

第六十一条 持卡人与特约单位出现的纠纷由双方自行解决。持卡人不得以纠纷为由拒绝偿还因使用信用卡而发生的债务。

第六十二条 持卡人必须妥善保管和正确使用其信用卡，否则，因此造成的资金损失，由其自行承担。

第六十三条 持卡人办理挂失后，被冒用造成的损失，有关责任人按照信用卡章程的规定承担责任。

第六十四条 单位卡持卡人违反本办法规定用于10万元以上商品交易、劳务供应款项结算的，对其处以5万元至10万元罚款。

第六十五条 单位卡持卡人违反本办法规定，将基本存款帐户以外帐户、销货收入的款项转入或将现金存入其信用卡帐户的，除责令其转回基本存款帐户外，对其处以5万元至10万元罚款。

个人卡持卡人违反本办法规定，将单位的款项转入其信用卡帐户的，除责令其退回外，对其处以5千元至1万元罚款。

第六十六条 持卡人违反本办法规定套取现金的，对其按套取现金数额的30%至50%处以罚款。

第六十七条 持卡人违反本办法规定，出租或转借信用卡及其帐户的，除责令其纠正外，对其按帐户出租、转借发生的金额处以5%但不低于1千元罚款，并没收其非法所得。

第六十八条 持卡人恶意透支的，依法追究其刑事责任。

第六十九条 特约单位受理信用卡时，应当按照规定的操作程序办理，否则因此造成的资金损失，由其自行承担。

第七十条 特约单位工作人员参与欺诈银行活动，构成犯罪的，依法追究其刑事责任。

第七十一条 银行工作人员与持卡人或特约单位串通参与欺诈活动，构成犯罪的，依法追究刑事责任。

第七十二条 伪造、盗用信用卡，使用伪造、作废的信用卡，冒领冒用、涂改信用卡骗取财物的，应依法对其处罚，并追究刑事责任。

第八章 附　　则

第七十三条 信用卡业务结算凭证的格式、联次、颜色、使用办法由中国人民银行总行统一规定，各发卡银行总行负责印制。

第七十四条 各银行办理信用卡业务，根据规定分别收取年费、特约单位手续费、异地存取款手续费、异地转帐手续费、挂失手续费、卡片工本费等费用。

第七十五条 本办法由中国人民银行总行负责解释、修改。

第七十六条 本办法自1996年4月1日起实行。中国人民银行《信用卡业务管理暂行办法》（银发〔1992〕298号文）同时废止。

银行卡业务管理办法

（1999年1月5日　银发〔1999〕17号）

第一章 总　　则

第一条 为加强银行卡业务的管理，防范银行卡业务风险，维护商业银行、持卡人、特约单位及其他当事人的合法权益，依据《中华人民共和国中国人民银行法》、《中华人民共和国商业银行法》、《中华人民共和国外汇管理条例》及有关行政法规制订本办法。

第二条 本办法所称银行卡，是指由商业银行（含邮政金融机构，下同）向社会发行的具有消费信用、转账结算、存取现金等全部或部分功能的信用支付工具。

商业银行未经中国人民银行批准不得发行银行卡。

第三条 凡在中华人民共和国境内办理银行卡业务的商业银行、持卡人、商户及其他当事人均应遵守本办法。

第四条 商业银行应在协商、互利的基础上开展信息共享、商户共享、机具共享等类型的银行卡业务联合。

第二章 分类及定义

第五条 银行卡包括信用卡和借记卡。

银行卡按币种不同分为人民币卡、外币卡；按发行对象不同分为单位卡（商务卡）、个人卡；按信息载体不同分为磁条卡、芯片（IC）卡。

第六条 信用卡按是否向发卡银行交存备用金分为贷记卡、准贷记卡两类。

贷记卡是指发卡银行给予持卡人一定的信用额度，持卡人可在信用额度内先消费、后还款的信用卡。

准贷记卡是指持卡人须先按发卡银行要求交存一定金额的备用金，当备用金账户余额不足支付时，可在发卡银行规定的信用额度内透支的信用卡。

第七条 借记卡按功能不同分为转账卡（含储蓄卡，下同）、专用卡、储值卡。借记卡不具备透支功能。

第八条 转账卡是实时扣账的借记卡。具有转账结算、存取现金和消费功能。

第九条 专用卡是具有专门用途、在特定区域使用的借记卡。具有转账结算、存取现金功能。

专门用途是指在百货、餐饮、饭店、娱乐行业以外的用途。

第十条 储值卡是发卡银行根据持卡人要求将其资金转至卡内储存，交易时直接从卡内扣款的预付钱包式借记卡。

第十一条 联名/认同卡是商业银行与盈利性机构/非盈利性机构合作发行的银行卡附属产品，其所依附的银行卡品种必须是已经中国人民银行批准的品种，并应当遵守相应品种的业务章程或管理办法。

发卡银行和联名单位应当为联名卡持卡人在联名单位用卡提供一定比例的折扣优惠或特殊服务；持卡人领用认同卡表示对认同单位事业的支持。

第十二条 芯片（IC）卡既可应用于单一的银行卡品种，又可应用于组合的银行卡品种。

第三章 银行卡业务审批

第十三条 商业银行开办银行卡业务应当

具备下列条件：

（一）开业3年以上，具有办理零售业务的良好业务基础；

（二）符合中国人民银行颁布的资产负债比例管理监控指标，经营状况良好；

（三）已就该项业务建立了科学完善的内部控制制度，有明确的内部授权审批程序；

（四）合格的管理人员和技术人员、相应的管理机构；

（五）安全、高效的计算机处理系统；

（六）发行外币卡还须具备经营外汇业务的资格和相应的外汇业务经营管理水平；

（七）中国人民银行规定的其他条件。

第十四条 符合上述条件的商业银行，可向中国人民银行申请开办银行卡业务，并提交下列材料：

（一）申请报告：论证必要性、可行性，进行市场预测；

（二）银行卡章程或管理办法、卡样设计草案；

（三）内部控制制度、风险防范措施；

（四）由中国人民银行科技主管部门出具的有关系统安全性和技术标准合格的测试报告；

（五）中国人民银行要求提供的其他材料。

第十五条 发卡银行各类银行卡章程应载明下列事项：

（一）卡的名称、种类、功能、用途；

（二）卡的发行对象、申领条件、申领手续；

（三）卡的使用范围（包括使用方面的限制）及使用方法；

（四）卡的账户适用的利率，面向持卡人的收费项目及标准；

（五）发卡银行、持卡人及其他有关当事人的权利、义务；

（六）中国人民银行要求的其他事项。

第十六条 银行卡的管理权限和审批程序

（一）商业银行开办各类银行卡业务，应当按照中国人民银行有关加强内部控制和授权授信管理的规定，分别制订统一的章程或业务管理办法，报中国人民银行总行审批。

商业银行总行不在北京的，应当先向中国人民银行当地中心支行申报，经审查同意后，由中国人民银行分行转报中国人民银行总行审批。

（二）已开办信用卡或转账卡业务的商业银行可向中国人民银行申请发行联名/认同卡、专用卡、储值卡；已开办人民币信用卡业务的商业银行可向中国人民银行申请发行外币信用卡。

（三）商业银行发行全国使用的联名卡、IC卡、储值卡应当报中国人民银行总行审批。

（四）商业银行分支机构办理经中国人民银行总行批准的银行卡业务应当持中国人民银行批准文件和其总行授权文件向中国人民银行当地行备案。

商业银行分支机构发行区域使用的专用卡、联名卡应当持商业银行总行授权文件、联名双方的协议书报中国人民银行当地中心支行备案。

（五）商业银行变更银行卡名称、修改银行卡章程应当报中国人民银行审批。

第十七条 外资金融机构经营银行卡收单业务应当报中国人民银行总行批准。

银行卡收单业务是指签约银行向商户提供的本外币资金结算服务。

第四章 计息和收费标准

第十八条 银行卡的计息包括计收利息和计付利息，均按照《金融保险企业财务制度》的规定进行核算。

第十九条 发卡银行对准贷记卡及借记卡（不含储值卡）账户内的存款，按照中国人民银行规定的同期同档次存款利率及计息办法计付利息。

发卡银行对贷记卡账户的存款、储值卡（含IC卡的电子钱包）内的币值不计付利息。

第二十条 贷记卡持卡人非现金交易享受如下优惠条件：

（一）免息还款期待遇。银行记账日至发卡银行规定的到期还款日之间为免息还款期。免息还款期最长为60天。持卡人在到期还款日前偿还所使用全部银行款项即可享受免息还款期待遇，无须支付非现金交易的利息。

（二）最低还款额待遇。持卡人在到期还款日前偿还所使用全部银行款项有困难的，可按照发卡银行规定的最低还款额还款。

第二十一条 贷记卡持卡人选择最低还款

额方式或超过发卡银行批准的信用额度用卡时，不再享受免息还款期待遇，应当支付未偿还部分自银行记账日起，按规定利率计算的透支利息。

贷记卡持卡人支取现金、准贷记卡透支，不享受免息还款期和最低还款额待遇，应当支付现金交易额或透支额自银行记账日起，按规定利率计算的透支利息。

第二十二条 发卡银行对贷记卡持卡人未偿还最低还款额和超信用额度用卡的行为，应当分别按最低还款额未还部分、超过信用额度部分的5%收取滞纳金和超限费。

第二十三条 贷记卡透支按月记收复利，准贷记卡透支按月计收单利，透支利率为日利率5‰，并根据中国人民银行的此项利率调整而调整。

第二十四条 商业银行办理银行卡收单业务应当按下列标准向商户收取结算手续费：

（一）宾馆、餐饮、娱乐、旅游等行业不得低于交易金额的2%；

（二）其他行业不得低于交易金额的1%。

第二十五条 跨行交易执行下列分润比例：

（一）未建信息交换中心的城市，从商户所得结算手续费，按发卡行90%，收单行10%的比例进行分配；

商业银行也可以通过协商，实行机具分摊、相互代理、互不收费的方式进行跨行交易。

（二）已建信息交换中心的城市，从商户所得结算手续费，按发卡行80%，收单行10%，信息交换中心10%的比例进行分配。

第二十六条 持卡人在ATM机跨行取款的费用由其本人承担，并执行如下收费标准：

（一）持卡人在其领卡城市之内取款，每笔收费不得超过2元人民币；

（二）持卡人在其领卡城市以外取款，每笔收费不得低于8元人民币。

从ATM机跨行取款所得的手续费，按机具所有行70%，信息交换中心30%的比例进行分配。

第二十七条 商业银行代理境外银行卡收单业务应当向商户收取结算手续费，其手续费标准不得低于交易金额的4%。

境内银行与境外机构签订信用卡代理收单协议，其分润比率按境内银行与境外机构分别占商户所交手续费的37.5%和62.5%执行。

第五章 账户及交易管理

第二十八条 个人申领银行卡（储值卡除外），应当向发卡银行提供公安部门规定的本人有效身份证件，经发卡银行审查合格后，为其开立记名账户；

凡在中国境内金融机构开立基本存款账户的单位，应当凭中国人民银行核发的开户许可证申领单位卡；

银行卡及其账户只限经发卡银行批准的持卡人本人使用，不得出租和转借。

第二十九条 单位人民币卡账户的资金一律从其基本存款账户转账存入，不得存取现金，不得将销货收入存入单位卡账户。

第三十条 单位外币卡账户的资金应从其单位的外汇账户转账存入，不得在境内存取外币现钞。其外汇账户应符合下列条件：

（一）按照中国人民银行境内外汇账户管理的有关规定开立；

（二）其外汇账户收支范围内具有相应的支付内容。

第三十一条 个人人民币卡账户的资金以其持有的现金存入或以其工资性款项、属于个人的合法的劳务报酬、投资回报等收入转账存入。

第三十二条 个人外币卡账户的资金以其个人持有的外币现钞存入或从其外汇账户（含外钞账户）转账存入。该账户的转账及存款均按国家外汇管理局《个人外汇管理办法》办理。

个人外币卡在境内提取外币现钞时应按照我国个人外汇管理制度办理。

第三十三条 除国家外汇管理局指定的范围和区域外，外币卡原则上不得在境内办理外币计价结算。

第三十四条 持卡人在还清全部交易款项、透支本息和有关费用后，可申请办理销户。销户时，单位人民币卡账户的资金应当转入其基本存款账户，单位外币卡账户的资金应当转回相应的外汇账户，不得提取现金。

第三十五条 单位人民币卡可办理商品交易和劳务供应款项的结算，但不得透支；超过中国人民银行规定起点的,应当经中国人民银行当地分行办理转汇。

第三十六条 发卡银行对贷记卡的取现应当每笔授权,每卡每日累计取现不得超过2000元人民币。

发卡银行应当对持卡人在自动柜员机(ATM机)取款设定交易上限,每卡每日累计提款不得超过5000元人民币。

第三十七条 储值卡的面值或卡内币值不得超过1000元人民币。

第三十八条 商业银行发行认同卡时,不得从其收入中向认同单位支付捐赠等费用。

第三十九条 发卡银行依据密码等电子信息为持卡人办理的存取款、转账结算等各类交易所产生的电子信息记录,均为该项交易的有效凭据。发卡银行可凭交易明细记录或清单作为记账凭证。

第四十条 银行卡通过联网的各类终端交易的原始单据至少保留2年备查。

第六章 银行卡风险管理

第四十一条 发卡银行应当认真审查信用卡申请人的资信状况,根据申请人的资信状况确定有效担保及担保方式。

发卡银行应当对信用卡持卡人的资信状况进行定期复查,并应当根据资信状况的变化调整其信用额度。

第四十二条 发卡银行应当建立授权审批制度,明确对不同级别内部工作人员的授权权限和授权限额。

第四十三条 发卡银行应当加强对止付名单的管理,及时接收和发送止付名单。

第四十四条 通过借记卡办理的各项代理业务,发卡银行不得为持卡人或委托单位垫付资金。

第四十五条 发卡银行应当遵守下列信用卡业务风险控制指标:

(一)同一持卡人单笔透支发生额个人卡不得超过2万元(含等值外币)、单位卡不得超过5万元(含等值外币)。

(二)同一账户月透支余额个人卡不得超过5万元(含等值外币),单位卡不得超过发卡银行对该单位综合授信额度的3%。无综合授信额度可参照的单位,其月透支余额不得超过10万元(含等值外币)。

(三)外币卡的透支额度不得超过持卡人保证金(含储蓄存单质押金额)的80%。

(四)从本办法施行之日起新发生的180天(含180天,下同)以上的月均透支余额不得超过月均总透支余额的15%。

第四十六条 准贷记卡的透支期限最长为60天。贷记卡的首月最低还款额不得低于其当月透支余额的10%。

第四十七条 发卡银行通过下列途径追偿透支款项和诈骗款项:

(一)扣减持卡人保证金、依法处理抵押物和质物;

(二)向保证人追索透支款项;

(三)通过司法机关的诉讼程序进行追偿。

第四十八条 发卡银行采取了第四十七条所列措施后仍不足以弥补的,将按照财政部《呆账准备金管理办法》执行。

第四十九条 对已核销的透支款项又收回的,本金和利息作增加"呆账准备金"处理。

第五十条 商业银行分支机构出资加入所在城市的银行卡信息交换中心,应当报经其总行批准。

第七章 银行卡当事人之间的职责

第五十一条 发卡银行的权利:

(一)发卡银行有权审查申请人的资信状况、索取申请人的个人资料,并有权决定是否向申请人发卡及确定信用卡持卡人的透支额度。

(二)发卡银行对持卡人透支有追偿权。对持卡人不在规定期限内归还透支款项的,发卡银行有权申请法律保护并依法追究持卡人或有关当事人的法律责任。

(三)发卡银行对不遵守其章程规定的持卡人,有权取消其持卡人资格,并可授权有关单位收回其银行卡。

(四)发卡银行对储值卡和IC卡内的电子钱包可不予挂失。

第五十二条 发卡银行的义务:

(一)发卡银行应当向银行卡申请人提供有关银行卡的使用说明资料,包括章程、使用说明及收费标准。现有持卡人亦可索取上述资料。

（二）发卡银行应当设立针对银行卡服务的公平、有效的投诉制度，并公开投诉程序和投诉电话。发卡银行对持卡人关于账务情况的查询和改正要求应当在30天内给予答复。

（三）发卡银行应当向持卡人提供对账服务。按月向持卡人提供账户结单，在下列情况下发卡银行可不向持卡人提供账户结单：

1. 已向持卡人提供存折或其他交易记录；

2. 自上一份月结单后，没有进行任何交易，账户没有任何未偿还余额；

3. 已与持卡人另行商定。

（四）发卡银行向持卡人提供的银行卡对账单应当列出以下内容：

1. 交易金额、账户余额（贷记卡还应列出到期还款日、最低还款额、可用信用额度）；

2. 交易金额记入有关账户或自有关账户扣除的日期；

3. 交易日期与类别；

4. 交易记录号码；

5. 作为支付对象的商户名称或代号（异地交易除外）；

6. 查询或报告不符账务的地址或电话号码。

（五）发卡银行应当向持卡人提供银行卡挂失服务，应当设立24小时挂失服务电话，提供电话和书面两种挂失方式，书面挂失为正式挂失方式。并在章程或有关协议中明确发卡银行与持卡人之间的挂失责任。

（六）发卡银行应当在有关卡的章程或使用说明中向持卡人说明密码的重要性及丢失的责任。

（七）发卡银行对持卡人的资信资料负有保密的责任。

第五十三条 持卡人的权利：

（一）持卡人享有发卡银行对其银行卡所承诺的各项服务的权利，有权监督服务质量并对不符服务质量进行投诉。

（二）申请人、持卡人有权知悉其选用的银行卡的功能、使用方法、收费项目、收费标准、适用利率及有关的计算公式。

（三）持卡人有权在规定时间内向发卡银行索取对账单，并有权要求对不符账务内容进行查询或改正。

（四）借记卡的挂失手续办妥后，持卡人不再承担相应卡账户资金变动的责任，司法机关、仲裁机关另有判决的除外。

（五）持卡人有权索取信用卡领用合约，并应妥善保管。

第五十四条 持卡人的义务：

（一）申请人应当向发卡银行提供真实的申请资料并按照发卡银行规定向其提供符合条件的担保。

（二）持卡人应当遵守发卡银行的章程及《领用合约》的有关条款。

（三）持卡人或保证人通讯地址、职业等发生变化，应当及时书面通知发卡银行。

（四）持卡人不得以和商户发生纠纷为由拒绝支付所欠银行款项。

第五十五条 商业银行发展受理银行卡的商户，应当与商户签订受理合约。受理合约不得包括排他性条款。受理合约中的手续费率标准低于本办法规定标准的不受法律保护。

第五十六条 银行卡申请表、领用合约是发卡银行向银行卡持卡人提供的明确双方权责的契约性文件，持卡人签字，即表示接受其中各项约定。

发卡银行应当本着权利与义务对等的原则制订银行卡申请表及信用卡领用合约。

第八章 罚　　则

第五十七条 商业银行有下列情形之一者，中国人民银行应当责令改正，有违法所得的，处以违法所得1倍以上3倍以下的罚款，但最高不超过3万元；没有违法所得的，按有关法律、规章处以罚款；情节严重的，应当追究直接负责的主管人员和有关直接责任人员的行政责任，情节严重的追究有关领导人的责任：

（一）擅自发行银行卡或在申请开办银行卡业务过程中弄虚作假的；

（二）违反本办法规定的计息和收费标准的；

（三）违反本办法规定的银行卡账户及交易管理规定的。

第五十八条　发卡银行未遵守本办法规定的风险管理措施和控制指标的，中国人民银行应当责令改正，并给以通报批评。

第五十九条　持卡人出租或转借其信用卡及其账户的，发卡银行应当责令其改正，并对其处以1000元人民币以内的罚款（由发卡银行在申请表、领用合约等契约性文件中事先约定）。

第六十条　持卡人将单位的现金存入单位卡账户或将单位的款项存入个人卡账户的，中国人民银行应责令改正，并对单位卡所属单位及个人卡持卡人处以1000元人民币以内的罚款。

第六十一条　任何单位和个人有下列情形之一的，根据《中华人民共和国刑法》及相关法规进行处理：

（一）骗领、冒用信用卡的；

（二）伪造、变造银行卡的；

（三）恶意透支的；

（四）利用银行卡及其机具欺诈银行资金的。

第六十二条　外资金融机构擅自经营信用卡收单业务的，中国人民银行应当责令改正，并按照《外资金融机构管理条例》的有关规定予以处罚。

第六十三条　非金融机构、金融机构的代表机构经营银行卡业务的，由中国人民银行依法予以取缔。

第九章　附　　则

第六十四条　中华人民共和国境内的商业银行（或金融机构）发行的各类银行卡，应当执行国家规定的技术标准，但发行带有国际信用卡组织标记的银行卡除外。

单位卡应当在卡面左下方的适当位置凸印“DWK”字样。

银行卡卡面应当载有以下要素：发卡银行一级法人名称、统一品牌名称、品牌标识（专用卡除外）、卡号（IC卡除外）、持卡人使用注意事项、客户服务电话、持卡人签名条（IC卡除外）等。

第六十五条　经中国人民银行批准办理银行卡业务的其他金融机构、境外机构发行的银行卡在境内流通使用适用本办法。

第六十六条　本办法由中国人民银行负责解释。

第六十七条　本办法从1999年3月1日起施行，发卡银行应当在半年内达到本办法有关要求。中国人民银行1996年颁布的《信用卡业务管理办法》（银发〔1996〕27号）同时废止；中国人民银行在本办法颁布之前制订的银行卡管理规定与本办法相抵触的，以本办法为准。

商业银行信用卡业务监督管理办法

（2011年1月13日中国银行业监督管理委员会令2011年第2号公布　自公布之日起施行）

第一章　总　　则

第一条　为规范商业银行信用卡业务，保障客户和银行的合法权益，促进信用卡业务健康有序发展，根据《中华人民共和国银行业监督管理法》、《中华人民共和国商业银行法》、《中华人民共和国外资银行管理条例》等法律法规，制定本办法。

第二条　商业银行经营信用卡业务，应当严格遵守国家法律、法规、规章和有关政策规定，遵循平等、自愿和诚实信用的原则。

第三条　商业银行经营信用卡业务，应当依法保护客户合法权益和相关信息安全。未经客户授权，不得将相关信息用于本行信用卡业务以外的其他用途。

第四条　商业银行经营信用卡业务，应当建立健全信用卡业务风险管理和内部控制体系，严格实行授权管理，有效识别、评估、监测和控制业务风险。

第五条　商业银行经营信用卡业务，应当充分向持卡人披露相关信息，揭示业务风险，建立健全相应的投诉处理机制。

第六条　中国银监会及其派出机构依法对商业银行信用卡业务实施监督管理。

第二章　定义和分类

第七条　本办法所称信用卡，是指记录持卡人账户相关信息，具备银行授信额度和透支功能，并为持卡人提供相关银行服务的各类介质。

第八条 本办法所称信用卡业务,是指商业银行利用具有授信额度和透支功能的银行卡提供的银行服务,主要包括发卡业务和收单业务。

第九条 本办法所称发卡业务,是指发卡银行基于对客户的评估结果,与符合条件的客户签约发放信用卡并提供的相关银行服务。

发卡业务包括营销推广、审批授信、卡片制作发放、交易授权、交易处理、交易监测、资金结算、账务处理、争议处理、增值服务和欠款催收等业务环节。

第十条 本办法所称发卡银行,是指经中国银监会批准开办信用卡发卡业务,并承担发卡业务风险管理相关责任的商业银行。

第十一条 本办法所称发卡业务服务机构,是指与发卡银行签约协助其提供信用卡业务服务的法人机构或其他组织。

第十二条 本办法所称收单业务,是指商业银行为商户等提供的受理信用卡,并完成相关资金结算的服务。

收单业务包括商户资质审核、商户培训、受理终端安装维护管理、获取交易授权、处理交易信息、交易监测、资金垫付、资金结算、争议处理和增值服务等业务环节。

第十三条 本办法所称收单银行,是指依据合同为商户提供信用卡收单业务服务或为信用卡收单业务提供结算服务,并承担收单业务风险管理相关责任的商业银行。

第十四条 本办法所称收单业务服务机构,是指与收单银行或收单业务的结算银行签约协助其提供信用卡收单业务服务的法人机构或其他组织。

第十五条 商业银行发行的信用卡按照发行对象不同,分为个人卡和单位卡。其中,单位卡按照用途分为商务差旅卡和商务采购卡。

商务差旅卡,是指商业银行与政府部门、法人机构或其他组织签订合同建立差旅费用报销还款关系,为其工作人员提供日常商务支出和财务报销服务的信用卡。

商务采购卡,是指商业银行与政府部门、法人机构或其他组织签订合同建立采购支出报销还款关系,为其提供办公用品、办公事项等采购支出相关服务的信用卡。

第十六条 本办法所称学生,是指在教育机构脱产就读的学生。

第三章 业务准入

第十七条 商业银行申请开办信用卡业务,应当满足以下基本条件:

(一)公司治理良好,主要审慎监管指标符合中国银监会有关规定,具备与业务发展相适应的组织机构和规章制度,内部控制、风险管理和问责机制健全有效;

(二)信誉良好,具有完善、有效的内控机制和案件防控体系,最近3年内无重大违法违规行为和重大恶性案件;

(三)具备符合任职资格条件的董事、高级管理人员和合格从业人员。高级管理人员中应当具备有信用卡业务专业知识和管理经验的人员至少1名,具备开展信用卡业务必需的技术人员和管理人员,并全面实施分级授权管理;

(四)具备与业务经营相适应的营业场所、相关设施和必备的信息技术资源;

(五)已在境内建立符合法律法规和业务管理要求的业务系统,具有保障相关业务系统信息安全和运行质量的技术能力;

(六)开办外币信用卡业务的,应当具有经国务院外汇管理部门批准的结汇、售汇业务资格和中国银监会批准的外汇业务资格(或外汇业务范围);

(七)符合中国银监会规定的其他审慎性条件。

第十八条 商业银行开办信用卡发卡业务除符合第十七条规定的条件外,还应当符合以下条件:

(一)注册资本为实缴资本,且不低于人民币5亿元或等值可兑换货币;

(二)具备办理零售业务的良好基础。最近3年个人存贷款业务规模和业务结构稳定,个人存贷款业务客户规模和客户结构良好,银行卡业务运行情况良好,身份证件验证系统和征信系统的连接和使用情况良好;

(三)具备办理信用卡业务的专业系统,在境内建有发卡业务主机、信用卡业务申请管理系统、信用评估管理系统、信用卡账户管理系统、信用卡交易授权系统、信用卡交易监测和伪冒交易预警系统、信用卡客户服务中心系统、催收业务管理系统等专业化运营基础设施,相关设施通过了必要的安全检测和业务测试,能够保障客户资料和业务数据的完整性和安全性;

(四)符合商业银行业务经营总体战略和发展规划,有利于提高总体业务竞争能力,能够根据业务发展实际情况持续开展业务成本计量、业务规模监测和基本盈亏平衡测算等工作。

第十九条 商业银行开办信用卡收单业务除符合第十七条规定的条件外,还应当符合以下条件:

(一)注册资本为实缴资本,且不低于人民币1亿元或等值可兑换货币;

(二)具备开办收单业务的良好基础。最近3年企业贷款业务规模和业务结构稳定,企业贷款业务客户规模和客户结构较为稳定,身份证件验证系统和征信系统连接和使用情况良好;

(三)具备办理收单业务的专业系统,在境内建有收单业务主机、特约商户申请管理系统、特约商户信用评估管理系统、特约商户结算账户管理系统、账务管理系统、收单交易监测和伪冒交易预警系统、交易授权系统等专业化运营基础设施,相关设施通过了必要的安全检测和业务测试,能够保障客户资料和业务数据的完整性和安全性;

(四)符合商业银行业务经营总体战略和发展规划,有利于提高业务竞争能力,能够根据业务发展实际情况持续开展业务成本计量、业务规模监测和基本盈亏平衡测算等工作。

第二十条 商业银行开办发卡和收单业务应当按规定程序报中国银监会及其派出机构审批。

全国性商业银行申请开办信用卡业务,由其总行(公司)向中国银监会申请审批。

按照有关规定只能在特定城市或地区从事业务经营活动的商业银行,申请开办信用卡业务,由其总行(公司)向注册地中国银监会派出机构提出申请,经初审同意后,由注册地中国银监会派出机构上报中国银监会审批。

外资法人银行申请开办信用卡业务,应当向注册地中国银监会派出机构提出申请,经初审同意后,由注册地中国银监会派出机构上报中国银监会审批。

第二十一条 商业银行申请开办信用卡发卡或收单业务之前,应当根据需要就拟申请的业务与中国银监会及其相关派出机构沟通,说明拟申请的信用卡业务运营模式、各环节业务流程和风险控制流程设计、业务系统和基础设施建设方案,并根据沟通情况,对有关业务环节进行调整和完善。

第二十二条 商业银行申请开办信用卡业务,可以在一个申请报告中同时申请不同种类的信用卡业务,但在申请中应当注明所申请的信用卡业务种类。

第二十三条 商业银行向中国银监会及其派出机构申请开办信用卡业务,应当提交以下文件资料(一式三份):

(一)开办信用卡业务的申请书;

(二)信用卡业务可行性报告;

(三)信用卡业务发展规划和业务管理制度;

(四)信用卡章程,内容应当至少包括信用卡的名称、种类、功能、用途、发行对象、申领条件、申领手续、使用范围(包括使用方面的限制)及使用方法、信用卡账户适用的利率、面向持卡人的收费项目和收费水平、商业银行、持卡人及其他有关当事人的权利、义务等;

(五)信用卡卡样设计草案或可受理信用卡种类;

(六)信用卡业务运营设施、业务系统和灾备系统介绍;

(七)相关身份证件验证系统和征信系统连接和使用情况介绍;

(八)信用卡业务系统和灾备系统测试报告和安全评估报告;

(九)信用卡业务运行应急方案和业务连续性计划;

(十)信用卡业务风险管理体系建设和相应的规章制度;

(十一)信用卡业务的管理部门、职责分工、主要负责人介绍;

(十二)申请机构联系人、联系电话、联系地址、传真、电子邮箱等联系方式;

(十三)中国银监会及其派出机构按照审慎

性原则要求提供的其他文件和资料。

第二十四条 商业银行应当由内部专门机构或委托其他专业机构进行独立的安全评估。安全评估报告应当至少包括董事会或总行(公司)高级管理层对信用卡业务风险管理体系建设和相关规章制度的审定情况、各业务环节信息资料的保护措施设置情况、持续监测记录和追踪预警异常业务行为(含入侵事故或系统漏洞)的流程设计、外挂系统或外部接入系统的安全措施设置、评估期等方面的内容。

第二十五条 全国性商业银行筹建信用卡中心等分行级专营机构的,应当由其总行(公司)向中国银监会提出申请。

按照有关规定只能在特定城市或地区从事业务经营活动的商业银行,筹建信用卡中心等分行级专营机构,应当由其总行(公司)向注册地中国银监会派出机构提出申请,经初审同意后,由注册地中国银监会派出机构报中国银监会审批。

外资法人银行筹建信用卡中心等分行级专营机构,应当向其注册地中国银监会派出机构提出申请,经初审同意后,由注册地中国银监会派出机构报中国银监会审批。

信用卡中心等分行级专营机构的开业申请由其注册地中国银监会派出机构受理和批准。

第二十六条 商业银行信用卡中心等分行级专营机构的分支机构,筹建和开业应当按照规定程序报其拟设地中国银监会派出机构审批。拟设地中国银监会派出机构作出批准或不批准的书面决定,并抄送分行级专营机构注册地中国银监会派出机构。

第二十七条 注册地中国银监会派出机构自收到完整申请材料之日起20日内审查完毕并将审查意见及完整申请材料报中国银监会。

中国银监会自收到完整的信用卡业务申请材料之日起3个月内,做出批准或不批准的书面决定;决定不批准的,应当说明理由。

对于中国银监会或其派出机构未批准的信用卡业务类型,商业银行在达到相关要求后可以按照有关规定重新申请。

第二十八条 商业银行新增信用卡业务产品种类、增加信用卡业务功能、增设信用卡受理渠道等,或接受委托作为发卡业务服务机构和收单业务服务机构开办相关业务,应当参照第二十三条的有关规定,在开办业务之前一个月,将相关材料(一式三份)向中国银监会及其相关派出机构报告。

第二十九条 已实现业务数据集中处理的商业银行,获准开办信用卡业务后,可以授权其分支机构开办部分或全部信用卡业务。获得授权的分支机构开办相关信用卡业务,应当提前30个工作日持中国银监会批准文件、总行授权文件及其他相关材料向注册地中国银监会派出机构报告。

第三十条 商业银行为其他机构(非特约商户)开展收单业务提供结算服务,应当提前30个工作日持中国银监会批准文件、总行授权文件、合作机构营业执照和法定代表人详细信息、合作机构相关业务情况和财务状况、业务流程设计材料、书面合同、负责对合作机构进行合规管理的承诺书、风险事件和违法活动的应急处理制度、其他相关材料向当地中国银监会派出机构报告。

第三十一条 已开办信用卡业务的商业银行按照规划决定终止全部或部分类型的信用卡业务应当参照申请开办该业务的程序报中国银监会及其派出机构审批。

商业银行决定终止全部或部分类型的信用卡业务之前,应当根据需要就拟申请停办的业务与中国银监会或其相关派出机构沟通,说明拟申请终止业务的原因、风险状况、公告内容和渠道、应急预案等,并根据沟通情况进行调整和完善。

第三十二条 商业银行向中国银监会及其派出机构申请终止信用卡业务,应当提交以下文件资料(一式三份):

(一)拟终止信用卡业务的申请书;

(二)终止信用卡业务的风险评估报告;

(三)终止信用卡业务的公告方案;

(四)终止业务过程中重大问题的应急预案;

(五)负责终止业务的部门、职责分工和主要负责人;

(六)申请机构联系人、联系电话、联系地址、传真、电子邮箱等联系方式;

(七)中国银监会及其派出机构按照审慎性原则要求提供的其他文件和资料。

经中国银监会及其相关派出机构同意后,商

业银行应当通过网点公告、银行网站、客户服务热线、电子银行、其他媒体等多种渠道予以公告，公告持续期限自公告之日起不得少于90天。

第三十三条 商业银行终止信用卡业务或停止提供部分类型信用卡业务后，需要重新开办信用卡业务或部分类型信用卡业务的，按相关规定重新办理申请、审批、报告等手续。

第四章 发卡业务管理

第三十四条 发卡银行应当建立信用卡卡片管理制度，明确卡片、密码、函件、信封、制卡文件以及相关工作人员操作密码的生成、交接、保管、保密、使用监控、检查等环节的管理职责和操作规程，防范重大风险事故的发生。

第三十五条 商业银行应当建立信用卡业务申请材料管理系统，由总行(总公司、外资法人银行)对信用卡申请材料统一编号，并对申请材料信息录入、使用、销毁等实施登记制度。

第三十六条 信用卡卡面应当对持卡人充分披露以下基本信息：发卡银行法人名称、品牌标识及防伪标志、卡片种类(信用卡、贷记卡、准贷记卡等)、卡号、持卡人姓名拼音(外文姓名)、有效期、持卡人签名条、安全校验码、注意事项、客户服务电话、银行网站地址。

第三十七条 发卡银行印制的信用卡申请材料文本应当至少包含以下要素：

(一)申请人信息：编号、申请人姓名、有效身份证件名称、证件号码、单位名称、单位地址、住宅地址、账单寄送地址、联系电话、联系人姓名、联系人电话、联系人验证信息、其他验证信息等；

(二)合同信息：领用合同(协议)、信用卡章程、重要提示、合同信息变更的通知方式等；

(三)费用信息：主要收费项目和收费水平、收费信息查询渠道、收费信息变更的通知方式等；

(四)其他信息：申请人已持有的信用卡及其授信额度、申请人声明、申请人确认栏和签名栏、发卡银行服务电话和银行网站、投诉渠道等。

“重要提示”应当在信用卡申请材料中以醒目方式列示，至少包括申请信用卡的基本条件、所需基本申请资料、计结息规则、年费/滞纳金/超限费收取方式、阅读领用合同(协议)并签字的提示、申请人信息的安全保密提示、非法使用信用卡行为相关的法律责任和处理措施的提示、其他对申请人信用和权利义务有重大影响的内容等信息。

申请人确认栏应当载明以下语句，并要求客户抄录后签名：“本人已阅读全部申请材料，充分了解并清楚知晓该信用卡产品的相关信息，愿意遵守领用合同(协议)的各项规则。”

第三十八条 发卡银行应当公开、明确告知申请人需提交的申请材料和基本要求，申请材料必须由申请人本人亲自签名，不得在客户不知情或违背客户意愿的情况下发卡。

发卡银行受理的信用卡附属卡申请材料必须由主卡持卡人以亲自签名、客户服务电话录音、电子签名或持卡人和发卡银行双方均认可的方式确认。

第三十九条 发卡银行应当建立信用卡营销管理制度，对营销人员进行系统培训、登记考核和规范管理，不得对营销人员采用单一以发卡数量计件提成的考核方式。信用卡营销行为应当符合以下条件：

(一)营销宣传材料真实准确，不得有虚假、误导性陈述或重大遗漏，不得有夸大或片面的宣传。应当由持卡人承担的费用必须公开透明，风险提示应当以明显的、易于理解的文字印制在宣传材料和产品(服务)申请材料中，提示内容的表述应当真实、清晰、充分，示范的案例应当具有代表性。

(二)营销人员必须佩戴所属银行的标识，明示所属发卡银行及客户投诉电话，使用统一印制的信用卡产品(服务)宣传材料，对信用卡收费项目、计结息政策和业务风险等进行充分的信息披露和风险提示，确认申请人提交的重要证明材料无涂改痕迹，确认申请人已经知晓和理解上述信息，确认申请人已经在申请材料上签名，并留存相关证据，不得进行误导性和欺骗性的宣传解释。遇到客户对宣传材料的真实性和可靠性有任何疑问时，应当提供相关信息查询渠道。

(三)营销人员应当公开明确告知申请信用卡需提交的申请资料和基本要求，督促信用卡申请人完整、正确、真实地填写申请材料，并审核身份证件(原件)和必要的证明材料(原件)。营销人员不得向客户承诺发卡，不得以快速发卡、以卡办卡、以名片办卡等名义营销信用卡。

（四）营销人员应当严格遵守对客户资料保密的原则，不得泄露客户信息，不得将信用卡营销工作转包或分包。发卡银行应当严格禁止营销人员从事本行以外的信用卡营销活动，并对营销人员收到申请人资料和送交审核的时间间隔和保密措施作出明确的制度规定，不得在未征得信用卡申请人同意的情况下，将申请人资料用于其他产品和服务的交叉销售。

（五）营销人员开展电话营销时，除遵守（一）至（四）条的相关规定外，必须留存清晰的录音资料，录音资料应当至少保存2年备查。

第四十条 发卡银行应当建立健全信用卡申请人资信审核制度，明确管理架构和内部控制机制。

第四十一条 发卡银行应当对信用卡申请人开展资信调查，充分核实并完整记录申请人有效身份、财务状况、消费和信贷记录等信息，并确认申请人拥有固定工作、稳定的收入来源或可靠的还款保障。

第四十二条 发卡银行应当根据总体风险管理要求确定信用卡申请材料的必填（选）要素，对信用卡申请材料出现漏填（选）必填信息或必选选项、他人代办（单位代办商务差旅卡和商务采购卡、主卡持卡人代办附属卡除外）、他人代签名、申请材料未签名等情况的，不得核发信用卡。

对信用卡申请材料出现疑点信息、漏填审核意见、各级审核人员未签名（签章、输入工作代码）或系统审核记录缺失等情况的，不得核发信用卡。

第四十三条 对首次申请本行信用卡的客户，不得采取全程系统自动发卡方式核发信用卡。

信用卡申请人有以下情况时，应当从严审核，加强风险防控：

（一）在身份信息系统中留有相关可疑信息或违法犯罪记录；

（二）在征信系统中无信贷记录；

（三）在征信系统中有不良记录；

（四）在征信系统中有多家银行贷款或信用卡授信记录；

（五）单位代办商务差旅卡和商务采购卡；

（六）其他渠道获得的风险信息。

第四十四条 发卡银行不得向未满十八周岁的客户核发信用卡（附属卡除外）。

第四十五条 向符合条件的同一申请人核发学生信用卡的发卡银行不得超过两家（附属卡除外）。

在发放学生信用卡之前，发卡银行必须落实第二还款来源，取得第二还款来源方（父母、监护人或其他管理人等）愿意代为还款的书面担保材料，并确认第二还款来源方身份的真实性。在提高学生信用卡额度之前，发卡银行必须取得第二还款来源方（父母、监护人或其他管理人等）表示同意并愿意代为还款的书面担保材料。

商业银行应当按照审慎原则制定学生信用卡业务的管理制度，根据业务发展实际情况评估、测算和合理确定本行学生信用卡的首次授信额度和根据用卡情况调整后的最高授信额度。学生信用卡不得超限额使用。

第四十六条 发卡银行应当在银行网站上公开披露与教育机构以向学生营销信用卡为目的签订的协议。

发卡银行在任何教育机构的校园内向学生开展信用卡营销活动，必须就开展营销活动的具体地点、日期、时间和活动内容提前告知相关教育机构并取得该教育机构的同意。

第四十七条 发卡银行应当提供信用卡申请处理进度和结果的查询渠道。

第四十八条 发卡银行发放信用卡应当符合安全管理要求，卡片和密码应当分别送达并提示持卡人接收。信用卡卡片发放时，应当向持卡人书面告知信用卡账单日期、信用卡章程、安全用卡须知、客户服务电话、服务和收费信息查询渠道等信息，以便持卡人安全使用信用卡。

第四十九条 发卡银行应当建立信用卡激活操作规程，激活前应当对信用卡持卡人身份信息进行核对。不得激活领用合同（协议）未经申请人签名确认、未经激活程序确认持卡人身份的信用卡。对新发信用卡、挂失换卡、毁损换卡、到期换卡等必须激活后才能为持卡人开通使用。

信用卡未经持卡人激活，不得扣收任何费用。在特殊情况下，持卡人以书面、客户服务电话录音、电子签名、持卡人和发卡银行双方均认可的方式单独授权扣收的费用,以及换卡时已形成的债权债务关系除外。

信用卡未经持卡人激活并使用,不得发放任何礼品或礼券。

第五十条 发卡银行应当建立信用卡授信管理制度,根据持卡人资信状况、用卡情况和风险信息对信用卡授信额度进行动态管理,并及时按照约定方式通知持卡人,必要时可以要求持卡人落实第二还款来源或要求其提供担保。

发卡银行应当对持卡人名下的多个信用卡账户授信额度、分期付款总体授信额度、附属卡授信额度、现金提取授信额度、超授信额度用卡服务的最高授信额度等合并管理,设定总授信额度上限。商务采购卡的现金提取授信额度应当设置为零。

第五十一条 在已通过信用卡领用合同(协议)、书面协议、电子银行记录或客户服务电话录音等进行约定的前提下,发卡银行可以对超过6个月未发生交易的信用卡调减授信额度,但必须提前3个工作日按照约定方式明确告知持卡人。

第五十二条 发卡银行应当建立信用卡业务风险管理制度。发卡银行从公安机关、司法机关、持卡人本人、亲属、交易监测或其他渠道获悉持卡人出现身份证件被盗用、家庭财务状况恶化、还款能力下降、预留联系方式失效、资信状况恶化、有非正常用卡行为等风险信息时,应当立即停止上调额度、超授信额度用卡服务授权、分期业务授权等可能扩大信用风险的操作,并视情况采取提高交易监测力度、调减授信额度、止付、冻结或落实第二还款来源等风险管理措施。

第五十三条 信用卡未经持卡人申请并开通超授信额度用卡服务,不得以任何形式扣收超限费。持卡人可以采用口头(客户服务电话录音)、电子、书面的方式开通或取消超授信额度用卡服务。

发卡银行必须在为持卡人开通超授信额度用卡服务之前,提供关于超限费收费形式和计算方式的信息,并明确告知持卡人具有取消超授信额度用卡服务的权利。发卡银行收取超限费后,应当在对账单中明确列出相应账单周期中的超限费金额。

第五十四条 经持卡人申请开通超授信额度用卡服务后,发卡银行在一个账单周期内只能提供一次超授信额度用卡服务,在一个账单周期内只能收取一次超限费。如果在两个连续的账单周期内,持卡人连续要求支付超限费以完成超过授信额度的透支交易,发卡银行必须在第二个账单周期结束后立即停止超授信额度用卡服务,直至信用卡未结清款项减少到信用卡原授信额度以下才能根据持卡人的再次申请重新开通超授信额度用卡服务。

第五十五条 发卡银行不得为信用卡转账(转出)和支取现金提供超授信额度用卡服务。信用卡透支转账(转出)和支取现金的金额两者合计不得超过信用卡的现金提取授信额度。

第五十六条 发卡银行应当制定信用卡交易授权和风险监测管理制度,配备必要的设备、系统和人员,确保24小时交易授权和实时监控,对出现可疑交易的信用卡账户应当及时采取与持卡人联系确认、调整授信额度、锁定账户、紧急止付等风险管理措施。

发卡银行应当对可疑交易采取电话核实、联系收单银行、调单或实地走访等方式进行风险排查并及时处理,必要时应当及时向公安机关报案。

第五十七条 发卡银行应当在信用卡领用合同(协议)中明确规定以持卡人相关资产偿还信用卡贷款的具体操作流程,在未获得持卡人授权的情况下,不得以持卡人资产直接抵偿信用卡应收账款。国家法律法规另有规定的除外。

发卡银行收到持卡人还款时,按照以下顺序对其信用卡账户的各项欠款进行冲还:逾期1-90天(含)的,按照先应收利息或各项费用、后本金的顺序进行冲还;逾期91天以上的,按照先本金、后应收利息或各项费用的顺序进行冲还。

第五十八条 发卡银行通过自助渠道提供信用卡查询和支付服务必须校验密码或信用卡校验码。对确实无法校验密码或信用卡校验码的,发卡银行应当根据交易类型、风险性质和风险特征,确定自助渠道信用卡服务的相关信息校验规则,以保障安全用卡。

第五十九条 发卡银行应当提供24小时挂失服务,通过营业网点、客户服务电话或电子银行等渠道及时受理持卡人挂失申请并采取相应的风险管控措施。

第六十条 发卡银行应当提供信息查询服务,通过银行网站、用卡手册、电子银行等多种渠道向持卡人公示信用卡产品和服务、使用说明、章程、领用合同(协议)、收费项目和收费水平、风险提示等信息。

第六十一条 发卡银行应当提供对账服务。对账单应当至少包括交易日期、交易金额、交易币种、交易商户名称或代码、本期还款金额、本期最低还款金额、到期还款日、注意事项、发卡银行服务电话等要素。对账服务的具体形式由发卡银行和持卡人自行约定。

发卡银行向持卡人提供对账单及其他服务凭证时,应当对信用卡卡号进行部分屏蔽,不得显示完整的卡号信息。银行柜台办理业务打印的业务凭证除外。

第六十二条 发卡银行应当提供投诉处理服务,根据信用卡产品(服务)特点和复杂程度建立统一、高效的投诉处理工作程序,明确投诉处理的管理部门,公开披露投诉处理渠道。

第六十三条 发卡银行应当提供信用卡到期换卡服务,为符合到期换卡条件的持卡人换卡。持卡人提出到期不续卡、不换卡、销户的除外。

对持卡人在信用卡有效期内未激活的信用卡账户,发卡银行不得提供到期换卡服务。

第六十四条 发卡银行应当提供信用卡销户服务,在确认信用卡账户没有未结清款项后及时为持卡人销户。信用卡销户时,商务采购卡账户余额应当转回其对应的单位结算账户。

在通过信用卡领用合同(协议)或书面协议对通知方式进行约定的前提下,发卡银行应当提前45天以上采用明确、简洁、易懂的语言将信用卡章程、产品服务等即将发生变更的事项通知持卡人。

第六十五条 信用卡业务计结息操作,遵照国家有关部门的规定执行。

第六十六条 发卡银行应当建立信用卡欠款催收管理制度,规范信用卡催收策略、权限、流程和方式,有效控制业务风险。发卡银行不得对催收人员采用单一以欠款回收金额提成的考核方式。

第六十七条 发卡银行应当及时就即将到期的透支金额、还款日期等信息提醒持卡人。持卡人提供不实信息、变更联系方式未通知发卡银行等情况除外。

第六十八条 发卡银行应当对债务人本人及其担保人进行催收,不得对与债务无关的第三人进行催收,不得采用暴力、胁迫、恐吓或辱骂等不当催收行为。对催收过程应当进行录音,录音资料至少保存2年备查。

第六十九条 信用卡催收函件应当对持卡人充分披露以下基本信息:持卡人姓名和欠款余额,催收事由和相关法规,持卡人相关权利和义务,查询账户状态、还款、提出异议和提供相关证据的途径,发卡银行联系方式,相关业务公章,监管机构规定的其他内容。

发卡银行收到持卡人对信用卡催收提出的异议,应当及时对相关信用卡账户进行备注,并开展核实处理工作。

第七十条 在特殊情况下,确认信用卡欠款金额超出持卡人还款能力、且持卡人仍有还款意愿的,发卡银行可以与持卡人平等协商,达成个性化分期还款协议。个性化分期还款协议的最长期限不得超过5年。

个性化分期还款协议的内容应当至少包括:

(一)欠款余额、结构、币种;

(二)还款周期、方式、币种、日期和每期还款金额;

(三)还款期间是否计收年费、利息和其他费用;

(四)持卡人在个性化分期还款协议相关款项未全部结清前,不得向任何银行申领信用卡的承诺;

(五)双方的权利义务和违约责任;

(六)与还款有关的其他事项。

双方达成一致意见并签署分期还款协议的,发卡银行及其发卡业务服务机构应当停止对该持卡人的催收,持卡人不履行分期还款协议的情况除外。达成口头还款协议的,发卡银行必须留存录音资料。录音资料留存时间至少截至欠款结清日。

第七十一条 发卡银行不得将信用卡发卡营销、领用合同(协议)签约、授信审批、交易授权、交易监测、资金结算等核心业务外包给发卡业务服务机构。

第五章　收单业务管理

第七十二条　收单银行应当明确收单业务的牵头管理部门，承担协调处理特约商户资质审核、登记管理、机具管理、垫付资金管理、风险管理、应急处置等的职责。

第七十三条　收单银行应当加强对特约商户资质的审核，实行商户实名制，不得设定虚假商户。特约商户资料应当至少包括营业执照、税务登记证件或相关纳税证明、法定代表人或负责人身份证件、财务状况或业务规模、经营期限等。收单银行应当对特约商户进行定期或不定期现场调查，认真核实并及时更新特约商户资料。

收单银行不得因与特约商户有其他业务往来而降低资质审核标准和检查要求，对批发类、咨询类、投资类、中介类、公益类、低扣率商户或可能出现高风险的商户应当从严审核。

第七十四条　收单银行不得将个人银行结算账户设置为特约商户的单位结算账户，已纳入单位银行结算账户管理的除外。

收单银行应当为特约商户、特约商户服务机构等提供安全的结算服务，并承担相应的监督管理职责，确保所服务机构受理信用卡的业务合法合规。

第七十五条　收单银行签约的特约商户应当至少满足以下基本条件：

（一）合法设立的法人机构或其他组织；

（二）从事的业务和行业符合国家法律、法规和政策规定；

（三）未成为本行或他行发卡业务服务机构；

（四）商户、商户负责人（或法定代表人）未在征信系统、银行卡组织的风险信息共享系统、同业风险信息共享系统中留有可疑信息或风险信息。

第七十六条　收单银行对从事网上交易的商户，应当进行严格的审核和评估，以技术手段确保数据安全和资金安全。商业银行不得与网站上未明确标注如下信息的网络商户或第三方支付平台签订收单业务相关合同：

（一）客户服务电话号码及邮箱地址；

（二）安全管理的声明；

（三）退货（退款）政策和具体流程；

（四）保护客户隐私的声明；

（五）客户信息使用行为的管理要求；

（六）其他商业银行相关管理制度要求具备的信息。

收单银行应当按照外包管理要求对签约的第三方支付平台进行监督管理，并有责任对与第三方支付平台签约的商户进行不定期的资质审核或交易行为抽查，以确保为从事合法业务的商户提供服务。

第七十七条　收单银行应当严格按照国家法律法规、相关行业规范和业务规则设置商户名称、商户编码、商户类别码、商户服务类别码等，留存真实完整的商户地址、受理终端安装地点和使用范围、受理终端绑定通讯方式和号码、法定代表人（或负责人）、联系人、联系电话等信息，加强特约商户培训和交易检查工作，并真实、准确、完整地传递信用卡交易信息，为发卡银行开展信用卡交易授权和风险监测提供准确的信息。

收单银行要求第三方支付平台提供的交易明细信息，必须包括交易对象在第三方支付平台上的识别编号，以便协助持卡人保护自身合法权益。

第七十八条　收单银行应当确保特约商户按照联网通用原则受理信用卡，不得出现商户拒绝受理符合联网通用管理要求的信用卡、或商户因持卡人使用信用卡而向持卡人收取附加费用等行为。

第七十九条　收单银行应当建立特约商户管理制度，根据商户类型和业务特点对商户实行分类管理，严格控制交易处理程序和退款程序，不得因与特约商户有其他业务往来而降低对特约商户交易的检查要求。

第八十条　收单银行应当对特约商户的风险进行综合评估和分类管理，及时掌握其经营范围、场所、法定代表人或负责人、银行卡受理终端装机地址和使用范围等重要信息的变更情况，不断完善交易监控机制。收单银行应当对特约商户建立不定期现场核查制度，重点核对其银行卡受理终端使用范围、装机地址、装机编号是否与已签订的协议一致。

对通过邮寄、电话、电视和网络等方式销售商品或服务的特约商户,收单银行应当采取特殊的风险控制措施,加强交易情况监测,增加现场核查频度。

第八十一条 收单银行应当根据特约商户的业务性质、业务特征、营业情况,对特约商户设定动态营业额上限。对特约商户交易量突增、频繁出现大额交易、整数金额交易、交易额与经营状况明显不符、争议款项过高、退款交易过多、退款额过高、拖欠退款额过高、出现退款欺诈、非法交易、商户经营内容与商户类别码不符、或收到发卡银行风险提示等情况,收单银行应当及时调查处理,并及时采取有效措施,降低出现收单业务损失的风险。

第八十二条 对确认已出现虚假申请、信用卡套现、测录客户数据资料、泄露账户和交易信息、恶意倒闭等欺诈行为的特约商户,收单银行应当及时采取撤除受理终端、妥善留存交易记录等相关证据并提交公安机关处理、列入黑名单、录入银行卡风险信息系统、与相关银行卡组织共享风险信息等有效的风险控制措施。

第八十三条 收单银行应当建立相互独立的市场营销和风险管理机制,负责市场拓展、商户资质审核、服务和授权、异常交易监测、受理终端密钥管理、受理终端密钥下载、受理终端程序灌装等职能的人员和岗位,不得相互兼岗。

第八十四条 收单银行应当建立健全收单业务受理终端管理机制,设立管理台账,及时登记和更新受理终端安装地点、使用情况和不定期检查情况。

对特约商户提出的新增、更换、维护受理终端的要求,收单银行应当履行必要的核实程序,发现特约商户有移机使用、出租、出借或超出其经营范围使用受理终端的情况,应当立即采取撤除受理终端、妥善留存交易记录相关证据等有效的风险管理措施,并将特约商户、商户法定代表人(负责人)姓名、商户法定代表人(负责人)身份证件等有关信息录入银行卡风险信息共享系统。

第八十五条 收单银行应当加强对收单业务移动受理终端的管理,确保不同的终端设备使用不同的终端主密钥并定期更换。收单银行应当严格审核特约商户安装移动受理终端的申请,除航空、餐饮、交通罚款、上门收费、移动售货、物流配送确有使用移动受理终端需求的商户外,其他类型商户未经收单银行总行审核批准不得安装移动受理终端。

第八十六条 收单银行应当采用严格的技术手段对收单业务移动受理终端的使用进行监控,并不定期进行回访,确保收单业务移动受理终端未超出签约范围跨地区使用。

第八十七条 收单银行应当确保对收单业务受理终端所有打印凭条上的信用卡号码进行部分屏蔽,转账交易的转入卡号、预授权交易预留卡号和IC卡脱机交易除外。

收单银行和收单服务机构应当确保业务系统只能存储用于交易清分、资金结算、差错处理所必需的最基本的账户信息,不得以任何形式存储信用卡磁道信息、卡片验证码、个人标识码等信息。

第八十八条 收单银行应当与特约商户签订收单业务合同。收单业务合同至少应当明确以下事项:双方的权利义务关系,业务流程、收单业务管理主体、法律责任和经济责任,移动受理终端和无卡交易行为的管理主体、法律责任和经济责任,协助调查处理的责任和内容,保证金条款,保密条款,数据安全条款,其他条款。

第八十九条 收单银行、收单业务服务机构合作应当与特约商户签订收单业务合同。收单业务合同至少应当明确以下事项:收单业务营销主体,收单业务管理主体,各方的权利义务关系,各方的法律责任和经济责任,移动受理终端相关法律责任和经济责任,无卡交易相关法律责任和经济责任,协助调查处理的责任和内容,保证金条款,保密条款,数据安全条款等。

第九十条 收单银行不得将特约商户审核和签约、资金结算、后续检查和抽查、受理终端密钥管理和密钥下载工作外包给收单业务服务机构。

第六章 业务风险管理

第九十一条 商业银行应当制定明确的信用卡业务发展战略和风险管理规划,建立健全信用卡业务内部控制、授权管理和风险管理体系、组织、制度、流程和岗位，明确分工和相关职责。

商业银行可以基于自愿和保密原则，对信用卡业务中出现不良行为的营销人员、持卡人、特约商户、服务机构等有关风险信息进行共享，加强在风险管理方面的合作。

第九十二条　商业银行应当对信用卡风险资产实行分类管理，分类标准如下：

（一）正常类：持卡人能够按照事先约定的还款规则在到期还款日前（含）足额偿还应付款项。

（二）关注类：持卡人未按事先约定的还款规则在到期还款日足额偿还应付款项，逾期天数在1－90天（含）。

（三）次级类：持卡人未按事先约定的还款规则在到期还款日足额偿还应付款项，逾期天数为91－120天（含）。

（四）可疑类：持卡人未按事先约定的还款规则在到期还款日足额偿还应付款项，逾期天数在121－180天（含）。

（五）损失类：持卡人未按事先约定的还款规则在到期还款日足额偿还应付款项，逾期天数超过180天。

在业务系统能够支持、分类操作合法合规、分类方法和数据测算方式已经中国银监会及其相关派出机构审批同意等前提下，鼓励商业银行采用更为审慎的信用卡资产分类标准，持续关注和定期比对与之相关的准备金计提、风险资产计量等环节的重要风险管理指标，并采取相应的风险控制措施。

第九十三条　商业银行应当建立健全信用卡业务操作风险的防控制度和应急预案，有效防范操作风险。以下风险资产应当直接列入相应类别：

（一）持卡人因使用诈骗方式申领、使用信用卡造成的风险资产，一经确认，应当直接列入可疑类或损失类。

（二）因内部作案或内外勾结作案造成的风险资产应当直接列入可疑类或损失类。

（三）因系统故障、操作失误造成的风险资产应当直接列入可疑类或损失类。

（四）签订个性化分期还款协议后尚未偿还的风险资产应当直接列入次级类或可疑类。

第九十四条　发卡银行应当对信用卡风险资产质量变动情况进行持续监测，相关准备金计提遵照国家有关部门的规定执行。

第九十五条　发卡银行应当加强信用卡风险资产认定和核销管理工作，及时确认并核销。信用卡业务的呆账认定依据、认定范围、核销条件等遵照国家有关部门的规定执行。

第九十六条　发卡银行应当建立科学合理的风险监测指标，适时采取相应的风险控制措施。

第九十七条　发卡银行应当根据信用卡业务发展情况，使用计量模型辅助开展信用卡业务风险管理工作，制定模型开发、测试、验证、重检、调整、监测、维护、审计等相关管理制度，明确计量模型的使用范围。

第九十八条　发卡银行应当严格执行资本充足率监管要求，将未使用的信用卡授信额度，纳入承诺项目中的“其他承诺”子项计算表外加权风险资产，适用50%的信用转换系数和根据信用卡交易主体确定的相应风险权重。

第九十九条　商业银行应当对单位卡实施单一客户授信集中风险管理，定期集中计算单位卡授信和垫款额度总和，持续监测单位卡合同签约方在本行所有贷款授信额度及其使用情况，并定期开展单位卡相关交易真实性和用途适用性的检查工作，防止出现套取流动资金贷款的行为。

第七章　监督管理

第一百条　中国银监会及其派出机构依法对信用卡业务实施非现场监管和现场检查，对信用卡业务风险进行监测和评估，并对信用卡业务相关行业自律组织进行指导和监督。

在实施现场检查和风险评估的过程中，相关检查和评估人员应当遵守商业银行信用卡业务安全管理的有关规定。

第一百零一条　商业银行开办信用卡业务应当按照有关规定向中国银监会报送信用卡业务统计数据和管理信息。

第一百零二条　商业银行应当定期对信用卡业务发展与管理情况进行自我评估，按年编制《信用卡业务年度评估报告》。

第一百零三条　商业银行《信用卡业务年度

评估报告》应当至少包括以下内容：

（一）本年度信用卡业务组织架构和高管人员配置总体情况；

（二）全年信用卡业务基本经营情况分析；

（三）信用卡业务总体资产结构和资产质量；

（四）不同类型的信用卡业务资产结构和资产质量；

（五）信用卡业务主要风险分析和风险管理情况；

（六）信用卡业务合规管理和内控管理情况；

（七）已外包的各项信用卡业务经营管理情况；

（八）投诉处理情况；

（九）下一年度信用卡业务发展规划；

（十）监管机构要求报告的其他事项。

第一百零四条 全国性商业银行《信用卡业务年度评估报告》应当于下一年度的3月底之前报送中国银监会（一式两份），抄送总行（公司）或外资法人银行注册地中国银监会派出机构。

按照有关规定只能在特定城市或地区从事业务经营活动的商业银行、商业银行授权开办部分或全部信用卡业务的分支机构（含营运中心等）应当于下一年度的3月底之前参照第一百零三条的规定将相关材料报送当地中国银监会派出机构。

第一百零五条 商业银行应当建立信用卡业务重大安全事故和风险事件报告制度，与中国银监会及其派出机构保持经常性沟通。出现重大安全事故和风险事件后24小时内应当向中国银监会及其相关派出机构报告，并随时关注事态发展，及时报送后续情况。

第一百零六条 中国银监会对信用卡业务实施现场检查时，应当按照现场检查有关规定组成检查工作组并进行相关业务培训，应当邀请相关商业银行的信用卡业务管理和技术人员介绍其信用卡业务总体框架、运营管理模式、重要业务运营系统和重要电子设备管理要求等。

第一百零七条 商业银行不符合本办法规定的条件，擅自开办信用卡业务的，中国银监会及其相关派出机构应当责令商业银行立即停止开办的信用卡业务，并依据《中华人民共和国银行业监督管理法》第四十五条规定采取相关监管措施。

第一百零八条 商业银行违反本办法规定经营信用卡业务的，中国银监会或其相关派出机构应当责令商业银行限期改正。商业银行逾期未改正的，中国银监会及其派出机构依据《中华人民共和国银行业监督管理法》第三十七条、第四十六条、第四十七条规定采取相关监管措施。

第一百零九条 商业银行在开展信用卡业务过程中，违反审慎经营原则导致信用卡业务存在较大风险隐患、合作的机构从事或被犯罪分子利用从事违法违规活动1年内达到2次的，由中国银监会或其派出机构立即暂停该商业银行相关新发卡业务或发展新特约商户的资格，责令限期改正；逾期未改正或安全隐患在短时间内难以解决的，中国银监会及其派出机构除采取《中华人民共和国银行业监督管理法》第四十六条规定的监管措施外，还可以视情况分别采取以下措施：

（一）责令商业银行、相关分支机构或相关专营机构限制（或暂停）信用卡发卡业务或收单业务；

（二）责令商业银行、相关分支机构或相关专营机构限制（或暂停）发展新的信用卡业务持卡人；

（三）责令商业银行、相关分支机构或相关专营机构限制（或暂停）发展新的信用卡业务特约商户；

（四）责令停止批准增设营运中心等；

（五）责令停止开办新业务；

（六）其他审慎性监管措施。

第一百一十条 商业银行、相关分支机构或相关营运中心整改后，应当向中国银监会或其相关派出机构提交整改情况报告。中国银监会或其相关派出机构验收确认符合审慎经营规则和本办法相关规定的，自验收完毕之日起三日内解除对其采取的有关监管措施。

第一百一十一条 商业银行在开展信用卡业务过程中，违反其他有关法律、行政法规和规章的，由中国银监会及其派出机构依据相关法律、行政法规和规章督促整改，并采取相应的监管措施。

第八章 附 则

第一百一十二条 本办法由中国银监会负责解释。

第一百一十三条 本办法颁布之前制定的相关信用卡管理规定与本办法不一致的,以本办法为准。

第一百一十四条 在中华人民共和国境内经中国银监会批准设立的其他银行业金融机构开展信用卡业务,适用本办法的有关规定。

第一百一十五条 本办法自公布之日起施行。此前已开办相关业务且不符本办法规定的,半年内要调整完毕。

人民币利率管理规定

(1999 年 3 月 2 日 银发〔1999〕77 号)

目 录

第一章 总 则

第一条 为有效发挥利率杠杆对国民经济的调节作用,加强利率管理,维护正常的金融秩序,创造公平有序的竞争环境,根据《中华人民共和国中国人民银行法》、《中华人民共和国商业银行法》及其他相关法律、法规制定本规定。

第二条 凡在中华人民共和国境内(不含香港、澳门、台湾)经营人民币存、贷款业务的金融机构,邮政储蓄部门,其他法人、自然人和其他组织,均遵守本规定。

第三条 中国人民银行是经国务院授权的利率主管机关,代表国家依法行使利率管理权,其他任何单位和个人不得干预。

第四条 中国人民银行制定的各种利率是法定利率。法定利率具有法律效力,其他任何单位和个人均无权变动。

第二章 利率的制定与管理

第五条 中国人民银行制定、调整以下利率:

(一)中国人民银行对金融机构存、贷款利率和再贴现利率;

(二)金融机构存、贷款利率;

(三)优惠贷款利率;

(四)罚息利率;

(五)同业存款利率;

(六)利率浮动幅度;

(七)其他。

第六条 金融机构根据中国人民银行的有关规定确定以下利率:

(一)浮动利率;

(二)内部资金往来利率;

(三)同业拆借利率;

(四)贴现利率和转贴现利率;

(五)中国人民银行允许确定的其他利率。

第七条 中国人民银行总行履行下列利率管理职责:

(一)根据国民经济发展的需要和货币政策要求,制定利率政策和利率管理法规并组织实施;

(二)领导中国人民银行分支机构的利率管理工作;

(三)监督、检查金融机构执行国家利率政策、法规的情况;

(四)协调、处理金融机构的利率纠纷和利率违规行为;

(五)宣传、解释国家的利率政策及相关法规;

(六)研究、制定、实施国家的利率改革规划;

(七)监测、调控金融市场利率;

(八)其他利率管理工作。

第八条 中国人民银行分支机构在中国人民银行总行授权的范围内履行下列利率管理职责:

(一)实施对辖区内金融机构的利率管理,指导下级行的利率管理工作;

(二)及时转发中国人民银行总行的有关文件,对有关利率调整等内容的重要文件,应在生

效日之前传送到辖区内金融机构,并严守机密;

(三)监督、检查辖区内金融机构执行利率政策的情况,处理利率违规行为,并及时向上级行报告本辖区内利率政策执行情况;

(四)建立和完善利率违规举报制度,加强社会监督;

(五)宣传、解释国家的利率政策及相关法规;

(六)组织有关利率政策的调查研究;

(七)完成上级行安排的其他利率管理工作。

第九条 金融机构履行下列职责:

(一)协助和配合中国人民银行进行利率管理工作,宣传、贯彻、执行国家利率政策;

(二)系统内发布的有关利率的文件必须抄送辖区内中国人民银行,凡与中国人民银行有关规定不一致的内容,以中国人民银行的规定为准;

(三)严格执行国家的利率政策和相关法规,加强自身及所辖分支机构的利率管理,发现问题应主动处理;

(四)自觉接受并主动配合中国人民银行的利率管理和检查,提供真实的相关资料;

(五)在营业场所挂牌公告法定利率水平;

(六)对利率政策执行过程中出现的问题及时向中国人民银行报告。

第十条 利率管理人员应当坚持原则,依法办事,不得徇私舞弊,泄露机密,玩忽职守。

第三章 存款的结息

第十一条 城乡居民储蓄存款的计息和结息按《储蓄管理条例》有关条款办理。

活期储蓄存款每年结息一次,6月30日为结息日,结息后的利息并入本金起息,元以下尾数不计息。未到结息日清户时,按清户日挂牌公告的利率计息到清户前一日止。

定期储蓄存款按存入日挂牌公告的利率计息,利随本清,遇利率调整不分段计息。

定活两便储蓄存款按支取日挂牌公告的一年期以内(含一年)相应档次的定期整存整取存款利率打折计息,打折后低于活期存款利率时,按活期存款利率计息。

通知存款的计息和结息按《通知存款管理办法》执行。

大额可转让定期存单在存期内按照存单开户日银行挂牌公告的利率计息,利随本清,遇利率调整不分段计息,逾期期间不计息。

第十二条 单位存款的计息和结息按《人民币单位存款管理办法》的有关条款办理。

活期存款按季结息,每季末月的20日为结息日。

单位通知存款计息和结息按《通知存款管理办法》执行。

单位协定存款按结息日或清户日挂牌公告的利率计息,按季结息。

第十三条 金融机构经中国人民银行批准收取的保证金,按照单位存款计息、结息。

第十四条 职工个人住房公积金存款,当年归集的按结息日挂牌公告的活期存款利率计息,结息后转入上年结转户;上年结转的按结息日挂牌公告的3个月定期整存整取存款利率计息。公积金存款的结息日为每年的6月30日。

第十五条 金融机构的准备金存款按季结息,每季度末月的20日为结息日,按结息日的利率计息,遇利率调整不分段计息。

对欠交准备金的金融机构,从欠交之日起按罚息利率计收罚息,直至交足准备金止,遇罚息利率调整分段计息。

第十六条 邮政储蓄转存款,按季结息,每季度末月的20日为结息日,遇利率调整分段计息。

第十七条 保险公司在中国人民银行的保证金存款按金融机构准备金存款利率计息,在其他金融机构的存款按单位存款利率计息。

第十八条 金融机构按规定全额划缴中国人民银行的财政存款一律不计息,不划缴的部分按单位存款利率计息。

第十九条 金融机构同业存款利率,最高不得超过准备金存款利率,计息和结息同第十五条。

第四章 贷款的结息

第二十条 短期贷款(期限在1年以下,含1年),按贷款合同签定日的相应档次的法定贷款利率计息。贷款合同期内,遇利率调整不分段计息。

短期贷款按季结息的，每季度末月的20日为结息日；按月结息的，每月的20日为结息日。具体结息方式由借贷双方协商确定。对贷款期内不能按期支付的利息按贷款合同利率按季或按月计收复利，贷款逾期后改按罚息利率计收复利。最后一笔贷款清偿时，利随本清。

第二十一条　中长期贷款（期限在1年以上）利率实行1年一定。贷款（包括贷款合同生效日起一年内应分笔拨付的所有资金）根据贷款合同确定的期限，按贷款合同生效日相应档次的法定贷款利率计息，每满1年后（分笔拨付的以第一笔贷款的发放日为准），再按当时相应档次的法定贷款利率确定下1年度利率。中长期贷款按季结息，每季度末月20日为结息日。对贷款期内不能按期支付的利息按合同利率按季计收复利，贷款逾期后改按罚息利率计收复利。

第二十二条　贴现按贴现日确定的贴现利率一次性收取利息。

第二十三条　信托贷款利率由委托双方在不超过同期同档次法定贷款利率水平（含浮动）的范围内协商确定；租赁贷款利率按同期同档次法定贷款利率（含浮动）执行。

第二十四条　贷款展期，期限累计计算，累计期限达到新的利率期限档次时，自展期之日起，按展期日挂牌的同档次利率计息；达不到新的期限档次时，按展期日的原档次利率计息。

第二十五条　逾期贷款或挤占挪用贷款，从逾期或挤占挪用之日起，按罚息利率计收罚息，直到清偿本息为止，遇罚息利率调整分段计息。对贷款逾期或挪用期间不能按期支付的利息按罚息利率按季（短期贷款也可按月）计收复利。如同一笔贷款既逾期又挤占挪用，应择其重，不能并处。

第二十六条　借款人在借款合同到期日之前归还借款时，贷款人有权按原贷款合同向借款人收取利息。

第二十七条　个人住房贷款利率及其计结息办法按《个人住房贷款管理办法》有关规定执行，贷款逾期按本规定第二十五条办理。

第二十八条　中国人民银行对金融机构再贷款按合同利率计息，遇利率调整不分段计息。按季结息，每季度末月20日为结息日。对贷款期内不能按期支付的利息按合同利率计收复利。

再贷款展期，贷款期限不累计计算，按展期日相应档次的再贷款利率计息。再贷款逾期，按逾期日的罚息利率计收罚息，直到归还本息，遇罚息利率调整分段计息。对逾期期间不能按期支付的利息按罚息利率按季计收复利。

第二十九条　再贴现按再贴现日的再贴现利率一次性收取利息。

第五章　罚　　则

第三十条　有下列行为之一的，属于利率违规行为：

（一）擅自提高或降低存、贷款利率的；

（二）变相提高或降低存、贷款利率的；

（三）擅自或变相以高利率发行债券的；

（四）其他违反本规定和国家利率政策的。

第三十一条　对存在上述利率违规行为的金融机构，中国人民银行将视其情节及所致后果轻重，依照有关法律法规给予相应处罚。

第三十二条　金融机构违反国家法律法规和利率政策而多收的贷款利息或少付的存款利息，以及个人、法人及其他组织因金融机构违规而多收的存款利息或少付的贷款利息，不受法律保护。

第三十三条　金融机构因非不可抗力拖延或拒绝支付存款人已到期合法存款的，未付期间按该笔存款原存单利率对存款人支付利息。

第三十四条　对违反《企业债券管理条例》，擅自或变相以高利率发行债券的企业，辖区内中国人民银行有权制止，并会同有关部门依照《企业债券管理条例》等有关法规进行处罚。

第三十五条　对违反本规定的金融机构的主要负责人、业务部门负责人及直接业务人员，视情节轻重和造成危害的程度，按照中国人民银行《关于对金融机构违法违规经营责任人的行政处分规定》给予相应处分。

第三十六条　违反利率管理规定的当事人，对中国人民银行做出的处罚不服的，可以按《行政复议条例》有关规定向上一级人民银行申请复议。

第六章 附 则

第三十七条 本规定由中国人民银行总行负责解释、说明和修改。

第三十八条 本规定自1999年4月1日起实行。此前凡与本规定相抵触的，皆以本规定为准。

金融企业国有资产转让管理办法

（2009年3月17日财政部令第54号公布 自2009年5月1日起施行）

第一章 总 则

第一条 为了规范金融企业国有资产转让行为，加强国有资产交易的监督管理，维护国有资产出资人的合法权益，防止国有资产流失，根据有关法律、行政法规，制定本办法。

第二条 本办法所称金融企业国有资产，是指各级人民政府及其授权投资主体对金融企业各种形式的出资所形成的权益。

本办法所称金融企业，包括所有获得金融业务许可证的企业和金融控股(集团)公司。

第三条 县级以上人民政府财政部门(以下简称财政部门)和县级以上人民政府或者财政部门授权的投资主体转让所持金融企业国有资产，国有及国有控股金融企业(以下统称转让方)转让所持国有资产给境内外法人、自然人或者其他组织(以下统称受让方)，适用本办法。

第四条 金融企业国有资产转让应当遵守法律、行政法规和产业政策规定。

第五条 金融企业国有资产转让包括非上市企业国有产权转让和上市公司国有股份转让。

金融企业国有资产转让以通过产权交易机构、证券交易系统交易为主要方式。符合本办法规定条件的，可以采取直接协议方式转让金融企业国有资产。

第六条 拟转让的金融企业国有资产权属关系应当明晰。权属关系不明确或者存在权属纠纷以及法律、行政法规和国家有关政策规定禁止转让的金融企业国有资产不得转让。

转让已经设立担保物权的金融企业国有资产，应当符合《中华人民共和国物权法》、《中华人民共和国担保法》等有关法律、行政法规的规定。

第七条 金融企业国有资产转让按照统一政策、分级管理的原则，由财政部门负责监督管理。财政部门转让金融企业国有资产，应当报本级人民政府批准。政府授权投资主体转让金融企业国有资产，应当报本级财政部门批准。

金融企业国有资产转让过程中，涉及政府社会公共管理和金融行业监督管理事项的，应当根据国家规定，报经政府有关部门批准。

以境外投资人为受让方的，应当符合国家有关外商投资的监督管理规定，由转让方按照有关规定报经政府有关部门批准。

第八条 财政部门是金融企业国有资产转让的监督管理部门。

财政部负责制定金融企业国有资产转让监督管理制度，并对中央管理的金融企业及其子公司的国有资产转让工作实施监督管理。

地方县级以上财政部门对本级管理的金融企业及其子公司国有资产转让实施监督管理。

上级财政部门指导和监督下级财政部门的金融企业国有资产转让监督管理工作。

第九条 财政部门对金融企业国有资产转让履行下列监督管理职责：

(一)决定或者批准金融企业国有资产转让事项，审核重大资产转让事项并报本级人民政府批准；

(二)确定承办金融企业国有资产交易业务的产权交易机构备选名单；

(三)负责金融企业国有资产转让情况的监督检查工作；

(四)负责金融企业国有资产转让信息的收集、汇总、分析和上报工作；

(五)本级人民政府授权的其他职责。

第十条 国有及国有控股金融企业在境内外依法设立子公司或者向企业投资的，由该国有及国有控股金融企业按本办法规定负责所设立子公司和投资企业的国有资产的转让工作，并履行下列职责：

(一)按照本办法及国家有关规定，制定企业所属分支机构、子公司的国有资产转让管理办法

和工作程序,并报本级财政部门备案;

(二)研究资产转让行为是否有利于促进企业的持续发展;

(三)审议所属一级子公司的资产转让事项,监督一级子公司以下的资产转让事项;

(四)向财政部门、相关金融监督管理部门和其他有关部门报告有关资产转让情况。

第二章 非上市企业国有产权转让

第十一条 非上市企业国有产权的转让应当在依法设立的省级以上(含省级,下同)产权交易机构公开进行,不受地区、行业、出资或者隶属关系的限制。

第十二条 国有及国有控股金融企业转让一级子公司的产权,应当报财政部门审批。除国家明确规定需要报国务院批准外,中央管理的国有及国有控股金融企业转让一级子公司的产权应当报财政部审批;地方管理的金融企业国有资产转让的审批权限,由省级财政部门确定。

国有及国有控股金融企业一级子公司(省级分公司或者分行、金融资产管理公司办事处)转让所持子公司产权,由控股(集团)公司审批。其中,涉及重要行业、重点子公司的重大国有产权转让,或者导致转让标的企业所持金融企业或者其他重点子公司控股权转移的,应当报财政部门审批。

第十三条 转让方应当制定转让方案,并按照内部决策程序交股东会或者股东大会、董事会或者其他决策部门审议,形成书面决议。

转让方案包括转让标的企业产权的基本情况、转让行为的论证情况、产权转让公告以及其他主要内容。

转让标的企业涉及职工安置问题的,应当按照国家有关规定办理职工安置工作。

第十四条 转让方应当依照国家有关规定,委托资产评估机构对转让标的企业的整体价值进行评估。

第十五条 非上市企业国有产权转让需要报财政部门审批的,转让方应当在进场交易前报送以下材料:

(一)产权转让的申请书,包括转让原因,是否进场交易等内容;

(二)产权转让方案及内部决策文件;

(三)转让方基本情况及上一年度经会计师事务所审计的财务会计报告;

(四)转让标的企业基本情况、当期财务会计报告和最近一期经会计师事务所审计的财务会计报告;

(五)转让方和转让标的企业国有资产产权证明文件;

(六)转让标的企业资产评估核准或者备案文件;

(七)拟选择的产权交易机构;

(八)意向受让方应当具备的基本条件、支付方式;

(九)律师事务所出具的法律意见书;

(十)财政部门认为必要的其他文件。

转让金融企业产权的,应当对是否符合相关金融监督管理部门的规定进行说明。

第十六条 从事金融企业国有产权交易活动的产权交易机构,应当符合下列基本条件:

(一)遵守有关法律、法规、规章;

(二)具备相应的交易场所、信息发布渠道和专业人员,能够满足金融企业国有产权交易活动的需要;

(三)具有健全的内部管理制度,产权交易操作规范;

(四)能够履行产权交易机构的职责,依法审查产权交易主体的资格和条件;

(五)连续3年没有违法、违规记录;

(六)按照国家有关规定公开披露产权交易信息,并能够按要求及时向省级以上财政部门报告场内金融企业国有产权交易情况。

第十七条 转让方在确定进场交易的产权交易机构后,应当委托该产权交易机构在省级以上公开发行的经济或者金融类报刊和产权交易机构的网站上刊登产权转让公告,公开披露有关非上市企业产权转让信息,征集意向受让方。

产权转让公告期不得少于20个工作日。

第十八条 转让方披露的非上市企业产权转让信息应当包括下列内容:

(一)转让标的企业的基本情况;

(二)转让标的企业的产权构成情况;

(三)产权转让行为的内部决策情况;

(四)转让标的企业最近一期经会计师事务所审计的主要财务指标数据;

(五)转让标的企业资产评估核准或者备案情况;

(六)受让方应当具备的基本条件;

(七)其他需要披露的事项。

需要按本办法办理审批手续的,还应当披露产权转让行为的批准情况。

第十九条 意向受让方一般应当具备下列条件:

(一)具有良好的财务状况和支付能力;

(二)具有良好的商业信用;

(三)受让方为自然人的,应当具有完全民事行为能力;

(四)国家规定的其他条件。

在不违反相关监督管理要求和公平竞争原则下,转让方可以对意向受让方的资质、商业信誉、行业准入、资产规模、经营情况、财务状况、管理能力等提出具体要求。

第二十条 在产权交易过程中,首次挂牌价格不得低于经核准或者备案的资产评估结果。

首次挂牌未能征集到意向受让方的,转让方可以根据转让标的企业情况确定新的挂牌价格并重新公告。如新的挂牌价格低于资产评估结果的90%,应当重新报批。

第二十一条 经公开征集,产生2个以上(含2个)意向受让方时,转让方应当会同产权交易机构共同对意向受让方进行资格审核,根据转让标的企业的具体情况采取拍卖、招投标或者国家规定的其他公开竞价方式实施产权交易。

采取拍卖方式转让非上市企业产权的,应当按照《中华人民共和国拍卖法》及其他有关规定组织实施。

采取招投标方式转让非上市企业产权的,应当按照《中华人民共和国招标投标法》及其他有关规定组织实施。

第二十二条 经产权交易机构公开征集只产生1个符合条件的意向受让方时,产权转让可以采取场内协议转让方式进行,但转让价格不得低于挂牌价格。

采取场内协议转让方式的,转让方应当与受让方进行充分协商,依法妥善处理转让中所涉及的相关事项后,签订产权转让协议(合同,下同)。

第二十三条 确定受让方后,转让方应当与受让方签订产权转让协议。

转让协议应当包括下列内容:

(一)转让与受让双方的名称与住所;

(二)转让标的企业产权的基本情况;

(三)转让方式、转让价格、价款支付时间和方式及付款条件;

(四)产权交割事项;

(五)转让涉及的有关税费负担;

(六)协议争议的解决方式;

(七)协议各方的违约责任;

(八)协议变更和解除的条件;

(九)转让和受让双方认为必要的其他条款。

第二十四条 转让方应当按照产权转让协议的约定及时收取产权转让的全部价款,转让价款原则上应当采取货币性资产一次性收取。如金额较大、一次付清确有困难的,可以约定分期付款方式,但分期付款期限不得超过1年。

采用分期付款方式的,受让方首期付款不得低于总价款的30%,并在协议生效之日起5个工作日内支付;其余款项应当办理合法的价款支付保全手续,并按同期金融机构基准贷款利率向转让方支付分期付款期间利息。在全部转让价款支付完毕前或者未办理价款支付保全手续前,转让方不得申请办理国有产权登记和工商变更登记手续。

受让方以非货币性资产支付产权转让价款的,转让方应当按照有关规定委托资产评估机构进行资产评估,确定非货币性资产的价值。

第二十五条 财政部门应当对转让方报送的材料进行认真审核,确定是否批准相关产权转让事项。

转让事项经批准后,如转让和受让双方调整产权转让比例或者产权转让方案有重大变化,造成与批准事项不符的,应当按照规定程序重新报批。

第二十六条 非上市企业产权转让过程中涉及国有土地(海域)使用权、探矿权、采矿权的,应当按照国家有关规定另行办理相关手续。

第二十七条 非上市企业产权转让完成后,转让和受让双方应当凭产权交易机构出具的产权交易凭证，按照国家有关规定及时办理相关国有产权登记手续。

第三章　上市公司国有股份转让

第二十八条　转让上市金融企业国有股份和金融企业转让上市公司国有股份应当通过依法设立的证券交易系统进行。

第二十九条　转让方应当根据有关规定，办理上市公司股份转让的信息披露事项。

第三十条　转让方为上市公司控股股东，应当将股份转让方案报财政部门审批后实施。

涉及国民经济关键行业的，应当得到相关部门的批准。

第三十一条　转让方为上市公司参股股东，在1个完整会计年度内累计净转让股份（累计减持股份扣除累计增持股份后的余额，下同）比例未达到上市公司总股本5%的，由转让方按照内部决策程序决定，并在每年1月10日前将上一年度转让上市公司股份的情况报财政部门；达到或者超过上市公司总股本5%的，应当事先将转让方案报财政部门批准后实施。

第三十二条　转让方转让上市公司国有股份需要报财政部门审批的，报送材料应当包括：

（一）转让上市公司股份的申请书，包括转让原因、转让股份数量、持股成本、转让价格确定等内容；

（二）上市公司股份转让方案和内部决策文件；

（三）转让方基本情况及上一年度经会计师事务所审计的财务会计报告；

（四）上市公司基本情况及最近一期年度财务会计报告和经会计师事务所审计的财务会计报告；

（五）转让上市公司股份对公司控制权、公司股价和资本市场的影响；

（六）财政部门规定的其他文件。

财政部门应当对转让方报送的材料进行认真审核，确定是否同意上市公司股份转让事项。

第三十三条　转让方采取大宗交易方式转让上市公司股份的，股份转让价格不得低于该上市公司股票当天交易的加权平均价格；当日无成交的，不得低于前1个交易日的加权平均价格。

第三十四条　上市公司股份转让完成后，转让方应当按照国家有关规定及时办理国有产权登记手续。

第四章　国有资产直接协议转让

第三十五条　有下列情况之一，经国务院批准或者财政部门批准，转让方可以采取直接协议转让方式转让非上市企业国有产权和上市公司国有股份。

（一）国家有关规定对受让方有特殊要求；

（二）控股（集团）公司进行内部资产重组；

（三）其他特殊原因。

拟采取直接协议转让方式对控股（集团）公司内部进行资产重组的，中央管理的金融企业一级子公司的产权转让工作由财政部负责；一级以下子公司的产权转让由控股（集团）公司负责，其中：拟直接协议转让控股上市公司股份的，应当将转让方案报财政部审批。

第三十六条　转让方采用直接协议方式转让非上市企业产权的，应当按照本办法第十三条、第十四条、第十五条、第二十三条和第二十四条的规定，组织转让方案制定、资产评估、审核材料报送、转让协议签署和转让价款收取等项工作。

第三十七条　非上市企业产权直接协议转让的价格不得低于经核准或者备案的资产评估结果。

国有金融企业在实施内部资产重组过程中，拟采取直接协议方式转让产权、且转让方和受让方为控股（集团）公司所属独资子公司的，可以不对转让标的企业进行整体评估，但转让价格不得低于最近一期经审计确认的净资产值。

第三十八条　财政部门对金融企业以直接协议转让形式转让非上市企业产权的审核按照本办法第二十五条规定执行。

第三十九条　转让方拟直接协议转让上市公司股份的，应当按照内部决策程序交股东大会、董事会或者其他决策部门进行审议，形成书面决议，并及时报告财政部门。

转让方应当将拟直接协议转让股份的信息书面告知上市公司，由上市公司依法向社会公众进行提示性公告，公告中应当注明，本次股份拟直接协议转让事项应当经财政部门审批。

第四十条 转让方直接协议转让上市公司股份，应当向财政部门提交下列材料：

（一）协议转让上市公司股份的申请书，包括转让原因、转让股份数量、持股成本等内容；

（二）协议转让上市公司股份的内部决策文件及可行性研究报告；

（三）拟公开发布的股份协议转让信息内容；

（四）财政部门规定的其他文件。

第四十一条 财政部门收到转让方提交的直接协议转让上市公司股份材料后，应当认真进行审核，确定是否批准协议转让事项，并在15个工作日内予以答复。

转让方收到财政部门出具的意见后2个工作日内，应当书面告知上市公司，由上市公司依法公开披露国有股东拟直接协议转让上市公司股份的信息。

第四十二条 转让方直接协议转让上市公司股份信息应当包括以下内容：

（一）转让股份数量及所涉及的上市公司名称及基本情况；

（二）受让方应当具备的资格条件；

（三）受让方递交受让申请的截止日期；

（四）财政部门和相关部门的批复意见。

第四十三条 具有下列情形之一的，经财政部门批准后，转让方可以不披露上市公司股份协议转让信息：

（一）国民经济关键行业、领域中对受让方有特殊要求的；

（二）转让方作为国有控股股东，为实施国有资源整合或者资产重组，在控股公司或者集团企业内部进行协议转让的；

（三）上市公司连续2年亏损并存在退市风险或者严重财务危机，受让方提出重大资产重组计划及具体时间表的；

（四）上市公司回购股份涉及转让方所持股份的。

第四十四条 转让方作为上市公司控股股东，拟采取直接协议转让方式转让股份并失去控股权的，应当聘请具有相应资质的专业中介机构担任财务顾问和法律顾问，并提出书面意见。财务顾问和法律顾问应当具有良好的信誉及近3年内无重大违法违规记录。转让方认为必要时，可委托具有证券评估资格的资产评估机构对转让标的资产进行评估。

第四十五条 转让方直接协议转让上市公司股份的，转让价格应当按照上市公司股份转让信息公告日（经批准不须公开股份转让信息的，以股份转让协议签署日为准）前30个交易日每日加权平均价格的加权平均价格或者前1个交易日加权平均价格孰高的原则确定。

转让方作为上市公司国有控股股东，为实施国有资源整合或者资产重组，在内部进行协议转让，且拥有的上市公司权益并不因此减少的，转让价格应当根据上市公司最近一期经审计的净资产、净资产收益率、市盈率等因素合理协商确定。

第四十六条 受让上市公司股份后，受让方拥有上市公司实际控制权的，应当具备以下条件：

（一）具有法人资格；

（二）设立3年以上，最近2年连续盈利且无重大违法违规行为；

（三）具有促进上市公司持续发展和改善上市公司法人治理结构的能力。

第四十七条 受让方确定后，转让方应当及时与受让方签署股份转让协议。

转让协议应当包括但不限于以下内容：

（一）转让方、上市公司、受让方企业名称、法定代表人姓名及住所；

（二）转让方持股数量、拟转让股份数量及价格；

（三）转让方、受让方的权利和义务；

（四）股份转让价款支付方式及期限；

（五）股份登记过户条件；

（六）协议变更和解除条件；

（七）协议争议解决方式；

（八）协议各方的违约责任；

（九）协议生效条件。

第四十八条 上市公司股份的转让方为国有及国有控股金融企业的，转让方在确定受让方后，应当及时向财政部门报送以下材料：

（一）转让方案的实施及选择受让方的有关情况；

（二）上一年度经会计师事务所审计的财务会计报告；

（三）受让方基本情况、公司章程及最近一期经会计师事务所审计的财务会计报告；

（四）上市公司基本情况、最近一期中期财务会计报告及经会计师事务所审计年度财务会计报告；

（五）股份转让协议及股份转让价格的定价说明；

（六）受让方与国有股东、上市公司之间在最近12个月内股权转让、资产置换、投资等重大情况及债权债务情况；

（七）律师事务所出具的法律意见书；

（八）转让上市公司股份对公司股价和资本市场的影响；

（九）财政部门规定的其他文件。

第四十九条 财政部门应当对转让方报送的材料进行认真审核，并出具股份转让批复文件。

第五十条 转让方应当按照本办法第二十四条的规定，收取转让价款，并按照国家有关规定及时办理相关国有产权登记手续。

第五章 法律责任

第五十一条 金融企业国有资产转让过程中出现下列情形之一的，财政部门可以要求转让方立即中止或者终止资产转让活动：

（一）未按本办法有关规定在产权交易机构中进行交易的；

（二）转让方不履行相应的内部决策程序、批准程序或者超越权限，或者未按规定报经财政部门和相关部门审批，擅自转让资产的；

（三）转让方、转让标的企业故意隐匿应当纳入评估范围的资产，或者向中介机构提供虚假会计资料，导致审计、评估结果失真，以及未经审计、评估，造成国有资产流失的；

（四）转让方与受让方串通，低价转让国有资产，造成国有资产流失的；

（五）转让方未按规定落实转让标的企业的债权债务，非法转移债权或者逃避债务清偿责任的；以金融企业国有资产作为担保的，转让该部分资产时，未经担保债权人同意的；

（六）受让方采取欺诈、隐瞒等手段影响转让方的选择以及资产转让协议签订的；

（七）受让方在产权转让竞价过程中，恶意串通压低价格，造成国有资产流失的。

第五十二条 转让方、转让标的企业有本办法第五十一条规定的情形，由财政部门给予警告，并建议有关部门对负有直接责任的人员和其他直接责任人员给予行政处分；造成国有资产损失的，应当建议有关部门依法追究金融企业董事、监事、高级管理人员的责任；由于受让方的责任造成国有资产流失的，受让方应当依法赔偿转让方的经济损失。涉嫌犯罪的，应当移送司法机关。

第五十三条 会计师事务所、资产评估机构、律师事务所、财务顾问机构等社会中介机构在国有资产转让的审计、评估、法律和咨询服务中违规执业的，财政部门应当向其行业主管部门通报有关情况，建议依法给予相应处理。

第五十四条 产权交易机构在金融企业国有资产交易中弄虚作假或者玩忽职守，损害国家利益或者交易双方合法权益的，财政部门可以停止其从事金融企业国有资产交易的相关业务，建议有关部门依法追究产权交易机构及直接责任人员的责任。

第五十五条 金融企业国有资产转让批准机构及其有关人员违反法律、行政法规及本办法规定，造成国有资产流失的，由有关部门依法给予纪律处分；涉嫌犯罪的，移送司法机关。

第六章 附　　则

第五十六条 省、自治区、直辖市、计划单列市的财政厅（局）可以根据本办法，制定本地区金融企业国有资产转让管理实施办法，并报财政部备案。

第五十七条 国有及国有控股金融企业因依法行使债权或者担保物权，而受偿于债务人、担保人或者第三人的非上市企业产权转让，比照本办法第二章在产权交易机构进行。

国有及国有控股金融企业因依法行使债权或者担保物权，而受偿于债务人、担保人或者第三人的上市公司股份转让，比照本办法第三章的规定在证券交易系统中进行。

第五十八条 国有及国有控股金融企业持

有的国有资产涉及诉讼的,根据人民法院具有法律效力的文件,办理相关转让手续。

第五十九条 国有及国有控股的证券公司、基金管理公司、资产管理公司、信托公司和保险资产管理公司等金融企业出售其所持有的以自营为目的的上市公司股份按照相关规定办理。

第六十条 金融资产管理公司转让不良资产和债转股股权资产的,国家相关政策另有规定的,从其规定。

本办法所称金融资产管理公司,是指中国华融资产管理公司、中国长城资产管理公司、中国东方资产管理公司和中国信达资产管理公司。

第六十一条 中国人民银行总行所属企业、中国投资有限责任公司(含中央汇金投资有限责任公司)、信用担保公司以及其他金融类企业的国有资产转让监督管理工作,比照本办法执行。

第六十二条 本办法自2009年5月1日起施行。

金融企业不良资产批量转让管理办法

(2012年1月18日 财金〔2012〕6号)

第一章 总 则

第一条 为盘活金融企业不良资产,增强抵御风险能力,促进金融支持经济发展,防范国有资产流失,根据国家有关法律法规,制定本办法。

第二条 本办法所称金融企业,是指在中华人民共和国境内依法设立的国有及国有控股商业银行、政策性银行、信托投资公司、财务公司、城市信用社、农村信用社以及中国银行业监督管理委员会(以下简称银监会)依法监督管理的其他国有及国有控股金融企业(金融资产管理公司除外)。

其他中资金融企业参照本办法执行。

第三条 本办法所称资产管理公司,是指具有健全公司治理、内部管理控制机制,并有5年以上不良资产管理和处置经验,公司注册资本金100亿元(含)以上,取得银监会核发的金融许可证的公司,以及各省、自治区、直辖市人民政府依法设立或授权的资产管理或经营公司。

各省级人民政府原则上只可设立或授权一家资产管理或经营公司,核准设立或授权文件同时抄送财政部和银监会。上述资产管理或经营公司只能参与本省(区、市)范围内不良资产的批量转让工作,其购入的不良资产应采取债务重组的方式进行处置,不得对外转让。

批量转让是指金融企业对一定规模的不良资产(10户/项以上)进行组包,定向转让给资产管理公司的行为。

第四条 金融企业应进一步完善公司治理和内控制度,不断提高风险管理能力,建立损失补偿机制,及时提足相关风险准备。

第五条 金融企业应对批量处置的不良资产及时认定责任人,对相关责任人进行严肃处理,并将处理情况报同级财政部门和银监会或属地银监局。

第六条 不良资产批量转让工作应坚持依法合规、公开透明、竞争择优、价值最大化原则。

(一)依法合规原则。转让资产范围、程序严格遵守国家法律法规和政策规定,严禁违法违规行为。

(二)公开透明原则。转让行为要公开、公平、公正,及时充分披露相关信息,避免暗箱操作,防范道德风险。

(三)竞争择优原则。要优先选择招标、竞价、拍卖等公开转让方式,充分竞争,避免非理性竞价。

(四)价值最大化原则。转让方式和交易结构应科学合理,提高效率,降低成本,实现处置回收价值最大化。

第二章 转让范围

第七条 金融企业批量转让不良资产的范围包括金融企业在经营中形成的以下不良信贷资产和非信贷资产:

(一)按规定程序和标准认定为次级、可疑、损失类的贷款;

(二)已核销的账销案存资产;

(三)抵债资产;

(四)其他不良资产。

第八条 下列不良资产不得进行批量转让:

(一)债务人或担保人为国家机关的资产;

（二）经国务院批准列入全国企业政策性关闭破产计划的资产；

（三）国防军工等涉及国家安全和敏感信息的资产；

（四）个人贷款（包括向个人发放的购房贷款、购车贷款、教育助学贷款、信用卡透支、其他消费贷款等以个人为借款主体的各类贷款）；

（五）在借款合同或担保合同中有限制转让条款的资产；

（六）国家法律法规限制转让的其他资产。

第三章 转让程序

第九条 资产组包。金融企业应确定拟批量转让不良资产的范围和标准，对资产进行分类整理，对一定户数和金额的不良资产进行组包，根据资产分布和市场行情，合理确定批量转让资产的规模。

第十条 卖方尽职调查。金融企业应按照国家有关规定和要求，认真做好批量转让不良资产的卖方尽职调查工作。

（一）通过审阅不良资产档案和现场调查等方式，客观、公正地反映不良资产状况，充分披露资产风险。

（二）金融企业应按照地域、行业、金额等特点确定样本资产，并对样本资产（其中债权资产应包括抵质押物）开展现场调查，样本资产金额（债权为本金金额）应不低于每批次资产的80%。

（三）金融企业应真实记录卖方尽职调查过程，建立卖方尽职调查数据库，撰写卖方尽职调查报告。

第十一条 资产估值。金融企业应在卖方尽职调查的基础上，采取科学的估值方法，逐户预测不良资产的回收情况，合理估算资产价值，作为资产转让定价的依据。

第十二条 制定转让方案。金融企业制定转让方案应对资产状况、尽职调查情况、估值的方法和结果、转让方式、邀请或公告情况、受让方的确定过程、履约保证和风险控制措施、预计处置回收和损失、费用支出等进行阐述和论证。转让方案应附卖方尽职调查报告和转让协议文本。

第十三条 方案审批。金融企业不良资产批量转让方案须履行相应的内部审批程序。

第十四条 发出要约邀请。金融企业可选择招标、竞价、拍卖等公开转让方式，根据不同的转让方式向资产管理公司发出邀请函或进行公告。邀请函或公告内容应包括资产金额、交易基准日、五级分类、资产分布、转让方式、交易对象资格和条件、报价日、邀请或公告日期、有效期限、联系人和联系方式及其他需要说明的问题。通过公开转让方式只产生1个符合条件的意向受让方时，可采取协议转让方式。

第十五条 组织买方尽职调查。金融企业应组织接受邀请并注册竞买的资产管理公司进行买方尽职调查。

（一）金融企业应在买方尽职调查前，向已注册竞买的资产管理公司提供必要的资产权属文件、档案资料和相应电子信息数据，至少应包括不良资产重要档案复印件或扫描文件、贷款五级分类结果等。

（二）金融企业应对资产管理公司的买方尽职调查提供必要的条件，保证合理的现场尽职调查时间，对于资产金额和户数较大的资产包，应适当延长尽职调查时间。

（三）资产管理公司通过买方尽职调查，补充完善资产信息，对资产状况、权属关系、市场前景等进行评价分析，科学估算资产价值，合理预测风险。对拟收购资产进行量本利分析，认真测算收购资产的预期收入和成本，根据资产管理公司自身的风险承受能力，理性报价。

第十六条 确定受让方。金融企业根据不同的转让方式，按照市场化原则和国家有关规定，确定受让资产管理公司。金融企业应将确定受让方的原则提前告知已注册的资产管理公司。采取竞价方式转让资产，应组成评价委员会，负责转让资产的评价工作，评价委员会可邀请外部专家参加；采取招标方式应遵守国家有关招标的法律法规；采取拍卖方式应遵守国家有关拍卖的法律法规。

第十七条 签订转让协议。金融企业应与受让资产管理公司签订资产转让协议，转让协议应明确约定交易基准日、转让标的、转让价格、付款方式、付款时间、收款账户、资产清单、资产交割日、资产交接方式、违约责任等条款，以及有关资产权利的维护、担保权利的变更、已起诉和执行项目主体资格的变更等具体事项。转让协议经双方签署后生效。

第十八条 组织实施。金融企业和受让资产管理公司根据签署的资产转让协议组织实施。

第十九条 发布转让公告。转让债权资产的,金融企业和受让资产管理公司要在约定时间内在全国或者省级有影响的报纸上发布债权转让通知暨债务催收公告,通知债务人和相应的担保人,公告费用由双方承担。双方约定采取其他方式通知债务人的除外。

第二十条 转让协议生效后,受让资产管理公司应在规定时间内将交易价款划至金融企业指定账户。原则上采取一次性付款方式,确需采取分期付款方式的,应将付款期限和次数等条件作为确定转让对象和价格的因素,首次支付比例不低于全部价款的30%。

采取分期付款的,资产权证移交受让资产管理公司前应落实有效履约保障措施。

第二十一条 金融企业应按照资产转让协议约定,及时完成资产档案的整理、组卷和移交工作。

(一)金融企业移交的档案资料原则上应为原件(电子信息资料除外),其中证明债权债务关系和产权关系的法律文件资料必须移交原件。

(二)金融企业将资产转让给资产管理公司时,对双方共有债权的档案资料,由双方协商确定档案资料原件的保管方,并在协议中进行约定,确保其他方需要使用原件时,原件保管方及时提供。

(三)金融企业应确保移交档案资料和信息披露资料(债权利息除外)的一致性,严格按照转让协议的约定向受让资产管理公司移交不良资产的档案资料。

第二十二条 自交易基准日至资产交割日的过渡期内,金融企业应继续负责转让资产的管理和维护,避免出现管理真空,丧失诉讼时效等相关法律权利。

过渡期内由于金融企业原因造成债权诉讼时效丧失所形成的损失,应由金融企业承担。签订资产转让协议后,金融企业对不良资产进行处置或签署委托处置代理协议的方案,应征得受让资产管理公司同意。

第二十三条 金融企业应按照国家有关规定,对资产转让成交价格与账面价值的差额进行核销,并按规定进行税前扣除。

第四章 转让管理

第二十四条 金融企业应建立健全不良资产批量转让管理制度,设立或确定专门的审核机构,完善授权机制,明确股东大会、董事会、经营管理层的职责。

资产管理公司应制定不良资产收购管理制度,设立收购业务审议决策机构,建立科学的决策机制,有效防范经营风险。

第二十五条 金融企业和资产管理公司负责不良资产批量转让或收购的有关部门应遵循岗位分离、人员独立、职能制衡的原则。

第二十六条 金融企业根据本办法规定,按照公司章程和内部管理权限,履行批量转让不良资产的内部审批程序,自主批量转让不良资产。

第二十七条 金融企业应在每批次不良资产转让工作结束后(即金融企业向受让资产管理公司完成档案移交)30个工作日内,向同级财政部门和银监会或属地银监局报告转让方案及处置结果,其中中央管理的金融企业报告财政部和银监会,地方管理的金融企业报告同级财政部门和属地银监局。同一报价日发生的批量转让行为作为一个批次。

第二十八条 金融企业应于每年2月20日前向同级财政部门和银监会或属地银监局报送上年度批量转让不良资产情况报告。省级财政部门和银监局于每年3月30日前分别将辖区内金融企业上年度批量转让不良资产汇总情况报财政部和银监会。

第二十九条 金融企业和资产管理公司的相关人员与债务人、担保人、受托中介机构等存在直接或间接利益关系的,或经认定对不复资产形成有直接责任的,在不良资产转让和收购工作中应予以回避。

第三十条 金融企业应在法律法规允许的范围内及时披露资产转让的有关信息,同时充分披露参与不良资产转让关联方的相关信息,提高转让工作的透明度。

上市金融企业应严格遵守证券交易所有关信息披露的规定，及时充分披露不良资产成因与处置结果等信息，以强化市场约束机制。

第三十一条　金融企业应做好不良资产批量转让工作的内部检查和审计，认真分析不良资产的形成原因，及时纠正存在的问题，总结经验教训，提出改进措施，强化信贷管理和风险防控。

第三十二条　金融企业应严格遵守国家法律法规，严禁以下违法违规行为：

（一）自交易基准日至资产交割日期间，擅自放弃与批量转让资产相关的权益；

（二）违反规定程序擅自转让不良资产；

（三）与债务人串通，转移资产，逃废债务；

（四）抽调、隐匿原始不良资产档案资料，编造、伪造档案资料或其他数据、资料；

（五）其他违法违规的行为。

第三十三条　金融企业和资产管理公司应建立健全责任追究制度，对违反相关法律、法规的行为进行责任认定，视情节轻重和损失大小对相关责任人进行处罚；违反党纪、政纪的，移交纪检、监察部门处理；涉嫌犯罪的，移交司法机关处理。

第三十四条　财政部和银监会依照相关法律法规，对金融企业的不良资产批量转让工作和资产管理公司的资产收购工作进行监督和管理，具体办法由财政部和银监会另行制定。对检查中发现的问题，责令有关单位或部门进行整改，并追究相关人员责任。

第五章　附　　则

第三十五条　金融企业应依据本办法制定内部管理办法，并报告同级财政部门和银监会或属地银监局。

第三十六条　各省、自治区、直辖市人民政府依法设立或授权的资产管理或经营公司的资质认可条件，由银监会另行制定。

第三十七条　本办法自印发之日起施行。

应收账款质押登记办法①

（2007年9月30日中国人民银行令〔2007〕第4号公布　自2007年10月1日起施行）

第一章　总　　则

第一条　为规范应收账款质押登记，保护质押当事人和利害关系人的合法权益，根据《中华人民共和国物权法》，制定本办法。

第二条　中国人民银行征信中心（以下简称征信中心）是应收账款质押的登记机构。

征信中心建立应收账款质押登记公示系统（以下简称登记公示系统），办理应收账款质押登记，并为社会公众提供查询服务。

第三条　中国人民银行对征信中心办理应收账款质押登记有关活动进行管理。

第四条　本办法所称的应收账款是指权利人因提供一定的货物、服务或设施而获得的要求义务人付款的权利，包括现有的和未来的金钱债权及其产生的收益，但不包括因票据或其他有价证券而产生的付款请求权。

本办法所称的应收账款包括下列权利：

（一）销售产生的债权，包括销售货物，供应水、电、气、暖，知识产权的许可使用等；

（二）出租产生的债权，包括出租动产或不动产；

（三）提供服务产生的债权；

（四）公路、桥梁、隧道、渡口等不动产收费权；

（五）提供贷款或其他信用产生的债权。

第五条　在同一应收账款上设立多个质权的，质权人按照登记的先后顺序行使质权。

第二章　登记与查询

第六条　应收账款质押登记通过登记公示系统办理。

第七条　应收账款质押登记由质权人办理。

质权人也可以委托他人办理登记。委托他人办理登记的，适用本办法关于质权人办理登记

---

①　编注者：已废止。

的规定。

第八条 质权人办理质押登记前应与出质人签订协议。协议应载明如下内容：

（一）质权人与出质人已签订质押合同；

（二）由质权人办理质押登记。

第九条 质权人办理应收账款质押登记时，应注册为登记公示系统的用户。

第十条 登记内容包括质权人和出质人的基本信息、应收账款的描述、登记期限。质权人应将本办法第八条规定的协议作为登记附件提交登记公示系统。

出质人或质权人为单位的，应填写单位的法定注册名称、注册地址、法定代表人或负责人姓名、组织机构代码或金融机构代码、工商注册码等。

出质人或质权人为个人的，应填写有效身份证件号码、有效身份证件载明的地址等信息。

质权人可以与出质人约定将主债权金额等项目作为登记内容。

第十一条 质权人应将填写完毕的登记内容提交登记公示系统。登记公示系统记录提交时间并分配登记编号，生成应收账款质押登记初始登记证明和修改码提供给质权人。

第十二条 质权人自行确定登记期限，登记期限以年计算，最长不得超过5年。登记期限界满，质押登记失效。

第十三条 在登记期限届满前90日内，质权人可以申请展期。

质权人可以多次展期，每次展期期限不得超过5年。

第十四条 登记内容存在遗漏、错误等情形或登记内容发生变化的，质权人应当办理变更登记。

质权人在原质押登记中增加新的应收账款出质的，新增加的部分视为新的质押登记，登记时间为质权人填写新的应收账款并提交登记公示系统的时间。

第十五条 质权人办理登记时所填写的出质人法定注册名称或有效身份证件号码变更的，质权人应当在变更之日起4个月内办理变更登记。未办理变更登记的，质押登记失效。

第十六条 质权人办理展期、变更登记的，应当提交与出质人就展期、变更事项达成的协议。

第十七条 有下列情形之一的，质权人应自该情形产生之日起10个工作日内办理注销登记：

（一）主债权消灭；

（二）质权实现；

（三）质权人放弃登记载明的应收账款之上的全部质权；

（四）其他导致所登记质权消灭的情形。

第十八条 质权人凭修改码办理展期、变更登记、注销登记。

第十九条 出质人或其他利害关系人认为登记内容错误的，可以要求质权人变更登记或注销登记。质权人不同意变更或注销的，出质人或其他利害关系人可以办理异议登记。

办理异议登记的出质人或其他利害关系人可以自行注销异议登记。

第二十条 出质人或其他利害关系人应在异议登记办理完毕的同时通知质权人。

第二十一条 出质人或其他利害关系人自异议登记之日起15日内不起诉的，征信中心撤销异议登记。

第二十二条 征信中心应按照出质人或其他利害关系人、质权人的要求，根据生效的法院判决或裁定撤销应收账款质押登记或异议登记。

第二十三条 质权人办理变更登记和注销登记、出质人或其他利害关系人办理异议登记后，登记公示系统记录登记时间、分配登记编号，并生成变更登记、注销登记或异议登记证明。

第二十四条 质权人、出质人和其他利害关系人应当按照登记公示系统提示项目如实登记。

质权人、出质人提供虚假材料办理登记，给他人造成损害的，应当承担相应的法律责任。

第二十五条 任何单位和个人均可以在注册为登记公示系统的用户后，查询应收账款质押登记信息。

第二十六条 出质人为单位的，查询人以出质人完整、准确的法定注册名称进行查询。

出质人为个人的，查询人以出质人的身份证件号码进行查询。

第二十七条 征信中心根据查询人的申请，提供查询证明。

第二十八条 质权人、出质人或其他利害关系人、查询人可以通过证明编号在登记公示系统对登记证明和查询证明进行验证。

第三章　征信中心的职责

第二十九条　征信中心应当采取必要的措施,维护登记公示系统安全、正常运行。

征信中心因不可抗力不能办理登记或提供查询服务的,不承担法律责任。

第三十条　征信中心应当制定质押登记操作规则和内部管理制度,并报中国人民银行备案。

第三十一条　登记注销或登记期限届满后,征信中心应当对登记记录进行保存,保存期限为15年。

第四章　附　　则

第三十二条　本办法自2007年10月1日起施行。

应收账款质押登记办法[①]

(2007年9月30日中国人民银行令〔2007〕第4号公布　2017年10月25日中国人民银行令〔2017〕第3号修订公布　自2017年12月1日起施行)

第一章　总　　则

第一条　为规范应收账款质押登记,保护质押当事人和利害关系人的合法权益,根据《中华人民共和国物权法》等相关法律规定,制定本办法。

第二条　本办法所称应收账款是指权利人因提供一定的货物、服务或设施而获得的要求义务人付款的权利以及依法享有的其他付款请求权,包括现有的和未来的金钱债权,但不包括因票据或其他有价证券而产生的付款请求权,以及法律、行政法规禁止转让的付款请求权。

本办法所称的应收账款包括下列权利:

(一)销售、出租产生的债权,包括销售货物,供应水、电、气、暖,知识产权的许可使用,出租动产或不动产等;

(二)提供医疗、教育、旅游等服务或劳务产生的债权;

(三)能源、交通运输、水利、环境保护、市政工程等基础设施和公用事业项目收益权;

(四)提供贷款或其他信用活动产生的债权;

(五)其他以合同为基础的具有金钱给付内容的债权。

第三条　本办法所称应收账款质押是指《中华人民共和国物权法》第二百二十三条规定的应收账款出质,具体是指为担保债务的履行,债务人或者第三人将其合法拥有的应收账款出质给债权人,债务人不履行到期债务或者发生当事人约定的实现质权的情形,质权人有权就该应收账款及其收益优先受偿。

第四条　中国人民银行征信中心(以下简称征信中心)是应收账款质押的登记机构。

征信中心建立基于互联网的登记公示系统(以下简称登记公示系统),办理应收账款质押登记,并为社会公众提供查询服务。

第五条　中国人民银行对征信中心办理应收账款质押登记有关活动进行管理。

第六条　在同一应收账款上设立多个权利的,质权人按照登记的先后顺序行使质权。

第二章　登记与查询

第七条　应收账款质押登记通过登记公示系统办理。

第八条　应收账款质押登记由质权人办理。质权人办理质押登记前,应与出质人签订登记协议。登记协议应载明如下内容:

(一)质权人与出质人已签订质押合同;

(二)由质权人办理质押登记。

质权人也可以委托他人办理登记。委托他人办理登记的,适用本办法关于质权人办理登记的规定。

第九条　质权人办理应收账款质押登记时,应注册为登记公示系统的用户。

第十条　登记内容包括质权人和出质人的基本信息、应收账款的描述、登记期限。质权人应将本办法第八条规定的协议作为登记附件提交登记公示系统。

出质人或质权人为单位的,应填写单位的法

① 编注者:已废止。

定注册名称、住所、法定代表人或负责人姓名、组织机构代码或金融机构编码、工商注册号、法人和其他组织统一社会信用代码、全球法人机构识别编码等机构代码或编码。

出质人或质权人为个人的，应填写有效身份证件号码、有效身份证件载明的地址等信息。

质权人可以与出质人约定将主债权金额等项目作为登记内容。

第十一条 质权人应将填写完毕的登记内容提交登记公示系统。登记公示系统记录提交时间并分配登记编号，生成应收账款质押登记初始登记证明和修改码提供给质权人。

第十二条 质权人应根据主债权履行期限合理确定登记期限。登记期限最短6个月，超过6个月的，按年计算，最长不超过30年。

第十三条 在登记期限届满前90日内，质权人可以申请展期。

质权人可以多次展期，展期期限按年计算，每次不得超过30年。

第十四条 登记内容存在遗漏、错误等情形或登记内容发生变化的，质权人应当办理变更登记。

质权人在原质押登记中增加新的应收账款出质的，新增加的部分视为新的质押登记。

第十五条 质权人办理登记时所填写的出质人法定注册名称或有效身份证件号码变更的，质权人应在变更之日起4个月内办理变更登记。

第十六条 质权人办理展期、变更登记的，应当提交与出质人就展期、变更事项达成的登记协议。

第十七条 有下列情形之一的，质权人应自该情形产生之日起10日内办理注销登记：

（一）主债权消灭；

（二）质权实现；

（三）质权人放弃登记载明的应收账款之上的全部质权；

（四）其他导致所登记权利消灭的情形。

质权人迟延办理注销登记，给他人造成损害的，应当承担相应的法律责任。

第十八条 质权人凭修改码办理展期、变更登记、注销登记。

第十九条 出质人或其他利害关系人认为登记内容错误的，可以要求质权人变更登记或注销登记。质权人不同意变更或注销的，出质人或其他利害关系人可以办理异议登记。

办理异议登记的出质人或其他利害关系人可以自行注销异议登记。

第二十条 出质人或其他利害关系人应在异议登记办理完毕之日起7日内通知质权人。

第二十一条 出质人或其他利害关系人自异议登记之日起30日内，未将争议起诉或提请仲裁并在登记公示系统提交案件受理通知的，征信中心撤销异议登记。

第二十二条 征信中心应按照出质人或其他利害关系人、质权人的要求，根据生效的法院判决、裁定或仲裁机构裁决撤销应收账款质押登记或异议登记。

第二十三条 质权人办理变更登记和注销登记、出质人或其他利害关系人办理异议登记后，登记公示系统记录登记时间、分配登记编号，并生成变更登记、注销登记或异议登记证明。

第二十四条 质权人、出质人和其他利害关系人应当按照登记公示系统提示项目如实登记，提供虚假材料办理登记、给他人造成损害的，应当承担相应的法律责任。

第二十五条 任何单位和个人均可以在注册为登记公示系统的用户后，查询应收账款质押登记信息。

第二十六条 出质人为单位的，查询人以出质人的法定注册名称进行查询。

出质人为个人的，查询人以出质人的身份证件号码进行查询。

第二十七条 征信中心根据查询人的申请，提供查询证明。

第二十八条 质权人、出质人或其他利害关系人、查询人可以通过证明编号在登记公示系统对登记证明和查询证明进行验证。

第三章 征信中心的职责

第二十九条 征信中心应当采取技术措施和其他必要措施，维护登记公示系统安全、正常运行，防止登记信息泄露、丢失。

第三十条 征信中心应当制定登记操作规则和内部管理制度，并报中国人民银行备案。

第三十一条　登记注销或登记期限届满后，征信中心应当对登记记录进行电子化离线保存，保存期限为15年。

第四章　附　　则

第三十二条　征信中心按照国务院价格主管部门批准的收费标准收取应收账款登记服务费用。

第三十三条　权利人在登记公示系统办理以融资为目的的应收账款转让登记，参照本办法的规定。

第三十四条　本办法自2007年10月1日起施行。

应收账款质押登记办法

（2019年11月22日中国人民银行令〔2019〕第4号发布　自2020年1月1日起施行）

第一章　总　　则

第一条　为规范应收账款质押登记，保护质押当事人和利害关系人的合法权益，根据《中华人民共和国物权法》等相关法律规定，制定本办法。

第二条　本办法所称应收账款是指权利人因提供一定的货物、服务或设施而获得的要求义务人付款的权利以及依法享有的其他付款请求权，包括现有的和未来的金钱债权，但不包括因票据或其他有价证券而产生的付款请求权，以及法律、行政法规禁止转让的付款请求权。

本办法所称的应收账款包括下列权利：

（一）销售、出租产生的债权，包括销售货物，供应水、电、气、暖，知识产权的许可使用，出租动产或不动产等；

（二）提供医疗、教育、旅游等服务或劳务产生的债权；

（三）能源、交通运输、水利、环境保护、市政工程等基础设施和公用事业项目收益权；

（四）提供贷款或其他信用活动产生的债权；

（五）其他以合同为基础的具有金钱给付内容的债权。

第三条　本办法所称应收账款质押是指《中华人民共和国物权法》第二百二十三条规定的应收账款出质，具体是指为担保债务的履行，债务人或者第三人将其合法拥有的应收账款出质给债权人，债务人不履行到期债务或者发生当事人约定的实现质权的情形，债权人有权就该应收账款及其收益优先受偿。

前款规定的债务人或者第三人为出质人，债权人为质权人。

第四条　中国人民银行征信中心（以下简称征信中心）是应收账款质押的登记机构。

征信中心建立基于互联网的登记公示系统（以下简称登记公示系统），办理应收账款质押登记，并为社会公众提供查询服务。

第五条　中国人民银行对征信中心办理应收账款质押登记有关活动进行管理。

第六条　在同一应收账款上设立多个权利的，质权人按照登记的先后顺序行使质权。

第二章　登记与查询

第七条　应收账款质押登记通过登记公示系统办理。

第八条　应收账款质押登记由质权人办理。质权人办理质押登记的，应当与出质人就登记内容达成一致。

质权人也可以委托他人办理登记。委托他人办理登记的，适用本办法关于质权人办理登记的规定。

第九条　质权人办理应收账款质押登记时，应当注册为登记公示系统的用户。

第十条　登记内容包括质权人和出质人的基本信息、应收账款的描述、登记期限。

出质人或质权人为单位的，应当填写单位的法定注册名称、住所、法定代表人或负责人姓名、组织机构代码或金融机构编码、工商注册号、法人和其他组织统一社会信用代码、全球法人机构识别编码等机构代码或编码。

出质人或质权人为个人的，应当填写有效身份证件号码、有效身份证件载明的地址等信息。

质权人可以与出质人约定将主债权金额等项目作为登记内容。

第十一条　质权人应当将填写完毕的登记

内容提交登记公示系统。登记公示系统记录提交时间并分配登记编号,生成应收账款质押登记初始登记证明和修改码提供给质权人。

第十二条 质权人应当根据主债权履行期限合理确定登记期限。登记期限最短1个月,最长不超过30年。

第十三条 在登记期限届满前90日内,质权人可以申请展期。

质权人可以多次展期,展期期限最短1个月,每次不得超过30年。

第十四条 登记内容存在遗漏、错误等情形或登记内容发生变化的,质权人应当办理变更登记。

质权人在原质押登记中增加新的应收账款出质的,新增加的部分视为新的质押登记。

第十五条 质权人办理登记时所填写的出质人法定注册名称或有效身份证件号码变更的,质权人应当在变更之日起4个月内办理变更登记。

第十六条 质权人办理展期、变更登记的,应当与出质人就展期、变更事项达成一致。

第十七条 有下列情形之一的,质权人应当自该情形产生之日起10个工作日内办理注销登记:

(一)主债权消灭;

(二)质权实现;

(三)质权人放弃登记载明的应收账款之上的全部质权;

(四)其他导致所登记权利消灭的情形。

质权人迟延办理注销登记,给他人造成损害的,应当承担相应的法律责任。

第十八条 质权人凭修改码办理展期、变更登记、注销登记。

第十九条 出质人或其他利害关系人认为登记内容错误的,可以要求质权人变更登记或注销登记。质权人不同意变更或注销的,出质人或其他利害关系人可以办理异议登记。

办理异议登记的出质人或其他利害关系人可以自行注销异议登记。

第二十条 出质人或其他利害关系人应当在异议登记办理完毕之日起7日内通知质权人。

第二十一条 出质人或其他利害关系人自异议登记之日起30日内,未将争议起诉或提请仲裁并在登记公示系统提交案件受理通知的,征信中心撤销异议登记。

第二十二条 应出质人或其他利害关系人、质权人的申请,征信中心根据对出质人或其他利害关系人、质权人生效的法院判决、裁定或仲裁机构裁决撤销应收账款质押登记或异议登记。

第二十三条 质权人办理变更登记和注销登记、出质人或其他利害关系人办理异议登记后,登记公示系统记录登记时间、分配登记编号,并生成变更登记、注销登记或异议登记证明。

第二十四条 质权人开展应收账款质押融资业务时,应当严格审核确认应收账款的真实性,并在登记公示系统中查询应收账款的权利负担状况。

第二十五条 质权人、出质人和其他利害关系人应当按照登记公示系统提示项目如实登记,并对登记内容的真实性、完整性和合法性负责。办理登记时,存在提供虚假材料等行为给他人造成损害的,应当承担相应的法律责任。

第二十六条 任何单位和个人均可以在注册为登记公示系统的用户后,查询应收账款质押登记信息。

第二十七条 出质人为单位的,查询人以出质人的法定注册名称进行查询。

出质人为个人的,查询人以出质人的身份证件号码进行查询。

第二十八条 征信中心根据查询人的申请,提供查询证明。

第二十九条 质权人、出质人或其他利害关系人、查询人可以通过证明编号在登记公示系统对登记证明和查询证明进行验证。

第三章 征信中心的职责

第三十条 征信中心应当采取技术措施和其他必要措施,维护登记公示系统安全、正常运行,防止登记信息泄露、丢失。

第三十一条 征信中心应当制定登记操作规则和内部管理制度,并报中国人民银行备案。

第三十二条 登记注销或登记期限届满后,征信中心应当对登记记录进行电子化离线保存,保存期限为15年。

第四章　附　　则

第三十三条　征信中心按照国务院价格主管部门批准的收费标准收取应收账款登记服务费用。

第三十四条　权利人在登记公示系统办理以融资为目的的应收账款转让登记,参照本办法的规定。

第三十五条　权利人在登记公示系统办理其他动产和权利担保登记的,参照本办法的规定执行。

本办法所称动产和权利担保包括当事人通过约定在动产和权利上设定的、为偿付债务或以其他方式履行债务提供的、具有担保性质的各类交易形式,包括但不限于融资租赁、保证金质押、存货和仓单质押等,法律法规另有规定的除外。

第三十六条　本办法由中国人民银行负责解释。

第三十七条　本办法自2020年1月1日起施行。《应收账款质押登记办法》(中国人民银行令〔2017〕第3号发布)同时废止。

八 知识产权

(一)综 合

中华人民共和国反不正当竞争法[①]

(1993年9月2日第八届全国人民代表大会常务委员会第三次会议通过 1993年9月2日中华人民共和国主席令第10号公布 自1993年12月1日起施行)

目 录

第一章 总 则

第一条 为保障社会主义市场经济健康发展,鼓励和保护公平竞争,制止不正当竞争行为,保护经营者和消费者的合法权益,制定本法。

第二条 经营者在市场交易中,应当遵循自愿、平等、公平、诚实信用的原则,遵守公认的商业道德。

本法所称的不正当竞争,是指经营者违反本法规定,损害其他经营者的合法权益,扰乱社会经济秩序的行为。

本法所称的经营者,是指从事商品经营或者营利性服务(以下所称商品包括服务)的法人、其他经济组织和个人。

第三条 各级人民政府应当采取措施,制止不正当竞争行为,为公平竞争创造良好的环境和条件。

县级以上人民政府工商行政管理部门对不正当竞争行为进行监督检查;法律、行政法规规定由其他部门监督检查的,依照其规定。

第四条 国家鼓励、支持和保护一切组织和个人对不正当竞争行为进行社会监督。

国家机关工作人员不得支持、包庇不正当竞争行为。

第二章 不正当竞争行为

第五条 经营者不得采用下列不正当手段从事市场交易,损害竞争对手:

(一)假冒他人的注册商标;

(二)擅自使用知名商品特有的名称、包装、装潢,或者使用与知名商品近似的名称、包装、装潢,造成和他人的知名商品相混淆,使购买者误认为是该知名商品;

(三)擅自使用他人的企业名称或者姓名,引人误认为是他人的商品;

(四)在商品上伪造或者冒用认证标志、名优标志等质量标志,伪造产地,对商品质量作引人误解的虚假表示。

第六条 公用企业或者其他依法具有独占地位的经营者,不得限定他人购买其指定的经营者的商品,以排挤其他经营者的公平竞争。

第七条 政府及其所属部门不得滥用行政权力,限定他人购买其指定的经营者的商品,限制其他经营者正当的经营活动。

政府及其所属部门不得滥用行政权力,限制外地商品进入本地市场,或者本地商品流向外地市场。

第八条 经营者不得采用财物或者其他手段进行贿赂以销售或者购买商品。在账外暗中给予对方单位或者个人回扣的,以行贿论处;对方单位或者个人在账外暗中收受回扣的,以受贿论处。

经营者销售或者购买商品,可以以明示方式给对方折扣,可以给中间人佣金。经营者给对方折扣、给中间人佣金的,必须如实入账。接受折扣、佣金的经营者必须如实入账。

第九条 经营者不得利用广告或者其他方法,对商品的质量、制作成分、性能、用途、生产者、有效期限、产地等作引人误解的虚假宣传。

广告的经营者不得在明知或者应知的情况下,代理、设计、制作、发布虚假广告。

---

① 编者注:已被修改。

第十条 经营者不得采用下列手段侵犯商业秘密：

（一）以盗窃、利诱、胁迫或者其他不正当手段获取权利人的商业秘密；

（二）披露、使用或者允许他人使用以前项手段获取的权利人的商业秘密；

（三）违反约定或者违反权利人有关保守商业秘密的要求，披露、使用或者允许他人使用其所掌握的商业秘密。

第三人明知或者应知前款所列违法行为，获取、使用或者披露他人的商业秘密，视为侵犯商业秘密。

本条所称的商业秘密，是指不为公众所知悉、能为权利人带来经济利益、具有实用性并经权利人采取保密措施的技术信息和经营信息。

第十一条 经营者不得以排挤竞争对手为目的，以低于成本的价格销售商品。

有下列情形之一的，不属于不正当竞争行为：

（一）销售鲜活商品；

（二）处理有效期限即将到期的商品或者其他积压的商品；

（三）季节性降价；

（四）因清偿债务、转产、歇业降价销售商品。

第十二条 经营者销售商品，不得违背购买者的意愿搭售商品或者附加其他不合理的条件。

第十三条 经营者不得从事下列有奖销售：

（一）采用谎称有奖或者故意让内定人员中奖的欺骗方式进行有奖销售；

（二）利用有奖销售的手段推销质次价高的商品；

（三）抽奖式的有奖销售，最高奖的金额超过五千元。

第十四条 经营者不得捏造、散布虚伪事实，损害竞争对手的商业信誉、商品声誉。

第十五条 投标者不得串通投标，抬高标价或者压低标价。

投标者和招标者不得相互勾结，以排挤竞争对手的公平竞争。

第三章 监督检查

第十六条 县级以上监督检查部门对不正当竞争行为，可以进行监督检查。

第十七条 监督检查部门在监督检查不正当竞争行为时，有权行使下列职权：

（一）按照规定程序询问被检查的经营者、利害关系人、证明人，并要求提供证明材料或者与不正当竞争行为有关的其他资料；

（二）查询、复制与不正当竞争行为有关的协议、账册、单据、文件、记录、业务函电和其他资料；

（三）检查与本法第五条规定的不正当竞争行为有关的财物，必要时可以责令被检查的经营者说明该商品的来源和数量，暂停销售，听候检查，不得转移、隐匿、销毁该财物。

第十八条 监督检查部门工作人员监督检查不正当竞争行为时，应当出示检查证件。

第十九条 监督检查部门在监督检查不正当竞争行为时，被检查的经营者、利害关系人和证明人应当如实提供有关资料或者情况。

第四章 法律责任

第二十条 经营者违反本法规定，给被侵害的经营者造成损害的，应当承担损害赔偿责任，被侵害的经营者的损失难以计算的，赔偿额为侵权人在侵权期间因侵权所获得的利润；并应当承担被侵害的经营者因调查该经营者侵害其合法权益的不正当竞争行为所支付的合理费用。

被侵害的经营者的合法权益受到不正当竞争行为损害的，可以向人民法院提起诉讼。

第二十一条 经营者假冒他人的注册商标，擅自使用他人的企业名称或者姓名，伪造或者冒用认证标志、名优标志等质量标志，伪造产地，对商品质量作引人误解的虚假表示的，依照《中华人民共和国商标法》、《中华人民共和国产品质量法》的规定处罚。

经营者擅自使用知名商品特有的名称、包装、装潢，或者使用与知名商品近似的名称、包装、装潢，造成和他人的知名商品相混淆，使购买者误认为是该知名商品的，监督检查部门应当责令停止违法行为，没收违法所得，可以根据情节处以违法所得一倍以上三倍以下的罚款；情节严重的，可以吊销营业执照；销售伪劣商品，构成犯罪的，依法追究刑事责任。

第二十二条 经营者采用财物或者其他手

段进行贿赂以销售或者购买商品,构成犯罪的,依法追究刑事责任;不构成犯罪的,监督检查部门可以根据情节处以一万元以上二十万元以下的罚款,有违法所得的,予以没收。

第二十三条 公用企业或者其他依法具有独占地位的经营者,限定他人购买其指定的经营者的商品,以排挤其他经营者的公平竞争的,省级或者设区的市的监督检查部门应当责令停止违法行为,可以根据情节处以五万元以上二十万元以下的罚款。被指定的经营者借此销售质次价高商品或者滥收费用的,监督检查部门应当没收违法所得,可以根据情节处以违法所得一倍以上三倍以下的罚款。

第二十四条 经营者利用广告或者其他方法,对商品作引人误解的虚假宣传的,监督检查部门应当责令停止违法行为,消除影响,可以根据情节处以一万元以上二十万元以下的罚款。

广告的经营者,在明知或者应知的情况下,代理、设计、制作、发布虚假广告的,监督检查部门应当责令停止违法行为,没收违法所得,并依法处以罚款。

第二十五条 违反本法第十条规定侵犯商业秘密的,监督检查部门应当责令停止违法行为,可以根据情节处以一万元以上二十万元以下的罚款。

第二十六条 经营者违反本法第十三条规定进行有奖销售的,监督检查部门应当责令停止违法行为,可以根据情节处以一万元以上十万元以下的罚款。

第二十七条 投标者串通投标,抬高标价或者压低标价;投标者和招标者相互勾结,以排挤竞争对手的公平竞争的,其中标无效。监督检查部门可以根据情节处以一万元以上二十万元以下的罚款。

第二十八条 经营者有违反被责令暂停销售,不得转移、隐匿、销毁与不正当竞争行为有关的财物的行为的,监督检查部门可以根据情节处以被销售、转移、隐匿、销毁财物的价款的一倍以上三倍以下的罚款。

第二十九条 当事人对监督检查部门作出的处罚决定不服的,可以自收到处罚决定之日起十五日内向上一级主管机关申请复议;对复议决定不服的,可以自收到复议决定书之日起十五日内向人民法院提起诉讼;也可以直接向人民法院提起诉讼。

第三十条 政府及其所属部门违反本法第七条规定,限定他人购买其指定的经营者的商品、限制其他经营者正当的经营活动,或者限制商品在地区之间正常流通的,由上级机关责令其改正;情节严重的,由同级或者上级机关对直接责任人员给予行政处分。被指定的经营者借此销售质次价高商品或者滥收费用的,监督检查部门应当没收违法所得,可以根据情节处以违法所得一倍以上三倍以下的罚款。

第三十一条 监督检查不正当竞争行为的国家机关工作人员滥用职权、玩忽职守,构成犯罪的,依法追究刑事责任;不构成犯罪的,给予行政处分。

第三十二条 监督检查不正当竞争行为的国家机关工作人员徇私舞弊,对明知有违反本法规定构成犯罪的经营者故意包庇不使他受追诉的,依法追究刑事责任。

第五章 附 则

第三十三条 本法自 1993 年 12 月 1 日起施行。

中华人民共和国反不正当竞争法①

(1993 年 9 月 2 日第八届全国人民代表大会常务委员会第三次会议通过 2017 年 11 月 4 日第十二届全国人民代表大会常务委员会第三十次会议修订 2017 年 11 月 4 日中华人民共和国主席令第 77 号公布 自 2018 年 1 月 1 日起施行)

目 录

① 编者注:已被修改。

第一章　总　　则

第一条　为了促进社会主义市场经济健康发展，鼓励和保护公平竞争，制止不正当竞争行为，保护经营者和消费者的合法权益，制定本法。

第二条　经营者在生产经营活动中，应当遵循自愿、平等、公平、诚信的原则，遵守法律和商业道德。

本法所称的不正当竞争行为，是指经营者在生产经营活动中，违反本法规定，扰乱市场竞争秩序，损害其他经营者或者消费者的合法权益的行为。

本法所称的经营者，是指从事商品生产、经营或者提供服务（以下所称商品包括服务）的自然人、法人和非法人组织。

第三条　各级人民政府应当采取措施，制止不正当竞争行为，为公平竞争创造良好的环境和条件。

国务院建立反不正当竞争工作协调机制，研究决定反不正当竞争重大政策，协调处理维护市场竞争秩序的重大问题。

第四条　县级以上人民政府履行工商行政管理职责的部门对不正当竞争行为进行查处；法律、行政法规规定由其他部门查处的，依照其规定。

第五条　国家鼓励、支持和保护一切组织和个人对不正当竞争行为进行社会监督。

国家机关及其工作人员不得支持、包庇不正当竞争行为。

行业组织应当加强行业自律，引导、规范会员依法竞争，维护市场竞争秩序。

第二章　不正当竞争行为

第六条　经营者不得实施下列混淆行为，引人误认为是他人商品或者与他人存在特定联系：

（一）擅自使用与他人有一定影响的商品名称、包装、装潢等相同或者近似的标识；

（二）擅自使用他人有一定影响的企业名称（包括简称、字号等）、社会组织名称（包括简称等）、姓名（包括笔名、艺名、译名等）；

（三）擅自使用他人有一定影响的域名主体部分、网站名称、网页等；

（四）其他足以引人误认为是他人商品或者与他人存在特定联系的混淆行为。

第七条　经营者不得采用财物或者其他手段贿赂下列单位或者个人，以谋取交易机会或者竞争优势：

（一）交易相对方的工作人员；

（二）受交易相对方委托办理相关事务的单位或者个人；

（三）利用职权或者影响力影响交易的单位或者个人。

经营者在交易活动中，可以以明示方式向交易相对方支付折扣，或者向中间人支付佣金。经营者向交易相对方支付折扣、向中间人支付佣金的，应当如实入账。接受折扣、佣金的经营者也应当如实入账。

经营者的工作人员进行贿赂的，应当认定为经营者的行为；但是，经营者有证据证明该工作人员的行为与为经营者谋取交易机会或者竞争优势无关的除外。

第八条　经营者不得对其商品的性能、功能、质量、销售状况、用户评价、曾获荣誉等作虚假或者引人误解的商业宣传，欺骗、误导消费者。

经营者不得通过组织虚假交易等方式，帮助其他经营者进行虚假或者引人误解的商业宣传。

第九条　经营者不得实施下列侵犯商业秘密的行为：

（一）以盗窃、贿赂、欺诈、胁迫或者其他不正当手段获取权利人的商业秘密；

（二）披露、使用或者允许他人使用以前项手段获取的权利人的商业秘密；

（三）违反约定或者违反权利人有关保守商业秘密的要求，披露、使用或者允许他人使用其所掌握的商业秘密。

第三人明知或者应知商业秘密权利人的员工、前员工或者其他单位、个人实施前款所列违法行为，仍获取、披露、使用或者允许他人使用该商业秘密的，视为侵犯商业秘密。

本法所称的商业秘密，是指不为公众所知悉、具有商业价值并经权利人采取相应保密措施的技术信息和经营信息。

第十条　经营者进行有奖销售不得存在下列情形：

（一）所设奖的种类、兑奖条件、奖金金额或者奖品等有奖销售信息不明确，影响兑奖；

（二）采用谎称有奖或者故意让内定人员中奖的欺骗方式进行有奖销售；

（三）抽奖式的有奖销售，最高奖的金额超过五万元。

第十一条 经营者不得编造、传播虚假信息或者误导性信息，损害竞争对手的商业信誉、商品声誉。

第十二条 经营者利用网络从事生产经营活动，应当遵守本法的各项规定。

经营者不得利用技术手段，通过影响用户选择或者其他方式，实施下列妨碍、破坏其他经营者合法提供的网络产品或者服务正常运行的行为：

（一）未经其他经营者同意，在其合法提供的网络产品或者服务中，插入链接、强制进行目标跳转；

（二）误导、欺骗、强迫用户修改、关闭、卸载其他经营者合法提供的网络产品或者服务；

（三）恶意对其他经营者合法提供的网络产品或者服务实施不兼容；

（四）其他妨碍、破坏其他经营者合法提供的网络产品或者服务正常运行的行为。

第三章 对涉嫌不正当竞争行为的调查

第十三条 监督检查部门调查涉嫌不正当竞争行为，可以采取下列措施：

（一）进入涉嫌不正当竞争行为的经营场所进行检查；

（二）询问被调查的经营者、利害关系人及其他有关单位、个人，要求其说明有关情况或者提供与被调查行为有关的其他资料；

（三）查询、复制与涉嫌不正当竞争行为有关的协议、账簿、单据、文件、记录、业务函电和其他资料；

（四）查封、扣押与涉嫌不正当竞争行为有关的财物；

（五）查询涉嫌不正当竞争行为的经营者的银行账户。

采取前款规定的措施，应当向监督检查部门主要负责人书面报告，并经批准。采取前款第四项、第五项规定的措施，应当向设区的市级以上人民政府监督检查部门主要负责人书面报告，并经批准。

监督检查部门调查涉嫌不正当竞争行为，应当遵守《中华人民共和国行政强制法》和其他有关法律、行政法规的规定，并应当将查处结果及时向社会公开。

第十四条 监督检查部门调查涉嫌不正当竞争行为，被调查的经营者、利害关系人及其他有关单位、个人应当如实提供有关资料或者情况。

第十五条 监督检查部门及其工作人员对调查过程中知悉的商业秘密负有保密义务。

第十六条 对涉嫌不正当竞争行为，任何单位和个人有权向监督检查部门举报，监督检查部门接到举报后应当依法及时处理。

监督检查部门应当向社会公开受理举报的电话、信箱或者电子邮件地址，并为举报人保密。对实名举报并提供相关事实和证据的，监督检查部门应当将处理结果告知举报人。

第四章 法律责任

第十七条 经营者违反本法规定，给他人造成损害的，应当依法承担民事责任。

经营者的合法权益受到不正当竞争行为损害的，可以向人民法院提起诉讼。

因不正当竞争行为受到损害的经营者的赔偿数额，按照其因被侵权所受到的实际损失确定；实际损失难以计算的，按照侵权人因侵权所获得的利益确定。赔偿数额还应当包括经营者为制止侵权行为所支付的合理开支。

经营者违反本法第六条、第九条规定，权利人因被侵权所受到的实际损失、侵权人因侵权所获得的利益难以确定的，由人民法院根据侵权行为的情节判决给予权利人三百万元以下的赔偿。

第十八条 经营者违反本法第六条规定实施混淆行为的，由监督检查部门责令停止违法行为，没收违法商品。违法经营额五万元以上的，可以并处违法经营额五倍以下的罚款；没有违法经营额或者违法经营额不足五万元的，可以并处二十五万元以下的罚款。情节严重的，吊销营业执照。

经营者登记的企业名称违反本法第六条规定的,应当及时办理名称变更登记;名称变更前,由原企业登记机关以统一社会信用代码代替其名称。

第十九条　经营者违反本法第七条规定贿赂他人的,由监督检查部门没收违法所得,处十万元以上三百万元以下的罚款。情节严重的,吊销营业执照。

第二十条　经营者违反本法第八条规定对其商品作虚假或者引人误解的商业宣传,或者通过组织虚假交易等方式帮助其他经营者进行虚假或者引人误解的商业宣传的,由监督检查部门责令停止违法行为,处二十万元以上一百万元以下的罚款;情节严重的,处一百万元以上二百万元以下的罚款,可以吊销营业执照。

经营者违反本法第八条规定,属于发布虚假广告的,依照《中华人民共和国广告法》的规定处罚。

第二十一条　经营者违反本法第九条规定侵犯商业秘密的,由监督检查部门责令停止违法行为,处十万元以上五十万元以下的罚款;情节严重的,处五十万元以上三百万元以下的罚款。

第二十二条　经营者违反本法第十条规定进行有奖销售的,由监督检查部门责令停止违法行为,处五万元以上五十万元以下的罚款。

第二十三条　经营者违反本法第十一条规定损害竞争对手商业信誉、商品声誉的,由监督检查部门责令停止违法行为、消除影响,处十万元以上五十万元以下的罚款;情节严重的,处五十万元以上三百万元以下的罚款。

第二十四条　经营者违反本法第十二条规定妨碍、破坏其他经营者合法提供的网络产品或者服务正常运行的,由监督检查部门责令停止违法行为,处十万元以上五十万元以下的罚款;情节严重的,处五十万元以上三百万元以下的罚款。

第二十五条　经营者违反本法规定从事不正当竞争,有主动消除或者减轻违法行为危害后果等法定情形的,依法从轻或者减轻行政处罚;违法行为轻微并及时纠正,没有造成危害后果的,不予行政处罚。

第二十六条　经营者违反本法规定从事不正当竞争,受到行政处罚的,由监督检查部门记入信用记录,并依照有关法律、行政法规的规定予以公示。

第二十七条　经营者违反本法规定,应当承担民事责任、行政责任和刑事责任,其财产不足以支付的,优先用于承担民事责任。

第二十八条　妨害监督检查部门依照本法履行职责,拒绝、阻碍调查的,由监督检查部门责令改正,对个人可以处五千元以下的罚款,对单位可以处五万元以下的罚款,并可以由公安机关依法给予治安管理处罚。

第二十九条　当事人对监督检查部门作出的决定不服的,可以依法申请行政复议或者提起行政诉讼。

第三十条　监督检查部门的工作人员滥用职权、玩忽职守、徇私舞弊或者泄露调查过程中知悉的商业秘密的,依法给予处分。

第三十一条　违反本法规定,构成犯罪的,依法追究刑事责任。

第五章　附　　则

第三十二条　本法自2018年1月1日起施行。

全国人民代表大会常务委员会关于修改《中华人民共和国建筑法》等八部法律的决定(节录)

(2019年4月23日第十三届全国人民代表大会常务委员会第十次会议通过　2019年4月23日中华人民共和国主席令第29号公布　《中华人民共和国商标法》的修改条款自2019年11月1日起施行,其他法律的修改条款自本决定公布之日起施行)

第十三届全国人民代表大会常务委员会第十次会议决定:

……

七、对《中华人民共和国反不正当竞争法》作出修改

(一)将第九条修改为:“经营者不得实施下

列侵犯商业秘密的行为：

“（一）以盗窃、贿赂、欺诈、胁迫、电子侵入或者其他不正当手段获取权利人的商业秘密；

“（二）披露、使用或者允许他人使用以前项手段获取的权利人的商业秘密；

“（三）违反保密义务或者违反权利人有关保守商业秘密的要求，披露、使用或者允许他人使用其所掌握的商业秘密；

“（四）教唆、引诱、帮助他人违反保密义务或者违反权利人有关保守商业秘密的要求，获取、披露、使用或者允许他人使用权利人的商业秘密。

“经营者以外的其他自然人、法人和非法人组织实施前款所列违法行为的，视为侵犯商业秘密。

“第三人明知或者应知商业秘密权利人的员工、前员工或者其他单位、个人实施本条第一款所列违法行为，仍获取、披露、使用或者允许他人使用该商业秘密的，视为侵犯商业秘密。

“本法所称的商业秘密，是指不为公众所知悉、具有商业价值并经权利人采取相应保密措施的技术信息、经营信息等商业信息。”

（二）将第十七条修改为：“经营者违反本法规定，给他人造成损害的，应当依法承担民事责任。

“经营者的合法权益受到不正当竞争行为损害的，可以向人民法院提起诉讼。

“因不正当竞争行为受到损害的经营者的赔偿数额，按照其因被侵权所受到的实际损失确定；实际损失难以计算的，按照侵权人因侵权所获得的利益确定。经营者恶意实施侵犯商业秘密行为，情节严重的，可以在按照上述方法确定数额的一倍以上五倍以下确定赔偿数额。赔偿数额还应当包括经营者为制止侵权行为所支付的合理开支。

“经营者违反本法第六条、第九条规定，权利人因被侵权所受到的实际损失、侵权人因侵权所获得的利益难以确定的，由人民法院根据侵权行为的情节判决给予权利人五百万元以下的赔偿。”

（三）将第二十一条修改为：“经营者以及其他自然人、法人和非法人组织违反本法第九条规定侵犯商业秘密的，由监督检查部门责令停止违法行为，没收违法所得，处十万元以上一百万元以下的罚款；情节严重的，处五十万元以上五百万元以下的罚款。”

（四）增加一条，作为第三十二条：“在侵犯商业秘密的民事审判程序中，商业秘密权利人提供初步证据，证明其已经对所主张的商业秘密采取保密措施，且合理表明商业秘密被侵犯，涉嫌侵权人应当证明权利人所主张的商业秘密不属于本法规定的商业秘密。

“商业秘密权利人提供初步证据合理表明商业秘密被侵犯，且提供以下证据之一的，涉嫌侵权人应当证明其不存在侵犯商业秘密的行为：

“（一）有证据表明涉嫌侵权人有渠道或者机会获取商业秘密，且其使用的信息与该商业秘密实质上相同；

“（二）有证据表明商业秘密已经被涉嫌侵权人披露、使用或者有被披露、使用的风险；

“（三）有其他证据表明商业秘密被涉嫌侵权人侵犯。”

……

《中华人民共和国商标法》的修改条款自2019年11月1日起施行，其他法律的修改条款自本决定公布之日起施行。

《中华人民共和国建筑法》《中华人民共和国消防法》《中华人民共和国电子签名法》《中华人民共和国城乡规划法》《中华人民共和国车船税法》《中华人民共和国商标法》《中华人民共和国反不正当竞争法》《中华人民共和国行政许可法》根据本决定作相应修改，重新公布。

中华人民共和国反不正当竞争法

（1993年9月2日第八届全国人民代表大会常务委员会第三次会议通过　2017年11月4日第十二届全国人民代表大会常务委员会第三十次会议修订　根据2019年4月23日第十三届全国人民代表大会常务委员会第十次会议《关于修改〈中华人民共和国建筑法〉等八部法律的决定》修正）

目　录

第一章 总 则

第一条 为了促进社会主义市场经济健康发展,鼓励和保护公平竞争,制止不正当竞争行为,保护经营者和消费者的合法权益,制定本法。

第二条 经营者在生产经营活动中,应当遵循自愿、平等、公平、诚信的原则,遵守法律和商业道德。

本法所称的不正当竞争行为,是指经营者在生产经营活动中,违反本法规定,扰乱市场竞争秩序,损害其他经营者或者消费者的合法权益的行为。

本法所称的经营者,是指从事商品生产、经营或者提供服务(以下所称商品包括服务)的自然人、法人和非法人组织。

第三条 各级人民政府应当采取措施,制止不正当竞争行为,为公平竞争创造良好的环境和条件。

国务院建立反不正当竞争工作协调机制,研究决定反不正当竞争重大政策,协调处理维护市场竞争秩序的重大问题。

第四条 县级以上人民政府履行工商行政管理职责的部门对不正当竞争行为进行查处;法律、行政法规规定由其他部门查处的,依照其规定。

第五条 国家鼓励、支持和保护一切组织和个人对不正当竞争行为进行社会监督。

国家机关及其工作人员不得支持、包庇不正当竞争行为。

行业组织应当加强行业自律,引导、规范会员依法竞争,维护市场竞争秩序。

第二章 不正当竞争行为

第六条 经营者不得实施下列混淆行为,引人误认为是他人商品或者与他人存在特定联系:

(一)擅自使用与他人有一定影响的商品名称、包装、装潢等相同或者近似的标识;

(二)擅自使用他人有一定影响的企业名称(包括简称、字号等)、社会组织名称(包括简称等)、姓名(包括笔名、艺名、译名等);

(三)擅自使用他人有一定影响的域名主体部分、网站名称、网页等;

(四)其他足以引人误认为是他人商品或者与他人存在特定联系的混淆行为。

第七条 经营者不得采用财物或者其他手段贿赂下列单位或者个人,以谋取交易机会或者竞争优势:

(一)交易相对方的工作人员;

(二)受交易相对方委托办理相关事务的单位或者个人;

(三)利用职权或者影响力影响交易的单位或者个人。

经营者在交易活动中,可以以明示方式向交易相对方支付折扣,或者向中间人支付佣金。经营者向交易相对方支付折扣、向中间人支付佣金的,应当如实入账。接受折扣、佣金的经营者也应当如实入账。

经营者的工作人员进行贿赂的,应当认定为经营者的行为;但是,经营者有证据证明该工作人员的行为与为经营者谋取交易机会或者竞争优势无关的除外。

第八条 经营者不得对其商品的性能、功能、质量、销售状况、用户评价、曾获荣誉等作虚假或者引人误解的商业宣传,欺骗、误导消费者。

经营者不得通过组织虚假交易等方式,帮助其他经营者进行虚假或者引人误解的商业宣传。

第九条 经营者不得实施下列侵犯商业秘密的行为:

(一)以盗窃、贿赂、欺诈、胁迫、电子侵入或者其他不正当手段获取权利人的商业秘密;

(二)披露、使用或者允许他人使用以前项手段获取的权利人的商业秘密;

(三)违反保密义务或者违反权利人有关保守商业秘密的要求,披露、使用或者允许他人使用其所掌握的商业秘密;

(四)教唆、引诱、帮助他人违反保密义务或者违反权利人有关保守商业秘密的要求,获取、披露、使用或者允许他人使用权利人的商业秘密。

经营者以外的其他自然人、法人和非法人组

织实施前款所列违法行为的，视为侵犯商业秘密。

第三人明知或者应知商业秘密权利人的员工、前员工或者其他单位、个人实施本条第一款所列违法行为，仍获取、披露、使用或者允许他人使用该商业秘密的，视为侵犯商业秘密。

本法所称的商业秘密，是指不为公众所知悉、具有商业价值并经权利人采取相应保密措施的技术信息、经营信息等商业信息。

第十条　经营者进行有奖销售不得存在下列情形：

（一）所设奖的种类、兑奖条件、奖金金额或者奖品等有奖销售信息不明确，影响兑奖；

（二）采用谎称有奖或者故意让内定人员中奖的欺骗方式进行有奖销售；

（三）抽奖式的有奖销售，最高奖的金额超过五万元。

第十一条　经营者不得编造、传播虚假信息或者误导性信息，损害竞争对手的商业信誉、商品声誉。

第十二条　经营者利用网络从事生产经营活动，应当遵守本法的各项规定。

经营者不得利用技术手段，通过影响用户选择或者其他方式，实施下列妨碍、破坏其他经营者合法提供的网络产品或者服务正常运行的行为：

（一）未经其他经营者同意，在其合法提供的网络产品或者服务中，插入链接、强制进行目标跳转；

（二）误导、欺骗、强迫用户修改、关闭、卸载其他经营者合法提供的网络产品或者服务；

（三）恶意对其他经营者合法提供的网络产品或者服务实施不兼容；

（四）其他妨碍、破坏其他经营者合法提供的网络产品或者服务正常运行的行为。

第三章　对涉嫌不正当竞争行为的调查

第十三条　监督检查部门调查涉嫌不正当竞争行为，可以采取下列措施：

（一）进入涉嫌不正当竞争行为的经营场所进行检查；

（二）询问被调查的经营者、利害关系人及其他有关单位、个人，要求其说明有关情况或者提供与被调查行为有关的其他资料；

（三）查询、复制与涉嫌不正当竞争行为有关的协议、账簿、单据、文件、记录、业务函电和其他资料；

（四）查封、扣押与涉嫌不正当竞争行为有关的财物；

（五）查询涉嫌不正当竞争行为的经营者的银行账户。

采取前款规定的措施，应当向监督检查部门主要负责人书面报告，并经批准。采取前款第四项、第五项规定的措施，应当向设区的市级以上人民政府监督检查部门主要负责人书面报告，并经批准。

监督检查部门调查涉嫌不正当竞争行为，应当遵守《中华人民共和国行政强制法》和其他有关法律、行政法规的规定，并应当将查处结果及时向社会公开。

第十四条　监督检查部门调查涉嫌不正当竞争行为，被调查的经营者、利害关系人及其他有关单位、个人应当如实提供有关资料或者情况。

第十五条　监督检查部门及其工作人员对调查过程中知悉的商业秘密负有保密义务。

第十六条　对涉嫌不正当竞争行为，任何单位和个人有权向监督检查部门举报，监督检查部门接到举报后应当依法及时处理。

监督检查部门应当向社会公开受理举报的电话、信箱或者电子邮件地址，并为举报人保密。对实名举报并提供相关事实和证据的，监督检查部门应当将处理结果告知举报人。

第四章　法律责任

第十七条　经营者违反本法规定，给他人造成损害的，应当依法承担民事责任。

经营者的合法权益受到不正当竞争行为损害的，可以向人民法院提起诉讼。

因不正当竞争行为受到损害的经营者的赔偿数额，按照其因被侵权所受到的实际损失确定；实际损失难以计算的，按照侵权人因侵权所获得的利益确定。经营者恶意实施侵犯商业秘密行为，情节严重的，可以在按照上述方法确定数额的一倍以上五倍以下确定赔偿数额。赔偿数额还应当包括经营者为制止侵权行为所支付的合理开支。

经营者违反本法第六条、第九条规定，权利人因被侵权所受到的实际损失、侵权人因侵权所获得的利益难以确定的，由人民法院根据侵权行为的情节判决给予权利人五百万元以下的赔偿。

第十八条 经营者违反本法第六条规定实施混淆行为的，由监督检查部门责令停止违法行为，没收违法商品。违法经营额五万元以上的，可以并处违法经营额五倍以下的罚款；没有违法经营额或者违法经营额不足五万元的，可以并处二十五万元以下的罚款。情节严重的，吊销营业执照。

经营者登记的企业名称违反本法第六条规定的，应当及时办理名称变更登记；名称变更前，由原企业登记机关以统一社会信用代码代替其名称。

第十九条 经营者违反本法第七条规定贿赂他人的，由监督检查部门没收违法所得，处十万元以上三百万元以下的罚款。情节严重的，吊销营业执照。

第二十条 经营者违反本法第八条规定对其商品作虚假或者引人误解的商业宣传，或者通过组织虚假交易等方式帮助其他经营者进行虚假或者引人误解的商业宣传的，由监督检查部门责令停止违法行为，处二十万元以上一百万元以下的罚款；情节严重的，处一百万元以上二百万元以下的罚款，可以吊销营业执照。

经营者违反本法第八条规定，属于发布虚假广告的，依照《中华人民共和国广告法》的规定处罚。

第二十一条 经营者以及其他自然人、法人和非法人组织违反本法第九条规定侵犯商业秘密的，由监督检查部门责令停止违法行为，没收违法所得，处十万元以上一百万元以下的罚款；情节严重的，处五十万元以上五百万元以下的罚款。

第二十二条 经营者违反本法第十条规定进行有奖销售的，由监督检查部门责令停止违法行为，处五万元以上五十万元以下的罚款。

第二十三条 经营者违反本法第十一条规定损害竞争对手商业信誉、商品声誉的，由监督检查部门责令停止违法行为、消除影响，处十万元以上五十万元以下的罚款；情节严重的，处五十万元以上三百万元以下的罚款。

第二十四条 经营者违反本法第十二条规定妨碍、破坏其他经营者合法提供的网络产品或者服务正常运行的，由监督检查部门责令停止违法行为，处十万元以上五十万元以下的罚款；情节严重的，处五十万元以上三百万元以下的罚款。

第二十五条 经营者违反本法规定从事不正当竞争，有主动消除或者减轻违法行为危害后果等法定情形的，依法从轻或者减轻行政处罚；违法行为轻微并及时纠正，没有造成危害后果的，不予行政处罚。

第二十六条 经营者违反本法规定从事不正当竞争，受到行政处罚的，由监督检查部门记入信用记录，并依照有关法律、行政法规的规定予以公示。

第二十七条 经营者违反本法规定，应当承担民事责任、行政责任和刑事责任，其财产不足以支付的，优先用于承担民事责任。

第二十八条 妨害监督检查部门依照本法履行职责，拒绝、阻碍调查的，由监督检查部门责令改正，对个人可以处五千元以下的罚款，对单位可以处五万元以下的罚款，并可以由公安机关依法给予治安管理处罚。

第二十九条 当事人对监督检查部门作出的决定不服的，可以依法申请行政复议或者提起行政诉讼。

第三十条 监督检查部门的工作人员滥用职权、玩忽职守、徇私舞弊或者泄露调查过程中知悉的商业秘密的，依法给予处分。

第三十一条 违反本法规定，构成犯罪的，依法追究刑事责任。

第三十二条 在侵犯商业秘密的民事审判程序中，商业秘密权利人提供初步证据，证明其已经对所主张的商业秘密采取保密措施，且合理表明商业秘密被侵犯，涉嫌侵权人应当证明权利人所主张的商业秘密不属于本法规定的商业秘密。

商业秘密权利人提供初步证据合理表明商

业秘密被侵犯,且提供以下证据之一的,涉嫌侵权人应当证明其不存在侵犯商业秘密的行为:

(一)有证据表明涉嫌侵权人有渠道或者机会获取商业秘密,且其使用的信息与该商业秘密实质上相同;

(二)有证据表明商业秘密已经被涉嫌侵权人披露、使用或者有被披露、使用的风险;

(三)有其他证据表明商业秘密被涉嫌侵权人侵犯。

第五章 附 则

第三十三条 本法自2018年1月1日起施行。

最高人民法院关于审理不正当竞争民事案件应用法律若干问题的解释

(2006年12月30日最高人民法院审判委员会第1412次会议通过 2007年1月12日最高人民法院公告公布 自2007年2月1日起施行 法释〔2007〕2号)

为了正确审理不正当竞争民事案件,依法保护经营者的合法权益,维护市场竞争秩序,依照《中华人民共和国民法通则》、《中华人民共和国反不正当竞争法》、《中华人民共和国民事诉讼法》等法律的有关规定,结合审判实践经验和实际情况,制定本解释。

第一条 在中国境内具有一定的市场知名度,为相关公众所知悉的商品,应当认定为反不正当竞争法第五条第(二)项规定的"知名商品"。人民法院认定知名商品,应当考虑该商品的销售时间、销售区域、销售额和销售对象,进行任何宣传的持续时间、程度和地域范围,作为知名商品受保护的情况等因素,进行综合判断。原告应当对其商品的市场知名度负举证责任。

在不同地域范围内使用相同或者近似的知名商品特有的名称、包装、装潢,在后使用者能够证明其善意使用的,不构成反不正当竞争法第五条第(二)项规定的不正当竞争行为。因后来的经营活动进入相同地域范围而使其商品来源足以产生混淆,在先使用者请求责令在后使用者附加足以区别商品来源的其他标识的,人民法院应当予以支持。

第二条 具有区别商品来源的显著特征的商品的名称、包装、装潢,应当认定为反不正当竞争法第五条第(二)项规定的"特有的名称、包装、装潢"。有下列情形之一的,人民法院不认定为知名商品特有的名称、包装、装潢:

(一)商品的通用名称、图形、型号;

(二)仅仅直接表示商品的质量、主要原料、功能、用途、重量、数量及其他特点的商品名称;

(三)仅由商品自身的性质产生的形状,为获得技术效果而需有的商品形状以及使商品具有实质性价值的形状;

(四)其他缺乏显著特征的商品名称、包装、装潢。

前款第(一)、(二)、(四)项规定的情形经过使用取得显著特征的,可以认定为特有的名称、包装、装潢。

知名商品特有的名称、包装、装潢中含有本商品的通用名称、图形、型号,或者直接表示商品的质量、主要原料、功能、用途、重量、数量以及其他特点,或者含有地名,他人因客观叙述商品而正当使用的,不构成不正当竞争行为。

第三条 由经营者营业场所的装饰、营业用具的式样、营业人员的服饰等构成的具有独特风格的整体营业形象,可以认定为反不正当竞争法第五条第(二)项规定的"装潢"。

第四条 足以使相关公众对商品的来源产生误认,包括误认为与知名商品的经营者具有许可使用、关联企业关系等特定联系的,应当认定为反不正当竞争法第五条第(二)项规定的"造成和他人的知名商品相混淆,使购买者误认为是该知名商品"。

在相同商品上使用相同或者视觉上基本无差别的商品名称、包装、装潢,应当视为足以造成和他人知名商品相混淆。

认定与知名商品特有名称、包装、装潢相同或者近似,可以参照商标相同或者近似的判断原则和方法。

第五条 商品的名称、包装、装潢属于商标法第十条第一款规定的不得作为商标使用的标志，当事人请求依照反不正当竞争法第五条第（二）项规定予以保护的，人民法院不予支持。

第六条 企业登记主管机关依法登记注册的企业名称，以及在中国境内进行商业使用的外国（地区）企业名称，应当认定为反不正当竞争法第五条第（三）项规定的"企业名称"。具有一定的市场知名度、为相关公众所知悉的企业名称中的字号，可以认定为反不正当竞争法第五条第（三）项规定的"企业名称"。

在商品经营中使用的自然人的姓名，应当认定为反不正当竞争法第五条第（三）项规定的"姓名"。具有一定的市场知名度、为相关公众所知悉的自然人的笔名、艺名等，可以认定为反不正当竞争法第五条第（三）项规定的"姓名"。

第七条 在中国境内进行商业使用，包括将知名商品特有的名称、包装、装潢或者企业名称、姓名用于商品、商品包装以及商品交易文书上，或者用于广告宣传、展览以及其他商业活动中，应当认定为反不正当竞争法第五条第（二）项、第（三）项规定的"使用"。

第八条 经营者具有下列行为之一，足以造成相关公众误解的，可以认定为反不正当竞争法第九条第一款规定的引人误解的虚假宣传行为：

（一）对商品作片面的宣传或者对比的；

（二）将科学上未定论的观点、现象等当作定论的事实用于商品宣传的；

（三）以歧义性语言或者其他引人误解的方式进行商品宣传的。

以明显的夸张方式宣传商品，不足以造成相关公众误解的，不属于引人误解的虚假宣传行为。

人民法院应当根据日常生活经验、相关公众一般注意力、发生误解的事实和被宣传对象的实际情况等因素，对引人误解的虚假宣传行为进行认定。

第九条 有关信息不为其所属领域的相关人员普遍知悉和容易获得，应当认定为反不正当竞争法第十条第三款规定的"不为公众所知悉"。

具有下列情形之一的，可以认定有关信息不构成不为公众所知悉：

（一）该信息为其所属技术或者经济领域的人的一般常识或者行业惯例；

（二）该信息仅涉及产品的尺寸、结构、材料、部件的简单组合等内容，进入市场后相关公众通过观察产品即可直接获得；

（三）该信息已经在公开出版物或者其他媒体上公开披露；

（四）该信息已通过公开的报告会、展览等方式公开；

（五）该信息从其他公开渠道可以获得；

（六）该信息无需付出一定的代价而容易获得。

第十条 有关信息具有现实的或者潜在的商业价值，能为权利人带来竞争优势的，应当认定为反不正当竞争法第十条第三款规定的"能为权利人带来经济利益、具有实用性"。

第十一条 权利人为防止信息泄漏所采取的与其商业价值等具体情况相适应的合理保护措施，应当认定为反不正当竞争法第十条第三款规定的"保密措施"。

人民法院应当根据所涉信息载体的特性、权利人保密的意愿、保密措施的可识别程度、他人通过正当方式获得的难易程度等因素，认定权利人是否采取了保密措施。

具有下列情形之一，在正常情况下足以防止涉密信息泄漏的，应当认定权利人采取了保密措施：

（一）限定涉密信息的知悉范围，只对必须知悉的相关人员告知其内容；

（二）对于涉密信息载体采取加锁等防范措施；

（三）在涉密信息的载体上标有保密标志；

（四）对于涉密信息采用密码或者代码等；

（五）签订保密协议；

（六）对于涉密的机器、厂房、车间等场所限制来访者或者提出保密要求；

（七）确保信息秘密的其他合理措施。

第十二条 通过自行开发研制或者反向工程等方式获得的商业秘密，不认定为反不正当竞争法第十条第（一）、（二）项规定的侵犯商业秘密行为。

前款所称"反向工程"，是指通过技术手段对从公开渠道取得的产品进行拆卸、测绘、分析等而获得该产品的有关技术信息。当事人以不正当手段知悉了他人的商业秘密之后，又以反向工程为由主张获取行为合法的,不予支持。

第十三条 商业秘密中的客户名单,一般是指客户的名称、地址、联系方式以及交易的习惯、意向、内容等构成的区别于相关公知信息的特殊客户信息,包括汇集众多客户的客户名册,以及保持长期稳定交易关系的特定客户。

客户基于对职工个人的信赖而与职工所在单位进行市场交易,该职工离职后,能够证明客户自愿选择与自己或者其新单位进行市场交易的,应当认定没有采用不正当手段,但职工与原单位另有约定的除外。

第十四条 当事人指称他人侵犯其商业秘密的,应当对其拥有的商业秘密符合法定条件、对方当事人的信息与其商业秘密相同或者实质相同以及对方当事人采取不正当手段的事实负举证责任。其中,商业秘密符合法定条件的证据,包括商业秘密的载体、具体内容、商业价值和对该项商业秘密所采取的具体保密措施等。

第十五条 对于侵犯商业秘密行为,商业秘密独占使用许可合同的被许可人提起诉讼的,人民法院应当依法受理。

排他使用许可合同的被许可人和权利人共同提起诉讼,或者在权利人不起诉的情况下,自行提起诉讼,人民法院应当依法受理。

普通使用许可合同的被许可人和权利人共同提起诉讼,或者经权利人书面授权,单独提起诉讼的,人民法院应当依法受理。

第十六条 人民法院对于侵犯商业秘密行为判决停止侵害的民事责任时,停止侵害的时间一般持续到该项商业秘密已为公众知悉时为止。

依据前款规定判决停止侵害的时间如果明显不合理的,可以在依法保护权利人该项商业秘密竞争优势的情况下,判决侵权人在一定期限或者范围内停止使用该项商业秘密。

第十七条 确定反不正当竞争法第十条规定的侵犯商业秘密行为的损害赔偿额,可以参照确定侵犯专利权的损害赔偿额的方法进行;确定反不正当竞争法第五条、第九条、第十四条规定的不正当竞争行为的损害赔偿额,可以参照确定侵犯注册商标专用权的损害赔偿额的方法进行。

因侵权行为导致商业秘密已为公众所知悉的,应当根据该项商业秘密的商业价值确定损害赔偿额。商业秘密的商业价值,根据其研究开发成本、实施该项商业秘密的收益、可得利益、可保持竞争优势的时间等因素确定。

第十八条 反不正当竞争法第五条、第九条、第十条、第十四条规定的不正当竞争民事第一审案件,一般由中级人民法院管辖。

各高级人民法院根据本辖区的实际情况,经最高人民法院批准,可以确定若干基层人民法院受理不正当竞争民事第一审案件,已经批准可以审理知识产权民事案件的基层人民法院,可以继续受理。

第十九条 本解释自二〇〇七年二月一日起施行。

最高人民法院关于审理因垄断行为引发的民事纠纷案件应用法律若干问题的规定

(2012年1月30日最高人民法院审判委员会第1539次会议通过 2012年5月3日最高人民法院公告公布 自2012年6月1日起施行 法释〔2012〕5号)

为正确审理因垄断行为引发的民事纠纷案件,制止垄断行为,保护和促进市场公平竞争,维护消费者利益和社会公共利益,根据《中华人民共和国反垄断法》、《中华人民共和国侵权责任法》、《中华人民共和国合同法》和《中华人民共和国民事诉讼法》等法律的相关规定,制定本规定。

第一条 本规定所称因垄断行为引发的民事纠纷案件(以下简称垄断民事纠纷案件),是指因垄断行为受到损失以及因合同内容、行业协会的章程等违反反垄断法而发生争议的自然人、法人或者其他组织,向人民法院提起的民事诉讼案件。

第二条 原告直接向人民法院提起民事诉讼,或者在反垄断执法机构认定构成垄断行为的处理决定发生法律效力后向人民法院提起民事诉讼,并符合法律规定的其他受理条件的,人民法院应当受理。

第三条 第一审垄断民事纠纷案件,由省、自治区、直辖市人民政府所在地的市、计划单列市中级人民法院以及最高人民法院指定的中级人民法院管辖。

经最高人民法院批准,基层人民法院可以管辖第一审垄断民事纠纷案件。

第四条 垄断民事纠纷案件的地域管辖,根据案件具体情况,依照民事诉讼法及相关司法解释有关侵权纠纷、合同纠纷等的管辖规定确定。

第五条 民事纠纷案件立案时的案由并非垄断纠纷,被告以原告实施了垄断行为为由提出抗辩或者反诉且有证据支持,或者案件需要依据反垄断法作出裁判,但受诉人民法院没有垄断民事纠纷案件管辖权的,应当将案件移送有管辖权的人民法院。

第六条 两个或者两个以上原告因同一垄断行为向有管辖权的同一法院分别提起诉讼的,人民法院可以合并审理。

两个或者两个以上原告因同一垄断行为向有管辖权的不同法院分别提起诉讼的,后立案的法院在得知有关法院先立案的情况后,应当在七日内裁定将案件移送先立案的法院;受移送的法院可以合并审理。被告应当在答辩阶段主动向受诉人民法院提供其因同一行为在其他法院涉诉的相关信息。

第七条 被诉垄断行为属于反垄断法第十三条第一款第(一)项至第(五)项规定的垄断协议的,被告应对该协议不具有排除、限制竞争的效果承担举证责任。

第八条 被诉垄断行为属于反垄断法第十七条第一款规定的滥用市场支配地位的,原告应当对被告在相关市场内具有支配地位和其滥用市场支配地位承担举证责任。

被告以其行为具有正当性为由进行抗辩的,应当承担举证责任。

第九条 被诉垄断行为属于公用企业或者其他依法具有独占地位的经营者滥用市场支配地位的,人民法院可以根据市场结构和竞争状况的具体情况,认定被告在相关市场内具有支配地位,但有相反证据足以推翻的除外。

第十条 原告可以以被告对外发布的信息作为证明其具有市场支配地位的证据。被告对外发布的信息能够证明其在相关市场内具有支配地位的,人民法院可以据此作出认定,但有相反证据足以推翻的除外。

第十一条 证据涉及国家秘密、商业秘密、个人隐私或者其他依法应当保密的内容的,人民法院可以依职权或者当事人的申请采取不公开开庭、限制或者禁止复制、仅对代理律师展示、责令签署保密承诺书等保护措施。

第十二条 当事人可以向人民法院申请一至二名具有相应专门知识的人员出庭,就案件的专门性问题进行说明。

第十三条 当事人可以向人民法院申请委托专业机构或者专业人员就案件的专门性问题作出市场调查或者经济分析报告。经人民法院同意,双方当事人可以协商确定专业机构或者专业人员;协商不成的,由人民法院指定。

人民法院可以参照民事诉讼法及相关司法解释有关鉴定结论的规定,对前款规定的市场调查或者经济分析报告进行审查判断。

第十四条 被告实施垄断行为,给原告造成损失的,根据原告的诉讼请求和查明的事实,人民法院可以依法判令被告承担停止侵害、赔偿损失等民事责任。

根据原告的请求,人民法院可以将原告因调查、制止垄断行为所支付的合理开支计入损失赔偿范围。

第十五条 被诉合同内容、行业协会的章程等违反反垄断法或者其他法律、行政法规的强制性规定的,人民法院应当依法认定其无效。

第十六条 因垄断行为产生的损害赔偿请求权诉讼时效期间,从原告知道或者应当知道权益受侵害之日起计算。

原告向反垄断执法机构举报被诉垄断行为的,诉讼时效从其举报之日起中断。反垄断执法机构决定不立案、撤销案件或者决定终止调查的,诉讼时效期间从原告知道或者应当知道不立案、撤销案件或者终止调查之日起重新计算。反垄断执法机构调查后认定构成垄断行为的,诉讼时效期间从原告知道或者应当知道反垄断执法机构认定构成垄断行为的处理决定发生法律效力之日起重新计算。

原告起诉时被诉垄断行为已经持续超过二年,被告提出诉讼时效抗辩的,损害赔偿应当自原告向人民法院起诉之日起向前推算二年计算。

(二)专利权

中华人民共和国专利法①

(1984年3月12日第六届全国人民代表大会常务委员会第四次会议通过 1984年3月12日中华人民共和国主席令第11号公布 自1985年4月1日起施行)

目 录

第一章 总 则

第一条 为了保护发明创造专利权,鼓励发明创造,有利于发明创造的推广应用,促进科学技术的发展,适应社会主义现代化建设的需要,特制定本法。

第二条 本法所称的发明创造是指发明、实用新型和外观设计。

第三条 中华人民共和国专利局受理和审查专利申请,对符合本法规定的发明创造授予专利权。

第四条 申请专利的发明创造涉及国家安全或者重大利益需要保密的,按照国家有关规定办理。

第五条 对违反国家法律、社会公德或者妨害公共利益的发明创造,不授予专利权。

第六条 执行本单位的任务或者主要是利用本单位的物质条件所完成的职务发明创造,申请专利的权利属于该单位;非职务发明创造,申请专利的权利属于发明人或者设计人。申请被批准后,全民所有制单位申请的,专利权归该单位持有;集体所有制单位或者个人申请的,专利权归该单位或者个人所有。

在中国境内的外资企业和中外合资经营企业的工作人员完成的职务发明创造,申请专利的权利属于该企业;非职务发明创造,申请专利的权利属于发明人或者设计人。申请被批准后,专利权归申请的企业或者个人所有。

专利权的所有人和持有人统称专利权人。

第七条 对发明人或者设计人的非职务发明创造专利申请,任何单位或者个人不得压制。

第八条 两个以上单位协作或者一个单位接受其他单位委托的研究、设计任务所完成的发明创造,除另有协议的以外,申请专利的权利属于完成或者共同完成的单位;申请被批准后,专利权归申请的单位所有或者持有。

第九条 两个以上的申请人分别就同样的发明创造申请专利的,专利权授予最先申请的人。

第十条 专利申请权和专利权可以转让。

全民所有制单位转让专利申请权或者专利权的,必须经上级主管机关批准。

中国单位或者个人向外国人转让专利申请权或者专利权的,必须经国务院有关主管部门批准。

转让专利申请权或者专利权的,当事人必须订立书面合同,经专利局登记和公告后生效。

第十一条 发明和实用新型专利权被授予后,除本法第十四条规定的以外,任何单位或者个人未经专利权人许可,都不得实施其专利,即不得为生产经营目的制造、使用或者销售其专利产品,或者使用其专利方法。

外观设计专利权被授予后,任何单位或者个人未经专利权人许可,都不得实施其专利,即不得为生产经营目的制造或者销售其外观设计专利产品。

第十二条 任何单位或者个人实施他人专利的,除本法第十四条规定的以外,都必须与专利权人订立书面实施许可合同,向专利权人支付专利使用费。被许可人无权允许合同规定以外的任何单位或者个人实施该专利。

第十三条 发明专利申请公布后,申请人可

① 编者注:已被修改。

以要求实施其发明的单位或者个人支付适当的费用。

第十四条　国务院有关主管部门和省、自治区、直辖市人民政府根据国家计划,有权决定本系统内或者所管辖的全民所有制单位持有的重要发明创造专利允许指定的单位实施,由实施单位按照国家规定向持有专利权的单位支付使用费。

中国集体所有制单位和个人的专利,对国家利益或者公共利益具有重大意义,需要推广应用的,由国务院有关主管部门报国务院批准后,参照上款规定办理。

第十五条　专利权人有权在其专利产品或者该产品的包装上标明专利标记和专利号。

第十六条　专利权的所有单位或者持有单位应当对职务发明创造的发明人或者设计人给予奖励;发明创造专利实施后,根据其推广应用的范围和取得的经济效益,对发明人或者设计人给予奖励。

第十七条　发明人或者设计人有在专利文件中写明自己是发明人或者设计人的权利。

第十八条　在中国没有经常居所或者营业所的外国人、外国企业或者外国其他组织在中国申请专利的,依照其所属国同中国签订的协议或者共同参加的国际条约,或者依照互惠原则,根据本法办理。

第十九条　在中国没有经常居所或者营业所的外国人、外国企业或者外国其他组织在中国申请专利和办理其他专利事务的,应当委托中华人民共和国国务院指定的专利代理机构办理。

中国单位或者个人在国内申请专利和办理其他专利事务的,可以委托专利代理机构办理。

第二十条　中国单位或者个人将其在国内完成的发明创造向外国申请专利的,应当首先向专利局申请专利,并经国务院有关主管部门同意后,委托国务院指定的专利代理机构办理。

第二十一条　在专利申请公布或者公告前,专利局工作人员及有关人员对其内容负有保密责任。

第二章　授予专利权的条件

第二十二条　授予专利权的发明和实用新型,应当具备新颖性、创造性和实用性。

新颖性,是指在申请日以前没有同样的发明或者实用新型在国内外出版物上公开发表过、在国内公开使用过或者以其他方式为公众所知,也没有同样的发明或者实用新型由他人向专利局提出过申请并且记载在申请日以后公布的专利申请文件中。

创造性,是指同申请日以前已有的技术相比,该发明有突出的实质性特点和显著的进步,该实用新型有实质性特点和进步。

实用性,是指该发明或者实用新型能够制造或者使用,并且能够产生积极效果。

第二十三条　授予专利权的外观设计,应当同申请日以前在国内外出版物上公开发表过或者国内公开使用过的外观设计不相同或者不相近似。

第二十四条　申请专利的发明创造在申请日以前六个月内,有下列情形之一的,不丧失新颖性:

一、在中国政府主办或者承认的国际展览会上首次展出的;

二、在规定的学术会议或者技术会议上首次发表的;

三、他人未经申请人同意而泄露其内容的。

第二十五条　对下列各项,不授予专利权:

一、科学发现;

二、智力活动的规则和方法;

三、疾病的诊断和治疗方法;

四、食品、饮料和调味品;

五、药品和用化学方法获得的物质;

六、动物和植物品种;

七、用原子核变换方法获得的物质。

对上款第四项至第六项所列产品的生产方法,可以依照本法规定授予专利权。

第三章　专利的申请

第二十六条　申请发明或者实用新型专利的,应当提交请求书、说明书及其摘要和权利要求书等文件。

请求书应当写明发明或者实用新型的名称,发明人或者设计人的姓名,申请人姓名或者名称、地址,以及其他事项。

说明书应当对发明或者实用新型作出清楚、

完整的说明,以所属技术领域的技术人员能够实现为准;必要的时候,应当有附图。摘要应当简要说明发明或者实用新型的技术要点。

权利要求书应当以说明书为依据,说明要求专利保护的范围。

第二十七条 申请外观设计专利的,应当提交请求书以及该外观设计的图片或者照片等文件,并且应当写明使用该外观设计的产品及其所属的类别。

第二十八条 专利局收到专利申请文件之日为申请日。如果申请文件是邮寄的,以寄出的邮戳日为申请日。

第二十九条 外国申请人就同一发明或者实用新型在外国第一次提出专利申请之日起十二个月内,或者就同一外观设计在外国第一次提出专利申请之日起六个月内,又在中国提出申请的,依照其所属国同中国签订的协议或者共同参加的国际条约,或者依照相互承认优先权的原则,可以享有优先权,即以其在外国第一次提出申请之日为申请日。

申请人要求优先权,有本法第二十四条所列情形之一的,优先权的期限自该情形发生之日起计算。

第三十条 申请人要求优先权的,应当在申请的时候提出书面声明,写明在外国提出申请的申请日和受理该申请的国家,并且在三个月内提交经该国受理机关证明的该申请文件副本;未提出书面声明或者逾期未提交文件的,即被视为未要求优先权。

第三十一条 一件发明或者实用新型专利申请应当限于一项发明或者实用新型。属于一个总的发明构思的两项以上的发明或者实用新型,可以作为一件申请提出。

一件外观设计专利申请应当限于一种产品所使用的一项外观设计。用于同一类别并且成套出售或者使用的产品的两项以上的外观设计,可以作为一件申请提出。

第三十二条 申请人可以在被授予专利权之前随时撤回其专利申请。

第三十三条 申请人可以对其专利申请文件进行修改,但是不得超出原说明书记载的范围。

第四章 专利申请的审查和批准

第三十四条 专利局收到发明专利申请后,经初步审查认为符合本法要求的,自申请日起十八个月内,予以公布。专利局可以根据申请人的请求早日公布其申请。

第三十五条 发明专利申请自申请日起三年内,专利局可以根据申请人随时提出的请求,对其申请进行实质审查;申请人无正当理由逾期不请求实质审查的,该申请即被视为撤回。

专利局认为必要的时候,可以自行对发明专利申请进行实质审查。

第三十六条 发明专利的申请人请求实质审查的时候,应当提交在申请日前与其发明有关的参考资料。

发明专利已经在外国提出过申请的,申请人请求实质审查的时候,应当提交该国为审查其申请进行检索的资料或者审查结果的资料;无正当理由不提交的,该申请即被视为撤回。

第三十七条 专利局对发明专利申请进行实质审查后,认为不符合本法规定的,应当通知申请人,要求其在指定的期限内陈述意见,或者对其申请进行修改;无正当理由逾期不答复的,该申请即被视为撤回。

第三十八条 发明专利申请经申请人陈述意见或者进行修改后,专利局仍然认为不符合本法规定的,应当予以驳回。

第三十九条 发明专利申请经实质审查没有发现驳回理由的,专利局应当作出审定,予以公告,并通知申请人。

第四十条 专利局收到实用新型和外观设计专利申请后,经初步审查认为符合本法要求的,不再进行实质审查,即行公告,并通知申请人。

第四十一条 专利申请自公告之日起三个月内,任何人都可以依照本法规定向专利局对该申请提出异议。专利局应当将异议的副本送交申请人,申请人应当在收到异议副本之日起三个月内提出书面答复;无正当理由逾期不提出书面答复的,该申请即被视为撤回。

第四十二条 专利局经审查认为异议成立的,应当作出驳回申请的决定,并通知异议人和申请人。

第四十三条　专利局设立专利复审委员会。申请人对专利局驳回申请的决定不服的,可以在收到通知之日起三个月内,向专利复审委员会请求复审。专利复审委员会复审后,作出决定,并通知申请人。

发明专利的申请人对专利复审委员会驳回复审请求的决定不服的,可以在收到通知之日起三个月内向人民法院起诉。

专利复审委员会对申请人关于实用新型和外观设计的复审请求所作出的决定为终局决定。

第四十四条　对专利申请无异议或者经审查异议不成立的,专利局应当作出授予专利权的决定,发给专利证书,并将有关事项予以登记和公告。

第五章　专利权的期限、终止和无效

第四十五条　发明专利权的期限为十五年,自申请日起计算。

实用新型和外观设计专利权的期限为五年,自申请日起计算,期满前专利权人可以申请续展三年。

专利权人享有优先权的,专利权的期限自在中国申请之日起计算。

第四十六条　专利权人应当自被授予专利权的当年开始缴纳年费。

第四十七条　有下列情形之一的,专利权在期限届满前终止:

一、没有按照规定缴纳年费的;

二、专利权人以书面声明放弃其专利权的。

专利权的终止,由专利局登记和公告。

第四十八条　专利权被授予后,任何单位或者个人认为该专利权的授予不符合本法规定的,都可以请求专利复审委员会宣告该专利权无效。

第四十九条　专利复审委员会对宣告专利权无效的请求进行审查,作出决定,并通知请求人和专利权人。宣告专利权无效的决定,由专利局登记和公告。

对专利复审委员会宣告发明专利权无效或者维持发明专利权的决定不服的,可以在收到通知之日起三个月内向人民法院起诉。

专利复审委员会对宣告实用新型和外观设计专利权无效的请求所作出的决定为终局决定。

第五十条　宣告无效的专利权视为自始即不存在。

第六章　专利实施的强制许可

第五十一条　专利权人负有自己在中国制造其专利产品、使用其专利方法或者许可他人在中国制造其专利产品、使用其专利方法的义务。

第五十二条　发明和实用新型专利权人自专利权被授予之日起满三年,无正当理由没有履行本法第五十一条规定的义务的,专利局根据具备实施条件的单位的申请,可以给予实施该专利的强制许可。

第五十三条　一项取得专利权的发明或者实用新型比前已经取得专利权的发明或者实用新型在技术上先进,其实施又有赖于前一发明或者实用新型的实施的,专利局根据后一专利权人的申请,可以给予实施前一发明或者实用新型的强制许可。

在依照上款规定给予实施强制许可的情形下,专利局根据前一专利权人的申请,也可以给予实施后一发明或者实用新型的强制许可。

第五十四条　依照本法规定申请实施强制许可的单位或者个人,应当提出未能以合理条件与专利权人签订实施许可合同的证明。

第五十五条　专利局作出的给予实施强制许可的决定,应当予以登记和公告。

第五十六条　取得实施强制许可的单位或者个人不享有独占的实施权,并且无权允许他人实施。

第五十七条　取得实施强制许可的单位或者个人应当付给专利权人合理的使用费,其数额由双方商定;双方不能达成协议的,由专利局裁决。

第五十八条　专利权人对专利局关于实施强制许可的决定或者关于实施强制许可的使用费的裁决不服的,可以在收到通知之日起三个月内向人民法院起诉。

第七章　专利权的保护

第五十九条　发明或者实用新型专利权的保护范围以其权利要求的内容为准,说明书及附图可以用于解释权利要求。

外观设计专利权的保护范围以表示在图片或者照片中的该外观设计专利产品为准。

第六十条 对未经专利权人许可,实施其专利的侵权行为,专利权人或者利害关系人可以请求专利管理机关进行处理,也可以直接向人民法院起诉。专利管理机关处理的时候,有权责令侵权人停止侵权行为,并赔偿损失;当事人不服的,可以在收到通知之日起三个月内向人民法院起诉;期满不起诉又不履行的,专利管理机关可以请求人民法院强制执行。

在发生侵权纠纷的时候,如果发明专利是一项产品的制造方法,制造同样产品的单位或者个人应当提供其产品制造方法的证明。

第六十一条 侵犯专利权的诉讼时效为二年,自专利权人或者利害关系人得知或者应当得知侵权行为之日起计算。

第六十二条 有下列情形之一的,不视为侵犯专利权:

一、专利权人制造或者经专利权人许可制造的专利产品售出后,使用或者销售该产品的;

二、使用或者销售不知道是未经专利权人许可而制造并售出的专利产品的;

三、在专利申请日前已经制造相同产品、使用相同方法或者已经作好制造、使用的必要准备,并且仅在原有范围内继续制造、使用的;

四、临时通过中国领土、领水、领空的外国运输工具,依照其所属国同中国签订的协议或者共同参加的国际条约,或者依照互惠原则,为运输工具自身需要而在其装置和设备中使用有关专利的;

五、专为科学研究和实验而使用有关专利的。

第六十三条 假冒他人专利的,依照本法第六十条的规定处理;情节严重的,对直接责任人员比照刑法第一百二十七条的规定追究刑事责任。

第六十四条 违反本法第二十条规定,擅自向外国申请专利,泄露国家重要机密的,由所在单位或者上级主管机关给予行政处分;情节严重的,依法追究刑事责任。

第六十五条 侵夺发明人或者设计人的非职务发明创造专利申请权和本法规定的其他权益的,由所在单位或者上级主管机关给予行政处分。

第六十六条 专利局工作人员及有关国家工作人员徇私舞弊的,由专利局或者有关主管机关给予行政处分;情节严重的,比照刑法第一百八十八条的规定追究刑事责任。

第八章 附 则

第六十七条 向专利局申请专利和办理其他手续,应当按照规定缴纳费用。

第六十八条 本法实施细则由专利局制订,报国务院批准后施行。

第六十九条 本法自 1985 年 4 月 1 日起施行。

全国人民代表大会常务委员会关于修改《中华人民共和国专利法》的决定

(1992 年 9 月 4 日第七届全国人民代表大会常务委员会第二十七次会议通过 1992 年 9 月 4 日中华人民共和国主席令第 62 号公布 自 1993 年 1 月 1 日起施行)

第七届全国人民代表大会常务委员会第二十七次会议审议了国务院关于《中华人民共和国专利法修正案(草案)》的议案,决定对《中华人民共和国专利法》作如下修改:

一、(1)第十一条第一款修改为:"发明和实用新型专利权被授予后,除法律另有规定的以外,任何单位或者个人未经专利权人许可,不得为生产经营目的制造、使用、销售其专利产品,或者使用其专利方法以及使用、销售依照该专利方法直接获得的产品。"

(2)第十一条第二款修改为:"外观设计专利权被授予后,任何单位或者个人未经专利权人许可,不得为生产经营目的制造、销售其外观设计专利产品。"

(3)第十一条增加一款,作为第三款:"专利权被授予后,除法律另有规定的以外,专利权人有权阻止他人未经专利权人许可,为上两款所述用途进口其专利产品或者进口依照其专利方法直接获得的产品。”

二、第二十五条第一款修改为：“对下列各项，不授予专利权：

1. 科学发现；

2. 智力活动的规则和方法；

3. 疾病的诊断和治疗方法；

4. 动物和植物品种；

5. 用原子核变换方法获得的物质。”

第二十五条第二款修改为：“对上款第四项所列产品的生产方法，可以依照本法规定授予专利权。”

三、第二十九条第一款修改为：“申请人自发明或者实用新型在外国第一次提出专利申请之日起十二个月内，或者自外观设计在外国第一次提出专利申请之日起六个月内，又在中国就相同主题提出专利申请的，依照该外国同中国签订的协议或者共同参加的国际条约，或者依照相互承认优先权的原则，可以享有优先权。”

第二十九条第二款修改为：“申请人自发明或者实用新型在中国第一次提出专利申请之日起十二个月内，又向专利局就相同主题提出专利申请的，可以享有优先权。”

四、第三十条修改为：“申请人要求优先权的，应当在申请的时候提出书面声明，并且在三个月内提交第一次提出的专利申请文件的副本；未提出书面声明或者逾期未提交专利申请文件副本的，视为未要求优先权。”

五、第三十三条修改为：“申请人可以对其专利申请文件进行修改，但是，对发明和实用新型专利申请文件的修改不得超出原说明书和权利要求书记载的范围，对外观设计专利申请文件的修改不得超出原图片或者照片表示的范围。”

六、第三十四条修改为：“专利局收到发明专利申请后，经初步审查认为符合本法要求的，自申请日起满十八个月，即行公布。专利局可以根据申请人的请求早日公布其申请。”

七、第三十九条修改为：“发明专利申请经实质审查没有发现驳回理由的，专利局应当作出授予发明专利权的决定，发给发明专利证书，并予以登记和公告。”

八、第四十条修改为：“实用新型和外观设计专利申请经初步审查没有发现驳回理由的，专利局应当作出授予实用新型专利权或者外观设计专利权的决定，发给相应的专利证书，并予以登记和公告。”

九、第四十一条修改为：“自专利局公告授予专利权之日起六个月内，任何单位或者个人认为该专利权的授予不符合本法有关规定的，都可以请求专利局撤销该专利权。”

十、第四十二条修改为：“专利局对撤销专利权的请求进行审查，作出撤销或者维持专利权的决定，并通知请求人和专利权人。撤销专利权的决定，由专利局登记和公告。”

十一、第四十三条第一款修改为：“专利局设立专利复审委员会。对专利局驳回申请的决定不服的，或者对专利局撤销或者维持专利权的决定不服的，可以自收到通知之日起三个月内，向专利复审委员会请求复审。专利复审委员会复审后，作出决定，并通知专利申请人、专利权人或者撤销专利权的请求人。”

第四十三条第二款修改为：“发明专利的申请人、发明专利权人或者撤销发明专利权的请求人对专利复审委员会的复审决定不服的，可以自收到通知之日起三个月内向人民法院起诉。”

第四十三条第三款修改为：“专利复审委员会对申请人、专利权人或者撤销专利权的请求人关于实用新型和外观设计的复审请求所作出的决定为终局决定。”

十二、第四十四条修改为：“被撤销的专利权视为自始即不存在。”

十三、第四十五条修改为：“发明专利权的期限为二十年，实用新型专利权和外观设计专利权的期限为十年，均自申请日起计算。”

十四、第四十八条修改为：“自专利局公告授予专利权之日起满六个月后，任何单位或者个人认为该专利权的授予不符合本法有关规定的，都可以请求专利复审委员会宣告该专利权无效。”

十五、第五十条修改为：“宣告无效的专利权视为自始即不存在。

宣告专利权无效的决定，对在宣告专利权无效前人民法院作出并已执行的专利侵权的判决、裁定，专利管理机关作出并已执行的专利侵权处理决定，以及已经履行的专利实施许可合同和专利权转让合同,不具有追溯力。但是因专利权人的恶意给他人造成的损失,应当给予赔偿。

如果依照上款规定,专利权人或者专利权转让人不向被许可实施专利人或者专利权受让人返还专利使用费或者专利权转让费,明显违反公平原则,专利权人或者专利权转让人应当向被许可实施专利人或者专利权受让人返还全部或者部分专利使用费或者专利权转让费。

本条第二款、第三款的规定适用于被撤销的专利权。"

十六、第五十　条修改为:"具备实施条件的单位以合理的条件请求发明或者实用新型专利权人许可实施其专利,而未能在合理长的时间内获得这种许可时,专利局根据该单位的申请,可以给予实施该发明专利或者实用新型专利的强制许可。"

十七、第五十二条修改为:"在国家出现紧急状态或者非常情况时,或者为了公共利益的目的,专利局可以给予实施发明专利或者实用新型专利的强制许可。"

十八、第六十条第二款修改为:"在发生侵权纠纷的时候,如果发明专利是一项新产品的制造方法,制造同样产品的单位或者个人应当提供其产品制造方法的证明。"

十九、第六十三条增加一款,作为第二款:"将非专利产品冒充专利产品的或者将非专利方法冒充专利方法的,由专利管理机关责令停止冒充行为,公开更正,并处以罚款。"

本决定自1993年1月1日起施行。本决定施行前提出的专利申请和根据该申请授予的专利权,适用修改以前的专利法的规定。但是,专利申请在本决定施行前尚未依照修改以前的专利法第三十九条、第四十条的规定公告的,该专利申请的批准和专利权的撤销、宣告无效的程序适用修改后的专利法第三十九条至第四十四条和第四十八条的规定。

《中华人民共和国专利法》根据本决定作相应的修正,重新公布。

全国人民代表大会常务委员会关于修改《中华人民共和国专利法》的决定

(2000年8月25日第九届全国人民代表大会常务委员会第十七次会议通过　2000年8月25日中华人民共和国主席令第36号公布　自2001年7月1日起施行)

第九届全国人民代表大会常务委员会第十七次会议决定对《中华人民共和国专利法》作如下修改:

一、第一条修改为:"为了保护发明创造专利权,鼓励发明创造,有利于发明创造的推广应用,促进科学技术进步和创新,适应社会主义现代化建设的需要,特制定本法。"

二、第三条修改为:"国务院专利行政部门负责管理全国的专利工作;统一受理和审查专利申请,依法授予专利权。

"省、自治区、直辖市人民政府管理专利工作的部门负责本行政区域内的专利管理工作。"

三、第六条修改为:"执行本单位的任务或者主要是利用本单位的物质技术条件所完成的发明创造为职务发明创造。职务发明创造申请专利的权利属于该单位;申请被批准后,该单位为专利权人。

"非职务发明创造,申请专利的权利属于发明人或者设计人;申请被批准后,该发明人或者设计人为专利权人。

"利用本单位的物质技术条件所完成的发明创造,单位与发明人或者设计人订有合同,对申请专利的权利和专利权的归属作出约定的,从其约定。"

四、第八条修改为:"两个以上单位或者个人合作完成的发明创造、一个单位或者个人接受其他单位或者个人委托所完成的发明创造,除另有协议的以外,申请专利的权利属于完成或者共同完成的单位或者个人;申请被批准后,申请的单位或者个人为专利权人。"

五、删去第十条第二款,第三款改为第二款,第四款改为第三款并修改为:"转让专利申请权或者专利权的，当事人应当订立书面合同，并向国务院专利行政部门登记，由国务院专利行政部门予以公告。专利申请权或者专利权的转让自登记之日起生效。”

六、第十一条修改为：“发明和实用新型专利权被授予后，除本法另有规定的以外，任何单位或者个人未经专利权人许可，都不得实施其专利，即不得为生产经营目的制造、使用、许诺销售、销售、进口其专利产品，或者使用其专利方法以及使用、许诺销售、销售、进口依照该专利方法直接获得的产品。

“外观设计专利权被授予后，任何单位或者个人未经专利权人许可，都不得实施其专利，即不得为生产经营目的制造、销售、进口其外观设计专利产品。”

七、第十四条修改为：“国有企业事业单位的发明专利，对国家利益或者公共利益具有重大意义的，国务院有关主管部门和省、自治区、直辖市人民政府报经国务院批准，可以决定在批准的范围内推广应用，允许指定的单位实施，由实施单位按照国家规定向专利权人支付使用费。

“中国集体所有制单位和个人的发明专利，对国家利益或者公共利益具有重大意义，需要推广应用的，参照前款规定办理。”

八、第十六条修改为：“被授予专利权的单位应当对职务发明创造的发明人或者设计人给予奖励；发明创造专利实施后，根据其推广应用的范围和取得的经济效益，对发明人或者设计人给予合理的报酬。”

九、第十九条第一款修改为：“在中国没有经常居所或者营业所的外国人、外国企业或者外国其他组织在中国申请专利和办理其他专利事务的，应当委托国务院专利行政部门指定的专利代理机构办理。”

增加一款，作为第三款：“专利代理机构应当遵守法律、行政法规，按照被代理人的委托办理专利申请或者其他专利事务；对被代理人发明创造的内容，除专利申请已经公布或者公告的以外，负有保密责任。专利代理机构的具体管理办法由国务院规定。”

十、第二十条修改为：“中国单位或者个人将其在国内完成的发明创造向外国申请专利的，应当先向国务院专利行政部门申请专利，委托其指定的专利代理机构办理，并遵守本法第四条的规定。

“中国单位或者个人可以根据中华人民共和国参加的有关国际条约提出专利国际申请。申请人提出专利国际申请的，应当遵守前款规定。

“国务院专利行政部门依照中华人民共和国参加的有关国际条约、本法和国务院有关规定处理专利国际申请。”

十一、第二十一条修改为：“国务院专利行政部门及其专利复审委员会应当按照客观、公正、准确、及时的要求，依法处理有关专利的申请和请求。

“在专利申请公布或者公告前，国务院专利行政部门的工作人员及有关人员对其内容负有保密责任。”

十二、第二十三条修改为：“授予专利权的外观设计，应当同申请日以前在国内外出版物上公开发表过或者国内公开使用过的外观设计不相同和不相近似，并不得与他人在先取得的合法权利相冲突。”

十三、第三十六条第二款修改为：“发明专利已经在外国提出过申请的，国务院专利行政部门可以要求申请人在指定期限内提交该国为审查其申请进行检索的资料或者审查结果的资料；无正当理由逾期不提交的，该申请即被视为撤回。”

十四、第三十九条修改为：“发明专利申请经实质审查没有发现驳回理由的，由国务院专利行政部门作出授予发明专利权的决定，发给发明专利证书，同时予以登记和公告。发明专利权自公告之日起生效。”

十五、第四十条修改为：“实用新型和外观设计专利申请经初步审查没有发现驳回理由的，由国务院专利行政部门作出授予实用新型专利权或者外观设计专利权的决定，发给相应的专利证书，同时予以登记和公告。实用新型专利权和外观设计专利权自公告之日起生效。”

十六、删去第四十一条、第四十二条、第四十四条。

十七、第四十三条改为第四十一条，修改为：“国务院专利行政部门设立专利复审委员会。专利申请人对国务院专利行政部门驳回申请的决定不服的，可以自收到通知之日起3个月内，向专利复审委员会请求复审。专利复审委员会复审后，作出决定，并通知专利申请人。

"专利申请人对专利复审委员会的复审决定不服的，可以自收到通知之日起3个月内向人民法院起诉。"

十八、第四十八条改为第四十五条，修改为："自国务院专利行政部门公告授予专利权之日起，任何单位或者个人认为该专利权的授予不符合本法有关规定的，可以请求专利复审委员会宣告该专利权无效。"

十九、第四十九条改为第四十六条，修改为："专利复审委员会对宣告专利权无效的请求应当及时审查和作出决定，并通知请求人和专利权人。宣告专利权无效的决定，由国务院专利行政部门登记和公告。

"对专利复审委员会宣告专利权无效或者维持专利权的决定不服的，可以自收到通知之日起3个月内向人民法院起诉。人民法院应当通知无效宣告请求程序的对方当事人作为第三人参加诉讼。"

二十、第五十条改为第四十七条，修改为："宣告无效的专利权视为自始即不存在。

"宣告专利权无效的决定，对在宣告专利权无效前人民法院作出并已执行的专利侵权的判决、裁定，已经履行或者强制执行的专利侵权纠纷处理决定，以及已经履行的专利实施许可合同和专利权转让合同，不具有追溯力。但是因专利权人的恶意给他人造成的损失，应当给予赔偿。

"如果依照前款规定，专利权人或者专利权转让人不向被许可实施专利人或者专利权受让人返还专利使用费或者专利权转让费，明显违反公平原则，专利权人或者专利权转让人应当向被许可实施专利人或者专利权受让人返还全部或者部分专利使用费或者专利权转让费。"

二十一、第五十三条改为第五十条，并将第一款修改为："一项取得专利权的发明或者实用新型比前已经取得专利权的发明或者实用新型具有显著经济意义的重大技术进步，其实施又有赖于前一发明或者实用新型的实施的，国务院专利行政部门根据后一专利权人的申请，可以给予实施前一发明或者实用新型的强制许可。"

二十二、第五十五条改为第五十二条，修改为："国务院专利行政部门作出的给予实施强制许可的决定，应当及时通知专利权人，并予以登记和公告。

"给予实施强制许可的决定，应当根据强制许可的理由规定实施的范围和时间。强制许可的理由消除并不再发生时，国务院专利行政部门应当根据专利权人的请求，经审查后作出终止实施强制许可的决定。"

二十三、第五十八条改为第五十五条，修改为："专利权人对国务院专利行政部门关于实施强制许可的决定不服的，专利权人和取得实施强制许可的单位或者个人对国务院专利行政部门关于实施强制许可的使用费的裁决不服的，可以自收到通知之日起3个月内向人民法院起诉。"

二十四、第六十条改为第五十七条，修改为："未经专利权人许可，实施其专利，即侵犯其专利权，引起纠纷的，由当事人协商解决；不愿协商或者协商不成的，专利权人或者利害关系人可以向人民法院起诉，也可以请求管理专利工作的部门处理。管理专利工作的部门处理时，认定侵权行为成立的，可以责令侵权人立即停止侵权行为，当事人不服的，可以自收到处理通知之日起15日内依照《中华人民共和国行政诉讼法》向人民法院起诉；侵权人期满不起诉又不停止侵权行为的，管理专利工作的部门可以申请人民法院强制执行。进行处理的管理专利工作的部门应当事人的请求，可以就侵犯专利权的赔偿数额进行调解；调解不成的，当事人可以依照《中华人民共和国民事诉讼法》向人民法院起诉。

"专利侵权纠纷涉及新产品制造方法的发明专利的，制造同样产品的单位或者个人应当提供其产品制造方法不同于专利方法的证明；涉及实用新型专利的，人民法院或者管理专利工作的部门可以要求专利权人出具由国务院专利行政部门作出的检索报告。"

二十五、第六十三条第一款改为第五十八条，修改为："假冒他人专利的，除依法承担民事责任外，由管理专利工作的部门责令改正并予公告，没收违法所得，可以并处违法所得3倍以下的罚款，没有违法所得的，可以处5万元以下的罚款；构成犯罪的，依法追究刑事责任。"

二十六、第六十三条第二款改为第五十九条，修改为："以非专利产品冒充专利产品、以非专利方法冒充专利方法的，由管理专利工作的部门责令改正并予公告，可以处5万元以下的罚款。"

二十七、增加一条，作为第六十条："侵犯专利权的赔偿数额，按照权利人因被侵权所受到的损失或者侵权人因侵权所获得的利益确定；被侵权人的损失或者侵权人获得的利益难以确定的，参照该专利许可使用费的倍数合理确定。"

二十八、增加一条，作为第六十一条："专利权人或者利害关系人有证据证明他人正在实施或者即将实施侵犯其专利权的行为，如不及时制止将会使其合法权益受到难以弥补的损害的，可以在起诉前向人民法院申请采取责令停止有关行为和财产保全的措施。

"人民法院处理前款申请，适用《中华人民共和国民事诉讼法》第九十三条至第九十六条和第九十九条的规定。"

二十九、第六十一条改为第六十二条，并增加一款，作为第二款："发明专利申请公布后至专利权授予前使用该发明未支付适当使用费的，专利权人要求支付使用费的诉讼时效为2年，自专利权人得知或者应当得知他人使用其发明之日起计算，但是，专利权人于专利权授予之日前即已得知或者应当得知的，自专利权授予之日起计算。"

三十、第六十二条改为第六十三条，修改为："有下列情形之一的，不视为侵犯专利权：

"（一）专利权人制造、进口或者经专利权人许可而制造、进口的专利产品或者依照专利方法直接获得的产品售出后，使用、许诺销售或者销售该产品的；

"（二）在专利申请日前已经制造相同产品、使用相同方法或者已经作好制造、使用的必要准备，并且仅在原有范围内继续制造、使用的；

"（三）临时通过中国领陆、领水、领空的外国运输工具，依照其所属国同中国签订的协议或者共同参加的国际条约，或者依照互惠原则，为运输工具自身需要而在其装置和设备中使用有关专利的；

"（四）专为科学研究和实验而使用有关专利的。

"为生产经营目的使用或者销售不知道是未经专利权人许可而制造并售出的专利产品或者依照专利方法直接获得的产品，能证明其产品合法来源的，不承担赔偿责任。"

三十一、增加一条，作为第六十六条："管理专利工作的部门不得参与向社会推荐专利产品等经营活动。

"管理专利工作的部门违反前款规定的，由其上级机关或者监察机关责令改正，消除影响，有违法收入的予以没收；情节严重的，对直接负责的主管人员和其他直接责任人员依法给予行政处分。"

三十二、第六十六条改为第六十七条，修改为："从事专利管理工作的国家机关工作人员以及其他有关国家机关工作人员玩忽职守、滥用职权、徇私舞弊，构成犯罪的，依法追究刑事责任；尚不构成犯罪的，依法给予行政处分。"

三十三、删去第六十八条。

三十四、将有关条文中的"专利局"修改为"国务院专利行政部门"。

此外，根据本决定对部分条文的文字作相应的修改并对条文顺序作相应调整。

本决定自2001年7月1日起施行。

《中华人民共和国专利法》根据本决定作相应的修改，重新公布。

中华人民共和国专利法①

（1984年3月12日第六届全国人民代表大会常务委员会第四次会议通过　根据1992年9月4日第七届全国人民代表大会常务委员会第二十七次会议《关于修改〈中华人民共和国专利法〉的决定》第一次修正　根据2000年8月25日第九届全国人民代表大会常务委员会第十七次会议《关于修改〈中华人民共和国专利法〉的决定》第二次修正）

目　　录

① 编者注：已被修改。

第一章 总 则

第一条 为了保护发明创造专利权,鼓励发明创造,有利于发明创造的推广应用,促进科学技术进步和创新,适应社会主义现代化建设的需要,特制定本法。

第二条 本法所称的发明创造是指发明、实用新型和外观设计。

第三条 国务院专利行政部门负责管理全国的专利工作;统一受理和审查专利申请,依法授予专利权。

省、自治区、直辖市人民政府管理专利工作的部门负责本行政区域内的专利管理工作。

第四条 申请专利的发明创造涉及国家安全或者重大利益需要保密的,按照国家有关规定办理。

第五条 对违反国家法律、社会公德或者妨害公共利益的发明创造,不授予专利权。

第六条 执行本单位的任务或者主要是利用本单位的物质技术条件所完成的发明创造为职务发明创造。职务发明创造申请专利的权利属于该单位;申请被批准后,该单位为专利权人。

非职务发明创造,申请专利的权利属于发明人或者设计人;申请被批准后,该发明人或者设计人为专利权人。

利用本单位的物质技术条件所完成的发明创造,单位与发明人或者设计人订有合同,对申请专利的权利和专利权的归属作出约定的,从其约定。

第七条 对发明人或者设计人的非职务发明创造专利申请,任何单位或者个人不得压制。

第八条 两个以上单位或者个人合作完成的发明创造、一个单位或者个人接受其他单位或者个人委托所完成的发明创造,除另有协议的以外,申请专利的权利属于完成或者共同完成的单位或者个人;申请被批准后,申请的单位或者个人为专利权人。

第九条 两个以上的申请人分别就同样的发明创造申请专利的,专利权授予最先申请的人。

第十条 专利申请权和专利权可以转让。

中国单位或者个人向外国人转让专利申请权或者专利权的,必须经国务院有关主管部门批准。

转让专利申请权或者专利权的,当事人应当订立书面合同,并向国务院专利行政部门登记,由国务院专利行政部门予以公告。专利申请权或者专利权的转让自登记之日起生效。

第十一条 发明和实用新型专利权被授予后,除本法另有规定的以外,任何单位或者个人未经专利权人许可,都不得实施其专利,即不得为生产经营目的制造、使用、许诺销售、销售、进口其专利产品,或者使用其专利方法以及使用、许诺销售、销售、进口依照该专利方法直接获得的产品。

外观设计专利权被授予后,任何单位或者个人未经专利权人许可,都不得实施其专利,即不得为生产经营目的制造、销售、进口其外观设计专利产品。

第十二条 任何单位或者个人实施他人专利的,应当与专利权人订立书面实施许可合同,向专利权人支付专利使用费。被许可人无权允许合同规定以外的任何单位或者个人实施该专利。

第十三条 发明专利申请公布后,申请人可以要求实施其发明的单位或者个人支付适当的费用。

第十四条 国有企业事业单位的发明专利,对国家利益或者公共利益具有重大意义的,国务院有关主管部门和省、自治区、直辖市人民政府报经国务院批准,可以决定在批准的范围内推广应用,允许指定的单位实施,由实施单位按照国家规定向专利权人支付使用费。

中国集体所有制单位和个人的发明专利,对国家利益或者公共利益具有重大意义,需要推广应用的,参照前款规定办理。

第十五条 专利权人有权在其专利产品或者该产品的包装上标明专利标记和专利号。

第十六条 被授予专利权的单位应当对职

务发明创造的发明人或者设计人给予奖励；发明创造专利实施后，根据其推广应用的范围和取得的经济效益，对发明人或者设计人给予合理的报酬。

第十七条　发明人或者设计人有在专利文件中写明自己是发明人或者设计人的权利。

第十八条　在中国没有经常居所或者营业所的外国人、外国企业或者外国其他组织在中国申请专利的，依照其所属国同中国签订的协议或者共同参加的国际条约，或者依照互惠原则，根据本法办理。

第十九条　在中国没有经常居所或者营业所的外国人、外国企业或者外国其他组织在中国申请专利和办理其他专利事务的，应当委托国务院专利行政部门指定的专利代理机构办理。

中国单位或者个人在国内申请专利和办理其他专利事务的，可以委托专利代理机构办理。

专利代理机构应当遵守法律、行政法规，按照被代理人的委托办理专利申请或者其他专利事务；对被代理人发明创造的内容，除专利申请已经公布或者公告的以外，负有保密责任。专利代理机构的具体管理办法由国务院规定。

第二十条　中国单位或者个人将其在国内完成的发明创造向外国申请专利的，应当先向国务院专利行政部门申请专利，委托其指定的专利代理机构办理，并遵守本法第四条的规定。

中国单位或者个人可以根据中华人民共和国参加的有关国际条约提出专利国际申请。申请人提出专利国际申请的，应当遵守前款规定。

国务院专利行政部门依照中华人民共和国参加的有关国际条约、本法和国务院有关规定处理专利国际申请。

第二十一条　国务院专利行政部门及其专利复审委员会应当按照客观、公正、准确、及时的要求，依法处理有关专利的申请和请求。

在专利申请公布或者公告前，国务院专利行政部门的工作人员及有关人员对其内容负有保密责任。

第二章　授予专利权的条件

第二十二条　授予专利权的发明和实用新型，应当具备新颖性、创造性和实用性。

新颖性，是指在申请日以前没有同样的发明或者实用新型在国内外出版物上公开发表过、在国内公开使用过或者以其他方式为公众所知，也没有同样的发明或者实用新型由他人向国务院专利行政部门提出过申请并且记载在申请日以后公布的专利申请文件中。

创造性，是指同申请日以前已有的技术相比，该发明有突出的实质性特点和显著的进步，该实用新型有实质性特点和进步。

实用性，是指该发明或者实用新型能够制造或者使用，并且能够产生积极效果。

第二十三条　授予专利权的外观设计，应当同申请日以前在国内外出版物上公开发表过或者国内公开使用过的外观设计不相同和不相近似，并不得与他人在先取得的合法权利相冲突。

第二十四条　申请专利的发明创造在申请日以前6个月内，有下列情形之一的，不丧失新颖性：

（一）在中国政府主办或者承认的国际展览会上首次展出的；

（二）在规定的学术会议或者技术会议上首次发表的；

（三）他人未经申请人同意而泄露其内容的。

第二十五条　对下列各项，不授予专利权：

（一）科学发现；

（二）智力活动的规则和方法；

（三）疾病的诊断和治疗方法；

（四）动物和植物品种；

（五）用原子核变换方法获得的物质。

对前款第（四）项所列产品的生产方法，可以依照本法规定授予专利权。

第三章　专利的申请

第二十六条　申请发明或者实用新型专利的，应当提交请求书、说明书及其摘要和权利要求书等文件。

请求书应当写明发明或者实用新型的名称，发明人或者设计人的姓名，申请人姓名或者名称、地址，以及其他事项。

说明书应当对发明或者实用新型作出清楚、完整的说明，以所属技术领域的技术人员能够实现为准；必要的时候，应当有附图。摘要应当简要说明发明或者实用新型的技术要点。

权利要求书应当以说明书为依据,说明要求专利保护的范围。

第二十七条 申请外观设计专利的,应当提交请求书以及该外观设计的图片或者照片等文件,并且应当写明使用该外观设计的产品及其所属的类别。

第二十八条 国务院专利行政部门收到专利申请文件之日为申请日。如果申请文件是邮寄的,以寄出的邮戳日为申请日。

第二十九条 申请人自发明或者实用新型在外国第一次提出专利申请之日起12个月内,或者自外观设计在外国第一次提出专利申请之日起6个月内,又在中国就相同主题提出专利申请的,依照该外国同中国签订的协议或者共同参加的国际条约,或者依照相互承认优先权的原则,可以享有优先权。

申请人自发明或者实用新型在中国第一次提出专利申请之日起12个月内,又向国务院专利行政部门就相同主题提出专利申请的,可以享有优先权。

第三十条 申请人要求优先权的,应当在申请的时候提出书面声明,并且在3个月内提交第一次提出的专利申请文件的副本;未提出书面声明或者逾期未提交专利申请文件副本的,视为未要求优先权。

第三十一条 一件发明或者实用新型专利申请应当限于一项发明或者实用新型。属于一个总的发明构思的两项以上的发明或者实用新型,可以作为一件申请提出。

一件外观设计专利申请应当限于一种产品所使用的一项外观设计。用于同一类别并且成套出售或者使用的产品的两项以上的外观设计,可以作为一件申请提出。

第三十二条 申请人可以在被授予专利权之前随时撤回其专利申请。

第三十三条 申请人可以对其专利申请文件进行修改,但是,对发明和实用新型专利申请文件的修改不得超出原说明书和权利要求书记载的范围,对外观设计专利申请文件的修改不得超出原图片或者照片表示的范围。

第四章 专利申请的审查和批准

第三十四条 国务院专利行政部门收到发明专利申请后,经初步审查认为符合本法要求的,自申请日起满18个月,即行公布。国务院专利行政部门可以根据申请人的请求早日公布其申请。

第三十五条 发明专利申请自申请日起3年内,国务院专利行政部门可以根据申请人随时提出的请求,对其申请进行实质审查;申请人无正当理由逾期不请求实质审查的,该申请即被视为撤回。

国务院专利行政部门认为必要的时候,可以自行对发明专利申请进行实质审查。

第三十六条 发明专利的申请人请求实质审查的时候,应当提交在申请日前与其发明有关的参考资料。

发明专利已经在外国提出过申请的,国务院专利行政部门可以要求申请人在指定期限内提交该国为审查其申请进行检索的资料或者审查结果的资料;无正当理由逾期不提交的,该申请即被视为撤回。

第三十七条 国务院专利行政部门对发明专利申请进行实质审查后,认为不符合本法规定的,应当通知申请人,要求其在指定的期限内陈述意见,或者对其申请进行修改;无正当理由逾期不答复的,该申请即被视为撤回。

第三十八条 发明专利申请经申请人陈述意见或者进行修改后,国务院专利行政部门仍然认为不符合本法规定的,应当予以驳回。

第三十九条 发明专利申请经实质审查没有发现驳回理由的,由国务院专利行政部门作出授予发明专利权的决定,发给发明专利证书,同时予以登记和公告。发明专利权自公告之日起生效。

第四十条 实用新型和外观设计专利申请经初步审查没有发现驳回理由的,由国务院专利行政部门作出授予实用新型专利权或者外观设计专利权的决定,发给相应的专利证书,同时予以登记和公告。实用新型专利权和外观设计专利权自公告之日起生效。

第四十一条 国务院专利行政部门设立专利

复审委员会。专利申请人对国务院专利行政部门驳回申请的决定不服的,可以自收到通知之日起3个月内,向专利复审委员会请求复审。专利复审委员会复审后,作出决定,并通知专利申请人。

专利申请人对专利复审委员会的复审决定不服的,可以自收到通知之日起3个月内向人民法院起诉。

第五章　专利权的期限、终止和无效

第四十二条　发明专利权的期限为20年,实用新型专利权和外观设计专利权的期限为10年,均自申请日起计算。

第四十三条　专利权人应当自被授予专利权的当年开始缴纳年费。

第四十四条　有下列情形之一的,专利权在期限届满前终止:

(一)没有按照规定缴纳年费的;

(二)专利权人以书面声明放弃其专利权的。

专利权在期限届满前终止的,由国务院专利行政部门登记和公告。

第四十五条　自国务院专利行政部门公告授予专利权之日起,任何单位或者个人认为该专利权的授予不符合本法有关规定的,可以请求专利复审委员会宣告该专利权无效。

第四十六条　专利复审委员会对宣告专利权无效的请求应当及时审查和作出决定,并通知请求人和专利权人。宣告专利权无效的决定,由国务院专利行政部门登记和公告。

对专利复审委员会宣告专利权无效或者维持专利权的决定不服的,可以自收到通知之日起3个月内向人民法院起诉。人民法院应当通知无效宣告请求程序的对方当事人作为第三人参加诉讼。

第四十七条　宣告无效的专利权视为自始即不存在。

宣告专利权无效的决定,对在宣告专利权无效前人民法院作出并已执行的专利侵权的判决、裁定,已经履行或者强制执行的专利侵权纠纷处理决定,以及已经履行的专利实施许可合同和专利权转让合同,不具有追溯力。但是因专利权人的恶意给他人造成的损失,应当给予赔偿。

如果依照前款规定,专利权人或者专利权转让人不向被许可实施专利人或者专利权受让人返还专利使用费或者专利权转让费,明显违反公平原则,专利权人或者专利权转让人应当向被许可实施专利人或者专利权受让人返还全部或者部分专利使用费或者专利权转让费。

第六章　专利实施的强制许可

第四十八条　具备实施条件的单位以合理的条件请求发明或者实用新型专利权人许可实施其专利,而未能在合理长的时间内获得这种许可时,国务院专利行政部门根据该单位的申请,可以给予实施该发明专利或者实用新型专利的强制许可。

第四十九条　在国家出现紧急状态或者非常情况时,或者为了公共利益的目的,国务院专利行政部门可以给予实施发明专利或者实用新型专利的强制许可。

第五十条　一项取得专利权的发明或者实用新型比前已经取得专利权的发明或者实用新型具有显著经济意义的重大技术进步,其实施又有赖于前一发明或者实用新型的实施的,国务院专利行政部门根据后一专利权人的申请,可以给予实施前一发明或者实用新型的强制许可。

在依照前款规定给予实施强制许可的情形下,国务院专利行政部门根据前一专利权人的申请,也可以给予实施后一发明或者实用新型的强制许可。

第五十一条　依照本法规定申请实施强制许可的单位或者个人,应当提出未能以合理条件与专利权人签订实施许可合同的证明。

第五十二条　国务院专利行政部门作出的给予实施强制许可的决定,应当及时通知专利权人,并予以登记和公告。

给予实施强制许可的决定,应当根据强制许可的理由规定实施的范围和时间。强制许可的理由消除并不再发生时,国务院专利行政部门应当根据专利权人的请求,经审查后作出终止实施强制许可的决定。

第五十三条　取得实施强制许可的单位或者个人不享有独占的实施权,并且无权允许他人实施。

第五十四条　取得实施强制许可的单位或

者个人应当付给专利权人合理的使用费，其数额由双方协商；双方不能达成协议的，由国务院专利行政部门裁决。

第五十五条 专利权人对国务院专利行政部门关于实施强制许可的决定不服的，专利权人和取得实施强制许可的单位或者个人对国务院专利行政部门关于实施强制许可的使用费的裁决不服的，可以自收到通知之日起3个月内向人民法院起诉。

第七章 专利权的保护

第五十六条 发明或者实用新型专利权的保护范围以其权利要求的内容为准，说明书及附图可以用于解释权利要求。

外观设计专利权的保护范围以表示在图片或者照片中的该外观设计专利产品为准。

第五十七条 未经专利权人许可，实施其专利，即侵犯其专利权，引起纠纷的，由当事人协商解决；不愿协商或者协商不成的，专利权人或者利害关系人可以向人民法院起诉，也可以请求管理专利工作的部门处理。管理专利工作的部门处理时，认定侵权行为成立的，可以责令侵权人立即停止侵权行为，当事人不服的，可以自收到处理通知之日起15日内依照《中华人民共和国行政诉讼法》向人民法院起诉；侵权人期满不起诉又不停止侵权行为的，管理专利工作的部门可以申请人民法院强制执行。进行处理的管理专利工作的部门应当事人的请求，可以就侵犯专利权的赔偿数额进行调解；调解不成的，当事人可以依照《中华人民共和国民事诉讼法》向人民法院起诉。

专利侵权纠纷涉及新产品制造方法的发明专利的，制造同样产品的单位或者个人应当提供其产品制造方法不同于专利方法的证明；涉及实用新型专利的，人民法院或者管理专利工作的部门可以要求专利权人出具由国务院专利行政部门作出的检索报告。

第五十八条 假冒他人专利的，除依法承担民事责任外，由管理专利工作的部门责令改正并予公告，没收违法所得，可以并处违法所得3倍以下的罚款，没有违法所得的，可以处5万元以下的罚款；构成犯罪的，依法追究刑事责任。

第五十九条 以非专利产品冒充专利产品、以非专利方法冒充专利方法的，由管理专利工作的部门责令改正并予公告，可以处5万元以下的罚款。

第六十条 侵犯专利权的赔偿数额，按照权利人因被侵权所受到的损失或者侵权人因侵权所获得的利益确定；被侵权人的损失或者侵权人获得的利益难以确定的，参照该专利许可使用费的倍数合理确定。

第六十一条 专利权人或者利害关系人有证据证明他人正在实施或者即将实施侵犯其专利权的行为，如不及时制止将会使其合法权益受到难以弥补的损害的，可以在起诉前向人民法院申请采取责令停止有关行为和财产保全的措施。

人民法院处理前款申请，适用《中华人民共和国民事诉讼法》第九十三条至第九十六条和第九十九条的规定。

第六十二条 侵犯专利权的诉讼时效为2年，自专利权人或者利害关系人得知或者应当得知侵权行为之日起计算。

发明专利申请公布后至专利权授予前使用该发明未支付适当使用费的，专利权人要求支付使用费的诉讼时效为2年，自专利权人得知或者应当得知他人使用其发明之日起计算，但是，专利权人于专利权授予之日前即已得知或者应当得知的，自专利权授予之日起计算。

第六十三条 有下列情形之一的，不视为侵犯专利权：

（一）专利权人制造、进口或者经专利权人许可而制造、进口的专利产品或者依照专利方法直接获得的产品售出后，使用、许诺销售或者销售该产品的；

（二）在专利申请日前已经制造相同产品、使用相同方法或者已经作好制造、使用的必要准备，并且仅在原有范围内继续制造、使用的；

（三）临时通过中国领陆、领水、领空的外国运输工具，依照其所属国同中国签订的协议或者共同参加的国际条约，或者依照互惠原则，为运输工具自身需要而在其装置和设备中使用有关专利的；

（四）专为科学研究和实验而使用有关专利的。

为生产经营目的使用或者销售不知道是未经专利权人许可而制造并售出的专利产品或者依照专利方法直接获得的产品，能证明其产品合法来源的，不承担赔偿责任。

第六十四条　违反本法第二十条规定向外国申请专利，泄露国家秘密的，由所在单位或者上级主管机关给予行政处分；构成犯罪的，依法追究刑事责任。

第六十五条　侵夺发明人或者设计人的非职务发明创造专利申请权和本法规定的其他权益的，由所在单位或者上级主管机关给予行政处分。

第六十六条　管理专利工作的部门不得参与向社会推荐专利产品等经营活动。

管理专利工作的部门违反前款规定的，由其上级机关或者监察机关责令改正，消除影响，有违法收入的予以没收；情节严重的，对直接负责的主管人员和其他直接责任人员依法给予行政处分。

第六十七条　从事专利管理工作的国家机关工作人员以及其他有关国家机关工作人员玩忽职守、滥用职权、徇私舞弊，构成犯罪的，依法追究刑事责任；尚不构成犯罪的，依法给予行政处分。

第八章　附　　则

第六十八条　向国务院专利行政部门申请专利和办理其他手续，应当按照规定缴纳费用。

第六十九条　本法自1985年4月1日起施行。

全国人民代表大会常务委员会关于修改《中华人民共和国专利法》的决定

（2008年12月27日第十一届全国人民代表大会常务委员会第六次会议通过　2008年12月27日中华人民共和国主席令第8号公布　自2009年10月1日起施行）

第十一届全国人民代表大会常务委员会第六次会议决定对《中华人民共和国专利法》作如下修改：

一、将第一条修改为："为了保护专利权人的合法权益，鼓励发明创造，推动发明创造的应用，提高创新能力，促进科学技术进步和经济社会发展，制定本法。"

二、在第二条中增加三款，作为第二、三、四款："发明，是指对产品、方法或者其改进所提出的新的技术方案。

"实用新型，是指对产品的形状、构造或者其结合所提出的适于实用的新的技术方案。

"外观设计，是指对产品的形状、图案或者其结合以及色彩与形状、图案的结合所作出的富有美感并适于工业应用的新设计。"

三、将第五条修改为："对违反法律、社会公德或者妨害公共利益的发明创造，不授予专利权。

"对违反法律、行政法规的规定获取或者利用遗传资源，并依赖该遗传资源完成的发明创造，不授予专利权。"

四、在第九条中增加一款，作为第一款："同样的发明创造只能授予一项专利权。但是，同一申请人同日对同样的发明创造既申请实用新型专利又申请发明专利，先获得的实用新型专利权尚未终止，且申请人声明放弃该实用新型专利权的，可以授予发明专利权。"

五、将第十条第二款修改为："中国单位或者个人向外国人、外国企业或者外国其他组织转让专利申请权或者专利权的，应当依照有关法律、行政法规的规定办理手续。"

六、将第十一条第二款修改为："外观设计专利权被授予后，任何单位或者个人未经专利权人许可，都不得实施其专利，即不得为生产经营目的制造、许诺销售、销售、进口其外观设计专利产品。"

七、将第十二条修改为："任何单位或者个人实施他人专利的，应当与专利权人订立实施许可合同，向专利权人支付专利使用费。被许可人无权允许合同规定以外的任何单位或者个人实施该专利。"

八、删除第十四条第二款。

九、增加一条，作为第十五条："专利申请权或者专利权的共有人对权利的行使有约定的，从其约定。没有约定的，共有人可以单独实施或者以普通许可方式许可他人实施该专利；许可他人实施该专利的，收取的使用费应当在共有人之间分配。

“除前款规定的情形外，行使共有的专利申请权或者专利权应当取得全体共有人的同意。”

十、将第十五条和第十七条合并，作为第十七条：“发明人或者设计人有权在专利文件中写明自己是发明人或者设计人。

“专利权人有权在其专利产品或者该产品的包装上标明专利标识。”

十一、将第十九条第一款修改为：“在中国没有经常居所或者营业所的外国人、外国企业或者外国其他组织在中国申请专利和办理其他专利事务的，应当委托依法设立的专利代理机构办理。”

第二款修改为：“中国单位或者个人在国内申请专利和办理其他专利事务的，可以委托依法设立的专利代理机构办理。”

十二、将第二十条第一款修改为：“任何单位或者个人将在中国完成的发明或者实用新型向外国申请专利的，应当事先报经国务院专利行政部门进行保密审查。保密审查的程序、期限等按照国务院的规定执行。”

增加一款作为第四款：“对违反本条第一款规定向外国申请专利的发明或者实用新型，在中国申请专利的，不授予专利权。”

十三、在第二十一条中增加一款，作为第二款：“国务院专利行政部门应当完整、准确、及时发布专利信息，定期出版专利公报。”

十四、将第二十二条第二款修改为：“新颖性，是指该发明或者实用新型不属于现有技术；也没有任何单位或者个人就同样的发明或者实用新型在申请日以前向国务院专利行政部门提出过申请，并记载在申请日以后公布的专利申请文件或者公告的专利文件中。”

第三款修改为：“创造性，是指与现有技术相比，该发明具有突出的实质性特点和显著的进步，该实用新型具有实质性特点和进步。”

增加一款，作为第五款：“本法所称现有技术，是指申请日以前在国内外为公众所知的技术。”

十五、将第二十三条修改为：“授予专利权的外观设计，应当不属于现有设计；也没有任何单位或者个人就同样的外观设计在申请日以前向国务院专利行政部门提出过申请，并记载在申请日以后公告的专利文件中。

“授予专利权的外观设计与现有设计或者现有设计特征的组合相比，应当具有明显区别。

“授予专利权的外观设计不得与他人在申请日以前已经取得的合法权利相冲突。

“本法所称现有设计，是指申请日以前在国内外为公众所知的设计。”

十六、在第二十五条第一款中增加一项，作为第(六)项：“对平面印刷品的图案、色彩或者二者的结合作出的主要起标识作用的设计。”

十七、将第二十六条第二款修改为：“请求书应当写明发明或者实用新型的名称，发明人的姓名，申请人姓名或者名称、地址，以及其他事项。”

第四款修改为：“权利要求书应当以说明书为依据，清楚、简要地限定要求专利保护的范围。”

增加一款，作为第五款：“依赖遗传资源完成的发明创造，申请人应当在专利申请文件中说明该遗传资源的直接来源和原始来源；申请人无法说明原始来源的，应当陈述理由。”

十八、将第二十七条修改为：“申请外观设计专利的，应当提交请求书、该外观设计的图片或者照片以及对该外观设计的简要说明等文件。

“申请人提交的有关图片或者照片应当清楚地显示要求专利保护的产品的外观设计。”

十九、将第三十一条第二款修改为：“一件外观设计专利申请应当限于一项外观设计。同一产品两项以上的相似外观设计，或者用于同一类别并且成套出售或者使用的产品的两项以上外观设计，可以作为一件申请提出。”

二十、将第四十七条第二款修改为：“宣告专利权无效的决定，对在宣告专利权无效前人民法院作出并已执行的专利侵权的判决、调解书，已经履行或者强制执行的专利侵权纠纷处理决定，以及已经履行的专利实施许可合同和专利权转让合同，不具有追溯力。但是因专利权人的恶意给他人造成的损失，应当给予赔偿。”

第三款修改为：“依照前款规定不返还专利侵权赔偿金、专利使用费、专利权转让费，明显违反公平原则的，应当全部或者部分返还。”

二十一、将第四十八条修改为：“有下列情形之一的，国务院专利行政部门根据具备实施条件的单位或者个人的申请，可以给予实施发明专利或者实用新型专利的强制许可：

“（一）专利权人自专利权被授予之日起满三年，且自提出专利申请之日起满四年，无正当理由未实施或者未充分实施其专利的；

“（二）专利权人行使专利权的行为被依法认定为垄断行为，为消除或者减少该行为对竞争产生的不利影响的。”

二十二、增加一条，作为第五十条：“为了公共健康目的，对取得专利权的药品，国务院专利行政部门可以给予制造并将其出口到符合中华人民共和国参加的有关国际条约规定的国家或者地区的强制许可。”

二十三、增加一条，作为第五十二条：“强制许可涉及的发明创造为半导体技术的，其实施限于公共利益的目的和本法第四十八条第（二）项规定的情形。”

二十四、增加一条，作为第五十三条：“除依照本法第四十八条第（二）项、第五十条规定给予的强制许可外，强制许可的实施应当主要为了供应国内市场。”

二十五、将第五十一条改为第五十四条，修改为：“依照本法第四十八条第（一）项、第五十一条规定申请强制许可的单位或者个人应当提供证据，证明其以合理的条件请求专利权人许可其实施专利，但未能在合理的时间内获得许可。”

二十六、将第五十四条改为第五十七条，修改为：“取得实施强制许可的单位或者个人应当付给专利权人合理的使用费，或者依照中华人民共和国参加的有关国际条约的规定处理使用费问题。付给使用费的，其数额由双方协商；双方不能达成协议的，由国务院专利行政部门裁决。”

二十七、将第五十六条改为第五十九条，修改为：“发明或者实用新型专利权的保护范围以其权利要求的内容为准，说明书及附图可以用于解释权利要求的内容。

“外观设计专利权的保护范围以表示在图片或者照片中的该产品的外观设计为准，简要说明可以用于解释图片或者照片所表示的该产品的外观设计。”

二十八、将第五十七条第二款改为第六十一条，修改为：“专利侵权纠纷涉及新产品制造方法的发明专利的，制造同样产品的单位或者个人应当提供其产品制造方法不同于专利方法的证明。

“专利侵权纠纷涉及实用新型专利或者外观设计专利的，人民法院或者管理专利工作的部门可以要求专利权人或者利害关系人出具由国务院专利行政部门对相关实用新型或者外观设计进行检索、分析和评价后作出的专利权评价报告，作为审理、处理专利侵权纠纷的证据。”

二十九、增加一条，作为第六十二条：“在专利侵权纠纷中，被控侵权人有证据证明其实施的技术或者设计属于现有技术或者现有设计的，不构成侵犯专利权。”

三十、将第五十八条、第五十九条合并为第六十三条，修改为：“假冒专利的，除依法承担民事责任外，由管理专利工作的部门责令改正并予公告，没收违法所得，可以并处违法所得四倍以下的罚款；没有违法所得的，可以处二十万元以下的罚款；构成犯罪的，依法追究刑事责任。”

三十一、增加一条，作为第六十四条：“管理专利工作的部门根据已经取得的证据，对涉嫌假冒专利行为进行查处时，可以询问有关当事人，调查与涉嫌违法行为有关的情况；对当事人涉嫌违法行为的场所实施现场检查；查阅、复制与涉嫌违法行为有关的合同、发票、账簿以及其他有关资料；检查与涉嫌违法行为有关的产品，对有证据证明是假冒专利的产品，可以查封或者扣押。

“管理专利工作的部门依法行使前款规定的职权时，当事人应当予以协助、配合，不得拒绝、阻挠。”

三十二、将第六十条改为第六十五条，修改为：“侵犯专利权的赔偿数额按照权利人因被侵权所受到的实际损失确定；实际损失难以确定的，可以按照侵权人因侵权所获得的利益确定。权利人的损失或者侵权人获得的利益难以确定的，参照该专利许可使用费的倍数合理确定。赔偿数额还应当包括权利人为制止侵权行为所支付的合理开支。

“权利人的损失、侵权人获得的利益和专利许可使用费均难以确定的，人民法院可以根据专利权的类型、侵权行为的性质和情节等因素，确定给予一万元以上一百万元以下的赔偿。”

三十三、将第六十一条改为第六十六条，修改为:“专利权人或者利害关系人有证据证明他人正在实施或者即将实施侵犯专利权的行为,如不及时制止将会使其合法权益受到难以弥补的损害的,可以在起诉前向人民法院申请采取责令停止有关行为的措施。

“申请人提出申请时,应当提供担保;不提供担保的,驳回申请。

“人民法院应当自接受申请之时起四十八小时内作出裁定;有特殊情况需要延长的,可以延长四十八小时。裁定责令停止有关行为的,应当立即执行。当事人对裁定不服的,可以申请复议一次;复议期间不停止裁定的执行。

“申请人自人民法院采取责令停止有关行为的措施之日起十五日内不起诉的,人民法院应当解除该措施。

“申请有错误的,申请人应当赔偿被申请人因停止有关行为所遭受的损失。”

三十四、增加一条,作为第六十七条:“为了制止专利侵权行为,在证据可能灭失或者以后难以取得的情况下,专利权人或者利害关系人可以在起诉前向人民法院申请保全证据。

“人民法院采取保全措施,可以责令申请人提供担保;申请人不提供担保的,驳回申请。

“人民法院应当自接受申请之时起四十八小时内作出裁定;裁定采取保全措施的,应当立即执行。

“申请人自人民法院采取保全措施之日起十五日内不起诉的,人民法院应当解除该措施。”

三十五、将第六十三条第一款改为第六十九条,第(一)项修改为:“专利产品或者依照专利方法直接获得的产品,由专利权人或者经其许可的单位、个人售出后,使用、许诺销售、销售、进口该产品的;”

增加一项,作为第(五)项:“为提供行政审批所需要的信息,制造、使用、进口专利药品或者专利医疗器械的,以及专门为其制造、进口专利药品或者专利医疗器械的。”

三十六、将第六十三条第二款改为第七十条,修改为:“为生产经营目的使用、许诺销售或者销售不知道是未经专利权人许可而制造并售出的专利侵权产品,能证明该产品合法来源的,不承担赔偿责任。”

本决定自2009年10月1日起施行。

《中华人民共和国专利法》根据本决定作相应修改并对条款顺序作相应调整,重新公布。

中华人民共和国专利法

(1984年3月12日第六届全国人民代表大会常务委员会第四次会议通过 根据1992年9月4日第七届全国人民代表大会常务委员会第二十七次会议《关于修改〈中华人民共和国专利法〉的决定》第一次修正 根据2000年8月25日第九届全国人民代表大会常务委员会第十七次会议《关于修改〈中华人民共和国专利法〉的决定》第二次修正 根据2008年12月27日第十一届全国人民代表大会常务委员会第六次会议《关于修改〈中华人民共和国专利法〉的决定》第三次修正)

目 录

第一章 总 则

第一条 为了保护专利权人的合法权益,鼓励发明创造,推动发明创造的应用,提高创新能力,促进科学技术进步和经济社会发展,制定本法。

第二条 本法所称的发明创造是指发明、实用新型和外观设计。

发明,是指对产品、方法或者其改进所提出的新的技术方案。

实用新型,是指对产品的形状、构造或者其结合所提出的适于实用的新的技术方案。

外观设计,是指对产品的形状、图案或者其结合以及色彩与形状、图案的结合所作出的富有美感并适于工业应用的新设计。

第三条 国务院专利行政部门负责管理全国的专利工作；统一受理和审查专利申请，依法授予专利权。

省、自治区、直辖市人民政府管理专利工作的部门负责本行政区域内的专利管理工作。

第四条 申请专利的发明创造涉及国家安全或者重大利益需要保密的，按照国家有关规定办理。

第五条 对违反法律、社会公德或者妨害公共利益的发明创造，不授予专利权。

对违反法律、行政法规的规定获取或者利用遗传资源，并依赖该遗传资源完成的发明创造，不授予专利权。

第六条 执行本单位的任务或者主要是利用本单位的物质技术条件所完成的发明创造为职务发明创造。职务发明创造申请专利的权利属于该单位；申请被批准后，该单位为专利权人。

非职务发明创造，申请专利的权利属于发明人或者设计人；申请被批准后，该发明人或者设计人为专利权人。

利用本单位的物质技术条件所完成的发明创造，单位与发明人或者设计人订有合同，对申请专利的权利和专利权的归属作出约定的，从其约定。

第七条 对发明人或者设计人的非职务发明创造专利申请，任何单位或者个人不得压制。

第八条 两个以上单位或者个人合作完成的发明创造、一个单位或者个人接受其他单位或者个人委托所完成的发明创造，除另有协议的以外，申请专利的权利属于完成或者共同完成的单位或者个人；申请被批准后，申请的单位或者个人为专利权人。

第九条 同样的发明创造只能授予一项专利权。但是，同一申请人同日对同样的发明创造既申请实用新型专利又申请发明专利，先获得的实用新型专利权尚未终止，且申请人声明放弃该实用新型专利权的，可以授予发明专利权。

两个以上的申请人分别就同样的发明创造申请专利的，专利权授予最先申请的人。

第十条 专利申请权和专利权可以转让。

中国单位或者个人向外国人、外国企业或者外国其他组织转让专利申请权或者专利权的，应当依照有关法律、行政法规的规定办理手续。

转让专利申请权或者专利权的，当事人应当订立书面合同，并向国务院专利行政部门登记，由国务院专利行政部门予以公告。专利申请权或者专利权的转让自登记之日起生效。

第十一条 发明和实用新型专利权被授予后，除本法另有规定的以外，任何单位或者个人未经专利权人许可，都不得实施其专利，即不得为生产经营目的制造、使用、许诺销售、销售、进口其专利产品，或者使用其专利方法以及使用、许诺销售、销售、进口依照该专利方法直接获得的产品。

外观设计专利权被授予后，任何单位或者个人未经专利权人许可，都不得实施其专利，即不得为生产经营目的制造、许诺销售、销售、进口其外观设计专利产品。

第十二条 任何单位或者个人实施他人专利的，应当与专利权人订立实施许可合同，向专利权人支付专利使用费。被许可人无权允许合同规定以外的任何单位或者个人实施该专利。

第十三条 发明专利申请公布后，申请人可以要求实施其发明的单位或者个人支付适当的费用。

第十四条 国有企业事业单位的发明专利，对国家利益或者公共利益具有重大意义的，国务院有关主管部门和省、自治区、直辖市人民政府报经国务院批准，可以决定在批准的范围内推广应用，允许指定的单位实施，由实施单位按照国家规定向专利权人支付使用费。

第十五条 专利申请权或者专利权的共有人对权利的行使有约定的，从其约定。没有约定的，共有人可以单独实施或者以普通许可方式许可他人实施该专利；许可他人实施该专利的，收取的使用费应当在共有人之间分配。

除前款规定的情形外，行使共有的专利申请权或者专利权应当取得全体共有人的同意。

第十六条 被授予专利权的单位应当对职务发明创造的发明人或者设计人给予奖励；发明创造专利实施后，根据其推广应用的范围和取得的经济效益，对发明人或者设计人给予合理的报酬。

第十七条 发明人或者设计人有权在专利

文件中写明自己是发明人或者设计人。

专利权人有权在其专利产品或者该产品的包装上标明专利标识。

第十八条 在中国没有经常居所或者营业所的外国人、外国企业或者外国其他组织在中国申请专利的,依照其所属国同中国签订的协议或者共同参加的国际条约,或者依照互惠原则,根据本法办理。

第十九条 在中国没有经常居所或者营业所的外国人、外国企业或者外国其他组织在中国申请专利和办理其他专利事务的,应当委托依法设立的专利代理机构办理。

中国单位或者个人在国内申请专利和办理其他专利事务的,可以委托依法设立的专利代理机构办理。

专利代理机构应当遵守法律、行政法规,按照被代理人的委托办理专利申请或者其他专利事务;对被代理人发明创造的内容,除专利申请已经公布或者公告的以外,负有保密责任。专利代理机构的具体管理办法由国务院规定。

第二十条 任何单位或者个人将在中国完成的发明或者实用新型向外国申请专利的,应当事先报经国务院专利行政部门进行保密审查。保密审查的程序、期限等按照国务院的规定执行。

中国单位或者个人可以根据中华人民共和国参加的有关国际条约提出专利国际申请。申请人提出专利国际申请的,应当遵守前款规定。

国务院专利行政部门依照中华人民共和国参加的有关国际条约、本法和国务院有关规定处理专利国际申请。

对违反本条第一款规定向外国申请专利的发明或者实用新型,在中国申请专利的,不授予专利权。

第二十一条 国务院专利行政部门及其专利复审委员会应当按照客观、公正、准确、及时的要求,依法处理有关专利的申请和请求。

国务院专利行政部门应当完整、准确、及时发布专利信息,定期出版专利公报。

在专利申请公布或者公告前,国务院专利行政部门的工作人员及有关人员对其内容负有保密责任。

第二章 授予专利权的条件

第二十二条 授予专利权的发明和实用新型,应当具备新颖性、创造性和实用性。

新颖性,是指该发明或者实用新型不属于现有技术;也没有任何单位或者个人就同样的发明或者实用新型在申请日以前向国务院专利行政部门提出过申请,并记载在申请日以后公布的专利申请文件或者公告的专利文件中。

创造性,是指与现有技术相比,该发明具有突出的实质性特点和显著的进步,该实用新型具有实质性特点和进步。

实用性,是指该发明或者实用新型能够制造或者使用,并且能够产生积极效果。

本法所称现有技术,是指申请日以前在国内外为公众所知的技术。

第二十三条 授予专利权的外观设计,应当不属于现有设计;也没有任何单位或者个人就同样的外观设计在申请日以前向国务院专利行政部门提出过申请,并记载在申请日以后公告的专利文件中。

授予专利权的外观设计与现有设计或者现有设计特征的组合相比,应当具有明显区别。

授予专利权的外观设计不得与他人在申请日以前已经取得的合法权利相冲突。

本法所称现有设计,是指申请日以前在国内外为公众所知的设计。

第二十四条 申请专利的发明创造在申请日以前六个月内,有下列情形之一的,不丧失新颖性:

(一)在中国政府主办或者承认的国际展览会上首次展出的;

(二)在规定的学术会议或者技术会议上首次发表的;

(三)他人未经申请人同意而泄露其内容的。

第二十五条 对下列各项,不授予专利权:

(一)科学发现;

(二)智力活动的规则和方法;

(三)疾病的诊断和治疗方法;

(四)动物和植物品种;

(五)用原子核变换方法获得的物质;

(六)对平面印刷品的图案、色彩或者二者的结合作出的主要起标识作用的设计。

对前款第(四)项所列产品的生产方法,可以依照本法规定授予专利权。

第三章 专利的申请

第二十六条 申请发明或者实用新型专利的,应当提交请求书、说明书及其摘要和权利要求书等文件。

请求书应当写明发明或者实用新型的名称,发明人的姓名,申请人姓名或者名称、地址,以及其他事项。

说明书应当对发明或者实用新型作出清楚、完整的说明,以所属技术领域的技术人员能够实现为准;必要的时候,应当有附图。摘要应当简要说明发明或者实用新型的技术要点。

权利要求书应当以说明书为依据,清楚、简要地限定要求专利保护的范围。

依赖遗传资源完成的发明创造,申请人应当在专利申请文件中说明该遗传资源的直接来源和原始来源;申请人无法说明原始来源的,应当陈述理由。

第二十七条 申请外观设计专利的,应当提交请求书、该外观设计的图片或者照片以及对该外观设计的简要说明等文件。

申请人提交的有关图片或者照片应当清楚地显示要求专利保护的产品的外观设计。

第二十八条 国务院专利行政部门收到专利申请文件之日为申请日。如果申请文件是邮寄的,以寄出的邮戳日为申请日。

第二十九条 申请人自发明或者实用新型在外国第一次提出专利申请之日起十二个月内,或者自外观设计在外国第一次提出专利申请之日起六个月内,又在中国就相同主题提出专利申请的,依照该外国同中国签订的协议或者共同参加的国际条约,或者依照相互承认优先权的原则,可以享有优先权。

申请人自发明或者实用新型在中国第一次提出专利申请之日起十二个月内,又向国务院专利行政部门就相同主题提出专利申请的,可以享有优先权。

第三十条 申请人要求优先权的,应当在申请的时候提出书面声明,并且在三个月内提交第一次提出的专利申请文件的副本;未提出书面声明或者逾期未提交专利申请文件副本的,视为未要求优先权。

第三十一条 一件发明或者实用新型专利申请应当限于一项发明或者实用新型。属于一个总的发明构思的两项以上的发明或者实用新型,可以作为一件申请提出。

一件外观设计专利申请应当限于一项外观设计。同一产品两项以上的相似外观设计,或者用于同一类别并且成套出售或者使用的产品的两项以上外观设计,可以作为一件申请提出。

第三十二条 申请人可以在被授予专利权之前随时撤回其专利申请。

第三十三条 申请人可以对其专利申请文件进行修改,但是,对发明和实用新型专利申请文件的修改不得超出原说明书和权利要求书记载的范围,对外观设计专利申请文件的修改不得超出原图片或者照片表示的范围。

第四章 专利申请的审查和批准

第三十四条 国务院专利行政部门收到发明专利申请后,经初步审查认为符合本法要求的,自申请日起满十八个月,即行公布。国务院专利行政部门可以根据申请人的请求早日公布其申请。

第三十五条 发明专利申请自申请日起三年内,国务院专利行政部门可以根据申请人随时提出的请求,对其申请进行实质审查;申请人无正当理由逾期不请求实质审查的,该申请即被视为撤回。

国务院专利行政部门认为必要的时候,可以自行对发明专利申请进行实质审查。

第三十六条 发明专利的申请人请求实质审查的时候,应当提交在申请日前与其发明有关的参考资料。

发明专利已经在外国提出过申请的,国务院专利行政部门可以要求申请人在指定期限内提交该国为审查其申请进行检索的资料或者审查结果的资料;无正当理由逾期不提交的,该申请即被视为撤回。

第三十七条 国务院专利行政部门对发明专利申请进行实质审查后,认为不符合本法规定的,应当通知申请人,要求其在指定的期限内陈述意见,或者对其申请进行修改;无正当理由逾期不答复的,该申请即被视为撤回。

第三十八条 发明专利申请经申请人陈述意见或者进行修改后,国务院专利行政部门仍然认为不符合本法规定的,应当予以驳回。

第三十九条 发明专利申请经实质审查没有发现驳回理由的,由国务院专利行政部门作出授予发明专利权的决定,发给发明专利证书,同时予以登记和公告。发明专利权自公告之日起生效。

第四十条 实用新型和外观设计专利申请经初步审查没有发现驳回理由的,由国务院专利行政部门作出授予实用新型专利权或者外观设计专利权的决定,发给相应的专利证书,同时予以登记和公告。实用新型专利权和外观设计专利权自公告之日起生效。

第四十一条 国务院专利行政部门设立专利复审委员会。专利申请人对国务院专利行政部门驳回申请的决定不服的,可以自收到通知之日起三个月内,向专利复审委员会请求复审。专利复审委员会复审后,作出决定,并通知专利申请人。

专利申请人对专利复审委员会的复审决定不服的,可以自收到通知之日起三个月内向人民法院起诉。

第五章 专利权的期限、终止和无效

第四十二条 发明专利权的期限为二十年,实用新型专利权和外观设计专利权的期限为十年,均自申请日起计算。

第四十三条 专利权人应当自被授予专利权的当年开始缴纳年费。

第四十四条 有下列情形之一的,专利权在期限届满前终止:

(一)没有按照规定缴纳年费的;

(二)专利权人以书面声明放弃其专利权的。

专利权在期限届满前终止的,由国务院专利行政部门登记和公告。

第四十五条 自国务院专利行政部门公告授予专利权之日起,任何单位或者个人认为该专利权的授予不符合本法有关规定的,可以请求专利复审委员会宣告该专利权无效。

第四十六条 专利复审委员会对宣告专利权无效的请求应当及时审查和作出决定,并通知请求人和专利权人。宣告专利权无效的决定,由国务院专利行政部门登记和公告。

对专利复审委员会宣告专利权无效或者维持专利权的决定不服的,可以自收到通知之日起三个月内向人民法院起诉。人民法院应当通知无效宣告请求程序的对方当事人作为第三人参加诉讼。

第四十七条 宣告无效的专利权视为自始即不存在。

宣告专利权无效的决定,对在宣告专利权无效前人民法院作出并已执行的专利侵权的判决、调解书,已经履行或者强制执行的专利侵权纠纷处理决定,以及已经履行的专利实施许可合同和专利权转让合同,不具有追溯力。但是因专利权人的恶意给他人造成的损失,应当给予赔偿。

依照前款规定不返还专利侵权赔偿金、专利使用费、专利权转让费,明显违反公平原则的,应当全部或者部分返还。

第六章 专利实施的强制许可

第四十八条 有下列情形之一的,国务院专利行政部门根据具备实施条件的单位或者个人的申请,可以给予实施发明专利或者实用新型专利的强制许可:

(一)专利权人自专利权被授予之日起满三年,且自提出专利申请之日起满四年,无正当理由未实施或者未充分实施其专利的;

(二)专利权人行使专利权的行为被依法认定为垄断行为,为消除或者减少该行为对竞争产生的不利影响的。

第四十九条 在国家出现紧急状态或者非常情况时,或者为了公共利益的目的,国务院专利行政部门可以给予实施发明专利或者实用新型专利的强制许可。

第五十条 为了公共健康目的,对取得专利权的药品,国务院专利行政部门可以给予制造并将其出口到符合中华人民共和国参加的有关国际条约规定的国家或者地区的强制许可。

第五十一条 一项取得专利权的发明或者实用新型比前已经取得专利权的发明或者实用

新型具有显著经济意义的重大技术进步，其实施又有赖于前一发明或者实用新型的实施的，国务院专利行政部门根据后一专利权人的申请，可以给予实施前一发明或者实用新型的强制许可。

在依照前款规定给予实施强制许可的情形下，国务院专利行政部门根据前一专利权人的申请，也可以给予实施后一发明或者实用新型的强制许可。

第五十二条　强制许可涉及的发明创造为半导体技术的，其实施限于公共利益的目的和本法第四十八条第（二）项规定的情形。

第五十三条　除依照本法第四十八条第（二）项、第五十条规定给予的强制许可外，强制许可的实施应当主要为了供应国内市场。

第五十四条　依照本法第四十八条第（一）项、第五十一条规定申请强制许可的单位或者个人应当提供证据，证明其以合理的条件请求专利权人许可其实施专利，但未能在合理的时间内获得许可。

第五十五条　国务院专利行政部门作出的给予实施强制许可的决定，应当及时通知专利权人，并予以登记和公告。

给予实施强制许可的决定，应当根据强制许可的理由规定实施的范围和时间。强制许可的理由消除并不再发生时，国务院专利行政部门应当根据专利权人的请求，经审查后作出终止实施强制许可的决定。

第五十六条　取得实施强制许可的单位或者个人不享有独占的实施权，并且无权允许他人实施。

第五十七条　取得实施强制许可的单位或者个人应当付给专利权人合理的使用费，或者依照中华人民共和国参加的有关国际条约的规定处理使用费问题。付给使用费的，其数额由双方协商；双方不能达成协议的，由国务院专利行政部门裁决。

第五十八条　专利权人对国务院专利行政部门关于实施强制许可的决定不服的，专利权人和取得实施强制许可的单位或者个人对国务院专利行政部门关于实施强制许可的使用费的裁决不服的，可以自收到通知之日起三个月内向人民法院起诉。

第七章　专利权的保护

第五十九条　发明或者实用新型专利权的保护范围以其权利要求的内容为准，说明书及附图可以用于解释权利要求的内容。

外观设计专利权的保护范围以表示在图片或者照片中的该产品的外观设计为准，简要说明可以用于解释图片或者照片所表示的该产品的外观设计。

第六十条　未经专利权人许可，实施其专利，即侵犯其专利权，引起纠纷的，由当事人协商解决；不愿协商或者协商不成的，专利权人或者利害关系人可以向人民法院起诉，也可以请求管理专利工作的部门处理。管理专利工作的部门处理时，认定侵权行为成立的，可以责令侵权人立即停止侵权行为，当事人不服的，可以自收到处理通知之日起十五日内依照《中华人民共和国行政诉讼法》向人民法院起诉；侵权人期满不起诉又不停止侵权行为的，管理专利工作的部门可以申请人民法院强制执行。进行处理的管理专利工作的部门应当事人的请求，可以就侵犯专利权的赔偿数额进行调解；调解不成的，当事人可以依照《中华人民共和国民事诉讼法》向人民法院起诉。

第六十一条　专利侵权纠纷涉及新产品制造方法的发明专利的，制造同样产品的单位或者个人应当提供其产品制造方法不同于专利方法的证明。

专利侵权纠纷涉及实用新型专利或者外观设计专利的，人民法院或者管理专利工作的部门可以要求专利权人或者利害关系人出具由国务院专利行政部门对相关实用新型或者外观设计进行检索、分析和评价后作出的专利权评价报告，作为审理、处理专利侵权纠纷的证据。

第六十二条　在专利侵权纠纷中，被控侵权人有证据证明其实施的技术或者设计属于现有技术或者现有设计的，不构成侵犯专利权。

第六十三条　假冒专利的，除依法承担民事责任外，由管理专利工作的部门责令改正并予公告，没收违法所得，可以并处违法所得四倍以下的罚款；没有违法所得的，可以处二十万元以下的罚款；构成犯罪的，依法追究刑事责任。

第六十四条 管理专利工作的部门根据已经取得的证据，对涉嫌假冒专利行为进行查处时，可以询问有关当事人，调查与涉嫌违法行为有关的情况；对当事人涉嫌违法行为的场所实施现场检查；查阅、复制与涉嫌违法行为有关的合同、发票、账簿以及其他有关资料；检查与涉嫌违法行为有关的产品，对有证据证明是假冒专利的产品，可以查封或者扣押。

管理专利工作的部门依法行使前款规定的职权时，当事人应当予以协助、配合，不得拒绝、阻挠。

第六十五条 侵犯专利权的赔偿数额按照权利人因被侵权所受到的实际损失确定；实际损失难以确定的，可以按照侵权人因侵权所获得的利益确定。权利人的损失或者侵权人获得的利益难以确定的，参照该专利许可使用费的倍数合理确定。赔偿数额还应当包括权利人为制止侵权行为所支付的合理开支。

权利人的损失、侵权人获得的利益和专利许可使用费均难以确定的，人民法院可以根据专利权的类型、侵权行为的性质和情节等因素，确定给予一万元以上一百万元以下的赔偿。

第六十六条 专利权人或者利害关系人有证据证明他人正在实施或者即将实施侵犯专利权的行为，如不及时制止将会使其合法权益受到难以弥补的损害的，可以在起诉前向人民法院申请采取责令停止有关行为的措施。

申请人提出申请时，应当提供担保；不提供担保的，驳回申请。

人民法院应当自接受申请之时起四十八小时内作出裁定；有特殊情况需要延长的，可以延长四十八小时。裁定责令停止有关行为的，应当立即执行。当事人对裁定不服的，可以申请复议一次；复议期间不停止裁定的执行。

申请人自人民法院采取责令停止有关行为的措施之日起十五日内不起诉的，人民法院应当解除该措施。

申请有错误的，申请人应当赔偿被申请人因停止有关行为所遭受的损失。

第六十七条 为了制止专利侵权行为，在证据可能灭失或者以后难以取得的情况下，专利权人或者利害关系人可以在起诉前向人民法院申请保全证据。

人民法院采取保全措施，可以责令申请人提供担保；申请人不提供担保的，驳回申请。

人民法院应当自接受申请之时起四十八小时内作出裁定；裁定采取保全措施的，应当立即执行。

申请人自人民法院采取保全措施之日起十五日内不起诉的，人民法院应当解除该措施。

第六十八条 侵犯专利权的诉讼时效为二年，自专利权人或者利害关系人得知或者应当得知侵权行为之日起计算。

发明专利申请公布后至专利权授予前使用该发明未支付适当使用费的，专利权人要求支付使用费的诉讼时效为二年，自专利权人得知或者应当得知他人使用其发明之日起计算，但是，专利权人于专利权授予之日前即已得知或者应当得知的，自专利权授予之日起计算。

第六十九条 有下列情形之一的，不视为侵犯专利权：

（一）专利产品或者依照专利方法直接获得的产品，由专利权人或者经其许可的单位、个人售出后，使用、许诺销售、销售、进口该产品的；

（二）在专利申请日前已经制造相同产品、使用相同方法或者已经作好制造、使用的必要准备，并且仅在原有范围内继续制造、使用的；

（三）临时通过中国领陆、领水、领空的外国运输工具，依照其所属国同中国签订的协议或者共同参加的国际条约，或者依照互惠原则，为运输工具自身需要而在其装置和设备中使用有关专利的；

（四）专为科学研究和实验而使用有关专利的；

（五）为提供行政审批所需要的信息，制造、使用、进口专利药品或者专利医疗器械的，以及专门为其制造、进口专利药品或者专利医疗器械的。

第七十条 为生产经营目的使用、许诺销售或者销售不知道是未经专利权人许可而制造并售出的专利侵权产品，能证明该产品合法来源的，不承担赔偿责任。

第七十一条 违反本法第二十条规定向外国申请专利，泄露国家秘密的，由所在单位或者上级主管机关给予行政处分;构成犯罪的,依法追究刑事责任。

第七十二条　侵夺发明人或者设计人的非职务发明创造专利申请权和本法规定的其他权益的,由所在单位或者上级主管机关给予行政处分。

第七十三条　管理专利工作的部门不得参与向社会推荐专利产品等经营活动。

管理专利工作的部门违反前款规定的,由其上级机关或者监察机关责令改正,消除影响,有违法收入的予以没收;情节严重的,对直接负责的主管人员和其他直接责任人员依法给予行政处分。

第七十四条　从事专利管理工作的国家机关工作人员以及其他有关国家机关工作人员玩忽职守、滥用职权、徇私舞弊,构成犯罪的,依法追究刑事责任;尚不构成犯罪的,依法给予行政处分。

第八章　附　　则

第七十五条　向国务院专利行政部门申请专利和办理其他手续,应当按照规定缴纳费用。

第七十六条　本法自1985年4月1日起施行。

最高人民法院关于审理专利纠纷案件适用法律问题的若干规定

(2001年6月19日最高人民法院审判委员会第1180次会议通过　2001年6月22日最高人民法院公告公布　自2001年7月1日起施行　法释〔2001〕21号)

为了正确审理专利纠纷案件,根据《中华人民共和国民法通则》(以下简称民法通则)、《中华人民共和国专利法》(以下简称专利法)、《中华人民共和国民事诉讼法》和《中华人民共和国行政诉讼法》等法律的规定,作如下规定:

第一条　人民法院受理下列专利纠纷案件:

1. 专利申请权纠纷案件;
2. 专利权权属纠纷案件;
3. 专利权、专利申请权转让合同纠纷案件;
4. 侵犯专利权纠纷案件;
5. 假冒他人专利纠纷案件;
6. 发明专利申请公布后、专利权授予前使用费纠纷案件;
7. 职务发明创造发明人、设计人奖励、报酬纠纷案件;
8. 诉前申请停止侵权、财产保全案件;
9. 发明人、设计人资格纠纷案件;
10. 不服专利复审委员会维持驳回申请复审决定案件;
11. 不服专利复审委员会专利权无效宣告请求决定案件;
12. 不服国务院专利行政部门实施强制许可决定案件;
13. 不服国务院专利行政部门实施强制许可使用费裁决案件;
14. 不服国务院专利行政部门行政复议决定案件;
15. 不服管理专利工作的部门行政决定案件;
16. 其他专利纠纷案件。

第二条　专利纠纷第一审案件,由各省、自治区、直辖市人民政府所在地的中级人民法院和最高人民法院指定的中级人民法院管辖。

第三条　当事人对专利复审委员会于2001年7月1日以后作出的关于实用新型、外观设计专利权撤销请求复审决定不服向人民法院起诉的,人民法院不予受理。

第四条　当事人对专利复审委员会于2001年7月1日以后作出的关于维持驳回实用新型、外观设计专利申请的复审决定,或者关于实用新型、外观设计专利权无效宣告请求的决定不服向人民法院起诉的,人民法院应当受理。

第五条　因侵犯专利权行为提起的诉讼,由侵权行为地或者被告住所地人民法院管辖。

侵权行为地包括:被控侵犯发明、实用新型专利权的产品的制造、使用、许诺销售、销售、进口等行为的实施地;专利方法使用行为的实施地,依照该专利方法直接获得的产品的使用、许诺销售、销售、进口等行为的实施地;外观设计专利产品的制造、销售、进口等行为的实施地;假冒他人专利的行为实施地。上述侵权行为的侵权结果发生地。

第六条 原告仅对侵权产品制造者提起诉讼,未起诉销售者,侵权产品制造地与销售地不一致的,制造地人民法院有管辖权;以制造者与销售者为共同被告起诉的,销售地人民法院有管辖权。

销售者是制造者分支机构,原告在销售地起诉侵权产品制造者制造、销售行为的,销售地人民法院有管辖权。

第七条 原告根据1993年1月1日以前提出的专利申请和根据该申请授予的方法发明专利权提起的侵权诉讼,参照本规定第五条、第六条的规定确定管辖。

人民法院在上述案件实体审理中依法适用方法发明专利权不延及产品的规定。

第八条 提起侵犯实用新型专利权诉讼的原告,应当在起诉时出具由国务院专利行政部门作出的检索报告。

侵犯实用新型、外观设计专利权纠纷案件的被告请求中止诉讼的,应当在答辩期内对原告的专利权提出宣告无效的请求。

第九条 人民法院受理的侵犯实用新型、外观设计专利权纠纷案件,被告在答辩期间内请求宣告该项专利权无效的,人民法院应当中止诉讼,但具备下列情形之一的,可以不中止诉讼:

(一)原告出具的检索报告未发现导致实用新型专利丧失新颖性、创造性的技术文献的;

(二)被告提供的证据足以证明其使用的技术已经公知的;

(三)被告请求宣告该项专利权无效所提供的证据或者依据的理由明显不充分的;

(四)人民法院认为不应当中止诉讼的其他情形。

第十条 人民法院受理的侵犯实用新型、外观设计专利权纠纷案件,被告在答辩期间届满后请求宣告该项专利权无效的,人民法院不应当中止诉讼,但经审查认为有必要中止诉讼的除外。

第十一条 人民法院受理的侵犯发明专利权纠纷案件或者经专利复审委员会审查维持专利权的侵犯实用新型、外观设计专利权纠纷案件,被告在答辩期间内请求宣告该项专利权无效的,人民法院可以不中止诉讼。

第十二条 人民法院决定中止诉讼,专利权人或者利害关系人请求责令被告停止有关行为或者采取其他制止侵权损害继续扩大的措施,并提供了担保,人民法院经审查符合有关法律规定的,可以在裁定中止诉讼的同时一并作出有关裁定。

第十三条 人民法院对专利权进行财产保全,应当向国务院专利行政部门发出协助执行通知书,载明要求协助执行的事项,以及对专利权保全的期限,并附人民法院作出的裁定书。

对专利权保全的期限一次不得超过六个月,自国务院专利行政部门收到协助执行通知书之日起计算。如果仍然需要对该专利权继续采取保全措施的,人民法院应当在保全期限届满前向国务院专利行政部门另行送达继续保全的协助执行通知书。保全期限届满前未送达的,视为自动解除对该专利权的财产保全。

人民法院对出质的专利权可以采取财产保全措施,质权人的优先受偿权不受保全措施的影响;专利权人与被许可人已经签订的独占实施许可合同,不影响人民法院对该专利权进行财产保全。

人民法院对已经进行保全的专利权,不得重复进行保全。

第十四条 2001年7月1日以前利用本单位的物质技术条件所完成的发明创造,单位与发明人或者设计人订有合同,对申请专利的权利和专利权的归属作出约定的,从其约定。

第十五条 人民法院受理的侵犯专利权纠纷案件,涉及权利冲突的,应当保护在先依法享有权利的当事人的合法权益。

第十六条 专利法第二十三条所称的在先取得的合法权利包括:商标权、著作权、企业名称权、肖像权、知名商品特有包装或者装潢使用权等。

第十七条 专利法第五十六条第一款所称的"发明或者实用新型专利权的保护范围以其权利要求的内容为准,说明书及附图可以用于解释权利要求",是指专利权的保护范围应当以权利要求书中明确记载的必要技术特征所确定的范围为准,也包括与该必要技术特征相等同的特征所确定的范围。

等同特征是指与所记载的技术特征以基本相同的手段，实现基本相同的功能，达到基本相同的效果，并且本领域的普通技术人员无需经过创造性劳动就能够联想到的特征。

第十八条 侵犯专利权行为发生在2001年7月1日以前的，适用修改前专利法的规定追究民事责任；发生在2001年7月1日以后的，适用修改后专利法的规定追究民事责任。

第十九条 假冒他人专利的，人民法院可以依照专利法第五十八条的规定追究其民事责任。管理专利工作的部门未给予行政处罚的，人民法院可以依照民法通则第一百三十四条第三款的规定给予民事制裁，适用民事罚款数额可以参照专利法第五十八条的规定确定。

第二十条 人民法院依照专利法第五十七条第一款的规定追究侵权人的赔偿责任时，可以根据权利人的请求，按照权利人因被侵权所受到的损失或者侵权人因侵权所获得的利益确定赔偿数额。

权利人因被侵权所受到的损失可以根据专利权人的专利产品因侵权所造成销售量减少的总数乘以每件专利产品的合理利润所得之积计算。权利人销售量减少的总数难以确定的，侵权产品在市场上销售的总数乘以每件专利产品的合理利润所得之积可以视为权利人因被侵权所受到的损失。

侵权人因侵权所获得的利益可以根据该侵权产品在市场上销售的总数乘以每件侵权产品的合理利润所得之积计算。侵权人因侵权所获得的利益一般按照侵权人的营业利润计算，对于完全以侵权为业的侵权人，可以按照销售利润计算。

第二十一条 被侵权人的损失或者侵权人获得的利益难以确定，有专利许可使用费可以参照的，人民法院可以根据专利权的类别、侵权人侵权的性质和情节、专利许可使用费的数额、该专利许可的性质、范围、时间等因素，参照该专利许可使用费的一至三倍合理确定赔偿数额；没有专利许可使用费可以参照或者专利许可使用费明显不合理的，人民法院可以根据专利权的类别、侵权人侵权的性质和情节等因素，一般在人民币五千元以上三十万元以下确定赔偿数额，最多不得超过人民币五十万元。

第二十二条 人民法院根据权利人的请求以及具体案情，可以将权利人因调查、制止侵权所支付的合理费用计算在赔偿数额范围之内。

第二十三条 侵犯专利权的诉讼时效为二年，自专利权人或者利害关系人知道或者应当知道侵权行为之日起计算。权利人超过二年起诉的，如果侵权行为在起诉时仍在继续，在该项专利权有效期内，人民法院应当判决被告停止侵权行为，侵权损害赔偿数额应当自权利人向人民法院起诉之日起向前推算二年计算。

第二十四条 专利法第十一条、第六十三条所称的许诺销售，是指以做广告、在商店橱窗中陈列或者在展销会上展出等方式作出销售商品的意思表示。

第二十五条 人民法院受理的侵犯专利权纠纷案件，已经过管理专利工作的部门作出侵权或者不侵权认定的，人民法院仍应当就当事人的诉讼请求进行全面审查。

第二十六条 以前的有关司法解释与本规定不一致的，以本规定为准。

最高人民法院关于修改《最高人民法院关于审理专利纠纷案件适用法律问题的若干规定》的决定

（2013年2月25日最高人民法院审判委员会第1570次会议通过 2013年4月1日最高人民法院公告公布 自2013年4月15日起施行 法释〔2013〕9号）

根据最高人民法院审判委员会第1570次会议决定，对《最高人民法院关于审理专利纠纷案件适用法律问题的若干规定》作如下修改：

第二条规定增加一款：“最高人民法院根据实际情况，可以指定基层人民法院管辖第一审专利纠纷案件。”

最高人民法院关于修改《最高人民法院关于审理专利纠纷案件适用法律问题的若干规定》的决定

(2015年1月19日最高人民法院审判委员会第1641次会议通过 2015年1月29日最高人民法院公告公布 自2015年2月1日起施行 法释〔2015〕4号)

根据最高人民法院审判委员会第1641次会议决定,对《最高人民法院关于审理专利纠纷案件适用法律问题的若干规定》作如下修改:

一、将第五条第二款修改为:“侵权行为地包括:被诉侵犯发明、实用新型专利权的产品的制造、使用、许诺销售、销售、进口等行为的实施地;专利方法使用行为的实施地,依照该专利方法直接获得的产品的使用、许诺销售、销售、进口等行为的实施地;外观设计专利产品的制造、许诺销售、销售、进口等行为的实施地;假冒他人专利的行为实施地。上述侵权行为的侵权结果发生地。”

二、将第八条第一款修改为:“对申请日在2009年10月1日前(不含该日)的实用新型专利提起侵犯专利权诉讼,原告可以出具由国务院专利行政部门作出的检索报告;对申请日在2009年10月1日以后的实用新型或者外观设计专利提起侵犯专利权诉讼,原告可以出具由国务院专利行政部门作出的专利权评价报告。根据案件审理需要,人民法院可以要求原告提交检索报告或者专利权评价报告。原告无正当理由不提交的,人民法院可以裁定中止诉讼或者判令原告承担可能的不利后果。”

三、将第九条第一项修改为:“(一)原告出具的检索报告或者专利权评价报告未发现导致实用新型或者外观设计专利权无效的事由的;”

四、将第十七条修改为:“专利法第五十九条第一款所称的‘发明或者实用新型专利权的保护范围以其权利要求的内容为准,说明书及附图可以用于解释权利要求的内容’,是指专利权的保护范围应当以权利要求记载的全部技术特征所确定的范围为准,也包括与该技术特征相等同的特征所确定的范围。

“等同特征,是指与所记载的技术特征以基本相同的手段,实现基本相同的功能,达到基本相同的效果,并且本领域普通技术人员在被诉侵权行为发生时无需经过创造性劳动就能够联想到的特征。”

五、将第十八条修改为:“侵犯专利权行为发生在2001年7月1日以前的,适用修改前专利法的规定确定民事责任;发生在2001年7月1日以后的,适用修改后专利法的规定确定民事责任。”

六、将第十九条修改为:“假冒他人专利的,人民法院可以依照专利法第六十三条的规定确定其民事责任。管理专利工作的部门未给予行政处罚的,人民法院可以依照民法通则第一百三十四条第三款的规定给予民事制裁,适用民事罚款数额可以参照专利法第六十三条的规定确定。”

七、删除第二十条第一款,第二款改为第一款并修改为:“专利法第六十五条规定的权利人因被侵权所受到的实际损失可以根据专利权人的专利产品因侵权所造成销售量减少的总数乘以每件专利产品的合理利润所得之积计算。权利人销售量减少的总数难以确定的,侵权产品在市场上销售的总数乘以每件专利产品的合理利润所得之积可以视为权利人因被侵权所受到的实际损失。”

第三款改为第二款,修改为:“专利法第六十五条规定的侵权人因侵权所获得的利益可以根据该侵权产品在市场上销售的总数乘以每件侵权产品的合理利润所得之积计算。侵权人因侵权所获得的利益一般按照侵权人的营业利润计算,对于完全以侵权为业的侵权人,可以按照销售利润计算。”

八、将第二十一条修改为:“权利人的损失或者侵权人获得的利益难以确定,有专利许可使用费可以参照的,人民法院可以根据专利权的类型、侵权行为的性质和情节、专利许可的性质、范围、时间等因素,参照该专利许可使用费的倍数合理确定赔偿数额;没有专利许可使用费可以参照或者专利许可使用费明显不合理的,人民法院可以根据专利权的类型、侵权行为的性质和情节等因素,依照专利法第六十五条第二款的规定确定赔偿数额。”

九、将第二十二条修改为："权利人主张其为制止侵权行为所支付合理开支的，人民法院可以在专利法第六十五条确定的赔偿数额之外另行计算。"

十、将第二十四条修改为："专利法第十一条、第六十九条所称的许诺销售，是指以做广告、在商店橱窗中陈列或者在展销会上展出等方式作出销售商品的意思表示。"

根据本决定，将《最高人民法院关于审理专利纠纷案件适用法律问题的若干规定》作相应修改，重新公布。

最高人民法院关于审理专利纠纷案件适用法律问题的若干规定

（2001年6月19日最高人民法院审判委员会第1180次会议通过　根据2013年2月25日最高人民法院审判委员会第1570次会议通过的《最高人民法院关于修改〈最高人民法院关于审理专利纠纷案件适用法律问题的若干规定〉的决定》第一次修正　根据2015年1月19日最高人民法院审判委员会第1641次会议通过的《最高人民法院关于修改〈最高人民法院关于审理专利纠纷案件适用法律问题的若干规定〉的决定》第二次修正　）

为了正确审理专利纠纷案件，根据《中华人民共和国民法通则》（以下简称民法通则）、《中华人民共和国专利法》（以下简称专利法）、《中华人民共和国民事诉讼法》和《中华人民共和国行政诉讼法》等法律的规定，作如下规定：

第一条　人民法院受理下列专利纠纷案件：

1. 专利申请权纠纷案件；
2. 专利权权属纠纷案件；
3. 专利权、专利申请权转让合同纠纷案件；
4. 侵犯专利权纠纷案件；
5. 假冒他人专利纠纷案件；
6. 发明专利申请公布后、专利权授予前使用费纠纷案件；
7. 职务发明创造发明人、设计人奖励、报酬纠纷案件；
8. 诉前申请停止侵权、财产保全案件；
9. 发明人、设计人资格纠纷案件；
10. 不服专利复审委员会维持驳回申请复审决定案件；
11. 不服专利复审委员会专利权无效宣告请求决定案件；
12. 不服国务院专利行政部门实施强制许可决定案件；
13. 不服国务院专利行政部门实施强制许可使用费裁决案件；
14. 不服国务院专利行政部门行政复议决定案件；
15. 不服管理专利工作的部门行政决定案件；
16. 其他专利纠纷案件。

第二条　专利纠纷第一审案件，由各省、自治区、直辖市人民政府所在地的中级人民法院和最高人民法院指定的中级人民法院管辖。

最高人民法院根据实际情况，可以指定基层人民法院管辖第一审专利纠纷案件。

第三条　当事人对专利复审委员会于2001年7月1日以后作出的关于实用新型、外观设计专利权撤销请求复审决定不服向人民法院起诉的，人民法院不予受理。

第四条　当事人对专利复审委员会于2001年7月1日以后作出的关于维持驳回实用新型、外观设计专利申请的复审决定，或者关于实用新型、外观设计专利权无效宣告请求的决定不服向人民法院起诉的，人民法院应当受理。

第五条　因侵犯专利权行为提起的诉讼，由侵权行为地或者被告住所地人民法院管辖。

侵权行为地包括：被诉侵犯发明、实用新型专利权的产品的制造、使用、许诺销售、销售、进口等行为的实施地；专利方法使用行为的实施地，依照该专利方法直接获得的产品的使用、许诺销售、销售、进口等行为的实施地；外观设计专利产品的制造、许诺销售、销售、进口等行为的实施地；假冒他人专利的行为实施地。上述侵权行为的侵权结果发生地。

第六条　原告仅对侵权产品制造者提起诉讼，未起诉销售者，侵权产品制造地与销售地不一致的，制造地人民法院有管辖权；以制造者与销售者为共同被告起诉的，销售地人民法院有管辖权。

销售者是制造者分支机构，原告在销售地起诉侵权产品制造者制造、销售行为的，销售地人民法院有管辖权。

第七条 原告根据1993年1月1日以前提出的专利申请和根据该申请授予的方法发明专利权提起的侵权诉讼，参照本规定第五条、第六条的规定确定管辖。

人民法院在上述案件实体审理中依法适用方法发明专利权不延及产品的规定。

第八条 对申请日在2009年10月1日前（不含该日）的实用新型专利提起侵犯专利权诉讼，原告可以出具由国务院专利行政部门作出的检索报告；对申请日在2009年10月1日以后的实用新型或者外观设计专利提起侵犯专利权诉讼，原告可以出具由国务院专利行政部门作出的专利权评价报告。根据案件审理需要，人民法院可以要求原告提交检索报告或者专利权评价报告。原告无正当理由不提交的，人民法院可以裁定中止诉讼或者判令原告承担可能的不利后果。

侵犯实用新型、外观设计专利权纠纷案件的被告请求中止诉讼的，应当在答辩期内对原告的专利权提出宣告无效的请求。

第九条 人民法院受理的侵犯实用新型、外观设计专利权纠纷案件，被告在答辩期间内请求宣告该项专利权无效的，人民法院应当中止诉讼，但具备下列情形之一的，可以不中止诉讼：

（一）原告出具的检索报告或者专利权评价报告未发现导致实用新型或者外观设计专利权无效的事由的；

（二）被告提供的证据足以证明其使用的技术已经公知的；

（三）被告请求宣告该项专利权无效所提供的证据或者依据的理由明显不充分的；

（四）人民法院认为不应当中止诉讼的其他情形。

第十条 人民法院受理的侵犯实用新型、外观设计专利权纠纷案件，被告在答辩期间届满后请求宣告该项专利权无效的，人民法院不应当中止诉讼，但经审查认为有必要中止诉讼的除外。

第十一条 人民法院受理的侵犯发明专利权纠纷案件或者经专利复审委员会审查维持专利权的侵犯实用新型、外观设计专利权纠纷案件，被告在答辩期间内请求宣告该项专利权无效的，人民法院可以不中止诉讼。

第十二条 人民法院决定中止诉讼，专利权人或者利害关系人请求责令被告停止有关行为或者采取其他制止侵权损害继续扩大的措施，并提供了担保，人民法院经审查符合有关法律规定的，可以在裁定中止诉讼的同时一并作出有关裁定。

第十三条 人民法院对专利权进行财产保全，应当向国务院专利行政部门发出协助执行通知书，载明要求协助执行的事项，以及对专利权保全的期限，并附人民法院作出的裁定书。

对专利权保全的期限一次不得超过六个月，自国务院专利行政部门收到协助执行通知书之日起计算。如果仍然需要对该专利权继续采取保全措施的，人民法院应当在保全期限届满前向国务院专利行政部门另行送达继续保全的协助执行通知书。保全期限届满前未送达的，视为自动解除对该专利权的财产保全。

人民法院对出质的专利权可以采取财产保全措施，质权人的优先受偿权不受保全措施的影响；专利权人与被许可人已经签订的独占实施许可合同，不影响人民法院对该专利权进行财产保全。

人民法院对已经进行保全的专利权，不得重复进行保全。

第十四条 2001年7月1日以前利用本单位的物质技术条件所完成的发明创造，单位与发明人或者设计人订有合同，对申请专利的权利和专利权的归属作出约定的，从其约定。

第十五条 人民法院受理的侵犯专利权纠纷案件，涉及权利冲突的，应当保护在先依法享有权利的当事人的合法权益。

第十六条 专利法第二十三条所称的在先取得的合法权利包括：商标权、著作权、企业名称权、肖像权、知名商品特有包装或者装潢使用权等。

第十七条 专利法第五十九条第一款所称的“发明或者实用新型专利权的保护范围以其权

利要求的内容为准，说明书及附图可以用于解释权利要求的内容”，是指专利权的保护范围应当以权利要求记载的全部技术特征所确定的范围为准，也包括与该技术特征相等同的特征所确定的范围。

等同特征，是指与所记载的技术特征以基本相同的手段，实现基本相同的功能，达到基本相同的效果，并且本领域普通技术人员在被诉侵权行为发生时无需经过创造性劳动就能够联想到的特征。

第十八条　侵犯专利权行为发生在2001年7月1日以前的，适用修改前专利法的规定确定民事责任；发生在2001年7月1日以后的，适用修改后专利法的规定确定民事责任。

第十九条　假冒他人专利的，人民法院可以依照专利法第六十三条的规定确定其民事责任。管理专利工作的部门未给予行政处罚的，人民法院可以依照民法通则第一百三十四条第三款的规定给予民事制裁，适用民事罚款数额可以参照专利法第六十三条的规定确定。

第二十条　专利法第六十五条规定的权利人因被侵权所受到的实际损失可以根据专利权人的专利产品因侵权所造成销售量减少的总数乘以每件专利产品的合理利润所得之积计算。权利人销售量减少的总数难以确定的，侵权产品在市场上销售的总数乘以每件专利产品的合理利润所得之积可以视为权利人因被侵权所受到的实际损失。

专利法第六十五条规定的侵权人因侵权所获得的利益可以根据该侵权产品在市场上销售的总数乘以每件侵权产品的合理利润所得之积计算。侵权人因侵权所获得的利益一般按照侵权人的营业利润计算，对于完全以侵权为业的侵权人，可以按照销售利润计算。

第二十一条　权利人的损失或者侵权人获得的利益难以确定，有专利许可使用费可以参照的，人民法院可以根据专利权的类型、侵权行为的性质和情节、专利许可的性质、范围、时间等因素，参照该专利许可使用费的倍数合理确定赔偿数额；没有专利许可使用费可以参照或者专利许可使用费明显不合理的，人民法院可以根据专利权的类型、侵权行为的性质和情节等因素，依照专利法第六十五条第二款的规定确定赔偿数额。

第二十二条　权利人主张其为制止侵权行为所支付合理开支的，人民法院可以在专利法第六十五条确定的赔偿数额之外另行计算。

第二十三条　侵犯专利权的诉讼时效为二年，自专利权人或者利害关系人知道或者应当知道侵权行为之日起计算。权利人超过二年起诉的，如果侵权行为在起诉时仍在继续，在该项专利权有效期内，人民法院应当判决被告停止侵权行为，侵权损害赔偿数额应当自权利人向人民法院起诉之日起向前推算二年计算。

第二十四条　专利法第十一条、第六十九条所称的许诺销售，是指以做广告、在商店橱窗中陈列或者在展销会上展出等方式作出销售商品的意思表示。

第二十五条　人民法院受理的侵犯专利权纠纷案件，已经过管理专利工作的部门作出侵权或者不侵权认定的，人民法院仍应当就当事人的诉讼请求进行全面审查。

第二十六条　以前的有关司法解释与本规定不一致的，以本规定为准。

最高人民法院关于审理侵犯专利权纠纷案件应用法律若干问题的解释

（2009年12月21日最高人民法院审判委员会第1480次会议通过　2009年12月28日最高人民法院公告公布　自2010年1月1日起施行　法释〔2009〕21号）

为正确审理侵犯专利权纠纷案件，根据《中华人民共和国专利法》、《中华人民共和国民事诉讼法》等有关法律规定，结合审判实际，制定本解释。

第一条　人民法院应当根据权利人主张的权利要求，依据专利法第五十九条第一款的规定确定专利权的保护范围。权利人在一审法庭辩论终结前变更其主张的权利要求的，人民法院应当准许。

权利人主张以从属权利要求确定专利权保护范围的，人民法院应当以该从属权利要求记载的附加技术特征及其引用的权利要求记载的技术特征,确定专利权的保护范围。

第二条 人民法院应当根据权利要求的记载,结合本领域普通技术人员阅读说明书及附图后对权利要求的理解,确定专利法第五十九条第一款规定的权利要求的内容。

第三条 人民法院对于权利要求,可以运用说明书及附图、权利要求书中的相关权利要求、专利审查档案进行解释。说明书对权利要求用语有特别界定的,从其特别界定。

以上述方法仍不能明确权利要求含义的,可以结合工具书、教科书等公知文献以及本领域普通技术人员的通常理解进行解释。

第四条 对于权利要求中以功能或者效果表述的技术特征,人民法院应当结合说明书和附图描述的该功能或者效果的具体实施方式及其等同的实施方式,确定该技术特征的内容。

第五条 对于仅在说明书或者附图中描述而在权利要求中未记载的技术方案,权利人在侵犯专利权纠纷案件中将其纳入专利权保护范围的,人民法院不予支持。

第六条 专利申请人、专利权人在专利授权或者无效宣告程序中,通过对权利要求、说明书的修改或者意见陈述而放弃的技术方案,权利人在侵犯专利权纠纷案件中又将其纳入专利权保护范围的,人民法院不予支持。

第七条 人民法院判定被诉侵权技术方案是否落入专利权的保护范围,应当审查权利人主张的权利要求所记载的全部技术特征。

被诉侵权技术方案包含与权利要求记载的全部技术特征相同或者等同的技术特征的,人民法院应当认定其落入专利权的保护范围;被诉侵权技术方案的技术特征与权利要求记载的全部技术特征相比,缺少权利要求记载的一个以上的技术特征,或者有一个以上技术特征不相同也不等同的,人民法院应当认定其没有落入专利权的保护范围。

第八条 在与外观设计专利产品相同或者相近种类产品上,采用与授权外观设计相同或者近似的外观设计的,人民法院应当认定被诉侵权设计落入专利法第五十九条第二款规定的外观设计专利权的保护范围。

第九条 人民法院应当根据外观设计产品的用途,认定产品种类是否相同或者相近。确定产品的用途,可以参考外观设计的简要说明、国际外观设计分类表、产品的功能以及产品销售、实际使用的情况等因素。

第十条 人民法院应当以外观设计专利产品的一般消费者的知识水平和认知能力,判断外观设计是否相同或者近似。

第十一条 人民法院认定外观设计是否相同或者近似时,应当根据授权外观设计、被诉侵权设计的设计特征,以外观设计的整体视觉效果进行综合判断;对于主要由技术功能决定的设计特征以及对整体视觉效果不产生影响的产品的材料、内部结构等特征,应当不予考虑。

下列情形,通常对外观设计的整体视觉效果更具有影响:

(一)产品正常使用时容易被直接观察到的部位相对于其他部位;

(二)授权外观设计区别于现有设计的设计特征相对于授权外观设计的其他设计特征。

被诉侵权设计与授权外观设计在整体视觉效果上无差异的,人民法院应当认定两者相同;在整体视觉效果上无实质性差异的,应当认定两者近似。

第十二条 将侵犯发明或者实用新型专利权的产品作为零部件,制造另一产品的,人民法院应当认定属于专利法第十一条规定的使用行为;销售该另一产品的,人民法院应当认定属于专利法第十一条规定的销售行为。

将侵犯外观设计专利权的产品作为零部件,制造另一产品并销售的,人民法院应当认定属于专利法第十一条规定的销售行为,但侵犯外观设计专利权的产品在该另一产品中仅具有技术功能的除外。

对于前两款规定的情形,被诉侵权人之间存在分工合作的,人民法院应当认定为共同侵权。

第十三条 对于使用专利方法获得的原始产品,人民法院应当认定为专利法第十一条规定的依照专利方法直接获得的产品。

对于将上述原始产品进一步加工、处理而获得后续产品的行为,人民法院应当认定属于专利法第十一条规定的使用依照该专利方法直接获得的产品。

第十四条 被诉落入专利权保护范围的全部技术特征，与一项现有技术方案中的相应技术特征相同或者无实质性差异的，人民法院应当认定被诉侵权人实施的技术属于专利法第六十二条规定的现有技术。

被诉侵权设计与一个现有设计相同或者无实质性差异的，人民法院应当认定被诉侵权人实施的设计属于专利法第六十二条规定的现有设计。

第十五条 被诉侵权人以非法获得的技术或者设计主张先用权抗辩的，人民法院不予支持。

有下列情形之一的，人民法院应当认定属于专利法第六十九条第(二)项规定的已经作好制造、使用的必要准备：

(一)已经完成实施发明创造所必需的主要技术图纸或者工艺文件；

(二)已经制造或者购买实施发明创造所必需的主要设备或者原材料。

专利法第六十九条第(二)项规定的原有范围，包括专利申请日前已有的生产规模以及利用已有的生产设备或者根据已有的生产准备可以达到的生产规模。

先用权人在专利申请日后将其已经实施或作好实施必要准备的技术或设计转让或者许可他人实施，被诉侵权人主张该实施行为属于在原有范围内继续实施的，人民法院不予支持，但该技术或设计与原有企业一并转让或者承继的除外。

第十六条 人民法院依据专利法第六十五条第一款的规定确定侵权人因侵权所获得的利益，应当限于侵权人因侵犯专利权行为所获得的利益；因其他权利所产生的利益，应当合理扣除。

侵犯发明、实用新型专利权的产品系另一产品的零部件的，人民法院应当根据该零部件本身的价值及其在实现成品利润中的作用等因素合理确定赔偿数额。

侵犯外观设计专利权的产品为包装物的，人民法院应当按照包装物本身的价值及其在实现被包装产品利润中的作用等因素合理确定赔偿数额。

第十七条 产品或者制造产品的技术方案在专利申请日以前为国内外公众所知的，人民法院应当认定该产品不属于专利法第六十一条第一款规定的新产品。

第十八条 权利人向他人发出侵犯专利权的警告，被警告人或者利害关系人经书面催告权利人行使诉权，自权利人收到该书面催告之日起一个月内或者自书面催告发出之日起二个月内，权利人不撤回警告也不提起诉讼，被警告人或者利害关系人向人民法院提起请求确认其行为不侵犯专利权的诉讼的，人民法院应当受理。

第十九条 被诉侵犯专利权行为发生在2009年10月1日以前的，人民法院适用修改前的专利法；发生在2009年10月1日以后的，人民法院适用修改后的专利法。

被诉侵犯专利权行为发生在2009年10月1日以前且持续到2009年10月1日以后，依据修改前和修改后的专利法的规定侵权人均应承担赔偿责任的，人民法院适用修改后的专利法确定赔偿数额。

第二十条 本院以前发布的有关司法解释与本解释不一致的，以本解释为准。

最高人民法院关于审理侵犯专利权纠纷案件应用法律若干问题的解释(二)

(2016年1月25日最高人民法院审判委员会第1676次会议通过 2016年3月21日最高人民法院公告公布 自2016年4月1日起施行 法释〔2016〕1号)

为正确审理侵犯专利权纠纷案件，根据《中华人民共和国专利法》《中华人民共和国侵权责任法》《中华人民共和国民事诉讼法》等有关法律规定，结合审判实践，制定本解释。

第一条 权利要求书有两项以上权利要求的，权利人应当在起诉状中载明据以起诉被诉侵权人侵犯其专利权的权利要求。起诉状对此未记载或者记载不明的，人民法院应当要求权利人明确。经释明，权利人仍不予明确的，人民法院可以裁定驳回起诉。

第二条 权利人在专利侵权诉讼中主张的权利要求被专利复审委员会宣告无效的，审理侵犯专利权纠纷案件的人民法院可以裁定驳回权利人基于该无效权利要求的起诉。

有证据证明宣告上述权利要求无效的决定被生效的行政判决撤销的，权利人可以另行起诉。

专利权人另行起诉的，诉讼时效期间从本条第二款所称行政判决书送达之日起计算。

第三条 因明显违反专利法第二十六条第三款、第四款导致说明书无法用于解释权利要求，且不属于本解释第四条规定的情形，专利权因此被请求宣告无效的，审理侵犯专利权纠纷案件的人民法院一般应当裁定中止诉讼；在合理期限内专利权未被请求宣告无效的，人民法院可以根据权利要求的记载确定专利权的保护范围。

第四条 权利要求书、说明书及附图中的语法、文字、标点、图形、符号等存有歧义，但本领域普通技术人员通过阅读权利要求书、说明书及附图可以得出唯一理解的，人民法院应当根据该唯一理解予以认定。

第五条 在人民法院确定专利权的保护范围时，独立权利要求的前序部分、特征部分以及从属权利要求的引用部分、限定部分记载的技术特征均有限定作用。

第六条 人民法院可以运用与涉案专利存在分案申请关系的其他专利及其专利审查档案、生效的专利授权确权裁判文书解释涉案专利的权利要求。

专利审查档案，包括专利审查、复审、无效程序中专利申请人或者专利权人提交的书面材料，国务院专利行政部门及其专利复审委员会制作的审查意见通知书、会晤记录、口头审理记录、生效的专利复审请求审查决定书和专利权无效宣告请求审查决定书等。

第七条 被诉侵权技术方案在包含封闭式组合物权利要求全部技术特征的基础上增加其他技术特征的，人民法院应当认定被诉侵权技术方案未落入专利权的保护范围，但该增加的技术特征属于不可避免的常规数量杂质的除外。

前款所称封闭式组合物权利要求，一般不包括中药组合物权利要求。

第八条 功能性特征，是指对于结构、组分、步骤、条件或其之间的关系等，通过其在发明创造中所起的功能或者效果进行限定的技术特征，但本领域普通技术人员仅通过阅读权利要求即可直接、明确地确定实现上述功能或者效果的具体实施方式的除外。

与说明书及附图记载的实现前款所称功能或者效果不可缺少的技术特征相比，被诉侵权技术方案的相应技术特征是以基本相同的手段，实现相同的功能，达到相同的效果，且本领域普通技术人员在被诉侵权行为发生时无需经过创造性劳动就能够联想到的，人民法院应当认定该相应技术特征与功能性特征相同或者等同。

第九条 被诉侵权技术方案不能适用于权利要求中使用环境特征所限定的使用环境的，人民法院应当认定被诉侵权技术方案未落入专利权的保护范围。

第十条 对于权利要求中以制备方法界定产品的技术特征，被诉侵权产品的制备方法与其不相同也不等同的，人民法院应当认定被诉侵权技术方案未落入专利权的保护范围。

第十一条 方法权利要求未明确记载技术步骤的先后顺序，但本领域普通技术人员阅读权利要求书、说明书及附图后直接、明确地认为该技术步骤应当按照特定顺序实施的，人民法院应当认定该步骤顺序对于专利权的保护范围具有限定作用。

第十二条 权利要求采用“至少”“不超过”等用语对数值特征进行界定，且本领域普通技术人员阅读权利要求书、说明书及附图后认为专利技术方案特别强调该用语对技术特征的限定作用，权利人主张与其不相同的数值特征属于等同特征的，人民法院不予支持。

第十三条 权利人证明专利申请人、专利权人在专利授权确权程序中对权利要求书、说明书及附图的限缩性修改或者陈述被明确否定的，人民法院应当认定该修改或者陈述未导致技术方案的放弃。

第十四条 人民法院在认定一般消费者对于外观设计所具有的知识水平和认知能力时，一般应当考虑被诉侵权行为发生时授权外观设计所属相同或者相近种类产品的设计空间。设计空间较大的，人民法院可以认定一般消费者通常不容易注意到不同设计之间的较小区别；设计空间较小的，人民法院可以认定一般消费者通常更容易注意到不同设计之间的较小区别。

第十五条 对于成套产品的外观设计专利，被诉侵权设计与其一项外观设计相同或者近似的，人民法院应当认定被诉侵权设计落入专利权的保护范围。

第十六条 对于组装关系唯一的组件产品的外观设计专利，被诉侵权设计与其组合状态下的外观设计相同或者近似的，人民法院应当认定被诉侵权设计落入专利权的保护范围。

对于各构件之间无组装关系或者组装关系不唯一的组件产品的外观设计专利，被诉侵权设计与其全部单个构件的外观设计均相同或者近似的，人民法院应当认定被诉侵权设计落入专利权的保护范围；被诉侵权设计缺少其单个构件的外观设计或者与之不相同也不近似的，人民法院应当认定被诉侵权设计未落入专利权的保护范围。

第十七条 对于变化状态产品的外观设计专利，被诉侵权设计与变化状态图所示各种使用状态下的外观设计均相同或者近似的，人民法院应当认定被诉侵权设计落入专利权的保护范围；被诉侵权设计缺少其一种使用状态下的外观设计或者与之不相同也不近似的，人民法院应当认定被诉侵权设计未落入专利权的保护范围。

第十八条 权利人依据专利法第十三条诉请在发明专利申请公布日至授权公告日期间实施该发明的单位或者个人支付适当费用的，人民法院可以参照有关专利许可使用费合理确定。

发明专利申请公布时申请人请求保护的范围与发明专利公告授权时的专利权保护范围不一致，被诉技术方案均落入上述两种范围的，人民法院应当认定被告在前款所称期间内实施了该发明；被诉技术方案仅落入其中一种范围的，人民法院应当认定被告在前款所称期间内未实施该发明。

发明专利公告授权后，未经专利权人许可，为生产经营目的使用、许诺销售、销售在本条第一款所称期间内已由他人制造、销售、进口的产品，且该他人已支付或者书面承诺支付专利法第十三条规定的适当费用的，对于权利人关于上述使用、许诺销售、销售行为侵犯专利权的主张，人民法院不予支持。

第十九条 产品买卖合同依法成立的，人民法院应当认定属于专利法第十一条规定的销售。

第二十条 对于将依照专利方法直接获得的产品进一步加工、处理而获得的后续产品，进行再加工、处理的，人民法院应当认定不属于专利法第十一条规定的“使用依照该专利方法直接获得的产品”。

第二十一条 明知有关产品系专门用于实施专利的材料、设备、零部件、中间物等，未经专利权人许可，为生产经营目的将该产品提供给他人实施了侵犯专利权的行为，权利人主张该提供者的行为属于侵权责任法第九条规定的帮助他人实施侵权行为的，人民法院应予支持。

明知有关产品、方法被授予专利权，未经专利权人许可，为生产经营目的积极诱导他人实施了侵犯专利权的行为，权利人主张该诱导者的行为属于侵权责任法第九条规定的教唆他人实施侵权行为的，人民法院应予支持。

第二十二条 对于被诉侵权人主张的现有技术抗辩或者现有设计抗辩，人民法院应当依照专利申请日时施行的专利法界定现有技术或者现有设计。

第二十三条 被诉侵权技术方案或者外观设计落入在先的涉案专利权的保护范围，被诉侵权人以其技术方案或者外观设计被授予专利权为由抗辩不侵犯涉案专利权的，人民法院不予支持。

第二十四条 推荐性国家、行业或者地方标准明示所涉必要专利的信息，被诉侵权人以实施该标准无需专利权人许可为由抗辩不侵犯该专利权的，人民法院一般不予支持。

推荐性国家、行业或者地方标准明示所涉必要专利的信息，专利权人、被诉侵权人协商该专利的实施许可条件时，专利权人故意违反其在标准制定中承诺的公平、合理、无歧视的许可义务，导致无法达成专利实施许可合同，且被诉侵权人在协商中无明显过错的，对于权利人请求停止标准实施行为的主张，人民法院一般不予支持。

本条第二款所称实施许可条件，应当由专利权人、被诉侵权人协商确定。经充分协商，仍无法达成一致的,可以请求人民法院确定。人民法院在确定上述实施许可条件时,应当根据公平、合理、无歧视的原则,综合考虑专利的创新程度及其在标准中的作用、标准所属的技术领域、标准的性质、标准实施的范围和相关的许可条件等因素。

法律、行政法规对实施标准中的专利另有规定的,从其规定。

第二十五条 为生产经营目的使用、许诺销售或者销售不知道是未经专利权人许可而制造并售出的专利侵权产品,且举证证明该产品合法来源的,对于权利人请求停止上述使用、许诺销售、销售行为的主张,人民法院应予支持,但被诉侵权产品的使用者举证证明其已支付该产品的合理对价的除外。

本条第一款所称不知道,是指实际不知道且不应当知道。

本条第一款所称合法来源,是指通过合法的销售渠道、通常的买卖合同等正常商业方式取得产品。对于合法来源,使用者、许诺销售者或者销售者应当提供符合交易习惯的相关证据。

第二十六条 被告构成对专利权的侵犯,权利人请求判令其停止侵权行为的,人民法院应予支持,但基于国家利益、公共利益的考量,人民法院可以不判令被告停止被诉行为,而判令其支付相应的合理费用。

第二十七条 权利人因被侵权所受到的实际损失难以确定的,人民法院应当依照专利法第六十五条第一款的规定,要求权利人对侵权人因侵权所获得的利益进行举证;在权利人已经提供侵权人所获利益的初步证据,而与专利侵权行为相关的账簿、资料主要由侵权人掌握的情况下,人民法院可以责令侵权人提供该账簿、资料;侵权人无正当理由拒不提供或者提供虚假的账簿、资料的,人民法院可以根据权利人的主张和提供的证据认定侵权人因侵权所获得的利益。

第二十八条 权利人、侵权人依法约定专利侵权的赔偿数额或者赔偿计算方法,并在专利侵权诉讼中主张依据该约定确定赔偿数额的,人民法院应予支持。

第二十九条 宣告专利权无效的决定作出后,当事人根据该决定依法申请再审,请求撤销专利权无效宣告前人民法院作出但未执行的专利侵权的判决、调解书的,人民法院可以裁定中止再审审查,并中止原判决、调解书的执行。

专利权人向人民法院提供充分、有效的担保,请求继续执行前款所称判决、调解书的,人民法院应当继续执行;侵权人向人民法院提供充分、有效的反担保,请求中止执行的,人民法院应当准许。人民法院生效裁判未撤销宣告专利权无效的决定的,专利权人应当赔偿因继续执行给对方造成的损失;宣告专利权无效的决定被人民法院生效裁判撤销,专利权仍有效的,人民法院可以依据前款所称判决、调解书直接执行上述反担保财产。

第三十条 在法定期限内对宣告专利权无效的决定不向人民法院起诉或者起诉后生效裁判未撤销该决定,当事人根据该决定依法申请再审,请求撤销宣告专利权无效前人民法院作出但未执行的专利侵权的判决、调解书的,人民法院应当再审。当事人根据该决定,依法申请终结执行宣告专利权无效前人民法院作出但未执行的专利侵权的判决、调解书的,人民法院应当裁定终结执行。

第三十一条 本解释自2016年4月1日起施行。最高人民法院以前发布的相关司法解释与本解释不一致的,以本解释为准。

(三)商标权

中华人民共和国商标法①

(1982年8月23日第五届全国人民代表大会常务委员会第二十四次会议通过 1982年8月23日中华人民共和国第五届全国人民代表大会常务委员会令第10号公布 自1983年3月1日起施行)

目 录

① 编者注:已被修改。

第一章　总　　则

第一条　为了加强商标管理，保护商标专用权，促使生产者保证商品质量和维护商标信誉，以保障消费者的利益，促进社会主义商品经济的发展，特制定本法。

第二条　国务院工商行政管理部门商标局主管全国商标注册和管理的工作。

第三条　经商标局核准注册的商标为注册商标，商标注册人享有商标专用权，受法律保护。

第四条　企业、事业单位和个体工商业者，对其生产、制造、加工、拣选或者经销的商品，需要取得商标专用权的，应当向商标局申请注册。

第五条　国家规定必须使用注册商标的商品，必须申请商标注册，未经核准注册的，不得在市场销售。

第六条　商标使用人应当对其使用商标的商品质量负责。各级工商行政管理部门应当通过商标管理，监督商品质量，制止欺骗消费者的行为。

第七条　商标使用的文字、图形或者其组合，应当有显著特征，便于识别。使用注册商标的，并应当标明"注册商标"或者注册标记。

第八条　商标不得使用下列文字、图形：

（一）同中华人民共和国的国家名称、国旗、国徽、军旗、勋章相同或者近似的；

（二）同外国的国家名称、国旗、国徽、军旗相同或者近似的；

（三）同政府间国际组织的旗帜、徽记、名称相同或者近似的；

（四）同"红十字"、"红新月"的标志、名称相同或者近似的；

（五）本商品的通用名称和图形；

（六）直接表示商品的质量、主要原料、功能、用途、重量、数量及其他特点的；

（七）带有民族歧视性的；

（八）夸大宣传并带有欺骗性的；

（九）有害于社会主义道德风尚或者有其他不良影响的。

第九条　外国人或者外国企业在中国申请商标注册的，应当按其所属国和中华人民共和国签订的协议或者共同参加的国际条约办理，或者按对等原则办理。

第十条　外国人或者外国企业在中国申请商标注册和办理其他商标事宜的，应当委托国家指定的组织代理。

第二章　商标注册的申请

第十一条　申请商标注册的，应当按规定的商品分类表填报使用商标的商品类别和商品名称。

第十二条　同一申请人在不同类别的商品上使用同一商标的，应当按商品分类表分别提出注册申请。

第十三条　注册商标需要在同一类的其他商品上使用的，应当另行提出注册申请。

第十四条　注册商标需要改变文字、图形的，应当重新提出注册申请。

第十五条　注册商标需要变更注册人的名义、地址或者其他注册事项的，应当提出变更申请。

第三章　商标注册的审查和核准

第十六条　申请注册的商标，凡符合本法有关规定的，由商标局初步审定，予以公告。

第十七条　申请注册的商标，凡不符合本法有关规定或者同他人在同一种商品或者类似商品上已经注册的或者初步审定的商标相同或者近似的，由商标局驳回申请，不予公告。

第十八条　两个或者两个以上的申请人，在同一种商品或者类似商品上，以相同或者近似的商标申请注册的，初步审定并公告申请在先的商标；同一天申请的，初步审定并公告使用在先的商标，驳回其他人的申请，不予公告。

第十九条　对初步审定的商标，自公告之日起三个月内，任何人均可以提出异议。无异议或者经裁定异议不能成立的，始予核准注册，发给商标注册证,并予公告;经裁定异议成立的,不予核准注册。

第二十条 国务院工商行政管理部门设立商标评审委员会,负责处理商标争议事宜。

第二十一条 对驳回申请、不予公告的商标,商标局应当书面通知申请人。申请人不服的,可以在收到通知十五天内申请复审,由商标评审委员会做出终局决定,并书面通知申请人。

第二十二条 对初步审定、予以公告的商标提出异议的,商标局应当听取异议人和申请人陈述事实和理由,经调查核实后,做出裁定。当事人不服的,可以在收到通知十五天内申请复审,由商标评审委员会做出终局裁定,并书面通知异议人和申请人。

第四章 注册商标的续展、转让和使用许可

第二十三条 注册商标的有效期为十年,自核准注册之日起计算。

第二十四条 注册商标有效期满,需要继续使用的,应当在期满前六个月内申请续展注册;在此期间未能提出申请的,可以给予六个月的宽展期。宽展期满仍未提出申请的,注销其注册商标。

每次续展注册的有效期为十年。

续展注册经核准后,予以公告。

第二十五条 转让注册商标的,转让人和受让人应当共同向商标局提出申请。受让人应当保证使用该注册商标的商品质量。

转让注册商标经核准后,予以公告。

第二十六条 商标注册人可以通过签订商标使用许可合同,许可他人使用其注册商标。许可人应当监督被许可人使用其注册商标的商品质量。被许可人应当保证使用该注册商标的商品质量。

商标使用许可合同应当报商标局备案。

第五章 注册商标争议的裁定

第二十七条 对已经注册的商标有争议的,可以自该商标经核准注册之日起一年内,向商标评审委员会申请裁定。

商标评审委员会收到裁定申请后,应当通知有关当事人,并限期提出答辩。

第二十八条 对核准注册前已经提出异议并经裁定的商标,不得再以相同的事实和理由申请裁定。

第二十九条 商标评审委员会做出维持或者撤销有争议的注册商标的终局裁定后,应当书面通知有关当事人。

第六章 商标使用的管理

第三十条 使用注册商标,有下列行为之一的,由商标局责令限期改正或者撤销其注册商标:

(一)自行改变注册商标的文字、图形或者其组合的;

(二)自行改变注册商标的注册人名义、地址或者其他注册事项的;

(三)自行转让注册商标的;

(四)连续三年停止使用的。

第三十一条 使用注册商标,其商品粗制滥造,以次充好,欺骗消费者的,由各级工商行政管理部门分别不同情况,责令限期改正,并可以予以通报或者处以罚款,或者由商标局撤销其注册商标。

第三十二条 注册商标被撤销的或者期满不再续展的,自撤销或者注销之日起一年内,商标局对与该商标相同或者近似的商标注册申请,不予核准。

第三十三条 违反本法第五条规定的,由地方工商行政管理部门责令限期申请注册,可以并处罚款。

第三十四条 使用未注册商标,有下列行为之一的,由地方工商行政管理部门予以制止,限期改正,并可以予以通报或者处以罚款:

(一)冒充注册商标的;

(二)违反本法第八条规定的;

(三)粗制滥造,以次充好,欺骗消费者的。

第三十五条 对商标局撤销注册商标的决定,当事人不服的,可以在收到通知十五天内申请复审,由商标评审委员会做出终局决定,并书面通知申请人。

第三十六条 对工商行政管理部门根据本法第三十一条、第三十三条、第三十四条的规定做出的罚款决定,当事人不服的,可以在收到通

知十五天内，向人民法院起诉；期满不起诉又不履行的，由有关工商行政管理部门申请人民法院强制执行。

第七章　注册商标专用权的保护

第三十七条　注册商标的专用权，以核准注册的商标和核定使用的商品为限。

第三十八条　有下列行为之一的，均属侵犯注册商标专用权：

（一）未经注册商标所有人的许可，在同一种商品或者类似商品上使用与其注册商标相同或者近似的商标的；

（二）擅自制造或者销售他人注册商标标识的；

（三）给他人的注册商标专用权造成其他损害的。

第三十九条　有本法第三十八条所列侵犯注册商标专用权行为之一的，被侵权人可以向侵权人所在地的县级以上工商行政管理部门要求处理。有关工商行政管理部门有权责令侵权人立即停止侵权行为，赔偿被侵权人的损失，赔偿额为侵权人在侵权期间因侵权所获得的利润或者被侵权人在被侵权期间因被侵权所受到的损失；对情节严重的，可以并处罚款。当事人不服的，可以在收到通知十五天内，向人民法院起诉；期满不起诉又不履行的，由有关工商行政管理部门申请人民法院强制执行。

对侵犯注册商标专用权的，被侵权人也可以直接向人民法院起诉。

第四十条　假冒他人注册商标，包括擅自制造或者销售他人注册商标标识的，除赔偿被侵权人的损失，可以并处罚款外，对直接责任人员由司法机关依法追究刑事责任。

第八章　附　　则

第四十一条　申请商标注册和办理其他商标事宜的，应当缴纳费用，具体收费标准另定。

第四十二条　本法的实施细则，由国务院工商行政管理部门制定，报国务院批准施行。

第四十三条　本法自1983年3月1日起施行。1963年4月10日国务院公布的《商标管理条例》同时废止；其他有关商标管理的规定，凡与本法抵触的，同时失效。

本法施行以前已经注册的商标继续有效。

全国人民代表大会常务委员会关于修改《中华人民共和国商标法》的决定

（1993年2月22日第七届全国人民代表大会常务委员会第三十次会议通过　1993年2月22日中华人民共和国主席令第69号公布　自1993年7月1日起施行）

第七届全国人民代表大会常务委员会第三十次会议审议了国务院关于《中华人民共和国商标法修正案（草案）》的议案，决定对《中华人民共和国商标法》作如下修改：

一、第四条修改为三款：

“企业、事业单位和个体工商业者，对其生产、制造、加工、拣选或者经销的商品，需要取得商标专用权的，应当向商标局申请商品商标注册。

“企业、事业单位和个体工商业者，对其提供的服务项目，需要取得商标专用权的，应当向商标局申请服务商标注册。

“本法有关商品商标的规定，适用于服务商标。”

二、第八条增加一款，作为第二款：“县级以上行政区划的地名或者公众知晓的外国地名，不得作为商标，但是，地名具有其他含义的除外；已经注册的使用地名的商标继续有效。”

三、第十二条修改为：“同一申请人在不同类别的商品上使用同一商标的，应当按商品分类表提出注册申请。”

四、第二十六条增加一款，作为第二款：“经许可使用他人注册商标的，必须在使用该注册商标的商品上标明被许可人的名称和商品产地。”

五、第二十七条第一款修改为两款：“已经注册的商标，违反本法第八条规定的，或者是以欺骗手段或者其他不正当手段取得注册的，由商标局撤销该注册商标；其他单位或者个人可以请求商标评审委员会裁定撤销该注册商标。

"除前款规定的情形外,对已经注册的商标有争议的,可以自该商标经核准注册之日起一年内,向商标评审委员会申请裁定。"

六、第二十九条修改为:"商标评审委员会做出维持或者撤销注册商标的终局裁定后,应当书面通知有关当事人。"

七、第三十八条增加一项作为第(2)项:"销售明知是假冒注册商标的商品的"。

第三十八条第(2)项修改为第(3)项:"伪造、擅自制造他人注册商标标识或者销售伪造、擅自制造的注册商标标识的"。

第三十八条第(3)项相应的作为第(4)项。

八、第三十九条第一款修改为:"有本法第三十八条所列侵犯注册商标专用权行为之一的,被侵权人可以向县级以上工商行政管理部门要求处理,有关工商行政管理部门有权责令侵权人立即停止侵权行为,赔偿被侵权人的损失,赔偿额为侵权人在侵权期间因侵权所获得的利润或者被侵权人在被侵权期间因被侵权所受到的损失。侵犯注册商标专用权,未构成犯罪的,工商行政管理部门可以处以罚款。当事人对工商行政管理部门责令停止侵权行为、罚款的处理决定不服的,可以在收到通知十五天内,向人民法院起诉;期满不起诉又不履行的,由有关工商行政管理部门申请人民法院强制执行。"

九、第四十条修改为三款:

"假冒他人注册商标,构成犯罪的,除赔偿被侵权人的损失外,依法追究刑事责任。

"伪造、擅自制造他人注册商标标识或者销售伪造、擅自制造的注册商标标识,构成犯罪的,除赔偿被侵权人的损失外,依法追究刑事责任。

"销售明知是假冒注册商标的商品,构成犯罪的,除赔偿被侵权人的损失外,依法追究刑事责任。"

本决定自1993年7月1日起施行。

《中华人民共和国商标法》根据本决定作相应的修正,重新公布。

全国人民代表大会常务委员会关于修改《中华人民共和国商标法》的决定

(2001年10月27日第九届全国人民代表大会常务委员会第二十四次会议通过 2001年10月27日中华人民共和国主席令第59号公布 自2001年12月1日起施行)

第九届全国人民代表大会常务委员会第二十四次会议决定对《中华人民共和国商标法》作如下修改:

一、第一条修改为:"为了加强商标管理,保护商标专用权,促使生产、经营者保证商品和服务质量,维护商标信誉,以保障消费者和生产、经营者的利益,促进社会主义市场经济的发展,特制定本法。"

二、第二十条改为第二条第二款:"国务院工商行政管理部门设立商标评审委员会,负责处理商标争议事宜。"

三、第三条修改为:"经商标局核准注册的商标为注册商标,包括商品商标、服务商标和集体商标、证明商标;商标注册人享有商标专用权,受法律保护。

"本法所称集体商标,是指以团体、协会或者其他组织名义注册,供该组织成员在商事活动中使用,以表明使用者在该组织中的成员资格的标志。

"本法所称证明商标,是指由对某种商品或者服务具有监督能力的组织所控制,而由该组织以外的单位或者个人使用于其商品或者服务,用以证明该商品或者服务的原产地、原料、制造方法、质量或者其他特定品质的标志。

"集体商标、证明商标注册和管理的特殊事项,由国务院工商行政管理部门规定。"

四、第四条第一款、第二款修改为:"自然人、法人或者其他组织对其生产、制造、加工、拣选或者经销的商品,需要取得商标专用权的,应当向商标局申请商品商标注册。

"自然人、法人或者其他组织对其提供的服务项目,需要取得商标专用权的,应当向商标局申请服务商标注册。”

五、增加一条，作为第五条：“两个以上的自然人、法人或者其他组织可以共同向商标局申请注册同一商标，共同享有和行使该商标专用权。”

六、第六条改为第七条，修改为：“商标使用人应当对其使用商标的商品质量负责。各级工商行政管理部门应当通过商标管理，制止欺骗消费者的行为。”

七、第七条改为第八条，修改为：“任何能够将自然人、法人或者其他组织的商品与他人的商品区别开的可视性标志，包括文字、图形、字母、数字、三维标志和颜色组合，以及上述要素的组合，均可以作为商标申请注册。”

八、增加一条，作为第九条：“申请注册的商标，应当有显著特征，便于识别，并不得与他人在先取得的合法权利相冲突。

“商标注册人有权标明‘注册商标’或者注册标记。”

九、第八条改为第十条，修改为：“下列标志不得作为商标使用：

“（一）同中华人民共和国的国家名称、国旗、国徽、军旗、勋章相同或者近似的，以及同中央国家机关所在地特定地点的名称或者标志性建筑物的名称、图形相同的；

“（二）同外国的国家名称、国旗、国徽、军旗相同或者近似的，但该国政府同意的除外；

“（三）同政府间国际组织的名称、旗帜、徽记相同或者近似的，但经该组织同意或者不易误导公众的除外；

“（四）与表明实施控制、予以保证的官方标志、检验印记相同或者近似的，但经授权的除外；

“（五）同‘红十字’、‘红新月’的名称、标志相同或者近似的；

“（六）带有民族歧视性的；

“（七）夸大宣传并带有欺骗性的；

“（八）有害于社会主义道德风尚或者有其他不良影响的。

“县级以上行政区划的地名或者公众知晓的外国地名，不得作为商标。但是，地名具有其他含义或者作为集体商标、证明商标组成部分的除外；已经注册的使用地名的商标继续有效。”

十、增加一条，作为第十一条：“下列标志不得作为商标注册：

“（一）仅有本商品的通用名称、图形、型号的；

“（二）仅仅直接表示商品的质量、主要原料、功能、用途、重量、数量及其他特点的；

“（三）缺乏显著特征的。

“前款所列标志经过使用取得显著特征，并便于识别的，可以作为商标注册。”

十一、增加一条，作为第十二条：“以三维标志申请注册商标的，仅由商品自身的性质产生的形状、为获得技术效果而需有的商品形状或者使商品具有实质性价值的形状，不得注册。”

十二、增加一条，作为第十三条：“就相同或者类似商品申请注册的商标是复制、摹仿或者翻译他人未在中国注册的驰名商标，容易导致混淆的，不予注册并禁止使用。

“就不相同或者不相类似商品申请注册的商标是复制、摹仿或者翻译他人已经在中国注册的驰名商标，误导公众，致使该驰名商标注册人的利益可能受到损害的，不予注册并禁止使用。”

十三、增加一条，作为第十四条：“认定驰名商标应当考虑下列因素：

“（一）相关公众对该商标的知晓程度；

“（二）该商标使用的持续时间；

“（三）该商标的任何宣传工作的持续时间、程度和地理范围；

“（四）该商标作为驰名商标受保护的记录；

“（五）该商标驰名的其他因素。”

十四、增加一条，作为第十五条：“未经授权，代理人或者代表人以自己的名义将被代理人或者被代表人的商标进行注册，被代理人或者被代表人提出异议的，不予注册并禁止使用。”

十五、增加一条，作为第十六条：“商标中有商品的地理标志，而该商品并非来源于该标志所标示的地区，误导公众的，不予注册并禁止使用；但是，已经善意取得注册的继续有效。

“前款所称地理标志，是指标示某商品来源于某地区，该商品的特定质量、信誉或者其他特征，主要由该地区的自然因素或者人文因素所决定的标志。”

十六、第十条改为第十八条，修改为：“外国人或者外国企业在中国申请商标注册和办理其他商标事宜的,应当委托国家认可的具有商标代理资格的组织代理。”

十七、第十二条改为第二十条,修改为:“商标注册申请人在不同类别的商品上申请注册同一商标的,应当按商品分类表提出注册申请。”

十八、第十四条改为第二十二条,修改为:“注册商标需要改变其标志的,应当重新提出注册申请。”

十九、增加一条,作为第二十四条:“商标注册申请人自其商标在外国第一次提出商标注册申请之日起6个月内,又在中国就相同商品以同一商标提出商标注册申请的,依照该外国同中国签订的协议或者共同参加的国际条约,或者按照相互承认优先权的原则,可以享有优先权。

“依照前款要求优先权的,应当在提出商标注册申请的时候提出书面声明,并且在3个月内提交第一次提出的商标注册申请文件的副本;未提出书面声明或者逾期未提交商标注册申请文件副本的,视为未要求优先权。”

二十、增加一条,作为第二十五条:“商标在中国政府主办的或者承认的国际展览会展出的商品上首次使用的,自该商品展出之日起6个月内,该商标的注册申请人可以享有优先权。

“依照前款要求优先权的,应当在提出商标注册申请的时候提出书面声明,并且在3个月内提交展出其商品的展览会名称、在展出商品上使用该商标的证据、展出日期等证明文件;未提出书面声明或者逾期未提交证明文件的,视为未要求优先权。”

二十一、增加一条,作为第二十六条:“为申请商标注册所申报的事项和所提供的材料应当真实、准确、完整。”

二十二、第十八条改为第二十九条,修改为:“两个或者两个以上的商标注册申请人,在同一种商品或者类似商品上,以相同或者近似的商标申请注册的,初步审定并公告申请在先的商标;同一天申请的,初步审定并公告使用在先的商标,驳回其他人的申请,不予公告。”

二十三、第十九条改为第三十条,修改为:“对初步审定的商标,自公告之日起3个月内,任何人均可以提出异议。公告期满无异议的,予以核准注册,发给商标注册证,并予公告。”

二十四、增加一条,作为第三十一条:“申请商标注册不得损害他人现有的在先权利,也不得以不正当手段抢先注册他人已经使用并有一定影响的商标。”

二十五、第二十一条改为第三十二条,修改为:“对驳回申请、不予公告的商标,商标局应当书面通知商标注册申请人。商标注册申请人不服的,可以自收到通知之日起15日内向商标评审委员会申请复审,由商标评审委员会做出决定,并书面通知申请人。

“当事人对商标评审委员会的决定不服的,可以自收到通知之日起30日内向人民法院起诉。”

二十六、第二十二条改为第三十三条,修改为:“对初步审定、予以公告的商标提出异议的,商标局应当听取异议人和被异议人陈述事实和理由,经调查核实后,做出裁定。当事人不服的,可以自收到通知之日起15日内向商标评审委员会申请复审,由商标评审委员会做出裁定,并书面通知异议人和被异议人。

“当事人对商标评审委员会的裁定不服的,可以自收到通知之日起30日内向人民法院起诉。人民法院应当通知商标复审程序的对方当事人作为第三人参加诉讼。”

二十七、增加一条,作为第三十四条:“当事人在法定期限内对商标局做出的裁定不申请复审或者对商标评审委员会做出的裁定不向人民法院起诉的,裁定生效。

“经裁定异议不能成立的,予以核准注册,发给商标注册证,并予公告;经裁定异议成立的,不予核准注册。

“经裁定异议不能成立而核准注册的,商标注册申请人取得商标专用权的时间自初审公告3个月期满之日起计算。”

二十八、增加一条,作为第三十五条:“对商标注册申请和商标复审申请应当及时进行审查。”

二十九、增加一条,作为第三十六条:“商标注册申请人或者注册人发现商标申请文件或者注册文件有明显错误的,可以申请更正。商标局依法在其职权范围内作出更正,并通知当事人。

“前款所称更正错误不涉及商标申请文件或

者注册文件的实质性内容。”

三十、第二十五条改为第三十九条，修改为：“转让注册商标的，转让人和受让人应当签订转让协议，并共同向商标局提出申请。受让人应当保证使用该注册商标的商品质量。

“转让注册商标经核准后，予以公告。受让人自公告之日起享有商标专用权。”

三十一、第二十七条改为第四十一条，第一款修改为：

“已经注册的商标，违反本法第十条、第十一条、第十二条规定的，或者是以欺骗手段或者其他不正当手段取得注册的，由商标局撤销该注册商标；其他单位或者个人可以请求商标评审委员会裁定撤销该注册商标。”增加一款作为第二款：“已经注册的商标，违反本法第十三条、第十五条、第十六条、第三十一条规定的，自商标注册之日起5年内，商标所有人或者利害关系人可以请求商标评审委员会裁定撤销该注册商标。对恶意注册的，驰名商标所有人不受5年的时间限制。”第二款改为第三款，修改为：“除前两款规定的情形外，对已经注册的商标有争议的，可以自该商标经核准注册之日起5年内，向商标评审委员会申请裁定。”

三十二、第二十九条改为第四十三条，修改为：“商标评审委员会做出维持或者撤销注册商标的裁定后，应当书面通知有关当事人。

“当事人对商标评审委员会的裁定不服的，可以自收到通知之日起30日内向人民法院起诉。人民法院应当通知商标裁定程序的对方当事人作为第三人参加诉讼。”

三十三、第三十条改为第四十四条，第(一)项修改为：“(一)自行改变注册商标的”。

三十四、第三十五条改为第四十九条，修改为：“对商标局撤销注册商标的决定，当事人不服的，可以自收到通知之日起15日内向商标评审委员会申请复审，由商标评审委员会做出决定，并书面通知申请人。

“当事人对商标评审委员会的决定不服的，可以自收到通知之日起30日内向人民法院起诉。”

三十五、第三十六条改为第五十条，修改为：“对工商行政管理部门根据本法第四十五条、第四十七条、第四十八条的规定做出的罚款决定，当事人不服的，可以自收到通知之日起15日内，向人民法院起诉；期满不起诉又不履行的，由有关工商行政管理部门申请人民法院强制执行。”

三十六、第三十八条改为第五十二条，第(一)项修改为：“(一)未经商标注册人的许可，在同一种商品或者类似商品上使用与其注册商标相同或者近似的商标的”；第(二)项修改为：“(二)销售侵犯注册商标专用权的商品的”；增加一项作为第(四)项：“未经商标注册人同意，更换其注册商标并将该更换商标的商品又投入市场的”。

三十七、第三十九条改为第五十三条，修改为：“有本法第五十二条所列侵犯注册商标专用权行为之一，引起纠纷的，由当事人协商解决；不愿协商或者协商不成的，商标注册人或者利害关系人可以向人民法院起诉，也可以请求工商行政管理部门处理。工商行政管理部门处理时，认定侵权行为成立的，责令立即停止侵权行为，没收、销毁侵权商品和专门用于制造侵权商品、伪造注册商标标识的工具，并可处以罚款。当事人对处理决定不服的，可以自收到处理通知之日起15日内依照《中华人民共和国行政诉讼法》向人民法院起诉；侵权人期满不起诉又不履行的，工商行政管理部门可以申请人民法院强制执行。进行处理的工商行政管理部门根据当事人的请求，可以就侵犯商标专用权的赔偿数额进行调解；调解不成的，当事人可以依照《中华人民共和国民事诉讼法》向人民法院起诉。”

三十八、增加一条，作为第五十四条：“对侵犯注册商标专用权的行为，工商行政管理部门有权依法查处；涉嫌犯罪的，应当及时移送司法机关依法处理。”

三十九、增加一条，作为第五十五条：“县级以上工商行政管理部门根据已经取得的违法嫌疑证据或者举报，对涉嫌侵犯他人注册商标专用权的行为进行查处时，可以行使下列职权：

“(一)询问有关当事人，调查与侵犯他人注册商标专用权有关的情况；

“(二)查阅、复制当事人与侵权活动有关的合同、发票、账簿以及其他有关资料；

“(三)对当事人涉嫌从事侵犯他人注册商

标专用权活动的场所实施现场检查；

“（四）检查与侵权活动有关的物品；对有证据证明是侵犯他人注册商标专用权的物品，可以查封或者扣押。

“工商行政管理部门依法行使前款规定的职权时，当事人应当予以协助、配合，不得拒绝、阻挠。”

四十、增加一条，作为第五十六条：“侵犯商标专用权的赔偿数额，为侵权人在侵权期间因侵权所获得的利益，或者被侵权人在被侵权期间因被侵权所受到的损失，包括被侵权人为制止侵权行为所支付的合理开支。

“前款所称侵权人因侵权所得利益，或者被侵权人因被侵权所受损失难以确定的，由人民法院根据侵权行为的情节判决给予50万元以下的赔偿。

“销售不知道是侵犯注册商标专用权的商品，能证明该商品是自己合法取得的并说明提供者的，不承担赔偿责任。”

四十一、增加一条，作为第五十七条：“商标注册人或者利害关系人有证据证明他人正在实施或者即将实施侵犯其注册商标专用权的行为，如不及时制止，将会使其合法权益受到难以弥补的损害的，可以在起诉前向人民法院申请采取责令停止有关行为和财产保全的措施。

“人民法院处理前款申请，适用《中华人民共和国民事诉讼法》第九十三条至第九十六条和第九十九条的规定。”

四十二、增加一条，作为第五十八条：“为制止侵权行为，在证据可能灭失或者以后难以取得的情况下，商标注册人或者利害关系人可以在起诉前向人民法院申请保全证据。

“人民法院接受申请后，必须在48小时内做出裁定；裁定采取保全措施的，应当立即开始执行。

“人民法院可以责令申请人提供担保，申请人不提供担保的，驳回申请。

“申请人在人民法院采取保全措施后15日内不起诉的，人民法院应当解除保全措施。”

四十三、第四十条改为第五十九条，第一款修改为：“未经商标注册人许可，在同一种商品上使用与其注册商标相同的商标，构成犯罪的，除赔偿被侵权人的损失外，依法追究刑事责任。”

四十四、增加一条，作为第六十条：“从事商标注册、管理和复审工作的国家机关工作人员必须秉公执法，廉洁自律，忠于职守，文明服务。

“商标局、商标评审委员会以及从事商标注册、管理和复审工作的国家机关工作人员不得从事商标代理业务和商品生产经营活动。”

四十五、增加一条，作为第六十一条：“工商行政管理部门应当建立健全内部监督制度，对负责商标注册、管理和复审工作的国家机关工作人员执行法律、行政法规和遵守纪律的情况，进行监督检查。”

四十六、增加一条，作为第六十二条：“从事商标注册、管理和复审工作的国家机关工作人员玩忽职守、滥用职权、徇私舞弊，违法办理商标注册、管理和复审事项，收受当事人财物、牟取不正当利益，构成犯罪的，依法追究刑事责任；尚不构成犯罪的，依法给予行政处分。”

四十七、删去第四十二条。

此外，根据本决定对部分条文的文字作相应修改并对条文顺序作相应调整。

本决定自2001年12月1日起施行。

《中华人民共和国商标法》根据本决定作相应的修改，重新公布。

中华人民共和国商标法①

（1982年8月23日第五届全国人民代表大会常务委员会第二十四次会议通过　根据1993年2月22日第七届全国人民代表大会常务委员会第三十次会议《关于修改〈中华人民共和国商标法〉的决定》第一次修正　根据2001年10月27日第九届全国人民代表大会常务委员会第二十四次会议《关于修改〈中华人民共和国商标法〉的决定》第二次修正）

目　　录

① 编者注：已被修改。

第一章　总　　则

第一条　为了加强商标管理,保护商标专用权,促使生产、经营者保证商品和服务质量,维护商标信誉,以保障消费者和生产、经营者的利益,促进社会主义市场经济的发展,特制定本法。

第二条　国务院工商行政管理部门商标局主管全国商标注册和管理的工作。

国务院工商行政管理部门设立商标评审委员会,负责处理商标争议事宜。

第三条　经商标局核准注册的商标为注册商标,包括商品商标、服务商标和集体商标、证明商标;商标注册人享有商标专用权,受法律保护。

本法所称集体商标,是指以团体、协会或者其他组织名义注册,供该组织成员在商事活动中使用,以表明使用者在该组织中的成员资格的标志。

本法所称证明商标,是指由对某种商品或者服务具有监督能力的组织所控制,而由该组织以外的单位或者个人使用于其商品或者服务,用以证明该商品或者服务的原产地、原料、制造方法、质量或者其他特定品质的标志。

集体商标、证明商标注册和管理的特殊事项,由国务院工商行政管理部门规定。

第四条　自然人、法人或者其他组织对其生产、制造、加工、拣选或者经销的商品,需要取得商标专用权的,应当向商标局申请商品商标注册。

自然人、法人或者其他组织对其提供的服务项目,需要取得商标专用权的,应当向商标局申请服务商标注册。

本法有关商品商标的规定,适用于服务商标。

第五条　两个以上的自然人、法人或者其他组织可以共同向商标局申请注册同一商标,共同享有和行使该商标专用权。

第六条　国家规定必须使用注册商标的商品,必须申请商标注册,未经核准注册的,不得在市场销售。

第七条　商标使用人应当对其使用商标的商品质量负责。各级工商行政管理部门应当通过商标管理,制止欺骗消费者的行为。

第八条　任何能够将自然人、法人或者其他组织的商品与他人的商品区别开的可视性标志,包括文字、图形、字母、数字、三维标志和颜色组合,以及上述要素的组合,均可以作为商标申请注册。

第九条　申请注册的商标,应当有显著特征,便于识别,并不得与他人在先取得的合法权利相冲突。

商标注册人有权标明"注册商标"或者注册标记。

第十条　下列标志不得作为商标使用:

(一)同中华人民共和国的国家名称、国旗、国徽、军旗、勋章相同或者近似的,以及同中央国家机关所在地特定地点的名称或者标志性建筑物的名称、图形相同的;

(二)同外国的国家名称、国旗、国徽、军旗相同或者近似的,但该国政府同意的除外;

(三)同政府间国际组织的名称、旗帜、徽记相同或者近似的,但经该组织同意或者不易误导公众的除外;

(四)与表明实施控制、予以保证的官方标志、检验印记相同或者近似的,但经授权的除外;

(五)同"红十字"、"红新月"的名称、标志相同或者近似的;

(六)带有民族歧视性的;

(七)夸大宣传并带有欺骗性的;

(八)有害于社会主义道德风尚或者有其他不良影响的。

县级以上行政区划的地名或者公众知晓的外国地名,不得作为商标。但是,地名具有其他含义或者作为集体商标、证明商标组成部分的除外;已经注册的使用地名的商标继续有效。

第十一条　下列标志不得作为商标注册:

(一)仅有本商品的通用名称、图形、型号的;

(二)仅仅直接表示商品的质量、主要原料、功能、用途、重量、数量及其他特点的;

(三)缺乏显著特征的。

前款所列标志经过使用取得显著特征,并便于识别的,可以作为商标注册。

第十二条 以三维标志申请注册商标的,仅由商品自身的性质产生的形状、为获得技术效果而需有的商品形状或者使商品具有实质性价值的形状,不得注册。

第十三条 就相同或者类似商品申请注册的商标是复制、摹仿或者翻译他人未在中国注册的驰名商标,容易导致混淆的,不予注册并禁止使用。

就不相同或者不相类似商品申请注册的商标是复制、摹仿或者翻译他人已经在中国注册的驰名商标,误导公众,致使该驰名商标注册人的利益可能受到损害的,不予注册并禁止使用。

第十四条 认定驰名商标应当考虑下列因素:

(一)相关公众对该商标的知晓程度;

(二)该商标使用的持续时间;

(三)该商标的任何宣传工作的持续时间、程度和地理范围;

(四)该商标作为驰名商标受保护的记录;

(五)该商标驰名的其他因素。

第十五条 未经授权,代理人或者代表人以自己的名义将被代理人或者被代表人的商标进行注册,被代理人或者被代表人提出异议的,不予注册并禁止使用。

第十六条 商标中有商品的地理标志,而该商品并非来源于该标志所标示的地区,误导公众的,不予注册并禁止使用;但是,已经善意取得注册的继续有效。

前款所称地理标志,是指标示某商品来源于某地区,该商品的特定质量、信誉或者其他特征,主要由该地区的自然因素或者人文因素所决定的标志。

第十七条 外国人或者外国企业在中国申请商标注册的,应当按其所属国和中华人民共和国签订的协议或者共同参加的国际条约办理,或者按对等原则办理。

第十八条 外国人或者外国企业在中国申请商标注册和办理其他商标事宜的,应当委托国家认可的具有商标代理资格的组织代理。

第二章 商标注册的申请

第十九条 申请商标注册的,应当按规定的商品分类表填报使用商标的商品类别和商品名称。

第二十条 商标注册申请人在不同类别的商品上申请注册同一商标的,应当按商品分类表提出注册申请。

第二十一条 注册商标需要在同一类的其他商品上使用的,应当另行提出注册申请。

第二十二条 注册商标需要改变其标志的,应当重新提出注册申请。

第二十三条 注册商标需要变更注册人的名义、地址或者其他注册事项的,应当提出变更申请。

第二十四条 商标注册申请人自其商标在外国第一次提出商标注册申请之日起6个月内,又在中国就相同商品以同一商标提出商标注册申请的,依照该外国同中国签订的协议或者共同参加的国际条约,或者按照相互承认优先权的原则,可以享有优先权。

依照前款要求优先权的,应当在提出商标注册申请的时候提出书面声明,并且在3个月内提交第一次提出的商标注册申请文件的副本;未提出书面声明或者逾期未提交商标注册申请文件副本的,视为未要求优先权。

第二十五条 商标在中国政府主办的或者承认的国际展览会展出的商品上首次使用的,自该商品展出之日起6个月内,该商标的注册申请人可以享有优先权。

依照前款要求优先权的,应当在提出商标注册申请的时候提出书面声明,并且在3个月内提交展出其商品的展览会名称、在展出商品上使用该商标的证据、展出日期等证明文件;未提出书面声明或者逾期未提交证明文件的,视为未要求优先权。

第二十六条 为申请商标注册所申报的事项和所提供的材料应当真实、准确、完整。

第三章 商标注册的审查和核准

第二十七条 申请注册的商标,凡符合本法有关规定的,由商标局初步审定,予以公告。

第二十八条　申请注册的商标,凡不符合本法有关规定或者同他人在同一种商品或者类似商品上已经注册的或者初步审定的商标相同或者近似的,由商标局驳回申请,不予公告。

第二十九条　两个或者两个以上的商标注册申请人,在同一种商品或者类似商品上,以相同或者近似的商标申请注册的,初步审定并公告申请在先的商标;同一天申请的,初步审定并公告使用在先的商标,驳回其他人的申请,不予公告。

第三十条　对初步审定的商标,自公告之日起3个月内,任何人均可以提出异议。公告期满无异议的,予以核准注册,发给商标注册证,并予公告。

第三十一条　申请商标注册不得损害他人现有的在先权利,也不得以不正当手段抢先注册他人已经使用并有一定影响的商标。

第三十二条　对驳回申请、不予公告的商标,商标局应当书面通知商标注册申请人。商标注册申请人不服的,可以自收到通知之日起15日内向商标评审委员会申请复审,由商标评审委员会做出决定,并书面通知申请人。

当事人对商标评审委员会的决定不服的,可以自收到通知之日起30日内向人民法院起诉。

第三十三条　对初步审定、予以公告的商标提出异议的,商标局应当听取异议人和被异议人陈述事实和理由,经调查核实后,做出裁定。当事人不服的,可以自收到通知之日起15日内向商标评审委员会申请复审,由商标评审委员会做出裁定,并书面通知异议人和被异议人。

当事人对商标评审委员会的裁定不服的,可以自收到通知之日起30日内向人民法院起诉。人民法院应当通知商标复审程序的对方当事人作为第三人参加诉讼。

第三十四条　当事人在法定期限内对商标局做出的裁定不申请复审或者对商标评审委员会做出的裁定不向人民法院起诉的,裁定生效。

经裁定异议不能成立的,予以核准注册,发给商标注册证,并予公告;经裁定异议成立的,不予核准注册。

经裁定异议不能成立而核准注册的,商标注册申请人取得商标专用权的时间自初审公告3个月期满之日起计算。

第三十五条　对商标注册申请和商标复审申请应当及时进行审查。

第三十六条　商标注册申请人或者注册人发现商标申请文件或者注册文件有明显错误的,可以申请更正。商标局依法在其职权范围内作出更正,并通知当事人。

前款所称更正错误不涉及商标申请文件或者注册文件的实质性内容。

第四章　注册商标的续展、转让和使用许可

第三十七条　注册商标的有效期为10年,自核准注册之日起计算。

第三十八条　注册商标有效期满,需要继续使用的,应当在期满前6个月内申请续展注册;在此期间未能提出申请的,可以给予6个月的宽展期。宽展期满仍未提出申请的,注销其注册商标。

每次续展注册的有效期为10年。

续展注册经核准后,予以公告。

第三十九条　转让注册商标的,转让人和受让人应当签订转让协议,并共同向商标局提出申请。受让人应当保证使用该注册商标的商品质量。

转让注册商标经核准后,予以公告。受让人自公告之日起享有商标专用权。

第四十条　商标注册人可以通过签订商标使用许可合同,许可他人使用其注册商标。许可人应当监督被许可人使用其注册商标的商品质量。被许可人应当保证使用该注册商标的商品质量。

经许可使用他人注册商标的,必须在使用该注册商标的商品上标明被许可人的名称和商品产地。

商标使用许可合同应当报商标局备案。

第五章　注册商标争议的裁定

第四十一条　已经注册的商标,违反本法第十条、第十一条、第十二条规定的,或者是以欺骗手段或者其他不正当手段取得注册的,由商标局撤销该注册商标;其他单位或者个人可以请求商标评审委员会裁定撤销该注册商标。

已经注册的商标，违反本法第十三条、第十五条、第十六条、第三十一条规定的，自商标注册之日起5年内，商标所有人或者利害关系人可以请求商标评审委员会裁定撤销该注册商标。对恶意注册的，驰名商标所有人不受5年的时间限制。

除前两款规定的情形外，对已经注册的商标有争议的，可以自该商标经核准注册之日起5年内，向商标评审委员会申请裁定。

商标评审委员会收到裁定申请后，应当通知有关当事人，并限期提出答辩。

第四十二条 对核准注册前已经提出异议并经裁定的商标，不得再以相同的事实和理由申请裁定。

第四十三条 商标评审委员会做出维持或者撤销注册商标的裁定后，应当书面通知有关当事人。

当事人对商标评审委员会的裁定不服的，可以自收到通知之日起30日内向人民法院起诉。人民法院应当通知商标裁定程序的对方当事人作为第三人参加诉讼。

第六章 商标使用的管理

第四十四条 使用注册商标，有下列行为之一的，由商标局责令限期改正或者撤销其注册商标：

（一）自行改变注册商标的；

（二）自行改变注册商标的注册人名义、地址或者其他注册事项的；

（三）自行转让注册商标的；

（四）连续3年停止使用的。

第四十五条 使用注册商标，其商品粗制滥造，以次充好，欺骗消费者的，由各级工商行政管理部门分别不同情况，责令限期改正，并可以予以通报或者处以罚款，或者由商标局撤销其注册商标。

第四十六条 注册商标被撤销的或者期满不再续展的，自撤销或者注销之日起1年内，商标局对与该商标相同或者近似的商标注册申请，不予核准。

第四十七条 违反本法第六条规定的，由地方工商行政管理部门责令限期申请注册，可以并处罚款。

第四十八条 使用未注册商标，有下列行为之一的，由地方工商行政管理部门予以制止，限期改正，并可以予以通报或者处以罚款：

（一）冒充注册商标的；

（二）违反本法第十条规定的；

（三）粗制滥造，以次充好，欺骗消费者的。

第四十九条 对商标局撤销注册商标的决定，当事人不服的，可以自收到通知之日起15日内向商标评审委员会申请复审，由商标评审委员会做出决定，并书面通知申请人。

当事人对商标评审委员会的决定不服的，可以自收到通知之日起30日内向人民法院起诉。

第五十条 对工商行政管理部门根据本法第四十五条、第四十七条、第四十八条的规定做出的罚款决定，当事人不服的，可以自收到通知之日起15日内，向人民法院起诉；期满不起诉又不履行的，由有关工商行政管理部门申请人民法院强制执行。

第七章 注册商标专用权的保护

第五十一条 注册商标的专用权，以核准注册的商标和核定使用的商品为限。

第五十二条 有下列行为之一的，均属侵犯注册商标专用权：

（一）未经商标注册人的许可，在同一种商品或者类似商品上使用与其注册商标相同或者近似的商标的；

（二）销售侵犯注册商标专用权的商品的；

（三）伪造、擅自制造他人注册商标标识或者销售伪造、擅自制造的注册商标标识的；

（四）未经商标注册人同意，更换其注册商标并将该更换商标的商品又投入市场的；

（五）给他人的注册商标专用权造成其他损害的。

第五十三条 有本法第五十二条所列侵犯注册商标专用权行为之一，引起纠纷的，由当事人协商解决；不愿协商或者协商不成的，商标注册人或者利害关系人可以向人民法院起诉，也可以请求工商行政管理部门处理。工商行政管理部门处理时，认定侵权行为成立的，责令立即停止侵权行为，没收、销毁侵权商品和专门用于制造侵权商品、伪造注册商标标识的工具,并可处以罚款。当事人对处理决定不服的,可以自收到处理通知之日起15日内依照《中华人民共和国行政诉讼法》向人民法院起诉;侵权人期满不起诉又不履行的,工商行政管理部门可以申请人民法院强制执行。进行处理的工商行政管理部门根据当事人的请求,可以就侵犯商标专用权的赔偿数额进行调解;调解不成的,当事人可以依照《中华人民共和国民事诉讼法》向人民法院起诉。

第五十四条　对侵犯注册商标专用权的行为,工商行政管理部门有权依法查处;涉嫌犯罪的,应当及时移送司法机关依法处理。

第五十五条　县级以上工商行政管理部门根据已经取得的违法嫌疑证据或者举报,对涉嫌侵犯他人注册商标专用权的行为进行查处时,可以行使下列职权:

(一)询问有关当事人,调查与侵犯他人注册商标专用权有关的情况;

(二)查阅、复制当事人与侵权活动有关的合同、发票、账簿以及其他有关资料;

(三)对当事人涉嫌从事侵犯他人注册商标专用权活动的场所实施现场检查;

(四)检查与侵权活动有关的物品;对有证据证明是侵犯他人注册商标专用权的物品,可以查封或者扣押。

工商行政管理部门依法行使前款规定的职权时,当事人应当予以协助、配合,不得拒绝、阻挠。

第五十六条　侵犯商标专用权的赔偿数额,为侵权人在侵权期间因侵权所获得的利益,或者被侵权人在被侵权期间因被侵权所受到的损失,包括被侵权人为制止侵权行为所支付的合理开支。

前款所称侵权人因侵权所得利益,或者被侵权人因被侵权所受损失难以确定的,由人民法院根据侵权行为的情节判决给予50万元以下的赔偿。

销售不知道是侵犯注册商标专用权的商品,能证明该商品是自己合法取得的并说明提供者的,不承担赔偿责任。

第五十七条　商标注册人或者利害关系人有证据证明他人正在实施或者即将实施侵犯其注册商标专用权的行为,如不及时制止,将会使其合法权益受到难以弥补的损害的,可以在起诉前向人民法院申请采取责令停止有关行为和财产保全的措施。

人民法院处理前款申请,适用《中华人民共和国民事诉讼法》第九十三条至第九十六条和第九十九条的规定。

第五十八条　为制止侵权行为,在证据可能灭失或者以后难以取得的情况下,商标注册人或者利害关系人可以在起诉前向人民法院申请保全证据。

人民法院接受申请后,必须在48小时内做出裁定;裁定采取保全措施的,应当立即开始执行。

人民法院可以责令申请人提供担保,申请人不提供担保的,驳回申请。

申请人在人民法院采取保全措施后15日内不起诉的,人民法院应当解除保全措施。

第五十九条　未经商标注册人许可,在同一种商品上使用与其注册商标相同的商标,构成犯罪的,除赔偿被侵权人的损失外,依法追究刑事责任。

伪造、擅自制造他人注册商标标识或者销售伪造、擅自制造的注册商标标识,构成犯罪的,除赔偿被侵权人的损失外,依法追究刑事责任。

销售明知是假冒注册商标的商品,构成犯罪的,除赔偿被侵权人的损失外,依法追究刑事责任。

第六十条　从事商标注册、管理和复审工作的国家机关工作人员必须秉公执法,廉洁自律,忠于职守,文明服务。

商标局、商标评审委员会以及从事商标注册、管理和复审工作的国家机关工作人员不得从事商标代理业务和商品生产经营活动。

第六十一条　工商行政管理部门应当建立健全内部监督制度,对负责商标注册、管理和复审工作的国家机关工作人员执行法律、行政法规和遵守纪律的情况,进行监督检查。

第六十二条　从事商标注册、管理和复审工作的国家机关工作人员玩忽职守、滥用职权、徇私舞弊,违法办理商标注册、管理和复审事项,收受当事人财物,牟取不正当利益,构成犯罪的,依法追究刑事责任；尚不构成犯罪的，依法给予行政处分。

第八章 附 则

第六十三条 申请商标注册和办理其他商标事宜的，应当缴纳费用，具体收费标准另定。

第六十四条 本法自1983年3月1日起施行。1963年4月10日国务院公布的《商标管理条例》同时废止；其他有关商标管理的规定，凡与本法抵触的，同时失效。

本法施行前已经注册的商标继续有效。

全国人民代表大会常务委员会关于修改《中华人民共和国商标法》的决定

（2013年8月30日第十二届全国人民代表大会常务委员会第四次会议通过 2013年8月30日中华人民共和国主席令第6号公布 自2014年5月1日起施行）

第十二届全国人民代表大会常务委员会第四次会议决定对《中华人民共和国商标法》作如下修改：

一、将第四条第一款、第二款合并，修改为："自然人、法人或者其他组织在生产经营活动中，对其商品或者服务需要取得商标专用权的，应当向商标局申请商标注册。"

二、将第六条修改为："法律、行政法规规定必须使用注册商标的商品，必须申请商标注册，未经核准注册的，不得在市场销售。"

三、在第七条中增加一款，作为第一款："申请注册和使用商标，应当遵循诚实信用原则。"

四、将第八条修改为："任何能够将自然人、法人或者其他组织的商品与他人的商品区别开的标志，包括文字、图形、字母、数字、三维标志、颜色组合和声音等，以及上述要素的组合，均可以作为商标申请注册。"

五、将第十条第一款第一项至第三项修改为："（一）同中华人民共和国的国家名称、国旗、国徽、国歌、军旗、军徽、军歌、勋章等相同或者近似的，以及同中央国家机关的名称、标志、所在地特定地点的名称或者标志性建筑物的名称、图形相同的；

"（二）同外国的国家名称、国旗、国徽、军旗等相同或者近似的，但经该国政府同意的除外；

"（三）同政府间国际组织的名称、旗帜、徽记等相同或者近似的，但经该组织同意或者不易误导公众的除外"。

将第一款第七项修改为："（七）带有欺骗性，容易使公众对商品的质量等特点或者产地产生误认的"。

六、将第十一条第一款第二项中的"仅仅"修改为"仅"。

将第一款第三项修改为："（三）其他缺乏显著特征的。"

七、在第十三条中增加一款，作为第一款："为相关公众所熟知的商标，持有人认为其权利受到侵害时，可以依照本法规定请求驰名商标保护。"

八、将第十四条修改为："驰名商标应当根据当事人的请求，作为处理涉及商标案件需要认定的事实进行认定。认定驰名商标应当考虑下列因素：

"（一）相关公众对该商标的知晓程度；

"（二）该商标使用的持续时间；

"（三）该商标的任何宣传工作的持续时间、程度和地理范围；

"（四）该商标作为驰名商标受保护的记录；

"（五）该商标驰名的其他因素。

"在商标注册审查、工商行政管理部门查处商标违法案件过程中，当事人依照本法第十三条规定主张权利的，商标局根据审查、处理案件的需要，可以对商标驰名情况作出认定。

"在商标争议处理过程中，当事人依照本法第十三条规定主张权利的，商标评审委员会根据处理案件的需要，可以对商标驰名情况作出认定。

"在商标民事、行政案件审理过程中，当事人依照本法第十三条规定主张权利的，最高人民法院指定的人民法院根据审理案件的需要，可以对商标驰名情况作出认定。

"生产、经营者不得将'驰名商标'字样用于商品、商品包装或者容器上，或者用于广告宣传、展览以及其他商业活动中。”

九、在第十五条中增加一款，作为第二款：“就同一种商品或者类似商品申请注册的商标与他人在先使用的未注册商标相同或者近似，申请人与该他人具有前款规定以外的合同、业务往来关系或者其他关系而明知该他人商标存在，该他人提出异议的，不予注册。”

十、将第十八条修改为：“申请商标注册或者办理其他商标事宜，可以自行办理，也可以委托依法设立的商标代理机构办理。

“外国人或者外国企业在中国申请商标注册和办理其他商标事宜的，应当委托依法设立的商标代理机构办理。”

十一、增加一条，作为第十九条：“商标代理机构应当遵循诚实信用原则，遵守法律、行政法规，按照被代理人的委托办理商标注册申请或者其他商标事宜；对在代理过程中知悉的被代理人的商业秘密，负有保密义务。

“委托人申请注册的商标可能存在本法规定不得注册情形的，商标代理机构应当明确告知委托人。

“商标代理机构知道或者应当知道委托人申请注册的商标属于本法第十五条和第三十二条规定情形的，不得接受其委托。

“商标代理机构除对其代理服务申请商标注册外，不得申请注册其他商标。”

十二、增加一条，作为第二十条：“商标代理行业组织应当按照章程规定，严格执行吸纳会员的条件，对违反行业自律规范的会员实行惩戒。商标代理行业组织对其吸纳的会员和对会员的惩戒情况，应当及时向社会公布。”

十三、增加一条，作为第二十一条：“商标国际注册遵循中华人民共和国缔结或者参加的有关国际条约确立的制度，具体办法由国务院规定。”

十四、将第十九条、第二十条合并，作为第二十二条，修改为：“商标注册申请人应当按规定的商品分类表填报使用商标的商品类别和商品名称，提出注册申请。

“商标注册申请人可以通过一份申请就多个类别的商品申请注册同一商标。

“商标注册申请等有关文件，可以以书面方式或者数据电文方式提出。”

十五、将第二十一条改为第二十三条，修改为：“注册商标需要在核定使用范围之外的商品上取得商标专用权的，应当另行提出注册申请。”

十六、将第二十三条改为第四十一条。

十七、将第二十七条改为第二十八条，修改为：“对申请注册的商标，商标局应当自收到商标注册申请文件之日起九个月内审查完毕，符合本法有关规定的，予以初步审定公告。”

十八、增加一条，作为第二十九条：“在审查过程中，商标局认为商标注册申请内容需要说明或者修正的，可以要求申请人做出说明或者修正。申请人未做出说明或者修正的，不影响商标局做出审查决定。”

十九、将第三十条改为第三十三条，修改为：“对初步审定公告的商标，自公告之日起三个月内，在先权利人、利害关系人认为违反本法第十三条第二款和第三款、第十五条、第十六条第一款、第三十条、第三十一条、第三十二条规定的，或者任何人认为违反本法第十条、第十一条、第十二条规定的，可以向商标局提出异议。公告期满无异议的，予以核准注册，发给商标注册证，并予公告。”

二十、将第三十一条改为第三十二条。

二十一、将第三十二条改为第三十四条，修改为：“对驳回申请、不予公告的商标，商标局应当书面通知商标注册申请人。商标注册申请人不服的，可以自收到通知之日起十五日内向商标评审委员会申请复审。商标评审委员会应当自收到申请之日起九个月内做出决定，并书面通知申请人。有特殊情况需要延长的，经国务院工商行政管理部门批准，可以延长三个月。当事人对商标评审委员会的决定不服的，可以自收到通知之日起三十日内向人民法院起诉。”

二十二、将第三十三条改为第三十五条，修改为：“对初步审定公告的商标提出异议的，商标局应当听取异议人和被异议人陈述事实和理由，经调查核实后，自公告期满之日起十二个月内做出是否准予注册的决定，并书面通知异议人和被异议人。有特殊情况需要延长的，经国务院工商行政管理部门批准，可以延长六个月。

“商标局做出准予注册决定的，发给商标注

册证，并予公告。异议人不服的，可以依照本法第四十四条、第四十五条的规定向商标评审委员会请求宣告该注册商标无效。

“商标局做出不予注册决定，被异议人不服的，可以自收到通知之日起十五日内向商标评审委员会申请复审。商标评审委员会应当自收到申请之日起十二个月内做出复审决定，并书面通知异议人和被异议人。有特殊情况需要延长的，经国务院工商行政管理部门批准，可以延长六个月。被异议人对商标评审委员会的决定不服的，可以自收到通知之日起三十日内向人民法院起诉。人民法院应当通知异议人作为第三人参加诉讼。

“商标评审委员会在依照前款规定进行复审的过程中，所涉及的在先权利的确定必须以人民法院正在审理或者行政机关正在处理的另一案件的结果为依据的，可以中止审查。中止原因消除后，应当恢复审查程序。”

二十三、将第三十四条改为第三十六条，修改为：“法定期限届满，当事人对商标局做出的驳回申请决定、不予注册决定不申请复审或者对商标评审委员会做出的复审决定不向人民法院起诉的，驳回申请决定、不予注册决定或者复审决定生效。

“经审查异议不成立而准予注册的商标，商标注册申请人取得商标专用权的时间自初步审定公告三个月期满之日起计算。自该商标公告期满之日起至准予注册决定做出前，对他人在同一种或者类似商品上使用与该商标相同或者近似的标志的行为不具有追溯力；但是，因该使用人的恶意给商标注册人造成的损失，应当给予赔偿。”

二十四、将第四章章名修改为“注册商标的续展、变更、转让和使用许可”。

二十五、将第三十八条改为第四十条，修改为：“注册商标有效期满，需要继续使用的，商标注册人应当在期满前十二个月内按照规定办理续展手续；在此期间未能办理的，可以给予六个月的宽展期。每次续展注册的有效期为十年，自该商标上一届有效期满次日起计算。期满未办理续展手续的，注销其注册商标。

“商标局应当对续展注册的商标予以公告。”

二十六、将第三十九条改为第四十二条，增加两款，作为第二款、第三款：“转让注册商标的，商标注册人对其在同一种商品上注册的近似的商标，或者在类似商品上注册的相同或者近似的商标，应当一并转让。

“对容易导致混淆或者有其他不良影响的转让，商标局不予核准，书面通知申请人并说明理由。”

二十七、将第四十条改为第四十三条，第三款修改为：“许可他人使用其注册商标的，许可人应当将其商标使用许可报商标局备案，由商标局公告。商标使用许可未经备案不得对抗善意第三人。”

二十八、将第五章章名修改为“注册商标的无效宣告”。

二十九、将第四十一条、第四十三条合并，改为第四十四条、第四十五条，修改为：

“第四十四条　已经注册的商标，违反本法第十条、第十一条、第十二条规定的，或者是以欺骗手段或者其他不正当手段取得注册的，由商标局宣告该注册商标无效；其他单位或者个人可以请求商标评审委员会宣告该注册商标无效。

“商标局做出宣告注册商标无效的决定，应当书面通知当事人。当事人对商标局的决定不服的，可以自收到通知之日起十五日内向商标评审委员会申请复审。商标评审委员会应当自收到申请之日起九个月内做出决定，并书面通知当事人。有特殊情况需要延长的，经国务院工商行政管理部门批准，可以延长三个月。当事人对商标评审委员会的决定不服的，可以自收到通知之日起三十日内向人民法院起诉。

“其他单位或者个人请求商标评审委员会宣告注册商标无效的，商标评审委员会收到申请后，应当书面通知有关当事人，并限期提出答辩。商标评审委员会应当自收到申请之日起九个月内做出维持注册商标或者宣告注册商标无效的裁定，并书面通知当事人。有特殊情况需要延长的，经国务院工商行政管理部门批准，可以延长三个月。当事人对商标评审委员会的裁定不服的，可以自收到通知之日起三十日内向人民法院起诉。人民法院应当通知商标裁定程序的对方当事人作为第三人参加诉讼。

“第四十五条　已经注册的商标，违反本法第十三条第二款和第三款、第十五条、第十六条第一款、第三十条、第三十一条、第三十二条规定的，自商标注册之日起五年内，在先权利人或者利害关系人可以请求商标评审委员会宣告该注册商标无效。对恶意注册的，驰名商标所有人不受五年的时间限制。

“商标评审委员会收到宣告注册商标无效的申请后，应当书面通知有关当事人，并限期提出答辩。商标评审委员会应当自收到申请之日起十二个月内做出维持注册商标或者宣告注册商标无效的裁定，并书面通知当事人。有特殊情况需要延长的，经国务院工商行政管理部门批准，可以延长六个月。当事人对商标评审委员会的裁定不服的，可以自收到通知之日起三十日内向人民法院起诉。人民法院应当通知商标裁定程序的对方当事人作为第三人参加诉讼。

“商标评审委员会在依照前款规定对无效宣告请求进行审查的过程中，所涉及的在先权利的确定必须以人民法院正在审理或者行政机关正在处理的另一案件的结果为依据的，可以中止审查。中止原因消除后，应当恢复审查程序。”

三十、删除第四十二条。

三十一、增加一条，作为第四十六条：“法定期限届满，当事人对商标局宣告注册商标无效的决定不申请复审或者对商标评审委员会的复审决定、维持注册商标或者宣告注册商标无效的裁定不向人民法院起诉的，商标局的决定或者商标评审委员会的复审决定、裁定生效。”

三十二、增加一条，作为第四十七条：“依照本法第四十四条、第四十五条的规定宣告无效的注册商标，由商标局予以公告，该注册商标专用权视为自始即不存在。

“宣告注册商标无效的决定或者裁定，对宣告无效前人民法院做出并已执行的商标侵权案件的判决、裁定、调解书和工商行政管理部门做出并已执行的商标侵权案件的处理决定以及已经履行的商标转让或者使用许可合同不具有追溯力。但是，因商标注册人的恶意给他人造成的损失，应当给予赔偿。

“依照前款规定不返还商标侵权赔偿金、商标转让费、商标使用费，明显违反公平原则的，应当全部或者部分返还。”

三十三、增加一条，作为第四十八条：“本法所称商标的使用，是指将商标用于商品、商品包装或者容器以及商品交易文书上，或者将商标用于广告宣传、展览以及其他商业活动中，用于识别商品来源的行为。”

三十四、将第四十四条改为第四十九条，修改为：“商标注册人在使用注册商标的过程中，自行改变注册商标、注册人名义、地址或者其他注册事项的，由地方工商行政管理部门责令限期改正；期满不改正的，由商标局撤销其注册商标。

“注册商标成为其核定使用的商品的通用名称或者没有正当理由连续三年不使用的，任何单位或者个人可以向商标局申请撤销该注册商标。商标局应当自收到申请之日起九个月内做出决定。有特殊情况需要延长的，经国务院工商行政管理部门批准，可以延长三个月。”

三十五、删除第四十五条。

三十六、将第四十六条改为第五十条，修改为：“注册商标被撤销、被宣告无效或者期满不再续展的，自撤销、宣告无效或者注销之日起一年内，商标局对与该商标相同或者近似的商标注册申请，不予核准。”

三十七、将第四十七条改为第五十一条，将其中的“可以并处罚款”修改为“违法经营额五万元以上的，可以处违法经营额百分之二十以下的罚款，没有违法经营额或者违法经营额不足五万元的，可以处一万元以下的罚款”。

三十八、将第四十八条改为第五十二条，修改为：“将未注册商标冒充注册商标使用的，或者使用未注册商标违反本法第十条规定的，由地方工商行政管理部门予以制止，限期改正，并可以予以通报，违法经营额五万元以上的，可以处违法经营额百分之二十以下的罚款，没有违法经营额或者违法经营额不足五万元的，可以处一万元以下的罚款。”

三十九、增加一条，作为第五十三条：“违反本法第十四条第五款规定的，由地方工商行政管理部门责令改正，处十万元罚款。”

四十、将第四十九条改为第五十四条，修改为：“对商标局撤销或者不予撤销注册商标的决定，当事人不服的，可以自收到通知之日起十五日内向商标评审委员会申请复审。商标评审委员会应当自收到申请之日起九个月内做出决定，并书面通知当事人。有特殊情况需要延长的，经国务院工商行政管理部门批准，可以延长三个月。当事人对商标评审委员会的决定不服的，可以自收到通知之日起三十日内向人民法院起诉。"

四十一、增加一条，作为第五十五条："法定期限届满，当事人对商标局做出的撤销注册商标的决定不申请复审或者对商标评审委员会做出的复审决定不向人民法院起诉的，撤销注册商标的决定、复审决定生效。

"被撤销的注册商标，由商标局予以公告，该注册商标专用权自公告之日起终止。"

四十二、删除第五十条。

四十三、将第五十二条改为第五十七条，第一项改为两项，作为第一项、第二项，修改为："（一）未经商标注册人的许可，在同一种商品上使用与其注册商标相同的商标的；

"（二）未经商标注册人的许可，在同一种商品上使用与其注册商标近似的商标，或者在类似商品上使用与其注册商标相同或者近似的商标，容易导致混淆的"。

增加一项，作为第六项："（六）故意为侵犯他人商标专用权行为提供便利条件，帮助他人实施侵犯商标专用权行为的"。

四十四、增加一条，作为第五十八条："将他人注册商标、未注册的驰名商标作为企业名称中的字号使用，误导公众，构成不正当竞争行为的，依照《中华人民共和国反不正当竞争法》处理。"

四十五、增加一条，作为第五十九条："注册商标中含有的本商品的通用名称、图形、型号，或者直接表示商品的质量、主要原料、功能、用途、重量、数量及其他特点，或者含有的地名，注册商标专用权人无权禁止他人正当使用。

"三维标志注册商标中含有的商品自身的性质产生的形状、为获得技术效果而需有的商品形状或者使商品具有实质性价值的形状，注册商标专用权人无权禁止他人正当使用。

"商标注册人申请商标注册前，他人已经在同一种商品或者类似商品上先于商标注册人使用与注册商标相同或者近似并有一定影响的商标的，注册商标专用权人无权禁止该使用人在原使用范围内继续使用该商标，但可以要求其附加适当区别标识。"

四十六、将第五十三条改为第六十条，修改为："有本法第五十七条所列侵犯注册商标专用权行为之一，引起纠纷的，由当事人协商解决；不愿协商或者协商不成的，商标注册人或者利害关系人可以向人民法院起诉，也可以请求工商行政管理部门处理。

"工商行政管理部门处理时，认定侵权行为成立的，责令立即停止侵权行为，没收、销毁侵权商品和主要用于制造侵权商品、伪造注册商标标识的工具，违法经营额五万元以上的，可以处违法经营额五倍以下的罚款，没有违法经营额或者违法经营额不足五万元的，可以处二十五万元以下的罚款。对五年内实施两次以上商标侵权行为或者有其他严重情节的，应当从重处罚。销售不知道是侵犯注册商标专用权的商品，能证明该商品是自己合法取得并说明提供者的，由工商行政管理部门责令停止销售。

"对侵犯商标专用权的赔偿数额的争议，当事人可以请求进行处理的工商行政管理部门调解，也可以依照《中华人民共和国民事诉讼法》向人民法院起诉。经工商行政管理部门调解，当事人未达成协议或者调解书生效后不履行的，当事人可以依照《中华人民共和国民事诉讼法》向人民法院起诉。"

四十七、将第五十五条改为第六十二条，将第一款第二项中的"帐簿"修改为"账簿"。

增加一款，作为第三款："在查处商标侵权案件过程中，对商标权属存在争议或者权利人同时向人民法院提起商标侵权诉讼的，工商行政管理部门可以中止案件的查处。中止原因消除后，应当恢复或者终结案件查处程序。"

四十八、将第五十六条第一款、第二款改为第六十三条，修改为："侵犯商标专用权的赔偿数额，按照权利人因被侵权所受到的实际损失确定；实际损失难以确定的，可以按照侵权人因侵权所获得的利益确定；权利人的损失或者侵权人获得的利益难以确定的，参照该商标许可使用费的倍数合理确定。对恶意侵犯商标专用权，情节严重的，可以在按照上述方法确定数额的一倍以上三倍以下确定赔偿数额。赔偿数额应当包括权利人为制止侵权行为所支付的合理开支。

“人民法院为确定赔偿数额，在权利人已经尽力举证，而与侵权行为相关的账簿、资料主要由侵权人掌握的情况下，可以责令侵权人提供与侵权行为相关的账簿、资料；侵权人不提供或者提供虚假的账簿、资料的，人民法院可以参考权利人的主张和提供的证据判定赔偿数额。

“权利人因被侵权所受到的实际损失、侵权人因侵权所获得的利益、注册商标许可使用费难以确定的，由人民法院根据侵权行为的情节判决给予三百万元以下的赔偿。”

四十九、增加一条，作为第六十四条，第一款为：“注册商标专用权人请求赔偿，被控侵权人以注册商标专用权人未使用注册商标提出抗辩的，人民法院可以要求注册商标专用权人提供此前三年内实际使用该注册商标的证据。注册商标专用权人不能证明此前三年内实际使用过该注册商标，也不能证明因侵权行为受到其他损失的，被控侵权人不承担赔偿责任。”

将第五十六条第三款改为第六十四条第二款，修改为：“销售不知道是侵犯注册商标专用权的商品，能证明该商品是自己合法取得并说明提供者的，不承担赔偿责任。”

五十、将第五十七条改为第六十五条，修改为：“商标注册人或者利害关系人有证据证明他人正在实施或者即将实施侵犯其注册商标专用权的行为，如不及时制止将会使其合法权益受到难以弥补的损害的，可以依法在起诉前向人民法院申请采取责令停止有关行为和财产保全的措施。”

五十一、将第五十八条改为第六十六条，修改为：“为制止侵权行为，在证据可能灭失或者以后难以取得的情况下，商标注册人或者利害关系人可以依法在起诉前向人民法院申请保全证据。”

五十二、增加一条，作为第六十八条：“商标代理机构有下列行为之一的，由工商行政管理部门责令限期改正，给予警告，处一万元以上十万元以下的罚款；对直接负责的主管人员和其他直接责任人员给予警告，处五千元以上五万元以下的罚款；构成犯罪的，依法追究刑事责任：

“（一）办理商标事宜过程中，伪造、变造或者使用伪造、变造的法律文件、印章、签名的；

“（二）以诋毁其他商标代理机构等手段招徕商标代理业务或者以其他不正当手段扰乱商标代理市场秩序的；

“（三）违反本法第十九条第三款、第四款规定的。

“商标代理机构有前款规定行为的，由工商行政管理部门记入信用档案；情节严重的，商标局、商标评审委员会并可以决定停止受理其办理商标代理业务，予以公告。

“商标代理机构违反诚实信用原则，侵害委托人合法利益的，应当依法承担民事责任，并由商标代理行业组织按照章程规定予以惩戒。”

五十三、将第六十二条改为第七十一条，将其中的“行政处分”修改为“处分”。

本决定自2014年5月1日起施行。

《中华人民共和国商标法》根据本决定作相应修改并对条文顺序作相应调整，重新公布。

中华人民共和国商标法①

（1982年8月23日第五届全国人民代表大会常务委员会第二十四次会议通过　根据1993年2月22日第七届全国人民代表大会常务委员会第三十次会议《关于修改〈中华人民共和国商标法〉的决定》第一次修正　根据2001年10月27日第九届全国人民代表大会常务委员会第二十四次会议《关于修改〈中华人民共和国商标法〉的决定》第二次修正　根据2013年8月30日第十二届全国人民代表大会常务委员会第四次会议《关于修改〈中华人民共和国商标法〉的决定》第三次修正）

目　　录

① 编者注：已被修改。

第一章 总 则

第一条 为了加强商标管理,保护商标专用权,促使生产、经营者保证商品和服务质量,维护商标信誉,以保障消费者和生产、经营者的利益,促进社会主义市场经济的发展,特制定本法。

第二条 国务院工商行政管理部门商标局主管全国商标注册和管理的工作。

国务院工商行政管理部门设立商标评审委员会,负责处理商标争议事宜。

第三条 经商标局核准注册的商标为注册商标,包括商品商标、服务商标和集体商标、证明商标;商标注册人享有商标专用权,受法律保护。

本法所称集体商标,是指以团体、协会或者其他组织名义注册,供该组织成员在商事活动中使用,以表明使用者在该组织中的成员资格的标志。

本法所称证明商标,是指由对某种商品或者服务具有监督能力的组织所控制,而由该组织以外的单位或者个人使用于其商品或者服务,用以证明该商品或者服务的原产地、原料、制造方法、质量或者其他特定品质的标志。

集体商标、证明商标注册和管理的特殊事项,由国务院工商行政管理部门规定。

第四条 自然人、法人或者其他组织在生产经营活动中,对其商品或者服务需要取得商标专用权的,应当向商标局申请商标注册。

本法有关商品商标的规定,适用于服务商标。

第五条 两个以上的自然人、法人或者其他组织可以共同向商标局申请注册同一商标,共同享有和行使该商标专用权。

第六条 法律、行政法规规定必须使用注册商标的商品,必须申请商标注册,未经核准注册的,不得在市场销售。

第七条 申请注册和使用商标,应当遵循诚实信用原则。

商标使用人应当对其使用商标的商品质量负责。各级工商行政管理部门应当通过商标管理,制止欺骗消费者的行为。

第八条 任何能够将自然人、法人或者其他组织的商品与他人的商品区别开的标志,包括文字、图形、字母、数字、三维标志、颜色组合和声音等,以及上述要素的组合,均可以作为商标申请注册。

第九条 申请注册的商标,应当有显著特征,便于识别,并不得与他人在先取得的合法权利相冲突。

商标注册人有权标明"注册商标"或者注册标记。

第十条 下列标志不得作为商标使用:

(一) 同中华人民共和国的国家名称、国旗、国徽、国歌、军旗、军徽、军歌、勋章等相同或者近似的,以及同中央国家机关的名称、标志、所在地特定地点的名称或者标志性建筑物的名称、图形相同的;

(二) 同外国的国家名称、国旗、国徽、军旗等相同或者近似的,但经该国政府同意的除外;

(三) 同政府间国际组织的名称、旗帜、徽记等相同或者近似的,但经该组织同意或者不易误导公众的除外;

(四) 与表明实施控制、予以保证的官方标志、检验印记相同或者近似的,但经授权的除外;

(五) 同"红十字"、"红新月"的名称、标志相同或者近似的;

(六) 带有民族歧视性的;

(七) 带有欺骗性,容易使公众对商品的质量等特点或者产地产生误认的;

(八) 有害于社会主义道德风尚或者有其他不良影响的。

县级以上行政区划的地名或者公众知晓的外国地名,不得作为商标。但是,地名具有其他含义或者作为集体商标、证明商标组成部分的除外;已经注册的使用地名的商标继续有效。

第十一条 下列标志不得作为商标注册:

(一) 仅有本商品的通用名称、图形、型号的;

(二) 仅直接表示商品的质量、主要原料、功能、用途、重量、数量及其他特点的;

(三) 其他缺乏显著特征的。

前款所列标志经过使用取得显著特征,并便于识别的,可以作为商标注册。

第十二条 以三维标志申请注册商标的,仅由商品自身的性质产生的形状、为获得技术效果而需有的商品形状或者使商品具有实质性价值的形状，不得注册。

第十三条　为相关公众所熟知的商标，持有人认为其权利受到侵害时，可以依照本法规定请求驰名商标保护。

就相同或者类似商品申请注册的商标是复制、摹仿或者翻译他人未在中国注册的驰名商标，容易导致混淆的，不予注册并禁止使用。

就不相同或者不相类似商品申请注册的商标是复制、摹仿或者翻译他人已经在中国注册的驰名商标，误导公众，致使该驰名商标注册人的利益可能受到损害的，不予注册并禁止使用。

第十四条　驰名商标应当根据当事人的请求，作为处理涉及商标案件需要认定的事实进行认定。认定驰名商标应当考虑下列因素：

（一）相关公众对该商标的知晓程度；

（二）该商标使用的持续时间；

（三）该商标的任何宣传工作的持续时间、程度和地理范围；

（四）该商标作为驰名商标受保护的记录；

（五）该商标驰名的其他因素。

在商标注册审查、工商行政管理部门查处商标违法案件过程中，当事人依照本法第十三条规定主张权利的，商标局根据审查、处理案件的需要，可以对商标驰名情况作出认定。

在商标争议处理过程中，当事人依照本法第十三条规定主张权利的，商标评审委员会根据处理案件的需要，可以对商标驰名情况作出认定。

在商标民事、行政案件审理过程中，当事人依照本法第十三条规定主张权利的，最高人民法院指定的人民法院根据审理案件的需要，可以对商标驰名情况作出认定。

生产、经营者不得将“驰名商标”字样用于商品、商品包装或者容器上，或者用于广告宣传、展览以及其他商业活动中。

第十五条　未经授权，代理人或者代表人以自己的名义将被代理人或者被代表人的商标进行注册，被代理人或者被代表人提出异议的，不予注册并禁止使用。

就同一种商品或者类似商品申请注册的商标与他人在先使用的未注册商标相同或者近似，申请人与该他人具有前款规定以外的合同、业务往来关系或者其他关系而明知该他人商标存在，该他人提出异议的，不予注册。

第十六条　商标中有商品的地理标志，而该商品并非来源于该标志所标示的地区，误导公众的，不予注册并禁止使用；但是，已经善意取得注册的继续有效。

前款所称地理标志，是指标示某商品来源于某地区，该商品的特定质量、信誉或者其他特征，主要由该地区的自然因素或者人文因素所决定的标志。

第十七条　外国人或者外国企业在中国申请商标注册的，应当按其所属国和中华人民共和国签订的协议或者共同参加的国际条约办理，或者按对等原则办理。

第十八条　申请商标注册或者办理其他商标事宜，可以自行办理，也可以委托依法设立的商标代理机构办理。

外国人或者外国企业在中国申请商标注册和办理其他商标事宜的，应当委托依法设立的商标代理机构办理。

第十九条　商标代理机构应当遵循诚实信用原则，遵守法律、行政法规，按照被代理人的委托办理商标注册申请或者其他商标事宜；对在代理过程中知悉的被代理人的商业秘密，负有保密义务。

委托人申请注册的商标可能存在本法规定不得注册情形的，商标代理机构应当明确告知委托人。

商标代理机构知道或者应当知道委托人申请注册的商标属于本法第十五条和第三十二条规定情形的，不得接受其委托。

商标代理机构除对其代理服务申请商标注册外，不得申请注册其他商标。

第二十条　商标代理行业组织应当按照章程规定，严格执行吸纳会员的条件，对违反行业自律规范的会员实行惩戒。商标代理行业组织对其吸纳的会员和对会员的惩戒情况，应当及时向社会公布。

第二十一条　商标国际注册遵循中华人民共和国缔结或者参加的有关国际条约确立的制度，具体办法由国务院规定。

第二章 商标注册的申请

第二十二条 商标注册申请人应当按规定的商品分类表填报使用商标的商品类别和商品名称,提出注册申请。

商标注册申请人可以通过一份申请就多个类别的商品申请注册同一商标。

商标注册申请等有关文件,可以以书面方式或者数据电文方式提出。

第二十三条 注册商标需要在核定使用范围之外的商品上取得商标专用权的,应当另行提出注册申请。

第二十四条 注册商标需要改变其标志的,应当重新提出注册申请。

第二十五条 商标注册申请人自其商标在外国第一次提出商标注册申请之日起六个月内,又在中国就相同商品以同一商标提出商标注册申请的,依照该外国同中国签订的协议或者共同参加的国际条约,或者按照相互承认优先权的原则,可以享有优先权。

依照前款要求优先权的,应当在提出商标注册申请的时候提出书面声明,并且在三个月内提交第一次提出的商标注册申请文件的副本;未提出书面声明或者逾期未提交商标注册申请文件副本的,视为未要求优先权。

第二十六条 商标在中国政府主办的或者承认的国际展览会展出的商品上首次使用的,自该商品展出之日起六个月内,该商标的注册申请人可以享有优先权。

依照前款要求优先权的,应当在提出商标注册申请的时候提出书面声明,并且在三个月内提交展出其商品的展览会名称、在展出商品上使用该商标的证据、展出日期等证明文件;未提出书面声明或者逾期未提交证明文件的,视为未要求优先权。

第二十七条 为申请商标注册所申报的事项和所提供的材料应当真实、准确、完整。

第三章 商标注册的审查和核准

第二十八条 对申请注册的商标,商标局应当自收到商标注册申请文件之日起九个月内审查完毕,符合本法有关规定的,予以初步审定公告。

第二十九条 在审查过程中,商标局认为商标注册申请内容需要说明或者修正的,可以要求申请人做出说明或者修正。申请人未做出说明或者修正的,不影响商标局做出审查决定。

第三十条 申请注册的商标,凡不符合本法有关规定或者同他人在同一种商品或者类似商品上已经注册的或者初步审定的商标相同或者近似的,由商标局驳回申请,不予公告。

第三十一条 两个或者两个以上的商标注册申请人,在同一种商品或者类似商品上,以相同或者近似的商标申请注册的,初步审定并公告申请在先的商标;同一天申请的,初步审定并公告使用在先的商标,驳回其他人的申请,不予公告。

第三十二条 申请商标注册不得损害他人现有的在先权利,也不得以不正当手段抢先注册他人已经使用并有一定影响的商标。

第三十三条 对初步审定公告的商标,自公告之日起三个月内,在先权利人、利害关系人认为违反本法第十三条第二款和第三款、第十五条、第十六条第一款、第三十条、第三十一条、第三十二条规定的,或者任何人认为违反本法第十条、第十一条、第十二条规定的,可以向商标局提出异议。公告期满无异议的,予以核准注册,发给商标注册证,并予公告。

第三十四条 对驳回申请、不予公告的商标,商标局应当书面通知商标注册申请人。商标注册申请人不服的,可以自收到通知之日起十五日内向商标评审委员会申请复审。商标评审委员会应当自收到申请之日起九个月内做出决定,并书面通知申请人。有特殊情况需要延长的,经国务院工商行政管理部门批准,可以延长三个月。当事人对商标评审委员会的决定不服的,可以自收到通知之日起三十日内向人民法院起诉。

第三十五条 对初步审定公告的商标提出异议的,商标局应当听取异议人和被异议人陈述事实和理由,经调查核实后,自公告期满之日起十二个月内做出是否准予注册的决定,并书面通知异议人和被异议人。有特殊情况需要延长的,经国务院工商行政管理部门批准,可以延长六个月。

商标局做出准予注册决定的,发给商标注册证,并予公告。异议人不服的,可以依照本法第四十四条、第四十五条的规定向商标评审委员会请求宣告该注册商标无效。

商标局做出不予注册决定，被异议人不服的，可以自收到通知之日起十五日内向商标评审委员会申请复审。商标评审委员会应当自收到申请之日起十二个月内做出复审决定，并书面通知异议人和被异议人。有特殊情况需要延长的，经国务院工商行政管理部门批准，可以延长六个月。被异议人对商标评审委员会的决定不服的，可以自收到通知之日起三十日内向人民法院起诉。人民法院应当通知异议人作为第三人参加诉讼。

商标评审委员会在依照前款规定进行复审的过程中，所涉及的在先权利的确定必须以人民法院正在审理或者行政机关正在处理的另一案件的结果为依据的，可以中止审查。中止原因消除后，应当恢复审查程序。

第三十六条 法定期限届满，当事人对商标局做出的驳回申请决定、不予注册决定不申请复审或者对商标评审委员会做出的复审决定不向人民法院起诉的，驳回申请决定、不予注册决定或者复审决定生效。

经审查异议不成立而准予注册的商标，商标注册申请人取得商标专用权的时间自初步审定公告三个月期满之日起计算。自该商标公告期满之日起至准予注册决定做出前，对他人在同一种或者类似商品上使用与该商标相同或者近似的标志的行为不具有追溯力；但是，因该使用人的恶意给商标注册人造成的损失，应当给予赔偿。

第三十七条 对商标注册申请和商标复审申请应当及时进行审查。

第三十八条 商标注册申请人或者注册人发现商标申请文件或者注册文件有明显错误的，可以申请更正。商标局依法在其职权范围内作出更正，并通知当事人。

前款所称更正错误不涉及商标申请文件或者注册文件的实质性内容。

第四章 注册商标的续展、变更、转让和使用许可

第三十九条 注册商标的有效期为十年，自核准注册之日起计算。

第四十条 注册商标有效期满，需要继续使用的，商标注册人应当在期满前十二个月内按照规定办理续展手续；在此期间未能办理的，可以给予六个月的宽展期。每次续展注册的有效期为十年，自该商标上一届有效期满次日起计算。期满未办理续展手续的，注销其注册商标。

商标局应当对续展注册的商标予以公告。

第四十一条 注册商标需要变更注册人的名义、地址或者其他注册事项的，应当提出变更申请。

第四十二条 转让注册商标的，转让人和受让人应当签订转让协议，并共同向商标局提出申请。受让人应当保证使用该注册商标的商品质量。

转让注册商标的，商标注册人对其在同一种商品上注册的近似的商标，或者在类似商品上注册的相同或者近似的商标，应当一并转让。

对容易导致混淆或者有其他不良影响的转让，商标局不予核准，书面通知申请人并说明理由。

转让注册商标经核准后，予以公告。受让人自公告之日起享有商标专用权。

第四十三条 商标注册人可以通过签订商标使用许可合同，许可他人使用其注册商标。许可人应当监督被许可人使用其注册商标的商品质量。被许可人应当保证使用该注册商标的商品质量。

经许可使用他人注册商标的，必须在使用该注册商标的商品上标明被许可人的名称和商品产地。

许可他人使用其注册商标的，许可人应当将其商标使用许可报商标局备案，由商标局公告。商标使用许可未经备案不得对抗善意第三人。

第五章 注册商标的无效宣告

第四十四条 已经注册的商标，违反本法第十条、第十一条、第十二条规定的，或者是以欺骗手段或者其他不正当手段取得注册的，由商标局宣告该注册商标无效；其他单位或者个人可以请求商标评审委员会宣告该注册商标无效。

商标局做出宣告注册商标无效的决定，应当书面通知当事人。当事人对商标局的决定不服

的,可以自收到通知之日起十五日内向商标评审委员会申请复审。商标评审委员会应当自收到申请之日起九个月内做出决定,并书面通知当事人。有特殊情况需要延长的,经国务院工商行政管理部门批准,可以延长三个月。当事人对商标评审委员会的决定不服的,可以自收到通知之日起三十日内向人民法院起诉。

其他单位或者个人请求商标评审委员会宣告注册商标无效的,商标评审委员会收到申请后,应当书面通知有关当事人,并限期提出答辩。商标评审委员会应当自收到申请之日起九个月内做出维持注册商标或者宣告注册商标无效的裁定,并书面通知当事人。有特殊情况需要延长的,经国务院工商行政管理部门批准,可以延长三个月。当事人对商标评审委员会的裁定不服的,可以自收到通知之日起三十日内向人民法院起诉。人民法院应当通知商标裁定程序的对方当事人作为第三人参加诉讼。

第四十五条 已经注册的商标,违反本法第十三条第二款和第三款、第十五条、第十六条第一款、第三十条、第三十一条、第三十二条规定的,自商标注册之日起五年内,在先权利人或者利害关系人可以请求商标评审委员会宣告该注册商标无效。对恶意注册的,驰名商标所有人不受五年的时间限制。

商标评审委员会收到宣告注册商标无效的申请后,应当书面通知有关当事人,并限期提出答辩。商标评审委员会应当自收到申请之日起十二个月内做出维持注册商标或者宣告注册商标无效的裁定,并书面通知当事人。有特殊情况需要延长的,经国务院工商行政管理部门批准,可以延长六个月。当事人对商标评审委员会的裁定不服的,可以自收到通知之日起三十日内向人民法院起诉。人民法院应当通知商标裁定程序的对方当事人作为第三人参加诉讼。

商标评审委员会在依照前款规定对无效宣告请求进行审查的过程中,所涉及的在先权利的确定必须以人民法院正在审理或者行政机关正在处理的另一案件的结果为依据的,可以中止审查。中止原因消除后,应当恢复审查程序。

第四十六条 法定期限届满,当事人对商标局宣告注册商标无效的决定不申请复审或者对商标评审委员会的复审决定、维持注册商标或者宣告注册商标无效的裁定不向人民法院起诉的,商标局的决定或者商标评审委员会的复审决定、裁定生效。

第四十七条 依照本法第四十四条、第四十五条的规定宣告无效的注册商标,由商标局予以公告,该注册商标专用权视为自始即不存在。

宣告注册商标无效的决定或者裁定,对宣告无效前人民法院做出并已执行的商标侵权案件的判决、裁定、调解书和工商行政管理部门做出并已执行的商标侵权案件的处理决定以及已经履行的商标转让或者使用许可合同不具有追溯力。但是,因商标注册人的恶意给他人造成的损失,应当给予赔偿。

依照前款规定不返还商标侵权赔偿金、商标转让费、商标使用费,明显违反公平原则的,应当全部或者部分返还。

第六章 商标使用的管理

第四十八条 本法所称商标的使用,是指将商标用于商品、商品包装或者容器以及商品交易文书上,或者将商标用于广告宣传、展览以及其他商业活动中,用于识别商品来源的行为。

第四十九条 商标注册人在使用注册商标的过程中,自行改变注册商标、注册人名义、地址或者其他注册事项的,由地方工商行政管理部门责令限期改正;期满不改正的,由商标局撤销其注册商标。

注册商标成为其核定使用的商品的通用名称或者没有正当理由连续三年不使用的,任何单位或者个人可以向商标局申请撤销该注册商标。商标局应当自收到申请之日起九个月内做出决定。有特殊情况需要延长的,经国务院工商行政管理部门批准,可以延长三个月。

第五十条 注册商标被撤销、被宣告无效或者期满不再续展的,自撤销、宣告无效或者注销之日起一年内,商标局对与该商标相同或者近似的商标注册申请,不予核准。

第五十一条 违反本法第六条规定的,由地方工商行政管理部门责令限期申请注册,违法经营额五万元以上的,可以处违法经营额百分之二十以下的罚款,没有违法经营额或者违法经营额不足五万元的，可以处一万元以下的罚款。

第五十二条　将未注册商标冒充注册商标使用的，或者使用未注册商标违反本法第十条规定的，由地方工商行政管理部门予以制止，限期改正，并可以予以通报，违法经营额五万元以上的，可以处违法经营额百分之二十以下的罚款，没有违法经营额或者违法经营额不足五万元的，可以处一万元以下的罚款。

第五十三条　违反本法第十四条第五款规定的，由地方工商行政管理部门责令改正，处十万元罚款。

第五十四条　对商标局撤销或者不予撤销注册商标的决定，当事人不服的，可以自收到通知之日起十五日内向商标评审委员会申请复审。商标评审委员会应当自收到申请之日起九个月内做出决定，并书面通知当事人。有特殊情况需要延长的，经国务院工商行政管理部门批准，可以延长三个月。当事人对商标评审委员会的决定不服的，可以自收到通知之日起三十日内向人民法院起诉。

第五十五条　法定期限届满，当事人对商标局做出的撤销注册商标的决定不申请复审或者对商标评审委员会做出的复审决定不向人民法院起诉的，撤销注册商标的决定、复审决定生效。

被撤销的注册商标，由商标局予以公告，该注册商标专用权自公告之日起终止。

第七章　注册商标专用权的保护

第五十六条　注册商标的专用权，以核准注册的商标和核定使用的商品为限。

第五十七条　有下列行为之一的，均属侵犯注册商标专用权：

（一）未经商标注册人的许可，在同一种商品上使用与其注册商标相同的商标的；

（二）未经商标注册人的许可，在同一种商品上使用与其注册商标近似的商标，或者在类似商品上使用与其注册商标相同或者近似的商标，容易导致混淆的；

（三）销售侵犯注册商标专用权的商品的；

（四）伪造、擅自制造他人注册商标标识或者销售伪造、擅自制造的注册商标标识的；

（五）未经商标注册人同意，更换其注册商标并将该更换商标的商品又投入市场的；

（六）故意为侵犯他人商标专用权行为提供便利条件，帮助他人实施侵犯商标专用权行为的；

（七）给他人的注册商标专用权造成其他损害的。

第五十八条　将他人注册商标、未注册的驰名商标作为企业名称中的字号使用，误导公众，构成不正当竞争行为的，依照《中华人民共和国反不正当竞争法》处理。

第五十九条　注册商标中含有的本商品的通用名称、图形、型号，或者直接表示商品的质量、主要原料、功能、用途、重量、数量及其他特点，或者含有的地名，注册商标专用权人无权禁止他人正当使用。

三维标志注册商标中含有的商品自身的性质产生的形状、为获得技术效果而需有的商品形状或者使商品具有实质性价值的形状，注册商标专用权人无权禁止他人正当使用。

商标注册人申请商标注册前，他人已经在同一种商品或者类似商品上先于商标注册人使用与注册商标相同或者近似并有一定影响的商标的，注册商标专用权人无权禁止该使用人在原使用范围内继续使用该商标，但可以要求其附加适当区别标识。

第六十条　有本法第五十七条所列侵犯注册商标专用权行为之一，引起纠纷的，由当事人协商解决；不愿协商或者协商不成的，商标注册人或者利害关系人可以向人民法院起诉，也可以请求工商行政管理部门处理。

工商行政管理部门处理时，认定侵权行为成立的，责令立即停止侵权行为，没收、销毁侵权商品和主要用于制造侵权商品、伪造注册商标标识的工具，违法经营额五万元以上的，可以处违法经营额五倍以下的罚款，没有违法经营额或者违法经营额不足五万元的，可以处二十五万元以下的罚款。对五年内实施两次以上商标侵权行为或者有其他严重情节的，应当从重处罚。销售不知道是侵犯注册商标专用权的商品，能证明该商品是自己合法取得并说明提供者的，由工商行政管理部门责令停止销售。

对侵犯商标专用权的赔偿数额的争议，当事

人可以请求进行处理的工商行政管理部门调解，也可以依照《中华人民共和国民事诉讼法》向人民法院起诉。经工商行政管理部门调解，当事人未达成协议或者调解书生效后不履行的，当事人可以依照《中华人民共和国民事诉讼法》向人民法院起诉。

第六十一条　对侵犯注册商标专用权的行为，工商行政管理部门有权依法查处；涉嫌犯罪的，应当及时移送司法机关依法处理。

第六十二条　县级以上工商行政管理部门根据已经取得的违法嫌疑证据或者举报，对涉嫌侵犯他人注册商标专用权的行为进行查处时，可以行使下列职权：

（一）询问有关当事人，调查与侵犯他人注册商标专用权有关的情况；

（二）查阅、复制当事人与侵权活动有关的合同、发票、账簿以及其他有关资料；

（三）对当事人涉嫌从事侵犯他人注册商标专用权活动的场所实施现场检查；

（四）检查与侵权活动有关的物品；对有证据证明是侵犯他人注册商标专用权的物品，可以查封或者扣押。

工商行政管理部门依法行使前款规定的职权时，当事人应当予以协助、配合，不得拒绝、阻挠。

在查处商标侵权案件过程中，对商标权属存在争议或者权利人同时向人民法院提起商标侵权诉讼的，工商行政管理部门可以中止案件的查处。中止原因消除后，应当恢复或者终结案件查处程序。

第六十三条　侵犯商标专用权的赔偿数额，按照权利人因被侵权所受到的实际损失确定；实际损失难以确定的，可以按照侵权人因侵权所获得的利益确定；权利人的损失或者侵权人获得的利益难以确定的，参照该商标许可使用费的倍数合理确定。对恶意侵犯商标专用权，情节严重的，可以在按照上述方法确定数额的一倍以上三倍以下确定赔偿数额。赔偿数额应当包括权利人为制止侵权行为所支付的合理开支。

人民法院为确定赔偿数额，在权利人已经尽力举证，而与侵权行为相关的账簿、资料主要由侵权人掌握的情况下，可以责令侵权人提供与侵权行为相关的账簿、资料；侵权人不提供或者提供虚假的账簿、资料的，人民法院可以参考权利人的主张和提供的证据判定赔偿数额。

权利人因被侵权所受到的实际损失、侵权人因侵权所获得的利益、注册商标许可使用费难以确定的，由人民法院根据侵权行为的情节判决给予三百万元以下的赔偿。

第六十四条　注册商标专用权人请求赔偿，被控侵权人以注册商标专用权人未使用注册商标提出抗辩的，人民法院可以要求注册商标专用权人提供此前三年内实际使用该注册商标的证据。注册商标专用权人不能证明此前三年内实际使用过该注册商标，也不能证明因侵权行为受到其他损失的，被控侵权人不承担赔偿责任。

销售不知道是侵犯注册商标专用权的商品，能证明该商品是自己合法取得并说明提供者的，不承担赔偿责任。

第六十五条　商标注册人或者利害关系人有证据证明他人正在实施或者即将实施侵犯其注册商标专用权的行为，如不及时制止将会使其合法权益受到难以弥补的损害的，可以依法在起诉前向人民法院申请采取责令停止有关行为和财产保全的措施。

第六十六条　为制止侵权行为，在证据可能灭失或者以后难以取得的情况下，商标注册人或者利害关系人可以依法在起诉前向人民法院申请保全证据。

第六十七条　未经商标注册人许可，在同一种商品上使用与其注册商标相同的商标，构成犯罪的，除赔偿被侵权人的损失外，依法追究刑事责任。

伪造、擅自制造他人注册商标标识或者销售伪造、擅自制造的注册商标标识，构成犯罪的，除赔偿被侵权人的损失外，依法追究刑事责任。

销售明知是假冒注册商标的商品，构成犯罪的，除赔偿被侵权人的损失外，依法追究刑事责任。

第六十八条　商标代理机构有下列行为之一的，由工商行政管理部门责令限期改正，给予警告，处一万元以上十万元以下的罚款；对直接负责的主管人员和其他直接责任人员给予警告，处五千元以上五万元以下的罚款；构成犯罪的，依法追究刑事责任：

（一）办理商标事宜过程中，伪造、变造或者使用伪造、变造的法律文件、印章、签名的；

（二）以诋毁其他商标代理机构等手段招徕商标代理业务或者以其他不正当手段扰乱商标代理市场秩序的；

（三）违反本法第十九条第三款、第四款规定的。

商标代理机构有前款规定行为的，由工商行政管理部门记入信用档案；情节严重的，商标局、商标评审委员会并可以决定停止受理其办理商标代理业务，予以公告。

商标代理机构违反诚实信用原则，侵害委托人合法利益的，应当依法承担民事责任，并由商标代理行业组织按照章程规定予以惩戒。

第六十九条　从事商标注册、管理和复审工作的国家机关工作人员必须秉公执法，廉洁自律，忠于职守，文明服务。

商标局、商标评审委员会以及从事商标注册、管理和复审工作的国家机关工作人员不得从事商标代理业务和商品生产经营活动。

第七十条　工商行政管理部门应当建立健全内部监督制度，对负责商标注册、管理和复审工作的国家机关工作人员执行法律、行政法规和遵守纪律的情况，进行监督检查。

第七十一条　从事商标注册、管理和复审工作的国家机关工作人员玩忽职守、滥用职权、徇私舞弊，违法办理商标注册、管理和复审事项，收受当事人财物，牟取不正当利益，构成犯罪的，依法追究刑事责任；尚不构成犯罪的，依法给予处分。

第八章　附　　则

第七十二条　申请商标注册和办理其他商标事宜的，应当缴纳费用，具体收费标准另定。

第七十三条　本法自1983年3月1日起施行。1963年4月10日国务院公布的《商标管理条例》同时废止；其他有关商标管理的规定，凡与本法抵触的，同时失效。

本法施行前已经注册的商标继续有效。

全国人民代表大会常务委员会关于修改《中华人民共和国建筑法》等八部法律的决定（节录）

（2019年4月23日第十三届全国人民代表大会常务委员会第十次会议通过　2019年4月23日中华人民共和国主席令第29号公布　《中华人民共和国商标法》的修改条款自2019年11月1日起施行，其他法律的修改条款自本决定公布之日起施行）

第十三届全国人民代表大会常务委员会第十次会议决定：

……

六、对《中华人民共和国商标法》作出修改

（一）将第四条第一款修改为："自然人、法人或者其他组织在生产经营活动中，对其商品或者服务需要取得商标专用权的，应当向商标局申请商标注册。不以使用为目的的恶意商标注册申请，应当予以驳回。"

（二）将第十九条第三款修改为："商标代理机构知道或者应当知道委托人申请注册的商标属于本法第四条、第十五条和第三十二条规定情形的，不得接受其委托。"

（三）将第三十三条修改为："对初步审定公告的商标，自公告之日起三个月内，在先权利人、利害关系人认为违反本法第十三条第二款和第三款、第十五条、第十六条第一款、第三十条、第三十一条、第三十二条规定的，或者任何人认为违反本法第四条、第十条、第十一条、第十二条、第十九条第四款规定的，可以向商标局提出异议。公告期满无异议的，予以核准注册，发给商标注册证，并予公告。"

（四）将第四十四条第一款修改为："已经注册的商标，违反本法第四条、第十条、第十一条、第十二条、第十九条第四款规定的，或者是以欺骗手段或者其他不正当手段取得注册的，由商标局宣告该注册商标无效；其他单位或者个人可以请求商标评审委员会宣告该注册商标无效。"

（五）将第六十三条第一款中的"一倍以上三倍以下"修改为"一倍以上五倍以下"；第三款中的"三百万元以下"修改为"五百万元以下"；

增加两款分别作为第四款、第五款:“人民法院审理商标纠纷案件,应权利人请求,对属于假冒注册商标的商品,除特殊情况外,责令销毁;对主要用于制造假冒注册商标的商品的材料、工具,责令销毁,且不予补偿;或者在特殊情况下,责令禁止前述材料、工具进入商业渠道,且不予补偿。

“假冒注册商标的商品不得在仅去除假冒注册商标后进入商业渠道。”

(六)将第六十八条第一款第三项修改为:“(三)违反本法第四条、第十九条第三款和第四款规定的”;增加一款作为第四款:“对恶意申请商标注册的,根据情节给予警告、罚款等行政处罚;对恶意提起商标诉讼的,由人民法院依法给予处罚。”

……

《中华人民共和国商标法》的修改条款自2019年11月1日起施行,其他法律的修改条款自本决定公布之日起施行。

《中华人民共和国建筑法》《中华人民共和国消防法》《中华人民共和国电子签名法》《中华人民共和国城乡规划法》《中华人民共和国车船税法》《中华人民共和国商标法》《中华人民共和国反不正当竞争法》《中华人民共和国行政许可法》根据本决定作相应修改,重新公布。

中华人民共和国商标法

(1982年8月23日第五届全国人民代表大会常务委员会第二十四次会议通过 根据1993年2月22日第七届全国人民代表大会常务委员会第三十次会议《关于修改〈中华人民共和国商标法〉的决定》第一次修正 根据2001年10月27日第九届全国人民代表大会常务委员会第二十四次会议《关于修改〈中华人民共和国商标法〉的决定》第二次修正 根据2013年8月30日第十二届全国人民代表大会常务委员会第四次会议《关于修改〈中华人民共和国商标法〉的决定》第三次修正 根据2019年4月23日第十三届全国人民代表大会常务委员会第十次会议《关于修改〈中华人民共和国建筑法〉等八部法律的决定》第四次修正)

目　　录

第一章 总　　则

第一条 为了加强商标管理,保护商标专用权,促使生产、经营者保证商品和服务质量,维护商标信誉,以保障消费者和生产、经营者的利益,促进社会主义市场经济的发展,特制定本法。

第二条 国务院工商行政管理部门商标局主管全国商标注册和管理的工作。

国务院工商行政管理部门设立商标评审委员会,负责处理商标争议事宜。

第三条 经商标局核准注册的商标为注册商标,包括商品商标、服务商标和集体商标、证明商标;商标注册人享有商标专用权,受法律保护。

本法所称集体商标,是指以团体、协会或者其他组织名义注册,供该组织成员在商事活动中使用,以表明使用者在该组织中的成员资格的标志。

本法所称证明商标,是指由对某种商品或者服务具有监督能力的组织所控制,而由该组织以外的单位或者个人使用于其商品或者服务,用以证明该商品或者服务的原产地、原料、制造方法、质量或者其他特定品质的标志。

集体商标、证明商标注册和管理的特殊事项,由国务院工商行政管理部门规定。

第四条 自然人、法人或者其他组织在生产经营活动中,对其商品或者服务需要取得商标专用权的,应当向商标局申请商标注册。不以使用为目的的恶意商标注册申请,应当予以驳回。

本法有关商品商标的规定,适用于服务商标。

第五条 两个以上的自然人、法人或者其他组织可以共同向商标局申请注册同一商标,共同享有和行使该商标专用权。

第六条 法律、行政法规规定必须使用注册商标的商品,必须申请商标注册,未经核准注册的,不得在市场销售。

第七条　申请注册和使用商标,应当遵循诚实信用原则。

商标使用人应当对其使用商标的商品质量负责。各级工商行政管理部门应当通过商标管理,制止欺骗消费者的行为。

第八条　任何能够将自然人、法人或者其他组织的商品与他人的商品区别开的标志,包括文字、图形、字母、数字、三维标志、颜色组合和声音等,以及上述要素的组合,均可以作为商标申请注册。

第九条　申请注册的商标,应当有显著特征,便于识别,并不得与他人在先取得的合法权利相冲突。

商标注册人有权标明"注册商标"或者注册标记。

第十条　下列标志不得作为商标使用:

(一) 同中华人民共和国的国家名称、国旗、国徽、国歌、军旗、军徽、军歌、勋章等相同或者近似的,以及同中央国家机关的名称、标志、所在地特定地点的名称或者标志性建筑物的名称、图形相同的;

(二) 同外国的国家名称、国旗、国徽、军旗等相同或者近似的,但经该国政府同意的除外;

(三) 同政府间国际组织的名称、旗帜、徽记等相同或者近似的,但经该组织同意或者不易误导公众的除外;

(四) 与表明实施控制、予以保证的官方标志、检验印记相同或者近似的,但经授权的除外;

(五) 同"红十字"、"红新月"的名称、标志相同或者近似的;

(六) 带有民族歧视性的;

(七) 带有欺骗性,容易使公众对商品的质量等特点或者产地产生误认的;

(八) 有害于社会主义道德风尚或者有其他不良影响的。

县级以上行政区划的地名或者公众知晓的外国地名,不得作为商标。但是,地名具有其他含义或者作为集体商标、证明商标组成部分的除外;已经注册的使用地名的商标继续有效。

第十一条　下列标志不得作为商标注册:

(一) 仅有本商品的通用名称、图形、型号的;

(二) 仅直接表示商品的质量、主要原料、功能、用途、重量、数量及其他特点的;

(三) 其他缺乏显著特征的。

前款所列标志经过使用取得显著特征,并便于识别的,可以作为商标注册。

第十二条　以三维标志申请注册商标的,仅由商品自身的性质产生的形状、为获得技术效果而需有的商品形状或者使商品具有实质性价值的形状,不得注册。

第十三条　为相关公众所熟知的商标,持有人认为其权利受到侵害时,可以依照本法规定请求驰名商标保护。

就相同或者类似商品申请注册的商标是复制、摹仿或者翻译他人未在中国注册的驰名商标,容易导致混淆的,不予注册并禁止使用。

就不相同或者不相类似商品申请注册的商标是复制、摹仿或者翻译他人已经在中国注册的驰名商标,误导公众,致使该驰名商标注册人的利益可能受到损害的,不予注册并禁止使用。

第十四条　驰名商标应当根据当事人的请求,作为处理涉及商标案件需要认定的事实进行认定。认定驰名商标应当考虑下列因素:

(一)相关公众对该商标的知晓程度;

(二)该商标使用的持续时间;

(三)该商标的任何宣传工作的持续时间、程度和地理范围;

(四)该商标作为驰名商标受保护的记录;

(五)该商标驰名的其他因素。

在商标注册审查、工商行政管理部门查处商标违法案件过程中,当事人依照本法第十三条规定主张权利的,商标局根据审查、处理案件的需要,可以对商标驰名情况作出认定。

在商标争议处理过程中,当事人依照本法第十三条规定主张权利的,商标评审委员会根据处理案件的需要,可以对商标驰名情况作出认定。

在商标民事、行政案件审理过程中,当事人依照本法第十三条规定主张权利的,最高人民法院指定的人民法院根据审理案件的需要,可以对商标驰名情况作出认定。

生产、经营者不得将"驰名商标"字样用于商品、商品包装或者容器上,或者用于广告宣传、展览以及其他商业活动中。

第十五条 未经授权,代理人或者代表人以自己的名义将被代理人或者被代表人的商标进行注册,被代理人或者被代表人提出异议的,不予注册并禁止使用。

就同一种商品或者类似商品申请注册的商标与他人在先使用的未注册商标相同或者近似,申请人与该他人具有前款规定以外的合同、业务往来关系或者其他关系而明知该他人商标存在,该他人提出异议的,不予注册。

第十六条 商标中有商品的地理标志,而该商品并非来源于该标志所标示的地区,误导公众的,不予注册并禁止使用;但是,已经善意取得注册的继续有效。

前款所称地理标志,是指标示某商品来源于某地区,该商品的特定质量、信誉或者其他特征,主要由该地区的自然因素或者人文因素所决定的标志。

第十七条 外国人或者外国企业在中国申请商标注册的,应当按其所属国和中华人民共和国签订的协议或者共同参加的国际条约办理,或者按对等原则办理。

第十八条 申请商标注册或者办理其他商标事宜,可以自行办理,也可以委托依法设立的商标代理机构办理。

外国人或者外国企业在中国申请商标注册和办理其他商标事宜的,应当委托依法设立的商标代理机构办理。

第十九条 商标代理机构应当遵循诚实信用原则,遵守法律、行政法规,按照被代理人的委托办理商标注册申请或者其他商标事宜;对在代理过程中知悉的被代理人的商业秘密,负有保密义务。

委托人申请注册的商标可能存在本法规定不得注册情形的,商标代理机构应当明确告知委托人。

商标代理机构知道或者应当知道委托人申请注册的商标属于本法第四条、第十五条和第三十二条规定情形的,不得接受其委托。

商标代理机构除对其代理服务申请商标注册外,不得申请注册其他商标。

第二十条 商标代理行业组织应当按照章程规定,严格执行吸纳会员的条件,对违反行业自律规范的会员实行惩戒。商标代理行业组织对其吸纳的会员和对会员的惩戒情况,应当及时向社会公布。

第二十一条 商标国际注册遵循中华人民共和国缔结或者参加的有关国际条约确立的制度,具体办法由国务院规定。

第二章 商标注册的申请

第二十二条 商标注册申请人应当按规定的商品分类表填报使用商标的商品类别和商品名称,提出注册申请。

商标注册申请人可以通过一份申请就多个类别的商品申请注册同一商标。

商标注册申请等有关文件,可以以书面方式或者数据电文方式提出。

第二十三条 注册商标需要在核定使用范围之外的商品上取得商标专用权的,应当另行提出注册申请。

第二十四条 注册商标需要改变其标志的,应当重新提出注册申请。

第二十五条 商标注册申请人自其商标在外国第一次提出商标注册申请之日起六个月内,又在中国就相同商品以同一商标提出商标注册申请的,依照该外国同中国签订的协议或者共同参加的国际条约,或者按照相互承认优先权的原则,可以享有优先权。

依照前款要求优先权的,应当在提出商标注册申请的时候提出书面声明,并且在三个月内提交第一次提出的商标注册申请文件的副本;未提出书面声明或者逾期未提交商标注册申请文件副本的,视为未要求优先权。

第二十六条 商标在中国政府主办的或者承认的国际展览会展出的商品上首次使用的,自该商品展出之日起六个月内,该商标的注册申请人可以享有优先权。

依照前款要求优先权的,应当在提出商标注册申请的时候提出书面声明,并且在三个月内提交展出其商品的展览会名称、在展出商品上使用该商标的证据、展出日期等证明文件;未提出书面声明或者逾期未提交证明文件的,视为未要求优先权。

第二十七条 为申请商标注册所申报的事项和所提供的材料应当真实、准确、完整。

第三章 商标注册的审查和核准

第二十八条 对申请注册的商标，商标局应当自收到商标注册申请文件之日起九个月内审查完毕，符合本法有关规定的，予以初步审定公告。

第二十九条 在审查过程中，商标局认为商标注册申请内容需要说明或者修正的，可以要求申请人做出说明或者修正。申请人未做出说明或者修正的，不影响商标局做出审查决定。

第三十条 申请注册的商标，凡不符合本法有关规定或者同他人在同一种商品或者类似商品上已经注册的或者初步审定的商标相同或者近似的，由商标局驳回申请，不予公告。

第三十一条 两个或者两个以上的商标注册申请人，在同一种商品或者类似商品上，以相同或者近似的商标申请注册的，初步审定并公告申请在先的商标；同一天申请的，初步审定并公告使用在先的商标，驳回其他人的申请，不予公告。

第三十二条 申请商标注册不得损害他人现有的在先权利，也不得以不正当手段抢先注册他人已经使用并有一定影响的商标。

第三十三条 对初步审定公告的商标，自公告之日起三个月内，在先权利人、利害关系人认为违反本法第十三条第二款和第三款、第十五条、第十六条第一款、第三十条、第三十一条、第三十二条规定的，或者任何人认为违反本法第四条、第十条、第十一条、第十二条、第十九条第四款规定的，可以向商标局提出异议。公告期满无异议的，予以核准注册，发给商标注册证，并予公告。

第三十四条 对驳回申请、不予公告的商标，商标局应当书面通知商标注册申请人。商标注册申请人不服的，可以自收到通知之日起十五日内向商标评审委员会申请复审。商标评审委员会应当自收到申请之日起九个月内做出决定，并书面通知申请人。有特殊情况需要延长的，经国务院工商行政管理部门批准，可以延长三个月。当事人对商标评审委员会的决定不服的，可以自收到通知之日起三十日内向人民法院起诉。

第三十五条 对初步审定公告的商标提出异议的，商标局应当听取异议人和被异议人陈述事实和理由，经调查核实后，自公告期满之日起十二个月内做出是否准予注册的决定，并书面通知异议人和被异议人。有特殊情况需要延长的，经国务院工商行政管理部门批准，可以延长六个月。

商标局做出准予注册决定的，发给商标注册证，并予公告。异议人不服的，可以依照本法第四十四条、第四十五条的规定向商标评审委员会请求宣告该注册商标无效。

商标局做出不予注册决定，被异议人不服的，可以自收到通知之日起十五日内向商标评审委员会申请复审。商标评审委员会应当自收到申请之日起十二个月内做出复审决定，并书面通知异议人和被异议人。有特殊情况需要延长的，经国务院工商行政管理部门批准，可以延长六个月。被异议人对商标评审委员会的决定不服的，可以自收到通知之日起三十日内向人民法院起诉。人民法院应当通知异议人作为第三人参加诉讼。

商标评审委员会在依照前款规定进行复审的过程中，所涉及的在先权利的确定必须以人民法院正在审理或者行政机关正在处理的另一案件的结果为依据的，可以中止审查。中止原因消除后，应当恢复审查程序。

第三十六条 法定期限届满，当事人对商标局做出的驳回申请决定、不予注册决定不申请复审或者对商标评审委员会做出的复审决定不向人民法院起诉的，驳回申请决定、不予注册决定或者复审决定生效。

经审查异议不成立而准予注册的商标，商标注册申请人取得商标专用权的时间自初步审定公告三个月期满之日起计算。自该商标公告期满之日起至准予注册决定做出前，对他人在同一种或者类似商品上使用与该商标相同或者近似的标志的行为不具有追溯力；但是，因该使用人的恶意给商标注册人造成的损失，应当给予赔偿。

第三十七条 对商标注册申请和商标复审申请应当及时进行审查。

第三十八条 商标注册申请人或者注册人发现商标申请文件或者注册文件有明显错误的,可以申请更正。商标局依法在其职权范围内作出更正,并通知当事人。

前款所称更正错误不涉及商标申请文件或者注册文件的实质性内容。

第四章 注册商标的续展、变更、转让和使用许可

第三十九条 注册商标的有效期为十年,自核准注册之日起计算。

第四十条 注册商标有效期满,需要继续使用的,商标注册人应当在期满前十二个月内按照规定办理续展手续;在此期间未能办理的,可以给予六个月的宽展期。每次续展注册的有效期为十年,自该商标上一届有效期满次日起计算。期满未办理续展手续的,注销其注册商标。

商标局应当对续展注册的商标予以公告。

第四十一条 注册商标需要变更注册人的名义、地址或者其他注册事项的,应当提出变更申请。

第四十二条 转让注册商标的,转让人和受让人应当签订转让协议,并共同向商标局提出申请。受让人应当保证使用该注册商标的商品质量。

转让注册商标的,商标注册人对其在同一种商品上注册的近似的商标,或者在类似商品上注册的相同或者近似的商标,应当一并转让。

对容易导致混淆或者有其他不良影响的转让,商标局不予核准,书面通知申请人并说明理由。

转让注册商标经核准后,予以公告。受让人自公告之日起享有商标专用权。

第四十三条 商标注册人可以通过签订商标使用许可合同,许可他人使用其注册商标。许可人应当监督被许可人使用其注册商标的商品质量。被许可人应当保证使用该注册商标的商品质量。

经许可使用他人注册商标的,必须在使用该注册商标的商品上标明被许可人的名称和商品产地。

许可他人使用其注册商标的,许可人应当将其商标使用许可报商标局备案,由商标局公告。商标使用许可未经备案不得对抗善意第三人。

第五章 注册商标的无效宣告

第四十四条 已经注册的商标,违反本法第四条、第十条、第十一条、第十二条、第十九条第四款规定的,或者是以欺骗手段或者其他不正当手段取得注册的,由商标局宣告该注册商标无效;其他单位或者个人可以请求商标评审委员会宣告该注册商标无效。

商标局做出宣告注册商标无效的决定,应当书面通知当事人。当事人对商标局的决定不服的,可以自收到通知之日起十五日内向商标评审委员会申请复审。商标评审委员会应当自收到申请之日起九个月内做出决定,并书面通知当事人。有特殊情况需要延长的,经国务院工商行政管理部门批准,可以延长三个月。当事人对商标评审委员会的决定不服的,可以自收到通知之日起三十日内向人民法院起诉。

其他单位或者个人请求商标评审委员会宣告注册商标无效的,商标评审委员会收到申请后,应当书面通知有关当事人,并限期提出答辩。商标评审委员会应当自收到申请之日起九个月内做出维持注册商标或者宣告注册商标无效的裁定,并书面通知当事人。有特殊情况需要延长的,经国务院工商行政管理部门批准,可以延长三个月。当事人对商标评审委员会的裁定不服的,可以自收到通知之日起三十日内向人民法院起诉。人民法院应当通知商标裁定程序的对方当事人作为第三人参加诉讼。

第四十五条 已经注册的商标,违反本法第十三条第二款和第三款、第十五条、第十六条第一款、第三十条、第三十一条、第三十二条规定的,自商标注册之日起五年内,在先权利人或者利害关系人可以请求商标评审委员会宣告该注册商标无效。对恶意注册的,驰名商标所有人不受五年的时间限制。

商标评审委员会收到宣告注册商标无效的申请后,应当书面通知有关当事人,并限期提出答辩。商标评审委员会应当自收到申请之日起十二个月内做出维持注册商标或者宣告注册商标无效的裁定,并书面通知当事人。有特殊情况

需要延长的，经国务院工商行政管理部门批准，可以延长六个月。当事人对商标评审委员会的裁定不服的，可以自收到通知之日起三十日内向人民法院起诉。人民法院应当通知商标裁定程序的对方当事人作为第三人参加诉讼。

商标评审委员会在依照前款规定对无效宣告请求进行审查的过程中，所涉及的在先权利的确定必须以人民法院正在审理或者行政机关正在处理的另一案件的结果为依据的，可以中止审查。中止原因消除后，应当恢复审查程序。

第四十六条　法定期限届满，当事人对商标局宣告注册商标无效的决定不申请复审或者对商标评审委员会的复审决定、维持注册商标或者宣告注册商标无效的裁定不向人民法院起诉的，商标局的决定或者商标评审委员会的复审决定、裁定生效。

第四十七条　依照本法第四十四条、第四十五条的规定宣告无效的注册商标，由商标局予以公告，该注册商标专用权视为自始即不存在。

宣告注册商标无效的决定或者裁定，对宣告无效前人民法院做出并已执行的商标侵权案件的判决、裁定、调解书和工商行政管理部门做出并已执行的商标侵权案件的处理决定以及已经履行的商标转让或者使用许可合同不具有追溯力。但是，因商标注册人的恶意给他人造成的损失，应当给予赔偿。

依照前款规定不返还商标侵权赔偿金、商标转让费、商标使用费，明显违反公平原则的，应当全部或者部分返还。

第六章　商标使用的管理

第四十八条　本法所称商标的使用，是指将商标用于商品、商品包装或者容器以及商品交易文书上，或者将商标用于广告宣传、展览以及其他商业活动中，用于识别商品来源的行为。

第四十九条　商标注册人在使用注册商标的过程中，自行改变注册商标、注册人名义、地址或者其他注册事项的，由地方工商行政管理部门责令限期改正；期满不改正的，由商标局撤销其注册商标。

注册商标成为其核定使用的商品的通用名称或者没有正当理由连续三年不使用的，任何单位或者个人可以向商标局申请撤销该注册商标。商标局应当自收到申请之日起九个月内做出决定。有特殊情况需要延长的，经国务院工商行政管理部门批准，可以延长三个月。

第五十条　注册商标被撤销、被宣告无效或者期满不再续展的，自撤销、宣告无效或者注销之日起一年内，商标局对与该商标相同或者近似的商标注册申请，不予核准。

第五十一条　违反本法第六条规定的，由地方工商行政管理部门责令限期申请注册，违法经营额五万元以上的，可以处违法经营额百分之二十以下的罚款，没有违法经营额或者违法经营额不足五万元的，可以处一万元以下的罚款。

第五十二条　将未注册商标冒充注册商标使用的，或者使用未注册商标违反本法第十条规定的，由地方工商行政管理部门予以制止，限期改正，并可以予以通报，违法经营额五万元以上的，可以处违法经营额百分之二十以下的罚款，没有违法经营额或者违法经营额不足五万元的，可以处一万元以下的罚款。

第五十三条　违反本法第十四条第五款规定的，由地方工商行政管理部门责令改正，处十万元罚款。

第五十四条　对商标局撤销或者不予撤销注册商标的决定，当事人不服的，可以自收到通知之日起十五日内向商标评审委员会申请复审。商标评审委员会应当自收到申请之日起九个月内做出决定，并书面通知当事人。有特殊情况需要延长的，经国务院工商行政管理部门批准，可以延长三个月。当事人对商标评审委员会的决定不服的，可以自收到通知之日起三十日内向人民法院起诉。

第五十五条　法定期限届满，当事人对商标局做出的撤销注册商标的决定不申请复审或者对商标评审委员会做出的复审决定不向人民法院起诉的，撤销注册商标的决定、复审决定生效。

被撤销的注册商标，由商标局予以公告，该注册商标专用权自公告之日起终止。

第七章　注册商标专用权的保护

第五十六条　注册商标的专用权，以核准注册的商标和核定使用的商品为限。

第五十七条 有下列行为之一的,均属侵犯注册商标专用权:

(一)未经商标注册人的许可,在同一种商品上使用与其注册商标相同的商标的;

(二)未经商标注册人的许可,在同一种商品上使用与其注册商标近似的商标,或者在类似商品上使用与其注册商标相同或者近似的商标,容易导致混淆的;

(三)销售侵犯注册商标专用权的商品的;

(四)伪造、擅自制造他人注册商标标识或者销售伪造、擅自制造的注册商标标识的;

(五)未经商标注册人同意,更换其注册商标并将该更换商标的商品又投入市场的;

(六)故意为侵犯他人商标专用权行为提供便利条件,帮助他人实施侵犯商标专用权行为的;

(七)给他人的注册商标专用权造成其他损害的。

第五十八条 将他人注册商标、未注册的驰名商标作为企业名称中的字号使用,误导公众,构成不正当竞争行为的,依照《中华人民共和国反不正当竞争法》处理。

第五十九条 注册商标中含有的本商品的通用名称、图形、型号,或者直接表示商品的质量、主要原料、功能、用途、重量、数量及其他特点,或者含有的地名,注册商标专用权人无权禁止他人正当使用。

三维标志注册商标中含有的商品自身的性质产生的形状、为获得技术效果而需有的商品形状或者使商品具有实质性价值的形状,注册商标专用权人无权禁止他人正当使用。

商标注册人申请商标注册前,他人已经在同一种商品或者类似商品上先于商标注册人使用与注册商标相同或者近似并有一定影响的商标的,注册商标专用权人无权禁止该使用人在原使用范围内继续使用该商标,但可以要求其附加适当区别标识。

第六十条 有本法第五十七条所列侵犯注册商标专用权行为之一,引起纠纷的,由当事人协商解决;不愿协商或者协商不成的,商标注册人或者利害关系人可以向人民法院起诉,也可以请求工商行政管理部门处理。

工商行政管理部门处理时,认定侵权行为成立的,责令立即停止侵权行为,没收、销毁侵权商品和主要用于制造侵权商品、伪造注册商标标识的工具,违法经营额五万元以上的,可以处违法经营额五倍以下的罚款,没有违法经营额或者违法经营额不足五万元的,可以处二十五万元以下的罚款。对五年内实施两次以上商标侵权行为或者有其他严重情节的,应当从重处罚。销售不知道是侵犯注册商标专用权的商品,能证明该商品是自己合法取得并说明提供者的,由工商行政管理部门责令停止销售。

对侵犯商标专用权的赔偿数额的争议,当事人可以请求进行处理的工商行政管理部门调解,也可以依照《中华人民共和国民事诉讼法》向人民法院起诉。经工商行政管理部门调解,当事人未达成协议或者调解书生效后不履行的,当事人可以依照《中华人民共和国民事诉讼法》向人民法院起诉。

第六十一条 对侵犯注册商标专用权的行为,工商行政管理部门有权依法查处;涉嫌犯罪的,应当及时移送司法机关依法处理。

第六十二条 县级以上工商行政管理部门根据已经取得的违法嫌疑证据或者举报,对涉嫌侵犯他人注册商标专用权的行为进行查处时,可以行使下列职权:

(一)询问有关当事人,调查与侵犯他人注册商标专用权有关的情况;

(二)查阅、复制当事人与侵权活动有关的合同、发票、账簿以及其他有关资料;

(三)对当事人涉嫌从事侵犯他人注册商标专用权活动的场所实施现场检查;

(四)检查与侵权活动有关的物品;对有证据证明是侵犯他人注册商标专用权的物品,可以查封或者扣押。

工商行政管理部门依法行使前款规定的职权时,当事人应当予以协助、配合,不得拒绝、阻挠。

在查处商标侵权案件过程中,对商标权属存在争议或者权利人同时向人民法院提起商标侵权诉讼的,工商行政管理部门可以中止案件的查处。中止原因消除后,应当恢复或者终结案件查处程序。

第六十三条 侵犯商标专用权的赔偿数额,按照权利人因被侵权所受到的实际损失确定;实际损失难以确定的,可以按照侵权人因侵权所获得的利益确定;权利人的损失或者侵权人获得的利益难以确定的,参照该商标许可使用费的倍数合理确定。对恶意侵犯商标专用权,情节严重的,可以在按照上述方法确定数额的一倍以上五倍以下确定赔偿数额。赔偿数额应当包括权利人为制止侵权行为所支付的合理开支。

人民法院为确定赔偿数额,在权利人已经尽力举证,而与侵权行为相关的账簿、资料主要由侵权人掌握的情况下,可以责令侵权人提供与侵权行为相关的账簿、资料;侵权人不提供或者提供虚假的账簿、资料的,人民法院可以参考权利人的主张和提供的证据判定赔偿数额。

权利人因被侵权所受到的实际损失、侵权人因侵权所获得的利益、注册商标许可使用费难以确定的,由人民法院根据侵权行为的情节判决给予五百万元以下的赔偿。

人民法院审理商标纠纷案件,应权利人请求,对属于假冒注册商标的商品,除特殊情况外,责令销毁;对主要用于制造假冒注册商标的商品的材料、工具,责令销毁,且不予补偿;或者在特殊情况下,责令禁止前述材料、工具进入商业渠道,且不予补偿。

假冒注册商标的商品不得在仅去除假冒注册商标后进入商业渠道。

第六十四条 注册商标专用权人请求赔偿,被控侵权人以注册商标专用权人未使用注册商标提出抗辩的,人民法院可以要求注册商标专用权人提供此前三年内实际使用该注册商标的证据。注册商标专用权人不能证明此前三年内实际使用过该注册商标,也不能证明因侵权行为受到其他损失的,被控侵权人不承担赔偿责任。

销售不知道是侵犯注册商标专用权的商品,能证明该商品是自己合法取得并说明提供者的,不承担赔偿责任。

第六十五条 商标注册人或者利害关系人有证据证明他人正在实施或者即将实施侵犯其注册商标专用权的行为,如不及时制止将会使其合法权益受到难以弥补的损害的,可以依法在起诉前向人民法院申请采取责令停止有关行为和财产保全的措施。

第六十六条 为制止侵权行为,在证据可能灭失或者以后难以取得的情况下,商标注册人或者利害关系人可以依法在起诉前向人民法院申请保全证据。

第六十七条 未经商标注册人许可,在同一种商品上使用与其注册商标相同的商标,构成犯罪的,除赔偿被侵权人的损失外,依法追究刑事责任。

伪造、擅自制造他人注册商标标识或者销售伪造、擅自制造的注册商标标识,构成犯罪的,除赔偿被侵权人的损失外,依法追究刑事责任。

销售明知是假冒注册商标的商品,构成犯罪的,除赔偿被侵权人的损失外,依法追究刑事责任。

第六十八条 商标代理机构有下列行为之一的,由工商行政管理部门责令限期改正,给予警告,处一万元以上十万元以下的罚款;对直接负责的主管人员和其他直接责任人员给予警告,处五千元以上五万元以下的罚款;构成犯罪的,依法追究刑事责任:

(一)办理商标事宜过程中,伪造、变造或者使用伪造、变造的法律文件、印章、签名的;

(二)以诋毁其他商标代理机构等手段招徕商标代理业务或者以其他不正当手段扰乱商标代理市场秩序的;

(三)违反本法第四条、第十九条第三款和第四款规定的。

商标代理机构有前款规定行为的,由工商行政管理部门记入信用档案;情节严重的,商标局、商标评审委员会并可以决定停止受理其办理商标代理业务,予以公告。

商标代理机构违反诚实信用原则,侵害委托人合法利益的,应当依法承担民事责任,并由商标代理行业组织按照章程规定予以惩戒。

对恶意申请商标注册的,根据情节给予警告、罚款等行政处罚;对恶意提起商标诉讼的,由人民法院依法给予处罚。

第六十九条 从事商标注册、管理和复审工作的国家机关工作人员必须秉公执法,廉洁自律,忠于职守,文明服务。

商标局、商标评审委员会以及从事商标注

册、管理和复审工作的国家机关工作人员不得从事商标代理业务和商品生产经营活动。

第七十条　工商行政管理部门应当建立健全内部监督制度，对负责商标注册、管理和复审工作的国家机关工作人员执行法律、行政法规和遵守纪律的情况，进行监督检查。

第七十一条　从事商标注册、管理和复审工作的国家机关工作人员玩忽职守、滥用职权、徇私舞弊，违法办理商标注册、管理和复审事项，收受当事人财物，牟取不正当利益，构成犯罪的，依法追究刑事责任；尚不构成犯罪的，依法给予处分。

第八章　附　　则

第七十二条　申请商标注册和办理其他商标事宜的，应当缴纳费用，具体收费标准另定。

第七十三条　本法自1983年3月1日起施行。1963年4月10日国务院公布的《商标管理条例》同时废止；其他有关商标管理的规定，凡与本法抵触的，同时失效。

本法施行前已经注册的商标继续有效。

最高人民法院关于审理商标民事纠纷案件适用法律若干问题的解释

（2002年10月12日最高人民法院审判委员会第1246次会议通过　2002年10月12日最高人民法院公告公布　自2002年10月16日起施行　法释〔2002〕32号）

为了正确审理商标纠纷案件，根据《中华人民共和国民法通则》、《中华人民共和国合同法》、《中华人民共和国商标法》、《中华人民共和国民事诉讼法》等法律的规定，就适用法律若干问题解释如下：

第一条　下列行为属于商标法第五十二条第（五）项规定的给他人注册商标专用权造成其他损害的行为：

（一）将与他人注册商标相同或者相近似的文字作为企业的字号在相同或者类似商品上突出使用，容易使相关公众产生误认的；

（二）复制、摹仿、翻译他人注册的驰名商标或其主要部分在不相同或者不相类似商品上作为商标使用，误导公众，致使该驰名商标注册人的利益可能受到损害的；

（三）将与他人注册商标相同或者相近似的文字注册为域名，并且通过该域名进行相关商品交易的电子商务，容易使相关公众产生误认的。

第二条　依据商标法第十三条第一款的规定，复制、摹仿、翻译他人未在中国注册的驰名商标或其主要部分，在相同或者类似商品上作为商标使用，容易导致混淆的，应当承担停止侵害的民事法律责任。

第三条　商标法第四十条规定的商标使用许可包括以下三类：

（一）独占使用许可，是指商标注册人在约定的期间、地域和以约定的方式，将该注册商标仅许可一个被许可人使用，商标注册人依约定不得使用该注册商标；

（二）排他使用许可，是指商标注册人在约定的期间、地域和以约定的方式，将该注册商标仅许可一个被许可人使用，商标注册人依约定可以使用该注册商标但不得另行许可他人使用该注册商标；

（三）普通使用许可，是指商标注册人在约定的期间、地域和以约定的方式，许可他人使用其注册商标，并可自行使用该注册商标和许可他人使用其注册商标。

第四条　商标法第五十三条规定的利害关系人，包括注册商标使用许可合同的被许可人、注册商标财产权利的合法继承人等。

在发生注册商标专用权被侵害时，独占使用许可合同的被许可人可以向人民法院提起诉讼；排他使用许可合同的被许可人可以和商标注册人共同起诉，也可以在商标注册人不起诉的情况下，自行提起诉讼；普通使用许可合同的被许可人经商标注册人明确授权，可以提起诉讼。

第五条　商标注册人或者利害关系人在注册商标续展宽展期内提出续展申请，未获核准前，以他人侵犯其注册商标专用权提起诉讼的，人民法院应当受理。

第六条　因侵犯注册商标专用权行为提起的民事诉讼，由商标法第十三条、第五十二条所规定侵权行为的实施地、侵权商品的储藏地或者查封扣押地、被告住所地人民法院管辖。

前款规定的侵权商品的储藏地，是指大量或者经常性储存、隐匿侵权商品所在地；查封扣押地，是指海关、工商等行政机关依法查封、扣押侵权商品所在地。

第七条　对涉及不同侵权行为实施地的多个被告提起的共同诉讼，原告可以选择其中一个被告的侵权行为实施地人民法院管辖；仅对其中某一被告提起的诉讼，该被告侵权行为实施地的人民法院有管辖权。

第八条　商标法所称相关公众，是指与商标所标识的某类商品或者服务有关的消费者和与前述商品或者服务的营销有密切关系的其他经营者。

第九条　商标法第五十二条第(一)项规定的商标相同，是指被控侵权的商标与原告的注册商标相比较，二者在视觉上基本无差别。

商标法第五十二条第(一)项规定的商标近似，是指被控侵权的商标与原告的注册商标相比较，其文字的字形、读音、含义或者图形的构图及颜色，或者其各要素组合后的整体结构相似，或者其立体形状、颜色组合近似，易使相关公众对商品的来源产生误认或者认为其来源与原告注册商标的商品有特定的联系。

第十条　人民法院依据商标法第五十二条第(一)项的规定，认定商标相同或者近似按照以下原则进行：

(一)以相关公众的一般注意力为标准；

(二)既要进行对商标的整体比对，又要进行对商标主要部分的比对，比对应当在比对对象隔离的状态下分别进行；

(三)判断商标是否近似，应当考虑请求保护注册商标的显著性和知名度。

第十一条　商标法第五十二条第(一)项规定的类似商品，是指在功能、用途、生产部门、销售渠道、消费对象等方面相同，或者相关公众一般认为其存在特定联系、容易造成混淆的商品。

类似服务，是指在服务的目的、内容、方式、对象等方面相同，或者相关公众一般认为存在特定联系、容易造成混淆的服务。

商品与服务类似，是指商品和服务之间存在特定联系，容易使相关公众混淆。

第十二条　人民法院依据商标法第五十二条第(一)项的规定，认定商品或者服务是否类似，应当以相关公众对商品或者服务的一般认识综合判断；《商标注册用商品和服务国际分类表》、《类似商品和服务区分表》可以作为判断类似商品或者服务的参考。

第十三条　人民法院依据商标法第五十六条第一款的规定确定侵权人的赔偿责任时，可以根据权利人选择的计算方法计算赔偿数额。

第十四条　商标法第五十六条第一款规定的侵权所获得的利益，可以根据侵权商品销售量与该商品单位利润乘积计算；该商品单位利润无法查明的，按照注册商标商品的单位利润计算。

第十五条　商标法第五十六条第一款规定的因被侵权所受到的损失，可以根据权利人因侵权所造成商品销售减少量或者侵权商品销售量与该注册商标商品的单位利润乘积计算。

第十六条　侵权人因侵权所获得的利益或者被侵权人因被侵权所受到的损失均难以确定的，人民法院可以根据当事人的请求或者依职权适用商标法第五十六条第二款的规定确定赔偿数额。

人民法院在确定赔偿数额时，应当考虑侵权行为的性质、期间、后果，商标的声誉，商标使用许可费的数额，商标使用许可的种类、时间、范围及制止侵权行为的合理开支等因素综合确定。

当事人按照本条第一款的规定就赔偿数额达成协议的，应当准许。

第十七条　商标法第五十六条第一款规定的制止侵权行为所支付的合理开支，包括权利人或者委托代理人对侵权行为进行调查、取证的合理费用。

人民法院根据当事人的诉讼请求和案件具体情况，可以将符合国家有关部门规定的律师费用计算在赔偿范围内。

第十八条　侵犯注册商标专用权的诉讼时效为二年，自商标注册人或者利害权利人知道或者应当知道侵权行为之日起计算。商标注册人或者利害关系人超过二年起诉的，如果侵权行为在起诉时仍在持续，在该注册商标专用权有效期限内，人民法院应当判决被告停止侵权行为，侵权损害赔偿数额应当自权利人向人民法院起诉之日起向前推算二年计算。

第十九条 商标使用许可合同未经备案的，不影响该许可合同的效力，但当事人另有约定的除外。

商标使用许可合同未在商标局备案的，不得对抗善意第三人。

第二十条 注册商标的转让不影响转让前已经生效的商标使用许可合同的效力，但商标使用许可合同另有约定的除外。

第二十一条 人民法院在审理侵犯注册商标专用权纠纷案件中，依据民法通则第一百三十四条、商标法第五十三条的规定和案件具体情况，可以判决侵权人承担停止侵害、排除妨碍、消除危险、赔偿损失、消除影响等民事责任，还可以作出罚款，收缴侵权商品、伪造的商标标识和专门用于生产侵权商品的材料、工具、设备等财物的民事制裁决定。罚款数额可以参照《中华人民共和国商标法实施条例》的有关规定确定。

工商行政管理部门对同一侵犯注册商标专用权行为已经给予行政处罚的，人民法院不再予以民事制裁。

第二十二条 人民法院在审理商标纠纷案件中，根据当事人的请求和案件的具体情况，可以对涉及的注册商标是否驰名依法作出认定。

认定驰名商标，应当依照商标法第十四条的规定进行。

当事人对曾经被行政主管机关或者人民法院认定的驰名商标请求保护的，对方当事人对涉及的商标驰名不持异议，人民法院不再审查。提出异议的，人民法院依照商标法第十四条的规定审查。

第二十三条 本解释有关商品商标的规定，适用于服务商标。

第二十四条 以前的有关规定与本解释不一致的，以本解释为准。

最高人民法院关于审理注册商标、企业名称与在先权利冲突的民事纠纷案件若干问题的规定

（2008年2月18日最高人民法院审判委员会第1444次会议通过 2008年2月18日最高人民法院公告公布 自2008年3月1日起施行 法释〔2008〕3号）

为正确审理注册商标、企业名称与在先权利冲突的民事纠纷案件，根据《中华人民共和国民事诉讼法》、《中华人民共和国民法通则》、《中华人民共和国商标法》和《中华人民共和国反不正当竞争法》等法律的规定，结合审判实践，制定本规定。

第一条 原告以他人注册商标使用的文字、图形等侵犯其著作权、外观设计专利权、企业名称权等在先权利为由提起诉讼，符合民事诉讼法第一百零八条规定的，人民法院应当受理。

原告以他人使用在核定商品上的注册商标与其在先的注册商标相同或者近似为由提起诉讼的，人民法院应当根据民事诉讼法第一百一十一条第（三）项的规定，告知原告向有关行政主管机关申请解决。但原告以他人超出核定商品的范围或者以改变显著特征、拆分、组合等方式使用的注册商标，与其注册商标相同或者近似为由提起诉讼的，人民法院应当受理。

第二条 原告以他人企业名称与其在先的企业名称相同或者近似，足以使相关公众对其商品的来源产生混淆，违反反不正当竞争法第五条第（三）项的规定为由提起诉讼，符合民事诉讼法第一百零八条规定的，人民法院应当受理。

第三条 人民法院应当根据原告的诉讼请求和争议民事法律关系的性质，按照《民事案件案由规定（试行）》，确定注册商标或者企业名称与在先权利冲突的民事纠纷案件的案由，并适用相应的法律。

第四条 被诉企业名称侵犯注册商标专用权或者构成不正当竞争的，人民法院可以根据原告的诉讼请求和案件具体情况，确定被告承担停止使用、规范使用等民事责任。

最高人民法院关于审理涉及驰名商标保护的民事纠纷案件应用法律若干问题的解释

（2009年4月22日最高人民法院审判委员会第1467次会议通过　2009年4月23日最高人民法院公告公布　自2009年5月1日起施行　法释〔2009〕3号）

为在审理侵犯商标权等民事纠纷案件中依法保护驰名商标，根据《中华人民共和国商标法》、《中华人民共和国反不正当竞争法》、《中华人民共和国民事诉讼法》等有关法律规定，结合审判实际，制定本解释。

第一条　本解释所称驰名商标，是指在中国境内为相关公众广为知晓的商标。

第二条　在下列民事纠纷案件中，当事人以商标驰名作为事实根据，人民法院根据案件具体情况，认为确有必要的，对所涉商标是否驰名作出认定：

（一）以违反商标法第十三条的规定为由，提起的侵犯商标权诉讼；

（二）以企业名称与其驰名商标相同或者近似为由，提起的侵犯商标权或者不正当竞争诉讼；

（三）符合本解释第六条规定的抗辩或者反诉的诉讼。

第三条　在下列民事纠纷案件中，人民法院对于所涉商标是否驰名不予审查：

（一）被诉侵犯商标权或者不正当竞争行为的成立不以商标驰名为事实根据的；

（二）被诉侵犯商标权或者不正当竞争行为因不具备法律规定的其他要件而不成立的。

原告以被告注册、使用的域名与其注册商标相同或者近似，并通过该域名进行相关商品交易的电子商务，足以造成相关公众误认为由，提起的侵权诉讼，按照前款第（一）项的规定处理。

第四条　人民法院认定商标是否驰名，应当以证明其驰名的事实为依据，综合考虑商标法第十四条规定的各项因素，但是根据案件具体情况无需考虑该条规定的全部因素即足以认定商标驰名的情形除外。

第五条　当事人主张商标驰名的，应当根据案件具体情况，提供下列证据，证明被诉侵犯商标权或者不正当竞争行为发生时，其商标已属驰名：

（一）使用该商标的商品的市场份额、销售区域、利税等；

（二）该商标的持续使用时间；

（三）该商标的宣传或者促销活动的方式、持续时间、程度、资金投入和地域范围；

（四）该商标曾被作为驰名商标受保护的记录；

（五）该商标享有的市场声誉；

（六）证明该商标已属驰名的其他事实。

前款所涉及的商标使用的时间、范围、方式等，包括其核准注册前持续使用的情形。

对于商标使用时间长短、行业排名、市场调查报告、市场价值评估报告、是否曾被认定为著名商标等证据，人民法院应当结合认定商标驰名的其他证据，客观、全面地进行审查。

第六条　原告以被诉商标的使用侵犯其注册商标专用权为由提起民事诉讼，被告以原告的注册商标复制、摹仿或者翻译其在先未注册驰名商标为由提出抗辩或者提起反诉的，应当对其在先未注册商标驰名的事实负举证责任。

第七条　被诉侵犯商标权或者不正当竞争行为发生前，曾被人民法院或者国务院工商行政管理部门认定驰名的商标，被告对该商标驰名的事实不持异议的，人民法院应当予以认定。被告提出异议的，原告仍应当对该商标驰名的事实负举证责任。

除本解释另有规定外，人民法院对于商标驰名的事实，不适用民事诉讼证据的自认规则。

第八条　对于在中国境内为社会公众广为知晓的商标，原告已提供其商标驰名的基本证据，或者被告不持异议的，人民法院对该商标驰名的事实予以认定。

第九条　足以使相关公众对使用驰名商标和被诉商标的商品来源产生误认，或者足以使相关公众认为使用驰名商标和被诉商标的经营者之间具有许可使用、关联企业关系等特定联系的，属于商标法第十三条第一款规定的“容易导致混淆”。

足以使相关公众认为被诉商标与驰名商标具有相当程度的联系，而减弱驰名商标的显著性、贬损驰名商标的市场声誉，或者不正当利用驰名商标的市场声誉的，属于商标法第十三条第二款规定的"误导公众，致使该驰名商标注册人的利益可能受到损害"。

第十条 原告请求禁止被告在不相类似商品上使用与原告驰名的注册商标相同或者近似的商标或者企业名称的，人民法院应当根据案件具体情况，综合考虑以下因素后作出裁判：

（一）该驰名商标的显著程度；

（二）该驰名商标在使用被诉商标或者企业名称的商品的相关公众中的知晓程度；

（三）使用驰名商标的商品与使用被诉商标或者企业名称的商品之间的关联程度；

（四）其他相关因素。

第十一条 被告使用的注册商标违反商标法第十三条的规定，复制、摹仿或者翻译原告驰名商标，构成侵犯商标权的，人民法院应当根据原告的请求，依法判决禁止被告使用该商标，但被告的注册商标有下列情形之一的，人民法院对原告的请求不予支持：

（一）已经超过商标法第四十一条第二款规定的请求撤销期限的；

（二）被告提出注册申请时，原告的商标并不驰名的。

第十二条 当事人请求保护的未注册驰名商标，属于商标法第十条、第十一条、第十二条规定不得作为商标使用或者注册情形的，人民法院不予支持。

第十三条 在涉及驰名商标保护的民事纠纷案件中，人民法院对于商标驰名的认定，仅作为案件事实和判决理由，不写入判决主文；以调解方式审结的，在调解书中对商标驰名的事实不予认定。

第十四条 本院以前有关司法解释与本解释不一致的，以本解释为准。

最高人民法院关于商标法修改决定施行后商标案件管辖和法律适用问题的解释

（2014年2月10日最高人民法院审判委员会第1606次会议通过 2014年3月25日最高人民法院公告公布 自2014年5月1日起施行 法释〔2014〕4号）

为正确审理商标案件，根据2013年8月30日第十二届全国人民代表大会常务委员会第四次会议《关于修改〈中华人民共和国商标法〉的决定》和重新公布的《中华人民共和国商标法》《中华人民共和国民事诉讼法》和《中华人民共和国行政诉讼法》等法律的规定，就人民法院审理商标案件有关管辖和法律适用等问题，制定本解释。

第一条 人民法院受理以下商标案件：

1. 不服国务院工商行政管理部门商标评审委员会（以下简称商标评审委员会）作出的复审决定或者裁定的行政案件；

2. 不服工商行政管理部门作出的有关商标的其他具体行政行为的案件；

3. 商标权权属纠纷案件；

4. 侵害商标专用权纠纷案件；

5. 确认不侵害商标专用权纠纷案件；

6. 商标权转让合同纠纷案件；

7. 商标使用许可合同纠纷案件；

8. 商标代理合同纠纷案件；

9. 申请诉前停止侵害商标专用权案件；

10. 因申请停止侵害商标专用权损害责任案件；

11. 因商标纠纷申请诉前财产保全案件；

12. 因商标纠纷申请诉前证据保全案件；

13. 其他商标案件。

第二条 不服商标评审委员会作出的复审决定或者裁定的行政案件及国家工商行政管理总局商标局（以下简称商标局）作出的有关商标的具体行政行为案件，由北京市有关中级人民法院管辖。

第三条 第一审商标民事案件，由中级以上人民法院及最高人民法院指定的基层人民法院管辖。

涉及对驰名商标保护的民事、行政案件，由省、自治区人民政府所在地市、计划单列市、直辖市辖区中级人民法院及最高人民法院指定的其他中级人民法院管辖。

第四条　在工商行政管理部门查处侵害商标权行为过程中，当事人就相关商标提起商标权权属或者侵害商标专用权民事诉讼的，人民法院应当受理。

第五条　对于在商标法修改决定施行前提出的商标注册及续展申请，商标局于决定施行后作出对该商标申请不予受理或者不予续展的决定，当事人提起行政诉讼的，人民法院审查时适用修改后的商标法。

对于在商标法修改决定施行前提出的商标异议申请，商标局于决定施行后作出对该异议不予受理的决定，当事人提起行政诉讼的，人民法院审查时适用修改前的商标法。

第六条　对于在商标法修改决定施行前当事人就尚未核准注册的商标申请复审，商标评审委员会于决定施行后作出复审决定或者裁定，当事人提起行政诉讼的，人民法院审查时适用修改后的商标法。

对于在商标法修改决定施行前受理的商标复审申请，商标评审委员会于决定施行后作出核准注册决定，当事人提起行政诉讼的，人民法院不予受理；商标评审委员会于决定施行后作出不予核准注册决定，当事人提起行政诉讼的，人民法院审查相关诉权和主体资格问题时，适用修改前的商标法。

第七条　对于在商标法修改决定施行前已经核准注册的商标，商标评审委员会于决定施行前受理、在决定施行后作出复审决定或者裁定，当事人提起行政诉讼的，人民法院审查相关程序问题适用修改后的商标法，审查实体问题适用修改前的商标法。

第八条　对于在商标法修改决定施行前受理的相关商标案件，商标局、商标评审委员会于决定施行后作出决定或者裁定，当事人提起行政诉讼的，人民法院认定该决定或者裁定是否符合商标法有关审查时限规定时，应当从修改决定施行之日起计算该审查时限。

第九条　除本解释另行规定外，商标法修改决定施行后人民法院受理的商标民事案件，涉及该决定施行前发生的行为的，适用修改前商标法的规定；涉及该决定施行前发生，持续到该决定施行后的行为的，适用修改后商标法的规定。

（四）著作权

中华人民共和国著作权法①

（1990年9月7日第七届全国人民代表大会常务委员会第十五次会议通过　1990年9月7日中华人民共和国主席令第31号公布　自1991年6月1日起施行）

目　录

第一章　总　　则

第一条　为保护文学、艺术和科学作品作者的著作权，以及与著作权有关的权益，鼓励有益于社会主义精神文明、物质文明建设的作品的创作和传播，促进社会主义文化和科学事业的发展与繁荣，根据宪法制定本法。

第二条　中国公民、法人或者非法人单位的作品，不论是否发表，依照本法享有著作权。

外国人的作品首先在中国境内发表的，依照本法享有著作权。

外国人在中国境内发表的作品，根据其所属国同中国签订的协议或者共同参加的国际条约享有的著作权，受本法保护。

第三条　本法所称的作品，包括以下列形式创作的文学、艺术和自然科学、社会科学、工程技

① 编者注：已被修改。

术等作品：

（一）文字作品；

（二）口述作品；

（三）音乐、戏剧、曲艺、舞蹈作品；

（四）美术、摄影作品；

（五）电影、电视、录像作品；

（六）工程设计、产品设计图纸及其说明；

（七）地图、示意图等图形作品；

（八）计算机软件；

（九）法律、行政法规规定的其他作品。

第四条 依法禁止出版、传播的作品，不受本法保护。

著作权人行使著作权，不得违反宪法和法律，不得损害公共利益。

第五条 本法不适用于：

（一）法律、法规，国家机关的决议、决定、命令和其他具有立法、行政、司法性质的文件，及其官方正式译文；

（二）时事新闻；

（三）历法、数表、通用表格和公式。

第六条 民间文学艺术作品的著作权保护办法由国务院另行规定。

第七条 科学技术作品中应当由专利法、技术合同法等法律保护的，适用专利法、技术合同法等法律的规定。

第八条 国务院著作权行政管理部门主管全国的著作权管理工作；各省、自治区、直辖市人民政府的著作权行政管理部门主管本行政区域的著作权管理工作。

第二章 著 作 权

第一节 著作权人及其权利

第九条 著作权人包括：

（一）作者；

（二）其他依照本法享有著作权的公民、法人或者非法人单位。

第十条 著作权包括下列人身权和财产权：

（一）发表权，即决定作品是否公之于众的权利；

（二）署名权，即表明作者身份，在作品上署名的权利；

（三）修改权，即修改或者授权他人修改作品的权利；

（四）保护作品完整权，即保护作品不受歪曲、篡改的权利；

（五）使用权和获得报酬权，即以复制、表演、播放、展览、发行、摄制电影、电视、录像或者改编、翻译、注释、编辑等方式使用作品的权利；以及许可他人以上述方式使用作品，并由此获得报酬的权利。

第二节 著作权归属

第十一条 著作权属于作者，本法另有规定的除外。

创作作品的公民是作者。

由法人或者非法人单位主持，代表法人或者非法人单位意志创作，并由法人或者非法人单位承担责任的作品，法人或者非法人单位视为作者。

如无相反证明，在作品上署名的公民、法人或者非法人单位为作者。

第十二条 改编、翻译、注释、整理已有作品而产生的作品，其著作权由改编、翻译、注释、整理人享有，但行使著作权时，不得侵犯原作品的著作权。

第十三条 两人以上合作创作的作品，著作权由合作作者共同享有。没有参加创作的人，不能成为合作作者。

合作作品可以分割使用的，作者对各自创作的部分可以单独享有著作权，但行使著作权时不得侵犯合作作品整体的著作权。

第十四条 编辑作品由编辑人享有著作权，但行使著作权时，不得侵犯原作品的著作权。

编辑作品中可以单独使用的作品的作者有权单独行使其著作权。

第十五条 电影、电视、录像作品的导演、编剧、作词、作曲、摄影等作者享有署名权，著作权的其他权利由制作电影、电视、录像作品的制片者享有。

电影、电视、录像作品中剧本、音乐等可以单独使用的作品的作者有权单独行使其著作权。

第十六条 公民为完成法人或者非法人单位工作任务所创作的作品是职务作品，除本条第二款的规定以外,著作权由作者享有,但法人或者非法人单位有权在其业务范围内优先使用。作品完成两年内,未经单位同意,作者不得许可第三人以与单位使用的相同方式使用该作品。

有下列情形之一的职务作品,作者享有署名权,著作权的其他权利由法人或者非法人单位享有,法人或者非法人单位可以给予作者奖励:

(一)主要是利用法人或者非法人单位的物质技术条件创作,并由法人或者非法人单位承担责任的工程设计、产品设计图纸及其说明、计算机软件、地图等职务作品;

(二)法律、行政法规规定或者合同约定著作权由法人或者非法人单位享有的职务作品。

第十七条 受委托创作的作品,著作权的归属由委托人和受托人通过合同约定。合同未作明确约定或者没有订立合同的,著作权属于受托人。

第十八条 美术等作品原件所有权的转移,不视为作品著作权的转移,但美术作品原件的展览权由原件所有人享有。

第十九条 著作权属于公民的,公民死亡后,其作品的使用权和获得报酬权在本法规定的保护期内,依照继承法的规定转移。

著作权属于法人或者非法人单位的,法人或者非法人单位变更、终止后,其作品的使用权和获得报酬权在本法规定的保护期内,由承受其权利义务的法人或者非法人单位享有;没有承受其权利义务的法人或者非法人单位的,由国家享有。

第三节 权利的保护期

第二十条 作者的署名权、修改权、保护作品完整权的保护期不受限制。

第二十一条 公民的作品,其发表权、使用权和获得报酬权的保护期为作者终生及其死亡后五十年,截止于作者死亡后第五十年的十二月三十一日;如果是合作作品,截止于最后死亡的作者死亡后的第五十年的十二月三十一日。

法人或者非法人单位的作品、著作权(署名权除外)由法人或者非法人单位享有的职务作品,其发表权、使用权和获得报酬权的保护期为五十年,截止于作品首次发表后第五十年的十二月三十一日,但作品自创作完成后五十年内未发表的,本法不再保护。

电影、电视、录像和摄影作品的发表权、使用权和获得报酬权的保护期为五十年,截止于作品首次发表后第五十年的十二月三十一日,但作品自创作完成后五十年内未发表的,本法不再保护。

第四节 权利的限制

第二十二条 在下列情况下使用作品,可以不经著作权人许可,不向其支付报酬,但应当指明作者姓名、作品名称,并且不得侵犯著作权人依照本法享有的其他权利:

(一)为个人学习、研究或者欣赏,使用他人已经发表的作品;

(二)为介绍、评论某一作品或者说明某一问题,在作品中适当引用他人已经发表的作品;

(三)为报道时事新闻,在报纸、期刊、广播、电视节目或者新闻纪录影片中引用已经发表的作品;

(四)报纸、期刊、广播电台、电视台刊登或者播放其他报纸、期刊、广播电台、电视台已经发表的社论、评论员文章;

(五)报纸、期刊、广播电台、电视台刊登或者播放在公众集会上发表的讲话,但作者声明不许刊登、播放的除外;

(六)为学校课堂教学或者科学研究,翻译或者少量复制已经发表的作品,供教学或者科研人员使用,但不得出版发行;

(七)国家机关为执行公务使用已经发表的作品;

(八)图书馆、档案馆、纪念馆、博物馆、美术馆等为陈列或者保存版本的需要,复制本馆收藏的作品;

(九)免费表演已经发表的作品;

(十)对设置或者陈列在室外公共场所的艺术作品进行临摹、绘画、摄影、录像;

(十一)将已经发表的汉族文字作品翻译成少数民族文字在国内出版发行;

(十二)将已经发表的作品改成盲文出版。

以上规定适用于对出版者、表演者、录音录像制作者、广播电台、电视台的权利的限制。

第三章 著作权许可使用合同

第二十三条 使用他人作品应当同著作权人订立合同或者取得许可,本法规定可以不经许可的除外。

第二十四条 合同包括下列主要条款:

(一)许可使用作品的方式;

(二)许可使用的权利是专有使用权或者非专有使用权;

(三)许可使用的范围、期间;

(四)付酬标准和办法;

(五)违约责任;

(六)双方认为需要约定的其他内容。

第二十五条 合同中著作权人未明确许可的权利,未经著作权人许可,另一方当事人不得行使。

第二十六条 合同的有效期限不超过十年。合同期满可以续订。

第二十七条 使用作品的付酬标准由国务院著作权行政管理部门会同有关部门制定。

合同另有约定的,也可以按照合同支付报酬。

第二十八条 出版者、表演者、录音录像制作者、广播电台、电视台等依照本法取得他人的著作权使用权的,不得侵犯作者的署名权、修改权、保护作品完整权和获得报酬权。

第四章 出版、表演、录音录像、播放

第一节 图书、报刊的出版

第二十九条 图书出版者出版图书应当和著作权人订立出版合同,并支付报酬。

第三十条 图书出版者对著作权人交付出版的作品,在合同约定期间享有专有出版权。合同约定图书出版者享有专有出版权的期限不得超过十年,合同期满可以续订。

图书出版者在合同约定期间享有的专有出版权受法律保护,他人不得出版该作品。

第三十一条 著作权人应当按照合同约定期限交付作品。图书出版者应当按照合同约定的出版质量、期限出版图书。

图书出版者不按照合同约定期限出版,应当依照本法第四十七条的规定承担民事责任。

图书出版者重印、再版作品的,应当通知著作权人,并支付报酬。图书脱销后,图书出版者拒绝重印、再版的,著作权人有权终止合同。

第三十二条 著作权人向报社、杂志社投稿的,自稿件发出之日起十五日内未收到报社通知决定刊登的,或者自稿件发出之日起三十日内未收到杂志社通知决定刊登的,可以将同一作品向其他报社、杂志社投稿。双方另有约定的除外。

作品刊登后,除著作权人声明不得转载、摘编的外,其他报刊可以转载或者作为文摘、资料刊登,但应当按照规定向著作权人支付报酬。

第三十三条 图书出版者经作者许可,可以对作品修改、删节。

报社、杂志社可以对作品作文字性修改、删节,对内容的修改,应当经作者许可。

第三十四条 出版改编、翻译、注释、整理、编辑已有作品而产生的作品,应当向改编、翻译、注释、整理、编辑作品的著作权人和原作品的著作权人支付报酬。

第二节 表 演

第三十五条 表演者(演员、演出单位)使用他人未发表的作品演出,应当取得著作权人许可,并支付报酬。

表演者使用他人已发表的作品进行营业性演出,可以不经著作权人许可,但应当按照规定支付报酬;著作权人声明不许使用的不得使用。

表演者使用改编、翻译、注释、整理已有作品而产生的作品进行营业性演出,应当按照规定向改编、翻译、注释、整理作品的著作权人和原作品的著作权人支付报酬。

表演者为制作录音录像和广播、电视节目进行表演使用他人作品的,适用本法第三十七条、第四十条的规定。

第三十六条 表演者对其表演享有下列权利:

(一)表明表演者身份;

(二)保护表演形象不受歪曲;

(三)许可他人从现场直播;

(四)许可他人为营利目的的录音录像,并获得报酬。

第三节　录音录像

第三十七条　录音制作者使用他人未发表的作品制作录音制品，应当取得著作权人的许可，并支付报酬。使用他人已发表的作品制作录音制品，可以不经著作权人许可，但应当按照规定支付报酬；著作权人声明不许使用的不得使用。

录像制作者使用他人作品制作录像制品，应当取得著作权人的许可，并支付报酬。

录音录像制作者使用改编、翻译、注释、整理已有作品而产生的作品，应当向改编、翻译、注释、整理作品的著作权人和原作品的著作权人支付报酬。

第三十八条　录音录像制作者制作录音录像制品，应当同表演者订立合同，并支付报酬。

第三十九条　录音录像制作者对其制作的录音录像制品，享有许可他人复制发行并获得报酬的权利。该权利的保护期为五十年，截止于该制品首次出版后第五十年的十二月三十一日。

被许可复制发行的录音录像制作者还应当按照规定向著作权人和表演者支付报酬。

第四节　广播电台、电视台播放

第四十条　广播电台、电视台使用他人未发表的作品制作广播、电视节目，应当取得著作权人的许可，并支付报酬。

广播电台、电视台使用他人已发表的作品制作广播、电视节目，可以不经著作权人许可，但著作权人声明不许使用的不得使用；并且除本法规定可以不支付报酬的以外，应当按照规定支付报酬。

广播电台、电视台使用改编、翻译、注释、整理已有作品而产生的作品制作广播、电视节目，应当向改编、翻译、注释、整理作品的著作权人和原作品的著作权人支付报酬。

第四十一条　广播电台、电视台制作广播、电视节目，应当同表演者订立合同，并支付报酬。

第四十二条　广播电台、电视台对其制作的广播、电视节目，享有下列权利：

（一）播放；

（二）许可他人播放，并获得报酬；

（三）许可他人复制发行其制作的广播、电视节目，并获得报酬。

前款规定的权利的保护期为五十年，截止于该节目首次播放后第五十年的十二月三十一日。

被许可复制发行的录音录像制作者还应当按照规定向著作权人和表演者支付报酬。

第四十三条　广播电台、电视台非营业性播放已经出版的录音制品，可以不经著作权人、表演者、录音制作者许可，不向其支付报酬。

第四十四条　电视台播放他人的电影、电视和录像，应当取得电影、电视制片者和录像制作者的许可，并支付报酬。

第五章　法律责任

第四十五条　有下列侵权行为的，应当根据情况，承担停止侵害、消除影响、公开赔礼道歉、赔偿损失等民事责任：

（一）未经著作权人许可，发表其作品的；

（二）未经合作作者许可，将与他人合作创作的作品当作自己单独创作的作品发表的；

（三）没有参加创作，为谋取个人名利，在他人作品上署名的；

（四）歪曲、篡改他人作品的；

（五）未经著作权人许可，以表演、播放、展览、发行、摄制电影、电视、录像或者改编、翻译、注释、编辑等方式使用作品的，本法另有规定的除外；

（六）使用他人作品，未按照规定支付报酬的；

（七）未经表演者许可，从现场直播其表演的；

（八）其他侵犯著作权以及与著作权有关的权益的行为。

第四十六条　有下列侵权行为的，应当根据情况，承担停止侵害、消除影响、公开赔礼道歉、赔偿损失等民事责任，并可以由著作权行政管理部门给予没收非法所得、罚款等行政处罚：

（一）剽窃、抄袭他人作品的；

（二）未经著作权人许可，以营利为目的，复制发行其作品的；

（三）出版他人享有专有出版权的图书的；

（四）未经表演者许可，对其表演制作录音录

像出版的;

(五)未经录音录像制作者许可,复制发行其制作的录音录像的;

(六)未经广播电台、电视台许可,复制发行其制作的广播、电视节目的;

(七)制作、出售假冒他人署名的美术作品的。

第四十七条 当事人不履行合同义务或者履行合同义务不符合约定条件的,应当依照民法通则有关规定承担民事责任。

第四十八条 著作权侵权纠纷可以调解,调解不成或者调解达成协议后一方反悔的,可以向人民法院起诉。当事人不愿调解的,也可以直接向人民法院起诉。

第四十九条 著作权合同纠纷可以调解,也可以依据合同中的仲裁条款或者事后达成的书面仲裁协议,向著作权仲裁机构申请仲裁。

对于仲裁裁决,当事人应当履行。当事人一方不履行仲裁裁决的,另一方可以申请人民法院执行。

受申请的人民法院发现仲裁裁决违法的,有权不予执行。人民法院不予执行的,当事人可以就合同纠纷向人民法院起诉。

当事人没有在合同中订立仲裁条款,事后又没有书面仲裁协议的,可以直接向人民法院起诉。

第五十条 当事人对行政处罚不服的,可以在收到行政处罚决定书三个月内向人民法院起诉,期满不起诉又不履行的,著作权行政管理部门可以申请人民法院执行。

第六章　附　　则

第五十一条 本法所称的著作权与版权系同义语。

第五十二条 本法所称的复制,指以印刷、复印、临摹、拓印、录音、录像、翻录、翻拍等方式将作品制作一份或者多份的行为。

按照工程设计、产品设计图纸及其说明进行施工、生产工业品,不属于本法所称的复制。

第五十三条 计算机软件的保护办法由国务院另行规定。

第五十四条 本法的实施条例由国务院著作权行政管理部门制定,报国务院批准后施行。

第五十五条 本法规定的著作权人和出版者、表演者、录音录像制作者、广播电台、电视台的权利,在本法施行之日尚未超过本法规定的保护期的,依照本法予以保护。

本法施行前发生的侵权或者违约行为,依照侵权或者违约行为发生时的有关规定和政策处理。

第五十六条 本法自1991年6月1日起施行。

全国人民代表大会常务委员会关于修改《中华人民共和国著作权法》的决定

(2001年10月27日第九届全国人民代表大会常务委员会第二十四次会议通过　2001年10月27日中华人民共和国主席令第58号公布　自公布之日起施行)

第九届全国人民代表大会常务委员会第二十四次会议决定对《中华人民共和国著作权法》作如下修改:

一、第二条修改为:"中国公民、法人或者其他组织的作品,不论是否发表,依照本法享有著作权。

"外国人、无国籍人的作品根据其作者所属国或者经常居住地国同中国签订的协议或者共同参加的国际条约享有的著作权,受本法保护。

"外国人、无国籍人的作品首先在中国境内出版的,依照本法享有著作权。

"未与中国签订协议或者共同参加国际条约的国家的作者以及无国籍人的作品首次在中国参加的国际条约的成员国出版的,或者在成员国和非成员国同时出版的,受本法保护。"

二、第三条修改为:"本法所称的作品,包括以下列形式创作的文学、艺术和自然科学、社会科学、工程技术等作品:

"(一)文字作品;

"(二)口述作品;

"(三)音乐、戏剧、曲艺、舞蹈、杂技艺术作品;

“（四）美术、建筑作品；

“（五）摄影作品；

“（六）电影作品和以类似摄制电影的方法创作的作品；

“（七）工程设计图、产品设计图、地图、示意图等图形作品和模型作品；

“（八）计算机软件；

“（九）法律、行政法规规定的其他作品。”

三、第五条第（三）项修改为：“（三）历法、通用数表、通用表格和公式。”

四、删去第七条。

五、增加一条，作为第八条：“著作权人和与著作权有关的权利人可以授权著作权集体管理组织行使著作权或者与著作权有关的权利。著作权集体管理组织被授权后，可以以自己的名义为著作权人和与著作权有关的权利人主张权利，并可以作为当事人进行涉及著作权或者与著作权有关的权利的诉讼、仲裁活动。

“著作权集体管理组织是非营利性组织，其设立方式、权利义务、著作权许可使用费的收取和分配，以及对其监督和管理等由国务院另行规定。”

六、第九条修改为：“著作权人包括：

“（一）作者；

“（二）其他依照本法享有著作权的公民、法人或者其他组织。”

七、第十条修改为：“著作权包括下列人身权和财产权：

“（一）发表权，即决定作品是否公之于众的权利；

“（二）署名权，即表明作者身份，在作品上署名的权利；

“（三）修改权，即修改或者授权他人修改作品的权利；

“（四）保护作品完整权，即保护作品不受歪曲、篡改的权利；

“（五）复制权，即以印刷、复印、拓印、录音、录像、翻录、翻拍等方式将作品制作一份或者多份的权利；

“（六）发行权，即以出售或者赠与方式向公众提供作品的原件或者复制件的权利；

“（七）出租权，即有偿许可他人临时使用电影作品和以类似摄制电影的方法创作的作品、计算机软件的权利，计算机软件不是出租的主要标的的除外；

“（八）展览权，即公开陈列美术作品、摄影作品的原件或者复制件的权利；

“（九）表演权，即公开表演作品，以及用各种手段公开播送作品的表演的权利；

“（十）放映权，即通过放映机、幻灯机等技术设备公开再现美术、摄影、电影和以类似摄制电影的方法创作的作品等的权利；

“（十一）广播权，即以无线方式公开广播或者传播作品，以有线传播或者转播的方式向公众传播广播的作品，以及通过扩音器或者其他传送符号、声音、图像的类似工具向公众传播广播的作品的权利；

“（十二）信息网络传播权，即以有线或者无线方式向公众提供作品，使公众可以在其个人选定的时间和地点获得作品的权利；

“（十三）摄制权，即以摄制电影或者以类似摄制电影的方法将作品固定在载体上的权利；

“（十四）改编权，即改变作品，创作出具有独创性的新作品的权利；

“（十五）翻译权，即将作品从一种语言文字转换成另一种语言文字的权利；

“（十六）汇编权，即将作品或者作品的片段通过选择或者编排，汇集成新作品的权利；

“（十七）应当由著作权人享有的其他权利。

“著作权人可以许可他人行使前款第（五）项至第（十七）项规定的权利，并依照约定或者本法有关规定获得报酬。

“著作权人可以全部或者部分转让本条第一款第（五）项至第（十七）项规定的权利，并依照约定或者本法有关规定获得报酬。”

八、第十一条修改为：“著作权属于作者，本法另有规定的除外。

“创作作品的公民是作者。

“由法人或者其他组织主持，代表法人或者其他组织意志创作，并由法人或者其他组织承担责任的作品，法人或者其他组织视为作者。

“如无相反证明，在作品上署名的公民、法人或者其他组织为作者。”

九、第十四条修改为：“汇编若干作品、作品的片段或者不构成作品的数据或者其他材料,对其内容的选择或者编排体现独创性的作品,为汇编作品,其著作权由汇编人享有,但行使著作权时,不得侵犯原作品的著作权。"

十、第十五条修改为:"电影作品和以类似摄制电影的方法创作的作品的著作权由制片者享有,但编剧、导演、摄影、作词、作曲等作者享有署名权,并有权按照与制片者签订的合同获得报酬。

"电影作品和以类似摄制电影的方法创作的作品中的剧本、音乐等可以单独使用的作品的作者有权单独行使其著作权。"

十一、第十六条修改为:"公民为完成法人或者其他组织工作任务所创作的作品是职务作品,除本条第二款的规定以外,著作权由作者享有,但法人或者其他组织有权在其业务范围内优先使用。作品完成两年内,未经单位同意,作者不得许可第三人以与单位使用的相同方式使用该作品。

"有下列情形之一的职务作品,作者享有署名权,著作权的其他权利由法人或者其他组织享有,法人或者其他组织可以给予作者奖励:

"(一)主要是利用法人或者其他组织的物质技术条件创作,并由法人或者其他组织承担责任的工程设计图、产品设计图、地图、计算机软件等职务作品;

"(二)法律、行政法规规定或者合同约定著作权由法人或者其他组织享有的职务作品。"

十二、第十九条修改为:"著作权属于公民的,公民死亡后,其本法第十条第一款第(五)项至第(十七)项规定的权利在本法规定的保护期内,依照继承法的规定转移。

"著作权属于法人或者其他组织的,法人或者其他组织变更、终止后,其本法第十条第一款第(五)项至第(十七)项规定的权利在本法规定的保护期内,由承受其权利义务的法人或者其他组织享有;没有承受其权利义务的法人或者其他组织的,由国家享有。"

十三、第二十一条修改为:"公民的作品,其发表权、本法第十条第一款第(五)项至第(十七)项规定的权利的保护期为作者终生及其死亡后50年,截止于作者死亡后第50年的12月31日;如果是合作作品,截止于最后死亡的作者死亡后第50年的12月31日。

"法人或者其他组织的作品、著作权(署名权除外)由法人或者其他组织享有的职务作品,其发表权、本法第十条第一款第(五)项至第(十七)项规定的权利的保护期为50年,截止于作品首次发表后第50年的12月31日,但作品自创作完成后50年内未发表的,本法不再保护。

"电影作品和以类似摄制电影的方法创作的作品、摄影作品,其发表权、本法第十条第一款第(五)项至第(十七)项规定的权利的保护期为五十年,截止于作品首次发表后第五十年的12月31日,但作品自创作完成后五十年内未发表的,本法不再保护。"

十四、第二十二条修改为:"在下列情况下使用作品,可以不经著作权人许可,不向其支付报酬,但应当指明作者姓名、作品名称,并且不得侵犯著作权人依照本法享有的其他权利:

"(一)为个人学习、研究或者欣赏,使用他人已经发表的作品;

"(二)为介绍、评论某一作品或者说明某一问题,在作品中适当引用他人已经发表的作品;

"(三)为报道时事新闻,在报纸、期刊、广播电台、电视台等媒体中不可避免地再现或者引用已经发表的作品;

"(四)报纸、期刊、广播电台、电视台等媒体刊登或者播放其他报纸、期刊、广播电台、电视台等媒体已经发表的关于政治、经济、宗教问题的时事性文章,但作者声明不许刊登、播放的除外;

"(五)报纸、期刊、广播电台、电视台等媒体刊登或者播放在公众集会上发表的讲话,但作者声明不许刊登、播放的除外;

"(六)为学校课堂教学或者科学研究,翻译或者少量复制已经发表的作品,供教学或者科研人员使用,但不得出版发行;

"(七)国家机关为执行公务在合理范围内使用已经发表的作品;

"(八)图书馆、档案馆、纪念馆、博物馆、美术馆等为陈列或者保存版本的需要,复制本馆收藏的作品;

"(九)免费表演已经发表的作品,该表演未向公众收取费用,也未向表演者支付报酬;

"(十)对设置或者陈列在室外公共场所的艺术作品进行临摹、绘画、摄影、录像;

"(十一)将中国公民、法人或者其他组织已经发表的以汉语言文字创作的作品翻译成少数民族语言文字作品在国内出版发行;

"(十二)将已经发表的作品改成盲文出版。

"前款规定适用于对出版者、表演者、录音录像制作者、广播电台、电视台的权利的限制。"

十五、增加一条,作为第二十三条:"为实施九年制义务教育和国家教育规划而编写出版教科书,除作者事先声明不许使用的外,可以不经著作权人许可,在教科书中汇编已经发表的作品片段或者短小的文字作品、音乐作品或者单幅的美术作品、摄影作品,但应当按照规定支付报酬,指明作者姓名、作品名称,并且不得侵犯著作权人依照本法享有的其他权利。

"前款规定适用于对出版者、表演者、录音录像制作者、广播电台、电视台的权利的限制。"

十六、第二十三条与第二十四条合并,作为第二十四条,修改为:"使用他人作品应当同著作权人订立许可使用合同,本法规定可以不经许可的除外。

"许可使用合同包括下列主要内容:

"(一)许可使用的权利种类;

"(二)许可使用的权利是专有使用权或者非专有使用权;

"(三)许可使用的地域范围、期间;

"(四)付酬标准和办法;

"(五)违约责任;

"(六)双方认为需要约定的其他内容。"

十七、增加一条,作为第二十五条:"转让本法第十条第一款第(五)项至第(十七)项规定的权利,应当订立书面合同。

"权利转让合同包括下列主要内容:

"(一)作品的名称;

"(二)转让的权利种类、地域范围;

"(三)转让价金;

"(四)交付转让价金的日期和方式;

"(五)违约责任;

"(六)双方认为需要约定的其他内容。"

十八、第二十五条改为第二十六条,修改为:"许可使用合同和转让合同中著作权人未明确许可、转让的权利,未经著作权人同意,另一方当事人不得行使。"

十九、删去第二十六条。

二十、第二十七条修改为:"使用作品的付酬标准可以由当事人约定,也可以按照国务院著作权行政管理部门会同有关部门制定的付酬标准支付报酬。当事人约定不明确的,按照国务院著作权行政管理部门会同有关部门制定的付酬标准支付报酬。"

二十一、第二十八条修改为:"出版者、表演者、录音录像制作者、广播电台、电视台等依照本法有关规定使用他人作品的,不得侵犯作者的署名权、修改权、保护作品完整权和获得报酬的权利。"

二十二、第三十条修改为:"图书出版者对著作权人交付出版的作品,按照合同约定享有的专有出版权受法律保护,他人不得出版该作品。"

二十三、第三十一条修改为:"著作权人应当按照合同约定期限交付作品。图书出版者应当按照合同约定的出版质量、期限出版图书。

"图书出版者不按照合同约定期限出版,应当依照本法第五十三条的规定承担民事责任。

"图书出版者重印、再版作品的,应当通知著作权人,并支付报酬。图书脱销后,图书出版者拒绝重印、再版的,著作权人有权终止合同。"

二十四、第三十二条第一款修改为:"著作权人向报社、期刊社投稿的,自稿件发出之日起15日内未收到报社通知决定刊登的,或者自稿件发出之日起30日内未收到期刊社通知决定刊登的,可以将同一作品向其他报社、期刊社投稿。双方另有约定的除外。"

二十五、第三十三条第二款修改为:"报社、期刊社可以对作品作文字性修改、删节,对内容的修改,应当经作者许可。"

二十六、第三十四条修改为:"出版改编、翻译、注释、整理、汇编已有作品而产生的作品,应当取得改编、翻译、注释、整理、汇编作品的著作权人和原作品的著作权人许可,并支付报酬。"

二十七、增加一条,作为第三十五条:"出版者有权许可或者禁止他人使用其出版的图书、期刊的版式设计。

"前款规定的权利的保护期为10年,截止于使用该版式设计的图书、期刊首次出版后第10年的12月31日。”

二十八、第三十五条改为第三十六条,修改为:“使用他人作品演出,表演者(演员、演出单位)应当取得著作权人许可,并支付报酬。演出组织者组织演出,由该组织者取得著作权人许可,并支付报酬。

“使用改编、翻译、注释、整理已有作品而产生的作品进行演出,应当取得改编、翻译、注释、整理作品的著作权人和原作品的著作权人许可,并支付报酬。”

二十九、第三十六条改为第三十七条,修改为:“表演者对其表演享有下列权利:

“(一)表明表演者身份;

“(二)保护表演形象不受歪曲;

“(三)许可他人从现场直播和公开传送其现场表演,并获得报酬;

“(四)许可他人录音录像,并获得报酬;

“(五)许可他人复制、发行录有其表演的录音录像制品,并获得报酬;

“(六)许可他人通过信息网络向公众传播其表演,并获得报酬。

“被许可人以前款第(三)项至第(六)项规定的方式使用作品,还应当取得著作权人许可,并支付报酬。”

三十、增加一条,作为第三十八条:“本法第三十七条第一款第(一)项、第(二)项规定的权利的保护期不受限制。

“本法第三十七条第一款第(三)项至第(六)项规定的权利的保护期为50年,截止于该表演发生后第50年的12月31日。”

三十一、第三十七条改为第三十九条,修改为:“录音录像制作者使用他人作品制作录音录像制品,应当取得著作权人许可,并支付报酬。

“录音录像制作者使用改编、翻译、注释、整理已有作品而产生的作品,应当取得改编、翻译、注释、整理作品的著作权人和原作品著作权人许可,并支付报酬。

“录音制作者使用他人已经合法录制为录音制品的音乐作品制作录音制品,可以不经著作权人许可,但应当按照规定支付报酬;著作权人声明不许使用的不得使用。”

三十二、第三十九条改为第四十一条,修改为:“录音录像制作者对其制作的录音录像制品,享有许可他人复制、发行、出租、通过信息网络向公众传播并获得报酬的权利;权利的保护期为50年,截止于该制品首次制作完成后第50年的12月31日。

“被许可人复制、发行、通过信息网络向公众传播录音录像制品,还应当取得著作权人、表演者许可,并支付报酬。”

三十三、第四十条改为第四十二条,修改为:“广播电台、电视台播放他人未发表的作品,应当取得著作权人许可,并支付报酬。

“广播电台、电视台播放他人已发表的作品,可以不经著作权人许可,但应当支付报酬。”

三十四、删去第四十一条。

三十五、第四十三条修改为:“广播电台、电视台播放已经出版的录音制品,可以不经著作权人许可,但应当支付报酬。当事人另有约定的除外。具体办法由国务院规定。”

三十六、第四十二条改为第四十四条,修改为:“广播电台、电视台有权禁止未经其许可的下列行为:

“(一)将其播放的广播、电视转播;

“(二)将其播放的广播、电视录制在音像载体上以及复制音像载体。

“前款规定的权利的保护期为50年,截止于该广播、电视首次播放后第50年的12月31日。”

三十七、第四十四条改为第四十五条,修改为:“电视台播放他人的电影作品和以类似摄制电影的方法创作的作品、录像制品,应当取得制片者或者录像制作者许可,并支付报酬;播放他人的录像制品,还应当取得著作权人许可,并支付报酬。”

三十八、第五章章名修改为“法律责任和执法措施”。

三十九、第四十五条改为第四十六条,修改为:“有下列侵权行为的,应当根据情况,承担停止侵害、消除影响、赔礼道歉、赔偿损失等民事责任:

“(一)未经著作权人许可,发表其作品的;

“(二)未经合作作者许可,将与他人合作创作的作品当作自己单独创作的作品发表的；

“（三）没有参加创作，为谋取个人名利，在他人作品上署名的；

“（四）歪曲、篡改他人作品的；

“（五）剽窃他人作品的；

“（六）未经著作权人许可，以展览、摄制电影和以类似摄制电影的方法使用作品，或者以改编、翻译、注释等方式使用作品的，本法另有规定的除外；

“（七）使用他人作品，应当支付报酬而未支付的；

“（八）未经电影作品和以类似摄制电影的方法创作的作品、计算机软件、录音录像制品的著作权人或者与著作权有关的权利人许可，出租其作品或者录音录像制品的，本法另有规定的除外；

“（九）未经出版者许可，使用其出版的图书、期刊的版式设计的；

“（十）未经表演者许可，从现场直播或者公开传送其现场表演，或者录制其表演的；

“（十一）其他侵犯著作权以及与著作权有关的权益的行为。”

四十、第四十六条改为第四十七条，修改为：“有下列侵权行为的，应当根据情况，承担停止侵害、消除影响、赔礼道歉、赔偿损失等民事责任；同时损害公共利益的，可以由著作权行政管理部门责令停止侵权行为，没收违法所得，没收、销毁侵权复制品，并可处以罚款；情节严重的，著作权行政管理部门还可以没收主要用于制作侵权复制品的材料、工具、设备等；构成犯罪的，依法追究刑事责任：

“（一）未经著作权人许可，复制、发行、表演、放映、广播、汇编、通过信息网络向公众传播其作品的，本法另有规定的除外；

“（二）出版他人享有专有出版权的图书的；

“（三）未经表演者许可，复制、发行录有其表演的录音录像制品，或者通过信息网络向公众传播其表演的，本法另有规定的除外；

“（四）未经录音录像制作者许可，复制、发行、通过信息网络向公众传播其制作的录音录像制品的，本法另有规定的除外；

“（五）未经许可，播放或者复制广播、电视的，本法另有规定的除外；

“（六）未经著作权人或者与著作权有关的权利人许可，故意避开或者破坏权利人为其作品、录音录像制品等采取的保护著作权或者与著作权有关的权利的技术措施的，法律、行政法规另有规定的除外；

“（七）未经著作权人或者与著作权有关的权利人许可，故意删除或者改变作品、录音录像制品等的权利管理电子信息的，法律、行政法规另有规定的除外；

“（八）制作、出售假冒他人署名的作品的。”

四十一、增加一条，作为第四十八条：“侵犯著作权或者与著作权有关的权利的，侵权人应当按照权利人的实际损失给予赔偿；实际损失难以计算的，可以按照侵权人的违法所得给予赔偿。赔偿数额还应当包括权利人为制止侵权行为所支付的合理开支。

“权利人的实际损失或者侵权人的违法所得不能确定的，由人民法院根据侵权行为的情节，判决给予50万元以下的赔偿。”

四十二、增加一条，作为第四十九条：“著作权人或者与著作权有关的权利人有证据证明他人正在实施或者即将实施侵犯其权利的行为，如不及时制止将会使其合法权益受到难以弥补的损害的，可以在起诉前向人民法院申请采取责令停止有关行为和财产保全的措施。

“人民法院处理前款申请，适用《中华人民共和国民事诉讼法》第九十三条至第九十六条和第九十九条的规定。”

四十三、增加一条，作为第五十条：“为制止侵权行为，在证据可能灭失或者以后难以取得的情况下，著作权人或者与著作权有关的权利人可以在起诉前向人民法院申请保全证据。

“人民法院接受申请后，必须在48小时内作出裁定；裁定采取保全措施的，应当立即开始执行。

“人民法院可以责令申请人提供担保，申请人不提供担保的，驳回申请。

“申请人在人民法院采取保全措施后15日内不起诉的，人民法院应当解除保全措施。”

四十四、增加一条，作为第五十一条：“人民法院审理案件，对于侵犯著作权或者与著作权有关的权利的,可以没收违法所得、侵权复制品以及进行违法活动的财物。”

四十五、增加一条,作为第五十二条:“复制品的出版者、制作者不能证明其出版、制作有合法授权的,复制品的发行者或者电影作品或者以类似摄制电影的方法创作的作品、计算机软件、录音录像制品的复制品的出租者不能证明其发行、出租的复制品有合法来源的,应当承担法律责任。”

四十六、第四十七条改为第五十三条,修改为:“当事人不履行合同义务或者履行合同义务不符合约定条件的,应当依照《中华人民共和国民法通则》、《中华人民共和国合同法》等有关法律规定承担民事责任。”

四十七、第四十八条与第四十九条合并,作为第五十四条,修改为:“著作权纠纷可以调解,也可以根据当事人达成的书面仲裁协议或者著作权合同中的仲裁条款,向仲裁机构申请仲裁。

“当事人没有书面仲裁协议,也没有在著作权合同中订立仲裁条款的,可以直接向人民法院起诉。”

四十八、第五十条改为第五十五条,修改为:“当事人对行政处罚不服的,可以自收到行政处罚决定书之日起3个月内向人民法院起诉,期满不起诉又不履行的,著作权行政管理部门可以申请人民法院执行。”

四十九、第五十一条改为第五十六条,修改为:“本法所称的著作权即版权。”

五十、增加一条,作为第五十七条:“本法第二条所称的出版,指作品的复制、发行。”

五十一、删去第五十二条。

五十二、第五十三条改为第五十八条,修改为:“计算机软件、信息网络传播权的保护办法由国务院另行规定。”

五十三、删去第五十四条。

此外,根据本决定对部分条文的文字作相应的修改并对条文顺序作相应调整。

本决定自公布之日起施行。

《中华人民共和国著作权法》根据本决定作相应的修正,重新公布。

中华人民共和国著作权法①

(1990年9月7日第七届全国人民代表大会常务委员会第十五次会议通过　根据2001年10月27日第九届全国人民代表大会常务委员会第二十四次会议《关于修改〈中华人民共和国著作权法〉的决定》修正)

目　录

第一章　总　则

第一条　为保护文学、艺术和科学作品作者的著作权,以及与著作权有关的权益,鼓励有益于社会主义精神文明、物质文明建设的作品的创作和传播,促进社会主义文化和科学事业的发展与繁荣,根据宪法制定本法。

第二条　中国公民、法人或者其他组织的作品,不论是否发表,依照本法享有著作权。

外国人、无国籍人的作品根据其作者所属国或者经常居住地国同中国签订的协议或者共同参加的国际条约享有的著作权,受本法保护。

外国人、无国籍人的作品首先在中国境内出版的,依照本法享有著作权。

未与中国签订协议或者共同参加国际条约的国家的作者以及无国籍人的作品首次在中国

① 编者注:已被修改。

参加的国际条约的成员国出版的,或者在成员国和非成员国同时出版的,受本法保护。

第三条 本法所称的作品,包括以下列形式创作的文学、艺术和自然科学、社会科学、工程技术等作品:

(一)文字作品;

(二)口述作品;

(三)音乐、戏剧、曲艺、舞蹈、杂技艺术作品;

(四)美术、建筑作品;

(五)摄影作品;

(六)电影作品和以类似摄制电影的方法创作的作品;

(七)工程设计图、产品设计图、地图、示意图等图形作品和模型作品;

(八)计算机软件;

(九)法律、行政法规规定的其他作品。

第四条 依法禁止出版、传播的作品,不受本法保护。

著作权人行使著作权,不得违反宪法和法律,不得损害公共利益。

第五条 本法不适用于:

(一)法律、法规,国家机关的决议、决定、命令和其他具有立法、行政、司法性质的文件,及其官方正式译文;

(二)时事新闻;

(三)历法、通用数表、通用表格和公式。

第六条 民间文学艺术作品的著作权保护办法由国务院另行规定。

第七条 国务院著作权行政管理部门主管全国的著作权管理工作;各省、自治区、直辖市人民政府的著作权行政管理部门主管本行政区域的著作权管理工作。

第八条 著作权人和与著作权有关的权利人可以授权著作权集体管理组织行使著作权或者与著作权有关的权利。著作权集体管理组织被授权后,可以以自己的名义为著作权人和与著作权有关的权利人主张权利,并可以作为当事人进行涉及著作权或者与著作权有关的权利的诉讼、仲裁活动。

著作权集体管理组织是非营利性组织,其设立方式、权利义务、著作权许可使用费的收取和分配,以及对其监督和管理等由国务院另行规定。

第二章 著 作 权

第一节 著作权人及其权利

第九条 著作权人包括:

(一)作者;

(二)其他依照本法享有著作权的公民、法人或者其他组织。

第十条 著作权包括下列人身权和财产权:

(一)发表权,即决定作品是否公之于众的权利;

(二)署名权,即表明作者身份,在作品上署名的权利;

(三)修改权,即修改或者授权他人修改作品的权利;

(四)保护作品完整权,即保护作品不受歪曲、篡改的权利;

(五)复制权,即以印刷、复印、拓印、录音、录像、翻录、翻拍等方式将作品制作一份或者多份的权利;

(六)发行权,即以出售或者赠与方式向公众提供作品的原件或者复制件的权利;

(七)出租权,即有偿许可他人临时使用电影作品和以类似摄制电影的方法创作的作品、计算机软件的权利,计算机软件不是出租的主要标的的除外;

(八)展览权,即公开陈列美术作品、摄影作品的原件或者复制件的权利;

(九)表演权,即公开表演作品,以及用各种手段公开播送作品的表演的权利;

(十)放映权,即通过放映机、幻灯机等技术设备公开再现美术、摄影、电影和以类似摄制电影的方法创作的作品等的权利;

(十一)广播权,即以无线方式公开广播或者传播作品,以有线传播或者转播的方式向公众传播广播的作品,以及通过扩音器或者其他传送符号、声音、图像的类似工具向公众传播广播的作品的权利;

(十二)信息网络传播权,即以有线或者无线方式向公众提供作品,使公众可以在其个人选定的时间和地点获得作品的权利;

(十三)摄制权,即以摄制电影或者以类似摄制电影的方法将作品固定在载体上的权利；

（十四）改编权，即改变作品，创作出具有独创性的新作品的权利；

（十五）翻译权，即将作品从一种语言文字转换成另一种语言文字的权利；

（十六）汇编权，即将作品或者作品的片段通过选择或者编排，汇集成新作品的权利；

（十七）应当由著作权人享有的其他权利。

著作权人可以许可他人行使前款第（五）项至第（十七）项规定的权利，并依照约定或者本法有关规定获得报酬。

著作权人可以全部或者部分转让本条第一款第（五）项至第（十七）项规定的权利，并依照约定或者本法有关规定获得报酬。

第二节　著作权归属

第十一条　著作权属于作者，本法另有规定的除外。

创作作品的公民是作者。

由法人或者其他组织主持，代表法人或者其他组织意志创作，并由法人或者其他组织承担责任的作品，法人或者其他组织视为作者。

如无相反证明，在作品上署名的公民、法人或者其他组织为作者。

第十二条　改编、翻译、注释、整理已有作品而产生的作品，其著作权由改编、翻译、注释、整理人享有，但行使著作权时不得侵犯原作品的著作权。

第十三条　两人以上合作创作的作品，著作权由合作作者共同享有。没有参加创作的人，不能成为合作作者。

合作作品可以分割使用的，作者对各自创作的部分可以单独享有著作权，但行使著作权时不得侵犯合作作品整体的著作权。

第十四条　汇编若干作品、作品的片段或者不构成作品的数据或者其他材料，对其内容的选择或者编排体现独创性的作品，为汇编作品，其著作权由汇编人享有，但行使著作权时，不得侵犯原作品的著作权。

第十五条　电影作品和以类似摄制电影的方法创作的作品的著作权由制片者享有，但编剧、导演、摄影、作词、作曲等作者享有署名权，并有权按照与制片者签订的合同获得报酬。

电影作品和以类似摄制电影的方法创作的作品中的剧本、音乐等可以单独使用的作品的作者有权单独行使其著作权。

第十六条　公民为完成法人或者其他组织工作任务所创作的作品是职务作品，除本条第二款的规定以外，著作权由作者享有，但法人或者其他组织有权在其业务范围内优先使用。作品完成两年内，未经单位同意，作者不得许可第三人以与单位使用的相同方式使用该作品。

有下列情形之一的职务作品，作者享有署名权，著作权的其他权利由法人或者其他组织享有，法人或者其他组织可以给予作者奖励：

（一）主要是利用法人或者其他组织的物质技术条件创作，并由法人或者其他组织承担责任的工程设计图、产品设计图、地图、计算机软件等职务作品；

（二）法律、行政法规规定或者合同约定著作权由法人或者其他组织享有的职务作品。

第十七条　受委托创作的作品，著作权的归属由委托人和受托人通过合同约定。合同未作明确约定或者没有订立合同的，著作权属于受托人。

第十八条　美术等作品原件所有权的转移，不视为作品著作权的转移，但美术作品原件的展览权由原件所有人享有。

第十九条　著作权属于公民的，公民死亡后，其本法第十条第一款第（五）项至第（十七）项规定的权利在本法规定的保护期内，依照继承法的规定转移。

著作权属于法人或者其他组织的，法人或者其他组织变更、终止后，其本法第十条第一款第（五）项至第（十七）项规定的权利在本法规定的保护期内，由承受其权利义务的法人或者其他组织享有；没有承受其权利义务的法人或者其他组织的，由国家享有。

第三节　权利的保护期

第二十条　作者的署名权、修改权、保护作品完整权的保护期不受限制。

第二十一条　公民的作品，其发表权、本法第十条第一款第（五）项至第（十七）项规定的权利的保护期为作者终生及其死亡后50年，截止于作者死亡后第50年的12月31日；如果是合作作品，截止于最后死亡的作者死亡后第50年的12月31日。

法人或者其他组织的作品、著作权(署名权除外)由法人或者其他组织享有的职务作品，其发表权、本法第十条第一款第(五)项至第(十七)项规定的权利的保护期为50年，截止于作品首次发表后第50年的12月31日，但作品自创作完成后50年内未发表的，本法不再保护。

电影作品和以类似摄制电影的方法创作的作品、摄影作品，其发表权、本法第十条第一款第(五)项至第(十七)项规定的权利的保护期为50年，截止于作品首次发表后第50年的12月31日，但作品自创作完成后50年内未发表的，本法不再保护。

第四节　权利的限制

第二十二条　在下列情况下使用作品，可以不经著作权人许可，不向其支付报酬，但应当指明作者姓名、作品名称，并且不得侵犯著作权人依照本法享有的其他权利：

(一)为个人学习、研究或者欣赏，使用他人已经发表的作品；

(二)为介绍、评论某一作品或者说明某一问题，在作品中适当引用他人已经发表的作品；

(三)为报道时事新闻，在报纸、期刊、广播电台、电视台等媒体中不可避免地再现或者引用已经发表的作品；

(四)报纸、期刊、广播电台、电视台等媒体刊登或者播放其他报纸、期刊、广播电台、电视台等媒体已经发表的关于政治、经济、宗教问题的时事性文章，但作者声明不许刊登、播放的除外；

(五)报纸、期刊、广播电台、电视台等媒体刊登或者播放在公众集会上发表的讲话，但作者声明不许刊登、播放的除外；

(六)为学校课堂教学或者科学研究，翻译或者少量复制已经发表的作品，供教学或者科研人员使用，但不得出版发行；

(七)国家机关为执行公务在合理范围内使用已经发表的作品；

(八)图书馆、档案馆、纪念馆、博物馆、美术馆等为陈列或者保存版本的需要，复制本馆收藏的作品；

(九)免费表演已经发表的作品，该表演未向公众收取费用，也未向表演者支付报酬；

(十)对设置或者陈列在室外公共场所的艺术作品进行临摹、绘画、摄影、录像；

(十一)将中国公民、法人或者其他组织已经发表的以汉语言文字创作的作品翻译成少数民族语言文字作品在国内出版发行；

(十二)将已经发表的作品改成盲文出版。

前款规定适用于对出版者、表演者、录音录像制作者、广播电台、电视台的权利的限制。

第二十三条　为实施九年制义务教育和国家教育规划而编写出版教科书，除作者事先声明不许使用的外，可以不经著作权人许可，在教科书中汇编已经发表的作品片段或者短小的文字作品、音乐作品或者单幅的美术作品、摄影作品，但应当按照规定支付报酬，指明作者姓名、作品名称，并且不得侵犯著作权人依照本法享有的其他权利。

前款规定适用于对出版者、表演者、录音录像制作者、广播电台、电视台的权利的限制。

第三章　著作权许可使用和转让合同

第二十四条　使用他人作品应当同著作权人订立许可使用合同，本法规定可以不经许可的除外。

许可使用合同包括下列主要内容：

(一)许可使用的权利种类；

(二)许可使用的权利是专有使用权或者非专有使用权；

(三)许可使用的地域范围、期间；

(四)付酬标准和办法；

(五)违约责任；

(六)双方认为需要约定的其他内容。

第二十五条　转让本法第十条第一款第(五)项至第(十七)项规定的权利，应当订立书面合同。

权利转让合同包括下列主要内容：

(一)作品的名称；

(二)转让的权利种类、地域范围；

(三)转让价金；

（四）交付转让价金的日期和方式；

（五）违约责任；

（六）双方认为需要约定的其他内容。

第二十六条 许可使用合同和转让合同中著作权人未明确许可、转让的权利，未经著作权人同意，另一方当事人不得行使。

第二十七条 使用作品的付酬标准可以由当事人约定，也可以按照国务院著作权行政管理部门会同有关部门制定的付酬标准支付报酬。当事人约定不明确的，按照国务院著作权行政管理部门会同有关部门制定的付酬标准支付报酬。

第二十八条 出版者、表演者、录音录像制作者、广播电台、电视台等依照本法有关规定使用他人作品的，不得侵犯作者的署名权、修改权、保护作品完整权和获得报酬的权利。

第四章 出版、表演、录音录像、播放

第一节 图书、报刊的出版

第二十九条 图书出版者出版图书应当和著作权人订立出版合同，并支付报酬。

第三十条 图书出版者对著作权人交付出版的作品，按照合同约定享有的专有出版权受法律保护，他人不得出版该作品。

第三十一条 著作权人应当按照合同约定期限交付作品。图书出版者应当按照合同约定的出版质量、期限出版图书。

图书出版者不按照合同约定期限出版，应当依照本法第五十三条的规定承担民事责任。

图书出版者重印、再版作品的，应当通知著作权人，并支付报酬。图书脱销后，图书出版者拒绝重印、再版的，著作权人有权终止合同。

第三十二条 著作权人向报社、期刊社投稿的，自稿件发出之日起15日内未收到报社通知决定刊登的，或者自稿件发出之日起30日内未收到期刊社通知决定刊登的，可以将同一作品向其他报社、期刊社投稿。双方另有约定的除外。

作品刊登后，除著作权人声明不得转载、摘编的外，其他报刊可以转载或者作为文摘、资料刊登，但应当按照规定向著作权人支付报酬。

第三十三条 图书出版者经作者许可，可以对作品修改、删节。

报社、期刊社可以对作品作文字性修改、删节。对内容的修改，应当经作者许可。

第三十四条 出版改编、翻译、注释、整理、汇编已有作品而产生的作品，应当取得改编、翻译、注释、整理、汇编作品的著作权人和原作品的著作权人许可，并支付报酬。

第三十五条 出版者有权许可或者禁止他人使用其出版的图书、期刊的版式设计。

前款规定的权利的保护期为10年，截止于使用该版式设计的图书、期刊首次出版后第10年的12月31日。

第二节 表 演

第三十六条 使用他人作品演出，表演者（演员、演出单位）应当取得著作权人许可，并支付报酬。演出组织者组织演出，由该组织者取得著作权人许可，并支付报酬。

使用改编、翻译、注释、整理已有作品而产生的作品进行演出，应当取得改编、翻译、注释、整理作品的著作权人和原作品的著作权人许可，并支付报酬。

第三十七条 表演者对其表演享有下列权利：

（一）表明表演者身份；

（二）保护表演形象不受歪曲；

（三）许可他人从现场直播和公开传送其现场表演，并获得报酬；

（四）许可他人录音录像，并获得报酬；

（五）许可他人复制、发行录有其表演的录音录像制品，并获得报酬；

（六）许可他人通过信息网络向公众传播其表演，并获得报酬。

被许可人以前款第（三）项至第（六）项规定的方式使用作品，还应当取得著作权人许可，并支付报酬。

第三十八条 本法第三十七条第一款第（一）项、第（二）项规定的权利的保护期不受限制。

本法第三十七条第一款第（三）项至第（六）项规定的权利的保护期为50年，截止于该表演发生后第50年的12月31日。

第三节 录音录像

第三十九条 录音录像制作者使用他人作品制作录音录像制品,应当取得著作权人许可,并支付报酬。

录音录像制作者使用改编、翻译、注释、整理已有作品而产生的作品,应当取得改编、翻译、注释、整理作品的著作权人和原作品著作权人许可,并支付报酬。

录音制作者使用他人已经合法录制为录音制品的音乐作品制作录音制品,可以不经著作权人许可,但应当按照规定支付报酬;著作权人声明不许使用的不得使用。

第四十条 录音录像制作者制作录音录像制品,应当同表演者订立合同,并支付报酬。

第四十一条 录音录像制作者对其制作的录音录像制品,享有许可他人复制、发行、出租、通过信息网络向公众传播并获得报酬的权利;权利的保护期为50年,截止于该制品首次制作完成后第50年的12月31日。

被许可人复制、发行、通过信息网络向公众传播录音录像制品,还应当取得著作权人、表演者许可,并支付报酬。

第四节 广播电台、电视台播放

第四十二条 广播电台、电视台播放他人未发表的作品,应当取得著作权人许可,并支付报酬。

广播电台、电视台播放他人已发表的作品,可以不经著作权人许可,但应当支付报酬。

第四十三条 广播电台、电视台播放已经出版的录音制品,可以不经著作权人许可,但应当支付报酬。当事人另有约定的除外。具体办法由国务院规定。

第四十四条 广播电台、电视台有权禁止未经其许可的下列行为:

(一)将其播放的广播、电视转播;

(二)将其播放的广播、电视录制在音像载体上以及复制音像载体。

前款规定的权利的保护期为50年,截止于该广播、电视首次播放后第50年的12月31日。

第四十五条 电视台播放他人的电影作品和以类似摄制电影的方法创作的作品、录像制品,应当取得制片者或者录像制作者许可,并支付报酬;播放他人的录像制品,还应当取得著作权人许可,并支付报酬。

第五章 法律责任和执法措施

第四十六条 有下列侵权行为的,应当根据情况,承担停止侵害、消除影响、赔礼道歉、赔偿损失等民事责任:

(一)未经著作权人许可,发表其作品的;

(二)未经合作作者许可,将与他人合作创作的作品当作自己单独创作的作品发表的;

(三)没有参加创作,为谋取个人名利,在他人作品上署名的;

(四)歪曲、篡改他人作品的;

(五)剽窃他人作品的;

(六)未经著作权人许可,以展览、摄制电影和以类似摄制电影的方法使用作品,或者以改编、翻译、注释等方式使用作品的,本法另有规定的除外;

(七)使用他人作品,应当支付报酬而未支付的;

(八)未经电影作品和以类似摄制电影的方法创作的作品、计算机软件、录音录像制品的著作权人或者与著作权有关的权利人许可,出租其作品或者录音录像制品的,本法另有规定的除外;

(九)未经出版者许可,使用其出版的图书、期刊的版式设计的;

(十)未经表演者许可,从现场直播或者公开传送其现场表演,或者录制其表演的;

(十一)其他侵犯著作权以及与著作权有关的权益的行为。

第四十七条 有下列侵权行为的,应当根据情况,承担停止侵害、消除影响、赔礼道歉、赔偿损失等民事责任;同时损害公共利益的,可以由著作权行政管理部门责令停止侵权行为,没收违法所得,没收、销毁侵权复制品,并可处以罚款;情节严重的,著作权行政管理部门还可以没收主要用于制作侵权复制品的材料、工具、设备等;构成犯罪的,依法追究刑事责任:

(一)未经著作权人许可,复制、发行、表演、放映、广播、汇编、通过信息网络向公众传播其作品的,本法另有规定的除外;

（二）出版他人享有专有出版权的图书的；

（三）未经表演者许可，复制、发行录有其表演的录音录像制品，或者通过信息网络向公众传播其表演的，本法另有规定的除外；

（四）未经录音录像制作者许可，复制、发行、通过信息网络向公众传播其制作的录音录像制品的，本法另有规定的除外；

（五）未经许可，播放或者复制广播、电视的，本法另有规定的除外；

（六）未经著作权人或者与著作权有关的权利人许可，故意避开或者破坏权利人为其作品、录音录像制品等采取的保护著作权或者与著作权有关的权利的技术措施的，法律、行政法规另有规定的除外；

（七）未经著作权人或者与著作权有关的权利人许可，故意删除或者改变作品、录音录像制品等的权利管理电子信息的，法律、行政法规另有规定的除外；

（八）制作、出售假冒他人署名的作品的。

第四十八条 侵犯著作权或者与著作权有关的权利的，侵权人应当按照权利人的实际损失给予赔偿；实际损失难以计算的，可以按照侵权人的违法所得给予赔偿。赔偿数额还应当包括权利人为制止侵权行为所支付的合理开支。

权利人的实际损失或者侵权人的违法所得不能确定的，由人民法院根据侵权行为的情节，判决给予50万元以下的赔偿。

第四十九条 著作权人或者与著作权有关的权利人有证据证明他人正在实施或者即将实施侵犯其权利的行为，如不及时制止将会使其合法权益受到难以弥补的损害的，可以在起诉前向人民法院申请采取责令停止有关行为和财产保全的措施。

人民法院处理前款申请，适用《中华人民共和国民事诉讼法》第九十三条至第九十六条和第九十九条的规定。

第五十条 为制止侵权行为，在证据可能灭失或者以后难以取得的情况下，著作权人或者与著作权有关的权利人可以在起诉前向人民法院申请保全证据。

人民法院接受申请后，必须在48小时内作出裁定；裁定采取保全措施的，应当立即开始执行。

人民法院可以责令申请人提供担保，申请人不提供担保的，驳回申请。

申请人在人民法院采取保全措施后15日内不起诉的，人民法院应当解除保全措施。

第五十一条 人民法院审理案件，对于侵犯著作权或者与著作权有关的权利的，可以没收违法所得、侵权复制品以及进行违法活动的财物。

第五十二条 复制品的出版者、制作者不能证明其出版、制作有合法授权的，复制品的发行者或者电影作品或者以类似摄制电影的方法创作的作品、计算机软件、录音录像制品的复制品的出租者不能证明其发行、出租的复制品有合法来源的，应当承担法律责任。

第五十三条 当事人不履行合同义务或者履行合同义务不符合约定条件的，应当依照《中华人民共和国民法通则》、《中华人民共和国合同法》等有关法律规定承担民事责任。

第五十四条 著作权纠纷可以调解，也可以根据当事人达成的书面仲裁协议或者著作权合同中的仲裁条款，向仲裁机构申请仲裁。

当事人没有书面仲裁协议，也没有在著作权合同中订立仲裁条款的，可以直接向人民法院起诉。

第五十五条 当事人对行政处罚不服的，可以自收到行政处罚决定书之日起3个月内向人民法院起诉，期满不起诉又不履行的，著作权行政管理部门可以申请人民法院执行。

第六章 附 则

第五十六条 本法所称的著作权即版权。

第五十七条 本法第二条所称的出版，指作品的复制、发行。

第五十八条 计算机软件、信息网络传播权的保护办法由国务院另行规定。

第五十九条 本法规定的著作权人和出版者、表演者、录音录像制作者、广播电台、电视台的权利，在本法施行之日尚未超过本法规定的保护期的，依照本法予以保护。

本法施行前发生的侵权或者违约行为，依照侵权或者违约行为发生时的有关规定和政策处理。

第六十条 本法自1991年6月1日起施行。

全国人民代表大会常务委员会关于修改《中华人民共和国著作权法》的决定

(2010年2月26日第十一届全国人民代表大会常务委员会第十三次会议通过 2010年2月26日中华人民共和国主席令第26号公布 自2010年4月1日起施行)

第十一届全国人民代表大会常务委员会第十三次会议决定对《中华人民共和国著作权法》作如下修改:

一、将第四条修改为:"著作权人行使著作权,不得违反宪法和法律,不得损害公共利益。国家对作品的出版、传播依法进行监督管理。"

二、增加一条,作为第二十六条:"以著作权出质的,由出质人和质权人向国务院著作权行政管理部门办理出质登记。"

本决定自2010年4月1日起施行。

《中华人民共和国著作权法》根据本决定作修改并对条款顺序作调整后,重新公布。

中华人民共和国著作权法

(1990年9月7日第七届全国人民代表大会常务委员会第十五次会议通过 根据2001年10月27日第九届全国人民代表大会常务委员会第二十四次会议《关于修改〈中华人民共和国著作权法〉的决定》第一次修正 根据2010年2月26日第十一届全国人民代表大会常务委员会第十三次会议《关于修改〈中华人民共和国著作权法〉的决定》第二次修正)

目　　录

第一章　总　　则

第一条　为保护文学、艺术和科学作品作者的著作权,以及与著作权有关的权益,鼓励有益于社会主义精神文明、物质文明建设的作品的创作和传播,促进社会主义文化和科学事业的发展与繁荣,根据宪法制定本法。

第二条　中国公民、法人或者其他组织的作品,不论是否发表,依照本法享有著作权。

外国人、无国籍人的作品根据其作者所属国或者经常居住地国同中国签订的协议或者共同参加的国际条约享有的著作权,受本法保护。

外国人、无国籍人的作品首先在中国境内出版的,依照本法享有著作权。

未与中国签订协议或者共同参加国际条约的国家的作者以及无国籍人的作品首次在中国参加的国际条约的成员国出版的,或者在成员国和非成员国同时出版的,受本法保护。

第三条　本法所称的作品,包括以下列形式创作的文学、艺术和自然科学、社会科学、工程技术等作品:

(一)文字作品;

(二)口述作品;

(三)音乐、戏剧、曲艺、舞蹈、杂技艺术作品;

(四)美术、建筑作品;

(五)摄影作品;

(六)电影作品和以类似摄制电影的方法创作的作品;

(七)工程设计图、产品设计图、地图、示意图等图形作品和模型作品;

(八)计算机软件;

(九)法律、行政法规规定的其他作品。

第四条　著作权人行使著作权,不得违反宪法和法律,不得损害公共利益。国家对作品的出版、传播依法进行监督管理。

第五条 本法不适用于：

（一）法律、法规，国家机关的决议、决定、命令和其他具有立法、行政、司法性质的文件，及其官方正式译文；

（二）时事新闻；

（三）历法、通用数表、通用表格和公式。

第六条 民间文学艺术作品的著作权保护办法由国务院另行规定。

第七条 国务院著作权行政管理部门主管全国的著作权管理工作；各省、自治区、直辖市人民政府的著作权行政管理部门主管本行政区域的著作权管理工作。

第八条 著作权人和与著作权有关的权利人可以授权著作权集体管理组织行使著作权或者与著作权有关的权利。著作权集体管理组织被授权后，可以以自己的名义为著作权人和与著作权有关的权利人主张权利，并可以作为当事人进行涉及著作权或者与著作权有关的权利的诉讼、仲裁活动。

著作权集体管理组织是非营利性组织，其设立方式、权利义务、著作权许可使用费的收取和分配，以及对其监督和管理等由国务院另行规定。

第二章 著 作 权

第一节 著作权人及其权利

第九条 著作权人包括：

（一）作者；

（二）其他依照本法享有著作权的公民、法人或者其他组织。

第十条 著作权包括下列人身权和财产权：

（一）发表权，即决定作品是否公之于众的权利；

（二）署名权，即表明作者身份，在作品上署名的权利；

（三）修改权，即修改或者授权他人修改作品的权利；

（四）保护作品完整权，即保护作品不受歪曲、篡改的权利；

（五）复制权，即以印刷、复印、拓印、录音、录像、翻录、翻拍等方式将作品制作一份或者多份的权利；

（六）发行权，即以出售或者赠与方式向公众提供作品的原件或者复制件的权利；

（七）出租权，即有偿许可他人临时使用电影作品和以类似摄制电影的方法创作的作品、计算机软件的权利，计算机软件不是出租的主要标的的除外；

（八）展览权，即公开陈列美术作品、摄影作品的原件或者复制件的权利；

（九）表演权，即公开表演作品，以及用各种手段公开播送作品的表演的权利；

（十）放映权，即通过放映机、幻灯机等技术设备公开再现美术、摄影、电影和以类似摄制电影的方法创作的作品等的权利；

（十一）广播权，即以无线方式公开广播或者传播作品，以有线传播或者转播的方式向公众传播广播的作品，以及通过扩音器或者其他传送符号、声音、图像的类似工具向公众传播广播的作品的权利；

（十二）信息网络传播权，即以有线或者无线方式向公众提供作品，使公众可以在其个人选定的时间和地点获得作品的权利；

（十三）摄制权，即以摄制电影或者以类似摄制电影的方法将作品固定在载体上的权利；

（十四）改编权，即改变作品，创作出具有独创性的新作品的权利；

（十五）翻译权，即将作品从一种语言文字转换成另一种语言文字的权利；

（十六）汇编权，即将作品或者作品的片段通过选择或者编排，汇集成新作品的权利；

（十七）应当由著作权人享有的其他权利。

著作权人可以许可他人行使前款第（五）项至第（十七）项规定的权利，并依照约定或者本法有关规定获得报酬。

著作权人可以全部或者部分转让本条第一款第（五）项至第（十七）项规定的权利，并依照约定或者本法有关规定获得报酬。

第二节 著作权归属

第十一条 著作权属于作者，本法另有规定的除外。

创作作品的公民是作者。

由法人或者其他组织主持，代表法人或者其

他组织意志创作，并由法人或者其他组织承担责任的作品，法人或者其他组织视为作者。

如无相反证明，在作品上署名的公民、法人或者其他组织为作者。

第十二条　改编、翻译、注释、整理已有作品而产生的作品，其著作权由改编、翻译、注释、整理人享有，但行使著作权时不得侵犯原作品的著作权。

第十三条　两人以上合作创作的作品，著作权由合作作者共同享有。没有参加创作的人，不能成为合作作者。

合作作品可以分割使用的，作者对各自创作的部分可以单独享有著作权，但行使著作权时不得侵犯合作作品整体的著作权。

第十四条　汇编若干作品、作品的片段或者不构成作品的数据或者其他材料，对其内容的选择或者编排体现独创性的作品，为汇编作品，其著作权由汇编人享有，但行使著作权时，不得侵犯原作品的著作权。

第十五条　电影作品和以类似摄制电影的方法创作的作品的著作权由制片者享有，但编剧、导演、摄影、作词、作曲等作者享有署名权，并有权按照与制片者签订的合同获得报酬。

电影作品和以类似摄制电影的方法创作的作品中的剧本、音乐等可以单独使用的作品的作者有权单独行使其著作权。

第十六条　公民为完成法人或者其他组织工作任务所创作的作品是职务作品，除本条第二款的规定以外，著作权由作者享有，但法人或者其他组织有权在其业务范围内优先使用。作品完成两年内，未经单位同意，作者不得许可第三人以与单位使用的相同方式使用该作品。

有下列情形之一的职务作品，作者享有署名权，著作权的其他权利由法人或者其他组织享有，法人或者其他组织可以给予作者奖励：

（一）主要是利用法人或者其他组织的物质技术条件创作，并由法人或者其他组织承担责任的工程设计图、产品设计图、地图、计算机软件等职务作品；

（二）法律、行政法规规定或者合同约定著作权由法人或者其他组织享有的职务作品。

第十七条　受委托创作的作品，著作权的归属由委托人和受托人通过合同约定。合同未作明确约定或者没有订立合同的，著作权属于受托人。

第十八条　美术等作品原件所有权的转移，不视为作品著作权的转移，但美术作品原件的展览权由原件所有人享有。

第十九条　著作权属于公民的，公民死亡后，其本法第十条第一款第（五）项至第（十七）项规定的权利在本法规定的保护期内，依照继承法的规定转移。

著作权属于法人或者其他组织的，法人或者其他组织变更、终止后，其本法第十条第一款第（五）项至第（十七）项规定的权利在本法规定的保护期内，由承受其权利义务的法人或者其他组织享有；没有承受其权利义务的法人或者其他组织的，由国家享有。

第三节　权利的保护期

第二十条　作者的署名权、修改权、保护作品完整权的保护期不受限制。

第二十一条　公民的作品，其发表权、本法第十条第一款第（五）项至第（十七）项规定的权利的保护期为作者终生及其死亡后五十年，截止于作者死亡后第五十年的12月31日；如果是合作作品，截止于最后死亡的作者死亡后第五十年的12月31日。

法人或者其他组织的作品、著作权（署名权除外）由法人或者其他组织享有的职务作品，其发表权、本法第十条第一款第（五）项至第（十七）项规定的权利的保护期为五十年，截止于作品首次发表后第五十年的12月31日，但作品自创作完成后五十年内未发表的，本法不再保护。

电影作品和以类似摄制电影的方法创作的作品、摄影作品，其发表权、本法第十条第一款第（五）项至第（十七）项规定的权利的保护期为五十年，截止于作品首次发表后第五十年的12月31日，但作品自创作完成后五十年内未发表的，本法不再保护。

第四节　权利的限制

第二十二条　在下列情况下使用作品，可以不经著作权人许可，不向其支付报酬，但应当指

明作者姓名、作品名称,并且不得侵犯著作权人依照本法享有的其他权利:

(一)为个人学习、研究或者欣赏,使用他人已经发表的作品;

(二)为介绍、评论某一作品或者说明某一问题,在作品中适当引用他人已经发表的作品;

(三)为报道时事新闻,在报纸、期刊、广播电台、电视台等媒体中不可避免地再现或者引用已经发表的作品;

(四)报纸、期刊、广播电台、电视台等媒体刊登或者播放其他报纸、期刊、广播电台、电视台等媒体已经发表的关于政治、经济、宗教问题的时事性文章,但作者声明不许刊登、播放的除外;

(五)报纸、期刊、广播电台、电视台等媒体刊登或者播放在公众集会上发表的讲话,但作者声明不许刊登、播放的除外;

(六)为学校课堂教学或者科学研究,翻译或者少量复制已经发表的作品,供教学或者科研人员使用,但不得出版发行;

(七)国家机关为执行公务在合理范围内使用已经发表的作品;

(八)图书馆、档案馆、纪念馆、博物馆、美术馆等为陈列或者保存版本的需要,复制本馆收藏的作品;

(九)免费表演已经发表的作品,该表演未向公众收取费用,也未向表演者支付报酬;

(十)对设置或者陈列在室外公共场所的艺术作品进行临摹、绘画、摄影、录像;

(十一)将中国公民、法人或者其他组织已经发表的以汉语言文字创作的作品翻译成少数民族语言文字作品在国内出版发行;

(十二)将已经发表的作品改成盲文出版。

前款规定适用于对出版者、表演者、录音录像制作者、广播电台、电视台的权利的限制。

第二十三条 为实施九年制义务教育和国家教育规划而编写出版教科书,除作者事先声明不许使用的外,可以不经著作权人许可,在教科书中汇编已经发表的作品片段或者短小的文字作品、音乐作品或者单幅的美术作品、摄影作品,但应当按照规定支付报酬,指明作者姓名、作品名称,并且不得侵犯著作权人依照本法享有的其他权利。

前款规定适用于对出版者、表演者、录音录像制作者、广播电台、电视台的权利的限制。

第三章 著作权许可使用和转让合同

第二十四条 使用他人作品应当同著作权人订立许可使用合同,本法规定可以不经许可的除外。

许可使用合同包括下列主要内容:

(一)许可使用的权利种类;

(二)许可使用的权利是专有使用权或者非专有使用权;

(三)许可使用的地域范围、期间;

(四)付酬标准和办法;

(五)违约责任;

(六)双方认为需要约定的其他内容。

第二十五条 转让本法第十条第一款第(五)项至第(十七)项规定的权利,应当订立书面合同。

权利转让合同包括下列主要内容:

(一)作品的名称;

(二)转让的权利种类、地域范围;

(三)转让价金;

(四)交付转让价金的日期和方式;

(五)违约责任;

(六)双方认为需要约定的其他内容。

第二十六条 以著作权出质的,由出质人和质权人向国务院著作权行政管理部门办理出质登记。

第二十七条 许可使用合同和转让合同中著作权人未明确许可、转让的权利,未经著作权人同意,另一方当事人不得行使。

第二十八条 使用作品的付酬标准可以由当事人约定,也可以按照国务院著作权行政管理部门会同有关部门制定的付酬标准支付报酬。当事人约定不明确的,按照国务院著作权行政管理部门会同有关部门制定的付酬标准支付报酬。

第二十九条 出版者、表演者、录音录像制作者、广播电台、电视台等依照本法有关规定使用他人作品的,不得侵犯作者的署名权、修改权、保护作品完整权和获得报酬的权利。

第四章　出版、表演、录音录像、播放

第一节　图书、报刊的出版

第三十条　图书出版者出版图书应当和著作权人订立出版合同，并支付报酬。

第三十一条　图书出版者对著作权人交付出版的作品，按照合同约定享有的专有出版权受法律保护，他人不得出版该作品。

第三十二条　著作权人应当按照合同约定期限交付作品。图书出版者应当按照合同约定的出版质量、期限出版图书。

图书出版者不按照合同约定期限出版，应当依照本法第五十四条的规定承担民事责任。

图书出版者重印、再版作品的，应当通知著作权人，并支付报酬。图书脱销后，图书出版者拒绝重印、再版的，著作权人有权终止合同。

第三十三条　著作权人向报社、期刊社投稿的，自稿件发出之日起十五日内未收到报社通知决定刊登的，或者自稿件发出之日起三十日内未收到期刊社通知决定刊登的，可以将同一作品向其他报社、期刊社投稿。双方另有约定的除外。

作品刊登后，除著作权人声明不得转载、摘编的外，其他报刊可以转载或者作为文摘、资料刊登，但应当按照规定向著作权人支付报酬。

第三十四条　图书出版者经作者许可，可以对作品修改、删节。

报社、期刊社可以对作品作文字性修改、删节。对内容的修改，应当经作者许可。

第三十五条　出版改编、翻译、注释、整理、汇编已有作品而产生的作品，应当取得改编、翻译、注释、整理、汇编作品的著作权人和原作品的著作权人许可，并支付报酬。

第三十六条　出版者有权许可或者禁止他人使用其出版的图书、期刊的版式设计。

前款规定的权利的保护期为十年，截止于使用该版式设计的图书、期刊首次出版后第十年的12月31日。

第二节　表　　演

第三十七条　使用他人作品演出，表演者（演员、演出单位）应当取得著作权人许可，并支付报酬。演出组织者组织演出，由该组织者取得著作权人许可，并支付报酬。

使用改编、翻译、注释、整理已有作品而产生的作品进行演出，应当取得改编、翻译、注释、整理作品的著作权人和原作品的著作权人许可，并支付报酬。

第三十八条　表演者对其表演享有下列权利：

（一）表明表演者身份；

（二）保护表演形象不受歪曲；

（三）许可他人从现场直播和公开传送其现场表演，并获得报酬；

（四）许可他人录音录像，并获得报酬；

（五）许可他人复制、发行录有其表演的录音录像制品，并获得报酬；

（六）许可他人通过信息网络向公众传播其表演，并获得报酬。

被许可人以前款第（三）项至第（六）项规定的方式使用作品，还应当取得著作权人许可，并支付报酬。

第三十九条　本法第三十八条第一款第（一）项、第（二）项规定的权利的保护期不受限制。

本法第三十八条第一款第（三）项至第（六）项规定的权利的保护期为五十年，截止于该表演发生后第五十年的12月31日。

第三节　录音录像

第四十条　录音录像制作者使用他人作品制作录音录像制品，应当取得著作权人许可，并支付报酬。

录音录像制作者使用改编、翻译、注释、整理已有作品而产生的作品，应当取得改编、翻译、注释、整理作品的著作权人和原作品著作权人许可，并支付报酬。

录音制作者使用他人已经合法录制为录音制品的音乐作品制作录音制品，可以不经著作权人许可，但应当按照规定支付报酬；著作权人声明不许使用的不得使用。

第四十一条　录音录像制作者制作录音录像制品，应当同表演者订立合同，并支付报酬。

第四十二条　录音录像制作者对其制作的

录音录像制品,享有许可他人复制、发行、出租、通过信息网络向公众传播并获得报酬的权利;权利的保护期为五十年,截止于该制品首次制作完成后第五十年的12月31日。

被许可人复制、发行、通过信息网络向公众传播录音录像制品,还应当取得著作权人、表演者许可,并支付报酬。

第四节 广播电台、电视台播放

第四十三条 广播电台、电视台播放他人未发表的作品,应当取得著作权人许可,并支付报酬。

广播电台、电视台播放他人已发表的作品,可以不经著作权人许可,但应当支付报酬。

第四十四条 广播电台、电视台播放已经出版的录音制品,可以不经著作权人许可,但应当支付报酬。当事人另有约定的除外。具体办法由国务院规定。

第四十五条 广播电台、电视台有权禁止未经其许可的下列行为:

(一)将其播放的广播、电视转播;

(二)将其播放的广播、电视录制在音像载体上以及复制音像载体。

前款规定的权利的保护期为五十年,截止于该广播、电视首次播放后第五十年的12月31日。

第四十六条 电视台播放他人的电影作品和以类似摄制电影的方法创作的作品、录像制品,应当取得制片者或者录像制作者许可,并支付报酬;播放他人的录像制品,还应当取得著作权人许可,并支付报酬。

第五章 法律责任和执法措施

第四十七条 有下列侵权行为的,应当根据情况,承担停止侵害、消除影响、赔礼道歉、赔偿损失等民事责任:

(一)未经著作权人许可,发表其作品的;

(二)未经合作作者许可,将与他人合作创作的作品当作自己单独创作的作品发表的;

(三)没有参加创作,为谋取个人名利,在他人作品上署名的;

(四)歪曲、篡改他人作品的;

(五)剽窃他人作品的;

(六)未经著作权人许可,以展览、摄制电影和以类似摄制电影的方法使用作品,或者以改编、翻译、注释等方式使用作品的,本法另有规定的除外;

(七)使用他人作品,应当支付报酬而未支付的;

(八)未经电影作品和以类似摄制电影的方法创作的作品、计算机软件、录音录像制品的著作权人或者与著作权有关的权利人许可,出租其作品或者录音录像制品的,本法另有规定的除外;

(九)未经出版者许可,使用其出版的图书、期刊的版式设计的;

(十)未经表演者许可,从现场直播或者公开传送其现场表演,或者录制其表演的;

(十一)其他侵犯著作权以及与著作权有关的权益的行为。

第四十八条 有下列侵权行为的,应当根据情况,承担停止侵害、消除影响、赔礼道歉、赔偿损失等民事责任;同时损害公共利益的,可以由著作权行政管理部门责令停止侵权行为,没收违法所得,没收、销毁侵权复制品,并可处以罚款;情节严重的,著作权行政管理部门还可以没收主要用于制作侵权复制品的材料、工具、设备等;构成犯罪的,依法追究刑事责任:

(一)未经著作权人许可,复制、发行、表演、放映、广播、汇编、通过信息网络向公众传播其作品的,本法另有规定的除外;

(二)出版他人享有专有出版权的图书的;

(三)未经表演者许可,复制、发行录有其表演的录音录像制品,或者通过信息网络向公众传播其表演的,本法另有规定的除外;

(四)未经录音录像制作者许可,复制、发行、通过信息网络向公众传播其制作的录音录像制品的,本法另有规定的除外;

(五)未经许可,播放或者复制广播、电视的,本法另有规定的除外;

(六)未经著作权人或者与著作权有关的权利人许可,故意避开或者破坏权利人为其作品、录音录像制品等采取的保护著作权或者与著作权有关的权利的技术措施的,法律、行政法规另有规定的除外;

（七）未经著作权人或者与著作权有关的权利人许可，故意删除或者改变作品、录音录像制品等的权利管理电子信息的，法律、行政法规另有规定的除外；

（八）制作、出售假冒他人署名的作品的。

第四十九条　侵犯著作权或者与著作权有关的权利的，侵权人应当按照权利人的实际损失给予赔偿；实际损失难以计算的，可以按照侵权人的违法所得给予赔偿。赔偿数额还应当包括权利人为制止侵权行为所支付的合理开支。

权利人的实际损失或者侵权人的违法所得不能确定的，由人民法院根据侵权行为的情节，判决给予五十万元以下的赔偿。

第五十条　著作权人或者与著作权有关的权利人有证据证明他人正在实施或者即将实施侵犯其权利的行为，如不及时制止将会使其合法权益受到难以弥补的损害的，可以在起诉前向人民法院申请采取责令停止有关行为和财产保全的措施。

人民法院处理前款申请，适用《中华人民共和国民事诉讼法》第九十三条至第九十六条和第九十九条的规定。

第五十一条　为制止侵权行为，在证据可能灭失或者以后难以取得的情况下，著作权人或者与著作权有关的权利人可以在起诉前向人民法院申请保全证据。

人民法院接受申请后，必须在四十八小时内作出裁定；裁定采取保全措施的，应当立即开始执行。

人民法院可以责令申请人提供担保，申请人不提供担保的，驳回申请。

申请人在人民法院采取保全措施后十五日内不起诉的，人民法院应当解除保全措施。

第五十二条　人民法院审理案件，对于侵犯著作权或者与著作权有关的权利的，可以没收违法所得、侵权复制品以及进行违法活动的财物。

第五十三条　复制品的出版者、制作者不能证明其出版、制作有合法授权的，复制品的发行者或者电影作品或者以类似摄制电影的方法创作的作品、计算机软件、录音录像制品的复制品的出租者不能证明其发行、出租的复制品有合法来源的，应当承担法律责任。

第五十四条　当事人不履行合同义务或者履行合同义务不符合约定条件的，应当依照《中华人民共和国民法通则》、《中华人民共和国合同法》等有关法律规定承担民事责任。

第五十五条　著作权纠纷可以调解，也可以根据当事人达成的书面仲裁协议或者著作权合同中的仲裁条款，向仲裁机构申请仲裁。

当事人没有书面仲裁协议，也没有在著作权合同中订立仲裁条款的，可以直接向人民法院起诉。

第五十六条　当事人对行政处罚不服的，可以自收到行政处罚决定书之日起三个月内向人民法院起诉，期满不起诉又不履行的，著作权行政管理部门可以申请人民法院执行。

第六章　附　　则

第五十七条　本法所称的著作权即版权。

第五十八条　本法第二条所称的出版，指作品的复制、发行。

第五十九条　计算机软件、信息网络传播权的保护办法由国务院另行规定。

第六十条　本法规定的著作权人和出版者、表演者、录音录像制作者、广播电台、电视台的权利，在本法施行之日尚未超过本法规定的保护期的，依照本法予以保护。

本法施行前发生的侵权或者违约行为，依照侵权或者违约行为发生时的有关规定和政策处理。

第六十一条　本法自1991年6月1日起施行。

最高人民法院关于审理著作权民事纠纷案件适用法律若干问题的解释

（2002年10月12日最高人民法院审判委员会第1246次会议通过　2002年10月12日最高人民法院公告公布　自2002年10月15日起施行　法释〔2002〕31号）

为了正确审理著作权民事纠纷案件，根据《中华人民共和国民法通则》、《中华人民共和国合同法》、《中华人民共和国著作权法》、《中华人民共和国民事诉讼法》等法律的规定，就适用法律若干问题解释如下：

第一条 人民法院受理以下著作权民事纠纷案件：

（一）著作权及与著作权有关权益权属、侵权、合同纠纷案件；

（二）申请诉前停止侵犯著作权、与著作权有关权益行为，申请诉前财产保全、诉前证据保全案件；

（三）其他著作权、与著作权有关权益纠纷案件。

第二条 著作权民事纠纷案件，由中级以上人民法院管辖。

各高级人民法院根据本辖区的实际情况，可以确定若干基层人民法院管辖第一审著作权民事纠纷案件。

第三条 对著作权行政管理部门查处的侵犯著作权行为，当事人向人民法院提起诉讼追究该行为人民事责任的，人民法院应当受理。

人民法院审理已经过著作权行政管理部门处理的侵犯著作权行为的民事纠纷案件，应当对案件事实进行全面审查。

第四条 因侵犯著作权行为提起的民事诉讼，由著作权法第四十六条、第四十七条所规定侵权行为的实施地、侵权复制品储藏地或者查封扣押地、被告住所地人民法院管辖。

前款规定的侵权复制品储藏地，是指大量或者经营性储存、隐匿侵权复制品所在地；查封扣押地，是指海关、版权、工商等行政机关依法查封、扣押侵权复制品所在地。

第五条 对涉及不同侵权行为实施地的多个被告提起的共同诉讼，原告可以选择其中一个被告的侵权行为实施地人民法院管辖；仅对其中某一被告提起的诉讼，该被告侵权行为实施地的人民法院有管辖权。

第六条 依法成立的著作权集体管理组织，根据著作权人的书面授权，以自己的名义提起诉讼，人民法院应当受理。

第七条 当事人提供的涉及著作权的底稿、原件、合法出版物、著作权登记证书、认证机构出具的证明、取得权利的合同等，可以作为证据。

在作品或者制品上署名的自然人、法人或者其他组织视为著作权、与著作权有关权益的权利人，但有相反证明的除外。

第八条 当事人自行或者委托他人以定购、现场交易等方式购买侵权复制品而取得的实物、发票等，可以作为证据。

公证人员在未向涉嫌侵权的一方当事人表明身份的情况下，如实对另一方当事人按照前款规定的方式取得的证据和取证过程出具的公证书，应当作为证据使用，但有相反证据的除外。

第九条 著作权法第十条第（一）项规定的"公之于众"，是指著作权人自行或者经著作权人许可将作品向不特定的人公开，但不以公众知晓为构成条件。

第十条 著作权法第十五条第二款所指的作品，著作权人是自然人的，其保护期适用著作权法第二十一条第一款的规定；著作权人是法人或其他组织的，其保护期适用著作权法第二十一条第二款的规定。

第十一条 因作品署名顺序发生的纠纷，人民法院按照下列原则处理：有约定的按约定确定署名顺序；没有约定的，可以按照创作作品付出的劳动、作品排列、作者姓氏笔划等确定署名顺序。

第十二条 按照著作权法第十七条规定委托作品著作权属于受托人的情形，委托人在约定的使用范围内享有使用作品的权利；双方没有约定使用作品范围的，委托人可以在委托创作的特定目的的范围内免费使用该作品。

第十三条 除著作权法第十一条第三款规定的情形外，由他人执笔，本人审阅定稿并以本人名义发表的报告、讲话等作品，著作权归报告人或者讲话人享有。著作权人可以支付执笔人适当的报酬。

第十四条 当事人合意以特定人物经历为题材完成的自传体作品，当事人对著作权权属有约定的，依其约定；没有约定的，著作权归该特定人物享有，执笔人或整理人对作品完成付出劳动的，著作权人可以向其支付适当的报酬。

第十五条 由不同作者就同一题材创作的作品，作品的表达系独立完成并且有创作性的，应当认定作者各自享有独立著作权。

第十六条 通过大众传播媒介传播的单纯

事实消息属于著作权法第五条第(二)项规定的时事新闻。传播报道他人采编的时事新闻,应当注明出处。

第十七条 著作权法第三十二条第二款规定的转载,是指报纸、期刊登载其他报刊已发表作品的行为。转载未注明被转载作品的作者和最初登载的报刊出处的,应当承担消除影响、赔礼道歉等民事责任。

第十八条 著作权法第二十二条第(十)项规定的室外公共场所的艺术作品,是指设置或者陈列在室外社会公众活动处所的雕塑、绘画、书法等艺术作品。

对前款规定艺术作品的临摹、绘画、摄影、录像人,可以对其成果以合理的方式和范围再行使用,不构成侵权。

第十九条 出版者、制作者应当对其出版、制作有合法授权承担举证责任,发行者、出租者应当对其发行或者出租的复制品有合法来源承担举证责任。举证不能的,依据著作权法第四十六条、第四十七条的相应规定承担法律责任。

第二十条 出版物侵犯他人著作权的,出版者应当根据其过错、侵权程度及损害后果等承担民事赔偿责任。

出版者对其出版行为的授权、稿件来源和署名、所编辑出版物的内容等未尽到合理注意义务的,依据著作权法第四十八条的规定,承担赔偿责任。

出版者尽了合理注意义务,著作权人也无证据证明出版者应当知道其出版涉及侵权的,依据民法通则第一百一十七条第一款的规定,出版者承担停止侵权、返还其侵权所得利润的民事责任。

出版者所尽合理注意义务情况,由出版者承担举证责任。

第二十一条 计算机软件用户未经许可或者超过许可范围商业使用计算机软件的,依据著作权法第四十七条第(一)项、《计算机软件保护条例》第二十四条第(一)项的规定承担民事责任。

第二十二条 著作权转让合同未采取书面形式的,人民法院依据合同法第三十六条、第三十七条的规定审查合同是否成立。

第二十三条 出版者将著作权人交付出版的作品丢失、毁损致使出版合同不能履行的,依据著作权法第五十三条、民法通则第一百一十七条以及合同法第一百二十二条的规定追究出版者的民事责任。

第二十四条 权利人的实际损失,可以根据权利人因侵权所造成复制品发行减少量或者侵权复制品销售量与权利人发行该复制品单位利润乘积计算。发行减少量难以确定的,按照侵权复制品市场销售量确定。

第二十五条 权利人的实际损失或者侵权人的违法所得无法确定的,人民法院根据当事人的请求或者依职权适用著作权法第四十八条第二款的规定确定赔偿数额。

人民法院在确定赔偿数额时,应当考虑作品类型、合理使用费、侵权行为性质、后果等情节综合确定。

当事人按照本条第一款的规定就赔偿数额达成协议的,应当准许。

第二十六条 著作权法第四十八条第一款规定的制止侵权行为所支付的合理开支,包括权利人或者委托代理人对侵权行为进行调查、取证的合理费用。

人民法院根据当事人的诉讼请求和具体案情,可以将符合国家有关部门规定的律师费用计算在赔偿范围内。

第二十七条 在著作权法修改决定施行前发生的侵犯著作权行为起诉的案件,人民法院于该决定施行后作出判决的,可以参照适用著作权法第四十八条的规定。

第二十八条 侵犯著作权的诉讼时效为两年,自著作权人知道或者应当知道侵权行为之日起计算。权利人超过两年起诉的,如果侵权行为在起诉时仍在持续,在该著作权保护期内,人民法院应当判决被告停止侵权行为;侵权损害赔偿数额应当自权利人向人民法院起诉之日起向前推算两年计算。

第二十九条 对著作权法第四十七条规定的侵权行为,人民法院根据当事人的请求除追究行为人民事责任外,还可以依据民法通则第一百三十四条第三款的规定给予民事制裁,罚款数额可以参照《中华人民共和国著作权法实施条例》

的有关规定确定。

著作权行政管理部门对相同的侵权行为已经给予行政处罚的，人民法院不再予以民事制裁。

第三十条 对2001年10月27日前发生的侵犯著作权行为，当事人于2001年10月27日后向人民法院提出申请采取责令停止侵权行为或者证据保全措施的，适用著作权法第四十九条、第五十条的规定。

人民法院采取诉前措施，参照《最高人民法院关于诉前停止侵犯注册商标专用权行为和保全证据适用法律问题的解释》的规定办理。

第三十一条 除本解释另行规定外，2001年10月27日以后人民法院受理的著作权民事纠纷案件，涉及2001年10月27日前发生的民事行为的，适用修改前著作权法的规定；涉及该日期以后发生的民事行为的，适用修改后著作权法的规定；涉及该日期前发生，持续到该日期后的民事行为的，适用修改后著作权法的规定。

第三十二条 以前的有关规定与本解释不一致的，以本解释为准。

最高人民法院关于审理侵害信息网络传播权民事纠纷案件适用法律若干问题的规定

（2012年11月26日最高人民法院审判委员会第1561次会议通过　2012年12月17日最高人民法院公告公布　自2013年1月1日起施行　法释〔2012〕20号）

为正确审理侵害信息网络传播权民事纠纷案件，依法保护信息网络传播权，促进信息网络产业健康发展，维护公共利益，根据《中华人民共和国民法通则》《中华人民共和国侵权责任法》《中华人民共和国著作权法》《中华人民共和国民事诉讼法》等有关法律规定，结合审判实际，制定本规定。

第一条 人民法院审理侵害信息网络传播权民事纠纷案件，在依法行使裁量权时，应当兼顾权利人、网络服务提供者和社会公众的利益。

第二条 本规定所称信息网络，包括以计算机、电视机、固定电话机、移动电话机等电子设备为终端的计算机互联网、广播电视网、固定通信网、移动通信网等信息网络，以及向公众开放的局域网络。

第三条 网络用户、网络服务提供者未经许可，通过信息网络提供权利人享有信息网络传播权的作品、表演、录音录像制品，除法律、行政法规另有规定外，人民法院应当认定其构成侵害信息网络传播权行为。

通过上传到网络服务器、设置共享文件或者利用文件分享软件等方式，将作品、表演、录音录像制品置于信息网络中，使公众能够在个人选定的时间和地点以下载、浏览或者其他方式获得的，人民法院应当认定其实施了前款规定的提供行为。

第四条 有证据证明网络服务提供者与他人以分工合作等方式共同提供作品、表演、录音录像制品，构成共同侵权行为的，人民法院应当判令其承担连带责任。网络服务提供者能够证明其仅提供自动接入、自动传输、信息存储空间、搜索、链接、文件分享技术等网络服务，主张其不构成共同侵权行为的，人民法院应予支持。

第五条 网络服务提供者以提供网页快照、缩略图等方式实质替代其他网络服务提供者向公众提供相关作品的，人民法院应当认定其构成提供行为。

前款规定的提供行为不影响相关作品的正常使用，且未不合理损害权利人对该作品的合法权益，网络服务提供者主张其未侵害信息网络传播权的，人民法院应予支持。

第六条 原告有初步证据证明网络服务提供者提供了相关作品、表演、录音录像制品，但网络服务提供者能够证明其仅提供网络服务，且无过错的，人民法院不应认定为构成侵权。

第七条 网络服务提供者在提供网络服务时教唆或者帮助网络用户实施侵害信息网络传播权行为的，人民法院应当判令其承担侵权责任。

网络服务提供者以言语、推介技术支持、奖励积分等方式诱导、鼓励网络用户实施侵害信息网络传播权行为的，人民法院应当认定其构成教唆侵权行为。

网络服务提供者明知或者应知网络用户利用网络服务侵害信息网络传播权，未采取删除、屏蔽、断开链接等必要措施，或者提供技术支持等帮助行为的，人民法院应当认定其构成帮助侵权行为。

第八条　人民法院应当根据网络服务提供者的过错，确定其是否承担教唆、帮助侵权责任。网络服务提供者的过错包括对于网络用户侵害信息网络传播权行为的明知或者应知。

网络服务提供者未对网络用户侵害信息网络传播权的行为主动进行审查的，人民法院不应据此认定其具有过错。

网络服务提供者能够证明已采取合理、有效的技术措施，仍难以发现网络用户侵害信息网络传播权行为的，人民法院应当认定其不具有过错。

第九条　人民法院应当根据网络用户侵害信息网络传播权的具体事实是否明显，综合考虑以下因素，认定网络服务提供者是否构成应知：

（一）基于网络服务提供者提供服务的性质、方式及其引发侵权的可能性大小，应当具备的管理信息的能力；

（二）传播的作品、表演、录音录像制品的类型、知名度及侵权信息的明显程度；

（三）网络服务提供者是否主动对作品、表演、录音录像制品进行了选择、编辑、修改、推荐等；

（四）网络服务提供者是否积极采取了预防侵权的合理措施；

（五）网络服务提供者是否设置便捷程序接收侵权通知并及时对侵权通知作出合理的反应；

（六）网络服务提供者是否针对同一网络用户的重复侵权行为采取了相应的合理措施；

（七）其他相关因素。

第十条　网络服务提供者在提供网络服务时，对热播影视作品等以设置榜单、目录、索引、描述性段落、内容简介等方式进行推荐，且公众可以在其网页上直接以下载、浏览或者其他方式获得的，人民法院可以认定其应知网络用户侵害信息网络传播权。

第十一条　网络服务提供者从网络用户提供的作品、表演、录音录像制品中直接获得经济利益的，人民法院应当认定其对该网络用户侵害信息网络传播权的行为负有较高的注意义务。

网络服务提供者针对特定作品、表演、录音录像制品投放广告获取收益，或者获取与其传播的作品、表演、录音录像制品存在其他特定联系的经济利益，应当认定为前款规定的直接获得经济利益。网络服务提供者因提供网络服务而收取一般性广告费、服务费等，不属于本款规定的情形。

第十二条　有下列情形之一的，人民法院可以根据案件具体情况，认定提供信息存储空间服务的网络服务提供者应知网络用户侵害信息网络传播权：

（一）将热播影视作品等置于首页或者其他主要页面等能够为网络服务提供者明显感知的位置的；

（二）对热播影视作品等的主题、内容主动进行选择、编辑、整理、推荐，或者为其设立专门的排行榜的；

（三）其他可以明显感知相关作品、表演、录音录像制品为未经许可提供，仍未采取合理措施的情形。

第十三条　网络服务提供者接到权利人以书信、传真、电子邮件等方式提交的通知，未及时采取删除、屏蔽、断开链接等必要措施的，人民法院应当认定其明知相关侵害信息网络传播权行为。

第十四条　人民法院认定网络服务提供者采取的删除、屏蔽、断开链接等必要措施是否及时，应当根据权利人提交通知的形式，通知的准确程度，采取措施的难易程度，网络服务的性质，所涉作品、表演、录音录像制品的类型、知名度、数量等因素综合判断。

第十五条　侵害信息网络传播权民事纠纷案件由侵权行为地或者被告住所地人民法院管辖。侵权行为地包括实施被诉侵权行为的网络服务器、计算机终端等设备所在地。侵权行为地和被告住所地均难以确定或者在境外的，原告发现侵权内容的计算机终端等设备所在地可以视为侵权行为地。

第十六条　本规定施行之日起，《最高人民法院关于审理涉及计算机网络著作权纠纷案件适用法律若干问题的解释》(法释〔2006〕11号)同时废止。

本规定施行之后尚未终审的侵害信息网络传播权民事纠纷案件,适用本规定。本规定施行前已经终审,当事人申请再审或者按照审判监督程序决定再审的,不适用本规定。

(五)其　他

最高人民法院关于审理涉及计算机网络域名民事纠纷案件适用法律若干问题的解释

(2001年6月26日最高人民法院审判委员会第1182次会议通过　2001年7月17日最高人民法院公告公布　自2001年7月24日起施行　法释〔2001〕24号)

为了正确审理涉及计算机网络域名注册、使用等行为的民事纠纷案件(以下简称域名纠纷案件),根据《中华人民共和国民法通则》(以下简称民法通则)、《中华人民共和国反不正当竞争法》(以下简称反不正当竞争法)和《中华人民共和国民事诉讼法》(以下简称民事诉讼法)等法律的规定,作如下解释:

第一条　对于涉及计算机网络域名注册、使用等行为的民事纠纷,当事人向人民法院提起诉讼,经审查符合民事诉讼法第一百零八条规定的,人民法院应当受理。

第二条　涉及域名的侵权纠纷案件,由侵权行为地或者被告住所地的中级人民法院管辖。对难以确定侵权行为地和被告住所地的,原告发现该域名的计算机终端等设备所在地可以视为侵权行为地。

涉外域名纠纷案件包括当事人一方或者双方是外国人、无国籍人、外国企业或组织、国际组织,或者域名注册地在外国的域名纠纷案件。在中华人民共和国领域内发生的涉外域名纠纷案件,依照民事诉讼法第四编的规定确定管辖。

第三条　域名纠纷案件的案由,根据双方当事人争议的法律关系的性质确定,并在其前冠以计算机网络域名;争议的法律关系的性质难以确定的,可以通称为计算机网络域名纠纷案件。

第四条　人民法院审理域名纠纷案件,对符合以下各项条件的,应当认定被告注册、使用域名等行为构成侵权或者不正当竞争:

(一)原告请求保护的民事权益合法有效;

(二)被告域名或其主要部分构成对原告驰名商标的复制、模仿、翻译或音译;或者与原告的注册商标、域名等相同或近似,足以造成相关公众的误认;

(三)被告对该域名或其主要部分不享有权益,也无注册、使用该域名的正当理由;

(四)被告对该域名的注册、使用具有恶意。

第五条　被告的行为被证明具有下列情形之一的,人民法院应当认定其具有恶意:

(一)为商业目的将他人驰名商标注册为域名的;

(二)为商业目的注册、使用与原告的注册商标、域名等相同或近似的域名,故意造成与原告提供的产品、服务或者原告网站的混淆,误导网络用户访问其网站或其他在线站点的;

(三)曾要约高价出售、出租或者以其他方式转让该域名获取不正当利益的;

(四)注册域名后自己并不使用也未准备使用,而有意阻止权利人注册该域名的;

(五)具有其他恶意情形的。

被告举证证明在纠纷发生前其所持有的域名已经获得一定的知名度,且能与原告的注册商标、域名等相区别,或者具有其他情形足以证明其不具有恶意的,人民法院可以不认定被告具有恶意。

第六条　人民法院审理域名纠纷案件,根据当事人的请求以及案件的具体情况,可以对涉及的注册商标是否驰名依法作出认定。

第七条　人民法院在审理域名纠纷案件中,对符合本解释第四条规定的情形,依照有关法律规定构成侵权的,应当适用相应的法律规定;构成不正当竞争的,可以适用民法通则第四条、反不正当竞争法第二条第一款的规定。

涉外域名纠纷案件,依照民法通则第八章的有关规定处理。

第八条　人民法院认定域名注册、使用等行为构成侵权或者不正当竞争的,可以判令被告停止侵权、注销域名,或者依原告的请求判令由原告注册使用该域名;给权利人造成实际损害的,可以判令被告赔偿损失。

最高人民法院关于审理植物新品种纠纷案件若干问题的解释

(2000年12月25日最高人民法院审判委员会第1154次会议通过 2001年2月5日最高人民法院公告公布 自2001年2月14日起施行 法释〔2001〕5号)

为依法受理和审判植物新品种纠纷案件,根据《中华人民共和国民事诉讼法》、《中华人民共和国行政诉讼法》的有关规定,现就有关问题解释如下:

第一条 人民法院受理的植物新品种纠纷案件主要包括以下几类:

(一)是否应当授予植物新品种权纠纷案件;

(二)宣告授予的植物新品种权无效或者维持植物新品种权的纠纷案件;

(三)授予品种权的植物新品种更名的纠纷案件;

(四)实施强制许可的纠纷案件;

(五)实施强制许可使用费的纠纷案件;

(六)植物新品种申请权纠纷案件;

(七)植物新品种权权利归属纠纷案件;

(八)转让植物新品种申请权和转让植物新品种权的纠纷案件;

(九)侵犯植物新品种权的纠纷案件;

(十)不服省级以上农业、林业行政管理部门依据职权对侵犯植物新品种权处罚的纠纷案件;

(十一)不服县级以上农业、林业行政管理部门依据职权对假冒授权品种处罚的纠纷案件。

第二条 人民法院在依法审查当事人涉及植物新品种权的起诉时,只要符合《中华人民共和国民事诉讼法》第一百零八条、《中华人民共和国行政诉讼法》第四十一条规定的民事案件或者行政案件的起诉条件,均应当依法予以受理。

第三条 本解释第一条所列第(一)至(五)类案件,由北京市第二中级人民法院作为第一审人民法院审理;第(六)至(十一)类案件,由各省、自治区、直辖市人民政府所在地和最高人民法院指定的中级人民法院作为第一审人民法院审理。

第四条 以侵权行为地确定人民法院管辖的侵犯植物新品种权的民事案件,其所称的侵权行为地,是指未经品种权所有人许可,以商业目的生产、销售该授权植物新品种的繁殖材料的所在地,或者将该授权品种的繁殖材料重复使用于生产另一品种的繁殖材料的所在地。

第五条 关于是否应当授予植物新品种权的纠纷案件、宣告授予的植物新品种权无效或者维持植物新品种权的纠纷案件、授予品种权的植物新品种更名的纠纷案件,应当以行政主管机关植物新品种复审委员会为被告;关于实施强制许可的纠纷案件,应当以植物新品种审批机关为被告;关于强制许可使用费纠纷案件,应当根据原告所请求的事项和所起诉的当事人确定被告。

第六条 人民法院审理侵犯植物新品种权纠纷案件,被告在答辩期间内向行政主管机关植物新品种复审委员会请求宣告该植物新品种权无效的,人民法院一般不中止诉讼。

最高人民法院关于审理侵犯植物新品种权纠纷案件具体应用法律问题的若干规定

(2006年12月25日最高人民法院审判委员会第1411次会议通过 2007年1月12日最高人民法院公告公布 自2007年2月1日起施行 法释〔2007〕1号)

为正确处理侵犯植物新品种权纠纷案件,根据《中华人民共和国民法通则》、《中华人民共和国民事诉讼法》等有关规定,结合侵犯植物新品种权纠纷案件的审判经验和实际情况,就具体应用法律的若干问题规定如下:

第一条 植物新品种权所有人(以下称品种权人)或者利害关系人认为植物新品种权受到侵犯的,可以依法向人民法院提起诉讼。

前款所称利害关系人,包括植物新品种实施许可合同的被许可人、品种权财产权利的合法继承人等。

独占实施许可合同的被许可人可以单独向人民法院提起诉讼;排他实施许可合同的被许可人可以和品种权人共同起诉,也可以在品种权人不起诉时,自行提起诉讼;普通实施许可合同的被许可人经品种权人明确授权,可以提起诉讼。

第二条 未经品种权人许可,为商业目的生产或销售授权品种的繁殖材料,或者为商业目的将授权品种的繁殖材料重复使用于生产另一品种的繁殖材料的,人民法院应当认定为侵犯植物新品种权。

被控侵权物的特征、特性与授权品种的特征、特性相同,或者特征、特性的不同是因非遗传变异所致的,人民法院一般应当认定被控侵权物属于商业目的生产或者销售授权品种的繁殖材料。

被控侵权人重复以授权品种的繁殖材料为亲本与其他亲本另行繁殖的,人民法院一般应当认定属于商业目的将授权品种的繁殖材料重复使用于生产另一品种的繁殖材料。

第三条 侵犯植物新品种权纠纷案件涉及的专门性问题需要鉴定的,由双方当事人协商确定的有鉴定资格的鉴定机构、鉴定人鉴定;协商不成的,由人民法院指定的有鉴定资格的鉴定机构、鉴定人鉴定。

没有前款规定的鉴定机构、鉴定人的,由具有相应品种检测技术水平的专业机构、专业人员鉴定。

第四条 对于侵犯植物新品种权纠纷案件涉及的专门性问题可以采取田间观察检测、基因指纹图谱检测等方法鉴定。

对采取前款规定方法作出的鉴定结论,人民法院应当依法质证,认定其证明力。

第五条 品种权人或者利害关系人向人民法院提起侵犯植物新品种权诉讼时,同时提出先行停止侵犯植物新品种权行为或者保全证据请求的,人民法院经审查可以先行作出裁定。

人民法院采取证据保全措施时,可以根据案件具体情况,邀请有关专业技术人员按照相应的技术规程协助取证。

第六条 人民法院审理侵犯植物新品种权纠纷案件,应当依照民法通则第一百三十四条的规定,结合案件具体情况,判决侵权人承担停止侵害、赔偿损失等民事责任。

人民法院可以根据被侵权人的请求,按照被侵权人因侵权所受损失或者侵权人因侵权所得利益确定赔偿数额。被侵权人请求按照植物新品种实施许可费确定赔偿数额的,人民法院可以根据植物新品种实施许可的种类、时间、范围等因素,参照该植物新品种实施许可费合理确定赔偿数额。

依照前款规定难以确定赔偿数额的,人民法院可以综合考虑侵权的性质、期间、后果,植物新品种实施许可费的数额,植物新品种实施许可的种类、时间、范围及被侵权人调查、制止侵权所支付的合理费用等因素,在 50 万元以下确定赔偿数额。

第七条 被侵权人和侵权人均同意将侵权物折价抵扣被侵权人所受损失的,人民法院应当准许。被侵权人或者侵权人不同意折价抵扣的,人民法院依照当事人的请求,责令侵权人对侵权物作消灭活性等使其不能再被用作繁殖材料的处理。

侵权物正处于生长期或者销毁侵权物将导致重大不利后果的,人民法院可以不采取责令销毁侵权物的方法,但法律、行政法规另有规定的除外。

第八条 以农业或者林业种植为业的个人、农村承包经营户接受他人委托代为繁殖侵犯品种权的繁殖材料,不知道代繁物是侵犯品种权的繁殖材料并说明委托人的,不承担赔偿责任。

全国法院知识产权审判工作会议关于审理技术合同纠纷案件若干问题的纪要

(2001 年 6 月 15 日 法〔2001〕84 号)

1999 年 3 月 15 日,第九届全国人民代表大会第二次会议通过《中华人民共和国合同法》(以下简称合同法),并于同年 10 月 1 日起施行。合同法的颁布与施行,结束了经济合同法、涉外经济合同法和技术合同法三部合同法并存的局面，实现了三部合同法的统一。我国合同法律制度发生了重大变革。根据合同法规定，技术合同法被废止，其主要内容已被吸收在合同法分则的第十八章技术合同中。与之相适应，最高人民法院根据技术合同法和技术合同法实施条例制定的《关于审理科技纠纷案件的若干问题的规定》司法解释，也被废止。为了适应我国合同法律制度的重大变革，实现新旧合同法律制度的平稳过渡，最高人民法院正在有计划、有步骤地制定有关合同法的司法解释，目前已发布了《关于适用〈中华人民共和国合同法〉若干问题的解释》（一），有关技术合同部分的司法解释被列为《关于适用〈中华人民共和国合同法〉若干问题的解释》（三）。

1999 年 8 月，最高人民法院即开始进行《解释》（三）的起草工作，在对原有的技术合同法律、行政法规和司法解释进行清理的基础上，并根据合同法对技术合同新的规定和审判实践中出现的新情况、新问题，形成了征求意见稿。1999 年 11 月，为贯彻执行合同法，最高人民法院在安徽省合肥市召开全国法院技术合同审判工作座谈会，全国 31 个高院和 22 个中院、2 个基层法院近 70 余名代表参加了会议，李国光副院长出席会议并作了重要讲话。座谈会上对征求意见稿进行了充分讨论，有近 20 个法院还提交了书面意见。国家科技部和国家知识产权局亦派代表参加了会议。2000 年 4 月上旬，原知识产权庭与国家科技部又共同在西安市召开技术合同法律问题研讨会，再次就征求意见稿征求了部分地方科委、科协组织、知识产权诉讼律师和专利代理人的意见。此后，还向全国人大常委会法工委、国务院法制办等 8 个部门和郑成思、梁慧星等 11 名专家书面征求意见。在广泛征求意见并反复修改的基础上，形成送审稿。

2001 年 6 月 12 日至 15 日，最高人民法院在上海市召开全国法院知识产权审判工作会议。全国 30 个高级人民法院、新疆高院生产建设兵团分院、解放军军事法院、24 个中级人民法院分管知识产权审判工作的副院长、知识产权审判庭或者负责知识产权审判工作的业务庭庭长或副庭长，以及全国人大法工委、全国人大教科文卫委、国务院法制办、国家科技部、国家工商行政管理总局、国家知识产权局、国家版权局等单位的负责同志，中国社会科学院知识产权中心、清华大学法学院、北京大学知识产权学院、中国人民大学知识产权教学与研究中心的著名专家学者等共 120 余人参加了会议。最高人民法院副院长曹建明出席会议并作了讲话。会议分析了当前知识产权审判工作面临的形势，总结了近二十年来知识产权审判工作的经验，部署了当前和今后一段时期人民法院知识产权审判工作的任务。会议着重围绕我国“入世”对知识产权审判工作的影响及应做的准备工作，贯彻新修改的专利法、合同法以及其他知识产权法律，充分发挥知识产权审判整体职能等议题，进行了深入的讨论。会议还对技术合同纠纷案件适用法律的若干问题进行了研讨。会议认为，为解决当前人民法院审理技术合同纠纷案件的急需，有必要将已经成熟的一些审判技术合同若干适用法律问题的原则纪要发给各地人民法院，以作为指导全国法院审理技术合同纠纷案件的指导意见。各地法院在执行中，要继续总结经验，及时将执行中有关问题反映给最高人民法院民事审判第三庭。以便将审判技术合同纠纷适用法律的司法解释稿修改得更加完善，待提交最高人民法院审判委员会讨论通过后正式发布施行。现就审理技术合同纠纷案件适用法律的若干问题纪要如下：

一、一般规定

（一）技术成果和技术秘密

1. 合同法第十八章所称技术成果，是指利用科学技术知识、信息和经验作出的产品、工艺、材料及其改进等技术方案，包括专利、专利申请、技术秘密和其他能够取得知识产权的技术成果（如植物新品种、计算机软件、集成电路布图设计和新药成果等）。

2. 合同法第十八章所称的技术秘密，是指不为公众所知悉、能为权利人带来经济利益、具有实用性并经权利人采取保密措施的技术信息。

前款所称不为公众所知悉，是指该技术信息的整体或者精确的排列组合或者要素，并非为通常涉及该信息有关范围的人所普遍知道或者容易获得；能为权利人带来经济利益、具有实用性，是指该技术信息因属于秘密而具有商业价值，能够使拥有者获得经济利益或者获得竞争优势；权利人采取保密措施，是指该技术信息的合法拥有者根据有关情况采取的合理措施，在正常情况下可以使该技术信息得以保密。

合同法所称技术秘密与技术秘密成果是同义语。

（二）职务技术成果与非职务技术成果

3. 法人或者其他组织与其职工在劳动合同或者其他协议中就职工在职期间或者离职以后所完成的技术成果的权益有约定的，依其约定确认。但该约定依法应当认定为无效或者依法被撤销、解除的除外。

4. 合同法第三百二十六条第二款所称执行法人或者其他组织的工作任务，是指：

（1）职工履行本岗位职责或者承担法人或者其他组织交付的其他科学研究和技术开发任务。

（2）离职、退职、退休后一年内继续从事与其原所在法人或者其他组织的岗位职责或者交付的任务有关的科学研究和技术开发，但法律、行政法规另有规定或者当事人另有约定的除外。

前款所称岗位职责，是指根据法人或者其他组织的规定，职工所在岗位的工作任务和责任范围。

5. 合同法第三百二十六条第二款所称物质技术条件，是指资金、设备、器材、原材料、未公开的技术信息和资料。

合同法第三百二十六条第二款所称主要利用法人或者其他组织的物质技术条件，是指职工在完成技术成果的研究开发过程中，全部或者大部分利用了法人或者其他组织的资金、设备、器材或者原材料，或者该技术成果的实质性内容是在该法人或者其他组织尚未公开的技术成果、阶段性技术成果或者关键技术的基础上完成的。但对利用法人或者其他组织提供的物质技术条件，约定返还资金或者交纳使用费的除外。

在研究开发过程中利用法人或者其他组织已对外公开或者已为本领域普通技术人员公知的技术信息，或者在技术成果完成后利用法人或者其他组织的物质条件对技术方案进行验证、测试的，不属于主要利用法人或者其他组织的物质技术条件。

6. 完成技术成果的个人既执行了原所在法人或者其他组织的工作任务，又就同一科学研究或者技术开发课题主要利用了现所在法人或者其他组织的物质技术条件所完成的技术成果的权益，由其原所在法人或者其他组织和现所在法人或者其他组织协议确定，不能达成协议的，由双方合理分享。

7. 职工于本岗位职责或者其所在法人或者其他组织交付的任务之外从事业余兼职活动或者与他人合作完成的技术成果的权益，按照其与聘用人（兼职单位）或者合作人的约定确认。没有约定或者约定不明确，依照合同法第六十一条的规定不能达成补充协议的，按照合同法第三百二十六条和第三百二十七条的规定确认。

依照前款规定处理时不得损害职工所在的法人或者其他组织的技术权益。

8. 合同法第三百二十六条和第三百二十七条所称完成技术成果的个人，是指对技术成果单独或者共同作出创造性贡献的人，不包括仅提供资金、设备、材料、试验条件的人员，进行组织管理的人员，协助绘制图纸、整理资料、翻译文献等辅助服务人员。

判断创造性贡献时，应当分解技术成果的实质性技术构成，提出实质性技术构成和由此实现技术方案的人是作出创造性贡献的人。对技术成果做出创造性贡献的人为发明人或者设计人。

（三）技术合同的主体

9. 法人或者其他组织设立的从事技术研究开发、转让等活动的不具有民事主体资格的科研组织（包括课题组、工作室等）订立的技术合同，经法人或者其他组织授权或者认可的，视为法人或者其他组织订立的合同，由法人或者其他组织承担责任；未经法人或者其他组织授权或者认可的，由该科研组织成员共同承担责任，但法人或者其他组织因该合同受益的，应当在其受益范围内承担相应的责任。

（四）技术合同的效力

10. 技术合同不因下列事由无效：

（1）合同标的技术未经技术鉴定；

（2）技术合同未经登记或者未向有关部门备案；

（3）以已经申请专利尚未授予专利权的技

术订立专利实施许可合同。

11. 技术合同内容有下列情形的，属于合同法第三百二十九条所称“非法垄断技术，妨碍技术进步”：

（1）限制另一方在合同标的技术的基础上进行新的研究开发，或者双方交换改进技术的条件不对等，包括要求一方将其自行改进的技术无偿地提供给对方、非互惠性的转让给对方、无偿地独占或者共享该改进技术的知识产权；

（2）限制另一方从其他来源吸收技术；

（3）阻碍另一方根据市场的需求，按照合理的方式充分实施合同标的技术，包括不合理地限制技术接受方实施合同标的技术生产产品或者提供服务的数量、品种、价格、销售渠道和出口市场；

（4）要求技术接受方接受并非实施技术必不可少的附带条件，包括购买技术接受方并不需要的技术、服务、原材料、设备或者产品等和接收技术接受方并不需要的人才等；

（5）不合理地限制技术接受方自由选择从不同来源购买原材料、零部件或者设备等。

（6）禁止技术接受方对合同标的技术的知识产权的有效性提出异议的条件。

12. 技术合同内容有下列情形的，属于合同法第三百二十九条所称侵害他人技术成果：

（1）侵害他人专利权、专利申请权、专利实施权的；

（2）侵害他人技术秘密成果使用权、转让权的；

（3）侵害他人植物新品种权、植物新品种申请权、植物新品种实施权的；

（4）侵害他人计算机软件著作权、集成电路电路布图设计权、新药成果权等技术成果权的；

（5）侵害他人发明权、发现权以及其他科技成果权的。

侵害他人发明权、发现权以及其他科技成果权等技术成果完成人人身权利的合同，合同部分无效，不影响其他部分效力的，其他部分仍然有效。

13. 当事人使用或者转让其独立研究开发或者以其他正当方式取得的与他人的技术秘密相同或者近似的技术秘密的，不属于合同法第三百二十九条所称侵害他人技术成果。

通过合法的参观访问或者对合法取得的产品进行拆卸、测绘、分析等反向工程手段掌握相关技术的，属于前款所称以其他正当方式取得。但法律另有规定或者当事人另有约定的除外。

14. 除当事人另有约定或者技术成果的权利人追认的以外，技术秘密转让合同和专利实施许可合同的受让人，将合同标的技术向他人转让而订立的合同无效。

15. 技术转让合同中既有专利权转让或者专利实施许可内容，又有技术秘密转让内容，专利权被宣告无效或者技术秘密被他人公开的，不影响合同中另一部分内容的效力。但当事人另有约定的除外。

16. 当事人一方采取欺诈手段，就其现有技术成果作为研究开发标的与他人订立委托开发合同收取研究开发费用，或者就同一研究开发课题先后与两个或者两个以上的委托人分别订立委托开发合同重复收取研究开发费用的，受损害方可以依照合同法第五十四条第二款的规定请求变更或者撤销合同，但属于合同法第五十二条和第三百二十九条规定的情形应当对合同作无效处理的除外。

17. 技术合同无效或者被撤销后，研究开发人、让与人、受托人已经履行了约定的义务，且造成合同无效或者被撤销的过错在对方的，其按约定应当收取的研究开发经费、技术使用费和提供咨询服务的报酬，可以视为因对方原因导致合同无效或者被撤销给其造成的损失。

18. 技术合同无效或者被撤销后，当事人因合同取得的技术资料、样品、样机等技术载体应当返还权利人，并不得保留复制品；涉及技术秘密的，当事人依法负有保密义务。

19. 技术合同无效或者被撤销后，因履行合同所完成的新的技术成果或者在他人技术成果的基础上完成的后续改进部分的技术成果的权利归属和利益分享，当事人不能重新协议确定的，由完成技术成果的一方当事人享有。

20. 侵害他人技术秘密成果使用权、转让权的技术合同无效后，除法律、行政法规另有规定的以外，善意、有偿取得该技术秘密的一方可以继续使用该技术秘密，但应当向权利人支付合理的使用费并承担保密义务。除与权利人达成协议以外,善意取得的一方(使用人)继续使用该技术秘密不得超过其取得时确定的使用范围。当事人双方恶意串通或者一方明知或者应知另一方侵权仍然与其订立或者履行合同的,属于共同侵权,应当承担连带赔偿责任和保密义务,因该无效合同而取得技术秘密的当事人不得继续使用该技术秘密。

前款规定的使用费由使用人与权利人协议确定,不能达成协议的,任何一方可以请求人民法院予以裁决。使用人拒不履行双方达成的使用费协议的,权利人除可以请求人民法院判令使用人支付已使用期间的使用费以外,还可以请求判令使用人停止使用该技术秘密;使用人拒不执行人民法院关于使用费的裁决的,权利人除可以申请强制执行已使用期间的使用费外,还可以请求人民法院判令使用人停止使用该技术秘密。在双方就使用费达成协议或者人民法院作出生效裁决以前,使用人可以不停止使用该技术秘密。

21. 人民法院在裁决前条规定的使用费时,可以根据权利人善意对外转让该技术秘密的费用并考虑使用人的使用规模和经济效益等因素来确定;也可以依据使用人取得该技术秘密所支付的费用并考虑该技术秘密的研究开发成本、成果转化和应用程度和使用人的使用规模和经济效益等因素来确定。

人民法院应当对已使用期间的使用费和以后使用的付费标准一并作出裁决。

合同被确认无效后,使用人不论是否继续使用该技术秘密,均应当向权利人支付其已使用期间的使用费,其已向无效合同的让与人支付的费用应当由让与人负责返还,该费用中已由让与人作为侵权损害的赔偿直接给付权利人的部分,在计算使用人向权利人支付的使用费时相应扣除。

22. 法律、法规规定生产产品或者提供服务须经有关部门审批手续或者领取许可证,而实际尚未办理该审批手续或者领取许可证的,不影响当事人就有关产品的生产或者服务的提供所订立的技术合同的效力。

当事人对办理前款所称审批手续或者许可证的义务没有约定或者约定不明确,依照合同法第六十一条的规定不能达成补充协议的,除法律、法规另有规定的以外,由实施技术的一方负责办理。

(五) 技术合同履行内容的确定

23. 当事人对技术合同的价款、报酬和使用费没有约定或者约定不明确,依照合同法第六十一条的规定不能达成补充协议的,人民法院可以按照以下原则处理:

(1) 对于技术开发合同和技术转让合同,根据有关技术成果的研究开发成本、先进性、实施转化和应用的程度,当事人享有的权益和承担的责任,以及技术成果的经济效益和社会效益等合理认定;

(2) 对于技术咨询合同和技术服务合同,根据有关咨询服务工作的数量、质量和技术含量,以及预期产生的经济效益和社会效益等合理认定。

技术合同价款、报酬、使用费中包含非技术性款项的,应当分项计算。

24. 当事人对技术合同的履行地点没有约定或者约定不明确,依照合同法第六十一条的规定不能达成补充协议的,技术开发合同以研究开发人所在地为履行地,但依据合同法第三百三十条第四款订立的合同以技术成果实施地为履行地;技术转让合同以受让人所在地为履行地;技术咨询合同以受托人所在地为履行地;技术服务合同以委托人所在地为履行地。但给付合同价款、报酬、使用费的,以接受给付的一方所在地为履行地。

25. 技术合同当事人对技术成果的验收标准没有约定或者约定不明确,在适用合同法第六十二条的规定时,没有国家标准、行业标准或者专业技术标准的,按照本行业合乎实用的一般技术要求履行。

当事人订立技术合同时所作的可行性分析报告中有关经济效益或者成本指标的预测和分析,不应当视为合同约定的验收标准,但当事人另有约定的除外。

(六) 技术合同的解除与违约责任

26. 技术合同当事人一方迟延履行主要债务,经催告后在30日内仍未履行的,另一方可以依据合同法第九十四条第(三)项的规定解除合同。

当事人在催告通知中附有履行期限且该期限长于30日的，自该期限届满时，方可解除合同。

27. 有下列情形之一，使技术合同的履行成为不必要或者不可能时，当事人可以依据合同法第九十四条第(四)项的规定解除合同：

(1) 因一方违约致使履行合同必备的物质条件灭失或者严重破坏，无法替代或者修复的；

(2) 技术合同标的的项目或者技术因违背科学规律或者存在重大缺陷，无法达到约定的技术、经济效益指标的；

28. 专利实施许可合同和技术秘密转让合同约定按照提成支付技术使用费，受让人无正当理由不实施合同标的技术，并以此为由拒绝支付技术使用费的，让与人可以依据合同法第九十四条第(四)项的规定解除合同。

29. 在技术秘密转让合同有效期内，由于非受让人的原因导致合同标的技术公开且已进入公有领域的，当事人可以解除合同，但另有约定的除外。

30. 技术合同履行中，当事人一方在技术上发生的能够及时纠正的差错，或者为适应情况变化所作的必要技术调整，不影响合同目的实现的，不认为是违约行为，因此发生的额外费用自行承担。但因未依照合同法第六十条第二款的规定履行通知义务而造成对方当事人损失的，应当承担相应的违约责任。

31. 在履行技术合同中，为提供技术成果或者咨询服务而交付的技术载体和内容等与约定不一致的，应当及时更正、补充。不按时更正、补充的和因更正、补充有关技术载体和内容等给对方造成损失或者增加额外负担的，应当承担相应的违约责任。但一方所作技术改进，使合同的履行产生了比原合同更为积极或者有利效果的除外。

(七) 技术合同的定性

32. 当事人将技术合同和其他合同内容合订为一个合同，或者将不同类型的技术合同内容合订在一个合同中的，应当根据当事人争议的权利义务内容，确定案件的性质和案由，适用相应的法律、法规。

33. 技术合同名称与合同约定的权利义务关系不一致的，应当按照合同约定的权利义务内容，确定合同的类型和案由，适用相应的法律、法规。

34. 当事人以技术开发、转让、咨询或者服务为承包内容订立的合同，属于技术合同。

35. 转让阶段性技术成果并约定后续开发义务的合同，就该阶段性技术成果的重复试验效果方面发生争议的，按照技术转让合同处理；就后续开发方面发生争议的，按照技术开发合同处理。

36. 技术转让合同中约定让与人向受让人提供实施技术的专用设备、原材料或者提供有关的技术咨询、技术服务的，这类约定属于技术转让合同的组成部分。因这类约定发生纠纷的，按照技术转让合同处理。

37. 当事人以技术入股方式订立联营合同，但技术入股人不参与联营体的经营管理，并且以保底条款形式约定联营体或者联营对方支付其技术价款或者使用费的，属于技术转让合同。

38. 技术转让合同中约定含让与人负责包销(回购)受让人实施合同标的技术制造的产品，仅因让与人不履行或者不能全部履行包销(回购)义务引起纠纷，不涉及技术问题的，按照包销(回购)条款所约定的权利义务内容确定案由，并适用相应的法律规定处理。

39. 技术开发合同当事人一方仅提供资金、设备、材料等物质条件，承担辅助协作事项，另一方进行研究开发工作的合同，属于委托开发合同。

40. 当事人一方以技术转让的名义提供已进入公有领域的技术，并进行技术指导，传授技术知识等，为另一方解决特定技术问题所订立的合同，可以视为技术服务合同履行，但属于合同法第五十二条和第五十四条规定情形的除外。

(八) 几种特殊标的技术合同的法律适用

41. 新药技术成果转让和植物新品种申请权转让、植物新品种权转让和使用许可等合同争议，适用合同法总则的规定，并可以参照合同法第十八章和本纪要关于技术转让合同的规定，但法律另有规定的，依照其规定。

42. 计算机软件开发、许可、转让等合同争议，著作权法以及其他法律另有规定的，依照其规定;没有规定的,适用合同法总则的规定,并可以参照合同法第十八章和本纪要的有关规定。

二、技术开发合同

(一) 相关概念

43. 合同法第三百三十条所称新技术、新产品、新工艺、新材料及其系统,是指当事人在订立技术合同时尚未掌握的产品、工艺、材料及其系统等技术方案,但在技术上没有创新的现有产品的改型、工艺变更、材料配方调整以及技术成果的验证、测试和使用除外。

44. 合同法第三百三十条第四款所称当事人之间就具有产业应用价值的科技成果实施转化订立的合同,是指当事人之间就具有实用价值但尚未能够实现商品化、产业化应用的科技成果(包括阶段性技术成果),以实现该科技成果的商品化、产业化应用为目标,约定有关后续试验、开发和应用等内容的合同。

45. 合同法第三百三十五条所称分工参与研究开发工作,是指按照约定的计划和分工共同或者分别承担设计、工艺、试验、试制等工作。

46. 合同法第三百四十一条所称技术秘密成果的使用权、转让权,是指当事人依据法律规定或者合同约定所取得的使用、转让技术秘密成果的权利。使用权是指以生产经营为目的的自己使用或者许可他人使用技术秘密成果的权利;转让权是指向他人让与技术秘密成果的权利。

47. 合同法第三百四十一条所称当事人均有使用和转让的权利,是指当事人均有不经对方同意而自己使用或者以普通使用许可的方式许可他人使用技术秘密并独占由此获得的利益的权利。当事人一方将技术秘密成果的使用权、转让权全部让与他人,或者以独占、排他使用许可的方式许可他人使用技术秘密的,必须征得对方当事人的同意。

(二) 当事人的权利和义务

48. 委托开发合同委托人在不妨碍研究开发人正常工作的情况下,有权依据合同法第六十条第二款的规定,对研究开发人履行合同和使用研究开发经费的情况进行必要的监督检查,包括查阅账册和访问现场。

研究开发人有权依据合同法第三百三十一条的规定,要求委托人补充必要的背景资料和数据等,但不得超过履行合同所需要的范围。

49. 研究开发成果验收时,委托开发合同的委托人和合作开发合同的当事人有权取得实施技术成果所必需的技术资料、试验报告和数据,要求另一方进行必要的技术指导,保证所提供的技术成果符合合同约定的条件。

50. 根据合同法第三百三十九条第一款和第三百四十条第一款的规定,委托开发或者合作开发完成的技术成果所获得的专利权为当事人共有的,实施该专利的方式和利益分配办法,由当事人约定。当事人没有约定或者约定不明确,依照合同法第六十一条的规定不能达成补充协议的,当事人均享有自己实施该专利的权利,由此所获得的利益归实施人。

当事人不具备独立实施专利的条件,以普通实施许可的方式许可一个法人或者其他组织实施该专利,或者与一个法人、其他组织或者自然人合作实施该专利或者通过技术入股与之联营实施该专利,可以视为当事人自己实施专利。

51. 根据合同法第三百四十一条的规定,当事人一方仅享有自己使用技术秘密的权利,但其不具备独立使用该技术秘密的条件,以普通使用许可的方式许可一个法人或者其他组织使用该技术秘密,或者与一个法人、其他组织或者自然人合作使用该技术秘密或者通过技术入股与之联营使用该技术秘密,可以视为当事人自己使用技术秘密。

三、技术转让合同

(一) 技术转让合同的一般规定

52. 合同法第三百四十二条所称技术转让合同,是指技术的合法拥有者包括有权对外转让技术的人将特定和现有的专利、专利申请、技术秘密的相关权利让与他人或者许可他人使用所订立的合同,不包括就尚待研究开发的技术成果或者不涉及专利、专利申请或者技术秘密的知识、技术、经验和信息订立的合同。其中:

(1) 专利权转让合同,是指专利权人将其专利权让与受让人,受让人支付价款所订立的合同。

(2) 专利申请权转让合同,是指让与人将其特定的技术成果申请专利的权利让与受让人,受让人支付价款订立的合同。

（3）技术秘密转让合同，是指技术秘密成果的权利人或者其授权的人作为让与人将技术秘密提供给受让人，明确相互之间技术秘密成果使用权、转让权，受让人支付价款或者使用费所订立的合同。

（4）专利实施许可合同，是指专利权人或者其授权的人作为让与人许可受让人在约定的范围内实施专利，受让人支付使用费所订立的合同。

53. 技术转让合同让与人应当保证受让人按约定的方式实施技术达到约定的技术指标。除非明确约定让与人保证受让人达到约定的经济效益指标，让与人不对受让人实施技术后的经济效益承担责任。

转让阶段性技术成果，让与人应当保证在一定条件下重复试验可以得到预期的效果。

54. 技术转让合同中约定受让人取得的技术须经受让人小试、中试、工业性试验后才能投入批量生产的，受让人未经小试、中试、工业性试验直接投入批量生产所发生的损失，让与人不承担责任。

55. 合同法第三百四十三条所称实施专利或者使用技术秘密的范围，是指实施专利或者使用技术秘密的期限、地域和方式以及接触技术秘密的人员等。

56. 合同法第三百五十四条所称后续改进，是指在技术转让合同有效期内，当事人一方或各方对合同标的技术所作的革新或者改良。

57. 当事人之间就申请专利的技术成果所订立的许可使用合同，专利申请公开以前，适用技术秘密转让合同的有关规定；发明专利申请公开以后、授权以前，参照专利实施许可合同的有关规定；授权以后，原合同即为专利实施许可合同，适用专利实施许可合同的有关规定。

（二）专利权转让合同和专利申请权转让合同

58. 订立专利权转让合同或者专利申请权转让合同前，让与人自己已经实施发明创造的，除当事人另有约定的以外，在合同生效后，受让人有权要求让与人停止实施。

专利权或者专利申请权依照专利法的规定让与受让人后，受让人可以依法作为专利权人或者专利申请人对他人行使权利。

59. 专利权转让合同、专利申请权转让合同不影响让与人在合同成立前与他人订立的专利实施许可合同或者技术秘密转让合同的效力。有关当事人之间的权利义务依照合同法第五章的规定确定。

60. 专利申请权依照专利法的规定让与受让人前专利申请被驳回的，当事人可以解除专利申请权转让合同；让与受让人后专利申请被驳回的，合同效力不受影响。但当事人另有约定的除外。

专利申请因专利申请权转让合同成立时即存在尚未公开的同样发明创造的在先专利申请而被驳回的，当事人可以依据合同法第五十四条第一款第（二）项的规定请求予以变更或者撤销合同。

（三）专利实施许可合同

61. 专利实施许可合同让与人应当在合同有效期内维持专利权有效，但当事人另有约定的除外。

在合同有效期内，由于让与人的原因导致专利权被终止的，受让人可以依据合同法第九十四条第（四）项的规定解除合同，让与人应当承担违约责任；专利权被宣告无效的，合同终止履行，并依据专利法的有关规定处理。

62. 专利实施许可合同对实施专利的期限没有约定或者约定不明确，依照合同法第六十一条的规定不能达成补充协议的，受让人实施专利不受期限限制。

63. 专利实施许可可以采取独占实施许可、排他实施许可、普通实施许可等方式。

前款所称排他实施许可，是指让与人在已经许可受让人实施专利的范围内无权就同一专利再许可他人实施；独占实施许可，是指让与人在已经许可受让人实施专利的范围内无权就同一专利再许可他人实施或者自己实施；普通实施许可，是指让与人在已经许可受让人实施专利的范围内仍可以就同一专利再许可他人实施。

当事人对专利实施许可方式没有约定或者约定不明确，依照合同法第六十一条的规定不能达成补充协议的，视为普通实施许可。

专利实施许可合同约定受让人可以再许可他人实施该专利的，该再许可为普通实施许可，但当事人另有约定的除外。

64. 除当事人另有约定的以外，根据实施专利的强制许可决定而取得的专利实施权为普通实施许可。

65. 除当事人另有约定的以外，排他实施许可合同让与人不具备独立实施其专利的条件，与一个法人、其他组织或者自然人合作实施该专利，或者通过技术入股实施该专利，可视为让与人自己实施专利。但让与人就同一专利与两个或者两个以上法人、其他组织或者自然人分别合作实施或者入股联营的，属于合同法第三百五十一条规定的违反约定擅自许可第三人实施专利的行为。

66. 除当事人另有约定的以外，专利实施许可合同的受让人将受让的专利与他人合作实施或者入股联营的，属于合同法第三百五十二条规定的未经让与人同意擅自许可第三人实施专利的行为。

（四）技术秘密转让合同

67. 技术秘密转让合同对使用技术秘密的期限没有约定或者约定不明确，依照合同法第六十一条的规定不能达成补充协议的，受让人可以无限期地使用该技术秘密。

68. 合同法第三百四十七条所称技术秘密转让合同让与人的保密义务不影响其申请专利的权利，但当事人约定让与人不得申请专利或者明确约定让与人承担保密义务的除外。

69. 技术秘密转让可以采取本纪要第63条规定的许可使用方式，并参照适用合同法和本纪要关于专利实施许可使用方式的有关规定。

四、技术咨询合同和技术服务合同

（一）技术咨询合同

70. 合同法第三百五十六条第一款所称的特定技术项目，包括有关科学技术与经济、社会协调发展的软科学研究项目和促进科技进步和管理现代化，提高经济效益和社会效益的技术项目以及其他专业性技术项目。

71. 除当事人另有约定的以外，技术咨询合同受托人进行调查研究、分析论证、试验测定等所需费用，由受托人自己负担。

72. 技术咨询合同委托人提供的技术资料和数据或者受托人提出的咨询报告和意见，当事人没有约定保密义务的，在不侵害对方当事人对此享有的合法权益的前提下，双方都有引用、发表和向第三人提供的权利。

73. 技术咨询合同受托人发现委托人提供的资料、数据等有明显错误和缺陷的，应当及时通知委托人。委托人应当及时答复并在约定的期限内予以补正。

受托人发现前款所述问题不及时通知委托人的，视为其认可委托人提供的技术资料、数据等符合约定的条件。

（二）技术服务合同

74. 合同法第三百五十六条第二款所称特定技术问题，是指需要运用科学技术知识解决专业技术工作中的有关改进产品结构、改良工艺流程、提高产品质量、降低产品成本、节约资源能耗、保护资源环境、实现安全操作、提高经济效益和社会效益等问题。

75. 除当事人另有约定的以外，技术服务合同受托人完成服务项目，解决技术问题所需费用，由受托人自己负担。

76. 技术服务合同受托人发现委托人提供的资料、数据、样品、材料、场地等工作条件不符合约定的，应当及时通知委托人。委托人应当及时答复并在约定的期限内予以补正。

受托人发现前款所述问题不及时通知委托人的，视为其认可委托人提供的技术资料、数据等工作条件符合约定的条件。

77. 技术服务合同受托人在履约期间，发现继续工作对材料、样品或者设备等有损坏危险时，应当中止工作，并及时通知委托人或者提出建议。委托人应当在约定的期限内作出答复。

受托人不中止工作或者不及时通知委托人并且未采取适当措施的，或者委托人未按期答复的，对因此发生的危险后果由责任人承担相应的责任。

（三）技术培训合同

78. 合同法第三百六十四条所称技术培训合同，是指当事人一方委托另一方对指定的人员（学员）进行特定项目的专业技术训练和技术指导所订立的合同，不包括职业培训、文化学习和按照行业、单位的计划进行的职工业余教育。

79. 技术培训合同委托人的主要义务是按照

约定派出符合条件的学员；保证学员遵守培训纪律，接受专业技术训练和技术指导；按照约定支付报酬。

受托人的主要义务是按照约定配备符合条件的教员；制定和实施培训计划，按期完成培训；实现约定的培训目标。

80. 当事人对技术培训必需的场地、设施和试验条件等的提供和管理责任没有约定或者约定不明确，依照合同法第六十一条的规定不能达成补充协议的，由委托人负责提供和管理。

81. 技术培训合同委托人派出的学员不符合约定条件，影响培训质量的，委托人应当按照约定支付报酬。

受托人配备的教员不符合约定条件，影响培训质量的，或者受托人未按照计划和项目进行培训，导致不能实现约定的培训目标的，应当承担减收或者免收报酬等违约责任。

受托人发现学员不符合约定条件或者委托人发现教员不符合约定条件的，应当及时通知对方改派。对方应当在约定的期限内改派。未及时通知或者未按约定改派的，责任人承担相应的责任。

（四）技术中介合同

82. 合同法第三百六十四条所称技术中介合同，是指当事人一方以知识、技术、经验和信息为另一方与第三人订立技术合同进行联系、介绍、组织商品化、产业化开发并对履行合同提供服务所订立的合同，但就不含有技术中介服务内容订立的各种居间合同除外。

83. 技术中介合同委托人的主要义务是提出明确的订约要求，提供有关背景材料；按照约定承担中介人从事中介活动的费用；按照约定支付报酬。

中介人的主要义务是如实反映委托人和第三人的技术成果、资信状况和履约能力；保守委托人和第三人的商业秘密；按照约定为委托人和第三人订立、履行合同提供服务。

84. 当事人对中介人从事中介活动的费用的负担没有约定或者约定不明确，依照合同法第六十一条的规定不能达成补充协议的，由中介人自己负担。当事人约定该费用由委托人承担但没有约定该费用的数额或者计算方法的，委托人应当支付中介人从事中介活动支出的必要费用。

前款所称中介人从事中介活动的费用，是指中介人在委托人和第三人订立技术合同前，进行联系、介绍活动所支出的通信、交通和必要的调查研究等费用。

85. 当事人对中介人的报酬数额没有约定或者约定不明确，依照合同法第六十一条的规定不能达成补充协议的，根据中介人的劳务合理确定，并由委托人负担。仅在委托人与第三人订立的技术合同中约定有中介条款，但对给付中介人报酬的义务没有约定或者约定不明确，依照合同法第六十一条的规定不能达成补充协议的，由委托人和第三人平均负担。

前款所称中介人的报酬，是指中介人为委托人与第三人订立技术合同，以及为其履行合同提供服务应当得到的收益。

86. 中介人未促成委托人与第三人之间的技术合同成立的，无权要求支付报酬，但可以要求委托人支付从事中介活动支出的必要费用。

87. 中介人故意隐瞒与订立技术合同有关的重要事实或者提供虚假情况，损害委托人利益的，应当承担免收报酬和损害赔偿责任。

88. 中介人收取的从事中介活动的费用和报酬不应视为委托人与第三人之间的技术合同纠纷中一方当事人的损失。

89. 中介人对造成委托人与第三人之间的技术合同的无效或者被撤销没有过错，且该技术合同无效或者被撤销不影响有关中介条款或者技术中介合同继续有效的，中介人仍有权按照约定收取从事中介活动的费用和报酬。

五、与审理技术合同纠纷有关的程序问题

（一）技术合同纠纷的管辖与受理

90. 技术合同纠纷属于与知识产权有关的纠纷，由中级以上人民法院管辖，但最高人民法院另行确定管辖的除外。

91. 合同中既有技术合同内容，又有其他合同内容，当事人就技术合同内容和其他合同内容均发生争议的，由具有技术合同纠纷案件管辖权的人民法院受理。

92. 一方当事人以诉讼争议的技术合同侵害他人技术成果为由主张合同无效或者人民法院在审理技术合同纠纷中发现可能存在该无效事

由时,应当依法通知有关利害关系人作为有独立请求权的第三人参加诉讼。

93.他人向受理技术合同纠纷的人民法院就该合同标的技术提出权属或者侵权主张时,受诉人民法院对此亦有管辖权的,可以将该权属或者侵权纠纷与合同纠纷合并审理;受诉人民法院对此没有管辖权的,应当告知其向有管辖权的人民法院另行起诉。权属或者侵权纠纷另案受理后,合同纠纷应当中止诉讼。

94.专利实施许可合同诉讼中,受让人(被许可人)或者第三人向专利复审委员会请求宣告该专利权无效的,人民法院可以不中止诉讼。在审理过程中该专利权被宣告无效的,按照专利法的有关规定处理。

95.因技术中介合同中介人违反约定的保密义务发生的纠纷,可以与技术合同纠纷合并审理。

96.中介人一般不作为委托人与第三人之间的技术合同诉讼的当事人,但下列情况除外:

(1)中介人与技术合同一方当事人恶意串通损害另一方利益的,恶意串通的双方应列为共同被告,承担连带责任;

(2)中介人隐瞒技术合同一方当事人的真实情况给另一方造成损失的,中介人应列为被告,并依其过错承担相应的责任;

(3)因中介人不履行技术中介合同或者中介条款约定的其他义务,导致技术合同不能依约履行的,可以根据具体情况将中介人列为诉讼当事人。

(二)技术合同标的技术的鉴定

97.在技术合同纠纷诉讼中,需对合同标的技术进行鉴定的,除法定鉴定部门外,当事人协商推荐共同信任的组织或者专家进行鉴定的,人民法院可予指定;当事人不能协商一致的,人民法院可以从由省级以上科技行政主管部门推荐的鉴定组织或者专家中选择并指定,也可以直接指定相关组织或者专家进行鉴定。

指定专家进行鉴定的,应当组成鉴定组。

鉴定人应当是三人以上的单数。

98.鉴定应当以合同约定由当事人提供的技术成果或者技术服务内容为鉴定对象,从原理、设计、工艺和必要的技术资料等方面,按照约定的检测方式和验收标准,审查其能否达到约定的技术指标和经济效益指标。

99.当事人对技术成果的检测方式或者验收标准没有约定或者约定不明确,依照合同法第六十一条的规定不能达成补充协议的,可以根据具体案情采用本行业常用的或者合乎实用的检测方式或者验收标准进行检测鉴定、专家评议或者验收鉴定。

对合同约定的验收标准明确、技术问题并不复杂的,可以采取当事人现场演示、操作、制作等方式对技术成果进行鉴定。

100.技术咨询合同当事人对咨询报告和意见的验收或者评价办法没有约定或者约定不明确,依照合同法第六十一条的规定不能达成补充协议的,按照合乎实用的一般要求进行鉴定。

101.对已经按照国家有关规定通过技术成果鉴定、新产品鉴定等鉴定,又无相反的证据能够足以否定该鉴定结论的技术成果,或者已经实际使用证明是成熟可靠的技术成果,在诉讼中当事人又对该技术成果的评价发生争议的,不再进行鉴定。

102.不能以授予专利权的有关专利文件代替对合同标的技术的鉴定结论。

最高人民法院关于审理技术合同纠纷案件适用法律若干问题的解释

(2004年11月30日最高人民法院审判委员会第1335次会议通过 2004年12月16日最高人民法院公告公布 自2005年1月1日起施行 法释〔2004〕20号)

为了正确审理技术合同纠纷案件,根据《中华人民共和国合同法》、《中华人民共和国专利法》和《中华人民共和国民事诉讼法》等法律的有关规定,结合审判实践,现就有关问题作出以下解释。

一、一般规定

第一条 技术成果,是指利用科学技术知识、信息和经验作出的涉及产品、工艺、材料及其改进等的技术方案，包括专利、专利申请、技术秘密、计算机软件、集成电路布图设计、植物新品种等。

技术秘密，是指不为公众所知悉、具有商业价值并经权利人采取保密措施的技术信息。

第二条 合同法第三百二十六条第二款所称“执行法人或者其他组织的工作任务”包括：

（一）履行法人或者其他组织的岗位职责或者承担其交付的其他技术开发任务；

（二）离职后一年内继续从事与其原所在法人或者其他组织的岗位职责或者交付的任务有关的技术开发工作，但法律、行政法规另有规定的除外。

法人或者其他组织与其职工就职工在职期间或者离职以后所完成的技术成果的权益有约定的，人民法院应当依约定确认。

第三条 合同法第三百二十六条第二款所称“物质技术条件”，包括资金、设备、器材、原材料、未公开的技术信息和资料等。

第四条 合同法第三百二十六条第二款所称“主要利用法人或者其他组织的物质技术条件”，包括职工在技术成果的研究开发过程中，全部或者大部分利用了法人或者其他组织的资金、设备、器材或者原材料等物质条件，并且这些物质条件对形成该技术成果具有实质性的影响；还包括该技术成果实质性内容是在法人或者其他组织尚未公开的技术成果、阶段性技术成果基础上完成的情形。但下列情况除外：

（一）对利用法人或者其他组织提供的物质技术条件，约定返还资金或者交纳使用费的；

（二）在技术成果完成后利用法人或者其他组织的物质技术条件对技术方案进行验证、测试的。

第五条 个人完成的技术成果，属于执行原所在法人或者其他组织的工作任务，又主要利用了现所在法人或者其他组织的物质技术条件的，应当按照该自然人原所在和现所在法人或者其他组织达成的协议确认权益。不能达成协议的，根据对完成该项技术成果的贡献大小由双方合理分享。

第六条 合同法第三百二十六条、第三百二十七条所称完成技术成果的“个人”，包括对技术成果单独或者共同作出创造性贡献的人，也即技术成果的发明人或者设计人。人民法院在对创造性贡献进行认定时，应当分解所涉及技术成果的实质性技术构成。提出实质性技术构成并由此实现技术方案的人，是作出创造性贡献的人。

提供资金、设备、材料、试验条件，进行组织管理，协助绘制图纸、整理资料、翻译文献等人员，不属于完成技术成果的个人。

第七条 不具有民事主体资格的科研组织订立的技术合同，经法人或者其他组织授权或者认可的，视为法人或者其他组织订立的合同，由法人或者其他组织承担责任；未经法人或者其他组织授权或者认可的，由该科研组织成员共同承担责任，但法人或者其他组织因该合同受益的，应当在其受益范围内承担相应责任。

前款所称不具有民事主体资格的科研组织，包括法人或者其他组织设立的从事技术研究开发、转让等活动的课题组、工作室等。

第八条 生产产品或者提供服务依法须经有关部门审批或者取得行政许可，而未经审批或者许可的，不影响当事人订立的相关技术合同的效力。

当事人对办理前款所称审批或者许可的义务没有约定或者约定不明确的，人民法院应当判令由实施技术的一方负责办理，但法律、行政法规另有规定的除外。

第九条 当事人一方采取欺诈手段，就其现有技术成果作为研究开发标的与他人订立委托开发合同收取研究开发费用，或者就同一研究开发课题先后与两个或者两个以上的委托人分别订立委托开发合同重复收取研究开发费用的，受损害方依照合同法第五十四条第二款规定请求变更或者撤销合同的，人民法院应当予以支持。

第十条 下列情形，属于合同法第三百二十九条所称的“非法垄断技术、妨碍技术进步”：

（一）限制当事人一方在合同标的技术基础上进行新的研究开发或者限制其使用所改进的技术，或者双方交换改进技术的条件不对等，包括要求一方将其自行改进的技术无偿提供给对方、非互惠性转让给对方、无偿独占或者共享该改进技术的知识产权；

（二）限制当事人一方从其他来源获得与技

术提供方类似技术或者与其竞争的技术;

(三)阻碍当事人一方根据市场需求,按照合理方式充分实施合同标的技术,包括明显不合理地限制技术接受方实施合同标的技术生产产品或者提供服务的数量、品种、价格、销售渠道和出口市场;

(四)要求技术接受方接受并非实施技术必不可少的附带条件,包括购买非必需的技术、原材料、产品、设备、服务以及接收非必需的人员等;

(五)不合理地限制技术接受方购买原材料、零部件、产品或者设备等的渠道或者来源;

(六)禁止技术接受方对合同标的技术知识产权的有效性提出异议或者对提出异议附加条件。

第十一条 技术合同无效或者被撤销后,技术开发合同研究开发人、技术转让合同让与人、技术咨询合同和技术服务合同的受托人已经履行或者部分履行了约定的义务,并且造成合同无效或者被撤销的过错在对方的,对其已履行部分应当收取的研究开发经费、技术使用费、提供咨询服务的报酬,人民法院可以认定为因对方原因导致合同无效或者被撤销给其造成的损失。

技术合同无效或者被撤销后,因履行合同所完成新的技术成果或者在他人技术成果基础上完成后续改进技术成果的权利归属和利益分享,当事人不能重新协议确定的,人民法院可以判决由完成技术成果的一方享有。

第十二条 根据合同法第三百二十九条的规定,侵害他人技术秘密的技术合同被确认无效后,除法律、行政法规另有规定的以外,善意取得该技术秘密的一方当事人可以在其取得时的范围内继续使用该技术秘密,但应当向权利人支付合理的使用费并承担保密义务。

当事人双方恶意串通或者一方知道或者应当知道另一方侵权仍与其订立或者履行合同的,属于共同侵权,人民法院应当判令侵权人承担连带赔偿责任和保密义务,因此取得技术秘密的当事人不得继续使用该技术秘密。

第十三条 依照前条第一款规定可以继续使用技术秘密的人与权利人就使用费支付发生纠纷的,当事人任何一方都可以请求人民法院予以处理。继续使用技术秘密但又拒不支付使用费的,人民法院可以根据权利人的请求判令使用人停止使用。

人民法院在确定使用费时,可以根据权利人通常对外许可该技术秘密的使用费或者使用人取得该技术秘密所支付的使用费,并考虑该技术秘密的研究开发成本、成果转化和应用程度以及使用人的使用规模、经济效益等因素合理确定。

不论使用人是否继续使用技术秘密,人民法院均应当判令其向权利人支付已使用期间的使用费。使用人已向无效合同的让与人支付的使用费应当由让与人负责返还。

第十四条 对技术合同的价款、报酬和使用费,当事人没有约定或者约定不明确的,人民法院可以按照以下原则处理:

(一)对于技术开发合同和技术转让合同,根据有关技术成果的研究开发成本、先进性、实施转化和应用的程度,当事人享有的权益和承担的责任,以及技术成果的经济效益等合理确定;

(二)对于技术咨询合同和技术服务合同,根据有关咨询服务工作的技术含量、质量和数量,以及已经产生和预期产生的经济效益等合理确定。

技术合同价款、报酬、使用费中包含非技术性款项的,应当分项计算。

第十五条 技术合同当事人一方迟延履行主要债务,经催告后在30日内仍未履行,另一方依据合同法第九十四条第(三)项的规定主张解除合同的,人民法院应当予以支持。

当事人在催告通知中附有履行期限且该期限超过30日的,人民法院应当认定该履行期限为合同法第九十四条第(三)项规定的合理期限。

第十六条 当事人以技术成果向企业出资但未明确约定权属,接受出资的企业主张该技术成果归其享有的,人民法院一般应当予以支持,但是该技术成果价值与该技术成果所占出资额比例明显不合理损害出资人利益的除外。

当事人对技术成果的权属约定有比例的,视为共同所有,其权利使用和利益分配,按共有技术成果的有关规定处理,但当事人另有约定的,从其约定。

当事人对技术成果的使用权约定有比例的,

人民法院可以视为当事人对实施该项技术成果所获收益的分配比例，但当事人另有约定的，从其约定。

二、技术开发合同

第十七条　合同法第三百三十条所称"新技术、新产品、新工艺、新材料及其系统"，包括当事人在订立技术合同时尚未掌握的产品、工艺、材料及其系统等技术方案，但对技术上没有创新的现有产品的改型、工艺变更、材料配方调整以及对技术成果的验证、测试和使用除外。

第十八条　合同法第三百三十条第四款规定的"当事人之间就具有产业应用价值的科技成果实施转化订立的"技术转化合同，是指当事人之间就具有产业实用价值但尚未实现工业化应用的科技成果包括阶段性技术成果，以实现该科技成果工业化应用为目标，约定后续试验、开发和应用等内容的合同。

第十九条　合同法第三百三十五条所称"分工参与研究开发工作"，包括当事人按照约定的计划和分工，共同或者分别承担设计、工艺、试验、试制等工作。

技术开发合同当事人一方仅提供资金、设备、材料等物质条件或者承担辅助协作事项，另一方进行研究开发工作的，属于委托开发合同。

第二十条　合同法第三百四十一条所称"当事人均有使用和转让的权利"，包括当事人均有不经对方同意而自己使用或者以普通使用许可的方式许可他人使用技术秘密，并独占由此所获利益的权利。当事人一方将技术秘密成果的转让权让与他人，或者以独占或者排他使用许可的方式许可他人使用技术秘密，未经对方当事人同意或者追认的，应当认定该让与或者许可行为无效。

第二十一条　技术开发合同当事人依照合同法的规定或者约定自行实施专利或使用技术秘密，但因其不具备独立实施专利或者使用技术秘密的条件，以一个普通许可方式许可他人实施或者使用的，可以准许。

三、技术转让合同

第二十二条　合同法第三百四十二条规定的"技术转让合同"，是指合法拥有技术的权利人，包括其他有权对外转让技术的人，将现有特定的专利、专利申请、技术秘密的相关权利让与他人，或者许可他人实施、使用所订立的合同。但就尚待研究开发的技术成果或者不涉及专利、专利申请或者技术秘密的知识、技术、经验和信息所订立的合同除外。

技术转让合同中关于让与人向受让人提供实施技术的专用设备、原材料或者提供有关的技术咨询、技术服务的约定，属于技术转让合同的组成部分。因此发生的纠纷，按照技术转让合同处理。

当事人以技术入股方式订立联营合同，但技术入股人不参与联营体的经营管理，并且以保底条款形式约定联营体或者联营对方支付其技术价款或者使用费的，视为技术转让合同。

第二十三条　专利申请权转让合同当事人以专利申请被驳回或者被视为撤回为由请求解除合同，该事实发生在依照专利法第十条第三款的规定办理专利申请权转让登记之前的，人民法院应当予以支持；发生在转让登记之后的，不予支持，但当事人另有约定的除外。

专利申请因专利申请权转让合同成立时即存在尚未公开的同样发明创造的在先专利申请被驳回，当事人依据合同法第五十四条第一款第（二）项的规定请求予以变更或者撤销合同的，人民法院应当予以支持。

第二十四条　订立专利权转让合同或者专利申请权转让合同前，让与人自己已经实施发明创造，在合同生效后，受让人要求让与人停止实施的，人民法院应当予以支持，但当事人另有约定的除外。

让与人与受让人订立的专利权、专利申请权转让合同，不影响在合同成立前让与人与他人订立的相关专利实施许可合同或者技术秘密转让合同的效力。

第二十五条　专利实施许可包括以下方式：

（一）独占实施许可，是指让与人在约定许可实施专利的范围内，将该专利仅许可一个受让人实施，让与人依约定不得实施该专利；

（二）排他实施许可，是指让与人在约定许可实施专利的范围内，将该专利仅许可一个受让人实施，但让与人依约定可以自行实施该专利；

（三）普通实施许可，是指让与人在约定许可实施专利的范围内许可他人实施该专利，并且可以自行实施该专利。

当事人对专利实施许可方式没有约定或者约定不明确的，认定为普通实施许可。专利实施许可合同约定受让人可以再许可他人实施专利的，认定该再许可为普通实施许可，但当事人另有约定的除外。

技术秘密的许可使用方式，参照本条第一、二款的规定确定。

第二十六条 专利实施许可合同让与人负有在合同有效期内维持专利权有效的义务，包括依法缴纳专利年费和积极应对他人提出宣告专利权无效的请求，但当事人另有约定的除外。

第二十七条 排他实施许可合同让与人不具备独立实施其专利的条件，以一个普通许可的方式许可他人实施专利的，人民法院可以认定为让与人自己实施专利，但当事人另有约定的除外。

第二十八条 合同法第三百四十三条所称"实施专利或者使用技术秘密的范围"，包括实施专利或者使用技术秘密的期限、地域、方式以及接触技术秘密的人员等。

当事人对实施专利或者使用技术秘密的期限没有约定或者约定不明确的，受让人实施专利或者使用技术秘密不受期限限制。

第二十九条 合同法第三百四十七条规定技术秘密转让合同让与人承担的"保密义务"不限制其申请专利，但当事人约定让与人不得申请专利的除外。

当事人之间就申请专利的技术成果所订立的许可使用合同，专利申请公开以前，适用技术秘密转让合同的有关规定；发明专利申请公开以后、授权以前，参照适用专利实施许可合同的有关规定；授权以后，原合同即为专利实施许可合同，适用专利实施许可合同的有关规定。

人民法院不以当事人就已经申请专利但尚未授权的技术订立专利实施许可合同为由，认定合同无效。

四、技术咨询合同和技术服务合同

第三十条 合同法第三百五十六条第一款所称"特定技术项目"，包括有关科学技术与经济社会协调发展的软科学研究项目，促进科技进步和管理现代化、提高经济效益和社会效益等运用科学知识和技术手段进行调查、分析、论证、评价、预测的专业性技术项目。

第三十一条 当事人对技术咨询合同受托人进行调查研究、分析论证、试验测定等所需费用的负担没有约定或者约定不明确的，由受托人承担。

当事人对技术咨询合同委托人提供的技术资料和数据或者受托人提出的咨询报告和意见未约定保密义务，当事人一方引用、发表或者向第三人提供的，不认定为违约行为，但侵害对方当事人对此享有的合法权益的，应当依法承担民事责任。

第三十二条 技术咨询合同受托人发现委托人提供的资料、数据等有明显错误或者缺陷，未在合理期限内通知委托人的，视为其对委托人提供的技术资料、数据等予以认可。委托人在接到受托人的补正通知后未在合理期限内答复并予补正的，发生的损失由委托人承担。

第三十三条 合同法第三百五十六条第二款所称"特定技术问题"包括需要运用专业技术知识、经验和信息解决的有关改进产品结构、改良工艺流程、提高产品质量、降低产品成本、节约资源能耗、保护资源环境、实现安全操作、提高经济效益和社会效益等专业技术问题。

第三十四条 当事人一方以技术转让的名义提供已进入公有领域的技术，或者在技术转让合同履行过程中合同标的技术进入公有领域，但是技术提供方进行技术指导、传授技术知识，为对方解决特定技术问题符合约定条件的，按照技术服务合同处理，约定的技术转让费可以视为提供技术服务的报酬和费用，但是法律、行政法规另有规定的除外。

依照前款规定，技术转让费视为提供技术服务的报酬和费用明显不合理的，人民法院可以根据当事人的请求合理确定。

第三十五条 当事人对技术服务合同受托人提供服务所需费用的负担没有约定或者约定不明确的，由受托人承担。

技术服务合同受托人发现委托人提供的资料、数据、样品、材料、场地等工作条件不符合约定，未在合理期限内通知委托人的，视为其对委托人提供的工作条件予以认可。委托人在接到受托人的补正通知后未在合理期限内答复并予补正的，发生的损失由委托人承担。

第三十六条　合同法第三百六十四条规定的“技术培训合同”，是指当事人一方委托另一方对指定的学员进行特定项目的专业技术训练和技术指导所订立的合同，不包括职业培训、文化学习和按照行业、法人或者其他组织的计划进行的职工业余教育。

第三十七条　当事人对技术培训必需的场地、设施和试验条件等工作条件的提供和管理责任没有约定或者约定不明确的，由委托人负责提供和管理。

技术培训合同委托人派出的学员不符合约定条件，影响培训质量的，由委托人按照约定支付报酬。

受托人配备的教员不符合约定条件，影响培训质量，或者受托人未按照计划和项目进行培训，导致不能实现约定培训目标的，应当减收或者免收报酬。

受托人发现学员不符合约定条件或者委托人发现教员不符合约定条件，未在合理期限内通知对方，或者接到通知的一方未在合理期限内按约定改派的，应当由负有履行义务的当事人承担相应的民事责任。

第三十八条　合同法第三百六十四条规定的“技术中介合同”，是指当事人一方以知识、技术、经验和信息为另一方与第三人订立技术合同进行联系、介绍以及对履行合同提供专门服务所订立的合同。

第三十九条　中介人从事中介活动的费用，是指中介人在委托人和第三人订立技术合同前，进行联系、介绍活动所支出的通信、交通和必要的调查研究等费用。中介人的报酬，是指中介人为委托人与第三人订立技术合同以及对履行该合同提供服务应当得到的收益。

当事人对中介人从事中介活动的费用负担没有约定或者约定不明确的，由中介人承担。当事人约定该费用由委托人承担但未约定具体数额或者计算方法的，由委托人支付中介人从事中介活动支出的必要费用。

当事人对中介人的报酬数额没有约定或者约定不明确的，应当根据中介人所进行的劳务合理确定，并由委托人承担。仅在委托人与第三人订立的技术合同中约定中介条款，但未约定给付中介人报酬或者约定不明确的，应当支付的报酬由委托人和第三人平均承担。

第四十条　中介人未促成委托人与第三人之间的技术合同成立的，其要求支付报酬的请求，人民法院不予支持；其要求委托人支付其从事中介活动必要费用的请求，应当予以支持，但当事人另有约定的除外。

中介人隐瞒与订立技术合同有关的重要事实或者提供虚假情况，侵害委托人利益的，应当根据情况免收报酬并承担赔偿责任。

第四十一条　中介人对造成委托人与第三人之间的技术合同的无效或者被撤销没有过错，并且该技术合同的无效或者被撤销不影响有关中介条款或者技术中介合同继续有效，中介人要求按照约定或者本解释的有关规定给付从事中介活动的费用和报酬的，人民法院应当予以支持。

中介人收取从事中介活动的费用和报酬不应当被视为委托人与第三人之间的技术合同纠纷中一方当事人的损失。

五、与审理技术合同纠纷有关的程序问题

第四十二条　当事人将技术合同和其他合同内容或者将不同类型的技术合同内容订立在一个合同中的，应当根据当事人争议的权利义务内容，确定案件的性质和案由。

技术合同名称与约定的权利义务关系不一致的，应当按照约定的权利义务内容，确定合同的类型和案由。

技术转让合同中约定让与人负责包销或者回购受让人实施合同标的技术制造的产品，仅因让与人不履行或者不能全部履行包销或者回购义务引起纠纷，不涉及技术问题的，应当按照包销或者回购条款约定的权利义务内容确定案由。

第四十三条　技术合同纠纷案件一般由中级以上人民法院管辖。

各高级人民法院根据本辖区的实际情况并

报经最高人民法院批准,可以指定若干基层人民法院管辖第一审技术合同纠纷案件。

其他司法解释对技术合同纠纷案件管辖另有规定的,从其规定。

合同中既有技术合同内容,又有其他合同内容,当事人就技术合同内容和其他合同内容均发生争议的,由具有技术合同纠纷案件管辖权的人民法院受理。

第四十四条　一方当事人以诉讼争议的技术合同侵害他人技术成果为由请求确认合同无效,或者人民法院在审理技术合同纠纷中发现可能存在该无效事由的,人民法院应当依法通知有关利害关系人,其可以作为有独立请求权的第三人参加诉讼或者依法向有管辖权的人民法院另行起诉。

利害关系人在接到通知后 15 日内不提起诉讼的,不影响人民法院对案件的审理。

第四十五条　第三人向受理技术合同纠纷案件的人民法院就合同标的技术提出权属或者侵权请求时,受诉人民法院对此也有管辖权的,可以将权属或者侵权纠纷与合同纠纷合并审理;受诉人民法院对此没有管辖权的,应当告知其向有管辖权的人民法院另行起诉或者将已经受理的权属或者侵权纠纷案件移送管辖权的人民法院。权属或者侵权纠纷另案受理后,合同纠纷应当中止诉讼。

专利实施许可合同诉讼中,受让人或者第三人向专利复审委员会请求宣告专利权无效的,人民法院可以不中止诉讼。在案件审理过程中专利权被宣告无效的,按照专利法第四十七条第二款和第三款的规定处理。

六、其　　他

第四十六条　集成电路布图设计、植物新品种许可使用和转让等合同争议,相关行政法规另有规定的,适用其规定;没有规定的,适用合同法总则的规定,并可以参照合同法第十八章和本解释的有关规定处理。

计算机软件开发、许可使用和转让等合同争议,著作权法以及其他法律、行政法规另有规定的,依照其规定;没有规定的,适用合同法总则的规定,并可以参照合同法第十八章和本解释的有关规定处理。

第四十七条　本解释自 2005 年 1 月 1 日起施行。

九 海事海商

中华人民共和国海商法

（1992年11月7日第七届全国人民代表大会常务委员会第二十八次会议通过 1992年11月7日中华人民共和国主席令第64号公布 自1993年7月1日起施行）

目 录

第一章 总 则

第一条 为了调整海上运输关系、船舶关系，维护当事人各方的合法权益，促进海上运输和经济贸易的发展，制定本法。

第二条 本法所称海上运输，是指海上货物运输和海上旅客运输，包括海江之间、江海之间的直达运输。

本法第四章海上货物运输合同的规定，不适用于中华人民共和国港口之间的海上货物运输。

第三条 本法所称船舶，是指海船和其他海上移动式装置，但是用于军事的、政府公务的船舶和20总吨以下的小型船艇除外。

前款所称船舶，包括船舶属具。

第四条 中华人民共和国港口之间的海上运输和拖航，由悬挂中华人民共和国国旗的船舶经营。但是，法律、行政法规另有规定的除外。

非经国务院交通主管部门批准，外国籍船舶不得经营中华人民共和国港口之间的海上运输和拖航。

第五条 船舶经依法登记取得中华人民共和国国籍，有权悬挂中华人民共和国国旗航行。

船舶非法悬挂中华人民共和国国旗航行的，由有关机关予以制止，处以罚款。

第六条 海上运输由国务院交通主管部门统一管理，具体办法由国务院交通主管部门制定，报国务院批准后施行。

第二章 船 舶

第一节 船舶所有权

第七条 船舶所有权，是指船舶所有人依法对其船舶享有占有、使用、收益和处分的权利。

第八条 国家所有的船舶由国家授予具有法人资格的全民所有制企业经营管理的，本法有关船舶所有人的规定适用于该法人。

第九条 船舶所有权的取得、转让和消灭，应当向船舶登记机关登记；未经登记的，不得对抗第三人。

船舶所有权的转让，应当签订书面合同。

第十条 船舶由两个以上的法人或者个人共有的，应当向船舶登记机关登记；未经登记的，不得对抗第三人。

第二节 船舶抵押权

第十一条 船舶抵押权，是指抵押权人对于抵押人提供的作为债务担保的船舶，在抵押人不履行债务时，可以依法拍卖，从卖得的价款中优先受偿的权利。

第十二条 船舶所有人或者船舶所有人授权的人可以设定船舶抵押权。

船舶抵押权的设定，应当签订书面合同。

第十三条 设定船舶抵押权，由抵押权人和抵押人共同向船舶登记机关办理抵押权登记；未经登记的，不得对抗第三人。

船舶抵押权登记，包括下列主要项目：

（一）船舶抵押权人和抵押人的姓名或者名称、地址；

（二）被抵押船舶的名称、国籍、船舶所有权证书的颁发机关和证书号码；

（三）所担保的债权数额、利息率、受偿期限。

船舶抵押权的登记状况，允许公众查询。

第十四条 建造中的船舶可以设定船舶抵押权。

建造中的船舶办理抵押权登记，还应当向船舶登记机关提交船舶建造合同。

第十五条 除合同另有约定外，抵押人应当对被抵押船舶进行保险；未保险的，抵押权人有权对该船舶进行保险，保险费由抵押人负担。

第十六条 船舶共有人就共有船舶设定抵押权，应当取得持有三分之二以上份额的共有人的同意，共有人之间另有约定的除外。

船舶共有人设定的抵押权，不因船舶的共有权的分割而受影响。

第十七条 船舶抵押权设定后，未经抵押权人同意，抵押人不得将被抵押船舶转让给他人。

第十八条 抵押权人将被抵押船舶所担保的债权全部或者部分转让他人的，抵押权随之转移。

第十九条 同一船舶可以设定两个以上抵押权，其顺序以登记的先后为准。

同一船舶设定两个以上抵押权的，抵押权人按照抵押权登记的先后顺序，从船舶拍卖所得价款中依次受偿。同日登记的抵押权，按照同一顺序受偿。

第二十条 被抵押船舶灭失，抵押权随之消灭。由于船舶灭失得到的保险赔偿，抵押权人有权优先于其他债权人受偿。

第三节 船舶优先权

第二十一条 船舶优先权，是指海事请求人依照本法第二十二条的规定，向船舶所有人、光船承租人、船舶经营人提出海事请求，对产生该海事请求的船舶具有优先受偿的权利。

第二十二条 下列各项海事请求具有船舶优先权：

（一）船长、船员和在船上工作的其他在编人员根据劳动法律、行政法规或者劳动合同所产生的工资、其他劳动报酬、船员遣返费用和社会保险费用的给付请求；

（二）在船舶营运中发生的人身伤亡的赔偿请求；

（三）船舶吨税、引航费、港务费和其他港口规费的缴付请求；

（四）海难救助的救助款项的给付请求；

（五）船舶在营运中因侵权行为产生的财产赔偿请求。

载运2000吨以上的散装货油的船舶，持有有效的证书，证明已经进行油污损害民事责任保险或者具有相应的财务保证的，对其造成的油污损害的赔偿请求，不属于前款第（五）项规定的范围。

第二十三条 本法第二十二条第一款所列各项海事请求，依照顺序受偿。但是，第（四）项海事请求，后于第（一）项至第（三）项发生的，应当先于第（一）项至第（三）项受偿。

本法第二十二条第一款第（一）、（二）、（三）、（五）项中有两个以上海事请求的，不分先后，同时受偿；不足受偿的，按照比例受偿。第

(四)项中有两个以上海事请求的,后发生的先受偿。

第二十四条　因行使船舶优先权产生的诉讼费用,保存、拍卖船舶和分配船舶价款产生的费用,以及为海事请求人的共同利益而支付的其他费用,应当从船舶拍卖所得价款中先行拨付。

第二十五条　船舶优先权先于船舶留置权受偿,船舶抵押权后于船舶留置权受偿。

前款所称船舶留置权,是指造船人、修船人在合同另一方未履行合同时,可以留置所占有的船舶,以保证造船费用或者修船费用得以偿还的权利。船舶留置权在造船人、修船人不再占有所造或者所修的船舶时消灭。

第二十六条　船舶优先权不因船舶所有权的转让而消灭。但是,船舶转让时,船舶优先权自法院应受让人申请予以公告之日起满六十日不行使的除外。

第二十七条　本法第二十二条规定的海事请求权转移的,其船舶优先权随之转移。

第二十八条　船舶优先权应当通过法院扣押产生优先权的船舶行使。

第二十九条　船舶优先权,除本法第二十六条规定的外,因下列原因之一而消灭:

(一)具有船舶优先权的海事请求,自优先权产生之日起满一年不行使;

(二)船舶经法院强制出售;

(三)船舶灭失。

前款第(一)项的一年期限,不得中止或者中断。

第三十条　本节规定不影响本法第十一章关于海事赔偿责任限制规定的实施。

第三章　船　　员

第一节　一 般 规 定

第三十一条　船员,是指包括船长在内的船上一切任职人员。

第三十二条　船长、驾驶员、轮机长、轮机员、电机员、报务员,必须由持有相应适任证书的人担任。

第三十三条　从事国际航行的船舶的中国籍船员,必须持有中华人民共和国港务监督机构颁发的海员证和有关证书。

第三十四条　船员的任用和劳动方面的权利、义务,本法没有规定的,适用有关法律、行政法规的规定。

第二节　船　　长

第三十五条　船长负责船舶的管理和驾驶。

船长在其职权范围内发布的命令,船员、旅客和其他在船人员都必须执行。

船长应当采取必要的措施,保护船舶和在船人员、文件、邮件、货物以及其他财产。

第三十六条　为保障在船人员和船舶的安全,船长有权对在船上进行违法、犯罪活动的人采取禁闭或者其他必要措施,并防止其隐匿、毁灭、伪造证据。

船长采取前款措施,应当制作案情报告书,由船长和两名以上在船人员签字,连同人犯送交有关当局处理。

第三十七条　船长应当将船上发生的出生或者死亡事件记入航海日志,并在两名证人的参加下制作证明书。死亡证明书应当附有死者遗物清单。死者有遗嘱的,船长应当予以证明。死亡证明书和遗嘱由船长负责保管,并送交家属或者有关方面。

第三十八条　船舶发生海上事故,危及在船人员和财产的安全时,船长应当组织船员和其他在船人员尽力施救。在船舶的沉没、毁灭不可避免的情况下,船长可以作出弃船决定;但是,除紧急情况外,应当报经船舶所有人同意。

弃船时,船长必须采取一切措施,首先组织旅客安全离船,然后安排船员离船,船长应当最后离船。在离船前,船长应当指挥船员尽力抢救航海日志、机舱日志、油类记录簿、无线电台日志、本航次使用过的海图和文件,以及贵重物品、邮件和现金。

第三十九条　船长管理船舶和驾驶船舶的责任,不因引航员引领船舶而解除。

第四十条　船长在航行中死亡或者因故不能执行职务时,应当由驾驶员中职务最高的人代理船长职务;在下一个港口开航前,船舶所有人应当指派新船长接任。

第四章 海上货物运输合同

第一节 一般规定

第四十一条 海上货物运输合同，是指承运人收取运费，负责将托运人托运的货物经海路由一港运至另一港的合同。

第四十二条 本章下列用语的含义：

（一）“承运人”，是指本人或者委托他人以本人名义与托运人订立海上货物运输合同的人。

（二）“实际承运人”，是指接受承运人委托，从事货物运输或者部分运输的人，包括接受转委托从事此项运输的其他人。

（三）“托运人”，是指：

1. 本人或者委托他人以本人名义或者委托他人为本人与承运人订立海上货物运输合同的人；

2. 本人或者委托他人以本人名义或者委托他人为本人将货物交给与海上货物运输合同有关的承运人的人。

（四）“收货人”，是指有权提取货物的人。

（五）“货物”，包括活动物和由托运人提供的用于集装货物的集装箱、货盘或者类似的装运器具。

第四十三条 承运人或者托运人可以要求书面确认海上货物运输合同的成立。但是，航次租船合同应当书面订立。电报、电传和传真具有书面效力。

第四十四条 海上货物运输合同和作为合同凭证的提单或者其他运输单证中的条款，违反本章规定的，无效。此类条款的无效，不影响该合同和提单或者其他运输单证中其他条款的效力。将货物的保险利益转让给承运人的条款或者类似条款，无效。

第四十五条 本法第四十四条的规定不影响承运人在本章规定的承运人责任和义务之外，增加其责任和义务。

第二节 承运人的责任

第四十六条 承运人对集装箱装运的货物的责任期间，是指从装货港接收货物时起至卸货港交付货物时止，货物处于承运人掌管之下的全部期间。承运人对非集装箱装运的货物的责任期间，是指从货物装上船时起至卸下船时止，货物处于承运人掌管之下的全部期间。在承运人的责任期间，货物发生灭失或者损坏，除本节另有规定外，承运人应当负赔偿责任。

前款规定，不影响承运人就非集装箱装运的货物，在装船前和卸船后所承担的责任，达成任何协议。

第四十七条 承运人在船舶开航前和开航当时，应当谨慎处理，使船舶处于适航状态，妥善配备船员、装备船舶和配备供应品，并使货舱、冷藏舱、冷气舱和其他载货处所适于并能安全收受、载运和保管货物。

第四十八条 承运人应当妥善地、谨慎地装载、搬移、积载、运输、保管、照料和卸载所运货物。

第四十九条 承运人应当按照约定的或者习惯的或者地理上的航线将货物运往卸货港。

船舶在海上为救助或者企图救助人命或者财产而发生的绕航或者其他合理绕航，不属于违反前款规定的行为。

第五十条 货物未能在明确约定的时间内，在约定的卸货港交付的，为迟延交付。

除依照本章规定承运人不负赔偿责任的情形外，由于承运人的过失，致使货物因迟延交付而灭失或者损坏的，承运人应当负赔偿责任。

除依照本章规定承运人不负赔偿责任的情形外，由于承运人的过失，致使货物因迟延交付而遭受经济损失的，即使货物没有灭失或者损坏，承运人仍然应当负赔偿责任。

承运人未能在本条第一款规定的时间届满六十日内交付货物，有权对货物灭失提出赔偿请求的人可以认为货物已经灭失。

第五十一条 在责任期间货物发生的灭失或者损坏是由于下列原因之一造成的，承运人不负赔偿责任：

（一）船长、船员、引航员或者承运人的其他受雇人在驾驶船舶或者管理船舶中的过失；

（二）火灾，但是由于承运人本人的过失所造成的除外；

（三）天灾，海上或者其他可航水域的危险或者意外事故；

（四）战争或者武装冲突；

（五）政府或者主管部门的行为、检疫限制或者司法扣押；

（六）罢工、停工或者劳动受到限制；

（七）在海上救助或者企图救助人命或者财产；

（八）托运人、货物所有人或者他们的代理人的行为；

（九）货物的自然特性或者固有缺陷；

（十）货物包装不良或者标志欠缺、不清；

（十一）经谨慎处理仍未发现的船舶潜在缺陷；

（十二）非由于承运人或者承运人的受雇人、代理人的过失造成的其他原因。

承运人依照前款规定免除赔偿责任的，除第（二）项规定的原因外，应当负举证责任。

第五十二条　因运输活动物的固有的特殊风险造成活动物灭失或者损害的，承运人不负赔偿责任。但是，承运人应当证明业已履行托运人关于运输活动物的特别要求，并证明根据实际情况，灭失或者损害是由于此种固有的特殊风险造成的。

第五十三条　承运人在舱面上装载货物，应当同托运人达成协议，或者符合航运惯例，或者符合有关法律、行政法规的规定。

承运人依照前款规定将货物装载在舱面上，对由于此种装载的特殊风险造成的货物灭失或者损坏，不负赔偿责任。

承运人违反本条第一款规定将货物装载在舱面上，致使货物遭受灭失或者损坏的，应当负赔偿责任。

第五十四条　货物的灭失、损坏或者迟延交付是由于承运人或者承运人的受雇人、代理人的不能免除赔偿责任的原因和其他原因共同造成的，承运人仅在其不能免除赔偿责任的范围内负赔偿责任；但是，承运人对其他原因造成的灭失、损坏或者迟延交付应当负举证责任。

第五十五条　货物灭失的赔偿额，按照货物的实际价值计算；货物损坏的赔偿额，按照货物受损前后实际价值的差额或者货物的修复费用计算。

货物的实际价值，按照货物装船时的价值加保险费加运费计算。

前款规定的货物实际价值，赔偿时应当减去因货物灭失或者损坏而少付或者免付的有关费用。

第五十六条　承运人对货物的灭失或者损坏的赔偿限额，按照货物件数或者其他货运单位数计算，每件或者每个其他货运单位为666.67计算单位，或者按照货物毛重计算，每公斤为2计算单位，以二者中赔偿限额较高的为准。但是，托运人在货物装运前已经申报其性质和价值，并在提单中载明的，或者承运人与托运人已经另行约定高于本条规定的赔偿限额的除外。

货物用集装箱、货盘或者类似装运器具集装的，提单中载明装在此类装运器具中的货物件数或者其他货运单位数，视为前款所指的货物件数或者其他货运单位数；未载明的，每一装运器具视为一件或者一个单位。

装运器具不属于承运人所有或者非由承运人提供的，装运器具本身应当视为一件或者一个单位。

第五十七条　承运人对货物因迟延交付造成经济损失的赔偿限额，为所迟延交付的货物的运费数额。货物的灭失或者损坏和迟延交付同时发生的，承运人的赔偿责任限额适用本法第五十六条第一款规定的限额。

第五十八条　就海上货物运输合同所涉及的货物灭失、损坏或者迟延交付对承运人提起的任何诉讼，不论海事请求人是否合同的一方，也不论是根据合同或者是根据侵权行为提起的，均适用本章关于承运人的抗辩理由和限制赔偿责任的规定。

前款诉讼是对承运人的受雇人或者代理人提起的，经承运人的受雇人或者代理人证明，其行为是在受雇或者受委托的范围之内的，适用前款规定。

第五十九条　经证明，货物的灭失、损坏或者迟延交付是由于承运人的故意或者明知可能造成损失而轻率地作为或者不作为造成的，承运人不得援用本法第五十六条或者第五十七条限制赔偿责任的规定。

经证明，货物的灭失、损坏或者迟延交付是由于承运人的受雇人、代理人的故意或者明知可能造成损失而轻率地作为或者不作为造成的，承运人的受雇人或者代理人不得援用本法第五十六条或者第五十七条限制赔偿责任的规定。

第六十条 承运人将货物运输或者部分运输委托给实际承运人履行的，承运人仍然应当依照本章规定对全部运输负责。对实际承运人承担的运输，承运人应当对实际承运人的行为或者实际承运人的受雇人、代理人在受雇或者受委托的范围内的行为负责。

虽有前款规定，在海上运输合同中明确约定合同所包括的特定的部分运输由承运人以外的指定的实际承运人履行的，合同可以同时约定，货物在指定的实际承运人掌管期间发生的灭失、损坏或者迟延交付，承运人不负赔偿责任。

第六十一条 本章对承运人责任的规定，适用于实际承运人。对实际承运人的受雇人、代理人提起诉讼的，适用本法第五十八条第二款和第五十九条第二款的规定。

第六十二条 承运人承担本章未规定的义务或者放弃本章赋予的权利的任何特别协议，经实际承运人书面明确同意的，对实际承运人发生效力；实际承运人是否同意，不影响此项特别协议对承运人的效力。

第六十三条 承运人与实际承运人都负有赔偿责任的，应当在此项责任范围内负连带责任。

第六十四条 就货物的灭失或者损坏分别向承运人、实际承运人以及他们的受雇人、代理人提出赔偿请求的，赔偿总额不超过本法第五十六条规定的限额。

第六十五条 本法第六十条至第六十四条的规定，不影响承运人和实际承运人之间相互追偿。

第三节 托运人的责任

第六十六条 托运人托运货物，应当妥善包装，并向承运人保证，货物装船时所提供的货物的品名、标志、包数或者件数、重量或者体积的正确性；由于包装不良或者上述资料不正确，对承运人造成损失的，托运人应当负赔偿责任。

承运人依照前款规定享有的受偿权利，不影响其根据货物运输合同对托运人以外的人所承担的责任。

第六十七条 托运人应当及时向港口、海关、检疫、检验和其他主管机关办理货物运输所需要的各项手续，并将已办理各项手续的单证送交承运人；因办理各项手续的有关单证送交不及时、不完备或者不正确，使承运人的利益受到损害的，托运人应当负赔偿责任。

第六十八条 托运人托运危险货物，应当依照有关海上危险货物运输的规定，妥善包装，作出危险品标志和标签，并将其正式名称和性质以及应当采取的预防危害措施书面通知承运人；托运人未通知或者通知有误的，承运人可以在任何时间、任何地点根据情况需要将货物卸下、销毁或者使之不能为害，而不负赔偿责任。托运人对承运人因运输此类货物所受到的损害，应当负赔偿责任。

承运人知道危险货物的性质并已同意装运的，仍然可以在该项货物对于船舶、人员或者其他货物构成实际危险时，将货物卸下、销毁或者使之不能为害，而不负赔偿责任。但是，本款规定不影响共同海损的分摊。

第六十九条 托运人应当按照约定向承运人支付运费。

托运人与承运人可以约定运费由收货人支付；但是，此项约定应当在运输单证中载明。

第七十条 托运人对承运人、实际承运人所遭受的损失或者船舶所遭受的损坏，不负赔偿责任；但是，此种损失或者损坏是由于托运人或者托运人的受雇人、代理人的过失造成的除外。

托运人的受雇人、代理人对承运人、实际承运人所遭受的损失或者船舶所遭受的损坏，不负赔偿责任；但是，这种损失或者损坏是由于托运人的受雇人、代理人的过失造成的除外。

第四节 运输单证

第七十一条 提单，是指用以证明海上货物运输合同和货物已经由承运人接收或者装船，以及承运人保证据以交付货物的单证。提单中载明的向记名人交付货物，或者按照指示人的指示交付货物，或者向提单持有人交付货物的条款，构成承运人据以交付货物的保证。

第七十二条 货物由承运人接收或者装船

后,应托运人的要求,承运人应当签发提单。

提单可以由承运人授权的人签发。提单由载货船舶的船长签发的,视为代表承运人签发。

第七十三条　提单内容,包括下列各项:

(一) 货物的品名、标志、包数或者件数、重量或者体积,以及运输危险货物时对危险性质的说明;

(二) 承运人的名称和主营业所;

(三) 船舶名称;

(四) 托运人的名称;

(五) 收货人的名称;

(六) 装货港和在装货港接收货物的日期;

(七) 卸货港;

(八) 多式联运提单增列接收货物地点和交付货物地点;

(九) 提单的签发日期、地点和份数;

(十) 运费的支付;

(十一) 承运人或者其代表的签字。

提单缺少前款规定的一项或者几项的,不影响提单的性质;但是,提单应当符合本法第七十一条的规定。

第七十四条　货物装船前,承运人已经应托运人的要求签发收货待运提单或者其他单证的,货物装船完毕,托运人可以将收货待运提单或者其他单证退还承运人,以换取已装船提单;承运人也可以在收货待运提单上加注承运船舶的船名和装船日期,加注后的收货待运提单视为已装船提单。

第七十五条　承运人或者代其签发提单的人,知道或者有合理的根据怀疑提单记载的货物的品名、标志、包数或者件数、重量或者体积与实际接收的货物不符,在签发已装船提单的情况下怀疑与已装船的货物不符,或者没有适当的方法核对提单记载的,可以在提单上批注,说明不符之处、怀疑的根据或者说明无法核对。

第七十六条　承运人或者代其签发提单的人未在提单上批注货物表面状况的,视为货物的表面状况良好。

第七十七条　除依照本法第七十五条的规定作出保留外,承运人或者代其签发提单的人签发的提单,是承运人已经按照提单所载状况收到货物或者货物已经装船的初步证据;承运人向善意受让提单的包括收货人在内的第三人提出的与提单所载状况不同的证据,不予承认。

第七十八条　承运人同收货人、提单持有人之间的权利、义务关系,依据提单的规定确定。

收货人、提单持有人不承担在装货港发生的滞期费、亏舱费和其他与装货有关的费用,但是提单中明确载明上述费用由收货人、提单持有人承担的除外。

第七十九条　提单的转让,依照下列规定执行:

(一) 记名提单:不得转让;

(二) 指示提单:经过记名背书或者空白背书转让;

(三) 不记名提单:无需背书,即可转让。

第八十条　承运人签发提单以外的单证用以证明收到待运货物的,此项单证即为订立海上货物运输合同和承运人接收该单证中所列货物的初步证据。

承运人签发的此类单证不得转让。

第五节　货物交付

第八十一条　承运人向收货人交付货物时,收货人未将货物灭失或者损坏的情况书面通知承运人的,此项交付视为承运人已经按照运输单证的记载交付以及货物状况良好的初步证据。

货物灭失或者损坏的情况非显而易见的,在货物交付的次日起连续七日内,集装箱货物交付的次日起连续十五日内,收货人未提交书面通知的,适用前款规定。

货物交付时,收货人已经会同承运人对货物进行联合检查或者检验的,无需就所查明的灭失或者损坏的情况提交书面通知。

第八十二条　承运人自向收货人交付货物的次日起连续六十日内,未收到收货人就货物因迟延交付造成经济损失而提交的书面通知的,不负赔偿责任。

第八十三条　收货人在目的港提取货物前或者承运人在目的港交付货物前,可以要求检验机构对货物状况进行检验;要求检验的一方应当支付检验费用,但是有权向造成货物损失的责任方追偿。

第八十四条　承运人和收货人对本法第八

十一条和第八十三条规定的检验,应当相互提供合理的便利条件。

第八十五条 货物由实际承运人交付的,收货人依照本法第八十一条的规定向实际承运人提交的书面通知,与向承运人提交书面通知具有同等效力;向承运人提交的书面通知,与向实际承运人提交书面通知具有同等效力。

第八十六条 在卸货港无人提取货物或者收货人迟延、拒绝提取货物的,船长可以将货物卸在仓库或者其他适当场所,由此产生的费用和风险由收货人承担。

第八十七条 应当向承运人支付的运费、共同海损分摊、滞期费和承运人为货物垫付的必要费用以及应当向承运人支付的其他费用没有付清,又没有提供适当担保的,承运人可以在合理的限度内留置其货物。

第八十八条 承运人根据本法第八十七条规定留置的货物,自船舶抵达卸货港的次日起满六十日无人提取的,承运人可以申请法院裁定拍卖;货物易腐烂变质或者货物的保管费用可能超过其价值的,可以申请提前拍卖。

拍卖所得价款,用于清偿保管、拍卖货物的费用和运费以及应当向承运人支付的其他有关费用;不足的金额,承运人有权向托运人追偿;剩余的金额,退还托运人;无法退还、自拍卖之日起满一年又无人领取的,上缴国库。

第六节 合同的解除

第八十九条 船舶在装货港开航前,托运人可以要求解除合同。但是,除合同另有约定外,托运人应当向承运人支付约定运费的一半;货物已经装船的,并应当负担装货、卸货和其他与此有关的费用。

第九十条 船舶在装货港开航前,因不可抗力或者其他不能归责于承运人和托运人的原因致使合同不能履行的,双方均可以解除合同,并互相不负赔偿责任。除合同另有约定外,运费已经支付的,承运人应当将运费退还给托运人;货物已经装船的,托运人应当承担装卸费用;已经签发提单的,托运人应当将提单退还承运人。

第九十一条 因不可抗力或者其他不能归责于承运人和托运人的原因致使船舶不能在合同约定的目的港卸货的,除合同另有约定外,船长有权将货物在目的港邻近的安全港口或者地点卸载,视为已经履行合同。

船长决定将货物卸载的,应当及时通知托运人或者收货人,并考虑托运人或者收货人的利益。

第七节 航次租船合同的特别规定

第九十二条 航次租船合同,是指船舶出租人向承租人提供船舶或者船舶的部分舱位,装运约定的货物,从一港运至另一港,由承租人支付约定运费的合同。

第九十三条 航次租船合同的内容,主要包括出租人和承租人的名称、船名、船籍、载货重量、容积、货名、装货港和目的港、受载期限、装卸期限、运费、滞期费、速遣费以及其他有关事项。

第九十四条 本法第四十七条和第四十九条的规定,适用于航次租船合同的出租人。

本章其他有关合同当事人之间的权利、义务的规定,仅在航次租船合同没有约定或者没有不同约定时,适用于航次租船合同的出租人和承租人。

第九十五条 对按照航次租船合同运输的货物签发的提单,提单持有人不是承租人的,承运人与该提单持有人之间的权利、义务关系适用提单的约定。但是,提单中载明适用航次租船合同条款的,适用该航次租船合同的条款。

第九十六条 出租人应当提供约定的船舶;经承租人同意,可以更换船舶。但是,提供的船舶或者更换的船舶不符合合同约定的,承租人有权拒绝或者解除合同。

因出租人过失未提供约定的船舶致使承租人遭受损失的,出租人应当负赔偿责任。

第九十七条 出租人在约定的受载期限内未能提供船舶的,承租人有权解除合同。但是,出租人将船舶延误情况和船舶预期抵达装货港的日期通知承租人的,承租人应当自收到通知时起四十八小时内,将是否解除合同的决定通知出租人。

因出租人过失延误提供船舶致使承租人遭受损失的,出租人应当负赔偿责任。

第九十八条 航次租船合同的装货、卸货期限及其计算办法，超过装货、卸货期限后的滞期费和提前完成装货、卸货的速遣费，由双方约定。

第九十九条 承租人可以将其租用的船舶转租；转租后，原合同约定的权利和义务不受影响。

第一百条 承租人应当提供约定的货物；经出租人同意，可以更换货物。但是，更换的货物对出租人不利的，出租人有权拒绝或者解除合同。

因未提供约定的货物致使出租人遭受损失的，承租人应当负赔偿责任。

第一百零一条 出租人应当在合同约定的卸货港卸货。合同订有承租人选择卸货港条款的，在承租人未按照合同约定及时通知确定的卸货港时，船长可以从约定的选卸港中自行选定一港卸货。承租人未按照合同约定及时通知确定的卸货港，致使出租人遭受损失的，应当负赔偿责任。出租人未按照合同约定，擅自选定港口卸货致使承租人遭受损失的，应当负赔偿责任。

第八节 多式联运合同的特别规定

第一百零二条 本法所称多式联运合同，是指多式联运经营人以两种以上的不同运输方式，其中一种是海上运输方式，负责将货物从接收地运至目的地交付收货人，并收取全程运费的合同。

前款所称多式联运经营人，是指本人或者委托他人以本人名义与托运人订立多式联运合同的人。

第一百零三条 多式联运经营人对多式联运货物的责任期间，自接收货物时起至交付货物时止。

第一百零四条 多式联运经营人负责履行或者组织履行多式联运合同，并对全程运输负责。

多式联运经营人与参加多式联运的各区段承运人，可以就多式联运合同的各区段运输，另以合同约定相互之间的责任。但是，此项合同不得影响多式联运经营人对全程运输所承担的责任。

第一百零五条 货物的灭失或者损坏发生于多式联运的某一运输区段的，多式联运经营人的赔偿责任和责任限额，适用调整该区段运输方式的有关法律规定。

第一百零六条 货物的灭失或者损坏发生的运输区段不能确定的，多式联运经营人应当依照本章关于承运人赔偿责任和责任限额的规定负赔偿责任。

第五章 海上旅客运输合同

第一百零七条 海上旅客运输合同，是指承运人以适合运送旅客的船舶经海路将旅客及其行李从一港运送至另一港，由旅客支付票款的合同。

第一百零八条 本章下列用语的含义：

（一）“承运人”，是指本人或者委托他人以本人名义与旅客订立海上旅客运输合同的人。

（二）“实际承运人”，是指接受承运人委托，从事旅客运送或者部分运送的人，包括接受转委托从事此项运送的其他人。

（三）“旅客”，是指根据海上旅客运输合同运送的人；经承运人同意，根据海上货物运输合同，随船护送货物的人，视为旅客。

（四）“行李”是指根据海上旅客运输合同由承运人载运的任何物品和车辆，但是活动物除外。

（五）“自带行李”，是指旅客自行携带、保管或者放置在客舱中的行李。

第一百零九条 本章关于承运人责任的规定，适用于实际承运人。本章关于承运人的受雇人、代理人责任的规定，适用于实际承运人的受雇人、代理人。

第一百一十条 旅客客票是海上旅客运输合同成立的凭证。

第一百一十一条 海上旅客运输的运送期间，自旅客登船时起至旅客离船时止。客票票价含接送费用的，运送期间并包括承运人经水路将旅客从岸上接到船上和从船上送到岸上的时间，但是不包括旅客在港站内、码头上或者在港口其他设施内的时间。

旅客的自带行李，运送期间同前款规定。旅客自带行李以外的其他行李，运送期间自旅客将行李交付承运人或者承运人的受雇人、代理人时起至承运人或者承运人的受雇人、代理人交还旅客时止。

第一百一十二条 旅客无票乘船、越级乘船或者超程乘船，应当按照规定补足票款，承运人可以按照规定加收票款；拒不交付的，船长有权在适当地点令其离船，承运人有权向其追偿。

第一百一十三条 旅客不得随身携带或者在行李中夹带违禁品或者易燃、易爆、有毒、有腐蚀性、有放射性以及有可能危及船上人身和财产安全的其他危险品。

承运人可以在任何时间、任何地点将旅客违反前款规定随身携带或者在行李中夹带的违禁品、危险品卸下、销毁或者使之不能为害，或者送交有关部门，而不负赔偿责任。

旅客违反本条第一款规定，造成损害的，应当负赔偿责任。

第一百一十四条 在本法第一百一十一条规定的旅客及其行李的运送期间，因承运人或者承运人的受雇人、代理人在受雇或者受委托的范围内的过失引起事故，造成旅客人身伤亡或者行李灭失、损坏的，承运人应当负赔偿责任。

请求人对承运人或者承运人的受雇人、代理人的过失，应当负举证责任；但是，本条第三款和第四款规定的情形除外。

旅客的人身伤亡或者自带行李的灭失、损坏，是由于船舶的沉没、碰撞、搁浅、爆炸、火灾所引起或者是由于船舶的缺陷所引起的，承运人或者承运人的受雇人、代理人除非提出反证，应当视为其有过失。

旅客自带行李以外的其他行李的灭失或者损坏，不论由于何种事故所引起，承运人或者承运人的受雇人、代理人除非提出反证，应当视为其有过失。

第一百一十五条 经承运人证明，旅客的人身伤亡或者行李的灭失、损坏，是由于旅客本人的过失或者旅客和承运人的共同过失造成的，可以免除或者相应减轻承运人的赔偿责任。

经承运人证明，旅客的人身伤亡或者行李的灭失、损坏，是由于旅客本人的故意造成的，或者旅客的人身伤亡是由于旅客本人健康状况造成的，承运人不负赔偿责任。

第一百一十六条 承运人对旅客的货币、金银、珠宝、有价证券或者其他贵重物品所发生的灭失、损坏，不负赔偿责任。

旅客与承运人约定将前款规定的物品交由承运人保管的，承运人应当依照本法第一百一十七条的规定负赔偿责任；双方以书面约定的赔偿限额高于本法第一百一十七条的规定的，承运人应当按照约定的数额负赔偿责任。

第一百一十七条 除本条第四款规定的情形外，承运人在每次海上旅客运输中的赔偿责任限额，依照下列规定执行：

（一）旅客人身伤亡的，每名旅客不超过46666计算单位；

（二）旅客自带行李灭失或者损坏的，每名旅客不超过833计算单位；

（三）旅客车辆包括该车辆所载行李灭失或者损坏的，每一车辆不超过3333计算单位；

（四）本款第（二）、（三）项以外的旅客其他行李灭失或者损坏的，每名旅客不超过1200计算单位。

承运人和旅客可以约定，承运人对旅客车辆和旅客车辆以外的其他行李损失的免赔额。但是，对每一车辆损失的免赔额不得超过117计算单位，对每名旅客的车辆以外的其他行李损失的免赔额不得超过13计算单位。在计算每一车辆或者每名旅客的车辆以外的其他行李的损失赔偿数额时，应当扣除约定的承运人免赔额。

承运人和旅客可以书面约定高于本条第一款规定的赔偿责任限额。

中华人民共和国港口之间的海上旅客运输，承运人的赔偿责任限额，由国务院交通主管部门制定，报国务院批准后施行。

第一百一十八条 经证明，旅客的人身伤亡或者行李的灭失、损坏，是由于承运人的故意或者明知可能造成损害而轻率地作为或者不作为造成的，承运人不得援用本法第一百一十六条和第一百一十七条限制赔偿责任的规定。

经证明，旅客的人身伤亡或者行李的灭失、损坏，是由于承运人的受雇人、代理人的故意或者明知可能造成损害而轻率地作为或者不作为造成的，承运人的受雇人、代理人不得援用本法第一百一十六条和第一百一十七条限制赔偿责任的规定。

第一百一十九条 行李发生明显损坏的，旅客应当依照下列规定向承运人或者承运人的受雇人、代理人提交书面通知：

（一）自带行李，应当在旅客离船前或者离船时提交；

（二）其他行李，应当在行李交还前或者交还时提交。

行李的损坏不明显，旅客在离船时或者行李交还时难以发现的，以及行李发生灭失的，旅客应当在离船或者行李交还或者应当交还之日起十五日内，向承运人或者承运人的受雇人、代理人提交书面通知。

旅客未依照本条第一、二款规定及时提交书面通知的，除非提出反证，视为已经完整无损地收到行李。

行李交还时，旅客已经会同承运人对行李进行联合检查或者检验的，无需提交书面通知。

第一百二十条 向承运人的受雇人、代理人提出的赔偿请求，受雇人或者代理人证明其行为是在受雇或者受委托的范围内的，有权援用本法第一百一十五条、第一百一十六条和第一百一十七条的抗辩理由和赔偿责任限制的规定。

第一百二十一条 承运人将旅客运送或者部分运送委托给实际承运人履行的，仍然应当依照本章规定，对全程运送负责。实际承运人履行运送的，承运人应当对实际承运人的行为或者实际承运人的受雇人、代理人在受雇或者受委托的范围内的行为负责。

第一百二十二条 承运人承担本章未规定的义务或者放弃本章赋予的权利的任何特别协议，经实际承运人书面明确同意的，对实际承运人发生效力；实际承运人是否同意，不影响此项特别协议对承运人的效力。

第一百二十三条 承运人与实际承运人均负有赔偿责任的，应当在此项责任限度内负连带责任。

第一百二十四条 就旅客的人身伤亡或者行李的灭失、损坏，分别向承运人、实际承运人以及他们的受雇人、代理人提出赔偿请求的，赔偿总额不得超过本法第一百一十七条规定的限额。

第一百二十五条 本法第一百二十一条至第一百二十四条的规定，不影响承运人和实际承运人之间相互追偿。

第一百二十六条 海上旅客运输合同中含有下列内容之一的条款无效：

（一）免除承运人对旅客应当承担的法定责任；

（二）降低本章规定的承运人责任限额；

（三）对本章规定的举证责任作出相反的约定；

（四）限制旅客提出赔偿请求的权利。

前款规定的合同条款的无效，不影响合同其他条款的效力。

第六章 船舶租用合同

第一节 一般规定

第一百二十七条 本章关于出租人和承租人之间权利、义务的规定，仅在船舶租用合同没有约定或者没有不同约定时适用。

第一百二十八条 船舶租用合同，包括定期租船合同和光船租赁合同，均应当书面订立。

第二节 定期租船合同

第一百二十九条 定期租船合同，是指船舶出租人向承租人提供约定的由出租人配备船员的船舶，由承租人在约定的期间内按照约定的用途使用，并支付租金的合同。

第一百三十条 定期租船合同的内容，主要包括出租人和承租人的名称、船名、船籍、船级、吨位、容积、船速、燃料消耗、航区、用途、租船期间、交船和还船的时间和地点以及条件、租金及其支付，以及其他有关事项。

第一百三十一条 出租人应当按照合同约定的时间交付船舶。

出租人违反前款规定的，承租人有权解除合同。出租人将船舶延误情况和船舶预期抵达交船港的日期通知承租人的，承租人应当自接到通知时起四十八小时内，将解除合同或者继续租用船舶的决定通知出租人。

因出租人过失延误提供船舶致使承租人遭受损失的，出租人应当负赔偿责任。

第一百三十二条 出租人交付船舶时，应当做到谨慎处理，使船舶适航。交付的船舶应当适于约定的用途。

出租人违反前款规定的，承租人有权解除合同，并有权要求赔偿因此遭受的损失。

第一百三十三条 船舶在租期内不符合约定的适航状态或者其他状态，出租人应当采取可能采取的合理措施，使之尽快恢复。

船舶不符合约定的适航状态或者其他状态而不能正常营运连续满二十四小时的，对因此而损失的营运时间，承租人不付租金，但是上述状态是由承租人造成的除外。

第一百三十四条 承租人应当保证船舶在约定航区内的安全港口或者地点之间从事约定的海上运输。

承租人违反前款规定的，出租人有权解除合同，并有权要求赔偿因此遭受的损失。

第一百三十五条 承租人应当保证船舶用于运输约定的合法的货物。

承租人将船舶用于运输活动物或者危险货物的，应当事先征得出租人的同意。

承租人违反本条第一款或者第二款的规定致使出租人遭受损失的，应当负赔偿责任。

第一百三十六条 承租人有权就船舶的营运向船长发出指示，但是不得违反定期租船合同的约定。

第一百三十七条 承租人可以将租用的船舶转租，但是应当将转租的情况及时通知出租人。租用的船舶转租后，原租船合同约定的权利和义务不受影响。

第一百三十八条 船舶所有人转让已经租出的船舶的所有权，定期租船合同约定的当事人的权利和义务不受影响，但是应当及时通知承租人。船舶所有权转让后，原租船合同由受让人和承租人继续履行。

第一百三十九条 在合同期间，船舶进行海难救助的，承租人有权获得扣除救助费用、损失赔偿、船员应得部分以及其他费用后的救助款项的一半。

第一百四十条 承租人应当按照合同约定支付租金。承租人未按照合同约定支付租金的，出租人有权解除合同，并有权要求赔偿因此遭受的损失。

第一百四十一条 承租人未向出租人支付租金或者合同约定的其他款项的，出租人对船上属于承租人的货物和财产以及转租船舶的收入有留置权。

第一百四十二条 承租人向出租人交还船舶时，该船舶应当具有与出租人交船时相同的良好状态，但是船舶本身的自然磨损除外。

船舶未能保持与交船时相同的良好状态的，承租人应当负责修复或者给予赔偿。

第一百四十三条 经合理计算，完成最后航次的日期约为合同约定的还船日期，但可能超过合同约定的还船日期的，承租人有权超期用船以完成该航次。超期期间，承租人应当按照合同约定的租金率支付租金；市场的租金率高于合同约定的租金率的，承租人应当按照市场租金率支付租金。

第三节 光船租赁合同

第一百四十四条 光船租赁合同，是指船舶出租人向承租人提供不配备船员的船舶，在约定的期间内由承租人占有、使用和营运，并向出租人支付租金的合同。

第一百四十五条 光船租赁合同的内容，主要包括出租人和承租人的名称、船名、船籍、船级、吨位、容积、航区、用途、租船期间、交船和还船的时间和地点以及条件、船舶检验、船舶的保养维修、租金及其支付、船舶保险、合同解除的时间和条件，以及其他有关事项。

第一百四十六条 出租人应当在合同约定的港口或者地点，按照合同约定的时间，向承租人交付船舶以及船舶证书。交船时，出租人应当做到谨慎处理，使船舶适航。交付的船舶应当适于合同约定的用途。

出租人违反前款规定的，承租人有权解除合同，并有权要求赔偿因此遭受的损失。

第一百四十七条 在光船租赁期间，承租人负责船舶的保养、维修。

第一百四十八条 在光船租赁期间，承租人应当按照合同约定的船舶价值，以出租人同意的保险方式为船舶进行保险，并负担保险费用。

第一百四十九条 在光船租赁期间，因承租人对船舶占有、使用和营运的原因使出租人的利益受到影响或者遭受损失的，承租人应当负责消除影响或者赔偿损失。

因船舶所有权争议或者出租人所负的债务致使船舶被扣押的，出租人应当保证承租人的利益不受影响；致使承租人遭受损失的，出租人应当负赔偿责任。

第一百五十条　在光船租赁期间，未经出租人书面同意，承租人不得转让合同的权利和义务或者以光船租赁的方式将船舶进行转租。

第一百五十一条　未经承租人事先书面同意，出租人不得在光船租赁期间对船舶设定抵押权。

出租人违反前款规定，致使承租人遭受损失的，应当负赔偿责任。

第一百五十二条　承租人应当按照合同约定支付租金。承租人未按照合同约定的时间支付租金连续超过七日的，出租人有权解除合同，并有权要求赔偿因此遭受的损失。

船舶发生灭失或者失踪的，租金应当自船舶灭失或者得知其最后消息之日起停止支付，预付租金应当按照比例退还。

第一百五十三条　本法第一百三十四条、第一百三十五条第一款、第一百四十二条和第一百四十三条的规定，适用于光船租赁合同。

第一百五十四条　订有租购条款的光船租赁合同，承租人按照合同约定向出租人付清租购费时，船舶所有权即归于承租人。

第七章　海上拖航合同

第一百五十五条　海上拖航合同，是指承拖方用拖轮将被拖物经海路从一地拖至另一地，而由被拖方支付拖航费的合同。

本章规定不适用于在港区内对船舶提供的拖轮服务。

第一百五十六条　海上拖航合同应当书面订立。海上拖航合同的内容，主要包括承拖方和被拖方的名称和住所、拖轮和被拖物的名称和主要尺度、拖轮马力、起拖地和目的地、起拖日期、拖航费及其支付方式，以及其他有关事项。

第一百五十七条　承拖方在起拖前和起拖当时，应当谨慎处理，使拖轮处于适航、适拖状态，妥善配备船员，配置拖航索具和配备供应品以及该航次必备的其他装置、设备。

被拖方在起拖前和起拖当时，应当做好被拖物的拖航准备，谨慎处理，使被拖物处于适拖状态，并向承拖方如实说明被拖物的情况，提供有关检验机构签发的被拖物适合拖航的证书和有关文件。

第一百五十八条　起拖前，因不可抗力或者其他不能归责于双方的原因致使合同不能履行的，双方均可以解除合同，并互相不负赔偿责任。除合同另有约定外，拖航费已经支付的，承拖方应当退还给被拖方。

第一百五十九条　起拖后，因不可抗力或者其他不能归责于双方的原因致使合同不能继续履行的，双方均可以解除合同，并互相不负赔偿责任。

第一百六十条　因不可抗力或者其他不能归责于双方的原因致使被拖物不能拖至目的地的，除合同另有约定外，承拖方可以在目的地的邻近地点或者拖轮船长选定的安全的港口或者锚泊地，将被拖物移交给被拖方或者其代理人，视为已经履行合同。

第一百六十一条　被拖方未按照约定支付拖航费和其他合理费用的，承拖方对被拖物有留置权。

第一百六十二条　在海上拖航过程中，承拖方或者被拖方遭受的损失，由一方的过失造成的，有过失的一方应当负赔偿责任；由双方过失造成的，各方按照过失程度的比例负赔偿责任。

虽有前款规定，经承拖方证明，被拖方的损失是由于下列原因之一造成的，承拖方不负赔偿责任：

（一）拖轮船长、船员、引航员或者承拖方的其他受雇人、代理人在驾驶拖轮或者管理拖轮中的过失；

（二）拖轮在海上救助或者企图救助人命或者财产时的过失。

本条规定仅在海上拖航合同没有约定或者没有不同约定时适用。

第一百六十三条　在海上拖航过程中，由于承拖方或者被拖方的过失，造成第三人人身伤亡或者财产损失的，承拖方和被拖方对第三人负连带赔偿责任。除合同另有约定外，一方连带支付的赔偿超过其应当承担的比例的，对另一方有追偿权。

第一百六十四条 拖轮所有人拖带其所有的或者经营的驳船载运货物，经海路由一港运至另一港的，视为海上货物运输。

第八章 船舶碰撞

第一百六十五条 船舶碰撞，是指船舶在海上或者与海相通的可航水域发生接触造成损害的事故。

前款所称船舶，包括与本法第三条所指船舶碰撞的任何其他非用于军事的或者政府公务的船艇。

第一百六十六条 船舶发生碰撞，当事船舶的船长在不严重危及本船和船上人员安全的情况下，对于相碰的船舶和船上人员必须尽力施救。

碰撞船舶的船长应当尽可能将其船舶名称、船籍港、出发港和目的港通知对方。

第一百六十七条 船舶发生碰撞，是由于不可抗力或者其他不能归责于任何一方的原因或者无法查明的原因造成的，碰撞各方互相不负赔偿责任。

第一百六十八条 船舶发生碰撞，是由于一船的过失造成的，由有过失的船舶负赔偿责任。

第一百六十九条 船舶发生碰撞，碰撞的船舶互有过失的，各船按照过失程度的比例负赔偿责任；过失程度相当或者过失程度的比例无法判定的，平均负赔偿责任。

互有过失的船舶，对碰撞造成的船舶以及船上货物和其他财产的损失，依照前款规定的比例负赔偿责任。碰撞造成第三人财产损失的，各船的赔偿责任均不超过其应当承担的比例。

互有过失的船舶，对造成的第三人的人身伤亡，负连带赔偿责任。一船连带支付的赔偿超过本条第一款规定的比例的，有权向其他有过失的船舶追偿。

第一百七十条 船舶因操纵不当或者不遵守航行规章，虽然实际上没有同其他船舶发生碰撞，但是使其他船舶以及船上的人员、货物或者其他财产遭受损失的，适用本章的规定。

第九章 海难救助

第一百七十一条 本章规定适用于在海上或者与海相通的可航水域，对遇险的船舶和其他财产进行的救助。

第一百七十二条 本章下列用语的含义：

（一）“船舶”，是指本法第三条所称的船舶和与其发生救助关系的任何其他非用于军事的或者政府公务的船艇。

（二）“财产”，是指非永久地和非有意地依附于岸线的任何财产，包括有风险的运费。

（三）“救助款项”，是指依照本章规定，被救助方应当向救助方支付的任何救助报酬、酬金或者补偿。

第一百七十三条 本章规定，不适用于海上已经就位的从事海底矿物资源的勘探、开发或者生产的固定式、浮动式平台和移动式近海钻井装置。

第一百七十四条 船长在不严重危及本船和船上人员安全的情况下，有义务尽力救助海上人命。

第一百七十五条 救助方与被救助方就海难救助达成协议，救助合同成立。

遇险船舶的船长有权代表船舶所有人订立救助合同。遇险船舶的船长或者船舶所有人有权代表船上财产所有人订立救助合同。

第一百七十六条 有下列情形之一，经一方当事人起诉或者双方当事人协议仲裁的，受理争议的法院或者仲裁机构可以判决或者裁决变更救助合同：

（一）合同在不正当的或者危险情况的影响下订立，合同条款显失公平的；

（二）根据合同支付的救助款项明显过高或者过低于实际提供的救助服务的。

第一百七十七条 在救助作业过程中，救助方对被救助方负有下列义务：

（一）以应有的谨慎进行救助；

（二）以应有的谨慎防止或者减少环境污染损害；

（三）在合理需要的情况下，寻求其他救助方援助；

（四）当被救助方合理地要求其他救助方参与救助作业时，接受此种要求，但是要求不合理的，原救助方的救助报酬金额不受影响。

第一百七十八条 在救助作业过程中，被救助方对救助方负有下列义务：

（一）与救助方通力合作；

（二）以应有的谨慎防止或者减少环境污染损害；

（三）当获救的船舶或者其他财产已经被送至安全地点时，及时接受救助方提出的合理的移交要求。

第一百七十九条 救助方对遇险的船舶和其他财产的救助，取得效果的，有权获得救助报酬；救助未取得效果的，除本法第一百八十二条或者其他法律另有规定或者合同另有约定外，无权获得救助款项。

第一百八十条 确定救助报酬，应当体现对救助作业的鼓励，并综合考虑下列各项因素：

（一）船舶和其他财产的获救的价值；

（二）救助方在防止或者减少环境污染损害方面的技能和努力；

（三）救助方的救助成效；

（四）危险的性质和程度；

（五）救助方在救助船舶、其他财产和人命方面的技能和努力；

（六）救助方所用的时间、支出的费用和遭受的损失；

（七）救助方或者救助设备所冒的责任风险和其他风险；

（八）救助方提供救助服务的及时性；

（九）用于救助作业的船舶和其他设备的可用性和使用情况；

（十）救助设备的备用状况、效能和设备的价值。

救助报酬不得超过船舶和其他财产的获救价值。

第一百八十一条 船舶和其他财产的获救价值，是指船舶和其他财产获救后的估计价值或者实际出卖的收入，扣除有关税款和海关、检疫、检验费用以及进行卸载、保管、估价、出卖而产生的费用后的价值。

前款规定的价值不包括船员的获救的私人物品和旅客的获救的自带行李的价值。

第一百八十二条 对构成环境污染损害危险的船舶或者船上货物进行的救助，救助方依照本法第一百八十条规定获得的救助报酬，少于依照本条规定可以得到的特别补偿的，救助方有权依照本条规定，从船舶所有人处获得相当于救助费用的特别补偿。

救助人进行前款规定的救助作业，取得防止或者减少环境污染损害效果的，船舶所有人依照前款规定应当向救助方支付的特别补偿可以另行增加，增加的数额可以达到救助费用的百分之三十。受理争议的法院或者仲裁机构认为适当，并且考虑到本法第一百八十条第一款的规定，可以判决或者裁决进一步增加特别补偿数额；但是，在任何情况下，增加部分不得超过救助费用的百分之一百。

本条所称救助费用，是指救助方在救助作业中直接支付的合理费用以及实际使用救助设备、投入救助人员的合理费用。确定救助费用应当考虑本法第一百八十条第一款第（八）、（九）、（十）项的规定。

在任何情况下，本条规定的全部特别补偿，只有在超过救助方依照本法第一百八十条规定能够获得的救助报酬时，方可支付，支付金额为特别补偿超过救助报酬的差额部分。

由于救助方的过失未能防止或者减少环境污染损害的，可以全部或者部分地剥夺救助方获得特别补偿的权利。

本条规定不影响船舶所有人对其他被救助方的追偿权。

第一百八十三条 救助报酬的金额，应当由获救的船舶和其他财产的各所有人，按照船舶和其他各项财产各自的获救价值占全部获救价值的比例承担。

第一百八十四条 参加同一救助作业的各救助方的救助报酬，应当根据本法第一百八十条规定的标准，由各方协商确定；协商不成的，可以提请受理争议的法院判决或者经各方协议提请仲裁机构裁决。

第一百八十五条 在救助作业中救助人命的救助方，对获救人员不得请求酬金，但是有权从救助船舶或者其他财产、防止或者减少环境污染损害的救助方获得的救助款项中，获得合理的份额。

第一百八十六条 下列救助行为无权获得救助款项：

（一）正常履行拖航合同或者其他服务合同的义务进行救助的，但是提供不属于履行上述义务的特殊劳务除外；

（二）不顾遇险的船舶的船长、船舶所有人或者其他财产所有人明确的和合理的拒绝，仍然进行救助的。

第一百八十七条 由于救助方的过失致使救助作业成为必需或者更加困难的，或者救助方有欺诈或者其他不诚实行为的，应当取消或者减少向救助方支付的救助款项。

第一百八十八条 被救助方在救助作业结束后，应当根据救助方的要求，对救助款项提供满意的担保。

在不影响前款规定的情况下，获救船舶的船舶所有人应当在获救的货物交还前，尽力使货物的所有人对其应当承担的救助款项提供满意的担保。

在未根据救助人的要求对获救的船舶或者其他财产提供满意的担保以前，未经救助方同意，不得将获救的船舶和其他财产从救助作业完成后最初到达的港口或者地点移走。

第一百八十九条 受理救助款项请求的法院或者仲裁机构，根据具体情况，在合理的条件下，可以裁定或者裁决被救助方向救助方先行支付适当的金额。

被救助方根据前款规定先行支付金额后，其根据本法第一百八十八条规定提供的担保金额应当相应扣减。

第一百九十条 对于获救满九十日的船舶和其他财产，如果被救助方不支付救助款项也不提供满意的担保，救助方可以申请法院裁定强制拍卖；对于无法保管、不易保管或者保管费用可能超过其价值的获救的船舶和其他财产，可以申请提前拍卖。

拍卖所得价款，在扣除保管和拍卖过程中的一切费用后，依照本法规定支付救助款项；剩余的金额，退还被救助方；无法退还、自拍卖之日起满一年又无人认领的，上缴国库；不足的金额，救助方有权向被救助方追偿。

第一百九十一条 同一船舶所有人的船舶之间进行的救助，救助方获得救助款项的权利适用本章规定。

第一百九十二条 国家有关主管机关从事或者控制的救助作业，救助方有权享受本章规定的关于救助作业的权利和补偿。

第十章 共同海损

第一百九十三条 共同海损，是指在同一海上航程中，船舶、货物和其他财产遭遇共同危险，为了共同安全，有意地合理地采取措施所直接造成的特殊牺牲、支付的特殊费用。

无论在航程中或者在航程结束后发生的船舶或者货物因迟延所造成的损失，包括船期损失和行市损失以及其他间接损失，均不得列入共同海损。

第一百九十四条 船舶因发生意外、牺牲或者其他特殊情况而损坏时，为了安全完成本航程，驶入避难港口、避难地点或者驶回装货港口、装货地点进行必要的修理，在该港口或者地点额外停留期间所支付的港口费，船员工资、给养，船舶所消耗的燃料、物料，为修理而卸载、储存、重装或者搬移船上货物、燃料、物料以及其他财产所造成的损失、支付的费用，应当列入共同海损。

第一百九十五条 为代替可以列为共同海损的特殊费用而支付的额外费用，可以作为代替费用列入共同海损；但是，列入共同海损的代替费用的金额，不得超过被代替的共同海损的特殊费用。

第一百九十六条 提出共同海损分摊请求的一方应当负举证责任，证明其损失应当列入共同海损。

第一百九十七条 引起共同海损特殊牺牲、特殊费用的事故，可能是由航程中一方的过失造成的，不影响该方要求分摊共同海损的权利；但是，非过失方或者过失方可以就此项过失提出赔偿请求或者进行抗辩。

第一百九十八条 船舶、货物和运费的共同海损牺牲的金额，依照下列规定确定：

（一）船舶共同海损牺牲的金额，按照实际支付的修理费，减除合理的以新换旧的扣减额计算。船舶尚未修理的，按照牺牲造成的合理贬值计算，但是不得超过估计的修理费。

船舶发生实际全损或者修理费用超过修复后的船舶价值的，共同海损牺牲金额按照该船舶在完好状态下的估计价值，减除不属于共同海损损坏的估计的修理费和该船舶受损后的价值的余额计算。

（二）货物共同海损牺牲的金额，货物灭失的，按照货物在装船时的价值加保险费加运费，减除由于牺牲无需支付的运费计算。货物损坏，在就损坏程度达成协议前售出的，按照货物在装船时的价值加保险费加运费，与出售货物净得的差额计算。

（三）运费共同海损牺牲的金额，按照货物遭受牺牲造成的运费的损失金额，减除为取得这笔运费本应支付，但是由于牺牲无需支付的营运费用计算。

第一百九十九条　共同海损应当由受益方按照各自的分摊价值的比例分摊。

船舶、货物和运费的共同海损分摊价值，分别依照下列规定确定：

（一）船舶共同海损分摊价值，按照船舶在航程终止时的完好价值，减除不属于共同海损的损失金额计算，或者按照船舶在航程终止时的实际价值，加上共同海损牺牲的金额计算。

（二）货物共同海损分摊价值，按照货物在装船时的价值加保险费加运费，减除不属于共同海损的损失金额和承运人承担风险的运费计算。货物在抵达目的港以前售出的，按照出售净得金额，加上共同海损牺牲的金额计算。

旅客的行李和私人物品，不分摊共同海损。

（三）运费分摊价值，按照承运人承担风险并于航程终止时有权收取的运费，减除为取得该项运费而在共同海损事故发生后，为完成本航程所支付的营运费用，加上共同海损牺牲的金额计算。

第二百条　未申报的货物或者谎报的货物，应当参加共同海损分摊；其遭受的特殊牺牲，不得列入共同海损。

不正当地以低于货物实际价值作为申报价值的，按照实际价值分摊共同海损；在发生共同海损牺牲时，按照申报价值计算牺牲金额。

第二百零一条　对共同海损特殊牺牲和垫付的共同海损特殊费用，应当计算利息。对垫付的共同海损特殊费用，除船员工资、给养和船舶消耗的燃料、物料外，应当计算手续费。

第二百零二条　经利益关系人要求，各分摊方应当提供共同海损担保。

以提供保证金方式进行共同海损担保的，保证金应当交由海损理算师以保管人名义存入银行。

保证金的提供、使用或者退还，不影响各方最终的分摊责任。

第二百零三条　共同海损理算，适用合同约定的理算规则；合同未约定的，适用本章的规定。

第十一章　海事赔偿责任限制

第二百零四条　船舶所有人、救助人，对本法第二百零七条所列海事赔偿请求，可以依照本章规定限制赔偿责任。

前款所称的船舶所有人，包括船舶承租人和船舶经营人。

第二百零五条　本法第二百零七条所列海事赔偿请求，不是向船舶所有人、救助人本人提出，而是向他们对其行为、过失负有责任的人员提出的，这些人员可以依照本章规定限制赔偿责任。

第二百零六条　被保险人依照本章规定可以限制赔偿责任的，对该海事赔偿请求承担责任的保险人，有权依照本章规定享受相同的赔偿责任限制。

第二百零七条　下列海事赔偿请求，除本法第二百零八条和第二百零九条另有规定外，无论赔偿责任的基础有何不同，责任人均可以依照本章规定限制赔偿责任：

（一）在船上发生的或者与船舶营运、救助作业直接相关的人身伤亡或者财产的灭失、损坏，包括对港口工程、港池、航道和助航设施造成的损坏，以及由此引起的相应损失的赔偿请求；

（二）海上货物运输因迟延交付或者旅客及其行李运输因迟延到达造成损失的赔偿请求；

（三）与船舶营运或者救助作业直接相关的，侵犯非合同权利的行为造成其他损失的赔偿请求；

（四）责任人以外的其他人，为避免或者减少责任人依照本章规定可以限制赔偿责任的损失而采取措施的赔偿请求，以及因此项措施造成进一步损失的赔偿请求。

前款所列赔偿请求,无论提出的方式有何不同,均可以限制赔偿责任。但是,第(四)项涉及责任人以合同约定支付的报酬,责任人的支付责任不得援用本条赔偿责任限制的规定。

第二百零八条 本章规定不适用于下列各项:

(一)对救助款项或者共同海损分摊的请求;

(二)中华人民共和国参加的国际油污损害民事责任公约规定的油污损害的赔偿请求;

(三)中华人民共和国参加的国际核能损害责任限制公约规定的核能损害的赔偿请求;

(四)核动力船舶造成的核能损害的赔偿请求;

(五)船舶所有人或者救助人的受雇人提出的赔偿请求,根据调整劳务合同的法律,船舶所有人或者救助人对该类赔偿请求无权限制赔偿责任,或者该项法律作了高于本章规定的赔偿限额的规定。

第二百零九条 经证明,引起赔偿请求的损失是由于责任人的故意或者明知可能造成损失而轻率地作为或者不作为造成的,责任人无权依照本章规定限制赔偿责任。

第二百一十条 除本法第二百一十一条另有规定外,海事赔偿责任限制,依照下列规定计算赔偿限额:

(一)关于人身伤亡的赔偿请求

1. 总吨位300吨至500吨的船舶,赔偿限额为333000计算单位;

2. 总吨位超过500吨的船舶,500吨以下部分适用本项第1目的规定,500吨以上的部分,应当增加下列数额:

501吨至3000吨的部分,每吨增加500计算单位;

3001吨至30000吨的部分,每吨增加333计算单位;

30001吨至70000吨的部分,每吨增加250计算单位;

超过70000吨的部分,每吨增加167计算单位。

(二)关于非人身伤亡的赔偿请求

1. 总吨位300吨至500吨的船舶,赔偿限额为167000计算单位;

2. 总吨位超过500吨的船舶,500吨以下部分适用本项第1目的规定,500吨以上的部分,应当增加下列数额:

501吨至30000吨的部分,每吨增加167计算单位;

30001吨至70000吨的部分,每吨增加125计算单位;

超过70000吨的部分,每吨增加83计算单位。

(三)依照第(一)项规定的限额,不足以支付全部人身伤亡的赔偿请求的,其差额应当与非人身伤亡的赔偿请求并列,从第(二)项数额中按照比例受偿。

(四)在不影响第(三)项关于人身伤亡赔偿请求的情况下,就港口工程、港池、航道和助航设施的损害提出的赔偿请求,应当较第(二)项中的其他赔偿请求优先受偿。

(五)不以船舶进行救助作业或者在被救船舶上进行救助作业的救助人,其责任限额按照总吨位为1500吨的船舶计算。

总吨位不满300吨的船舶,从事中华人民共和国港口之间的运输的船舶,以及从事沿海作业的船舶,其赔偿限额由国务院交通主管部门制定,报国务院批准后施行。

第二百一十一条 海上旅客运输的旅客人身伤亡赔偿责任限制,按照46666计算单位乘以船舶证书规定的载客定额计算赔偿限额,但是最高不超过25000000计算单位。

中华人民共和国港口之间海上旅客运输的旅客人身伤亡,赔偿限额由国务院交通主管部门制定,报国务院批准后施行。

第二百一十二条 本法第二百一十条和第二百一十一条规定的赔偿限额,适用于特定场合发生的事故引起的,向船舶所有人、救助人本人和他们对其行为、过失负有责任的人员提出的请求的总额。

第二百一十三条 责任人要求依照本法规定限制赔偿责任的,可以在有管辖权的法院设立责任限制基金。基金数额分别为本法第二百一十条、第二百一十一条规定的限额,加上自责任产生之日起至基金设立之日止的相应利息。

第二百一十四条 责任人设立责任限制基

金后，向责任人提出请求的任何人，不得对责任人的任何财产行使任何权利；已设立责任限制基金的责任人的船舶或者其他财产已经被扣押，或者基金设立人已经提交抵押物的，法院应当及时下令释放或者责令退还。

第二百一十五条 享受本章规定的责任限制的人，就同一事故向请求人提出反请求的，双方的请求金额应当相互抵销，本章规定的赔偿限额仅适用于两个请求金额之间的差额。

第十二章 海上保险合同

第一节 一般规定

第二百一十六条 海上保险合同，是指保险人按照约定，对被保险人遭受保险事故造成保险标的的损失和产生的责任负责赔偿，而由被保险人支付保险费的合同。

前款所称保险事故，是指保险人与被保险人约定的任何海上事故，包括与海上航行有关的发生于内河或者陆上的事故。

第二百一十七条 海上保险合同的内容，主要包括下列各项：

（一）保险人名称；

（二）被保险人名称；

（三）保险标的；

（四）保险价值；

（五）保险金额；

（六）保险责任和除外责任；

（七）保险期间；

（八）保险费。

第二百一十八条 下列各项可以作为保险标的：

（一）船舶；

（二）货物；

（三）船舶营运收入，包括运费、租金、旅客票款；

（四）货物预期利润；

（五）船员工资和其他报酬；

（六）对第三人的责任；

（七）由于发生保险事故可能受到损失的其他财产和产生的责任、费用。

保险人可以将对前款保险标的的保险进行再保险。除合同另有约定外，原被保险人不得享有再保险的利益。

第二百一十九条 保险标的的保险价值由保险人与被保险人约定。

保险人与被保险人未约定保险价值的，保险价值依照下列规定计算：

（一）船舶的保险价值，是保险责任开始时船舶的价值，包括船壳、机器、设备的价值，以及船上燃料、物料、索具、给养、淡水的价值和保险费的总和；

（二）货物的保险价值，是保险责任开始时货物在起运地的发票价格或者非贸易商品在起运地的实际价值以及运费和保险费的总和；

（三）运费的保险价值，是保险责任开始时承运人应收运费总额和保险费的总和；

（四）其他保险标的的保险价值，是保险责任开始时保险标的的实际价值和保险费的总和。

第二百二十条 保险金额由保险人与被保险人约定。保险金额不得超过保险价值；超过保险价值的，超过部分无效。

第二节 合同的订立、解除和转让

第二百二十一条 被保险人提出保险要求，经保险人同意承保，并就海上保险合同的条款达成协议后，合同成立。保险人应当及时向被保险人签发保险单或者其他保险单证，并在保险单或者其他保险单证中载明当事人双方约定的合同内容。

第二百二十二条 合同订立前，被保险人应当将其知道的或者在通常业务中应当知道的有关影响保险人据以确定保险费率或者确定是否同意承保的重要情况，如实告知保险人。

保险人知道或者在通常业务中应当知道的情况，保险人没有询问的，被保险人无需告知。

第二百二十三条 由于被保险人的故意，未将本法第二百二十二条第一款规定的重要情况如实告知保险人的，保险人有权解除合同，并不退还保险费。合同解除前发生保险事故造成损失的，保险人不负赔偿责任。

不是由于被保险人的故意，未将本法第二百二十二条第一款规定的重要情况如实告知保险人的，保险人有权解除合同或者要求相应增加保险费。保险人解除合同的,对于合同解除前发生保险事故造成的损失,保险人应当负赔偿责任;但是,未告知或者错误告知的重要情况对保险事故的发生有影响的除外。

第二百二十四条 订立合同时,被保险人已经知道或者应当知道保险标的已经因发生保险事故而遭受损失的,保险人不负赔偿责任,但是有权收取保险费;保险人已经知道或者应当知道保险标的已经不可能因发生保险事故而遭受损失的,被保险人有权收回已经支付的保险费。

第二百二十五条 被保险人对同一保险标的就同一保险事故向几个保险人重复订立合同,而使该保险标的的保险金额总和超过保险标的的价值的,除合同另有约定外,被保险人可以向任何保险人提出赔偿请求。被保险人获得的赔偿金额总和不得超过保险标的的受损价值。各保险人按照其承保的保险金额同保险金额总和的比例承担赔偿责任。任何一个保险人支付的赔偿金额超过其应当承担的赔偿责任的,有权向未按照其应当承担的赔偿责任支付赔偿金额的保险人追偿。

第二百二十六条 保险责任开始前,被保险人可以要求解除合同,但是应当向保险人支付手续费,保险人应当退还保险费。

第二百二十七条 除合同另有约定外,保险责任开始后,被保险人和保险人均不得解除合同。

根据合同约定在保险责任开始后可以解除合同的,被保险人要求解除合同,保险人有权收取自保险责任开始之日起至合同解除之日止的保险费,剩余部分予以退还;保险人要求解除合同,应当将自合同解除之日起至保险期间届满之日止的保险费退还被保险人。

第二百二十八条 虽有本法第二百二十七条规定,货物运输和船舶的航次保险,保险责任开始后,被保险人不得要求解除合同。

第二百二十九条 海上货物运输保险合同可以由被保险人背书或者以其他方式转让,合同的权利、义务随之转移。合同转让时尚未支付保险费的,被保险人和合同受让人负连带支付责任。

第二百三十条 因船舶转让而转让船舶保险合同的,应当取得保险人同意。未经保险人同意,船舶保险合同从船舶转让时起解除;船舶转让发生在航次之中的,船舶保险合同至航次终了时解除。

合同解除后,保险人应当将自合同解除之日起至保险期间届满之日止的保险费退还被保险人。

第二百三十一条 被保险人在一定期间分批装运或者接受货物的,可以与保险人订立预约保险合同。预约保险合同应当由保险人签发预约保险单证加以确认。

第二百三十二条 应被保险人要求,保险人应当对依据预约保险合同分批装运的货物分别签发保险单证。

保险人分别签发的保险单证的内容与预约保险单证的内容不一致的,以分别签发的保险单证为准。

第二百三十三条 被保险人知道经预约保险合同保险的货物已经装运或者到达的情况时,应当立即通知保险人。通知的内容包括装运货物的船名、航线、货物价值和保险金额。

第三节 被保险人的义务

第二百三十四条 除合同另有约定外,被保险人应当在合同订立后立即支付保险费;被保险人支付保险费前,保险人可以拒绝签发保险单证。

第二百三十五条 被保险人违反合同约定的保证条款时,应当立即书面通知保险人。保险人收到通知后,可以解除合同,也可以要求修改承保条件、增加保险费。

第二百三十六条 一旦保险事故发生,被保险人应当立即通知保险人,并采取必要的合理措施,防止或者减少损失。被保险人收到保险人发出的有关采取防止或者减少损失的合理措施的特别通知的,应当按照保险人通知的要求处理。

对于被保险人违反前款规定所造成的扩大的损失,保险人不负赔偿责任。

第四节 保险人的责任

第二百三十七条 发生保险事故造成损失后,保险人应当及时向被保险人支付保险赔偿。

第二百三十八条 保险人赔偿保险事故造

成的损失，以保险金额为限。保险金额低于保险价值的，在保险标的发生部分损失时，保险人按照保险金额与保险价值的比例负赔偿责任。

第二百三十九条　保险标的在保险期间发生几次保险事故所造成的损失，即使损失金额的总和超过保险金额，保险人也应当赔偿。但是，对发生部分损失后未经修复又发生全部损失的，保险人按照全部损失赔偿。

第二百四十条　被保险人为防止或者减少根据合同可以得到赔偿的损失而支出的必要的合理费用，为确定保险事故的性质、程度而支出的检验、估价的合理费用，以及为执行保险人的特别通知而支出的费用，应当由保险人在保险标的损失赔偿之外另行支付。

保险人对前款规定的费用的支付，以相当于保险金额的数额为限。

保险金额低于保险价值的，除合同另有约定外，保险人应当按照保险金额与保险价值的比例，支付本条规定的费用。

第二百四十一条　保险金额低于共同海损分摊价值的，保险人按照保险金额同分摊价值的比例赔偿共同海损分摊。

第二百四十二条　对于被保险人故意造成的损失，保险人不负赔偿责任。

第二百四十三条　除合同另有约定外，因下列原因之一造成货物损失的，保险人不负赔偿责任：

（一）航行迟延、交货迟延或者行市变化；

（二）货物的自然损耗、本身的缺陷和自然特性；

（三）包装不当。

第二百四十四条　除合同另有约定外，因下列原因之一造成保险船舶损失的，保险人不负赔偿责任：

（一）船舶开航时不适航，但是在船舶定期保险中被保险人不知道的除外；

（二）船舶自然磨损或者锈蚀。

运费保险比照适用本条的规定。

第五节　保险标的的损失和委付

第二百四十五条　保险标的发生保险事故后灭失，或者受到严重损坏完全失去原有形体、效用，或者不能再归被保险人所拥有的，为实际全损。

第二百四十六条　船舶发生保险事故后，认为实际全损已经不可避免，或者为避免发生实际全损所需支付的费用超过保险价值的，为推定全损。

货物发生保险事故后，认为实际全损已经不可避免，或者为避免发生实际全损所需支付的费用与继续将货物运抵目的地的费用之和超过保险价值的，为推定全损。

第二百四十七条　不属于实际全损和推定全损的损失，为部分损失。

第二百四十八条　船舶在合理时间内未从被获知最后消息的地点抵达目的地，除合同另有约定外，满两个月后仍没有获知其消息的，为船舶失踪。船舶失踪视为实际全损。

第二百四十九条　保险标的发生推定全损，被保险人要求保险人按照全部损失赔偿的，应当向保险人委付保险标的。保险人可以接受委付，也可以不接受委付，但是应当在合理的时间内将接受委付或者不接受委付的决定通知被保险人。

委付不得附带任何条件。委付一经保险人接受，不得撤回。

第二百五十条　保险人接受委付的，被保险人对委付财产的全部权利和义务转移给保险人。

第六节　保险赔偿的支付

第二百五十一条　保险事故发生后，保险人向被保险人支付保险赔偿前，可以要求被保险人提供与确认保险事故性质和损失程度有关的证明和资料。

第二百五十二条　保险标的发生保险责任范围内的损失是由第三人造成的，被保险人向第三人要求赔偿的权利，自保险人支付赔偿之日起，相应转移给保险人。

被保险人应当向保险人提供必要的文件和其所需要知道的情况，并尽力协助保险人向第三人追偿。

第二百五十三条　被保险人未经保险人同意放弃向第三人要求赔偿的权利，或者由于过失致使保险人不能行使追偿权利的，保险人可以相应扣减保险赔偿。

第二百五十四条 保险人支付保险赔偿时，可以从应支付的赔偿额中相应扣减被保险人已经从第三人取得的赔偿。

保险人从第三人取得的赔偿，超过其支付的保险赔偿的，超过部分应当退还给被保险人。

第二百五十五条 发生保险事故后，保险人有权放弃对保险标的的权利，全额支付合同约定的保险赔偿，以解除对保险标的的义务。

保险人行使前款规定的权利，应当自收到被保险人有关赔偿损失的通知之日起的七日内通知被保险人；被保险人在收到通知前，为避免或者减少损失而支付的必要的合理费用，仍然应当由保险人偿还。

第二百五十六条 除本法第二百五十五条的规定外，保险标的发生全损，保险人支付全部保险金额的，取得对保险标的的全部权利；但是，在不足额保险的情况下，保险人按照保险金额与保险价值的比例取得对保险标的的部分权利。

第十三章　时　　效

第二百五十七条 就海上货物运输向承运人要求赔偿的请求权，时效期间为一年，自承运人交付或者应当交付货物之日起计算；在时效期间内或者时效期间届满后，被认定为负有责任的人向第三人提起追偿请求的，时效期间为九十日，自追偿请求人解决原赔偿请求之日起或者收到受理对其本人提起诉讼的法院的起诉状副本之日起计算。

有关航次租船合同的请求权，时效期间为二年，自知道或者应当知道权利被侵害之日起计算。

第二百五十八条 就海上旅客运输向承运人要求赔偿的请求权，时效期间为二年，分别依照下列规定计算：

（一）有关旅客人身伤害的请求权，自旅客离船或者应当离船之日起计算；

（二）有关旅客死亡的请求权，发生在运送期间的，自旅客应当离船之日起计算；因运送期间内的伤害而导致旅客离船后死亡的，自旅客死亡之日起计算，但是此期限自离船之日起不得超过三年；

（三）有关行李灭失或者损坏的请求权，自旅客离船或者应当离船之日起计算。

第二百五十九条 有关船舶租用合同的请求权，时效期间为二年，自知道或者应当知道权利被侵害之日起计算。

第二百六十条 有关海上拖航合同的请求权，时效期间为一年，自知道或者应当知道权利被侵害之日起计算。

第二百六十一条 有关船舶碰撞的请求权，时效期间为二年，自碰撞事故发生之日起计算；本法第一百六十九条第三款规定的追偿请求权，时效期间为一年，自当事人连带支付损害赔偿之日起计算。

第二百六十二条 有关海难救助的请求权，时效期间为二年，自救助作业终止之日起计算。

第二百六十三条 有关共同海损分摊的请求权，时效期间为一年，自理算结束之日起计算。

第二百六十四条 根据海上保险合同向保险人要求保险赔偿的请求权，时效期间为二年，自保险事故发生之日起计算。

第二百六十五条 有关船舶发生油污损害的请求权，时效期间为三年，自损害发生之日起计算；但是，在任何情况下时效期间不得超过从造成损害的事故发生之日起六年。

第二百六十六条 在时效期间的最后六个月内，因不可抗力或者其他障碍不能行使请求权的，时效中止。自中止时效的原因消除之日起，时效期间继续计算。

第二百六十七条 时效因请求人提起诉讼、提交仲裁或者被请求人同意履行义务而中断。但是，请求人撤回起诉、撤回仲裁或者起诉被裁定驳回的，时效不中断。

请求人申请扣船的，时效自申请扣船之日起中断。

自中断时起，时效期间重新计算。

第十四章　涉外关系的法律适用

第二百六十八条 中华人民共和国缔结或者参加的国际条约同本法有不同规定的，适用国际条约的规定；但是，中华人民共和国声明保留的条款除外。

中华人民共和国法律和中华人民共和国缔结或者参加的国际条约没有规定的，可以适用国际惯例。

第二百六十九条 合同当事人可以选择合同适用的法律,法律另有规定的除外。合同当事人没有选择的,适用与合同有最密切联系的国家的法律。

第二百七十条 船舶所有权的取得、转让和消灭,适用船旗国法律。

第二百七十一条 船舶抵押权适用船旗国法律。

船舶在光船租赁以前或者光船租赁期间,设立船舶抵押权的,适用原船舶登记国的法律。

第二百七十二条 船舶优先权,适用受理案件的法院所在地法律。

第二百七十三条 船舶碰撞的损害赔偿,适用侵权行为地法律。

船舶在公海上发生碰撞的损害赔偿,适用受理案件的法院所在地法律。

同一国籍的船舶,不论碰撞发生于何地,碰撞船舶之间的损害赔偿适用船旗国法律。

第二百七十四条 共同海损理算,适用理算地法律。

第二百七十五条 海事赔偿责任限制,适用受理案件的法院所在地法律。

第二百七十六条 依照本章规定适用外国法律或者国际惯例,不得违背中华人民共和国的社会公共利益。

第十五章 附 则

第二百七十七条 本法所称计算单位,是指国际货币基金组织规定的特别提款权;其人民币数额为法院判决之日、仲裁机构裁决之日或者当事人协议之日,按照国家外汇主管机关规定的国际货币基金组织的特别提款权对人民币的换算办法计算得出的人民币数额。

第二百七十八条 本法自1993年7月1日起施行。

最高人民法院关于审理船舶碰撞和触碰案件财产损害赔偿的规定

(1995年8月18日 法发〔1995〕17号)

根据《中华人民共和国民法通则》和《中华人民共和国海商法》的有关规定,结合我国海事审判实践并参照国际惯例,对审理船舶碰撞和触碰案件的财产损害赔偿规定如下:

一、请求人可以请求赔偿对船舶碰撞或者触碰所造成的财产损失,船舶碰撞或者触碰后相继发生的有关费用和损失,对避免或者减少损害而产生的合理费用和损失,以及预期可得利益的损失。

因请求人的过错造成的损失或者使损失扩大的部分,不予赔偿。

二、赔偿应当尽量达到恢复原状,不能恢复原状的折价赔偿。

三、船舶损害赔偿分为全损赔偿和部分损害赔偿。

(一)船舶全损的赔偿包括:

船舶价值损失;

未包括在船舶价值内的船舶上的燃料、物料、备件、供应品,渔船上的捕捞设备、网具、渔具等损失。

船员工资、遣返费及其他合理费用。

(二)船舶部分损害的赔偿包括:合理的船舶临时修理费、永久修理费及辅助费用、维持费用,但应满足下列条件:

船舶应就近修理,除非请求人能证明在其他地方修理更能减少损失和节省费用,或者有其他合理的理由。如果船舶经临时修理可继续营运,请求人有责任进行临时修理;

船舶碰撞部位的修理,同请求人为保证船舶适航,或者因另外事故所进行的修理,或者与船舶例行的检修一起进行时,赔偿仅限于修理本次船舶碰撞的受损部位所需的费用和损失。

(三)船舶损害赔偿还包括:

合理的救助费,沉船的勘查、打捞和清除费用,设置沉船标志费用;

拖航费用,本航次的租金或者运费损失,共

同海损分摊；

合理的船期损失；

其他合理的费用。

四、船上财产的损害赔偿包括：

船上财产的灭失或者部分损坏引起的贬值损失；

合理的修复或者处理费用；

合理的财产救助、打捞和清除费用，共同海损分摊；

其他合理费用。

五、船舶触碰造成设施损害的赔偿包括：

设施的全损或者部分损坏修复费用；

设施修复前不能正常使用所产生的合理的收益损失。

六、船舶碰撞或者触碰造成第三人财产损失的，应予赔偿。

七、除赔偿本金外，利息损失也应赔偿。

八、船舶价值损失的计算，以船舶碰撞发生地当时类似船舶的市价确定；碰撞发生地无类似船舶市价的，以船舶船籍港类似船舶的市价确定，或者以其他地区类似船舶市价的平均价确定；没有市价的，以原船舶的造价或者购置价，扣除折旧（折旧率按年4～10%）计算；折旧后没有价值的按残值计算。

船舶被打捞后尚有残值的，船舶价值应扣除残值。

九、船上财产损失的计算：

（一）货物灭失的，按照货物的实际价值，即以货物装船时的价值加运费加请求人已支付的货物保险费计算，扣除可节省的费用；

（二）货物损坏的，以修复所需的费用，或者以货物的实际价值扣除残值和可节省的费用计算；

（三）由于船舶碰撞在约定的时间内迟延交付所产生的损失，按迟延交付货物的实际价值加预期可得利润与到岸时的市价的差价计算，但预期可得利润不得超过货物实际价值的10%；

（四）船上捕捞的鱼货，以实际的鱼货价值计算。鱼货价值参照海事发生时当地市价，扣除可节省的费用；

（五）船上渔具、网具的种类和数量，以本次出海捕捞作业所需量扣减现存量计算，但所需量超过渔政部门规定或者许可的种类和数量的，不予认定；渔具、网具的价值，按原购置价或者原造价扣除折旧费用和残值计算；

（六）旅客行李、物品（包括自带行李）的损失，属本船旅客的损失，依照海商法的规定处理；属他船旅客的损失，可参照旅客运输合同中有关旅客行李灭失或者损坏的赔偿规定处理；

（七）船员个人生活必需品的损失，按实际损失适当予以赔偿；

（八）承运人与旅客书面约定由承运人保管的货币、金银、珠宝、有价证券或者其他贵重物品的损失，依海商法的规定处理；船员、旅客、其他人员个人携带的货币、金银、珠宝、有价证券或者其他贵重物品的损失，不予认定；

（九）船上其他财产的损失，按其实际价值计算。

十、船期损失的计算：

期限：船舶全损的，以找到替代船所需的合理期间为限，但最长不得超过两个月；船舶部分损害的修船期限，以实际修复所需的合理期间为限，其中包括联系、住坞、验船等所需的合理时间；渔业船舶，按上述期限扣除休渔期为限，或者以一个渔汛期为限。

船期损失，一般以船舶碰撞前后各两个航次的平均净盈利计算；无前后各两个航次可参照的，以其他相应航次的平均净盈利计算。

渔船渔汛损失，以该渔船前3年的同期渔汛平均净收益计算，或者以本年内同期同类渔船的平均净收益计算。计算渔汛损失时，应当考虑到碰撞渔船在对船捕渔作业或者围网灯光捕渔作业中的作用等因素。

十一、租金或者运费损失的计算：

碰撞导致期租合同承租人停租或者不付租金的，以停租或者不付租金额，扣除可节省的费用计算。

因货物灭失或者损坏导致到付运费损失的，以尚未收取的运费金额扣除可节省的费用计算。

十二、设施损害赔偿的计算：

期限：以实际停止使用期间扣除常规检修的期间为限；

设施部分损坏或者全损，分别以合理的修复费用或者重新建造的费用，扣除已使用年限的折旧费计算；

设施使用的收益损失，以实际减少的净收益，即按停止使用前三个月的平均净盈利计算；部分使用并有收益的，应当扣减。

十三、利息损失的计算：

船舶价值的损失利息，从船舶损失停止计算之日起至判决或者调解指定的应付之日止；

其他各项损失的利息，从损失发生之日或者费用产生之日起计算至判决或调解指定的应付之日止；

利息按本金性质的同期利率计算。

十四、计算损害赔偿的货币，当事人有约定的，依约定；没有约定的，按以下相关的货币计算；

按船舶营运或者生产经营所使用的货币计算；

船载进、出口货物的价值，按买卖合同或者提单、运单记明的货币计算；

以特别提款权计算损失的，按法院判决或者调解之日的兑换率换算成相应的货币。

十五、本规定不包括对船舶碰撞或者触碰责任的确定，不影响船舶所有人或者承运人依法享受免责和责任限制的权利。

十六、本规定中下列用语的含义：

"船舶"是指所有用作或者能够用作水上运输工具的各类水上船筏，包括非排水船舶和水上飞机。但是用于军事的和政府公务的船舶除外。

"设施"是指人为设置的固定或者可移动的构造物，包括固定平台、浮鼓、码头、堤坝、桥梁、敷设或者架设的电缆、管道等。

"船舶碰撞"是指在海上或者与海相通的可航水域，两艘或者两艘以上的船舶之间发生接触或者没有直接接触，造成财产损害的事故。

"船舶触碰"是指船舶与设施或者障碍物发生接触并造成财产损害的事故。

"船舶全损"是指船舶实际全部损失，或者损坏已达到相当严重的程度，以至于救助、打捞、修理费等费用之和达到或者超过碰撞或者触碰发生前的船舶价值。

"辅助费用"是指为进行修理而产生的合理费用，包括必要的进坞费、清舱除气费、排放油污水处理费、港口使费、引航费、检验费以及修船期间所产生的住坞费、码头费等费用，但不限于上述费用。

"维持费用"是指船舶修理期间，船舶和船员日常消耗的费用，包括燃料、物料、淡水及供应品的消耗和船员工资等。

十七、本规定自发布之日起施行。

最高人民法院关于审理船舶碰撞纠纷案件若干问题的规定

（2008年4月28日最高人民法院审判委员会第1446次会议通过　2008年5月19日最高人民法院公告公布　自2008年5月23日起施行　法释〔2008〕7号）

为正确审理船舶碰撞纠纷案件，依照《中华人民共和国民法通则》、《中华人民共和国民事诉讼法》、《中华人民共和国海商法》、《中华人民共和国海事诉讼特别程序法》等法律，制定本规定。

第一条　本规定所称船舶碰撞，是指海商法第一百六十五条所指的船舶碰撞，不包括内河船舶之间的碰撞。

海商法第一百七十条所指的损害事故，适用本规定。

第二条　审理船舶碰撞纠纷案件，依照海商法第八章的规定确定碰撞船舶的赔偿责任。

第三条　因船舶碰撞导致船舶触碰引起的侵权纠纷，依照海商法第八章的规定确定碰撞船舶的赔偿责任。

非因船舶碰撞导致船舶触碰引起的侵权纠纷，依照民法通则的规定确定触碰船舶的赔偿责任，但不影响海商法第八章之外其他规定的适用。

第四条　船舶碰撞产生的赔偿责任由船舶所有人承担，碰撞船舶在光船租赁期间并经依法登记的，由光船承租人承担。

第五条　因船舶碰撞发生的船上人员的人身伤亡属于海商法第一百六十九条第三款规定的第三人的人身伤亡。

第六条　碰撞船舶互有过失造成船载货物损失，船载货物的权利人对承运货物的本船提起违约赔偿之诉，或者对碰撞船舶一方或者双方提起侵权赔偿之诉的，人民法院应当依法予以受理。

第七条　船载货物的权利人因船舶碰撞造成其货物损失向承运货物的本船提起诉讼的，承运船舶可以依照海商法第一百六十九条第二款的规定主张按照过失程度的比例承担赔偿责任。

前款规定不影响承运人和实际承运人援用海商法第四章关于承运人抗辩理由和限制赔偿责任的规定。

第八条　碰撞船舶船载货物权利人或者第三人向碰撞船舶一方或者双方就货物或其他财产损失提出赔偿请求的，由碰撞船舶方提供证据证明过失程度的比例。无正当理由拒不提供证据的，由碰撞船舶一方承担全部赔偿责任或者由双方承担连带赔偿责任。

前款规定的证据指具有法律效力的判决书、裁定书、调解书和仲裁裁决书。对于碰撞船舶提交的国外的判决书、裁定书、调解书和仲裁裁决书，依照民事诉讼法第二百六十六条和第二百六十七条规定的程序审查。

第九条　因起浮、清除、拆毁由船舶碰撞造成的沉没、遇难、搁浅或被弃船舶及船上货物或者使其无害的费用提出的赔偿请求，责任人不能依照海商法第十一章的规定享受海事赔偿责任限制。

第十条　审理船舶碰撞纠纷案件时，人民法院根据当事人的申请进行证据保全取得的或者向有关部门调查收集的证据，应当在当事人完成举证并出具完成举证说明书后出示。

第十一条　船舶碰撞事故发生后，主管机关依法进行调查取得并经过事故当事人和有关人员确认的碰撞事实调查材料，可以作为人民法院认定案件事实的证据，但有相反证据足以推翻的除外。

第二次全国涉外商事海事审判工作会议纪要

（2005年12月26日　法发〔2005〕26号）

为进一步贯彻“公正司法，一心为民”的方针，落实“公正与效率”工作主题，规范涉外商事海事司法行为，增强司法能力，提高司法水平，开创涉外商事海事审判工作新局面，最高人民法院于2005年11月15日至16日在江苏省南京市召开了第二次全国涉外商事海事审判工作会议。各高级人民法院的分管院长、涉外商事海事审判部门的庭长、具有涉外商事审判管辖权的中级人民法院的分管院长、海事法院院长以及中央有关部门的代表共200人参加了会议。最高人民法院院长肖扬发表了书面讲话，副院长万鄂湘到会讲话。

会议总结交流了2001年来涉外商事海事审判工作的经验，研究了审判实践中亟待解决的问题，讨论了进一步规范涉外商事海事审判工作，为改革开放和经贸、航运事业提供司法保障的措施。会议达成以下共识，并形成纪要：

一、关于案件管辖

1. 人民法院在审理国内商事纠纷案件过程中，因追加当事人而使得案件具有涉外因素的，属于涉外商事纠纷案件，应当按照《最高人民法院关于涉外民商事案件诉讼管辖若干问题的规定》确定案件的管辖。当事人协议管辖不得违反前述规定。

无管辖权的人民法院不得受理涉外商事纠纷案件；已经受理的，应将案件移送有管辖权的人民法院审理。

2. 涉及外资金融机构（包括外国独资银行、独资财务公司、合资银行、合资财务公司、外国银行分行）的商事纠纷案件，其诉讼管辖按照《最高人民法院关于涉外民商事案件诉讼管辖若干问题的规定》办理。

3. 一方当事人以外国当事人为被告向人民法院提起诉讼，该外国当事人在我国境内设有来料加工、来样加工、来件装配或者补偿贸易企业（以下简称“三来一补”企业）的，应认定其在我国境内有可供扣押的财产，该“三来一补”企业所在地有涉外商事案件管辖权的人民法院可以对纠纷行使管辖权。

4. 人民法院在认定涉外商事纠纷案件当事人协议选择的法院是否属于《中华人民共和国民事诉讼法》第二百四十四条规定的“与争议有实际联系的地点的法院”时，应该考虑当事人住所地、登记地、营业地、合同签订地、合同履行地、标的物所在地等因素。

5. 中外合资经营企业合同、中外合作经营企业合同，合资、合作企业的注册登记地为合同履行地；涉及转让在我国境内依法设立的中外合资经营企业、中外合作经营企业、外商独资企业股份的合同，上述外商投资企业的注册登记地为合同履行地。根据《中华人民共和国民事诉讼法》的规定，合同履行地的人民法院对上述合同纠纷享有管辖权。

6. 当事人申请确认涉外仲裁协议效力的案件，由申请人住所地、被申请人住所地或者仲裁协议签订地有权受理涉外商事案件的中级人民法院管辖；申请执行我国涉外仲裁裁决的案件，由被申请人住所地、财产所在地有权受理涉外商事案件的中级人民法院管辖；申请撤销我国涉外仲裁裁决的案件，由仲裁机构所在地有权受理涉外商事案件的中级人民法院管辖；申请承认与执行外国仲裁裁决的案件，由被申请人住所地或者财产所在地有权受理涉外商事案件的中级人民法院管辖。

7. 涉外商事合同的当事人之间签订的有效仲裁协议约定了因合同发生的或与合同有关的一切争议均应通过仲裁方式解决，原告就当事人在签订和履行合同过程中发生的纠纷以侵权为由向人民法院提起诉讼的，人民法院不享有管辖权。

8. 人民法院根据《中华人民共和国民事诉讼法》的规定仅对主合同纠纷或者担保合同纠纷享有管辖权，原告以主债务人和担保人为共同被告向人民法院提起诉讼的，人民法院可以对主合同纠纷和担保合同纠纷一并管辖，但主合同或者担保合同当事人订有仲裁协议或者管辖协议，约定纠纷由仲裁机构仲裁或者外国法院排他性管辖的，人民法院对订有此类协议的主合同纠纷或者担保合同纠纷不享有管辖权。

9. 担保合同的主债务人在我国境外，债权人在我国仅起诉担保人的，人民法院应根据《中华人民共和国民事诉讼法》的相关规定行使管辖权。在审理过程中，如发现依据担保合同的准据法，担保人享有先诉抗辩权或者该案需要先确定主合同债权额的，可以根据不同情况分别作如下处理：(1)人民法院对主合同纠纷享有管辖权的，可以要求原告在一定期限内追加主债务人为共同被告；(2)人民法院对主合同纠纷不享有管辖权的，应裁定中止审理，并指定一定的期限，告知债权人对主债务人提起诉讼或仲裁，或者以其他方式确定主债权额。债权人在指定的期限内对主债务人提起诉讼或仲裁，或者经其他方式可以明确主债权额的，人民法院应在债权人提交相应的生效裁判文书或者其他证明文件后恢复审理。

债权人在指定的期限内拒绝申请追加主债务人为共同被告，或者未对主债务人提起诉讼或仲裁，或者经其他方式仍未能明确主债权额，且人民法院调解不成的，裁定驳回债权人的起诉。

10. 我国法院和外国法院都享有管辖权的涉外商事纠纷案件，一方当事人向外国法院起诉且被受理后又就同一争议向我国法院提起诉讼，或者对方当事人就同一争议向我国法院提起诉讼的，外国法院是否已经受理案件或者作出判决，不影响我国法院行使管辖权，但是否受理，由我国法院根据案件具体情况决定。外国法院判决已经被我国法院承认和执行的，人民法院不应受理。我国缔结或者参加的国际条约另有规定的，按规定办理。

11. 我国法院在审理涉外商事纠纷案件过程中，如发现案件存在不方便管辖的因素，可以根据“不方便法院原则”裁定驳回原告的起诉。“不方便法院原则”的适用应符合下列条件：(1)被告提出适用“不方便法院原则”的请求，或者提出管辖异议而受诉法院认为可以考虑适用“不方便法院原则”；(2)受理案件的我国法院对案件享有管辖权；(3)当事人之间不存在选择我国法院管辖的协议；(4)案件不属于我国法院专属管辖；(5)案件不涉及我国公民、法人或者其他组织的利益；(6)案件争议发生的主要事实不在我国境内且不适用我国法律，我国法院若受理案件在认定事实和适用法律方面存在重大困难；(7)外国法院对案件享有管辖权且审理该案件更加方便。

12. 涉外商事纠纷案件的当事人协议约定外国法院对其争议享有非排他性管辖权时，可以认定该协议并没有排除其他国家有管辖权法院的管辖权。如果一方当事人向我国法院提起诉讼，我国法院依照《中华人民共和国民事诉讼法》的有关规定对案件享有管辖权的，可以受理。

二、关于诉讼当事人

13. 外国企业在我国境内依法设立并领取营业执照的分支机构，具有民事诉讼主体资格，可以作为当事人参加诉讼。因分支机构不能独立承担民事责任，其作为被告时，人民法院可以根据原告的申请追加设立该分支机构的外国企业为共同被告。

外国企业在我国境内设立的代表机构不具有诉讼主体资格的，涉及代表机构的纠纷案件应由外国企业作为当事人参加诉讼。

14. 根据《中华人民共和国民事诉讼法》第四十九条和《最高人民法院关于适用〈中华人民共和国民事诉讼法〉若干问题的意见》第40条的规定，外国企业、自然人在我国境内设立的“三来一补”企业具有民事诉讼主体资格，可以作为当事人参加诉讼。因“三来一补”企业不能独立承担民事责任，其作为被告时，人民法院可以根据原告的申请追加设立该“三来一补”企业的外国企业、自然人为共同被告。

15. 人民法院在审理案件过程中查明外国当事人被宣告破产或者进入清算程序的，应通知外国当事人的破产财产管理人或者清算人参加诉讼。

16. 外国当事人作为原告时，应根据《中华人民共和国民事诉讼法》第一百一十条第（一）项的规定，向人民法院提供身份证明，证明材料应符合我国法律要求的形式。拒不提供的，应裁定不予受理。案件已经受理的，可要求原告在指定期限内补充提供相关资料，期满无正当理由仍未提供的，可以裁定驳回起诉。

17. 外国当事人作为被告时，应针对不同情况分别作如下处理：（1）原告起诉时提供了被告存在的证明，但未提供被告的明确住址或者依据原告所提供的被告住址无法送达（公告送达除外）的，应要求原告补充提供被告的明确住址。依据原告补充的材料仍不能确定被告住址的，应依法向被告公告送达相关司法文书；（2）原告起诉时没有提供被告存在的证明，但根据起诉状所列明的被告的姓名、名称、住所、法定代表人的姓名等情况对被告按照法定的送达途径（公告送达除外）能够送达的，送达后被告不在法定的期限内应诉答辩，又拒不到庭的，可以依法缺席审判；（3）原告在起诉时没有提供被告存在的证明，根据起诉状所列明的情况对被告按照法定的送达途径（公告送达除外）无法送达的，应要求原告补充提供被告存在的证明，原告拒不提供或者补充提供后仍无法确定被告真实存在的，可以认定为没有明确的被告，应根据《中华人民共和国民事诉讼法》第一百零八条第（二）项的规定裁定驳回原告的起诉。

18. 外国当事人在我国境外出具的授权委托书，应当履行相关的公证、认证或者其他证明手续。对于未履行相关手续的诉讼代理人，人民法院对其代理资格不予认可。

19. 外国自然人在人民法院办案人员面前签署的授权委托书无需办理公证、认证或者其他证明手续，但在签署授权委托书时应出示身份证明和入境证明，人民法院办案人员应在授权委托书上注明相关情况并要求该外国自然人予以确认。

20. 外国自然人在我国境内签署的授权委托书，经我国公证机关公证，证明该委托书是在我国境内签署的，无需在其所在国再办理公证、认证或者其他证明手续。

21. 外国法人、其他组织的法定代表人或者负责人代表该法人、其他组织在人民法院办案人员面前签署的授权委托书，无需办理公证、认证或者其他证明手续，但在签署授权委托书时，外国法人、其他组织的法定代表人或者负责人除了向人民法院办案人员出示自然人身份证明和入境证明外，还必须提供该法人或者其他组织出具的能够证明其有权签署授权委托书的证明文件，且该证明文件必须办理公证、认证或者其他证明手续。人民法院办案人员应在授权委托书上注明相关情况并要求该法定代表人或者负责人予以确认。

22. 外国法人、其他组织的法定代表人或者负责人代表该法人、其他组织在我国境内签署的授权委托书，经我国公证机关公证，证明该委托书是在我国境内签署，且该法定代表人或者负责人向人民法院提供了外国法人、其他组织出具的办理了公证、认证或者其他证明手续的能够证明其有权签署授权委托书的证明文件的，该授权委托书无需在外国当事人的所在国办理公证、认证或者其他证明手续。

23. 外国当事人将其在特定时期内发生的或者将特定范围的案件一次性委托他人代理，人民法院经审查可以予以认可。该一次性委托在一审程序中已办理公证、认证或者其他证明手续的，二审或者再审程序中无需再办理公证、认证或者其他证明手续。

三、关于司法文书送达

（一）涉外商事纠纷案件司法文书的送达

24. 人民法院向在我国境内没有住所的当事人送达司法文书，可以直接送达给其在我国境内委托的诉讼代理人或者其在我国境内设立的代表机构。外国人、无国籍人或者外国公司、企业、其他组织的法定代表人或者负责人在我国境内的，人民法院可直接向其送达。当事人在我国境内有分支机构或者业务代办人的，经该当事人授权，人民法院可以向其分支机构或者业务代办人送达相关司法文书。人民法院向当事人的诉讼代理人、法定代表人或者负责人、代表机构以及有权接受的分支机构、业务代办人送达司法文书，适用留置送达。

25. 外国当事人如果在我国境内没有可以代其接受送达的代理人或者相关机构，若该当事人所在国与我国签订有司法协助协定或者其所在国是1965年海牙《关于向国外送达民事或商事司法文书和司法外文书公约》（以下简称《海牙送达公约》）的成员国，向该当事人送达司法文书依照司法协助协定或者公约的规定执行。具体程序可以分别按照最高人民法院发布的法（办）发〔1988〕3号《关于执行中外司法协助协定的通知》，最高人民法院、外交部、司法部联合发布的外发〔1992〕8号《关于执行〈关于向国外送达民事或商事司法文书和司法外文书公约〉有关程序的通知》、司发通〔1992〕093号《关于执行海牙送达公约的实施办法》的规定办理。如果当事人所在国既与我国签订有司法协助协定，又是《海牙送达公约》的成员国，送达司法文书依照司法协助协定的规定办理。

对在我国境内没有住所的当事人，如果不能适用前述方式送达，可以通过外交途径送达。具体程序可以按照最高人民法院、外交部、司法部联合发布的外发〔1986〕47号《关于我国法院和外国法院通过外交途径相互委托送达法律文书若干问题的通知》的规定办理。

26. 按照司法协助协定、《海牙送达公约》或者外交途径送达司法文书，自我国有关机关将司法文书转递受送达当事人所在国有关机关之日起满六个月，如果未能收到送达与否的证明文件，且根据其他情况也不足以认定已经送达的，视为不能适用该种方式送达。

27. 在我国境内没有住所的当事人，其所在国允许邮寄送达的，可以邮寄送达。邮寄送达时应附有送达回证，如果当事人未在送达回证上签收，但在邮件回执上签收，视为已经送达。自邮寄之日起满六个月，如无法得到送达与否的证明文件，且根据其他情况也不足以认定已经送达的，视为不能适用邮寄方式送达。

28. 人民法院通过公告方式送达司法文书，公告内容应该在国内外公开发行的报纸上刊登，同时可以在中国涉外商事海事审判网（http://www.ccmt.org.cn）上公布。

29. 传真、电子邮件等送达方式，如果不违反受送达人住所地法律禁止性规定，人民法院在送达司法文书时可以采用。通过传真，电子邮件方式送达的，应当要求当事人在收到后七日内予以回复，当事人回复时确认收到的时间为送达的时间；若当事人回复时未确认收到的时间，其回复的时间为送达的时间。当事人未回复的，视为未送达。

30. 除公告送达方式外，人民法院可以同时采取多种方式对当事人进行送达，但应根据最先实现送达的送达方式确定送达时间。

31. 人民法院送达司法文书，根据有关规定须通过上级人民法院转递的，应附申请转递函。上级人民法院收到下级人民法院申请转递的司法文书，应当在七个工作日内予以转递。上级人民法院认为下级人民法院申请转递的司法文书不符合有关规定需要补正的，亦应在七个工作日内退回申请转递的人民法院。

32. 人民法院送达司法文书，根据有关规定需提供翻译件的，应由受理案件的人民法院委托我国境内的翻译机构进行翻译。翻译件不加盖人民法院印章，但应由翻译机构或翻译人员签名或盖章证明译文与原文一致。

33. 当事人虽未对人民法院送达的司法文书履行签收手续,但存在以下情形的,视为已经送达:(1)当事人通过口头或者书面形式向人民法院提及了所送达的司法文书的内容;(2)当事人已经按照所送达司法文书的内容履行。

(二)涉港澳台案件司法文书的送达

34. 住所地在香港特别行政区、澳门特别行政区的当事人如果在内地没有可以代其接受送达的代理人或者相关机构,需要向其送达司法文书时,分别按照《最高人民法院关于内地与香港特别行政区法院相互委托送达民商事司法文书的安排》或者《最高人民法院关于内地与澳门特别行政区法院就民商事案件相互委托送达司法文书和调查取证的安排》办理。按照上述两个安排送达司法文书,自内地的高级人民法院或者最高人民法院将有关司法文书递送香港特别行政区高等法院或者澳门特别行政区终审法院之日起满三个月,如未收到送达与否的证明文件,且根据其他情况不足以认定已经送达的,视为不能适用上述安排中规定的方式送达。

35. 人民法院向住所地在香港特别行政区、澳门特别行政区、台湾地区的当事人送达司法文书,可以邮寄送达。邮寄送达时应附有送达回证,如果当事人未在送达回证上签收,但在邮件回执上签收,视为已经送达。自邮寄之日起满二个月,虽未得到送达与否的证明文件,但根据其他情况足以认定已经送达的,期间届满之日视为送达。自邮寄之日起满二个月,未得到送达与否的证明文件,且根据其他情况不足以认定已经送达的,视为不能适用邮寄方式送达。

36. 住所地在香港特别行政区、澳门特别行政区的当事人如果在内地没有可以代其接受送达的代理人或者相关机构,人民法院也不能通过两个安排规定的方式或者邮寄方式送达的,可以通过公告方式送达。

37. 住所地在台湾地区的当事人如果在大陆没有可以代其接受送达的代理人或者相关机构,人民法院也不能通过邮寄方式送达的,可以通过公告方式送达。

38. 通过公告方式向住所地在香港特别行政区、澳门特别行政区、台湾地区的当事人送达司法文书,自公告之日起满六十日,即视为送达。

四、关于诉讼证据

39. 对当事人提供的在我国境外形成的证据,人民法院应根据不同情况分别作如下处理:(1)对证明诉讼主体资格的证据,应履行相关的公证、认证或者其他证明手续;(2)对其他证据,由提供证据的一方当事人选择是否办理相关的公证、认证或者其他证明手续,但人民法院认为确需办理的除外。

对在我国境外形成的证据,不论是否已办理公证、认证或者其他证明手续,人民法院均应组织当事人进行质证,并结合当事人的质证意见进行审核认定。

40. 对当事人提供的在我国境外形成的应履行相关公证、认证或者其他证明手续的证据,应当经所在国公证机关公证,并经我国驻该国使领馆认证,或者履行我国与该所在国订立的有关条约中规定的证明手续。如果其所在国与我国没有外交关系,则该证据应经与我国有外交关系的第三国驻该国使领馆认证,再转由我国驻该第三国使领馆认证。

41. 当事人向人民法院提供外文视听资料的,应附有视听资料中所用语言的记录文本及中文译本。

42. 当事人提交的证据材料不属于新的证据,人民法院经审查认为该证据可能影响裁判结果的,应予以质证。

43. 当事人在一审时未申请鉴定,或者申请鉴定后无正当理由不预交鉴定费用或拒不提交相关材料致使无法鉴定,而在二审或者再审期间申请鉴定的,视下列情况分别处理:(1)人民法院经审查认为,不鉴定不会影响裁判结果的,对当事人的申请不予准许;(2)人民法院经审查认为,不鉴定可能导致案件的主要事实不清的,对当事人的申请应予准许。

44. 当事人在一审时申请人民法院调取证据未获准许,而在二审或者再审期间申请调取证据的,视下列情况分别处理:(1)人民法院经审查认为,不调取证据不会影响裁判结果的,对当事人的申请不予准许;(2)人民法院经审查认为,不调取证据可能导致案件的主要事实不清的,对当事人的申请应予准许。

45. 对经合法传唤的被告未到庭而进行缺席

审判的案件,不能免除原告对其诉讼请求的证明责任,人民法院仍应对原告所提交的证据材料进行审查。

五、关于涉外商事合同法律适用

46. 涉外商事合同的当事人可以在订立合同时或者订立合同后,经过协商一致,以明示方式选择合同争议所适用的法律。合同争议包括合同是否成立、成立的时间、效力、内容的解释、履行、违约责任,以及合同的解除、变更、中止、转让、终止等争议。

47. 涉外商事合同的当事人可以在订立合同后至一审法庭辩论终结前通过协商一致改变订立合同时选择的法律,但不得损害第三人的合法利益。

48. 当事人协议选择的法律,是指有关国家及地区的实体法规范,不包括冲突规范和程序法规范。

49. 人民法院按照最密切联系原则确定的涉外商事合同应适用的法律,是指有关国家及地区的实体法规范,不包括冲突规范和程序法规范。

50. 当事人规避中华人民共和国法律、行政法规的强制性或禁止性规定的行为,不发生适用外国法律的效力,人民法院应适用中华人民共和国法律。

51. 涉外商事纠纷案件应当适用的法律为外国法律时,由当事人提供或者证明该外国法律的相关内容。当事人可以通过法律专家、法律服务机构、行业自律性组织、国际组织、互联网等途径提供相关外国法律的成文法或者判例,亦可同时提供相关的法律著述、法律介绍资料、专家意见书等。

当事人对提供外国法律确有困难的,可以申请人民法院依职权查明相关外国法律。

52. 当事人提供的外国法律经质证后无异议的,人民法院应予确认。对当事人有异议的部分或者当事人提供的专家意见不一致的,由人民法院审查认定。

53. 外国法律的内容无法查明时,人民法院可以适用中华人民共和国法律。

54. 适用外国法律违反中华人民共和国法律的基本原则和社会公共利益的,该外国法律不予适用,而应适用中华人民共和国的法律。

55. 涉外商事合同的当事人没有选择合同所适用的法律的,人民法院受理案件后,当事人可以在一审法庭辩论终结前作出选择。如果当事人不能协商一致作出选择,适用与合同有最密切联系地的法律。

56. 人民法院根据最密切联系原则确定合同应适用的法律时,应根据合同的特殊性质,以及当事人履行的义务最能体现合同的本质特性等因素,确定与合同有最密切联系国家的法律作为合同的准据法。在通常情况下,下列合同的最密切联系地的法律是:(1)国际货物买卖合同,适用合同订立时卖方住所地法;如果合同是在买方住所地谈判并订立的,或者合同主要是依买方确定的条件并应买方发出的招标订立的,或者合同明确规定卖方须在买方住所地履行交货义务的,适用买方住所地法。(2)来料加工、来件装配以及其他各种加工承揽合同,适用加工承揽人住所地法。(3)成套设备供应合同,适用设备安装运转地法。(4)不动产买卖、租赁或者抵押合同,适用不动产所在地法。(5)动产租赁合同,适用出租人住所地法。(6)动产质押合同,适用质权人住所地法。(7)借款合同,适用贷款人住所地法。(8)赠与合同,适用赠与人住所地法。(9)保险合同,适用保险人住所地法。(10)融资租赁合同,适用承租人住所地法。(11)建设工程合同,适用建设工程所在地法。(12)仓储、保管合同,适用仓储、保管人住所地法。(13)保证合同,适用保证人住所地法。(14)委托合同,适用受托人住所地法。(15)债券的发行、销售和转让合同,分别适用债券发行地法、债券销售地法和债券登记地法。(16)拍卖合同,适用拍卖举行地法。(17)行纪合同,适用行纪人住所地法。(18)居间合同,适用居间人住所地法。

上述合同明显与另一国家或者地区有更密切联系的,适用该国或者地区的法律。

57. 具有中华人民共和国国籍的自然人、法人或者其他组织与外国的自然人、法人或者其他组织订立的在我国境内履行的下列合同,适用中华人民共和国法律:(1)中外合资经营企业合同;(2)中外合作经营企业合同;(3)中外合作勘探、开发自然资源合同;(4)转让中外合资经营企业、中外合作经营企业、外商独资企业股份的合同;

(5)外国自然人、法人或者其他组织承包经营在我国境内设立的企业的合同。

六、关于国际商事海事仲裁的司法审查

(一)涉外仲裁协议效力的审查

58. 当事人在合同中约定的适用于解决合同争议的准据法,不能用来确定涉外仲裁条款的效力。当事人在合同中明确约定了仲裁条款效力的准据法的,应当适用当事人明确约定的法律;未约定仲裁条款效力的准据法但约定了仲裁地的,应当适用仲裁地国家或者地区的法律。只有在当事人未约定仲裁条款效力的准据法亦未约定仲裁地或者仲裁地约定不明的情况下,才能适用法院地法即我国法律作为确认仲裁条款效力的准据法。

59. 当事人达成的仲裁协议对仲裁事项或者仲裁机构没有约定或者约定不明,应认定仲裁协议无效,但当事人达成补充协议的除外。

60. 当事人在订立仲裁协议后合并、分立或者死亡的,该仲裁协议对承受仲裁事项所涉权利义务的人具有约束力,但当事人在订立仲裁协议时另有约定的除外。

61. 当事人在订立仲裁协议后转让全部或部分债权债务的,仲裁协议对受让人有效,但当事人另有约定、明确反对或者受让人在受让债权债务时不知有单独仲裁协议的除外。

62. 仲裁协议仅约定纠纷适用的仲裁规则的,视为未约定仲裁机构,但当事人达成补充协议或者按照约定的仲裁规则能够确定仲裁机构的除外。

63. 仲裁协议明确约定两个以上仲裁机构的,当事人可以协议选择其中的一个仲裁机构申请仲裁;当事人无法就仲裁机构达成一致的,仲裁协议无效。

64. 仲裁协议约定由某地的仲裁机构仲裁且该地仅有一个仲裁机构的,该仲裁机构为约定的仲裁机构。该地有两个以上仲裁机构的,当事人可以协议选择其中的一个仲裁机构申请仲裁;当事人无法就仲裁机构达成一致的,仲裁协议无效。

65. 仲裁条款独立于合同中的其他条款。当事人在订立合同时就争议达成仲裁协议的,合同未成立不影响仲裁协议的效力;合同成立后未生效以及生效后变更、解除、终止或者被撤销、被认定无效的,不影响合同中仲裁条款的效力。

66. 仲裁协议应当采用书面形式。是否具有书面形式,按照《中华人民共和国合同法》第十一条的规定办理。当事人在订立的涉外合同中援引适用其他合同、文件中的有效仲裁条款的,是书面形式的仲裁协议。

67. 一方当事人向仲裁机构或者仲裁庭申请仲裁,对方当事人未提出管辖异议且按照仲裁规则的要求指定仲裁员并进行实体答辩的,视为当事人同意接受仲裁。

68. 当事人约定争议可以向仲裁机构申请仲裁也可以向人民法院起诉的,仲裁协议无效。但一方向仲裁机构申请仲裁,另一方未在《中华人民共和国仲裁法》第二十条第二款规定的期间内提出异议的除外。

69. 仲裁协议中约定的仲裁机构名称不准确,但能够确定受理纠纷的具体仲裁机构的,应当认定选定了仲裁机构。

70. 涉外合同应当适用的有关国际条约中有仲裁规定的,发生合同争议时,当事人应当按照国际条约中的仲裁规定提请仲裁。

(二)涉外仲裁裁决的审查

71. 对在我国境内依法成立的仲裁委员会作出的仲裁裁决,人民法院应当根据案件是否具有涉外因素而适用不同的法律条款进行审查。上述仲裁委员会作出的不具有涉外因素的仲裁裁决,按照《中华人民共和国仲裁法》第五章、第六章和《中华人民共和国民事诉讼法》第二百 十七条的规定审查;上述仲裁委员会作出的具有涉外因素的仲裁裁决,按照《中华人民共和国仲裁法》第七章和《中华人民共和国民事诉讼法》第二十八章的规定进行审查。是否具有涉外因素,应按照《最高人民法院关于贯彻执行〈中华人民共和国民法通则〉若干问题的意见(试行)》第178条的规定确定。

72. 人民法院对在香港特别行政区作出的仲裁裁决或者台湾地区仲裁机构作出的仲裁裁决,应当按照《最高人民法院关于内地与香港特别行政区相互执行仲裁裁决的安排》或《最高人民法院关于人民法院认可台湾地区有关法院民事判决的规定》办理。

73. 涉及执行香港特别行政区、澳门特别行政区、台湾地区仲裁裁决的收费及审查期限问题，参照法释〔1998〕28号《最高人民法院关于承认和执行外国仲裁裁决收费及审查期限问题的规定》办理。

74. 人民法院受理当事人撤销涉外仲裁裁决的申请后，另一方当事人又申请执行同一仲裁裁决的，受理申请执行仲裁裁决案件的人民法院应在受理后裁定中止执行。

75. 当事人在仲裁程序中未对仲裁庭的管辖权提出异议，在仲裁裁决作出后以仲裁庭无管辖权为由主张撤销或者提出不予执行抗辩的，人民法院不予支持。

76. 当事人向人民法院申请撤销仲裁裁决被驳回后，又在执行程序中提出不予执行抗辩的，人民法院不予支持。

77. 当事人主张不予执行仲裁调解书或者根据当事人之间的和解协议作出的仲裁裁决书的，人民法院不予支持。

78. 涉外仲裁裁决超出仲裁协议范围的，可以撤销超裁部分的裁决；超裁部分与其他裁项不可分的，应撤销该仲裁裁决。

79. 对存在《中华人民共和国民事诉讼法》第二百六十条规定情形的涉外仲裁裁决，人民法院可以视情况通知仲裁庭在一定期限内重新仲裁。通知仲裁庭重新仲裁的，应裁定中止撤销程序；仲裁庭在指定的期限内开始重新仲裁的，应裁定终止撤销程序；仲裁庭拒绝重新仲裁或者未在指定的期限内重新仲裁的，应通知或裁定恢复撤销程序。对仲裁庭重新仲裁作出的裁决有异议的，有关当事人可以依法申请撤销。

80. 人民法院根据案件的实际情况，可以向相关仲裁机构调阅案件卷宗或者要求仲裁机构作出说明，人民法院作出的有关裁定也可以抄送相关的仲裁机构。

（三）外国仲裁裁决的审查

81. 外国仲裁机构或者临时仲裁庭在我国境外作出的仲裁裁决，一方当事人向人民法院申请承认与执行的，人民法院应当依照《中华人民共和国民事诉讼法》第二百六十九条的规定办理。

82. 对具有执行内容的外国仲裁裁决，当事人仅申请承认而未同时申请执行的，人民法院仅对应否承认进行审查。承认后当事人申请执行的，人民法院应予受理并对是否执行进行审查。

83. 经当事人提供证据证明外国仲裁裁决尚未生效、被撤销或者停止执行的，人民法院应当拒绝承认与执行。外国仲裁裁决在国外被提起撤销或者停止执行程序尚未结案的，人民法院可以中止承认与执行程序；外国法院在相同情况下不中止承认与执行程序的，人民法院采取对等原则。

84. 外国仲裁裁决裁决当事人向仲裁员支付仲裁员费用的，因仲裁员不是仲裁裁决的当事人，其无权申请承认与执行该裁决中有关仲裁员费用的部分，但有关仲裁员可以单独就仲裁员费用以仲裁裁决为依据向有管辖权的人民法院提起诉讼。

七、关于外商投资企业纠纷案件

（一）中外合资经营企业合同、中外合作经营企业合同纠纷

85. 中外合资经营企业合同、中外合作经营企业合同应当报经有关审查批准机关审查批准，在一审法庭辩论终结前当事人未能办理批准手续的，人民法院应当认定该合同未生效。由于合同未生效造成的损失，应当判令有过错的一方向另一方承担损害赔偿责任；双方都有过错的，应当根据过错大小判令双方承担相应的民事责任。

86. 在中外合资经营企业合同、中外合作经营企业合同有效的前提下，中外合资经营企业、中外合作经营企业的投资者应当根据合同约定的方式、数额、期限等全面履行各自的出资义务或者提供合作条件的义务，否则应当承担相应的违约责任。对于中外合资经营企业合同、中外合作经营企业合同中约定以土地使用权、厂房、机器设备等需要办理过户手续的方式出资或者提供合作条件的，应当区分已交付合资、合作企业使用但未办理过户手续的情形和未交付使用且未办理过户手续的情形，判令负有履行该义务的一方当事人承担相应的违约责任。

（二）外商投资企业的股权纠纷

87. 外商投资企业股东及其股权份额应当根据有关审查批准机关批准证书记载的股东名称及股权份额确定。外商投资企业批准证书记载的股东以外的自然人、法人或者其他组织向人民

法院提起民事诉讼,请求确认其在该外商投资企业中的股东地位和股权份额的,人民法院应当告知该自然人、法人或者其他组织通过行政复议或者行政诉讼解决;该自然人、法人或者其他组织坚持向人民法院提起民事诉讼的,人民法院在受理后应当判决驳回其诉讼请求。

外商投资企业批准证书记载的股东以外的自然人、法人或者其他组织根据其与外商投资企业的股东之间的协议,向人民法院提起民事诉讼,请求外商投资企业的股东向其支付约定利益的,人民法院应予受理。

88. 外商投资企业的股权转让合同,应当报经有关审查批准机关审查批准,在一审法庭辩论终结前当事人未能办理批准手续的,人民法院应当认定该合同未生效。由于合同未生效造成的损失,应当判令有过错的一方向另一方承担损害赔偿责任;双方都有过错的,应当根据过错大小判令双方承担相应的民事责任。

(三)外商投资企业的经营管理纠纷

89. 中外合资经营企业、中外合作经营企业的承包经营合同应当报经有关审查批准机关审查批准,在一审法庭辩论终结前当事人未能办理批准手续的,人民法院应当认定该合同未生效。由于合同未生效造成的损失,应当判令有过错的一方向另一方承担损害赔偿责任;双方都有过错的,应当根据过错大小判令双方承担相应的民事责任。

90. 外商投资企业的股东以该外商投资企业为被告向人民法院提起诉讼,请求分配利润的,人民法院应予受理。

91. 外商投资企业以持有该外商投资企业公章的自然人、法人或者其他组织为被告向人民法院提起诉讼,请求返还公章的,人民法院应予受理。

(四)外商投资企业的清算

92. 外商投资企业终止之前,必须根据《外商投资企业清算办法》的规定进行清算。外商投资企业不能进行普通清算而进行特别清算的,由企业审批机关或其委托的部门负责组织。人民法院对清算过程中发生的纠纷享有管辖权的,应予受理。

在清算终结前,外商投资企业的诉讼主体资格依然存在;已经成立清算组织的,在清算期间,清算组织代表企业参与民事诉讼活动。

八、关于限制当事人出境

93. 人民法院在审理涉外商事纠纷案件中,对同时具备下列条件的有关人员,可以采取措施限制其出境:(1)在我国确有未了结的涉外商事纠纷案件;(2)被限制出境人员是未了结案件中的当事人或者当事人的法定代表人、负责人;(3)有逃避诉讼或者逃避履行法定义务的可能;(4)其出境可能造成案件难以审理、无法执行的。

采取限制出境措施必须严格依照最高人民法院、最高人民检察院、公安部、国家安全部〔87〕公发16号《关于依法限制外国人和中国公民出境问题的若干规定》审查办理,从严掌握。

94. 限制出境措施在案件一方当事人提出申请后采取。人民法院在必要时,可以责令申请人提供有效的担保。

95. 限制出境采取扣留有效出境证件方式的,被扣证人或者其担保人向人民法院提供有效担保(提供担保的数额应相当于诉讼请求的数额)或者履行了法定义务后,人民法院应立即口头通知被扣证人解除限制,收回扣留证件证明,发还所扣留的证件,由被扣证人签收,限制其出境的扣证决定自行撤销。作出扣证决定的人民法院应将解除出境限制的有关情况书面通知公安、边检部门。

96. 人民法院采取限制出境措施过程中产生的费用,由申请人预交,最终应判令由败诉一方当事人负担。

九、关于海上货物运输无正本提单放货纠纷案件

(一)承运人交付货物

97. 根据《中华人民共和国海商法》第七十一条的规定,承运人应当向持有记名提单的记名人交付货物。

98. 实际承运人应当凭承运人签发的正本提单向正本提单持有人交付货物。

99. 无船承运人作为承运人,应当凭其本人签发的正本提单交付货物。实际承运人应无船承运人请求,为履行海上运输合同签发本人提单的,根据本人签发提单的记载,应当在目的港或者中转港向无船承运人或其代理人交付货物。

100. 承运人依据《中华人民共和国海商法》第八十六条的规定,将货物在卸货港卸在港务公司或者仓储公司的,不构成无正本提单放货。

(二)赔偿责任

101. 承运人因无正本提单放货给正本提单持有人造成损失的,应当承担违约责任;提货人因无正本提单提货或者其他责任人因无正本提单放货给正本提单持有人造成损失的,无正本提单提货人或者其他责任人应当承担侵权责任。

102. 承运人承担无正本提单放货责任,不得援引《中华人民共和国海商法》第五十六条关于限制赔偿责任的规定。

103. 承运人与实际承运人对无正本提单放货均负有赔偿责任的,依据《中华人民共和国海商法》第六十三条的规定,应当承担连带责任。

104. 承运人倒签提单或者预借提单,不影响正本提单持有人向承运人主张无正本提单放货的权利。

105. 承运人凭伪造的正本提单放货,应当承担无正本提单放货的赔偿责任。

106. 承运人的代理人根据承运人的指示无正本提单放货,或者承运人的代理人超越代理权无正本提单放货后得到承运人追认的,由承运人承担无正本提单放货的赔偿责任。

(三)赔偿范围

107. 承运人承担的无正本提单放货违约赔偿责任,应当相当于承运人本人违反运输合同所造成的损失。赔偿范围可以包括:(1)货物装船时的价值。货物装船时的价值可以依据贸易合同约定的价格、结算单据或者核销单据确定,数额不一致的,依实际支付的货款额确定;(2)实际支付货款的利息损失;(3)实际支付的运费和保险费。

108. 无正本提单放货后,正本提单持有人虽然占有货物,但仍有损失的,承运人应当予以赔偿。

109. 提货人因无正本提单提货或者其他责任人因无正本提单放货承担的侵权赔偿责任,应当相当于权利人因此所遭受的实际损失。赔偿范围可以包括:(1)货物装船时的价值。货物装船时的价值可以依据贸易合同约定的价格、结算单据或者核销单据确定,数额不一致的,依实际支付的货款额确定;(2)实际支付的运费和保险费;(3)实际发生的其他损失。

(四)赔偿责任的免除

110. 有下列情况之一的,承运人不承担无正本提单放货的赔偿责任:(1)承运人有充分证据证明正本提单持有人认可无正本提单放货;(2)提单载明的卸货港所在地法律强制性规定到港的货物必须交付给当地海关或港口当局;(3)目的港无人提货,承运人按照托运人的指示交付货物。

无正本提单放货后,正本提单持有人已经占有货物但没有发生损失的,或者虽有损失但已经挽回,正本提单持有人向人民法院提起诉讼,请求承运人承担赔偿责任的,人民法院不予支持。

(五)举证责任、索赔请求人、诉讼时效

111. 正本提单持有人以承运人无正本提单放货为由提起诉讼,应当提交正本提单,并提供初步证据,证明凭正本提单在卸货港无法提取货物的事实或者承运人凭无正本提单放货的事实。

112. 根据《中华人民共和国海商法》第二百五十七条的规定,正本提单持有人以无正本提单放货为由向承运人提起的诉讼,时效期间为一年,从承运人应当交付货物之日起计算。

113. 根据《中华人民共和国民法通则》第九十二条、第一百三十五条的规定,正本提单持有人以提货人无正本提单提货或者其他责任人无正本提单放货为由提起侵权诉讼的,时效期间为二年,从正本提单持有人知道或者应当知道货物被提取或者权利被侵害之日起计算。

114. 正本提单持有人向承运人主张权利的,诉讼时效期间中断适用《中华人民共和国海商法》第二百六十七条的规定;正本提单持有人向无正本提单提货人或者承运人以外的其他责任人主张权利的,诉讼时效期间中断适用《中华人民共和国民法通则》第一百四十条的规定。

十、关于海上保险合同纠纷案件

(一)法律适用

115. 审理海上保险合同纠纷案件,适用《中华人民共和国海商法》的有关规定;《中华人民共和国海商法》没有规定的,适用《中华人民共和国保险法》等其他法律规定。

116. 港口设施及码头等作为保险标的的保

险事故，不属于海上事故，亦不属于与海上航行有关的发生于内河或者陆上的事故，海事法院审理港口设施及码头等作为保险标的的保险合同纠纷案件，应当适用《中华人民共和国保险法》的规定。

发生船舶碰撞码头保险事故时，码头保险人行使代位请求赔偿权利向船舶所有人追偿的，适用《中华人民共和国海商法》的规定。

（二）海上保险合同的订立、解除和转让

117. 保险人知道或者应当知道被保险人故意不履行《中华人民共和国海商法》第二百二十二条第一款规定的如实告知义务，仍继续收取保险费或者支付保险赔款的，不得再以被保险人未如实告知重要情况为由行使《中华人民共和国海商法》第二百二十三条规定的解除合同的权利。

118. 被保险人违反合同约定的保证条款但未立即书面通知保险人的，从违反保证条款之日起，保险人有权解除合同，但对于被保险人违反保证条款之前发生的保险事故造成的损失，保险人应负赔偿责任。合同解除前被保险人尚未支付保险费的，保险人有权按照比例收取合同解除前的保险费。保险人已经全部收取保险费的，不予退还。

119. 保险人收到被保险人违反合同约定的保证条款通知后，仍收取保险费或者支付保险赔偿的，不得再以被保险人违反合同约定的保证条款为由，行使《中华人民共和国海商法》第二百三十五条规定的解除合同的权利。

保险人根据《中华人民共和国海商法》第二百三十五条的规定要求修改承保条件、增加保险费，被保险人不同意的，保险人可以以书面形式解除合同。

120. 船舶航次保险中，保险船舶应保证开航时适航。被保险人违反此项规定的，从违反之日起，保险人不负赔偿责任。

在船舶定期保险中，被保险人明知船舶不适航而同意开航的，保险人对此种不适航造成的损失，不负赔偿责任。

121. 船舶转让发生在航次之中的，船舶保险合同至航次终了时解除。船舶转让时起至航次终了时止的船舶保险合同的权利、义务转让给船舶受让人。

船舶受让人根据前款规定向保险人请求保险赔偿时，应当提交有效的保险单证。

122. 被保险人已经知道依据预约保险合同分批装运的货物发生保险事故仍以正常情况通知保险人签发保险单证的，保险人可以免除保险赔偿责任。合同另有约定的除外。

（三）保险利益

123. 订立保险合同时被保险人对保险标的不具有保险利益但发生保险事故时被保险人对保险标的具有保险利益的，保险人应当对被保险人承担保险赔偿责任；订立保险合同时被保险人对保险标的具有保险利益但保险事故发生时不具有保险利益的，保险人对被保险人不承担保险赔偿责任。

（四）委付

124. 保险人根据《中华人民共和国海商法》第二百四十九条的规定不接受委付的，不影响被保险人要求保险人按照全部损失赔偿的权利。

（五）保险人行使代位请求赔偿权利

125. 受理保险人行使代位请求赔偿权纠纷的法院应当仅就第三者与被保险人之间的法律关系进行审理，第三者对保险人行使代位请求赔偿权利依据的保险合同效力提出异议的，海事法院不予审查。

126. 保险人向被保险人支付保险赔偿前，被保险人向第三者提起诉讼、提交仲裁或者第三者同意履行义务导致诉讼时效中断时，效力及于保险人。

127. 保险人向被保险人实际赔付保险赔偿取得代位请求赔偿权利后，被保险人与第三者之间就解决纠纷达成的管辖协议以及仲裁协议对保险人不具有约束力。

十一、关于船舶碰撞纠纷案件

（一）法律适用

128.《中华人民共和国海商法》第八章的规定不适用于内河船舶之间发生的碰撞；军事船舶、政府公务船舶在从事商业活动时与《中华人民共和国海商法》第一百六十五条第二款所称的船舶发生碰撞产生纠纷的，适用《中华人民共和国海商法》的有关规定。

129. 船舶触碰造成损害引起的侵权纠纷案件，适用《中华人民共和国民法通则》确定各方当事人的权利义务，适用《最高人民法院关于审理船舶碰撞和触碰案件财产损害赔偿的规定》确定损害赔偿责任范围。

（二）责任主体

130. 船舶所有人对船舶碰撞负有责任，船舶被光船租赁且依法登记的除外。船舶经营人或者管理人对船舶碰撞有过失的，与船舶所有人或者光船承租人承担连带责任，但不影响责任主体之间的追偿。

船舶所有人是指依法登记为船舶所有人的人；船舶没有依法登记的，指实际占有船舶的人。

（三）第三人

131.《中华人民共和国海商法》第一百六十九条第二款规定的第三人财产损失，是指除互有过失的船舶上所载货物或船员、旅客或船上其他人员的物品外，由于船舶碰撞事故所直接造成的其他财产损失。

132.《中华人民共和国海商法》第一百六十九条第三款规定的第三人的人身伤亡，包括碰撞当事船舶上的船员、旅客和其他人员的人身伤亡。

133. 船舶碰撞纠纷的当事人之间已经就船舶碰撞纠纷提起诉讼的，海事法院对船舶碰撞造成第三人财产损失赔偿纠纷案件应当中止审理，待船舶碰撞纠纷案件审理终结后恢复审理。

（四）举证责任和证据认定

134. 第三人因船舶碰撞造成的财产损失提出赔偿请求的，船舶碰撞纠纷的当事人对有关船舶碰撞中的过失程度比例承担举证责任。无法举证的，应承担举证不能的后果。

135. 船舶碰撞纠纷的当事人之间就过失程度比例达成协议的，可以按照约定的比例对第三人的财产损失承担相应的赔偿责任，但不得损害第三人的合法利益。

船舶碰撞纠纷的当事人之间仅就相互赔偿数额达成协议，而未明确相互过失程度比例的，按照赔偿数额确定的比例对第三人的财产损失承担相应的赔偿责任，但不得损害第三人的合法利益。

136. 海事法院根据当事人的申请向有关部门调查收集的证据，在当事人完成举证并出具完成举证说明书后出示。

137. 若无相反证据，船舶碰撞事故发生后，主管机关进行事故调查过程中由海事事故当事人确认的海事调查材料，可以作为海事法院认定案件事实的证据。

（五）强制打捞清除沉船沉物

138. 强制打捞清除沉船沉物而产生的费用，由沉船沉物的所有人或者经营人承担。

139. 就沉船沉物强制打捞清除费用提出的请求为海事赔偿请求，责任人不能依照《中华人民共和国海商法》第十一章的规定享受海事赔偿责任限制。

140. 清除搁浅或者沉没船舶所产生的费用，可以在行使船舶优先权所拍卖船舶的价款中先行拨付。

十二、关于船舶油污损害赔偿纠纷案件

（一）法律适用

141. 我国加入的《1992 年国际油污损害民事责任公约》（以下简称 1992 年油污公约）适用于具有涉外因素的缔约国船舶油污损害赔偿纠纷，包括航行于国际航线的我国船舶在我国海域造成的油污损害赔偿纠纷。非航行于国际航线的我国船舶在我国海域造成的油污损害赔偿纠纷不适用该公约的规定。

142. 对于不受 1992 年油污公约调整的船舶油污损害赔偿纠纷，适用《中华人民共和国海商法》、《中华人民共和国海洋环境保护法》以及相关行政法规的规定确定当事人的责任；油污责任人亦可以依据《中华人民共和国海商法》第十一章的规定享有海事赔偿责任限制。

143. 对于受 1992 年油污公约调整的船舶油污损害赔偿纠纷，船舶所有人及其责任保险人或者提供财务保证的其他人为取得公约规定的责任限制的权利，向海事法院申请设立油污损害赔偿责任限制基金的，适用《中华人民共和国海事诉讼特别程序法》第九章的规定。

（二）索赔主体

144. 因船舶油污直接遭受财产损失的公民、法人或其他组织，有权向油污责任人提起索赔诉讼。

145. 国家海事行政主管部门或其他企事业单位为防止或减轻油污损害而支出的费用，包括清污费用，可直接向油污责任人提起诉讼。

146.《中华人民共和国海洋环境保护法》授权的海洋环境监督管理部门,有权在授权范围内代表国家,就船舶油污造成的海洋环境损失向油污责任人提起诉讼。

(三)举证责任

147.国家海事行政主管部门作出的调查报告,若无相反证据,可以作为海事法院审理案件的依据。

148.因船舶油污引起的损害赔偿诉讼,受损害人应对油污损害承担举证责任,责任人应对法律规定的免责事由及船舶油污与损害之间不存在因果关系承担举证责任。

(四)油污责任

149.对于受1992年油污公约调整的船舶油污损害赔偿纠纷,因船舶油污造成损害的,由漏油船舶所有人承担赔偿责任。

对于不受1992年油污公约调整的油污损害赔偿纠纷,因船舶碰撞造成油污损害的,由碰撞船舶所有人承担连带赔偿责任,但不影响油污损害赔偿责任人之间的追偿。

(五)油污损害赔偿范围

150.油污损害赔偿范围包括:(1)船舶油污造成的公民、法人或其他组织的财产损失;(2)为防止或减轻污染支出的清污费用损失。清污费用的计算,应当结合污染范围、污染程度、溢油数量、清污人员和设备的费用以及有关证据合理认定;(3)因船舶油污造成的渔业资源和海洋资源损失,此种损失应限于已实际采取或将要采取的合理恢复措施的费用。

(六)清污费用的清偿

151.在船舶油污损害赔偿纠纷中,权利人就清污费用的请求与其他污染损害赔偿的请求按照法院所确定的债权数额比例受偿。

十三、其他

152.涉外海事纠纷案件,本纪要没有特别规定的,适用本纪要关于涉外商事纠纷案件的有关规定。

153.涉及香港特别行政区、澳门特别行政区以及台湾地区的商事海事纠纷案件,本纪要没有特别规定的,参照适用本纪要关于涉外商事海事纠纷案件的有关规定。

最高人民法院关于审理海上保险纠纷案件若干问题的规定

(2006年11月13日最高人民法院审判委员会第1405次会议通过　2006年11月23日最高人民法院公告公布　自2007年1月1日起施行　法释〔2006〕10号)

为正确审理海上保险纠纷案件,依照《中华人民共和国海商法》、《中华人民共和国保险法》、《中华人民共和国海事诉讼特别程序法》和《中华人民共和国民事诉讼法》的相关规定,制定本规定。

第一条　审理海上保险合同纠纷案件,适用海商法的规定;海商法没有规定的,适用保险法的有关规定;海商法、保险法均没有规定的,适用合同法等其他相关法律的规定。

第二条　审理非因海上事故引起的港口设施或者码头作为保险标的的保险合同纠纷案件,适用保险法等法律的规定。

第三条　审理保险人因发生船舶触碰港口设施或者码头等保险事故,行使代位请求赔偿权利向造成保险事故的第三人追偿的案件,适用海商法的规定。

第四条　保险人知道被保险人未如实告知海商法第二百二十二条第一款规定的重要情况,仍收取保险费或者支付保险赔偿,保险人又以被保险人未如实告知重要情况为由请求解除合同的,人民法院不予支持。

第五条　被保险人未按照海商法第二百三十四条的规定向保险人支付约定的保险费的,保险责任开始前,保险人有权解除保险合同,但保险人已经签发保险单证的除外;保险责任开始后,保险人以被保险人未支付保险费请求解除合同的,人民法院不予支持。

第六条　保险人以被保险人违反合同约定的保证条款未立即书面通知保险人为由,要求从违反保证条款之日起解除保险合同的,人民法院应予支持。

第七条　保险人收到被保险人违反合同约定的保证条款书面通知后仍支付保险赔偿,又以被保险人违反合同约定的保证条款为由请求解除合同的，人民法院不予支持。

第八条　保险人收到被保险人违反合同约定的保证条款的书面通知后，就修改承保条件、增加保险费等事项与被保险人协商未能达成一致的，保险合同于违反保证条款之日解除。

第九条　在航次之中发生船舶转让的，未经保险人同意转让的船舶保险合同至航次终了时解除。船舶转让时起至航次终了时止的船舶保险合同的权利、义务由船舶出让人享有、承担，也可以由船舶受让人继受。

船舶受让人根据前款规定向保险人请求赔偿时，应当提交有效的保险单证及船舶转让合同的证明。

第十条　保险人与被保险人在订立保险合同时均不知道保险标的已经发生保险事故而遭受损失，或者保险标的已经不可能因发生保险事故而遭受损失的，不影响保险合同的效力。

第十一条　海上货物运输中因承运人无正本提单交付货物造成的损失不属于保险人的保险责任范围。保险合同当事人另有约定的，依约定。

第十二条　发生保险事故后，被保险人为防止或者减少损失而采取的合理措施没有效果，要求保险人支付由此产生的合理费用的，人民法院应予支持。

第十三条　保险人在行使代位请求赔偿权利时，未依照海事诉讼特别程序法的规定，向人民法院提交其已经向被保险人实际支付保险赔偿凭证的，人民法院不予受理；已经受理的，裁定驳回起诉。

第十四条　受理保险人行使代位请求赔偿权利纠纷案件的人民法院应当仅就造成保险事故的第三人与被保险人之间的法律关系进行审理。

第十五条　保险人取得代位请求赔偿权利后，以被保险人向第三人提起诉讼、提交仲裁、申请扣押船舶或者第三人同意履行义务为由主张诉讼时效中断的，人民法院应予支持。

第十六条　保险人取得代位请求赔偿权利后，主张享有被保险人因申请扣押船舶取得的担保权利的，人民法院应予支持。

第十七条　本规定自2007年1月1日起施行。

最高人民法院关于审理无正本提单交付货物案件适用法律若干问题的规定

（2009年2月16日最高人民法院审判委员会第1463次会议通过　2009年2月26日最高人民法院公告公布　自2009年3月5日起施行　法释〔2009〕1号）

为正确审理无正本提单交付货物案件，根据《中华人民共和国海商法》、《中华人民共和国合同法》、《中华人民共和国民法通则》等法律，制定本规定。

第一条　本规定所称正本提单包括记名提单、指示提单和不记名提单。

第二条　承运人违反法律规定，无正本提单交付货物，损害正本提单持有人提单权利的，正本提单持有人可以要求承运人承担由此造成损失的民事责任。

第三条　承运人因无正本提单交付货物造成正本提单持有人损失的，正本提单持有人可以要求承运人承担违约责任，或者承担侵权责任。

正本提单持有人要求承运人承担无正本提单交付货物民事责任的，适用海商法规定；海商法没有规定的，适用其他法律规定。

第四条　承运人因无正本提单交付货物承担民事责任的，不适用海商法第五十六条关于限制赔偿责任的规定。

第五条　提货人凭伪造的提单向承运人提取了货物，持有正本提单的收货人可以要求承运人承担无正本提单交付货物的民事责任。

第六条　承运人因无正本提单交付货物造成正本提单持有人损失的赔偿额，按照货物装船时的价值加运费和保险费计算。

第七条　承运人依照提单载明的卸货港所在地法律规定，必须将承运到港的货物交付给当地海关或者港口当局的，不承担无正本提单交付货物的民事责任。

第八条　承运到港的货物超过法律规定期

限无人向海关申报，被海关提取并依法变卖处理，或者法院依法裁定拍卖承运人留置的货物，承运人主张免除交付货物责任的，人民法院应予支持。

第九条　承运人按照记名提单托运人的要求中止运输、返还货物、变更到达地或者将货物交给其他收货人，持有记名提单的收货人要求承运人承担无正本提单交付货物民事责任的，人民法院不予支持。

第十条　承运人签发一式数份正本提单，向最先提交正本提单的人交付货物后，其他持有相同正本提单的人要求承运人承担无正本提单交付货物民事责任的，人民法院不予支持。

第十一条　正本提单持有人可以要求无正本提单交付货物的承运人与无正本提单提取货物的人承担连带赔偿责任。

第十二条　向承运人实际交付货物并持有指示提单的托运人，虽然在正本提单上没有载明其托运人身份，因承运人无正本提单交付货物，要求承运人依据海上货物运输合同承担无正本提单交付货物民事责任的，人民法院应予支持。

第十三条　在承运人未凭正本提单交付货物后，正本提单持有人与无正本提单提取货物的人就货款支付达成协议，在协议款项得不到赔付时，不影响正本提单持有人就其遭受的损失，要求承运人承担无正本提单交付货物的民事责任。

第十四条　正本提单持有人以承运人无正本提单交付货物为由提起的诉讼，适用海商法第二百五十七条的规定，时效期间为一年，自承运人应当交付货物之日起计算。

正本提单持有人以承运人与无正本提单提取货物的人共同实施无正本提单交付货物行为为由提起的侵权诉讼，诉讼时效适用本条前款规定。

第十五条　正本提单持有人以承运人无正本提单交付货物为由提起的诉讼，时效中断适用海商法第二百六十七条的规定。

正本提单持有人以承运人与无正本提单提取货物的人共同实施无正本提单交付货物行为为由提起的侵权诉讼，时效中断适用本条前款规定。

最高人民法院关于审理海事赔偿责任限制相关纠纷案件的若干规定

（2010年3月22日最高人民法院审判委员会第1484次会议通过　2010年8月27日最高人民法院公告公布　自2010年9月15日起施行　法释〔2010〕11号）

为正确审理海事赔偿责任限制相关纠纷案件，依照《中华人民共和国海事诉讼特别程序法》、《中华人民共和国海商法》的规定，结合审判实际，制定本规定。

第一条　审理海事赔偿责任限制相关纠纷案件，适用海事诉讼特别程序法、海商法的规定；海事诉讼特别程序法、海商法没有规定的，适用其他相关法律、行政法规的规定。

第二条　同一海事事故中，不同的责任人在起诉前依据海事诉讼特别程序法第一百零二条的规定向不同的海事法院申请设立海事赔偿责任限制基金的，后立案的海事法院应当依照民事诉讼法的规定，将案件移送先立案的海事法院管辖。

第三条　责任人在诉讼中申请设立海事赔偿责任限制基金的，应当向受理相关海事纠纷案件的海事法院提出。

相关海事纠纷由不同海事法院受理，责任人申请设立海事赔偿责任限制基金的，应当依据诉讼管辖协议向最先立案的海事法院提出；当事人之间未订立诉讼管辖协议的，向最先立案的海事法院提出。

第四条　海事赔偿责任限制基金设立后，设立基金的海事法院对海事请求人就与海事事故相关纠纷向责任人提起的诉讼具有管辖权。

海事请求人向其他海事法院提起诉讼的，受理案件的海事法院应当依照民事诉讼法的规定，将案件移送设立海事赔偿责任限制基金的海事法院，但当事人之间订有诉讼管辖协议的除外。

第五条　海事诉讼特别程序法第一百零六条第二款规定的海事法院在十五日内作出裁定的期间，自海事法院受理设立海事赔偿责任限制基金申请的最后一次公告发布之次日起第三十日开始计算。

第六条　海事诉讼特别程序法第一百一十二条规定的申请债权登记期间的届满之日，为海事法院受理设立海事赔偿责任限制基金申请的最后一次公告发布之次日起第六十日。

第七条　债权人申请登记债权，符合有关规定的，海事法院应当在海事赔偿责任限制基金设立后，依照海事诉讼特别程序法第一百一十四条的规定作出裁定；海事赔偿责任限制基金未依法设立的，海事法院应当裁定终结债权登记程序。债权人已经交纳的申请费由申请设立海事赔偿责任限制基金的人负担。

第八条　海事赔偿责任限制基金设立后，海事请求人基于责任人依法不能援引海事赔偿责任限制抗辩的海事赔偿请求，可以对责任人的财产申请保全。

第九条　海事赔偿责任限制基金设立后，海事请求人就同一海事事故产生的属于海商法第二百零七条规定的可以限制赔偿责任的海事赔偿请求，以行使船舶优先权为由申请扣押船舶的，人民法院不予支持。

第十条　债权人提起确权诉讼时，依据海商法第二百零九条的规定主张责任人无权限制赔偿责任的，应当以书面形式提出。案件的审理不适用海事诉讼特别程序法规定的确权诉讼程序，当事人对海事法院作出的判决、裁定可以依法提起上诉。

两个以上债权人主张责任人无权限制赔偿责任的，海事法院可以将相关案件合并审理。

第十一条　债权人依据海事诉讼特别程序法第一百一十六条第一款的规定提起确权诉讼后，需要判定碰撞船舶过失程度比例的，案件的审理不适用海事诉讼特别程序法规定的确权诉讼程序，当事人对海事法院作出的判决、裁定可以依法提起上诉。

第十二条　海商法第二百零四条规定的船舶经营人是指登记的船舶经营人，或者接受船舶所有人委托实际使用和控制船舶并应当承担船舶责任的人，但不包括无船承运业务经营者。

第十三条　责任人未申请设立海事赔偿责任限制基金，不影响其在诉讼中对海商法第二百零七条规定的海事请求提出海事赔偿责任限制抗辩。

第十四条　责任人未提出海事赔偿责任限制抗辩的，海事法院不应主动适用海商法关于海事赔偿责任限制的规定进行裁判。

第十五条　责任人在一审判决作出前未提出海事赔偿责任限制抗辩，在二审、再审期间提出的，人民法院不予支持。

第十六条　责任人对海商法第二百零七条规定的海事赔偿请求未提出海事赔偿责任限制抗辩，债权人依据有关生效裁判文书或者仲裁裁决书，申请执行责任人海事赔偿责任限制基金以外的财产的，人民法院应予支持，但债权人以上述文书作为债权证据申请登记债权并经海事法院裁定准予的除外。

第十七条　海商法第二百零七条规定的可以限制赔偿责任的海事赔偿请求不包括因沉没、遇难、搁浅或者被弃船舶的起浮、清除、拆毁或者使之无害提起的索赔，或者因船上货物的清除、拆毁或者使之无害提起的索赔。

由于船舶碰撞致使责任人遭受前款规定的索赔，责任人就因此产生的损失向对方船舶追偿时，被请求人主张依据海商法第二百零七条的规定限制赔偿责任的，人民法院应予支持。

第十八条　海商法第二百零九条规定的“责任人”是指海事事故的责任人本人。

第十九条　海事请求人以发生海事事故的船舶不适航为由主张责任人无权限制赔偿责任，但不能证明引起赔偿请求的损失是由于责任人本人的故意或者明知可能造成损失而轻率地作为或者不作为造成的，人民法院不予支持。

第二十条　海事赔偿责任限制基金应当以人民币设立，其数额按法院准予设立基金的裁定生效之日的特别提款权对人民币的换算办法计算。

第二十一条　海商法第二百一十三条规定的利息，自海事事故发生之日起至基金设立之日止，按中国人民银行确定的金融机构同期一年期贷款基准利率计算。

以担保方式设立海事赔偿责任限制基金的，基金设立期间的利息按中国人民银行确定的金融机构同期一年期贷款基准利率计算。

第二十二条 本规定施行前已经终审的案件，人民法院进行再审时，不适用本规定。

第二十三条 本规定施行前本院发布的司法解释与本规定不一致的，以本规定为准。

最高人民法院关于审理船舶油污损害赔偿纠纷案件若干问题的规定

（2011年1月10日最高人民法院审判委员会第1509次会议通过 2011年5月4日最高人民法院公告公布 自2011年7月1日起施行 法释〔2011〕14号）

为正确审理船舶油污损害赔偿纠纷案件，依照《中华人民共和国民法通则》、《中华人民共和国侵权责任法》、《中华人民共和国海洋环境保护法》、《中华人民共和国海商法》、《中华人民共和国民事诉讼法》、《中华人民共和国海事诉讼特别程序法》等法律法规以及中华人民共和国缔结或者参加的有关国际条约，结合审判实践，制定本规定。

第一条 船舶发生油污事故，对中华人民共和国领域和管辖的其他海域造成油污损害或者形成油污损害威胁，人民法院审理相关船舶油污损害赔偿纠纷案件，适用本规定。

第二条 当事人就油轮装载持久性油类造成的油污损害提起诉讼、申请设立油污损害赔偿责任限制基金，由船舶油污事故发生地海事法院管辖。

油轮装载持久性油类引起的船舶油污事故，发生在中华人民共和国领域和管辖的其他海域外，对中华人民共和国领域和管辖的其他海域造成油污损害或者形成油污损害威胁，当事人就船舶油污事故造成的损害提起诉讼、申请设立油污损害赔偿责任限制基金，由油污损害结果地或者采取预防油污措施地海事法院管辖。

第三条 两艘或者两艘以上船舶泄漏油类造成油污损害，受损害人请求各泄漏油船舶所有人承担赔偿责任，按照泄漏油数量及泄漏油类对环境的危害性等因素能够合理分开各自造成的损害，由各泄漏油船舶所有人分别承担责任；不能合理分开各自造成的损害，各泄漏油船舶所有人承担连带责任。但泄漏油船舶所有人依法免予承担责任的除外。

各泄漏油船舶所有人对受损害人承担连带责任的，相互之间根据各自责任大小确定相应的赔偿数额；难以确定责任大小的，平均承担赔偿责任。泄漏油船舶所有人支付超出自己应赔偿的数额，有权向其他泄漏油船舶所有人追偿。

第四条 船舶互有过失碰撞引起油类泄漏造成油污损害的，受损害人可以请求泄漏油船舶所有人承担全部赔偿责任。

第五条 油轮装载的持久性油类造成油污损害的，应依照《防治船舶污染海洋环境管理条例》、《1992年国际油污损害民事责任公约》的规定确定赔偿限额。

油轮装载的非持久性燃油或者非油轮装载的燃油造成油污损害的，应依照海商法关于海事赔偿责任限制的规定确定赔偿限额。

第六条 经证明油污损害是由于船舶所有人的故意或者明知可能造成此种损害而轻率地作为或者不作为造成的，船舶所有人主张限制赔偿责任，人民法院不予支持。

第七条 油污损害是由于船舶所有人故意造成的，受损害人请求船舶油污损害责任保险人或者财务保证人赔偿，人民法院不予支持。

第八条 受损害人直接向船舶油污损害责任保险人或者财务保证人提起诉讼，船舶油污损害责任保险人或者财务保证人可以对受损害人主张船舶所有人的抗辩。

除船舶所有人故意造成油污损害外，船舶油污损害责任保险人或者财务保证人向受损害人主张其对船舶所有人的抗辩，人民法院不予支持。

第九条 船舶油污损害赔偿范围包括：(一)为防止或者减轻船舶油污损害采取预防措施所发生的费用，以及预防措施造成的进一步灭失或者损害；(二)船舶油污事故造成该船舶之外的财产损害以及由此引起的收入损失；(三)因油污造成环境损害所引起的收入损失；(四)对受污染的环境已采取或将要采取合理恢复措施的费用。

第十条 对预防措施费用以及预防措施造成的进一步灭失或者损害，人民法院应当结合污染范围、污染程度、油类泄漏量、预防措施的合理性、参与清除油污人员及投入使用设备的费用等因素合理认定。

第十一条　对遇险船舶实施防污措施，作业开始时的主要目的仅是为防止、减轻油污损害的，所发生的费用应认定为预防措施费用。

作业具有救助遇险船舶、其他财产和防止、减轻油污损害的双重目的，应根据目的的主次比例合理划分预防措施费用与救助措施费用；无合理依据区分主次目的的，相关费用应平均分摊。但污染危险消除后发生的费用不应列为预防措施费用。

第十二条　船舶泄漏油类污染其他船舶、渔具、养殖设施等财产，受损害人请求油污责任人赔偿因清洗、修复受污染财产支付的合理费用，人民法院应予支持。

受污染财产无法清洗、修复，或者清洗、修复成本超过其价值的，受损害人请求油污责任人赔偿合理的更换费用，人民法院应予支持，但应参照受污染财产实际使用年限与预期使用年限的比例作合理扣除。

第十三条　受损害人因其财产遭受船舶油污，不能正常生产经营的，其收入损失应以财产清洗、修复或者更换所需合理期间为限进行计算。

第十四条　海洋渔业、滨海旅游业及其他用海、临海经营单位或者个人请求因环境污染所遭受的收入损失，具备下列全部条件，由此证明收入损失与环境污染之间具有直接因果关系的，人民法院应予支持：(一)请求人的生产经营活动位于或者接近污染区域；(二)请求人的生产经营活动主要依赖受污染资源或者海岸线；(三)请求人难以找到其他替代资源或者商业机会；(四)请求人的生产经营业务属于当地相对稳定的产业。

第十五条　未经相关行政主管部门许可，受损害人从事海上养殖、海洋捕捞，主张收入损失的，人民法院不予支持；但请求赔偿清洗、修复、更换养殖或者捕捞设施的合理费用，人民法院应予支持。

第十六条　受损害人主张因其财产受污染或者因环境污染造成的收入损失，应以其前三年同期平均净收入扣减受损期间的实际净收入计算，并适当考虑影响收入的其他相关因素予以合理确定。

按照前款规定无法认定收入损失的，可以参考政府部门的相关统计数据和信息，或者同区域同类生产经营者的同期平均收入合理认定。

受损害人采取合理措施避免收入损失，请求赔偿合理措施的费用，人民法院应予支持，但以其避免发生的收入损失数额为限。

第十七条　船舶油污事故造成环境损害的，对环境损害的赔偿应限于已实际采取或者将要采取的合理恢复措施的费用。恢复措施的费用包括合理的监测、评估、研究费用。

第十八条　船舶取得有效的油污损害民事责任保险或者具有相应财务保证的，油污受损害人主张船舶优先权的，人民法院不予支持。

第十九条　对油轮装载的非持久性燃油、非油轮装载的燃油造成油污损害的赔偿请求，适用海商法关于海事赔偿责任限制的规定。

同一海事事故造成前款规定的油污损害和海商法第二百零七条规定的可以限制赔偿责任的其他损害，船舶所有人依照海商法第十一章的规定主张在同一赔偿限额内限制赔偿责任的，人民法院应予支持。

第二十条　为避免油轮装载的非持久性燃油、非油轮装载的燃油造成油污损害，对沉没、搁浅、遇难船舶采取起浮、清除或者使之无害措施，船舶所有人对由此发生的费用主张依照海商法第十一章的规定限制赔偿责任的，人民法院不予支持。

第二十一条　对油轮装载持久性油类造成的油污损害，船舶所有人，或者船舶油污责任保险人、财务保证人主张责任限制的，应当设立油污损害赔偿责任限制基金。

油污损害赔偿责任限制基金以现金方式设立的，基金数额为《防治船舶污染海洋环境管理条例》、《1992年国际油污损害民事责任公约》规定的赔偿限额。以担保方式设立基金的，担保数额为基金数额及其在基金设立期间的利息。

第二十二条　船舶所有人、船舶油污损害责任保险人或者财务保证人申请设立油污损害赔偿责任限制基金，利害关系人对船舶所有人主张限制赔偿责任有异议的，应当在海事诉讼特别程序法第一百零六条第一款规定的异议期内以书面形式提出，但提出该异议不影响基金的设立。

第二十三条 对油轮装载持久性油类造成的油污损害，利害关系人没有在异议期内对船舶所有人主张限制赔偿责任提出异议，油污损害赔偿责任限制基金设立后，海事法院应当解除对船舶所有人的财产采取的保全措施或者发还为解除保全措施而提供的担保。

第二十四条 对油轮装载持久性油类造成的油污损害，利害关系人在异议期内对船舶所有人主张限制赔偿责任提出异议的，人民法院在认定船舶所有人有权限制赔偿责任的裁决生效后，应当解除对船舶所有人的财产采取的保全措施或者发还为解除保全措施而提供的担保。

第二十五条 对油轮装载持久性油类造成的油污损害，受损害人提起诉讼时主张船舶所有人无权限制赔偿责任的，海事法院对船舶所有人是否有权限制赔偿责任的争议，可以先行审理并作出判决。

第二十六条 对油轮装载持久性油类造成的油污损害，受损害人没有在规定的债权登记期间申请债权登记的，视为放弃在油污损害赔偿责任限制基金中受偿的权利。

第二十七条 油污损害赔偿责任限制基金不足以清偿有关油污损害的，应根据确认的赔偿数额依法按比例分配。

第二十八条 对油轮装载持久性油类造成的油污损害，船舶所有人、船舶油污损害责任保险人或者财务保证人申请设立油污损害赔偿责任限制基金、受损害人申请债权登记与受偿，本规定没有规定的，适用海事诉讼特别程序法及相关司法解释的规定。

第二十九条 在油污损害赔偿责任限制基金分配以前，船舶所有人、船舶油污损害责任保险人或者财务保证人，已先行赔付油污损害的，可以书面申请从基金中代位受偿。代位受偿应限于赔付的范围，并不超过接受赔付的人依法可获得的赔偿数额。

海事法院受理代位受偿申请后，应书面通知所有对油污损害赔偿责任限制基金提出主张的利害关系人。利害关系人对申请人主张代位受偿的权利有异议的，应在收到通知之日起十五日内书面提出。

海事法院经审查认定申请人代位受偿权利成立，应裁定予以确认；申请人主张代位受偿的权利缺乏事实或者法律依据的，裁定驳回其申请。当事人对裁定不服的，可以在收到裁定书之日起十日内提起上诉。

第三十条 船舶所有人为主动防止、减轻油污损害而支出的合理费用或者所作的合理牺牲，请求参与油污损害赔偿责任限制基金分配的，人民法院应予支持，比照本规定第二十九条第二款、第三款的规定处理。

第三十一条 本规定中下列用语的含义是：

（一）船舶，是指非用于军事或者政府公务的海船和其他海上移动式装置，包括航行于国际航线和国内航线的油轮和非油轮。其中，油轮是指为运输散装持久性货油而建造或者改建的船舶，以及实际装载散装持久性货油的其他船舶。

（二）油类，是指烃类矿物油及其残余物，限于装载于船上作为货物运输的持久性货油、装载用于本船运行的持久性和非持久性燃油，不包括装载于船上作为货物运输的非持久性货油。

（三）船舶油污事故，是指船舶泄漏油类造成油污损害，或者虽未泄漏油类但形成严重和紧迫油污损害威胁的一个或者一系列事件。一系列事件因同一原因而发生的，视为同一事故。

（四）船舶油污损害责任保险人或者财务保证人，是指海事事故中泄漏油类或者直接形成油污损害威胁的船舶一方的油污责任保险人或者财务保证人。

（五）油污损害赔偿责任限制基金，是指船舶所有人、船舶油污损害责任保险人或者财务保证人，对油轮装载持久性油类造成的油污损害申请设立的赔偿责任限制基金。

第三十二条 本规定实施前本院发布的司法解释与本规定不一致的，以本规定为准。

本规定施行前已经终审的案件，人民法院进行再审时，不适用本规定。

最高人民法院关于审理海上货运代理纠纷案件若干问题的规定

(2012年1月9日最高人民法院审判委员会第1538次会议通过 2012年2月27日最高人民法院公告公布 自2012年5月1日起施行 法释〔2012〕3号)

为正确审理海上货运代理纠纷案件,依法保护当事人合法权益,根据《中华人民共和国民法通则》、《中华人民共和国合同法》、《中华人民共和国海商法》、《中华人民共和国民事诉讼法》和《中华人民共和国海事诉讼特别程序法》等有关法律规定,结合审判实践,制定本规定。

第一条 本规定适用于货运代理企业接受委托人委托处理与海上货物运输有关的货运代理事务时发生的下列纠纷:

(一)因提供订舱、报关、报检、报验、保险服务所发生的纠纷;

(二)因提供货物的包装、监装、监卸、集装箱装拆箱、分拨、中转服务所发生的纠纷;

(三)因缮制、交付有关单证、费用结算所发生的纠纷;

(四)因提供仓储、陆路运输服务所发生的纠纷;

(五)因处理其他海上货运代理事务所发生的纠纷。

第二条 人民法院审理海上货运代理纠纷案件,认定货运代理企业因处理海上货运代理事务与委托人之间形成代理、运输、仓储等不同法律关系的,应分别适用相关的法律规定。

第三条 人民法院应根据书面合同约定的权利义务的性质,并综合考虑货运代理企业取得报酬的名义和方式、开具发票的种类和收费项目、当事人之间的交易习惯以及合同实际履行的其他情况,认定海上货运代理合同关系是否成立。

第四条 货运代理企业在处理海上货运代理事务过程中以自己的名义签发提单、海运单或者其他运输单证,委托人据此主张货运代理企业承担承运人责任的,人民法院应予支持。

货运代理企业以承运人代理人名义签发提单、海运单或者其他运输单证,但不能证明取得承运人授权,委托人据此主张货运代理企业承担承运人责任的,人民法院应予支持。

第五条 委托人与货运代理企业约定了转委托权限,当事人就权限范围内的海上货运代理事务主张委托人同意转委托的,人民法院应予支持。

没有约定转委托权限,货运代理企业或第三人以委托人知道货运代理企业将海上货运代理事务转委托或部分转委托第三人处理而未表示反对为由,主张委托人同意转委托的,人民法院不予支持,但委托人的行为明确表明其接受转委托的除外。

第六条 一方当事人根据双方的交易习惯,有理由相信行为人有权代表对方当事人订立海上货运代理合同,该方当事人依据合同法第四十九条的规定主张合同成立的,人民法院应予支持。

第七条 海上货运代理合同约定货运代理企业交付处理海上货运代理事务取得的单证以委托人支付相关费用为条件,货运代理企业以委托人未支付相关费用为由拒绝交付单证的,人民法院应予支持。

合同未约定或约定不明确,货运代理企业以委托人未支付相关费用为由拒绝交付单证的,人民法院应予支持,但提单、海运单或者其他运输单证除外。

第八条 货运代理企业接受契约托运人的委托办理订舱事务,同时接受实际托运人的委托向承运人交付货物,实际托运人请求货运代理企业交付其取得的提单、海运单或者其他运输单证的,人民法院应予支持。

契约托运人是指本人或者委托他人以本人名义或者委托他人为本人与承运人订立海上货物运输合同的人。

实际托运人是指本人或者委托他人以本人名义或者委托他人为本人将货物交给与海上货物运输合同有关的承运人的人。

第九条 货运代理企业按照概括委托权限完成海上货运代理事务,请求委托人支付相关合理费用的,人民法院应予支持。

第十条 委托人以货运代理企业处理海上货运代理事务给委托人造成损失为由,主张由货运代理企业承担相应赔偿责任的,人民法院应予支持,但货运代理企业证明其没有过错的除外。

第十一条 货运代理企业未尽谨慎义务,与未在我国交通主管部门办理提单登记的无船承运业务经营者订立海上货物运输合同,造成委托人损失的,应承担相应的赔偿责任。

第十二条 货运代理企业接受未在我国交通主管部门办理提单登记的无船承运业务经营者的委托签发提单,当事人主张由货运代理企业和无船承运业务经营者对提单项下的损失承担连带责任的,人民法院应予支持。

货运代理企业承担赔偿责任后,有权向无船承运业务经营者追偿。

第十三条 因本规定第一条所列纠纷提起的诉讼,由海事法院管辖。

第十四条 人民法院在案件审理过程中,发现不具有无船承运业务经营资格的货运代理企业违反《中华人民共和国国际海运条例》的规定,以自己的名义签发提单、海运单或者其他运输单证的,应当向有关交通主管部门发出司法建议,建议交通主管部门予以处罚。

第十五条 本规定不适用于与沿海、内河货物运输有关的货运代理纠纷案件。

第十六条 本规定施行前本院作出的有关司法解释与本规定相抵触的,以本规定为准。

本规定施行后,案件尚在一审或者二审阶段的,适用本规定;本规定施行前已经终审的案件,本规定施行后当事人申请再审或者按照审判监督程序决定再审的案件,不适用本规定。

最高人民法院关于海上保险合同的保险人行使代位请求赔偿权利的诉讼时效期间起算日的批复

(2014年10月27日最高人民法院审判委员会第1628次会议通过 2014年12月25日最高人民法院公告公布 自2014年12月26日起施行 法释〔2014〕15号)

上海市高级人民法院:

你院《关于海事诉讼中保险人代位求偿的诉讼时效期间起算日相关法律问题的请示》(沪高法〔2014〕89号)收悉。经研究,批复如下:

依照《中华人民共和国海商法》及《最高人民法院关于审理海上保险纠纷案件若干问题的规定》关于保险人行使代位请求赔偿权利的相关规定,结合海事审判实践,海上保险合同的保险人行使代位请求赔偿权利的诉讼时效期间起算日,应按照《中华人民共和国海商法》第十三章规定的相关请求权之诉讼时效起算时间确定。

此复。

最高人民法院关于审理发生在我国管辖海域相关案件若干问题的规定(二)

(2016年5月9日最高人民法院审判委员会第1682次会议通过 2016年8月1日最高人民法院公告公布 自2016年8月2日起施行 法释〔2016〕17号)

为正确审理发生在我国管辖海域相关案件,维护当事人合法权益,根据《中华人民共和国刑法》《中华人民共和国渔业法》《中华人民共和国民事诉讼法》《中华人民共和国刑事诉讼法》《中华人民共和国行政诉讼法》,结合审判实际,制定本规定。

第一条 当事人因船舶碰撞、海洋污染等事故受到损害,请求侵权人赔偿渔船、渔具、渔货损失以及收入损失的,人民法院应予支持。

当事人违反渔业法第二十三条,未取得捕捞许可证从事海上捕捞作业,依照前款规定主张收入损失的,人民法院不予支持。

第二条 人民法院在审判执行工作中,发现违法行为,需要有关单位对其依法处理的,应及时向相关单位提出司法建议,必要时可以抄送该单位的上级机关或者主管部门。违法行为涉嫌犯罪的,依法移送刑事侦查部门处理。

第三条 违反我国国(边)境管理法规,非法进入我国领海,具有下列情形之一的,应当认定为刑法第三百二十二条规定的“情节严重”:

(一)经驱赶拒不离开的;

(二)被驱离后又非法进入我国领海的;

（三）因非法进入我国领海被行政处罚或者被刑事处罚后，一年内又非法进入我国领海的；

（四）非法进入我国领海从事捕捞水产品等活动，尚不构成非法捕捞水产品等犯罪的；

（五）其他情节严重的情形。

第四条 违反保护水产资源法规，在海洋水域，在禁渔区、禁渔期或者使用禁用的工具、方法捕捞水产品，具有下列情形之一的，应当认定为刑法第三百四十条规定的“情节严重”：

（一）非法捕捞水产品一万公斤以上或者价值十万元以上的；

（二）非法捕捞有重要经济价值的水生动物苗种、怀卵亲体二千公斤以上或者价值二万元以上的；

（三）在水产种质资源保护区内捕捞水产品二千公斤以上或者价值二万元以上的；

（四）在禁渔区内使用禁用的工具或者方法捕捞的；

（五）在禁渔期内使用禁用的工具或者方法捕捞的；

（六）在公海使用禁用渔具从事捕捞作业，造成严重影响的；

（七）其他情节严重的情形。

第五条 非法采捕珊瑚、砗磲或者其他珍贵、濒危水生野生动物，具有下列情形之一的，应当认定为刑法第三百四十一条第一款规定的“情节严重”：

（一）价值在五十万元以上的；

（二）非法获利二十万元以上的；

（三）造成海域生态环境严重破坏的；

（四）造成严重国际影响的；

（五）其他情节严重的情形。

实施前款规定的行为，具有下列情形之一的，应当认定为刑法第三百四十一条第一款规定的“情节特别严重”：

（一）价值或者非法获利达到本条第一款规定标准五倍以上的；

（二）价值或者非法获利达到本条第一款规定的标准，造成海域生态环境严重破坏的；

（三）造成海域生态环境特别严重破坏的；

（四）造成特别严重国际影响的；

（五）其他情节特别严重的情形。

第六条 非法收购、运输、出售珊瑚、砗磲或者其他珍贵、濒危水生野生动物及其制品，具有下列情形之一的，应当认定为刑法第三百四十一条第一款规定的“情节严重”：

（一）价值在五十万元以上的；

（二）非法获利在二十万元以上的；

（三）具有其他严重情节的。

非法收购、运输、出售珊瑚、砗磲或者其他珍贵、濒危水生野生动物及其制品，具有下列情形之一的，应当认定为刑法第三百四十一条第一款规定的“情节特别严重”：

（一）价值在二百五十万元以上的；

（二）非法获利在一百万元以上的；

（三）具有其他特别严重情节的。

第七条 对案件涉及的珍贵、濒危水生野生动物的种属难以确定的，由司法鉴定机构出具鉴定意见，或者由国务院渔业行政主管部门指定的机构出具报告。

珍贵、濒危水生野生动物或者其制品的价值，依照国务院渔业行政主管部门的规定核定。核定价值低于实际交易价格的，以实际交易价格认定。

本解释所称珊瑚、砗磲，是指列入《国家重点保护野生动物名录》中国家一、二级保护的，以及列入《濒危野生动植物种国际贸易公约》附录一、附录二中的珊瑚、砗磲的所有种，包括活体和死体。

第八条 实施破坏海洋资源犯罪行为，同时构成非法捕捞罪、非法猎捕、杀害珍贵、濒危野生动物罪、组织他人偷越国（边）境罪、偷越国（边）境罪等犯罪的，依照处罚较重的规定定罪处罚。

有破坏海洋资源犯罪行为，又实施走私、妨害公务等犯罪的，依照数罪并罚的规定处理。

第九条 行政机关在行政诉讼中提交的于中华人民共和国领域外形成的，符合我国相关法律规定的证据，可以作为人民法院认定案件事实的依据。

下列证据不得作为定案依据：

（一）调查人员不具有所在国法律规定的调查权；

（二）证据调查过程不符合所在国法律规定，

或者违反我国法律、法规的禁止性规定；

（三）证据不完整，或保管过程存在瑕疵，不能排除篡改可能的；

（四）提供的证据为复制件、复制品，无法与原件核对，且所在国执法部门亦未提供证明复制件、复制品与原件一致的公函；

（五）未履行中华人民共和国与该国订立的有关条约中规定的证明手续，或者未经所在国公证机关证明，并经中华人民共和国驻该国使领馆认证；

（六）不符合证据真实性、合法性、关联性的其他情形。

第十条 行政相对人未依法取得捕捞许可证擅自进行捕捞，行政机关认为该行为构成渔业法第四十一条规定的"情节严重"情形的，人民法院应当从以下方面综合审查，并作出认定：

（一）是否未依法取得渔业船舶检验证书或渔业船舶登记证书；

（二）是否故意遮挡、涂改船名、船籍港；

（三）是否标写伪造、变造的渔业船舶船名、船籍港，或者使用伪造、变造的渔业船舶证书；

（四）是否标写其他合法渔业船舶的船名、船籍港或者使用其他渔业船舶证书；

（五）是否非法安装挖捕珊瑚等国家重点保护水生野生动物设施；

（六）是否使用相关法律、法规、规章禁用的方法实施捕捞；

（七）是否非法捕捞水产品、非法捕捞有重要经济价值的水生动物苗种、怀卵亲体或者在水产种质资源保护区内捕捞水产品，数量或价值较大；

（八）是否于禁渔区、禁渔期实施捕捞；

（九）是否存在其他严重违法捕捞行为的情形。

第十一条 行政机关对停靠在渔港，无船名、船籍港和船舶证书的船舶，采取禁止离港、指定地点停放等强制措施，行政相对人以行政机关超越法定职权为由提起诉讼的，人民法院不予支持。

第十二条 无船名、无船籍港、无渔业船舶证书的船舶从事非法捕捞，行政机关经审慎调查，在无相反证据的情况下，将现场负责人或者实际负责人认定为违法行为人的，人民法院应予支持。

第十三条 行政机关有证据证明行政相对人采取将装载物品倒入海中等故意毁灭证据的行为，但行政相对人予以否认的，人民法院可以根据行政相对人的行为给行政机关举证造成困难的实际情况，适当降低行政机关的证明标准或者决定由行政相对人承担相反事实的证明责任。

第十四条 外国公民、无国籍人、外国组织，认为我国海洋、公安、海关、渔业行政主管部门及其所属的渔政监督管理机构等执法部门在行政执法过程中侵害其合法权益的，可以依据行政诉讼法等相关法律规定提起行政诉讼。

第十五条 本规定施行后尚未审结的一审、二审案件，适用本规定；本规定施行前已经终审，当事人申请再审或者按照审判监督程序决定再审的案件，不适用本规定。

第十六条 本规定自2016年8月2日起施行。

中华人民共和国海上交通事故调查处理条例

（1990年1月11日国务院批准 1990年3月3日中华人民共和国交通部令第14号发布 自发布之日起施行）

目 录

第一章 总 则

第一条 为了加强海上交通安全管理，及时调查处理海上交通事故，根据《中华人民共和国海上交通安全法》的有关规定，制定本条例。

第二条 中华人民共和国港务监督机构是

本条例的实施机关。

第三条 本条例适用于船舶、设施在中华人民共和国沿海水域内发生的海上交通事故。

以渔业为主的渔港水域内发生的海上交通事故和沿海水域内渔业船舶之间、军用船舶之间发生的海上交通事故的调查处理,国家法律、行政法规另有专门规定的,从其规定。

第四条 本条例所称海上交通事故是指船舶、设施发生的下列事故:

(一)碰撞、触碰或浪损;

(二)触礁或搁浅;

(三)火灾或爆炸;

(四)沉没;

(五)在航行中发生影响适航性能的机件或重要属具的损坏或灭失;

(六)其他引起财产损失和人身伤亡的海上交通事故。

第二章 报　　告

第五条 船舶、设施发生海上交通事故,必须立即用甚高频电话、无线电报或其他有效手段向就近港口的港务监督报告。报告的内容应当包括:船舶或设施的名称、呼号、国籍、起迄港,船舶或设施的所有人或经营人名称,事故发生的时间、地点、海况以及船舶、设施的损害程度、救助要求等。

第六条 船舶、设施发生海上交通事故,除应按第五条规定立即提出扼要报告外,还必须按下列规定向港务监督提交《海上交通事故报告书》和必要的文书资料:

(一)船舶、设施在港区水域内发生海上交通事故,必须在事故发生后24小时内向当地港务监督提交。

(二)船舶、设施在港区水域以外的沿海水域发生海上交通事故,船舶必须在到达中华人民共和国的第一个港口后48小时内向港务监督提交;设施必须在事故发生后48小时内用电报向就近港口的港务监督报告《海上交通事故报告书》要求的内容。

(三)引航员在引领船舶的过程中发生海上交通事故,应当在返港后24小时内向当地港务监督提交《海上交通事故报告书》。

前款(一)、(二)项因特殊情况不能按规定时间提交《海上交通事故报告书》的,在征得港务监督同意后可予以适当延迟。

第七条 《海上交通事故报告书》应当如实写明下列情况:

(一)船舶、设施概况和主要性能数据;

(二)船舶、设施所有人或经营人的名称、地址;

(三)事故发生的时间和地点;

(四)事故发生时的气象和海况;

(五)事故发生的详细经过(碰撞事故应附相对运动示意图);

(六)损害情况(附船舶、设施受损部位简图。难以在规定时间内查清的,应于检验后补报);

(七)船舶、设施沉没的,其沉没概位;

(八)与事故有关的其他情况。

第八条 海上交通事故报告必须真实,不得隐瞒或捏造。

第九条 因海上交通事故致使船舶、设施发生损害,船长、设施负责人应申请中国当地或船舶第一到达港地的检验部门进行检验或鉴定,并应将检验报告副本送交港务监督备案。

前款检验、鉴定事项,港务监督可委托有关单位或部门进行,其费用由船舶、设施所有人或经营人承担。

船舶、设施发生火灾、爆炸等事故,船长、设施负责人必须申请公安消防监督机关鉴定,并将鉴定书副本送交港务监督备案。

第三章 调　　查

第十条 在港区水域内发生的海上交通事故,由港区地的港务监督进行调查。

在港区水域外发生的海上交通事故,由就近港口的港务监督或船舶到达的中华人民共和国的第一个港口的港务监督进行调查。必要时,由中华人民共和国港务监督局指定的港务监督进行调查。

港务监督认为必要时,可以通知有关机关和社会组织参加事故调查。

第十一条 港务监督在接到事故报告后,应及时进行调查。调查应客观、全面,不受事故当事人提供材料的限制。根据调查工作的需要，港务监督有权：

（一）询问有关人员；

（二）要求被调查人员提供书面材料和证明；

（三）要求有关当事人提供航海日志、轮机日志、车钟记录、报务日志、航向记录、海图、船舶资料、航行设备仪器的性能以及其他必要的原始文书资料；

（四）检查船舶、设施及有关设备的证书、人员证书和核实事故发生前船舶的适航状态、设施的技术状态；

（五）检查船舶、设施及其货物的损害情况和人员伤亡情况；

（六）勘查事故现场，搜集有关物证。

港务监督在调查中，可以使用录音、照相、录相等设备，并可采取法律允许的其他调查手段。

第十二条 被调查人必须接受调查，如实陈述事故的有关情节，并提供真实的文书资料。

港务监督人员在执行调查任务时，应当向被调查人员出示证件。

第十三条 港务监督因调查海上交通事故的需要，可以令当事船舶驶抵指定地点接受调查。当事船舶在不危及自身安全的情况下，未经港务监督同意，不得离开指定地点。

第十四条 港务监督的海上交通事故调查材料，公安机关、国家安全机关、监察机关、检察机关、审判机关和海事仲裁委员会及法律规定的其他机关和人员因办案需要可以查阅、摘录或复制，审判机关确因开庭需要可以借用。

第四章 处　　理

第十五条 港务监督应当根据对海上交通事故的调查，作出《海上交通事故调查报告书》，查明事故发生的原因，判明当事人的责任；构成重大事故的，通报当地检察机关。

第十六条 《海上交通事故调查报告书》应包括以下内容：

（一）船舶、设施的概况和主要数据；

（二）船舶、设施所有人或经营人的名称和地址；

（三）事故发生的时间、地点、过程、气象海况、损害情况等；

（四）事故发生的原因及依据；

（五）当事人各方的责任及依据；

（六）其他有关情况。

第十七条 对海上交通事故的发生负有责任的人员，港务监督可以根据其责任的性质和程度依法给予下列处罚：

（一）对中国籍船员、引航员或设施上的工作人员，可以给予警告、罚款或扣留、吊销职务证书；

（二）对外国籍船员或设施上的工作人员，可以给予警告、罚款或将其过失通报其所属国家的主管机关。

第十八条 对海上交通事故的发生负有责任的人员及船舶、设施的所有人或经营人，需要追究其行政责任的，由港务监督提交其主管机关或行政监察机关处理；构成犯罪的，由司法机关依法追究刑事责任。

第十九条 根据海上交通事故发生的原因，港务监督可责令有关船舶、设施的所有人、经营人限期加强对所属船舶、设施的安全管理。对拒不加强安全管理或在限期内达不到安全要求的，港务监督有权责令其停航、改航、停止作业，并可采取其他必要的强制性处置措施。

第五章 调　　解

第二十条 对船舶、设施发生海上交通事故引起的民事侵权赔偿纠纷，当事人可以申请港务监督调解。

调解必须遵循自愿、公平的原则，不得强迫。

第二十一条 前条民事纠纷，凡已向海事法院起诉或申请海事仲裁机构仲裁的，当事人不得再申请港务监督调解。

第二十二条 调解由当事人各方在事故发生之日起30日内向负责该事故调查的港务监督提交书面申请。港务监督要求提供担保的，当事人应附经济赔偿担保证明文件。

第二十三条 经调解达成协议的，港务监督应制作调解书。调解书应当写明当事人的姓名或名称、住所、法定代表人或代理人的姓名及职务、纠纷的主要事实、当事人的责任、协议的内容、调解费的承担、调解协议履行的期限。调解书由当事人各方共同签字,并经港务监督盖印确认。调解书应交当事方各持1份,港务监督留存1份。

第二十四条　调解达成协议的,当事人各方应当自动履行。达成协议后当事人翻悔的或逾期不履行协议的,视为调解不成。

第二十五条　凡向港务监督申请调解的民事纠纷,当事人中途不愿调解的,应当向港务监督递交撤销调解的书面申请,并通知对方当事人。

第二十六条　港务监督自收到调解申请书之日起3个月内未能使当事人各方达成调解协议的,可以宣布调解不成。

第二十七条　不愿意调解或调解不成的,当事人可以向海事法院起诉或申请海事仲裁机构仲裁。

第二十八条　凡申请港务监督调解的,应向港务监督缴纳调解费。调解的收费标准,由交通部会同国家物价局、财政部制定。

经调解达成协议的,调解费用按当事人过失比例或约定的数额分摊;调解不成的,由当事人各方平均分摊。

第六章　罚　　则

第二十九条　违反本条例规定,有下列行为之一的,港务监督可视情节对有关当事人(自然人)处以警告或者200元以下罚款;对船舶所有人、经营人处以警告或者5000元以下罚款:

(一)未按规定的时间向港务监督报告事故或提交《海上交通事故报告书》或本条例第三十二条要求的判决书、裁决书、调解书的副本的;

(二)未按港务监督要求驶往指定地点,或在未出现危及船舶安全的情况下未经港务监督同意擅自驶离指定地点的;

(三)事故报告或《海上交通事故报告书》的内容不符合规定要求或不真实,影响调查工作进行或给有关部门造成损失的;

(四)违反第九条规定,影响事故调查的;

(五)拒绝接受调查或无理阻挠、干扰港务监督进行调查的;

(六)在受调查时故意隐瞒事实或提供虚假证明的。

前款第(五)、(六)项行为构成犯罪的,由司法机关依法追究刑事责任。

第三十条　对违反本条例规定,玩忽职守、滥用职权、营私舞弊、索贿受贿的港务监督人员,由行政监察机关或其所在单位给予行政处分;构成犯罪的,由司法机关依法追究刑事责任。

第三十一条　当事人对港务监督依据本条例给予的处罚不服的,可以依法向人民法院提起行政诉讼。

第七章　特别规定

第三十二条　中国籍船舶在中华人民共和国沿海水域以外发生的海上交通事故,其所有人或经营人应当向船籍港的港务监督报告,并于事故发生之日起60日内提交《海上交通事故报告书》。如果事故在国外诉讼、仲裁或调解,船舶所有人或经营人应在诉讼、仲裁或调解结束后60日内将判决书、裁决书或调解书的副本或影印件报船籍港的港务监督备案。

第三十三条　派往外国籍船舶任职的持有中华人民共和国船员职务证书的中国籍船员对海上交通事故的发生负有责任的,其派出单位应当在事故发生之日起60日内向签发该职务证书的港务监督提交《海上交通事故报告书》。

本条第一款和第三十二条的海上交通事故的调查处理,按本条例的有关规定办理。

第八章　附　　则

第三十四条　对违反海上交通安全管理法规进行违章操作,虽未造成直接的交通事故,但构成重大潜在事故隐患的,港务监督可以依据本条例进行调查和处罚。

第三十五条　因海上交通事故产生的海洋环境污染,按照我国海洋环境保护的有关法律、法规处理。

第三十六条　本条例由交通部负责解释。

第三十七条　本条例自发布之日起施行。

中华人民共和国港口间海上旅客运输赔偿责任限额规定

（1993年11月20日国务院批准 1993年12月17日中华人民共和国交通部令第6号发布 自1994年1月1日起施行）

第一条 根据《中华人民共和国海商法》第一百一十七条、第二百一十一条的规定，制定本规定。

第二条 本规定适用于中华人民共和国港口之间海上旅客运输。

第三条 承运人在每次海上旅客运输中的赔偿责任限额，按照下列规定执行：

（一）旅客人身伤亡的，每名旅客不超过4万元人民币；

（二）旅客自带行李灭失或者损坏的，每名旅客不超过800元人民币；

（三）旅客车辆包括该车辆所载行李灭失或者损坏的，每一车辆不超过3200元人民币；

（四）本款第（二）项、第（三）项以外的旅客其他行李灭失或者损坏的，每千克不超过20元人民币。

承运人和旅客可以书面约定高于本条第一款规定的赔偿责任限额。

第四条 海上旅客运输的旅客人身伤亡赔偿责任限制，按照4万元人民币乘以船舶证书规定的载客定额计算赔偿限额，但是最高不超过2100万元人民币。

第五条 向外籍旅客、华侨和港、澳、台胞旅客给付的赔偿金，可以兑换成该外国或者地区的货币。其汇率按照赔偿金给付之日中华人民共和国外汇管理部门公布的外汇牌价确定。

第六条 本规定由中华人民共和国交通部负责解释。

第七条 本规定自1994年1月1日起施行。

中华人民共和国船舶登记条例①

（1994年6月2日中华人民共和国国务院令第155号发布 自1995年1月1日起施行）

第一章 总 则

第一条 为了加强国家对船舶的监督管理，保障船舶登记有关各方的合法权益，制定本条例。

第二条 下列船舶应当依照本条例规定进行登记：

（一）在中华人民共和国境内有住所或者主要营业所的中国公民的船舶。

（二）依据中华人民共和国法律设立的主要营业所在中华人民共和国境内的企业法人的船舶。但是，在该法人的注册资本中有外商出资的，中方投资人的出资额不得低于50%。

（三）中华人民共和国政府公务船舶和事业法人的船舶。

（四）中华人民共和国港务监督机构认为应当登记的其他船舶。

军事船舶、渔业船舶和体育运动船艇的登记依照有关法规的规定办理。

第三条 船舶经依法登记，取得中华人民共和国国籍，方可悬挂中华人民共和国国旗航行；未经登记的，不得悬挂中华人民共和国国旗航行。

第四条 船舶不得具有双重国籍。凡在外国登记的船舶，未中止或者注销原登记国国籍的，不得取得中华人民共和国国籍。

第五条 船舶所有权的取得、转让和消灭，应当向船舶登记机关登记；未经登记的，不得对抗第三人。

船舶由二个以上的法人或者个人共有的，应当向船舶登记机关登记；未经登记的，不得对抗第三人。

第六条 船舶抵押权、光船租赁权的设定、转移和消灭，应当向船舶登记机关登记；未经登记的，不得对抗第三人。

① 编者注：已被修改。

第七条 中国籍船舶上的船员应当由中国公民担任;确需雇用外国籍船员的,应当报国务院交通主管部门批准。

中国籍船舶上应持适任证书的船员,必须持有相应的中华人民共和国船员适任证书。

第八条 中华人民共和国港务监督机构是船舶登记主管机关。

各港的港务监督机构是具体实施船舶登记的机关(以下简称船舶登记机关),其管辖范围由中华人民共和国港务监督机构确定。

第九条 船舶登记港为船籍港。

船舶登记港由船舶所有人依据其住所或者主要营业所所在地就近选择,但是不得选择 2 个或者 2 个以上的船舶登记港。

第十条 一艘船舶只准使用一个名称。

船名由船籍港船舶登记机关核定。船名不得与登记在先的船舶重名或者同音。

第十一条 船舶登记机关应当建立船舶登记簿。

船舶登记机关应当允许利害关系人查阅船舶登记簿。

第十二条 国家所有的船舶由国家授予具有法人资格的全民所有制企业经营管理的,本条例有关船舶所有人的规定适用于该法人。

第二章 船舶所有权登记

第十三条 船舶所有人申请船舶所有权登记,应当向船籍港船舶登记机关交验足以证明其合法身份的文件,并提供有关船舶技术资料和船舶所有权取得的证明文件的正本、副本。

就购买取得的船舶申请船舶所有权登记的,应当提供下列文件:

(一) 购船发票或者船舶的买卖合同和交接文件;

(二) 原船籍港船舶登记机关出具的船舶所有权登记注销证明书;

(三) 未进行抵押的证明文件或者抵押权人同意被抵押船舶转让他人的文件。

就新造船舶申请船舶所有权登记的,应当提供船舶建造合同和交接文件。但是,就建造中的船舶申请船舶所有权登记的,仅需提供船舶建造合同;就自造自用船舶申请船舶所有权登记的,应当提供足以证明其所有权取得的文件。

就因继承、赠与、依法拍卖以及法院判决取得的船舶申请船舶所有权登记的,应当提供具有相应法律效力的船舶所有权取得的证明文件。

第十四条 船籍港船舶登记机关应当对船舶所有权登记申请进行审查核实;对符合本条例规定的,应当自收到申请之日起 7 日内向船舶所有人颁发船舶所有权登记证书,授予船舶登记号码,并在船舶登记簿中载明下列事项:

(一) 船舶名称、船舶呼号;

(二) 船籍港和登记号码、登记标志;

(三) 船舶所有人的名称、地址及其法定代表人的姓名;

(四) 船舶所有权的取得方式和取得日期;

(五) 船舶所有权登记日期;

(六) 船舶建造商名称、建造日期和建造地点;

(七) 船舶价值、船体材料和船舶主要技术数据;

(八) 船舶的曾用名、原船籍港以及原船舶登记的注销或者中止的日期;

(九) 船舶为数人共有的,还应当载明船舶共有人的共有情况;

(十) 船舶所有人不实际使用和控制船舶的,还应当载明光船承租人或者船舶经营人的名称、地址及其法定代表人的姓名;

(十一) 船舶已设定抵押权的,还应当载明船舶抵押权的设定情况。

船舶登记机关对不符合本条例规定的,应当自收到申请之日起 7 日内书面通知船舶所有人。

第三章 船舶国籍

第十五条 船舶所有人申请船舶国籍,除应当交验依照本条例取得的船舶所有权登记证书外,还应当按照船舶航区相应交验下列文件:

(一) 航行国际航线的船舶,船舶所有人应当根据船舶的种类交验法定的船舶检验机构签发的下列有效船舶技术证书:

1. 国际吨位丈量证书;

2. 国际船舶载重线证书;

3. 货船构造安全证书;

4. 货船设备安全证书;
5. 乘客定额证书;
6. 客船安全证书;
7. 货船无线电报安全证书;
8. 国际防止油污证书;
9. 船舶航行安全证书;
10. 其他有关技术证书。

(二)国内航行的船舶,船舶所有人应当根据船舶的种类交验法定的船舶检验机构签发的船舶检验证书簿和其他有效船舶技术证书。

从境外购买具有外国国籍的船舶,船舶所有人在申请船舶国籍时,还应当提供原船籍港船舶登记机关出具的注销原国籍的证明书或者将于重新登记时立即注销原国籍的证明书。

对经审查符合本条例规定的船舶,船籍港船舶登记机关予以核准并发给船舶国籍证书。

第十六条 依照本条例第十三条规定申请登记的船舶,经核准后,船舶登记机关发给船舶国籍证书。船舶国籍证书的有效期为5年。

第十七条 向境外出售新造的船舶,船舶所有人应当持船舶所有权取得的证明文件和有效船舶技术证书,到建造地船舶登记机关申请办理临时船舶国籍证书。

从境外购买新造的船舶,船舶所有人应当持船舶所有权取得的证明文件和有效船舶技术证书,到中华人民共和国驻外大使馆、领事馆申请办理临时船舶国籍证书。

境内异地建造船舶,需要办理临时船舶国籍证书的,船舶所有人应当持船舶建造合同和交接文件以及有效船舶技术证书,到建造地船舶登记机关申请办理临时船舶国籍证书。

在境外建造船舶,船舶所有人应当持船舶建造合同和交接文件以及有效船舶技术证书,到中华人民共和国驻外大使馆、领事馆申请办理临时船舶国籍证书。

以光船条件从境外租进船舶,光船承租人应当持光船租赁合同和原船籍港船舶登记机关出具的中止或者注销原国籍的证明书,或者将于重新登记时立即中止或者注销原国籍的证明书到船舶登记机关申请办理临时船舶国籍证书。

对经审查符合本条例规定的船舶,船舶登记机关或者中华人民共和国驻外大使馆、领事馆予以核准并发给临时船舶国籍证书。

第十八条 临时船舶国籍证书的有效期一般不超过1年。

以光船租赁条件从境外租进的船舶,临时船舶国籍证书的期限可以根据租期确定,但是最长不得超过2年。光船租赁合同期限超过2年的,承租人应当在证书有效期内,到船籍港船舶登记机关申请换发临时船舶国籍证书。

第十九条 临时船舶国籍证书和船舶国籍证书具有同等法律效力。

第四章 船舶抵押权登记

第二十条 对20总吨以上的船舶设定抵押权时,抵押权人和抵押人应当持下列文件到船籍港船舶登记机关申请办理船舶抵押权登记:

(一)双方签字的书面申请书;

(二)船舶所有权登记证书或者船舶建造合同;

(三)船舶抵押合同。

该船舶设定有其他抵押权的,还应当提供有关证明文件。

船舶共有人就共有船舶设定抵押权时,还应当提供2/3以上份额或者约定份额的共有人的同意证明文件。

第二十一条 对经审查符合本条例规定的,船籍港船舶登记机关应当自收到申请之日起7日内将有关抵押人、抵押权人和船舶抵押情况以及抵押登记日期载入船舶登记簿和船舶所有权登记证书,并向抵押权人核发船舶抵押权登记证书。

第二十二条 船舶抵押权登记,包括下列主要事项:

(一)抵押权人和抵押人的姓名或者名称、地址;

(二)被抵押船舶的名称、国籍,船舶所有权登记证书的颁发机关和号码;

(三)所担保的债权数额、利息率、受偿期限。

船舶登记机关应当允许公众查询船舶抵押权的登记状况。

第二十三条 船舶抵押权转移时,抵押权人和承转人应当持船舶抵押权转移合同到船籍港船舶登记机关申请办理抵押权转移登记。

对经审查符合本条例规定的，船籍港船舶登记机关应当将承转人作为抵押权人载入船舶登记簿和船舶所有权登记证书，并向承转人核发船舶抵押权登记证书，封存原船舶抵押权登记证书。

办理船舶抵押权转移前，抵押权人应当通知抵押人。

第二十四条　同一船舶设定 2 个以上抵押权的，船舶登记机关应当按照抵押权登记申请日期的先后顺序进行登记，并在船舶登记簿上载明登记日期。

登记申请日期为登记日期；同日申请的，登记日期应当相同。

第五章　光船租赁登记

第二十五条　有下列情形之一的，出租人、承租人应当办理光船租赁登记：

（一）中国籍船舶以光船条件出租给本国企业的；

（二）中国企业以光船条件租进外国籍船舶的；

（三）中国籍船舶以光船条件出租境外的。

第二十六条　船舶在境内出租时，出租人和承租人应当在船舶起租前，持船舶所有权登记证书、船舶国籍证书和光船租赁合同正本、副本，到船籍港船舶登记机关申请办理光船租赁登记。

对经审查符合本条例规定的，船籍港船舶登记机关应当将船舶租赁情况分别载入船舶所有权登记证书和船舶登记簿，并向出租人、承租人核发光船租赁登记证明书各 1 份。

第二十七条　船舶以光船条件出租境外时，出租人应当持本条例第二十六条规定的文件到船籍港船舶登记机关申请办理光船租赁登记。

对经审查符合本条例规定的，船籍港船舶登记机关应当依照本条例第四十二条规定中止或者注销其船舶国籍，并发给光船租赁登记证明书一式 2 份。

第二十八条　以光船条件从境外租进船舶，承租人应当比照本条例第九条规定确定船籍港，并在船舶起租前持下列文件，到船舶登记机关申请办理光船租赁登记：

（一）光船租赁合同正本、副本；

（二）法定的船舶检验机构签发的有效船舶技术证书；

（三）原船籍港船舶登记机关出具的中止或者注销船舶国籍证明书，或者将于重新登记时立即中止或者注销船舶国籍的证明书。

对经审查符合本条例规定的，船舶登记机关应当发给光船租赁登记证明书，并应当依照本条例第十七条的规定发给临时船舶国籍证书，在船舶登记簿上载明原登记国。

第二十九条　需要延长光船租赁期限的，出租人、承租人应当在光船租赁合同期满前 15 日，持光船租赁登记证明书和续租合同正本、副本，到船舶登记机关申请办理续租登记。

第三十条　在光船租赁期间，未经出租人书面同意，承租人不得申请光船转租登记。

第六章　船舶标志和公司旗

第三十一条　船舶应当具有下列标志：

（一）船首两舷和船尾标明船名；

（二）船尾船名下方标明船籍港；

（三）船名、船籍港下方标明汉语拼音；

（四）船首和船尾两舷标明吃水标尺；

（五）船舶中部两舷标明载重线。

受船型或者尺寸限制不能在前款规定的位置标明标志的船舶，应当在船上显著位置标明船名和船籍港。

第三十二条　船舶所有人设置船舶烟囱标志、公司旗，可以向船籍港船舶登记机关申请登记，并按照规定提供标准设计图纸。

第三十三条　同一公司的船舶只准使用一个船舶烟囱标志、公司旗。

船舶烟囱标志、公司旗由船籍港船舶登记机关审核。

船舶烟囱标志、公司旗不得与登记在先的船舶烟囱标志、公司旗相同或者相似。

第三十四条　船籍港船舶登记机关对经核准予以登记的船舶烟囱标志、公司旗应当予以公告。

业经登记的船舶烟囱标志、公司旗属登记申请人专用，其他船舶或者公司不得使用。

第七章 变更登记和注销登记

第三十五条 船舶登记项目发生变更时，船舶所有人应当持船舶登记的有关证明文件和变更证明文件，到船籍港船舶登记机关办理变更登记。

第三十六条 船舶变更船籍港时，船舶所有人应当持船舶国籍证书和变更证明文件，到原船籍港船舶登记机关申请办理船籍港变更登记。对经审查符合本条例规定的，原船籍港船舶登记机关应当在船舶国籍证书签证栏内注明，并将船舶有关登记档案转交新船籍港船舶登记机关，船舶所有人再到新船籍港船舶登记机关办理登记。

第三十七条 船舶共有情况发生变更时，船舶所有人应当持船舶所有权登记证书和有关船舶共有情况变更的证明文件，到船籍港船舶登记机关办理有关变更登记。

第三十八条 船舶抵押合同变更时，抵押权人和抵押人应当持船舶所有权登记证书、船舶抵押权登记证书和船舶抵押合同变更的证明文件，到船籍港船舶登记机关办理变更登记。

对经审查符合本条例规定的，船籍港船舶登记机关应当在船舶所有权登记证书和船舶抵押权登记证书以及船舶登记簿上注明船舶抵押合同的变更事项。

第三十九条 船舶所有权发生转移时，原船舶所有人应当持船舶所有权登记证书、船舶国籍证书和其他有关证明文件到船籍港船舶登记机关办理注销登记。

对经审查符合本条例规定的，船籍港船舶登记机关应当注销该船舶在船舶登记簿上的所有权登记以及与之相关的登记，收回有关登记证书，并向船舶所有人出具相应的船舶登记注销证明书。向境外出售的船舶，船舶登记机关可以根据具体情况出具注销国籍的证明书或者将于重新登记时立即注销国籍的证明书。

第四十条 船舶灭失（含船舶拆解、船舶沉没）和船舶失踪，船舶所有人应当自船舶灭失（含船舶拆解、船舶沉没）或者船舶失踪之日起3个月内持船舶所有权登记证书、船舶国籍证书和有关船舶灭失（含船舶拆解、船舶沉没）、船舶失踪的证明文件，到船籍港船舶登记机关办理注销登记。经审查核实，船籍港船舶登记机关应当注销该船舶在船舶登记簿上的登记，收回有关登记证书，并向船舶所有人出具船舶登记注销证明书。

第四十一条 船舶抵押合同解除，抵押权人和抵押人应当持船舶所有权登记证书、船舶抵押权登记证书和经抵押权人签字的解除抵押合同的文件，到船籍港船舶登记机关办理注销登记。对经审查符合本条例规定的，船籍港船舶登记机关应当注销其在船舶所有权登记证书和船舶登记簿上的抵押登记的记录。

第四十二条 以光船条件出租到境外的船舶，出租人除依照本条例第二十七条规定办理光船租赁登记外，还应当办理船舶国籍的中止或者注销登记。船籍港船舶登记机关应当封存原船舶国籍证书，发给中止或者注销船舶国籍证明书。特殊情况下，船籍港船舶登记机关可以发给将于重新登记时立即中止或者注销船舶国籍的证明书。

第四十三条 光船租赁合同期满或者光船租赁关系终止，出租人应当自光船租赁合同期满或者光船租赁关系终止之日起15日内，持船舶所有权登记证书、光船租赁合同或者终止光船租赁关系的证明文件，到船籍港船舶登记机关办理光船租赁注销登记。

以光船条件出租到境外的船舶，出租人还应当提供承租人所在地船舶登记机关出具的注销船舶国籍证明书或者将于重新登记时立即注销船舶国籍的证明书。

经核准后，船籍港船舶登记机关应当注销其在船舶所有权登记证书和船舶登记簿上的光船租赁登记的记录，并发还原船舶国籍证书。

第四十四条 以光船条件租进的船舶，承租人应当自光船租赁合同期满或者光船租赁关系终止之日起15日内，持光船租赁合同、终止光船租赁关系的证明文件，到船籍港船舶登记机关办理注销登记。

以光船条件从境外租进的船舶，还应当提供临时船舶国籍证书。

经核准后，船籍港船舶登记机关应当注销其在船舶登记簿上的光船租赁登记，收回临时船舶国籍证书，并出具光船租赁登记注销证明书和临时船舶国籍注销证明书。

第八章　船舶所有权登记证书、船舶国籍证书的换发和补发

第四十五条　船舶国籍证书有效期届满前1年内，船舶所有人应当持船舶国籍证书和有效船舶技术证书，到船籍港船舶登记机关办理证书换发手续。

第四十六条　船舶所有权登记证书、船舶国籍证书污损不能使用的，持证人应当向船籍港船舶登记机关申请换发。

第四十七条　船舶所有权登记证书、船舶国籍证书遗失的，持证人应当书面叙明理由，附具有关证明文件，向船籍港船舶登记机关申请补发。

船籍港船舶登记机关应当在当地报纸上公告声明原证书作废。

第四十八条　船舶所有人在境外发现船舶国籍证书遗失或者污损时，应当向中华人民共和国驻外大使馆、领事馆申请办理临时船舶国籍证书，但是必须在抵达本国第一个港口后及时向船籍港船舶登记机关申请换发船舶国籍证书。

第九章　法律责任

第四十九条　假冒中华人民共和国国籍，悬挂中华人民共和国国旗航行的，由船舶登记机关依法没收该船舶。

中国籍船舶假冒外国国籍，悬挂外国国旗航行的，适用前款规定。

第五十条　隐瞒在境内或者境外的登记事实，造成双重国籍的，由船籍港船舶登记机关吊销其船舶国籍证书，并视情节处以下列罚款：

（一）500总吨以下的船舶，处2000元以上、1万元以下的罚款；

（二）501总吨以上、1万总吨以下的船舶，处以1万元以上、5万元以下的罚款；

（三）10001总吨以上的船舶，处以5万元以上、20万元以下的罚款。

第五十一条　违反本条例规定，有下列情形之一的，船籍港船舶登记机关可以视情节给予警告、根据船舶吨位处以本条例第五十条规定的罚款数额的50%直至没收船舶登记证书：

（一）在办理登记手续时隐瞒真实情况、弄虚作假的；

（二）隐瞒登记事实，造成重复登记的；

（三）伪造、涂改船舶登记证书的。

第五十二条　不按照规定办理变更或者注销登记的，或者使用过期的船舶国籍证书或者临时船舶国籍证书的，由船籍港船舶登记机关责令其补办有关登记手续；情节严重的，可以根据船舶吨位处以本条例第五十条规定的罚款数额的10%。

第五十三条　违反本条例规定，擅自雇用外国籍船员或者使用他人业经登记的船舶烟囱标志、公司旗的，由船籍港船舶登记机关责令其改正；拒不改正的，可以根据船舶吨位处以本条例第五十条规定的罚款数额的10%；情节严重的，并可以吊销其船舶国籍证书或者临时船舶国籍证书。

第五十四条　船舶登记机关的工作人员滥用职权、徇私舞弊、玩忽职守、严重失职的，由所在单位或者上级机关给予行政处分；构成犯罪的，依法追究刑事责任。

第五十五条　当事人对船舶登记机关的具体行政行为不服的，可以依照国家有关法律、行政法规的规定申请复议或者提起行政诉讼。

第十章　附　　则

第五十六条　本条例下列用语的含义是：

（一）“船舶”系指各类机动、非机动船舶以及其他水上移动装置，但是船舶上装备的救生艇筏和长度小于5米的艇筏除外。

（二）“渔业船舶”系指从事渔业生产的船舶以及属于水产系统为渔业生产服务的船舶。

（三）“公务船舶”系指用于政府行政管理目的的船舶。

第五十七条　除公务船舶外，船舶登记机关按照规定收取船舶登记费。船舶登记费的收费标准和管理办法，由国务院财政部门、物价行政主管部门会同国务院交通行政主管部门制定。

第五十八条　船舶登记簿、船舶国籍证书、临时船舶国籍证书、船舶所有权登记证书、船舶抵押权登记证书、光船租赁登记证明书、申请书以及其他证明书的格式，由中华人民共和国港务监督机构统一制定。

第五十九条　本条例自1995年1月1日起施行。

国务院关于修改部分行政法规的决定(节录)

(2014年7月29日中华人民共和国国务院令第653号公布　自公布之日起施行)

为了依法推进行政审批制度改革和政府职能转变,发挥好地方政府贴近基层的优势,促进和保障政府管理由事前审批更多地转为事中事后监管,进一步激发市场活力、发展动力和社会创造力,根据2014年1月28日国务院公布的《国务院关于取消和下放一批行政审批项目的决定》,国务院对取消和下放的行政审批项目涉及的行政法规进行了清理。经过清理,国务院决定:对21部行政法规的部分条款予以修改。

……

三、删去《中华人民共和国船舶登记条例》第七条第一款。

删去第五十三条中的"擅自雇用外国籍船员或者"。

……

本决定自公布之日起施行。

中华人民共和国船舶登记条例

(1994年6月2日中华人民共和国国务院令第155号发布　根据2014年7月29日《国务院关于修改部分行政法规的决定》修订)

第一章　总　　则

第一条　为了加强国家对船舶的监督管理,保障船舶登记有关各方的合法权益,制定本条例。

第二条　下列船舶应当依照本条例规定进行登记:

(一)在中华人民共和国境内有住所或者主要营业所的中国公民的船舶。

(二)依据中华人民共和国法律设立的主要营业所在中华人民共和国境内的企业法人的船舶。但是,在该法人的注册资本中有外商出资的,中方投资人的出资额不得低于50%。

(三)中华人民共和国政府公务船舶和事业法人的船舶。

(四)中华人民共和国港务监督机构认为应当登记的其他船舶。

军事船舶、渔业船舶和体育运动船艇的登记依照有关法规的规定办理。

第三条　船舶经依法登记,取得中华人民共和国国籍,方可悬挂中华人民共和国国旗航行;未经登记的,不得悬挂中华人民共和国国旗航行。

第四条　船舶不得具有双重国籍。凡在外国登记的船舶,未中止或者注销原登记国国籍的,不得取得中华人民共和国国籍。

第五条　船舶所有权的取得、转让和消灭,应当向船舶登记机关登记;未经登记的,不得对抗第三人。

船舶由二个以上的法人或者个人共有的,应当向船舶登记机关登记;未经登记的,不得对抗第三人。

第六条　船舶抵押权、光船租赁权的设定、转移和消灭,应当向船舶登记机关登记;未经登记的,不得对抗第三人。

第七条　中国籍船舶上应持适任证书的船员,必须持有相应的中华人民共和国船员适任证书。

第八条　中华人民共和国港务监督机构是船舶登记主管机关。

各港的港务监督机构是具体实施船舶登记的机关(以下简称船舶登记机关),其管辖范围由中华人民共和国港务监督机构确定。

第九条　船舶登记港为船籍港。

船舶登记港由船舶所有人依据其住所或者主要营业所所在地就近选择,但是不得选择2个或者2个以上的船舶登记港。

第十条　一艘船舶只准使用一个名称。

船名由船籍港船舶登记机关核定。船名不得与登记在先的船舶重名或者同音。

第十一条　船舶登记机关应当建立船舶登记簿。

船舶登记机关应当允许利害关系人查阅船舶登记簿。

第十二条　国家所有的船舶由国家授予具

有法人资格的全民所有制企业经营管理的，本条例有关船舶所有人的规定适用于该法人。

第二章 船舶所有权登记

第十三条 船舶所有人申请船舶所有权登记，应当向船籍港船舶登记机关交验足以证明其合法身份的文件，并提供有关船舶技术资料和船舶所有权取得的证明文件的正本、副本。

就购买取得的船舶申请船舶所有权登记的，应当提供下列文件：

（一）购船发票或者船舶的买卖合同和交接文件；

（二）原船籍港船舶登记机关出具的船舶所有权登记注销证明书；

（三）未进行抵押的证明文件或者抵押权人同意被抵押船舶转让他人的文件。

就新造船舶申请船舶所有权登记的，应当提供船舶建造合同和交接文件。但是，就建造中的船舶申请船舶所有权登记的，仅需提供船舶建造合同；就自造自用船舶申请船舶所有权登记的，应当提供足以证明其所有权取得的文件。

就因继承、赠与、依法拍卖以及法院判决取得的船舶申请船舶所有权登记的，应当提供具有相应法律效力的船舶所有权取得的证明文件。

第十四条 船籍港船舶登记机关应当对船舶所有权登记申请进行审查核实；对符合本条例规定的，应当自收到申请之日起7日内向船舶所有人颁发船舶所有权登记证书，授予船舶登记号码，并在船舶登记簿中载明下列事项：

（一）船舶名称、船舶呼号；

（二）船籍港和登记号码、登记标志；

（三）船舶所有人的名称、地址及其法定代表人的姓名；

（四）船舶所有权的取得方式和取得日期；

（五）船舶所有权登记日期；

（六）船舶建造商名称、建造日期和建造地点；

（七）船舶价值、船体材料和船舶主要技术数据；

（八）船舶的曾用名、原船籍港以及原船舶登记的注销或者中止的日期；

（九）船舶为数人共有的，还应当载明船舶共有人的共有情况；

（十）船舶所有人不实际使用和控制船舶的，还应当载明光船承租人或者船舶经营人的名称、地址及其法定代表人的姓名；

（十一）船舶已设定抵押权的，还应当载明船舶抵押权的设定情况。

船舶登记机关对不符合本条例规定的，应当自收到申请之日起7日内书面通知船舶所有人。

第三章 船舶国籍

第十五条 船舶所有人申请船舶国籍，除应当交验依照本条例取得的船舶所有权登记证书外，还应当按照船舶航区相应交验下列文件：

（一）航行国际航线的船舶，船舶所有人应当根据船舶的种类交验法定的船舶检验机构签发的下列有效船舶技术证书：

1. 国际吨位丈量证书；
2. 国际船舶载重线证书；
3. 货船构造安全证书；
4. 货船设备安全证书；
5. 乘客定额证书；
6. 客船安全证书；
7. 货船无线电报安全证书；
8. 国际防止油污证书；
9. 船舶航行安全证书；
10. 其他有关技术证书。

（二）国内航行的船舶，船舶所有人应当根据船舶的种类交验法定的船舶检验机构签发的船舶检验证书簿和其他有效船舶技术证书。

从境外购买具有外国国籍的船舶，船舶所有人在申请船舶国籍时，还应当提供原船籍港船舶登记机关出具的注销原国籍的证明书或者将于重新登记时立即注销原国籍的证明书。

对经审查符合本条例规定的船舶，船籍港船舶登记机关予以核准并发给船舶国籍证书。

第十六条 依照本条例第十三条规定申请登记的船舶，经核准后，船舶登记机关发给船舶国籍证书。船舶国籍证书的有效期为5年。

第十七条 向境外出售新造的船舶，船舶所有人应当持船舶所有权取得的证明文件和有效船舶技术证书，到建造地船舶登记机关申请办理临时船舶国籍证书。

从境外购买新造的船舶，船舶所有人应当持船舶所有权取得的证明文件和有效船舶技术证书，到中华人民共和国驻外大使馆、领事馆申请办理临时船舶国籍证书。

境内异地建造船舶，需要办理临时船舶国籍证书的，船舶所有人应当持船舶建造合同和交接文件以及有效船舶技术证书，到建造地船舶登记机关申请办理临时船舶国籍证书。

在境外建造船舶，船舶所有人应当持船舶建造合同和交接文件以及有效船舶技术证书，到中华人民共和国驻外大使馆、领事馆申请办理临时船舶国籍证书。

以光船条件从境外租进船舶，光船承租人应当持光船租赁合同和原船籍港船舶登记机关出具的中止或者注销原国籍的证明书，或者将于重新登记时立即中止或者注销原国籍的证明书到船舶登记机关申请办理临时船舶国籍证书。

对经审查符合本条例规定的船舶，船舶登记机关或者中华人民共和国驻外大使馆、领事馆予以核准并发给临时船舶国籍证书。

第十八条　临时船舶国籍证书的有效期一般不超过1年。

以光船租赁条件从境外租进的船舶，临时船舶国籍证书的期限可以根据租期确定，但是最长不得超过2年。光船租赁合同期限超过2年的，承租人应当在证书有效期内，到船籍港船舶登记机关申请换发临时船舶国籍证书。

第十九条　临时船舶国籍证书和船舶国籍证书具有同等法律效力。

第四章　船舶抵押权登记

第二十条　对20总吨以上的船舶设定抵押权时，抵押权人和抵押人应当持下列文件到船籍港船舶登记机关申请办理船舶抵押权登记：

（一）双方签字的书面申请书；

（二）船舶所有权登记证书或者船舶建造合同；

（三）船舶抵押合同。

该船舶设定有其他抵押权的，还应当提供有关证明文件。

船舶共有人就共有船舶设定抵押权时，还应当提供2/3以上份额或者约定份额的共有人的同意证明文件。

第二十一条　对经审查符合本条例规定的，船籍港船舶登记机关应当自收到申请之日起7日内将有关抵押人、抵押权人和船舶抵押情况以及抵押登记日期载入船舶登记簿和船舶所有权登记证书，并向抵押权人核发船舶抵押权登记证书。

第二十二条　船舶抵押权登记，包括下列主要事项：

（一）抵押权人和抵押人的姓名或者名称、地址；

（二）被抵押船舶的名称、国籍，船舶所有权登记证书的颁发机关和号码；

（三）所担保的债权数额、利息率、受偿期限。

船舶登记机关应当允许公众查询船舶抵押权的登记状况。

第二十三条　船舶抵押权转移时，抵押权人和承转人应当持船舶抵押权转移合同到船籍港船舶登记机关申请办理抵押权转移登记。

对经审查符合本条例规定的，船籍港船舶登记机关应当将承转人作为抵押权人载入船舶登记簿和船舶所有权登记证书，并向承转人核发船舶抵押权登记证书，封存原船舶抵押权登记证书。

办理船舶抵押权转移前，抵押权人应当通知抵押人。

第二十四条　同一船舶设定2个以上抵押权的，船舶登记机关应当按照抵押权登记申请日期的先后顺序进行登记，并在船舶登记簿上载明登记日期。

登记申请日期为登记日期；同日申请的，登记日期应当相同。

第五章　光船租赁登记

第二十五条　有下列情形之一的，出租人、承租人应当办理光船租赁登记：

（一）中国籍船舶以光船条件出租给本国企业的；

（二）中国企业以光船条件租进外国籍船舶的；

（三）中国籍船舶以光船条件出租境外的。

第二十六条　船舶在境内出租时，出租人和承租人应当在船舶起租前，持船舶所有权登记证书、船舶国籍证书和光船租赁合同正本、副本，到船籍港船舶登记机关申请办理光船租赁登记。

对经审查符合本条例规定的，船籍港船舶登记机关应当将船舶租赁情况分别载入船舶所有权登记证书和船舶登记簿，并向出租人、承租人核发光船租赁登记证明书各1份。

第二十七条　船舶以光船条件出租境外时，出租人应当持本条例第二十六条规定的文件到船籍港船舶登记机关申请办理光船租赁登记。

对经审查符合本条例规定的，船籍港船舶登记机关应当依照本条例第四十二条规定中止或者注销其船舶国籍，并发给光船租赁登记证明书一式2份。

第二十八条　以光船条件从境外租进船舶，承租人应当比照本条例第九条规定确定船籍港，并在船舶起租前持下列文件，到船舶登记机关申请办理光船租赁登记：

（一）光船租赁合同正本、副本；

（二）法定的船舶检验机构签发的有效船舶技术证书；

（三）原船籍港船舶登记机关出具的中止或者注销船舶国籍证明书，或者将于重新登记时立即中止或者注销船舶国籍的证明书。

对经审查符合本条例规定的，船舶登记机关应当发给光船租赁登记证明书，并应当依照本条例第十七条的规定发给临时船舶国籍证书，在船舶登记簿上载明原登记国。

第二十九条　需要延长光船租赁期限的，出租人、承租人应当在光船租赁合同期满前15日，持光船租赁登记证明书和续租合同正本、副本，到船舶登记机关申请办理续租登记。

第三十条　在光船租赁期间，未经出租人书面同意，承租人不得申请光船转租登记。

第六章　船舶标志和公司旗

第三十一条　船舶应当具有下列标志：

（一）船首两舷和船尾标明船名；

（二）船尾船名下方标明船籍港；

（三）船名、船籍港下方标明汉语拼音；

（四）船首和船尾两舷标明吃水标尺；

（五）船舶中部两舷标明载重线。

受船型或者尺寸限制不能在前款规定的位置标明标志的船舶，应当在船上显著位置标明船名和船籍港。

第三十二条　船舶所有人设置船舶烟囱标志、公司旗，可以向船籍港船舶登记机关申请登记，并按照规定提供标准设计图纸。

第三十三条　同一公司的船舶只准使用一个船舶烟囱标志、公司旗。

船舶烟囱标志、公司旗由船籍港船舶登记机关审核。

船舶烟囱标志、公司旗不得与登记在先的船舶烟囱标志、公司旗相同或者相似。

第三十四条　船籍港船舶登记机关对经核准予以登记的船舶烟囱标志、公司旗应当予以公告。

业经登记的船舶烟囱标志、公司旗属登记申请人专用，其他船舶或者公司不得使用。

第七章　变更登记和注销登记

第三十五条　船舶登记项目发生变更时，船舶所有人应当持船舶登记的有关证明文件和变更证明文件，到船籍港船舶登记机关办理变更登记。

第三十六条　船舶变更船籍港时，船舶所有人应当持船舶国籍证书和变更证明文件，到原船籍港船舶登记机关申请办理船籍港变更登记。对经审查符合本条例规定的，原船籍港船舶登记机关应当在船舶国籍证书签证栏内注明，并将船舶有关登记档案转交新船籍港船舶登记机关，船舶所有人再到新船籍港船舶登记机关办理登记。

第三十七条　船舶共有情况发生变更时，船舶所有人应当持船舶所有权登记证书和有关船舶共有情况变更的证明文件，到船籍港船舶登记机关办理有关变更登记。

第三十八条　船舶抵押合同变更时，抵押权人和抵押人应当持船舶所有权登记证书、船舶抵押权登记证书和船舶抵押合同变更的证明文件，到船籍港船舶登记机关办理变更登记。

对经审查符合本条例规定的，船籍港船舶登记机关应当在船舶所有权登记证书和船舶抵押权登记证书以及船舶登记簿上注明船舶抵押合同的变更事项。

第三十九条 船舶所有权发生转移时，原船舶所有人应当持船舶所有权登记证书、船舶国籍证书和其他有关证明文件到船籍港船舶登记机关办理注销登记。

对经审查符合本条例规定的，船籍港船舶登记机关应当注销该船舶在船舶登记簿上的所有权登记以及与之相关的登记，收回有关登记证书，并向船舶所有人出具相应的船舶登记注销证明书。向境外出售的船舶，船舶登记机关可以根据具体情况出具注销国籍的证明书或者将于重新登记时立即注销国籍的证明书。

第四十条 船舶灭失（含船舶拆解、船舶沉没）和船舶失踪，船舶所有人应当自船舶灭失（含船舶拆解、船舶沉没）或者船舶失踪之日起3个月内持船舶所有权登记证书、船舶国籍证书和有关船舶灭失（含船舶拆解、船舶沉没）、船舶失踪的证明文件，到船籍港船舶登记机关办理注销登记。经审查核实，船籍港船舶登记机关应当注销该船舶在船舶登记簿上的登记，收回有关登记证书，并向船舶所有人出具船舶登记注销证明书。

第四十一条 船舶抵押合同解除，抵押权人和抵押人应当持船舶所有权登记证书、船舶抵押权登记证书和经抵押权人签字的解除抵押合同的文件，到船籍港船舶登记机关办理注销登记。对经审查符合本条例规定的，船籍港船舶登记机关应当注销其在船舶所有权登记证书和船舶登记簿上的抵押登记的记录。

第四十二条 以光船条件出租到境外的船舶，出租人除依照本条例第二十七条规定办理光船租赁登记外，还应当办理船舶国籍的中止或者注销登记。船籍港船舶登记机关应当封存原船舶国籍证书，发给中止或者注销船舶国籍证明书。特殊情况下，船籍港船舶登记机关可以发给将于重新登记时立即中止或者注销船舶国籍的证明书。

第四十三条 光船租赁合同期满或者光船租赁关系终止，出租人应当自光船租赁合同期满或者光船租赁关系终止之日起15日内，持船舶所有权登记证书、光船租赁合同或者终止光船租赁关系的证明文件，到船籍港船舶登记机关办理光船租赁注销登记。

以光船条件出租到境外的船舶，出租人还应当提供承租人所在地船舶登记机关出具的注销船舶国籍证明书或者将于重新登记时立即注销船舶国籍的证明书。

经核准后，船籍港船舶登记机关应当注销其在船舶所有权登记证书和船舶登记簿上的光船租赁登记的记录，并发还原船舶国籍证书。

第四十四条 以光船条件租进的船舶，承租人应当自光船租赁合同期满或者光船租赁关系终止之日起15日内，持光船租赁合同、终止光船租赁关系的证明文件，到船籍港船舶登记机关办理注销登记。

以光船条件从境外租进的船舶，还应当提供临时船舶国籍证书。

经核准后，船籍港船舶登记机关应当注销其在船舶登记簿上的光船租赁登记，收回临时船舶国籍证书，并出具光船租赁登记注销证明书和临时船舶国籍注销证明书。

第八章 船舶所有权登记证书、船舶国籍证书的换发和补发

第四十五条 船舶国籍证书有效期届满前1年内，船舶所有人应当持船舶国籍证书和有效船舶技术证书，到船籍港船舶登记机关办理证书换发手续。

第四十六条 船舶所有权登记证书、船舶国籍证书污损不能使用的，持证人应当向船籍港船舶登记机关申请换发。

第四十七条 船舶所有权登记证书、船舶国籍证书遗失的，持证人应当书面叙明理由，附具有关证明文件，向船籍港船舶登记机关申请补发。

船籍港船舶登记机关应当在当地报纸上公告声明原证书作废。

第四十八条 船舶所有人在境外发现船舶国籍证书遗失或者污损时，应当向中华人民共和国驻外大使馆、领事馆申请办理临时船舶国籍证书，但是必须在抵达本国第一个港口后及时向船籍港船舶登记机关申请换发船舶国籍证书。

第九章 法律责任

第四十九条 假冒中华人民共和国国籍，悬挂中华人民共和国国旗航行的，由船舶登记机关

依法没收该船舶。

中国籍船舶假冒外国国籍，悬挂外国国旗航行的，适用前款规定。

第五十条　隐瞒在境内或者境外的登记事实，造成双重国籍的，由船籍港船舶登记机关吊销其船舶国籍证书，并视情节处以下列罚款：

（一）500总吨以下的船舶，处2000元以上、1万元以下的罚款；

（二）501总吨以上、1万总吨以下的船舶，处以1万元以上、5万元以下的罚款；

（三）10001总吨以上的船舶，处以5万元以上、20万元以下的罚款。

第五十一条　违反本条例规定，有下列情形之一的，船籍港船舶登记机关可以视情节给予警告、根据船舶吨位处以本条例第五十条规定的罚款数额的50%直至没收船舶登记证书：

（一）在办理登记手续时隐瞒真实情况、弄虚作假的；

（二）隐瞒登记事实，造成重复登记的；

（三）伪造、涂改船舶登记证书的。

第五十二条　不按照规定办理变更或者注销登记的，或者使用过期的船舶国籍证书或者临时船舶国籍证书的，由船籍港船舶登记机关责令其补办有关登记手续；情节严重的，可以根据船舶吨位处以本条例第五十条规定的罚款数额的10%。

第五十三条　违反本条例规定，使用他人业经登记的船舶烟囱标志、公司旗的，由船籍港船舶登记机关责令其改正；拒不改正的，可以根据船舶吨位处以本条例第五十条规定的罚款数额的10%；情节严重的，并可以吊销其船舶国籍证书或者临时船舶国籍证书。

第五十四条　船舶登记机关的工作人员滥用职权、徇私舞弊、玩忽职守、严重失职的，由所在单位或者上级机关给予行政处分；构成犯罪的，依法追究刑事责任。

第五十五条　当事人对船舶登记机关的具体行政行为不服的，可以依照国家有关法律、行政法规的规定申请复议或者提起行政诉讼。

第十章　附　　则

第五十六条　本条例下列用语的含义是：

（一）"船舶"系指各类机动、非机动船舶以及其他水上移动装置，但是船舶上装备的救生艇筏和长度小于5米的艇筏除外。

（二）"渔业船舶"系指从事渔业生产的船舶以及属于水产系统为渔业生产服务的船舶。

（三）"公务船舶"系指用于政府行政管理目的的船舶。

第五十七条　除公务船舶外，船舶登记机关按照规定收取船舶登记费。船舶登记费的收费标准和管理办法，由国务院财政部门、物价行政主管部门会同国务院交通行政主管部门制定。

第五十八条　船舶登记簿、船舶国籍证书、临时船舶国籍证书、船舶所有权登记证书、船舶抵押权登记证书、光船租赁登记证明书、申请书以及其他证明书的格式，由中华人民共和国港务监督机构统一制定。

第五十九条　本条例自1995年1月1日起施行。

十 侵权责任

(一)综　合

中华人民共和国侵权责任法

(2009年12月26日第十一届全国人民代表大会常务委员会第十二次会议通过　2009年12月26日中华人民共和国主席令第21号公布　自2010年7月1日起施行)

目　录

第一章　一般规定

第一条　为保护民事主体的合法权益,明确侵权责任,预防并制裁侵权行为,促进社会和谐稳定,制定本法。

第二条　侵害民事权益,应当依照本法承担侵权责任。

本法所称民事权益,包括生命权、健康权、姓名权、名誉权、荣誉权、肖像权、隐私权、婚姻自主权、监护权、所有权、用益物权、担保物权、著作权、专利权、商标专用权、发现权、股权、继承权等人身、财产权益。

第三条　被侵权人有权请求侵权人承担侵权责任。

第四条　侵权人因同一行为应当承担行政责任或者刑事责任的,不影响依法承担侵权责任。

因同一行为应当承担侵权责任和行政责任、刑事责任,侵权人的财产不足以支付的,先承担侵权责任。

第五条　其他法律对侵权责任另有特别规定的,依照其规定。

第二章　责任构成和责任方式

第六条　行为人因过错侵害他人民事权益,应当承担侵权责任。

根据法律规定推定行为人有过错,行为人不能证明自己没有过错的,应当承担侵权责任。

第七条　行为人损害他人民事权益,不论行为人有无过错,法律规定应当承担侵权责任的,依照其规定。

第八条　二人以上共同实施侵权行为,造成他人损害的,应当承担连带责任。

第九条　教唆、帮助他人实施侵权行为的,应当与行为人承担连带责任。

教唆、帮助无民事行为能力人、限制民事行为能力人实施侵权行为的,应当承担侵权责任;该无民事行为能力人、限制民事行为能力人的监护人未尽到监护责任的,应当承担相应的责任。

第十条　二人以上实施危及他人人身、财产安全的行为,其中一人或者数人的行为造成他人损害,能够确定具体侵权人的,由侵权人承担责任;不能确定具体侵权人的,行为人承担连带责任。

第十一条　二人以上分别实施侵权行为造成同一损害,每个人的侵权行为都足以造成全部损害的,行为人承担连带责任。

第十二条　二人以上分别实施侵权行为造成同一损害,能够确定责任大小的,各自承担相应的责任;难以确定责任大小的,平均承担赔偿责任。

第十三条　法律规定承担连带责任的,被侵权人有权请求部分或者全部连带责任人承担责任。

第十四条　连带责任人根据各自责任大小确定相应的赔偿数额;难以确定责任大小的,平均承担赔偿责任。

支付超出自己赔偿数额的连带责任人，有权向其他连带责任人追偿。

第十五条 承担侵权责任的方式主要有：

（一）停止侵害；

（二）排除妨碍；

（三）消除危险；

（四）返还财产；

（五）恢复原状；

（六）赔偿损失；

（七）赔礼道歉；

（八）消除影响、恢复名誉。

以上承担侵权责任的方式，可以单独适用，也可以合并适用。

第十六条 侵害他人造成人身损害的，应当赔偿医疗费、护理费、交通费等为治疗和康复支出的合理费用，以及因误工减少的收入。造成残疾的，还应当赔偿残疾生活辅助具费和残疾赔偿金。造成死亡的，还应当赔偿丧葬费和死亡赔偿金。

第十七条 因同一侵权行为造成多人死亡的，可以以相同数额确定死亡赔偿金。

第十八条 被侵权人死亡的，其近亲属有权请求侵权人承担侵权责任。被侵权人为单位，该单位分立、合并的，承继权利的单位有权请求侵权人承担侵权责任。

被侵权人死亡的，支付被侵权人医疗费、丧葬费等合理费用的人有权请求侵权人赔偿费用，但侵权人已支付该费用的除外。

第十九条 侵害他人财产的，财产损失按照损失发生时的市场价格或者其他方式计算。

第二十条 侵害他人人身权益造成财产损失的，按照被侵权人因此受到的损失赔偿；被侵权人的损失难以确定，侵权人因此获得利益的，按照其获得的利益赔偿；侵权人因此获得的利益难以确定，被侵权人和侵权人就赔偿数额协商不一致，向人民法院提起诉讼的，由人民法院根据实际情况确定赔偿数额。

第二十一条 侵权行为危及他人人身、财产安全的，被侵权人可以请求侵权人承担停止侵害、排除妨碍、消除危险等侵权责任。

第二十二条 侵害他人人身权益，造成他人严重精神损害的，被侵权人可以请求精神损害赔偿。

第二十三条 因防止、制止他人民事权益被侵害而使自己受到损害的，由侵权人承担责任。侵权人逃逸或者无力承担责任，被侵权人请求补偿的，受益人应当给予适当补偿。

第二十四条 受害人和行为人对损害的发生都没有过错的，可以根据实际情况，由双方分担损失。

第二十五条 损害发生后，当事人可以协商赔偿费用的支付方式。协商不一致的，赔偿费用应当一次性支付；一次性支付确有困难的，可以分期支付，但应当提供相应的担保。

第三章 不承担责任和减轻责任的情形

第二十六条 被侵权人对损害的发生也有过错的，可以减轻侵权人的责任。

第二十七条 损害是因受害人故意造成的，行为人不承担责任。

第二十八条 损害是因第三人造成的，第三人应当承担侵权责任。

第二十九条 因不可抗力造成他人损害的，不承担责任。法律另有规定的，依照其规定。

第三十条 因正当防卫造成损害的，不承担责任。正当防卫超过必要的限度，造成不应有的损害的，正当防卫人应当承担适当的责任。

第三十一条 因紧急避险造成损害的，由引起险情发生的人承担责任。如果危险是由自然原因引起的，紧急避险人不承担责任或者给予适当补偿。紧急避险采取措施不当或者超过必要的限度，造成不应有的损害的，紧急避险人应当承担适当的责任。

第四章 关于责任主体的特殊规定

第三十二条 无民事行为能力人、限制民事行为能力人造成他人损害的，由监护人承担侵权责任。监护人尽到监护责任的，可以减轻其侵权责任。

有财产的无民事行为能力人、限制民事行为能力人造成他人损害的，从本人财产中支付赔偿费用。不足部分，由监护人赔偿。

第三十三条 完全民事行为能力人对自己的行为暂时没有意识或者失去控制造成他人损害有过错的，应当承担侵权责任；没有过错的，根据行为人的经济状况对受害人适当补偿。

完全民事行为能力人因醉酒、滥用麻醉药品或者精神药品对自己的行为暂时没有意识或者失去控制造成他人损害的，应当承担侵权责任。

第三十四条 用人单位的工作人员因执行工作任务造成他人损害的，由用人单位承担侵权责任。

劳务派遣期间，被派遣的工作人员因执行工作任务造成他人损害的，由接受劳务派遣的用工单位承担侵权责任；劳务派遣单位有过错的，承担相应的补充责任。

第三十五条 个人之间形成劳务关系，提供劳务一方因劳务造成他人损害的，由接受劳务一方承担侵权责任。提供劳务一方因劳务自己受到损害的，根据双方各自的过错承担相应的责任。

第三十六条 网络用户、网络服务提供者利用网络侵害他人民事权益的，应当承担侵权责任。

网络用户利用网络服务实施侵权行为的，被侵权人有权通知网络服务提供者采取删除、屏蔽、断开链接等必要措施。网络服务提供者接到通知后未及时采取必要措施的，对损害的扩大部分与该网络用户承担连带责任。

网络服务提供者知道网络用户利用其网络服务侵害他人民事权益，未采取必要措施的，与该网络用户承担连带责任。

第三十七条 宾馆、商场、银行、车站、娱乐场所等公共场所的管理人或者群众性活动的组织者，未尽到安全保障义务，造成他人损害的，应当承担侵权责任。

因第三人的行为造成他人损害的，由第三人承担侵权责任；管理人或者组织者未尽到安全保障义务的，承担相应的补充责任。

第三十八条 无民事行为能力人在幼儿园、学校或者其他教育机构学习、生活期间受到人身损害的，幼儿园、学校或者其他教育机构应当承担责任，但能够证明尽到教育、管理职责的，不承担责任。

第三十九条 限制民事行为能力人在学校或者其他教育机构学习、生活期间受到人身损害，学校或者其他教育机构未尽到教育、管理职责的，应当承担责任。

第四十条 无民事行为能力人或者限制民事行为能力人在幼儿园、学校或者其他教育机构学习、生活期间，受到幼儿园、学校或者其他教育机构以外的人员人身损害的，由侵权人承担侵权责任；幼儿园、学校或者其他教育机构未尽到管理职责的，承担相应的补充责任。

第五章 产品责任

第四十一条 因产品存在缺陷造成他人损害的，生产者应当承担侵权责任。

第四十二条 因销售者的过错使产品存在缺陷，造成他人损害的，销售者应当承担侵权责任。

销售者不能指明缺陷产品的生产者也不能指明缺陷产品的供货者的，销售者应当承担侵权责任。

第四十三条 因产品存在缺陷造成损害的，被侵权人可以向产品的生产者请求赔偿，也可以向产品的销售者请求赔偿。

产品缺陷由生产者造成的，销售者赔偿后，有权向生产者追偿。

因销售者的过错使产品存在缺陷的，生产者赔偿后，有权向销售者追偿。

第四十四条 因运输者、仓储者等第三人的过错使产品存在缺陷，造成他人损害的，产品的生产者、销售者赔偿后，有权向第三人追偿。

第四十五条 因产品缺陷危及他人人身、财产安全的，被侵权人有权请求生产者、销售者承担排除妨碍、消除危险等侵权责任。

第四十六条 产品投入流通后发现存在缺陷的，生产者、销售者应当及时采取警示、召回等补救措施。未及时采取补救措施或者补救措施不力造成损害的，应当承担侵权责任。

第四十七条 明知产品存在缺陷仍然生产、销售，造成他人死亡或者健康严重损害的，被侵权人有权请求相应的惩罚性赔偿。

第六章 机动车交通事故责任

第四十八条 机动车发生交通事故造成损害的，依照道路交通安全法的有关规定承担赔偿责任。

第四十九条　因租赁、借用等情形机动车所有人与使用人不是同一人时，发生交通事故后属于该机动车一方责任的，由保险公司在机动车强制保险责任限额范围内予以赔偿。不足部分，由机动车使用人承担赔偿责任；机动车所有人对损害的发生有过错的，承担相应的赔偿责任。

第五十条　当事人之间已经以买卖等方式转让并交付机动车但未办理所有权转移登记，发生交通事故后属于该机动车一方责任的，由保险公司在机动车强制保险责任限额范围内予以赔偿。不足部分，由受让人承担赔偿责任。

第五十一条　以买卖等方式转让拼装或者已达到报废标准的机动车，发生交通事故造成损害的，由转让人和受让人承担连带责任。

第五十二条　盗窃、抢劫或者抢夺的机动车发生交通事故造成损害的，由盗窃人、抢劫人或者抢夺人承担赔偿责任。保险公司在机动车强制保险责任限额范围内垫付抢救费用的，有权向交通事故责任人追偿。

第五十三条　机动车驾驶人发生交通事故后逃逸，该机动车参加强制保险的，由保险公司在机动车强制保险责任限额范围内予以赔偿；机动车不明或者该机动车未参加强制保险，需要支付被侵权人人身伤亡的抢救、丧葬等费用的，由道路交通事故社会救助基金垫付。道路交通事故社会救助基金垫付后，其管理机构有权向交通事故责任人追偿。

第七章　医疗损害责任

第五十四条　患者在诊疗活动中受到损害，医疗机构及其医务人员有过错的，由医疗机构承担赔偿责任。

第五十五条　医务人员在诊疗活动中应当向患者说明病情和医疗措施。需要实施手术、特殊检查、特殊治疗的，医务人员应当及时向患者说明医疗风险、替代医疗方案等情况，并取得其书面同意；不宜向患者说明的，应当向患者的近亲属说明，并取得其书面同意。

医务人员未尽到前款义务，造成患者损害的，医疗机构应当承担赔偿责任。

第五十六条　因抢救生命垂危的患者等紧急情况，不能取得患者或者其近亲属意见的，经医疗机构负责人或者授权的负责人批准，可以立即实施相应的医疗措施。

第五十七条　医务人员在诊疗活动中未尽到与当时的医疗水平相应的诊疗义务，造成患者损害的，医疗机构应当承担赔偿责任。

第五十八条　患者有损害，因下列情形之一的，推定医疗机构有过错：

（一）违反法律、行政法规、规章以及其他有关诊疗规范的规定；

（二）隐匿或者拒绝提供与纠纷有关的病历资料；

（三）伪造、篡改或者销毁病历资料。

第五十九条　因药品、消毒药剂、医疗器械的缺陷，或者输入不合格的血液造成患者损害的，患者可以向生产者或者血液提供机构请求赔偿，也可以向医疗机构请求赔偿。患者向医疗机构请求赔偿的，医疗机构赔偿后，有权向负有责任的生产者或者血液提供机构追偿。

第六十条　患者有损害，因下列情形之一的，医疗机构不承担赔偿责任：

（一）患者或者其近亲属不配合医疗机构进行符合诊疗规范的诊疗；

（二）医务人员在抢救生命垂危的患者等紧急情况下已经尽到合理诊疗义务；

（三）限于当时的医疗水平难以诊疗。

前款第一项情形中，医疗机构及其医务人员也有过错的，应当承担相应的赔偿责任。

第六十一条　医疗机构及其医务人员应当按照规定填写并妥善保管住院志、医嘱单、检验报告、手术及麻醉记录、病理资料、护理记录、医疗费用等病历资料。

患者要求查阅、复制前款规定的病历资料的，医疗机构应当提供。

第六十二条　医疗机构及其医务人员应当对患者的隐私保密。泄露患者隐私或者未经患者同意公开其病历资料，造成患者损害的，应当承担侵权责任。

第六十三条　医疗机构及其医务人员不得违反诊疗规范实施不必要的检查。

第六十四条　医疗机构及其医务人员的合法权益受法律保护。干扰医疗秩序，妨害医务人员工作、生活的，应当依法承担法律责任。

第八章 环境污染责任

第六十五条 因污染环境造成损害的，污染者应当承担侵权责任。

第六十六条 因污染环境发生纠纷，污染者应当就法律规定的不承担责任或者减轻责任的情形及其行为与损害之间不存在因果关系承担举证责任。

第六十七条 两个以上污染者污染环境，污染者承担责任的大小，根据污染物的种类、排放量等因素确定。

第六十八条 因第三人的过错污染环境造成损害的，被侵权人可以向污染者请求赔偿，也可以向第三人请求赔偿。污染者赔偿后，有权向第三人追偿。

第九章 高度危险责任

第六十九条 从事高度危险作业造成他人损害的，应当承担侵权责任。

第七十条 民用核设施发生核事故造成他人损害的，民用核设施的经营者应当承担侵权责任，但能够证明损害是因战争等情形或者受害人故意造成的，不承担责任。

第七十一条 民用航空器造成他人损害的，民用航空器的经营者应当承担侵权责任，但能够证明损害是因受害人故意造成的，不承担责任。

第七十二条 占有或者使用易燃、易爆、剧毒、放射性等高度危险物造成他人损害的，占有人或者使用人应当承担侵权责任，但能够证明损害是因受害人故意或者不可抗力造成的，不承担责任。被侵权人对损害的发生有重大过失的，可以减轻占有人或者使用人的责任。

第七十三条 从事高空、高压、地下挖掘活动或者使用高速轨道运输工具造成他人损害的，经营者应当承担侵权责任，但能够证明损害是因受害人故意或者不可抗力造成的，不承担责任。被侵权人对损害的发生有过失的，可以减轻经营者的责任。

第七十四条 遗失、抛弃高度危险物造成他人损害的，由所有人承担侵权责任。所有人将高度危险物交由他人管理的，由管理人承担侵权责任；所有人有过错的，与管理人承担连带责任。

第七十五条 非法占有高度危险物造成他人损害的，由非法占有人承担侵权责任。所有人、管理人不能证明对防止他人非法占有尽到高度注意义务的，与非法占有人承担连带责任。

第七十六条 未经许可进入高度危险活动区域或者高度危险物存放区域受到损害，管理人已经采取安全措施并尽到警示义务的，可以减轻或者不承担责任。

第七十七条 承担高度危险责任，法律规定赔偿限额的，依照其规定。

第十章 饲养动物损害责任

第七十八条 饲养的动物造成他人损害的，动物饲养人或者管理人应当承担侵权责任，但能够证明损害是因被侵权人故意或者重大过失造成的，可以不承担或者减轻责任。

第七十九条 违反管理规定，未对动物采取安全措施造成他人损害的，动物饲养人或者管理人应当承担侵权责任。

第八十条 禁止饲养的烈性犬等危险动物造成他人损害的，动物饲养人或者管理人应当承担侵权责任。

第八十一条 动物园的动物造成他人损害的，动物园应当承担侵权责任，但能够证明尽到管理职责的，不承担责任。

第八十二条 遗弃、逃逸的动物在遗弃、逃逸期间造成他人损害的，由原动物饲养人或者管理人承担侵权责任。

第八十三条 因第三人的过错致使动物造成他人损害的，被侵权人可以向动物饲养人或者管理人请求赔偿，也可以向第三人请求赔偿。动物饲养人或者管理人赔偿后，有权向第三人追偿。

第八十四条 饲养动物应当遵守法律，尊重社会公德，不得妨害他人生活。

第十一章 物件损害责任

第八十五条 建筑物、构筑物或者其他设施及其搁置物、悬挂物发生脱落、坠落造成他人损害，所有人、管理人或者使用人不能证明自己没有过错的，应当承担侵权责任。所有人、管理人或者使用人赔偿后，有其他责任人的，有权向其他责任人追偿。

第八十六条　建筑物、构筑物或者其他设施倒塌造成他人损害的，由建设单位与施工单位承担连带责任。建设单位、施工单位赔偿后，有其他责任人的，有权向其他责任人追偿。

因其他责任人的原因，建筑物、构筑物或者其他设施倒塌造成他人损害的，由其他责任人承担侵权责任。

第八十七条　从建筑物中抛掷物品或者从建筑物上坠落的物品造成他人损害，难以确定具体侵权人的，除能够证明自己不是侵权人的外，由可能加害的建筑物使用人给予补偿。

第八十八条　堆放物倒塌造成他人损害，堆放人不能证明自己没有过错的，应当承担侵权责任。

第八十九条　在公共道路上堆放、倾倒、遗撒妨碍通行的物品造成他人损害的，有关单位或者个人应当承担侵权责任。

第九十条　因林木折断造成他人损害，林木的所有人或者管理人不能证明自己没有过错的，应当承担侵权责任。

第九十一条　在公共场所或者道路上挖坑、修缮安装地下设施等，没有设置明显标志和采取安全措施造成他人损害的，施工人应当承担侵权责任。

窨井等地下设施造成他人损害，管理人不能证明尽到管理职责的，应当承担侵权责任。

第十二章　附　　则

第九十二条　本法自2010年7月1日起施行。

最高人民法院关于适用《中华人民共和国侵权责任法》若干问题的通知

（2010年6月30日　法发〔2010〕23号）

各省、自治区、直辖市高级人民法院，解放军军事法院，新疆维吾尔自治区高级人民法院生产建设兵团分院：

《中华人民共和国侵权责任法》（以下简称侵权责任法），自2010年7月1日起施行。为了正确适用侵权责任法，现就有关问题通知如下：

一、侵权责任法施行后发生的侵权行为引起的民事纠纷案件，适用侵权责任法的规定。侵权责任法施行前发生的侵权行为引起的民事纠纷案件，适用当时的法律规定。

二、侵权行为发生在侵权责任法施行前，但损害后果出现在侵权责任法施行后的民事纠纷案件，适用侵权责任法的规定。

三、人民法院适用侵权责任法审理民事纠纷案件，根据当事人的申请或者依职权决定进行医疗损害鉴定的，按照《全国人民代表大会常务委员会关于司法鉴定管理问题的决定》、《人民法院对外委托司法鉴定管理规定》及国家有关部门的规定组织鉴定。

四、人民法院适用侵权责任法审理民事纠纷案件，如受害人有被抚养人的，应当依据《最高人民法院关于审理人身损害赔偿案件适用法律若干问题的解释》第二十八条的规定，将被抚养人生活费计入残疾赔偿金或死亡赔偿金。

各级人民法院在适用侵权责任法过程中遇到的其他重大问题，请及时层报我院。

最高人民法院关于确定民事侵权精神损害赔偿责任若干问题的解释

（2001年2月26日最高人民法院审判委员会第1161次会议通过　2001年3月8日最高人民法院公告公布　自2001年3月10日起施行　法释〔2001〕7号）

为在审理民事侵权案件中正确确定精神损害赔偿责任，根据《中华人民共和国民法通则》等有关法律规定，结合审判实践经验，对有关问题作如下解释：

第一条　自然人因下列人格权利遭受非法侵害，向人民法院起诉请求赔偿精神损害的，人民法院应当依法予以受理：

（一）生命权、健康权、身体权；

（二）姓名权、肖像权、名誉权、荣誉权；

（三）人格尊严权、人身自由权。

违反社会公共利益、社会公德侵害他人隐私或者其他人格利益,受害人以侵权为由向人民法院起诉请求赔偿精神损害的,人民法院应当依法予以受理。

第二条　非法使被监护人脱离监护,导致亲子关系或者近亲属间的亲属关系遭受严重损害,监护人向人民法院起诉请求赔偿精神损害的,人民法院应当依法予以受理。

第三条　自然人死亡后,其近亲属因下列侵权行为遭受精神痛苦,向人民法院起诉请求赔偿精神损害的,人民法院应当依法予以受理:

(一)以侮辱、诽谤、贬损、丑化或者违反社会公共利益、社会公德的其他方式,侵害死者姓名、肖像、名誉、荣誉;

(二)非法披露、利用死者隐私,或者以违反社会公共利益、社会公德的其他方式侵害死者隐私;

(三)非法利用、损害遗体、遗骨,或者以违反社会公共利益、社会公德的其他方式侵害遗体、遗骨。

第四条　具有人格象征意义的特定纪念物品,因侵权行为而永久性灭失或者毁损,物品所有人以侵权为由,向人民法院起诉请求赔偿精神损害的,人民法院应当依法予以受理。

第五条　法人或者其他组织以人格权利遭受侵害为由,向人民法院起诉请求赔偿精神损害的,人民法院不予受理。

第六条　当事人在侵权诉讼中没有提出赔偿精神损害的诉讼请求,诉讼终结后又基于同一侵权事实另行起诉请求赔偿精神损害的,人民法院不予受理。

第七条　自然人因侵权行为致死,或者自然人死亡后其人格或者遗体遭受侵害,死者的配偶、父母和子女向人民法院起诉请求赔偿精神损害的,列其配偶、父母和子女为原告;没有配偶、父母和子女的,可以由其他近亲属提起诉讼,列其他近亲属为原告。

第八条　因侵权致人精神损害,但未造成严重后果,受害人请求赔偿精神损害的,一般不予支持,人民法院可以根据情形判令侵权人停止侵害、恢复名誉、消除影响、赔礼道歉。

因侵权致人精神损害,造成严重后果的,人民法院除判令侵权人承担停止侵害、恢复名誉、消除影响、赔礼道歉等民事责任外,可以根据受害人一方的请求判令其赔偿相应的精神损害抚慰金。

第九条　精神损害抚慰金包括以下方式:

(一)致人残疾的,为残疾赔偿金;

(二)致人死亡的,为死亡赔偿金;

(三)其他损害情形的精神抚慰金。

第十条　精神损害的赔偿数额根据以下因素确定:

(一)侵权人的过错程度,法律另有规定的除外;

(二)侵害的手段、场合、行为方式等具体情节;

(三)侵权行为所造成的后果;

(四)侵权人的获利情况;

(五)侵权人承担责任的经济能力;

(六)受诉法院所在地平均生活水平。

法律、行政法规对残疾赔偿金、死亡赔偿金等有明确规定的,适用法律、行政法规的规定。

第十一条　受害人对损害事实和损害后果的发生有过错的,可以根据其过错程度减轻或者免除侵权人的精神损害赔偿责任。

第十二条　在本解释公布施行之前已经生效施行的司法解释,其内容有与本解释不一致的,以本解释为准。

最高人民法院关于审理人身损害赔偿案件适用法律若干问题的解释

(2003年12月4日最高人民法院审判委员会第1299次会议通过　2003年12月26日最高人民法院公告公布　自2004年5月1日起施行　法释〔2003〕20号)

为正确审理人身损害赔偿案件,依法保护当事人的合法权益,根据《中华人民共和国民法通则》以下简称民法通则、《中华人民共和国民事诉讼法》以下简称民事诉讼法等有关法律规定,结合审判实践,就有关适用法律的问题作如下解释:

第一条 因生命、健康、身体遭受侵害，赔偿权利人起诉请求赔偿义务人赔偿财产损失和精神损害的，人民法院应予受理。

本条所称"赔偿权利人"，是指因侵权行为或者其他致害原因直接遭受人身损害的受害人、依法由受害人承担扶养义务的被扶养人以及死亡受害人的近亲属。

本条所称"赔偿义务人"，是指因自己或者他人的侵权行为以及其他致害原因依法应当承担民事责任的自然人、法人或者其他组织。

第二条 受害人对同一损害的发生或者扩大有故意、过失的，依照民法通则第一百三十一条的规定，可以减轻或者免除赔偿义务人的赔偿责任。但侵权人因故意或者重大过失致人损害，受害人只有一般过失的，不减轻赔偿义务人的赔偿责任。

适用民法通则第一百零六条第三款规定确定赔偿义务人的赔偿责任时，受害人有重大过失的，可以减轻赔偿义务人的赔偿责任。

第三条 二人以上共同故意或者共同过失致人损害，或者虽无共同故意、共同过失，但其侵害行为直接结合发生同一损害后果的，构成共同侵权，应当依照民法通则第一百三十条规定承担连带责任。

二人以上没有共同故意或者共同过失，但其分别实施的数个行为间接结合发生同一损害后果的，应当根据过失大小或者原因力比例各自承担相应的赔偿责任。

第四条 二人以上共同实施危及他人人身安全的行为并造成损害后果，不能确定实际侵害行为人的，应当依照民法通则第一百三十条规定承担连带责任。共同危险行为人能够证明损害后果不是由其行为造成的，不承担赔偿责任。

第五条 赔偿权利人起诉部分共同侵权人的，人民法院应当追加其他共同侵权人作为共同被告。赔偿权利人在诉讼中放弃对部分共同侵权人的诉讼请求的，其他共同侵权人对被放弃诉讼请求的被告应当承担的赔偿份额不承担连带责任。责任范围难以确定的，推定各共同侵权人承担同等责任。

人民法院应当将放弃诉讼请求的法律后果告知赔偿权利人，并将放弃诉讼请求的情况在法律文书中叙明。

第六条 从事住宿、餐饮、娱乐等经营活动或者其他社会活动的自然人、法人、其他组织，未尽合理限度范围内的安全保障义务致使他人遭受人身损害，赔偿权利人请求其承担相应赔偿责任的，人民法院应予支持。

因第三人侵权导致损害结果发生的，由实施侵权行为的第三人承担赔偿责任。安全保障义务人有过错的，应当在其能够防止或者制止损害的范围内承担相应的补充赔偿责任。安全保障义务人承担责任后，可以向第三人追偿。赔偿权利人起诉安全保障义务人的，应当将第三人作为共同被告，但第三人不能确定的除外。

第七条 对未成年人依法负有教育、管理、保护义务的学校、幼儿园或者其他教育机构，未尽职责范围内的相关义务致使未成年人遭受人身损害，或者未成年人致他人人身损害的，应当承担与其过错相应的赔偿责任。

第三人侵权致未成年人遭受人身损害的，应当承担赔偿责任。学校、幼儿园等教育机构有过错的，应当承担相应的补充赔偿责任。

第八条 法人或者其他组织的法定代表人、负责人以及工作人员，在执行职务中致人损害的，依照民法通则第一百二十一条的规定，由该法人或者其他组织承担民事责任。上述人员实施与职务无关的行为致人损害的，应当由行为人承担赔偿责任。

属于《国家赔偿法》赔偿事由的，依照《国家赔偿法》的规定处理。

第九条 雇员在从事雇佣活动中致人损害的，雇主应当承担赔偿责任；雇员因故意或者重大过失致人损害的，应当与雇主承担连带赔偿责任。雇主承担连带赔偿责任的，可以向雇员追偿。

前款所称"从事雇佣活动"，是指从事雇主授权或者指示范围内的生产经营活动或者其他劳务活动。雇员的行为超出授权范围，但其表现形式是履行职务或者与履行职务有内在联系的，应当认定为"从事雇佣活动"。

第十条 承揽人在完成工作过程中对第三人造成损害或者造成自身损害的，定作人不承担赔偿责任。但定作人对定作、指示或者选任有过失的,应当承担相应的赔偿责任。

第十一条 雇员在从事雇佣活动中遭受人身损害,雇主应当承担赔偿责任。雇佣关系以外的第三人造成雇员人身损害的,赔偿权利人可以请求第三人承担赔偿责任,也可以请求雇主承担赔偿责任。雇主承担赔偿责任后,可以向第三人追偿。

雇员在从事雇佣活动中因安全生产事故遭受人身损害,发包人、分包人知道或者应当知道接受发包或者分包业务的雇主没有相应资质或者安全生产条件的,应当与雇主承担连带赔偿责任。

属于《工伤保险条例》调整的劳动关系和工伤保险范围的,不适用本条规定。

第十二条 依法应当参加工伤保险统筹的用人单位的劳动者,因工伤事故遭受人身损害,劳动者或者其近亲属向人民法院起诉请求用人单位承担民事赔偿责任的,告知其按《工伤保险条例》的规定处理。

因用人单位以外的第三人侵权造成劳动者人身损害,赔偿权利人请求第三人承担民事赔偿责任的,人民法院应予支持。

第十三条 为他人无偿提供劳务的帮工人,在从事帮工活动中致人损害的,被帮工人应当承担赔偿责任。被帮工人明确拒绝帮工的,不承担赔偿责任。帮工人存在故意或者重大过失,赔偿权利人请求帮工人和被帮工人承担连带责任的,人民法院应予支持。

第十四条 帮工人因帮工活动遭受人身损害的,被帮工人应当承担赔偿责任。被帮工人明确拒绝帮工的,不承担赔偿责任;但可以在受益范围内予以适当补偿。

帮工人因第三人侵权遭受人身损害的,由第三人承担赔偿责任。第三人不能确定或者没有赔偿能力的,可以由被帮工人予以适当补偿。

第十五条 为维护国家、集体或者他人的合法权益而使自己受到人身损害,因没有侵权人、不能确定侵权人或者侵权人没有赔偿能力,赔偿权利人请求受益人在受益范围内予以适当补偿的,人民法院应予支持。

第十六条 下列情形,适用民法通则第一百二十六条的规定,由所有人或者管理人承担赔偿责任,但能够证明自己没有过错的除外:

(一)道路、桥梁、隧道等人工建造的构筑物因维护、管理瑕疵致人损害的;

(二)堆放物品滚落、滑落或者堆放物倒塌致人损害的;

(三)树木倾倒、折断或者果实坠落致人损害的。

前款第(一)项情形,因设计、施工缺陷造成损害的,由所有人、管理人与设计、施工者承担连带责任。

第十七条 受害人遭受人身损害,因就医治疗支出的各项费用以及因误工减少的收入,包括医疗费、误工费、护理费、交通费、住宿费、住院伙食补助费、必要的营养费,赔偿义务人应当予以赔偿。

受害人因伤致残的,其因增加生活上需要所支出的必要费用以及因丧失劳动能力导致的收入损失,包括残疾赔偿金、残疾辅助器具费、被扶养人生活费,以及因康复护理、继续治疗实际发生的必要的康复费、护理费、后续治疗费,赔偿义务人也应当予以赔偿。

受害人死亡的,赔偿义务人除应当根据抢救治疗情况赔偿本条第一款规定的相关费用外,还应当赔偿丧葬费、被扶养人生活费、死亡补偿费以及受害人亲属办理丧葬事宜支出的交通费、住宿费和误工损失等其他合理费用。

第十八条 受害人或者死者近亲属遭受精神损害,赔偿权利人向人民法院请求赔偿精神损害抚慰金的,适用《最高人民法院关于确定民事侵权精神损害赔偿责任若干问题的解释》予以确定。

精神损害抚慰金的请求权,不得让与或者继承。但赔偿义务人已经以书面方式承诺给予金钱赔偿,或者赔偿权利人已经向人民法院起诉的除外。

第十九条 医疗费根据医疗机构出具的医药费、住院费等收款凭证,结合病历和诊断证明等相关证据确定。赔偿义务人对治疗的必要性和合理性有异议的,应当承担相应的举证责任。

医疗费的赔偿数额,按照一审法庭辩论终结前实际发生的数额确定。器官功能恢复训练所必要的康复费、适当的整容费以及其他后续治疗费,赔偿权利人可以待实际发生后另行起诉。但根据医疗证明或者鉴定结论确定必然发生的费用，可以与已经发生的医疗费一并予以赔偿。

第二十条　误工费根据受害人的误工时间和收入状况确定。

误工时间根据受害人接受治疗的医疗机构出具的证明确定。受害人因伤致残持续误工的，误工时间可以计算至定残日前一天。

受害人有固定收入的，误工费按照实际减少的收入计算。受害人无固定收入的，按照其最近三年的平均收入计算；受害人不能举证证明其最近三年的平均收入状况的，可以参照受诉法院所在地相同或者相近行业上一年度职工的平均工资计算。

第二十一条　护理费根据护理人员的收入状况和护理人数、护理期限确定。

护理人员有收入的，参照误工费的规定计算；护理人员没有收入或者雇佣护工的，参照当地护工从事同等级别护理的劳务报酬标准计算。护理人员原则上为一人，但医疗机构或者鉴定机构有明确意见的，可以参照确定护理人员人数。

护理期限应计算至受害人恢复生活自理能力时止。受害人因残疾不能恢复生活自理能力的，可以根据其年龄、健康状况等因素确定合理的护理期限，但最长不超过二十年。

受害人定残后的护理，应当根据其护理依赖程度并结合配制残疾辅助器具的情况确定护理级别。

第二十二条　交通费根据受害人及其必要的陪护人员因就医或者转院治疗实际发生的费用计算。交通费应当以正式票据为凭；有关凭据应当与就医地点、时间、人数、次数相符合。

第二十三条　住院伙食补助费可以参照当地国家机关一般工作人员的出差伙食补助标准予以确定。

受害人确有必要到外地治疗，因客观原因不能住院，受害人本人及其陪护人员实际发生的住宿费和伙食费，其合理部分应予赔偿。

第二十四条　营养费根据受害人伤残情况参照医疗机构的意见确定。

第二十五条　残疾赔偿金根据受害人丧失劳动能力程度或者伤残等级，按照受诉法院所在地上一年度城镇居民人均可支配收入或者农村居民人均纯收入标准，自定残之日起按二十年计算。但六十周岁以上的，年龄每增加一岁减少一年；七十五周岁以上的，按五年计算。

受害人因伤致残但实际收入没有减少，或者伤残等级较轻但造成职业妨害严重影响其劳动就业的，可以对残疾赔偿金作相应调整。

第二十六条　残疾辅助器具费按照普通适用器具的合理费用标准计算。伤情有特殊需要的，可以参照辅助器具配制机构的意见确定相应的合理费用标准。

辅助器具的更换周期和赔偿期限参照配制机构的意见确定。

第二十七条　丧葬费按照受诉法院所在地上一年度职工月平均工资标准，以六个月总额计算。

第二十八条　被扶养人生活费根据扶养人丧失劳动能力程度，按照受诉法院所在地上一年度城镇居民人均消费性支出和农村居民人均年生活消费支出标准计算。被扶养人为未成年人的，计算至十八周岁；被扶养人无劳动能力又无其他生活来源的，计算二十年。但六十周岁以上的，年龄每增加一岁减少一年；七十五周岁以上的，按五年计算。

被扶养人是指受害人依法应当承担扶养义务的未成年人或者丧失劳动能力又无其他生活来源的成年近亲属。被扶养人还有其他扶养人的，赔偿义务人只赔偿受害人依法应当负担的部分。被扶养人有数人的，年赔偿总额累计不超过上一年度城镇居民人均消费性支出额或者农村居民人均年生活消费支出额。

第二十九条　死亡赔偿金按照受诉法院所在地上一年度城镇居民人均可支配收入或者农村居民人均纯收入标准，按二十年计算。但六十周岁以上的，年龄每增加一岁减少一年；七十五周岁以上的，按五年计算。

第三十条　赔偿权利人举证证明其住所地或者经常居住地城镇居民人均可支配收入或者农村居民人均纯收入高于受诉法院所在地标准的，残疾赔偿金或者死亡赔偿金可以按照其住所地或者经常居住地的相关标准计算。

被扶养人生活费的相关计算标准，依照前款原则确定。

第三十一条　人民法院应当按照民法通则第一百三十一条以及本解释第二条的规定，确定第十九条至第二十九条各项财产损失的实际赔偿金额。

前款确定的物质损害赔偿金与按照第十八条第一款规定确定的精神损害抚慰金，原则上应当一次性给付。

第三十二条　超过确定的护理期限、辅助器具费给付年限或者残疾赔偿金给付年限，赔偿权利人向人民法院起诉请求继续给付护理费、辅助器具费或者残疾赔偿金的，人民法院应予受理。赔偿权利人确需继续护理、配制辅助器具，或者没有劳动能力和生活来源的，人民法院应当判令赔偿义务人继续给付相关费用五至十年。

第三十三条　赔偿义务人请求以定期金方式给付残疾赔偿金、被扶养人生活费、残疾辅助器具费的，应当提供相应的担保。人民法院可以根据赔偿义务人的给付能力和提供担保的情况，确定以定期金方式给付相关费用。但一审法庭辩论终结前已经发生的费用、死亡赔偿金以及精神损害抚慰金，应当一次性给付。

第三十四条　人民法院应当在法律文书中明确定期金的给付时间、方式以及每期给付标准。执行期间有关统计数据发生变化的，给付金额应当适时进行相应调整。

定期金按照赔偿权利人的实际生存年限给付，不受本解释有关赔偿期限的限制。

第三十五条　本解释所称"城镇居民人均可支配收入"、"农村居民人均纯收入"、"城镇居民人均消费性支出"、"农村居民人均年生活消费支出"、"职工平均工资"，按照政府统计部门公布的各省、自治区、直辖市以及经济特区和计划单列市上一年度相关统计数据确定。

"上一年度"，是指一审法庭辩论终结时的上一统计年度。

第三十六条　本解释自2004年5月1日起施行。2004年5月1日后新受理的一审人身损害赔偿案件，适用本解释的规定。已经作出生效裁判的人身损害赔偿案件依法再审的，不适用本解释的规定。

在本解释公布施行之前已经生效施行的司法解释，其内容与本解释不一致的，以本解释为准。

(二)产品责任

中华人民共和国产品质量法①

(1993年2月22日第七届全国人民代表大会常务委员会第三十次会议通过　1993年2月22日中华人民共和国主席令第71号公布　自1993年9月1日起施行)

目　录

第一章　总　　则

第一条　为了加强对产品质量的监督管理，明确产品质量责任，保护用户、消费者的合法权益，维护社会经济秩序，制定本法。

第二条　在中华人民共和国境内从事产品生产、销售活动，必须遵守本法。

本法所称产品是指经过加工、制作，用于销售的产品。

建设工程不适用本法规定。

第三条　生产者、销售者依照本法规定承担产品质量责任。

第四条　禁止伪造或者冒用认证标志、名优标志等质量标志；禁止伪造产品的产地，伪造或者冒用他人的厂名、厂址；禁止在生产、销售的产品中掺杂、掺假，以假充真、以次充好。

第五条　国家鼓励推行科学的质量管理方法，采用先进的科学技术，鼓励企业产品质量达到并且超过行业标准、国家标准和国际标准。对

① 编者注：已被修改。

产品质量管理先进和产品质量达到国际先进水平、成绩显著的单位和个人,给予奖励。

第六条 国务院产品质量监督管理部门负责全国产品质量监督管理工作。国务院有关部门在各自的职责范围内负责产品质量监督管理工作。

县级以上地方人民政府管理产品质量监督工作的部门负责本行政区域内的产品质量监督管理工作。县级以上地方人民政府有关部门在各自的职责范围内负责产品质量监督管理工作。

第二章 产品质量的监督管理

第七条 产品质量应当检验合格,不得以不合格产品冒充合格产品。

第八条 可能危及人体健康和人身、财产安全的工业产品,必须符合保障人体健康,人身、财产安全的国家标准、行业标准;未制定国家标准、行业标准的,必须符合保障人体健康,人身、财产安全的要求。

第九条 国家根据国际通用的质量管理标准,推行企业质量体系认证制度。企业根据自愿原则可以向国务院产品质量监督管理部门或者国务院产品质量监督管理部门授权的部门认可的认证机构申请企业质量体系认证。经认证合格后,由认证机构颁发企业质量体系认证证书。

国家参照国际先进的产品标准和技术要求,推行产品质量认证制度。企业根据自愿原则可以向国务院产品质量监督管理部门或者国务院产品质量监督管理部门授权的部门认可的认证机构申请产品质量认证。经认证合格的,由认证机构颁发产品质量认证证书,准许企业在产品或者其包装上使用产品质量认证标志。

第十条 国家对产品质量实行以抽查为主要方式的监督检查制度,对可能危及人体健康和人身、财产安全的产品,影响国计民生的重要工业产品以及用户、消费者、有关组织反映有质量问题的产品进行抽查。监督抽查工作由国务院产品质量监督管理部门规划和组织。县级以上地方人民政府管理产品质量监督工作的部门在本行政区域内也可以组织监督抽查,但是要防止重复抽查。产品质量抽查的结果应当公布。法律对产品质量的监督检查另有规定的,依照有关法律的规定执行。

根据监督抽查的需要,可以对产品进行检验,但不得向企业收取检验费用。监督抽查所需检验费用按照国务院规定列支。

第十一条 产品质量检验机构必须具备相应的检测条件和能力,经省级以上人民政府产品质量监督管理部门或者其授权的部门考核合格后,方可承担产品质量检验工作。法律、行政法规对产品质量检验机构另有规定的,依照有关的法律、行政法规的规定执行。

第十二条 用户、消费者有权就产品质量问题,向产品的生产者、销售者查询;向产品质量监督管理部门、工商行政管理部门及有关部门申诉,有关部门应当负责处理。

第十三条 保护消费者权益的社会组织可以就消费者反映的产品质量问题建议有关部门负责处理,支持消费者对因产品质量造成的损害向人民法院起诉。

第三章 生产者、销售者的产品质量责任和义务

第一节 生产者的产品质量责任和义务

第十四条 生产者应当对其生产的产品质量负责。

产品质量应当符合下列要求:

(一)不存在危及人身、财产安全的不合理的危险,有保障人体健康,人身、财产安全的国家标准、行业标准的,应当符合该标准;

(二)具备产品应当具备的使用性能,但是,对产品存在使用性能的瑕疵作出说明的除外;

(三)符合在产品或者其包装上注明采用的产品标准,符合以产品说明、实物样品等方式表明的质量状况。

第十五条 产品或者其包装上的标识应当符合下列要求:

(一)有产品质量检验合格证明;

(二)有中文标明的产品名称、生产厂厂名和厂址;

(三)根据产品的特点和使用要求,需要标明产品规格、等级、所含主要成份的名称和含量的,相应予以标明;

（四）限期使用的产品，标明生产日期和安全使用期或者失效日期；

（五）使用不当，容易造成产品本身损坏或者可能危及人身、财产安全的产品，有警示标志或者中文警示说明。

裸装的食品和其他根据产品的特点难以附加标识的裸装产品，可以不附加产品标识。

第十六条 剧毒、危险、易碎、储运中不能倒置以及有其他特殊要求的产品，其包装必须符合相应要求，有警示标志或者中文警示说明标明储运注意事项。

第十七条 生产者不得生产国家明令淘汰的产品。

第十八条 生产者不得伪造产地，不得伪造或者冒用他人的厂名、厂址。

第十九条 生产者不得伪造或者冒用认证标志、名优标志等质量标志。

第二十条 生产者生产产品，不得掺杂、掺假，不得以假充真、以次充好，不得以不合格产品冒充合格产品。

第二节 销售者的产品质量责任和义务

第二十一条 销售者应当执行进货检查验收制度，验明产品合格证明和其他标识。

第二十二条 销售者应当采取措施，保持销售产品的质量。

第二十三条 销售者不得销售失效、变质的产品。

第二十四条 销售者销售的产品的标识应当符合本法第十五条的规定。

第二十五条 销售者不得伪造产地，不得伪造或者冒用他人的厂名、厂址。

第二十六条 销售者不得伪造或者冒用认证标志、名优标志等质量标志。

第二十七条 销售者销售产品，不得掺杂、掺假，不得以假充真、以次充好，不得以不合格产品冒充合格产品。

第四章 损害赔偿

第二十八条 售出的产品有下列情形之一的，销售者应当负责修理、更换、退货；给购买产品的用户、消费者造成损失的，销售者应当赔偿损失：

（一）不具备产品应当具备的使用性能而事先未作说明的；

（二）不符合在产品或者其包装上注明采用的产品标准的；

（三）不符合以产品说明、实物样品等方式表明的质量状况的。

销售者依照前款规定负责修理、更换、退货、赔偿损失后，属于生产者的责任或者属于向销售者提供产品的其他销售者（以下简称供货者）的责任的，销售者有权向生产者、供货者追偿。

销售者未按照第一款规定给予修理、更换、退货或者赔偿损失的，由管理产品质量监督工作的部门或者工商行政管理部门责令改正。

生产者之间、销售者之间、生产者与销售者之间订立的产品购销、加工承揽合同有不同约定的，合同当事人按照合同约定执行。

第二十九条 因产品存在缺陷造成人身、缺陷产品以外的其他财产（以下简称他人财产）损害的，生产者应当承担赔偿责任。

生产者能够证明有下列情形之一的，不承担赔偿责任：

（一）未将产品投入流通的；

（二）产品投入流通时，引起损害的缺陷尚不存在的；

（三）将产品投入流通时的科学技术水平尚不能发现缺陷的存在的。

第三十条 由于销售者的过错使产品存在缺陷，造成人身、他人财产损害的，销售者应当承担赔偿责任。

销售者不能指明缺陷产品的生产者也不能指明缺陷产品的供货者的，销售者应当承担赔偿责任。

第三十一条 因产品存在缺陷造成人身、他人财产损害的，受害人可以向产品的生产者要求赔偿，也可以向产品的销售者要求赔偿。属于产品的生产者的责任，产品的销售者赔偿的，产品的销售者有权向产品的生产者追偿。属于产品的销售者的责任，产品的生产者赔偿的，产品的生产者有权向产品的销售者追偿。

第三十二条 因产品存在缺陷造成受害人人身伤害的，侵害人应当赔偿医疗费、因误工减少的收入、残废者生活补助费等费用；造成受害人死亡的，并应当支付丧葬费、抚恤费、死者生前抚养的人必要的生活费等费用。

因产品存在缺陷造成受害人财产损失的，侵害人应当恢复原状或者折价赔偿。受害人因此遭受其他重大损失的，侵害人应当赔偿损失。

第三十三条　因产品存在缺陷造成损害要求赔偿的诉讼时效期间为二年，自当事人知道或者应当知道其权益受到损害时起计算。

因产品存在缺陷造成损害要求赔偿的请求权，在造成损害的缺陷产品交付最初用户、消费者满十年丧失；但是，尚未超过明示的安全使用期的除外。

第三十四条　本法所称缺陷，是指产品存在危及人身、他人财产安全的不合理的危险；产品有保障人体健康，人身、财产安全的国家标准、行业标准的，是指不符合该标准。

第三十五条　因产品质量发生民事纠纷时，当事人可以通过协商或者调解解决。当事人不愿通过协商、调解解决或者协商、调解不成的，可以根据当事人各方的协议向仲裁机构申请仲裁；当事人各方没有达成仲裁协议的，可以向人民法院起诉。

第三十六条　仲裁机构或者人民法院可以委托本法第十一条规定的产品质量检验机构，对有关产品质量进行检验。

第五章　罚　　则

第三十七条　生产不符合保障人体健康，人身、财产安全的国家标准、行业标准的产品的，责令停止生产，没收违法生产的产品和违法所得，并处违法所得一倍以上五倍以下的罚款，可以吊销营业执照；构成犯罪的，依法追究刑事责任。

销售不符合保障人体健康，人身、财产安全的国家标准、行业标准的产品的，责令停止销售。销售明知是不符合保障人体健康，人身、财产安全的国家标准、行业标准的产品，没收违法销售的产品和违法所得，并处违法所得一倍以上五倍以下的罚款，可以吊销营业执照；构成犯罪的，依法追究刑事责任。

第三十八条　生产者、销售者在产品中掺杂、掺假，以假充真，以次充好，或者以不合格产品冒充合格产品，责令停止生产、销售，没收违法所得，并处违法所得一倍以上五倍以下的罚款，可以吊销营业执照；构成犯罪的，依法追究刑事责任。

第三十九条　生产国家明令淘汰的产品的，责令停止生产，没收违法生产的产品和违法所得，并处违法所得一倍以上五倍以下的罚款，可以吊销营业执照。

第四十条　销售失效、变质产品的，责令停止销售，没收违法销售的产品和违法所得，并处违法所得一倍以上五倍以下的罚款，可以吊销营业执照；构成犯罪的，依法追究刑事责任。

第四十一条　生产者、销售者伪造产品的产地的，伪造或者冒用他人的厂名、厂址的，伪造或者冒用认证标志、名优标志等质量标志的，责令公开更正，没收违法所得，可以并处罚款。

第四十二条　以行贿、受贿或者其他非法手段推销、采购本法第三十七条至第四十条所列产品，构成犯罪的，依法追究刑事责任。

第四十三条　产品标识不符合本法第十五条规定的，责令改正；有包装的产品标识不符合本法第十五条第（四）项、第（五）项规定，情节严重的，可以责令停止生产、销售，并可以处以违法所得百分之十五至百分之二十的罚款。

第四十四条　伪造检验数据或者伪造检验结论的，责令更正，可以处以所收检验费一倍以上三倍以下的罚款；情节严重的，吊销营业执照；构成犯罪的，对直接责任人员比照刑法第一百六十七条的规定追究刑事责任。

第四十五条　本法规定的吊销营业执照的行政处罚由工商行政管理部门决定，其他行政处罚由管理产品质量监督工作的部门或者工商行政管理部门按照国务院规定的职权范围决定。法律、行政法规对行使行政处罚权的机关另有规定的，依照有关法律、行政法规的规定执行。

第四十六条　当事人对行政处罚决定不服的，可以在接到处罚通知之日起十五日内向作出处罚决定的机关的上一级机关申请复议；当事人也可以在接到处罚通知之日起十五日内直接向人民法院起诉。

复议机关应当在接到复议申请之日起六十日内作出复议决定。当事人对复议决定不服的，可以在接到复议决定之日起十五日内向人民法院起诉。复议机关逾期不作出复议决定的,当事人可以在复议期满之日起十五日内向人民法院起诉。

当事人逾期不申请复议也不向人民法院起诉、又不履行处罚决定的,作出处罚决定的机关可以申请人民法院强制执行。

第四十七条 从事产品质量监督管理的国家工作人员滥用职权、玩忽职守、徇私舞弊,构成犯罪的,依法追究刑事责任;不构成犯罪的,给予行政处分。

第四十八条 国家工作人员利用职务,对明知有违反本法规定构成犯罪的行为的企业事业单位或者个人故意包庇使其不受追诉的,依法追究刑事责任。

第四十九条 以暴力、威胁方法阻碍从事产品质量监督管理的国家工作人员依法执行职务的,依照刑法第一百五十七条的规定追究刑事责任;拒绝、阻碍从事产品质量监督管理的国家工作人员依法执行职务未使用暴力、威胁方法的,由公安机关依照治安管理处罚条例的规定处罚。

第六章 附 则

第五十条 军工产品质量监督管理办法,由国务院、中央军事委员会另行制定。

第五十一条 本法自1993年9月1日起施行。

全国人民代表大会常务委员会关于修改《中华人民共和国产品质量法》的决定

(2000年7月8日第九届全国人民代表大会常务委员会第十六次会议通过 2000年7月8日中华人民共和国主席令第33号公布 自2000年9月1日起施行)

第九届全国人民代表大会常务委员会第十六次会议决定对《中华人民共和国产品质量法》作如下修改:

一、第一条修改为:“为了加强对产品质量的监督管理,提高产品质量水平,明确产品质量责任,保护消费者的合法权益,维护社会经济秩序,制定本法。”

二、第二条第三款修改为:“建设工程不适用本法规定;但是,建设工程使用的建筑材料、建筑构配件和设备,属于前款规定的产品范围内,适用本法规定。”

三、增加一条,作为第三条:“生产者、销售者应当建立健全内部产品质量管理制度,严格实施岗位质量规范、质量责任以及相应的考核办法。”

四、增加一条,作为第七条:“各级人民政府应当把提高产品质量纳入国民经济和社会发展规划,加强对产品质量工作的统筹规划和组织领导,引导、督促生产者、销售者加强产品质量管理,提高产品质量,组织各有关部门依法采取措施,制止产品生产、销售中违反本法规定的行为,保障本法的施行。”

五、第六条改为第八条,修改为:“国务院产品质量监督部门主管全国产品质量监督工作。国务院有关部门在各自的职责范围内负责产品质量监督工作。

“县级以上地方产品质量监督部门主管本行政区域内的产品质量监督工作。县级以上地方人民政府有关部门在各自的职责范围内负责产品质量监督工作。

“法律对产品质量的监督部门另有规定的,依照有关法律的规定执行。”

六、增加一条,作为第九条:“各级人民政府工作人员和其他国家机关工作人员不得滥用职权、玩忽职守或者徇私舞弊,包庇、放纵本地区、本系统发生的产品生产、销售中违反本法规定的行为,或者阻挠、干预依法对产品生产、销售中违反本法规定的行为进行查处。

“各级地方人民政府和其他国家机关有包庇、放纵产品生产、销售中违反本法规定的行为的,依法追究其主要负责人的法律责任。”

七、增加一条,作为第十条:“任何单位和个人有权对违反本法规定的行为,向产品质量监督部门或者其他有关部门检举。

“产品质量监督部门和有关部门应当为检举人保密,并按照省、自治区、直辖市人民政府的规定给予奖励。”

八、增加一条,作为第十一条:“任何单位和个人不得排斥非本地区或者非本系统企业生产的质量合格产品进入本地区、本系统。”

九、第八条改为第十三条，并增加一款，作为第二款：“禁止生产、销售不符合保障人体健康和人身、财产安全的标准和要求的工业产品。具体管理办法由国务院规定。”

十、第十条改为第十五条，修改为：“国家对产品质量实行以抽查为主要方式的监督检查制度，对可能危及人体健康和人身、财产安全的产品，影响国计民生的重要工业产品以及消费者、有关组织反映有质量问题的产品进行抽查。抽查的样品应当在市场上或者企业成品仓库内的待销产品中随机抽取。监督抽查工作由国务院产品质量监督部门规划和组织。县级以上地方产品质量监督部门在本行政区域内也可以组织监督抽查。法律对产品质量的监督检查另有规定的，依照有关法律的规定执行。

“国家监督抽查的产品，地方不得另行重复抽查；上级监督抽查的产品，下级不得另行重复抽查。

“根据监督抽查的需要，可以对产品进行检验。检验抽取样品的数量不得超过检验的合理需要，并不得向被检查人收取检验费用。监督抽查所需检验费用按照国务院规定列支。

“生产者、销售者对抽查检验的结果有异议的，可以自收到检验结果之日起15日内向实施监督抽查的产品质量监督部门或者其上级产品质量监督部门申请复检，由受理复检的产品质量监督部门作出复检结论。”

十一、增加一条，作为第十六条：“对依法进行的产品质量监督检查，生产者、销售者不得拒绝。”

十二、增加一条，作为第十七条：“依照本法规定进行监督抽查的产品质量不合格的，由实施监督抽查的产品质量监督部门责令其生产者、销售者限期改正。逾期不改正的，由省级以上人民政府产品质量监督部门予以公告；公告后经复查仍不合格的，责令停业，限期整顿；整顿期满后经复查产品质量仍不合格的，吊销营业执照。

“监督抽查的产品有严重质量问题的，依照本法第五章的有关规定处罚。”

十三、增加一条，作为第十八条：“县级以上产品质量监督部门根据已经取得的违法嫌疑证据或者举报，对涉嫌违反本法规定的行为进行查处时，可以行使下列职权：

“（一）对当事人涉嫌从事违反本法的生产、销售活动的场所实施现场检查；

“（二）向当事人的法定代表人、主要负责人和其他有关人员调查、了解与涉嫌从事违反本法的生产、销售活动有关的情况；

“（三）查阅、复制当事人有关的合同、发票、账簿以及其他有关资料；

“（四）对有根据认为不符合保障人体健康和人身、财产安全的国家标准、行业标准的产品或者有其他严重质量问题的产品，以及直接用于生产、销售该项产品的原辅材料、包装物、生产工具，予以查封或者扣押。

“县级以上工商行政管理部门按照国务院规定的职责范围，对涉嫌违反本法规定的行为进行查处时，可以行使前款规定的职权。”

十四、增加一条，作为第二十条：“从事产品质量检验、认证的社会中介机构必须依法设立，不得与行政机关和其他国家机关存在隶属关系或者其他利益关系。”

十五、增加一条，作为第二十一条：“产品质量检验机构、认证机构必须依法按照有关标准，客观、公正地出具检验结果或者认证证明。

“产品质量认证机构应当依照国家规定对准许使用认证标志的产品进行认证后的跟踪检查；对不符合认证标准而使用认证标志的，要求其改正；情节严重的，取消其使用认证标志的资格。”

十六、第十二条改为第二十二条，修改为：“消费者有权就产品质量问题，向产品的生产者、销售者查询；向产品质量监督部门、工商行政管理部门及有关部门申诉，接受申诉的部门应当负责处理。”

十七、增加一条，作为第二十四条：“国务院和省、自治区、直辖市人民政府的产品质量监督部门应当定期发布其监督抽查的产品的质量状况公告。”

十八、增加一条，作为第二十五条：“产品质量监督部门或者其他国家机关以及产品质量检验机构不得向社会推荐生产者的产品；不得以对产品进行监制、监销等方式参与产品经营活动。”

十九、第十五条改为第二十七条，并将第一款修改为：

“产品或者其包装上的标识必须真实，并符合下列要求：

“（一）有产品质量检验合格证明；

“（二）有中文标明的产品名称、生产厂厂名和厂址；

“（三）根据产品的特点和使用要求，需要标明产品规格、等级、所含主要成份的名称和含量的，用中文相应予以标明；需要事先让消费者知晓的，应当在外包装上标明，或者预先向消费者提供有关资料；

“（四）限期使用的产品，应当在显著位置清晰地标明生产日期和安全使用期或者失效日期；

“（五）使用不当，容易造成产品本身损坏或者可能危及人身、财产安全的产品，应当有警示标志或者中文警示说明。”

二十、第十六条改为第二十八条，修改为：“易碎、易燃、易爆、有毒、有腐蚀性、有放射性等危险物品以及储运中不能倒置和其他有特殊要求的产品，其包装质量必须符合相应要求，依照国家有关规定作出警示标志或者中文警示说明，标明储运注意事项。”

二十一、第二十三条改为第三十五条，修改为：“销售者不得销售国家明令淘汰并停止销售的产品和失效、变质的产品。”

二十二、第三十二条改为第四十四条，并将第一款修改为：“因产品存在缺陷造成受害人人身伤害的，侵害人应当赔偿医疗费、治疗期间的护理费、因误工减少的收入等费用；造成残疾的，还应当支付残疾者生活自助具费、生活补助费、残疾赔偿金以及由其扶养的人所必需的生活费等费用；造成受害人死亡的，并应当支付丧葬费、死亡赔偿金以及由死者生前扶养的人所必需的生活费等费用。”

二十三、第三十五条改为第四十七条，修改为：“因产品质量发生民事纠纷时，当事人可以通过协商或者调解解决。当事人不愿通过协商、调解解决或者协商、调解不成的，可以根据当事人各方的协议向仲裁机构申请仲裁；当事人各方没有达成仲裁协议或者仲裁协议无效的，可以直接向人民法院起诉。”

二十四、第三十七条改为第四十九条，修改为：“生产、销售不符合保障人体健康和人身、财产安全的国家标准、行业标准的产品的，责令停止生产、销售，没收违法生产、销售的产品，并处违法生产、销售产品（包括已售出和未售出的产品，下同）货值金额等值以上3倍以下的罚款；有违法所得的，并处没收违法所得；情节严重的，吊销营业执照；构成犯罪的，依法追究刑事责任。”

二十五、第三十八条改为第五十条，修改为：“在产品中掺杂、掺假，以假充真，以次充好，或者以不合格产品冒充合格产品的，责令停止生产、销售，没收违法生产、销售的产品，并处违法生产、销售产品货值金额50%以上3倍以下的罚款；有违法所得的，并处没收违法所得；情节严重的，吊销营业执照；构成犯罪的，依法追究刑事责任。”

二十六、第三十九条改为第五十一条，修改为：“生产国家明令淘汰的产品的，销售国家明令淘汰并停止销售的产品的，责令停止生产、销售，没收违法生产、销售的产品，并处违法生产、销售产品货值金额等值以下的罚款；有违法所得的，并处没收违法所得；情节严重的，吊销营业执照。”

二十七、第四十条改为第五十二条，修改为：“销售失效、变质的产品的，责令停止销售，没收违法销售的产品，并处违法销售产品货值金额2倍以下的罚款；有违法所得的，并处没收违法所得；情节严重的，吊销营业执照；构成犯罪的，依法追究刑事责任。”

二十八、第四十一条改为第五十三条，修改为：“伪造产品产地的，伪造或者冒用他人厂名、厂址的，伪造或者冒用认证标志等质量标志的，责令改正，没收违法生产、销售的产品，并处违法生产、销售产品货值金额等值以下的罚款；有违法所得的，并处没收违法所得；情节严重的，吊销营业执照。”

二十九、第四十三条改为第五十四条，修改为：“产品标识不符合本法第二十七条规定的，责令改正；有包装的产品标识不符合本法第二十七条第（四）项、第（五）项规定，情节严重的，责令停止生产、销售，并处违法生产、销售产品货值金额30%以下的罚款；有违法所得的，并处没收违法所得。”

三十、增加一条，作为第五十五条：“销售者销售本法第四十九条至第五十三条规定禁止销售的产品，有充分证据证明其不知道该产品为禁止销售的产品并如实说明其进货来源的，可以从轻或者减轻处罚。”

三十一、增加一条，作为第五十六条：“拒绝接受依法进行的产品质量监督检查的，给予警告，责令改正；拒不改正的，责令停业整顿；情节特别严重的，吊销营业执照。”

三十二、第四十四条改为第五十七条，修改为：“产品质量检验机构、认证机构伪造检验结果或者出具虚假证明的，责令改正，对单位处5万元以上10万元以下的罚款，对直接负责的主管人员和其他直接责任人员处1万元以上5万元以下的罚款；有违法所得的，并处没收违法所得；情节严重的，取消其检验资格、认证资格；构成犯罪的，依法追究刑事责任。

“产品质量检验机构、认证机构出具的检验结果或者证明不实，造成损失的，应当承担相应的赔偿责任；造成重大损失的，撤销其检验资格、认证资格。

“产品质量认证机构违反本法第二十一条第二款的规定，对不符合认证标准而使用认证标志的产品，未依法要求其改正或者取消其使用认证标志资格的，对因产品不符合认证标准给消费者造成的损失，与产品的生产者、销售者承担连带责任；情节严重的，撤销其认证资格。”

三十三、增加一条，作为第五十八条：“社会团体、社会中介机构对产品质量作出承诺、保证，而该产品又不符合其承诺、保证的质量要求，给消费者造成损失的，与产品的生产者、销售者承担连带责任。”

三十四、增加一条，作为第五十九条：“在广告中对产品质量作虚假宣传，欺骗和误导消费者的，依照《中华人民共和国广告法》的规定追究法律责任。”

三十五、增加一条，作为第六十条：“对生产者专门用于生产本法第四十九条、第五十一条所列的产品或者以假充真的产品的原辅材料、包装物、生产工具，应当予以没收。”

三十六、增加一条，作为第六十一条：“知道或者应当知道属于本法规定禁止生产、销售的产品而为其提供运输、保管、仓储等便利条件的，或者为以假充真的产品提供制假生产技术的，没收全部运输、保管、仓储或者提供制假生产技术的收入，并处违法收入50%以上3倍以下的罚款；构成犯罪的，依法追究刑事责任。”

三十七、增加一条，作为第六十二条：“服务业的经营者将本法第四十九条至第五十二条规定禁止销售的产品用于经营性服务的，责令停止使用；对知道或者应当知道所使用的产品属于本法规定禁止销售的产品的，按照违法使用的产品（包括已使用和尚未使用的产品）的货值金额，依照本法对销售者的处罚规定处罚。”

三十八、增加一条，作为第六十三条：“隐匿、转移、变卖、损毁被产品质量监督部门或者工商行政管理部门查封、扣押的物品的，处被隐匿、转移、变卖、损毁物品货值金额等值以上3倍以下的罚款；有违法所得的，并处没收违法所得。”

三十九、增加一条，作为第六十四条：“违反本法规定，应当承担民事赔偿责任和缴纳罚款、罚金，其财产不足以同时支付时，先承担民事赔偿责任。”

四十、第四十八条改为第六十五条，修改为：“各级人民政府工作人员和其他国家机关工作人员有下列情形之一的，依法给予行政处分；构成犯罪的，依法追究刑事责任：

“（一）包庇、放纵产品生产、销售中违反本法规定行为的；

“（二）向从事违反本法规定的生产、销售活动的当事人通风报信，帮助其逃避查处的；

“（三）阻挠、干预产品质量监督部门或者工商行政管理部门依法对产品生产、销售中违反本法规定的行为进行查处，造成严重后果的。”

四十一、增加一条，作为第六十六条：“产品质量监督部门在产品质量监督抽查中超过规定的数量索取样品或者向被检查人收取检验费用的，由上级产品质量监督部门或者监察机关责令退还；情节严重的，对直接负责的主管人员和其他直接责任人员依法给予行政处分。”

四十二、增加一条，作为第六十七条：“产品质量监督部门或者其他国家机关违反本法第二十五条的规定，向社会推荐生产者的产品或者以监制、监销等方式参与产品经营活动的，由其上级机关或者监察机关责令改正，消除影响，有违法收入的予以没收;情节严重的,对直接负责的主管人员和其他直接责任人员依法给予行政处分。

“产品质量检验机构有前款所列违法行为的,由产品质量监督部门责令改正,消除影响,有违法收入的予以没收,可以并处违法收入1倍以下的罚款;情节严重的,撤销其质量检验资格。”

四十三、增加一条,作为第七十一条:“对依照本法规定没收的产品,依照国家有关规定进行销毁或者采取其他方式处理。”

四十四、增加一条,作为第七十二条:“本法第四十九条至第五十四条、第六十二条、第六十三条所规定的货值金额以违法生产、销售产品的标价计算;没有标价的,按照同类产品的市场价格计算。”

四十五、第五十条改为第七十三条,并增加一款,作为第二款:“因核设施、核产品造成损害的赔偿责任,法律、行政法规另有规定的,依照其规定。”

四十六、删去第四十二条、第四十六条。

此外,根据本决定对部分条文的文字作相应的修改并对条文顺序作相应调整。

本决定自2000年9月1日起施行。

《中华人民共和国产品质量法》根据本决定作相应的修改,重新公布。

中华人民共和国产品质量法①

(1993年2月22日第七届全国人民代表大会常务委员会第三十次会议通过　根据2000年7月8日第九届全国人民代表大会常务委员会第十六次会议《关于修改〈中华人民共和国产品质量法〉的决定》修正)

目　　录

第一章　总　　则

第一条　为了加强对产品质量的监督管理,提高产品质量水平,明确产品质量责任,保护消费者的合法权益,维护社会经济秩序,制定本法。

第二条　在中华人民共和国境内从事产品生产、销售活动,必须遵守本法。

本法所称产品是指经过加工、制作,用于销售的产品。

建设工程不适用本法规定;但是,建设工程使用的建筑材料、建筑构配件和设备,属于前款规定的产品范围的,适用本法规定。

第三条　生产者、销售者应当建立健全内部产品质量管理制度,严格实施岗位质量规范、质量责任以及相应的考核办法。

第四条　生产者、销售者依照本法规定承担产品质量责任。

第五条　禁止伪造或者冒用认证标志等质量标志;禁止伪造产品的产地,伪造或者冒用他人的厂名、厂址;禁止在生产、销售的产品中掺杂、掺假,以假充真,以次充好。

第六条　国家鼓励推行科学的质量管理方法,采用先进的科学技术,鼓励企业产品质量达到并且超过行业标准、国家标准和国际标准。

对产品质量管理先进和产品质量达到国际先进水平、成绩显著的单位和个人,给予奖励。

第七条　各级人民政府应当把提高产品质量纳入国民经济和社会发展规划,加强对产品质量工作的统筹规划和组织领导,引导、督促生产者、销售者加强产品质量管理,提高产品质量,组织各有关部门依法采取措施,制止产品生产、销售中违反本法规定的行为,保障本法的施行。

第八条　国务院产品质量监督部门主管全国产品质量监督工作。国务院有关部门在各自的职责范围内负责产品质量监督工作。

县级以上地方产品质量监督部门主管本行政区域内的产品质量监督工作。县级以上地方

① 编者注:已被修改。

人民政府有关部门在各自的职责范围内负责产品质量监督工作。

法律对产品质量的监督部门另有规定的，依照有关法律的规定执行。

第九条　各级人民政府工作人员和其他国家机关工作人员不得滥用职权、玩忽职守或者徇私舞弊，包庇、放纵本地区、本系统发生的产品生产、销售中违反本法规定的行为，或者阻挠、干预依法对产品生产、销售中违反本法规定的行为进行查处。

各级地方人民政府和其他国家机关有包庇、放纵产品生产、销售中违反本法规定的行为的，依法追究其主要负责人的法律责任。

第十条　任何单位和个人有权对违反本法规定的行为，向产品质量监督部门或者其他有关部门检举。

产品质量监督部门和有关部门应当为检举人保密，并按照省、自治区、直辖市人民政府的规定给予奖励。

第十一条　任何单位和个人不得排斥非本地区或者非本系统企业生产的质量合格产品进入本地区、本系统。

第二章　产品质量的监督

第十二条　产品质量应当检验合格，不得以不合格产品冒充合格产品。

第十三条　可能危及人体健康和人身、财产安全的工业产品，必须符合保障人体健康和人身、财产安全的国家标准、行业标准；未制定国家标准、行业标准的，必须符合保障人体健康和人身、财产安全的要求。

禁止生产、销售不符合保障人体健康和人身、财产安全的标准和要求的工业产品。具体管理办法由国务院规定。

第十四条　国家根据国际通用的质量管理标准，推行企业质量体系认证制度。企业根据自愿原则可以向国务院产品质量监督部门认可的或者国务院产品质量监督部门授权的部门认可的认证机构申请企业质量体系认证。经认证合格的，由认证机构颁发企业质量体系认证证书。

国家参照国际先进的产品标准和技术要求，推行产品质量认证制度。企业根据自愿原则可以向国务院产品质量监督部门认可的或者国务院产品质量监督部门授权的部门认可的认证机构申请产品质量认证。经认证合格的，由认证机构颁发产品质量认证证书，准许企业在产品或者其包装上使用产品质量认证标志。

第十五条　国家对产品质量实行以抽查为主要方式的监督检查制度，对可能危及人体健康和人身、财产安全的产品，影响国计民生的重要工业产品以及消费者、有关组织反映有质量问题的产品进行抽查。抽查的样品应当在市场上或者企业成品仓库内的待销产品中随机抽取。监督抽查工作由国务院产品质量监督部门规划和组织。县级以上地方产品质量监督部门在本行政区域内也可以组织监督抽查。法律对产品质量的监督检查另有规定的，依照有关法律的规定执行。

国家监督抽查的产品，地方不得另行重复抽查；上级监督抽查的产品，下级不得另行重复抽查。

根据监督抽查的需要，可以对产品进行检验。检验抽取样品的数量不得超过检验的合理需要，并不得向被检查人收取检验费用。监督抽查所需检验费用按照国务院规定列支。

生产者、销售者对抽查检验的结果有异议的，可以自收到检验结果之日起15日内向实施监督抽查的产品质量监督部门或者其上级产品质量监督部门申请复检，由受理复检的产品质量监督部门作出复检结论。

第十六条　对依法进行的产品质量监督检查，生产者、销售者不得拒绝。

第十七条　依照本法规定进行监督抽查的产品质量不合格的，由实施监督抽查的产品质量监督部门责令其生产者、销售者限期改正。逾期不改正的，由省级以上人民政府产品质量监督部门予以公告；公告后经复查仍不合格的，责令停业，限期整顿；整顿期满后经复查产品质量仍不合格的，吊销营业执照。

监督抽查的产品有严重质量问题的，依照本法第五章的有关规定处罚。

第十八条　县级以上产品质量监督部门根据已经取得的违法嫌疑证据或者举报，对涉嫌违反本法规定的行为进行查处时，可以行使下列职权：

（一）对当事人涉嫌从事违反本法的生产、销售活动的场所实施现场检查；

（二）向当事人的法定代表人、主要负责人和其他有关人员调查、了解与涉嫌从事违反本法的生产、销售活动有关的情况；

（三）查阅、复制当事人有关的合同、发票、账簿以及其他有关资料；

（四）对有根据认为不符合保障人体健康和人身、财产安全的国家标准、行业标准的产品或者有其他严重质量问题的产品，以及直接用于生产、销售该项产品的原辅材料、包装物、生产工具，予以查封或者扣押。

县级以上工商行政管理部门按照国务院规定的职责范围，对涉嫌违反本法规定的行为进行查处时，可以行使前款规定的职权。

第十九条　产品质量检验机构必须具备相应的检测条件和能力，经省级以上人民政府产品质量监督部门或者其授权的部门考核合格后，方可承担产品质量检验工作。法律、行政法规对产品质量检验机构另有规定的，依照有关法律、行政法规的规定执行。

第二十条　从事产品质量检验、认证的社会中介机构必须依法设立，不得与行政机关和其他国家机关存在隶属关系或者其他利益关系。

第二十一条　产品质量检验机构、认证机构必须依法按照有关标准，客观、公正地出具检验结果或者认证证明。

产品质量认证机构应当依照国家规定对准许使用认证标志的产品进行认证后的跟踪检查；对不符合认证标准而使用认证标志的，要求其改正；情节严重的，取消其使用认证标志的资格。

第二十二条　消费者有权就产品质量问题，向产品的生产者、销售者查询；向产品质量监督部门、工商行政管理部门及有关部门申诉，接受申诉的部门应当负责处理。

第二十三条　保护消费者权益的社会组织可以就消费者反映的产品质量问题建议有关部门负责处理，支持消费者对因产品质量造成的损害向人民法院起诉。

第二十四条　国务院和省、自治区、直辖市人民政府的产品质量监督部门应当定期发布其监督抽查的产品的质量状况公告。

第二十五条　产品质量监督部门或者其他国家机关以及产品质量检验机构不得向社会推荐生产者的产品；不得以对产品进行监制、监销等方式参与产品经营活动。

第三章　生产者、销售者的产品质量责任和义务

第一节　生产者的产品质量责任和义务

第二十六条　生产者应当对其生产的产品质量负责。

产品质量应当符合下列要求：

（一）不存在危及人身、财产安全的不合理的危险，有保障人体健康和人身、财产安全的国家标准、行业标准的，应当符合该标准；

（二）具备产品应当具备的使用性能，但是，对产品存在使用性能的瑕疵作出说明的除外；

（三）符合在产品或者其包装上注明采用的产品标准，符合以产品说明、实物样品等方式表明的质量状况。

第二十七条　产品或者其包装上的标识必须真实，并符合下列要求：

（一）有产品质量检验合格证明；

（二）有中文标明的产品名称、生产厂厂名和厂址；

（三）根据产品的特点和使用要求，需要标明产品规格、等级、所含主要成份的名称和含量的，用中文相应予以标明；需要事先让消费者知晓的，应当在外包装上标明，或者预先向消费者提供有关资料；

（四）限期使用的产品，应当在显著位置清晰地标明生产日期和安全使用期或者失效日期；

（五）使用不当，容易造成产品本身损坏或者可能危及人身、财产安全的产品，应当有警示标志或者中文警示说明。

裸装的食品和其他根据产品的特点难以附加标识的裸装产品，可以不附加产品标识。

第二十八条　易碎、易燃、易爆、有毒、有腐蚀性、有放射性等危险物品以及储运中不能倒置和其他有特殊要求的产品，其包装质量必须符合相应要求，依照国家有关规定作出警示标志或者中文警示说明，标明储运注意事项。

第二十九条 生产者不得生产国家明令淘汰的产品。

第三十条 生产者不得伪造产地，不得伪造或者冒用他人的厂名、厂址。

第三十一条 生产者不得伪造或者冒用认证标志等质量标志。

第三十二条 生产者生产产品，不得掺杂、掺假，不得以假充真、以次充好，不得以不合格产品冒充合格产品。

第二节 销售者的产品质量责任和义务

第三十三条 销售者应当建立并执行进货检查验收制度，验明产品合格证明和其他标识。

第三十四条 销售者应当采取措施，保持销售产品的质量。

第三十五条 销售者不得销售国家明令淘汰并停止销售的产品和失效、变质的产品。

第三十六条 销售者销售的产品的标识应当符合本法第二十七条的规定。

第三十七条 销售者不得伪造产地，不得伪造或者冒用他人的厂名、厂址。

第三十八条 销售者不得伪造或者冒用认证标志等质量标志。

第三十九条 销售者销售产品，不得掺杂、掺假，不得以假充真、以次充好，不得以不合格产品冒充合格产品。

第四章 损害赔偿

第四十条 售出的产品有下列情形之一的，销售者应当负责修理、更换、退货；给购买产品的消费者造成损失的，销售者应当赔偿损失：

（一）不具备产品应当具备的使用性能而事先未作说明的；

（二）不符合在产品或者其包装上注明采用的产品标准的；

（三）不符合以产品说明、实物样品等方式表明的质量状况的。

销售者依照前款规定负责修理、更换、退货、赔偿损失后，属于生产者的责任或者属于向销售者提供产品的其他销售者（以下简称供货者）的责任的，销售者有权向生产者、供货者追偿。

销售者未按照第一款规定给予修理、更换、退货或者赔偿损失的，由产品质量监督部门或者工商行政管理部门责令改正。

生产者之间，销售者之间，生产者与销售者之间订立的买卖合同、承揽合同有不同约定的，合同当事人按照合同约定执行。

第四十一条 因产品存在缺陷造成人身、缺陷产品以外的其他财产（以下简称他人财产）损害的，生产者应当承担赔偿责任。

生产者能够证明有下列情形之一的，不承担赔偿责任：

（一）未将产品投入流通的；

（二）产品投入流通时，引起损害的缺陷尚不存在的；

（三）将产品投入流通时的科学技术水平尚不能发现缺陷的存在的。

第四十二条 由于销售者的过错使产品存在缺陷，造成人身、他人财产损害的，销售者应当承担赔偿责任。

销售者不能指明缺陷产品的生产者也不能指明缺陷产品的供货者的，销售者应当承担赔偿责任。

第四十三条 因产品存在缺陷造成人身、他人财产损害的，受害人可以向产品的生产者要求赔偿，也可以向产品的销售者要求赔偿。属于产品的生产者的责任，产品的销售者赔偿的，产品的销售者有权向产品的生产者追偿。属于产品的销售者的责任，产品的生产者赔偿的，产品的生产者有权向产品的销售者追偿。

第四十四条 因产品存在缺陷造成受害人人身伤害的，侵害人应当赔偿医疗费、治疗期间的护理费、因误工减少的收入等费用；造成残疾的，还应当支付残疾者生活自助具费、生活补助费、残疾赔偿金以及由其扶养的人所必需的生活费等费用；造成受害人死亡的，并应当支付丧葬费、死亡赔偿金以及由死者生前扶养的人所必需的生活费等费用。

因产品存在缺陷造成受害人财产损失的，侵害人应当恢复原状或者折价赔偿。受害人因此遭受其他重大损失的，侵害人应当赔偿损失。

第四十五条 因产品存在缺陷造成损害要求赔偿的诉讼时效期间为2年，自当事人知道或者应当知道其权益受到损害时起计算。

因产品存在缺陷造成损害要求赔偿的请求权,在造成损害的缺陷产品交付最初消费者满10年丧失;但是,尚未超过明示的安全使用期的除外。

第四十六条 本法所称缺陷,是指产品存在危及人身、他人财产安全的不合理的危险;产品有保障人体健康和人身、财产安全的国家标准、行业标准的,是指不符合该标准。

第四十七条 因产品质量发生民事纠纷时,当事人可以通过协商或者调解解决。当事人不愿通过协商、调解解决或者协商、调解不成的,可以根据当事人各方的协议向仲裁机构申请仲裁;当事人各方没有达成仲裁协议或者仲裁协议无效的,可以直接向人民法院起诉。

第四十八条 仲裁机构或者人民法院可以委托本法第十九条规定的产品质量检验机构,对有关产品质量进行检验。

第五章 罚 则

第四十九条 生产、销售不符合保障人体健康和人身、财产安全的国家标准、行业标准的产品的,责令停止生产、销售,没收违法生产、销售的产品,并处违法生产、销售产品(包括已售出和未售出的产品,下同)货值金额等值以上3倍以下的罚款;有违法所得的,并处没收违法所得;情节严重的,吊销营业执照;构成犯罪的,依法追究刑事责任。

第五十条 在产品中掺杂、掺假,以假充真,以次充好,或者以不合格产品冒充合格产品的,责令停止生产、销售,没收违法生产、销售的产品,并处违法生产、销售产品货值金额50%以上3倍以下的罚款;有违法所得的,并处没收违法所得;情节严重的,吊销营业执照;构成犯罪的,依法追究刑事责任。

第五十一条 生产国家明令淘汰的产品的,销售国家明令淘汰并停止销售的产品的,责令停止生产、销售,没收违法生产、销售的产品,并处违法生产、销售产品货值金额等值以下的罚款;有违法所得的,并处没收违法所得;情节严重的,吊销营业执照。

第五十二条 销售失效、变质的产品的,责令停止销售,没收违法销售的产品,并处违法销售产品货值金额2倍以下的罚款;有违法所得的,并处没收违法所得;情节严重的,吊销营业执照;构成犯罪的,依法追究刑事责任。

第五十三条 伪造产品产地的,伪造或者冒用他人厂名、厂址的,伪造或者冒用认证标志等质量标志的,责令改正,没收违法生产、销售的产品,并处违法生产、销售产品货值金额等值以下的罚款;有违法所得的,并处没收违法所得;情节严重的,吊销营业执照。

第五十四条 产品标识不符合本法第二十七条规定的,责令改正;有包装的产品标识不符合本法第二十七条第(四)项、第(五)项规定,情节严重的,责令停止生产、销售,并处违法生产、销售产品货值金额30%以下的罚款;有违法所得的,并处没收违法所得。

第五十五条 销售者销售本法第四十九条至第五十三条规定禁止销售的产品,有充分证据证明其不知道该产品为禁止销售的产品并如实说明其进货来源的,可以从轻或者减轻处罚。

第五十六条 拒绝接受依法进行的产品质量监督检查的,给予警告,责令改正;拒不改正的,责令停业整顿;情节特别严重的,吊销营业执照。

第五十七条 产品质量检验机构、认证机构伪造检验结果或者出具虚假证明的,责令改正,对单位处5万元以上10万元以下的罚款,对直接负责的主管人员和其他直接责任人员处1万元以上5万元以下的罚款;有违法所得的,并处没收违法所得;情节严重的,取消其检验资格、认证资格;构成犯罪的,依法追究刑事责任。

产品质量检验机构、认证机构出具的检验结果或者证明不实,造成损失的,应当承担相应的赔偿责任;造成重大损失的,撤销其检验资格、认证资格。

产品质量认证机构违反本法第二十一条第二款的规定,对不符合认证标准而使用认证标志的产品,未依法要求其改正或者取消其使用认证标志资格的,对因产品不符合认证标准给消费者造成的损失,与产品的生产者、销售者承担连带责任;情节严重的,撤销其认证资格。

第五十八条 社会团体、社会中介机构对产品质量作出承诺、保证,而该产品又不符合其承诺、保证的质量要求,给消费者造成损失的,与产品的生产者、销售者承担连带责任。

第五十九条　在广告中对产品质量作虚假宣传，欺骗和误导消费者的，依照《中华人民共和国广告法》的规定追究法律责任。

第六十条　对生产者专门用于生产本法第四十九条、第五十一条所列的产品或者以假充真的产品的原辅材料、包装物、生产工具，应当予以没收。

第六十一条　知道或者应当知道属于本法规定禁止生产、销售的产品而为其提供运输、保管、仓储等便利条件的，或者为以假充真的产品提供制假生产技术的，没收全部运输、保管、仓储或者提供制假生产技术的收入，并处违法收入50%以上3倍以下的罚款；构成犯罪的，依法追究刑事责任。

第六十二条　服务业的经营者将本法第四十九条至第五十二条规定禁止销售的产品用于经营性服务的，责令停止使用；对知道或者应当知道所使用的产品属于本法规定禁止销售的产品的，按照违法使用的产品（包括已使用和尚未使用的产品）的货值金额，依照本法对销售者的处罚规定处罚。

第六十三条　隐匿、转移、变卖、损毁被产品质量监督部门或者工商行政管理部门查封、扣押的物品的，处被隐匿、转移、变卖、损毁物品货值金额等值以上3倍以下的罚款；有违法所得的，并处没收违法所得。

第六十四条　违反本法规定，应当承担民事赔偿责任和缴纳罚款、罚金，其财产不足以同时支付时，先承担民事赔偿责任。

第六十五条　各级人民政府工作人员和其他国家机关工作人员有下列情形之一的，依法给予行政处分；构成犯罪的，依法追究刑事责任：

（一）包庇、放纵产品生产、销售中违反本法规定行为的；

（二）向从事违反本法规定的生产、销售活动的当事人通风报信，帮助其逃避查处的；

（三）阻挠、干预产品质量监督部门或者工商行政管理部门依法对产品生产、销售中违反本法规定的行为进行查处，造成严重后果的。

第六十六条　产品质量监督部门在产品质量监督抽查中超过规定的数量索取样品或者向被检查人收取检验费用的，由上级产品质量监督部门或者监察机关责令退还；情节严重的，对直接负责的主管人员和其他直接责任人员依法给予行政处分。

第六十七条　产品质量监督部门或者其他国家机关违反本法第二十五条的规定，向社会推荐生产者的产品或者以监制、监销等方式参与产品经营活动的，由其上级机关或者监察机关责令改正，消除影响，有违法收入的予以没收；情节严重的，对直接负责的主管人员和其他直接责任人员依法给予行政处分。

产品质量检验机构有前款所列违法行为的，由产品质量监督部门责令改正，消除影响，有违法收入的予以没收，可以并处违法收入1倍以下的罚款；情节严重的，撤销其质量检验资格。

第六十八条　产品质量监督部门或者工商行政管理部门的工作人员滥用职权、玩忽职守、徇私舞弊，构成犯罪的，依法追究刑事责任；尚不构成犯罪的，依法给予行政处分。

第六十九条　以暴力、威胁方法阻碍产品质量监督部门或者工商行政管理部门的工作人员依法执行职务的，依法追究刑事责任；拒绝、阻碍未使用暴力、威胁方法的，由公安机关依照治安管理处罚条例的规定处罚。

第七十条　本法规定的吊销营业执照的行政处罚由工商行政管理部门决定，本法第四十九条至第五十七条、第六十条至第六十三条规定的行政处罚由产品质量监督部门或者工商行政管理部门按照国务院规定的职权范围决定。法律、行政法规对行使行政处罚权的机关另有规定的，依照有关法律、行政法规的规定执行。

第七十一条　对依照本法规定没收的产品，依照国家有关规定进行销毁或者采取其他方式处理。

第七十二条　本法第四十九条至第五十四条、第六十二条、第六十三条所规定的货值金额以违法生产、销售产品的标价计算；没有标价的，按照同类产品的市场价格计算。

第六章　附　　则

第七十三条　军工产品质量监督管理办法，由国务院、中央军事委员会另行制定。

因核设施、核产品造成损害的赔偿责任，法

律、行政法规另有规定的，依照其规定。

第七十四条　本法自1993年9月1日起施行。

全国人民代表大会常务委员会关于修改部分法律的决定(节录)①

(2009年8月27日第十一届全国人民代表大会常务委员会第十次会议通过　2009年8月27日中华人民共和国主席令第18号公布　自公布之日起施行)

第十一届全国人民代表大会常务委员会第十次会议决定：

……

四、对下列法律和有关法律问题的决定中关于治安管理处罚的规定作出修改

(一)将下列法律和有关法律问题的决定中引用的“治安管理处罚条例”修改为“治安管理处罚法”

……

67.《中华人民共和国产品质量法》第六十九条

……

本决定自公布之日起施行。

全国人民代表大会常务委员会关于修改《中华人民共和国产品质量法》等五部法律的决定(节录)

(2018年12月29日第十三届全国人民代表大会常务委员会第七次会议通过　2018年12月29日中华人民共和国主席令第22号公布　自公布之日起施行)

第十三届全国人民代表大会常务委员会第七次会议决定：

一、对《中华人民共和国产品质量法》作出修改

(一)将第八条、第十条、第十四条、第十五条、第十七条、第十八条、第十九条、第二十四条、第二十五条、第六十六条、第六十七条中的“产品质量监督部门”修改为“市场监督管理部门”。

(二)删去第十八条第二款。

(三)将第二十二条中的“产品质量监督部门、工商行政管理部门”修改为“市场监督管理部门”。

(四)将第四十条第三款、第六十三条、第六十五条、第六十八条、第六十九条中的“产品质量监督部门或者工商行政管理部门”修改为“市场监督管理部门”。

(五)删去第七十条中的“本法规定的吊销营业执照的行政处罚由工商行政管理部门决定”，将“由产品质量监督部门或者工商行政管理部门按照国务院规定的职权范围决定”修改为“由市场监督管理部门决定”。

……

本决定自公布之日起施行。

《中华人民共和国产品质量法》《中华人民共和国义务教育法》《中华人民共和国进出口商品检验法》《中华人民共和国预算法》《中华人民共和国食品安全法》根据本决定作相应修改，重新公布。

中华人民共和国产品质量法

(1993年2月22日第七届全国人民代表大会常务委员会第三十次会议通过　根据2000年7月8日第九届全国人民代表大会常务委员会第十六次会议《关于修改〈中华人民共和国产品质量法〉的决定》第一次修正　根据2009年8月27日第十一届全国人民代表大会常务委员会第十次会议《关于修改部分法律的决定》第二次修正　根据2018年12月29日第十三届全国人民代表大会常务委员会第七次会议《关于修改〈中华人民共和国产品质量法〉等五部法律的决定》第三次修正)

目　录

① 编者注：部分废止。

第一章 总 则

第一条 为了加强对产品质量的监督管理，提高产品质量水平，明确产品质量责任，保护消费者的合法权益，维护社会经济秩序，制定本法。

第二条 在中华人民共和国境内从事产品生产、销售活动，必须遵守本法。

本法所称产品是指经过加工、制作，用于销售的产品。

建设工程不适用本法规定；但是，建设工程使用的建筑材料、建筑构配件和设备，属于前款规定的产品范围的，适用本法规定。

第三条 生产者、销售者应当建立健全内部产品质量管理制度，严格实施岗位质量规范、质量责任以及相应的考核办法。

第四条 生产者、销售者依照本法规定承担产品质量责任。

第五条 禁止伪造或者冒用认证标志等质量标志；禁止伪造产品的产地，伪造或者冒用他人的厂名、厂址；禁止在生产、销售的产品中掺杂、掺假，以假充真，以次充好。

第六条 国家鼓励推行科学的质量管理方法，采用先进的科学技术，鼓励企业产品质量达到并且超过行业标准、国家标准和国际标准。

对产品质量管理先进和产品质量达到国际先进水平、成绩显著的单位和个人，给予奖励。

第七条 各级人民政府应当把提高产品质量纳入国民经济和社会发展规划，加强对产品质量工作的统筹规划和组织领导，引导、督促生产者、销售者加强产品质量管理，提高产品质量，组织各有关部门依法采取措施，制止产品生产、销售中违反本法规定的行为，保障本法的施行。

第八条 国务院市场监督管理部门主管全国产品质量监督工作。国务院有关部门在各自的职责范围内负责产品质量监督工作。

县级以上地方市场监督管理部门主管本行政区域内的产品质量监督工作。县级以上地方人民政府有关部门在各自的职责范围内负责产品质量监督工作。

法律对产品质量的监督部门另有规定的，依照有关法律的规定执行。

第九条 各级人民政府工作人员和其他国家机关工作人员不得滥用职权、玩忽职守或者徇私舞弊，包庇、放纵本地区、本系统发生的产品生产、销售中违反本法规定的行为，或者阻挠、干预依法对产品生产、销售中违反本法规定的行为进行查处。

各级地方人民政府和其他国家机关有包庇、放纵产品生产、销售中违反本法规定的行为的，依法追究其主要负责人的法律责任。

第十条 任何单位和个人有权对违反本法规定的行为，向市场监督管理部门或者其他有关部门检举。

市场监督管理部门和有关部门应当为检举人保密，并按照省、自治区、直辖市人民政府的规定给予奖励。

第十一条 任何单位和个人不得排斥非本地区或者非本系统企业生产的质量合格产品进入本地区、本系统。

第二章 产品质量的监督

第十二条 产品质量应当检验合格，不得以不合格产品冒充合格产品。

第十三条 可能危及人体健康和人身、财产安全的工业产品，必须符合保障人体健康和人身、财产安全的国家标准、行业标准；未制定国家标准、行业标准的，必须符合保障人体健康和人身、财产安全的要求。

禁止生产、销售不符合保障人体健康和人身、财产安全的标准和要求的工业产品。具体管理办法由国务院规定。

第十四条 国家根据国际通用的质量管理标准，推行企业质量体系认证制度。企业根据自愿原则可以向国务院市场监督管理部门认可的或者国务院市场监督管理部门授权的部门认可的认证机构申请企业质量体系认证。经认证合格的，由认证机构颁发企业质量体系认证证书。

国家参照国际先进的产品标准和技术要求，推行产品质量认证制度。企业根据自愿原则可以向国务院市场监督管理部门认可的或者国务院市场监督管理部门授权的部门认可的认证机构申请产品质量认证。经认证合格的,由认证机构颁发产品质量认证证书,准许企业在产品或者其包装上使用产品质量认证标志。

第十五条 国家对产品质量实行以抽查为主要方式的监督检查制度,对可能危及人体健康和人身、财产安全的产品,影响国计民生的重要工业产品以及消费者、有关组织反映有质量问题的产品进行抽查。抽查的样品应当在市场上或者企业成品仓库内的待销产品中随机抽取。监督抽查工作由国务院市场监督管理部门规划和组织。县级以上地方市场监督管理部门在本行政区域内也可以组织监督抽查。法律对产品质量的监督检查另有规定的,依照有关法律的规定执行。

国家监督抽查的产品,地方不得另行重复抽查;上级监督抽查的产品,下级不得另行重复抽查。

根据监督抽查的需要,可以对产品进行检验。检验抽取样品的数量不得超过检验的合理需要,并不得向被检查人收取检验费用。监督抽查所需检验费用按照国务院规定列支。

生产者、销售者对抽查检验的结果有异议的,可以自收到检验结果之日起十五日内向实施监督抽查的市场监督管理部门或者其上级市场监督管理部门申请复检,由受理复检的市场监督管理部门作出复检结论。

第十六条 对依法进行的产品质量监督检查,生产者、销售者不得拒绝。

第十七条 依照本法规定进行监督抽查的产品质量不合格的,由实施监督抽查的市场监督管理部门责令其生产者、销售者限期改正。逾期不改正的,由省级以上人民政府市场监督管理部门予以公告;公告后经复查仍不合格的,责令停业,限期整顿;整顿期满后经复查产品质量仍不合格的,吊销营业执照。

监督抽查的产品有严重质量问题的,依照本法第五章的有关规定处罚。

第十八条 县级以上市场监督管理部门根据已经取得的违法嫌疑证据或者举报,对涉嫌违反本法规定的行为进行查处时,可以行使下列职权:

(一) 对当事人涉嫌从事违反本法的生产、销售活动的场所实施现场检查;

(二) 向当事人的法定代表人、主要负责人和其他有关人员调查、了解与涉嫌从事违反本法的生产、销售活动有关的情况;

(三) 查阅、复制当事人有关的合同、发票、帐簿以及其他有关资料;

(四) 对有根据认为不符合保障人体健康和人身、财产安全的国家标准、行业标准的产品或者有其他严重质量问题的产品,以及直接用于生产、销售该项产品的原辅材料、包装物、生产工具,予以查封或者扣押。

第十九条 产品质量检验机构必须具备相应的检测条件和能力,经省级以上人民政府市场监督管理部门或者其授权的部门考核合格后,方可承担产品质量检验工作。法律、行政法规对产品质量检验机构另有规定的,依照有关法律、行政法规的规定执行。

第二十条 从事产品质量检验、认证的社会中介机构必须依法设立,不得与行政机关和其他国家机关存在隶属关系或者其他利益关系。

第二十一条 产品质量检验机构、认证机构必须依法按照有关标准,客观、公正地出具检验结果或者认证证明。

产品质量认证机构应当依照国家规定对准许使用认证标志的产品进行认证后的跟踪检查;对不符合认证标准而使用认证标志的,要求其改正;情节严重的,取消其使用认证标志的资格。

第二十二条 消费者有权就产品质量问题,向产品的生产者、销售者查询;向市场监督管理部门及有关部门申诉,接受申诉的部门应当负责处理。

第二十三条 保护消费者权益的社会组织可以就消费者反映的产品质量问题建议有关部门负责处理,支持消费者对因产品质量造成的损害向人民法院起诉。

第二十四条 国务院和省、自治区、直辖市人民政府的市场监督管理部门应当定期发布其监督抽查的产品的质量状况公告。

第二十五条 市场监督管理部门或者其他国家机关以及产品质量检验机构不得向社会推

荐生产者的产品；不得以对产品进行监制、监销等方式参与产品经营活动。

第三章　生产者、销售者的产品质量责任和义务

第一节　生产者的产品质量责任和义务

第二十六条　生产者应当对其生产的产品质量负责。

产品质量应当符合下列要求：

（一）不存在危及人身、财产安全的不合理的危险，有保障人体健康和人身、财产安全的国家标准、行业标准的，应当符合该标准；

（二）具备产品应当具备的使用性能，但是，对产品存在使用性能的瑕疵作出说明的除外；

（三）符合在产品或者其包装上注明采用的产品标准，符合以产品说明、实物样品等方式表明的质量状况。

第二十七条　产品或者其包装上的标识必须真实，并符合下列要求：

（一）有产品质量检验合格证明；

（二）有中文标明的产品名称、生产厂厂名和厂址；

（三）根据产品的特点和使用要求，需要标明产品规格、等级、所含主要成份的名称和含量的，用中文相应予以标明；需要事先让消费者知晓的，应当在外包装上标明，或者预先向消费者提供有关资料；

（四）限期使用的产品，应当在显著位置清晰地标明生产日期和安全使用期或者失效日期；

（五）使用不当，容易造成产品本身损坏或者可能危及人身、财产安全的产品，应当有警示标志或者中文警示说明。

裸装的食品和其他根据产品的特点难以附加标识的裸装产品，可以不附加产品标识。

第二十八条　易碎、易燃、易爆、有毒、有腐蚀性、有放射性等危险物品以及储运中不能倒置和其他有特殊要求的产品，其包装质量必须符合相应要求，依照国家有关规定作出警示标志或者中文警示说明，标明储运注意事项。

第二十九条　生产者不得生产国家明令淘汰的产品。

第三十条　生产者不得伪造产地，不得伪造或者冒用他人的厂名、厂址。

第三十一条　生产者不得伪造或者冒用认证标志等质量标志。

第三十二条　生产者生产产品，不得掺杂、掺假，不得以假充真、以次充好，不得以不合格产品冒充合格产品。

第二节　销售者的产品质量责任和义务

第三十三条　销售者应当建立并执行进货检查验收制度，验明产品合格证明和其他标识。

第三十四条　销售者应当采取措施，保持销售产品的质量。

第三十五条　销售者不得销售国家明令淘汰并停止销售的产品和失效、变质的产品。

第三十六条　销售者销售的产品的标识应当符合本法第二十七条的规定。

第三十七条　销售者不得伪造产地，不得伪造或者冒用他人的厂名、厂址。

第三十八条　销售者不得伪造或者冒用认证标志等质量标志。

第三十九条　销售者销售产品，不得掺杂、掺假，不得以假充真、以次充好，不得以不合格产品冒充合格产品。

第四章　损害赔偿

第四十条　售出的产品有下列情形之一的，销售者应当负责修理、更换、退货；给购买产品的消费者造成损失的，销售者应当赔偿损失：

（一）不具备产品应当具备的使用性能而事先未作说明的；

（二）不符合在产品或者其包装上注明采用的产品标准的；

（三）不符合以产品说明、实物样品等方式表明的质量状况的。

销售者依照前款规定负责修理、更换、退货、赔偿损失后，属于生产者的责任或者属于向销售者提供产品的其他销售者（以下简称供货者）的责任的，销售者有权向生产者、供货者追偿。

销售者未按照第一款规定给予修理、更换、退货或者赔偿损失的，由市场监督管理部门责令改正。

生产者之间,销售者之间,生产者与销售者之间订立的买卖合同、承揽合同有不同约定的,合同当事人按照合同约定执行。

第四十一条　因产品存在缺陷造成人身、缺陷产品以外的其他财产(以下简称他人财产)损害的,生产者应当承担赔偿责任。

生产者能够证明有下列情形之一的,不承担赔偿责任:

(一)未将产品投入流通的;

(二)产品投入流通时,引起损害的缺陷尚不存在的;

(三)将产品投入流通时的科学技术水平尚不能发现缺陷的存在的。

第四十二条　由于销售者的过错使产品存在缺陷,造成人身、他人财产损害的,销售者应当承担赔偿责任。

销售者不能指明缺陷产品的生产者也不能指明缺陷产品的供货者的,销售者应当承担赔偿责任。

第四十三条　因产品存在缺陷造成人身、他人财产损害的,受害人可以向产品的生产者要求赔偿,也可以向产品的销售者要求赔偿。属于产品的生产者的责任,产品的销售者赔偿的,产品的销售者有权向产品的生产者追偿。属于产品的销售者的责任,产品的生产者赔偿的,产品的生产者有权向产品的销售者追偿。

第四十四条　因产品存在缺陷造成受害人人身伤害的,侵害人应当赔偿医疗费、治疗期间的护理费、因误工减少的收入等费用;造成残疾的,还应当支付残疾者生活自助具费、生活补助费、残疾赔偿金以及由其扶养的人所必需的生活费等费用;造成受害人死亡的,并应当支付丧葬费、死亡赔偿金以及由死者生前扶养的人所必需的生活费等费用。

因产品存在缺陷造成受害人财产损失的,侵害人应当恢复原状或者折价赔偿。受害人因此遭受其他重大损失的,侵害人应当赔偿损失。

第四十五条　因产品存在缺陷造成损害要求赔偿的诉讼时效期间为二年,自当事人知道或者应当知道其权益受到损害时起计算。

因产品存在缺陷造成损害要求赔偿的请求权,在造成损害的缺陷产品交付最初消费者满十年丧失;但是,尚未超过明示的安全使用期的除外。

第四十六条　本法所称缺陷,是指产品存在危及人身、他人财产安全的不合理的危险;产品有保障人体健康和人身、财产安全的国家标准、行业标准的,是指不符合该标准。

第四十七条　因产品质量发生民事纠纷时,当事人可以通过协商或者调解解决。当事人不愿通过协商、调解解决或者协商、调解不成的,可以根据当事人各方的协议向仲裁机构申请仲裁;当事人各方没有达成仲裁协议或者仲裁协议无效的,可以直接向人民法院起诉。

第四十八条　仲裁机构或者人民法院可以委托本法第十九条规定的产品质量检验机构,对有关产品质量进行检验。

第五章　罚　　则

第四十九条　生产、销售不符合保障人体健康和人身、财产安全的国家标准、行业标准的产品的,责令停止生产、销售,没收违法生产、销售的产品,并处违法生产、销售产品(包括已售出和未售出的产品,下同)货值金额等值以上三倍以下的罚款;有违法所得的,并处没收违法所得;情节严重的,吊销营业执照;构成犯罪的,依法追究刑事责任。

第五十条　在产品中掺杂、掺假,以假充真,以次充好,或者以不合格产品冒充合格产品的,责令停止生产、销售,没收违法生产、销售的产品,并处违法生产、销售产品货值金额百分之五十以上三倍以下的罚款;有违法所得的,并处没收违法所得;情节严重的,吊销营业执照;构成犯罪的,依法追究刑事责任。

第五十一条　生产国家明令淘汰的产品的,销售国家明令淘汰并停止销售的产品的,责令停止生产、销售,没收违法生产、销售的产品,并处违法生产、销售产品货值金额等值以下的罚款;有违法所得的,并处没收违法所得;情节严重的,吊销营业执照。

第五十二条　销售失效、变质的产品的,责令停止销售,没收违法销售的产品,并处违法销售产品货值金额二倍以下的罚款;有违法所得的,并处没收违法所得;情节严重的,吊销营业执照；构成犯罪的，依法追究刑事责任。

第五十三条 伪造产品产地的，伪造或者冒用他人厂名、厂址的，伪造或者冒用认证标志等质量标志的，责令改正，没收违法生产、销售的产品，并处违法生产、销售产品货值金额等值以下的罚款；有违法所得的，并处没收违法所得；情节严重的，吊销营业执照。

第五十四条 产品标识不符合本法第二十七条规定的，责令改正；有包装的产品标识不符合本法第二十七条第（四）项、第（五）项规定，情节严重的，责令停止生产、销售，并处违法生产、销售产品货值金额百分之三十以下的罚款；有违法所得的，并处没收违法所得。

第五十五条 销售者销售本法第四十九条至第五十三条规定禁止销售的产品，有充分证据证明其不知道该产品为禁止销售的产品并如实说明其进货来源的，可以从轻或者减轻处罚。

第五十六条 拒绝接受依法进行的产品质量监督检查的，给予警告，责令改正；拒不改正的，责令停业整顿；情节特别严重的，吊销营业执照。

第五十七条 产品质量检验机构、认证机构伪造检验结果或者出具虚假证明的，责令改正，对单位处五万元以上十万元以下的罚款，对直接负责的主管人员和其他直接责任人员处一万元以上五万元以下的罚款；有违法所得的，并处没收违法所得；情节严重的，取消其检验资格、认证资格；构成犯罪的，依法追究刑事责任。

产品质量检验机构、认证机构出具的检验结果或者证明不实，造成损失的，应当承担相应的赔偿责任；造成重大损失的，撤销其检验资格、认证资格。

产品质量认证机构违反本法第二十一条第二款的规定，对不符合认证标准而使用认证标志的产品，未依法要求其改正或者取消其使用认证标志资格的，对因产品不符合认证标准给消费者造成的损失，与产品的生产者、销售者承担连带责任；情节严重的，撤销其认证资格。

第五十八条 社会团体、社会中介机构对产品质量作出承诺、保证，而该产品又不符合其承诺、保证的质量要求，给消费者造成损失的，与产品的生产者、销售者承担连带责任。

第五十九条 在广告中对产品质量作虚假宣传，欺骗和误导消费者的，依照《中华人民共和国广告法》的规定追究法律责任。

第六十条 对生产者专门用于生产本法第四十九条、第五十一条所列的产品或者以假充真的产品的原辅材料、包装物、生产工具，应当予以没收。

第六十一条 知道或者应当知道属于本法规定禁止生产、销售的产品而为其提供运输、保管、仓储等便利条件的，或者为以假充真的产品提供制假生产技术的，没收全部运输、保管、仓储或者提供制假生产技术的收入，并处违法收入百分之五十以上三倍以下的罚款；构成犯罪的，依法追究刑事责任。

第六十二条 服务业的经营者将本法第四十九条至第五十二条规定禁止销售的产品用于经营性服务的，责令停止使用；对知道或者应当知道所使用的产品属于本法规定禁止销售的产品的，按照违法使用的产品（包括已使用和尚未使用的产品）的货值金额，依照本法对销售者的处罚规定处罚。

第六十三条 隐匿、转移、变卖、损毁被市场监督管理部门查封、扣押的物品的，处被隐匿、转移、变卖、损毁物品货值金额等值以上三倍以下的罚款；有违法所得的，并处没收违法所得。

第六十四条 违反本法规定，应当承担民事赔偿责任和缴纳罚款、罚金，其财产不足以同时支付时，先承担民事赔偿责任。

第六十五条 各级人民政府工作人员和其他国家机关工作人员有下列情形之一的，依法给予行政处分；构成犯罪的，依法追究刑事责任：

（一）包庇、放纵产品生产、销售中违反本法规定行为的；

（二）向从事违反本法规定的生产、销售活动的当事人通风报信，帮助其逃避查处的；

（三）阻挠、干预市场监督管理部门依法对产品生产、销售中违反本法规定的行为进行查处，造成严重后果的。

第六十六条 市场监督管理部门在产品质量监督抽查中超过规定的数量索取样品或者向被检查人收取检验费用的，由上级市场监督管理部门或者监察机关责令退还；情节严重的，对直接负责的主管人员和其他直接责任人员依法给予行政处分。

第六十七条 市场监督管理部门或者其他国家机关违反本法第二十五条的规定,向社会推荐生产者的产品或者以监制、监销等方式参与产品经营活动的,由其上级机关或者监察机关责令改正,消除影响,有违法收入的予以没收;情节严重的,对直接负责的主管人员和其他直接责任人员依法给予行政处分。

产品质量检验机构有前款所列违法行为的,由市场监督管理部门责令改正,消除影响,有违法收入的予以没收,可以并处违法收入一倍以下的罚款;情节严重的,撤销其质量检验资格。

第六十八条 市场监督管理部门的工作人员滥用职权、玩忽职守、徇私舞弊,构成犯罪的,依法追究刑事责任;尚不构成犯罪的,依法给予行政处分。

第六十九条 以暴力、威胁方法阻碍市场监督管理部门的工作人员依法执行职务的,依法追究刑事责任;拒绝、阻碍未使用暴力、威胁方法的,由公安机关依照治安管理处罚法的规定处罚。

第七十条 本法第四十九条至第五十七条、第六十条至第六十三条规定的行政处罚由市场监督管理部门决定。法律、行政法规对行使行政处罚权的机关另有规定的,依照有关法律、行政法规的规定执行。

第七十一条 对依照本法规定没收的产品,依照国家有关规定进行销毁或者采取其他方式处理。

第七十二条 本法第四十九条至第五十四条、第六十二条、第六十三条所规定的货值金额以违法生产、销售产品的标价计算;没有标价的,按照同类产品的市场价格计算。

第六章 附 则

第七十三条 军工产品质量监督管理办法,由国务院、中央军事委员会另行制定。

因核设施、核产品造成损害的赔偿责任,法律、行政法规另有规定的,依照其规定。

第七十四条 本法自1993年9月1日起施行。

中华人民共和国食品安全法[①]

(2009年2月28日第十一届全国人民代表大会常务委员会第七次会议通过 2009年2月28日中华人民共和国主席令第9号公布 自2009年6月1日起施行)

目 录

第一章 总 则

第一条 为保证食品安全,保障公众身体健康和生命安全,制定本法。

第二条 在中华人民共和国境内从事下列活动,应当遵守本法:

(一)食品生产和加工(以下称食品生产),食品流通和餐饮服务(以下称食品经营);

(二)食品添加剂的生产经营;

(三)用于食品的包装材料、容器、洗涤剂、消毒剂和用于食品生产经营的工具、设备(以下称食品相关产品)的生产经营;

(四)食品生产经营者使用食品添加剂、食品相关产品;

(五)对食品、食品添加剂和食品相关产品的安全管理。

供食用的源于农业的初级产品(以下称食用农产品)的质量安全管理,遵守《中华人民共和国农产品质量安全法》的规定。但是,制定有关食用农产品的质量安全标准、公布食用农产品安全有关信息,应当遵守本法的有关规定。

---

① 编者注:已被修改。

第三条 食品生产经营者应当依照法律、法规和食品安全标准从事生产经营活动，对社会和公众负责，保证食品安全，接受社会监督，承担社会责任。

第四条 国务院设立食品安全委员会，其工作职责由国务院规定。

国务院卫生行政部门承担食品安全综合协调职责，负责食品安全风险评估、食品安全标准制定、食品安全信息公布、食品检验机构的资质认定条件和检验规范的制定，组织查处食品安全重大事故。

国务院质量监督、工商行政管理和国家食品药品监督管理部门依照本法和国务院规定的职责，分别对食品生产、食品流通、餐饮服务活动实施监督管理。

第五条 县级以上地方人民政府统一负责、领导、组织、协调本行政区域的食品安全监督管理工作，建立健全食品安全全程监督管理的工作机制；统一领导、指挥食品安全突发事件应对工作；完善、落实食品安全监督管理责任制，对食品安全监督管理部门进行评议、考核。

县级以上地方人民政府依照本法和国务院的规定确定本级卫生行政、农业行政、质量监督、工商行政管理、食品药品监督管理部门的食品安全监督管理职责。有关部门在各自职责范围内负责本行政区域的食品安全监督管理工作。

上级人民政府所属部门在下级行政区域设置的机构应当在所在地人民政府的统一组织、协调下，依法做好食品安全监督管理工作。

第六条 县级以上卫生行政、农业行政、质量监督、工商行政管理、食品药品监督管理部门应当加强沟通、密切配合，按照各自职责分工，依法行使职权，承担责任。

第七条 食品行业协会应当加强行业自律，引导食品生产经营者依法生产经营，推动行业诚信建设，宣传、普及食品安全知识。

第八条 国家鼓励社会团体、基层群众性自治组织开展食品安全法律、法规以及食品安全标准和知识的普及工作，倡导健康的饮食方式，增强消费者食品安全意识和自我保护能力。

新闻媒体应当开展食品安全法律、法规以及食品安全标准和知识的公益宣传，并对违反本法的行为进行舆论监督。

第九条 国家鼓励和支持开展与食品安全有关的基础研究和应用研究，鼓励和支持食品生产经营者为提高食品安全水平采用先进技术和先进管理规范。

第十条 任何组织或者个人有权举报食品生产经营中违反本法的行为，有权向有关部门了解食品安全信息，对食品安全监督管理工作提出意见和建议。

第二章 食品安全风险监测和评估

第十一条 国家建立食品安全风险监测制度，对食源性疾病、食品污染以及食品中的有害因素进行监测。

国务院卫生行政部门会同国务院有关部门制定、实施国家食品安全风险监测计划。省、自治区、直辖市人民政府卫生行政部门根据国家食品安全风险监测计划，结合本行政区域的具体情况，组织制定、实施本行政区域的食品安全风险监测方案。

第十二条 国务院农业行政、质量监督、工商行政管理和国家食品药品监督管理等有关部门获知有关食品安全风险信息后，应当立即向国务院卫生行政部门通报。国务院卫生行政部门会同有关部门对信息核实后，应当及时调整食品安全风险监测计划。

第十三条 国家建立食品安全风险评估制度，对食品、食品添加剂中生物性、化学性和物理性危害进行风险评估。

国务院卫生行政部门负责组织食品安全风险评估工作，成立由医学、农业、食品、营养等方面的专家组成的食品安全风险评估专家委员会进行食品安全风险评估。

对农药、肥料、生长调节剂、兽药、饲料和饲料添加剂等的安全性评估，应当有食品安全风险评估专家委员会的专家参加。

食品安全风险评估应当运用科学方法，根据食品安全风险监测信息、科学数据以及其他有关信息进行。

第十四条 国务院卫生行政部门通过食品安全风险监测或者接到举报发现食品可能存在安全隐患的，应当立即组织进行检验和食品安全风险评估。

第十五条 国务院农业行政、质量监督、工商行政管理和国家食品药品监督管理等有关部门应当向国务院卫生行政部门提出食品安全风险评估的建议，并提供有关信息和资料。

国务院卫生行政部门应当及时向国务院有关部门通报食品安全风险评估的结果。

第十六条 食品安全风险评估结果是制定、修订食品安全标准和对食品安全实施监督管理的科学依据。

食品安全风险评估结果得出食品不安全结论的，国务院质量监督、工商行政管理和国家食品药品监督管理部门应当依据各自职责立即采取相应措施，确保该食品停止生产经营，并告知消费者停止食用；需要制定、修订相关食品安全国家标准的，国务院卫生行政部门应当立即制定、修订。

第十七条 国务院卫生行政部门应当会同国务院有关部门，根据食品安全风险评估结果、食品安全监督管理信息，对食品安全状况进行综合分析。对经综合分析表明可能具有较高程度安全风险的食品，国务院卫生行政部门应当及时提出食品安全风险警示，并予以公布。

第三章 食品安全标准

第十八条 制定食品安全标准，应当以保障公众身体健康为宗旨，做到科学合理、安全可靠。

第十九条 食品安全标准是强制执行的标准。除食品安全标准外，不得制定其他的食品强制性标准。

第二十条 食品安全标准应当包括下列内容：

（一）食品、食品相关产品中的致病性微生物、农药残留、兽药残留、重金属、污染物质以及其他危害人体健康物质的限量规定；

（二）食品添加剂的品种、使用范围、用量；

（三）专供婴幼儿和其他特定人群的主辅食品的营养成分要求；

（四）对与食品安全、营养有关的标签、标识、说明书的要求；

（五）食品生产经营过程的卫生要求；

（六）与食品安全有关的质量要求；

（七）食品检验方法与规程；

（八）其他需要制定为食品安全标准的内容。

第二十一条 食品安全国家标准由国务院卫生行政部门负责制定、公布，国务院标准化行政部门提供国家标准编号。

食品中农药残留、兽药残留的限量规定及其检验方法与规程由国务院卫生行政部门、国务院农业行政部门制定。

屠宰畜、禽的检验规程由国务院有关主管部门会同国务院卫生行政部门制定。

有关产品国家标准涉及食品安全国家标准规定内容的，应当与食品安全国家标准相一致。

第二十二条 国务院卫生行政部门应当对现行的食用农产品质量安全标准、食品卫生标准、食品质量标准和有关食品的行业标准中强制执行的标准予以整合，统一公布为食品安全国家标准。

本法规定的食品安全国家标准公布前，食品生产经营者应当按照现行食用农产品质量安全标准、食品卫生标准、食品质量标准和有关食品的行业标准生产经营食品。

第二十三条 食品安全国家标准应当经食品安全国家标准审评委员会审查通过。食品安全国家标准审评委员会由医学、农业、食品、营养等方面的专家以及国务院有关部门的代表组成。

制定食品安全国家标准，应当依据食品安全风险评估结果并充分考虑食用农产品质量安全风险评估结果，参照相关的国际标准和国际食品安全风险评估结果，并广泛听取食品生产经营者和消费者的意见。

第二十四条 没有食品安全国家标准的，可以制定食品安全地方标准。

省、自治区、直辖市人民政府卫生行政部门组织制定食品安全地方标准，应当参照执行本法有关食品安全国家标准制定的规定，并报国务院卫生行政部门备案。

第二十五条 企业生产的食品没有食品安全国家标准或者地方标准的，应当制定企业标准，作为组织生产的依据。国家鼓励食品生产企业制定严于食品安全国家标准或者地方标准的企业标准。企业标准应当报省级卫生行政部门备案，在本企业内部适用。

第二十六条　食品安全标准应当供公众免费查阅。

第四章　食品生产经营

第二十七条　食品生产经营应当符合食品安全标准，并符合下列要求：

（一）具有与生产经营的食品品种、数量相适应的食品原料处理和食品加工、包装、贮存等场所，保持该场所环境整洁，并与有毒、有害场所以及其他污染源保持规定的距离；

（二）具有与生产经营的食品品种、数量相适应的生产经营设备或者设施，有相应的消毒、更衣、盥洗、采光、照明、通风、防腐、防尘、防蝇、防鼠、防虫、洗涤以及处理废水、存放垃圾和废弃物的设备或者设施；

（三）有食品安全专业技术人员、管理人员和保证食品安全的规章制度；

（四）具有合理的设备布局和工艺流程，防止待加工食品与直接入口食品、原料与成品交叉污染，避免食品接触有毒物、不洁物；

（五）餐具、饮具和盛放直接入口食品的容器，使用前应当洗净、消毒，炊具、用具用后应当洗净，保持清洁；

（六）贮存、运输和装卸食品的容器、工具和设备应当安全、无害，保持清洁，防止食品污染，并符合保证食品安全所需的温度等特殊要求，不得将食品与有毒、有害物品一同运输；

（七）直接入口的食品应当有小包装或者使用无毒、清洁的包装材料、餐具；

（八）食品生产经营人员应当保持个人卫生，生产经营食品时，应当将手洗净，穿戴清洁的工作衣、帽；销售无包装的直接入口食品时，应当使用无毒、清洁的售货工具；

（九）用水应当符合国家规定的生活饮用水卫生标准；

（十）使用的洗涤剂、消毒剂应当对人体安全、无害；

（十一）法律、法规规定的其他要求。

第二十八条　禁止生产经营下列食品：

（一）用非食品原料生产的食品或者添加食品添加剂以外的化学物质和其他可能危害人体健康物质的食品，或者用回收食品作为原料生产的食品；

（二）致病性微生物、农药残留、兽药残留、重金属、污染物质以及其他危害人体健康的物质含量超过食品安全标准限量的食品；

（三）营养成分不符合食品安全标准的专供婴幼儿和其他特定人群的主辅食品；

（四）腐败变质、油脂酸败、霉变生虫、污秽不洁、混有异物、掺假掺杂或者感官性状异常的食品；

（五）病死、毒死或者死因不明的禽、畜、兽、水产动物肉类及其制品；

（六）未经动物卫生监督机构检疫或者检疫不合格的肉类，或者未经检验或者检验不合格的肉类制品；

（七）被包装材料、容器、运输工具等污染的食品；

（八）超过保质期的食品；

（九）无标签的预包装食品；

（十）国家为防病等特殊需要明令禁止生产经营的食品；

（十一）其他不符合食品安全标准或者要求的食品。

第二十九条　国家对食品生产经营实行许可制度。从事食品生产、食品流通、餐饮服务，应当依法取得食品生产许可、食品流通许可、餐饮服务许可。

取得食品生产许可的食品生产者在其生产场所销售其生产的食品，不需要取得食品流通的许可；取得餐饮服务许可的餐饮服务提供者在其餐饮服务场所出售其制作加工的食品，不需要取得食品生产和流通的许可；农民个人销售其自产的食用农产品，不需要取得食品流通的许可。

食品生产加工小作坊和食品摊贩从事食品生产经营活动，应当符合本法规定的与其生产经营规模、条件相适应的食品安全要求，保证所生产经营的食品卫生、无毒、无害，有关部门应当对其加强监督管理，具体管理办法由省、自治区、直辖市人民代表大会常务委员会依照本法制定。

第三十条　县级以上地方人民政府鼓励食品生产加工小作坊改进生产条件；鼓励食品摊贩进入集中交易市场、店铺等固定场所经营。

第三十一条　县级以上质量监督、工商行政管理、食品药品监督管理部门应当依照《中华人民共和国行政许可法》的规定，审核申请人提交的本法第二十七条第一项至第四项规定要求的相关资料，必要时对申请人的生产经营场所进行现场核查；对符合规定条件的，决定准予许可；对不符合规定条件的，决定不予许可并书面说明理由。

第三十二条 食品生产经营企业应当建立健全本单位的食品安全管理制度，加强对职工食品安全知识的培训，配备专职或者兼职食品安全管理人员，做好对所生产经营食品的检验工作，依法从事食品生产经营活动。

第三十三条 国家鼓励食品生产经营企业符合良好生产规范要求，实施危害分析与关键控制点体系，提高食品安全管理水平。

对通过良好生产规范、危害分析与关键控制点体系认证的食品生产经营企业，认证机构应当依法实施跟踪调查；对不再符合认证要求的企业，应当依法撤销认证，及时向有关质量监督、工商行政管理、食品药品监督管理部门通报，并向社会公布。认证机构实施跟踪调查不收取任何费用。

第三十四条 食品生产经营者应当建立并执行从业人员健康管理制度。患有痢疾、伤寒、病毒性肝炎等消化道传染病的人员，以及患有活动性肺结核、化脓性或者渗出性皮肤病等有碍食品安全的疾病的人员，不得从事接触直接入口食品的工作。

食品生产经营人员每年应当进行健康检查，取得健康证明后方可参加工作。

第三十五条 食用农产品生产者应当依照食品安全标准和国家有关规定使用农药、肥料、生长调节剂、兽药、饲料和饲料添加剂等农业投入品。食用农产品的生产企业和农民专业合作经济组织应当建立食用农产品生产记录制度。

县级以上农业行政部门应当加强对农业投入品使用的管理和指导，建立健全农业投入品的安全使用制度。

第三十六条 食品生产者采购食品原料、食品添加剂、食品相关产品，应当查验供货者的许可证和产品合格证明文件；对无法提供合格证明文件的食品原料，应当依照食品安全标准进行检验；不得采购或者使用不符合食品安全标准的食品原料、食品添加剂、食品相关产品。

食品生产企业应当建立食品原料、食品添加剂、食品相关产品进货查验记录制度，如实记录食品原料、食品添加剂、食品相关产品的名称、规格、数量、供货者名称及联系方式、进货日期等内容。

食品原料、食品添加剂、食品相关产品进货查验记录应当真实，保存期限不得少于二年。

第三十七条 食品生产企业应当建立食品出厂检验记录制度，查验出厂食品的检验合格证和安全状况，并如实记录食品的名称、规格、数量、生产日期、生产批号、检验合格证号、购货者名称及联系方式、销售日期等内容。

食品出厂检验记录应当真实，保存期限不得少于二年。

第三十八条 食品、食品添加剂和食品相关产品的生产者，应当依照食品安全标准对所生产的食品、食品添加剂和食品相关产品进行检验，检验合格后方可出厂或者销售。

第三十九条 食品经营者采购食品，应当查验供货者的许可证和食品合格的证明文件。

食品经营企业应当建立食品进货查验记录制度，如实记录食品的名称、规格、数量、生产批号、保质期、供货者名称及联系方式、进货日期等内容。

食品进货查验记录应当真实，保存期限不得少于二年。

实行统一配送经营方式的食品经营企业，可以由企业总部统一查验供货者的许可证和食品合格的证明文件，进行食品进货查验记录。

第四十条 食品经营者应当按照保证食品安全的要求贮存食品，定期检查库存食品，及时清理变质或者超过保质期的食品。

第四十一条 食品经营者贮存散装食品，应当在贮存位置标明食品的名称、生产日期、保质期、生产者名称及联系方式等内容。

食品经营者销售散装食品，应当在散装食品的容器、外包装上标明食品的名称、生产日期、保质期、生产经营者名称及联系方式等内容。

第四十二条 预包装食品的包装上应当有标签。标签应当标明下列事项：

（一）名称、规格、净含量、生产日期；

（二）成分或者配料表；

（三）生产者的名称、地址、联系方式；

（四）保质期；

（五）产品标准代号；

（六）贮存条件；

（七）所使用的食品添加剂在国家标准中的通用名称；

（八）生产许可证编号；

（九）法律、法规或者食品安全标准规定必须标明的其他事项。

专供婴幼儿和其他特定人群的主辅食品，其标签还应当标明主要营养成分及其含量。

第四十三条　国家对食品添加剂的生产实行许可制度。申请食品添加剂生产许可的条件、程序，按照国家有关工业产品生产许可证管理的规定执行。

第四十四条　申请利用新的食品原料从事食品生产或者从事食品添加剂新品种、食品相关产品新品种生产活动的单位或者个人，应当向国务院卫生行政部门提交相关产品的安全性评估材料。国务院卫生行政部门应当自收到申请之日起六十日内组织对相关产品的安全性评估材料进行审查；对符合食品安全要求的，依法决定准予许可并予以公布；对不符合食品安全要求的，决定不予许可并书面说明理由。

第四十五条　食品添加剂应当在技术上确有必要且经过风险评估证明安全可靠，方可列入允许使用的范围。国务院卫生行政部门应当根据技术必要性和食品安全风险评估结果，及时对食品添加剂的品种、使用范围、用量的标准进行修订。

第四十六条　食品生产者应当依照食品安全标准关于食品添加剂的品种、使用范围、用量的规定使用食品添加剂；不得在食品生产中使用食品添加剂以外的化学物质和其他可能危害人体健康的物质。

第四十七条　食品添加剂应当有标签、说明书和包装。标签、说明书应当载明本法第四十二条第一款第一项至第六项、第八项、第九项规定的事项，以及食品添加剂的使用范围、用量、使用方法，并在标签上载明“食品添加剂”字样。

第四十八条　食品和食品添加剂的标签、说明书，不得含有虚假、夸大的内容，不得涉及疾病预防、治疗功能。生产者对标签、说明书上所载明的内容负责。

食品和食品添加剂的标签、说明书应当清楚、明显，容易辨识。

食品和食品添加剂与其标签、说明书所载明的内容不符的，不得上市销售。

第四十九条　食品经营者应当按照食品标签标示的警示标志、警示说明或者注意事项的要求，销售预包装食品。

第五十条　生产经营的食品中不得添加药品，但是可以添加按照传统既是食品又是中药材的物质。按照传统既是食品又是中药材的物质的目录由国务院卫生行政部门制定、公布。

第五十一条　国家对声称具有特定保健功能的食品实行严格监管。有关监督管理部门应当依法履职，承担责任。具体管理办法由国务院规定。

声称具有特定保健功能的食品不得对人体产生急性、亚急性或者慢性危害，其标签、说明书不得涉及疾病预防、治疗功能，内容必须真实，应当载明适宜人群、不适宜人群、功效成分或者标志性成分及其含量等；产品的功能和成分必须与标签、说明书相一致。

第五十二条　集中交易市场的开办者、柜台出租者和展销会举办者，应当审查入场食品经营者的许可证，明确入场食品经营者的食品安全管理责任，定期对入场食品经营者的经营环境和条件进行检查，发现食品经营者有违反本法规定的行为的，应当及时制止并立即报告所在地县级工商行政管理部门或者食品药品监督管理部门。

集中交易市场的开办者、柜台出租者和展销会举办者未履行前款规定义务，本市场发生食品安全事故的，应当承担连带责任。

第五十三条　国家建立食品召回制度。食品生产者发现其生产的食品不符合食品安全标准，应当立即停止生产，召回已经上市销售的食品，通知相关生产经营者和消费者，并记录召回和通知情况。

食品经营者发现其经营的食品不符合食品安全标准，应当立即停止经营，通知相关生产经营者和消费者,并记录停止经营和通知情况。食品生产者认为应当召回的,应当立即召回。

食品生产者应当对召回的食品采取补救、无害化处理、销毁等措施,并将食品召回和处理情况向县级以上质量监督部门报告。

食品生产经营者未依照本条规定召回或者停止经营不符合食品安全标准的食品的,县级以上质量监督、工商行政管理、食品药品监督管理部门可以责令其召回或者停止经营。

第五十四条 食品广告的内容应当真实合法,不得含有虚假、夸大的内容,不得涉及疾病预防、治疗功能。

食品安全监督管理部门或者承担食品检验职责的机构、食品行业协会、消费者协会不得以广告或者其他形式向消费者推荐食品。

第五十五条 社会团体或者其他组织、个人在虚假广告中向消费者推荐食品,使消费者的合法权益受到损害的,与食品生产经营者承担连带责任。

第五十六条 地方各级人民政府鼓励食品规模化生产和连锁经营、配送。

第五章 食品检验

第五十七条 食品检验机构按照国家有关认证认可的规定取得资质认定后,方可从事食品检验活动。但是,法律另有规定的除外。

食品检验机构的资质认定条件和检验规范,由国务院卫生行政部门规定。

本法施行前经国务院有关主管部门批准设立或者经依法认定的食品检验机构,可以依照本法继续从事食品检验活动。

第五十八条 食品检验由食品检验机构指定的检验人独立进行。

检验人应当依照有关法律、法规的规定,并依照食品安全标准和检验规范对食品进行检验,尊重科学,恪守职业道德,保证出具的检验数据和结论客观、公正,不得出具虚假的检验报告。

第五十九条 食品检验实行食品检验机构与检验人负责制。食品检验报告应当加盖食品检验机构公章,并有检验人的签名或者盖章。食品检验机构和检验人对出具的食品检验报告负责。

第六十条 食品安全监督管理部门对食品不得实施免检。

县级以上质量监督、工商行政管理、食品药品监督管理部门应当对食品进行定期或者不定期的抽样检验。进行抽样检验,应当购买抽取的样品,不收取检验费和其他任何费用。

县级以上质量监督、工商行政管理、食品药品监督管理部门在执法工作中需要对食品进行检验的,应当委托符合本法规定的食品检验机构进行,并支付相关费用。对检验结论有异议的,可以依法进行复检。

第六十一条 食品生产经营企业可以自行对所生产的食品进行检验,也可以委托符合本法规定的食品检验机构进行检验。

食品行业协会等组织、消费者需要委托食品检验机构对食品进行检验的,应当委托符合本法规定的食品检验机构进行。

第六章 食品进出口

第六十二条 进口的食品、食品添加剂以及食品相关产品应当符合我国食品安全国家标准。

进口的食品应当经出入境检验检疫机构检验合格后,海关凭出入境检验检疫机构签发的通关证明放行。

第六十三条 进口尚无食品安全国家标准的食品,或者首次进口食品添加剂新品种、食品相关产品新品种,进口商应当向国务院卫生行政部门提出申请并提交相关的安全性评估材料。国务院卫生行政部门依照本法第四十四条的规定作出是否准予许可的决定,并及时制定相应的食品安全国家标准。

第六十四条 境外发生的食品安全事件可能对我国境内造成影响,或者在进口食品中发现严重食品安全问题的,国家出入境检验检疫部门应当及时采取风险预警或者控制措施,并向国务院卫生行政、农业行政、工商行政管理和国家食品药品监督管理部门通报。接到通报的部门应当及时采取相应措施。

第六十五条 向我国境内出口食品的出口商或者代理商应当向国家出入境检验检疫部门备案。向我国境内出口食品的境外食品生产企业应当经国家出入境检验检疫部门注册。

国家出入境检验检疫部门应当定期公布已经备案的出口商、代理商和已经注册的境外食品生产企业名单。

第六十六条　进口的预包装食品应当有中文标签、中文说明书。标签、说明书应当符合本法以及我国其他有关法律、行政法规的规定和食品安全国家标准的要求，载明食品的原产地以及境内代理商的名称、地址、联系方式。预包装食品没有中文标签、中文说明书或者标签、说明书不符合本条规定的，不得进口。

第六十七条　进口商应当建立食品进口和销售记录制度，如实记录食品的名称、规格、数量、生产日期、生产或者进口批号、保质期、出口商和购货者名称及联系方式、交货日期等内容。

食品进口和销售记录应当真实，保存期限不得少于二年。

第六十八条　出口的食品由出入境检验检疫机构进行监督、抽检，海关凭出入境检验检疫机构签发的通关证明放行。

出口食品生产企业和出口食品原料种植、养殖场应当向国家出入境检验检疫部门备案。

第六十九条　国家出入境检验检疫部门应当收集、汇总进出口食品安全信息，并及时通报相关部门、机构和企业。

国家出入境检验检疫部门应当建立进出口食品的进口商、出口商和出口食品生产企业的信誉记录，并予以公布。对有不良记录的进口商、出口商和出口食品生产企业，应当加强对其进出口食品的检验检疫。

第七章　食品安全事故处置

第七十条　国务院组织制定国家食品安全事故应急预案。

县级以上地方人民政府应当根据有关法律、法规的规定和上级人民政府的食品安全事故应急预案以及本地区的实际情况，制定本行政区域的食品安全事故应急预案，并报上一级人民政府备案。

食品生产经营企业应当制定食品安全事故处置方案，定期检查本企业各项食品安全防范措施的落实情况，及时消除食品安全事故隐患。

第七十一条　发生食品安全事故的单位应当立即予以处置，防止事故扩大。事故发生单位和接收病人进行治疗的单位应当及时向事故发生地县级卫生行政部门报告。

农业行政、质量监督、工商行政管理、食品药品监督管理部门在日常监督管理中发现食品安全事故，或者接到有关食品安全事故的举报，应当立即向卫生行政部门通报。

发生重大食品安全事故的，接到报告的县级卫生行政部门应当按照规定向本级人民政府和上级人民政府卫生行政部门报告。县级人民政府和上级人民政府卫生行政部门应当按照规定上报。

任何单位或者个人不得对食品安全事故隐瞒、谎报、缓报，不得毁灭有关证据。

第七十二条　县级以上卫生行政部门接到食品安全事故的报告后，应当立即会同有关农业行政、质量监督、工商行政管理、食品药品监督管理部门进行调查处理，并采取下列措施，防止或者减轻社会危害：

（一）开展应急救援工作，对因食品安全事故导致人身伤害的人员，卫生行政部门应当立即组织救治；

（二）封存可能导致食品安全事故的食品及其原料，并立即进行检验；对确认属于被污染的食品及其原料，责令食品生产经营者依照本法第五十三条的规定予以召回、停止经营并销毁；

（三）封存被污染的食品用工具及用具，并责令进行清洗消毒；

（四）做好信息发布工作，依法对食品安全事故及其处理情况进行发布，并对可能产生的危害加以解释、说明。

发生重大食品安全事故的，县级以上人民政府应当立即成立食品安全事故处置指挥机构，启动应急预案，依照前款规定进行处置。

第七十三条　发生重大食品安全事故，设区的市级以上人民政府卫生行政部门应当立即会同有关部门进行事故责任调查，督促有关部门履行职责，向本级人民政府提出事故责任调查处理报告。

重大食品安全事故涉及两个以上省、自治区、直辖市的，由国务院卫生行政部门依照前款规定组织事故责任调查。

第七十四条 发生食品安全事故,县级以上疾病预防控制机构应当协助卫生行政部门和有关部门对事故现场进行卫生处理,并对与食品安全事故有关的因素开展流行病学调查。

第七十五条 调查食品安全事故,除了查明事故单位的责任,还应当查明负有监督管理和认证职责的监督管理部门、认证机构的工作人员失职、渎职情况。

第八章 监督管理

第七十六条 县级以上地方人民政府组织本级卫生行政、农业行政、质量监督、工商行政管理、食品药品监督管理部门制定本行政区域的食品安全年度监督管理计划,并按照年度计划组织开展工作。

第七十七条 县级以上质量监督、工商行政管理、食品药品监督管理部门履行各自食品安全监督管理职责,有权采取下列措施:

(一)进入生产经营场所实施现场检查;

(二)对生产经营的食品进行抽样检验;

(三)查阅、复制有关合同、票据、账簿以及其他有关资料;

(四)查封、扣押有证据证明不符合食品安全标准的食品,违法使用的食品原料、食品添加剂、食品相关产品,以及用于违法生产经营或者被污染的工具、设备;

(五)查封违法从事食品生产经营活动的场所。

县级以上农业行政部门应当依照《中华人民共和国农产品质量安全法》规定的职责,对食用农产品进行监督管理。

第七十八条 县级以上质量监督、工商行政管理、食品药品监督管理部门对食品生产经营者进行监督检查,应当记录监督检查的情况和处理结果。监督检查记录经监督检查人员和食品生产经营者签字后归档。

第七十九条 县级以上质量监督、工商行政管理、食品药品监督管理部门应当建立食品生产经营者食品安全信用档案,记录许可颁发、日常监督检查结果、违法行为查处等情况;根据食品安全信用档案的记录,对有不良信用记录的食品生产经营者增加监督检查频次。

第八十条 县级以上卫生行政、质量监督、工商行政管理、食品药品监督管理部门接到咨询、投诉、举报,对属于本部门职责的,应当受理,并及时进行答复、核实、处理;对不属于本部门职责的,应当书面通知并移交有权处理的部门处理。有权处理的部门应当及时处理,不得推诿;属于食品安全事故的,依照本法第七章有关规定进行处置。

第八十一条 县级以上卫生行政、质量监督、工商行政管理、食品药品监督管理部门应当按照法定权限和程序履行食品安全监督管理职责;对生产经营者的同一违法行为,不得给予二次以上罚款的行政处罚;涉嫌犯罪的,应当依法向公安机关移送。

第八十二条 国家建立食品安全信息统一公布制度。下列信息由国务院卫生行政部门统一公布:

(一)国家食品安全总体情况;

(二)食品安全风险评估信息和食品安全风险警示信息;

(三)重大食品安全事故及其处理信息;

(四)其他重要的食品安全信息和国务院确定的需要统一公布的信息。

前款第二项、第三项规定的信息,其影响限于特定区域的,也可以由有关省、自治区、直辖市人民政府卫生行政部门公布。县级以上农业行政、质量监督、工商行政管理、食品药品监督管理部门依据各自职责公布食品安全日常监督管理信息。

食品安全监督管理部门公布信息,应当做到准确、及时、客观。

第八十三条 县级以上地方卫生行政、农业行政、质量监督、工商行政管理、食品药品监督管理部门获知本法第八十二条第一款规定的需要统一公布的信息,应当向上级主管部门报告,由上级主管部门立即报告国务院卫生行政部门;必要时,可以直接向国务院卫生行政部门报告。

县级以上卫生行政、农业行政、质量监督、工商行政管理、食品药品监督管理部门应当相互通报获知的食品安全信息。

第九章 法律责任

第八十四条 违反本法规定，未经许可从事食品生产经营活动，或者未经许可生产食品添加剂的，由有关主管部门按照各自职责分工，没收违法所得、违法生产经营的食品、食品添加剂和用于违法生产经营的工具、设备、原料等物品；违法生产经营的食品、食品添加剂货值金额不足一万元的，并处二千元以上五万元以下罚款；货值金额一万元以上的，并处货值金额五倍以上十倍以下罚款。

第八十五条 违反本法规定，有下列情形之一的，由有关主管部门按照各自职责分工，没收违法所得、违法生产经营的食品和用于违法生产经营的工具、设备、原料等物品；违法生产经营的食品货值金额不足一万元的，并处二千元以上五万元以下罚款；货值金额一万元以上的，并处货值金额五倍以上十倍以下罚款；情节严重的，吊销许可证：

（一）用非食品原料生产食品或者在食品中添加食品添加剂以外的化学物质和其他可能危害人体健康的物质，或者用回收食品作为原料生产食品；

（二）生产经营致病性微生物、农药残留、兽药残留、重金属、污染物质以及其他危害人体健康的物质含量超过食品安全标准限量的食品；

（三）生产经营营养成分不符合食品安全标准的专供婴幼儿和其他特定人群的主辅食品；

（四）经营腐败变质、油脂酸败、霉变生虫、污秽不洁、混有异物、掺假掺杂或者感官性状异常的食品；

（五）经营病死、毒死或者死因不明的禽、畜、兽、水产动物肉类，或者生产经营病死、毒死或者死因不明的禽、畜、兽、水产动物肉类的制品；

（六）经营未经动物卫生监督机构检疫或者检疫不合格的肉类，或者生产经营未经检验或者检验不合格的肉类制品；

（七）经营超过保质期的食品；

（八）生产经营国家为防病等特殊需要明令禁止生产经营的食品；

（九）利用新的食品原料从事食品生产或者从事食品添加剂新品种、食品相关产品新品种生产，未经过安全性评估；

（十）食品生产经营者在有关主管部门责令其召回或者停止经营不符合食品安全标准的食品后，仍拒不召回或者停止经营的。

第八十六条 违反本法规定，有下列情形之一的，由有关主管部门按照各自职责分工，没收违法所得、违法生产经营的食品和用于违法生产经营的工具、设备、原料等物品；违法生产经营的食品货值金额不足一万元的，并处二千元以上五万元以下罚款；货值金额一万元以上的，并处货值金额二倍以上五倍以下罚款；情节严重的，责令停产停业，直至吊销许可证：

（一）经营被包装材料、容器、运输工具等污染的食品；

（二）生产经营无标签的预包装食品、食品添加剂或者标签、说明书不符合本法规定的食品、食品添加剂；

（三）食品生产者采购、使用不符合食品安全标准的食品原料、食品添加剂、食品相关产品；

（四）食品生产经营者在食品中添加药品。

第八十七条 违反本法规定，有下列情形之一的，由有关主管部门按照各自职责分工，责令改正，给予警告；拒不改正的，处二千元以上二万元以下罚款；情节严重的，责令停产停业，直至吊销许可证：

（一）未对采购的食品原料和生产的食品、食品添加剂、食品相关产品进行检验；

（二）未建立并遵守查验记录制度、出厂检验记录制度；

（三）制定食品安全企业标准未依照本法规定备案；

（四）未按规定要求贮存、销售食品或者清理库存食品；

（五）进货时未查验许可证和相关证明文件；

（六）生产的食品、食品添加剂的标签、说明书涉及疾病预防、治疗功能；

（七）安排患有本法第三十四条所列疾病的人员从事接触直接入口食品的工作。

第八十八条 违反本法规定，事故单位在发生食品安全事故后未进行处置、报告的，由有关主管部门按照各自职责分工，责令改正，给予警告；毁灭有关证据的，责令停产停业，并处二千元以上十万元以下罚款；造成严重后果的，由原发证部门吊销许可证。

第八十九条 违反本法规定，有下列情形之一的，依照本法第八十五条的规定给予处罚：

（一）进口不符合我国食品安全国家标准的食品；

（二）进口尚无食品安全国家标准的食品，或者首次进口食品添加剂新品种、食品相关产品新品种，未经过安全性评估；

（三）出口商未遵守本法的规定出口食品。

违反本法规定，进口商未建立并遵守食品进口和销售记录制度的，依照本法第八十七条的规定给予处罚。

第九十条 违反本法规定，集中交易市场的开办者、柜台出租者、展销会的举办者允许未取得许可的食品经营者进入市场销售食品，或者未履行检查、报告等义务的，由有关主管部门按照各自职责分工，处二千元以上五万元以下罚款；造成严重后果的，责令停业，由原发证部门吊销许可证。

第九十一条 违反本法规定，未按照要求进行食品运输的，由有关主管部门按照各自职责分工，责令改正，给予警告；拒不改正的，责令停产停业，并处二千元以上五万元以下罚款；情节严重的，由原发证部门吊销许可证。

第九十二条 被吊销食品生产、流通或者餐饮服务许可证的单位，其直接负责的主管人员自处罚决定作出之日起五年内不得从事食品生产经营管理工作。

食品生产经营者聘用不得从事食品生产经营管理工作的人员从事管理工作的，由原发证部门吊销许可证。

第九十三条 违反本法规定，食品检验机构、食品检验人员出具虚假检验报告的，由授予其资质的主管部门或者机构撤销该检验机构的检验资格；依法对检验机构直接负责的主管人员和食品检验人员给予撤职或者开除的处分。

违反本法规定，受到刑事处罚或者开除处分的食品检验机构人员，自刑罚执行完毕或者处分决定作出之日起十年内不得从事食品检验工作。食品检验机构聘用不得从事食品检验工作的人员的，由授予其资质的主管部门或者机构撤销该检验机构的检验资格。

第九十四条 违反本法规定，在广告中对食品质量作虚假宣传，欺骗消费者的，依照《中华人民共和国广告法》的规定给予处罚。

违反本法规定，食品安全监督管理部门或者承担食品检验职责的机构、食品行业协会、消费者协会以广告或者其他形式向消费者推荐食品的，由有关主管部门没收违法所得，依法对直接负责的主管人员和其他直接责任人员给予记大过、降级或者撤职的处分。

第九十五条 违反本法规定，县级以上地方人民政府在食品安全监督管理中未履行职责，本行政区域出现重大食品安全事故、造成严重社会影响的，依法对直接负责的主管人员和其他直接责任人员给予记大过、降级、撤职或者开除的处分。

违反本法规定，县级以上卫生行政、农业行政、质量监督、工商行政管理、食品药品监督管理部门或者其他有关行政部门不履行本法规定的职责或者滥用职权、玩忽职守、徇私舞弊的，依法对直接负责的主管人员和其他直接责任人员给予记大过或者降级的处分；造成严重后果的，给予撤职或者开除的处分；其主要负责人应当引咎辞职。

第九十六条 违反本法规定，造成人身、财产或者其他损害的，依法承担赔偿责任。

生产不符合食品安全标准的食品或者销售明知是不符合食品安全标准的食品，消费者除要求赔偿损失外，还可以向生产者或者销售者要求支付价款十倍的赔偿金。

第九十七条 违反本法规定，应当承担民事赔偿责任和缴纳罚款、罚金，其财产不足以同时支付时，先承担民事赔偿责任。

第九十八条 违反本法规定，构成犯罪的，依法追究刑事责任。

第十章 附 则

第九十九条 本法下列用语的含义：

食品，指各种供人食用或者饮用的成品和原料以及按照传统既是食品又是药品的物品，但是不包括以治疗为目的的物品。

食品安全，指食品无毒、无害，符合应当有的营养要求,对人体健康不造成任何急性、亚急性或者慢性危害。

预包装食品,指预先定量包装或者制作在包装材料和容器中的食品。

食品添加剂,指为改善食品品质和色、香、味以及为防腐、保鲜和加工工艺的需要而加入食品中的人工合成或者天然物质。

用于食品的包装材料和容器,指包装、盛放食品或者食品添加剂用的纸、竹、木、金属、搪瓷、陶瓷、塑料、橡胶、天然纤维、化学纤维、玻璃等制品和直接接触食品或者食品添加剂的涂料。

用于食品生产经营的工具、设备,指在食品或者食品添加剂生产、流通、使用过程中直接接触食品或者食品添加剂的机械、管道、传送带、容器、用具、餐具等。

用于食品的洗涤剂、消毒剂,指直接用于洗涤或者消毒食品、餐饮具以及直接接触食品的工具、设备或者食品包装材料和容器的物质。

保质期,指预包装食品在标签指明的贮存条件下保持品质的期限。

食源性疾病,指食品中致病因素进入人体引起的感染性、中毒性等疾病。

食物中毒,指食用了被有毒有害物质污染的食品或者食用了含有毒有害物质的食品后出现的急性、亚急性疾病。

食品安全事故,指食物中毒、食源性疾病、食品污染等源于食品,对人体健康有危害或者可能有危害的事故。

第一百条 食品生产经营者在本法施行前已经取得相应许可证的,该许可证继续有效。

第一百零一条 乳品、转基因食品、生猪屠宰、酒类和食盐的食品安全管理,适用本法;法律、行政法规另有规定的,依照其规定。

第一百零二条 铁路运营中食品安全的管理办法由国务院卫生行政部门会同国务院有关部门依照本法制定。

军队专用食品和自供食品的食品安全管理办法由中央军事委员会依照本法制定。

第一百零三条 国务院根据实际需要,可以对食品安全监督管理体制作出调整。

第一百零四条 本法自2009年6月1日起施行。《中华人民共和国食品卫生法》同时废止。

中华人民共和国食品安全法①

(2009年2月28日第十一届全国人民代表大会常务委员会第七次会议通过　2015年4月24日第十二届全国人民代表大会常务委员会第十四次会议修订　2015年4月24日中华人民共和国主席令第21号公布　自2015年10月1日起施行)

目　录

第一章　总　　则

第一条 为了保证食品安全,保障公众身体健康和生命安全,制定本法。

第二条 在中华人民共和国境内从事下列活动,应当遵守本法:

(一)食品生产和加工(以下称食品生产),食品销售和餐饮服务(以下称食品经营);

(二)食品添加剂的生产经营;

(三)用于食品的包装材料、容器、洗涤剂、消毒剂和用于食品生产经营的工具、设备(以下称食品相关产品)的生产经营;

(四)食品生产经营者使用食品添加剂、食品相关产品;

(五)食品的贮存和运输;

① 编者注:已被修改。

（六）对食品、食品添加剂、食品相关产品的安全管理。

供食用的源于农业的初级产品（以下称食用农产品）的质量安全管理，遵守《中华人民共和国农产品质量安全法》的规定。但是，食用农产品的市场销售、有关质量安全标准的制定、有关安全信息的公布和本法对农业投入品作出规定的，应当遵守本法的规定。

第三条 食品安全工作实行预防为主、风险管理、全程控制、社会共治，建立科学、严格的监督管理制度。

第四条 食品生产经营者对其生产经营食品的安全负责。

食品生产经营者应当依照法律、法规和食品安全标准从事生产经营活动，保证食品安全，诚信自律，对社会和公众负责，接受社会监督，承担社会责任。

第五条 国务院设立食品安全委员会，其职责由国务院规定。

国务院食品药品监督管理部门依照本法和国务院规定的职责，对食品生产经营活动实施监督管理。

国务院卫生行政部门依照本法和国务院规定的职责，组织开展食品安全风险监测和风险评估，会同国务院食品药品监督管理部门制定并公布食品安全国家标准。

国务院其他有关部门依照本法和国务院规定的职责，承担有关食品安全工作。

第六条 县级以上地方人民政府对本行政区域的食品安全监督管理工作负责，统一领导、组织、协调本行政区域的食品安全监督管理工作以及食品安全突发事件应对工作，建立健全食品安全全程监督管理工作机制和信息共享机制。

县级以上地方人民政府依照本法和国务院的规定，确定本级食品药品监督管理、卫生行政部门和其他有关部门的职责。有关部门在各自职责范围内负责本行政区域的食品安全监督管理工作。

县级人民政府食品药品监督管理部门可以在乡镇或者特定区域设立派出机构。

第七条 县级以上地方人民政府实行食品安全监督管理责任制。上级人民政府负责对下一级人民政府的食品安全监督管理工作进行评议、考核。县级以上地方人民政府负责对本级食品药品监督管理部门和其他有关部门的食品安全监督管理工作进行评议、考核。

第八条 县级以上人民政府应当将食品安全工作纳入本级国民经济和社会发展规划，将食品安全工作经费列入本级政府财政预算，加强食品安全监督管理能力建设，为食品安全工作提供保障。

县级以上人民政府食品药品监督管理部门和其他有关部门应当加强沟通、密切配合，按照各自职责分工，依法行使职权，承担责任。

第九条 食品行业协会应当加强行业自律，按照章程建立健全行业规范和奖惩机制，提供食品安全信息、技术等服务，引导和督促食品生产经营者依法生产经营，推动行业诚信建设，宣传、普及食品安全知识。

消费者协会和其他消费者组织对违反本法规定，损害消费者合法权益的行为，依法进行社会监督。

第十条 各级人民政府应当加强食品安全的宣传教育，普及食品安全知识，鼓励社会组织、基层群众性自治组织、食品生产经营者开展食品安全法律、法规以及食品安全标准和知识的普及工作，倡导健康的饮食方式，增强消费者食品安全意识和自我保护能力。

新闻媒体应当开展食品安全法律、法规以及食品安全标准和知识的公益宣传，并对食品安全违法行为进行舆论监督。有关食品安全的宣传报道应当真实、公正。

第十一条 国家鼓励和支持开展与食品安全有关的基础研究、应用研究，鼓励和支持食品生产经营者为提高食品安全水平采用先进技术和先进管理规范。

国家对农药的使用实行严格的管理制度，加快淘汰剧毒、高毒、高残留农药，推动替代产品的研发和应用，鼓励使用高效低毒低残留农药。

第十二条 任何组织或者个人有权举报食品安全违法行为，依法向有关部门了解食品安全信息，对食品安全监督管理工作提出意见和建议。

第十三条 对在食品安全工作中做出突出

贡献的单位和个人，按照国家有关规定给予表彰、奖励。

第二章 食品安全风险监测和评估

第十四条 国家建立食品安全风险监测制度，对食源性疾病、食品污染以及食品中的有害因素进行监测。

国务院卫生行政部门会同国务院食品药品监督管理、质量监督等部门，制定、实施国家食品安全风险监测计划。

国务院食品药品监督管理部门和其他有关部门获知有关食品安全风险信息后，应当立即核实并向国务院卫生行政部门通报。对有关部门通报的食品安全风险信息以及医疗机构报告的食源性疾病等有关疾病信息，国务院卫生行政部门应当会同国务院有关部门分析研究，认为必要的，及时调整国家食品安全风险监测计划。

省、自治区、直辖市人民政府卫生行政部门会同同级食品药品监督管理、质量监督等部门，根据国家食品安全风险监测计划，结合本行政区域的具体情况，制定、调整本行政区域的食品安全风险监测方案，报国务院卫生行政部门备案并实施。

第十五条 承担食品安全风险监测工作的技术机构应当根据食品安全风险监测计划和监测方案开展监测工作，保证监测数据真实、准确，并按照食品安全风险监测计划和监测方案的要求报送监测数据和分析结果。

食品安全风险监测工作人员有权进入相关食用农产品种植养殖、食品生产经营场所采集样品、收集相关数据。采集样品应当按照市场价格支付费用。

第十六条 食品安全风险监测结果表明可能存在食品安全隐患的，县级以上人民政府卫生行政部门应当及时将相关信息通报同级食品药品监督管理等部门，并报告本级人民政府和上级人民政府卫生行政部门。食品药品监督管理等部门应当组织开展进一步调查。

第十七条 国家建立食品安全风险评估制度，运用科学方法，根据食品安全风险监测信息、科学数据以及有关信息，对食品、食品添加剂、食品相关产品中生物性、化学性和物理性危害因素进行风险评估。

国务院卫生行政部门负责组织食品安全风险评估工作，成立由医学、农业、食品、营养、生物、环境等方面的专家组成的食品安全风险评估专家委员会进行食品安全风险评估。食品安全风险评估结果由国务院卫生行政部门公布。

对农药、肥料、兽药、饲料和饲料添加剂等的安全性评估，应当有食品安全风险评估专家委员会的专家参加。

食品安全风险评估不得向生产经营者收取费用，采集样品应当按照市场价格支付费用。

第十八条 有下列情形之一的，应当进行食品安全风险评估：

（一）通过食品安全风险监测或者接到举报发现食品、食品添加剂、食品相关产品可能存在安全隐患的；

（二）为制定或者修订食品安全国家标准提供科学依据需要进行风险评估的；

（三）为确定监督管理的重点领域、重点品种需要进行风险评估的；

（四）发现新的可能危害食品安全因素的；

（五）需要判断某一因素是否构成食品安全隐患的；

（六）国务院卫生行政部门认为需要进行风险评估的其他情形。

第十九条 国务院食品药品监督管理、质量监督、农业行政等部门在监督管理工作中发现需要进行食品安全风险评估的，应当向国务院卫生行政部门提出食品安全风险评估的建议，并提供风险来源、相关检验数据和结论等信息、资料。属于本法第十八条规定情形的，国务院卫生行政部门应当及时进行食品安全风险评估，并向国务院有关部门通报评估结果。

第二十条 省级以上人民政府卫生行政、农业行政部门应当及时相互通报食品、食用农产品安全风险监测信息。

国务院卫生行政、农业行政部门应当及时相互通报食品、食用农产品安全风险评估结果等信息。

第二十一条 食品安全风险评估结果是制定、修订食品安全标准和实施食品安全监督管理的科学依据。

经食品安全风险评估,得出食品、食品添加剂、食品相关产品不安全结论的,国务院食品药品监督管理、质量监督等部门应当依据各自职责立即向社会公告,告知消费者停止食用或者使用,并采取相应措施,确保该食品、食品添加剂、食品相关产品停止生产经营;需要制定、修订相关食品安全国家标准的,国务院卫生行政部门应当会同国务院食品药品监督管理部门立即制定、修订。

第二十二条 国务院食品药品监督管理部门应当会同国务院有关部门,根据食品安全风险评估结果、食品安全监督管理信息,对食品安全状况进行综合分析。对经综合分析表明可能具有较高程度安全风险的食品,国务院食品药品监督管理部门应当及时提出食品安全风险警示,并向社会公布。

第二十三条 县级以上人民政府食品药品监督管理部门和其他有关部门、食品安全风险评估专家委员会及其技术机构,应当按照科学、客观、及时、公开的原则,组织食品生产经营者、食品检验机构、认证机构、食品行业协会、消费者协会以及新闻媒体等,就食品安全风险评估信息和食品安全监督管理信息进行交流沟通。

第三章 食品安全标准

第二十四条 制定食品安全标准,应当以保障公众身体健康为宗旨,做到科学合理、安全可靠。

第二十五条 食品安全标准是强制执行的标准。除食品安全标准外,不得制定其他食品强制性标准。

第二十六条 食品安全标准应当包括下列内容:

(一)食品、食品添加剂、食品相关产品中的致病性微生物,农药残留、兽药残留、生物毒素、重金属等污染物质以及其他危害人体健康物质的限量规定;

(二)食品添加剂的品种、使用范围、用量;

(三)专供婴幼儿和其他特定人群的主辅食品的营养成分要求;

(四)对与卫生、营养等食品安全要求有关的标签、标志、说明书的要求;

(五)食品生产经营过程的卫生要求;

(六)与食品安全有关的质量要求;

(七)与食品安全有关的食品检验方法与规程;

(八)其他需要制定为食品安全标准的内容。

第二十七条 食品安全国家标准由国务院卫生行政部门会同国务院食品药品监督管理部门制定、公布,国务院标准化行政部门提供国家标准编号。

食品中农药残留、兽药残留的限量规定及其检验方法与规程由国务院卫生行政部门、国务院农业行政部门会同国务院食品药品监督管理部门制定。

屠宰畜、禽的检验规程由国务院农业行政部门会同国务院卫生行政部门制定。

第二十八条 制定食品安全国家标准,应当依据食品安全风险评估结果并充分考虑食用农产品安全风险评估结果,参照相关的国际标准和国际食品安全风险评估结果,并将食品安全国家标准草案向社会公布,广泛听取食品生产经营者、消费者、有关部门等方面的意见。

食品安全国家标准应当经国务院卫生行政部门组织的食品安全国家标准审评委员会审查通过。食品安全国家标准审评委员会由医学、农业、食品、营养、生物、环境等方面的专家以及国务院有关部门、食品行业协会、消费者协会的代表组成,对食品安全国家标准草案的科学性和实用性等进行审查。

第二十九条 对地方特色食品,没有食品安全国家标准的,省、自治区、直辖市人民政府卫生行政部门可以制定并公布食品安全地方标准,报国务院卫生行政部门备案。食品安全国家标准制定后,该地方标准即行废止。

第三十条 国家鼓励食品生产企业制定严于食品安全国家标准或者地方标准的企业标准,在本企业适用,并报省、自治区、直辖市人民政府卫生行政部门备案。

第三十一条 省级以上人民政府卫生行政部门应当在其网站上公布制定和备案的食品安全国家标准、地方标准和企业标准,供公众免费查阅、下载。

对食品安全标准执行过程中的问题,县级以

上人民政府卫生行政部门应当会同有关部门及时给予指导、解答。

第三十二条　省级以上人民政府卫生行政部门应当会同同级食品药品监督管理、质量监督、农业行政等部门，分别对食品安全国家标准和地方标准的执行情况进行跟踪评价，并根据评价结果及时修订食品安全标准。

省级以上人民政府食品药品监督管理、质量监督、农业行政等部门应当对食品安全标准执行中存在的问题进行收集、汇总，并及时向同级卫生行政部门通报。

食品生产经营者、食品行业协会发现食品安全标准在执行中存在问题的，应当立即向卫生行政部门报告。

第四章　食品生产经营

第一节　一般规定

第三十三条　食品生产经营应当符合食品安全标准，并符合下列要求：

（一）具有与生产经营的食品品种、数量相适应的食品原料处理和食品加工、包装、贮存等场所，保持该场所环境整洁，并与有毒、有害场所以及其他污染源保持规定的距离；

（二）具有与生产经营的食品品种、数量相适应的生产经营设备或者设施，有相应的消毒、更衣、盥洗、采光、照明、通风、防腐、防尘、防蝇、防鼠、防虫、洗涤以及处理废水、存放垃圾和废弃物的设备或者设施；

（三）有专职或者兼职的食品安全专业技术人员、食品安全管理人员和保证食品安全的规章制度；

（四）具有合理的设备布局和工艺流程，防止待加工食品与直接入口食品、原料与成品交叉污染，避免食品接触有毒物、不洁物；

（五）餐具、饮具和盛放直接入口食品的容器，使用前应当洗净、消毒，炊具、用具用后应当洗净，保持清洁；

（六）贮存、运输和装卸食品的容器、工具和设备应当安全、无害，保持清洁，防止食品污染，并符合保证食品安全所需的温度、湿度等特殊要求，不得将食品与有毒、有害物品一同贮存、运输；

（七）直接入口的食品应当使用无毒、清洁的包装材料、餐具、饮具和容器；

（八）食品生产经营人员应当保持个人卫生，生产经营食品时，应当将手洗净，穿戴清洁的工作衣、帽等；销售无包装的直接入口食品时，应当使用无毒、清洁的容器、售货工具和设备；

（九）用水应当符合国家规定的生活饮用水卫生标准；

（十）使用的洗涤剂、消毒剂应当对人体安全、无害；

（十一）法律、法规规定的其他要求。

非食品生产经营者从事食品贮存、运输和装卸的，应当符合前款第六项的规定。

第三十四条　禁止生产经营下列食品、食品添加剂、食品相关产品：

（一）用非食品原料生产的食品或者添加食品添加剂以外的化学物质和其他可能危害人体健康物质的食品，或者用回收食品作为原料生产的食品；

（二）致病性微生物，农药残留、兽药残留、生物毒素、重金属等污染物质以及其他危害人体健康的物质含量超过食品安全标准限量的食品、食品添加剂、食品相关产品；

（三）用超过保质期的食品原料、食品添加剂生产的食品、食品添加剂；

（四）超范围、超限量使用食品添加剂的食品；

（五）营养成分不符合食品安全标准的专供婴幼儿和其他特定人群的主辅食品；

（六）腐败变质、油脂酸败、霉变生虫、污秽不洁、混有异物、掺假掺杂或者感官性状异常的食品、食品添加剂；

（七）病死、毒死或者死因不明的禽、畜、兽、水产动物肉类及其制品；

（八）未按规定进行检疫或者检疫不合格的肉类，或者未经检验或者检验不合格的肉类制品；

（九）被包装材料、容器、运输工具等污染的食品、食品添加剂；

（十）标注虚假生产日期、保质期或者超过保质期的食品、食品添加剂；

（十一）无标签的预包装食品、食品添加剂；

（十二）国家为防病等特殊需要明令禁止生产经营的食品；

（十三）其他不符合法律、法规或者食品安全标准的食品、食品添加剂、食品相关产品。

第三十五条 国家对食品生产经营实行许可制度。从事食品生产、食品销售、餐饮服务，应当依法取得许可。但是，销售食用农产品，不需要取得许可。

县级以上地方人民政府食品药品监督管理部门应当依照《中华人民共和国行政许可法》的规定，审核申请人提交的本法第三十二条第一款第一项至第四项规定要求的相关资料，必要时对申请人的生产经营场所进行现场核查；对符合规定条件的，准予许可；对不符合规定条件的，不予许可并书面说明理由。

第三十六条 食品生产加工小作坊和食品摊贩等从事食品生产经营活动，应当符合本法规定的与其生产经营规模、条件相适应的食品安全要求，保证所生产经营的食品卫生、无毒、无害，食品药品监督管理部门应当对其加强监督管理。

县级以上地方人民政府应当对食品生产加工小作坊、食品摊贩等进行综合治理，加强服务和统一规划，改善其生产经营环境，鼓励和支持其改进生产经营条件，进入集中交易市场、店铺等固定场所经营，或者在指定的临时经营区域、时段经营。

食品生产加工小作坊和食品摊贩等的具体管理办法由省、自治区、直辖市制定。

第三十七条 利用新的食品原料生产食品，或者生产食品添加剂新品种、食品相关产品新品种，应当向国务院卫生行政部门提交相关产品的安全性评估材料。国务院卫生行政部门应当自收到申请之日起六十日内组织审查；对符合食品安全要求的，准予许可并公布；对不符合食品安全要求的，不予许可并书面说明理由。

第三十八条 生产经营的食品中不得添加药品，但是可以添加按照传统既是食品又是中药材的物质。按照传统既是食品又是中药材的物质目录由国务院卫生行政部门会同国务院食品药品监督管理部门制定、公布。

第三十九条 国家对食品添加剂生产实行许可制度。从事食品添加剂生产，应当具有与所生产食品添加剂品种相适应的场所、生产设备或者设施、专业技术人员和管理制度，并依照本法第三十五条第二款规定的程序，取得食品添加剂生产许可。

生产食品添加剂应当符合法律、法规和食品安全国家标准。

第四十条 食品添加剂应当在技术上确有必要且经过风险评估证明安全可靠，方可列入允许使用的范围；有关食品安全国家标准应当根据技术必要性和食品安全风险评估结果及时修订。

食品生产经营者应当按照食品安全国家标准使用食品添加剂。

第四十一条 生产食品相关产品应当符合法律、法规和食品安全国家标准。对直接接触食品的包装材料等具有较高风险的食品相关产品，按照国家有关工业产品生产许可证管理的规定实施生产许可。质量监督部门应当加强对食品相关产品生产活动的监督管理。

第四十二条 国家建立食品安全全程追溯制度。

食品生产经营者应当依照本法的规定，建立食品安全追溯体系，保证食品可追溯。国家鼓励食品生产经营者采用信息化手段采集、留存生产经营信息，建立食品安全追溯体系。

国务院食品药品监督管理部门会同国务院农业行政等有关部门建立食品安全全程追溯协作机制。

第四十三条 地方各级人民政府应当采取措施鼓励食品规模化生产和连锁经营、配送。

国家鼓励食品生产经营企业参加食品安全责任保险。

第二节 生产经营过程控制

第四十四条 食品生产经营企业应当建立健全食品安全管理制度，对职工进行食品安全知识培训，加强食品检验工作，依法从事生产经营活动。

食品生产经营企业的主要负责人应当落实企业食品安全管理制度，对本企业的食品安全工作全面负责。

食品生产经营企业应当配备食品安全管理人员，加强对其培训和考核。经考核不具备食品安全管理能力的，不得上岗。食品药品监督管理部门应当对企业食品安全管理人员随机进行监督抽查考核并公布考核情况。监督抽查考核不得收取费用。

第四十五条　食品生产经营者应当建立并执行从业人员健康管理制度。患有国务院卫生行政部门规定的有碍食品安全疾病的人员，不得从事接触直接入口食品的工作。

从事接触直接入口食品工作的食品生产经营人员应当每年进行健康检查，取得健康证明后方可上岗工作。

第四十六条　食品生产企业应当就下列事项制定并实施控制要求，保证所生产的食品符合食品安全标准：

（一）原料采购、原料验收、投料等原料控制；

（二）生产工序、设备、贮存、包装等生产关键环节控制；

（三）原料检验、半成品检验、成品出厂检验等检验控制；

（四）运输和交付控制。

第四十七条　食品生产经营者应当建立食品安全自查制度，定期对食品安全状况进行检查评价。生产经营条件发生变化，不再符合食品安全要求的，食品生产经营者应当立即采取整改措施；有发生食品安全事故潜在风险的，应当立即停止食品生产经营活动，并向所在地县级人民政府食品药品监督管理部门报告。

第四十八条　国家鼓励食品生产经营企业符合良好生产规范要求，实施危害分析与关键控制点体系，提高食品安全管理水平。

对通过良好生产规范、危害分析与关键控制点体系认证的食品生产经营企业，认证机构应当依法实施跟踪调查；对不再符合认证要求的企业，应当依法撤销认证，及时向县级以上人民政府食品药品监督管理部门通报，并向社会公布。认证机构实施跟踪调查不得收取费用。

第四十九条　食用农产品生产者应当按照食品安全标准和国家有关规定使用农药、肥料、兽药、饲料和饲料添加剂等农业投入品，严格执行农业投入品使用安全间隔期或者休药期的规定，不得使用国家明令禁止的农业投入品。禁止将剧毒、高毒农药用于蔬菜、瓜果、茶叶和中草药材等国家规定的农作物。

食用农产品的生产企业和农民专业合作经济组织应当建立农业投入品使用记录制度。

县级以上人民政府农业行政部门应当加强对农业投入品使用的监督管理和指导，建立健全农业投入品安全使用制度。

第五十条　食品生产者采购食品原料、食品添加剂、食品相关产品，应当查验供货者的许可证和产品合格证明；对无法提供合格证明的食品原料，应当按照食品安全标准进行检验；不得采购或者使用不符合食品安全标准的食品原料、食品添加剂、食品相关产品。

食品生产企业应当建立食品原料、食品添加剂、食品相关产品进货查验记录制度，如实记录食品原料、食品添加剂、食品相关产品的名称、规格、数量、生产日期或者生产批号、保质期、进货日期以及供货者名称、地址、联系方式等内容，并保存相关凭证。记录和凭证保存期限不得少于产品保质期满后六个月；没有明确保质期的，保存期限不得少于二年。

第五十一条　食品生产企业应当建立食品出厂检验记录制度，查验出厂食品的检验合格证和安全状况，如实记录食品的名称、规格、数量、生产日期或者生产批号、保质期、检验合格证号、销售日期以及购货者名称、地址、联系方式等内容，并保存相关凭证。记录和凭证保存期限应当符合本法第五十条第二款的规定。

第五十二条　食品、食品添加剂、食品相关产品的生产者，应当按照食品安全标准对所生产的食品、食品添加剂、食品相关产品进行检验，检验合格后方可出厂或者销售。

第五十三条　食品经营者采购食品，应当查验供货者的许可证和食品出厂检验合格证或者其他合格证明（以下称合格证明文件）。

食品经营企业应当建立食品进货查验记录制度，如实记录食品的名称、规格、数量、生产日期或者生产批号、保质期、进货日期以及供货者名称、地址、联系方式等内容，并保存相关凭证。记录和凭证保存期限应当符合本法第五十条第二款的规定。

实行统一配送经营方式的食品经营企业，可以由企业总部统一查验供货者的许可证和食品合格证明文件，进行食品进货查验记录。

从事食品批发业务的经营企业应当建立食品销售记录制度，如实记录批发食品的名称、规格、数量、生产日期或者生产批号、保质期、销售日期以及购货者名称、地址、联系方式等内容，并保存相关凭证。记录和凭证保存期限应当符合本法第五十条第二款的规定。

第五十四条 食品经营者应当按照保证食品安全的要求贮存食品，定期检查库存食品，及时清理变质或者超过保质期的食品。

食品经营者贮存散装食品，应当在贮存位置标明食品的名称、生产日期或者生产批号、保质期、生产者名称及联系方式等内容。

第五十五条 餐饮服务提供者应当制定并实施原料控制要求，不得采购不符合食品安全标准的食品原料。倡导餐饮服务提供者公开加工过程，公示食品原料及其来源等信息。

餐饮服务提供者在加工过程中应当检查待加工的食品及原料，发现有本法第三十四条第六项规定情形的，不得加工或者使用。

第五十六条 餐饮服务提供者应当定期维护食品加工、贮存、陈列等设施、设备；定期清洗、校验保温设施及冷藏、冷冻设施。

餐饮服务提供者应当按照要求对餐具、饮具进行清洗消毒，不得使用未经清洗消毒的餐具、饮具；餐饮服务提供者委托清洗消毒餐具、饮具的，应当委托符合本法规定条件的餐具、饮具集中消毒服务单位。

第五十七条 学校、托幼机构、养老机构、建筑工地等集中用餐单位的食堂应当严格遵守法律、法规和食品安全标准；从供餐单位订餐的，应当从取得食品生产经营许可的企业订购，并按照要求对订购的食品进行查验。供餐单位应当严格遵守法律、法规和食品安全标准，当餐加工，确保食品安全。

学校、托幼机构、养老机构、建筑工地等集中用餐单位的主管部门应当加强对集中用餐单位的食品安全教育和日常管理，降低食品安全风险，及时消除食品安全隐患。

第五十八条 餐具、饮具集中消毒服务单位应当具备相应的作业场所、清洗消毒设备或者设施，用水和使用的洗涤剂、消毒剂应当符合相关食品安全国家标准和其他国家标准、卫生规范。

餐具、饮具集中消毒服务单位应当对消毒餐具、饮具进行逐批检验，检验合格后方可出厂，并应当随附消毒合格证明。消毒后的餐具、饮具应当在独立包装上标注单位名称、地址、联系方式、消毒日期以及使用期限等内容。

第五十九条 食品添加剂生产者应当建立食品添加剂出厂检验记录制度，查验出厂产品的检验合格证和安全状况，如实记录食品添加剂的名称、规格、数量、生产日期或者生产批号、保质期、检验合格证号、销售日期以及购货者名称、地址、联系方式等相关内容，并保存相关凭证。记录和凭证保存期限应当符合本法第五十条第二款的规定。

第六十条 食品添加剂经营者采购食品添加剂，应当依法查验供货者的许可证和产品合格证明文件，如实记录食品添加剂的名称、规格、数量、生产日期或者生产批号、保质期、进货日期以及供货者名称、地址、联系方式等内容，并保存相关凭证。记录和凭证保存期限应当符合本法第五十条第二款的规定。

第六十一条 集中交易市场的开办者、柜台出租者和展销会举办者，应当依法审查入场食品经营者的许可证，明确其食品安全管理责任，定期对其经营环境和条件进行检查，发现其有违反本法规定行为的，应当及时制止并立即报告所在地县级人民政府食品药品监督管理部门。

第六十二条 网络食品交易第三方平台提供者应当对入网食品经营者进行实名登记，明确其食品安全管理责任；依法应当取得许可证的，还应当审查其许可证。

网络食品交易第三方平台提供者发现入网食品经营者有违反本法规定行为的，应当及时制止并立即报告所在地县级人民政府食品药品监督管理部门；发现严重违法行为的，应当立即停止提供网络交易平台服务。

第六十三条 国家建立食品召回制度。食品生产者发现其生产的食品不符合食品安全标准或者有证据证明可能危害人体健康的，应当立即停止生产，召回已经上市销售的食品，通知相关生产经营者和消费者，并记录召回和通知情况。

食品经营者发现其经营的食品有前款规定情形的，应当立即停止经营，通知相关生产经营者和消费者，并记录停止经营和通知情况。食品生产者认为应当召回的，应当立即召回。由于食品经营者的原因造成其经营的食品有前款规定情形的，食品经营者应当召回。

食品生产经营者应当对召回的食品采取无害化处理、销毁等措施，防止其再次流入市场。但是，对因标签、标志或者说明书不符合食品安全标准而被召回的食品，食品生产者在采取补救措施且能保证食品安全的情况下可以继续销售；销售时应当向消费者明示补救措施。

食品生产经营者应当将食品召回和处理情况向所在地县级人民政府食品药品监督管理部门报告；需要对召回的食品进行无害化处理、销毁的，应当提前报告时间、地点。食品药品监督管理部门认为必要的，可以实施现场监督。

食品生产经营者未依照本条规定召回或者停止经营的，县级以上人民政府食品药品监督管理部门可以责令其召回或者停止经营。

第六十四条　食用农产品批发市场应当配备检验设备和检验人员或者委托符合本法规定的食品检验机构，对进入该批发市场销售的食用农产品进行抽样检验；发现不符合食品安全标准的，应当要求销售者立即停止销售，并向食品药品监督管理部门报告。

第六十五条　食用农产品销售者应当建立食用农产品进货查验记录制度，如实记录食用农产品的名称、数量、进货日期以及供货者名称、地址、联系方式等内容，并保存相关凭证。记录和凭证保存期限不得少于六个月。

第六十六条　进入市场销售的食用农产品在包装、保鲜、贮存、运输中使用保鲜剂、防腐剂等食品添加剂和包装材料等食品相关产品，应当符合食品安全国家标准。

第三节　标签、说明书和广告

第六十七条　预包装食品的包装上应当有标签。标签应当标明下列事项：

（一）名称、规格、净含量、生产日期；

（二）成分或者配料表；

（三）生产者的名称、地址、联系方式；

（四）保质期；

（五）产品标准代号；

（六）贮存条件；

（七）所使用的食品添加剂在国家标准中的通用名称；

（八）生产许可证编号；

（九）法律、法规或者食品安全标准规定应当标明的其他事项。

专供婴幼儿和其他特定人群的主辅食品，其标签还应当标明主要营养成分及其含量。

食品安全国家标准对标签标注事项另有规定的，从其规定。

第六十八条　食品经营者销售散装食品，应当在散装食品的容器、外包装上标明食品的名称、生产日期或者生产批号、保质期以及生产经营者名称、地址、联系方式等内容。

第六十九条　生产经营转基因食品应当按照规定显著标示。

第七十条　食品添加剂应当有标签、说明书和包装。标签、说明书应当载明本法第六十七条第一款第一项至第六项、第八项、第九项规定的事项，以及食品添加剂的使用范围、用量、使用方法，并在标签上载明“食品添加剂”字样。

第七十一条　食品和食品添加剂的标签、说明书，不得含有虚假内容，不得涉及疾病预防、治疗功能。生产经营者对其提供的标签、说明书的内容负责。

食品和食品添加剂的标签、说明书应当清楚、明显，生产日期、保质期等事项应当显著标注，容易辨识。

食品和食品添加剂与其标签、说明书的内容不符的，不得上市销售。

第七十二条　食品经营者应当按照食品标签标示的警示标志、警示说明或者注意事项的要求销售食品。

第七十三条　食品广告的内容应当真实合法，不得含有虚假内容，不得涉及疾病预防、治疗功能。食品生产经营者对食品广告内容的真实性、合法性负责。

县级以上人民政府食品药品监督管理部门和其他有关部门以及食品检验机构、食品行业协会不得以广告或者其他形式向消费者推荐食品。

消费者组织不得以收取费用或者其他牟取利益的方式向消费者推荐食品。

第四节　特殊食品

第七十四条　国家对保健食品、特殊医学用途配方食品和婴幼儿配方食品等特殊食品实行严格监督管理。

第七十五条　保健食品声称保健功能，应当具有科学依据，不得对人体产生急性、亚急性或者慢性危害。

保健食品原料目录和允许保健食品声称的保健功能目录，由国务院食品药品监督管理部门会同国务院卫生行政部门、国家中医药管理部门制定、调整并公布。

保健食品原料目录应当包括原料名称、用量及其对应的功效；列入保健食品原料目录的原料只能用于保健食品生产，不得用于其他食品生产。

第七十六条　使用保健食品原料目录以外原料的保健食品和首次进口的保健食品应当经国务院食品药品监督管理部门注册。但是，首次进口的保健食品中属于补充维生素、矿物质等营养物质的，应当报国务院食品药品监督管理部门备案。其他保健食品应当报省、自治区、直辖市人民政府食品药品监督管理部门备案。

进口的保健食品应当是出口国（地区）主管部门准许上市销售的产品。

第七十七条　依法应当注册的保健食品，注册时应当提交保健食品的研发报告、产品配方、生产工艺、安全性和保健功能评价、标签、说明书等材料及样品，并提供相关证明文件。国务院食品药品监督管理部门经组织技术审评，对符合安全和功能声称要求的，准予注册；对不符合要求的，不予注册并书面说明理由。对使用保健食品原料目录以外原料的保健食品作出准予注册决定的，应当及时将该原料纳入保健食品原料目录。

依法应当备案的保健食品，备案时应当提交产品配方、生产工艺、标签、说明书以及表明产品安全性和保健功能的材料。

第七十八条　保健食品的标签、说明书不得涉及疾病预防、治疗功能，内容应当真实，与注册或者备案的内容相一致，载明适宜人群、不适宜人群、功效成分或者标志性成分及其含量等，并声明“本品不能代替药物”。保健食品的功能和成分应当与标签、说明书相一致。

第七十九条　保健食品广告除应当符合本法第七十三条第一款的规定外，还应当声明“本品不能代替药物”；其内容应当经生产企业所在地省、自治区、直辖市人民政府食品药品监督管理部门审查批准，取得保健食品广告批准文件。省、自治区、直辖市人民政府食品药品监督管理部门应当公布并及时更新已经批准的保健食品广告目录以及批准的广告内容。

第八十条　特殊医学用途配方食品应当经国务院食品药品监督管理部门注册。注册时，应当提交产品配方、生产工艺、标签、说明书以及表明产品安全性、营养充足性和特殊医学用途临床效果的材料。

特殊医学用途配方食品广告适用《中华人民共和国广告法》和其他法律、行政法规关于药品广告管理的规定。

第八十一条　婴幼儿配方食品生产企业应当实施从原料进厂到成品出厂的全过程质量控制，对出厂的婴幼儿配方食品实施逐批检验，保证食品安全。

生产婴幼儿配方食品使用的生鲜乳、辅料等食品原料、食品添加剂等，应当符合法律、行政法规的规定和食品安全国家标准，保证婴幼儿生长发育所需的营养成分。

婴幼儿配方食品生产企业应当将食品原料、食品添加剂、产品配方及标签等事项向省、自治区、直辖市人民政府食品药品监督管理部门备案。

婴幼儿配方乳粉的产品配方应当经国务院食品药品监督管理部门注册。注册时，应当提交配方研发报告和其他表明配方科学性、安全性的材料。

不得以分装方式生产婴幼儿配方乳粉，同一企业不得用同一配方生产不同品牌的婴幼儿配方乳粉。

第八十二条　保健食品、特殊医学用途配方食品、婴幼儿配方乳粉的注册人或者备案人应当对其提交材料的真实性负责。

省级以上人民政府食品药品监督管理部门

应当及时公布注册或者备案的保健食品、特殊医学用途配方食品、婴幼儿配方乳粉目录，并对注册或者备案中获知的企业商业秘密予以保密。

保健食品、特殊医学用途配方食品、婴幼儿配方乳粉生产企业应当按照注册或者备案的产品配方、生产工艺等技术要求组织生产。

第八十三条 生产保健食品，特殊医学用途配方食品、婴幼儿配方食品和其他专供特定人群的主辅食品的企业，应当按照良好生产规范的要求建立与所生产食品相适应的生产质量管理体系，定期对该体系的运行情况进行自查，保证其有效运行，并向所在地县级人民政府食品药品监督管理部门提交自查报告。

第五章 食品检验

第八十四条 食品检验机构按照国家有关认证认可的规定取得资质认定后，方可从事食品检验活动。但是，法律另有规定的除外。

食品检验机构的资质认定条件和检验规范，由国务院食品药品监督管理部门规定。

符合本法规定的食品检验机构出具的检验报告具有同等效力。

县级以上人民政府应当整合食品检验资源，实现资源共享。

第八十五条 食品检验由食品检验机构指定的检验人独立进行。

检验人应当依照有关法律、法规的规定，并按照食品安全标准和检验规范对食品进行检验，尊重科学，恪守职业道德，保证出具的检验数据和结论客观、公正，不得出具虚假检验报告。

第八十六条 食品检验实行食品检验机构与检验人负责制。食品检验报告应当加盖食品检验机构公章，并有检验人的签名或者盖章。食品检验机构和检验人对出具的食品检验报告负责。

第八十七条 县级以上人民政府食品药品监督管理部门应当对食品进行定期或者不定期的抽样检验，并依据有关规定公布检验结果，不得免检。进行抽样检验，应当购买抽取的样品，委托符合本法规定的食品检验机构进行检验，并支付相关费用；不得向食品生产经营者收取检验费和其他费用。

第八十八条 对依照本法规定实施的检验结论有异议的，食品生产经营者可以自收到检验结论之日起七个工作日内向实施抽样检验的食品药品监督管理部门或者其上一级食品药品监督管理部门提出复检申请，由受理复检申请的食品药品监督管理部门在公布的复检机构名录中随机确定复检机构进行复检。复检机构出具的复检结论为最终检验结论。复检机构与初检机构不得为同一机构。复检机构名录由国务院认证认可监督管理、食品药品监督管理、卫生行政、农业行政等部门共同公布。

采用国家规定的快速检测方法对食用农产品进行抽查检测，被抽查人对检测结果有异议的，可以自收到检测结果时起四小时内申请复检。复检不得采用快速检测方法。

第八十九条 食品生产企业可以自行对所生产的食品进行检验，也可以委托符合本法规定的食品检验机构进行检验。

食品行业协会和消费者协会等组织、消费者需要委托食品检验机构对食品进行检验的，应当委托符合本法规定的食品检验机构进行。

第九十条 食品添加剂的检验，适用本法有关食品检验的规定。

第六章 食品进出口

第九十一条 国家出入境检验检疫部门对进出口食品安全实施监督管理。

第九十二条 进口的食品、食品添加剂、食品相关产品应当符合我国食品安全国家标准。

进口的食品、食品添加剂应当经出入境检验检疫机构依照进出口商品检验相关法律、行政法规的规定检验合格。

进口的食品、食品添加剂应当按照国家出入境检验检疫部门的要求随附合格证明材料。

第九十三条 进口尚无食品安全国家标准的食品，由境外出口商、境外生产企业或者其委托的进口商向国务院卫生行政部门提交所执行的相关国家（地区）标准或者国际标准。国务院卫生行政部门对相关标准进行审查，认为符合食品安全要求的，决定暂予适用，并及时制定相应的食品安全国家标准。进口利用新的食品原料生产的食品或者进口食品添加剂新品种、食品相关产品新品种，依照本法第三十七条的规定办理。

出入境检验检疫机构按照国务院卫生行政部门的要求,对前款规定的食品、食品添加剂、食品相关产品进行检验。检验结果应当公开。

第九十四条 境外出口商、境外生产企业应当保证向我国出口的食品、食品添加剂、食品相关产品符合本法以及我国其他有关法律、行政法规的规定和食品安全国家标准的要求,并对标签、说明书的内容负责。

进口商应当建立境外出口商、境外生产企业审核制度,重点审核前款规定的内容;审核不合格的,不得进口。

发现进口食品不符合我国食品安全国家标准或者有证据证明可能危害人体健康的,进口商应当立即停止进口,并依照本法第六十三条的规定召回。

第九十五条 境外发生的食品安全事件可能对我国境内造成影响,或者在进口食品、食品添加剂、食品相关产品中发现严重食品安全问题的,国家出入境检验检疫部门应当及时采取风险预警或者控制措施,并向国务院食品药品监督管理、卫生行政、农业行政部门通报。接到通报的部门应当及时采取相应措施。

县级以上人民政府食品药品监督管理部门对国内市场上销售的进口食品、食品添加剂实施监督管理。发现存在严重食品安全问题的,国务院食品药品监督管理部门应当及时向国家出入境检验检疫部门通报。国家出入境检验检疫部门应当及时采取相应措施。

第九十六条 向我国境内出口食品的境外出口商或者代理商、进口食品的进口商应当向国家出入境检验检疫部门备案。向我国境内出口食品的境外食品生产企业应当经国家出入境检验检疫部门注册。已经注册的境外食品生产企业提供虚假材料,或者因其自身的原因致使进口食品发生重大食品安全事故的,国家出入境检验检疫部门应当撤销注册并公告。

国家出入境检验检疫部门应当定期公布已经备案的境外出口商、代理商、进口商和已经注册的境外食品生产企业名单。

第九十七条 进口的预包装食品、食品添加剂应当有中文标签;依法应当有说明书的,还应当有中文说明书。标签、说明书应当符合本法以及我国其他有关法律、行政法规的规定和食品安全国家标准的要求,并载明食品的原产地以及境内代理商的名称、地址、联系方式。预包装食品没有中文标签、中文说明书或者标签、说明书不符合本条规定的,不得进口。

第九十八条 进口商应当建立食品、食品添加剂进口和销售记录制度,如实记录食品、食品添加剂的名称、规格、数量、生产日期、生产或者进口批号、保质期、境外出口商和购货者名称、地址及联系方式、交货日期等内容,并保存相关凭证。记录和凭证保存期限应当符合本法第五十条第二款的规定。

第九十九条 出口食品生产企业应当保证其出口食品符合进口国(地区)的标准或者合同要求。

出口食品生产企业和出口食品原料种植、养殖场应当向国家出入境检验检疫部门备案。

第一百条 国家出入境检验检疫部门应当收集、汇总下列进出口食品安全信息,并及时通报相关部门、机构和企业:

(一)出入境检验检疫机构对进出口食品实施检验检疫发现的食品安全信息;

(二)食品行业协会和消费者协会等组织、消费者反映的进口食品安全信息;

(三)国际组织、境外政府机构发布的风险预警信息及其他食品安全信息,以及境外食品行业协会等组织、消费者反映的食品安全信息;

(四)其他食品安全信息。

国家出入境检验检疫部门应当对进出口食品的进口商、出口商和出口食品生产企业实施信用管理,建立信用记录,并依法向社会公布。对有不良记录的进口商、出口商和出口食品生产企业,应当加强对其进出口食品的检验检疫。

第一百零一条 国家出入境检验检疫部门可以对向我国境内出口食品的国家(地区)的食品安全管理体系和食品安全状况进行评估和审查,并根据评估和审查结果,确定相应检验检疫要求。

第七章 食品安全事故处置

第一百零二条 国务院组织制定国家食品安全事故应急预案。

县级以上地方人民政府应当根据有关法律、法规的规定和上级人民政府的食品安全事故应急预案以及本行政区域的实际情况，制定本行政区域的食品安全事故应急预案，并报上一级人民政府备案。

食品安全事故应急预案应当对食品安全事故分级、事故处置组织指挥体系与职责、预防预警机制、处置程序、应急保障措施等作出规定。

食品生产经营企业应当制定食品安全事故处置方案，定期检查本企业各项食品安全防范措施的落实情况，及时消除事故隐患。

第一百零三条　发生食品安全事故的单位应当立即采取措施，防止事故扩大。事故单位和接收病人进行治疗的单位应当及时向事故发生地县级人民政府食品药品监督管理、卫生行政部门报告。

县级以上人民政府质量监督、农业行政等部门在日常监督管理中发现食品安全事故或者接到事故举报，应当立即向同级食品药品监督管理部门通报。

发生食品安全事故，接到报告的县级人民政府食品药品监督管理部门应当按照应急预案的规定向本级人民政府和上级人民政府食品药品监督管理部门报告。县级人民政府和上级人民政府食品药品监督管理部门应当按照应急预案的规定上报。

任何单位和个人不得对食品安全事故隐瞒、谎报、缓报，不得隐匿、伪造、毁灭有关证据。

第一百零四条　医疗机构发现其接收的病人属于食源性疾病病人或者疑似病人的，应当按照规定及时将相关信息向所在地县级人民政府卫生行政部门报告。县级人民政府卫生行政部门认为与食品安全有关的，应当及时通报同级食品药品监督管理部门。

县级以上人民政府卫生行政部门在调查处理传染病或者其他突发公共卫生事件中发现与食品安全相关的信息，应当及时通报同级食品药品监督管理部门。

第一百零五条　县级以上人民政府食品药品监督管理部门接到食品安全事故的报告后，应当立即会同同级卫生行政、质量监督、农业行政等部门进行调查处理，并采取下列措施，防止或者减轻社会危害：

（一）开展应急救援工作，组织救治因食品安全事故导致人身伤害的人员；

（二）封存可能导致食品安全事故的食品及其原料，并立即进行检验；对确认属于被污染的食品及其原料，责令食品生产经营者依照本法第六十三条的规定召回或者停止经营；

（三）封存被污染的食品相关产品，并责令进行清洗消毒；

（四）做好信息发布工作，依法对食品安全事故及其处理情况进行发布，并对可能产生的危害加以解释、说明。

发生食品安全事故需要启动应急预案的，县级以上人民政府应当立即成立事故处置指挥机构，启动应急预案，依照前款和应急预案的规定进行处置。

发生食品安全事故，县级以上疾病预防控制机构应当对事故现场进行卫生处理，并对与事故有关的因素开展流行病学调查，有关部门应当予以协助。县级以上疾病预防控制机构应当向同级食品药品监督管理、卫生行政部门提交流行病学调查报告。

第一百零六条　发生食品安全事故，设区的市级以上人民政府食品药品监督管理部门应当立即会同有关部门进行事故责任调查，督促有关部门履行职责，向本级人民政府和上一级人民政府食品药品监督管理部门提出事故责任调查处理报告。

涉及两个以上省、自治区、直辖市的重大食品安全事故由国务院食品药品监督管理部门依照前款规定组织事故责任调查。

第一百零七条　调查食品安全事故，应当坚持实事求是、尊重科学的原则，及时、准确查清事故性质和原因，认定事故责任，提出整改措施。

调查食品安全事故，除了查明事故单位的责任，还应当查明有关监督管理部门、食品检验机构、认证机构及其工作人员的责任。

第一百零八条　食品安全事故调查部门有权向有关单位和个人了解与事故有关的情况，并要求提供相关资料和样品。有关单位和个人应当予以配合，按照要求提供相关资料和样品，不得拒绝。

任何单位和个人不得阻挠、干涉食品安全事故的调查处理。

第八章 监督管理

第一百零九条 县级以上人民政府食品药品监督管理、质量监督部门根据食品安全风险监测、风险评估结果和食品安全状况等，确定监督管理的重点、方式和频次，实施风险分级管理。

县级以上地方人民政府组织本级食品药品监督管理、质量监督、农业行政等部门制定本行政区域的食品安全年度监督管理计划，向社会公布并组织实施。

食品安全年度监督管理计划应当将下列事项作为监督管理的重点：

（一）专供婴幼儿和其他特定人群的主辅食品；

（二）保健食品生产过程中的添加行为和按照注册或者备案的技术要求组织生产的情况，保健食品标签、说明书以及宣传材料中有关功能宣传的情况；

（三）发生食品安全事故风险较高的食品生产经营者；

（四）食品安全风险监测结果表明可能存在食品安全隐患的事项。

第一百一十条 县级以上人民政府食品药品监督管理、质量监督部门履行各自食品安全监督管理职责，有权采取下列措施，对生产经营者遵守本法的情况进行监督检查：

（一）进入生产经营场所实施现场检查；

（二）对生产经营的食品、食品添加剂、食品相关产品进行抽样检验；

（三）查阅、复制有关合同、票据、账簿以及其他有关资料；

（四）查封、扣押有证据证明不符合食品安全标准或者有证据证明存在安全隐患以及用于违法生产经营的食品、食品添加剂、食品相关产品；

（五）查封违法从事生产经营活动的场所。

第一百一十一条 对食品安全风险评估结果证明食品存在安全隐患，需要制定、修订食品安全标准的，在制定、修订食品安全标准前，国务院卫生行政部门应当及时会同国务院有关部门规定食品中有害物质的临时限量值和临时检验方法，作为生产经营和监督管理的依据。

第一百一十二条 县级以上人民政府食品药品监督管理部门在食品安全监督管理工作中可以采用国家规定的快速检测方法对食品进行抽查检测。

对抽查检测结果表明可能不符合食品安全标准的食品，应当依照本法第八十七条的规定进行检验。抽查检测结果确定有关食品不符合食品安全标准的，可以作为行政处罚的依据。

第一百一十三条 县级以上人民政府食品药品监督管理部门应当建立食品生产经营者食品安全信用档案，记录许可颁发、日常监督检查结果、违法行为查处等情况，依法向社会公布并实时更新；对有不良信用记录的食品生产经营者增加监督检查频次，对违法行为情节严重的食品生产经营者，可以通报投资主管部门、证券监督管理机构和有关的金融机构。

第一百一十四条 食品生产经营过程中存在食品安全隐患，未及时采取措施消除的，县级以上人民政府食品药品监督管理部门可以对食品生产经营者的法定代表人或者主要负责人进行责任约谈。食品生产经营者应当立即采取措施，进行整改，消除隐患。责任约谈情况和整改情况应当纳入食品生产经营者食品安全信用档案。

第一百一十五条 县级以上人民政府食品药品监督管理、质量监督等部门应当公布本部门的电子邮件地址或者电话，接受咨询、投诉、举报。接到咨询、投诉、举报，对属于本部门职责的，应当受理并在法定期限内及时答复、核实、处理；对不属于本部门职责的，应当移交有权处理的部门并书面通知咨询、投诉、举报人。有权处理的部门应当在法定期限内及时处理，不得推诿。对查证属实的举报，给予举报人奖励。

有关部门应当对举报人的信息予以保密，保护举报人的合法权益。举报人举报所在企业的，该企业不得以解除、变更劳动合同或者其他方式对举报人进行打击报复。

第一百一十六条 县级以上人民政府食品药品监督管理、质量监督等部门应当加强对执法人员食品安全法律、法规、标准和专业知识与执法能力等的培训，并组织考核。不具备相应知识和能力的，不得从事食品安全执法工作。

食品生产经营者、食品行业协会、消费者协会等发现食品安全执法人员在执法过程中有违反法律、法规规定的行为以及不规范执法行为的，可以向本级或者上级人民政府食品药品监督管理、质量监督等部门或者监察机关投诉、举报。接到投诉、举报的部门或者机关应当进行核实，并将经核实的情况向食品安全执法人员所在部门通报；涉嫌违法违纪的，按照本法和有关规定处理。

第一百一十七条　县级以上人民政府食品药品监督管理等部门未及时发现食品安全系统性风险，未及时消除监督管理区域内的食品安全隐患的，本级人民政府可以对其主要负责人进行责任约谈。

地方人民政府未履行食品安全职责，未及时消除区域性重大食品安全隐患的，上级人民政府可以对其主要负责人进行责任约谈。

被约谈的食品药品监督管理等部门、地方人民政府应当立即采取措施，对食品安全监督管理工作进行整改。

责任约谈情况和整改情况应当纳入地方人民政府和有关部门食品安全监督管理工作评议、考核记录。

第一百一十八条　国家建立统一的食品安全信息平台，实行食品安全信息统一公布制度。国家食品安全总体情况、食品安全风险警示信息、重大食品安全事故及其调查处理信息和国务院确定需要统一公布的其他信息由国务院食品药品监督管理部门统一公布。食品安全风险警示信息和重大食品安全事故及其调查处理信息的影响限于特定区域的，也可以由有关省、自治区、直辖市人民政府食品药品监督管理部门公布。未经授权不得发布上述信息。

县级以上人民政府食品药品监督管理、质量监督、农业行政部门依据各自职责公布食品安全日常监督管理信息。

公布食品安全信息，应当做到准确、及时，并进行必要的解释说明，避免误导消费者和社会舆论。

第一百一十九条　县级以上地方人民政府食品药品监督管理、卫生行政、质量监督、农业行政部门获知本法规定需要统一公布的信息，应当向上级主管部门报告，由上级主管部门立即报告国务院食品药品监督管理部门；必要时，可以直接向国务院食品药品监督管理部门报告。

县级以上人民政府食品药品监督管理、卫生行政、质量监督、农业行政部门应当相互通报获知的食品安全信息。

第一百二十条　任何单位和个人不得编造、散布虚假食品安全信息。

县级以上人民政府食品药品监督管理部门发现可能误导消费者和社会舆论的食品安全信息，应当立即组织有关部门、专业机构、相关食品生产经营者等进行核实、分析，并及时公布结果。

第一百二十一条　县级以上人民政府食品药品监督管理、质量监督等部门发现涉嫌食品安全犯罪的，应当按照有关规定及时将案件移送公安机关。对移送的案件，公安机关应当及时审查；认为有犯罪事实需要追究刑事责任的，应当立案侦查。

公安机关在食品安全犯罪案件侦查过程中认为没有犯罪事实，或者犯罪事实显著轻微，不需要追究刑事责任，但依法应当追究行政责任的，应当及时将案件移送食品药品监督管理、质量监督等部门和监察机关，有关部门应当依法处理。

公安机关商请食品药品监督管理、质量监督、环境保护等部门提供检验结论、认定意见以及对涉案物品进行无害化处理等协助的，有关部门应当及时提供，予以协助。

第九章　法律责任

第一百二十二条　违反本法规定，未取得食品生产经营许可从事食品生产经营活动，或者未取得食品添加剂生产许可从事食品添加剂生产活动的，由县级以上人民政府食品药品监督管理部门没收违法所得和违法生产经营的食品、食品添加剂以及用于违法生产经营的工具、设备、原料等物品；违法生产经营的食品、食品添加剂货值金额不足一万元的，并处五万元以上十万元以下罚款；货值金额一万元以上的，并处货值金额十倍以上二十倍以下罚款。

明知从事前款规定的违法行为，仍为其提供

生产经营场所或者其他条件的，由县级以上人民政府食品药品监督管理部门责令停止违法行为，没收违法所得，并处五万元以上十万元以下罚款；使消费者的合法权益受到损害的，应当与食品、食品添加剂生产经营者承担连带责任。

第一百二十三条　违反本法规定，有下列情形之一，尚不构成犯罪的，由县级以上人民政府食品药品监督管理部门没收违法所得和违法生产经营的食品，并可以没收用于违法生产经营的工具、设备、原料等物品；违法生产经营的食品货值金额不足一万元的，并处十万元以上十五万元以下罚款；货值金额一万元以上的，并处货值金额十五倍以上三十倍以下罚款；情节严重的，吊销许可证，并可以由公安机关对其直接负责的主管人员和其他直接责任人员处五日以上十五日以下拘留：

（一）用非食品原料生产食品、在食品中添加食品添加剂以外的化学物质和其他可能危害人体健康的物质，或者用回收食品作为原料生产食品，或者经营上述食品；

（二）生产经营营养成分不符合食品安全标准的专供婴幼儿和其他特定人群的主辅食品；

（三）经营病死、毒死或者死因不明的禽、畜、兽、水产动物肉类，或者生产经营其制品；

（四）经营未按规定进行检疫或者检疫不合格的肉类，或者生产经营未经检验或者检验不合格的肉类制品；

（五）生产经营国家为防病等特殊需要明令禁止生产经营的食品；

（六）生产经营添加药品的食品。

明知从事前款规定的违法行为，仍为其提供生产经营场所或者其他条件的，由县级以上人民政府食品药品监督管理部门责令停止违法行为，没收违法所得，并处十万元以上二十万元以下罚款；使消费者的合法权益受到损害的，应当与食品生产经营者承担连带责任。

违法使用剧毒、高毒农药的，除依照有关法律、法规规定给予处罚外，可以由公安机关依照第一款规定给予拘留。

第一百二十四条　违反本法规定，有下列情形之一，尚不构成犯罪的，由县级以上人民政府食品药品监督管理部门没收违法所得和违法生产经营的食品、食品添加剂，并可以没收用于违法生产经营的工具、设备、原料等物品；违法生产经营的食品、食品添加剂货值金额不足一万元的，并处五万元以上十万元以下罚款；货值金额一万元以上的，并处货值金额十倍以上二十倍以下罚款；情节严重的，吊销许可证：

（一）生产经营致病性微生物，农药残留、兽药残留、生物毒素、重金属等污染物质以及其他危害人体健康的物质含量超过食品安全标准限量的食品、食品添加剂；

（二）用超过保质期的食品原料、食品添加剂生产食品、食品添加剂，或者经营上述食品、食品添加剂；

（三）生产经营超范围、超限量使用食品添加剂的食品；

（四）生产经营腐败变质、油脂酸败、霉变生虫、污秽不洁、混有异物、掺假掺杂或者感官性状异常的食品、食品添加剂；

（五）生产经营标注虚假生产日期、保质期或者超过保质期的食品、食品添加剂；

（六）生产经营未按规定注册的保健食品、特殊医学用途配方食品、婴幼儿配方乳粉，或者未按注册的产品配方、生产工艺等技术要求组织生产；

（七）以分装方式生产婴幼儿配方乳粉，或者同一企业以同一配方生产不同品牌的婴幼儿配方乳粉；

（八）利用新的食品原料生产食品，或者生产食品添加剂新品种，未通过安全性评估；

（九）食品生产经营者在食品药品监督管理部门责令其召回或者停止经营后，仍拒不召回或者停止经营。

除前款和本法第一百二十三条、第一百二十五条规定的情形外，生产经营不符合法律、法规或者食品安全标准的食品、食品添加剂的，依照前款规定给予处罚。

生产食品相关产品新品种，未通过安全性评估，或者生产不符合食品安全标准的食品相关产品的，由县级以上人民政府质量监督部门依照第一款规定给予处罚。

第一百二十五条　违反本法规定，有下列情形之一的，由县级以上人民政府食品药品监督管理部门没收违法所得和违法生产经营的食品、食品添加剂,并可以没收用于违法生产经营的工具、设备、原料等物品;违法生产经营的食品、食品添加剂货值金额不足一万元的,并处五千元以上五万元以下罚款;货值金额一万元以上的,并处货值金额五倍以上十倍以下罚款;情节严重的,责令停产停业,直至吊销许可证:

(一)生产经营被包装材料、容器、运输工具等污染的食品、食品添加剂;

(二)生产经营无标签的预包装食品、食品添加剂或者标签、说明书不符合本法规定的食品、食品添加剂;

(三)生产经营转基因食品未按规定进行标示;

(四)食品生产经营者采购或者使用不符合食品安全标准的食品原料、食品添加剂、食品相关产品。

生产经营的食品、食品添加剂的标签、说明书存在瑕疵但不影响食品安全且不会对消费者造成误导的,由县级以上人民政府食品药品监督管理部门责令改正;拒不改正的,处二千元以下罚款。

第一百二十六条　违反本法规定,有下列情形之一的,由县级以上人民政府食品药品监督管理部门责令改正,给予警告;拒不改正的,处五千元以上五万元以下罚款;情节严重的,责令停产停业,直至吊销许可证:

(一)食品、食品添加剂生产者未按规定对采购的食品原料和生产的食品、食品添加剂进行检验;

(二)食品生产经营企业未按规定建立食品安全管理制度,或者未按规定配备或者培训、考核食品安全管理人员;

(三)食品、食品添加剂生产经营者进货时未查验许可证和相关证明文件,或者未按规定建立并遵守进货查验记录、出厂检验记录和销售记录制度;

(四)食品生产经营企业未制定食品安全事故处置方案;

(五)餐具、饮具和盛放直接入口食品的容器,使用前未经洗净、消毒或者清洗消毒不合格,或者餐饮服务设施、设备未按规定定期维护、清洗、校验;

(六)食品生产经营者安排未取得健康证明或者患有国务院卫生行政部门规定的有碍食品安全疾病的人员从事接触直接入口食品的工作;

(七)食品经营者未按规定要求销售食品;

(八)保健食品生产企业未按规定向食品药品监督管理部门备案,或者未按备案的产品配方、生产工艺等技术要求组织生产;

(九)婴幼儿配方食品生产企业未将食品原料、食品添加剂、产品配方、标签等向食品药品监督管理部门备案;

(十)特殊食品生产企业未按规定建立生产质量管理体系并有效运行,或者未定期提交自查报告;

(十一)食品生产经营者未定期对食品安全状况进行检查评价,或者生产经营条件发生变化,未按规定处理;

(十二)学校、托幼机构、养老机构、建筑工地等集中用餐单位未按规定履行食品安全管理责任;

(十三)食品生产企业、餐饮服务提供者未按规定制定、实施生产经营过程控制要求。

餐具、饮具集中消毒服务单位违反本法规定用水,使用洗涤剂、消毒剂,或者出厂的餐具、饮具未按规定检验合格并随附消毒合格证明,或者未按规定在独立包装上标注相关内容的,由县级以上人民政府卫生行政部门依照前款规定给予处罚。

食品相关产品生产者未按规定对生产的食品相关产品进行检验的,由县级以上人民政府质量监督部门依照第一款规定给予处罚。

食用农产品销售者违反本法第六十五条规定的,由县级以上人民政府食品药品监督管理部门依照第一款规定给予处罚。

第一百二十七条　对食品生产加工小作坊、食品摊贩等的违法行为的处罚,依照省、自治区、直辖市制定的具体管理办法执行。

第一百二十八条　违反本法规定,事故单位在发生食品安全事故后未进行处置、报告的,由有关主管部门按照各自职责分工责令改正,给予警告;隐匿、伪造、毁灭有关证据的,责令停产停业,没收违法所得,并处十万元以上五十万元以下罚款;造成严重后果的,吊销许可证。

第一百二十九条 违反本法规定,有下列情形之一的,由出入境检验检疫机构依照本法第一百二十四条的规定给予处罚:

(一)提供虚假材料,进口不符合我国食品安全国家标准的食品、食品添加剂、食品相关产品;

(二)进口尚无食品安全国家标准的食品,未提交所执行的标准并经国务院卫生行政部门审查,或者进口利用新的食品原料生产的食品或者进口食品添加剂新品种、食品相关产品新品种,未通过安全性评估;

(三)未遵守本法的规定出口食品;

(四)进口商在有关主管部门责令其依照本法规定召回进口的食品后,仍拒不召回。

违反本法规定,进口商未建立并遵守食品、食品添加剂进口和销售记录制度、境外出口商或者生产企业审核制度的,由出入境检验检疫机构依照本法第一百二十六条的规定给予处罚。

第一百三十条 违反本法规定,集中交易市场的开办者、柜台出租者、展销会的举办者允许未依法取得许可的食品经营者进入市场销售食品,或者未履行检查、报告等义务的,由县级以上人民政府食品药品监督管理部门责令改正,没收违法所得,并处五万元以上二十万元以下罚款;造成严重后果的,责令停业,直至由原发证部门吊销许可证;使消费者的合法权益受到损害的,应当与食品经营者承担连带责任。

食用农产品批发市场违反本法第六十四条规定的,依照前款规定承担责任。

第一百三十一条 违反本法规定,网络食品交易第三方平台提供者未对入网食品经营者进行实名登记、审查许可证,或者未履行报告、停止提供网络交易平台服务等义务的,由县级以上人民政府食品药品监督管理部门责令改正,没收违法所得,并处五万元以上二十万元以下罚款;造成严重后果的,责令停业,直至由原发证部门吊销许可证;使消费者的合法权益受到损害的,应当与食品经营者承担连带责任。

消费者通过网络食品交易第三方平台购买食品,其合法权益受到损害的,可以向入网食品经营者或者食品生产者要求赔偿。网络食品交易第三方平台提供者不能提供入网食品经营者的真实名称、地址和有效联系方式的,由网络食品交易第三方平台提供者赔偿。网络食品交易第三方平台提供者赔偿后,有权向入网食品经营者或者食品生产者追偿。网络食品交易第三方平台提供者作出更有利于消费者承诺的,应当履行其承诺。

第一百三十二条 违反本法规定,未按要求进行食品贮存、运输和装卸的,由县级以上人民政府食品药品监督管理等部门按照各自职责分工责令改正,给予警告;拒不改正的,责令停产停业,并处一万元以上五万元以下罚款;情节严重的,吊销许可证。

第一百三十三条 违反本法规定,拒绝、阻挠、干涉有关部门、机构及其工作人员依法开展食品安全监督检查、事故调查处理、风险监测和风险评估的,由有关主管部门按照各自职责分工责令停产停业,并处二千元以上五万元以下罚款;情节严重的,吊销许可证;构成违反治安管理行为的,由公安机关依法给予治安管理处罚。

违反本法规定,对举报人以解除、变更劳动合同或者其他方式打击报复的,应当依照有关法律的规定承担责任。

第一百三十四条 食品生产经营者在一年内累计三次因违反本法规定受到责令停产停业、吊销许可证以外处罚的,由食品药品监督管理部门责令停产停业,直至吊销许可证。

第一百三十五条 被吊销许可证的食品生产经营者及其法定代表人、直接负责的主管人员和其他直接责任人员自处罚决定作出之日起五年内不得申请食品生产经营许可,或者从事食品生产经营管理工作、担任食品生产经营企业食品安全管理人员。

因食品安全犯罪被判处有期徒刑以上刑罚的,终身不得从事食品生产经营管理工作,也不得担任食品生产经营企业食品安全管理人员。

食品生产经营者聘用人员违反前两款规定的,由县级以上人民政府食品药品监督管理部门吊销许可证。

第一百三十六条 食品经营者履行了本法规定的进货查验等义务,有充分证据证明其不知道所采购的食品不符合食品安全标准,并能如实说明其进货来源的,可以免予处罚,但应当依法没收其不符合食品安全标准的食品；造成人身、财产或者其他损害的，依法承担赔偿责任。

第一百三十七条　违反本法规定，承担食品安全风险监测、风险评估工作的技术机构、技术人员提供虚假监测、评估信息的，依法对技术机构直接负责的主管人员和技术人员给予撤职、开除处分；有执业资格的，由授予其资格的主管部门吊销执业证书。

第一百三十八条　违反本法规定，食品检验机构、食品检验人员出具虚假检验报告的，由授予其资质的主管部门或者机构撤销该食品检验机构的检验资质，没收所收取的检验费用，并处检验费用五倍以上十倍以下罚款，检验费用不足一万元的，并处五万元以上十万元以下罚款；依法对食品检验机构直接负责的主管人员和食品检验人员给予撤职或者开除处分；导致发生重大食品安全事故的，对直接负责的主管人员和食品检验人员给予开除处分。

违反本法规定，受到开除处分的食品检验机构人员，自处分决定作出之日起十年内不得从事食品检验工作；因食品安全违法行为受到刑事处罚或者因出具虚假检验报告导致发生重大食品安全事故受到开除处分的食品检验机构人员，终身不得从事食品检验工作。食品检验机构聘用不得从事食品检验工作的人员的，由授予其资质的主管部门或者机构撤销该食品检验机构的检验资质。

食品检验机构出具虚假检验报告，使消费者的合法权益受到损害的，应当与食品生产经营者承担连带责任。

第一百三十九条　违反本法规定，认证机构出具虚假认证结论，由认证认可监督管理部门没收所收取的认证费用，并处认证费用五倍以上十倍以下罚款，认证费用不足一万元的，并处五万元以上十万元以下罚款；情节严重的，责令停业，直至撤销认证机构批准文件，并向社会公布；对直接负责的主管人员和负有直接责任的认证人员，撤销其执业资格。

认证机构出具虚假认证结论，使消费者的合法权益受到损害的，应当与食品生产经营者承担连带责任。

第一百四十条　违反本法规定，在广告中对食品作虚假宣传，欺骗消费者，或者发布未取得批准文件、广告内容与批准文件不一致的保健食品广告的，依照《中华人民共和国广告法》的规定给予处罚。

广告经营者、发布者设计、制作、发布虚假食品广告，使消费者的合法权益受到损害的，应当与食品生产经营者承担连带责任。

社会团体或者其他组织、个人在虚假广告或者其他虚假宣传中向消费者推荐食品，使消费者的合法权益受到损害的，应当与食品生产经营者承担连带责任。

违反本法规定，食品药品监督管理等部门、食品检验机构、食品行业协会以广告或者其他形式向消费者推荐食品，消费者组织以收取费用或者其他牟取利益的方式向消费者推荐食品的，由有关主管部门没收违法所得，依法对直接负责的主管人员和其他直接责任人员给予记大过、降级或者撤职处分；情节严重的，给予开除处分。

对食品作虚假宣传且情节严重的，由省级以上人民政府食品药品监督管理部门决定暂停销售该食品，并向社会公布；仍然销售该食品的，由县级以上人民政府食品药品监督管理部门没收违法所得和违法销售的食品，并处二万元以上五万元以下罚款。

第一百四十一条　违反本法规定，编造、散布虚假食品安全信息，构成违反治安管理行为的，由公安机关依法给予治安管理处罚。

媒体编造、散布虚假食品安全信息的，由有关主管部门依法给予处罚，并对直接负责的主管人员和其他直接责任人员给予处分；使公民、法人或者其他组织的合法权益受到损害的，依法承担消除影响、恢复名誉、赔偿损失、赔礼道歉等民事责任。

第一百四十二条　违反本法规定，县级以上地方人民政府有下列行为之一的，对直接负责的主管人员和其他直接责任人员给予记大过处分；情节较重的，给予降级或者撤职处分；情节严重的，给予开除处分；造成严重后果的，其主要负责人还应当引咎辞职：

（一）对发生在本行政区域内的食品安全事故，未及时组织协调有关部门开展有效处置，造成不良影响或者损失；

（二）对本行政区域内涉及多环节的区域性食品安全问题，未及时组织整治，造成不良影响或者损失；

（三）隐瞒、谎报、缓报食品安全事故；

（四）本行政区域内发生特别重大食品安全事故，或者连续发生重大食品安全事故。

第一百四十三条 违反本法规定，县级以上地方人民政府有下列行为之一的，对直接负责的主管人员和其他直接责任人员给予警告、记过或者记大过处分；造成严重后果的，给予降级或者撤职处分：

（一）未确定有关部门的食品安全监督管理职责，未建立健全食品安全全程监督管理工作机制和信息共享机制，未落实食品安全监督管理责任制；

（二）未制定本行政区域的食品安全事故应急预案，或者发生食品安全事故后未按规定立即成立事故处置指挥机构、启动应急预案。

第一百四十四条 违反本法规定，县级以上人民政府食品药品监督管理、卫生行政、质量监督、农业行政等部门有下列行为之一的，对直接负责的主管人员和其他直接责任人员给予记大过处分；情节较重的，给予降级或者撤职处分；情节严重的，给予开除处分；造成严重后果的，其主要负责人还应当引咎辞职：

（一）隐瞒、谎报、缓报食品安全事故；

（二）未按规定查处食品安全事故，或者接到食品安全事故报告未及时处理，造成事故扩大或者蔓延；

（三）经食品安全风险评估得出食品、食品添加剂、食品相关产品不安全结论后，未及时采取相应措施，造成食品安全事故或者不良社会影响；

（四）对不符合条件的申请人准予许可，或者超越法定职权准予许可；

（五）不履行食品安全监督管理职责，导致发生食品安全事故。

第一百四十五条 违反本法规定，县级以上人民政府食品药品监督管理、卫生行政、质量监督、农业行政等部门有下列行为之一，造成不良后果的，对直接负责的主管人员和其他直接责任人员给予警告、记过或者记大过处分；情节较重的，给予降级或者撤职处分；情节严重的，给予开除处分：

（一）在获知有关食品安全信息后，未按规定向上级主管部门和本级人民政府报告，或者未按规定相互通报；

（二）未按规定公布食品安全信息；

（三）不履行法定职责，对查处食品安全违法行为不配合，或者滥用职权、玩忽职守、徇私舞弊。

第一百四十六条 食品药品监督管理、质量监督等部门在履行食品安全监督管理职责过程中，违法实施检查、强制等执法措施，给生产经营者造成损失的，应当依法予以赔偿，对直接负责的主管人员和其他直接责任人员依法给予处分。

第一百四十七条 违反本法规定，造成人身、财产或者其他损害的，依法承担赔偿责任。生产经营者财产不足以同时承担民事赔偿责任和缴纳罚款、罚金时，先承担民事赔偿责任。

第一百四十八条 消费者因不符合食品安全标准的食品受到损害的，可以向经营者要求赔偿损失，也可以向生产者要求赔偿损失。接到消费者赔偿要求的生产经营者，应当实行首负责任制，先行赔付，不得推诿；属于生产者责任的，经营者赔偿后有权向生产者追偿；属于经营者责任的，生产者赔偿后有权向经营者追偿。

生产不符合食品安全标准的食品或者经营明知是不符合食品安全标准的食品，消费者除要求赔偿损失外，还可以向生产者或者经营者要求支付价款十倍或者损失三倍的赔偿金；增加赔偿的金额不足一千元的，为一千元。但是，食品的标签、说明书存在不影响食品安全且不会对消费者造成误导的瑕疵的除外。

第一百四十九条 违反本法规定，构成犯罪的，依法追究刑事责任。

第十章 附 则

第一百五十条 本法下列用语的含义：

食品，指各种供人食用或者饮用的成品和原料以及按照传统既是食品又是中药材的物品，但是不包括以治疗为目的的物品。

食品安全，指食品无毒、无害，符合应当有的营养要求，对人体健康不造成任何急性、亚急性或者慢性危害。

预包装食品，指预先定量包装或者制作在包装材料、容器中的食品。

食品添加剂，指为改善食品品质和色、香、味以及为防腐、保鲜和加工工艺的需要而加入食品中的人工合成或者天然物质，包括营养强化剂。

用于食品的包装材料和容器，指包装、盛放食品或者食品添加剂用的纸、竹、木、金属、搪瓷、陶瓷、塑料、橡胶、天然纤维、化学纤维、玻璃等制品和直接接触食品或者食品添加剂的涂料。

用于食品生产经营的工具、设备，指在食品或者食品添加剂生产、销售、使用过程中直接接触食品或者食品添加剂的机械、管道、传送带、容器、用具、餐具等。

用于食品的洗涤剂、消毒剂，指直接用于洗涤或者消毒食品、餐具、饮具以及直接接触食品的工具、设备或者食品包装材料和容器的物质。

食品保质期，指食品在标明的贮存条件下保持品质的期限。

食源性疾病，指食品中致病因素进入人体引起的感染性、中毒性等疾病，包括食物中毒。

食品安全事故，指食源性疾病、食品污染等源于食品，对人体健康有危害或者可能有危害的事故。

第一百五十一条 转基因食品和食盐的食品安全管理，本法未作规定的，适用其他法律、行政法规的规定。

第一百五十二条 铁路、民航运营中食品安全的管理办法由国务院食品药品监督管理部门会同国务院有关部门依照本法制定。

保健食品的具体管理办法由国务院食品药品监督管理部门依照本法制定。

食品相关产品生产活动的具体管理办法由国务院质量监督部门依照本法制定。

国境口岸食品的监督管理由出入境检验检疫机构依照本法以及有关法律、行政法规的规定实施。

军队专用食品和自供食品的食品安全管理办法由中央军事委员会依照本法制定。

第一百五十三条 国务院根据实际需要，可以对食品安全监督管理体制作出调整。

第一百五十四条 本法自2015年10月1日起施行。

全国人民代表大会常务委员会关于修改《中华人民共和国产品质量法》等五部法律的决定（节录）

（2018年12月29日第十三届全国人民代表大会常务委员会第七次会议通过 2018年12月29日中华人民共和国主席令第22号公布 自公布之日起施行）

第十三届全国人民代表大会常务委员会第七次会议决定：

……

五、对《中华人民共和国食品安全法》作出修改

（一）将第五条、第六条、第七条、第八条第二款、第十四条、第十六条、第十九条、第二十一条第二款、第二十二条、第二十三条、第二十七条、第三十二条、第三十五条第二款、第三十六条第一款、第三十八条、第四十二条第三款、第四十四条第三款、第四十七条、第四十八条第二款、第六十一条、第六十二条第二款、第六十三条、第六十四条、第七十三条第二款、第七十五条第二款、第七十六条第一款、第七十七条第一款、第七十九条、第八十条第一款、第八十一条、第八十二条第二款、第八十三条、第八十四条第二款、第八十七条、第八十八条第一款、第九十五条、第一百零三条、第一百零四条、第一百零五条、第一百零六条、第一百零九条、第一百一十二条第一款、第一百一十三条、第一百一十四条、第一百一十五条第一款、第一百一十六条、第一百一十七条、第一百一十八条、第一百一十九条、第一百二十条第二款、第一百二十一条、第一百二十二条、第一百二十三条、第一百二十四条第一款、第一百二十五条、第一百二十六条、第一百三十条第一款、第一百三十一条第一款、第一百三十二条、第一百三十四条、第一百三十五条第三款、第一百四十条、第一百四十四条、第一百四十五条、第一百四十六条、第一百五十二条中的“食品药品监督管理”修改为“食品安全监督管理”。

（二）删去第十四条、第十九条、第二十一条第二款、第三十二条、第一百零三条第二款、第一百零五条第一款、第一百零九条、第一百一十五条第一款、第一百一十六条、第一百一十八条第二款、第一百一十九条、第一百二十一条、第一百四十四条、第一百四十五条、第一百四十六条中的“质量监督”。

（三）将第四十一条、第一百二十四条第三款、第一百二十六条第三款、第一百五十二条第三款中的“质量监督”修改为“食品安全监督管理”。

（四）将第一百一十条中的“食品药品监督管理、质量监督部门履行各自食品安全监督管理职责”修改为“食品安全监督管理部门履行食品安全监督管理职责”。

（五）将第一百二十一条第三款中的“环境保护”修改为“生态环境”。

本决定自公布之日起施行。

《中华人民共和国产品质量法》《中华人民共和国义务教育法》《中华人民共和国进出口商品检验法》《中华人民共和国预算法》《中华人民共和国食品安全法》根据本决定作相应修改，重新公布。

中华人民共和国食品安全法

（2009年2月28日第十一届全国人民代表大会常务委员会第七次会议通过　2015年4月24日第十二届全国人民代表大会常务委员会第十四次会议修订　根据2018年12月29日第十三届全国人民代表大会常务委员会第七次会议《关于修改〈中华人民共和国产品质量法〉等五部法律的决定》修正）

目　录

第一章　总　　则

第一条　为了保证食品安全，保障公众身体健康和生命安全，制定本法。

第二条　在中华人民共和国境内从事下列活动，应当遵守本法：

（一）食品生产和加工（以下称食品生产），食品销售和餐饮服务（以下称食品经营）；

（二）食品添加剂的生产经营；

（三）用于食品的包装材料、容器、洗涤剂、消毒剂和用于食品生产经营的工具、设备（以下称食品相关产品）的生产经营；

（四）食品生产经营者使用食品添加剂、食品相关产品；

（五）食品的贮存和运输；

（六）对食品、食品添加剂、食品相关产品的安全管理。

供食用的源于农业的初级产品（以下称食用农产品）的质量安全管理，遵守《中华人民共和国农产品质量安全法》的规定。但是，食用农产品的市场销售、有关质量安全标准的制定、有关安全信息的公布和本法对农业投入品作出规定的，应当遵守本法的规定。

第三条　食品安全工作实行预防为主、风险管理、全程控制、社会共治，建立科学、严格的监督管理制度。

第四条　食品生产经营者对其生产经营食品的安全负责。

食品生产经营者应当依照法律、法规和食品安全标准从事生产经营活动，保证食品安全，诚信自律，对社会和公众负责，接受社会监督，承担社会责任。

第五条　国务院设立食品安全委员会，其职责由国务院规定。

国务院食品安全监督管理部门依照本法和国务院规定的职责，对食品生产经营活动实施监督管理。

国务院卫生行政部门依照本法和国务院规定的职责，组织开展食品安全风险监测和风险评估，会同国务院食品安全监督管理部门制定并公布食品安全国家标准。

国务院其他有关部门依照本法和国务院规定的职责，承担有关食品安全工作。

第六条 县级以上地方人民政府对本行政区域的食品安全监督管理工作负责，统一领导、组织、协调本行政区域的食品安全监督管理工作以及食品安全突发事件应对工作，建立健全食品安全全程监督管理工作机制和信息共享机制。

县级以上地方人民政府依照本法和国务院的规定，确定本级食品安全监督管理、卫生行政部门和其他有关部门的职责。有关部门在各自职责范围内负责本行政区域的食品安全监督管理工作。

县级人民政府食品安全监督管理部门可以在乡镇或者特定区域设立派出机构。

第七条 县级以上地方人民政府实行食品安全监督管理责任制。上级人民政府负责对下一级人民政府的食品安全监督管理工作进行评议、考核。县级以上地方人民政府负责对本级食品安全监督管理部门和其他有关部门的食品安全监督管理工作进行评议、考核。

第八条 县级以上人民政府应当将食品安全工作纳入本级国民经济和社会发展规划，将食品安全工作经费列入本级政府财政预算，加强食品安全监督管理能力建设，为食品安全工作提供保障。

县级以上人民政府食品安全监督管理部门和其他有关部门应当加强沟通、密切配合，按照各自职责分工，依法行使职权，承担责任。

第九条 食品行业协会应当加强行业自律，按照章程建立健全行业规范和奖惩机制，提供食品安全信息、技术等服务，引导和督促食品生产经营者依法生产经营，推动行业诚信建设，宣传、普及食品安全知识。

消费者协会和其他消费者组织对违反本法规定，损害消费者合法权益的行为，依法进行社会监督。

第十条 各级人民政府应当加强食品安全的宣传教育，普及食品安全知识，鼓励社会组织、基层群众性自治组织、食品生产经营者开展食品安全法律、法规以及食品安全标准和知识的普及工作，倡导健康的饮食方式，增强消费者食品安全意识和自我保护能力。

新闻媒体应当开展食品安全法律、法规以及食品安全标准和知识的公益宣传，并对食品安全违法行为进行舆论监督。有关食品安全的宣传报道应当真实、公正。

第十一条 国家鼓励和支持开展与食品安全有关的基础研究、应用研究，鼓励和支持食品生产经营者为提高食品安全水平采用先进技术和先进管理规范。

国家对农药的使用实行严格的管理制度，加快淘汰剧毒、高毒、高残留农药，推动替代产品的研发和应用，鼓励使用高效低毒低残留农药。

第十二条 任何组织或者个人有权举报食品安全违法行为，依法向有关部门了解食品安全信息，对食品安全监督管理工作提出意见和建议。

第十三条 对在食品安全工作中做出突出贡献的单位和个人，按照国家有关规定给予表彰、奖励。

第二章 食品安全风险监测和评估

第十四条 国家建立食品安全风险监测制度，对食源性疾病、食品污染以及食品中的有害因素进行监测。

国务院卫生行政部门会同国务院食品安全监督管理等部门，制定、实施国家食品安全风险监测计划。

国务院食品安全监督管理部门和其他有关部门获知有关食品安全风险信息后，应当立即核实并向国务院卫生行政部门通报。对有关部门通报的食品安全风险信息以及医疗机构报告的食源性疾病等有关疾病信息，国务院卫生行政部门应当会同国务院有关部门分析研究，认为必要的，及时调整国家食品安全风险监测计划。

省、自治区、直辖市人民政府卫生行政部门会同同级食品安全监督管理等部门，根据国家食品安全风险监测计划，结合本行政区域的具体情况，制定、调整本行政区域的食品安全风险监测方案，报国务院卫生行政部门备案并实施。

第十五条 承担食品安全风险监测工作的技术机构应当根据食品安全风险监测计划和监测方案开展监测工作,保证监测数据真实、准确,并按照食品安全风险监测计划和监测方案的要求报送监测数据和分析结果。

食品安全风险监测工作人员有权进入相关食用农产品种植养殖、食品生产经营场所采集样品、收集相关数据。采集样品应当按照市场价格支付费用。

第十六条 食品安全风险监测结果表明可能存在食品安全隐患的,县级以上人民政府卫生行政部门应当及时将相关信息通报同级食品安全监督管理等部门,并报告本级人民政府和上级人民政府卫生行政部门。食品安全监督管理等部门应当组织开展进一步调查。

第十七条 国家建立食品安全风险评估制度,运用科学方法,根据食品安全风险监测信息、科学数据以及有关信息,对食品、食品添加剂、食品相关产品中生物性、化学性和物理性危害因素进行风险评估。

国务院卫生行政部门负责组织食品安全风险评估工作,成立由医学、农业、食品、营养、生物、环境等方面的专家组成的食品安全风险评估专家委员会进行食品安全风险评估。食品安全风险评估结果由国务院卫生行政部门公布。

对农药、肥料、兽药、饲料和饲料添加剂等的安全性评估,应当有食品安全风险评估专家委员会的专家参加。

食品安全风险评估不得向生产经营者收取费用,采集样品应当按照市场价格支付费用。

第十八条 有下列情形之一的,应当进行食品安全风险评估:

(一)通过食品安全风险监测或者接到举报发现食品、食品添加剂、食品相关产品可能存在安全隐患的;

(二)为制定或者修订食品安全国家标准提供科学依据需要进行风险评估的;

(三)为确定监督管理的重点领域、重点品种需要进行风险评估的;

(四)发现新的可能危害食品安全因素的;

(五)需要判断某一因素是否构成食品安全隐患的;

(六)国务院卫生行政部门认为需要进行风险评估的其他情形。

第十九条 国务院食品安全监督管理、农业行政等部门在监督管理工作中发现需要进行食品安全风险评估的,应当向国务院卫生行政部门提出食品安全风险评估的建议,并提供风险来源、相关检验数据和结论等信息、资料。属于本法第十八条规定情形的,国务院卫生行政部门应当及时进行食品安全风险评估,并向国务院有关部门通报评估结果。

第二十条 省级以上人民政府卫生行政、农业行政部门应当及时相互通报食品、食用农产品安全风险监测信息。

国务院卫生行政、农业行政部门应当及时相互通报食品、食用农产品安全风险评估结果等信息。

第二十一条 食品安全风险评估结果是制定、修订食品安全标准和实施食品安全监督管理的科学依据。

经食品安全风险评估,得出食品、食品添加剂、食品相关产品不安全结论的,国务院食品安全监督管理等部门应当依据各自职责立即向社会公告,告知消费者停止食用或者使用,并采取相应措施,确保该食品、食品添加剂、食品相关产品停止生产经营;需要制定、修订相关食品安全国家标准的,国务院卫生行政部门应当会同国务院食品安全监督管理部门立即制定、修订。

第二十二条 国务院食品安全监督管理部门应当会同国务院有关部门,根据食品安全风险评估结果、食品安全监督管理信息,对食品安全状况进行综合分析。对经综合分析表明可能具有较高程度安全风险的食品,国务院食品安全监督管理部门应当及时提出食品安全风险警示,并向社会公布。

第二十三条 县级以上人民政府食品安全监督管理部门和其他有关部门、食品安全风险评估专家委员会及其技术机构,应当按照科学、客观、及时、公开的原则,组织食品生产经营者、食品检验机构、认证机构、食品行业协会、消费者协会以及新闻媒体等,就食品安全风险评估信息和食品安全监督管理信息进行交流沟通。

第三章　食品安全标准

第二十四条　制定食品安全标准，应当以保障公众身体健康为宗旨，做到科学合理、安全可靠。

第二十五条　食品安全标准是强制执行的标准。除食品安全标准外，不得制定其他食品强制性标准。

第二十六条　食品安全标准应当包括下列内容：

（一）食品、食品添加剂、食品相关产品中的致病性微生物，农药残留、兽药残留、生物毒素、重金属等污染物质以及其他危害人体健康物质的限量规定；

（二）食品添加剂的品种、使用范围、用量；

（三）专供婴幼儿和其他特定人群的主辅食品的营养成分要求；

（四）对与卫生、营养等食品安全要求有关的标签、标志、说明书的要求；

（五）食品生产经营过程的卫生要求；

（六）与食品安全有关的质量要求；

（七）与食品安全有关的食品检验方法与规程；

（八）其他需要制定为食品安全标准的内容。

第二十七条　食品安全国家标准由国务院卫生行政部门会同国务院食品安全监督管理部门制定、公布，国务院标准化行政部门提供国家标准编号。

食品中农药残留、兽药残留的限量规定及其检验方法与规程由国务院卫生行政部门、国务院农业行政部门会同国务院食品安全监督管理部门制定。

屠宰畜、禽的检验规程由国务院农业行政部门会同国务院卫生行政部门制定。

第二十八条　制定食品安全国家标准，应当依据食品安全风险评估结果并充分考虑食用农产品安全风险评估结果，参照相关的国际标准和国际食品安全风险评估结果，并将食品安全国家标准草案向社会公布，广泛听取食品生产经营者、消费者、有关部门等方面的意见。

食品安全国家标准应当经国务院卫生行政部门组织的食品安全国家标准审评委员会审查通过。食品安全国家标准审评委员会由医学、农业、食品、营养、生物、环境等方面的专家以及国务院有关部门、食品行业协会、消费者协会的代表组成，对食品安全国家标准草案的科学性和实用性等进行审查。

第二十九条　对地方特色食品，没有食品安全国家标准的，省、自治区、直辖市人民政府卫生行政部门可以制定并公布食品安全地方标准，报国务院卫生行政部门备案。食品安全国家标准制定后，该地方标准即行废止。

第三十条　国家鼓励食品生产企业制定严于食品安全国家标准或者地方标准的企业标准，在本企业适用，并报省、自治区、直辖市人民政府卫生行政部门备案。

第三十一条　省级以上人民政府卫生行政部门应当在其网站上公布制定和备案的食品安全国家标准、地方标准和企业标准，供公众免费查阅、下载。

对食品安全标准执行过程中的问题，县级以上人民政府卫生行政部门应当会同有关部门及时给予指导、解答。

第三十二条　省级以上人民政府卫生行政部门应当会同同级食品安全监督管理、农业行政等部门，分别对食品安全国家标准和地方标准的执行情况进行跟踪评价，并根据评价结果及时修订食品安全标准。

省级以上人民政府食品安全监督管理、农业行政等部门应当对食品安全标准执行中存在的问题进行收集、汇总，并及时向同级卫生行政部门通报。

食品生产经营者、食品行业协会发现食品安全标准在执行中存在问题的，应当立即向卫生行政部门报告。

第四章　食品生产经营

第一节　一般规定

第三十三条　食品生产经营应当符合食品安全标准，并符合下列要求：

（一）具有与生产经营的食品品种、数量相适应的食品原料处理和食品加工、包装、贮存等场所，保持该场所环境整洁，并与有毒、有害场所以及其他污染源保持规定的距离；

（二）具有与生产经营的食品品种、数量相适应的生产经营设备或者设施，有相应的消毒、更衣、盥洗、采光、照明、通风、防腐、防尘、防蝇、防鼠、防虫、洗涤以及处理废水、存放垃圾和废弃物的设备或者设施；

（三）有专职或者兼职的食品安全专业技术人员、食品安全管理人员和保证食品安全的规章制度；

（四）具有合理的设备布局和工艺流程，防止待加工食品与直接入口食品、原料与成品交叉污染，避免食品接触有毒物、不洁物；

（五）餐具、饮具和盛放直接入口食品的容器，使用前应当洗净、消毒，炊具、用具用后应当洗净，保持清洁；

（六）贮存、运输和装卸食品的容器、工具和设备应当安全、无害，保持清洁，防止食品污染，并符合保证食品安全所需的温度、湿度等特殊要求，不得将食品与有毒、有害物品一同贮存、运输；

（七）直接入口的食品应当使用无毒、清洁的包装材料、餐具、饮具和容器；

（八）食品生产经营人员应当保持个人卫生，生产经营食品时，应当将手洗净，穿戴清洁的工作衣、帽等；销售无包装的直接入口食品时，应当使用无毒、清洁的容器、售货工具和设备；

（九）用水应当符合国家规定的生活饮用水卫生标准；

（十）使用的洗涤剂、消毒剂应当对人体安全、无害；

（十一）法律、法规规定的其他要求。

非食品生产经营者从事食品贮存、运输和装卸的，应当符合前款第六项的规定。

第三十四条　禁止生产经营下列食品、食品添加剂、食品相关产品：

（一）用非食品原料生产的食品或者添加食品添加剂以外的化学物质和其他可能危害人体健康物质的食品，或者用回收食品作为原料生产的食品；

（二）致病性微生物，农药残留、兽药残留、生物毒素、重金属等污染物质以及其他危害人体健康的物质含量超过食品安全标准限量的食品、食品添加剂、食品相关产品；

（三）用超过保质期的食品原料、食品添加剂生产的食品、食品添加剂；

（四）超范围、超限量使用食品添加剂的食品；

（五）营养成分不符合食品安全标准的专供婴幼儿和其他特定人群的主辅食品；

（六）腐败变质、油脂酸败、霉变生虫、污秽不洁、混有异物、掺假掺杂或者感官性状异常的食品、食品添加剂；

（七）病死、毒死或者死因不明的禽、畜、兽、水产动物肉类及其制品；

（八）未按规定进行检疫或者检疫不合格的肉类，或者未经检验或者检验不合格的肉类制品；

（九）被包装材料、容器、运输工具等污染的食品、食品添加剂；

（十）标注虚假生产日期、保质期或者超过保质期的食品、食品添加剂；

（十一）无标签的预包装食品、食品添加剂；

（十二）国家为防病等特殊需要明令禁止生产经营的食品；

（十三）其他不符合法律、法规或者食品安全标准的食品、食品添加剂、食品相关产品。

第三十五条　国家对食品生产经营实行许可制度。从事食品生产、食品销售、餐饮服务，应当依法取得许可。但是，销售食用农产品，不需要取得许可。

县级以上地方人民政府食品安全监督管理部门应当依照《中华人民共和国行政许可法》的规定，审核申请人提交的本法第三十三条第一款第一项至第四项规定要求的相关资料，必要时对申请人的生产经营场所进行现场核查；对符合规定条件的，准予许可；对不符合规定条件的，不予许可并书面说明理由。

第三十六条　食品生产加工小作坊和食品摊贩等从事食品生产经营活动，应当符合本法规定的与其生产经营规模、条件相适应的食品安全要求，保证所生产经营的食品卫生、无毒、无害，食品安全监督管理部门应当对其加强监督管理。

县级以上地方人民政府应当对食品生产加工小作坊、食品摊贩等进行综合治理，加强服务和统一规划，改善其生产经营环境，鼓励和支持其改进生产经营条件，进入集中交易市场、店铺等固定场所经营，或者在指定的临时经营区域、时段经营。

食品生产加工小作坊和食品摊贩等的具体管理办法由省、自治区、直辖市制定。

第三十七条 利用新的食品原料生产食品，或者生产食品添加剂新品种、食品相关产品新品种，应当向国务院卫生行政部门提交相关产品的安全性评估材料。国务院卫生行政部门应当自收到申请之日起六十日内组织审查；对符合食品安全要求的，准予许可并公布；对不符合食品安全要求的，不予许可并书面说明理由。

第三十八条 生产经营的食品中不得添加药品，但是可以添加按照传统既是食品又是中药材的物质。按照传统既是食品又是中药材的物质目录由国务院卫生行政部门会同国务院食品安全监督管理部门制定、公布。

第三十九条 国家对食品添加剂生产实行许可制度。从事食品添加剂生产，应当具有与所生产食品添加剂品种相适应的场所、生产设备或者设施、专业技术人员和管理制度，并依照本法第三十五条第二款规定的程序，取得食品添加剂生产许可。

生产食品添加剂应当符合法律、法规和食品安全国家标准。

第四十条 食品添加剂应当在技术上确有必要且经过风险评估证明安全可靠，方可列入允许使用的范围；有关食品安全国家标准应当根据技术必要性和食品安全风险评估结果及时修订。

食品生产经营者应当按照食品安全国家标准使用食品添加剂。

第四十一条 生产食品相关产品应当符合法律、法规和食品安全国家标准。对直接接触食品的包装材料等具有较高风险的食品相关产品，按照国家有关工业产品生产许可证管理的规定实施生产许可。食品安全监督管理部门应当加强对食品相关产品生产活动的监督管理。

第四十二条 国家建立食品安全全程追溯制度。

食品生产经营者应当依照本法的规定，建立食品安全追溯体系，保证食品可追溯。国家鼓励食品生产经营者采用信息化手段采集、留存生产经营信息，建立食品安全追溯体系。

国务院食品安全监督管理部门会同国务院农业行政等有关部门建立食品安全全程追溯协作机制。

第四十三条 地方各级人民政府应当采取措施鼓励食品规模化生产和连锁经营、配送。

国家鼓励食品生产经营企业参加食品安全责任保险。

第二节 生产经营过程控制

第四十四条 食品生产经营企业应当建立健全食品安全管理制度，对职工进行食品安全知识培训，加强食品检验工作，依法从事生产经营活动。

食品生产经营企业的主要负责人应当落实企业食品安全管理制度，对本企业的食品安全工作全面负责。

食品生产经营企业应当配备食品安全管理人员，加强对其培训和考核。经考核不具备食品安全管理能力的，不得上岗。食品安全监督管理部门应当对企业食品安全管理人员随机进行监督抽查考核并公布考核情况。监督抽查考核不得收取费用。

第四十五条 食品生产经营者应当建立并执行从业人员健康管理制度。患有国务院卫生行政部门规定的有碍食品安全疾病的人员，不得从事接触直接入口食品的工作。

从事接触直接入口食品工作的食品生产经营人员应当每年进行健康检查，取得健康证明后方可上岗工作。

第四十六条 食品生产企业应当就下列事项制定并实施控制要求，保证所生产的食品符合食品安全标准：

（一）原料采购、原料验收、投料等原料控制；

（二）生产工序、设备、贮存、包装等生产关键环节控制；

（三）原料检验、半成品检验、成品出厂检验等检验控制；

（四）运输和交付控制。

第四十七条 食品生产经营者应当建立食品安全自查制度，定期对食品安全状况进行检查评价。生产经营条件发生变化,不再符合食品安全要求的,食品生产经营者应当立即采取整改措施;有发生食品安全事故潜在风险的,应当立即停止食品生产经营活动,并向所在地县级人民政府食品安全监督管理部门报告。

第四十八条 国家鼓励食品生产经营企业符合良好生产规范要求,实施危害分析与关键控制点体系,提高食品安全管理水平。

对通过良好生产规范、危害分析与关键控制点体系认证的食品生产经营企业,认证机构应当依法实施跟踪调查;对不再符合认证要求的企业,应当依法撤销认证,及时向县级以上人民政府食品安全监督管理部门通报,并向社会公布。认证机构实施跟踪调查不得收取费用。

第四十九条 食用农产品生产者应当按照食品安全标准和国家有关规定使用农药、肥料、兽药、饲料和饲料添加剂等农业投入品,严格执行农业投入品使用安全间隔期或者休药期的规定,不得使用国家明令禁止的农业投入品。禁止将剧毒、高毒农药用于蔬菜、瓜果、茶叶和中草药材等国家规定的农作物。

食用农产品的生产企业和农民专业合作经济组织应当建立农业投入品使用记录制度。

县级以上人民政府农业行政部门应当加强对农业投入品使用的监督管理和指导,建立健全农业投入品安全使用制度。

第五十条 食品生产者采购食品原料、食品添加剂、食品相关产品,应当查验供货者的许可证和产品合格证明;对无法提供合格证明的食品原料,应当按照食品安全标准进行检验;不得采购或者使用不符合食品安全标准的食品原料、食品添加剂、食品相关产品。

食品生产企业应当建立食品原料、食品添加剂、食品相关产品进货查验记录制度,如实记录食品原料、食品添加剂、食品相关产品的名称、规格、数量、生产日期或者生产批号、保质期、进货日期以及供货者名称、地址、联系方式等内容,并保存相关凭证。记录和凭证保存期限不得少于产品保质期满后六个月;没有明确保质期的,保存期限不得少于二年。

第五十一条 食品生产企业应当建立食品出厂检验记录制度,查验出厂食品的检验合格证和安全状况,如实记录食品的名称、规格、数量、生产日期或者生产批号、保质期、检验合格证号、销售日期以及购货者名称、地址、联系方式等内容,并保存相关凭证。记录和凭证保存期限应当符合本法第五十条第二款的规定。

第五十二条 食品、食品添加剂、食品相关产品的生产者,应当按照食品安全标准对所生产的食品、食品添加剂、食品相关产品进行检验,检验合格后方可出厂或者销售。

第五十三条 食品经营者采购食品,应当查验供货者的许可证和食品出厂检验合格证或者其他合格证明(以下称合格证明文件)。

食品经营企业应当建立食品进货查验记录制度,如实记录食品的名称、规格、数量、生产日期或者生产批号、保质期、进货日期以及供货者名称、地址、联系方式等内容,并保存相关凭证。记录和凭证保存期限应当符合本法第五十条第二款的规定。

实行统一配送经营方式的食品经营企业,可以由企业总部统一查验供货者的许可证和食品合格证明文件,进行食品进货查验记录。

从事食品批发业务的经营企业应当建立食品销售记录制度,如实记录批发食品的名称、规格、数量、生产日期或者生产批号、保质期、销售日期以及购货者名称、地址、联系方式等内容,并保存相关凭证。记录和凭证保存期限应当符合本法第五十条第二款的规定。

第五十四条 食品经营者应当按照保证食品安全的要求贮存食品,定期检查库存食品,及时清理变质或者超过保质期的食品。

食品经营者贮存散装食品,应当在贮存位置标明食品的名称、生产日期或者生产批号、保质期、生产者名称及联系方式等内容。

第五十五条 餐饮服务提供者应当制定并实施原料控制要求,不得采购不符合食品安全标准的食品原料。倡导餐饮服务提供者公开加工过程,公示食品原料及其来源等信息。

餐饮服务提供者在加工过程中应当检查待加工的食品及原料,发现有本法第三十四条第六项规定情形的,不得加工或者使用。

第五十六条 餐饮服务提供者应当定期维护食品加工、贮存、陈列等设施、设备;定期清洗、校验保温设施及冷藏、冷冻设施。

餐饮服务提供者应当按照要求对餐具、饮具进行清洗消毒，不得使用未经清洗消毒的餐具、饮具；餐饮服务提供者委托清洗消毒餐具、饮具的，应当委托符合本法规定条件的餐具、饮具集中消毒服务单位。

第五十七条 学校、托幼机构、养老机构、建筑工地等集中用餐单位的食堂应当严格遵守法律、法规和食品安全标准；从供餐单位订餐的，应当从取得食品生产经营许可的企业订购，并按照要求对订购的食品进行查验。供餐单位应当严格遵守法律、法规和食品安全标准，当餐加工，确保食品安全。

学校、托幼机构、养老机构、建筑工地等集中用餐单位的主管部门应当加强对集中用餐单位的食品安全教育和日常管理，降低食品安全风险，及时消除食品安全隐患。

第五十八条 餐具、饮具集中消毒服务单位应当具备相应的作业场所、清洗消毒设备或者设施，用水和使用的洗涤剂、消毒剂应当符合相关食品安全国家标准和其他国家标准、卫生规范。

餐具、饮具集中消毒服务单位应当对消毒餐具、饮具进行逐批检验，检验合格后方可出厂，并应当随附消毒合格证明。消毒后的餐具、饮具应当在独立包装上标注单位名称、地址、联系方式、消毒日期以及使用期限等内容。

第五十九条 食品添加剂生产者应当建立食品添加剂出厂检验记录制度，查验出厂产品的检验合格证和安全状况，如实记录食品添加剂的名称、规格、数量、生产日期或者生产批号、保质期、检验合格证号、销售日期以及购货者名称、地址、联系方式等相关内容，并保存相关凭证。记录和凭证保存期限应当符合本法第五十条第二款的规定。

第六十条 食品添加剂经营者采购食品添加剂，应当依法查验供货者的许可证和产品合格证明文件，如实记录食品添加剂的名称、规格、数量、生产日期或者生产批号、保质期、进货日期以及供货者名称、地址、联系方式等内容，并保存相关凭证。记录和凭证保存期限应当符合本法第五十条第二款的规定。

第六十一条 集中交易市场的开办者、柜台出租者和展销会举办者，应当依法审查入场食品经营者的许可证，明确其食品安全管理责任，定期对其经营环境和条件进行检查，发现其有违反本法规定行为的，应当及时制止并立即报告所在地县级人民政府食品安全监督管理部门。

第六十二条 网络食品交易第三方平台提供者应当对入网食品经营者进行实名登记，明确其食品安全管理责任；依法应当取得许可证的，还应当审查其许可证。

网络食品交易第三方平台提供者发现入网食品经营者有违反本法规定行为的，应当及时制止并立即报告所在地县级人民政府食品安全监督管理部门；发现严重违法行为的，应当立即停止提供网络交易平台服务。

第六十三条 国家建立食品召回制度。食品生产者发现其生产的食品不符合食品安全标准或者有证据证明可能危害人体健康的，应当立即停止生产，召回已经上市销售的食品，通知相关生产经营者和消费者，并记录召回和通知情况。

食品经营者发现其经营的食品有前款规定情形的，应当立即停止经营，通知相关生产经营者和消费者，并记录停止经营和通知情况。食品生产者认为应当召回的，应当立即召回。由于食品经营者的原因造成其经营的食品有前款规定情形的，食品经营者应当召回。

食品生产经营者应当对召回的食品采取无害化处理、销毁等措施，防止其再次流入市场。但是，对因标签、标志或者说明书不符合食品安全标准而被召回的食品，食品生产者在采取补救措施且能保证食品安全的情况下可以继续销售；销售时应当向消费者明示补救措施。

食品生产经营者应当将食品召回和处理情况向所在地县级人民政府食品安全监督管理部门报告；需要对召回的食品进行无害化处理、销毁的，应当提前报告时间、地点。食品安全监督管理部门认为必要的，可以实施现场监督。

食品生产经营者未依照本条规定召回或者停止经营的，县级以上人民政府食品安全监督管理部门可以责令其召回或者停止经营。

第六十四条 食用农产品批发市场应当配备检验设备和检验人员或者委托符合本法规定

的食品检验机构,对进入该批发市场销售的食用农产品进行抽样检验;发现不符合食品安全标准的,应当要求销售者立即停止销售,并向食品安全监督管理部门报告。

第六十五条 食用农产品销售者应当建立食用农产品进货查验记录制度,如实记录食用农产品的名称、数量、进货日期以及供货者名称、地址、联系方式等内容,并保存相关凭证。记录和凭证保存期限不得少于六个月。

第六十六条 进入市场销售的食用农产品在包装、保鲜、贮存、运输中使用保鲜剂、防腐剂等食品添加剂和包装材料等食品相关产品,应当符合食品安全国家标准。

第三节 标签、说明书和广告

第六十七条 预包装食品的包装上应当有标签。标签应当标明下列事项:

(一)名称、规格、净含量、生产日期;

(二)成分或者配料表;

(三)生产者的名称、地址、联系方式;

(四)保质期;

(五)产品标准代号;

(六)贮存条件;

(七)所使用的食品添加剂在国家标准中的通用名称;

(八)生产许可证编号;

(九)法律、法规或者食品安全标准规定应当标明的其他事项。

专供婴幼儿和其他特定人群的主辅食品,其标签还应当标明主要营养成分及其含量。

食品安全国家标准对标签标注事项另有规定的,从其规定。

第六十八条 食品经营者销售散装食品,应当在散装食品的容器、外包装上标明食品的名称、生产日期或者生产批号、保质期以及生产经营者名称、地址、联系方式等内容。

第六十九条 生产经营转基因食品应当按照规定显著标示。

第七十条 食品添加剂应当有标签、说明书和包装。标签、说明书应当载明本法第六十七条第一款第一项至第六项、第八项、第九项规定的事项,以及食品添加剂的使用范围、用量、使用方法,并在标签上载明"食品添加剂"字样。

第七十一条 食品和食品添加剂的标签、说明书,不得含有虚假内容,不得涉及疾病预防、治疗功能。生产经营者对其提供的标签、说明书的内容负责。

食品和食品添加剂的标签、说明书应当清楚、明显,生产日期、保质期等事项应当显著标注,容易辨识。

食品和食品添加剂与其标签、说明书的内容不符的,不得上市销售。

第七十二条 食品经营者应当按照食品标签标示的警示标志、警示说明或者注意事项的要求销售食品。

第七十三条 食品广告的内容应当真实合法,不得含有虚假内容,不得涉及疾病预防、治疗功能。食品生产经营者对食品广告内容的真实性、合法性负责。

县级以上人民政府食品安全监督管理部门和其他有关部门以及食品检验机构、食品行业协会不得以广告或者其他形式向消费者推荐食品。消费者组织不得以收取费用或者其他牟取利益的方式向消费者推荐食品。

第四节 特殊食品

第七十四条 国家对保健食品、特殊医学用途配方食品和婴幼儿配方食品等特殊食品实行严格监督管理。

第七十五条 保健食品声称保健功能,应当具有科学依据,不得对人体产生急性、亚急性或者慢性危害。

保健食品原料目录和允许保健食品声称的保健功能目录,由国务院食品安全监督管理部门会同国务院卫生行政部门、国家中医药管理部门制定、调整并公布。

保健食品原料目录应当包括原料名称、用量及其对应的功效;列入保健食品原料目录的原料只能用于保健食品生产,不得用于其他食品生产。

第七十六条 使用保健食品原料目录以外原料的保健食品和首次进口的保健食品应当经国务院食品安全监督管理部门注册。但是,首次进口的保健食品中属于补充维生素、矿物质等营养物质的，应当报国务院食品安全监督管理部门备案。其他保健食品应当报省、自治区、直辖市人民政府食品安全监督管理部门备案。

进口的保健食品应当是出口国（地区）主管部门准许上市销售的产品。

第七十七条　依法应当注册的保健食品，注册时应当提交保健食品的研发报告、产品配方、生产工艺、安全性和保健功能评价、标签、说明书等材料及样品，并提供相关证明文件。国务院食品安全监督管理部门经组织技术审评，对符合安全和功能声称要求的，准予注册；对不符合要求的，不予注册并书面说明理由。对使用保健食品原料目录以外原料的保健食品作出准予注册决定的，应当及时将该原料纳入保健食品原料目录。

依法应当备案的保健食品，备案时应当提交产品配方、生产工艺、标签、说明书以及表明产品安全性和保健功能的材料。

第七十八条　保健食品的标签、说明书不得涉及疾病预防、治疗功能，内容应当真实，与注册或者备案的内容相一致，载明适宜人群、不适宜人群、功效成分或者标志性成分及其含量等，并声明“本品不能代替药物”。保健食品的功能和成分应当与标签、说明书相一致。

第七十九条　保健食品广告除应当符合本法第七十三条第一款的规定外，还应当声明“本品不能代替药物”；其内容应当经生产企业所在地省、自治区、直辖市人民政府食品安全监督管理部门审查批准，取得保健食品广告批准文件。省、自治区、直辖市人民政府食品安全监督管理部门应当公布并及时更新已经批准的保健食品广告目录以及批准的广告内容。

第八十条　特殊医学用途配方食品应当经国务院食品安全监督管理部门注册。注册时，应当提交产品配方、生产工艺、标签、说明书以及表明产品安全性、营养充足性和特殊医学用途临床效果的材料。

特殊医学用途配方食品广告适用《中华人民共和国广告法》和其他法律、行政法规关于药品广告管理的规定。

第八十一条　婴幼儿配方食品生产企业应当实施从原料进厂到成品出厂的全过程质量控制，对出厂的婴幼儿配方食品实施逐批检验，保证食品安全。

生产婴幼儿配方食品使用的生鲜乳、辅料等食品原料、食品添加剂等，应当符合法律、行政法规的规定和食品安全国家标准，保证婴幼儿生长发育所需的营养成分。

婴幼儿配方食品生产企业应当将食品原料、食品添加剂、产品配方及标签等事项向省、自治区、直辖市人民政府食品安全监督管理部门备案。

婴幼儿配方乳粉的产品配方应当经国务院食品安全监督管理部门注册。注册时，应当提交配方研发报告和其他表明配方科学性、安全性的材料。

不得以分装方式生产婴幼儿配方乳粉，同一企业不得用同一配方生产不同品牌的婴幼儿配方乳粉。

第八十二条　保健食品、特殊医学用途配方食品、婴幼儿配方乳粉的注册人或者备案人应当对其提交材料的真实性负责。

省级以上人民政府食品安全监督管理部门应当及时公布注册或者备案的保健食品、特殊医学用途配方食品、婴幼儿配方乳粉目录，并对注册或者备案中获知的企业商业秘密予以保密。

保健食品、特殊医学用途配方食品、婴幼儿配方乳粉生产企业应当按照注册或者备案的产品配方、生产工艺等技术要求组织生产。

第八十三条　生产保健食品，特殊医学用途配方食品、婴幼儿配方食品和其他专供特定人群的主辅食品的企业，应当按照良好生产规范的要求建立与所生产食品相适应的生产质量管理体系，定期对该体系的运行情况进行自查，保证其有效运行，并向所在地县级人民政府食品安全监督管理部门提交自查报告。

第五章　食品检验

第八十四条　食品检验机构按照国家有关认证认可的规定取得资质认定后，方可从事食品检验活动。但是，法律另有规定的除外。

食品检验机构的资质认定条件和检验规范，由国务院食品安全监督管理部门规定。

符合本法规定的食品检验机构出具的检验

报告具有同等效力。

县级以上人民政府应当整合食品检验资源，实现资源共享。

第八十五条 食品检验由食品检验机构指定的检验人独立进行。

检验人应当依照有关法律、法规的规定，并按照食品安全标准和检验规范对食品进行检验，尊重科学，恪守职业道德，保证出具的检验数据和结论客观、公正，不得出具虚假检验报告。

第八十六条 食品检验实行食品检验机构与检验人负责制。食品检验报告应当加盖食品检验机构公章，并有检验人的签名或者盖章。食品检验机构和检验人对出具的食品检验报告负责。

第八十七条 县级以上人民政府食品安全监督管理部门应当对食品进行定期或者不定期的抽样检验，并依据有关规定公布检验结果，不得免检。进行抽样检验，应当购买抽取的样品，委托符合本法规定的食品检验机构进行检验，并支付相关费用；不得向食品生产经营者收取检验费和其他费用。

第八十八条 对依照本法规定实施的检验结论有异议的，食品生产经营者可以自收到检验结论之日起七个工作日内向实施抽样检验的食品安全监督管理部门或者其上一级食品安全监督管理部门提出复检申请，由受理复检申请的食品安全监督管理部门在公布的复检机构名录中随机确定复检机构进行复检。复检机构出具的复检结论为最终检验结论。复检机构与初检机构不得为同一机构。复检机构名录由国务院认证认可监督管理、食品安全监督管理、卫生行政、农业行政等部门共同公布。

采用国家规定的快速检测方法对食用农产品进行抽查检测，被抽查人对检测结果有异议的，可以自收到检测结果时起四小时内申请复检。复检不得采用快速检测方法。

第八十九条 食品生产企业可以自行对所生产的食品进行检验，也可以委托符合本法规定的食品检验机构进行检验。

食品行业协会和消费者协会等组织、消费者需要委托食品检验机构对食品进行检验的，应当委托符合本法规定的食品检验机构进行。

第九十条 食品添加剂的检验，适用本法有关食品检验的规定。

第六章 食品进出口

第九十一条 国家出入境检验检疫部门对进出口食品安全实施监督管理。

第九十二条 进口的食品、食品添加剂、食品相关产品应当符合我国食品安全国家标准。

进口的食品、食品添加剂应当经出入境检验检疫机构依照进出口商品检验相关法律、行政法规的规定检验合格。

进口的食品、食品添加剂应当按照国家出入境检验检疫部门的要求随附合格证明材料。

第九十三条 进口尚无食品安全国家标准的食品，由境外出口商、境外生产企业或者其委托的进口商向国务院卫生行政部门提交所执行的相关国家（地区）标准或者国际标准。国务院卫生行政部门对相关标准进行审查，认为符合食品安全要求的，决定暂予适用，并及时制定相应的食品安全国家标准。进口利用新的食品原料生产的食品或者进口食品添加剂新品种、食品相关产品新品种，依照本法第三十七条的规定办理。

出入境检验检疫机构按照国务院卫生行政部门的要求，对前款规定的食品、食品添加剂、食品相关产品进行检验。检验结果应当公开。

第九十四条 境外出口商、境外生产企业应当保证向我国出口的食品、食品添加剂、食品相关产品符合本法以及我国其他有关法律、行政法规的规定和食品安全国家标准的要求，并对标签、说明书的内容负责。

进口商应当建立境外出口商、境外生产企业审核制度，重点审核前款规定的内容；审核不合格的，不得进口。

发现进口食品不符合我国食品安全国家标准或者有证据证明可能危害人体健康的，进口商应当立即停止进口，并依照本法第六十三条的规定召回。

第九十五条 境外发生的食品安全事件可能对我国境内造成影响，或者在进口食品、食品添加剂、食品相关产品中发现严重食品安全问题的，国家出入境检验检疫部门应当及时采取风险预警或者控制措施，并向国务院食品安全监督管理、卫生行政、农业行政部门通报。接到通报的部门应当及时采取相应措施。

县级以上人民政府食品安全监督管理部门对国内市场上销售的进口食品、食品添加剂实施监督管理。发现存在严重食品安全问题的，国务院食品安全监督管理部门应当及时向国家出入境检验检疫部门通报。国家出入境检验检疫部门应当及时采取相应措施。

第九十六条 向我国境内出口食品的境外出口商或者代理商、进口食品的进口商应当向国家出入境检验检疫部门备案。向我国境内出口食品的境外食品生产企业应当经国家出入境检验检疫部门注册。已经注册的境外食品生产企业提供虚假材料，或者因其自身的原因致使进口食品发生重大食品安全事故的，国家出入境检验检疫部门应当撤销注册并公告。

国家出入境检验检疫部门应当定期公布已经备案的境外出口商、代理商、进口商和已经注册的境外食品生产企业名单。

第九十七条 进口的预包装食品、食品添加剂应当有中文标签；依法应当有说明书的，还应当有中文说明书。标签、说明书应当符合本法以及我国其他有关法律、行政法规的规定和食品安全国家标准的要求，并载明食品的原产地以及境内代理商的名称、地址、联系方式。预包装食品没有中文标签、中文说明书或者标签、说明书不符合本条规定的，不得进口。

第九十八条 进口商应当建立食品、食品添加剂进口和销售记录制度，如实记录食品、食品添加剂的名称、规格、数量、生产日期、生产或者进口批号、保质期、境外出口商和购货者名称、地址及联系方式、交货日期等内容，并保存相关凭证。记录和凭证保存期限应当符合本法第五十条第二款的规定。

第九十九条 出口食品生产企业应当保证其出口食品符合进口国（地区）的标准或者合同要求。

出口食品生产企业和出口食品原料种植、养殖场应当向国家出入境检验检疫部门备案。

第一百条 国家出入境检验检疫部门应当收集、汇总下列进出口食品安全信息，并及时通报相关部门、机构和企业：

（一）出入境检验检疫机构对进出口食品实施检验检疫发现的食品安全信息；

（二）食品行业协会和消费者协会等组织、消费者反映的进口食品安全信息；

（三）国际组织、境外政府机构发布的风险预警信息及其他食品安全信息，以及境外食品行业协会等组织、消费者反映的食品安全信息；

（四）其他食品安全信息。

国家出入境检验检疫部门应当对进出口食品的进口商、出口商和出口食品生产企业实施信用管理，建立信用记录，并依法向社会公布。对有不良记录的进口商、出口商和出口食品生产企业，应当加强对其进出口食品的检验检疫。

第一百零一条 国家出入境检验检疫部门可以对向我国境内出口食品的国家（地区）的食品安全管理体系和食品安全状况进行评估和审查，并根据评估和审查结果，确定相应检验检疫要求。

第七章 食品安全事故处置

第一百零二条 国务院组织制定国家食品安全事故应急预案。

县级以上地方人民政府应当根据有关法律、法规的规定和上级人民政府的食品安全事故应急预案以及本行政区域的实际情况，制定本行政区域的食品安全事故应急预案，并报上一级人民政府备案。

食品安全事故应急预案应当对食品安全事故分级、事故处置组织指挥体系与职责、预防预警机制、处置程序、应急保障措施等作出规定。

食品生产经营企业应当制定食品安全事故处置方案，定期检查本企业各项食品安全防范措施的落实情况，及时消除事故隐患。

第一百零三条 发生食品安全事故的单位应当立即采取措施，防止事故扩大。事故单位和接收病人进行治疗的单位应当及时向事故发生地县级人民政府食品安全监督管理、卫生行政部门报告。

县级以上人民政府农业行政等部门在日常监督管理中发现食品安全事故或者接到事故举报，应当立即向同级食品安全监督管理部门通报。

发生食品安全事故，接到报告的县级人民政府食品安全监督管理部门应当按照应急预案的规定向本级人民政府和上级人民政府食品安全监督管理部门报告。县级人民政府和上级人民政府食品安全监督管理部门应当按照应急预案的规定上报。

任何单位和个人不得对食品安全事故隐瞒、谎报、缓报，不得隐匿、伪造、毁灭有关证据。

第一百零四条 医疗机构发现其接收的病人属于食源性疾病病人或者疑似病人的，应当按照规定及时将相关信息向所在地县级人民政府卫生行政部门报告。县级人民政府卫生行政部门认为与食品安全有关的，应当及时通报同级食品安全监督管理部门。

县级以上人民政府卫生行政部门在调查处理传染病或者其他突发公共卫生事件中发现与食品安全相关的信息，应当及时通报同级食品安全监督管理部门。

第一百零五条 县级以上人民政府食品安全监督管理部门接到食品安全事故的报告后，应当立即会同同级卫生行政、农业行政等部门进行调查处理，并采取下列措施，防止或者减轻社会危害：

（一）开展应急救援工作，组织救治因食品安全事故导致人身伤害的人员；

（二）封存可能导致食品安全事故的食品及其原料，并立即进行检验；对确认属于被污染的食品及其原料，责令食品生产经营者依照本法第六十三条的规定召回或者停止经营；

（三）封存被污染的食品相关产品，并责令进行清洗消毒；

（四）做好信息发布工作，依法对食品安全事故及其处理情况进行发布，并对可能产生的危害加以解释、说明。

发生食品安全事故需要启动应急预案的，县级以上人民政府应当立即成立事故处置指挥机构，启动应急预案，依照前款和应急预案的规定进行处置。

发生食品安全事故，县级以上疾病预防控制机构应当对事故现场进行卫生处理，并对与事故有关的因素开展流行病学调查，有关部门应当予以协助。县级以上疾病预防控制机构应当向同级食品安全监督管理、卫生行政部门提交流行病学调查报告。

第一百零六条 发生食品安全事故，设区的市级以上人民政府食品安全监督管理部门应当立即会同有关部门进行事故责任调查，督促有关部门履行职责，向本级人民政府和上一级人民政府食品安全监督管理部门提出事故责任调查处理报告。

涉及两个以上省、自治区、直辖市的重大食品安全事故由国务院食品安全监督管理部门依照前款规定组织事故责任调查。

第一百零七条 调查食品安全事故，应当坚持实事求是、尊重科学的原则，及时、准确查清事故性质和原因，认定事故责任，提出整改措施。

调查食品安全事故，除了查明事故单位的责任，还应当查明有关监督管理部门、食品检验机构、认证机构及其工作人员的责任。

第一百零八条 食品安全事故调查部门有权向有关单位和个人了解与事故有关的情况，并要求提供相关资料和样品。有关单位和个人应当予以配合，按照要求提供相关资料和样品，不得拒绝。

任何单位和个人不得阻挠、干涉食品安全事故的调查处理。

第八章 监督管理

第一百零九条 县级以上人民政府食品安全监督管理部门根据食品安全风险监测、风险评估结果和食品安全状况等，确定监督管理的重点、方式和频次，实施风险分级管理。

县级以上地方人民政府组织本级食品安全监督管理、农业行政等部门制定本行政区域的食品安全年度监督管理计划，向社会公布并组织实施。

食品安全年度监督管理计划应当将下列事项作为监督管理的重点：

（一）专供婴幼儿和其他特定人群的主辅食品；

（二）保健食品生产过程中的添加行为和按照注册或者备案的技术要求组织生产的情况，保健食品标签、说明书以及宣传材料中有关功能宣传的情况；

（三）发生食品安全事故风险较高的食品生产经营者；

（四）食品安全风险监测结果表明可能存在食品安全隐患的事项。

第一百一十条 县级以上人民政府食品安全监督管理部门履行食品安全监督管理职责，有权采取下列措施，对生产经营者遵守本法的情况进行监督检查：

（一）进入生产经营场所实施现场检查；

（二）对生产经营的食品、食品添加剂、食品相关产品进行抽样检验；

（三）查阅、复制有关合同、票据、账簿以及其他有关资料；

（四）查封、扣押有证据证明不符合食品安全标准或者有证据证明存在安全隐患以及用于违法生产经营的食品、食品添加剂、食品相关产品；

（五）查封违法从事生产经营活动的场所。

第一百一十一条 对食品安全风险评估结果证明食品存在安全隐患，需要制定、修订食品安全标准的，在制定、修订食品安全标准前，国务院卫生行政部门应当及时会同国务院有关部门规定食品中有害物质的临时限量值和临时检验方法，作为生产经营和监督管理的依据。

第一百一十二条 县级以上人民政府食品安全监督管理部门在食品安全监督管理工作中可以采用国家规定的快速检测方法对食品进行抽查检测。

对抽查检测结果表明可能不符合食品安全标准的食品，应当依照本法第八十七条的规定进行检验。抽查检测结果确定有关食品不符合食品安全标准的，可以作为行政处罚的依据。

第一百一十三条 县级以上人民政府食品安全监督管理部门应当建立食品生产经营者食品安全信用档案，记录许可颁发、日常监督检查结果、违法行为查处等情况，依法向社会公布并实时更新；对有不良信用记录的食品生产经营者增加监督检查频次，对违法行为情节严重的食品生产经营者，可以通报投资主管部门、证券监督管理机构和有关的金融机构。

第一百一十四条 食品生产经营过程中存在食品安全隐患，未及时采取措施消除的，县级以上人民政府食品安全监督管理部门可以对食品生产经营者的法定代表人或者主要负责人进行责任约谈。食品生产经营者应当立即采取措施，进行整改，消除隐患。责任约谈情况和整改情况应当纳入食品生产经营者食品安全信用档案。

第一百一十五条 县级以上人民政府食品安全监督管理等部门应当公布本部门的电子邮件地址或者电话，接受咨询、投诉、举报。接到咨询、投诉、举报，对属于本部门职责的，应当受理并在法定期限内及时答复、核实、处理；对不属于本部门职责的，应当移交有权处理的部门并书面通知咨询、投诉、举报人。有权处理的部门应当在法定期限内及时处理，不得推诿。对查证属实的举报，给予举报人奖励。

有关部门应当对举报人的信息予以保密，保护举报人的合法权益。举报人举报所在企业的，该企业不得以解除、变更劳动合同或者其他方式对举报人进行打击报复。

第一百一十六条 县级以上人民政府食品安全监督管理等部门应当加强对执法人员食品安全法律、法规、标准和专业知识与执法能力等的培训，并组织考核。不具备相应知识和能力的，不得从事食品安全执法工作。

食品生产经营者、食品行业协会、消费者协会等发现食品安全执法人员在执法过程中有违反法律、法规规定的行为以及不规范执法行为的，可以向本级或者上级人民政府食品安全监督管理等部门或者监察机关投诉、举报。接到投诉、举报的部门或者机关应当进行核实，并将经核实的情况向食品安全执法人员所在部门通报；涉嫌违法违纪的，按照本法和有关规定处理。

第一百一十七条 县级以上人民政府食品安全监督管理等部门未及时发现食品安全系统性风险，未及时消除监督管理区域内的食品安全隐患的，本级人民政府可以对其主要负责人进行责任约谈。

地方人民政府未履行食品安全职责，未及时消除区域性重大食品安全隐患的，上级人民政府可以对其主要负责人进行责任约谈。

被约谈的食品安全监督管理等部门、地方人民政府应当立即采取措施，对食品安全监督管理工作进行整改。

责任约谈情况和整改情况应当纳入地方人民政府和有关部门食品安全监督管理工作评议、考核记录。

第一百一十八条 国家建立统一的食品安全信息平台,实行食品安全信息统一公布制度。国家食品安全总体情况、食品安全风险警示信息、重大食品安全事故及其调查处理信息和国务院确定需要统一公布的其他信息由国务院食品安全监督管理部门统一公布。食品安全风险警示信息和重大食品安全事故及其调查处理信息的影响限于特定区域的,也可以由有关省、自治区、直辖市人民政府食品安全监督管理部门公布。未经授权不得发布上述信息。

县级以上人民政府食品安全监督管理、农业行政部门依据各自职责公布食品安全日常监督管理信息。

公布食品安全信息,应当做到准确、及时,并进行必要的解释说明,避免误导消费者和社会舆论。

第一百一十九条 县级以上地方人民政府食品安全监督管理、卫生行政、农业行政部门获知本法规定需要统一公布的信息,应当向上级主管部门报告,由上级主管部门立即报告国务院食品安全监督管理部门;必要时,可以直接向国务院食品安全监督管理部门报告。

县级以上人民政府食品安全监督管理、卫生行政、农业行政部门应当相互通报获知的食品安全信息。

第一百二十条 任何单位和个人不得编造、散布虚假食品安全信息。

县级以上人民政府食品安全监督管理部门发现可能误导消费者和社会舆论的食品安全信息,应当立即组织有关部门、专业机构、相关食品生产经营者等进行核实、分析,并及时公布结果。

第一百二十一条 县级以上人民政府食品安全监督管理等部门发现涉嫌食品安全犯罪的,应当按照有关规定及时将案件移送公安机关。对移送的案件,公安机关应当及时审查;认为有犯罪事实需要追究刑事责任的,应当立案侦查。

公安机关在食品安全犯罪案件侦查过程中认为没有犯罪事实,或者犯罪事实显著轻微,不需要追究刑事责任,但依法应当追究行政责任的,应当及时将案件移送食品安全监督管理等部门和监察机关,有关部门应当依法处理。

公安机关商请食品安全监督管理、生态环境等部门提供检验结论、认定意见以及对涉案物品进行无害化处理等协助的,有关部门应当及时提供,予以协助。

第九章 法律责任

第一百二十二条 违反本法规定,未取得食品生产经营许可从事食品生产经营活动,或者未取得食品添加剂生产许可从事食品添加剂生产活动的,由县级以上人民政府食品安全监督管理部门没收违法所得和违法生产经营的食品、食品添加剂以及用于违法生产经营的工具、设备、原料等物品;违法生产经营的食品、食品添加剂货值金额不足一万元的,并处五万元以上十万元以下罚款;货值金额一万元以上的,并处货值金额十倍以上二十倍以下罚款。

明知从事前款规定的违法行为,仍为其提供生产经营场所或者其他条件的,由县级以上人民政府食品安全监督管理部门责令停止违法行为,没收违法所得,并处五万元以上十万元以下罚款;使消费者的合法权益受到损害的,应当与食品、食品添加剂生产经营者承担连带责任。

第一百二十三条 违反本法规定,有下列情形之一,尚不构成犯罪的,由县级以上人民政府食品安全监督管理部门没收违法所得和违法生产经营的食品,并可以没收用于违法生产经营的工具、设备、原料等物品;违法生产经营的食品货值金额不足一万元的,并处十万元以上十五万元以下罚款;货值金额一万元以上的,并处货值金额十五倍以上三十倍以下罚款;情节严重的,吊销许可证,并可以由公安机关对其直接负责的主管人员和其他直接责任人员处五日以上十五日以下拘留:

(一)用非食品原料生产食品、在食品中添加食品添加剂以外的化学物质和其他可能危害人体健康的物质,或者用回收食品作为原料生产食品,或者经营上述食品;

(二)生产经营营养成分不符合食品安全标准的专供婴幼儿和其他特定人群的主辅食品;

(三)经营病死、毒死或者死因不明的禽、畜、

兽、水产动物肉类,或者生产经营其制品;

（四）经营未按规定进行检疫或者检疫不合格的肉类,或者生产经营未经检验或者检验不合格的肉类制品;

（五）生产经营国家为防病等特殊需要明令禁止生产经营的食品;

（六）生产经营添加药品的食品。

明知从事前款规定的违法行为,仍为其提供生产经营场所或者其他条件的,由县级以上人民政府食品安全监督管理部门责令停止违法行为,没收违法所得,并处十万元以上二十万元以下罚款;使消费者的合法权益受到损害的,应当与食品生产经营者承担连带责任。

违法使用剧毒、高毒农药的,除依照有关法律、法规规定给予处罚外,可以由公安机关依照第一款规定给予拘留。

第一百二十四条　违反本法规定,有下列情形之一,尚不构成犯罪的,由县级以上人民政府食品安全监督管理部门没收违法所得和违法生产经营的食品、食品添加剂,并可以没收用于违法生产经营的工具、设备、原料等物品;违法生产经营的食品、食品添加剂货值金额不足一万元的,并处五万元以上十万元以下罚款;货值金额一万元以上的,并处货值金额十倍以上二十倍以下罚款;情节严重的,吊销许可证:

（一）生产经营致病性微生物,农药残留、兽药残留、生物毒素、重金属等污染物质以及其他危害人体健康的物质含量超过食品安全标准限量的食品、食品添加剂;

（二）用超过保质期的食品原料、食品添加剂生产食品、食品添加剂,或者经营上述食品、食品添加剂;

（三）生产经营超范围、超限量使用食品添加剂的食品;

（四）生产经营腐败变质、油脂酸败、霉变生虫、污秽不洁、混有异物、掺假掺杂或者感官性状异常的食品、食品添加剂;

（五）生产经营标注虚假生产日期、保质期或者超过保质期的食品、食品添加剂;

（六）生产经营未按规定注册的保健食品、特殊医学用途配方食品、婴幼儿配方乳粉,或者未按注册的产品配方、生产工艺等技术要求组织生产;

（七）以分装方式生产婴幼儿配方乳粉,或者同一企业以同一配方生产不同品牌的婴幼儿配方乳粉;

（八）利用新的食品原料生产食品,或者生产食品添加剂新品种,未通过安全性评估;

（九）食品生产经营者在食品安全监督管理部门责令其召回或者停止经营后,仍拒不召回或者停止经营。

除前款和本法第一百二十三条、第一百二十五条规定的情形外,生产经营不符合法律、法规或者食品安全标准的食品、食品添加剂的,依照前款规定给予处罚。

生产食品相关产品新品种,未通过安全性评估,或者生产不符合食品安全标准的食品相关产品的,由县级以上人民政府食品安全监督管理部门依照第一款规定给予处罚。

第一百二十五条　违反本法规定,有下列情形之一的,由县级以上人民政府食品安全监督管理部门没收违法所得和违法生产经营的食品、食品添加剂,并可以没收用于违法生产经营的工具、设备、原料等物品;违法生产经营的食品、食品添加剂货值金额不足一万元的,并处五千元以上五万元以下罚款;货值金额一万元以上的,并处货值金额五倍以上十倍以下罚款;情节严重的,责令停产停业,直至吊销许可证:

（一）生产经营被包装材料、容器、运输工具等污染的食品、食品添加剂;

（二）生产经营无标签的预包装食品、食品添加剂或者标签、说明书不符合本法规定的食品、食品添加剂;

（三）生产经营转基因食品未按规定进行标示;

（四）食品生产经营者采购或者使用不符合食品安全标准的食品原料、食品添加剂、食品相关产品。

生产经营的食品、食品添加剂的标签、说明书存在瑕疵但不影响食品安全且不会对消费者造成误导的,由县级以上人民政府食品安全监督管理部门责令改正;拒不改正的,处二千元以下罚款。

第一百二十六条　违反本法规定,有下列情形之一的,由县级以上人民政府食品安全监督管

理部门责令改正,给予警告;拒不改正的,处五千元以上五万元以下罚款;情节严重的,责令停产停业,直至吊销许可证:

(一)食品、食品添加剂生产者未按规定对采购的食品原料和生产的食品、食品添加剂进行检验;

(二)食品生产经营企业未按规定建立食品安全管理制度,或者未按规定配备或者培训、考核食品安全管理人员;

(三)食品、食品添加剂生产经营者进货时未查验许可证和相关证明文件,或者未按规定建立并遵守进货查验记录、出厂检验记录和销售记录制度;

(四)食品生产经营企业未制定食品安全事故处置方案;

(五)餐具、饮具和盛放直接入口食品的容器,使用前未经洗净、消毒或者清洗消毒不合格,或者餐饮服务设施、设备未按规定定期维护、清洗、校验;

(六)食品生产经营者安排未取得健康证明或者患有国务院卫生行政部门规定的有碍食品安全疾病的人员从事接触直接入口食品的工作;

(七)食品经营者未按规定要求销售食品;

(八)保健食品生产企业未按规定向食品安全监督管理部门备案,或者未按备案的产品配方、生产工艺等技术要求组织生产;

(九)婴幼儿配方食品生产企业未将食品原料、食品添加剂、产品配方、标签等向食品安全监督管理部门备案;

(十)特殊食品生产企业未按规定建立生产质量管理体系并有效运行,或者未定期提交自查报告;

(十一)食品生产经营者未定期对食品安全状况进行检查评价,或者生产经营条件发生变化,未按规定处理;

(十二)学校、托幼机构、养老机构、建筑工地等集中用餐单位未按规定履行食品安全管理责任;

(十三)食品生产企业、餐饮服务提供者未按规定制定、实施生产经营过程控制要求。

餐具、饮具集中消毒服务单位违反本法规定用水,使用洗涤剂、消毒剂,或者出厂的餐具、饮具未按规定检验合格并随附消毒合格证明,或者未按规定在独立包装上标注相关内容的,由县级以上人民政府卫生行政部门依照前款规定给予处罚。

食品相关产品生产者未按规定对生产的食品相关产品进行检验的,由县级以上人民政府食品安全监督管理部门依照第一款规定给予处罚。

食用农产品销售者违反本法第六十五条规定的,由县级以上人民政府食品安全监督管理部门依照第一款规定给予处罚。

第一百二十七条 对食品生产加工小作坊、食品摊贩等的违法行为的处罚,依照省、自治区、直辖市制定的具体管理办法执行。

第一百二十八条 违反本法规定,事故单位在发生食品安全事故后未进行处置、报告的,由有关主管部门按照各自职责分工责令改正,给予警告;隐匿、伪造、毁灭有关证据的,责令停产停业,没收违法所得,并处十万元以上五十万元以下罚款;造成严重后果的,吊销许可证。

第一百二十九条 违反本法规定,有下列情形之一的,由出入境检验检疫机构依照本法第一百二十四条的规定给予处罚:

(一)提供虚假材料,进口不符合我国食品安全国家标准的食品、食品添加剂、食品相关产品;

(二)进口尚无食品安全国家标准的食品,未提交所执行的标准并经国务院卫生行政部门审查,或者进口利用新的食品原料生产的食品或者进口食品添加剂新品种、食品相关产品新品种,未通过安全性评估;

(三)未遵守本法的规定出口食品;

(四)进口商在有关主管部门责令其依照本法规定召回进口的食品后,仍拒不召回。

违反本法规定,进口商未建立并遵守食品、食品添加剂进口和销售记录制度、境外出口商或者生产企业审核制度的,由出入境检验检疫机构依照本法第一百二十六条的规定给予处罚。

第一百三十条 违反本法规定,集中交易市场的开办者、柜台出租者、展销会的举办者允许未依法取得许可的食品经营者进入市场销售食品,或者未履行检查、报告等义务的,由县级以上人民政府食品安全监督管理部门责令改正,没收违法所得,并处五万元以上二十万元以下罚款;

造成严重后果的，责令停业，直至由原发证部门吊销许可证；使消费者的合法权益受到损害的，应当与食品经营者承担连带责任。

食用农产品批发市场违反本法第六十四条规定的，依照前款规定承担责任。

第一百三十一条 违反本法规定，网络食品交易第三方平台提供者未对入网食品经营者进行实名登记、审查许可证，或者未履行报告、停止提供网络交易平台服务等义务的，由县级以上人民政府食品安全监督管理部门责令改正，没收违法所得，并处五万元以上二十万元以下罚款；造成严重后果的，责令停业，直至由原发证部门吊销许可证；使消费者的合法权益受到损害的，应当与食品经营者承担连带责任。

消费者通过网络食品交易第三方平台购买食品，其合法权益受到损害的，可以向入网食品经营者或者食品生产者要求赔偿。网络食品交易第三方平台提供者不能提供入网食品经营者的真实名称、地址和有效联系方式的，由网络食品交易第三方平台提供者赔偿。网络食品交易第三方平台提供者赔偿后，有权向入网食品经营者或者食品生产者追偿。网络食品交易第三方平台提供者作出更有利于消费者承诺的，应当履行其承诺。

第一百三十二条 违反本法规定，未按要求进行食品贮存、运输和装卸的，由县级以上人民政府食品安全监督管理等部门按照各自职责分工责令改正，给予警告；拒不改正的，责令停产停业，并处一万元以上五万元以下罚款；情节严重的，吊销许可证。

第一百三十三条 违反本法规定，拒绝、阻挠、干涉有关部门、机构及其工作人员依法开展食品安全监督检查、事故调查处理、风险监测和风险评估的，由有关主管部门按照各自职责分工责令停产停业，并处二千元以上五万元以下罚款；情节严重的，吊销许可证；构成违反治安管理行为的，由公安机关依法给予治安管理处罚。

违反本法规定，对举报人以解除、变更劳动合同或者其他方式打击报复的，应当依照有关法律的规定承担责任。

第一百三十四条 食品生产经营者在一年内累计三次因违反本法规定受到责令停产停业、吊销许可证以外处罚的，由食品安全监督管理部门责令停产停业，直至吊销许可证。

第一百三十五条 被吊销许可证的食品生产经营者及其法定代表人、直接负责的主管人员和其他直接责任人员自处罚决定作出之日起五年内不得申请食品生产经营许可，或者从事食品生产经营管理工作、担任食品生产经营企业食品安全管理人员。

因食品安全犯罪被判处有期徒刑以上刑罚的，终身不得从事食品生产经营管理工作，也不得担任食品生产经营企业食品安全管理人员。

食品生产经营者聘用人员违反前两款规定的，由县级以上人民政府食品安全监督管理部门吊销许可证。

第一百三十六条 食品经营者履行了本法规定的进货查验等义务，有充分证据证明其不知道所采购的食品不符合食品安全标准，并能如实说明其进货来源的，可以免予处罚，但应当依法没收其不符合食品安全标准的食品；造成人身、财产或者其他损害的，依法承担赔偿责任。

第一百三十七条 违反本法规定，承担食品安全风险监测、风险评估工作的技术机构、技术人员提供虚假监测、评估信息的，依法对技术机构直接负责的主管人员和技术人员给予撤职、开除处分；有执业资格的，由授予其资格的主管部门吊销执业证书。

第一百三十八条 违反本法规定，食品检验机构、食品检验人员出具虚假检验报告的，由授予其资质的主管部门或者机构撤销该食品检验机构的检验资质，没收所收取的检验费用，并处检验费用五倍以上十倍以下罚款，检验费用不足一万元的，并处五万元以上十万元以下罚款；依法对食品检验机构直接负责的主管人员和食品检验人员给予撤职或者开除处分；导致发生重大食品安全事故的，对直接负责的主管人员和食品检验人员给予开除处分。

违反本法规定，受到开除处分的食品检验机构人员，自处分决定作出之日起十年内不得从事食品检验工作；因食品安全违法行为受到刑事处罚或者因出具虚假检验报告导致发生重大食品安全事故受到开除处分的食品检验机构人员，终身不得从事食品检验工作。食品检验机构聘用不得从事食品检验工作的人员的，由授予其资质的主管部门或者机构撤销该食品检验机构的检验资质。

食品检验机构出具虚假检验报告，使消费者的合法权益受到损害的，应当与食品生产经营者承担连带责任。

第一百三十九条 违反本法规定，认证机构出具虚假认证结论，由认证认可监督管理部门没收所收取的认证费用，并处认证费用五倍以上十倍以下罚款，认证费用不足一万元的，并处五万元以上十万元以下罚款；情节严重的，责令停业，直至撤销认证机构批准文件，并向社会公布；对直接负责的主管人员和负有直接责任的认证人员，撤销其执业资格。

认证机构出具虚假认证结论，使消费者的合法权益受到损害的，应当与食品生产经营者承担连带责任。

第一百四十条 违反本法规定，在广告中对食品作虚假宣传，欺骗消费者，或者发布未取得批准文件、广告内容与批准文件不一致的保健食品广告的，依照《中华人民共和国广告法》的规定给予处罚。

广告经营者、发布者设计、制作、发布虚假食品广告，使消费者的合法权益受到损害的，应当与食品生产经营者承担连带责任。

社会团体或者其他组织、个人在虚假广告或者其他虚假宣传中向消费者推荐食品，使消费者的合法权益受到损害的，应当与食品生产经营者承担连带责任。

违反本法规定，食品安全监督管理等部门、食品检验机构、食品行业协会以广告或者其他形式向消费者推荐食品，消费者组织以收取费用或者其他牟取利益的方式向消费者推荐食品的，由有关主管部门没收违法所得，依法对直接负责的主管人员和其他直接责任人员给予记大过、降级或者撤职处分；情节严重的，给予开除处分。

对食品作虚假宣传且情节严重的，由省级以上人民政府食品安全监督管理部门决定暂停销售该食品，并向社会公布；仍然销售该食品的，由县级以上人民政府食品安全监督管理部门没收违法所得和违法销售的食品，并处二万元以上五万元以下罚款。

第一百四十一条 违反本法规定，编造、散布虚假食品安全信息，构成违反治安管理行为的，由公安机关依法给予治安管理处罚。

媒体编造、散布虚假食品安全信息的，由有关主管部门依法给予处罚，并对直接负责的主管人员和其他直接责任人员给予处分；使公民、法人或者其他组织的合法权益受到损害的，依法承担消除影响、恢复名誉、赔偿损失、赔礼道歉等民事责任。

第一百四十二条 违反本法规定，县级以上地方人民政府有下列行为之一的，对直接负责的主管人员和其他直接责任人员给予记大过处分；情节较重的，给予降级或者撤职处分；情节严重的，给予开除处分；造成严重后果的，其主要负责人还应当引咎辞职：

（一）对发生在本行政区域内的食品安全事故，未及时组织协调有关部门开展有效处置，造成不良影响或者损失；

（二）对本行政区域内涉及多环节的区域性食品安全问题，未及时组织整治，造成不良影响或者损失；

（三）隐瞒、谎报、缓报食品安全事故；

（四）本行政区域内发生特别重大食品安全事故，或者连续发生重大食品安全事故。

第一百四十三条 违反本法规定，县级以上地方人民政府有下列行为之一的，对直接负责的主管人员和其他直接责任人员给予警告、记过或者记大过处分；造成严重后果的，给予降级或者撤职处分：

（一）未确定有关部门的食品安全监督管理职责，未建立健全食品安全全程监督管理工作机制和信息共享机制，未落实食品安全监督管理责任制；

（二）未制定本行政区域的食品安全事故应急预案，或者发生食品安全事故后未按规定立即成立事故处置指挥机构、启动应急预案。

第一百四十四条 违反本法规定，县级以上人民政府食品安全监督管理、卫生行政、农业行政等部门有下列行为之一的，对直接负责的主管人员和其他直接责任人员给予记大过处分；情节较重的，给予降级或者撤职处分；情节严重的，给予开除处分；造成严重后果的，其主要负责人还应当引咎辞职：

（一）隐瞒、谎报、缓报食品安全事故；

（二）未按规定查处食品安全事故，或者接到食品安全事故报告未及时处理，造成事故扩大或者蔓延；

（三）经食品安全风险评估得出食品、食品添加剂、食品相关产品不安全结论后，未及时采取相应措施，造成食品安全事故或者不良社会影响；

（四）对不符合条件的申请人准予许可，或者超越法定职权准予许可；

（五）不履行食品安全监督管理职责，导致发生食品安全事故。

第一百四十五条 违反本法规定，县级以上人民政府食品安全监督管理、卫生行政、农业行政等部门有下列行为之一，造成不良后果的，对直接负责的主管人员和其他直接责任人员给予警告、记过或者记大过处分；情节较重的，给予降级或者撤职处分；情节严重的，给予开除处分：

（一）在获知有关食品安全信息后，未按规定向上级主管部门和本级人民政府报告，或者未按规定相互通报；

（二）未按规定公布食品安全信息；

（三）不履行法定职责，对查处食品安全违法行为不配合，或者滥用职权、玩忽职守、徇私舞弊。

第一百四十六条 食品安全监督管理等部门在履行食品安全监督管理职责过程中，违法实施检查、强制等执法措施，给生产经营者造成损失的，应当依法予以赔偿，对直接负责的主管人员和其他直接责任人员依法给予处分。

第一百四十七条 违反本法规定，造成人身、财产或者其他损害的，依法承担赔偿责任。生产经营者财产不足以同时承担民事赔偿责任和缴纳罚款、罚金时，先承担民事赔偿责任。

第一百四十八条 消费者因不符合食品安全标准的食品受到损害的，可以向经营者要求赔偿损失，也可以向生产者要求赔偿损失。接到消费者赔偿要求的生产经营者，应当实行首负责任制，先行赔付，不得推诿；属于生产者责任的，经营者赔偿后有权向生产者追偿；属于经营者责任的，生产者赔偿后有权向经营者追偿。

生产不符合食品安全标准的食品或者经营明知是不符合食品安全标准的食品，消费者除要求赔偿损失外，还可以向生产者或者经营者要求支付价款十倍或者损失三倍的赔偿金；增加赔偿的金额不足一千元的，为一千元。但是，食品的标签、说明书存在不影响食品安全且不会对消费者造成误导的瑕疵的除外。

第一百四十九条 违反本法规定，构成犯罪的，依法追究刑事责任。

第十章 附 则

第一百五十条 本法下列用语的含义：

食品，指各种供人食用或者饮用的成品和原料以及按照传统既是食品又是中药材的物品，但是不包括以治疗为目的的物品。

食品安全，指食品无毒、无害，符合应当有的营养要求，对人体健康不造成任何急性、亚急性或者慢性危害。

预包装食品，指预先定量包装或者制作在包装材料、容器中的食品。

食品添加剂，指为改善食品品质和色、香、味以及为防腐、保鲜和加工工艺的需要而加入食品中的人工合成或者天然物质，包括营养强化剂。

用于食品的包装材料和容器，指包装、盛放食品或者食品添加剂用的纸、竹、木、金属、搪瓷、陶瓷、塑料、橡胶、天然纤维、化学纤维、玻璃等制品和直接接触食品或者食品添加剂的涂料。

用于食品生产经营的工具、设备，指在食品或者食品添加剂生产、销售、使用过程中直接接触食品或者食品添加剂的机械、管道、传送带、容器、用具、餐具等。

用于食品的洗涤剂、消毒剂，指直接用于洗涤或者消毒食品、餐具、饮具以及直接接触食品的工具、设备或者食品包装材料和容器的物质。

食品保质期，指食品在标明的贮存条件下保持品质的期限。

食源性疾病，指食品中致病因素进入人体引起的感染性、中毒性等疾病，包括食物中毒。

食品安全事故，指食源性疾病、食品污染等源于食品，对人体健康有危害或者可能有危害的事故。

第一百五十一条 转基因食品和食盐的食

品安全管理,本法未作规定的,适用其他法律、行政法规的规定。

第一百五十二条 铁路、民航运营中食品安全的管理办法由国务院食品安全监督管理部门会同国务院有关部门依照本法制定。

保健食品的具体管理办法由国务院食品安全监督管理部门依照本法制定。

食品相关产品生产活动的具体管理办法由国务院食品安全监督管理部门依照本法制定。

国境口岸食品的监督管理由出入境检验检疫机构依照本法以及有关法律、行政法规的规定实施。

军队专用食品和自供食品的食品安全管理办法由中央军事委员会依照本法制定。

第一百五十三条 国务院根据实际需要,可以对食品安全监督管理体制作出调整。

第一百五十四条 本法自2015年10月1日起施行。

最高人民法院关于审理食品药品纠纷案件适用法律若干问题的规定

(2013年12月9日最高人民法院审判委员会第1599次会议通过 2013年12月23日最高人民法院公告公布 自2014年3月15日起施行 法释〔2013〕28号)

为正确审理食品药品纠纷案件,根据《中华人民共和国侵权责任法》《中华人民共和国合同法》《中华人民共和国消费者权益保护法》《中华人民共和国食品安全法》《中华人民共和国民事诉讼法》等法律的规定,结合审判实践,制定本规定。

第一条 消费者因食品、药品纠纷提起民事诉讼,符合民事诉讼法规定受理条件的,人民法院应予受理。

第二条 因食品、药品存在质量问题造成消费者损害,消费者可以分别起诉或者同时起诉销售者和生产者。

消费者仅起诉销售者或者生产者的,必要时人民法院可以追加相关当事人参加诉讼。

第三条 因食品、药品质量问题发生纠纷,购买者向生产者、销售者主张权利,生产者、销售者以购买者明知食品、药品存在质量问题而仍然购买为由进行抗辩的,人民法院不予支持。

第四条 食品、药品生产者、销售者提供给消费者的食品或者药品的赠品发生质量安全问题,造成消费者损害,消费者主张权利,生产者、销售者以消费者未对赠品支付对价为由进行免责抗辩的,人民法院不予支持。

第五条 消费者举证证明所购买食品、药品的事实以及所购食品、药品不符合合同的约定,主张食品、药品的生产者、销售者承担违约责任的,人民法院应予支持。

消费者举证证明因食用食品或者使用药品受到损害,初步证明损害与食用食品或者使用药品存在因果关系,并请求食品、药品的生产者、销售者承担侵权责任的,人民法院应予支持,但食品、药品的生产者、销售者能证明损害不是因产品不符合质量标准造成的除外。

第六条 食品的生产者与销售者应当对于食品符合质量标准承担举证责任。认定食品是否合格,应当以国家标准为依据;没有国家标准的,应当以地方标准为依据;没有国家标准、地方标准的,应当以企业标准为依据。食品的生产者采用的标准高于国家标准、地方标准的,应当以企业标准为依据。没有前述标准的,应当以食品安全法的相关规定为依据。

第七条 食品、药品虽在销售前取得检验合格证明,且食用或者使用时尚在保质期内,但经检验确认产品不合格,生产者或者销售者以该食品、药品具有检验合格证明为由进行抗辩的,人民法院不予支持。

第八条 集中交易市场的开办者、柜台出租者、展销会举办者未履行食品安全法规定的审查、检查、管理等义务,发生食品安全事故,致使消费者遭受人身损害,消费者请求集中交易市场的开办者、柜台出租者、展销会举办者承担连带责任的,人民法院应予支持。

第九条 消费者通过网络交易平台购买食品、药品遭受损害,网络交易平台提供者不能提供食品、药品的生产者或者销售者的真实名称、地址与有效联系方式,消费者请求网络交易平台提供者承担责任的,人民法院应予支持。

网络交易平台提供者承担赔偿责任后,向生产者或者销售者行使追偿权的,人民法院应予支持。

网络交易平台提供者知道或者应当知道食品、药品的生产者、销售者利用其平台侵害消费者合法权益,未采取必要措施,给消费者造成损害,消费者要求其与生产者、销售者承担连带责任的,人民法院应予支持。

第十条　未取得食品生产资质与销售资质的个人、企业或者其他组织,挂靠具有相应资质的生产者与销售者,生产、销售食品,造成消费者损害,消费者请求挂靠者与被挂靠者承担连带责任的,人民法院应予支持。

消费者仅起诉挂靠者或者被挂靠者的,必要时人民法院可以追加相关当事人参加诉讼。

第十一条　消费者因虚假广告推荐的食品、药品存在质量问题遭受损害,依据消费者权益保护法等法律相关规定请求广告经营者、广告发布者承担连带责任的,人民法院应予支持。

社会团体或者其他组织、个人,在虚假广告中向消费者推荐食品、药品,使消费者遭受损害,消费者依据消费者权益保护法等法律相关规定请求其与食品、药品的生产者、销售者承担连带责任的,人民法院应予支持。

第十二条　食品、药品检验机构故意出具虚假检验报告,造成消费者损害,消费者请求其承担连带责任的,人民法院应予支持。

食品、药品检验机构因过失出具不实检验报告,造成消费者损害,消费者请求其承担相应责任的,人民法院应予支持。

第十三条　食品认证机构故意出具虚假认证,造成消费者损害,消费者请求其承担连带责任的,人民法院应予支持。

食品认证机构因过失出具不实认证,造成消费者损害,消费者请求其承担相应责任的,人民法院应予支持。

第十四条　生产、销售的食品、药品存在质量问题,生产者与销售者需同时承担民事责任、行政责任和刑事责任,其财产不足以支付,当事人依照侵权责任法等有关法律规定,请求食品、药品的生产者、销售者首先承担民事责任的,人民法院应予支持。

第十五条　生产不符合安全标准的食品或者销售明知是不符合安全标准的食品,消费者除要求赔偿损失外,向生产者、销售者主张支付价款十倍赔偿金或者依照法律规定的其他赔偿标准要求赔偿的,人民法院应予支持。

第十六条　食品、药品的生产者与销售者以格式合同、通知、声明、告示等方式作出排除或者限制消费者权利,减轻或者免除经营者责任、加重消费者责任等对消费者不公平、不合理的规定,消费者依法请求认定该内容无效的,人民法院应予支持。

第十七条　消费者与化妆品、保健品等产品的生产者、销售者、广告经营者、广告发布者、推荐者、检验机构等主体之间的纠纷,参照适用本规定。

消费者协会依法提起公益诉讼的,参照适用本规定。

第十八条　本规定施行后人民法院正在审理的一审、二审案件适用本规定。

本规定施行前已经终审,本规定施行后当事人申请再审或者按照审判监督程序决定再审的案件,不适用本规定。

中华人民共和国消费者权益保护法①

(1993年10月31日第八届全国人民代表大会常务委员会第四次会议通过　1993年10月31日中华人民共和国主席令第11号公布　自1994年1月1日起施行)

目　　录

① 编者注:已被修改。

第一章 总 则

第一条 为保护消费者的合法权益,维护社会经济秩序,促进社会主义市场经济健康发展,制定本法。

第二条 消费者为生活消费需要购买、使用商品或者接受服务,其权益受本法保护;本法未作规定的,受其他有关法律、法规保护。

第三条 经营者为消费者提供其生产、销售的商品或者提供服务,应当遵守本法;本法未作规定的,应当遵守其他有关法律、法规。

第四条 经营者与消费者进行交易,应当遵循自愿、平等、公平、诚实信用的原则。

第五条 国家保护消费者的合法权益不受侵害。

国家采取措施,保障消费者依法行使权利,维护消费者的合法权益。

第六条 保护消费者的合法权益是全社会的共同责任。

国家鼓励、支持一切组织和个人对损害消费者合法权益的行为进行社会监督。

大众传播媒介应当做好维护消费者合法权益的宣传,对损害消费者合法权益的行为进行舆论监督。

第二章 消费者的权利

第七条 消费者在购买、使用商品和接受服务时享有人身、财产安全不受损害的权利。

消费者有权要求经营者提供的商品和服务,符合保障人身、财产安全的要求。

第八条 消费者享有知悉其购买、使用的商品或者接受的服务的真实情况的权利。

消费者有权根据商品或者服务的不同情况,要求经营者提供商品的价格、产地、生产者、用途、性能、规格、等级、主要成分、生产日期、有效期限、检验合格证明、使用方法说明书、售后服务,或者服务的内容、规格、费用等有关情况。

第九条 消费者享有自主选择商品或者服务的权利。

消费者有权自主选择提供商品或者服务的经营者,自主选择商品品种或者服务方式,自主决定购买或者不购买任何一种商品、接受或者不接受任何一项服务。

消费者在自主选择商品或者服务时,有权进行比较、鉴别和挑选。

第十条 消费者享有公平交易的权利。

消费者在购买商品或者接受服务时,有权获得质量保障、价格合理、计量正确等公平交易条件,有权拒绝经营者的强制交易行为。

第十一条 消费者因购买、使用商品或者接受服务受到人身、财产损害的,享有依法获得赔偿的权利。

第十二条 消费者享有依法成立维护自身合法权益的社会团体的权利。

第十三条 消费者享有获得有关消费和消费者权益保护方面的知识的权利。

消费者应当努力掌握所需商品或者服务的知识和使用技能,正确使用商品,提高自我保护意识。

第十四条 消费者在购买、使用商品和接受服务时,享有其人格尊严、民族风俗习惯得到尊重的权利。

第十五条 消费者享有对商品和服务以及保护消费者权益工作进行监督的权利。

消费者有权检举、控告侵害消费者权益的行为和国家机关及其工作人员在保护消费者权益工作中的违法失职行为,有权对保护消费者权益工作提出批评、建议。

第三章 经营者的义务

第十六条 经营者向消费者提供商品或者服务,应当依照《中华人民共和国产品质量法》和其他有关法律、法规的规定履行义务。

经营者和消费者有约定的,应当按照约定履行义务,但双方的约定不得违背法律、法规的规定。

第十七条 经营者应当听取消费者对其提供的商品或者服务的意见,接受消费者的监督。

第十八条 经营者应当保证其提供的商品或者服务符合保障人身、财产安全的要求。对可能危及人身、财产安全的商品和服务,应当向消费者作出真实的说明和明确的警示,并说明和标明正确使用商品或者接受服务的方法以及防止危害发生的方法。

经营者发现其提供的商品或者服务存在严重缺陷,即使正确使用商品或者接受服务仍然可能对人身、财产安全造成危害的,应当立即向有关行政部门报告和告知消费者,并采取防止危害发生的措施。

第十九条 经营者应当向消费者提供有关商品或者服务的真实信息,不得作引人误解的虚假宣传。

经营者对消费者就其提供的商品或者服务的质量和使用方法等问题提出的询问,应当作出真实、明确的答复。

商店提供商品应当明码标价。

第二十条 经营者应当标明其真实名称和标记。

租赁他人柜台或者场地的经营者,应当标明其真实名称和标记。

第二十一条 经营者提供商品或者服务,应当按照国家有关规定或者商业惯例向消费者出具购货凭证或者服务单据;消费者索要购货凭证或者服务单据的,经营者必须出具。

第二十二条 经营者应当保证在正常使用商品或者接受服务的情况下其提供的商品或者服务应当具有的质量、性能、用途和有效期限;但消费者在购买该商品或者接受该服务前已经知道其存在瑕疵的除外。

经营者以广告、产品说明、实物样品或者其他方式表明商品或者服务的质量状况的,应当保证其提供的商品或者服务的实际质量与表明的质量状况相符。

第二十三条 经营者提供商品或者服务,按照国家规定或者与消费者的约定,承担包修、包换、包退或者其他责任的,应当按照国家规定或者约定履行,不得故意拖延或者无理拒绝。

第二十四条 经营者不得以格式合同、通知、声明、店堂告示等方式作出对消费者不公平、不合理的规定,或者减轻、免除其损害消费者合法权益应当承担的民事责任。

格式合同、通知、声明、店堂告示等含有前款所列内容的,其内容无效。

第二十五条 经营者不得对消费者进行侮辱、诽谤,不得搜查消费者的身体及其携带的物品,不得侵犯消费者的人身自由。

第四章 国家对消费者合法权益的保护

第二十六条 国家制定有关消费者权益的法律、法规和政策时,应当听取消费者的意见和要求。

第二十七条 各级人民政府应当加强领导,组织、协调、督促有关行政部门做好保护消费者合法权益的工作。

各级人民政府应当加强监督,预防危害消费者人身、财产安全行为的发生,及时制止危害消费者人身、财产安全的行为。

第二十八条 各级人民政府工商行政管理部门和其他有关行政部门应当依照法律、法规的规定,在各自的职责范围内,采取措施,保护消费者的合法权益。

有关行政部门应当听取消费者及其社会团体对经营者交易行为、商品和服务质量问题的意见,及时调查处理。

第二十九条 有关国家机关应当依照法律、法规的规定,惩处经营者在提供商品和服务中侵害消费者合法权益的违法犯罪行为。

第三十条 人民法院应当采取措施,方便消费者提起诉讼。对符合《中华人民共和国民事诉讼法》起诉条件的消费者权益争议,必须受理,及时审理。

第五章 消费者组织

第三十一条 消费者协会和其他消费者组织是依法成立的对商品和服务进行社会监督的保护消费者合法权益的社会团体。

第三十二条 消费者协会履行下列职能:

(一)向消费者提供消费信息和咨询服务;

(二)参与有关行政部门对商品和服务的监督、检查;

(三)就有关消费者合法权益的问题,向有关行政部门反映、查询,提出建议;

(四)受理消费者的投诉,并对投诉事项进行调查、调解;

(五)投诉事项涉及商品和服务质量问题的,可以提请鉴定部门鉴定,鉴定部门应当告知鉴定结论;

(六)就损害消费者合法权益的行为,支持

受损害的消费者提起诉讼;

(七)对损害消费者合法权益的行为,通过大众传播媒介予以揭露、批评。

各级人民政府对消费者协会履行职能应当予以支持。

第三十三条 消费者组织不得从事商品经营和营利性服务,不得以牟利为目的向社会推荐商品和服务。

第六章 争议的解决

第三十四条 消费者和经营者发生消费者权益争议的,可以通过下列途径解决:

(一)与经营者协商和解;

(二)请求消费者协会调解;

(三)向有关行政部门申诉;

(四)根据与经营者达成的仲裁协议提请仲裁机构仲裁;

(五)向人民法院提起诉讼。

第三十五条 消费者在购买、使用商品时,其合法权益受到损害的,可以向销售者要求赔偿。销售者赔偿后,属于生产者的责任或者属于向销售者提供商品的其他销售者的责任的,销售者有权向生产者或者其他销售者追偿。

消费者或者其他受害人因商品缺陷造成人身、财产损害的,可以向销售者要求赔偿,也可以向生产者要求赔偿。属于生产者责任的,销售者赔偿后,有权向生产者追偿。属于销售者责任的,生产者赔偿后,有权向销售者追偿。

消费者在接受服务时,其合法权益受到损害的,可以向服务者要求赔偿。

第三十六条 消费者在购买、使用商品或者接受服务时,其合法权益受到损害,因原企业分立、合并的,可以向变更后承受其权利义务的企业要求赔偿。

第三十七条 使用他人营业执照的违法经营者提供商品或者服务,损害消费者合法权益的,消费者可以向其要求赔偿,也可以向营业执照的持有人要求赔偿。

第三十八条 消费者在展销会、租赁柜台购买商品或者接受服务,其合法权益受到损害的,可以向销售者或者服务者要求赔偿。展销会结束或者柜台租赁期满后,也可以向展销会的举办者、柜台的出租者要求赔偿。展销会的举办者、柜台的出租者赔偿后,有权向销售者或者服务者追偿。

第三十九条 消费者因经营者利用虚假广告提供商品或者服务,其合法权益受到损害的,可以向经营者要求赔偿。广告的经营者发布虚假广告的,消费者可以请求行政主管部门予以惩处。广告的经营者不能提供经营者的真实名称、地址的,应当承担赔偿责任。

第七章 法律责任

第四十条 经营者提供商品或者服务有下列情形之一的,除本法另有规定外,应当依照《中华人民共和国产品质量法》和其他有关法律、法规的规定,承担民事责任:

(一)商品存在缺陷的;

(二)不具备商品应当具备的使用性能而出售时未作说明的;

(三)不符合在商品或者其包装上注明采用的商品标准的;

(四)不符合商品说明、实物样品等方式表明的质量状况的;

(五)生产国家明令淘汰的商品或者销售失效、变质的商品的;

(六)销售的商品数量不足的;

(七)服务的内容和费用违反约定的;

(八)对消费者提出的修理、重作、更换、退货、补足商品数量、退还货款和服务费用或者赔偿损失的要求,故意拖延或者无理拒绝的;

(九)法律、法规规定的其他损害消费者权益的情形。

第四十一条 经营者提供商品或者服务,造成消费者或者其他受害人人身伤害的,应当支付医疗费、治疗期间的护理费、因误工减少的收入等费用,造成残疾的,还应当支付残疾者生活自助具费、生活补助费、残疾赔偿金以及由其扶养的人所必需的生活费等费用;构成犯罪的,依法追究刑事责任。

第四十二条 经营者提供商品或者服务,造成消费者或者其他受害人死亡的,应当支付丧葬费、死亡赔偿金以及由死者生前扶养的人所必需的生活费等费用;构成犯罪的,依法追究刑事责任。

第四十三条　经营者违反本法第二十五条规定，侵害消费者的人格尊严或者侵犯消费者人身自由的，应当停止侵害、恢复名誉、消除影响、赔礼道歉，并赔偿损失。

第四十四条　经营者提供商品或者服务，造成消费者财产损害的，应当按照消费者的要求，以修理、重作、更换、退货、补足商品数量、退还货款和服务费用或者赔偿损失等方式承担民事责任。消费者与经营者另有约定的，按照约定履行。

第四十五条　对国家规定或者经营者与消费者约定包修、包换、包退的商品，经营者应当负责修理、更换或者退货。在保修期内两次修理仍不能正常使用的，经营者应当负责更换或者退货。

对包修、包换、包退的大件商品，消费者要求经营者修理、更换、退货的，经营者应当承担运输等合理费用。

第四十六条　经营者以邮购方式提供商品的，应当按照约定提供。未按照约定提供的，应当按照消费者的要求履行约定或者退回货款；并应当承担消费者必须支付的合理费用。

第四十七条　经营者以预收款方式提供商品或者服务的，应当按照约定提供。未按照约定提供的，应当按照消费者的要求履行约定或者退回预付款；并应当承担预付款的利息、消费者必须支付的合理费用。

第四十八条　依法经有关行政部门认定为不合格的商品，消费者要求退货的，经营者应当负责退货。

第四十九条　经营者提供商品或者服务有欺诈行为的，应当按照消费者的要求增加赔偿其受到的损失，增加赔偿的金额为消费者购买商品的价款或者接受服务的费用的一倍。

第五十条　经营者有下列情形之一，《中华人民共和国产品质量法》和其他有关法律、法规对处罚机关和处罚方式有规定的，依照法律、法规的规定执行；法律、法规未作规定的，由工商行政管理部门责令改正，可以根据情节单处或者并处警告、没收违法所得、处以违法所得一倍以上五倍以下的罚款，没有违法所得的，处以1万元以下的罚款；情节严重的，责令停业整顿、吊销营业执照：

（一）生产、销售的商品不符合保障人身、财产安全要求的；

（二）在商品中掺杂、掺假，以假充真，以次充好，或者以不合格商品冒充合格商品的；

（三）生产国家明令淘汰的商品或者销售失效、变质的商品的；

（四）伪造商品的产地，伪造或者冒用他人的厂名、厂址，伪造或者冒用认证标志、名优标志等质量标志的；

（五）销售的商品应当检验、检疫而未检验、检疫或者伪造检验、检疫结果的；

（六）对商品或者服务作引人误解的虚假宣传的；

（七）对消费者提出的修理、重作、更换、退货、补足商品数量、退还货款和服务费用或者赔偿损失的要求，故意拖延或者无理拒绝的；

（八）侵害消费者人格尊严或者侵犯消费者人身自由的；

（九）法律、法规规定的对损害消费者权益应当予以处罚的其他情形。

第五十一条　经营者对行政处罚决定不服的，可以自收到处罚决定之日起15日内向上一级机关申请复议，对复议决定不服的，可以自收到复议决定书之日起15日内向人民法院提起诉讼；也可以直接向人民法院提起诉讼。

第五十二条　以暴力、威胁等方法阻碍有关行政部门工作人员依法执行职务的，依法追究刑事责任；拒绝、阻碍有关行政部门工作人员依法执行职务，未使用暴力、威胁方法的，由公安机关依照《中华人民共和国治安管理处罚条例》的规定处罚。

第五十三条　国家机关工作人员玩忽职守或者包庇经营者侵害消费者合法权益的行为的，由其所在单位或者上级机关给予行政处分；情节严重，构成犯罪的，依法追究刑事责任。

第八章　附　　则

第五十四条　农民购买、使用直接用于农业生产的生产资料，参照本法执行。

第五十五条　本法自1994年1月1日起施行。

全国人民代表大会常务委员会关于修改部分法律的决定(节录)[①]

(2009 年 8 月 27 日第十一届全国人民代表大会常务委员会第十次会议通过 2009 年 8 月 27 日中华人民共和国主席令第 18 号公布 自公布之日起施行)

第十一届全国人民代表大会常务委员会第十次会议决定:

……

四、对下列法律和有关法律问题的决定中关于治安管理处罚的规定作出修改

(一)将下列法律和有关法律问题的决定中引用的"治安管理处罚条例"修改为"治安管理处罚法"

……

68.《中华人民共和国消费者权益保护法》第五十二条

……

本决定自公布之日起施行。

全国人民代表大会常务委员会关于修改《中华人民共和国消费者权益保护法》的决定

(2013 年 10 月 25 日第十二届全国人民代表大会常务委员会第五次会议通过 2013 年 10 月 25 日中华人民共和国主席令第 7 号公布 自 2014 年 3 月 15 日起施行)

第十二届全国人民代表大会常务委员会第五次会议决定对《中华人民共和国消费者权益保护法》作如下修改:

一、第五条增加一款,作为第三款:"国家倡导文明、健康、节约资源和保护环境的消费方式,反对浪费。"

二、将第十四条修改为:"消费者在购买、使用商品和接受服务时,享有人格尊严、民族风俗习惯得到尊重的权利,享有个人信息依法得到保护的权利。"

三、将第十六条第一款修改为:"经营者向消费者提供商品或者服务,应当依照本法和其他有关法律、法规的规定履行义务。"

增加一款,作为第三款:"经营者向消费者提供商品或者服务,应当恪守社会公德,诚信经营,保障消费者的合法权益;不得设定不公平、不合理的交易条件,不得强制交易。"

四、第十八条增加一款,作为第二款:"宾馆、商场、餐馆、银行、机场、车站、港口、影剧院等经营场所的经营者,应当对消费者尽到安全保障义务。"

将第二款改为第十九条,修改为:"经营者发现其提供的商品或者服务存在缺陷,有危及人身、财产安全危险的,应当立即向有关行政部门报告和告知消费者,并采取停止销售、警示、召回、无害化处理、销毁、停止生产或者服务等措施。采取召回措施的,经营者应当承担消费者因商品被召回支出的必要费用。"

五、将第十九条改为第二十条,第一款修改为:"经营者向消费者提供有关商品或者服务的质量、性能、用途、有效期限等信息,应当真实、全面,不得作虚假或者引人误解的宣传。"

第三款修改为:"经营者提供商品或者服务应当明码标价。"

六、将第二十一条改为第二十二条,其中的"购货凭证或者服务单据"修改为"发票等购货凭证或者服务单据"。

七、将第二十二条改为第二十三条,第一款中的"但消费者在购买该商品或者接受该服务前已经知道其存在瑕疵的除外"修改为"但消费者在购买该商品或者接受该服务前已经知道其存在瑕疵,且存在该瑕疵不违反法律强制性规定的除外"。

增加一款,作为第三款:"经营者提供的机动车、计算机、电视机、电冰箱、空调器、洗衣机等耐用商品或者装饰装修等服务,消费者自接受商品或者服务之日起六个月内发现瑕疵,发生争议的,由经营者承担有关瑕疵的举证责任。"

八、将第二十三条、第四十五条合并,作为第

---

① 编者注:部分废止。

二十四条,修改为:“经营者提供的商品或者服务不符合质量要求的,消费者可以依照国家规定、当事人约定退货,或者要求经营者履行更换、修理等义务。没有国家规定和当事人约定的,消费者可以自收到商品之日起七日内退货;七日后符合法定解除合同条件的,消费者可以及时退货,不符合法定解除合同条件的,可以要求经营者履行更换、修理等义务。

“依照前款规定进行退货、更换、修理的,经营者应当承担运输等必要费用。”

九、增加一条,作为第二十五条:“经营者采用网络、电视、电话、邮购等方式销售商品,消费者有权自收到商品之日起七日内退货,且无需说明理由,但下列商品除外:

“(一)消费者定作的;

“(二)鲜活易腐的;

“(三)在线下载或者消费者拆封的音像制品、计算机软件等数字化商品;

“(四)交付的报纸、期刊。

“除前款所列商品外,其他根据商品性质并经消费者在购买时确认不宜退货的商品,不适用无理由退货。

“消费者退货的商品应当完好。经营者应当自收到退回商品之日起七日内返还消费者支付的商品价款。退回商品的运费由消费者承担;经营者和消费者另有约定的,按照约定。”

十、将第二十四条改为第二十六条,增加一款,作为第一款:“经营者在经营活动中使用格式条款的,应当以显著方式提请消费者注意商品或者服务的数量和质量、价款或者费用、履行期限和方式、安全注意事项和风险警示、售后服务、民事责任等与消费者有重大利害关系的内容,并按照消费者的要求予以说明。”

第一款、第二款改为第二款、第三款,修改为:“经营者不得以格式条款、通知、声明、店堂告示等方式,作出排除或者限制消费者权利、减轻或者免除经营者责任、加重消费者责任等对消费者不公平、不合理的规定,不得利用格式条款并借助技术手段强制交易。

“格式条款、通知、声明、店堂告示等含有前款所列内容的,其内容无效。”

十一、增加一条,作为第二十八条:“采用网络、电视、电话、邮购等方式提供商品或者服务的经营者,以及提供证券、保险、银行等金融服务的经营者,应当向消费者提供经营地址、联系方式、商品或者服务的数量和质量、价款或者费用、履行期限和方式、安全注意事项和风险警示、售后服务、民事责任等信息。”

十二、增加一条,作为第二十九条:“经营者收集、使用消费者个人信息,应当遵循合法、正当、必要的原则,明示收集、使用信息的目的、方式和范围,并经消费者同意。经营者收集、使用消费者个人信息,应当公开其收集、使用规则,不得违反法律、法规的规定和双方的约定收集、使用信息。

“经营者及其工作人员对收集的消费者个人信息必须严格保密,不得泄露、出售或者非法向他人提供。经营者应当采取技术措施和其他必要措施,确保信息安全,防止消费者个人信息泄露、丢失。在发生或者可能发生信息泄露、丢失的情况时,应当立即采取补救措施。

“经营者未经消费者同意或者请求,或者消费者明确表示拒绝的,不得向其发送商业性信息。”

十三、将第二十六条改为第三十条,修改为:“国家制定有关消费者权益的法律、法规、规章和强制性标准,应当听取消费者和消费者协会等组织的意见。”

相应地将第二十八条第二款中的“及其社会团体”修改为“和消费者协会等组织”。

十四、将第二十七条改为第三十一条,第一款修改为:“各级人民政府应当加强领导,组织、协调、督促有关行政部门做好保护消费者合法权益的工作,落实保护消费者合法权益的职责。”

增加一条,作为第三十三条:“有关行政部门在各自的职责范围内,应当定期或者不定期对经营者提供的商品和服务进行抽查检验,并及时向社会公布抽查检验结果。

“有关行政部门发现并认定经营者提供的商品或者服务存在缺陷,有危及人身、财产安全危险的,应当立即责令经营者采取停止销售、警示、召回、无害化处理、销毁、停止生产或者服务等措施。”

十五、将第三十一条改为第三十六条,修改为："消费者协会和其他消费者组织是依法成立的对商品和服务进行社会监督的保护消费者合法权益的社会组织。"

相应地将第十二条中的"社会团体"修改为"社会组织"。

将第三十二条改为第三十七条，第一款中的"消费者协会履行下列职能："修改为"消费者协会履行下列公益性职责："。

第一款第一项修改为："（一）向消费者提供消费信息和咨询服务，提高消费者维护自身合法权益的能力，引导文明、健康、节约资源和保护环境的消费方式"。

第一款增加一项，作为第二项："（二）参与制定有关消费者权益的法律、法规、规章和强制性标准"。

第一款第三项改为第四项，修改为："（四）就有关消费者合法权益的问题，向有关部门反映、查询，提出建议"。

第一款第五项改为第六项，修改为："（六）投诉事项涉及商品和服务质量问题的，可以委托具备资格的鉴定人鉴定，鉴定人应当告知鉴定意见"。

第一款第六项改为第七项，修改为："（七）就损害消费者合法权益的行为，支持受损害的消费者提起诉讼或者依照本法提起诉讼"。

第二款修改为："各级人民政府对消费者协会履行职责应当予以必要的经费等支持。"

增加二款，作为第三款、第四款："消费者协会应当认真履行保护消费者合法权益的职责，听取消费者的意见和建议，接受社会监督。

"依法成立的其他消费者组织依照法律、法规及其章程的规定，开展保护消费者合法权益的活动。"

将第三十三条改为第三十八条，修改为："消费者组织不得从事商品经营和营利性服务，不得以收取费用或者其他牟取利益的方式向消费者推荐商品和服务。"

十六、将第三十四条改为第三十九条，第二项修改为："（二）请求消费者协会或者依法成立的其他调解组织调解"。

第三项修改为："（三）向有关行政部门投诉"。

十七、增加一条，作为第四十四条："消费者通过网络交易平台购买商品或者接受服务，其合法权益受到损害的，可以向销售者或者服务者要求赔偿。网络交易平台提供者不能提供销售者或者服务者的真实名称、地址和有效联系方式的，消费者也可以向网络交易平台提供者要求赔偿；网络交易平台提供者作出更有利于消费者的承诺的，应当履行承诺。网络交易平台提供者赔偿后，有权向销售者或者服务者追偿。

"网络交易平台提供者明知或者应知销售者或者服务者利用其平台侵害消费者合法权益，未采取必要措施的，依法与该销售者或者服务者承担连带责任。"

十八、将第三十九条改为第四十五条第一款，其中的"利用虚假广告"修改为"利用虚假广告或者其他虚假宣传方式"，"广告的经营者"修改为"广告经营者、发布者"，"真实名称、地址"修改为"真实名称、地址和有效联系方式"。

增加二款，作为第二款、第三款："广告经营者、发布者设计、制作、发布关系消费者生命健康商品或者服务的虚假广告，造成消费者损害的，应当与提供该商品或者服务的经营者承担连带责任。

"社会团体或者其他组织、个人在关系消费者生命健康商品或者服务的虚假广告或者其他虚假宣传中向消费者推荐商品或者服务，造成消费者损害的，应当与提供该商品或者服务的经营者承担连带责任。"

十九、增加一条，作为第四十六条："消费者向有关行政部门投诉的，该部门应当自收到投诉之日起七个工作日内，予以处理并告知消费者。"

二十、增加一条，作为第四十七条："对侵害众多消费者合法权益的行为，中国消费者协会以及在省、自治区、直辖市设立的消费者协会，可以向人民法院提起诉讼。"

二十一、将第四十条改为第四十八条第一款，其中的"应当依照《中华人民共和国产品质量法》和其他有关法律、法规的规定"修改为"应当依照其他有关法律、法规的规定"。

第一项修改为："（一）商品或者服务存在缺陷的"。

增加一款，作为第二款："经营者对消费者未尽到安全保障义务，造成消费者损害的，应当承担侵权责任。”

二十二、将第四十一条、第四十二条合并，作为第四十九条，修改为：“经营者提供商品或者服务，造成消费者或者其他受害人人身伤害的，应当赔偿医疗费、护理费、交通费等为治疗和康复支出的合理费用，以及因误工减少的收入。造成残疾的，还应当赔偿残疾生活辅助具费和残疾赔偿金。造成死亡的，还应当赔偿丧葬费和死亡赔偿金。”

二十三、将第四十三条改为第五十条，修改为：“经营者侵害消费者的人格尊严、侵犯消费者人身自由或者侵害消费者个人信息依法得到保护的权利的，应当停止侵害、恢复名誉、消除影响、赔礼道歉，并赔偿损失。”

二十四、增加一条，作为第五十一条：“经营者有侮辱诽谤、搜查身体、侵犯人身自由等侵害消费者或者其他受害人人身权益的行为，造成严重精神损害的，受害人可以要求精神损害赔偿。”

二十五、将第四十四条改为第五十二条，修改为：“经营者提供商品或者服务，造成消费者财产损害的，应当依照法律规定或者当事人约定承担修理、重作、更换、退货、补足商品数量、退还货款和服务费用或者赔偿损失等民事责任。”

二十六、删去第四十六条。

二十七、将第四十九条改为第五十五条第一款，修改为：“经营者提供商品或者服务有欺诈行为的，应当按照消费者的要求增加赔偿其受到的损失，增加赔偿的金额为消费者购买商品的价款或者接受服务的费用的三倍；增加赔偿的金额不足五百元的，为五百元。法律另有规定的，依照其规定。”

增加一款，作为第二款：“经营者明知商品或者服务存在缺陷，仍然向消费者提供，造成消费者或者其他受害人死亡或者健康严重损害的，受害人有权要求经营者依照本法第四十九条、第五十一条等法律规定赔偿损失，并有权要求所受损失二倍以下的惩罚性赔偿。”

二十八、将第五十条改为第五十六条第一款，其中的“《中华人民共和国产品质量法》和其他有关法律、法规对处罚机关和处罚方式有规定的”修改为“除承担相应的民事责任外，其他有关法律、法规对处罚机关和处罚方式有规定的”，“工商行政管理部门”修改为“工商行政管理部门或者其他有关行政部门”，“处以违法所得一倍以上五倍以下的罚款”修改为“处以违法所得一倍以上十倍以下的罚款”，“处以一万元以下的罚款”修改为“处以五十万元以下的罚款”。

第一项修改为：“（一）提供的商品或者服务不符合保障人身、财产安全要求的”。

第四项修改为：“（四）伪造商品的产地，伪造或者冒用他人的厂名、厂址，篡改生产日期，伪造或者冒用认证标志等质量标志的”。

第六项修改为：“（六）对商品或者服务作虚假或者引人误解的宣传的”。

增加一项，作为第七项：“（七）拒绝或者拖延有关行政部门责令对缺陷商品或者服务采取停止销售、警示、召回、无害化处理、销毁、停止生产或者服务等措施的”。

第八项改为第九项，修改为：“（九）侵害消费者人格尊严、侵犯消费者人身自由或者侵害消费者个人信息依法得到保护的权利的”。

增加一款，作为第二款：“经营者有前款规定情形的，除依照法律、法规规定予以处罚外，处罚机关应当记入信用档案，向社会公布。”

二十九、增加一条，作为第五十七条：“经营者违反本法规定提供商品或者服务，侵害消费者合法权益，构成犯罪的，依法追究刑事责任。”

三十、增加一条，作为第五十八条：“经营者违反本法规定，应当承担民事赔偿责任和缴纳罚款、罚金，其财产不足以同时支付的，先承担民事赔偿责任。”

三十一、将第五十一条改为第五十九条，修改为：“经营者对行政处罚决定不服的，可以依法申请行政复议或者提起行政诉讼。”

此外，对条文顺序作相应调整。

本决定自2014年3月15日起施行。

《中华人民共和国消费者权益保护法》根据本决定作相应修改，重新公布。

中华人民共和国消费者权益保护法

(1993年10月31日第八届全国人民代表大会常务委员会第四次会议通过 根据2009年8月27日第十一届全国人民代表大会常务委员会第十次会议《关于修改部分法律的决定》第一次修正 根据2013年10月25日第十二届全国人民代表大会常务委员会第五次会议《关于修改〈中华人民共和国消费者权益保护法〉的决定》第二次修正)

目 录

第一章 总 则

第一条 为保护消费者的合法权益,维护社会经济秩序,促进社会主义市场经济健康发展,制定本法。

第二条 消费者为生活消费需要购买、使用商品或者接受服务,其权益受本法保护;本法未作规定的,受其他有关法律、法规保护。

第三条 经营者为消费者提供其生产、销售的商品或者提供服务,应当遵守本法;本法未作规定的,应当遵守其他有关法律、法规。

第四条 经营者与消费者进行交易,应当遵循自愿、平等、公平、诚实信用的原则。

第五条 国家保护消费者的合法权益不受侵害。

国家采取措施,保障消费者依法行使权利,维护消费者的合法权益。

国家倡导文明、健康、节约资源和保护环境的消费方式,反对浪费。

第六条 保护消费者的合法权益是全社会的共同责任。

国家鼓励、支持一切组织和个人对损害消费者合法权益的行为进行社会监督。

大众传播媒介应当做好维护消费者合法权益的宣传,对损害消费者合法权益的行为进行舆论监督。

第二章 消费者的权利

第七条 消费者在购买、使用商品和接受服务时享有人身、财产安全不受损害的权利。

消费者有权要求经营者提供的商品和服务,符合保障人身、财产安全的要求。

第八条 消费者享有知悉其购买、使用的商品或者接受的服务的真实情况的权利。

消费者有权根据商品或者服务的不同情况,要求经营者提供商品的价格、产地、生产者、用途、性能、规格、等级、主要成份、生产日期、有效期限、检验合格证明、使用方法说明书、售后服务,或者服务的内容、规格、费用等有关情况。

第九条 消费者享有自主选择商品或者服务的权利。

消费者有权自主选择提供商品或者服务的经营者,自主选择商品品种或者服务方式,自主决定购买或者不购买任何一种商品、接受或者不接受任何一项服务。

消费者在自主选择商品或者服务时,有权进行比较、鉴别和挑选。

第十条 消费者享有公平交易的权利。

消费者在购买商品或者接受服务时,有权获得质量保障、价格合理、计量正确等公平交易条件,有权拒绝经营者的强制交易行为。

第十一条 消费者因购买、使用商品或者接受服务受到人身、财产损害的,享有依法获得赔偿的权利。

第十二条 消费者享有依法成立维护自身合法权益的社会组织的权利。

第十三条 消费者享有获得有关消费和消费者权益保护方面的知识的权利。

消费者应当努力掌握所需商品或者服务的知识和使用技能,正确使用商品,提高自我保护意识。

第十四条 消费者在购买、使用商品和接受服务时,享有人格尊严、民族风俗习惯得到尊重的权利，享有个人信息依法得到保护的权利。

第十五条　消费者享有对商品和服务以及保护消费者权益工作进行监督的权利。

消费者有权检举、控告侵害消费者权益的行为和国家机关及其工作人员在保护消费者权益工作中的违法失职行为，有权对保护消费者权益工作提出批评、建议。

第三章　经营者的义务

第十六条　经营者向消费者提供商品或者服务，应当依照本法和其他有关法律、法规的规定履行义务。

经营者和消费者有约定的，应当按照约定履行义务，但双方的约定不得违背法律、法规的规定。

经营者向消费者提供商品或者服务，应当恪守社会公德，诚信经营，保障消费者的合法权益；不得设定不公平、不合理的交易条件，不得强制交易。

第十七条　经营者应当听取消费者对其提供的商品或者服务的意见，接受消费者的监督。

第十八条　经营者应当保证其提供的商品或者服务符合保障人身、财产安全的要求。对可能危及人身、财产安全的商品和服务，应当向消费者作出真实的说明和明确的警示，并说明和标明正确使用商品或者接受服务的方法以及防止危害发生的方法。

宾馆、商场、餐馆、银行、机场、车站、港口、影剧院等经营场所的经营者，应当对消费者尽到安全保障义务。

第十九条　经营者发现其提供的商品或者服务存在缺陷，有危及人身、财产安全危险的，应当立即向有关行政部门报告和告知消费者，并采取停止销售、警示、召回、无害化处理、销毁、停止生产或者服务等措施。采取召回措施的，经营者应当承担消费者因商品被召回支出的必要费用。

第二十条　经营者向消费者提供有关商品或者服务的质量、性能、用途、有效期限等信息，应当真实、全面，不得作虚假或者引人误解的宣传。

经营者对消费者就其提供的商品或者服务的质量和使用方法等问题提出的询问，应当作出真实、明确的答复。

经营者提供商品或者服务应当明码标价。

第二十一条　经营者应当标明其真实名称和标记。

租赁他人柜台或者场地的经营者，应当标明其真实名称和标记。

第二十二条　经营者提供商品或者服务，应当按照国家有关规定或者商业惯例向消费者出具发票等购货凭证或者服务单据；消费者索要发票等购货凭证或者服务单据的，经营者必须出具。

第二十三条　经营者应当保证在正常使用商品或者接受服务的情况下其提供的商品或者服务应当具有的质量、性能、用途和有效期限；但消费者在购买该商品或者接受该服务前已经知道其存在瑕疵，且存在该瑕疵不违反法律强制性规定的除外。

经营者以广告、产品说明、实物样品或者其他方式表明商品或者服务的质量状况的，应当保证其提供的商品或者服务的实际质量与表明的质量状况相符。

经营者提供的机动车、计算机、电视机、电冰箱、空调器、洗衣机等耐用商品或者装饰装修等服务，消费者自接受商品或者服务之日起六个月内发现瑕疵，发生争议的，由经营者承担有关瑕疵的举证责任。

第二十四条　经营者提供的商品或者服务不符合质量要求的，消费者可以依照国家规定、当事人约定退货，或者要求经营者履行更换、修理等义务。没有国家规定和当事人约定的，消费者可以自收到商品之日起七日内退货；七日后符合法定解除合同条件的，消费者可以及时退货，不符合法定解除合同条件的，可以要求经营者履行更换、修理等义务。

依照前款规定进行退货、更换、修理的，经营者应当承担运输等必要费用。

第二十五条　经营者采用网络、电视、电话、邮购等方式销售商品，消费者有权自收到商品之日起七日内退货，且无需说明理由，但下列商品除外：

(一)消费者定作的；

(二)鲜活易腐的；

（三）在线下载或者消费者拆封的音像制品、计算机软件等数字化商品；

（四）交付的报纸、期刊。

除前款所列商品外，其他根据商品性质并经消费者在购买时确认不宜退货的商品，不适用无理由退货。

消费者退货的商品应当完好。经营者应当自收到退回商品之日起七日内返还消费者支付的商品价款。退回商品的运费由消费者承担；经营者和消费者另有约定的，按照约定。

第二十六条 经营者在经营活动中使用格式条款的，应当以显著方式提请消费者注意商品或者服务的数量和质量、价款或者费用、履行期限和方式、安全注意事项和风险警示、售后服务、民事责任等与消费者有重大利害关系的内容，并按照消费者的要求予以说明。

经营者不得以格式条款、通知、声明、店堂告示等方式，作出排除或者限制消费者权利、减轻或者免除经营者责任、加重消费者责任等对消费者不公平、不合理的规定，不得利用格式条款并借助技术手段强制交易。

格式条款、通知、声明、店堂告示等含有前款所列内容的，其内容无效。

第二十七条 经营者不得对消费者进行侮辱、诽谤，不得搜查消费者的身体及其携带的物品，不得侵犯消费者的人身自由。

第二十八条 采用网络、电视、电话、邮购等方式提供商品或者服务的经营者，以及提供证券、保险、银行等金融服务的经营者，应当向消费者提供经营地址、联系方式、商品或者服务的数量和质量、价款或者费用、履行期限和方式、安全注意事项和风险警示、售后服务、民事责任等信息。

第二十九条 经营者收集、使用消费者个人信息，应当遵循合法、正当、必要的原则，明示收集、使用信息的目的、方式和范围，并经消费者同意。经营者收集、使用消费者个人信息，应当公开其收集、使用规则，不得违反法律、法规的规定和双方的约定收集、使用信息。

经营者及其工作人员对收集的消费者个人信息必须严格保密，不得泄露、出售或者非法向他人提供。经营者应当采取技术措施和其他必要措施，确保信息安全，防止消费者个人信息泄露、丢失。在发生或者可能发生信息泄露、丢失的情况时，应当立即采取补救措施。

经营者未经消费者同意或者请求，或者消费者明确表示拒绝的，不得向其发送商业性信息。

第四章　国家对消费者合法权益的保护

第三十条 国家制定有关消费者权益的法律、法规、规章和强制性标准，应当听取消费者和消费者协会等组织的意见。

第三十一条 各级人民政府应当加强领导，组织、协调、督促有关行政部门做好保护消费者合法权益的工作，落实保护消费者合法权益的职责。

各级人民政府应当加强监督，预防危害消费者人身、财产安全行为的发生，及时制止危害消费者人身、财产安全的行为。

第三十二条 各级人民政府工商行政管理部门和其他有关行政部门应当依照法律、法规的规定，在各自的职责范围内，采取措施，保护消费者的合法权益。

有关行政部门应当听取消费者和消费者协会等组织对经营者交易行为、商品和服务质量问题的意见，及时调查处理。

第三十三条 有关行政部门在各自的职责范围内，应当定期或者不定期对经营者提供的商品和服务进行抽查检验，并及时向社会公布抽查检验结果。

有关行政部门发现并认定经营者提供的商品或者服务存在缺陷，有危及人身、财产安全危险的，应当立即责令经营者采取停止销售、警示、召回、无害化处理、销毁、停止生产或者服务等措施。

第三十四条 有关国家机关应当依照法律、法规的规定，惩处经营者在提供商品和服务中侵害消费者合法权益的违法犯罪行为。

第三十五条 人民法院应当采取措施，方便消费者提起诉讼。对符合《中华人民共和国民事诉讼法》起诉条件的消费者权益争议，必须受理，及时审理。

第五章　消费者组织

第三十六条 消费者协会和其他消费者组织是依法成立的对商品和服务进行社会监督的

保护消费者合法权益的社会组织。

第三十七条　消费者协会履行下列公益性职责：

（一）向消费者提供消费信息和咨询服务，提高消费者维护自身合法权益的能力，引导文明、健康、节约资源和保护环境的消费方式；

（二）参与制定有关消费者权益的法律、法规、规章和强制性标准；

（三）参与有关行政部门对商品和服务的监督、检查；

（四）就有关消费者合法权益的问题，向有关部门反映、查询，提出建议；

（五）受理消费者的投诉，并对投诉事项进行调查、调解；

（六）投诉事项涉及商品和服务质量问题的，可以委托具备资格的鉴定人鉴定，鉴定人应当告知鉴定意见；

（七）就损害消费者合法权益的行为，支持受损害的消费者提起诉讼或者依照本法提起诉讼；

（八）对损害消费者合法权益的行为，通过大众传播媒介予以揭露、批评。

各级人民政府对消费者协会履行职责应当予以必要的经费等支持。

消费者协会应当认真履行保护消费者合法权益的职责，听取消费者的意见和建议，接受社会监督。

依法成立的其他消费者组织依照法律、法规及其章程的规定，开展保护消费者合法权益的活动。

第三十八条　消费者组织不得从事商品经营和营利性服务，不得以收取费用或者其他牟取利益的方式向消费者推荐商品和服务。

第六章　争议的解决

第三十九条　消费者和经营者发生消费者权益争议的，可以通过下列途径解决：

（一）与经营者协商和解；

（二）请求消费者协会或者依法成立的其他调解组织调解；

（三）向有关行政部门投诉；

（四）根据与经营者达成的仲裁协议提请仲裁机构仲裁；

（五）向人民法院提起诉讼。

第四十条　消费者在购买、使用商品时，其合法权益受到损害的，可以向销售者要求赔偿。销售者赔偿后，属于生产者的责任或者属于向销售者提供商品的其他销售者的责任的，销售者有权向生产者或者其他销售者追偿。

消费者或者其他受害人因商品缺陷造成人身、财产损害的，可以向销售者要求赔偿，也可以向生产者要求赔偿。属于生产者责任的，销售者赔偿后，有权向生产者追偿。属于销售者责任的，生产者赔偿后，有权向销售者追偿。

消费者在接受服务时，其合法权益受到损害的，可以向服务者要求赔偿。

第四十一条　消费者在购买、使用商品或者接受服务时，其合法权益受到损害，因原企业分立、合并的，可以向变更后承受其权利义务的企业要求赔偿。

第四十二条　使用他人营业执照的违法经营者提供商品或者服务，损害消费者合法权益的，消费者可以向其要求赔偿，也可以向营业执照的持有人要求赔偿。

第四十三条　消费者在展销会、租赁柜台购买商品或者接受服务，其合法权益受到损害的，可以向销售者或者服务者要求赔偿。展销会结束或者柜台租赁期满后，也可以向展销会的举办者、柜台的出租者要求赔偿。展销会的举办者、柜台的出租者赔偿后，有权向销售者或者服务者追偿。

第四十四条　消费者通过网络交易平台购买商品或者接受服务，其合法权益受到损害的，可以向销售者或者服务者要求赔偿。网络交易平台提供者不能提供销售者或者服务者的真实名称、地址和有效联系方式的，消费者也可以向网络交易平台提供者要求赔偿；网络交易平台提供者作出更有利于消费者的承诺的，应当履行承诺。网络交易平台提供者赔偿后，有权向销售者或者服务者追偿。

网络交易平台提供者明知或者应知销售者或者服务者利用其平台侵害消费者合法权益，未采取必要措施的，依法与该销售者或者服务者承担连带责任。

第四十五条　消费者因经营者利用虚假广

告或者其他虚假宣传方式提供商品或者服务，其合法权益受到损害的，可以向经营者要求赔偿。广告经营者、发布者发布虚假广告的，消费者可以请求行政主管部门予以惩处。广告经营者、发布者不能提供经营者的真实名称、地址和有效联系方式的，应当承担赔偿责任。

广告经营者、发布者设计、制作、发布关系消费者生命健康商品或者服务的虚假广告，造成消费者损害的，应当与提供该商品或者服务的经营者承担连带责任。

社会团体或者其他组织、个人在关系消费者生命健康商品或者服务的虚假广告或者其他虚假宣传中向消费者推荐商品或者服务，造成消费者损害的，应当与提供该商品或者服务的经营者承担连带责任。

第四十六条 消费者向有关行政部门投诉的，该部门应当自收到投诉之日起七个工作日内，予以处理并告知消费者。

第四十七条 对侵害众多消费者合法权益的行为，中国消费者协会以及在省、自治区、直辖市设立的消费者协会，可以向人民法院提起诉讼。

第七章 法律责任

第四十八条 经营者提供商品或者服务有下列情形之一的，除本法另有规定外，应当依照其他有关法律、法规的规定，承担民事责任：

（一）商品或者服务存在缺陷的；

（二）不具备商品应当具备的使用性能而出售时未作说明的；

（三）不符合在商品或者其包装上注明采用的商品标准的；

（四）不符合商品说明、实物样品等方式表明的质量状况的；

（五）生产国家明令淘汰的商品或者销售失效、变质的商品的；

（六）销售的商品数量不足的；

（七）服务的内容和费用违反约定的；

（八）对消费者提出的修理、重作、更换、退货、补足商品数量、退还货款和服务费用或者赔偿损失的要求，故意拖延或者无理拒绝的；

（九）法律、法规规定的其他损害消费者权益的情形。

经营者对消费者未尽到安全保障义务，造成消费者损害的，应当承担侵权责任。

第四十九条 经营者提供商品或者服务，造成消费者或者其他受害人人身伤害的，应当赔偿医疗费、护理费、交通费等为治疗和康复支出的合理费用，以及因误工减少的收入。造成残疾的，还应当赔偿残疾生活辅助具费和残疾赔偿金。造成死亡的，还应当赔偿丧葬费和死亡赔偿金。

第五十条 经营者侵害消费者的人格尊严、侵犯消费者人身自由或者侵害消费者个人信息依法得到保护的权利的，应当停止侵害、恢复名誉、消除影响、赔礼道歉，并赔偿损失。

第五十一条 经营者有侮辱诽谤、搜查身体、侵犯人身自由等侵害消费者或者其他受害人人身权益的行为，造成严重精神损害的，受害人可以要求精神损害赔偿。

第五十二条 经营者提供商品或者服务，造成消费者财产损害的，应当依照法律规定或者当事人约定承担修理、重作、更换、退货、补足商品数量、退还货款和服务费用或者赔偿损失等民事责任。

第五十三条 经营者以预收款方式提供商品或者服务的，应当按照约定提供。未按照约定提供的，应当按照消费者的要求履行约定或者退回预付款；并应当承担预付款的利息、消费者必须支付的合理费用。

第五十四条 依法经有关行政部门认定为不合格的商品，消费者要求退货的，经营者应当负责退货。

第五十五条 经营者提供商品或者服务有欺诈行为的，应当按照消费者的要求增加赔偿其受到的损失，增加赔偿的金额为消费者购买商品的价款或者接受服务的费用的三倍；增加赔偿的金额不足五百元的，为五百元。法律另有规定的，依照其规定。

经营者明知商品或者服务存在缺陷，仍然向消费者提供，造成消费者或者其他受害人死亡或者健康严重损害的，受害人有权要求经营者依照本法第四十九条、第五十一条等法律规定赔偿损失，并有权要求所受损失二倍以下的惩罚性赔偿。

第五十六条 经营者有下列情形之一，除承担相应的民事责任外，其他有关法律、法规对处罚机关和处罚方式有规定的，依照法律、法规的规定执行；法律、法规未作规定的，由工商行政管理部门或者其他有关行政部门责令改正，可以根据情节单处或者并处警告、没收违法所得、处以违法所得一倍以上十倍以下的罚款，没有违法所得的，处以五十万元以下的罚款；情节严重的，责令停业整顿、吊销营业执照：

（一）提供的商品或者服务不符合保障人身、财产安全要求的；

（二）在商品中掺杂、掺假，以假充真，以次充好，或者以不合格商品冒充合格商品的；

（三）生产国家明令淘汰的商品或者销售失效、变质的商品的；

（四）伪造商品的产地，伪造或者冒用他人的厂名、厂址，篡改生产日期，伪造或者冒用认证标志等质量标志的；

（五）销售的商品应当检验、检疫而未检验、检疫或者伪造检验、检疫结果的；

（六）对商品或者服务作虚假或者引人误解的宣传的；

（七）拒绝或者拖延有关行政部门责令对缺陷商品或者服务采取停止销售、警示、召回、无害化处理、销毁、停止生产或者服务等措施的；

（八）对消费者提出的修理、重作、更换、退货、补足商品数量、退还货款和服务费用或者赔偿损失的要求，故意拖延或者无理拒绝的；

（九）侵害消费者人格尊严、侵犯消费者人身自由或者侵害消费者个人信息依法得到保护的权利的；

（十）法律、法规规定的对损害消费者权益应当予以处罚的其他情形。

经营者有前款规定情形的，除依照法律、法规规定予以处罚外，处罚机关应当记入信用档案，向社会公布。

第五十七条　经营者违反本法规定提供商品或者服务，侵害消费者合法权益，构成犯罪的，依法追究刑事责任。

第五十八条　经营者违反本法规定，应当承担民事赔偿责任和缴纳罚款、罚金，其财产不足以同时支付的，先承担民事赔偿责任。

第五十九条　经营者对行政处罚决定不服的，可以依法申请行政复议或者提起行政诉讼。

第六十条　以暴力、威胁等方法阻碍有关行政部门工作人员依法执行职务的，依法追究刑事责任；拒绝、阻碍有关行政部门工作人员依法执行职务，未使用暴力、威胁方法的，由公安机关依照《中华人民共和国治安管理处罚法》的规定处罚。

第六十一条　国家机关工作人员玩忽职守或者包庇经营者侵害消费者合法权益的行为的，由其所在单位或者上级机关给予行政处分；情节严重，构成犯罪的，依法追究刑事责任。

第八章　附　　则

第六十二条　农民购买、使用直接用于农业生产的生产资料，参照本法执行。

第六十三条　本法自 1994 年 1 月 1 日起施行。

最高人民法院关于审理消费民事公益诉讼案件适用法律若干问题的解释

（2016 年 2 月 1 日最高人民法院审判委员会第 1677 次会议通过　2016 年 4 月 24 日最高人民法院公告公布　自 2016 年 5 月 1 日起施行　法释〔2016〕10 号）

为正确审理消费民事公益诉讼案件，根据《中华人民共和国民事诉讼法》《中华人民共和国侵权责任法》《中华人民共和国消费者权益保护法》等法律规定，结合审判实践，制定本解释。

第一条　中国消费者协会以及在省、自治区、直辖市设立的消费者协会，对经营者侵害众多不特定消费者合法权益或者具有危及消费者人身、财产安全危险等损害社会公共利益的行为提起消费民事公益诉讼的，适用本解释。

法律规定或者全国人大及其常委会授权的机关和社会组织提起的消费民事公益诉讼，适用本解释。

第二条　经营者提供的商品或者服务具有下列情形之一的，适用消费者权益保护法第四十七条规定：

（一）提供的商品或者服务存在缺陷，侵害众多不特定消费者合法权益的；

（二）提供的商品或者服务可能危及消费者人身、财产安全，未作出真实的说明和明确的警示，未标明正确使用商品或者接受服务的方法以及防止危害发生方法的；对提供的商品或者服务质量、性能、用途、有效期限等信息作虚假或引人误解宣传的；

（三）宾馆、商场、餐馆、银行、机场、车站、港口、影剧院、景区、娱乐场所等经营场所存在危及消费者人身、财产安全危险的；

（四）以格式条款、通知、声明、店堂告示等方式，作出排除或者限制消费者权利、减轻或者免除经营者责任、加重消费者责任等对消费者不公平、不合理规定的；

（五）其他侵害众多不特定消费者合法权益或者具有危及消费者人身、财产安全危险等损害社会公共利益的行为。

第三条 消费民事公益诉讼案件管辖适用《最高人民法院关于适用〈中华人民共和国民事诉讼法〉的解释》第二百八十五条的有关规定。

经最高人民法院批准，高级人民法院可以根据本辖区实际情况，在辖区内确定部分中级人民法院受理第一审消费民事公益诉讼案件。

第四条 提起消费民事公益诉讼应当提交下列材料：

（一）符合民事诉讼法第一百二十一条规定的起诉状，并按照被告人数提交副本；

（二）被告的行为侵害众多不特定消费者合法权益或者具有危及消费者人身、财产安全危险等损害社会公共利益的初步证据；

（三）消费者组织就涉诉事项已按照消费者权益保护法第三十七条第四项或者第五项的规定履行公益性职责的证明材料。

第五条 人民法院认为原告提出的诉讼请求不足以保护社会公共利益的，可以向其释明变更或者增加停止侵害等诉讼请求。

第六条 人民法院受理消费民事公益诉讼案件后，应当公告案件受理情况，并在立案之日起十日内书面告知相关行政主管部门。

第七条 人民法院受理消费民事公益诉讼案件后，依法可以提起诉讼的其他机关或者社会组织，可以在一审开庭前向人民法院申请参加诉讼。

人民法院准许参加诉讼的，列为共同原告；逾期申请的，不予准许。

第八条 有权提起消费民事公益诉讼的机关或者社会组织，可以依据民事诉讼法第八十一条规定申请保全证据。

第九条 人民法院受理消费民事公益诉讼案件后，因同一侵权行为受到损害的消费者申请参加诉讼的，人民法院应当告知其根据民事诉讼法第一百一十九条规定主张权利。

第十条 消费民事公益诉讼案件受理后，因同一侵权行为受到损害的消费者请求对其根据民事诉讼法第一百一十九条规定提起的诉讼予以中止，人民法院可以准许。

第十一条 消费民事公益诉讼案件审理过程中，被告提出反诉的，人民法院不予受理。

第十二条 原告在诉讼中承认对己方不利的事实，人民法院认为损害社会公共利益的，不予确认。

第十三条 原告在消费民事公益诉讼案件中，请求被告承担停止侵害、排除妨碍、消除危险、赔礼道歉等民事责任的，人民法院可予支持。

经营者利用格式条款或者通知、声明、店堂告示等，排除或者限制消费者权利、减轻或者免除经营者责任、加重消费者责任，原告认为对消费者不公平、不合理主张无效的，人民法院可予支持。

第十四条 消费民事公益诉讼案件裁判生效后，人民法院应当在十日内书面告知相关行政主管部门，并可发出司法建议。

第十五条 消费民事公益诉讼案件的裁判发生法律效力后，其他依法具有原告资格的机关或者社会组织就同一侵权行为另行提起消费民事公益诉讼的，人民法院不予受理。

第十六条 已为消费民事公益诉讼生效裁判认定的事实，因同一侵权行为受到损害的消费者根据民事诉讼法第一百一十九条规定提起的诉讼，原告、被告均无需举证证明，但当事人对该事实有异议并有相反证据足以推翻的除外。

消费民事公益诉讼生效裁判认定经营者存在不法行为，因同一侵权行为受到损害的消费者根据民事诉讼法第一百一十九条规定提起的诉讼，原告主张适用的，人民法院可予支持，但被告有相反证据足以推翻的除外。被告主张直接适用对其有利认定的，人民法院不予支持，被告仍应承担相应举证证明责任。

第十七条　原告为停止侵害、排除妨碍、消除危险采取合理预防、处置措施而发生的费用，请求被告承担的，人民法院可予支持。

第十八条　原告及其诉讼代理人对侵权行为进行调查、取证的合理费用、鉴定费用、合理的律师代理费用，人民法院可根据实际情况予以相应支持。

第十九条　本解释自2016年5月1日起施行。

本解释施行后人民法院新受理的一审案件，适用本解释。

本解释施行前人民法院已经受理、施行后尚未审结的一审、二审案件，以及本解释施行前已经终审、施行后当事人申请再审或者按照审判监督程序决定再审的案件，不适用本解释。

（三）机动车交通事故责任

中华人民共和国道路交通安全法①

（2003年10月28日第十届全国人民代表大会常务委员会第五次会议通过　2003年10月28日中华人民共和国主席令第8号公布　自2004年5月1日起施行）

目　　录

第一章　总　　则

第一条　为了维护道路交通秩序，预防和减少交通事故，保护人身安全，保护公民、法人和其他组织的财产安全及其他合法权益，提高通行效率，制定本法。

第二条　中华人民共和国境内的车辆驾驶人、行人、乘车人以及与道路交通活动有关的单位和个人，都应当遵守本法。

第三条　道路交通安全工作，应当遵循依法管理、方便群众的原则，保障道路交通有序、安全、畅通。

第四条　各级人民政府应当保障道路交通安全管理工作与经济建设和社会发展相适应。

县级以上地方各级人民政府应当适应道路交通发展的需要，依据道路交通安全法律、法规和国家有关政策，制定道路交通安全管理规划，并组织实施。

第五条　国务院公安部门负责全国道路交通安全管理工作。县级以上地方各级人民政府公安机关交通管理部门负责本行政区域内的道路交通安全管理工作。

县级以上各级人民政府交通、建设管理部门依据各自职责，负责有关的道路交通工作。

第六条　各级人民政府应当经常进行道路交通安全教育，提高公民的道路交通安全意识。

公安机关交通管理部门及其交通警察执行职务时，应当加强道路交通安全法律、法规的宣传，并模范遵守道路交通安全法律、法规。

机关、部队、企业事业单位、社会团体以及其他组织，应当对本单位的人员进行道路交通安全教育。

教育行政部门、学校应当将道路交通安全教育纳入法制教育的内容。

新闻、出版、广播、电视等有关单位，有进行道路交通安全教育的义务。

第七条　对道路交通安全管理工作，应当加强科学研究，推广、使用先进的管理方法、技术、设备。

---

①　编者注：已被修改。

第二章 车辆和驾驶人

第一节 机动车、非机动车

第八条 国家对机动车实行登记制度。机动车经公安机关交通管理部门登记后,方可上道路行驶。尚未登记的机动车,需要临时上道路行驶的,应当取得临时通行牌证。

第九条 申请机动车登记,应当提交以下证明、凭证:

(一)机动车所有人的身份证明;

(二)机动车来历证明;

(三)机动车整车出厂合格证明或者进口机动车进口凭证;

(四)车辆购置税的完税证明或者免税凭证;

(五)法律、行政法规规定应当在机动车登记时提交的其他证明、凭证。

公安机关交通管理部门应当自受理申请之日起五个工作日内完成机动车登记审查工作,对符合前款规定条件的,应当发放机动车登记证书、号牌和行驶证;对不符合前款规定条件的,应当向申请人说明不予登记的理由。

公安机关交通管理部门以外的任何单位或者个人不得发放机动车号牌或者要求机动车悬挂其他号牌,本法另有规定的除外。

机动车登记证书、号牌、行驶证的式样由国务院公安部门规定并监制。

第十条 准予登记的机动车应当符合机动车国家安全技术标准。申请机动车登记时,应当接受对该机动车的安全技术检验。但是,经国家机动车产品主管部门依据机动车国家安全技术标准认定的企业生产的机动车型,该车型的新车在出厂时经检验符合机动车国家安全技术标准,获得检验合格证的,免予安全技术检验。

第十一条 驾驶机动车上道路行驶,应当悬挂机动车号牌,放置检验合格标志、保险标志,并随车携带机动车行驶证。

机动车号牌应当按照规定悬挂并保持清晰、完整,不得故意遮挡、污损。

任何单位和个人不得收缴、扣留机动车号牌。

第十二条 有下列情形之一的,应当办理相应的登记:

(一)机动车所有权发生转移的;

(二)机动车登记内容变更的;

(三)机动车用作抵押的;

(四)机动车报废的。

第十三条 对登记后上道路行驶的机动车,应当依照法律、行政法规的规定,根据车辆用途、载客载货数量、使用年限等不同情况,定期进行安全技术检验。对提供机动车行驶证和机动车第三者责任强制保险单的,机动车安全技术检验机构应当予以检验,任何单位不得附加其他条件。对符合机动车国家安全技术标准的,公安机关交通管理部门应当发给检验合格标志。

对机动车的安全技术检验实行社会化。具体办法由国务院规定。

机动车安全技术检验实行社会化的地方,任何单位不得要求机动车到指定的场所进行检验。

公安机关交通管理部门、机动车安全技术检验机构不得要求机动车到指定的场所进行维修、保养。

机动车安全技术检验机构对机动车检验收取费用,应当严格执行国务院价格主管部门核定的收费标准。

第十四条 国家实行机动车强制报废制度,根据机动车的安全技术状况和不同用途,规定不同的报废标准。

应当报废的机动车必须及时办理注销登记。

达到报废标准的机动车不得上道路行驶。报废的大型客、货车及其他营运车辆应当在公安机关交通管理部门的监督下解体。

第十五条 警车、消防车、救护车、工程救险车应当按照规定喷涂标志图案,安装警报器、标志灯具。其他机动车不得喷涂、安装、使用上述车辆专用的或者与其相类似的标志图案、警报器或者标志灯具。

警车、消防车、救护车、工程救险车应当严格按照规定的用途和条件使用。

公路监督检查的专用车辆,应当依照公路法的规定,设置统一的标志和示警灯。

第十六条 任何单位或者个人不得有下列行为:

(一)拼装机动车或者擅自改变机动车已登

记的结构、构造或者特征；

（二）改变机动车型号、发动机号、车架号或者车辆识别代号；

（三）伪造、变造或者使用伪造、变造的机动车登记证书、号牌、行驶证、检验合格标志、保险标志；

（四）使用其他机动车的登记证书、号牌、行驶证、检验合格标志、保险标志。

第十七条　国家实行机动车第三者责任强制保险制度，设立道路交通事故社会救助基金。具体办法由国务院规定。

第十八条　依法应当登记的非机动车，经公安机关交通管理部门登记后，方可上道路行驶。

依法应当登记的非机动车的种类，由省、自治区、直辖市人民政府根据当地实际情况规定。

非机动车的外形尺寸、质量、制动器、车铃和夜间反光装置，应当符合非机动车安全技术标准。

第二节　机动车驾驶人

第十九条　驾驶机动车，应当依法取得机动车驾驶证。

申请机动车驾驶证，应当符合国务院公安部门规定的驾驶许可条件；经考试合格后，由公安机关交通管理部门发给相应类别的机动车驾驶证。

持有境外机动车驾驶证的人，符合国务院公安部门规定的驾驶许可条件，经公安机关交通管理部门考核合格的，可以发给中国的机动车驾驶证。

驾驶人应当按照驾驶证载明的准驾车型驾驶机动车；驾驶机动车时，应当随身携带机动车驾驶证。

公安机关交通管理部门以外的任何单位或者个人，不得收缴、扣留机动车驾驶证。

第二十条　机动车的驾驶培训实行社会化，由交通主管部门对驾驶培训学校、驾驶培训班实行资格管理，其中专门的拖拉机驾驶培训学校、驾驶培训班由农业（农业机械）主管部门实行资格管理。

驾驶培训学校、驾驶培训班应当严格按照国家有关规定，对学员进行道路交通安全法律、法规、驾驶技能的培训，确保培训质量。

任何国家机关以及驾驶培训和考试主管部门不得举办或者参与举办驾驶培训学校、驾驶培训班。

第二十一条　驾驶人驾驶机动车上道路行驶前，应当对机动车的安全技术性能进行认真检查；不得驾驶安全设施不全或者机件不符合技术标准等具有安全隐患的机动车。

第二十二条　机动车驾驶人应当遵守道路交通安全法律、法规的规定，按照操作规范安全驾驶、文明驾驶。

饮酒、服用国家管制的精神药品或者麻醉药品，或者患有妨碍安全驾驶机动车的疾病，或者过度疲劳影响安全驾驶的，不得驾驶机动车。

任何人不得强迫、指使、纵容驾驶人违反道路交通安全法律、法规和机动车安全驾驶要求驾驶机动车。

第二十三条　公安机关交通管理部门依照法律、行政法规的规定，定期对机动车驾驶证实施审验。

第二十四条　公安机关交通管理部门对机动车驾驶人违反道路交通安全法律、法规的行为，除依法给予行政处罚外，实行累积记分制度。公安机关交通管理部门对累积记分达到规定分值的机动车驾驶人，扣留机动车驾驶证，对其进行道路交通安全法律、法规教育，重新考试；考试合格的，发还其机动车驾驶证。

对遵守道路交通安全法律、法规，在一年内无累积记分的机动车驾驶人，可以延长机动车驾驶证的审验期。具体办法由国务院公安部门规定。

第三章　道路通行条件

第二十五条　全国实行统一的道路交通信号。

交通信号包括交通信号灯、交通标志、交通标线和交通警察的指挥。

交通信号灯、交通标志、交通标线的设置应当符合道路交通安全、畅通的要求和国家标准，并保持清晰、醒目、准确、完好。

根据通行需要，应当及时增设、调换、更新道路交通信号。增设、调换、更新限制性的道路交通信号,应当提前向社会公告,广泛进行宣传。

第二十六条 交通信号灯由红灯、绿灯、黄灯组成。红灯表示禁止通行,绿灯表示准许通行,黄灯表示警示。

第二十七条 铁路与道路平面交叉的道口,应当设置警示灯、警示标志或者安全防护设施。无人看守的铁路道口,应当在距道口一定距离处设置警示标志。

第二十八条 任何单位和个人不得擅自设置、移动、占用、损毁交通信号灯、交通标志、交通标线。

道路两侧及隔离带上种植的树木或者其他植物,设置的广告牌、管线等,应当与交通设施保持必要的距离,不得遮挡路灯、交通信号灯、交通标志,不得妨碍安全视距,不得影响通行。

第二十九条 道路、停车场和道路配套设施的规划、设计、建设,应当符合道路交通安全、畅通的要求,并根据交通需求及时调整。

公安机关交通管理部门发现已经投入使用的道路存在交通事故频发路段,或者停车场、道路配套设施存在交通安全严重隐患的,应当及时向当地人民政府报告,并提出防范交通事故、消除隐患的建议,当地人民政府应当及时作出处理决定。

第三十条 道路出现坍塌、坑漕、水毁、隆起等损毁或者交通信号灯、交通标志、交通标线等交通设施损毁、灭失的,道路、交通设施的养护部门或者管理部门应当设置警示标志并及时修复。

公安机关交通管理部门发现前款情形,危及交通安全,尚未设置警示标志的,应当及时采取安全措施,疏导交通,并通知道路、交通设施的养护部门或者管理部门。

第三十一条 未经许可,任何单位和个人不得占用道路从事非交通活动。

第三十二条 因工程建设需要占用、挖掘道路,或者跨越、穿越道路架设、增设管线设施,应当事先征得道路主管部门的同意;影响交通安全的,还应当征得公安机关交通管理部门的同意。

施工作业单位应当在经批准的路段和时间内施工作业,并在距离施工作业地点来车方向安全距离处设置明显的安全警示标志,采取防护措施;施工作业完毕,应当迅速清除道路上的障碍物,消除安全隐患,经道路主管部门和公安机关交通管理部门验收合格,符合通行要求后,方可恢复通行。

对未中断交通的施工作业道路,公安机关交通管理部门应当加强交通安全监督检查,维护道路交通秩序。

第三十三条 新建、改建、扩建的公共建筑、商业街区、居住区、大(中)型建筑等,应当配建、增建停车场;停车泊位不足的,应当及时改建或者扩建;投入使用的停车场不得擅自停止使用或者改作他用。

在城市道路范围内,在不影响行人、车辆通行的情况下,政府有关部门可以施划停车泊位。

第三十四条 学校、幼儿园、医院、养老院门前的道路没有行人过街设施的,应当施划人行横道线,设置提示标志。

城市主要道路的人行道,应当按照规划设置盲道。盲道的设置应当符合国家标准。

第四章 道路通行规定

第一节 一般规定

第三十五条 机动车、非机动车实行右侧通行。

第三十六条 根据道路条件和通行需要,道路划分为机动车道、非机动车道和人行道的,机动车、非机动车、行人实行分道通行。没有划分机动车道、非机动车道和人行道的,机动车在道路中间通行,非机动车和行人在道路两侧通行。

第三十七条 道路划设专用车道的,在专用车道内,只准许规定的车辆通行,其他车辆不得进入专用车道内行驶。

第三十八条 车辆、行人应当按照交通信号通行;遇有交通警察现场指挥时,应当按照交通警察的指挥通行;在没有交通信号的道路上,应当在确保安全、畅通的原则下通行。

第三十九条 公安机关交通管理部门根据道路和交通流量的具体情况,可以对机动车、非机动车、行人采取疏导、限制通行、禁止通行等措施。遇有大型群众性活动、大范围施工等情况,需要采取限制交通的措施,或者作出与公众的道路交通活动直接有关的决定,应当提前向社会公告。

第四十条 遇有自然灾害、恶劣气象条件或者重大交通事故等严重影响交通安全的情形，采取其他措施难以保证交通安全时，公安机关交通管理部门可以实行交通管制。

第四十一条 有关道路通行的其他具体规定，由国务院规定。

第二节 机动车通行规定

第四十二条 机动车上道路行驶，不得超过限速标志标明的最高时速。在没有限速标志的路段，应当保持安全车速。

夜间行驶或者在容易发生危险的路段行驶，以及遇有沙尘、冰雹、雨、雪、雾、结冰等气象条件时，应当降低行驶速度。

第四十三条 同车道行驶的机动车，后车应当与前车保持足以采取紧急制动措施的安全距离。有下列情形之一的，不得超车：

（一）前车正在左转弯、掉头、超车的；

（二）与对面来车有会车可能的；

（三）前车为执行紧急任务的警车、消防车、救护车、工程救险车的；

（四）行经铁路道口、交叉路口、窄桥、弯道、陡坡、隧道、人行横道、市区交通流量大的路段等没有超车条件的。

第四十四条 机动车通过交叉路口，应当按照交通信号灯、交通标志、交通标线或者交通警察的指挥通过；通过没有交通信号灯、交通标志、交通标线或者交通警察指挥的交叉路口时，应当减速慢行，并让行人和优先通行的车辆先行。

第四十五条 机动车遇有前方车辆停车排队等候或者缓慢行驶时，不得借道超车或者占用对面车道，不得穿插等候的车辆。

在车道减少的路段、路口，或者在没有交通信号灯、交通标志、交通标线或者交通警察指挥的交叉路口遇到停车排队等候或者缓慢行驶时，机动车应当依次交替通行。

第四十六条 机动车通过铁路道口时，应当按照交通信号或者管理人员的指挥通行；没有交通信号或者管理人员的，应当减速或者停车，在确认安全后通过。

第四十七条 机动车行经人行横道时，应当减速行驶；遇行人正在通过人行横道，应当停车让行。

机动车行经没有交通信号的道路时，遇行人横过道路，应当避让。

第四十八条 机动车载物应当符合核定的载质量，严禁超载；载物的长、宽、高不得违反装载要求，不得遗洒、飘散载运物。

机动车运载超限的不可解体的物品，影响交通安全的，应当按照公安机关交通管理部门指定的时间、路线、速度行驶，悬挂明显标志。在公路上运载超限的不可解体的物品，并应当依照公路法的规定执行。

机动车载运爆炸物品、易燃易爆化学物品以及剧毒、放射性等危险物品，应当经公安机关批准后，按指定的时间、路线、速度行驶，悬挂警示标志并采取必要的安全措施。

第四十九条 机动车载人不得超过核定的人数，客运机动车不得违反规定载货。

第五十条 禁止货运机动车载客。

货运机动车需要附载作业人员的，应当设置保护作业人员的安全措施。

第五十一条 机动车行驶时，驾驶人、乘坐人员应当按规定使用安全带，摩托车驾驶人及乘坐人员应当按规定戴安全头盔。

第五十二条 机动车在道路上发生故障，需要停车排除故障时，驾驶人应当立即开启危险报警闪光灯，将机动车移至不妨碍交通的地方停放；难以移动的，应当持续开启危险报警闪光灯，并在来车方向设置警告标志等措施扩大示警距离，必要时迅速报警。

第五十三条 警车、消防车、救护车、工程救险车执行紧急任务时，可以使用警报器、标志灯具；在确保安全的前提下，不受行驶路线、行驶方向、行驶速度和信号灯的限制，其他车辆和行人应当让行。

警车、消防车、救护车、工程救险车非执行紧急任务时，不得使用警报器、标志灯具，不享有前款规定的道路优先通行权。

第五十四条 道路养护车辆、工程作业车进行作业时，在不影响过往车辆通行的前提下，其行驶路线和方向不受交通标志、标线限制，过往车辆和人员应当注意避让。

洒水车、清扫车等机动车应当按照安全作业

标准作业；在不影响其他车辆通行的情况下，可以不受车辆分道行驶的限制，但是不得逆向行驶。

第五十五条 高速公路、大中城市中心城区内的道路，禁止拖拉机通行。其他禁止拖拉机通行的道路，由省、自治区、直辖市人民政府根据当地实际情况规定。

在允许拖拉机通行的道路上，拖拉机可以从事货运，但是不得用于载人。

第五十六条 机动车应当在规定地点停放。禁止在人行道上停放机动车；但是，依照本法第三十三条规定施划的停车泊位除外。

在道路上临时停车的，不得妨碍其他车辆和行人通行。

第三节 非机动车通行规定

第五十七条 驾驶非机动车在道路上行驶应当遵守有关交通安全的规定。非机动车应当在非机动车道内行驶；在没有非机动车道的道路上，应当靠车行道的右侧行驶。

第五十八条 残疾人机动轮椅车、电动自行车在非机动车道内行驶时，最高时速不得超过十五公里。

第五十九条 非机动车应当在规定地点停放。未设停放地点的，非机动车停放不得妨碍其他车辆和行人通行。

第六十条 驾驭畜力车，应当使用驯服的牲畜；驾驭畜力车横过道路时，驾驭人应当下车牵引牲畜；驾驭人离开车辆时，应当拴系牲畜。

第四节 行人和乘车人通行规定

第六十一条 行人应当在人行道内行走，没有人行道的靠路边行走。

第六十二条 行人通过路口或者横过道路，应当走人行横道或者过街设施；通过有交通信号灯的人行横道，应当按照交通信号灯指示通行；通过没有交通信号灯、人行横道的路口，或者在没有过街设施的路段横过道路，应当在确认安全后通过。

第六十三条 行人不得跨越、倚坐道路隔离设施，不得扒车、强行拦车或者实施妨碍道路交通安全的其他行为。

第六十四条 学龄前儿童以及不能辨认或者不能控制自己行为的精神疾病患者、智力障碍者在道路上通行，应当由其监护人、监护人委托的人或者对其负有管理、保护职责的人带领。

盲人在道路上通行，应当使用盲杖或者采取其他导盲手段，车辆应当避让盲人。

第六十五条 行人通过铁路道口时，应当按照交通信号或者管理人员的指挥通行；没有交通信号和管理人员的，应当在确认无火车驶临后，迅速通过。

第六十六条 乘车人不得携带易燃易爆等危险物品，不得向车外抛洒物品，不得有影响驾驶人安全驾驶的行为。

第五节 高速公路的特别规定

第六十七条 行人、非机动车、拖拉机、轮式专用机械车、铰接式客车、全挂拖斗车以及其他设计最高时速低于七十公里的机动车，不得进入高速公路。高速公路限速标志标明的最高时速不得超过一百二十公里。

第六十八条 机动车在高速公路上发生故障时，应当依照本法第五十二条的有关规定办理；但是，警告标志应当设置在故障车来车方向一百五十米以外，车上人员应当迅速转移到右侧路肩上或者应急车道内，并且迅速报警。

机动车在高速公路上发生故障或者交通事故，无法正常行驶的，应当由救援车、清障车拖曳、牵引。

第六十九条 任何单位、个人不得在高速公路上拦截检查行驶的车辆，公安机关的人民警察依法执行紧急公务除外。

第五章 交通事故处理

第七十条 在道路上发生交通事故，车辆驾驶人应当立即停车，保护现场；造成人身伤亡的，车辆驾驶人应当立即抢救受伤人员，并迅速报告执勤的交通警察或者公安机关交通管理部门。因抢救受伤人员变动现场的，应当标明位置。乘车人、过往车辆驾驶人、过往行人应当予以协助。

在道路上发生交通事故，未造成人身伤亡，当事人对事实及成因无争议的，可以即行撤离现场，恢复交通，自行协商处理损害赔偿事宜；不即行撤离现场的,应当迅速报告执勤的交通警察或者公安机关交通管理部门。

在道路上发生交通事故,仅造成轻微财产损失,并且基本事实清楚的,当事人应当先撤离现场再进行协商处理。

第七十一条　车辆发生交通事故后逃逸的,事故现场目击人员和其他知情人员应当向公安机关交通管理部门或者交通警察举报。举报属实的,公安机关交通管理部门应当给予奖励。

第七十二条　公安机关交通管理部门接到交通事故报警后,应当立即派交通警察赶赴现场,先组织抢救受伤人员,并采取措施,尽快恢复交通。

交通警察应当对交通事故现场进行勘验、检查,收集证据;因收集证据的需要,可以扣留事故车辆,但是应当妥善保管,以备核查。

对当事人的生理、精神状况等专业性较强的检验,公安机关交通管理部门应当委托专门机构进行鉴定。鉴定结论应当由鉴定人签名。

第七十三条　公安机关交通管理部门应当根据交通事故现场勘验、检查、调查情况和有关的检验、鉴定结论,及时制作交通事故认定书,作为处理交通事故的证据。交通事故认定书应当载明交通事故的基本事实、成因和当事人的责任,并送达当事人。

第七十四条　对交通事故损害赔偿的争议,当事人可以请求公安机关交通管理部门调解,也可以直接向人民法院提起民事诉讼。

经公安机关交通管理部门调解,当事人未达成协议或者调解书生效后不履行的,当事人可以向人民法院提起民事诉讼。

第七十五条　医疗机构对交通事故中的受伤人员应当及时抢救,不得因抢救费用未及时支付而拖延救治。肇事车辆参加机动车第三者责任强制保险的,由保险公司在责任限额范围内支付抢救费用;抢救费用超过责任限额的,未参加机动车第三者责任强制保险或者肇事后逃逸的,由道路交通事故社会救助基金先行垫付部分或者全部抢救费用,道路交通事故社会救助基金管理机构有权向交通事故责任人追偿。

第七十六条　机动车发生交通事故造成人身伤亡、财产损失的,由保险公司在机动车第三者责任强制保险责任限额范围内予以赔偿。超过责任限额的部分,按照下列方式承担赔偿责任:

(一)机动车之间发生交通事故的,由有过错的一方承担责任;双方都有过错的,按照各自过错的比例分担责任。

(二)机动车与非机动车驾驶人、行人之间发生交通事故的,由机动车一方承担责任;但是,有证据证明非机动车驾驶人、行人违反道路交通安全法律、法规,机动车驾驶人已经采取必要处置措施的,减轻机动车一方的责任。

交通事故的损失是由非机动车驾驶人、行人故意造成的,机动车一方不承担责任。

第七十七条　车辆在道路以外通行时发生的事故,公安机关交通管理部门接到报案的,参照本法有关规定办理。

第六章　执法监督

第七十八条　公安机关交通管理部门应当加强对交通警察的管理,提高交通警察的素质和管理道路交通的水平。

公安机关交通管理部门应当对交通警察进行法制和交通安全管理业务培训、考核。交通警察经考核不合格的,不得上岗执行职务。

第七十九条　公安机关交通管理部门及其交通警察实施道路交通安全管理,应当依据法定的职权和程序,简化办事手续,做到公正、严格、文明、高效。

第八十条　交通警察执行职务时,应当按照规定着装,佩带人民警察标志,持有人民警察证件,保持警容严整,举止端庄,指挥规范。

第八十一条　依照本法发放牌证等收取工本费,应当严格执行国务院价格主管部门核定的收费标准,并全部上缴国库。

第八十二条　公安机关交通管理部门依法实施罚款的行政处罚,应当依照有关法律、行政法规的规定,实施罚款决定与罚款收缴分离;收缴的罚款以及依法没收的违法所得,应当全部上缴国库。

第八十三条　交通警察调查处理道路交通安全违法行为和交通事故,有下列情形之一的,应当回避:

（一）是本案的当事人或者当事人的近亲属；

（二）本人或者其近亲属与本案有利害关系；

（三）与本案当事人有其他关系，可能影响案件的公正处理。

第八十四条 公安机关交通管理部门及其交通警察的行政执法活动，应当接受行政监察机关依法实施的监督。

公安机关督察部门应当对公安机关交通管理部门及其交通警察执行法律、法规和遵守纪律的情况依法进行监督。

上级公安机关交通管理部门应当对下级公安机关交通管理部门的执法活动进行监督。

第八十五条 公安机关交通管理部门及其交通警察执行职务，应当自觉接受社会和公民的监督。

任何单位和个人都有权对公安机关交通管理部门及其交通警察不严格执法以及违法违纪行为进行检举、控告。收到检举、控告的机关，应当依据职责及时查处。

第八十六条 任何单位不得给公安机关交通管理部门下达或者变相下达罚款指标；公安机关交通管理部门不得以罚款数额作为考核交通警察的标准。

公安机关交通管理部门及其交通警察对超越法律、法规规定的指令，有权拒绝执行，并同时向上级机关报告。

第七章 法律责任

第八十七条 公安机关交通管理部门及其交通警察对道路交通安全违法行为，应当及时纠正。

公安机关交通管理部门及其交通警察应当依据事实和本法的有关规定对道路交通安全违法行为予以处罚。对于情节轻微，未影响道路通行的，指出违法行为，给予口头警告后放行。

第八十八条 对道路交通安全违法行为的处罚种类包括：警告、罚款、暂扣或者吊销机动车驾驶证、拘留。

第八十九条 行人、乘车人、非机动车驾驶人违反道路交通安全法律、法规关于道路通行规定的，处警告或者五元以上五十元以下罚款；非机动车驾驶人拒绝接受罚款处罚的，可以扣留其非机动车。

第九十条 机动车驾驶人违反道路交通安全法律、法规关于道路通行规定的，处警告或者二十元以上二百元以下罚款。本法另有规定的，依照规定处罚。

第九十一条 饮酒后驾驶机动车的，处暂扣一个月以上三个月以下机动车驾驶证，并处二百元以上五百元以下罚款；醉酒后驾驶机动车的，由公安机关交通管理部门约束至酒醒，处十五日以下拘留和暂扣三个月以上六个月以下机动车驾驶证，并处五百元以上二千元以下罚款。

饮酒后驾驶营运机动车的，处暂扣三个月机动车驾驶证，并处五百元罚款；醉酒后驾驶营运机动车的，由公安机关交通管理部门约束至酒醒，处十五日以下拘留和暂扣六个月机动车驾驶证，并处二千元罚款。

一年内有前两款规定醉酒后驾驶机动车的行为，被处罚两次以上的，吊销机动车驾驶证，五年内不得驾驶营运机动车。

第九十二条 公路客运车辆载客超过额定乘员的，处二百元以上五百元以下罚款；超过额定乘员百分之二十或者违反规定载货的，处五百元以上二千元以下罚款。

货运机动车超过核定载质量的，处二百元以上五百元以下罚款；超过核定载质量百分之三十或者违反规定载客的，处五百元以上二千元以下罚款。

有前两款行为的，由公安机关交通管理部门扣留机动车至违法状态消除。

运输单位的车辆有本条第一款、第二款规定的情形，经处罚不改的，对直接负责的主管人员处二千元以上五千元以下罚款。

第九十三条 对违反道路交通安全法律、法规关于机动车停放、临时停车规定的，可以指出违法行为，并予以口头警告，令其立即驶离。

机动车驾驶人不在现场或者虽在现场但拒绝立即驶离，妨碍其他车辆、行人通行的，处二十元以上二百元以下罚款，并可以将该机动车拖移至不妨碍交通的地点或者公安机关交通管理部门指定的地点停放。公安机关交通管理部门拖车不得向当事人收取费用，并应当及时告知当事人停放地点。

因采取不正确的方法拖车造成机动车损坏的，应当依法承担补偿责任。

第九十四条 机动车安全技术检验机构实施机动车安全技术检验超过国务院价格主管部门核定的收费标准收取费用的，退还多收取的费用，并由价格主管部门依照《中华人民共和国价格法》的有关规定给予处罚。

机动车安全技术检验机构不按照机动车国家安全技术标准进行检验，出具虚假检验结果的，由公安机关交通管理部门处所收检验费用五倍以上十倍以下罚款，并依法撤销其检验资格；构成犯罪的，依法追究刑事责任。

第九十五条 上道路行驶的机动车未悬挂机动车号牌，未放置检验合格标志、保险标志，或者未随车携带行驶证、驾驶证的，公安机关交通管理部门应当扣留机动车，通知当事人提供相应的牌证、标志或者补办相应手续，并可以依照本法第九十条的规定予以处罚。当事人提供相应的牌证、标志或者补办相应手续的，应当及时退还机动车。

故意遮挡、污损或者不按规定安装机动车号牌的，依照本法第九十条的规定予以处罚。

第九十六条 伪造、变造或者使用伪造、变造的机动车登记证书、号牌、行驶证、检验合格标志、保险标志、驾驶证或者使用其他车辆的机动车登记证书、号牌、行驶证、检验合格标志、保险标志的，由公安机关交通管理部门予以收缴，扣留该机动车，并处二百元以上二千元以下罚款；构成犯罪的，依法追究刑事责任。

当事人提供相应的合法证明或者补办相应手续的，应当及时退还机动车。

第九十七条 非法安装警报器、标志灯具的，由公安机关交通管理部门强制拆除，予以收缴，并处二百元以上二千元以下罚款。

第九十八条 机动车所有人、管理人未按照国家规定投保机动车第三者责任强制保险的，由公安机关交通管理部门扣留车辆至依照规定投保后，并处依照规定投保最低责任限额应缴纳的保险费的二倍罚款。

依照前款缴纳的罚款全部纳入道路交通事故社会救助基金。具体办法由国务院规定。

第九十九条 有下列行为之一的，由公安机关交通管理部门处二百元以上二千元以下罚款：

（一）未取得机动车驾驶证、机动车驾驶证被吊销或者机动车驾驶证被暂扣期间驾驶机动车的；

（二）将机动车交由未取得机动车驾驶证或者机动车驾驶证被吊销、暂扣的人驾驶的；

（三）造成交通事故后逃逸，尚不构成犯罪的；

（四）机动车行驶超过规定时速百分之五十的；

（五）强迫机动车驾驶人违反道路交通安全法律、法规和机动车安全驾驶要求驾驶机动车，造成交通事故，尚不构成犯罪的；

（六）违反交通管制的规定强行通行，不听劝阻的；

（七）故意损毁、移动、涂改交通设施，造成危害后果，尚不构成犯罪的；

（八）非法拦截、扣留机动车辆，不听劝阻，造成交通严重阻塞或者较大财产损失的。

行为人有前款第二项、第四项情形之一的，可以并处吊销机动车驾驶证；有第一项、第三项、第五项至第八项情形之一的，可以并处十五日以下拘留。

第一百条 驾驶拼装的机动车或者已达到报废标准的机动车上道路行驶的，公安机关交通管理部门应当予以收缴，强制报废。

对驾驶前款所列机动车上道路行驶的驾驶人，处二百元以上二千元以下罚款，并吊销机动车驾驶证。

出售已达到报废标准的机动车的，没收违法所得，处销售金额等额的罚款，对该机动车依照本条第一款的规定处理。

第一百零一条 违反道路交通安全法律、法规的规定，发生重大交通事故，构成犯罪的，依法追究刑事责任，并由公安机关交通管理部门吊销机动车驾驶证。

造成交通事故后逃逸的，由公安机关交通管理部门吊销机动车驾驶证，且终生不得重新取得机动车驾驶证。

第一百零二条 对六个月内发生二次以上特大交通事故负有主要责任或者全部责任的专

业运输单位,由公安机关交通管理部门责令消除安全隐患,未消除安全隐患的机动车,禁止上道路行驶。

第一百零三条 国家机动车产品主管部门未按照机动车国家安全技术标准严格审查,许可不合格机动车型投入生产的,对负有责任的主管人员和其他直接责任人员给予降级或者撤职的行政处分。

机动车生产企业经国家机动车产品主管部门许可生产的机动车型,不执行机动车国家安全技术标准或者不严格进行机动车成品质量检验,致使质量不合格的机动车出厂销售的,由质量技术监督部门依照《中华人民共和国产品质量法》的有关规定给予处罚。

擅自生产、销售未经国家机动车产品主管部门许可生产的机动车型的,没收非法生产、销售的机动车成品及配件,可以并处非法产品价值三倍以上五倍以下罚款;有营业执照的,由工商行政管理部门吊销营业执照,没有营业执照的,予以查封。

生产、销售拼装的机动车或者生产、销售擅自改装的机动车的,依照本条第三款的规定处罚。

有本条第二款、第三款、第四款所列违法行为,生产或者销售不符合机动车国家安全技术标准的机动车,构成犯罪的,依法追究刑事责任。

第一百零四条 未经批准,擅自挖掘道路、占用道路施工或者从事其他影响道路交通安全活动的,由道路主管部门责令停止违法行为,并恢复原状,可以依法给予罚款;致使通行的人员、车辆及其他财产遭受损失的,依法承担赔偿责任。

有前款行为,影响道路交通安全活动的,公安机关交通管理部门可以责令停止违法行为,迅速恢复交通。

第一百零五条 道路施工作业或者道路出现损毁,未及时设置警示标志、未采取防护措施,或者应当设置交通信号灯、交通标志、交通标线而没有设置或者应当及时变更交通信号灯、交通标志、交通标线而没有及时变更,致使通行的人员、车辆及其他财产遭受损失的,负有相关职责的单位应当依法承担赔偿责任。

第一百零六条 在道路两侧及隔离带上种植树木、其他植物或者设置广告牌、管线等,遮挡路灯、交通信号灯、交通标志,妨碍安全视距的,由公安机关交通管理部门责令行为人排除妨碍;拒不执行的,处二百元以上二千元以下罚款,并强制排除妨碍,所需费用由行为人负担。

第一百零七条 对道路交通违法行为人予以警告、二百元以下罚款,交通警察可以当场作出行政处罚决定,并出具行政处罚决定书。

行政处罚决定书应当载明当事人的违法事实、行政处罚的依据、处罚内容、时间、地点以及处罚机关名称,并由执法人员签名或者盖章。

第一百零八条 当事人应当自收到罚款的行政处罚决定书之日起十五日内,到指定的银行缴纳罚款。

对行人、乘车人和非机动车驾驶人的罚款,当事人无异议的,可以当场予以收缴罚款。

罚款应当开具省、自治区、直辖市财政部门统一制发的罚款收据;不出具财政部门统一制发的罚款收据的,当事人有权拒绝缴纳罚款。

第一百零九条 当事人逾期不履行行政处罚决定的,作出行政处罚决定的行政机关可以采取下列措施:

(一)到期不缴纳罚款的,每日按罚款数额的百分之三加处罚款;

(二)申请人民法院强制执行。

第一百一十条 执行职务的交通警察认为应当对道路交通违法行为人给予暂扣或者吊销机动车驾驶证处罚的,可以先予扣留机动车驾驶证,并在二十四小时内将案件移交公安机关交通管理部门处理。

道路交通违法行为人应当在十五日内到公安机关交通管理部门接受处理。无正当理由逾期未接受处理的,吊销机动车驾驶证。

公安机关交通管理部门暂扣或者吊销机动车驾驶证的,应当出具行政处罚决定书。

第一百一十一条 对违反本法规定予以拘留的行政处罚,由县、市公安局、公安分局或者相当于县一级的公安机关裁决。

第一百一十二条 公安机关交通管理部门扣留机动车、非机动车,应当当场出具凭证,并告知当事人在规定期限内到公安机关交通管理部门接受处理。

公安机关交通管理部门对被扣留的车辆应当妥善保管,不得使用。

逾期不来接受处理,并且经公告三个月仍不来接受处理的,对扣留的车辆依法处理。

第一百一十三条　暂扣机动车驾驶证的期限从处罚决定生效之日起计算;处罚决定生效前先予扣留机动车驾驶证的,扣留一日折抵暂扣期限一日。

吊销机动车驾驶证后重新申请领取机动车驾驶证的期限,按照机动车驾驶证管理规定办理。

第一百一十四条　公安机关交通管理部门根据交通技术监控记录资料,可以对违法的机动车所有人或者管理人依法予以处罚。对能够确定驾驶人的,可以依照本法的规定依法予以处罚。

第一百一十五条　交通警察有下列行为之一的,依法给予行政处分:

(一)为不符合法定条件的机动车发放机动车登记证书、号牌、行驶证、检验合格标志的;

(二)批准不符合法定条件的机动车安装、使用警车、消防车、救护车、工程救险车的警报器、标志灯具,喷涂标志图案的;

(三)为不符合驾驶许可条件、未经考试或者考试不合格人员发放机动车驾驶证的;

(四)不执行罚款决定与罚款收缴分离制度或者不按规定将依法收取的费用、收缴的罚款及没收的违法所得全部上缴国库的;

(五)举办或者参与举办驾驶学校或者驾驶培训班、机动车修理厂或者收费停车场等经营活动的;

(六)利用职务上的便利收受他人财物或者谋取其他利益的;

(七)违法扣留车辆、机动车行驶证、驾驶证、车辆号牌的;

(八)使用依法扣留的车辆的;

(九)当场收取罚款不开具罚款收据或者不如实填写罚款额的;

(十)徇私舞弊,不公正处理交通事故的;

(十一)故意刁难,拖延办理机动车牌证的;

(十二)非执行紧急任务时使用警报器、标志灯具的;

(十三)违反规定拦截、检查正常行驶的车辆的;

(十四)非执行紧急公务时拦截搭乘机动车的;

(十五)不履行法定职责的。

公安机关交通管理部门有前款所列行为之一的,对直接负责的主管人员和其他直接责任人员给予相应的行政处分。

第一百一十六条　依照本法第一百一十五条的规定,给予交通警察行政处分的,在作出行政处分决定前,可以停止其执行职务;必要时,可以予以禁闭。

依照本法第一百一十五条的规定,交通警察受到降级或者撤职行政处分的,可以予以辞退。

交通警察受到开除处分或者被辞退的,应当取消警衔;受到撤职以下行政处分的交通警察,应当降低警衔。

第一百一十七条　交通警察利用职权非法占有公共财物,索取、收受贿赂,或者滥用职权、玩忽职守,构成犯罪的,依法追究刑事责任。

第一百一十八条　公安机关交通管理部门及其交通警察有本法第一百一十五条所列行为之一,给当事人造成损失的,应当依法承担赔偿责任。

第八章　附　　则

第一百一十九条　本法中下列用语的含义:

(一)“道路”,是指公路、城市道路和虽在单位管辖范围但允许社会机动车通行的地方,包括广场、公共停车场等用于公众通行的场所。

(二)“车辆”,是指机动车和非机动车。

(三)“机动车”,是指以动力装置驱动或者牵引,上道路行驶的供人员乘用或者用于运送物品以及进行工程专项作业的轮式车辆。

(四)“非机动车”,是指以人力或者畜力驱动,上道路行驶的交通工具,以及虽有动力装置驱动但设计最高时速、空车质量、外形尺寸符合有关国家标准的残疾人机动轮椅车、电动自行车等交通工具。

(五)“交通事故”,是指车辆在道路上因过错或者意外造成的人身伤亡或者财产损失的事件。

第一百二十条 中国人民解放军和中国人民武装警察部队在编机动车牌证、在编机动车检验以及机动车驾驶人考核工作,由中国人民解放军、中国人民武装警察部队有关部门负责。

第一百二十一条 对上道路行驶的拖拉机,由农业(农业机械)主管部门行使本法第八条、第九条、第十三条、第十九条、第二十三条规定的公安机关交通管理部门的管理职权。

农业(农业机械)主管部门依照前款规定行使职权,应当遵守本法有关规定,并接受公安机关交通管理部门的监督;对违反规定的,依照本法有关规定追究法律责任。

本法施行前由农业(农业机械)主管部门发放的机动车牌证,在本法施行后继续有效。

第一百二十二条 国家对入境的境外机动车的道路交通安全实施统一管理。

第一百二十三条 省、自治区、直辖市人民代表大会常务委员会可以根据本地区的实际情况,在本法规定的罚款幅度内,规定具体的执行标准。

第一百二十四条 本法自2004年5月1日起施行。

全国人民代表大会常务委员会关于修改《中华人民共和国道路交通安全法》的决定

(2007年12月29日第十届全国人民代表大会常务委员会第三十一次会议通过 2007年12月29日中华人民共和国主席令第81号公布 自2008年5月1日起施行)

第十届全国人民代表大会常务委员会第三十一次会议决定对《中华人民共和国道路交通安全法》作如下修改:

第七十六条修改为:“机动车发生交通事故造成人身伤亡、财产损失的,由保险公司在机动车第三者责任强制保险责任限额范围内予以赔偿;不足的部分,按照下列规定承担赔偿责任:

“(一)机动车之间发生交通事故的,由有过错的一方承担赔偿责任;双方都有过错的,按照各自过错的比例分担责任。

“(二)机动车与非机动车驾驶人、行人之间发生交通事故,非机动车驾驶人、行人没有过错的,由机动车一方承担赔偿责任;有证据证明非机动车驾驶人、行人有过错的,根据过错程度适当减轻机动车一方的赔偿责任;机动车一方没有过错的,承担不超过百分之十的赔偿责任。

“交通事故的损失是由非机动车驾驶人、行人故意碰撞机动车造成的,机动车一方不承担赔偿责任。”

本决定自2008年5月1日起施行。

《中华人民共和国道路交通安全法》根据本决定作相应修改,重新公布。

全国人民代表大会常务委员会关于修改《中华人民共和国道路交通安全法》的决定

(2011年4月22日第十一届全国人民代表大会常务委员会第二十次会议通过 2011年4月22日中华人民共和国主席令第47号公布 自2011年5月1日起施行)

第十一届全国人民代表大会常务委员会第二十次会议决定对《中华人民共和国道路交通安全法》作如下修改:

一、将第九十一条修改为:“饮酒后驾驶机动车的,处暂扣六个月机动车驾驶证,并处一千元以上二千元以下罚款。因饮酒后驾驶机动车被处罚,再次饮酒后驾驶机动车的,处十日以下拘留,并处一千元以上二千元以下罚款,吊销机动车驾驶证。

“醉酒驾驶机动车的,由公安机关交通管理部门约束至酒醒,吊销机动车驾驶证,依法追究刑事责任;五年内不得重新取得机动车驾驶证。

“饮酒后驾驶营运机动车的,处十五日拘留,并处五千元罚款,吊销机动车驾驶证,五年内不得重新取得机动车驾驶证。

“醉酒驾驶营运机动车的,由公安机关交通管理部门约束至酒醒,吊销机动车驾驶证,依法追究刑事责任;十年内不得重新取得机动车驾驶证,重新取得机动车驾驶证后,不得驾驶营运机动车。

“饮酒后或者醉酒驾驶机动车发生重大交通事故，构成犯罪的，依法追究刑事责任，并由公安机关交通管理部门吊销机动车驾驶证，终生不得重新取得机动车驾驶证。”

二、将第九十六条第一款修改为：“伪造、变造或者使用伪造、变造的机动车登记证书、号牌、行驶证、驾驶证的，由公安机关交通管理部门予以收缴，扣留该机动车，处十五日以下拘留，并处二千元以上五千元以下罚款；构成犯罪的，依法追究刑事责任。

“伪造、变造或者使用伪造、变造的检验合格标志、保险标志的，由公安机关交通管理部门予以收缴，扣留该机动车，处十日以下拘留，并处一千元以上三千元以下罚款；构成犯罪的，依法追究刑事责任。

“使用其他车辆的机动车登记证书、号牌、行驶证、检验合格标志、保险标志的，由公安机关交通管理部门予以收缴，扣留该机动车，处二千元以上五千元以下罚款。”

原第九十六条第二款作为第四款。

三、本决定自2011年5月1日起施行。

《中华人民共和国道路交通安全法》根据本决定作相应的修改，重新公布。

中华人民共和国道路交通安全法

（2003年10月28日第十届全国人民代表大会常务委员会第五次会议通过　根据2007年12月29日第十届全国人民代表大会常务委员会第三十一次会议《关于修改〈中华人民共和国道路交通安全法〉的决定》第一次修正　根据2011年4月22日第十一届全国人民代表大会常务委员会第二十次会议《关于修改〈中华人民共和国道路交通安全法〉的决定》第二次修正）

目　　录

第一章　总　　则

第一条　为了维护道路交通秩序，预防和减少交通事故，保护人身安全，保护公民、法人和其他组织的财产安全及其他合法权益，提高通行效率，制定本法。

第二条　中华人民共和国境内的车辆驾驶人、行人、乘车人以及与道路交通活动有关的单位和个人，都应当遵守本法。

第三条　道路交通安全工作，应当遵循依法管理、方便群众的原则，保障道路交通有序、安全、畅通。

第四条　各级人民政府应当保障道路交通安全管理工作与经济建设和社会发展相适应。

县级以上地方各级人民政府应当适应道路交通发展的需要，依据道路交通安全法律、法规和国家有关政策，制定道路交通安全管理规划，并组织实施。

第五条　国务院公安部门负责全国道路交通安全管理工作。县级以上地方各级人民政府公安机关交通管理部门负责本行政区域内的道路交通安全管理工作。

县级以上各级人民政府交通、建设管理部门依据各自职责，负责有关的道路交通工作。

第六条　各级人民政府应当经常进行道路交通安全教育，提高公民的道路交通安全意识。

公安机关交通管理部门及其交通警察执行职务时，应当加强道路交通安全法律、法规的宣传，并模范遵守道路交通安全法律、法规。

机关、部队、企业事业单位、社会团体以及其他组织，应当对本单位的人员进行道路交通安全教育。

教育行政部门、学校应当将道路交通安全教

育纳入法制教育的内容。

新闻、出版、广播、电视等有关单位，有进行道路交通安全教育的义务。

第七条 对道路交通安全管理工作，应当加强科学研究，推广、使用先进的管理方法、技术、设备。

第二章 车辆和驾驶人

第一节 机动车、非机动车

第八条 国家对机动车实行登记制度。机动车经公安机关交通管理部门登记后，方可上道路行驶。尚未登记的机动车，需要临时上道路行驶的，应当取得临时通行牌证。

第九条 申请机动车登记，应当提交以下证明、凭证：

（一）机动车所有人的身份证明；

（二）机动车来历证明；

（三）机动车整车出厂合格证明或者进口机动车进口凭证；

（四）车辆购置税的完税证明或者免税凭证；

（五）法律、行政法规规定应当在机动车登记时提交的其他证明、凭证。

公安机关交通管理部门应当自受理申请之日起五个工作日内完成机动车登记审查工作，对符合前款规定条件的，应当发放机动车登记证书、号牌和行驶证；对不符合前款规定条件的，应当向申请人说明不予登记的理由。

公安机关交通管理部门以外的任何单位或者个人不得发放机动车号牌或者要求机动车悬挂其他号牌，本法另有规定的除外。

机动车登记证书、号牌、行驶证的式样由国务院公安部门规定并监制。

第十条 准予登记的机动车应当符合机动车国家安全技术标准。申请机动车登记时，应当接受对该机动车的安全技术检验。但是，经国家机动车产品主管部门依据机动车国家安全技术标准认定的企业生产的机动车型，该车型的新车在出厂时经检验符合机动车国家安全技术标准，获得检验合格证的，免予安全技术检验。

第十一条 驾驶机动车上道路行驶，应当悬挂机动车号牌，放置检验合格标志、保险标志，并随车携带机动车行驶证。

机动车号牌应当按照规定悬挂并保持清晰、完整，不得故意遮挡、污损。

任何单位和个人不得收缴、扣留机动车号牌。

第十二条 有下列情形之一的，应当办理相应的登记：

（一）机动车所有权发生转移的；

（二）机动车登记内容变更的；

（三）机动车用作抵押的；

（四）机动车报废的。

第十三条 对登记后上道路行驶的机动车，应当依照法律、行政法规的规定，根据车辆用途、载客载货数量、使用年限等不同情况，定期进行安全技术检验。对提供机动车行驶证和机动车第三者责任强制保险单的，机动车安全技术检验机构应当予以检验，任何单位不得附加其他条件。对符合机动车国家安全技术标准的，公安机关交通管理部门应当发给检验合格标志。

对机动车的安全技术检验实行社会化。具体办法由国务院规定。

机动车安全技术检验实行社会化的地方，任何单位不得要求机动车到指定的场所进行检验。

公安机关交通管理部门、机动车安全技术检验机构不得要求机动车到指定的场所进行维修、保养。

机动车安全技术检验机构对机动车检验收取费用，应当严格执行国务院价格主管部门核定的收费标准。

第十四条 国家实行机动车强制报废制度，根据机动车的安全技术状况和不同用途，规定不同的报废标准。

应当报废的机动车必须及时办理注销登记。

达到报废标准的机动车不得上道路行驶。报废的大型客、货车及其他营运车辆应当在公安机关交通管理部门的监督下解体。

第十五条 警车、消防车、救护车、工程救险车应当按照规定喷涂标志图案，安装警报器、标志灯具。其他机动车不得喷涂、安装、使用上述车辆专用的或者与其相类似的标志图案、警报器或者标志灯具。

警车、消防车、救护车、工程救险车应当严格按照规定的用途和条件使用。

公路监督检查的专用车辆,应当依照公路法的规定,设置统一的标志和示警灯。

第十六条 任何单位或者个人不得有下列行为:

(一)拼装机动车或者擅自改变机动车已登记的结构、构造或者特征;

(二)改变机动车型号、发动机号、车架号或者车辆识别代号;

(三)伪造、变造或者使用伪造、变造的机动车登记证书、号牌、行驶证、检验合格标志、保险标志;

(四)使用其他机动车的登记证书、号牌、行驶证、检验合格标志、保险标志。

第十七条 国家实行机动车第三者责任强制保险制度,设立道路交通事故社会救助基金。具体办法由国务院规定。

第十八条 依法应当登记的非机动车,经公安机关交通管理部门登记后,方可上道路行驶。

依法应当登记的非机动车的种类,由省、自治区、直辖市人民政府根据当地实际情况规定。

非机动车的外形尺寸、质量、制动器、车铃和夜间反光装置,应当符合非机动车安全技术标准。

第二节 机动车驾驶人

第十九条 驾驶机动车,应当依法取得机动车驾驶证。

申请机动车驾驶证,应当符合国务院公安部门规定的驾驶许可条件;经考试合格后,由公安机关交通管理部门发给相应类别的机动车驾驶证。

持有境外机动车驾驶证的人,符合国务院公安部门规定的驾驶许可条件,经公安机关交通管理部门考核合格的,可以发给中国的机动车驾驶证。

驾驶人应当按照驾驶证载明的准驾车型驾驶机动车;驾驶机动车时,应当随身携带机动车驾驶证。

公安机关交通管理部门以外的任何单位或者个人,不得收缴、扣留机动车驾驶证。

第二十条 机动车的驾驶培训实行社会化,由交通主管部门对驾驶培训学校、驾驶培训班实行资格管理,其中专门的拖拉机驾驶培训学校、驾驶培训班由农业(农业机械)主管部门实行资格管理。

驾驶培训学校、驾驶培训班应当严格按照国家有关规定,对学员进行道路交通安全法律、法规、驾驶技能的培训,确保培训质量。

任何国家机关以及驾驶培训和考试主管部门不得举办或者参与举办驾驶培训学校、驾驶培训班。

第二十一条 驾驶人驾驶机动车上道路行驶前,应当对机动车的安全技术性能进行认真检查;不得驾驶安全设施不全或者机件不符合技术标准等具有安全隐患的机动车。

第二十二条 机动车驾驶人应当遵守道路交通安全法律、法规的规定,按照操作规范安全驾驶、文明驾驶。

饮酒、服用国家管制的精神药品或者麻醉药品,或者患有妨碍安全驾驶机动车的疾病,或者过度疲劳影响安全驾驶的,不得驾驶机动车。

任何人不得强迫、指使、纵容驾驶人违反道路交通安全法律、法规和机动车安全驾驶要求驾驶机动车。

第二十三条 公安机关交通管理部门依照法律、行政法规的规定,定期对机动车驾驶证实施审验。

第二十四条 公安机关交通管理部门对机动车驾驶人违反道路交通安全法律、法规的行为,除依法给予行政处罚外,实行累积记分制度。公安机关交通管理部门对累积记分达到规定分值的机动车驾驶人,扣留机动车驾驶证,对其进行道路交通安全法律、法规教育,重新考试;考试合格的,发还其机动车驾驶证。

对遵守道路交通安全法律、法规,在一年内无累积记分的机动车驾驶人,可以延长机动车驾驶证的审验期。具体办法由国务院公安部门规定。

第三章 道路通行条件

第二十五条 全国实行统一的道路交通信号。

交通信号包括交通信号灯、交通标志、交通

标线和交通警察的指挥。

交通信号灯、交通标志、交通标线的设置应当符合道路交通安全、畅通的要求和国家标准，并保持清晰、醒目、准确、完好。

根据通行需要，应当及时增设、调换、更新道路交通信号。增设、调换、更新限制性的道路交通信号，应当提前向社会公告，广泛进行宣传。

第二十六条 交通信号灯由红灯、绿灯、黄灯组成。红灯表示禁止通行，绿灯表示准许通行，黄灯表示警示。

第二十七条 铁路与道路平面交叉的道口，应当设置警示灯、警示标志或者安全防护设施。无人看守的铁路道口，应当在距道口一定距离处设置警示标志。

第二十八条 任何单位和个人不得擅自设置、移动、占用、损毁交通信号灯、交通标志、交通标线。

道路两侧及隔离带上种植的树木或者其他植物，设置的广告牌、管线等，应当与交通设施保持必要的距离，不得遮挡路灯、交通信号灯、交通标志，不得妨碍安全视距，不得影响通行。

第二十九条 道路、停车场和道路配套设施的规划、设计、建设，应当符合道路交通安全、畅通的要求，并根据交通需求及时调整。

公安机关交通管理部门发现已经投入使用的道路存在交通事故频发路段，或者停车场、道路配套设施存在交通安全严重隐患的，应当及时向当地人民政府报告，并提出防范交通事故、消除隐患的建议，当地人民政府应当及时作出处理决定。

第三十条 道路出现坍塌、坑漕、水毁、隆起等损毁或者交通信号灯、交通标志、交通标线等交通设施损毁、灭失的，道路、交通设施的养护部门或者管理部门应当设置警示标志并及时修复。

公安机关交通管理部门发现前款情形，危及交通安全，尚未设置警示标志的，应当及时采取安全措施，疏导交通，并通知道路、交通设施的养护部门或者管理部门。

第三十一条 未经许可，任何单位和个人不得占用道路从事非交通活动。

第三十二条 因工程建设需要占用、挖掘道路，或者跨越、穿越道路架设、增设管线设施，应当事先征得道路主管部门的同意；影响交通安全的，还应当征得公安机关交通管理部门的同意。

施工作业单位应当在经批准的路段和时间内施工作业，并在距离施工作业地点来车方向安全距离处设置明显的安全警示标志，采取防护措施；施工作业完毕，应当迅速清除道路上的障碍物，消除安全隐患，经道路主管部门和公安机关交通管理部门验收合格，符合通行要求后，方可恢复通行。

对未中断交通的施工作业道路，公安机关交通管理部门应当加强交通安全监督检查，维护道路交通秩序。

第三十三条 新建、改建、扩建的公共建筑、商业街区、居住区、大(中)型建筑等，应当配建、增建停车场；停车泊位不足的，应当及时改建或者扩建；投入使用的停车场不得擅自停止使用或者改作他用。

在城市道路范围内，在不影响行人、车辆通行的情况下，政府有关部门可以施划停车泊位。

第三十四条 学校、幼儿园、医院、养老院门前的道路没有行人过街设施的，应当施划人行横道线，设置提示标志。

城市主要道路的人行道，应当按照规划设置盲道。盲道的设置应当符合国家标准。

第四章 道路通行规定

第一节 一般规定

第三十五条 机动车、非机动车实行右侧通行。

第三十六条 根据道路条件和通行需要，道路划分为机动车道、非机动车道和人行道的，机动车、非机动车、行人实行分道通行。没有划分机动车道、非机动车道和人行道的，机动车在道路中间通行，非机动车和行人在道路两侧通行。

第三十七条 道路划设专用车道的，在专用车道内，只准许规定的车辆通行，其他车辆不得进入专用车道内行驶。

第三十八条 车辆、行人应当按照交通信号通行；遇有交通警察现场指挥时，应当按照交通警察的指挥通行；在没有交通信号的道路上，应当在确保安全、畅通的原则下通行。

第三十九条 公安机关交通管理部门根据道路和交通流量的具体情况,可以对机动车、非机动车、行人采取疏导、限制通行、禁止通行等措施。遇有大型群众性活动、大范围施工等情况,需要采取限制交通的措施,或者作出与公众的道路交通活动直接有关的决定,应当提前向社会公告。

第四十条 遇有自然灾害、恶劣气象条件或者重大交通事故等严重影响交通安全的情形,采取其他措施难以保证交通安全时,公安机关交通管理部门可以实行交通管制。

第四十一条 有关道路通行的其他具体规定,由国务院规定。

第二节 机动车通行规定

第四十二条 机动车上道路行驶,不得超过限速标志标明的最高时速。在没有限速标志的路段,应当保持安全车速。

夜间行驶或者在容易发生危险的路段行驶,以及遇有沙尘、冰雹、雨、雪、雾、结冰等气象条件时,应当降低行驶速度。

第四十三条 同车道行驶的机动车,后车应当与前车保持足以采取紧急制动措施的安全距离。有下列情形之一的,不得超车:

(一)前车正在左转弯、掉头、超车的;

(二)与对面来车有会车可能的;

(三)前车为执行紧急任务的警车、消防车、救护车、工程救险车的;

(四)行经铁路道口、交叉路口、窄桥、弯道、陡坡、隧道、人行横道、市区交通流量大的路段等没有超车条件的。

第四十四条 机动车通过交叉路口,应当按照交通信号灯、交通标志、交通标线或者交通警察的指挥通过;通过没有交通信号灯、交通标志、交通标线或者交通警察指挥的交叉路口时,应当减速慢行,并让行人和优先通行的车辆先行。

第四十五条 机动车遇有前方车辆停车排队等候或者缓慢行驶时,不得借道超车或者占用对面车道,不得穿插等候的车辆。

在车道减少的路段、路口,或者在没有交通信号灯、交通标志、交通标线或者交通警察指挥的交叉路口遇到停车排队等候或者缓慢行驶时,机动车应当依次交替通行。

第四十六条 机动车通过铁路道口时,应当按照交通信号或者管理人员的指挥通行;没有交通信号或者管理人员的,应当减速或者停车,在确认安全后通过。

第四十七条 机动车行经人行横道时,应当减速行驶;遇行人正在通过人行横道,应当停车让行。

机动车行经没有交通信号的道路时,遇行人横过道路,应当避让。

第四十八条 机动车载物应当符合核定的载质量,严禁超载;载物的长、宽、高不得违反装载要求,不得遗洒、飘散载运物。

机动车运载超限的不可解体的物品,影响交通安全的,应当按照公安机关交通管理部门指定的时间、路线、速度行驶,悬挂明显标志。在公路上运载超限的不可解体的物品,并应当依照公路法的规定执行。

机动车载运爆炸物品、易燃易爆化学物品以及剧毒、放射性等危险物品,应当经公安机关批准后,按指定的时间、路线、速度行驶,悬挂警示标志并采取必要的安全措施。

第四十九条 机动车载人不得超过核定的人数,客运机动车不得违反规定载货。

第五十条 禁止货运机动车载客。

货运机动车需要附载作业人员的,应当设置保护作业人员的安全措施。

第五十一条 机动车行驶时,驾驶人、乘坐人员应当按规定使用安全带,摩托车驾驶人及乘坐人员应当按规定戴安全头盔。

第五十二条 机动车在道路上发生故障,需要停车排除故障时,驾驶人应当立即开启危险报警闪光灯,将机动车移至不妨碍交通的地方停放;难以移动的,应当持续开启危险报警闪光灯,并在来车方向设置警告标志等措施扩大示警距离,必要时迅速报警。

第五十三条 警车、消防车、救护车、工程救险车执行紧急任务时,可以使用警报器、标志灯具;在确保安全的前提下,不受行驶路线、行驶方向、行驶速度和信号灯的限制,其他车辆和行人应当让行。

警车、消防车、救护车、工程救险车非执行紧急任务时,不得使用警报器、标志灯具,不享有前款规定的道路优先通行权。

第五十四条 道路养护车辆、工程作业车进行作业时,在不影响过往车辆通行的前提下,其行驶路线和方向不受交通标志、标线限制,过往车辆和人员应当注意避让。

洒水车、清扫车等机动车应当按照安全作业标准作业;在不影响其他车辆通行的情况下,可以不受车辆分道行驶的限制,但是不得逆向行驶。

第五十五条 高速公路、大中城市中心城区内的道路,禁止拖拉机通行。其他禁止拖拉机通行的道路,由省、自治区、直辖市人民政府根据当地实际情况规定。

在允许拖拉机通行的道路上,拖拉机可以从事货运,但是不得用于载人。

第五十六条 机动车应当在规定地点停放。禁止在人行道上停放机动车;但是,依照本法第三十三条规定施划的停车泊位除外。

在道路上临时停车的,不得妨碍其他车辆和行人通行。

第三节 非机动车通行规定

第五十七条 驾驶非机动车在道路上行驶应当遵守有关交通安全的规定。非机动车应当在非机动车道内行驶;在没有非机动车道的道路上,应当靠车行道的右侧行驶。

第五十八条 残疾人机动轮椅车、电动自行车在非机动车道内行驶时,最高时速不得超过十五公里。

第五十九条 非机动车应当在规定地点停放。未设停放地点的,非机动车停放不得妨碍其他车辆和行人通行。

第六十条 驾驭畜力车,应当使用驯服的牲畜;驾驭畜力车横过道路时,驾驭人应当下车牵引牲畜;驾驭人离开车辆时,应当拴系牲畜。

第四节 行人和乘车人通行规定

第六十一条 行人应当在人行道内行走,没有人行道的靠路边行走。

第六十二条 行人通过路口或者横过道路,应当走人行横道或者过街设施;通过有交通信号灯的人行横道,应当按照交通信号灯指示通行;通过没有交通信号灯、人行横道的路口,或者在没有过街设施的路段横过道路,应当在确认安全后通过。

第六十三条 行人不得跨越、倚坐道路隔离设施,不得扒车、强行拦车或者实施妨碍道路交通安全的其他行为。

第六十四条 学龄前儿童以及不能辨认或者不能控制自己行为的精神疾病患者、智力障碍者在道路上通行,应当由其监护人、监护人委托的人或者对其负有管理、保护职责的人带领。

盲人在道路上通行,应当使用盲杖或者采取其他导盲手段,车辆应当避让盲人。

第六十五条 行人通过铁路道口时,应当按照交通信号或者管理人员的指挥通行;没有交通信号和管理人员的,应当在确认无火车驶临后,迅速通过。

第六十六条 乘车人不得携带易燃易爆等危险物品,不得向车外抛洒物品,不得有影响驾驶人安全驾驶的行为。

第五节 高速公路的特别规定

第六十七条 行人、非机动车、拖拉机、轮式专用机械车、铰接式客车、全挂拖斗车以及其他设计最高时速低于七十公里的机动车,不得进入高速公路。高速公路限速标志标明的最高时速不得超过一百二十公里。

第六十八条 机动车在高速公路上发生故障时,应当依照本法第五十二条的有关规定办理;但是,警告标志应当设置在故障车来车方向一百五十米以外,车上人员应当迅速转移到右侧路肩上或者应急车道内,并且迅速报警。

机动车在高速公路上发生故障或者交通事故,无法正常行驶的,应当由救援车、清障车拖曳、牵引。

第六十九条 任何单位、个人不得在高速公路上拦截检查行驶的车辆,公安机关的人民警察依法执行紧急公务除外。

第五章 交通事故处理

第七十条 在道路上发生交通事故,车辆驾驶人应当立即停车,保护现场;造成人身伤亡的,车辆驾驶人应当立即抢救受伤人员，并迅速报告执勤的交通警察或者公安机关交通管理部门。因抢救受伤人员变动现场的，应当标明位置。乘车人、过往车辆驾驶人、过往行人应当予以协助。

在道路上发生交通事故，未造成人身伤亡，当事人对事实及成因无争议的，可以即行撤离现场，恢复交通，自行协商处理损害赔偿事宜；不即行撤离现场的，应当迅速报告执勤的交通警察或者公安机关交通管理部门。

在道路上发生交通事故，仅造成轻微财产损失，并且基本事实清楚的，当事人应当先撤离现场再进行协商处理。

第七十一条　车辆发生交通事故后逃逸的，事故现场目击人员和其他知情人员应当向公安机关交通管理部门或者交通警察举报。举报属实的，公安机关交通管理部门应当给予奖励。

第七十二条　公安机关交通管理部门接到交通事故报警后，应当立即派交通警察赶赴现场，先组织抢救受伤人员，并采取措施，尽快恢复交通。

交通警察应当对交通事故现场进行勘验、检查，收集证据；因收集证据的需要，可以扣留事故车辆，但是应当妥善保管，以备核查。

对当事人的生理、精神状况等专业性较强的检验，公安机关交通管理部门应当委托专门机构进行鉴定。鉴定结论应当由鉴定人签名。

第七十三条　公安机关交通管理部门应当根据交通事故现场勘验、检查、调查情况和有关的检验、鉴定结论，及时制作交通事故认定书，作为处理交通事故的证据。交通事故认定书应当载明交通事故的基本事实、成因和当事人的责任，并送达当事人。

第七十四条　对交通事故损害赔偿的争议，当事人可以请求公安机关交通管理部门调解，也可以直接向人民法院提起民事诉讼。

经公安机关交通管理部门调解，当事人未达成协议或者调解书生效后不履行的，当事人可以向人民法院提起民事诉讼。

第七十五条　医疗机构对交通事故中的受伤人员应当及时抢救，不得因抢救费用未及时支付而拖延救治。肇事车辆参加机动车第三者责任强制保险的，由保险公司在责任限额范围内支付抢救费用；抢救费用超过责任限额的，未参加机动车第三者责任强制保险或者肇事后逃逸的，由道路交通事故社会救助基金先行垫付部分或者全部抢救费用，道路交通事故社会救助基金管理机构有权向交通事故责任人追偿。

第七十六条　机动车发生交通事故造成人身伤亡、财产损失的，由保险公司在机动车第三者责任强制保险责任限额范围内予以赔偿；不足的部分，按照下列规定承担赔偿责任：

（一）机动车之间发生交通事故的，由有过错的一方承担赔偿责任；双方都有过错的，按照各自过错的比例分担责任。

（二）机动车与非机动车驾驶人、行人之间发生交通事故，非机动车驾驶人、行人没有过错的，由机动车一方承担赔偿责任；有证据证明非机动车驾驶人、行人有过错的，根据过错程度适当减轻机动车一方的赔偿责任；机动车一方没有过错的，承担不超过百分之十的赔偿责任。

交通事故的损失是由非机动车驾驶人、行人故意碰撞机动车造成的，机动车一方不承担赔偿责任。

第七十七条　车辆在道路以外通行时发生的事故，公安机关交通管理部门接到报案的，参照本法有关规定办理。

第六章　执法监督

第七十八条　公安机关交通管理部门应当加强对交通警察的管理，提高交通警察的素质和管理道路交通的水平。

公安机关交通管理部门应当对交通警察进行法制和交通安全管理业务培训、考核。交通警察经考核不合格的，不得上岗执行职务。

第七十九条　公安机关交通管理部门及其交通警察实施道路交通安全管理，应当依据法定的职权和程序，简化办事手续，做到公正、严格、文明、高效。

第八十条　交通警察执行职务时，应当按照规定着装，佩带人民警察标志，持有人民警察证件，保持警容严整，举止端庄，指挥规范。

第八十一条　依照本法发放牌证等收取工本费，应当严格执行国务院价格主管部门核定的收费标准，并全部上缴国库。

第八十二条 公安机关交通管理部门依法实施罚款的行政处罚,应当依照有关法律、行政法规的规定,实施罚款决定与罚款收缴分离;收缴的罚款以及依法没收的违法所得,应当全部上缴国库。

第八十三条 交通警察调查处理道路交通安全违法行为和交通事故,有下列情形之一的,应当回避:

(一)是本案的当事人或者当事人的近亲属;

(二)本人或者其近亲属与本案有利害关系;

(三)与本案当事人有其他关系,可能影响案件的公正处理。

第八十四条 公安机关交通管理部门及其交通警察的行政执法活动,应当接受行政监察机关依法实施的监督。

公安机关督察部门应当对公安机关交通管理部门及其交通警察执行法律、法规和遵守纪律的情况依法进行监督。

上级公安机关交通管理部门应当对下级公安机关交通管理部门的执法活动进行监督。

第八十五条 公安机关交通管理部门及其交通警察执行职务,应当自觉接受社会和公民的监督。

任何单位和个人都有权对公安机关交通管理部门及其交通警察不严格执法以及违法违纪行为进行检举、控告。收到检举、控告的机关,应当依据职责及时查处。

第八十六条 任何单位不得给公安机关交通管理部门下达或者变相下达罚款指标;公安机关交通管理部门不得以罚款数额作为考核交通警察的标准。

公安机关交通管理部门及其交通警察对超越法律、法规规定的指令,有权拒绝执行,并同时向上级机关报告。

第七章 法律责任

第八十七条 公安机关交通管理部门及其交通警察对道路交通安全违法行为,应当及时纠正。

公安机关交通管理部门及其交通警察应当依据事实和本法的有关规定对道路交通安全违法行为予以处罚。对于情节轻微,未影响道路通行的,指出违法行为,给予口头警告后放行。

第八十八条 对道路交通安全违法行为的处罚种类包括:警告、罚款、暂扣或者吊销机动车驾驶证、拘留。

第八十九条 行人、乘车人、非机动车驾驶人违反道路交通安全法律、法规关于道路通行规定的,处警告或者五元以上五十元以下罚款;非机动车驾驶人拒绝接受罚款处罚的,可以扣留其非机动车。

第九十条 机动车驾驶人违反道路交通安全法律、法规关于道路通行规定的,处警告或者二十元以上二百元以下罚款。本法另有规定的,依照规定处罚。

第九十一条 饮酒后驾驶机动车的,处暂扣六个月机动车驾驶证,并处一千元以上二千元以下罚款。因饮酒后驾驶机动车被处罚,再次饮酒后驾驶机动车的,处十日以下拘留,并处一千元以上二千元以下罚款,吊销机动车驾驶证。

醉酒驾驶机动车的,由公安机关交通管理部门约束至酒醒,吊销机动车驾驶证,依法追究刑事责任;五年内不得重新取得机动车驾驶证。

饮酒后驾驶营运机动车的,处十五日拘留,并处五千元罚款,吊销机动车驾驶证,五年内不得重新取得机动车驾驶证。

醉酒驾驶营运机动车的,由公安机关交通管理部门约束至酒醒,吊销机动车驾驶证,依法追究刑事责任;十年内不得重新取得机动车驾驶证,重新取得机动车驾驶证后,不得驾驶营运机动车。

饮酒后或者醉酒驾驶机动车发生重大交通事故,构成犯罪的,依法追究刑事责任,并由公安机关交通管理部门吊销机动车驾驶证,终生不得重新取得机动车驾驶证。

第九十二条 公路客运车辆载客超过额定乘员的,处二百元以上五百元以下罚款;超过额定乘员百分之二十或者违反规定载货的,处五百元以上二千元以下罚款。

货运机动车超过核定载质量的,处二百元以上五百元以下罚款;超过核定载质量百分之三十或者违反规定载客的,处五百元以上二千元以下罚款。

有前两款行为的,由公安机关交通管理部门

扣留机动车至违法状态消除。

运输单位的车辆有本条第一款、第二款规定的情形,经处罚不改的,对直接负责的主管人员处二千元以上五千元以下罚款。

第九十三条 对违反道路交通安全法律、法规关于机动车停放、临时停车规定的,可以指出违法行为,并予以口头警告,令其立即驶离。

机动车驾驶人不在现场或者虽在现场但拒绝立即驶离,妨碍其他车辆、行人通行的,处二十元以上二百元以下罚款,并可以将该机动车拖移至不妨碍交通的地点或者公安机关交通管理部门指定的地点停放。公安机关交通管理部门拖车不得向当事人收取费用,并应当及时告知当事人停放地点。

因采取不正确的方法拖车造成机动车损坏的,应当依法承担补偿责任。

第九十四条 机动车安全技术检验机构实施机动车安全技术检验超过国务院价格主管部门核定的收费标准收取费用的,退还多收取的费用,并由价格主管部门依照《中华人民共和国价格法》的有关规定给予处罚。

机动车安全技术检验机构不按照机动车国家安全技术标准进行检验,出具虚假检验结果的,由公安机关交通管理部门处所收检验费用五倍以上十倍以下罚款,并依法撤销其检验资格;构成犯罪的,依法追究刑事责任。

第九十五条 上道路行驶的机动车未悬挂机动车号牌,未放置检验合格标志、保险标志,或者未随车携带行驶证、驾驶证的,公安机关交通管理部门应当扣留机动车,通知当事人提供相应的牌证、标志或者补办相应手续,并可以依照本法第九十条的规定予以处罚。当事人提供相应的牌证、标志或者补办相应手续的,应当及时退还机动车。

故意遮挡、污损或者不按规定安装机动车号牌的,依照本法第九十条的规定予以处罚。

第九十六条 伪造、变造或者使用伪造、变造的机动车登记证书、号牌、行驶证、驾驶证的,由公安机关交通管理部门予以收缴,扣留该机动车,处十五日以下拘留,并处二千元以上五千元以下罚款;构成犯罪的,依法追究刑事责任。

伪造、变造或者使用伪造、变造的检验合格标志、保险标志的,由公安机关交通管理部门予以收缴,扣留该机动车,处十日以下拘留,并处一千元以上三千元以下罚款;构成犯罪的,依法追究刑事责任。

使用其他车辆的机动车登记证书、号牌、行驶证、检验合格标志、保险标志的,由公安机关交通管理部门予以收缴,扣留该机动车,处二千元以上五千元以下罚款。

当事人提供相应的合法证明或者补办相应手续的,应当及时退还机动车。

第九十七条 非法安装警报器、标志灯具的,由公安机关交通管理部门强制拆除,予以收缴,并处二百元以上二千元以下罚款。

第九十八条 机动车所有人、管理人未按照国家规定投保机动车第三者责任强制保险的,由公安机关交通管理部门扣留车辆至依照规定投保后,并处依照规定投保最低责任限额应缴纳的保险费的二倍罚款。

依照前款缴纳的罚款全部纳入道路交通事故社会救助基金。具体办法由国务院规定。

第九十九条 有下列行为之一的,由公安机关交通管理部门处二百元以上二千元以下罚款:

(一)未取得机动车驾驶证、机动车驾驶证被吊销或者机动车驾驶证被暂扣期间驾驶机动车的;

(二)将机动车交由未取得机动车驾驶证或者机动车驾驶证被吊销、暂扣的人驾驶的;

(三)造成交通事故后逃逸,尚不构成犯罪的;

(四)机动车行驶超过规定时速百分之五十的;

(五)强迫机动车驾驶人违反道路交通安全法律、法规和机动车安全驾驶要求驾驶机动车,造成交通事故,尚不构成犯罪的;

(六)违反交通管制的规定强行通行,不听劝阻的;

(七)故意损毁、移动、涂改交通设施,造成危害后果,尚不构成犯罪的;

(八)非法拦截、扣留机动车辆,不听劝阻,造成交通严重阻塞或者较大财产损失的。

行为人有前款第二项、第四项情形之一的,可以并处吊销机动车驾驶证;有第一项、第三项、第五项至第八项情形之一的，可以并处十五日以下拘留。

第一百条　驾驶拼装的机动车或者已达到报废标准的机动车上道路行驶的，公安机关交通管理部门应当予以收缴，强制报废。

对驾驶前款所列机动车上道路行驶的驾驶人，处二百元以上二千元以下罚款，并吊销机动车驾驶证。

出售已达到报废标准的机动车的，没收违法所得，处销售金额等额的罚款，对该机动车依照本条第一款的规定处理。

第一百零一条　违反道路交通安全法律、法规的规定，发生重大交通事故，构成犯罪的，依法追究刑事责任，并由公安机关交通管理部门吊销机动车驾驶证。

造成交通事故后逃逸的，由公安机关交通管理部门吊销机动车驾驶证，且终生不得重新取得机动车驾驶证。

第一百零二条　对六个月内发生二次以上特大交通事故负有主要责任或者全部责任的专业运输单位，由公安机关交通管理部门责令消除安全隐患，未消除安全隐患的机动车，禁止上道路行驶。

第一百零三条　国家机动车产品主管部门未按照机动车国家安全技术标准严格审查，许可不合格机动车型投入生产的，对负有责任的主管人员和其他直接责任人员给予降级或者撤职的行政处分。

机动车生产企业经国家机动车产品主管部门许可生产的机动车型，不执行机动车国家安全技术标准或者不严格进行机动车成品质量检验，致使质量不合格的机动车出厂销售的，由质量技术监督部门依照《中华人民共和国产品质量法》的有关规定给予处罚。

擅自生产、销售未经国家机动车产品主管部门许可生产的机动车型的，没收非法生产、销售的机动车成品及配件，可以并处非法产品价值三倍以上五倍以下罚款；有营业执照的，由工商行政管理部门吊销营业执照，没有营业执照的，予以查封。

生产、销售拼装的机动车或者生产、销售擅自改装的机动车的，依照本条第三款的规定处罚。

有本条第二款、第三款、第四款所列违法行为，生产或者销售不符合机动车国家安全技术标准的机动车，构成犯罪的，依法追究刑事责任。

第一百零四条　未经批准，擅自挖掘道路、占用道路施工或者从事其他影响道路交通安全活动的，由道路主管部门责令停止违法行为，并恢复原状，可以依法给予罚款；致使通行的人员、车辆及其他财产遭受损失的，依法承担赔偿责任。

有前款行为，影响道路交通安全活动的，公安机关交通管理部门可以责令停止违法行为，迅速恢复交通。

第一百零五条　道路施工作业或者道路出现损毁，未及时设置警示标志、未采取防护措施，或者应当设置交通信号灯、交通标志、交通标线而没有设置或者应当及时变更交通信号灯、交通标志、交通标线而没有及时变更，致使通行的人员、车辆及其他财产遭受损失的，负有相关职责的单位应当依法承担赔偿责任。

第一百零六条　在道路两侧及隔离带上种植树木、其他植物或者设置广告牌、管线等，遮挡路灯、交通信号灯、交通标志，妨碍安全视距的，由公安机关交通管理部门责令行为人排除妨碍；拒不执行的，处二百元以上二千元以下罚款，并强制排除妨碍，所需费用由行为人负担。

第一百零七条　对道路交通违法行为人予以警告、二百元以下罚款，交通警察可以当场作出行政处罚决定，并出具行政处罚决定书。

行政处罚决定书应当载明当事人的违法事实、行政处罚的依据、处罚内容、时间、地点以及处罚机关名称，并由执法人员签名或者盖章。

第一百零八条　当事人应当自收到罚款的行政处罚决定书之日起十五日内，到指定的银行缴纳罚款。

对行人、乘车人和非机动车驾驶人的罚款，当事人无异议的，可以当场予以收缴罚款。

罚款应当开具省、自治区、直辖市财政部门统一制发的罚款收据；不出具财政部门统一制发的罚款收据的，当事人有权拒绝缴纳罚款。

第一百零九条　当事人逾期不履行行政处罚决定的，作出行政处罚决定的行政机关可以采取下列措施：

（一）到期不缴纳罚款的，每日按罚款数额的百分之三加处罚款；

（二）申请人民法院强制执行。

第一百一十条　执行职务的交通警察认为应当对道路交通违法行为人给予暂扣或者吊销机动车驾驶证处罚的，可以先予扣留机动车驾驶证，并在二十四小时内将案件移交公安机关交通管理部门处理。

道路交通违法行为人应当在十五日内到公安机关交通管理部门接受处理。无正当理由逾期未接受处理的，吊销机动车驾驶证。

公安机关交通管理部门暂扣或者吊销机动车驾驶证的，应当出具行政处罚决定书。

第一百一十一条　对违反本法规定予以拘留的行政处罚，由县、市公安局、公安分局或者相当于县一级的公安机关裁决。

第一百一十二条　公安机关交通管理部门扣留机动车、非机动车，应当当场出具凭证，并告知当事人在规定期限内到公安机关交通管理部门接受处理。

公安机关交通管理部门对被扣留的车辆应当妥善保管，不得使用。

逾期不来接受处理，并且经公告三个月仍不来接受处理的，对扣留的车辆依法处理。

第一百一十三条　暂扣机动车驾驶证的期限从处罚决定生效之日起计算；处罚决定生效前先予扣留机动车驾驶证的，扣留一日折抵暂扣期限一日。

吊销机动车驾驶证后重新申请领取机动车驾驶证的期限，按照机动车驾驶证管理规定办理。

第一百一十四条　公安机关交通管理部门根据交通技术监控记录资料，可以对违法的机动车所有人或者管理人依法予以处罚。对能够确定驾驶人的，可以依照本法的规定依法予以处罚。

第一百一十五条　交通警察有下列行为之一的，依法给予行政处分：

（一）为不符合法定条件的机动车发放机动车登记证书、号牌、行驶证、检验合格标志的；

（二）批准不符合法定条件的机动车安装、使用警车、消防车、救护车、工程救险车的警报器、标志灯具，喷涂标志图案的；

（三）为不符合驾驶许可条件、未经考试或者考试不合格人员发放机动车驾驶证的；

（四）不执行罚款决定与罚款收缴分离制度或者不按规定将依法收取的费用、收缴的罚款及没收的违法所得全部上缴国库的；

（五）举办或者参与举办驾驶学校或者驾驶培训班、机动车修理厂或者收费停车场等经营活动的；

（六）利用职务上的便利收受他人财物或者谋取其他利益的；

（七）违法扣留车辆、机动车行驶证、驾驶证、车辆号牌的；

（八）使用依法扣留的车辆的；

（九）当场收取罚款不开具罚款收据或者不如实填写罚款额的；

（十）徇私舞弊，不公正处理交通事故的；

（十一）故意刁难，拖延办理机动车牌证的；

（十二）非执行紧急任务时使用警报器、标志灯具的；

（十三）违反规定拦截、检查正常行驶的车辆的；

（十四）非执行紧急公务时拦截搭乘机动车的；

（十五）不履行法定职责的。

公安机关交通管理部门有前款所列行为之一的，对直接负责的主管人员和其他直接责任人员给予相应的行政处分。

第一百一十六条　依照本法第一百一十五条的规定，给予交通警察行政处分的，在作出行政处分决定前，可以停止其执行职务；必要时，可以予以禁闭。

依照本法第一百一十五条的规定，交通警察受到降级或者撤职行政处分的，可以予以辞退。

交通警察受到开除处分或者被辞退的，应当取消警衔；受到撤职以下行政处分的交通警察，应当降低警衔。

第一百一十七条　交通警察利用职权非法占有公共财物，索取、收受贿赂，或者滥用职权、玩忽职守，构成犯罪的，依法追究刑事责任。

第一百一十八条　公安机关交通管理部门及其交通警察有本法第一百一十五条所列行为

之一,给当事人造成损失的,应当依法承担赔偿责任。

第八章 附 则

第一百一十九条 本法中下列用语的含义:

(一)"道路",是指公路、城市道路和虽在单位管辖范围但允许社会机动车通行的地方,包括广场、公共停车场等用于公众通行的场所。

(二)"车辆",是指机动车和非机动车。

(三)"机动车",是指以动力装置驱动或者牵引,上道路行驶的供人员乘用或者用于运送物品以及进行工程专项作业的轮式车辆。

(四)"非机动车",是指以人力或者畜力驱动,上道路行驶的交通工具,以及虽有动力装置驱动但设计最高时速、空车质量、外形尺寸符合有关国家标准的残疾人机动轮椅车、电动自行车等交通工具。

(五)"交通事故",是指车辆在道路上因过错或者意外造成的人身伤亡或者财产损失的事件。

第一百二十条 中国人民解放军和中国人民武装警察部队在编机动车牌证、在编机动车检验以及机动车驾驶人考核工作,由中国人民解放军、中国人民武装警察部队有关部门负责。

第一百二十一条 对上道路行驶的拖拉机,由农业(农业机械)主管部门行使本法第八条、第九条、第十三条、第十九条、第二十三条规定的公安机关交通管理部门的管理职权。

农业(农业机械)主管部门依照前款规定行使职权,应当遵守本法有关规定,并接受公安机关交通管理部门的监督;对违反规定的,依照本法有关规定追究法律责任。

本法施行前由农业(农业机械)主管部门发放的机动车牌证,在本法施行后继续有效。

第一百二十二条 国家对入境的境外机动车的道路交通安全实施统一管理。

第一百二十三条 省、自治区、直辖市人民代表大会常务委员会可以根据本地区的实际情况,在本法规定的罚款幅度内,规定具体的执行标准。

第一百二十四条 本法自2004年5月1日起施行。

最高人民法院关于审理道路交通事故损害赔偿案件适用法律若干问题的解释

(2012年9月17日最高人民法院审判委员会第1556次会议通过 2012年11月27日最高人民法院公告公布 自2012年12月21日起施行 法释〔2012〕19号)

为正确审理道路交通事故损害赔偿案件,根据《中华人民共和国侵权责任法》《中华人民共和国合同法》《中华人民共和国道路交通安全法》《中华人民共和国保险法》《中华人民共和国民事诉讼法》等法律的规定,结合审判实践,制定本解释。

一、关于主体责任的认定

第一条 机动车发生交通事故造成损害,机动车所有人或者管理人有下列情形之一,人民法院应当认定其对损害的发生有过错,并适用侵权责任法第四十九条的规定确定其相应的赔偿责任:

(一)知道或者应当知道机动车存在缺陷,且该缺陷是交通事故发生原因之一的;

(二)知道或者应当知道驾驶人无驾驶资格或者未取得相应驾驶资格的;

(三)知道或者应当知道驾驶人因饮酒、服用国家管制的精神药品或者麻醉药品,或者患有妨碍安全驾驶机动车的疾病等依法不能驾驶机动车的;

(四)其他应当认定机动车所有人或者管理人有过错的。

第二条 未经允许驾驶他人机动车发生交通事故造成损害,当事人依照侵权责任法第四十九条的规定请求由机动车驾驶人承担赔偿责任的,人民法院应予支持。机动车所有人或者管理人有过错的,承担相应的赔偿责任,但具有侵权责任法第五十二条规定情形的除外。

第三条 以挂靠形式从事道路运输经营活动的机动车发生交通事故造成损害,属于该机动车一方责任,当事人请求由挂靠人和被挂靠人承担连带责任的,人民法院应予支持。

第四条　被多次转让但未办理转移登记的机动车发生交通事故造成损害,属于该机动车一方责任,当事人请求由最后一次转让并交付的受让人承担赔偿责任的,人民法院应予支持。

第五条　套牌机动车发生交通事故造成损害,属于该机动车一方责任,当事人请求由套牌机动车的所有人或者管理人承担赔偿责任的,人民法院应予支持;被套牌机动车所有人或者管理人同意套牌的,应当与套牌机动车的所有人或者管理人承担连带责任。

第六条　拼装车、已达到报废标准的机动车或者依法禁止行驶的其他机动车被多次转让,并发生交通事故造成损害,当事人请求由所有的转让人和受让人承担连带责任的,人民法院应予支持。

第七条　接受机动车驾驶培训的人员,在培训活动中驾驶机动车发生交通事故造成损害,属于该机动车一方责任,当事人请求驾驶培训单位承担赔偿责任的,人民法院应予支持。

第八条　机动车试乘过程中发生交通事故造成试乘人损害,当事人请求提供试乘服务者承担赔偿责任的,人民法院应予支持。试乘人有过错的,应当减轻提供试乘服务者的赔偿责任。

第九条　因道路管理维护缺陷导致机动车发生交通事故造成损害,当事人请求道路管理者承担相应赔偿责任的,人民法院应予支持,但道路管理者能够证明已按照法律、法规、规章、国家标准、行业标准或者地方标准尽到安全防护、警示等管理维护义务的除外。

依法不得进入高速公路的车辆、行人,进入高速公路发生交通事故造成自身损害,当事人请求高速公路管理者承担赔偿责任的,适用侵权责任法第七十六条的规定。

第十条　因在道路上堆放、倾倒、遗撒物品等妨碍通行的行为,导致交通事故造成损害,当事人请求行为人承担赔偿责任的,人民法院应予支持。道路管理者不能证明已按照法律、法规、规章、国家标准、行业标准或者地方标准尽到清理、防护、警示等义务的,应当承担相应的赔偿责任。

第十一条　未按照法律、法规、规章或者国家标准、行业标准、地方标准的强制性规定设计、施工,致使道路存在缺陷并造成交通事故,当事人请求建设单位与施工单位承担相应赔偿责任的,人民法院应予支持。

第十二条　机动车存在产品缺陷导致交通事故造成损害,当事人请求生产者或者销售者依照侵权责任法第五章的规定承担赔偿责任的,人民法院应予支持。

第十三条　多辆机动车发生交通事故造成第三人损害,当事人请求多个侵权人承担赔偿责任的,人民法院应当区分不同情况,依照侵权责任法第十条、第十一条或者第十二条的规定,确定侵权人承担连带责任或者按份责任。

二、关于赔偿范围的认定

第十四条　道路交通安全法第七十六条规定的“人身伤亡”,是指机动车发生交通事故侵害被侵权人的生命权、健康权等人身权益所造成的损害,包括侵权责任法第十六条和第二十二条规定的各项损害。

道路交通安全法第七十六条规定的“财产损失”,是指因机动车发生交通事故侵害被侵权人的财产权益所造成的损失。

第十五条　因道路交通事故造成下列财产损失,当事人请求侵权人赔偿的,人民法院应予支持:

(一)维修被损坏车辆所支出的费用、车辆所载物品的损失、车辆施救费用;

(二)因车辆灭失或者无法修复,为购买交通事故发生时与被损坏车辆价值相当的车辆重置费用;

(三)依法从事货物运输、旅客运输等经营性活动的车辆,因无法从事相应经营活动所产生的合理停运损失;

(四)非经营性车辆因无法继续使用,所产生的通常替代性交通工具的合理费用。

三、关于责任承担的认定

第十六条　同时投保机动车第三者责任强制保险(以下简称“交强险”)和第三者责任商业保险(以下简称“商业三者险”)的机动车发生交通事故造成损害,当事人同时起诉侵权人和保险公司的,人民法院应当按照下列规则确定赔偿责任:

(一)先由承保交强险的保险公司在责任限

额范围内予以赔偿；

（二）不足部分，由承保商业三者险的保险公司根据保险合同予以赔偿；

（三）仍有不足的，依照道路交通安全法和侵权责任法的相关规定由侵权人予以赔偿。

被侵权人或者其近亲属请求承保交强险的保险公司优先赔偿精神损害的，人民法院应予支持。

第十七条 投保人允许的驾驶人驾驶机动车致使投保人遭受损害，当事人请求承保交强险的保险公司在责任限额范围内予以赔偿的，人民法院应予支持，但投保人为本车上人员的除外。

第十八条 有下列情形之一导致第三人人身损害，当事人请求保险公司在交强险责任限额范围内予以赔偿，人民法院应予支持：

（一）驾驶人未取得驾驶资格或者未取得相应驾驶资格的；

（二）醉酒、服用国家管制的精神药品或者麻醉药品后驾驶机动车发生交通事故的；

（三）驾驶人故意制造交通事故的。

保险公司在赔偿范围内向侵权人主张追偿权的，人民法院应予支持。追偿权的诉讼时效期间自保险公司实际赔偿之日起计算。

第十九条 未依法投保交强险的机动车发生交通事故造成损害，当事人请求投保义务人在交强险责任限额范围内予以赔偿的，人民法院应予支持。

投保义务人和侵权人不是同一人，当事人请求投保义务人和侵权人在交强险责任限额范围内承担连带责任的，人民法院应予支持。

第二十条 具有从事交强险业务资格的保险公司违法拒绝承保、拖延承保或者违法解除交强险合同，投保义务人在向第三人承担赔偿责任后，请求该保险公司在交强险责任限额范围内承担相应赔偿责任的，人民法院应予支持。

第二十一条 多辆机动车发生交通事故造成第三人损害，损失超出各机动车交强险责任限额之和的，由各保险公司在各自责任限额范围内承担赔偿责任；损失未超出各机动车交强险责任限额之和，当事人请求由各保险公司按照其责任限额与责任限额之和的比例承担赔偿责任的，人民法院应予支持。

依法分别投保交强险的牵引车和挂车连接使用时发生交通事故造成第三人损害，当事人请求由各保险公司在各自的责任限额范围内平均赔偿的，人民法院应予支持。

多辆机动车发生交通事故造成第三人损害，其中部分机动车未投保交强险，当事人请求先由已承保交强险的保险公司在责任限额范围内予以赔偿的，人民法院应予支持。保险公司就超出其应承担的部分向未投保交强险的投保义务人或者侵权人行使追偿权的，人民法院应予支持。

第二十二条 同一交通事故的多个被侵权人同时起诉的，人民法院应当按照各被侵权人的损失比例确定交强险的赔偿数额。

第二十三条 机动车所有权在交强险合同有效期内发生变动，保险公司在交通事故发生后，以该机动车未办理交强险合同变更手续为由主张免除赔偿责任的，人民法院不予支持。

机动车在交强险合同有效期内发生改装、使用性质改变等导致危险程度增加的情形，发生交通事故后，当事人请求保险公司在责任限额范围内予以赔偿的，人民法院应予支持。

前款情形下，保险公司另行起诉请求投保义务人按照重新核定后的保险费标准补足当期保险费的，人民法院应予支持。

第二十四条 当事人主张交强险人身伤亡保险金请求权转让或者设定担保的行为无效的，人民法院应予支持。

四、关于诉讼程序的规定

第二十五条 人民法院审理道路交通事故损害赔偿案件，应当将承保交强险的保险公司列为共同被告。但该保险公司已经在交强险责任限额范围内予以赔偿且当事人无异议的除外。

人民法院审理道路交通事故损害赔偿案件，当事人请求将承保商业三者险的保险公司列为共同被告的，人民法院应予准许。

第二十六条 被侵权人因道路交通事故死亡，无近亲属或者近亲属不明，未经法律授权的机关或者有关组织向人民法院起诉主张死亡赔偿金的，人民法院不予受理。

侵权人以已向未经法律授权的机关或者有关组织支付死亡赔偿金为理由，请求保险公司在交强险责任限额范围内予以赔偿的，人民法院不予支持。

被侵权人因道路交通事故死亡，无近亲属或者近亲属不明，支付被侵权人医疗费、丧葬费等合理费用的单位或者个人，请求保险公司在交强险责任限额范围内予以赔偿的，人民法院应予支持。

第二十七条　公安机关交通管理部门制作的交通事故认定书，人民法院应依法审查并确认其相应的证明力，但有相反证据推翻的除外。

五、关于适用范围的规定

第二十八条　机动车在道路以外的地方通行时引发的损害赔偿案件，可以参照适用本解释的规定。

第二十九条　本解释施行后尚未终审的案件，适用本解释；本解释施行前已经终审，当事人申请再审或者按照审判监督程序决定再审的案件，不适用本解释。

中华人民共和国道路交通安全法实施条例①

（2004年4月28日国务院第49次常务会议通过　2004年4月30日中华人民共和国国务院令第405号公布　自2004年5月1日起施行）

第一章　总　　则

第一条　根据《中华人民共和国道路交通安全法》（以下简称道路交通安全法）的规定，制定本条例。

第二条　中华人民共和国境内的车辆驾驶人、行人、乘车人以及与道路交通活动有关的单位和个人，应当遵守道路交通安全法和本条例。

第三条　县级以上地方各级人民政府应当建立、健全道路交通安全工作协调机制，组织有关部门对城市建设项目进行交通影响评价，制定道路交通安全管理规划，确定管理目标，制定实施方案。

第二章　车辆和驾驶人

第一节　机　动　车

第四条　机动车的登记，分为注册登记、变更登记、转移登记、抵押登记和注销登记。

第五条　初次申领机动车号牌、行驶证的，应当向机动车所有人住所地的公安机关交通管理部门申请注册登记。

申请机动车注册登记，应当交验机动车，并提交以下证明、凭证：

（一）机动车所有人的身份证明；

（二）购车发票等机动车来历证明；

（三）机动车整车出厂合格证明或者进口机动车进口凭证；

（四）车辆购置税完税证明或者免税凭证；

（五）机动车第三者责任强制保险凭证；

（六）法律、行政法规规定应当在机动车注册登记时提交的其他证明、凭证。

不属于国务院机动车产品主管部门规定免予安全技术检验的车型的，还应当提供机动车安全技术检验合格证明。

第六条　已注册登记的机动车有下列情形之一的，机动车所有人应当向登记该机动车的公安机关交通管理部门申请变更登记：

（一）改变机动车车身颜色的；

（二）更换发动机的；

（三）更换车身或者车架的；

（四）因质量有问题，制造厂更换整车的；

（五）营运机动车改为非营运机动车或者非营运机动车改为营运机动车的；

（六）机动车所有人的住所迁出或者迁入公安机关交通管理部门管辖区域的。

申请机动车变更登记，应当提交下列证明、凭证，属于前款第（一）项、第（二）项、第（三）项、第（四）项、第（五）项情形之一的，还应当交验机动车；属于前款第（二）项、第（三）项情形之一的，还应当同时提交机动车安全技术检验合格证明：

（一）机动车所有人的身份证明；

（二）机动车登记证书；

（三）机动车行驶证。

机动车所有人的住所在公安机关交通管理部门管辖区域内迁移、机动车所有人的姓名（单位名称）或者联系方式变更的，应当向登记该机

---

① 编者注：已被修改。

动车的公安机关交通管理部门备案。

第七条　已注册登记的机动车所有权发生转移的，应当及时办理转移登记。

申请机动车转移登记，当事人应当向登记该机动车的公安机关交通管理部门交验机动车，并提交以下证明、凭证：

（一）当事人的身份证明；

（二）机动车所有权转移的证明、凭证；

（三）机动车登记证书；

（四）机动车行驶证。

第八条　机动车所有人将机动车作为抵押物抵押的，机动车所有人应当向登记该机动车的公安机关交通管理部门申请抵押登记。

第九条　已注册登记的机动车达到国家规定的强制报废标准的，公安机关交通管理部门应当在报废期满的2个月前通知机动车所有人办理注销登记。机动车所有人应当在报废期满前将机动车交售给机动车回收企业，由机动车回收企业将报废的机动车登记证书、号牌、行驶证交公安机关交通管理部门注销。机动车所有人逾期不办理注销登记的，公安机关交通管理部门应当公告该机动车登记证书、号牌、行驶证作废。

因机动车灭失申请注销登记的，机动车所有人应当向公安机关交通管理部门提交本人身份证明，交回机动车登记证书。

第十条　办理机动车登记的申请人提交的证明、凭证齐全、有效的，公安机关交通管理部门应当当场办理登记手续。

人民法院、人民检察院以及行政执法部门依法查封、扣押的机动车，公安机关交通管理部门不予办理机动车登记。

第十一条　机动车登记证书、号牌、行驶证丢失或者损毁，机动车所有人申请补发的，应当向公安机关交通管理部门提交本人身份证明和申请材料。公安机关交通管理部门经与机动车登记档案核实后，在收到申请之日起15日内补发。

第十二条　税务部门、保险机构可以在公安机关交通管理部门的办公场所集中办理与机动车有关的税费缴纳、保险合同订立等事项。

第十三条　机动车号牌应当悬挂在车前、车后指定位置，保持清晰、完整。重型、中型载货汽车及其挂车、拖拉机及其挂车的车身或者车厢后部应当喷涂放大的牌号，字样应当端正并保持清晰。

机动车检验合格标志、保险标志应当粘贴在机动车前窗右上角。

机动车喷涂、粘贴标识或者车身广告的，不得影响安全驾驶。

第十四条　用于公路营运的载客汽车、重型载货汽车、半挂牵引车应当安装、使用符合国家标准的行驶记录仪。交通警察可以对机动车行驶速度、连续驾驶时间以及其他行驶状态信息进行检查。安装行驶记录仪可以分步实施，实施步骤由国务院机动车产品主管部门会同有关部门规定。

第十五条　机动车安全技术检验由机动车安全技术检验机构实施。机动车安全技术检验机构应当按照国家机动车安全技术检验标准对机动车进行检验，对检验结果承担法律责任。

质量技术监督部门负责对机动车安全技术检验机构实行资格管理和计量认证管理，对机动车安全技术检验设备进行检定，对执行国家机动车安全技术检验标准的情况进行监督。

机动车安全技术检验项目由国务院公安部门会同国务院质量技术监督部门规定。

第十六条　机动车应当从注册登记之日起，按照下列期限进行安全技术检验：

（一）营运载客汽车5年以内每年检验1次；超过5年的，每6个月检验1次；

（二）载货汽车和大型、中型非营运载客汽车10年以内每年检验1次；超过10年的，每6个月检验1次；

（三）小型、微型非营运载客汽车6年以内每2年检验1次；超过6年的，每年检验1次；超过15年的，每6个月检验1次；

（四）摩托车4年以内每2年检验1次；超过4年的，每年检验1次；

（五）拖拉机和其他机动车每年检验1次。

营运机动车在规定检验期限内经安全技术检验合格的，不再重复进行安全技术检验。

第十七条　已注册登记的机动车进行安全技术检验时，机动车行驶证记载的登记内容与该机动车的有关情况不符，或者未按照规定提供机动车第三者责任强制保险凭证的，不予通过检验。

第十八条 警车、消防车、救护车、工程救险车标志图案的喷涂以及警报器、标志灯具的安装、使用规定，由国务院公安部门制定。

第二节 机动车驾驶人

第十九条 符合国务院公安部门规定的驾驶许可条件的人，可以向公安机关交通管理部门申请机动车驾驶证。

机动车驾驶证由国务院公安部门规定式样并监制。

第二十条 学习机动车驾驶，应当先学习道路交通安全法律、法规和相关知识，考试合格后，再学习机动车驾驶技能。

在道路上学习驾驶，应当按照公安机关交通管理部门指定的路线、时间进行。在道路上学习机动车驾驶技能应当使用教练车，在教练员随车指导下进行，与教学无关的人员不得乘坐教练车。学员在学习驾驶中有道路交通安全违法行为或者造成交通事故的，由教练员承担责任。

第二十一条 公安机关交通管理部门应当对申请机动车驾驶证的人进行考试，对考试合格的，在5日内核发机动车驾驶证；对考试不合格的，书面说明理由。

第二十二条 机动车驾驶证的有效期为6年，本条例另有规定的除外。

机动车驾驶人初次申领机动车驾驶证后的12个月为实习期。在实习期内驾驶机动车的，应当在车身后部粘贴或者悬挂统一式样的实习标志。

机动车驾驶人在实习期内不得驾驶公共汽车、营运客车或者执行任务的警车、消防车、救护车、工程救险车以及载有爆炸物品、易燃易爆化学物品、剧毒或者放射性等危险物品的机动车；驾驶的机动车不得牵引挂车。

第二十三条 公安机关交通管理部门对机动车驾驶人的道路交通安全违法行为除给予行政处罚外，实行道路交通安全违法行为累积记分（以下简称记分）制度，记分周期为12个月。对在一个记分周期内记分达到12分的，由公安机关交通管理部门扣留其机动车驾驶证，该机动车驾驶人应当按照规定参加道路交通安全法律、法规的学习并接受考试。考试合格的，记分予以清除，发还机动车驾驶证；考试不合格的，继续参加学习和考试。

应当给予记分的道路交通安全违法行为及其分值，由国务院公安部门根据道路交通安全违法行为的危害程度规定。

公安机关交通管理部门应当提供记分查询方式供机动车驾驶人查询。

第二十四条 机动车驾驶人在一个记分周期内记分未达到12分，所处罚款已经缴纳的，记分予以清除；记分虽未达到12分，但尚有罚款未缴纳的，记分转入下一记分周期。

机动车驾驶人在一个记分周期内记分2次以上达到12分的，除按照第二十三条的规定扣留机动车驾驶证、参加学习、接受考试外，还应当接受驾驶技能考试。考试合格的，记分予以清除，发还机动车驾驶证；考试不合格的，继续参加学习和考试。

接受驾驶技能考试的，按照本人机动车驾驶证载明的最高准驾车型考试。

第二十五条 机动车驾驶人记分达到12分，拒不参加公安机关交通管理部门通知的学习，也不接受考试的，由公安机关交通管理部门公告其机动车驾驶证停止使用。

第二十六条 机动车驾驶人在机动车驾驶证的6年有效期内，每个记分周期均未达到12分的，换发10年有效期的机动车驾驶证；在机动车驾驶证的10年有效期内，每个记分周期均未达到12分的，换发长期有效的机动车驾驶证。

换发机动车驾驶证时，公安机关交通管理部门应当对机动车驾驶证进行审验。

第二十七条 机动车驾驶证丢失、损毁，机动车驾驶人申请补发的，应当向公安机关交通管理部门提交本人身份证明和申请材料。公安机关交通管理部门经与机动车驾驶证档案核实后，在收到申请之日起3日内补发。

第二十八条 机动车驾驶人在机动车驾驶证丢失、损毁、超过有效期或者被依法扣留、暂扣期间以及记分达到12分的，不得驾驶机动车。

第三章 道路通行条件

第二十九条 交通信号灯分为：机动车信号灯、非机动车信号灯、人行横道信号灯、车道信号灯、方向指示信号灯、闪光警告信号灯、道路与铁路平面交叉道口信号灯。

第三十条 交通标志分为：指示标志、警告标志、禁令标志、指路标志、旅游区标志、道路施工安全标志和辅助标志。

道路交通标线分为：指示标线、警告标线、禁止标线。

第三十一条 交通警察的指挥分为：手势信号和使用器具的交通指挥信号。

第三十二条 道路交叉路口和行人横过道路较为集中的路段应当设置人行横道、过街天桥或者过街地下通道。

在盲人通行较为集中的路段，人行横道信号灯应当设置声响提示装置。

第三十三条 城市人民政府有关部门可以在不影响行人、车辆通行的情况下，在城市道路上施划停车泊位，并规定停车泊位的使用时间。

第三十四条 开辟或者调整公共汽车、长途汽车的行驶路线或者车站，应当符合交通规划和安全、畅通的要求。

第三十五条 道路养护施工单位在道路上进行养护、维修时，应当按照规定设置规范的安全警示标志和安全防护设施。道路养护施工作业车辆、机械应当安装示警灯，喷涂明显的标志图案，作业时应当开启示警灯和危险报警闪光灯。对未中断交通的施工作业道路，公安机关交通管理部门应当加强交通安全监督检查。发生交通阻塞时，及时做好分流、疏导，维护交通秩序。

道路施工需要车辆绕行的，施工单位应当在绕行处设置标志；不能绕行的，应当修建临时通道，保证车辆和行人通行。需要封闭道路中断交通的，除紧急情况外，应当提前5日向社会公告。

第三十六条 道路或者交通设施养护部门、管理部门应当在急弯、陡坡、临崖、临水等危险路段，按照国家标准设置警告标志和安全防护设施。

第三十七条 道路交通标志、标线不规范，机动车驾驶人容易发生辨认错误的，交通标志、标线的主管部门应当及时予以改善。

道路照明设施应当符合道路建设技术规范，保持照明功能完好。

第四章 道路通行规定

第一节 一般规定

第三十八条 机动车信号灯和非机动车信号灯表示：

（一）绿灯亮时，准许车辆通行，但转弯的车辆不得妨碍被放行的直行车辆、行人通行；

（二）黄灯亮时，已越过停止线的车辆可以继续通行；

（三）红灯亮时，禁止车辆通行。

在未设置非机动车信号灯和人行横道信号灯的路口，非机动车和行人应当按照机动车信号灯的表示通行。

红灯亮时，右转弯的车辆在不妨碍被放行的车辆、行人通行的情况下，可以通行。

第三十九条 人行横道信号灯表示：

（一）绿灯亮时，准许行人通过人行横道；

（二）红灯亮时，禁止行人进入人行横道，但是已经进入人行横道的，可以继续通过或者在道路中心线处停留等候。

第四十条 车道信号灯表示：

（一）绿色箭头灯亮时，准许本车道车辆按指示方向通行；

（二）红色叉形灯或者箭头灯亮时，禁止本车道车辆通行。

第四十一条 方向指示信号灯的箭头方向向左、向上、向右分别表示左转、直行、右转。

第四十二条 闪光警告信号灯为持续闪烁的黄灯，提示车辆、行人通行时注意瞭望，确认安全后通过。

第四十三条 道路与铁路平面交叉道口有两个红灯交替闪烁或者一个红灯亮时，表示禁止车辆、行人通行；红灯熄灭时，表示允许车辆、行人通行。

第二节 机动车通行规定

第四十四条 在道路同方向划有2条以上机动车道的，左侧为快速车道，右侧为慢速车道。在快速车道行驶的机动车应当按照快速车道规定的速度行驶，未达到快速车道规定的行驶速度的，应当在慢速车道行驶。摩托车应当在最右侧车道行驶。有交通标志标明行驶速度的，按照标明的行驶速度行驶。慢速车道内的机动车超越前车时，可以借用快速车道行驶。

在道路同方向划有2条以上机动车道的，变更车道的机动车不得影响相关车道内行驶的机动车的正常行驶。

第四十五条 机动车在道路上行驶不得超过限速标志、标线标明的速度。在没有限速标志、标线的道路上，机动车不得超过下列最高行驶速度：

（一）没有道路中心线的道路，城市道路为每小时30公里，公路为每小时40公里；

（二）同方向只有1条机动车道的道路，城市道路为每小时50公里，公路为每小时70公里。

第四十六条 机动车行驶中遇有下列情形之一的，最高行驶速度不得超过每小时30公里，其中拖拉机、电瓶车、轮式专用机械车不得超过每小时15公里：

（一）进出非机动车道，通过铁路道口、急弯路、窄路、窄桥时；

（二）掉头、转弯、下陡坡时；

（三）遇雾、雨、雪、沙尘、冰雹，能见度在50米以内时；

（四）在冰雪、泥泞的道路上行驶时；

（五）牵引发生故障的机动车时。

第四十七条 机动车超车时，应当提前开启左转向灯、变换使用远、近光灯或者鸣喇叭。在没有道路中心线或者同方向只有1条机动车道的道路上，前车遇后车发出超车信号时，在条件许可的情况下，应当降低速度、靠右让路。后车应当在确认有充足的安全距离后，从前车的左侧超越，在与被超车辆拉开必要的安全距离后，开启右转向灯，驶回原车道。

第四十八条 在没有中心隔离设施或者没有中心线的道路上，机动车遇相对方向来车时应当遵守下列规定：

（一）减速靠右行驶，并与其他车辆、行人保持必要的安全距离；

（二）在有障碍的路段，无障碍的一方先行；但有障碍的一方已驶入障碍路段而无障碍的一方未驶入时，有障碍的一方先行；

（三）在狭窄的坡路，上坡的一方先行；但下坡的一方已行至中途而上坡的一方未上坡时，下坡的一方先行；

（四）在狭窄的山路，不靠山体的一方先行；

（五）夜间会车应当在距相对方向来车150米以外改用近光灯，在窄路、窄桥与非机动车会车时应当使用近光灯。

第四十九条 机动车在有禁止掉头或者禁止左转弯标志、标线的地点以及在铁路道口、人行横道、桥梁、急弯、陡坡、隧道或者容易发生危险的路段，不得掉头。

机动车在没有禁止掉头或者没有禁止左转弯标志、标线的地点可以掉头，但不得妨碍正常行驶的其他车辆和行人的通行。

第五十条 机动车倒车时，应当察明车后情况，确认安全后倒车。不得在铁路道口、交叉路口、单行路、桥梁、急弯、陡坡或者隧道中倒车。

第五十一条 机动车通过有交通信号灯控制的交叉路口，应当按照下列规定通行：

（一）在划有导向车道的路口，按所需行进方向驶入导向车道；

（二）准备进入环形路口的让已在路口内的机动车先行；

（三）向左转弯时，靠路口中心点左侧转弯。转弯时开启转向灯，夜间行驶开启近光灯；

（四）遇放行信号时，依次通过；

（五）遇停止信号时，依次停在停止线以外。没有停止线的，停在路口以外；

（六）向右转弯遇有同车道前车正在等候放行信号时，依次停车等候；

（七）在没有方向指示信号灯的交叉路口，转弯的机动车让直行的车辆、行人先行。相对方向行驶的右转弯机动车让左转弯车辆先行。

第五十二条 机动车通过没有交通信号灯控制也没有交通警察指挥的交叉路口，除应当遵守第五十一条第（二）项、第（三）项的规定外，还应当遵守下列规定：

（一）有交通标志、标线控制的，让优先通行的一方先行；

（二）没有交通标志、标线控制的，在进入路口前停车瞭望，让右方道路的来车先行；

（三）转弯的机动车让直行的车辆先行；

（四）相对方向行驶的右转弯的机动车让左

转弯的车辆先行。

第五十三条 机动车遇有前方交叉路口交通阻塞时，应当依次停在路口以外等候，不得进入路口。

机动车在遇有前方机动车停车排队等候或者缓慢行驶时，应当依次排队，不得从前方车辆两侧穿插或者超越行驶，不得在人行横道、网状线区域内停车等候。

机动车在车道减少的路口、路段，遇有前方机动车停车排队等候或者缓慢行驶的，应当每车道一辆依次交替驶入车道减少后的路口、路段。

第五十四条 机动车载物不得超过机动车行驶证上核定的载质量，装载长度、宽度不得超出车厢，并应当遵守下列规定：

（一）重型、中型载货汽车，半挂车载物，高度从地面起不得超过4米，载运集装箱的车辆不得超过4.2米；

（二）其他载货的机动车载物，高度从地面起不得超过2.5米；

（三）摩托车载物，高度从地面起不得超过1.5米，长度不得超出车身0.2米。两轮摩托车载物宽度左右各不得超出车把0.15米；三轮摩托车载物宽度不得超过车身。

载客汽车除车身外部的行李架和内置的行李箱外，不得载货。载客汽车行李架载货，从车顶起高度不得超过0.5米，从地面起高度不得超过4米。

第五十五条 机动车载人应当遵守下列规定：

（一）公路载客汽车不得超过核定的载客人数，但按照规定免票的儿童除外，在载客人数已满的情况下，按照规定免票的儿童不得超过核定载客人数的10%；

（二）载货汽车车厢不得载客。在城市道路上，货运机动车在留有安全位置的情况下，车厢内可以附载临时作业人员1人至5人；载物高度超过车厢栏板时，货物上不得载人；

（三）摩托车后座不得乘坐未满12周岁的未成年人，轻便摩托车不得载人。

第五十六条 机动车牵引挂车应当符合下列规定：

（一）载货汽车、半挂牵引车、拖拉机只允许牵引1辆挂车。挂车的灯光信号、制动、连接、安全防护等装置应当符合国家标准；

（二）小型载客汽车只允许牵引旅居挂车或者总质量700千克以下的挂车。挂车不得载人；

（三）载货汽车所牵引挂车的载质量不得超过载货汽车本身的载质量。

大型、中型载客汽车，低速载货汽车，三轮汽车以及其他机动车不得牵引挂车。

第五十七条 机动车应当按照下列规定使用转向灯：

（一）向左转弯、向左变更车道、准备超车、驶离停车地点或者掉头时，应当提前开启左转向灯；

（二）向右转弯、向右变更车道、超车完毕驶回原车道、靠路边停车时，应当提前开启右转向灯。

第五十八条 机动车在夜间没有路灯、照明不良或者遇有雾、雨、雪、沙尘、冰雹等低能见度情况下行驶时，应当开启前照灯、示廓灯和后位灯，但同方向行驶的后车与前车近距离行驶时，不得使用远光灯。机动车雾天行驶应当开启雾灯和危险报警闪光灯。

第五十九条 机动车在夜间通过急弯、坡路、拱桥、人行横道或者没有交通信号灯控制的路口时，应当交替使用远近光灯示意。

机动车驶近急弯、坡道顶端等影响安全视距的路段以及超车或者遇有紧急情况时，应当减速慢行，并鸣喇叭示意。

第六十条 机动车在道路上发生故障或者发生交通事故，妨碍交通又难以移动的，应当按照规定开启危险报警闪光灯并在车后50米至100米处设置警告标志，夜间还应当同时开启示廓灯和后位灯。

第六十一条 牵引故障机动车应当遵守下列规定：

（一）被牵引的机动车除驾驶人外不得载人，不得拖带挂车；

（二）被牵引的机动车宽度不得大于牵引机动车的宽度；

（三）使用软连接牵引装置时，牵引车与被牵引车之间的距离应当大于4米小于10米；

（四）对制动失效的被牵引车，应当使用硬连接牵引装置牵引；

（五）牵引车和被牵引车均应当开启危险报警闪光灯。

汽车吊车和轮式专用机械车不得牵引车辆。摩托车不得牵引车辆或者被其他车辆牵引。

转向或者照明、信号装置失效的故障机动车，应当使用专用清障车拖曳。

第六十二条　驾驶机动车不得有下列行为：

（一）在车门、车厢没有关好时行车；

（二）在机动车驾驶室的前后窗范围内悬挂、放置妨碍驾驶人视线的物品；

（三）拨打接听手持电话、观看电视等妨碍安全驾驶的行为；

（四）下陡坡时熄火或者空挡滑行；

（五）向道路上抛撒物品；

（六）驾驶摩托车手离车把或者在车把上悬挂物品；

（七）连续驾驶机动车超过4小时未停车休息或者停车休息时间少于20分钟；

（八）在禁止鸣喇叭的区域或者路段鸣喇叭。

第六十三条　机动车在道路上临时停车，应当遵守下列规定：

（一）在设有禁停标志、标线的路段，在机动车道与非机动车道、人行道之间设有隔离设施的路段以及人行横道、施工地段，不得停车；

（二）交叉路口、铁路道口、急弯路、宽度不足4米的窄路、桥梁、陡坡、隧道以及距离上述地点50米以内的路段，不得停车；

（三）公共汽车站、急救站、加油站、消防栓或者消防队（站）门前以及距离上述地点30米以内的路段，除使用上述设施的以外，不得停车；

（四）车辆停稳前不得开车门和上下人员，开关车门不得妨碍其他车辆和行人通行；

（五）路边停车应当紧靠道路右侧，机动车驾驶人不得离车，上下人员或者装卸物品后，立即驶离；

（六）城市公共汽车不得在站点以外的路段停车上下乘客。

第六十四条　机动车行经漫水路或者漫水桥时，应当停车察明水情，确认安全后，低速通过。

第六十五条　机动车载运超限物品行经铁路道口的，应当按照当地铁路部门指定的铁路道口、时间通过。

机动车行经渡口，应当服从渡口管理人员指挥，按照指定地点依次待渡。机动车上下渡船时，应当低速慢行。

第六十六条　警车、消防车、救护车、工程救险车在执行紧急任务遇交通受阻时，可以断续使用警报器，并遵守下列规定：

（一）不得在禁止使用警报器的区域或者路段使用警报器；

（二）夜间在市区不得使用警报器；

（三）列队行驶时，前车已经使用警报器的，后车不再使用警报器。

第六十七条　在单位院内、居民居住区内，机动车应当低速行驶，避让行人；有限速标志的，按照限速标志行驶。

第三节　非机动车通行规定

第六十八条　非机动车通过有交通信号灯控制的交叉路口，应当按照下列规定通行：

（一）转弯的非机动车让直行的车辆、行人优先通行；

（二）遇有前方路口交通阻塞时，不得进入路口；

（三）向左转弯时，靠路口中心点的右侧转弯；

（四）遇有停止信号时，应当依次停在路口停止线以外。没有停止线的，停在路口以外；

（五）向右转弯遇有同方向前车正在等候放行信号时，在本车道内能够转弯的，可以通行；不能转弯的，依次等候。

第六十九条　非机动车通过没有交通信号灯控制也没有交通警察指挥的交叉路口，除应当遵守第六十八条第（一）项、第（二）项和第（三）项的规定外，还应当遵守下列规定：

（一）有交通标志、标线控制的，让优先通行的一方先行；

（二）没有交通标志、标线控制的，在路口外慢行或者停车瞭望，让右方道路的来车先行；

（三）相对方向行驶的右转弯的非机动车让左转弯的车辆先行。

第七十条　驾驶自行车、电动自行车、三轮车在路段上横过机动车道,应当下车推行,有人行横道或者行人过街设施的,应当从人行横道或者行人过街设施通过;没有人行横道、没有行人过街设施或者不便使用行人过街设施的,在确认安全后直行通过。

因非机动车道被占用无法在本车道内行驶的非机动车,可以在受阻的路段借用相邻的机动车道行驶,并在驶过被占用路段后迅速驶回非机动车道。机动车遇此情况应当减速让行。

第七十一条 非机动车载物,应当遵守下列规定:

(一)自行车、电动自行车、残疾人机动轮椅车载物,高度从地面起不得超过1.5米,宽度左右各不得超出车把0.15米,长度前端不得超出车轮,后端不得超出车身0.3米;

(二)三轮车、人力车载物,高度从地面起不得超过2米,宽度左右各不得超出车身0.2米,长度不得超出车身1米;

(三)畜力车载物,高度从地面起不得超过2.5米,宽度左右各不得超出车身0.2米,长度前端不得超出车辕,后端不得超出车身1米。

自行车载人的规定,由省、自治区、直辖市人民政府根据当地实际情况制定。

第七十二条 在道路上驾驶自行车、三轮车、电动自行车、残疾人机动轮椅车应当遵守下列规定:

(一)驾驶自行车、三轮车必须年满12周岁;

(二)驾驶电动自行车和残疾人机动轮椅车必须年满16周岁;

(三)不得醉酒驾驶;

(四)转弯前应当减速慢行,伸手示意,不得突然猛拐,超越前车时不得妨碍被超越的车辆行驶;

(五)不得牵引、攀扶车辆或者被其他车辆牵引,不得双手离把或者手中持物;

(六)不得扶身并行、互相追逐或者曲折竞驶;

(七)不得在道路上骑独轮自行车或者2人以上骑行的自行车;

(八)非下肢残疾的人不得驾驶残疾人机动轮椅车;

(九)自行车、三轮车不得加装动力装置;

(十)不得在道路上学习驾驶非机动车。

第七十三条 在道路上驾驭畜力车应当年满16周岁,并遵守下列规定:

(一)不得醉酒驾驭;

(二)不得并行,驾驭人不得离开车辆;

(三)行经繁华路段、交叉路口、铁路道口、人行横道、急弯路、宽度不足4米的窄路或者窄桥、陡坡、隧道或者容易发生危险的路段,不得超车。驾驭两轮畜力车应当下车牵引牲畜;

(四)不得使用未经驯服的牲畜驾车,随车幼畜须拴系;

(五)停放车辆应当拉紧车闸,拴系牲畜。

第四节 行人和乘车人通行规定

第七十四条 行人不得有下列行为:

(一)在道路上使用滑板、旱冰鞋等滑行工具;

(二)在车行道内坐卧、停留、嬉闹;

(三)追车、抛物击车等妨碍道路交通安全的行为。

第七十五条 行人横过机动车道,应当从行人过街设施通过;没有行人过街设施的,应当从人行横道通过;没有人行横道的,应当观察来往车辆的情况,确认安全后直行通过,不得在车辆临近时突然加速横穿或者中途倒退、折返。

第七十六条 行人列队在道路上通行,每横列不得超过2人,但在已经实行交通管制的路段不受限制。

第七十七条 乘坐机动车应当遵守下列规定:

(一)不得在机动车道上拦乘机动车;

(二)在机动车道上不得从机动车左侧上下车;

(三)开关车门不得妨碍其他车辆和行人通行;

(四)机动车行驶中,不得干扰驾驶,不得将身体任何部分伸出车外,不得跳车;

(五)乘坐两轮摩托车应当正向骑坐。

第五节 高速公路的特别规定

第七十八条 高速公路应当标明车道的行驶速度,最高车速不得超过每小时120公里,最低车速不得低于每小时60公里。

在高速公路上行驶的小型载客汽车最高车速不得超过每小时120公里，其他机动车不得超过每小时100公里，摩托车不得超过每小时80公里。

同方向有2条车道的，左侧车道的最低车速为每小时100公里；同方向有3条以上车道的，最左侧车道的最低车速为每小时110公里，中间车道的最低车速为每小时90公里。道路限速标志标明的车速与上述车道行驶车速的规定不一致的，按照道路限速标志标明的车速行驶。

第七十九条　机动车从匝道驶入高速公路，应当开启左转向灯，在不妨碍已在高速公路内的机动车正常行驶的情况下驶入车道。

机动车驶离高速公路时，应当开启右转向灯，驶入减速车道，降低车速后驶离。

第八十条　机动车在高速公路上行驶，车速超过每小时100公里时，应当与同车道前车保持100米以上的距离，车速低于每小时100公里时，与同车道前车距离可以适当缩短，但最小距离不得少于50米。

第八十一条　机动车在高速公路上行驶，遇有雾、雨、雪、沙尘、冰雹等低能见度气象条件时，应当遵守下列规定：

（一）能见度小于200米时，开启雾灯、近光灯、示廓灯和前后位灯，车速不得超过每小时60公里，与同车道前车保持100米以上的距离；

（二）能见度小于100米时，开启雾灯、近光灯、示廓灯、前后位灯和危险报警闪光灯，车速不得超过每小时40公里，与同车道前车保持50米以上的距离；

（三）能见度小于50米时，开启雾灯、近光灯、示廓灯、前后位灯和危险报警闪光灯，车速不得超过每小时20公里，并从最近的出口尽快驶离高速公路。

遇有前款规定情形时，高速公路管理部门应当通过显示屏等方式发布速度限制、保持车距等提示信息。

第八十二条　机动车在高速公路上行驶，不得有下列行为：

（一）倒车、逆行、穿越中央分隔带掉头或者在车道内停车；

（二）在匝道、加速车道或者减速车道上超车；

（三）骑、轧车行道分界线或者在路肩上行驶；

（四）非紧急情况时在应急车道行驶或者停车；

（五）试车或者学习驾驶机动车。

第八十三条　在高速公路上行驶的载货汽车车厢不得载人。两轮摩托车在高速公路行驶时不得载人。

第八十四条　机动车通过施工作业路段时，应当注意警示标志，减速行驶。

第八十五条　城市快速路的道路交通安全管理，参照本节的规定执行。

高速公路、城市快速路的道路交通安全管理工作，省、自治区、直辖市人民政府公安机关交通管理部门可以指定设区的市人民政府公安机关交通管理部门或者相当于同级的公安机关交通管理部门承担。

第五章　交通事故处理

第八十六条　机动车与机动车、机动车与非机动车在道路上发生未造成人身伤亡的交通事故，当事人对事实及成因无争议的，在记录交通事故的时间、地点、对方当事人的姓名和联系方式、机动车牌号、驾驶证号、保险凭证号、碰撞部位，并共同签名后，撤离现场，自行协商损害赔偿事宜。当事人对交通事故事实及成因有争议的，应当迅速报警。

第八十七条　非机动车与非机动车或者行人在道路上发生交通事故，未造成人身伤亡，且基本事实及成因清楚的，当事人应当先撤离现场，再自行协商处理损害赔偿事宜。当事人对交通事故事实及成因有争议的，应当迅速报警。

第八十八条　机动车发生交通事故，造成道路、供电、通讯等设施损毁的，驾驶人应当报警等候处理，不得驶离。机动车可以移动的，应当将机动车移至不妨碍交通的地点。公安机关交通管理部门应当将事故有关情况通知有关部门。

第八十九条　公安机关交通管理部门或者交通警察接到交通事故报警，应当及时赶赴现场，对未造成人身伤亡，事实清楚，并且机动车可以移动的,应当在记录事故情况后责令当事人撤离现场,恢复交通。对拒不撤离现场的,予以强制撤离。

对属于前款规定情况的道路交通事故,交通警察可以适用简易程序处理,并当场出具事故认定书。当事人共同请求调解的,交通警察可以当场对损害赔偿争议进行调解。

对道路交通事故造成人员伤亡和财产损失需要勘验、检查现场的,公安机关交通管理部门应当按照勘查现场工作规范进行。现场勘查完毕,应当组织清理现场,恢复交通。

第九十条 投保机动车第三者责任强制保险的机动车发生交通事故,因抢救受伤人员需要保险公司支付抢救费用的,由公安机关交通管理部门通知保险公司。

抢救受伤人员需要道路交通事故救助基金垫付费用的,由公安机关交通管理部门通知道路交通事故社会救助基金管理机构。

第九十一条 公安机关交通管理部门应当根据交通事故当事人的行为对发生交通事故所起的作用以及过错的严重程度,确定当事人的责任。

第九十二条 发生交通事故后当事人逃逸的,逃逸的当事人承担全部责任。但是,有证据证明对方当事人也有过错的,可以减轻责任。

当事人故意破坏、伪造现场、毁灭证据的,承担全部责任。

第九十三条 公安机关交通管理部门对经过勘验、检查现场的交通事故应当在勘查现场之日起10日内制作交通事故认定书。对需要进行检验、鉴定的,应当在检验、鉴定结果确定之日起5日内制作交通事故认定书。

第九十四条 当事人对交通事故损害赔偿有争议,各方当事人一致请求公安机关交通管理部门调解的,应当在收到交通事故认定书之日起10日内提出书面调解申请。

对交通事故致死的,调解从办理丧葬事宜结束之日起开始;对交通事故致伤的,调解从治疗终结或者定残之日起开始;对交通事故造成财产损失的,调解从确定损失之日起开始。

第九十五条 公安机关交通管理部门调解交通事故损害赔偿争议的期限为10日。调解达成协议的,公安机关交通管理部门应当制作调解书送交各方当事人,调解书经各方当事人共同签字后生效;调解未达成协议的,公安机关交通管理部门应当制作调解终结书送交各方当事人。

交通事故损害赔偿项目和标准依照有关法律的规定执行。

第九十六条 对交通事故损害赔偿的争议,当事人向人民法院提起民事诉讼的,公安机关交通管理部门不再受理调解申请。

公安机关交通管理部门调解期间,当事人向人民法院提起民事诉讼的,调解终止。

第九十七条 车辆在道路以外发生交通事故,公安机关交通管理部门接到报案的,参照道路交通安全法和本条例的规定处理。

车辆、行人与火车发生的交通事故以及在渡口发生的交通事故,依照国家有关规定处理。

第六章 执法监督

第九十八条 公安机关交通管理部门应当公开办事制度、办事程序,建立警风警纪监督员制度,自觉接受社会和群众的监督。

第九十九条 公安机关交通管理部门及其交通警察办理机动车登记,发放号牌,对驾驶人考试、发证,处理道路交通安全违法行为,处理道路交通事故,应当严格遵守有关规定,不得越权执法,不得延迟履行职责,不得擅自改变处罚的种类和幅度。

第一百条 公安机关交通管理部门应当公布举报电话,受理群众举报投诉,并及时调查核实,反馈查处结果。

第一百零一条 公安机关交通管理部门应当建立执法质量考核评议、执法责任制和执法过错追究制度,防止和纠正道路交通安全执法中的错误或者不当行为。

第七章 法律责任

第一百零二条 违反本条例规定的行为,依照道路交通安全法和本条例的规定处罚。

第一百零三条 以欺骗、贿赂等不正当手段取得机动车登记或者驾驶许可的,收缴机动车登记证书、号牌、行驶证或者机动车驾驶证,撤销机动车登记或者机动车驾驶许可;申请人在3年内不得申请机动车登记或者机动车驾驶许可。

第一百零四条 机动车驾驶人有下列行为之一，又无其他机动车驾驶人即时替代驾驶的，公安机关交通管理部门除依法给予处罚外，可以将其驾驶的机动车移至不妨碍交通的地点或者有关部门指定的地点停放：

（一）不能出示本人有效驾驶证的；

（二）驾驶的机动车与驾驶证载明的准驾车型不符的；

（三）饮酒、服用国家管制的精神药品或者麻醉药品、患有妨碍安全驾驶的疾病，或者过度疲劳仍继续驾驶的；

（四）学习驾驶人员没有教练人员随车指导单独驾驶的。

第一百零五条 机动车驾驶人有饮酒、醉酒、服用国家管制的精神药品或者麻醉药品嫌疑的，应当接受测试、检验。

第一百零六条 公路客运载客汽车超过核定乘员、载货汽车超过核定载质量的，公安机关交通管理部门依法扣留机动车后，驾驶人应当将超载的乘车人转运、将超载的货物卸载，费用由超载机动车的驾驶人或者所有人承担。

第一百零七条 依照道路交通安全法第九十二条、第九十五条、第九十六条、第九十八条的规定被扣留的机动车，驾驶人或者所有人、管理人30日内没有提供被扣留机动车的合法证明，没有补办相应手续，或者不前来接受处理，经公安机关交通管理部门通知并且经公告3个月仍不前来接受处理的，由公安机关交通管理部门将该机动车送交有资格的拍卖机构拍卖，所得价款上缴国库；非法拼装的机动车予以拆除；达到报废标准的机动车予以报废；机动车涉及其他违法犯罪行为的，移交有关部门处理。

第一百零八条 交通警察按照简易程序当场作出行政处罚的，应当告知当事人道路交通安全违法行为的事实、处罚的理由和依据，并将行政处罚决定书当场交付被处罚人。

第一百零九条 对道路交通安全违法行为人处以罚款或者暂扣驾驶证处罚的，由违法行为发生地的县级以上人民政府公安机关交通管理部门或者相当于同级的公安机关交通管理部门作出决定；对处以吊销机动车驾驶证处罚的，由设区的市人民政府公安机关交通管理部门或者相当于同级的公安机关交通管理部门作出决定。

公安机关交通管理部门对非本辖区机动车的道路交通安全违法行为没有当场处罚的，可以由机动车登记地的公安机关交通管理部门处罚。

第一百一十条 当事人对公安机关交通管理部门及其交通警察的处罚有权进行陈述和申辩，交通警察应当充分听取当事人的陈述和申辩，不得因当事人陈述、申辩而加重其处罚。

第八章 附 则

第一百一十一条 本条例所称上道路行驶的拖拉机，是指手扶拖拉机等最高设计行驶速度不超过每小时20公里的轮式拖拉机和最高设计行驶速度不超过每小时40公里、牵引挂车方可从事道路运输的轮式拖拉机。

第一百一十二条 农业（农业机械）主管部门应当定期向公安机关交通管理部门提供拖拉机登记、安全技术检验以及拖拉机驾驶证发放的资料、数据。公安机关交通管理部门对拖拉机驾驶人作出暂扣、吊销驾驶证处罚或者记分处理的，应当定期将处罚决定书和记分情况通报有关的农业（农业机械）主管部门。吊销驾驶证的，还应当将驾驶证送交有关的农业（农业机械）主管部门。

第一百一十三条 境外机动车入境行驶，应当向入境地的公安机关交通管理部门申请临时通行号牌、行驶证。临时通行号牌、行驶证应当根据行驶需要，载明有效日期和允许行驶的区域。

入境的境外机动车申请临时通行号牌、行驶证以及境外人员申请机动车驾驶许可的条件、考试办法由国务院公安部门规定。

第一百一十四条 机动车驾驶许可考试的收费标准，由国务院价格主管部门规定。

第一百一十五条 本条例自2004年5月1日起施行。1960年2月11日国务院批准、交通部发布的《机动车管理办法》，1988年3月9日国务院发布的《中华人民共和国道路交通管理条例》，1991年9月22日国务院发布的《道路交通事故处理办法》，同时废止。

国务院关于修改部分行政法规的决定(节录)

(2017年10月7日中华人民共和国国务院令第687号公布 自公布之日起施行)

为了依法推进简政放权、放管结合、优化服务改革,国务院对取消行政审批项目涉及的行政法规进行了清理。经过清理,国务院决定:对15部行政法规的部分条款予以修改。

……

十二、删去《中华人民共和国道路交通安全法实施条例》第十五条第二款中的“资格管理和”。

……

本决定自公布之日起施行。

中华人民共和国道路交通安全法实施条例

(2004年4月30日中华人民共和国国务院令第405号公布 根据2017年10月7日《国务院关于修改部分行政法规的决定》修订)

第一章 总 则

第一条 根据《中华人民共和国道路交通安全法》(以下简称道路交通安全法)的规定,制定本条例。

第二条 中华人民共和国境内的车辆驾驶人、行人、乘车人以及与道路交通活动有关的单位和个人,应当遵守道路交通安全法和本条例。

第三条 县级以上地方各级人民政府应当建立、健全道路交通安全工作协调机制,组织有关部门对城市建设项目进行交通影响评价,制定道路交通安全管理规划,确定管理目标,制定实施方案。

第二章 车辆和驾驶人

第一节 机 动 车

第四条 机动车的登记,分为注册登记、变更登记、转移登记、抵押登记和注销登记。

第五条 初次申领机动车号牌、行驶证的,应当向机动车所有人住所地的公安机关交通管理部门申请注册登记。

申请机动车注册登记,应当交验机动车,并提交以下证明、凭证:

(一)机动车所有人的身份证明;

(二)购车发票等机动车来历证明;

(三)机动车整车出厂合格证明或者进口机动车进口凭证;

(四)车辆购置税完税证明或者免税凭证;

(五)机动车第三者责任强制保险凭证;

(六)法律、行政法规规定应当在机动车注册登记时提交的其他证明、凭证。

不属于国务院机动车产品主管部门规定免予安全技术检验的车型的,还应当提供机动车安全技术检验合格证明。

第六条 已注册登记的机动车有下列情形之一的,机动车所有人应当向登记该机动车的公安机关交通管理部门申请变更登记:

(一)改变机动车车身颜色的;

(二)更换发动机的;

(三)更换车身或者车架的;

(四)因质量有问题,制造厂更换整车的;

(五)营运机动车改为非营运机动车或者非营运机动车改为营运机动车的;

(六)机动车所有人的住所迁出或者迁入公安机关交通管理部门管辖区域的。

申请机动车变更登记,应当提交下列证明、凭证,属于前款第(一)项、第(二)项、第(三)项、第(四)项、第(五)项情形之一的,还应当交验机动车;属于前款第(二)项、第(三)项情形之一的,还应当同时提交机动车安全技术检验合格证明:

(一)机动车所有人的身份证明;

(二)机动车登记证书;

(三)机动车行驶证。

机动车所有人的住所在公安机关交通管理部门管辖区域内迁移、机动车所有人的姓名(单位名称)或者联系方式变更的,应当向登记该机动车的公安机关交通管理部门备案。

第七条 已注册登记的机动车所有权发生

转移的，应当及时办理转移登记。

申请机动车转移登记，当事人应当向登记该机动车的公安机关交通管理部门交验机动车，并提交以下证明、凭证：

（一）当事人的身份证明；

（二）机动车所有权转移的证明、凭证；

（三）机动车登记证书；

（四）机动车行驶证。

第八条　机动车所有人将机动车作为抵押物抵押的，机动车所有人应当向登记该机动车的公安机关交通管理部门申请抵押登记。

第九条　已注册登记的机动车达到国家规定的强制报废标准的，公安机关交通管理部门应当在报废期满的2个月前通知机动车所有人办理注销登记。机动车所有人应当在报废期满前将机动车交售给机动车回收企业，由机动车回收企业将报废的机动车登记证书、号牌、行驶证交公安机关交通管理部门注销。机动车所有人逾期不办理注销登记的，公安机关交通管理部门应当公告该机动车登记证书、号牌、行驶证作废。

因机动车灭失申请注销登记的，机动车所有人应当向公安机关交通管理部门提交本人身份证明，交回机动车登记证书。

第十条　办理机动车登记的申请人提交的证明、凭证齐全、有效的，公安机关交通管理部门应当当场办理登记手续。

人民法院、人民检察院以及行政执法部门依法查封、扣押的机动车，公安机关交通管理部门不予办理机动车登记。

第十一条　机动车登记证书、号牌、行驶证丢失或者损毁，机动车所有人申请补发的，应当向公安机关交通管理部门提交本人身份证明和申请材料。公安机关交通管理部门经与机动车登记档案核实后，在收到申请之日起15日内补发。

第十二条　税务部门、保险机构可以在公安机关交通管理部门的办公场所集中办理与机动车有关的税费缴纳、保险合同订立等事项。

第十三条　机动车号牌应当悬挂在车前、车后指定位置，保持清晰、完整。重型、中型载货汽车及其挂车、拖拉机及其挂车的车身或者车厢后部应当喷涂放大的牌号，字样应当端正并保持清晰。

机动车检验合格标志、保险标志应当粘贴在机动车前窗右上角。

机动车喷涂、粘贴标识或者车身广告的，不得影响安全驾驶。

第十四条　用于公路营运的载客汽车、重型载货汽车、半挂牵引车应当安装、使用符合国家标准的行驶记录仪。交通警察可以对机动车行驶速度、连续驾驶时间以及其他行驶状态信息进行检查。安装行驶记录仪可以分步实施，实施步骤由国务院机动车产品主管部门会同有关部门规定。

第十五条　机动车安全技术检验由机动车安全技术检验机构实施。机动车安全技术检验机构应当按照国家机动车安全技术检验标准对机动车进行检验，对检验结果承担法律责任。

质量技术监督部门负责对机动车安全技术检验机构实行计量认证管理，对机动车安全技术检验设备进行检定，对执行国家机动车安全技术检验标准的情况进行监督。

机动车安全技术检验项目由国务院公安部门会同国务院质量技术监督部门规定。

第十六条　机动车应当从注册登记之日起，按照下列期限进行安全技术检验：

（一）营运载客汽车5年以内每年检验1次；超过5年的，每6个月检验1次；

（二）载货汽车和大型、中型非营运载客汽车10年以内每年检验1次；超过10年的，每6个月检验1次；

（三）小型、微型非营运载客汽车6年以内每2年检验1次；超过6年的，每年检验1次；超过15年的，每6个月检验1次；

（四）摩托车4年以内每2年检验1次；超过4年的，每年检验1次；

（五）拖拉机和其他机动车每年检验1次。

营运机动车在规定检验期限内经安全技术检验合格的，不再重复进行安全技术检验。

第十七条　已注册登记的机动车进行安全技术检验时，机动车行驶证记载的登记内容与该机动车的有关情况不符，或者未按照规定提供机动车第三者责任强制保险凭证的，不予通过检验。

第十八条　警车、消防车、救护车、工程救险车标志图案的喷涂以及警报器、标志灯具的安装、使用规定，由国务院公安部门制定。

第二节　机动车驾驶人

第十九条　符合国务院公安部门规定的驾驶许可条件的人，可以向公安机关交通管理部门申请机动车驾驶证。

机动车驾驶证由国务院公安部门规定式样并监制。

第二十条　学习机动车驾驶，应当先学习道路交通安全法律、法规和相关知识，考试合格后，再学习机动车驾驶技能。

在道路上学习驾驶，应当按照公安机关交通管理部门指定的路线、时间进行。在道路上学习机动车驾驶技能应当使用教练车，在教练员随车指导下进行，与教学无关的人员不得乘坐教练车。学员在学习驾驶中有道路交通安全违法行为或者造成交通事故的，由教练员承担责任。

第二十一条　公安机关交通管理部门应当对申请机动车驾驶证的人进行考试，对考试合格的，在5日内核发机动车驾驶证；对考试不合格的，书面说明理由。

第二十二条　机动车驾驶证的有效期为6年，本条例另有规定的除外。

机动车驾驶人初次申领机动车驾驶证后的12个月为实习期。在实习期内驾驶机动车的，应当在车身后部粘贴或者悬挂统一式样的实习标志。

机动车驾驶人在实习期内不得驾驶公共汽车、营运客车或者执行任务的警车、消防车、救护车、工程救险车以及载有爆炸物品、易燃易爆化学物品、剧毒或者放射性等危险物品的机动车；驾驶的机动车不得牵引挂车。

第二十三条　公安机关交通管理部门对机动车驾驶人的道路交通安全违法行为除给予行政处罚外，实行道路交通安全违法行为累积记分（以下简称记分）制度，记分周期为12个月。对在一个记分周期内记分达到12分的，由公安机关交通管理部门扣留其机动车驾驶证，该机动车驾驶人应当按照规定参加道路交通安全法律、法规的学习并接受考试。考试合格的，记分予以清除，发还机动车驾驶证；考试不合格的，继续参加学习和考试。

应当给予记分的道路交通安全违法行为及其分值，由国务院公安部门根据道路交通安全违法行为的危害程度规定。

公安机关交通管理部门应当提供记分查询方式供机动车驾驶人查询。

第二十四条　机动车驾驶人在一个记分周期内记分未达到12分，所处罚款已经缴纳的，记分予以清除；记分虽未达到12分，但尚有罚款未缴纳的，记分转入下一记分周期。

机动车驾驶人在一个记分周期内记分2次以上达到12分的，除按照第二十三条的规定扣留机动车驾驶证、参加学习、接受考试外，还应当接受驾驶技能考试。考试合格的，记分予以清除，发还机动车驾驶证；考试不合格的，继续参加学习和考试。

接受驾驶技能考试的，按照本人机动车驾驶证载明的最高准驾车型考试。

第二十五条　机动车驾驶人记分达到12分，拒不参加公安机关交通管理部门通知的学习，也不接受考试的，由公安机关交通管理部门公告其机动车驾驶证停止使用。

第二十六条　机动车驾驶人在机动车驾驶证的6年有效期内，每个记分周期均未达到12分的，换发10年有效期的机动车驾驶证；在机动车驾驶证的10年有效期内，每个记分周期均未达到12分的，换发长期有效的机动车驾驶证。

换发机动车驾驶证时，公安机关交通管理部门应当对机动车驾驶证进行审验。

第二十七条　机动车驾驶证丢失、损毁，机动车驾驶人申请补发的，应当向公安机关交通管理部门提交本人身份证明和申请材料。公安机关交通管理部门经与机动车驾驶证档案核实后，在收到申请之日起3日内补发。

第二十八条　机动车驾驶人在机动车驾驶证丢失、损毁、超过有效期或者被依法扣留、暂扣期间以及记分达到12分的，不得驾驶机动车。

第三章　道路通行条件

第二十九条　交通信号灯分为：机动车信号灯、非机动车信号灯、人行横道信号灯、车道信号灯、方向指示信号灯、闪光警告信号灯、道路与铁路平面交叉道口信号灯。

第三十条　交通标志分为：指示标志、警告标志、禁令标志、指路标志、旅游区标志、道路施工安全标志和辅助标志。

道路交通标线分为：指示标线、警告标线、禁止标线。

第三十一条　交通警察的指挥分为：手势信号和使用器具的交通指挥信号。

第三十二条　道路交叉路口和行人横过道路较为集中的路段应当设置人行横道、过街天桥或者过街地下通道。

在盲人通行较为集中的路段，人行横道信号灯应当设置声响提示装置。

第三十三条　城市人民政府有关部门可以在不影响行人、车辆通行的情况下，在城市道路上施划停车泊位，并规定停车泊位的使用时间。

第三十四条　开辟或者调整公共汽车、长途汽车的行驶路线或者车站，应当符合交通规划和安全、畅通的要求。

第三十五条　道路养护施工单位在道路上进行养护、维修时，应当按照规定设置规范的安全警示标志和安全防护设施。道路养护施工作业车辆、机械应当安装示警灯，喷涂明显的标志图案，作业时应当开启示警灯和危险报警闪光灯。对未中断交通的施工作业道路，公安机关交通管理部门应当加强交通安全监督检查。发生交通阻塞时，及时做好分流、疏导，维护交通秩序。

道路施工需要车辆绕行的，施工单位应当在绕行处设置标志；不能绕行的，应当修建临时通道，保证车辆和行人通行。需要封闭道路中断交通的，除紧急情况外，应当提前5日向社会公告。

第三十六条　道路或者交通设施养护部门、管理部门应当在急弯、陡坡、临崖、临水等危险路段，按照国家标准设置警告标志和安全防护设施。

第三十七条　道路交通标志、标线不规范，机动车驾驶人容易发生辨认错误的，交通标志、标线的主管部门应当及时予以改善。

道路照明设施应当符合道路建设技术规范，保持照明功能完好。

第四章　道路通行规定

第一节　一般规定

第三十八条　机动车信号灯和非机动车信号灯表示：

（一）绿灯亮时，准许车辆通行，但转弯的车辆不得妨碍被放行的直行车辆、行人通行；

（二）黄灯亮时，已越过停止线的车辆可以继续通行；

（三）红灯亮时，禁止车辆通行。

在未设置非机动车信号灯和人行横道信号灯的路口，非机动车和行人应当按照机动车信号灯的表示通行。

红灯亮时，右转弯的车辆在不妨碍被放行的车辆、行人通行的情况下，可以通行。

第三十九条　人行横道信号灯表示：

（一）绿灯亮时，准许行人通过人行横道；

（二）红灯亮时，禁止行人进入人行横道，但是已经进入人行横道的，可以继续通过或者在道路中心线处停留等候。

第四十条　车道信号灯表示：

（一）绿色箭头灯亮时，准许本车道车辆按指示方向通行；

（二）红色叉形灯或者箭头灯亮时，禁止本车道车辆通行。

第四十一条　方向指示信号灯的箭头方向向左、向上、向右分别表示左转、直行、右转。

第四十二条　闪光警告信号灯为持续闪烁的黄灯，提示车辆、行人通行时注意瞭望，确认安全后通过。

第四十三条　道路与铁路平面交叉道口有两个红灯交替闪烁或者一个红灯亮时，表示禁止车辆、行人通行；红灯熄灭时，表示允许车辆、行人通行。

第二节　机动车通行规定

第四十四条　在道路同方向划有2条以上机动车道的，左侧为快速车道，右侧为慢速车道。在快速车道行驶的机动车应当按照快速车道规定的速度行驶，未达到快速车道规定的行驶速度的，应当在慢速车道行驶。摩托车应当在最右侧车道行驶。有交通标志标明行驶速度的,按照标明的行驶速度行驶。慢速车道内的机动车超越前车时,可以借用快速车道行驶。

在道路同方向划有2条以上机动车道的,变更车道的机动车不得影响相关车道内行驶的机动车的正常行驶。

第四十五条 机动车在道路上行驶不得超过限速标志、标线标明的速度。在没有限速标志、标线的道路上,机动车不得超过下列最高行驶速度:

(一)没有道路中心线的道路,城市道路为每小时30公里,公路为每小时40公里;

(二)同方向只有1条机动车道的道路,城市道路为每小时50公里,公路为每小时70公里。

第四十六条 机动车行驶中遇有下列情形之一的,最高行驶速度不得超过每小时30公里,其中拖拉机、电瓶车、轮式专用机械车不得超过每小时15公里:

(一)进出非机动车道,通过铁路道口、急弯路、窄路、窄桥时;

(二)掉头、转弯、下陡坡时;

(三)遇雾、雨、雪、沙尘、冰雹,能见度在50米以内时;

(四)在冰雪、泥泞的道路上行驶时;

(五)牵引发生故障的机动车时。

第四十七条 机动车超车时,应当提前开启左转向灯、变换使用远、近光灯或者鸣喇叭。在没有道路中心线或者同方向只有1条机动车道的道路上,前车遇后车发出超车信号时,在条件许可的情况下,应当降低速度、靠右让路。后车应当在确认有充足的安全距离后,从前车的左侧超越,在与被超车辆拉开必要的安全距离后,开启右转向灯,驶回原车道。

第四十八条 在没有中心隔离设施或者没有中心线的道路上,机动车遇相对方向来车时应当遵守下列规定:

(一)减速靠右行驶,并与其他车辆、行人保持必要的安全距离;

(二)在有障碍的路段,无障碍的一方先行;但有障碍的一方已驶入障碍路段而无障碍的一方未驶入时,有障碍的一方先行;

(三)在狭窄的坡路,上坡的一方先行;但下坡的一方已行至中途而上坡的一方未上坡时,下坡的一方先行;

(四)在狭窄的山路,不靠山体的一方先行;

(五)夜间会车应当在距相对方向来车150米以外改用近光灯,在窄路、窄桥与非机动车会车时应当使用近光灯。

第四十九条 机动车在有禁止掉头或者禁止左转弯标志、标线的地点以及在铁路道口、人行横道、桥梁、急弯、陡坡、隧道或者容易发生危险的路段,不得掉头。

机动车在没有禁止掉头或者没有禁止左转弯标志、标线的地点可以掉头,但不得妨碍正常行驶的其他车辆和行人的通行。

第五十条 机动车倒车时,应当察明车后情况,确认安全后倒车。不得在铁路道口、交叉路口、单行路、桥梁、急弯、陡坡或者隧道中倒车。

第五十一条 机动车通过有交通信号灯控制的交叉路口,应当按照下列规定通行:

(一)在划有导向车道的路口,按所需行进方向驶入导向车道;

(二)准备进入环形路口的让已在路口内的机动车先行;

(三)向左转弯时,靠路口中心点左侧转弯。转弯时开启转向灯,夜间行驶开启近光灯;

(四)遇放行信号时,依次通过;

(五)遇停止信号时,依次停在停止线以外。没有停止线的,停在路口以外;

(六)向右转弯遇有同车道前车正在等候放行信号时,依次停车等候;

(七)在没有方向指示信号灯的交叉路口,转弯的机动车让直行的车辆、行人先行。相对方向行驶的右转弯机动车让左转弯车辆先行。

第五十二条 机动车通过没有交通信号灯控制也没有交通警察指挥的交叉路口,除应当遵守第五十一条第(二)项、第(三)项的规定外,还应当遵守下列规定:

(一)有交通标志、标线控制的,让优先通行的一方先行;

(二)没有交通标志、标线控制的,在进入路口前停车瞭望,让右方道路的来车先行;

(三)转弯的机动车让直行的车辆先行;

(四)相对方向行驶的右转弯的机动车让左

转弯的车辆先行。

第五十三条　机动车遇有前方交叉路口交通阻塞时，应当依次停在路口以外等候，不得进入路口。

机动车在遇有前方机动车停车排队等候或者缓慢行驶时，应当依次排队，不得从前方车辆两侧穿插或者超越行驶，不得在人行横道、网状线区域内停车等候。

机动车在车道减少的路口、路段，遇有前方机动车停车排队等候或者缓慢行驶的，应当每车道一辆依次交替驶入车道减少后的路口、路段。

第五十四条　机动车载物不得超过机动车行驶证上核定的载质量，装载长度、宽度不得超出车厢，并应当遵守下列规定：

（一）重型、中型载货汽车，半挂车载物，高度从地面起不得超过4米，载运集装箱的车辆不得超过4.2米；

（二）其他载货的机动车载物，高度从地面起不得超过2.5米；

（三）摩托车载物，高度从地面起不得超过1.5米，长度不得超出车身0.2米。两轮摩托车载物宽度左右各不得超出车把0.15米；三轮摩托车载物宽度不得超过车身。

载客汽车除车身外部的行李架和内置的行李箱外，不得载货。载客汽车行李架载货，从车顶起高度不得超过0.5米，从地面起高度不得超过4米。

第五十五条　机动车载人应当遵守下列规定：

（一）公路载客汽车不得超过核定的载客人数，但按照规定免票的儿童除外，在载客人数已满的情况下，按照规定免票的儿童不得超过核定载客人数的10%；

（二）载货汽车车厢不得载客。在城市道路上，货运机动车在留有安全位置的情况下，车厢内可以附载临时作业人员1人至5人；载物高度超过车厢栏板时，货物上不得载人；

（三）摩托车后座不得乘坐未满12周岁的未成年人，轻便摩托车不得载人。

第五十六条　机动车牵引挂车应当符合下列规定：

（一）载货汽车、半挂牵引车、拖拉机只允许牵引1辆挂车。挂车的灯光信号、制动、连接、安全防护等装置应当符合国家标准；

（二）小型载客汽车只允许牵引旅居挂车或者总质量700千克以下的挂车。挂车不得载人；

（三）载货汽车所牵引挂车的载质量不得超过载货汽车本身的载质量。

大型、中型载客汽车，低速载货汽车，三轮汽车以及其他机动车不得牵引挂车。

第五十七条　机动车应当按照下列规定使用转向灯：

（一）向左转弯、向左变更车道、准备超车、驶离停车地点或者掉头时，应当提前开启左转向灯；

（二）向右转弯、向右变更车道、超车完毕驶回原车道、靠路边停车时，应当提前开启右转向灯。

第五十八条　机动车在夜间没有路灯、照明不良或者遇有雾、雨、雪、沙尘、冰雹等低能见度情况下行驶时，应当开启前照灯、示廓灯和后位灯，但同方向行驶的后车与前车近距离行驶时，不得使用远光灯。机动车雾天行驶应当开启雾灯和危险报警闪光灯。

第五十九条　机动车在夜间通过急弯、坡路、拱桥、人行横道或者没有交通信号灯控制的路口时，应当交替使用远近光灯示意。

机动车驶近急弯、坡道顶端等影响安全视距的路段以及超车或者遇有紧急情况时，应当减速慢行，并鸣喇叭示意。

第六十条　机动车在道路上发生故障或者发生交通事故，妨碍交通又难以移动的，应当按照规定开启危险报警闪光灯并在车后50米至100米处设置警告标志，夜间还应当同时开启示廓灯和后位灯。

第六十一条　牵引故障机动车应当遵守下列规定：

（一）被牵引的机动车除驾驶人外不得载人，不得拖带挂车；

（二）被牵引的机动车宽度不得大于牵引机动车的宽度；

（三）使用软连接牵引装置时，牵引车与被牵引车之间的距离应当大于4米小于10米；

（四）对制动失效的被牵引车，应当使用硬连接牵引装置牵引；

（五）牵引车和被牵引车均应当开启危险报警闪光灯。

汽车吊车和轮式专用机械车不得牵引车辆。摩托车不得牵引车辆或者被其他车辆牵引。

转向或者照明、信号装置失效的故障机动车，应当使用专用清障车拖曳。

第六十二条 驾驶机动车不得有下列行为：

（一）在车门、车厢没有关好时行车；

（二）在机动车驾驶室的前后窗范围内悬挂、放置妨碍驾驶人视线的物品；

（三）拨打接听手持电话、观看电视等妨碍安全驾驶的行为；

（四）下陡坡时熄火或者空挡滑行；

（五）向道路上抛撒物品；

（六）驾驶摩托车手离车把或者在车把上悬挂物品；

（七）连续驾驶机动车超过4小时未停车休息或者停车休息时间少于20分钟；

（八）在禁止鸣喇叭的区域或者路段鸣喇叭。

第六十三条 机动车在道路上临时停车，应当遵守下列规定：

（一）在设有禁停标志、标线的路段，在机动车道与非机动车道、人行道之间设有隔离设施的路段以及人行横道、施工地段，不得停车；

（二）交叉路口、铁路道口、急弯路、宽度不足4米的窄路、桥梁、陡坡、隧道以及距离上述地点50米以内的路段，不得停车；

（三）公共汽车站、急救站、加油站、消防栓或者消防队（站）门前以及距离上述地点30米以内的路段，除使用上述设施的以外，不得停车；

（四）车辆停稳前不得开车门和上下人员，开关车门不得妨碍其他车辆和行人通行；

（五）路边停车应当紧靠道路右侧，机动车驾驶人不得离车，上下人员或者装卸物品后，立即驶离；

（六）城市公共汽车不得在站点以外的路段停车上下乘客。

第六十四条 机动车行经漫水路或者漫水桥时，应当停车察明水情，确认安全后，低速通过。

第六十五条 机动车载运超限物品行经铁路道口的，应当按照当地铁路部门指定的铁路道口、时间通过。

机动车行经渡口，应当服从渡口管理人员指挥，按照指定地点依次待渡。机动车上下渡船时，应当低速慢行。

第六十六条 警车、消防车、救护车、工程救险车在执行紧急任务遇交通受阻时，可以断续使用警报器，并遵守下列规定：

（一）不得在禁止使用警报器的区域或者路段使用警报器；

（二）夜间在市区不得使用警报器；

（三）列队行驶时，前车已经使用警报器的，后车不再使用警报器。

第六十七条 在单位院内、居民居住区内，机动车应当低速行驶，避让行人；有限速标志的，按照限速标志行驶。

第三节 非机动车通行规定

第六十八条 非机动车通过有交通信号灯控制的交叉路口，应当按照下列规定通行：

（一）转弯的非机动车让直行的车辆、行人优先通行；

（二）遇有前方路口交通阻塞时，不得进入路口；

（三）向左转弯时，靠路口中心点的右侧转弯；

（四）遇有停止信号时，应当依次停在路口停止线以外。没有停止线的，停在路口以外；

（五）向右转弯遇有同方向前车正在等候放行信号时，在本车道内能够转弯的，可以通行；不能转弯的，依次等候。

第六十九条 非机动车通过没有交通信号灯控制也没有交通警察指挥的交叉路口，除应当遵守第六十八条第（一）项、第（二）项和第（三）项的规定外，还应当遵守下列规定：

（一）有交通标志、标线控制的，让优先通行的一方先行；

（二）没有交通标志、标线控制的，在路口外慢行或者停车瞭望，让右方道路的来车先行；

（三）相对方向行驶的右转弯的非机动车让左转弯的车辆先行。

第七十条 驾驶自行车、电动自行车、三轮车在路段上横过机动车道,应当下车推行,有人行横道或者行人过街设施的,应当从人行横道或者行人过街设施通过;没有人行横道、没有行人过街设施或者不便使用行人过街设施的,在确认安全后直行通过。

因非机动车道被占用无法在本车道内行驶的非机动车,可以在受阻的路段借用相邻的机动车道行驶,并在驶过被占用路段后迅速驶回非机动车道。机动车遇此情况应当减速让行。

第七十一条　非机动车载物,应当遵守下列规定:

(一)自行车、电动自行车、残疾人机动轮椅车载物,高度从地面起不得超过1.5米,宽度左右各不得超出车把0.15米,长度前端不得超出车轮,后端不得超出车身0.3米;

(二)三轮车、人力车载物,高度从地面起不得超过2米,宽度左右各不得超出车身0.2米,长度不得超出车身1米;

(三)畜力车载物,高度从地面起不得超过2.5米,宽度左右各不得超出车身0.2米,长度前端不得超出车辕,后端不得超出车身1米。

自行车载人的规定,由省、自治区、直辖市人民政府根据当地实际情况制定。

第七十二条　在道路上驾驶自行车、三轮车、电动自行车、残疾人机动轮椅车应当遵守下列规定:

(一)驾驶自行车、三轮车必须年满12周岁;

(二)驾驶电动自行车和残疾人机动轮椅车必须年满16周岁;

(三)不得醉酒驾驶;

(四)转弯前应当减速慢行,伸手示意,不得突然猛拐,超越前车时不得妨碍被超越的车辆行驶;

(五)不得牵引、攀扶车辆或者被其他车辆牵引,不得双手离把或者手中持物;

(六)不得扶身并行、互相追逐或者曲折竞驶;

(七)不得在道路上骑独轮自行车或者2人以上骑行的自行车;

(八)非下肢残疾的人不得驾驶残疾人机动轮椅车;

(九)自行车、三轮车不得加装动力装置;

(十)不得在道路上学习驾驶非机动车。

第七十三条　在道路上驾驭畜力车应当年满16周岁,并遵守下列规定:

(一)不得醉酒驾驭;

(二)不得并行,驾驭人不得离开车辆;

(三)行经繁华路段、交叉路口、铁路道口、人行横道、急弯路、宽度不足4米的窄路或者窄桥、陡坡、隧道或者容易发生危险的路段,不得超车。驾驭两轮畜力车应当下车牵引牲畜;

(四)不得使用未经驯服的牲畜驾车,随车幼畜须拴系;

(五)停放车辆应当拉紧车闸,拴系牲畜。

第四节　行人和乘车人通行规定

第七十四条　行人不得有下列行为:

(一)在道路上使用滑板、旱冰鞋等滑行工具;

(二)在车行道内坐卧、停留、嬉闹;

(三)追车、抛物击车等妨碍道路交通安全的行为。

第七十五条　行人横过机动车道,应当从行人过街设施通过;没有行人过街设施的,应当从人行横道通过;没有人行横道的,应当观察来往车辆的情况,确认安全后直行通过,不得在车辆临近时突然加速横穿或者中途倒退、折返。

第七十六条　行人列队在道路上通行,每横列不得超过2人,但在已经实行交通管制的路段不受限制。

第七十七条　乘坐机动车应当遵守下列规定:

(一)不得在机动车道上拦乘机动车;

(二)在机动车道上不得从机动车左侧上下车;

(三)开关车门不得妨碍其他车辆和行人通行;

(四)机动车行驶中,不得干扰驾驶,不得将身体任何部分伸出车外,不得跳车;

(五)乘坐两轮摩托车应当正向骑坐。

第五节　高速公路的特别规定

第七十八条　高速公路应当标明车道的行驶速度,最高车速不得超过每小时120公里,最低车速不得低于每小时60公里。

在高速公路上行驶的小型载客汽车最高车速不得超过每小时120公里,其他机动车不得超过每小时100公里,摩托车不得超过每小时80公里。

同方向有2条车道的,左侧车道的最低车速为每小时100公里;同方向有3条以上车道的,最左侧车道的最低车速为每小时110公里,中间车道的最低车速为每小时90公里。道路限速标志标明的车速与上述车道行驶车速的规定不一致的,按照道路限速标志标明的车速行驶。

第七十九条 机动车从匝道驶入高速公路,应当开启左转向灯,在不妨碍已在高速公路内的机动车正常行驶的情况下驶入车道。

机动车驶离高速公路时,应当开启右转向灯,驶入减速车道,降低车速后驶离。

第八十条 机动车在高速公路上行驶,车速超过每小时100公里时,应当与同车道前车保持100米以上的距离,车速低于每小时100公里时,与同车道前车距离可以适当缩短,但最小距离不得少于50米。

第八十一条 机动车在高速公路上行驶,遇有雾、雨、雪、沙尘、冰雹等低能见度气象条件时,应当遵守下列规定:

(一)能见度小于200米时,开启雾灯、近光灯、示廓灯和前后位灯,车速不得超过每小时60公里,与同车道前车保持100米以上的距离;

(二)能见度小于100米时,开启雾灯、近光灯、示廓灯、前后位灯和危险报警闪光灯,车速不得超过每小时40公里,与同车道前车保持50米以上的距离;

(三)能见度小于50米时,开启雾灯、近光灯、示廓灯、前后位灯和危险报警闪光灯,车速不得超过每小时20公里,并从最近的出口尽快驶离高速公路。

遇有前款规定情形时,高速公路管理部门应当通过显示屏等方式发布速度限制、保持车距等提示信息。

第八十二条 机动车在高速公路上行驶,不得有下列行为:

(一)倒车、逆行、穿越中央分隔带掉头或者在车道内停车;

(二)在匝道、加速车道或者减速车道上超车;

(三)骑、轧车行道分界线或者在路肩上行驶;

(四)非紧急情况时在应急车道行驶或者停车;

(五)试车或者学习驾驶机动车。

第八十三条 在高速公路上行驶的载货汽车车厢不得载人。两轮摩托车在高速公路行驶时不得载人。

第八十四条 机动车通过施工作业路段时,应当注意警示标志,减速行驶。

第八十五条 城市快速路的道路交通安全管理,参照本节的规定执行。

高速公路、城市快速路的道路交通安全管理工作,省、自治区、直辖市人民政府公安机关交通管理部门可以指定设区的市人民政府公安机关交通管理部门或者相当于同级的公安机关交通管理部门承担。

第五章 交通事故处理

第八十六条 机动车与机动车、机动车与非机动车在道路上发生未造成人身伤亡的交通事故,当事人对事实及成因无争议的,在记录交通事故的时间、地点、对方当事人的姓名和联系方式、机动车牌号、驾驶证号、保险凭证号、碰撞部位,并共同签名后,撤离现场,自行协商损害赔偿事宜。当事人对交通事故事实及成因有争议的,应当迅速报警。

第八十七条 非机动车与非机动车或者行人在道路上发生交通事故,未造成人身伤亡,且基本事实及成因清楚的,当事人应当先撤离现场,再自行协商处理损害赔偿事宜。当事人对交通事故事实及成因有争议的,应当迅速报警。

第八十八条 机动车发生交通事故,造成道路、供电、通讯等设施损毁的,驾驶人应当报警等候处理,不得驶离。机动车可以移动的,应当将机动车移至不妨碍交通的地点。公安机关交通管理部门应当将事故有关情况通知有关部门。

第八十九条 公安机关交通管理部门或者交通警察接到交通事故报警,应当及时赶赴现场,对未造成人身伤亡,事实清楚,并且机动车可以移动的,应当在记录事故情况后责令当事人撤离现场,恢复交通。对拒不撤离现场的,予以强制撤离。

对属于前款规定情况的道路交通事故，交通警察可以适用简易程序处理，并当场出具事故认定书。当事人共同请求调解的，交通警察可以当场对损害赔偿争议进行调解。

对道路交通事故造成人员伤亡和财产损失需要勘验、检查现场的，公安机关交通管理部门应当按照勘查现场工作规范进行。现场勘查完毕，应当组织清理现场，恢复交通。

第九十条　投保机动车第三者责任强制保险的机动车发生交通事故，因抢救受伤人员需要保险公司支付抢救费用的，由公安机关交通管理部门通知保险公司。

抢救受伤人员需要道路交通事故救助基金垫付费用的，由公安机关交通管理部门通知道路交通事故社会救助基金管理机构。

第九十一条　公安机关交通管理部门应当根据交通事故当事人的行为对发生交通事故所起的作用以及过错的严重程度，确定当事人的责任。

第九十二条　发生交通事故后当事人逃逸的，逃逸的当事人承担全部责任。但是，有证据证明对方当事人也有过错的，可以减轻责任。

当事人故意破坏、伪造现场、毁灭证据的，承担全部责任。

第九十三条　公安机关交通管理部门对经过勘验、检查现场的交通事故应当在勘查现场之日起10日内制作交通事故认定书。对需要进行检验、鉴定的，应当在检验、鉴定结果确定之日起5日内制作交通事故认定书。

第九十四条　当事人对交通事故损害赔偿有争议，各方当事人一致请求公安机关交通管理部门调解的，应当在收到交通事故认定书之日起10日内提出书面调解申请。

对交通事故致死的，调解从办理丧葬事宜结束之日起开始；对交通事故致伤的，调解从治疗终结或者定残之日起开始；对交通事故造成财产损失的，调解从确定损失之日起开始。

第九十五条　公安机关交通管理部门调解交通事故损害赔偿争议的期限为10日。调解达成协议的，公安机关交通管理部门应当制作调解书送交各方当事人，调解书经各方当事人共同签字后生效；调解未达成协议的，公安机关交通管理部门应当制作调解终结书送交各方当事人。

交通事故损害赔偿项目和标准依照有关法律的规定执行。

第九十六条　对交通事故损害赔偿的争议，当事人向人民法院提起民事诉讼的，公安机关交通管理部门不再受理调解申请。

公安机关交通管理部门调解期间，当事人向人民法院提起民事诉讼的，调解终止。

第九十七条　车辆在道路以外发生交通事故，公安机关交通管理部门接到报案的，参照道路交通安全法和本条例的规定处理。

车辆、行人与火车发生的交通事故以及在渡口发生的交通事故，依照国家有关规定处理。

第六章　执法监督

第九十八条　公安机关交通管理部门应当公开办事制度、办事程序，建立警风警纪监督员制度，自觉接受社会和群众的监督。

第九十九条　公安机关交通管理部门及其交通警察办理机动车登记，发放号牌，对驾驶人考试、发证，处理道路交通安全违法行为，处理道路交通事故，应当严格遵守有关规定，不得越权执法，不得延迟履行职责，不得擅自改变处罚的种类和幅度。

第一百条　公安机关交通管理部门应当公布举报电话，受理群众举报投诉，并及时调查核实，反馈查处结果。

第一百零一条　公安机关交通管理部门应当建立执法质量考核评议、执法责任制和执法过错追究制度，防止和纠正道路交通安全执法中的错误或者不当行为。

第七章　法律责任

第一百零二条　违反本条例规定的行为，依照道路交通安全法和本条例的规定处罚。

第一百零三条　以欺骗、贿赂等不正当手段取得机动车登记或者驾驶许可的，收缴机动车登记证书、号牌、行驶证或者机动车驾驶证，撤销机动车登记或者机动车驾驶许可；申请人在3年内不得申请机动车登记或者机动车驾驶许可。

第一百零四条　机动车驾驶人有下列行为

之一,又无其他机动车驾驶人即时替代驾驶的,公安机关交通管理部门除依法给予处罚外,可以将其驾驶的机动车移至不妨碍交通的地点或者有关部门指定的地点停放:

(一)不能出示本人有效驾驶证的;

(二)驾驶的机动车与驾驶证载明的准驾车型不符的;

(三)饮酒、服用国家管制的精神药品或者麻醉药品、患有妨碍安全驾驶的疾病,或者过度疲劳仍继续驾驶的;

(四)学习驾驶人员没有教练人员随车指导单独驾驶的。

第一百零五条 机动车驾驶人有饮酒、醉酒、服用国家管制的精神药品或者麻醉药品嫌疑的,应当接受测试、检验。

第一百零六条 公路客运载客汽车超过核定乘员、载货汽车超过核定载质量的,公安机关交通管理部门依法扣留机动车后,驾驶人应当将超载的乘车人转运、将超载的货物卸载,费用由超载机动车的驾驶人或者所有人承担。

第一百零七条 依照道路交通安全法第九十二条、第九十五条、第九十六条、第九十八条的规定被扣留的机动车,驾驶人或者所有人、管理人30日内没有提供被扣留机动车的合法证明,没有补办相应手续,或者不前来接受处理,经公安机关交通管理部门通知并且经公告3个月仍不前来接受处理的,由公安机关交通管理部门将该机动车送交有资格的拍卖机构拍卖,所得价款上缴国库;非法拼装的机动车予以拆除;达到报废标准的机动车予以报废;机动车涉及其他违法犯罪行为的,移交有关部门处理。

第一百零八条 交通警察按照简易程序当场作出行政处罚的,应当告知当事人道路交通安全违法行为的事实、处罚的理由和依据,并将行政处罚决定书当场交付被处罚人。

第一百零九条 对道路交通安全违法行为人处以罚款或者暂扣驾驶证处罚的,由违法行为发生地的县级以上人民政府公安机关交通管理部门或者相当于同级的公安机关交通管理部门作出决定;对处以吊销机动车驾驶证处罚的,由设区的市人民政府公安机关交通管理部门或者相当于同级的公安机关交通管理部门作出决定。

公安机关交通管理部门对非本辖区机动车的道路交通安全违法行为没有当场处罚的,可以由机动车登记地的公安机关交通管理部门处罚。

第一百一十条 当事人对公安机关交通管理部门及其交通警察的处罚有权进行陈述和申辩,交通警察应当充分听取当事人的陈述和申辩,不得因当事人陈述、申辩而加重其处罚。

第八章　附　　则

第一百一十一条 本条例所称上道路行驶的拖拉机,是指手扶拖拉机等最高设计行驶速度不超过每小时20公里的轮式拖拉机和最高设计行驶速度不超过每小时40公里、牵引挂车方可从事道路运输的轮式拖拉机。

第一百一十二条 农业(农业机械)主管部门应当定期向公安机关交通管理部门提供拖拉机登记、安全技术检验以及拖拉机驾驶证发放的资料、数据。公安机关交通管理部门对拖拉机驾驶人作出暂扣、吊销驾驶证处罚或者记分处理的,应当定期将处罚决定书和记分情况通报有关的农业(农业机械)主管部门。吊销驾驶证的,还应当将驾驶证送交有关的农业(农业机械)主管部门。

第一百一十三条 境外机动车入境行驶,应当向入境地的公安机关交通管理部门申请临时通行号牌、行驶证。临时通行号牌、行驶证应当根据行驶需要,载明有效日期和允许行驶的区域。

入境的境外机动车申请临时通行号牌、行驶证以及境外人员申请机动车驾驶许可的条件、考试办法由国务院公安部门规定。

第一百一十四条 机动车驾驶许可考试的收费标准,由国务院价格主管部门规定。

第一百一十五条 本条例自2004年5月1日起施行。1960年2月11日国务院批准、交通部发布的《机动车管理办法》,1988年3月9日国务院发布的《中华人民共和国道路交通管理条例》,1991年9月22日国务院发布的《道路交通事故处理办法》,同时废止。

（四）环境侵权责任

中华人民共和国环境保护法（试行）①

（1979年9月13日第五届全国人民代表大会常务委员会第十一次会议原则通过　1979年9月13日全国人民代表大会常务委员会令第2号公布试行）

第一章　总　　则

第一条　根据中华人民共和国宪法第十一条关于“国家保护环境和自然资源，防治污染和其他公害”的规定，制定本法。

第二条　中华人民共和国环境保护法的任务，是保证在社会主义现代化建设中，合理地利用自然环境，防治环境污染和生态破坏，为人民造成清洁适宜的生活和劳动环境，保护人民健康，促进经济发展。

第三条　本法所称环境是指：大气、水、土地、矿藏、森林、草原、野生动物、野生植物、水生生物、名胜古迹、风景游览区、温泉、疗养区、自然保护区、生活居住区等。

第四条　环境保护工作的方针是：全面规划，合理布局，综合利用，化害为利，依靠群众，大家动手，保护环境，造福人民。

第五条　国务院和所属各部门、地方各级人民政府必须切实做好环境保护工作；在制定发展国民经济计划的时候，必须对环境的保护和改善统筹安排，并认真组织实施；对已经造成的环境污染和其他公害，必须作出规划，有计划有步骤地加以解决。

第六条　一切企业、事业单位的选址、设计、建设和生产，都必须充分注意防止对环境的污染和破坏。在进行新建、改建和扩建工程时，必须提出对环境影响的报告书，经环境保护部门和其他有关部门审查批准后才能进行设计；其中防止污染和其他公害的设施，必须与主体工程同时设计、同时施工、同时投产；各项有害物质的排放必须遵守国家规定的标准。

已经对环境造成污染和其他公害的单位，应当按照谁污染谁治理的原则，制定规划，积极治理，或者报请主管部门批准转产、搬迁。

第七条　在老城市改造和新城市建设中，应当根据气象、地理、水文、生态等条件，对工业区、居民区、公用设施、绿化地带等作出环境影响评价，全面规划，合理布局，防治污染和其他公害，有计划地建设成为现代化的清洁城市。

第八条　公民对污染和破坏环境的单位和个人，有权监督、检举和控告。被检举、控告的单位和个人不得打击报复。

第九条　凡进入或者经过中国领陆、领水、领空的外国人和外国的航空器、船舶、车辆、物资、生物等，必须遵守本法和其他有关环境保护的条例、规定。

第二章　保护自然环境

第十条　因地制宜地合理使用土地，改良土壤，增加植被，防止土壤侵蚀、板结、盐碱化、沙漠化和水土流失。

开垦荒地、围海围湖造地、新建大中型水利工程等，必须事先做好综合科学调查，切实采取保护和改善环境的措施，防止破坏生态系统。

第十一条　保护江、河、湖、海、水库等水域，维持水质良好状态。

保护、发展和合理利用水生生物，禁止灭绝性的捕捞和破坏。

严格管理和节约工业用水、农业用水和生活用水，合理开采地下水，防止水源枯竭和地面沉降。

第十二条　开发矿藏资源，必须实行综合勘探、综合评价、综合利用，严禁乱挖乱采，妥善处理尾矿矿渣，防止破坏资源和恶化自然环境。

第十三条　严格遵守国家森林法规，保护和发展森林资源，进行合理采伐，及时抚育更新，严禁毁林开荒、乱砍滥伐，防止森林火灾。

大力植树造林，绿化荒山荒地，绿化沙漠区和半沙漠区，绿化村庄、城镇和工矿区。要充分利用工厂、矿区、学校、机关内外和村旁、路旁、水旁、宅旁等一切零散空地，植树种草，实现大地园林化。

---

① 编者注：已废止。

第十四条 保护和发展牧草资源。积极规划和进行草原建设,合理放牧,保持和改善草原的再生能力,防止草原退化,严禁滥垦草原,防止草原火灾。

第十五条 保护、发展和合理利用野生动物、野生植物资源。按照国家规定,对于珍贵和稀有的野生动物、野生植物,严禁捕猎、采伐。

第三章 防治污染和其他公害

第十六条 积极防治工矿企业的和城市生活的废气、废水、废渣、粉尘、垃圾、放射性物质等有害物质和噪声、震动、恶臭等对环境的污染和危害。

第十七条 在城镇生活居住区、水源保护区、名胜古迹、风景游览区、温泉、疗养区和自然保护区,不准建立污染环境的企业、事业单位。已建成的,要限期治理、调整或者搬迁。

第十八条 积极试验和采用无污染或少污染的新工艺、新技术、新产品。

加强企业管理,实行文明生产,对于污染环境的废气、废水、废渣,要实行综合利用、化害为利;需要排放的,必须遵守国家规定的标准;一时达不到国家标准的要限期治理;逾期达不到国家标准的,要限制企业的生产规模。

超过国家规定的标准排放污染物,要按照排放污染物的数量和浓度,根据规定收取排污费。

第十九条 一切排烟装置、工业窑炉、机动车辆、船舶等,都要采取有效的消烟除尘措施,有害气体的排放,必须符合国家规定的标准。

大力发展和利用煤气、液化石油气、天然气、沼气、太阳能、地热和其他无污染或者少污染的能源。在城市要积极推广区域供热。

第二十条 禁止向一切水域倾倒垃圾、废渣。排放污水必须符合国家规定的标准。

禁止船舶向国家规定保护的水域排放含油、含毒物质和其他有害废弃物。

严禁使用渗坑、裂隙、溶洞或稀释办法排放有毒有害废水,防止工业污水渗漏,确保地下水不受污染。

严格保护饮用水源,逐步完善城市排污管网和污水净化设施。

第二十一条 积极发展高效、低毒、低残留农药。推广综合防治和生物防治,合理利用污水灌溉,防止土壤和作物的污染。

第二十二条 加强对城市和工业噪声、震动的管理。各种噪声大、震动大的机械设备、机动车辆、航空器等,都应当装置消声、防震设施。

第二十三条 散发有害气体、粉尘的单位,要积极采用密闭的生产设备和生产工艺,并安装通风、吸尘和净化、回收设施。劳动环境的有害气体和粉尘含量,必须符合国家工业卫生标准的规定。

第二十四条 对有毒化学品必须严格登记和管理。对剧毒物品应当严加密封,防止在储存和运输过程中散漏。

对放射性物质、电磁波辐射等,必须按照国家有关规定,严加防护和管理。

第二十五条 严防食品在生产、加工、包装、运输、储存、销售过程中的污染。加强食品检验,不符合国家卫生标准的食品,严禁出售、出口和进口。

第四章 环境保护机构和职责

第二十六条 国务院设立环境保护机构,主要职责是:

(一)贯彻并监督执行国家关于保护环境的方针、政策和法律、法令;

(二)会同有关部门拟定环境保护的条例、规定、标准和经济技术政策;

(三)会同有关部门制定环境保护的长远规划和年度计划,并督促检查其执行;

(四)统一组织环境监测,调查和掌握全国环境状况和发展趋势,提出改善措施;

(五)会同有关部门组织协调环境科学研究和环境教育事业,积极推广国内外保护环境的先进经验和技术;

(六)指导国务院所属各部门和各省、自治区、直辖市的环境保护工作;

(七)组织和协调环境保护的国际合作和交流。

第二十七条 省、自治区、直辖市人民政府设立环境保护局。市、自治州、县、自治县人民政府根据需要设立环境保护机构。

地方各级环境保护机构的主要职责是:检查

督促所辖地区内各部门、各单位执行国家保护环境的方针、政策和法律、法令；拟定地方的环境保护标准和规范；组织环境监测，掌握本地区环境状况和发展趋势；会同有关部门制定本地区环境保护长远规划和年度计划，并督促实施；会同有关部门组织本地区环境科学研究和环境教育；积极推广国内外保护环境的先进经验和技术。

第二十八条　国务院和地方各级人民政府的有关部门，大、中型企业和有关事业单位，根据需要设立环境保护机构，分别负责本系统、本部门、本单位的环境保护工作。

第五章　科学研究和宣传教育

第二十九条　中国环境科学研究院、有关的科学研究机构和大专院校应当大力开展环境科学基础理论、环境管理、环境经济、综合治理技术、环境质量评价、环境污染与人体健康、自然环境合理利用与保护等问题的研究。

第三十条　文化宣传部门要积极开展环境科学知识的宣传教育工作，提高广大人民群众对环境保护工作的认识和科学技术水平。

要有计划地培养环境保护的专门人材。教育部门要在大专院校有关科系设置环境保护必修课程或专业；在中小学课程中，要适当编写有关环境保护的内容。

第六章　奖励和惩罚

第三十一条　国家对保护环境有显著成绩和贡献的单位、个人，给予表扬和奖励。

国家对企业利用废气、废水、废渣作主要原料生产的产品，给予减税、免税和价格政策上的照顾，盈利所得不上交，由企业用于治理污染和改善环境。

第三十二条　对违反本法和其他环境保护的条例、规定，污染和破坏环境，危害人民健康的单位，各级环境保护机构要分别情况，报经同级人民政府批准，予以批评、警告、罚款，或者责令赔偿损失、停产治理。

对严重污染和破坏环境，引起人员伤亡或者造成农、林、牧、副、渔业重大损失的单位的领导人员、直接责任人员或者其他公民，要追究行政责任、经济责任，直至依法追究刑事责任。

第七章　附　　则

第三十三条　国务院根据本法，可以制定有关环境保护的条例、规定。

中华人民共和国环境保护法[①]

（1989年12月26日第七届全国人民代表大会常务委员会第十一次会议通过　1989年12月26日中华人民共和国主席令第22号公布　自公布之日起施行）

目　　录

第一章　总　　则

第一条　为保护和改善生活环境与生态环境，防治污染和其他公害，保障人体健康，促进社会主义现代化建设的发展，制定本法。

第二条　本法所称环境，是指影响人类生存和发展的各种天然的和经过人工改造的自然因素的总体，包括大气、水、海洋、土地、矿藏、森林、草原、野生生物、自然遗迹、人文遗迹、自然保护区、风景名胜区、城市和乡村等。

第三条　本法适用于中华人民共和国领域和中华人民共和国管辖的其他海域。

第四条　国家制定的环境保护规划必须纳入国民经济和社会发展计划，国家采取有利于环境保护的经济、技术政策和措施，使环境保护工作同经济建设和社会发展相协调。

第五条　国家鼓励环境保护科学教育事业的发展，加强环境保护科学技术的研究和开发，提高环境保护科学技术水平，普及环境保护的科学知识。

第六条　一切单位和个人都有保护环境的

---

① 编者注：已被修改。

义务，并有权对污染和破坏环境的单位和个人进行检举和控告。

第七条 国务院环境保护行政主管部门，对全国环境保护工作实施统一监督管理。

县级以上地方人民政府环境保护行政主管部门，对本辖区的环境保护工作实施统一监督管理。

国家海洋行政主管部门、港务监督、渔政渔港监督、军队环境保护部门和各级公安、交通、铁道、民航管理部门，依照有关法律的规定对环境污染防治实施监督管理。

县级以上人民政府的土地、矿产、林业、农业、水利行政主管部门，依照有关法律的规定对资源的保护实施监督管理。

第八条 对保护和改善环境有显著成绩的单位和个人，由人民政府给予奖励。

第二章 环境监督管理

第九条 国务院环境保护行政主管部门制定国家环境质量标准。

省、自治区、直辖市人民政府对国家环境质量标准中未作规定的项目，可以制定地方环境质量标准，并报国务院环境保护行政主管部门备案。

第十条 国务院环境保护行政主管部门根据国家环境质量标准和国家经济、技术条件，制定国家污染物排放标准。

省、自治区、直辖市人民政府对国家污染物排放标准中未作规定的项目，可以制定地方污染物排放标准；对国家污染物排放标准中已作规定的项目，可以制定严于国家污染物排放标准的地方污染物排放标准。地方污染物排放标准须报国务院环境保护行政主管部门备案。

凡是向已有地方污染物排放标准的区域排放污染物的，应当执行地方污染物排放标准。

第十一条 国务院环境保护行政主管部门建立监测制度，制定监测规范，会同有关部门组织监测网络，加强对环境监测的管理。

国务院和省、自治区、直辖市人民政府的环境保护行政主管部门，应当定期发布环境状况公报。

第十二条 县级以上人民政府环境保护行政主管部门，应当会同有关部门对管辖范围内的环境状况进行调查和评价，拟订环境保护规划，经计划部门综合平衡后，报同级人民政府批准实施。

第十三条 建设污染环境的项目，必须遵守国家有关建设项目环境保护管理的规定。

建设项目的环境影响报告书，必须对建设项目产生的污染和对环境的影响作出评价，规定防治措施，经项目主管部门预审并依照规定的程序报环境保护行政主管部门批准。环境影响报告书经批准后，计划部门方可批准建设项目设计任务书。

第十四条 县级以上人民政府环境保护行政主管部门或者其他依照法律规定行使环境监督管理权的部门，有权对管辖范围内的排污单位进行现场检查。被检查的单位应当如实反映情况，提供必要的资料。检查机关应当为被检查的单位保守技术秘密和业务秘密。

第十五条 跨行政区的环境污染和环境破坏的防治工作，由有关地方人民政府协商解决，或者由上级人民政府协调解决，作出决定。

第三章 保护和改善环境

第十六条 地方各级人民政府，应当对本辖区的环境质量负责，采取措施改善环境质量。

第十七条 各级人民政府对具有代表性的各种类型的自然生态系统区域，珍稀、濒危的野生动植物自然分布区域，重要的水源涵养区域，具有重大科学文化价值的地质构造、著名溶洞和化石分布区、冰川、火山、温泉等自然遗迹，以及人文遗迹、古树名木，应当采取措施加以保护，严禁破坏。

第十八条 在国务院、国务院有关主管部门和省、自治区、直辖市人民政府划定的风景名胜区、自然保护区和其他需要特别保护的区域内，不得建设污染环境的工业生产设施；建设其他设施，其污染物排放不得超过规定的排放标准。已经建成的设施，其污染物排放超过规定的排放标准的，限期治理。

第十九条 开发利用自然资源，必须采取措施保护生态环境。

第二十条 各级人民政府应当加强对农业

环境的保护，防治土壤污染、土地沙化、盐渍化、贫瘠化、沼泽化、地面沉降和防治植被破坏、水土流失、水源枯竭、种源灭绝以及其他生态失调现象的发生和发展，推广植物病虫害的综合防治，合理使用化肥、农药及植物生长激素。

第二十一条　国务院和沿海地方各级人民政府应当加强对海洋环境的保护。向海洋排放污染物、倾倒废弃物，进行海岸工程建设和海洋石油勘探开发，必须依照法律的规定，防止对海洋环境的污染损害。

第二十二条　制定城市规划，应当确定保护和改善环境的目标和任务。

第二十三条　城乡建设应当结合当地自然环境的特点，保护植被、水域和自然景观，加强城市园林、绿地和风景名胜区的建设。

第四章　防治环境污染和其他公害

第二十四条　产生环境污染和其他公害的单位，必须把环境保护工作纳入计划，建立环境保护责任制度；采取有效措施，防治在生产建设或者其他活动中产生的废气、废水、废渣、粉尘、恶臭气体、放射性物质以及噪声、振动、电磁波辐射等对环境的污染和危害。

第二十五条　新建工业企业和现有工业企业的技术改造，应当采用资源利用率高、污染物排放量少的设备和工艺，采用经济合理的废弃物综合利用技术和污染物处理技术。

第二十六条　建设项目中防治污染的设施，必须与主体工程同时设计、同时施工、同时投产使用。防治污染的设施必须经原审批环境影响报告书的环境保护行政主管部门验收合格后，该建设项目方可投入生产或者使用。

防治污染的设施不得擅自拆除或者闲置，确有必要拆除或者闲置的，必须征得所在地的环境保护行政主管部门同意。

第二十七条　排放污染物的企业事业单位，必须依照国务院环境保护行政主管部门的规定申报登记。

第二十八条　排放污染物超过国家或者地方规定的污染物排放标准的企业事业单位，依照国家规定缴纳超标准排污费，并负责治理。水污染防治法另有规定的，依照水污染防治法的规定执行。

征收的超标准排污费必须用于污染的防治，不得挪作他用，具体使用办法由国务院规定。

第二十九条　对造成环境严重污染的企业事业单位，限期治理。

中央或者省、自治区、直辖市人民政府直接管辖的企业事业单位的限期治理，由省、自治区、直辖市人民政府决定。市、县或者市、县以下人民政府管辖的企业事业单位的限期治理，由市、县人民政府决定。被限期治理的企业事业单位必须如期完成治理任务。

第三十条　禁止引进不符合我国环境保护规定要求的技术和设备。

第三十一条　因发生事故或者其他突然性事件，造成或者可能造成污染事故的单位，必须立即采取措施处理，及时通报可能受到污染危害的单位和居民，并向当地环境保护行政主管部门和有关部门报告，接受调查处理。

可能发生重大污染事故的企业事业单位，应当采取措施，加强防范。

第三十二条　县级以上地方人民政府环境保护行政主管部门，在环境受到严重污染威胁居民生命财产安全时，必须立即向当地人民政府报告，由人民政府采取有效措施，解除或者减轻危害。

第三十三条　生产、储存、运输、销售、使用有毒化学物品和含有放射性物质的物品，必须遵守国家有关规定，防止污染环境。

第三十四条　任何单位不得将产生严重污染的生产设备转移给没有污染防治能力的单位使用。

第五章　法律责任

第三十五条　违反本法规定，有下列行为之一的，环境保护行政主管部门或者其他依照法律规定行使环境监督管理权的部门可以根据不同情节，给予警告或者处以罚款：

（一）拒绝环境保护行政主管部门或者其他依照法律规定行使环境监督管理权的部门现场检查或者在被检查时弄虚作假的。

（二）拒报或者谎报国务院环境保护行政主管部门规定的有关污染物排放申报事项的。

（三）不按国家规定缴纳超标准排污费的。

（四）引进不符合我国环境保护规定要求的技术和设备的。

（五）将产生严重污染的生产设备转移给没有污染防治能力的单位使用的。

第三十六条 建设项目的防治污染设施没有建成或者没有达到国家规定的要求，投入生产或者使用的，由批准该建设项目的环境影响报告书的环境保护行政主管部门责令停止生产或者使用，可以并处罚款。

第三十七条 未经环境保护行政主管部门同意，擅自拆除或者闲置防治污染的设施，污染物排放超过规定的排放标准的，由环境保护行政主管部门责令重新安装使用，并处罚款。

第三十八条 对违反本法规定，造成环境污染事故的企业事业单位，由环境保护行政主管部门或者其他依照法律规定行使环境监督管理权的部门根据所造成的危害后果处以罚款；情节较重的，对有关责任人员由其所在单位或者政府主管机关给予行政处分。

第三十九条 对经限期治理逾期未完成治理任务的企业事业单位，除依照国家规定加收超标准排污费外，可以根据所造成的危害后果处以罚款，或者责令停业、关闭。

前款规定的罚款由环境保护行政主管部门决定。责令停业、关闭，由作出限期治理决定的人民政府决定；责令中央直接管辖的企业事业单位停业、关闭，须报国务院批准。

第四十条 当事人对行政处罚决定不服的，可以在接到处罚通知之日起15日内，向作出处罚决定的机关的上一级机关申请复议；对复议决定不服的，可以在接到复议决定之日起15日内，向人民法院起诉。当事人也可以在接到处罚通知之日起15日内，直接向人民法院起诉。当事人逾期不申请复议、也不向人民法院起诉、又不履行处罚决定的，由作出处罚决定的机关申请人民法院强制执行。

第四十一条 造成环境污染危害的，有责任排除危害，并对直接受到损害的单位或者个人赔偿损失。

赔偿责任和赔偿金额的纠纷，可以根据当事人的请求，由环境保护行政主管部门或者其他依照法律规定行使环境监督管理权的部门处理；当事人对处理决定不服的，可以向人民法院起诉。当事人也可以直接向人民法院起诉。

完全由于不可抗拒的自然灾害，并经及时采取合理措施，仍然不能避免造成环境污染损害的，免予承担责任。

第四十二条 因环境污染损害赔偿提起诉讼的时效期间为3年，从当事人知道或者应当知道受到污染损害时起计算。

第四十三条 违反本法规定，造成重大环境污染事故，导致公私财产重大损失或者人身伤亡的严重后果的，对直接责任人员依法追究刑事责任。

第四十四条 违反本法规定，造成土地、森林、草原、水、矿产、渔业、野生动植物等资源的破坏的，依照有关法律的规定承担法律责任。

第四十五条 环境保护监督管理人员滥用职权、玩忽职守、徇私舞弊的，由其所在单位或者上级主管机关给予行政处分；构成犯罪的，依法追究刑事责任。

第六章 附 则

第四十六条 中华人民共和国缔结或者参加的与环境保护有关的国际条约，同中华人民共和国的法律有不同规定的，适用国际条约的规定，但中华人民共和国声明保留的条款除外。

第四十七条 本法自公布之日起施行。《中华人民共和国环境保护法（试行）》同时废止。

全国人民代表大会常务委员会法制工作委员会关于正确理解和执行《环境保护法》第四十一条第二款的答复

（1992年1月31日）

国家环境保护局：

你局（91）环法字第440号来函收悉，现答复如下：

我们同意你们的意见。因环境污染损害引起的赔偿责任和赔偿金额的纠纷属于民事纠纷，环境保护行政主管部门依据《中华人民共和国环境保护法》第四十一条第二款规定，根据当事人的请求，对因环境污染损害引起的赔偿责任和赔偿金额的纠纷所作的处理，当事人不服的，可以向人民法院提起民事诉讼，但这是民事纠纷双方当事人之间的民事诉讼，不能以作出处理决定的环境保护行政主管部门为被告提起行政诉讼。

中华人民共和国环境保护法

（1989 年 12 月 26 日第七届全国人民代表大会常务委员会第十一次会议通过　2014 年 4 月 24 日第十二届全国人民代表大会常务委员会第八次会议修订　2014 年 4 月 24 日中华人民共和国主席令第 9 号公布　自 2015 年 1 月 1 日起施行）

目　录

第一章　总　　则

第一条　为保护和改善环境，防治污染和其他公害，保障公众健康，推进生态文明建设，促进经济社会可持续发展，制定本法。

第二条　本法所称环境，是指影响人类生存和发展的各种天然的和经过人工改造的自然因素的总体，包括大气、水、海洋、土地、矿藏、森林、草原、湿地、野生生物、自然遗迹、人文遗迹、自然保护区、风景名胜区、城市和乡村等。

第三条　本法适用于中华人民共和国领域和中华人民共和国管辖的其他海域。

第四条　保护环境是国家的基本国策。

国家采取有利于节约和循环利用资源、保护和改善环境、促进人与自然和谐的经济、技术政策和措施，使经济社会发展与环境保护相协调。

第五条　环境保护坚持保护优先、预防为主、综合治理、公众参与、损害担责的原则。

第六条　一切单位和个人都有保护环境的义务。

地方各级人民政府应当对本行政区域的环境质量负责。

企业事业单位和其他生产经营者应当防止、减少环境污染和生态破坏，对所造成的损害依法承担责任。

公民应当增强环境保护意识，采取低碳、节俭的生活方式，自觉履行环境保护义务。

第七条　国家支持环境保护科学技术研究、开发和应用，鼓励环境保护产业发展，促进环境保护信息化建设，提高环境保护科学技术水平。

第八条　各级人民政府应当加大保护和改善环境、防治污染和其他公害的财政投入，提高财政资金的使用效益。

第九条　各级人民政府应当加强环境保护宣传和普及工作，鼓励基层群众性自治组织、社会组织、环境保护志愿者开展环境保护法律法规和环境保护知识的宣传，营造保护环境的良好风气。

教育行政部门、学校应当将环境保护知识纳入学校教育内容，培养学生的环境保护意识。

新闻媒体应当开展环境保护法律法规和环境保护知识的宣传，对环境违法行为进行舆论监督。

第十条　国务院环境保护主管部门，对全国环境保护工作实施统一监督管理；县级以上地方人民政府环境保护主管部门，对本行政区域环境保护工作实施统一监督管理。

县级以上人民政府有关部门和军队环境保护部门，依照有关法律的规定对资源保护和污染防治等环境保护工作实施监督管理。

第十一条　对保护和改善环境有显著成绩的单位和个人，由人民政府给予奖励。

第十二条　每年 6 月 5 日为环境日。

第二章　监督管理

第十三条　县级以上人民政府应当将环境保护工作纳入国民经济和社会发展规划。

国务院环境保护主管部门会同有关部门，根据国民经济和社会发展规划编制国家环境保护规划，报国务院批准并公布实施。

县级以上地方人民政府环境保护主管部门

会同有关部门,根据国家环境保护规划的要求,编制本行政区域的环境保护规划,报同级人民政府批准并公布实施。

环境保护规划的内容应当包括生态保护和污染防治的目标、任务、保障措施等,并与主体功能区规划、土地利用总体规划和城乡规划等相衔接。

第十四条 国务院有关部门和省、自治区、直辖市人民政府组织制定经济、技术政策,应当充分考虑对环境的影响,听取有关方面和专家的意见。

第十五条 国务院环境保护主管部门制定国家环境质量标准。

省、自治区、直辖市人民政府对国家环境质量标准中未作规定的项目,可以制定地方环境质量标准;对国家环境质量标准中已作规定的项目,可以制定严于国家环境质量标准的地方环境质量标准。地方环境质量标准应当报国务院环境保护主管部门备案。

国家鼓励开展环境基准研究。

第十六条 国务院环境保护主管部门根据国家环境质量标准和国家经济、技术条件,制定国家污染物排放标准。

省、自治区、直辖市人民政府对国家污染物排放标准中未作规定的项目,可以制定地方污染物排放标准;对国家污染物排放标准中已作规定的项目,可以制定严于国家污染物排放标准的地方污染物排放标准。地方污染物排放标准应当报国务院环境保护主管部门备案。

第十七条 国家建立、健全环境监测制度。国务院环境保护主管部门制定监测规范,会同有关部门组织监测网络,统一规划国家环境质量监测站(点)的设置,建立监测数据共享机制,加强对环境监测的管理。

有关行业、专业等各类环境质量监测站(点)的设置应当符合法律法规规定和监测规范的要求。

监测机构应当使用符合国家标准的监测设备,遵守监测规范。监测机构及其负责人对监测数据的真实性和准确性负责。

第十八条 省级以上人民政府应当组织有关部门或者委托专业机构,对环境状况进行调查、评价,建立环境资源承载能力监测预警机制。

第十九条 编制有关开发利用规划,建设对环境有影响的项目,应当依法进行环境影响评价。

未依法进行环境影响评价的开发利用规划,不得组织实施;未依法进行环境影响评价的建设项目,不得开工建设。

第二十条 国家建立跨行政区域的重点区域、流域环境污染和生态破坏联合防治协调机制,实行统一规划、统一标准、统一监测、统一的防治措施。

前款规定以外的跨行政区域的环境污染和生态破坏的防治,由上级人民政府协调解决,或者由有关地方人民政府协商解决。

第二十一条 国家采取财政、税收、价格、政府采购等方面的政策和措施,鼓励和支持环境保护技术装备、资源综合利用和环境服务等环境保护产业的发展。

第二十二条 企业事业单位和其他生产经营者,在污染物排放符合法定要求的基础上,进一步减少污染物排放的,人民政府应当依法采取财政、税收、价格、政府采购等方面的政策和措施予以鼓励和支持。

第二十三条 企业事业单位和其他生产经营者,为改善环境,依照有关规定转产、搬迁、关闭的,人民政府应当予以支持。

第二十四条 县级以上人民政府环境保护主管部门及其委托的环境监察机构和其他负有环境保护监督管理职责的部门,有权对排放污染物的企业事业单位和其他生产经营者进行现场检查。被检查者应当如实反映情况,提供必要的资料。实施现场检查的部门、机构及其工作人员应当为被检查者保守商业秘密。

第二十五条 企业事业单位和其他生产经营者违反法律法规规定排放污染物,造成或者可能造成严重污染的,县级以上人民政府环境保护主管部门和其他负有环境保护监督管理职责的部门,可以查封、扣押造成污染物排放的设施、设备。

第二十六条 国家实行环境保护目标责任制和考核评价制度。县级以上人民政府应当将环境保护目标完成情况纳入对本级人民政府负有环境保护监督管理职责的部门及其负责人和下级人民政府及其负责人的考核内容，作为对其考核评价的重要依据。考核结果应当向社会公开。

第二十七条　县级以上人民政府应当每年向本级人民代表大会或者人民代表大会常务委员会报告环境状况和环境保护目标完成情况，对发生的重大环境事件应当及时向本级人民代表大会常务委员会报告，依法接受监督。

第三章　保护和改善环境

第二十八条　地方各级人民政府应当根据环境保护目标和治理任务，采取有效措施，改善环境质量。

未达到国家环境质量标准的重点区域、流域的有关地方人民政府，应当制定限期达标规划，并采取措施按期达标。

第二十九条　国家在重点生态功能区、生态环境敏感区和脆弱区等区域划定生态保护红线，实行严格保护。

各级人民政府对具有代表性的各种类型的自然生态系统区域，珍稀、濒危的野生动植物自然分布区域，重要的水源涵养区域，具有重大科学文化价值的地质构造、著名溶洞和化石分布区、冰川、火山、温泉等自然遗迹，以及人文遗迹、古树名木，应当采取措施予以保护，严禁破坏。

第三十条　开发利用自然资源，应当合理开发，保护生物多样性，保障生态安全，依法制定有关生态保护和恢复治理方案并予以实施。

引进外来物种以及研究、开发和利用生物技术，应当采取措施，防止对生物多样性的破坏。

第三十一条　国家建立、健全生态保护补偿制度。

国家加大对生态保护地区的财政转移支付力度。有关地方人民政府应当落实生态保护补偿资金，确保其用于生态保护补偿。

国家指导受益地区和生态保护地区人民政府通过协商或者按照市场规则进行生态保护补偿。

第三十二条　国家加强对大气、水、土壤等的保护，建立和完善相应的调查、监测、评估和修复制度。

第三十三条　各级人民政府应当加强对农业环境的保护，促进农业环境保护新技术的使用，加强对农业污染源的监测预警，统筹有关部门采取措施，防治土壤污染和土地沙化、盐渍化、贫瘠化、石漠化、地面沉降以及防治植被破坏、水土流失、水体富营养化、水源枯竭、种源灭绝等生态失调现象，推广植物病虫害的综合防治。

县级、乡级人民政府应当提高农村环境保护公共服务水平，推动农村环境综合整治。

第三十四条　国务院和沿海地方各级人民政府应当加强对海洋环境的保护。向海洋排放污染物、倾倒废弃物，进行海岸工程和海洋工程建设，应当符合法律法规规定和有关标准，防止和减少对海洋环境的污染损害。

第三十五条　城乡建设应当结合当地自然环境的特点，保护植被、水域和自然景观，加强城市园林、绿地和风景名胜区的建设与管理。

第三十六条　国家鼓励和引导公民、法人和其他组织使用有利于保护环境的产品和再生产品，减少废弃物的产生。

国家机关和使用财政资金的其他组织应当优先采购和使用节能、节水、节材等有利于保护环境的产品、设备和设施。

第三十七条　地方各级人民政府应当采取措施，组织对生活废弃物的分类处置、回收利用。

第三十八条　公民应当遵守环境保护法律法规，配合实施环境保护措施，按照规定对生活废弃物进行分类放置，减少日常生活对环境造成的损害。

第三十九条　国家建立、健全环境与健康监测、调查和风险评估制度；鼓励和组织开展环境质量对公众健康影响的研究，采取措施预防和控制与环境污染有关的疾病。

第四章　防治污染和其他公害

第四十条　国家促进清洁生产和资源循环利用。

国务院有关部门和地方各级人民政府应当采取措施，推广清洁能源的生产和使用。

企业应当优先使用清洁能源，采用资源利用率高、污染物排放量少的工艺、设备以及废弃物综合利用技术和污染物无害化处理技术，减少污染物的产生。

第四十一条 建设项目中防治污染的设施，应当与主体工程同时设计、同时施工、同时投产使用。防治污染的设施应当符合经批准的环境影响评价文件的要求，不得擅自拆除或者闲置。

第四十二条 排放污染物的企业事业单位和其他生产经营者，应当采取措施，防治在生产建设或者其他活动中产生的废气、废水、废渣、医疗废物、粉尘、恶臭气体、放射性物质以及噪声、振动、光辐射、电磁辐射等对环境的污染和危害。

排放污染物的企业事业单位，应当建立环境保护责任制度，明确单位负责人和相关人员的责任。

重点排污单位应当按照国家有关规定和监测规范安装使用监测设备，保证监测设备正常运行，保存原始监测记录。

严禁通过暗管、渗井、渗坑、灌注或者篡改、伪造监测数据，或者不正常运行防治污染设施等逃避监管的方式违法排放污染物。

第四十三条 排放污染物的企业事业单位和其他生产经营者，应当按照国家有关规定缴纳排污费。排污费应当全部专项用于环境污染防治，任何单位和个人不得截留、挤占或者挪作他用。

依照法律规定征收环境保护税的，不再征收排污费。

第四十四条 国家实行重点污染物排放总量控制制度。重点污染物排放总量控制指标由国务院下达，省、自治区、直辖市人民政府分解落实。企业事业单位在执行国家和地方污染物排放标准的同时，应当遵守分解落实到本单位的重点污染物排放总量控制指标。

对超过国家重点污染物排放总量控制指标或者未完成国家确定的环境质量目标的地区，省级以上人民政府环境保护主管部门应当暂停审批其新增重点污染物排放总量的建设项目环境影响评价文件。

第四十五条 国家依照法律规定实行排污许可管理制度。

实行排污许可管理的企业事业单位和其他生产经营者应当按照排污许可证的要求排放污染物；未取得排污许可证的，不得排放污染物。

第四十六条 国家对严重污染环境的工艺、设备和产品实行淘汰制度。任何单位和个人不得生产、销售或者转移、使用严重污染环境的工艺、设备和产品。

禁止引进不符合我国环境保护规定的技术、设备、材料和产品。

第四十七条 各级人民政府及其有关部门和企业事业单位，应当依照《中华人民共和国突发事件应对法》的规定，做好突发环境事件的风险控制、应急准备、应急处置和事后恢复等工作。

县级以上人民政府应当建立环境污染公共监测预警机制，组织制定预警方案；环境受到污染，可能影响公众健康和环境安全时，依法及时公布预警信息，启动应急措施。

企业事业单位应当按照国家有关规定制定突发环境事件应急预案，报环境保护主管部门和有关部门备案。在发生或者可能发生突发环境事件时，企业事业单位应当立即采取措施处理，及时通报可能受到危害的单位和居民，并向环境保护主管部门和有关部门报告。

突发环境事件应急处置工作结束后，有关人民政府应当立即组织评估事件造成的环境影响和损失，并及时将评估结果向社会公布。

第四十八条 生产、储存、运输、销售、使用、处置化学物品和含有放射性物质的物品，应当遵守国家有关规定，防止污染环境。

第四十九条 各级人民政府及其农业等有关部门和机构应当指导农业生产经营者科学种植和养殖，科学合理施用农药、化肥等农业投入品，科学处置农用薄膜、农作物秸秆等农业废弃物，防止农业面源污染。

禁止将不符合农用标准和环境保护标准的固体废物、废水施入农田。施用农药、化肥等农业投入品及进行灌溉，应当采取措施，防止重金属和其他有毒有害物质污染环境。

畜禽养殖场、养殖小区、定点屠宰企业等的选址、建设和管理应当符合有关法律法规规定。从事畜禽养殖和屠宰的单位和个人应当采取措施，对畜禽粪便、尸体和污水等废弃物进行科学处置，防止污染环境。

县级人民政府负责组织农村生活废弃物的

处置工作。

第五十条 各级人民政府应当在财政预算中安排资金，支持农村饮用水水源地保护、生活污水和其他废弃物处理、畜禽养殖和屠宰污染防治、土壤污染防治和农村工矿污染治理等环境保护工作。

第五十一条 各级人民政府应当统筹城乡建设污水处理设施及配套管网，固体废物的收集、运输和处置等环境卫生设施，危险废物集中处置设施、场所以及其他环境保护公共设施，并保障其正常运行。

第五十二条 国家鼓励投保环境污染责任保险。

第五章 信息公开和公众参与

第五十三条 公民、法人和其他组织依法享有获取环境信息、参与和监督环境保护的权利。

各级人民政府环境保护主管部门和其他负有环境保护监督管理职责的部门，应当依法公开环境信息、完善公众参与程序，为公民、法人和其他组织参与和监督环境保护提供便利。

第五十四条 国务院环境保护主管部门统一发布国家环境质量、重点污染源监测信息及其他重大环境信息。省级以上人民政府环境保护主管部门定期发布环境状况公报。

县级以上人民政府环境保护主管部门和其他负有环境保护监督管理职责的部门，应当依法公开环境质量、环境监测、突发环境事件以及环境行政许可、行政处罚、排污费的征收和使用情况等信息。

县级以上地方人民政府环境保护主管部门和其他负有环境保护监督管理职责的部门，应当将企业事业单位和其他生产经营者的环境违法信息记入社会诚信档案，及时向社会公布违法者名单。

第五十五条 重点排污单位应当如实向社会公开其主要污染物的名称、排放方式、排放浓度和总量、超标排放情况，以及防治污染设施的建设和运行情况，接受社会监督。

第五十六条 对依法应当编制环境影响报告书的建设项目，建设单位应当在编制时向可能受影响的公众说明情况，充分征求意见。

负责审批建设项目环境影响评价文件的部门在收到建设项目环境影响报告书后，除涉及国家秘密和商业秘密的事项外，应当全文公开；发现建设项目未充分征求公众意见的，应当责成建设单位征求公众意见。

第五十七条 公民、法人和其他组织发现任何单位和个人有污染环境和破坏生态行为的，有权向环境保护主管部门或者其他负有环境保护监督管理职责的部门举报。

公民、法人和其他组织发现地方各级人民政府、县级以上人民政府环境保护主管部门和其他负有环境保护监督管理职责的部门不依法履行职责的，有权向其上级机关或者监察机关举报。

接受举报的机关应当对举报人的相关信息予以保密，保护举报人的合法权益。

第五十八条 对污染环境、破坏生态，损害社会公共利益的行为，符合下列条件的社会组织可以向人民法院提起诉讼：

（一）依法在设区的市级以上人民政府民政部门登记；

（二）专门从事环境保护公益活动连续五年以上且无违法记录。

符合前款规定的社会组织向人民法院提起诉讼，人民法院应当依法受理。

提起诉讼的社会组织不得通过诉讼牟取经济利益。

第六章 法律责任

第五十九条 企业事业单位和其他生产经营者违法排放污染物，受到罚款处罚，被责令改正，拒不改正的，依法作出处罚决定的行政机关可以自责令改正之日的次日起，按照原处罚数额按日连续处罚。

前款规定的罚款处罚，依照有关法律法规按照防治污染设施的运行成本、违法行为造成的直接损失或者违法所得等因素确定的规定执行。

地方性法规可以根据环境保护的实际需要，增加第一款规定的按日连续处罚的违法行为的种类。

第六十条 企业事业单位和其他生产经营

者超过污染物排放标准或者超过重点污染物排放总量控制指标排放污染物的，县级以上人民政府环境保护主管部门可以责令其采取限制生产、停产整治等措施；情节严重的，报经有批准权的人民政府批准，责令停业、关闭。

第六十一条 建设单位未依法提交建设项目环境影响评价文件或者环境影响评价文件未经批准，擅自开工建设的，由负有环境保护监督管理职责的部门责令停止建设，处以罚款，并可以责令恢复原状。

第六十二条 违反本法规定，重点排污单位不公开或者不如实公开环境信息的，由县级以上地方人民政府环境保护主管部门责令公开，处以罚款，并予以公告。

第六十三条 企业事业单位和其他生产经营者有下列行为之一，尚不构成犯罪的，除依照有关法律法规规定予以处罚外，由县级以上人民政府环境保护主管部门或者其他有关部门将案件移送公安机关，对其直接负责的主管人员和其他直接责任人员，处十日以上十五日以下拘留；情节较轻的，处五日以上十日以下拘留：

（一）建设项目未依法进行环境影响评价，被责令停止建设，拒不执行的；

（二）违反法律规定，未取得排污许可证排放污染物，被责令停止排污，拒不执行的；

（三）通过暗管、渗井、渗坑、灌注或者篡改、伪造监测数据，或者不正常运行防治污染设施等逃避监管的方式违法排放污染物的；

（四）生产、使用国家明令禁止生产、使用的农药，被责令改正，拒不改正的。

第六十四条 因污染环境和破坏生态造成损害的，应当依照《中华人民共和国侵权责任法》的有关规定承担侵权责任。

第六十五条 环境影响评价机构、环境监测机构以及从事环境监测设备和防治污染设施维护、运营的机构，在有关环境服务活动中弄虚作假，对造成的环境污染和生态破坏负有责任的，除依照有关法律法规规定予以处罚外，还应当与造成环境污染和生态破坏的其他责任者承担连带责任。

第六十六条 提起环境损害赔偿诉讼的时效期间为三年，从当事人知道或者应当知道其受到损害时起计算。

第六十七条 上级人民政府及其环境保护主管部门应当加强对下级人民政府及其有关部门环境保护工作的监督。发现有关工作人员有违法行为，依法应当给予处分的，应当向其任免机关或者监察机关提出处分建议。

依法应当给予行政处罚，而有关环境保护主管部门不给予行政处罚的，上级人民政府环境保护主管部门可以直接作出行政处罚的决定。

第六十八条 地方各级人民政府、县级以上人民政府环境保护主管部门和其他负有环境保护监督管理职责的部门有下列行为之一的，对直接负责的主管人员和其他直接责任人员给予记过、记大过或者降级处分；造成严重后果的，给予撤职或者开除处分，其主要负责人应当引咎辞职：

（一）不符合行政许可条件准予行政许可的；

（二）对环境违法行为进行包庇的；

（三）依法应当作出责令停业、关闭的决定而未作出的；

（四）对超标排放污染物、采用逃避监管的方式排放污染物、造成环境事故以及不落实生态保护措施造成生态破坏等行为，发现或者接到举报未及时查处的；

（五）违反本法规定，查封、扣押企业事业单位和其他生产经营者的设施、设备的；

（六）篡改、伪造或者指使篡改、伪造监测数据的；

（七）应当依法公开环境信息而未公开的；

（八）将征收的排污费截留、挤占或者挪作他用的；

（九）法律法规规定的其他违法行为。

第六十九条 违反本法规定，构成犯罪的，依法追究刑事责任。

第七章 附　　则

第七十条 本法自 2015 年 1 月 1 日起施行。

中华人民共和国海洋环境保护法①

（1982 年 8 月 23 日第五届全国人民代表大会常务委员会第二十四次会议通过 1982 年 8 月 23 日中华人民共和国第五届全国人民代表大会常务委员会令第 9 号公布 自 1983 年 3 月 1 日起施行）

目 录

第一章 总 则

第一条 为了保护海洋环境及资源，防止污染损害，保护生态平衡，保障人体健康，促进海洋事业的发展，特制定本法。

第二条 本法适用于中华人民共和国的内海、领海以及中华人民共和国管辖的一切其他海域。

在中华人民共和国管辖海域内从事航行、勘探、开发、生产、科学研究及其他活动的任何船舶、平台、航空器、潜水器、企业事业单位和个人，都必须遵守本法。

在中华人民共和国管辖海域以外，排放有害物质，倾倒废弃物，造成中华人民共和国管辖海域污染损害的，也适用于本法。

第三条 进入中华人民共和国管辖海域的一切单位和个人，都有责任保护海洋环境，并有义务对污染损害海洋环境的行为进行监督和检举。

第四条 国务院有关部门和沿海省、自治区、直辖市人民政府，可以根据海洋环境保护的需要，划出海洋特别保护区、海上自然保护区和海滨风景游览区，并采取相应的保护措施。海洋特别保护区、海上自然保护区的确定，须经国务院批准。

第五条 国务院环境保护部门主管全国海洋环境保护工作。

国家海洋管理部门负责组织海洋环境的调查、监测、监视，开展科学研究，并主管防止海洋石油勘探开发和海洋倾废污染损害的环境保护工作。

中华人民共和国港务监督负责船舶排污的监督和调查处理，以及港区水域的监视，并主管防止船舶污染损害的环境保护工作。

国家渔政渔港监督管理机构负责渔港船舶排污的监督和渔业港区水域的监视。

军队环境保护部门负责军用船舶排污的监督和军港水域的监视。

沿海省、自治区、直辖市环境保护部门负责组织协调、监督检查本行政区域的海洋环境保护工作，并主管防止海岸工程和陆源污染物污染损害的环境保护工作。

第二章 防止海岸工程对海洋环境的污染损害

第六条 海岸工程建设项目的主管单位，必须在编报计划任务书前，对海洋环境进行科学调查，根据自然条件和社会条件，合理选址，并按照国家有关规定，编报环境影响报告书。

第七条 建造港口、油码头，兴建入海河口水利和潮汐发电工程，必须采取措施，保护水产资源。在鱼蟹回游通道筑坝，要建造相应的过鱼设施。

第八条 港口和油码头应当设置残油、废油、含油污水和废弃物的接收和处理设施，配备必要的防污器材和监视、报警装置。

第九条 海涂的开发利用应当全面规划，加强管理。对围海造地或其他围海工程，以及采挖砂石，应当严格控制。确需进行的，必须在调查研究和经济效果对比的基础上，提出工程的环境影响报告书，报省、自治区、直辖市环境保护部门

① 编者注：已被修改。

审批,大型围海工程并须报国务院环境保护部门审批。

禁止毁坏海岸防护林、风景林、风景石和红树林、珊瑚礁。

第三章　防止海洋石油勘探开发对海洋环境的污染损害

第十条　开发海洋石油的企业或其主管单位,在编报计划任务书前,应当提出海洋环境影响报告书,包括防止污染损害海洋环境的有效措施,并报国务院环境保护部门审批。

第十一条　海洋石油勘探和其他海上活动需要爆破作业时,应当采取有效措施,保护渔业资源。

第十二条　对勘探开发过程中使用的油料,应当加强管理,防止发生漏油事故。残油、废油应当予以回收,不准排放入海。

第十三条　海洋石油钻井船、钻井平台和采油平台的含油污水和油性混合物,不得直接排放;经回收处理后排放的,其含油量不得超过国家规定的标准。

第十四条　海洋石油钻井船、钻井平台和采油平台不得向海域处置含油的工业垃圾。处置其他工业垃圾不得对渔业水域、航道造成污染损害。

第十五条　海上试油时,油和油性混合物不得排放入海,并应当确保油气充分燃烧,防止污染海洋。

第十六条　海上输油管线,储油设施,应当符合防渗、防漏、防腐蚀的要求,经常保持良好状态,防止漏油事故。

第十七条　勘探开发海洋石油,必须配备相应的防污设施和器材,采取有效的技术措施,防止井喷和漏油事故的发生。

发生井喷、漏油事故的,应当立即向国家海洋管理部门报告,并采取有效措施,控制和消除油污染,接受国家海洋管理部门的调查处理。

第四章　防止陆源污染物对海洋环境的污染损害

第十八条　沿海单位向海域排放有害物质,必须严格执行国家或省、自治区、直辖市人民政府颁布的排放标准和有关规定。

在海上自然保护区、水产养殖场、海滨风景游览区内,不得新建排污口。本法公布前已有的排污口排放污染物不符合国家排放标准的,应当限期治理。

第十九条　含强放射性物质的废水,禁止向海域排放。

含弱放射性物质的废水,确需向海域排放的,必须执行国家放射防护的规定和标准。

第二十条　含传染病原体的医疗污水和工业废水,必须经过处理和严格消毒,消灭病原体后,方能排入海域。

第二十一条　含有机物和营养物质的工业废水、生活污水,应当控制向海湾、半封闭海及其他自净能力较差的海域排放,防止海水富营养化。

第二十二条　向海域排放含热废水,应当采取措施,保证邻近的渔业水域的水温符合国家水质标准,避免热污染对水产资源的危害。

第二十三条　沿海农田施用化学农药,应当执行国家农药安全使用的规定和标准。

第二十四条　任何单位不经沿海省、自治区、直辖市环境保护部门批准,不得在岸滩弃置、堆放尾矿、矿渣、煤灰渣、垃圾和其他废弃物。依法被批准在岸滩设置废弃物堆放场和处理场的,应当建造防护堤,防止废弃物流失入海。

第二十五条　沿海省、自治区、直辖市环境保护部门和水系管理部门,应当加强入海河流的管理,防治污染,使入海河口处的水质处于良好状态。

第五章　防止船舶对海洋环境的污染损害

第二十六条　在中华人民共和国管辖海域,禁止任何船舶违反本法规定排放油类、油性混合物、废弃物和其他有害物质。

第二十七条　一百五十总吨以上的油轮和四百总吨以上的非油轮,应当设有相应的防污设备和器材。

不足一百五十总吨的油轮和不足四百总吨的非油轮,应当设有专用容器,回收残油、废油。

第二十八条　一百五十总吨以上的油轮和四百总吨以上的非油轮,应当备有油类记录簿。

载运二千吨以上的散装货油的船舶,应当持有有效的《油污损害民事责任保险或其他财务保证证书》,或《油污损害民事责任信用证书》,或提供其他财务信用保证。

第二十九条　一百五十总吨以上的油轮和四百总吨以上的非油轮,排放含油污水,必须按照国家有关船舶污水的排放标准和规定进行,并如实地记入油类记录簿。

第三十条　载运有毒、含腐蚀性货物的船舶,排放洗仓水和其他残余物,必须按照国家有关船舶污水排放的规定进行,并如实地记入航海日志。

第三十一条　核动力船舶和载运放射性物质的船舶,排放放射性物质,必须遵守本法第十九条的规定。

第三十二条　船舶进行加油和装卸油作业时,必须遵守操作规程,采取有效的预防措施,防止发生漏油事故。

第三十三条　造船、修船、拆船和打捞船单位,均应备有防止污染器材和设备。进行作业时,应当采取预防措施,防止油类、油性混合物和废弃物污染海域。

第三十四条　船舶非正常排放油类、油性混合物和其他有害物质,或有毒、含腐蚀性货物落水造成污染时,应当立即采取措施,控制和消除污染,并向就近的港务监督报告,接受调查处理。

第三十五条　船舶发生海损事故造成或者可能造成海洋环境重大污染损害的,中华人民共和国港务监督有权强制采取避免或减少这种污染损害的措施。

第三十六条　所有船舶均有监视海上污染的义务,如发现违章行为和污染情事,应当立即向就近的港务监督报告,渔船也可以向就近的渔政渔港监督管理机构报告。

第三十七条　在中华人民共和国管辖海域航行、停泊和作业的船舶,发生污染情事的,由中华人民共和国港务监督登轮检查处理。经港务监督授权的政府有关机关的公务人员也可以登轮检查,并将检查结果报告港务监督处理。

第六章　防止倾倒废弃物对海洋环境的污染损害

第三十八条　任何单位未经国家海洋管理部门批准,不得向中华人民共和国管辖海域倾倒任何废弃物。

需要倾倒废弃物的单位,必须向国家海洋管理部门提出申请,经国家海洋管理部门审批,发给许可证后,方可倾倒。

第三十九条　获准倾倒废弃物的单位,应当按许可证注明的期限及条件,到指定的区域进行倾倒。废弃物装载之后,批准部门应予核实。利用船舶倾倒废弃物的,由驶出港的港务监督核实。

第四十条　获准倾倒废弃物的单位,应当详细记录倾倒的情况,并在倾倒后向批准部门作出书面报告。倾倒废弃物的船舶须向驶出港的港务监督作出书面报告。

第七章　法律责任

第四十一条　凡违反本法,造成或者可能造成海洋环境污染损害的,本法第五条规定的有关主管部门可以责令限其治理,缴纳排污费,支付消除污染费用,赔偿国家损失;并可以给予警告或者罚款。当事人不服的,可以在收到决定书之日起十五日内,向人民法院起诉;期满不起诉又不履行的,由有关主管部门申请人民法院强制执行。

第四十二条　因海洋环境污染受到损害的单位和个人,有权要求造成污染损害的一方赔偿损失。赔偿责任和赔偿金额纠纷,可以由有关主管部门处理,当事人不服的,依照《中华人民共和国民事诉讼法(试行)》规定的程序解决;也可以直接向人民法院起诉。

第四十三条　完全属于下列情形之一,经过及时采取合理措施仍然不能避免对海洋环境造成污染损害的,免予承担赔偿责任:

(1)战争行为;

(2)不可抗拒的自然灾害;

(3)负责灯塔或者其他助航设备的主管部门在执行职责时的疏忽或者其他过失行为。

完全是由于第三者的故意或者过失造成污染损害海洋环境的,由第三者承担赔偿责任。

第四十四条　凡违反本法,污染损害海洋环境,造成公私财产重大损失或者致人伤亡的,对直接责任人员可以由司法机关依法追究刑事责任。

第八章 附 则

第四十五条 本法中下列用语的含义是：

（一）“海洋环境污染损害”是指直接或间接地把物质或能量引入海洋环境，产生损害海洋生物资源、危害人体健康、妨碍渔业和海上其他合法活动、损坏海水使用素质和减损环境质量等有害影响。

（二）“渔业水域”是指鱼虾类的产卵场、索饵场、越冬场、回游通道和鱼虾贝藻类的养殖场。

（三）“油类”是指任何类型的油及其炼制品。

（四）“油性混合物”是指任何含有油份的混合物。

（五）“排放”是指把污染物排入海洋的行为，包括泵出、溢出、泄出、喷出和倒出。

（六）“倾倒”是指通过船舶、航空器、平台或其他载运工具，向海洋处置废弃物或其他有害物质的行为，包括弃置船舶、航空器、平台和其他浮动工具的行为。

第四十六条 现行的有关海洋环境保护的规定，凡与本法抵触的，均以本法为准。

第四十七条 国务院环境保护部门可根据本法制订实施细则，报国务院批准施行。

国务院有关部门和沿海省、自治区、直辖市人民代表大会常务委员会、人民政府可根据本法，结合本部门、本地区的实际，制订具体实施办法。

第四十八条 本法自一九八三年三月一日起生效。

中华人民共和国海洋环境保护法①

（1982 年 8 月 23 日第五届全国人民代表大会常务委员会第二十四次会议通过　1999 年 12 月 25 日第九届全国人民代表大会常务委员会第十三次会议修订）

目 录

第一章 总 则

第一条 为了保护和改善海洋环境，保护海洋资源，防治污染损害，维护生态平衡，保障人体健康，促进经济和社会的可持续发展，制定本法。

第二条 本法适用于中华人民共和国内水、领海、毗连区、专属经济区、大陆架以及中华人民共和国管辖的其他海域。

在中华人民共和国管辖海域内从事航行、勘探、开发、生产、旅游、科学研究及其他活动，或者在沿海陆域内从事影响海洋环境活动的任何单位和个人，都必须遵守本法。

在中华人民共和国管辖海域以外，造成中华人民共和国管辖海域污染的，也适用本法。

第三条 国家建立并实施重点海域排污总量控制制度，确定主要污染物排海总量控制指标，并对主要污染源分配排放控制数量。具体办法由国务院制定。

第四条 一切单位和个人都有保护海洋环境的义务，并有权对污染损害海洋环境的单位和个人，以及海洋环境监督管理人员的违法失职行为进行监督和检举。

第五条 国务院环境保护行政主管部门作为对全国环境保护工作统一监督管理的部门，对全国海洋环境保护工作实施指导、协调和监督，并负责全国防治陆源污染物和海岸工程建设项

① 编者注：已被修改。

目对海洋污染损害的环境保护工作。

国家海洋行政主管部门负责海洋环境的监督管理，组织海洋环境的调查、监测、监视、评价和科学研究，负责全国防治海洋工程建设项目和海洋倾倒废弃物对海洋污染损害的环境保护工作。

国家海事行政主管部门负责所辖港区水域内非军事船舶和港区水域外非渔业、非军事船舶污染海洋环境的监督管理，并负责污染事故的调查处理；对在中华人民共和国管辖海域航行、停泊和作业的外国籍船舶造成的污染事故登轮检查处理。船舶污染事故给渔业造成损害的，应当吸收渔业行政主管部门参与调查处理。

国家渔业行政主管部门负责渔港水域内非军事船舶和渔港水域外渔业船舶污染海洋环境的监督管理，负责保护渔业水域生态环境工作，并调查处理前款规定的污染事故以外的渔业污染事故。

军队环境保护部门负责军事船舶污染海洋环境的监督管理及污染事故的调查处理。

沿海县级以上地方人民政府行使海洋环境监督管理权的部门的职责，由省、自治区、直辖市人民政府根据本法及国务院有关规定确定。

第二章　海洋环境监督管理

第六条　国家海洋行政主管部门会同国务院有关部门和沿海省、自治区、直辖市人民政府拟定全国海洋功能区划，报国务院批准。

沿海地方各级人民政府应当根据全国和地方海洋功能区划，科学合理地使用海域。

第七条　国家根据海洋功能区划制定全国海洋环境保护规划和重点海域区域性海洋环境保护规划。

毗邻重点海域的有关沿海省、自治区、直辖市人民政府及行使海洋环境监督管理权的部门，可以建立海洋环境保护区域合作组织，负责实施重点海域区域性海洋环境保护规划、海洋环境污染的防治和海洋生态保护工作。

第八条　跨区域的海洋环境保护工作，由有关沿海地方人民政府协商解决，或者由上级人民政府协调解决。

跨部门的重大海洋环境保护工作，由国务院环境保护行政主管部门协调；协调未能解决的，由国务院作出决定。

第九条　国家根据海洋环境质量状况和国家经济、技术条件，制定国家海洋环境质量标准。

沿海省、自治区、直辖市人民政府对国家海洋环境质量标准中未作规定的项目，可以制定地方海洋环境质量标准。

沿海地方各级人民政府根据国家和地方海洋环境质量标准的规定和本行政区近岸海域环境质量状况，确定海洋环境保护的目标和任务，并纳入人民政府工作计划，按相应的海洋环境质量标准实施管理。

第十条　国家和地方水污染物排放标准的制定，应当将国家和地方海洋环境质量标准作为重要依据之一。在国家建立并实施排污总量控制制度的重点海域，水污染物排放标准的制定，还应当将主要污染物排海总量控制指标作为重要依据。

第十一条　直接向海洋排放污染物的单位和个人，必须按照国家规定缴纳排污费。

向海洋倾倒废弃物，必须按照国家规定缴纳倾倒费。

根据本法规定征收的排污费、倾倒费，必须用于海洋环境污染的整治，不得挪作他用。具体办法由国务院规定。

第十二条　对超过污染物排放标准的，或者在规定的期限内未完成污染物排放削减任务的，或者造成海洋环境严重污染损害的，应当限期治理。

限期治理按照国务院规定的权限决定。

第十三条　国家加强防治海洋环境污染损害的科学技术的研究和开发，对严重污染海洋环境的落后生产工艺和落后设备，实行淘汰制度。

企业应当优先使用清洁能源，采用资源利用率高、污染物排放量少的清洁生产工艺，防止对海洋环境的污染。

第十四条　国家海洋行政主管部门按照国家环境监测、监视规范和标准，管理全国海洋环境的调查、监测、监视，制定具体的实施办法，会同有关部门组织全国海洋环境监测、监视网络，定期评价海洋环境质量，发布海洋巡航监视通报。

依照本法规定行使海洋环境监督管理权的部门分别负责各自所辖水域的监测、监视。

其他有关部门根据全国海洋环境监测网的分工，分别负责对入海河口、主要排污口的监测。

第十五条 国务院有关部门应当向国务院环境保护行政主管部门提供编制全国环境质量公报所必需的海洋环境监测资料。

环境保护行政主管部门应当向有关部门提供与海洋环境监督管理有关的资料。

第十六条 国家海洋行政主管部门按照国家制定的环境监测、监视信息管理制度，负责管理海洋综合信息系统，为海洋环境保护监督管理提供服务。

第十七条 因发生事故或者其他突发性事件，造成或者可能造成海洋环境污染事故的单位和个人，必须立即采取有效措施，及时向可能受到危害者通报，并向依照本法规定行使海洋环境监督管理权的部门报告，接受调查处理。

沿海县级以上地方人民政府在本行政区域近岸海域的环境受到严重污染时，必须采取有效措施，解除或者减轻危害。

第十八条 国家根据防止海洋环境污染的需要，制定国家重大海上污染事故应急计划。

国家海洋行政主管部门负责制定全国海洋石油勘探开发重大海上溢油应急计划，报国务院环境保护行政主管部门备案。

国家海事行政主管部门负责制定全国船舶重大海上溢油污染事故应急计划，报国务院环境保护行政主管部门备案。

沿海可能发生重大海洋环境污染事故的单位，应当依照国家的规定，制定污染事故应急计划，并向当地环境保护行政主管部门、海洋行政主管部门备案。

沿海县级以上地方人民政府及其有关部门在发生重大海上污染事故时，必须按照应急计划解除或者减轻危害。

第十九条 依照本法规定行使海洋环境监督管理权的部门可以在海上实行联合执法，在巡航监视中发现海上污染事故或者违反本法规定的行为时，应当予以制止并调查取证，必要时有权采取有效措施，防止污染事态的扩大，并报告有关主管部门处理。

依照本法规定行使海洋环境监督管理权的部门，有权对管辖范围内排放污染物的单位和个人进行现场检查。被检查者应当如实反映情况，提供必要的资料。

检查机关应当为被检查者保守技术秘密和业务秘密。

第三章 海洋生态保护

第二十条 国务院和沿海地方各级人民政府应当采取有效措施，保护红树林、珊瑚礁、滨海湿地、海岛、海湾、入海河口、重要渔业水域等具有典型性、代表性的海洋生态系统，珍稀、濒危海洋生物的天然集中分布区，具有重要经济价值的海洋生物生存区域及有重大科学文化价值的海洋自然历史遗迹和自然景观。

对具有重要经济、社会价值的已遭到破坏的海洋生态，应当进行整治和恢复。

第二十一条 国务院有关部门和沿海省级人民政府应当根据保护海洋生态的需要，选划、建立海洋自然保护区。

国家级海洋自然保护区的建立，须经国务院批准。

第二十二条 凡具有下列条件之一的，应当建立海洋自然保护区：

（一）典型的海洋自然地理区域、有代表性的自然生态区域，以及遭受破坏但经保护能恢复的海洋自然生态区域；

（二）海洋生物物种高度丰富的区域，或者珍稀、濒危海洋生物物种的天然集中分布区域；

（三）具有特殊保护价值的海域、海岸、岛屿、滨海湿地、入海河口和海湾等；

（四）具有重大科学文化价值的海洋自然遗迹所在区域；

（五）其他需要予以特殊保护的区域。

第二十三条 凡具有特殊地理条件、生态系统、生物与非生物资源及海洋开发利用特殊需要的区域，可以建立海洋特别保护区，采取有效的保护措施和科学的开发方式进行特殊管理。

第二十四条 开发利用海洋资源，应当根据海洋功能区划合理布局，不得造成海洋生态环境破坏。

第二十五条 引进海洋动植物物种，应当进行科学论证，避免对海洋生态系统造成危害。

第二十六条　开发海岛及周围海域的资源，应当采取严格的生态保护措施，不得造成海岛地形、岸滩、植被以及海岛周围海域生态环境的破坏。

第二十七条　沿海地方各级人民政府应当结合当地自然环境的特点，建设海岸防护设施、沿海防护林、沿海城镇园林和绿地，对海岸侵蚀和海水入侵地区进行综合治理。

禁止毁坏海岸防护设施、沿海防护林、沿海城镇园林和绿地。

第二十八条　国家鼓励发展生态渔业建设，推广多种生态渔业生产方式，改善海洋生态状况。

新建、改建、扩建海水养殖场，应当进行环境影响评价。

海水养殖应当科学确定养殖密度，并应当合理投饵、施肥，正确使用药物，防止造成海洋环境的污染。

第四章　防治陆源污染物对海洋环境的污染损害

第二十九条　向海域排放陆源污染物，必须严格执行国家或者地方规定的标准和有关规定。

第三十条　入海排污口位置的选择，应当根据海洋功能区划、海水动力条件和有关规定，经科学论证后，报设区的市级以上人民政府环境保护行政主管部门审查批准。

环境保护行政主管部门在批准设置入海排污口之前，必须征求海洋、海事、渔业行政主管部门和军队环境保护部门的意见。

在海洋自然保护区、重要渔业水域、海滨风景名胜区和其他需要特别保护的区域，不得新建排污口。

在有条件的地区，应当将排污口深海设置，实行离岸排放。设置陆源污染物深海离岸排放排污口，应当根据海洋功能区划、海水动力条件和海底工程设施的有关情况确定，具体办法由国务院规定。

第三十一条　省、自治区、直辖市人民政府环境保护行政主管部门和水行政主管部门应当按照水污染防治有关法律的规定，加强入海河流管理，防治污染，使入海河口的水质处于良好状态。

第三十二条　排放陆源污染物的单位，必须向环境保护行政主管部门申报拥有的陆源污染物排放设施、处理设施和在正常作业条件下排放陆源污染物的种类、数量和浓度，并提供防治海洋环境污染方面的有关技术和资料。

排放陆源污染物的种类、数量和浓度有重大改变的，必须及时申报。

拆除或者闲置陆源污染物处理设施的，必须事先征得环境保护行政主管部门的同意。

第三十三条　禁止向海域排放油类、酸液、碱液、剧毒废液和高、中水平放射性废水。

严格限制向海域排放低水平放射性废水；确需排放的，必须严格执行国家辐射防护规定。

严格控制向海域排放含有不易降解的有机物和重金属的废水。

第三十四条　含病原体的医疗污水、生活污水和工业废水必须经过处理，符合国家有关排放标准后，方能排入海域。

第三十五条　含有机物和营养物质的工业废水、生活污水，应当严格控制向海湾、半封闭海及其他自净能力较差的海域排放。

第三十六条　向海域排放含热废水，必须采取有效措施，保证邻近渔业水域的水温符合国家海洋环境质量标准，避免热污染对水产资源的危害。

第三十七条　沿海农田、林场施用化学农药，必须执行国家农药安全使用的规定和标准。

沿海农田、林场应当合理使用化肥和植物生长调节剂。

第三十八条　在岸滩弃置、堆放和处理尾矿、矿渣、煤灰渣、垃圾和其他固体废物的，依照《中华人民共和国固体废物污染环境防治法》的有关规定执行。

第三十九条　禁止经中华人民共和国内水、领海转移危险废物。

经中华人民共和国管辖的其他海域转移危险废物的，必须事先取得国务院环境保护行政主管部门的书面同意。

第四十条　沿海城市人民政府应当建设和完善城市排水管网，有计划地建设城市污水处理厂或者其他污水集中处理设施,加强城市污水的综合整治。

建设污水海洋处置工程,必须符合国家有关规定。

第四十一条 国家采取必要措施,防止、减少和控制来自大气层或者通过大气层造成的海洋环境污染损害。

第五章 防治海岸工程建设项目对海洋环境的污染损害

第四十二条 新建、改建、扩建海岸工程建设项目,必须遵守国家有关建设项目环境保护管理的规定,并把防治污染所需资金纳入建设项目投资计划。

在依法划定的海洋自然保护区、海滨风景名胜区、重要渔业水域及其他需要特别保护的区域,不得从事污染环境、破坏景观的海岸工程项目建设或者其他活动。

第四十三条 海岸工程建设项目的单位,必须在建设项目可行性研究阶段,对海洋环境进行科学调查,根据自然条件和社会条件,合理选址,编报环境影响报告书。环境影响报告书经海洋行政主管部门提出审核意见后,报环境保护行政主管部门审查批准。

环境保护行政主管部门在批准环境影响报告书之前,必须征求海事、渔业行政主管部门和军队环境保护部门的意见。

第四十四条 海岸工程建设项目的环境保护设施,必须与主体工程同时设计、同时施工、同时投产使用。环境保护设施未经环境保护行政主管部门检查批准,建设项目不得试运行;环境保护设施未经环境保护行政主管部门验收,或者经验收不合格的,建设项目不得投入生产或者使用。

第四十五条 禁止在沿海陆域内新建不具备有效治理措施的化学制浆造纸、化工、印染、制革、电镀、酿造、炼油、岸边冲滩拆船以及其他严重污染海洋环境的工业生产项目。

第四十六条 兴建海岸工程建设项目,必须采取有效措施,保护国家和地方重点保护的野生动植物及其生存环境和海洋水产资源。

严格限制在海岸采挖砂石。露天开采海滨砂矿和从岸上打井开采海底矿产资源,必须采取有效措施,防止污染海洋环境。

第六章 防治海洋工程建设项目对海洋环境的污染损害

第四十七条 海洋工程建设项目必须符合海洋功能区划、海洋环境保护规划和国家有关环境保护标准,在可行性研究阶段,编报海洋环境影响报告书,由海洋行政主管部门核准,并报环境保护行政主管部门备案,接受环境保护行政主管部门监督。

海洋行政主管部门在核准海洋环境影响报告书之前,必须征求海事、渔业行政主管部门和军队环境保护部门的意见。

第四十八条 海洋工程建设项目的环境保护设施,必须与主体工程同时设计、同时施工、同时投产使用。环境保护设施未经海洋行政主管部门检查批准,建设项目不得试运行;环境保护设施未经海洋行政主管部门验收,或者经验收不合格的,建设项目不得投入生产或者使用。

拆除或者闲置环境保护设施,必须事先征得海洋行政主管部门的同意。

第四十九条 海洋工程建设项目,不得使用含超标准放射性物质或者易溶出有毒有害物质的材料。

第五十条 海洋工程建设项目需要爆破作业时,必须采取有效措施,保护海洋资源。

海洋石油勘探开发及输油过程中,必须采取有效措施,避免溢油事故的发生。

第五十一条 海洋石油钻井船、钻井平台和采油平台的含油污水和油性混合物,必须经过处理达标后排放;残油、废油必须予以回收,不得排放入海。经回收处理后排放的,其含油量不得超过国家规定的标准。

钻井所使用的油基泥浆和其他有毒复合泥浆不得排放入海。水基泥浆和无毒复合泥浆及钻屑的排放,必须符合国家有关规定。

第五十二条 海洋石油钻井船、钻井平台和采油平台及其有关海上设施,不得向海域处置含油的工业垃圾。处置其他工业垃圾,不得造成海洋环境污染。

第五十三条 海上试油时,应当确保油气充分燃烧,油和油性混合物不得排放入海。

第五十四条 勘探开发海洋石油,必须按有关规定编制溢油应急计划,报国家海洋行政主管部门审查批准。

第七章 防治倾倒废弃物对海洋环境的污染损害

第五十五条 任何单位未经国家海洋行政主管部门批准,不得向中华人民共和国管辖海域倾倒任何废弃物。

需要倾倒废弃物的单位,必须向国家海洋行政主管部门提出书面申请,经国家海洋行政主管部门审查批准,发给许可证后,方可倾倒。

禁止中华人民共和国境外的废弃物在中华人民共和国管辖海域倾倒。

第五十六条 国家海洋行政主管部门根据废弃物的毒性、有毒物质含量和对海洋环境影响程度,制定海洋倾倒废弃物评价程序和标准。

向海洋倾倒废弃物,应当按照废弃物的类别和数量实行分级管理。

可以向海洋倾倒的废弃物名录,由国家海洋行政主管部门拟定,经国务院环境保护行政主管部门提出审核意见后,报国务院批准。

第五十七条 国家海洋行政主管部门按照科学、合理、经济、安全的原则选划海洋倾倒区,经国务院环境保护行政主管部门提出审核意见后,报国务院批准。

临时性海洋倾倒区由国家海洋行政主管部门批准,并报国务院环境保护行政主管部门备案。

国家海洋行政主管部门在选划海洋倾倒区和批准临时性海洋倾倒区之前,必须征求国家海事、渔业行政主管部门的意见。

第五十八条 国家海洋行政主管部门监督管理倾倒区的使用,组织倾倒区的环境监测。对经确认不宜继续使用的倾倒区,国家海洋行政主管部门应当予以封闭,终止在该倾倒区的一切倾倒活动,并报国务院备案。

第五十九条 获准倾倒废弃物的单位,必须按照许可证注明的期限及条件,到指定的区域进行倾倒。废弃物装载之后,批准部门应当予以核实。

第六十条 获准倾倒废弃物的单位,应当详细记录倾倒的情况,并在倾倒后向批准部门作出书面报告。倾倒废弃物的船舶必须向驶出港的海事行政主管部门作出书面报告。

第六十一条 禁止在海上焚烧废弃物。

禁止在海上处置放射性废弃物或者其他放射性物质。废弃物中的放射性物质的豁免浓度由国务院制定。

第八章 防治船舶及有关作业活动对海洋环境的污染损害

第六十二条 在中华人民共和国管辖海域,任何船舶及相关作业不得违反本法规定向海洋排放污染物、废弃物和压载水、船舶垃圾及其他有害物质。

从事船舶污染物、废弃物、船舶垃圾接收、船舶清舱、洗舱作业活动的,必须具备相应的接收处理能力。

第六十三条 船舶必须按照有关规定持有防止海洋环境污染的证书与文书,在进行涉及污染物排放及操作时,应当如实记录。

第六十四条 船舶必须配置相应的防污设备和器材。

载运具有污染危害性货物的船舶,其结构与设备应当能够防止或者减轻所载货物对海洋环境的污染。

第六十五条 船舶应当遵守海上交通安全法律、法规的规定,防止因碰撞、触礁、搁浅、火灾或者爆炸等引起的海难事故,造成海洋环境的污染。

第六十六条 国家完善并实施船舶油污损害民事赔偿责任制度;按照船舶油污损害赔偿责任由船东和货主共同承担风险的原则,建立船舶油污保险、油污损害赔偿基金制度。

实施船舶油污保险、油污损害赔偿基金制度的具体办法由国务院规定。

第六十七条 载运具有污染危害性货物进出港口的船舶,其承运人、货物所有人或者代理人,必须事先向海事行政主管部门申报。经批准后,方可进出港口、过境停留或者装卸作业。

第六十八条 交付船舶装运污染危害性货物的单证、包装、标志、数量限制等,必须符合对所装货物的有关规定。

需要船舶装运污染危害性不明的货物,应当按照有关规定事先进行评估。

装卸油类及有毒有害货物的作业,船岸双方必须遵守安全防污操作规程。

第六十九条 港口、码头、装卸站和船舶修造厂必须按照有关规定备有足够的用于处理船舶污染物、废弃物的接收设施,并使该设施处于良好状态。

装卸油类的港口、码头、装卸站和船舶必须编制溢油污染应急计划,并配备相应的溢油污染应急设备和器材。

第七十条 进行下列活动,应当事先按照有关规定报经有关部门批准或者核准:

(一)船舶在港区水域内使用焚烧炉;

(二)船舶在港区水域内进行洗舱、清舱、驱气、排放压载水、残油、含油污水接收、舷外拷铲及油漆等作业;

(三)船舶、码头、设施使用化学消油剂;

(四)船舶冲洗沾有污染物、有毒有害物质的甲板;

(五)船舶进行散装液体污染危害性货物的过驳作业;

(六)从事船舶水上拆解、打捞、修造和其他水上、水下船舶施工作业。

第七十一条 船舶发生海难事故,造成或者可能造成海洋环境重大污染损害的,国家海事行政主管部门有权强制采取避免或者减少污染损害的措施。

对在公海上因发生海难事故,造成中华人民共和国管辖海域重大污染损害后果或者具有污染威胁的船舶、海上设施,国家海事行政主管部门有权采取与实际的或者可能发生的损害相称的必要措施。

第七十二条 所有船舶均有监视海上污染的义务,在发现海上污染事故或者违反本法规定的行为时,必须立即向就近的依照本法规定行使海洋环境监督管理权的部门报告。

民用航空器发现海上排污或者污染事件,必须及时向就近的民用航空空中交通管制单位报告。接到报告的单位,应当立即向依照本法规定行使海洋环境监督管理权的部门通报。

第九章 法律责任

第七十三条 违反本法有关规定,有下列行为之一的,由依照本法规定行使海洋环境监督管理权的部门责令限期改正,并处以罚款:

(一)向海域排放本法禁止排放的污染物或者其他物质的;

(二)不按照本法规定向海洋排放污染物,或者超过标准排放污染物的;

(三)未取得海洋倾倒许可证,向海洋倾倒废弃物的;

(四)因发生事故或者其他突发性事件,造成海洋环境污染事故,不立即采取处理措施的。

有前款第(一)、(三)项行为之一的,处3万元以上20万元以下的罚款;有前款第(二)、(四)项行为之一的,处2万元以上10万元以下的罚款。

第七十四条 违反本法有关规定,有下列行为之一的,由依照本法规定行使海洋环境监督管理权的部门予以警告,或者处以罚款:

(一)不按照规定申报,甚至拒报污染物排放有关事项,或者在申报时弄虚作假的;

(二)发生事故或者其他突发性事件不按照规定报告的;

(三)不按照规定记录倾倒情况,或者不按照规定提交倾倒报告的;

(四)拒报或者谎报船舶载运污染危害性货物申报事项的。

有前款第(一)、(三)项行为之一的,处2万元以下的罚款;有前款第(二)、(四)项行为之一的,处5万元以下的罚款。

第七十五条 违反本法第十九条第二款的规定,拒绝现场检查,或者在被检查时弄虚作假的,由依照本法规定行使海洋环境监督管理权的部门予以警告,并处2万元以下的罚款。

第七十六条 违反本法规定,造成珊瑚礁、红树林等海洋生态系统及海洋水产资源、海洋保护区破坏的,由依照本法规定行使海洋环境监督管理权的部门责令限期改正和采取补救措施,并处1万元以上10万元以下的罚款;有违法所得的，没收其违法所得。

第七十七条 违反本法第三十条第一款、第三款规定设置入海排污口的，由县级以上地方人民政府环境保护行政主管部门责令其关闭，并处2万元以上10万元以下的罚款。

第七十八条 违反本法第三十二条第三款的规定，擅自拆除、闲置环境保护设施的，由县级以上地方人民政府环境保护行政主管部门责令重新安装使用，并处1万元以上10万元以下的罚款。

第七十九条 违反本法第三十九条第二款的规定，经中华人民共和国管辖海域，转移危险废物的，由国家海事行政主管部门责令非法运输该危险废物的船舶退出中华人民共和国管辖海域，并处5万元以上50万元以下的罚款。

第八十条 违反本法第四十三条第一款的规定，未持有经审核和批准的环境影响报告书，兴建海岸工程建设项目的，由县级以上地方人民政府环境保护行政主管部门责令其停止违法行为和采取补救措施，并处5万元以上20万元以下的罚款；或者按照管理权限，由县级以上地方人民政府责令其限期拆除。

第八十一条 违反本法第四十四条的规定，海岸工程建设项目未建成环境保护设施，或者环境保护设施未达到规定要求即投入生产、使用的，由环境保护行政主管部门责令其停止生产或者使用，并处2万元以上10万元以下的罚款。

第八十二条 违反本法第四十五条的规定，新建严重污染海洋环境的工业生产建设项目的，按照管理权限，由县级以上人民政府责令关闭。

第八十三条 违反本法第四十七条第一款、第四十八条的规定，进行海洋工程建设项目，或者海洋工程建设项目未建成环境保护设施、环境保护设施未达到规定要求即投入生产、使用的，由海洋行政主管部门责令其停止施工或者生产、使用，并处5万元以上20万元以下的罚款。

第八十四条 违反本法第四十九条的规定，使用含超标准放射性物质或者易溶出有毒有害物质材料的，由海洋行政主管部门处5万元以下的罚款，并责令其停止该建设项目的运行，直到消除污染危害。

第八十五条 违反本法规定进行海洋石油勘探开发活动，造成海洋环境污染的，由国家海洋行政主管部门予以警告，并处2万元以上20万元以下的罚款。

第八十六条 违反本法规定，不按照许可证的规定倾倒，或者向已经封闭的倾倒区倾倒废弃物的，由海洋行政主管部门予以警告，并处3万元以上20万元以下的罚款；对情节严重的，可以暂扣或者吊销许可证。

第八十七条 违反本法第五十五条第三款的规定，将中华人民共和国境外废弃物运进中华人民共和国管辖海域倾倒的，由国家海洋行政主管部门予以警告，并根据造成或者可能造成的危害后果，处10万元以上100万元以下的罚款。

第八十八条 违反本法规定，有下列行为之一的，由依照本法规定行使海洋环境监督管理权的部门予以警告，或者处以罚款：

（一）港口、码头、装卸站及船舶未配备防污设施、器材的；

（二）船舶未持有防污证书、防污文书，或者不按照规定记载排污记录的；

（三）从事水上和港区水域拆船、旧船改装、打捞和其他水上、水下施工作业，造成海洋环境污染损害的；

（四）船舶载运的货物不具备防污适运条件的。

有前款第（一）、（四）项行为之一的，处2万元以上10万元以下的罚款；有前款第（二）项行为的，处2万元以下的罚款；有前款第（三）项行为的，处5万元以上20万元以下的罚款。

第八十九条 违反本法规定，船舶、石油平台和装卸油类的港口、码头、装卸站不编制溢油应急计划的，由依照本法规定行使海洋环境监督管理权的部门予以警告，或者责令限期改正。

第九十条 造成海洋环境污染损害的责任者，应当排除危害，并赔偿损失；完全由于第三者的故意或者过失，造成海洋环境污染损害的，由第三者排除危害，并承担赔偿责任。

对破坏海洋生态、海洋水产资源、海洋保护区，给国家造成重大损失的，由依照本法规定行使海洋环境监督管理权的部门代表国家对责任者提出损害赔偿要求。

第九十一条　对违反本法规定,造成海洋环境污染事故的单位,由依照本法规定行使海洋环境监督管理权的部门根据所造成的危害和损失处以罚款;负有直接责任的主管人员和其他直接责任人员属于国家工作人员的,依法给予行政处分。

前款规定的罚款数额按照直接损失的30%计算,但最高不得超过30万元。

对造成重大海洋环境污染事故,致使公私财产遭受重大损失或者人身伤亡严重后果的,依法追究刑事责任。

第九十二条　完全属于下列情形之一,经过及时采取合理措施,仍然不能避免对海洋环境造成污染损害的,造成污染损害的有关责任者免予承担责任:

(一)战争;

(二)不可抗拒的自然灾害;

(三)负责灯塔或者其他助航设备的主管部门,在执行职责时的疏忽,或者其他过失行为。

第九十三条　对违反本法第十一条、第十二条有关缴纳排污费、倾倒费和限期治理规定的行政处罚,由国务院规定。

第九十四条　海洋环境监督管理人员滥用职权、玩忽职守、徇私舞弊,造成海洋环境污染损害的,依法给予行政处分;构成犯罪的,依法追究刑事责任。

第十章　附　　则

第九十五条　本法中下列用语的含义是:

(一)海洋环境污染损害,是指直接或者间接地把物质或者能量引入海洋环境,产生损害海洋生物资源、危害人体健康、妨害渔业和海上其他合法活动、损害海水使用素质和减损环境质量等有害影响。

(二)内水,是指我国领海基线向内陆一侧的所有海域。

(三)滨海湿地,是指低潮时水深浅于6米的水域及其沿岸浸湿地带,包括水深不超过6米的永久性水域、潮间带(或洪泛地带)和沿海低地等。

(四)海洋功能区划,是指依据海洋自然属性和社会属性,以及自然资源和环境特定条件,界定海洋利用的主导功能和使用范畴。

(五)渔业水域,是指鱼虾类的产卵场、索饵场、越冬场、洄游通道和鱼虾贝藻类的养殖场。

(六)油类,是指任何类型的油及其炼制品。

(七)油性混合物,是指任何含有油份的混合物。

(八)排放,是指把污染物排入海洋的行为,包括泵出、溢出、泄出、喷出和倒出。

(九)陆地污染源(简称陆源),是指从陆地向海域排放污染物,造成或者可能造成海洋环境污染的场所、设施等。

(十)陆源污染物,是指由陆地污染源排放的污染物。

(十一)倾倒,是指通过船舶、航空器、平台或者其他载运工具,向海洋处置废弃物和其他有害物质的行为,包括弃置船舶、航空器、平台及其辅助设施和其他浮动工具的行为。

(十二)沿海陆域,是指与海岸相连,或者通过管道、沟渠、设施,直接或者间接向海洋排放污染物及其相关活动的一带区域。

(十三)海上焚烧,是指以热摧毁为目的,在海上焚烧设施上,故意焚烧废弃物或者其他物质的行为,但船舶、平台或者其他人工构造物正常操作中,所附带发生的行为除外。

第九十六条　涉及海洋环境监督管理的有关部门的具体职权划分,本法未作规定的,由国务院规定。

第九十七条　中华人民共和国缔结或者参加的与海洋环境保护有关的国际条约与本法有不同规定的,适用国际条约的规定;但是,中华人民共和国声明保留的条款除外。

第九十八条　本法自2000年4月1日起施行。

全国人民代表大会常务委员会关于修改《中华人民共和国海洋环境保护法》等七部法律的决定(节录)

(2013年12月28日第十二届全国人民代表大会常务委员会第六次会议通过 2013年12月28日中华人民共和国主席令第8号公布 对《中华人民共和国海洋环境保护法》、《中华人民共和国药品管理法》、《中华人民共和国计量法》、《中华人民共和国渔业法》、《中华人民共和国海关法》、《中华人民共和国烟草专卖法》所作的修改,自公布之日起施行;对《中华人民共和国公司法》所作的修改,自2014年3月1日起施行)

第十二届全国人民代表大会常务委员会第六次会议决定:

一、对《中华人民共和国海洋环境保护法》作出修改

(一)将第四十三条修改为:"海岸工程建设项目的单位,必须在建设项目可行性研究阶段,对海洋环境进行科学调查,根据自然条件和社会条件,合理选址,编报环境影响报告书。环境影响报告书报环境保护行政主管部门审查批准。

"环境保护行政主管部门在批准环境影响报告书之前,必须征求海洋、海事、渔业行政主管部门和军队环境保护部门的意见。"

(二)将第五十四条修改为:"勘探开发海洋石油,必须按有关规定编制溢油应急计划,报国家海洋行政主管部门的海区派出机构备案。"

(三)删去第八十条中的"审核和"。

……

此外,对条文顺序作相应调整。

本决定对《中华人民共和国海洋环境保护法》、《中华人民共和国药品管理法》、《中华人民共和国计量法》、《中华人民共和国渔业法》、《中华人民共和国海关法》、《中华人民共和国烟草专卖法》所作的修改,自公布之日起施行;对《中华人民共和国公司法》所作的修改,自2014年3月1日起施行。

《中华人民共和国海洋环境保护法》、《中华人民共和国药品管理法》、《中华人民共和国计量法》、《中华人民共和国渔业法》、《中华人民共和国海关法》、《中华人民共和国烟草专卖法》、《中华人民共和国公司法》根据本决定作相应修改,重新公布。

全国人民代表大会常务委员会关于修改《中华人民共和国海洋环境保护法》的决定

(2016年11月7日第十二届全国人民代表大会常务委员会第二十四次会议通过 2016年11月7日中华人民共和国主席令第56号公布 自公布之日起施行)

第十二届全国人民代表大会常务委员会第二十四次会议决定对《中华人民共和国海洋环境保护法》作如下修改:

一、第三条增加一款,作为第一款:"国家在重点海洋生态功能区、生态环境敏感区和脆弱区等海域划定生态保护红线,实行严格保护。"

二、第一章增加一条,作为第六条:"环境保护行政主管部门、海洋行政主管部门和其他行使海洋环境监督管理权的部门,根据职责分工依法公开海洋环境相关信息;相关排污单位应当依法公开排污信息。"

三、将第六条改为第七条,修改为:"国家海洋行政主管部门会同国务院有关部门和沿海省、自治区、直辖市人民政府根据全国海洋主体功能区规划,拟定全国海洋功能区划,报国务院批准。

"沿海地方各级人民政府应当根据全国和地方海洋功能区划,保护和科学合理地使用海域。"

四、将第十条改为第十一条,增加两款,作为第二款、第三款:"排污单位在执行国家和地方水污染物排放标准的同时,应当遵守分解落实到本单位的主要污染物排海总量控制指标。

"对超过主要污染物排海总量控制指标的重点海域和未完成海洋环境保护目标、任务的海域,省级以上人民政府环境保护行政主管部门、海洋行政主管部门,根据职责分工暂停审批新增相应种类污染物排放总量的建设项目环境影响报告书(表)。"

五、将第十一条改为第十二条,将第一款修改为:"直接向海洋排放污染物的单位和个人,必须按照国家规定缴纳排污费。依照法律规定缴纳环境保护税的,不再缴纳排污费。"

六、删去第十二条。

七、将第二十四条修改为:"国家建立健全海洋生态保护补偿制度。

"开发利用海洋资源,应当根据海洋功能区划合理布局,严格遵守生态保护红线,不得造成海洋生态环境破坏。"

八、删去第三十二条第三款。

九、将第四十三条修改为:"海岸工程建设项目单位,必须对海洋环境进行科学调查,根据自然条件和社会条件,合理选址,编制环境影响报告书(表)。在建设项目开工前,将环境影响报告书(表)报环境保护行政主管部门审查批准。

"环境保护行政主管部门在批准环境影响报告书(表)之前,必须征求海洋、海事、渔业行政主管部门和军队环境保护部门的意见。"

十、将第四十四条修改为:"海岸工程建设项目的环境保护设施,必须与主体工程同时设计、同时施工、同时投产使用。环境保护设施应当符合经批准的环境影响评价报告书(表)的要求。"

十一、将第四十七条修改为:"海洋工程建设项目必须符合全国海洋主体功能区规划、海洋功能区划、海洋环境保护规划和国家有关环境保护标准。海洋工程建设项目单位应当对海洋环境进行科学调查,编制海洋环境影响报告书(表),并在建设项目开工前,报海洋行政主管部门审查批准。

"海洋行政主管部门在批准海洋环境影响报告书(表)之前,必须征求海事、渔业行政主管部门和军队环境保护部门的意见。"

十二、将第四十八条第一款修改为:"海洋工程建设项目的环境保护设施,必须与主体工程同时设计、同时施工、同时投产使用。环境保护设施未经海洋行政主管部门验收,或者经验收不合格的,建设项目不得投入生产或者使用。"

十三、将第七十条修改为:"船舶及有关作业活动应当遵守有关法律法规和标准,采取有效措施,防止造成海洋环境污染。海事行政主管部门等有关部门应当加强对船舶及有关作业活动的监督管理。

"船舶进行散装液体污染危害性货物的过驳作业,应当事先按照有关规定报经海事行政主管部门批准。"

十四、将第七十三条第一款修改为:"违反本法有关规定,有下列行为之一的,由依照本法规定行使海洋环境监督管理权的部门责令停止违法行为、限期改正或者责令采取限制生产、停产整治等措施,并处以罚款;拒不改正的,依法作出处罚决定的部门可以自责令改正之日的次日起,按照原罚款数额按日连续处罚;情节严重的,报经有批准权的人民政府批准,责令停业、关闭:

"(一)向海域排放本法禁止排放的污染物或者其他物质的;

"(二)不按照本法规定向海洋排放污染物,或者超过标准、总量控制指标排放污染物的;

"(三)未取得海洋倾倒许可证,向海洋倾倒废弃物的;

"(四)因发生事故或者其他突发性事件,造成海洋环境污染事故,不立即采取处理措施的。"

十五、删去第七十八条。

十六、将第八十条改为第七十九条,修改为:"海岸工程建设项目未依法进行环境影响评价的,依照《中华人民共和国环境影响评价法》的规定处理。"

十七、将第八十三条改为第八十二条,修改为:"违反本法第四十七条第一款的规定,进行海洋工程建设项目的,由海洋行政主管部门责令其停止施工,根据违法情节和危害后果,处建设项目总投资额百分之一以上百分之五以下的罚款,并可以责令恢复原状。

"违反本法第四十八条的规定,海洋工程建设项目未建成环境保护设施、环境保护设施未达到规定要求即投入生产、使用的,由海洋行政主管部门责令其停止生产、使用,并处五万元以上二十万元以下的罚款。"

十八、将第九十一条改为第九十条,修改为:"对违反本法规定,造成海洋环境污染事故的单位,除依法承担赔偿责任外,由依照本法规定行使海洋环境监督管理权的部门依照本条第二款的规定处以罚款;对直接负责的主管人员和其他直接责任人员可以处上一年度从本单位取得收入百分之五十以下的罚款；直接负责的主管人员和其他直接责任人员属于国家工作人员的，依法给予处分。

"对造成一般或者较大海洋环境污染事故的，按照直接损失的百分之二十计算罚款；对造成重大或者特大海洋环境污染事故的，按照直接损失的百分之三十计算罚款。

"对严重污染海洋环境、破坏海洋生态，构成犯罪的，依法追究刑事责任。"

十九、将第九十三条改为第九十二条，修改为："对违反本法第十二条有关缴纳排污费、倾倒费规定的行政处罚，由国务院规定。"

本决定自公布之日起施行。

《中华人民共和国海洋环境保护法》根据本决定作相应修改，重新公布。

中华人民共和国海洋环境保护法①

（1982年8月23日第五届全国人民代表大会常务委员会第二十四次会议通过　1999年12月25日第九届全国人民代表大会常务委员会第十三次会议修订　根据2013年12月28日第十二届全国人民代表大会常务委员会第六次会议《关于修改〈中华人民共和国海洋环境保护法〉等七部法律的决定》第一次修正　根据2016年11月7日第十二届全国人民代表大会常务委员会第二十四次会议《关于修改〈中华人民共和国海洋环境保护法〉的决定》第二次修正）

目　　录

第一章　总　　则

第一条　为了保护和改善海洋环境，保护海洋资源，防治污染损害，维护生态平衡，保障人体健康，促进经济和社会的可持续发展，制定本法。

第二条　本法适用于中华人民共和国内水、领海、毗连区、专属经济区、大陆架以及中华人民共和国管辖的其他海域。

在中华人民共和国管辖海域内从事航行、勘探、开发、生产、旅游、科学研究及其他活动，或者在沿海陆域内从事影响海洋环境活动的任何单位和个人，都必须遵守本法。

在中华人民共和国管辖海域以外，造成中华人民共和国管辖海域污染的，也适用本法。

第三条　国家在重点海洋生态功能区、生态环境敏感区和脆弱区等海域划定生态保护红线，实行严格保护。

国家建立并实施重点海域排污总量控制制度，确定主要污染物排海总量控制指标，并对主要污染源分配排放控制数量。具体办法由国务院制定。

第四条　一切单位和个人都有保护海洋环境的义务，并有权对污染损害海洋环境的单位和个人，以及海洋环境监督管理人员的违法失职行为进行监督和检举。

第五条　国务院环境保护行政主管部门作为对全国环境保护工作统一监督管理的部门，对全国海洋环境保护工作实施指导、协调和监督，并负责全国防治陆源污染物和海岸工程建设项目对海洋污染损害的环境保护工作。

国家海洋行政主管部门负责海洋环境的监督管理，组织海洋环境的调查、监测、监视、评价和科学研究，负责全国防治海洋工程建设项目和海洋倾倒废弃物对海洋污染损害的环境保护工作。

① 编者注：已被修改。

国家海事行政主管部门负责所辖港区水域内非军事船舶和港区水域外非渔业、非军事船舶污染海洋环境的监督管理，并负责污染事故的调查处理；对在中华人民共和国管辖海域航行、停泊和作业的外国籍船舶造成的污染事故登轮检查处理。船舶污染事故给渔业造成损害的，应当吸收渔业行政主管部门参与调查处理。

国家渔业行政主管部门负责渔港水域内非军事船舶和渔港水域外渔业船舶污染海洋环境的监督管理，负责保护渔业水域生态环境工作，并调查处理前款规定的污染事故以外的渔业污染事故。

军队环境保护部门负责军事船舶污染海洋环境的监督管理及污染事故的调查处理。

沿海县级以上地方人民政府行使海洋环境监督管理权的部门的职责，由省、自治区、直辖市人民政府根据本法及国务院有关规定确定。

第六条　环境保护行政主管部门、海洋行政主管部门和其他行使海洋环境监督管理权的部门，根据职责分工依法公开海洋环境相关信息；相关排污单位应当依法公开排污信息。

第二章　海洋环境监督管理

第七条　国家海洋行政主管部门会同国务院有关部门和沿海省、自治区、直辖市人民政府根据全国海洋主体功能区规划，拟定全国海洋功能区划，报国务院批准。

沿海地方各级人民政府应当根据全国和地方海洋功能区划，保护和科学合理地使用海域。

第八条　国家根据海洋功能区划制定全国海洋环境保护规划和重点海域区域性海洋环境保护规划。

毗邻重点海域的有关沿海省、自治区、直辖市人民政府及行使海洋环境监督管理权的部门，可以建立海洋环境保护区域合作组织，负责实施重点海域区域性海洋环境保护规划、海洋环境污染的防治和海洋生态保护工作。

第九条　跨区域的海洋环境保护工作，由有关沿海地方人民政府协商解决，或者由上级人民政府协调解决。

跨部门的重大海洋环境保护工作，由国务院环境保护行政主管部门协调；协调未能解决的，由国务院作出决定。

第十条　国家根据海洋环境质量状况和国家经济、技术条件，制定国家海洋环境质量标准。

沿海省、自治区、直辖市人民政府对国家海洋环境质量标准中未作规定的项目，可以制定地方海洋环境质量标准。

沿海地方各级人民政府根据国家和地方海洋环境质量标准的规定和本行政区近岸海域环境质量状况，确定海洋环境保护的目标和任务，并纳入人民政府工作计划，按相应的海洋环境质量标准实施管理。

第十一条　国家和地方水污染物排放标准的制定，应当将国家和地方海洋环境质量标准作为重要依据之一。在国家建立并实施排污总量控制制度的重点海域，水污染物排放标准的制定，还应当将主要污染物排海总量控制指标作为重要依据。

排污单位在执行国家和地方水污染物排放标准的同时，应当遵守分解落实到本单位的主要污染物排海总量控制指标。

对超过主要污染物排海总量控制指标的重点海域和未完成海洋环境保护目标、任务的海域，省级以上人民政府环境保护行政主管部门、海洋行政主管部门，根据职责分工暂停审批新增相应种类污染物排放总量的建设项目环境影响报告书(表)。

第十二条　直接向海洋排放污染物的单位和个人，必须按照国家规定缴纳排污费。依照法律规定缴纳环境保护税的，不再缴纳排污费。

向海洋倾倒废弃物，必须按照国家规定缴纳倾倒费。

根据本法规定征收的排污费、倾倒费，必须用于海洋环境污染的整治，不得挪作他用。具体办法由国务院规定。

第十三条　国家加强防治海洋环境污染损害的科学技术的研究和开发，对严重污染海洋环境的落后生产工艺和落后设备，实行淘汰制度。

企业应当优先使用清洁能源，采用资源利用率高、污染物排放量少的清洁生产工艺，防止对海洋环境的污染。

第十四条　国家海洋行政主管部门按照国家环境监测、监视规范和标准，管理全国海洋环境的调查、监测、监视，制定具体的实施办法，会同有关部门组织全国海洋环境监测、监视网络，定期评价海洋环境质量，发布海洋巡航监视通报。

依照本法规定行使海洋环境监督管理权的部门分别负责各自所辖水域的监测、监视。

其他有关部门根据全国海洋环境监测网的分工，分别负责对入海河口、主要排污口的监测。

第十五条　国务院有关部门应当向国务院环境保护行政主管部门提供编制全国环境质量公报所必需的海洋环境监测资料。

环境保护行政主管部门应当向有关部门提供与海洋环境监督管理有关的资料。

第十六条　国家海洋行政主管部门按照国家制定的环境监测、监视信息管理制度，负责管理海洋综合信息系统，为海洋环境保护监督管理提供服务。

第十七条　因发生事故或者其他突发性事件，造成或者可能造成海洋环境污染事故的单位和个人，必须立即采取有效措施，及时向可能受到危害者通报，并向依照本法规定行使海洋环境监督管理权的部门报告，接受调查处理。

沿海县级以上地方人民政府在本行政区域近岸海域的环境受到严重污染时，必须采取有效措施，解除或者减轻危害。

第十八条　国家根据防止海洋环境污染的需要，制定国家重大海上污染事故应急计划。

国家海洋行政主管部门负责制定全国海洋石油勘探开发重大海上溢油应急计划，报国务院环境保护行政主管部门备案。

国家海事行政主管部门负责制定全国船舶重大海上溢油污染事故应急计划，报国务院环境保护行政主管部门备案。

沿海可能发生重大海洋环境污染事故的单位，应当依照国家的规定，制定污染事故应急计划，并向当地环境保护行政主管部门、海洋行政主管部门备案。

沿海县级以上地方人民政府及其有关部门在发生重大海上污染事故时，必须按照应急计划解除或者减轻危害。

第十九条　依照本法规定行使海洋环境监督管理权的部门可以在海上实行联合执法，在巡航监视中发现海上污染事故或者违反本法规定的行为时，应当予以制止并调查取证，必要时有权采取有效措施，防止污染事态的扩大，并报告有关主管部门处理。

依照本法规定行使海洋环境监督管理权的部门，有权对管辖范围内排放污染物的单位和个人进行现场检查。被检查者应当如实反映情况，提供必要的资料。

检查机关应当为被检查者保守技术秘密和业务秘密。

第三章　海洋生态保护

第二十条　国务院和沿海地方各级人民政府应当采取有效措施，保护红树林、珊瑚礁、滨海湿地、海岛、海湾、入海河口、重要渔业水域等具有典型性、代表性的海洋生态系统，珍稀、濒危海洋生物的天然集中分布区，具有重要经济价值的海洋生物生存区域及有重大科学文化价值的海洋自然历史遗迹和自然景观。

对具有重要经济、社会价值的已遭到破坏的海洋生态，应当进行整治和恢复。

第二十一条　国务院有关部门和沿海省级人民政府应当根据保护海洋生态的需要，选划、建立海洋自然保护区。

国家级海洋自然保护区的建立，须经国务院批准。

第二十二条　凡具有下列条件之一的，应当建立海洋自然保护区：

（一）典型的海洋自然地理区域、有代表性的自然生态区域，以及遭受破坏但经保护能恢复的海洋自然生态区域；

（二）海洋生物物种高度丰富的区域，或者珍稀、濒危海洋生物物种的天然集中分布区域；

（三）具有特殊保护价值的海域、海岸、岛屿、滨海湿地、入海河口和海湾等；

（四）具有重大科学文化价值的海洋自然遗迹所在区域；

（五）其他需要予以特殊保护的区域。

第二十三条　凡具有特殊地理条件、生态系统、生物与非生物资源及海洋开发利用特殊需要的区域，可以建立海洋特别保护区，采取有效的保护措施和科学的开发方式进行特殊管理。

第二十四条 国家建立健全海洋生态保护补偿制度。

开发利用海洋资源,应当根据海洋功能区划合理布局,严格遵守生态保护红线,不得造成海洋生态环境破坏。

第二十五条 引进海洋动植物物种,应当进行科学论证,避免对海洋生态系统造成危害。

第二十六条 开发海岛及周围海域的资源,应当采取严格的生态保护措施,不得造成海岛地形、岸滩、植被以及海岛周围海域生态环境的破坏。

第二十七条 沿海地方各级人民政府应当结合当地自然环境的特点,建设海岸防护设施、沿海防护林、沿海城镇园林和绿地,对海岸侵蚀和海水入侵地区进行综合治理。

禁止毁坏海岸防护设施、沿海防护林、沿海城镇园林和绿地。

第二十八条 国家鼓励发展生态渔业建设,推广多种生态渔业生产方式,改善海洋生态状况。

新建、改建、扩建海水养殖场,应当进行环境影响评价。

海水养殖应当科学确定养殖密度,并应当合理投饵、施肥,正确使用药物,防止造成海洋环境的污染。

第四章 防治陆源污染物对海洋环境的污染损害

第二十九条 向海域排放陆源污染物,必须严格执行国家或者地方规定的标准和有关规定。

第三十条 入海排污口位置的选择,应当根据海洋功能区划、海水动力条件和有关规定,经科学论证后,报设区的市级以上人民政府环境保护行政主管部门审查批准。

环境保护行政主管部门在批准设置入海排污口之前,必须征求海洋、海事、渔业行政主管部门和军队环境保护部门的意见。

在海洋自然保护区、重要渔业水域、海滨风景名胜区和其他需要特别保护的区域,不得新建排污口。

在有条件的地区,应当将排污口深海设置,实行离岸排放。设置陆源污染物深海离岸排放排污口,应当根据海洋功能区划、海水动力条件和海底工程设施的有关情况确定,具体办法由国务院规定。

第三十一条 省、自治区、直辖市人民政府环境保护行政主管部门和水行政主管部门应当按照水污染防治有关法律的规定,加强入海河流管理,防治污染,使入海河口的水质处于良好状态。

第三十二条 排放陆源污染物的单位,必须向环境保护行政主管部门申报拥有的陆源污染物排放设施、处理设施和在正常作业条件下排放陆源污染物的种类、数量和浓度,并提供防治海洋环境污染方面的有关技术和资料。

排放陆源污染物的种类、数量和浓度有重大改变的,必须及时申报。

第三十三条 禁止向海域排放油类、酸液、碱液、剧毒废液和高、中水平放射性废水。

严格限制向海域排放低水平放射性废水;确需排放的,必须严格执行国家辐射防护规定。

严格控制向海域排放含有不易降解的有机物和重金属的废水。

第三十四条 含病原体的医疗污水、生活污水和工业废水必须经过处理,符合国家有关排放标准后,方能排入海域。

第三十五条 含有机物和营养物质的工业废水、生活污水,应当严格控制向海湾、半封闭海及其他自净能力较差的海域排放。

第三十六条 向海域排放含热废水,必须采取有效措施,保证邻近渔业水域的水温符合国家海洋环境质量标准,避免热污染对水产资源的危害。

第三十七条 沿海农田、林场施用化学农药,必须执行国家农药安全使用的规定和标准。

沿海农田、林场应当合理使用化肥和植物生长调节剂。

第三十八条 在岸滩弃置、堆放和处理尾矿、矿渣、煤灰渣、垃圾和其他固体废物的,依照《中华人民共和国固体废物污染环境防治法》的有关规定执行。

第三十九条 禁止经中华人民共和国内水、领海转移危险废物。

经中华人民共和国管辖的其他海域转移危险废物的,必须事先取得国务院环境保护行政主管部门的书面同意。

第四十条　沿海城市人民政府应当建设和完善城市排水管网,有计划地建设城市污水处理厂或者其他污水集中处理设施,加强城市污水的综合整治。

建设污水海洋处置工程,必须符合国家有关规定。

第四十一条　国家采取必要措施,防止、减少和控制来自大气层或者通过大气层造成的海洋环境污染损害。

第五章　防治海岸工程建设项目对海洋环境的污染损害

第四十二条　新建、改建、扩建海岸工程建设项目,必须遵守国家有关建设项目环境保护管理的规定,并把防治污染所需资金纳入建设项目投资计划。

在依法划定的海洋自然保护区、海滨风景名胜区、重要渔业水域及其他需要特别保护的区域,不得从事污染环境、破坏景观的海岸工程项目建设或者其他活动。

第四十三条　海岸工程建设项目单位,必须对海洋环境进行科学调查,根据自然条件和社会条件,合理选址,编制环境影响报告书(表)。在建设项目开工前,将环境影响报告书(表)报环境保护行政主管部门审查批准。

环境保护行政主管部门在批准环境影响报告书(表)之前,必须征求海洋、海事、渔业行政主管部门和军队环境保护部门的意见。

第四十四条　海岸工程建设项目的环境保护设施,必须与主体工程同时设计、同时施工、同时投产使用。环境保护设施应当符合经批准的环境影响评价报告书(表)的要求。

第四十五条　禁止在沿海陆域内新建不具备有效治理措施的化学制浆造纸、化工、印染、制革、电镀、酿造、炼油、岸边冲滩拆船以及其他严重污染海洋环境的工业生产项目。

第四十六条　兴建海岸工程建设项目,必须采取有效措施,保护国家和地方重点保护的野生动植物及其生存环境和海洋水产资源。

严格限制在海岸采挖砂石。露天开采海滨砂矿和从岸上打井开采海底矿产资源,必须采取有效措施,防止污染海洋环境。

第六章　防治海洋工程建设项目对海洋环境的污染损害

第四十七条　海洋工程建设项目必须符合全国海洋主体功能区规划、海洋功能区划、海洋环境保护规划和国家有关环境保护标准。海洋工程建设项目单位应当对海洋环境进行科学调查,编制海洋环境影响报告书(表),并在建设项目开工前,报海洋行政主管部门审查批准。

海洋行政主管部门在批准海洋环境影响报告书(表)之前,必须征求海事、渔业行政主管部门和军队环境保护部门的意见。

第四十八条　海洋工程建设项目的环境保护设施,必须与主体工程同时设计、同时施工、同时投产使用。环境保护设施未经海洋行政主管部门验收,或者经验收不合格的,建设项目不得投入生产或者使用。

拆除或者闲置环境保护设施,必须事先征得海洋行政主管部门的同意。

第四十九条　海洋工程建设项目,不得使用含超标准放射性物质或者易溶出有毒有害物质的材料。

第五十条　海洋工程建设项目需要爆破作业时,必须采取有效措施,保护海洋资源。

海洋石油勘探开发及输油过程中,必须采取有效措施,避免溢油事故的发生。

第五十一条　海洋石油钻井船、钻井平台和采油平台的含油污水和油性混合物,必须经过处理达标后排放;残油、废油必须予以回收,不得排放入海。经回收处理后排放的,其含油量不得超过国家规定的标准。

钻井所使用的油基泥浆和其他有毒复合泥浆不得排放入海。水基泥浆和无毒复合泥浆及钻屑的排放,必须符合国家有关规定。

第五十二条　海洋石油钻井船、钻井平台和采油平台及其有关海上设施,不得向海域处置含油的工业垃圾。处置其他工业垃圾,不得造成海洋环境污染。

第五十三条　海上试油时,应当确保油气充分燃烧,油和油性混合物不得排放入海。

第五十四条　勘探开发海洋石油,必须按有关规定编制溢油应急计划，报国家海洋行政主管部门的海区派出机构备案。

第七章 防治倾倒废弃物对海洋环境的污染损害

第五十五条 任何单位未经国家海洋行政主管部门批准，不得向中华人民共和国管辖海域倾倒任何废弃物。

需要倾倒废弃物的单位，必须向国家海洋行政主管部门提出书面申请，经国家海洋行政主管部门审查批准，发给许可证后，方可倾倒。

禁止中华人民共和国境外的废弃物在中华人民共和国管辖海域倾倒。

第五十六条 国家海洋行政主管部门根据废弃物的毒性、有毒物质含量和对海洋环境影响程度，制定海洋倾倒废弃物评价程序和标准。

向海洋倾倒废弃物，应当按照废弃物的类别和数量实行分级管理。

可以向海洋倾倒的废弃物名录，由国家海洋行政主管部门拟定，经国务院环境保护行政主管部门提出审核意见后，报国务院批准。

第五十七条 国家海洋行政主管部门按照科学、合理、经济、安全的原则选划海洋倾倒区，经国务院环境保护行政主管部门提出审核意见后，报国务院批准。

临时性海洋倾倒区由国家海洋行政主管部门批准，并报国务院环境保护行政主管部门备案。

国家海洋行政主管部门在选划海洋倾倒区和批准临时性海洋倾倒区之前，必须征求国家海事、渔业行政主管部门的意见。

第五十八条 国家海洋行政主管部门监督管理倾倒区的使用，组织倾倒区的环境监测。对经确认不宜继续使用的倾倒区，国家海洋行政主管部门应当予以封闭，终止在该倾倒区的一切倾倒活动，并报国务院备案。

第五十九条 获准倾倒废弃物的单位，必须按照许可证注明的期限及条件，到指定的区域进行倾倒。废弃物装载之后，批准部门应当予以核实。

第六十条 获准倾倒废弃物的单位，应当详细记录倾倒的情况，并在倾倒后向批准部门作出书面报告。倾倒废弃物的船舶必须向驶出港的海事行政主管部门作出书面报告。

第六十一条 禁止在海上焚烧废弃物。

禁止在海上处置放射性废弃物或者其他放射性物质。废弃物中的放射性物质的豁免浓度由国务院制定。

第八章 防治船舶及有关作业活动对海洋环境的污染损害

第六十二条 在中华人民共和国管辖海域，任何船舶及相关作业不得违反本法规定向海洋排放污染物、废弃物和压载水、船舶垃圾及其他有害物质。

从事船舶污染物、废弃物、船舶垃圾接收、船舶清舱、洗舱作业活动的，必须具备相应的接收处理能力。

第六十三条 船舶必须按照有关规定持有防止海洋环境污染的证书与文书，在进行涉及污染物排放及操作时，应当如实记录。

第六十四条 船舶必须配置相应的防污设备和器材。

载运具有污染危害性货物的船舶，其结构与设备应当能够防止或者减轻所载货物对海洋环境的污染。

第六十五条 船舶应当遵守海上交通安全法律、法规的规定，防止因碰撞、触礁、搁浅、火灾或者爆炸等引起的海难事故，造成海洋环境的污染。

第六十六条 国家完善并实施船舶油污损害民事赔偿责任制度；按照船舶油污损害赔偿责任由船东和货主共同承担风险的原则，建立船舶油污保险、油污损害赔偿基金制度。

实施船舶油污保险、油污损害赔偿基金制度的具体办法由国务院规定。

第六十七条 载运具有污染危害性货物进出港口的船舶，其承运人、货物所有人或者代理人，必须事先向海事行政主管部门申报。经批准后，方可进出港口、过境停留或者装卸作业。

第六十八条 交付船舶装运污染危害性货物的单证、包装、标志、数量限制等，必须符合对所装货物的有关规定。

需要船舶装运污染危害性不明的货物，应当按照有关规定事先进行评估。

装卸油类及有毒有害货物的作业，船岸双方

必须遵守安全防污操作规程。

第六十九条 港口、码头、装卸站和船舶修造厂必须按照有关规定备有足够的用于处理船舶污染物、废弃物的接收设施，并使该设施处于良好状态。

装卸油类的港口、码头、装卸站和船舶必须编制溢油污染应急计划，并配备相应的溢油污染应急设备和器材。

第七十条 船舶及有关作业活动应当遵守有关法律法规和标准，采取有效措施，防止造成海洋环境污染。海事行政主管部门等有关部门应当加强对船舶及有关作业活动的监督管理。

船舶进行散装液体污染危害性货物的过驳作业，应当事先按照有关规定报经海事行政主管部门批准。

第七十一条 船舶发生海难事故，造成或者可能造成海洋环境重大污染损害的，国家海事行政主管部门有权强制采取避免或者减少污染损害的措施。

对在公海上因发生海难事故，造成中华人民共和国管辖海域重大污染损害后果或者具有污染威胁的船舶、海上设施，国家海事行政主管部门有权采取与实际的或者可能发生的损害相称的必要措施。

第七十二条 所有船舶均有监视海上污染的义务，在发现海上污染事故或者违反本法规定的行为时，必须立即向就近的依照本法规定行使海洋环境监督管理权的部门报告。

民用航空器发现海上排污或者污染事件，必须及时向就近的民用航空空中交通管制单位报告。接到报告的单位，应当立即向依照本法规定行使海洋环境监督管理权的部门通报。

第九章 法律责任

第七十三条 违反本法有关规定，有下列行为之一的，由依照本法规定行使海洋环境监督管理权的部门责令停止违法行为、限期改正或者责令采取限制生产、停产整治等措施，并处以罚款；拒不改正的，依法作出处罚决定的部门可以自责令改正之日的次日起，按照原罚款数额按日连续处罚；情节严重的，报经有批准权的人民政府批准，责令停业、关闭：

（一）向海域排放本法禁止排放的污染物或者其他物质的；

（二）不按照本法规定向海洋排放污染物，或者超过标准、总量控制指标排放污染物的；

（三）未取得海洋倾倒许可证，向海洋倾倒废弃物的；

（四）因发生事故或者其他突发性事件，造成海洋环境污染事故，不立即采取处理措施的。

有前款第（一）、（三）项行为之一的，处三万元以上二十万元以下的罚款；有前款第（二）、（四）项行为之一的，处二万元以上十万元以下的罚款。

第七十四条 违反本法有关规定，有下列行为之一的，由依照本法规定行使海洋环境监督管理权的部门予以警告，或者处以罚款：

（一）不按照规定申报，甚至拒报污染物排放有关事项，或者在申报时弄虚作假的；

（二）发生事故或者其他突发性事件不按照规定报告的；

（三）不按照规定记录倾倒情况，或者不按照规定提交倾倒报告的；

（四）拒报或者谎报船舶载运污染危害性货物申报事项的。

有前款第（一）、（三）项行为之一的，处二万元以下的罚款；有前款第（二）、（四）项行为之一的，处五万元以下的罚款。

第七十五条 违反本法第十九条第二款的规定，拒绝现场检查，或者在被检查时弄虚作假的，由依照本法规定行使海洋环境监督管理权的部门予以警告，并处二万元以下的罚款。

第七十六条 违反本法规定，造成珊瑚礁、红树林等海洋生态系统及海洋水产资源、海洋保护区破坏的，由依照本法规定行使海洋环境监督管理权的部门责令限期改正和采取补救措施，并处一万元以上十万元以下的罚款；有违法所得的，没收其违法所得。

第七十七条 违反本法第三十条第一款、第三款规定设置入海排污口的，由县级以上地方人民政府环境保护行政主管部门责令其关闭，并处二万元以上十万元以下的罚款。

第七十八条 违反本法第三十九条第二款的规定，经中华人民共和国管辖海域，转移危险废物的，由国家海事行政主管部门责令非法运输该危险废物的船舶退出中华人民共和国管辖海域，并处五万元以上五十万元以下的罚款。

第七十九条 海岸工程建设项目未依法进行环境影响评价的，依照《中华人民共和国环境影响评价法》的规定处理。

第八十条 违反本法第四十四条的规定，海岸工程建设项目未建成环境保护设施，或者环境保护设施未达到规定要求即投入生产、使用的，由环境保护行政主管部门责令其停止生产或者使用，并处二万元以上十万元以下的罚款。

第八十一条 违反本法第四十五条的规定，新建严重污染海洋环境的工业生产建设项目的，按照管理权限，由县级以上人民政府责令关闭。

第八十二条 违反本法第四十七条第一款的规定，进行海洋工程建设项目的，由海洋行政主管部门责令其停止施工，根据违法情节和危害后果，处建设项目总投资额百分之一以上百分之五以下的罚款，并可以责令恢复原状。

违反本法第四十八条的规定，海洋工程建设项目未建成环境保护设施、环境保护设施未达到规定要求即投入生产、使用的，由海洋行政主管部门责令其停止生产、使用，并处五万元以上二十万元以下的罚款。

第八十三条 违反本法第四十九条的规定，使用含超标准放射性物质或者易溶出有毒有害物质材料的，由海洋行政主管部门处五万元以下的罚款，并责令其停止该建设项目的运行，直到消除污染危害。

第八十四条 违反本法规定进行海洋石油勘探开发活动，造成海洋环境污染的，由国家海洋行政主管部门予以警告，并处二万元以上二十万元以下的罚款。

第八十五条 违反本法规定，不按照许可证的规定倾倒，或者向已经封闭的倾倒区倾倒废弃物的，由海洋行政主管部门予以警告，并处三万元以上二十万元以下的罚款；对情节严重的，可以暂扣或者吊销许可证。

第八十六条 违反本法第五十五条第三款的规定，将中华人民共和国境外废弃物运进中华人民共和国管辖海域倾倒的，由国家海洋行政主管部门予以警告，并根据造成或者可能造成的危害后果，处十万元以上一百万元以下的罚款。

第八十七条 违反本法规定，有下列行为之一的，由依照本法规定行使海洋环境监督管理权的部门予以警告，或者处以罚款：

（一）港口、码头、装卸站及船舶未配备防污设施、器材的；

（二）船舶未持有防污证书、防污文书，或者不按照规定记载排污记录的；

（三）从事水上和港区水域拆船、旧船改装、打捞和其他水上、水下施工作业，造成海洋环境污染损害的；

（四）船舶载运的货物不具备防污适运条件的。

有前款第（一）、（四）项行为之一的，处二万元以上十万元以下的罚款；有前款第（二）项行为的，处二万元以下的罚款；有前款第（三）项行为的，处五万元以上二十万元以下的罚款。

第八十八条 违反本法规定，船舶、石油平台和装卸油类的港口、码头、装卸站不编制溢油应急计划的，由依照本法规定行使海洋环境监督管理权的部门予以警告，或者责令限期改正。

第八十九条 造成海洋环境污染损害的责任者，应当排除危害，并赔偿损失；完全由于第三者的故意或者过失，造成海洋环境污染损害的，由第三者排除危害，并承担赔偿责任。

对破坏海洋生态、海洋水产资源、海洋保护区，给国家造成重大损失的，由依照本法规定行使海洋环境监督管理权的部门代表国家对责任者提出损害赔偿要求。

第九十条 对违反本法规定，造成海洋环境污染事故的单位，除依法承担赔偿责任外，由依照本法规定行使海洋环境监督管理权的部门依照本条第二款的规定处以罚款；对直接负责的主管人员和其他直接责任人员可以处上一年度从本单位取得收入百分之五十以下的罚款；直接负责的主管人员和其他直接责任人员属于国家工作人员的，依法给予处分。

对造成一般或者较大海洋环境污染事故的，按照直接损失的百分之二十计算罚款；对造成重大或者特大海洋环境污染事故的，按照直接损失的百分之三十计算罚款。

对严重污染海洋环境、破坏海洋生态，构成犯罪的，依法追究刑事责任。

第九十一条 完全属于下列情形之一，经过及时采取合理措施，仍然不能避免对海洋环境造成污染损害的，造成污染损害的有关责任者免予承担责任：

（一）战争；

（二）不可抗拒的自然灾害；

（三）负责灯塔或者其他助航设备的主管部门，在执行职责时的疏忽，或者其他过失行为。

第九十二条 对违反本法第十二条有关缴纳排污费、倾倒费规定的行政处罚，由国务院规定。

第九十三条 海洋环境监督管理人员滥用职权、玩忽职守、徇私舞弊，造成海洋环境污染损害的，依法给予行政处分；构成犯罪的，依法追究刑事责任。

第十章 附 则

第九十四条 本法中下列用语的含义是：

（一）海洋环境污染损害，是指直接或者间接地把物质或者能量引入海洋环境，产生损害海洋生物资源、危害人体健康、妨害渔业和海上其他合法活动、损害海水使用素质和减损环境质量等有害影响。

（二）内水，是指我国领海基线向内陆一侧的所有海域。

（三）滨海湿地，是指低潮时水深浅于六米的水域及其沿岸浸湿地带，包括水深不超过六米的永久性水域、潮间带（或洪泛地带）和沿海低地等。

（四）海洋功能区划，是指依据海洋自然属性和社会属性，以及自然资源和环境特定条件，界定海洋利用的主导功能和使用范畴。

（五）渔业水域，是指鱼虾类的产卵场、索饵场、越冬场、洄游通道和鱼虾贝藻类的养殖场。

（六）油类，是指任何类型的油及其炼制品。

（七）油性混合物，是指任何含有油份的混合物。

（八）排放，是指把污染物排入海洋的行为，包括泵出、溢出、泄出、喷出和倒出。

（九）陆地污染源（简称陆源），是指从陆地向海域排放污染物，造成或者可能造成海洋环境污染的场所、设施等。

（十）陆源污染物，是指由陆地污染源排放的污染物。

（十一）倾倒，是指通过船舶、航空器、平台或者其他载运工具，向海洋处置废弃物和其他有害物质的行为，包括弃置船舶、航空器、平台及其辅助设施和其他浮动工具的行为。

（十二）沿海陆域，是指与海岸相连，或者通过管道、沟渠、设施，直接或者间接向海洋排放污染物及其相关活动的一带区域。

（十三）海上焚烧，是指以热摧毁为目的，在海上焚烧设施上，故意焚烧废弃物或者其他物质的行为，但船舶、平台或者其他人工构造物正常操作中，所附带发生的行为除外。

第九十五条 涉及海洋环境监督管理的有关部门的具体职权划分，本法未作规定的，由国务院规定。

第九十六条 中华人民共和国缔结或者参加的与海洋环境保护有关的国际条约与本法有不同规定的，适用国际条约的规定；但是，中华人民共和国声明保留的条款除外。

第九十七条 本法自2000年4月1日起施行。

全国人民代表大会常务委员会关于修改《中华人民共和国会计法》等十一部法律的决定（节录）①

2017年11月4日第十二届全国人民代表大会常务委员会第三十次会议通过　2017年11月4日中华人民共和国主席令第81号公布　自2017年11月5日起施行

第十二届全国人民代表大会常务委员会第三十次会议决定：

……

二、对《中华人民共和国海洋环境保护法》作出修改

（一）将第三十条第一款修改为：“入海排污

① 编者注：部分废止。

口位置的选择,应当根据海洋功能区划、海水动力条件和有关规定,经科学论证后,报设区的市级以上人民政府环境保护行政主管部门备案。”

第二款修改为:“环境保护行政主管部门应当在完成备案后十五个工作日内将入海排污口设置情况通报海洋、海事、渔业行政主管部门和军队环境保护部门。”

(二)第七十七条增加一款,作为第二款:“海洋、海事、渔业行政主管部门和军队环境保护部门发现入海排污口设置违反本法第三十条第一款、第三款规定的,应当通报环境保护行政主管部门依照前款规定予以处罚。”

……

本决定自2017年11月5日起施行。

《中华人民共和国会计法》《中华人民共和国海洋环境保护法》《中华人民共和国文物保护法》《中华人民共和国海关法》《中华人民共和国中外合作经营企业法》《中华人民共和国母婴保健法》《中华人民共和国民用航空法》《中华人民共和国公路法》《中华人民共和国港口法》《中华人民共和国职业病防治法》《中华人民共和国境外非政府组织境内活动管理法》根据本决定作相应修改,重新公布。

中华人民共和国海洋环境保护法

(1982年8月23日第五届全国人民代表大会常务委员会第二十四次会议通过　1999年12月25日第九届全国人民代表大会常务委员会第十三次会议修订　根据2013年12月28日第十二届全国人民代表大会常务委员会第六次会议《关于修改〈中华人民共和国海洋环境保护法〉等七部法律的决定》第一次修正　根据2016年11月7日第十二届全国人民代表大会常务委员会第二十四次会议《关于修改〈中华人民共和国海洋环境保护法〉的决定》第二次修正　根据2017年11月4日第十二届全国人民代表大会常务委员会第三十次会议《关于修改〈中华人民共和国会计法〉等十一部法律的决定》第三次修正)

目　录

第一章　总　　则

第一条　为了保护和改善海洋环境,保护海洋资源,防治污染损害,维护生态平衡,保障人体健康,促进经济和社会的可持续发展,制定本法。

第二条　本法适用于中华人民共和国内水、领海、毗连区、专属经济区、大陆架以及中华人民共和国管辖的其他海域。

在中华人民共和国管辖海域内从事航行、勘探、开发、生产、旅游、科学研究及其他活动,或者在沿海陆域内从事影响海洋环境活动的任何单位和个人,都必须遵守本法。

在中华人民共和国管辖海域以外,造成中华人民共和国管辖海域污染的,也适用本法。

第三条　国家在重点海洋生态功能区、生态环境敏感区和脆弱区等海域划定生态保护红线,实行严格保护。

国家建立并实施重点海域排污总量控制制度,确定主要污染物排海总量控制指标,并对主要污染源分配排放控制数量。具体办法由国务院制定。

第四条　一切单位和个人都有保护海洋环境的义务,并有权对污染损害海洋环境的单位和个人,以及海洋环境监督管理人员的违法失职行为进行监督和检举。

第五条　国务院环境保护行政主管部门作为对全国环境保护工作统一监督管理的部门,对全国海洋环境保护工作实施指导、协调和监督,并负责全国防治陆源污染物和海岸工程建设项目对海洋污染损害的环境保护工作。

国家海洋行政主管部门负责海洋环境的监督管理，组织海洋环境的调查、监测、监视、评价和科学研究，负责全国防治海洋工程建设项目和海洋倾倒废弃物对海洋污染损害的环境保护工作。

国家海事行政主管部门负责所辖港区水域内非军事船舶和港区水域外非渔业、非军事船舶污染海洋环境的监督管理，并负责污染事故的调查处理；对在中华人民共和国管辖海域航行、停泊和作业的外国籍船舶造成的污染事故登轮检查处理。船舶污染事故给渔业造成损害的，应当吸收渔业行政主管部门参与调查处理。

国家渔业行政主管部门负责渔港水域内非军事船舶和渔港水域外渔业船舶污染海洋环境的监督管理，负责保护渔业水域生态环境工作，并调查处理前款规定的污染事故以外的渔业污染事故。

军队环境保护部门负责军事船舶污染海洋环境的监督管理及污染事故的调查处理。

沿海县级以上地方人民政府行使海洋环境监督管理权的部门的职责，由省、自治区、直辖市人民政府根据本法及国务院有关规定确定。

第六条　环境保护行政主管部门、海洋行政主管部门和其他行使海洋环境监督管理权的部门，根据职责分工依法公开海洋环境相关信息；相关排污单位应当依法公开排污信息。

第二章　海洋环境监督管理

第七条　国家海洋行政主管部门会同国务院有关部门和沿海省、自治区、直辖市人民政府根据全国海洋主体功能区规划，拟定全国海洋功能区划，报国务院批准。

沿海地方各级人民政府应当根据全国和地方海洋功能区划，保护和科学合理地使用海域。

第八条　国家根据海洋功能区划制定全国海洋环境保护规划和重点海域区域性海洋环境保护规划。

毗邻重点海域的有关沿海省、自治区、直辖市人民政府及行使海洋环境监督管理权的部门，可以建立海洋环境保护区域合作组织，负责实施重点海域区域性海洋环境保护规划、海洋环境污染的防治和海洋生态保护工作。

第九条　跨区域的海洋环境保护工作，由有关沿海地方人民政府协商解决，或者由上级人民政府协调解决。

跨部门的重大海洋环境保护工作，由国务院环境保护行政主管部门协调；协调未能解决的，由国务院作出决定。

第十条　国家根据海洋环境质量状况和国家经济、技术条件，制定国家海洋环境质量标准。

沿海省、自治区、直辖市人民政府对国家海洋环境质量标准中未作规定的项目，可以制定地方海洋环境质量标准。

沿海地方各级人民政府根据国家和地方海洋环境质量标准的规定和本行政区近岸海域环境质量状况，确定海洋环境保护的目标和任务，并纳入人民政府工作计划，按相应的海洋环境质量标准实施管理。

第十一条　国家和地方水污染物排放标准的制定，应当将国家和地方海洋环境质量标准作为重要依据之一。在国家建立并实施排污总量控制制度的重点海域，水污染物排放标准的制定，还应当将主要污染物排海总量控制指标作为重要依据。

排污单位在执行国家和地方水污染物排放标准的同时，应当遵守分解落实到本单位的主要污染物排海总量控制指标。

对超过主要污染物排海总量控制指标的重点海域和未完成海洋环境保护目标、任务的海域，省级以上人民政府环境保护行政主管部门、海洋行政主管部门，根据职责分工暂停审批新增相应种类污染物排放总量的建设项目环境影响报告书(表)。

第十二条　直接向海洋排放污染物的单位和个人，必须按照国家规定缴纳排污费。依照法律规定缴纳环境保护税的，不再缴纳排污费。

向海洋倾倒废弃物，必须按照国家规定缴纳倾倒费。

根据本法规定征收的排污费、倾倒费，必须用于海洋环境污染的整治，不得挪作他用。具体办法由国务院规定。

第十三条　国家加强防治海洋环境污染损

害的科学技术的研究和开发,对严重污染海洋环境的落后生产工艺和落后设备,实行淘汰制度。

企业应当优先使用清洁能源,采用资源利用率高、污染物排放量少的清洁生产工艺,防止对海洋环境的污染。

第十四条 国家海洋行政主管部门按照国家环境监测、监视规范和标准,管理全国海洋环境的调查、监测、监视,制定具体的实施办法,会同有关部门组织全国海洋环境监测、监视网络,定期评价海洋环境质量,发布海洋巡航监视通报。

依照本法规定行使海洋环境监督管理权的部门分别负责各自所辖水域的监测、监视。

其他有关部门根据全国海洋环境监测网的分工,分别负责对入海河口、主要排污口的监测。

第十五条 国务院有关部门应当向国务院环境保护行政主管部门提供编制全国环境质量公报所必需的海洋环境监测资料。

环境保护行政主管部门应当向有关部门提供与海洋环境监督管理有关的资料。

第十六条 国家海洋行政主管部门按照国家制定的环境监测、监视信息管理制度,负责管理海洋综合信息系统,为海洋环境保护监督管理提供服务。

第十七条 因发生事故或者其他突发性事件,造成或者可能造成海洋环境污染事故的单位和个人,必须立即采取有效措施,及时向可能受到危害者通报,并向依照本法规定行使海洋环境监督管理权的部门报告,接受调查处理。

沿海县级以上地方人民政府在本行政区域近岸海域的环境受到严重污染时,必须采取有效措施,解除或者减轻危害。

第十八条 国家根据防止海洋环境污染的需要,制定国家重大海上污染事故应急计划。

国家海洋行政主管部门负责制定全国海洋石油勘探开发重大海上溢油应急计划,报国务院环境保护行政主管部门备案。

国家海事行政主管部门负责制定全国船舶重大海上溢油污染事故应急计划,报国务院环境保护行政主管部门备案。

沿海可能发生重大海洋环境污染事故的单位,应当依照国家的规定,制定污染事故应急计划,并向当地环境保护行政主管部门、海洋行政主管部门备案。

沿海县级以上地方人民政府及其有关部门在发生重大海上污染事故时,必须按照应急计划解除或者减轻危害。

第十九条 依照本法规定行使海洋环境监督管理权的部门可以在海上实行联合执法,在巡航监视中发现海上污染事故或者违反本法规定的行为时,应当予以制止并调查取证,必要时有权采取有效措施,防止污染事态的扩大,并报告有关主管部门处理。

依照本法规定行使海洋环境监督管理权的部门,有权对管辖范围内排放污染物的单位和个人进行现场检查。被检查者应当如实反映情况,提供必要的资料。

检查机关应当为被检查者保守技术秘密和业务秘密。

第三章 海洋生态保护

第二十条 国务院和沿海地方各级人民政府应当采取有效措施,保护红树林、珊瑚礁、滨海湿地、海岛、海湾、入海河口、重要渔业水域等具有典型性、代表性的海洋生态系统,珍稀、濒危海洋生物的天然集中分布区,具有重要经济价值的海洋生物生存区域及有重大科学文化价值的海洋自然历史遗迹和自然景观。

对具有重要经济、社会价值的已遭到破坏的海洋生态,应当进行整治和恢复。

第二十一条 国务院有关部门和沿海省级人民政府应当根据保护海洋生态的需要,选划、建立海洋自然保护区。

国家级海洋自然保护区的建立,须经国务院批准。

第二十二条 凡具有下列条件之一的,应当建立海洋自然保护区:

(一) 典型的海洋自然地理区域、有代表性的自然生态区域,以及遭受破坏但经保护能恢复的海洋自然生态区域;

(二) 海洋生物物种高度丰富的区域,或者珍稀、濒危海洋生物物种的天然集中分布区域;

(三) 具有特殊保护价值的海域、海岸、岛屿、滨海湿地、入海河口和海湾等;

(四) 具有重大科学文化价值的海洋自然遗

迹所在区域;

（五）其他需要予以特殊保护的区域。

第二十三条 凡具有特殊地理条件、生态系统、生物与非生物资源及海洋开发利用特殊需要的区域,可以建立海洋特别保护区,采取有效的保护措施和科学的开发方式进行特殊管理。

第二十四条 国家建立健全海洋生态保护补偿制度。

开发利用海洋资源,应当根据海洋功能区划合理布局,严格遵守生态保护红线,不得造成海洋生态环境破坏。

第二十五条 引进海洋动植物物种,应当进行科学论证,避免对海洋生态系统造成危害。

第二十六条 开发海岛及周围海域的资源,应当采取严格的生态保护措施,不得造成海岛地形、岸滩、植被以及海岛周围海域生态环境的破坏。

第二十七条 沿海地方各级人民政府应当结合当地自然环境的特点,建设海岸防护设施、沿海防护林、沿海城镇园林和绿地,对海岸侵蚀和海水入侵地区进行综合治理。

禁止毁坏海岸防护设施、沿海防护林、沿海城镇园林和绿地。

第二十八条 国家鼓励发展生态渔业建设,推广多种生态渔业生产方式,改善海洋生态状况。

新建、改建、扩建海水养殖场,应当进行环境影响评价。

海水养殖应当科学确定养殖密度,并应当合理投饵、施肥,正确使用药物,防止造成海洋环境的污染。

第四章 防治陆源污染物对海洋环境的污染损害

第二十九条 向海域排放陆源污染物,必须严格执行国家或者地方规定的标准和有关规定。

第三十条 入海排污口位置的选择,应当根据海洋功能区划、海水动力条件和有关规定,经科学论证后,报设区的市级以上人民政府环境保护行政主管部门备案。

环境保护行政主管部门应当在完成备案后十五个工作日内将入海排污口设置情况通报海洋、海事、渔业行政主管部门和军队环境保护部门。

在海洋自然保护区、重要渔业水域、海滨风景名胜区和其他需要特别保护的区域,不得新建排污口。

在有条件的地区,应当将排污口深海设置,实行离岸排放。设置陆源污染物深海离岸排放排污口,应当根据海洋功能区划、海水动力条件和海底工程设施的有关情况确定,具体办法由国务院规定。

第三十一条 省、自治区、直辖市人民政府环境保护行政主管部门和水行政主管部门应当按照水污染防治有关法律的规定,加强入海河流管理,防治污染,使入海河口的水质处于良好状态。

第三十二条 排放陆源污染物的单位,必须向环境保护行政主管部门申报拥有的陆源污染物排放设施、处理设施和在正常作业条件下排放陆源污染物的种类、数量和浓度,并提供防治海洋环境污染方面的有关技术和资料。

排放陆源污染物的种类、数量和浓度有重大改变的,必须及时申报。

第三十三条 禁止向海域排放油类、酸液、碱液、剧毒废液和高、中水平放射性废水。

严格限制向海域排放低水平放射性废水;确需排放的,必须严格执行国家辐射防护规定。

严格控制向海域排放含有不易降解的有机物和重金属的废水。

第三十四条 含病原体的医疗污水、生活污水和工业废水必须经过处理,符合国家有关排放标准后,方能排入海域。

第三十五条 含有机物和营养物质的工业废水、生活污水,应当严格控制向海湾、半封闭海及其他自净能力较差的海域排放。

第三十六条 向海域排放含热废水,必须采取有效措施,保证邻近渔业水域的水温符合国家海洋环境质量标准,避免热污染对水产资源的危害。

第三十七条 沿海农田、林场施用化学农药,必须执行国家农药安全使用的规定和标准。

沿海农田、林场应当合理使用化肥和植物生长调节剂。

第三十八条 在岸滩弃置、堆放和处理尾矿、矿渣、煤灰渣、垃圾和其他固体废物的,依照

《中华人民共和国固体废物污染环境防治法》的有关规定执行。

第三十九条 禁止经中华人民共和国内水、领海转移危险废物。

经中华人民共和国管辖的其他海域转移危险废物的，必须事先取得国务院环境保护行政主管部门的书面同意。

第四十条 沿海城市人民政府应当建设和完善城市排水管网，有计划地建设城市污水处理厂或者其他污水集中处理设施，加强城市污水的综合整治。

建设污水海洋处置工程，必须符合国家有关规定。

第四十一条 国家采取必要措施，防止、减少和控制来自大气层或者通过大气层造成的海洋环境污染损害。

第五章 防治海岸工程建设项目对海洋环境的污染损害

第四十二条 新建、改建、扩建海岸工程建设项目，必须遵守国家有关建设项目环境保护管理的规定，并把防治污染所需资金纳入建设项目投资计划。

在依法划定的海洋自然保护区、海滨风景名胜区、重要渔业水域及其他需要特别保护的区域，不得从事污染环境、破坏景观的海岸工程项目建设或者其他活动。

第四十三条 海岸工程建设项目单位，必须对海洋环境进行科学调查，根据自然条件和社会条件，合理选址，编制环境影响报告书（表）。在建设项目开工前，将环境影响报告书（表）报环境保护行政主管部门审查批准。

环境保护行政主管部门在批准环境影响报告书（表）之前，必须征求海洋、海事、渔业行政主管部门和军队环境保护部门的意见。

第四十四条 海岸工程建设项目的环境保护设施，必须与主体工程同时设计、同时施工、同时投产使用。环境保护设施应当符合经批准的环境影响评价报告书（表）的要求。

第四十五条 禁止在沿海陆域内新建不具备有效治理措施的化学制浆造纸、化工、印染、制革、电镀、酿造、炼油、岸边冲滩拆船以及其他严重污染海洋环境的工业生产项目。

第四十六条 兴建海岸工程建设项目，必须采取有效措施，保护国家和地方重点保护的野生动植物及其生存环境和海洋水产资源。

严格限制在海岸采挖砂石。露天开采海滨砂矿和从岸上打井开采海底矿产资源，必须采取有效措施，防止污染海洋环境。

第六章 防治海洋工程建设项目对海洋环境的污染损害

第四十七条 海洋工程建设项目必须符合全国海洋主体功能区规划、海洋功能区划、海洋环境保护规划和国家有关环境保护标准。海洋工程建设项目单位应当对海洋环境进行科学调查，编制海洋环境影响报告书（表），并在建设项目开工前，报海洋行政主管部门审查批准。

海洋行政主管部门在批准海洋环境影响报告书（表）之前，必须征求海事、渔业行政主管部门和军队环境保护部门的意见。

第四十八条 海洋工程建设项目的环境保护设施，必须与主体工程同时设计、同时施工、同时投产使用。环境保护设施未经海洋行政主管部门验收，或者经验收不合格的，建设项目不得投入生产或者使用。

拆除或者闲置环境保护设施，必须事先征得海洋行政主管部门的同意。

第四十九条 海洋工程建设项目，不得使用含超标准放射性物质或者易溶出有毒有害物质的材料。

第五十条 海洋工程建设项目需要爆破作业时，必须采取有效措施，保护海洋资源。

海洋石油勘探开发及输油过程中，必须采取有效措施，避免溢油事故的发生。

第五十一条 海洋石油钻井船、钻井平台和采油平台的含油污水和油性混合物，必须经过处理达标后排放；残油、废油必须予以回收，不得排放入海。经回收处理后排放的，其含油量不得超过国家规定的标准。

钻井所使用的油基泥浆和其他有毒复合泥浆不得排放入海。水基泥浆和无毒复合泥浆及钻屑的排放，必须符合国家有关规定。

第五十二条 海洋石油钻井船、钻井平台和采油平台及其有关海上设施，不得向海域处置含油的工业垃圾。处置其他工业垃圾，不得造成海洋环境污染。

第五十三条　海上试油时，应当确保油气充分燃烧，油和油性混合物不得排放入海。

第五十四条　勘探开发海洋石油，必须按有关规定编制溢油应急计划，报国家海洋行政主管部门的海区派出机构备案。

第七章　防治倾倒废弃物对海洋环境的污染损害

第五十五条　任何单位未经国家海洋行政主管部门批准，不得向中华人民共和国管辖海域倾倒任何废弃物。

需要倾倒废弃物的单位，必须向国家海洋行政主管部门提出书面申请，经国家海洋行政主管部门审查批准，发给许可证后，方可倾倒。

禁止中华人民共和国境外的废弃物在中华人民共和国管辖海域倾倒。

第五十六条　国家海洋行政主管部门根据废弃物的毒性、有毒物质含量和对海洋环境影响程度，制定海洋倾倒废弃物评价程序和标准。

向海洋倾倒废弃物，应当按照废弃物的类别和数量实行分级管理。

可以向海洋倾倒的废弃物名录，由国家海洋行政主管部门拟定，经国务院环境保护行政主管部门提出审核意见后，报国务院批准。

第五十七条　国家海洋行政主管部门按照科学、合理、经济、安全的原则选划海洋倾倒区，经国务院环境保护行政主管部门提出审核意见后，报国务院批准。

临时性海洋倾倒区由国家海洋行政主管部门批准，并报国务院环境保护行政主管部门备案。

国家海洋行政主管部门在选划海洋倾倒区和批准临时性海洋倾倒区之前，必须征求国家海事、渔业行政主管部门的意见。

第五十八条　国家海洋行政主管部门监督管理倾倒区的使用，组织倾倒区的环境监测。对经确认不宜继续使用的倾倒区，国家海洋行政主管部门应当予以封闭，终止在该倾倒区的一切倾倒活动，并报国务院备案。

第五十九条　获准倾倒废弃物的单位，必须按照许可证注明的期限及条件，到指定的区域进行倾倒。废弃物装载之后，批准部门应当予以核实。

第六十条　获准倾倒废弃物的单位，应当详细记录倾倒的情况，并在倾倒后向批准部门作出书面报告。倾倒废弃物的船舶必须向驶出港的海事行政主管部门作出书面报告。

第六十一条　禁止在海上焚烧废弃物。

禁止在海上处置放射性废弃物或者其他放射性物质。废弃物中的放射性物质的豁免浓度由国务院制定。

第八章　防治船舶及有关作业活动对海洋环境的污染损害

第六十二条　在中华人民共和国管辖海域，任何船舶及相关作业不得违反本法规定向海洋排放污染物、废弃物和压载水、船舶垃圾及其他有害物质。

从事船舶污染物、废弃物、船舶垃圾接收、船舶清舱、洗舱作业活动的，必须具备相应的接收处理能力。

第六十三条　船舶必须按照有关规定持有防止海洋环境污染的证书与文书，在进行涉及污染物排放及操作时，应当如实记录。

第六十四条　船舶必须配置相应的防污设备和器材。

载运具有污染危害性货物的船舶，其结构与设备应当能够防止或者减轻所载货物对海洋环境的污染。

第六十五条　船舶应当遵守海上交通安全法律、法规的规定，防止因碰撞、触礁、搁浅、火灾或者爆炸等引起的海难事故，造成海洋环境的污染。

第六十六条　国家完善并实施船舶油污损害民事赔偿责任制度；按照船舶油污损害赔偿责任由船东和货主共同承担风险的原则，建立船舶油污保险、油污损害赔偿基金制度。

实施船舶油污保险、油污损害赔偿基金制度的具体办法由国务院规定。

第六十七条　载运具有污染危害性货物进出港口的船舶，其承运人、货物所有人或者代理人，必须事先向海事行政主管部门申报。经批准后，方可进出港口、过境停留或者装卸作业。

第六十八条　交付船舶装运污染危害性货

物的单证、包装、标志、数量限制等,必须符合对所装货物的有关规定。

需要船舶装运污染危害性不明的货物,应当按照有关规定事先进行评估。

装卸油类及有毒有害货物的作业,船岸双方必须遵守安全防污操作规程。

第六十九条 港口、码头、装卸站和船舶修造厂必须按照有关规定备有足够的用于处理船舶污染物、废弃物的接收设施,并使该设施处于良好状态。

装卸油类的港口、码头、装卸站和船舶必须编制溢油污染应急计划,并配备相应的溢油污染应急设备和器材。

第七十条 船舶及有关作业活动应当遵守有关法律法规和标准,采取有效措施,防止造成海洋环境污染。海事行政主管部门等有关部门应当加强对船舶及有关作业活动的监督管理。

船舶进行散装液体污染危害性货物的过驳作业,应当事先按照有关规定报经海事行政主管部门批准。

第七十一条 船舶发生海难事故,造成或者可能造成海洋环境重大污染损害的,国家海事行政主管部门有权强制采取避免或者减少污染损害的措施。

对在公海上因发生海难事故,造成中华人民共和国管辖海域重大污染损害后果或者具有污染威胁的船舶、海上设施,国家海事行政主管部门有权采取与实际的或者可能发生的损害相称的必要措施。

第七十二条 所有船舶均有监视海上污染的义务,在发现海上污染事故或者违反本法规定的行为时,必须立即向就近的依照本法规定行使海洋环境监督管理权的部门报告。

民用航空器发现海上排污或者污染事件,必须及时向就近的民用航空空中交通管制单位报告。接到报告的单位,应当立即向依照本法规定行使海洋环境监督管理权的部门通报。

第九章 法律责任

第七十三条 违反本法有关规定,有下列行为之一的,由依照本法规定行使海洋环境监督管理权的部门责令停止违法行为、限期改正或者责令采取限制生产、停产整治等措施,并处以罚款;拒不改正的,依法作出处罚决定的部门可以自责令改正之日的次日起,按照原罚款数额按日连续处罚;情节严重的,报经有批准权的人民政府批准,责令停业、关闭:

(一)向海域排放本法禁止排放的污染物或者其他物质的;

(二)不按照本法规定向海洋排放污染物,或者超过标准、总量控制指标排放污染物的;

(三)未取得海洋倾倒许可证,向海洋倾倒废弃物的;

(四)因发生事故或者其他突发性事件,造成海洋环境污染事故,不立即采取处理措施的。

有前款第(一)、(三)项行为之一的,处三万元以上二十万元以下的罚款;有前款第(二)、(四)项行为之一的,处二万元以上十万元以下的罚款。

第七十四条 违反本法有关规定,有下列行为之一的,由依照本法规定行使海洋环境监督管理权的部门予以警告,或者处以罚款:

(一)不按照规定申报,甚至拒报污染物排放有关事项,或者在申报时弄虚作假的;

(二)发生事故或者其他突发性事件不按照规定报告的;

(三)不按照规定记录倾倒情况,或者不按照规定提交倾倒报告的;

(四)拒报或者谎报船舶载运污染危害性货物申报事项的。

有前款第(一)、(三)项行为之一的,处二万元以下的罚款;有前款第(二)、(四)项行为之一的,处五万元以下的罚款。

第七十五条 违反本法第十九条第二款的规定,拒绝现场检查,或者在被检查时弄虚作假的,由依照本法规定行使海洋环境监督管理权的部门予以警告,并处二万元以下的罚款。

第七十六条 违反本法规定,造成珊瑚礁、红树林等海洋生态系统及海洋水产资源、海洋保护区破坏的,由依照本法规定行使海洋环境监督管理权的部门责令限期改正和采取补救措施,并处一万元以上十万元以下的罚款;有违法所得的,没收其违法所得。

第七十七条 违反本法第三十条第一款、第三款规定设置入海排污口的，由县级以上地方人民政府环境保护行政主管部门责令其关闭，并处二万元以上十万元以下的罚款。

海洋、海事、渔业行政主管部门和军队环境保护部门发现入海排污口设置违反本法第三十条第一款、第三款规定的，应当通报环境保护行政主管部门依照前款规定予以处罚。

第七十八条 违反本法第三十九条第二款的规定，经中华人民共和国管辖海域，转移危险废物的，由国家海事行政主管部门责令非法运输该危险废物的船舶退出中华人民共和国管辖海域，并处五万元以上五十万元以下的罚款。

第七十九条 海岸工程建设项目未依法进行环境影响评价的，依照《中华人民共和国环境影响评价法》的规定处理。

第八十条 违反本法第四十四条的规定，海岸工程建设项目未建成环境保护设施，或者环境保护设施未达到规定要求即投入生产、使用的，由环境保护行政主管部门责令其停止生产或者使用，并处二万元以上十万元以下的罚款。

第八十一条 违反本法第四十五条的规定，新建严重污染海洋环境的工业生产建设项目的，按照管理权限，由县级以上人民政府责令关闭。

第八十二条 违反本法第四十七条第一款的规定，进行海洋工程建设项目的，由海洋行政主管部门责令其停止施工，根据违法情节和危害后果，处建设项目总投资额百分之一以上百分之五以下的罚款，并可以责令恢复原状。

违反本法第四十八条的规定，海洋工程建设项目未建成环境保护设施、环境保护设施未达到规定要求即投入生产、使用的，由海洋行政主管部门责令其停止生产、使用，并处五万元以上二十万元以下的罚款。

第八十三条 违反本法第四十九条的规定，使用含超标准放射性物质或者易溶出有毒有害物质材料的，由海洋行政主管部门处五万元以下的罚款，并责令其停止该建设项目的运行，直到消除污染危害。

第八十四条 违反本法规定进行海洋石油勘探开发活动，造成海洋环境污染的，由国家海洋行政主管部门予以警告，并处二万元以上二十万元以下的罚款。

第八十五条 违反本法规定，不按照许可证的规定倾倒，或者向已经封闭的倾倒区倾倒废弃物的，由海洋行政主管部门予以警告，并处三万元以上二十万元以下的罚款；对情节严重的，可以暂扣或者吊销许可证。

第八十六条 违反本法第五十五条第三款的规定，将中华人民共和国境外废弃物运进中华人民共和国管辖海域倾倒的，由国家海洋行政主管部门予以警告，并根据造成或者可能造成的危害后果，处十万元以上一百万元以下的罚款。

第八十七条 违反本法规定，有下列行为之一的，由依照本法规定行使海洋环境监督管理权的部门予以警告，或者处以罚款：

（一）港口、码头、装卸站及船舶未配备防污设施、器材的；

（二）船舶未持有防污证书、防污文书，或者不按照规定记载排污记录的；

（三）从事水上和港区水域拆船、旧船改装、打捞和其他水上、水下施工作业，造成海洋环境污染损害的；

（四）船舶载运的货物不具备防污适运条件的。

有前款第（一）、（四）项行为之一的，处二万元以上十万元以下的罚款；有前款第（二）项行为的，处二万元以下的罚款；有前款第（三）项行为的，处五万元以上二十万元以下的罚款。

第八十八条 违反本法规定，船舶、石油平台和装卸油类的港口、码头、装卸站不编制溢油应急计划的，由依照本法规定行使海洋环境监督管理权的部门予以警告，或者责令限期改正。

第八十九条 造成海洋环境污染损害的责任者，应当排除危害，并赔偿损失；完全由于第三者的故意或者过失，造成海洋环境污染损害的，由第三者排除危害，并承担赔偿责任。

对破坏海洋生态、海洋水产资源、海洋保护区，给国家造成重大损失的，由依照本法规定行使海洋环境监督管理权的部门代表国家对责任者提出损害赔偿要求。

第九十条 对违反本法规定，造成海洋环境污染事故的单位，除依法承担赔偿责任外，由依照本法规定行使海洋环境监督管理权的部门依照本条第二款的规定处以罚款；对直接负责的主管人员和其他直接责任人员可以处上一年度从本单位取得收入百分之五十以下的罚款;直接负责的主管人员和其他直接责任人员属于国家工作人员的,依法给予处分。

对造成一般或者较大海洋环境污染事故的,按照直接损失的百分之二十计算罚款;对造成重大或者特大海洋环境污染事故的,按照直接损失的百分之三十计算罚款。

对严重污染海洋环境、破坏海洋生态,构成犯罪的,依法追究刑事责任。

第九十一条　完全属于下列情形之一,经过及时采取合理措施,仍然不能避免对海洋环境造成污染损害的,造成污染损害的有关责任者免予承担责任:

(一)战争;

(二)不可抗拒的自然灾害;

(三)负责灯塔或者其他助航设备的主管部门,在执行职责时的疏忽,或者其他过失行为。

第九十二条　对违反本法第十二条有关缴纳排污费、倾倒费规定的行政处罚,由国务院规定。

第九十三条　海洋环境监督管理人员滥用职权、玩忽职守、徇私舞弊,造成海洋环境污染损害的,依法给予行政处分;构成犯罪的,依法追究刑事责任。

第十章　附　　则

第九十四条　本法中下列用语的含义是:

(一)海洋环境污染损害,是指直接或者间接地把物质或者能量引入海洋环境,产生损害海洋生物资源、危害人体健康、妨害渔业和海上其他合法活动、损害海水使用素质和减损环境质量等有害影响。

(二)内水,是指我国领海基线向内陆一侧的所有海域。

(三)滨海湿地,是指低潮时水深浅于六米的水域及其沿岸浸湿地带,包括水深不超过六米的永久性水域、潮间带(或洪泛地带)和沿海低地等。

(四)海洋功能区划,是指依据海洋自然属性和社会属性,以及自然资源和环境特定条件,界定海洋利用的主导功能和使用范畴。

(五)渔业水域,是指鱼虾类的产卵场、索饵场、越冬场、洄游通道和鱼虾贝藻类的养殖场。

(六)油类,是指任何类型的油及其炼制品。

(七)油性混合物,是指任何含有油份的混合物。

(八)排放,是指把污染物排入海洋的行为,包括泵出、溢出、泄出、喷出和倒出。

(九)陆地污染源(简称陆源),是指从陆地向海域排放污染物,造成或者可能造成海洋环境污染的场所、设施等。

(十)陆源污染物,是指由陆地污染源排放的污染物。

(十一)倾倒,是指通过船舶、航空器、平台或者其他载运工具,向海洋处置废弃物和其他有害物质的行为,包括弃置船舶、航空器、平台及其辅助设施和其他浮动工具的行为。

(十二)沿海陆域,是指与海岸相连,或者通过管道、沟渠、设施,直接或者间接向海洋排放污染物及其相关活动的一带区域。

(十三)海上焚烧,是指以热摧毁为目的,在海上焚烧设施上,故意焚烧废弃物或者其他物质的行为,但船舶、平台或者其他人工构造物正常操作中,所附带发生的行为除外。

第九十五条　涉及海洋环境监督管理的有关部门的具体职权划分,本法未作规定的,由国务院规定。

第九十六条　中华人民共和国缔结或者参加的与海洋环境保护有关的国际条约与本法有不同规定的,适用国际条约的规定;但是,中华人民共和国声明保留的条款除外。

第九十七条　本法自2000年4月1日起施行。

最高人民法院关于审理海洋自然资源与生态环境损害赔偿纠纷案件若干问题的规定

(2017年11月20日最高人民法院审判委员会第1727次会议通过　2017年12月29日最高人民法院公告公布　自2018年1月15日起施行　法释〔2017〕23号)

为正确审理海洋自然资源与生态环境损害赔偿纠纷案件,根据《中华人民共和国海洋环境保护法》《中华人民共和国民事诉讼法》《中华人民共和国海事诉讼特别程序法》等法律的规定，结合审判实践，制定本规定。

第一条 人民法院审理为请求赔偿海洋环境保护法第八十九条第二款规定的海洋自然资源与生态环境损害而提起的诉讼，适用本规定。

第二条 在海上或者沿海陆域内从事活动，对中华人民共和国管辖海域内海洋自然资源与生态环境造成损害，由此提起的海洋自然资源与生态环境损害赔偿诉讼，由损害行为发生地、损害结果地或者采取预防措施地海事法院管辖。

第三条 海洋环境保护法第五条规定的行使海洋环境监督管理权的机关，根据其职能分工提起海洋自然资源与生态环境损害赔偿诉讼，人民法院应予受理。

第四条 人民法院受理海洋自然资源与生态环境损害赔偿诉讼，应当在立案之日起五日内公告案件受理情况。

人民法院在审理中发现可能存在下列情形之一的，可以书面告知其他依法行使海洋环境监督管理权的机关：

（一）同一损害涉及不同区域或者不同部门；

（二）不同损害应由其他依法行使海洋环境监督管理权的机关索赔。

本规定所称不同损害，包括海洋自然资源与生态环境损害中不同种类和同种类但可以明确区分属不同机关索赔范围的损害。

第五条 在人民法院依照本规定第四条的规定发布公告之日起三十日内，或者书面告知之日起七日内，对同一损害有权提起诉讼的其他机关申请参加诉讼，经审查符合法定条件的，人民法院应当将其列为共同原告；逾期申请的，人民法院不予准许。裁判生效后另行起诉的，人民法院参照《最高人民法院关于审理环境民事公益诉讼案件适用法律若干问题的解释》第二十八条的规定处理。

对于不同损害，可以由各依法行使海洋环境监督管理权的机关分别提起诉讼；索赔人共同起诉或者在规定期限内申请参加诉讼的，人民法院依照民事诉讼法第五十二条第一款的规定决定是否按共同诉讼进行审理。

第六条 依法行使海洋环境监督管理权的机关请求造成海洋自然资源与生态环境损害的责任者承担停止侵害、排除妨碍、消除危险、恢复原状、赔礼道歉、赔偿损失等民事责任的，人民法院应当根据诉讼请求以及具体案情，合理判定责任者承担民事责任。

第七条 海洋自然资源与生态环境损失赔偿范围包括：

（一）预防措施费用，即为减轻或者防止海洋环境污染、生态恶化、自然资源减少所采取合理应急处置措施而发生的费用；

（二）恢复费用，即采取或者将要采取措施恢复或者部分恢复受损害海洋自然资源与生态环境功能所需费用；

（三）恢复期间损失，即受损害的海洋自然资源与生态环境功能部分或者完全恢复前的海洋自然资源损失、生态环境服务功能损失；

（四）调查评估费用，即调查、勘查、监测污染区域和评估污染等损害风险与实际损害所发生的费用。

第八条 恢复费用，限于现实修复实际发生和未来修复必然发生的合理费用，包括制定和实施修复方案和监测、监管产生的费用。

未来修复必然发生的合理费用和恢复期间损失，可以根据有资格的鉴定评估机构依据法律法规、国家主管部门颁布的鉴定评估技术规范作出的鉴定意见予以确定，但当事人有相反证据足以反驳的除外。

预防措施费用和调查评估费用，以实际发生和未来必然发生的合理费用计算。

责任者已经采取合理预防、恢复措施，其主张相应减少损失赔偿数额的，人民法院应予支持。

第九条 依照本规定第八条的规定难以确定恢复费用和恢复期间损失的，人民法院可以根据责任者因损害行为所获得的收益或者所减少支付的污染防治费用，合理确定损失赔偿数额。

前款规定的收益或者费用无法认定的，可以参照政府部门相关统计资料或者其他证据所证明的同区域同类生产经营者同期平均收入、同期平均污染防治费用，合理酌定。

第十条 人民法院判决责任者赔偿海洋自然资源与生态环境损失的，可以一并写明依法行使海洋环境监督管理权的机关受领赔款后向国库账户交纳。

发生法律效力的裁判需要采取强制执行措施的,应当移送执行。

第十一条 海洋自然资源与生态环境损害赔偿诉讼当事人达成调解协议或者自行达成和解协议的,人民法院依照《最高人民法院关于审理环境民事公益诉讼案件适用法律若干问题的解释》第二十五条的规定处理。

第十二条 人民法院审理海洋自然资源与生态环境损害赔偿纠纷案件,本规定没有规定的,适用《最高人民法院关于审理环境侵权责任纠纷案件适用法律若干问题的解释》《最高人民法院关于审理环境民事公益诉讼案件适用法律若干问题的解释》等相关司法解释的规定。

在海上或者沿海陆域内从事活动,对中华人民共和国管辖海域内海洋自然资源与生态环境形成损害威胁,人民法院审理由此引起的赔偿纠纷案件,参照适用本规定。

人民法院审理因船舶引起的海洋自然资源与生态环境损害赔偿纠纷案件,法律、行政法规、司法解释另有特别规定的,依照其规定。

第十三条 本规定自 2018 年 1 月 15 日起施行,人民法院尚未审结的一审、二审案件适用本规定;本规定施行前已经作出生效裁判的案件,本规定施行后依法再审的,不适用本规定。

本规定施行后,最高人民法院以前颁布的司法解释与本规定不一致的,以本规定为准。

最高人民法院关于审理环境民事公益诉讼案件适用法律若干问题的解释

(2014 年 12 月 8 日最高人民法院审判委员会第 1631 次会议通过 2015 年 1 月 6 日最高人民法院公告公布 自 2015 年 1 月 7 日起施行 法释〔2015〕1 号)

为正确审理环境民事公益诉讼案件,根据《中华人民共和国民事诉讼法》《中华人民共和国侵权责任法》《中华人民共和国环境保护法》等法律的规定,结合审判实践,制定本解释。

第一条 法律规定的机关和有关组织依据民事诉讼法第五十五条、环境保护法第五十八条等法律的规定,对已经损害社会公共利益或者具有损害社会公共利益重大风险的污染环境、破坏生态的行为提起诉讼,符合民事诉讼法第一百一十九条第二项、第三项、第四项规定的,人民法院应予受理。

第二条 依照法律、法规的规定,在设区的市级以上人民政府民政部门登记的社会团体、民办非企业单位以及基金会等,可以认定为环境保护法第五十八条规定的社会组织。

第三条 设区的市,自治州、盟、地区,不设区的地级市,直辖市的区以上人民政府民政部门,可以认定为环境保护法第五十八条规定的“设区的市级以上人民政府民政部门”。

第四条 社会组织章程确定的宗旨和主要业务范围是维护社会公共利益,且从事环境保护公益活动的,可以认定为环境保护法第五十八条规定的“专门从事环境保护公益活动”。

社会组织提起的诉讼所涉及的社会公共利益,应与其宗旨和业务范围具有关联性。

第五条 社会组织在提起诉讼前五年内未因从事业务活动违反法律、法规的规定受过行政、刑事处罚的,可以认定为环境保护法第五十八条规定的“无违法记录”。

第六条 第一审环境民事公益诉讼案件由污染环境、破坏生态行为发生地、损害结果地或者被告住所地的中级以上人民法院管辖。

中级人民法院认为确有必要的,可以在报请高级人民法院批准后,裁定将本院管辖的第一审环境民事公益诉讼案件交由基层人民法院审理。

同一原告或者不同原告对同一污染环境、破坏生态行为分别向两个以上有管辖权的人民法院提起环境民事公益诉讼的,由最先立案的人民法院管辖,必要时由共同上级人民法院指定管辖。

第七条 经最高人民法院批准,高级人民法院可以根据本辖区环境和生态保护的实际情况,在辖区内确定部分中级人民法院受理第一审环境民事公益诉讼案件。

中级人民法院管辖环境民事公益诉讼案件的区域由高级人民法院确定。

第八条 提起环境民事公益诉讼应当提交下列材料：

（一）符合民事诉讼法第一百二十一条规定的起诉状，并按照被告人数提出副本；

（二）被告的行为已经损害社会公共利益或者具有损害社会公共利益重大风险的初步证明材料；

（三）社会组织提起诉讼的，应当提交社会组织登记证书、章程、起诉前连续五年的年度工作报告书或者年检报告书，以及由其法定代表人或者负责人签字并加盖公章的无违法记录的声明。

第九条 人民法院认为原告提出的诉讼请求不足以保护社会公共利益的，可以向其释明变更或者增加停止侵害、恢复原状等诉讼请求。

第十条 人民法院受理环境民事公益诉讼后，应当在立案之日起五日内将起诉状副本发送被告，并公告案件受理情况。

有权提起诉讼的其他机关和社会组织在公告之日起三十日内申请参加诉讼，经审查符合法定条件的，人民法院应当将其列为共同原告；逾期申请的，不予准许。

公民、法人和其他组织以人身、财产受到损害为由申请参加诉讼的，告知其另行起诉。

第十一条 检察机关、负有环境保护监督管理职责的部门及其他机关、社会组织、企业事业单位依据民事诉讼法第十五条的规定，可以通过提供法律咨询、提交书面意见、协助调查取证等方式支持社会组织依法提起环境民事公益诉讼。

第十二条 人民法院受理环境民事公益诉讼后，应当在十日内告知对被告行为负有环境保护监督管理职责的部门。

第十三条 原告请求被告提供其排放的主要污染物名称、排放方式、排放浓度和总量、超标排放情况以及防治污染设施的建设和运行情况等环境信息，法律、法规、规章规定被告应当持有或者有证据证明被告持有而拒不提供，如果原告主张相关事实不利于被告的，人民法院可以推定该主张成立。

第十四条 对于审理环境民事公益诉讼案件需要的证据，人民法院认为必要的，应当调查收集。

对于应当由原告承担举证责任且为维护社会公共利益所必要的专门性问题，人民法院可以委托具备资格的鉴定人进行鉴定。

第十五条 当事人申请通知有专门知识的人出庭，就鉴定人作出的鉴定意见或者就因果关系、生态环境修复方式、生态环境修复费用以及生态环境受到损害至恢复原状期间服务功能的损失等专门性问题提出意见的，人民法院可以准许。

前款规定的专家意见经质证，可以作为认定事实的根据。

第十六条 原告在诉讼过程中承认的对己方不利的事实和认可的证据，人民法院认为损害社会公共利益的，应当不予确认。

第十七条 环境民事公益诉讼案件审理过程中，被告以反诉方式提出诉讼请求的，人民法院不予受理。

第十八条 对污染环境、破坏生态，已经损害社会公共利益或者具有损害社会公共利益重大风险的行为，原告可以请求被告承担停止侵害、排除妨碍、消除危险、恢复原状、赔偿损失、赔礼道歉等民事责任。

第十九条 原告为防止生态环境损害的发生和扩大，请求被告停止侵害、排除妨碍、消除危险的，人民法院可以依法予以支持。

原告为停止侵害、排除妨碍、消除危险采取合理预防、处置措施而发生的费用，请求被告承担的，人民法院可以依法予以支持。

第二十条 原告请求恢复原状的，人民法院可以依法判决被告将生态环境修复到损害发生之前的状态和功能。无法完全修复的，可以准许采用替代性修复方式。

人民法院可以在判决被告修复生态环境的同时，确定被告不履行修复义务时应承担的生态环境修复费用；也可以直接判决被告承担生态环境修复费用。

生态环境修复费用包括制定、实施修复方案的费用和监测、监管等费用。

第二十一条 原告请求被告赔偿生态环境受到损害至恢复原状期间服务功能损失的，人民法院可以依法予以支持。

第二十二条 原告请求被告承担检验、鉴定费用，合理的律师费以及为诉讼支出的其他合理费用的，人民法院可以依法予以支持。

第二十三条 生态环境修复费用难以确定或者确定具体数额所需鉴定费用明显过高的，人民法院可以结合污染环境、破坏生态的范围和程度、生态环境的稀缺性、生态环境恢复的难易程度、防治污染设备的运行成本、被告因侵害行为所获得的利益以及过错程度等因素，并可以参考负有环境保护监督管理职责的部门的意见、专家意见等，予以合理确定。

第二十四条 人民法院判决被告承担的生态环境修复费用、生态环境受到损害至恢复原状期间服务功能损失等款项，应当用于修复被损害的生态环境。

其他环境民事公益诉讼中败诉原告所需承担的调查取证、专家咨询、检验、鉴定等必要费用，可以酌情从上述款项中支付。

第二十五条 环境民事公益诉讼当事人达成调解协议或者自行达成和解协议后，人民法院应当将协议内容公告，公告期间不少于三十日。

公告期满后，人民法院审查认为调解协议或者和解协议的内容不损害社会公共利益的，应当出具调解书。当事人以达成和解协议为由申请撤诉的，不予准许。

调解书应当写明诉讼请求、案件的基本事实和协议内容，并应当公开。

第二十六条 负有环境保护监督管理职责的部门依法履行监管职责而使原告诉讼请求全部实现，原告申请撤诉的，人民法院应予准许。

第二十七条 法庭辩论终结后，原告申请撤诉的，人民法院不予准许，但本解释第二十六条规定的情形除外。

第二十八条 环境民事公益诉讼案件的裁判生效后，有权提起诉讼的其他机关和社会组织就同一污染环境、破坏生态行为另行起诉，有下列情形之一的，人民法院应予受理：

（一）前案原告的起诉被裁定驳回的；

（二）前案原告申请撤诉被裁定准许的，但本解释第二十六条规定的情形除外。

环境民事公益诉讼案件的裁判生效后，有证据证明存在前案审理时未发现的损害，有权提起诉讼的机关和社会组织另行起诉的，人民法院应予受理。

第二十九条 法律规定的机关和社会组织提起环境民事公益诉讼的，不影响因同一污染环境、破坏生态行为受到人身、财产损害的公民、法人和其他组织依据民事诉讼法第一百一十九条的规定提起诉讼。

第三十条 已为环境民事公益诉讼生效裁判认定的事实，因同一污染环境、破坏生态行为依据民事诉讼法第一百一十九条规定提起诉讼的原告、被告均无需举证证明，但原告对该事实有异议并有相反证据足以推翻的除外。

对于环境民事公益诉讼生效裁判就被告是否存在法律规定的不承担责任或者减轻责任的情形、行为与损害之间是否存在因果关系、被告承担责任的大小等所作的认定，因同一污染环境、破坏生态行为依据民事诉讼法第一百一十九条规定提起诉讼的原告主张适用的，人民法院应予支持，但被告有相反证据足以推翻的除外。被告主张直接适用对其有利的认定的，人民法院不予支持，被告仍应举证证明。

第三十一条 被告因污染环境、破坏生态在环境民事公益诉讼和其他民事诉讼中均承担责任，其财产不足以履行全部义务的，应当先履行其他民事诉讼生效裁判所确定的义务，但法律另有规定的除外。

第三十二条 发生法律效力的环境民事公益诉讼案件的裁判，需要采取强制执行措施的，应当移送执行。

第三十三条 原告交纳诉讼费用确有困难，依法申请缓交的，人民法院应予准许。

败诉或者部分败诉的原告申请减交或者免交诉讼费用的，人民法院应当依照《诉讼费用交纳办法》的规定，视原告的经济状况和案件的审理情况决定是否准许。

第三十四条 社会组织有通过诉讼违法收受财物等牟取经济利益行为的，人民法院可以根据情节轻重依法收缴其非法所得、予以罚款；涉嫌犯罪的，依法移送有关机关处理。

社会组织通过诉讼牟取经济利益的，人民法院应当向登记管理机关或者有关机关发送司法建议，由其依法处理。

第三十五条 本解释施行前最高人民法院发布的司法解释和规范性文件，与本解释不一致的，以本解释为准。

最高人民法院关于审理环境侵权责任纠纷案件适用法律若干问题的解释

（2015年2月9日最高人民法院审判委员会第1644次会议通过　2015年6月1日最高人民法院公告公布　自2015年6月3日起施行　法释〔2015〕12号）

为正确审理环境侵权责任纠纷案件，根据《中华人民共和国侵权责任法》《中华人民共和国环境保护法》《中华人民共和国民事诉讼法》等法律的规定，结合审判实践，制定本解释。

第一条　因污染环境造成损害，不论污染者有无过错，污染者应当承担侵权责任。污染者以排污符合国家或者地方污染物排放标准为由主张不承担责任的，人民法院不予支持。

污染者不承担责任或者减轻责任的情形，适用海洋环境保护法、水污染防治法、大气污染防治法等环境保护单行法的规定；相关环境保护单行法没有规定的，适用侵权责任法的规定。

第二条　两个以上污染者共同实施污染行为造成损害，被侵权人根据侵权责任法第八条规定请求污染者承担连带责任的，人民法院应予支持。

第三条　两个以上污染者分别实施污染行为造成同一损害，每一个污染者的污染行为都足以造成全部损害，被侵权人根据侵权责任法第十一条规定请求污染者承担连带责任的，人民法院应予支持。

两个以上污染者分别实施污染行为造成同一损害，每一个污染者的污染行为都不足以造成全部损害，被侵权人根据侵权责任法第十二条规定请求污染者承担责任的，人民法院应予支持。

两个以上污染者分别实施污染行为造成同一损害，部分污染者的污染行为足以造成全部损害，部分污染者的污染行为只造成部分损害，被侵权人根据侵权责任法第十一条规定请求足以造成全部损害的污染者与其他污染者就共同造成的损害部分承担连带责任，并对全部损害承担责任的，人民法院应予支持。

第四条　两个以上污染者污染环境，对污染者承担责任的大小，人民法院应当根据污染物的种类、排放量、危害性以及有无排污许可证、是否超过污染物排放标准、是否超过重点污染物排放总量控制指标等因素确定。

第五条　被侵权人根据侵权责任法第六十八条规定分别或者同时起诉污染者、第三人的，人民法院应予受理。

被侵权人请求第三人承担赔偿责任的，人民法院应当根据第三人的过错程度确定其相应赔偿责任。

污染者以第三人的过错污染环境造成损害为由主张不承担责任或者减轻责任的，人民法院不予支持。

第六条　被侵权人根据侵权责任法第六十五条规定请求赔偿的，应当提供证明以下事实的证据材料：

（一）污染者排放了污染物；

（二）被侵权人的损害；

（三）污染者排放的污染物或者其次生污染物与损害之间具有关联性。

第七条　污染者举证证明下列情形之一的，人民法院应当认定其污染行为与损害之间不存在因果关系：

（一）排放的污染物没有造成该损害可能的；

（二）排放的可造成该损害的污染物未到达该损害发生地的；

（三）该损害于排放污染物之前已发生的；

（四）其他可以认定污染行为与损害之间不存在因果关系的情形。

第八条　对查明环境污染案件事实的专门性问题，可以委托具备相关资格的司法鉴定机构出具鉴定意见或者由国务院环境保护主管部门推荐的机构出具检验报告、检测报告、评估报告或者监测数据。

第九条　当事人申请通知一至两名具有专门知识的人出庭，就鉴定意见或者污染物认定、损害结果、因果关系等专业问题提出意见的，人民法院可以准许。当事人未申请，人民法院认为有必要的，可以进行释明。

具有专门知识的人在法庭上提出的意见，经当事人质证，可以作为认定案件事实的根据。

第十条 负有环境保护监督管理职责的部门或者其委托的机构出具的环境污染事件调查报告、检验报告、检测报告、评估报告或者监测数据等,经当事人质证,可以作为认定案件事实的根据。

第十一条 对于突发性或者持续时间较短的环境污染行为,在证据可能灭失或者以后难以取得的情况下,当事人或者利害关系人根据民事诉讼法第八十一条规定申请证据保全的,人民法院应当准许。

第十二条 被申请人具有环境保护法第六十三条规定情形之一,当事人或者利害关系人根据民事诉讼法第一百条或者第一百零一条规定申请保全的,人民法院可以裁定责令被申请人立即停止侵害行为或者采取污染防治措施。

第十三条 人民法院应当根据被侵权人的诉讼请求以及具体案情,合理判定污染者承担停止侵害、排除妨碍、消除危险、恢复原状、赔礼道歉、赔偿损失等民事责任。

第十四条 被侵权人请求恢复原状的,人民法院可以依法裁判污染者承担环境修复责任,并同时确定被告不履行环境修复义务时应当承担的环境修复费用。

污染者在生效裁判确定的期限内未履行环境修复义务的,人民法院可以委托其他人进行环境修复,所需费用由污染者承担。

第十五条 被侵权人起诉请求污染者赔偿因污染造成的财产损失、人身损害以及为防止污染扩大、消除污染而采取必要措施所支出的合理费用的,人民法院应予支持。

第十六条 下列情形之一,应当认定为环境保护法第六十五条规定的弄虚作假:

(一)环境影响评价机构明知委托人提供的材料虚假而出具严重失实的评价文件的;

(二)环境监测机构或者从事环境监测设备维护、运营的机构故意隐瞒委托人超过污染物排放标准或者超过重点污染物排放总量控制指标的事实的;

(三)从事防治污染设施维护、运营的机构故意不运行或者不正常运行环境监测设备或者防治污染设施的;

(四)有关机构在环境服务活动中其他弄虚作假的情形。

第十七条 被侵权人提起诉讼,请求污染者停止侵害、排除妨碍、消除危险的,不受环境保护法第六十六条规定的时效期间的限制。

第十八条 本解释适用于审理因污染环境、破坏生态造成损害的民事案件,但法律和司法解释对环境民事公益诉讼案件另有规定的除外。

相邻污染侵害纠纷、劳动者在职业活动中因受污染损害发生的纠纷,不适用本解释。

第十九条 本解释施行后,人民法院尚未审结的一审、二审案件适用本解释规定。本解释施行前已经作出生效裁判的案件,本解释施行后依法再审的,不适用本解释。

本解释施行后,最高人民法院以前颁布的司法解释与本解释不一致的,不再适用。

最高人民法院关于审理生态环境损害赔偿案件的若干规定(试行)

(2019年5月20日最高人民法院审判委员会第1769次会议通过 2019年6月4日最高人民法院公告公布 自2019年6月5日起施行 法释〔2019〕8号)

为正确审理生态环境损害赔偿案件,严格保护生态环境,依法追究损害生态环境责任者的赔偿责任,依据《中华人民共和国环境保护法》《中华人民共和国民事诉讼法》等法律的规定,结合审判工作实际,制定本规定。

第一条 具有下列情形之一,省级、市地级人民政府及其指定的相关部门、机构,或者受国务院委托行使全民所有自然资源资产所有权的部门,因与造成生态环境损害的自然人、法人或者其他组织经磋商未达成一致或者无法进行磋商的,可以作为原告提起生态环境损害赔偿诉讼:

(一)发生较大、重大、特别重大突发环境事件的;

(二)在国家和省级主体功能区规划中划定的重点生态功能区、禁止开发区发生环境污染、生态破坏事件的;

（三）发生其他严重影响生态环境后果的。

前款规定的市地级人民政府包括设区的市，自治州、盟、地区，不设区的地级市，直辖市的区、县人民政府。

第二条 下列情形不适用本规定：

（一）因污染环境、破坏生态造成人身损害、个人和集体财产损失要求赔偿的，适用侵权责任法等法律规定；

（二）因海洋生态环境损害要求赔偿的，适用海洋环境保护法等法律及相关规定。

第三条 第一审生态环境损害赔偿诉讼案件由生态环境损害行为实施地、损害结果发生地或者被告住所地的中级以上人民法院管辖。

经最高人民法院批准，高级人民法院可以在辖区内确定部分中级人民法院集中管辖第一审生态环境损害赔偿诉讼案件。

中级人民法院认为确有必要的，可以在报请高级人民法院批准后，裁定将本院管辖的第一审生态环境损害赔偿诉讼案件交由具备审理条件的基层人民法院审理。

生态环境损害赔偿诉讼案件由人民法院环境资源审判庭或者指定的专门法庭审理。

第四条 人民法院审理第一审生态环境损害赔偿诉讼案件，应当由法官和人民陪审员组成合议庭进行。

第五条 原告提起生态环境损害赔偿诉讼，符合民事诉讼法和本规定并提交下列材料的，人民法院应当登记立案：

（一）证明具备提起生态环境损害赔偿诉讼原告资格的材料；

（二）符合本规定第一条规定情形之一的证明材料；

（三）与被告进行磋商但未达成一致或者因客观原因无法与被告进行磋商的说明；

（四）符合法律规定的起诉状，并按照被告人数提出副本。

第六条 原告主张被告承担生态环境损害赔偿责任的，应当就以下事实承担举证责任：

（一）被告实施了污染环境、破坏生态的行为或者具有其他应当依法承担责任的情形；

（二）生态环境受到损害，以及所需修复费用、损害赔偿等具体数额；

（三）被告污染环境、破坏生态的行为与生态环境损害之间具有关联性。

第七条 被告反驳原告主张的，应当提供证据加以证明。被告主张具有法律规定的不承担责任或者减轻责任情形的，应当承担举证责任。

第八条 已为发生法律效力的刑事裁判所确认的事实，当事人在生态环境损害赔偿诉讼案件中无须举证证明，但有相反证据足以推翻的除外。

对刑事裁判未予确认的事实，当事人提供的证据达到民事诉讼证明标准的，人民法院应当予以认定。

第九条 负有相关环境资源保护监督管理职责的部门或者其委托的机构在行政执法过程中形成的事件调查报告、检验报告、检测报告、评估报告、监测数据等，经当事人质证并符合证据标准的，可以作为认定案件事实的根据。

第十条 当事人在诉前委托具备环境司法鉴定资质的鉴定机构出具的鉴定意见，以及委托国务院环境资源保护监督管理相关主管部门推荐的机构出具的检验报告、检测报告、评估报告、监测数据等，经当事人质证并符合证据标准的，可以作为认定案件事实的根据。

第十一条 被告违反法律法规污染环境、破坏生态的，人民法院应当根据原告的诉讼请求以及具体案情，合理判决被告承担修复生态环境、赔偿损失、停止侵害、排除妨碍、消除危险、赔礼道歉等民事责任。

第十二条 受损生态环境能够修复的，人民法院应当依法判决被告承担修复责任，并同时确定被告不履行修复义务时应承担的生态环境修复费用。

生态环境修复费用包括制定、实施修复方案的费用，修复期间的监测、监管费用，以及修复完成后的验收费用、修复效果后评估费用等。

原告请求被告赔偿生态环境受到损害至修复完成期间服务功能损失的，人民法院根据具体案情予以判决。

第十三条 受损生态环境无法修复或者无法完全修复，原告请求被告赔偿生态环境功能永久性损害造成的损失的，人民法院根据具体案情予以判决。

第十四条 原告请求被告承担下列费用的，人民法院根据具体案情予以判决：

（一）实施应急方案以及为防止生态环境损害的发生和扩大采取合理预防、处置措施发生的应急处置费用；

（二）为生态环境损害赔偿磋商和诉讼支出的调查、检验、鉴定、评估等费用；

（三）合理的律师费以及其他为诉讼支出的合理费用。

第十五条 人民法院判决被告承担的生态环境服务功能损失赔偿资金、生态环境功能永久性损害造成的损失赔偿资金，以及被告不履行生态环境修复义务时所应承担的修复费用，应当依照法律、法规、规章予以缴纳、管理和使用。

第十六条 在生态环境损害赔偿诉讼案件审理过程中，同一损害生态环境行为又被提起民事公益诉讼，符合起诉条件的，应当由受理生态环境损害赔偿诉讼案件的人民法院受理并由同一审判组织审理。

第十七条 人民法院受理因同一损害生态环境行为提起的生态环境损害赔偿诉讼案件和民事公益诉讼案件，应先中止民事公益诉讼案件的审理，待生态环境损害赔偿诉讼案件审理完毕后，就民事公益诉讼案件未被涵盖的诉讼请求依法作出裁判。

第十八条 生态环境损害赔偿诉讼案件的裁判生效后，有权提起民事公益诉讼的机关或者社会组织就同一损害生态环境行为有证据证明存在前案审理时未发现的损害，并提起民事公益诉讼的，人民法院应予受理。

民事公益诉讼案件的裁判生效后，有权提起生态环境损害赔偿诉讼的主体就同一损害生态环境行为有证据证明存在前案审理时未发现的损害，并提起生态环境损害赔偿诉讼的，人民法院应予受理。

第十九条 实际支出应急处置费用的机关提起诉讼主张该费用的，人民法院应予受理，但人民法院已经受理就同一损害生态环境行为提起的生态环境损害赔偿诉讼案件且该案原告已经主张应急处置费用的除外。

生态环境损害赔偿诉讼案件原告未主张应急处置费用，因同一损害生态环境行为实际支出应急处置费用的机关提起诉讼主张该费用的，由受理生态环境损害赔偿诉讼案件的人民法院受理并由同一审判组织审理。

第二十条 经磋商达成生态环境损害赔偿协议的，当事人可以向人民法院申请司法确认。

人民法院受理申请后，应当公告协议内容，公告期间不少于三十日。公告期满后，人民法院经审查认为协议的内容不违反法律法规强制性规定且不损害国家利益、社会公共利益的，裁定确认协议有效。裁定书应当写明案件的基本事实和协议内容，并向社会公开。

第二十一条 一方当事人拒绝履行、未全部履行发生法律效力的生态环境损害赔偿诉讼案件裁判或者经司法确认的生态环境损害赔偿协议的，对方当事人可以向人民法院申请强制执行。需要修复生态环境的，依法由省级、市地级人民政府及其指定的相关部门、机构组织实施。

第二十二条 人民法院审理生态环境损害赔偿案件，本规定没有规定的，参照适用《最高人民法院关于审理环境民事公益诉讼案件适用法律若干问题的解释》《最高人民法院关于审理环境侵权责任纠纷案件适用法律若干问题的解释》等相关司法解释的规定。

第二十三条 本规定自2019年6月5日起施行。

（五）侵害人格权责任

最高人民法院关于审理名誉权案件若干问题的解答

（1993年8月7日　法发〔1993〕15号）

各地人民法院在审理名誉权案件中，提出一些如何适用法律的问题，现解答如下：

一、问：人民法院对当事人关于名誉权纠纷的起诉应如何进行审查？

答：人民法院收到有关名誉权纠纷的起诉时，应按照《中华人民共和国民事诉讼法》（以下简称民事诉讼法）第一百零八条的规定进行审查，符合条件的，应予受理。对不符合起诉条件的，应裁定不予受理；对缺乏侵权事实坚持起诉的，应裁定驳回起诉。

二、问：当事人在公共场所受到侮辱、诽谤，经公安机关依照《中华人民共和国治安管理处罚条例》（以下简称治安管理处罚条例）处理后，又向人民法院提起民事诉讼的，人民法院是否受理？

答：当事人在公共场所受到侮辱、诽谤，以名誉权受侵害为由提起民事诉讼的，无论是否经公安机关依照治安管理处罚条例处理，人民法院均应依法审查，符合受理条件的，应予受理。

三、问：当事人提起名誉权诉讼后，以同一事实和理由又要求追究被告人的刑事责任的，应如何处理？

答：当事人提起名誉权诉讼后，以同一事实和理由又要求追究被告刑事责任的，应中止民事诉讼，待刑事案件审结后，根据不同情况分别处理：对于犯罪情节轻微，没有给予被告人刑事处罚的，或者刑事自诉已由原告撤回或者被驳回的，应恢复民事诉讼；对于民事诉讼请求已在刑事附带民事诉讼中解决的，应终结民事案件的审理。

四、问：名誉权案件如何确定管辖？

答：名誉权案件，适用民事诉讼法第二十九条的规定，由侵权行为地或者被告住所地人民法院管辖。侵权行为地包括侵权行为实施地和侵权结果发生地。

五、问：死者名誉受到损害，哪些人可以作为原告提起民事诉讼？

答：死者名誉受到损害的，其近亲属有权向人民法院起诉。近亲属包括：配偶、父母、子女、兄弟姐妹、祖父母、外祖父母、孙子女、外孙子女。

六、问：因新闻报道或者其他作品引起的名誉权纠纷，如何确定被告？

答：因新闻报道或其他作品发生的名誉权纠纷，应根据原告的起诉确定被告。只诉作者的，列作者为被告；只诉新闻出版单位的，列新闻出版单位为被告；对作者和新闻出版单位都提起诉讼的，将作者和新闻出版单位均列为被告，但作者与新闻出版单位为隶属关系，作品系作者履行职务所形成的，只列单位为被告。

七、问：侵害名誉权责任应如何认定？

答：是否构成侵害名誉权的责任，应当根据受害人确有名誉被损害的事实、行为人行为违法、违法行为与损害后果之间有因果关系、行为人主观上有过错来认定。

以书面或者口头形式侮辱或者诽谤他人，损害他人名誉的，应认定为侵害他人名誉权。

对未经他人同意，擅自公布他人的隐私材料或者以书面、口头形式宣扬他人隐私，致他人名誉受到损害的，按照侵害他人名誉权处理。

因新闻报道严重失实，致他人名誉受到损害的，应按照侵害他人名誉权处理。

八、问：因撰写、发表批评文章引起的名誉权纠纷，应如何认定是否构成侵权？

答：因撰写、发表批评文章引起的名誉权纠纷，人民法院应根据不同情况处理：

文章反映的问题基本真实，没有侮辱他人人格的内容的，不应认定为侵害他人名誉权。

文章反映的问题虽基本属实，但有侮辱他人人格的内容，使他人名誉受到损害的，应认定为侵害他人名誉权。

文章的基本内容失实，使他人名誉受到损害的，应认定为侵害他人名誉权。

九、问：因文学作品引起的名誉权纠纷，应如何认定是否构成侵权？

答：撰写、发表文学作品，不是以生活中特定的人为描写对象，仅是作品的情节与生活中某人的情况相似，不应认定为侵害他人名誉权。

描写真人真事的文学作品，对特定人进行侮辱、诽谤或者披露隐私损害其名誉的；或者虽未写明真实姓名和住址，但事实是以特定人或者特定人的特定事实为描写对象，文中有侮辱、诽谤或者披露隐私的内容，致其名誉受到损害的，应认定为侵害他人名誉权。

编辑出版单位在作品已被认定为侵害他人名誉权或者被告知明显属于侵害他人名誉权后，应刊登声明消除影响或者采取其他补救措施；拒不刊登声明，不采取其他补救措施，或者继续刊登、出版侵权作品的，应认定为侵权。

十、问：侵害名誉权的责任承担形式如何掌握？

答：人民法院依照《中华人民共和国民法通则》第一百二十条和第一百三十四条的规定，可以责令侵权人停止侵害、恢复名誉、消除影响、赔礼道歉、赔偿损失。

恢复名誉、消除影响、赔礼道歉可以书面或者口头的方式进行，内容须事先经人民法院审查。

恢复名誉、消除影响的范围，一般应与侵权所造成不良影响的范围相当。

公民、法人因名誉权受到侵害要求赔偿的，侵权人应赔偿侵权行为造成的经济损失；公民并提出精神损害赔偿要求的，人民法院可根据侵权人的过错程度、侵权行为的具体情节、给受害人造成精神损害的后果等情况酌定。

十一、问：侵权人不执行生效判决，不为对方恢复名誉、消除影响、赔礼道歉的，应如何处理？

答：侵权人拒不执行生效判决，不为对方恢复名誉、消除影响的，人民法院可以采取公告、登报等方式，将判决的主要内容和有关情况公布于众，费用由被执行人负担，并可依照民事诉讼法第一百零二条第六项的规定处理。

最高人民法院关于审理名誉权案件若干问题的解释

（1998年7月14日最高人民法院审判委员会第1002次会议通过　1998年8月31日最高人民法院公告公布　自1998年9月15日起施行　法释〔1998〕26号）

1993年我院印发《关于审理名誉权案件若干问题的解答》以来，各地人民法院在审理名誉权案件中，又提出一些如何适用法律的问题，现解释如下：

一、问：名誉权案件如何确定侵权结果发生地？

答：人民法院受理这类案件时，受侵权的公民、法人和其他组织的住所地，可以认定为侵权结果发生地。

二、问：有关机关和组织编印的仅供领导部门内部参阅的刊物、资料等刊登来信或者文章引起的名誉权纠纷，以及机关、社会团体、学术机构、企事业单位分发本单位、本系统或者其他一定范围内的一般内部刊物和内部资料所载内容引起的名誉权纠纷，人民法院是否受理？

答：有关机关和组织编印的仅供领导部门内部参阅的刊物、资料等刊登的来信或者文章，当事人以其内容侵害名誉权向人民法院提起诉讼的，人民法院不予受理。

机关、社会团体、学术机构、企事业单位分发本单位、本系统或者其他一定范围内的内部刊物和内部资料，所载内容引起名誉权纠纷的，人民法院应当受理。

三、问：新闻媒介和出版机构转载作品引起的名誉权纠纷，人民法院是否受理？

答：新闻媒介和出版机构转载作品，当事人以转载者侵害其名誉权向人民法院提起诉讼的，人民法院应当受理。

四、问：国家机关、社会团体、企事业单位等部门依职权对其管理的人员作出的结论引起的名誉权纠纷，人民法院是否受理？

答：国家机关、社会团体、企事业单位等部门对其管理的人员作出的结论或者处理决定，当事人以其侵害名誉权向人民法院提起诉讼的，人民法院不予受理。

五、问：因检举、控告引起的名誉权纠纷，人民法院是否受理？

答：公民依法向有关部门检举、控告他人的违法违纪行为，他人以检举、控告侵害其名誉权向人民法院提起诉讼的，人民法院不予受理。如果借检举、控告之名侮辱、诽谤他人，造成他人名誉损害，当事人以其名誉权受到侵害向人民法院提起诉讼的，人民法院应当受理。

六、问：新闻单位报道国家机关的公开的文书和职权行为引起的名誉权纠纷，是否认定为构成侵权？

答：新闻单位根据国家机关依职权制作的公开的文书和实施的公开的职权行为所作的报道，其报道客观准确的，不应当认定为侵害他人名誉权；其报道失实，或者前述文书和职权行为已公开纠正而拒绝更正报道，致使他人名誉受到损害的，应当认定为侵害他人名誉权。

七、问：因提供新闻材料引起的名誉权纠纷，如何认定是否构成侵权？

答：因提供新闻材料引起的名誉权纠纷，认定是否构成侵权，应区分以下两种情况：

（一）主动提供新闻材料，致使他人名誉受

到损害的，应当认定为侵害他人名誉权。

（二）因被动采访而提供新闻材料，且未经提供者同意公开，新闻单位擅自发表，致使他人名誉受到损害的，对提供者一般不应当认定为侵害名誉权；虽系被动提供新闻材料，但发表时得到提供者同意或者默许，致使他人名誉受到损害的，应当认定为侵害名誉权。

八、问：因医疗卫生单位公开患者患有淋病、梅毒、麻风病、艾滋病等病情引起的名誉权纠纷，如何认定是否构成侵权？

答：医疗卫生单位的工作人员擅自公开患者患有淋病、梅毒、麻风病、艾滋病等病情，致使患者名誉受到损害的，应当认定为侵害患者名誉权。

医疗卫生单位向患者或其家属通报病情，不应当认定为侵害患者名誉权。

九、问：对产品质量、服务质量进行批评、评论引起的名誉权纠纷，如何认定是否构成侵权？

答：消费者对生产者、经营者、销售者的产品质量或者服务质量进行批评、评论，不应当认定为侵害他人名誉权。但借机诽谤、诋毁，损害其名誉的，应当认定为侵害名誉权。

新闻单位对生产者、经营者、销售者的产品质量或者服务质量进行批评、评论，内容基本属实，没有侮辱内容的，不应当认定为侵害其名誉权；主要内容失实，损害其名誉的，应当认定为侵害名誉权。

十、问：因名誉权受到侵害使生产、经营、销售遭受损失予以赔偿的范围和数额如何确定？

答：因名誉权受到侵害使生产、经营、销售遭受损失予以赔偿的范围和数额，可以按照确因侵权而造成客户退货、解除合同等损失程度来适当确定。

十一、问：名誉权纠纷与其他民事纠纷交织在一起的，人民法院应如何审理？

答：名誉权纠纷与其他民事纠纷交织在一起的，人民法院应当按当事人自己选择的请求予以审理。发生适用数种请求的，人民法院应当根据《中华人民共和国民事诉讼法》的有关规定和案件的实际情况，可以合并审理的合并审理；不能合并审理的，可以告知当事人另行起诉。

最高人民法院关于审理利用信息网络侵害人身权益民事纠纷案件适用法律若干问题的规定

（2014年6月23日最高人民法院审判委员会第1621次会议通过　2014年8月21日最高人民法院公告公布　自2014年10月10日起施行　法释〔2014〕11号）

为正确审理利用信息网络侵害人身权益民事纠纷案件，根据《中华人民共和国民法通则》《中华人民共和国侵权责任法》《全国人民代表大会常务委员会关于加强网络信息保护的决定》《中华人民共和国民事诉讼法》等法律的规定，结合审判实践，制定本规定。

第一条　本规定所称的利用信息网络侵害人身权益民事纠纷案件，是指利用信息网络侵害他人姓名权、名称权、名誉权、荣誉权、肖像权、隐私权等人身权益引起的纠纷案件。

第二条　利用信息网络侵害人身权益提起的诉讼，由侵权行为地或者被告住所地人民法院管辖。

侵权行为实施地包括实施被诉侵权行为的计算机等终端设备所在地，侵权结果发生地包括被侵权人住所地。

第三条　原告依据侵权责任法第三十六条第二款、第三款的规定起诉网络用户或者网络服务提供者的，人民法院应予受理。

原告仅起诉网络用户，网络用户请求追加涉嫌侵权的网络服务提供者为共同被告或者第三人的，人民法院应予准许。

原告仅起诉网络服务提供者，网络服务提供者请求追加可以确定的网络用户为共同被告或者第三人的，人民法院应予准许。

第四条　原告起诉网络服务提供者，网络服务提供者以涉嫌侵权的信息系网络用户发布为由抗辩的，人民法院可以根据原告的请求及案件的具体情况，责令网络服务提供者向人民法院提供能够确定涉嫌侵权的网络用户的姓名（名称）、联系方式、网络地址等信息。

网络服务提供者无正当理由拒不提供的，人民法院可以依据民事诉讼法第一百一十四条的规定对网络服务提供者采取处罚等措施。

原告根据网络服务提供者提供的信息请求追加网络用户为被告的，人民法院应予准许。

第五条 依据侵权责任法第三十六条第二款的规定，被侵权人以书面形式或者网络服务提供者公示的方式向网络服务提供者发出的通知，包含下列内容的，人民法院应当认定有效：

（一）通知人的姓名（名称）和联系方式；

（二）要求采取必要措施的网络地址或者足以准确定位侵权内容的相关信息；

（三）通知人要求删除相关信息的理由。

被侵权人发送的通知未满足上述条件，网络服务提供者主张免除责任的，人民法院应予支持。

第六条 人民法院适用侵权责任法第三十六条第二款的规定，认定网络服务提供者采取的删除、屏蔽、断开链接等必要措施是否及时，应当根据网络服务的性质、有效通知的形式和准确程度，网络信息侵害权益的类型和程度等因素综合判断。

第七条 其发布的信息被采取删除、屏蔽、断开链接等措施的网络用户，主张网络服务提供者承担违约责任或者侵权责任，网络服务提供者以收到通知为由抗辩的，人民法院应予支持。

被采取删除、屏蔽、断开链接等措施的网络用户，请求网络服务提供者提供通知内容的，人民法院应予支持。

第八条 因通知人的通知导致网络服务提供者错误采取删除、屏蔽、断开链接等措施，被采取措施的网络用户请求通知人承担侵权责任的，人民法院应予支持。

被错误采取措施的网络用户请求网络服务提供者采取相应恢复措施的，人民法院应予支持，但受技术条件限制无法恢复的除外。

第九条 人民法院依据侵权责任法第三十六条第三款认定网络服务提供者是否“知道”，应当综合考虑下列因素：

（一）网络服务提供者是否以人工或者自动方式对侵权网络信息以推荐、排名、选择、编辑、整理、修改等方式作出处理；

（二）网络服务提供者应当具备的管理信息的能力，以及所提供服务的性质、方式及其引发侵权的可能性大小；

（三）该网络信息侵害人身权益的类型及明显程度；

（四）该网络信息的社会影响程度或者一定时间内的浏览量；

（五）网络服务提供者采取预防侵权措施的技术可能性及其是否采取了相应的合理措施；

（六）网络服务提供者是否针对同一网络用户的重复侵权行为或者同一侵权信息采取了相应的合理措施；

（七）与本案相关的其他因素。

第十条 人民法院认定网络用户或者网络服务提供者转载网络信息行为的过错及其程度，应当综合以下因素：

（一）转载主体所承担的与其性质、影响范围相适应的注意义务；

（二）所转载信息侵害他人人身权益的明显程度；

（三）对所转载信息是否作出实质性修改，是否添加或者修改文章标题，导致其与内容严重不符以及误导公众的可能性。

第十一条 网络用户或者网络服务提供者采取诽谤、诋毁等手段，损害公众对经营主体的信赖，降低其产品或者服务的社会评价，经营主体请求网络用户或者网络服务提供者承担侵权责任的，人民法院应依法予以支持。

第十二条 网络用户或者网络服务提供者利用网络公开自然人基因信息、病历资料、健康检查资料、犯罪记录、家庭住址、私人活动等个人隐私和其他个人信息，造成他人损害，被侵权人请求其承担侵权责任的，人民法院应予支持。但下列情形除外：

（一）经自然人书面同意且在约定范围内公开；

（二）为促进社会公共利益且在必要范围内；

（三）学校、科研机构等基于公共利益为学术研究或者统计的目的，经自然人书面同意，且公开的方式不足以识别特定自然人；

（四）自然人自行在网络上公开的信息或者其他已合法公开的个人信息；

（五）以合法渠道获取的个人信息；

（六）法律或者行政法规另有规定。

网络用户或者网络服务提供者以违反社会公共利益、社会公德的方式公开前款第四项、第五项规定的个人信息，或者公开该信息侵害权利人值得保护的重大利益，权利人请求网络用户或者网络服务提供者承担侵权责任的，人民法院应予支持。

国家机关行使职权公开个人信息的，不适用本条规定。

第十三条 网络用户或者网络服务提供者，根据国家机关依职权制作的文书和公开实施的职权行为等信息来源所发布的信息，有下列情形之一，侵害他人人身权益，被侵权人请求侵权人承担侵权责任的，人民法院应予支持：

（一）网络用户或者网络服务提供者发布的信息与前述信息来源内容不符；

（二）网络用户或者网络服务提供者以添加侮辱性内容、诽谤性信息、不当标题或者通过增删信息、调整结构、改变顺序等方式致人误解；

（三）前述信息来源已被公开更正，但网络用户拒绝更正或者网络服务提供者不予更正；

（四）前述信息来源已被公开更正，网络用户或者网络服务提供者仍然发布更正之前的信息。

第十四条 被侵权人与构成侵权的网络用户或者网络服务提供者达成一方支付报酬，另一方提供删除、屏蔽、断开链接等服务的协议，人民法院应认定为无效。

擅自篡改、删除、屏蔽特定网络信息或者以断开链接的方式阻止他人获取网络信息，发布该信息的网络用户或者网络服务提供者请求侵权人承担侵权责任的，人民法院应予支持。接受他人委托实施该行为的，委托人与受托人承担连带责任。

第十五条 雇佣、组织、教唆或者帮助他人发布、转发网络信息侵害他人人身权益，被侵权人请求行为人承担连带责任的，人民法院应予支持。

第十六条 人民法院判决侵权人承担赔礼道歉、消除影响或者恢复名誉等责任形式的，应当与侵权的具体方式和所造成的影响范围相当。侵权人拒不履行的，人民法院可以采取在网络上发布公告或者公布裁判文书等合理的方式执行，由此产生的费用由侵权人承担。

第十七条 网络用户或者网络服务提供者侵害他人人身权益，造成财产损失或者严重精神损害，被侵权人依据侵权责任法第二十条和第二十二条的规定请求其承担赔偿责任的，人民法院应予支持。

第十八条 被侵权人为制止侵权行为所支付的合理开支，可以认定为侵权责任法第二十条规定的财产损失。合理开支包括被侵权人或者委托代理人对侵权行为进行调查、取证的合理费用。人民法院根据当事人的请求和具体案情，可以将符合国家有关部门规定的律师费用计算在赔偿范围内。

被侵权人因人身权益受侵害造成的财产损失或者侵权人因此获得的利益无法确定的，人民法院可以根据具体案情在50万元以下的范围内确定赔偿数额。

精神损害的赔偿数额，依据《最高人民法院关于确定民事侵权精神损害赔偿责任若干问题的解释》第十条的规定予以确定。

第十九条 本规定施行后人民法院正在审理的一审、二审案件适用本规定。

本规定施行前已经终审，本规定施行后当事人申请再审或者按照审判监督程序决定再审的案件，不适用本规定。

（六）医疗事故责任

最高人民法院关于审理医疗损害责任纠纷案件适用法律若干问题的解释

（2017年3月27日最高人民法院审判委员会第1713次会议通过 2017年12月13日最高人民法院公告公布 自2017年12月14日起施行 法释〔2017〕20号）

为正确审理医疗损害责任纠纷案件，依法维护当事人的合法权益，推动构建和谐医患关系，促进卫生健康事业发展，根据《中华人民共和国侵权责任法》《中华人民共和国民事诉讼法》等法律规定,结合审判实践,制定本解释。

第一条 患者以在诊疗活动中受到人身或者财产损害为由请求医疗机构,医疗产品的生产者、销售者或者血液提供机构承担侵权责任的案件,适用本解释。

患者以在美容医疗机构或者开设医疗美容科室的医疗机构实施的医疗美容活动中受到人身或者财产损害为由提起的侵权纠纷案件,适用本解释。

当事人提起的医疗服务合同纠纷案件,不适用本解释。

第二条 患者因同一伤病在多个医疗机构接受诊疗受到损害,起诉部分或者全部就诊的医疗机构的,应予受理。

患者起诉部分就诊的医疗机构后,当事人依法申请追加其他就诊的医疗机构为共同被告或者第三人的,应予准许。必要时,人民法院可以依法追加相关当事人参加诉讼。

第三条 患者因缺陷医疗产品受到损害,起诉部分或者全部医疗产品的生产者、销售者和医疗机构的,应予受理。

患者仅起诉医疗产品的生产者、销售者、医疗机构中部分主体,当事人依法申请追加其他主体为共同被告或者第三人的,应予准许。必要时,人民法院可以依法追加相关当事人参加诉讼。

患者因输入不合格的血液受到损害提起侵权诉讼的,参照适用前两款规定。

第四条 患者依据侵权责任法第五十四条规定主张医疗机构承担赔偿责任的,应当提交到该医疗机构就诊、受到损害的证据。

患者无法提交医疗机构及其医务人员有过错、诊疗行为与损害之间具有因果关系的证据,依法提出医疗损害鉴定申请的,人民法院应予准许。

医疗机构主张不承担责任的,应当就侵权责任法第六十条第一款规定情形等抗辩事由承担举证证明责任。

第五条 患者依据侵权责任法第五十五条规定主张医疗机构承担赔偿责任的,应当按照前条第一款规定提交证据。

实施手术、特殊检查、特殊治疗的,医疗机构应当承担说明义务并取得患者或者患者近亲属书面同意,但属于侵权责任法第五十六条规定情形的除外。医疗机构提交患者或者患者近亲属书面同意证据的,人民法院可以认定医疗机构尽到说明义务,但患者有相反证据足以反驳的除外。

第六条 侵权责任法第五十八条规定的病历资料包括医疗机构保管的门诊病历、住院志、体温单、医嘱单、检验报告、医学影像检查资料、特殊检查(治疗)同意书、手术同意书、手术及麻醉记录、病理资料、护理记录、医疗费用、出院记录以及国务院卫生行政主管部门规定的其他病历资料。

患者依法向人民法院申请医疗机构提交由其保管的与纠纷有关的病历资料等,医疗机构未在人民法院指定期限内提交的,人民法院可以依照侵权责任法第五十八条第二项规定推定医疗机构有过错,但是因不可抗力等客观原因无法提交的除外。

第七条 患者依据侵权责任法第五十九条规定请求赔偿的,应当提交使用医疗产品或者输入血液、受到损害的证据。

患者无法提交使用医疗产品或者输入血液与损害之间具有因果关系的证据,依法申请鉴定的,人民法院应予准许。

医疗机构,医疗产品的生产者、销售者或者血液提供机构主张不承担责任的,应当对医疗产品不存在缺陷或者血液合格等抗辩事由承担举证证明责任。

第八条 当事人依法申请对医疗损害责任纠纷中的专门性问题进行鉴定的,人民法院应予准许。

当事人未申请鉴定,人民法院对前款规定的专门性问题认为需要鉴定的,应当依职权委托鉴定。

第九条 当事人申请医疗损害鉴定的,由双方当事人协商确定鉴定人。

当事人就鉴定人无法达成一致意见,人民法院提出确定鉴定人的方法,当事人同意的,按照该方法确定;当事人不同意的,由人民法院指定。

鉴定人应当从具备相应鉴定能力、符合鉴定

要求的专家中确定。

第十条 委托医疗损害鉴定的,当事人应当按照要求提交真实、完整、充分的鉴定材料。提交的鉴定材料不符合要求的,人民法院应当通知当事人更换或者补充相应材料。

在委托鉴定前,人民法院应当组织当事人对鉴定材料进行质证。

第十一条 委托鉴定书,应当有明确的鉴定事项和鉴定要求。鉴定人应当按照委托鉴定的事项和要求进行鉴定。

下列专门性问题可以作为申请医疗损害鉴定的事项:

(一)实施诊疗行为有无过错;

(二)诊疗行为与损害后果之间是否存在因果关系以及原因力大小;

(三)医疗机构是否尽到了说明义务、取得患者或者患者近亲属书面同意的义务;

(四)医疗产品是否有缺陷、该缺陷与损害后果之间是否存在因果关系以及原因力的大小;

(五)患者损伤残疾程度;

(六)患者的护理期、休息期、营养期;

(七)其他专门性问题。

鉴定要求包括鉴定人的资质、鉴定人的组成、鉴定程序、鉴定意见、鉴定期限等。

第十二条 鉴定意见可以按照导致患者损害的全部原因、主要原因、同等原因、次要原因、轻微原因或者与患者损害无因果关系,表述诊疗行为或者医疗产品等造成患者损害的原因力大小。

第十三条 鉴定意见应当经当事人质证。

当事人申请鉴定人出庭作证,经人民法院审查同意,或者人民法院认为鉴定人有必要出庭的,应当通知鉴定人出庭作证。双方当事人同意鉴定人通过书面说明、视听传输技术或者视听资料等方式作证的,可以准许。

鉴定人因健康原因、自然灾害等不可抗力或者其他正当理由不能按期出庭的,可以延期开庭;经人民法院许可,也可以通过书面说明、视听传输技术或者视听资料等方式作证。

无前款规定理由,鉴定人拒绝出庭作证,当事人对鉴定意见又不认可的,对该鉴定意见不予采信。

第十四条 当事人申请通知一至二名具有医学专门知识的人出庭,对鉴定意见或者案件的其他专门性事实问题提出意见,人民法院准许的,应当通知具有医学专门知识的人出庭。

前款规定的具有医学专门知识的人提出的意见,视为当事人的陈述,经质证可以作为认定案件事实的根据。

第十五条 当事人自行委托鉴定人作出的医疗损害鉴定意见,其他当事人认可的,可予采信。

当事人共同委托鉴定人作出的医疗损害鉴定意见,一方当事人不认可的,应当提出明确的异议内容和理由。经审查,有证据足以证明异议成立的,对鉴定意见不予采信;异议不成立的,应予采信。

第十六条 对医疗机构及其医务人员的过错,应当依据法律、行政法规、规章以及其他有关诊疗规范进行认定,可以综合考虑患者病情的紧急程度、患者个体差异、当地的医疗水平、医疗机构与医务人员资质等因素。

第十七条 医务人员违反侵权责任法第五十五条第一款规定义务,但未造成患者人身损害,患者请求医疗机构承担损害赔偿责任的,不予支持。

第十八条 因抢救生命垂危的患者等紧急情况且不能取得患者意见时,下列情形可以认定为侵权责任法第五十六条规定的不能取得患者近亲属意见:

(一)近亲属不明的;

(二)不能及时联系到近亲属的;

(三)近亲属拒绝发表意见的;

(四)近亲属达不成一致意见的;

(五)法律、法规规定的其他情形。

前款情形,医务人员经医疗机构负责人或者授权的负责人批准立即实施相应医疗措施,患者因此请求医疗机构承担赔偿责任的,不予支持;医疗机构及其医务人员怠于实施相应医疗措施造成损害,患者请求医疗机构承担赔偿责任的,应予支持。

第十九条 两个以上医疗机构的诊疗行为造成患者同一损害,患者请求医疗机构承担赔偿责任的,应当区分不同情况,依照侵权责任法第八条、第十一条或者第十二条的规定，确定各医疗机构承担的赔偿责任。

第二十条 医疗机构邀请本单位以外的医务人员对患者进行诊疗，因受邀医务人员的过错造成患者损害的，由邀请医疗机构承担赔偿责任。

第二十一条 因医疗产品的缺陷或者输入不合格血液受到损害，患者请求医疗机构，缺陷医疗产品的生产者、销售者或者血液提供机构承担赔偿责任的，应予支持。

医疗机构承担赔偿责任后，向缺陷医疗产品的生产者、销售者或者血液提供机构追偿的，应予支持。

因医疗机构的过错使医疗产品存在缺陷或者血液不合格，医疗产品的生产者、销售者或者血液提供机构承担赔偿责任后，向医疗机构追偿的，应予支持。

第二十二条 缺陷医疗产品与医疗机构的过错诊疗行为共同造成患者同一损害，患者请求医疗机构与医疗产品的生产者或者销售者承担连带责任的，应予支持。

医疗机构或者医疗产品的生产者、销售者承担赔偿责任后，向其他责任主体追偿的，应当根据诊疗行为与缺陷医疗产品造成患者损害的原因力大小确定相应的数额。

输入不合格血液与医疗机构的过错诊疗行为共同造成患者同一损害的，参照适用前两款规定。

第二十三条 医疗产品的生产者、销售者明知医疗产品存在缺陷仍然生产、销售，造成患者死亡或者健康严重损害，被侵权人请求生产者、销售者赔偿损失及二倍以下惩罚性赔偿的，人民法院应予支持。

第二十四条 被侵权人同时起诉两个以上医疗机构承担赔偿责任，人民法院经审理，受诉法院所在地的医疗机构依法不承担赔偿责任，其他医疗机构承担赔偿责任的，残疾赔偿金、死亡赔偿金的计算，按下列情形分别处理：

（一）一个医疗机构承担责任的，按照该医疗机构所在地的赔偿标准执行；

（二）两个以上医疗机构均承担责任的，可以按照其中赔偿标准较高的医疗机构所在地标准执行。

第二十五条 患者死亡后，其近亲属请求医疗损害赔偿的，适用本解释；支付患者医疗费、丧葬费等合理费用的人请求赔偿该费用的，适用本解释。

本解释所称的“医疗产品”包括药品、消毒药剂、医疗器械等。

第二十六条 本院以前发布的司法解释与本解释不一致的，以本解释为准。

本解释施行后尚未终审的案件，适用本解释；本解释施行前已经终审，当事人申请再审或者按照审判监督程序决定再审的案件，不适用本解释。

医疗事故处理条例

（2002年2月20日国务院第55次常务会议通过　2002年4月4日中华人民共和国国务院令第351号公布　自2002年9月1日起施行）

第一章　总　　则

第一条 为了正确处理医疗事故，保护患者和医疗机构及其医务人员的合法权益，维护医疗秩序，保障医疗安全，促进医学科学的发展，制定本条例。

第二条 本条例所称医疗事故，是指医疗机构及其医务人员在医疗活动中，违反医疗卫生管理法律、行政法规、部门规章和诊疗护理规范、常规，过失造成患者人身损害的事故。

第三条 处理医疗事故，应当遵循公开、公平、公正、及时、便民的原则，坚持实事求是的科学态度，做到事实清楚、定性准确、责任明确、处理恰当。

第四条 根据对患者人身造成的损害程度，医疗事故分为四级：

一级医疗事故：造成患者死亡、重度残疾的；

二级医疗事故：造成患者中度残疾、器官组织损伤导致严重功能障碍的；

三级医疗事故：造成患者轻度残疾、器官组织损伤导致一般功能障碍的；

四级医疗事故：造成患者明显人身损害的其他后果的。

具体分级标准由国务院卫生行政部门制定。

第二章 医疗事故的预防与处置

第五条 医疗机构及其医务人员在医疗活动中,必须严格遵守医疗卫生管理法律、行政法规、部门规章和诊疗护理规范、常规,恪守医疗服务职业道德。

第六条 医疗机构应当对其医务人员进行医疗卫生管理法律、行政法规、部门规章和诊疗护理规范、常规的培训和医疗服务职业道德教育。

第七条 医疗机构应当设置医疗服务质量监控部门或者配备专(兼)职人员,具体负责监督本医疗机构的医务人员的医疗服务工作,检查医务人员执业情况,接受患者对医疗服务的投诉,向其提供咨询服务。

第八条 医疗机构应当按照国务院卫生行政部门规定的要求,书写并妥善保管病历资料。

因抢救急危患者,未能及时书写病历的,有关医务人员应当在抢救结束后6小时内据实补记,并加以注明。

第九条 严禁涂改、伪造、隐匿、销毁或者抢夺病历资料。

第十条 患者有权复印或者复制其门诊病历、住院志、体温单、医嘱单、化验单(检验报告)、医学影像检查资料、特殊检查同意书、手术同意书、手术及麻醉记录单、病理资料、护理记录以及国务院卫生行政部门规定的其他病历资料。

患者依照前款规定要求复印或者复制病历资料的,医疗机构应当提供复印或者复制服务并在复印或者复制的病历资料上加盖证明印记。复印或者复制病历资料时,应当有患者在场。

医疗机构应患者的要求,为其复印或者复制病历资料,可以按照规定收取工本费。具体收费标准由省、自治区、直辖市人民政府价格主管部门会同同级卫生行政部门规定。

第十一条 在医疗活动中,医疗机构及其医务人员应当将患者的病情、医疗措施、医疗风险等如实告知患者,及时解答其咨询;但是,应当避免对患者产生不利后果。

第十二条 医疗机构应当制定防范、处理医疗事故的预案,预防医疗事故的发生,减轻医疗事故的损害。

第十三条 医务人员在医疗活动中发生或者发现医疗事故、可能引起医疗事故的医疗过失行为或者发生医疗事故争议的,应当立即向所在科室负责人报告,科室负责人应当及时向本医疗机构负责医疗服务质量监控的部门或者专(兼)职人员报告;负责医疗服务质量监控的部门或者专(兼)职人员接到报告后,应当立即进行调查、核实,将有关情况如实向本医疗机构的负责人报告,并向患者通报、解释。

第十四条 发生医疗事故的,医疗机构应当按照规定向所在地卫生行政部门报告。

发生下列重大医疗过失行为的,医疗机构应当在12小时内向所在地卫生行政部门报告:

(一)导致患者死亡或者可能为二级以上的医疗事故;

(二)导致3人以上人身损害后果;

(三)国务院卫生行政部门和省、自治区、直辖市人民政府卫生行政部门规定的其他情形。

第十五条 发生或者发现医疗过失行为,医疗机构及其医务人员应当立即采取有效措施,避免或者减轻对患者身体健康的损害,防止损害扩大。

第十六条 发生医疗事故争议时,死亡病例讨论记录、疑难病例讨论记录、上级医师查房记录、会诊意见、病程记录应当在医患双方在场的情况下封存和启封。封存的病历资料可以是复印件,由医疗机构保管。

第十七条 疑似输液、输血、注射、药物等引起不良后果的,医患双方应当共同对现场实物进行封存和启封,封存的现场实物由医疗机构保管;需要检验的,应当由双方共同指定的、依法具有检验资格的检验机构进行检验;双方无法共同指定时,由卫生行政部门指定。

疑似输血引起不良后果,需要对血液进行封存保留的,医疗机构应当通知提供该血液的采供血机构派员到场。

第十八条 患者死亡,医患双方当事人不能确定死因或者对死因有异议的,应当在患者死亡后48小时内进行尸检;具备尸体冻存条件的,可以延长至7日。尸检应当经死者近亲属同意并签字。

尸检应当由按照国家有关规定取得相应资

格的机构和病理解剖专业技术人员进行。承担尸检任务的机构和病理解剖专业技术人员有进行尸检的义务。

医疗事故争议双方当事人可以请法医病理学人员参加尸检,也可以委派代表观察尸检过程。拒绝或者拖延尸检,超过规定时间,影响对死因判定的,由拒绝或者拖延的一方承担责任。

第十九条 患者在医疗机构内死亡的,尸体应当立即移放太平间。死者尸体存放时间一般不得超过2周。逾期不处理的尸体,经医疗机构所在地卫生行政部门批准,并报经同级公安部门备案后,由医疗机构按照规定进行处理。

第三章 医疗事故的技术鉴定

第二十条 卫生行政部门接到医疗机构关于重大医疗过失行为的报告或者医疗事故争议当事人要求处理医疗事故争议的申请后,对需要进行医疗事故技术鉴定的,应当交由负责医疗事故技术鉴定工作的医学会组织鉴定;医患双方协商解决医疗事故争议,需要进行医疗事故技术鉴定的,由双方当事人共同委托负责医疗事故技术鉴定工作的医学会组织鉴定。

第二十一条 设区的市级地方医学会和省、自治区、直辖市直接管辖的县(市)地方医学会负责组织首次医疗事故技术鉴定工作。省、自治区、直辖市地方医学会负责组织再次鉴定工作。

必要时,中华医学会可以组织疑难、复杂并在全国有重大影响的医疗事故争议的技术鉴定工作。

第二十二条 当事人对首次医疗事故技术鉴定结论不服的,可以自收到首次鉴定结论之日起15日内向医疗机构所在地卫生行政部门提出再次鉴定的申请。

第二十三条 负责组织医疗事故技术鉴定工作的医学会应当建立专家库。

专家库由具备下列条件的医疗卫生专业技术人员组成:

(一)有良好的业务素质和执业品德;

(二)受聘于医疗卫生机构或者医学教学、科研机构并担任相应专业高级技术职务3年以上。

符合前款第(一)项规定条件并具备高级技术任职资格的法医可以受聘进入专家库。

负责组织医疗事故技术鉴定工作的医学会依照本条例规定聘请医疗卫生专业技术人员和法医进入专家库,可以不受行政区域的限制。

第二十四条 医疗事故技术鉴定,由负责组织医疗事故技术鉴定工作的医学会组织专家鉴定组进行。

参加医疗事故技术鉴定的相关专业的专家,由医患双方在医学会主持下从专家库中随机抽取。在特殊情况下,医学会根据医疗事故技术鉴定工作的需要,可以组织医患双方在其他医学会建立的专家库中随机抽取相关专业的专家参加鉴定或者函件咨询。

符合本条例第二十三条规定条件的医疗卫生专业技术人员和法医有义务受聘进入专家库,并承担医疗事故技术鉴定工作。

第二十五条 专家鉴定组进行医疗事故技术鉴定,实行合议制。专家鉴定组人数为单数,涉及的主要学科的专家一般不得少于鉴定组成员的二分之一;涉及死因、伤残等级鉴定的,并应当从专家库中随机抽取法医参加专家鉴定组。

第二十六条 专家鉴定组成员有下列情形之一的,应当回避,当事人也可以以口头或者书面的方式申请其回避:

(一)是医疗事故争议当事人或者当事人的近亲属的;

(二)与医疗事故争议有利害关系的;

(三)与医疗事故争议当事人有其他关系,可能影响公正鉴定的。

第二十七条 专家鉴定组依照医疗卫生管理法律、行政法规、部门规章和诊疗护理规范、常规,运用医学科学原理和专业知识,独立进行医疗事故技术鉴定,对医疗事故进行鉴别和判定,为处理医疗事故争议提供医学依据。

任何单位或者个人不得干扰医疗事故技术鉴定工作,不得威胁、利诱、辱骂、殴打专家鉴定组成员。

专家鉴定组成员不得接受双方当事人的财物或者其他利益。

第二十八条 负责组织医疗事故技术鉴定工作的医学会应当自受理医疗事故技术鉴定之日起5日内通知医疗事故争议双方当事人提交进行医疗事故技术鉴定所需的材料。

当事人应当自收到医学会的通知之日起10日内提交有关医疗事故技术鉴定的材料、书面陈述及答辩。医疗机构提交的有关医疗事故技术鉴定的材料应当包括下列内容：

（一）住院患者的病程记录、死亡病例讨论记录、疑难病例讨论记录、会诊意见、上级医师查房记录等病历资料原件；

（二）住院患者的住院志、体温单、医嘱单、化验单（检验报告）、医学影像检查资料、特殊检查同意书、手术同意书、手术及麻醉记录单、病理资料、护理记录等病历资料原件；

（三）抢救急危患者，在规定时间内补记的病历资料原件；

（四）封存保留的输液、注射用物品和血液、药物等实物，或者依法具有检验资格的检验机构对这些物品、实物作出的检验报告；

（五）与医疗事故技术鉴定有关的其他材料。

在医疗机构建有病历档案的门诊、急诊患者，其病历资料由医疗机构提供；没有在医疗机构建立病历档案的，由患者提供。

医患双方应当依照本条例的规定提交相关材料。医疗机构无正当理由未依照本条例的规定如实提供相关材料，导致医疗事故技术鉴定不能进行的，应当承担责任。

第二十九条　负责组织医疗事故技术鉴定工作的医学会应当自接到当事人提交的有关医疗事故技术鉴定的材料、书面陈述及答辩之日起45日内组织鉴定并出具医疗事故技术鉴定书。

负责组织医疗事故技术鉴定工作的医学会可以向双方当事人调查取证。

第三十条　专家鉴定组应当认真审查双方当事人提交的材料，听取双方当事人的陈述及答辩并进行核实。

双方当事人应当按照本条例的规定如实提交进行医疗事故技术鉴定所需要的材料，并积极配合调查。当事人任何一方不予配合，影响医疗事故技术鉴定的，由不予配合的一方承担责任。

第三十一条　专家鉴定组应当在事实清楚、证据确凿的基础上，综合分析患者的病情和个体差异，作出鉴定结论，并制作医疗事故技术鉴定书。鉴定结论以专家鉴定组成员的过半数通过。鉴定过程应当如实记载。

医疗事故技术鉴定书应当包括下列主要内容：

（一）双方当事人的基本情况及要求；

（二）当事人提交的材料和负责组织医疗事故技术鉴定工作的医学会的调查材料；

（三）对鉴定过程的说明；

（四）医疗行为是否违反医疗卫生管理法律、行政法规、部门规章和诊疗护理规范、常规；

（五）医疗过失行为与人身损害后果之间是否存在因果关系；

（六）医疗过失行为在医疗事故损害后果中的责任程度；

（七）医疗事故等级；

（八）对医疗事故患者的医疗护理医学建议。

第三十二条　医疗事故技术鉴定办法由国务院卫生行政部门制定。

第三十三条　有下列情形之一的，不属于医疗事故：

（一）在紧急情况下为抢救垂危患者生命而采取紧急医学措施造成不良后果的；

（二）在医疗活动中由于患者病情异常或者患者体质特殊而发生医疗意外的；

（三）在现有医学科学技术条件下，发生无法预料或者不能防范的不良后果的；

（四）无过错输血感染造成不良后果的；

（五）因患方原因延误诊疗导致不良后果的；

（六）因不可抗力造成不良后果的。

第三十四条　医疗事故技术鉴定，可以收取鉴定费用。经鉴定，属于医疗事故的，鉴定费用由医疗机构支付；不属于医疗事故的，鉴定费用由提出医疗事故处理申请的一方支付。鉴定费用标准由省、自治区、直辖市人民政府价格主管部门会同同级财政部门、卫生行政部门规定。

第四章　医疗事故的行政处理与监督

第三十五条　卫生行政部门应当依照本条例和有关法律、行政法规、部门规章的规定，对发生医疗事故的医疗机构和医务人员作出行政处理。

第三十六条　卫生行政部门接到医疗机构关于重大医疗过失行为的报告后，除责令医疗机构及时采取必要的医疗救治措施，防止损害后果扩大外,应当组织调查,判定是否属于医疗事故;对不能判定是否属于医疗事故的,应当依照本条例的有关规定交由负责医疗事故技术鉴定工作的医学会组织鉴定。

第三十七条 发生医疗事故争议,当事人申请卫生行政部门处理的,应当提出书面申请。申请书应当载明申请人的基本情况、有关事实、具体请求及理由等。

当事人自知道或者应当知道其身体健康受到损害之日起1年内,可以向卫生行政部门提出医疗事故争议处理申请。

第三十八条 发生医疗事故争议,当事人申请卫生行政部门处理的,由医疗机构所在地的县级人民政府卫生行政部门受理。医疗机构所在地是直辖市的,由医疗机构所在地的区、县人民政府卫生行政部门受理。

有下列情形之一的,县级人民政府卫生行政部门应当自接到医疗机构的报告或者当事人提出医疗事故争议处理申请之日起7日内移送上一级人民政府卫生行政部门处理:

(一)患者死亡;

(二)可能为二级以上的医疗事故;

(三)国务院卫生行政部门和省、自治区、直辖市人民政府卫生行政部门规定的其他情形。

第三十九条 卫生行政部门应当自收到医疗事故争议处理申请之日起10日内进行审查,作出是否受理的决定。对符合本条例规定,予以受理,需要进行医疗事故技术鉴定的,应当自作出受理决定之日起5日内将有关材料交由负责医疗事故技术鉴定工作的医学会组织鉴定并书面通知申请人;对不符合本条例规定,不予受理的,应当书面通知申请人并说明理由。

当事人对首次医疗事故技术鉴定结论有异议,申请再次鉴定的,卫生行政部门应当自收到申请之日起7日内交由省、自治区、直辖市地方医学会组织再次鉴定。

第四十条 当事人既向卫生行政部门提出医疗事故争议处理申请,又向人民法院提起诉讼的,卫生行政部门不予受理;卫生行政部门已经受理的,应当终止处理。

第四十一条 卫生行政部门收到负责组织医疗事故技术鉴定工作的医学会出具的医疗事故技术鉴定书后,应当对参加鉴定的人员资格和专业类别、鉴定程序进行审核;必要时,可以组织调查,听取医疗事故争议双方当事人的意见。

第四十二条 卫生行政部门经审核,对符合本条例规定作出的医疗事故技术鉴定结论,应当作为对发生医疗事故的医疗机构和医务人员作出行政处理以及进行医疗事故赔偿调解的依据;经审核,发现医疗事故技术鉴定不符合本条例规定的,应当要求重新鉴定。

第四十三条 医疗事故争议由双方当事人自行协商解决的,医疗机构应当自协商解决之日起7日内向所在地卫生行政部门作出书面报告,并附具协议书。

第四十四条 医疗事故争议经人民法院调解或者判决解决的,医疗机构应当自收到生效的人民法院的调解书或者判决书之日起7日内向所在地卫生行政部门作出书面报告,并附具调解书或者判决书。

第四十五条 县级以上地方人民政府卫生行政部门应当按照规定逐级将当地发生的医疗事故以及依法对发生医疗事故的医疗机构和医务人员作出行政处理的情况,上报国务院卫生行政部门。

第五章 医疗事故的赔偿

第四十六条 发生医疗事故的赔偿等民事责任争议,医患双方可以协商解决;不愿意协商或者协商不成的,当事人可以向卫生行政部门提出调解申请,也可以直接向人民法院提起民事诉讼。

第四十七条 双方当事人协商解决医疗事故的赔偿等民事责任争议的,应当制作协议书。协议书应当载明双方当事人的基本情况和医疗事故的原因、双方当事人共同认定的医疗事故等级以及协商确定的赔偿数额等,并由双方当事人在协议书上签名。

第四十八条 已确定为医疗事故的,卫生行政部门应医疗事故争议双方当事人请求,可以进行医疗事故赔偿调解。调解时,应当遵循当事人双方自愿原则,并应当依据本条例的规定计算赔偿数额。

经调解,双方当事人就赔偿数额达成协议

的,制作调解书,双方当事人应当履行;调解不成或者经调解达成协议后一方反悔的,卫生行政部门不再调解。

第四十九条　医疗事故赔偿,应当考虑下列因素,确定具体赔偿数额:

(一)医疗事故等级;

(二)医疗过失行为在医疗事故损害后果中的责任程度;

(三)医疗事故损害后果与患者原有疾病状况之间的关系。

不属于医疗事故的,医疗机构不承担赔偿责任。

第五十条　医疗事故赔偿,按照下列项目和标准计算:

(一)医疗费:按照医疗事故对患者造成的人身损害进行治疗所发生的医疗费用计算,凭据支付,但不包括原发病医疗费用。结案后确实需要继续治疗的,按照基本医疗费用支付。

(二)误工费:患者有固定收入的,按照本人因误工减少的固定收入计算,对收入高于医疗事故发生地上一年度职工年平均工资3倍以上的,按照3倍计算;无固定收入的,按照医疗事故发生地上一年度职工年平均工资计算。

(三)住院伙食补助费:按照医疗事故发生地国家机关一般工作人员的出差伙食补助标准计算。

(四)陪护费:患者住院期间需要专人陪护的,按照医疗事故发生地上一年度职工年平均工资计算。

(五)残疾生活补助费:根据伤残等级,按照医疗事故发生地居民年平均生活费计算,自定残之月起最长赔偿30年;但是,60周岁以上的,不超过15年;70周岁以上的,不超过5年。

(六)残疾用具费:因残疾需要配置补偿功能器具的,凭医疗机构证明,按照普及型器具的费用计算。

(七)丧葬费:按照医疗事故发生地规定的丧葬费补助标准计算。

(八)被扶养人生活费:以死者生前或者残疾者丧失劳动能力前实际扶养且没有劳动能力的人为限,按照其户籍所在地或者居所地居民最低生活保障标准计算。对不满16周岁的,扶养到16周岁。对年满16周岁但无劳动能力的,扶养20年;但是,60周岁以上的,不超过15年;70周岁以上的,不超过5年。

(九)交通费:按照患者实际必需的交通费用计算,凭据支付。

(十)住宿费:按照医疗事故发生地国家机关一般工作人员的出差住宿补助标准计算,凭据支付。

(十一)精神损害抚慰金:按照医疗事故发生地居民年平均生活费计算。造成患者死亡的,赔偿年限最长不超过6年;造成患者残疾的,赔偿年限最长不超过3年。

第五十一条　参加医疗事故处理的患者近亲属所需交通费、误工费、住宿费,参照本条例第五十条的有关规定计算,计算费用的人数不超过2人。

医疗事故造成患者死亡的,参加丧葬活动的患者的配偶和直系亲属所需交通费、误工费、住宿费,参照本条例第五十条的有关规定计算,计算费用的人数不超过2人。

第五十二条　医疗事故赔偿费用,实行一次性结算,由承担医疗事故责任的医疗机构支付。

第六章　罚　　则

第五十三条　卫生行政部门的工作人员在处理医疗事故过程中违反本条例的规定,利用职务上的便利收受他人财物或者其他利益,滥用职权,玩忽职守,或者发现违法行为不予查处,造成严重后果的,依照刑法关于受贿罪、滥用职权罪、玩忽职守罪或者其他有关罪的规定,依法追究刑事责任;尚不够刑事处罚的,依法给予降级或者撤职的行政处分。

第五十四条　卫生行政部门违反本条例的规定,有下列情形之一的,由上级卫生行政部门给予警告并责令限期改正;情节严重的,对负有责任的主管人员和其他直接责任人员依法给予行政处分:

(一)接到医疗机构关于重大医疗过失行为的报告后,未及时组织调查的;

(二)接到医疗事故争议处理申请后,未在规定时间内审查或者移送上一级人民政府卫生行政部门处理的;

(三)未将应当进行医疗事故技术鉴定的重

大医疗过失行为或者医疗事故争议移交医学会组织鉴定的；

（四）未按照规定逐级将当地发生的医疗事故以及依法对发生医疗事故的医疗机构和医务人员的行政处理情况上报的；

（五）未依照本条例规定审核医疗事故技术鉴定书的。

第五十五条 医疗机构发生医疗事故的，由卫生行政部门根据医疗事故等级和情节，给予警告；情节严重的，责令限期停业整顿直至由原发证部门吊销执业许可证，对负有责任的医务人员依照刑法关于医疗事故罪的规定，依法追究刑事责任；尚不够刑事处罚的，依法给予行政处分或者纪律处分。

对发生医疗事故的有关医务人员，除依照前款处罚外，卫生行政部门并可以责令暂停6个月以上1年以下执业活动；情节严重的，吊销其执业证书。

第五十六条 医疗机构违反本条例的规定，有下列情形之一的，由卫生行政部门责令改正；情节严重的，对负有责任的主管人员和其他直接责任人员依法给予行政处分或者纪律处分：

（一）未如实告知患者病情、医疗措施和医疗风险的；

（二）没有正当理由，拒绝为患者提供复印或者复制病历资料服务的；

（三）未按照国务院卫生行政部门规定的要求书写和妥善保管病历资料的；

（四）未在规定时间内补记抢救工作病历内容的；

（五）未按照本条例的规定封存、保管和启封病历资料和实物的；

（六）未设置医疗服务质量监控部门或者配备专（兼）职人员的；

（七）未制定有关医疗事故防范和处理预案的；

（八）未在规定时间内向卫生行政部门报告重大医疗过失行为的；

（九）未按照本条例的规定向卫生行政部门报告医疗事故的；

（十）未按照规定进行尸检和保存、处理尸体的。

第五十七条 参加医疗事故技术鉴定工作的人员违反本条例的规定，接受申请鉴定双方或者一方当事人的财物或者其他利益，出具虚假医疗事故技术鉴定书，造成严重后果的，依照刑法关于受贿罪的规定，依法追究刑事责任；尚不够刑事处罚的，由原发证部门吊销其执业证书或者资格证书。

第五十八条 医疗机构或者其他有关机构违反本条例的规定，有下列情形之一的，由卫生行政部门责令改正，给予警告；对负有责任的主管人员和其他直接责任人员依法给予行政处分或者纪律处分；情节严重的，由原发证部门吊销其执业证书或者资格证书：

（一）承担尸检任务的机构没有正当理由，拒绝进行尸检的；

（二）涂改、伪造、隐匿、销毁病历资料的。

第五十九条 以医疗事故为由，寻衅滋事、抢夺病历资料，扰乱医疗机构正常医疗秩序和医疗事故技术鉴定工作，依照刑法关于扰乱社会秩序罪的规定，依法追究刑事责任；尚不够刑事处罚的，依法给予治安管理处罚。

第七章 附 则

第六十条 本条例所称医疗机构，是指依照《医疗机构管理条例》的规定取得《医疗机构执业许可证》的机构。

县级以上城市从事计划生育技术服务的机构依照《计划生育技术服务管理条例》的规定开展与计划生育有关的临床医疗服务，发生的计划生育技术服务事故，依照本条例的有关规定处理；但是，其中不属于医疗机构的县级以上城市从事计划生育技术服务的机构发生的计划生育技术服务事故，由计划生育行政部门行使依照本条例有关规定由卫生行政部门承担的受理、交由负责医疗事故技术鉴定工作的医学会组织鉴定和赔偿调解的职能；对发生计划生育技术服务事故的该机构及其有关责任人员，依法进行处理。

第六十一条 非法行医，造成患者人身损害，不属于医疗事故，触犯刑律的，依法追究刑事责任；有关赔偿，由受害人直接向人民法院提起诉讼。

第六十二条 军队医疗机构的医疗事故处

理办法，由中国人民解放军卫生主管部门会同国务院卫生行政部门依据本条例制定。

第六十三条　本条例自2002年9月1日起施行。1987年6月29日国务院发布的《医疗事故处理办法》同时废止。本条例施行前已经处理结案的医疗事故争议，不再重新处理。

医疗纠纷预防和处理条例

（2018年6月20日国务院第13次常务会议通过　2018年7月31日中华人民共和国国务院令第701号公布　自2018年10月1日起施行）

第一章　总　　则

第一条　为了预防和妥善处理医疗纠纷，保护医患双方的合法权益，维护医疗秩序，保障医疗安全，制定本条例。

第二条　本条例所称医疗纠纷，是指医患双方因诊疗活动引发的争议。

第三条　国家建立医疗质量安全管理体系，深化医药卫生体制改革，规范诊疗活动，改善医疗服务，提高医疗质量，预防、减少医疗纠纷。

在诊疗活动中，医患双方应当互相尊重，维护自身权益应当遵守有关法律、法规的规定。

第四条　处理医疗纠纷，应当遵循公平、公正、及时的原则，实事求是，依法处理。

第五条　县级以上人民政府应当加强对医疗纠纷预防和处理工作的领导、协调，将其纳入社会治安综合治理体系，建立部门分工协作机制，督促部门依法履行职责。

第六条　卫生主管部门负责指导、监督医疗机构做好医疗纠纷的预防和处理工作，引导医患双方依法解决医疗纠纷。

司法行政部门负责指导医疗纠纷人民调解工作。

公安机关依法维护医疗机构治安秩序，查处、打击侵害患者和医务人员合法权益以及扰乱医疗秩序等违法犯罪行为。

财政、民政、保险监督管理等部门和机构按照各自职责做好医疗纠纷预防和处理的有关工作。

第七条　国家建立完善医疗风险分担机制，发挥保险机制在医疗纠纷处理中的第三方赔付和医疗风险社会化分担的作用，鼓励医疗机构参加医疗责任保险，鼓励患者参加医疗意外保险。

第八条　新闻媒体应当加强医疗卫生法律、法规和医疗卫生常识的宣传，引导公众理性对待医疗风险；报道医疗纠纷，应当遵守有关法律、法规的规定，恪守职业道德，做到真实、客观、公正。

第二章　医疗纠纷预防

第九条　医疗机构及其医务人员在诊疗活动中应当以患者为中心，加强人文关怀，严格遵守医疗卫生法律、法规、规章和诊疗相关规范、常规，恪守职业道德。

医疗机构应当对其医务人员进行医疗卫生法律、法规、规章和诊疗相关规范、常规的培训，并加强职业道德教育。

第十条　医疗机构应当制定并实施医疗质量安全管理制度，设置医疗服务质量监控部门或者配备专（兼）职人员，加强对诊断、治疗、护理、药事、检查等工作的规范化管理，优化服务流程，提高服务水平。

医疗机构应当加强医疗风险管理，完善医疗风险的识别、评估和防控措施，定期检查措施落实情况，及时消除隐患。

第十一条　医疗机构应当按照国务院卫生主管部门制定的医疗技术临床应用管理规定，开展与其技术能力相适应的医疗技术服务，保障临床应用安全，降低医疗风险；采用医疗新技术的，应当开展技术评估和伦理审查，确保安全有效、符合伦理。

第十二条　医疗机构应当依照有关法律、法规的规定，严格执行药品、医疗器械、消毒药剂、血液等的进货查验、保管等制度。禁止使用无合格证明文件、过期等不合格的药品、医疗器械、消毒药剂、血液等。

第十三条　医务人员在诊疗活动中应当向患者说明病情和医疗措施。需要实施手术，或者开展临床试验等存在一定危险性、可能产生不良后果的特殊检查、特殊治疗的，医务人员应当及时向患者说明医疗风险、替代医疗方案等情况，并取得其书面同意；在患者处于昏迷等无法自主作出决定的状态或者病情不宜向患者说明等情形下,应当向患者的近亲属说明,并取得其书面同意。

紧急情况下不能取得患者或者其近亲属意见的,经医疗机构负责人或者授权的负责人批准,可以立即实施相应的医疗措施。

第十四条 开展手术、特殊检查、特殊治疗等具有较高医疗风险的诊疗活动,医疗机构应当提前预备应对方案,主动防范突发风险。

第十五条 医疗机构及其医务人员应当按照国务院卫生主管部门的规定,填写并妥善保管病历资料。

因紧急抢救未能及时填写病历的,医务人员应当在抢救结束后6小时内据实补记,并加以注明。

任何单位和个人不得篡改、伪造、隐匿、毁灭或者抢夺病历资料。

第十六条 患者有权查阅、复制其门诊病历、住院志、体温单、医嘱单、化验单(检验报告)、医学影像检查资料、特殊检查同意书、手术同意书、手术及麻醉记录、病理资料、护理记录、医疗费用以及国务院卫生主管部门规定的其他属于病历的全部资料。

患者要求复制病历资料的,医疗机构应当提供复制服务,并在复制的病历资料上加盖证明印记。复制病历资料时,应当有患者或者其近亲属在场。医疗机构应患者的要求为其复制病历资料,可以收取工本费,收费标准应当公开。

患者死亡的,其近亲属可以依照本条例的规定,查阅、复制病历资料。

第十七条 医疗机构应当建立健全医患沟通机制,对患者在诊疗过程中提出的咨询、意见和建议,应当耐心解释、说明,并按照规定进行处理;对患者就诊疗行为提出的疑问,应当及时予以核实、自查,并指定有关人员与患者或者其近亲属沟通,如实说明情况。

第十八条 医疗机构应当建立健全投诉接待制度,设置统一的投诉管理部门或者配备专(兼)职人员,在医疗机构显著位置公布医疗纠纷解决途径、程序和联系方式等,方便患者投诉或者咨询。

第十九条 卫生主管部门应当督促医疗机构落实医疗质量安全管理制度,组织开展医疗质量安全评估,分析医疗质量安全信息,针对发现的风险制定防范措施。

第二十条 患者应当遵守医疗秩序和医疗机构有关就诊、治疗、检查的规定,如实提供与病情有关的信息,配合医务人员开展诊疗活动。

第二十一条 各级人民政府应当加强健康促进与教育工作,普及健康科学知识,提高公众对疾病治疗等医学科学知识的认知水平。

第三章 医疗纠纷处理

第二十二条 发生医疗纠纷,医患双方可以通过下列途径解决:

(一)双方自愿协商;

(二)申请人民调解;

(三)申请行政调解;

(四)向人民法院提起诉讼;

(五)法律、法规规定的其他途径。

第二十三条 发生医疗纠纷,医疗机构应当告知患者或者其近亲属下列事项:

(一)解决医疗纠纷的合法途径;

(二)有关病历资料、现场实物封存和启封的规定;

(三)有关病历资料查阅、复制的规定。

患者死亡的,还应当告知其近亲属有关尸检的规定。

第二十四条 发生医疗纠纷需要封存、启封病历资料的,应当在医患双方在场的情况下进行。封存的病历资料可以是原件,也可以是复制件,由医疗机构保管。病历尚未完成需要封存的,对已完成病历先行封存;病历按照规定完成后,再对后续完成部分进行封存。医疗机构应当对封存的病历开列封存清单,由医患双方签字或者盖章,各执一份。

病历资料封存后医疗纠纷已经解决,或者患者在病历资料封存满3年未再提出解决医疗纠纷要求的,医疗机构可以自行启封。

第二十五条 疑似输液、输血、注射、用药等引起不良后果的,医患双方应当共同对现场实物进行封存、启封,封存的现场实物由医疗机构保管。需要检验的,应当由双方共同委托依法具有检验资格的检验机构进行检验;双方无法共同委托的,由医疗机构所在地县级人民政府卫生主管部门指定。

疑似输血引起不良后果,需要对血液进行封存保留的,医疗机构应当通知提供该血液的血站派员到场。

现场实物封存后医疗纠纷已经解决,或者患者在现场实物封存满 3 年未再提出解决医疗纠纷要求的,医疗机构可以自行启封。

第二十六条　患者死亡,医患双方对死因有异议的,应当在患者死亡后 48 小时内进行尸检;具备尸体冻存条件的,可以延长至 7 日。尸检应当经死者近亲属同意并签字,拒绝签字的,视为死者近亲属不同意进行尸检。不同意或者拖延尸检,超过规定时间,影响对死因判定的,由不同意或者拖延的一方承担责任。

尸检应当由按照国家有关规定取得相应资格的机构和专业技术人员进行。

医患双方可以委派代表观察尸检过程。

第二十七条　患者在医疗机构内死亡的,尸体应当立即移放太平间或者指定的场所,死者尸体存放时间一般不得超过 14 日。逾期不处理的尸体,由医疗机构在向所在地县级人民政府卫生主管部门和公安机关报告后,按照规定处理。

第二十八条　发生重大医疗纠纷的,医疗机构应当按照规定向所在地县级以上地方人民政府卫生主管部门报告。卫生主管部门接到报告后,应当及时了解掌握情况,引导医患双方通过合法途径解决纠纷。

第二十九条　医患双方应当依法维护医疗秩序。任何单位和个人不得实施危害患者和医务人员人身安全、扰乱医疗秩序的行为。

医疗纠纷中发生涉嫌违反治安管理行为或者犯罪行为的,医疗机构应当立即向所在地公安机关报案。公安机关应当及时采取措施,依法处置,维护医疗秩序。

第三十条　医患双方选择协商解决医疗纠纷的,应当在专门场所协商,不得影响正常医疗秩序。医患双方人数较多的,应当推举代表进行协商,每方代表人数不超过 5 人。

协商解决医疗纠纷应当坚持自愿、合法、平等的原则,尊重当事人的权利,尊重客观事实。医患双方应当文明、理性表达意见和要求,不得有违法行为。

协商确定赔付金额应当以事实为依据,防止畸高或者畸低。对分歧较大或者索赔数额较高的医疗纠纷,鼓励医患双方通过人民调解的途径解决。

医患双方经协商达成一致的,应当签署书面和解协议书。

第三十一条　申请医疗纠纷人民调解的,由医患双方共同向医疗纠纷人民调解委员会提出申请;一方申请调解的,医疗纠纷人民调解委员会在征得另一方同意后进行调解。

申请人可以以书面或者口头形式申请调解。书面申请的,申请书应当载明申请人的基本情况、申请调解的争议事项和理由等;口头申请的,医疗纠纷人民调解员应当当场记录申请人的基本情况、申请调解的争议事项和理由等,并经申请人签字确认。

医疗纠纷人民调解委员会获悉医疗机构内发生重大医疗纠纷,可以主动开展工作,引导医患双方申请调解。

当事人已经向人民法院提起诉讼并且已被受理,或者已经申请卫生主管部门调解并且已被受理的,医疗纠纷人民调解委员会不予受理;已经受理的,终止调解。

第三十二条　设立医疗纠纷人民调解委员会,应当遵守《中华人民共和国人民调解法》的规定,并符合本地区实际需要。医疗纠纷人民调解委员会应当自设立之日起 30 个工作日内向所在地县级以上地方人民政府司法行政部门备案。

医疗纠纷人民调解委员会应当根据具体情况,聘任一定数量的具有医学、法学等专业知识且热心调解工作的人员担任专(兼)职医疗纠纷人民调解员。

医疗纠纷人民调解委员会调解医疗纠纷,不得收取费用。医疗纠纷人民调解工作所需经费按照国务院财政、司法行政部门的有关规定执行。

第三十三条　医疗纠纷人民调解委员会调解医疗纠纷时,可以根据需要咨询专家,并可以从本条例第三十五条规定的专家库中选取专家。

第三十四条　医疗纠纷人民调解委员会调解医疗纠纷,需要进行医疗损害鉴定以明确责任的,由医患双方共同委托医学会或者司法鉴定机构进行鉴定,也可以经医患双方同意,由医疗纠纷人民调解委员会委托鉴定。

医学会或者司法鉴定机构接受委托从事医疗损害鉴定,应当由鉴定事项所涉专业的临床医学、法医学等专业人员进行鉴定;医学会或者司法鉴定机构没有相关专业人员的,应当从本条例第三十五条规定的专家库中抽取相关专业专家进行鉴定。

医学会或者司法鉴定机构开展医疗损害鉴定,应当执行规定的标准和程序,尊重科学,恪守职业道德,对出具的医疗损害鉴定意见负责,不得出具虚假鉴定意见。医疗损害鉴定的具体管理办法由国务院卫生、司法行政部门共同制定。

鉴定费预先向医患双方收取,最终按照责任比例承担。

第三十五条 医疗损害鉴定专家库由设区的市级以上人民政府卫生、司法行政部门共同设立。专家库应当包含医学、法学、法医学等领域的专家。聘请专家进入专家库,不受行政区域的限制。

第三十六条 医学会、司法鉴定机构作出的医疗损害鉴定意见应当载明并详细论述下列内容:

(一)是否存在医疗损害以及损害程度;

(二)是否存在医疗过错;

(三)医疗过错与医疗损害是否存在因果关系;

(四)医疗过错在医疗损害中的责任程度。

第三十七条 咨询专家、鉴定人员有下列情形之一的,应当回避,当事人也可以以口头或者书面形式申请其回避:

(一)是医疗纠纷当事人或者当事人的近亲属;

(二)与医疗纠纷有利害关系;

(三)与医疗纠纷当事人有其他关系,可能影响医疗纠纷公正处理。

第三十八条 医疗纠纷人民调解委员会应当自受理之日起30个工作日内完成调解。需要鉴定的,鉴定时间不计入调解期限。因特殊情况需要延长调解期限的,医疗纠纷人民调解委员会和医患双方可以约定延长调解期限。超过调解期限未达成调解协议的,视为调解不成。

第三十九条 医患双方经人民调解达成一致的,医疗纠纷人民调解委员会应当制作调解协议书。调解协议书经医患双方签字或者盖章,人民调解员签字并加盖医疗纠纷人民调解委员会印章后生效。

达成调解协议的,医疗纠纷人民调解委员会应当告知医患双方可以依法向人民法院申请司法确认。

第四十条 医患双方申请医疗纠纷行政调解的,应当参照本条例第三十一条第一款、第二款的规定向医疗纠纷发生地县级人民政府卫生主管部门提出申请。

卫生主管部门应当自收到申请之日起5个工作日内作出是否受理的决定。当事人已经向人民法院提起诉讼并且已被受理,或者已经申请医疗纠纷人民调解委员会调解并且已被受理的,卫生主管部门不予受理;已经受理的,终止调解。

卫生主管部门应当自受理之日起30个工作日内完成调解。需要鉴定的,鉴定时间不计入调解期限。超过调解期限未达成调解协议的,视为调解不成。

第四十一条 卫生主管部门调解医疗纠纷需要进行专家咨询的,可以从本条例第三十五条规定的专家库中抽取专家;医患双方认为需要进行医疗损害鉴定以明确责任的,参照本条例第三十四条的规定进行鉴定。

医患双方经卫生主管部门调解达成一致的,应当签署调解协议书。

第四十二条 医疗纠纷人民调解委员会及其人民调解员、卫生主管部门及其工作人员应当对医患双方的个人隐私等事项予以保密。

未经医患双方同意,医疗纠纷人民调解委员会、卫生主管部门不得公开进行调解,也不得公开调解协议的内容。

第四十三条 发生医疗纠纷,当事人协商、调解不成的,可以依法向人民法院提起诉讼。当事人也可以直接向人民法院提起诉讼。

第四十四条 发生医疗纠纷,需要赔偿的,赔付金额依照法律的规定确定。

第四章 法律责任

第四十五条 医疗机构篡改、伪造、隐匿、毁灭病历资料的,对直接负责的主管人员和其他直接责任人员,由县级以上人民政府卫生主管部门给予或者责令给予降低岗位等级或者撤职的处分,对有关医务人员责令暂停6个月以上1年以下执业活动;造成严重后果的,对直接负责的主管人员和其他直接责任人员给予或者责令给予开除的处分,对有关医务人员由原发证部门吊销执业证书;构成犯罪的,依法追究刑事责任。

第四十六条 医疗机构将未通过技术评估和伦理审查的医疗新技术应用于临床的,由县级以上人民政府卫生主管部门没收违法所得,并处5万元以上10万元以下罚款,对直接负责的主管人员和其他直接责任人员给予或者责令给予降低岗位等级或者撤职的处分,对有关医务人员责令暂停6个月以上1年以下执业活动;情节严重的,对直接负责的主管人员和其他直接责任人员给予或者责令给予开除的处分,对有关医务人员由原发证部门吊销执业证书;构成犯罪的,依法追究刑事责任。

第四十七条 医疗机构及其医务人员有下列情形之一的,由县级以上人民政府卫生主管部门责令改正,给予警告,并处1万元以上5万元以下罚款;情节严重的,对直接负责的主管人员和其他直接责任人员给予或者责令给予降低岗位等级或者撤职的处分,对有关医务人员可以责令暂停1个月以上6个月以下执业活动;构成犯罪的,依法追究刑事责任:

(一)未按规定制定和实施医疗质量安全管理制度;

(二)未按规定告知患者病情、医疗措施、医疗风险、替代医疗方案等;

(三)开展具有较高医疗风险的诊疗活动,未提前预备应对方案防范突发风险;

(四)未按规定填写、保管病历资料,或者未按规定补记抢救病历;

(五)拒绝为患者提供查阅、复制病历资料服务;

(六)未建立投诉接待制度、设置统一投诉管理部门或者配备专(兼)职人员;

(七)未按规定封存、保管、启封病历资料和现场实物;

(八)未按规定向卫生主管部门报告重大医疗纠纷;

(九)其他未履行本条例规定义务的情形。

第四十八条 医学会、司法鉴定机构出具虚假医疗损害鉴定意见的,由县级以上人民政府卫生、司法行政部门依据职责没收违法所得,并处5万元以上10万元以下罚款,对该医学会、司法鉴定机构和有关鉴定人员责令暂停3个月以上1年以下医疗损害鉴定业务,对直接负责的主管人员和其他直接责任人员给予或者责令给予降低岗位等级或者撤职的处分;情节严重的,该医学会、司法鉴定机构和有关鉴定人员5年内不得从事医疗损害鉴定业务或者撤销登记,对直接负责的主管人员和其他直接责任人员给予或者责令给予开除的处分;构成犯罪的,依法追究刑事责任。

第四十九条 尸检机构出具虚假尸检报告的,由县级以上人民政府卫生、司法行政部门依据职责没收违法所得,并处5万元以上10万元以下罚款,对该尸检机构和有关尸检专业技术人员责令暂停3个月以上1年以下尸检业务,对直接负责的主管人员和其他直接责任人员给予或者责令给予降低岗位等级或者撤职的处分;情节严重的,撤销该尸检机构和有关尸检专业技术人员的尸检资格,对直接负责的主管人员和其他直接责任人员给予或者责令给予开除的处分;构成犯罪的,依法追究刑事责任。

第五十条 医疗纠纷人民调解员有下列行为之一的,由医疗纠纷人民调解委员会给予批评教育、责令改正;情节严重的,依法予以解聘:

(一)偏袒一方当事人;

(二)侮辱当事人;

(三)索取、收受财物或者牟取其他不正当利益;

(四)泄露医患双方个人隐私等事项。

第五十一条 新闻媒体编造、散布虚假医疗纠纷信息的,由有关主管部门依法给予处罚;给公民、法人或者其他组织的合法权益造成损害的,依法承担消除影响、恢复名誉、赔偿损失、赔礼道歉等民事责任。

第五十二条 县级以上人民政府卫生主管部门和其他有关部门及其工作人员在医疗纠纷预防和处理工作中,不履行职责或者滥用职权、玩忽职守、徇私舞弊的,由上级人民政府卫生等有关部门或者监察机关责令改正;依法对直接负责的主管人员和其他直接责任人员给予处分;构成犯罪的,依法追究刑事责任。

第五十三条 医患双方在医疗纠纷处理中,造成人身、财产或者其他损害的,依法承担民事责任;构成违反治安管理行为的,由公安机关依法给予治安管理处罚;构成犯罪的,依法追究刑事责任。

第五章 附 则

第五十四条 军队医疗机构的医疗纠纷预防和处理办法,由中央军委机关有关部门会同国务院卫生主管部门依据本条例制定。

第五十五条 对诊疗活动中医疗事故的行政调查处理,依照《医疗事故处理条例》的相关规定执行。

第五十六条 本条例自2018年10月1日起施行。

(七)工伤事故责任

工伤保险条例①

(2003年4月16日国务院第5次常务会议通过 2003年4月27日中华人民共和国国务院令第375号公布 自2004年1月1日起施行)

第一章 总 则

第一条 为了保障因工作遭受事故伤害或者患职业病的职工获得医疗救治和经济补偿,促进工伤预防和职业康复,分散用人单位的工伤风险,制定本条例。

第二条 中华人民共和国境内的各类企业、有雇工的个体工商户(以下称用人单位)应当依照本条例规定参加工伤保险,为本单位全部职工或者雇工(以下称职工)缴纳工伤保险费。

中华人民共和国境内的各类企业的职工和个体工商户的雇工,均有依照本条例的规定享受工伤保险待遇的权利。

有雇工的个体工商户参加工伤保险的具体步骤和实施办法,由省、自治区、直辖市人民政府规定。

第三条 工伤保险费的征缴按照《社会保险费征缴暂行条例》关于基本养老保险费、基本医疗保险费、失业保险费的征缴规定执行。

第四条 用人单位应当将参加工伤保险的有关情况在本单位内公示。

用人单位和职工应当遵守有关安全生产和职业病防治的法律法规,执行安全卫生规程和标准,预防工伤事故发生,避免和减少职业病危害。

职工发生工伤时,用人单位应当采取措施使工伤职工得到及时救治。

第五条 国务院劳动保障行政部门负责全国的工伤保险工作。

县级以上地方各级人民政府劳动保障行政部门负责本行政区域内的工伤保险工作。

劳动保障行政部门按照国务院有关规定设立的社会保险经办机构(以下称经办机构)具体承办工伤保险事务。

第六条 劳动保障行政部门等部门制定工伤保险的政策、标准,应当征求工会组织、用人单位代表的意见。

第二章 工伤保险基金

第七条 工伤保险基金由用人单位缴纳的工伤保险费、工伤保险基金的利息和依法纳入工伤保险基金的其他资金构成。

第八条 工伤保险费根据以支定收、收支平衡的原则,确定费率。

国家根据不同行业的工伤风险程度确定行业的差别费率,并根据工伤保险费使用、工伤发生率等情况在每个行业内确定若干费率档次。行业差别费率及行业内费率档次由国务院劳动保障行政部门会同国务院财政部门、卫生行政部门、安全生产监督管理部门制定,报国务院批准后公布施行。

统筹地区经办机构根据用人单位工伤保险费使用、工伤发生率等情况,适用所属行业内相应的费率档次确定单位缴费费率。

第九条 国务院劳动保障行政部门应当定

---

① 编者注:已被修改。

期了解全国各统筹地区工伤保险基金收支情况，及时会同国务院财政部门、卫生行政部门、安全生产监督管理部门提出调整行业差别费率及行业内费率档次的方案，报国务院批准后公布施行。

第十条　用人单位应当按时缴纳工伤保险费。职工个人不缴纳工伤保险费。

用人单位缴纳工伤保险费的数额为本单位职工工资总额乘以单位缴费费率之积。

第十一条　工伤保险基金在直辖市和设区的市实行全市统筹，其他地区的统筹层次由省、自治区人民政府确定。

跨地区、生产流动性较大的行业，可以采取相对集中的方式异地参加统筹地区的工伤保险。具体办法由国务院劳动保障行政部门会同有关行业的主管部门制定。

第十二条　工伤保险基金存入社会保障基金财政专户，用于本条例规定的工伤保险待遇、劳动能力鉴定以及法律、法规规定的用于工伤保险的其他费用的支付。任何单位或者个人不得将工伤保险基金用于投资运营、兴建或者改建办公场所、发放奖金，或者挪作其他用途。

第十三条　工伤保险基金应当留有一定比例的储备金，用于统筹地区重大事故的工伤保险待遇支付；储备金不足支付的，由统筹地区的人民政府垫付。储备金占基金总额的具体比例和储备金的使用办法，由省、自治区、直辖市人民政府规定。

第三章　工 伤 认 定

第十四条　职工有下列情形之一的，应当认定为工伤：

（一）在工作时间和工作场所内，因工作原因受到事故伤害的；

（二）工作时间前后在工作场所内，从事与工作有关的预备性或者收尾性工作受到事故伤害的；

（三）在工作时间和工作场所内，因履行工作职责受到暴力等意外伤害的；

（四）患职业病的；

（五）因工外出期间，由于工作原因受到伤害或者发生事故下落不明的；

（六）在上下班途中，受到机动车事故伤害的；

（七）法律、行政法规规定应当认定为工伤的其他情形。

第十五条　职工有下列情形之一的，视同工伤：

（一）在工作时间和工作岗位，突发疾病死亡或者在48小时之内经抢救无效死亡的；

（二）在抢险救灾等维护国家利益、公共利益活动中受到伤害的；

（三）职工原在军队服役，因战、因公负伤致残，已取得革命伤残军人证，到用人单位后旧伤复发的。

职工有前款第（一）项、第（二）项情形的，按照本条例的有关规定享受工伤保险待遇；职工有前款第（三）项情形的，按照本条例的有关规定享受除一次性伤残补助金以外的工伤保险待遇。

第十六条　职工有下列情形之一的，不得认定为工伤或者视同工伤：

（一）因犯罪或者违反治安管理伤亡的；

（二）醉酒导致伤亡的；

（三）自残或者自杀的。

第十七条　职工发生事故伤害或者按照职业病防治法规定被诊断、鉴定为职业病，所在单位应当自事故伤害发生之日或者被诊断、鉴定为职业病之日起30日内，向统筹地区劳动保障行政部门提出工伤认定申请。遇有特殊情况，经报劳动保障行政部门同意，申请时限可以适当延长。

用人单位未按前款规定提出工伤认定申请的，工伤职工或者其直系亲属、工会组织在事故伤害发生之日或者被诊断、鉴定为职业病之日起1年内，可以直接向用人单位所在地统筹地区劳动保障行政部门提出工伤认定申请。

按照本条第一款规定应当由省级劳动保障行政部门进行工伤认定的事项，根据属地原则由用人单位所在地的设区的市级劳动保障行政部门办理。

用人单位未在本条第一款规定的时限内提交工伤认定申请，在此期间发生符合本条例规定的工伤待遇等有关费用由该用人单位负担。

第十八条　提出工伤认定申请应当提交下

列材料：

（一）工伤认定申请表；

（二）与用人单位存在劳动关系（包括事实劳动关系）的证明材料；

（三）医疗诊断证明或者职业病诊断证明书（或者职业病诊断鉴定书）。

工伤认定申请表应当包括事故发生的时间、地点、原因以及职工伤害程度等基本情况。

工伤认定申请人提供材料不完整的，劳动保障行政部门应当一次性书面告知工伤认定申请人需要补正的全部材料。申请人按照书面告知要求补正材料后，劳动保障行政部门应当受理。

第十九条 劳动保障行政部门受理工伤认定申请后，根据审核需要可以对事故伤害进行调查核实，用人单位、职工、工会组织、医疗机构以及有关部门应当予以协助。职业病诊断和诊断争议的鉴定，依照职业病防治法的有关规定执行。对依法取得职业病诊断证明书或者职业病诊断鉴定书的，劳动保障行政部门不再进行调查核实。

职工或者其直系亲属认为是工伤，用人单位不认为是工伤的，由用人单位承担举证责任。

第二十条 劳动保障行政部门应当自受理工伤认定申请之日起60日内作出工伤认定的决定，并书面通知申请工伤认定的职工或者其直系亲属和该职工所在单位。

劳动保障行政部门工作人员与工伤认定申请人有利害关系的，应当回避。

第四章 劳动能力鉴定

第二十一条 职工发生工伤，经治疗伤情相对稳定后存在残疾、影响劳动能力的，应当进行劳动能力鉴定。

第二十二条 劳动能力鉴定是指劳动功能障碍程度和生活自理障碍程度的等级鉴定。

劳动功能障碍分为十个伤残等级，最重的为一级，最轻的为十级。

生活自理障碍分为三个等级：生活完全不能自理、生活大部分不能自理和生活部分不能自理。

劳动能力鉴定标准由国务院劳动保障行政部门会同国务院卫生行政部门等部门制定。

第二十三条 劳动能力鉴定由用人单位、工伤职工或者其直系亲属向设区的市级劳动能力鉴定委员会提出申请，并提供工伤认定决定和职工工伤医疗的有关资料。

第二十四条 省、自治区、直辖市劳动能力鉴定委员会和设区的市级劳动能力鉴定委员会分别由省、自治区、直辖市和设区的市级劳动保障行政部门、人事行政部门、卫生行政部门、工会组织、经办机构代表以及用人单位代表组成。

劳动能力鉴定委员会建立医疗卫生专家库。列入专家库的医疗卫生专业技术人员应当具备下列条件：

（一）具有医疗卫生高级专业技术职务任职资格；

（二）掌握劳动能力鉴定的相关知识；

（三）具有良好的职业品德。

第二十五条 设区的市级劳动能力鉴定委员会收到劳动能力鉴定申请后，应当从其建立的医疗卫生专家库中随机抽取3名或者5名相关专家组成专家组，由专家组提出鉴定意见。设区的市级劳动能力鉴定委员会根据专家组的鉴定意见作出工伤职工劳动能力鉴定结论；必要时，可以委托具备资格的医疗机构协助进行有关的诊断。

设区的市级劳动能力鉴定委员会应当自收到劳动能力鉴定申请之日起60日内作出劳动能力鉴定结论，必要时，作出劳动能力鉴定结论的期限可以延长30日。劳动能力鉴定结论应当及时送达申请鉴定的单位和个人。

第二十六条 申请鉴定的单位或者个人对设区的市级劳动能力鉴定委员会作出的鉴定结论不服的，可以在收到该鉴定结论之日起15日内向省、自治区、直辖市劳动能力鉴定委员会提出再次鉴定申请。省、自治区、直辖市劳动能力鉴定委员会作出的劳动能力鉴定结论为最终结论。

第二十七条 劳动能力鉴定工作应当客观、公正。劳动能力鉴定委员会组成人员或者参加鉴定的专家与当事人有利害关系的，应当回避。

第二十八条 自劳动能力鉴定结论作出之日起1年后，工伤职工或者其直系亲属、所在单位或者经办机构认为伤残情况发生变化的，可以申请劳动能力复查鉴定。

第五章 工伤保险待遇

第二十九条 职工因工作遭受事故伤害或者患职业病进行治疗,享受工伤医疗待遇。

职工治疗工伤应当在签订服务协议的医疗机构就医,情况紧急时可以先到就近的医疗机构急救。

治疗工伤所需费用符合工伤保险诊疗项目目录、工伤保险药品目录、工伤保险住院服务标准的,从工伤保险基金支付。工伤保险诊疗项目目录、工伤保险药品目录、工伤保险住院服务标准,由国务院劳动保障行政部门会同国务院卫生行政部门、药品监督管理部门等部门规定。

职工住院治疗工伤的,由所在单位按照本单位因公出差伙食补助标准的70%发给住院伙食补助费;经医疗机构出具证明,报经办机构同意,工伤职工到统筹地区以外就医的,所需交通、食宿费用由所在单位按照本单位职工因公出差标准报销。

工伤职工治疗非工伤引发的疾病,不享受工伤医疗待遇,按照基本医疗保险办法处理。

工伤职工到签订服务协议的医疗机构进行康复性治疗的费用,符合本条第三款规定的,从工伤保险基金支付。

第三十条 工伤职工因日常生活或者就业需要,经劳动能力鉴定委员会确认,可以安装假肢、矫形器、假眼、假牙和配置轮椅等辅助器具,所需费用按照国家规定的标准从工伤保险基金支付。

第三十一条 职工因工作遭受事故伤害或者患职业病需要暂停工作接受工伤医疗的,在停工留薪期内,原工资福利待遇不变,由所在单位按月支付。

停工留薪期一般不超过12个月。伤情严重或者情况特殊,经设区的市级劳动能力鉴定委员会确认,可以适当延长,但延长不得超过12个月。工伤职工评定伤残等级后,停发原待遇,按照本章的有关规定享受伤残待遇。工伤职工在停工留薪期满后仍需治疗的,继续享受工伤医疗待遇。

生活不能自理的工伤职工在停工留薪期需要护理的,由所在单位负责。

第三十二条 工伤职工已经评定伤残等级并经劳动能力鉴定委员会确认需要生活护理的,从工伤保险基金按月支付生活护理费。

生活护理费按照生活完全不能自理、生活大部分不能自理或者生活部分不能自理3个不同等级支付,其标准分别为统筹地区上年度职工月平均工资的50%、40%或者30%。

第三十三条 职工因工致残被鉴定为一级至四级伤残的,保留劳动关系,退出工作岗位,享受以下待遇:

(一)从工伤保险基金按伤残等级支付一次性伤残补助金,标准为:一级伤残为24个月的本人工资,二级伤残为22个月的本人工资,三级伤残为20个月的本人工资,四级伤残为18个月的本人工资;

(二)从工伤保险基金按月支付伤残津贴,标准为:一级伤残为本人工资的90%,二级伤残为本人工资的85%,三级伤残为本人工资的80%,四级伤残为本人工资的75%。伤残津贴实际金额低于当地最低工资标准的,由工伤保险基金补足差额;

(三)工伤职工达到退休年龄并办理退休手续后,停发伤残津贴,享受基本养老保险待遇。基本养老保险待遇低于伤残津贴的,由工伤保险基金补足差额。

职工因工致残被鉴定为一级至四级伤残的,由用人单位和职工个人以伤残津贴为基数,缴纳基本医疗保险费。

第三十四条 职工因工致残被鉴定为五级、六级伤残的,享受以下待遇:

(一)从工伤保险基金按伤残等级支付一次性伤残补助金,标准为:五级伤残为16个月的本人工资,六级伤残为14个月的本人工资;

(二)保留与用人单位的劳动关系,由用人单位安排适当工作。难以安排工作的,由用人单位按月发给伤残津贴,标准为:五级伤残为本人工资的70%,六级伤残为本人工资的60%,并由用人单位按照规定为其缴纳应缴纳的各项社会保险费。伤残津贴实际金额低于当地最低工资标准的,由用人单位补足差额。

经工伤职工本人提出,该职工可以与用人单位解除或者终止劳动关系,由用人单位支付一次性工伤医疗补助金和伤残就业补助金。具体标准由省、自治区、直辖市人民政府规定。

第三十五条 职工因工致残被鉴定为七级至十级伤残的,享受以下待遇:

(一)从工伤保险基金按伤残等级支付一次性伤残补助金,标准为:七级伤残为12个月的本人工资,八级伤残为10个月的本人工资,九级伤残为8个月的本人工资,十级伤残为6个月的本人工资;

(二)劳动合同期满终止,或者职工本人提出解除劳动合同的,由用人单位支付一次性工伤医疗补助金和伤残就业补助金。具体标准由省、自治区、直辖市人民政府规定。

第三十六条 工伤职工工伤复发,确认需要治疗的,享受本条例第二十九条、第三十条和第三十一条规定的工伤待遇。

第三十七条 职工因工死亡,其直系亲属按照下列规定从工伤保险基金领取丧葬补助金、供养亲属抚恤金和一次性工亡补助金:

(一)丧葬补助金为6个月的统筹地区上年度职工月平均工资;

(二)供养亲属抚恤金按照职工本人工资的一定比例发给由因工死亡职工生前提供主要生活来源、无劳动能力的亲属。标准为:配偶每月40%,其他亲属每人每月30%,孤寡老人或者孤儿每人每月在上述标准的基础上增加10%。核定的各供养亲属的抚恤金之和不应高于因工死亡职工生前的工资。供养亲属的具体范围由国务院劳动保障行政部门规定;

(三)一次性工亡补助金标准为48个月至60个月的统筹地区上年度职工月平均工资。具体标准由统筹地区的人民政府根据当地经济、社会发展状况规定,报省、自治区、直辖市人民政府备案。

伤残职工在停工留薪期内因工伤导致死亡的,其直系亲属享受本条第一款规定的待遇。

一级至四级伤残职工在停工留薪期满后死亡的,其直系亲属可以享受本条第一款第(一)项、第(二)项规定的待遇。

第三十八条 伤残津贴、供养亲属抚恤金、生活护理费由统筹地区劳动保障行政部门根据职工平均工资和生活费用变化等情况适时调整。调整办法由省、自治区、直辖市人民政府规定。

第三十九条 职工因工外出期间发生事故或者在抢险救灾中下落不明的,从事故发生当月起3个月内照发工资,从第4个月起停发工资,由工伤保险基金向其供养亲属按月支付供养亲属抚恤金。生活有困难的,可以预支一次性工亡补助金的50%。职工被人民法院宣告死亡的,按照本条例第三十七条职工因工死亡的规定处理。

第四十条 工伤职工有下列情形之一的,停止享受工伤保险待遇:

(一)丧失享受待遇条件的;

(二)拒不接受劳动能力鉴定的;

(三)拒绝治疗的;

(四)被判刑正在收监执行的。

第四十一条 用人单位分立、合并、转让的,承继单位应当承担原用人单位的工伤保险责任;原用人单位已经参加工伤保险的,承继单位应当到当地经办机构办理工伤保险变更登记。

用人单位实行承包经营的,工伤保险责任由职工劳动关系所在单位承担。

职工被借调期间受到工伤事故伤害的,由原用人单位承担工伤保险责任,但原用人单位与借调单位可以约定补偿办法。

企业破产的,在破产清算时优先拨付依法应由单位支付的工伤保险待遇费用。

第四十二条 职工被派遣出境工作,依据前往国家或者地区的法律应当参加当地工伤保险的,参加当地工伤保险,其国内工伤保险关系中止;不能参加当地工伤保险的,其国内工伤保险关系不中止。

第四十三条 职工再次发生工伤,根据规定应当享受伤残津贴的,按照新认定的伤残等级享受伤残津贴待遇。

第六章 监督管理

第四十四条 经办机构具体承办工伤保险事务,履行下列职责:

(一)根据省、自治区、直辖市人民政府规定,征收工伤保险费;

(二)核查用人单位的工资总额和职工人数,办理工伤保险登记,并负责保存用人单位缴费和职工享受工伤保险待遇情况的记录;

（三）进行工伤保险的调查、统计；

（四）按照规定管理工伤保险基金的支出；

（五）按照规定核定工伤保险待遇；

（六）为工伤职工或者其直系亲属免费提供咨询服务。

第四十五条　经办机构与医疗机构、辅助器具配置机构在平等协商的基础上签订服务协议，并公布签订服务协议的医疗机构、辅助器具配置机构的名单。具体办法由国务院劳动保障行政部门分别会同国务院卫生行政部门、民政部门等部门制定。

第四十六条　经办机构按照协议和国家有关目录、标准对工伤职工医疗费用、康复费用、辅助器具费用的使用情况进行核查，并按时足额结算费用。

第四十七条　经办机构应当定期公布工伤保险基金的收支情况，及时向劳动保障行政部门提出调整费率的建议。

第四十八条　劳动保障行政部门、经办机构应当定期听取工伤职工、医疗机构、辅助器具配置机构以及社会各界对改进工伤保险工作的意见。

第四十九条　劳动保障行政部门依法对工伤保险费的征缴和工伤保险基金的支付情况进行监督检查。

财政部门和审计机关依法对工伤保险基金的收支、管理情况进行监督。

第五十条　任何组织和个人对有关工伤保险的违法行为，有权举报。劳动保障行政部门对举报应当及时调查，按照规定处理，并为举报人保密。

第五十一条　工会组织依法维护工伤职工的合法权益，对用人单位的工伤保险工作实行监督。

第五十二条　职工与用人单位发生工伤待遇方面的争议，按照处理劳动争议的有关规定处理。

第五十三条　有下列情形之一的，有关单位和个人可以依法申请行政复议；对复议决定不服的，可以依法提起行政诉讼：

（一）申请工伤认定的职工或者其直系亲属、该职工所在单位对工伤认定结论不服的；

（二）用人单位对经办机构确定的单位缴费费率不服的；

（三）签订服务协议的医疗机构、辅助器具配置机构认为经办机构未履行有关协议或者规定的；

（四）工伤职工或者其直系亲属对经办机构核定的工伤保险待遇有异议的。

第七章　法律责任

第五十四条　单位或者个人违反本条例第十二条规定挪用工伤保险基金，构成犯罪的，依法追究刑事责任；尚不构成犯罪的，依法给予行政处分或者纪律处分。被挪用的基金由劳动保障行政部门追回，并入工伤保险基金；没收的违法所得依法上缴国库。

第五十五条　劳动保障行政部门工作人员有下列情形之一的，依法给予行政处分；情节严重，构成犯罪的，依法追究刑事责任：

（一）无正当理由不受理工伤认定申请，或者弄虚作假将不符合工伤条件的人员认定为工伤职工的；

（二）未妥善保管申请工伤认定的证据材料，致使有关证据灭失的；

（三）收受当事人财物的。

第五十六条　经办机构有下列行为之一的，由劳动保障行政部门责令改正，对直接负责的主管人员和其他责任人员依法给予纪律处分；情节严重，构成犯罪的，依法追究刑事责任；造成当事人经济损失的，由经办机构依法承担赔偿责任：

（一）未按规定保存用人单位缴费和职工享受工伤保险待遇情况记录的；

（二）不按规定核定工伤保险待遇的；

（三）收受当事人财物的。

第五十七条　医疗机构、辅助器具配置机构不按服务协议提供服务的，经办机构可以解除服务协议。

经办机构不按时足额结算费用的，由劳动保障行政部门责令改正；医疗机构、辅助器具配置机构可以解除服务协议。

第五十八条　用人单位瞒报工资总额或者职工人数的，由劳动保障行政部门责令改正，并处瞒报工资数额1倍以上3倍以下的罚款。

用人单位、工伤职工或者其直系亲属骗取工伤保险待遇，医疗机构、辅助器具配置机构骗取工伤保险基金支出的，由劳动保障行政部门责令退还，并处骗取金额1倍以上3倍以下的罚款；情节严重，构成犯罪的，依法追究刑事责任。

第五十九条　从事劳动能力鉴定的组织或者个人有下列情形之一的，由劳动保障行政部门责令改正，并处2000元以上1万元以下的罚款；情节严重，构成犯罪的，依法追究刑事责任：

（一）提供虚假鉴定意见的；

（二）提供虚假诊断证明的；

（三）收受当事人财物的。

第六十条　用人单位依照本条例规定应当参加工伤保险而未参加的，由劳动保障行政部门责令改正；未参加工伤保险期间用人单位职工发生工伤的，由该用人单位按照本条例规定的工伤保险待遇项目和标准支付费用。

第八章　附　　则

第六十一条　本条例所称职工，是指与用人单位存在劳动关系（包括事实劳动关系）的各种用工形式、各种用工期限的劳动者。

本条例所称工资总额，是指用人单位直接支付给本单位全部职工的劳动报酬总额。

本条例所称本人工资，是指工伤职工因工作遭受事故伤害或者患职业病前12个月平均月缴费工资。本人工资高于统筹地区职工平均工资300%的，按照统筹地区职工平均工资的300%计算；本人工资低于统筹地区职工平均工资60%的，按照统筹地区职工平均工资的60%计算。

第六十二条　国家机关和依照或者参照国家公务员制度进行人事管理的事业单位、社会团体的工作人员因工作遭受事故伤害或者患职业病的，由所在单位支付费用。具体办法由国务院劳动保障行政部门会同国务院人事行政部门、财政部门规定。

其他事业单位、社会团体以及各类民办非企业单位的工伤保险等办法，由国务院劳动保障行政部门会同国务院人事行政部门、民政部门、财政部门等部门参照本条例另行规定，报国务院批准后施行。

第六十三条　无营业执照或者未经依法登记、备案的单位以及被依法吊销营业执照或者撤销登记、备案的单位的职工受到事故伤害或者患职业病的，由该单位向伤残职工或者死亡职工的直系亲属给予一次性赔偿，赔偿标准不得低于本条例规定的工伤保险待遇；用人单位不得使用童工，用人单位使用童工造成童工伤残、死亡的，由该单位向童工或者童工的直系亲属给予一次性赔偿，赔偿标准不得低于本条例规定的工伤保险待遇。具体办法由国务院劳动保障行政部门规定。

前款规定的伤残职工或者死亡职工的直系亲属就赔偿数额与单位发生争议的，以及前款规定的童工或者童工的直系亲属就赔偿数额与单位发生争议的，按照处理劳动争议的有关规定处理。

第六十四条　本条例自2004年1月1日起施行。本条例施行前已受到事故伤害或者患职业病的职工尚未完成工伤认定的，按照本条例的规定执行。

国务院关于修改《工伤保险条例》的决定

（2010年12月8日国务院第136次常务会议通过　2010年12月20日中华人民共和国国务院令第586号公布　自2011年1月1日起施行）

国务院决定对《工伤保险条例》作如下修改：

一、第二条修改为：“中华人民共和国境内的企业、事业单位、社会团体、民办非企业单位、基金会、律师事务所、会计师事务所等组织和有雇工的个体工商户（以下称用人单位）应当依照本条例规定参加工伤保险，为本单位全部职工或者雇工（以下称职工）缴纳工伤保险费。

“中华人民共和国境内的企业、事业单位、社会团体、民办非企业单位、基金会、律师事务所、会计师事务所等组织的职工和个体工商户的雇工，均有依照本条例的规定享受工伤保险待遇的权利。”

二、第八条第二款修改为：“国家根据不同行业的工伤风险程度确定行业的差别费率，并根据工伤保险费使用、工伤发生率等情况在每个行业内确定若干费率档次。行业差别费率及行业内费率档次由国务院社会保险行政部门制定，报国务院批准后公布施行。”

三、第九条修改为：“国务院社会保险行政部门应当定期了解全国各统筹地区工伤保险基金收支情况，及时提出调整行业差别费率及行业内费率档次的方案，报国务院批准后公布施行。”

四、第十条增加一款，作为第三款：“对难以按照工资总额缴纳工伤保险费的行业，其缴纳工伤保险费的具体方式，由国务院社会保险行政部门规定。”

五、第十一条第一款修改为：“工伤保险基金逐步实行省级统筹。”

六、第十二条修改为：“工伤保险基金存入社会保障基金财政专户，用于本条例规定的工伤保险待遇，劳动能力鉴定，工伤预防的宣传、培训等费用，以及法律、法规规定的用于工伤保险的其他费用的支付。

“工伤预防费用的提取比例、使用和管理的具体办法，由国务院社会保险行政部门会同国务院财政、卫生行政、安全生产监督管理等部门规定。

“任何单位或者个人不得将工伤保险基金用于投资运营、兴建或者改建办公场所、发放奖金，或者挪作其他用途。”

七、第十四条第（六）项修改为：“在上下班途中，受到非本人主要责任的交通事故或者城市轨道交通、客运轮渡、火车事故伤害的；”

八、第十六条修改为：“职工符合本条例第十四条、第十五条的规定，但是有下列情形之一的，不得认定为工伤或者视同工伤：

“（一）故意犯罪的；

“（二）醉酒或者吸毒的；

“（三）自残或者自杀的。”

九、第二十条修改为：“社会保险行政部门应当自受理工伤认定申请之日起60日内作出工伤认定的决定，并书面通知申请工伤认定的职工或者其近亲属和该职工所在单位。

“社会保险行政部门对受理的事实清楚、权利义务明确的工伤认定申请，应当在15日内作出工伤认定的决定。

“作出工伤认定决定需要以司法机关或者有关行政主管部门的结论为依据的，在司法机关或者有关行政主管部门尚未作出结论期间，作出工伤认定决定的时限中止。

“社会保险行政部门工作人员与工伤认定申请人有利害关系的，应当回避。”

十、增加一条，作为第二十九条：“劳动能力鉴定委员会依照本条例第二十六条和第二十八条的规定进行再次鉴定和复查鉴定的期限，依照本条例第二十五条第二款的规定执行。”

十一、第二十九条改为第三十条，第四款修改为：“职工住院治疗工伤的伙食补助费，以及经医疗机构出具证明，报经办机构同意，工伤职工到统筹地区以外就医所需的交通、食宿费用从工伤保险基金支付，基金支付的具体标准由统筹地区人民政府规定。”

第六款修改为：“工伤职工到签订服务协议的医疗机构进行工伤康复的费用，符合规定的，从工伤保险基金支付。”

十二、增加一条，作为第三十一条：“社会保险行政部门作出认定为工伤的决定后发生行政复议、行政诉讼的，行政复议和行政诉讼期间不停止支付工伤职工治疗工伤的医疗费用。”

十三、第三十三条改为第三十五条，第一款第（一）项修改为：“从工伤保险基金按伤残等级支付一次性伤残补助金，标准为：一级伤残为27个月的本人工资，二级伤残为25个月的本人工资，三级伤残为23个月的本人工资，四级伤残为21个月的本人工资；”

第一款第（三）项修改为：“工伤职工达到退休年龄并办理退休手续后，停发伤残津贴，按照国家有关规定享受基本养老保险待遇。基本养老保险待遇低于伤残津贴的，由工伤保险基金补足差额。”

十四、第三十四条改为第三十六条，第一款第（一）项修改为：“从工伤保险基金按伤残等级支付一次性伤残补助金，标准为：五级伤残为18个月的本人工资，六级伤残为16个月的本人工资；”

第二款修改为：“经工伤职工本人提出，该职工可以与用人单位解除或者终止劳动关系，由工伤保险基金支付一次性工伤医疗补助金，由用人单位支付一次性伤残就业补助金。一次性工伤医疗补助金和一次性伤残就业补助金的具体标准由省、自治区、直辖市人民政府规定。”

十五、第三十五条改为第三十七条，修改为：“职工因工致残被鉴定为七级至十级伤残的，享受以下待遇：

“（一）从工伤保险基金按伤残等级支付一次性伤残补助金，标准为：七级伤残为13个月的本人工资，八级伤残为11个月的本人工资，九级伤残为9个月的本人工资，十级伤残为7个月的本人工资；

“（二）劳动、聘用合同期满终止，或者职工本人提出解除劳动、聘用合同的，由工伤保险基金支付一次性工伤医疗补助金，由用人单位支付一次性伤残就业补助金。一次性工伤医疗补助金和一次性伤残就业补助金的具体标准由省、自治区、直辖市人民政府规定。”

十六、第三十七条改为第三十九条，第一款第（三）项修改为：“一次性工亡补助金标准为上一年度全国城镇居民人均可支配收入的20倍。”

十七、第四十条改为第四十二条，删去第（四）项。

十八、第四十一条改为第四十三条，第四款修改为：“企业破产的，在破产清算时依法拨付应当由单位支付的工伤保险待遇费用。”

十九、第五十三条改为第五十五条，修改为：“有下列情形之一的，有关单位或者个人可以依法申请行政复议，也可以依法向人民法院提起行政诉讼：

“（一）申请工伤认定的职工或者其近亲属、该职工所在单位对工伤认定申请不予受理的决定不服的；

“（二）申请工伤认定的职工或者其近亲属、该职工所在单位对工伤认定结论不服的；

“（三）用人单位对经办机构确定的单位缴费费率不服的；

“（四）签订服务协议的医疗机构、辅助器具配置机构认为经办机构未履行有关协议或者规定的；

“（五）工伤职工或者其近亲属对经办机构核定的工伤保险待遇有异议的。”

二十、第五十八条改为第六十条，修改为：“用人单位、工伤职工或者其近亲属骗取工伤保险待遇，医疗机构、辅助器具配置机构骗取工伤保险基金支出的，由社会保险行政部门责令退还，处骗取金额2倍以上5倍以下的罚款；情节严重，构成犯罪的，依法追究刑事责任。”

二十一、第六十条改为第六十二条，修改为：“用人单位依照本条例规定应当参加工伤保险而未参加的，由社会保险行政部门责令限期参加，补缴应当缴纳的工伤保险费，并自欠缴之日起，按日加收万分之五的滞纳金；逾期仍不缴纳的，处欠缴数额1倍以上3倍以下的罚款。

“依照本条例规定应当参加工伤保险而未参加工伤保险的用人单位职工发生工伤的，由该用人单位按照本条例规定的工伤保险待遇项目和标准支付费用。

“用人单位参加工伤保险并补缴应当缴纳的工伤保险费、滞纳金后，由工伤保险基金和用人单位依照本条例的规定支付新发生的费用。”

二十二、增加一条，作为第六十三条：“用人单位违反本条例第十九条的规定，拒不协助社会保险行政部门对事故进行调查核实的，由社会保险行政部门责令改正，处2000元以上2万元以下的罚款。”

二十三、第六十一条改为第六十四条，删去第一款。

二十四、第六十二条改为第六十五条，修改为：“公务员和参照公务员法管理的事业单位、社会团体的工作人员因工作遭受事故伤害或者患职业病的，由所在单位支付费用。具体办法由国务院社会保险行政部门会同国务院财政部门规定。”

此外，对条文的个别文字作了修改，对条文的顺序作了相应调整。

本决定自2011年1月1日起施行。

《工伤保险条例》根据本决定作相应的修改，重新公布。本条例施行后本决定施行前受到事故伤害或者患职业病的职工尚未完成工伤认定的，依照本决定的规定执行。

工伤保险条例

（2003年4月27日中华人民共和国国务院令第375号公布　根据2010年12月20日《国务院关于修改〈工伤保险条例〉的决定》修订）

第一章　总　　则

第一条　为了保障因工作遭受事故伤害或者患职业病的职工获得医疗救治和经济补偿，促进工伤预防和职业康复，分散用人单位的工伤风险，制定本条例。

第二条　中华人民共和国境内的企业、事业单位、社会团体、民办非企业单位、基金会、律师事务所、会计师事务所等组织和有雇工的个体工商户（以下称用人单位）应当依照本条例规定参加工伤保险，为本单位全部职工或者雇工（以下称职工）缴纳工伤保险费。

中华人民共和国境内的企业、事业单位、社会团体、民办非企业单位、基金会、律师事务所、会计师事务所等组织的职工和个体工商户的雇工，均有依照本条例的规定享受工伤保险待遇的权利。

第三条　工伤保险费的征缴按照《社会保险费征缴暂行条例》关于基本养老保险费、基本医疗保险费、失业保险费的征缴规定执行。

第四条　用人单位应当将参加工伤保险的有关情况在本单位内公示。

用人单位和职工应当遵守有关安全生产和职业病防治的法律法规，执行安全卫生规程和标准，预防工伤事故发生，避免和减少职业病危害。

职工发生工伤时，用人单位应当采取措施使工伤职工得到及时救治。

第五条　国务院社会保险行政部门负责全国的工伤保险工作。

县级以上地方各级人民政府社会保险行政部门负责本行政区域内的工伤保险工作。

社会保险行政部门按照国务院有关规定设立的社会保险经办机构（以下称经办机构）具体承办工伤保险事务。

第六条　社会保险行政部门等部门制定工伤保险的政策、标准，应当征求工会组织、用人单位代表的意见。

第二章　工伤保险基金

第七条　工伤保险基金由用人单位缴纳的工伤保险费、工伤保险基金的利息和依法纳入工伤保险基金的其他资金构成。

第八条　工伤保险费根据以支定收、收支平衡的原则，确定费率。

国家根据不同行业的工伤风险程度确定行业的差别费率，并根据工伤保险费使用、工伤发生率等情况在每个行业内确定若干费率档次。行业差别费率及行业内费率档次由国务院社会保险行政部门制定，报国务院批准后公布施行。

统筹地区经办机构根据用人单位工伤保险费使用、工伤发生率等情况，适用所属行业内相应的费率档次确定单位缴费费率。

第九条　国务院社会保险行政部门应当定期了解全国各统筹地区工伤保险基金收支情况，及时提出调整行业差别费率及行业内费率档次的方案，报国务院批准后公布施行。

第十条　用人单位应当按时缴纳工伤保险费。职工个人不缴纳工伤保险费。

用人单位缴纳工伤保险费的数额为本单位职工工资总额乘以单位缴费费率之积。

对难以按照工资总额缴纳工伤保险费的行业，其缴纳工伤保险费的具体方式，由国务院社会保险行政部门规定。

第十一条　工伤保险基金逐步实行省级统筹。

跨地区、生产流动性较大的行业，可以采取相对集中的方式异地参加统筹地区的工伤保险。具体办法由国务院社会保险行政部门会同有关行业的主管部门制定。

第十二条　工伤保险基金存入社会保障基金财政专户，用于本条例规定的工伤保险待遇，劳动能力鉴定，工伤预防的宣传、培训等费用，以及法律、法规规定的用于工伤保险的其他费用的支付。

工伤预防费用的提取比例、使用和管理的具体办法，由国务院社会保险行政部门会同国务院财政、卫生行政、安全生产监督管理等部门规定。

任何单位或者个人不得将工伤保险基金用于投资运营、兴建或者改建办公场所、发放奖金，或者挪作其他用途。

第十三条 工伤保险基金应当留有一定比例的储备金，用于统筹地区重大事故的工伤保险待遇支付；储备金不足支付的，由统筹地区的人民政府垫付。储备金占基金总额的具体比例和储备金的使用办法，由省、自治区、直辖市人民政府规定。

第三章 工伤认定

第十四条 职工有下列情形之一的，应当认定为工伤：

（一）在工作时间和工作场所内，因工作原因受到事故伤害的；

（二）工作时间前后在工作场所内，从事与工作有关的预备性或者收尾性工作受到事故伤害的；

（三）在工作时间和工作场所内，因履行工作职责受到暴力等意外伤害的；

（四）患职业病的；

（五）因工外出期间，由于工作原因受到伤害或者发生事故下落不明的；

（六）在上下班途中，受到非本人主要责任的交通事故或者城市轨道交通、客运轮渡、火车事故伤害的；

（七）法律、行政法规规定应当认定为工伤的其他情形。

第十五条 职工有下列情形之一的，视同工伤：

（一）在工作时间和工作岗位，突发疾病死亡或者在48小时之内经抢救无效死亡的；

（二）在抢险救灾等维护国家利益、公共利益活动中受到伤害的；

（三）职工原在军队服役，因战、因公负伤致残，已取得革命伤残军人证，到用人单位后旧伤复发的。

职工有前款第（一）项、第（二）项情形的，按照本条例的有关规定享受工伤保险待遇；职工有前款第（三）项情形的，按照本条例的有关规定享受除一次性伤残补助金以外的工伤保险待遇。

第十六条 职工符合本条例第十四条、第十五条的规定，但是有下列情形之一的，不得认定为工伤或者视同工伤：

（一）故意犯罪的；

（二）醉酒或者吸毒的；

（三）自残或者自杀的。

第十七条 职工发生事故伤害或者按照职业病防治法规定被诊断、鉴定为职业病，所在单位应当自事故伤害发生之日或者被诊断、鉴定为职业病之日起30日内，向统筹地区社会保险行政部门提出工伤认定申请。遇有特殊情况，经报社会保险行政部门同意，申请时限可以适当延长。

用人单位未按前款规定提出工伤认定申请的，工伤职工或者其近亲属、工会组织在事故伤害发生之日或者被诊断、鉴定为职业病之日起1年内，可以直接向用人单位所在地统筹地区社会保险行政部门提出工伤认定申请。

按照本条第一款规定应当由省级社会保险行政部门进行工伤认定的事项，根据属地原则由用人单位所在地的设区的市级社会保险行政部门办理。

用人单位未在本条第一款规定的时限内提交工伤认定申请，在此期间发生符合本条例规定的工伤待遇等有关费用由该用人单位负担。

第十八条 提出工伤认定申请应当提交下列材料：

（一）工伤认定申请表；

（二）与用人单位存在劳动关系（包括事实劳动关系）的证明材料；

（三）医疗诊断证明或者职业病诊断证明书（或者职业病诊断鉴定书）。

工伤认定申请表应当包括事故发生的时间、地点、原因以及职工伤害程度等基本情况。

工伤认定申请人提供材料不完整的，社会保险行政部门应当一次性书面告知工伤认定申请人需要补正的全部材料。申请人按照书面告知要求补正材料后，社会保险行政部门应当受理。

第十九条 社会保险行政部门受理工伤认定申请后，根据审核需要可以对事故伤害进行调查核实，用人单位、职工、工会组织、医疗机构以及有关部门应当予以协助。职业病诊断和诊断争议的鉴定，依照职业病防治法的有关规定执行。对依法取得职业病诊断证明书或者职业病诊断鉴定书的，社会保险行政部门不再进行调查核实。

职工或者其近亲属认为是工伤，用人单位不认为是工伤的，由用人单位承担举证责任。

第二十条　社会保险行政部门应当自受理工伤认定申请之日起60日内作出工伤认定的决定，并书面通知申请工伤认定的职工或者其近亲属和该职工所在单位。

社会保险行政部门对受理的事实清楚、权利义务明确的工伤认定申请，应当在15日内作出工伤认定的决定。

作出工伤认定决定需要以司法机关或者有关行政主管部门的结论为依据的，在司法机关或者有关行政主管部门尚未作出结论期间，作出工伤认定决定的时限中止。

社会保险行政部门工作人员与工伤认定申请人有利害关系的，应当回避。

第四章　劳动能力鉴定

第二十一条　职工发生工伤，经治疗伤情相对稳定后存在残疾、影响劳动能力的，应当进行劳动能力鉴定。

第二十二条　劳动能力鉴定是指劳动功能障碍程度和生活自理障碍程度的等级鉴定。

劳动功能障碍分为十个伤残等级，最重的为一级，最轻的为十级。

生活自理障碍分为三个等级：生活完全不能自理、生活大部分不能自理和生活部分不能自理。

劳动能力鉴定标准由国务院社会保险行政部门会同国务院卫生行政部门等部门制定。

第二十三条　劳动能力鉴定由用人单位、工伤职工或者其近亲属向设区的市级劳动能力鉴定委员会提出申请，并提供工伤认定决定和职工工伤医疗的有关资料。

第二十四条　省、自治区、直辖市劳动能力鉴定委员会和设区的市级劳动能力鉴定委员会分别由省、自治区、直辖市和设区的市级社会保险行政部门、卫生行政部门、工会组织、经办机构代表以及用人单位代表组成。

劳动能力鉴定委员会建立医疗卫生专家库。列入专家库的医疗卫生专业技术人员应当具备下列条件：

（一）具有医疗卫生高级专业技术职务任职资格；

（二）掌握劳动能力鉴定的相关知识；

（三）具有良好的职业品德。

第二十五条　设区的市级劳动能力鉴定委员会收到劳动能力鉴定申请后，应当从其建立的医疗卫生专家库中随机抽取3名或者5名相关专家组成专家组，由专家组提出鉴定意见。设区的市级劳动能力鉴定委员会根据专家组的鉴定意见作出工伤职工劳动能力鉴定结论；必要时，可以委托具备资格的医疗机构协助进行有关的诊断。

设区的市级劳动能力鉴定委员会应当自收到劳动能力鉴定申请之日起60日内作出劳动能力鉴定结论，必要时，作出劳动能力鉴定结论的期限可以延长30日。劳动能力鉴定结论应当及时送达申请鉴定的单位和个人。

第二十六条　申请鉴定的单位或者个人对设区的市级劳动能力鉴定委员会作出的鉴定结论不服的，可以在收到该鉴定结论之日起15日内向省、自治区、直辖市劳动能力鉴定委员会提出再次鉴定申请。省、自治区、直辖市劳动能力鉴定委员会作出的劳动能力鉴定结论为最终结论。

第二十七条　劳动能力鉴定工作应当客观、公正。劳动能力鉴定委员会组成人员或者参加鉴定的专家与当事人有利害关系的，应当回避。

第二十八条　自劳动能力鉴定结论作出之日起1年后，工伤职工或者其近亲属、所在单位或者经办机构认为伤残情况发生变化的，可以申请劳动能力复查鉴定。

第二十九条　劳动能力鉴定委员会依照本条例第二十六条和第二十八条的规定进行再次鉴定和复查鉴定的期限，依照本条例第二十五条第二款的规定执行。

第五章　工伤保险待遇

第三十条　职工因工作遭受事故伤害或者

患职业病进行治疗,享受工伤医疗待遇。

职工治疗工伤应当在签订服务协议的医疗机构就医,情况紧急时可以先到就近的医疗机构急救。

治疗工伤所需费用符合工伤保险诊疗项目目录、工伤保险药品目录、工伤保险住院服务标准的,从工伤保险基金支付。工伤保险诊疗项目目录、工伤保险药品目录、工伤保险住院服务标准,由国务院社会保险行政部门会同国务院卫生行政部门、食品药品监督管理部门等部门规定。

职工住院治疗工伤的伙食补助费,以及经医疗机构出具证明,报经办机构同意,工伤职工到统筹地区以外就医所需的交通、食宿费用从工伤保险基金支付,基金支付的具体标准由统筹地区人民政府规定。

工伤职工治疗非工伤引发的疾病,不享受工伤医疗待遇,按照基本医疗保险办法处理。

工伤职工到签订服务协议的医疗机构进行工伤康复的费用,符合规定的,从工伤保险基金支付。

第三十一条 社会保险行政部门作出认定为工伤的决定后发生行政复议、行政诉讼的,行政复议和行政诉讼期间不停止支付工伤职工治疗工伤的医疗费用。

第三十二条 工伤职工因日常生活或者就业需要,经劳动能力鉴定委员会确认,可以安装假肢、矫形器、假眼、假牙和配置轮椅等辅助器具,所需费用按照国家规定的标准从工伤保险基金支付。

第三十三条 职工因工作遭受事故伤害或者患职业病需要暂停工作接受工伤医疗的,在停工留薪期内,原工资福利待遇不变,由所在单位按月支付。

停工留薪期一般不超过12个月。伤情严重或者情况特殊,经设区的市级劳动能力鉴定委员会确认,可以适当延长,但延长不得超过12个月。工伤职工评定伤残等级后,停发原待遇,按照本章的有关规定享受伤残待遇。工伤职工在停工留薪期满后仍需治疗的,继续享受工伤医疗待遇。

生活不能自理的工伤职工在停工留薪期需要护理的,由所在单位负责。

第三十四条 工伤职工已经评定伤残等级并经劳动能力鉴定委员会确认需要生活护理的,从工伤保险基金按月支付生活护理费。

生活护理费按照生活完全不能自理、生活大部分不能自理或者生活部分不能自理3个不同等级支付,其标准分别为统筹地区上年度职工月平均工资的50%、40%或者30%。

第三十五条 职工因工致残被鉴定为一级至四级伤残的,保留劳动关系,退出工作岗位,享受以下待遇:

(一)从工伤保险基金按伤残等级支付一次性伤残补助金,标准为:一级伤残为27个月的本人工资,二级伤残为25个月的本人工资,三级伤残为23个月的本人工资,四级伤残为21个月的本人工资;

(二)从工伤保险基金按月支付伤残津贴,标准为:一级伤残为本人工资的90%,二级伤残为本人工资的85%,三级伤残为本人工资的80%,四级伤残为本人工资的75%。伤残津贴实际金额低于当地最低工资标准的,由工伤保险基金补足差额;

(三)工伤职工达到退休年龄并办理退休手续后,停发伤残津贴,按照国家有关规定享受基本养老保险待遇。基本养老保险待遇低于伤残津贴的,由工伤保险基金补足差额。

职工因工致残被鉴定为一级至四级伤残的,由用人单位和职工个人以伤残津贴为基数,缴纳基本医疗保险费。

第三十六条 职工因工致残被鉴定为五级、六级伤残的,享受以下待遇:

(一)从工伤保险基金按伤残等级支付一次性伤残补助金,标准为:五级伤残为18个月的本人工资,六级伤残为16个月的本人工资;

(二)保留与用人单位的劳动关系,由用人单位安排适当工作。难以安排工作的,由用人单位按月发给伤残津贴,标准为:五级伤残为本人工资的70%,六级伤残为本人工资的60%,并由用人单位按照规定为其缴纳应缴纳的各项社会保险费。伤残津贴实际金额低于当地最低工资标准的,由用人单位补足差额。

经工伤职工本人提出,该职工可以与用人单

位解除或者终止劳动关系，由工伤保险基金支付一次性工伤医疗补助金，由用人单位支付一次性伤残就业补助金。一次性工伤医疗补助金和一次性伤残就业补助金的具体标准由省、自治区、直辖市人民政府规定。

第三十七条　职工因工致残被鉴定为七级至十级伤残的，享受以下待遇：

（一）从工伤保险基金按伤残等级支付一次性伤残补助金，标准为：七级伤残为13个月的本人工资，八级伤残为11个月的本人工资，九级伤残为9个月的本人工资，十级伤残为7个月的本人工资；

（二）劳动、聘用合同期满终止，或者职工本人提出解除劳动、聘用合同的，由工伤保险基金支付一次性工伤医疗补助金，由用人单位支付一次性伤残就业补助金。一次性工伤医疗补助金和一次性伤残就业补助金的具体标准由省、自治区、直辖市人民政府规定。

第三十八条　工伤职工工伤复发，确认需要治疗的，享受本条例第三十条、第三十二条和第三十三条规定的工伤待遇。

第三十九条　职工因工死亡，其近亲属按照下列规定从工伤保险基金领取丧葬补助金、供养亲属抚恤金和一次性工亡补助金：

（一）丧葬补助金为6个月的统筹地区上年度职工月平均工资；

（二）供养亲属抚恤金按照职工本人工资的一定比例发给由因工死亡职工生前提供主要生活来源、无劳动能力的亲属。标准为：配偶每月40%，其他亲属每人每月30%，孤寡老人或者孤儿每人每月在上述标准的基础上增加10%。核定的各供养亲属的抚恤金之和不应高于因工死亡职工生前的工资。供养亲属的具体范围由国务院社会保险行政部门规定；

（三）一次性工亡补助金标准为上一年度全国城镇居民人均可支配收入的20倍。

伤残职工在停工留薪期内因工伤导致死亡的，其近亲属享受本条第一款规定的待遇。

一级至四级伤残职工在停工留薪期满后死亡的，其近亲属可以享受本条第一款第（一）项、第（二）项规定的待遇。

第四十条　伤残津贴、供养亲属抚恤金、生活护理费由统筹地区社会保险行政部门根据职工平均工资和生活费用变化等情况适时调整。调整办法由省、自治区、直辖市人民政府规定。

第四十一条　职工因工外出期间发生事故或者在抢险救灾中下落不明的，从事故发生当月起3个月内照发工资，从第4个月起停发工资，由工伤保险基金向其供养亲属按月支付供养亲属抚恤金。生活有困难的，可以预支一次性工亡补助金的50%。职工被人民法院宣告死亡的，按照本条例第三十九条职工因工死亡的规定处理。

第四十二条　工伤职工有下列情形之一的，停止享受工伤保险待遇：

（一）丧失享受待遇条件的；

（二）拒不接受劳动能力鉴定的；

（三）拒绝治疗的。

第四十三条　用人单位分立、合并、转让的，承继单位应当承担原用人单位的工伤保险责任；原用人单位已经参加工伤保险的，承继单位应当到当地经办机构办理工伤保险变更登记。

用人单位实行承包经营的，工伤保险责任由职工劳动关系所在单位承担。

职工被借调期间受到工伤事故伤害的，由原用人单位承担工伤保险责任，但原用人单位与借调单位可以约定补偿办法。

企业破产的，在破产清算时依法拨付应当由单位支付的工伤保险待遇费用。

第四十四条　职工被派遣出境工作，依据前往国家或者地区的法律应当参加当地工伤保险的，参加当地工伤保险，其国内工伤保险关系中止；不能参加当地工伤保险的，其国内工伤保险关系不中止。

第四十五条　职工再次发生工伤，根据规定应当享受伤残津贴的，按照新认定的伤残等级享受伤残津贴待遇。

第六章　监督管理

第四十六条　经办机构具体承办工伤保险事务，履行下列职责：

（一）根据省、自治区、直辖市人民政府规定，征收工伤保险费；

（二）核查用人单位的工资总额和职工人数，

办理工伤保险登记,并负责保存用人单位缴费和职工享受工伤保险待遇情况的记录;

(三)进行工伤保险的调查、统计;

(四)按照规定管理工伤保险基金的支出;

(五)按照规定核定工伤保险待遇;

(六)为工伤职工或者其近亲属免费提供咨询服务。

第四十七条 经办机构与医疗机构、辅助器具配置机构在平等协商的基础上签订服务协议,并公布签订服务协议的医疗机构、辅助器具配置机构的名单。具体办法由国务院社会保险行政部门分别会同国务院卫生行政部门、民政部门等部门制定。

第四十八条 经办机构按照协议和国家有关目录、标准对工伤职工医疗费用、康复费用、辅助器具费用的使用情况进行核查,并按时足额结算费用。

第四十九条 经办机构应当定期公布工伤保险基金的收支情况,及时向社会保险行政部门提出调整费率的建议。

第五十条 社会保险行政部门、经办机构应当定期听取工伤职工、医疗机构、辅助器具配置机构以及社会各界对改进工伤保险工作的意见。

第五十一条 社会保险行政部门依法对工伤保险费的征缴和工伤保险基金的支付情况进行监督检查。

财政部门和审计机关依法对工伤保险基金的收支、管理情况进行监督。

第五十二条 任何组织和个人对有关工伤保险的违法行为,有权举报。社会保险行政部门对举报应当及时调查,按照规定处理,并为举报人保密。

第五十三条 工会组织依法维护工伤职工的合法权益,对用人单位的工伤保险工作实行监督。

第五十四条 职工与用人单位发生工伤待遇方面的争议,按照处理劳动争议的有关规定处理。

第五十五条 有下列情形之一的,有关单位或者个人可以依法申请行政复议,也可以依法向人民法院提起行政诉讼:

(一)申请工伤认定的职工或者其近亲属、该职工所在单位对工伤认定申请不予受理的决定不服的;

(二)申请工伤认定的职工或者其近亲属、该职工所在单位对工伤认定结论不服的;

(三)用人单位对经办机构确定的单位缴费费率不服的;

(四)签订服务协议的医疗机构、辅助器具配置机构认为经办机构未履行有关协议或者规定的;

(五)工伤职工或者其近亲属对经办机构核定的工伤保险待遇有异议的。

第七章 法律责任

第五十六条 单位或者个人违反本条例第十二条规定挪用工伤保险基金,构成犯罪的,依法追究刑事责任;尚不构成犯罪的,依法给予处分或者纪律处分。被挪用的基金由社会保险行政部门追回,并入工伤保险基金;没收的违法所得依法上缴国库。

第五十七条 社会保险行政部门工作人员有下列情形之一的,依法给予处分;情节严重,构成犯罪的,依法追究刑事责任:

(一)无正当理由不受理工伤认定申请,或者弄虚作假将不符合工伤条件的人员认定为工伤职工的;

(二)未妥善保管申请工伤认定的证据材料,致使有关证据灭失的;

(三)收受当事人财物的。

第五十八条 经办机构有下列行为之一的,由社会保险行政部门责令改正,对直接负责的主管人员和其他责任人员依法给予纪律处分;情节严重,构成犯罪的,依法追究刑事责任;造成当事人经济损失的,由经办机构依法承担赔偿责任:

(一)未按规定保存用人单位缴费和职工享受工伤保险待遇情况记录的;

(二)不按规定核定工伤保险待遇的;

(三)收受当事人财物的。

第五十九条 医疗机构、辅助器具配置机构不按服务协议提供服务的,经办机构可以解除服务协议。

经办机构不按时足额结算费用的,由社会保

险行政部门责令改正;医疗机构、辅助器具配置机构可以解除服务协议。

第六十条 用人单位、工伤职工或者其近亲属骗取工伤保险待遇,医疗机构、辅助器具配置机构骗取工伤保险基金支出的,由社会保险行政部门责令退还,处骗取金额2倍以上5倍以下的罚款;情节严重,构成犯罪的,依法追究刑事责任。

第六十一条 从事劳动能力鉴定的组织或者个人有下列情形之一的,由社会保险行政部门责令改正,处2000元以上1万元以下的罚款;情节严重,构成犯罪的,依法追究刑事责任:

(一)提供虚假鉴定意见的;

(二)提供虚假诊断证明的;

(三)收受当事人财物的。

第六十二条 用人单位依照本条例规定应当参加工伤保险而未参加的,由社会保险行政部门责令限期参加,补缴应当缴纳的工伤保险费,并自欠缴之日起,按日加收万分之五的滞纳金;逾期仍不缴纳的,处欠缴数额1倍以上3倍以下的罚款。

依照本条例规定应当参加工伤保险而未参加工伤保险的用人单位职工发生工伤的,由该用人单位按照本条例规定的工伤保险待遇项目和标准支付费用。

用人单位参加工伤保险并补缴应当缴纳的工伤保险费、滞纳金后,由工伤保险基金和用人单位依照本条例的规定支付新发生的费用。

第六十三条 用人单位违反本条例第十九条的规定,拒不协助社会保险行政部门对事故进行调查核实的,由社会保险行政部门责令改正,处2000元以上2万元以下的罚款。

第八章 附 则

第六十四条 本条例所称工资总额,是指用人单位直接支付给本单位全部职工的劳动报酬总额。

本条例所称本人工资,是指工伤职工因工作遭受事故伤害或者患职业病前12个月平均月缴费工资。本人工资高于统筹地区职工平均工资300%的,按照统筹地区职工平均工资的300%计算;本人工资低于统筹地区职工平均工资60%的,按照统筹地区职工平均工资的60%计算。

第六十五条 公务员和参照公务员法管理的事业单位、社会团体的工作人员因工作遭受事故伤害或者患职业病的,由所在单位支付费用。具体办法由国务院社会保险行政部门会同国务院财政部门规定。

第六十六条 无营业执照或者未经依法登记、备案的单位以及被依法吊销营业执照或者撤销登记、备案的单位的职工受到事故伤害或者患职业病的,由该单位向伤残职工或者死亡职工的近亲属给予一次性赔偿,赔偿标准不得低于本条例规定的工伤保险待遇;用人单位不得使用童工,用人单位使用童工造成童工伤残、死亡的,由该单位向童工或者童工的近亲属给予一次性赔偿,赔偿标准不得低于本条例规定的工伤保险待遇。具体办法由国务院社会保险行政部门规定。

前款规定的伤残职工或者死亡职工的近亲属就赔偿数额与单位发生争议的,以及前款规定的童工或者童工的近亲属就赔偿数额与单位发生争议的,按照处理劳动争议的有关规定处理。

第六十七条 本条例自2004年1月1日起施行。本条例施行前已受到事故伤害或者患职业病的职工尚未完成工伤认定的,按照本条例的规定执行。

人力资源和社会保障部关于执行《工伤保险条例》若干问题的意见

(2013年4月25日 人社部发〔2013〕34号)

各省、自治区、直辖市及新疆生产建设兵团人力资源社会保障厅(局):

《国务院关于修改〈工伤保险条例〉的决定》(国务院令第586号)已经于2011年1月1日实施。为贯彻执行新修订的《工伤保险条例》,妥善解决实际工作中的问题,更好地保障职工和用人单位的合法权益,现提出如下意见。

一、《工伤保险条例》(以下简称《条例》)第十四条第(五)项规定的“因工外出期间”的认定，应当考虑职工外出是否属于用人单位指派的因工作外出，遭受的事故伤害是否因工作原因所致。

二、《条例》第十四条第（六）项规定的“非本人主要责任”的认定，应当以有关机关出具的法律文书或者人民法院的生效裁决为依据。

三、《条例》第十六条第（一）项“故意犯罪”的认定，应当以司法机关的生效法律文书或者结论性意见为依据。

四、《条例》第十六条第（二）项“醉酒或者吸毒”的认定，应当以有关机关出具的法律文书或者人民法院的生效裁决为依据。无法获得上述证据的，可以结合相关证据认定。

五、社会保险行政部门受理工伤认定申请后，发现劳动关系存在争议且无法确认的，应告知当事人可以向劳动人事争议仲裁委员会申请仲裁。在此期间，作出工伤认定决定的时限中止，并书面通知申请工伤认定的当事人。劳动关系依法确认后，当事人应将有关法律文书送交受理工伤认定申请的社会保险行政部门，该部门自收到生效法律文书之日起恢复工伤认定程序。

六、符合《条例》第十五条第（一）项情形的，职工所在用人单位原则上应自职工死亡之日起5个工作日内向用人单位所在统筹地区社会保险行政部门报告。

七、具备用工主体资格的承包单位违反法律、法规规定，将承包业务转包、分包给不具备用工主体资格的组织或者自然人，该组织或者自然人招用的劳动者从事承包业务时因工伤亡的，由该具备用工主体资格的承包单位承担用人单位依法应承担的工伤保险责任。

八、曾经从事接触职业病危害作业、当时没有发现罹患职业病、离开工作岗位后被诊断或鉴定为职业病的符合下列条件的人员，可以自诊断、鉴定为职业病之日起一年内申请工伤认定，社会保险行政部门应当受理：

（一）办理退休手续后，未再从事接触职业病危害作业的退休人员；

（二）劳动或聘用合同期满后或者本人提出而解除劳动或聘用合同后，未再从事接触职业病危害作业的人员。

经工伤认定和劳动能力鉴定，前款第（一）项人员符合领取一次性伤残补助金条件的，按就高原则以本人退休前12个月平均月缴费工资或者确诊职业病前12个月的月平均养老金为基数计发。前款第（二）项人员被鉴定为一级至十级伤残、按《条例》规定应以本人工资作为基数享受相关待遇的，按本人终止或者解除劳动、聘用合同前12个月平均月缴费工资计发。

九、按照本意见第八条规定被认定为工伤的职业病人员，职业病诊断证明书（或职业病诊断鉴定书）中明确的用人单位，在该职工从业期间依法为其缴纳工伤保险费的，按《条例》的规定，分别由工伤保险基金和用人单位支付工伤保险待遇；未依法为该职工缴纳工伤保险费的，由用人单位按照《条例》规定的相关项目和标准支付待遇。

十、职工在同一用人单位连续工作期间多次发生工伤的，符合《条例》第三十六、第三十七条规定领取相关待遇时，按照其在同一用人单位发生工伤的最高伤残级别，计发一次性伤残就业补助金和一次性工伤医疗补助金。

十一、依据《条例》第四十二条的规定停止支付工伤保险待遇的，在停止支付待遇的情形消失后，自下月起恢复工伤保险待遇，停止支付的工伤保险待遇不予补发。

十二、《条例》第六十二条第三款规定的“新发生的费用”，是指用人单位职工参加工伤保险前发生工伤的，在参加工伤保险后新发生的费用。

十三、由工伤保险基金支付的各项待遇应按《条例》相关规定支付，不得采取将长期待遇改为一次性支付的办法。

十四、核定工伤职工工伤保险待遇时，若上一年度相关数据尚未公布，可暂按前一年度的全国城镇居民人均可支配收入、统筹地区职工月平均工资核定和计发，待相关数据公布后再重新核定，社会保险经办机构或者用人单位予以补发差额部分。

本意见自发文之日起执行，此前有关规定与本意见不一致的，按本意见执行。执行中有重大问题，请及时报告我部。

人力资源和社会保障部关于执行《工伤保险条例》若干问题的意见(二)

(2016年3月28日 人社部发〔2016〕29号)

各省、自治区、直辖市及新疆生产建设兵团人力资源社会保障厅(局):

为更好地贯彻执行新修订的《工伤保险条例》,提高依法行政能力和水平,妥善解决实际工作中的问题,保障职工和用人单位合法权益,现提出如下意见:

一、一级至四级工伤职工死亡,其近亲属同时符合领取工伤保险丧葬补助金、供养亲属抚恤金待遇和职工基本养老保险丧葬补助金、抚恤金待遇条件的,由其近亲属选择领取工伤保险或职工基本养老保险其中一种。

二、达到或超过法定退休年龄,但未办理退休手续或者未依法享受城镇职工基本养老保险待遇,继续在原用人单位工作期间受到事故伤害或患职业病的,用人单位依法承担工伤保险责任。

用人单位招用已经达到、超过法定退休年龄或已经领取城镇职工基本养老保险待遇的人员,在用工期间因工作原因受到事故伤害或患职业病的,如招用单位已按项目参保等方式为其缴纳工伤保险费的,应适用《工伤保险条例》。

三、《工伤保险条例》第六十二条规定的"新发生的费用",是指用人单位参加工伤保险前发生工伤的职工,在参加工伤保险后新发生的费用。其中由工伤保险基金支付的费用,按不同情况予以处理:

(一)因工受伤的,支付参保后新发生的工伤医疗费、工伤康复费、住院伙食补助费、统筹地区以外就医交通食宿费、辅助器具配置费、生活护理费、一级至四级伤残职工伤残津贴,以及参保后解除劳动合同时的一次性工伤医疗补助金;

(二)因工死亡的,支付参保后新发生的符合条件的供养亲属抚恤金。

四、职工在参加用人单位组织或者受用人单位指派参加其他单位组织的活动中受到事故伤害的,应当视为工作原因,但参加与工作无关的活动除外。

五、职工因工作原因驻外,有固定的住所、有明确的作息时间,工伤认定时按照在驻在地当地正常工作的情形处理。

六、职工以上下班为目的、在合理时间内往返于工作单位和居住地之间的合理路线,视为上下班途中。

七、用人单位注册地与生产经营地不在同一统筹地区的,原则上应在注册地为职工参加工伤保险;未在注册地参加工伤保险的职工,可由用人单位在生产经营地为其参加工伤保险。

劳务派遣单位跨地区派遣劳动者,应根据《劳务派遣暂行规定》参加工伤保险。建筑施工企业按项目参保的,应在施工项目所在地参加工伤保险。

职工受到事故伤害或者患职业病后,在参保地进行工伤认定、劳动能力鉴定,并按照参保地的规定依法享受工伤保险待遇;未参加工伤保险的职工,应当在生产经营地进行工伤认定、劳动能力鉴定,并按照生产经营地的规定依法由用人单位支付工伤保险待遇。

八、有下列情形之一的,被延误的时间不计算在工伤认定申请时限内。

(一)受不可抗力影响的;

(二)职工由于被国家机关依法采取强制措施等人身自由受到限制不能申请工伤认定的;

(三)申请人正式提交了工伤认定申请,但因社会保险机构未登记或者材料遗失等原因造成申请超时限的;

(四)当事人就确认劳动关系申请劳动仲裁或提起民事诉讼的;

(五)其他符合法律法规规定的情形。

九、《工伤保险条例》第六十七条规定的"尚未完成工伤认定的",是指在《工伤保险条例》施行前遭受事故伤害或被诊断鉴定为职业病,且在工伤认定申请法定时限内(从《工伤保险条例》施行之日起算)提出工伤认定申请,尚未做出工伤认定的情形。

十、因工伤认定申请人或者用人单位隐瞒有关情况或者提供虚假材料,导致工伤认定决定错误的,社会保险行政部门发现后,应当及时予以更正。

本意见自发文之日起执行，此前有关规定与本意见不一致的，按本意见执行。执行中有重大问题，请及时报告我部。

(八)其他损害责任

全国人民代表大会常务委员会关于加强网络信息保护的决定

(2012年12月28日第十一届全国人民代表大会常务委员会第三十次会议通过)

为了保护网络信息安全，保障公民、法人和其他组织的合法权益，维护国家安全和社会公共利益，特作如下决定：

一、国家保护能够识别公民个人身份和涉及公民个人隐私的电子信息。

任何组织和个人不得窃取或者以其他非法方式获取公民个人电子信息，不得出售或者非法向他人提供公民个人电子信息。

二、网络服务提供者和其他企业事业单位在业务活动中收集、使用公民个人电子信息，应当遵循合法、正当、必要的原则，明示收集、使用信息的目的、方式和范围，并经被收集者同意，不得违反法律、法规的规定和双方的约定收集、使用信息。

网络服务提供者和其他企业事业单位收集、使用公民个人电子信息，应当公开其收集、使用规则。

三、网络服务提供者和其他企业事业单位及其工作人员对在业务活动中收集的公民个人电子信息必须严格保密，不得泄露、篡改、毁损，不得出售或者非法向他人提供。

四、网络服务提供者和其他企业事业单位应当采取技术措施和其他必要措施，确保信息安全，防止在业务活动中收集的公民个人电子信息泄露、毁损、丢失。在发生或者可能发生信息泄露、毁损、丢失的情况时，应当立即采取补救措施。

五、网络服务提供者应当加强对其用户发布的信息的管理，发现法律、法规禁止发布或者传输的信息的，应当立即停止传输该信息，采取消除等处置措施，保存有关记录，并向有关主管部门报告。

六、网络服务提供者为用户办理网站接入服务，办理固定电话、移动电话等入网手续，或者为用户提供信息发布服务，应当在与用户签订协议或者确认提供服务时，要求用户提供真实身份信息。

七、任何组织和个人未经电子信息接收者同意或者请求，或者电子信息接收者明确表示拒绝的，不得向其固定电话、移动电话或者个人电子邮箱发送商业性电子信息。

八、公民发现泄露个人身份、散布个人隐私等侵害其合法权益的网络信息，或者受到商业性电子信息侵扰的，有权要求网络服务提供者删除有关信息或者采取其他必要措施予以制止。

九、任何组织和个人对窃取或者以其他非法方式获取、出售或者非法向他人提供公民个人电子信息的违法犯罪行为以及其他网络信息违法犯罪行为，有权向有关主管部门举报、控告；接到举报、控告的部门应当依法及时处理。被侵权人可以依法提起诉讼。

十、有关主管部门应当在各自职权范围内依法履行职责，采取技术措施和其他必要措施，防范、制止和查处窃取或者以其他非法方式获取、出售或者非法向他人提供公民个人电子信息的违法犯罪行为以及其他网络信息违法犯罪行为。有关主管部门依法履行职责时，网络服务提供者应当予以配合，提供技术支持。

国家机关及其工作人员对在履行职责中知悉的公民个人电子信息应当予以保密，不得泄露、篡改、毁损，不得出售或者非法向他人提供。

十一、对有违反本决定行为的，依法给予警告、罚款、没收违法所得、吊销许可证或者取消备案、关闭网站、禁止有关责任人员从事网络服务业务等处罚，记入社会信用档案并予以公布；构成违反治安管理行为的，依法给予治安管理处罚。构成犯罪的，依法追究刑事责任。侵害他人民事权益的，依法承担民事责任。

十二、本决定自公布之日起施行。

最高人民法院关于审理铁路运输损害赔偿案件若干问题的解释

（1994年10月27日 法发〔1994〕25号）

为了正确、及时地审理铁路运输损害赔偿案件，现就审判工作中遇到的一些问题，根据《中华人民共和国铁路法》（以下简称铁路法）和有关的法律规定，结合审判实践，作出如下解释，供在审判工作中执行。

一、实际损失的赔偿范围

铁路法第十七条中的“实际损失”，是指因灭失、短少、变质、污染、损坏导致货物、包裹、行李实际价值的损失。

铁路运输企业按照实际损失赔偿时，对灭失、短少的货物、包裹、行李，按照其实际价值赔偿；对变质、污染、损坏降低原有价值的货物、包裹、行李，可按照其受损前后实际价值的差额或者加工、修复费用赔偿。

货物、包裹、行李的赔偿价格按照托运时的实际价值计算。实际价值中未包含已支付的铁路运杂费、包装费、保险费、短途搬运费等费用的，按照损失部分的比例加算。

二、铁路运输企业的重大过失

铁路法第十七条中的“重大过失”是指铁路运输企业或者其受雇人、代理人对承运的货物、包裹、行李明知可能造成损失而轻率地作为或者不作为。

三、保价货物损失的赔偿

铁路法第十七条第一款（一）项中规定的“按照实际损失赔偿，但最高不超过保价额”，是指保价运输的货物、包裹、行李在运输中发生损失，无论托运人在办理保价运输时，保价额是否与货物、包裹、行李的实际价值相符，均应在保价额内按照损失部分的实际价值赔偿，实际损失超过保价额的部分不予赔偿。

如果损失是因铁路运输企业的故意或者重大过失造成的，比照铁路法第十七条第一款（二）项的规定，不受保价额的限制，按照实际损失赔偿。

四、保险货物损失的赔偿

投保货物运输险的货物在运输中发生损失，对不属于铁路运输企业免责范围的，适用铁路法第十七条第一款（二）项的规定，由铁路运输企业承担赔偿责任。

保险公司按照保险合同的约定向托运人或收货人先行赔付后，对于铁路运输企业应按货物实际损失承担赔偿责任的，保险公司按照支付的保险金额向铁路运输企业追偿，因不足额保险产生的实际损失与保险金的差额部分，由铁路运输企业赔偿；对于铁路运输企业应按限额承担赔偿责任的，在足额保险的情况下，保险公司向铁路运输企业的追偿额为铁路运输企业的赔偿限额，在不足额保险的情况下，保险公司向铁路运输企业的追偿额在铁路运输企业的赔偿限额内按照投保金额与货物实际价值的比例计算，因不足额保险产生的铁路运输企业的赔偿限额与保险公司在限额内追偿额的差额部分，由铁路运输企业赔偿。

五、保险保价货物损失的赔偿

既保险又保价的货物在运输中发生损失，对不属于铁路运输企业免责范围的，适用铁路法第十七条第一款（一）项的规定由铁路运输企业承担赔偿责任。对于保险公司先行赔付的，比照本解释第四条对保险货物损失的赔偿处理。

六、保险补偿制度的适用

《铁路货物运输实行保险与负责运输相结合的补偿制度的规定（试行）》（简称保险补偿制度），适用于1991年5月1日铁路法实施以前已投保货物运输险的案件。铁路法实施后投保货物运输险的案件，适用铁路法第十七条第一款的规定，保险补偿制度中有关保险补偿的规定不再适用。

七、逾期交付的责任

货物、包裹、行李逾期交付，如果是因铁路逾期运到造成的，由铁路运输企业支付逾期违约金；如果是因收货人或旅客逾期领取造成的，由收货人或旅客支付保管费；既因逾期运到又因收货人或者旅客逾期领取造成的，由双方各自承担相应的责任。

铁路逾期运到并且发生损失时，铁路运输企业除支付逾期违约金外，还应当赔偿损失。对收货人或者旅客逾期领取，铁路运输企业在代保管期间因保管不当造成损失的，由铁路运输企业赔偿。

八、误交付的责任

货物、包裹、行李误交付(包括被第三者冒领造成的误交付),铁路运输企业查找超过运到期限的,由铁路运输企业支付逾期违约金。不能交付的,或者交付时有损失的,由铁路运输企业赔偿。铁路运输企业赔付后,再向有责任的第三者追偿。

九、赔偿后又找回原物的处理

铁路运输企业赔付后又找回丢失、被盗、冒领、逾期等按灭失处理的货物、包裹、行李的,在通知托运人,收货人或者旅客退还赔款领回原物的期限届满后仍无人领取的,适用铁路法第二十二条按无主货物的规定处理。铁路运输企业未通知托运人,收货人或者旅客而自行处理找回的货物、包裹、行李的,由铁路运输企业赔偿实际损失与已付赔款差额。

十、代办运输货物损失的赔偿

代办运输的货物在铁路运输中发生损失,对代办运输企业接受托运人的委托以自己的名义与铁路运输企业签订运输合同托运或者领取货物的,如委托人依据委托合同要求代办运输企业向铁路运输企业索赔的,应予支持。对代办运输企业未及时索赔而超过运输合同索赔时效的,代办运输企业应当赔偿。

十一、人身伤亡的赔偿范围

铁路法第五十八条规定的因铁路行车事故及其他铁路运营事故造成的人身伤亡,包括旅客伤亡和路外伤亡。

人身伤亡,除铁路法第五十八条第二款列举的免责情况外,如果铁路运输企业能够证明人身伤亡是由受害人自身原因造成的,不应再责令铁路运输企业承担赔偿责任。

对人身伤亡的赔偿责任范围适用民法通则第一百一十九条的规定。1994 年 9 月 1 日以后发生的旅客伤亡的赔偿责任范围适用国务院批准的《铁路旅客运输损害赔偿规定》。

十二、铁路旅客运送责任期间

铁路运输企业对旅客运送的责任期间自旅客持有效车票进站时起到旅客出站或者应当出站时止。不包括旅客在候车室内的期间。

十三、旅客伤亡的保险责任与运输责任

在铁路旅客运送责任期间发生旅客伤亡,属于《铁路旅客意外伤害强制保险条例》规定的保险责任范围的,铁路运输企业支付保险金后,对旅客伤亡不属于铁路运输企业免责范围的,铁路运输企业还应当支付赔偿金。

十四、第三者责任造成旅客伤亡的赔偿

在铁路旅客运送期间因第三者责任造成旅客伤亡,旅客或者其继承人要求铁路运输企业先予赔偿的,应予支持。铁路运输企业赔付后,有权向有责任的第三者追偿。

十五、索赔时效

对承运中的货物、包裹、行李发生损失或者逾期,向铁路运输企业要求赔偿的请求权,时效期间适用铁路运输规章 180 日的规定。自铁路运输企业交付的次日起计算;货物、包裹、行李全部灭失的,自运到期限届满后第 30 日的次日起计算。但对在此期间内或者运到期限内已经确认灭失的,自铁路运输企业交给货运记录的次日起计算。

对旅客伤亡,向铁路企业要求赔偿的请求权,时效期间适用民法通则第一百三十六条第(一)项 1 年的规定。自到达旅行目的地的次日或者旅行中止的次日起计算。

对路外伤亡,向铁路运输企业要求赔偿的请求权,时效期间适用民法通则第一百三十六条第(一)项 1 年的规定,自受害人受到伤害的次日起计算。

最高人民法院关于审理铁路运输人身损害赔偿纠纷案件适用法律若干问题的解释

(2010 年 1 月 4 日最高人民法院审判委员会第 1482 次会议通过　2010 年 3 月 3 日最高人民法院公告公布　自 2010 年 3 月 16 日起施行　法释〔2010〕5 号)

为正确审理铁路运输人身损害赔偿纠纷案件,依法维护各方当事人的合法权益,根据《中华人民共和国民法通则》、《中华人民共和国铁路法》、《中华人民共和国民事诉讼法》等法律的规定,结合审判实践,就有关适用法律问题作如下解释:

第一条　人民法院审理铁路行车事故及其他铁路运营事故造成的铁路运输人身损害赔偿纠纷案件，适用本解释。

与铁路运输企业建立劳动合同关系或者形成劳动关系的铁路职工在执行职务中发生的人身损害，依照有关调整劳动关系的法律规定及其他相关法律规定处理。

第二条　铁路运输人身损害的受害人、依法由受害人承担扶养义务的被扶养人以及死亡受害人的近亲属为赔偿权利人，有权请求赔偿。

第三条　赔偿权利人要求对方当事人承担侵权责任的，由事故发生地、列车最先到达地或者被告住所地铁路运输法院管辖；赔偿权利人依照合同法要求承运人承担违约责任予以人身损害赔偿的，由运输始发地、目的地或者被告住所地铁路运输法院管辖。

第四条　铁路运输造成人身损害的，铁路运输企业应当承担赔偿责任；法律另有规定的，依照其规定。

第五条　铁路运输中发生人身损害，铁路运输企业举证证明有下列情形之一的，不承担赔偿责任：

（一）不可抗力造成的；

（二）受害人故意以卧轨、碰撞等方式造成的。

第六条　因受害人翻越、穿越、损毁、移动铁路线路两侧防护围墙、栅栏或者其他防护设施穿越铁路线路，偷乘货车，攀附行进中的列车，在未设置人行通道的铁路桥梁、隧道内通行，攀爬高架铁路线路，以及其他未经许可进入铁路线路、车站、货场等铁路作业区域的过错行为，造成人身损害的，应当根据受害人的过错程度适当减轻铁路运输企业的赔偿责任，并按照以下情形分别处理：

（一）铁路运输企业未充分履行安全防护、警示等义务，受害人有上述过错行为的，铁路运输企业应当在全部损失的百分之八十至百分之二十之间承担赔偿责任；

（二）铁路运输企业已充分履行安全防护、警示等义务，受害人仍施以上述过错行为的，铁路运输企业应当在全部损失的百分之二十至百分之十之间承担赔偿责任。

第七条　受害人横向穿越未封闭的铁路线路时存在过错，造成人身损害的，按照前条规定处理。

受害人不听从值守人员劝阻或者无视禁行警示信号、标志硬行通过铁路平交道口、人行过道，或者沿铁路线路纵向行走，或者在铁路线路上坐卧，造成人身损害，铁路运输企业举证证明已充分履行安全防护、警示等义务的，不承担赔偿责任。

第八条　铁路运输造成无民事行为能力人人身损害的，铁路运输企业应当承担赔偿责任；监护人有过错的，按照过错程度减轻铁路运输企业的赔偿责任，但铁路运输企业承担的赔偿责任应当不低于全部损失的百分之五十。

铁路运输造成限制民事行为能力人人身损害的，铁路运输企业应当承担赔偿责任；监护人及受害人自身有过错的，按照过错程度减轻铁路运输企业的赔偿责任，但铁路运输企业承担的赔偿责任应当不低于全部损失的百分之四十。

第九条　铁路机车车辆与机动车发生碰撞造成机动车驾驶人员以外的人人身损害的，由铁路运输企业与机动车一方对受害人承担连带赔偿责任。铁路运输企业与机动车一方之间，按照各自的过错分担责任；双方均无过错的，按照公平原则分担责任。对受害人实际承担赔偿责任超出应当承担份额的一方，有权向另一方追偿。

铁路机车车辆与机动车发生碰撞造成机动车驾驶人员人身损害的，按照本解释第四条至第七条的规定处理。

第十条　在非铁路运输企业实行监护的铁路无人看守道口发生事故造成人身损害的，由铁路运输企业按照本解释的有关规定承担赔偿责任。道口管理单位有过错的，铁路运输企业对赔偿权利人承担赔偿责任后，有权向道口管理单位追偿。

第十一条　对于铁路桥梁、涵洞等设施负有管理、维护等职责的单位，因未尽职责使该铁路桥梁、涵洞等设施不能正常使用，导致行人、车辆穿越铁路线路造成人身损害的，铁路运输企业按照本解释有关规定承担赔偿责任后，有权向该单位追偿。

第十二条 铁路旅客运送期间发生旅客人身损害,赔偿权利人要求铁路运输企业承担违约责任的,人民法院应当依照《中华人民共和国合同法》第二百九十条、第三百零一条、第三百零二条等规定,确定铁路运输企业是否承担责任及责任的大小;赔偿权利人要求铁路运输企业承担侵权赔偿责任的,人民法院应当依照有关侵权责任的法律规定,确定铁路运输企业是否承担赔偿责任及责任的大小。

第十三条 铁路旅客运送期间因第三人侵权造成旅客人身损害的,由实施侵权行为的第三人承担赔偿责任。铁路运输企业有过错的,应当在能够防止或者制止损害的范围内承担相应的补充赔偿责任。铁路运输企业承担赔偿责任后,有权向第三人追偿。

车外第三人投掷石块等击打列车造成车内旅客人身损害,赔偿权利人要求铁路运输企业先予赔偿的,人民法院应当予以支持。铁路运输企业赔付后,有权向第三人追偿。

第十四条 有权作出事故认定的组织依照《铁路交通事故应急救援和调查处理条例》等有关规定制作的事故认定书,经庭审质证,对于事故认定书所认定的事实,当事人没有相反证据和理由足以推翻的,人民法院应当作为认定事实的根据。

第十五条 在专用铁路及铁路专用线上因运输造成人身损害,依法应当由肇事工具或者设备的所有人、使用人或者管理人承担赔偿责任的,适用本解释。

第十六条 本院以前发布的司法解释与本解释不一致的,以本解释为准。

本解释施行前已经终审,本解释施行后当事人申请再审或者按照审判监督程序决定再审的案件,不适用本解释。

最高人民法院关于审理旅游纠纷案件适用法律若干问题的规定

(2010年9月13日最高人民法院审判委员会第1496次会议通过 2010年10月26日最高人民法院公告公布 自2010年11月1日起施行 法释〔2010〕13号)

为正确审理旅游纠纷案件,依法保护当事人合法权益,根据《中华人民共和国民法通则》、《中华人民共和国合同法》、《中华人民共和国消费者权益保护法》、《中华人民共和国侵权责任法》和《中华人民共和国民事诉讼法》等有关法律规定,结合民事审判实践,制定本规定。

第一条 本规定所称的旅游纠纷,是指旅游者与旅游经营者、旅游辅助服务者之间因旅游发生的合同纠纷或者侵权纠纷。

"旅游经营者"是指以自己的名义经营旅游业务,向公众提供旅游服务的人。

"旅游辅助服务者"是指与旅游经营者存在合同关系,协助旅游经营者履行旅游合同义务,实际提供交通、游览、住宿、餐饮、娱乐等旅游服务的人。

旅游者在自行旅游过程中与旅游景点经营者因旅游发生的纠纷,参照适用本规定。

第二条 以单位、家庭等集体形式与旅游经营者订立旅游合同,在履行过程中发生纠纷,除集体以合同一方当事人名义起诉外,旅游者个人提起旅游合同纠纷诉讼的,人民法院应予受理。

第三条 因旅游经营者方面的同一原因造成旅游者人身损害、财产损失,旅游者选择要求旅游经营者承担违约责任或者侵权责任的,人民法院应当根据当事人选择的案由进行审理。

第四条 因旅游辅助服务者的原因导致旅游经营者违约,旅游者仅起诉旅游经营者的,人民法院可以将旅游辅助服务者追加为第三人。

第五条 旅游经营者已投保责任险,旅游者因保险责任事故仅起诉旅游经营者的,人民法院可以应当事人的请求将保险公司列为第三人。

第六条 旅游经营者以格式合同、通知、声明、告示等方式作出对旅游者不公平、不合理的规定，或者减轻、免除其损害旅游者合法权益的责任，旅游者请求依据消费者权益保护法第二十四条的规定认定该内容无效的，人民法院应予支持。

第七条　旅游经营者、旅游辅助服务者未尽到安全保障义务，造成旅游者人身损害、财产损失，旅游者请求旅游经营者、旅游辅助服务者承担责任的，人民法院应予支持。

因第三人的行为造成旅游者人身损害、财产损失，由第三人承担责任；旅游经营者、旅游辅助服务者未尽安全保障义务，旅游者请求其承担相应补充责任的，人民法院应予支持。

第八条　旅游经营者、旅游辅助服务者对可能危及旅游者人身、财产安全的旅游项目未履行告知、警示义务，造成旅游者人身损害、财产损失，旅游者请求旅游经营者、旅游辅助服务者承担责任的，人民法院应予支持。

旅游者未按旅游经营者、旅游辅助服务者的要求提供与旅游活动相关的个人健康信息并履行如实告知义务，或者不听从旅游经营者、旅游辅助服务者的告知、警示，参加不适合自身条件的旅游活动，导致旅游过程中出现人身损害、财产损失，旅游者请求旅游经营者、旅游辅助服务者承担责任的，人民法院不予支持。

第九条　旅游经营者、旅游辅助服务者泄露旅游者个人信息或者未经旅游者同意公开其个人信息，旅游者请求其承担相应责任的，人民法院应予支持。

第十条　旅游经营者将旅游业务转让给其他旅游经营者，旅游者不同意转让，请求解除旅游合同、追究旅游经营者违约责任的，人民法院应予支持。

旅游经营者擅自将其旅游业务转让给其他旅游经营者，旅游者在旅游过程中遭受损害，请求与其签订旅游合同的旅游经营者和实际提供旅游服务的旅游经营者承担连带责任的，人民法院应予支持。

第十一条　除合同性质不宜转让或者合同另有约定之外，在旅游行程开始前的合理期间内，旅游者将其在旅游合同中的权利义务转让给第三人，请求确认转让合同效力的，人民法院应予支持。

因前款所述原因，旅游经营者请求旅游者、第三人给付增加的费用或者旅游者请求旅游经营者退还减少的费用的，人民法院应予支持。

第十二条　旅游行程开始前或者进行中，因旅游者单方解除合同，旅游者请求旅游经营者退还尚未实际发生的费用，或者旅游经营者请求旅游者支付合理费用的，人民法院应予支持。

第十三条　因不可抗力等不可归责于旅游经营者、旅游辅助服务者的客观原因导致旅游合同无法履行，旅游经营者、旅游者请求解除旅游合同的，人民法院应予支持。旅游经营者、旅游者请求对方承担违约责任的，人民法院不予支持。旅游者请求旅游经营者退还尚未实际发生的费用的，人民法院应予支持。

因不可抗力等不可归责于旅游经营者、旅游辅助服务者的客观原因变更旅游行程，在征得旅游者同意后，旅游经营者请求旅游者分担因此增加的旅游费用或旅游者请求旅游经营者退还因此减少的旅游费用的，人民法院应予支持。

第十四条　因旅游辅助服务者的原因造成旅游者人身损害、财产损失，旅游者选择请求旅游辅助服务者承担侵权责任的，人民法院应予支持。

旅游经营者对旅游辅助服务者未尽谨慎选择义务，旅游者请求旅游经营者承担相应补充责任的，人民法院应予支持。

第十五条　签订旅游合同的旅游经营者将其部分旅游业务委托旅游目的地的旅游经营者，因受托方未尽旅游合同义务，旅游者在旅游过程中受到损害，要求作出委托的旅游经营者承担赔偿责任的，人民法院应予支持。

旅游经营者委托除前款规定以外的人从事旅游业务，发生旅游纠纷，旅游者起诉旅游经营者的，人民法院应予受理。

第十六条　旅游经营者准许他人挂靠其名下从事旅游业务，造成旅游者人身损害、财产损失，旅游者请求旅游经营者与挂靠人承担连带责任的，人民法院应予支持。

第十七条　旅游经营者违反合同约定，有擅自改变旅游行程、遗漏旅游景点、减少旅游服务项目、降低旅游服务标准等行为，旅游者请求旅游经营者赔偿未完成约定旅游服务项目等合理费用的,人民法院应予支持。

旅游经营者提供服务时有欺诈行为,旅游者请求旅游经营者双倍赔偿其遭受的损失的,人民法院应予支持。

第十八条　因飞机、火车、班轮、城际客运班车等公共客运交通工具延误,导致合同不能按照约定履行,旅游者请求旅游经营者退还未实际发生的费用的,人民法院应予支持。合同另有约定的除外。

第十九条　旅游者在自行安排活动期间遭受人身损害、财产损失,旅游经营者未尽到必要的提示义务、救助义务,旅游者请求旅游经营者承担相应责任的,人民法院应予支持。

前款规定的自行安排活动期间,包括旅游经营者安排的在旅游行程中独立的自由活动期间、旅游者不参加旅游行程的活动期间以及旅游者经导游或者领队同意暂时离队的个人活动期间等。

第二十条　旅游者在旅游行程中未经导游或者领队许可,故意脱离团队,遭受人身损害、财产损失,请求旅游经营者赔偿损失的,人民法院不予支持。

第二十一条　旅游者提起违约之诉,主张精神损害赔偿的,人民法院应告知其变更为侵权之诉;旅游者仍坚持提起违约之诉的,对于其精神损害赔偿的主张,人民法院不予支持。

第二十二条　旅游经营者或者旅游辅助服务者为旅游者代管的行李物品损毁、灭失,旅游者请求赔偿损失的,人民法院应予支持,但下列情形除外:

(一)损失是由于旅游者未听从旅游经营者或者旅游辅助服务者的事先声明或者提示,未将现金、有价证券、贵重物品由其随身携带而造成的;

(二)损失是由于不可抗力、意外事件造成的;

(三)损失是由于旅游者的过错造成的;

(四)损失是由于物品的自然属性造成的。

第二十三条　旅游者要求旅游经营者返还下列费用的,人民法院应予支持:

(一)因拒绝旅游经营者安排的购物活动或者另行付费的项目被增收的费用;

(二)在同一旅游行程中,旅游经营者提供相同服务,因旅游者的年龄、职业等差异而增收的费用。

第二十四条　旅游经营者因过错致其代办的手续、证件存在瑕疵,或者未尽妥善保管义务而遗失、毁损,旅游者请求旅游经营者补办或者协助补办相关手续、证件并承担相应费用的,人民法院应予支持。

因上述行为影响旅游行程,旅游者请求旅游经营者退还尚未发生的费用、赔偿损失的,人民法院应予支持。

第二十五条　旅游经营者事先设计,并以确定的总价提供交通、住宿、游览等一项或者多项服务,不提供导游和领队服务,由旅游者自行安排游览行程的旅游过程中,旅游经营者提供的服务不符合合同约定,侵害旅游者合法权益,旅游者请求旅游经营者承担相应责任的,人民法院应予支持。

旅游者在自行安排的旅游活动中合法权益受到侵害,请求旅游经营者、旅游辅助服务者承担责任的,人民法院不予支持。

第二十六条　本规定施行前已经终审,本规定施行后当事人申请再审或者按照审判监督程序决定再审的案件,不适用本规定。

最高人民法院、最高人民检察院、公安部、民政部关于依法处理监护人侵害未成年人权益行为若干问题的意见

(2014年12月18日　法发〔2014〕24号)

为切实维护未成年人合法权益,加强未成年人行政保护和司法保护工作,确保未成年人得到妥善监护照料,根据民法通则、民事诉讼法、未成年人保护法等法律规定,现就处理监护人侵害未成年人权益行为(以下简称监护侵害行为)的有关工作制定本意见。

一、一般规定

1. 本意见所称监护侵害行为,是指父母或者其他监护人(以下简称监护人)性侵害、出卖、遗弃、虐待、暴力伤害未成年人,教唆、利用未成年

人实施违法犯罪行为，胁迫、诱骗、利用未成年人乞讨，以及不履行监护职责严重危害未成年人身心健康等行为。

2. 处理监护侵害行为，应当遵循未成年人最大利益原则，充分考虑未成年人身心特点和人格尊严，给予未成年人特殊、优先保护。

3. 对于监护侵害行为，任何组织和个人都有权劝阻、制止或者举报。

公安机关应当采取措施，及时制止在工作中发现以及单位、个人举报的监护侵害行为，情况紧急时将未成年人带离监护人。

民政部门应当设立未成年人救助保护机构（包括救助管理站、未成年人救助保护中心），对因受到监护侵害进入机构的未成年人承担临时监护责任，必要时向人民法院申请撤销监护人资格。

人民法院应当依法受理人身安全保护裁定申请和撤销监护人资格案件并作出裁判。

人民检察院对公安机关、人民法院处理监护侵害行为的工作依法实行法律监督。

人民法院、人民检察院、公安机关设有办理未成年人案件专门工作机构的，应当优先由专门工作机构办理监护侵害案件。

4. 人民法院、人民检察院、公安机关、民政部门应当充分履行职责，加强指导和培训，提高保护未成年人的能力和水平；加强沟通协作，建立信息共享机制，实现未成年人行政保护和司法保护的有效衔接。

5. 人民法院、人民检察院、公安机关、民政部门应当加强与妇儿工委、教育部门、卫生部门、共青团、妇联、关工委、未成年人住所地村（居）民委员会等的联系和协作，积极引导、鼓励、支持法律服务机构、社会工作服务机构、公益慈善组织和志愿者等社会力量，共同做好受监护侵害的未成年人的保护工作。

二、报告和处置

6. 学校、医院、村（居）民委员会、社会工作服务机构等单位及其工作人员，发现未成年人受到监护侵害的，应当及时向公安机关报案或者举报。

其他单位及其工作人员、个人发现未成年人受到监护侵害的，也应当及时向公安机关报案或者举报。

7. 公安机关接到涉及监护侵害行为的报案、举报后，应当立即出警处置，制止正在发生的侵害行为并迅速进行调查。符合刑事立案条件的，应当立即立案侦查。

8. 公安机关在办理监护侵害案件时，应当依照法定程序，及时、全面收集固定证据，保证办案质量。

询问未成年人，应当考虑未成年人的身心特点，采取和缓的方式进行，防止造成进一步伤害。

未成年人有其他监护人的，应当通知其他监护人到场。其他监护人无法通知或者未能到场的，可以通知未成年人的其他成年亲属、所在学校、村（居）民委员会、未成年人保护组织的代表以及专业社会工作者等到场。

9. 监护人的监护侵害行为构成违反治安管理行为的，公安机关应当依法给予治安管理处罚，但情节特别轻微不予治安管理处罚的，应当给予批评教育并通报当地村（居）民委员会；构成犯罪的，依法追究刑事责任。

10. 对于疑似患有精神障碍的监护人，已实施危害未成年人安全的行为或者有危害未成年人安全危险的，其近亲属、所在单位、当地公安机关应当立即采取措施予以制止，并将其送往医疗机构进行精神障碍诊断。

11. 公安机关在出警过程中，发现未成年人身体受到严重伤害、面临严重人身安全威胁或者处于无人照料等危险状态的，应当将其带离实施监护侵害行为的监护人，就近护送至其他监护人、亲属、村（居）民委员会或者未成年人救助保护机构，并办理书面交接手续。未成年人有表达能力的，应当就护送地点征求未成年人意见。

负责接收未成年人的单位和人员（以下简称临时照料人）应当对未成年人予以临时紧急庇护和短期生活照料，保护未成年人的人身安全，不得侵害未成年人合法权益。

公安机关应当书面告知临时照料人有权依法向人民法院申请人身安全保护裁定和撤销监护人资格。

12. 对身体受到严重伤害需要医疗的未成年人，公安机关应当先行送医救治，同时通知其他有监护资格的亲属照料，或者通知当地未成年人救助保护机构开展后续救助工作。

监护人应当依法承担医疗救治费用。其他亲属和未成年人救助保护机构等垫付医疗救治费用的,有权向监护人追偿。

13.公安机关将受监护侵害的未成年人护送至未成年人救助保护机构的,应当在五个工作日内提供案件侦办查处情况说明。

14.监护侵害行为可能构成虐待罪的,公安机关应当告知未成年人及其近亲属有权告诉或者代为告诉,并通报所在地同级人民检察院。

未成年人及其近亲属没有告诉的,由人民检察院起诉。

三、临时安置和人身安全保护裁定

15.未成年人救助保护机构应当接收公安机关护送来的受监护侵害的未成年人,履行临时监护责任。

未成年人救助保护机构履行临时监护责任一般不超过一年。

16.未成年人救助保护机构可以采取家庭寄养、自愿助养、机构代养或者委托政府指定的寄宿学校安置等方式,对未成年人进行临时照料,并为未成年人提供心理疏导、情感抚慰等服务。

未成年人因临时监护需要转学、异地入学接受义务教育的,教育行政部门应当予以保障。

17.未成年人的其他监护人、近亲属要求照料未成年人的,经公安机关或者村(居)民委员会确认其身份后,未成年人救助保护机构可以将未成年人交由其照料,终止临时监护。

关系密切的其他亲属、朋友要求照料未成年人的,经未成年人父、母所在单位或者村(居)民委员会同意,未成年人救助保护机构可以将未成年人交由其照料,终止临时监护。

未成年人救助保护机构将未成年人送交亲友临时照料的,应当办理书面交接手续,并书面告知临时照料人有权依法向人民法院申请人身安全保护裁定和撤销监护人资格。

18.未成年人救助保护机构可以组织社会工作服务机构等社会力量,对监护人开展监护指导、心理疏导等教育辅导工作,并对未成年人的家庭基本情况、监护情况、监护人悔过情况、未成年人身心健康状况以及未成年人意愿等进行调查评估。监护人接受教育辅导及后续表现情况应当作为调查评估报告的重要内容。

有关单位和个人应当配合调查评估工作的开展。

19.未成年人救助保护机构应当与公安机关、村(居)民委员会、学校以及未成年人亲属等进行会商,根据案件侦办查处情况说明、调查评估报告和监护人接受教育辅导等情况,并征求有表达能力的未成年人意见,形成会商结论。

经会商认为本意见第11条第1款规定的危险状态已消除,监护人能够正确履行监护职责的,未成年人救助保护机构应当及时通知监护人领回未成年人。监护人应当在三日内领回未成年人并办理书面交接手续。会商形成结论前,未成年人救助保护机构不得将未成年人交由监护人领回。

经会商认为监护侵害行为属于本意见第35条规定情形的,未成年人救助保护机构应当向人民法院申请撤销监护人资格。

20.未成年人救助保护机构通知监护人领回未成年人的,应当将相关情况通报未成年人所在学校、辖区公安派出所、村(居)民委员会,并告知其对通报内容负有保密义务。

21.监护人领回未成年人的,未成年人救助保护机构应当指导村(居)民委员会对监护人的监护情况进行随访,开展教育辅导工作。

未成年人救助保护机构也可以组织社会工作服务机构等社会力量,开展前款工作。

22.未成年人救助保护机构或者其他临时照料人可以根据需要,在诉讼前向未成年人住所地、监护人住所地或者侵害行为地人民法院申请人身安全保护裁定。

未成年人救助保护机构或者其他临时照料人也可以在诉讼中向人民法院申请人身安全保护裁定。

23.人民法院接受人身安全保护裁定申请后,应当按照民事诉讼法第一百条、第一百零一条、第一百零二条的规定作出裁定。经审查认为存在侵害未成年人人身安全危险的,应当作出人身安全保护裁定。

人民法院接受诉讼前人身安全保护裁定申请后,应当在四十八小时内作出裁定。接受诉讼中人身安全保护裁定申请,情况紧急的,也应当在四十八小时内作出裁定。人身安全保护裁定应当立即执行。

24. 人身安全保护裁定可以包括下列内容中的一项或者多项：

（一）禁止被申请人暴力伤害、威胁未成年人及其临时照料人；

（二）禁止被申请人跟踪、骚扰、接触未成年人及其临时照料人；

（三）责令被申请人迁出未成年人住所；

（四）保护未成年人及其临时照料人人身安全的其他措施。

25. 被申请人拒不履行人身安全保护裁定，危及未成年人及其临时照料人人身安全或者扰乱未成年人救助保护机构工作秩序的，未成年人、未成年人救助保护机构或者其他临时照料人有权向公安机关报告，由公安机关依法处理。

被申请人有其他拒不履行人身安全保护裁定行为的，未成年人、未成年人救助保护机构或者其他临时照料人有权向人民法院报告，人民法院根据民事诉讼法第一百一十一条、第一百一十五条、第一百一十六条的规定，视情节轻重处以罚款、拘留；构成犯罪的，依法追究刑事责任。

26. 当事人对人身安全保护裁定不服的，可以申请复议一次。复议期间不停止裁定的执行。

四、申请撤销监护人资格诉讼

27. 下列单位和人员（以下简称有关单位和人员）有权向人民法院申请撤销监护人资格：

（一）未成年人的其他监护人，祖父母、外祖父母、兄、姐，关系密切的其他亲属、朋友；

（二）未成年人住所地的村（居）民委员会，未成年人父、母所在单位；

（三）民政部门及其设立的未成年人救助保护机构；

（四）共青团、妇联、关工委、学校等团体和单位。

申请撤销监护人资格，一般由前款中负责临时照料未成年人的单位和人员提出，也可以由前款中其他单位和人员提出。

28. 有关单位和人员向人民法院申请撤销监护人资格的，应当提交相关证据。

有包含未成年人基本情况、监护存在问题、监护人悔过情况、监护人接受教育辅导情况、未成年人身心健康状况以及未成年人意愿等内容的调查评估报告的，应当一并提交。

29. 有关单位和人员向公安机关、人民检察院申请出具相关案件证明材料的，公安机关、人民检察院应当提供证明案件事实的基本材料或者书面说明。

30. 监护人因监护侵害行为被提起公诉的案件，人民检察院应当书面告知未成年人及其临时照料人有权依法申请撤销监护人资格。

对于监护侵害行为符合本意见第35条规定情形而相关单位和人员没有提起诉讼的，人民检察院应当书面建议当地民政部门或者未成年人救助保护机构向人民法院申请撤销监护人资格。

31. 申请撤销监护人资格案件，由未成人住所地、监护人住所地或者侵害行为地基层人民法院管辖。

人民法院受理撤销监护人资格案件，不收取诉讼费用。

五、撤销监护人资格案件审理和判后安置

32. 人民法院审理撤销监护人资格案件，比照民事诉讼法规定的特别程序进行，在一个月内审理结案。有特殊情况需要延长的，由本院院长批准。

33. 人民法院应当全面审查调查评估报告等证据材料，听取被申请人、有表达能力的未成年人以及村（居）民委员会、学校、邻居等的意见。

34. 人民法院根据案件需要可以聘请适当的社会人士对未成年人进行社会观护，并可以引入心理疏导和测评机制，组织专业社会工作者、儿童心理问题专家等专业人员参与诉讼，为未成年人和被申请人提供心理辅导和测评服务。

35. 被申请人有下列情形之一的，人民法院可以判决撤销其监护人资格：

（一）性侵害、出卖、遗弃、虐待、暴力伤害未成年人，严重损害未成年人身心健康的；

（二）将未成年人置于无人监管和照看的状态，导致未成年人面临死亡或者严重伤害危险，经教育不改的；

（三）拒不履行监护职责长达六个月以上，导致未成年人流离失所或者生活无着的；

（四）有吸毒、赌博、长期酗酒等恶习无法正确履行监护职责或者因服刑等原因无法履行监护职责，且拒绝将监护职责部分或者全部委托给他人，致使未成年人处于困境或者危险状态的；

（五）胁迫、诱骗、利用未成年人乞讨，经公安机关和未成年人救助保护机构等部门三次以上批评教育拒不改正，严重影响未成年人正常生活和学习的；

（六）教唆、利用未成年人实施违法犯罪行为，情节恶劣的；

（七）有其他严重侵害未成年人合法权益行为的。

36. 判决撤销监护人资格，未成年人有其他监护人的，应当由其他监护人承担监护职责。其他监护人应当采取措施避免未成年人继续受到侵害。

没有其他监护人的，人民法院根据最有利于未成年人的原则，在民法通则第十六条第二款、第四款规定的人员和单位中指定监护人。指定个人担任监护人的，应当综合考虑其意愿、品行、身体状况、经济条件、与未成年人的生活情感联系以及有表达能力的未成年人的意愿等。

没有合适人员和其他单位担任监护人的，人民法院应当指定民政部门担任监护人，由其所属儿童福利机构收留抚养。

37. 判决不撤销监护人资格的，人民法院可以根据需要走访未成年人及其家庭，也可以向当地民政部门、辖区公安派出所、村（居）民委员会、共青团、妇联、未成年人所在学校、监护人所在单位等发出司法建议，加强对未成年人的保护和对监护人的监督指导。

38. 被撤销监护人资格的侵害人，自监护人资格被撤销之日起三个月至一年内，可以书面向人民法院申请恢复监护人资格，并应当提交相关证据。

人民法院应当将前款内容书面告知侵害人和其他监护人、指定监护人。

39. 人民法院审理申请恢复监护人资格案件，按照变更监护关系的案件审理程序进行。

人民法院应当征求未成年人现任监护人和有表达能力的未成年人的意见，并可以委托申请人住所地的未成年人救助保护机构或者其他未成年人保护组织，对申请人监护意愿、悔改表现、监护能力、身心状况、工作生活情况等进行调查，形成调查评估报告。

申请人正在服刑或者接受社区矫正的，人民法院应当征求刑罚执行机关或者社区矫正机构的意见。

40. 人民法院经审理认为申请人确有悔改表现并且适宜担任监护人的，可以判决恢复其监护人资格，原指定监护人的监护人资格终止。

申请人具有下列情形之一的，一般不得判决恢复其监护人资格：

（一）性侵害、出卖未成年人的；

（二）虐待、遗弃未成年人六个月以上、多次遗弃未成年人，并且造成重伤以上严重后果的；

（三）因监护侵害行为被判处五年有期徒刑以上刑罚的。

41. 撤销监护人资格诉讼终结后六个月内，未成年人及其现任监护人可以向人民法院申请人身安全保护裁定。

42. 被撤销监护人资格的父、母应当继续负担未成年人的抚养费用和因监护侵害行为产生的各项费用。相关单位和人员起诉的，人民法院应予支持。

43. 民政部门应当根据有关规定，将符合条件的受监护侵害的未成年人纳入社会救助和相关保障范围。

44. 民政部门担任监护人的，承担抚养职责的儿童福利机构可以送养未成年人。

送养未成年人应当在人民法院作出撤销监护人资格判决一年后进行。侵害人有本意见第40条第2款规定情形的，不受一年后送养的限制。

最高人民法院关于审理涉及公证活动相关民事案件的若干规定

（2014年4月28日最高人民法院审判委员会第1614次会议通过　2014年5月16日最高人民法院公告公布　自2014年6月6日起施行　法释〔2014〕6号）

为正确审理涉及公证活动相关民事案件，维护当事人的合法权益，根据《中华人民共和国民法通则》《中华人民共和国公证法》《中华人民共和国侵权责任法》《中华人民共和国民事诉讼法》等法律的规定，结合审判实践，制定本规定。

第一条　当事人、公证事项的利害关系人依照公证法第四十三条规定向人民法院起诉请求民事赔偿的，应当以公证机构为被告，人民法院应作为侵权责任纠纷案件受理。

第二条　当事人、公证事项的利害关系人起诉请求变更、撤销公证书或者确认公证书无效的，人民法院不予受理，告知其依照公证法第三十九条规定可以向出具公证书的公证机构提出复查。

第三条　当事人、公证事项的利害关系人对公证书所公证的民事权利义务有争议的，可以依照公证法第四十条规定就该争议向人民法院提起民事诉讼。

当事人、公证事项的利害关系人对具有强制执行效力的公证债权文书的民事权利义务有争议直接向人民法院提起民事诉讼的，人民法院依法不予受理。但是，公证债权文书被人民法院裁定不予执行的除外。

第四条　当事人、公证事项的利害关系人提供证据证明公证机构及其公证员在公证活动中具有下列情形之一的，人民法院应当认定公证机构有过错：

（一）为不真实、不合法的事项出具公证书的；

（二）毁损、篡改公证书或者公证档案的；

（三）泄露在执业活动中知悉的商业秘密或者个人隐私的；

（四）违反公证程序、办证规则以及国务院司法行政部门制定的行业规范出具公证书的；

（五）公证机构在公证过程中未尽到充分的审查、核实义务，致使公证书错误或者不真实的；

（六）对存在错误的公证书，经当事人、公证事项的利害关系人申请仍不予纠正或者补正的；

（七）其他违反法律、法规、国务院司法行政部门强制性规定的情形。

第五条　当事人提供虚假证明材料申请公证致使公证书错误造成他人损失的，当事人应当承担赔偿责任。公证机构依法尽到审查、核实义务的，不承担赔偿责任；未依法尽到审查、核实义务的，应当承担与其过错相应的补充赔偿责任；明知公证证明的材料虚假或者与当事人恶意串通的，承担连带赔偿责任。

第六条　当事人、公证事项的利害关系人明知公证机构所出具的公证书不真实、不合法而仍然使用造成自己损失，请求公证机构承担赔偿责任的，人民法院不予支持。

第七条　本规定施行后，涉及公证活动的民事案件尚未终审的，适用本规定；本规定施行前已经终审，当事人申请再审或者按照审判监督程序决定再审的，不适用本规定。

最高人民法院关于依法妥善审理高空抛物、坠物案件的意见

（2019年10月21日　法发〔2019〕25号）

近年来，高空抛物、坠物事件不断发生，严重危害公共安全，侵害人民群众合法权益，影响社会和谐稳定。为充分发挥司法审判的惩罚、规范和预防功能，依法妥善审理高空抛物、坠物案件，切实维护人民群众“头顶上的安全”，保障人民安居乐业，维护社会公平正义，依据《中华人民共和国刑法》《中华人民共和国侵权责任法》等相关法律，提出如下意见。

一、加强源头治理，监督支持依法行政，有效预防和惩治高空抛物、坠物行为

1. 树立预防和惩治高空抛物、坠物行为的基本理念。人民法院要切实贯彻以人民为中心的发展理念，将预防和惩治高空抛物、坠物行为作为当前和今后一段时期的重要任务，充分发挥司法职能作用，保护人民群众生命财产安全。要积极推动预防和惩治高空抛物、坠物行为的综合治理、协同治理工作，及时排查整治安全隐患，确保人民群众“头顶上的安全”，不断增强人民群众的幸福感、安全感。要努力实现依法制裁、救济损害与维护公共安全、保障人民群众安居乐业的有机统一，促进社会和谐稳定。

2. 积极推动将高空抛物、坠物行为的预防与惩治纳入诉源治理机制建设。切实发挥人民法院在诉源治理中的参与、推动、规范和保障作用，加强与公安、基层组织等的联动，积极推动和助力有关部门完善防范高空抛物、坠物的工作举

措，形成有效合力。注重发挥司法建议作用，对在审理高空抛物、坠物案件中发现行政机关、基层组织、物业服务企业等有关单位存在的工作疏漏、隐患风险等问题，及时提出司法建议，督促整改。

3. 充分发挥行政审判促进依法行政的职能作用。注重发挥行政审判对预防和惩治高空抛物、坠物行为的积极作用，切实保护受害人依法申请行政机关履行保护其人身权、财产权等合法权益法定职责的权利，监督行政机关依法行使行政职权、履行相应职责。受害人等行政相对方对行政机关在履职过程中违法行使职权或者不作为提起行政诉讼的，人民法院应当依法及时受理。

二、依法惩处构成犯罪的高空抛物、坠物行为，切实维护人民群众生命财产安全

4. 充分认识高空抛物、坠物行为的社会危害性。高空抛物、坠物行为损害人民群众人身、财产安全，极易造成人身伤亡和财产损失，引发社会矛盾纠纷。人民法院要高度重视高空抛物、坠物行为的现实危害，深刻认识运用刑罚手段惩治情节和后果严重的高空抛物、坠物行为的必要性和重要性，依法惩治此类犯罪行为，有效防范、坚决遏制此类行为发生。

5. 准确认定高空抛物犯罪。对于高空抛物行为，应当根据行为人的动机、抛物场所、抛掷物的情况以及造成的后果等因素，全面考量行为的社会危害程度，准确判断行为性质，正确适用罪名，准确裁量刑罚。

故意从高空抛弃物品，尚未造成严重后果，但足以危害公共安全的，依照刑法第一百一十四条规定的以危险方法危害公共安全罪定罪处罚；致人重伤、死亡或者使公私财产遭受重大损失的，依照刑法第一百一十五条第一款的规定处罚。为伤害、杀害特定人员实施上述行为的，依照故意伤害罪、故意杀人罪定罪处罚。

6. 依法从重惩治高空抛物犯罪。具有下列情形之一的，应当从重处罚，一般不得适用缓刑：(1)多次实施的；(2)经劝阻仍继续实施的；(3)受过刑事处罚或者行政处罚后又实施的；(4)在人员密集场所实施的；(5)其他情节严重的情形。

7. 准确认定高空坠物犯罪。过失导致物品从高空坠落，致人死亡、重伤，符合刑法第二百三十三条、第二百三十五条规定的，依照过失致人死亡罪、过失致人重伤罪定罪处罚。在生产、作业中违反有关安全管理规定，从高空坠落物品，发生重大伤亡事故或者造成其他严重后果的，依照刑法第一百三十四条第一款的规定，以重大责任事故罪定罪处罚。

三、坚持司法为民、公正司法，依法妥善审理高空抛物、坠物民事案件

8. 加强高空抛物、坠物民事案件的审判工作。人民法院在处理高空抛物、坠物民事案件时，要充分认识此类案件中侵权行为给人民群众生命、健康、财产造成的严重损害，把维护人民群众合法权益放在首位。针对此类案件直接侵权人查找难、影响面广、处理难度大等特点，要创新审判方式，坚持多措并举，依法严惩高空抛物行为人，充分保护受害人。

9. 做好诉讼服务与立案释明工作。人民法院对高空抛物、坠物案件，要坚持有案必立、有诉必理，为受害人线上线下立案提供方便。在受理从建筑物中抛掷物品、坠落物品造成他人损害的纠纷案件时，要向当事人释明尽量提供具体明确的侵权人，尽量限缩“可能加害的建筑物使用人”范围，减轻当事人诉累。对侵权人不明又不能依法追加其他责任人的，引导当事人通过多元化纠纷解决机制化解矛盾、补偿损失。

10. 综合运用民事诉讼证据规则。人民法院在适用侵权责任法第八十七条裁判案件时，对能够证明自己不是侵权人的“可能加害的建筑物使用人”，依法予以免责。要加大依职权调查取证力度，积极主动向物业服务企业、周边群众、技术专家等询问查证，加强与公安部门、基层组织等沟通协调，充分运用日常生活经验法则，最大限度查找确定直接侵权人并依法判决其承担侵权责任。

11. 区分坠落物、抛掷物的不同法律适用规则。建筑物及其搁置物、悬挂物发生脱落、坠落造成他人损害的，所有人、管理人或者使用人不能证明自己没有过错的，人民法院应当适用侵权责任法第八十五条的规定，依法判决其承担侵权责任；有其他责任人的，所有人、管理人或者使用人赔偿后向其他责任人主张追偿权的，人民法院应予支持。从建筑物中抛掷物品造成他人损害的，应当尽量查明直接侵权人，并依法判决其承担侵权责任。

12. 依法确定物业服务企业的责任。物业服务企业不履行或者不完全履行物业服务合同约定或者法律法规规定、相关行业规范确定的维修、养护、管理和维护义务，造成建筑物及其搁置物、悬挂物发生脱落、坠落致使他人损害的，人民法院依法判决其承担侵权责任。有其他责任人的，物业服务企业承担责任后，向其他责任人行使追偿权的，人民法院应予支持。物业服务企业隐匿、销毁、篡改或者拒不向人民法院提供相应证据，导致案件事实难以认定的，应当承担相应的不利后果。

13. 完善相关的审判程序机制。人民法院在审理疑难复杂或社会影响较大的高空抛物、坠物民事案件时，要充分运用人民陪审员、合议庭、主审法官会议等机制，充分发挥院、庭长的监督职责。涉及侵权责任法第八十七条适用的，可以提交院审判委员会讨论决定。

四、注重多元化解，坚持多措并举，不断完善预防和调处高空抛物、坠物纠纷的工作机制

14. 充分发挥多元解纷机制的作用。人民法院应当将高空抛物、坠物民事案件的处理纳入到建设一站式多元解纷机制的整体工作中，加强诉前、诉中调解工作，有效化解矛盾纠纷，努力实现法律效果与社会效果相统一。要根据每一个高空抛物、坠物案件的具体特点，带着对受害人的真挚感情，为当事人解难题、办实事，尽力做好调解工作，力促案结事了人和。

15. 推动完善社会救助工作。要充分运用诉讼费缓减免和司法救助制度，依法及时对经济上确有困难的高空抛物、坠物案件受害人给予救济。通过案件裁判、规则指引积极引导当事人参加社会保险转移风险、分担损失。支持各级政府有关部门探索建立高空抛物事故社会救助基金或者进行试点工作，对受害人损害进行合理分担。

16. 积极完善工作举措。要通过多种形式特别是人民群众喜闻乐见的方式加强法治宣传，持续强化以案释法工作，充分发挥司法裁判规范、指导、评价、引领社会价值的重要作用，大力弘扬社会主义核心价值观，形成良好社会风尚。要深入调研高空抛物、坠物案件的司法适用疑难问题，认真总结审判经验。对审理高空抛物、坠物案件中发现的新情况、新问题，及时层报最高人民法院。

十一 诉讼时效

最高人民法院对在审判工作中有关适用民法通则时效的几个问题的批复

（1987年5月22日 法（研）复〔1987〕18号）

上海市高级人民法院：

你院〔86〕沪高法办字168号《关于民法通则施行后几个问题的请示报告》收悉。经征求全国人民代表大会常务委员会法制工作委员会的意见，现答复如下：

一、人民法院审理民法通则施行前发生的民事案件，无论是已经受理尚未审结，还是今后受理的，凡民法通则施行前法律、政策已有规定的，则适用原来法律、政策、民法通则施行前法律、政策没有规定的，可以参照民法通则的规定。

二、民法通则施行前已经发生法律效力的判决，当事人提出申诉或者按审判监督程序决定再审的案件，仍应依照原来的法律、政策处理。

三、民法通则施行前民事权利被侵害尚未处理的，无论被侵害人知道与否，向人民法院请求保护民事权利的诉讼时效期间，分别为民法通则第一百三十五条规定的二年或第一百三十六条规定的一年。诉讼时效期间自民法通则施行之日起计算。

民法通则施行前民事权利被侵害尚未处理的，无论是否超过二十年，向人民法院请求保护民事权利的诉讼时效期间，分别为民法通则第一百三十五条规定的二年或第一百三十六条规定的一年。诉讼时效期间自民法通则施行之日起计算。

对于上述诉讼时效期间，有特殊情况的，人民法院可以延长。

此复。

最高人民法院关于超过诉讼时效期间当事人达成的还款协议是否应当受法律保护问题的批复

（1997年4月16日 法复〔1997〕4号）

四川省高级人民法院：

你院川高法〔1996〕116号《关于超过诉讼时效期限达成的还款协议是否应受法律保护的请示》收悉。经研究，答复如下：

根据《中华人民共和国民法通则》第九十条规定的精神，超过诉讼时效期间，当事人双方就原债务达成还款协议的，应当依法予以保护。

此复。

最高人民法院关于超过诉讼时效期间借款人在催款通知单上签字或者盖章的法律效力问题的批复

（1999年1月29日最高人民法院审判委员会第1042次会议通过 1999年2月11日最高人民法院公告公布 自1999年2月16日起施行 法释〔1999〕7号）

河北省高级人民法院：

你院〔1998〕冀经一请字第38号《关于超过诉讼时效期间信用社向借款人发出的“催收到期贷款通知单”是否受法律保护的请示》收悉。经研究，答复如下：

根据《中华人民共和国民法通则》第四条、第九十条规定的精神，对于超过诉讼时效期间，信用社向借款人发出催收到期贷款通知单，债务人在该通知单上签字或者盖章的，应当视为对原债务的重新确认，该债权债务关系应受法律保护。

此复。

最高人民法院关于审理民事案件适用诉讼时效制度若干问题的规定

（2008年8月11日最高人民法院审判委员会第1450次会议通过　2008年8月21日最高人民法院公告公布　自2008年9月1日起施行　法释〔2008〕11号）

为正确适用法律关于诉讼时效制度的规定，保护当事人的合法权益，依照《中华人民共和国民法通则》、《中华人民共和国物权法》、《中华人民共和国合同法》、《中华人民共和国民事诉讼法》等法律的规定，结合审判实践，制定本规定。

第一条　当事人可以对债权请求权提出诉讼时效抗辩，但对下列债权请求权提出诉讼时效抗辩的，人民法院不予支持：

（一）支付存款本金及利息请求权；

（二）兑付国债、金融债券以及向不特定对象发行的企业债券本息请求权；

（三）基于投资关系产生的缴付出资请求权；

（四）其他依法不适用诉讼时效规定的债权请求权。

第二条　当事人违反法律规定，约定延长或者缩短诉讼时效期间、预先放弃诉讼时效利益的，人民法院不予认可。

第三条　当事人未提出诉讼时效抗辩，人民法院不应对诉讼时效问题进行释明及主动适用诉讼时效的规定进行裁判。

第四条　当事人在一审期间未提出诉讼时效抗辩，在二审期间提出的，人民法院不予支持，但其基于新的证据能够证明对方当事人的请求权已过诉讼时效期间的情形除外。

当事人未按照前款规定提出诉讼时效抗辩，以诉讼时效期间届满为由申请再审或者提出再审抗辩的，人民法院不予支持。

第五条　当事人约定同一债务分期履行的，诉讼时效期间从最后一期履行期限届满之日起计算。

第六条　未约定履行期限的合同，依照合同法第六十一条、第六十二条的规定，可以确定履行期限的，诉讼时效期间从履行期限届满之日起计算；不能确定履行期限的，诉讼时效期间从债权人要求债务人履行义务的宽限期届满之日起计算，但债务人在债权人第一次向其主张权利之时明确表示不履行义务的，诉讼时效期间从债务人明确表示不履行义务之日起计算。

第七条　享有撤销权的当事人一方请求撤销合同的，应适用合同法第五十五条关于一年除斥期间的规定。对方当事人对撤销合同请求权提出诉讼时效抗辩的，人民法院不予支持。

合同被撤销，返还财产、赔偿损失请求权的诉讼时效期间从合同被撤销之日起计算。

第八条　返还不当得利请求权的诉讼时效期间，从当事人一方知道或者应当知道不当得利事实及对方当事人之日起计算。

第九条　管理人因无因管理行为产生的给付必要管理费用、赔偿损失请求权的诉讼时效期间，从无因管理行为结束并且管理人知道或者应当知道本人之日起计算。

本人因不当无因管理行为产生的赔偿损失请求权的诉讼时效期间，从其知道或者应当知道管理人及损害事实之日起计算。

第十条　具有下列情形之一的，应当认定为民法通则第一百四十条规定的“当事人一方提出要求”，产生诉讼时效中断的效力：

（一）当事人一方直接向对方当事人送交主张权利文书，对方当事人在文书上签字、盖章或者虽未签字、盖章但能够以其他方式证明该文书到达对方当事人的；

（二）当事人一方以发送信件或者数据电文方式主张权利，信件或者数据电文到达或者应当到达对方当事人的；

（三）当事人一方为金融机构，依照法律规定或者当事人约定从对方当事人账户中扣收欠款本息的；

（四）当事人一方下落不明，对方当事人在国家级或者下落不明的当事人一方住所地的省级有影响的媒体上刊登具有主张权利内容的公告的，但法律和司法解释另有特别规定的，适用其规定。

前款第（一）项情形中，对方当事人为法人或者其他组织的，签收人可以是其法定代表人、主要负责人、负责收发信件的部门或者被授权主体；对方当事人为自然人的，签收人可以是自然人本人、同住的具有完全行为能力的亲属或者被授权主体。

第十一条　权利人对同一债权中的部分债权主张权利，诉讼时效中断的效力及于剩余债权，但权利人明确表示放弃剩余债权的情形除外。

第十二条　当事人一方向人民法院提交起诉状或者口头起诉的，诉讼时效从提交起诉状或者口头起诉之日起中断。

第十三条　下列事项之一，人民法院应当认定与提起诉讼具有同等诉讼时效中断的效力：

（一）申请仲裁；

（二）申请支付令；

（三）申请破产、申报破产债权；

（四）为主张权利而申请宣告义务人失踪或死亡；

（五）申请诉前财产保全、诉前临时禁令等诉前措施；

（六）申请强制执行；

（七）申请追加当事人或者被通知参加诉讼；

（八）在诉讼中主张抵销；

（九）其他与提起诉讼具有同等诉讼时效中断效力的事项。

第十四条　权利人向人民调解委员会以及其他依法有权解决相关民事纠纷的国家机关、事业单位、社会团体等社会组织提出保护相应民事权利的请求，诉讼时效从提出请求之日起中断。

第十五条　权利人向公安机关、人民检察院、人民法院报案或者控告，请求保护其民事权利的，诉讼时效从其报案或者控告之日起中断。

上述机关决定不立案、撤销案件、不起诉的，诉讼时效期间从权利人知道或者应当知道不立案、撤销案件或者不起诉之日起重新计算；刑事案件进入审理阶段，诉讼时效期间从刑事裁判文书生效之日起重新计算。

第十六条　义务人作出分期履行、部分履行、提供担保、请求延期履行、制定清偿债务计划等承诺或者行为的，应当认定为民法通则第一百四十条规定的当事人一方“同意履行义务”。

第十七条　对于连带债权人中的一人发生诉讼时效中断效力的事由，应当认定对其他连带债权人也发生诉讼时效中断的效力。

对于连带债务人中的一人发生诉讼时效中断效力的事由，应当认定对其他连带债务人也发生诉讼时效中断的效力。

第十八条　债权人提起代位权诉讼的，应当认定对债权人的债权和债务人的债权均发生诉讼时效中断的效力。

第十九条　债权转让的，应当认定诉讼时效从债权转让通知到达债务人之日起中断。

债务承担情形下，构成原债务人对债务承认的，应当认定诉讼时效从债务承担意思表示到达债权人之日起中断。

第二十条　有下列情形之一的，应当认定为民法通则第一百三十九条规定的“其他障碍”，诉讼时效中止：

（一）权利被侵害的无民事行为能力人、限制民事行为能力人没有法定代理人，或者法定代理人死亡、丧失代理权、丧失行为能力；

（二）继承开始后未确定继承人或者遗产管理人；

（三）权利人被义务人或者其他人控制无法主张权利；

（四）其他导致权利人不能主张权利的客观情形。

第二十一条　主债务诉讼时效期间届满，保证人享有主债务人的诉讼时效抗辩权。

保证人未主张前述诉讼时效抗辩权，承担保证责任后向主债务人行使追偿权的，人民法院不予支持，但主债务人同意给付的情形除外。

第二十二条　诉讼时效期间届满，当事人一方向对方当事人作出同意履行义务的意思表示或者自愿履行义务后，又以诉讼时效期间届满为由进行抗辩的，人民法院不予支持。

第二十三条　本规定施行后，案件尚在一审或者二审阶段的，适用本规定；本规定施行前已经终审的案件，人民法院进行再审时，不适用本规定。

第二十四条　本规定施行前本院作出的有关司法解释与本规定相抵触的，以本规定为准。

最高人民法院关于适用《中华人民共和国民法总则》诉讼时效制度若干问题的解释

（2018年7月2日最高人民法院审判委员会第1744次会议通过　2018年7月18日最高人民法院公告公布　自2018年7月23日起施行　法释〔2018〕12号）

为正确适用《中华人民共和国民法总则》关于诉讼时效制度的规定，保护当事人的合法权益，结合审判实践，制定本解释。

第一条　民法总则施行后诉讼时效期间开始计算的，应当适用民法总则第一百八十八条关于三年诉讼时效期间的规定。当事人主张适用民法通则关于二年或者一年诉讼时效期间规定的，人民法院不予支持。

第二条　民法总则施行之日，诉讼时效期间尚未满民法通则规定的二年或者一年，当事人主张适用民法总则关于三年诉讼时效期间规定的，人民法院应予支持。

第三条　民法总则施行前，民法通则规定的二年或者一年诉讼时效期间已经届满，当事人主张适用民法总则关于三年诉讼时效期间规定的，人民法院不予支持。

第四条　民法总则施行之日，中止时效的原因尚未消除的，应当适用民法总则关于诉讼时效中止的规定。

第五条　本解释自2018年7月23日起施行。

本解释施行后，案件尚在一审或者二审阶段的，适用本解释；本解释施行前已经终审，当事人申请再审或者按照审判监督程序决定再审的案件，不适用本解释。

十二 涉港澳台民商事法律关系

全国法院涉港澳商事审判工作座谈会纪要

(2008年1月21日 法发〔2008〕8号)

为进一步贯彻“公正司法,一心为民”的方针,落实“公正与效率”工作主题,规范涉港澳审判工作,增强司法能力,提高司法水平,最高人民法院于2007年11月21日至22日在广西壮族自治区南宁市召开了全国法院涉港澳商事审判工作座谈会。各高级人民法院分管院长和庭长,以及具有涉港澳商事案件管辖权的中级人民法院分管院长参加了会议。最高人民法院副院长万鄂湘出席会议并讲话。

会议总结交流了近年来涉港澳商事审判工作的经验,研究了审判实践中亟待解决的问题,讨论了促进内地与香港特别行政区、内地与澳门特别行政区司法协助的措施。现就会议达成共识的若干问题纪要如下:

一、关于案件管辖权

1. 人民法院受理涉港澳商事案件,应当参照《中华人民共和国民事诉讼法》第四编和《最高人民法院关于涉外民商事案件诉讼管辖若干问题的规定》确定案件的管辖。

2. 有管辖权的人民法院受理的涉港澳商事案件,如果被告以存在有效仲裁协议为由对人民法院的管辖权提出异议,受理案件的人民法院可以对案件管辖问题作出裁定。如果认定仲裁协议无效、失效或者内容不明确无法执行的,在作出裁定前应当按照《最高人民法院关于人民法院处理与涉外仲裁及外国仲裁事项有关问题的通知》(法发(1995)18号)逐级上报。

3. 人民法院受理涉港澳商事案件后,被告以存在有效仲裁协议为由对人民法院的管辖权提出异议,且在人民法院受理商事案件的前后或者同时向另一人民法院提起确认仲裁协议效力之诉的,应分别以下情况处理:

(1)确认仲裁协议效力之诉受理在先或者两案同时受理的,受理商事案件的人民法院应中止对管辖权异议的审理,待确认仲裁协议效力之诉审结后,再恢复审理并就管辖权问题作出裁定;

(2)商事案件受理在先且管辖权异议尚未审结的,对于被告另行提起的确认仲裁协议效力之诉,人民法院应不予受理;受理后发现其他人民法院已经先予受理当事人间的商事案件并正在就管辖权异议进行审理的,应当将案件移送受理商事案件的人民法院在管辖权异议程序中一并解决。

(3)商事案件受理在先且人民法院已经就案件管辖权问题作出裁定,确认仲裁协议无效的,被告又向其他人民法院提起确认仲裁协议效力之诉,人民法院应不予受理;受理后发现上述情况的,应裁定驳回当事人的起诉。

4. 下级人民法院违反《最高人民法院关于涉外民商事案件诉讼管辖若干问题的规定》受理涉港澳商事案件并作出实体判决的,上级人民法院可以程序违法为由撤销下级人民法院的判决,将案件移送有管辖权的人民法院审理。

5. 人民法院受理破产申请后,即使该人民法院不享有涉外民商事案件管辖权,但根据《中华人民共和国企业破产法》第二十一条的规定,有关债务人的涉港澳商事诉讼仍应由该人民法院管辖。

6. 内地人民法院和香港特别行政区法院或者澳门特别行政区法院都享有管辖权的涉港澳商事案件,一方当事人向香港特别行政区法院或者澳门特别行政区法院起诉被受理后,当事人又向内地人民法院提起相同诉讼,香港特别行政区法院或者澳门特别行政区法院是否已经受理案件或作出判决,不影响内地人民法院行使管辖权,但是否受理由人民法院根据案件具体情况决定。

内地人民法院已经受理当事人申请认可或执行香港特别行政区法院或者澳门特别行政区法院就相同诉讼作出的判决的,或者香港特别行政区法院、澳门特别行政区法院的判决已获内地人民法院认可和执行的,内地人民法院不应再受理相同诉讼。

7. 人民法院受理的涉港澳商事案件，如果被告未到庭应诉，即使案件存在不方便管辖的因素，在被告未提出管辖权异议的情况下，人民法院不应依职权主动适用不方便法院原则放弃对案件的管辖权。

二、关于当事人主体资格

8. 香港特别行政区、澳门特别行政区的当事人参加诉讼，应提供经注册地公证、认证机构公证、认证的商业登记等身份证明材料。

9. 人民法院受理香港特别行政区、澳门特别行政区的当事人作为被告的案件的，该当事人在内地设立"三资企业"时向"三资企业"的审批机构提交并经审批的商业登记等身份证明材料可以作为证明其存在的证据，但有相反证据的除外。

10. 原告起诉时提供了作为被告的香港特别行政区、澳门特别行政区的当事人存在的证明，香港特别行政区、澳门特别行政区的当事人拒绝提供证明其身份的公证材料的，不影响人民法院对案件的审理。

三、关于司法文书送达

11. 作为受送达人的香港特别行政区、澳门特别行政区的自然人或者企业、组织的法定代表人、主要负责人在内地的，人民法院可以向该自然人或者法定代表人、主要负责人送达。

12. 除受送达人在授权委托书中明确表明其诉讼代理人无权代为接收有关司法文书外，其委托的诉讼代理人为有权代其接受送达的诉讼代理人，人民法院可以向该诉讼代理人送达。

13. 人民法院向香港特别行政区、澳门特别行政区的受送达人送达司法文书，可以送达给其在内地依法设立的代表机构。

受送达人在内地有分支机构或者业务代办人的，经该受送达人授权，人民法院可以向其分支机构或者业务代办人送达。

14. 人民法院向香港特别行政区、澳门特别行政区受送达人送达司法文书，可以分别按照《最高人民法院关于内地与香港特别行政区法院相互委托送达民商事司法文书的安排》或者《最高人民法院关于内地与澳门特别行政区法院就民商事案件相互委托送达司法文书和调取证据的安排》送达。

按照前款规定方式送达的，自内地的高级人民法院或者最高人民法院将有关司法文书递送香港特别行政区高等法院或者澳门特别行政区终审法院之日起满三个月，如果未能收到送达与否的证明文件且根据各种情况不足以认定已经送达的，视为不能适用上述安排中规定的方式送达。

15. 人民法院向香港特别行政区、澳门特别行政区受送达人送达司法文书，可以邮寄送达。

邮寄送达时应附有送达回证。受送达人未在送达回证上签收但在邮件回执上签收的，视为送达，签收日期为送达日期。

自邮寄之日起满三个月，虽未收到送达与否的证明文件，但根据各种情况足以认定已经送达的，期间届满之日视为送达。

自邮寄之日起满三个月，如果未能收到送达与否的证明文件，且根据各种情况不足以认定已经送达的，视为不能适用邮寄方式送达。

16. 除上述送达方式外，人民法院可以通过传真、电子邮件等能够确认收悉的其他适当方式向受送达人送达。

17. 人民法院不能依照上述方式送达的，可以公告送达。公告内容应当在境内外公开发行的报刊上刊登，自公告之日起满三个月即视为送达。

18. 除公告送达方式外，人民法院可以同时采取多种方式向香港特别行政区、澳门特别行政区的受送达人进行送达，但应当根据最先实现送达的送达方式确定送达时间。

19. 人民法院向在内地的香港特别行政区、澳门特别行政区的自然人或者企业、组织的法定代表人、主要负责人、诉讼代理人、代表机构以及有权接受送达的分支机构、业务代办人送达司法文书，可以适用留置送达的方式。

20. 香港特别行政区、澳门特别行政区的受送达人未对人民法院送达的司法文书履行签收手续，但存在以下情形之一的，视为送达：

（1）受送达人向人民法院提及了所送达司法文书的内容；

（2）受送达人已经按照所送达司法文书的内容履行；

(3)其他可以视为已经送达的情形。

21. 人民法院送达司法文书,根据有关规定需通过上级人民法院转递的,应附申请转递函。

上级人民法院收到下级人民法院申请转递的司法文书,应在七个工作日内予以转递。

上级人民法院认为下级人民法院申请转递的司法文书不符合有关规定需要补正的,应说明需补正的事由并在七个工作日内退回申请转递的人民法院。

四、关于“三资企业”股权纠纷、清算

22. 在内地依法设立的“三资企业”的股东及其股权份额应当根据外商投资企业批准证书记载的股东名称及股权份额确定。

23. 外商投资企业批准证书记载的股东以外的自然人、法人或者其他组织向人民法院提起民事诉讼,请求确认委托投资合同的效力及其在该“三资企业”中的股东地位和股权份额的,人民法院可以对当事人间是否存在委托投资合同、委托投资合同的效力等问题经过审理后作出判决,但应驳回其请求确认股东地位和股权份额的诉讼请求。

24. 在内地设立的“三资企业”的原股东向人民法院提起民事诉讼,请求确认股权转让合同无效并恢复其在该“三资企业”中的股东地位和股权份额的,人民法院审理后可以依法对股权转让合同的效力作出判决,但应驳回其请求恢复股东地位和股权份额的诉讼请求。

五、关于仲裁司法审查

25. 人民法院审理当事人申请撤销、执行内地仲裁机构作出的涉港澳仲裁裁决案件,申请认可和执行香港特别行政区、澳门特别行政区仲裁机构作出的仲裁裁决或者临时仲裁庭在香港特别行政区、澳门特别行政区作出的仲裁裁决案件,对于事实清楚、争议不大的,可以经过书面审理后径行作出裁定;对于事实不清、争议较大的,可以在询问当事人、查清事实后再作出裁定。

26. 当事人向人民法院申请执行涉港澳仲裁裁决,应当在《中华人民共和国民事诉讼法》第二百一十九条规定的期限内提出申请。如果裁决书未明确履行期限,应从申请人收到裁决书正本或者正式副本之日起计算申请人申请执行的期限。

27. 当事人对内地仲裁机构作出的涉港澳仲裁裁决分别向不同人民法院申请撤销及执行的,受理执行申请的人民法院应当按照《最高人民法院关于适用〈中华人民共和国仲裁法〉若干问题的解释》第二十五条的规定中止执行。受理执行申请的人民法院如果对于受理撤销申请的人民法院作出的决定撤销或者不予撤销的裁定存在异议,亦不能直接作出与该裁定相矛盾的执行或者不予执行的裁定,而应报请它们的共同上级人民法院解决。

当事人对内地仲裁机构作出的涉港澳仲裁裁决向人民法院申请执行且人民法院已经作出应予执行的裁定后,如果一方当事人向人民法院申请撤销该裁决,受理撤销申请的人民法院认为裁决应予撤销且该人民法院与受理执行申请的人民法院非同一人民法院时,不应直接作出撤销仲裁裁决的裁定,而应报请它们的共同上级人民法院解决。

28. 当事人向人民法院申请执行内地仲裁机构作出的涉港澳仲裁裁决或者申请认可和执行香港特别行政区、澳门特别行政区仲裁机构作出的仲裁裁决或者临时仲裁庭在香港特别行政区、澳门特别行政区作出的仲裁裁决,人民法院经审查认为裁决存在依法不予执行或者不予认可和执行的情形,在作出裁定前,应当报请本辖区所属高级人民法院进行审查;如果高级人民法院同意不予执行或者不予认可和执行,应将其审查意见报最高人民法院,待最高人民法院答复后,方可作出裁定。

29. 当事人向人民法院申请撤销内地仲裁机构作出的涉港澳仲裁裁决,人民法院经审查认为裁决存在依法应予撤销或者可以重新仲裁的情形,在裁定撤销裁决或者通知仲裁庭重新仲裁之前,应当报请本辖区所属高级人民法院进行审查;如果高级人民法院同意撤销或者通知仲裁庭重新仲裁,应将其审查意见报最高人民法院,待最高人民法院答复后,方可裁定撤销或者通知仲裁庭重新仲裁。

30. 当事人申请内地人民法院撤销香港特别行政区、澳门特别行政区仲裁机构作出的仲裁裁决或者临时仲裁庭在香港特别行政区、澳门特别行政区作出的仲裁裁决的，人民法院应不予受理。

六、其他

31. 有管辖权的基层人民法院审理事实清楚、权利义务关系明确、争议不大的涉港澳商事案件，可以适用《中华人民共和国民事诉讼法》规定的简易程序。

32. 人民法院审理涉港澳商事案件，在内地无住所的香港特别行政区、澳门特别行政区当事人的答辩、上诉期限，参照适用《中华人民共和国民事诉讼法》第二百四十八条、第二百四十九条的规定。

33. 本纪要中所称涉港澳商事案件是指当事人一方或者双方是香港特别行政区、澳门特别行政区的自然人或者企业、组织，或者当事人之间商事法律关系的设立、变更、终止的法律事实发生在香港特别行政区、澳门特别行政区，或者诉讼标的物在香港特别行政区、澳门特别行政区的商事案件。

最高人民法院关于审理涉台民商事案件法律适用问题的规定

（2010年4月26日最高人民法院审判委员会第1486次会议通过　2010年12月27日最高人民法院公告公布　自2011年1月1日起施行　法释〔2010〕19号）

为正确审理涉台民商事案件，准确适用法律，维护当事人的合法权益，根据民法通则、民事诉讼法等有关法律，制定本规定。

第一条　人民法院审理涉台民商事案件，应当适用法律和司法解释的有关规定。

根据法律和司法解释中选择适用法律的规则，确定适用台湾地区民事法律的，人民法院予以适用。

第二条　台湾地区当事人在人民法院参与民事诉讼，与大陆当事人有同等的诉讼权利和义务，其合法权益受法律平等保护。

第三条　根据本规定确定适用有关法律违反国家法律的基本原则或者社会公共利益的，不予适用。

十三 涉外民商事法律关系

中华人民共和国涉外民事关系法律适用法

(2010年10月28日第十一届全国人民代表大会常务委员会第十七次会议通过 2010年10月28日中华人民共和国主席令第36号公布 自2011年4月1日起施行)

目 录

第一章 一般规定

第一条 为了明确涉外民事关系的法律适用,合理解决涉外民事争议,维护当事人的合法权益,制定本法。

第二条 涉外民事关系适用的法律,依照本法确定。其他法律对涉外民事关系法律适用另有特别规定的,依照其规定。

本法和其他法律对涉外民事关系法律适用没有规定的,适用与该涉外民事关系有最密切联系的法律。

第三条 当事人依照法律规定可以明示选择涉外民事关系适用的法律。

第四条 中华人民共和国法律对涉外民事关系有强制性规定的,直接适用该强制性规定。

第五条 外国法律的适用将损害中华人民共和国社会公共利益的,适用中华人民共和国法律。

第六条 涉外民事关系适用外国法律,该国不同区域实施不同法律的,适用与该涉外民事关系有最密切联系区域的法律。

第七条 诉讼时效,适用相关涉外民事关系应当适用的法律。

第八条 涉外民事关系的定性,适用法院地法律。

第九条 涉外民事关系适用的外国法律,不包括该国的法律适用法。

第十条 涉外民事关系适用的外国法律,由人民法院、仲裁机构或者行政机关查明。当事人选择适用外国法律的,应当提供该国法律。

不能查明外国法律或者该国法律没有规定的,适用中华人民共和国法律。

第二章 民事主体

第十一条 自然人的民事权利能力,适用经常居所地法律。

第十二条 自然人的民事行为能力,适用经常居所地法律。

自然人从事民事活动,依照经常居所地法律为无民事行为能力,依照行为地法律为有民事行为能力的,适用行为地法律,但涉及婚姻家庭、继承的除外。

第十三条 宣告失踪或者宣告死亡,适用自然人经常居所地法律。

第十四条 法人及其分支机构的民事权利能力、民事行为能力、组织机构、股东权利义务等事项,适用登记地法律。

法人的主营业地与登记地不一致的,可以适用主营业地法律。法人的经常居所地,为其主营业地。

第十五条 人格权的内容,适用权利人经常居所地法律。

第十六条 代理适用代理行为地法律,但被代理人与代理人的民事关系,适用代理关系发生地法律。

当事人可以协议选择委托代理适用的法律。

第十七条 当事人可以协议选择信托适用的法律。当事人没有选择的,适用信托财产所在地法律或者信托关系发生地法律。

第十八条 当事人可以协议选择仲裁协议适用的法律。当事人没有选择的,适用仲裁机构所在地法律或者仲裁地法律。

第十九条 依照本法适用国籍国法律，自然人具有两个以上国籍的，适用有经常居所的国籍国法律；在所有国籍国均无经常居所的，适用与其有最密切联系的国籍国法律。自然人无国籍或者国籍不明的，适用其经常居所地法律。

第二十条 依照本法适用经常居所地法律，自然人经常居所地不明的，适用其现在居所地法律。

第三章 婚姻家庭

第二十一条 结婚条件，适用当事人共同经常居所地法律；没有共同经常居所地的，适用共同国籍国法律；没有共同国籍，在一方当事人经常居所地或者国籍国缔结婚姻的，适用婚姻缔结地法律。

第二十二条 结婚手续，符合婚姻缔结地法律、一方当事人经常居所地法律或者国籍国法律的，均为有效。

第二十三条 夫妻人身关系，适用共同经常居所地法律；没有共同经常居所地的，适用共同国籍国法律。

第二十四条 夫妻财产关系，当事人可以协议选择适用一方当事人经常居所地法律、国籍国法律或者主要财产所在地法律。当事人没有选择的，适用共同经常居所地法律；没有共同经常居所地的，适用共同国籍国法律。

第二十五条 父母子女人身、财产关系，适用共同经常居所地法律；没有共同经常居所地的，适用一方当事人经常居所地法律或者国籍国法律中有利于保护弱者权益的法律。

第二十六条 协议离婚，当事人可以协议选择适用一方当事人经常居所地法律或者国籍国法律。当事人没有选择的，适用共同经常居所地法律；没有共同经常居所地的，适用共同国籍国法律；没有共同国籍的，适用办理离婚手续机构所在地法律。

第二十七条 诉讼离婚，适用法院地法律。

第二十八条 收养的条件和手续，适用收养人和被收养人经常居所地法律。收养的效力，适用收养时收养人经常居所地法律。收养关系的解除，适用收养时被收养人经常居所地法律或者法院地法律。

第二十九条 扶养，适用一方当事人经常居所地法律、国籍国法律或者主要财产所在地法律中有利于保护被扶养人权益的法律。

第三十条 监护，适用一方当事人经常居所地法律或者国籍国法律中有利于保护被监护人权益的法律。

第四章 继 承

第三十一条 法定继承，适用被继承人死亡时经常居所地法律，但不动产法定继承，适用不动产所在地法律。

第三十二条 遗嘱方式，符合遗嘱人立遗嘱时或者死亡时经常居所地法律、国籍国法律或者遗嘱行为地法律的，遗嘱均为成立。

第三十三条 遗嘱效力，适用遗嘱人立遗嘱时或者死亡时经常居所地法律或者国籍国法律。

第三十四条 遗产管理等事项，适用遗产所在地法律。

第三十五条 无人继承遗产的归属，适用被继承人死亡时遗产所在地法律。

第五章 物 权

第三十六条 不动产物权，适用不动产所在地法律。

第三十七条 当事人可以协议选择动产物权适用的法律。当事人没有选择的，适用法律事实发生时动产所在地法律。

第三十八条 当事人可以协议选择运输中动产物权发生变更适用的法律。当事人没有选择的，适用运输目的地法律。

第三十九条 有价证券，适用有价证券权利实现地法律或者其他与该有价证券有最密切联系的法律。

第四十条 权利质权，适用质权设立地法律。

第六章 债 权

第四十一条 当事人可以协议选择合同适用的法律。当事人没有选择的，适用履行义务最能体现该合同特征的一方当事人经常居所地法律或者其他与该合同有最密切联系的法律。

第四十二条 消费者合同，适用消费者经常居所地法律；消费者选择适用商品、服务提供地法律或者经营者在消费者经常居所地没有从事相关经营活动的，适用商品、服务提供地法律。

第四十三条 劳动合同，适用劳动者工作地法律；难以确定劳动者工作地的，适用用人单位主营业地法律。劳务派遣，可以适用劳务派出地法律。

第四十四条 侵权责任，适用侵权行为地法律，但当事人有共同经常居所地的，适用共同经常居所地法律。侵权行为发生后，当事人协议选择适用法律的，按照其协议。

第四十五条 产品责任，适用被侵权人经常居所地法律；被侵权人选择适用侵权人主营业地法律、损害发生地法律的，或者侵权人在被侵权人经常居所地没有从事相关经营活动的，适用侵权人主营业地法律或者损害发生地法律。

第四十六条 通过网络或者采用其他方式侵害姓名权、肖像权、名誉权、隐私权等人格权的，适用被侵权人经常居所地法律。

第四十七条 不当得利、无因管理，适用当事人协议选择适用的法律。当事人没有选择的，适用当事人共同经常居所地法律；没有共同经常居所地的，适用不当得利、无因管理发生地法律。

第七章 知识产权

第四十八条 知识产权的归属和内容，适用被请求保护地法律。

第四十九条 当事人可以协议选择知识产权转让和许可使用适用的法律。当事人没有选择的，适用本法对合同的有关规定。

第五十条 知识产权的侵权责任，适用被请求保护地法律，当事人也可以在侵权行为发生后协议选择适用法院地法律。

第八章 附则

第五十一条 《中华人民共和国民法通则》第一百四十六条、第一百四十七条，《中华人民共和国继承法》第三十六条，与本法的规定不一致的，适用本法。

第五十二条 本法自2011年4月1日起施行。

最高人民法院关于适用《中华人民共和国涉外民事关系法律适用法》若干问题的解释(一)

(2012年12月10日最高人民法院审判委员会第1563次会议通过 2012年12月28日最高人民法院公告公布 自2013年1月7日起施行 法释〔2012〕24号)

为正确审理涉外民事案件，根据《中华人民共和国涉外民事关系法律适用法》的规定，对人民法院适用该法的有关问题解释如下：

第一条 民事关系具有下列情形之一的，人民法院可以认定为涉外民事关系：

(一)当事人一方或双方是外国公民、外国法人或者其他组织、无国籍人；

(二)当事人一方或双方的经常居所地在中华人民共和国领域外；

(三)标的物在中华人民共和国领域外；

(四)产生、变更或者消灭民事关系的法律事实发生在中华人民共和国领域外；

(五)可以认定为涉外民事关系的其他情形。

第二条 涉外民事关系法律适用法实施以前发生的涉外民事关系，人民法院应当根据该涉外民事关系发生时的有关法律规定确定应当适用的法律；当时法律没有规定的，可以参照涉外民事关系法律适用法的规定确定。

第三条 涉外民事关系法律适用法与其他法律对同一涉外民事关系法律适用规定不一致的，适用涉外民事关系法律适用法的规定，但《中华人民共和国票据法》、《中华人民共和国海商法》、《中华人民共和国民用航空法》等商事领域法律的特别规定以及知识产权领域法律的特别规定除外。

涉外民事关系法律适用法对涉外民事关系的法律适用没有规定而其他法律有规定的，适用其他法律的规定。

第四条 涉外民事关系的法律适用涉及适用国际条约的，人民法院应当根据《中华人民共和国民法通则》第一百四十二条第二款以及《中华人民共和国票据法》第九十五条第一款、《中华人民共和国海商法》第二百六十八条第一款、《中华人民共和国民用航空法》第一百八十四条第一款等法律规定予以适用，但知识产权领域的国际条约已经转化或者需要转化为国内法律的除外。

第五条　涉外民事关系的法律适用涉及适用国际惯例的，人民法院应当根据《中华人民共和国民法通则》第一百四十二条第三款以及《中华人民共和国票据法》第九十五条第二款、《中华人民共和国海商法》第二百六十八条第二款、《中华人民共和国民用航空法》第一百八十四条第二款等法律规定予以适用。

第六条　中华人民共和国法律没有明确规定当事人可以选择涉外民事关系适用的法律，当事人选择适用法律的，人民法院应认定该选择无效。

第七条　一方当事人以双方协议选择的法律与系争的涉外民事关系没有实际联系为由主张选择无效的，人民法院不予支持。

第八条　当事人在一审法庭辩论终结前协议选择或者变更选择适用的法律的，人民法院应予准许。

各方当事人援引相同国家的法律且未提出法律适用异议的，人民法院可以认定当事人已经就涉外民事关系适用的法律做出了选择。

第九条　当事人在合同中援引尚未对中华人民共和国生效的国际条约的，人民法院可以根据该国际条约的内容确定当事人之间的权利义务，但违反中华人民共和国社会公共利益或中华人民共和国法律、行政法规强制性规定的除外。

第十条　有下列情形之一，涉及中华人民共和国社会公共利益、当事人不能通过约定排除适用、无需通过冲突规范指引而直接适用于涉外民事关系的法律、行政法规的规定，人民法院应当认定为涉外民事关系法律适用法第四条规定的强制性规定：

（一）涉及劳动者权益保护的；

（二）涉及食品或公共卫生安全的；

（三）涉及环境安全的；

（四）涉及外汇管制等金融安全的；

（五）涉及反垄断、反倾销的；

（六）应当认定为强制性规定的其他情形。

第十一条　一方当事人故意制造涉外民事关系的连结点，规避中华人民共和国法律、行政法规的强制性规定的，人民法院应认定为不发生适用外国法律的效力。

第十二条　涉外民事争议的解决须以另一涉外民事关系的确认为前提时，人民法院应当根据该先决问题自身的性质确定其应当适用的法律。

第十三条　案件涉及两个或者两个以上的涉外民事关系时，人民法院应当分别确定应当适用的法律。

第十四条　当事人没有选择涉外仲裁协议适用的法律，也没有约定仲裁机构或者仲裁地，或者约定不明的，人民法院可以适用中华人民共和国法律认定该仲裁协议的效力。

第十五条　自然人在涉外民事关系产生或者变更、终止时已经连续居住一年以上且作为其生活中心的地方，人民法院可以认定为涉外民事关系法律适用法规定的自然人的经常居所地，但就医、劳务派遣、公务等情形除外。

第十六条　人民法院应当将法人的设立登记地认定为涉外民事关系法律适用法规定的法人的登记地。

第十七条　人民法院通过由当事人提供、已对中华人民共和国生效的国际条约规定的途径、中外法律专家提供等合理途径仍不能获得外国法律的，可以认定为不能查明外国法律。

根据涉外民事关系法律适用法第十条第一款的规定，当事人应当提供外国法律，其在人民法院指定的合理期限内无正当理由未提供该外国法律的，可以认定为不能查明外国法律。

第十八条　人民法院应当听取各方当事人对应当适用的外国法律的内容及其理解与适用的意见，当事人对该外国法律的内容及其理解与适用均无异议的，人民法院可以予以确认；当事人有异议的，由人民法院审查认定。

第十九条　涉及香港特别行政区、澳门特别行政区的民事关系的法律适用问题，参照适用本规定。

第二十条　涉外民事关系法律适用法施行后发生的涉外民事纠纷案件，本解释施行后尚未终审的，适用本解释；本解释施行前已经终审，当事人申请再审或者按照审判监督程序决定再审的,不适用本解释。

第二十一条 本院以前发布的司法解释与本解释不一致的,以本解释为准。

最高人民法院关于审理涉外民事或商事合同纠纷案件法律适用若干问题的规定①

(2007年6月11日最高人民法院审判委员会第1429次会议通过 2007年7月23日最高人民法院公告公布 自2007年8月8日起施行 法释〔2007〕14号)

为正确审理涉外民事或商事合同纠纷案件,准确适用法律,根据《中华人民共和国民法通则》、《中华人民共和国合同法》等有关规定,制定本规定。

第一条 涉外民事或商事合同应适用的法律,是指有关国家或地区的实体法,不包括冲突法和程序法。

第二条 本规定所称合同争议包括合同的订立、合同的效力、合同的履行、合同的变更和转让、合同的终止以及违约责任等争议。

第三条 当事人选择或者变更选择合同争议应适用的法律,应当以明示的方式进行。

第四条 当事人在一审法庭辩论终结前通过协商一致,选择或者变更选择合同争议应适用的法律的,人民法院应予准许。

当事人未选择合同争议应适用的法律,但均援引同一国家或者地区的法律且未提出法律适用异议的,应当视为当事人已经就合同争议应适用的法律作出选择。

第五条 当事人未选择合同争议应适用的法律的,适用与合同有最密切联系的国家或者地区的法律。

人民法院根据最密切联系原则确定合同争议应适用的法律时,应根据合同的特殊性质,以及某一方当事人履行的义务最能体现合同的本质特性等因素,确定与合同有最密切联系的国家或者地区的法律作为合同的准据法。

(一)买卖合同,适用合同订立时卖方住所地法;如果合同是在买方住所地谈判并订立的,或者合同明确规定卖方须在买方住所地履行交货义务的,适用买方住所地法。

(二)来料加工、来件装配以及其他各种加工承揽合同,适用加工承揽人住所地法。

(三)成套设备供应合同,适用设备安装地法。

(四)不动产买卖、租赁或者抵押合同,适用不动产所在地法。

(五)动产租赁合同,适用出租人住所地法。

(六)动产质押合同,适用质权人住所地法。

(七)借款合同,适用贷款人住所地法。

(八)保险合同,适用保险人住所地法。

(九)融资租赁合同,适用承租人住所地法。

(十)建设工程合同,适用建设工程所在地法。

(十一)仓储、保管合同,适用仓储、保管人住所地法。

(十二)保证合同,适用保证人住所地法。

(十三)委托合同,适用受托人住所地法。

(十四)债券的发行、销售和转让合同,分别适用债券发行地法、债券销售地法和债券转让地法。

(十五)拍卖合同,适用拍卖举行地法。

(十六)行纪合同,适用行纪人住所地法。

(十七)居间合同,适用居间人住所地法。

如果上述合同明显与另一国家或者地区有更密切联系的,适用该另一国家或者地区的法律。

第六条 当事人规避中华人民共和国法律、行政法规的强制性规定的行为,不发生适用外国法律的效力,该合同争议应当适用中华人民共和国法律。

第七条 适用外国法律违反中华人民共和国社会公共利益的,该外国法律不予适用,而应当适用中华人民共和国法律。

第八条 在中华人民共和国领域内履行的下列合同,适用中华人民共和国法律:

(一)中外合资经营企业合同;

(二)中外合作经营企业合同;

① 编者注:已废止。

（三）中外合作勘探、开发自然资源合同；

（四）中外合资经营企业、中外合作经营企业、外商独资企业股份转让合同；

（五）外国自然人、法人或者其他组织承包经营在中华人民共和国领域内设立的中外合资经营企业、中外合作经营企业的合同；

（六）外国自然人、法人或者其他组织购买中华人民共和国领域内的非外商投资企业股东的股权的合同；

（七）外国自然人、法人或者其他组织认购中华人民共和国领域内的非外商投资有限责任公司或者股份有限公司增资的合同；

（八）外国自然人、法人或者其他组织购买中华人民共和国领域内的非外商投资企业资产的合同；

（九）中华人民共和国法律、行政法规规定应适用中华人民共和国法律的其他合同。

第九条 当事人选择或者变更选择合同争议应适用的法律为外国法律时，由当事人提供或者证明该外国法律的相关内容。

人民法院根据最密切联系原则确定合同争议应适用的法律为外国法律时，可以依职权查明该外国法律，亦可以要求当事人提供或者证明该外国法律的内容。

当事人和人民法院通过适当的途径均不能查明外国法律的内容的，人民法院可以适用中华人民共和国法律。

第十条 当事人对查明的外国法律内容经质证后无异议的，人民法院应予确认。当事人有异议的，由人民法院审查认定。

第十一条 涉及香港特别行政区、澳门特别行政区的民事或商事合同的法律适用，参照本规定。

第十二条 本院以前发布的规定与本规定不一致的，以本规定为准。

民商事程序编

一 综 合

中华人民共和国民事诉讼法(试行)[①]

(1982年3月8日第五届全国人民代表大会常务委员会第二十二次会议通过 1982年3月8日全国人民代表大会常务委员会令第8号公布 自1982年10月1日起试行)

目 录

第一编 总 则

第一章 任务和基本原则

第一条 中华人民共和国民事诉讼法以宪法为根据,结合我国民事审判工作的经验和实际情况制定。

第二条 中华人民共和国民事诉讼法的任务,是保证人民法院查明事实,分清是非,正确适用法律,及时审理民事案件,确认民事权利义务关系,制裁民事违法行为,保护国家、集体和个人的权益,教育公民自觉遵守法律。

第三条 凡在中华人民共和国领域内进行民事诉讼,必须遵守本法。

法律规定由人民法院审理的行政案件,适用本法规定。

第四条 民事案件的审判权由人民法院行使。

人民法院依照法律规定对民事案件独立进行审判,不受行政机关、团体和个人的干涉。

第五条 人民法院审理民事案件,必须以事实为根据,以法律为准绳;对于诉讼当事人在适

① 编者注:已废止。

用法律上一律平等；保障诉讼当事人平等地行使诉讼权利。

第六条　人民法院审理民事案件，应当着重进行调解；调解无效的，应当及时判决。

第七条　人民法院审理民事案件，应当根据需要和可能，派出法庭巡回审理，就地办案。

第八条　人民法院审判民事案件，依照法律规定实行两审终审、公开审判、合议和回避制度。

第九条　各民族公民都有用本民族语言、文字进行民事诉讼的权利。

在少数民族聚居或者多民族共同居往的地区，人民法院应当用当地民族通用的语言、文字进行审判和发布法律文书。

人民法院应当对不通晓当地民族通用的语言、文字的诉讼参与人提供翻译。

第十条　民事诉讼当事人有权对争议的问题进行辩论。

第十一条　民事诉讼当事人有权在法律规定的范围内处分自己的民事权利和诉讼权利。

第十二条　人民检察院有权对人民法院的民事审判活动实行法律监督。

第十三条　机关、团体、企业事业单位对损害国家、集体或者个人民事权益的行为，可以支持受损害的单位或者个人向人民法院起诉。

第十四条　人民调解委员会是在基层人民政府和基层人民法院指导下，调解民间纠纷的群众性组织。

人民调解委员会依照法律规定，根据自愿原则，用说服教育的方法进行调解工作。当事人对调解人达成的协议应当履行；不愿调解或者调解不成的，可以向人民法院起诉。

人民调解委员会调解案件，如有违背政策法律的，人民法院应当予以纠正。

第十五条　民族自治地方的人民代表大会和它的常务委员会，根据宪法和本法的原则，结合当地民族的具体情况，可以制定某些变通或者补充的规定。自治区的规定，报全国人民代表大会常务委员会备案。自治州、自治县的规定，报自治区或者省人民代表大会常务委员会批准，并报全国人民代表大会常务委员会备案。

第二章　管　　辖

第一节　级别管辖

第十六条　基层人民法院管辖第一审民事案件，但是本法另有规定的除外。

第十七条　中级人民法院管辖下列第一审民事案件：

（一）涉外案件；

（二）在本辖区有重大影响的案件。

第十八条　高级人民法院管辖在本辖区有重大影响的第一审民事案件。

第十九条　最高人民法院管辖下列第一审民事案件：

（一）在全国有重大影响的案件；

（二）认为应当由自己审判的案件。

第二节　地域管辖

第二十条　民事诉讼由被告户籍所在地人民法院管辖；被告的户籍所在地与居所地不一致的，由居所地人民法院管辖。

对企业事业单位、机关、团体提起的民事诉讼，由被诉单位所在地人民法院管辖。

同一诉讼的几个被告户籍所在地、居所地在两个以上人民法院辖区的，各该人民法院都有管辖权。

第二十一条　不列民事诉讼，由原告户籍所在地人民法院管辖；原告的户籍所在地与居所地不一致的，由居所地人民法院管辖：

（一）非军人对军人提起的诉讼；

（二）对不在中华人民共和国领域内居住的人提起的有关身份关系的诉讼；

（三）对正在被劳动教养的人提起的诉讼；

（四）对正在被监禁的人提起的诉讼。

第二十二条　因侵权行为提起的诉讼，由侵权行为地人民法院管辖。

第二十三条　因合同纠纷提起的诉讼，由合同履行地或者合同签订地人民法院管辖。

第二十四条　铁路、公路、水上运输和联合运输中发生的诉讼，由负责查处该项纠纷的管理机构所在地人民法院管辖。

第二十五条　航空运输中发生的诉讼，由运输始发地、目的地或者合同签订地人民法院管辖。

第二十六条 因航空事故追索损害赔偿提起的诉讼,由事故发生地或者航空器最初降落地人民法院管辖。

第二十七条 因船舶碰撞或者其他海事损害事故追索损害赔偿的诉讼,由受害船舶最初到达地、加害船舶被扣留地或者加害船舶船籍港所在地人民法院管辖。

第二十八条 追索海难救助费用的诉讼,由救助地或者被救助船舶最初到达地人民法院管辖。

第二十九条 第二十二条至第二十八条的规定执行有困难的,可以适用第二十条或者第二十一条的规定。

第三十条 下列案件,由本条规定的人民法院专属管辖:

(一)因不动产提起的诉讼,由不动产所在地人民法院管辖;

(二)港口作业中发生的诉讼,由港口所在地人民法院管辖;

(三)因登记发生的诉讼,由登记机关所在地人民法院管辖;

(四)继承遗产的诉讼,由被继承人生前户籍所在地或者主要遗产所在地人民法院管辖。

第三十一条 两个以上人民法院都有管辖权的诉讼,原告可以选择其中一个人民法院起诉;原告向两个以上有管辖权的人民法院起诉的,由最先收到起诉状的人民法院受理。

第三节 移送管辖和指定管辖

第三十二条 人民法院发现受理的案件不属自己管辖时,应当移送有管辖权的人民法院,受移送的人民法院不得再自行移送。

第三十三条 有管辖权的人民法院由于特殊原因,不能行使管辖权的,由上级人民法院指定管辖。

管辖权发生争议,由争议双方协商解决;协商解决不了的,报它们的共同上级人民法院指定管辖。

第三十四条 上级人民法院有权审判下级人民法院管辖的第一审民事案件,也可以把自己管辖的管一审民事案件交下级人民法院审判。

下级人民法院对它所管辖的第一审民事案件,认为需要由上级人民法院审判的,可以报请上级人民法院审判。

第三章 审判组织

第三十五条 人民法院审判第一审民事案件,由审判员、陪审员共同组成合议庭或者由审判员组成合议庭。合议庭的成员,必须是单数。

简单的民事案件,由审判员一人独任审判。

陪审员在人民法院执行职务时,和审判员有同等权利。

第三十六条 人民法院审判第二审民事案件,由审判员组成合议庭。合议庭的成员,必须是单数。

第二审人民法院发回重审的案件,原审人民法院应当按照第一审程序另行组成合议庭。

审理再审案件,原来是第一审的,按照第一审程序另行组成合议庭;原来是第二审的,按照第二审程序另行组成合议庭。

第三十七条 合议庭的审判长由院长或者庭长指定审判员一人担任;院长或者庭长参加审判的,由院长或者庭长担任。

第三十八条 合议庭评议案件,实行少数服从多数的原则。评议应当制作笔录,由合议庭成员签名。评议中的不同意见,必须如实记入笔录。

第三十九条 重大、疑难的民事案件的处理,由院长提交审判委员会讨论决定。审判委员会的决定,合议庭必须执行。

第四章 回 避

第四十条 审判人员有下列情形之一的,必须自行回避,当事人也有权用口头或者书面方式申请他们回避:

(一)是本案当事人或者当事人的近亲属;

(二)与本案有利害关系;

(三)与本案当事人有其他关系,可能影响对案件公正审理的。

前款规定,适用于书记员、翻译人员、鉴定人。

第四十一条 当事人申请回避,应当说明理由,在案件开始审理时提出;回避事由得知或者发生在审理开始以后的,也可以在法庭辩论终结前提出。

被申请回避的人员,应当暂停执行职务。但是,案件需要采取的紧急措施除外。

第四十二条　院长担任审判长时的回避,由审判委员会决定;审判人员的回避,由院长决定;其他人员的回避,由审判长决定。

第四十三条　人民法院对申请回避所作的决定,可以采取口头或者书面的形式。当事人对决定不服的,可以申请复议一次。复议期间,不停止本案的审理。

第五章　诉讼参加人

第一节　当　事　人

第四十四条　有诉讼权利能力的人可以作为民事诉讼的当事人。

企业事业单位、机关、团体可以作为民事诉讼的当事人,由这些单位的主要负责人作为法定代表人。

第四十五条　当事人有权委托代理人,有权申请回避,提供证据,进行辩论,请求调解,提起上诉,申请执行。

经人民法院许可,当事人可以查阅本案的庭审材料,请求自费复制本案的庭审材料和法律文书。但是,涉及国家机密或者个人隐私的材料除外。

当事人必须依法行使诉讼权利,遵守诉讼秩序,履行发生法律效力的判决、裁定和调解协议。

第四十六条　双方当事人可以自行和解。原告可以放弃或者变更诉讼请求。被告可以承认或者反驳诉讼请求,有权提起反诉。

第四十七条　当事人一方或者双方为二人以上,其诉讼标的是共同的,或者诉讼标的是同一种类、人民法院认为可以合并审理的,为共同诉讼。

共同诉讼的一方当事人对诉讼标的有共同权利、义务的,其中一人的诉讼行为经全体承认,对全体发生效力;对诉讼标的没有共同权利、义务的,其中一人的诉讼行为对其他共同诉讼人不发生效力。

第四十八条　对当事人争议的诉讼标的,第三人认为有独立请求权的,有权提起诉讼,成为诉讼当事人。

对当事人争议的诉讼标的,第三人虽然没有独立请求权,但是案件处理结果同他有法律上的利害关系的,可以申请参加诉讼,或者由人民法院通知他参加诉讼。

第二节　诉讼代理人

第四十九条　没有诉讼行为能力的人,由他的法定代理人代为诉讼;没有法定代理人的,由人民法院指定代理人。

法定代理人之间互相推诿代理责任的,由人民法院指定其中一人代为诉讼。

第五十条　当事人、法定代表人、法定代理人,都可以委托一至二人代为诉讼。

当事人的近亲属、律师、社会团体和当事人所在单位推荐的人,以及经人民法院许可的其他公民,都可以被委托为诉讼代理人。

第五十一条　委托他人代为诉讼,必须向人民法院提交由委托人签名或者盖章的授权委托书。

授权委托书必须记明委托事项和权限。诉讼代理人代为承认、放弃或者变更诉讼请求,进行和解,提起反诉或者上诉,必须有被代理人的特别授权。

侨居在国外的中国公民委托代理人的授权委托书,必须经我国驻该国的使、领馆证明,没有使、领馆的,由爱国的华侨团体证明。

第五十二条　诉讼代理权限的变更或者解除,当事人应当书面告知人民法院,并由人民法院通知对方当事人。

第五十三条　代理诉讼的律师,可以依照有关规定查阅本案有关材料,但是对涉及国家机密或者个人隐私的材料,必须对当事人和其他人保密。经人民法院许可,其他诉讼代理人可以查阅本案庭审材料,但是涉及国家机密或者个人隐私的材料除外。

第五十四条　离婚案件有诉讼代理人的,本人除不能表达意志的以外,仍应出庭;确因特殊情况无法出庭的,必须向人民法院提交书面意见。

第六章 证　　据

第五十五条 证据有下列几种：

（一）书证；

（二）物证；

（三）视听资料；

（四）证人证言；

（五）当事人的陈述；

（六）鉴定结论；

（七）勘验笔录。

以上证据必须经过查证属实，才能作为认定事实的根据。

第五十六条 当事人对自己提出的主张，有责任提供证据。

人民法院应当按照法定程序，全面地、客观地收集和调查证据。

第五十七条 人民法院有权向有关单位和个人调取证据，有关单位和个人不得拒绝。

人民法院对机关、团体、企业事业单位和个人提出的证明文书，应当辨别真伪，审查确定其效力。

第五十八条 人民法院对于涉及国家机密或者个人隐私的证据应当保密。需要向当事人出示的，不得在公开开庭时进行。

第五十九条 人民法院对经过公证证明的法律行为、法律事实和文书，应当确认其效力。但是，有相反证据足以推翻公证证明的除外。

第六十条 书证应当提交原件。物证应当提交原物。提交原件或者原物确有困难的，可以提交复制品、照片、副本、节录本。

提交外文书证，必须附送中文译本。

第六十一条 凡是知道案件情况的人，都有义务出庭作证。有关单位的负责人应当支持证人作证。证人确有困难不能出庭的，经人民法院许可，可以提交书面证言。

不能正确表达意志的人，不能作证。

第六十二条 人民法院对当事人的陈述，应当结合本案的其他证据，审查确定能否作为认定事实的根据。

当事人拒绝陈述的，不影响人民法院根据证据确定对案件事实的认定。

第六十三条 人民法院需要解决专门性问题时，有关部门有义务按照人民法院的通知，指派有专业知识的人进行鉴定。

鉴定人有权了解进行鉴定所需要的案件材料，询问当事人、证人。

鉴定人应当提出书面鉴定结论，在鉴定书上签名或者盖章，并由鉴定人所在单位加盖公章，证明鉴定人身份。

第六十四条 勘验物证或者现场，勘验人必须出示人民法院的证件，邀请当地基层组织或者有关单位派人参加。当事人或者他的成年家属应当到场；拒不到场的，不影响勘验的进行。

有关单位和个人根据人民法院的通知，有义务保护现场，协助勘验工作。

勘验人勘验时，可以对物证或者现场进行拍照和测量，对勘验情况和结果应当制作笔录，由勘验人、当事人和被邀参加人签名或者盖章。

第六十五条 在证据可能灭失或者以后难以取得的情况下，诉讼参加人可以申请证据保全，人民法院也可以主动采取保全措施。

第七章 期间、送达

第一节 期　　间

第六十六条 期间包括法定期间和人民法院指定的期间。

期间以时、日、月、年计算。期间开始的时和日，不计算在期间内。

期间届满的最后一日是节假日的，以节假日后的第一日为期间届满的日期。

期间不包括在途时间。诉讼文书在期满前交邮的，不算过期。

第六十七条 当事人因不可抗拒的事由或者其他正当理由耽误期限的，在障碍消除后的十日内，可以申请顺延期限；是否准许，由人民法院决定。

第二节 送　　达

第六十八条 送达诉讼文书必须有送达回证，由受送达人在送达回证上记明收到日期，签名或者盖章。

受送达人在送达回证上的签收日期为送达日期。

第六十九条　人民法院送达诉讼文书，应当直接送交受送达人；本人不在的，交他的同住成年家属签收；受送达人已向人民法院指定代收人的，交代收人签收。

第七十条　受送达人拒绝接收诉讼文书的，送达人应当邀请有关基层组织的代表或者其他人到场，说明情况，在送达回证上记明拒收事由和日期，由送达人、见证人签名或者盖章，把诉讼文书留在受送达人的住处，即视为送达。

第七十一条　直接送达诉讼文书有困难的，可以委托其他人民法院代为送达，或者邮寄送达。邮寄送达，以挂号回执上注明的收件日期为送达日期。

第七十二条　受送达人是军人的，通过其所在部队团以上单位的政治机关转交。

第七十三条　受送达人是被监禁的，通过其所在监所或者劳动改造单位转交。

受送达人是被劳动教养的，通过其劳动教养单位转交。

第七十四条　代为转交的机关、单位收到诉讼文书后，必须立即交受送达人签收。

第七十五条　受送达人下落不明，或者用本章规定的其他方式无法送达的，公告送达。自发出公告之日起，经过三个月，即视为送达。

公告送达，应当在案卷中记明原因和经过。

第八章　对妨害民事诉讼的强制措施

第七十六条　人民法院对必须到庭的被告，经两次合法传唤，无正当理由拒不到庭的，可以拘传。

第七十七条　诉讼参与人或者其他人有下列行为之一的，人民法院可以根据情节轻重，予以训诫、责令具结悔过或者予以罚款、拘留；构成犯罪的，依法追究刑事责任：

（一）伪造、隐藏、毁灭证据；

（二）指使、贿买他人作伪证；

（三）隐藏、转移、变卖、毁损已被查封、扣押的财产；

（四）以暴力、威胁或者其他方法阻碍司法工作人员执行职务，或者扰乱司法机关的工作秩序；

（五）对司法工作人员、证人、鉴定人、勘验人、诉讼参加人、协助执行的人，进行侮辱、诽谤、诬陷、殴打或者以其他方法进行打击报复；

（六）有义务协助执行的人，对人民法院的协助执行通知书，无故推拖、拒绝或者妨碍执行。

第七十八条　罚款的金额，为人民币二百元以下。

拘留的期限，为十五日以下。

被拘留的人，由人民法院交公安机关看管。在拘留期间，被拘留人承认并改正错误的。人民法院可以决定提前解除拘留。

罚款和拘留，可以合并使用。

第七十九条　拘传、罚款、拘留，必须经人民法院院长批准。

罚款、拘留，用决定书。本人对罚款、拘留不服的，可以申请复议一次。复议期间，不停止决定的执行。

第九章　诉讼费用

第八十条　当事人进行民事诉讼，应当依照规定交纳案件受理费。财产案件，除交纳案件受理费外，并依照规定交纳其他诉讼费用。

收取诉讼费用的办法另行制定。

第二编　第一审程序

第十章　普通程序

第一节　起诉和受理

第八十一条　起诉必须符合以下条件：

（一）原告是与本案有直接利害关系的个人、企业事业单位、机关、团体；

（二）有明确的被告、具体的诉讼请求和事实根据；

（三）属于人民法院管辖范围和受诉人民法院管辖。

第八十二条　起诉应当向人民法院递交起诉状，并按被告人数提出副本。

书写起诉状确有困难的，可以口诉，由人民法院记入笔录，并告知对方当事人。

第八十三条　起诉状应当记明以下事项：

（一）当事人的姓名、性别、年龄、民族、籍贯、职业、工作单位和住址，企业事业单位、机关、团

体的名称、所在地和法定代表人的姓名、职务;

(二)诉讼请求和所根据的事实与理由;

(三)证据和证据来源,证人姓名和住址。

第八十四条 人民法院对于下列起诉,分别情况,予以处理:

(一)违反治安管理处罚条例的案件,告知原告向公安机关申请解决;

(二)依法应当由其他行政机关处理的争议,告知原告向有关行政机关申请解决;

(三)对判决、裁定已经发生法律效力的案件,当事人又起诉的,告知原告按申诉处理;

(四)依法在一定时期内不得起诉的案件,在不得起诉的期限内起诉的,不予受理;

(五)判决不准离婚的案件,没有新情况、新理由,在六个月内又起诉的,不予受理。

第八十五条 人民法院接到起诉状或者口头起诉,经审查,符合本法规定的受理条件的,应当在七日内立案;不符合本法规定的受理条件的,应当在七日内通知原告不予受理,并说明理由。

第二节 审理前的准备

第八十六条 人民法院对追索赡养费、扶养费、抚育费、抚恤金和劳动报酬的案件,应当在受理后五日内将起诉状副本发送被告;被告在收到后十日内提出答辩状。其他案件的起诉状副本,应当在受理后五日内发送被告;被告在收到后十五日内提出答辩状。

被告不提出答辩状的,不影响人民法院审理。

第八十七条 审判人员必须认真审阅诉讼材料,进行调查研究,收集证据。

有关单位有义务协助人民法院进行调查。

第八十八条 人民法院派出人员进行调查时,应当先向被调查人出示证件。

调查笔录经被调查人校阅后,由被调查人、调查人签名或者盖章。

第八十九条 人民法院在必要时可以委托外地人民法院调查。

委托调查,必须提出明确的项目和要求。受委托人民法院可以主动补充调查。

受委托人民法院收到委托书后,应当在三十日内完成调查;因故不能完成的,应当在上述期限内函告委托人民法院。

第九十条 起诉或者应诉的人不符合当事人条件的,人民法院应当通知符合条件的当事人参加诉讼,更换不符合条件的当事人。

第九十一条 必须共同进行诉讼的当事人没有参加诉讼的,人民法院应当通知其参加诉讼。

第三节 诉讼保全和先行给付

第九十二条 人民法院对于可能因当事人一方的行为或者其他原因,使判决不能执行或者难以执行的案件,可以根据对方当事人的申请,或者依职权作出诉讼保全的裁定。

人民法院接受当事人诉讼保全的申请后,对情况紧急的,必须在四十八小时内作出裁定,并开始执行。

第九十三条 诉讼保全限于诉讼请求的范围,或者与本案有关的财物。

诉讼保全采取查封、扣押、冻结、责令提供担保或者法律准许的其他方法。

人民法院对查封、扣押的物品,不宜长期保存的,可以变卖,保存价款。

第九十四条 人民法院决定采取诉讼保全措施,可以令申请人提供担保;拒绝提供的,驳回申请。

申请人败诉的,应当赔偿被申请人因诉讼保全所遭受的财产损失。

第九十五条 人民法院对下列案件,必要时可以书面裁定先行给付,并立即执行:

(一)追索赡养费、扶养费、抚育费、抚恤金的;

(二)追索劳动报酬的;

(三)其他需要先行给付的。

第九十六条 当事人不服诉讼保全或者先行给付裁定的,可以申请复议一次。复议期间,不停止裁定的执行。

第四节 调 解

第九十七条 人民法院受理的民事案件,能够调解的,应当在查明事实、分清是非的基础上进行调解,促使当事人互相谅解,达成协议。

第九十八条 人民法院进行调解，可以由审判员一人主持，也可以由合议庭主持，并且尽可能就地进行。

第九十九条 人民法院进行调解，根据案件需要，可以邀请有关单位和群众协助。被邀请的单位和个人，应当协助人民法院进行调解。

第一百条 调解达成协议，必须双方自愿，不得强迫。

第一百零一条 调解达成协议，应当制作调解书，由审判人员、书记员署名，并加盖人民法院印章。调解书送达后，即具有法律效力。

对不需要制作调解书的协议，应当记入笔录，由双方当事人、审判人员、书记员签名或者盖章后，即具有法律效力。

第一百零二条 调解未达成协议或者调解书送达前一方翻悔的，人民法院应当进行审判，不应久调不决。

第五节 开庭审理

第一百零三条 人民法院审理民事案件，除涉及国家机密、个人隐私或者法律另有规定的以外，一律公开进行。

离婚案件当事人申请不公开审理的，可以不公开审理。

第一百零四条 人民法院审理民事案件，应当根据需要和可能，派出法庭巡回就地开庭审理。

人民法院派出法庭巡回审理时，除重大、复杂的案件以外，适用简易程序。

第一百零五条 人民法院审理民事案件，应当在开庭三日前通知当事人和其他诉讼参与人。公开审理，应当公告当事人姓名、案由和开庭时间、地点。

第一百零六条 开庭审理前，书记员应当查明当事人和其他诉论参与人是否到庭，宣布法庭纪律。

开庭审理时，由审判长或者独任审判员核对当事人，宣布案由，宣布审判人员、书记员名单，告知当事人的诉讼权利和义务，询问当事人是否申请回避。

第一百零七条 法庭调查按下列顺序进行：

（一）询问当事人和当事人陈述；

（二）告知证人的权利义务，询问证人，宣读未到庭的证人证言；

（三）询问鉴定人，宣读鉴定结论；

（四）出示书证、物证和视听资料；

（五）宣读勘验笔录。

第一百零八条 当事人在法庭上可以提出新的证据。

当事人经法庭许可，可以向证人、鉴定人、勘验人发问。

当事人可以要求重新进行鉴定、调查或者勘验，是否准许，由人民法院决定。

第一百零九条 原告增加诉讼请求，被告提出反诉，第三人提出与本案有关的诉讼请求，可以合并审理。

第一百一十条 法庭辩论按下列顺序进行：

（一）原告及其诉讼代理人发言；

（二）被告及其诉讼代理人答辩；

（三）双方互相辩论。

法庭辩论终结，由审判长按原告、被告的先后顺序征询双方最后意见。

第一百一十一条 法庭辩论终结，可以再行调解；调解未达成协议的，依法作出判决。

第一百一十二条 原告经人民法院两次合法传唤，无正当理由拒不到庭的，或者未经法庭许可中途退庭的，可以按撤诉处理；被告反诉的，可以缺席判决。

第一百一十三条 被告经人民法院两次合法传唤，无正当理由拒不到庭的，或者未经法庭许可中途退庭的，除适用本法第七十六条规定外，可以缺席判决。

第一百一十四条 宣判前，原告申请撤诉的，是否准许，由人民法院裁定。

第一百一十五条 人民法院宣告判决，一律公开进行。当庭宣判的，应当在十日内发送判决书；定期宣判的，宣判后立即发给判决书。

宣告判决时，必须告知当事人上诉权利、上诉期限和上诉审法院。

宣告离婚判决，必须告知当事人在判决发生法律效力前不得另行结婚。

第一百一十六条 有下列情形之一的，延期审理：

（一）必须到庭的当事人和其他诉讼参与人

没有到庭；

(二)因当事人申请回避不能进行审理；

(三)需要通知新的证人到庭，调取新的证据，重新鉴定、勘验，或者需要补充调查；

(四)其他应当延期审理的情况。

第一百一十七条　书记员应当将法庭审理的全部活动记入笔录，由审判人员和书记员签名。

法庭笔录应当当庭宣读，也可以告知当事人和其他诉讼参与人当庭或者在五日内阅读。当事人和其他诉讼参与人认为对自己的陈述记载确有遗漏或者差错的，有权申请补正。

法庭笔录由当事人和其他诉讼参与人签名或者盖章；拒绝签名盖章的，记明情况附卷。

第六节　诉讼中止和终结

第一百一十八条　有下列情形之一的，中止诉讼：

(一)一方当事人死亡，需要等待继承人参加诉讼；

(二)一方当事人丧失诉讼行为能力，尚未确定法定代理人；

(三)一方当事人因不可抗拒的事由，不能参加诉讼；

(四)本案必须以另一案的审理结果为依据，而另一案尚未审结；

(五)其他应当中止诉讼的情况。

中止诉讼的原因消除后，恢复诉讼程序。

第一百一十九条　有下列情形之一的，终结诉讼：

(一)原告死亡，没有继承人，或者继承人放弃诉讼权利；

(二)被告死亡，没有遗产，也没有应当承担义务的人；

(三)一方当事人死亡，中止诉讼满六个月没有继承人参加诉讼；

(四)离婚案件一方当事人死亡。

第七节　判决和裁定

第一百二十条　判决书应当写明：

(一)案由、诉讼请求、争议的事实和理由；

(二)判决认定的事实、理由和适用的法律；

(三)判决结果和诉讼费用的负担；

(四)上诉期限和上诉审法院。

判决书由审判人员、书记员署名，加盖人民法院印章。

第一百二十一条　人民法院审理的案件，其中一部分事实已经清楚，可以就该部分先行判决。

第一百二十二条　裁定适用于下列范围：

(一)驳回起诉；

(二)关于诉讼保全和先行给付；

(三)准予或者不准撤诉；

(四)中止或者终结诉讼；

(五)补正判决书中的失误；

(六)其他需要裁定解决的事项。

对第(一)项裁定，可以上诉。

裁定书由审判人员、书记员署名，加盖人民法院印章。口头裁定的，记入笔录。

第一百二十三条　最高人民法院的判决、裁定，以及依法不准上诉或者超过上诉期没有上诉的判决、裁定，是发生法律效力的判决、裁定。

第十一章　简易程序

第一百二十四条　基层人民法院和它派出的法庭审理简单的民事案件，可以适用本章规定的简易程序。

第一百二十五条　对简单的民事案件，原告可以口头起诉。

当事人双方可以同时到基层人民法院或者它派出的法庭，请求解决争议。基层人民法院或者它派出的法庭可以当即审理，也可以另定日期审理。

第一百二十六条　基层人民法院和它派出的法庭审理简单的民事案件，可以用简便方式随时传唤当事人、证人。

第一百二十七条　简单的民事案件由审判员一人独任审判，并不受本法第一百零五条、第一百零七条、第一百一十条规定的限制。

第十二章　特别程序

第一节　一般规定

第一百二十八条　人民法院审理选民名单

案件、宣告失踪人死亡案件、认定公民无行为能力案件和认定财产无主案件,适用本章规定。本章没有规定的,适用本法和其他法律的有关规定。

第一百二十九条 依照本章程序审理的案件,实行一审终审。选民名单案件或者重大、疑难的案件,由审判员组成合议庭审判;其他案件由审判员一人独任审判。

第一百三十条 人民法院在依照本章程序审理案件的过程中,发现本案属于民事权益争议的,应当裁定终结特别程序,并告知利害关系人按照普通程序或者简易程序另行起诉。

第二节 选民名单案件

第一百三十一条 公民不服选举委员会对于选民名单的申诉所作的决定,向选区所在地的基层人民法院起诉。

第一百三十二条 人民法院受理选民名单案件后,必须在选举前审理。

审理时,起诉人、选举委员会的代表和有关公民必须参加。

人民法院的判决书,应当立即送达选举委员会和起诉人,并通知有关公民。

第三节 宣告失踪人死亡案件

第一百三十三条 利害关系人要求宣告失踪人死亡的申请,向失踪人最后居所地的基层人民法院提出。

申请书应当写明失踪的事实、时间和请求,并附有公安机关关于该公民失踪的书面证明。

第一百三十四条 人民法院受理宣告失踪人死亡案件后,应当发出寻找失踪人的公告。公告期间为一年。

公告期间届满,人民法院根据被宣告失踪人死亡的事实是否得到确认,作出终结审理的裁定或者宣告死亡的判决。

第一百三十五条 被宣告死亡的公民重新出现,经本人或者利害关系人申请,人民法院应当作出新判决,撤销原判决。

第四节 认定公民无行为能力案件

第一百三十六条 申请认定公民无行为能力,由其近亲属或者所在单位,向该公民户籍所在地基层人民法院提出。

申请书应当写明该公民无行为能力的事实和根据。

第一百三十七条 人民法院受理申请后,必要时应当对被要求认定为无行为能力的公民进行鉴定;申请人已提供鉴定结论的,应当对鉴定结论进行审查。

第一百三十八条 人民法院审理认定公民无行为能力的案件,必要时应当为该公民指定代理人,并且应当询问本人;本人健康情况许可的,应当传唤到庭。

第一百三十九条 人民法院判决认定该公民为无行为能力的人,应当依法为他指定监护人。

人民法院认定申请无理的,应当予以驳回。

第一百四十条 人民法院根据被认定为无行为能力的人或者他的监护人的申请,证实该公民无行为能力的原因已经消除的,应当作出新判决,撤销原判决。

第五节 认定财产无主案件

第一百四十一条 申请认定财产无主,由有关机关、团体、企业事业单位、基层组织或者个人,向财产所在地基层人民法院提出。

申请书应写明财产的种类、数量以及要求认定财产无主的根据。

第一百四十二条 人民法院对认定财产无主的申请,经审查核实,公告满一年后无人认领的,即判决认定财产无主,收归国家或者集体所有。

第一百四十三条 判决认定财产无主后,原财产所有人或者合法继承人出现,并对财产提出请求的,人民法院审查属实后,应当作出新判决,撤销原判决。

第三编 第二审程序、审判监督程序

第十三章 第二审程序

第一百四十四条 当事人不服地方各级人民法院第一审判决、裁定的,有权向上一级人民法院提起上诉。

第一百四十五条 对判决提起上诉的期限

为十五日,对裁定提起上诉的期限为十日。

第一百四十六条 上诉状的内容,应当包括当事人的姓名,企业事业单位、机关、团体的名称及其法定代表人的姓名;原审人民法院名称、案件的编号和案由;上诉的请求和理由。

第一百四十七条 上诉状应当通过原审人民法院提出,并且按照对方当事人的人数提出副本。

当事人直接向第二审人民法院上诉的,第二审人民法院应当在五日内将上诉状发交原审人民法院。

第一百四十八条 原审人民法院收到上诉状,应当在五日内将上诉状副本送达对方当事人。对方当事人收到上诉状副本,应当在十五日内提出答辩状。当事人不提出答辩状的,不影响人民法院审理。

原审人民法院收到上诉状、答辩状,应当连同全部案卷和证据,尽快报送第二审人民法院。

第一百四十九条 第二审人民法院必须全面审查第一审人民法院认定的事实和适用的法律,不受上诉范围的限制。

第一百五十条 第二审人民法院对上诉案件,应当组成合议庭,开庭审判。经过阅卷和调查,询问当事人,在事实核对清楚后,合议庭认为不需要开庭审判的,也可以径行判决。

第二审人民法院审判上诉案件,可以在本法院进行,也可以到案件发生地或者原审人民法院所在地就地进行。

第一百五十一条 第二审人民法院对上诉案件,经过审理,按照下列情形,分别处理:

(一)原判决认定事实清楚,适用法律正确的,判决驳回上诉,维持原判;

(二)原判决认定事实清楚,但是适用法律错误的,依法改判;

(三)原判决认定事实不清,证据不足,或者由于违反法定程序可能影响案件正确判决的,裁定撤销原判,发回原审人民法院重审,也可以查清事实后改判。

当事人对重审案件的判决、裁定,可以上诉。

第一百五十二条 第二审人民法院对不服第一审人民法院裁定的上诉案件的处理,一律使用裁定。

第一百五十三条 第二审人民法院审理上诉案件,可以进行调解。调解达成协议,应当制作调解书,由审判人员、书记员署名,并加盖人民法院印章。调解书送达后,原审人民法院的判决即视为撤销。

第一百五十四条 第二审人民法院宣判前,上诉人申请撤回上诉的,由第二审人民法院裁定。

第一百五十五条 第二审人民法院审判上诉案件,除依照本章规定外,适用第一审普通程序。

第一百五十六条 第二审人民法院的判决、裁定,是终审的判决、裁定。

第十四章 审判监督程序

第一百五十七条 各级人民法院院长对本院已经发生法律效力的判决、裁定,发现确有错误,需要再审的,提交审判委员会讨论决定。

最高人民法院对地方各级人民法院已经发生法律效力的判决、裁定,上级人民法院对下级人民法院已经发生法律效力的判决、裁定,发现确有错误的,有权提审或者指令下级人民法院再审。

第一百五十八条 当事人、法定代理人对已发生法律效力的判决、裁定,认为确有错误的,可以向原审人民法院或者上级人民法院申诉,但是不停止判决、裁定的执行。

人民法院对已经发生法律效力的判决、裁定的申诉,经过复查,认为原判决、裁定正确,申诉无理的,通知驳回;原判决、裁定确有错误的,由院长提交审判委员会讨论决定。

第一百五十九条 按照审判监督程序决定再审的案件,裁定中止原判决的执行。裁定由院长署名,加盖人民法院印章。

第一百六十条 人民法院按照审判监督程序再审的案件,原来是第一审的,按照第一审程序审判,所作的判决、裁定,当事人可以上诉;原来是第二审的,或者是上级人民法院提审的,按照第二审程序审判,所作的判决、裁定,是发生法律效力的判决、裁定。

第四编 执行程序

第十五章 一般规定

第一百六十一条 发生法律效力的民事判决、裁定和调解协议,以及刑事判决、裁定中的财产部分,由原第一审人民法院执行。

法律规定由人民法院执行的其他法律文书,由有管辖权的人民法院执行。

第一百六十二条 执行过程中,案外人对执行标的提出异议的,执行员应当进行审查。无理由的,予以驳回;有理由的,报院长批准中止执行,由合议庭审查或者审判委员讨论决定。

第一百六十三条 执行工作由执行员、书记员进行;重大执行措施,应当有司法警察参加。

采取强制执行措施时,执行员应当向被执行人或者他的成年家属出示证件;并将执行情况制作笔录,由在场的有关人员签名或者盖章。

第一百六十四条 有关单位和个人都有义务按照人民法院的通知,协助执行。无故推拖、拒绝或者妨碍执行的,依照本法第七十七条的规定处理。

第一百六十五条 被执行人、被执行的财产在外地的,可以委托当地人民法院代为执行。受委托人民法院收到委托函件后,应当在十五日内开始执行;执行完毕后,应当把执行结果及时函复委托人民法院。

第十六章 执行的移送和申请

第一百六十六条 发生法律效力的民事判决、裁定、调解协议和其他应当由人民法院执行的法律文书,当事人必须履行。一方拒绝履行的,由审判员移送执行员执行,对方当事人也可以向人民法院申请执行。

第一百六十七条 仲裁机购的裁决发生法律效力后,一方当事人不履行的,对方当事人可以向有管辖权的人民法院申请执行。

第一百六十八条 公证机关依法赋予强制执行效力的债权文书,一方当事人不履行的,对方当事人可以向有管辖权的基层人民法院申请执行。受申请的人民法院发现公证文书确有错误的,不予执行,并通知原公证机关。

第一百六十九条 申请执行的期限,双方或者一方当事人是个人的为一年;双方是企业事业单位、机关、团体的为六个月。

前款规定的期限,从法律文书规定履行期限的最后一日起计算;法律文书规定分期履行的,从规定的每次履行期限的最后一日起计算。

第一百七十条 执行员接到申请执行书或者移交执行书,应当在十日内了解案情,并通知被执行人在指定的期限内履行。逾期不履行的,强制执行。

第十七章 执行措施

第一百七十一条 人民法院为扣留、提取被执行人的储蓄存款或者劳动收入而发出的协助执行通知书,有关单位必须按照办理。

人民法院决定扣留、提取劳动收入时,应当保留被执行人及其所供养家属的生活必需费用。

第一百七十二条 人民法院查封、扣押、冻结、变卖被执行人的财产,应当保留被执行人必要的生产工具和他本人及其所供养家属的生活必需品。

采取前款措施,必须经人民法院院长批准。

第一百七十三条 人民法院查封、扣押财产时,应当通知被执行人或者他的成年家属到场;拒不到场的,不影响执行。被执行人的工作单位和财产所在地的基层组织应当派人参加。

对于被查封、扣押的财产,必须造具清单,由在场人签名或者盖章后,交被执行人或者他的成年家属一份。

第一百七十四条 被查封的财产,执行员可以指定被执行人负责保管;因被执行人的过错造成的损失,由被执行人承担。

第一百七十五条 财产被查封、扣押后,执行员应当通知被执行人在指定期限内履行法律文书确定的义务;逾期不履行的,交有关单位收购、变卖。

第一百七十六条 法律文书指定交付的财物或者票证,由执行员传唤双方当事人当面交付,或者由执行员转交,并由被交付人签收。

有关单位持有该项财物或者票证的,应当根据人民法院的协助执行通知书转交,并由被交付人签收。

当事人以外的人持有该项财物或者票证的，人民法院通知其交出。拒不交出的，强制执行。

第一百七十七条 强制迁出房屋或者强制退出土地，由院长签发公告，通知被执行人在指定的期限内履行。逾期不履行的，由执行员强制执行。

强制执行时，被执行人的工作单位和房屋、土地所在地的基层组织应当派人参加。被执行人或者他的成年家属应当到场；拒不到场的，不影响执行。执行员应当将强制执行情况记入笔录，由在场人签名或者盖章。

强制执行的财物，由人民法院派人运至指定处所，交给被执行人或者他的成年家属；因拒绝接收而造成的损失，由被执行人承担。

第一百七十八条 对于法律文书指定的行为，执行员应当通知被执行人履行；无正当理由拒不履行的，人民法院可以委托有关单位或者其他人完成，费用由被执行人负担。

第一百七十九条 执行企业事业单位、机关、团体的存款，由银行、信用合作社根据人民法院的协助执行通知书划拨或者转交。

第一百八十条 被执行人被执行的财产，不能满足所有申请人要求的，按下列顺序清偿：

（一）工资、生活费；

（二）国家税收；

（三）国家银行和信用合作社贷款；

（四）其他债务。

不足清偿同一顺序的申请人要求的，按比例分配。

第一百八十一条 在执行中，双方当事人自行和解达成协议的，执行员应当将协议内容记入笔录，由双方当事人签名或者盖章。

第十八章 执行中止和终结

第一百八十二条 有下列情形之一的，人民法院裁定中止执行：

（一）申请人表示可以延期执行；

（二）案外人对执行提出确有理由的异议；

（三）被执行人短期内无偿付能力；

（四）一方当事人死亡，需要等待继承人继承权利或者承担义务；

（五）人民法院认为应当中止执行的其他情况。

造成中止的情况消失后，恢复执行。

第一百八十三条 有下列情形之一的，人民法院裁定终结执行：

（一）申请人撤销申请；

（二）据以执行的法律文书被撤消；

（三）被执行人死亡，无遗产可供执行，又无义务承担人；

（四）追索赡养费、扶养费、抚育费案件的权利人死亡；

（五）人民法院认为应当终结执行的其他情况。

第一百八十四条 中止和终结执行的裁定，送达当事人后立即生效。

第五编 涉外民事诉讼程序的特别规定

第十九章 一 般 原 则

第一百八十五条 外国人、无国籍人、外国企业和组织在中华人民共和国领域内进行民事诉讼，适用本编规定。本编没有规定的，适用本法其他有关规定。

第一百八十六条 外国人、无国籍人在人民法院起诉、应诉，同中华人民共和国公民有同等的诉讼权利和义务。

外国企业和组织在人民法院起诉、应诉，依照本法规定享有诉讼权利，承担诉讼义务。

第一百八十七条 外国法院对中华人民共和国公民、企业和组织的民事诉讼权利加以限制的，人民法院对该国公民、企业和组织的民事诉讼权利，实行对等原则。

第一百八十八条 对享有司法豁免权的外国人、外国组织或者国际组织提起的民事诉讼，人民法院根据中华人民共和国法律和我国缔结或者参加的国际条约的规定办理。

第一百八十九条 中华人民共和国缔结或者参加的国际条约同本法有不同规定的，适用该国际条约的规定。但是，我国声明保留的条款除外。

第一百九十条 人民法院审理涉外案件，用中华人民共和国通用的语言、文字。当事人要求提供翻译的，可以提供，费用由当事人负担。

第一百九十一条　外国人、无国籍人、外国企业和组织在人民法院起诉、应诉，委托律师代理诉讼的，必须委托中华人民共和国的律师。

不在中华人民共和国领域内居住的外国人、无国籍人，寄给中国律师或者中国公民的授权委托书，必须经所在国公证机关证明，并经我国驻该国使、领馆认证，才具有效力。

第二十章　仲　　裁

第一百九十二条　对外经济、贸易、运输和海事中发生的纠纷，当事人有书面协议提交中华人民共和国的涉外仲裁机构仲裁的，不得向人民法院起诉；没有书面协议的，可以向人民法院起诉。

外国企业、组织之间的经济、贸易、运输和海事中发生的纠纷，当事人按照书面协议，可以提交中华人民共和国的涉外仲裁机构仲裁，也可以向有管辖权的人民法院起诉。

第一百九十三条　经中华人民共和国的涉外仲裁机构裁决的案件，当事人不得向人民法院起诉。

第一百九十四条　中华人民共和国的涉外仲裁机构根据当事人的申请，认为需要采取保全措施的，应当提请被申请人财产所在地或者仲裁机构所在地的中级人民法院裁定。

第一百九十五条　对中华人民共和国的涉外仲裁机构的裁决，一方当事人不履行的，对方当事人可以申请该仲裁机构所在地或者财产所在地的中级人民法院依照本法的有关规定执行。

第二十一章　送达、期间

第一百九十六条　人民法院对不在中华人民共和国领域内居住的当事人送达诉讼文书，可以用下列方式：

（一）通过外交途径送达；

（二）对中国籍当事人，可以委托所在国的中华人民共和国使、领馆代为送达；

（三）当事人所在国的法律允许邮寄送达的，邮寄送达；

（四）当事人所在国和中华人民共和国有司法协助协议的，可以委托外国法院代为送达，或者按协议规定的其他方式送达；

（五）由当事人的诉讼代理人送达；

（六）不能用上述方式送达的，公告送达。自公告之日起的，满六个月，即视为送达。

第一百九十七条　被告不在中华人民共和国领域内居住的，人民法院在送给被告的起诉状副本上加盖收文印章，通知被告在收到起诉状副本后六十日内提出答辩状。被告申请延期的，可以准许，所延期限不得超过三十日。

第一百九十八条　不在中华人民共和国领域内居住的当事人，不服第一审人民法院判决的上诉期为六十日。被上诉人在收到上诉状副本后，应当在六十日内提出答辩状。当事人不能在规定期限内提起上诉或者提出答辩状，申请延期的。可以准许，所延期限不得超过三十日。

第二十二章　诉讼保全

第一百九十九条　人民法院裁定准许当事人诉讼保全的申请后，应当责令被申请人提供担保；拒不提供的，即发布扣押命令，扣押其财产。

第二百条　人民法院决定扣押的财产，需要监督的，应当通知有关单位实行监督，费用由被申请人负担。由于申请错误所造成的损失和费用，由申请人负担。

第二百零一条　人民法院解除扣押的命令由执行员执行，或者通知监督单位执行。

第二十三章　司法协助

第二百零二条　根据中华人民共和国缔结或者参加的国际条约，或者按照互惠原则，人民法院和外国法院可以互相委托，代为一定的诉讼行为。

外国法院委托的事项同中华人民共和国的主权、安全不相容的，予以驳回；不属于人民法院职权范围的，应当说明理由，退回外国法院。

第二百零三条　中华人民共和国人民法院发生法律效力的判决，或者仲裁机构确定的裁决，申请人要求强制执行的，如果被申请人或者他的财产不在我国领域内，人民法院可以根据我国缔结或者参加的国际条约，或者按照互惠原则，委托外国法院协助执行。

第二百零四条　中华人民共和国人民法院对外国法院委托执行的已经确定的判决、裁决，应当根据中华人民共和国缔结或者参加的国际条约，或者按照互惠原则进行审查，认为不违反中华人民共和国法律的基本准则或者我国国家、社会利益的，裁定承认其效力，并且依照本法规定的程序执行。否则，应当退回外国法院。

第二百零五条 外国法院委托中华人民共和国人民法院代为送达、协助执行的法律文书，以及委托代为一定诉讼行为的委托书，必须附有中文译本。

人民法院委托外国法院代为送达、协助执行的法律文书，以及委托代为一定诉讼行为的委托书，必须附有外文译本。

中华人民共和国民事诉讼法①

（1991年4月9日第七届全国人民代表大会第四次会议通过　1991年4月9日中华人民共和国主席令第44号公布　自公布之日起施行）

目　录

第一编　总　　则

第一章　任务、适用范围和基本原则

第一条 中华人民共和国民事诉讼法以宪法为根据，结合我国民事审判工作的经验和实际情况制定。

第二条 中华人民共和国民事诉讼法的任务，是保护当事人行使诉讼权利，保证人民法院查明事实，分清是非，正确适用法律，及时审理民事案件，确认民事权利义务关系，制裁民事违法

① 编者注：已被修改。

行为，保护当事人的合法权益，教育公民自觉遵守法律，维护社会秩序、经济秩序，保障社会主义建设事业顺利进行。

第三条 人民法院受理公民之间、法人之间、其他组织之间以及他们相互之间因财产关系和人身关系提起的民事诉讼，适用本法的规定。

第四条 凡在中华人民共和国领域内进行民事诉讼，必须遵守本法。

第五条 外国人、无国籍人、外国企业和组织在人民法院起诉、应诉，同中华人民共和国公民、法人和其他组织有同等的诉讼权利义务。

外国法院对中华人民共和国公民、法人和其他组织的民事诉讼权利加以限制的，中华人民共和国人民法院对该国公民、企业和组织的民事诉讼权利，实行对等原则。

第六条 民事案件的审判权由人民法院行使。

人民法院依照法律规定对民事案件独立进行审判，不受行政机关、社会团体和个人的干涉。

第七条 人民法院审理民事案件，必须以事实为根据，以法律为准绳。

第八条 民事诉讼当事人有平等的诉讼权利。人民法院审理民事案件，应当保障和便利当事人行使诉讼权利，对当事人在适用法律上一律平等。

第九条 人民法院审理民事案件，应当根据自愿和合法的原则进行调解；调解不成的，应当及时判决。

第十条 人民法院审理民事案件，依照法律规定实行合议、回避、公开审判和两审终审制度。

第十一条 各民族公民都有用本民族语言、文字进行民事诉讼的权利。

在少数民族聚居或者多民族共同居住的地区，人民法院应当用当地民族通用的语言、文字进行审理和发布法律文书。

人民法院应当对不通晓当地民族通用的语言、文字的诉讼参与人提供翻译。

第十二条 人民法院审理民事案件时，当事人有权进行辩论。

第十三条 当事人有权在法律规定的范围内处分自己的民事权利和诉讼权利。

第十四条 人民检察院有权对民事审判活动实行法律监督。

第十五条 机关、社会团体、企业事业单位对损害国家、集体或者个人民事权益的行为，可以支持受损害的单位或者个人向人民法院起诉。

第十六条 人民调解委员会是在基层人民政府和基层人民法院指导下，调解民间纠纷的群众性组织。

人民调解委员会依照法律规定，根据自愿原则进行调解。当事人对调解达成的协议应当履行；不愿调解、调解不成或者反悔的，可以向人民法院起诉。

人民调解委员会调解民间纠纷，如有违背法律的，人民法院应当予以纠正。

第十七条 民族自治地方的人民代表大会根据宪法和本法的原则，结合当地民族的具体情况，可以制定变通或者补充的规定。自治区的规定，报全国人民代表大会常务委员会批准。自治州、自治县的规定，报省或者自治区的人民代表大会常务委员会批准，并报全国人民代表大会常务委员会备案。

第二章 管 辖

第一节 级别管辖

第十八条 基层人民法院管辖第一审民事案件，但本法另有规定的除外。

第十九条 中级人民法院管辖下列第一审民事案件：

（一）重大涉外案件；

（二）在本辖区有重大影响的案件；

（三）最高人民法院确定由中级人民法院管辖的案件。

第二十条 高级人民法院管辖在本辖区有重大影响的第一审民事案件。

第二十一条 最高人民法院管辖下列第一审民事案件：

（一）在全国有重大影响的案件；

（二）认为应当由本院审理的案件。

第二节 地域管辖

第二十二条 对公民提起的民事诉讼，由被告住所地人民法院管辖；被告住所地与经常居住地不一致的，由经常居住地人民法院管辖。

对法人或者其他组织提起的民事诉讼，由被告住所地人民法院管辖。

同一诉讼的几个被告住所地、经常居住地在两个以上人民法院辖区的，各该人民法院都有管辖权。

第二十三条 下列民事诉讼，由原告住所地人民法院管辖；原告住所地与经常居住地不一致的，由原告经常居住地人民法院管辖：

（一）对不在中华人民共和国领域内居住的人提起的有关身份关系的诉讼；

（二）对下落不明或者宣告失踪的人提起的有关身份关系的诉讼；

（三）对被劳动教养的人提起的诉讼；

（四）对被监禁的人提起的诉讼。

第二十四条 因合同纠纷提起的诉讼，由被告住所地或者合同履行地人民法院管辖。

第二十五条 合同的双方当事人可以在书面合同中协议选择被告住所地、合同履行地、合同签订地、原告住所地、标的物所在地人民法院管辖，但不得违反本法对级别管辖和专属管辖的规定。

第二十六条 因保险合同纠纷提起的诉讼，由被告住所地或者保险标的物所在地人民法院管辖。

第二十七条 因票据纠纷提起的诉讼，由票据支付地或者被告住所地人民法院管辖。

第二十八条 因铁路、公路、水上、航空运输和联合运输合同纠纷提起的诉讼，由运输始发地、目的地或者被告住所地人民法院管辖。

第二十九条 因侵权行为提起的诉讼，由侵权行为地或者被告住所地人民法院管辖。

第三十条 因铁路、公路、水上和航空事故请求损害赔偿提起的诉讼，由事故发生地或者车辆、船舶最先到达地、航空器最先降落地或者被告住所地人民法院管辖。

第三十一条 因船舶碰撞或者其他海事损害事故请求损害赔偿提起的诉讼，由碰撞发生地、碰撞船舶最先到达地、加害船舶被扣留地或者被告住所地人民法院管辖。

第三十二条 因海难救助费用提起的诉讼，由救助地或者被救助船舶最先到达地人民法院管辖。

第三十三条 因共同海损提起的诉讼，由船舶最先到达地、共同海损理算地或者航程终止地的人民法院管辖。

第三十四条 下列案件，由本条规定的人民法院专属管辖：

（一）因不动产纠纷提起的诉讼，由不动产所在地人民法院管辖；

（二）因港口作业中发生纠纷提起的诉讼，由港口所在地人民法院管辖；

（三）因继承遗产纠纷提起的诉讼，由被继承人死亡时住所地或者主要遗产所在地人民法院管辖。

第三十五条 两个以上人民法院都有管辖权的诉讼，原告可以向其中一个人民法院起诉；原告向两个以上有管辖权的人民法院起诉的，由最先立案的人民法院管辖。

第三节 移送管辖和指定管辖

第三十六条 人民法院发现受理的案件不属于本院管辖的，应当移送有管辖权的人民法院，受移送的人民法院应当受理。受移送的人民法院认为受移送的案件依照规定不属于本院管辖的，应当报请上级人民法院指定管辖，不得再自行移送。

第三十七条 有管辖权的人民法院由于特殊原因，不能行使管辖权的，由上级人民法院指定管辖。

人民法院之间因管辖权发生争议，由争议双方协商解决；协商解决不了的，报请它们的共同上级人民法院指定管辖。

第三十八条 人民法院受理案件后，当事人对管辖权有异议的，应当在提交答辩状期间提出。人民法院对当事人提出的异议，应当审查。异议成立的，裁定将案件移送有管辖权的人民法院；异议不成立的，裁定驳回。

第三十九条 上级人民法院有权审理下级人民法院管辖的第一审民事案件，也可以把本院管辖的第一审民事案件交下级人民法院审理。

下级人民法院对它所管辖的第一审民事案件，认为需要由上级人民法院审理的，可以报请上级人民法院审理。

第三章　审判组织

第四十条　人民法院审理第一审民事案件，由审判员、陪审员共同组成合议庭或者由审判员组成合议庭。合议庭的成员人数，必须是单数。

适用简易程序审理的民事案件，由审判员1人独任审理。

陪审员在执行陪审职务时，与审判员有同等的权利义务。

第四十一条　人民法院审理第二审民事案件，由审判员组成合议庭。合议庭的成员人数，必须是单数。

发回重审的案件，原审人民法院应当按照第一审程序另行组成合议庭。

审理再审案件，原来是第一审的，按照第一审程序另行组成合议庭；原来是第二审的或者是上级人民法院提审的，按照第二审程序另行组成合议庭。

第四十二条　合议庭的审判长由院长或者庭长指定审判员一人担任；院长或者庭长参加审判的，由院长或者庭长担任。

第四十三条　合议庭评议案件，实行少数服从多数的原则。评议应当制作笔录，由合议庭成员签名。评议中的不同意见，必须如实记入笔录。

第四十四条　审判人员应当依法秉公办案。

审判人员不得接受当事人及其诉讼代理人请客送礼。

审判人员有贪污受贿，徇私舞弊，枉法裁判行为的，应当追究法律责任；构成犯罪的，依法追究刑事责任。

第四章　回　　避

第四十五条　审判人员有下列情形之一的，必须回避，当事人有权用口头或者书面方式申请他们回避：

（一）是本案当事人或者当事人、诉讼代理人的近亲属；

（二）与本案有利害关系；

（三）与本案当事人有其他关系，可能影响对案件公正审理的。

前款规定，适用于书记员、翻译人员、鉴定人、勘验人。

第四十六条　当事人提出回避申请，应当说明理由，在案件开始审理时提出；回避事由在案件开始审理后知道的，也可以在法庭辩论终结前提出。

被申请回避的人员在人民法院作出是否回避的决定前，应当暂停参与本案的工作，但案件需要采取紧急措施的除外。

第四十七条　院长担任审判长时的回避，由审判委员会决定；审判人员的回避，由院长决定；其他人员的回避，由审判长决定。

第四十八条　人民法院对当事人提出的回避申请，应当在申请提出的3日内，以口头或者书面形式作出决定。申请人对决定不服的，可以在接到决定时申请复议一次。复议期间，被申请回避的人员，不停止参与本案的工作。人民法院对复议申请，应当在3日内作出复议决定，并通知复议申请人。

第五章　诉讼参加人

第一节　当　事　人

第四十九条　公民、法人和其他组织可以作为民事诉讼的当事人。

法人由其法定代表人进行诉讼。其他组织由其主要负责人进行诉讼。

第五十条　当事人有权委托代理人，提出回避申请，收集、提供证据，进行辩论，请求调解，提起上诉，申请执行。

当事人可以查阅本案有关材料，并可以复制本案有关材料和法律文书。查阅、复制本案有关材料的范围和办法由最高人民法院规定。

当事人必须依法行使诉讼权利，遵守诉讼秩序，履行发生法律效力的判决书、裁定书和调解书。

第五十一条　双方当事人可以自行和解。

第五十二条　原告可以放弃或者变更诉讼请求。被告可以承认或者反驳诉讼请求，有权提起反诉。

第五十三条　当事人一方或者双方为2人以上，其诉讼标的是共同的，或者诉讼标的是同一种类、人民法院认为可以合并审理并经当事人同意的,为共同诉讼。

共同诉讼的一方当事人对诉讼标的有共同权利义务的,其中一人的诉讼行为经其他共同诉讼人承认,对其他共同诉讼人发生效力;对诉讼标的没有共同权利义务的,其中一人的诉讼行为对其他共同诉讼人不发生效力。

第五十四条 当事人一方人数众多的共同诉讼,可以由当事人推选代表人进行诉讼。代表人的诉讼行为对其所代表的当事人发生效力,但代表人变更、放弃诉讼请求或者承认对方当事人的诉讼请求,进行和解,必须经被代表的当事人同意。

第五十五条 诉讼标的是同一种类、当事人一方人数众多在起诉时人数尚未确定的,人民法院可以发出公告,说明案件情况和诉讼请求,通知权利人在一定期间向人民法院登记。

向人民法院登记的权利人可以推选代表人进行诉讼;推选不出代表人的,人民法院可以与参加登记的权利人商定代表人。

代表人的诉讼行为对其所代表的当事人发生效力,但代表人变更、放弃诉讼请求或者承认对方当事人的诉讼请求,进行和解,必须经被代表的当事人同意。

人民法院作出的判决、裁定,对参加登记的全体权利人发生效力。未参加登记的权利人在诉讼时效期间提起诉讼的,适用该判决、裁定。

第五十六条 对当事人双方的诉讼标的,第三人认为有独立请求权的,有权提起诉讼。

对当事人双方的诉讼标的,第三人虽然没有独立请求权,但案件处理结果同他有法律上的利害关系的,可以申请参加诉讼,或者由人民法院通知他参加诉讼。人民法院判决承担民事责任的第三人,有当事人的诉讼权利义务。

第二节 诉讼代理人

第五十七条 无诉讼行为能力人由他的监护人作为法定代理人代为诉讼。法定代理人之间互相推诿代理责任的,由人民法院指定其中一人代为诉讼。

第五十八条 当事人、法定代理人可以委托1至2人作为诉讼代理人。

律师、当事人的近亲属、有关的社会团体或者所在单位推荐的人、经人民法院许可的其他公民,都可以被委托为诉讼代理人。

第五十九条 委托他人代为诉讼,必须向人民法院提交由委托人签名或者盖章的授权委托书。

授权委托书必须记明委托事项和权限。诉讼代理人代为承认、放弃、变更诉讼请求,进行和解,提起反诉或者上诉,必须有委托人的特别授权。

侨居在国外的中华人民共和国公民从国外寄交或者托交的授权委托书,必须经中华人民共和国驻该国的使领馆证明;没有使领馆的,由与中华人民共和国有外交关系的第三国驻该国的使领馆证明,再转由中华人民共和国驻该第三国使领馆证明,或者由当地的爱国华侨团体证明。

第六十条 诉讼代理人的权限如果变更或者解除,当事人应当书面告知人民法院,并由人民法院通知对方当事人。

第六十一条 代理诉讼的律师和其他诉讼代理人有权调查收集证据,可以查阅本案有关材料。查阅本案有关材料的范围和办法由最高人民法院规定。

第六十二条 离婚案件有诉讼代理人的,本人除不能表达意志的以外,仍应出庭;确因特殊情况无法出庭的,必须向人民法院提交书面意见。

第六章 证 据

第六十三条 证据有下列几种:

(一)书证;

(二)物证;

(三)视听资料;

(四)证人证言;

(五)当事人的陈述;

(六)鉴定结论;

(七)勘验笔录。

以上证据必须查证属实,才能作为认定事实的根据。

第六十四条 当事人对自己提出的主张,有责任提供证据。

当事人及其诉讼代理人因客观原因不能自行收集的证据,或者人民法院认为审理案件需要的证据,人民法院应当调查收集。

人民法院应当按照法定程序,全面地、客观地审查核实证据。

第六十五条 人民法院有权向有关单位和个人调查取证,有关单位和个人不得拒绝。

人民法院对有关单位和个人提出的证明文书,应当辨别真伪,审查确定其效力。

第六十六条 证据应当在法庭上出示,并由当事人互相质证。对涉及国家秘密、商业秘密和个人隐私的证据应当保密,需要在法庭出示的,不得在公开开庭时出示。

第六十七条 经过法定程序公证证明的法律行为、法律事实和文书,人民法院应当作为认定事实的根据。但有相反证据足以推翻公证证明的除外。

第六十八条 书证应当提交原件。物证应当提交原物。提交原件或者原物确有困难的,可以提交复制品、照片、副本、节录本。

提交外文书证,必须附有中文译本。

第六十九条 人民法院对视听资料,应当辨别真伪,并结合本案的其他证据,审查确定能否作为认定事实的根据。

第七十条 凡是知道案件情况的单位和个人,都有义务出庭作证。有关单位的负责人应当支持证人作证。证人确有困难不能出庭的,经人民法院许可,可以提交书面证言。

不能正确表达意志的人,不能作证。

第七十一条 人民法院对当事人的陈述,应当结合本案的其他证据,审查确定能否作为认定事实的根据。

当事人拒绝陈述的,不影响人民法院根据证据认定案件事实。

第七十二条 人民法院对专门性问题认为需要鉴定的,应当交由法定鉴定部门鉴定;没有法定鉴定部门的,由人民法院指定的鉴定部门鉴定。

鉴定部门及其指定的鉴定人有权了解进行鉴定所需要的案件材料,必要时可以询问当事人、证人。

鉴定部门和鉴定人应当提出书面鉴定结论,在鉴定书上签名或者盖章。鉴定人鉴定的,应当由鉴定人所在单位加盖印章,证明鉴定人身份。

第七十三条 勘验物证或者现场,勘验人必须出示人民法院的证件,并邀请当地基层组织或者当事人所在单位派人参加。当事人或者当事人的成年家属应当到场,拒不到场的,不影响勘验的进行。

有关单位和个人根据人民法院的通知,有义务保护现场,协助勘验工作。

勘验人应当将勘验情况和结果制作笔录,由勘验人、当事人和被邀参加人签名或者盖章。

第七十四条 在证据可能灭失或者以后难以取得的情况下,诉讼参加人可以向人民法院申请保全证据,人民法院也可以主动采取保全措施。

第七章 期间、送达

第一节 期 间

第七十五条 期间包括法定期间和人民法院指定的期间。

期间以时、日、月、年计算。期间开始的时和日,不计算在期间内。

期间届满的最后一日是节假日的,以节假日后的第一日为期间届满的日期。

期间不包括在途时间,诉讼文书在期满前交邮的,不算过期。

第七十六条 当事人因不可抗拒的事由或者其他正当理由耽误期限的,在障碍消除后的10日内,可以申请顺延期限,是否准许,由人民法院决定。

第二节 送 达

第七十七条 送达诉讼文书必须有送达回证,由受送达人在送达回证上记明收到日期,签名或者盖章。

受送达人在送达回证上的签收日期为送达日期。

第七十八条 送达诉讼文书,应当直接送交受送达人。受送达人是公民的,本人不在交他的同住成年家属签收;受送达人是法人或者其他组织的,应当由法人的法定代表人、其他组织的主要负责人或者该法人、组织负责收件的人签收;受送达人有诉讼代理人的,可以送交其代理人签收;受送达人已向人民法院指定代收人的,送交代收人签收。

受送达人的同住成年家属,法人或者其他组织的负责收件的人,诉讼代理人或者代收人在送达回证上签收的日期为送达日期。

第七十九条 受送达人或者他的同住成年家属拒绝接收诉讼文书的,送达人应当邀请有关基层组织或者所在单位的代表到场,说明情况,在送达回证上记明拒收事由和日期,由送达人、见证人签名或者盖章,把诉讼文书留在受送达人的住所,即视为送达。

第八十条 直接送达诉讼文书有困难的,可以委托其他人民法院代为送达,或者邮寄送达。邮寄送达的,以回执上注明的收件日期为送达日期。

第八十一条 受送达人是军人的,通过其所在部队团以上单位的政治机关转交。

第八十二条 受送达人是被监禁的,通过其所在监所或者劳动改造单位转交。

受送达人是被劳动教养的,通过其所在劳动教养单位转交。

第八十三条 代为转交的机关、单位收到诉讼文书后,必须立即交受送达人签收,以在送达回证上的签收日期,为送达日期。

第八十四条 受送达人下落不明,或者用本节规定的其他方式无法送达的,公告送达。自发出公告之日起,经过60日,即视为送达。

公告送达,应当在案卷中记明原因和经过。

第八章 调 解

第八十五条 人民法院审理民事案件,根据当事人自愿的原则,在事实清楚的基础上,分清是非,进行调解。

第八十六条 人民法院进行调解,可以由审判员1人主持,也可以由合议庭主持,并尽可能就地进行。

人民法院进行调解,可以用简便方式通知当事人、证人到庭。

第八十七条 人民法院进行调解,可以邀请有关单位和个人协助。被邀请的单位和个人,应当协助人民法院进行调解。

第八十八条 调解达成协议,必须双方自愿,不得强迫。调解协议的内容不得违反法律规定。

第八十九条 调解达成协议,人民法院应当制作调解书。调解书应当写明诉讼请求、案件的事实和调解结果。

调解书由审判人员、书记员署名,加盖人民法院印章,送达双方当事人。

调解书经双方当事人签收后,即具有法律效力。

第九十条 下列案件调解达成协议,人民法院可以不制作调解书:

(一)调解和好的离婚案件;

(二)调解维持收养关系的案件;

(三)能够即时履行的案件;

(四)其他不需要制作调解书的案件。

对不需要制作调解书的协议,应当记入笔录,由双方当事人、审判人员、书记员签名或者盖章后,即具有法律效力。

第九十一条 调解未达成协议或者调解书送达前一方反悔的,人民法院应当及时判决。

第九章 财产保全和先予执行

第九十二条 人民法院对于可能因当事人一方的行为或者其他原因,使判决不能执行或者难以执行的案件,可以根据对方当事人的申请,作出财产保全的裁定;当事人没有提出申请的,人民法院在必要时也可以裁定采取财产保全措施。

人民法院采取财产保全措施,可以责令申请人提供担保;申请人不提供担保的,驳回申请。

人民法院接受申请后,对情况紧急的,必须在48小时内作出裁定;裁定采取财产保全措施的,应当立即开始执行。

第九十三条 利害关系人因情况紧急,不立即申请财产保全将会使其合法权益受到难以弥补的损害的,可以在起诉前向人民法院申请采取财产保全措施。申请人应当提供担保,不提供担保的,驳回申请。

人民法院接受申请后,必须在48小时内作出裁定;裁定采取财产保全措施的,应当立即开始执行。

申请人在人民法院采取保全措施后15日内

不起诉的,人民法院应当解除财产保全。

第九十四条 财产保全限于请求的范围,或者与本案有关的财物。

财产保全采取查封、扣押、冻结或者法律规定的其他方法。

人民法院冻结财产后,应当立即通知被冻结财产的人。

财产已被查封、冻结的,不得重复查封、冻结。

第九十五条 被申请人提供担保的,人民法院应当解除财产保全。

第九十六条 申请有错误的,申请人应当赔偿被申请人因财产保全所遭受的损失。

第九十七条 人民法院对下列案件,根据当事人的申请,可以裁定先予执行:

(一) 追索赡养费、扶养费、抚育费、抚恤金、医疗费用的;

(二) 追索劳动报酬的;

(三) 因情况紧急需要先予执行的。

第九十八条 人民法院裁定先予执行的,应当符合下列条件:

(一) 当事人之间权利义务关系明确,不先予执行将严重影响申请人的生活或者生产经营的;

(二) 被申请人有履行能力。

人民法院可以责令申请人提供担保,申请人不提供担保的,驳回申请。申请人败诉的,应当赔偿被申请人因先予执行遭受的财产损失。

第九十九条 当事人对财产保全或者先予执行的裁定不服的,可以申请复议一次。复议期间不停止裁定的执行。

第十章 对妨害民事诉讼的强制措施

第一百条 人民法院对必须到庭的被告,经两次传票传唤,无正当理由拒不到庭的,可以拘传。

第一百零一条 诉讼参与人和其他人应当遵守法庭规则。

人民法院对违反法庭规则的人,可以予以训诫,责令退出法庭或者予以罚款、拘留。

人民法院对哄闹、冲击法庭,侮辱、诽谤、威胁、殴打审判人员,严重扰乱法庭秩序的人,依法追究刑事责任;情节较轻的,予以罚款、拘留。

第一百零二条 诉讼参与人或者其他人有下列行为之一的,人民法院可以根据情节轻重予以罚款、拘留;构成犯罪的,依法追究刑事责任:

(一) 伪造、毁灭重要证据,妨碍人民法院审理案件的;

(二) 以暴力、威胁、贿买方法阻止证人作证或者指使、贿买、胁迫他人作伪证的;

(三) 隐藏、转移、变卖、毁损已被查封、扣押的财产,或者已被清点并责令其保管的财产,转移已被冻结的财产的;

(四) 对司法工作人员、诉讼参加人、证人、翻译人员、鉴定人、勘验人、协助执行的人,进行侮辱、诽谤、诬陷、殴打或者打击报复的;

(五) 以暴力、威胁或者其他方法阻碍司法工作人员执行职务的;

(六) 拒不履行人民法院已经发生法律效力的判决、裁定的。

人民法院对有前款规定的行为之一的单位,可以对其主要负责人或者直接责任人员予以罚款、拘留;构成犯罪的,依法追究刑事责任。

第一百零三条 有义务协助调查、执行的单位有下列行为之一的,人民法院除责令其履行协助义务外,并可以予以罚款:

(一) 有关单位拒绝或者妨碍人民法院调查取证的;

(二) 银行、信用合作社和其他有储蓄业务的单位接到人民法院协助执行通知书后,拒不协助查询、冻结或者划拨存款的;

(三) 有关单位接到人民法院协助执行通知书后,拒不协助扣留被执行人的收入、办理有关财产权证照转移手续、转交有关票证、证照或者其他财产的;

(四) 其他拒绝协助执行的。

人民法院对有前款规定的行为之一的单位,可以对其主要负责人或者直接责任人员予以罚款;还可以向监察机关或者有关机关提出予以纪律处分的司法建议。

第一百零四条 对个人的罚款金额,为人民币1 000元以下。对单位的罚款金额,为人民币1 000元以上3 万元以下。

拘留的期限,为15 日以下。

被拘留的人,由人民法院交公安机关看管。在拘留期间,被拘留人承认并改正错误的,人民法院可以决定提前解除拘留。

第一百零五条 拘传、罚款、拘留必须经院长批准。

拘传应当发拘传票。

罚款、拘留应当用决定书。对决定不服的,可以向上一级人民法院申请复议1次。复议期间不停止执行。

第一百零六条 采取对妨害民事诉讼的强制措施必须由人民法院决定。任何单位和个人采取非法拘禁他人或者非法私自扣押他人财产追索债务的,应当依法追究刑事责任,或者予以拘留、罚款。

第十一章 诉讼费用

第一百零七条 当事人进行民事诉讼,应当按照规定交纳案件受理费。财产案件除交纳案件受理费外,并按照规定交纳其他诉讼费用。

当事人交纳诉讼费用确有困难的,可以按照规定向人民法院申请缓交、减交或者免交。

收取诉讼费用的办法另行制定。

第二编 审判程序

第十二章 第一审普通程序

第一节 起诉和受理

第一百零八条 起诉必须符合下列条件:

(一)原告是与本案有直接利害关系的公民、法人和其他组织;

(二)有明确的被告;

(三)有具体的诉讼请求和事实、理由;

(四)属于人民法院受理民事诉讼的范围和受诉人民法院管辖。

第一百零九条 起诉应当向人民法院递交起诉状,并按照被告人数提出副本。

书写起诉状确有困难的,可以口头起诉,由人民法院记入笔录,并告知对方当事人。

第一百一十条 起诉状应当记明下列事项:

(一)当事人的姓名、性别、年龄、民族、职业、工作单位和住所,法人或者其他组织的名称、住所和法定代表人或者主要负责人的姓名、职务;

(二)诉讼请求和所根据的事实与理由;

(三)证据和证据来源,证人姓名和住所。

第一百一十一条 人民法院对符合本法第一百零八条的起诉,必须受理;对下列起诉,分别情形,予以处理:

(一)依照行政诉讼法的规定,属于行政诉讼受案范围的,告知原告提起行政诉讼;

(二)依照法律规定,双方当事人对合同纠纷自愿达成书面仲裁协议向仲裁机构申请仲裁、不得向人民法院起诉的,告知原告向仲裁机构申请仲裁;

(三)依照法律规定,应当由其他机关处理的争议,告知原告向有关机关申请解决;

(四)对不属于本院管辖的案件,告知原告向有管辖权的人民法院起诉;

(五)对判决、裁定已经发生法律效力的案件,当事人又起诉的,告知原告按照申诉处理,但人民法院准许撤诉的裁定除外;

(六)依照法律规定,在一定期限内不得起诉的案件,在不得起诉的期限内起诉的,不予受理;

(七)判决不准离婚和调解和好的离婚案件,判决、调解维持收养关系的案件,没有新情况、新理由,原告在6个月内又起诉的,不予受理。

第一百一十二条 人民法院收到起诉状或者口头起诉,经审查,认为符合起诉条件的,应当在7日内立案,并通知当事人;认为不符合起诉条件的,应当在7日内裁定不予受理;原告对裁定不服的,可以提起上诉。

第二节 审理前的准备

第一百一十三条 人民法院应当在立案之日起5日内将起诉状副本发送被告,被告在收到之日起15日内提出答辩状。

被告提出答辩状的,人民法院应当在收到之日起5日内将答辩状副本发送原告。被告不提出答辩状的,不影响人民法院审理。

第一百一十四条 人民法院对决定受理的案件,应当在受理案件通知书和应诉通知书中向当事人告知有关的诉讼权利义务,或者口头告知。

第一百一十五条 合议庭组成人员确定后,应当在3日内告知当事人。

第一百一十六条 审判人员必须认真审核诉讼材料,调查收集必要的证据。

第一百一十七条 人民法院派出人员进行调查时,应当向被调查人出示证件。

调查笔录经被调查人校阅后,由被调查人、调查人签名或者盖章。

第一百一十八条 人民法院在必要时可以委托外地人民法院调查。

委托调查,必须提出明确的项目和要求。受委托人民法院可以主动补充调查。

受委托人民法院收到委托书后,应当在30日内完成调查。因故不能完成的,应当在上述期限内函告委托人民法院。

第一百一十九条 必须共同进行诉讼的当事人没有参加诉讼的,人民法院应当通知其参加诉讼。

第三节 开庭审理

第一百二十条 人民法院审理民事案件,除涉及国家秘密、个人隐私或者法律另有规定的以外,应当公开进行。

离婚案件,涉及商业秘密的案件,当事人申请不公开审理的,可以不公开审理。

第一百二十一条 人民法院审理民事案件,根据需要进行巡回审理,就地办案。

第一百二十二条 人民法院审理民事案件,应当在开庭3日前通知当事人和其他诉讼参与人。公开审理的,应当公告当事人姓名、案由和开庭的时间、地点。

第一百二十三条 开庭审理前,书记员应当查明当事人和其他诉讼参与人是否到庭,宣布法庭纪律。

开庭审理时,由审判长核对当事人,宣布案由,宣布审判人员、书记员名单,告知当事人有关的诉讼权利义务,询问当事人是否提出回避申请。

第一百二十四条 法庭调查按照下列顺序进行:

(一)当事人陈述;

(二)告知证人的权利义务,证人作证,宣读未到庭的证人证言;

(三)出示书证、物证和视听资料;

(四)宣读鉴定结论;

(五)宣读勘验笔录。

第一百二十五条 当事人在法庭上可以提出新的证据。

当事人经法庭许可,可以向证人、鉴定人、勘验人发问。

当事人要求重新进行调查、鉴定或者勘验的,是否准许,由人民法院决定。

第一百二十六条 原告增加诉讼请求,被告提出反诉,第三人提出与本案有关的诉讼请求,可以合并审理。

第一百二十七条 法庭辩论按照下列顺序进行:

(一)原告及其诉讼代理人发言;

(二)被告及其诉讼代理人答辩;

(三)第三人及其诉讼代理人发言或者答辩;

(四)互相辩论。

法庭辩论终结,由审判长按照原告、被告、第三人的先后顺序征询各方最后意见。

第一百二十八条 法庭辩论终结,应当依法作出判决。判决前能够调解的,还可以进行调解,调解不成的,应当及时判决。

第一百二十九条 原告经传票传唤,无正当理由拒不到庭的,或者未经法庭许可中途退庭的,可以按撤诉处理;被告反诉的,可以缺席判决。

第一百三十条 被告经传票传唤,无正当理由拒不到庭的,或者未经法庭许可中途退庭的,可以缺席判决。

第一百三十一条 宣判前,原告申请撤诉的,是否准许,由人民法院裁定。

人民法院裁定不准许撤诉的,原告经传票传唤,无正当理由拒不到庭的,可以缺席判决。

第一百三十二条 有下列情形之一的,可以延期开庭审理:

(一)必须到庭的当事人和其他诉讼参与人有正当理由没有到庭的;

(二)当事人临时提出回避申请的;

（三）需要通知新的证人到庭，调取新的证据，重新鉴定、勘验，或者需要补充调查的；

（四）其他应当延期的情形。

第一百三十三条 书记员应当将法庭审理的全部活动记入笔录，由审判人员和书记员签名。

法庭笔录应当当庭宣读，也可以告知当事人和其他诉讼参与人当庭或者在5日内阅读。当事人和其他诉讼参与人认为对自己的陈述记录有遗漏或者差错的，有权申请补正。如果不予补正，应当将申请记录在案。

法庭笔录由当事人和其他诉讼参与人签名或者盖章。拒绝签名盖章的，记明情况附卷。

第一百三十四条 人民法院对公开审理或者不公开审理的案件，一律公开宣告判决。

当庭宣判的，应当在10日内发送判决书；定期宣判的，宣判后立即发给判决书。

宣告判决时，必须告知当事人上诉权利、上诉期限和上诉的法院。

宣告离婚判决，必须告知当事人在判决发生法律效力前不得另行结婚。

第一百三十五条 人民法院适用普通程序审理的案件，应当在立案之日起6个月内审结。有特殊情况需要延长的，由本院院长批准，可以延长6个月；还需要延长的，报请上级人民法院批准。

第四节　诉讼中止和终结

第一百三十六条 有下列情形之一的，中止诉讼：

（一）一方当事人死亡，需要等待继承人表明是否参加诉讼的；

（二）一方当事人丧失诉讼行为能力，尚未确定法定代理人的；

（三）作为一方当事人的法人或者其他组织终止，尚未确定权利义务承受人的；

（四）一方当事人因不可抗拒的事由，不能参加诉讼的；

（五）本案必须以另一案的审理结果为依据，而另一案尚未审结的；

（六）其他应当中止诉讼的情形。

中止诉讼的原因消除后，恢复诉讼。

第一百三十七条 有下列情形之一的，终结诉讼：

（一）原告死亡，没有继承人，或者继承人放弃诉讼权利的；

（二）被告死亡，没有遗产，也没有应当承担义务的人的；

（三）离婚案件一方当事人死亡的；

（四）追索赡养费、扶养费、抚育费以及解除收养关系案件的一方当事人死亡的。

第五节　判决和裁定

第一百三十八条 判决书应当写明：

（一）案由、诉讼请求、争议的事实和理由；

（二）判决认定的事实、理由和适用的法律依据；

（三）判决结果和诉讼费用的负担；

（四）上诉期间和上诉的法院。

判决书由审判人员、书记员署名，加盖人民法院印章。

第一百三十九条 人民法院审理案件，其中一部分事实已经清楚，可以就该部分先行判决。

第一百四十条 裁定适用于下列范围：

（一）不予受理；

（二）对管辖权有异议的；

（三）驳回起诉；

（四）财产保全和先予执行；

（五）准许或者不准许撤诉；

（六）中止或者终结诉讼；

（七）补正判决书中的笔误；

（八）中止或者终结执行；

（九）不予执行仲裁裁决；

（十）不予执行公证机关赋予强制执行效力的债权文书；

（十一）其他需要裁定解决的事项。

对前款第（一）、（二）、（三）项裁定，可以上诉。

裁定书由审判人员、书记员署名，加盖人民法院印章。口头裁定的，记入笔录。

第一百四十一条 最高人民法院的判决、裁定，以及依法不准上诉或者超过上诉期没有上诉的判决、裁定，是发生法律效力的判决、裁定。

第十三章 简易程序

第一百四十二条 基层人民法院和它派出的法庭审理事实清楚、权利义务关系明确、争议不大的简单的民事案件，适用本章规定。

第一百四十三条 对简单的民事案件，原告可以口头起诉。

当事人双方可以同时到基层人民法院或者它派出的法庭，请求解决纠纷。基层人民法院或者它派出的法庭可以当即审理，也可以另定日期审理。

第一百四十四条 基层人民法院和它派出的法庭审理简单的民事案件，可以用简便方式随时传唤当事人、证人。

第一百四十五条 简单的民事案件由审判员一人独任审理，并不受本法第一百二十二条、第一百二十四条、第一百二十七条规定的限制。

第一百四十六条 人民法院适用简易程序审理案件，应当在立案之日起3个月内审结。

第十四章 第二审程序

第一百四十七条 当事人不服地方人民法院第一审判决的，有权在判决书送达之日起15日内向上一级人民法院提起上诉。

当事人不服地方人民法院第一审裁定的，有权在裁定书送达之日起10日内向上一级人民法院提起上诉。

第一百四十八条 上诉应当递交上诉状。上诉状的内容，应当包括当事人的姓名，法人的名称及其法定代表人的姓名或者其他组织的名称及其主要负责人的姓名；原审人民法院名称、案件的编号和案由；上诉的请求和理由。

第一百四十九条 上诉状应当通过原审人民法院提出，并按照对方当事人或者代表人的人数提出副本。

当事人直接向第二审人民法院上诉的，第二审人民法院应当在5日内将上诉状移交原审人民法院。

第一百五十条 原审人民法院收到上诉状，应当在5日内将上诉状副本送达对方当事人，对方当事人在收到之日起15日内提出答辩状。人民法院应当在收到答辩状之日起5日内将副本送达上诉人。对方当事人不提出答辩状的，不影响人民法院审理。

原审人民法院收到上诉状、答辩状，应当在5日内连同全部案卷和证据，报送第二审人民法院。

第一百五十一条 第二审人民法院应当对上诉请求的有关事实和适用法律进行审查。

第一百五十二条 第二审人民法院对上诉案件，应当组成合议庭，开庭审理。经过阅卷和调查，询问当事人，在事实核对清楚后，合议庭认为不需要开庭审理的，也可以径行判决、裁定。

第二审人民法院审理上诉案件，可以在本院进行，也可以到案件发生地或者原审人民法院所在地进行。

第一百五十三条 第二审人民法院对上诉案件，经过审理，按照下列情形，分别处理：

（一）原判决认定事实清楚，适用法律正确的，判决驳回上诉，维持原判决；

（二）原判决适用法律错误的，依法改判；

（三）原判决认定事实错误，或者原判决认定事实不清，证据不足，裁定撤销原判决，发回原审人民法院重审，或者查清事实后改判；

（四）原判决违反法定程序，可能影响案件正确判决的，裁定撤销原判决，发回原审人民法院重审。

当事人对重审案件的判决、裁定，可以上诉。

第一百五十四条 第二审人民法院对不服第一审人民法院裁定的上诉案件的处理，一律使用裁定。

第一百五十五条 第二审人民法院审理上诉案件，可以进行调解。调解达成协议，应当制作调解书，由审判人员、书记员署名，加盖人民法院印章。调解书送达后，原审人民法院的判决即视为撤销。

第一百五十六条 第二审人民法院判决宣告前，上诉人申请撤回上诉的，是否准许，由第二审人民法院裁定。

第一百五十七条 第二审人民法院审理上诉案件，除依照本章规定外，适用第一审普通程序。

第一百五十八条 第二审人民法院的判决、裁定，是终审的判决、裁定。

第一百五十九条 人民法院审理对判决的

上诉案件,应当在第二审立案之日起3个月内审结。有特殊情况需要延长的,由本院院长批准。

人民法院审理对裁定的上诉案件,应当在第二审立案之日起30日内作出终审裁定。

第十五章 特别程序

第一节 一般规定

第一百六十条 人民法院审理选民资格案件、宣告失踪或者宣告死亡案件、认定公民无民事行为能力或者限制民事行为能力案件和认定财产无主案件,适用本章规定。本章没有规定的,适用本法和其他法律的有关规定。

第一百六十一条 依照本章程序审理的案件,实行一审终审。选民资格案件或者重大、疑难的案件,由审判员组成合议庭审理;其他案件由审判员一人独任审理。

第一百六十二条 人民法院在依照本章程序审理案件的过程中,发现本案属于民事权益争议的,应当裁定终结特别程序,并告知利害关系人可以另行起诉。

第一百六十三条 人民法院适用特别程序审理的案件,应当在立案之日起30日内或者公告期满后30日内审结。有特殊情况需要延长的,由本院院长批准。但审理选民资格的案件除外。

第二节 选民资格案件

第一百六十四条 公民不服选举委员会对选民资格的申诉所作的处理决定,可以在选举日的5日以前向选区所在地基层人民法院起诉。

第一百六十五条 人民法院受理选民资格案件后,必须在选举日前审结。

审理时,起诉人、选举委员会的代表和有关公民必须参加。

人民法院的判决书,应当在选举日前送达选举委员会和起诉人,并通知有关公民。

第三节 宣告失踪、宣告死亡案件

第一百六十六条 公民下落不明满2年,利害关系人申请宣告其失踪的,向下落不明人住所地基层人民法院提出。

申请书应当写明失踪的事实、时间和请求,并附有公安机关或者其他有关机关关于该公民下落不明的书面证明。

第一百六十七条 公民下落不明满4年,或者因意外事故下落不明满2年,或者因意外事故下落不明,经有关机关证明该公民不可能生存,利害关系人申请宣告其死亡的,向下落不明人住所地基层人民法院提出。

申请书应当写明下落不明的事实、时间和请求,并附有公安机关或者其他有关机关关于该公民下落不明的书面证明。

第一百六十八条 人民法院受理宣告失踪、宣告死亡案件后,应当发出寻找下落不明人的公告。宣告失踪的公告期间为3个月,宣告死亡的公告期间为1年。因意外事故下落不明,经有关机关证明该公民不可能生存的,宣告死亡的公告期间为3个月。

公告期间届满,人民法院应当根据被宣告失踪、宣告死亡的事实是否得到确认,作出宣告失踪、宣告死亡的判决或者驳回申请的判决。

第一百六十九条 被宣告失踪、宣告死亡的公民重新出现,经本人或者利害关系人申请,人民法院应当作出新判决,撤销原判决。

第四节 认定公民无民事行为能力、限制民事行为能力案件

第一百七十条 申请认定公民无民事行为能力或者限制民事行为能力,由其近亲属或者其他利害关系人向该公民住所地基层人民法院提出。

申请书应当写明该公民无民事行为能力或者限制民事行为能力的事实和根据。

第一百七十一条 人民法院受理申请后,必要时应当对被请求认定为无民事行为能力或者限制民事行为能力的公民进行鉴定。申请人已提供鉴定结论的,应当对鉴定结论进行审查。

第一百七十二条 人民法院审理认定公民无民事行为能力或者限制民事行为能力的案件,应当由该公民的近亲属为代理人,但申请人除外。近亲属互相推诿的,由人民法院指定其中一人为代理人。该公民健康情况许可的,还应当询

问本人的意见。

人民法院经审理认定申请有事实根据的，判决该公民为无民事行为能力或者限制民事行为能力人；认定申请没有事实根据的，应当判决予以驳回。

第一百七十三条　人民法院根据被认定为无民事行为能力人、限制民事行为能力人或者他的监护人的申请，证实该公民无民事行为能力或者限制民事行为能力的原因已经消除的，应当作出新判决，撤销原判决。

第五节　认定财产无主案件

第一百七十四条　申请认定财产无主，由公民、法人或者其他组织向财产所在地基层人民法院提出。

申请书应当写明财产的种类、数量以及要求认定财产无主的根据。

第一百七十五条　人民法院受理申请后，经审查核实，应当发出财产认领公告。公告满1年无人认领的，判决认定财产无主，收归国家或者集体所有。

第一百七十六条　判决认定财产无主后，原财产所有人或者继承人出现，在民法通则规定的诉讼时效期间可以对财产提出请求，人民法院审查属实后，应当作出新判决，撤销原判决。

第十六章　审判监督程序

第一百七十七条　各级人民法院院长对本院已经发生法律效力的判决、裁定，发现确有错误，认为需要再审的，应当提交审判委员会讨论决定。

最高人民法院对地方各级人民法院已经发生法律效力的判决、裁定，上级人民法院对下级人民法院已经发生法律效力的判决、裁定，发现确有错误的，有权提审或者指令下级人民法院再审。

第一百七十八条　当事人对已经发生法律效力的判决、裁定，认为有错误的，可以向原审人民法院或者上一级人民法院申请再审，但不停止判决、裁定的执行。

第一百七十九条　当事人的申请符合下列情形之一的，人民法院应当再审：

（一）有新的证据，足以推翻原判决、裁定的；

（二）原判决、裁定认定事实的主要证据不足的；

（三）原判决、裁定适用法律确有错误的；

（四）人民法院违反法定程序，可能影响案件正确判决、裁定的；

（五）审判人员在审理该案件时有贪污受贿，徇私舞弊，枉法裁判行为的。

人民法院对不符合前款规定的申请，予以驳回。

第一百八十条　当事人对已经发生法律效力的调解书，提出证据证明调解违反自愿原则或者调解协议的内容违反法律的，可以申请再审。经人民法院审查属实的，应当再审。

第一百八十一条　当事人对已经发生法律效力的解除婚姻关系的判决，不得申请再审。

第一百八十二条　当事人申请再审，应当在判决、裁定发生法律效力后2年内提出。

第一百八十三条　按照审判监督程序决定再审的案件，裁定中止原判决的执行。裁定由院长署名，加盖人民法院印章。

第一百八十四条　人民法院按照审判监督程序再审的案件，发生法律效力的判决、裁定是由第一审法院作出的，按照第一审程序审理，所作的判决、裁定，当事人可以上诉；发生法律效力的判决、裁定是由第二审法院作出的，按照第二审程序审理，所作的判决、裁定，是发生法律效力的判决、裁定；上级人民法院按照审判监督程序提审的，按照第二审程序审理，所作的判决、裁定是发生法律效力的判决、裁定。

人民法院审理再审案件，应当另行组成合议庭。

第一百八十五条　最高人民检察院对各级人民法院已经发生法律效力的判决、裁定，上级人民检察院对下级人民法院已经发生法律效力的判决、裁定，发现有下列情形之一的，应当按照审判监督程序提出抗诉：

（一）原判决、裁定认定事实的主要证据不足的；

（二）原判决、裁定适用法律确有错误的；

（三）人民法院违反法定程序，可能影响案件正确判决、裁定的；

（四）审判人员在审理该案件时有贪污受

贿,徇私舞弊,枉法裁判行为的。

地方各级人民检察院对同级人民法院已经发生法律效力的判决、裁定,发现有前款规定情形之一的,应当提请上级人民检察院按照审判监督程序提出抗诉。

第一百八十六条 人民检察院提出抗诉的案件,人民法院应当再审。

第一百八十七条 人民检察院决定对人民法院的判决、裁定提出抗诉的,应当制作抗诉书。

第一百八十八条 人民检察院提出抗诉的案件,人民法院再审时,应当通知人民检察院派员出席法庭。

第十七章 督促程序

第一百八十九条 债权人请求债务人给付金钱、有价证券,符合下列条件的,可以向有管辖权的基层人民法院申请支付令:

(一)债权人与债务人没有其他债务纠纷的;

(二)支付令能够送达债务人的。

申请书应当写明请求给付金钱或者有价证券的数量和所根据的事实、证据。

第一百九十条 债权人提出申请后,人民法院应当在5日内通知债权人是否受理。

第一百九十一条 人民法院受理申请后,经审查债权人提供的事实、证据,对债权债务关系明确、合法的,应当在受理之日起15日内向债务人发出支付令;申请不成立的,裁定予以驳回。

债务人应当自收到支付令之日起15日内清偿债务,或者向人民法院提出书面异议。

债务人在前款规定的期间不提出异议又不履行支付令的,债权人可以向人民法院申请执行。

第一百九十二条 人民法院收到债务人提出的书面异议后,应当裁定终结督促程序,支付令自行失效,债权人可以起诉。

第十八章 公示催告程序

第一百九十三条 按照规定可以背书转让的票据持有人,因票据被盗、遗失或者灭失,可以向票据支付地的基层人民法院申请公示催告。依照法律规定可以申请公示催告的其他事项,适用本章规定。

申请人应当向人民法院递交申请书,写明票面金额、发票人、持票人、背书人等票据主要内容和申请的理由、事实。

第一百九十四条 人民法院决定受理申请,应当同时通知支付人停止支付,并在3日内发出公告,催促利害关系人申报权利。公示催告的期间,由人民法院根据情况决定,但不得少于60日。

第一百九十五条 支付人收到人民法院停止支付的通知,应当停止支付,至公示催告程序终结。

公示催告期间,转让票据权利的行为无效。

第一百九十六条 利害关系人应当在公示催告期间向人民法院申报。

人民法院收到利害关系人的申报后,应当裁定终结公示催告程序,并通知申请人和支付人。

申请人或者申报人可以向人民法院起诉。

第一百九十七条 没有人申报的,人民法院应当根据申请人的申请,作出判决,宣告票据无效。判决应当公告,并通知支付人。自判决公告之日起,申请人有权向支付人请求支付。

第一百九十八条 利害关系人因正当理由不能在判决前向人民法院申报的,自知道或者应当知道判决公告之日起1年内,可以向作出判决的人民法院起诉。

第十九章 企业法人破产还债程序

第一百九十九条 企业法人因严重亏损,无力清偿到期债务,债权人可以向人民法院申请宣告债务人破产还债,债务人也可以向人民法院申请宣告破产还债。

第二百条 人民法院裁定宣告进入破产还债程序后,应当在10日内通知债务人和已知的债权人,并发出公告。

债权人应当在收到通知后30日内,未收到通知的债权人应当自公告之日起3个月内,向人民法院申报债权。逾期未申报债权的,视为放弃债权。

债权人可以组成债权人会议,讨论通过破产财产的处理和分配方案或者和解协议。

第二百零一条 人民法院可以组织有关机

关和有关人员成立清算组织。清算组织负责破产财产的保管、清理、估价、处理和分配。清算组织可以依法进行必要的民事活动。

清算组织对人民法院负责并报告工作。

第二百零二条 企业法人与债权人会议达成和解协议的，经人民法院认可后，由人民法院发布公告，中止破产还债程序。和解协议自公告之日起具有法律效力。

第二百零三条 已作为银行贷款等债权的抵押物或者其他担保物的财产，银行和其他债权人享有就该抵押物或者其他担保物优先受偿的权利。抵押物或者其他担保物的价款超过其所担保的债务数额的，超过部分属于破产还债的财产。

第二百零四条 破产财产优先拨付破产费用后，按照下列顺序清偿：

（一）破产企业所欠职工工资和劳动保险费用；

（二）破产企业所欠税款；

（三）破产债权。

破产财产不足清偿同一顺序的清偿要求的，按照比例分配。

第二百零五条 企业法人破产还债，由该企业法人住所地的人民法院管辖。

第二百零六条 全民所有制企业的破产还债程序适用中华人民共和国企业破产法的规定。

不是法人的企业、个体工商户、农村承包经营户、个人合伙，不适用本章规定。

第三编 执行程序

第二十章 一般规定

第二百零七条 发生法律效力的民事判决、裁定，以及刑事判决、裁定中的财产部分，由第一审人民法院执行。

法律规定由人民法院执行的其他法律文书，由被执行人住所地或者被执行的财产所在地人民法院执行。

第二百零八条 执行过程中，案外人对执行标的提出异议的，执行员应当按照法定程序进行审查。理由不成立的，予以驳回；理由成立的，由院长批准中止执行。如果发现判决、裁定确有错误，按照审判监督程序处理。

第二百零九条 执行工作由执行员进行。

采取强制执行措施时，执行员应当出示证件。执行完毕后，应当将执行情况制作笔录，由在场的有关人员签名或者盖章。

基层人民法院、中级人民法院根据需要，可以设立执行机构。执行机构的职责由最高人民法院规定。

第二百一十条 被执行人或者被执行的财产在外地的，可以委托当地人民法院代为执行。受委托人民法院收到委托函件后，必须在15日内开始执行，不得拒绝。执行完毕后，应当将执行结果及时函复委托人民法院；在30日内如果还未执行完毕，也应当将执行情况函告委托人民法院。

受委托人民法院自收到委托函件之日起15日内不执行的，委托人民法院可以请求受委托人民法院的上级人民法院指令受委托人民法院执行。

第二百一十一条 在执行中，双方当事人自行和解达成协议的，执行员应当将协议内容记入笔录，由双方当事人签名或者盖章。

一方当事人不履行和解协议的，人民法院可以根据对方当事人的申请，恢复对原生效法律文书的执行。

第二百一十二条 在执行中，被执行人向人民法院提供担保，并经申请执行人同意的，人民法院可以决定暂缓执行及暂缓执行的期限。被执行人逾期仍不履行的，人民法院有权执行被执行人的担保财产或者担保人的财产。

第二百一十三条 作为被执行人的公民死亡的，以其遗产偿还债务。作为被执行人的法人或者其他组织终止的，由其权利义务承受人履行义务。

第二百一十四条 执行完毕后，据以执行的判决、裁定和其他法律文书确有错误，被人民法院撤销的，对已被执行的财产，人民法院应当作出裁定，责令取得财产的人返还；拒不返还的，强制执行。

第二百一十五条 人民法院制作的调解书的执行，适用本编的规定。

第二十一章 执行的申请和移送

第二百一十六条 发生法律效力的民事判决、裁定,当事人必须履行。一方拒绝履行的,对方当事人可以向人民法院申请执行,也可以由审判员移送执行员执行。

调解书和其他应当由人民法院执行的法律文书,当事人必须履行。一方拒绝履行的,对方当事人可以向人民法院申请执行。

第二百一十七条 对依法设立的仲裁机构的裁决,一方当事人不履行的,对方当事人可以向有管辖权的人民法院申请执行。受申请的人民法院应当执行。

被申请人提出证据证明仲裁裁决有下列情形之一的,经人民法院组成合议庭审查核实,裁定不予执行:

(一)当事人在合同中没有订有仲裁条款或者事后没有达成书面仲裁协议的;

(二)裁决的事项不属于仲裁协议的范围或者仲裁机构无权仲裁的;

(三)仲裁庭的组成或者仲裁的程序违反法定程序的;

(四)认定事实的主要证据不足的;

(五)适用法律确有错误的;

(六)仲裁员在仲裁该案时有贪污受贿,徇私舞弊,枉法裁决行为的。

人民法院认定执行该裁决违背社会公共利益的,裁定不予执行。

裁定书应当送达双方当事人和仲裁机构。

仲裁裁决被人民法院裁定不予执行的,当事人可以根据双方达成的书面仲裁协议重新申请仲裁,也可以向人民法院起诉。

第二百一十八条 对公证机关依法赋予强制执行效力的债权文书,一方当事人不履行的,对方当事人可以向有管辖权的人民法院申请执行,受申请的人民法院应当执行。

公证债权文书确有错误的,人民法院裁定不予执行,并将裁定书送达双方当事人和公证机关。

第二百一十九条 申请执行的期限,双方或者一方当事人是公民的为1年,双方是法人或者其他组织的为6个月。

前款规定的期限,从法律文书规定履行期间的最后一日起计算;法律文书规定分期履行的,从规定的每次履行期间的最后一日起计算。

第二百二十条 执行员接到申请执行书或者移交执行书,应当向被执行人发出执行通知,责令其在指定的期间履行,逾期不履行的,强制执行。

第二十二章 执行措施

第二百二十一条 被执行人未按执行通知履行法律文书确定的义务,人民法院有权向银行、信用合作社和其他有储蓄业务的单位查询被执行人的存款情况,有权冻结、划拨被执行人的存款,但查询、冻结、划拨存款不得超出被执行人应当履行义务的范围。

人民法院决定冻结、划拨存款,应当作出裁定,并发出协助执行通知书,银行、信用合作社和其他有储蓄业务的单位必须办理。

第二百二十二条 被执行人未按执行通知履行法律文书确定的义务,人民法院有权扣留、提取被执行人应当履行义务部分的收入。但应当保留被执行人及其所扶养家属的生活必需费用。

人民法院扣留、提取收入时,应当作出裁定,并发出协助执行通知书,被执行人所在单位、银行、信用合作社和其他有储蓄业务的单位必须办理。

第二百二十三条 被执行人未按执行通知履行法律文书确定的义务,人民法院有权查封、扣押、冻结、拍卖、变卖被执行人应当履行义务部分的财产。但应当保留被执行人及其所扶养家属的生活必需品。

采取前款措施,人民法院应当作出裁定。

第二百二十四条 人民法院查封、扣押财产时,被执行人是公民的,应当通知被执行人或者他的成年家属到场;被执行人是法人或者其他组织的,应当通知其法定代表人或者主要负责人到场。拒不到场的,不影响执行。被执行人是公民的,其工作单位或者财产所在地的基层组织应当派人参加。

对被查封、扣押的财产,执行员必须造具清单,由在场人签名或者盖章后,交被执行人1份。被执行人是公民的,也可以交他的成年家属1份。

第二百二十五条 被查封的财产,执行员可以指定被执行人负责保管。因被执行人的过错造成的损失,由被执行人承担。

第二百二十六条 财产被查封、扣押后,执行员应当责令被执行人在指定期间履行法律文书确定的义务。被执行人逾期不履行的,人民法院可以按照规定交有关单位拍卖或者变卖被查封、扣押的财产。国家禁止自由买卖的物品,交有关单位按照国家规定的价格收购。

第二百二十七条 被执行人不履行法律文书确定的义务,并隐匿财产的,人民法院有权发出搜查令,对被执行人及其住所或者财产隐匿地进行搜查。

采取前款措施,由院长签发搜查令。

第二百二十八条 法律文书指定交付的财物或者票证,由执行员传唤双方当事人当面交付,或者由执行员转交,并由被交付人签收。

有关单位持有该项财物或者票证的,应当根据人民法院的协助执行通知书转交,并由被交付人签收。

有关公民持有该项财物或者票证的,人民法院通知其交出。拒不交出的,强制执行。

第二百二十九条 强制迁出房屋或者强制退出土地,由院长签发公告,责令被执行人在指定期间履行。被执行人逾期不履行的,由执行员强制执行。

强制执行时,被执行人是公民的,应当通知被执行人或者他的成年家属到场;被执行人是法人或者其他组织的,应当通知其法定代表人或者主要负责人到场。拒不到场的,不影响执行。被执行人是公民的,其工作单位或者房屋、土地所在地的基层组织应当派人参加。执行员应当将强制执行情况记入笔录,由在场人签名或者盖章。

强制迁出房屋被搬出的财物,由人民法院派人运至指定处所,交给被执行人。被执行人是公民的,也可以交给他的成年家属。因拒绝接收而造成的损失,由被执行人承担。

第二百三十条 在执行中,需要办理有关财产权证照转移手续的,人民法院可以向有关单位发出协助执行通知书,有关单位必须办理。

第二百三十一条 对判决、裁定和其他法律文书指定的行为,被执行人未按执行通知履行的,人民法院可以强制执行或者委托有关单位或者其他人完成,费用由被执行人承担。

第二百三十二条 被执行人未按判决、裁定和其他法律文书指定的期间履行给付金钱义务的,应当加倍支付迟延履行期间的债务利息。被执行人未按判决、裁定和其他法律文书指定的期间履行其他义务的,应当支付迟延履行金。

第二百三十三条 人民法院采取本法第二百二十一条、第二百二十二条、第二百二十三条规定的执行措施后,被执行人仍不能偿还债务的,应当继续履行义务。债权人发现被执行人有其他财产的,可以随时请求人民法院执行。

第二十三章 执行中止和终结

第二百三十四条 有下列情形之一的,人民法院应当裁定中止执行:

(一) 申请人表示可以延期执行的;

(二) 案外人对执行标的提出确有理由的异议的;

(三) 作为一方当事人的公民死亡,需要等待继承人继承权利或者承担义务的;

(四) 作为一方当事人的法人或者其他组织终止,尚未确定权利义务承受人的;

(五) 人民法院认为应当中止执行的其他情形。

中止的情形消失后,恢复执行。

第二百三十五条 有下列情形之一的,人民法院裁定终结执行:

(一) 申请人撤销申请的;

(二) 据以执行的法律文书被撤销的;

(三) 作为被执行人的公民死亡,无遗产可供执行,又无义务承担人的;

(四) 追索赡养费、扶养费、抚育费案件的权利人死亡的;

(五) 作为被执行人的公民因生活困难无力偿还借款,无收入来源,又丧失劳动能力的;

(六) 人民法院认为应当终结执行的其他情形。

第二百三十六条 中止和终结执行的裁定,送达当事人后立即生效。

第四编 涉外民事诉讼程序的特别规定

第二十四章 一般原则

第二百三十七条 在中华人民共和国领域内进行涉外民事诉讼,适用本编规定。本编没有规定的,适用本法其他有关规定。

第二百三十八条 中华人民共和国缔结或者参加的国际条约同本法有不同规定的,适用该国际条约的规定,但中华人民共和国声明保留的条款除外。

第二百三十九条 对享有外交特权与豁免的外国人、外国组织或者国际组织提起的民事诉讼,应当依照中华人民共和国有关法律和中华人民共和国缔结或者参加的国际条约的规定办理。

第二百四十条 人民法院审理涉外民事案件,应当使用中华人民共和国通用的语言、文字。当事人要求提供翻译的,可以提供,费用由当事人承担。

第二百四十一条 外国人、无国籍人、外国企业和组织在人民法院起诉、应诉,需要委托律师代理诉讼的,必须委托中华人民共和国的律师。

第二百四十二条 在中华人民共和国领域内没有住所的外国人、无国籍人、外国企业和组织委托中华人民共和国律师或者其他人代理诉讼,从中华人民共和国领域外寄交或者托交的授权委托书,应当经所在国公证机关证明,并经中华人民共和国驻该国使领馆认证,或者履行中华人民共和国与该所在国订立的有关条约中规定的证明手续后,才具有效力。

第二十五章 管　　辖

第二百四十三条 因合同纠纷或者其他财产权益纠纷,对在中华人民共和国领域内没有住所的被告提起的诉讼,如果合同在中华人民共和国领域内签订或者履行,或者诉讼标的物在中华人民共和国领域内,或者被告在中华人民共和国领域内有可供扣押的财产,或者被告在中华人民共和国领域内设有代表机构,可以由合同签订地、合同履行地、诉讼标的物所在地、可供扣押财产所在地、侵权行为地或者代表机构住所地人民法院管辖。

第二百四十四条 涉外合同或者涉外财产权益纠纷的当事人,可以用书面协议选择与争议有实际联系的地点的法院管辖。选择中华人民共和国人民法院管辖的,不得违反本法关于级别管辖和专属管辖的规定。

第二百四十五条 涉外民事诉讼的被告对人民法院管辖不提出异议,并应诉答辩的,视为承认该人民法院为有管辖权的法院。

第二百四十六条 因在中华人民共和国履行中外合资经营企业合同、中外合作经营企业合同、中外合作勘探开发自然资源合同发生纠纷提起的诉讼,由中华人民共和国人民法院管辖。

第二十六章 送达、期间

第二百四十七条 人民法院对在中华人民共和国领域内没有住所的当事人送达诉讼文书,可以采用下列方式:

(一) 依照受送达人所在国与中华人民共和国缔结或者共同参加的国际条约中规定的方式送达;

(二) 通过外交途径送达;

(三) 对具有中华人民共和国国籍的受送达人,可以委托中华人民共和国驻受送达人所在国的使领馆代为送达;

(四) 向受送达人委托的有权代其接受送达的诉讼代理人送达;

(五) 向受送达人在中华人民共和国领域内设立的代表机构或者有权接受送达的分支机构、业务代办人送达;

(六) 受送达人所在国的法律允许邮寄送达的,可以邮寄送达,自邮寄之日起满6个月,送达回证没有退回,但根据各种情况足以认定已经送达的,期间届满之日视为送达;

(七) 不能用上述方式送达的,公告送达,自公告之日起满6个月,即视为送达。

第二百四十八条 被告在中华人民共和国领域内没有住所的,人民法院应当将起诉状副本送达被告,并通知被告在收到起诉状副本后30日内提出答辩状。被告申请延期的,是否准许,由人民法院决定。

第二百四十九条 在中华人民共和国领域

内没有住所的当事人，不服第一审人民法院判决、裁定的，有权在判决书、裁定书送达之日起30日内提起上诉。被上诉人在收到上诉状副本后，应当在30日内提出答辩状。当事人不能在法定期间提起上诉或者提出答辩状，申请延期的，是否准许，由人民法院决定。

第二百五十条　人民法院审理涉外民事案件的期间，不受本法第一百三十五条、第一百五十九条规定的限制。

第二十七章　财产保全

第二百五十一条　当事人依照本法第九十二条的规定可以向人民法院申请财产保全。

利害关系人依照本法第九十三条的规定可以在起诉前向人民法院申请财产保全。

第二百五十二条　人民法院裁定准许诉前财产保全后，申请人应当在30日内提起诉讼。逾期不起诉的，人民法院应当解除财产保全。

第二百五十三条　人民法院裁定准许财产保全后，被申请人提供担保的，人民法院应当解除财产保全。

第二百五十四条　申请有错误的，申请人应当赔偿被申请人因财产保全所遭受的损失。

第二百五十五条　人民法院决定保全的财产需要监督的，应当通知有关单位负责监督，费用由被申请人承担。

第二百五十六条　人民法院解除保全的命令由执行员执行。

第二十八章　仲　　裁

第二百五十七条　涉外经济贸易、运输和海事中发生的纠纷，当事人在合同中订有仲裁条款或者事后达成书面仲裁协议，提交中华人民共和国涉外仲裁机构或者其他仲裁机构仲裁的，当事人不得向人民法院起诉。

当事人在合同中没有订有仲裁条款或者事后没有达成书面仲裁协议的，可以向人民法院起诉。

第二百五十八条　当事人申请采取财产保全的，中华人民共和国的涉外仲裁机构应当将当事人的申请，提交被申请人住所地或者财产所在地的中级人民法院裁定。

第二百五十九条　经中华人民共和国涉外仲裁机构裁决的，当事人不得向人民法院起诉。一方当事人不履行仲裁裁决的，对方当事人可以向被申请人住所地或者财产所在地的中级人民法院申请执行。

第二百六十条　对中华人民共和国涉外仲裁机构作出的裁决，被申请人提出证据证明仲裁裁决有下列情形之一的，经人民法院组成合议庭审查核实，裁定不予执行：

（一）当事人在合同中没有订有仲裁条款或者事后没有达成书面仲裁协议的；

（二）被申请人没有得到指定仲裁员或者进行仲裁程序的通知，或者由于其他不属于被申请人负责的原因未能陈述意见的；

（三）仲裁庭的组成或者仲裁的程序与仲裁规则不符的；

（四）裁决的事项不属于仲裁协议的范围或者仲裁机构无权仲裁的。

人民法院认定执行该裁决违背社会公共利益的，裁定不予执行。

第二百六十一条　仲裁裁决被人民法院裁定不予执行的，当事人可以根据双方达成的书面仲裁协议重新申请仲裁，也可以向人民法院起诉。

第二十九章　司法协助

第二百六十二条　根据中华人民共和国缔结或者参加的国际条约，或者按照互惠原则，人民法院和外国法院可以相互请求，代为送达文书、调查取证以及进行其他诉讼行为。

外国法院请求协助的事项有损于中华人民共和国的主权、安全或者社会公共利益的，人民法院不予执行。

第二百六十三条　请求和提供司法协助，应当依照中华人民共和国缔结或者参加的国际条约所规定的途径进行；没有条约关系的，通过外交途径进行。

外国驻中华人民共和国的使领馆可以向该国公民送达文书和调查取证，但不得违反中华人民共和国的法律，并不得采取强制措施。

除前款规定的情况外，未经中华人民共和国主管机关准许，任何外国机关或者个人不得在中华人民共和国领域内送达文书、调查取证。

第二百六十四条 外国法院请求人民法院提供司法协助的请求书及其所附文件，应当附有中文译本或者国际条约规定的其他文字文本。

人民法院请求外国法院提供司法协助的请求书及其所附文件，应当附有该国文字译本或者国际条约规定的其他文字文本。

第二百六十五条 人民法院提供司法协助，依照中华人民共和国法律规定的程序进行。外国法院请求采用特殊方式的，也可以按照其请求的特殊方式进行，但请求采用的特殊方式不得违反中华人民共和国法律。

第二百六十六条 人民法院作出的发生法律效力的判决、裁定，如果被执行人或者其财产不在中华人民共和国领域内，当事人请求执行的，可以由当事人直接向有管辖权的外国法院申请承认和执行，也可以由人民法院依照中华人民共和国缔结或者参加的国际条约的规定，或者按照互惠原则，请求外国法院承认和执行。

中华人民共和国涉外仲裁机构作出的发生法律效力的仲裁裁决，当事人请求执行的，如果被执行人或者其财产不在中华人民共和国领域内，应当由当事人直接向有管辖权的外国法院申请承认和执行。

第二百六十七条 外国法院作出的发生法律效力的判决、裁定，需要中华人民共和国人民法院承认和执行的，可以由当事人直接向中华人民共和国有管辖权的中级人民法院申请承认和执行，也可以由外国法院依照该国与中华人民共和国缔结或者参加的国际条约的规定，或者按照互惠原则，请求人民法院承认和执行。

第二百六十八条 人民法院对申请或者请求承认和执行的外国法院作出的发生法律效力的判决、裁定，依照中华人民共和国缔结或者参加的国际条约，或者按照互惠原则进行审查后，认为不违反中华人民共和国法律的基本原则或者国家主权、安全、社会公共利益的，裁定承认其效力，需要执行的，发出执行令，依照本法的有关规定执行。违反中华人民共和国法律的基本原则或者国家主权、安全、社会公共利益的，不予承认和执行。

第二百六十九条 国外仲裁机构的裁决，需要中华人民共和国人民法院承认和执行的，应当由当事人直接向被执行人住所地或者其财产所在地的中级人民法院申请，人民法院应当依照中华人民共和国缔结或者参加的国际条约，或者按照互惠原则办理。

第二百七十条 本法自公布之日起施行，《中华人民共和国民事诉讼法（试行）》同时废止。

全国人民代表大会常务委员会关于修改《中华人民共和国民事诉讼法》的决定

（2007年10月28日第十届全国人民代表大会常务委员会第三十次会议通过 2007年10月28日中华人民共和国主席令第75号公布 自2008年4月1日起施行）

第十届全国人民代表大会常务委员会第三十次会议决定对《中华人民共和国民事诉讼法》作如下修改：

一、第一百零三条第二款修改为：“人民法院对有前款规定的行为之一的单位，可以对其主要负责人或者直接责任人员予以罚款；对仍不履行协助义务的，可以予以拘留；并可以向监察机关或者有关机关提出予以纪律处分的司法建议。”

二、第一百零四条第一款修改为：“对个人的罚款金额，为人民币一万元以下。对单位的罚款金额，为人民币一万元以上三十万元以下。”

三、第一百七十八条修改为：“当事人对已经发生法律效力的判决、裁定，认为有错误的，可以向上一级人民法院申请再审，但不停止判决、裁定的执行。”

四、第一百七十九条第一款改为第一百七十九条，修改为：“当事人的申请符合下列情形之一的，人民法院应当再审：

“（一）有新的证据，足以推翻原判决、裁定的；

“（二）原判决、裁定认定的基本事实缺乏证据证明的；

“（三）原判决、裁定认定事实的主要证据是伪造的；

“（四）原判决、裁定认定事实的主要证据未经质证的；

“（五）对审理案件需要的证据，当事人因客观原因不能自行收集，书面申请人民法院调查收集，人民法院未调查收集的；

“（六）原判决、裁定适用法律确有错误的；

“（七）违反法律规定，管辖错误的；

“（八）审判组织的组成不合法或者依法应当回避的审判人员没有回避的；

“（九）无诉讼行为能力人未经法定代理人代为诉讼或者应当参加诉讼的当事人，因不能归责于本人或者其诉讼代理人的事由，未参加诉讼的；

“（十）违反法律规定，剥夺当事人辩论权利的；

“（十一）未经传票传唤，缺席判决的；

“（十二）原判决、裁定遗漏或者超出诉讼请求的；

“（十三）据以作出原判决、裁定的法律文书被撤销或者变更的。

“对违反法定程序可能影响案件正确判决、裁定的情形，或者审判人员在审理该案件时有贪污受贿，徇私舞弊，枉法裁判行为的，人民法院应当再审。”

五、增加一条，作为第一百八十条：“当事人申请再审的，应当提交再审申请书等材料。人民法院应当自收到再审申请书之日起五日内将再审申请书副本发送对方当事人。对方当事人应当自收到再审申请书副本之日起十五日内提交书面意见；不提交书面意见的，不影响人民法院审查。人民法院可以要求申请人和对方当事人补充有关材料，询问有关事项。”

六、第一百七十九条第二款改为第一百八十一条，修改为：“人民法院应当自收到再审申请书之日起三个月内审查，符合本法第一百七十九条规定情形之一的，裁定再审；不符合本法第一百七十九条规定的，裁定驳回申请。有特殊情况需要延长的，由本院院长批准。

“因当事人申请裁定再审的案件由中级人民法院以上的人民法院审理。最高人民法院、高级人民法院裁定再审的案件，由本院再审或者交其他人民法院再审，也可以交原审人民法院再审。”

七、第一百八十二条改为第一百八十四条，修改为：“当事人申请再审，应当在判决、裁定发生法律效力后二年内提出；二年后据以作出原判决、裁定的法律文书被撤销或者变更，以及发现审判人员在审理该案件时有贪污受贿，徇私舞弊，枉法裁判行为的，自知道或者应当知道之日起三个月内提出。”

八、第一百八十五条改为第一百八十七条，修改为：“最高人民检察院对各级人民法院已经发生法律效力的判决、裁定，上级人民检察院对下级人民法院已经发生法律效力的判决、裁定，发现有本法第一百七十九条规定情形之一的，应当提出抗诉。

“地方各级人民检察院对同级人民法院已经发生法律效力的判决、裁定，发现有本法第一百七十九条规定情形之一的，应当提请上级人民检察院向同级人民法院提出抗诉。”

九、第一百八十六条改为第一百八十八条，修改为：“人民检察院提出抗诉的案件，接受抗诉的人民法院应当自收到抗诉书之日起三十日内作出再审的裁定；有本法第一百七十九条第一款第（一）项至第（五）项规定情形之一的，可以交下一级人民法院再审。”

十、第二百零七条改为第二百零一条，第一款修改为：“发生法律效力的民事判决、裁定，以及刑事判决、裁定中的财产部分，由第一审人民法院或者与第一审人民法院同级的被执行的财产所在地人民法院执行。”

十一、增加一条，作为第二百零二条：“当事人、利害关系人认为执行行为违反法律规定的，可以向负责执行的人民法院提出书面异议。当事人、利害关系人提出书面异议的，人民法院应当自收到书面异议之日起十五日内审查，理由成立的，裁定撤销或者改正；理由不成立的，裁定驳回。当事人、利害关系人对裁定不服的，可以自裁定送达之日起十日内向上一级人民法院申请复议。”

十二、增加一条，作为第二百零三条：“人民法院自收到申请执行书之日起超过六个月未执行的，申请执行人可以向上一级人民法院申请执行。上一级人民法院经审查，可以责令原人民法院在一定期限内执行，也可以决定由本院执行或者指令其他人民法院执行。"

十三、第二百零八条改为第二百零四条，修改为："执行过程中，案外人对执行标的提出书面异议的，人民法院应当自收到书面异议之日起十五日内审查，理由成立的，裁定中止对该标的的执行；理由不成立的，裁定驳回。案外人、当事人对裁定不服，认为原判决、裁定错误的，依照审判监督程序办理；与原判决、裁定无关的，可以自裁定送达之日起十五日内向人民法院提起诉讼。"

十四、第二百零九条改为第二百零五条，第三款修改为："人民法院根据需要可以设立执行机构。"

十五、第二百一十九条改为第二百一十五条，修改为："申请执行的期间为二年。申请执行时效的中止、中断，适用法律有关诉讼时效中止、中断的规定。

"前款规定的期间，从法律文书规定履行期间的最后一日起计算；法律文书规定分期履行的，从规定的每次履行期间的最后一日起计算；法律文书未规定履行期间的，从法律文书生效之日起计算。"

十六、第二百二十条改为第二百一十六条，增加一款，作为第二款："被执行人不履行法律文书确定的义务，并有可能隐匿、转移财产的，执行员可以立即采取强制执行措施。"

十七、增加一条，作为第二百一十七条："被执行人未按执行通知履行法律文书确定的义务，应当报告当前以及收到执行通知之日前一年的财产情况。被执行人拒绝报告或者虚假报告的，人民法院可以根据情节轻重对被执行人或者其法定代理人、有关单位的主要负责人或者直接责任人员予以罚款、拘留。"

十八、增加一条，作为第二百三十一条："被执行人不履行法律文书确定的义务的，人民法院可以对其采取或者通知有关单位协助采取限制出境，在征信系统记录、通过媒体公布不履行义务信息以及法律规定的其他措施。"

十九、删去第十九章"企业法人破产还债程序"。

本决定自2008年4月1日起施行。

《中华人民共和国民事诉讼法》根据本决定作修改并对章节条款顺序作调整后，重新公布。

中华人民共和国民事诉讼法①

（1991年4月9日第七届全国人民代表大会第四次会议通过　根据2007年10月28日第十届全国人民代表大会常务委员会第三十次会议《关于修改〈中华人民共和国民事诉讼法〉的决定》修正）

目　录

---

① 编者注：已被修改。

第一编 总 则

第一章 任务、适用范围和基本原则

第一条 中华人民共和国民事诉讼法以宪法为根据，结合我国民事审判工作的经验和实际情况制定。

第二条 中华人民共和国民事诉讼法的任务，是保护当事人行使诉讼权利，保证人民法院查明事实，分清是非，正确适用法律，及时审理民事案件，确认民事权利义务关系，制裁民事违法行为，保护当事人的合法权益，教育公民自觉遵守法律，维护社会秩序、经济秩序，保障社会主义建设事业顺利进行。

第三条 人民法院受理公民之间、法人之间、其他组织之间以及他们相互之间因财产关系和人身关系提起的民事诉讼，适用本法的规定。

第四条 凡在中华人民共和国领域内进行民事诉讼，必须遵守本法。

第五条 外国人、无国籍人、外国企业和组织在人民法院起诉、应诉，同中华人民共和国公民、法人和其他组织有同等的诉讼权利义务。

外国法院对中华人民共和国公民、法人和其他组织的民事诉讼权利加以限制的，中华人民共和国人民法院对该国公民、企业和组织的民事诉讼权利，实行对等原则。

第六条 民事案件的审判权由人民法院行使。

人民法院依照法律规定对民事案件独立进行审判，不受行政机关、社会团体和个人的干涉。

第七条 人民法院审理民事案件，必须以事实为根据，以法律为准绳。

第八条 民事诉讼当事人有平等的诉讼权利。人民法院审理民事案件，应当保障和便利当事人行使诉讼权利，对当事人在适用法律上一律平等。

第九条 人民法院审理民事案件，应当根据自愿和合法的原则进行调解；调解不成的，应当及时判决。

第十条 人民法院审理民事案件，依照法律规定实行合议、回避、公开审判和两审终审制度。

第十一条 各民族公民都有用本民族语言、文字进行民事诉讼的权利。

在少数民族聚居或者多民族共同居住的地区，人民法院应当用当地民族通用的语言、文字进行审理和发布法律文书。

人民法院应当对不通晓当地民族通用的语言、文字的诉讼参与人提供翻译。

第十二条 人民法院审理民事案件时，当事人有权进行辩论。

第十三条 当事人有权在法律规定的范围内处分自己的民事权利和诉讼权利。

第十四条 人民检察院有权对民事审判活动实行法律监督。

第十五条 机关、社会团体、企业事业单位对损害国家、集体或者个人民事权益的行为，可以支持受损害的单位或者个人向人民法院起诉。

第十六条 人民调解委员会是在基层人民政府和基层人民法院指导下，调解民间纠纷的群众性组织。

人民调解委员会依照法律规定，根据自愿原则进行调解。当事人对调解达成的协议应当履行；不愿调解、调解不成或者反悔的，可以向人民法院起诉。

人民调解委员会调解民间纠纷,如有违背法律的,人民法院应当予以纠正。

第十七条 民族自治地方的人民代表大会根据宪法和本法的原则,结合当地民族的具体情况,可以制定变通或者补充的规定。自治区的规定,报全国人民代表大会常务委员会批准。自治州、自治县的规定,报省或者自治区的人民代表大会常务委员会批准,并报全国人民代表大会常务委员会备案。

第二章 管 辖

第一节 级别管辖

第十八条 基层人民法院管辖第一审民事案件,但本法另有规定的除外。

第十九条 中级人民法院管辖下列第一审民事案件:

(一)重大涉外案件;

(二)在本辖区有重大影响的案件;

(三)最高人民法院确定由中级人民法院管辖的案件。

第二十条 高级人民法院管辖在本辖区有重大影响的第一审民事案件。

第二十一条 最高人民法院管辖下列第一审民事案件:

(一)在全国有重大影响的案件;

(二)认为应当由本院审理的案件。

第二节 地域管辖

第二十二条 对公民提起的民事诉讼,由被告住所地人民法院管辖;被告住所地与经常居住地不一致的,由经常居住地人民法院管辖。

对法人或者其他组织提起的民事诉讼,由被告住所地人民法院管辖。

同一诉讼的几个被告住所地、经常居住地在两个以上人民法院辖区的,各该人民法院都有管辖权。

第二十三条 下列民事诉讼,由原告住所地人民法院管辖;原告住所地与经常居住地不一致的,由原告经常居住地人民法院管辖:

(一)对不在中华人民共和国领域内居住的人提起的有关身份关系的诉讼;

(二)对下落不明或者宣告失踪的人提起的有关身份关系的诉讼;

(三)对被劳动教养的人提起的诉讼;

(四)对被监禁的人提起的诉讼。

第二十四条 因合同纠纷提起的诉讼,由被告住所地或者合同履行地人民法院管辖。

第二十五条 合同的双方当事人可以在书面合同中协议选择被告住所地、合同履行地、合同签订地、原告住所地、标的物所在地人民法院管辖,但不得违反本法对级别管辖和专属管辖的规定。

第二十六条 因保险合同纠纷提起的诉讼,由被告住所地或者保险标的物所在地人民法院管辖。

第二十七条 因票据纠纷提起的诉讼,由票据支付地或者被告住所地人民法院管辖。

第二十八条 因铁路、公路、水上、航空运输和联合运输合同纠纷提起的诉讼,由运输始发地、目的地或者被告住所地人民法院管辖。

第二十九条 因侵权行为提起的诉讼,由侵权行为地或者被告住所地人民法院管辖。

第三十条 因铁路、公路、水上和航空事故请求损害赔偿提起的诉讼,由事故发生地或者车辆、船舶最先到达地、航空器最先降落地或者被告住所地人民法院管辖。

第三十一条 因船舶碰撞或者其他海事损害事故请求损害赔偿提起的诉讼,由碰撞发生地、碰撞船舶最先到达地、加害船舶被扣留地或者被告住所地人民法院管辖。

第三十二条 因海难救助费用提起的诉讼,由救助地或者被救助船舶最先到达地人民法院管辖。

第三十三条 因共同海损提起的诉讼,由船舶最先到达地、共同海损理算地或者航程终止地的人民法院管辖。

第三十四条 下列案件,由本条规定的人民法院专属管辖:

(一)因不动产纠纷提起的诉讼,由不动产所在地人民法院管辖;

(二)因港口作业中发生纠纷提起的诉讼,由港口所在地人民法院管辖;

(三)因继承遗产纠纷提起的诉讼,由被继承人死亡时住所地或者主要遗产所在地人民法院管辖。

第三十五条　两个以上人民法院都有管辖权的诉讼，原告可以向其中一个人民法院起诉；原告向两个以上有管辖权的人民法院起诉的，由最先立案的人民法院管辖。

第三节　移送管辖和指定管辖

第三十六条　人民法院发现受理的案件不属于本院管辖的，应当移送有管辖权的人民法院，受移送的人民法院应当受理。受移送的人民法院认为受移送的案件依照规定不属于本院管辖的，应当报请上级人民法院指定管辖，不得再自行移送。

第三十七条　有管辖权的人民法院由于特殊原因，不能行使管辖权的，由上级人民法院指定管辖。

人民法院之间因管辖权发生争议，由争议双方协商解决；协商解决不了的，报请它们的共同上级人民法院指定管辖。

第三十八条　人民法院受理案件后，当事人对管辖权有异议的，应当在提交答辩状期间提出。人民法院对当事人提出的异议，应当审查。异议成立的，裁定将案件移送有管辖权的人民法院；异议不成立的，裁定驳回。

第三十九条　上级人民法院有权审理下级人民法院管辖的第一审民事案件，也可以把本院管辖的第一审民事案件交下级人民法院审理。

下级人民法院对它所管辖的第一审民事案件，认为需要由上级人民法院审理的，可以报请上级人民法院审理。

第三章　审判组织

第四十条　人民法院审理第一审民事案件，由审判员、陪审员共同组成合议庭或者由审判员组成合议庭。合议庭的成员人数，必须是单数。

适用简易程序审理的民事案件，由审判员一人独任审理。

陪审员在执行陪审职务时，与审判员有同等的权利义务。

第四十一条　人民法院审理第二审民事案件，由审判员组成合议庭。合议庭的成员人数，必须是单数。

发回重审的案件，原审人民法院应当按照第一审程序另行组成合议庭。

审理再审案件，原来是第一审的，按照第一审程序另行组成合议庭；原来是第二审的或者是上级人民法院提审的，按照第二审程序另行组成合议庭。

第四十二条　合议庭的审判长由院长或者庭长指定审判员一人担任；院长或者庭长参加审判的，由院长或者庭长担任。

第四十三条　合议庭评议案件，实行少数服从多数的原则。评议应当制作笔录，由合议庭成员签名。评议中的不同意见，必须如实记入笔录。

第四十四条　审判人员应当依法秉公办案。

审判人员不得接受当事人及其诉讼代理人请客送礼。

审判人员有贪污受贿，徇私舞弊，枉法裁判行为的，应当追究法律责任；构成犯罪的，依法追究刑事责任。

第四章　回　　避

第四十五条　审判人员有下列情形之一的，必须回避，当事人有权用口头或者书面方式申请他们回避：

（一）是本案当事人或者当事人、诉讼代理人的近亲属；

（二）与本案有利害关系；

（三）与本案当事人有其他关系，可能影响对案件公正审理的。

前款规定，适用于书记员、翻译人员、鉴定人、勘验人。

第四十六条　当事人提出回避申请，应当说明理由，在案件开始审理时提出；回避事由在案件开始审理后知道的，也可以在法庭辩论终结前提出。

被申请回避的人员在人民法院作出是否回避的决定前，应当暂停参与本案的工作，但案件需要采取紧急措施的除外。

第四十七条　院长担任审判长时的回避，由审判委员会决定；审判人员的回避，由院长决定；其他人员的回避，由审判长决定。

第四十八条 人民法院对当事人提出的回避申请,应当在申请提出的三日内,以口头或者书面形式作出决定。申请人对决定不服的,可以在接到决定时申请复议一次。复议期间,被申请回避的人员,不停止参与本案的工作。人民法院对复议申请,应当在三日内作出复议决定,并通知复议申请人。

第五章 诉讼参加人

第一节 当 事 人

第四十九条 公民、法人和其他组织可以作为民事诉讼的当事人。

法人由其法定代表人进行诉讼。其他组织由其主要负责人进行诉讼。

第五十条 当事人有权委托代理人,提出回避申请,收集、提供证据,进行辩论,请求调解,提起上诉,申请执行。

当事人可以查阅本案有关材料,并可以复制本案有关材料和法律文书。查阅、复制本案有关材料的范围和办法由最高人民法院规定。

当事人必须依法行使诉讼权利,遵守诉讼秩序,履行发生法律效力的判决书、裁定书和调解书。

第五十一条 双方当事人可以自行和解。

第五十二条 原告可以放弃或者变更诉讼请求。被告可以承认或者反驳诉讼请求,有权提起反诉。

第五十三条 当事人一方或者双方为二人以上,其诉讼标的是共同的,或者诉讼标的是同一种类、人民法院认为可以合并审理并经当事人同意的,为共同诉讼。

共同诉讼的一方当事人对诉讼标的有共同权利义务的,其中一人的诉讼行为经其他共同诉讼人承认,对其他共同诉讼人发生效力;对诉讼标的没有共同权利义务的,其中一人的诉讼行为对其他共同诉讼人不发生效力。

第五十四条 当事人一方人数众多的共同诉讼,可以由当事人推选代表人进行诉讼。代表人的诉讼行为对其所代表的当事人发生效力,但代表人变更、放弃诉讼请求或者承认对方当事人的诉讼请求,进行和解,必须经被代表的当事人同意。

第五十五条 诉讼标的是同一种类、当事人一方人数众多在起诉时人数尚未确定的,人民法院可以发出公告,说明案件情况和诉讼请求,通知权利人在一定期间向人民法院登记。

向人民法院登记的权利人可以推选代表人进行诉讼;推选不出代表人的,人民法院可以与参加登记的权利人商定代表人。

代表人的诉讼行为对其所代表的当事人发生效力,但代表人变更、放弃诉讼请求或者承认对方当事人的诉讼请求,进行和解,必须经被代表的当事人同意。

人民法院作出的判决、裁定,对参加登记的全体权利人发生效力。未参加登记的权利人在诉讼时效期间提起诉讼的,适用该判决、裁定。

第五十六条 对当事人双方的诉讼标的,第三人认为有独立请求权的,有权提起诉讼。

对当事人双方的诉讼标的,第三人虽然没有独立请求权,但案件处理结果同他有法律上的利害关系的,可以申请参加诉讼,或者由人民法院通知他参加诉讼。人民法院判决承担民事责任的第三人,有当事人的诉讼权利义务。

第二节 诉讼代理人

第五十七条 无诉讼行为能力人由他的监护人作为法定代理人代为诉讼。法定代理人之间互相推诿代理责任的,由人民法院指定其中一人代为诉讼。

第五十八条 当事人、法定代理人可以委托一至二人作为诉讼代理人。

律师、当事人的近亲属、有关的社会团体或者所在单位推荐的人、经人民法院许可的其他公民,都可以被委托为诉讼代理人。

第五十九条 委托他人代为诉讼,必须向人民法院提交由委托人签名或者盖章的授权委托书。

授权委托书必须记明委托事项和权限。诉讼代理人代为承认、放弃、变更诉讼请求,进行和解,提起反诉或者上诉,必须有委托人的特别授权。

侨居在国外的中华人民共和国公民从国外寄交或者托交的授权委托书,必须经中华人民共和国驻该国的使领馆证明；没有使领馆的，由与中华人民共和国有外交关系的第三国驻该国的使领馆证明，再转由中华人民共和国驻该第三国使领馆证明，或者由当地的爱国华侨团体证明。

第六十条　诉讼代理人的权限如果变更或者解除，当事人应当书面告知人民法院，并由人民法院通知对方当事人。

第六十一条　代理诉讼的律师和其他诉讼代理人有权调查收集证据，可以查阅本案有关材料。查阅本案有关材料的范围和办法由最高人民法院规定。

第六十二条　离婚案件有诉讼代理人的，本人除不能表达意志的以外，仍应出庭；确因特殊情况无法出庭的，必须向人民法院提交书面意见。

第六章　证　　据

第六十三条　证据有下列几种：

（一）书证；

（二）物证；

（三）视听资料；

（四）证人证言；

（五）当事人的陈述；

（六）鉴定结论；

（七）勘验笔录。

以上证据必须查证属实，才能作为认定事实的根据。

第六十四条　当事人对自己提出的主张，有责任提供证据。

当事人及其诉讼代理人因客观原因不能自行收集的证据，或者人民法院认为审理案件需要的证据，人民法院应当调查收集。

人民法院应当按照法定程序，全面地、客观地审查核实证据。

第六十五条　人民法院有权向有关单位和个人调查取证，有关单位和个人不得拒绝。

人民法院对有关单位和个人提出的证明文书，应当辨别真伪，审查确定其效力。

第六十六条　证据应当在法庭上出示，并由当事人互相质证。对涉及国家秘密、商业秘密和个人隐私的证据应当保密，需要在法庭出示的，不得在公开开庭时出示。

第六十七条　经过法定程序公证证明的法律行为、法律事实和文书，人民法院应当作为认定事实的根据。但有相反证据足以推翻公证证明的除外。

第六十八条　书证应当提交原件。物证应当提交原物。提交原件或者原物确有困难的，可以提交复制品、照片、副本、节录本。

提交外文书证，必须附有中文译本。

第六十九条　人民法院对视听资料，应当辨别真伪，并结合本案的其他证据，审查确定能否作为认定事实的根据。

第七十条　凡是知道案件情况的单位和个人，都有义务出庭作证。有关单位的负责人应当支持证人作证。证人确有困难不能出庭的，经人民法院许可，可以提交书面证言。

不能正确表达意志的人，不能作证。

第七十一条　人民法院对当事人的陈述，应当结合本案的其他证据，审查确定能否作为认定事实的根据。

当事人拒绝陈述的，不影响人民法院根据证据认定案件事实。

第七十二条　人民法院对专门性问题认为需要鉴定的，应当交由法定鉴定部门鉴定；没有法定鉴定部门的，由人民法院指定的鉴定部门鉴定。

鉴定部门及其指定的鉴定人有权了解进行鉴定所需要的案件材料，必要时可以询问当事人、证人。

鉴定部门和鉴定人应当提出书面鉴定结论，在鉴定书上签名或者盖章。鉴定人鉴定的，应当由鉴定人所在单位加盖印章，证明鉴定人身份。

第七十三条　勘验物证或者现场，勘验人必须出示人民法院的证件，并邀请当地基层组织或者当事人所在单位派人参加。当事人或者当事人的成年家属应当到场，拒不到场的，不影响勘验的进行。

有关单位和个人根据人民法院的通知，有义务保护现场，协助勘验工作。

勘验人应当将勘验情况和结果制作笔录，由勘验人、当事人和被邀参加人签名或者盖章。

第七十四条　在证据可能灭失或者以后难以取得的情况下，诉讼参加人可以向人民法院申请保全证据,人民法院也可以主动采取保全措施。

第七章 期间、送达

第一节 期 间

第七十五条 期间包括法定期间和人民法院指定的期间。

期间以时、日、月、年计算。期间开始的时和日,不计算在期间内。

期间届满的最后一日是节假日的,以节假日后的第一日为期间届满的日期。

期间不包括在途时间,诉讼文书在期满前交邮的,不算过期。

第七十六条 当事人因不可抗拒的事由或者其他正当理由耽误期限的,在障碍消除后的十日内,可以申请顺延期限,是否准许,由人民法院决定。

第二节 送 达

第七十七条 送达诉讼文书必须有送达回证,由受送达人在送达回证上记明收到日期,签名或者盖章。

受送达人在送达回证上的签收日期为送达日期。

第七十八条 送达诉讼文书,应当直接送交受送达人。受送达人是公民的,本人不在交他的同住成年家属签收;受送达人是法人或者其他组织的,应当由法人的法定代表人、其他组织的主要负责人或者该法人、组织负责收件的人签收;受送达人有诉讼代理人的,可以送交其代理人签收;受送达人已向人民法院指定代收人的,送交代收人签收。

受送达人的同住成年家属,法人或者其他组织的负责收件的人,诉讼代理人或者代收人在送达回证上签收的日期为送达日期。

第七十九条 受送达人或者他的同住成年家属拒绝接收诉讼文书的,送达人应当邀请有关基层组织或者所在单位的代表到场,说明情况,在送达回证上记明拒收事由和日期,由送达人、见证人签名或者盖章,把诉讼文书留在受送达人的住所,即视为送达。

第八十条 直接送达诉讼文书有困难的,可以委托其他人民法院代为送达,或者邮寄送达。邮寄送达的,以回执上注明的收件日期为送达日期。

第八十一条 受送达人是军人的,通过其所在部队团以上单位的政治机关转交。

第八十二条 受送达人是被监禁的,通过其所在监所或者劳动改造单位转交。

受送达人是被劳动教养的,通过其所在劳动教养单位转交。

第八十三条 代为转交的机关、单位收到诉讼文书后,必须立即交受送达人签收,以在送达回证上的签收日期,为送达日期。

第八十四条 受送达人下落不明,或者用本节规定的其他方式无法送达的,公告送达。自发出公告之日起,经过六十日,即视为送达。

公告送达,应当在案卷中记明原因和经过。

第八章 调 解

第八十五条 人民法院审理民事案件,根据当事人自愿的原则,在事实清楚的基础上,分清是非,进行调解。

第八十六条 人民法院进行调解,可以由审判员一人主持,也可以由合议庭主持,并尽可能就地进行。

人民法院进行调解,可以用简便方式通知当事人、证人到庭。

第八十七条 人民法院进行调解,可以邀请有关单位和个人协助。被邀请的单位和个人,应当协助人民法院进行调解。

第八十八条 调解达成协议,必须双方自愿,不得强迫。调解协议的内容不得违反法律规定。

第八十九条 调解达成协议,人民法院应当制作调解书。调解书应当写明诉讼请求、案件的事实和调解结果。

调解书由审判人员、书记员署名,加盖人民法院印章,送达双方当事人。

调解书经双方当事人签收后,即具有法律效力。

第九十条 下列案件调解达成协议,人民法院可以不制作调解书:

(一)调解和好的离婚案件;

(二)调解维持收养关系的案件;

(三)能够即时履行的案件;

(四)其他不需要制作调解书的案件。

对不需要制作调解书的协议,应当记入笔录,由双方当事人、审判人员、书记员签名或者盖章后,即具有法律效力。

第九十一条 调解未达成协议或者调解书送达前一方反悔的,人民法院应当及时判决。

第九章 财产保全和先予执行

第九十二条 人民法院对于可能因当事人一方的行为或者其他原因,使判决不能执行或者难以执行的案件,可以根据对方当事人的申请,作出财产保全的裁定;当事人没有提出申请的,人民法院在必要时也可以裁定采取财产保全措施。

人民法院采取财产保全措施,可以责令申请人提供担保;申请人不提供担保的,驳回申请。

人民法院接受申请后,对情况紧急的,必须在四十八小时内作出裁定;裁定采取财产保全措施的,应当立即开始执行。

第九十三条 利害关系人因情况紧急,不立即申请财产保全将会使其合法权益受到难以弥补的损害的,可以在起诉前向人民法院申请采取财产保全措施。申请人应当提供担保,不提供担保的,驳回申请。

人民法院接受申请后,必须在四十八小时内作出裁定;裁定采取财产保全措施的,应当立即开始执行。

申请人在人民法院采取保全措施后十五日内不起诉的,人民法院应当解除财产保全。

第九十四条 财产保全限于请求的范围,或者与本案有关的财物。

财产保全采取查封、扣押、冻结或者法律规定的其他方法。

人民法院冻结财产后,应当立即通知被冻结财产的人。

财产已被查封、冻结的,不得重复查封、冻结。

第九十五条 被申请人提供担保的,人民法院应当解除财产保全。

第九十六条 申请有错误的,申请人应当赔偿被申请人因财产保全所遭受的损失。

第九十七条 人民法院对下列案件,根据当事人的申请,可以裁定先予执行:

(一)追索赡养费、扶养费、抚育费、抚恤金、医疗费用的;

(二)追索劳动报酬的;

(三)因情况紧急需要先予执行的。

第九十八条 人民法院裁定先予执行的,应当符合下列条件:

(一)当事人之间权利义务关系明确,不先予执行将严重影响申请人的生活或者生产经营的;

(二)被申请人有履行能力。

人民法院可以责令申请人提供担保,申请人不提供担保的,驳回申请。申请人败诉的,应当赔偿被申请人因先予执行遭受的财产损失。

第九十九条 当事人对财产保全或者先予执行的裁定不服的,可以申请复议一次。复议期间不停止裁定的执行。

第十章 对妨害民事诉讼的强制措施

第一百条 人民法院对必须到庭的被告,经两次传票传唤,无正当理由拒不到庭的,可以拘传。

第一百零一条 诉讼参与人和其他人应当遵守法庭规则。

人民法院对违反法庭规则的人,可以予以训诫,责令退出法庭或者予以罚款、拘留。

人民法院对哄闹、冲击法庭,侮辱、诽谤、威胁、殴打审判人员,严重扰乱法庭秩序的人,依法追究刑事责任;情节较轻的,予以罚款、拘留。

第一百零二条 诉讼参与人或者其他人有下列行为之一的,人民法院可以根据情节轻重予以罚款、拘留;构成犯罪的,依法追究刑事责任:

(一)伪造、毁灭重要证据,妨碍人民法院审理案件的;

(二)以暴力、威胁、贿买方法阻止证人作证或者指使、贿买、胁迫他人作伪证的;

(三)隐藏、转移、变卖、毁损已被查封、扣押的财产,或者已被清点并责令其保管的财产,转移已被冻结的财产的;

(四)对司法工作人员、诉讼参加人、证人、翻译人员、鉴定人、勘验人、协助执行的人,进行侮辱、诽谤、诬陷、殴打或者打击报复的；

（五）以暴力、威胁或者其他方法阻碍司法工作人员执行职务的；

（六）拒不履行人民法院已经发生法律效力的判决、裁定的。

人民法院对有前款规定的行为之一的单位，可以对其主要负责人或者直接责任人员予以罚款、拘留；构成犯罪的，依法追究刑事责任。

第一百零三条 有义务协助调查、执行的单位有下列行为之一的，人民法院除责令其履行协助义务外，并可以予以罚款：

（一）有关单位拒绝或者妨碍人民法院调查取证的；

（二）银行、信用合作社和其他有储蓄业务的单位接到人民法院协助执行通知书后，拒不协助查询、冻结或者划拨存款的；

（三）有关单位接到人民法院协助执行通知书后，拒不协助扣留被执行人的收入、办理有关财产权证照转移手续、转交有关票证、证照或者其他财产的；

（四）其他拒绝协助执行的。

人民法院对有前款规定的行为之一的单位，可以对其主要负责人或者直接责任人员予以罚款；对仍不履行协助义务的，可以予以拘留；并可以向监察机关或者有关机关提出予以纪律处分的司法建议。

第一百零四条 对个人的罚款金额，为人民币一万元以下。对单位的罚款金额，为人民币一万元以上三十万元以下。

拘留的期限，为十五日以下。

被拘留的人，由人民法院交公安机关看管。在拘留期间，被拘留人承认并改正错误的，人民法院可以决定提前解除拘留。

第一百零五条 拘传、罚款、拘留必须经院长批准。

拘传应当发拘传票。

罚款、拘留应当用决定书。对决定不服的，可以向上一级人民法院申请复议一次。复议期间不停止执行。

第一百零六条 采取对妨害民事诉讼的强制措施必须由人民法院决定。任何单位和个人采取非法拘禁他人或者非法私自扣押他人财产追索债务的，应当依法追究刑事责任，或者予以拘留、罚款。

第十一章 诉讼费用

第一百零七条 当事人进行民事诉讼，应当按照规定交纳案件受理费。财产案件除交纳案件受理费外，并按照规定交纳其他诉讼费用。

当事人交纳诉讼费用确有困难的，可以按照规定向人民法院申请缓交、减交或者免交。

收取诉讼费用的办法另行制定。

第二编 审判程序

第十二章 第一审普通程序

第一节 起诉和受理

第一百零八条 起诉必须符合下列条件：

（一）原告是与本案有直接利害关系的公民、法人和其他组织；

（二）有明确的被告；

（三）有具体的诉讼请求和事实、理由；

（四）属于人民法院受理民事诉讼的范围和受诉人民法院管辖。

第一百零九条 起诉应当向人民法院递交起诉状，并按照被告人数提出副本。

书写起诉状确有困难的，可以口头起诉，由人民法院记入笔录，并告知对方当事人。

第一百一十条 起诉状应当记明下列事项：

（一）当事人的姓名、性别、年龄、民族、职业、工作单位和住所，法人或者其他组织的名称、住所和法定代表人或者主要负责人的姓名、职务；

（二）诉讼请求和所根据的事实与理由；

（三）证据和证据来源，证人姓名和住所。

第一百一十一条 人民法院对符合本法第一百零八条的起诉，必须受理；对下列起诉，分别情形，予以处理：

（一）依照行政诉讼法的规定，属于行政诉讼受案范围的，告知原告提起行政诉讼；

（二）依照法律规定，双方当事人对合同纠纷自愿达成书面仲裁协议向仲裁机构申请仲裁、不得向人民法院起诉的，告知原告向仲裁机构申请仲裁；

（三）依照法律规定，应当由其他机关处理的争议，告知原告向有关机关申请解决；

（四）对不属于本院管辖的案件，告知原告向有管辖权的人民法院起诉；

（五）对判决、裁定已经发生法律效力的案件，当事人又起诉的，告知原告按照申诉处理，但人民法院准许撤诉的裁定除外；

（六）依照法律规定，在一定期限内不得起诉的案件，在不得起诉的期限内起诉的，不予受理；

（七）判决不准离婚和调解和好的离婚案件，判决、调解维持收养关系的案件，没有新情况、新理由，原告在六个月内又起诉的，不予受理。

第一百一十二条 人民法院收到起诉状或者口头起诉，经审查，认为符合起诉条件的，应当在七日内立案，并通知当事人；认为不符合起诉条件的，应当在七日内裁定不予受理；原告对裁定不服的，可以提起上诉。

第二节 审理前的准备

第一百一十三条 人民法院应当在立案之日起五日内将起诉状副本发送被告，被告在收到之日起十五日内提出答辩状。

被告提出答辩状的，人民法院应当在收到之日起五日内将答辩状副本发送原告。被告不提出答辩状的，不影响人民法院审理。

第一百一十四条 人民法院对决定受理的案件，应当在受理案件通知书和应诉通知书中向当事人告知有关的诉讼权利义务，或者口头告知。

第一百一十五条 合议庭组成人员确定后，应当在三日内告知当事人。

第一百一十六条 审判人员必须认真审核诉讼材料，调查收集必要的证据。

第一百一十七条 人民法院派出人员进行调查时，应当向被调查人出示证件。

调查笔录经被调查人校阅后，由被调查人、调查人签名或者盖章。

第一百一十八条 人民法院在必要时可以委托外地人民法院调查。

委托调查，必须提出明确的项目和要求。受委托人民法院可以主动补充调查。

受委托人民法院收到委托书后，应当在三十日内完成调查。因故不能完成的，应当在上述期限内函告委托人民法院。

第一百一十九条 必须共同进行诉讼的当事人没有参加诉讼的，人民法院应当通知其参加诉讼。

第三节 开庭审理

第一百二十条 人民法院审理民事案件，除涉及国家秘密、个人隐私或者法律另有规定的以外，应当公开进行。

离婚案件，涉及商业秘密的案件，当事人申请不公开审理的，可以不公开审理。

第一百二十一条 人民法院审理民事案件，根据需要进行巡回审理，就地办案。

第一百二十二条 人民法院审理民事案件，应当在开庭三日前通知当事人和其他诉讼参与人。公开审理的，应当公告当事人姓名、案由和开庭的时间、地点。

第一百二十三条 开庭审理前，书记员应当查明当事人和其他诉讼参与人是否到庭，宣布法庭纪律。

开庭审理时，由审判长核对当事人，宣布案由，宣布审判人员、书记员名单，告知当事人有关的诉讼权利义务，询问当事人是否提出回避申请。

第一百二十四条 法庭调查按照下列顺序进行：

（一）当事人陈述；

（二）告知证人的权利义务，证人作证，宣读未到庭的证人证言；

（三）出示书证、物证和视听资料；

（四）宣读鉴定结论；

（五）宣读勘验笔录。

第一百二十五条 当事人在法庭上可以提出新的证据。

当事人经法庭许可，可以向证人、鉴定人、勘验人发问。

当事人要求重新进行调查、鉴定或者勘验的，是否准许，由人民法院决定。

第一百二十六条 原告增加诉讼请求，被告提出反诉，第三人提出与本案有关的诉讼请求，可以合并审理。

第一百二十七条 法庭辩论按照下列顺序进行：

（一）原告及其诉讼代理人发言；

（二）被告及其诉讼代理人答辩；

（三）第三人及其诉讼代理人发言或者答辩；

（四）互相辩论。

法庭辩论终结，由审判长按照原告、被告、第三人的先后顺序征询各方最后意见。

第一百二十八条 法庭辩论终结，应当依法作出判决。判决前能够调解的，还可以进行调解，调解不成的，应当及时判决。

第一百二十九条 原告经传票传唤，无正当理由拒不到庭的，或者未经法庭许可中途退庭的，可以按撤诉处理；被告反诉的，可以缺席判决。

第一百三十条 被告经传票传唤，无正当理由拒不到庭的，或者未经法庭许可中途退庭的，可以缺席判决。

第一百三十一条 宣判前，原告申请撤诉的，是否准许，由人民法院裁定。

人民法院裁定不准许撤诉的，原告经传票传唤，无正当理由拒不到庭的，可以缺席判决。

第一百三十二条 有下列情形之一的，可以延期开庭审理：

（一）必须到庭的当事人和其他诉讼参与人有正当理由没有到庭的；

（二）当事人临时提出回避申请的；

（三）需要通知新的证人到庭，调取新的证据，重新鉴定、勘验，或者需要补充调查的；

（四）其他应当延期的情形。

第一百三十三条 书记员应当将法庭审理的全部活动记入笔录，由审判人员和书记员签名。

法庭笔录应当当庭宣读，也可以告知当事人和其他诉讼参与人当庭或者在五日内阅读。当事人和其他诉讼参与人认为对自己的陈述记录有遗漏或者差错的，有权申请补正。如果不予补正，应当将申请记录在案。

法庭笔录由当事人和其他诉讼参与人签名或者盖章。拒绝签名盖章的，记明情况附卷。

第一百三十四条 人民法院对公开审理或者不公开审理的案件，一律公开宣告判决。

当庭宣判的，应当在十日内发送判决书；定期宣判的，宣判后立即发给判决书。

宣告判决时，必须告知当事人上诉权利、上诉期限和上诉的法院。

宣告离婚判决，必须告知当事人在判决发生法律效力前不得另行结婚。

第一百三十五条 人民法院适用普通程序审理的案件，应当在立案之日起六个月内审结。有特殊情况需要延长的，由本院院长批准，可以延长六个月；还需要延长的，报请上级人民法院批准。

第四节 诉讼中止和终结

第一百三十六条 有下列情形之一的，中止诉讼：

（一）一方当事人死亡，需要等待继承人表明是否参加诉讼的；

（二）一方当事人丧失诉讼行为能力，尚未确定法定代理人的；

（三）作为一方当事人的法人或者其他组织终止，尚未确定权利义务承受人的；

（四）一方当事人因不可抗拒的事由，不能参加诉讼的；

（五）本案必须以另一案的审理结果为依据，而另一案尚未审结的；

（六）其他应当中止诉讼的情形。

中止诉讼的原因消除后，恢复诉讼。

第一百三十七条 有下列情形之一的，终结诉讼：

（一）原告死亡，没有继承人，或者继承人放弃诉讼权利的；

（二）被告死亡，没有遗产，也没有应当承担义务的人的；

（三）离婚案件一方当事人死亡的；

（四）追索赡养费、扶养费、抚育费以及解除收养关系案件的一方当事人死亡的。

第五节 判决和裁定

第一百三十八条 判决书应当写明：

（一）案由、诉讼请求、争议的事实和理由；

（二）判决认定的事实、理由和适用的法律依据；

（三）判决结果和诉讼费用的负担；

（四）上诉期间和上诉的法院。

判决书由审判人员、书记员署名，加盖人民法院印章。

第一百三十九条　人民法院审理案件，其中一部分事实已经清楚，可以就该部分先行判决。

第一百四十条　裁定适用于下列范围：

（一）不予受理；

（二）对管辖权有异议的；

（三）驳回起诉；

（四）财产保全和先予执行；

（五）准许或者不准许撤诉；

（六）中止或者终结诉讼；

（七）补正判决书中的笔误；

（八）中止或者终结执行；

（九）不予执行仲裁裁决；

（十）不予执行公证机关赋予强制执行效力的债权文书；

（十一）其他需要裁定解决的事项。

对前款第（一）、（二）、（三）项裁定，可以上诉。

裁定书由审判人员、书记员署名，加盖人民法院印章。口头裁定的，记入笔录。

第一百四十一条　最高人民法院的判决、裁定，以及依法不准上诉或者超过上诉期没有上诉的判决、裁定，是发生法律效力的判决、裁定。

第十三章　简易程序

第一百四十二条　基层人民法院和它派出的法庭审理事实清楚、权利义务关系明确、争议不大的简单的民事案件，适用本章规定。

第一百四十三条　对简单的民事案件，原告可以口头起诉。

当事人双方可以同时到基层人民法院或者它派出的法庭，请求解决纠纷。基层人民法院或者它派出的法庭可以当即审理，也可以另定日期审理。

第一百四十四条　基层人民法院和它派出的法庭审理简单的民事案件，可以用简便方式随时传唤当事人、证人。

第一百四十五条　简单的民事案件由审判员一人独任审理，并不受本法第一百二十二条、第一百二十四条、第一百二十七条规定的限制。

第一百四十六条　人民法院适用简易程序审理案件，应当在立案之日起三个月内审结。

第十四章　第二审程序

第一百四十七条　当事人不服地方人民法院第一审判决的，有权在判决书送达之日起十五日内向上一级人民法院提起上诉。

当事人不服地方人民法院第一审裁定的，有权在裁定书送达之日起十日内向上一级人民法院提起上诉。

第一百四十八条　上诉应当递交上诉状。上诉状的内容，应当包括当事人的姓名，法人的名称及其法定代表人的姓名或者其他组织的名称及其主要负责人的姓名；原审人民法院名称、案件的编号和案由；上诉的请求和理由。

第一百四十九条　上诉状应当通过原审人民法院提出，并按照对方当事人或者代表人的人数提出副本。

当事人直接向第二审人民法院上诉的，第二审人民法院应当在五日内将上诉状移交原审人民法院。

第一百五十条　原审人民法院收到上诉状，应当在五日内将上诉状副本送达对方当事人，对方当事人在收到之日起十五日内提出答辩状。人民法院应当在收到答辩状之日起五日内将副本送达上诉人。对方当事人不提出答辩状的，不影响人民法院审理。

原审人民法院收到上诉状、答辩状，应当在五日内连同全部案卷和证据，报送第二审人民法院。

第一百五十一条　第二审人民法院应当对上诉请求的有关事实和适用法律进行审查。

第一百五十二条　第二审人民法院对上诉案件，应当组成合议庭，开庭审理。经过阅卷和调查，询问当事人，在事实核对清楚后，合议庭认为不需要开庭审理的，也可以径行判决、裁定。

第二审人民法院审理上诉案件，可以在本院进行，也可以到案件发生地或者原审人民法院所在地进行。

第一百五十三条　第二审人民法院对上诉案件，经过审理，按照下列情形，分别处理：

（一）原判决认定事实清楚，适用法律正确

的，判决驳回上诉，维持原判决；

（二）原判决适用法律错误的，依法改判；

（三）原判决认定事实错误，或者原判决认定事实不清，证据不足，裁定撤销原判决，发回原审人民法院重审，或者查清事实后改判；

（四）原判决违反法定程序，可能影响案件正确判决的，裁定撤销原判决，发回原审人民法院重审。

当事人对重审案件的判决、裁定，可以上诉。

第一百五十四条 第二审人民法院对不服第一审人民法院裁定的上诉案件的处理，一律使用裁定。

第一百五十五条 第二审人民法院审理上诉案件，可以进行调解。调解达成协议，应当制作调解书，由审判人员、书记员署名，加盖人民法院印章。调解书送达后，原审人民法院的判决即视为撤销。

第一百五十六条 第二审人民法院判决宣告前，上诉人申请撤回上诉的，是否准许，由第二审人民法院裁定。

第一百五十七条 第二审人民法院审理上诉案件，除依照本章规定外，适用第一审普通程序。

第一百五十八条 第二审人民法院的判决、裁定，是终审的判决、裁定。

第一百五十九条 人民法院审理对判决的上诉案件，应当在第二审立案之日起三个月内审结。有特殊情况需要延长的，由本院院长批准。

人民法院审理对裁定的上诉案件，应当在第二审立案之日起三十日内作出终审裁定。

第十五章 特别程序

第一节 一般规定

第一百六十条 人民法院审理选民资格案件、宣告失踪或者宣告死亡案件、认定公民无民事行为能力或者限制民事行为能力案件和认定财产无主案件，适用本章规定。本章没有规定的，适用本法和其他法律的有关规定。

第一百六十一条 依照本章程序审理的案件，实行一审终审。选民资格案件或者重大、疑难的案件，由审判员组成合议庭审理；其他案件由审判员一人独任审理。

第一百六十二条 人民法院在依照本章程序审理案件的过程中，发现本案属于民事权益争议的，应当裁定终结特别程序，并告知利害关系人可以另行起诉。

第一百六十三条 人民法院适用特别程序审理的案件，应当在立案之日起三十日内或者公告期满后三十日内审结。有特殊情况需要延长的，由本院院长批准。但审理选民资格的案件除外。

第二节 选民资格案件

第一百六十四条 公民不服选举委员会对选民资格的申诉所作的处理决定，可以在选举日的五日以前向选区所在地基层人民法院起诉。

第一百六十五条 人民法院受理选民资格案件后，必须在选举日前审结。

审理时，起诉人、选举委员会的代表和有关公民必须参加。

人民法院的判决书，应当在选举日前送达选举委员会和起诉人，并通知有关公民。

第三节 宣告失踪、宣告死亡案件

第一百六十六条 公民下落不明满二年，利害关系人申请宣告其失踪的，向下落不明人住所地基层人民法院提出。

申请书应当写明失踪的事实、时间和请求，并附有公安机关或者其他有关机关关于该公民下落不明的书面证明。

第一百六十七条 公民下落不明满四年，或者因意外事故下落不明满二年，或者因意外事故下落不明，经有关机关证明该公民不可能生存，利害关系人申请宣告其死亡的，向下落不明人住所地基层人民法院提出。

申请书应当写明下落不明的事实、时间和请求，并附有公安机关或者其他有关机关关于该公民下落不明的书面证明。

第一百六十八条 人民法院受理宣告失踪、宣告死亡案件后，应当发出寻找下落不明人的公告。宣告失踪的公告期间为三个月，宣告死亡的公告期间为一年。因意外事故下落不明，经有关机关证明该公民不可能生存的，宣告死亡的公告期间为三个月。

公告期间届满,人民法院应当根据被宣告失踪、宣告死亡的事实是否得到确认,作出宣告失踪、宣告死亡的判决或者驳回申请的判决。

第一百六十九条 被宣告失踪、宣告死亡的公民重新出现,经本人或者利害关系人申请,人民法院应当作出新判决,撤销原判决。

第四节 认定公民无民事行为能力、限制民事行为能力案件

第一百七十条 申请认定公民无民事行为能力或者限制民事行为能力,由其近亲属或者其他利害关系人向该公民住所地基层人民法院提出。

申请书应当写明该公民无民事行为能力或者限制民事行为能力的事实和根据。

第一百七十一条 人民法院受理申请后,必要时应当对被请求认定为无民事行为能力或者限制民事行为能力的公民进行鉴定。申请人已提供鉴定结论的,应当对鉴定结论进行审查。

第一百七十二条 人民法院审理认定公民无民事行为能力或者限制民事行为能力的案件,应当由该公民的近亲属为代理人,但申请人除外。近亲属互相推诿的,由人民法院指定其中一人为代理人。该公民健康情况许可的,还应当询问本人的意见。

人民法院经审理认定申请有事实根据的,判决该公民为无民事行为能力或者限制民事行为能力人;认定申请没有事实根据的,应当判决予以驳回。

第一百七十三条 人民法院根据被认定为无民事行为能力人、限制民事行为能力人或者他的监护人的申请,证实该公民无民事行为能力或者限制民事行为能力的原因已经消除的,应当作出新判决,撤销原判决。

第五节 认定财产无主案件

第一百七十四条 申请认定财产无主,由公民、法人或者其他组织向财产所在地基层人民法院提出。

申请书应当写明财产的种类、数量以及要求认定财产无主的根据。

第一百七十五条 人民法院受理申请后,经审查核实,应当发出财产认领公告。公告满一年无人认领的,判决认定财产无主,收归国家或者集体所有。

第一百七十六条 判决认定财产无主后,原财产所有人或者继承人出现,在民法通则规定的诉讼时效期间可以对财产提出请求,人民法院审查属实后,应当作出新判决,撤销原判决。

第十六章 审判监督程序

第一百七十七条 各级人民法院院长对本院已经发生法律效力的判决、裁定,发现确有错误,认为需要再审的,应当提交审判委员会讨论决定。

最高人民法院对地方各级人民法院已经发生法律效力的判决、裁定,上级人民法院对下级人民法院已经发生法律效力的判决、裁定,发现确有错误的,有权提审或者指令下级人民法院再审。

第一百七十八条 当事人对已经发生法律效力的判决、裁定,认为有错误的,可以向上一级人民法院申请再审,但不停止判决、裁定的执行。

第一百七十九条 当事人的申请符合下列情形之一的,人民法院应当再审:

(一)有新的证据,足以推翻原判决、裁定的;

(二)原判决、裁定认定的基本事实缺乏证据证明的;

(三)原判决、裁定认定事实的主要证据是伪造的;

(四)原判决、裁定认定事实的主要证据未经质证的;

(五)对审理案件需要的证据,当事人因客观原因不能自行收集,书面申请人民法院调查收集,人民法院未调查收集的;

(六)原判决、裁定适用法律确有错误的;

(七)违反法律规定,管辖错误的;

(八)审判组织的组成不合法或者依法应当回避的审判人员没有回避的;

(九)无诉讼行为能力人未经法定代理人代为诉讼或者应当参加诉讼的当事人,因不能归责于本人或者其诉讼代理人的事由,未参加诉讼的;

（十）违反法律规定，剥夺当事人辩论权利的；

（十一）未经传票传唤，缺席判决的；

（十二）原判决、裁定遗漏或者超出诉讼请求的；

（十三）据以作出原判决、裁定的法律文书被撤销或者变更的。

对违反法定程序可能影响案件正确判决、裁定的情形，或者审判人员在审理该案件时有贪污受贿，徇私舞弊，枉法裁判行为的，人民法院应当再审。

第一百八十条 当事人申请再审的，应当提交再审申请书等材料。人民法院应当自收到再审申请书之日起五日内将再审申请书副本发送对方当事人。对方当事人应当自收到再审申请书副本之日起十五日内提交书面意见；不提交书面意见的，不影响人民法院审查。人民法院可以要求申请人和对方当事人补充有关材料，询问有关事项。

第一百八十一条 人民法院应当自收到再审申请书之日起三个月内审查，符合本法第一百七十九条规定情形之一的，裁定再审；不符合本法第一百七十九条规定的，裁定驳回申请。有特殊情况需要延长的，由本院院长批准。

因当事人申请裁定再审的案件由中级人民法院以上的人民法院审理。最高人民法院、高级人民法院裁定再审的案件，由本院再审或者交其他人民法院再审，也可以交原审人民法院再审。

第一百八十二条 当事人对已经发生法律效力的调解书，提出证据证明调解违反自愿原则或者调解协议的内容违反法律的，可以申请再审。经人民法院审查属实的，应当再审。

第一百八十三条 当事人对已经发生法律效力的解除婚姻关系的判决，不得申请再审。

第一百八十四条 当事人申请再审，应当在判决、裁定发生法律效力后二年内提出；二年后据以作出原判决、裁定的法律文书被撤销或者变更，以及发现审判人员在审理该案件时有贪污受贿，徇私舞弊，枉法裁判行为的，自知道或者应当知道之日起三个月内提出。

第一百八十五条 按照审判监督程序决定再审的案件，裁定中止原判决的执行。裁定由院长署名，加盖人民法院印章。

第一百八十六条 人民法院按照审判监督程序再审的案件，发生法律效力的判决、裁定是由第一审法院作出的，按照第一审程序审理，所作的判决、裁定，当事人可以上诉；发生法律效力的判决、裁定是由第二审法院作出的，按照第二审程序审理，所作的判决、裁定，是发生法律效力的判决、裁定；上级人民法院按照审判监督程序提审的，按照第二审程序审理，所作的判决、裁定是发生法律效力的判决、裁定。

人民法院审理再审案件，应当另行组成合议庭。

第一百八十七条 最高人民检察院对各级人民法院已经发生法律效力的判决、裁定，上级人民检察院对下级人民法院已经发生法律效力的判决、裁定，发现有本法第一百七十九条规定情形之一的，应当提出抗诉。

地方各级人民检察院对同级人民法院已经发生法律效力的判决、裁定，发现有本法第一百七十九条规定情形之一的，应当提请上级人民检察院向同级人民法院提出抗诉。

第一百八十八条 人民检察院提出抗诉的案件，接受抗诉的人民法院应当自收到抗诉书之日起三十日内作出再审的裁定；有本法第一百七十九条第一款第（一）项至第（五）项规定情形之一的，可以交下一级人民法院再审。

第一百八十九条 人民检察院决定对人民法院的判决、裁定提出抗诉的，应当制作抗诉书。

第一百九十条 人民检察院提出抗诉的案件，人民法院再审时，应当通知人民检察院派员出席法庭。

第十七章 督促程序

第一百九十一条 债权人请求债务人给付金钱、有价证券，符合下列条件的，可以向有管辖权的基层人民法院申请支付令：

（一）债权人与债务人没有其他债务纠纷的；

（二）支付令能够送达债务人的。

申请书应当写明请求给付金钱或者有价证券的数量和所根据的事实、证据。

第一百九十二条 债权人提出申请后，人民法院应当在五日内通知债权人是否受理。

第一百九十三条 人民法院受理申请后，经审查债权人提供的事实、证据，对债权债务关系明确、合法的，应当在受理之日起十五日内向债务人发出支付令；申请不成立的，裁定予以驳回。

债务人应当自收到支付令之日起十五日内清偿债务，或者向人民法院提出书面异议。

债务人在前款规定的期间不提出异议又不履行支付令的，债权人可以向人民法院申请执行。

第一百九十四条 人民法院收到债务人提出的书面异议后，应当裁定终结督促程序，支付令自行失效，债权人可以起诉。

第十八章 公示催告程序

第一百九十五条 按照规定可以背书转让的票据持有人，因票据被盗、遗失或者灭失，可以向票据支付地的基层人民法院申请公示催告。依照法律规定可以申请公示催告的其他事项，适用本章规定。

申请人应当向人民法院递交申请书，写明票面金额、发票人、持票人、背书人等票据主要内容和申请的理由、事实。

第一百九十六条 人民法院决定受理申请，应当同时通知支付人停止支付，并在三日内发出公告，催促利害关系人申报权利。公示催告的期间，由人民法院根据情况决定，但不得少于六十日。

第一百九十七条 支付人收到人民法院停止支付的通知，应当停止支付，至公示催告程序终结。

公示催告期间，转让票据权利的行为无效。

第一百九十八条 利害关系人应当在公示催告期间向人民法院申报。

人民法院收到利害关系人的申报后，应当裁定终结公示催告程序，并通知申请人和支付人。

申请人或者申报人可以向人民法院起诉。

第一百九十九条 没有人申报的，人民法院应当根据申请人的申请，作出判决，宣告票据无效。判决应当公告，并通知支付人。自判决公告之日起，申请人有权向支付人请求支付。

第二百条 利害关系人因正当理由不能在判决前向人民法院申报的，自知道或者应当知道判决公告之日起一年内，可以向作出判决的人民法院起诉。

第三编 执行程序

第十九章 一般规定

第二百零一条 发生法律效力的民事判决、裁定，以及刑事判决、裁定中的财产部分，由第一审人民法院或者与第一审人民法院同级的被执行的财产所在地人民法院执行。

法律规定由人民法院执行的其他法律文书，由被执行人住所地或者被执行的财产所在地人民法院执行。

第二百零二条 当事人、利害关系人认为执行行为违反法律规定的，可以向负责执行的人民法院提出书面异议。当事人、利害关系人提出书面异议的，人民法院应当自收到书面异议之日起十五日内审查，理由成立的，裁定撤销或者改正；理由不成立的，裁定驳回。当事人、利害关系人对裁定不服的，可以自裁定送达之日起十日内向上一级人民法院申请复议。

第二百零三条 人民法院自收到申请执行书之日起超过六个月未执行的，申请执行人可以向上一级人民法院申请执行。上一级人民法院经审查，可以责令原人民法院在一定期限内执行，也可以决定由本院执行或者指令其他人民法院执行。

第二百零四条 执行过程中，案外人对执行标的提出书面异议的，人民法院应当自收到书面异议之日起十五日内审查，理由成立的，裁定中止对该标的的执行；理由不成立的，裁定驳回。案外人、当事人对裁定不服，认为原判决、裁定错误的，依照审判监督程序办理；与原判决、裁定无关的，可以自裁定送达之日起十五日内向人民法院提起诉讼。

第二百零五条 执行工作由执行员进行。

采取强制执行措施时，执行员应当出示证件。执行完毕后，应当将执行情况制作笔录，由在场的有关人员签名或者盖章。

人民法院根据需要可以设立执行机构。

第二百零六条 被执行人或者被执行的财产在外地的，可以委托当地人民法院代为执行。

受委托人民法院收到委托函件后,必须在十五日内开始执行,不得拒绝。执行完毕后,应当将执行结果及时函复委托人民法院;在三十日内如果还未执行完毕,也应当将执行情况函告委托人民法院。

受委托人民法院自收到委托函件之日起十五日内不执行的,委托人民法院可以请求受委托人民法院的上级人民法院指令受委托人民法院执行。

第二百零七条 在执行中,双方当事人自行和解达成协议的,执行员应当将协议内容记入笔录,由双方当事人签名或者盖章。

一方当事人不履行和解协议的,人民法院可以根据对方当事人的申请,恢复对原生效法律文书的执行。

第二百零八条 在执行中,被执行人向人民法院提供担保,并经申请执行人同意的,人民法院可以决定暂缓执行及暂缓执行的期限。被执行人逾期仍不履行的,人民法院有权执行被执行人的担保财产或者担保人的财产。

第二百零九条 作为被执行人的公民死亡的,以其遗产偿还债务。作为被执行人的法人或者其他组织终止的,由其权利义务承受人履行义务。

第二百一十条 执行完毕后,据以执行的判决、裁定和其他法律文书确有错误,被人民法院撤销的,对已被执行的财产,人民法院应当作出裁定,责令取得财产的人返还;拒不返还的,强制执行。

第二百一十一条 人民法院制作的调解书的执行,适用本编的规定。

第二十章 执行的申请和移送

第二百一十二条 发生法律效力的民事判决、裁定,当事人必须履行。一方拒绝履行的,对方当事人可以向人民法院申请执行,也可以由审判员移送执行员执行。

调解书和其他应当由人民法院执行的法律文书,当事人必须履行。一方拒绝履行的,对方当事人可以向人民法院申请执行。

第二百一十三条 对依法设立的仲裁机构的裁决,一方当事人不履行的,对方当事人可以向有管辖权的人民法院申请执行。受申请的人民法院应当执行。

被申请人提出证据证明仲裁裁决有下列情形之一的,经人民法院组成合议庭审查核实,裁定不予执行:

(一)当事人在合同中没有订有仲裁条款或者事后没有达成书面仲裁协议的;

(二)裁决的事项不属于仲裁协议的范围或者仲裁机构无权仲裁的;

(三)仲裁庭的组成或者仲裁的程序违反法定程序的;

(四)认定事实的主要证据不足的;

(五)适用法律确有错误的;

(六)仲裁员在仲裁该案时有贪污受贿,徇私舞弊,枉法裁决行为的。

人民法院认定执行该裁决违背社会公共利益的,裁定不予执行。

裁定书应当送达双方当事人和仲裁机构。

仲裁裁决被人民法院裁定不予执行的,当事人可以根据双方达成的书面仲裁协议重新申请仲裁,也可以向人民法院起诉。

第二百一十四条 对公证机关依法赋予强制执行效力的债权文书,一方当事人不履行的,对方当事人可以向有管辖权的人民法院申请执行,受申请的人民法院应当执行。

公证债权文书确有错误的,人民法院裁定不予执行,并将裁定书送达双方当事人和公证机关。

第二百一十五条 申请执行的期间为二年。申请执行时效的中止、中断,适用法律有关诉讼时效中止、中断的规定。

前款规定的期间,从法律文书规定履行期间的最后一日起计算;法律文书规定分期履行的,从规定的每次履行期间的最后一日起计算;法律文书未规定履行期间的,从法律文书生效之日起计算。

第二百一十六条 执行员接到申请执行书或者移交执行书,应当向被执行人发出执行通知,责令其在指定的期间履行,逾期不履行的,强制执行。

被执行人不履行法律文书确定的义务,并有可能隐匿、转移财产的,执行员可以立即采取强制执行措施。

第二十一章 执行措施

第二百一十七条 被执行人未按执行通知履行法律文书确定的义务,应当报告当前以及收到执行通知之日前一年的财产情况。被执行人拒绝报告或者虚假报告的,人民法院可以根据情节轻重对被执行人或者其法定代理人、有关单位的主要负责人或者直接责任人员予以罚款、拘留。

第二百一十八条 被执行人未按执行通知履行法律文书确定的义务,人民法院有权向银行、信用合作社和其他有储蓄业务的单位查询被执行人的存款情况,有权冻结、划拨被执行人的存款,但查询、冻结、划拨存款不得超出被执行人应当履行义务的范围。

人民法院决定冻结、划拨存款,应当作出裁定,并发出协助执行通知书,银行、信用合作社和其他有储蓄业务的单位必须办理。

第二百一十九条 被执行人未按执行通知履行法律文书确定的义务,人民法院有权扣留、提取被执行人应当履行义务部分的收入。但应当保留被执行人及其所扶养家属的生活必需费用。

人民法院扣留、提取收入时,应当作出裁定,并发出协助执行通知书,被执行人所在单位、银行、信用合作社和其他有储蓄业务的单位必须办理。

第二百二十条 被执行人未按执行通知履行法律文书确定的义务,人民法院有权查封、扣押、冻结、拍卖、变卖被执行人应当履行义务部分的财产。但应当保留被执行人及其所扶养家属的生活必需品。

采取前款措施,人民法院应当作出裁定。

第二百二十一条 人民法院查封、扣押财产时,被执行人是公民的,应当通知被执行人或者他的成年家属到场;被执行人是法人或者其他组织的,应当通知其法定代表人或者主要负责人到场。拒不到场的,不影响执行。被执行人是公民的,其工作单位或者财产所在地的基层组织应当派人参加。

对被查封、扣押的财产,执行员必须造具清单,由在场人签名或者盖章后,交被执行人一份。被执行人是公民的,也可以交他的成年家属一份。

第二百二十二条 被查封的财产,执行员可以指定被执行人负责保管。因被执行人的过错造成的损失,由被执行人承担。

第二百二十三条 财产被查封、扣押后,执行员应当责令被执行人在指定期间履行法律文书确定的义务。被执行人逾期不履行的,人民法院可以按照规定交有关单位拍卖或者变卖被查封、扣押的财产。国家禁止自由买卖的物品,交有关单位按照国家规定的价格收购。

第二百二十四条 被执行人不履行法律文书确定的义务,并隐匿财产的,人民法院有权发出搜查令,对被执行人及其住所或者财产隐匿地进行搜查。

采取前款措施,由院长签发搜查令。

第二百二十五条 法律文书指定交付的财物或者票证,由执行员传唤双方当事人当面交付,或者由执行员转交,并由被交付人签收。

有关单位持有该项财物或者票证的,应当根据人民法院的协助执行通知书转交,并由被交付人签收。

有关公民持有该项财物或者票证的,人民法院通知其交出。拒不交出的,强制执行。

第二百二十六条 强制迁出房屋或者强制退出土地,由院长签发公告,责令被执行人在指定期间履行。被执行人逾期不履行的,由执行员强制执行。

强制执行时,被执行人是公民的,应当通知被执行人或者他的成年家属到场;被执行人是法人或者其他组织的,应当通知其法定代表人或者主要负责人到场。拒不到场的,不影响执行。被执行人是公民的,其工作单位或者房屋、土地所在地的基层组织应当派人参加。执行员应当将强制执行情况记入笔录,由在场人签名或者盖章。

强制迁出房屋被搬出的财物,由人民法院派人运至指定处所,交给被执行人。被执行人是公民的,也可以交给他的成年家属。因拒绝接收而造成的损失,由被执行人承担。

第二百二十七条 在执行中,需要办理有关财产权证照转移手续的,人民法院可以向有关单位发出协助执行通知书,有关单位必须办理。

第二百二十八条 对判决、裁定和其他法律文书指定的行为,被执行人未按执行通知履行的,人民法院可以强制执行或者委托有关单位或者其他人完成,费用由被执行人承担。

第二百二十九条 被执行人未按判决、裁定和其他法律文书指定的期间履行给付金钱义务的,应当加倍支付迟延履行期间的债务利息。被执行人未按判决、裁定和其他法律文书指定的期间履行其他义务的,应当支付迟延履行金。

第二百三十条 人民法院采取本法第二百一十八条、第二百一十九条、第二百二十条规定的执行措施后,被执行人仍不能偿还债务的,应当继续履行义务。债权人发现被执行人有其他财产的,可以随时请求人民法院执行。

第二百三十一条 被执行人不履行法律文书确定的义务的,人民法院可以对其采取或者通知有关单位协助采取限制出境,在征信系统记录、通过媒体公布不履行义务信息以及法律规定的其他措施。

第二十二章 执行中止和终结

第二百三十二条 有下列情形之一的,人民法院应当裁定中止执行:

(一)申请人表示可以延期执行的;

(二)案外人对执行标的提出确有理由的异议的;

(三)作为一方当事人的公民死亡,需要等待继承人继承权利或者承担义务的;

(四)作为一方当事人的法人或者其他组织终止,尚未确定权利义务承受人的;

(五)人民法院认为应当中止执行的其他情形。

中止的情形消失后,恢复执行。

第二百三十三条 有下列情形之一的,人民法院裁定终结执行:

(一)申请人撤销申请的;

(二)据以执行的法律文书被撤销的;

(三)作为被执行人的公民死亡,无遗产可供执行,又无义务承担人的;

(四)追索赡养费、扶养费、抚育费案件的权利人死亡的;

(五)作为被执行人的公民因生活困难无力偿还借款,无收入来源,又丧失劳动能力的;

(六)人民法院认为应当终结执行的其他情形。

第二百三十四条 中止和终结执行的裁定,送达当事人后立即生效。

第四编 涉外民事诉讼程序的特别规定

第二十三章 一般原则

第二百三十五条 在中华人民共和国领域内进行涉外民事诉讼,适用本编规定。本编没有规定的,适用本法其他有关规定。

第二百三十六条 中华人民共和国缔结或者参加的国际条约同本法有不同规定的,适用该国际条约的规定,但中华人民共和国声明保留的条款除外。

第二百三十七条 对享有外交特权与豁免的外国人、外国组织或者国际组织提起的民事诉讼,应当依照中华人民共和国有关法律和中华人民共和国缔结或者参加的国际条约的规定办理。

第二百三十八条 人民法院审理涉外民事案件,应当使用中华人民共和国通用的语言、文字。当事人要求提供翻译的,可以提供,费用由当事人承担。

第二百三十九条 外国人、无国籍人、外国企业和组织在人民法院起诉、应诉,需要委托律师代理诉讼的,必须委托中华人民共和国的律师。

第二百四十条 在中华人民共和国领域内没有住所的外国人、无国籍人、外国企业和组织委托中华人民共和国律师或者其他人代理诉讼,从中华人民共和国领域外寄交或者托交的授权委托书,应当经所在国公证机关证明,并经中华人民共和国驻该国使领馆认证,或者履行中华人民共和国与该所在国订立的有关条约中规定的证明手续后,才具有效力。

第二十四章 管 辖

第二百四十一条 因合同纠纷或者其他财产权益纠纷,对在中华人民共和国领域内没有住所的被告提起的诉讼,如果合同在中华人民共和国领域内签订或者履行,或者诉讼标的物在中华人民共和国领域内,或者被告在中华人民共和国领域内有可供扣押的财产,或者被告在中华人民共和国领域内设有代表机构,可以由合同签订地、合同履行地、诉讼标的物所在地、可供扣押财产所在地、侵权行为地或者代表机构住所地人民法院管辖。

第二百四十二条 涉外合同或者涉外财产权益纠纷的当事人,可以用书面协议选择与争议有实际联系的地点的法院管辖。选择中华人民共和国人民法院管辖的,不得违反本法关于级别管辖和专属管辖的规定。

第二百四十三条 涉外民事诉讼的被告对人民法院管辖不提出异议,并应诉答辩的,视为承认该人民法院为有管辖权的法院。

第二百四十四条 因在中华人民共和国履行中外合资经营企业合同、中外合作经营企业合同、中外合作勘探开发自然资源合同发生纠纷提起的诉讼,由中华人民共和国人民法院管辖。

第二十五章 送达、期间

第二百四十五条 人民法院对在中华人民共和国领域内没有住所的当事人送达诉讼文书,可以采用下列方式:

(一)依照受送达人所在国与中华人民共和国缔结或者共同参加的国际条约中规定的方式送达;

(二)通过外交途径送达;

(三)对具有中华人民共和国国籍的受送达人,可以委托中华人民共和国驻受送达人所在国的使领馆代为送达;

(四)向受送达人委托的有权代其接受送达的诉讼代理人送达;

(五)向受送达人在中华人民共和国领域内设立的代表机构或者有权接受送达的分支机构、业务代办人送达;

(六)受送达人所在国的法律允许邮寄送达的,可以邮寄送达,自邮寄之日起满六个月,送达回证没有退回,但根据各种情况足以认定已经送达的,期间届满之日视为送达;

(七)不能用上述方式送达的,公告送达,自公告之日起满六个月,即视为送达。

第二百四十六条 被告在中华人民共和国领域内没有住所的,人民法院应当将起诉状副本送达被告,并通知被告在收到起诉状副本后三十日内提出答辩状。被告申请延期的,是否准许,由人民法院决定。

第二百四十七条 在中华人民共和国领域内没有住所的当事人,不服第一审人民法院判决、裁定的,有权在判决书、裁定书送达之日起三十日内提起上诉。被上诉人在收到上诉状副本后,应当在三十日内提出答辩状。当事人不能在法定期间提起上诉或者提出答辩状,申请延期的,是否准许,由人民法院决定。

第二百四十八条 人民法院审理涉外民事案件的期间,不受本法第一百三十五条、第一百五十九条规定的限制。

第二十六章 财产保全

第二百四十九条 当事人依照本法第九十二条的规定可以向人民法院申请财产保全。

利害关系人依照本法第九十三条的规定可以在起诉前向人民法院申请财产保全。

第二百五十条 人民法院裁定准许诉前财产保全后,申请人应当在三十日内提起诉讼。逾期不起诉的,人民法院应当解除财产保全。

第二百五十一条 人民法院裁定准许财产保全后,被申请人提供担保的,人民法院应当解除财产保全。

第二百五十二条 申请有错误的,申请人应当赔偿被申请人因财产保全所遭受的损失。

第二百五十三条 人民法院决定保全的财产需要监督的,应当通知有关单位负责监督,费用由被申请人承担。

第二百五十四条 人民法院解除保全的命令由执行员执行。

第二十七章 仲裁

第二百五十五条 涉外经济贸易、运输和海事中发生的纠纷,当事人在合同中订有仲裁条款或者事后达成书面仲裁协议,提交中华人民共和国涉外仲裁机构或者其他仲裁机构仲裁的,当事人不得向人民法院起诉。

当事人在合同中没有订有仲裁条款或者事

后没有达成书面仲裁协议的,可以向人民法院起诉。

第二百五十六条　当事人申请采取财产保全的,中华人民共和国的涉外仲裁机构应当将当事人的申请,提交被申请人住所地或者财产所在地的中级人民法院裁定。

第二百五十七条　经中华人民共和国涉外仲裁机构裁决的,当事人不得向人民法院起诉。一方当事人不履行仲裁裁决的,对方当事人可以向被申请人住所地或者财产所在地的中级人民法院申请执行。

第二百五十八条　对中华人民共和国涉外仲裁机构作出的裁决,被申请人提出证据证明仲裁裁决有下列情形之一的,经人民法院组成合议庭审查核实,裁定不予执行:

(一)当事人在合同中没有订有仲裁条款或者事后没有达成书面仲裁协议的;

(二)被申请人没有得到指定仲裁员或者进行仲裁程序的通知,或者由于其他不属于被申请人负责的原因未能陈述意见的;

(三)仲裁庭的组成或者仲裁的程序与仲裁规则不符的;

(四)裁决的事项不属于仲裁协议的范围或者仲裁机构无权仲裁的。

人民法院认定执行该裁决违背社会公共利益的,裁定不予执行。

第二百五十九条　仲裁裁决被人民法院裁定不予执行的,当事人可以根据双方达成的书面仲裁协议重新申请仲裁,也可以向人民法院起诉。

第二十八章　司法协助

第二百六十条　根据中华人民共和国缔结或者参加的国际条约,或者按照互惠原则,人民法院和外国法院可以相互请求,代为送达文书、调查取证以及进行其他诉讼行为。

外国法院请求协助的事项有损于中华人民共和国的主权、安全或者社会公共利益的,人民法院不予执行。

第二百六十一条　请求和提供司法协助,应当依照中华人民共和国缔结或者参加的国际条约所规定的途径进行;没有条约关系的,通过外交途径进行。

外国驻中华人民共和国的使领馆可以向该国公民送达文书和调查取证,但不得违反中华人民共和国的法律,并不得采取强制措施。

除前款规定的情况外,未经中华人民共和国主管机关准许,任何外国机关或者个人不得在中华人民共和国领域内送达文书、调查取证。

第二百六十二条　外国法院请求人民法院提供司法协助的请求书及其所附文件,应当附有中文译本或者国际条约规定的其他文字文本。

人民法院请求外国法院提供司法协助的请求书及其所附文件,应当附有该国文字译本或者国际条约规定的其他文字文本。

第二百六十三条　人民法院提供司法协助,依照中华人民共和国法律规定的程序进行。外国法院请求采用特殊方式的,也可以按照其请求的特殊方式进行,但请求采用的特殊方式不得违反中华人民共和国法律。

第二百六十四条　人民法院作出的发生法律效力的判决、裁定,如果被执行人或者其财产不在中华人民共和国领域内,当事人请求执行的,可以由当事人直接向有管辖权的外国法院申请承认和执行,也可以由人民法院依照中华人民共和国缔结或者参加的国际条约的规定,或者按照互惠原则,请求外国法院承认和执行。

中华人民共和国涉外仲裁机构作出的发生法律效力的仲裁裁决,当事人请求执行的,如果被执行人或者其财产不在中华人民共和国领域内,应当由当事人直接向有管辖权的外国法院申请承认和执行。

第二百六十五条　外国法院作出的发生法律效力的判决、裁定,需要中华人民共和国人民法院承认和执行的,可以由当事人直接向中华人民共和国有管辖权的中级人民法院申请承认和执行,也可以由外国法院依照该国与中华人民共和国缔结或者参加的国际条约的规定,或者按照互惠原则,请求人民法院承认和执行。

第二百六十六条　人民法院对申请或者请求承认和执行的外国法院作出的发生法律效力的判决、裁定,依照中华人民共和国缔结或者参加的国际条约,或者按照互惠原则进行审查后,认为不违反中华人民共和国法律的基本原则或者国家主权、安全、社会公共利益的，裁定承认其效力，需要执行的，发出执行令，依照本法的有关规定执行。违反中华人民共和国法律的基本原则或者国家主权、安全、社会公共利益的，不予承认和执行。

第二百六十七条　国外仲裁机构的裁决，需要中华人民共和国人民法院承认和执行的，应当由当事人直接向被执行人住所地或者其财产所在地的中级人民法院申请，人民法院应当依照中华人民共和国缔结或者参加的国际条约，或者按照互惠原则办理。

第二百六十八条　本法自公布之日起施行，《中华人民共和国民事诉讼法（试行）》同时废止。

全国人民代表大会常务委员会关于修改《中华人民共和国民事诉讼法》的决定

（2012年8月31日第十一届全国人民代表大会常务委员会第二十八次会议通过　2012年8月31日中华人民共和国主席令第59号公布　自2013年1月1日起施行）

第十一届全国人民代表大会常务委员会第二十八次会议决定对《中华人民共和国民事诉讼法》作如下修改：

一、第十三条增加一款，作为第一款："民事诉讼应当遵循诚实信用原则。"

二、将第十四条修改为："人民检察院有权对民事诉讼实行法律监督。"

三、删去第十六条。

四、将第二十五条改为第三十四条，修改为："合同或者其他财产权益纠纷的当事人可以书面协议选择被告住所地、合同履行地、合同签订地、原告住所地、标的物所在地等与争议有实际联系的地点的人民法院管辖，但不得违反本法对级别管辖和专属管辖的规定。"

五、增加一条，作为第二十六条："因公司设立、确认股东资格、分配利润、解散等纠纷提起的诉讼，由公司住所地人民法院管辖。"

六、将第三十八条改为第一百二十七条，增加一款，作为第二款："当事人未提出管辖异议，并应诉答辩的，视为受诉人民法院有管辖权，但违反级别管辖和专属管辖规定的除外。"

七、将第三十九条改为第三十八条，第一款修改为："上级人民法院有权审理下级人民法院管辖的第一审民事案件；确有必要将本院管辖的第一审民事案件交下级人民法院审理的，应当报请其上级人民法院批准。"

八、将第四十五条改为第四十四条，修改为："审判人员有下列情形之一的，应当自行回避，当事人有权用口头或者书面方式申请他们回避：

"（一）是本案当事人或者当事人、诉讼代理人近亲属的；

"（二）与本案有利害关系的；

"（三）与本案当事人、诉讼代理人有其他关系，可能影响对案件公正审理的。

"审判人员接受当事人、诉讼代理人请客送礼，或者违反规定会见当事人、诉讼代理人的，当事人有权要求他们回避。

"审判人员有前款规定的行为的，应当依法追究法律责任。

"前三款规定，适用于书记员、翻译人员、鉴定人、勘验人。"

九、增加一条，作为第五十五条："对污染环境、侵害众多消费者合法权益等损害社会公共利益的行为，法律规定的机关和有关组织可以向人民法院提起诉讼。"

十、第五十六条增加一款，作为第三款："前两款规定的第三人，因不能归责于本人的事由未参加诉讼，但有证据证明发生法律效力的判决、裁定、调解书的部分或者全部内容错误，损害其民事权益的，可以自知道或者应当知道其民事权益受到损害之日起六个月内，向作出该判决、裁定、调解书的人民法院提起诉讼。人民法院经审理，诉讼请求成立的，应当改变或者撤销原判决、裁定、调解书；诉讼请求不成立的，驳回诉讼请求。"

十一、将第五十八条第二款修改为："下列人员可以被委托为诉讼代理人：

"（一）律师、基层法律服务工作者；

"（二）当事人的近亲属或者工作人员；

"（三）当事人所在社区、单位以及有关社会团体推荐的公民。”

十二、将第六十三条修改为:“证据包括:

“(一)当事人的陈述;

“(二)书证;

“(三)物证;

“(四)视听资料;

“(五)电子数据;

“(六)证人证言;

“(七)鉴定意见;

“(八)勘验笔录。

“证据必须查证属实,才能作为认定事实的根据。”

相应地将第一百二十四条、第一百七十一条中的“鉴定结论”修改为“鉴定意见”。

十三、增加二条,作为第六十五条、第六十六条:

“第六十五条　当事人对自己提出的主张应当及时提供证据。

“人民法院根据当事人的主张和案件审理情况,确定当事人应当提供的证据及其期限。当事人在该期限内提供证据确有困难的,可以向人民法院申请延长期限,人民法院根据当事人的申请适当延长。当事人逾期提供证据的,人民法院应当责令其说明理由;拒不说明理由或者理由不成立的,人民法院根据不同情形可以不予采纳该证据,或者采纳该证据但予以训诫、罚款。

“第六十六条　人民法院收到当事人提交的证据材料,应当出具收据,写明证据名称、页数、份数、原件或者复印件以及收到时间等,并由经办人员签名或者盖章。”

十四、将第六十七条改为第六十九条,修改为:“经过法定程序公证证明的法律事实和文书,人民法院应当作为认定事实的根据,但有相反证据足以推翻公证证明的除外。”

十五、将第七十条改为三条,作为第七十二条、第七十三条、第七十四条,修改为:

“第七十二条　凡是知道案件情况的单位和个人,都有义务出庭作证。有关单位的负责人应当支持证人作证。

“不能正确表达意思的人,不能作证。

“第七十三条　经人民法院通知,证人应当出庭作证。有下列情形之一的,经人民法院许可,可以通过书面证言、视听传输技术或者视听资料等方式作证:

“(一)因健康原因不能出庭的;

“(二)因路途遥远,交通不便不能出庭的;

“(三)因自然灾害等不可抗力不能出庭的;

“(四)其他有正当理由不能出庭的。

“第七十四条　证人因履行出庭作证义务而支出的交通、住宿、就餐等必要费用以及误工损失,由败诉一方当事人负担。当事人申请证人作证的,由该当事人先行垫付;当事人没有申请,人民法院通知证人作证的,由人民法院先行垫付。”

相应地将第六十二条中的“意志”修改为“意思”。

十六、将第七十二条改为三条,作为第七十六条、第七十七条、第七十八条,修改为:

“第七十六条　当事人可以就查明事实的专门性问题向人民法院申请鉴定。当事人申请鉴定的,由双方当事人协商确定具备资格的鉴定人;协商不成的,由人民法院指定。

“当事人未申请鉴定,人民法院对专门性问题认为需要鉴定的,应当委托具备资格的鉴定人进行鉴定。

“第七十七条　鉴定人有权了解进行鉴定所需要的案件材料,必要时可以询问当事人、证人。

“鉴定人应当提出书面鉴定意见,在鉴定书上签名或者盖章。

“第七十八条　当事人对鉴定意见有异议或者人民法院认为鉴定人有必要出庭的,鉴定人应当出庭作证。经人民法院通知,鉴定人拒不出庭作证的,鉴定意见不得作为认定事实的根据;支付鉴定费用的当事人可以要求返还鉴定费用。”

增加一条,作为第七十九条:“当事人可以申请人民法院通知有专门知识的人出庭,就鉴定人作出的鉴定意见或者专业问题提出意见。”

十七、将第七十四条改为第八十一条,修改为:“在证据可能灭失或者以后难以取得的情况下,当事人可以在诉讼过程中向人民法院申请保全证据,人民法院也可以主动采取保全措施。

“因情况紧急,在证据可能灭失或者以后难以取得的情况下,利害关系人可以在提起诉讼或者申请仲裁前向证据所在地、被申请人住所地或者对案件有管辖权的人民法院申请保全证据。

“证据保全的其他程序，参照适用本法第九章保全的有关规定。”

十八、将第七十九条改为第八十六条，修改为：“受送达人或者他的同住成年家属拒绝接收诉讼文书的，送达人可以邀请有关基层组织或者所在单位的代表到场，说明情况，在送达回证上记明拒收事由和日期，由送达人、见证人签名或者盖章，把诉讼文书留在受送达人的住所；也可以把诉讼文书留在受送达人的住所，并采用拍照、录像等方式记录送达过程，即视为送达。”

增加一条，作为第八十七条：“经受送达人同意，人民法院可以采用传真、电子邮件等能够确认其收悉的方式送达诉讼文书，但判决书、裁定书、调解书除外。

“采用前款方式送达的，以传真、电子邮件等到达受送达人特定系统的日期为送达日期。”

十九、将第八十二条改为第九十条，修改为：“受送达人被监禁的，通过其所在监所转交。

“受送达人被采取强制性教育措施的，通过其所在强制性教育机构转交。”

相应地将第二十三条第三项修改为：“（三）对被采取强制性教育措施的人提起的诉讼”。

二十、将第九章的章名、第九十六条、第九十九条、第一百四十条、第二百五十六条中的“财产保全”修改为“保全”。

二十一、将第九十二条改为第一百条，修改为：“人民法院对于可能因当事人一方的行为或者其他原因，使判决难以执行或者造成当事人其他损害的案件，根据对方当事人的申请，可以裁定对其财产进行保全、责令其作出一定行为或者禁止其作出一定行为；当事人没有提出申请的，人民法院在必要时也可以裁定采取保全措施。

“人民法院采取保全措施，可以责令申请人提供担保，申请人不提供担保的，裁定驳回申请。

“人民法院接受申请后，对情况紧急的，必须在四十八小时内作出裁定；裁定采取保全措施的，应当立即开始执行。”

二十二、将第九十三条改为第一百零一条，修改为：“利害关系人因情况紧急，不立即申请保全将会使其合法权益受到难以弥补的损害的，可以在提起诉讼或者申请仲裁前向被保全财产所在地、被申请人住所地或者对案件有管辖权的人民法院申请采取保全措施。申请人应当提供担保，不提供担保的，裁定驳回申请。

“人民法院接受申请后，必须在四十八小时内作出裁定；裁定采取保全措施的，应当立即开始执行。

“申请人在人民法院采取保全措施后三十日内不依法提起诉讼或者申请仲裁的，人民法院应当解除保全。”

二十三、将第九十四条改为二条，作为第一百零二条、第一百零三条，修改为：

“第一百零二条　保全限于请求的范围，或者与本案有关的财物。

“第一百零三条　财产保全采取查封、扣押、冻结或者法律规定的其他方法。人民法院保全财产后，应当立即通知被保全财产的人。

“财产已被查封、冻结的，不得重复查封、冻结。”

将第九十五条改为第一百零四条，修改为：“财产纠纷案件，被申请人提供担保的，人民法院应当裁定解除保全。”

二十四、增加二条，作为第一百一十二条、第一百一十三条：

“第一百一十二条　当事人之间恶意串通，企图通过诉讼、调解等方式侵害他人合法权益的，人民法院应当驳回其请求，并根据情节轻重予以罚款、拘留；构成犯罪的，依法追究刑事责任。

“第一百一十三条　被执行人与他人恶意串通，通过诉讼、仲裁、调解等方式逃避履行法律文书确定的义务的，人民法院应当根据情节轻重予以罚款、拘留；构成犯罪的，依法追究刑事责任。”

二十五、将第一百零三条改为第一百一十四条，第一款第二项修改为：“（二）有关单位接到人民法院协助执行通知书后，拒不协助查询、扣押、冻结、划拨、变价财产的”。

将第一百零四条改为第一百一十五条，第一款修改为：“对个人的罚款金额，为人民币十万元以下。对单位的罚款金额，为人民币五万元以上一百万元以下。”

二十六、将第一百一十条改为第一百二十一条，第一项改为二项，作为第一项、第二项，修改为：

"(一)原告的姓名、性别、年龄、民族、职业、工作单位、住所、联系方式,法人或者其他组织的名称、住所和法定代表人或者主要负责人的姓名、职务、联系方式;

"(二)被告的姓名、性别、工作单位、住所等信息,法人或者其他组织的名称、住所等信息"。

将第一百一十三条改为第一百二十五条,修改为:"人民法院应当在立案之日起五日内将起诉状副本发送被告,被告应当在收到之日起十五日内提出答辩状。答辩状应当记明被告的姓名、性别、年龄、民族、职业、工作单位、住所、联系方式;法人或者其他组织的名称、住所和法定代表人或者主要负责人的姓名、职务、联系方式。人民法院应当在收到答辩状之日起五日内将答辩状副本发送原告。

"被告不提出答辩状的,不影响人民法院审理。"

二十七、增加一条,作为第一百二十二条:"当事人起诉到人民法院的民事纠纷,适宜调解的,先行调解,但当事人拒绝调解的除外。"

二十八、将第一百一十一条改为第一百二十四条,其中的"人民法院对符合本法第一百零八条的起诉,必须受理;对下列起诉,分别情形,予以处理:"修改为:"人民法院对下列起诉,分别情形,予以处理:"。

第二项修改为:"(二)依照法律规定,双方当事人达成书面仲裁协议申请仲裁、不得向人民法院起诉的,告知原告向仲裁机构申请仲裁"。

第五项修改为:"(五)对判决、裁定、调解书已经发生法律效力的案件,当事人又起诉的,告知原告申请再审,但人民法院准许撤诉的裁定除外"。

二十九、将第一百一十二条改为第一百二十三条,修改为:"人民法院应当保障当事人依照法律规定享有的起诉权利。对符合本法第一百一十九条的起诉,必须受理。符合起诉条件的,应当在七日内立案,并通知当事人;不符合起诉条件的,应当在七日内作出裁定书,不予受理;原告对裁定不服的,可以提起上诉。"

三十、增加一条,作为第一百三十三条:"人民法院对受理的案件,分别情形,予以处理:

"(一)当事人没有争议,符合督促程序规定条件的,可以转入督促程序;

"(二)开庭前可以调解的,采取调解方式及时解决纠纷;

"(三)根据案件情况,确定适用简易程序或者普通程序;

"(四)需要开庭审理的,通过要求当事人交换证据等方式,明确争议焦点。"

三十一、将第一百二十四条改为第一百三十八条,第三项修改为:"(三)出示书证、物证、视听资料和电子数据"。

三十二、将第一百三十八条改为第一百五十二条,第一款中的"判决书应当写明:"修改为:"判决书应当写明判决结果和作出该判决的理由。判决书内容包括:"。

第一款第二项修改为:"(二)判决认定的事实和理由、适用的法律和理由"。

三十三、将第一百四十条改为第一百五十四条,第一款第九项修改为:"(九)撤销或者不予执行仲裁裁决"。

第二款修改为:"对前款第一项至第三项裁定,可以上诉。"

第三款修改为:"裁定书应当写明裁定结果和作出该裁定的理由。裁定书由审判人员、书记员署名,加盖人民法院印章。口头裁定的,记入笔录。"

三十四、增加一条,作为第一百五十六条:"公众可以查阅发生法律效力的判决书、裁定书,但涉及国家秘密、商业秘密和个人隐私的内容除外。"

三十五、将第一百四十二条改为第一百五十七条,增加一款,作为第二款:"基层人民法院和它派出的法庭审理前款规定以外的民事案件,当事人双方也可以约定适用简易程序。"

三十六、将第一百四十四条改为第一百五十九条,修改为:"基层人民法院和它派出的法庭审理简单的民事案件,可以用简便方式传唤当事人和证人、送达诉讼文书、审理案件,但应当保障当事人陈述意见的权利。"

三十七、增加一条,作为第一百六十二条:"基层人民法院和它派出的法庭审理符合本法第一百五十七条第一款规定的简单的民事案件,标的额为各省、自治区、直辖市上年度就业人员年平均工资百分之三十以下的,实行一审终审。”

三十八、增加一条,作为第一百六十三条:“人民法院在审理过程中,发现案件不宜适用简易程序的,裁定转为普通程序。”

三十九、将第一百五十二条改为第一百六十九条,第一款修改为:“第二审人民法院对上诉案件,应当组成合议庭,开庭审理。经过阅卷、调查和询问当事人,对没有提出新的事实、证据或者理由,合议庭认为不需要开庭审理的,可以不开庭审理。”

四十、将第一百五十三条改为第一百七十条,修改为:“第二审人民法院对上诉案件,经过审理,按照下列情形,分别处理:

“(一)原判决、裁定认定事实清楚,适用法律正确的,以判决、裁定方式驳回上诉,维持原判决、裁定;

“(二)原判决、裁定认定事实错误或者适用法律错误的,以判决、裁定方式依法改判、撤销或者变更;

“(三)原判决认定基本事实不清的,裁定撤销原判决,发回原审人民法院重审,或者查清事实后改判;

“(四)原判决遗漏当事人或者违法缺席判决等严重违反法定程序的,裁定撤销原判决,发回原审人民法院重审。

“原审人民法院对发回重审的案件作出判决后,当事人提起上诉的,第二审人民法院不得再次发回重审。”

四十一、将第一百六十条改为第一百七十七条,修改为:“人民法院审理选民资格案件、宣告失踪或者宣告死亡案件、认定公民无民事行为能力或者限制民事行为能力案件、认定财产无主案件、确认调解协议案件和实现担保物权案件,适用本章规定。本章没有规定的,适用本法和其他法律的有关规定。”

四十二、在第十五章第五节后增加二节,作为第六节、第七节:

“第六节　确认调解协议案件

“第一百九十四条　申请司法确认调解协议,由双方当事人依照人民调解法等法律,自调解协议生效之日起三十日内,共同向调解组织所在地基层人民法院提出。

“第一百九十五条　人民法院受理申请后,经审查,符合法律规定的,裁定调解协议有效,一方当事人拒绝履行或者未全部履行的,对方当事人可以向人民法院申请执行;不符合法律规定的,裁定驳回申请,当事人可以通过调解方式变更原调解协议或者达成新的调解协议,也可以向人民法院提起诉讼。

“第七节　实现担保物权案件

“第一百九十六条　申请实现担保物权,由担保物权人以及其他有权请求实现担保物权的人依照物权法等法律,向担保财产所在地或者担保物权登记地基层人民法院提出。

“第一百九十七条　人民法院受理申请后,经审查,符合法律规定的,裁定拍卖、变卖担保财产,当事人依据该裁定可以向人民法院申请执行;不符合法律规定的,裁定驳回申请,当事人可以向人民法院提起诉讼。”

四十三、将第一百七十八条改为第一百九十九条,修改为:“当事人对已经发生法律效力的判决、裁定,认为有错误的,可以向上一级人民法院申请再审;当事人一方人数众多或者当事人双方为公民的案件,也可以向原审人民法院申请再审。当事人申请再审的,不停止判决、裁定的执行。”

四十四、将第一百七十九条改为第二百条,第一款第五项修改为:“(五)对审理案件需要的主要证据,当事人因客观原因不能自行收集,书面申请人民法院调查收集,人民法院未调查收集的”。

删去第一款第七项。

将第二款作为第十三项,修改为:“(十三)审判人员审理该案件时有贪污受贿,徇私舞弊,枉法裁判行为的。”

四十五、将第一百八十一条改为第二百零四条,修改为:“人民法院应当自收到再审申请书之日起三个月内审查,符合本法规定的,裁定再审;不符合本法规定的,裁定驳回申请。有特殊情况需要延长的,由本院院长批准。

“因当事人申请裁定再审的案件由中级人民法院以上的人民法院审理,但当事人依照本法第一百九十九条的规定选择向基层人民法院申请再审的除外。最高人民法院、高级人民法院裁定再审的案件，由本院再审或者交其他人民法院再审，也可以交原审人民法院再审。”

四十六、将第一百八十二条改为第二百零一条。将第一百七十七条、第一百八十三条、第一百八十五条、第一百八十九条改为第一百九十八条、第二百零二条、第二百零六条、第二百一十二条，修改为：

“第一百九十八条　各级人民法院院长对本院已经发生法律效力的判决、裁定、调解书，发现确有错误，认为需要再审的，应当提交审判委员会讨论决定。

“最高人民法院对地方各级人民法院已经发生法律效力的判决、裁定、调解书，上级人民法院对下级人民法院已经发生法律效力的判决、裁定、调解书，发现确有错误的，有权提审或者指令下级人民法院再审。

“第二百零二条　当事人对已经发生法律效力的解除婚姻关系的判决、调解书，不得申请再审。

“第二百零六条　按照审判监督程序决定再审的案件，裁定中止原判决、裁定、调解书的执行，但追索赡养费、扶养费、抚育费、抚恤金、医疗费用、劳动报酬等案件，可以不中止执行。

“第二百一十二条　人民检察院决定对人民法院的判决、裁定、调解书提出抗诉的，应当制作抗诉书。”

四十七、将第一百八十四条改为第二百零五条，修改为：“当事人申请再审，应当在判决、裁定发生法律效力后六个月内提出；有本法第二百条第一项、第三项、第十二项、第十三项规定情形的，自知道或者应当知道之日起六个月内提出。”

四十八、将第一百八十七条改为第二百零八条，修改为：“最高人民检察院对各级人民法院已经发生法律效力的判决、裁定，上级人民检察院对下级人民法院已经发生法律效力的判决、裁定，发现有本法第二百条规定情形之一的，或者发现调解书损害国家利益、社会公共利益的，应当提出抗诉。

“地方各级人民检察院对同级人民法院已经发生法律效力的判决、裁定，发现有本法第二百条规定情形之一的，或者发现调解书损害国家利益、社会公共利益的，可以向同级人民法院提出检察建议，并报上级人民检察院备案；也可以提请上级人民检察院向同级人民法院提出抗诉。

“各级人民检察院对审判监督程序以外的其他审判程序中审判人员的违法行为，有权向同级人民法院提出检察建议。”

四十九、增加二条，作为第二百零九条、第二百一十条：

“第二百零九条　有下列情形之一的，当事人可以向人民检察院申请检察建议或者抗诉：

“（一）人民法院驳回再审申请的；

“（二）人民法院逾期未对再审申请作出裁定的；

“（三）再审判决、裁定有明显错误的。

“人民检察院对当事人的申请应当在三个月内进行审查，作出提出或者不予提出检察建议或者抗诉的决定。当事人不得再次向人民检察院申请检察建议或者抗诉。

“第二百一十条　人民检察院因履行法律监督职责提出检察建议或者抗诉的需要，可以向当事人或者案外人调查核实有关情况。”

五十、将第一百八十八条改为第二百一十一条，修改为：“人民检察院提出抗诉的案件，接受抗诉的人民法院应当自收到抗诉书之日起三十日内作出再审的裁定；有本法第二百条第一项至第五项规定情形之一的，可以交下一级人民法院再审，但经该下一级人民法院再审的除外。”

五十一、将第一百九十四条改为第二百一十七条，修改为：“人民法院收到债务人提出的书面异议后，经审查，异议成立的，应当裁定终结督促程序，支付令自行失效。

“支付令失效的，转入诉讼程序，但申请支付令的一方当事人不同意提起诉讼的除外。”

五十二、将第二百零七条改为第二百三十条，第二款修改为：“申请执行人因受欺诈、胁迫与被执行人达成和解协议，或者当事人不履行和解协议的，人民法院可以根据当事人的申请，恢复对原生效法律文书的执行。”

五十三、增加一条，作为第二百三十五条：“人民检察院有权对民事执行活动实行法律监督。”

五十四、将第二百一十三条改为第二百三十七条，第二款第四项、第五项修改为：

"（四）裁决所根据的证据是伪造的；

"（五）对方当事人向仲裁机构隐瞒了足以影响公正裁决的证据的"。

五十五、将第二百一十六条改为第二百四十条，修改为："执行员接到申请执行书或者移交执行书，应当向被执行人发出执行通知，并可以立即采取强制执行措施。"

五十六、将第二百一十八条改为第二百四十二条，修改为："被执行人未按执行通知履行法律文书确定的义务，人民法院有权向有关单位查询被执行人的存款、债券、股票、基金份额等财产情况。人民法院有权根据不同情形扣押、冻结、划拨、变价被执行人的财产。人民法院查询、扣押、冻结、划拨、变价的财产不得超出被执行人应当履行义务的范围。

"人民法院决定扣押、冻结、划拨、变价财产，应当作出裁定，并发出协助执行通知书，有关单位必须办理。"

五十七、将第二百二十三条改为第二百四十七条，修改为："财产被查封、扣押后，执行员应当责令被执行人在指定期间履行法律文书确定的义务。被执行人逾期不履行的，人民法院应当拍卖被查封、扣押的财产；不适于拍卖或者当事人双方同意不进行拍卖的，人民法院可以委托有关单位变卖或者自行变卖。国家禁止自由买卖的物品，交有关单位按照国家规定的价格收购。"

五十八、删去第二百四十二条、第二百四十三条。

五十九、将第二百四十五条改为第二百六十七条，第六项修改为："（六）受送达人所在国的法律允许邮寄送达的，可以邮寄送达，自邮寄之日起满三个月，送达回证没有退回，但根据各种情况足以认定已经送达的，期间届满之日视为送达"。

增加一项，作为第七项："（七）采用传真、电子邮件等能够确认受送达人收悉的方式送达"。

第七项改为第八项，修改为："（八）不能用上述方式送达的，公告送达，自公告之日起满三个月，即视为送达。"

六十、删去第二十六章"财产保全"。

民事诉讼法的有关章节序号及条文序号根据本决定作相应调整。

本决定自2013年1月1日起施行。

《中华人民共和国民事诉讼法》根据本决定作相应修改，重新公布。

中华人民共和国民事诉讼法①

（1991年4月9日第七届全国人民代表大会第四次会议通过　根据2007年10月28日第十届全国人民代表大会常务委员会第三十次会议《关于修改〈中华人民共和国民事诉讼法〉的决定》第一次修正　根据2012年8月31日第十一届全国人民代表大会常务委员会第二十八次会议《关于修改〈中华人民共和国民事诉讼法〉的决定》第二次修正）

目　　录

① 编者注：已被修改。

第一编　总　　则

第一章　任务、适用范围和基本原则

第一条　中华人民共和国民事诉讼法以宪法为根据，结合我国民事审判工作的经验和实际情况制定。

第二条　中华人民共和国民事诉讼法的任务，是保护当事人行使诉讼权利，保证人民法院查明事实，分清是非，正确适用法律，及时审理民事案件，确认民事权利义务关系，制裁民事违法行为，保护当事人的合法权益，教育公民自觉遵守法律，维护社会秩序、经济秩序，保障社会主义建设事业顺利进行。

第三条　人民法院受理公民之间、法人之间、其他组织之间以及他们相互之间因财产关系和人身关系提起的民事诉讼，适用本法的规定。

第四条　凡在中华人民共和国领域内进行民事诉讼，必须遵守本法。

第五条　外国人、无国籍人、外国企业和组织在人民法院起诉、应诉，同中华人民共和国公民、法人和其他组织有同等的诉讼权利义务。

外国法院对中华人民共和国公民、法人和其他组织的民事诉讼权利加以限制的，中华人民共和国人民法院对该国公民、企业和组织的民事诉讼权利，实行对等原则。

第六条　民事案件的审判权由人民法院行使。

人民法院依照法律规定对民事案件独立进行审判，不受行政机关、社会团体和个人的干涉。

第七条　人民法院审理民事案件，必须以事实为根据，以法律为准绳。

第八条　民事诉讼当事人有平等的诉讼权利。人民法院审理民事案件，应当保障和便利当事人行使诉讼权利，对当事人在适用法律上一律平等。

第九条　人民法院审理民事案件，应当根据自愿和合法的原则进行调解；调解不成的，应当及时判决。

第十条　人民法院审理民事案件，依照法律规定实行合议、回避、公开审判和两审终审制度。

第十一条　各民族公民都有用本民族语言、文字进行民事诉讼的权利。

在少数民族聚居或者多民族共同居住的地区，人民法院应当用当地民族通用的语言、文字进行审理和发布法律文书。

人民法院应当对不通晓当地民族通用的语言、文字的诉讼参与人提供翻译。

第十二条　人民法院审理民事案件时，当事人有权进行辩论。

第十三条　民事诉讼应当遵循诚实信用原则。

当事人有权在法律规定的范围内处分自己的民事权利和诉讼权利。

第十四条　人民检察院有权对民事诉讼实行法律监督。

第十五条　机关、社会团体、企业事业单位

对损害国家、集体或者个人民事权益的行为，可以支持受损害的单位或者个人向人民法院起诉。

第十六条 民族自治地方的人民代表大会根据宪法和本法的原则，结合当地民族的具体情况，可以制定变通或者补充的规定。自治区的规定，报全国人民代表大会常务委员会批准。自治州、自治县的规定，报省或者自治区的人民代表大会常务委员会批准，并报全国人民代表大会常务委员会备案。

第二章 管 辖

第一节 级别管辖

第十七条 基层人民法院管辖第一审民事案件，但本法另有规定的除外。

第十八条 中级人民法院管辖下列第一审民事案件：

（一）重大涉外案件；

（二）在本辖区有重大影响的案件；

（三）最高人民法院确定由中级人民法院管辖的案件。

第十九条 高级人民法院管辖在本辖区有重大影响的第一审民事案件。

第二十条 最高人民法院管辖下列第一审民事案件：

（一）在全国有重大影响的案件；

（二）认为应当由本院审理的案件。

第二节 地域管辖

第二十一条 对公民提起的民事诉讼，由被告住所地人民法院管辖；被告住所地与经常居住地不一致的，由经常居住地人民法院管辖。

对法人或者其他组织提起的民事诉讼，由被告住所地人民法院管辖。

同一诉讼的几个被告住所地、经常居住地在两个以上人民法院辖区的，各该人民法院都有管辖权。

第二十二条 下列民事诉讼，由原告住所地人民法院管辖；原告住所地与经常居住地不一致的，由原告经常居住地人民法院管辖：

（一）对不在中华人民共和国领域内居住的人提起的有关身份关系的诉讼；

（二）对下落不明或者宣告失踪的人提起的有关身份关系的诉讼；

（三）对被采取强制性教育措施的人提起的诉讼；

（四）对被监禁的人提起的诉讼。

第二十三条 因合同纠纷提起的诉讼，由被告住所地或者合同履行地人民法院管辖。

第二十四条 因保险合同纠纷提起的诉讼，由被告住所地或者保险标的物所在地人民法院管辖。

第二十五条 因票据纠纷提起的诉讼，由票据支付地或者被告住所地人民法院管辖。

第二十六条 因公司设立、确认股东资格、分配利润、解散等纠纷提起的诉讼，由公司住所地人民法院管辖。

第二十七条 因铁路、公路、水上、航空运输和联合运输合同纠纷提起的诉讼，由运输始发地、目的地或者被告住所地人民法院管辖。

第二十八条 因侵权行为提起的诉讼，由侵权行为地或者被告住所地人民法院管辖。

第二十九条 因铁路、公路、水上和航空事故请求损害赔偿提起的诉讼，由事故发生地或者车辆、船舶最先到达地、航空器最先降落地或者被告住所地人民法院管辖。

第三十条 因船舶碰撞或者其他海事损害事故请求损害赔偿提起的诉讼，由碰撞发生地、碰撞船舶最先到达地、加害船舶被扣留地或者被告住所地人民法院管辖。

第三十一条 因海难救助费用提起的诉讼，由救助地或者被救助船舶最先到达地人民法院管辖。

第三十二条 因共同海损提起的诉讼，由船舶最先到达地、共同海损理算地或者航程终止地的人民法院管辖。

第三十三条 下列案件，由本条规定的人民法院专属管辖：

（一）因不动产纠纷提起的诉讼，由不动产所在地人民法院管辖；

（二）因港口作业中发生纠纷提起的诉讼，由港口所在地人民法院管辖；

（三）因继承遗产纠纷提起的诉讼，由被继承人死亡时住所地或者主要遗产所在地人民法院管辖。

第三十四条 合同或者其他财产权益纠纷的当事人可以书面协议选择被告住所地、合同履行地、合同签订地、原告住所地、标的物所在地等与争议有实际联系的地点的人民法院管辖,但不得违反本法对级别管辖和专属管辖的规定。

第三十五条 两个以上人民法院都有管辖权的诉讼,原告可以向其中一个人民法院起诉;原告向两个以上有管辖权的人民法院起诉的,由最先立案的人民法院管辖。

第三节 移送管辖和指定管辖

第三十六条 人民法院发现受理的案件不属于本院管辖的,应当移送有管辖权的人民法院,受移送的人民法院应当受理。受移送的人民法院认为受移送的案件依照规定不属于本院管辖的,应当报请上级人民法院指定管辖,不得再自行移送。

第三十七条 有管辖权的人民法院由于特殊原因,不能行使管辖权的,由上级人民法院指定管辖。

人民法院之间因管辖权发生争议,由争议双方协商解决;协商解决不了的,报请它们的共同上级人民法院指定管辖。

第三十八条 上级人民法院有权审理下级人民法院管辖的第一审民事案件;确有必要将本院管辖的第一审民事案件交下级人民法院审理的,应当报请其上级人民法院批准。

下级人民法院对它所管辖的第一审民事案件,认为需要由上级人民法院审理的,可以报请上级人民法院审理。

第三章 审判组织

第三十九条 人民法院审理第一审民事案件,由审判员、陪审员共同组成合议庭或者由审判员组成合议庭。合议庭的成员人数,必须是单数。

适用简易程序审理的民事案件,由审判员一人独任审理。

陪审员在执行陪审职务时,与审判员有同等的权利义务。

第四十条 人民法院审理第二审民事案件,由审判员组成合议庭。合议庭的成员人数,必须是单数。

发回重审的案件,原审人民法院应当按照第一审程序另行组成合议庭。

审理再审案件,原来是第一审的,按照第一审程序另行组成合议庭;原来是第二审的或者是上级人民法院提审的,按照第二审程序另行组成合议庭。

第四十一条 合议庭的审判长由院长或者庭长指定审判员一人担任;院长或者庭长参加审判的,由院长或者庭长担任。

第四十二条 合议庭评议案件,实行少数服从多数的原则。评议应当制作笔录,由合议庭成员签名。评议中的不同意见,必须如实记入笔录。

第四十三条 审判人员应当依法秉公办案。

审判人员不得接受当事人及其诉讼代理人请客送礼。

审判人员有贪污受贿,徇私舞弊,枉法裁判行为的,应当追究法律责任;构成犯罪的,依法追究刑事责任。

第四章 回　避

第四十四条 审判人员有下列情形之一的,应当自行回避,当事人有权用口头或者书面方式申请他们回避:

(一)是本案当事人或者当事人、诉讼代理人近亲属的;

(二)与本案有利害关系的;

(三)与本案当事人、诉讼代理人有其他关系,可能影响对案件公正审理的。

审判人员接受当事人、诉讼代理人请客送礼,或者违反规定会见当事人、诉讼代理人的,当事人有权要求他们回避。

审判人员有前款规定的行为的,应当依法追究法律责任。

前三款规定,适用于书记员、翻译人员、鉴定人、勘验人。

第四十五条 当事人提出回避申请,应当说明理由,在案件开始审理时提出;回避事由在案件开始审理后知道的,也可以在法庭辩论终结前提出。

被申请回避的人员在人民法院作出是否回避的决定前，应当暂停参与本案的工作，但案件需要采取紧急措施的除外。

第四十六条　院长担任审判长时的回避，由审判委员会决定；审判人员的回避，由院长决定；其他人员的回避，由审判长决定。

第四十七条　人民法院对当事人提出的回避申请，应当在申请提出的三日内，以口头或者书面形式作出决定。申请人对决定不服的，可以在接到决定时申请复议一次。复议期间，被申请回避的人员，不停止参与本案的工作。人民法院对复议申请，应当在三日内作出复议决定，并通知复议申请人。

第五章　诉讼参加人

第一节　当　事　人

第四十八条　公民、法人和其他组织可以作为民事诉讼的当事人。

法人由其法定代表人进行诉讼。其他组织由其主要负责人进行诉讼。

第四十九条　当事人有权委托代理人，提出回避申请，收集、提供证据，进行辩论，请求调解，提起上诉，申请执行。

当事人可以查阅本案有关材料，并可以复制本案有关材料和法律文书。查阅、复制本案有关材料的范围和办法由最高人民法院规定。

当事人必须依法行使诉讼权利，遵守诉讼秩序，履行发生法律效力的判决书、裁定书和调解书。

第五十条　双方当事人可以自行和解。

第五十一条　原告可以放弃或者变更诉讼请求。被告可以承认或者反驳诉讼请求，有权提起反诉。

第五十二条　当事人一方或者双方为二人以上，其诉讼标的是共同的，或者诉讼标的是同一种类、人民法院认为可以合并审理并经当事人同意的，为共同诉讼。

共同诉讼的一方当事人对诉讼标的有共同权利义务的，其中一人的诉讼行为经其他共同诉讼人承认，对其他共同诉讼人发生效力；对诉讼标的没有共同权利义务的，其中一人的诉讼行为对其他共同诉讼人不发生效力。

第五十三条　当事人一方人数众多的共同诉讼，可以由当事人推选代表人进行诉讼。代表人的诉讼行为对其所代表的当事人发生效力，但代表人变更、放弃诉讼请求或者承认对方当事人的诉讼请求，进行和解，必须经被代表的当事人同意。

第五十四条　诉讼标的是同一种类、当事人一方人数众多在起诉时人数尚未确定的，人民法院可以发出公告，说明案件情况和诉讼请求，通知权利人在一定期间向人民法院登记。

向人民法院登记的权利人可以推选代表人进行诉讼；推选不出代表人的，人民法院可以与参加登记的权利人商定代表人。

代表人的诉讼行为对其所代表的当事人发生效力，但代表人变更、放弃诉讼请求或者承认对方当事人的诉讼请求，进行和解，必须经被代表的当事人同意。

人民法院作出的判决、裁定，对参加登记的全体权利人发生效力。未参加登记的权利人在诉讼时效期间提起诉讼的，适用该判决、裁定。

第五十五条　对污染环境、侵害众多消费者合法权益等损害社会公共利益的行为，法律规定的机关和有关组织可以向人民法院提起诉讼。

第五十六条　对当事人双方的诉讼标的，第三人认为有独立请求权的，有权提起诉讼。

对当事人双方的诉讼标的，第三人虽然没有独立请求权，但案件处理结果同他有法律上的利害关系的，可以申请参加诉讼，或者由人民法院通知他参加诉讼。人民法院判决承担民事责任的第三人，有当事人的诉讼权利义务。

前两款规定的第三人，因不能归责于本人的事由未参加诉讼，但有证据证明发生法律效力的判决、裁定、调解书的部分或者全部内容错误，损害其民事权益的，可以自知道或者应当知道其民事权益受到损害之日起六个月内，向作出该判决、裁定、调解书的人民法院提起诉讼。人民法院经审理，诉讼请求成立的，应当改变或者撤销原判决、裁定、调解书；诉讼请求不成立的，驳回诉讼请求。

第二节　诉讼代理人

第五十七条　无诉讼行为能力人由他的监护

人作为法定代理人代为诉讼。法定代理人之间互相推诿代理责任的,由人民法院指定其中一人代为诉讼。

第五十八条 当事人、法定代理人可以委托一至二人作为诉讼代理人。

下列人员可以被委托为诉讼代理人:

(一)律师、基层法律服务工作者;

(二)当事人的近亲属或者工作人员;

(三)当事人所在社区、单位以及有关社会团体推荐的公民。

第五十九条 委托他人代为诉讼,必须向人民法院提交由委托人签名或者盖章的授权委托书。

授权委托书必须记明委托事项和权限。诉讼代理人代为承认、放弃、变更诉讼请求,进行和解,提起反诉或者上诉,必须有委托人的特别授权。

侨居在国外的中华人民共和国公民从国外寄交或者托交的授权委托书,必须经中华人民共和国驻该国的使领馆证明;没有使领馆的,由与中华人民共和国有外交关系的第三国驻该国的使领馆证明,再转由中华人民共和国驻该第三国使领馆证明,或者由当地的爱国华侨团体证明。

第六十条 诉讼代理人的权限如果变更或者解除,当事人应当书面告知人民法院,并由人民法院通知对方当事人。

第六十一条 代理诉讼的律师和其他诉讼代理人有权调查收集证据,可以查阅本案有关材料。查阅本案有关材料的范围和办法由最高人民法院规定。

第六十二条 离婚案件有诉讼代理人的,本人除不能表达意思的以外,仍应出庭;确因特殊情况无法出庭的,必须向人民法院提交书面意见。

第六章 证　　据

第六十三条 证据包括:

(一)当事人的陈述;

(二)书证;

(三)物证;

(四)视听资料;

(五)电子数据;

(六)证人证言;

(七)鉴定意见;

(八)勘验笔录。

证据必须查证属实,才能作为认定事实的根据。

第六十四条 当事人对自己提出的主张,有责任提供证据。

当事人及其诉讼代理人因客观原因不能自行收集的证据,或者人民法院认为审理案件需要的证据,人民法院应当调查收集。

人民法院应当按照法定程序,全面地、客观地审查核实证据。

第六十五条 当事人对自己提出的主张应当及时提供证据。

人民法院根据当事人的主张和案件审理情况,确定当事人应当提供的证据及其期限。当事人在该期限内提供证据确有困难的,可以向人民法院申请延长期限,人民法院根据当事人的申请适当延长。当事人逾期提供证据的,人民法院应当责令其说明理由;拒不说明理由或者理由不成立的,人民法院根据不同情形可以不予采纳该证据,或者采纳该证据但予以训诫、罚款。

第六十六条 人民法院收到当事人提交的证据材料,应当出具收据,写明证据名称、页数、份数、原件或者复印件以及收到时间等,并由经办人员签名或者盖章。

第六十七条 人民法院有权向有关单位和个人调查取证,有关单位和个人不得拒绝。

人民法院对有关单位和个人提出的证明文书,应当辨别真伪,审查确定其效力。

第六十八条 证据应当在法庭上出示,并由当事人互相质证。对涉及国家秘密、商业秘密和个人隐私的证据应当保密,需要在法庭出示的,不得在公开开庭时出示。

第六十九条 经过法定程序公证证明的法律事实和文书,人民法院应当作为认定事实的根据,但有相反证据足以推翻公证证明的除外。

第七十条 书证应当提交原件。物证应当提交原物。提交原件或者原物确有困难的,可以提交复制品、照片、副本、节录本。

提交外文书证,必须附有中文译本。

第七十一条 人民法院对视听资料,应当辨别真伪，并结合本案的其他证据，审查确定能否作为认定事实的根据。

第七十二条 凡是知道案件情况的单位和个人，都有义务出庭作证。有关单位的负责人应当支持证人作证。

不能正确表达意思的人，不能作证。

第七十三条 经人民法院通知，证人应当出庭作证。有下列情形之一的，经人民法院许可，可以通过书面证言、视听传输技术或者视听资料等方式作证：

（一）因健康原因不能出庭的；

（二）因路途遥远，交通不便不能出庭的；

（三）因自然灾害等不可抗力不能出庭的；

（四）其他有正当理由不能出庭的。

第七十四条 证人因履行出庭作证义务而支出的交通、住宿、就餐等必要费用以及误工损失，由败诉一方当事人负担。当事人申请证人作证的，由该当事人先行垫付；当事人没有申请，人民法院通知证人作证的，由人民法院先行垫付。

第七十五条 人民法院对当事人的陈述，应当结合本案的其他证据，审查确定能否作为认定事实的根据。

当事人拒绝陈述的，不影响人民法院根据证据认定案件事实。

第七十六条 当事人可以就查明事实的专门性问题向人民法院申请鉴定。当事人申请鉴定的，由双方当事人协商确定具备资格的鉴定人；协商不成的，由人民法院指定。

当事人未申请鉴定，人民法院对专门性问题认为需要鉴定的，应当委托具备资格的鉴定人进行鉴定。

第七十七条 鉴定人有权了解进行鉴定所需要的案件材料，必要时可以询问当事人、证人。

鉴定人应当提出书面鉴定意见，在鉴定书上签名或者盖章。

第七十八条 当事人对鉴定意见有异议或者人民法院认为鉴定人有必要出庭的，鉴定人应当出庭作证。经人民法院通知，鉴定人拒不出庭作证的，鉴定意见不得作为认定事实的根据；支付鉴定费用的当事人可以要求返还鉴定费用。

第七十九条 当事人可以申请人民法院通知有专门知识的人出庭，就鉴定人作出的鉴定意见或者专业问题提出意见。

第八十条 勘验物证或者现场，勘验人必须出示人民法院的证件，并邀请当地基层组织或者当事人所在单位派人参加。当事人或者当事人的成年家属应当到场，拒不到场的，不影响勘验的进行。

有关单位和个人根据人民法院的通知，有义务保护现场，协助勘验工作。

勘验人应当将勘验情况和结果制作笔录，由勘验人、当事人和被邀参加人签名或者盖章。

第八十一条 在证据可能灭失或者以后难以取得的情况下，当事人可以在诉讼过程中向人民法院申请保全证据，人民法院也可以主动采取保全措施。

因情况紧急，在证据可能灭失或者以后难以取得的情况下，利害关系人可以在提起诉讼或者申请仲裁前向证据所在地、被申请人住所地或者对案件有管辖权的人民法院申请保全证据。

证据保全的其他程序，参照适用本法第九章保全的有关规定。

第七章 期间、送达

第一节 期 间

第八十二条 期间包括法定期间和人民法院指定的期间。

期间以时、日、月、年计算。期间开始的时和日，不计算在期间内。

期间届满的最后一日是节假日的，以节假日后的第一日为期间届满的日期。

期间不包括在途时间，诉讼文书在期满前交邮的，不算过期。

第八十三条 当事人因不可抗拒的事由或者其他正当理由耽误期限的，在障碍消除后的十日内，可以申请顺延期限，是否准许，由人民法院决定。

第二节 送 达

第八十四条 送达诉讼文书必须有送达回证，由受送达人在送达回证上记明收到日期，签名或者盖章。

受送达人在送达回证上的签收日期为送达

日期。

第八十五条 送达诉讼文书,应当直接送交受送达人。受送达人是公民的,本人不在交他的同住成年家属签收;受送达人是法人或者其他组织的,应当由法人的法定代表人、其他组织的主要负责人或者该法人、组织负责收件的人签收;受送达人有诉讼代理人的,可以送交其代理人签收;受送达人已向人民法院指定代收人的,送交代收人签收。

受送达人的同住成年家属,法人或者其他组织的负责收件的人,诉讼代理人或者代收人在送达回证上签收的日期为送达日期。

第八十六条 受送达人或者他的同住成年家属拒绝接收诉讼文书的,送达人可以邀请有关基层组织或者所在单位的代表到场,说明情况,在送达回证上记明拒收事由和日期,由送达人、见证人签名或者盖章,把诉讼文书留在受送达人的住所;也可以把诉讼文书留在受送达人的住所,并采用拍照、录像等方式记录送达过程,即视为送达。

第八十七条 经受送达人同意,人民法院可以采用传真、电子邮件等能够确认其收悉的方式送达诉讼文书,但判决书、裁定书、调解书除外。

采用前款方式送达的,以传真、电子邮件等到达受送达人特定系统的日期为送达日期。

第八十八条 直接送达诉讼文书有困难的,可以委托其他人民法院代为送达,或者邮寄送达。邮寄送达的,以回执上注明的收件日期为送达日期。

第八十九条 受送达人是军人的,通过其所在部队团以上单位的政治机关转交。

第九十条 受送达人被监禁的,通过其所在监所转交。

受送达人被采取强制性教育措施的,通过其所在强制性教育机构转交。

第九十一条 代为转交的机关、单位收到诉讼文书后,必须立即交受送达人签收,以在送达回证上的签收日期,为送达日期。

第九十二条 受送达人下落不明,或者用本节规定的其他方式无法送达的,公告送达。自发出公告之日起,经过六十日,即视为送达。

公告送达,应当在案卷中记明原因和经过。

第八章 调　　解

第九十三条 人民法院审理民事案件,根据当事人自愿的原则,在事实清楚的基础上,分清是非,进行调解。

第九十四条 人民法院进行调解,可以由审判员一人主持,也可以由合议庭主持,并尽可能就地进行。

人民法院进行调解,可以用简便方式通知当事人、证人到庭。

第九十五条 人民法院进行调解,可以邀请有关单位和个人协助。被邀请的单位和个人,应当协助人民法院进行调解。

第九十六条 调解达成协议,必须双方自愿,不得强迫。调解协议的内容不得违反法律规定。

第九十七条 调解达成协议,人民法院应当制作调解书。调解书应当写明诉讼请求、案件的事实和调解结果。

调解书由审判人员、书记员署名,加盖人民法院印章,送达双方当事人。

调解书经双方当事人签收后,即具有法律效力。

第九十八条 下列案件调解达成协议,人民法院可以不制作调解书:

(一)调解和好的离婚案件;

(二)调解维持收养关系的案件;

(三)能够即时履行的案件;

(四)其他不需要制作调解书的案件。

对不需要制作调解书的协议,应当记入笔录,由双方当事人、审判人员、书记员签名或者盖章后,即具有法律效力。

第九十九条 调解未达成协议或者调解书送达前一方反悔的,人民法院应当及时判决。

第九章 保全和先予执行

第一百条 人民法院对于可能因当事人一方的行为或者其他原因,使判决难以执行或者造成当事人其他损害的案件,根据对方当事人的申请,可以裁定对其财产进行保全、责令其作出一定行为或者禁止其作出一定行为;当事人没有提出申请的,人民法院在必要时也可以裁定采取保全措施。

人民法院采取保全措施,可以责令申请人提供担保,申请人不提供担保的,裁定驳回申请。

人民法院接受申请后,对情况紧急的,必须在四十八小时内作出裁定;裁定采取保全措施的,应当立即开始执行。

第一百零一条 利害关系人因情况紧急,不立即申请保全将会使其合法权益受到难以弥补的损害的,可以在提起诉讼或者申请仲裁前向被保全财产所在地、被申请人住所地或者对案件有管辖权的人民法院申请采取保全措施。申请人应当提供担保,不提供担保的,裁定驳回申请。

人民法院接受申请后,必须在四十八小时内作出裁定;裁定采取保全措施的,应当立即开始执行。

申请人在人民法院采取保全措施后三十日内不依法提起诉讼或者申请仲裁的,人民法院应当解除保全。

第一百零二条 保全限于请求的范围,或者与本案有关的财物。

第一百零三条 财产保全采取查封、扣押、冻结或者法律规定的其他方法。人民法院保全财产后,应当立即通知被保全财产的人。

财产已被查封、冻结的,不得重复查封、冻结。

第一百零四条 财产纠纷案件,被申请人提供担保的,人民法院应当裁定解除保全。

第一百零五条 申请有错误的,申请人应当赔偿被申请人因保全所遭受的损失。

第一百零六条 人民法院对下列案件,根据当事人的申请,可以裁定先予执行:

(一)追索赡养费、扶养费、抚育费、抚恤金、医疗费用的;

(二)追索劳动报酬的;

(三)因情况紧急需要先予执行的。

第一百零七条 人民法院裁定先予执行的,应当符合下列条件:

(一)当事人之间权利义务关系明确,不先予执行将严重影响申请人的生活或者生产经营的;

(二)被申请人有履行能力。

人民法院可以责令申请人提供担保,申请人不提供担保的,驳回申请。申请人败诉的,应当赔偿被申请人因先予执行遭受的财产损失。

第一百零八条 当事人对保全或者先予执行的裁定不服的,可以申请复议一次。复议期间不停止裁定的执行。

第十章　对妨害民事诉讼的强制措施

第一百零九条 人民法院对必须到庭的被告,经两次传票传唤,无正当理由拒不到庭的,可以拘传。

第一百一十条 诉讼参与人和其他人应当遵守法庭规则。

人民法院对违反法庭规则的人,可以予以训诫,责令退出法庭或者予以罚款、拘留。

人民法院对哄闹、冲击法庭,侮辱、诽谤、威胁、殴打审判人员,严重扰乱法庭秩序的人,依法追究刑事责任;情节较轻的,予以罚款、拘留。

第一百一十一条 诉讼参与人或者其他人有下列行为之一的,人民法院可以根据情节轻重予以罚款、拘留;构成犯罪的,依法追究刑事责任:

(一)伪造、毁灭重要证据,妨碍人民法院审理案件的;

(二)以暴力、威胁、贿买方法阻止证人作证或者指使、贿买、胁迫他人作伪证的;

(三)隐藏、转移、变卖、毁损已被查封、扣押的财产,或者已被清点并责令其保管的财产,转移已被冻结的财产的;

(四)对司法工作人员、诉讼参加人、证人、翻译人员、鉴定人、勘验人、协助执行的人,进行侮辱、诽谤、诬陷、殴打或者打击报复的;

(五)以暴力、威胁或者其他方法阻碍司法工作人员执行职务的;

(六)拒不履行人民法院已经发生法律效力的判决、裁定的。

人民法院对有前款规定的行为之一的单位,可以对其主要负责人或者直接责任人员予以罚款、拘留;构成犯罪的,依法追究刑事责任。

第一百一十二条 当事人之间恶意串通,企图通过诉讼、调解等方式侵害他人合法权益的,人民法院应当驳回其请求,并根据情节轻重予以罚款、拘留;构成犯罪的,依法追究刑事责任。

第一百一十三条 被执行人与他人恶意串

通，通过诉讼、仲裁、调解等方式逃避履行法律文书确定的义务的，人民法院应当根据情节轻重予以罚款、拘留；构成犯罪的，依法追究刑事责任。

第一百一十四条 有义务协助调查、执行的单位有下列行为之一的，人民法院除责令其履行协助义务外，并可以予以罚款：

（一）有关单位拒绝或者妨碍人民法院调查取证的；

（二）有关单位接到人民法院协助执行通知书后，拒不协助查询、扣押、冻结、划拨、变价财产的；

（三）有关单位接到人民法院协助执行通知书后，拒不协助扣留被执行人的收入、办理有关财产权证照转移手续、转交有关票证、证照或者其他财产的；

（四）其他拒绝协助执行的。

人民法院对有前款规定的行为之一的单位，可以对其主要负责人或者直接责任人员予以罚款；对仍不履行协助义务的，可以予以拘留；并可以向监察机关或者有关机关提出予以纪律处分的司法建议。

第一百一十五条 对个人的罚款金额，为人民币十万元以下。对单位的罚款金额，为人民币五万元以上一百万元以下。

拘留的期限，为十五日以下。

被拘留的人，由人民法院交公安机关看管。在拘留期间，被拘留人承认并改正错误的，人民法院可以决定提前解除拘留。

第一百一十六条 拘传、罚款、拘留必须经院长批准。

拘传应当发拘传票。

罚款、拘留应当用决定书。对决定不服的，可以向上一级人民法院申请复议一次。复议期间不停止执行。

第一百一十七条 采取对妨害民事诉讼的强制措施必须由人民法院决定。任何单位和个人采取非法拘禁他人或者非法私自扣押他人财产追索债务的，应当依法追究刑事责任，或者予以拘留、罚款。

第十一章 诉讼费用

第一百一十八条 当事人进行民事诉讼，应当按照规定交纳案件受理费。财产案件除交纳案件受理费外，并按照规定交纳其他诉讼费用。

当事人交纳诉讼费用确有困难的，可以按照规定向人民法院申请缓交、减交或者免交。

收取诉讼费用的办法另行制定。

第二编 审判程序

第十二章 第一审普通程序

第一节 起诉和受理

第一百一十九条 起诉必须符合下列条件：

（一）原告是与本案有直接利害关系的公民、法人和其他组织；

（二）有明确的被告；

（三）有具体的诉讼请求和事实、理由；

（四）属于人民法院受理民事诉讼的范围和受诉人民法院管辖。

第一百二十条 起诉应当向人民法院递交起诉状，并按照被告人数提出副本。

书写起诉状确有困难的，可以口头起诉，由人民法院记入笔录，并告知对方当事人。

第一百二十一条 起诉状应当记明下列事项：

（一）原告的姓名、性别、年龄、民族、职业、工作单位、住所、联系方式，法人或者其他组织的名称、住所和法定代表人或者主要负责人的姓名、职务、联系方式；

（二）被告的姓名、性别、工作单位、住所等信息，法人或者其他组织的名称、住所等信息；

（三）诉讼请求和所根据的事实与理由；

（四）证据和证据来源，证人姓名和住所。

第一百二十二条 当事人起诉到人民法院的民事纠纷，适宜调解的，先行调解，但当事人拒绝调解的除外。

第一百二十三条 人民法院应当保障当事人依照法律规定享有的起诉权利。对符合本法第一百一十九条的起诉，必须受理。符合起诉条件的，应当在七日内立案，并通知当事人；不符合起诉条件的，应当在七日内作出裁定书，不予受理；原告对裁定不服的，可以提起上诉。

第一百二十四条 人民法院对下列起诉，分别情形，予以处理：

（一）依照行政诉讼法的规定，属于行政诉讼受案范围的，告知原告提起行政诉讼；

（二）依照法律规定，双方当事人达成书面仲裁协议申请仲裁、不得向人民法院起诉的，告知原告向仲裁机构申请仲裁；

（三）依照法律规定，应当由其他机关处理的争议，告知原告向有关机关申请解决；

（四）对不属于本院管辖的案件，告知原告向有管辖权的人民法院起诉；

（五）对判决、裁定、调解书已经发生法律效力的案件，当事人又起诉的，告知原告申请再审，但人民法院准许撤诉的裁定除外；

（六）依照法律规定，在一定期限内不得起诉的案件，在不得起诉的期限内起诉的，不予受理；

（七）判决不准离婚和调解和好的离婚案件，判决、调解维持收养关系的案件，没有新情况、新理由，原告在六个月内又起诉的，不予受理。

第二节　审理前的准备

第一百二十五条　人民法院应当在立案之日起五日内将起诉状副本发送被告，被告应当在收到之日起十五日内提出答辩状。答辩状应当记明被告的姓名、性别、年龄、民族、职业、工作单位、住所、联系方式；法人或者其他组织的名称、住所和法定代表人或者主要负责人的姓名、职务、联系方式。人民法院应当在收到答辩状之日起五日内将答辩状副本发送原告。

被告不提出答辩状的，不影响人民法院审理。

第一百二十六条　人民法院对决定受理的案件，应当在受理案件通知书和应诉通知书中向当事人告知有关的诉讼权利义务，或者口头告知。

第一百二十七条　人民法院受理案件后，当事人对管辖权有异议的，应当在提交答辩状期间提出。人民法院对当事人提出的异议，应当审查。异议成立的，裁定将案件移送有管辖权的人民法院；异议不成立的，裁定驳回。

当事人未提出管辖异议，并应诉答辩的，视为受诉人民法院有管辖权，但违反级别管辖和专属管辖规定的除外。

第一百二十八条　合议庭组成人员确定后，应当在三日内告知当事人。

第一百二十九条　审判人员必须认真审核诉讼材料，调查收集必要的证据。

第一百三十条　人民法院派出人员进行调查时，应当向被调查人出示证件。

调查笔录经被调查人校阅后，由被调查人、调查人签名或者盖章。

第一百三十一条　人民法院在必要时可以委托外地人民法院调查。

委托调查，必须提出明确的项目和要求。受委托人民法院可以主动补充调查。

受委托人民法院收到委托书后，应当在三十日内完成调查。因故不能完成的，应当在上述期限内函告委托人民法院。

第一百三十二条　必须共同进行诉讼的当事人没有参加诉讼的，人民法院应当通知其参加诉讼。

第一百三十三条　人民法院对受理的案件，分别情形，予以处理：

（一）当事人没有争议，符合督促程序规定条件的，可以转入督促程序；

（二）开庭前可以调解的，采取调解方式及时解决纠纷；

（三）根据案件情况，确定适用简易程序或者普通程序；

（四）需要开庭审理的，通过要求当事人交换证据等方式，明确争议焦点。

第三节　开庭审理

第一百三十四条　人民法院审理民事案件，除涉及国家秘密、个人隐私或者法律另有规定的以外，应当公开进行。

离婚案件，涉及商业秘密的案件，当事人申请不公开审理的，可以不公开审理。

第一百三十五条　人民法院审理民事案件，根据需要进行巡回审理，就地办案。

第一百三十六条　人民法院审理民事案件，应当在开庭三日前通知当事人和其他诉讼参与人。公开审理的，应当公告当事人姓名、案由和开庭的时间、地点。

第一百三十七条　开庭审理前，书记员应当查明当事人和其他诉讼参与人是否到庭,宣布法庭纪律。

开庭审理时,由审判长核对当事人,宣布案由,宣布审判人员、书记员名单,告知当事人有关的诉讼权利义务,询问当事人是否提出回避申请。

第一百三十八条 法庭调查按照下列顺序进行:

(一)当事人陈述;

(二)告知证人的权利义务,证人作证,宣读未到庭的证人证言;

(三)出示书证、物证、视听资料和电子数据;

(四)宣读鉴定意见;

(五)宣读勘验笔录。

第一百三十九条 当事人在法庭上可以提出新的证据。

当事人经法庭许可,可以向证人、鉴定人、勘验人发问。

当事人要求重新进行调查、鉴定或者勘验的,是否准许,由人民法院决定。

第一百四十条 原告增加诉讼请求,被告提出反诉,第三人提出与本案有关的诉讼请求,可以合并审理。

第一百四十一条 法庭辩论按照下列顺序进行:

(一)原告及其诉讼代理人发言;

(二)被告及其诉讼代理人答辩;

(三)第三人及其诉讼代理人发言或者答辩;

(四)互相辩论。

法庭辩论终结,由审判长按照原告、被告、第三人的先后顺序征询各方最后意见。

第一百四十二条 法庭辩论终结,应当依法作出判决。判决前能够调解的,还可以进行调解,调解不成的,应当及时判决。

第一百四十三条 原告经传票传唤,无正当理由拒不到庭的,或者未经法庭许可中途退庭的,可以按撤诉处理;被告反诉的,可以缺席判决。

第一百四十四条 被告经传票传唤,无正当理由拒不到庭的,或者未经法庭许可中途退庭的,可以缺席判决。

第一百四十五条 宣判前,原告申请撤诉的,是否准许,由人民法院裁定。

人民法院裁定不准许撤诉的,原告经传票传唤,无正当理由拒不到庭的,可以缺席判决。

第一百四十六条 有下列情形之一的,可以延期开庭审理:

(一)必须到庭的当事人和其他诉讼参与人有正当理由没有到庭的;

(二)当事人临时提出回避申请的;

(三)需要通知新的证人到庭,调取新的证据,重新鉴定、勘验,或者需要补充调查的;

(四)其他应当延期的情形。

第一百四十七条 书记员应当将法庭审理的全部活动记入笔录,由审判人员和书记员签名。

法庭笔录应当当庭宣读,也可以告知当事人和其他诉讼参与人当庭或者在五日内阅读。当事人和其他诉讼参与人认为对自己的陈述记录有遗漏或者差错的,有权申请补正。如果不予补正,应当将申请记录在案。

法庭笔录由当事人和其他诉讼参与人签名或者盖章。拒绝签名盖章的,记明情况附卷。

第一百四十八条 人民法院对公开审理或者不公开审理的案件,一律公开宣告判决。

当庭宣判的,应当在十日内发送判决书;定期宣判的,宣判后立即发给判决书。

宣告判决时,必须告知当事人上诉权利、上诉期限和上诉的法院。

宣告离婚判决,必须告知当事人在判决发生法律效力前不得另行结婚。

第一百四十九条 人民法院适用普通程序审理的案件,应当在立案之日起六个月内审结。有特殊情况需要延长的,由本院院长批准,可以延长六个月;还需要延长的,报请上级人民法院批准。

第四节 诉讼中止和终结

第一百五十条 有下列情形之一的,中止诉讼:

(一)一方当事人死亡,需要等待继承人表明是否参加诉讼的;

(二)一方当事人丧失诉讼行为能力,尚未确定法定代理人的;

（三）作为一方当事人的法人或者其他组织终止，尚未确定权利义务承受人的；

（四）一方当事人因不可抗拒的事由，不能参加诉讼的；

（五）本案必须以另一案的审理结果为依据，而另一案尚未审结的；

（六）其他应当中止诉讼的情形。

中止诉讼的原因消除后，恢复诉讼。

第一百五十一条　有下列情形之一的，终结诉讼：

（一）原告死亡，没有继承人，或者继承人放弃诉讼权利的；

（二）被告死亡，没有遗产，也没有应当承担义务的人的；

（三）离婚案件一方当事人死亡的；

（四）追索赡养费、扶养费、抚育费以及解除收养关系案件的一方当事人死亡的。

第五节　判决和裁定

第一百五十二条　判决书应当写明判决结果和作出该判决的理由。判决书内容包括：

（一）案由、诉讼请求、争议的事实和理由；

（二）判决认定的事实和理由、适用的法律和理由；

（三）判决结果和诉讼费用的负担；

（四）上诉期间和上诉的法院。

判决书由审判人员、书记员署名，加盖人民法院印章。

第一百五十三条　人民法院审理案件，其中一部分事实已经清楚，可以就该部分先行判决。

第一百五十四条　裁定适用于下列范围：

（一）不予受理；

（二）对管辖权有异议的；

（三）驳回起诉；

（四）保全和先予执行；

（五）准许或者不准许撤诉；

（六）中止或者终结诉讼；

（七）补正判决书中的笔误；

（八）中止或者终结执行；

（九）撤销或者不予执行仲裁裁决；

（十）不予执行公证机关赋予强制执行效力的债权文书；

（十一）其他需要裁定解决的事项。

对前款第一项至第三项裁定，可以上诉。

裁定书应当写明裁定结果和作出该裁定的理由。裁定书由审判人员、书记员署名，加盖人民法院印章。口头裁定的，记入笔录。

第一百五十五条　最高人民法院的判决、裁定，以及依法不准上诉或者超过上诉期没有上诉的判决、裁定，是发生法律效力的判决、裁定。

第一百五十六条　公众可以查阅发生法律效力的判决书、裁定书，但涉及国家秘密、商业秘密和个人隐私的内容除外。

第十三章　简易程序

第一百五十七条　基层人民法院和它派出的法庭审理事实清楚、权利义务关系明确、争议不大的简单的民事案件，适用本章规定。

基层人民法院和它派出的法庭审理前款规定以外的民事案件，当事人双方也可以约定适用简易程序。

第一百五十八条　对简单的民事案件，原告可以口头起诉。

当事人双方可以同时到基层人民法院或者它派出的法庭，请求解决纠纷。基层人民法院或者它派出的法庭可以当即审理，也可以另定日期审理。

第一百五十九条　基层人民法院和它派出的法庭审理简单的民事案件，可以用简便方式传唤当事人和证人、送达诉讼文书、审理案件，但应当保障当事人陈述意见的权利。

第一百六十条　简单的民事案件由审判员一人独任审理，并不受本法第一百三十六条、第一百三十八条、第一百四十一条规定的限制。

第一百六十一条　人民法院适用简易程序审理案件，应当在立案之日起三个月内审结。

第一百六十二条　基层人民法院和它派出的法庭审理符合本法第一百五十七条第一款规定的简单的民事案件，标的额为各省、自治区、直辖市上年度就业人员年平均工资百分之三十以下的，实行一审终审。

第一百六十三条　人民法院在审理过程中，发现案件不宜适用简易程序的，裁定转为普通程序。

第十四章 第二审程序

第一百六十四条 当事人不服地方人民法院第一审判决的，有权在判决书送达之日起十五日内向上一级人民法院提起上诉。

当事人不服地方人民法院第一审裁定的，有权在裁定书送达之日起十日内向上一级人民法院提起上诉。

第一百六十五条 上诉应当递交上诉状。上诉状的内容，应当包括当事人的姓名，法人的名称及其法定代表人的姓名或者其他组织的名称及其主要负责人的姓名；原审人民法院名称、案件的编号和案由；上诉的请求和理由。

第一百六十六条 上诉状应当通过原审人民法院提出，并按照对方当事人或者代表人的人数提出副本。

当事人直接向第二审人民法院上诉的，第二审人民法院应当在五日内将上诉状移交原审人民法院。

第一百六十七条 原审人民法院收到上诉状，应当在五日内将上诉状副本送达对方当事人，对方当事人在收到之日起十五日内提出答辩状。人民法院应当在收到答辩状之日起五日内将副本送达上诉人。对方当事人不提出答辩状的，不影响人民法院审理。

原审人民法院收到上诉状、答辩状，应当在五日内连同全部案卷和证据，报送第二审人民法院。

第一百六十八条 第二审人民法院应当对上诉请求的有关事实和适用法律进行审查。

第一百六十九条 第二审人民法院对上诉案件，应当组成合议庭，开庭审理。经过阅卷、调查和询问当事人，对没有提出新的事实、证据或者理由，合议庭认为不需要开庭审理的，可以不开庭审理。

第二审人民法院审理上诉案件，可以在本院进行，也可以到案件发生地或者原审人民法院所在地进行。

第一百七十条 第二审人民法院对上诉案件，经过审理，按照下列情形，分别处理：

（一）原判决、裁定认定事实清楚，适用法律正确的，以判决、裁定方式驳回上诉，维持原判决、裁定；

（二）原判决、裁定认定事实错误或者适用法律错误的，以判决、裁定方式依法改判、撤销或者变更；

（三）原判决认定基本事实不清的，裁定撤销原判决，发回原审人民法院重审，或者查清事实后改判；

（四）原判决遗漏当事人或者违法缺席判决等严重违反法定程序的，裁定撤销原判决，发回原审人民法院重审。

原审人民法院对发回重审的案件作出判决后，当事人提起上诉的，第二审人民法院不得再次发回重审。

第一百七十一条 第二审人民法院对不服第一审人民法院裁定的上诉案件的处理，一律使用裁定。

第一百七十二条 第二审人民法院审理上诉案件，可以进行调解。调解达成协议，应当制作调解书，由审判人员、书记员署名，加盖人民法院印章。调解书送达后，原审人民法院的判决即视为撤销。

第一百七十三条 第二审人民法院判决宣告前，上诉人申请撤回上诉的，是否准许，由第二审人民法院裁定。

第一百七十四条 第二审人民法院审理上诉案件，除依照本章规定外，适用第一审普通程序。

第一百七十五条 第二审人民法院的判决、裁定，是终审的判决、裁定。

第一百七十六条 人民法院审理对判决的上诉案件，应当在第二审立案之日起三个月内审结。有特殊情况需要延长的，由本院院长批准。

人民法院审理对裁定的上诉案件，应当在第二审立案之日起三十日内作出终审裁定。

第十五章 特别程序

第一节 一般规定

第一百七十七条 人民法院审理选民资格案件、宣告失踪或者宣告死亡案件、认定公民无民事行为能力或者限制民事行为能力案件、认定财产无主案件、确认调解协议案件和实现担保物权案件,适用本章规定。本章没有规定的,适用本法和其他法律的有关规定。

第一百七十八条　依照本章程序审理的案件,实行一审终审。选民资格案件或者重大、疑难的案件,由审判员组成合议庭审理;其他案件由审判员一人独任审理。

第一百七十九条　人民法院在依照本章程序审理案件的过程中,发现本案属于民事权益争议的,应当裁定终结特别程序,并告知利害关系人可以另行起诉。

第一百八十条　人民法院适用特别程序审理的案件,应当在立案之日起三十日内或者公告期满后三十日内审结。有特殊情况需要延长的,由本院院长批准。但审理选民资格的案件除外。

第二节　选民资格案件

第一百八十一条　公民不服选举委员会对选民资格的申诉所作的处理决定,可以在选举日的五日以前向选区所在地基层人民法院起诉。

第一百八十二条　人民法院受理选民资格案件后,必须在选举日前审结。

审理时,起诉人、选举委员会的代表和有关公民必须参加。

人民法院的判决书,应当在选举日前送达选举委员会和起诉人,并通知有关公民。

第三节　宣告失踪、宣告死亡案件

第一百八十三条　公民下落不明满二年,利害关系人申请宣告其失踪的,向下落不明人住所地基层人民法院提出。

申请书应当写明失踪的事实、时间和请求,并附有公安机关或者其他有关机关关于该公民下落不明的书面证明。

第一百八十四条　公民下落不明满四年,或者因意外事故下落不明满二年,或者因意外事故下落不明,经有关机关证明该公民不可能生存,利害关系人申请宣告其死亡的,向下落不明人住所地基层人民法院提出。

申请书应当写明下落不明的事实、时间和请求,并附有公安机关或者其他有关机关关于该公民下落不明的书面证明。

第一百八十五条　人民法院受理宣告失踪、宣告死亡案件后,应当发出寻找下落不明人的公告。宣告失踪的公告期间为三个月,宣告死亡的公告期间为一年。因意外事故下落不明,经有关机关证明该公民不可能生存的,宣告死亡的公告期间为三个月。

公告期间届满,人民法院应当根据被宣告失踪、宣告死亡的事实是否得到确认,作出宣告失踪、宣告死亡的判决或者驳回申请的判决。

第一百八十六条　被宣告失踪、宣告死亡的公民重新出现,经本人或者利害关系人申请,人民法院应当作出新判决,撤销原判决。

第四节　认定公民无民事行为能力、限制民事行为能力案件

第一百八十七条　申请认定公民无民事行为能力或者限制民事行为能力,由其近亲属或者其他利害关系人向该公民住所地基层人民法院提出。

申请书应当写明该公民无民事行为能力或者限制民事行为能力的事实和根据。

第一百八十八条　人民法院受理申请后,必要时应当对被请求认定为无民事行为能力或者限制民事行为能力的公民进行鉴定。申请人已提供鉴定意见的,应当对鉴定意见进行审查。

第一百八十九条　人民法院审理认定公民无民事行为能力或者限制民事行为能力的案件,应当由该公民的近亲属为代理人,但申请人除外。近亲属互相推诿的,由人民法院指定其中一人为代理人。该公民健康情况许可的,还应当询问本人的意见。

人民法院经审理认定申请有事实根据的,判决该公民为无民事行为能力或者限制民事行为能力人;认定申请没有事实根据的,应当判决予以驳回。

第一百九十条　人民法院根据被认定为无民事行为能力人、限制民事行为能力人或者他的监护人的申请,证实该公民无民事行为能力或者限制民事行为能力的原因已经消除的,应当作出新判决,撤销原判决。

第五节　认定财产无主案件

第一百九十一条　申请认定财产无主,由公

民、法人或者其他组织向财产所在地基层人民法院提出。

申请书应当写明财产的种类、数量以及要求认定财产无主的根据。

第一百九十二条 人民法院受理申请后，经审查核实，应当发出财产认领公告。公告满一年无人认领的，判决认定财产无主，收归国家或者集体所有。

第一百九十三条 判决认定财产无主后，原财产所有人或者继承人出现，在民法通则规定的诉讼时效期间可以对财产提出请求，人民法院审查属实后，应当作出新判决，撤销原判决。

第六节 确认调解协议案件

第一百九十四条 申请司法确认调解协议，由双方当事人依照人民调解法等法律，自调解协议生效之日起三十日内，共同向调解组织所在地基层人民法院提出。

第一百九十五条 人民法院受理申请后，经审查，符合法律规定的，裁定调解协议有效，一方当事人拒绝履行或者未全部履行的，对方当事人可以向人民法院申请执行；不符合法律规定的，裁定驳回申请，当事人可以通过调解方式变更原调解协议或者达成新的调解协议，也可以向人民法院提起诉讼。

第七节 实现担保物权案件

第一百九十六条 申请实现担保物权，由担保物权人以及其他有权请求实现担保物权的人依照物权法等法律，向担保财产所在地或者担保物权登记地基层人民法院提出。

第一百九十七条 人民法院受理申请后，经审查，符合法律规定的，裁定拍卖、变卖担保财产，当事人依据该裁定可以向人民法院申请执行；不符合法律规定的，裁定驳回申请，当事人可以向人民法院提起诉讼。

第十六章 审判监督程序

第一百九十八条 各级人民法院院长对本院已经发生法律效力的判决、裁定、调解书，发现确有错误，认为需要再审的，应当提交审判委员会讨论决定。

最高人民法院对地方各级人民法院已经发生法律效力的判决、裁定、调解书，上级人民法院对下级人民法院已经发生法律效力的判决、裁定、调解书，发现确有错误的，有权提审或者指令下级人民法院再审。

第一百九十九条 当事人对已经发生法律效力的判决、裁定，认为有错误的，可以向上一级人民法院申请再审；当事人一方人数众多或者当事人双方为公民的案件，也可以向原审人民法院申请再审。当事人申请再审的，不停止判决、裁定的执行。

第二百条 当事人的申请符合下列情形之一的，人民法院应当再审：

（一）有新的证据，足以推翻原判决、裁定的；

（二）原判决、裁定认定的基本事实缺乏证据证明的；

（三）原判决、裁定认定事实的主要证据是伪造的；

（四）原判决、裁定认定事实的主要证据未经质证的；

（五）对审理案件需要的主要证据，当事人因客观原因不能自行收集，书面申请人民法院调查收集，人民法院未调查收集的；

（六）原判决、裁定适用法律确有错误的；

（七）审判组织的组成不合法或者依法应当回避的审判人员没有回避的；

（八）无诉讼行为能力人未经法定代理人代为诉讼或者应当参加诉讼的当事人，因不能归责于本人或者其诉讼代理人的事由，未参加诉讼的；

（九）违反法律规定，剥夺当事人辩论权利的；

（十）未经传票传唤，缺席判决的；

（十一）原判决、裁定遗漏或者超出诉讼请求的；

（十二）据以作出原判决、裁定的法律文书被撤销或者变更的；

（十三）审判人员审理该案件时有贪污受贿，徇私舞弊，枉法裁判行为的。

第二百零一条 当事人对已经发生法律效力的调解书，提出证据证明调解违反自愿原则或者调解协议的内容违反法律的，可以申请再审。

经人民法院审查属实的,应当再审。

第二百零二条 当事人对已经发生法律效力的解除婚姻关系的判决、调解书,不得申请再审。

第二百零三条 当事人申请再审的,应当提交再审申请书等材料。人民法院应当自收到再审申请书之日起五日内将再审申请书副本发送对方当事人。对方当事人应当自收到再审申请书副本之日起十五日内提交书面意见;不提交书面意见的,不影响人民法院审查。人民法院可以要求申请人和对方当事人补充有关材料,询问有关事项。

第二百零四条 人民法院应当自收到再审申请书之日起三个月内审查,符合本法规定的,裁定再审;不符合本法规定的,裁定驳回申请。有特殊情况需要延长的,由本院院长批准。

因当事人申请裁定再审的案件由中级人民法院以上的人民法院审理,但当事人依照本法第一百九十九条的规定选择向基层人民法院申请再审的除外。最高人民法院、高级人民法院裁定再审的案件,由本院再审或者交其他人民法院再审,也可以交原审人民法院再审。

第二百零五条 当事人申请再审,应当在判决、裁定发生法律效力后六个月内提出;有本法第二百条第一项、第三项、第十二项、第十三项规定情形的,自知道或者应当知道之日起六个月内提出。

第二百零六条 按照审判监督程序决定再审的案件,裁定中止原判决、裁定、调解书的执行,但追索赡养费、扶养费、抚育费、抚恤金、医疗费用、劳动报酬等案件,可以不中止执行。

第二百零七条 人民法院按照审判监督程序再审的案件,发生法律效力的判决、裁定是由第一审法院作出的,按照第一审程序审理,所作的判决、裁定,当事人可以上诉;发生法律效力的判决、裁定是由第二审法院作出的,按照第二审程序审理,所作的判决、裁定,是发生法律效力的判决、裁定;上级人民法院按照审判监督程序提审的,按照第二审程序审理,所作的判决、裁定是发生法律效力的判决、裁定。

人民法院审理再审案件,应当另行组成合议庭。

第二百零八条 最高人民检察院对各级人民法院已经发生法律效力的判决、裁定,上级人民检察院对下级人民法院已经发生法律效力的判决、裁定,发现有本法第二百条规定情形之一的,或者发现调解书损害国家利益、社会公共利益的,应当提出抗诉。

地方各级人民检察院对同级人民法院已经发生法律效力的判决、裁定,发现有本法第二百条规定情形之一的,或者发现调解书损害国家利益、社会公共利益的,可以向同级人民法院提出检察建议,并报上级人民检察院备案;也可以提请上级人民检察院向同级人民法院提出抗诉。

各级人民检察院对审判监督程序以外的其他审判程序中审判人员的违法行为,有权向同级人民法院提出检察建议。

第二百零九条 有下列情形之一的,当事人可以向人民检察院申请检察建议或者抗诉:

(一)人民法院驳回再审申请的;

(二)人民法院逾期未对再审申请作出裁定的;

(三)再审判决、裁定有明显错误的。

人民检察院对当事人的申请应当在三个月内进行审查,作出提出或者不予提出检察建议或者抗诉的决定。当事人不得再次向人民检察院申请检察建议或者抗诉。

第二百一十条 人民检察院因履行法律监督职责提出检察建议或者抗诉的需要,可以向当事人或者案外人调查核实有关情况。

第二百一十一条 人民检察院提出抗诉的案件,接受抗诉的人民法院应当自收到抗诉书之日起三十日内作出再审的裁定;有本法第二百条第一项至第五项规定情形之一的,可以交下一级人民法院再审,但经该下一级人民法院再审的除外。

第二百一十二条 人民检察院决定对人民法院的判决、裁定、调解书提出抗诉的,应当制作抗诉书。

第二百一十三条 人民检察院提出抗诉的案件,人民法院再审时,应当通知人民检察院派员出席法庭。

第十七章 督促程序

第二百一十四条 债权人请求债务人给付金钱、有价证券,符合下列条件的,可以向有管辖权的基层人民法院申请支付令:

(一)债权人与债务人没有其他债务纠纷的;

(二)支付令能够送达债务人的。

申请书应当写明请求给付金钱或者有价证券的数量和所根据的事实、证据。

第二百一十五条 债权人提出申请后,人民法院应当在五日内通知债权人是否受理。

第二百一十六条 人民法院受理申请后,经审查债权人提供的事实、证据,对债权债务关系明确、合法的,应当在受理之日起十五日内向债务人发出支付令;申请不成立的,裁定予以驳回。

债务人应当自收到支付令之日起十五日内清偿债务,或者向人民法院提出书面异议。

债务人在前款规定的期间不提出异议又不履行支付令的,债权人可以向人民法院申请执行。

第二百一十七条 人民法院收到债务人提出的书面异议后,经审查,异议成立的,应当裁定终结督促程序,支付令自行失效。

支付令失效的,转入诉讼程序,但申请支付令的一方当事人不同意提起诉讼的除外。

第十八章 公示催告程序

第二百一十八条 按照规定可以背书转让的票据持有人,因票据被盗、遗失或者灭失,可以向票据支付地的基层人民法院申请公示催告。依照法律规定可以申请公示催告的其他事项,适用本章规定。

申请人应当向人民法院递交申请书,写明票面金额、发票人、持票人、背书人等票据主要内容和申请的理由、事实。

第二百一十九条 人民法院决定受理申请,应当同时通知支付人停止支付,并在三日内发出公告,催促利害关系人申报权利。公示催告的期间,由人民法院根据情况决定,但不得少于六十日。

第二百二十条 支付人收到人民法院停止支付的通知,应当停止支付,至公示催告程序终结。

公示催告期间,转让票据权利的行为无效。

第二百二十一条 利害关系人应当在公示催告期间向人民法院申报。

人民法院收到利害关系人的申报后,应当裁定终结公示催告程序,并通知申请人和支付人。

申请人或者申报人可以向人民法院起诉。

第二百二十二条 没有人申报的,人民法院应当根据申请人的申请,作出判决,宣告票据无效。判决应当公告,并通知支付人。自判决公告之日起,申请人有权向支付人请求支付。

第二百二十三条 利害关系人因正当理由不能在判决前向人民法院申报的,自知道或者应当知道判决公告之日起一年内,可以向作出判决的人民法院起诉。

第三编 执行程序

第十九章 一般规定

第二百二十四条 发生法律效力的民事判决、裁定,以及刑事判决、裁定中的财产部分,由第一审人民法院或者与第一审人民法院同级的被执行的财产所在地人民法院执行。

法律规定由人民法院执行的其他法律文书,由被执行人住所地或者被执行的财产所在地人民法院执行。

第二百二十五条 当事人、利害关系人认为执行行为违反法律规定的,可以向负责执行的人民法院提出书面异议。当事人、利害关系人提出书面异议的,人民法院应当自收到书面异议之日起十五日内审查,理由成立的,裁定撤销或者改正;理由不成立的,裁定驳回。当事人、利害关系人对裁定不服的,可以自裁定送达之日起十日内向上一级人民法院申请复议。

第二百二十六条 人民法院自收到申请执行书之日起超过六个月未执行的,申请执行人可以向上一级人民法院申请执行。上一级人民法院经审查,可以责令原人民法院在一定期限内执行,也可以决定由本院执行或者指令其他人民法院执行。

第二百二十七条 执行过程中,案外人对执行标的提出书面异议的,人民法院应当自收到书面异议之日起十五日内审查,理由成立的,裁定中止对该标的的执行;理由不成立的,裁定驳回。案外人、当事人对裁定不服,认为原判决、裁定错误的,依照审判监督程序办理;与原判决、裁定无关的,可以自裁定送达之日起十五日内向人民法院提起诉讼。

第二百二十八条 执行工作由执行员进行。

采取强制执行措施时,执行员应当出示证件。执行完毕后,应当将执行情况制作笔录,由在场的有关人员签名或者盖章。

人民法院根据需要可以设立执行机构。

第二百二十九条 被执行人或者被执行的财产在外地的,可以委托当地人民法院代为执行。受委托人民法院收到委托函件后,必须在十五日内开始执行,不得拒绝。执行完毕后,应当将执行结果及时函复委托人民法院;在三十日内如果还未执行完毕,也应当将执行情况函告委托人民法院。

受委托人民法院自收到委托函件之日起十五日内不执行的,委托人民法院可以请求受委托人民法院的上级人民法院指令受委托人民法院执行。

第二百三十条 在执行中,双方当事人自行和解达成协议的,执行员应当将协议内容记入笔录,由双方当事人签名或者盖章。

申请执行人因受欺诈、胁迫与被执行人达成和解协议,或者当事人不履行和解协议的,人民法院可以根据当事人的申请,恢复对原生效法律文书的执行。

第二百三十一条 在执行中,被执行人向人民法院提供担保,并经申请执行人同意的,人民法院可以决定暂缓执行及暂缓执行的期限。被执行人逾期仍不履行的,人民法院有权执行被执行人的担保财产或者担保人的财产。

第二百三十二条 作为被执行人的公民死亡的,以其遗产偿还债务。作为被执行人的法人或者其他组织终止的,由其权利义务承受人履行义务。

第二百三十三条 执行完毕后,据以执行的判决、裁定和其他法律文书确有错误,被人民法院撤销的,对已被执行的财产,人民法院应当作出裁定,责令取得财产的人返还;拒不返还的,强制执行。

第二百三十四条 人民法院制作的调解书的执行,适用本编的规定。

第二百三十五条 人民检察院有权对民事执行活动实行法律监督。

第二十章 执行的申请和移送

第二百三十六条 发生法律效力的民事判决、裁定,当事人必须履行。一方拒绝履行的,对方当事人可以向人民法院申请执行,也可以由审判员移送执行员执行。

调解书和其他应当由人民法院执行的法律文书,当事人必须履行。一方拒绝履行的,对方当事人可以向人民法院申请执行。

第二百三十七条 对依法设立的仲裁机构的裁决,一方当事人不履行的,对方当事人可以向有管辖权的人民法院申请执行。受申请的人民法院应当执行。

被申请人提出证据证明仲裁裁决有下列情形之一的,经人民法院组成合议庭审查核实,裁定不予执行:

(一)当事人在合同中没有订有仲裁条款或者事后没有达成书面仲裁协议的;

(二)裁决的事项不属于仲裁协议的范围或者仲裁机构无权仲裁的;

(三)仲裁庭的组成或者仲裁的程序违反法定程序的;

(四)裁决所根据的证据是伪造的;

(五)对方当事人向仲裁机构隐瞒了足以影响公正裁决的证据的;

(六)仲裁员在仲裁该案时有贪污受贿,徇私舞弊,枉法裁决行为的。

人民法院认定执行该裁决违背社会公共利益的,裁定不予执行。

裁定书应当送达双方当事人和仲裁机构。

仲裁裁决被人民法院裁定不予执行的,当事人可以根据双方达成的书面仲裁协议重新申请仲裁,也可以向人民法院起诉。

第二百三十八条 对公证机关依法赋予强制执行效力的债权文书,一方当事人不履行的,对方当事人可以向有管辖权的人民法院申请执行,受申请的人民法院应当执行。

公证债权文书确有错误的，人民法院裁定不予执行，并将裁定书送达双方当事人和公证机关。

第二百三十九条　申请执行的期间为二年。申请执行时效的中止、中断，适用法律有关诉讼时效中止、中断的规定。

前款规定的期间，从法律文书规定履行期间的最后一日起计算；法律文书规定分期履行的，从规定的每次履行期间的最后一日起计算；法律文书未规定履行期间的，从法律文书生效之日起计算。

第二百四十条　执行员接到申请执行书或者移交执行书，应当向被执行人发出执行通知，并可以立即采取强制执行措施。

第二十一章　执行措施

第二百四十一条　被执行人未按执行通知履行法律文书确定的义务，应当报告当前以及收到执行通知之日前一年的财产情况。被执行人拒绝报告或者虚假报告的，人民法院可以根据情节轻重对被执行人或者其法定代理人、有关单位的主要负责人或者直接责任人员予以罚款、拘留。

第二百四十二条　被执行人未按执行通知履行法律文书确定的义务，人民法院有权向有关单位查询被执行人的存款、债券、股票、基金份额等财产情况。人民法院有权根据不同情形扣押、冻结、划拨、变价被执行人的财产。人民法院查询、扣押、冻结、划拨、变价的财产不得超出被执行人应当履行义务的范围。

人民法院决定扣押、冻结、划拨、变价财产，应当作出裁定，并发出协助执行通知书，有关单位必须办理。

第二百四十三条　被执行人未按执行通知履行法律文书确定的义务，人民法院有权扣留、提取被执行人应当履行义务部分的收入。但应当保留被执行人及其所扶养家属的生活必需费用。

人民法院扣留、提取收入时，应当作出裁定，并发出协助执行通知书，被执行人所在单位、银行、信用合作社和其他有储蓄业务的单位必须办理。

第二百四十四条　被执行人未按执行通知履行法律文书确定的义务，人民法院有权查封、扣押、冻结、拍卖、变卖被执行人应当履行义务部分的财产。但应当保留被执行人及其所扶养家属的生活必需品。

采取前款措施，人民法院应当作出裁定。

第二百四十五条　人民法院查封、扣押财产时，被执行人是公民的，应当通知被执行人或者他的成年家属到场；被执行人是法人或者其他组织的，应当通知其法定代表人或者主要负责人到场。拒不到场的，不影响执行。被执行人是公民的，其工作单位或者财产所在地的基层组织应当派人参加。

对被查封、扣押的财产，执行员必须造具清单，由在场人签名或者盖章后，交被执行人一份。被执行人是公民的，也可以交他的成年家属一份。

第二百四十六条　被查封的财产，执行员可以指定被执行人负责保管。因被执行人的过错造成的损失，由被执行人承担。

第二百四十七条　财产被查封、扣押后，执行员应当责令被执行人在指定期间履行法律文书确定的义务。被执行人逾期不履行的，人民法院应当拍卖被查封、扣押的财产；不适于拍卖或者当事人双方同意不进行拍卖的，人民法院可以委托有关单位变卖或者自行变卖。国家禁止自由买卖的物品，交有关单位按照国家规定的价格收购。

第二百四十八条　被执行人不履行法律文书确定的义务，并隐匿财产的，人民法院有权发出搜查令，对被执行人及其住所或者财产隐匿地进行搜查。

采取前款措施，由院长签发搜查令。

第二百四十九条　法律文书指定交付的财物或者票证，由执行员传唤双方当事人当面交付，或者由执行员转交，并由被交付人签收。

有关单位持有该项财物或者票证的，应当根据人民法院的协助执行通知书转交，并由被交付人签收。

有关公民持有该项财物或者票证的，人民法院通知其交出。拒不交出的，强制执行。

第二百五十条　强制迁出房屋或者强制退

出土地，由院长签发公告，责令被执行人在指定期间履行。被执行人逾期不履行的，由执行员强制执行。

强制执行时，被执行人是公民的，应当通知被执行人或者他的成年家属到场；被执行人是法人或者其他组织的，应当通知其法定代表人或者主要负责人到场。拒不到场的，不影响执行。被执行人是公民的，其工作单位或者房屋、土地所在地的基层组织应当派人参加。执行员应当将强制执行情况记入笔录，由在场人签名或者盖章。

强制迁出房屋被搬出的财物，由人民法院派人运至指定处所，交给被执行人。被执行人是公民的，也可以交给他的成年家属。因拒绝接收而造成的损失，由被执行人承担。

第二百五十一条　在执行中，需要办理有关财产权证照转移手续的，人民法院可以向有关单位发出协助执行通知书，有关单位必须办理。

第二百五十二条　对判决、裁定和其他法律文书指定的行为，被执行人未按执行通知履行的，人民法院可以强制执行或者委托有关单位或者其他人完成，费用由被执行人承担。

第二百五十三条　被执行人未按判决、裁定和其他法律文书指定的期间履行给付金钱义务的，应当加倍支付迟延履行期间的债务利息。被执行人未按判决、裁定和其他法律文书指定的期间履行其他义务的，应当支付迟延履行金。

第二百五十四条　人民法院采取本法第二百四十二条、第二百四十三条、第二百四十四条规定的执行措施后，被执行人仍不能偿还债务的，应当继续履行义务。债权人发现被执行人有其他财产的，可以随时请求人民法院执行。

第二百五十五条　被执行人不履行法律文书确定的义务的，人民法院可以对其采取或者通知有关单位协助采取限制出境，在征信系统记录、通过媒体公布不履行义务信息以及法律规定的其他措施。

第二十二章　执行中止和终结

第二百五十六条　有下列情形之一的，人民法院应当裁定中止执行：

（一）申请人表示可以延期执行的；

（二）案外人对执行标的提出确有理由的异议的；

（三）作为一方当事人的公民死亡，需要等待继承人继承权利或者承担义务的；

（四）作为一方当事人的法人或者其他组织终止，尚未确定权利义务承受人的；

（五）人民法院认为应当中止执行的其他情形。

中止的情形消失后，恢复执行。

第二百五十七条　有下列情形之一的，人民法院裁定终结执行：

（一）申请人撤销申请的；

（二）据以执行的法律文书被撤销的；

（三）作为被执行人的公民死亡，无遗产可供执行，又无义务承担人的；

（四）追索赡养费、扶养费、抚育费案件的权利人死亡的；

（五）作为被执行人的公民因生活困难无力偿还借款，无收入来源，又丧失劳动能力的；

（六）人民法院认为应当终结执行的其他情形。

第二百五十八条　中止和终结执行的裁定，送达当事人后立即生效。

第四编　涉外民事诉讼程序的特别规定

第二十三章　一 般 原 则

第二百五十九条　在中华人民共和国领域内进行涉外民事诉讼，适用本编规定。本编没有规定的，适用本法其他有关规定。

第二百六十条　中华人民共和国缔结或者参加的国际条约同本法有不同规定的，适用该国际条约的规定，但中华人民共和国声明保留的条款除外。

第二百六十一条　对享有外交特权与豁免的外国人、外国组织或者国际组织提起的民事诉讼，应当依照中华人民共和国有关法律和中华人民共和国缔结或者参加的国际条约的规定办理。

第二百六十二条　人民法院审理涉外民事案件，应当使用中华人民共和国通用的语言、文字。当事人要求提供翻译的，可以提供，费用由当事人承担。

第二百六十三条 外国人、无国籍人、外国企业和组织在人民法院起诉、应诉,需要委托律师代理诉讼的,必须委托中华人民共和国的律师。

第二百六十四条 在中华人民共和国领域内没有住所的外国人、无国籍人、外国企业和组织委托中华人民共和国律师或者其他人代理诉讼,从中华人民共和国领域外寄交或者托交的授权委托书,应当经所在国公证机关证明,并经中华人民共和国驻该国使领馆认证,或者履行中华人民共和国与该所在国订立的有关条约中规定的证明手续后,才具有效力。

第二十四章 管　　辖

第二百六十五条 因合同纠纷或者其他财产权益纠纷,对在中华人民共和国领域内没有住所的被告提起的诉讼,如果合同在中华人民共和国领域内签订或者履行,或者诉讼标的物在中华人民共和国领域内,或者被告在中华人民共和国领域内有可供扣押的财产,或者被告在中华人民共和国领域内设有代表机构,可以由合同签订地、合同履行地、诉讼标的物所在地、可供扣押财产所在地、侵权行为地或者代表机构住所地人民法院管辖。

第二百六十六条 因在中华人民共和国履行中外合资经营企业合同、中外合作经营企业合同、中外合作勘探开发自然资源合同发生纠纷提起的诉讼,由中华人民共和国人民法院管辖。

第二十五章 送达、期间

第二百六十七条 人民法院对在中华人民共和国领域内没有住所的当事人送达诉讼文书,可以采用下列方式:

(一)依照受送达人所在国与中华人民共和国缔结或者共同参加的国际条约中规定的方式送达;

(二)通过外交途径送达;

(三)对具有中华人民共和国国籍的受送达人,可以委托中华人民共和国驻受送达人所在国的使领馆代为送达;

(四)向受送达人委托的有权代其接受送达的诉讼代理人送达;

(五)向受送达人在中华人民共和国领域内设立的代表机构或者有权接受送达的分支机构、业务代办人送达;

(六)受送达人所在国的法律允许邮寄送达的,可以邮寄送达,自邮寄之日起满三个月,送达回证没有退回,但根据各种情况足以认定已经送达的,期间届满之日视为送达;

(七)采用传真、电子邮件等能够确认受送达人收悉的方式送达;

(八)不能用上述方式送达的,公告送达,自公告之日起满三个月,即视为送达。

第二百六十八条 被告在中华人民共和国领域内没有住所的,人民法院应当将起诉状副本送达被告,并通知被告在收到起诉状副本后三十日内提出答辩状。被告申请延期的,是否准许,由人民法院决定。

第二百六十九条 在中华人民共和国领域内没有住所的当事人,不服第一审人民法院判决、裁定的,有权在判决书、裁定书送达之日起三十日内提起上诉。被上诉人在收到上诉状副本后,应当在三十日内提出答辩状。当事人不能在法定期间提起上诉或者提出答辩状,申请延期的,是否准许,由人民法院决定。

第二百七十条 人民法院审理涉外民事案件的期间,不受本法第一百四十九条、第一百七十六条规定的限制。

第二十六章 仲　　裁

第二百七十一条 涉外经济贸易、运输和海事中发生的纠纷,当事人在合同中订有仲裁条款或者事后达成书面仲裁协议,提交中华人民共和国涉外仲裁机构或者其他仲裁机构仲裁的,当事人不得向人民法院起诉。

当事人在合同中没有订有仲裁条款或者事后没有达成书面仲裁协议的,可以向人民法院起诉。

第二百七十二条 当事人申请采取保全的,中华人民共和国的涉外仲裁机构应当将当事人的申请,提交被申请人住所地或者财产所在地的中级人民法院裁定。

第二百七十三条 经中华人民共和国涉外仲裁机构裁决的，当事人不得向人民法院起诉。一方当事人不履行仲裁裁决的，对方当事人可以向被申请人住所地或者财产所在地的中级人民法院申请执行。

第二百七十四条 对中华人民共和国涉外仲裁机构作出的裁决，被申请人提出证据证明仲裁裁决有下列情形之一的，经人民法院组成合议庭审查核实，裁定不予执行：

（一）当事人在合同中没有订有仲裁条款或者事后没有达成书面仲裁协议的；

（二）被申请人没有得到指定仲裁员或者进行仲裁程序的通知，或者由于其他不属于被申请人负责的原因未能陈述意见的；

（三）仲裁庭的组成或者仲裁的程序与仲裁规则不符的；

（四）裁决的事项不属于仲裁协议的范围或者仲裁机构无权仲裁的。

人民法院认定执行该裁决违背社会公共利益的，裁定不予执行。

第二百七十五条 仲裁裁决被人民法院裁定不予执行的，当事人可以根据双方达成的书面仲裁协议重新申请仲裁，也可以向人民法院起诉。

第二十七章 司法协助

第二百七十六条 根据中华人民共和国缔结或者参加的国际条约，或者按照互惠原则，人民法院和外国法院可以相互请求，代为送达文书、调查取证以及进行其他诉讼行为。

外国法院请求协助的事项有损于中华人民共和国的主权、安全或者社会公共利益的，人民法院不予执行。

第二百七十七条 请求和提供司法协助，应当依照中华人民共和国缔结或者参加的国际条约所规定的途径进行；没有条约关系的，通过外交途径进行。

外国驻中华人民共和国的使领馆可以向该国公民送达文书和调查取证，但不得违反中华人民共和国的法律，并不得采取强制措施。

除前款规定的情况外，未经中华人民共和国主管机关准许，任何外国机关或者个人不得在中华人民共和国领域内送达文书、调查取证。

第二百七十八条 外国法院请求人民法院提供司法协助的请求书及其所附文件，应当附有中文译本或者国际条约规定的其他文字文本。

人民法院请求外国法院提供司法协助的请求书及其所附文件，应当附有该国文字译本或者国际条约规定的其他文字文本。

第二百七十九条 人民法院提供司法协助，依照中华人民共和国法律规定的程序进行。外国法院请求采用特殊方式的，也可以按照其请求的特殊方式进行，但请求采用的特殊方式不得违反中华人民共和国法律。

第二百八十条 人民法院作出的发生法律效力的判决、裁定，如果被执行人或者其财产不在中华人民共和国领域内，当事人请求执行的，可以由当事人直接向有管辖权的外国法院申请承认和执行，也可以由人民法院依照中华人民共和国缔结或者参加的国际条约的规定，或者按照互惠原则，请求外国法院承认和执行。

中华人民共和国涉外仲裁机构作出的发生法律效力的仲裁裁决，当事人请求执行的，如果被执行人或者其财产不在中华人民共和国领域内，应当由当事人直接向有管辖权的外国法院申请承认和执行。

第二百八十一条 外国法院作出的发生法律效力的判决、裁定，需要中华人民共和国人民法院承认和执行的，可以由当事人直接向中华人民共和国有管辖权的中级人民法院申请承认和执行，也可以由外国法院依照该国与中华人民共和国缔结或者参加的国际条约的规定，或者按照互惠原则，请求人民法院承认和执行。

第二百八十二条 人民法院对申请或者请求承认和执行的外国法院作出的发生法律效力的判决、裁定，依照中华人民共和国缔结或者参加的国际条约，或者按照互惠原则进行审查后，认为不违反中华人民共和国法律的基本原则或者国家主权、安全、社会公共利益的，裁定承认其效力，需要执行的，发出执行令，依照本法的有关规定执行。违反中华人民共和国法律的基本原则或者国家主权、安全、社会公共利益的，不予承认和执行。

第二百八十三条 国外仲裁机构的裁决，需要中华人民共和国人民法院承认和执行的，应当由当事人直接向被执行人住所地或者其财产所在地的中级人民法院申请，人民法院应当依照中华人民共和国缔结或者参加的国际条约，或者按照互惠原则办理。

第二百八十四条 本法自公布之日起施行，《中华人民共和国民事诉讼法（试行）》同时废止。

全国人民代表大会常务委员会关于修改《中华人民共和国民事诉讼法》和《中华人民共和国行政诉讼法》的决定（节录）

（2017年6月27日第十二届全国人民代表大会常务委员会第二十八次会议通过 2017年6月27日中华人民共和国主席令第71号公布 自2017年7月1日起施行）

第十二届全国人民代表大会常务委员会第二十八次会议决定：

一、对《中华人民共和国民事诉讼法》作出修改

第五十五条增加一款，作为第二款："人民检察院在履行职责中发现破坏生态环境和资源保护、食品药品安全领域侵害众多消费者合法权益等损害社会公共利益的行为，在没有前款规定的机关和组织或者前款规定的机关和组织不提起诉讼的情况下，可以向人民法院提起诉讼。前款规定的机关或者组织提起诉讼的，人民检察院可以支持起诉。"

……

本决定自2017年7月1日起施行。

《中华人民共和国民事诉讼法》和《中华人民共和国行政诉讼法》根据本决定作相应修改，重新公布。

中华人民共和国民事诉讼法

（1991年4月9日第七届全国人民代表大会第四次会议通过 根据2007年10月28日第十届全国人民代表大会常务委员会第三十次会议《关于修改〈中华人民共和国民事诉讼法〉的决定》第一次修正 根据2012年8月31日第十一届全国人民代表大会常务委员会第二十八次会议《关于修改〈中华人民共和国民事诉讼法〉的决定》第二次修正 根据2017年6月27日第十二届全国人民代表大会常务委员会第二十八次会议《关于修改〈中华人民共和国民事诉讼法〉和〈中华人民共和国行政诉讼法〉的决定》第三次修正）

目 录

第一编　总　　则

第一章　任务、适用范围和基本原则

第一条　中华人民共和国民事诉讼法以宪法为根据,结合我国民事审判工作的经验和实际情况制定。

第二条　中华人民共和国民事诉讼法的任务,是保护当事人行使诉讼权利,保证人民法院查明事实,分清是非,正确适用法律,及时审理民事案件,确认民事权利义务关系,制裁民事违法行为,保护当事人的合法权益,教育公民自觉遵守法律,维护社会秩序、经济秩序,保障社会主义建设事业顺利进行。

第三条　人民法院受理公民之间、法人之间、其他组织之间以及他们相互之间因财产关系和人身关系提起的民事诉讼,适用本法的规定。

第四条　凡在中华人民共和国领域内进行民事诉讼,必须遵守本法。

第五条　外国人、无国籍人、外国企业和组织在人民法院起诉、应诉,同中华人民共和国公民、法人和其他组织有同等的诉讼权利义务。

外国法院对中华人民共和国公民、法人和其他组织的民事诉讼权利加以限制的,中华人民共和国人民法院对该国公民、企业和组织的民事诉讼权利,实行对等原则。

第六条　民事案件的审判权由人民法院行使。

人民法院依照法律规定对民事案件独立进行审判,不受行政机关、社会团体和个人的干涉。

第七条　人民法院审理民事案件,必须以事实为根据,以法律为准绳。

第八条　民事诉讼当事人有平等的诉讼权利。人民法院审理民事案件,应当保障和便利当事人行使诉讼权利,对当事人在适用法律上一律平等。

第九条　人民法院审理民事案件,应当根据自愿和合法的原则进行调解;调解不成的,应当及时判决。

第十条　人民法院审理民事案件,依照法律规定实行合议、回避、公开审判和两审终审制度。

第十一条　各民族公民都有用本民族语言、文字进行民事诉讼的权利。

在少数民族聚居或者多民族共同居住的地区,人民法院应当用当地民族通用的语言、文字进行审理和发布法律文书。

人民法院应当对不通晓当地民族通用的语言、文字的诉讼参与人提供翻译。

第十二条　人民法院审理民事案件时,当事人有权进行辩论。

第十三条　民事诉讼应当遵循诚实信用原则。

当事人有权在法律规定的范围内处分自己的民事权利和诉讼权利。

第十四条　人民检察院有权对民事诉讼实行法律监督。

第十五条　机关、社会团体、企业事业单位对损害国家、集体或者个人民事权益的行为,可以支持受损害的单位或者个人向人民法院起诉。

第十六条　民族自治地方的人民代表大会

根据宪法和本法的原则,结合当地民族的具体情况,可以制定变通或者补充的规定。自治区的规定,报全国人民代表大会常务委员会批准。自治州、自治县的规定,报省或者自治区的人民代表大会常务委员会批准,并报全国人民代表大会常务委员会备案。

第二章 管 辖

第一节 级别管辖

第十七条 基层人民法院管辖第一审民事案件,但本法另有规定的除外。

第十八条 中级人民法院管辖下列第一审民事案件:

(一)重大涉外案件;

(二)在本辖区有重大影响的案件;

(三)最高人民法院确定由中级人民法院管辖的案件。

第十九条 高级人民法院管辖在本辖区有重大影响的第一审民事案件。

第二十条 最高人民法院管辖下列第一审民事案件:

(一)在全国有重大影响的案件;

(二)认为应当由本院审理的案件。

第二节 地域管辖

第二十一条 对公民提起的民事诉讼,由被告住所地人民法院管辖;被告住所地与经常居住地不一致的,由经常居住地人民法院管辖。

对法人或者其他组织提起的民事诉讼,由被告住所地人民法院管辖。

同一诉讼的几个被告住所地、经常居住地在两个以上人民法院辖区的,各该人民法院都有管辖权。

第二十二条 下列民事诉讼,由原告住所地人民法院管辖;原告住所地与经常居住地不一致的,由原告经常居住地人民法院管辖:

(一)对不在中华人民共和国领域内居住的人提起的有关身份关系的诉讼;

(二)对下落不明或者宣告失踪的人提起的有关身份关系的诉讼;

(三)对被采取强制性教育措施的人提起的诉讼;

(四)对被监禁的人提起的诉讼。

第二十三条 因合同纠纷提起的诉讼,由被告住所地或者合同履行地人民法院管辖。

第二十四条 因保险合同纠纷提起的诉讼,由被告住所地或者保险标的物所在地人民法院管辖。

第二十五条 因票据纠纷提起的诉讼,由票据支付地或者被告住所地人民法院管辖。

第二十六条 因公司设立、确认股东资格、分配利润、解散等纠纷提起的诉讼,由公司住所地人民法院管辖。

第二十七条 因铁路、公路、水上、航空运输和联合运输合同纠纷提起的诉讼,由运输始发地、目的地或者被告住所地人民法院管辖。

第二十八条 因侵权行为提起的诉讼,由侵权行为地或者被告住所地人民法院管辖。

第二十九条 因铁路、公路、水上和航空事故请求损害赔偿提起的诉讼,由事故发生地或者车辆、船舶最先到达地、航空器最先降落地或者被告住所地人民法院管辖。

第三十条 因船舶碰撞或者其他海事损害事故请求损害赔偿提起的诉讼,由碰撞发生地、碰撞船舶最先到达地、加害船舶被扣留地或者被告住所地人民法院管辖。

第三十一条 因海难救助费用提起的诉讼,由救助地或者被救助船舶最先到达地人民法院管辖。

第三十二条 因共同海损提起的诉讼,由船舶最先到达地、共同海损理算地或者航程终止地的人民法院管辖。

第三十三条 下列案件,由本条规定的人民法院专属管辖:

(一)因不动产纠纷提起的诉讼,由不动产所在地人民法院管辖;

(二)因港口作业中发生纠纷提起的诉讼,由港口所在地人民法院管辖;

(三)因继承遗产纠纷提起的诉讼,由被继承人死亡时住所地或者主要遗产所在地人民法院管辖。

第三十四条 合同或者其他财产权益纠纷的当事人可以书面协议选择被告住所地、合同履行地、合同签订地、原告住所地、标的物所在地等与争议有实际联系的地点的人民法院管辖,但不得违反本法对级别管辖和专属管辖的规定。

第三十五条 两个以上人民法院都有管辖权的诉讼,原告可以向其中一个人民法院起诉;原告向两个以上有管辖权的人民法院起诉的,由最先立案的人民法院管辖。

第三节 移送管辖和指定管辖

第三十六条 人民法院发现受理的案件不属于本院管辖的,应当移送有管辖权的人民法院,受移送的人民法院应当受理。受移送的人民法院认为受移送的案件依照规定不属于本院管辖的,应当报请上级人民法院指定管辖,不得再自行移送。

第三十七条 有管辖权的人民法院由于特殊原因,不能行使管辖权的,由上级人民法院指定管辖。

人民法院之间因管辖权发生争议,由争议双方协商解决;协商解决不了的,报请它们的共同上级人民法院指定管辖。

第三十八条 上级人民法院有权审理下级人民法院管辖的第一审民事案件;确有必要将本院管辖的第一审民事案件交下级人民法院审理的,应当报请其上级人民法院批准。

下级人民法院对它所管辖的第一审民事案件,认为需要由上级人民法院审理的,可以报请上级人民法院审理。

第三章 审判组织

第三十九条 人民法院审理第一审民事案件,由审判员、陪审员共同组成合议庭或者由审判员组成合议庭。合议庭的成员人数,必须是单数。

适用简易程序审理的民事案件,由审判员一人独任审理。

陪审员在执行陪审职务时,与审判员有同等的权利义务。

第四十条 人民法院审理第二审民事案件,由审判员组成合议庭。合议庭的成员人数,必须是单数。

发回重审的案件,原审人民法院应当按照第一审程序另行组成合议庭。

审理再审案件,原来是第一审的,按照第一审程序另行组成合议庭;原来是第二审的或者是上级人民法院提审的,按照第二审程序另行组成合议庭。

第四十一条 合议庭的审判长由院长或者庭长指定审判员一人担任;院长或者庭长参加审判的,由院长或者庭长担任。

第四十二条 合议庭评议案件,实行少数服从多数的原则。评议应当制作笔录,由合议庭成员签名。评议中的不同意见,必须如实记入笔录。

第四十三条 审判人员应当依法秉公办案。

审判人员不得接受当事人及其诉讼代理人请客送礼。

审判人员有贪污受贿,徇私舞弊,枉法裁判行为的,应当追究法律责任;构成犯罪的,依法追究刑事责任。

第四章 回 避

第四十四条 审判人员有下列情形之一的,应当自行回避,当事人有权用口头或者书面方式申请他们回避:

(一)是本案当事人或者当事人、诉讼代理人近亲属的;

(二)与本案有利害关系的;

(三)与本案当事人、诉讼代理人有其他关系,可能影响对案件公正审理的。

审判人员接受当事人、诉讼代理人请客送礼,或者违反规定会见当事人、诉讼代理人的,当事人有权要求他们回避。

审判人员有前款规定的行为的,应当依法追究法律责任。

前三款规定,适用于书记员、翻译人员、鉴定人、勘验人。

第四十五条 当事人提出回避申请,应当说明理由,在案件开始审理时提出;回避事由在案件开始审理后知道的,也可以在法庭辩论终结前提出。

被申请回避的人员在人民法院作出是否回避的决定前,应当暂停参与本案的工作,但案件需要采取紧急措施的除外。

第四十六条 院长担任审判长时的回避,由审判委员会决定;审判人员的回避,由院长决定;其他人员的回避,由审判长决定。

第四十七条 人民法院对当事人提出的回避申请,应当在申请提出的三日内,以口头或者书面形式作出决定。申请人对决定不服的,可以在接到决定时申请复议一次。复议期间,被申请回避的人员,不停止参与本案的工作。人民法院对复议申请,应当在三日内作出复议决定,并通知复议申请人。

第五章 诉讼参加人

第一节 当 事 人

第四十八条 公民、法人和其他组织可以作为民事诉讼的当事人。

法人由其法定代表人进行诉讼。其他组织由其主要负责人进行诉讼。

第四十九条 当事人有权委托代理人,提出回避申请,收集、提供证据,进行辩论,请求调解,提起上诉,申请执行。

当事人可以查阅本案有关材料,并可以复制本案有关材料和法律文书。查阅、复制本案有关材料的范围和办法由最高人民法院规定。

当事人必须依法行使诉讼权利,遵守诉讼秩序,履行发生法律效力的判决书、裁定书和调解书。

第五十条 双方当事人可以自行和解。

第五十一条 原告可以放弃或者变更诉讼请求。被告可以承认或者反驳诉讼请求,有权提起反诉。

第五十二条 当事人一方或者双方为二人以上,其诉讼标的是共同的,或者诉讼标的是同一种类、人民法院认为可以合并审理并经当事人同意的,为共同诉讼。

共同诉讼的一方当事人对诉讼标的有共同权利义务的,其中一人的诉讼行为经其他共同诉讼人承认,对其他共同诉讼人发生效力;对诉讼标的没有共同权利义务的,其中一人的诉讼行为对其他共同诉讼人不发生效力。

第五十三条 当事人一方人数众多的共同诉讼,可以由当事人推选代表人进行诉讼。代表人的诉讼行为对其所代表的当事人发生效力,但代表人变更、放弃诉讼请求或者承认对方当事人的诉讼请求,进行和解,必须经被代表的当事人同意。

第五十四条 诉讼标的是同一种类、当事人一方人数众多在起诉时人数尚未确定的,人民法院可以发出公告,说明案件情况和诉讼请求,通知权利人在一定期间向人民法院登记。

向人民法院登记的权利人可以推选代表人进行诉讼;推选不出代表人的,人民法院可以与参加登记的权利人商定代表人。

代表人的诉讼行为对其所代表的当事人发生效力,但代表人变更、放弃诉讼请求或者承认对方当事人的诉讼请求,进行和解,必须经被代表的当事人同意。

人民法院作出的判决、裁定,对参加登记的全体权利人发生效力。未参加登记的权利人在诉讼时效期间提起诉讼的,适用该判决、裁定。

第五十五条 对污染环境、侵害众多消费者合法权益等损害社会公共利益的行为,法律规定的机关和有关组织可以向人民法院提起诉讼。

人民检察院在履行职责中发现破坏生态环境和资源保护、食品药品安全领域侵害众多消费者合法权益等损害社会公共利益的行为,在没有前款规定的机关和组织或者前款规定的机关和组织不提起诉讼的情况下,可以向人民法院提起诉讼。前款规定的机关或者组织提起诉讼的,人民检察院可以支持起诉。

第五十六条 对当事人双方的诉讼标的,第三人认为有独立请求权的,有权提起诉讼。

对当事人双方的诉讼标的,第三人虽然没有独立请求权,但案件处理结果同他有法律上的利害关系的,可以申请参加诉讼,或者由人民法院通知他参加诉讼。人民法院判决承担民事责任的第三人,有当事人的诉讼权利义务。

前两款规定的第三人,因不能归责于本人的事由未参加诉讼,但有证据证明发生法律效力的判决、裁定、调解书的部分或者全部内容错误,损害其民事权益的,可以自知道或者应当知道其民事权益受到损害之日起六个月内,向作出该判决、裁定、调解书的人民法院提起诉讼。人民法院经审理,诉讼请求成立的,应当改变或者撤销原判决、裁定、调解书；诉讼请求不成立的，驳回诉讼请求。

第二节　诉讼代理人

第五十七条　无诉讼行为能力人由他的监护人作为法定代理人代为诉讼。法定代理人之间互相推诿代理责任的，由人民法院指定其中一人代为诉讼。

第五十八条　当事人、法定代理人可以委托一至二人作为诉讼代理人。

下列人员可以被委托为诉讼代理人：

（一）律师、基层法律服务工作者；

（二）当事人的近亲属或者工作人员；

（三）当事人所在社区、单位以及有关社会团体推荐的公民。

第五十九条　委托他人代为诉讼，必须向人民法院提交由委托人签名或者盖章的授权委托书。

授权委托书必须记明委托事项和权限。诉讼代理人代为承认、放弃、变更诉讼请求，进行和解，提起反诉或者上诉，必须有委托人的特别授权。

侨居在国外的中华人民共和国公民从国外寄交或者托交的授权委托书，必须经中华人民共和国驻该国的使领馆证明；没有使领馆的，由与中华人民共和国有外交关系的第三国驻该国的使领馆证明，再转由中华人民共和国驻该第三国使领馆证明，或者由当地的爱国华侨团体证明。

第六十条　诉讼代理人的权限如果变更或者解除，当事人应当书面告知人民法院，并由人民法院通知对方当事人。

第六十一条　代理诉讼的律师和其他诉讼代理人有权调查收集证据，可以查阅本案有关材料。查阅本案有关材料的范围和办法由最高人民法院规定。

第六十二条　离婚案件有诉讼代理人的，本人除不能表达意思的以外，仍应出庭；确因特殊情况无法出庭的，必须向人民法院提交书面意见。

第六章　证　　据

第六十三条　证据包括：

（一）当事人的陈述；

（二）书证；

（三）物证；

（四）视听资料；

（五）电子数据；

（六）证人证言；

（七）鉴定意见；

（八）勘验笔录。

证据必须查证属实，才能作为认定事实的根据。

第六十四条　当事人对自己提出的主张，有责任提供证据。

当事人及其诉讼代理人因客观原因不能自行收集的证据，或者人民法院认为审理案件需要的证据，人民法院应当调查收集。

人民法院应当按照法定程序，全面地、客观地审查核实证据。

第六十五条　当事人对自己提出的主张应当及时提供证据。

人民法院根据当事人的主张和案件审理情况，确定当事人应当提供的证据及其期限。当事人在该期限内提供证据确有困难的，可以向人民法院申请延长期限，人民法院根据当事人的申请适当延长。当事人逾期提供证据的，人民法院应当责令其说明理由；拒不说明理由或者理由不成立的，人民法院根据不同情形可以不予采纳该证据，或者采纳该证据但予以训诫、罚款。

第六十六条　人民法院收到当事人提交的证据材料，应当出具收据，写明证据名称、页数、份数、原件或者复印件以及收到时间等，并由经办人员签名或者盖章。

第六十七条　人民法院有权向有关单位和个人调查取证，有关单位和个人不得拒绝。

人民法院对有关单位和个人提出的证明文书，应当辨别真伪，审查确定其效力。

第六十八条　证据应当在法庭上出示，并由当事人互相质证。对涉及国家秘密、商业秘密和个人隐私的证据应当保密，需要在法庭出示的，不得在公开开庭时出示。

第六十九条　经过法定程序公证证明的法律事实和文书，人民法院应当作为认定事实的根据，但有相反证据足以推翻公证证明的除外。

第七十条 书证应当提交原件。物证应当提交原物。提交原件或者原物确有困难的,可以提交复制品、照片、副本、节录本。

提交外文书证,必须附有中文译本。

第七十一条 人民法院对视听资料,应当辨别真伪,并结合本案的其他证据,审查确定能否作为认定事实的根据。

第七十二条 凡是知道案件情况的单位和个人,都有义务出庭作证。有关单位的负责人应当支持证人作证。

不能正确表达意思的人,不能作证。

第七十三条 经人民法院通知,证人应当出庭作证。有下列情形之一的,经人民法院许可,可以通过书面证言、视听传输技术或者视听资料等方式作证:

(一)因健康原因不能出庭的;

(二)因路途遥远,交通不便不能出庭的;

(三)因自然灾害等不可抗力不能出庭的;

(四)其他有正当理由不能出庭的。

第七十四条 证人因履行出庭作证义务而支出的交通、住宿、就餐等必要费用以及误工损失,由败诉一方当事人负担。当事人申请证人作证的,由该当事人先行垫付;当事人没有申请,人民法院通知证人作证的,由人民法院先行垫付。

第七十五条 人民法院对当事人的陈述,应当结合本案的其他证据,审查确定能否作为认定事实的根据。

当事人拒绝陈述的,不影响人民法院根据证据认定案件事实。

第七十六条 当事人可以就查明事实的专门性问题向人民法院申请鉴定。当事人申请鉴定的,由双方当事人协商确定具备资格的鉴定人;协商不成的,由人民法院指定。

当事人未申请鉴定,人民法院对专门性问题认为需要鉴定的,应当委托具备资格的鉴定人进行鉴定。

第七十七条 鉴定人有权了解进行鉴定所需要的案件材料,必要时可以询问当事人、证人。

鉴定人应当提出书面鉴定意见,在鉴定书上签名或者盖章。

第七十八条 当事人对鉴定意见有异议或者人民法院认为鉴定人有必要出庭的,鉴定人应当出庭作证。经人民法院通知,鉴定人拒不出庭作证的,鉴定意见不得作为认定事实的根据;支付鉴定费用的当事人可以要求返还鉴定费用。

第七十九条 当事人可以申请人民法院通知有专门知识的人出庭,就鉴定人作出的鉴定意见或者专业问题提出意见。

第八十条 勘验物证或者现场,勘验人必须出示人民法院的证件,并邀请当地基层组织或者当事人所在单位派人参加。当事人或者当事人的成年家属应当到场,拒不到场的,不影响勘验的进行。

有关单位和个人根据人民法院的通知,有义务保护现场,协助勘验工作。

勘验人应当将勘验情况和结果制作笔录,由勘验人、当事人和被邀参加人签名或者盖章。

第八十一条 在证据可能灭失或者以后难以取得的情况下,当事人可以在诉讼过程中向人民法院申请保全证据,人民法院也可以主动采取保全措施。

因情况紧急,在证据可能灭失或者以后难以取得的情况下,利害关系人可以在提起诉讼或者申请仲裁前向证据所在地、被申请人住所地或者对案件有管辖权的人民法院申请保全证据。

证据保全的其他程序,参照适用本法第九章保全的有关规定。

第七章 期间、送达

第一节 期 间

第八十二条 期间包括法定期间和人民法院指定的期间。

期间以时、日、月、年计算。期间开始的时和日,不计算在期间内。

期间届满的最后一日是节假日的,以节假日后的第一日为期间届满的日期。

期间不包括在途时间,诉讼文书在期满前交邮的,不算过期。

第八十三条 当事人因不可抗拒的事由或者其他正当理由耽误期限的,在障碍消除后的十日内,可以申请顺延期限,是否准许,由人民法院决定。

第二节 送 达

第八十四条 送达诉讼文书必须有送达回证，由受送达人在送达回证上记明收到日期，签名或者盖章。

受送达人在送达回证上的签收日期为送达日期。

第八十五条 送达诉讼文书，应当直接送交受送达人。受送达人是公民的，本人不在交他的同住成年家属签收；受送达人是法人或者其他组织的，应当由法人的法定代表人、其他组织的主要负责人或者该法人、组织负责收件的人签收；受送达人有诉讼代理人的，可以送交其代理人签收；受送达人已向人民法院指定代收人的，送交代收人签收。

受送达人的同住成年家属，法人或者其他组织的负责收件的人，诉讼代理人或者代收人在送达回证上签收的日期为送达日期。

第八十六条 受送达人或者他的同住成年家属拒绝接收诉讼文书的，送达人可以邀请有关基层组织或者所在单位的代表到场，说明情况，在送达回证上记明拒收事由和日期，由送达人、见证人签名或者盖章，把诉讼文书留在受送达人的住所；也可以把诉讼文书留在受送达人的住所，并采用拍照、录像等方式记录送达过程，即视为送达。

第八十七条 经受送达人同意，人民法院可以采用传真、电子邮件等能够确认其收悉的方式送达诉讼文书，但判决书、裁定书、调解书除外。

采用前款方式送达的，以传真、电子邮件等到达受送达人特定系统的日期为送达日期。

第八十八条 直接送达诉讼文书有困难的，可以委托其他人民法院代为送达，或者邮寄送达。邮寄送达的，以回执上注明的收件日期为送达日期。

第八十九条 受送达人是军人的，通过其所在部队团以上单位的政治机关转交。

第九十条 受送达人被监禁的，通过其所在监所转交。

受送达人被采取强制性教育措施的，通过其所在强制性教育机构转交。

第九十一条 代为转交的机关、单位收到诉讼文书后，必须立即交受送达人签收，以在送达回证上的签收日期，为送达日期。

第九十二条 受送达人下落不明，或者用本节规定的其他方式无法送达的，公告送达。自发出公告之日起，经过六十日，即视为送达。

公告送达，应当在案卷中记明原因和经过。

第八章 调 解

第九十三条 人民法院审理民事案件，根据当事人自愿的原则，在事实清楚的基础上，分清是非，进行调解。

第九十四条 人民法院进行调解，可以由审判员一人主持，也可以由合议庭主持，并尽可能就地进行。

人民法院进行调解，可以用简便方式通知当事人、证人到庭。

第九十五条 人民法院进行调解，可以邀请有关单位和个人协助。被邀请的单位和个人，应当协助人民法院进行调解。

第九十六条 调解达成协议，必须双方自愿，不得强迫。调解协议的内容不得违反法律规定。

第九十七条 调解达成协议，人民法院应当制作调解书。调解书应当写明诉讼请求、案件的事实和调解结果。

调解书由审判人员、书记员署名，加盖人民法院印章，送达双方当事人。

调解书经双方当事人签收后，即具有法律效力。

第九十八条 下列案件调解达成协议，人民法院可以不制作调解书：

（一）调解和好的离婚案件；

（二）调解维持收养关系的案件；

（三）能够即时履行的案件；

（四）其他不需要制作调解书的案件。

对不需要制作调解书的协议，应当记入笔录，由双方当事人、审判人员、书记员签名或者盖章后，即具有法律效力。

第九十九条 调解未达成协议或者调解书送达前一方反悔的，人民法院应当及时判决。

第九章　保全和先予执行

第一百条　人民法院对于可能因当事人一方的行为或者其他原因，使判决难以执行或者造成当事人其他损害的案件，根据对方当事人的申请，可以裁定对其财产进行保全、责令其作出一定行为或者禁止其作出一定行为；当事人没有提出申请的，人民法院在必要时也可以裁定采取保全措施。

人民法院采取保全措施，可以责令申请人提供担保，申请人不提供担保的，裁定驳回申请。

人民法院接受申请后，对情况紧急的，必须在四十八小时内作出裁定；裁定采取保全措施的，应当立即开始执行。

第一百零一条　利害关系人因情况紧急，不立即申请保全将会使其合法权益受到难以弥补的损害的，可以在提起诉讼或者申请仲裁前向被保全财产所在地、被申请人住所地或者对案件有管辖权的人民法院申请采取保全措施。申请人应当提供担保，不提供担保的，裁定驳回申请。

人民法院接受申请后，必须在四十八小时内作出裁定；裁定采取保全措施的，应当立即开始执行。

申请人在人民法院采取保全措施后三十日内不依法提起诉讼或者申请仲裁的，人民法院应当解除保全。

第一百零二条　保全限于请求的范围，或者与本案有关的财物。

第一百零三条　财产保全采取查封、扣押、冻结或者法律规定的其他方法。人民法院保全财产后，应当立即通知被保全财产的人。

财产已被查封、冻结的，不得重复查封、冻结。

第一百零四条　财产纠纷案件，被申请人提供担保的，人民法院应当裁定解除保全。

第一百零五条　申请有错误的，申请人应当赔偿被申请人因保全所遭受的损失。

第一百零六条　人民法院对下列案件，根据当事人的申请，可以裁定先予执行：

（一）追索赡养费、扶养费、抚育费、抚恤金、医疗费用的；

（二）追索劳动报酬的；

（三）因情况紧急需要先予执行的。

第一百零七条　人民法院裁定先予执行的，应当符合下列条件：

（一）当事人之间权利义务关系明确，不先予执行将严重影响申请人的生活或者生产经营的；

（二）被申请人有履行能力。

人民法院可以责令申请人提供担保，申请人不提供担保的，驳回申请。申请人败诉的，应当赔偿被申请人因先予执行遭受的财产损失。

第一百零八条　当事人对保全或者先予执行的裁定不服的，可以申请复议一次。复议期间不停止裁定的执行。

第十章　对妨害民事诉讼的强制措施

第一百零九条　人民法院对必须到庭的被告，经两次传票传唤，无正当理由拒不到庭的，可以拘传。

第一百一十条　诉讼参与人和其他人应当遵守法庭规则。

人民法院对违反法庭规则的人，可以予以训诫，责令退出法庭或者予以罚款、拘留。

人民法院对哄闹、冲击法庭，侮辱、诽谤、威胁、殴打审判人员，严重扰乱法庭秩序的人，依法追究刑事责任；情节较轻的，予以罚款、拘留。

第一百一十一条　诉讼参与人或者其他人有下列行为之一的，人民法院可以根据情节轻重予以罚款、拘留；构成犯罪的，依法追究刑事责任：

（一）伪造、毁灭重要证据，妨碍人民法院审理案件的；

（二）以暴力、威胁、贿买方法阻止证人作证或者指使、贿买、胁迫他人作伪证的；

（三）隐藏、转移、变卖、毁损已被查封、扣押的财产，或者已被清点并责令其保管的财产，转移已被冻结的财产的；

（四）对司法工作人员、诉讼参加人、证人、翻译人员、鉴定人、勘验人、协助执行的人，进行侮辱、诽谤、诬陷、殴打或者打击报复的；

（五）以暴力、威胁或者其他方法阻碍司法工作人员执行职务的；

（六）拒不履行人民法院已经发生法律效力的判决、裁定的。

人民法院对有前款规定的行为之一的单位，可以对其主要负责人或者直接责任人员予以罚款、拘留；构成犯罪的，依法追究刑事责任。

第一百一十二条　当事人之间恶意串通，企图通过诉讼、调解等方式侵害他人合法权益的，人民法院应当驳回其请求，并根据情节轻重予以罚款、拘留；构成犯罪的，依法追究刑事责任。

第一百一十三条　被执行人与他人恶意串通，通过诉讼、仲裁、调解等方式逃避履行法律文书确定的义务的，人民法院应当根据情节轻重予以罚款、拘留；构成犯罪的，依法追究刑事责任。

第一百一十四条　有义务协助调查、执行的单位有下列行为之一的，人民法院除责令其履行协助义务外，并可以予以罚款：

（一）有关单位拒绝或者妨碍人民法院调查取证的；

（二）有关单位接到人民法院协助执行通知书后，拒不协助查询、扣押、冻结、划拨、变价财产的；

（三）有关单位接到人民法院协助执行通知书后，拒不协助扣留被执行人的收入、办理有关财产权证照转移手续、转交有关票证、证照或者其他财产的；

（四）其他拒绝协助执行的。

人民法院对有前款规定的行为之一的单位，可以对其主要负责人或者直接责任人员予以罚款；对仍不履行协助义务的，可以予以拘留；并可以向监察机关或者有关机关提出予以纪律处分的司法建议。

第一百一十五条　对个人的罚款金额，为人民币十万元以下。对单位的罚款金额，为人民币五万元以上一百万元以下。

拘留的期限，为十五日以下。

被拘留的人，由人民法院交公安机关看管。在拘留期间，被拘留人承认并改正错误的，人民法院可以决定提前解除拘留。

第一百一十六条　拘传、罚款、拘留必须经院长批准。

拘传应当发拘传票。

罚款、拘留应当用决定书。对决定不服的，可以向上一级人民法院申请复议一次。复议期间不停止执行。

第一百一十七条　采取对妨害民事诉讼的强制措施必须由人民法院决定。任何单位和个人采取非法拘禁他人或者非法私自扣押他人财产追索债务的，应当依法追究刑事责任，或者予以拘留、罚款。

第十一章　诉讼费用

第一百一十八条　当事人进行民事诉讼，应当按照规定交纳案件受理费。财产案件除交纳案件受理费外，并按照规定交纳其他诉讼费用。

当事人交纳诉讼费用确有困难的，可以按照规定向人民法院申请缓交、减交或者免交。

收取诉讼费用的办法另行制定。

第二编　审判程序

第十二章　第一审普通程序

第一节　起诉和受理

第一百一十九条　起诉必须符合下列条件：

（一）原告是与本案有直接利害关系的公民、法人和其他组织；

（二）有明确的被告；

（三）有具体的诉讼请求和事实、理由；

（四）属于人民法院受理民事诉讼的范围和受诉人民法院管辖。

第一百二十条　起诉应当向人民法院递交起诉状，并按照被告人数提出副本。

书写起诉状确有困难的，可以口头起诉，由人民法院记入笔录，并告知对方当事人。

第一百二十一条　起诉状应当记明下列事项：

（一）原告的姓名、性别、年龄、民族、职业、工作单位、住所、联系方式，法人或者其他组织的名称、住所和法定代表人或者主要负责人的姓名、职务、联系方式；

（二）被告的姓名、性别、工作单位、住所等信息，法人或者其他组织的名称、住所等信息；

（三）诉讼请求和所根据的事实与理由；

（四）证据和证据来源，证人姓名和住所。

第一百二十二条　当事人起诉到人民法院的民事纠纷，适宜调解的，先行调解，但当事人拒绝调解的除外。

第一百二十三条　人民法院应当保障当事人依照法律规定享有的起诉权利。对符合本法第一百一十九条的起诉,必须受理。符合起诉条件的,应当在七日内立案,并通知当事人;不符合起诉条件的,应当在七日内作出裁定书,不予受理;原告对裁定不服的,可以提起上诉。

第一百二十四条　人民法院对下列起诉,分别情形,予以处理:

(一)依照行政诉讼法的规定,属于行政诉讼受案范围的,告知原告提起行政诉讼;

(二)依照法律规定,双方当事人达成书面仲裁协议申请仲裁、不得向人民法院起诉的,告知原告向仲裁机构申请仲裁;

(三)依照法律规定,应当由其他机关处理的争议,告知原告向有关机关申请解决;

(四)对不属于本院管辖的案件,告知原告向有管辖权的人民法院起诉;

(五)对判决、裁定、调解书已经发生法律效力的案件,当事人又起诉的,告知原告申请再审,但人民法院准许撤诉的裁定除外;

(六)依照法律规定,在一定期限内不得起诉的案件,在不得起诉的期限内起诉的,不予受理;

(七)判决不准离婚和调解和好的离婚案件,判决、调解维持收养关系的案件,没有新情况、新理由,原告在六个月内又起诉的,不予受理。

第二节　审理前的准备

第一百二十五条　人民法院应当在立案之日起五日内将起诉状副本发送被告,被告应当在收到之日起十五日内提出答辩状。答辩状应当记明被告的姓名、性别、年龄、民族、职业、工作单位、住所、联系方式;法人或者其他组织的名称、住所和法定代表人或者主要负责人的姓名、职务、联系方式。人民法院应当在收到答辩状之日起五日内将答辩状副本发送原告。

被告不提出答辩状的,不影响人民法院审理。

第一百二十六条　人民法院对决定受理的案件,应当在受理案件通知书和应诉通知书中向当事人告知有关的诉讼权利义务,或者口头告知。

第一百二十七条　人民法院受理案件后,当事人对管辖权有异议的,应当在提交答辩状期间提出。人民法院对当事人提出的异议,应当审查。异议成立的,裁定将案件移送有管辖权的人民法院;异议不成立的,裁定驳回。

当事人未提出管辖异议,并应诉答辩的,视为受诉人民法院有管辖权,但违反级别管辖和专属管辖规定的除外。

第一百二十八条　合议庭组成人员确定后,应当在三日内告知当事人。

第一百二十九条　审判人员必须认真审核诉讼材料,调查收集必要的证据。

第一百三十条　人民法院派出人员进行调查时,应当向被调查人出示证件。

调查笔录经被调查人校阅后,由被调查人、调查人签名或者盖章。

第一百三十一条　人民法院在必要时可以委托外地人民法院调查。

委托调查,必须提出明确的项目和要求。受委托人民法院可以主动补充调查。

受委托人民法院收到委托书后,应当在三十日内完成调查。因故不能完成的,应当在上述期限内函告委托人民法院。

第一百三十二条　必须共同进行诉讼的当事人没有参加诉讼的,人民法院应当通知其参加诉讼。

第一百三十三条　人民法院对受理的案件,分别情形,予以处理:

(一)当事人没有争议,符合督促程序规定条件的,可以转入督促程序;

(二)开庭前可以调解的,采取调解方式及时解决纠纷;

(三)根据案件情况,确定适用简易程序或者普通程序;

(四)需要开庭审理的,通过要求当事人交换证据等方式,明确争议焦点。

第三节　开庭审理

第一百三十四条　人民法院审理民事案件,除涉及国家秘密、个人隐私或者法律另有规定的以外,应当公开进行。

离婚案件,涉及商业秘密的案件,当事人申请不公开审理的,可以不公开审理。

第一百三十五条　人民法院审理民事案件，根据需要进行巡回审理，就地办案。

第一百三十六条　人民法院审理民事案件，应当在开庭三日前通知当事人和其他诉讼参与人。公开审理的，应当公告当事人姓名、案由和开庭的时间、地点。

第一百三十七条　开庭审理前，书记员应当查明当事人和其他诉讼参与人是否到庭，宣布法庭纪律。

开庭审理时，由审判长核对当事人，宣布案由，宣布审判人员、书记员名单，告知当事人有关的诉讼权利义务，询问当事人是否提出回避申请。

第一百三十八条　法庭调查按照下列顺序进行：

（一）当事人陈述；

（二）告知证人的权利义务，证人作证，宣读未到庭的证人证言；

（三）出示书证、物证、视听资料和电子数据；

（四）宣读鉴定意见；

（五）宣读勘验笔录。

第一百三十九条　当事人在法庭上可以提出新的证据。

当事人经法庭许可，可以向证人、鉴定人、勘验人发问。

当事人要求重新进行调查、鉴定或者勘验的，是否准许，由人民法院决定。

第一百四十条　原告增加诉讼请求，被告提出反诉，第三人提出与本案有关的诉讼请求，可以合并审理。

第一百四十一条　法庭辩论按照下列顺序进行：

（一）原告及其诉讼代理人发言；

（二）被告及其诉讼代理人答辩；

（三）第三人及其诉讼代理人发言或者答辩；

（四）互相辩论。

法庭辩论终结，由审判长按照原告、被告、第三人的先后顺序征询各方最后意见。

第一百四十二条　法庭辩论终结，应当依法作出判决。判决前能够调解的，还可以进行调解，调解不成的，应当及时判决。

第一百四十三条　原告经传票传唤，无正当理由拒不到庭的，或者未经法庭许可中途退庭的，可以按撤诉处理；被告反诉的，可以缺席判决。

第一百四十四条　被告经传票传唤，无正当理由拒不到庭的，或者未经法庭许可中途退庭的，可以缺席判决。

第一百四十五条　宣判前，原告申请撤诉的，是否准许，由人民法院裁定。

人民法院裁定不准许撤诉的，原告经传票传唤，无正当理由拒不到庭的，可以缺席判决。

第一百四十六条　有下列情形之一的，可以延期开庭审理：

（一）必须到庭的当事人和其他诉讼参与人有正当理由没有到庭的；

（二）当事人临时提出回避申请的；

（三）需要通知新的证人到庭，调取新的证据，重新鉴定、勘验，或者需要补充调查的；

（四）其他应当延期的情形。

第一百四十七条　书记员应当将法庭审理的全部活动记入笔录，由审判人员和书记员签名。

法庭笔录应当当庭宣读，也可以告知当事人和其他诉讼参与人当庭或者在五日内阅读。当事人和其他诉讼参与人认为对自己的陈述记录有遗漏或者差错的，有权申请补正。如果不予补正，应当将申请记录在案。

法庭笔录由当事人和其他诉讼参与人签名或者盖章。拒绝签名盖章的，记明情况附卷。

第一百四十八条　人民法院对公开审理或者不公开审理的案件，一律公开宣告判决。

当庭宣判的，应当在十日内发送判决书；定期宣判的，宣判后立即发给判决书。

宣告判决时，必须告知当事人上诉权利、上诉期限和上诉的法院。

宣告离婚判决，必须告知当事人在判决发生法律效力前不得另行结婚。

第一百四十九条　人民法院适用普通程序审理的案件，应当在立案之日起六个月内审结。有特殊情况需要延长的，由本院院长批准，可以延长六个月；还需要延长的，报请上级人民法院批准。

第四节　诉讼中止和终结

第一百五十条　有下列情形之一的，中止诉讼：

（一）一方当事人死亡，需要等待继承人表明是否参加诉讼的；

（二）一方当事人丧失诉讼行为能力，尚未确定法定代理人的；

（三）作为一方当事人的法人或者其他组织终止，尚未确定权利义务承受人的；

（四）一方当事人因不可抗拒的事由，不能参加诉讼的；

（五）本案必须以另一案的审理结果为依据，而另一案尚未审结的；

（六）其他应当中止诉讼的情形。

中止诉讼的原因消除后，恢复诉讼。

第一百五十一条　有下列情形之一的，终结诉讼：

（一）原告死亡，没有继承人，或者继承人放弃诉讼权利的；

（二）被告死亡，没有遗产，也没有应当承担义务的人的；

（三）离婚案件一方当事人死亡的；

（四）追索赡养费、扶养费、抚育费以及解除收养关系案件的一方当事人死亡的。

第五节　判决和裁定

第一百五十二条　判决书应当写明判决结果和作出该判决的理由。判决书内容包括：

（一）案由、诉讼请求、争议的事实和理由；

（二）判决认定的事实和理由、适用的法律和理由；

（三）判决结果和诉讼费用的负担；

（四）上诉期间和上诉的法院。

判决书由审判人员、书记员署名，加盖人民法院印章。

第一百五十三条　人民法院审理案件，其中一部分事实已经清楚，可以就该部分先行判决。

第一百五十四条　裁定适用于下列范围：

（一）不予受理；

（二）对管辖权有异议的；

（三）驳回起诉；

（四）保全和先予执行；

（五）准许或者不准许撤诉；

（六）中止或者终结诉讼；

（七）补正判决书中的笔误；

（八）中止或者终结执行；

（九）撤销或者不予执行仲裁裁决；

（十）不予执行公证机关赋予强制执行效力的债权文书；

（十一）其他需要裁定解决的事项。

对前款第一项至第三项裁定，可以上诉。

裁定书应当写明裁定结果和作出该裁定的理由。裁定书由审判人员、书记员署名，加盖人民法院印章。口头裁定的，记入笔录。

第一百五十五条　最高人民法院的判决、裁定，以及依法不准上诉或者超过上诉期没有上诉的判决、裁定，是发生法律效力的判决、裁定。

第一百五十六条　公众可以查阅发生法律效力的判决书、裁定书，但涉及国家秘密、商业秘密和个人隐私的内容除外。

第十三章　简易程序

第一百五十七条　基层人民法院和它派出的法庭审理事实清楚、权利义务关系明确、争议不大的简单的民事案件，适用本章规定。

基层人民法院和它派出的法庭审理前款规定以外的民事案件，当事人双方也可以约定适用简易程序。

第一百五十八条　对简单的民事案件，原告可以口头起诉。

当事人双方可以同时到基层人民法院或者它派出的法庭，请求解决纠纷。基层人民法院或者它派出的法庭可以当即审理，也可以另定日期审理。

第一百五十九条　基层人民法院和它派出的法庭审理简单的民事案件，可以用简便方式传唤当事人和证人、送达诉讼文书、审理案件，但应当保障当事人陈述意见的权利。

第一百六十条　简单的民事案件由审判员一人独任审理，并不受本法第一百三十六条、第一百三十八条、第一百四十一条规定的限制。

第一百六十一条　人民法院适用简易程序审理案件，应当在立案之日起三个月内审结。

第一百六十二条 基层人民法院和它派出的法庭审理符合本法第一百五十七条第一款规定的简单的民事案件,标的额为各省、自治区、直辖市上年度就业人员年平均工资百分之三十以下的,实行一审终审。

第一百六十三条 人民法院在审理过程中,发现案件不宜适用简易程序的,裁定转为普通程序。

第十四章 第二审程序

第一百六十四条 当事人不服地方人民法院第一审判决的,有权在判决书送达之日起十五日内向上一级人民法院提起上诉。

当事人不服地方人民法院第一审裁定的,有权在裁定书送达之日起十日内向上一级人民法院提起上诉。

第一百六十五条 上诉应当递交上诉状。上诉状的内容,应当包括当事人的姓名,法人的名称及其法定代表人的姓名或者其他组织的名称及其主要负责人的姓名;原审人民法院名称、案件的编号和案由;上诉的请求和理由。

第一百六十六条 上诉状应当通过原审人民法院提出,并按照对方当事人或者代表人的人数提出副本。

当事人直接向第二审人民法院上诉的,第二审人民法院应当在五日内将上诉状移交原审人民法院。

第一百六十七条 原审人民法院收到上诉状,应当在五日内将上诉状副本送达对方当事人,对方当事人在收到之日起十五日内提出答辩状。人民法院应当在收到答辩状之日起五日内将副本送达上诉人。对方当事人不提出答辩状的,不影响人民法院审理。

原审人民法院收到上诉状、答辩状,应当在五日内连同全部案卷和证据,报送第二审人民法院。

第一百六十八条 第二审人民法院应当对上诉请求的有关事实和适用法律进行审查。

第一百六十九条 第二审人民法院对上诉案件,应当组成合议庭,开庭审理。经过阅卷、调查和询问当事人,对没有提出新的事实、证据或者理由,合议庭认为不需要开庭审理的,可以不开庭审理。

第二审人民法院审理上诉案件,可以在本院进行,也可以到案件发生地或者原审人民法院所在地进行。

第一百七十条 第二审人民法院对上诉案件,经过审理,按照下列情形,分别处理:

(一)原判决、裁定认定事实清楚,适用法律正确的,以判决、裁定方式驳回上诉,维持原判决、裁定;

(二)原判决、裁定认定事实错误或者适用法律错误的,以判决、裁定方式依法改判、撤销或者变更;

(三)原判决认定基本事实不清的,裁定撤销原判决,发回原审人民法院重审,或者查清事实后改判;

(四)原判决遗漏当事人或者违法缺席判决等严重违反法定程序的,裁定撤销原判决,发回原审人民法院重审。

原审人民法院对发回重审的案件作出判决后,当事人提起上诉的,第二审人民法院不得再次发回重审。

第一百七十一条 第二审人民法院对不服第一审人民法院裁定的上诉案件的处理,一律使用裁定。

第一百七十二条 第二审人民法院审理上诉案件,可以进行调解。调解达成协议,应当制作调解书,由审判人员、书记员署名,加盖人民法院印章。调解书送达后,原审人民法院的判决即视为撤销。

第一百七十三条 第二审人民法院判决宣告前,上诉人申请撤回上诉的,是否准许,由第二审人民法院裁定。

第一百七十四条 第二审人民法院审理上诉案件,除依照本章规定外,适用第一审普通程序。

第一百七十五条 第二审人民法院的判决、裁定,是终审的判决、裁定。

第一百七十六条 人民法院审理对判决的上诉案件,应当在第二审立案之日起三个月内审结。有特殊情况需要延长的,由本院院长批准。

人民法院审理对裁定的上诉案件,应当在第二审立案之日起三十日内作出终审裁定。

第十五章 特别程序

第一节 一般规定

第一百七十七条 人民法院审理选民资格案件、宣告失踪或者宣告死亡案件、认定公民无民事行为能力或者限制民事行为能力案件、认定财产无主案件、确认调解协议案件和实现担保物权案件，适用本章规定。本章没有规定的，适用本法和其他法律的有关规定。

第一百七十八条 依照本章程序审理的案件，实行一审终审。选民资格案件或者重大、疑难的案件，由审判员组成合议庭审理；其他案件由审判员一人独任审理。

第一百七十九条 人民法院在依照本章程序审理案件的过程中，发现本案属于民事权益争议的，应当裁定终结特别程序，并告知利害关系人可以另行起诉。

第一百八十条 人民法院适用特别程序审理的案件，应当在立案之日起三十日内或者公告期满后三十日内审结。有特殊情况需要延长的，由本院院长批准。但审理选民资格的案件除外。

第二节 选民资格案件

第一百八十一条 公民不服选举委员会对选民资格的申诉所作的处理决定，可以在选举日的五日以前向选区所在地基层人民法院起诉。

第一百八十二条 人民法院受理选民资格案件后，必须在选举日前审结。

审理时，起诉人、选举委员会的代表和有关公民必须参加。

人民法院的判决书，应当在选举日前送达选举委员会和起诉人，并通知有关公民。

第三节 宣告失踪、宣告死亡案件

第一百八十三条 公民下落不明满二年，利害关系人申请宣告其失踪的，向下落不明人住所地基层人民法院提出。

申请书应当写明失踪的事实、时间和请求，并附有公安机关或者其他有关机关关于该公民下落不明的书面证明。

第一百八十四条 公民下落不明满四年，或者因意外事故下落不明满二年，或者因意外事故下落不明，经有关机关证明该公民不可能生存，利害关系人申请宣告其死亡的，向下落不明人住所地基层人民法院提出。

申请书应当写明下落不明的事实、时间和请求，并附有公安机关或者其他有关机关关于该公民下落不明的书面证明。

第一百八十五条 人民法院受理宣告失踪、宣告死亡案件后，应当发出寻找下落不明人的公告。宣告失踪的公告期间为三个月，宣告死亡的公告期间为一年。因意外事故下落不明，经有关机关证明该公民不可能生存的，宣告死亡的公告期间为三个月。

公告期间届满，人民法院应当根据被宣告失踪、宣告死亡的事实是否得到确认，作出宣告失踪、宣告死亡的判决或者驳回申请的判决。

第一百八十六条 被宣告失踪、宣告死亡的公民重新出现，经本人或者利害关系人申请，人民法院应当作出新判决，撤销原判决。

第四节 认定公民无民事行为能力、限制民事行为能力案件

第一百八十七条 申请认定公民无民事行为能力或者限制民事行为能力，由其近亲属或者其他利害关系人向该公民住所地基层人民法院提出。

申请书应当写明该公民无民事行为能力或者限制民事行为能力的事实和根据。

第一百八十八条 人民法院受理申请后，必要时应当对被请求认定为无民事行为能力或者限制民事行为能力的公民进行鉴定。申请人已提供鉴定意见的，应当对鉴定意见进行审查。

第一百八十九条 人民法院审理认定公民无民事行为能力或者限制民事行为能力的案件，应当由该公民的近亲属为代理人，但申请人除外。近亲属互相推诿的，由人民法院指定其中一人为代理人。该公民健康情况许可的，还应当询问本人的意见。

人民法院经审理认定申请有事实根据的，判决该公民为无民事行为能力或者限制民事行为

能力人；认定申请没有事实根据的，应当判决予以驳回。

第一百九十条　人民法院根据被认定为无民事行为能力人、限制民事行为能力人或者他的监护人的申请，证实该公民无民事行为能力或者限制民事行为能力的原因已经消除的，应当作出新判决，撤销原判决。

第五节　认定财产无主案件

第一百九十一条　申请认定财产无主，由公民、法人或者其他组织向财产所在地基层人民法院提出。

申请书应当写明财产的种类、数量以及要求认定财产无主的根据。

第一百九十二条　人民法院受理申请后，经审查核实，应当发出财产认领公告。公告满一年无人认领的，判决认定财产无主，收归国家或者集体所有。

第一百九十三条　判决认定财产无主后，原财产所有人或者继承人出现，在民法通则规定的诉讼时效期间可以对财产提出请求，人民法院审查属实后，应当作出新判决，撤销原判决。

第六节　确认调解协议案件

第一百九十四条　申请司法确认调解协议，由双方当事人依照人民调解法等法律，自调解协议生效之日起三十日内，共同向调解组织所在地基层人民法院提出。

第一百九十五条　人民法院受理申请后，经审查，符合法律规定的，裁定调解协议有效，一方当事人拒绝履行或者未全部履行的，对方当事人可以向人民法院申请执行；不符合法律规定的，裁定驳回申请，当事人可以通过调解方式变更原调解协议或者达成新的调解协议，也可以向人民法院提起诉讼。

第七节　实现担保物权案件

第一百九十六条　申请实现担保物权，由担保物权人以及其他有权请求实现担保物权的人依照物权法等法律，向担保财产所在地或者担保物权登记地基层人民法院提出。

第一百九十七条　人民法院受理申请后，经审查，符合法律规定的，裁定拍卖、变卖担保财产，当事人依据该裁定可以向人民法院申请执行；不符合法律规定的，裁定驳回申请，当事人可以向人民法院提起诉讼。

第十六章　审判监督程序

第一百九十八条　各级人民法院院长对本院已经发生法律效力的判决、裁定、调解书，发现确有错误，认为需要再审的，应当提交审判委员会讨论决定。

最高人民法院对地方各级人民法院已经发生法律效力的判决、裁定、调解书，上级人民法院对下级人民法院已经发生法律效力的判决、裁定、调解书，发现确有错误的，有权提审或者指令下级人民法院再审。

第一百九十九条　当事人对已经发生法律效力的判决、裁定，认为有错误的，可以向上一级人民法院申请再审；当事人一方人数众多或者当事人双方为公民的案件，也可以向原审人民法院申请再审。当事人申请再审的，不停止判决、裁定的执行。

第二百条　当事人的申请符合下列情形之一的，人民法院应当再审：

（一）有新的证据，足以推翻原判决、裁定的；

（二）原判决、裁定认定的基本事实缺乏证据证明的；

（三）原判决、裁定认定事实的主要证据是伪造的；

（四）原判决、裁定认定事实的主要证据未经质证的；

（五）对审理案件需要的主要证据，当事人因客观原因不能自行收集，书面申请人民法院调查收集，人民法院未调查收集的；

（六）原判决、裁定适用法律确有错误的；

（七）审判组织的组成不合法或者依法应当回避的审判人员没有回避的；

（八）无诉讼行为能力人未经法定代理人代为诉讼或者应当参加诉讼的当事人，因不能归责于本人或者其诉讼代理人的事由，未参加诉讼的；

（九）违反法律规定，剥夺当事人辩论权利的；

（十）未经传票传唤，缺席判决的；

（十一）原判决、裁定遗漏或者超出诉讼请求的；

（十二）据以作出原判决、裁定的法律文书被撤销或者变更的；

（十三）审判人员审理该案件时有贪污受贿，徇私舞弊，枉法裁判行为的。

第二百零一条　当事人对已经发生法律效力的调解书，提出证据证明调解违反自愿原则或者调解协议的内容违反法律的，可以申请再审。经人民法院审查属实的，应当再审。

第二百零二条　当事人对已经发生法律效力的解除婚姻关系的判决、调解书，不得申请再审。

第二百零三条　当事人申请再审的，应当提交再审申请书等材料。人民法院应当自收到再审申请书之日起五日内将再审申请书副本发送对方当事人。对方当事人应当自收到再审申请书副本之日起十五日内提交书面意见；不提交书面意见的，不影响人民法院审查。人民法院可以要求申请人和对方当事人补充有关材料，询问有关事项。

第二百零四条　人民法院应当自收到再审申请书之日起三个月内审查，符合本法规定的，裁定再审；不符合本法规定的，裁定驳回申请。有特殊情况需要延长的，由本院院长批准。

因当事人申请裁定再审的案件由中级人民法院以上的人民法院审理，但当事人依照本法第一百九十九条的规定选择向基层人民法院申请再审的除外。最高人民法院、高级人民法院裁定再审的案件，由本院再审或者交其他人民法院再审，也可以交原审人民法院再审。

第二百零五条　当事人申请再审，应当在判决、裁定发生法律效力后六个月内提出；有本法第二百条第一项、第三项、第十二项、第十三项规定情形的，自知道或者应当知道之日起六个月内提出。

第二百零六条　按照审判监督程序决定再审的案件，裁定中止原判决、裁定、调解书的执行，但追索赡养费、扶养费、抚育费、抚恤金、医疗费用、劳动报酬等案件，可以不中止执行。

第二百零七条　人民法院按照审判监督程序再审的案件，发生法律效力的判决、裁定是由第一审法院作出的，按照第一审程序审理，所作的判决、裁定，当事人可以上诉；发生法律效力的判决、裁定是由第二审法院作出的，按照第二审程序审理，所作的判决、裁定，是发生法律效力的判决、裁定；上级人民法院按照审判监督程序提审的，按照第二审程序审理，所作的判决、裁定是发生法律效力的判决、裁定。

人民法院审理再审案件，应当另行组成合议庭。

第二百零八条　最高人民检察院对各级人民法院已经发生法律效力的判决、裁定，上级人民检察院对下级人民法院已经发生法律效力的判决、裁定，发现有本法第二百条规定情形之一的，或者发现调解书损害国家利益、社会公共利益的，应当提出抗诉。

地方各级人民检察院对同级人民法院已经发生法律效力的判决、裁定，发现有本法第二百条规定情形之一的，或者发现调解书损害国家利益、社会公共利益的，可以向同级人民法院提出检察建议，并报上级人民检察院备案；也可以提请上级人民检察院向同级人民法院提出抗诉。

各级人民检察院对审判监督程序以外的其他审判程序中审判人员的违法行为，有权向同级人民法院提出检察建议。

第二百零九条　有下列情形之一的，当事人可以向人民检察院申请检察建议或者抗诉：

（一）人民法院驳回再审申请的；

（二）人民法院逾期未对再审申请作出裁定的；

（三）再审判决、裁定有明显错误的。

人民检察院对当事人的申请应当在三个月内进行审查，作出提出或者不予提出检察建议或者抗诉的决定。当事人不得再次向人民检察院申请检察建议或者抗诉。

第二百一十条　人民检察院因履行法律监督职责提出检察建议或者抗诉的需要，可以向当事人或者案外人调查核实有关情况。

第二百一十一条　人民检察院提出抗诉的案件，接受抗诉的人民法院应当自收到抗诉书之日起三十日内作出再审的裁定；有本法第二百条第一项至第五项规定情形之一的，可以交下一级人民法院再审，但经该下一级人民法院再审的除外。

第二百一十二条　人民检察院决定对人民法院的判决、裁定、调解书提出抗诉的，应当制作抗诉书。

第二百一十三条　人民检察院提出抗诉的案件，人民法院再审时，应当通知人民检察院派员出席法庭。

第十七章　督促程序

第二百一十四条　债权人请求债务人给付金钱、有价证券，符合下列条件的，可以向有管辖权的基层人民法院申请支付令：

（一）债权人与债务人没有其他债务纠纷的；

（二）支付令能够送达债务人的。

申请书应当写明请求给付金钱或者有价证券的数量和所根据的事实、证据。

第二百一十五条　债权人提出申请后，人民法院应当在五日内通知债权人是否受理。

第二百一十六条　人民法院受理申请后，经审查债权人提供的事实、证据，对债权债务关系明确、合法的，应当在受理之日起十五日内向债务人发出支付令；申请不成立的，裁定予以驳回。

债务人应当自收到支付令之日起十五日内清偿债务，或者向人民法院提出书面异议。

债务人在前款规定的期间不提出异议又不履行支付令的，债权人可以向人民法院申请执行。

第二百一十七条　人民法院收到债务人提出的书面异议后，经审查，异议成立的，应当裁定终结督促程序，支付令自行失效。

支付令失效的，转入诉讼程序，但申请支付令的一方当事人不同意提起诉讼的除外。

第十八章　公示催告程序

第二百一十八条　按照规定可以背书转让的票据持有人，因票据被盗、遗失或者灭失，可以向票据支付地的基层人民法院申请公示催告。依照法律规定可以申请公示催告的其他事项，适用本章规定。

申请人应当向人民法院递交申请书，写明票面金额、发票人、持票人、背书人等票据主要内容和申请的理由、事实。

第二百一十九条　人民法院决定受理申请，应当同时通知支付人停止支付，并在三日内发出公告，催促利害关系人申报权利。公示催告的期间，由人民法院根据情况决定，但不得少于六十日。

第二百二十条　支付人收到人民法院停止支付的通知，应当停止支付，至公示催告程序终结。

公示催告期间，转让票据权利的行为无效。

第二百二十一条　利害关系人应当在公示催告期间向人民法院申报。

人民法院收到利害关系人的申报后，应当裁定终结公示催告程序，并通知申请人和支付人。

申请人或者申报人可以向人民法院起诉。

第二百二十二条　没有人申报的，人民法院应当根据申请人的申请，作出判决，宣告票据无效。判决应当公告，并通知支付人。自判决公告之日起，申请人有权向支付人请求支付。

第二百二十三条　利害关系人因正当理由不能在判决前向人民法院申报的，自知道或者应当知道判决公告之日起一年内，可以向作出判决的人民法院起诉。

第三编　执行程序

第十九章　一般规定

第二百二十四条　发生法律效力的民事判决、裁定，以及刑事判决、裁定中的财产部分，由第一审人民法院或者与第一审人民法院同级的被执行的财产所在地人民法院执行。

法律规定由人民法院执行的其他法律文书，由被执行人住所地或者被执行的财产所在地人民法院执行。

第二百二十五条　当事人、利害关系人认为执行行为违反法律规定的，可以向负责执行的人民法院提出书面异议。当事人、利害关系人提出书面异议的，人民法院应当自收到书面异议之日起十五日内审查，理由成立的，裁定撤销或者改正；理由不成立的，裁定驳回。当事人、利害关系人对裁定不服的，可以自裁定送达之日起十日内向上一级人民法院申请复议。

第二百二十六条　人民法院自收到申请执

行书之日起超过六个月未执行的，申请执行人可以向上一级人民法院申请执行。上一级人民法院经审查，可以责令原人民法院在一定期限内执行，也可以决定由本院执行或者指令其他人民法院执行。

第二百二十七条　执行过程中，案外人对执行标的提出书面异议的，人民法院应当自收到书面异议之日起十五日内审查，理由成立的，裁定中止对该标的的执行；理由不成立的，裁定驳回。案外人、当事人对裁定不服，认为原判决、裁定错误的，依照审判监督程序办理；与原判决、裁定无关的，可以自裁定送达之日起十五日内向人民法院提起诉讼。

第二百二十八条　执行工作由执行员进行。

采取强制执行措施时，执行员应当出示证件。执行完毕后，应当将执行情况制作笔录，由在场的有关人员签名或者盖章。

人民法院根据需要可以设立执行机构。

第二百二十九条　被执行人或者被执行的财产在外地的，可以委托当地人民法院代为执行。受委托人民法院收到委托函件后，必须在十五日内开始执行，不得拒绝。执行完毕后，应当将执行结果及时函复委托人民法院；在三十日内如果还未执行完毕，也应当将执行情况函告委托人民法院。

受委托人民法院自收到委托函件之日起十五日内不执行的，委托人民法院可以请求受委托人民法院的上级人民法院指令受委托人民法院执行。

第二百三十条　在执行中，双方当事人自行和解达成协议的，执行员应当将协议内容记入笔录，由双方当事人签名或者盖章。

申请执行人因受欺诈、胁迫与被执行人达成和解协议，或者当事人不履行和解协议的，人民法院可以根据当事人的申请，恢复对原生效法律文书的执行。

第二百三十一条　在执行中，被执行人向人民法院提供担保，并经申请执行人同意的，人民法院可以决定暂缓执行及暂缓执行的期限。被执行人逾期仍不履行的，人民法院有权执行被执行人的担保财产或者担保人的财产。

第二百三十二条　作为被执行人的公民死亡的，以其遗产偿还债务。作为被执行人的法人或者其他组织终止的，由其权利义务承受人履行义务。

第二百三十三条　执行完毕后，据以执行的判决、裁定和其他法律文书确有错误，被人民法院撤销的，对已被执行的财产，人民法院应当作出裁定，责令取得财产的人返还；拒不返还的，强制执行。

第二百三十四条　人民法院制作的调解书的执行，适用本编的规定。

第二百三十五条　人民检察院有权对民事执行活动实行法律监督。

第二十章　执行的申请和移送

第二百三十六条　发生法律效力的民事判决、裁定，当事人必须履行。一方拒绝履行的，对方当事人可以向人民法院申请执行，也可以由审判员移送执行员执行。

调解书和其他应当由人民法院执行的法律文书，当事人必须履行。一方拒绝履行的，对方当事人可以向人民法院申请执行。

第二百三十七条　对依法设立的仲裁机构的裁决，一方当事人不履行的，对方当事人可以向有管辖权的人民法院申请执行。受申请的人民法院应当执行。

被申请人提出证据证明仲裁裁决有下列情形之一的，经人民法院组成合议庭审查核实，裁定不予执行：

（一）当事人在合同中没有订有仲裁条款或者事后没有达成书面仲裁协议的；

（二）裁决的事项不属于仲裁协议的范围或者仲裁机构无权仲裁的；

（三）仲裁庭的组成或者仲裁的程序违反法定程序的；

（四）裁决所根据的证据是伪造的；

（五）对方当事人向仲裁机构隐瞒了足以影响公正裁决的证据的；

（六）仲裁员在仲裁该案时有贪污受贿，徇私舞弊，枉法裁决行为的。

人民法院认定执行该裁决违背社会公共利益的，裁定不予执行。

裁定书应当送达双方当事人和仲裁机构。

仲裁裁决被人民法院裁定不予执行的，当事人可以根据双方达成的书面仲裁协议重新申请仲裁，也可以向人民法院起诉。

第二百三十八条 对公证机关依法赋予强制执行效力的债权文书，一方当事人不履行的，对方当事人可以向有管辖权的人民法院申请执行，受申请的人民法院应当执行。

公证债权文书确有错误的，人民法院裁定不予执行，并将裁定书送达双方当事人和公证机关。

第二百三十九条 申请执行的期间为二年。申请执行时效的中止、中断，适用法律有关诉讼时效中止、中断的规定。

前款规定的期间，从法律文书规定履行期间的最后一日起计算；法律文书规定分期履行的，从规定的每次履行期间的最后一日起计算；法律文书未规定履行期间的，从法律文书生效之日起计算。

第二百四十条 执行员接到申请执行书或者移交执行书，应当向被执行人发出执行通知，并可以立即采取强制执行措施。

第二十一章 执行措施

第二百四十一条 被执行人未按执行通知履行法律文书确定的义务，应当报告当前以及收到执行通知之日前一年的财产情况。被执行人拒绝报告或者虚假报告的，人民法院可以根据情节轻重对被执行人或者其法定代理人、有关单位的主要负责人或者直接责任人员予以罚款、拘留。

第二百四十二条 被执行人未按执行通知履行法律文书确定的义务，人民法院有权向有关单位查询被执行人的存款、债券、股票、基金份额等财产情况。人民法院有权根据不同情形扣押、冻结、划拨、变价被执行人的财产。人民法院查询、扣押、冻结、划拨、变价的财产不得超出被执行人应当履行义务的范围。

人民法院决定扣押、冻结、划拨、变价财产，应当作出裁定，并发出协助执行通知书，有关单位必须办理。

第二百四十三条 被执行人未按执行通知履行法律文书确定的义务，人民法院有权扣留、提取被执行人应当履行义务部分的收入。但应当保留被执行人及其所扶养家属的生活必需费用。

人民法院扣留、提取收入时，应当作出裁定，并发出协助执行通知书，被执行人所在单位、银行、信用合作社和其他有储蓄业务的单位必须办理。

第二百四十四条 被执行人未按执行通知履行法律文书确定的义务，人民法院有权查封、扣押、冻结、拍卖、变卖被执行人应当履行义务部分的财产。但应当保留被执行人及其所扶养家属的生活必需品。

采取前款措施，人民法院应当作出裁定。

第二百四十五条 人民法院查封、扣押财产时，被执行人是公民的，应当通知被执行人或者他的成年家属到场；被执行人是法人或者其他组织的，应当通知其法定代表人或者主要负责人到场。拒不到场的，不影响执行。被执行人是公民的，其工作单位或者财产所在地的基层组织应当派人参加。

对被查封、扣押的财产，执行员必须造具清单，由在场人签名或者盖章后，交被执行人一份。被执行人是公民的，也可以交他的成年家属一份。

第二百四十六条 被查封的财产，执行员可以指定被执行人负责保管。因被执行人的过错造成的损失，由被执行人承担。

第二百四十七条 财产被查封、扣押后，执行员应当责令被执行人在指定期间履行法律文书确定的义务。被执行人逾期不履行的，人民法院应当拍卖被查封、扣押的财产；不适于拍卖或者当事人双方同意不进行拍卖的，人民法院可以委托有关单位变卖或者自行变卖。国家禁止自由买卖的物品，交有关单位按照国家规定的价格收购。

第二百四十八条 被执行人不履行法律文书确定的义务，并隐匿财产的，人民法院有权发出搜查令，对被执行人及其住所或者财产隐匿地进行搜查。

采取前款措施，由院长签发搜查令。

第二百四十九条 法律文书指定交付的财物或者票证，由执行员传唤双方当事人当面交付，或者由执行员转交，并由被交付人签收。

有关单位持有该项财物或者票证的,应当根据人民法院的协助执行通知书转交,并由被交付人签收。

有关公民持有该项财物或者票证的,人民法院通知其交出。拒不交出的,强制执行。

第二百五十条 强制迁出房屋或者强制退出土地,由院长签发公告,责令被执行人在指定期间履行。被执行人逾期不履行的,由执行员强制执行。

强制执行时,被执行人是公民的,应当通知被执行人或者他的成年家属到场;被执行人是法人或者其他组织的,应当通知其法定代表人或者主要负责人到场。拒不到场的,不影响执行。被执行人是公民的,其工作单位或者房屋、土地所在地的基层组织应当派人参加。执行员应当将强制执行情况记入笔录,由在场人签名或者盖章。

强制迁出房屋被搬出的财物,由人民法院派人运至指定处所,交给被执行人。被执行人是公民的,也可以交给他的成年家属。因拒绝接收而造成的损失,由被执行人承担。

第二百五十一条 在执行中,需要办理有关财产权证照转移手续的,人民法院可以向有关单位发出协助执行通知书,有关单位必须办理。

第二百五十二条 对判决、裁定和其他法律文书指定的行为,被执行人未按执行通知履行的,人民法院可以强制执行或者委托有关单位或者其他人完成,费用由被执行人承担。

第二百五十三条 被执行人未按判决、裁定和其他法律文书指定的期间履行给付金钱义务的,应当加倍支付迟延履行期间的债务利息。被执行人未按判决、裁定和其他法律文书指定的期间履行其他义务的,应当支付迟延履行金。

第二百五十四条 人民法院采取本法第二百四十二条、第二百四十三条、第二百四十四条规定的执行措施后,被执行人仍不能偿还债务的,应当继续履行义务。债权人发现被执行人有其他财产的,可以随时请求人民法院执行。

第二百五十五条 被执行人不履行法律文书确定的义务的,人民法院可以对其采取或者通知有关单位协助采取限制出境,在征信系统记录、通过媒体公布不履行义务信息以及法律规定的其他措施。

第二十二章 执行中止和终结

第二百五十六条 有下列情形之一的,人民法院应当裁定中止执行:

(一)申请人表示可以延期执行的;

(二)案外人对执行标的提出确有理由的异议的;

(三)作为一方当事人的公民死亡,需要等待继承人继承权利或者承担义务的;

(四)作为一方当事人的法人或者其他组织终止,尚未确定权利义务承受人的;

(五)人民法院认为应当中止执行的其他情形。

中止的情形消失后,恢复执行。

第二百五十七条 有下列情形之一的,人民法院裁定终结执行:

(一)申请人撤销申请的;

(二)据以执行的法律文书被撤销的;

(三)作为被执行人的公民死亡,无遗产可供执行,又无义务承担人的;

(四)追索赡养费、扶养费、抚育费案件的权利人死亡的;

(五)作为被执行人的公民因生活困难无力偿还借款,无收入来源,又丧失劳动能力的;

(六)人民法院认为应当终结执行的其他情形。

第二百五十八条 中止和终结执行的裁定,送达当事人后立即生效。

第四编 涉外民事诉讼程序的特别规定

第二十三章 一般原则

第二百五十九条 在中华人民共和国领域内进行涉外民事诉讼,适用本编规定。本编没有规定的,适用本法其他有关规定。

第二百六十条 中华人民共和国缔结或者参加的国际条约同本法有不同规定的,适用该国际条约的规定,但中华人民共和国声明保留的条款除外。

第二百六十一条 对享有外交特权与豁免的外国人、外国组织或者国际组织提起的民事诉讼,应当依照中华人民共和国有关法律和中华人民共和国缔结或者参加的国际条约的规定办理。

第二百六十二条　人民法院审理涉外民事案件，应当使用中华人民共和国通用的语言、文字。当事人要求提供翻译的，可以提供，费用由当事人承担。

第二百六十三条　外国人、无国籍人、外国企业和组织在人民法院起诉、应诉，需要委托律师代理诉讼的，必须委托中华人民共和国的律师。

第二百六十四条　在中华人民共和国领域内没有住所的外国人、无国籍人、外国企业和组织委托中华人民共和国律师或者其他人代理诉讼，从中华人民共和国领域外寄交或者托交的授权委托书，应当经所在国公证机关证明，并经中华人民共和国驻该国使领馆认证，或者履行中华人民共和国与该所在国订立的有关条约中规定的证明手续后，才具有效力。

第二十四章　管　　辖

第二百六十五条　因合同纠纷或者其他财产权益纠纷，对在中华人民共和国领域内没有住所的被告提起的诉讼，如果合同在中华人民共和国领域内签订或者履行，或者诉讼标的物在中华人民共和国领域内，或者被告在中华人民共和国领域内有可供扣押的财产，或者被告在中华人民共和国领域内设有代表机构，可以由合同签订地、合同履行地、诉讼标的物所在地、可供扣押财产所在地、侵权行为地或者代表机构住所地人民法院管辖。

第二百六十六条　因在中华人民共和国履行中外合资经营企业合同、中外合作经营企业合同、中外合作勘探开发自然资源合同发生纠纷提起的诉讼，由中华人民共和国人民法院管辖。

第二十五章　送达、期间

第二百六十七条　人民法院对在中华人民共和国领域内没有住所的当事人送达诉讼文书，可以采用下列方式：

（一）依照受送达人所在国与中华人民共和国缔结或者共同参加的国际条约中规定的方式送达；

（二）通过外交途径送达；

（三）对具有中华人民共和国国籍的受送达人，可以委托中华人民共和国驻受送达人所在国的使领馆代为送达；

（四）向受送达人委托的有权代其接受送达的诉讼代理人送达；

（五）向受送达人在中华人民共和国领域内设立的代表机构或者有权接受送达的分支机构、业务代办人送达；

（六）受送达人所在国的法律允许邮寄送达的，可以邮寄送达，自邮寄之日起满三个月，送达回证没有退回，但根据各种情况足以认定已经送达的，期间届满之日视为送达；

（七）采用传真、电子邮件等能够确认受送达人收悉的方式送达；

（八）不能用上述方式送达的，公告送达，自公告之日起满三个月，即视为送达。

第二百六十八条　被告在中华人民共和国领域内没有住所的，人民法院应当将起诉状副本送达被告，并通知被告在收到起诉状副本后三十日内提出答辩状。被告申请延期的，是否准许，由人民法院决定。

第二百六十九条　在中华人民共和国领域内没有住所的当事人，不服第一审人民法院判决、裁定的，有权在判决书、裁定书送达之日起三十日内提起上诉。被上诉人在收到上诉状副本后，应当在三十日内提出答辩状。当事人不能在法定期间提起上诉或者提出答辩状，申请延期的，是否准许，由人民法院决定。

第二百七十条　人民法院审理涉外民事案件的期间，不受本法第一百四十九条、第一百七十六条规定的限制。

第二十六章　仲　　裁

第二百七十一条　涉外经济贸易、运输和海事中发生的纠纷，当事人在合同中订有仲裁条款或者事后达成书面仲裁协议，提交中华人民共和国涉外仲裁机构或者其他仲裁机构仲裁的，当事人不得向人民法院起诉。

当事人在合同中没有订有仲裁条款或者事后没有达成书面仲裁协议的，可以向人民法院起诉。

第二百七十二条　当事人申请采取保全的，中华人民共和国的涉外仲裁机构应当将当事人的申请,提交被申请人住所地或者财产所在地的中级人民法院裁定。

第二百七十三条 经中华人民共和国涉外仲裁机构裁决的,当事人不得向人民法院起诉。一方当事人不履行仲裁裁决的,对方当事人可以向被申请人住所地或者财产所在地的中级人民法院申请执行。

第二百七十四条 对中华人民共和国涉外仲裁机构作出的裁决,被申请人提出证据证明仲裁裁决有下列情形之一的,经人民法院组成合议庭审查核实,裁定不予执行:

(一)当事人在合同中没有订有仲裁条款或者事后没有达成书面仲裁协议的;

(二)被申请人没有得到指定仲裁员或者进行仲裁程序的通知,或者由于其他不属于被申请人负责的原因未能陈述意见的;

(三)仲裁庭的组成或者仲裁的程序与仲裁规则不符的;

(四)裁决的事项不属于仲裁协议的范围或者仲裁机构无权仲裁的。

人民法院认定执行该裁决违背社会公共利益的,裁定不予执行。

第二百七十五条 仲裁裁决被人民法院裁定不予执行的,当事人可以根据双方达成的书面仲裁协议重新申请仲裁,也可以向人民法院起诉。

第二十七章 司法协助

第二百七十六条 根据中华人民共和国缔结或者参加的国际条约,或者按照互惠原则,人民法院和外国法院可以相互请求,代为送达文书、调查取证以及进行其他诉讼行为。

外国法院请求协助的事项有损于中华人民共和国的主权、安全或者社会公共利益的,人民法院不予执行。

第二百七十七条 请求和提供司法协助,应当依照中华人民共和国缔结或者参加的国际条约所规定的途径进行;没有条约关系的,通过外交途径进行。

外国驻中华人民共和国的使领馆可以向该国公民送达文书和调查取证,但不得违反中华人民共和国的法律,并不得采取强制措施。

除前款规定的情况外,未经中华人民共和国主管机关准许,任何外国机关或者个人不得在中华人民共和国领域内送达文书、调查取证。

第二百七十八条 外国法院请求人民法院提供司法协助的请求书及其所附文件,应当附有中文译本或者国际条约规定的其他文字文本。

人民法院请求外国法院提供司法协助的请求书及其所附文件,应当附有该国文字译本或者国际条约规定的其他文字文本。

第二百七十九条 人民法院提供司法协助,依照中华人民共和国法律规定的程序进行。外国法院请求采用特殊方式的,也可以按照其请求的特殊方式进行,但请求采用的特殊方式不得违反中华人民共和国法律。

第二百八十条 人民法院作出的发生法律效力的判决、裁定,如果被执行人或者其财产不在中华人民共和国领域内,当事人请求执行的,可以由当事人直接向有管辖权的外国法院申请承认和执行,也可以由人民法院依照中华人民共和国缔结或者参加的国际条约的规定,或者按照互惠原则,请求外国法院承认和执行。

中华人民共和国涉外仲裁机构作出的发生法律效力的仲裁裁决,当事人请求执行的,如果被执行人或者其财产不在中华人民共和国领域内,应当由当事人直接向有管辖权的外国法院申请承认和执行。

第二百八十一条 外国法院作出的发生法律效力的判决、裁定,需要中华人民共和国人民法院承认和执行的,可以由当事人直接向中华人民共和国有管辖权的中级人民法院申请承认和执行,也可以由外国法院依照该国与中华人民共和国缔结或者参加的国际条约的规定,或者按照互惠原则,请求人民法院承认和执行。

第二百八十二条 人民法院对申请或者请求承认和执行的外国法院作出的发生法律效力的判决、裁定,依照中华人民共和国缔结或者参加的国际条约,或者按照互惠原则进行审查后,认为不违反中华人民共和国法律的基本原则或者国家主权、安全、社会公共利益的,裁定承认其效力,需要执行的,发出执行令,依照本法的有关规定执行。违反中华人民共和国法律的基本原则或者国家主权、安全、社会公共利益的,不予承认和执行。

第二百八十三条　国外仲裁机构的裁决，需要中华人民共和国人民法院承认和执行的，应当由当事人直接向被执行人住所地或者其财产所在地的中级人民法院申请，人民法院应当依照中华人民共和国缔结或者参加的国际条约，或者按照互惠原则办理。

第二百八十四条　本法自公布之日起施行，《中华人民共和国民事诉讼法（试行）》同时废止。

最高人民法院关于适用《中华人民共和国民事诉讼法》的解释

（2014年12月18日最高人民法院审判委员会第1636次会议通过　2015年1月30日最高人民法院公告公布　自2015年2月4日起施行　法释〔2015〕5号）

目　　录

2012年8月31日，第十一届全国人民代表大会常务委员会第二十八次会议审议通过了《关于修改〈中华人民共和国民事诉讼法〉的决定》。根据修改后的民事诉讼法，结合人民法院民事审判和执行工作实际，制定本解释。

一、管　　辖

第一条　民事诉讼法第十八条第一项规定的重大涉外案件，包括争议标的额大的案件、案情复杂的案件，或者一方当事人人数众多等具有重大影响的案件。

第二条　专利纠纷案件由知识产权法院、最高人民法院确定的中级人民法院和基层人民法院管辖。

海事、海商案件由海事法院管辖。

第三条　公民的住所地是指公民的户籍所在地，法人或者其他组织的住所地是指法人或者其他组织的主要办事机构所在地。

法人或者其他组织的主要办事机构所在地不能确定的，法人或者其他组织的注册地或者登记地为住所地。

第四条　公民的经常居住地是指公民离开住所地至起诉时已连续居住一年以上的地方，但公民住院就医的地方除外。

第五条　对没有办事机构的个人合伙、合伙型联营体提起的诉讼，由被告注册登记地人民法院管辖。没有注册登记，几个被告又不在同一辖区的，被告住所地的人民法院都有管辖权。

第六条　被告被注销户籍的，依照民事诉讼法第二十二条规定确定管辖；原告、被告均被注销户籍的，由被告居住地人民法院管辖。

第七条　当事人的户籍迁出后尚未落户，有经常居住地的，由该地人民法院管辖；没有经常居住地的，由其原户籍所在地人民法院管辖。

第八条　双方当事人都被监禁或者被采取强制性教育措施的，由被告原住所地人民法院管辖。被告被监禁或者被采取强制性教育措施一年以上的，由被告被监禁地或者被采取强制性教育措施地人民法院管辖。

第九条　追索赡养费、抚育费、扶养费案件的几个被告住所地不在同一辖区的，可以由原告住所地人民法院管辖。

第十条　不服指定监护或者变更监护关系的案件，可以由被监护人住所地人民法院管辖。

第十一条　双方当事人均为军人或者军队单位的民事案件由军事法院管辖。

第十二条　夫妻一方离开住所地超过一年，另一方起诉离婚的案件，可以由原告住所地人民法院管辖。

夫妻双方离开住所地超过一年，一方起诉离婚的案件，由被告经常居住地人民法院管辖；没有经常居住地的，由原告起诉时被告居住地人民法院管辖。

第十三条　在国内结婚并定居国外的华侨，如定居国法院以离婚诉讼须由婚姻缔结地法院管辖为由不予受理，当事人向人民法院提出离婚诉讼的，由婚姻缔结地或者一方在国内的最后居住地人民法院管辖。

第十四条　在国外结婚并定居国外的华侨，如定居国法院以离婚诉讼须由国籍所属国法院管辖为由不予受理，当事人向人民法院提出离婚诉讼的，由一方原住所地或者在国内的最后居住地人民法院管辖。

第十五条　中国公民一方居住在国外，一方居住在国内，不论哪一方向人民法院提起离婚诉讼，国内一方住所地人民法院都有权管辖。国外一方在居住国法院起诉，国内一方向人民法院起诉的，受诉人民法院有权管辖。

第十六条　中国公民双方在国外但未定居，一方向人民法院起诉离婚的，应由原告或者被告原住所地人民法院管辖。

第十七条　已经离婚的中国公民，双方均定居国外，仅就国内财产分割提起诉讼的，由主要财产所在地人民法院管辖。

第十八条　合同约定履行地点的，以约定的履行地点为合同履行地。

合同对履行地点没有约定或者约定不明确，争议标的为给付货币的，接收货币一方所在地为合同履行地；交付不动产的，不动产所在地为合同履行地；其他标的，履行义务一方所在地为合同履行地。即时结清的合同，交易行为地为合同履行地。

合同没有实际履行，当事人双方住所地都不在合同约定的履行地的，由被告住所地人民法院管辖。

第十九条　财产租赁合同、融资租赁合同以租赁物使用地为合同履行地。合同对履行地有约定的，从其约定。

第二十条　以信息网络方式订立的买卖合同，通过信息网络交付标的的，以买受人住所地为合同履行地；通过其他方式交付标的的，收货地为合同履行地。合同对履行地有约定的，从其约定。

第二十一条　因财产保险合同纠纷提起的诉讼，如果保险标的物是运输工具或者运输中的货物，可以由运输工具登记注册地、运输目的地、保险事故发生地人民法院管辖。

因人身保险合同纠纷提起的诉讼，可以由被保险人住所地人民法院管辖。

第二十二条　因股东名册记载、请求变更公司登记、股东知情权、公司决议、公司合并、公司分立、公司减资、公司增资等纠纷提起的诉讼，依照民事诉讼法第二十六条规定确定管辖。

第二十三条　债权人申请支付令，适用民事诉讼法第二十一条规定，由债务人住所地基层人民法院管辖。

第二十四条　民事诉讼法第二十八条规定的侵权行为地，包括侵权行为实施地、侵权结果发生地。

第二十五条　信息网络侵权行为实施地包括实施被诉侵权行为的计算机等信息设备所在地，侵权结果发生地包括被侵权人住所地。

第二十六条　因产品、服务质量不合格造成他人财产、人身损害提起的诉讼，产品制造地、产品销售地、服务提供地、侵权行为地和被告住所地人民法院都有管辖权。

第二十七条　当事人申请诉前保全后没有在法定期间起诉或者申请仲裁，给被申请人、利害关系人造成损失引起的诉讼，由采取保全措施的人民法院管辖。

当事人申请诉前保全后在法定期间内起诉或者申请仲裁，被申请人、利害关系人因保全受到损失提起的诉讼，由受理起诉的人民法院或者采取保全措施的人民法院管辖。

第二十八条　民事诉讼法第三十三条第一项规定的不动产纠纷是指因不动产的权利确认、

分割、相邻关系等引起的物权纠纷。

农村土地承包经营合同纠纷、房屋租赁合同纠纷、建设工程施工合同纠纷、政策性房屋买卖合同纠纷，按照不动产纠纷确定管辖。

不动产已登记的，以不动产登记簿记载的所在地为不动产所在地；不动产未登记的，以不动产实际所在地为不动产所在地。

第二十九条 民事诉讼法第三十四条规定的书面协议，包括书面合同中的协议管辖条款或者诉讼前以书面形式达成的选择管辖的协议。

第三十条 根据管辖协议，起诉时能够确定管辖法院的，从其约定；不能确定的，依照民事诉讼法的相关规定确定管辖。

管辖协议约定两个以上与争议有实际联系的地点的人民法院管辖，原告可以向其中一个人民法院起诉。

第三十一条 经营者使用格式条款与消费者订立管辖协议，未采取合理方式提请消费者注意，消费者主张管辖协议无效的，人民法院应予支持。

第三十二条 管辖协议约定由一方当事人住所地人民法院管辖，协议签订后当事人住所地变更的，由签订管辖协议时的住所地人民法院管辖，但当事人另有约定的除外。

第三十三条 合同转让的，合同的管辖协议对合同受让人有效，但转让时受让人不知道有管辖协议，或者转让协议另有约定且原合同相对人同意的除外。

第三十四条 当事人因同居或者在解除婚姻、收养关系后发生财产争议，约定管辖的，可以适用民事诉讼法第三十四条规定确定管辖。

第三十五条 当事人在答辩期间届满后未应诉答辩，人民法院在一审开庭前，发现案件不属于本院管辖的，应当裁定移送有管辖权的人民法院。

第三十六条 两个以上人民法院都有管辖权的诉讼，先立案的人民法院不得将案件移送给另一个有管辖权的人民法院。人民法院在立案前发现其他有管辖权的人民法院已先立案的，不得重复立案；立案后发现其他有管辖权的人民法院已先立案的，裁定将案件移送给先立案的人民法院。

第三十七条 案件受理后，受诉人民法院的管辖权不受当事人住所地、经常居住地变更的影响。

第三十八条 有管辖权的人民法院受理案件后，不得以行政区域变更为由，将案件移送给变更后有管辖权的人民法院。判决后的上诉案件和依审判监督程序提审的案件，由原审人民法院的上级人民法院进行审判；上级人民法院指令再审、发回重审的案件，由原审人民法院再审或者重审。

第三十九条 人民法院对管辖异议审查后确定有管辖权的，不因当事人提起反诉、增加或者变更诉讼请求等改变管辖，但违反级别管辖、专属管辖规定的除外。

人民法院发回重审或者按第一审程序再审的案件，当事人提出管辖异议的，人民法院不予审查。

第四十条 依照民事诉讼法第三十七条第二款规定，发生管辖权争议的两个人民法院因协商不成报请它们的共同上级人民法院指定管辖时，双方为同属一个地、市辖区的基层人民法院的，由该地、市的中级人民法院及时指定管辖；同属一个省、自治区、直辖市的两个人民法院的，由该省、自治区、直辖市的高级人民法院及时指定管辖；双方为跨省、自治区、直辖市的人民法院，高级人民法院协商不成的，由最高人民法院及时指定管辖。

依照前款规定报请上级人民法院指定管辖时，应当逐级进行。

第四十一条 人民法院依照民事诉讼法第三十七条第二款规定指定管辖的，应当作出裁定。

对报请上级人民法院指定管辖的案件，下级人民法院应当中止审理。指定管辖裁定作出前，下级人民法院对案件作出判决、裁定的，上级人民法院应当在裁定指定管辖的同时，一并撤销下级人民法院的判决、裁定。

第四十二条 下列第一审民事案件，人民法院依照民事诉讼法第三十八条第一款规定，可以在开庭前交下级人民法院审理：

（一）破产程序中有关债务人的诉讼案件；

（二）当事人人数众多且不方便诉讼的案件；

（三）最高人民法院确定的其他类型案件。

人民法院交下级人民法院审理前，应当报请其上级人民法院批准。上级人民法院批准后，人民法院应当裁定将案件交下级人民法院审理。

二、回　　避

第四十三条　审判人员有下列情形之一的，应当自行回避，当事人有权申请其回避：

（一）是本案当事人或者当事人近亲属的；

（二）本人或者其近亲属与本案有利害关系的；

（三）担任过本案的证人、鉴定人、辩护人、诉讼代理人、翻译人员的；

（四）是本案诉讼代理人近亲属的；

（五）本人或者其近亲属持有本案非上市公司当事人的股份或者股权的；

（六）与本案当事人或者诉讼代理人有其他利害关系，可能影响公正审理的。

第四十四条　审判人员有下列情形之一的，当事人有权申请其回避：

（一）接受本案当事人及其受托人宴请，或者参加由其支付费用的活动的；

（二）索取、接受本案当事人及其受托人财物或者其他利益的；

（三）违反规定会见本案当事人、诉讼代理人的；

（四）为本案当事人推荐、介绍诉讼代理人，或者为律师、其他人员介绍代理本案的；

（五）向本案当事人及其受托人借用款物的；

（六）有其他不正当行为，可能影响公正审理的。

第四十五条　在一个审判程序中参与过本案审判工作的审判人员，不得再参与该案其他程序的审判。

发回重审的案件，在一审法院作出裁判后又进入第二审程序的，原第二审程序中合议庭组成人员不受前款规定的限制。

第四十六条　审判人员有应当回避的情形，没有自行回避，当事人也没有申请其回避的，由院长或者审判委员会决定其回避。

第四十七条　人民法院应当依法告知当事人对合议庭组成人员、独任审判员和书记员等人员有申请回避的权利。

第四十八条　民事诉讼法第四十四条所称的审判人员，包括参与本案审理的人民法院院长、副院长、审判委员会委员、庭长、副庭长、审判员、助理审判员和人民陪审员。

第四十九条　书记员和执行员适用审判人员回避的有关规定。

三、诉讼参加人

第五十条　法人的法定代表人以依法登记的为准，但法律另有规定的除外。依法不需要办理登记的法人，以其正职负责人为法定代表人；没有正职负责人的，以其主持工作的副职负责人为法定代表人。

法定代表人已经变更，但未完成登记，变更后的法定代表人要求代表法人参加诉讼的，人民法院可以准许。

其他组织，以其主要负责人为代表人。

第五十一条　在诉讼中，法人的法定代表人变更的，由新的法定代表人继续进行诉讼，并应向人民法院提交新的法定代表人身份证明书。原法定代表人进行的诉讼行为有效。

前款规定，适用于其他组织参加的诉讼。

第五十二条　民事诉讼法第四十八条规定的其他组织是指合法成立、有一定的组织机构和财产，但又不具备法人资格的组织，包括：

（一）依法登记领取营业执照的个人独资企业；

（二）依法登记领取营业执照的合伙企业；

（三）依法登记领取我国营业执照的中外合作经营企业、外资企业；

（四）依法成立的社会团体的分支机构、代表机构；

（五）依法设立并领取营业执照的法人的分支机构；

（六）依法设立并领取营业执照的商业银行、政策性银行和非银行金融机构的分支机构；

（七）经依法登记领取营业执照的乡镇企业、街道企业；

（八）其他符合本条规定条件的组织。

第五十三条　法人非依法设立的分支机构，或者虽依法设立，但没有领取营业执照的分支机构，以设立该分支机构的法人为当事人。

第五十四条　以挂靠形式从事民事活动，当事人请求由挂靠人和被挂靠人依法承担民事责任的，该挂靠人和被挂靠人为共同诉讼人。

第五十五条　在诉讼中，一方当事人死亡，需要等待继承人表明是否参加诉讼的，裁定中止诉讼。人民法院应当及时通知继承人作为当事人承担诉讼，被继承人已经进行的诉讼行为对承担诉讼的继承人有效。

第五十六条　法人或者其他组织的工作人员执行工作任务造成他人损害的，该法人或者其他组织为当事人。

第五十七条　提供劳务一方因劳务造成他人损害，受害人提起诉讼的，以接受劳务一方为被告。

第五十八条　在劳务派遣期间，被派遣的工作人员因执行工作任务造成他人损害的，以接受劳务派遣的用工单位为当事人。当事人主张劳务派遣单位承担责任的，该劳务派遣单位为共同被告。

第五十九条　在诉讼中，个体工商户以营业执照上登记的经营者为当事人。有字号的，以营业执照上登记的字号为当事人，但应同时注明该字号经营者的基本信息。

营业执照上登记的经营者与实际经营者不一致的，以登记的经营者和实际经营者为共同诉讼人。

第六十条　在诉讼中，未依法登记领取营业执照的个人合伙的全体合伙人为共同诉讼人。个人合伙有依法核准登记的字号的，应在法律文书中注明登记的字号。全体合伙人可以推选代表人；被推选的代表人，应由全体合伙人出具推选书。

第六十一条　当事人之间的纠纷经人民调解委员会调解达成协议后，一方当事人不履行调解协议，另一方当事人向人民法院提起诉讼的，应以对方当事人为被告。

第六十二条　下列情形，以行为人为当事人：

（一）法人或者其他组织应登记而未登记，行为人即以该法人或者其他组织名义进行民事活动的；

（二）行为人没有代理权、超越代理权或者代理权终止后以被代理人名义进行民事活动的，但相对人有理由相信行为人有代理权的除外；

（三）法人或者其他组织依法终止后，行为人仍以其名义进行民事活动的。

第六十三条　企业法人合并的，因合并前的民事活动发生的纠纷，以合并后的企业为当事人；企业法人分立的，因分立前的民事活动发生的纠纷，以分立后的企业为共同诉讼人。

第六十四条　企业法人解散的，依法清算并注销前，以该企业法人为当事人；未依法清算即被注销的，以该企业法人的股东、发起人或者出资人为当事人。

第六十五条　借用业务介绍信、合同专用章、盖章的空白合同书或者银行账户的，出借单位和借用人为共同诉讼人。

第六十六条　因保证合同纠纷提起的诉讼，债权人向保证人和被保证人一并主张权利的，人民法院应当将保证人和被保证人列为共同被告。保证合同约定为一般保证，债权人仅起诉保证人的，人民法院应当通知被保证人作为共同被告参加诉讼；债权人仅起诉被保证人的，可以只列被保证人为被告。

第六十七条　无民事行为能力人、限制民事行为能力人造成他人损害的，无民事行为能力人、限制民事行为能力人和其监护人为共同被告。

第六十八条　村民委员会或者村民小组与他人发生民事纠纷的，村民委员会或者有独立财产的村民小组为当事人。

第六十九条　对侵害死者遗体、遗骨以及姓名、肖像、名誉、荣誉、隐私等行为提起诉讼的，死者的近亲属为当事人。

第七十条　在继承遗产的诉讼中，部分继承人起诉的，人民法院应通知其他继承人作为共同原告参加诉讼；被通知的继承人不愿意参加诉讼又未明确表示放弃实体权利的，人民法院仍应将其列为共同原告。

第七十一条　原告起诉被代理人和代理人，要求承担连带责任的，被代理人和代理人为共同被告。

第七十二条　共有财产权受到他人侵害，部分共有权人起诉的,其他共有权人为共同诉讼人。

第七十三条 必须共同进行诉讼的当事人没有参加诉讼的,人民法院应当依照民事诉讼法第一百三十二条的规定,通知其参加;当事人也可以向人民法院申请追加。人民法院对当事人提出的申请,应当进行审查,申请理由不成立的,裁定驳回;申请理由成立的,书面通知被追加的当事人参加诉讼。

第七十四条 人民法院追加共同诉讼的当事人时,应当通知其他当事人。应当追加的原告,已明确表示放弃实体权利的,可不予追加;既不愿意参加诉讼,又不放弃实体权利的,仍应追加为共同原告,其不参加诉讼,不影响人民法院对案件的审理和依法作出判决。

第七十五条 民事诉讼法第五十三条、第五十四条和第一百九十九条规定的人数众多,一般指十人以上。

第七十六条 依照民事诉讼法第五十三条规定,当事人一方人数众多在起诉时确定的,可以由全体当事人推选共同的代表人,也可以由部分当事人推选自己的代表人;推选不出代表人的当事人,在必要的共同诉讼中可以自己参加诉讼,在普通的共同诉讼中可以另行起诉。

第七十七条 根据民事诉讼法第五十四条规定,当事人一方人数众多在起诉时不确定的,由当事人推选代表人。当事人推选不出的,可以由人民法院提出人选与当事人协商;协商不成的,也可以由人民法院在起诉的当事人中指定代表人。

第七十八条 民事诉讼法第五十三条和第五十四条规定的代表人为二至五人,每位代表人可以委托一至二人作为诉讼代理人。

第七十九条 依照民事诉讼法第五十四条规定受理的案件,人民法院可以发出公告,通知权利人向人民法院登记。公告期间根据案件的具体情况确定,但不得少于三十日。

第八十条 根据民事诉讼法第五十四条规定向人民法院登记的权利人,应当证明其与对方当事人的法律关系和所受到的损害。证明不了的,不予登记,权利人可以另行起诉。人民法院的裁判在登记的范围内执行。未参加登记的权利人提起诉讼,人民法院认定其请求成立的,裁定适用人民法院已作出的判决、裁定。

第八十一条 根据民事诉讼法第五十六条的规定,有独立请求权的第三人有权向人民法院提出诉讼请求和事实、理由,成为当事人;无独立请求权的第三人,可以申请或者由人民法院通知参加诉讼。

第一审程序中未参加诉讼的第三人,申请参加第二审程序的,人民法院可以准许。

第八十二条 在一审诉讼中,无独立请求权的第三人无权提出管辖异议,无权放弃、变更诉讼请求或者申请撤诉,被判决承担民事责任的,有权提起上诉。

第八十三条 在诉讼中,无民事行为能力人、限制民事行为能力人的监护人是他的法定代理人。事先没有确定监护人的,可以由有监护资格的人协商确定;协商不成的,由人民法院在他们之中指定诉讼中的法定代理人。当事人没有民法通则第十六条第一款、第二款或者第十七条第一款规定的监护人的,可以指定该法第十六条第四款或者第十七条第三款规定的有关组织担任诉讼中的法定代理人。

第八十四条 无民事行为能力人、限制民事行为能力人以及其他依法不能作为诉讼代理人的,当事人不得委托其作为诉讼代理人。

第八十五条 根据民事诉讼法第五十八条第二款第二项规定,与当事人有夫妻、直系血亲、三代以内旁系血亲、近姻亲关系以及其他有抚养、赡养关系的亲属,可以当事人近亲属的名义作为诉讼代理人。

第八十六条 根据民事诉讼法第五十八条第二款第二项规定,与当事人有合法劳动人事关系的职工,可以当事人工作人员的名义作为诉讼代理人。

第八十七条 根据民事诉讼法第五十八条第二款第三项规定,有关社会团体推荐公民担任诉讼代理人的,应当符合下列条件:

(一)社会团体属于依法登记设立或者依法免予登记设立的非营利性法人组织;

(二)被代理人属于该社会团体的成员,或者当事人一方住所地位于该社会团体的活动地域;

(三)代理事务属于该社会团体章程载明的

业务范围；

（四）被推荐的公民是该社会团体的负责人或者与该社会团体有合法劳动人事关系的工作人员。

专利代理人经中华全国专利代理人协会推荐，可以在专利纠纷案件中担任诉讼代理人。

第八十八条 诉讼代理人除根据民事诉讼法第五十九条规定提交授权委托书外，还应当按照下列规定向人民法院提交相关材料：

（一）律师应当提交律师执业证、律师事务所证明材料；

（二）基层法律服务工作者应当提交法律服务工作者执业证、基层法律服务所出具的介绍信以及当事人一方位于本辖区内的证明材料；

（三）当事人的近亲属应当提交身份证件和与委托人有近亲属关系的证明材料；

（四）当事人的工作人员应当提交身份证件和与当事人有合法劳动人事关系的证明材料；

（五）当事人所在社区、单位推荐的公民应当提交身份证件、推荐材料和当事人属于该社区、单位的证明材料；

（六）有关社会团体推荐的公民应当提交身份证件和符合本解释第八十七条规定条件的证明材料。

第八十九条 当事人向人民法院提交的授权委托书，应当在开庭审理前送交人民法院。授权委托书仅写“全权代理”而无具体授权的，诉讼代理人无权代为承认、放弃、变更诉讼请求，进行和解，提出反诉或者提起上诉。

适用简易程序审理的案件，双方当事人同时到庭并径行开庭审理的，可以当场口头委托诉讼代理人，由人民法院记入笔录。

四、证　　据

第九十条 当事人对自己提出的诉讼请求所依据的事实或者反驳对方诉讼请求所依据的事实，应当提供证据加以证明，但法律另有规定的除外。

在作出判决前，当事人未能提供证据或者证据不足以证明其事实主张的，由负有举证证明责任的当事人承担不利的后果。

第九十一条 人民法院应当依照下列原则确定举证证明责任的承担，但法律另有规定的除外：

（一）主张法律关系存在的当事人，应当对产生该法律关系的基本事实承担举证证明责任；

（二）主张法律关系变更、消灭或者权利受到妨害的当事人，应当对该法律关系变更、消灭或者权利受到妨害的基本事实承担举证证明责任。

第九十二条 一方当事人在法庭审理中，或者在起诉状、答辩状、代理词等书面材料中，对于己不利的事实明确表示承认的，另一方当事人无需举证证明。

对于涉及身份关系、国家利益、社会公共利益等应当由人民法院依职权调查的事实，不适用前款自认的规定。

自认的事实与查明的事实不符的，人民法院不予确认。

第九十三条 下列事实，当事人无须举证证明：

（一）自然规律以及定理、定律；

（二）众所周知的事实；

（三）根据法律规定推定的事实；

（四）根据已知的事实和日常生活经验法则推定出的另一事实；

（五）已为人民法院发生法律效力的裁判所确认的事实；

（六）已为仲裁机构生效裁决所确认的事实；

（七）已为有效公证文书所证明的事实。

前款第二项至第四项规定的事实，当事人有相反证据足以反驳的除外；第五项至第七项规定的事实，当事人有相反证据足以推翻的除外。

第九十四条 民事诉讼法第六十四条第二款规定的当事人及其诉讼代理人因客观原因不能自行收集的证据包括：

（一）证据由国家有关部门保存，当事人及其诉讼代理人无权查阅调取的；

（二）涉及国家秘密、商业秘密或者个人隐私的；

（三）当事人及其诉讼代理人因客观原因不能自行收集的其他证据。

当事人及其诉讼代理人因客观原因不能自行收集的证据，可以在举证期限届满前书面申请人民法院调查收集。

第九十五条 当事人申请调查收集的证据，与待证事实无关联、对证明待证事实无意义或者其他无调查收集必要的，人民法院不予准许。

第九十六条 民事诉讼法第六十四条第二款规定的人民法院认为审理案件需要的证据包括：

（一）涉及可能损害国家利益、社会公共利益的；

（二）涉及身份关系的；

（三）涉及民事诉讼法第五十五条规定诉讼的；

（四）当事人有恶意串通损害他人合法权益可能的；

（五）涉及依职权追加当事人、中止诉讼、终结诉讼、回避等程序性事项的。

除前款规定外，人民法院调查收集证据，应当依照当事人的申请进行。

第九十七条 人民法院调查收集证据，应当由两人以上共同进行。调查材料要由调查人、被调查人、记录人签名、捺印或者盖章。

第九十八条 当事人根据民事诉讼法第八十一条第一款规定申请证据保全的，可以在举证期限届满前书面提出。

证据保全可能对他人造成损失的，人民法院应当责令申请人提供相应的担保。

第九十九条 人民法院应当在审理前的准备阶段确定当事人的举证期限。举证期限可以由当事人协商，并经人民法院准许。

人民法院确定举证期限，第一审普通程序案件不得少于十五日，当事人提供新的证据的第二审案件不得少于十日。

举证期限届满后，当事人对已经提供的证据，申请提供反驳证据或者对证据来源、形式等方面的瑕疵进行补正的，人民法院可以酌情再次确定举证期限，该期限不受前款规定的限制。

第一百条 当事人申请延长举证期限的，应当在举证期限届满前向人民法院提出书面申请。

申请理由成立的，人民法院应当准许，适当延长举证期限，并通知其他当事人。延长的举证期限适用于其他当事人。

申请理由不成立的，人民法院不予准许，并通知申请人。

第一百零一条 当事人逾期提供证据的，人民法院应当责令其说明理由，必要时可以要求其提供相应的证据。

当事人因客观原因逾期提供证据，或者对方当事人对逾期提供证据未提出异议的，视为未逾期。

第一百零二条 当事人因故意或者重大过失逾期提供的证据，人民法院不予采纳。但该证据与案件基本事实有关的，人民法院应当采纳，并依照民事诉讼法第六十五条、第一百一十五条第一款的规定予以训诫、罚款。

当事人非因故意或者重大过失逾期提供的证据，人民法院应当采纳，并对当事人予以训诫。

当事人一方要求另一方赔偿因逾期提供证据致使其增加的交通、住宿、就餐、误工、证人出庭作证等必要费用的，人民法院可予支持。

第一百零三条 证据应当在法庭上出示，由当事人互相质证。未经当事人质证的证据，不得作为认定案件事实的根据。

当事人在审理前的准备阶段认可的证据，经审判人员在庭审中说明后，视为质证过的证据。

涉及国家秘密、商业秘密、个人隐私或者法律规定应当保密的证据，不得公开质证。

第一百零四条 人民法院应当组织当事人围绕证据的真实性、合法性以及与待证事实的关联性进行质证，并针对证据有无证明力和证明力大小进行说明和辩论。

能够反映案件真实情况、与待证事实相关联、来源和形式符合法律规定的证据，应当作为认定案件事实的根据。

第一百零五条 人民法院应当按照法定程序，全面、客观地审核证据，依照法律规定，运用逻辑推理和日常生活经验法则，对证据有无证明力和证明力大小进行判断，并公开判断的理由和结果。

第一百零六条 对以严重侵害他人合法权益、违反法律禁止性规定或者严重违背公序良俗的方法形成或者获取的证据，不得作为认定案件事实的根据。

第一百零七条 在诉讼中，当事人为达成调解协议或者和解协议作出妥协而认可的事实，不得在后续的诉讼中作为对其不利的根据，但法律另有规定或者当事人均同意的除外。

第一百零八条 对负有举证证明责任的当事人提供的证据,人民法院经审查并结合相关事实,确信待证事实的存在具有高度可能性的,应当认定该事实存在。

对一方当事人为反驳负有举证证明责任的当事人所主张事实而提供的证据,人民法院经审查并结合相关事实,认为待证事实真伪不明的,应当认定该事实不存在。

法律对于待证事实所应达到的证明标准另有规定的,从其规定。

第一百零九条 当事人对欺诈、胁迫、恶意串通事实的证明,以及对口头遗嘱或者赠与事实的证明,人民法院确信该待证事实存在的可能性能够排除合理怀疑的,应当认定该事实存在。

第一百一十条 人民法院认为有必要的,可以要求当事人本人到庭,就案件有关事实接受询问。在询问当事人之前,可以要求其签署保证书。

保证书应当载明据实陈述、如有虚假陈述愿意接受处罚等内容。当事人应当在保证书上签名或者捺印。

负有举证证明责任的当事人拒绝到庭、拒绝接受询问或者拒绝签署保证书,待证事实又欠缺其他证据证明的,人民法院对其主张的事实不予认定。

第一百一十一条 民事诉讼法第七十条规定的提交书证原件确有困难,包括下列情形:

(一)书证原件遗失、灭失或者毁损的;

(二)原件在对方当事人控制之下,经合法通知提交而拒不提交的;

(三)原件在他人控制之下,而其有权不提交的;

(四)原件因篇幅或者体积过大而不便提交的;

(五)承担举证证明责任的当事人通过申请人民法院调查收集或者其他方式无法获得书证原件的。

前款规定情形,人民法院应当结合其他证据和案件具体情况,审查判断书证复制品等能否作为认定案件事实的根据。

第一百一十二条 书证在对方当事人控制之下的,承担举证证明责任的当事人可以在举证期限届满前书面申请人民法院责令对方当事人提交。

申请理由成立的,人民法院应当责令对方当事人提交,因提交书证所产生的费用,由申请人负担。对方当事人无正当理由拒不提交的,人民法院可以认定申请人所主张的书证内容为真实。

第一百一十三条 持有书证的当事人以妨碍对方当事人使用为目的,毁灭有关书证或者实施其他致使书证不能使用行为的,人民法院可以依照民事诉讼法第一百一十一条规定,对其处以罚款、拘留。

第一百一十四条 国家机关或者其他依法具有社会管理职能的组织,在其职权范围内制作的文书所记载的事项推定为真实,但有相反证据足以推翻的除外。必要时,人民法院可以要求制作文书的机关或者组织对文书的真实性予以说明。

第一百一十五条 单位向人民法院提出的证明材料,应当由单位负责人及制作证明材料的人员签名或者盖章,并加盖单位印章。人民法院就单位出具的证明材料,可以向单位及制作证明材料的人员进行调查核实。必要时,可以要求制作证明材料的人员出庭作证。

单位及制作证明材料的人员拒绝人民法院调查核实,或者制作证明材料的人员无正当理由拒绝出庭作证的,该证明材料不得作为认定案件事实的根据。

第一百一十六条 视听资料包括录音资料和影像资料。

电子数据是指通过电子邮件、电子数据交换、网上聊天记录、博客、微博客、手机短信、电子签名、域名等形成或者存储在电子介质中的信息。

存储在电子介质中的录音资料和影像资料,适用电子数据的规定。

第一百一十七条 当事人申请证人出庭作证的,应当在举证期限届满前提出。

符合本解释第九十六条第一款规定情形的,人民法院可以依职权通知证人出庭作证。

未经人民法院通知,证人不得出庭作证,但

双方当事人同意并经人民法院准许的除外。

第一百一十八条 民事诉讼法第七十四条规定的证人因履行出庭作证义务而支出的交通、住宿、就餐等必要费用，按照机关事业单位工作人员差旅费用和补贴标准计算；误工损失按照国家上年度职工日平均工资标准计算。

人民法院准许证人出庭作证申请的，应当通知申请人预缴证人出庭作证费用。

第一百一十九条 人民法院在证人出庭作证前应当告知其如实作证的义务以及作伪证的法律后果，并责令其签署保证书，但无民事行为能力人和限制民事行为能力人除外。

证人签署保证书适用本解释关于当事人签署保证书的规定。

第一百二十条 证人拒绝签署保证书的，不得作证，并自行承担相关费用。

第一百二十一条 当事人申请鉴定，可以在举证期限届满前提出。申请鉴定的事项与待证事实无关联，或者对证明待证事实无意义的，人民法院不予准许。

人民法院准许当事人鉴定申请的，应当组织双方当事人协商确定具备相应资格的鉴定人。当事人协商不成的，由人民法院指定。

符合依职权调查收集证据条件的，人民法院应当依职权委托鉴定，在询问当事人的意见后，指定具备相应资格的鉴定人。

第一百二十二条 当事人可以依照民事诉讼法第七十九条的规定，在举证期限届满前申请一至二名具有专门知识的人出庭，代表当事人对鉴定意见进行质证，或者对案件事实所涉及的专业问题提出意见。

具有专门知识的人在法庭上就专业问题提出的意见，视为当事人的陈述。

人民法院准许当事人申请的，相关费用由提出申请的当事人负担。

第一百二十三条 人民法院可以对出庭的具有专门知识的人进行询问。经法庭准许，当事人可以对出庭的具有专门知识的人进行询问，当事人各自申请的具有专门知识的人可以就案件中的有关问题进行对质。

具有专门知识的人不得参与专业问题之外的法庭审理活动。

第一百二十四条 人民法院认为有必要的，可以根据当事人的申请或者依职权对物证或者现场进行勘验。勘验时应当保护他人的隐私和尊严。

人民法院可以要求鉴定人参与勘验。必要时，可以要求鉴定人在勘验中进行鉴定。

五、期间和送达

第一百二十五条 依照民事诉讼法第八十二条第二款规定，民事诉讼中以时起算的期间从次时起算；以日、月、年计算的期间从次日起算。

第一百二十六条 民事诉讼法第一百二十三条规定的立案期限，因起诉状内容欠缺通知原告补正的，从补正后交人民法院的次日起算。由上级人民法院转交下级人民法院立案的案件，从受诉人民法院收到起诉状的次日起算。

第一百二十七条 民事诉讼法第五十六条第三款、第二百零五条以及本解释第三百七十四条、第三百八十四条、第四百零一条、第四百二十二条、第四百二十三条规定的六个月，民事诉讼法第二百二十三条规定的一年，为不变期间，不适用诉讼时效中止、中断、延长的规定。

第一百二十八条 再审案件按照第一审程序或者第二审程序审理的，适用民事诉讼法第一百四十九条、第一百七十六条规定的审限。审限自再审立案的次日起算。

第一百二十九条 对申请再审案件，人民法院应当自受理之日起三个月内审查完毕，但公告期间、当事人和解期间等不计入审查期限。有特殊情况需要延长的，由本院院长批准。

第一百三十条 向法人或者其他组织送达诉讼文书，应当由法人的法定代表人、该组织的主要负责人或者办公室、收发室、值班室等负责收件的人签收或者盖章，拒绝签收或者盖章的，适用留置送达。

民事诉讼法第八十六条规定的有关基层组织和所在单位的代表，可以是受送达人住所地的居民委员会、村民委员会的工作人员以及受送达人所在单位的工作人员。

第一百三十一条 人民法院直接送达诉讼文书的，可以通知当事人到人民法院领取。当事人到达人民法院，拒绝签署送达回证的，视为送达。审判人员、书记员应当在送达回证上注明送达情况并签名。

人民法院可以在当事人住所地以外向当事人直接送达诉讼文书。当事人拒绝签署送达回证的,采用拍照、录像等方式记录送达过程即视为送达。审判人员、书记员应当在送达回证上注明送达情况并签名。

第一百三十二条 受送达人有诉讼代理人的,人民法院既可以向受送达人送达,也可以向其诉讼代理人送达。受送达人指定诉讼代理人为代收人的,向诉讼代理人送达时,适用留置送达。

第一百三十三条 调解书应当直接送达当事人本人,不适用留置送达。当事人本人因故不能签收的,可由其指定的代收人签收。

第一百三十四条 依照民事诉讼法第八十八条规定,委托其他人民法院代为送达的,委托法院应当出具委托函,并附需要送达的诉讼文书和送达回证,以受送达人在送达回证上签收的日期为送达日期。

委托送达的,受委托人民法院应当自收到委托函及相关诉讼文书之日起十日内代为送达。

第一百三十五条 电子送达可以采用传真、电子邮件、移动通信等即时收悉的特定系统作为送达媒介。

民事诉讼法第八十七条第二款规定的到达受送达人特定系统的日期,为人民法院对应系统显示发送成功的日期,但受送达人证明到达其特定系统的日期与人民法院对应系统显示发送成功的日期不一致的,以受送达人证明到达其特定系统的日期为准。

第一百三十六条 受送达人同意采用电子方式送达的,应当在送达地址确认书中予以确认。

第一百三十七条 当事人在提起上诉、申请再审、申请执行时未书面变更送达地址的,其在第一审程序中确认的送达地址可以作为第二审程序、审判监督程序、执行程序的送达地址。

第一百三十八条 公告送达可以在法院的公告栏和受送达人住所地张贴公告,也可以在报纸、信息网络等媒体上刊登公告,发出公告日期以最后张贴或者刊登的日期为准。对公告送达方式有特殊要求的,应当按要求的方式进行。公告期满,即视为送达。

人民法院在受送达人住所地张贴公告的,应当采取拍照、录像等方式记录张贴过程。

第一百三十九条 公告送达应当说明公告送达的原因;公告送达起诉状或者上诉状副本的,应当说明起诉或者上诉要点,受送达人答辩期限及逾期不答辩的法律后果;公告送达传票,应当说明出庭的时间和地点及逾期不出庭的法律后果;公告送达判决书、裁定书的,应当说明裁判主要内容,当事人有权上诉的,还应当说明上诉权利、上诉期限和上诉的人民法院。

第一百四十条 适用简易程序的案件,不适用公告送达。

第一百四十一条 人民法院在定期宣判时,当事人拒不签收判决书、裁定书的,应视为送达,并在宣判笔录中记明。

六、调　　解

第一百四十二条 人民法院受理案件后,经审查,认为法律关系明确、事实清楚,在征得当事人双方同意后,可以径行调解。

第一百四十三条 适用特别程序、督促程序、公示催告程序的案件,婚姻等身份关系确认案件以及其他根据案件性质不能进行调解的案件,不得调解。

第一百四十四条 人民法院审理民事案件,发现当事人之间恶意串通,企图通过和解、调解方式侵害他人合法权益的,应当依照民事诉讼法第一百一十二条的规定处理。

第一百四十五条 人民法院审理民事案件,应当根据自愿、合法的原则进行调解。当事人一方或者双方坚持不愿调解的,应当及时裁判。

人民法院审理离婚案件,应当进行调解,但不应久调不决。

第一百四十六条 人民法院审理民事案件,调解过程不公开,但当事人同意公开的除外。

调解协议内容不公开,但为保护国家利益、社会公共利益、他人合法权益,人民法院认为确有必要公开的除外。

主持调解以及参与调解的人员,对调解过程以及调解过程中获悉的国家秘密、商业秘密、个人隐私和其他不宜公开的信息，应当保守秘密，但为保护国家利益、社会公共利益、他人合法权益的除外。

第一百四十七条 人民法院调解案件时，当事人不能出庭的，经其特别授权，可由其委托代理人参加调解，达成的调解协议，可由委托代理人签名。

离婚案件当事人确因特殊情况无法出庭参加调解的，除本人不能表达意志的以外，应当出具书面意见。

第一百四十八条 当事人自行和解或者调解达成协议后，请求人民法院按照和解协议或者调解协议的内容制作判决书的，人民法院不予准许。

无民事行为能力人的离婚案件，由其法定代理人进行诉讼。法定代理人与对方达成协议要求发给判决书的，可根据协议内容制作判决书。

第一百四十九条 调解书需经当事人签收后才发生法律效力的，应当以最后收到调解书的当事人签收的日期为调解书生效日期。

第一百五十条 人民法院调解民事案件，需由无独立请求权的第三人承担责任的，应当经其同意。该第三人在调解书送达前反悔的，人民法院应当及时裁判。

第一百五十一条 根据民事诉讼法第九十八条第一款第四项规定，当事人各方同意在调解协议上签名或者盖章后即发生法律效力的，经人民法院审查确认后，应当记入笔录或者将调解协议附卷，并由当事人、审判人员、书记员签名或者盖章后即具有法律效力。

前款规定情形，当事人请求制作调解书的，人民法院审查确认后可以制作调解书送交当事人。当事人拒收调解书的，不影响调解协议的效力。

七、保全和先予执行

第一百五十二条 人民法院依照民事诉讼法第一百条、第一百零一条规定，在采取诉前保全、诉讼保全措施时，责令利害关系人或者当事人提供担保的，应当书面通知。

利害关系人申请诉前保全的，应当提供担保。申请诉前财产保全的，应当提供相当于请求保全数额的担保；情况特殊的，人民法院可以酌情处理。申请诉前行为保全的，担保的数额由人民法院根据案件的具体情况决定。

在诉讼中，人民法院依申请或者依职权采取保全措施的，应当根据案件的具体情况，决定当事人是否应当提供担保以及担保的数额。

第一百五十三条 人民法院对季节性商品、鲜活、易腐烂变质以及其他不宜长期保存的物品采取保全措施时，可以责令当事人及时处理，由人民法院保存价款；必要时，人民法院可予以变卖，保存价款。

第一百五十四条 人民法院在财产保全中采取查封、扣押、冻结财产措施时，应当妥善保管被查封、扣押、冻结的财产。不宜由人民法院保管的，人民法院可以指定被保全人负责保管；不宜由被保全人保管的，可以委托他人或者申请保全人保管。

查封、扣押、冻结担保物权人占有的担保财产，一般由担保物权人保管；由人民法院保管的，质权、留置权不因采取保全措施而消灭。

第一百五十五条 由人民法院指定被保全人保管的财产，如果继续使用对该财产的价值无重大影响，可以允许被保全人继续使用；由人民法院保管或者委托他人、申请保全人保管的财产，人民法院和其他保管人不得使用。

第一百五十六条 人民法院采取财产保全的方法和措施，依照执行程序相关规定办理。

第一百五十七条 人民法院对抵押物、质押物、留置物可以采取财产保全措施，但不影响抵押权人、质权人、留置权人的优先受偿权。

第一百五十八条 人民法院对债务人到期应得的收益，可以采取财产保全措施，限制其支取，通知有关单位协助执行。

第一百五十九条 债务人的财产不能满足保全请求，但对他人有到期债权的，人民法院可以依债权人的申请裁定该他人不得对本案债务人清偿。该他人要求偿付的，由人民法院提存财物或者价款。

第一百六十条 当事人向采取诉前保全措施以外的其他有管辖权的人民法院起诉的，采取诉前保全措施的人民法院应当将保全手续移送受理案件的人民法院。诉前保全的裁定视为受移送人民法院作出的裁定。

第一百六十一条　对当事人不服一审判决提起上诉的案件，在第二审人民法院接到报送的案件之前，当事人有转移、隐匿、出卖或者毁损财产等行为，必须采取保全措施的，由第一审人民法院依当事人申请或者依职权采取。第一审人民法院的保全裁定，应当及时报送第二审人民法院。

第一百六十二条　第二审人民法院裁定对第一审人民法院采取的保全措施予以续保或者采取新的保全措施的，可以自行实施，也可以委托第一审人民法院实施。

再审人民法院裁定对原保全措施予以续保或者采取新的保全措施的，可以自行实施，也可以委托原审人民法院或者执行法院实施。

第一百六十三条　法律文书生效后，进入执行程序前，债权人因对方当事人转移财产等紧急情况，不申请保全将可能导致生效法律文书不能执行或者难以执行的，可以向执行法院申请采取保全措施。债权人在法律文书指定的履行期间届满后五日内不申请执行的，人民法院应当解除保全。

第一百六十四条　对申请保全人或者他人提供的担保财产，人民法院应当依法办理查封、扣押、冻结等手续。

第一百六十五条　人民法院裁定采取保全措施后，除作出保全裁定的人民法院自行解除或者其上级人民法院决定解除外，在保全期限内，任何单位不得解除保全措施。

第一百六十六条　裁定采取保全措施后，有下列情形之一的，人民法院应当作出解除保全裁定：

（一）保全错误的；

（二）申请人撤回保全申请的；

（三）申请人的起诉或者诉讼请求被生效裁判驳回的；

（四）人民法院认为应当解除保全的其他情形。

解除以登记方式实施的保全措施的，应当向登记机关发出协助执行通知书。

第一百六十七条　财产保全的被保全人提供其他等值担保财产且有利于执行的，人民法院可以裁定变更保全标的物为被保全人提供的担保财产。

第一百六十八条　保全裁定未经人民法院依法撤销或者解除，进入执行程序后，自动转为执行中的查封、扣押、冻结措施，期限连续计算，执行法院无需重新制作裁定书，但查封、扣押、冻结期限届满的除外。

第一百六十九条　民事诉讼法规定的先予执行，人民法院应当在受理案件后终审判决作出前采取。先予执行应当限于当事人诉讼请求的范围，并以当事人的生活、生产经营的急需为限。

第一百七十条　民事诉讼法第一百零六条第三项规定的情况紧急，包括：

（一）需要立即停止侵害、排除妨碍的；

（二）需要立即制止某项行为的；

（三）追索恢复生产、经营急需的保险理赔费的；

（四）需要立即返还社会保险金、社会救助资金的；

（五）不立即返还款项，将严重影响权利人生活和生产经营的。

第一百七十一条　当事人对保全或者先予执行裁定不服的，可以自收到裁定书之日起五日内向作出裁定的人民法院申请复议。人民法院应当在收到复议申请后十日内审查。裁定正确的，驳回当事人的申请；裁定不当的，变更或者撤销原裁定。

第一百七十二条　利害关系人对保全或者先予执行的裁定不服申请复议的，由作出裁定的人民法院依照民事诉讼法第一百零八条规定处理。

第一百七十三条　人民法院先予执行后，根据发生法律效力的判决，申请人应当返还因先予执行所取得的利益的，适用民事诉讼法第二百三十三条的规定。

八、对妨害民事诉讼的强制措施

第一百七十四条　民事诉讼法第一百零九条规定的必须到庭的被告，是指负有赡养、抚育、扶养义务和不到庭就无法查清案情的被告。

人民法院对必须到庭才能查清案件基本事实的原告，经两次传票传唤，无正当理由拒不到庭的,可以拘传。

第一百七十五条 拘传必须用拘传票,并直接送达被拘传人;在拘传前,应当向被拘传人说明拒不到庭的后果,经批评教育仍拒不到庭的,可以拘传其到庭。

第一百七十六条 诉讼参与人或者其他人有下列行为之一的,人民法院可以适用民事诉讼法第一百一十条规定处理:

(一)未经准许进行录音、录像、摄影的;

(二)未经准许以移动通信等方式现场传播审判活动的;

(三)其他扰乱法庭秩序,妨害审判活动进行的。

有前款规定情形的,人民法院可以暂扣诉讼参与人或者其他人进行录音、录像、摄影、传播审判活动的器材,并责令其删除有关内容;拒不删除的,人民法院可以采取必要手段强制删除。

第一百七十七条 训诫、责令退出法庭由合议庭或者独任审判员决定。训诫的内容、被责令退出法庭者的违法事实应当记入庭审笔录。

第一百七十八条 人民法院依照民事诉讼法第一百一十条至第一百一十四条的规定采取拘留措施的,应经院长批准,作出拘留决定书,由司法警察将被拘留人送交当地公安机关看管。

第一百七十九条 被拘留人不在本辖区的,作出拘留决定的人民法院应当派员到被拘留人所在地的人民法院,请该院协助执行,受委托的人民法院应当及时派员协助执行。被拘留人申请复议或者在拘留期间承认并改正错误,需要提前解除拘留的,受委托人民法院应当向委托人民法院转达或者提出建议,由委托人民法院审查决定。

第一百八十条 人民法院对被拘留人采取拘留措施后,应当在二十四小时内通知其家属;确实无法按时通知或者通知不到的,应当记录在案。

第一百八十一条 因哄闹、冲击法庭,用暴力、威胁等方法抗拒执行公务等紧急情况,必须立即采取拘留措施的,可在拘留后,立即报告院长补办批准手续。院长认为拘留不当的,应当解除拘留。

第一百八十二条 被拘留人在拘留期间认错悔改的,可以责令其具结悔过,提前解除拘留。提前解除拘留,应报经院长批准,并作出提前解除拘留决定书,交负责看管的公安机关执行。

第一百八十三条 民事诉讼法第一百一十条至第一百一十三条规定的罚款、拘留可以单独适用,也可以合并适用。

第一百八十四条 对同一妨害民事诉讼行为的罚款、拘留不得连续适用。发生新的妨害民事诉讼行为的,人民法院可以重新予以罚款、拘留。

第一百八十五条 被罚款、拘留的人不服罚款、拘留决定申请复议的,应当自收到决定书之日起三日内提出。上级人民法院应当在收到复议申请后五日内作出决定,并将复议结果通知下级人民法院和当事人。

第一百八十六条 上级人民法院复议时认为强制措施不当的,应当制作决定书,撤销或者变更下级人民法院作出的拘留、罚款决定。情况紧急的,可以在口头通知后三日内发出决定书。

第一百八十七条 民事诉讼法第一百一十一条第一款第五项规定的以暴力、威胁或者其他方法阻碍司法工作人员执行职务的行为,包括:

(一)在人民法院哄闹、滞留,不听从司法工作人员劝阻的;

(二)故意毁损、抢夺人民法院法律文书、查封标志的;

(三)哄闹、冲击执行公务现场,围困、扣押执行或者协助执行公务人员的;

(四)毁损、抢夺、扣留案件材料、执行公务车辆、其他执行公务器械、执行公务人员服装和执行公务证件的;

(五)以暴力、威胁或者其他方法阻碍司法工作人员查询、查封、扣押、冻结、划拨、拍卖、变卖财产的;

(六)以暴力、威胁或者其他方法阻碍司法工作人员执行职务的其他行为。

第一百八十八条 民事诉讼法第一百一十一条第一款第六项规定的拒不履行人民法院已经发生法律效力的判决、裁定的行为,包括:

(一)在法律文书发生法律效力后隐藏、转移、变卖、毁损财产或者无偿转让财产、以明显不合理的价格交易财产、放弃到期债权、无偿为他人提供担保等，致使人民法院无法执行的；

（二）隐藏、转移、毁损或者未经人民法院允许处分已向人民法院提供担保的财产的；

（三）违反人民法院限制高消费令进行消费的；

（四）有履行能力而拒不按照人民法院执行通知履行生效法律文书确定的义务的；

（五）有义务协助执行的个人接到人民法院协助执行通知书后，拒不协助执行的。

第一百八十九条　诉讼参与人或者其他人有下列行为之一的，人民法院可以适用民事诉讼法第一百一十一条的规定处理：

（一）冒充他人提起诉讼或者参加诉讼的；

（二）证人签署保证书后作虚假证言，妨碍人民法院审理案件的；

（三）伪造、隐藏、毁灭或者拒绝交出有关被执行人履行能力的重要证据，妨碍人民法院查明被执行人财产状况的；

（四）擅自解冻已被人民法院冻结的财产的；

（五）接到人民法院协助执行通知书后，给当事人通风报信，协助其转移、隐匿财产的。

第一百九十条　民事诉讼法第一百一十二条规定的他人合法权益，包括案外人的合法权益、国家利益、社会公共利益。

第三人根据民事诉讼法第五十六条第三款规定提起撤销之诉，经审查，原案当事人之间恶意串通进行虚假诉讼的，适用民事诉讼法第一百一十二条规定处理。

第一百九十一条　单位有民事诉讼法第一百一十二条或者第一百一十三条规定行为的，人民法院应当对该单位进行罚款，并可以对其主要负责人或者直接责任人员予以罚款、拘留；构成犯罪的，依法追究刑事责任。

第一百九十二条　有关单位接到人民法院协助执行通知书后，有下列行为之一的，人民法院可以适用民事诉讼法第一百一十四条规定处理：

（一）允许被执行人高消费的；

（二）允许被执行人出境的；

（三）拒不停止办理有关财产权证照转移手续、权属变更登记、规划审批等手续的；

（四）以需要内部请示、内部审批，有内部规定等为由拖延办理的。

第一百九十三条　人民法院对个人或者单位采取罚款措施时，应当根据其实施妨害民事诉讼行为的性质、情节、后果，当地的经济发展水平，以及诉讼标的额等因素，在民事诉讼法第一百一十五条第一款规定的限额内确定相应的罚款金额。

九、诉讼费用

第一百九十四条　依照民事诉讼法第五十四条审理的案件不预交案件受理费，结案后按照诉讼标的额由败诉方交纳。

第一百九十五条　支付令失效后转入诉讼程序的，债权人应当按照《诉讼费用交纳办法》补交案件受理费。

支付令被撤销后，债权人另行起诉的，按照《诉讼费用交纳办法》交纳诉讼费用。

第一百九十六条　人民法院改变原判决、裁定、调解结果的，应当在裁判文书中对原审诉讼费用的负担一并作出处理。

第一百九十七条　诉讼标的物是证券的，按照证券交易规则并根据当事人起诉之日前最后一个交易日的收盘价、当日的市场价或者其载明的金额计算诉讼标的金额。

第一百九十八条　诉讼标的物是房屋、土地、林木、车辆、船舶、文物等特定物或者知识产权，起诉时价值难以确定的，人民法院应当向原告释明主张过高或者过低的诉讼风险，以原告主张的价值确定诉讼标的金额。

第一百九十九条　适用简易程序审理的案件转为普通程序的，原告自接到人民法院交纳诉讼费用通知之日起七日内补交案件受理费。

原告无正当理由未按期足额补交的，按撤诉处理，已经收取的诉讼费用退还一半。

第二百条　破产程序中有关债务人的民事诉讼案件，按照财产案件标准交纳诉讼费，但劳动争议案件除外。

第二百零一条　既有财产性诉讼请求，又有非财产性诉讼请求的，按照财产性诉讼请求的标准交纳诉讼费。

有多个财产性诉讼请求的，合并计算交纳诉讼费；诉讼请求中有多个非财产性诉讼请求的，按一件交纳诉讼费。

第二百零二条　原告、被告、第三人分别上诉的，按照上诉请求分别预交二审案件受理费。

同一方多人共同上诉的，只预交一份二审案件受理费；分别上诉的，按照上诉请求分别预交二审案件受理费。

第二百零三条　承担连带责任的当事人败诉的，应当共同负担诉讼费用。

第二百零四条　实现担保物权案件，人民法院裁定拍卖、变卖担保财产的，申请费由债务人、担保人负担；人民法院裁定驳回申请的，申请费由申请人负担。

申请人另行起诉的，其已经交纳的申请费可以从案件受理费中扣除。

第二百零五条　拍卖、变卖担保财产的裁定作出后，人民法院强制执行的，按照执行金额收取执行申请费。

第二百零六条　人民法院决定减半收取案件受理费的，只能减半一次。

第二百零七条　判决生效后，胜诉方预交但不应负担的诉讼费用，人民法院应当退还，由败诉方向人民法院交纳，但胜诉方自愿承担或者同意败诉方直接向其支付的除外。

当事人拒不交纳诉讼费用的，人民法院可以强制执行。

十、第一审普通程序

第二百零八条　人民法院接到当事人提交的民事起诉状时，对符合民事诉讼法第一百一十九条的规定，且不属于第一百二十四条规定情形的，应当登记立案；对当场不能判定是否符合起诉条件的，应当接收起诉材料，并出具注明收到日期的书面凭证。

需要补充必要相关材料的，人民法院应当及时告知当事人。在补齐相关材料后，应当在七日内决定是否立案。

立案后发现不符合起诉条件或者属于民事诉讼法第一百二十四条规定情形的，裁定驳回起诉。

第二百零九条　原告提供被告的姓名或者名称、住所等信息具体明确，足以使被告与他人相区别的，可以认定为有明确的被告。

起诉状列写被告信息不足以认定明确的被告的，人民法院可以告知原告补正。原告补正后仍不能确定明确的被告的，人民法院裁定不予受理。

第二百一十条　原告在起诉状中有谩骂和人身攻击之辞的，人民法院应当告知其修改后提起诉讼。

第二百一十一条　对本院没有管辖权的案件，告知原告向有管辖权的人民法院起诉；原告坚持起诉的，裁定不予受理；立案后发现本院没有管辖权的，应当将案件移送有管辖权的人民法院。

第二百一十二条　裁定不予受理、驳回起诉的案件，原告再次起诉，符合起诉条件且不属于民事诉讼法第一百二十四条规定情形的，人民法院应予受理。

第二百一十三条　原告应当预交而未预交案件受理费，人民法院应当通知其预交，通知后仍不预交或者申请减、缓、免未获批准而仍不预交的，裁定按撤诉处理。

第二百一十四条　原告撤诉或者人民法院按撤诉处理后，原告以同一诉讼请求再次起诉的，人民法院应予受理。

原告撤诉或者按撤诉处理的离婚案件，没有新情况、新理由，六个月内又起诉的，比照民事诉讼法第一百二十四条第七项的规定不予受理。

第二百一十五条　依照民事诉讼法第一百二十四条第二项的规定，当事人在书面合同中订有仲裁条款，或者在发生纠纷后达成书面仲裁协议，一方向人民法院起诉的，人民法院应当告知原告向仲裁机构申请仲裁，其坚持起诉的，裁定不予受理，但仲裁条款或者仲裁协议不成立、无效、失效、内容不明确无法执行的除外。

第二百一十六条　在人民法院首次开庭前，被告以有书面仲裁协议为由对受理民事案件提出异议的，人民法院应当进行审查。

经审查符合下列情形之一的，人民法院应当裁定驳回起诉：

（一）仲裁机构或者人民法院已经确认仲裁协议有效的；

（二）当事人没有在仲裁庭首次开庭前对仲裁协议的效力提出异议的；

（三）仲裁协议符合仲裁法第十六条规定且不具有仲裁法第十七条规定情形的。

第二百一十七条 夫妻一方下落不明，另一方诉至人民法院，只要求离婚，不申请宣告下落不明人失踪或者死亡的案件，人民法院应当受理，对下落不明人公告送达诉讼文书。

第二百一十八条 赡养费、扶养费、抚育费案件，裁判发生法律效力后，因新情况、新理由，一方当事人再行起诉要求增加或者减少费用的，人民法院应作为新案受理。

第二百一十九条 当事人超过诉讼时效期间起诉的，人民法院应予受理。受理后对方当事人提出诉讼时效抗辩，人民法院经审理认为抗辩事由成立的，判决驳回原告的诉讼请求。

第二百二十条 民事诉讼法第六十八条、第一百三十四条、第一百五十六条规定的商业秘密，是指生产工艺、配方、贸易联系、购销渠道等当事人不愿公开的技术秘密、商业情报及信息。

第二百二十一条 基于同一事实发生的纠纷，当事人分别向同一人民法院起诉的，人民法院可以合并审理。

第二百二十二条 原告在起诉状中直接列写第三人的，视为其申请人民法院追加该第三人参加诉讼。是否通知第三人参加诉讼，由人民法院审查决定。

第二百二十三条 当事人在提交答辩状期间提出管辖异议，又针对起诉状的内容进行答辩的，人民法院应当依照民事诉讼法第一百二十七条第一款的规定，对管辖异议进行审查。

当事人未提出管辖异议，就案件实体内容进行答辩、陈述或者反诉的，可以认定为民事诉讼法第一百二十七条第二款规定的应诉答辩。

第二百二十四条 依照民事诉讼法第一百三十三条第四项规定，人民法院可以在答辩期届满后，通过组织证据交换、召集庭前会议等方式，作好审理前的准备。

第二百二十五条 根据案件具体情况，庭前会议可以包括下列内容：

（一）明确原告的诉讼请求和被告的答辩意见；

（二）审查处理当事人增加、变更诉讼请求的申请和提出的反诉，以及第三人提出的与本案有关的诉讼请求；

（三）根据当事人的申请决定调查收集证据，委托鉴定，要求当事人提供证据，进行勘验，进行证据保全；

（四）组织交换证据；

（五）归纳争议焦点；

（六）进行调解。

第二百二十六条 人民法院应当根据当事人的诉讼请求、答辩意见以及证据交换的情况，归纳争议焦点，并就归纳的争议焦点征求当事人的意见。

第二百二十七条 人民法院适用普通程序审理案件，应当在开庭三日前用传票传唤当事人。对诉讼代理人、证人、鉴定人、勘验人、翻译人员应当用通知书通知其到庭。当事人或者其他诉讼参与人在外地的，应当留有必要的在途时间。

第二百二十八条 法庭审理应当围绕当事人争议的事实、证据和法律适用等焦点问题进行。

第二百二十九条 当事人在庭审中对其在审理前的准备阶段认可的事实和证据提出不同意见的，人民法院应当责令其说明理由。必要时，可以责令其提供相应证据。人民法院应当结合当事人的诉讼能力、证据和案件的具体情况进行审查。理由成立的，可以列入争议焦点进行审理。

第二百三十条 人民法院根据案件具体情况并征得当事人同意，可以将法庭调查和法庭辩论合并进行。

第二百三十一条 当事人在法庭上提出新的证据的，人民法院应当依照民事诉讼法第六十五条第二款规定和本解释相关规定处理。

第二百三十二条 在案件受理后，法庭辩论结束前，原告增加诉讼请求，被告提出反诉，第三人提出与本案有关的诉讼请求，可以合并审理的，人民法院应当合并审理。

第二百三十三条 反诉的当事人应当限于本诉的当事人的范围。

反诉与本诉的诉讼请求基于相同法律关系、诉讼请求之间具有因果关系，或者反诉与本诉的诉讼请求基于相同事实的,人民法院应当合并审理。

反诉应由其他人民法院专属管辖,或者与本诉的诉讼标的及诉讼请求所依据的事实、理由无关联的,裁定不予受理,告知另行起诉。

第二百三十四条 无民事行为能力人的离婚诉讼,当事人的法定代理人应当到庭;法定代理人不能到庭的,人民法院应当在查清事实的基础上,依法作出判决。

第二百三十五条 无民事行为能力的当事人的法定代理人,经传票传唤无正当理由拒不到庭,属于原告方的,比照民事诉讼法第一百四十三条的规定,按撤诉处理;属于被告方的,比照民事诉讼法第一百四十四条的规定,缺席判决。必要时,人民法院可以拘传其到庭。

第二百三十六条 有独立请求权的第三人经人民法院传票传唤,无正当理由拒不到庭的,或者未经法庭许可中途退庭的,比照民事诉讼法第一百四十三条的规定,按撤诉处理。

第二百三十七条 有独立请求权的第三人参加诉讼后,原告申请撤诉,人民法院在准许原告撤诉后,有独立请求权的第三人作为另案原告,原案原告、被告作为另案被告,诉讼继续进行。

第二百三十八条 当事人申请撤诉或者依法可以按撤诉处理的案件,如果当事人有违反法律的行为需要依法处理的,人民法院可以不准许撤诉或者不按撤诉处理。

法庭辩论终结后原告申请撤诉,被告不同意的,人民法院可以不予准许。

第二百三十九条 人民法院准许本诉原告撤诉的,应当对反诉继续审理;被告申请撤回反诉的,人民法院应予准许。

第二百四十条 无独立请求权的第三人经人民法院传票传唤,无正当理由拒不到庭,或者未经法庭许可中途退庭的,不影响案件的审理。

第二百四十一条 被告经传票传唤无正当理由拒不到庭,或者未经法庭许可中途退庭的,人民法院应当按期开庭或者继续开庭审理,对到庭的当事人诉讼请求、双方的诉辩理由以及已经提交的证据及其他诉讼材料进行审理后,可以依法缺席判决。

第二百四十二条 一审宣判后,原审人民法院发现判决有错误,当事人在上诉期内提出上诉的,原审人民法院可以提出原判决有错误的意见,报送第二审人民法院,由第二审人民法院按照第二审程序进行审理;当事人不上诉的,按照审判监督程序处理。

第二百四十三条 民事诉讼法第一百四十九条规定的审限,是指从立案之日起至裁判宣告、调解书送达之日止的期间,但公告期间、鉴定期间、双方当事人和解期间、审理当事人提出的管辖异议以及处理人民法院之间的管辖争议期间不应计算在内。

第二百四十四条 可以上诉的判决书、裁定书不能同时送达双方当事人的,上诉期从各自收到判决书、裁定书之日计算。

第二百四十五条 民事诉讼法第一百五十四条第一款第七项规定的笔误是指法律文书误写、误算,诉讼费用漏写、误算和其他笔误。

第二百四十六条 裁定中止诉讼的原因消除,恢复诉讼程序时,不必撤销原裁定,从人民法院通知或者准许当事人双方继续进行诉讼时起,中止诉讼的裁定即失去效力。

第二百四十七条 当事人就已经提起诉讼的事项在诉讼过程中或者裁判生效后再次起诉,同时符合下列条件的,构成重复起诉:

(一)后诉与前诉的当事人相同;

(二)后诉与前诉的诉讼标的相同;

(三)后诉与前诉的诉讼请求相同,或者后诉的诉讼请求实质上否定前诉裁判结果。

当事人重复起诉的,裁定不予受理;已经受理的,裁定驳回起诉,但法律、司法解释另有规定的除外。

第二百四十八条 裁判发生法律效力后,发生新的事实,当事人再次提起诉讼的,人民法院应当依法受理。

第二百四十九条 在诉讼中,争议的民事权利义务转移的,不影响当事人的诉讼主体资格和诉讼地位。人民法院作出的发生法律效力的判决、裁定对受让人具有拘束力。

受让人申请以无独立请求权的第三人身份参加诉讼的,人民法院可予准许。受让人申请替代当事人承担诉讼的,人民法院可以根据案件的具体情况决定是否准许;不予准许的,可以追加其为无独立请求权的第三人。

第二百五十条　依照本解释第二百四十九条规定,人民法院准许受让人替代当事人承担诉讼的,裁定变更当事人。

变更当事人后,诉讼程序以受让人为当事人继续进行,原当事人应当退出诉讼。原当事人已经完成的诉讼行为对受让人具有拘束力。

第二百五十一条　二审裁定撤销一审判决发回重审的案件,当事人申请变更、增加诉讼请求或者提出反诉,第三人提出与本案有关的诉讼请求的,依照民事诉讼法第一百四十条规定处理。

第二百五十二条　再审裁定撤销原判决、裁定发回重审的案件,当事人申请变更、增加诉讼请求或者提出反诉,符合下列情形之一的,人民法院应当准许:

(一)原审未合法传唤缺席判决,影响当事人行使诉讼权利的;

(二)追加新的诉讼当事人的;

(三)诉讼标的物灭失或者发生变化致使原诉讼请求无法实现的;

(四)当事人申请变更、增加的诉讼请求或者提出的反诉,无法通过另诉解决的。

第二百五十三条　当庭宣判的案件,除当事人当庭要求邮寄发送裁判文书的外,人民法院应当告知当事人或者诉讼代理人领取裁判文书的时间和地点以及逾期不领取的法律后果。上述情况,应当记入笔录。

第二百五十四条　公民、法人或者其他组织申请查阅发生法律效力的判决书、裁定书的,应当向作出该生效裁判的人民法院提出。申请应当以书面形式提出,并提供具体的案号或者当事人姓名、名称。

第二百五十五条　对于查阅判决书、裁定书的申请,人民法院根据下列情形分别处理:

(一)判决书、裁定书已经通过信息网络向社会公开的,应当引导申请人自行查阅;

(二)判决书、裁定书未通过信息网络向社会公开,且申请符合要求的,应当及时提供便捷的查阅服务;

(三)判决书、裁定书尚未发生法律效力,或者已失去法律效力的,不提供查阅并告知申请人;

(四)发生法律效力的判决书、裁定书不是本院作出的,应当告知申请人向作出生效裁判的人民法院申请查阅;

(五)申请查阅的内容涉及国家秘密、商业秘密、个人隐私的,不予准许并告知申请人。

十一、简 易 程 序

第二百五十六条　民事诉讼法第一百五十七条规定的简单民事案件中的事实清楚,是指当事人对争议的事实陈述基本一致,并能提供相应的证据,无须人民法院调查收集证据即可查明事实;权利义务关系明确是指能明确区分谁是责任的承担者,谁是权利的享有者;争议不大是指当事人对案件的是非、责任承担以及诉讼标的争执无原则分歧。

第二百五十七条　下列案件,不适用简易程序:

(一)起诉时被告下落不明的;

(二)发回重审的;

(三)当事人一方人数众多的;

(四)适用审判监督程序的;

(五)涉及国家利益、社会公共利益的;

(六)第三人起诉请求改变或者撤销生效判决、裁定、调解书的;

(七)其他不宜适用简易程序的案件。

第二百五十八条　适用简易程序审理的案件,审理期限到期后,双方当事人同意继续适用简易程序的,由本院院长批准,可以延长审理期限。延长后的审理期限累计不得超过六个月。

人民法院发现案情复杂,需要转为普通程序审理的,应当在审理期限届满前作出裁定并将合议庭组成人员及相关事项书面通知双方当事人。

案件转为普通程序审理的,审理期限自人民法院立案之日计算。

第二百五十九条　当事人双方可就开庭方式向人民法院提出申请,由人民法院决定是否准许。经当事人双方同意,可以采用视听传输技术等方式开庭。

第二百六十条　已经按照普通程序审理的案件,在开庭后不得转为简易程序审理。

第二百六十一条 适用简易程序审理案件，人民法院可以采取捎口信、电话、短信、传真、电子邮件等简便方式传唤双方当事人、通知证人和送达裁判文书以外的诉讼文书。

以简便方式送达的开庭通知，未经当事人确认或者没有其他证据证明当事人已经收到的，人民法院不得缺席判决。

适用简易程序审理案件，由审判员独任审判，书记员担任记录。

第二百六十二条 人民法庭制作的判决书、裁定书、调解书，必须加盖基层人民法院印章，不得用人民法庭的印章代替基层人民法院的印章。

第二百六十三条 适用简易程序审理案件，卷宗中应当具备以下材料：

（一）起诉状或者口头起诉笔录；

（二）答辩状或者口头答辩笔录；

（三）当事人身份证明材料；

（四）委托他人代理诉讼的授权委托书或者口头委托笔录；

（五）证据；

（六）询问当事人笔录；

（七）审理（包括调解）笔录；

（八）判决书、裁定书、调解书或者调解协议；

（九）送达和宣判笔录；

（十）执行情况；

（十一）诉讼费收据；

（十二）适用民事诉讼法第一百六十二条规定审理的，有关程序适用的书面告知。

第二百六十四条 当事人双方根据民事诉讼法第一百五十七条第二款规定约定适用简易程序的，应当在开庭前提出。口头提出的，记入笔录，由双方当事人签名或者捺印确认。

本解释第二百五十七条规定的案件，当事人约定适用简易程序的，人民法院不予准许。

第二百六十五条 原告口头起诉的，人民法院应当将当事人的姓名、性别、工作单位、住所、联系方式等基本信息，诉讼请求，事实及理由等准确记入笔录，由原告核对无误后签名或者捺印。对当事人提交的证据材料，应当出具收据。

第二百六十六条 适用简易程序案件的举证期限由人民法院确定，也可以由当事人协商一致并经人民法院准许，但不得超过十五日。被告要求书面答辩的，人民法院可在征得其同意的基础上，合理确定答辩期间。

人民法院应当将举证期限和开庭日期告知双方当事人，并向当事人说明逾期举证以及拒不到庭的法律后果，由双方当事人在笔录和开庭传票的送达回证上签名或者捺印。

当事人双方均表示不需要举证期限、答辩期间的，人民法院可以立即开庭审理或者确定开庭日期。

第二百六十七条 适用简易程序审理案件，可以简便方式进行审理前的准备。

第二百六十八条 对没有委托律师、基层法律服务工作者代理诉讼的当事人，人民法院在庭审过程中可以对回避、自认、举证证明责任等相关内容向其作必要的解释或者说明，并在庭审过程中适当提示当事人正确行使诉讼权利、履行诉讼义务。

第二百六十九条 当事人就案件适用简易程序提出异议，人民法院经审查，异议成立的，裁定转为普通程序；异议不成立的，口头告知当事人，并记入笔录。

转为普通程序的，人民法院应当将合议庭组成人员及相关事项以书面形式通知双方当事人。

转为普通程序前，双方当事人已确认的事实，可以不再进行举证、质证。

第二百七十条 适用简易程序审理的案件，有下列情形之一的，人民法院在制作判决书、裁定书、调解书时，对认定事实或者裁判理由部分可以适当简化：

（一）当事人达成调解协议并需要制作民事调解书的；

（二）一方当事人明确表示承认对方全部或者部分诉讼请求的；

（三）涉及商业秘密、个人隐私的案件，当事人一方要求简化裁判文书中的相关内容，人民法院认为理由正当的；

（四）当事人双方同意简化的。

十二、简易程序中的小额诉讼

第二百七十一条 人民法院审理小额诉讼案件，适用民事诉讼法第一百六十二条的规定，实行一审终审。

第二百七十二条 民事诉讼法第一百六十二条规定的各省、自治区、直辖市上年度就业人员年平均工资，是指已经公布的各省、自治区、直辖市上一年度就业人员年平均工资。在上一年度就业人员年平均工资公布前，以已经公布的最近年度就业人员年平均工资为准。

第二百七十三条 海事法院可以审理海事、海商小额诉讼案件。案件标的额应当以实际受理案件的海事法院或者其派出法庭所在的省、自治区、直辖市上年度就业人员年平均工资百分之三十为限。

第二百七十四条 下列金钱给付的案件，适用小额诉讼程序审理：

（一）买卖合同、借款合同、租赁合同纠纷；

（二）身份关系清楚，仅在给付的数额、时间、方式上存在争议的赡养费、抚育费、扶养费纠纷；

（三）责任明确，仅在给付的数额、时间、方式上存在争议的交通事故损害赔偿和其他人身损害赔偿纠纷；

（四）供用水、电、气、热力合同纠纷；

（五）银行卡纠纷；

（六）劳动关系清楚，仅在劳动报酬、工伤医疗费、经济补偿金或者赔偿金给付数额、时间、方式上存在争议的劳动合同纠纷；

（七）劳务关系清楚，仅在劳务报酬给付数额、时间、方式上存在争议的劳务合同纠纷；

（八）物业、电信等服务合同纠纷；

（九）其他金钱给付纠纷。

第二百七十五条 下列案件，不适用小额诉讼程序审理：

（一）人身关系、财产确权纠纷；

（二）涉外民事纠纷；

（三）知识产权纠纷；

（四）需要评估、鉴定或者对诉前评估、鉴定结果有异议的纠纷；

（五）其他不宜适用一审终审的纠纷。

第二百七十六条 人民法院受理小额诉讼案件，应当向当事人告知该类案件的审判组织、一审终审、审理期限、诉讼费用交纳标准等相关事项。

第二百七十七条 小额诉讼案件的举证期限由人民法院确定，也可以由当事人协商一致并经人民法院准许，但一般不超过七日。

被告要求书面答辩的，人民法院可以在征得其同意的基础上合理确定答辩期间，但最长不得超过十五日。

当事人到庭后表示不需要举证期限和答辩期间的，人民法院可立即开庭审理。

第二百七十八条 当事人对小额诉讼案件提出管辖异议的，人民法院应当作出裁定。裁定一经作出即生效。

第二百七十九条 人民法院受理小额诉讼案件后，发现起诉不符合民事诉讼法第一百一十九条规定的起诉条件的，裁定驳回起诉。裁定一经作出即生效。

第二百八十条 因当事人申请增加或者变更诉讼请求、提出反诉、追加当事人等，致使案件不符合小额诉讼案件条件的，应当适用简易程序的其他规定审理。

前款规定案件，应当适用普通程序审理的，裁定转为普通程序。

适用简易程序的其他规定或者普通程序审理前，双方当事人已确认的事实，可以不再进行举证、质证。

第二百八十一条 当事人对按照小额诉讼案件审理有异议的，应当在开庭前提出。人民法院经审查，异议成立的，适用简易程序的其他规定审理；异议不成立的，告知当事人，并记入笔录。

第二百八十二条 小额诉讼案件的裁判文书可以简化，主要记载当事人基本信息、诉讼请求、裁判主文等内容。

第二百八十三条 人民法院审理小额诉讼案件，本解释没有规定的，适用简易程序的其他规定。

十三、公益诉讼

第二百八十四条 环境保护法、消费者权益保护法等法律规定的机关和有关组织对污染环境、侵害众多消费者合法权益等损害社会公共利益的行为，根据民事诉讼法第五十五条规定提起公益诉讼，符合下列条件的，人民法院应当受理：

（一）有明确的被告；

（二）有具体的诉讼请求；

（三）有社会公共利益受到损害的初步证据；

（四）属于人民法院受理民事诉讼的范围和受诉人民法院管辖。

第二百八十五条 公益诉讼案件由侵权行为地或者被告住所地中级人民法院管辖，但法律、司法解释另有规定的除外。

因污染海洋环境提起的公益诉讼，由污染发生地、损害结果地或者采取预防污染措施地海事法院管辖。

对同一侵权行为分别向两个以上人民法院提起公益诉讼的，由最先立案的人民法院管辖，必要时由它们的共同上级人民法院指定管辖。

第二百八十六条 人民法院受理公益诉讼案件后，应当在十日内书面告知相关行政主管部门。

第二百八十七条 人民法院受理公益诉讼案件后，依法可以提起诉讼的其他机关和有关组织，可以在开庭前向人民法院申请参加诉讼。人民法院准许参加诉讼的，列为共同原告。

第二百八十八条 人民法院受理公益诉讼案件，不影响同一侵权行为的受害人根据民事诉讼法第一百一十九条规定提起诉讼。

第二百八十九条 对公益诉讼案件，当事人可以和解，人民法院可以调解。

当事人达成和解或者调解协议后，人民法院应当将和解或者调解协议进行公告。公告期间不得少于三十日。

公告期满后，人民法院经审查，和解或者调解协议不违反社会公共利益的，应当出具调解书；和解或者调解协议违反社会公共利益的，不予出具调解书，继续对案件进行审理并依法作出裁判。

第二百九十条 公益诉讼案件的原告在法庭辩论终结后申请撤诉的，人民法院不予准许。

第二百九十一条 公益诉讼案件的裁判发生法律效力后，其他依法具有原告资格的机关和有关组织就同一侵权行为另行提起公益诉讼的，人民法院裁定不予受理，但法律、司法解释另有规定的除外。

十四、第三人撤销之诉

第二百九十二条 第三人对已经发生法律效力的判决、裁定、调解书提起撤销之诉的，应当自知道或者应当知道其民事权益受到损害之日起六个月内，向作出生效判决、裁定、调解书的人民法院提出，并应当提供存在下列情形的证据材料：

（一）因不能归责于本人的事由未参加诉讼；

（二）发生法律效力的判决、裁定、调解书的全部或者部分内容错误；

（三）发生法律效力的判决、裁定、调解书内容错误损害其民事权益。

第二百九十三条 人民法院应当在收到起诉状和证据材料之日起五日内送交对方当事人，对方当事人可以自收到起诉状之日起十日内提出书面意见。

人民法院应当对第三人提交的起诉状、证据材料以及对方当事人的书面意见进行审查。必要时，可以询问双方当事人。

经审查，符合起诉条件的，人民法院应当在收到起诉状之日起三十日内立案。不符合起诉条件的，应当在收到起诉状之日起三十日内裁定不予受理。

第二百九十四条 人民法院对第三人撤销之诉案件，应当组成合议庭开庭审理。

第二百九十五条 民事诉讼法第五十六条第三款规定的因不能归责于本人的事由未参加诉讼，是指没有被列为生效判决、裁定、调解书当事人，且无过错或者无明显过错的情形。包括：

（一）不知道诉讼而未参加的；

（二）申请参加未获准许的；

（三）知道诉讼，但因客观原因无法参加的；

（四）因其他不能归责于本人的事由未参加诉讼的。

第二百九十六条 民事诉讼法第五十六条第三款规定的判决、裁定、调解书的部分或者全部内容，是指判决、裁定的主文，调解书中处理当事人民事权利义务的结果。

第二百九十七条 对下列情形提起第三人撤销之诉的，人民法院不予受理：

（一）适用特别程序、督促程序、公示催告程序、破产程序等非讼程序处理的案件；

（二）婚姻无效、撤销或者解除婚姻关系等判决、裁定、调解书中涉及身份关系的内容；

（三）民事诉讼法第五十四条规定的未参加登记的权利人对代表人诉讼案件的生效裁判；

（四）民事诉讼法第五十五条规定的损害社会公共利益行为的受害人对公益诉讼案件的生效裁判。

第二百九十八条 第三人提起撤销之诉，人民法院应当将该第三人列为原告，生效判决、裁定、调解书的当事人列为被告，但生效判决、裁定、调解书中没有承担责任的无独立请求权的第三人列为第三人。

第二百九十九条 受理第三人撤销之诉案件后，原告提供相应担保，请求中止执行的，人民法院可以准许。

第三百条 对第三人撤销或者部分撤销发生法律效力的判决、裁定、调解书内容的请求，人民法院经审理，按下列情形分别处理：

（一）请求成立且确认其民事权利的主张全部或部分成立的，改变原判决、裁定、调解书内容的错误部分；

（二）请求成立，但确认其全部或部分民事权利的主张不成立，或者未提出确认其民事权利请求的，撤销原判决、裁定、调解书内容的错误部分；

（三）请求不成立的，驳回诉讼请求。

对前款规定裁判不服的，当事人可以上诉。

原判决、裁定、调解书的内容未改变或者未撤销的部分继续有效。

第三百零一条 第三人撤销之诉案件审理期间，人民法院对生效判决、裁定、调解书裁定再审的，受理第三人撤销之诉的人民法院应当裁定将第三人的诉讼请求并入再审程序。但有证据证明原审当事人之间恶意串通损害第三人合法权益的，人民法院应当先行审理第三人撤销之诉案件，裁定中止再审诉讼。

第三百零二条 第三人诉讼请求并入再审程序审理的，按照下列情形分别处理：

（一）按照第一审程序审理的，人民法院应当对第三人的诉讼请求一并审理，所作的判决可以上诉；

（二）按照第二审程序审理的，人民法院可以调解，调解达不成协议的，应当裁定撤销原判决、裁定、调解书，发回一审法院重审，重审时应当列明第三人。

第三百零三条 第三人提起撤销之诉后，未中止生效判决、裁定、调解书执行的，执行法院对第三人依照民事诉讼法第二百二十七条规定提出的执行异议，应予审查。第三人不服驳回执行异议裁定，申请对原判决、裁定、调解书再审的，人民法院不予受理。

案外人对人民法院驳回其执行异议裁定不服，认为原判决、裁定、调解书内容错误损害其合法权益的，应当根据民事诉讼法第二百二十七条规定申请再审，提起第三人撤销之诉的，人民法院不予受理。

十五、执行异议之诉

第三百零四条 根据民事诉讼法第二百二十七条规定，案外人、当事人对执行异议裁定不服，自裁定送达之日起十五日内向人民法院提起执行异议之诉的，由执行法院管辖。

第三百零五条 案外人提起执行异议之诉，除符合民事诉讼法第一百一十九条规定外，还应当具备下列条件：

（一）案外人的执行异议申请已经被人民法院裁定驳回；

（二）有明确的排除对执行标的执行的诉讼请求，且诉讼请求与原判决、裁定无关；

（三）自执行异议裁定送达之日起十五日内提起。

人民法院应当在收到起诉状之日起十五日内决定是否立案。

第三百零六条 申请执行人提起执行异议之诉，除符合民事诉讼法第一百一十九条规定外，还应当具备下列条件：

（一）依案外人执行异议申请，人民法院裁定中止执行；

（二）有明确的对执行标的继续执行的诉讼请求，且诉讼请求与原判决、裁定无关；

（三）自执行异议裁定送达之日起十五日内提起。

人民法院应当在收到起诉状之日起十五日内决定是否立案。

第三百零七条 案外人提起执行异议之诉的，以申请执行人为被告。被执行人反对案外人异议的,被执行人为共同被告;被执行人不反对案外人异议的,可以列被执行人为第三人。

第三百零八条 申请执行人提起执行异议之诉的,以案外人为被告。被执行人反对申请执行人主张的,以案外人和被执行人为共同被告;被执行人不反对申请执行人主张的,可以列被执行人为第三人。

第三百零九条 申请执行人对中止执行裁定未提起执行异议之诉,被执行人提起执行异议之诉的,人民法院告知其另行起诉。

第三百一十条 人民法院审理执行异议之诉案件,适用普通程序。

第三百一十一条 案外人或者申请执行人提起执行异议之诉的,案外人应当就其对执行标的享有足以排除强制执行的民事权益承担举证证明责任。

第三百一十二条 对案外人提起的执行异议之诉,人民法院经审理,按照下列情形分别处理:

(一)案外人就执行标的享有足以排除强制执行的民事权益的,判决不得执行该执行标的;

(二)案外人就执行标的不享有足以排除强制执行的民事权益的,判决驳回诉讼请求。

案外人同时提出确认其权利的诉讼请求的,人民法院可以在判决中一并作出裁判。

第三百一十三条 对申请执行人提起的执行异议之诉,人民法院经审理,按照下列情形分别处理:

(一)案外人就执行标的不享有足以排除强制执行的民事权益的,判决准许执行该执行标的;

(二)案外人就执行标的享有足以排除强制执行的民事权益的,判决驳回诉讼请求。

第三百一十四条 对案外人执行异议之诉,人民法院判决不得对执行标的执行的,执行异议裁定失效。

对申请执行人执行异议之诉,人民法院判决准许对该执行标的执行的,执行异议裁定失效,执行法院可以根据申请执行人的申请或者依职权恢复执行。

第三百一十五条 案外人执行异议之诉审理期间,人民法院不得对执行标的进行处分。申请执行人请求人民法院继续执行并提供相应担保的,人民法院可以准许。

被执行人与案外人恶意串通,通过执行异议、执行异议之诉妨害执行的,人民法院应当依照民事诉讼法第一百一十三条规定处理。申请执行人因此受到损害的,可以提起诉讼要求被执行人、案外人赔偿。

第三百一十六条 人民法院对执行标的裁定中止执行后,申请执行人在法律规定的期间内未提起执行异议之诉的,人民法院应当自起诉期限届满之日起七日内解除对该执行标的采取的执行措施。

十六、第二审程序

第三百一十七条 双方当事人和第三人都提起上诉的,均列为上诉人。人民法院可以依职权确定第二审程序中当事人的诉讼地位。

第三百一十八条 民事诉讼法第一百六十六条、第一百六十七条规定的对方当事人包括被上诉人和原审其他当事人。

第三百一十九条 必要共同诉讼人的一人或者部分人提起上诉的,按下列情形分别处理:

(一)上诉仅对与对方当事人之间权利义务分担有意见,不涉及其他共同诉讼人利益的,对方当事人为被上诉人,未上诉的同一方当事人依原审诉讼地位列明;

(二)上诉仅对共同诉讼人之间权利义务分担有意见,不涉及对方当事人利益的,未上诉的同一方当事人为被上诉人,对方当事人依原审诉讼地位列明;

(三)上诉对双方当事人之间以及共同诉讼人之间权利义务承担有意见的,未提起上诉的其他当事人均为被上诉人。

第三百二十条 一审宣判时或者判决书、裁定书送达时,当事人口头表示上诉的,人民法院应告知其必须在法定上诉期间内递交上诉状。未在法定上诉期间内递交上诉状的,视为未提起上诉。虽递交上诉状,但未在指定的期限内交纳上诉费的,按自动撤回上诉处理。

第三百二十一条 无民事行为能力人、限制民事行为能力人的法定代理人,可以代理当事人提起上诉。

第三百二十二条 上诉案件的当事人死亡

或者终止的，人民法院依法通知其权利义务承继者参加诉讼。

需要终结诉讼的，适用民事诉讼法第一百五十一条规定。

第三百二十三条　第二审人民法院应当围绕当事人的上诉请求进行审理。

当事人没有提出请求的，不予审理，但一审判决违反法律禁止性规定，或者损害国家利益、社会公共利益、他人合法权益的除外。

第三百二十四条　开庭审理的上诉案件，第二审人民法院可以依照民事诉讼法第一百三十三条第四项规定进行审理前的准备。

第三百二十五条　下列情形，可以认定为民事诉讼法第一百七十条第一款第四项规定的严重违反法定程序：

（一）审判组织的组成不合法的；

（二）应当回避的审判人员未回避的；

（三）无诉讼行为能力人未经法定代理人代为诉讼的；

（四）违法剥夺当事人辩论权利的。

第三百二十六条　对当事人在第一审程序中已经提出的诉讼请求，原审人民法院未作审理、判决的，第二审人民法院可以根据当事人自愿的原则进行调解；调解不成的，发回重审。

第三百二十七条　必须参加诉讼的当事人或者有独立请求权的第三人，在第一审程序中未参加诉讼，第二审人民法院可以根据当事人自愿的原则予以调解；调解不成的，发回重审。

第三百二十八条　在第二审程序中，原审原告增加独立的诉讼请求或者原审被告提出反诉的，第二审人民法院可以根据当事人自愿的原则就新增加的诉讼请求或者反诉进行调解；调解不成的，告知当事人另行起诉。

双方当事人同意由第二审人民法院一并审理的，第二审人民法院可以一并裁判。

第三百二十九条　一审判决不准离婚的案件，上诉后，第二审人民法院认为应当判决离婚的，可以根据当事人自愿的原则，与子女抚养、财产问题一并调解；调解不成的，发回重审。

双方当事人同意由第二审人民法院一并审理的，第二审人民法院可以一并裁判。

第三百三十条　人民法院依照第二审程序审理案件，认为依法不应由人民法院受理的，可以由第二审人民法院直接裁定撤销原裁判，驳回起诉。

第三百三十一条　人民法院依照第二审程序审理案件，认为第一审人民法院受理案件违反专属管辖规定的，应当裁定撤销原裁判并移送有管辖权的人民法院。

第三百三十二条　第二审人民法院查明第一审人民法院作出的不予受理裁定有错误的，应当在撤销原裁定的同时，指令第一审人民法院立案受理；查明第一审人民法院作出的驳回起诉裁定有错误的，应当在撤销原裁定的同时，指令第一审人民法院审理。

第三百三十三条　第二审人民法院对下列上诉案件，依照民事诉讼法第一百六十九条规定可以不开庭审理：

（一）不服不予受理、管辖权异议和驳回起诉裁定的；

（二）当事人提出的上诉请求明显不能成立的；

（三）原判决、裁定认定事实清楚，但适用法律错误的；

（四）原判决严重违反法定程序，需要发回重审的。

第三百三十四条　原判决、裁定认定事实或者适用法律虽有瑕疵，但裁判结果正确的，第二审人民法院可以在判决、裁定中纠正瑕疵后，依照民事诉讼法第一百七十条第一款第一项规定予以维持。

第三百三十五条　民事诉讼法第一百七十条第一款第三项规定的基本事实，是指用以确定当事人主体资格、案件性质、民事权利义务等对原判决、裁定的结果有实质性影响的事实。

第三百三十六条　在第二审程序中，作为当事人的法人或者其他组织分立的，人民法院可以直接将分立后的法人或者其他组织列为共同诉讼人；合并的，将合并后的法人或者其他组织列为当事人。

第三百三十七条　在第二审程序中，当事人申请撤回上诉，人民法院经审查认为一审判决确有错误，或者当事人之间恶意串通损害国家利益、社会公共利益、他人合法权益的，不应准许。

第三百三十八条　在第二审程序中，原审原告申请撤回起诉，经其他当事人同意，且不损害国家利益、社会公共利益、他人合法权益的，人民法院可以准许。准许撤诉的，应当一并裁定撤销一审裁判。

原审原告在第二审程序中撤回起诉后重复起诉的，人民法院不予受理。

第三百三十九条　当事人在第二审程序中达成和解协议的，人民法院可以根据当事人的请求，对双方达成的和解协议进行审查并制作调解书送达当事人；因和解而申请撤诉，经审查符合撤诉条件的，人民法院应予准许。

第三百四十条　第二审人民法院宣告判决可以自行宣判，也可以委托原审人民法院或者当事人所在地人民法院代行宣判。

第三百四十一条　人民法院审理对裁定的上诉案件，应当在第二审立案之日起三十日内作出终审裁定。有特殊情况需要延长审限的，由本院院长批准。

第三百四十二条　当事人在第一审程序中实施的诉讼行为，在第二审程序中对该当事人仍具有拘束力。

当事人推翻其在第一审程序中实施的诉讼行为时，人民法院应当责令其说明理由。理由不成立的，不予支持。

十七、特别程序

第三百四十三条　宣告失踪或者宣告死亡案件，人民法院可以根据申请人的请求，清理下落不明人的财产，并指定案件审理期间的财产管理人。公告期满后，人民法院判决宣告失踪的，应当同时依照民法通则第二十一条第一款的规定指定失踪人的财产代管人。

第三百四十四条　失踪人的财产代管人经人民法院指定后，代管人申请变更代管的，比照民事诉讼法特别程序的有关规定进行审理。申请理由成立的，裁定撤销申请人的代管人身份，同时另行指定财产代管人；申请理由不成立的，裁定驳回申请。

失踪人的其他利害关系人申请变更代管的，人民法院应当告知其以原指定的代管人为被告起诉，并按普通程序进行审理。

第三百四十五条　人民法院判决宣告公民失踪后，利害关系人向人民法院申请宣告失踪人死亡，自失踪之日起满四年的，人民法院应当受理，宣告失踪的判决即是该公民失踪的证明，审理中仍应依照民事诉讼法第一百八十五条规定进行公告。

第三百四十六条　符合法律规定的多个利害关系人提出宣告失踪、宣告死亡申请的，列为共同申请人。

第三百四十七条　寻找下落不明人的公告应当记载下列内容：

（一）被申请人应当在规定期间内向受理法院申报其具体地址及其联系方式。否则，被申请人将被宣告失踪、宣告死亡；

（二）凡知悉被申请人生存现状的人，应当在公告期间内将其所知道情况向受理法院报告。

第三百四十八条　人民法院受理宣告失踪、宣告死亡案件后，作出判决前，申请人撤回申请的，人民法院应当裁定终结案件，但其他符合法律规定的利害关系人加入程序要求继续审理的除外。

第三百四十九条　在诉讼中，当事人的利害关系人提出该当事人患有精神病，要求宣告该当事人无民事行为能力或者限制民事行为能力的，应由利害关系人向人民法院提出申请，由受诉人民法院按照特别程序立案审理，原诉讼中止。

第三百五十条　认定财产无主案件，公告期间有人对财产提出请求的，人民法院应当裁定终结特别程序，告知申请人另行起诉，适用普通程序审理。

第三百五十一条　被指定的监护人不服指定，应当自接到通知之日起三十日内向人民法院提出异议。经审理，认为指定并无不当的，裁定驳回异议；指定不当的，判决撤销指定，同时另行指定监护人。判决书应当送达异议人、原指定单位及判决指定的监护人。

第三百五十二条　申请认定公民无民事行为能力或者限制民事行为能力的案件，被申请人没有近亲属的，人民法院可以指定其他亲属为代理人。被申请人没有亲属的，人民法院可以指定经被申请人所在单位或者住所地的居民委员会、村民委员会同意，且愿意担任代理人的关系密切的朋友为代理人。

没有前款规定的代理人的，由被申请人所在单位或者住所地的居民委员会、村民委员会或者民政部门担任代理人。

代理人可以是一人，也可以是同一顺序中的两人。

第三百五十三条　申请司法确认调解协议的，双方当事人应当本人或者由符合民事诉讼法第五十八条规定的代理人向调解组织所在地基层人民法院或者人民法庭提出申请。

第三百五十四条　两个以上调解组织参与调解的，各调解组织所在地基层人民法院均有管辖权。

双方当事人可以共同向其中一个调解组织所在地基层人民法院提出申请；双方当事人共同向两个以上调解组织所在地基层人民法院提出申请的，由最先立案的人民法院管辖。

第三百五十五条　当事人申请司法确认调解协议，可以采用书面形式或者口头形式。当事人口头申请的，人民法院应当记入笔录，并由当事人签名、捺印或者盖章。

第三百五十六条　当事人申请司法确认调解协议，应当向人民法院提交调解协议、调解组织主持调解的证明，以及与调解协议相关的财产权利证明等材料，并提供双方当事人的身份、住所、联系方式等基本信息。

当事人未提交上述材料的，人民法院应当要求当事人限期补交。

第三百五十七条　当事人申请司法确认调解协议，有下列情形之一的，人民法院裁定不予受理：

（一）不属于人民法院受理范围的；

（二）不属于收到申请的人民法院管辖的；

（三）申请确认婚姻关系、亲子关系、收养关系等身份关系无效、有效或者解除的；

（四）涉及适用其他特别程序、公示催告程序、破产程序审理的；

（五）调解协议内容涉及物权、知识产权确权的。

人民法院受理申请后，发现有上述不予受理情形的，应当裁定驳回当事人的申请。

第三百五十八条　人民法院审查相关情况时，应当通知双方当事人共同到场对案件进行核实。

人民法院经审查，认为当事人的陈述或者提供的证明材料不充分、不完备或者有疑义的，可以要求当事人限期补充陈述或者补充证明材料。必要时，人民法院可以向调解组织核实有关情况。

第三百五十九条　确认调解协议的裁定作出前，当事人撤回申请的，人民法院可以裁定准许。

当事人无正当理由未在限期内补充陈述、补充证明材料或者拒不接受询问的，人民法院可以按撤回申请处理。

第三百六十条　经审查，调解协议有下列情形之一的，人民法院应当裁定驳回申请：

（一）违反法律强制性规定的；

（二）损害国家利益、社会公共利益、他人合法权益的；

（三）违背公序良俗的；

（四）违反自愿原则的；

（五）内容不明确的；

（六）其他不能进行司法确认的情形。

第三百六十一条　民事诉讼法第一百九十六条规定的担保物权人，包括抵押权人、质权人、留置权人；其他有权请求实现担保物权的人，包括抵押人、出质人、财产被留置的债务人或者所有权人等。

第三百六十二条　实现票据、仓单、提单等有权利凭证的权利质权案件，可以由权利凭证持有人住所地人民法院管辖；无权利凭证的权利质权，由出质登记地人民法院管辖。

第三百六十三条　实现担保物权案件属于海事法院等专门人民法院管辖的，由专门人民法院管辖。

第三百六十四条　同一债权的担保物有多个且所在地不同，申请人分别向有管辖权的人民法院申请实现担保物权的，人民法院应当依法受理。

第三百六十五条　依照物权法第一百七十六条的规定，被担保的债权既有物的担保又有人的担保，当事人对实现担保物权的顺序有约定，实现担保物权的申请违反该约定的，人民法院裁定不予受理;没有约定或者约定不明的,人民法院应当受理。

第三百六十六条 同一财产上设立多个担保物权,登记在先的担保物权尚未实现的,不影响后顺位的担保物权人向人民法院申请实现担保物权。

第三百六十七条 申请实现担保物权,应当提交下列材料:

(一)申请书。申请书应当记明申请人、被申请人的姓名或者名称、联系方式等基本信息,具体的请求和事实、理由;

(二)证明担保物权存在的材料,包括主合同、担保合同、抵押登记证明或者他项权利证书,权利质权的权利凭证或者质权出质登记证明等;

(三)证明实现担保物权条件成就的材料;

(四)担保财产现状的说明;

(五)人民法院认为需要提交的其他材料。

第三百六十八条 人民法院受理申请后,应当在五日内向被申请人送达申请书副本、异议权利告知书等文书。

被申请人有异议的,应当在收到人民法院通知后的五日内向人民法院提出,同时说明理由并提供相应的证据材料。

第三百六十九条 实现担保物权案件可以由审判员一人独任审查。担保财产标的额超过基层人民法院管辖范围的,应当组成合议庭进行审查。

第三百七十条 人民法院审查实现担保物权案件,可以询问申请人、被申请人、利害关系人,必要时可以依职权调查相关事实。

第三百七十一条 人民法院应当就主合同的效力、期限、履行情况,担保物权是否有效设立、担保财产的范围、被担保的债权范围、被担保的债权是否已届清偿期等担保物权实现的条件,以及是否损害他人合法权益等内容进行审查。

被申请人或者利害关系人提出异议的,人民法院应当一并审查。

第三百七十二条 人民法院审查后,按下列情形分别处理:

(一)当事人对实现担保物权无实质性争议且实现担保物权条件成就的,裁定准许拍卖、变卖担保财产;

(二)当事人对实现担保物权有部分实质性争议的,可以就无争议部分裁定准许拍卖、变卖担保财产;

(三)当事人对实现担保物权有实质性争议的,裁定驳回申请,并告知申请人向人民法院提起诉讼。

第三百七十三条 人民法院受理申请后,申请人对担保财产提出保全申请的,可以按照民事诉讼法关于诉讼保全的规定办理。

第三百七十四条 适用特别程序作出的判决、裁定,当事人、利害关系人认为有错误的,可以向作出该判决、裁定的人民法院提出异议。人民法院经审查,异议成立或者部分成立的,作出新的判决、裁定撤销或者改变原判决、裁定;异议不成立的,裁定驳回。

对人民法院作出的确认调解协议、准许实现担保物权的裁定,当事人有异议的,应当自收到裁定之日起十五日内提出;利害关系人有异议的,自知道或者应当知道其民事权益受到侵害之日起六个月内提出。

十八、审判监督程序

第三百七十五条 当事人死亡或者终止的,其权利义务承继者可以根据民事诉讼法第一百九十九条、第二百零一条的规定申请再审。

判决、调解书生效后,当事人将判决、调解书确认的债权转让,债权受让人对该判决、调解书不服申请再审的,人民法院不予受理。

第三百七十六条 民事诉讼法第一百九十九条规定的人数众多的一方当事人,包括公民、法人和其他组织。

民事诉讼法第一百九十九条规定的当事人双方为公民的案件,是指原告和被告均为公民的案件。

第三百七十七条 当事人申请再审,应当提交下列材料:

(一)再审申请书,并按照被申请人和原审其他当事人的人数提交副本;

(二)再审申请人是自然人的,应当提交身份证明;再审申请人是法人或者其他组织的,应当提交营业执照、组织机构代码证书、法定代表人或者主要负责人身份证明书。委托他人代为申请的，应当提交授权委托书和代理人身份证明；

（三）原审判决书、裁定书、调解书；

（四）反映案件基本事实的主要证据及其他材料。

前款第二项、第三项、第四项规定的材料可以是与原件核对无异的复印件。

第三百七十八条　再审申请书应当记明下列事项：

（一）再审申请人与被申请人及原审其他当事人的基本信息；

（二）原审人民法院的名称，原审裁判文书案号；

（三）具体的再审请求；

（四）申请再审的法定情形及具体事实、理由。

再审申请书应当明确申请再审的人民法院，并由再审申请人签名、捺印或者盖章。

第三百七十九条　当事人一方人数众多或者当事人双方为公民的案件，当事人分别向原审人民法院和上一级人民法院申请再审且不能协商一致的，由原审人民法院受理。

第三百八十条　适用特别程序、督促程序、公示催告程序、破产程序等非讼程序审理的案件，当事人不得申请再审。

第三百八十一条　当事人认为发生法律效力的不予受理、驳回起诉的裁定错误的，可以申请再审。

第三百八十二条　当事人就离婚案件中的财产分割问题申请再审，如涉及判决中已分割的财产，人民法院应当依照民事诉讼法第二百条的规定进行审查，符合再审条件的，应当裁定再审；如涉及判决中未作处理的夫妻共同财产，应当告知当事人另行起诉。

第三百八十三条　当事人申请再审，有下列情形之一的，人民法院不予受理：

（一）再审申请被驳回后再次提出申请的；

（二）对再审判决、裁定提出申请的；

（三）在人民检察院对当事人的申请作出不予提出再审检察建议或者抗诉决定后又提出申请的。

前款第一项、第二项规定情形，人民法院应当告知当事人可以向人民检察院申请再审检察建议或者抗诉，但因人民检察院提出再审检察建议或者抗诉而再审作出的判决、裁定除外。

第三百八十四条　当事人对已经发生法律效力的调解书申请再审，应当在调解书发生法律效力后六个月内提出。

第三百八十五条　人民法院应当自收到符合条件的再审申请书等材料之日起五日内向再审申请人发送受理通知书，并向被申请人及原审其他当事人发送应诉通知书、再审申请书副本等材料。

第三百八十六条　人民法院受理申请再审案件后，应当依照民事诉讼法第二百条、第二百零一条、第二百零四条等规定，对当事人主张的再审事由进行审查。

第三百八十七条　再审申请人提供的新的证据，能够证明原判决、裁定认定基本事实或者裁判结果错误的，应当认定为民事诉讼法第二百条第一项规定的情形。

对于符合前款规定的证据，人民法院应当责令再审申请人说明其逾期提供该证据的理由；拒不说明理由或者理由不成立的，依照民事诉讼法第六十五条第二款和本解释第一百零二条的规定处理。

第三百八十八条　再审申请人证明其提交的新的证据符合下列情形之一的，可以认定逾期提供证据的理由成立：

（一）在原审庭审结束前已经存在，因客观原因于庭审结束后才发现的；

（二）在原审庭审结束前已经发现，但因客观原因无法取得或者在规定的期限内不能提供的；

（三）在原审庭审结束后形成，无法据此另行提起诉讼的。

再审申请人提交的证据在原审中已经提供，原审人民法院未组织质证且未作为裁判根据的，视为逾期提供证据的理由成立，但原审人民法院依照民事诉讼法第六十五条规定不予采纳的除外。

第三百八十九条　当事人对原判决、裁定认定事实的主要证据在原审中拒绝发表质证意见或者质证中未对证据发表质证意见的，不属于民事诉讼法第二百条第四项规定的未经质证的情形。

第三百九十条 有下列情形之一，导致判决、裁定结果错误的，应当认定为民事诉讼法第二百条第六项规定的原判决、裁定适用法律确有错误：

(一)适用的法律与案件性质明显不符的；

(二)确定民事责任明显违背当事人约定或者法律规定的；

(三)适用已经失效或者尚未施行的法律的；

(四)违反法律溯及力规定的；

(五)违反法律适用规则的；

(六)明显违背立法原意的。

第三百九十一条 原审开庭过程中有下列情形之一的，应当认定为民事诉讼法第二百条第九项规定的剥夺当事人辩论权利：

(一)不允许当事人发表辩论意见的；

(二)应当开庭审理而未开庭审理的；

(三)违反法律规定送达起诉状副本或者上诉状副本，致使当事人无法行使辩论权利的；

(四)违法剥夺当事人辩论权利的其他情形。

第三百九十二条 民事诉讼法第二百条第十一项规定的诉讼请求，包括一审诉讼请求、二审上诉请求，但当事人未对一审判决、裁定遗漏或者超出诉讼请求提起上诉的除外。

第三百九十三条 民事诉讼法第二百条第十二项规定的法律文书包括：

(一)发生法律效力的判决书、裁定书、调解书；

(二)发生法律效力的仲裁裁决书；

(三)具有强制执行效力的公证债权文书。

第三百九十四条 民事诉讼法第二百条第十三项规定的审判人员审理该案件时有贪污受贿、徇私舞弊、枉法裁判行为，是指已经由生效刑事法律文书或者纪律处分决定所确认的行为。

第三百九十五条 当事人主张的再审事由成立，且符合民事诉讼法和本解释规定的申请再审条件的，人民法院应当裁定再审。

当事人主张的再审事由不成立，或者当事人申请再审超过法定申请再审期限、超出法定再审事由范围等不符合民事诉讼法和本解释规定的申请再审条件的，人民法院应当裁定驳回再审申请。

第三百九十六条 人民法院对已经发生法律效力的判决、裁定、调解书依法决定再审，依照民事诉讼法第二百零六条规定，需要中止执行的，应当在再审裁定中同时写明中止原判决、裁定、调解书的执行；情况紧急的，可以将中止执行裁定口头通知负责执行的人民法院，并在通知后十日内发出裁定书。

第三百九十七条 人民法院根据审查案件的需要决定是否询问当事人。新的证据可能推翻原判决、裁定的，人民法院应当询问当事人。

第三百九十八条 审查再审申请期间，被申请人及原审其他当事人依法提出再审申请的，人民法院应当将其列为再审申请人，对其再审事由一并审查，审查期限重新计算。经审查，其中一方再审申请人主张的再审事由成立的，应当裁定再审。各方再审申请人主张的再审事由均不成立的，一并裁定驳回再审申请。

第三百九十九条 审查再审申请期间，再审申请人申请人民法院委托鉴定、勘验的，人民法院不予准许。

第四百条 审查再审申请期间，再审申请人撤回再审申请的，是否准许，由人民法院裁定。

再审申请人经传票传唤，无正当理由拒不接受询问的，可以按撤回再审申请处理。

第四百零一条 人民法院准许撤回再审申请或者按撤回再审申请处理后，再审申请人再次申请再审的，不予受理，但有民事诉讼法第二百条第一项、第三项、第十二项、第十三项规定情形，自知道或者应当知道之日起六个月内提出的除外。

第四百零二条 再审申请审查期间，有下列情形之一的，裁定终结审查：

(一)再审申请人死亡或者终止，无权利义务承继者或者权利义务承继者声明放弃再审申请的；

(二)在给付之诉中，负有给付义务的被申请人死亡或者终止，无可供执行的财产，也没有应当承担义务的人的；

(三)当事人达成和解协议且已履行完毕的，但当事人在和解协议中声明不放弃申请再审权利的除外；

(四)他人未经授权以当事人名义申请再审的；

（五）原审或者上一级人民法院已经裁定再审的；

（六）有本解释第三百八十三条第一款规定情形的。

第四百零三条 人民法院审理再审案件应当组成合议庭开庭审理，但按照第二审程序审理，有特殊情况或者双方当事人已经通过其他方式充分表达意见，且书面同意不开庭审理的除外。

符合缺席判决条件的，可以缺席判决。

第四百零四条 人民法院开庭审理再审案件，应当按照下列情形分别进行：

（一）因当事人申请再审的，先由再审申请人陈述再审请求及理由，后由被申请人答辩、其他原审当事人发表意见；

（二）因抗诉再审的，先由抗诉机关宣读抗诉书，再由申请抗诉的当事人陈述，后由被申请人答辩、其他原审当事人发表意见；

（三）人民法院依职权再审，有申诉人的，先由申诉人陈述再审请求及理由，后由被申诉人答辩、其他原审当事人发表意见；

（四）人民法院依职权再审，没有申诉人的，先由原审原告或者原审上诉人陈述，后由原审其他当事人发表意见。

对前款第一项至第三项规定的情形，人民法院应当要求当事人明确其再审请求。

第四百零五条 人民法院审理再审案件应当围绕再审请求进行。当事人的再审请求超出原审诉讼请求的，不予审理；符合另案诉讼条件的，告知当事人可以另行起诉。

被申请人及原审其他当事人在庭审辩论结束前提出的再审请求，符合民事诉讼法第二百零五条规定的，人民法院应当一并审理。

人民法院经再审，发现已经发生法律效力的判决、裁定损害国家利益、社会公共利益、他人合法权益的，应当一并审理。

第四百零六条 再审审理期间，有下列情形之一的，可以裁定终结再审程序：

（一）再审申请人在再审期间撤回再审请求，人民法院准许的；

（二）再审申请人经传票传唤，无正当理由拒不到庭的，或者未经法庭许可中途退庭，按撤回再审请求处理的；

（三）人民检察院撤回抗诉的；

（四）有本解释第四百零二条第一项至第四项规定情形的。

因人民检察院提出抗诉裁定再审的案件，申请抗诉的当事人有前款规定的情形，且不损害国家利益、社会公共利益或者他人合法权益的，人民法院应当裁定终结再审程序。

再审程序终结后，人民法院裁定中止执行的原生效判决自动恢复执行。

第四百零七条 人民法院经再审审理认为，原判决、裁定认定事实清楚、适用法律正确的，应予维持；原判决、裁定认定事实、适用法律虽有瑕疵，但裁判结果正确的，应当在再审判决、裁定中纠正瑕疵后予以维持。

原判决、裁定认定事实、适用法律错误，导致裁判结果错误的，应当依法改判、撤销或者变更。

第四百零八条 按照第二审程序再审的案件，人民法院经审理认为不符合民事诉讼法规定的起诉条件或者符合民事诉讼法第一百二十四条规定不予受理情形的，应当裁定撤销一、二审判决，驳回起诉。

第四百零九条 人民法院对调解书裁定再审后，按照下列情形分别处理：

（一）当事人提出的调解违反自愿原则的事由不成立，且调解书的内容不违反法律强制性规定的，裁定驳回再审申请；

（二）人民检察院抗诉或者再审检察建议所主张的损害国家利益、社会公共利益的理由不成立的，裁定终结再审程序。

前款规定情形，人民法院裁定中止执行的调解书需要继续执行的，自动恢复执行。

第四百一十条 一审原告在再审审理程序中申请撤回起诉，经其他当事人同意，且不损害国家利益、社会公共利益、他人合法权益的，人民法院可以准许。裁定准许撤诉的，应当一并撤销原判决。

一审原告在再审审理程序中撤回起诉后重复起诉的，人民法院不予受理。

第四百一十一条 当事人提交新的证据致使再审改判，因再审申请人或者申请检察监督当事人的过错未能在原审程序中及时举证，被申请人等当事人请求补偿其增加的交通、住宿、就餐、误工等必要费用的,人民法院应予支持。

第四百一十二条 部分当事人到庭并达成调解协议,其他当事人未作出书面表示的,人民法院应当在判决中对该事实作出表述;调解协议内容不违反法律规定,且不损害其他当事人合法权益的,可以在判决主文中予以确认。

第四百一十三条 人民检察院依法对损害国家利益、社会公共利益的发生法律效力的判决、裁定、调解书提出抗诉,或者经人民检察院检察委员会讨论决定提出再审检察建议的,人民法院应予受理。

第四百一十四条 人民检察院对已经发生法律效力的判决以及不予受理、驳回起诉的裁定依法提出抗诉的,人民法院应予受理,但适用特别程序、督促程序、公示催告程序、破产程序以及解除婚姻关系的判决、裁定等不适用审判监督程序的判决、裁定除外。

第四百一十五条 人民检察院依照民事诉讼法第二百零九条第一款第三项规定对有明显错误的再审判决、裁定提出抗诉或者再审检察建议的,人民法院应予受理。

第四百一十六条 地方各级人民检察院依当事人的申请对生效判决、裁定向同级人民法院提出再审检察建议,符合下列条件的,应予受理:

(一)再审检察建议书和原审当事人申请书及相关证据材料已经提交;

(二)建议再审的对象为依照民事诉讼法和本解释规定可以进行再审的判决、裁定;

(三)再审检察建议书列明该判决、裁定有民事诉讼法第二百零八条第二款规定情形;

(四)符合民事诉讼法第二百零九条第一款第一项、第二项规定情形;

(五)再审检察建议经该人民检察院检察委员会讨论决定。

不符合前款规定的,人民法院可以建议人民检察院予以补正或者撤回;不予补正或者撤回的,应当函告人民检察院不予受理。

第四百一十七条 人民检察院依当事人的申请对生效判决、裁定提出抗诉,符合下列条件的,人民法院应当在三十日内裁定再审:

(一)抗诉书和原审当事人申请书及相关证据材料已经提交;

(二)抗诉对象为依照民事诉讼法和本解释规定可以进行再审的判决、裁定;

(三)抗诉书列明该判决、裁定有民事诉讼法第二百零八条第一款规定情形;

(四)符合民事诉讼法第二百零九条第一款第一项、第二项规定情形。

不符合前款规定的,人民法院可以建议人民检察院予以补正或者撤回;不予补正或者撤回的,人民法院可以裁定不予受理。

第四百一十八条 当事人的再审申请被上级人民法院裁定驳回后,人民检察院对原判决、裁定、调解书提出抗诉,抗诉事由符合民事诉讼法第二百条第一项至第五项规定情形之一的,受理抗诉的人民法院可以交由下一级人民法院再审。

第四百一十九条 人民法院收到再审检察建议后,应当组成合议庭,在三个月内进行审查,发现原判决、裁定、调解书确有错误,需要再审的,依照民事诉讼法第一百九十八条规定裁定再审,并通知当事人;经审查,决定不予再审的,应当书面回复人民检察院。

第四百二十条 人民法院审理因人民检察院抗诉或者检察建议裁定再审的案件,不受此前已经作出的驳回当事人再审申请裁定的影响。

第四百二十一条 人民法院开庭审理抗诉案件,应当在开庭三日前通知人民检察院、当事人和其他诉讼参与人。同级人民检察院或者提出抗诉的人民检察院应当派员出庭。

人民检察院因履行法律监督职责向当事人或者案外人调查核实的情况,应当向法庭提交并予以说明,由双方当事人进行质证。

第四百二十二条 必须共同进行诉讼的当事人因不能归责于本人或者其诉讼代理人的事由未参加诉讼的,可以根据民事诉讼法第二百条第八项规定,自知道或者应当知道之日起六个月内申请再审,但符合本解释第四百二十三条规定情形的除外。

人民法院因前款规定的当事人申请而裁定再审,按照第一审程序再审的,应当追加其为当事人,作出新的判决、裁定;按照第二审程序再审,经调解不能达成协议的,应当撤销原判决、裁定，发回重审，重审时应追加其为当事人。

第四百二十三条 根据民事诉讼法第二百二十七条规定，案外人对驳回其执行异议的裁定不服，认为原判决、裁定、调解书内容错误损害其民事权益的，可以自执行异议裁定送达之日起六个月内，向作出原判决、裁定、调解书的人民法院申请再审。

第四百二十四条 根据民事诉讼法第二百二十七条规定，人民法院裁定再审后，案外人属于必要的共同诉讼当事人的，依照本解释第四百二十二条第二款规定处理。

案外人不是必要的共同诉讼当事人的，人民法院仅审理原判决、裁定、调解书对其民事权益造成损害的内容。经审理，再审请求成立的，撤销或者改变原判决、裁定、调解书；再审请求不成立的，维持原判决、裁定、调解书。

第四百二十五条 本解释第三百四十条规定适用于审判监督程序。

第四百二十六条 对小额诉讼案件的判决、裁定，当事人以民事诉讼法第二百条规定的事由向原审人民法院申请再审的，人民法院应当受理。申请再审事由成立的，应当裁定再审，组成合议庭进行审理。作出的再审判决、裁定，当事人不得上诉。

当事人以不应按小额诉讼案件审理为由向原审人民法院申请再审的，人民法院应当受理。理由成立的，应当裁定再审，组成合议庭审理。作出的再审判决、裁定，当事人可以上诉。

十九、督 促 程 序

第四百二十七条 两个以上人民法院都有管辖权的，债权人可以向其中一个基层人民法院申请支付令。

债权人向两个以上有管辖权的基层人民法院申请支付令的，由最先立案的人民法院管辖。

第四百二十八条 人民法院收到债权人的支付令申请书后，认为申请书不符合要求的，可以通知债权人限期补正。人民法院应当自收到补正材料之日起五日内通知债权人是否受理。

第四百二十九条 债权人申请支付令，符合下列条件的，基层人民法院应当受理，并在收到支付令申请书后五日内通知债权人：

（一）请求给付金钱或者汇票、本票、支票、股票、债券、国库券、可转让的存款单等有价证券；

（二）请求给付的金钱或者有价证券已到期且数额确定，并写明了请求所根据的事实、证据；

（三）债权人没有对待给付义务；

（四）债务人在我国境内且未下落不明；

（五）支付令能够送达债务人；

（六）收到申请书的人民法院有管辖权；

（七）债权人未向人民法院申请诉前保全。

不符合前款规定的，人民法院应当在收到支付令申请书后五日内通知债权人不予受理。

基层人民法院受理申请支付令案件，不受债权金额的限制。

第四百三十条 人民法院受理申请后，由审判员一人进行审查。经审查，有下列情形之一的，裁定驳回申请：

（一）申请人不具备当事人资格的；

（二）给付金钱或者有价证券的证明文件没有约定逾期给付利息或者违约金、赔偿金，债权人坚持要求给付利息或者违约金、赔偿金的；

（三）要求给付的金钱或者有价证券属于违法所得的；

（四）要求给付的金钱或者有价证券尚未到期或者数额不确定的。

人民法院受理支付令申请后，发现不符合本解释规定的受理条件的，应当在受理之日起十五日内裁定驳回申请。

第四百三十一条 向债务人本人送达支付令，债务人拒绝接收的，人民法院可以留置送达。

第四百三十二条 有下列情形之一的，人民法院应当裁定终结督促程序，已发出支付令的，支付令自行失效：

（一）人民法院受理支付令申请后，债权人就同一债权债务关系又提起诉讼的；

（二）人民法院发出支付令之日起三十日内无法送达债务人的；

（三）债务人收到支付令前，债权人撤回申请的。

第四百三十三条 债务人在收到支付令后，未在法定期间提出书面异议，而向其他人民法院起诉的，不影响支付令的效力。

债务人超过法定期间提出异议的，视为未提

出异议。

第四百三十四条 债权人基于同一债权债务关系,在同一支付令申请中向债务人提出多项支付请求,债务人仅就其中一项或者几项请求提出异议的,不影响其他各项请求的效力。

第四百三十五条 债权人基于同一债权债务关系,就可分之债向多个债务人提出支付请求,多个债务人中的一人或者几人提出异议的,不影响其他请求的效力。

第四百三十六条 对设有担保的债务的主债务人发出的支付令,对担保人没有拘束力。

债权人就担保关系单独提起诉讼的,支付令自人民法院受理案件之日起失效。

第四百三十七条 经形式审查,债务人提出的书面异议有下列情形之一的,应当认定异议成立,裁定终结督促程序,支付令自行失效:

(一)本解释规定的不予受理申请情形的;

(二)本解释规定的裁定驳回申请情形的;

(三)本解释规定的应当裁定终结督促程序情形的;

(四)人民法院对是否符合发出支付令条件产生合理怀疑的。

第四百三十八条 债务人对债务本身没有异议,只是提出缺乏清偿能力、延缓债务清偿期限、变更债务清偿方式等异议的,不影响支付令的效力。

人民法院经审查认为异议不成立的,裁定驳回。

债务人的口头异议无效。

第四百三十九条 人民法院作出终结督促程序或者驳回异议裁定前,债务人请求撤回异议的,应当裁定准许。

债务人对撤回异议反悔的,人民法院不予支持。

第四百四十条 支付令失效后,申请支付令的一方当事人不同意提起诉讼的,应当自收到终结督促程序裁定之日起七日内向受理申请的人民法院提出。

申请支付令的一方当事人不同意提起诉讼的,不影响其向其他有管辖权的人民法院提起诉讼。

第四百四十一条 支付令失效后,申请支付令的一方当事人自收到终结督促程序裁定之日起七日内未向受理申请的人民法院表明不同意提起诉讼的,视为向受理申请的人民法院起诉。

债权人提出支付令申请的时间,即为向人民法院起诉的时间。

第四百四十二条 债权人向人民法院申请执行支付令的期间,适用民事诉讼法第二百三十九条的规定。

第四百四十三条 人民法院院长发现本院已经发生法律效力的支付令确有错误,认为需要撤销的,应当提交本院审判委员会讨论决定后,裁定撤销支付令,驳回债权人的申请。

二十、公示催告程序

第四百四十四条 民事诉讼法第二百一十八条规定的票据持有人,是指票据被盗、遗失或者灭失前的最后持有人。

第四百四十五条 人民法院收到公示催告的申请后,应当立即审查,并决定是否受理。经审查认为符合受理条件的,通知予以受理,并同时通知支付人停止支付;认为不符合受理条件的,七日内裁定驳回申请。

第四百四十六条 因票据丧失,申请公示催告的,人民法院应结合票据存根、丧失票据的复印件、出票人关于签发票据的证明、申请人合法取得票据的证明、银行挂失止付通知书、报案证明等证据,决定是否受理。

第四百四十七条 人民法院依照民事诉讼法第二百一十九条规定发出的受理申请的公告,应当写明下列内容:

(一)公示催告申请人的姓名或者名称;

(二)票据的种类、号码、票面金额、出票人、背书人、持票人、付款期限等事项以及其他可以申请公示催告的权利凭证的种类、号码、权利范围、权利人、义务人、行权日期等事项;

(三)申报权利的期间;

(四)在公示催告期间转让票据等权利凭证,利害关系人不申报的法律后果。

第四百四十八条 公告应当在有关报纸或者其他媒体上刊登,并于同日公布于人民法院公告栏内。人民法院所在地有证券交易所的,还应当同日在该交易所公布。

第四百四十九条　公告期间不得少于六十日,且公示催告期间届满日不得早于票据付款日后十五日。

第四百五十条　在申报期届满后、判决作出之前,利害关系人申报权利的,应当适用民事诉讼法第二百二十一条第二款、第三款规定处理。

第四百五十一条　利害关系人申报权利,人民法院应当通知其向法院出示票据,并通知公示催告申请人在指定的期间查看该票据。公示催告申请人申请公示催告的票据与利害关系人出示的票据不一致的,应当裁定驳回利害关系人的申报。

第四百五十二条　在申报权利的期间无人申报权利,或者申报被驳回的,申请人应当自公示催告期间届满之日起一个月内申请作出判决。逾期不申请判决的,终结公示催告程序。

裁定终结公示催告程序的,应当通知申请人和支付人。

第四百五十三条　判决公告之日起,公示催告申请人有权依据判决向付款人请求付款。

付款人拒绝付款,申请人向人民法院起诉,符合民事诉讼法第一百一十九条规定的起诉条件的,人民法院应予受理。

第四百五十四条　适用公示催告程序审理案件,可由审判员一人独任审理;判决宣告票据无效的,应当组成合议庭审理。

第四百五十五条　公示催告申请人撤回申请,应在公示催告前提出;公示催告期间申请撤回的,人民法院可以径行裁定终结公示催告程序。

第四百五十六条　人民法院依照民事诉讼法第二百二十条规定通知支付人停止支付,应当符合有关财产保全的规定。支付人收到停止支付通知后拒不止付的,除可依照民事诉讼法第一百一十一条、第一百一十四条规定采取强制措施外,在判决后,支付人仍应承担付款义务。

第四百五十七条　人民法院依照民事诉讼法第二百二十一条规定终结公示催告程序后,公示催告申请人或者申报人向人民法院提起诉讼,因票据权利纠纷提起的,由票据支付地或者被告住所地人民法院管辖;因非票据权利纠纷提起的,由被告住所地人民法院管辖。

第四百五十八条　依照民事诉讼法第二百二十一条规定制作的终结公示催告程序的裁定书,由审判员、书记员署名,加盖人民法院印章。

第四百五十九条　依照民事诉讼法第二百二十三条的规定,利害关系人向人民法院起诉的,人民法院可按票据纠纷适用普通程序审理。

第四百六十条　民事诉讼法第二百二十三条规定的正当理由,包括:

(一)因发生意外事件或者不可抗力致使利害关系人无法知道公告事实的;

(二)利害关系人因被限制人身自由而无法知道公告事实,或者虽然知道公告事实,但无法自己或者委托他人代为申报权利的;

(三)不属于法定申请公示催告情形的;

(四)未予公告或者未按法定方式公告的;

(五)其他导致利害关系人在判决作出前未能向人民法院申报权利的客观事由。

第四百六十一条　根据民事诉讼法第二百二十三条的规定,利害关系人请求人民法院撤销除权判决的,应当将申请人列为被告。

利害关系人仅诉请确认其为合法持票人的,人民法院应当在裁判文书中写明,确认利害关系人为票据权利人的判决作出后,除权判决即被撤销。

二十一、执 行 程 序

第四百六十二条　发生法律效力的实现担保物权裁定、确认调解协议裁定、支付令,由作出裁定、支付令的人民法院或者与其同级的被执行财产所在地的人民法院执行。

认定财产无主的判决,由作出判决的人民法院将无主财产收归国家或者集体所有。

第四百六十三条　当事人申请人民法院执行的生效法律文书应当具备下列条件:

(一)权利义务主体明确;

(二)给付内容明确。

法律文书确定继续履行合同的,应当明确继续履行的具体内容。

第四百六十四条　根据民事诉讼法第二百二十七条规定,案外人对执行标的提出异议的,应当在该执行标的的执行程序终结前提出。

第四百六十五条　案外人对执行标的的提出

的异议,经审查,按照下列情形分别处理:

(一)案外人对执行标的不享有足以排除强制执行的权益的,裁定驳回其异议;

(二)案外人对执行标的享有足以排除强制执行的权益的,裁定中止执行。

驳回案外人执行异议裁定送达案外人之日起十五日内,人民法院不得对执行标的进行处分。

第四百六十六条　申请执行人与被执行人达成和解协议后请求中止执行或者撤回执行申请的,人民法院可以裁定中止执行或者终结执行。

第四百六十七条　一方当事人不履行或者不完全履行在执行中双方自愿达成的和解协议,对方当事人申请执行原生效法律文书的,人民法院应当恢复执行,但和解协议已履行的部分应当扣除。和解协议已经履行完毕的,人民法院不予恢复执行。

第四百六十八条　申请恢复执行原生效法律文书,适用民事诉讼法第二百三十九条申请执行期间的规定。申请执行期间因达成执行中的和解协议而中断,其期间自和解协议约定履行期限的最后一日起重新计算。

第四百六十九条　人民法院依照民事诉讼法第二百三十一条规定决定暂缓执行的,如果担保是有期限的,暂缓执行的期限应当与担保期限一致,但最长不得超过一年。被执行人或者担保人对担保的财产在暂缓执行期间有转移、隐藏、变卖、毁损等行为的,人民法院可以恢复强制执行。

第四百七十条　根据民事诉讼法第二百三十一条规定向人民法院提供执行担保的,可以由被执行人或者他人提供财产担保,也可以由他人提供保证。担保人应当具有代为履行或者代为承担赔偿责任的能力。

他人提供执行保证的,应当向执行法院出具保证书,并将保证书副本送交申请执行人。被执行人或者他人提供财产担保的,应当参照物权法、担保法的有关规定办理相应手续。

第四百七十一条　被执行人在人民法院决定暂缓执行的期限届满后仍不履行义务的,人民法院可以直接执行担保财产,或者裁定执行担保人的财产,但执行担保人的财产以担保人应当履行义务部分的财产为限。

第四百七十二条　依照民事诉讼法第二百三十二条规定,执行中作为被执行人的法人或者其他组织分立、合并的,人民法院可以裁定变更后的法人或者其他组织为被执行人;被注销的,如果依照有关实体法的规定有权利义务承受人的,可以裁定该权利义务承受人为被执行人。

第四百七十三条　其他组织在执行中不能履行法律文书确定的义务的,人民法院可以裁定执行对该其他组织依法承担义务的法人或者公民个人的财产。

第四百七十四条　在执行中,作为被执行人的法人或者其他组织名称变更的,人民法院可以裁定变更后的法人或者其他组织为被执行人。

第四百七十五条　作为被执行人的公民死亡,其遗产继承人没有放弃继承的,人民法院可以裁定变更被执行人,由该继承人在遗产的范围内偿还债务。继承人放弃继承的,人民法院可以直接执行被执行人的遗产。

第四百七十六条　法律规定由人民法院执行的其他法律文书执行完毕后,该法律文书被有关机关或者组织依法撤销的,经当事人申请,适用民事诉讼法第二百三十三条规定。

第四百七十七条　仲裁机构裁决的事项,部分有民事诉讼法第二百三十七条第二款、第三款规定情形的,人民法院应当裁定对该部分不予执行。

应当不予执行部分与其他部分不可分的,人民法院应当裁定不予执行仲裁裁决。

第四百七十八条　依照民事诉讼法第二百三十七条第二款、第三款规定,人民法院裁定不予执行仲裁裁决后,当事人对该裁定提出执行异议或者复议的,人民法院不予受理。当事人可以就该民事纠纷重新达成书面仲裁协议申请仲裁,也可以向人民法院起诉。

第四百七十九条　在执行中,被执行人通过仲裁程序将人民法院查封、扣押、冻结的财产确权或者分割给案外人的,不影响人民法院执行程序的进行。

案外人不服的,可以根据民事诉讼法第二百二十七条规定提出异议。

第四百八十条 有下列情形之一的，可以认定为民事诉讼法第二百三十八条第二款规定的公证债权文书确有错误：

（一）公证债权文书属于不得赋予强制执行效力的债权文书的；

（二）被执行人一方未亲自或者未委托代理人到场公证等严重违反法律规定的公证程序的；

（三）公证债权文书的内容与事实不符或者违反法律强制性规定的；

（四）公证债权文书未载明被执行人不履行义务或者不完全履行义务时同意接受强制执行的。

人民法院认定执行该公证债权文书违背社会公共利益的，裁定不予执行。

公证债权文书被裁定不予执行后，当事人、公证事项的利害关系人可以就债权争议提起诉讼。

第四百八十一条 当事人请求不予执行仲裁裁决或者公证债权文书的，应当在执行终结前向执行法院提出。

第四百八十二条 人民法院应当在收到申请执行书或者移交执行书后十日内发出执行通知。

执行通知中除应责令被执行人履行法律文书确定的义务外，还应通知其承担民事诉讼法第二百五十三条规定的迟延履行利息或者迟延履行金。

第四百八十三条 申请执行人超过申请执行时效期间向人民法院申请强制执行的，人民法院应予受理。被执行人对申请执行时效期间提出异议，人民法院经审查异议成立的，裁定不予执行。

被执行人履行全部或者部分义务后，又以不知道申请执行时效期间届满为由请求执行回转的，人民法院不予支持。

第四百八十四条 对必须接受调查询问的被执行人、被执行人的法定代表人、负责人或者实际控制人，经依法传唤无正当理由拒不到场的，人民法院可以拘传其到场。

人民法院应当及时对被拘传人进行调查询问，调查询问的时间不得超过八小时；情况复杂，依法可能采取拘留措施的，调查询问的时间不得超过二十四小时。

人民法院在本辖区以外采取拘传措施时，可以将被拘传人拘传到当地人民法院，当地人民法院应予协助。

第四百八十五条 人民法院有权查询被执行人的身份信息与财产信息，掌握相关信息的单位和个人必须按照协助执行通知书办理。

第四百八十六条 对被执行的财产，人民法院非经查封、扣押、冻结不得处分。对银行存款等各类可以直接扣划的财产，人民法院的扣划裁定同时具有冻结的法律效力。

第四百八十七条 人民法院冻结被执行人的银行存款的期限不得超过一年，查封、扣押动产的期限不得超过两年，查封不动产、冻结其他财产权的期限不得超过三年。

申请执行人申请延长期限的，人民法院应当在查封、扣押、冻结期限届满前办理续行查封、扣押、冻结手续，续行期限不得超过前款规定的期限。

人民法院也可以依职权办理续行查封、扣押、冻结手续。

第四百八十八条 依照民事诉讼法第二百四十七条规定，人民法院在执行中需要拍卖被执行人财产的，可以由人民法院自行组织拍卖，也可以交由具备相应资质的拍卖机构拍卖。

交拍卖机构拍卖的，人民法院应当对拍卖活动进行监督。

第四百八十九条 拍卖评估需要对现场进行检查、勘验的，人民法院应当责令被执行人、协助义务人予以配合。被执行人、协助义务人不予配合的，人民法院可以强制进行。

第四百九十条 人民法院在执行中需要变卖被执行人财产的，可以交有关单位变卖，也可以由人民法院直接变卖。

对变卖的财产，人民法院或者其工作人员不得买受。

第四百九十一条 经申请执行人和被执行人同意，且不损害其他债权人合法权益和社会公共利益的，人民法院可以不经拍卖、变卖，直接将被执行人的财产作价交申请执行人抵偿债务。对剩余债务，被执行人应当继续清偿。

第四百九十二条 被执行人的财产无法拍

卖或者变卖的，经申请执行人同意，且不损害其他债权人合法权益和社会公共利益的，人民法院可以将该项财产作价后交付申请执行人抵偿债务，或者交付申请执行人管理；申请执行人拒绝接收或者管理的，退回被执行人。

第四百九十三条　拍卖成交或者依法定程序裁定以物抵债的，标的物所有权自拍卖成交裁定或者抵债裁定送达买受人或者接受抵债物的债权人时转移。

第四百九十四条　执行标的物为特定物的，应当执行原物。原物确已毁损或者灭失的，经双方当事人同意，可以折价赔偿。

双方当事人对折价赔偿不能协商一致的，人民法院应当终结执行程序。申请执行人可以另行起诉。

第四百九十五条　他人持有法律文书指定交付的财物或者票证，人民法院依照民事诉讼法第二百四十九条第二款、第三款规定发出协助执行通知后，拒不转交的，可以强制执行，并可依照民事诉讼法第一百一十四条、第一百一十五条规定处理。

他人持有期间财物或者票证毁损、灭失的，参照本解释第四百九十四条规定处理。

他人主张合法持有财物或者票证的，可以根据民事诉讼法第二百二十七条规定提出执行异议。

第四百九十六条　在执行中，被执行人隐匿财产、会计账簿等资料的，人民法院除可依照民事诉讼法第一百一十一条第一款第六项规定对其处理外，还应责令被执行人交出隐匿的财产、会计账簿等资料。被执行人拒不交出的，人民法院可以采取搜查措施。

第四百九十七条　搜查人员应当按规定着装并出示搜查令和工作证件。

第四百九十八条　人民法院搜查时禁止无关人员进入搜查现场；搜查对象是公民的，应当通知被执行人或者他的成年家属以及基层组织派员到场；搜查对象是法人或者其他组织的，应当通知法定代表人或者主要负责人到场。拒不到场的，不影响搜查。

搜查妇女身体，应当由女执行人员进行。

第四百九十九条　搜查中发现应当依法采取查封、扣押措施的财产，依照民事诉讼法第二百四十五条第二款和第二百四十七条规定办理。

第五百条　搜查应当制作搜查笔录，由搜查人员、被搜查人及其他在场人签名、捺印或者盖章。拒绝签名、捺印或者盖章的，应当记入搜查笔录。

第五百零一条　人民法院执行被执行人对他人的到期债权，可以作出冻结债权的裁定，并通知该他人向申请执行人履行。

该他人对到期债权有异议，申请执行人请求对异议部分强制执行的，人民法院不予支持。利害关系人对到期债权有异议的，人民法院应当按照民事诉讼法第二百二十七条规定处理。

对生效法律文书确定的到期债权，该他人予以否认的，人民法院不予支持。

第五百零二条　人民法院在执行中需要办理房产证、土地证、林权证、专利证书、商标证书、车船执照等有关财产权证照转移手续的，可以依照民事诉讼法第二百五十一条规定办理。

第五百零三条　被执行人不履行生效法律文书确定的行为义务，该义务可由他人完成的，人民法院可以选定代履行人；法律、行政法规对履行该行为义务有资格限制的，应当从有资格的人中选定。必要时，可以通过招标的方式确定代履行人。

申请执行人可以在符合条件的人中推荐代履行人，也可以申请自己代为履行，是否准许，由人民法院决定。

第五百零四条　代履行费用的数额由人民法院根据案件具体情况确定，并由被执行人在指定期限内预先支付。被执行人未预付的，人民法院可以对该费用强制执行。

代履行结束后，被执行人可以查阅、复制费用清单以及主要凭证。

第五百零五条　被执行人不履行法律文书指定的行为，且该项行为只能由被执行人完成的，人民法院可以依照民事诉讼法第一百一十一条第一款第六项规定处理。

被执行人在人民法院确定的履行期间内仍不履行的，人民法院可以依照民事诉讼法第一百一十一条第一款第六项规定再次处理。

第五百零六条　被执行人迟延履行的，迟延履行期间的利息或者迟延履行金自判决、裁定和其他法律文书指定的履行期间届满之日起计算。

第五百零七条 被执行人未按判决、裁定和其他法律文书指定的期间履行非金钱给付义务的，无论是否已给申请执行人造成损失，都应当支付迟延履行金。已经造成损失的，双倍补偿申请执行人已经受到的损失；没有造成损失的，迟延履行金可以由人民法院根据具体案件情况决定。

第五百零八条 被执行人为公民或者其他组织，在执行程序开始后，被执行人的其他已经取得执行依据的债权人发现被执行人的财产不能清偿所有债权的，可以向人民法院申请参与分配。

对人民法院查封、扣押、冻结的财产有优先权、担保物权的债权人，可以直接申请参与分配，主张优先受偿权。

第五百零九条 申请参与分配，申请人应当提交申请书。申请书应当写明参与分配和被执行人不能清偿所有债权的事实、理由，并附有执行依据。

参与分配申请应当在执行程序开始后，被执行人的财产执行终结前提出。

第五百一十条 参与分配执行中，执行所得价款扣除执行费用，并清偿应当优先受偿的债权后，对于普通债权，原则上按照其占全部申请参与分配债权数额的比例受偿。清偿后的剩余债务，被执行人应当继续清偿。债权人发现被执行人有其他财产的，可以随时请求人民法院执行。

第五百一十一条 多个债权人对执行财产申请参与分配的，执行法院应当制作财产分配方案，并送达各债权人和被执行人。债权人或者被执行人对分配方案有异议的，应当自收到分配方案之日起十五日内向执行法院提出书面异议。

第五百一十二条 债权人或者被执行人对分配方案提出书面异议的，执行法院应当通知未提出异议的债权人、被执行人。

未提出异议的债权人、被执行人自收到通知之日起十五日内未提出反对意见的，执行法院依异议人的意见对分配方案审查修正后进行分配；提出反对意见的，应当通知异议人。异议人可以自收到通知之日起十五日内，以提出反对意见的债权人、被执行人为被告，向执行法院提起诉讼；异议人逾期未提起诉讼的，执行法院按照原分配方案进行分配。

诉讼期间进行分配的，执行法院应当提存与争议债权数额相应的款项。

第五百一十三条 在执行中，作为被执行人的企业法人符合企业破产法第二条第一款规定情形的，执行法院经申请执行人之一或者被执行人同意，应当裁定中止对该被执行人的执行，将执行案件相关材料移送被执行人住所地人民法院。

第五百一十四条 被执行人住所地人民法院应当自收到执行案件相关材料之日起三十日内，将是否受理破产案件的裁定告知执行法院。不予受理的，应当将相关案件材料退回执行法院。

第五百一十五条 被执行人住所地人民法院裁定受理破产案件的，执行法院应当解除对被执行人财产的保全措施。被执行人住所地人民法院裁定宣告被执行人破产的，执行法院应当裁定终结对该被执行人的执行。

被执行人住所地人民法院不受理破产案件的，执行法院应当恢复执行。

第五百一十六条 当事人不同意移送破产或者被执行人住所地人民法院不受理破产案件的，执行法院就执行变价所得财产，在扣除执行费用及清偿优先受偿的债权后，对于普通债权，按照财产保全和执行中查封、扣押、冻结财产的先后顺序清偿。

第五百一十七条 债权人根据民事诉讼法第二百五十四条规定请求人民法院继续执行的，不受民事诉讼法第二百三十九条规定申请执行时效期间的限制。

第五百一十八条 被执行人不履行法律文书确定的义务的，人民法院除对被执行人予以处罚外，还可以根据情节将其纳入失信被执行人名单，将被执行人不履行或者不完全履行义务的信息向其所在单位、征信机构以及其他相关机构通报。

第五百一十九条 经过财产调查未发现可供执行的财产，在申请执行人签字确认或者执行法院组成合议庭审查核实并经院长批准后，可以裁定终结本次执行程序。

依照前款规定终结执行后，申请执行人发现被执行人有可供执行财产的，可以再次申请执行。再次申请不受申请执行时效期间的限制。

第五百二十条 因撤销申请而终结执行后，当事人在民事诉讼法第二百三十九条规定的申请执行时效期间内再次申请执行的，人民法院应当受理。

第五百二十一条 在执行终结六个月内，被执行人或者其他人对已执行的标的有妨害行为的，人民法院可以依申请排除妨害，并可以依照民事诉讼法第一百一十一条规定进行处罚。因妨害行为给执行债权人或者其他人造成损失的，受害人可以另行起诉。

二十二、涉外民事诉讼程序的特别规定

第五百二十二条 有下列情形之一，人民法院可以认定为涉外民事案件：

（一）当事人一方或者双方是外国人、无国籍人、外国企业或者组织的；

（二）当事人一方或者双方的经常居所地在中华人民共和国领域外的；

（三）标的物在中华人民共和国领域外的；

（四）产生、变更或者消灭民事关系的法律事实发生在中华人民共和国领域外的；

（五）可以认定为涉外民事案件的其他情形。

第五百二十三条 外国人参加诉讼，应当向人民法院提交护照等用以证明自己身份的证件。

外国企业或者组织参加诉讼，向人民法院提交的身份证明文件，应当经所在国公证机关公证，并经中华人民共和国驻该国使领馆认证，或者履行中华人民共和国与该所在国订立的有关条约中规定的证明手续。

代表外国企业或者组织参加诉讼的人，应当向人民法院提交其有权作为代表人参加诉讼的证明，该证明应当经所在国公证机关公证，并经中华人民共和国驻该国使领馆认证，或者履行中华人民共和国与该所在国订立的有关条约中规定的证明手续。

本条所称的“所在国”，是指外国企业或者组织的设立登记地国，也可以是办理了营业登记手续的第三国。

第五百二十四条 依照民事诉讼法第二百六十四条以及本解释第五百二十三条规定，需要办理公证、认证手续，而外国当事人所在国与中华人民共和国没有建立外交关系的，可以经该国公证机关公证，经与中华人民共和国有外交关系的第三国驻该国使领馆认证，再转由中华人民共和国驻该第三国使领馆认证。

第五百二十五条 外国人、外国企业或者组织的代表人在人民法院法官的见证下签署授权委托书，委托代理人进行民事诉讼的，人民法院应予认可。

第五百二十六条 外国人、外国企业或者组织的代表人在中华人民共和国境内签署授权委托书，委托代理人进行民事诉讼，经中华人民共和国公证机构公证的，人民法院应予认可。

第五百二十七条 当事人向人民法院提交的书面材料是外文的，应当同时向人民法院提交中文翻译件。

当事人对中文翻译件有异议的，应当共同委托翻译机构提供翻译文本；当事人对翻译机构的选择不能达成一致的，由人民法院确定。

第五百二十八条 涉外民事诉讼中的外籍当事人，可以委托本国人为诉讼代理人，也可以委托本国律师以非律师身份担任诉讼代理人；外国驻华使领馆官员，受本国公民的委托，可以以个人名义担任诉讼代理人，但在诉讼中不享有外交或者领事特权和豁免。

第五百二十九条 涉外民事诉讼中，外国驻华使领馆授权其本馆官员，在作为当事人的本国国民不在中华人民共和国领域内的情况下，可以以外交代表身份为其本国国民在中华人民共和国聘请中华人民共和国律师或者中华人民共和国公民代理民事诉讼。

第五百三十条 涉外民事诉讼中，经调解双方达成协议，应当制发调解书。当事人要求发给判决书的，可以依协议的内容制作判决书送达当事人。

第五百三十一条 涉外合同或者其他财产权益纠纷的当事人，可以书面协议选择被告住所地、合同履行地、合同签订地、原告住所地、标的物所在地、侵权行为地等与争议有实际联系地点的外国法院管辖。

根据民事诉讼法第三十三条和第二百六十六条规定，属于中华人民共和国法院专属管辖的案件，当事人不得协议选择外国法院管辖，但协议选择仲裁的除外。

第五百三十二条 涉外民事案件同时符合下列情形的，人民法院可以裁定驳回原告的起诉，告知其向更方便的外国法院提起诉讼：

（一）被告提出案件应由更方便外国法院管辖的请求，或者提出管辖异议；

（二）当事人之间不存在选择中华人民共和国法院管辖的协议；

（三）案件不属于中华人民共和国法院专属管辖；

（四）案件不涉及中华人民共和国国家、公民、法人或者其他组织的利益；

（五）案件争议的主要事实不是发生在中华人民共和国境内，且案件不适用中华人民共和国法律，人民法院审理案件在认定事实和适用法律方面存在重大困难；

（六）外国法院对案件享有管辖权，且审理该案件更加方便。

第五百三十三条 中华人民共和国法院和外国法院都有管辖权的案件，一方当事人向外国法院起诉，而另一方当事人向中华人民共和国法院起诉的，人民法院可予受理。判决后，外国法院申请或者当事人请求人民法院承认和执行外国法院对本案作出的判决、裁定的，不予准许；但双方共同缔结或者参加的国际条约另有规定的除外。

外国法院判决、裁定已经被人民法院承认，当事人就同一争议向人民法院起诉的，人民法院不予受理。

第五百三十四条 对在中华人民共和国领域内没有住所的当事人，经用公告方式送达诉讼文书，公告期满不应诉，人民法院缺席判决后，仍应当将裁判文书依照民事诉讼法第二百六十七条第八项规定公告送达。自公告送达裁判文书满三个月之日起，经过三十日的上诉期当事人没有上诉的，一审判决即发生法律效力。

第五百三十五条 外国人或者外国企业、组织的代表人、主要负责人在中华人民共和国领域内的，人民法院可以向该自然人或者外国企业、组织的代表人、主要负责人送达。

外国企业、组织的主要负责人包括该企业、组织的董事、监事、高级管理人员等。

第五百三十六条 受送达人所在国允许邮寄送达的，人民法院可以邮寄送达。

邮寄送达时应当附有送达回证。受送达人未在送达回证上签收但在邮件回执上签收的，视为送达，签收日期为送达日期。

自邮寄之日起满三个月，如果未收到送达的证明文件，且根据各种情况不足以认定已经送达的，视为不能用邮寄方式送达。

第五百三十七条 人民法院一审时采取公告方式向当事人送达诉讼文书的，二审时可径行采取公告方式向其送达诉讼文书，但人民法院能够采取公告方式之外的其他方式送达的除外。

第五百三十八条 不服第一审人民法院判决、裁定的上诉期，对在中华人民共和国领域内有住所的当事人，适用民事诉讼法第一百六十四条规定的期限；对在中华人民共和国领域内没有住所的当事人，适用民事诉讼法第二百六十九条规定的期限。当事人的上诉期均已届满没有上诉的，第一审人民法院的判决、裁定即发生法律效力。

第五百三十九条 人民法院对涉外民事案件的当事人申请再审进行审查的期间，不受民事诉讼法第二百零四条规定的限制。

第五百四十条 申请人向人民法院申请执行中华人民共和国涉外仲裁机构的裁决，应当提出书面申请，并附裁决书正本。如申请人为外国当事人，其申请书应当用中文文本提出。

第五百四十一条 人民法院强制执行涉外仲裁机构的仲裁裁决时，被执行人以有民事诉讼法第二百七十四条第一款规定的情形为由提出抗辩的，人民法院应当对被执行人的抗辩进行审查，并根据审查结果裁定执行或者不予执行。

第五百四十二条 依照民事诉讼法第二百七十二条规定，中华人民共和国涉外仲裁机构将当事人的保全申请提交人民法院裁定的，人民法院可以进行审查，裁定是否进行保全。裁定保全的，应当责令申请人提供担保，申请人不提供担保的，裁定驳回申请。

当事人申请证据保全,人民法院经审查认为无需提供担保的,申请人可以不提供担保。

第五百四十三条　申请人向人民法院申请承认和执行外国法院作出的发生法律效力的判决、裁定,应当提交申请书,并附外国法院作出的发生法律效力的判决、裁定正本或者经证明无误的副本以及中文译本。外国法院判决、裁定为缺席判决、裁定的,申请人应当同时提交该外国法院已经合法传唤的证明文件,但判决、裁定已经对此予以明确说明的除外。

中华人民共和国缔结或者参加的国际条约对提交文件有规定的,按照规定办理。

第五百四十四条　当事人向中华人民共和国有管辖权的中级人民法院申请承认和执行外国法院作出的发生法律效力的判决、裁定的,如果该法院所在国与中华人民共和国没有缔结或者共同参加国际条约,也没有互惠关系的,裁定驳回申请,但当事人向人民法院申请承认外国法院作出的发生法律效力的离婚判决的除外。

承认和执行申请被裁定驳回的,当事人可以向人民法院起诉。

第五百四十五条　对临时仲裁庭在中华人民共和国领域外作出的仲裁裁决,一方当事人向人民法院申请承认和执行的,人民法院应当依照民事诉讼法第二百八十三条规定处理。

第五百四十六条　对外国法院作出的发生法律效力的判决、裁定或者外国仲裁裁决,需要中华人民共和国法院执行的,当事人应当先向人民法院申请承认。人民法院经审查,裁定承认后,再根据民事诉讼法第三编的规定予以执行。

当事人仅申请承认而未同时申请执行的,人民法院仅对应否承认进行审查并作出裁定。

第五百四十七条　当事人申请承认和执行外国法院作出的发生法律效力的判决、裁定或者外国仲裁裁决的期间,适用民事诉讼法第二百三十九条的规定。

当事人仅申请承认而未同时申请执行的,申请执行的期间自人民法院对承认申请作出的裁定生效之日起重新计算。

第五百四十八条　承认和执行外国法院作出的发生法律效力的判决、裁定或者外国仲裁裁决的案件,人民法院应当组成合议庭进行审查。

人民法院应当将申请书送达被申请人。被申请人可以陈述意见。

人民法院经审查作出的裁定,一经送达即发生法律效力。

第五百四十九条　与中华人民共和国没有司法协助条约又无互惠关系的国家的法院,未通过外交途径,直接请求人民法院提供司法协助的,人民法院应予退回,并说明理由。

第五百五十条　当事人在中华人民共和国领域外使用中华人民共和国法院的判决书、裁定书,要求中华人民共和国法院证明其法律效力的,或者外国法院要求中华人民共和国法院证明判决书、裁定书的法律效力的,作出判决、裁定的中华人民共和国法院,可以本法院的名义出具证明。

第五百五十一条　人民法院审理涉及香港、澳门特别行政区和台湾地区的民事诉讼案件,可以参照适用涉外民事诉讼程序的特别规定。

二十三、附　　则

第五百五十二条　本解释公布施行后,最高人民法院于1992年7月14日发布的《关于适用〈中华人民共和国民事诉讼法〉若干问题的意见》同时废止;最高人民法院以前发布的司法解释与本解释不一致的,不再适用。

最高人民法院关于适用《中华人民共和国民事诉讼法》若干问题的意见①

(1992年7月14日　法发〔1992〕22号)

为了正确适用《中华人民共和国民事诉讼法》(以下简称民事诉讼法),根据民事诉讼法的规定和审判实践经验,我们提出以下意见,供各级人民法院在审判工作中执行。

---

① 根据法释〔2008〕15号,本意见第136、205、206、240－253、299条已废止;根据法释〔2008〕18号,本意见部分条文已经调整,具体见相关各条的脚注说明。2015年本意见废止。

一、管　　辖

1. 民事诉讼法第十九条第(一)项规定的重大涉外案件，是指争议标的额大，或者案情复杂，或者居住在国外的当事人人数众多的涉外案件。

2. 专利纠纷案件由最高人民法院确定的中级人民法院管辖。

海事、海商案件由海事法院管辖。

3. 各省、自治区、直辖市高级人民法院可以依照民事诉讼法第十九条第(二)项、第二十条的规定，从本地实际情况出发，根据案情繁简、诉讼标的金额大小、在当地的影响等情况，对本辖区内一审案件的级别管辖提出意见，报最高人民法院批准。

4. 公民的住所地是指公民的户籍所在地；法人的住所地是指法人的主要营业地或者主要办事机构所在地。

5. 公民的经常居住地是指公民离开住所地至起诉时已连续居住1年以上的地方。但公民住院就医的地方除外。

6. 被告一方被注销城镇户口的，依照民事诉讼法第二十三条规定确定管辖；双方均被注销城镇户口的，由被告居住地的人民法院管辖。

7. 当事人的户籍迁出后尚未落户，有经常居住地的，由该地人民法院管辖。没有经常居住地，户籍迁出不足1年的，由其原户籍所在地人民法院管辖；超过1年的，由其居住地人民法院管辖。

8. 双方当事人都被监禁或被劳动教养的，由被告原住所地人民法院管辖。被告被监禁或被劳动教养1年以上的，由被告被监禁地或被劳动教养地人民法院管辖。

9. 追索赡养费案件的几个被告住所地不在同一辖区的，可以由原告住所地人民法院管辖。

10. 不服指定监护或变更监护关系的案件，由被监护人住所地人民法院管辖。

11. 非军人对军人提出的离婚诉讼，如果军人一方为非文职军人，由原告住所地人民法院管辖。

离婚诉讼双方当事人都是军人的，由被告住所地或者被告所在的团级以上单位驻地的人民法院管辖。

12. 夫妻一方离开住所地超过1年，另一方起诉离婚的案件，由原告住所地人民法院管辖。夫妻双方离开住所地超过1年，一方起诉离婚的案件，由被告经常居住地人民法院管辖；没有经常居住地的，由原告起诉时居住地的人民法院管辖。

13. 在国内结婚并定居国外的华侨，如定居国法院以离婚诉讼须由婚姻缔结地法院管辖为由不予受理，当事人向人民法院提出离婚诉讼的，由婚姻缔结地或一方在国内的最后居住地人民法院管辖。

14. 在国外结婚并定居国外的华侨，如定居国法院以离婚诉讼须由国籍所属国法院管辖为由不予受理，当事人向人民法院提出离婚诉讼的，由一方原住所地或在国内的最后居住地人民法院管辖。

15. 中国公民一方居住在国外，一方居住在国内，不论哪一方向人民法院提起离婚诉讼，国内一方住所地的人民法院都有权管辖。如国外一方在居住国法院起诉，国内一方向人民法院起诉的，受诉人民法院有权管辖。

16. 中国公民双方在国外但未定居，一方向人民法院起诉离婚的，应由原告或者被告原住所地的人民法院管辖。

17. 对没有办事机构的公民合伙、合伙型联营体提起的诉讼，由被告注册登记地人民法院管辖。没有注册登记，几个被告又不在同一辖区的，被告住所地的人民法院都有管辖权。

18. 因合同纠纷提起的诉讼，如果合同没有实际履行，当事人双方住所地又都不在合同约定的履行地的，应由被告住所地人民法院管辖。

19. 购销、合同的双方当事人在合同中对交货地点有约定的，以约定的交货地点为合同履行地；没有约定的，依交货方式确定合同履行地；采用送货方式的，以货物送达地为合同履行地；采用自提方式的，以提货地为合同履行地；代办托运或按木材、煤炭送货办法送货的，以货物发运地为合同履行地。

购销合同的实际履行地点与合同中约定的交货地点不一致的，以实际履行地点为合同履行地。

20. 加工承揽合同,以加工行为地为合同履行地,但合同中对履行地有约定的除外。

21. 财产租赁合同、融资租赁合同以租赁物使用地为合同履行地,但合同中对履行地有约定的除外。

22. 补偿贸易合同,以接受投资一方主要义务履行地为合同履行地。

23. 民事诉讼法第二十五条规定的书面合同中的协议,是指合同中的协议管辖条款或者诉讼前达成的选择管辖的协议。

24. 合同的双方当事人选择管辖的协议不明确或者选择民事诉讼法第二十五条规定的人民法院中的两个以上人民法院管辖的,选择管辖的协议无效,依照民事诉讼法第二十四条的规定确定管辖。

25. 因保险合同纠纷提起的诉讼,如果保险标的物是运输工具或者运输中的货物,由被告住所地或者运输工具登记注册地、运输目的地、保险事故发生地的人民法院管辖。

26. 民事诉讼法第二十七条规定的票据支付地,是指票据上载明的付款地。票据未载明付款地的,票据付款人(包括代理付款人)的住所地或主营业所所在地为票据付款地。

27. 债权人申请支付令,适用民事诉讼法第二十二条规定,由债务人住所地的基层人民法院管辖。

28. 民事诉讼法第二十九条规定的侵权行为地,包括侵权行为实施地、侵权结果发生地。

29. 因产品质量不合格造成他人财产、人身损害提起的诉讼,产品制造地、产品销售地、侵权行为地和被告住所地的人民法院都有管辖权。

30. 铁路运输合同纠纷及与铁路运输有关的侵权纠纷,由铁路运输法院管辖。

31. 诉前财产保全,由当事人向财产所在地的人民法院申请。

在人民法院采取诉前财产保全后,申请人起诉的,可以向采取诉前财产保全的人民法院或者其他有管辖权的人民法院提起。

32. 当事人申请诉前财产保全后没有在法定的期间起诉,因而给被申请人造成财产损失引起诉讼的,由采取该财产保全措施的人民法院管辖。

33. 两个以上人民法院都有管辖权的诉讼,先立案的人民法院不得将案件移送给另一个有管辖权的人民法院。人民法院在立案前发现其他有管辖权的人民法院已先立案的,不得重复立案;立案后发现其他有管辖权的人民法院已先立案的,裁定将案件移送给先立案的人民法院。

34. 案件受理后,受诉人民法院的管辖权不受当事人住所地、经常居住地变更的影响。

35. 有管辖权的人民法院受理案件后,不得以行政区域变更为由,将案件移送给变更后有管辖权的人民法院。判决后的上诉案件和依审判监督程序提审的案件,由原审人民法院的上级人民法院进行审判;第二审人民法院发回重审或者上级人民法院指令再审的案件,由原审人民法院重审或者再审。

36. 依照民事诉讼法第三十七条第二款规定,发生管辖权争议的两个人民法院因协商不成报请它们的共同上级人民法院指定管辖时,如双方为同属一个地、市辖区的基层人民法院,由该地、市的中级人民法院及时指定管辖;同属一个省、自治区、直辖市的两个人民法院,由该省、自治区、直辖市的高级人民法院及时指定管辖;如双方为跨省、自治区、直辖市的人民法院,高级人民法院协商不成的,由最高人民法院及时指定管辖。

依前款规定报请上级人民法院指定管辖时,应当逐级进行。

37. 上级人民法院依照民事诉讼法第三十七条的规定指定管辖,应书面通知报送的人民法院和被指定的人民法院。报送的人民法院接到通知后,应及时告知当事人。

二、诉讼参加人

38. 法人的正职负责人是法人的法定代表人。没有正职负责人的,由主持工作的副职负责人担任法定代表人。设有董事会的法人,以董事长为法定代表人;没有董事长的法人,经董事会授权的负责人可作为法人的法定代表人。

不具备法人资格的其他组织,以其主要负责人为代表人。

39. 在诉讼中,法人的法定代表人更换的,由新的法定代表人继续进行诉讼,并应向人民法院提交新的法定代表人身份证明书。原法定代表人进行的诉讼行为有效。

本条的规定,适用于其他组织参加的诉讼。

40. 民事诉讼法第四十九条规定的其他组织是指合法成立、有一定的组织机构和财产,但又不具备法人资格的组织,包括:

(1) 依法登记领取营业执照的私营独资企业、合伙组织;

(2) 依法登记领取营业执照的合伙型联营企业;

(3) 依法登记领取我国营业执照的中外合作经营企业、外资企业;

(4) 经民政部门核准登记领取社会团体登记证的社会团体;

(5) 法人依法设立并领取营业执照的分支机构;

(6) 中国人民银行、各专业银行设在各地的分支机构;

(7) 中国人民保险公司设在各地的分支机构;

(8) 经核准登记领取营业执照的乡镇、街道、村办企业;

(9) 符合本条规定条件的其他组织。

41. 法人非依法设立的分支机构,或者虽依法设立,但没有领取营业执照的分支机构,以设立该分支机构的法人为当事人。

42. 法人或者其他组织的工作人员因职务行为或者授权行为发生的诉讼,该法人或其他组织为当事人。

43. 个体工商户、个人合伙或私营企业挂靠集体企业并以集体企业的名义从事生产经营活动的,在诉讼中,该个体工商户、个人合伙或私营企业与其挂靠的集体企业为共同诉讼人。

44. 在诉讼中,一方当事人死亡,有继承人的,裁定中止诉讼。人民法院应及时通知继承人作为当事人承担诉讼,被继承人已经进行的诉讼行为对承担诉讼的继承人有效。

45. 个体工商户、农村承包经营户、合伙组织雇佣的人员在进行雇佣合同规定的生产经营活动中造成他人损害的,其雇主是当事人。

46. 在诉讼中,个体工商户以营业执照上登记的业主为当事人。有字号的,应在法律文书中注明登记的字号。

营业执照上登记的业主与实际经营者不一致的,以业主和实际经营者为共同诉讼人。

47. 个人合伙的全体合伙人在诉讼中为共同诉讼人。个人合伙有依法核准登记的字号的,应在法律文书中注明登记的字号。全体合伙人可以推选代表人;被推选的代表人,应由全体合伙人出具推选书。

48. 当事人之间的纠纷经仲裁机构仲裁或者经人民调解委员会调解,当事人不服仲裁或调解向人民法院提起诉讼的,应以对方当事人为被告。

49. 法人或者其他组织应登记而未登记即以法人或者其他组织名义进行民事活动,或者他人冒用法人、其他组织名义进行民事活动,或者法人或者其他组织依法终止后仍以其名义进行民事活动的,以直接责任人为当事人。

50. 企业法人合并的,因合并前的民事活动发生的纠纷,以合并后的企业为当事人;企业法人分立的,因分立前的民事活动发生的纠纷,以分立后的企业为共同诉讼人。

51. 企业法人未经清算即被撤销,有清算组织的,以该清算组织为当事人;没有清算组织的,以作出撤销决定的机构为当事人。

52. 借用业务介绍信、合同专用章、盖章的空白合同书或者银行账户的,出借单位和借用人为共同诉讼人。

53. 因保证合同纠纷提起的诉讼,债权人向保证人和被保证人一并主张权利的,人民法院应当将保证人和被保证人列为共同被告;债权人仅起诉保证人的,除保证合同明确约定保证人承担连带责任的外,人民法院应当通知被保证人作为共同被告参加诉讼;债权人仅起诉被保证人的,可只列被保证人为被告。

54. 在继承遗产的诉讼中,部分继承人起诉的,人民法院应通知其他继承人作为共同原告参加诉讼;被通知的继承人不愿意参加诉讼又未明确表示放弃实体权利的,人民法院仍应把其列为共同原告。

55. 被代理人和代理人承担连带责任的,为共同诉讼人。

56. 共有财产权受到他人侵害,部分共有权人起诉的，其他共有权人应当列为共同诉讼人。

57. 必须共同进行诉讼的当事人没有参加诉讼的，人民法院应当依照民事诉讼法第一百一十九条的规定，通知其参加；当事人也可以向人民法院申请追加。人民法院对当事人提出的申请，应当进行审查，申请无理的，裁定驳回；申请有理的，书面通知被追加的当事人参加诉讼。

58. 人民法院追加共同诉讼的当事人时，应通知其他当事人。应当追加的原告，已明确表示放弃实体权利的，可不予追加；既不愿意参加诉讼，又不放弃实体权利的，仍追加为共同原告，其不参加诉讼，不影响人民法院对案件的审理和依法作出判决。

59. 民事诉讼法第五十四条和第五十五条规定的当事人一方人数众多，一般指10人以上。

60. 依照民事诉讼法第五十四条规定，当事人一方人数众多在起诉时确定的，可以由全体当事人推选共同的代表人，也可以由部分当事人推选自己的代表人；推选不出代表人的当事人，在必要的共同诉讼中可由自己参加诉讼，在普通的共同诉讼中可以另行起诉。

61. 依照民事诉讼法第五十五条规定，当事人一方人数众多在起诉时不确定的，由当事人推选代表人，当事人推选不出的，可以由人民法院提出人选与当事人协商，协商不成的，也可以由人民法院在起诉的当事人中指定代表人。

62. 民事诉讼法第五十四条和第五十五条规定的代表人为2至5人，每位代表人可以委托1至2人作为诉讼代理人。

63. 依照民事诉讼法第五十五条规定受理的案件，人民法院可以发出公告，通知权利人向人民法院登记。公告期根据具体案件的情况确定，最少不得少于30日。

64. 依照民事诉讼法第五十五条规定向人民法院登记的当事人，应证明其与对方当事人的法律关系和所受到的损害。证明不了的，不予登记，当事人可以另行起诉。人民法院的裁判在登记的范围内执行。未参加登记的权利人在诉讼时效期间内提起诉讼，人民法院认定其请求成立的，裁定适用人民法院已作出的判决、裁定。

65. 依照民事诉讼法第五十六条的规定，有独立请求权的第三人有权向人民法院提出诉讼请求和事实、理由，成为当事人；无独立请求权的第三人，可以申请或者由人民法院通知参加诉讼。

66. 在诉讼中，无独立请求权的第三人有当事人的诉讼权利义务，判决承担民事责任的无独立请求权的第三人有权提出上诉。但该第三人在一审中无权对案件的管辖权提出异议，无权放弃、变更诉讼请求或者申请撤诉。

67. 在诉讼中，无民事行为能力人、限制民事行为能力人的监护人是他的法定代理人。事先没有确定监护人的，可以由有监护资格的人协商确定，协商不成的，由人民法院在他们之间指定诉讼中的法定代理人。当事人没有民法通则第十六条第一、二款或者第十七条第一款规定的监护人的，可以指定该法第十六条第四款或者第十七条第三款规定的有关组织担任诉讼期间的法定代理人。

68. 除律师、当事人的近亲属、有关的社会团体或者当事人所在单位推荐的人之外，当事人还可以委托其他公民为诉讼代理人。但无民事行为能力人、限制民事行为能力人或者可能损害被代理人利益的人以及人民法院认为不宜作诉讼代理人的人，不能作为诉讼代理人。

69. 当事人向人民法院提交的授权委托书，应在开庭审理前送交人民法院。授权委托书仅写“全权代理”而无具体授权的，诉讼代理人无权代为承认、放弃、变更诉讼请求，进行和解，提起反诉或者上诉。

三、证　　据

70. 人民法院收集调查证据，应由两人以上共同进行。调查材料要由调查人、被调查人、记录人签名或盖章。

71. 对当事人提供的证据，人民法院应当出具收据，注明证据的名称、收到的时间、份数和页数，由审判员或书记员签名或盖章。

72. 证据应当在法庭上出示，并经过庭审辩论、质证。依法应当保密的证据，人民法院可视具体情况决定是否在开庭时出示，需要出示的，也不得在公开开庭时出示。

73. 依照民事诉讼法第六十四条第二款规定，由人民法院负责调查收集的证据包括：

（1）当事人及其诉讼代理人因客观原因不能自行收集的；

（2）人民法院认为需要鉴定、勘验的；

（3）当事人提供的证据互相有矛盾、无法认定的；

（4）人民法院认为应当由自己收集的其他证据。

74. 在诉讼中，当事人对自己提出的主张，有责任提供证据。但在下列侵权诉讼中，对原告提出的侵权事实，被告否认的，由被告负责举证：

（1）因产品制造方法发明专利引起的专利侵权诉讼；

（2）高度危险作业致人损害的侵权诉讼；

（3）因环境污染引起的损害赔偿诉讼；

（4）建筑物或者其他设施以及建筑物上的搁置物、悬挂物发生倒塌、脱落、坠落致人损害的侵权诉讼；

（5）饲养动物致人损害的侵权诉讼；

（6）有关法律规定由被告承担举证责任的。

75. 下列事实，当事人无需举证：

（1）一方当事人对另一方当事人陈述的案件事实和提出的诉讼请求，明确表示承认的；

（2）众所周知的事实和自然规律及定理；

（3）根据法律规定或已知事实，能推定出的另一事实；

（4）已为人民法院发生法律效力的裁判所确定的事实；

（5）已为有效公证书所证明的事实。

76. 人民法院对当事人一时不能提交证据的，应根据具体情况，指定其在合理期限内提交。当事人在指定期限内提交确有困难的，应在指定期限届满之前，向人民法院申请延期。延长的期限由人民法院决定。

77. 依照民事诉讼法第六十五条由有关单位向人民法院提出的证明文书，应由单位负责人签名或盖章，并加盖单位印章。

78. 证据材料为复制件，提供人拒不提供原件或原件线索，没有其他材料可以印证，对方当事人又不予承认的，在诉讼中不得作为认定事实的根据。

四、期间和送达

79. 依照民事诉讼法第七十五条第二款规定，民事诉讼中以日计算的各种期间均从次日起算。

80. 民事诉讼法第一百一十二条规定的立案期限，因起诉状内容欠缺令原告补正的，从补正后交人民法院的次日起算。由上级人民法院转交下级人民法院，或者由基层人民法院转交有关人民法院受理的案件，从受诉人民法院或人民法庭收到起诉状的次日起算。

81. 向法人或者其他组织送达诉讼文书，应当由法人的法定代表人、该组织的主要负责人或者办公室、收发室、值班室等负责收件的人签收或盖章，拒绝签收或者盖章的，适用留置送达。

82. 受送达人拒绝接受诉讼文书，有关基层组织或者所在单位的代表及其他见证人不愿在送达回证上签字或盖章的，由送达人在送达回证上记明情况，把送达文书留在受送达人住所，即视为送达。

83. 受送达人有诉讼代理人的，人民法院既可以向受送达人送达，也可以向其诉讼代理人送达。受送达人指定诉讼代理人为代收人的，向诉讼代理人送达时，适用留置送达。

84. 调解书应当直接送达当事人本人，不适用留置送达。当事人本人因故不能签收的，可由其指定的代收人签收。

85. 邮寄送达，应当附有送达回证。挂号信回执上注明的收件日期与送达回证上注明的收件日期不一致的，或者送达回证没有寄回的，以挂号信回执上注明的收件日期为送达日期。

86. 依照民事诉讼法第八十条规定，委托其他人民法院代为送达的，委托法院应当出具委托函，并附需要送达的诉讼文书和送达回证，以受送达人在送达回证上签收的日期为送达日期。

87. 依照民事诉讼法第八十一条和第八十二条规定，诉讼文书交有关单位转交的，以受送达人在送达回证上注明的签收日期为送达日期。

88. 公告送达，可以在法院的公告栏、受送达人原住所地张贴公告，也可以在报纸上刊登公告；对公告送达方式有特殊要求的，应按要求的方式进行公告。公告期满，即视为送达。

89. 公告送达起诉状或上诉状副本的,应说明起诉或上诉要点,受送达人答辩期限及逾期不答辩的法律后果;公告送达传票,应说明出庭地点、时间及逾期不出庭的法律后果;公告送达判决书、裁定书的,应说明裁判主要内容,属于一审的,还应说明上诉权利、上诉期限和上诉的人民法院。

90. 人民法院在定期宣判时,当事人拒不签收判决书、裁定书的,应视为送达,并在宣判笔录中记明。

五、调　　解

91. 人民法院受理案件后,经审查,认为法律关系明确、事实清楚,在征得当事人双方同意后可以径行调解。

92. 人民法院审理民事案件,应当根据自愿和合法的原则进行调解。当事人一方或双方坚持不愿调解的,人民法院应当及时判决。

人民法院审理离婚案件,应当进行调解,但不应久调不决。

93. 人民法院调解案件时,当事人不能出庭的,经其特别授权,可由其委托代理人参加调解,达成的调解协议,可由委托代理人签名。

离婚案件当事人确因特殊情况无法出庭参加调解的,除本人不能表达意志的以外,应当出具书面意见。

94. 无民事行为能力人的离婚案件,由其法定代理人进行诉讼。法定代理人与对方达成协议要求发给判决书的,可根据协议内容制作判决书。

95. 当事人一方拒绝签收调解书的,调解书不发生法律效力,人民法院要及时通知对方当事人。

96. 调解书不能当庭送达双方当事人的,应以后收到调解书的当事人签收的日期为调解书生效日期。

97. 无独立请求权的第三人参加诉讼的案件,人民法院调解时需要确定无独立请求权的第三人承担义务的,应经第三人的同意,调解书应当同时送达第三人。第三人在调解书送达前反悔的,人民法院应当及时判决。

六、财产保全和先予执行

98. 人民法院依照民事诉讼法第九十二条、第九十三条规定,在采取诉前财产保全和诉讼财产保全时责令申请人提供担保的,提供担保的数额应相当于请求保全的数额。

99. 人民法院对季节性商品、鲜活、易腐烂变质以及其他不宜长期保存的物品采取保全措施时,可以责令当事人及时处理,由人民法院保存价款;必要时,人民法院可予以变卖,保存价款。

100. 人民法院在财产保全中采取查封、扣押财产措施时,应当妥善保管被查封、扣押的财产。当事人、负责保管的有关单位或个人以及人民法院都不得使用该项财产。

101. 人民法院对不动产和特定的动产(如车辆、船舶等)进行财产保全,可以采用扣押有关财产权证照并通知有关产权登记部门不予办理该项财产的转移手续的财产保全措施;必要时,也可以查封或扣押该项财产。

102. 人民法院对抵押物、留置物可以采取财产保全措施,但抵押权人、留置权人有优先受偿权。

103. 对当事人不服一审判决提出上诉的案件,在第二审人民法院接到报送的案件之前,当事人有转移、隐匿、出卖或者毁损财产等行为,必须采取财产保全措施的,由第一审人民法院依当事人申请或依职权采取。第一审人民法院制作的财产保全裁定,应及时报送第二审人民法院。

104. 人民法院对债务人到期应得的收益,可以采取财产保全措施,限制其支取,通知有关单位协助执行。

105. 债务人的财产不能满足保全请求,但对第三人有到期债权的,人民法院可以依债权人的申请裁定该第三人不得对本案债务人清偿。该第三人要求偿付的,由人民法院提存财物或价款。

106. 民事诉讼法规定的先予执行,人民法院应当在受理案件后终审判决作出前采取。先予执行应当限于当事人诉讼请求的范围,并以当事人的生活、生产经营的急需为限。

107. 民事诉讼法第九十七条第(三)项规定的紧急情况,包括:

（1）需要立即停止侵害、排除妨碍的；

（2）需要立即制止某项行为的；

（3）需要立即返还用于购置生产原料、生产工具货款的；

（4）追索恢复生产、经营急需的保险理赔费的。

108. 人民法院裁定采取财产保全措施后，除作出保全裁定的人民法院自行解除和其上级人民法院决定解除外，在财产保全期限内，任何单位都不得解除保全措施。

109. 诉讼中的财产保全裁定的效力一般应维持到生效的法律文书执行时止。在诉讼过程中，需要解除保全措施的，人民法院应及时作出裁定，解除保全措施。

110. 对当事人不服财产保全、先予执行裁定提出的复议申请，人民法院应及时审查。裁定正确的，通知驳回当事人的申请；裁定不当的，作出新的裁定变更或者撤销原裁定。

111. 人民法院先予执行后，依发生法律效力的判决，申请人应当返还因先予执行所取得的利益的，适用民事诉讼法第二百一十条的规定。①

七、对妨害民事诉讼的强制措施

112. 民事诉讼法第一百条规定的必须到庭的被告，是指负有赡养、抚育、扶养义务和不到庭就无法查清案情的被告。

给国家、集体或他人造成损害的未成年人的法定代理人，如其必须到庭，经两次传票传唤无正当理由拒不到庭的，也可以适用拘传。

113. 拘传必须用拘传票，并直接送达被拘传人；在拘传前，应向被拘传人说明拒不到庭的后果，经批评教育仍拒不到庭的，可拘传其到庭。

114. 人民法院依照民事诉讼法第一百零一条、第一百零二条的规定，需要对诉讼参与人和其他人采取拘留措施的，应经院长批准，作出拘留决定书，由司法警察将被拘留人送交当地公安机关看管。

115. 被拘留人不在本辖区的，作出拘留决定的人民法院应派员到被拘留人所在地的人民法院，请该院协助执行，受委托的人民法院应及时派员协助执行。被拘留人申请复议或者在拘留期间承认并改正错误，需要提前解除拘留的，受委托人民法院应向委托人民法院转达或者提出建议，由委托人民法院审查决定。

116. 因哄闹、冲击法庭，用暴力、威胁等方法抗拒执行公务等紧急情况，必须立即采取拘留措施的，可在拘留后，立即报告院长补办批准手续。院长认为拘留不当的，应当解除拘留。

117. 被拘留人在拘留期间认错悔改的，可以责令其具结悔过，提前解除拘留。提前解除拘留，应报经院长批准，并作出提前解除拘留决定书，交负责看管的公安机关执行。

118. 民事诉讼法第一百零一条、第一百零二条规定的罚款、拘留可以单独适用，也可以合并适用。

119. 对同一妨害民事诉讼行为的罚款、拘留不得连续适用。但发生了新的妨害民事诉讼的行为，人民法院可以重新予以罚款、拘留。

120. 依照民事诉讼法第一百零六条的规定，人民法院对非法拘禁他人或者非法私自扣押他人财产追索债务的单位和个人予以拘留、罚款的，适用该法第一百零四条和第一百零五条的规定。

121. 被罚款、拘留的人不服罚款、拘留决定申请复议的，上级人民法院应在收到复议申请后5日内作出决定，并将复议结果通知下级人民法院和当事人。

122. 上级人民法院复议时认为强制措施不当，应当制作决定书，撤销或变更下级人民法院的拘留、罚款决定。情况紧急的，可以在口头通知后3日内发出决定书。

123. 当事人有下列情形之一的，可以依照民事诉讼法第一百零二条第一款第（六）项的规定处理：

（1）在法律文书发生法律效力后隐藏、转移、变卖、毁损财产，造成人民法院无法执行的；

（2）以暴力、威胁或者其他方法妨碍或抗拒人民法院执行的；

（3）有履行能力而拒不执行人民法院发生法律效力的判决书、裁定书、调解书和支付令的。

124. 有关单位有下列情形之一的，人民法院

---

① 本条根据法释〔2008〕18号第二条调整。

可以依照民事诉讼法第一百零二条的规定处理:

(1) 擅自转移已被人民法院冻结的存款,或擅自解冻的;

(2) 以暴力、威胁或者其他方法阻碍司法工作人员查询、冻结、划拨银行存款的;

(3) 接到人民法院协助执行通知后,给当事人通风报信,协助其转移、隐匿财产的。

125. 依照民事诉讼法第一百零一条的规定,应当追究有关人员刑事责任的,由审理该案的审判组织直接予以判决;在判决前,应当允许当事人陈述意见或者委托辩护人辩护。

126. 依照民事诉讼法第一百零二条第一款第(六)项的规定,应当追究有关人员刑事责任的,由人民法院刑事审判庭直接受理并予以判决。

127. 依照民事诉讼法第一百零二条第(一)至(五)项和第一百零六条的规定,应当追究有关人员刑事责任的,依照刑事诉讼法的规定办理。

八、诉讼费用

128. 依照民事诉讼法第九十三条的规定向人民法院申请诉前财产保全的,诉讼费用按照《人民法院诉讼收费办法》第八条第(二)项的规定交纳。

129. 依照民事诉讼法第五十五条审理的案件不预交案件受理费,结案后按照诉讼标的额由败诉方交纳。

130. 依照民事诉讼法第五十五条第四款的规定,未参加登记的权利人向人民法院申请执行的,按《人民法院诉讼收费办法》第八条第(一)项的规定交纳申请执行费。

131. 人民法院裁定不予受理的案件,当事人不需交纳诉讼费用。当事人不服裁定上诉的,诉讼费用按照《人民法院诉讼收费办法》第五条第(三)项的规定交纳。

132. 依照民事诉讼法第一百九十一条的规定向人民法院申请支付令的,每件交纳申请费100元。督促程序因债务人异议而终结的,申请费由申请人负担;债务人未提出异议的,申请费由债务人负担。①

133. 督促程序终结后,债权人另行起诉的,按照《人民法院诉讼收费办法》交纳诉讼费用。

134. 依照民事诉讼法第一百九十五条的规定向人民法院申请公示催告的,每件交纳申请费100元。申请费和公告费由申请人负担。②

135. 依照民事诉讼法第一百九十八条、第二百条的规定向人民法院起诉的,按照《人民法院诉讼收费办法》第五条第(四)项的规定交纳案件受理费。③

136. 依照民事诉讼法第一百九十九条的规定,向人民法院申请破产还债的,可不预交案件受理费,破产费用从破产财产中拨付。(本条已废止)

137. 人民法院依职权提起的再审案件和人民检察院抗诉的再审案件,当事人不需交纳诉讼费用。

138. 委托执行,受委托人民法院不得向委托人民法院收取费用。执行中实际支出的费用,按照《人民法院诉讼收费办法》收取。

九、第一审普通程序

139. 起诉不符合受理条件的,人民法院应当裁定不予受理。立案后发现起诉不符合受理条件的,裁定驳回起诉。

不予受理的裁定书由负责审查立案的审判员、书记员署名;驳回起诉的裁定书由负责审理该案的审判员、书记员署名。

140. 当事人在诉状中有谩骂和人身攻击之词,送达副本可能引起矛盾激化,不利于案件解决的,人民法院应当说服其实事求是地修改。坚持不改的,可以送达起诉状副本。

141. 对本院没有管辖权的案件,告知原告向有管辖权的人民法院起诉;原告坚持起诉的,裁定不予受理;立案后发现本院没有管辖权的,应当将案件移送有管辖权的人民法院。

142. 裁定不予受理、驳回起诉的案件,原告再次起诉的,如果符合起诉条件,人民法院应予受理。

143. 原告应当预交而未预交案件受理费,人

---

① 本条根据法释〔2008〕18号第三条调整。

② 本条根据法释〔2008〕18号第四条调整。

③ 本条根据法释〔2008〕18号第五条调整。

民法院应当通知其预交,通知后仍不预交或者申请减、缓、免未获人民法院批准而仍不预交的,裁定按自动撤诉处理。

144. 当事人撤诉或人民法院按撤诉处理后,当事人以同一诉讼请求再次起诉的,人民法院应予受理。

原告撤诉或者按撤诉处理的离婚案件,没有新情况、新理由,6个月内又起诉的,可比照民事诉讼法第一百一十一条第(七)项的规定不予受理。

145. 依照民事诉讼法第一百一十一条第(二)项的规定,当事人在书面合同中订有仲裁条款,或者在发生纠纷后达成书面仲裁协议,一方向人民法院起诉的,人民法院裁定不予受理,告知原告向仲裁机构申请仲裁。但仲裁条款、仲裁协议无效、失效或者内容不明确无法执行的除外。

146. 当事人在仲裁条款或协议中选择的仲裁机构不存在,或者选择裁决的事项超越仲裁机构权限的,人民法院有权依法受理当事人一方的起诉。

147. 因仲裁条款或协议无效、失效或者内容不明确,无法执行而受理的民事诉讼,如果被告一方对人民法院管辖权提出异议的,受诉人民法院应就管辖权作出裁定。

148. 当事人一方向人民法院起诉时未声明有仲裁协议,人民法院受理后,对方当事人又应诉答辩的,视为该人民法院有管辖权。

149. 病员及其亲属对医疗事故技术鉴定委员会作出的医疗事故结论没有意见,仅要求医疗单位就医疗事故赔偿经济损失向人民法院提起诉讼的,应予受理。

150. 判决不准离婚、调解和好的离婚案件以及判决、调解维持收养关系的案件的被告向人民法院起诉的,不受民事诉讼法第一百一十一条第(七)项规定的条件限制。

151. 夫妻一方下落不明,另一方诉至人民法院,只要求离婚,不申请宣告下落不明人失踪或死亡的案件,人民法院应当受理,对下落不明人用公告送达诉讼文书。

152. 赡养费、扶养费、抚育费案件,裁判发生法律效力后,因新情况、新理由,一方当事人再行起诉要求增加或减少费用的,人民法院应作为新案受理。

153. 当事人超过诉讼时效期间起诉的,人民法院应予受理。受理后查明无中止、中断、延长事由的,判决驳回其诉讼请求。

154. 民事诉讼法第六十六条、第一百二十条所指的商业秘密,主要是指技术秘密、商业情报及信息等,如生产工艺、配方、贸易联系、购销渠道等当事人不愿公开的工商业秘密。

155. 人民法院按照普通程序审理案件,应当在开庭3日前用传票传唤当事人。对诉讼代理人、证人、鉴定人、勘验人、翻译人员应当用通知书通知其到庭。当事人或其他诉讼参与人在外地的,应留有必要的在途时间。

156. 在案件受理后,法庭辩论结束前,原告增加诉讼请求,被告提出反诉,第三人提出与本案有关的诉讼请求,可以合并审理的,人民法院应当合并审理。

157. 无民事行为能力人的离婚诉讼,当事人的法定代理人应当到庭;法定代理人不能到庭的,人民法院应当在查清事实的基础上,依法作出判决。

158. 无民事行为能力的当事人的法定代理人,经传票传唤无正当理由拒不到庭的,如属原告方,可以比照民事诉讼法第一百二十九条的规定,按撤诉处理;如属被告方,可以比照民事诉讼法第一百三十条的规定,按缺席判决。

159. 有独立请求权的第三人经人民法院传票传唤,无正当理由拒不到庭的,或者未经法庭许可中途退庭的,可以对该第三人比照民事诉讼法第一百二十九条的规定,按撤诉处理。

160. 有独立请求权的第三人参加诉讼后,原告申请撤诉,人民法院在准许原告撤诉后,有独立请求权的第三人作为另案原告,原案原告、被告作为另案被告,诉讼另行进行。

161. 当事人申请撤诉或者依法可以按撤诉处理的案件,如果当事人有违反法律的行为需要依法处理的,人民法院可以不准撤诉或者不按撤诉处理。

162. 无独立请求权的第三人经人民法院传票传唤,无正当理由拒不到庭的,或者未经法庭许可中途退庭的,不影响案件的审理。人民法院判决承担民事责任的无独立请求权的第三人,有权提起上诉。

163. 一审宣判后,原审人民法院发现判决有错误,当事人在上诉期内提出上诉的,原审人民法院可以提出原判决有错误的意见,报送第二审人民法院,由第二审人民法院按照第二审程序进行审理;当事人不上诉的,按照审判监督程序处理。

164. 民事诉讼法第一百三十五条规定的审限,是指从立案的次日起至裁判宣告、调解书送达之日止的期间,但公告期间、鉴定期间、审理当事人提出的管辖权异议以及处理人民法院之间的管辖争议期间不应计算在内。

165. 一审判决书和可以上诉的裁定书不能同时送达双方当事人的,上诉期从各自收到判决书、裁定书的次日起计算。

166. 民事诉讼法第一百四十条第一款第(七)项中的笔误是指法律文书误写、误算,诉讼费用漏写、误算和其他笔误。

167. 裁定中止诉讼的原因消除,恢复诉讼程序时,不必撤销原裁定,从人民法院通知或准许当事人双方继续进行诉讼时起,中止诉讼的裁定即失去效力。

十、简 易 程 序

168. 民事诉讼法第一百四十二条规定的简单民事案件中的"事实清楚",是指当事人双方对争议的事实陈述基本一致,并能提供可靠的证据,无须人民法院调查收集证据即可判明事实、分清是非;"权利义务关系明确",是指谁是责任的承担者,谁是权利的享有者,关系明确;"争议不大",是指当事人对案件的是非、责任以及诉讼标的争执无原则分歧。

169. 起诉时被告下落不明的案件,不得适用简易程序审理。

170. 适用简易程序审理的案件,审理期限不得延长。在审理过程中,发现案情复杂,需要转为普通程序审理的,可以转为普通程序,由合议庭进行审理,并及时通知双方当事人。审理期限从立案的次日起计算。

171. 已经按照普通程序审理的案件,在审理过程中无论是否发生了情况变化,都不得改用简易程序审理。

172. 适用简易程序审理案件,人民法院应当将起诉内容,用口头或书面方式告知被告,用口头或者其他简便方式传唤当事人、证人,由审判员独任审判,书记员担任记录,不得自审自记。判决结案的,应当依照民事诉讼法第一百三十四条的规定公开宣判。

173. 人民法庭制作的判决书、裁定书、调解书,必须加盖基层人民法院印章,不得用人民法庭的印章代替基层人民法院的印章。

174. 发回重审和按照审判监督程序再审的案件,不得适用简易程序审理。

175. 适用简易程序审理案件,卷宗中应当具备以下材料:(1)诉状或者口头起诉笔录;(2)答辩状或者口头答辩笔录;(3)委托他人代理诉讼的要有授权委托书;(4)必要的证据;(5)询问当事人笔录;(6)审理(包括调解)笔录;(7)判决书、调解书、裁定书,或者调解协议;(8)送达和宣判笔录;(9)执行情况;(10)诉讼费收据。

十一、第二审程序

176. 双方当事人和第三人都提出上诉的,均为上诉人。

177. 必要共同诉讼人中的一人或者部分人提出上诉的,按下列情况处理:

(1) 该上诉是对与对方当事人之间权利义务分担有意见,不涉及其他共同诉讼人利益的,对方当事人为被上诉人,未上诉的同一方当事人依原审诉讼地位列明;

(2) 该上诉仅对共同诉讼人之间权利义务分担有意见,不涉及对方当事人利益的,未上诉的同一方当事人为被上诉人,对方当事人依原审诉讼地位列明;

(3) 该上诉对双方当事人之间以及共同诉讼人之间权利义务承担有意见的,未提出上诉的其他当事人均为被上诉人。

178. 一审宣判时或判决书、裁定书送达时,当事人口头表示上诉的,人民法院应告知其必须在法定上诉期间内提出上诉状。未在法定上诉期间内递交上诉状的,视为未提出上诉。

179. 无民事行为能力人、限制民事行为能力人的法定代理人,可以代理当事人提起上诉。

180. 第二审人民法院依照民事诉讼法第一百五十一条的规定,对上诉人上诉请求的有关事实和适用法律进行审查时,如果发现在上诉请求以外原判确有错误的,也应予以纠正。

181. 第二审人民法院发现第一审人民法院有下列违反法定程序的情形之一,可能影响案件正确判决的,应依照民事诉讼法第一百五十三条第一款第(四)项的规定,裁定撤销原判,发回原审人民法院重审:

(1) 审理本案的审判人员、书记员应当回避未回避的;

(2) 未经开庭审理而作出判决的;

(3) 适用普通程序审理的案件当事人未经传票传唤而缺席判决的;

(4) 其他严重违反法定程序的。

182. 对当事人在一审中已经提出的诉讼请求,原审人民法院未作审理、判决的,第二审人民法院可以根据当事人自愿的原则进行调解,调解不成的,发回重审。

183. 必须参加诉讼的当事人在一审中未参加诉讼,第二审人民法院可以根据当事人自愿的原则予以调解,调解不成的,发回重审。发回重审的裁定书不列应当追加的当事人。

184. 在第二审程序中,原审原告增加独立的诉讼请求或原审被告提出反诉的,第二审人民法院可以根据当事人自愿的原则就新增加的诉讼请求或反诉进行调解,调解不成的,告知当事人另行起诉。

185. 一审判决不准离婚的案件,上诉后,第二审人民法院认为应当判决离婚的,可以根据当事人自愿的原则,与子女抚养、财产问题一并调解,调解不成的,发回重审。

186. 人民法院依照第二审程序审理的案件,认为依法不应由人民法院受理的,可以由第二审人民法院直接裁定撤销原判,驳回起诉。

187. 第二审人民法院查明第一审人民法院作出的不予受理裁定有错误的,应在撤销原裁定的同时,指令第一审人民法院立案受理;查明第一审人民法院作出的驳回起诉裁定有错误的,应在撤销原裁定的同时,指令第一审人民法院进行审理。

188. 第二审人民法院对下列上诉案件,可以依照民事诉讼法第一百五十二条的规定径行判决、裁定:

(1) 一审就不予受理、驳回起诉和管辖权异议作出裁定的案件;

(2) 当事人提出的上诉请求明显不能成立的案件;

(3) 原审裁判认定事实清楚,但适用法律错误的案件;

(4) 原判决违反法定程序,可能影响案件正确判决,需要发回重审的案件。

189. 在第二审程序中,作为当事人的法人或者其他组织分立的,人民法院可以直接将分立后的法人或者其他组织列为共同诉讼人;合并的,将合并后的法人或者其他组织列为当事人。不必将案件发还原审人民法院重审。

190. 在第二审程序中,当事人申请撤回上诉,人民法院经审查认为一审判决确有错误,或者双方当事人串通损害国家和集体利益、社会公共利益及他人合法权益的,不应准许。

191. 当事人在二审中达成和解协议的,人民法院可以根据当事人的请求,对双方达成的和解协议进行审查并制作调解书送达当事人;因和解而申请撤诉,经审查符合撤诉条件的,人民法院应予准许。

192. 第二审人民法院宣告判决可以自行宣判,也可以委托原审人民法院或者当事人所在地人民法院代行宣判。

十二、特别程序

193. 在诉讼中,当事人的利害关系人提出该当事人患有精神病,要求宣告该当事人无民事行为能力或限制民事行为能力的,应由利害关系人向人民法院提出申请,由受诉人民法院按照特别程序立案审理,原诉讼中止。

194. 宣告失踪或宣告死亡案件,人民法院可以根据申请人的请求,清理下落不明人的财产,指定诉讼期间的财产管理人。公告期满后,人民法院判决宣告失踪的,应同时依照民法通则第二十一条第一款的规定指定失踪人的财产代管人。

195. 失踪人的财产代管人经人民法院指定后,代管人申请变更代管的,比照民事诉讼法特别程序的有关规定进行审理。申请有理的,裁定撤销申请人的代管人身份,同时另行指定财产代管人;申请无理的,裁定驳回申请。失踪人的其他利害关系人申请变更代管的,人民法院应告知其以原指定的代管人为被告起诉,并按普通程序进行审理。

196. 人民法院判决宣告公民失踪后,利害关系人向人民法院申请宣告失踪人死亡,从失踪的次日起满4年的,人民法院应当受理,宣告失踪的判决即是该公民失踪的证明,审理中仍应依照民事诉讼法第一百六十八条的规定进行公告。

197. 认定财产无主案件,公告期间有人对财产提出请求,人民法院应裁定终结特别程序,告知申请人另行起诉,适用普通程序审理。

198. 被指定的监护人不服指定,应当在接到通知的次日起30日内向人民法院起诉。经审理,认为指定并无不当的,裁定驳回起诉;指定不当的,判决撤销指定,同时另行指定监护人。判决书应送达起诉人、原指定单位及判决指定的监护人。

十三、审判监督程序

199. 各级人民法院院长对本院已经发生法律效力的判决、裁定,发现确有错误,经审判委员会讨论决定再审的,应当裁定中止原判决、裁定的执行。

200. 最高人民法院对地方各级人民法院已经发生法律效力的判决、裁定,上级人民法院对下级人民法院已经发生法律效力的判决、裁定,如果发现确有错误,应在提审或者指令下级人民法院再审的裁定中同时写明中止原判决、裁定的执行;情况紧急的,可以将中止执行的裁定口头通知负责执行的人民法院,但应在口头通知后10日内发出裁定书。

201. 按审判监督程序决定再审或提审的案件,由再审或提审的人民法院在作出新的判决、裁定中确定是否撤销、改变或者维持原判决、裁定;达成调解协议的,调解书送达后,原判决、裁定即视为撤销。

202. 由第二审人民法院判决、裁定的案件,上级人民法院需要指令再审的,应当指令第二审人民法院再审。

203. 无民事行为能力人、限制民事行为能力人的法定代理人,可以代理当事人提出再审申请。

204. 当事人对已经发生法律效力的调解书申请再审,适用民事诉讼法第一百八十四条的规定,应在该调解书发生法律效力后2年内提出。①

205. 当事人可以向原审人民法院申请再审,也可以向上一级人民法院申请再审。向上一级人民法院申请再审的,上级人民法院经审查认为符合民事诉讼法第一百七十九条规定条件的,可以指令下级人民法院再审,也可以提审。(本条已废止)

206. 人民法院接到当事人的再审申请后,应当进行审查。认为符合民事诉讼法第一百七十九条规定的,应当在立案后裁定中止原判决的执行,并及时通知双方当事人;认为不符合第一百七十九条规定的,用通知书驳回申请。(本条已废止)

207. 按照督促程序、公示催告程序、企业法人破产还债程序审理的案件以及依照审判监督程序审理后维持原判的案件,当事人不得申请再审。

208. 对不予受理、驳回起诉的裁定,当事人可以申请再审。

209. 当事人就离婚案件中的财产分割问题申请再审的,如涉及判决中已分割的财产,人民法院应依照民事诉讼法第一百七十九条的规定进行审查,符合再审条件的,应立案审理;如涉及判决中未作处理的夫妻共同财产,应告知当事人另行起诉。

210. 人民法院提审或按照第二审程序再审的案件,在审理中发现原一、二审判决违反法定程序的,可分别情况处理:

(1)认为不符合民事诉讼法规定的受理条件的,裁定撤销一、二审判决,驳回起诉。

(2)具有本意见第一百八十一条规定的违反法定程序的情况,可能影响案件正确判决、裁定的,裁定撤销一、二审判决,发回原审人民法院重审。

---

① 本条根据法释[2008]18号第六条调整。

211. 依照审判监督程序再审的案件，人民法院发现原一、二审判决遗漏了应当参加的当事人的，可以根据当事人自愿的原则予以调解，调解不成的，裁定撤销一、二审判决，发回原审人民法院重审。

212. 民事诉讼法第一百八十四条中的2年为不变期间，自判决、裁定发生法律效力次日起计算。①

213. 再审案件按照第一审程序或者第二审程序审理的，适用民事诉讼法第一百三十五条、第一百五十九条规定的审限。审限自决定再审的次日起计算。

214. 本意见第一百九十二条的规定适用于审判监督程序。

十四、督促程序

215. 债权人向人民法院申请支付令，符合下列条件下，人民法院应予受理，并在收到申请后5日内通知债权人：

（1）请求给付金钱或汇票、本票、支票以及股票、债券、国库券、可转让的存款单等有价证券的；

（2）请求给付的金钱或者有价证券已到期且数额确定，并写明了请求所根据的事实、证据的；

（3）债权人没有对待给付义务的；

（4）支付令能够送达债务人的。

不符合上述条件的，通知不予受理。

216. 人民法院受理申请后，由审判员一人进行审查。经审查申请不成立的，应当在15日内裁定驳回申请，该裁定不得上诉。

217. 在人民法院发出支付令前，申请人撤回申请的，应当裁定终结督促程序。

218. 债务人不在我国境内的，或者虽在我国境内但下落不明的，不适用督促程序。

219. 支付令应记明以下事项：

（1）债权人、债务人姓名或名称等基本情况；

（2）债务人应当给付的金钱、有价证券的种类、数量；

（3）清偿债务或者提出异议的期限；

（4）债务人在法定期间不提出异议的法律后果。

支付令由审判员、书记员署名，加盖人民法院印章。

220. 向债务人本人送达支付令，债务人拒绝接收的，人民法院可以留置送达。

221. 依照民事诉讼法第一百九十四条的规定，债务人在法定期间提出书面异议的，人民法院无须审查异议是否有理由，应当直接裁定终结督促程序。债务人对债务本身没有异议，只是提出缺乏清偿能力的，不影响支付令的效力。

债务人的口头异议无效。②（本款已删除）

222. 民事诉讼法第一百九十三条驳回支付令申请的裁定书和第一百九十四条终结督促程序的裁定书，由审判员、书记员署名，加盖人民法院印章。③

223. 债务人在收到支付令后，不在法定期间提出书面异议，而向其他人民法院起诉的，不影响支付令的效力。

224. 督促程序终结后，债权人起诉的，由有管辖权的人民法院受理。

225. 债权人向人民法院申请执行支付令的期限，适用民事诉讼法第二百一十五条的规定。④

十五、公示催告程序

226. 民事诉讼法第一百九十五条规定的票据持有人，是指票据被盗、遗失或者灭失前的最后持有人。⑤

227. 人民法院收到公示催告的申请后，应当立即审查，并决定是否受理。经审查认为符合受理条件的，通知予以受理，并同时通知支付人停止支付；认为不符合受理条件的，7日内裁定驳回申请。

228. 人民法院依照民事诉讼法第一百九十六条规定发出的受理申请的公告，应写明以下内容：

---

① 本条根据法释〔2008〕18号第七条调整。

② 本条根据法释〔2008〕18号第八条调整。

③ 本条根据法释〔2008〕18号第九条调整。

④ 本条根据法释〔2008〕18号第十条调整。

⑤ 本条根据法释〔2008〕18号第十一条调整。

（1）公示催告申请人的姓名或名称；

（2）票据的种类、票面金额、发票人、持票人、背书人等；

（3）申报权利的期间；

（4）在公示催告期间转让票据权利、利害关系人不申报的法律后果。①

229. 公告应张贴于人民法院公告栏内，并在有关报纸或其他宣传媒介上刊登；人民法院所在地有证券交易所的，还应张贴于该交易所。

230. 利害关系人在公示催告期间向人民法院申报权利的，人民法院应当裁定终结公示催告程序。利害关系人在申报期届满后，判决作出之前申报权利的，同样应裁定终结公示催告程序。

231. 利害关系人申报权利，人民法院应通知其向法院出示票据，并通知公示催告申请人在指定的期间察看该票据。公示催告申请人申请公示催告的票据与利害关系人出示的票据不一致的，人民法院应当裁定驳回利害关系人的申报。

232. 在申报权利的期间没有人申报的，或者申报被驳回的，公示催告申请人应自申报权利期间届满的次日起 1 个月内申请人民法院作出判决。逾期不申请判决的，终结公示催告程序。

233. 判决生效后，公示催告申请人有权依据判决向付款人请求付款。

234. 适用公示催告程序审理案件，可由审判员一人独任审理；判决宣告票据无效的，应当组成合议庭审理。

235. 公示催告申请人撤回申请，应在公示催告前提出；公示催告期间申请撤回的，人民法院可以径行裁定终结公示催告程序。

236. 人民法院依照民事诉讼法第一百九十六条规定通知支付人停止支付，应符合有关财产保全的规定。支付人收到停止支付通知后拒不止付的，除可依照民事诉讼法第一百零二条、第一百零三条规定采取强制措施外，在判决后，支付人仍应承担支付义务。②

237. 人民法院依据民事诉讼法第一百九十八条规定终结公示催告程序后，公示催告申请人或者申报人向人民法院提起诉讼的，依照民事诉讼法第二十七条的规定确定管辖。③

238. 民事诉讼法第一百九十八条终结公示催告程序的裁定书，由审判员、书记员署名，加盖人民法院印章。④

239. 依照民事诉讼法第二百条的规定，利害关系人向人民法院起诉的，人民法院可按票据纠纷适用普通程序审理。⑤

十六、企业法人破产还债程序

（本部分条文已废止）

240. 具有法人资格的集体企业、联营企业、私人企业以及设在中国领域内的中外合资经营企业、中外合作经营企业和外资企业等，适用企业法人破产还债程序。

联营企业中的联营各方均为全民所有制企业的，该联营企业的破产不适用企业法人破产还债程序。

241. 债权人就其抵押物或者其他担保物享有优先受偿权。抵押权人或者其他担保物权人在破产还债案件受理后至破产宣告前请求优先受偿的，应经人民法院准许。

抵押物或者其他担保物的价款不足其所担保的债务数额的，其差额部分列为破产债权。

242. 人民法院受理破产案件后，应当组成合议庭进行审理。

243. 人民法院依照民事诉讼法第二百条发出的破产公告，应当在报纸上刊登，公告中应当写明下列内容：

（1）立案时间；

（2）破产案件的债务人；

（3）申报债权的期限、地点和逾期未报的法律后果；

（4）第一次债权人会议召开的日期、地点。

244. 人民法院受理破产申请后，对债务人的其他民事执行程序、财产保全程序必须中止。

245. 人民法院受理破产案件后，应当及时通知债务人的开户银行停止办理债务人的结算业务。开户银行支付维持债务人正常生产经营所必需的费用，应经人民法院许可。

---

① 本条根据法释〔2008〕18 号第十二条调整。

② 本条根据法释〔2008〕18 号第十三条调整。

③ 本条根据法释〔2008〕18 号第十四条调整。

④ 本条根据法释〔2008〕18 号第十五条调整。

⑤ 本条根据法释〔2008〕18 号第十六条调整。

246. 依照民事诉讼法第二百零一条的规定，人民法院组织成立破产清算组织的，破产财产处理和分配方案由破产清算组织提出，经债权人会议讨论通过，报请人民法院裁定后执行。

247. 债权人会议讨论通过破产财产的处理和分配方案，应由出席会议的有表决权的债权人的过半数通过，并且其所代表的债权额必须占无财产担保债权总额的半数以上；讨论通过和解协议草案，必须占无财产担保债权总额的2/3以上。

248. 民事诉讼法第二百条规定的和解协议，应当具备以下内容：

（1）清偿债务的财产来源；

（2）清偿债务的办法；

（3）清偿债务的期限。

249. 清算组织在对破产财产进行保管、清理、估价、处理和分配过程中，应向人民法院负责并报告工作，接受人民法院和债权人会议的监督。

250. 破产财产分配完毕，由破产清算组织提请人民法院裁定终结破产程序。破产程序终结后，未得到清偿的债权不再清偿。

251. 破产程序终结后，由破产清算组织向破产企业原登记机关办理注销登记。

252. 破产还债案件，一律用裁定；当事人除对驳回破产申请的裁定可以上诉外，对其他裁定不准上诉。

253. 人民法院审理破产还债案件，除适用民事诉讼法第十九章的规定外，并可参照《中华人民共和国企业破产法（试行）》的有关规定。

十七、执行程序

254. 强制执行的标的应当是财物或者行为。当事人拒绝履行发生法律效力的判决、裁定、调解书、支付令的，人民法院应向当事人发出执行通知。在执行通知指定的期间被执行人仍不履行的，应当强制执行。

255. 发生法律效力的支付令，由制作支付令的人民法院负责执行。

256. 民事诉讼法第二百零一条第二款规定的由人民法院执行的其他法律文书，包括仲裁裁决书、公证债权文书。①

其他法律文书由被执行人住所地或者被执行人的财产所在地人民法院执行；当事人分别向上述人民法院申请执行的，由最先接受申请的人民法院执行。

257. 民事诉讼法第二百零四条规定的中止执行，应当限于案外人依该条规定提出异议部分的财产范围。对被执行人的其他财产，不应中止执行。异议理由不成立的，通知驳回。②

258. 执行员在执行本院的判决、裁定和调解书时，发现确有错误的，应当提出书面意见，报请院长审查处理。在执行上级人民法院的判决、裁定和调解书时，发现确有错误的，可提出书面意见，经院长批准，函请上级人民法院审查处理。

259. 被执行人、被执行的财产在外地的，负责执行的人民法院可以委托当地人民法院代为执行，也可以直接到当地执行。直接到当地执行的，负责执行的人民法院可以要求当地人民法院协助执行。当地人民法院应当根据要求协助执行。

260. 委托执行，委托人民法院应当出具委托函和生效的法律文书（副本）。委托函应当提出明确的执行要求。

261. 受委托人民法院在接到委托函后，无权对委托执行的生效的法律文书进行实体审查；执行中发现据以执行的法律文书有错误的，受委托人民法院应当及时向委托人民法院反映。

262. 受委托人民法院应当严格按照生效法律文书的规定和委托人民法院的要求执行。对债务人履行债务的时间、期限和方式需要变更的，应当征得申请执行人的同意，并将变更情况及时告知委托人民法院。

263. 受委托人民法院遇有需要中止或者终结执行的情形，应当及时函告委托人民法院，由委托人民法院作出裁定，在此期间，可以暂缓执行。受委托人民法院不得自行裁定中止或者终结执行。

264. 委托执行中，案外人对执行标的提出异议的，受委托人民法院应当函告委托人民法院，

① 本条根据法释〔2008〕18号第十七条调整。

② 本条根据法释〔2008〕18号第十八条调整。

由委托人民法院通知驳回或者作出中止执行的裁定，在此期间，暂缓执行。

265. 依照民事诉讼法第二百零六条第二款的规定，受委托人民法院的上一级人民法院在接到委托人民法院指令执行的请求后，应当在5日内书面指令受委托人民法院执行，并将这一情况及时告知委托人民法院。①

受委托人民法院在接到上一级人民法院的书面指令后，应当立即执行，将执行情况报告上一级人民法院，并告知委托人民法院。

266. 一方当事人不履行或者不完全履行在执行中双方自愿达成的和解协议，对方当事人申请执行原生效法律文书的，人民法院应当恢复执行，但和解协议已履行的部分应当扣除。和解协议已经履行完毕的，人民法院不予恢复执行。

267. 申请恢复执行原法律文书，适用民事诉讼法第二百一十五条申请执行期限的规定。申请执行期限因达成执行中的和解协议而中止，其期限自和解协议所定履行期限的最后一日起连续计算。②

268. 人民法院依照民事诉讼法第二百零八条的规定决定暂缓执行的，如果担保是有期限的，暂缓执行的期限应与担保期限一致，但最长不得超过1年。被执行人或担保人对担保的财产在暂缓执行期间有转移、隐藏、变卖、毁损等行为的，人民法院可以恢复强制执行。③

269. 民事诉讼法第二百零八条规定的执行担保，可以由被执行人向人民法院提供财产作担保，也可以由第三人出面作担保。以财产作担保的，应提交保证书；由第三人担保的，应当提交担保书。担保人应当具有代为履行或者代为承担赔偿责任的能力。④

270. 被执行人在人民法院决定暂缓执行的期限届满后仍不履行义务的，人民法院可以直接执行担保财产，或者裁定执行担保人的财产，但执行担保人的财产以担保人应当履行义务部分的财产为限。

271. 依照民事诉讼法第二百零九条的规定，执行中作为被执行人的法人或者其他组织分立、合并的，其权利义务由变更后的法人或者其他组织承受；被撤销的，如果依有关实体法的规定有权利义务承受人的，可以裁定该权利义务承受人为被执行人。⑤

272. 其他组织在执行中不能履行法律文书确定的义务的，人民法院可以裁定执行对该其他组织依法承担义务的法人或者公民个人的财产。

273. 在执行中，作为被执行人的法人或者其他组织名称变更的，人民法院可以裁定变更后的法人或者其他组织为被执行人。

274. 作为被执行人的公民死亡，其遗产继承人没有放弃继承的，人民法院可以裁定变更被执行人，由该继承人在遗产的范围内偿还债务。继承人放弃继承的，人民法院可以直接执行被执行人的遗产。

275. 法律规定由人民法院执行的其他法律文书执行完毕后，该法律文书被有关机关依法撤销的，经当事人申请，适用民事诉讼法第二百一十条的规定⑥。

276. 执行中，具有企业法人资格的被执行人不能清偿到期债务，根据债权人或者债务人申请，人民法院可以依法宣告被执行人破产。

277. 仲裁机构裁决的事项部分属于仲裁协议的范围，部分超过仲裁协议范围的，对超过部分，人民法院应当裁定不予执行。

278. 依照民事诉讼法第二百一十三条第二款、第三款的规定，人民法院裁定不予执行仲裁裁决后，当事人可以重新达成书面仲裁协议申请仲裁，也可以向人民法院起诉。⑦

279. 民事诉讼法第二百一十六条第一款规定的执行通知，人民法院应在收到申请执行书后的10日内发出。执行通知中除应责令被执行人履行法律文书确定的义务外，并应通知其承担民事诉讼法第二百二十九条规定的迟延履行利息或者迟延履行金。⑧

280. 人民法院可以直接向银行及其营业所、

① 本条根据法释〔2008〕18号第十九条调整。
② 本条根据法释〔2008〕18号第二十条调整。
③ 本条根据法释〔2008〕18号第二十一条调整。
④ 本条根据法释〔2008〕18号第二十二条调整。
⑤ 本条根据法释〔2008〕18号第二十三条调整。
⑥ 本条根据法释〔2008〕18号第二十四条调整。
⑦ 本条根据法释〔2008〕18号第二十五条调整。
⑧ 本条根据法释〔2008〕18号第二十六条调整。

储蓄所、信用合作社以及其他有储蓄业务的单位查询、冻结、划拨被执行人的存款。外地法院可以直接到被执行人住所地、被执行财产所在地银行及其营业所、储蓄所、信用合作社以及其他有储蓄业务的单位查询、冻结、划拨被执行人应当履行义务部分的存款,无需由当地人民法院出具手续。

281. 人民法院在执行中需要变卖被执行人财产的,可以交有关单位变卖,也可以由人民法院直接变卖。由人民法院直接变卖的,变卖前应就价格问题征求物价等有关部门的意见,作价应当公平合理。

对变卖的财产,人民法院或其工作人员不得买受。

282. 人民法院在执行中已依照民事诉讼法第二百一十八条、第二百二十条的规定对被执行人的财产查封、冻结的,任何单位包括其他人民法院不得重复查封、冻结或者擅自解冻,违者按照民事诉讼法第一百零二条的规定处理。被执行人的财产不能满足所有申请执行人清偿要求的,执行时可以参照民事诉讼法第二百零四条的规定处理。① (第二句已删除)

283. 依照民事诉讼法第二百二十八条规定,当事人不履行法律文书确定的行为义务,如果该项行为义务只能由被执行人完成的,人民法院可以依照民事诉讼法第一百零二条第一款第(六)项的规定处理。②

284. 执行的标的物为特定物的,应执行原物。原物确已不存在的,可折价赔偿。

285. 执行中,被执行人隐匿财产的,人民法院除可依照民事诉讼法第一百零二条规定对其处理外,并应责令被执行人交出隐匿的财产或折价赔偿。被执行人拒不交出或赔偿的,人民法院可按被执行财产的价值强制执行被执行人的其他财产,也可以采取搜查措施,追回被隐匿的财产。

286. 人民法院依照民事诉讼法第二百二十四条规定对被执行人及其住所或者财产隐匿地进行搜查,必须符合以下条件:

(1) 生效法律文书确定的履行期限已经届满;

(2) 被执行人不履行法律文书确定的义务;

(3) 认为有隐匿财产的行为。

搜查人员必须按规定着装并出示搜查令和身份证件。③

287. 人民法院搜查时禁止无关人员进入搜查现场;搜查对象是公民的,应通知被执行人或其他的成年家属以及基层组织派员到场;搜查对象是法人或者其他组织的,应通知法定代表人或者主要负责人到场,有上级主管部门的,也应通知主管部门有关人员到场。拒不到场的,不影响搜查。

搜查妇女身体,应由女执行人员进行。

288. 搜查中发现应当依法扣押的财产,依照民事诉讼法第二百二十一条第二款和第二百二十三条的规定办理。④

289. 搜查应制作搜查笔录,由搜查人员、被搜查人及其他在场人签名或盖章。拒绝签名或者盖章的,应在搜查笔录中写明。

290. 法人或其他组织持有法律文书指定交付的财物或者票证,在人民法院发出协助执行通知后,拒不转交的,强制执行,并可依照民事诉讼法第一百零三条的规定处理。

291. 有关单位和个人持有法律文书指定交付的财物或者票证,因其过失被毁损或灭失的,人民法院可责令持有人赔偿;拒不赔偿的,人民法院可按被执行的财物或者票证的价值强制执行。

292. 人民法院在执行中需要办理房产证、土地证、山林所有权证、专利证书、商标证书、车辆执照等有关财产权证照转移手续的,可以依照民事诉讼法第二百二十七条规定办理。⑤

293. 被执行人迟延履行的,迟延履行期间的利息或迟延履行金自判决、裁定和其他法律文书指定的履行期间届满的次日起计算。

294. 民事诉讼法第二百二十九条规定的加倍支付迟延履行期间的债务利息,是指在按银行

---

① 本条根据法释〔2008〕18号第二十七条调整。

② 本条根据法释〔2008〕18号第二十八条调整。

③ 本条根据法释〔2008〕18号第二十九条调整。

④ 本条根据法释〔2008〕18号第三十条调整。

⑤ 本条根据法释〔2008〕18号第三十一条调整。

同期贷款最高利率计付的债务利息上增加一倍。①

295. 被执行人未按判决、裁定和其他法律文书指定的期间履行非金钱给付义务的，无论是否已给申请执行人造成损失，都应当支付迟延履行金。已经造成损失的，双倍补偿申请执行人已经受到的损失；没有造成损失的，迟延履行金可以由人民法院根据具体案件情况决定。

296. 债权人依照民事诉讼法第二百三十条的规定请求人民法院继续执行的，不受民事诉讼法第二百一十五条所定期限的限制。②

297. 被执行人为公民或者其他组织，在执行程序开始后，被执行人的其他已经取得执行依据的或者已经起诉的债权人发现被执行人的财产不能清偿所有债权的，可以向人民法院申请参与分配。

298. 申请参与分配，申请人应提交申请书，申请书应写明参与分配和被执行人不能清偿所有债权的事实和理由，并附有执行依据。

参与分配申请应当在执行程序开始后，被执行人的财产被清偿前提出。

299. 被执行人为公民或者其他组织，在有其他已经取得执行依据的债权人申请参与分配的执行中，被执行人的财产参照民事诉讼法第二百零四条规定的顺序清偿，不足清偿同一顺序的，按照比例分配。清偿后的剩余债务，被执行人应当继续清偿。债权人发现被执行人有其他财产的，可以随时请求人民法院执行。（本条已废止）

300. 被执行人不能清偿债务，但对第三人享有到期债权的，人民法院可依申请执行人的申请，通知该第三人向申请执行人履行债务。该第三人对债务没有异议但又在通知指定的期限内不履行的，人民法院可以强制执行。

301. 经申请执行人和被执行人同意，可以不经拍卖、变卖，直接将被执行人的财产作价交申请执行人抵偿债务，对剩余债务，被执行人应当继续清偿。

302. 被执行人的财产无法拍卖或变卖的，经申请执行人同意，人民法院可以将该项财产作价后交付申请执行人抵偿债务，或者交付申请执行人管理；申请执行人拒绝接收或管理的，退回被执行人。

303. 在人民法院执行完毕后，被执行人或者其他人对已执行的标的有妨害行为的，人民法院应当采取措施，排除妨害，并可以依照民事诉讼法第一百零二条的规定处理。因妨害行为给申请执行人或者其他人造成损失的，受害人可以另行起诉。

十八、涉外民事诉讼程序的特别规定

304. 当事人一方或双方是外国人、无国籍人、外国企业或组织，或者当事人之间民事法律关系的设立、变更、终止的法律事实发生在外国，或者诉讼标的物在外国的民事案件，为涉外民事案件。

305. 依照民事诉讼法第三十四条和第二百四十四条规定，属于中华人民共和国人民法院专属管辖的案件，当事人不得用书面协议选择其他国家法院管辖。但协议选择仲裁裁决的除外。③

306. 中华人民共和国人民法院和外国法院都有管辖权的案件，一方当事人向外国法院起诉，而另一方当事人向中华人民共和国人民法院起诉的，人民法院可予受理。判决后，外国法院申请或者当事人请求人民法院承认和执行外国法院对本案作出的判决、裁定的，不予准许；但双方共同参加或者签订的国际条约另有规定的除外。

307. 对不在我国领域内居住的被告，经用公告方式送达诉状或传唤，公告期满不应诉，人民法院缺席判决后，仍应将裁判文书依照民事诉讼法第二百四十五条第（七）项的规定公告送达。自公告送达裁判文书满6个月的次日起，经过30日的上诉期当事人没有上诉的，一审判决即发生法律效力。④

308. 涉外民事诉讼中的外籍当事人，可以委托本国人为诉讼代理人，也可以委托本国律师以非律师身份担任诉讼代理人；外国驻华使、领馆官员，受本国公民的委托，可以以个人名义担任诉讼代理人，但在诉讼中不享有外交特权和豁免权。

---

① 本条根据法释〔2008〕18号第三十二条调整。
② 本条根据法释〔2008〕18号第三十三条调整。
③ 本条根据法释〔2008〕18号第三十四条调整。
④ 本条根据法释〔2008〕18号第三十五条调整。

309. 涉外民事诉讼中，外国驻华使、领馆授权，其本馆官员，在作为当事人的本国国民不在我国领域内的情况下，可以以外交代表身份为其本国国民在我国聘请中国律师或中国公民代理民事诉讼。

310. 涉外民事诉讼中，经调解双方达成协议，应当制发调解书。当事人要求发给判决书的，可以依协议的内容制作判决书送达当事人。

311. 当事人双方分别居住在我国领域内和领域外，对第一审人民法院判决、裁定的上诉期，居住在我国领域内的为民事诉讼法第一百四十七条所规定的期限；居住在我国领域外的为30日。双方的上诉期均已届满没有上诉的，第一审人民法院的判决、裁定即发生法律效力。

312. 本意见第一百四十五条至第一百四十八条、第二百七十七条、第二百七十八条的规定适用于涉外民事诉讼程序。

313. 我国涉外仲裁机构作出的仲裁裁决，一方当事人不履行，对方当事人向人民法院申请执行的，应依照民事诉讼法第二十七章的有关规定办理。①

314. 申请人向人民法院申请执行我国涉外仲裁机构裁决，须提出书面申请书，并附裁决书正本。如申请人为外国一方当事人，其申请书须用中文本提出。

315. 人民法院强制执行涉外仲裁机构的仲裁裁决时，如被执行人申辩有民事诉讼法第二百五十八条第一款规定的情形之一的，在其提供了财产担保后，可以中止执行。人民法院应当对被执行人的申辩进行审查，并根据审查结果裁定不予执行或驳回申辩。②

316. 涉外经济合同的解除或者终止，不影响合同中仲裁条款的效力。当事人一方因订有仲裁条款的涉外经济合同被解除或者终止向人民法院起诉的，不予受理。

317. 依照民事诉讼法第二百五十六条的规定，我国涉外仲裁机构将当事人的财产保全申请提交人民法院裁定的，人民法院可以进行审查，决定是否进行保全。裁定采取保全的，应当责令申请人提供担保，申请人不提供担保的，裁定驳回申请。③

318. 当事人向中华人民共和国有管辖权的中级人民法院申请承认和执行外国法院作出的发生法律效力的判决、裁定的，如果该法院所在国与中华人民共和国没有缔结或者共同参加国际条约，也没有互惠关系的，当事人可以向人民法院起诉，由有管辖权的人民法院作出判决，予以执行。

319. 与我国没有司法协助协议又无互惠关系的国家的法院，未通过外交途径，直接请求我国法院司法协助的，我国法院应予退回，并说明理由。

320. 当事人在我国领域外使用人民法院的判决书、裁定书，要求我国人民法院证明其法律效力的，以及外国法院要求我国人民法院证明判决书、裁定书的法律效力的，我国作出判决、裁定的人民法院，可以本法院的名义出具证明。

最高人民法院关于在经济审判工作中严格执行《中华人民共和国民事诉讼法》的若干规定④

（1994年12月22日　法发〔1994〕29号）

为在经济审判工作中严格执行《中华人民共和国民事诉讼法》的有关规定，严肃审判纪律，进一步规范诉讼活动，保障和推动经济审判工作健康发展，特作如下规定：

一、关于管辖

1. 两个以上人民法院对同一案件都有管辖权并已分别立案的，后立案的人民法院得知有关法院先立案的情况后，应当在7日内裁定将案件移送先立案的人民法院。对为争管辖权而将立案日期提前的，该院或者其上级人民法院应当予以纠正。

2. 当事人基于同一法律关系或者同一法律事实而发生纠纷，以不同诉讼请求分别向有管辖权的不同法院起诉的，后立案的法院在得知有关法院先立案的情况后，应当在7日内裁定将案件

① 本条根据法释〔2008〕18号第三十六条调整。
② 本条根据法释〔2008〕18号第三十七条调整。
③ 本条根据法释〔2008〕18号第三十八条调整。
④ 编者注：已失效。

移送先立案的法院合并审理。

3. 两个以上人民法院之间对地域管辖有争议的案件,有关人民法院均应当立即停止进行实体审理,并按最高人民法院关于适用民事诉讼法的意见第36条的规定解决管辖争议。协商不成报请共同上级人民法院指定管辖的,上级人民法院应当在收到下级人民法院报告之日起30日内,作出指定管辖的决定。

4. 两个以上人民法院如对管辖权有争议,在争议未解决前,任何一方人民法院均不得对案件作出判决。对抢先作出判决的,上级人民法院应当以违反程序为由撤销其判决,并将案件移送或者指定其他人民法院审理,或者由自己提审。

5. 人民法院对当事人在法定期限内提出管辖权异议的,应当认真进行审查,并在15日内作出异议是否成立的书面裁定。当事人对此裁定不服提出上诉的,第二审人民法院应当依法作出书面裁定。

6. 人民法院在审理国内经济纠纷案件中,如受诉人民法院对该案件没有管辖权,不能因对非争议标的物或者对争议标的物非主要部分采取诉前财产保全措施而取得该案件的管辖权。

7. 各高级人民法院就本省、自治区、直辖市作出的关于案件级别管辖的规定,应当报送最高人民法院批准。未经批准的,不能作为级别管辖的依据;已经批准公布实施的,应当认真执行,不得随意更改。

8. 地方各级人民法院不得自行作出地域管辖的规定,已作规定的,一律无效。

二、关于无独立请求权的第三人

9. 受诉人民法院对与原被告双方争议的诉讼标的无直接牵连和不负有返还或者赔偿等义务的人,以及与原告或被告约定仲裁或有约定管辖的案外人,或者专属管辖案件的一方当事人,均不得作为无独立请求权的第三人通知其参加诉讼。

10. 人民法院在审理产品质量纠纷案件中,对原被告之间法律关系以外的人,证据已证明其已经提供了合同约定或者符合法律规定的产品的,或者案件中的当事人未在规定的质量异议期内提出异议的,或者作为收货方已经认可该产品质量的,不得作为无独立请求权的第三人通知其参加诉讼。

11. 人民法院对已经履行了义务,或者依法取得了一方当事人的财产,并支付了相应对价的原被告之间法律关系以外的人,不得作为无独立请求权的第三人通知其参加诉讼。

三、关于财产保全和先予执行

12. 人民法院采取诉前财产保全,必须由申请人提供相当于请求保全数额的担保。担保的条件,依法律规定;法律未作规定的,由人民法院审查决定。

13. 人民法院对财产采取诉讼保全措施,一般应当由当事人提交符合法定条件的申请。只有在诉讼争议的财产有毁损、灭失等危险,或者有证据表明被申请人可能采取隐匿、转移、出卖其财产的,人民法院方可依职权裁定采取财产保全措施。

14. 人民法院采取财产保全措施时,保全的范围应当限于当事人争议的财产,或者被告的财产。对案外人的财产不得采取保全措施,对案外人善意取得的与案件有关的财产,一般也不得采取财产保全措施;被申请人提供相应数额并有可供执行的财产作担保的,采取措施的人民法院应当及时解除财产保全。

15. 人民法院对有偿还能力的企业法人,一般不得采取查封、冻结的保全措施。已采取查封、冻结保全措施的,如该企业法人提供了可供执行的财产担保,或者可以采取其他方式保全的,应当及时予以解封、解冻。

16. 人民法院先予执行的裁定,应当由当事人提出书面申请,并经开庭审理后作出。在管辖权尚未确定的情况下,不得裁定先予执行。

17. 人民法院对当事人申请先予执行的案件,只有在案件的基本事实清楚,当事人之间的权利义务关系明确,被申请人负有给付、返还或者赔偿义务,先予执行的财产为申请人生产、生活所急需,不先予执行会造成更大损失的情况下,才能采取先予执行的措施。

18. 人民法院采取先予执行措施后,申请先予执行的当事人申请撤诉的,人民法院应当及时通知对方当事人、第三人或有关的案外人。在接到通知至准予撤诉的裁定送达前,对方当事人、第三人及有关的案外人，对撤诉提出异议的，应当裁定驳回撤诉申请。

19. 受诉人民法院院长或者上级人民法院发现采取财产保全或者先予执行措施确有错误的，应当按照审判监督程序立即纠正。因申请错误造成被申请人损失的，由申请人予以赔偿；因人民法院依职权采取保全措施错误造成损失的，由人民法院依法予以赔偿。

四、关于审限

20. 上级人民法院决定调卷审查的案件，下级人民法院应当在接到上级人民法院调卷函后的15日内将全部案卷报送上级人民法院。如有特殊情况不能按期报送的，应当及时报告上级人民法院。

21. 上级人民法院发函要求下级人民法院对已经发生法律效力的判决、裁定进行审查的，下级人民法院应当在收函之日起3个月内向上级人民法院报送审查结果或者审查情况。

22. 上级人民法院必要时可以在调卷函或要求审查的函件中提出暂缓执行的意见，有关人民法院对此如有异议，应当及时报告上级人民法院。上级人民法院接到下级人民法院审查报告后，应当在1个月内作出调卷决定或者通知恢复执行。上级人民法院决定调卷的案件，应当在收到案卷后3个月内向下级人民法院发出中止执行的裁定或恢复执行的通知。

23. 最高人民法院对地方各级人民法院已经发生法律效力的判决、裁定，上级人民法院对下级人民法院已经发生法律效力的判决、裁定，按照审判监督程序，决定提审或者指令再审的，提审或者再审的人民法院除有特殊情况外，适用第一审程序的，应当在6个月内结案；适用第二审程序的，应当在3个月内结案。决定提审的，办案期限自裁定提审的次日起计算。指令再审的，自下级人民法院接到指令再审的裁定的次日起计算。上级人民法院指令再审的案件，下级人民法院在该案审结后，应当将裁判结果报上级人民法院。

最高人民法院关于如何理解《关于适用〈中华人民共和国民事诉讼法〉若干问题的意见》第31条第2款的批复

（1998年4月2日最高人民法院审判委员会第970次会议通过　1998年4月17日中华人民共和国最高人民法院公告公布　自1998年4月25日起施行　法释〔1998〕5号）

山西省高级人民法院：

你院晋高法〔1996〕148号关于对最高人民法院《关于适用〈中华人民共和国民事诉讼法〉若干问题的意见》第31条第2款如何理解的请示》收悉。经研究，答复如下：

最高人民法院《关于适用〈中华人民共和国民事诉讼法〉若干问题的意见》第31条第2款的规定是指：在人民法院采取诉前财产保全后，申请人起诉的，应当向有管辖权的人民法院提起。采取诉前财产保全的人民法院对该案有管辖权的，应当依法受理；没有管辖权的，应当及时将采取诉前财产保全的全部材料移送有管辖权的受诉人民法院。

此复。

最高人民法院关于修改后的民事诉讼法施行时未结案件适用法律若干问题的规定

（2012年12月24日最高人民法院审判委员会第1564次会议通过　2012年12月28日最高人民法院公告公布　自2013年1月1日起施行　法释〔2012〕23号）

为正确适用《全国人民代表大会常务委员会关于修改〈中华人民共和国民事诉讼法〉的决定》（2012年8月31日第十一届全国人民代表大会常务委员会第二十八次会议通过，2013年1月1日起施行）（以下简称《决定》），现就修改后的民事诉讼法施行前已经受理、施行时尚未审结和执结的案件（以下简称2013年1月1日未结

案件)具体适用法律的若干问题规定如下:

第一条 2013年1月1日未结案件适用修改后的民事诉讼法,但本规定另有规定的除外。

前款规定的案件,2013年1月1日前依照修改前的民事诉讼法和有关司法解释的规定已经完成的程序事项,仍然有效。

第二条 2013年1月1日未结案件符合修改前的民事诉讼法或者修改后的民事诉讼法管辖规定的,人民法院对该案件继续审理。

第三条 2013年1月1日未结案件符合修改前的民事诉讼法或者修改后的民事诉讼法送达规定的,人民法院已经完成的送达,仍然有效。

第四条 在2013年1月1日未结案件中,人民法院对2013年1月1日前发生的妨害民事诉讼行为尚未处理的,适用修改前的民事诉讼法,但下列情形应当适用修改后的民事诉讼法:

(一)修改后的民事诉讼法第一百一十二条规定的情形;

(二)修改后的民事诉讼法第一百一十三条规定情形在2013年1月1日以后仍在进行的。

第五条 2013年1月1日前,利害关系人向人民法院申请诉前保全措施的,适用修改前的民事诉讼法等法律,但人民法院2013年1月1日尚未作出保全裁定的,适用修改后的民事诉讼法确定解除保全措施的期限。

第六条 当事人对2013年1月1日前已经发生法律效力的判决、裁定或者调解书申请再审的,人民法院应当依据修改前的民事诉讼法第一百八十四条规定审查确定当事人申请再审的期间,但该期间在2013年6月30日尚未届满的,截止到2013年6月30日。

前款规定当事人的申请符合下列情形的,仍适用修改前的民事诉讼法第一百八十四条规定:

(一)有新的证据,足以推翻原判决、裁定的;

(二)原判决、裁定认定事实的主要证据是伪造的;

(三)判决、裁定发生法律效力二年后,据以作出原判决、裁定的法律文书被撤销或者变更,以及发现审判人员在审理该案件时有贪污受贿,徇私舞弊,枉法裁判行为的。

第七条 人民法院对2013年1月1日前已经受理、2013年1月1日尚未审查完毕的申请不予执行仲裁裁决的案件,适用修改前的民事诉讼法。

第八条 本规定所称修改后的民事诉讼法,是指根据《决定》作相应修改后的《中华人民共和国民事诉讼法》。

本规定所称修改前的民事诉讼法,是指《决定》施行之前的《中华人民共和国民事诉讼法》。

中华人民共和国
海事诉讼特别程序法

(1999年12月25日第九届全国人民代表大会常务委员会第十三次会议通过 1999年12月25日中华人民共和国主席令第28号公布 自2000年7月1日起施行)

目 录

第一章　总　　则

第一条　为维护海事诉讼当事人的诉讼权利，保证人民法院查明事实，分清责任，正确适用法律，及时审理海事案件，制定本法。

第二条　在中华人民共和国领域内进行海事诉讼，适用《中华人民共和国民事诉讼法》和本法。本法有规定的，依照其规定。

第三条　中华人民共和国缔结或者参加的国际条约与《中华人民共和国民事诉讼法》和本法对涉外海事诉讼有不同规定的，适用该国际条约的规定，但中华人民共和国声明保留的条款除外。

第四条　海事法院受理当事人因海事侵权纠纷、海商合同纠纷以及法律规定的其他海事纠纷提起的诉讼。

第五条　海事法院及其所在地的高级人民法院和最高人民法院审理海事案件的，适用本法。

第二章　管　　辖

第六条　海事诉讼的地域管辖，依照《中华人民共和国民事诉讼法》的有关规定。

下列海事诉讼的地域管辖，依照以下规定：

（一）因海事侵权行为提起的诉讼，除依照《中华人民共和国民事诉讼法》第二十九条至第三十一条的规定以外，还可以由船籍港所在地海事法院管辖；

（二）因海上运输合同纠纷提起的诉讼，除依照《中华人民共和国民事诉讼法》第二十八条的规定以外，还可以由转运港所在地海事法院管辖；

（三）因海船租用合同纠纷提起的诉讼，由交船港、还船港、船籍港所在地、被告住所地海事法院管辖；

（四）因海上保赔合同纠纷提起的诉讼，由保赔标的物所在地、事故发生地、被告住所地海事法院管辖；

（五）因海船的船员劳务合同纠纷提起的诉讼，由原告住所地、合同签订地、船员登船港或者离船港所在地、被告住所地海事法院管辖；

（六）因海事担保纠纷提起的诉讼，由担保物所在地、被告住所地海事法院管辖；因船舶抵押纠纷提起的诉讼，还可以由船籍港所在地海事法院管辖；

（七）因海船的船舶所有权、占有权、使用权、优先权纠纷提起的诉讼，由船舶所在地、船籍港所在地、被告住所地海事法院管辖。

第七条　下列海事诉讼，由本条规定的海事法院专属管辖：

（一）因沿海港口作业纠纷提起的诉讼，由港口所在地海事法院管辖；

（二）因船舶排放、泄漏、倾倒油类或者其他有害物质，海上生产、作业或者拆船、修船作业造成海域污染损害提起的诉讼，由污染发生地、损害结果地或者采取预防污染措施地海事法院管辖；

（三）因在中华人民共和国领域和有管辖权的海域履行的海洋勘探开发合同纠纷提起的诉讼，由合同履行地海事法院管辖。

第八条　海事纠纷的当事人都是外国人、无国籍人、外国企业或者组织，当事人书面协议选择中华人民共和国海事法院管辖的，即使与纠纷有实际联系的地点不在中华人民共和国领域内，中华人民共和国海事法院对该纠纷也具有管辖权。

第九条　当事人申请认定海上财产无主的，向财产所在地海事法院提出；申请因海上事故宣告死亡的，向处理海事事故主管机关所在地或者受理相关海事案件的海事法院提出。

第十条　海事法院与地方人民法院之间因管辖权发生争议，由争议双方协商解决；协商解决不了的，报请他们的共同上级人民法院指定管辖。

第十一条　当事人申请执行海事仲裁裁决，申请承认和执行外国法院判决、裁定以及国外海事仲裁裁决的，向被执行的财产所在地或者被执行人住所地海事法院提出。被执行的财产所在地或者被执行人住所地没有海事法院的，向被执行的财产所在地或者被执行人住所地的中级人民法院提出。

第三章　海事请求保全

第一节　一般规定

第十二条　海事请求保全是指海事法院根据海事请求人的申请，为保障其海事请求的实现,对被请求人的财产所采取的强制措施。

第十三条　当事人在起诉前申请海事请求保全,应当向被保全的财产所在地海事法院提出。

第十四条　海事请求保全不受当事人之间关于该海事请求的诉讼管辖协议或者仲裁协议的约束。

第十五条　海事请求人申请海事请求保全,应当向海事法院提交书面申请。申请书应当载明海事请求事项、申请理由、保全的标的物以及要求提供担保的数额,并附有关证据。

第十六条　海事法院受理海事请求保全申请,可以责令海事请求人提供担保。海事请求人不提供的,驳回其申请。

第十七条　海事法院接受申请后,应当在四十八小时内作出裁定。裁定采取海事请求保全措施的,应当立即执行;对不符合海事请求保全条件的,裁定驳回其申请。

当事人对裁定不服的,可以在收到裁定书之日起五日内申请复议一次。海事法院应当在收到复议申请之日起五日内作出复议决定。复议期间不停止裁定的执行。

利害关系人对海事请求保全提出异议,海事法院经审查,认为理由成立的,应当解除对其财产的保全。

第十八条　被请求人提供担保,或者当事人有正当理由申请解除海事请求保全的,海事法院应当及时解除保全。

海事请求人在本法规定的期间内,未提起诉讼或者未按照仲裁协议申请仲裁的,海事法院应当及时解除保全或者返还担保。

第十九条　海事请求保全执行后,有关海事纠纷未进入诉讼或者仲裁程序的,当事人就该海事请求,可以向采取海事请求保全的海事法院或者其他有管辖权的海事法院提起诉讼,但当事人之间订有诉讼管辖协议或者仲裁协议的除外。

第二十条　海事请求人申请海事请求保全错误的,应当赔偿被请求人或者利害关系人因此所遭受的损失。

第二节　船舶的扣押与拍卖

第二十一条　下列海事请求,可以申请扣押船舶:

(一) 船舶营运造成的财产灭失或者损坏;

(二) 与船舶营运直接有关的人身伤亡;

(三) 海难救助;

(四) 船舶对环境、海岸或者有关利益方造成的损害或者损害威胁;为预防、减少或者消除此种损害而采取的措施;为此种损害而支付的赔偿;为恢复环境而实际采取或者准备采取的合理措施的费用;第三方因此种损害而蒙受或者可能蒙受的损失;以及与本项所指的性质类似的损害、费用或者损失;

(五) 与起浮、清除、回收或者摧毁沉船、残骸、搁浅船、被弃船或者使其无害有关的费用,包括与起浮、清除、回收或者摧毁仍在或者曾在该船上的物件或者使其无害的费用,以及与维护放弃的船舶和维持其船员有关的费用;

(六) 船舶的使用或者租用的协议;

(七) 货物运输或者旅客运输的协议;

(八) 船载货物(包括行李)或者与其有关的灭失或者损坏;

(九) 共同海损;

(十) 拖航;

(十一) 引航;

(十二) 为船舶营运、管理、维护、维修提供物资或者服务;

(十三) 船舶的建造、改建、修理、改装或者装备;

(十四) 港口、运河、码头、港湾以及其他水道规费和费用;

(十五) 船员的工资和其他款项,包括应当为船员支付的遣返费和社会保险费;

(十六) 为船舶或者船舶所有人支付的费用;

(十七) 船舶所有人或者光船承租人应当支付或者他人为其支付的船舶保险费(包括互保会费);

(十八) 船舶所有人或者光船承租人应当支付的或者他人为其支付的与船舶有关的佣金、经纪费或者代理费;

(十九) 有关船舶所有权或者占有的纠纷;

(二十) 船舶共有人之间有关船舶的使用或者收益的纠纷;

(二十一) 船舶抵押权或者同样性质的权利;

（二十二）因船舶买卖合同产生的纠纷。

第二十二条　非因本法第二十一条规定的海事请求不得申请扣押船舶，但为执行判决、仲裁裁决以及其他法律文书的除外。

第二十三条　有下列情形之一的，海事法院可以扣押当事船舶：

（一）船舶所有人对海事请求负有责任，并且在实施扣押时是该船的所有人；

（二）船舶的光船承租人对海事请求负有责任，并且在实施扣押时是该船的光船承租人或者所有人；

（三）具有船舶抵押权或者同样性质的权利的海事请求；

（四）有关船舶所有权或者占有的海事请求；

（五）具有船舶优先权的海事请求。

海事法院可以扣押对海事请求负有责任的船舶所有人、光船承租人、定期租船人或者航次租船人在实施扣押时所有的其他船舶，但与船舶所有权或者占有有关的请求除外。

从事军事、政府公务的船舶不得被扣押。

第二十四条　海事请求人不得因同一海事请求申请扣押已被扣押过的船舶，但有下列情形之一的除外：

（一）被请求人未提供充分的担保；

（二）担保人有可能不能全部或者部分履行担保义务；

（三）海事请求人因合理的原因同意释放被扣押的船舶或者返还已提供的担保；或者不能通过合理措施阻止释放被扣押的船舶或者返还已提供的担保。

第二十五条　海事请求人申请扣押当事船舶，不能立即查明被请求人名称的，不影响申请的提出。

第二十六条　海事法院在发布或者解除扣押船舶命令的同时，可以向有关部门发出协助执行通知书，通知书应当载明协助执行的范围和内容，有关部门有义务协助执行。海事法院认为必要，可以直接派员登轮监护。

第二十七条　海事法院裁定对船舶实施保全后，经海事请求人同意，可以采取限制船舶处分或者抵押等方式允许该船舶继续营运。

第二十八条　海事请求保全扣押船舶的期限为三十日。

海事请求人在三十日内提起诉讼或者申请仲裁以及在诉讼或者仲裁过程中申请扣押船舶的，扣押船舶不受前款规定期限的限制。

第二十九条　船舶扣押期间届满，被请求人不提供担保，而且船舶不宜继续扣押的，海事请求人可以在提起诉讼或者申请仲裁后，向扣押船舶的海事法院申请拍卖船舶。

第三十条　海事法院收到拍卖船舶的申请后，应当进行审查，作出准予或者不准予拍卖船舶的裁定。

当事人对裁定不服的，可以在收到裁定书之日起五日内申请复议一次。海事法院应当在收到复议申请之日起五日内作出复议决定。复议期间停止裁定的执行。

第三十一条　海事请求人提交拍卖船舶申请后，又申请终止拍卖的，是否准许由海事法院裁定。海事法院裁定终止拍卖船舶的，为准备拍卖船舶所发生的费用由海事请求人承担。

第三十二条　海事法院裁定拍卖船舶，应当通过报纸或者其他新闻媒体发布公告。拍卖外籍船舶的，应当通过对外发行的报纸或者其他新闻媒体发布公告。

公告包括以下内容：

（一）被拍卖船舶的名称和国籍；

（二）拍卖船舶的理由和依据；

（三）拍卖船舶委员会的组成；

（四）拍卖船舶的时间和地点；

（五）被拍卖船舶的展示时间和地点；

（六）参加竞买应当办理的手续；

（七）办理债权登记事项；

（八）需要公告的其他事项。

拍卖船舶的公告期间不少于三十日。

第三十三条　海事法院应当在拍卖船舶三十日前，向被拍卖船舶登记国的登记机关和已知的船舶优先权人、抵押权人和船舶所有人发出通知。

通知内容包括被拍卖船舶的名称、拍卖船舶的时间和地点、拍卖船舶的理由和依据以及债权登记等。

通知方式包括书面方式和能够确认收悉的

其他适当方式。

第三十四条 拍卖船舶由拍卖船舶委员会实施。拍卖船舶委员会由海事法院指定的本院执行人员和聘请的拍卖师、验船师三人或者五人组成。

拍卖船舶委员会组织对船舶鉴定、估价;组织和主持拍卖;与竞买人签订拍卖成交确认书;办理船舶移交手续。

拍卖船舶委员会对海事法院负责,受海事法院监督。

第三十五条 竞买人应当在规定的期限内向拍卖船舶委员会登记。登记时应当交验本人、企业法定代表人或者其他组织负责人身份证明和委托代理人的授权委托书,并交纳一定数额的买船保证金。

第三十六条 拍卖船舶委员会应当在拍卖船舶前,展示被拍卖船舶,并提供察看被拍卖船舶的条件和有关资料。

第三十七条 买受人在签署拍卖成交确认书后,应当立即交付不低于百分之二十的船舶价款,其余价款在成交之日起七日内付清,但拍卖船舶委员会与买受人另有约定的除外。

第三十八条 买受人付清全部价款后,原船舶所有人应当在指定的期限内于船舶停泊地以船舶现状向买受人移交船舶。拍卖船舶委员会组织和监督船舶的移交,并在船舶移交后与买受人签署船舶移交完毕确认书。

移交船舶完毕,海事法院发布解除扣押船舶命令。

第三十九条 船舶移交后,海事法院应当通过报纸或者其他新闻媒体发布公告,公布船舶已经公开拍卖并移交给买受人。

第四十条 买受人接收船舶后,应当持拍卖成交确认书和有关材料,向船舶登记机关办理船舶所有权登记手续。原船舶所有人应当向原船舶登记机关办理船舶所有权注销登记。原船舶所有人不办理船舶所有权注销登记的,不影响船舶所有权的转让。

第四十一条 竞买人之间恶意串通的,拍卖无效。参与恶意串通的竞买人应当承担拍卖船舶费用并赔偿有关损失。海事法院可以对参与恶意串通的竞买人处最高应价百分之十以上百分之三十以下的罚款。

第四十二条 除本节规定的以外,拍卖适用《中华人民共和国拍卖法》的有关规定。

第四十三条 执行程序中拍卖被扣押船舶清偿债务的,可以参照本节有关规定。

第三节 船载货物的扣押与拍卖

第四十四条 海事请求人为保障其海事请求的实现,可以申请扣押船载货物。

申请扣押的船载货物,应当属于被请求人所有。

第四十五条 海事请求人申请扣押船载货物的价值,应当与其债权数额相当。

第四十六条 海事请求保全扣押船载货物的期限为十五日。

海事请求人在十五日内提起诉讼或者申请仲裁以及在诉讼或者仲裁过程中申请扣押船载货物的,扣押船载货物不受前款规定期限的限制。

第四十七条 船载货物扣押期间届满,被请求人不提供担保,而且货物不宜继续扣押的,海事请求人可以在提起诉讼或者申请仲裁后,向扣押船载货物的海事法院申请拍卖货物。

对无法保管、不易保管或者保管费用可能超过其价值的物品,海事请求人可以申请提前拍卖。

第四十八条 海事法院收到拍卖船载货物的申请后,应当进行审查,在七日内作出准予或者不准予拍卖船载货物的裁定。

当事人对裁定不服的,可以在收到裁定书之日起五日内申请复议一次。海事法院应当在收到复议申请之日起五日内作出复议决定。复议期间停止裁定的执行。

第四十九条 拍卖船载货物由海事法院指定的本院执行人员和聘请的拍卖师组成的拍卖组织实施,或者由海事法院委托的机构实施。

拍卖船载货物,本节没有规定的,参照本章第二节拍卖船舶的有关规定。

第五十条 海事请求人对与海事请求有关的船用燃油、船用物料申请海事请求保全,适用本节规定。

第四章 海事强制令

第五十一条 海事强制令是指海事法院根

据海事请求人的申请，为使其合法权益免受侵害，责令被请求人作为或者不作为的强制措施。

第五十二条　当事人在起诉前申请海事强制令，应当向海事纠纷发生地海事法院提出。

第五十三条　海事强制令不受当事人之间关于该海事请求的诉讼管辖协议或者仲裁协议的约束。

第五十四条　海事请求人申请海事强制令，应当向海事法院提交书面申请。申请书应当载明申请理由，并附有关证据。

第五十五条　海事法院受理海事强制令申请，可以责令海事请求人提供担保。海事请求人不提供的，驳回其申请。

第五十六条　作出海事强制令，应当具备下列条件：

（一）请求人有具体的海事请求；

（二）需要纠正被请求人违反法律规定或者合同约定的行为；

（三）情况紧急，不立即作出海事强制令将造成损害或者使损害扩大。

第五十七条　海事法院接受申请后，应当在四十八小时内作出裁定。裁定作出海事强制令的，应当立即执行；对不符合海事强制令条件的，裁定驳回其申请。

第五十八条　当事人对裁定不服的，可以在收到裁定书之日起五日内申请复议一次。海事法院应当在收到复议申请之日起五日内作出复议决定。复议期间不停止裁定的执行。

利害关系人对海事强制令提出异议，海事法院经审查，认为理由成立的，应当裁定撤销海事强制令。

第五十九条　被请求人拒不执行海事强制令的，海事法院可以根据情节轻重处以罚款、拘留；构成犯罪的，依法追究刑事责任。

对个人的罚款金额，为一千元以上三万元以下。对单位的罚款金额，为三万元以上十万元以下。

拘留的期限，为十五日以下。

第六十条　海事请求人申请海事强制令错误的，应当赔偿被请求人或者利害关系人因此所遭受的损失。

第六十一条　海事强制令执行后，有关海事纠纷未进入诉讼或者仲裁程序的，当事人就该海事请求，可以向作出海事强制令的海事法院或者其他有管辖权的海事法院提起诉讼，但当事人之间订有诉讼管辖协议或者仲裁协议的除外。

第五章　海事证据保全

第六十二条　海事证据保全是指海事法院根据海事请求人的申请，对有关海事请求的证据予以提取、保存或者封存的强制措施。

第六十三条　当事人在起诉前申请海事证据保全，应当向被保全的证据所在地海事法院提出。

第六十四条　海事证据保全不受当事人之间关于该海事请求的诉讼管辖协议或者仲裁协议的约束。

第六十五条　海事请求人申请海事证据保全，应当向海事法院提交书面申请。申请书应当载明请求保全的证据、该证据与海事请求的联系、申请理由。

第六十六条　海事法院受理海事证据保全申请，可以责令海事请求人提供担保。海事请求人不提供的，驳回其申请。

第六十七条　采取海事证据保全，应当具备下列条件：

（一）请求人是海事请求的当事人；

（二）请求保全的证据对该海事请求具有证明作用；

（三）被请求人是与请求保全的证据有关的人；

（四）情况紧急，不立即采取证据保全就会使该海事请求的证据灭失或者难以取得。

第六十八条　海事法院接受申请后，应当在四十八小时内作出裁定。裁定采取海事证据保全措施的，应当立即执行；对不符合海事证据保全条件的，裁定驳回其申请。

第六十九条　当事人对裁定不服的，可以在收到裁定书之日起五日内申请复议一次。海事法院应当在收到复议申请之日起五日内作出复议决定。复议期间不停止裁定的执行。被请求人申请复议的理由成立的，应当将保全的证据返还被请求人。

利害关系人对海事证据保全提出异议，海事

法院经审查,认为理由成立的,应当裁定撤销海事证据保全;已经执行的,应当将与利害关系人有关的证据返还利害关系人。

第七十条 海事法院进行海事证据保全,根据具体情况,可以对证据予以封存,也可以提取复制件、副本,或者进行拍照、录相,制作节录本、调查笔录等。确有必要的,也可以提取证据原件。

第七十一条 海事请求人申请海事证据保全错误的,应当赔偿被请求人或者利害关系人因此所遭受的损失。

第七十二条 海事证据保全后,有关海事纠纷未进入诉讼或者仲裁程序的,当事人就该海事请求,可以向采取证据保全的海事法院或者其他有管辖权的海事法院提起诉讼,但当事人之间订有诉讼管辖协议或者仲裁协议的除外。

第六章 海事担保

第七十三条 海事担保包括本法规定的海事请求保全、海事强制令、海事证据保全等程序中所涉及的担保。

担保的方式为提供现金或者保证、设置抵押或者质押。

第七十四条 海事请求人的担保应当提交给海事法院;被请求人的担保可以提交给海事法院,也可以提供给海事请求人。

第七十五条 海事请求人提供的担保,其方式、数额由海事法院决定。被请求人提供的担保,其方式、数额由海事请求人和被请求人协商;协商不成的,由海事法院决定。

第七十六条 海事请求人要求被请求人就海事请求保全提供担保的数额,应当与其债权数额相当,但不得超过被保全的财产价值。

海事请求人提供担保的数额,应当相当于因其申请可能给被请求人造成的损失。具体数额由海事法院决定。

第七十七条 担保提供后,提供担保的人有正当理由的,可以向海事法院申请减少、变更或者取消该担保。

第七十八条 海事请求人请求担保的数额过高,造成被请求人损失的,应当承担赔偿责任。

第七十九条 设立海事赔偿责任限制基金和先予执行等程序所涉及的担保,可以参照本章规定。

第七章 送　达

第八十条 海事诉讼法律文书的送达,适用《中华人民共和国民事诉讼法》的有关规定,还可以采用下列方式:

(一)向受送达人委托的诉讼代理人送达;

(二)向受送达人在中华人民共和国领域内设立的代表机构、分支机构或者业务代办人送达;

(三)通过能够确认收悉的其他适当方式送达。

有关扣押船舶的法律文书也可以向当事船舶的船长送达。

第八十一条 有义务接受法律文书的人拒绝签收,送达人在送达回证上记明情况,经送达人、见证人签名或者盖章,将法律文书留在其住所或者办公处所的,视为送达。

第八章 审判程序

第一节 审理船舶碰撞案件的规定

第八十二条 原告在起诉时、被告在答辩时,应当如实填写《海事事故调查表》。

第八十三条 海事法院向当事人送达起诉状或者答辩状时,不附送有关证据材料。

第八十四条 当事人应当在开庭审理前完成举证。当事人完成举证并向海事法院出具完成举证说明书后,可以申请查阅有关船舶碰撞的事实证据材料。

第八十五条 当事人不能推翻其在《海事事故调查表》中的陈述和已经完成的举证,但有新的证据,并有充分的理由说明该证据不能在举证期间内提交的除外。

第八十六条 船舶检验、估价应当由国家授权或者其他具有专业资格的机构或者个人承担。非经国家授权或者未取得专业资格的机构或者个人所作的检验或者估价结论,海事法院不予采纳。

第八十七条 海事法院审理船舶碰撞案件,应当在立案后一年内审结。有特殊情况需要延长的,由本院院长批准。

第二节 审理共同海损案件的规定

第八十八条 当事人就共同海损的纠纷，可以协议委托理算机构理算，也可以直接向海事法院提起诉讼。海事法院受理未经理算的共同海损纠纷，可以委托理算机构理算。

第八十九条 理算机构作出的共同海损理算报告，当事人没有提出异议的，可以作为分摊责任的依据；当事人提出异议的，由海事法院决定是否采纳。

第九十条 当事人可以不受因同一海损事故提起的共同海损诉讼程序的影响，就非共同海损损失向责任人提起诉讼。

第九十一条 当事人就同一海损事故向受理共同海损案件的海事法院提起非共同海损的诉讼，以及对共同海损分摊向责任人提起追偿诉讼的，海事法院可以合并审理。

第九十二条 海事法院审理共同海损案件，应当在立案后一年内审结。有特殊情况需要延长的，由本院院长批准。

第三节 海上保险人行使代位请求赔偿权利的规定

第九十三条 因第三人造成保险事故，保险人向被保险人支付保险赔偿后，在保险赔偿范围内可以代位行使被保险人对第三人请求赔偿的权利。

第九十四条 保险人行使代位请求赔偿权利时，被保险人未向造成保险事故的第三人提起诉讼的，保险人应当以自己的名义向该第三人提起诉讼。

第九十五条 保险人行使代位请求赔偿权利时，被保险人已经向造成保险事故的第三人提起诉讼的，保险人可以向受理该案的法院提出变更当事人的请求，代位行使被保险人对第三人请求赔偿的权利。

被保险人取得的保险赔偿不能弥补第三人造成的全部损失的，保险人和被保险人可以作为共同原告向第三人请求赔偿。

第九十六条 保险人依照本法第九十四条、第九十五条的规定提起诉讼或者申请参加诉讼的，应当向受理该案的海事法院提交保险人支付保险赔偿的凭证，以及参加诉讼应当提交的其他文件。

第九十七条 对船舶造成油污损害的赔偿请求，受损害人可以向造成油污损害的船舶所有人提出，也可以直接向承担船舶所有人油污损害责任的保险人或者提供财务保证的其他人提出。

油污损害责任的保险人或者提供财务保证的其他人被起诉的，有权要求造成油污损害的船舶所有人参加诉讼。

第四节 简易程序、督促程序和公示催告程序

第九十八条 海事法院审理事实清楚、权利义务关系明确、争议不大的简单的海事案件，可以适用《中华人民共和国民事诉讼法》简易程序的规定。

第九十九条 债权人基于海事事由请求债务人给付金钱或者有价证券，符合《中华人民共和国民事诉讼法》有关规定的，可以向有管辖权的海事法院申请支付令。

债务人是外国人、无国籍人、外国企业或者组织，但在中华人民共和国领域内有住所、代表机构或者分支机构并能够送达支付令的，债权人可以向有管辖权的海事法院申请支付令。

第一百条 提单等提货凭证持有人，因提货凭证失控或者灭失，可以向货物所在地海事法院申请公示催告。

第九章 设立海事赔偿责任限制基金程序

第一百零一条 船舶所有人、承租人、经营人、救助人、保险人在发生海事事故后，依法申请责任限制的，可以向海事法院申请设立海事赔偿责任限制基金。

船舶造成油污损害的，船舶所有人及其责任保险人或者提供财务保证的其他人为取得法律规定的责任限制的权利，应当向海事法院设立油污损害的海事赔偿责任限制基金。

设立责任限制基金的申请可以在起诉前或者诉讼中提出，但最迟应当在一审判决作出前提出。

第一百零二条 当事人在起诉前申请设立

海事赔偿责任限制基金的,应当向事故发生地、合同履行地或者船舶扣押地海事法院提出。

第一百零三条 设立海事赔偿责任限制基金,不受当事人之间关于诉讼管辖协议或者仲裁协议的约束。

第一百零四条 申请人向海事法院申请设立海事赔偿责任限制基金,应当提交书面申请。申请书应当载明申请设立海事赔偿责任限制基金的数额、理由,以及已知的利害关系人的名称、地址和通讯方法,并附有关证据。

第一百零五条 海事法院受理设立海事赔偿责任限制基金申请后,应当在七日内向已知的利害关系人发出通知,同时通过报纸或者其他新闻媒体发布公告。

通知和公告包括下列内容:

(一)申请人的名称;

(二)申请的事实和理由;

(三)设立海事赔偿责任限制基金事项;

(四)办理债权登记事项;

(五)需要告知的其他事项。

第一百零六条 利害关系人对申请人申请设立海事赔偿责任限制基金有异议的,应当在收到通知之日起七日内或者未收到通知的在公告之日起三十日内,以书面形式向海事法院提出。

海事法院收到利害关系人提出的书面异议后,应当进行审查,在十五日内作出裁定。异议成立的,裁定驳回申请人的申请;异议不成立的,裁定准予申请人设立海事赔偿责任限制基金。

当事人对裁定不服的,可以在收到裁定书之日起七日内提起上诉。第二审人民法院应当在收到上诉状之日起十五日内作出裁定。

第一百零七条 利害关系人在规定的期间内没有提出异议的,海事法院裁定准予申请人设立海事赔偿责任限制基金。

第一百零八条 准予申请人设立海事赔偿责任限制基金的裁定生效后,申请人应当在海事法院设立海事赔偿责任限制基金。

设立海事赔偿责任限制基金可以提供现金,也可以提供经海事法院认可的担保。

海事赔偿责任限制基金的数额,为海事赔偿责任限额和自事故发生之日起至基金设立之日止的利息。以担保方式设立基金的,担保数额为基金数额及其在基金设立期间的利息。

以现金设立基金的,基金到达海事法院指定账户之日为基金设立之日。以担保设立基金的,海事法院接受担保之日为基金设立之日。

第一百零九条 设立海事赔偿责任限制基金以后,当事人就有关海事纠纷应当向设立海事赔偿责任限制基金的海事法院提起诉讼,但当事人之间订有诉讼管辖协议或者仲裁协议的除外。

第一百一十条 申请人申请设立海事赔偿责任限制基金错误的,应当赔偿利害关系人因此所遭受的损失。

第十章 债权登记与受偿程序

第一百一十一条 海事法院裁定强制拍卖船舶的公告发布后,债权人应当在公告期间,就与被拍卖船舶有关的债权申请登记。公告期间届满不登记的,视为放弃在本次拍卖船舶价款中受偿的权利。

第一百一十二条 海事法院受理设立海事赔偿责任限制基金的公告发布后,债权人应当在公告期间就与特定场合发生的海事事故有关的债权申请登记。公告期间届满不登记的,视为放弃债权。

第一百一十三条 债权人向海事法院申请登记债权的,应当提交书面申请,并提供有关债权证据。

债权证据,包括证明债权的具有法律效力的判决书、裁定书、调解书、仲裁裁决书和公证债权文书,以及其他证明具有海事请求的证据材料。

第一百一十四条 海事法院应当对债权人的申请进行审查,对提供债权证据的,裁定准予登记;对不提供债权证据的,裁定驳回申请。

第一百一十五条 债权人提供证明债权的判决书、裁定书、调解书、仲裁裁决书或者公证债权文书的,海事法院经审查认定上述文书真实合法的,裁定予以确认。

第一百一十六条 债权人提供其他海事请求证据的,应当在办理债权登记以后,在受理债权登记的海事法院提起确权诉讼。当事人之间有仲裁协议的,应当及时申请仲裁。

海事法院对确权诉讼作出的判决、裁定具有法律效力,当事人不得提起上诉。

第一百一十七条 海事法院审理并确认债权后，应当向债权人发出债权人会议通知书，组织召开债权人会议。

第一百一十八条 债权人会议可以协商提出船舶价款或者海事赔偿责任限制基金的分配方案，签订受偿协议。

受偿协议经海事法院裁定认可，具有法律效力。

债权人会议协商不成的，由海事法院依照《中华人民共和国海商法》以及其他有关法律规定的受偿顺序，裁定船舶价款或者海事赔偿责任限制基金的分配方案。

第一百一十九条 拍卖船舶所得价款及其利息，或者海事赔偿责任限制基金及其利息，应当一并予以分配。

分配船舶价款时，应当由责任人承担的诉讼费用，为保存、拍卖船舶和分配船舶价款产生的费用，以及为债权人的共同利益支付的其他费用，应当从船舶价款中先行拨付。

清偿债务后的余款，应当退还船舶原所有人或者海事赔偿责任限制基金设立人。

第十一章 船舶优先权催告程序

第一百二十条 船舶转让时，受让人可以向海事法院申请船舶优先权催告，催促船舶优先权人及时主张权利，消灭该船舶附有的船舶优先权。

第一百二十一条 受让人申请船舶优先权催告的，应当向转让船舶交付地或者受让人住所地海事法院提出。

第一百二十二条 申请船舶优先权催告，应当向海事法院提交申请书、船舶转让合同、船舶技术资料等文件。申请书应当载明船舶的名称、申请船舶优先权催告的事实和理由。

第一百二十三条 海事法院在收到申请书以及有关文件后，应当进行审查，在七日内作出准予或者不准予申请的裁定。

受让人对裁定不服的，可以申请复议一次。

第一百二十四条 海事法院在准予申请的裁定生效后，应当通过报纸或者其他新闻媒体发布公告，催促船舶优先权人在催告期间主张船舶优先权。

船舶优先权催告期间为六十日。

第一百二十五条 船舶优先权催告期间，船舶优先权人主张权利的，应当在海事法院办理登记；不主张权利的，视为放弃船舶优先权。

第一百二十六条 船舶优先权催告期间届满，无人主张船舶优先权的，海事法院应当根据当事人的申请作出判决，宣告该转让船舶不附有船舶优先权。判决内容应当公告。

第十二章 附 则

第一百二十七条 本法自2000年7月1日起施行。

最高人民法院关于适用《中华人民共和国海事诉讼特别程序法》若干问题的解释

(2002年12月3日最高人民法院审判委员会第1259次会议通过 2003年1月6日最高人民法院公告公布 自2003年2月1日起施行 法释〔2003〕3号)

为了依法正确审理海事案件，根据《中华人民共和国民事诉讼法》和《中华人民共和国海事诉讼特别程序法》的规定以及海事审判的实践，对人民法院适用海事诉讼特别程序法的若干问题作出如下解释。

一、关于管辖

第一条 在海上或者通海水域发生的与船舶或者运输、生产、作业相关的海事侵权纠纷、海商合同纠纷，以及法律或者相关司法解释规定的其他海事纠纷案件由海事法院及其上级人民法院专门管辖。

第二条 涉外海事侵权纠纷案件和海上运输合同纠纷案件的管辖，适用民事诉讼法第二十四章的规定；民事诉讼法第二十四章没有规定的，适用海事诉讼特别程序法第六条第二款（一）、（二）项的规定和民事诉讼法的其他有关规定。①

---

① 本条根据法释〔2008〕18号第六十九条调整。

第三条 海事诉讼特别程序法第六条规定的海船指适合航行于海上或者通海水域的船舶。

第四条 海事诉讼特别程序法第六条第二款(一)项规定的船籍港指被告船舶的船籍港。被告船舶的船籍港不在中华人民共和国领域内,原告船舶的船籍港在中华人民共和国领域内的,由原告船舶的船籍港所在地的海事法院管辖。

第五条 海事诉讼特别程序法第六条第二款(二)项规定的起运港、转运港和到达港指合同约定的或者实际履行的起运港、转运港和到达港。合同约定的起运港、转运港和到达港与实际履行的起运港、转运港和到达港不一致的,以实际履行的地点确定案件管辖。

第六条 海事诉讼特别程序法第六条第二款(四)项的保赔标的物所在地指保赔船舶的所在地。

第七条 海事诉讼特别程序法第六条第二款(七)项规定的船舶所在地指起诉时船舶的停泊地或者船舶被扣押地。

第八条 因船员劳务合同纠纷直接向海事法院提起的诉讼,海事法院应当受理。

第九条 因海难救助费用提起的诉讼,除依照民事诉讼法第三十二条的规定确定管辖外,还可以由被救助的船舶以外的其他获救财产所在地的海事法院管辖。

第十条 与船舶担保或者船舶优先权有关的借款合同纠纷,由被告住所地、合同履行地、船舶的船籍港、船舶所在地的海事法院管辖。

第十一条 海事诉讼特别程序法第七条(三)项规定的有管辖权的海域指中华人民共和国的毗连区、专属经济区、大陆架以及有管辖权的其他海域。

第十二条 海事诉讼特别程序法第七条(三)项规定的合同履行地指合同的实际履行地;合同未实际履行的,为合同约定的履行地。

第十三条 当事人根据海事诉讼特别程序法第十一条的规定申请执行海事仲裁裁决,申请承认和执行国外海事仲裁裁决的,由被执行的财产所在地或者被执行人住所地的海事法院管辖;被执行的财产为船舶的,无论该船舶是否在海事法院管辖区域范围内,均由海事法院管辖。船舶所在地没有海事法院的,由就近的海事法院管辖。

前款所称财产所在地和被执行人住所地是指海事法院行使管辖权的地域。

第十四条 认定海事仲裁协议效力案件,由被申请人住所地、合同履行地或者约定的仲裁机构所在地的海事法院管辖。

第十五条 除海事法院及其上级人民法院外,地方人民法院对当事人提出的船舶保全申请应不予受理;地方人民法院为执行生效法律文书需要扣押和拍卖船舶的,应当委托船籍港所在地或者船舶所在地的海事法院执行。

第十六条 两个以上海事法院都有管辖权的诉讼,原告可以向其中一个海事法院起诉;原告向两个以上有管辖权的海事法院起诉的,由最先立案的海事法院管辖。

第十七条 海事法院之间因管辖权发生争议,由争议双方协商解决;协商解决不了的,报请最高人民法院指定管辖。

二、关于海事请求保全

第十八条 海事诉讼特别程序法第十二条规定的被请求人的财产包括船舶、船载货物、船用燃油以及船用物料。对其他财产的海事请求保全适用民事诉讼法有关财产保全的规定。

第十九条 海事诉讼特别程序法规定的船载货物指处于承运人掌管之下,尚未装船或者已经装载于船上以及已经卸载的货物。

第二十条 海事诉讼特别程序法第十三条规定的被保全的财产所在地指船舶的所在地或者货物的所在地。当事人在诉讼前对已经卸载但在承运人掌管之下的货物申请海事请求保全,如果货物所在地不在海事法院管辖区域的,可以向卸货港所在地的海事法院提出,也可以向货物所在地的地方人民法院提出。

第二十一条 诉讼或者仲裁前申请海事请求保全适用海事诉讼特别程序法第十四条的规定。

外国法院已受理相关海事案件或者有关纠纷已经提交仲裁,但涉案财产在中华人民共和国领域内,当事人向财产所在地的海事法院提出海事请求保全申请的,海事法院应当受理。

第二十二条 利害关系人对海事法院作出的海事请求保全裁定提出异议,经审查认为理由不成立的，应当书面通知利害关系人。

第二十三条　被请求人或者利害关系人依据海事诉讼特别程序法第二十条的规定要求海事请求人赔偿损失，向采取海事请求保全措施的海事法院提起诉讼的，海事法院应当受理。

第二十四条　申请扣押船舶错误造成的损失，包括因船舶被扣押在停泊期间产生的各项维持费用与支出、船舶被扣押造成的船期损失和被申请人为使船舶解除扣押而提供担保所支出的费用。

第二十五条　海事请求保全扣押船舶超过三十日、扣押货物或者其他财产超过十五日，海事请求人未提起诉讼或者未按照仲裁协议申请仲裁的，海事法院应当及时解除保全或者返还担保。

海事请求人未在期限内提起诉讼或者申请仲裁，但海事请求人和被请求人协议进行和解或者协议约定了担保期限的，海事法院可以根据海事请求人的申请，裁定认可该协议。

第二十六条　申请人为申请扣押船舶提供限额担保，在扣押船舶期限届满时，未按照海事法院的通知追加担保的，海事法院可以解除扣押。

第二十七条　海事诉讼特别程序法第十八条第二款、第七十四条规定的提供给海事请求人的担保，除被请求人和海事请求人有约定的外，海事请求人应当返还；海事请求人不返还担保的，该担保至海事请求保全期间届满之次日失效。

第二十八条　船舶被扣押期间产生的各项维持费用和支出，应当作为为债权人共同利益支出的费用，从拍卖船舶的价款中优先拨付。

第二十九条　海事法院根据海事诉讼特别程序法第二十七条的规定准许已经实施保全的船舶继续营运的，一般仅限于航行于国内航线上的船舶完成本航次。

第三十条　申请扣押船舶的海事请求人在提起诉讼或者申请仲裁后，不申请拍卖被扣押船舶的，海事法院可以根据被申请人的申请拍卖船舶。拍卖所得价款由海事法院提存。

第三十一条　海事法院裁定拍卖船舶，应当通过报纸或者其他新闻媒体连续公告三日。

第三十二条　利害关系人请求终止拍卖被扣押船舶的，是否准许，海事法院应当作出裁定；海事法院裁定终止拍卖船舶的，为准备拍卖船舶所发生的费用由利害关系人承担。

第三十三条　拍卖船舶申请人或者利害关系人申请终止拍卖船舶的，应当在公告确定的拍卖船舶日期届满七日前提出。

第三十四条　海事请求人和被请求人应当按照海事法院的要求提供海事诉讼特别程序法第三十三条规定的已知的船舶优先权人、抵押权人和船舶所有人的有关确切情况。

第三十五条　海事诉讼特别程序法第三十八条规定的船舶现状指船舶展示时的状况。船舶交接时的状况与船舶展示时的状况经评估确有明显差别的，船舶价款应当作适当的扣减，但属于正常损耗或者消耗的燃油不在此限。

第三十六条　海事请求人申请扣押船载货物的价值应当与其请求的债权数额相当，但船载货物为不可分割的财产除外。

第三十七条　拍卖的船舶移交后，海事法院应当及时通知相关的船舶登记机关。

第三十八条　海事请求人申请扣押船用燃油、物料的，除适用海事诉讼特别程序法第五十条的规定外，还可以适用海事诉讼特别程序法第三章第一节的规定。

第三十九条　二十总吨以下小型船艇的扣押和拍卖，可以依照民事诉讼法规定的扣押和拍卖程序进行。

第四十条　申请人依据《中华人民共和国海商法》第八十八条规定申请拍卖留置的货物的，参照海事诉讼特别程序法关于拍卖船载货物的规定执行。

三、关于海事强制令

第四十一条　诉讼或者仲裁前申请海事强制令的，适用海事诉讼特别程序法第五十三条的规定。

外国法院已受理相关海事案件或者有关纠纷已经提交仲裁的，当事人向中华人民共和国的海事法院提出海事强制令申请，并向法院提供可以执行海事强制令的相关证据的，海事法院应当受理。

第四十二条　海事法院根据海事诉讼特别程序法第五十七条规定,准予申请人海事强制令申请的,应当制作民事裁定书并发布海事强制令。

第四十三条　海事强制令由海事法院执行。被申请人、其他相关单位或者个人不履行海事强制令的,海事法院应当依据民事诉讼法的有关规定强制执行。

第四十四条　利害关系人对海事法院作出海事强制令的民事裁定提出异议,海事法院经审查认为理由不成立的,应当书面通知利害关系人。

第四十五条　海事强制令发布后十五日内,被请求人未提出异议,也未就相关的海事纠纷提起诉讼或者申请仲裁的,海事法院可以应申请人的请求,返还其提供的担保。

第四十六条　被请求人依据海事诉讼特别程序法第六十条的规定要求海事请求人赔偿损失的,由发布海事强制令的海事法院受理。

四、关于海事证据保全

第四十七条　诉讼前申请海事证据保全,适用海事诉讼特别程序法第六十四条的规定。

外国法院已受理相关海事案件或者有关纠纷已经提交仲裁,当事人向中华人民共和国的海事法院提出海事证据保全申请,并提供被保全的证据在中华人民共和国领域内的相关证据的,海事法院应当受理。

第四十八条　海事请求人申请海事证据保全,申请书除应当依照海事诉讼特别程序法第六十五条的规定载明相应内容外,还应当载明证据收集、调取的有关线索。

第四十九条　海事请求人在采取海事证据保全的海事法院提起诉讼后,可以申请复制保全的证据材料;相关海事纠纷在中华人民共和国领域内的其他海事法院或者仲裁机构受理的,受诉法院或者仲裁机构应海事请求人的申请可以申请复制保全的证据材料。

第五十条　利害关系人对海事法院作出的海事证据保全裁定提出异议,海事法院经审查认为理由不成立的,应当书面通知利害关系人。

第五十一条　被请求人依据海事诉讼特别程序法第七十一条的规定要求海事请求人赔偿损失的,由采取海事证据保全的海事法院受理。

五、关于海事担保

第五十二条　海事诉讼特别程序法第七十七条规定的正当理由指:

(1)海事请求人请求担保的数额过高;

(2)被请求人已采取其他有效的担保方式;

(3)海事请求人的请求权消灭。

六、关于送达

第五十三条　有关海事强制令、海事证据保全的法律文书可以向当事船舶的船长送达。

第五十四条　应当向被告送达的开庭传票等法律文书,可以向被扣押的被告船舶的船长送达,但船长作为原告的除外。

第五十五条　海事诉讼特别程序法第八十条第一款(三)项规定的其他适当方式包括传真、电子邮件(包括受送达人的专门网址)等送达方式。

通过以上方式送达的,应确认受送达人确已收悉。

七、关于审判程序

第五十六条　海事诉讼特别程序法第八十四条规定的当事人应当在开庭审理前完成举证的内容,包括当事人按照海事诉讼特别程序法第八十二条的规定填写《海事事故调查表》和提交有关船舶碰撞的事实证据材料。

前款规定的证据材料,当事人应当在一审开庭前向海事法院提供。

第五十七条　《海事事故调查表》属于当事人对发生船舶碰撞基本事实的陈述。经对方当事人认可或者经法院查证属实,可以作为认定事实的依据。

第五十八条　有关船舶碰撞的事实证据材料指涉及船舶碰撞的经过、碰撞原因等方面的证据材料。

有关船舶碰撞的事实证据材料,在各方当事人完成举证后进行交换。当事人在完成举证前向法院申请查阅有关船舶碰撞的事实证据材料的,海事法院应予驳回。

第五十九条 海事诉讼特别程序法第八十五条规定的新的证据指非当事人所持有，在开庭前尚未掌握或者不能获得，因而在开庭前不能举证的证据。

第六十条 因船舶碰撞以外的海事海商案件需要进行船舶检验或者估价的，适用海事诉讼特别程序法第八十六条的规定。

第六十一条 依据《中华人民共和国海商法》第一百七十条的规定提起的诉讼和因船舶触碰造成损害提起的诉讼，参照海事诉讼特别程序法关于审理船舶碰撞案件的有关规定审理。

第六十二条 未经理算的共同海损纠纷诉至海事法院的，海事法院应责令当事人自行委托共同海损理算。确有必要由海事法院委托理算的，由当事人提出申请，委托理算的费用由主张共同海损的当事人垫付。

第六十三条 当事人对共同海损理算报告提出异议，经海事法院审查异议成立，需要补充理算或者重新理算的，应当由原委托人通知理算人进行理算。原委托人不通知理算的，海事法院可以通知理算人重新理算，有关费用由异议人垫付；异议人拒绝垫付费用的，视为撤销异议。

第六十四条 因与共同海损纠纷有关的非共同海损损失向责任人提起的诉讼，适用海事诉讼特别程序法第九十二条规定的审限。

第六十五条 保险人依据海事诉讼特别程序法第九十五条规定行使代位请求赔偿权利，应当以自己的名义进行；以他人名义提起诉讼的，海事法院应不予受理或者驳回起诉。

第六十六条 保险人依据海事诉讼特别程序法第九十五条的规定请求变更当事人或者请求作为共同原告参加诉讼的，海事法院应当予以审查并作出是否准予的裁定。当事人对裁定不服的，可以提起上诉。

第六十七条 保险人依据海事诉讼特别程序法第九十五条的规定参加诉讼的，被保险人依此前进行的诉讼行为所取得的财产保全或者通过扣押取得的担保权益等，在保险人的代位请求赔偿权利范围内对保险人有效。被保险人因自身过错产生的责任，保险人不予承担。

第六十八条 海事诉讼特别程序法第九十六条规定的支付保险赔偿的凭证指赔偿金收据、银行支付单据或者其他支付凭证。仅有被保险人出具的权利转让书但不能出具实际支付证明的，不能作为保险人取得代位请求赔偿权利的事实依据。

第六十九条 海事法院根据油污损害的保险人或者提供财务保证的其他人的请求，可以通知船舶所有人作为无独立请求权的第三人参加诉讼。

第七十条 海事诉讼特别程序法第一百条规定的失控指提单或者其他提货凭证被盗、遗失。

第七十一条 申请人依据海事诉讼特别程序法第一百条的规定向海事法院申请公示催告的，应当递交申请书。申请书应当载明：提单等提货凭证的种类、编号、货物品名、数量、承运人、托运人、收货人、承运船舶名称、航次以及背书情况和申请的理由、事实等。有副本的应当附有单证的副本。

第七十二条 海事法院决定受理公示催告申请的，应当同时通知承运人、承运人的代理人或者货物保管人停止交付货物，并于三日内发出公告，敦促利害关系人申报权利。公示催告的期间由海事法院根据情况决定，但不得少于三十日。

第七十三条 承运人、承运人的代理人或者货物保管人收到海事法院停止交付货物的通知后，应当停止交付，至公示催告程序终结。

第七十四条 公示催告期间，转让提单的行为无效；有关货物的存储保管费用及风险由申请人承担。

第七十五条 公示催告期间，国家重点建设项目待安装、施工、生产的货物，救灾物资，或者货物本身属性不宜长期保管以及季节性货物，在申请人提供充分可靠担保的情况下，海事法院可以依据申请人的申请作出由申请人提取货物的裁定。

承运人、承运人的代理人或者货物保管人收到海事法院准予提取货物的裁定后，应当依据裁定的指令将货物交付给指定的人。

第七十六条 公示催告期间，利害关系人可以向海事法院申报权利。海事法院收到利害关系人的申报后，应当裁定终结公示催告程序，并通知申请人和承运人、承运人的代理人或者货物保管人。

申请人、申报人可以就有关纠纷向海事法院提起诉讼。

第七十七条 公示催告期间无人申报的,海事法院应当根据申请人的申请作出判决,宣告提单或者有关提货凭证无效。判决内容应当公告,并通知承运人、承运人的代理人或者货物保管人。自判决公告之日起,申请人有权请求承运人、承运人的代理人或者货物保管人交付货物。

第七十八条 利害关系人因正当理由不能在公示催告期间向海事法院申报的,自知道或者应当知道判决公告之日起一年内,可以向作出判决的海事法院起诉。

八、关于设立海事赔偿责任限制基金程序

第七十九条 海事诉讼特别程序法第一百零一条规定的船舶所有人指有关船舶证书上载明的船舶所有人。

第八十条 海事事故发生在中华人民共和国领域外的,船舶发生事故后进入中华人民共和国领域内的第一到达港视为海事诉讼特别程序法第一百零二条规定的事故发生地。

第八十一条 当事人在诉讼中申请设立海事赔偿责任限制基金的,应当向受理相关海事纠纷案件的海事法院提出,但当事人之间订有有效诉讼管辖协议或者仲裁协议的除外。

第八十二条 设立海事赔偿责任限制基金应当通过报纸或者其他新闻媒体连续公告三日。如果涉及的船舶是可以航行于国际航线的,应当通过对外发行的报纸或者其他新闻媒体发布公告。

第八十三条 利害关系人依据海事诉讼特别程序法第一百零六条的规定对申请人设立海事赔偿责任限制基金提出异议的,海事法院应当对设立基金申请人的主体资格、事故所涉及的债权性质和申请设立基金的数额进行审查。

第八十四条 准予申请人设立海事赔偿责任限制基金的裁定生效后,申请人应当在三日内在海事法院设立海事赔偿责任限制基金。申请人逾期未设立基金的,按自动撤回申请处理。

第八十五条 海事诉讼特别程序法第一百零八条规定的担保指中华人民共和国境内的银行或者其他金融机构所出具的担保。

第八十六条 设立海事赔偿责任限制基金后,向基金提出请求的任何人,不得就该项索赔对设立或以其名义设立基金的人的任何其他财产,行使任何权利。

九、关于债权登记与受偿程序

第八十七条 海事诉讼特别程序法第一百一十一条规定的与被拍卖船舶有关的债权指与被拍卖船舶有关的海事债权。

第八十八条 海事诉讼特别程序法第一百一十五条规定的判决书、裁定书、调解书和仲裁裁决书指我国国内的判决书、裁定书、调解书和仲裁裁决书。对于债权人提供的国外的判决书、裁定书、调解书和仲裁裁决书,适用民事诉讼法第二百六十六条和第二百六十七条规定的程序审查。①

第八十九条 在债权登记前,债权人已向受理债权登记的海事法院以外的海事法院起诉的,受理案件的海事法院应当将案件移送至登记债权的海事法院一并审理,但案件已经进入二审的除外。

第九十条 债权人依据海事诉讼特别程序法第一百一十六条规定向受理债权登记的海事法院提起确权诉讼的,应当在办理债权登记后七日内提起。

第九十一条 海事诉讼特别程序法第一百一十九条第二款规定的三项费用按顺序拨付。

十、关于船舶优先权催告程序

第九十二条 船舶转让合同订立后船舶实际交付前,受让人即可申请船舶优先权催告。

受让人不能提供原船舶证书的,不影响船舶优先权催告申请的提出。

第九十三条 海事诉讼特别程序法第一百二十条规定的受让人指船舶转让中的买方和有买船意向的人,但受让人申请海事法院作出除权

① 本条根据法释〔2008〕18号第七十条调整。

判决时,必须提交其已经实际受让船舶的证据。

第九十四条　船舶受让人对不准予船舶优先权催告申请的裁定提出复议的,海事法院应当在七日内作出复议决定。

第九十五条　海事法院准予船舶优先权催告申请的裁定生效后,应当通过报纸或者其他新闻媒体连续公告三日。优先权催告的船舶为可以航行于国际航线的,应当通过对外发行的报纸或者其他新闻媒体发布公告。

第九十六条　利害关系人在船舶优先权催告期间提出优先权主张的,海事法院应当裁定优先权催告程序终结。

十一、其　　他

第九十七条　在中华人民共和国领域内进行海事诉讼,适用海事诉讼特别程序法的规定。海事诉讼特别程序法没有规定的,适用民事诉讼法的有关规定。

第九十八条　本规定自2003年2月1日起实施。

最高人民法院关于海事法院拍卖被扣押船舶清偿债务的规定①

(1994年7月6日　法发〔1994〕19号)

根据《中华人民共和国民法通则》、《中华人民共和国民事诉讼法》、《中华人民共和国海商法》和有关法律规定,在总结审判经验的基础上,参照国际惯例和国际习惯作法,对拍卖被扣押船舶清偿债务规定如下:

一、拍卖船舶

(一)船舶被扣押后,申请人提起诉讼的,扣船由诉前保全自动转入诉讼保全,诉讼保全扣船不受诉前扣船期限限制。船舶所有人在法定期限届满拒不提供充分、可靠的担保;或者船舶本身机件、设备不宜继续扣押的,海事法院应申请人的申请依照法定程序对被扣押船舶拍卖。

被拍卖船舶的所有人必须是被告,且应对该项海事请求确实负有责任。

(二)申请人申请拍卖船舶,应向扣押船舶的海事法院提起诉讼,并提交拍卖船舶申请书。

(三)海事法院收到拍卖船舶申请后,应认真进行审查,及时作出准予或不准予拍卖的裁定书。裁定书由院长批准。当事人对裁定不服的,可以申请复议一次,复议期间,不停止裁定的执行。

(四)拍卖船舶因申请错误造成损失的,由申请人负责赔偿。

在提交拍卖船舶申请后,申请人又提请终止拍卖船舶的,是否准许,由海事法院裁定。准予终止申请的,申请人应承担在拍卖船舶准备阶段所发生的一切费用。不予准许的,裁定驳回申请。

(五)拍卖船舶费用由被申请人支付。

申请人申请拍卖船舶应预付拍卖船舶费用,不预付的,其申请不予准许。

(六)海事法院裁定准许拍卖船舶的,应向被拍卖船舶登记国的登记当局、已登记的船舶优先权人、抵押权人和已登记的船舶所有人发出售船通知。通知内容包括拍卖船舶的时间、地点、拍卖船舶的理由和依据等,以书面形式并以签收邮件或能确认收悉的任何电子或其他适当手段,在拍卖前三十日发给已知的前述被通知人。海事法院拍卖船舶,应在我国对外发行的主要报刊和当地报刊上连续公告三日。公告应包括以下内容:

1. 拍卖船舶的理由和依据;
2. 成立拍卖船舶委员会负责卖船事宜;
3. 拍卖的时间、地点和联系办法;
4. 办理债权登记事项等。

(七)拍卖船舶委员会由海事法院指定本院执行员和聘请会计师、验船师三人或五人组成。拍卖船舶委员会对海事法院负责并报告工作。

拍卖船舶委员会的任务是:组织对船舶进行鉴定、估价、主持拍卖,并负责与买方签署拍卖成交确认书;拍卖成交后,办理船舶移交手续,签署船舶移交完毕确认书。

(八)与拍卖船舶有关的债权人,应自公告之日起六十日内向海事法院办理债权登记。逾期不登记的,视为放弃在本次拍卖中受偿的权利。

---

① 编者注:已废止。

债权人登记债权,应提交书面申请和享有债权的证据,以及个人或企业法定代表人身份证明书和其他有关文件。缴纳登记费。

(九)买船人应在规定的期限内向拍卖船舶委员会登记,并在拍卖前交验本人或者本企业法定代表人身份证明、委托代理人的授权委托书和支付能力的银行证明。

(十)拍卖船舶委员会对拍卖船舶的底价在估价的基础上提出建议,由海事法院确定,底价不得公开。

(十一)拍卖船舶以底价以上最高报价成交。如报价低于底价,可再次拍卖或者以其他形式变卖。

(十二)拍卖成交后,由拍卖船舶委员会与买方签署拍卖成交确认书。买方须当即交付船价25%的定金,并在成交之次日起七日内付清全部价款。买方反悔者,定金不予返还。七日内未付清价款的,视为反悔。拍卖船舶委员会与买方另有约定的除外。

(十三)买方付清全部价款后,拍卖船舶委员会应在规定的期限内,于船舶停泊地以售船原状办理移交手续。与买方签署船舶移交完毕确认书。

(十四)海事法院在移交船舶的同时,发布解除扣押船舶命令。

(十五)拍卖船舶结束后,海事法院应在前述报刊上刊登公告,说明船舶业已公开拍卖给买方,船舶所有权及其风险自移交时起已经转移,买方对船舶在移交以前所负的债务不承担任何责任,船舶原所有人应向原登记机关办理注销登记。

二、债权审查与确认

(一)海事法院应对起诉的案件及时审理,确认原告的债权及数额;

(二)审查已登记的债权,确定参加债务清偿的债权人,并发出通知书;

(三)确定债权人清偿顺序。

三、债务清偿

(一)债权登记届满后,由海事法院主持召开债权人会议。全体债权人通过协商,根据清偿顺序提出分配方案,签订清偿协议,经海事法院裁定予以认可。协商不成由海事法院裁定;

(二)拍卖船舶所得价款及其利息一并参加分配;

(三)清偿顺序:

按照我国《海商法》第二十一条、第二十二条、第二十三条、第二十四条和第二十五条规定进行清偿。

已登记的其他债权的受偿位于前款顺序之后。

在按上列顺序清偿前,诉讼费用,为保存、拍卖船舶和分配船舶价款产生的费用,以及为海事请求人的共同利益支付的其他费用,应当从船舶拍卖所得价款中优先拨付。

(四)清偿债务后的余款,应归还原船舶所有人。

四、海事法院在执行程序中拍卖被扣押船舶清偿债务的,可参照上述有关规定办理。

五、本规定自颁布之日起施行。本院一九八七年八月二十九日发布的《关于强制变卖被扣押船舶清偿债务的具体规定》同时废止。

最高人民法院关于扣押与拍卖船舶适用法律若干问题的规定

(2014年12月8日最高人民法院审判委员会第1631次会议通过 2015年2月28日最高人民法院公告公布 自2015年3月1日起施行 法释〔2015〕6号)

为规范海事诉讼中扣押与拍卖船舶,根据《中华人民共和国民事诉讼法》《中华人民共和国海事诉讼特别程序法》等法律,结合司法实践,制定本规定。

第一条 海事请求人申请对船舶采取限制处分或者抵押等保全措施的,海事法院可以依照民事诉讼法的有关规定,裁定准许并通知船舶登记机关协助执行。

前款规定的保全措施不影响其他海事请求人申请扣押船舶。

第二条 海事法院应不同海事请求人的申请,可以对本院或其他海事法院已经扣押的船舶采取扣押措施。

先申请扣押船舶的海事请求人未申请拍卖

船舶的,后申请扣押船舶的海事请求人可以依据海事诉讼特别程序法第二十九条的规定,向准许其扣押申请的海事法院申请拍卖船舶。

第三条　船舶因光船承租人对海事请求负有责任而被扣押的,海事请求人依据海事诉讼特别程序法第二十九条的规定,申请拍卖船舶用于清偿光船承租人经营该船舶产生的相关债务的,海事法院应予准许。

第四条　海事请求人申请扣押船舶的,海事法院应当责令其提供担保。但因船员劳务合同、海上及通海水域人身损害赔偿纠纷申请扣押船舶,且事实清楚、权利义务关系明确的,可以不要求提供担保。

第五条　海事诉讼特别程序法第七十六条第二款规定的海事请求人提供担保的具体数额,应当相当于船舶扣押期间可能产生的各项维持费用与支出、因扣押造成的船期损失和被请求人为使船舶解除扣押而提供担保所支出的费用。

船舶扣押后,海事请求人提供的担保不足以赔偿可能给被请求人造成损失的,海事法院应责令其追加担保。

第六条　案件终审后,海事请求人申请返还其所提供担保的,海事法院应将该申请告知被请求人,被请求人在三十日内未提起相关索赔诉讼的,海事法院可以准许海事请求人返还担保的申请。

被请求人同意返还,或生效法律文书认定被请求人负有责任,且赔偿或给付金额与海事请求人要求被请求人提供担保的数额基本相当的,海事法院可以直接准许海事请求人返还担保的申请。

第七条　船舶扣押期间由船舶所有人或光船承租人负责管理。

船舶所有人或光船承租人不履行船舶管理职责的,海事法院可委托第三人或者海事请求人代为管理,由此产生的费用由船舶所有人或光船承租人承担,或在拍卖船舶价款中优先拨付。

第八条　船舶扣押后,海事请求人依据海事诉讼特别程序法第十九条的规定,向其他有管辖权的海事法院提起诉讼的,可以由扣押船舶的海事法院继续实施保全措施。

第九条　扣押船舶裁定执行前,海事请求人撤回扣押船舶申请的,海事法院应当裁定予以准许,并终结扣押船舶裁定的执行。

扣押船舶裁定作出后因客观原因无法执行的,海事法院应当裁定终结执行。

第十条　船舶拍卖未能成交,需要再次拍卖的,适用拍卖法第四十五条关于拍卖日七日前发布拍卖公告的规定。

第十一条　拍卖船舶由拍卖船舶委员会实施,海事法院不另行委托拍卖机构进行拍卖。

第十二条　海事法院拍卖船舶应当依据评估价确定保留价。保留价不得公开。

第一次拍卖时,保留价不得低于评估价的百分之八十;因流拍需要再行拍卖的,可以酌情降低保留价,但降低的数额不得超过前次保留价的百分之二十。

第十三条　对经过两次拍卖仍然流拍的船舶,可以进行变卖。变卖价格不得低于评估价的百分之五十。

第十四条　依照本规定第十三条变卖仍未成交的,经已受理登记债权三分之二以上份额的债权人同意,可以低于评估价的百分之五十进行变卖处理。仍未成交的,海事法院可以解除船舶扣押。

第十五条　船舶经海事法院拍卖、变卖后,对该船舶已采取的其他保全措施效力消灭。

第十六条　海事诉讼特别程序法第一百一十一条规定的申请债权登记期间的届满之日,为拍卖船舶公告最后一次发布之日起第六十日。

前款所指公告为第一次拍卖时的拍卖船舶公告。

第十七条　海事法院受理债权登记申请后,应当在船舶被拍卖、变卖成交后,依照海事诉讼特别程序法第一百一十四条的规定作出是否准予的裁定。

第十八条　申请拍卖船舶的海事请求人未经债权登记,直接要求参与拍卖船舶价款分配的,海事法院应予准许。

第十九条　海事法院裁定终止拍卖船舶的,应当同时裁定终结债权登记受偿程序,当事人已经缴纳的债权登记申请费予以退还。

第二十条　当事人在债权登记前已经就有

关债权提起诉讼的,不适用海事诉讼特别程序法第一百一十六条第二款的规定,当事人对海事法院作出的判决、裁定可以依法提起上诉。

第二十一条 债权人依照海事诉讼特别程序法第一百一十六条第一款的规定提起确权诉讼后,需要判定碰撞船舶过失程度比例的,当事人对海事法院作出的判决、裁定可以依法提起上诉。

第二十二条 海事法院拍卖、变卖船舶所得价款及其利息,先行拨付海事诉讼特别程序法第一百一十九条第二款规定的费用后,依法按照下列顺序进行分配:

(一)具有船舶优先权的海事请求;

(二)由船舶留置权担保的海事请求;

(三)由船舶抵押权担保的海事请求;

(四)与被拍卖、变卖船舶有关的其他海事请求。

依据海事诉讼特别程序法第二十三条第二款的规定申请扣押船舶的海事请求人申请拍卖船舶的,在前款规定海事请求清偿后,参与船舶价款的分配。

依照前款规定分配后的余款,按照民事诉讼法及相关司法解释的规定执行。

第二十三条 当事人依照民事诉讼法第十五章第七节的规定,申请拍卖船舶实现船舶担保物权的,由船舶所在地或船籍港所在地的海事法院管辖,按照海事诉讼特别程序法以及本规定关于船舶拍卖受偿程序的规定处理。

第二十四条 海事法院的上级人民法院扣押与拍卖船舶的,适用本规定。

执行程序中拍卖被扣押船舶清偿债务的,适用本规定。

第二十五条 本规定施行前已经实施的船舶扣押与拍卖,本规定施行后当事人申请复议的,不适用本规定。

本规定施行后,最高人民法院1994年7月6日制定的《关于海事法院拍卖被扣押船舶清偿债务的规定》(法发〔1994〕14号)同时废止。最高人民法院以前发布的司法解释和规范性文件与本规定不一致的,以本规定为准。

最高人民法院关于海事法院受理案件范围的若干规定①

(2001年8月9日最高人民法院审判委员会第1187次会议通过 2001年9月11日最高人民法院公告公布 自2001年9月18日起施行 法释〔2001〕27号)

《中华人民共和国海事诉讼特别程序法》已于2000年7月1日起施行。根据《中华人民共和国民事诉讼法》、《中华人民共和国海事诉讼特别程序法》、《中华人民共和国行政诉讼法》以及我国参加和批准的有关国际公约,参照国际习惯做法,在总结我国海事审判实践经验的基础上,现将海事法院的收案范围规定如下:

一、海事侵权纠纷案件

1. 船舶碰撞损害赔偿案件,包括浪损等间接碰撞的损害赔偿纠纷案件。

2. 船舶触碰海上、通海水域、港口及其岸上的设施或者其他财产的损害赔偿纠纷案件,其中包括船舶触碰码头、防波堤、栈桥、船闸、桥梁以及触碰航标等助航设施和其他海上设施的损害赔偿纠纷案件。

3. 船舶损坏在空中架设或者在海底、通海水域水下敷设的设施或者其他财产的损害赔偿纠纷案件。

4. 船舶排放、泄漏、倾倒油类、污水或者其他有害物质,造成水域污染或者他船、货物及其他财产损失的损害赔偿纠纷案件。

5. 海上或者通海水域的航运、生产、作业或者船舶建造、修理、拆解或者港口作业、建设,造成水域污染、滩涂污染或者他船、货物及其他财产损失的损害赔偿纠纷案件。

6. 船舶的航行或者作业损害捕捞、养殖设施、水产养殖物的赔偿纠纷案件。

7. 航道中的沉船沉物及其残骸、废弃物,海上或者通海水域的临时或者永久性设施、装置不当,影响船舶航行,造成船舶、货物及其他财产损

① 编者注:已废止。

失的损害赔偿纠纷案件。

8. 船舶在海上或者通海水域进行航运、作业,或者港口作业过程中的人身伤亡事故引起的损害赔偿纠纷案件。

9. 非法留置船舶、船载货物和船舶物料、备品纠纷案件。

10. 其他海事侵权纠纷案件。

二、海商合同纠纷案件

11. 海上、通海水域货物运输合同纠纷案件,其中包括远洋运输、含有海运区段的国际多式联运、沿海和内河运输,以及水水联运、水陆联运等水上货物运输合同纠纷案件。

12. 海上、通海水域旅客和行李运输合同纠纷案件。

13. 船舶经营管理合同纠纷案件。

14. 船舶的建造、买卖、修理、改建和拆解合同纠纷案件。

15. 船舶抵押合同纠纷案件。

16. 船舶租用合同纠纷案件,其中包括光船租赁(含租购)、定期租船、航次租船合同纠纷案件。

17. 船舶融资租赁合同纠纷案件。

18. 沿海、通海水域的运输船舶的承包合同纠纷案件。

19. 渔船承包合同纠纷案件。

20. 船舶属具和海运集装箱租赁、保管合同纠纷案件。

21. 港口货物保管合同纠纷案件。

22. 船舶代理合同纠纷案件。

23. 与海上或者通海水域的船舶运输有关的货运代理合同纠纷案件。

24. 船舶物料、备品供应合同纠纷案件。

25. 船员劳务合同纠纷案件。

26. 海难救助、海上打捞合同纠纷案件。

27. 拖航合同纠纷案件。

28. 海上保险、保赔合同纠纷案件,其中包括水运货物保险、船舶保险、油污和其他保赔责任险、人身保险、海上设施保险、集装箱保险等合同纠纷案件。

29. 海上、通海水域运输联营合同纠纷案件。

30. 与船舶营运有关的借款合同纠纷案件。

31. 海事担保合同纠纷案件。

32. 其他海商合同纠纷案件。

三、其他海事海商纠纷案件

33. 在海上或者通海水域、港口的运输、作业(含捕捞作业)中发生的重大责任事故引起的赔偿纠纷案件。

34. 港口作业纠纷案件。

35. 共同海损纠纷案件。

36. 海洋开发利用纠纷案件,其中包括对大陆架的开发和利用(如海洋石油、天然气的开采),海水淡化和综合利用、海洋水下工程、海洋科学考察等纠纷案件。

37. 从事海上或者通海水域运输、渔业生产的船舶共有人之间的经营、收益、分配和财产分割纠纷案件。

38. 船舶所有权、占有权、使用权、抵押权、留置权和优先权的纠纷案件。

39. 海运欺诈纠纷案件。

40. 海事行政案件。

41. 海事行政赔偿案件。

42. 申请认定海事仲裁协议效力的案件。

43. 申请撤销海事仲裁裁决案件。

44. 申请认定海上或者通海水域财产无主的案件。

45. 申请无因管理海上、通海水域财产的案件。

46. 申请因海事事故宣告死亡的案件。

47. 海事请求保全案件,包括海事请求权人为保障其海事请求权的实现。在诉讼前申请扣押船舶、船载货物、船用物料及备品、船用燃油的案件,以及在诉讼前申请冻结、查封财产的案件。

48. 因申请海事请求保全错误或者请求担保数额过高引起的损害赔偿纠纷案件。

49. 海事强制令案件。

50. 海事证据保全案件。

51. 因错误申请海事强制令、海事证据保全引起的损害赔偿纠纷案件。

52. 海事支付令案件。

53. 海事公示催告案件。

54. 设立海事赔偿责任限制基金案件。

55. 海事债权登记、受偿案件。

56. 与海事债权登记相关的确权诉讼案件。

57. 船舶优先权催告案件。

58. 法律规定由海事法院受理的和上级人民法院交办的其他案件。

四、海事执行案件

59. 申请执行海事法院及其上诉审高级人民法院和最高人民法院就海事请求作出的生效法律文书的案件。

60. 海洋、通海水域行政主管机关依法申请强制执行的案件。

61. 依据1958年《承认及执行外国仲裁裁决公约》的规定,申请承认、执行外国仲裁机构海事仲裁裁决的案件。

62. 申请执行公证机关确认的与船舶和船舶营运有关的债权文书的案件。

63. 依照我国与外国签订的司法协助协定,或者按照互惠原则申请承认和协助执行外国法院裁决的海事海商案件。

五、其他规定

64. 海事法院受理的行政案件,其上诉审由分管海事海商案件的审判庭审理。

65. 本规定自颁布之日起施行。1989年5月13日法(交)发〔1989〕6号最高人民法院《关于印发〈关于海事法院收案范围的规定〉的通知》、1989年12月23日法(交)发〔1989〕39号《关于进一步贯彻执行海事法院收案范围的通知》同时废止。

66. 本院以前作出的有关规定与本规定不一致的,以本规定为准。

最高人民法院关于海事法院受理案件范围的规定

(2015年12月28日最高人民法院审判委员会第1674次会议通过 2016年2月24日最高人民法院公告公布 自2016年3月1日起施行 法释〔2016〕4号)

根据《中华人民共和国民事诉讼法》《中华人民共和国海事诉讼特别程序法》《中华人民共和国行政诉讼法》以及我国缔结或者参加的有关国际条约,结合我国海事审判实际,现将海事法院受理案件的范围规定如下:

一、海事侵权纠纷案件

1. 船舶碰撞损害责任纠纷案件,包括浪损等间接碰撞的损害责任纠纷案件;

2. 船舶触碰海上、通海可航水域、港口及其岸上的设施或者其他财产的损害责任纠纷案件,包括船舶触碰码头、防波堤、栈桥、船闸、桥梁、航标、钻井平台等设施的损害责任纠纷案件;

3. 船舶损坏在空中架设或者在海底、通海可航水域敷设的设施或者其他财产的损害责任纠纷案件;

4. 船舶排放、泄漏、倾倒油类、污水或者其他有害物质,造成水域污染或者他船、货物及其他财产损失的损害责任纠纷案件;

5. 船舶的航行或者作业损害捕捞、养殖设施及水产养殖物的责任纠纷案件;

6. 航道中的沉船沉物及其残骸、废弃物,海上或者通海可航水域的临时或者永久性设施、装置,影响船舶航行,造成船舶、货物及其他财产损失和人身损害的责任纠纷案件;

7. 船舶航行、营运、作业等活动侵害他人人身权益的责任纠纷案件;

8. 非法留置或者扣留船舶、船载货物和船舶物料、燃油、备品的责任纠纷案件;

9. 为船舶工程提供的船舶关键部件和专用物品存在缺陷而引起的产品质量责任纠纷案件;

10. 其他海事侵权纠纷案件。

二、海商合同纠纷案件

11. 船舶买卖合同纠纷案件;

12. 船舶工程合同纠纷案件;

13. 船舶关键部件和专用物品的分包施工、委托建造、订制、买卖等合同纠纷案件;

14. 船舶工程经营合同(含挂靠、合伙、承包等形式)纠纷案件;

15. 船舶检验合同纠纷案件;

16. 船舶工程场地租用合同纠纷案件;

17. 船舶经营管理合同(含挂靠、合伙、承包等形式)、航线合作经营合同纠纷案件;

18. 与特定船舶营运相关的物料、燃油、备品供应合同纠纷案件;

19. 船舶代理合同纠纷案件;

20. 船舶引航合同纠纷案件;

21. 船舶抵押合同纠纷案件;

22. 船舶租用合同（含定期租船合同、光船租赁合同等）纠纷案件；

23. 船舶融资租赁合同纠纷案件；

24. 船员劳动合同、劳务合同（含船员劳务派遣协议）项下与船员登船、在船服务、离船遣返相关的报酬给付及人身伤亡赔偿纠纷案件；

25. 海上、通海可航水域货物运输合同纠纷案件，包括含有海运区段的国际多式联运、水陆联运等货物运输合同纠纷案件；

26. 海上、通海可航水域旅客和行李运输合同纠纷案件；

27. 海上、通海可航水域货运代理合同纠纷案件；

28. 海上、通海可航水域运输集装箱租用合同纠纷案件；

29. 海上、通海可航水域运输理货合同纠纷案件；

30. 海上、通海可航水域拖航合同纠纷案件；

31. 轮渡运输合同纠纷案件；

32. 港口货物堆存、保管、仓储合同纠纷案件；

33. 港口货物抵押、质押等担保合同纠纷案件；

34. 港口货物质押监管合同纠纷案件；

35. 海运集装箱仓储、堆存、保管合同纠纷案件；

36. 海运集装箱抵押、质押等担保合同纠纷案件；

37. 海运集装箱融资租赁合同纠纷案件；

38. 港口或者码头租赁合同纠纷案件；

39. 港口或者码头经营管理合同纠纷案件；

40. 海上保险、保赔合同纠纷案件；

41. 以通海可航水域运输船舶及其营运收入、货物及其预期利润、船员工资和其他报酬、对第三人责任等为保险标的的保险合同、保赔合同纠纷案件；

42. 以船舶工程的设备设施以及预期收益、对第三人责任为保险标的的保险合同纠纷案件；

43. 以港口生产经营的设备设施以及预期收益、对第三人责任为保险标的的保险合同纠纷案件；

44. 以海洋渔业、海洋开发利用、海洋工程建设等活动所用的设备设施以及预期收益、对第三人的责任为保险标的的保险合同纠纷案件；

45. 以通海可航水域工程建设所用的设备设施以及预期收益、对第三人的责任为保险标的的保险合同纠纷案件；

46. 港航设备设施融资租赁合同纠纷案件；

47. 港航设备设施抵押、质押等担保合同纠纷案件；

48. 以船舶、海运集装箱、港航设备设施设定担保的借款合同纠纷案件，但当事人仅就借款合同纠纷起诉的案件除外；

49. 为购买、建造、经营特定船舶而发生的借款合同纠纷案件；

50. 为担保海上运输、船舶买卖、船舶工程、港口生产经营相关债权实现而发生的担保、独立保函、信用证等纠纷案件；

51. 与上述第11项至第50项规定的合同或者行为相关的居间、委托合同纠纷案件；

52. 其他海商合同纠纷案件。

三、海洋及通海可航水域开发利用与环境保护相关纠纷案件

53. 海洋、通海可航水域能源和矿产资源勘探、开发、输送纠纷案件；

54. 海水淡化和综合利用纠纷案件；

55. 海洋、通海可航水域工程建设（含水下疏浚、围海造地、电缆或者管道敷设以及码头、船坞、钻井平台、人工岛、隧道、大桥等建设）纠纷案件；

56. 海岸带开发利用相关纠纷案件；

57. 海洋科学考察相关纠纷案件；

58. 海洋、通海可航水域渔业经营（含捕捞、养殖等）合同纠纷案件；

59. 海洋开发利用设备设施融资租赁合同纠纷案件；

60. 海洋开发利用设备设施抵押、质押等担保合同纠纷案件；

61. 以海洋开发利用设备设施设定担保的借款合同纠纷案件，但当事人仅就借款合同纠纷起诉的案件除外；

62. 为担保海洋及通海可航水域工程建设、海洋开发利用等海上生产经营相关债权实现而发生的担保、独立保函、信用证等纠纷案件；

63. 海域使用权纠纷(含承包、转让、抵押等合同纠纷及相关侵权纠纷)案件,但因申请海域使用权引起的确权纠纷案件除外;

64. 与上述第53项至63项规定的合同或者行为相关的居间、委托合同纠纷案件;

65. 污染海洋环境、破坏海洋生态责任纠纷案件;

66. 污染通海可航水域环境、破坏通海可航水域生态责任纠纷案件;

67. 海洋或者通海可航水域开发利用、工程建设引起的其他侵权责任纠纷及相邻关系纠纷案件。

四、其他海事海商纠纷案件

68. 船舶所有权、船舶优先权、船舶留置权、船舶抵押权等船舶物权纠纷案件;

69. 港口货物、海运集装箱及港航设备设施的所有权、留置权、抵押权等物权纠纷案件;

70. 海洋、通海可航水域开发利用设备设施等财产的所有权、留置权、抵押权等物权纠纷案件;

71. 提单转让、质押所引起的纠纷案件;

72. 海难救助纠纷案件;

73. 海上、通海可航水域打捞清除纠纷案件;

74. 共同海损纠纷案件;

75. 港口作业纠纷案件;

76. 海上、通海可航水域财产无因管理纠纷案件;

77. 海运欺诈纠纷案件;

78. 与航运经纪及航运衍生品交易相关的纠纷案件。

五、海事行政案件

79. 因不服海事行政机关作出的涉及海上、通海可航水域或者港口内的船舶、货物、设备设施、海运集装箱等财产的行政行为而提起的行政诉讼案件;

80. 因不服海事行政机关作出的涉及海上、通海可航水域运输经营及相关辅助性经营、货运代理、船员适任与上船服务等方面资质资格与合法性事项的行政行为而提起的行政诉讼案件;

81. 因不服海事行政机关作出的涉及海洋、通海可航水域开发利用、渔业、环境与生态资源保护等活动的行政行为而提起的行政诉讼案件;

82. 以有关海事行政机关拒绝履行上述第79项至第81项所涉行政管理职责或者不予答复而提起的行政诉讼案件;

83. 以有关海事行政机关及其工作人员作出上述第79项至第81项行政行为或者行使相关行政管理职权损害合法权益为由,请求有关行政机关承担国家赔偿责任的案件;

84. 以有关海事行政机关及其工作人员作出上述第79项至第81项行政行为或者行使相关行政管理职权影响合法权益为由,请求有关行政机关承担国家补偿责任的案件;

85. 有关海事行政机关作出上述第79项至第81项行政行为而依法申请强制执行的案件。

六、海事特别程序案件

86. 申请认定海事仲裁协议效力的案件;

87. 申请承认、执行外国海事仲裁裁决,申请认可、执行香港特别行政区、澳门特别行政区、台湾地区海事仲裁裁决,申请执行或者撤销国内海事仲裁裁决的案件;

88. 申请承认、执行外国法院海事裁判文书,申请认可、执行香港特别行政区、澳门特别行政区、台湾地区法院海事裁判文书的案件;

89. 申请认定海上、通海可航水域财产无主的案件;

90. 申请无因管理海上、通海可航水域财产的案件;

91. 因海上、通海可航水域活动或者事故申请宣告失踪、宣告死亡的案件;

92. 起诉前就海事纠纷申请扣押船舶、船载货物、船用物料、船用燃油或者申请保全其他财产的案件;

93. 海事请求人申请财产保全错误或者请求担保数额过高引起的责任纠纷案件;

94. 申请海事强制令案件;

95. 申请海事证据保全案件;

96. 因错误申请海事强制令、海事证据保全引起的责任纠纷案件;

97. 就海事纠纷申请支付令案件;

98. 就海事纠纷申请公示催告案件;

99. 申请设立海事赔偿责任限制基金(含油污损害赔偿责任限制基金)案件;

100. 与拍卖船舶或者设立海事赔偿责任限

制基金(含油污损害赔偿责任限制基金)相关的债权登记与受偿案件;

101. 与拍卖船舶或者设立海事赔偿责任限制基金(含油污损害赔偿责任限制基金)相关的确权诉讼案件;

102. 申请从油污损害赔偿责任限制基金中代位受偿案件;

103. 船舶优先权催告案件;

104. 就海事纠纷申请司法确认调解协议案件;

105. 申请实现以船舶、船载货物、船用物料、海运集装箱、港航设备设施、海洋开发利用设备设施等财产为担保物的担保物权案件;

106. 地方人民法院为执行生效法律文书委托扣押、拍卖船舶案件;

107. 申请执行海事法院及其上诉审高级人民法院和最高人民法院就海事纠纷作出的生效法律文书案件;

108. 申请执行与海事纠纷有关的公证债权文书案件。

七、其他规定

109. 本规定中的船舶工程系指船舶的建造、修理、改建、拆解等工程及相关的工程监理;本规定中的船舶关键部件和专用物品,系指舱盖板、船壳、龙骨、甲板、救生艇、船用主机、船用辅机、船用钢板、船用油漆等船舶主体结构、重要标志性部件以及专供船舶或者船舶工程使用的设备和材料。

110. 当事人提起的民商事诉讼、行政诉讼包含本规定所涉海事纠纷的,由海事法院受理。

111. 当事人就本规定中有关合同所涉事由引起的纠纷,以侵权等非合同诉由提起诉讼的,由海事法院受理。

112. 法律、司法解释规定或者上级人民法院指定海事法院管辖其他案件的,从其规定或者指定。

113. 本规定自2016年3月1日起施行。最高人民法院于2001年9月11日公布的《关于海事法院受理案件范围的若干规定》(法释〔2001〕27号)同时废止。

114. 最高人民法院以前作出的有关规定与本规定不一致的,以本规定为准。

中华人民共和国
人民法院法庭规则(试行)①

(1979年12月11日最高人民法院审判委员会会议通过)

第一条　法庭是人民法院行使国家审判权,审判刑事案件和民事案件的场所。为了维护法庭的秩序,保障审判活动的正常进行,依照《中华人民共和国人民法院组织法》的有关规定,制定本规则。

第二条　人民法院审判案件,由审判员和人民陪审员或者若干审判员组成合议庭进行。合议庭由院长或者庭长指定审判员一人担任审判长。院长或者庭长参加审判案件的时候,自己担任审判长。审判长主持法庭的审判活动,并且负责指挥值庭人员、司法警察维持法庭秩序。

第三条　出庭的审判人员、书记员、公诉人、律师,应当遵守法律规定的诉讼程序。审判人员应当保障诉讼参与人的诉讼权利。

上列人员和值庭人员、司法警察,服装要整洁,态度要严肃。

第四条　诉讼参与人应当遵守法庭秩序,不得喧哗、吵闹;发言、陈述和辩论,须经审判长许可。

诉讼参与人违反法庭秩序的,审判长应当警告制止;情节严重的,可以责令退出法庭或者依法追究刑事责任。

第五条　公开审判的案件,允许公民旁听。公民凭人民法院发出的旁听证进入法庭。

下列人员不准参加旁听:

(一)不满十八岁的未成年人;

(二)精神病人和醉酒的人;

(三)被剥夺政治权利、正在监外服刑的人和被监视居住、取保候审的人;

(四)携带武器、凶器和其他危险物品的人;

(五)其他有可能妨害法庭秩序的人。

第六条　旁听人员必须遵守下列纪律:

---

①　编者注:已废止。

（一）不准录音、录相和摄影；

（二）不准进入审判区；

（三）不准鼓掌、喧哗、吵闹和其他妨害审判活动的行为；

（四）不准发言、提问；

（五）不准吸烟和随地吐痰。

对于违反旁听纪律的人，审判长、值庭人员、司法警察应当劝告制止；不听劝告制止的，经审判长决定，可以没收胶卷、录音带，或者责令退出法庭，直至依法追究刑事责任。

第七条　旁听人员对法庭的审判活动有意见，可以在闭庭以后用书面向人民法院提出。

第八条　公开审判的案件，允许新闻记者采访。记者凭人民法院发出的采访证进入法庭，可以记录、录音、录相、摄影和转播。

第九条　公开审判的涉外案件，外国人要求旁听的，或者外国新闻记者要求采访的，可向主管部门提出，经人民法院许可，凭人民法院发出的旁听证或者采访进入法庭，并且应当分别遵守本规则第五条、第六条、第七条、第八条的规定。

第十条　本规则自一九八〇年一月一日起试行。

中华人民共和国人民法院法庭规则①

（1993年12月1日　法发〔1993〕40号）

第一条　为维护法庭秩序，保障审判活动的正常进行，根据《中华人民共和国人民法院组织法》和其他有关法律的规定，制定本规则。

第二条　人民法院开庭审理案件时，合议庭的审判长或者独任审判的审判员主持法庭的审判活动，指挥司法警察维持法庭秩序。

第三条　法庭正面应当悬挂国徽。

第四条　出庭的审判人员、书记员、公诉人或者抗诉人、司法警察应当按照规定着装；出庭的辩护人、诉讼代理人、证人、鉴定人、勘验人、翻译人员和其他诉讼参与人应当衣着整洁。

第五条　审判人员进入法庭和审判长或者独任审判员宣告法院判决时，全体人员应当起立。

第六条　审判人员应当严格按照法律规定的诉讼程序进行审判活动，保障诉讼参与人的诉讼权利。

第七条　诉讼参与人应当遵守法庭规则，维护法庭秩序，不得喧哗、吵闹；发言、陈述和辩论，须经审判长或者独任审判员许可。

第八条　公开审理的案件，公民可以旁听；根据法庭场所和参加旁听人数等情况，需要时，持人民法院发出的旁听证进入法庭。

下列人员不得旁听：

（一）未成年人（经法院批准的除外）；

（二）精神病人和醉酒的人；

（三）其他不宜旁听的人。

第九条　旁听人员必须遵守下列纪律：

（一）不得录音、录像和摄影；

（二）不得随意走动和进入审判区；

（三）不得发言、提问；

（四）不得鼓掌、喧哗、哄闹和实施其他妨害审判活动的行为。

第十条　新闻记者旁听应遵守本规则。未经审判长或者独任审判员许可，不得在庭审过程中录音、录像、摄影。

第十一条　对于违反法庭规则的人，审判长或者独任审判员可以口头警告、训诫，也可以没收录音、录像和摄影器材，责令退出法庭或者经院长批准予以罚款、拘留。

第十二条　对哄闹、冲击法庭，侮辱、诽谤、威胁、殴打审判人员等严重扰乱法庭秩序的人，依法追究刑事责任；情节较轻的，予以罚款、拘留。

第十三条　对违反法庭规则的人采取强制措施，由司法警察执行。

第十四条　外国人或者外国记者旁听，应当遵守本规则。

第十五条　本规则自一九九四年一月一日起施行，《中华人民共和国人民法院法庭规则（试行）》同时废止。

① 编者注：已被修改。

最高人民法院关于修改《中华人民共和国人民法院法庭规则》的决定

（2015年12月21日最高人民法院审判委员会第1673次会议通过　2016年4月13日最高人民法院公告公布　自2016年5月1日起施行　法释〔2016〕7号）

为了维护法庭安全，规范庭审秩序，保障诉讼参与人诉讼权利，方便公众旁听，促进司法公正，彰显司法权威，根据《中华人民共和国人民法院组织法》《中华人民共和国刑事诉讼法》《中华人民共和国民事诉讼法》《中华人民共和国行政诉讼法》等有关法律规定，结合审判实际，现决定对《中华人民共和国人民法院法庭规则》作如下修改：

一、将第一条修改为："为了维护法庭安全和秩序，保障庭审活动正常进行，保障诉讼参与人依法行使诉讼权利，方便公众旁听，促进司法公正，彰显司法权威，根据《中华人民共和国人民法院组织法》《中华人民共和国刑事诉讼法》《中华人民共和国民事诉讼法》《中华人民共和国行政诉讼法》等有关法律规定，制定本规则。"

二、删除第二条，将相关内容调整到第十七条、第二十一条。

三、将第三条改为第二条，修改为："法庭是人民法院代表国家依法审判各类案件的专门场所。

"法庭正面上方应当悬挂国徽。"

四、将第四条改为第十二条，修改为："出庭履行职务的人员，按照职业着装规定着装。但是，具有下列情形之一的，着正装：

"（一）没有职业着装规定；

"（二）侦查人员出庭作证；

"（三）所在单位系案件当事人。

"非履行职务的出庭人员及旁听人员，应当文明着装。"

五、将第五条改为第十五条，修改为："审判人员进入法庭以及审判长或独任审判员宣告判决、裁定、决定时，全体人员应当起立。"

六、将第六条改为第十六条，修改为："人民法院开庭审判案件应当严格按照法律规定的诉讼程序进行。

"审判人员在庭审活动中应当平等对待诉讼各方。"

七、将第七条、第九条、第十条合并，改为第十七条，修改为："全体人员在庭审活动中应当服从审判长或独任审判员的指挥，尊重司法礼仪，遵守法庭纪律，不得实施下列行为：

"（一）鼓掌、喧哗；

"（二）吸烟、进食；

"（三）拨打或接听电话；

"（四）对庭审活动进行录音、录像、拍照或使用移动通信工具等传播庭审活动；

"（五）其他危害法庭安全或妨害法庭秩序的行为。

"检察人员、诉讼参与人发言或提问，应当经审判长或独任审判员许可。

"旁听人员不得进入审判活动区，不得随意站立、走动，不得发言和提问。

"媒体记者经许可实施第一款第四项规定的行为，应当在指定的时间及区域进行，不得影响或干扰庭审活动。"

八、将第八条改为第九条，第一款修改为："公开的庭审活动，公民可以旁听。"

第二款改为第三款，修改为："下列人员不得旁听：

"（一）证人、鉴定人以及准备出庭提出意见的有专门知识的人；

"（二）未获得人民法院批准的未成年人；

"（三）拒绝接受安全检查的人；

"（四）醉酒的人、精神病人或其他精神状态异常的人；

"（五）其他有可能危害法庭安全或妨害法庭秩序的人。"

增加三款，分别作为第二款、第四款、第五款。

第二款："旁听席位不能满足需要时，人民法院可以根据申请的先后顺序或者通过抽签、摇号等方式发放旁听证，但应当优先安排当事人的近亲属或其他与案件有利害关系的人旁听。"

第四款："依法有可能封存犯罪记录的公开庭审活动，任何单位或个人不得组织人员旁听。"

第五款："依法不公开的庭审活动，除法律另有规定外,任何人不得旁听。”

九、将第十一条改为第十九条,修改为:“审判长或独任审判员对违反法庭纪律的人员应当予以警告;对不听警告的,予以训诫;对训诫无效的,责令其退出法庭;对拒不退出法庭的,指令司法警察将其强行带出法庭。”

增加一款,作为第二款:“行为人违反本规则第十七条第一款第四项规定的,人民法院可以暂扣其使用的设备及存储介质,删除相关内容。”

十、将第十二条改为第二十条,修改为:“行为人实施下列行为之一,危及法庭安全或扰乱法庭秩序的,根据相关法律规定,予以罚款、拘留;构成犯罪的,依法追究其刑事责任:

“(一)非法携带枪支、弹药、管制刀具或者爆炸性、易燃性、放射性、毒害性、腐蚀性物品以及传染病病原体进入法庭;

“(二)哄闹、冲击法庭;

“(三)侮辱、诽谤、威胁、殴打司法工作人员或诉讼参与人;

“(四)毁坏法庭设施,抢夺、损毁诉讼文书、证据;

“(五)其他危害法庭安全或扰乱法庭秩序的行为。”

十一、将第十三条改为第二十一条,修改为:“司法警察依照审判长或独任审判员的指令维持法庭秩序。”

增加二款,分别作为第二款、第三款。

第二款:“出现危及法庭内人员人身安全或者严重扰乱法庭秩序等紧急情况时,司法警察可以直接采取必要的处置措施。”

第三款:“人民法院依法对违反法庭纪律的人采取的扣押物品、强行带出法庭以及罚款、拘留等强制措施,由司法警察执行。”

十二、将第十四条改为第二十六条,修改为:“外国人、无国籍人旁听庭审活动,外国媒体记者报道庭审活动,应当遵守本规则。”

十三、将第十五条改为第二十七条,修改为:“本规则自2016年5月1日起施行;最高人民法院此前发布的司法解释及规范性文件与本规则不一致的,以本规则为准。”

十四、增加十五条分别作为第三条、第四条、第五条、第六条、第七条、第八条、第十条、第十一条、第十三条、第十四条、第十八条、第二十二条、第二十三条、第二十四条、第二十五条:

“第三条　法庭分设审判活动区和旁听区,两区以栏杆等进行隔离。

“审理未成年人案件的法庭应当根据未成年人身心发展特点设置区域和席位。

“有新闻媒体旁听或报道庭审活动时,旁听区可以设置专门的媒体记者席。

“第四条　刑事法庭可以配置同步视频作证室,供依法应当保护或其他确有保护必要的证人、鉴定人、被害人在庭审作证时使用。

“第五条　法庭应当设置残疾人无障碍设施;根据需要配备合议庭合议室,检察人员、律师及其他诉讼参与人休息室,被告人羁押室等附属场所。

“第六条　进入法庭的人员应当出示有效身份证件,并接受人身及携带物品的安全检查。

“持有效工作证件和出庭通知履行职务的检察人员、律师可以通过专门通道进入法庭。需要安全检查的,人民法院对检察人员和律师平等对待。

“第七条　除经人民法院许可,需要在法庭上出示的证据外,下列物品不得携带进入法庭:

“(一)枪支、弹药、管制刀具以及其他具有杀伤力的器具;

“(二)易燃易爆物、疑似爆炸物;

“(三)放射性、毒害性、腐蚀性、强气味性物质以及传染病病原体;

“(四)液体及胶状、粉末状物品;

“(五)标语、条幅、传单;

“(六)其他可能危害法庭安全或妨害法庭秩序的物品。

“第八条　人民法院应当通过官方网站、电子显示屏、公告栏等向公众公开各法庭的编号、具体位置以及旁听席位数量等信息。

“第十条　人民法院应当对庭审活动进行全程录像或录音。

“第十一条　依法公开进行的庭审活动,具有下列情形之一的,人民法院可以通过电视、互联网或其他公共媒体进行图文、音频、视频直播或录播:

“(一)公众关注度较高;

“（二）社会影响较大；

“（三）法治宣传教育意义较强。

“第十三条　刑事在押被告人或上诉人出庭受审时，着正装或便装，不着监管机构的识别服。

“人民法院在庭审活动中不得对被告人或上诉人使用戒具，但认为其人身危险性大，可能危害法庭安全的除外。

“第十四条　庭审活动开始前，书记员应当宣布本规则第十七条规定的法庭纪律。

“第十八条　审判长或独任审判员主持庭审活动时，依照规定使用法槌。

“第二十二条　人民检察院认为审判人员违反本规则的，可以在庭审活动结束后向人民法院提出处理建议。

“诉讼参与人、旁听人员认为审判人员、书记员、司法警察违反本规则的，可以在庭审活动结束后向人民法院反映。

“第二十三条　检察人员违反本规则的，人民法院可以向人民检察院通报情况并提出处理建议。

“第二十四条　律师违反本规则的，人民法院可以向司法行政机关及律师协会通报情况并提出处理建议。

“第二十五条　人民法院进行案件听证、国家赔偿案件质证、网络视频远程审理以及在法院以外的场所巡回审判等，参照适用本规则。”

根据本决定，将《中华人民共和国人民法院法庭规则》作相应修改并对条文顺序作相应调整后，重新公布。

中华人民共和国人民法院法庭规则

（1993年11月26日最高人民法院审判委员会第617次会议通过　根据2015年12月21日最高人民法院审判委员会第1673次会议通过的《最高人民法院关于修改〈中华人民共和国人民法院法庭规则〉的决定》修正　2016年4月13日最高人民法院公告公布　自2016年5月1日起施行　法释〔2016〕7号）

第一条　为了维护法庭安全和秩序，保障庭审活动正常进行，保障诉讼参与人依法行使诉讼权利，方便公众旁听，促进司法公正，彰显司法权威，根据《中华人民共和国人民法院组织法》《中华人民共和国刑事诉讼法》《中华人民共和国民事诉讼法》《中华人民共和国行政诉讼法》等有关法律规定，制定本规则。

第二条　法庭是人民法院代表国家依法审判各类案件的专门场所。

法庭正面上方应当悬挂国徽。

第三条　法庭分设审判活动区和旁听区，两区以栏杆等进行隔离。

审理未成年人案件的法庭应当根据未成年人身心发展特点设置区域和席位。

有新闻媒体旁听或报道庭审活动时，旁听区可以设置专门的媒体记者席。

第四条　刑事法庭可以配置同步视频作证室，供依法应当保护或其他确有保护必要的证人、鉴定人、被害人在庭审作证时使用。

第五条　法庭应当设置残疾人无障碍设施；根据需要配备合议庭合议室，检察人员、律师及其他诉讼参与人休息室，被告人羁押室等附属场所。

第六条　进入法庭的人员应当出示有效身份证件，并接受人身及携带物品的安全检查。

持有效工作证件和出庭通知履行职务的检察人员、律师可以通过专门通道进入法庭。需要安全检查的，人民法院对检察人员和律师平等对待。

第七条　除经人民法院许可，需要在法庭上出示的证据外，下列物品不得携带进入法庭：

（一）枪支、弹药、管制刀具以及其他具有杀伤力的器具；

（二）易燃易爆物、疑似爆炸物；

（三）放射性、毒害性、腐蚀性、强气味性物质以及传染病病原体；

（四）液体及胶状、粉末状物品；

（五）标语、条幅、传单；

（六）其他可能危害法庭安全或妨害法庭秩序的物品。

第八条　人民法院应当通过官方网站、电子显示屏、公告栏等向公众公开各法庭的编号、具体位置以及旁听席位数量等信息。

第九条　公开的庭审活动，公民可以旁听。

旁听席位不能满足需要时，人民法院可以根据申请的先后顺序或者通过抽签、摇号等方式发放旁听证,但应当优先安排当事人的近亲属或其他与案件有利害关系的人旁听。

下列人员不得旁听:

(一)证人、鉴定人以及准备出庭提出意见的有专门知识的人;

(二)未获得人民法院批准的未成年人;

(三)拒绝接受安全检查的人;

(四)醉酒的人、精神病人或其他精神状态异常的人;

(五)其他有可能危害法庭安全或妨害法庭秩序的人。

依法有可能封存犯罪记录的公开庭审活动,任何单位或个人不得组织人员旁听。

依法不公开的庭审活动,除法律另有规定外,任何人不得旁听。

第十条 人民法院应当对庭审活动进行全程录像或录音。

第十一条 依法公开进行的庭审活动,具有下列情形之一的,人民法院可以通过电视、互联网或其他公共媒体进行图文、音频、视频直播或录播:

(一)公众关注度较高;

(二)社会影响较大;

(三)法治宣传教育意义较强。

第十二条 出庭履行职务的人员,按照职业着装规定着装。但是,具有下列情形之一的,着正装:

(一)没有职业着装规定;

(二)侦查人员出庭作证;

(三)所在单位系案件当事人。

非履行职务的出庭人员及旁听人员,应当文明着装。

第十三条 刑事在押被告人或上诉人出庭受审时,着正装或便装,不着监管机构的识别服。

人民法院在庭审活动中不得对被告人或上诉人使用戒具,但认为其人身危险性大,可能危害法庭安全的除外。

第十四条 庭审活动开始前,书记员应当宣布本规则第十七条规定的法庭纪律。

第十五条 审判人员进入法庭以及审判长或独任审判员宣告判决、裁定、决定时,全体人员应当起立。

第十六条 人民法院开庭审判案件应当严格按照法律规定的诉讼程序进行。

审判人员在庭审活动中应当平等对待诉讼各方。

第十七条 全体人员在庭审活动中应当服从审判长或独任审判员的指挥,尊重司法礼仪,遵守法庭纪律,不得实施下列行为:

(一)鼓掌、喧哗;

(二)吸烟、进食;

(三)拨打或接听电话;

(四)对庭审活动进行录音、录像、拍照或使用移动通信工具等传播庭审活动;

(五)其他危害法庭安全或妨害法庭秩序的行为。

检察人员、诉讼参与人发言或提问,应当经审判长或独任审判员许可。

旁听人员不得进入审判活动区,不得随意站立、走动,不得发言和提问。

媒体记者经许可实施第一款第四项规定的行为,应当在指定的时间及区域进行,不得影响或干扰庭审活动。

第十八条 审判长或独任审判员主持庭审活动时,依照规定使用法槌。

第十九条 审判长或独任审判员对违反法庭纪律的人员应当予以警告;对不听警告的,予以训诫;对训诫无效的,责令其退出法庭;对拒不退出法庭的,指令司法警察将其强行带出法庭。

行为人违反本规则第十七条第一款第四项规定的,人民法院可以暂扣其使用的设备及存储介质,删除相关内容。

第二十条 行为人实施下列行为之一,危及法庭安全或扰乱法庭秩序的,根据相关法律规定,予以罚款、拘留;构成犯罪的,依法追究其刑事责任:

(一)非法携带枪支、弹药、管制刀具或者爆炸性、易燃性、放射性、毒害性、腐蚀性物品以及传染病病原体进入法庭;

(二)哄闹、冲击法庭;

(三)侮辱、诽谤、威胁、殴打司法工作人员或诉讼参与人;

(四)毁坏法庭设施,抢夺、损毁诉讼文书、证据;

(五)其他危害法庭安全或扰乱法庭秩序的行为。

第二十一条 司法警察依照审判长或独任审判员的指令维持法庭秩序。

出现危及法庭内人员人身安全或者严重扰乱法庭秩序等紧急情况时,司法警察可以直接采取必要的处置措施。

人民法院依法对违反法庭纪律的人采取的扣押物品、强行带出法庭以及罚款、拘留等强制措施,由司法警察执行。

第二十二条 人民检察院认为审判人员违反本规则的,可以在庭审活动结束后向人民法院提出处理建议。

诉讼参与人、旁听人员认为审判人员、书记员、司法警察违反本规则的,可以在庭审活动结束后向人民法院反映。

第二十三条 检察人员违反本规则的,人民法院可以向人民检察院通报情况并提出处理建议。

第二十四条 律师违反本规则的,人民法院可以向司法行政机关及律师协会通报情况并提出处理建议。

第二十五条 人民法院进行案件听证、国家赔偿案件质证、网络视频远程审理以及在法院以外的场所巡回审判等,参照适用本规则。

第二十六条 外国人、无国籍人旁听庭审活动,外国媒体记者报道庭审活动,应当遵守本规则。

第二十七条 本规则自2016年5月1日起施行;最高人民法院此前发布的司法解释及规范性文件与本规则不一致的,以本规则为准。

最高人民法院关于民事经济审判方式改革问题的若干规定[①]

(1998年6月19日最高人民法院审判委员会第995次会议通过 1998年7月6日最高人民法院公告公布 自1998年7月11日施行 法释〔1998〕14号)

为了正确适用《中华人民共和国民事诉讼法》(以下简称民事诉讼法),建立与社会主义市场经济体制相适应的民事经济审判机制,保证依法、正确、及时地审理案件,在总结各地实践经验的基础上,对民事、经济审判方式改革中的有关问题作出如下规定。

关于当事人举证和法院调查收集证据问题

一、人民法院可以制定各类案件举证须知,明确举证内容及其范围和要求。

二、人民法院在送达受理案件通知书和应诉通知书时,应当告知当事人围绕自己的主张提供证据。

三、下列证据由人民法院调查收集:

1. 当事人及其诉讼代理人因客观原因不能自行收集并已提出调取证据的申请和该证据线索的;

2. 应当由人民法院勘验或者委托鉴定的;

3. 当事人双方提出的影响查明案件主要事实的证据材料相互矛盾,经过庭审质证无法认定其效力的;

4. 人民法院认为需要自行调查收集的其他证据。

上述证据经人民法院调查,未能收集到的,仍由负有举证责任的当事人承担举证不能的后果。

四、审判人员收到当事人或者其诉讼代理人递交的证据材料应当出具收据。

关于做好庭前必要准备及时开庭审理问题

五、开庭前应当做好下列准备工作:

1. 在法定期限内,分别向当事人送达受理案件通知书、应诉通知书和起诉状、答辩状副本;

2. 通知必须共同进行诉讼的当事人参加诉讼;

3. 告知当事人有关的诉讼权利和义务、合议庭组成人员;

4. 审查有关的诉讼材料,了解双方当事人争议的焦点和应当适用的有关法律以及有关专业

① 编者注:已废止。

知识；

5. 调查收集应当由人民法院调查收集的证据；

6. 需要由人民法院勘验或者委托鉴定的，进行勘验或者委托有关部门鉴定；

7. 案情比较复杂、证据材料较多的案件，可以组织当事人交换证据；

8. 其他必要的准备工作。

六、合议庭成员和独任审判员开庭前不得单独接触一方当事人及其诉讼代理人。

七、按普通程序审理的案件，开庭审理应当在答辩期届满并做好必要的准备工作后进行。当事人明确表示不提交答辩状，或者在答辩期届满前已经答辩，或者同意在答辩期间开庭的，也可以在答辩期限届满前开庭审理。

关于改进庭审方式问题

八、法庭调查按下列顺序进行：

1. 由原告口头陈述事实或者宣读起诉状，讲明具体诉讼请求和理由。

2. 由被告口头陈述事实或者宣读答辩状，对原告诉讼请求提出异议或者反诉的，讲明具体请求和理由。

3. 第三人陈述或者答辩，有独立请求权的第三人陈述诉讼请求和理由；无独立请求权的第三人针对原、被告的陈述提出承认或者否认的答辩意见。

4. 原告或者被告对第三人的陈述进行答辩。

5. 审判长或者独任审判员归纳本案争议焦点或者法庭调查重点，并征求当事人的意见。

6. 原告出示证据，被告进行质证；被告出示证据，原告进行质证。

7. 原、被告对第三人出示的证据进行质证；第三人对原告或者被告出示的证据进行质证。

8. 审判人员出示人民法院调查收集的证据，原告、被告和第三人进行质证。

经审判长许可，当事人可以向证人发问，当事人可以互相发问。

审判人员可以询问当事人。

九、案件有2个以上独立存在的事实或者诉讼请求的，可以要求当事人逐项陈述事实和理由，逐个出示证据并分别进行调查和质证。

对当事人无争议的事实，无需举证、质证。

十、当事人向法庭提出的证据，应当由当事人或者其诉讼代理人宣读。当事人及其诉讼代理人因客观原因不能宣读的证据，可以由审判人员代为宣读。

人民法院依职权调查收集的证据由审判人员宣读。

十一、案件的同一事实，除举证责任倒置外，由提出主张的一方当事人首先举证，然后由另一方当事人举证。另一方当事人不能提出足以推翻前一事实的证据的，对这一事实可以认定；提出足以推翻前一事实的证据的，再转由提出主张的当事人继续举证。

十二、经过庭审质证的证据，能够当即认定的，应当当即认定；当即不能认定的，可以休庭合议后再予以认定；合议之后认为需要继续举证或者进行鉴定、勘验等工作的，可以在下次开庭质证后认定。未经庭审质证的证据，不能作为定案的根据。

十三、一方当事人要求补充证据或者申请重新鉴定、勘验，人民法院认为有必要的可以准许。补充的证据或者重新进行鉴定、勘验的结论，必须再次开庭质证。

十四、法庭决定再次开庭的，审判长或者独任审判员对本次开庭情况应当进行小结，指出庭审已经确认的证据，并指明下次开庭调查的重点。

十五、第二次开庭审理时，只就未经调查的事项进行调查和审理，对已经调查、质证并已认定的证据不再重复审理。

十六、法庭调查结束前，审判长或者独任审判员应当就法庭调查认定的事实和当事人争议的问题进行归纳总结。

十七、审判人员应当引导当事人围绕争议焦点进行辩论。当事人及其诉讼代理人的发言与本案无关或者重复未被法庭认定的事实，审判人员应当予以制止。

十八、法庭辩论由各方当事人依次发言。一轮辩论结束后当事人要求继续辩论的，可以进行下一轮辩论。下一轮辩论不得重复第一轮辩论的内容。

十九、法庭辩论时，审判人员不得对案件性

质、是非责任发表意见,不得与当事人辩论。

法庭辩论终结,审判长或者独任审判员征得各方当事人同意后,可以依法进行调解,调解不成的,应当及时判决。

二十、适用简易程序审理的案件,当事人同时到庭的,可以迳行开庭进行调解。调解前告知当事人诉讼权利义务和主持调解的审判人员,在询问当事人是否申请审判人员回避后,当事人不申请回避的,可以直接进行调解。调解不成的或者达成协议后当事人反悔又未提出新的事实和证据,可以不再重新开庭,直接作出判决。

关于对证据的审核和认定问题

二十一、当事人对自己的主张,只有本人陈述而不能提出其他相关证据的,除对方当事人认可外,其主张不予支持。

二十二、一方当事人提出的证据,对方当事人认可或者不予反驳的,可以确认其证明力。

二十三、一方当事人提出的证据,对方当事人举不出相应证据反驳的,可以综合全案情况对该证据予以认定。

二十四、双方当事人对同一事实分别举出相反的证据,但都没有足够理由否定对方证据的,应当分别对当事人提出的证据进行审查,并结合其他证据综合认定。

二十五、当事人在庭审质证时对证据表示认可,庭审后又反悔,但提不出相应证据的,不能推翻已认定的证据。

二十六、对单一证据,应当注意从以下几个方面进行审查。

1. 证据取得的方式;

2. 证据形成的原因;

3. 证据的形式;

4. 证据提供者的情况及其与本案的关系;

5. 书证是否系原件,物证是否系原物;复印件或者复制品是否与原件、原物的内容、形式及其他特征相符合。

二十七、判断数个证据的效力应当注意以下几种情况:

1. 物证、历史档案、鉴定结论、勘验笔录或者经过公证、登记的书证,其证明力一般高于其他书证、视听资料和证人证言。

2. 证人提供的对与其有亲属关系或者其他密切关系的一方当事人有利的证言,其证明力低于其他证人证言。

3. 原始证据的证明力大于传来证据。

4. 对证人的智力状况、品德、知识、经验、法律意识和专业技能等进行综合分析。

二十八、下列证据,不能单独作为认定案件事实的依据:

1. 未成年人所作的与其年龄和智力状况不相当的证言;

2. 与一方当事人有亲属关系的证人出具的对该当事人有利的证言;

3. 没有其他证据印证并有疑点的视听资料;

4. 无法与原件、原物核对的复印件、复制品。

二十九、当事人提供的证人在人民法院通知的开庭日期,没有正当理由拒不出庭的,由提供该证人的当事人承担举证不能的责任。

三十、有证据证明持有证据的一方当事人无正当理由拒不提供,如果对方当事人主张该证据的内容不利于证据持有人,可以推定该主张成立。

关于加强合议庭和独任审判员职责问题

三十一、合议庭组成人员必须共同参加对案件的审理,对案件的事实、证据、性质、责任、适用法律以及处理结果等共同负责。

三十二、经过开庭审理当庭达成调解协议的,由审判长或者独任审判员签发调解书。

三十三、事实清楚、法律关系明确、是非责任分明、合议庭意见一致的裁判,可以由审判长或者独任审判员签发法律文书。但应当由院长签发的除外。

三十四、合议庭、独任审判员审理决定的案件或者经院长提交审判委员会决定的案件,发现认定事实或者适用法律有重大错误并造成严重后果的,按照有关规定由有关人员承担相应责任。

关于第二审程序中的有关问题

三十五、第二审案件的审理应当围绕当事人上诉请求的范围进行,当事人没有提出请求的,不予审查。但判决违反法律禁止性规定、侵害社会公共利益或者他人利益的除外。

三十六、被上诉人在答辩中要求变更或者补充第一审判决内容的,第二审人民法院可以不予审查。

三十七、第二审人民法院在审理上诉案件时,需要对原证据重新审查或者当事人提出新证据的,应当开庭审理。对事实清楚、适用法律正确和事实清楚,只是定性错误或者适用法律错误的案件,可以在询问当事人后迳行裁判。

三十八、第二审人民法院根据当事人提出的新证据对案件改判或者发回重审的,应当在判决书或者裁定书中写明对新证据的确认,不应当认为是第一审裁判错误。

三十九、在第二审中,一方当事人提出新证据致使案件被发回重审的,对方当事人有权要求其补偿误工费、差旅费等费用。

最高人民法院关于严格执行公开审判制度的若干规定

(1999年3月8日　法发〔1999〕3号)

各省、自治区、直辖市高级人民法院,解放军军事法院,新疆维吾尔自治区高级人民法院生产建设兵团分院:

为了严格执行公开审判制度,根据我国宪法和有关法律,特作如下规定:

一、人民法院进行审判活动,必须坚持依法公开审判制度,做到公开开庭,公开举证、质证,公开宣判。

二、人民法院对于第一审案件,除下列案件外,应当依法一律公开审理:

(一)涉及国家秘密的案件;

(二)涉及个人隐私的案件;

(三)14岁以上不满16岁未成年人犯罪的案件;经人民法院决定不公开审理的16岁以上不满18岁未成年人犯罪的案件;

(四)经当事人申请,人民法院决定不公开审理的涉及商业秘密的案件;

(五)经当事人申请,人民法院决定不公开审理的离婚案件;

(六)法律另有规定的其他不公开审理的案件。

对于不公开审理的案件,应当当庭宣布不公开审理的理由。

三、下列第二审案件应当公开审理:

(一)当事人对不服公开审理的第一审案件的判决、裁定提起上诉的,但因违反法定程序发回重审的和事实清楚依法迳行判决、裁定的除外。

(二)人民检察院对公开审理的案件的判决、裁定提起抗诉的,但需发回重审的除外。

四、依法公开审理案件应当在开庭3日以前公告。公告应当包括案由、当事人姓名或者名称、开庭时间和地点。

五、依法公开审理案件,案件事实未经法庭公开调查不能认定。

证明案件事实的证据未在法庭公开举证、质证,不能进行认证,但无需举证的事实除外。缺席审理的案件,法庭可以结合其他事实和证据进行认证。

法庭能够当庭认证的,应当当庭认证。

六、人民法院审理的所有案件应当一律公开宣告判决。

宣告判决,应当对案件事实和证据进行认定,并在此基础上正确适用法律。

七、凡应当依法公开审理的案件没有公开审理的,应当按下列规定处理:

(一)当事人提起上诉或者人民检察院对刑事案件的判决、裁定提起抗诉的,第二审人民法院应当裁定撤销原判决,发回重审;

(二)当事人申请再审的,人民法院可以决定再审;人民检察院按照审判监督程序提起抗诉的,人民法院应当决定再审。

上述发回重审或者决定再审的案件应当依法公开审理。

八、人民法院公开审理案件,庭审活动应当在审判法庭进行。需要巡回依法公开审理的,应当选择适当的场所进行。

九、审判法庭和其他公开进行案件审理活动的场所,应当按照最高人民法院关于法庭布置的要求悬挂国徽,设置审判席和其他相应的席位。

十、依法公开审理案件，公民可以旁听，但精神病人、醉酒的人和未经人民法院批准的未成年人除外。

根据法庭场所和参加旁听人数等情况，旁听人需要持旁听证进入法庭的，旁听证由人民法院制发。

外国人和无国籍人持有效证件要求旁听的，参照中国公民旁听的规定办理。

旁听人员必须遵守《中华人民共和国人民法院法庭规则》的规定，并应当接受安全检查。

十一、依法公开审理案件，经人民法院许可，新闻记者可以记录、录音、录像、摄影、转播庭审实况。

外国记者的旁听按照我国有关外事管理规定办理。

最高人民法院关于调整司法解释等文件中引用《中华人民共和国民事诉讼法》条文序号的决定

（2008年12月8日最高人民法院审判委员会第1457次会议通过　2008年12月16日最高人民法院公告公布　自2008年12月31日起施行　法释〔2008〕18号）

根据2007年10月28日第十届全国人民代表大会常务委员会第三十次会议《关于修改〈中华人民共和国民事诉讼法〉的决定》和修改后重新公布的《中华人民共和国民事诉讼法》，决定对司法解释等文件中涉及的民事诉讼法的相关条文序号予以相应调整。

一、《最高人民法院关于人民法院审理借贷案件的若干意见》（法（民）发〔1991〕21号）第22条调整为："被执行人有可能转移、变卖、隐匿被执行财产的，应及时采取执行措施。被执行人抗拒执行构成妨害民事诉讼的，按照民事诉讼法第一百零二条、第二百二十四条的规定处理。"

二、《最高人民法院关于适用〈中华人民共和国民事诉讼法〉若干问题的意见》（法发〔1992〕22号）第111条调整为："人民法院先予执行后，依发生法律效力的判决，申请人应当返还因先予执行所取得的利益的，适用民事诉讼法第二百一十条的规定。"

三、《最高人民法院关于适用〈中华人民共和国民事诉讼法〉若干问题的意见》（法发〔1992〕22号）第132条调整为："依照民事诉讼法第一百九十一条的规定向人民法院申请支付令的，每件交纳申请费100元。督促程序因债务人异议而终结的，申请费由申请人负担；债务人未提出异议的，申请费由债务人负担。"

四、《最高人民法院关于适用〈中华人民共和国民事诉讼法〉若干问题的意见》（法发〔1992〕22号）第134条调整为："依照民事诉讼法第一百九十五条的规定向人民法院申请公示催告的，每件交纳申请费100元。申请费和公告费由申请人负担。"

五、《最高人民法院关于适用〈中华人民共和国民事诉讼法〉若干问题的意见》（法发〔1992〕22号）第135条调整为："依照民事诉讼法第一百九十八条、第二百条的规定向人民法院起诉的，按照《人民法院诉讼收费办法》第五条第（四）项的规定交纳案件受理费。"

六、《最高人民法院关于适用〈中华人民共和国民事诉讼法〉若干问题的意见》（法发〔1992〕22号）第204条调整为："当事人对已经发生法律效力的调解书申请再审，适用民事诉讼法第一百八十四条的规定，应在该调解书发生法律效力后二年内提出。"

七、《最高人民法院关于适用〈中华人民共和国民事诉讼法〉若干问题的意见》（法发〔1992〕22号）第212条调整为："民事诉讼法第一百八十四条中的二年为不变期间，自判决、裁定发生法律效力次日起计算。"

八、《最高人民法院关于适用〈中华人民共和国民事诉讼法〉若干问题的意见》（法发〔1992〕22号）第221条调整为："依照民事诉讼法第一百九十四条的规定，债务人在法定期间提出书面异议的，人民法院无须审查异议是否有理由，应当直接裁定终结督促程序。债务人对债务本身没有异议，只是提出缺乏清偿能力的，不影响支付令的效力。"

九、《最高人民法院关于适用〈中华人民共和国民事诉讼法〉若干问题的意见》（法发〔1992〕22号）第222条调整为："民事诉讼法第一百九十三条驳回支付令申请的裁定书和第一百九十四条终结督促程序的裁定书,由审判员、书记员署名,加盖人民法院印章。”

十、《最高人民法院关于适用〈中华人民共和国民事诉讼法〉若干问题的意见》(法发〔1992〕22号)第225条调整为:“债权人向人民法院申请执行支付令的期限,适用民事诉讼法第二百一十五条的规定。”

十一、《最高人民法院关于适用〈中华人民共和国民事诉讼法〉若干问题的意见》(法发〔1992〕22号)第226条调整为:“民事诉讼法第一百九十五条规定的票据持有人,是指票据被盗、遗失或者灭失前的最后持有人。”

十二、《最高人民法院关于适用〈中华人民共和国民事诉讼法〉若干问题的意见》(法发〔1992〕22号)第228条调整为:“人民法院依照民事诉讼法第一百九十六条规定发出的受理申请的公告,应写明以下内容:

(1)公示催告申请人的姓名或名称;

(2)票据的种类、票面金额、发票人、持票人、背书人等;

(3)申报权利的期间;

(4)在公示催告期间转让票据权利、利害关系人不申报的法律后果。”

十三、《最高人民法院关于适用〈中华人民共和国民事诉讼法〉若干问题的意见》(法发〔1992〕22号)第236条调整为:“人民法院依照民事诉讼法第一百九十六条规定通知支付人停止支付,应符合有关财产保全的规定。支付人收到停止支付通知后拒不支付的,除可依照民事诉讼法第一百零二条、第一百零三条规定采取强制措施外,在判决后,支付人仍应承担支付义务。”

十四、《最高人民法院关于适用〈中华人民共和国民事诉讼法〉若干问题的意见》(法发〔1992〕22号)第237条调整为:“人民法院依据民事诉讼法第一百九十八条规定终结公示催告程序后,公示催告申请人或者申报人向人民法院提起诉讼的,依照民事诉讼法第二十七条的规定确定管辖。”

十五、《最高人民法院关于适用〈中华人民共和国民事诉讼法〉若干问题的意见》(法发〔1992〕22号)第238条调整为:“民事诉讼法第一百九十八条终结公示催告程序的裁定书,由审判员、书记员署名,加盖人民法院印章。”

十六、《最高人民法院关于适用〈中华人民共和国民事诉讼法〉若干问题的意见》(法发〔1992〕22号)第239条调整为:“依照民事诉讼法第二百条的规定,利害关系人向人民法院起诉的,人民法院可按票据纠纷适用普通程序审理。”

十七、《最高人民法院关于适用〈中华人民共和国民事诉讼法〉若干问题的意见》(法发〔1992〕22号)第256条第一款调整为:“民事诉讼法第二百零一条第二款规定的由人民法院执行的其他法律文书,包括仲裁裁决书、公证债权文书。”

十八、《最高人民法院关于适用〈中华人民共和国民事诉讼法〉若干问题的意见》(法发〔1992〕22号)第257条调整为:“民事诉讼法第二百零四条规定的中止执行,应当限于案外人依该条规定提出异议部分的财产范围。对被执行人的其他财产,不应中止执行。异议理由不成立的,通知驳回。”

十九、《最高人民法院关于适用〈中华人民共和国民事诉讼法〉若干问题的意见》(法发〔1992〕22号)第265条第一款调整为:“依照民事诉讼法第二百零六条第二款的规定,受委托人民法院的上一级人民法院在接到委托人民法院指令执行的请求后,应当在五日内书面指令受委托人民法院执行,并将这一情况及时告知委托人民法院。”

二十、《最高人民法院关于适用〈中华人民共和国民事诉讼法〉若干问题的意见》(法发〔1992〕22号)第267条调整为:“申请恢复执行原法律文书,适用民事诉讼法第二百一十五条申请执行期限的规定。申请执行期限因达成执行中的和解协议而中止,其期限自和解协议所定履行期限的最后一日起连续计算。”

二十一、《最高人民法院关于适用〈中华人民共和国民事诉讼法〉若干问题的意见》(法发〔1992〕22号)第268条调整为:“人民法院依照民事诉讼法第二百零八条的规定决定暂缓执行的,如果担保是有期限的,暂缓执行的期限应与担保期限一致,但最长不得超过一年。被执行人或担保人对担保的财产在暂缓执行期间有转移、隐藏、变卖、毁损等行为的，人民法院可以恢复强制执行。”

二十二、《最高人民法院关于适用〈中华人民共和国民事诉讼法〉若干问题的意见》（法发〔1992〕22号）第269条调整为：“民事诉讼法第二百零八条规定的执行担保，可以由被执行人向人民法院提供财产作担保，也可以由第三人出面作担保。以财产作担保的，应提交保证书；由第三人担保的，应当提交担保书。担保人应当具有代为履行或者代为承担赔偿责任的能力。”

二十三、《最高人民法院关于适用〈中华人民共和国民事诉讼法〉若干问题的意见》（法发〔1992〕22号）第271条调整为：“依照民事诉讼法第二百零九条的规定，执行中作为被执行人的法人或者其他组织分立、合并的，其权利义务由变更后的法人或者其他组织承受；被撤销的，如果依有关实体法的规定有权利义务承受人的，可以裁定该权利义务承受人为被执行人。”

二十四、《最高人民法院关于适用〈中华人民共和国民事诉讼法〉若干问题的意见》（法发〔1992〕22号）第275条调整为：“法律规定由人民法院执行的其他法律文书执行完毕后，该法律文书被有关机关依法撤销的，经当事人申请，适用民事诉讼法第二百一十条的规定。”

二十五、《最高人民法院关于适用〈中华人民共和国民事诉讼法〉若干问题的意见》（法发〔1992〕22号）第278条调整为：“依照民事诉讼法第二百一十三条第二款、第三款的规定，人民法院裁定不予执行仲裁裁决后，当事人可以重新达成书面仲裁协议申请仲裁，也可以向人民法院起诉。”

二十六、《最高人民法院关于适用〈中华人民共和国民事诉讼法〉若干问题的意见》（法发〔1992〕22号）第279条调整为：“民事诉讼法第二百一十六条第一款规定的执行通知，人民法院应在收到申请执行书后的十日内发出。执行通知中除应责令被执行人履行法律文书确定的义务外，并应通知其承担民事诉讼法第二百二十九条规定的迟延履行利息或者迟延履行金。”

二十七、《最高人民法院关于适用〈中华人民共和国民事诉讼法〉若干问题的意见》（法发〔1992〕22号）第282条调整为：“人民法院在执行中已依照民事诉讼法第二百一十八条、第二百二十条的规定对被执行人的财产查封、冻结的，任何单位包括其他人民法院不得重复查封、冻结或者擅自解冻，违者按照民事诉讼法第一百零二条的规定处理。”

二十八、《最高人民法院关于适用〈中华人民共和国民事诉讼法〉若干问题的意见》（法发〔1992〕22号）第283条调整为：“依照民事诉讼法第二百二十八条规定，当事人不履行法律文书确定的行为义务，如果该项行为义务只能由被执行人完成的，人民法院可以依照民事诉讼法第一百零二条第一款第（六）项的规定处理。”

二十九、《最高人民法院关于适用〈中华人民共和国民事诉讼法〉若干问题的意见》（法发〔1992〕22号）第286条第一款调整为：“人民法院依照民事诉讼法第二百二十四条规定对被执行人及其住所或者财产隐匿地进行搜查，必须符合以下条件：

（1）生效法律文书确定的履行期限已经届满；

（2）被执行人不履行法律文书确定的义务；

（3）认为有隐匿财产的行为。”

三十、《最高人民法院关于适用〈中华人民共和国民事诉讼法〉若干问题的意见》（法发〔1992〕22号）第288条调整为：“搜查中发现应当依法扣押的财产，依照民事诉讼法第二百二十一条第二款和第二百二十三条的规定办理。”

三十一、《最高人民法院关于适用〈中华人民共和国民事诉讼法〉若干问题的意见》（法发〔1992〕22号）第292条调整为：“人民法院在执行中需要办理房产证、土地证、山林所有权证、专利证书、商标证书、车辆执照等有关财产权证照转移手续的，可以依照民事诉讼法第二百二十七条规定办理。”

三十二、《最高人民法院关于适用〈中华人民共和国民事诉讼法〉若干问题的意见》（法发〔1992〕22号）第294条调整为：“民事诉讼法第二百二十九条规定的加倍支付迟延履行期间的债务利息，是指在按银行同期贷款最高利率计付的债务利息上增加一倍。”

三十三、《最高人民法院关于适用〈中华人民共和国民事诉讼法〉若干问题的意见》（法发

〔1992〕22 号)第 296 条调整为:“债权人依照民事诉讼法第二百三十条的规定请求人民法院继续执行的,不受民事诉讼法第二百一十五条所定期限的限制。”

三十四、《最高人民法院关于适用〈中华人民共和国民事诉讼法〉若干问题的意见》(法发〔1992〕22 号)第 305 条调整为:“依照民事诉讼法第三十四条和第二百四十四条规定,属于中华人民共和国人民法院专属管辖的案件,当事人不得用书面协议选择其他国家法院管辖。但协议选择仲裁裁决的除外。”

三十五、《最高人民法院关于适用〈中华人民共和国民事诉讼法〉若干问题的意见》(法发〔1992〕22 号)第 307 条调整为:“对不在我国领域内居住的被告,经用公告方式送达诉状或传唤,公告期满不应诉,人民法院缺席判决后,仍应将裁判文书依照民事诉讼法第二百四十五条第(七)项的规定公告送达。自公告送达裁判文书满六个月的次日起,经过三十日的上诉期当事人没有上诉的,一审判决即发生法律效力。”

三十六、《最高人民法院关于适用〈中华人民共和国民事诉讼法〉若干问题的意见》(法发〔1992〕22 号)第 313 条调整为:“我国涉外仲裁机构作出的仲裁裁决,一方当事人不履行,对方当事人向人民法院申请执行的,应依照民事诉讼法第二十七章的有关规定办理。”

三十七、《最高人民法院关于适用〈中华人民共和国民事诉讼法〉若干问题的意见》(法发〔1992〕22 号)第 315 条调整为:“人民法院强制执行涉外仲裁机构的仲裁裁决时,如被执行人申辩有民事诉讼法第二百五十八条第一款规定的情形之一的,在其提供了财产担保后,可以中止执行。人民法院应当对被执行人的申辩进行审查,并根据审查结果裁定不予执行或驳回申辩。”

三十八、《最高人民法院关于适用〈中华人民共和国民事诉讼法〉若干问题的意见》(法发〔1992〕22 号)第 317 条调整为:“依照民事诉讼法第二百五十六条的规定,我国涉外仲裁机构将当事人的财产保全申请提交人民法院裁定的,人民法院可以进行审查,决定是否进行保全。裁定采取保全的,应当责令申请人提供担保,申请人不提供担保的,裁定驳回申请。”

三十九、《最高人民法院关于人民法院可以对商业银行在人民银行的存款依法采取强制措施的批复》(法复〔1995〕4 号)调整为:“专业银行是依法设立的商业银行,是以其全部法人财产承担民事责任的企业法人。依照《中华人民共和国民事诉讼法》第二百一十八条之规定,作为被执行人的专业银行未按执行通知自动履行已生效的法律文书确定的义务,人民法院有权查询、冻结、划拨该专业银行在人民银行的存款;有关人民银行必须按照协助执行通知书(附已生效的法律文书)及时办理;拒不协助执行的,依法追究法律责任。”

四十、《最高人民法院关于人民法院处理与涉外仲裁及外国仲裁事项有关问题的通知》(法发〔1995〕18 号)第二条调整为:“凡一方当事人向人民法院申请执行我国涉外仲裁机构裁决,或者向人民法院申请承认和执行外国仲裁机构的裁决,如果人民法院认为我国涉外仲裁机构裁决具有民事诉讼法第二百五十八条情形之一的,或者申请承认和执行的外国仲裁裁决不符合我国参加的国际公约的规定或者不符合互惠原则的,在裁定不予执行或者拒绝承认和执行之前,必须报请本辖区所属高级人民法院进行审查;如果高级人民法院同意不予执行或者拒绝承认和执行,应将其审查意见报最高人民法院。待最高人民法院答复后,方可裁定不予执行或者拒绝承认和执行。”

四十一、《最高人民法院关于认真贯彻仲裁法依法执行仲裁裁决的通知》(法发〔1995〕21 号)第二条调整为:“根据国办发〔1995〕38 号《关于进一步做好重新组建仲裁机构工作的通知》要求,现有仲裁机构在依法终止前受理的案件应当自该仲裁机构依法终止之日起 6 个月内作出仲裁裁决。因此,仲裁机构在此期间将当事人的财产保全申请提交人民法院的,人民法院应当依照民事诉讼法的有关规定作出裁决,予以受理或者驳回申请;仲裁机构在此期间按照仲裁程序作出的裁决书、调解书,一方当事人不履行,另一方当事人依照民事诉讼法的有关规定向人民法院申请执行的,受申请的人民法院应当执行。但被申请人提出证据证明裁决有民事诉讼法第二百一十三条第二款和第二百五十八条第一款规定的情形之一的，或者当事人提出证据证明裁决有民事诉讼法第二百五十八条第一款、仲裁法第五十八条规定的情形之一的，应当分别作出不予执行和撤销裁决的裁定。一方当事人申请执行，另一方当事人申请撤销裁决的，人民法院应当裁定中止执行。”

四十二、《最高人民法院关于人民法院依法有权查询、冻结和扣划邮政储蓄存款问题的批复》（法复〔1996〕1号）调整为：“依照《中华人民共和国民事诉讼法》第六十五条的规定，人民法院有权向包括邮政企业的有关单位调查取证，有关单位不得拒绝。

《中华人民共和国民事诉讼法》第一百零三条、第二百一十八条和第二百一十九条中的‘其他有储蓄业务的单位’，包括办理邮政储蓄业务的邮政企业。人民法院为财产保全、先予执行或者执行已经发生法律效力的法律文书，有权查询、冻结、扣划邮政企业办理的邮政储蓄存款；有关的邮政企业依法应当协助人民法院查询、冻结和扣划。”

四十三、《最高人民法院关于当事人因对不予执行仲裁裁决的裁定不服而申请再审人民法院不予受理的批复》（法复〔1996〕8号）调整为：“依照《中华人民共和国民事诉讼法》第二百一十三条的规定，人民法院对仲裁裁决依法裁定不予执行，当事人不服而申请再审的，没有法律依据，人民法院不予受理。”

四十四、《最高人民法院关于税务机关是否有义务协助人民法院直接划拨退税款问题的批复》（法复〔1996〕11号）调整为：“根据国家税务总局《出口货物退（免）税管理办法》的有关规定，企业出口退税款，在国家税务机关审查批准后，须经特定程序通过银行（国库）办理退库手续退给出口企业。国家税务机关只是企业出口退税的审核、审批机关，并不持有退税款项，故人民法院不能依据民事诉讼法第二百二十五条的规定，要求税务机关直接划拨被执行人应得退税款项，但可依照民事诉讼法的有关规定，要求税务机关提供被执行人在银行的退税账户、退税数额及退税时间等情况，并依据税务机关提供的被执行人的退税账户，依法通知有关银行对需执行的款项予以冻结或划拨。”

四十五、《最高人民法院关于实施〈中华人民共和国仲裁法〉几个问题的通知》（法发〔1997〕4号）第二条调整为：“在仲裁过程中，当事人申请财产保全的，一般案件由被申请人住所地或者财产所在地的基层人民法院作出裁定；属涉外仲裁案件的，依据《中华人民共和国民事诉讼法》第二百五十六条的规定，由被申请人住所地或者财产所在地的中级人民法院作出裁定。有关人民法院对仲裁机构提交的财产保全申请应当认真进行审查，符合法律规定的，即应依法作出财产保全的裁定；如认为不符合法律规定的，应依法裁定驳回申请。”

四十六、《最高人民法院关于对企业借贷合同借款方逾期不归还借款的应如何处理的批复》（法复〔1996〕5号）调整为：“企业借贷合同违反有关金融法规，属无效合同。对于合同期限届满后，借款方逾期不归还本金，当事人起诉到人民法院的，人民法院除应按照最高人民法院法（经）发〔1990〕27号《关于审理联营合同纠纷案件若干问题的解答》第四条第二项的有关规定判决外，对自双方当事人约定的还款期满之日起，至法院判决确定借款人返还本金期满期间内的利息，应当收缴，该利息按借贷双方原约定的利率计算，如果双方当事人对借款利息未约定，按同期银行贷款利率计算。借款人未按判决确定的期限归还本金的，应当依照《中华人民共和国民事诉讼法》第二百二十九条的规定加倍支付迟延履行期间的利息。”

四十七、《最高人民法院关于北京市第一中级人民法院不予执行美国制作公司和汤姆·胡莱特公司诉中国妇女旅行社演出合同纠纷仲裁裁决请示的批复》（他〔1997〕35号）调整为：“1992年8月28日美国制作公司和汤姆·胡莱特公司因雇佣美国演员来华演出签订‘合同与演出协议’。该‘合同与演出协议’第2条B款中明确规定：‘演员们应尽全力遵守中国的规章制度和政策并圆满达到演出的娱乐效果。’同年9月9日该两公司又签订‘合同附件’。该‘合同附件’第7条第2款中规定：‘中国有权审查和批准演员演出的各项细节。’美国两公司依据上述合同与协议于1992年12月23日与中国妇女旅行社签订了来华演出的‘合同与协议’。约定美国南方派乐队自1993年1月25日到同年2月28日在华演出20至23场。但是,在演出活动中,美方演员违背合同协议约定,不按报经我国文化部审批的演出内容进行演出,演出了不适合我国国情的'重金属歌曲',违背了我国的社会公共利益,造成了很坏的影响,被我文化部决定停演。由此可见,停演及演出收入减少,是由演出方严重违约造成的。中国国际经济贸易仲裁委员会(94)贸仲字第0015号裁决书无视上述基本事实,是完全错误的。人民法院如果执行该裁决,就会损害我国的社会公共利益。依照《中华人民共和国民事诉讼法》第二百五十八条第二款的规定,同意你院对该仲裁裁决不予执行的意见。"

四十八、《最高人民法院关于对被执行人存在银行的凭证式国库券可否采取执行措施问题的批复》(法释〔1998〕2号)调整为:"被执行人存在银行的凭证式国库券是由被执行人交银行管理的到期偿还本息的有价证券,在性质上与银行的定期储蓄存款相似,属于被执行人的财产。依照《中华人民共和国民事诉讼法》第二百一十八条规定的精神,人民法院有权冻结、划拨被执行人存在银行的凭证式国库券。有关银行应当按照人民法院的协助执行通知书将本息划归执行申请人。"

四十九、《最高人民法院关于人民法院执行工作若干问题的规定(试行)》(法释〔1998〕15号)第6条调整为:"依据民事诉讼法第二百一十三条或第二百五十八条的规定对仲裁裁决是否有不予执行事由进行审查的,应组成合议庭进行。"

五十、《最高人民法院关于人民法院执行工作若干问题的规定(试行)》(法释〔1998〕15号)第24条调整为:"人民法院决定受理执行案件后,应当在三日内向被执行人发出执行通知书,责令其在指定的期间内履行生效法律文书确定的义务,并承担民事诉讼法第二百二十九条规定的迟延履行期间的债务利息或迟延履行金。"

五十一、《最高人民法院关于人民法院执行工作若干问题的规定(试行)》(法释〔1998〕15号)第30条调整为:"被执行人拒绝按人民法院的要求提供其有关财产状况的证据材料的,人民法院可以按照民事诉讼法第二百二十四条的规定进行搜查。"

五十二、《最高人民法院关于人民法院执行工作若干问题的规定(试行)》(法释〔1998〕15号)第59条调整为:"被执行人的财产经拍卖、变卖或裁定以物抵债后,需从现占有人处交付给买受人或申请执行人的,适用民事诉讼法第二百二十五条、第二百二十六条和本规定57条、58条的规定。"

五十三、《最高人民法院关于人民法院执行工作若干问题的规定(试行)》(法释〔1998〕15号)第71条第一款调整为:"对案外人提出的异议,执行法院应当依照民事诉讼法第二百零四条的规定进行审查。"

五十四、《最高人民法院关于人民法院执行工作若干问题的规定(试行)》(法释〔1998〕15号)第83条调整为:"依照民事诉讼法第二百零九条、最高人民法院关于适用民事诉讼法若干问题的意见第271条至第274条及本规定裁定变更或追加被执行主体的,由执行法院的执行机构办理。"

五十五、《最高人民法院关于人民法院执行工作若干问题的规定(试行)》(法释〔1998〕15号)第102条调整为:"有下列情形之一的,人民法院应当依照民事诉讼法第二百三十二条第一款第五项的规定裁定中止执行:

(1)人民法院已受理以被执行人为债务人的破产申请的;

(2)被执行人确无财产可供执行的;

(3)执行的标的物是其他法院或仲裁机构正在审理的案件争议标的物,需要等待该案件审理完毕确定权属的;

(4)一方当事人申请执行仲裁裁决,另一方当事人申请撤销仲裁裁决的;

(5)仲裁裁决的被申请执行人依据民事诉讼法第二百一十三条第二款的规定向人民法院提出不予执行请求,并提供适当担保的。"

五十六、《最高人民法院关于人民法院执行工作若干问题的规定(试行)》(法释〔1998〕15号)第105条调整为:"在执行中,被执行人被人民法院裁定宣告破产的,执行法院应当依照民事诉讼法第二百三十三条第六项的规定,裁定终结执行。”

五十七、《最高人民法院关于人民法院执行工作若干问题的规定（试行）》（法释〔1998〕15号）第109条调整为：“在执行中或执行完毕后，据以执行的法律文书被人民法院或其他有关机关撤销或变更的，原执行机构应当依照民事诉讼法第二百一十条的规定，依当事人申请或依职权，按照新的生效法律文书，作出执行回转的裁定，责令原申请执行人返还已取得的财产及其孳息。拒不返还的，强制执行。”

五十八、《最高人民法院关于人民法院撤销涉外仲裁裁决有关事项的通知》（法〔1998〕40号）第一条调整为：“凡一方当事人按照仲裁法的规定向人民法院申请撤销我国涉外仲裁裁决，如果人民法院经审查认为涉外仲裁裁决具有民事诉讼法第二百五十八条第一款规定的情形之一的，在裁定撤销裁决或通知仲裁庭重新仲裁之前，须报请本辖区所属高级人民法院进行审查。如果高级人民法院同意撤销裁决或通知仲裁庭重新仲裁，应将其审查意见报最高人民法院。待最高人民法院答复后，方可裁定撤销裁决或通知仲裁庭重新仲裁。”

五十九、《最高人民法院关于人民检察院对民事调解书提出抗诉人民法院应否受理问题的批复》（法释〔1999〕4号）调整为：“《中华人民共和国民事诉讼法》第一百八十七条只规定人民检察院可以对人民法院已经发生法律效力的判决、裁定提出抗诉，没有规定人民检察院可以对调解书提出抗诉。人民检察院对调解书提出抗诉的，人民法院不予受理。”

六十、《最高人民法院关于民事、行政诉讼中司法赔偿若干问题的解释》（法释〔2000〕27号）第七条调整为：“根据国家赔偿法第十七条、第三十一条的规定，具有下列情形之一的，国家不承担赔偿责任：

（一）因申请人申请保全有错误造成损害的；

（二）因申请人提供的执行标的物有错误造成损害的；

（三）人民法院工作人员与行使职权无关的个人行为；

（四）属于民事诉讼法第二百一十条规定情形的；

（五）被保全人、被执行人，或者人民法院依法指定的保管人员违法动用、隐匿、毁损、转移、变卖人民法院已经保全的财产的；

（六）因不可抗力造成损害后果的；

（七）依法不应由国家承担赔偿责任的其他情形。”

六十一、《最高人民法院关于严格执行案件审理期限制度的若干规定》（法释〔2000〕29号）第二条第八款调整为：“审理涉外民事案件，根据民事诉讼法第二百四十八条的规定，不受上述案件审理期限的限制。”

六十二、《最高人民法院关于审理票据纠纷案件若干问题的规定》（法释〔2000〕32号）第三十三条调整为：“依照《中华人民共和国民事诉讼法》（以下简称民事诉讼法）第一百九十六条的规定，公示催告的期间，国内票据自公告发布之日起六十日，涉外票据可根据具体情况适当延长，但最长不得超过九十日。”

六十三、《最高人民法院关于审理票据纠纷案件若干问题的规定》（法释〔2000〕32号）第三十四条调整为：“依照民事诉讼法第一百九十七条第二款的规定，在公示催告期间，以公示催告的票据质押、贴现，因质押、贴现而接受该票据的持票人主张票据权利的，人民法院不予支持，但公示催告期间届满以后人民法院作出除权判决以前取得该票据的除外。”

六十四、《最高人民法院关于审理和执行涉外民商事案件应当注意的几个问题的通知》（法〔2000〕51号）第三条调整为：“严格遵守涉外民商事案件生效法律文书的执行规定，切实维护国家司法权威。各级人民法院在强化执行工作过程中，应从维护国家司法形象和法制尊严的高度认识涉外执行工作的重要性，进一步加强涉外案件的执行，要注意执行方法，提高执行效率，注重执行效果。对涉外仲裁裁决和国外仲裁裁决的审查与执行，要严格依照有关国际公约和《中华人民共和国民事诉讼法》、最高人民法院《关于适用〈中华人民共和国民事诉讼法〉若干问题的意见》、《最高人民法院关于人民法院执行工作若干问题的规定（试行）》中有关涉外执行的规定和最高人民法院（法）经发〔1987〕5号通知、法发〔1995〕18号通知、法释〔1998〕28号规定及法

〔1998〕40号通知办理。各级人民法院凡拟适用《中华人民共和国民事诉讼法》第二百五十八条和有关国际公约规定,不予执行涉外仲裁裁决、撤销涉外仲裁裁决或拒绝承认和执行外国仲裁机构的裁决的,均应按规定逐级呈报最高人民法院审查,在最高人民法院答复前,不得制发裁定。"

六十五、《最高人民法院关于适用督促程序若干问题的规定》(法释〔2001〕2号)第三条调整为:"人民法院收到债权人的书面申请后,认为申请书不符合要求的,人民法院可以通知债权人限期补正。补正期间不计入民事诉讼法第一百九十二条规定的期限。"

六十六、《最高人民法院关于审理劳动争议案件适用法律若干问题的解释》(法释〔2001〕14号)第二十一条第一款调整为:"当事人申请人民法院执行劳动争议仲裁机构作出的发生法律效力的裁决书、调解书,被申请人提出证据证明劳动争议仲裁裁决书、调解书有下列情形之一,并经审查核实的,人民法院可以根据民事诉讼法第二百一十三条之规定,裁定不予执行:

(一)裁决的事项不属于劳动争议仲裁范围,或者劳动争议仲裁机构无权仲裁的;

(二)适用法律确有错误的;

(三)仲裁员仲裁该案时,有徇私舞弊、枉法裁决行为的;

(四)人民法院认定执行该劳动争议仲裁裁决违背社会公共利益的。"

六十七、《最高人民法院关于民事诉讼证据的若干规定》(法释〔2001〕33号)第八十三条第三款调整为:"本规定施行后受理的再审民事案件,人民法院依据民事诉讼法第一百八十六条的规定进行审理的,适用本规定。"

六十八、《最高人民法院关于向外国公司送达司法文书能否向其驻华代表机构送达并适用留置送达问题的批复》(法释〔2002〕15号)调整为:"《关于向国外送达民事或商事司法文书和司法外文书公约》(以下简称海牙送达公约)第一条规定:'在所有民事或商事案件中,如有须递送司法文书或司法外文书以便向国外送达的情形,均应适用本公约。'根据《中华人民共和国民事诉讼法》(以下简称民事诉讼法)第二百四十五条的规定,人民法院对在中华人民共和国领域内没有住所的当事人送达诉讼文书,可以依照受送达人所在国与中华人民共和国缔结或者共同参加的国际条约中规定的方式送达;当受送达人在中华人民共和国领域内设有代表机构时,便不再属于海牙送达公约规定的'有须递送司法文书或司法外文书以便向国外送达的情形'。因此,人民法院可以根据民事诉讼法第二百四十五条第(五)项的规定向受送达人在中华人民共和国领域内设立的代表机构送达诉讼文书,而不必根据海牙送达公约向国外送达。

根据民事诉讼法第二百三十五条的规定,人民法院向外国公司的驻华代表机构送达诉讼文书时,可以适用留置送达的方式。"

六十九、《最高人民法院关于适用〈中华人民共和国海事诉讼特别程序法〉若干问题的解释》(法释〔2003〕3号)第二条调整为:"涉外海事侵权纠纷案件和海上运输合同纠纷案件的管辖,适用民事诉讼法第二十四章的规定;民事诉讼法第二十四章没有规定的,适用海事诉讼特别程序法第六条第二款(一)、(二)项的规定和民事诉讼法的其他有关规定。"

七十、《最高人民法院关于适用〈中华人民共和国海事诉讼特别程序法〉若干问题的解释》(法释〔2003〕3号)第八十八条调整为:"海事诉讼特别程序法第一百一十五条规定的判决书、裁定书、调解书和仲裁裁决书指我国国内的判决书、裁定书、调解书和仲裁裁决书。对于债权人提供的国外的判决书、裁定书、调解书和仲裁裁决书,适用民事诉讼法第二百六十六条和第二百六十七条规定的程序审查。"

七十一、《最高人民法院关于审理人民法院国家赔偿确认案件若干问题的规定(试行)》(法释〔2004〕10号)第四条调整为:"具有下列情形之一的确认申请,不予受理:

(一)依法应当通过审判监督程序提出申诉或者申请再审的;

(二)申请事项属于司法机关已经立案正在查处的;

(三)人民法院工作人员的行为与行使职权无关的;

(四)属于《中华人民共和国民事诉讼法》第

二百一十条规定情形的；

（五）依法不属于确认范围的其他情形。”

七十二、《最高人民法院关于人民法院民事调解工作若干问题的规定》（法释〔2004〕12号）第十九条第二款调整为：“不履行调解协议的当事人按照前款规定承担了调解书确定的民事责任后，对方当事人又要求其承担民事诉讼法第二百二十九条规定的迟延履行责任的，人民法院不予支持。”

七十三、《最高人民法院关于人民法院民事调解工作若干问题的规定》（法释〔2004〕12号）第二十条调整为：“调解书约定给付特定标的物的，调解协议达成前该物上已经存在的第三人的物权和优先权不受影响。第三人在执行过程中对执行标的物提出异议的，应当按照民事诉讼法第二百零四条规定处理。”

七十四、《最高人民法院关于人民法院民事执行中查封、扣押、冻结财产的规定》（法释〔2004〕15号）第二十条第二款调整为：“执行人员及保管人应当在笔录上签名，有民事诉讼法第二百二十一条规定的人员到场的，到场人员也应当在笔录上签名。”

七十五、《最高人民法院关于当事人申请承认澳大利亚法院出具的离婚证明书人民法院应否受理问题的批复》（法释〔2005〕8号）调整为：“当事人持澳大利亚法院出具的离婚证明书向人民法院申请承认其效力的，人民法院应予受理，并依照《中华人民共和国民事诉讼法》第二百六十五条和第二百六十六条以及最高人民法院《关于中国公民申请承认外国法院离婚判决程序问题的规定》的有关规定进行审查，依法作出承认或者不予承认的裁定。”

七十六、《最高人民法院关于人民法院执行设定抵押的房屋的规定》（法释〔2005〕14号）第三条第一款调整为：“上述宽限期届满后，被执行人仍未迁出的，人民法院可以作出强制迁出裁定，并按照民事诉讼法第二百二十六条的规定执行。”

七十七、《最高人民法院关于涉外民事或商事案件司法文书送达问题若干规定》（法释〔2006〕5号）第四条调整为：“除受送达人在授权委托书中明确表明其诉讼代理人无权代为接收有关司法文书外，其委托的诉讼代理人为民事诉讼法第二百四十五条第（四）项规定的有权代其接受送达的诉讼代理人，人民法院可以向该诉讼代理人送达。”

七十八、《最高人民法院关于涉外民事或商事案件司法文书送达问题若干规定》（法释〔2006〕5号）第九条调整为：“人民法院依照民事诉讼法第二百四十五条第（七）项规定的公告方式送达时，公告内容应在国内外公开发行的报刊上刊登。”

七十九、《最高人民法院关于适用〈中华人民共和国仲裁法〉若干问题的解释》（法释〔2006〕7号）第十七条调整为：“当事人以不属于仲裁法第五十八条或者民事诉讼法第二百五十八条规定的事由申请撤销仲裁裁决的，人民法院不予支持。”

八十、《最高人民法院关于适用〈中华人民共和国仲裁法〉若干问题的解释》（法释〔2006〕7号）第二十七条第二款调整为：“当事人在仲裁程序中对仲裁协议的效力提出异议，在仲裁裁决作出后又以此为由主张撤销仲裁裁决或者提出不予执行抗辩，经审查符合仲裁法第五十八条或者民事诉讼法第二百一十三条、第二百五十八条规定的，人民法院应予支持。”

八十一、《最高人民法院关于在民事判决书中增加向当事人告知民事诉讼法第二百三十二条规定内容的通知》（法〔2007〕19号），题目调整为：“《最高人民法院关于在民事判决书中增加向当事人告知民事诉讼法第二百二十九条规定内容的通知》”，内容调整为：“根据《中共中央关于构建社会主义和谐社会若干重大问题的决定》有关‘落实当事人权利义务告知制度’的要求，为使胜诉的当事人及时获得诉讼成果，促使败诉的当事人及时履行义务，经研究决定，在具有金钱给付内容的民事判决书中增加向当事人告知民事诉讼法第二百二十九条规定的内容。现将在民事判决书中具体表述方式通知如下：

一、一审判决中具有金钱给付义务的，应当在所有判项之后另起一行写明：如果未按本判决指定的期间履行给付金钱义务，应当依照《中华人民共和国民事诉讼法》第二百二十九条之规定，加倍支付迟延履行期间的债务利息。”

最高人民法院关于裁判文书引用法律、法规等规范性法律文件的规定

(2009年7月13日最高人民法院审判委员会第1470次会议通过 2009年10月26日最高人民法院公告公布 自2009年11月4日起施行 法释〔2009〕14号)

为进一步规范裁判文书引用法律、法规等规范性法律文件的工作,提高裁判质量,确保司法统一,维护法律权威,根据《中华人民共和国立法法》等法律规定,制定本规定。

第一条 人民法院的裁判文书应当依法引用相关法律、法规等规范性法律文件作为裁判依据。引用时应当准确完整写明规范性法律文件的名称、条款序号,需要引用具体条文的,应当整条引用。

第二条 并列引用多个规范性法律文件的,引用顺序如下:法律及法律解释、行政法规、地方性法规、自治条例或者单行条例、司法解释。同时引用两部以上法律的,应当先引用基本法律,后引用其他法律。引用包括实体法和程序法的,先引用实体法,后引用程序法。

第三条 刑事裁判文书应当引用法律、法律解释或者司法解释。刑事附带民事诉讼裁判文书引用规范性法律文件,同时适用本规定第四条规定。

第四条 民事裁判文书应当引用法律、法律解释或者司法解释。对于应当适用的行政法规、地方性法规或者自治条例和单行条例,可以直接引用。

第五条 行政裁判文书应当引用法律、法律解释、行政法规或者司法解释。对于应当适用的地方性法规、自治条例和单行条例、国务院或者国务院授权的部门公布的行政法规解释或者行政规章,可以直接引用。

第六条 对于本规定第三条、第四条、第五条规定之外的规范性文件,根据审理案件的需要,经审查认定为合法有效的,可以作为裁判说理的依据。

第七条 人民法院制作裁判文书确需引用的规范性法律文件之间存在冲突,根据立法法等有关法律规定无法选择适用的,应当依法提请有决定权的机关做出裁决,不得自行在裁判文书中认定相关规范性法律文件的效力。

第八条 本院以前发布的司法解释与本规定不一致的,以本规定为准。

最高人民法院印发《关于人民法院在互联网公布裁判文书的规定》和《关于人民法院直播录播庭审活动的规定》的通知(节录)①

(2010年11月21日 法发〔2010〕48号)

全国地方各级人民法院、各级军事法院、各铁路运输中级法院和基层法院、各海事法院,新疆生产建设兵团各级法院:

最高人民法院《关于人民法院在互联网公布裁判文书的规定》和《关于人民法院直播录播庭审活动的规定》已于2010年11月8日由最高人民法院审判委员会第1500次会议讨论通过,现印发给你们,请认真贯彻执行。贯彻执行中的重大事项,请及时报告我院。

最高人民法院关于人民法院在互联网公布裁判文书的规定②

为贯彻落实审判公开原则,保障公众知情权和监督权,规范人民法院在互联网公布裁判文书,促进司法公正,根据人民法院工作实际,制定本规定。

第一条 人民法院在互联网公布裁判文书,应当遵循依法、及时、规范的原则。

第二条 人民法院的生效裁判文书可以在互联网公布,但有下列情形之一的除外:

(一)涉及国家秘密、个人隐私和未成年人犯罪的;

---

① 编者注:部分废止。

② 编者注:已废止。

（二）以调解方式结案的；

（三）当事人明确请求不在互联网公布并有正当理由，且不涉及公共利益的；

（四）其他不宜在互联网公布的。

最高人民法院和高级人民法院具有法律适用指导意义的生效裁判文书应当在互联网公布。

第三条　人民法院在互联网公布裁判文书，对涉及当事人的家庭住址、通讯方式、身份证号码、银行帐号等个人信息，以及证人等诉讼参与人或者当事人近亲属的个人信息的，应当进行相应的技术处理。对涉及商业秘密及其他不宜在互联网公开的内容，应当进行相应的技术处理。

第四条　人民法院应当在诉讼须知中写明关于在互联网公布裁判文书的相关内容，并在送达裁判文书时告知当事人在互联网公布裁判文书的事宜。当事人明确请求不在互联网公布的，应当书面提出意见。人民法院经审核认为理由正当的，不应在互联网公布。

第五条　人民法院在互联网公布裁判文书，应当自裁判文书生效之日起三十日内完成。

第六条　人民法院应当对在互联网公布的裁判文书适当分类，并在公布目录上载明案件类型、案号、案由、当事人姓名或名称等基本信息。

第七条　人民法院在互联网公布裁判文书应当履行必要的审核程序。裁判文书在互联网公布由承办案件的部门负责人审核，重大、疑难、复杂以及社会关注度较高案件的裁判文书由主管副院长审核。

各高级人民法院根据实际情况制定具体的审核程序。

第八条　人民法院应当在法院互联网站公布裁判文书，并设置必要的技术安全措施。

最高人民法院建立全国统一的裁判文书网站。

第九条　各级人民法院应当指定专门机构负责在互联网公布裁判文书的管理工作。该机构履行以下职责：

（一）负责发布审核后的裁判文书；

（二）发现在互联网公布的裁判文书存在笔误的，负责通知原合议庭作出补正裁定并发布，但不得直接更改原上网文书；

（三）通过人民法院设置的网络沟通平台，掌握和汇总公众对裁判文书的评论；

（四）针对在互联网公布裁判文书的工作出现的问题提出改进建议。

第十条　最高人民法院指导全国法院在互联网公布裁判文书的工作。

上级人民法院指导下级人民法院在互联网公布裁判文书的工作。

第十一条　违反本规定在互联网公布裁判文书造成不良影响的，应当及时纠正。不及时纠正造成严重后果的，追究相关人员的责任。

第十二条　各高级人民法院在实施本规定过程中，可以根据实际需要制定实施细则。

第十三条　本规定自公布之日起实施。本院以前的规定与本规定不一致的，以本规定为准。

最高人民法院关于人民法院在互联网公布裁判文书的规定①

（2013年11月13日最高人民法院审判委员会第1595次会议通过　2013年11月21日最高人民法院公告公布　自2014年1月1日起施行　法释〔2013〕26号）

为贯彻落实审判公开原则，规范人民法院在互联网公布裁判文书工作，促进司法公正，提升司法公信力，根据《中华人民共和国刑事诉讼法》《中华人民共和国民事诉讼法》《中华人民共和国行政诉讼法》等相关规定，结合人民法院工作实际，制定本规定。

第一条　人民法院在互联网公布裁判文书，应当遵循依法、及时、规范、真实的原则。

第二条　最高人民法院在互联网设立中国裁判文书网，统一公布各级人民法院的生效裁判文书。

各级人民法院对其在中国裁判文书网公布的裁判文书质量负责。

第三条　各级人民法院应当指定专门机构负责互联网公布裁判文书的管理工作。该机构履行以下职责：

（一）组织、上传裁判文书；

① 编者注：已废止。

（二）发现公布的裁判文书存在笔误或者技术处理不当等问题的，协调有关部门及时处理；

（三）其他相关的指导、监督和考评工作。

第四条 人民法院的生效裁判文书应当在互联网公布，但有下列情形之一的除外：

（一）涉及国家秘密、个人隐私的；

（二）涉及未成年人违法犯罪的；

（三）以调解方式结案的；

（四）其他不宜在互联网公布的。

第五条 人民法院应当在受理案件通知书、应诉通知书中告知当事人在互联网公布裁判文书的范围，并通过政务网站、电子触摸屏、诉讼指南等多种方式，向公众告知人民法院在互联网公布裁判文书的相关规定。

第六条 人民法院在互联网公布裁判文书时，应当保留当事人的姓名或者名称等真实信息，但必须采取符号替代方式对下列当事人及诉讼参与人的姓名进行匿名处理：

（一）婚姻家庭、继承纠纷案件中的当事人及其法定代理人；

（二）刑事案件中被害人及其法定代理人、证人、鉴定人；

（三）被判处三年有期徒刑以下刑罚以及免予刑事处罚，且不属于累犯或者惯犯的被告人。

第七条 人民法院在互联网公布裁判文书时，应当删除下列信息：

（一）自然人的家庭住址、通讯方式、身份证号码、银行账号、健康状况等个人信息；

（二）未成年人的相关信息；

（三）法人以及其他组织的银行账号；

（四）商业秘密；

（五）其他不宜公开的内容。

第八条 承办法官或者人民法院指定的专门人员应当在裁判文书生效后七日内按照本规定第六条、第七条的要求完成技术处理，并提交本院负责互联网公布裁判文书的专门机构在中国裁判文书网公布。

第九条 独任法官或者合议庭认为裁判文书具有本规定第四条第四项不宜在互联网公布情形的，应当提出书面意见及理由，由部门负责人审查后报主管副院长审定。

第十条 在互联网公布的裁判文书，除依照本规定的要求进行技术处理的以外，应当与送达当事人的裁判文书一致。

人民法院对送达当事人的裁判文书进行补正的，应当及时在互联网公布补正裁定。

第十一条 人民法院在互联网公布的裁判文书，除因网络传输故障导致与送达当事人的裁判文书不一致的以外，不得修改或者更换；确因法定理由或者其他特殊原因需要撤回的，应当由高级人民法院以上负责互联网公布裁判文书的专门机构审查决定，并在中国裁判文书网办理撤回及登记备案手续。

第十二条 中国裁判文书网应当提供操作便捷的检索、查阅系统，方便公众检索、查阅裁判文书。

第十三条 最高人民法院负责监督和指导地方各级人民法院在互联网公布裁判文书的工作。

高级人民法院负责组织、指导、监督和检查辖区内各级人民法院在互联网公布裁判文书的工作。

第十四条 各高级人民法院在实施本规定的过程中，可以结合工作实际制定实施细则。中西部地区基层人民法院在互联网公布裁判文书的时间进度由高级人民法院决定，并报最高人民法院备案。

第十五条 本规定自2014年1月1日起实施。最高人民法院2010年11月8日制定的《关于人民法院在互联网公布裁判文书的规定》（法发〔2010〕48号）同时废止。最高人民法院以前发布的司法解释和规范性文件与本规定不一致的，以本规定为准。

最高人民法院关于人民法院在互联网公布裁判文书的规定

（2016年7月25日最高人民法院审判委员会第1689次会议通过 2016年8月29日最高人民法院公告公布 自2016年10月1日起施行 法释〔2016〕19号）

为贯彻落实审判公开原则，规范人民法院在互联网公布裁判文书工作，促进司法公正，提升司法公信力，根据《中华人民共和国刑事诉讼法》《中华人民共和国民事诉讼法》《中华人民共和国行政诉讼法》等相关规定，结合人民法院工作实际，制定本规定。

第一条　人民法院在互联网公布裁判文书，应当依法、全面、及时、规范。

第二条　中国裁判文书网是全国法院公布裁判文书的统一平台。各级人民法院在本院政务网站及司法公开平台设置中国裁判文书网的链接。

第三条　人民法院作出的下列裁判文书应当在互联网公布：

（一）刑事、民事、行政判决书；

（二）刑事、民事、行政、执行裁定书；

（三）支付令；

（四）刑事、民事、行政、执行驳回申诉通知书；

（五）国家赔偿决定书；

（六）强制医疗决定书或者驳回强制医疗申请的决定书；

（七）刑罚执行与变更决定书；

（八）对妨害诉讼行为、执行行为作出的拘留、罚款决定书，提前解除拘留决定书，因对不服拘留、罚款等制裁决定申请复议而作出的复议决定书；

（九）行政调解书、民事公益诉讼调解书；

（十）其他有中止、终结诉讼程序作用或者对当事人实体权益有影响、对当事人程序权益有重大影响的裁判文书。

第四条　人民法院作出的裁判文书有下列情形之一的，不在互联网公布：

（一）涉及国家秘密的；

（二）未成年人犯罪的；

（三）以调解方式结案或者确认人民调解协议效力的，但为保护国家利益、社会公共利益、他人合法权益确有必要公开的除外；

（四）离婚诉讼或者涉及未成年子女抚养、监护的；

（五）人民法院认为不宜在互联网公布的其他情形。

第五条　人民法院应当在受理案件通知书、应诉通知书中告知当事人在互联网公布裁判文书的范围，并通过政务网站、电子触摸屏、诉讼指南等多种方式，向公众告知人民法院在互联网公布裁判文书的相关规定。

第六条　不在互联网公布的裁判文书，应当公布案号、审理法院、裁判日期及不公开理由，但公布上述信息可能泄露国家秘密的除外。

第七条　发生法律效力的裁判文书，应当在裁判文书生效之日起七个工作日内在互联网公布。依法提起抗诉或者上诉的一审判决书、裁定书，应当在二审裁判生效后七个工作日内在互联网公布。

第八条　人民法院在互联网公布裁判文书时，应当对下列人员的姓名进行隐名处理：

（一）婚姻家庭、继承纠纷案件中的当事人及其法定代理人；

（二）刑事案件被害人及其法定代理人、附带民事诉讼原告人及其法定代理人、证人、鉴定人；

（三）未成年人及其法定代理人。

第九条　根据本规定第八条进行隐名处理时，应当按以下情形处理：

（一）保留姓氏，名字以“某”替代；

（二）对于少数民族姓名，保留第一个字，其余内容以“某”替代；

（三）对于外国人、无国籍人姓名的中文译文，保留第一个字，其余内容以“某”替代；对于外国人、无国籍人的英文姓名，保留第一个英文字母，删除其他内容。

对不同姓名隐名处理后发生重复的，通过在姓名后增加阿拉伯数字进行区分。

第十条　人民法院在互联网公布裁判文书时，应当删除下列信息：

（一）自然人的家庭住址、通讯方式、身份证号码、银行账号、健康状况、车牌号码、动产或不动产权属证书编号等个人信息；

（二）法人以及其他组织的银行账号、车牌号码、动产或不动产权属证书编号等信息；

（三）涉及商业秘密的信息；

（四）家事、人格权益等纠纷中涉及个人隐私的信息；

（五）涉及技术侦查措施的信息；

（六）人民法院认为不宜公开的其他信息。

按照本条第一款删除信息影响对裁判文书

正确理解的,用符号“×”作部分替代。

第十一条　人民法院在互联网公布裁判文书,应当保留当事人、法定代理人、委托代理人、辩护人的下列信息:

(一)除根据本规定第八条进行隐名处理的以外,当事人及其法定代理人是自然人的,保留姓名、出生日期、性别、住所地所属县、区;当事人及其法定代理人是法人或其他组织的,保留名称、住所地、组织机构代码,以及法定代表人或主要负责人的姓名、职务;

(二)委托代理人、辩护人是律师或者基层法律服务工作者的,保留姓名、执业证号和律师事务所、基层法律服务机构名称;委托代理人、辩护人是其他人员的,保留姓名、出生日期、性别、住所地所属县、区,以及与当事人的关系。

第十二条　办案法官认为裁判文书具有本规定第四条第五项不宜在互联网公布情形的,应当提出书面意见及理由,由部门负责人审查后报主管副院长审定。

第十三条　最高人民法院监督指导全国法院在互联网公布裁判文书的工作。高级、中级人民法院监督指导辖区法院在互联网公布裁判文书的工作。

各级人民法院审判管理办公室或者承担审判管理职能的其他机构负责本院在互联网公布裁判文书的管理工作,履行以下职责:

(一)组织、指导在互联网公布裁判文书;

(二)监督、考核在互联网公布裁判文书的工作;

(三)协调处理社会公众对裁判文书公开的投诉和意见;

(四)协调技术部门做好技术支持和保障;

(五)其他相关管理工作。

第十四条　各级人民法院应当依托信息技术将裁判文书公开纳入审判流程管理,减轻裁判文书公开的工作量,实现裁判文书及时、全面、便捷公布。

第十五条　在互联网公布的裁判文书,除依照本规定要求进行技术处理的以外,应当与裁判文书的原本一致。

人民法院对裁判文书中的笔误进行补正的,应当及时在互联网公布补正笔误的裁定书。

办案法官对在互联网公布的裁判文书与裁判文书原本的一致性,以及技术处理的规范性负责。

第十六条　在互联网公布的裁判文书与裁判文书原本不一致或者技术处理不当的,应当及时撤回并在纠正后重新公布。

在互联网公布的裁判文书,经审查存在本规定第四条列明情形的,应当及时撤回,并按照本规定第六条处理。

第十七条　人民法院信息技术服务中心负责中国裁判文书网的运行维护和升级完善,为社会各界合法利用在该网站公开的裁判文书提供便利。

中国裁判文书网根据案件适用不同审判程序的案号,实现裁判文书的相互关联。

第十八条　本规定自2016年10月1日起施行。最高人民法院以前发布的司法解释和规范性文件与本规定不一致的,以本规定为准。

最高人民法院关于人身安全保护令案件相关程序问题的批复

(2016年6月6日最高人民法院审判委员会第1686次会议通过　2016年7月11日最高人民法院公告公布　自2016年7月13日起施行　法释〔2016〕15号)

北京市高级人民法院:

你院《关于人身安全保护令案件相关程序问题的请示》(京高法〔2016〕45号)收悉。经研究,批复如下:

一、关于人身安全保护令案件是否收取诉讼费的问题。同意你院倾向性意见,即向人民法院申请人身安全保护令,不收取诉讼费用。

二、关于申请人身安全保护令是否需要提供担保的问题。同意你院倾向性意见,即根据《中华人民共和国反家庭暴力法》请求人民法院作出人身安全保护令的,申请人不需要提供担保。

三、关于人身安全保护令案件适用程序等问题。人身安全保护令案件适用何种程序,反家庭暴力法中没有作出直接规定。人民法院可以比照特别程序进行审理。家事纠纷案件中的当事人向人民法院申请人身安全保护令的,由审理该案的审判组织作出是否发出人身安全保护令的裁定;如果人身安全保护令的申请人在接受其申请的人民法院并无正在进行的家事案件诉讼,由法官以独任审理的方式审理。至于是否需要就发出人身安全保护令问题听取被申请人的意见,则由承办法官视案件的具体情况决定。

四、关于复议问题。对于人身安全保护令的被申请人提出的复议申请和人身安全保护令的申请人就驳回裁定提出的复议申请,可以由原审判组织进行复议;人民法院认为必要的,也可以另行指定审判组织进行复议。

此复。

最高人民法院关于人民法院庭审录音录像的若干规定

(2017年1月25日最高人民法院审判委员会第1708次会议通过 2017年2月22日最高人民法院公告公布 自2017年3月1日起施行 法释〔2017〕5号)

为保障诉讼参与人诉讼权利,规范庭审活动,提高庭审效率,深化司法公开,促进司法公正,根据《中华人民共和国刑事诉讼法》《中华人民共和国民事诉讼法》《中华人民共和国行政诉讼法》等法律规定,结合审判工作实际,制定本规定。

第一条 人民法院开庭审判案件,应当对庭审活动进行全程录音录像。

第二条 人民法院应当在法庭内配备固定或者移动的录音录像设备。

有条件的人民法院可以在法庭安装使用智能语音识别同步转换文字系统。

第三条 庭审录音录像应当自宣布开庭时开始,至闭庭时结束。除下列情形外,庭审录音录像不得人为中断:

(一)休庭;

(二)公开庭审中的不公开举证、质证活动;

(三)不宜录制的调解活动。

负责录音录像的人员应当对录音录像的起止时间、有无中断等情况进行记录并附卷。

第四条 人民法院应当采取叠加同步录制时间或者其他措施保证庭审录音录像的真实和完整。

因设备故障或技术原因导致录音录像不真实、不完整的,负责录音录像的人员应当作出书面说明,经审判长或独任审判员审核签字后附卷。

第五条 人民法院应当使用专门设备在线或离线存储、备份庭审录音录像。因设备故障等原因导致不符合技术标准的录音录像,应当一并存储。

庭审录音录像的归档,按照人民法院电子诉讼档案管理规定执行。

第六条 人民法院通过使用智能语音识别系统同步转换生成的庭审文字记录,经审判人员、书记员、诉讼参与人核对签字后,作为法庭笔录管理和使用。

第七条 诉讼参与人对法庭笔录有异议并申请补正的,书记员可以播放庭审录音录像进行核对、补正;不予补正的,应当将申请记录在案。

第八条 适用简易程序审理民事案件的庭审录音录像,经当事人同意的,可以替代法庭笔录。

第九条 人民法院应当将替代法庭笔录的庭审录音录像同步保存在服务器或者刻录成光盘,并由当事人和其他诉讼参与人对其完整性校验值签字或者采取其他方法进行确认。

第十条 人民法院应当通过审判流程信息公开平台、诉讼服务平台以及其他便民诉讼服务平台,为当事人、辩护律师、诉讼代理人等依法查阅庭审录音录像提供便利。

对提供查阅的录音录像,人民法院应当设置必要的安全防范措施。

第十一条 当事人、辩护律师、诉讼代理人等可以依照规定复制录音或者誊录庭审录音录像,必要时人民法院应当配备相应设施。

第十二条 人民法院可以播放依法公开审理案件的庭审录音录像。

第十三条 诉讼参与人、旁听人员违反法庭纪律或者有关法律规定,危害法庭安全、扰乱法庭秩序的,人民法院可以通过庭审录音录像进行调查核实,并将其作为追究法律责任的证据。

第十四条 人民检察院、诉讼参与人认为庭审活动不规范或者违反法律规定的,人民法院应当结合庭审录音录像进行调查核实。

第十五条 未经人民法院许可，任何人不得对庭审活动进行录音录像，不得对庭审录音录像进行拍录、复制、删除和迁移。

行为人实施前款行为的，依照规定追究其相应责任。

第十六条 涉及国家秘密、商业秘密、个人隐私等庭审活动的录制，以及对庭审录音录像的存储、查阅、复制、誊录等，应当符合保密管理等相关规定。

第十七条 庭审录音录像涉及的相关技术保障、技术标准和技术规范，由最高人民法院另行制定。

第十八条 人民法院从事其他审判活动或者进行执行、听证、接访等活动需要进行录音录像的，参照本规定执行。

第十九条 本规定自2017年3月1日起施行。最高人民法院此前发布的司法解释及规范性文件与本规定不一致的，以本规定为准。

最高人民法院关于人民法院立案、审判与执行工作协调运行的意见

（2018年5月28日 法发〔2018〕9号）

为了进一步明确人民法院内部分工协作的工作职责，促进立案、审判与执行工作的顺利衔接和高效运行，保障当事人及时实现合法权益，根据《中华人民共和国民事诉讼法》《中华人民共和国刑事诉讼法》《中华人民共和国行政诉讼法》等有关法律规定，制定本意见。

一、立案工作

1. 立案部门在收取起诉材料时，应当发放诉讼风险提示书，告知当事人诉讼风险，就申请财产保全作必要的说明，告知当事人申请财产保全的具体流程、担保方式及风险承担等信息，引导当事人及时向人民法院申请保全。

立案部门在收取申请执行材料时，应发放执行风险提示书，告知申请执行人向人民法院提供财产线索的义务，以及无财产可供执行导致执行不能的风险。

2. 立案部门在立案时与执行机构共享信息，做好以下信息的采集工作：

（1）立案时间；

（2）当事人姓名、性别、民族、出生日期、身份证件号码；

（3）当事人名称、法定代表人或者主要负责人、统一社会信用代码或者组织机构代码；

（4）送达地址；

（5）保全信息；

（6）当事人电话及其他联系方式；

（7）其他应当采集的信息。

立案部门在立案时应充分采集原告或者申请执行人的前款信息，提示原告或者申请执行人尽可能提供被告或者被执行人的前款信息。

3. 在执行案件立案时，有字号的个体工商户为被执行人的，立案部门应当将生效法律文书注明的该字号个体工商户经营者一并列为被执行人。

4. 立案部门在对刑事裁判涉财产部分移送执行立案审查时，重点审查《移送执行表》载明的以下内容：

（1）被执行人、被害人的基本信息；

（2）已查明的财产状况或者财产线索；

（3）随案移送的财产和已经处置财产的情况；

（4）查封、扣押、冻结财产的情况；

（5）移送执行的时间；

（6）其他需要说明的情况。

《移送执行表》信息存在缺漏的，应要求刑事审判部门及时补充完整。

5. 立案部门在受理申请撤销仲裁裁决、执行异议之诉、变更追加执行当事人异议之诉、参与分配异议之诉、履行执行和解协议之诉等涉及执行的案件后，应提示当事人及时向执行法院或者本院执行机构告知有关情况。

6. 人民法院在判决生效后退还当事人预交但不应负担的诉讼费用时，不得以立执行案件的方式退还。

二、审判工作

7. 审判部门在审理案件时，应当核实立案部门在立案时采集的有关信息。信息发生变化或者记录不准确的，应当及时予以更正、补充。

8. 审判部门在审理确权诉讼时，应当查询所

要确权的财产权属状况。需要确权的财产已经被人民法院查封、扣押、冻结的，应当裁定驳回起诉，并告知当事人可以依照民事诉讼法第二百二十七条的规定主张权利。

9. 审判部门在审理涉及交付特定物、恢复原状、排除妨碍等案件时，应当查明标的物的状态。特定标的物已经灭失或者不宜恢复原状、排除妨碍的，应告知当事人可申请变更诉讼请求。

10. 审判部门在审理再审裁定撤销原判决、裁定发回重审的案件时，应当注意审查诉讼标的物是否存在灭失或者发生变化致使原诉讼请求无法实现的情形。存在该情形的，应告知当事人可申请变更诉讼请求。

11. 法律文书主文应当明确具体：

（1）给付金钱的，应当明确数额。需要计算利息、违约金数额的，应当有明确的计算基数、标准、起止时间等；

（2）交付特定标的物的，应当明确特定物的名称、数量、具体特征等特定信息，以及交付时间、方式等；

（3）确定继承的，应当明确遗产的名称、数量、数额等；

（4）离婚案件分割财产的，应当明确财产名称、数量、数额等；

（5）继续履行合同的，应当明确当事人继续履行合同的内容、方式等；

（6）排除妨碍、恢复原状的，应当明确排除妨碍、恢复原状的标准、时间等；

（7）停止侵害的，应当明确停止侵害行为的具体方式，以及被侵害权利的具体内容或者范围等；

（8）确定子女探视权的，应当明确探视的方式、具体时间和地点，以及交接办法等；

（9）当事人之间互负给付义务的，应当明确履行顺序。

对前款规定中财产数量较多的，可以在法律文书后另附清单。

12. 审判部门在民事调解中，应当审查双方意思的真实性、合法性，注重调解书的可执行性。能即时履行的，应要求当事人即时履行完毕。

13. 刑事裁判涉财产部分的裁判内容，应当明确、具体。涉案财物或者被害人人数较多，不宜在判决主文中详细列明的，可以概括叙明并另附清单。判处没收部分财产的，应当明确没收的具体财物或者金额。判处追缴或者责令退赔的，应当明确追缴或者退赔的金额或财物的名称、数量等有关情况。

三、执行工作

14. 执行标的物为特定物的，应当执行原物。原物已经毁损或者灭失的，经双方当事人同意，可以折价赔偿。双方对折价赔偿不能协商一致的，按照下列方法处理：

（1）原物毁损或者灭失发生在最后一次法庭辩论结束前的，执行机构应当告知当事人可通过审判监督程序救济；

（2）原物毁损或者灭失发生在最后一次法庭辩论结束后的，执行机构应当终结执行程序并告知申请执行人可另行起诉。

无法确定原物在最后一次法庭辩论结束前还是结束后毁损或者灭失的，按照前款第二项规定处理。

15. 执行机构发现本院作出的生效法律文书执行内容不明确的，应书面征询审判部门的意见。审判部门应在15日内作出书面答复或者裁定予以补正。审判部门未及时答复或者不予答复的，执行机构可层报院长督促审判部门答复。

执行内容不明确的生效法律文书是上级法院作出的，执行法院的执行机构应当层报上级法院执行机构，由上级法院执行机构向审判部门征询意见。审判部门应在15日内作出书面答复或者裁定予以补正。上级法院的审判部门未及时答复或者不予答复的，上级法院执行机构层报院长督促审判部门答复。

执行内容不明确的生效法律文书是其他法院作出的，执行法院的执行机构可以向作出生效法律文书的法院执行机构发函，由该法院执行机构向审判部门征询意见。审判部门应在15日内作出书面答复或者裁定予以补正。审判部门未及时答复或者不予答复的，作出生效法律文书的法院执行机构层报院长督促审判部门答复。

四、财产保全工作

16. 下列财产保全案件一般由立案部门编立“财保”字案号进行审查并作出裁定：

（1）利害关系人在提起诉讼或者申请仲裁前

申请财产保全的案件；

(2)当事人在仲裁过程中通过仲裁机构向人民法院提交申请的财产保全案件；

(3)当事人在法律文书生效后进入执行程序前申请财产保全的案件。

当事人在诉讼中申请财产保全的案件，一般由负责审理案件的审判部门沿用诉讼案号进行审查并作出裁定。

当事人在上诉后二审法院立案受理前申请财产保全的案件，由一审法院审判部门审查并作出裁定。

17. 立案、审判部门作出的财产保全裁定，应当及时送交立案部门编立"执保"字案号的执行案件，立案后送交执行。

上级法院可以将财产保全裁定指定下级法院立案执行。

18. 财产保全案件的下列事项，由作出财产保全裁定的部门负责审查：

(1)驳回保全申请；

(2)准予撤回申请、按撤回申请处理；

(3)变更保全担保；

(4)续行保全、解除保全；

(5)准许被保全人根据《最高人民法院关于人民法院办理财产保全案件若干问题的规定》第二十条第一款规定申请自行处分被保全财产；

(6)首先采取查封、扣押、冻结措施的保全法院将被保全财产移送给在先轮候查封、扣押、冻结的执行法院；

(7)当事人或者利害关系人对财产保全裁定不服，申请复议；

(8)对保全内容或者措施需要处理的其他事项。

采取保全措施后，案件进入下一程序的，由有关程序对应的受理部门负责审查前款规定的事项。判决生效后申请执行前进行续行保全的，由作出该判决的审判部门作出续行保全裁定。

19. 实施保全的部门负责执行财产保全案件的下列事项：

(1)实施、续行、解除查封、扣押、冻结措施；

(2)监督被保全人根据《最高人民法院关于人民法院办理财产保全案件若干问题的规定》第二十条第一款规定自行处分被保全财产，并控制相应价款；

(3)其他需要实施的保全措施。

20. 保全措施实施后，实施保全的部门应当及时将财产保全情况通报作出财产保全裁定的部门，并将裁定、协助执行通知书副本等移送入卷。"执保"字案件单独立卷归档。

21. 保全财产不是诉讼争议标的物，案外人基于实体权利对保全裁定或者执行行为不服提出异议的，由负责审查案外人异议的部门根据民事诉讼法第二百二十七条的规定审查该异议。

五、机制运行

22. 各级人民法院可以根据本院机构设置，明确负责立案、审判、执行衔接工作的部门，制定和细化立案、审判、执行工作衔接的有关制度，并结合本院机构设置的特点，建立和完善本院立案、审判、执行工作衔接的长效机制。

23. 审判人员、审判辅助人员在立案、审判、执行等环节中，因故意或者重大过失致使立案、审判、执行工作脱节，导致生效法律文书难以执行的，应当依照有关规定，追究相应责任。

最高人民法院关于设立国际商事法庭若干问题的规定

(2018年6月25日最高人民法院审判委员会第1743次会议通过 2018年6月27日最高人民法院公告公布 自2018年7月1日起施行 法释〔2018〕11号)

为依法公正及时审理国际商事案件，平等保护中外当事人合法权益，营造稳定、公平、透明、便捷的法治化国际营商环境，服务和保障"一带一路"建设，依据《中华人民共和国人民法院组织法》《中华人民共和国民事诉讼法》等法律，结合审判工作实际，就设立最高人民法院国际商事法庭相关问题规定如下。

第一条 最高人民法院设立国际商事法庭。国际商事法庭是最高人民法院的常设审判机构。

第二条 国际商事法庭受理下列案件：

(一)当事人依照民事诉讼法第三十四条的规定协议选择最高人民法院管辖且标的额为人民币3亿元以上的第一审国际商事案件；

（二）高级人民法院对其所管辖的第一审国际商事案件，认为需要由最高人民法院审理并获准许的；

（三）在全国有重大影响的第一审国际商事案件；

（四）依照本规定第十四条申请仲裁保全、申请撤销或者执行国际商事仲裁裁决的；

（五）最高人民法院认为应当由国际商事法庭审理的其他国际商事案件。

第三条 具有下列情形之一的商事案件，可以认定为本规定所称的国际商事案件：

（一）当事人一方或者双方是外国人、无国籍人、外国企业或者组织的；

（二）当事人一方或者双方的经常居所地在中华人民共和国领域外的；

（三）标的物在中华人民共和国领域外的；

（四）产生、变更或者消灭商事关系的法律事实发生在中华人民共和国领域外的。

第四条 国际商事法庭法官由最高人民法院在具有丰富审判工作经验，熟悉国际条约、国际惯例以及国际贸易投资实务，能够同时熟练运用中文和英文作为工作语言的资深法官中选任。

第五条 国际商事法庭审理案件，由三名或者三名以上法官组成合议庭。

合议庭评议案件，实行少数服从多数的原则。少数意见可以在裁判文书中载明。

第六条 国际商事法庭作出的保全裁定，可以指定下级人民法院执行。

第七条 国际商事法庭审理案件，依照《中华人民共和国涉外民事关系法律适用法》的规定确定争议适用的实体法律。

当事人依照法律规定选择适用法律的，应当适用当事人选择的法律。

第八条 国际商事法庭审理案件应当适用域外法律时，可以通过下列途径查明：

（一）由当事人提供；

（二）由中外法律专家提供；

（三）由法律查明服务机构提供；

（四）由国际商事专家委员提供；

（五）由与我国订立司法协助协定的缔约对方的中央机关提供；

（六）由我国驻该国使领馆提供；

（七）由该国驻我国使馆提供；

（八）其他合理途径。

通过上述途径提供的域外法律资料以及专家意见，应当依照法律规定在法庭上出示，并充分听取各方当事人的意见。

第九条 当事人向国际商事法庭提交的证据材料系在中华人民共和国领域外形成的，不论是否已办理公证、认证或者其他证明手续，均应当在法庭上质证。

当事人提交的证据材料系英文且经对方当事人同意的，可以不提交中文翻译件。

第十条 国际商事法庭调查收集证据以及组织质证，可以采用视听传输技术及其他信息网络方式。

第十一条 最高人民法院组建国际商事专家委员会，并选定符合条件的国际商事调解机构、国际商事仲裁机构与国际商事法庭共同构建调解、仲裁、诉讼有机衔接的纠纷解决平台，形成"一站式"国际商事纠纷解决机制。

国际商事法庭支持当事人通过调解、仲裁、诉讼有机衔接的纠纷解决平台，选择其认为适宜的方式解决国际商事纠纷。

第十二条 国际商事法庭在受理案件后七日内，经当事人同意，可以委托国际商事专家委员会成员或者国际商事调解机构调解。

第十三条 经国际商事专家委员会成员或者国际商事调解机构主持调解，当事人达成调解协议的，国际商事法庭可以依照法律规定制发调解书；当事人要求发给判决书的，可以依协议的内容制作判决书送达当事人。

第十四条 当事人协议选择本规定第十一条第一款规定的国际商事仲裁机构仲裁的，可以在申请仲裁前或者仲裁程序开始后，向国际商事法庭申请证据、财产或者行为保全。

当事人向国际商事法庭申请撤销或者执行本规定第十一条第一款规定的国际商事仲裁机构作出的仲裁裁决的，国际商事法庭依照民事诉讼法等相关法律规定进行审查。

第十五条 国际商事法庭作出的判决、裁定，是发生法律效力的判决、裁定。

国际商事法庭作出的调解书，经双方当事人签收后，即具有与判决同等的法律效力。

第十六条　当事人对国际商事法庭作出的已经发生法律效力的判决、裁定和调解书,可以依照民事诉讼法的规定向最高人民法院本部申请再审。

最高人民法院本部受理前款规定的申请再审案件以及再审案件,均应当另行组成合议庭。

第十七条　国际商事法庭作出的发生法律效力的判决、裁定和调解书,当事人可以向国际商事法庭申请执行。

第十八条　国际商事法庭通过电子诉讼服务平台、审判流程信息公开平台以及其他诉讼服务平台为诉讼参与人提供诉讼便利,并支持通过网络方式立案、缴费、阅卷、证据交换、送达、开庭等。

第十九条　本规定自2018年7月1日起施行。

最高人民法院关于互联网法院审理案件若干问题的规定

(2018年9月3日最高人民法院审判委员会第1747次会议通过　2018年9月6日最高人民法院公告公布　自2018年9月7日起施行　法释〔2018〕16号)

为规范互联网法院诉讼活动,保护当事人及其他诉讼参与人合法权益,确保公正高效审理案件,根据《中华人民共和国民事诉讼法》《中华人民共和国行政诉讼法》等法律,结合人民法院审判工作实际,就互联网法院审理案件相关问题规定如下。

第一条　互联网法院采取在线方式审理案件,案件的受理、送达、调解、证据交换、庭前准备、庭审、宣判等诉讼环节一般应当在线上完成。

根据当事人申请或者案件审理需要,互联网法院可以决定在线下完成部分诉讼环节。

第二条　北京、广州、杭州互联网法院集中管辖所在市的辖区内应当由基层人民法院受理的下列第一审案件:

(一)通过电子商务平台签订或者履行网络购物合同而产生的纠纷;

(二)签订、履行行为均在互联网上完成的网络服务合同纠纷;

(三)签订、履行行为均在互联网上完成的金融借款合同纠纷、小额借款合同纠纷;

(四)在互联网上首次发表作品的著作权或者邻接权权属纠纷;

(五)在互联网上侵害在线发表或者传播作品的著作权或者邻接权而产生的纠纷;

(六)互联网域名权属、侵权及合同纠纷;

(七)在互联网上侵害他人人身权、财产权等民事权益而产生的纠纷;

(八)通过电子商务平台购买的产品,因存在产品缺陷,侵害他人人身、财产权益而产生的产品责任纠纷;

(九)检察机关提起的互联网公益诉讼案件;

(十)因行政机关作出互联网信息服务管理、互联网商品交易及有关服务管理等行政行为而产生的行政纠纷;

(十一)上级人民法院指定管辖的其他互联网民事、行政案件。

第三条　当事人可以在本规定第二条确定的合同及其他财产权益纠纷范围内,依法协议约定与争议有实际联系地点的互联网法院管辖。

电子商务经营者、网络服务提供商等采取格式条款形式与用户订立管辖协议的,应当符合法律及司法解释关于格式条款的规定。

第四条　当事人对北京互联网法院作出的判决、裁定提起上诉的案件,由北京市第四中级人民法院审理,但互联网著作权权属纠纷和侵权纠纷、互联网域名纠纷的上诉案件,由北京知识产权法院审理。

当事人对广州互联网法院作出的判决、裁定提起上诉的案件,由广州市中级人民法院审理,但互联网著作权权属纠纷和侵权纠纷、互联网域名纠纷的上诉案件,由广州知识产权法院审理。

当事人对杭州互联网法院作出的判决、裁定提起上诉的案件,由杭州市中级人民法院审理。

第五条　互联网法院应当建设互联网诉讼平台(以下简称诉讼平台),作为法院办理案件和当事人及其他诉讼参与人实施诉讼行为的专用平台。通过诉讼平台作出的诉讼行为,具有法律效力。

互联网法院审理案件所需涉案数据,电子商

务平台经营者、网络服务提供商、相关国家机关应当提供，并有序接入诉讼平台，由互联网法院在线核实、实时固定、安全管理。诉讼平台对涉案数据的存储和使用，应当符合《中华人民共和国网络安全法》等法律法规的规定。

第六条 当事人及其他诉讼参与人使用诉讼平台实施诉讼行为的，应当通过证件证照比对、生物特征识别或者国家统一身份认证平台认证等在线方式完成身份认证，并取得登录诉讼平台的专用账号。

使用专用账号登录诉讼平台所作出的行为，视为被认证人本人行为，但因诉讼平台技术原因导致系统错误，或者被认证人能够证明诉讼平台账号被盗用的除外。

第七条 互联网法院在线接收原告提交的起诉材料，并于收到材料后七日内，在线作出以下处理：

（一）符合起诉条件的，登记立案并送达案件受理通知书、诉讼费交纳通知书、举证通知书等诉讼文书。

（二）提交材料不符合要求的，及时发出补正通知，并于收到补正材料后次日重新起算受理时间；原告未在指定期限内按要求补正的，起诉材料作退回处理。

（三）不符合起诉条件的，经释明后，原告无异议的，起诉材料作退回处理；原告坚持继续起诉的，依法作出不予受理裁定。

第八条 互联网法院受理案件后，可以通过原告提供的手机号码、传真、电子邮箱、即时通讯账号等，通知被告、第三人通过诉讼平台进行案件关联和身份验证。

被告、第三人应当通过诉讼平台了解案件信息，接收和提交诉讼材料，实施诉讼行为。

第九条 互联网法院组织在线证据交换的，当事人应当将在线电子数据上传、导入诉讼平台，或者将线下证据通过扫描、翻拍、转录等方式进行电子化处理后上传至诉讼平台进行举证，也可以运用已经导入诉讼平台的电子数据证明自己的主张。

第十条 当事人及其他诉讼参与人通过技术手段将身份证明、营业执照副本、授权委托书、法定代表人身份证明等诉讼材料，以及书证、鉴定意见、勘验笔录等证据材料进行电子化处理后提交的，经互联网法院审核通过后，视为符合原件形式要求。对方当事人对上述材料真实性提出异议且有合理理由的，互联网法院应当要求当事人提供原件。

第十一条 当事人对电子数据真实性提出异议的，互联网法院应当结合质证情况，审查判断电子数据生成、收集、存储、传输过程的真实性，并着重审查以下内容：

（一）电子数据生成、收集、存储、传输所依赖的计算机系统等硬件、软件环境是否安全、可靠；

（二）电子数据的生成主体和时间是否明确，表现内容是否清晰、客观、准确；

（三）电子数据的存储、保管介质是否明确，保管方式和手段是否妥当；

（四）电子数据提取和固定的主体、工具和方式是否可靠，提取过程是否可以重现；

（五）电子数据的内容是否存在增加、删除、修改及不完整等情形；

（六）电子数据是否可以通过特定形式得到验证。

当事人提交的电子数据，通过电子签名、可信时间戳、哈希值校验、区块链等证据收集、固定和防篡改的技术手段或者通过电子取证存证平台认证，能够证明其真实性的，互联网法院应当确认。

当事人可以申请具有专门知识的人就电子数据技术问题提出意见。互联网法院可以根据当事人申请或者依职权，委托鉴定电子数据的真实性或者调取其他相关证据进行核对。

第十二条 互联网法院采取在线视频方式开庭。存在确需当庭查明身份、核对原件、查验实物等特殊情形的，互联网法院可以决定在线下开庭，但其他诉讼环节仍应当在线完成。

第十三条 互联网法院可以视情决定采取下列方式简化庭审程序：

（一）开庭前已经在线完成当事人身份核实、权利义务告知、庭审纪律宣示的，开庭时可以不再重复进行；

（二）当事人已经在线完成证据交换的，对于无争议的证据，法官在庭审中说明后，可以不再举证、质证；

(三)经征得当事人同意,可以将当事人陈述、法庭调查、法庭辩论等庭审环节合并进行。对于简单民事案件,庭审可以直接围绕诉讼请求或者案件要素进行。

第十四条 互联网法院根据在线庭审特点,适用《中华人民共和国人民法院法庭规则》的有关规定。除经查明确属网络故障、设备损坏、电力中断或者不可抗力等原因外,当事人不按时参加在线庭审的,视为"拒不到庭",庭审中擅自退出的,视为"中途退庭",分别按照《中华人民共和国民事诉讼法》《中华人民共和国行政诉讼法》及相关司法解释的规定处理。

第十五条 经当事人同意,互联网法院应当通过中国审判流程信息公开网、诉讼平台、手机短信、传真、电子邮件、即时通讯账号等电子方式送达诉讼文书及当事人提交的证据材料等。

当事人未明确表示同意,但已经约定发生纠纷时在诉讼中适用电子送达的,或者通过回复收悉、作出相应诉讼行为等方式接受已经完成的电子送达,并且未明确表示不同意电子送达的,可以视为同意电子送达。

经告知当事人权利义务,并征得其同意,互联网法院可以电子送达裁判文书。当事人提出需要纸质版裁判文书的,互联网法院应当提供。

第十六条 互联网法院进行电子送达,应当向当事人确认电子送达的具体方式和地址,并告知电子送达的适用范围、效力、送达地址变更方式以及其他需告知的送达事项。

受送达人未提供有效电子送达地址的,互联网法院可以将能够确认为受送达人本人的近三个月内处于日常活跃状态的手机号码、电子邮箱、即时通讯账号等常用电子地址作为优先送达地址。

第十七条 互联网法院向受送达人主动提供或者确认的电子地址进行送达的,送达信息到达受送达人特定系统时,即为送达。

互联网法院向受送达人常用电子地址或者能够获取的其他电子地址进行送达的,根据下列情形确定是否完成送达:

(一)受送达人回复已收到送达材料,或者根据送达内容作出相应诉讼行为的,视为完成有效送达。

(二)受送达人的媒介系统反馈受送达人已阅知,或者有其他证据可以证明受送达人已经收悉的,推定完成有效送达,但受送达人能够证明存在媒介系统错误、送达地址非本人所有或者使用、非本人阅知等未收悉送达内容的情形除外。

完成有效送达的,互联网法院应当制作电子送达凭证。电子送达凭证具有送达回证效力。

第十八条 对需要进行公告送达的事实清楚、权利义务关系明确的简单民事案件,互联网法院可以适用简易程序审理。

第十九条 互联网法院在线审理的案件,审判人员、法官助理、书记员、当事人及其他诉讼参与人等通过在线确认、电子签章等在线方式对调解协议、笔录、电子送达凭证及其他诉讼材料予以确认的,视为符合《中华人民共和国民事诉讼法》有关"签名"的要求。

第二十条 互联网法院在线审理的案件,可以在调解、证据交换、庭审、合议等诉讼环节运用语音识别技术同步生成电子笔录。电子笔录以在线方式核对确认后,与书面笔录具有同等法律效力。

第二十一条 互联网法院应当利用诉讼平台随案同步生成电子卷宗,形成电子档案。案件纸质档案已经全部转化为电子档案的,可以以电子档案代替纸质档案进行上诉移送和案卷归档。

第二十二条 当事人对互联网法院审理的案件提起上诉的,第二审法院原则上采取在线方式审理。第二审法院在线审理规则参照适用本规定。

第二十三条 本规定自2018年9月7日起施行。最高人民法院之前发布的司法解释与本规定不一致的,以本规定为准。

二　诉讼费用

最高人民法院关于对经济确有困难的当事人予以司法救助的规定

（2000年7月27日　法发〔2000〕14号）

第一条　为了使经济确有困难的当事人能够依法充分行使诉讼权利，维护其合法权益，确保司法公正，根据《中华人民共和国民事诉讼法》、《中华人民共和国行政诉讼法》和《人民法院诉讼收费办法》、《人民法院诉讼收费办法补充规定》，制定本规定。

第二条　本规定所称司法救助，是指人民法院对于民事、行政案件中有充分理由证明自己合法权益受到侵害但经济确有困难的当事人，实行诉讼费用的缓交、减交、免交。

第三条　当事人具有下列情形之一的，可以向人民法院申请司法救助：

（一）当事人追索赡养费、扶养费、抚育费、抚恤金的；

（二）当事人追索养老金、社会保险金、劳动报酬而生活确实困难的；

（三）当事人为交通事故、医疗事故、工伤事故或者其他人身伤害事故的受害人，追索医疗费用和物质赔偿，本人确实生活困难的；

（四）当事人为生活困难的孤寡老人、孤儿或者农村“五保户”的；

（五）当事人为没有固定生活来源的残疾人的；

（六）当事人为国家规定的优抚对象，生活困难的；

（七）当事人正在享受城市居民最低生活保障或者领取失业救济金，无其他收入，生活困难的；

（八）当事人因自然灾害或者其他不可抗力造成生活困难，正在接受国家救济或者家庭生产经营难以为继的；

（九）当事人起诉行政机关违法要求农民履行义务，生活困难的；

（十）当事人正在接受有关部门法律援助的；

（十一）当事人为福利院、孤儿院、敬老院、优抚医院、精神病院、SOS儿童村等社会公共福利事业单位和民政部门主管的社会福利企业的。

第四条　当事人请求人民法院予以司法救助的，应当提交书面申请和足以证明确有经济困难的证据材料。其中因生活困难或者追索基本生活费用申请司法救助的，应当提供本人及其家庭经济状况符合当地政府有关部门规定的公民经济困难标准的证明。

第五条　人民法院对当事人司法救助的请求，由负责受理该案的审判人员提出意见，经庭长审核同意后，报主管副院长审批。数额较大的，报院长审批。

第六条　人民法院审查同意当事人缓交诉讼费的，缓交期限最长不得超过案件的审理期限；同意减交诉讼费的，减交比例不得低于30%。

第七条　人民法院审查同意当事人缓交诉讼费后，应当按照法定诉讼程序开始对案件进行审理。

第八条　人民法院决定对一方当事人司法救助，对方当事人败诉的，诉讼费由对方当事人交纳；拒不交纳的，人民法院可以强制执行。

第九条　当事人骗取司法救助的，人民法院应当责令其补交诉讼费用；拒不补交的，以妨害诉讼行为论处。

第十条　本规定自公布之日起施行。

最高人民法院关于对经济确有困难的当事人提供司法救助的规定

（2000年7月12日最高人民法院审判委员会第1124次会议通过　2005年4月5日最高人民法院审判委员会第1347次会议通过修订　自公布之日起施行　法发〔2005〕6号）

第一条　为了使经济确有困难的当事人能够依法行使诉讼权利，维护其合法权益，根据《中华人民共和国民事诉讼法》、《中华人民共和国行政诉讼法》和《人民法院诉讼收费办法》，制定本规定。

第二条 本规定所称司法救助，是指人民法院对于当事人为维护自己的合法权益，向人民法院提起民事、行政诉讼，但经济确有困难的，实行诉讼费用的缓交、减交、免交。

第三条 当事人符合本规定第二条并具有下列情形之一的，可以向人民法院申请司法救助：

（一）追索赡养费、扶养费、抚育费、抚恤金的；

（二）孤寡老人、孤儿和农村“五保户”；

（三）没有固定生活来源的残疾人、患有严重疾病的人；

（四）国家规定的优抚、安置对象；

（五）追索社会保险金、劳动报酬和经济补偿金的；

（六）交通事故、医疗事故、工伤事故、产品质量事故或者其他人身伤害事故的受害人，请求赔偿的；

（七）因见义勇为或为保护社会公共利益致使自己合法权益受到损害，本人或者近亲属请求赔偿或经济补偿的；

（八）进城务工人员追索劳动报酬或其他合法权益受到侵害而请求赔偿的；

（九）正在享受城市居民最低生活保障、农村特困户救济或者领取失业保险金，无其他收入的；

（十）因自然灾害等不可抗力造成生活困难，正在接受社会救济，或者家庭生产经营难以为继的；

（十一）起诉行政机关违法要求农民履行义务的；

（十二）正在接受有关部门法律援助的；

（十三）当事人为社会福利机构、敬老院、优抚医院、精神病院、SOS儿童村、社会救助站、特殊教育机构等社会公共福利单位的；

（十四）其他情形确实需要司法救助的。

第四条 当事人请求人民法院提供司法救助，应在起诉或上诉时提交书面申请和足以证明其确有经济困难的证明材料。其中因生活困难或者追索基本生活费用申请司法救助的，应当提供本人及其家庭经济状况符合当地民政、劳动和社会保障等部门规定的公民经济困难标准的证明。

第五条 人民法院对当事人司法救助的请求，经审查符合本规定第三条所列情形的，立案时应准许当事人缓交诉讼费用。

第六条 人民法院决定对一方当事人司法救助，对方当事人败诉的，诉讼费用由对方当事人交纳；拒不交纳的强制执行。

对方当事人胜诉的，可视申请司法救助当事人的经济状况决定其减交、免交诉讼费用。决定减交诉讼费用的，减交比例不得低于30%。符合本规定第三条第二项、第九项规定情形的，应免交诉讼费用。

第七条 对当事人请求缓交诉讼费用的，由承办案件的审判人员或合议庭提出意见，报庭长审批；对当事人请求减交、免交诉讼费用的，由承办案件的审判人员或合议庭提出意见，经庭长审核同意后，报院长审批。

第八条 人民法院决定对当事人减交、免交诉讼费用的，应在法律文书中列明。

第九条 当事人骗取司法救助的，人民法院应当责令其补交诉讼费用；拒不补交的，以妨害诉讼行为论处。

第十条 本规定自公布之日起施行。

诉讼费用交纳办法

（2006年12月8日国务院第159次常务会议通过　2006年12月19日中华人民共和国国务院令第481号公布　自2007年4月1日起施行）

第一章　总　　则

第一条 根据《中华人民共和国民事诉讼法》（以下简称民事诉讼法）和《中华人民共和国行政诉讼法》（以下简称行政诉讼法）的有关规定，制定本办法。

第二条 当事人进行民事诉讼、行政诉讼，应当依照本办法交纳诉讼费用。

本办法规定可以不交纳或者免予交纳诉讼费用的除外。

第三条 在诉讼过程中不得违反本办法规定的范围和标准向当事人收取费用。

第四条 国家对交纳诉讼费用确有困难的当事人提供司法救助，保障其依法行使诉讼权利，维护其合法权益。

第五条 外国人、无国籍人、外国企业或者组织在人民法院进行诉讼，适用本办法。

外国法院对中华人民共和国公民、法人或者其他组织，与其本国公民、法人或者其他组织在诉讼费用交纳上实行差别对待的，按照对等原则处理。

第二章 诉讼费用交纳范围

第六条 当事人应当向人民法院交纳的诉讼费用包括：

（一）案件受理费；

（二）申请费；

（三）证人、鉴定人、翻译人员、理算人员在人民法院指定日期出庭发生的交通费、住宿费、生活费和误工补贴。

第七条 案件受理费包括：

（一）第一审案件受理费；

（二）第二审案件受理费；

（三）再审案件中，依照本办法规定需要交纳的案件受理费。

第八条 下列案件不交纳案件受理费：

（一）依照民事诉讼法规定的特别程序审理的案件；

（二）裁定不予受理、驳回起诉、驳回上诉的案件；

（三）对不予受理、驳回起诉和管辖权异议裁定不服，提起上诉的案件；

（四）行政赔偿案件。

第九条 根据民事诉讼法和行政诉讼法规定的审判监督程序审理的案件，当事人不交纳案件受理费。但是，下列情形除外：

（一）当事人有新的证据，足以推翻原判决、裁定，向人民法院申请再审，人民法院经审查决定再审的案件；

（二）当事人对人民法院第一审判决或者裁定未提出上诉，第一审判决、裁定或者调解书发生法律效力后又申请再审，人民法院经审查决定再审的案件。

第十条 当事人依法向人民法院申请下列事项，应当交纳申请费：

（一）申请执行人民法院发生法律效力的判决、裁定、调解书，仲裁机构依法作出的裁决和调解书，公证机构依法赋予强制执行效力的债权文书；

（二）申请保全措施；

（三）申请支付令；

（四）申请公示催告；

（五）申请撤销仲裁裁决或者认定仲裁协议效力；

（六）申请破产；

（七）申请海事强制令、共同海损理算、设立海事赔偿责任限制基金、海事债权登记、船舶优先权催告；

（八）申请承认和执行外国法院判决、裁定和国外仲裁机构裁决。

第十一条 证人、鉴定人、翻译人员、理算人员在人民法院指定日期出庭发生的交通费、住宿费、生活费和误工补贴，由人民法院按照国家规定标准代为收取。

当事人复制案件卷宗材料和法律文书应当按实际成本向人民法院交纳工本费。

第十二条 诉讼过程中因鉴定、公告、勘验、翻译、评估、拍卖、变卖、仓储、保管、运输、船舶监管等发生的依法应当由当事人负担的费用，人民法院根据谁主张、谁负担的原则，决定由当事人直接支付给有关机构或者单位，人民法院不得代收代付。

人民法院依照民事诉讼法第十一条第三款规定提供当地民族通用语言、文字翻译的，不收取费用。

第三章 诉讼费用交纳标准

第十三条 案件受理费分别按照下列标准交纳：

（一）财产案件根据诉讼请求的金额或者价额，按照下列比例分段累计交纳：

1. 不超过1万元的，每件交纳50元；

2. 超过1万元至10万元的部分，按照2.5%交纳；

3. 超过10万元至20万元的部分，按照2%交纳；

4. 超过20万元至50万元的部分，按照1.5%交纳；

5. 超过50万元至100万元的部分，按照1%交纳；

6. 超过100万元至200万元的部分，按照0.9%交纳；

7. 超过200万元至500万元的部分，按照0.8%交纳；

8. 超过500万元至1000万元的部分，按照0.7%交纳；

9. 超过1000万元至2000万元的部分，按照0.6%交纳；

10. 超过2000万元的部分，按照0.5%交纳。

（二）非财产案件按照下列标准交纳：

1. 离婚案件每件交纳50元至300元。涉及财产分割，财产总额不超过20万元的，不另行交纳；超过20万元的部分，按照0.5%交纳。

2. 侵害姓名权、名称权、肖像权、名誉权、荣誉权以及其他人格权的案件，每件交纳100元至500元。涉及损害赔偿，赔偿金额不超过5万元的，不另行交纳；超过5万元至10万元的部分，按照1%交纳；超过10万元的部分，按照0.5%交纳。

3. 其他非财产案件每件交纳50元至100元。

（三）知识产权民事案件，没有争议金额或者价额的，每件交纳500元至1000元；有争议金额或者价额的，按照财产案件的标准交纳。

（四）劳动争议案件每件交纳10元。

（五）行政案件按照下列标准交纳：

1. 商标、专利、海事行政案件每件交纳100元；

2. 其他行政案件每件交纳50元。

（六）当事人提出案件管辖权异议，异议不成立的，每件交纳50元至100元。

省、自治区、直辖市人民政府可以结合本地实际情况在本条第（二）项、第（三）项、第（六）项规定的幅度内制定具体交纳标准。

第十四条　申请费分别按照下列标准交纳：

（一）依法向人民法院申请执行人民法院发生法律效力的判决、裁定、调解书，仲裁机构依法作出的裁决和调解书，公证机关依法赋予强制执行效力的债权文书，申请承认和执行外国法院判决、裁定以及国外仲裁机构裁决的，按照下列标准交纳：

1. 没有执行金额或者价额的，每件交纳50元至500元。

2. 执行金额或者价额不超过1万元的，每件交纳50元；超过1万元至50万元的部分，按照1.5%交纳；超过50万元至500万元的部分，按照1%交纳；超过500万元至1000万元的部分，按照0.5%交纳；超过1000万元的部分，按照0.1%交纳。

3. 符合民事诉讼法第五十五条第四款规定，未参加登记的权利人向人民法院提起诉讼的，按照本项规定的标准交纳申请费，不再交纳案件受理费。

（二）申请保全措施的，根据实际保全的财产数额按照下列标准交纳：

财产数额不超过1000元或者不涉及财产数额的，每件交纳30元；超过1000元至10万元的部分，按照1%交纳；超过10万元的部分，按照0.5%交纳。但是，当事人申请保全措施交纳的费用最多不超过5000元。

（三）依法申请支付令的，比照财产案件受理费标准的1/3交纳。

（四）依法申请公示催告的，每件交纳100元。

（五）申请撤销仲裁裁决或者认定仲裁协议效力的，每件交纳400元。

（六）破产案件依据破产财产总额计算，按照财产案件受理费标准减半交纳，但是，最高不超过30万元。

（七）海事案件的申请费按照下列标准交纳：

1. 申请设立海事赔偿责任限制基金的，每件交纳1000元至1万元；

2. 申请海事强制令的，每件交纳1000元至5000元；

3. 申请船舶优先权催告的，每件交纳1000元至5000元；

4. 申请海事债权登记的，每件交纳1000元；

5. 申请共同海损理算的，每件交纳1000元。

第十五条　以调解方式结案或者当事人申请撤诉的，减半交纳案件受理费。

第十六条　适用简易程序审理的案件减半交纳案件受理费。

第十七条　对财产案件提起上诉的，按照不服一审判决部分的上诉请求数额交纳案件受理费。

第十八条　被告提起反诉、有独立请求权的第三人提出与本案有关的诉讼请求，人民法院决定合并审理的，分别减半交纳案件受理费。

第十九条　依照本办法第九条规定需要交纳案件受理费的再审案件，按照不服原判决部分的再审请求数额交纳案件受理费。

第四章　诉讼费用的交纳和退还

第二十条　案件受理费由原告、有独立请求权的第三人、上诉人预交。被告提起反诉，依照本办法规定需要交纳案件受理费的，由被告预交。追索劳动报酬的案件可以不预交案件受理费。

申请费由申请人预交。但是，本办法第十条第(一)项、第(六)项规定的申请费不由申请人预交，执行申请费执行后交纳，破产申请费清算后交纳。

本办法第十一条规定的费用，待实际发生后交纳。

第二十一条　当事人在诉讼中变更诉讼请求数额，案件受理费依照下列规定处理：

(一)当事人增加诉讼请求数额的，按照增加后的诉讼请求数额计算补交；

(二)当事人在法庭调查终结前提出减少诉讼请求数额的，按照减少后的诉讼请求数额计算退还。

第二十二条　原告自接到人民法院交纳诉讼费用通知次日起7日内交纳案件受理费；反诉案件由提起反诉的当事人自提起反诉次日起7日内交纳案件受理费。

上诉案件的案件受理费由上诉人向人民法院提交上诉状时预交。双方当事人都提起上诉的，分别预交。上诉人在上诉期内未预交诉讼费用的，人民法院应当通知其在7日内预交。

申请费由申请人在提出申请时或者在人民法院指定的期限内预交。

当事人逾期不交纳诉讼费用又未提出司法救助申请，或者申请司法救助未获批准，在人民法院指定期限内仍未交纳诉讼费用的，由人民法院依照有关规定处理。

第二十三条　依照本办法第九条规定需要交纳案件受理费的再审案件，由申请再审的当事人预交。双方当事人都申请再审的，分别预交。

第二十四条　依照民事诉讼法第三十六条、第三十七条、第三十八条、第三十九条规定移送、移交的案件，原受理人民法院应当将当事人预交的诉讼费用随案移交接收案件的人民法院。

第二十五条　人民法院审理民事案件过程中发现涉嫌刑事犯罪并将案件移送有关部门处理的，当事人交纳的案件受理费予以退还；移送后民事案件需要继续审理的，当事人已交纳的案件受理费不予退还。

第二十六条　中止诉讼、中止执行的案件，已交纳的案件受理费、申请费不予退还。中止诉讼、中止执行的原因消除，恢复诉讼、执行的，不再交纳案件受理费、申请费。

第二十七条　第二审人民法院决定将案件发回重审的，应当退还上诉人已交纳的第二审案件受理费。

第一审人民法院裁定不予受理或者驳回起诉的，应当退还当事人已交纳的案件受理费；当事人对第一审人民法院不予受理、驳回起诉的裁定提起上诉，第二审人民法院维持第一审人民法院作出的裁定的，第一审人民法院应当退还当事人已交纳的案件受理费。

第二十八条　依照民事诉讼法第一百三十七条规定终结诉讼的案件，依照本办法规定已交纳的案件受理费不予退还。

第五章　诉讼费用的负担

第二十九条　诉讼费用由败诉方负担，胜诉方自愿承担的除外。

部分胜诉、部分败诉的，人民法院根据案件的具体情况决定当事人各自负担的诉讼费用数额。

共同诉讼当事人败诉的，人民法院根据其对

诉讼标的的利害关系，决定当事人各自负担的诉讼费用数额。

第三十条　第二审人民法院改变第一审人民法院作出的判决、裁定的，应当相应变更第一审人民法院对诉讼费用负担的决定。

第三十一条　经人民法院调解达成协议的案件，诉讼费用的负担由双方当事人协商解决；协商不成的，由人民法院决定。

第三十二条　依照本办法第九条第（一）项、第（二）项的规定应当交纳案件受理费的再审案件，诉讼费用由申请再审的当事人负担；双方当事人都申请再审的，诉讼费用依照本办法第二十九条的规定负担。原审诉讼费用的负担由人民法院根据诉讼费用负担原则重新确定。

第三十三条　离婚案件诉讼费用的负担由双方当事人协商解决；协商不成的，由人民法院决定。

第三十四条　民事案件的原告或者上诉人申请撤诉，人民法院裁定准许的，案件受理费由原告或者上诉人负担。

行政案件的被告改变或者撤销具体行政行为，原告申请撤诉，人民法院裁定准许的，案件受理费由被告负担。

第三十五条　当事人在法庭调查终结后提出减少诉讼请求数额的，减少请求数额部分的案件受理费由变更诉讼请求的当事人负担。

第三十六条　债务人对督促程序未提出异议的，申请费由债务人负担。债务人对督促程序提出异议致使督促程序终结的，申请费由申请人负担；申请人另行起诉的，可以将申请费列入诉讼请求。

第三十七条　公示催告的申请费由申请人负担。

第三十八条　本办法第十条第（一）项、第（八）项规定的申请费由被执行人负担。

执行中当事人达成和解协议的，申请费的负担由双方当事人协商解决；协商不成的，由人民法院决定。

本办法第十条第（二）项规定的申请费由申请人负担，申请人提起诉讼的，可以将该申请费列入诉讼请求。

本办法第十条第（五）项规定的申请费，由人民法院依照本办法第二十九条规定决定申请费的负担。

第三十九条　海事案件中的有关诉讼费用依照下列规定负担：

（一）诉前申请海事请求保全、海事强制令的，申请费由申请人负担；申请人就有关海事请求提起诉讼的，可将上述费用列入诉讼请求；

（二）诉前申请海事证据保全的，申请费由申请人负担；

（三）诉讼中拍卖、变卖被扣押船舶、船载货物、船用燃油、船用物料发生的合理费用，由申请人预付，从拍卖、变卖价款中先行扣除，退还申请人；

（四）申请设立海事赔偿责任限制基金、申请债权登记与受偿、申请船舶优先权催告案件的申请费，由申请人负担；

（五）设立海事赔偿责任限制基金、船舶优先权催告程序中的公告费用由申请人负担。

第四十条　当事人因自身原因未能在举证期限内举证，在二审或者再审期间提出新的证据致使诉讼费用增加的，增加的诉讼费用由该当事人负担。

第四十一条　依照特别程序审理案件的公告费，由起诉人或者申请人负担。

第四十二条　依法向人民法院申请破产的，诉讼费用依照有关法律规定从破产财产中拨付。

第四十三条　当事人不得单独对人民法院关于诉讼费用的决定提起上诉。

当事人单独对人民法院关于诉讼费用的决定有异议的，可以向作出决定的人民法院院长申请复核。复核决定应当自收到当事人申请之日起15日内作出。

当事人对人民法院决定诉讼费用的计算有异议的，可以向作出决定的人民法院请求复核。计算确有错误的，作出决定的人民法院应当予以更正。

第六章　司法救助

第四十四条　当事人交纳诉讼费用确有困难的，可以依照本办法向人民法院申请缓交、减交或者免交诉讼费用的司法救助。

诉讼费用的免交只适用于自然人。

第四十五条 当事人申请司法救助，符合下列情形之一的，人民法院应当准予免交诉讼费用：

（一）残疾人无固定生活来源的；

（二）追索赡养费、扶养费、抚育费、抚恤金的；

（三）最低生活保障对象、农村特困定期救济对象、农村五保供养对象或者领取失业保险金人员，无其他收入的；

（四）因见义勇为或者为保护社会公共利益致使自身合法权益受到损害，本人或者其近亲属请求赔偿或者补偿的；

（五）确实需要免交的其他情形。

第四十六条 当事人申请司法救助，符合下列情形之一的，人民法院应当准予减交诉讼费用：

（一）因自然灾害等不可抗力造成生活困难，正在接受社会救济，或者家庭生产经营难以为继的；

（二）属于国家规定的优抚、安置对象的；

（三）社会福利机构和救助管理站；

（四）确实需要减交的其他情形。

人民法院准予减交诉讼费用的，减交比例不得低于30%。

第四十七条 当事人申请司法救助，符合下列情形之一的，人民法院应当准予缓交诉讼费用：

（一）追索社会保险金、经济补偿金的；

（二）海上事故、交通事故、医疗事故、工伤事故、产品质量事故或者其他人身伤害事故的受害人请求赔偿的；

（三）正在接受有关部门法律援助的；

（四）确实需要缓交的其他情形。

第四十八条 当事人申请司法救助，应当在起诉或者上诉时提交书面申请、足以证明其确有经济困难的证明材料以及其他相关证明材料。

因生活困难或者追索基本生活费用申请免交、减交诉讼费用的，还应当提供本人及其家庭经济状况符合当地民政、劳动保障等部门规定的公民经济困难标准的证明。

人民法院对当事人的司法救助申请不予批准的，应当向当事人书面说明理由。

第四十九条 当事人申请缓交诉讼费用经审查符合本办法第四十七条规定的，人民法院应当在决定立案之前作出准予缓交的决定。

第五十条 人民法院对一方当事人提供司法救助，对方当事人败诉的，诉讼费用由对方当事人负担；对方当事人胜诉的，可以视申请司法救助的当事人的经济状况决定其减交、免交诉讼费用。

第五十一条 人民法院准予当事人减交、免交诉讼费用的，应当在法律文书中载明。

第七章 诉讼费用的管理和监督

第五十二条 诉讼费用的交纳和收取制度应当公示。人民法院收取诉讼费用按照其财务隶属关系使用国务院财政部门或者省级人民政府财政部门印制的财政票据。案件受理费、申请费全额上缴财政，纳入预算，实行收支两条线管理。

人民法院收取诉讼费用应当向当事人开具缴费凭证，当事人持缴费凭证到指定代理银行交费。依法应当向当事人退费的，人民法院应当按照国家有关规定办理。诉讼费用缴库和退费的具体办法由国务院财政部门商最高人民法院另行制定。

在边远、水上、交通不便地区，基层巡回法庭当场审理案件，当事人提出向指定代理银行交纳诉讼费用确有困难的，基层巡回法庭可以当场收取诉讼费用，并向当事人出具省级人民政府财政部门印制的财政票据；不出具省级人民政府财政部门印制的财政票据的，当事人有权拒绝交纳。

第五十三条 案件审结后，人民法院应当将诉讼费用的详细清单和当事人应当负担的数额书面通知当事人，同时在判决书、裁定书或者调解书中写明当事人各方应当负担的数额。

需要向当事人退还诉讼费用的，人民法院应当自法律文书生效之日起15日内退还有关当事人。

第五十四条 价格主管部门、财政部门按照收费管理的职责分工，对诉讼费用进行管理和监督；对违反本办法规定的乱收费行为，依照法律、法规和国务院相关规定予以查处。

第八章 附 则

第五十五条 诉讼费用以人民币为计算单位。以外币为计算单位的,依照人民法院决定受理案件之日国家公布的汇率换算成人民币计算交纳;上诉案件和申请再审案件的诉讼费用,按照第一审人民法院决定受理案件之日国家公布的汇率换算。

第五十六条 本办法自2007年4月1日起施行。

最高人民法院关于适用《诉讼费用交纳办法》的通知

(2007年4月20日 法发〔2007〕16号)

全国地方各级人民法院、各级军事法院、各铁路运输中级法院和基层法院、各海事法院,新疆生产建设兵团各级法院:

《诉讼费用交纳办法》(以下简称《办法》)自2007年4月1日起施行,最高人民法院颁布的《人民法院诉讼收费办法》和《〈人民法院诉讼收费办法〉补充规定》同时不再适用。为了贯彻落实《办法》,规范诉讼费用的交纳和管理,现就有关事项通知如下:

一、关于《办法》实施后的收费衔接

2007年4月1日以后人民法院受理的诉讼案件和执行案件,适用《办法》的规定。

2007年4月1日以前人民法院受理的诉讼案件和执行案件,不适用《办法》的规定。

对2007年4月1日以前已经作出生效裁判的案件依法再审的,适用《办法》的规定。人民法院对再审案件依法改判的,原审诉讼费用的负担按照原审时诉讼费用负担的原则和标准重新予以确定。

二、关于当事人未按照规定交纳案件受理费或者申请费的后果

当事人逾期不按照《办法》第二十条规定交纳案件受理费或者申请费并且没有提出司法救助申请,或者申请司法救助未获批准,在人民法院指定期限内仍未交纳案件受理费或者申请费的,由人民法院依法按照当事人自动撤诉或者撤回申请处理。

三、关于诉讼费用的负担

《办法》第二十九条规定,诉讼费用由败诉方负担,胜诉方自愿承担的除外。对原告胜诉的案件,诉讼费用由被告负担,人民法院应当将预收的诉讼费用退还原告,再由人民法院直接向被告收取,但原告自愿承担或者同意被告直接向其支付的除外。

当事人拒不交纳诉讼费用的,人民法院应当依法强制执行。

四、关于执行申请费和破产申请费的收取

《办法》第二十条规定,执行申请费和破产申请费不由申请人预交,执行申请费执行后交纳,破产申请费清算后交纳。自2007年4月1日起,执行申请费由人民法院在执行生效法律文书确定的内容之外直接向被执行人收取,破产申请费由人民法院在破产清算后,从破产财产中优先拨付。

五、关于司法救助的申请和批准程序

《办法》对司法救助的原则、形式、程序等作出了规定,但对司法救助的申请和批准程序未作规定。为规范人民法院司法救助的操作程序,最高人民法院将于近期对《关于对经济确有困难的当事人提供司法救助的规定》进行修订,及时向全国法院颁布施行。

六、关于各省、自治区、直辖市案件受理费和申请费的具体交纳标准

《办法》授权各省、自治区、直辖市人民政府可以结合本地实际情况,在第十三条第(二)、(三)、(六)项和第十四条第(一)项规定的幅度范围内制定各地案件受理费和申请费的具体交纳标准。各高级人民法院要商同级人民政府,及时就上述条款制定本省、自治区、直辖市案件受理费和申请费的具体交纳标准,并尽快下发辖区法院执行。

最高人民法院关于诉讼收费监督管理的规定

(2007年9月20日 法发〔2007〕30号)

为了进一步加强和完善对人民法院诉讼收费的监督管理,防止和查处违规收费行为,维护当事人的合法权益，根据《民事诉讼法》、《行政诉讼法》和《诉讼费用交纳办法》的有关规定，制定本规定。

第一条 诉讼收费范围和收费标准应当严格执行《诉讼费用交纳办法》，不得提高收费标准。

第二条 当事人交纳诉讼费用确有困难的，可以依照《诉讼费用交纳办法》向人民法院申请缓交、减交或者免交诉讼费用的司法救助。对不符合司法救助情形的，不应准予免交、减交或者缓交。

第三条 诉讼收费严格实行“收支两条线”管理的规定，各级人民法院应当严格按照有关规定将依法收取的诉讼费用按照规定及时上缴同级财政，纳入预算管理，不得擅自开设银行账户收费，不得截留、坐支、挪用、私分诉讼费用。

第四条 各级人民法院收取诉讼费用应当到指定的价格主管部门办理收费许可证。

第五条 各级人民法院应当严格执行收费公示制度的有关规定，在立案场所公示收费许可证，诉讼费用交纳范围、交纳项目、交纳标准，以及投诉部门和电话等。

第六条 各级人民法院收取诉讼费用应当按照财务隶属关系使用国务院财政部门或者省级人民政府财政部门印制的财政票据，不得私自印制或者使用任何其他票据进行收费。

第七条 基层人民法院的人民法庭按照有关规定当场收取诉讼费用的，必须向当事人出具省级人民政府财政部门印制的财政票据，并及时将收取的诉讼费用缴入指定代理银行。

第八条 各级人民法院不得违反规定预收执行申请费和破产申请费。

第九条 各级人民法院应当按照实际成本向当事人、辩护人以及代理人等收取复制案件卷宗材料、审判工作的声像档案和法律文书的工本费。实际成本按照人民法院所在地省级价格、财政部门的规定执行。

第十条 诉讼费用结算完毕后，各级人民法院按照规定应当退还当事人诉讼费用的，应当及时办理退还手续；案件经审理需移送、移交的，应当及时办理随案移交诉讼费用的手续，不得影响当事人诉讼；当事人需要补缴诉讼费用的，应当及时督促补缴。

第十一条 各级人民法院不得向法院内部各部门下达收费任务和指标，不得以诉讼收费数额的多少作为对部门或个人奖惩的依据，不得将诉讼费用的收取与奖金、福利、津贴等挂钩。

第十二条 各级人民法院应当对本院收取诉讼费用的情况每年进行一次自查。上级人民法院应当对所辖法院收取诉讼费用的情况有计划地开展检查。对检查中发现的问题，应当及时纠正。

各级人民法院应当按照有关规定接受并配合有关职能部门对诉讼收费情况的监督检查。

第十三条 各级人民法院监察部门负责受理对违反规定收取诉讼费用行为的举报，并查处违反规定收取诉讼费用的行为。

第十四条 各级人民法院监察部门对于违反规定收取诉讼费用的行为，应当认真进行调查。查证属实的，应当依照最高人民法院有关纪律处分的规定对直接责任人员进行处理。对于违反规定收取诉讼费用，严重损害当事人利益，造成恶劣影响的，还应当追究有关领导和责任人员的责任。

第十五条 本规定自下发之日起施行。

三 立 案

最高人民法院关于劳务输出合同的担保纠纷人民法院应否受理问题的复函

(1990年10月9日 法(经)函〔1990〕73号)

浙江省高级人民法院:

你院〔1990〕浙法经字10号请示报告收悉。关于浙江省宁波市国际经济技术合作公司诉单威祥劳务输出合同的担保纠纷,人民法院应否受理的问题,经研究,答复如下:

本案浙江省宁波市国际经济技术合作公司(下称"宁波公司")与单洁囡及其担保人单威祥(单洁囡之父)签订的出国劳务人员保证书,是派出单位宁波公司为保证与美国佛罗里达州奥兰多大中集团劳务输出合同的顺利实施,而依其行政职权要求派出人员单洁囡对在出国期间遵守所在国法律和所在国公司各项行政规章及出国纪律等方面作出的行为保证。这是派出单位对派出人员进行管理的一种行政措施。因此,单威祥为其女单洁囡提供的担保,不属于民法和经济合同法调整范畴。目前,这类纠纷尚无法律规定可以向人民法院起诉。故依照民事诉讼法(试行)第八十四条第(二)项规定,应当告知原告宁波公司向有关行政部门申请解决。

此复。

最高人民法院关于人民法院受理经济纠纷案件中几个问题的复函

(1990年11月14日 法(经)函〔1990〕91号)

湖北省高级人民法院:

你院鄂法〔1990〕经呈字第3号请示报告收悉。经研究,答复如下:

一、企业法人因经济、民事纠纷向人民法院递交的起诉状,应当加盖企业法人的公章,并有其法定代表人的签字或盖章。未加盖企业法人公章,或者法定代表人未签字或盖章的,受诉法院应令其补正。立案时限,从补正后交法院的次日起计算。

二、民事诉讼法(试行)第三十一条规定:"两个以上人民法院都有管辖权的诉讼;原告可以选择其中一个人民法院起诉;原告向两个以上有管辖权的人民法院起诉的,由最先收到起诉状的人民法院受理。"人民法院受理案件后,应当及时向原告发送受理案件通知书。因受诉法院未发受理案件通知书,致原告不知其起诉已经法院受理,又以同一诉讼请求和同一被告向另一有管辖权的人民法院起诉的,后一受诉法院在知悉情况后不应再立案受理。已经立案受理的,应予注销,并退还案件受理费。

三、原告接到人民法院预交诉讼费的通知后,在规定的预交期限内未预交又不提出缓交申请的,受诉法院应按自动撤诉处理,并应书面通知当事人。

此复。

最高人民法院关于民事诉讼当事人因证据不足撤诉后在诉讼时效内再次起诉人民法院应否受理问题的批复①

(1990年3月10日 法(民)复〔1990〕3号)

上海市高级人民法院:

你院(89)沪高民他字第5号关于张珠英诉彭绍安债务纠纷案撤诉后能否再立案受理的请示报告收悉。

经研究,我们同意你院审判委员会的意见。原告张珠英以暂因证据不足为由申请撤诉,在第一审人民法院裁定准许其撤诉后,张珠英在诉讼时效期间内又提出新的证据再行起诉,人民法院应予受理。

---

① 编者注:已废止。

最高人民法院关于企业经营者依企业承包经营合同要求保护其合法权益的起诉人民法院应否受理的批复①

（1991 年 8 月 13 日　法（经）复〔1991〕4 号）

新疆维吾尔自治区高级人民法院：

你院新法经字〔1991〕第 2 号《关于企业经营者依企业承包经营责任制合同要求保护其合法权益的起诉法院应否受理的请示报告》收悉。经研究，答复如下：

根据《全民所有制工业企业承包经营责任制暂行条例》的规定，承包经营合同的发包方是人民政府指定的有关部门，承包方是实行承包经营的企业。企业经营者通过公开招标或者国家规定的其它方式确定之后，即成为企业的厂长（经理）、企业的法定代表人，对企业全面负责。企业经营者因政府有关部门免去或变更其厂长（经理）职务而向人民法院起诉，要求继续担任厂长（经理）的，属于人事任免争议，人民法院不予受理；企业经营者为请求兑现承包经营合同规定的收入而向人民法院起诉的，属于合同纠纷，人民法院应予受理。

最高人民法院关于人民法院应否受理财政、扶贫办等非金融行政机构借款合同纠纷的批复

（1993 年 8 月 28 日　法复〔1993〕7 号）

广西壮族自治区高级人民法院：

你院桂高法经（1992）20 号《关于人民法院应否受理非金融机构借款合同纠纷的请示》收悉。经研究，答复如下：

财政、扶贫办等非金融行政机构根据国家有关规定，为扶持企业和农户发展生产，通过签订借款合同，发放支农款、扶贫金等，实行有偿使用，定期归还。这类合同带有一定的行政管理性质，如果发生纠纷，由有关行政部门解决为宜。但合同双方当事人的法律地位是平等的，且合同双方约定如发生纠纷可以到人民法院起诉。因此，如行政部门未能解决而起诉到人民法院，或一方当事人直接向人民法院起诉的，人民法院依法应予受理，并根据案件实际情况，做好工作，妥善处理。

本批复下发后，我院 1987 年 8 月 30 日发出的法（研）复〔1987〕29 号批复即行废止。

最高人民法院关于对因政府调整划转企业国有资产引起的纠纷是否受理问题的批复②

（1996 年 4 月 2 日　法复〔1996〕4 号）

各省、自治区、直辖市高级人民法院，解放军军事法院：

近年来，在地方政府及其所属主管部门对一些企业国有资产以改变隶属关系或者分设新企业等方式进行调整、划转之后，出现了企业不服政府及其所属主管部门的决定，要求收回已被调整、划转资产的纠纷。一些高级人民法院就人民法院是否应当受理因这类纠纷提起的诉讼问题，向我院请示，现答复如下：

一、因政府及其所属主管部门在对企业国有资产调整、划转过程中引起相关国有企业之间的纠纷，应由政府或所属国有资产管理部门处理。国有企业作为当事人向人民法院提起民事诉讼的，人民法院不予受理。

二、当事人不服政府及其所属主管部门依据有关行政法规作出的调整、划转企业国有资产决定，向人民法院提起行政诉讼，凡符合法定起诉条件的，人民法院应当受理。

最高人民法院关于人民法院立案工作的暂行规定③

（1997 年 4 月 21 日　法发〔1997〕7 号）

为了切实保护当事人的诉讼权利，加强人民法院的立案工作，根据我国刑事诉讼法、民事诉

---

① 编者注：已废止。

② 编者注：已废止。

③ 编者注：已废止。

讼法、行政诉讼法等有关法律,结合审判实践经验,对人民法院的立案工作作如下规定。

第一条 人民法院的立案工作遵循便利人民群众诉讼,便利人民法院审判的原则。

第二条 上级人民法院对下级人民法院的立案工作进行监督和指导。

基层人民法院对人民法庭的立案工作进行检查和指导。

第三条 人民法院立案工作的任务,是保障当事人依法行使诉讼权利,保证人民法院正确、及时审理案件。

第四条 人民法院对当事人提起的诉讼依法进行审查,符合受理条件的应当及时立案。

第五条 人民法院实行立案与审判分开的原则。

第六条 人民法院的立案工作由专门机构负责,可以设在告诉申诉审判庭内;不设告诉申诉审判庭的,可以单独设立。

第七条 立案工作的范围

(一)审查民事、经济纠纷、行政案件的起诉,决定立案或者裁定不予受理;审查刑事自诉案件的起诉,决定立案或者裁定驳回;对刑事公诉案件进行立案登记。

(二)对下级人民法院移送的刑事、民事、经济纠纷、行政上诉案件和人民检察院对第一审刑事判决、裁定提出的抗诉案件进行立案登记。

(三)对本院决定再审、上级人民法院指令再审和人民检察院按照审判监督程序提出抗诉的案件进行立案登记。

(四)负责应由人民法院依法受理的其他案件的立案工作。

(五)计算并通知原告、上诉人预交案件受理费。

第八条 人民法院收到当事人的起诉,应当依照法律和司法解释规定的案件受理条件进行审查:

(一)起诉人应当具备法律规定的主体资格;

(二)应当有明确的被告;

(三)有具体的诉讼请求和事实根据;

(四)属于人民法院受理案件的范围和受诉人民法院管辖。

提起刑事自诉、刑事附带民事诉讼的,还应当符合《最高人民法院关于执行〈中华人民共和国刑事诉讼法〉若干问题的解释(试行)》中关于受理条件的规定。

第九条 人民法院审查立案中,发现原告或者自诉人证明其诉讼请求的主要证据不具备的,应当及时通知其补充证据。收到诉状的时间,从当事人补交有关证据材料之日起开始计算。

第十条 人民法院收到诉状和有关证据,应当进行登记,并向原告或者自诉人出具收据。收据中应当注明证据名称、原件或复制件、收到时间、份数和页数,由负责审查起诉的审判人员和原告、自诉人签名或者盖章。对于不予立案或者原告、自诉人在立案前撤回起诉的,应当将起诉材料退还,并由当事人签收。

第十一条 对经审查不符合法定受理条件,原告坚持起诉的,应当裁定不予受理;自诉人坚持起诉的,应当裁定驳回。

第十二条 不予受理和驳回起诉的裁定书由负责审查起诉的审判人员制作,报庭长或者院长审批。裁定书由负责审查起诉的审判员、书记员署名,加盖人民法院印章。

第十三条 经审查认为起诉符合受理条件的,根据案件的不同情况,由负责审查起诉的审判人员决定立案或者报庭长审批。重大疑难案件报院长审批或者经审判委员会讨论决定。

第十四条 起诉经审查决定立案后,应当编立案号,填写立案登记表,计算案件受理费,向原告或者自诉人发出案件受理通知书,并书面通知原告预交案件受理费。

第十五条 决定立案后,立案机构应当在2日内将案件移送有关审判庭审理,并办理移交手续,注明移交日期。经审查决定受理或立案登记的日期为立案日期。

第十六条 刑事自诉案件应当在收到自诉状、口头告诉第二日起15日内决定立案或者裁定驳回起诉;民事、经济纠纷案件应当在收到起诉状、口头告诉之日起7日内决定立案或者裁定不予受理;行政案件应当在收到起诉状之日起7日内决定立案或者裁定不予受理。

第十七条 审判庭对立案机构移送的案件认为不属本庭职责范围的,应当及时提出,报院长决定。

第十八条 人民法庭经审查认为符合受理条件的起诉,报庭长批准立案;当事人直接向基层人民法院起诉的,基层人民法院应当审查受理。

人民法庭决定立案后,应当将当事人的姓名、单位、案由、简要案情报基层人民法院统一编立案号。

对符合受理条件的起诉人民法庭不予立案的,基层人民法院应当决定立案,交由人民法庭审理。

第十九条 对当事人不服一审判决、裁定提出上诉的案件,第一审人民法院应当及时办妥送达上诉状副本等有关手续,将案卷材料连同二审案件诉讼费缴费凭证等一并移送第二审人民法院。

第二十条 第二审人民法院立案机构收到第一审人民法院移送的上诉材料及一审案件卷宗材料,应当查对以下内容:

(一)上诉状、一审裁判文书齐全;一审卷宗数应与案件移送函标明的数量相符。

(二)上诉人递交上诉状的时间在法定上诉期限以内;虽然超过法定上诉期限,但提交了因不可抗拒的事由或者具有其他正当理由申请顺延上诉期限的书面材料。

(三)附有上诉案件受理费单据或者上诉人关于缓、减、免交上诉费用的申请。

对卷宗、材料不齐备的,应当及时通知第一审人民法院补充。

第二十一条 第二审人民法院立案机构经查对有关材料无误的,应当填写立案登记表,编立案号,向当事人发送案件受理通知书和上诉案件应诉通知书,并将案卷材料于立案登记的第二日移交有关审判庭。

第二十二条 对当事人提出的申诉或者再审申请,认为符合受理条件的,应当登记后立卷审查。

第二十三条 对具有以下情形的再审案件,应当移送有关审判庭审理:

(一)经审查认为申诉或者再审申请符合法律规定的条件,并报经院长批准再审的;

(二)本院院长提交审判委员会讨论决定再审的;

(三)上级人民法院指令再审的;

(四)人民检察院提出抗诉的。

第二十四条 执行案件的立案工作可参照本规定执行。

第二十五条 各高级人民法院、解放军军事法院可以根据本规定制定实施细则,并报最高人民法院备案。

以前有关立案工作的规定与本规定不一致的,以本规定为准。

最高人民法院关于全国法院立案工作座谈会纪要

(1999年9月8日 法〔1999〕186号)

各省、自治区、直辖市高级人民法院,解放军军事法院,新疆维吾尔自治区高级人民法院生产建设兵团分院:

全国法院立案工作座谈会于1999年8月23日至26日在吉林省延吉市召开。各省、自治区、直辖市高级人民法院,解放军军事法院,新疆维吾尔自治区高级人民法院生产建设兵团分院分管立案工作的院领导、主管立案工作的庭长及会上介绍立案工作经验的中级人民法院、基层人民法院的代表共计100人,参加了座谈会。

最高人民法院副院长沈德咏出席会议并讲话,最高人民法院告诉申诉审判庭庭长纪敏主持会议。

会议以邓小平理论为指导,总结交流立案工作的情况与经验;研究部署当前和今后一个时期的立案工作;贯彻落实不久前在上海召开的全国高级法院院长座谈会关于积极推进人民法院改革的精神,探索深化、发展立案工作的新路子,实现立案工作跨世纪的新发展。会议达到预期目的。现纪要如下:

一、会议充分肯定了各级法院立案工作所取得的显著成绩与经验。自1997年最高人民法院制定下发《立案工作的暂行规定》(以下简称暂行规定)以来,特别是1998年7月全国高级法院院长座谈会上,肖扬院长明确提出年内全部实行“三个分立”,坚决纠正三个不分的做法以后,在各级法院领导和立案干部的共同努力下,立审分立的落实摆上议事日程,立案工作切实得到了改进和加强,工作局面有了很大的改观,为服务大局、维护司法公正作出了积极的贡献。主要表现:(一)不断加深对立审分立的认识,全面推行立审分立,各级法院普遍设立了立案机构,立审分立的格局已经形成。据今年6月份对全国31个省、自治区、直辖市3424个法院的统计,已有3315个法院成立了立案机构,实现了全部或部分的立审分立,占96.82%。(二)严格依法立案。群众告状难的问题基本上得以解决。(三)依据暂行规定与实践经验,明确了职责,完善了制度,使立案工作步入专业化、规范化的法制化轨道。(四)把做好立案工作与人民法院的文明建设结合起来,提高了效率,转变了作风,人民群众更加满意。(五)积累了一些好的做法与经验。与会代表从提高认识,加强领导;健全机构,配备干部;严肃执法,依法立案;明确职责,规范制度;锐意改革,大胆探索诸方面总结交流了立案工作的经验。会议交流的7个高级法院、7个中级法院、4个基层法院的经验材料,受到与会代表的肯定和好评。

二、会议分析了当前立案工作的形势,明确了当前和今后一个时期立案工作的总体目标和基本要求。

会议认为,我国正处在世纪之交的重要历史关头,改革已进入攻坚阶段,发展正处于关键时期。由于社会关系变化,利益格局调整,社会矛盾交织,起诉到法院的各类案件大幅度上升,人民法院的立案工作和整个审判工作一样,面临着前所未有的复杂局面。人民法院的管理体制和审判工作机制,也受到了严峻的挑战。面对困难与机遇同在,改革与发展并存的形势,如何抓住机遇,加快发展,适应形势的需要,把人民法院的立案工作以崭新的面貌推向二十一世纪,这是亟待我们深入思考和认真解决的问题。

会议确定,当前和今后一个时期人民法院立案工作的总体目标和基本要求是:以邓小平理论为指导,认真贯彻落实党的十五大精神,坚持党的基本路线和依法治国的基本方略,以确保司法公正为核心,积极探索和深化立案工作的改革。健全机构,统一职责,完善制度,规范管理,在全面实施立审分立、贯彻落实暂行规定的基础上,逐步建立起公开、公正、高效、规范、有序的立案工作机制和审判管理模式。努力提高工作效率和执法水平,为改革、发展、稳定服务,为把建设有中国特色社会主义事业全面推向二十一世纪,提供可靠的司法保障。

讨论中,大家对深化法院立案工作改革取得了共识,一致认为改革是推动法院工作发展的强大动力。近几年法院的立案工作,所以发展较快,取得了很大的成绩,一个重要的原因在于狠抓了立案工作的改革,推行了立审分立的审判管理机制。今后的立案工作要发展,要开创立案工作的新局面,还必须坚持和完善立审分立制度,必须深化立案工作的改革。要立足当前,考虑长远,要把全面实行立审分立作为近期立案工作改革的重点,在1999年底前限期完成。关于立案工作改革的长远考虑,大家认为,这次座谈会上印发的上海市高级人民法院、上海市第一中级人民法院、吉林省延边自治州中级人民法院、陕西铜川市中级人民法院、辽宁辽阳市中级人民法院、山东寿光市人民法院、河南省西华县人民法院实施审判流程管理的做法和经验,给我们很好的启示和借鉴。他们突破立案工作的传统模式,由立案机构对立案审查、文书送达、庭前准备、排期开庭、审限跟踪、结案归档等程序性工作,实施全面管理。这种赋予立案机构流程管理职能的做法,在我国是一个创新,是对法院立案工作和审判方式改革的深化和发展。《人民法院五年改革纲要》已对建立科学的案件审理流程管理制度作了明文规定,各级法院应结合各自的实际,制定具体的改革步骤与方案,通过试点取得经验,逐步推行,积极稳妥地落实这一改革举措,以保证案件审理的公正、高效。

三、为适应形势发展的需要,确保人民法院立案工作总体目标与要求的实现,会议就今后工作,尤其对立案工作中遇到的亟待解决的一些问题进行了探讨,并提出以下意见:

(一)统一立案机构的职责范围,全面实施立审分立的原则。

会议针对一些法院立案机构职责范围不清,立审分立落实不到位的实际情况,特就立案机构的主要职责及全面落实立审分立,坚决纠正立审不分做法的问题，进行了研究并重申如下意见：

1. 全面落实立审分立，坚决纠正立审不分的做法。会议认为，全面实行立审分立，建立立案与审理互相分立、相互制约又有机结合的诉讼运行机制，是人民法院为了确保司法公正，完善我国审判制度而推出的一项重要改革举措。各级人民法院都应按暂行规定及《人民法院五年改革纲要》的规定与要求，建立健全专门的立案机构，保证立案机构能够完全承担起暂行规定所要求的审查受理各类案件的任务，全面实施立审分立，坚决纠正立审不分的做法。会议要求，目前尚未全面实行立审分立的法院，一定要在今年年底前限期完成立审分立的任务。已经完成立审分立任务的法院，应进一步完善制度，充实业务骨干，保证工作正常有效地进行。

2. 统一立案机构的职责范围，全面发挥立案机构的职能作用。会议认为，根据刑诉法、民诉法、行政诉讼法和最高法院司法解释的规定，结合立案工作的实际，按照立审分立的要求，立案机构应承担以下主要职责：

（1）审查民事、经济纠纷、行政案件的起诉，决定立案或者裁定不予受理；审查刑事自诉案件的起诉，决定立案或者裁定驳回；审查执行案件的申请，决定是否立案或裁定不予受理；对刑事公诉案件进行立案登记。

（2）对上诉案件、抗诉案件进行立案登记。审理不服下级法院不予受理、管辖异议的上诉案件。

（3）审查申诉、申请再审，符合受理条件的，应当立卷审查，并决定是否裁定再审立案，对审委会讨论决定再审、上级法院指令再审和人民检察院按照审判监督程序提出抗诉的案件进行立案登记。

（4）负责应由本院依法受理的其他案件的立案工作。

（5）根据当事人申请，依法进行诉前财产、诉前证据保全。

（6）依法处理公民、法人和其他组织提出的管辖异议和下级法院的管辖权争议案件。对下级法院应当受理而不受理的告诉案件，指定下级法院受理。

（7）核算当事人预交诉讼费用，办理缓、减、免诉讼费的审批或报批手续。

（8）对本院各类案件的审限进行跟踪督办，并定期向有关领导与部门通报。

（9）办理上级机关和本院领导交办案件的登记、编号、程序上的审查处理和督办，并回报或转报结果。

（10）处理告诉申诉来信来访，解答法律咨询，做好上访老户工作。

（11）监督、指导下级法院的立案工作。基层法院检查指导人民法庭的立案工作。

以上意见，各级法院在确定各自立案机构的职责范围时应参照执行。

（二）建立健全机构，调整充实立案干部队伍。

会议认为，立案机构的设置，各级法院可根据实际情况自行决定，凡条件允许的，应当争取单独设置，设在告诉申诉审判庭内的，立案人员也应相对固定。凡单独设置立案机构的，名称统一为××人民法院立案庭，设在告申庭内的，名称统一为××人民法院立案室，并对外公开挂牌。立案机构的人力一定要与所承担的任务相适应，要选调一批政治、业务素质高，会做群众工作，作风过硬，年富力强的业务骨干充实立案干部队伍。保证立案机构能够完全承担起立案工作暂行规定所要求的审查受理各类案件的任务。

（三）抓好基层法院的立案工作，实现人民法庭立案规范化。

全国法院80%以上的案件是基层法院受理的，因而，基层法院的立案工作在整个法院立案工作中具有特别重要的地位和作用，会议认为，各级法院的领导应注重抓基层，这是深化人民法院立案工作改革的基础。

抓好基层法院的立案工作，重点抓好人民法庭的立案工作。暂行规定从两便原则出发，赋予法庭立案权，采取专人审查，庭长批准，基层人民法院立案机构指导，统一编立案号的变通做法。实践证明，这种做法既坚持了立审分立的原则，又考虑了法庭立案的特殊性，是统一立案的原则性与灵活性的统一，是两便原则的生动体现。会议强调，各地在落实去年全国人民法庭工作会议精神和贯彻实施《关于人民法庭若干问题的规定》过程中,在抓好人民法庭设置规范化的同时,要抓好法庭立案工作的规范化,两者要同步进行。人民法庭设置的适度规模化,使法庭的人、财、物配置更合理,更便于立审分立原则的实施。在抓教育、抓认识的同时,着重从建章立制、加强管理、规范做法上入手,落实专职立案人员,落实立案人员责任,落实立案制度,落实接待时间,落实立案监督制约机制。从而保障程序上的公开和公正,促使人民法庭的立案工作及审判管理日趋专业化、规范化、科学化。

(四)对暂行规定第二十二条、第二十三条的理解与执行问题。

会议认为,暂行规定第二十二条和第二十三条的规定是明确的,对申诉和申请再审的立卷复查由立案机构负责,再审案件的审判由审判监督机构负责。如不是第二十三条规定的四种情况,就不应移送审监庭,应由立案庭立卷复查。对其中第一种情况,经审查,没有道理的,应由立案庭口头或书面驳回。经审查,可能有错,符合再审立案条件的,再审裁定立案后转审监庭审理。对其中第二、三、四种情况,应由立案庭登记立案后转审监庭审理。这样分层次地审查处理,既把再审的立案与审理分开了,充分体现了再审案件的立审分立原则,同时也加大了审判监督工作的力度,有利提高再审案件的质量。中级以上法院的立案、审监机构都应采取这种做法。基层法院一般是立案任务繁重,审监任务不大,故基层法院的立案机构,对申诉、申请再审案件可只进行程序性审查,是否再审立案的决定及再审的审理可都交审监机构去办理。各级法院的立案、审监机构还应强调分工协作,协同处理好申诉老户的工作。会议认为,还有许多具体问题需要细化,比如:对上级法院发函要结果的案件、当地党委、人大、政府、政协等单位领导交办的案件的审查处理及两个庭如何分工更合理的问题,还需进一步调查研究。

关于申诉复查的操作执行问题,会议充分肯定了申诉复查听证制度的做法。会议认为该做法体现了申诉复查的平等原则,增加了复查的透明度,实践中取得了积极的审判效果与社会效果。会议要求有条件的法院,应积极试行推广。试行推广时,应体现听证的简便、快捷、实用的特性,不对案件全面审查,抓住争议焦点,开门见山,直奔主题,听证目的是确定原判是否有错,是依法驳回,还是调卷审查或再审立案。切忌把复查听证与再审开庭相混淆。听证的组织形式还是组成合议庭为好。

会议指出,今年是我国历史上具有重要意义的一年。做好当前的各项工作,将为我们实现跨世纪发展的宏伟目标打下坚实的基础。希望身处审判工作前沿的广大立案干部在以江泽民同志为核心的党中央领导下,高举邓小平理论伟大旗帜,进一步振奋精神,扎实工作,开拓进取,积极深化立案工作改革,为实现依法治国,建设社会主义法治国家作出新的、更大的贡献!

最高人民法院关于人民法院是否受理因邮电部门电报稽延纠纷提起诉讼问题的批复①

(1999年5月22日最高人民法院审判委员会第1061次会议通过　1999年6月9日中华人民共和国最高人民法院公告公布　自1999年6月17日起施行　法释〔1999〕11号)

西藏自治区高级人民法院:

你院〔1998〕藏法研请字第1号《关于邮电部门电报稽延产生的赔偿诉讼是否仍按法(经)复〔1986〕38号批复办理的请示》收悉。经研究,答复如下:

一、因邮电部门电报稽延发生的纠纷,当事人向人民法院起诉的,只要符合民事诉讼法第一百零八条的规定,人民法院应当受理。

二、最高人民法院在此之前发布的有关司法解释与本批复不一致的,以本批复为准。

此复。

① 编者注:已废止。

最高人民法院关于规范人民法院再审立案的若干意见(试行)

(2002年9月10日 法发〔2002〕13号)

为加强审判监督,规范再审立案工作,根据《中华人民共和国刑事诉讼法》、《中华人民共和国民事诉讼法》和《中华人民共和国行政诉讼法》的有关规定,结合审判实际,制定本规定。

第一条 各级人民法院、专门人民法院对本院或者上级人民法院对下级人民法院作出的终审裁判,经复查认为符合再审立案条件的,应当决定或裁定再审。

人民检察院依照法律规定对人民法院作出的终审裁判提出抗诉的,应当再审立案。

第二条 地方各级人民法院、专门人民法院负责下列案件的再审立案:

(一)本院作出的终审裁判,符合再审立案条件的;

(二)下一级人民法院复查驳回或者再审改判,符合再审立案条件的;

(三)上级人民法院指令再审的;

(四)人民检察院依法提出抗诉的。

第三条 最高人民法院负责下列案件的再审立案:

(一)本院作出的终审裁判,符合再审立案条件的;

(二)高级人民法院复查驳回或者再审改判,符合再审立案条件的;

(三)最高人民检察院依法提出抗诉的,

(四)最高人民法院认为应由自己再审的。

第四条 上级人民法院对下级人民法院作出的终审裁判,认为确有必要的,可以直接立案复查,经复查认为符合再审立案条件的,可以决定或裁定再审。

第五条 再审申请人或申诉人向人民法院申请再审或申诉,应当提交以下材料:

(一)再审申请书或申诉状,应当载明当事人的基本情况、申请再审或申诉的事实与理由;

(二)原一、二审判决书、裁定书等法律文书,经过人民法院复查或再审的,应当附有驳回通知书、再审判决书或裁定书;

(三)以有新的证据证明原裁判认定的事实确有错误为由申请再审或申诉的,应当同时附有证据目录、证人名单和主要证据复印件或者照片;需要人民法院调查取证的,应当附有证据线索。

申请再审或申诉不符合前款规定的,人民法院不予审查。

第六条 申请再审或申诉一般由终审人民法院审查处理。

上一级人民法院对未经终审人民法院审查处理的申请再审或申诉,一般交终审人民法院审查;对经终审人民法院审查处理后仍坚持申请再审或申诉的,应当受理。

对未经终审人民法院及其上一级人民法院审查处理,直接向上级人民法院申请再审或申诉的,上级人民法院应当交下一级人民法院处理。

第七条 对终审刑事裁判的申诉,具备下列情形之一的,人民法院应当决定再审:

(一)有审判时未收集到的或者未被采信的证据,可能推翻原定罪量刑的;

(二)主要证据不充分或者不具有证明力的;

(三)原裁判的主要事实依据被依法变更或撤销的;

(四)据以定罪量刑的主要证据自相矛盾的;

(五)引用法律条文错误或者违反刑法第十二条的规定适用失效法律的;

(六)违反法律关于溯及力规定的;

(七)量刑明显不当的;

(八)审判程序不合法,影响案件公正裁判的;

(九)审判人员在审理案件时索贿受贿、徇私舞弊并导致枉法裁判的。

第八条 对终审民事裁判、调解的再审申请,具备下列情形之一的,人民法院应当裁定再审:

(一)有再审申请人以前不知道或举证不能的证据,可能推翻原裁判的;

(二)主要证据不充分或者不具有证明力的;

(三)原裁判的主要事实依据被依法变更或撤销的;

(四)就同一法律事实或同一法律关系,存在两个相互矛盾的生效法律文书，再审申请人对后一生效法律文书提出再审申请的；

（五）引用法律条文错误或者适用失效、尚未生效法律的；

（六）违反法律关于溯及力规定的；

（七）调解协议明显违反自愿原则，内容违反法律或者损害国家利益、公共利益和他人利益的；

（八）审判程序不合法，影响案件公正裁判的；

（九）审判人员在审理案件时索贿受贿、徇私舞弊并导致枉法裁判的。

第九条 对终审行政裁判的申诉，具备下列情形之一的，人民法院应当裁定再审：

（一）依法应当受理而不予受理或驳回起诉的；

（二）有新的证据可能改变原裁判的；

（三）主要证据不充分或不具有证明力的；

（四）原裁判的主要事实依据被依法变更或撤销的；

（五）引用法律条文错误或者适用失效、尚未生效法律的；

（六）违反法律关于溯及力规定的；

（七）行政赔偿调解协议违反自愿原则，内容违反法律或损害国家利益、公共利益和他人利益的；

（八）审判程序不合法，影响案件公正裁判的；

（九）审判人员在审理案件时索贿受贿、徇私舞弊并导致枉法裁判的。

第十条 人民法院对刑事案件的申诉人在刑罚执行完毕后两年内提出的申诉，应当受理；超过两年提出申诉，具有下列情形之一的，应当受理：

（一）可能对原审被告人宣告无罪的；

（二）原审被告人在本条规定的期限内向人民法院提出申诉，人民法院未受理的；

（三）属于疑难、复杂、重大案件的。

不符合前款规定的，人民法院不予受理。

第十一条 人民法院对刑事附带民事案件中仅就民事部分提出申诉的，一般不予再审立案。但有证据证明民事部分明显失当且原审被告人有赔偿能力的除外。

第十二条 人民法院对民事、行政案件的再审申请人或申诉人超过两年提出再审申请或申诉的，不予受理。

第十三条 人民法院对不符合法定主体资格的再审申请或申诉，不予受理。

第十四条 人民法院对下列民事案件的再审申请不予受理：

（一）人民法院依照督促程序、公示催告程序和破产还债程序审理的案件；

（二）人民法院裁定撤销仲裁裁决和裁定不予执行仲裁裁决的案件；

（三）人民法院判决、调解解除婚姻关系的案件，但当事人就财产分割问题申请再审的除外。

第十五条 上级人民法院对经终审法院的上一级人民法院依照审判监督程序审理后维持原判或者经两级人民法院依照审判监督程序复查均驳回的申请再审或申诉案件，一般不予受理。

但再审申请人或申诉人提出新的理由，且符合《中华人民共和国刑事诉讼法》第二百零四条、《中华人民共和国民事诉讼法》第一百七十九条、《中华人民共和国行政诉讼法》第六十二条及本规定第七、八、九条规定条件的，以及刑事案件的原审被告人可能被宣告无罪的除外。

第十六条 最高人民法院再审裁判或者复查驳回的案件，再审申请人或申诉人仍不服提出再审申请或申诉的，不予受理。

第十七条 本意见自2002年11月1日起施行。以前有关再审立案的规定与本意见不一致的，按本意见执行。

最高人民法院关于人民法院受理共同诉讼案件问题的通知

（2005年12月30日 法〔2005〕270号）

各省、自治区、直辖市高级人民法院，新疆维吾尔自治区高级人民法院生产建设兵团分院：

为方便当事人诉讼和人民法院就地进行案件调解工作，提高审判效率，节省诉讼资源，进一步加强最高人民法院对下级人民法院民事审判工作的监督和指导，根据民事诉讼法的有关规定，现就人民法院受理共同诉讼案件问题通知如下：

一、当事人一方或双方人数众多的共同诉讼，依法由基层人民法院受理。受理法院认为不宜作为共同诉讼受理的，可分别受理。

在高级人民法院辖区内有重大影响的上述案件，由中级人民法院受理。如情况特殊，确需高级人民法院作为一审民事案件受理的，应当在受理前报最高人民法院批准。

法律、司法解释对知识产权，海事、海商，涉外等民事纠纷案件的级别管辖另有规定的，从其规定。

二、各级人民法院应当加强对共同诉讼案件涉及问题的调查研究，上级人民法院应当加强对下级人民法院审理此类案件的指导工作。

本通知执行过程中有何问题及建议，请及时报告我院。

本通知自2006年1月1日起施行。

最高人民法院关于当事人对具有强制执行效力的公证债权文书的内容有争议提起诉讼人民法院是否受理问题的批复①

（2008年12月8日最高人民法院审判委员会第1457次会议通过　2008年12月22日最高人民法院公告公布　自2008年12月26日起施行　法释〔2008〕17号）

各省、自治区、直辖市高级人民法院，解放军军事法院，新疆维吾尔自治区高级人民法院生产建设兵团分院：

关于当事人对具有强制执行效力的公证债权文书的内容有争议提起诉讼人民法院是否受理的问题，我院陆续收到江苏、重庆等高级人民法院的请示，经研究，批复如下：

根据《中华人民共和国民事诉讼法》第二百一十四条和《中华人民共和国公证法》第三十七条的规定，经公证的以给付为内容并载明债务人愿意接受强制执行承诺的债权文书依法具有强制执行效力。债权人或者债务人对该债权文书的内容有争议直接向人民法院提起民事诉讼的，人民法院不予受理。但公证债权文书确有错误，人民法院裁定不予执行的，当事人、公证事项的利害关系人可以就争议内容向人民法院提起民事诉讼。

最高人民法院关于印发《民事案件案由规定（试行）》的通知②

（2000年10月30日　法发〔2000〕26号）

各省、自治区、直辖市高级人民法院，解放军军事法院，新疆维吾尔自治区高级人民法院生产建设兵团分院：

现将《民事案件案由规定（试行）》印发给你们，自2001年1月1日起试行。

《民事案件案由规定（试行）》（以下简称《规定（试行）》）将民事案件案由分四部分。第一、二、三部分属于适用普通程序的案件案由，一般应当包括两部分：当事人诉争的法律关系及其争议，如买卖合同质量纠纷，但《规定（试行）》只列出当事人诉争的法律关系部分，而当事人的争议部分由受理法院根据当事人的具体争议确定。第四部分是适用特别程序的案件案由，可以根据当事人的诉讼请求直接表述。

第一审法院立案时可根据当事人的起诉确定案由。当事人起诉的法律关系与实际诉争的法律关系不符时，结案时以法庭查明的当事人之间实际存在的法律关系作为确定案由的依据，例如名为联营实为借贷的，定为借款纠纷。当事人在同一起诉中涉及不同法律关系，如某一案件涉及主从合同关系的，根据主合同所涉及的法律关系确定案由。当事人仅因为从合同发生争议，按照从合同涉及的法律关系及当事人的争议确定案由，如担保合同效力纠纷。

《规定（试行）》将案由分为四部分五十四类300种，种案由用阿拉伯数字统一编号。为了便于司法统计，根据具体情况，少数案由列出一些特殊或者常见多发的若干项（用阿拉伯数字加圆

① 编者注：已废止。

② 编者注：已废止。

括号表示),但此种案由并不限于所标明的几项。人民法院在案件中应当直接适用种案由或其中的某一项,如相邻用水纠纷。

试行中有何问题,望及时报告我院。

附:

民事案件案由规定(试行)

为了正确适用法律,统一确定案由,现根据民法通则、合同法和民事诉讼法等法律规定,对民事案件案由规定如下:

第一部分 合同纠纷案由

一、代位权纠纷

1. 代位权纠纷

二、撤销权纠纷

2. 撤销权纠纷

(1)撤销债务人放弃到期债权行为纠纷

(2)撤销债务人无偿转让财产行为纠纷

(3)撤销债务人低价转让财产行为纠纷

三、悬赏广告纠纷

3. 悬赏广告纠纷

四、买卖合同纠纷

4. 买卖合同纠纷

(1)分期付款买卖合同纠纷

(2)凭样品买卖合同纠纷

(3)试用买卖合同纠纷

(4)招标投标买卖纠纷

(5)拍卖纠纷

(6)互易纠纷

五、房地产开发经营合同纠纷

5. 土地使用权出让合同纠纷

6. 土地使用权转让合同纠纷

7. 国有土地租赁合同纠纷

(1)土地使用权租赁合同纠纷

8. 临时用地合同纠纷

9. 商品房预售合同纠纷

10. 商品房预售合同转让纠纷

11. 合资、合作开发房地产合同纠纷

12. 项目转让合同纠纷

13. 房屋拆迁合同纠纷

六、供用电、水、气、热力合同纠纷

14. 供用电合同纠纷

15. 供用水合同纠纷

16. 供用气合同纠纷

17. 供用热力合同纠纷

七、赠与合同纠纷

18. 赠与合同纠纷

19. 公益事业捐赠合同纠纷

八、借款合同纠纷

20. 借款合同纠纷

(1)(金融机构)同业拆借纠纷

(2)企业之间借款纠纷

21. 民间借贷纠纷

九、借用合同纠纷

22. 借用合同纠纷

十、租赁合同纠纷

23. 租赁合同纠纷

十一、融资租赁合同纠纷

24. 融资租赁合同纠纷

(1)民用航空器融资租赁合同纠纷

十二、承揽合同纠纷

25. 加工合同纠纷

(1)对外加工装配合同纠纷

26. 定作合同纠纷

27. 修理合同纠纷

28. 复制合同纠纷

(1)印制合同纠纷

29. 测试合同纠纷

30. 检验合同纠纷

十三、建设工程合同纠纷

31. 建设工程勘察合同纠纷

32. 建设工程设计合同纠纷

33. 建设工程施工合同纠纷

34. 建设工程分包合同纠纷

35. 建设工程监理合同纠纷

十四、运输合同纠纷

(一)客运合同

36. 公路旅客运输合同纠纷

37. 城市公交运输合同纠纷

(1)出租汽车运输合同纠纷

38. 铁路旅客运输合同纠纷

(1)国际铁路旅客联运合同纠纷

39. 水路旅客运输合同纠纷
(1)内河旅客运输合同纠纷
(2)沿海旅客运输合同纠纷
40. 航空旅客运输合同纠纷
(1)国际航空旅客联运合同纠纷
(二)货运合同纠纷
41. 公路货物运输合同纠纷
42. 铁路货物运输合同纠纷
43. 水路货物运输合同纠纷
44. 航空货物运输合同纠纷
45. 管道运输合同纠纷
46. 联合运输合同纠纷
(三)多式联运合同纠纷
47. 多式联运合同纠纷

十五、技术合同纠纷

48. 技术委托开发合同纠纷
49. 技术合作开发合同纠纷
50. 技术进口合同纠纷
51. 技术出口合同纠纷
52. 技术咨询合同纠纷
53. 技术服务合同纠纷
54. 技术培训合同纠纷
55. 技术中介合同纠纷
56. 技术秘密转让合同纠纷
57. 科技成果转化合同纠纷

十六、知识产权合同纠纷

58. 专利申请权转让合同纠纷
59. 专利权转计合同纠纷
(1)发明专利转让合同纠纷
(2)实用新型专利转让合同纠纷
(3)外观设计专利转让合同纠纷
60. 专利实施许可合同纠纷
61. 商标权转计合同纠纷
62. 商标许可使用合同纠纷
63. 委托创作纠纷
64. 合作创作纠纷
65. 著作权许可使用合同纠纷
(1)出版合同纠纷
(2)表演权许可合同纠纷
(3)作品翻译许可合同纠纷
(4)作品改编许可合同纠纷
(5)作品广播权许可合同纠纷
66. 著作权转让合同纠纷
67. 软件开发合同纠纷
68. 软件著作权许可使用合同纠纷
69. 软件著作权转让合同纠纷

十七、保管合同纠纷

70. 保管合同纠纷

十八、仓储合同纠纷

71. 仓储合同纠纷

十九、委托合同纠纷

72. 委托合同纠纷
(1)诉讼代理合同纠纷
(2)进出口代理合同纠纷
(3)专利代理纠纷
(4)商标代理纠纷
(5)船舶代理合同纠纷
(6)民用航空运输销售代理合同纠纷
(7)货运代理合同纠纷
(8)保险代理纠纷

二十、行纪合同纠纷

73. 行纪合同纠纷
(1)代购代销合同纠纷
(2)期货交易代理合同纠纷
(3)证券交易代理合同纠纷
(4)保险经纪合同纠纷

二十一、居间合同纠纷

74. 居间合同纠纷

二十二、担保合同纠纷

75. 保证合同纠纷
76. 抵押合同纠纷
(1)民用航空器抵押合同纠纷
77. 质押合同纠纷
78. 留置纠纷
79. 定金合同纠纷

二十三、典当纠纷

80. 典当纠纷

二十四、保险合同纠纷

81. 财产保险合同纠纷
82. 人身保险合同纠纷
83. 再保险合同纠纷
84. 保险代位求偿权纠纷

二十五、海商合同纠纷

85. 海上货物运输合同纠纷

86. 航次租船合同纠纷
87. 海上旅客运输合同纠纷
88. 定期租船合同纠纷
89. 光船租赁合同纠纷
90. 海上拖航合同纠纷
91. 海难救助合同纠纷
92. 海上打捞合同纠纷
93. 海上保险合同纠纷
94. 港口作业合同纠纷
95. 理货合同纠纷
96. 航道疏浚合同纠纷
97. 海上运输(船舶)联营合同纠纷
98. 船舶建造、买卖、拆解合同纠纷
99. 海员劳务合同纠纷

二十六、储蓄存款合同纠纷

100. 储蓄存款合同纠纷

二十七、信用卡纠纷

101. 信用卡纠纷

二十八、信用证纠纷

102. 信用证纠纷

二十九、期货交易纠纷

103. 期货交易纠纷

三十、信托纠纷

104. 信托纠纷

三十一、证券合同纠纷

105. 股票交易纠纷
106. 公司债券交易纠纷
107. 出资转让纠纷
108. 国债交易纠纷
109. 证券代销协议纠纷
110. 证券包销协议纠纷
111. 证券投资咨询纠纷
112. 证券资信评估纠纷
113. 证券回购合同纠纷

三十二、经营合同纠纷

114. 出资纠纷
115. 联营合同纠纷
116. 合伙协议纠纷
117. 企业承包合同纠纷
118. 企业租赁合同纠纷
119. 挂靠经营纠纷
120. 企业出售纠纷
121. 上市公司收购纠纷
122. 公司分立纠纷
123. 公司合并纠纷
124. 债权转股权纠纷
125. 彩票、奖券纠纷
126. 补偿贸易纠纷
127. 中外合资经营合同纠纷
128. 中外合作经营合同纠纷

三十三、中外合作勘探开发自然资源合同纠纷

129. 中外合作勘探开发自然资源合同纠纷

三十四、农业承包合同纠纷

130. 农业承包合同纠纷

三十五、电信合同纠纷

131. 电信合同纠纷

三十六、邮政合同纠纷

132. 邮政合同纠纷

三十七、演出合同纠纷

133. 演出合同纠纷

三十八、服务合同纠纷

134. 服务合同纠纷

(1)医疗服务合同纠纷
(2)银行结算合同纠纷
(3)银行保管箱服务合同纠纷
(4)法律服务合同纠纷
(5)旅游合同纠纷
(6)房地产咨询纠纷
(7)房地产价格评估纠纷
(8)房地产经纪纠纷
(9)旅店服务合同纠纷
(10)财会服务合同纠纷
(11)物业管理纠纷
(12)饮食服务合同纠纷
(13)娱乐服务合同纠纷
(14)有线电视收视纠纷

三十九、劳动争议

135. 劳动合同纠纷
136. 集体劳动合同纠纷
137. 事实劳动关系争议
138. 劳动保险纠纷

四十、劳务(雇佣)合同纠纷

139. 劳务(雇佣)合同纠纷

第二部分　权属、侵权及不当得利、无因管理纠纷案由

一、所有权及与所有权相关权利纠纷

140. 财产所有权纠纷
(1)财产权属纠纷
(2)财产损害赔偿纠纷
141. 提单纠纷
142. 仓单纠纷
143. 存单纠纷
144. 宅基地纠纷
145. 探矿权纠纷
146. 采矿权纠纷
147. 自然资源使用权纠纷
148. 承包经营权纠纷
149. 相邻关系纠纷
(1)相邻用水、排水纠纷
(2)相邻采光、通风纠纷
(3)相邻土地使用关系纠纷
(4)相邻损害防免关系纠纷
150. 埋藏物隐藏物权属纠纷
151. 拾得遗失物权属纠纷
152. 拾得漂流物权属纠纷
153. 拾得失散的饲养动物权属纠纷

二、票据、证券权益纠纷

154. 票据付款请求权纠纷
155. 票据追索权纠纷
156. 票据交付请求权纠纷
157. 票据返还请求权纠纷
158. 票据损害赔偿纠纷
159. 票据利益返还请求权纠纷
160. 汇票回单签发请求权纠纷
161. 证券发行纠纷
(1)配股纠纷
162. 证券返还纠纷
163. 证券欺诈纠纷
164. 证券内幕交易纠纷
165. 操纵证券交易市场纠纷
166. 虚假证券信息纠纷
167. 证券投资基金纠纷
168. 证券登记、托管、结算纠纷

三、股东权纠纷

169. 股票交付请求权纠纷
170. 股权转让侵权纠纷
(1)优先认购权纠纷
171. 股东会议表决权纠纷
172. 公司知情权纠纷
173. 公司盈余分配权纠纷
174. 公司剩余财产分配纠纷
175. 公司决议侵害股东权纠纷
176. 股东会议召集权纠纷

四、损害公司权益纠纷

177. 股东不履行对公司义务纠纷
178. 董事、监事、经理损害公司利益纠纷

五、知识产权纠纷

(一)著作权纠纷
179. 著作人身权纠纷
(1)作品发表权纠纷
(2)作品署名权纠纷
(3)作品修改权纠纷
(4)保护作品完整权纠纷
180. 著作财产权纠纷
(1)复制权纠纷
(2)发行权纠纷
(3)展览权纠纷
(4)公开表演权纠纷
(5)播放权纠纷
(6)摄制权纠纷
(7)改编权纠纷
(8)翻译权纠纷
(9)汇编权纠纷
181. 邻接权纠纷
182. 计算机软件著作权纠纷
(1)计算机软件著作权权属纠纷
(2)计算机软件著作权侵权纠纷
(二)商标权纠纷
183. 商标权权属纠纷
184. 商标侵权纠纷
(1)假冒注册商标纠纷
(2)销售假冒注册商标的商品纠纷
(3)非法制造、销售非法制造的注册商标标识纠纷
(三)专利权纠纷

185. 专利权权属纠纷
186. 专利侵权纠纷
187. 专利发明人、设计人署名权纠纷
188. 专利申请权纠纷
189. 专利申请优先权纠纷
190. 专利实施强制许可使用费纠纷
191. 发明专利临时保护期使用费纠纷
(四)发现权与发明权纠纷
192. 发现权纠纷
193. 发明权纠纷
(1)植物新品种纠纷

六、不正当竞争纠纷

194. 垄断纠纷
195. 虚假广告纠纷
196. 侵害商业秘密纠纷
(1)侵害商业技术秘密纠纷
(2)侵害商业经营秘密纠纷
197. 伪造、冒用产品质量标志纠纷
198. 仿冒、伪造知名商品特有名称、包装、装潢纠纷
199. 伪造产地纠纷
200. 倾销纠纷
201. 损害(竞争对手)商业信誉、商品声誉纠纷

七、海事纠纷

202. 海上重大责任事故纠纷
203. 船舶碰撞纠纷
(1)船舶浪损纠纷
204. 船舶触碰(建筑物、设施)损害赔偿纠纷
205. 船舶损坏(空中或水下设施)损害赔偿纠纷
206. 影响船舶航行损害赔偿纠纷
207. 海上人身损害赔偿纠纷
208. 港口作业纠纷
209. 养殖损害赔偿纠纷
210. 船舶、港口作业污染损害赔偿纠纷
211. 非法留置船载货物纠纷
212. 共同海损纠纷
213. 船舶水道规费纠纷

八、人身权纠纷

214. 人身损害赔偿纠纷
(1)道路交通事故人身损害赔偿纠纷
(2)铁路旅客运输损害赔偿纠纷
(3)水上旅客运输损害赔偿纠纷
(4)航空旅客运输损害赔偿纠纷
(5)航空器对地、水面上第三人损害赔偿纠纷
(6)医疗事故损害赔偿纠纷
(7)工伤事故损害赔偿纠纷
215. 人身自由权纠纷
216. 名誉权纠纷
217. 名称权纠纷
218. 姓名权纠纷
219. 荣誉权纠纷
220. 肖像权纠纷

九、特殊侵权纠纷

221. 国家机关及其工作人员职务侵权纠纷
222. 雇员受害赔偿纠纷
223. 雇佣人损害赔偿纠纷
224. 产品责任纠纷
225. 高度危险作业致人损害纠纷
226. 环境污染损害赔偿纠纷
227. 地面(公共场所) 施工损害赔偿纠纷
228. 建筑物、搁置物、悬挂物塌落损害赔偿纠纷
229. 堆放物品倒塌损害赔偿纠纷
230. 动物致人损害赔偿纠纷
231. 驻特别行政区军人执行职务侵权纠纷
232. 防卫过当损害赔偿纠纷
233. 紧急避险损害赔偿纠纷
234. 侵害未成年人接受教育权纠纷

十、不当得利纠纷

235. 不当得利纠纷

十一、无因管理纠纷

236. 无因管理纠纷

第三部分 婚姻家庭、继承纠纷案由

一、婚姻家庭纠纷

237. 婚约财产纠纷
238. 离婚纠纷
239. 夫妻登记离婚后财产纠纷
240. 解除非法同居关系纠纷
241. 婚姻无效纠纷

242. 撤销婚姻纠纷
243. 夫妻财产约定纠纷
244. 婚姻自主权纠纷
245. 抚养、扶养关系纠纷
246. 抚育费纠纷
247. 扶养费纠纷
248. 监护权纠纷
249. 探视子女权纠纷
250. 生身父母确认纠纷
251. 赡养纠纷
(1)变更赡养关系纠纷
252. 确认收养关系纠纷
253. 解除收养关系纠纷
254. 继父母子女关系纠纷
255. 分家析产纠纷

二、继承纠纷

256. 法定继承纠纷
(1)转继承纠纷
(2)代位继承纠纷
257. 遗嘱继承纠纷
258. 继承权确认纠纷
259. 被继承人债务清偿纠纷
260. 遗赠纠纷
261. 遗赠扶养协议纠纷

第四部分　适用特别程序案件案由

262. 申请宣告公民无民事行为能力案
263. 申请宣告公民限制民事行为能力案
264. 申请宣告公民恢复限制民事行为能力案
265. 申请宣告公民恢复完全民事行为能力案
266. 申请指定监护人案
267. 申请撤销监护人资格案
268. 申请宣告失踪案
269. 申诸撤销宣告失踪案
270. 申请为失踪人财产指定、变更代管人案
271. 失踪人债务支付案
272. 申请宣告公民死亡案
273. 申请撤销宣告公民死亡案
274. 被撤销死亡宣告人请求返还财产案
275. 申请认定财产无主案
276. 申请撤销认定财产无主案
277. 申请确定选民资格案
278. 申请支付令案
279. 申请公示催告案
280. 国有企业破产案
281. (非国有)企业法人破产还债案
282. 申请法院指定清算组成员案
283. 申请诉前财产保全案
284. 申请确认仲裁协议效力案
285. 仲裁程序中的财产保全案
286. 申请撤销仲裁裁决案
287. 申请止付信用证项下款项纠纷案
288. 申请海事请求保全案
(1)申请扣押船舶案
(2)申请拍卖扣押船舶案
(3)申请扣押船载货物案
(4)申请拍卖扣押船载货物案
289. 申请海事强制令案
290. 申请海事证据保全案
291. 申请设立海事赔偿责任限制基金案
292. 申请海事船舶优先权催告案
293. 申请海事债权确权案
294. 申请承认外国法院民事判决案
295. 申请承认外国法院民事裁定案
296. 申请承认国外仲裁裁决案
297. 申请认可台湾地区法院民事判决案
298. 申请认可台湾地区法院民事裁定案
299. 申请认可台湾地区法院民事调解书案
300. 申请认可台湾地区仲裁裁决案

最高人民法院关于印发《民事案件案由规定》的通知①

(2008年2月4日　法发〔2008〕11号)

各省、自治区、直辖市高级人民法院,解放军军事法院,新疆维吾尔自治区高级人民法院生产建设兵团分院:

《民事案件案由规定》已于2007年10月29日由最高人民法院审判委员会第1438次会议讨论通过,自2008年4月1日起施行,《民事案件

① 编者注:已废止。

案由规定(试行)》(法发〔2000〕26 号)同时废止。现将《民事案件案由规定》印发给你们,请认真贯彻执行。

我院《民事案件案由规定(试行)》自 2001 年 1 月 1 日起试行以来,在方便当事人进行民事诉讼,规范人民法院民事立案、审判和司法统计工作方面,发挥了重要作用。近年来,随着一批新的民事法律的施行,审判实践中出现了许多新类型民事案件,需要对民事案由进行细化、补充和完善。特别是物权法施行后,迫切需要对《民事案件案由规定(试行)》进行修订,增补物权类纠纷案件案由。根据第七次全国民事审判工作会议的要求,最高人民法院对《民事案件案由规定(试行)》进行了修订,形成了《民事案件案由规定》。现就各级人民法院适用《民事案件案由规定》的有关问题通知如下:

一、要认真学习掌握《民事案件案由规定》,高度重视民事案件案由在民事审判工作中的重要作用

民事案件案由是民事诉讼案件的名称,反映案件所涉及的民事法律关系的性质,是人民法院将诉讼争议所包含的法律关系进行的概括。建立科学、完善的民事案件案由体系,有利于当事人准确选择诉由,有利于人民法院在民事立案和审判中准确确定案件诉讼争点和正确适用法律,有利于提高民事案件司法统计的准确性和科学性,有利于对受理案件进行分类管理,从而更好地为审判规范化建设服务,为人民法院司法决策提供更有价值的参考。

二、要坚持统一的民事案件案由的确定标准

民事案件案由应当依据当事人主张的民事法律关系的性质来确定。鉴于具体案件中当事人的诉讼请求、争议的焦点可能有多个,争议的标的也可能是两个以上,为保证案由的高度概括和简洁明了,民事案件案由的表述方式原则上确定为“法律关系性质”加“纠纷”,一般不再包含争议焦点、标的物、侵权方式等要素。另外,考虑到当事人诉争的民事法律关系的性质具有复杂性,为了更准确地体现诉争的民事法律关系和便于司法统计,《民事案件案由规定》在坚持以法律关系性质作为案由的确定标准的同时,对少部分案由也依据请求权、形成权或者确认之诉、形成之诉的标准进行确定。

对适用民事特别程序等规定的特殊民事案件案由,根据当事人的诉讼请求直接表述。

三、关于民事案件案由编排体系的几个问题

1.《民事案件案由规定》以民法理论对民事法律关系的分类为基础,结合现行立法及审判实践,将案由的编排体系划分为人格权、婚姻家庭继承、物权、债权、劳动争议与人事争议、知识产权、海事海商、与铁路运输有关的民事纠纷以及与公司、证券、票据等有关的民事纠纷、适用特殊程序案件案由等共十大部分,作为第一级案由。为保持体系的相对完整,并考虑规范民事审判业务分工,对某些案由进行了合并和拆分。如知识产权纠纷类中,既包括知识产权相关的合同纠纷案件,也包括知识产权权属和侵权纠纷案件。在第一级案由项下,细分为三十类案由,作为第二级案由(以大写数字表示);在第二级案由项下列出了三百六十多种案由,作为第三级案由(以阿拉伯数字表示),第三级案由是实践中最常见和广泛使用的案由。基于审判工作指导、调研和司法统计的需要,在部分第三级案由项下列出了部分第四级案由(以阿拉伯数字加( )表示)。

2. 关于侵权纠纷案件案由的编排。《民事案件案由规定》未将侵权纠纷案件单独列为第一级案由,而是分别作了规定。第一,一般民事侵权案件,依民事权利的类型,分别规定在人格权、物权、知识产权等第一级案由项下,根据需要列为第二级或者第三级案由,或者隐含在第三级案由之下。第二,对于一些同时侵害人身权利和财产权利的侵权纠纷案件,以及适用特殊侵权规则的侵权纠纷案件,则单独列在债权纠纷案件案由项下,作为第二级案由,以下列出若干第三级案由。

3. 关于物权纠纷案由和合同纠纷案由适用的问题。《民事案由规定》按照物权变动原因与结果相区分的原则,对于因物权变动的原因关系,即债权性质的合同关系产生的纠纷,应适用债权纠纷部分的案由,如物权设立原因关系方面的担保合同纠纷,物权转移原因关系方面的买卖合同纠纷。对于因物权成立、归属、效力、使用、收益等物权关系产生的纠纷,则应适用物权纠纷部分的案由,如担保物权纠纷。对此,人民法院应根据当事人诉争的法律关系的性质，查明该法律关系涉及的是物权变动的原因关系还是物权变动的结果关系，以正确确定案由。

4. 关于第三部分中“物权保护纠纷”与“所有权纠纷”、“用益物权纠纷”、“担保物权纠纷”的协调问题。物权法第三章“物权的保护”所规定的物权请求权或者债权请求权保护方法，在《民事案件案由规定》规定的每个物权类型（第三级案由）项下可能部分或者全部适用，多数可以作为第四级案由规定，但为避免使整个案由体系冗长繁杂，在各第三级案由下并未一一列出，在适用时可以按照保护的权利种类，分别适用所有权、用益物权、担保物权项下的第三级案由。如果一个纠纷中同时涉及所有权、用益物权和担保物权中两种以上的物权，或者在物权纠纷案由其他部分找不到可以适用的第三级案由时，则可以适用“物权保护纠纷”项下的具体案由。

四、适用《民事案件案由规定》时应注意的几个问题

1. 第一审法院立案时应当根据当事人诉争的法律关系性质，首先应适用《民事案件案由规定》列出的第四级案由，第四级案由没有规定的，则适用第三级案由；第三级案由中没有规定的，则可以直接适用相应的第二级案由或者第一级案由。地方各级人民法院对审判中出现的可以作为新的第三级民事案由或者应当规定为第四级民事案由的纠纷类型，可以及时报告最高人民法院。最高人民法院将定期收集、整理、筛选，及时细化、补充相关案由。

2. 同一诉讼中涉及两个以上的法律关系，属于主从关系的，人民法院应当以主法律关系确定案由，但当事人仅以从法律关系起诉的，则以从法律关系确定案由；不属于主从关系的，则以当事人诉争的法律关系确定案由，均为诉争法律关系的，则按诉争的两个以上法律关系确定并列的两个案由。

3. 在请求权竞合的情形下，人民法院应当按照当事人自主选择行使的请求权，根据当事人诉争的法律关系的性质，确定相应的案由。

4. 当事人在诉讼过程中增加或者变更诉讼请求导致当事人诉争的法律关系发生变更的，人民法院应当相应变更案件的案由。

在适用《民事案件案由规定》过程中有何情况和问题，应当及时报告最高人民法院。

附：

民事案件案由规定

为了正确适用法律，统一确定案由，根据《中华人民共和国民法通则》、《中华人民共和国物权法》、《中华人民共和国合同法》和《中华人民共和国民事诉讼法》等法律规定，对民事案件案由规定如下：

第一部分　人格权纠纷

一、人格权纠纷

1. 生命权、健康权、身体权纠纷

（1）道路交通事故人身损害赔偿纠纷

（2）医疗损害赔偿纠纷

（3）工伤事故损害赔偿纠纷

（4）水上运输人身损害赔偿纠纷

（5）航空运输人身损害赔偿纠纷

（6）航空器对地、水面上第三人损害赔偿纠纷

（7）触电人身损害赔偿纠纷

2. 姓名权纠纷

3. 肖像权纠纷

4. 名誉权纠纷

5. 荣誉权纠纷

6. 隐私权纠纷

7. 婚姻自主权纠纷

8. 人身自由权纠纷

9. 一般人格权纠纷

第二部分　婚姻家庭、继承纠纷

二、婚姻家庭纠纷

10. 婚约财产纠纷

11. 离婚纠纷

12. 离婚后财产纠纷

13. 离婚后损害赔偿纠纷

14. 同居关系析产、子女抚养纠纷

15. 婚姻无效纠纷

16. 撤销婚姻纠纷

17. 夫妻财产约定纠纷
18. 抚养纠纷
(1)抚养费纠纷
(2)变更抚养关系纠纷
19. 扶养纠纷
(1)扶养费纠纷
(2)变更扶养关系纠纷
20. 监护权纠纷
21. 探望权纠纷
22. 赡养纠纷
(1)赡养费纠纷
(2)变更赡养关系纠纷
23. 收养关系纠纷
(1)确认收养关系纠纷
(2)解除收养关系纠纷
24. 分家析产纠纷

三、继承纠纷

25. 法定继承纠纷
(1)转继承纠纷
(2)代位继承纠纷
26. 遗嘱继承纠纷
27. 被继承人债务清偿纠纷
28. 遗赠纠纷
29. 遗赠扶养协议纠纷

第三部分　物权纠纷

四、不动产登记纠纷

30. 异议登记不当损害赔偿纠纷
31. 虚假登记损害赔偿纠纷

五、物权保护纠纷

32. 物权确认纠纷
(1)所有权确认纠纷
(2)用益物权确认纠纷
(3)担保物权确认纠纷
33. 返还原物纠纷
34. 排除妨害纠纷
35. 消除危险纠纷
36. 修理、重作、更换纠纷
37. 恢复原状纠纷
38. 财产损害赔偿纠纷

六、所有权纠纷

39. 侵犯集体经济组织成员权益纠纷
40. 建筑物区分所有权纠纷
(1)业主专有权纠纷
(2)业主共有权纠纷
(3)车位、车库纠纷
41. 业主撤销权纠纷
42. 遗失物返还纠纷
43. 漂流物返还纠纷
44. 埋藏物返还纠纷
45. 隐藏物返还纠纷
46. 相邻关系纠纷
(1)相邻用水、排水纠纷
(2)相邻通行纠纷
(3)相邻土地、建筑物利用关系纠纷
(4)相邻通风、采光和日照纠纷
(5)相邻污染侵害纠纷
(6)相邻损害防免关系纠纷
47. 共有纠纷
(1)按份共有纠纷
(2)共同共有纠纷

七、用益物权纠纷

48. 海域使用权纠纷
49. 探矿权纠纷
50. 采矿权纠纷
51. 取水权纠纷
52. 养殖权纠纷
53. 捕捞权纠纷
54. 土地承包经营权纠纷
(1)土地承包经营权确认纠纷
(2)承包地征收补偿费用分配纠纷
55. 建设用地使用权纠纷
56. 宅基地使用权纠纷
57. 地役权纠纷

八、担保物权纠纷

58. 抵押权纠纷
(1)建筑物和其他土地附着物抵押权纠纷
(2)在建建筑物抵押权纠纷
(3)建设用地使用权抵押权纠纷
(4)土地承包经营权抵押权纠纷
(5)动产抵押权纠纷
(6)在建船舶、航空器抵押权纠纷
(7)动产浮动抵押权纠纷
(8)最高额抵押权纠纷

59. 质权纠纷
(1)动产质权纠纷
(2)转质权纠纷
(3)最高额质权纠纷
(4)票据质权纠纷
(5)债券质权纠纷
(6)存单质权纠纷
(7)仓单质权纠纷
(8)提单质权纠纷
(9)股权质权纠纷
(10)基金份额质权纠纷
(11)知识产权质权纠纷
(12)应收账款质权纠纷
60. 留置权纠纷

九、占有保护纠纷

61. 占有物返还纠纷
62. 占有排除妨害纠纷
63. 占有消除危险纠纷
64. 占有物损害赔偿纠纷

第四部分 债权纠纷

十、合同纠纷

65. 债权人代位权纠纷
66. 债权人撤销权纠纷
67. 债权转让合同纠纷
68. 债务转移合同纠纷
69. 债权债务概括转移合同纠纷
70. 悬赏广告纠纷
71. 买卖合同纠纷
(1)分期付款买卖合同纠纷
(2)凭样品买卖合同纠纷
(3)试用买卖合同纠纷
(4)互易纠纷
(5)国际货物买卖合同纠纷
(6)房屋买卖合同纠纷
72. 招标投标买卖合同纠纷
73. 拍卖合同纠纷
74. 房地产开发经营合同纠纷
(1)商品房预售合同纠纷
(2)商品房销售合同纠纷
(3)商品房委托代理销售合同纠纷
(4)委托代建合同纠纷
(5)建设用地使用权出让合同纠纷
(6)土地租赁合同纠纷
(7)临时用地合同纠纷
(8)合资、合作开发房地产合同纠纷
(9)项目转让合同纠纷
(10)房屋拆迁安置补偿合同纠纷
75. 供用电、水、气、热力合同纠纷
76. 赠与合同纠纷
(1)公益事业捐赠合同纠纷
(2)附义务赠与合同纠纷
77. 借款合同纠纷
(1)金融借款合同纠纷
(2)同业拆借纠纷
(3)企业借贷纠纷
(4)民间借贷纠纷
78. 保证合同纠纷
79. 抵押合同纠纷
80. 质押合同纠纷
81. 定金合同纠纷
82. 担保追偿权纠纷
83. 储蓄存款合同纠纷
84. 信用卡纠纷
85. 补偿贸易纠纷
86. 租赁合同纠纷
(1)房屋租赁合同纠纷
(2)承租人优先购买权纠纷
87. 融资租赁合同纠纷
88. 承揽合同纠纷
89. 建设工程合同纠纷
(1)建设工程勘察合同纠纷
(2)建设工程设计合同纠纷
(3)建设工程施工合同纠纷
(4)建设工程分包合同纠纷
(5)建设工程监理合同纠纷
(6)装饰装修合同纠纷
90. 运输合同纠纷
(1)公路旅客运输合同纠纷
(2)城市公交运输合同纠纷
(3)出租汽车运输合同纠纷
(4)水路旅客运输合同纠纷
(5)航空旅客运输合同纠纷
(6)公路货物运输合同纠纷

(7)水路货物运输合同纠纷
(8)航空货物运输合同纠纷
(9)管道运输合同纠纷
(10)联合运输合同纠纷
(11)多式联运合同纠纷
91. 保管合同纠纷
92. 仓储合同纠纷
93. 委托合同纠纷
(1)诉讼、仲裁、人民调解代理合同纠纷
(2)进出口代理合同纠纷
(3)民用航空运输销售代理合同纠纷
(4)货运代理合同纠纷
(5)委托理财合同纠纷
94. 行纪合同纠纷
95. 居间合同纠纷
96. 借用合同纠纷
97. 典当纠纷
98. 保险合同纠纷
(1)财产保险合同纠纷
(2)人身保险合同纠纷
(3)机动车交通事故责任强制保险合同纠纷
(4)保证保险合同纠纷
(5)再保险合同纠纷
(6)保险代位求偿权纠纷
(7)保险经纪合同纠纷
99. 合伙协议纠纷
100. 种植、养殖回收合同纠纷
101. 彩票、奖券纠纷
102. 中外合作勘探开发自然资源合同纠纷
103. 农业承包合同纠纷
104. 林业承包合同纠纷
105. 渔业承包合同纠纷
106. 牧业承包合同纠纷
107. 农村土地承包合同纠纷
(1)土地承包经营权转包合同纠纷
(2)土地承包经营权转让合同纠纷
(3)土地承包经营权互换合同纠纷
(4)土地承包经营权入股合同纠纷
(5)土地承包经营权抵押合同纠纷
108. 服务合同纠纷
(1)电信服务合同纠纷
(2)邮寄服务合同纠纷
(3)医疗服务合同纠纷
(4)法律服务合同纠纷
(5)旅游合同纠纷
(6)房地产咨询纠纷
(7)房地产价格评估纠纷
(8)旅店服务合同纠纷
(9)财会服务合同纠纷
(10)餐饮服务合同纠纷
(11)娱乐服务合同纠纷
(12)有线电视服务合同纠纷
(13)网络服务合同纠纷
(14)教育培训合同纠纷
(15)物业服务合同纠纷
109. 演出合同纠纷
110. 劳务(雇佣)合同纠纷
111. 展览合同纠纷
112. 人民调解协议纠纷
(1)请求履行人民调解协议纠纷
(2)请求变更人民调解协议纠纷
(3)请求撤销人民调解协议纠纷
(4)请求确认人民调解协议无效纠纷

十一、特殊类型的侵权纠纷

113. 产品质量损害赔偿纠纷
114. 高度危险作业损害赔偿纠纷
115. 环境污染侵权纠纷
(1)大气污染侵权纠纷
(2)水污染侵权纠纷
(3)噪声污染侵权纠纷
(4)放射性污染侵权纠纷
116. 地面、公共场所施工损害赔偿纠纷
117. 建筑物、搁置物、悬挂物塌落损害赔偿纠纷
118. 饲养动物致人损害赔偿纠纷
119. 国家机关及其工作人员职务侵权纠纷
120. 雇员受害赔偿纠纷
121. 雇主损害赔偿纠纷
122. 驻香港、澳门特别行政区军人执行职务侵权纠纷
123. 防卫过当损害赔偿纠纷
124. 紧急避险损害赔偿纠纷
125. 公证损害赔偿纠纷
126. 义务帮工人受害赔偿、补偿纠纷

127. 见义勇为人受害赔偿、补偿纠纷

十二、不当得利纠纷

128. 不当得利纠纷

十三、无因管理纠纷

129. 无因管理纠纷

第五部分 知识产权纠纷

十四、知识产权合同纠纷

130. 著作权合同纠纷

(1)委托创作合同纠纷

(2)合作创作合同纠纷

(3)著作权转让合同纠纷

(4)著作权许可使用合同纠纷

(5)邻接权转让合同纠纷

(6)邻接权许可使用合同纠纷

(7)计算机软件开发合同纠纷

(8)计算机软件著作权转让合同纠纷

(9)计算机软件著作权许可使用合同纠纷

131. 商标合同纠纷

(1)商标权转让合同纠纷

(2)商标使用许可合同纠纷

(3)商标代理合同纠纷

132. 专利合同纠纷

(1)专利申请权转让合同纠纷

(2)专利权转让合同纠纷

(3)发明专利实施许可合同纠纷

(4)实用新型专利实施许可合同纠纷

(5)外观设计专利实施许可合同纠纷

(6)专利代理合同纠纷

133. 植物新品种合同纠纷

(1)植物新品种育种合同纠纷

(2)植物新品种申请权转让合同纠纷

(3)植物新品种权转让合同纠纷

(4)植物新品种实施许可合同纠纷

134. 集成电路布图设计合同纠纷

(1)集成电路布图设计创作合同纠纷

(2)集成电路布图设计专有权转让合同纠纷

(3)集成电路布图设计许可使用合同纠纷

135. 商业秘密合同纠纷

(1)技术秘密让与合同纠纷

(2)技术秘密许可使用合同纠纷

(3)经营秘密让与合同纠纷

(4)经营秘密许可使用合同纠纷

136. 技术合同纠纷

(1)技术委托开发合同纠纷

(2)技术合作开发合同纠纷

(3)技术转化合同纠纷

(4)技术转让合同纠纷

(5)技术咨询合同纠纷

(6)技术服务合同纠纷

(7)技术培训合同纠纷

(8)技术中介合同纠纷

(9)技术进口合同纠纷

(10)技术出口合同纠纷

(11)职务技术成果完成人奖励、报酬纠纷

(12)技术成果完成人署名权、荣誉权、奖励权纠纷

137. 特许经营合同纠纷

138. 企业名称(商号)合同纠纷

(1)企业名称(商号)转让合同纠纷

(2)企业名称(商号)使用合同纠纷

139. 特殊标志合同纠纷

140. 计算机网络域名合同纠纷

(1)计算机网络域名注册合同纠纷

(2)计算机网络域名转让合同纠纷

(3)计算机网络域名许可使用合同纠纷

十五、知识产权权属、侵权纠纷

141. 著作权权属、侵权纠纷

(1)著作权权属纠纷

(2)侵犯著作人身权纠纷

(3)侵犯著作财产权纠纷

(4)邻接权权属纠纷

(5)侵犯出版者权纠纷

(6)侵犯表演者权纠纷

(7)侵犯录音录像制作者权纠纷

(8)侵犯广播组织权纠纷

(9)计算机软件著作权权属纠纷

(10)侵犯计算机软件著作权纠纷

142. 商标权权属、侵权纠纷

(1)商标专用权权属纠纷

(2)侵犯商标专用权纠纷

143. 专利权权属、侵权纠纷

(1)专利申请权权属纠纷

(2)专利权权属纠纷

(3)侵犯发明专利权纠纷
(4)侵犯实用新型专利权纠纷
(5)侵犯外观设计专利权纠纷
(6)假冒他人专利纠纷
(7)发明专利临时保护期使用费纠纷
(8)职务发明创造发明人、设计人奖励、报酬纠纷
(9)发明创造发明人、设计人署名权纠纷
144. 植物新品种权权属、侵权纠纷
(1)植物新品种申请权权属纠纷
(2)植物新品种权权属纠纷
(3)侵犯植物新品种权纠纷
145. 集成电路布图设计专有权权属、侵权纠纷
(1)集成电路布图设计专有权权属纠纷
(2)侵犯集成电路布图设计专有权纠纷
146. 侵犯企业名称(商号)权纠纷
147. 侵犯特殊标志专有权纠纷
(1)侵犯奥林匹克标志专有权纠纷
(2)侵犯世界博览会标志专有权纠纷
148. 计算机网络域名权属、侵权纠纷
(1)计算机网络域名权属纠纷
(2)侵犯计算机网络域名纠纷
149. 发现权纠纷
150. 发明权纠纷
151. 其他科技成果权纠纷
152. 确认不侵权纠纷
(1)确认不侵犯专利权纠纷
(2)确认不侵犯注册商标专用权纠纷
(3)确认不侵犯著作权纠纷
153. 因申请临时措施损害赔偿纠纷

十六、不正当竞争、垄断纠纷

154. 仿冒纠纷
(1)擅自使用知名商品特有名称、包装、装潢纠纷
(2)擅自使用他人企业名称、姓名纠纷
(3)伪造、冒用产品质量标志纠纷
(4)伪造产地纠纷
155. 虚假宣传纠纷
156. 侵犯商业秘密纠纷
(1)侵犯技术秘密纠纷
(2)侵犯经营秘密纠纷
(3)侵犯商业秘密竞业限制纠纷
157. 倾销纠纷
158. 搭售、附加不合理条件销售纠纷
159. 有奖销售纠纷
160. 商业诋毁纠纷
161. 串通投标纠纷
162. 垄断纠纷

第六部分　劳动争议、人事争议

十七、劳动争议

163. 劳动合同纠纷
(1)确认劳动关系纠纷
(2)集体劳动合同纠纷
(3)劳务派遣合同纠纷
(4)非全日制用工纠纷
(5)追索劳动报酬纠纷
(6)经济补偿金纠纷
164. 社会保险纠纷
(1)养老金纠纷
(2)工伤保险待遇纠纷
(3)医疗费、医疗保险待遇纠纷
(4)生育保险待遇纠纷
(5)失业保险待遇纠纷
165. 福利待遇纠纷

十八、人事争议

166. 人事争议
(1)辞职争议
(2)辞退争议
(3)聘任、聘用合同争议

第七部分　海事海商纠纷

十九、海事海商纠纷

167. 船舶碰撞损害赔偿纠纷
168. 船舶触碰损害赔偿纠纷
169. 船舶损坏(空中或水下设施)损害赔偿纠纷
170. 船舶污染损害赔偿纠纷
171. 海上、通海水域污染损害赔偿纠纷
172. 养殖损害赔偿纠纷
173. 海上财产损害赔偿纠纷
174. 海上人身损害赔偿纠纷
175. 非法留置船舶、船载货物和船用燃油、

船用物料损害赔偿纠纷

176. 海上、通海水域货物运输合同纠纷

177. 多式联运合同纠纷(由海事法院受理的)

178. 海上、通海水域旅客和行李运输合同纠纷

179. 船舶经营管理合同纠纷

180. 船舶买卖(建造、修理、改建和拆解)合同纠纷

181. 船舶抵押合同纠纷

182. 航次租船合同纠纷

183. 船舶租用合同纠纷

(1)定期租船合同纠纷

(2)光船租赁(租购)合同纠纷

184. 船舶融资租赁合同纠纷

185. 沿海、通海水域运输船舶承包合同纠纷

186. 渔船承包合同纠纷

187. 船舶属具和海运集装箱租赁、保管合同纠纷

188. 港口货物保管合同纠纷

189. 船舶代理合同纠纷

190. 货运代理合同纠纷

191. 理货合同纠纷

192. 船舶物料、备品供应合同纠纷

193. 船员劳务合同纠纷

194. 海难救助、海上打捞合同纠纷

195. 拖航合同纠纷

196. 海上保险、保赔合同纠纷

197. 海上、通海水域运输联营合同纠纷

198. 与船舶营运有关的借款合同纠纷

199. 海事担保合同纠纷

200. 航道、港口疏浚合同纠纷

201. 船坞建造合同纠纷

202. 码头建造合同纠纷

203. 船舶检验合同纠纷

204. 海事请求担保纠纷

205. 海上、通海水域运输重大责任事故赔偿纠纷

206. 港口作业重大责任事故赔偿纠纷

207. 港口作业纠纷

208. 共同海损纠纷

209. 海洋开发利用纠纷

210. 船舶共有纠纷

211. 船舶权属纠纷

212. 海运欺诈纠纷

第八部分 与铁路运输有关的民事纠纷

二十、与铁路运输有关的民事纠纷

213. 铁路货物运输合同纠纷

214. 铁路旅客、行李、包裹运输合同纠纷

215. 多式联运合同纠纷(由铁路法院受理的)

216. 国际铁路联运合同纠纷

217. 铁路货物、旅客、行李、包裹运输保险合同纠纷

218. 铁路运输延伸服务合同纠纷

219. 铁路修建、管理和运输合同纠纷

220. 铁路委外劳务合同纠纷

221. 损害铁路赔偿纠纷

222. 铁路运输人身、财产损害赔偿纠纷

223. 铁路电信服务合同纠纷

224. 铁路机车、车辆建造合同纠纷

第九部分 与公司、证券、票据等有关的民事纠纷

二十一、与企业有关的纠纷

225. 企业出资人权益确认纠纷

226. 侵害企业出资人权益纠纷

227. 企业公司制改造合同纠纷

228. 企业股份合作制改造合同纠纷

229. 企业债权转股权纠纷

230. 企业分立纠纷

231. 企业租赁经营合同纠纷

232. 企业出售合同纠纷

233. 挂靠经营合同纠纷

234. 企业兼并纠纷

235. 联营合同纠纷

236. 中外合资经营企业合同纠纷

237. 中外合资经营企业承包经营合同纠纷

238. 中外合作经营企业合同纠纷

239. 中外合作经营企业承包经营合同纠纷

240. 外商独资企业承包经营合同纠纷

二十二、与公司有关的纠纷

241. 股权确认纠纷

242. 股东名册变更纠纷
243. 股东出资纠纷
244. 公司章程或章程条款撤销纠纷
245. 公司盈余分配纠纷
246. 股东知情权纠纷
247. 股份收购请求权纠纷
248. 股权转让纠纷
249. 股东会或者股东大会、董事会决议效力纠纷
(1)股东会或者股东大会、董事会决议效力确认纠纷
(2)股东会或者股东大会、董事会决议撤销纠纷
250. 发起人责任纠纷
251. 股东滥用股东权利赔偿纠纷
252. 股东滥用公司法人独立地位和股东有限责任赔偿纠纷
253. 董事、高级管理人员损害股东利益赔偿纠纷
254. 公司的控股股东、实际控制人、董事、监事、高级管理人员损害公司利益赔偿纠纷
255. 清算组成员责任纠纷
256. 公司合并纠纷
257. 公司分立纠纷
258. 公司减资纠纷
259. 公司增资纠纷
260. 公司解散纠纷
261. 公司清算纠纷
262. 上市公司收购纠纷

二十三、与合伙企业有关的纠纷

263. 普通合伙纠纷
264. 特殊的普通合伙纠纷
265. 有限合伙纠纷

二十四、与破产有关的纠纷

266. 申请破产清算
267. 申请破产重整
268. 申请破产和解
269. 职工权益清单更正纠纷
270. 破产债权确认纠纷
271. 取回权纠纷
272. 抵销权纠纷
273. 别除权纠纷
274. 破产撤销权纠纷

二十五、证券纠纷

275. 证券交易合同纠纷
(1)股票交易纠纷
(2)公司债券交易纠纷
(3)国债交易纠纷
(4)证券衍生品种交易纠纷
(5)证券投资基金交易纠纷
276. 证券承销合同纠纷
(1)证券代销合同纠纷
(2)证券包销合同纠纷
277. 证券投资咨询纠纷
278. 证券资信评级服务合同纠纷
279. 证券回购合同纠纷
280. 证券上市合同纠纷
281. 证券交易代理合同纠纷
282. 证券上市保荐合同纠纷
283. 证券发行纠纷
(1)证券认购纠纷
(2)证券发行失败纠纷
284. 证券返还纠纷
285. 证券欺诈赔偿纠纷
(1)证券内幕交易赔偿纠纷
(2)操纵证券交易市场赔偿纠纷
(3)证券虚假陈述赔偿纠纷
(4)欺诈客户赔偿纠纷
286. 证券托管纠纷
287. 证券登记、存管、结算纠纷
288. 融资融券交易纠纷
289. 客户交易结算资金纠纷

二十六、期货交易纠纷

290. 期货经纪合同纠纷
291. 期货透支交易纠纷
292. 期货强行平仓纠纷
293. 期货实物交割纠纷
294. 期货保证合约纠纷
295. 期货交易代理合同纠纷
296. 侵占期货交易保证金纠纷
297. 期货欺诈赔偿纠纷
298. 操纵期货交易市场赔偿纠纷
299. 期货内幕交易赔偿纠纷
300. 期货虚假信息赔偿纠纷

二十七、信托纠纷

301. 民事信托纠纷
302. 营业信托纠纷
303. 公益信托纠纷

二十八、票据纠纷

304. 票据付款请求权纠纷
305. 票据追索权纠纷
306. 票据交付请求权纠纷
307. 票据返还请求权纠纷
308. 票据损害赔偿纠纷
309. 票据利益返还请求权纠纷
310. 汇票回单签发请求权纠纷
311. 票据保证纠纷
312. 确认票据无效纠纷
313. 票据代理纠纷
314. 票据回购纠纷

二十九、信用证纠纷

315. 委托开立信用证纠纷
316. 信用证开证纠纷
317. 信用证议付纠纷
318. 信用证欺诈纠纷
319. 信用证融资纠纷
320. 信用证转让纠纷

第十部分　适用特殊程序案件案由

三十、适用特殊程序案件案由

321. 申请确定选民资格
322. 申请宣告公民无民事行为能力
323. 申请宣告公民限制民事行为能力
324. 申请宣告公民恢复限制民事行为能力
325. 申请宣告公民恢复完全民事行为能力
326. 申请确定监护人
327. 申请撤销监护人资格
328. 申请宣告公民失踪
329. 申请撤销宣告失踪
330. 申请为失踪人财产指定、变更代管人
331. 失踪人债务支付纠纷
332. 申请宣告公民死亡
333. 申请撤销宣告公民死亡
334. 被撤销死亡宣告人请求返还财产纠纷
335. 申请认定财产无主
336. 申请撤销认定财产无主
337. 申请支付令
338. 申请公示催告
339. 申请诉前停止侵权

(1)申请诉前停止侵犯专利权
(2)申请诉前停止侵犯注册商标专用权
(3)申请诉前停止侵犯著作权

340. 申请诉前财产保全
341. 申请诉前证据保全
342. 申请确认仲裁协议效力
343. 仲裁程序中的财产保全
344. 申请撤销仲裁裁决
345. 申请中止支付信用证项下款项
346. 申请海事请求保全

(1)申请扣押船舶
(2)申请拍卖扣押船舶
(3)申请扣押船载货物
(4)申请拍卖扣押船载货物
(5)申请扣押船用燃油及船用物料
(6)申请拍卖扣押船用燃油及船用物料

347. 申请海事支付令
348. 申请海事强制令
349. 申请海事证据保全
350. 申请设立海事赔偿责任限制基金
351. 申请船舶优先权催告
352. 申请海事债权确权
353. 申请海事债权登记与受偿
354. 申请承认和执行外国法院民事判决
355. 申请承认和执行外国仲裁裁决
356. 申请认可和执行香港特别行政区法院民事判决
357. 申请认可和执行香港特别行政区仲裁裁决
358. 申请认可和执行澳门特别行政区法院民事判决
359. 申请认可和执行澳门特别行政区仲裁裁决
360. 申请认可和执行台湾地区法院民事判决
361. 申请认可和执行台湾地区仲裁裁决

最高人民法院关于修改《民事案件案由规定》的决定

（2011 年 2 月 18 日　法〔2011〕41 号）

根据《中华人民共和国民法通则》、《中华人民共和国物权法》、《中华人民共和国合同法》、《中华人民共和国侵权责任法》和《中华人民共和国民事诉讼法》等法律规定，结合人民法院民事审判工作实际情况，对 2008 年 2 月 4 日制发的《民事案件案由规定》作如下修改：

一、修改第一级案由 5 **个：**

1. 增加“第九部分 侵权责任纠纷”。

2. 删去“第八部分 与铁路运输有关的民事纠纷”。

3. 变更“第四部分 债权纠纷”为“第四部分 合同、无因管理、不当得利纠纷”。

4. 变更“第五部分 知识产权纠纷”为“第五部分 知识产权与竞争纠纷”。

5. 变更“第九部分 与公司、证券、票据等有关的民事纠纷”为“第八部分 与公司、证券、保险、票据等有关的民事纠纷”。

二、修改第二级案由 20 **个：**

6. 增加“二十七、保险纠纷”。

7. 增加 “三十、侵权责任纠纷”。

8. 增加“四十三、执行异议之诉”。

9. 删去“十一、特殊类型的侵权纠纷”。

10. 删去“二十、与铁路运输有关的民事纠纷”。

11. 变更“二十一、与合伙企业有关的纠纷”为“二十二、合伙企业纠纷”。

12. 拆分“十六、不正当竞争、垄断纠纷”为“十五、不正当竞争纠纷”、“ 十六、垄断纠纷”。

13. 拆分“三十、适用特殊程序案件”案由为“三十一、选民资格案件”、“三十二、宣告失踪、宣告死亡案件”、“三十三、认定公民无民事行为能力、限制民事行为能力案件”、“三十四、认定财产无主案件”、“三十五、监护权特别程序案件”、“三十六、督促程序案件”、“ 三十七、公示催告程序案件”、“三十八、申请诉前停止侵害知识产权案件”、“三十九、申请保全案件”、“四十、仲裁程序案件”、“四十一、海事诉讼特别程序案件”、“四十二、申请承认与执行法院判决、仲裁裁决案件”案由。

三、修改第三级案由 113 **个：**

14. 在第二级案由“二、婚姻家庭纠纷”项下变更“14. 同居关系析产、子女抚养纠纷”为“17. 同居关系纠纷”。

15. 在第二级案由“六、所有权纠纷”项下增加“42. 业主知情权纠纷”。

16. 在第二级案由“十、合同纠纷”项下增加“66. 缔约过失责任纠纷”、“67. 确认合同效力纠纷”、“77. 建设用地使用权合同纠纷”、“78. 临时用地合同纠纷”、“79. 探矿权转让合同纠纷”、“ 80. 采矿权转让合同纠纷”、“94. 进出口押汇纠纷”、“96. 银行卡纠纷”、“123. 离退休人员返聘合同纠纷”、“124. 广告合同纠纷”、“126. 追偿权纠纷”、“141. 知识产权质押合同纠纷”，变更“84. 信用卡纠纷”为第三级案由“96. 银行卡纠纷”项下的第四级案由“(2)信用卡纠纷”，拆分“75. 供用电、水、气、热力合同纠纷”为“84. 供用电合同纠纷”、“85. 供用水合同纠纷”、“86. 供用气合同纠纷”、“87. 供用热力合同纠纷”，删去“112. 人民调解协议纠纷”，增加“127. 请求确认人民调解协议效力”。

17. 在第二级案由“十四、知识产权合同纠纷”项下变更“140. 计算机网络域名合同纠纷”为“140. 网络域名合同纠纷”。

18. 在第二级案由“十五、知识产权权属、侵权纠纷”项下增加“153. 确认不侵害知识产权纠纷”、“154. 因申请知识产权临时措施损害责任纠纷”、“155. 因恶意提起知识产权诉讼损害责任纠纷”、“156. 专利权宣告无效后返还费用纠纷”。

19. 在第二级案由“十六、不正当竞争、垄断纠纷”项下增加“158. 商业贿赂不正当竞争纠纷”、“166. 垄断协议纠纷”、“167. 滥用市场支配地位纠纷”、“168. 经营者集中纠纷”，变更“157. 倾销纠纷”为“161. 低价倾销不正当竞争纠纷”，变更“158. 搭售、附加不合理条件销售纠纷”为“162. 捆绑销售不正当竞争纠纷”，变更“161. 串通投标纠纷”为“165. 串通投标不正当竞争纠纷”。

20. 在第二级案由“十九、海事海商纠纷”项下增加“227. 海事债权确权纠纷”，变更“172. 养殖损害赔偿纠纷”为“178. 海上、通海水域养殖损害责任纠纷”，删去“177. 多式联运合同纠纷（由海事法院受理的）”，变更“186. 渔船承包合同纠纷”为“195. 海上、通海水域运输船舶承包合同纠纷”，拆分“180. 船舶买卖（建造、修理、改建和拆解）合同纠纷”为“186. 船舶买卖合同纠纷”、“187. 船舶建造合同纠纷”、“188. 船舶修理合同纠纷”、“189. 船舶改建合同纠纷”、“190. 船舶拆解合同纠纷”，拆分“187. 船舶属具和海运集装箱租赁、保管合同纠纷”为“197. 船舶属具租赁合同纠纷”、“198. 船舶属具保管合同纠纷”、“199. 海运集装箱租赁合同纠纷”、“200. 海运集装箱保管合同纠纷”，拆分“194. 海难救助、海上打捞合同纠纷”为“207. 海难救助合同纠纷”、“208. 海上、通海水域打捞合同纠纷”，变更“198. 与船舶营运有关的借款合同纠纷”为“213. 船舶营运借款合同纠纷”。

21. 在第二级案由“二十一、与企业有关的纠纷”项下增加“239. 企业承包经营合同纠纷”。

22. 在第二级案由“二十二、与公司有关的纠纷”项下增加“243. 股东名册记载纠纷”、“244. 请求变更公司登记纠纷”、“246. 新增资本认购纠纷”、“248. 请求公司收购股份纠纷”、“250. 公司决议纠纷”、“251. 公司设立纠纷”、“252. 公司证照返还纠纷”、“255. 损害股东利益责任纠纷”、“256. 损害公司利益责任纠纷”、“257. 股东损害公司债权人利益责任纠纷”、“258. 公司关联交易损害责任纠纷”、“264. 申请公司清算”、“265. 清算责任纠纷”，变更“241. 股权确认纠纷”为“242. 股东资格确认纠纷”，删去“244. 公司章程或章程条款撤销纠纷”。

23. 在第二级案由“二十三、与合伙企业有关的纠纷”项下增加“267. 入伙纠纷”、“268. 退伙纠纷”、“269. 合伙企业财产份额转让纠纷”，删去“263. 普通合伙纠纷”、“264. 特殊的普通合伙纠纷”、“265. 有限合伙纠纷”。

24. 在第二级案由“二十四、与破产有关的纠纷”项下增加“273. 请求撤销个别清偿行为纠纷”、“274. 请求确认债务人行为无效纠纷”、“275. 对外追收债权纠纷”、“276. 追收未缴出资纠纷”、“277. 追收抽逃出资纠纷”、“278. 追收非正常收入纠纷”、“284. 损害债务人利益赔偿纠纷”、“285. 管理人责任纠纷”，删去“269. 职工权益清单更正纠纷”，变更“272. 抵销权纠纷”为“281. 破产抵销权纠纷”。

25. 在第二级案由“二十五、证券纠纷”项下增加“286. 证券权利确认纠纷”、“288. 金融衍生品种交易纠纷”。

26. 在第二级案由“二十七、保险纠纷”项下增加“317. 保险代理合同纠纷”、“322. 进出口信用保险合同纠纷”、“323. 保险费纠纷”。

27. 在第二级案由“三十、侵权责任纠纷”项下增加“341. 监护人责任纠纷”、“342. 用人单位责任纠纷”、“343. 劳务派遣工作人员侵权责任纠纷”、“344. 提供劳务者致害责任纠纷”、“345. 提供劳务者受害责任纠纷”、“346. 网络侵权责任纠纷”、“347. 违反安全保障义务责任纠纷”、“348. 教育机构责任纠纷”、“349. 产品责任纠纷”、“350. 机动车交通事故责任纠纷”、“351. 医疗损害责任纠纷”、“352. 环境污染责任纠纷”、“353. 高度危险责任纠纷”、“354. 饲养动物损害责任纠纷”、“355. 物件损害责任纠纷”、“363. 铁路运输损害责任纠纷”、“366. 因申请诉前财产保全损害责任纠纷”、“367. 因申请诉前证据保全损害责任纠纷”、“368. 因申请诉中财产保全损害责任纠纷”、“369. 因申请诉中证据保全损害责任纠纷”、“370. 因申请先予执行损害责任纠纷”。

28. 在第二级案由“四十二、申请承认与执行法院判决、仲裁裁决案件”项下增加“411. 申请执行海事仲裁裁决”、“ 412. 申请执行知识产权仲裁裁决”、“413. 申请执行涉外仲裁裁决”。

29. 在第二级案由“四十三、执行异议之诉”项下增加“422. 案外人执行异议之诉”、“423. 申请执行人执行异议之诉”、“424. 执行分配方案异议之诉”。

四、修改第四级案由 154 个：

30. 在第三级案由“17. 同居关系纠纷”项下增加“（1）同居关系析产纠纷”、“（2）同居关系子女抚养纠纷”。

31. 在第三级案由“47. 共有纠纷”项下增加“（1）共有权确认纠纷”、“（2）共有物分割纠纷”、“(3)共有人优先购买权纠纷”。

32. 在第三级案由“54. 土地承包经营权纠纷”项下增加“(3)土地承包经营权继承纠纷”。

33. 在第三级案由“67. 确认合同效力纠纷”项下增加“(1)确认合同有效纠纷”、“(2)确认合同无效纠纷”。

34. 在第三级案由“71. 买卖合同纠纷”项下增加“(6)网络购物合同纠纷”、“(7)电视购物合同纠纷”。

35. 变更第三级案由“71. 买卖合同纠纷”项下的第四级案由“(6)房屋买卖合同纠纷”为第三级案由“82. 房屋买卖合同纠纷”,并在其项下增加“(1)商品房预约合同纠纷”、“(5)经济适用房转让合同纠纷”、“(6)农村房屋买卖合同纠纷”。

36. 变更第三级案由“74. 房地产开发经营合同纠纷”项下的第四级案由“(10)房屋拆迁安置补偿合同纠纷”为第三级案由“83. 房屋拆迁安置补偿合同纠纷”。

37. 在新增加的第三级案由“77. 建设用地使用权合同纠纷”项下增加“(2)建设用地使用权转让合同纠纷”。

38. 在第三级案由“77. 借款合同纠纷”项下增加“(5)小额借款合同纠纷”、“(6)金融不良债权转让合同纠纷”、“(7)金融不良债权追偿纠纷”。

39. 在第三级案由“86. 租赁合同纠纷”项下增加“(1)土地租赁合同纠纷”、“(2)房屋租赁合同纠纷”、“(3)车辆租赁合同纠纷”、“(4)建筑设备租赁合同纠纷”。

40. 在第三级案由“88. 承揽合同纠纷”项下增加“(1)加工合同纠纷”、“(2)定作合同纠纷”、“(3)修理合同纠纷”、“(4)复制合同纠纷”、“(5)测试合同纠纷”、“(6)检验合同纠纷”、“(7)铁路机车、车辆建造合同纠纷”。

41. 在第三级案由“89. 建设工程合同纠纷”项下增加“(4)建设工程价款优先受偿权纠纷”、“(8)铁路修建合同纠纷”、“(9)农村建房施工合同纠纷”。

42. 在第三级案由“90. 运输合同纠纷”项下增加“(12)铁路货物运输合同纠纷”、“(13)铁路旅客运输合同纠纷”、“(14)铁路行李运输合同纠纷”、“(15)铁路包裹运输合同纠纷”、“(16)国际铁路联运合同纠纷”。

43. 变更第三级案由“93. 委托合同纠纷”项下的第四级案由“(5)委托理财合同纠纷”为第三级案由“105. 委托理财合同纠纷”,并在其项下增加“(1)金融委托理财合同纠纷”、“(2)民间委托理财合同纠纷”。

44. 在第三级案由“96. 银行卡纠纷”项下增加“(2)借记卡纠纷”。

45. 变更第三级案由“98. 保险合同纠纷”项下的第四级案由“(1)财产保险合同纠纷”为第三级案由“317. 财产保险合同纠纷”,并在其项下增加“(1)财产损失保险合同纠纷”、“(2)责任保险合同纠纷”、“(3)信用保险合同纠纷”、“(4)保证保险合同纠纷”、“(5)保险人代位求偿权纠纷”。

46. 变更第三级案由“98. 保险合同纠纷”项下的第四级案由“(2)人身保险合同纠纷”为第三级案由“318. 人身保险合同纠纷”,并在其项下增加“(1)人寿保险合同纠纷”、“(2)意外伤害保险合同纠纷”、“(3)健康保险合同纠纷”。

47. 变更第三级案由“98. 保险合同纠纷”项下的第四级案由“(5)再保险合同纠纷”为第三级案由“319. 再保险合同纠纷”,变更其项下的第四级案由“98(7)保险经纪合同纠纷”为第三级案由“320. 保险经纪合同纠纷”。

48. 在第三级案由“107. 农村土地承包合同纠纷”项下增加“(6)土地承包经营权出租合同纠纷”。

49. 在第三级案由“108. 服务合同纠纷”项下增加“(16)家政服务合同纠纷”、“(17)庆典服务合同纠纷”、“(18)殡葬服务合同纠纷”、“(19)农业技术服务合同纠纷”、“(20)农机作业服务合同纠纷”、“(21)保安服务合同纠纷”、“(22)银行结算合同纠纷”。

50. 在第三级案由“112. 人民调解协议纠纷”项下删去“(1)请求履行人民调解协议纠纷”、“(2)请求变更人民调解协议纠纷”、“(3)请求撤销人民调解协议纠纷”、“(4)请求确认人民调解协议无效纠纷”。

51. 在第三级案由“130. 著作权合同纠纷”项下增加“(5)出版合同纠纷”、“(6)表演合同纠纷”、“(7)音像制品制作合同纠纷”、“(8)广播电视播放合同纠纷”。

52. 在第三级案由“140. 网络域名合同纠纷”项下增加“(1)网络域名注册合同纠纷”、“(2)网络域名转让合同纠纷”、“(3)网络域名许可使用合同纠纷”。

53. 在第三级案由“141. 著作权权属、侵权纠纷”项下增加“(3)侵害作品署名权纠纷”、“(4)侵害作品修改权纠纷”、“(5)侵害保护作品完整权纠纷”、“(6)侵害作品复制权纠纷”、“(7)侵害作品发行权纠纷”、“(8)侵害作品出租权纠纷”、“(9)侵害作品展览权纠纷”、“(10)侵害作品表演权纠纷”、“(11)侵害作品放映权纠纷”、“(12)侵害作品广播权纠纷”、“(13)侵害作品信息网络传播权纠纷”、“(14)侵害作品摄制权纠纷”、“(15)侵害作品改编权纠纷”、“(16)侵害作品翻译权纠纷”、“(17)侵害作品汇编权纠纷”、“(18)侵害其他著作财产权纠纷”、“(19)出版者权权属纠纷”、“(20)表演者权权属纠纷”、“(21)录音录像制作者权权属纠纷”、“(22)广播组织权权属纠纷”。

54. 在第三级案由“142. 商标权权属、侵权纠纷”项下增加“(1)商标权权属纠纷”、“(2)侵害商标权纠纷”。

55. 在第三级案由“154. 因申请知识产权临时措施损害责任纠纷”项下增加“(1)因申请诉前停止侵害专利权损害责任纠纷”、“(2)因申请诉前停止侵害注册商标专用权损害责任纠纷”、“(3)因申请诉前停止侵害著作权损害责任纠纷”、“(4)因申请诉前停止侵害植物新品种权损害责任纠纷”、“(5)因申请海关知识产权保护措施损害责任纠纷”。

56. 在第三级案由“166. 垄断协议纠纷”项下增加“(1)横向垄断协议纠纷”、“(2)纵向垄断协议纠纷”。

57. 在第三级案由“167. 滥用市场支配地位纠纷”项下增加“(1)垄断定价纠纷”、“(2)掠夺定价纠纷”、“(3)拒绝交易纠纷”、“(4)限定交易纠纷”、“(5)捆绑交易纠纷”、“(6)差别待遇纠纷”。

58. 在第三级案由“163. 劳动合同纠纷”项下增加“(7)竞业限制纠纷”。

59. 在第三级案由“166. 人事争议”项下增加“(3)聘用合同争议”。

60. 在第三级案由“239. 企业承包经营合同纠纷”项下增加“(1)中外合资经营企业承包经营合同纠纷”、“(2)中外合作经营企业承包经营合同纠纷”、“(3)外商独资企业承包经营合同纠纷”、“(4)乡镇企业承包经营合同纠纷”。

61. 在第三级案由“250. 公司决议纠纷”项下增加“公司决议效力确认纠纷”、“公司决议撤销纠纷”。

62. 在第三级案由“270. 破产债权确认纠纷”项下增加“(1)职工破产债权确认纠纷”、“(2)普通破产债权确认纠纷”。

63. 在第三级案由“271. 取回权纠纷”项下增加“(1)一般取回权纠纷”、“(2)出卖人取回权纠纷”。

64. 在第三级案由“279. 证券回购合同纠纷”项下增加“(1)股票回购合同纠纷”、“(2)国债回购合同纠纷”、“(3)公司债券回购合同纠纷”、“(4)证券投资基金回购合同纠纷”、“(5)质押式证券回购纠纷”。

65. 在第三级案由“286. 证券权利确认纠纷”项下增加“(1)股票权利确认纠纷”、“(2)公司债券权利确认纠纷”、“(3)国债权利确认纠纷”、“(4)证券投资基金权利确认纠纷”。

66. 在第三级案由“347. 违反安全保障义务责任纠纷”项下增加“(1)公共场所管理人责任纠纷”、“(2)群众性活动组织者责任纠纷”。

67. 在第三级案由“349. 产品责任纠纷”项下增加“(1)产品生产者责任纠纷”、“(2)产品销售者责任纠纷”、“(3)产品运输者责任纠纷”、“(4)产品仓储者责任纠纷”。

68. 在第三级案由“351. 医疗损害责任纠纷”项下增加“(1)侵害患者知情同意权责任纠纷”、“(2)医疗产品责任纠纷”。

69. 在第三级案由“352. 环境污染责任纠纷”项下增加“(5)土壤污染责任纠纷”、“(6)电子废物污染责任纠纷”、“(7)固体废物污染责任纠纷”。

70. 在第三级案由“353. 高度危险责任纠纷”项下增加“(1)民用核设施损害责任纠纷”、“(2)民用航空器损害责任纠纷”、“(3)占有、使用高度危险物损害责任纠纷"、"(4)高度危险活动损害责任纠纷"、"(5)遗失、抛弃高度危险物损害责任纠纷"、"(6)非法占有高度危险物损害责任纠纷"。

71. 在第三级案由"355. 物件损害责任纠纷"项下增加"(1)物件脱落、坠落损害责任纠纷"、"(2)建筑物、构筑物倒塌损害责任纠纷"、"(3)不明抛掷物、坠落物损害责任纠纷"、"(4)堆放物倒塌致害责任纠纷"、"(5)公共道路妨碍通行损害责任纠纷"、"(6)林木折断损害责任纠纷"、"(7)地面施工、地下设施损害责任纠纷"。

72. 在第三级案由"363. 铁路运输损害责任纠纷"项下增加"(1)铁路运输人身损害责任纠纷"。

本决定自2011年4月1日起施行。

《民事案件案由规定》根据本决定作修改并对条文顺序作调整后,重新公布。

最高人民法院关于印发修改后的《民事案件案由规定》的通知

(2011年2月18日 法〔2011〕42号)

各省、自治区、直辖市高级人民法院,解放军军事法院,新疆维吾尔自治区高级人民法院生产建设兵团分院:

根据工作需要,对2008年2月4日制发的《民事案件案由规定》(以下简称2008年《民事案件案由规定》)进行了修改,自2011年4月1日起施行。现将修改后的《民事案件案由规定》印发给你们,请认真贯彻执行。

2008年《民事案件案由规定》发布施行以来,在方便当事人进行民事诉讼,规范人民法院民事立案、审判和司法统计工作等方面,发挥了重要作用。近三年来,随着农村土地承包经营纠纷调解仲裁法、人民调解法、保险法、专利法等法律的制定或修订,审判实践中出现了许多新类型民事案件,需要对2008年《民事案件案由规定》进行补充和完善。特别是侵权责任法已于2010年7月1日起施行,迫切需要增补侵权责任纠纷案由。经深入调查研究,广泛征求意见,最高人民法院对2008年《民事案件案由规定》进行了修改。现就各级人民法院适用修改后的《民事案件案由规定》的有关问题通知如下:

一、要认真学习掌握修改后的《民事案件案由规定》,高度重视民事案件案由在民事审判规范化建设中的重要作用

民事案件案由是民事案件名称的重要组成部分,反映案件所涉及的民事法律关系的性质,是将诉讼争议所包含的法律关系进行的概括,是人民法院进行民事案件管理的重要手段。建立科学、完善的民事案件案由体系,有利于方便当事人进行民事诉讼,有利于对受理案件进行分类管理,有利于确定各民事审判业务庭的管辖分工,有利于提高民事案件司法统计的准确性和科学性,从而更好地为创新和加强民事审判管理、为人民法院司法决策服务。

二、关于民事案件案由编排体系的几个问题

1. 关于案由的确定标准。民事案件案由应当依据当事人主张的民事法律关系的性质来确定。鉴于具体案件中当事人的诉讼请求、争议的焦点可能有多个,争议的标的也可能是多个,为保证案由的高度概括和简洁明了,修改后的《民事案件案由规定》仍沿用2008年《民事案件案由规定》关于案由的确定标准,即对民事案件案由的表述方式原则上确定为"法律关系性质"加"纠纷",一般不再包含争议焦点、标的物、侵权方式等要素。但是,考虑到当事人诉争的民事法律关系的性质具有复杂性,为了更准确地体现诉争的民事法律关系和便于司法统计,修改后的《民事案件案由规定》在坚持以法律关系性质作为案由的确定标准的同时,对少部分案由也依据请求权、形成权或者确认之诉、形成之诉的标准进行确定,对少部分案由也包含争议焦点、标的物、侵权方式等要素。

对包括民事诉讼法规定的适用特别程序案件案由在内的特殊程序民事案件案由,根据当事人的诉讼请求直接表述。

2. 关于案由的体系编排。修改后的《民事案件案由规定》以民法理论对民事法律关系的分类为基础,以法律关系的内容即民事权利类型来编排体系,结合现行立法及审判实践,在2008年《民事案件案由规定》关于案由的编排体系划分的基础上,将侵权责任纠纷案由提升为第一级案由,将案由的编排体系重新划分为人格权纠纷,婚姻家庭继承纠纷,物权纠纷,合同、无因管理、不当得利纠纷,劳动争议与人事争议,知识产权与竞争纠纷,海事海商纠纷,与公司、证券、保险、票据等有关的民事纠纷,侵权责任纠纷,适用特殊程序案件案由,共十大部分,作为第一级案由。

在第一级案由项下,细分为四十三类案由,作为第二级案由(以大写数字表示);在第二级案由项下列出了424种案由,作为第三级案由(以阿拉伯数字表示),第三级案由是司法实践中最常见和广泛使用的案由。基于审判工作指导、调研和司法统计的需要,在部分第三级案由项下又列出了一些第四级案由(以阿拉伯数字加( )表示)。基于民事法律关系的复杂性,不可能穷尽所有第四级案由,目前所列只是一些典型的、常见的,或者为了司法统计需要而设立的案由。

3. 关于侵权责任纠纷案由的编排。此次修改将侵权责任纠纷案由提升为第一级案由。按照侵权责任法的相关规定,在其项下增补相关的侵权责任纠纷案由。首先,按照侵权责任法相关规定,列出了该法规定的各种具体侵权责任纠纷案由。其次,协调好侵权责任纠纷案由与其他第一级案由之间的关系。根据侵权责任法相关规定,侵权责任法的保护对象为民事权益,包括生命权、健康权、姓名权、名誉权、荣誉权、肖像权、隐私权、婚姻自主权、监护权、所有权、用益物权、担保物权、著作权、专利权、商标专用权、发现权、股权、继承权等人身、财产权益。这些民事权益,分别包含在人格权、婚姻家庭继承权、物权、知识产权等民商事权益之中,而这些民事权益纠纷往往既包括权属确认纠纷也包括侵权责任纠纷,这就为科学合理编排民事案件案由增加了难度。为了保持整个案由体系的完整性和稳定性,尽可能避免重复交叉,此次修改将这些民事权益侵权责任纠纷案由仍旧保留在各第一级案由之中,只是将侵权责任法新规定的有关案由列在第一级案由"侵权责任纠纷"案由项下,并将一些实践中常见的、其他第一级案由不便列出的侵权责任纠纷案由也列在第一级案由"侵权责任纠纷"项下,并从"兜底"考虑,列在其他八个民事权益纠纷类型之后,作为第九部分。

4. 关于物权纠纷案由与合同纠纷案由编排与适用的问题。修改后的《民事案件案由规定》仍然沿用2008年《民事案件案由规定》关于物权纠纷案由与合同纠纷案由的编排体系。具体适用时,按照物权变动原因与结果相区分的原则,对于因物权变动的原因关系,即债权性质的合同关系产生的纠纷,应适用债权纠纷部分的案由,如物权设立原因关系方面的担保合同纠纷,物权转让原因关系方面的买卖合同纠纷。对于因物权设立、权属、效力、使用、收益等物权关系产生的纠纷,则应适用物权纠纷部分的案由,如担保物权纠纷。人民法院应根据当事人诉争的法律关系的性质,查明该法律关系涉及的是物权变动的原因关系还是物权变动的结果关系,以正确确定案由。

5. 关于第三部分"物权纠纷"项下"物权保护纠纷"案由与"所有权纠纷"、"用益物权纠纷"、"担保物权纠纷"案由的协调问题。"所有权纠纷"、"用益物权纠纷"、"担保物权纠纷"案由既包括以上三种类型的物权确认纠纷案由,也包括以上三种类型的侵害物权纠纷案由。物权法第三章"物权的保护"所规定的物权请求权或者债权请求权保护方法,即"物权保护纠纷",在修改后的《民事案件案由规定》规定的每个物权类型(第三级案由)项下可能部分或者全部适用,多数可以作为第四级案由规定,但为避免使整个案由体系冗长繁杂,在各第三级案由下并未一一列出。在涉及侵害物权纠纷案由确定时,如果当事人的诉讼请求只涉及"物权保护纠纷"项下的一种物权请求权或者债权请求权,则可以适用"物权保护纠纷"项下的六种第三级案由;如果当事人的诉讼请求涉及"物权保护纠纷"项下的两种或者两种以上物权请求权或者债权请求权,则应按照所保护的权利种类,分别适用所有权、用益物权、担保物权项下的第三级案由(各种物权类型纠纷)。

6. 关于第九部分"侵权责任纠纷"项下案由与"人格权纠纷"、"物权纠纷"、"知识产权与竞争纠纷"等其他部分项下案由的协调问题。在确定侵权责任纠纷具体案由时,应当先适用第九部分"侵权责任纠纷"项下根据侵权责任法相关规定列出的具体案由。没有相应案由的,再适用"人格权纠纷"、"物权纠纷"、"知识产权与竞争纠纷”等其他部分项下的案由。如机动车交通事故可能造成人身损害和财产损害，确定案由时，应当适用第九部分“侵权责任纠纷”项下“机动车交通事故责任纠纷”案由，而不应适用第一部分“人格权纠纷”项下的“生命权、健康权、身体权纠纷”案由，也不应适用第三部分“物权纠纷”项下的“财产损害赔偿纠纷”案由。

三、适用修改后的《民事案件案由规定》时应注意的几个问题

1. 第一审法院立案时应当根据当事人诉争法律关系的性质，首先应适用修改后的《民事案件案由规定》列出的第四级案由；第四级案由没有规定的，适用相应的第三级案由；第三级案由中没有规定的，适用相应的第二级案由；第二级案由没有规定的，适用相应的第一级案由。地方各级人民法院对审判实践中出现的可以作为新的第三级民事案由或者应当规定为第四级民事案由的纠纷类型，可以及时报告最高人民法院。最高人民法院将定期收集、整理、筛选，及时细化、补充相关案由。

2. 各级人民法院要正确认识民事案件案由的性质与功能，不得将修改后的《民事案件案由规定》等同于《中华人民共和国民事诉讼法》第一百零八条规定的受理条件，不得以当事人的诉请在修改后的《民事案件案由规定》中没有相应案由可以适用为由，裁定不予受理或者驳回起诉，影响当事人行使诉权。

3. 同一诉讼中涉及两个以上的法律关系的，应当依当事人诉争的法律关系的性质确定案由，均为诉争法律关系的，则按诉争的两个以上法律关系确定并列的两个案由。

4. 在请求权竞合的情形下，人民法院应当按照当事人自主选择行使的请求权，根据当事人诉争的法律关系的性质，确定相应的案由。

5. 当事人起诉的法律关系与实际诉争的法律关系不一致的，人民法院结案时应当根据法庭查明的当事人之间实际存在的法律关系的性质，相应变更案件的案由。

6. 当事人在诉讼过程中增加或者变更诉讼请求导致当事人诉争的法律关系发生变更的，人民法院应当相应变更案件案由。

7. 对于案由名称中出现顿号（即“、”）的部分案由，应当根据具体案情，确定相应的案由，不应直接将该案由全部引用。如“生命权、健康权、身体权纠纷”案由，应根据侵害的具体人格权益来确定相应的案由；如“海上、通海水域货物运输合同纠纷”案由，应当根据纠纷发生的具体水域来确定相应的案由；如“擅自使用知名商品特有名称、包装、装潢纠纷”案由，应当根据具体侵害对象来确定相应的案由。

修改后的《民事案件案由规定》适用过程中有何情况和问题，应当及时报告最高人民法院。

附：

民事案件案由规定

（2007年10月29日最高人民法院审判委员会第1438次会议通过　根据2011年2月18日最高人民法院《关于修改〈民事案件案由规定〉的决定》第一次修正）

为了正确适用法律，统一确定案由，根据《中华人民共和国民法通则》、《中华人民共和国物权法》、《中华人民共和国合同法》、《中华人民共和国侵权责任法》和《中华人民共和国民事诉讼法》等法律规定，结合人民法院民事审判工作实际情况，对民事案件案由规定如下：

第一部分　人格权纠纷

一、人格权纠纷

1. 生命权、健康权、身体权纠纷
2. 姓名权纠纷
3. 肖像权纠纷
4. 名誉权纠纷
5. 荣誉权纠纷
6. 隐私权纠纷
7. 婚姻自主权纠纷
8. 人身自由权纠纷
9. 一般人格权纠纷

第二部分　婚姻家庭、继承纠纷

二、婚姻家庭纠纷

10. 婚约财产纠纷

11. 离婚纠纷
12. 离婚后财产纠纷
13. 离婚后损害责任纠纷
14. 婚姻无效纠纷
15. 撤销婚姻纠纷
16. 夫妻财产约定纠纷
17. 同居关系纠纷
(1)同居关系析产纠纷
(2)同居关系子女抚养纠纷
18. 抚养纠纷
(1)抚养费纠纷
(2)变更抚养关系纠纷
19. 扶养纠纷
(1)扶养费纠纷
(2)变更扶养关系纠纷
20. 赡养纠纷
(1)赡养费纠纷
(2)变更赡养关系纠纷
21. 收养关系纠纷
(1)确认收养关系纠纷
(2)解除收养关系纠纷
22. 监护权纠纷
23. 探望权纠纷
24. 分家析产纠纷

三、继承纠纷

25. 法定继承纠纷
(1)转继承纠纷
(2)代位继承纠纷
26. 遗嘱继承纠纷
27. 被继承人债务清偿纠纷
28. 遗赠纠纷
29. 遗赠扶养协议纠纷

第三部分　物权纠纷

四、不动产登记纠纷

30. 异议登记不当损害责任纠纷
31. 虚假登记损害责任纠纷

五、物权保护纠纷

32. 物权确认纠纷
(1)所有权确认纠纷
(2)用益物权确认纠纷
(3)担保物权确认纠纷
33. 返还原物纠纷
34. 排除妨害纠纷
35. 消除危险纠纷
36. 修理、重作、更换纠纷
37. 恢复原状纠纷
38. 财产损害赔偿纠纷

六、所有权纠纷

39. 侵害集体经济组织成员权益纠纷
40. 建筑物区分所有权纠纷
(1)业主专有权纠纷
(2)业主共有权纠纷
(3)车位纠纷
(4)车库纠纷
41. 业主撤销权纠纷
42. 业主知情权纠纷
43. 遗失物返还纠纷
44. 漂流物返还纠纷
45. 埋藏物返还纠纷
46. 隐藏物返还纠纷
47. 相邻关系纠纷
(1)相邻用水、排水纠纷
(2)相邻通行纠纷
(3)相邻土地、建筑物利用关系纠纷
(4)相邻通风纠纷
(5)相邻采光、日照纠纷
(6)相邻污染侵害纠纷
(7)相邻损害防免关系纠纷
48. 共有纠纷
(1)共有权确认纠纷
(2)共有物分割纠纷
(3)共有人优先购买权纠纷

七、用益物权纠纷

49. 海域使用权纠纷
50. 探矿权纠纷
51. 采矿权纠纷
52. 取水权纠纷
53. 养殖权纠纷
54. 捕捞权纠纷
55. 土地承包经营权纠纷
(1)土地承包经营权确认纠纷
(2)承包地征收补偿费用分配纠纷
(3)土地承包经营权继承纠纷

56. 建设用地使用权纠纷
57. 宅基地使用权纠纷
58. 地役权纠纷

八、担保物权纠纷

59. 抵押权纠纷
(1)建筑物和其他土地附着物抵押权纠纷
(2)在建建筑物抵押权纠纷
(3)建设用地使用权抵押权纠纷
(4)土地承包经营权抵押权纠纷
(5)动产抵押权纠纷
(6)在建船舶、航空器抵押权纠纷
(7)动产浮动抵押权纠纷
(8)最高额抵押权纠纷
60. 质权纠纷
(1)动产质权纠纷
(2)转质权纠纷
(3)最高额质权纠纷
(4)票据质权纠纷
(5)债券质权纠纷
(6)存单质权纠纷
(7)仓单质权纠纷
(8)提单质权纠纷
(9)股权质权纠纷
(10)基金份额质权纠纷
(11)知识产权质权纠纷
(12)应收账款质权纠纷
61. 留置权纠纷

九、占有保护纠纷

62. 占有物返还纠纷
63. 占有排除妨害纠纷
64. 占有消除危险纠纷
65. 占有物损害赔偿纠纷

第四部分　合同、无因管理、不当得利纠纷

十、合同纠纷

66. 缔约过失责任纠纷
67. 确认合同效力纠纷
(1)确认合同有效纠纷
(2)确认合同无效纠纷
68. 债权人代位权纠纷
69. 债权人撤销权纠纷
70. 债权转让合同纠纷
71. 债务转移合同纠纷
72. 债权债务概括转移合同纠纷
73. 悬赏广告纠纷
74. 买卖合同纠纷
(1)分期付款买卖合同纠纷
(2)凭样品买卖合同纠纷
(3)试用买卖合同纠纷
(4)互易纠纷
(5)国际货物买卖合同纠纷
(6)网络购物合同纠纷
(7)电视购物合同纠纷
75. 招标投标买卖合同纠纷
76. 拍卖合同纠纷
77. 建设用地使用权合同纠纷
(1)建设用地使用权出让合同纠纷
(2)建设用地使用权转让合同纠纷
78. 临时用地合同纠纷
79. 探矿权转让合同纠纷
80. 采矿权转让合同纠纷
81. 房地产开发经营合同纠纷
(1)委托代建合同纠纷
(2)合资、合作开发房地产合同纠纷
(3)项目转让合同纠纷
82. 房屋买卖合同纠纷
(1)商品房预约合同纠纷
(2)商品房预售合同纠纷
(3)商品房销售合同纠纷
(4)商品房委托代理销售合同纠纷
(5)经济适用房转让合同纠纷
(6)农村房屋买卖合同纠纷
83. 房屋拆迁安置补偿合同纠纷
84. 供用电合同纠纷
85. 供用水合同纠纷
86. 供用气合同纠纷
87. 供用热力合同纠纷
88. 赠与合同纠纷
(1)公益事业捐赠合同纠纷
(2)附义务赠与合同纠纷
89. 借款合同纠纷
(1)金融借款合同纠纷
(2)同业拆借纠纷
(3)企业借贷纠纷

(4)民间借贷纠纷
(5)小额借款合同纠纷
(6)金融不良债权转让合同纠纷
(7)金融不良债权追偿纠纷
90. 保证合同纠纷
91. 抵押合同纠纷
92. 质押合同纠纷
93. 定金合同纠纷
94. 进出口押汇纠纷
95. 储蓄存款合同纠纷
96. 银行卡纠纷
(1)借记卡纠纷
(2)信用卡纠纷
97. 租赁合同纠纷
(1)土地租赁合同纠纷
(2)房屋租赁合同纠纷
(3)车辆租赁合同纠纷
(4)建筑设备租赁合同纠纷
98. 融资租赁合同纠纷
99. 承揽合同纠纷
(1)加工合同纠纷
(2)定作合同纠纷
(3)修理合同纠纷
(4)复制合同纠纷
(5)测试合同纠纷
(6)检验合同纠纷
(7)铁路机车、车辆建造合同纠纷
100. 建设工程合同纠纷
(1)建设工程勘察合同纠纷
(2)建设工程设计合同纠纷
(3)建设工程施工合同纠纷
(4)建设工程价款优先受偿权纠纷
(5)建设工程分包合同纠纷
(6)建设工程监理合同纠纷
(7)装饰装修合同纠纷
(8)铁路修建合同纠纷
(9)农村建房施工合同纠纷
101. 运输合同纠纷
(1)公路旅客运输合同纠纷
(2)公路货物运输合同纠纷
(3)水路旅客运输合同纠纷
(4)水路货物运输合同纠纷
(5)航空旅客运输合同纠纷
(6)航空货物运输合同纠纷
(7)出租汽车运输合同纠纷
(8)管道运输合同纠纷
(9)城市公交运输合同纠纷
(10)联合运输合同纠纷
(11)多式联运合同纠纷
(12)铁路货物运输合同纠纷
(13)铁路旅客运输合同纠纷
(14)铁路行李运输合同纠纷
(15)铁路包裹运输合同纠纷
(16)国际铁路联运合同纠纷
102. 保管合同纠纷
103. 仓储合同纠纷
104. 委托合同纠纷
(1)进出口代理合同纠纷
(2)货运代理合同纠纷
(3)民用航空运输销售代理合同纠纷
(4)诉讼、仲裁、人民调解代理合同纠纷
105. 委托理财合同纠纷
(1)金融委托理财合同纠纷
(2)民间委托理财合同纠纷
106. 行纪合同纠纷
107. 居间合同纠纷
108. 补偿贸易纠纷
109. 借用合同纠纷
110. 典当纠纷
111. 合伙协议纠纷
112. 种植、养殖回收合同纠纷
113. 彩票、奖券纠纷
114. 中外合作勘探开发自然资源合同纠纷
115. 农业承包合同纠纷
116. 林业承包合同纠纷
117. 渔业承包合同纠纷
118. 牧业承包合同纠纷
119. 农村土地承包合同纠纷
(1)土地承包经营权转包合同纠纷
(2)土地承包经营权转让合同纠纷
(3)土地承包经营权互换合同纠纷
(4)土地承包经营权入股合同纠纷
(5)土地承包经营权抵押合同纠纷
(6)土地承包经营权出租合同纠纷

120. 服务合同纠纷
(1)电信服务合同纠纷
(2)邮寄服务合同纠纷
(3)医疗服务合同纠纷
(4)法律服务合同纠纷
(5)旅游合同纠纷
(6)房地产咨询合同纠纷
(7)房地产价格评估合同纠纷
(8)旅店服务合同纠纷
(9)财会服务合同纠纷
(10)餐饮服务合同纠纷
(11)娱乐服务合同纠纷
(12)有线电视服务合同纠纷
(13)网络服务合同纠纷
(14)教育培训合同纠纷
(15)物业服务合同纠纷
(16)家政服务合同纠纷
(17)庆典服务合同纠纷
(18)殡葬服务合同纠纷
(19)农业技术服务合同纠纷
(20)农机作业服务合同纠纷
(21)保安服务合同纠纷
(22)银行结算合同纠纷
121. 演出合同纠纷
122. 劳务合同纠纷
123. 离退休人员返聘合同纠纷
124. 广告合同纠纷
125. 展览合同纠纷
126. 追偿权纠纷
127. 请求确认人民调解协议效力

十一、不当得利纠纷

128. 不当得利纠纷

十二、无因管理纠纷

129. 无因管理纠纷

第五部分　知识产权与竞争纠纷

十三、知识产权合同纠纷

130. 著作权合同纠纷
(1)委托创作合同纠纷
(2)合作创作合同纠纷
(3)著作权转让合同纠纷
(4)著作权许可使用合同纠纷
(5)出版合同纠纷
(6)表演合同纠纷
(7)音像制品制作合同纠纷
(8)广播电视播放合同纠纷
(9)邻接权转让合同纠纷
(10)邻接权许可使用合同纠纷
(11)计算机软件开发合同纠纷
(12)计算机软件著作权转让合同纠纷
(13)计算机软件著作权许可使用合同纠纷
131. 商标合同纠纷
(1)商标权转让合同纠纷
(2)商标使用许可合同纠纷
(3)商标代理合同纠纷
132. 专利合同纠纷
(1)专利申请权转让合同纠纷
(2)专利权转让合同纠纷
(3)发明专利实施许可合同纠纷
(4)实用新型专利实施许可合同纠纷
(5)外观设计专利实施许可合同纠纷
(6)专利代理合同纠纷
133. 植物新品种合同纠纷
(1)植物新品种育种合同纠纷
(2)植物新品种申请权转让合同纠纷
(3)植物新品种权转让合同纠纷
(4)植物新品种实施许可合同纠纷
134. 集成电路布图设计合同纠纷
(1)集成电路布图设计创作合同纠纷
(2)集成电路布图设计专有权转让合同纠纷
(3)集成电路布图设计许可使用合同纠纷
135. 商业秘密合同纠纷
(1)技术秘密让与合同纠纷
(2)技术秘密许可使用合同纠纷
(3)经营秘密让与合同纠纷
(4)经营秘密许可使用合同纠纷
136. 技术合同纠纷
(1)技术委托开发合同纠纷
(2)技术合作开发合同纠纷
(3)技术转化合同纠纷
(4)技术转让合同纠纷
(5)技术咨询合同纠纷
(6)技术服务合同纠纷
(7)技术培训合同纠纷

(8)技术中介合同纠纷
(9)技术进口合同纠纷
(10)技术出口合同纠纷
(11)职务技术成果完成人奖励、报酬纠纷
(12)技术成果完成人署名权、荣誉权、奖励权纠纷
137. 特许经营合同纠纷
138. 企业名称(商号)合同纠纷
(1)企业名称(商号)转让合同纠纷
(2)企业名称(商号)使用合同纠纷
139. 特殊标志合同纠纷
140. 网络域名合同纠纷
(1)网络域名注册合同纠纷
(2)网络域名转让合同纠纷
(3)网络域名许可使用合同纠纷
141. 知识产权质押合同纠纷

十四、知识产权权属、侵权纠纷

142. 著作权权属、侵权纠纷
(1)著作权权属纠纷
(2)侵害作品发表权纠纷
(3)侵害作品署名权纠纷
(4)侵害作品修改权纠纷
(5)侵害保护作品完整权纠纷
(6)侵害作品复制权纠纷
(7)侵害作品发行权纠纷
(8)侵害作品出租权纠纷
(9)侵害作品展览权纠纷
(10)侵害作品表演权纠纷
(11)侵害作品放映权纠纷
(12)侵害作品广播权纠纷
(13)侵害作品信息网络传播权纠纷
(14)侵害作品摄制权纠纷
(15)侵害作品改编权纠纷
(16)侵害作品翻译权纠纷
(17)侵害作品汇编权纠纷
(18)侵害其他著作财产权纠纷
(19)出版者权权属纠纷
(20)表演者权权属纠纷
(21)录音录像制作者权权属纠纷
(22)广播组织权权属纠纷
(23)侵害出版者权纠纷
(24)侵害表演者权纠纷
(25)侵害录音录像制作者权纠纷
(26)侵害广播组织权纠纷
(27)计算机软件著作权权属纠纷
(28)侵害计算机软件著作权纠纷
143. 商标权权属、侵权纠纷
(1)商标权权属纠纷
(2)侵害商标权纠纷
144. 专利权权属、侵权纠纷
(1)专利申请权权属纠纷
(2)专利权权属纠纷
(3)侵害发明专利权纠纷
(4)侵害实用新型专利权纠纷
(5)侵害外观设计专利权纠纷
(6)假冒他人专利纠纷
(7)发明专利临时保护期使用费纠纷
(8)职务发明创造发明人、设计人奖励、报酬纠纷
(9)发明创造发明人、设计人署名权纠纷
145. 植物新品种权权属、侵权纠纷
(1)植物新品种申请权权属纠纷
(2)植物新品种权权属纠纷
(3)侵害植物新品种权纠纷
146. 集成电路布图设计专有权权属、侵权纠纷
(1)集成电路布图设计专有权权属纠纷
(2)侵害集成电路布图设计专有权纠纷
147. 侵害企业名称(商号)权纠纷
148. 侵害特殊标志专有权纠纷
149. 网络域名权属、侵权纠纷
(1)网络域名权属纠纷
(2)侵害网络域名纠纷
150. 发现权纠纷
151. 发明权纠纷
152. 其他科技成果权纠纷
153. 确认不侵害知识产权纠纷
(1)确认不侵害专利权纠纷
(2)确认不侵害商标权纠纷
(3)确认不侵害著作权纠纷
154. 因申请知识产权临时措施损害责任纠纷
(1)因申请诉前停止侵害专利权损害责任纠纷

(2)因申请诉前停止侵害注册商标专用权损害责任纠纷

(3)因申请诉前停止侵害著作权损害责任纠纷

(4)因申请诉前停止侵害植物新品种权损害责任纠纷

(5)因申请海关知识产权保护措施损害责任纠纷

155. 因恶意提起知识产权诉讼损害责任纠纷

156. 专利权宣告无效后返还费用纠纷

十五、不正当竞争纠纷

157. 仿冒纠纷

(1)擅自使用知名商品特有名称、包装、装潢纠纷

(2)擅自使用他人企业名称、姓名纠纷

(3)伪造、冒用产品质量标志纠纷

(4)伪造产地纠纷

158. 商业贿赂不正当竞争纠纷

159. 虚假宣传纠纷

160. 侵害商业秘密纠纷

(1)侵害技术秘密纠纷

(2)侵害经营秘密纠纷

161. 低价倾销不正当竞争纠纷

162. 捆绑销售不正当竞争纠纷

163. 有奖销售纠纷

164. 商业诋毁纠纷

165. 串通投标不正当竞争纠纷

十六、垄断纠纷

166. 垄断协议纠纷

(1)横向垄断协议纠纷

(2)纵向垄断协议纠纷

167. 滥用市场支配地位纠纷

(1)垄断定价纠纷

(2)掠夺定价纠纷

(3)拒绝交易纠纷

(4)限定交易纠纷

(5)捆绑交易纠纷

(6)差别待遇纠纷

168. 经营者集中纠纷

第六部分　劳动争议、人事争议

十七、劳动争议

169. 劳动合同纠纷

(1)确认劳动关系纠纷

(2)集体合同纠纷

(3)劳务派遣合同纠纷

(4)非全日制用工纠纷

(5)追索劳动报酬纠纷

(6)经济补偿金纠纷

(7)竞业限制纠纷

170. 社会保险纠纷

(1)养老保险待遇纠纷

(2)工伤保险待遇纠纷

(3)医疗保险待遇纠纷

(4)生育保险待遇纠纷

(5)失业保险待遇纠纷

171. 福利待遇纠纷

十八、人事争议

172. 人事争议

(1)辞职争议

(2)辞退争议

(3)聘用合同争议

第七部分　海事海商纠纷

十九、海事海商纠纷

173. 船舶碰撞损害责任纠纷

174. 船舶触碰损害责任纠纷

175. 船舶损坏空中设施、水下设施损害责任纠纷

176. 船舶污染损害责任纠纷

177. 海上、通海水域污染损害责任纠纷

178. 海上、通海水域养殖损害责任纠纷

179. 海上、通海水域财产损害责任纠纷

180. 海上、通海水域人身损害责任纠纷

181. 非法留置船舶、船载货物、船用燃油、船用物料损害责任纠纷

182. 海上、通海水域货物运输合同纠纷

183. 海上、通海水域旅客运输合同纠纷

184. 海上、通海水域行李运输合同纠纷

185. 船舶经营管理合同纠纷

186. 船舶买卖合同纠纷

187. 船舶建造合同纠纷
188. 船舶修理合同纠纷
189. 船舶改建合同纠纷
190. 船舶拆解合同纠纷
191. 船舶抵押合同纠纷
192. 航次租船合同纠纷
193. 船舶租用合同纠纷
(1)定期租船合同纠纷
(2)光船租赁合同纠纷
194. 船舶融资租赁合同纠纷
195. 海上、通海水域运输船舶承包合同纠纷
196. 渔船承包合同纠纷
197. 船舶属具租赁合同纠纷
198. 船舶属具保管合同纠纷
199. 海运集装箱租赁合同纠纷
200. 海运集装箱保管合同纠纷
201. 港口货物保管合同纠纷
202. 船舶代理合同纠纷
203. 海上、通海水域货运代理合同纠纷
204. 理货合同纠纷
205. 船舶物料和备品供应合同纠纷
206. 船员劳务合同纠纷
207. 海难救助合同纠纷
208. 海上、通海水域打捞合同纠纷
209. 海上、通海水域拖航合同纠纷
210. 海上、通海水域保险合同纠纷
211. 海上、通海水域保赔合同纠纷
212. 海上、通海水域运输联营合同纠纷
213. 船舶营运借款合同纠纷
214. 海事担保合同纠纷
215. 航道、港口疏浚合同纠纷
216. 船坞、码头建造合同纠纷
217. 船舶检验合同纠纷
218. 海事请求担保纠纷
219. 海上、通海水域运输重大责任事故责任纠纷
220. 港口作业重大责任事故责任纠纷
221. 港口作业纠纷
222. 共同海损纠纷
223. 海洋开发利用纠纷
224. 船舶共有纠纷
225. 船舶权属纠纷
226. 海运欺诈纠纷
227. 海事债权确权纠纷

第八部分　与公司、证券、保险、票据等有关的民事纠纷

二十、与企业有关的纠纷

228. 企业出资人权益确认纠纷
229. 侵害企业出资人权益纠纷
230. 企业公司制改造合同纠纷
231. 企业股份合作制改造合同纠纷
232. 企业债权转股权合同纠纷
233. 企业分立合同纠纷
234. 企业租赁经营合同纠纷
235. 企业出售合同纠纷
236. 挂靠经营合同纠纷
237. 企业兼并合同纠纷
238. 联营合同纠纷
239. 企业承包经营合同纠纷
(1)中外合资经营企业承包经营合同纠纷
(2)中外合作经营企业承包经营合同纠纷
(3)外商独资企业承包经营合同纠纷
(4)乡镇企业承包经营合同纠纷
240. 中外合资经营企业合同纠纷
241. 中外合作经营企业合同纠纷

二十一、与公司有关的纠纷

242. 股东资格确认纠纷
243. 股东名册记载纠纷
244. 请求变更公司登记纠纷
245. 股东出资纠纷
246. 新增资本认购纠纷
247. 股东知情权纠纷
248. 请求公司收购股份纠纷
249. 股权转让纠纷
250. 公司决议纠纷
(1)公司决议效力确认纠纷
(2)公司决议撤销纠纷
251. 公司设立纠纷
252. 公司证照返还纠纷
253. 发起人责任纠纷
254. 公司盈余分配纠纷
255. 损害股东利益责任纠纷
256. 损害公司利益责任纠纷

257. 股东损害公司债权人利益责任纠纷
258. 公司关联交易损害责任纠纷
259. 公司合并纠纷
260. 公司分立纠纷
261. 公司减资纠纷
262. 公司增资纠纷
263. 公司解散纠纷
264. 申请公司清算
265. 清算责任纠纷
266. 上市公司收购纠纷

二十二、合伙企业纠纷

267. 入伙纠纷
268. 退伙纠纷
269. 合伙企业财产份额转让纠纷

二十三、与破产有关的纠纷

270. 申请破产清算
271. 申请破产重整
272. 申请破产和解
273. 请求撤销个别清偿行为纠纷
274. 请求确认债务人行为无效纠纷
275. 对外追收债权纠纷
276. 追收未缴出资纠纷
277. 追收抽逃出资纠纷
278. 追收非正常收入纠纷
279. 破产债权确认纠纷
(1)职工破产债权确认纠纷
(2)普通破产债权确认纠纷
280. 取回权纠纷
(1)一般取回权纠纷
(2)出卖人取回权纠纷
281. 破产抵销权纠纷
282. 别除权纠纷
283. 破产撤销权纠纷
284. 损害债务人利益赔偿纠纷
285. 管理人责任纠纷

二十四、证券纠纷

286. 证券权利确认纠纷
(1)股票权利确认纠纷
(2)公司债券权利确认纠纷
(3)国债权利确认纠纷
(4)证券投资基金权利确认纠纷
287. 证券交易合同纠纷
(1)股票交易纠纷
(2)公司债券交易纠纷
(3)国债交易纠纷
(4)证券投资基金交易纠纷
288. 金融衍生品种交易纠纷
289. 证券承销合同纠纷
(1)证券代销合同纠纷
(2)证券包销合同纠纷
290. 证券投资咨询纠纷
291. 证券资信评级服务合同纠纷
292. 证券回购合同纠纷
(1)股票回购合同纠纷
(2)国债回购合同纠纷
(3)公司债券回购合同纠纷
(4)证券投资基金回购合同纠纷
(5)质押式证券回购纠纷
293. 证券上市合同纠纷
294. 证券交易代理合同纠纷
295. 证券上市保荐合同纠纷
296. 证券发行纠纷
(1)证券认购纠纷
(2)证券发行失败纠纷
297. 证券返还纠纷
298. 证券欺诈责任纠纷
(1)证券内幕交易责任纠纷
(2)操纵证券交易市场责任纠纷
(3)证券虚假陈述责任纠纷
(4)欺诈客户责任纠纷
299. 证券托管纠纷
300. 证券登记、存管、结算纠纷
301. 融资融券交易纠纷
302. 客户交易结算资金纠纷

二十五、期货交易纠纷

303. 期货经纪合同纠纷
304. 期货透支交易纠纷
305. 期货强行平仓纠纷
306. 期货实物交割纠纷
307. 期货保证合约纠纷
308. 期货交易代理合同纠纷
309. 侵占期货交易保证金纠纷
310. 期货欺诈责任纠纷
311. 操纵期货交易市场责任纠纷

312. 期货内幕交易责任纠纷
313. 期货虚假信息责任纠纷

二十六、信托纠纷

314. 民事信托纠纷
315. 营业信托纠纷
316. 公益信托纠纷

二十七、保险纠纷

317. 财产保险合同纠纷
(1)财产损失保险合同纠纷
(2)责任保险合同纠纷
(3)信用保险合同纠纷
(4)保证保险合同纠纷
(5)保险人代位求偿权纠纷
318. 人身保险合同纠纷
(1)人寿保险合同纠纷
(2)意外伤害保险合同纠纷
(3)健康保险合同纠纷
319. 再保险合同纠纷
320. 保险经纪合同纠纷
321. 保险代理合同纠纷
322. 进出口信用保险合同纠纷
323. 保险费纠纷

二十八、票据纠纷

324. 票据付款请求权纠纷
325. 票据追索权纠纷
326. 票据交付请求权纠纷
327. 票据返还请求权纠纷
328. 票据损害责任纠纷
329. 票据利益返还请求权纠纷
330. 汇票回单签发请求权纠纷
331. 票据保证纠纷
332. 确认票据无效纠纷
333. 票据代理纠纷
334. 票据回购纠纷

二十九、信用证纠纷

335. 委托开立信用证纠纷
336. 信用证开证纠纷
337. 信用证议付纠纷
338. 信用证欺诈纠纷
339. 信用证融资纠纷
340. 信用证转让纠纷

第九部分　侵权责任纠纷

三十、侵权责任纠纷

341. 监护人责任纠纷
342. 用人单位责任纠纷
343. 劳务派遣工作人员侵权责任纠纷
344. 提供劳务者致害责任纠纷
345. 提供劳务者受害责任纠纷
346. 网络侵权责任纠纷
347. 违反安全保障义务责任纠纷
(1)公共场所管理人责任纠纷
(2)群众性活动组织者责任纠纷
348. 教育机构责任纠纷
349. 产品责任纠纷
(1)产品生产者责任纠纷
(2)产品销售者责任纠纷
(3)产品运输者责任纠纷
(4)产品仓储者责任纠纷
350. 机动车交通事故责任纠纷
351. 医疗损害责任纠纷
(1)侵害患者知情同意权责任纠纷
(2)医疗产品责任纠纷
352. 环境污染责任纠纷
(1)大气污染责任纠纷
(2)水污染责任纠纷
(3)噪声污染责任纠纷
(4)放射性污染责任纠纷
(5)土壤污染责任纠纷
(6)电子废物污染责任纠纷
(7)固体废物污染责任纠纷
353. 高度危险责任纠纷
(1)民用核设施损害责任纠纷
(2)民用航空器损害责任纠纷
(3)占有、使用高度危险物损害责任纠纷
(4)高度危险活动损害责任纠纷
(5)遗失、抛弃高度危险物损害责任纠纷
(6)非法占有高度危险物损害责任纠纷
354. 饲养动物损害责任纠纷
355. 物件损害责任纠纷
(1)物件脱落、坠落损害责任纠纷
(2)建筑物、构筑物倒塌损害责任纠纷
(3)不明抛掷物、坠落物损害责任纠纷

(4)堆放物倒塌致害责任纠纷
(5)公共道路妨碍通行损害责任纠纷
(6)林木折断损害责任纠纷
(7)地面施工、地下设施损害责任纠纷
356. 触电人身损害责任纠纷
357. 义务帮工人受害责任纠纷
358. 见义勇为人受害责任纠纷
359. 公证损害责任纠纷
360. 防卫过当损害责任纠纷
361. 紧急避险损害责任纠纷
362. 驻香港、澳门特别行政区军人执行职务侵权责任纠纷
363. 铁路运输损害责任纠纷
(1)铁路运输人身损害责任纠纷
(2)铁路运输财产损害责任纠纷
364. 水上运输损害责任纠纷
(1)水上运输人身损害责任纠纷
(2)水上运输财产损害责任纠纷
365. 航空运输损害责任纠纷
(1)航空运输人身损害责任纠纷
(2)航空运输财产损害责任纠纷
366. 因申请诉前财产保全损害责任纠纷
367. 因申请诉前证据保全损害责任纠纷
368. 因申请诉中财产保全损害责任纠纷
369. 因申请诉中证据保全损害责任纠纷
370. 因申请先予执行损害责任纠纷

第十部分　适用特殊程序案件案由

三十一、选民资格案件
371. 申请确定选民资格
三十二、宣告失踪、宣告死亡案件
372. 申请宣告公民失踪
373. 申请撤销宣告失踪
374. 申请为失踪人财产指定、变更代管人
375. 失踪人债务支付纠纷
376. 申请宣告公民死亡
377. 申请撤销宣告公民死亡
378. 被撤销死亡宣告人请求返还财产纠纷
三十三、认定公民无民事行为能力、限制民事行为能力案件
379. 申请宣告公民无民事行为能力
380. 申请宣告公民限制民事行为能力
381. 申请宣告公民恢复限制民事行为能力
382. 申请宣告公民恢复完全民事行为能力
三十四、认定财产无主案件
383. 申请认定财产无主
384. 申请撤销认定财产无主
三十五、监护权特别程序案件
385. 申请确定监护人
386. 申请变更监护人
387. 申请撤销监护人资格
三十六、督促程序案件
388. 申请支付令
三十七、公示催告程序案件
389. 申请公示催告
三十八、申请诉前停止侵害知识产权案件
390. 申请诉前停止侵害专利权
391. 申请诉前停止侵害注册商标专用权
392. 申请诉前停止侵害著作权
393. 申请诉前停止侵害植物新品种权
三十九、申请保全案件
394. 申请诉前财产保全
395. 申请诉中财产保全
396. 申请诉前证据保全
397. 申请诉中证据保全
398. 仲裁程序中的财产保全
399. 仲裁程序中的证据保全
400. 申请中止支付信用证项下款项
401. 申请中止支付保函项下款项
四十、仲裁程序案件
402. 申请确认仲裁协议效力
403. 申请撤销仲裁裁决
四十一、海事诉讼特别程序案件
404. 申请海事请求保全
(1)申请扣押船舶
(2)申请拍卖扣押船舶
(3)申请扣押船载货物
(4)申请拍卖扣押船载货物
(5)申请扣押船用燃油及船用物料
(6)申请拍卖扣押船用燃油及船用物料
405. 申请海事支付令
406. 申请海事强制令
407. 申请海事证据保全
408. 申请设立海事赔偿责任限制基金

409. 申请船舶优先权催告

410. 申请海事债权登记与受偿

四十二、申请承认与执行法院判决、仲裁裁决案件

411. 申请执行海事仲裁裁决

412. 申请执行知识产权仲裁裁决

413. 申请执行涉外仲裁裁决

414. 申请认可和执行香港特别行政区法院民事判决

415. 申请认可和执行香港特别行政区仲裁裁决

416. 申请认可和执行澳门特别行政区法院民事判决

417. 申请认可和执行澳门特别行政区仲裁裁决

418. 申请认可和执行台湾地区法院民事判决

419. 申请认可和执行台湾地区仲裁裁决

420. 申请承认和执行外国法院民事判决、裁定

421. 申请承认和执行外国仲裁裁决

四十三、执行异议之诉

422. 案外人执行异议之诉

423. 申请执行人执行异议之诉

424. 执行分配方案异议之诉

最高人民法院关于增加民事案件案由的通知

（2018 年 12 月 12 日　法〔2018〕344 号）

各省、自治区、直辖市高级人民法院，解放军军事法院，新疆维吾尔自治区高级人民法院生产建设兵团分院；本院各单位：

经研究，现就在《民事案件案由规定》中增加两类案由问题通知如下：

一、在第一部分“人格权纠纷”的第三级案由“9. 一般人格权纠纷”项下增加一类第四级案由“1. 平等就业权纠纷”；

二、在第九部分“侵权责任纠纷”的“348. 教育机构责任纠纷”之后增加一个第三级案由“348 之一、性骚扰损害责任纠纷”。

本通知自 2019 年 1 月 1 日起施行。

最高人民法院关于补充增加民事案件案由的通知

（2018 年 12 月 28 日　法〔2018〕364 号）

各省、自治区、直辖市高级人民法院，解放军军事法院，新疆维吾尔自治区高级人民法院生产建设兵团分院，本院各单位：

经研究，现就在《民事案件案由规定》第五部分“知识产权与竞争纠纷”中增加三类案由问题通知如下：

一、在二级案由“十四、知识产权权属、侵权纠纷”的第三级案由“145. 植物新品种权权属、侵权纠纷”项下增加一类第四级案由“（4）植物新品种临时保护期使用费纠纷”；

二、在二级案由“十四、知识产权权属、侵权纠纷”的“153. 确认不侵害知识产权纠纷”项下增加三类第四级案由“（4）确认不侵害植物新品种权纠纷；（5）确认不侵害集成电路布图设计专用权纠纷；（6）确认不侵害计算机软件著作权纠纷”。

三、在二级案由“十四、知识产权权属、侵权纠纷”的“154. 因申请知识产权临时措施损害责任纠纷”项下增加两类第四级案由“（6）因申请诉前停止侵害计算机软件著作权损害责任纠纷；（7）因申请诉前停止侵害集成电路布图设计专用权损害责任纠纷”。

本通知自 2019 年 1 月 1 日起施行。

最高人民法院关于国家赔偿案件立案工作的规定

（2011 年 12 月 26 日最高人民法院审判委员会第 1537 次会议通过　2012 年 1 月 13 日最高人民法院公告公布　自 2012 年 2 月 15 日起施行　法释〔2012〕1 号）

为保障公民、法人和其他组织依法行使请求国家赔偿的权利，保证人民法院及时、准确审查受理国家赔偿案件，根据《中华人民共和国国家赔偿法》及有关法律规定，现就人民法院国家赔偿案件立案工作规定如下：

第一条 本规定所称国家赔偿案件，是指国家赔偿法第十七条、第十八条、第二十一条、第三十八条规定的下列案件：

（一）违反刑事诉讼法的规定对公民采取拘留措施的，或者依照刑事诉讼法规定的条件和程序对公民采取拘留措施，但是拘留时间超过刑事诉讼法规定的时限，其后决定撤销案件、不起诉或者判决宣告无罪终止追究刑事责任的；

（二）对公民采取逮捕措施后，决定撤销案件、不起诉或者判决宣告无罪终止追究刑事责任的；

（三）二审改判无罪，以及二审发回重审后作无罪处理的；

（四）依照审判监督程序再审改判无罪，原判刑罚已经执行的；

（五）刑讯逼供或者以殴打、虐待等行为或者唆使、放纵他人以殴打、虐待等行为造成公民身体伤害或者死亡的；

（六）违法使用武器、警械造成公民身体伤害或者死亡的；

（七）在刑事诉讼过程中违法对财产采取查封、扣押、冻结、追缴等措施的；

（八）依照审判监督程序再审改判无罪，原判罚金、没收财产已经执行的；

（九）在民事诉讼、行政诉讼过程中，违法采取对妨害诉讼的强制措施、保全措施或者对判决、裁定及其他生效法律文书执行错误，造成损害的。

第二条 赔偿请求人向作为赔偿义务机关的人民法院提出赔偿申请，或者依照国家赔偿法第二十四条、第二十五条的规定向人民法院赔偿委员会提出赔偿申请的，收到申请的人民法院根据本规定予以审查立案。

第三条 赔偿请求人当面递交赔偿申请的，收到申请的人民法院应当依照国家赔偿法第十二条的规定，当场出具加盖本院专用印章并注明收讫日期的书面凭证。

赔偿请求人以邮寄等形式提出赔偿申请的，收到申请的人民法院应当及时登记审查。

申请材料不齐全的，收到申请的人民法院应当在五日内一次性告知赔偿请求人需要补正的全部内容。收到申请的时间自人民法院收到补正材料之日起计算。

第四条 赔偿请求人向作为赔偿义务机关的人民法院提出赔偿申请，收到申请的人民法院经审查认为其申请符合下列条件的，应予立案：

（一）赔偿请求人具备法律规定的主体资格；

（二）本院是赔偿义务机关；

（三）有具体的申请事项和理由；

（四）属于本规定第一条规定的情形。

第五条 赔偿请求人对作为赔偿义务机关的人民法院作出的是否赔偿的决定不服，依照国家赔偿法第二十四条的规定向其上一级人民法院赔偿委员会提出赔偿申请，收到申请的人民法院经审查认为其申请符合下列条件的，应予立案：

（一）有赔偿义务机关作出的是否赔偿的决定书；

（二）符合法律规定的请求期间，因不可抗力或者其他障碍未能在法定期间行使请求权的情形除外。

第六条 作为赔偿义务机关的人民法院逾期未作出是否赔偿的决定，赔偿请求人依照国家赔偿法第二十四条的规定向其上一级人民法院赔偿委员会提出赔偿申请，收到申请的人民法院经审查认为其申请符合下列条件的，应予立案：

（一）赔偿请求人具备法律规定的主体资格；

（二）被申请的赔偿义务机关是法律规定的赔偿义务机关；

（三）有具体的申请事项和理由；

（四）属于本规定第一条规定的情形；

（五）有赔偿义务机关已经收到赔偿申请的收讫凭证或者相应证据；

（六）符合法律规定的请求期间，因不可抗力或者其他障碍未能在法定期间行使请求权的情形除外。

第七条 赔偿请求人对行使侦查、检察职权的机关以及看守所、监狱管理机关作出的决定不服，经向其上一级机关申请复议，对复议机关的复议决定仍不服，依照国家赔偿法第二十五条的规定向复议机关所在地的同级人民法院赔偿委员会提出赔偿申请，收到申请的人民法院经审查认为其申请符合下列条件的，应予立案：

（一）有复议机关的复议决定书；

（二）符合法律规定的请求期间，因不可抗力或者其他障碍未能在法定期间行使请求权的情形除外。

第八条　复议机关逾期未作出复议决定，赔偿请求人依照国家赔偿法第二十五条的规定向复议机关所在地的同级人民法院赔偿委员会提出赔偿申请，收到申请的人民法院经审查认为其申请符合下列条件的，应予立案：

（一）赔偿请求人具备法律规定的主体资格；

（二）被申请的赔偿义务机关、复议机关是法律规定的赔偿义务机关、复议机关；

（三）有具体的申请事项和理由；

（四）属于本规定第一条规定的情形；

（五）有赔偿义务机关、复议机关已经收到赔偿申请的收讫凭证或者相应证据；

（六）符合法律规定的请求期间，因不可抗力或者其他障碍未能在法定期间行使请求权的情形除外。

第九条　人民法院应当在收到申请之日起七日内决定是否立案。

决定立案的，人民法院应当在立案之日起五日内向赔偿请求人送达受理案件通知书。属于人民法院赔偿委员会审理的国家赔偿案件，还应当同时向赔偿义务机关、复议机关送达受理案件通知书、国家赔偿申请书或者《申请赔偿登记表》副本。

经审查不符合立案条件的，人民法院应当在七日内作出不予受理决定，并应当在作出决定之日起十日内送达赔偿请求人。

第十条　赔偿请求人对复议机关或者作为赔偿义务机关的人民法院作出的决定不予受理的文书不服，依照国家赔偿法第二十四条、第二十五条的规定向人民法院赔偿委员会提出赔偿申请，收到申请的人民法院可以依照本规定第六条、第八条予以审查立案。

经审查认为原不予受理错误的，人民法院赔偿委员会可以直接审查并作出决定，必要时也可以交由复议机关或者作为赔偿义务机关的人民法院作出决定。

第十一条　自本规定施行之日起，《最高人民法院关于刑事赔偿和非刑事司法赔偿案件立案工作的暂行规定（试行）》即行废止；本规定施行前本院发布的司法解释与本规定不一致的，以本规定为准。

最高人民法院关于人民法院登记立案若干问题的规定

（2015年4月13日最高人民法院审判委员会第1647次会议通过　2015年4月15日最高人民法院公告公布　自2015年5月1日起施行　法释〔2015〕8号）

为保护公民、法人和其他组织依法行使诉权，实现人民法院依法、及时受理案件，根据《中华人民共和国民事诉讼法》《中华人民共和国行政诉讼法》《中华人民共和国刑事诉讼法》等法律规定，制定本规定。

第一条　人民法院对依法应该受理的一审民事起诉、行政起诉和刑事自诉，实行立案登记制。

第二条　对起诉、自诉，人民法院应当一律接收诉状，出具书面凭证并注明收到日期。

对符合法律规定的起诉、自诉，人民法院应当当场予以登记立案。

对不符合法律规定的起诉、自诉，人民法院应当予以释明。

第三条　人民法院应当提供诉状样本，为当事人书写诉状提供示范和指引。

当事人书写诉状确有困难的，可以口头提出，由人民法院记入笔录。符合法律规定的，予以登记立案。

第四条　民事起诉状应当记明以下事项：

（一）原告的姓名、性别、年龄、民族、职业、工作单位、住所、联系方式，法人或者其他组织的名称、住所和法定代表人或者主要负责人的姓名、职务、联系方式；

（二）被告的姓名、性别、工作单位、住所等信息，法人或者其他组织的名称、住所等信息；

（三）诉讼请求和所根据的事实与理由；

（四）证据和证据来源；

（五）有证人的，载明证人姓名和住所。

行政起诉状参照民事起诉状书写。

第五条　刑事自诉状应当记明以下事项：

（一）自诉人或者代为告诉人、被告人的姓名、性别、年龄、民族、文化程度、职业、工作单位、住址、联系方式；

（二）被告人实施犯罪的时间、地点、手段、情节和危害后果等；

（三）具体的诉讼请求；

（四）致送的人民法院和具状时间；

（五）证据的名称、来源等；

（六）有证人的，载明证人的姓名、住所、联系方式等。

第六条 当事人提出起诉、自诉的，应当提交以下材料：

（一）起诉人、自诉人是自然人的，提交身份证明复印件；起诉人、自诉人是法人或者其他组织的，提交营业执照或者组织机构代码证复印件、法定代表人或者主要负责人身份证明书；法人或者其他组织不能提供组织机构代码的，应当提供组织机构被注销的情况说明；

（二）委托起诉或者代为告诉的，应当提交授权委托书、代理人身份证明、代为告诉人身份证明等相关材料；

（三）具体明确的足以使被告或者被告人与他人相区别的姓名或者名称、住所等信息；

（四）起诉状原本和与被告或者被告人及其他当事人人数相符的副本；

（五）与诉请相关的证据或者证明材料。

第七条 当事人提交的诉状和材料不符合要求的，人民法院应当一次性书面告知在指定期限内补正。

当事人在指定期限内补正的，人民法院决定是否立案的期间，自收到补正材料之日起计算。

当事人在指定期限内没有补正的，退回诉状并记录在册；坚持起诉、自诉的，裁定或者决定不予受理、不予立案。

经补正仍不符合要求的，裁定或者决定不予受理、不予立案。

第八条 对当事人提出的起诉、自诉，人民法院当场不能判定是否符合法律规定的，应当作出以下处理：

（一）对民事、行政起诉，应当在收到起诉状之日起七日内决定是否立案；

（二）对刑事自诉，应当在收到自诉状次日起十五日内决定是否立案；

（三）对第三人撤销之诉，应当在收到起诉状之日起三十日内决定是否立案；

（四）对执行异议之诉，应当在收到起诉状之日起十五日内决定是否立案。

人民法院在法定期间内不能判定起诉、自诉是否符合法律规定的，应当先行立案。

第九条 人民法院对起诉、自诉不予受理或者不予立案的，应当出具书面裁定或者决定，并载明理由。

第十条 人民法院对下列起诉、自诉不予登记立案：

（一）违法起诉或者不符合法律规定的；

（二）涉及危害国家主权和领土完整的；

（三）危害国家安全的；

（四）破坏国家统一和民族团结的；

（五）破坏国家宗教政策的；

（六）所诉事项不属于人民法院主管的。

第十一条 登记立案后，当事人未在法定期限内交纳诉讼费的，按撤诉处理，但符合法律规定的缓、减、免交诉讼费条件的除外。

第十二条 登记立案后，人民法院立案庭应当及时将案件移送审判庭审理。

第十三条 对立案工作中存在的不接收诉状、接收诉状后不出具书面凭证，不一次性告知当事人补正诉状内容，以及有案不立、拖延立案、干扰立案、既不立案又不作出裁定或者决定等违法违纪情形，当事人可以向受诉人民法院或者上级人民法院投诉。

人民法院应当在受理投诉之日起十五日内，查明事实，并将情况反馈当事人。发现违法违纪行为的，依法依纪追究相关人员责任；构成犯罪的，依法追究刑事责任。

第十四条 为方便当事人行使诉权，人民法院提供网上立案、预约立案、巡回立案等诉讼服务。

第十五条 人民法院推动多元化纠纷解决机制建设，尊重当事人选择人民调解、行政调解、行业调解、仲裁等多种方式维护权益，化解纠纷。

第十六条 人民法院依法维护登记立案秩序，推进诉讼诚信建设。对干扰立案秩序、虚假诉讼的，根据民事诉讼法、行政诉讼法有关规定予以罚款、拘留;构成犯罪的,依法追究刑事责任。

第十七条 本规定的"起诉",是指当事人提起民事、行政诉讼;"自诉",是指当事人提起刑事自诉。

第十八条 强制执行和国家赔偿申请登记立案工作,按照本规定执行。

上诉、申请再审、刑事申诉、执行复议和国家赔偿申诉案件立案工作,不适用本规定。

第十九条 人民法庭登记立案工作,按照本规定执行。

第二十条 本规定自2015年5月1日起施行。以前有关立案的规定与本规定不一致的,按照本规定执行。

最高人民法院关于人民法院推行立案登记制改革的意见

(2015年4月15日 法发〔2015〕6号)

为充分保障当事人诉权,切实解决人民群众反映的"立案难"问题,改革法院案件受理制度,变立案审查制为立案登记制,依照《中华人民共和国民事诉讼法》《中华人民共和国行政诉讼法》《中华人民共和国刑事诉讼法》等有关法律,提出如下意见。

一、立案登记制改革的指导思想

(一)坚持正确政治方向。深入贯彻党的十八届四中全会精神,坚持党的群众路线,坚持司法为民公正司法,通过立案登记制改革,推动加快建设公正高效权威的社会主义司法制度。

(二)坚持以宪法和法律为依据。依法保障当事人行使诉讼权利,方便当事人诉讼,做到公开、透明、高效。

(三)坚持有案必立、有诉必理。对符合法律规定条件的案件,法院必须依法受理,任何单位和个人不得以任何借口阻挠法院受理案件。

二、登记立案范围

有下列情形之一的,应当登记立案:

(一)与本案有直接利害关系的公民、法人和其他组织提起的民事诉讼,有明确的被告、具体的诉讼请求和事实依据,属于人民法院主管和受诉人民法院管辖的;

(二)行政行为的相对人以及其他与行政行为有利害关系的公民、法人或者其他组织提起的行政诉讼,有明确的被告、具体的诉讼请求和事实根据,属于人民法院受案范围和受诉人民法院管辖的;

(三)属于告诉才处理的案件,被害人有证据证明的轻微刑事案件,以及被害人有证据证明应当追究被告人刑事责任而公安机关、人民检察院不予追究的案件,被害人告诉,且有明确的被告人、具体的诉讼请求和证明被告人犯罪事实的证据,属于受诉人民法院管辖的;

(四)生效法律文书有给付内容且执行标的和被执行人明确,权利人或其继承人、权利承受人在法定期限内提出申请,属于受申请人民法院管辖的;

(五)赔偿请求人向作为赔偿义务机关的人民法院提出申请,对人民法院、人民检察院、公安机关等作出的赔偿、复议决定或者对逾期不作为不服,提出赔偿申请的。

有下列情形之一的,不予登记立案:

(一)违法起诉或者不符合法定起诉条件的;

(二)诉讼已经终结的;

(三)涉及危害国家主权和领土完整、危害国家安全、破坏国家统一和民族团结、破坏国家宗教政策的;

(四)其他不属于人民法院主管的所诉事项。

三、登记立案程序

(一)实行当场登记立案。对符合法律规定的起诉、自诉和申请,一律接收诉状,当场登记立案。对当场不能判定是否符合法律规定的,应当在法律规定的期限内决定是否立案。

(二)实行一次性全面告知和补正。起诉、自诉和申请材料不符合形式要件的,应当及时释明,以书面形式一次性全面告知应当补正的材料和期限。在指定期限内经补正符合法律规定条件的,人民法院应当登记立案。

(三)不符合法律规定的起诉、自诉和申请的处理。对不符合法律规定的起诉、自诉和申请,应当依法裁决不予受理或者不予立案,并载明理由。当事人不服的,可以提起上诉或者申请复议。禁止不收材料、不予答复、不出具法律文书。

(四)严格执行立案标准。禁止在法律规定

之外设定受理条件，全面清理和废止不符合法律规定的立案“土政策”。

四、健全配套机制

（一）健全多元化纠纷解决机制。进一步完善调解、仲裁、行政裁决、行政复议、诉讼等有机衔接、相互协调的多元化纠纷解决机制，加强诉前调解与诉讼调解的有效衔接，为人民群众提供更多纠纷解决方式。

（二）建立完善庭前准备程序。完善繁简分流、先行调解工作机制。探索建立庭前准备程序，召集庭前会议，明确诉辩意见，归纳争议焦点，固定相关证据，促进纠纷通过调解、和解、速裁和判决等方式高效解决。

（三）强化立案服务措施。加强人民法院诉讼服务中心和信息化建设，实现公开、便捷立案。推行网上立案、预约立案、巡回立案，为当事人行使诉权提供便利。加大法律援助、司法救助力度，让经济确有困难的当事人打得起官司。

五、制裁违法滥诉

（一）依法惩治虚假诉讼。当事人之间恶意串通，或者冒充他人提起诉讼，企图通过诉讼、调解等方式侵害他人合法权益的，人民法院应当驳回其请求，并予以罚款、拘留；构成犯罪的，依法追究刑事责任。

（二）依法制裁违法行为。对哄闹、滞留、冲击法庭等不听从司法工作人员劝阻的，以暴力、威胁或者其他方法阻碍司法工作人员执行职务的，或者编造事实、侮辱诽谤审判人员，严重扰乱登记立案工作的，予以罚款、拘留；构成犯罪的，依法追究刑事责任。

（三）依法维护立案秩序。对违法围攻、静坐、缠访闹访、冲击法院等，干扰人民法院依法立案的，由公安机关依照治安管理处罚法，予以警告、罚款、行政拘留等处罚；构成犯罪的，依法追究刑事责任。

（四）健全相关法律制度。加强诉讼诚信建设，规范行使诉权行为。推动完善相关立法，对虚假诉讼、恶意诉讼、无理缠诉等滥用诉权行为，明确行政处罚、司法处罚、刑事处罚标准，加大惩治力度。

六、切实加强立案监督

（一）加强内部监督。人民法院应当公开立案程序，规范立案行为，加强对立案流程的监督。上级人民法院应充分发挥审级监督职能，对下级法院有案不立的，责令其及时纠正。必要时，可提级管辖或者指定其他下级法院立案审理。

（二）加强外部监督。人民法院要自觉接受监督，对各级人民代表大会及其常务委员会督查法院登记立案工作反馈的问题和意见，要及时提出整改和落实措施；对检察机关针对不予受理、不予立案、驳回起诉的裁定依法提出的抗诉，要依法审理，对检察机关提出的检察建议要及时处理，并书面回复；自觉接受新闻媒体和人民群众的监督，对反映和投诉的问题，要及时回应，确实存在问题的，要依法纠正。

（三）强化责任追究。人民法院监察部门对立案工作应加大执纪监督力度。发现有案不立、拖延立案、人为控制立案、“年底不立案”、干扰依法立案等违法行为，对有关责任人员和主管领导，依法依纪严肃追究责任。造成严重后果或者恶劣社会影响，构成犯罪的，依法追究刑事责任。

各级人民法院要认真贯彻本意见精神，切实加强领导，明确责任，周密部署，精心组织，确保立案登记制改革顺利进行。

最高人民法院关于破产案件立案受理有关问题的通知

（2016年7月28日）

各省、自治区、直辖市高级人民法院，新疆维吾尔自治区高级人民法院生产建设兵团分院：

中央经济工作会议提出推进供给侧结构性改革，这是适应我国经济发展新常态作出的重大战略部署。为供给侧结构性改革提供有力的司法保障，是当前和今后一段时期人民法院的重要任务。破产审判工作具有依法促进市场主体再生或有序退出，优化社会资源配置、完善优胜劣汰机制的独特功能，是人民法院保障供给侧结构性改革、推动过剩产能化解的重要途径。因此，各级法院要高度重视、大力加强破产审判工作，认真研究解决影响破产审判职能发挥的体制性、机制性障碍。当前，尤其要做好破产案件的立案受理工作，这是加强破产审判工作的首要环节。

为此，特就人民法院破产案件立案受理的有关问题通知如下：

一、破产案件的立案受理事关当事人破产申请权保障，决定破产程序能否顺利启动，是审理破产案件的基础性工作，各级法院要充分认识其重要意义，依照本通知要求，切实做好相关工作，不得在法定条件之外设置附加条件，限制剥夺当事人的破产申请权，阻止破产案件立案受理，影响破产程序正常启动。

二、自 2016 年 8 月 1 日起，对于债权人、债务人等法定主体提出的破产申请材料，人民法院立案部门应一律接收并出具书面凭证，然后根据《中华人民共和国企业破产法》第八条的规定进行形式审查。立案部门经审查认为申请人提交的材料符合法律规定的，应按 2016 年 8 月 1 日起实施的《强制清算与破产案件类型及代字标准》，以“破申”作为案件类型代字编制案号，当场登记立案。不符合法律规定的，应予释明，并以书面形式一次性告知应当补充、补正的材料，补充、补正期间不计入审查期限。申请人按要求补充、补正的，应当登记立案。

立案部门登记立案后，应及时将案件移送负责审理破产案件的审判业务部门。

三、审判业务部门应当在五日内将立案及合议庭组成情况通知债务人及提出申请的债权人。对于债权人提出破产申请的，应在通知中向债务人释明，如对破产申请有异议，应当自收到通知之日起七日内向人民法院提出。

四、债权人提出破产申请的，审判业务部门应当自债务人异议期满之日起十日内裁定是否受理。其他情形的，审判业务部门应当自人民法院收到破产申请之日起十五日内裁定是否受理。

有特殊情况需要延长上述审限的，经上一级人民法院批准，可以延长十五日。

五、破产案件涉及的矛盾错综复杂，协调任务繁重，审理周期长，对承办法官的绩效考评应充分考虑这种特殊性。各高级法院要根据本地实际，积极探索建立能够全面客观反映审理破产案件工作量的考评指标体系和科学合理的绩效考评机制，充分调动法官承办破产案件的积极性。

六、各级法院要在地方党委的领导下，同地方政府建立破产工作统一协调机制，积极争取机构、编制、财政、税收等方面的支持，根据审判任务变化情况合理设置机构、配置人员，建立破产援助基金，协调政府解决职工安置问题，妥善化解影响社会稳定的各类风险。

七、请各高级法院、解放军军事法院，新疆维吾尔自治区高级人民法院生产建设兵团分院对本辖区、本系统各级法院今年上半年立案的破产案件数量和破产审判庭设置情况进行统计汇总，于 2016 年 8 月 20 日之前报最高人民法院民二庭。

各级人民法院对本通知执行中发现的新情况、新问题，应逐级报最高人民法院。

特此通知。

四 管 辖

全国各省、自治区、直辖市高级人民法院和中级人民法院管辖第一审民商事案件标准

（2008年3月31日最高人民法院公布 自2008年4月1日起执行）

北京市

一、高级人民法院管辖诉讼标的额在2亿元以上的第一审民商事案件，以及诉讼标的额在1亿元以上且当事人一方住所地不在本辖区或者涉外、涉港澳台的第一审民商事案件。

二、中级人民法院、北京铁路运输中级法院管辖诉讼标的额在5000万元以上的第一审民商事案件，以及诉讼标的额在2000万元以上且当事人一方住所地不在本辖区或者涉外、涉港澳台的第一审民商事案件。

上海市

一、高级人民法院管辖诉讼标的额在2亿元以上的第一审民商事案件，以及诉讼标的额在1亿元以上且当事人一方住所地不在本辖区的第一审民商事案件或者涉外、涉港澳台的第一审民事案件。

二、中级人民法院管辖诉讼标的额在5000万元以上的第一审民商事案件，以及诉讼标的额在2000万元以上且当事人一方住所地不在本辖区的第一审民商事案件或者涉外、涉港澳台的第一审民事案件。

广东省

一、高级人民法院管辖下列第一审民商事案件

1. 诉讼标的额在3亿元以上的案件，以及诉讼标的额在2亿元以上且当事人一方住所地不在本辖区或者涉外、涉港澳台的案件；

2. 在全省有重大影响的案件；

3. 认为应由本院受理的案件。

二、中级人民法院管辖下列第一审民商事案件

1. 广州、深圳、佛山、东莞市中级人民法院管辖诉讼标的额在3亿元以下5000万元以上的第一审民商事案件，以及诉讼标的额在2亿元以下4000万元以上且当事人一方住所地不在本辖区或者涉外、涉港澳台的第一审民商事案件；

2. 珠海、中山、江门、惠州市中级人民法院管辖诉讼标的额在3亿元以下3000万元以上的第一审民商事案件，以及诉讼标的额在2亿元以下2000万元以上且当事人一方住所地不在本辖区或者涉外、涉港澳台的第一审民商事案件；

3. 汕头、潮州、揭阳、汕尾、梅州、河源、韶关、清远、肇庆、云浮、阳江、茂名、湛江市中级人民法院管辖诉讼标的额在3亿元以下2000万元以上的第一审民商事案件，以及诉讼标的额在2亿元以下1000万元以上且当事人一方住所地不在本辖区或者涉外、涉港澳台的第一审民商事案件。

江苏省

一、高级人民法院管辖诉讼标的额在2亿元以上的第一审民商事案件，以及诉讼标的额在1亿元以上且当事人一方住所地不在本辖区或者涉外、涉港澳台的第一审民商事案件。

二、中级人民法院管辖下列第一审民商事案件

1. 南京、苏州、无锡市中级人民法院管辖诉讼标的额在3000万元以上，以及诉讼标的额在1000万元以上且当事人一方住所地不在本辖区或者涉外、涉港澳台的第一审民商事案件；

2. 扬州、南通、泰州、镇江、常州市中级人民法院管辖诉讼标的额在800万元以上，以及诉讼标的额在300万元以上且当事人一方住所地不在本辖区或者涉外、涉港澳台的第一审民商事案件；

3. 连云港、盐城、徐州、淮安市中级人民法院管辖诉讼标的额在500万元以上，以及诉讼标的额在200万元以上且当事人一方住所地不在本辖区或者涉外、涉港澳台的第一审民商事案件；

4. 宿迁市中级人民法院管辖诉讼标的额在300万元以上，以及诉讼标的额在200万元以上且当事人一方住所地不在本辖区或者涉外、涉港澳台的第一审民商事案件。

浙江省

一、高级人民法院管辖诉讼标的额在2亿元以上的第一审民商事案件，以及诉讼标的额在1亿元以上且当事人一方住所地不在本辖区或者涉外、涉港澳台的第一审民商事案件。

二、中级人民法院管辖下列第一审民商事案件

1. 杭州市、宁波市中级人民法院管辖诉讼标的额在3000万元以上的第一审民商事案件，以及诉讼标的额在1000万元以上且当事人一方住所地不在本辖区或者涉外、涉港澳台的第一审民商事案件；

2. 温州市、嘉兴市、绍兴市、台州市、金华市中级人民法院管辖诉讼标的额在1000万元以上的第一审民商事案件，以及诉讼标的额在500万元以上且当事人一方住所地不在本辖区或者涉外、涉港澳台的第一审民商事案件；

3. 其他中级人民法院管辖诉讼标的额在500万元以上的第一审民商事案件，以及诉讼标的额在200万元以上且当事人一方住所地不在本辖区或者涉外、涉港澳台的第一审民商事案件。

天津市

一、高级人民法院管辖诉讼标的额在1亿元以上的第一审民商事案件，以及诉讼标的额在5000万元以上且当事人一方住所地不在本辖区或者涉外、涉港澳台的第一审民商事案件。

二、中级人民法院管辖诉讼标的额在800万元以上的第一审民商事案件，以及诉讼标的额在500万元以上且当事人一方住所地不在本辖区或者涉外、涉港澳台的第一审民商事案件。

重庆市

一、高级人民法院管辖诉讼标的额在1亿元以上的第一审民商事案件，以及诉讼标的额在5000万元以上且当事人一方住所地不在本辖区或者涉外、涉港澳台的第一审民商事案件。

二、第一、第五中级人民法院管辖诉讼标的额在800万元以上的第一审民商事案件，以及诉讼标的额在300万元以上且当事人一方住所地不在本辖区或者涉外以上、涉港澳台的第一审民商事案件。

三、第二、三、四中级人民法院管辖诉讼标的额在500万元以上的第一审民商事案件，以及诉讼标的额在200万元以上且当事人一方住所地不在本辖区或者涉外、涉港澳台的第一审民商事案件。

山东省

一、高级人民法院管辖诉讼标的额在1亿元以上的民商事案件，以及诉讼标的额在5000万元以上且当事人一方住所地不在本辖区或者涉外、涉港澳台的第一审民商事案件。

二、中级人民法院管辖下列第一审民商事案件

1. 济南、青岛市中级人民法院管辖诉讼标的额在1000万元以上的第一审民商事案件，以及诉讼标的额在500万元以上且当事人一方住所地不在本辖区或者涉外、涉港澳台的第一审民商事案件；

2. 烟台、临沂、淄博、潍坊市中级人民法院管辖诉讼标的额在500万元以上的第一审民商事案件，以及诉讼标的额在200万元以上且当事人一方住所地不在本辖区或者涉外、涉港澳台的第一审民商事案件；

3. 济宁、威海、泰安、滨州、日照、东营市中级人民法院管辖诉讼标的额在300万元以上的第一审民商事案件，以及诉讼标的额在200万元以上且当事人一方住所地不在本辖区或者涉外、涉港澳台的第一审民商事案件；

德州、聊城、枣庄、菏泽、莱芜市中级人民法院管辖诉讼标的额在300万元以上的第一审民商事案件，以及诉讼标的额在200万元以上且当事人一方住所地不在本辖区的第一审国内民商事案件；

4. 济南铁路运输中级法院依照专门管辖规定，管辖诉讼标的额在300万元以上的第一审民商事案件。青岛海事法院管辖第一审海事纠纷和海商纠纷案件，不受争议金额限制。

福建省

一、高级人民法院管辖下列第一审民商事案件

诉讼标的额在1亿元以上的第一审民商事案件,以及诉讼标的额在5000万元以上且当事人一方住所地不在本辖区或者涉外、涉港澳台的第一审民商事案件。

二、中级人民法院管辖下列第一审民商事案件

1. 福州、厦门、泉州市中级人民法院管辖除省高级人民法院管辖以外的、诉讼标的额在800万元以上的第一审民商事案件,以及诉讼标的额在300万元以上且当事人一方住所地不在本辖区或者涉外、涉港澳台的第一审民商事案件;

2. 漳州、莆田、三明、南平、龙岩、宁德市中级人民法院管辖除省高级人民法院管辖以外的、诉讼标的额在500万元以上的第一审民商事案件,以及诉讼标的额在200万元以上且当事人一方住所地不在本辖区的第一审民商事案件或者涉外、涉港澳台的第一审民商事案件。

湖北省

一、高级人民法院管辖下列案件

1. 诉讼标的额在1亿元以上,以及诉讼标的额在5000万元以上且当事人一方住所地不在本辖区的第一审民商事案件。

2. 上级人民法院指定管辖的案件。

二、中级人民法院管辖下列第一审民商事案件

1. 武汉、汉江中级人民法院管辖诉讼标的额在800万元以上的第一审民商事案件,以及诉讼标的额在300万元以上且当事人一方住所地不在本辖区的民商事案件;

2. 其他中级人民法院管辖诉讼标的额在500万元以上的第一审民商事案件,以及诉讼标的额在200万元以上且当事人一方住所地不在本辖区的第一审民商事案件;

3. 在本辖区有重大影响的案件;

4. 一方当事人为县(市、市辖区)人民政府的案件;

5. 上级人民法院指定本院管辖的案件。

湖南省

一、高级人民法院管辖下列第一审民商事案件

1. 诉讼标的额在1亿元以上的案件;

2. 当事人一方住所地不在本辖区,诉讼标的额在5000万元以上的案件;

3. 在本辖区内有重大影响的案件;

4. 根据法律规定提审的案件;

5. 最高人民法院指定管辖、根据民事诉讼法第三十九条指令管辖(交办)的案件或其他人民法院依法移送的民商事案件。

二、中级人民法院管辖下列第一审民商事案件

1. 长沙市中级人民法院管辖诉讼标的额在800万元以上1亿元以下的第一审民商事案件,以及诉讼标的额在300万元以上5000万元以下且当事人一方住所地不在本辖区或者涉外、涉港澳台的第一审民商事案件;

2. 岳阳市、湘潭市、株洲市、衡阳市、郴州市、常德市中级人民法院管辖诉讼标的额在400万元以上1亿元以下的第一审民商事案件,以及诉讼标的额在200万元以上5000万元以下且当事人一方住所地不在本辖区或者涉外、涉港澳台的第一审民商事案件;

3. 益阳市、邵阳市、永州市、娄底市、怀化市、张家界市中级人民法院管辖诉讼标的额在300万元以上1亿元以下的第一审民商事案件,以及诉讼标的额在200万元以上5000万元以下且当事人一方住所地不在本辖区或者涉外、涉港澳台的第一审民商事案件;

4. 湘西土家族苗族自治州中级人民法院管辖诉讼标的额在200万元以上1亿元以下的第一审民商事案件,以及诉讼标的额在150万元以上5000万元以下且当事人一方住所地不在本辖区或者涉外、涉港澳台的第一审民商事案件;

5. 根据法律规定提审的案件;

6. 上级人民法院指定管辖、根据民事诉讼法第三十九条指令管辖(交办)或其他人民法院依法移送的民商事案件。

河南省

一、高级人民法院管辖诉讼标的额在1亿元以上的第一审民商事案件，以及诉讼标的额在5000万元以上且当事人一方住所地不在本辖区的案件。

二、中级人民法院管辖下列第一审民商事案件

1. 郑州市中级人民法院管辖诉讼标的额在800万元以上1亿元以下的第一审民商事案件，以及诉讼标的额在500万元以上且当事人一方住所地不在本辖区的第一审民商事案件；

2. 洛阳市、新乡市、安阳市、焦作市、平顶山市、南阳市中级人民法院管辖诉讼标的额在500万元以上1亿元以下的第一审民商事案件，以及诉讼标的额在300万元以上且当事人一方住所地不在本辖区的第一审民商事案件；

3. 其他中级人民法院管辖诉讼标的额在300万元以上1亿元以下的第一审民商事案件，以及诉讼标的额在200万元以上且当事人一方住所地不在本辖区的第一审民商事案件。

辽宁省

一、高级人民法院管辖诉讼标的额在1亿元以上的第一审民商事案件，以及诉讼标的额在5000万元以上且当事人一方住所地不在本辖区或者涉外、涉港澳台的第一审民商事案件。

二、中级人民法院管辖下列第一审民商事案件

1. 沈阳、大连中级人民法院管辖诉讼标的额在800万元以上的第一审民商事案件，以及诉讼标的额在300万元以上且当事人一方住所地不在本辖区或者涉外、涉港澳台的第一审民商事案件；

2. 鞍山、抚顺、本溪、丹东、锦州、营口、辽阳、葫芦岛中级人民法院管辖诉讼标的额在500万元以上的第一审民商事案件，以及诉讼标的额在200万元以上且当事人一方住所地不在本辖区或者涉外、涉港澳台的第一审民商事案件；

3. 其他中级人民法院管辖诉讼标的额在300万元以上的第一审民商事案件，以及诉讼标的额在100万元以上且当事人一方住所地不在本辖区或者涉外、涉港澳台的第一审民商事案件。

吉林省

一、高级人民法院管辖诉讼标的额在1亿元以上的第一审民商事案件，以及诉讼标的额在5000万元以上且当事人一方住所地不在本辖区或者涉外、涉港澳台的第一审民商事案件。

二、中级人民法院管辖下列第一审民商事案件

1. 长春市中级人民法院管辖诉讼标的额在800万元以上的第一审民商事案件，以及诉讼标的额在300万元以上且当事人一方住所地不在本辖区的第一审民商事案件；

2. 吉林市中级人民法院管辖诉讼标的额在500万元以上的第一审民商事案件，以及诉讼标的额在200万元以上且当事人一方住所地不在本辖区的第一审民商事案件；

3. 延边州中级人民法院、四平市、通化市、松原市、白山市、白城市、辽源市中级人民法院以及吉林市中级人民法院分院、延边州中级人民法院分院管辖诉讼标的额在300万元以上的第一审民商事案件，以及诉讼标的额在100万元以上且当事人一方住所地不在本辖区的第一审民商事案件。

黑龙江省

一、高级人民法院管辖诉讼标的额在1亿元以上的第一审民商事案件，以及诉讼标的额在5000万元以上且当事人一方住所地不在本辖区或者涉外、涉港澳台的第一审民商事案件。

二、中级人民法院管辖下列第一审民商事案件

1. 哈尔滨市中级人民法院管辖诉讼标的额在800万元以上的第一审民商事案件，以及诉讼标的额在300万元以上且当事人一方住所地不在本辖区或者涉外、涉港澳台的第一审民商事案件；

2. 齐齐哈尔市、牡丹江市、佳木斯市、大庆市中级人民法院管辖诉讼标的额在500万元以上的第一审民商事案件，以及诉讼标的额在200万元以上且当事人一方住所地不在本辖区或者

涉外、涉港澳台的第一审民商事案件；

3. 绥化、鸡西、伊春、鹤岗、七台河、双鸭山、黑河、大兴安岭、黑龙江省农垦、哈尔滨铁路、黑龙江省林区中级人民法院管辖诉讼标的额在300万元以上的第一审民商事案件，以及诉讼标的额在100万元以上且当事人一方住所地不在本辖区或者涉外、涉港澳台的第一审民商事案件。

广西壮族自治区

一、高级人民法院管辖下列第一审民商事案件

高级法院管辖诉讼标的额在1亿元以上的第一审民商事案件，以及诉讼标的额在5000万元以上且当事人一方住所地不在本辖区或者涉外、涉港澳台的第一审民商事案件。

二、中级人民法院管辖下列第一审民商事案件

1. 南宁市中级人民法院管辖诉讼标的额在800万元以上的第一审民商事案件，以及诉讼标的额在300万元以上且当事人一方住所地不在本辖区或者涉外、涉港澳台的第一审民商事案件；

2. 柳州、桂林、北海、梧州市中级人民法院管辖诉讼标的额在500万元以上的第一审民商事案件，以及诉讼标的额在200万元以上且当事人一方住所地不在本辖区或者涉外、涉港澳台的第一审民商事案件；

3. 玉林、贵港、钦州、防城港市中级人民法院管辖诉讼标的额在300万元以上的第一审民商事案件，以及诉讼标的额在200万元以上且当事人一方住所地不在本辖区或者涉外、涉港澳台的第一审民商事案件；

4. 百色、河池、崇左、来宾、贺州市中级人民法院和南宁铁路运输中级法院管辖诉讼标的额在150万元以上的第一审民商事案件，以及诉讼标的额在100万元以上且当事人一方住所地不在本辖区或者涉外、涉港澳台的第一审民商事案件。

安徽省

一、高级人民法院管辖诉讼标的额在1亿元以上的第一审民商事案件，以及诉讼标的额在5000万元以上且当事人一方住所地不在本辖区或者涉外、涉港澳台的第一审民商事案件。

二、中级人民法院管辖下列第一审民商事案件

1. 合肥市中级人民法院管辖诉讼标的额在800万元以上1亿元以下的第一审民商事案件，以及诉讼标的额在300万元以上5000万元以下且当事人一方住所地不在本辖区或者涉外、涉港澳台的第一审民商事案件；

2. 芜湖市、马鞍山市、铜陵市中级人民法院管辖诉讼标的额在300万元以上1亿元以下的第一审民商事案件，以及诉讼标的额在200万元以上5000万元以下且当事人一方住所地不在本辖区或者涉外、涉港澳台的第一审民商事案件；

3. 其他中级人民法院管辖诉讼标的额在150万元以上1亿元以下的第一审民商事案件，以及诉讼标的额在80万元以上5000万元以下且当事人一方住所地不在本辖区或者涉外、涉港澳台的第一审民商事案件。

江西省

一、高级人民法院管辖诉讼标的额在1亿元以上的第一审民商事案件，以及诉讼标的额在5000万元以上且当事人一方住所地不在本辖区或者涉外、涉港澳台的第一审民商事案件。

二、南昌市中级人民法院管辖诉讼标的额在500万元以上的第一审民商事案件，以及诉讼标的额在200万元以上且当事人一方住所地不在本辖区或者涉外、涉港澳台的第一审民商事案件。

其他中级人民法院管辖诉讼标的额在300万元以上的第一审民商事案件，以及诉讼标的额在200万元以上且当事人一方住所地不在本辖区或者涉外、涉港澳台的第一审民商事案件。

四川省

一、高级人民法院管辖下列第一审民事案件

1. 诉讼标的额在1亿元以上的第一审民商事案件，以及诉讼标的额在5000万元以上且当事人一方住所地不在本辖区或者涉外、涉港澳台的第一审民事案件；

2. 最高人民法院指定高级人民法院审理或

者高级人民法院认为应当由自己审理的属于中级人民法院管辖的其他第一审民事案件。

二、中级人民法院管辖下列第一审民事案件

1. 成都市中级人民法院管辖诉讼标的额在800万元以上1亿元以下的第一审民事案件,以及诉讼标的额在300万元以上5000万元以下且当事人一方住所地不在本辖区的第一审民事案件;

2. 甘孜、阿坝、凉山州中级人民法院管辖诉讼标的额在100万元以上1亿元以下的第一审民事案件,以及诉讼标的额在50万元以上5000万元以下且当事人一方住所地不在本辖区的第一审民事案件;

3. 其他中级人民法院管辖诉讼标的额在500万元以上1亿元以下的第一审民商事案件,以及诉讼标的额在200万元以上5000万元以下且当事人一方住所地不在本辖区的第一审民事案件;

4. 根据最高人民法院的规定和指定,管辖涉外、涉港澳台第一审民事案件;

5. 在本辖区内有重大影响的其他第一审民事案件;

6. 高级人民法院指定中级人民法院审理的第一审民事案件或者中级法院认为应当由自己审理的属于基层法院管辖的第一审民事案件;

7. 法律、司法解释明确规定由中级法院管辖的第一审民事案件。

陕西省

一、高级人民法院管辖诉讼标的额在1亿元以上的第一审民商事案件,以及诉讼标的额在5000万元以上且当事人一方住所地不在本辖区或者涉外、涉港澳台的第一审民商事案件。

二、中级人民法院管辖下列第一审民商事案件

1. 西安市中级人民法院管辖诉讼标的额在800万元以上的第一审民商事案件,以及诉讼标的额在300万元以上且当事人一方住所地不在本辖区或者涉外、涉港澳台的第一审民商事案件;

2. 宝鸡、咸阳、铜川、延安、榆林、渭南、汉中市中级人民法院、西安铁路运输中级法院管辖诉讼标的额在500万元以上的第一审民商事案件,以及诉讼标的额在200万元以上且当事人一方住所地不在本辖区或者涉外、涉港澳台的第一审民商事案件;

3. 安康、商洛中级人民法院管辖诉讼标的额在300万元以上的第一审民商事案件,以及诉讼标的额在100万元以上且当事人一方住所地不在本辖区或者涉外、涉港澳台的第一审民商事案件。

河北省

一、高级人民法院管辖诉讼标的额在1亿元以上的第一审民商事案件,以及诉讼标的额在5000万元以上且当事人一方住所地不在本辖区或者涉外、涉港澳台的第一审民商事案件。

二、中级人民法院管辖下列第一审民商事案件

1. 石家庄、唐山市中级人民法院管辖诉讼标的额在800万元以上的第一审民商事案件,以及诉讼标的额在300万元以上且当事人一方住所地不在本辖区或者涉外、涉港澳台的第一审民商事案件;

2. 保定、秦皇岛、廊坊、邢台、邯郸、沧州、衡水市中级人民法院管辖诉讼标的额在500万元以上的第一审民商事案件,以及诉讼标的额在200万元以上且当事人一方住所地不在本辖区或者涉外、涉港澳台的第一审民商事案件;

3. 张家口、承德市中级人民法院管辖诉讼标的额在300万元以上的第一审民商事案件,以及诉讼标的额在100万元以上且当事人一方住所地不在本辖区或者涉外、涉港澳台的第一审民商事案件。

山西省

一、高级人民法院管辖诉讼标的额在1亿元以上的第一审民商事案件,以及诉讼标的额在5000万元以上且当事人一方住所地不在本辖区或者涉外、涉港澳台的第一审民商事案件。

二、中级人民法院管辖下列第一审民商事案件

太原市中级人民法院管辖诉讼标的额在800万元以上1亿元以下的第一审民商事案件,以及

诉讼标的额在300万元以上且当事人一方住所地不在本辖区或者涉外、涉港澳台的第一审民商事案件；其他中级人民法院管辖诉讼标的额在500万元以上1亿元以下的第一审民商事案件，以及诉讼标的额在200万元以上且当事人一方住所地不在本辖区或者涉外、涉港澳台的第一审民商事案件。

海南省

一、高级人民法院管辖下列第一审民商事案件

1. 诉讼标的额在1亿元以上的第一审民商事案件；

2. 诉讼标的额在5000万元以上且当事人一方住所地不在本辖区或者涉外、涉港澳台的第一审民商事案件。

二、中级人民法院管辖下列第一审民商事案件

1. 诉讼标的额在800万元以上1亿元以下的第一审民商事案件；

2. 诉讼标的额在500万元以上5000万元以下且当事人一方住所地不在本辖区或者涉外、涉港澳台的第一审民商事案件。

甘肃省

一、高级人民法院管辖诉讼标的额在5000万元以上的第一审民事案件，以及诉讼标的额在2000万元以上且当事人一方住所地不在本辖区或者涉外、涉港澳台的第一审民事案件。

二、中级人民法院管辖下列第一审民事案件

1. 兰州市中级人民法院管辖诉讼标的额在300万元以上的第一审民事案件，以及诉讼标的额在200万元以上且当事人一方住所地不在本辖区或者涉外、涉港澳台的第一审民事案件；

2. 白银、金昌、庆阳、平凉、天水、酒泉、张掖、武威中级人民法院管辖诉讼标的额在200万元以上的第一审民事案件，以及诉讼标的额在100万元以上且当事人一方住所地不在本辖区或者涉外、涉港澳台的第一审民事案件；

3. 陇南、定西、甘南、临夏中级人民法院管辖诉讼标的额在100万元以上的第一审民事案件，以及诉讼标的额在50万元以上且当事人一方住所地不在本辖区或者涉外、涉港澳台的第一审民事案件；

4. 嘉峪关市人民法院、甘肃矿区人民法院管辖诉讼标的额在5000万元以下的第一审民事案件，以及诉讼标的额在2000万元以下且当事人一方住所地不在本辖区或者涉外、涉港澳台的第一审民事案件；

5. 兰州铁路运输中级法院、陇南市中级人民法院分院管辖诉讼标的额在200万元以上的第一审民事案件，以及诉讼标的额在100万元以上且当事人一方住所地不在本辖区的第一审民事案件。

贵州省

一、高级人民法院管辖标的额在5000万元以上的第一审民事案件，以及诉讼标的额在2000万元以上且当事人一方住所地不在本辖区或者涉外、涉港澳台的第一审民事案件。

二、中级人民法院管辖下列第一审民事案件

1. 贵阳市中级人民法院管辖诉讼标的额在300万元以上的第一审民事案件，以及诉讼标的额在200万元以上且当事人一方住所地不在本辖区或者涉外、涉港澳台的第一审民事案件；

2. 遵义市、六盘水市中级人民法院管辖诉讼标的额在200万元以上的第一审民事案件，以及诉讼标的额在100万元以上且当事人一方住所地不在本辖区或者涉外、涉港澳台的第一审民事案件；

3. 其他中级人民法院管辖诉讼标的额在100万元以上的第一审民事案件。

新疆维吾尔自治区

一、高级人民法院管辖下列第一审民商事案件

1. 诉讼标的额在5000万元以上的第一审民商事案件；

2. 诉讼标的额在2000万元以上且当事人一方住所地不在本辖区或者涉外、涉港澳台的第一审民商事案件。

二、中级人民法院管辖下列第一审民商事案件

1. 乌鲁木齐市中级人民法院管辖诉讼标的的

额在300万元以上5000万元以下的第一审民商事案件，以及诉讼标的额在200万元以上2000万元以下且当事人一方住所地不在本辖区的第一审民商事案件；

2. 和田地区、克孜勒苏柯尔克孜自治州、博尔塔拉蒙古自治州中级人民法院管辖诉讼标的额在150万元以上5000万元以下的第一审民商事案件，以及诉讼标的额在100万元以上2000万元以下且当事人一方住所地不在本辖区的第一审民商事案件；

3. 其他中级人民法院和乌鲁木齐铁路运输中级法院管辖诉讼标的额在200万元以上5000万元以下的第一审民商事案件，以及诉讼标的额在100万元以上2000万元以下且当事人一方住所地不在本辖区的第一审民商事案件；

4. 诉讼标的额在200万元以上2000万元以下的涉外、涉港澳台民商事案件；

5. 乌鲁木齐市中级人民法院管辖诉讼标的额在2000万元以下的涉外、涉港澳台实行集中管辖的五类民商事案件。

三、伊犁哈萨克自治州法院管辖下列第一审民商事案件

（一）高级人民法院伊犁哈萨克自治州分院管辖下列第一审民商事案件

1. 高级人民法院伊犁哈萨克自治州分院在其辖区内管辖与高级人民法院同等标的的民商事案件及当事人一方住所地不在本辖区或者涉外、涉港澳台的第一审民商事案件；

2. 管辖诉讼标的额在2000万元以下的涉外、涉港澳台实行集中管辖的五类民商事案件。

（二）中级人民法院管辖下列第一审民商事案件

1. 塔城、阿勒泰地区中级人民法院管辖诉讼标的额在200万元以上5000万元以下的第一审民商事案件，以及诉讼标的额在100万元以上2000万元以下且当事人一方住所地不在本辖区或者涉外、涉港澳台的民商事案件；

2. 高级人民法院伊犁哈萨克自治州分院管辖发生于奎屯市、伊宁市等二市八县辖区内，依本规定应由中级人民法院管辖的诉讼标的额在200万元以上5000万元以下以及诉讼标的额在100万元以上2000万元以下的当事人一方住所地不在本辖区或者涉外、涉港澳台的第一审民商事案件。

内蒙古自治区

一、高级人民法院管辖下列第一审民商事案件

1. 诉讼标的额在5000万元以上的第一审民商事案件，以及诉讼标的额在2000万元以上且当事人一方住所地不在本辖区或者涉外、涉港澳台的第一审民商事案件；

2. 在全区范围内有重大影响的民商事案件。

二、中级人民法院管辖下列第一审民商事案件

1. 呼和浩特市、包头市中级人民法院管辖诉讼标的额在300万元以上5000万元以下的第一审民商事案件，以及诉讼标的额在200万元以上2000万元以下且当事人一方住所地不在本辖区或者涉外、涉港澳台的第一审民商事案件；

2. 呼伦贝尔市、兴安盟、通辽市、赤峰市、锡林郭勒盟、乌兰察布市、鄂尔多斯市、巴彦淖尔市、乌海市、阿拉善盟中级人民法院和呼和浩特铁路运输中级法院管辖诉讼标的额在200万元以上5000万元以下的第一审民商事案件，以及诉讼标的额在100万元以上2000万元以下且当事人一方住所地不在本辖区或者涉外、涉港澳台的第一审民商事案件。

云南省

一、高级人民法院管辖下列第一审民商事案件

1. 诉讼标的额在1亿元以上的第一审民商事案件；

2. 诉讼标的额在5000万元以上且涉外、涉港澳台第一审民商事案件；

3. 诉讼标的额在5000万元以上的当事人一方住所地不在本辖区的第一审民商事案件；

4. 继续执行管辖在全省范围内有重大影响的民商事案件的规定。

二、中级人民法院管辖下列第一审民商事案件

1. 昆明市中级人民法院管辖诉讼标的额在

400万元以上的第一审民商事案件，以及诉讼标的额在200万元以上且当事人一方住所地不在本辖区的第一审民商事案件；

2. 红河州、文山州、西双版纳州、德宏州、大理州、楚雄州、曲靖市、昭通市、玉溪市、普洱市、临沧市、保山市中级人民法院管辖诉讼标的额在200万元以上的第一审民商事案件，以及诉讼标的额在100万元以上且当事人一方住所地不在本辖区的第一审民商事案件；

3. 丽江市、迪庆州、怒江州中级人民法院管辖诉讼标的额在100万元以上的第一审民商事案件，以及诉讼标的额在100万元以上且当事人一方住所地不在本辖区的第一审民商事案件；

4. 昆明市、红河州、文山州、西双版纳州、德宏州、怒江州、普洱市、临沧市、保山市中级人民法院管辖诉讼标的额在5000万元以下的涉外、涉港澳台第一审民商事案件；

5. 继续执行各州、市中级人民法院管辖在法律适用上具有普遍意义的新类型民、商事案件和在辖区内有重大影响的民、商事案件的规定。

新疆维吾尔自治区
高级人民法院生产建设兵团分院

一、高级人民法院生产建设兵团分院管辖诉讼标的额在5000万元以上的第一审民商事案件，以及诉讼标的额在2000万元以上且当事人一方住所地不在本辖区或者涉外、涉港澳台的第一审民商事案件。

二、农一师、农二师、农四师、农六师、农七师、农八师中级人民法院管辖诉讼标的额在200万元以上的第一审民商事案件，以及诉讼标的额在100万元以上且当事人一方住所地不在本辖区或者涉外、涉港澳台的第一审民商事案件。

其他农业师中级人民法院管辖诉讼标的额在150万元以上的第一审民商事案件，以及诉讼标的额在100万元以上且当事人一方住所地不在本辖区或者涉外、涉港澳台的第一审民商事案件。

青海省

一、高级人民法院管辖下列第一审民商事案件

1. 诉讼标的额在2000万元以上的第一审民商事案件，以及诉讼标的额在1000万元以上且当事人一方住所地不在本辖区或者涉外、涉港澳台的第一审民商事案件；

2. 最高人民法院指定由高级人民法院管辖的案件；

3. 在全省范围内有重大影响的案件。

二、中级人民法院管辖下列第一审民商事案件

1. 西宁市中级人民法院管辖全市、海西州中级人民法院管辖格尔木市诉讼标的额在100万元以上2000万元以下的第一审民商事案件，以及诉讼标的额在50万元以上且当事人一方住所地不在本辖区的第一审民商事案件；

2. 海东地区、海南、海北、黄南、海西州中级人民法院管辖（除格尔木市）诉讼标的额在60万元以上2000万元以下的第一审民商事案件，以及诉讼标的额在50万元以上且当事人一方住所地不在本辖区的第一审民商事案件；

3. 果洛、玉树州中级人民法院管辖诉讼标的额在50万元以上2000万元以下的第一审民商事案件，以及诉讼标的额在30万元以上且当事人一方住所地不在本辖区的第一审民商事案件；

4. 上级人民法院指定管辖的案件。

宁夏回族自治区

一、高级人民法院管辖诉讼标的额在2000万元以上的第一审民商事案件，以及诉讼标的额在1000万元以上且当事人一方住所地不在本辖区或者涉外、涉港澳台的第一审民商事案件。

二、中级人民法院管辖下列第一审民商事案件

1. 银川市中级人民法院管辖诉讼标的额在200万元以上的第一审民商事案件，以及诉讼标的额在100万元以上且当事人一方住所地不在本辖区的第一审民商事案件；

2. 依照法释（2002）5号司法解释第一条、第三条、第五条的规定，银川市中级人民法院集中管辖本省区争议金额在1000万元以下的第一审涉外、涉港澳台民商事案件；

3. 石嘴山、吴忠、中卫、固原市中级人民法

院管辖诉讼标的额在100万元以上的第一审民商事案件，以及诉讼标的额在80万元以上且当事人一方住所地不在本辖区的民商事案件。

西藏自治区

一、高级人民法院管辖诉讼标的额在2000万元以上的第一审民商事案件，以及诉讼标的额在500万元以上且当事人一方住所地不在本辖区或者涉外、涉港澳台的第一审民商事案件。

二、中级人民法院管辖下列第一审民商事案件

1. 拉萨市中级人民法院管辖拉萨城区诉讼标的额在200万元以上、所辖各县诉讼标的额在100万元以上的第一审民商事案件；

2. 其他各地区中级人民法院管辖地区行署所在地诉讼标的额在150万元以上、所辖各县范围内诉讼标的额在100万元以上的第一审民商事案件；

3. 诉讼标的额在500万元以下的涉外、涉港澳台的第一审民商事案件，均由各地方中级人民法院管辖。

最高人民法院关于调整高级人民法院和中级人民法院管辖第一审民商事案件标准的通知

（2008年2月3日　法发〔2008〕10号）

各省、自治区、直辖市高级人民法院，解放军军事法院，新疆维吾尔自治区高级人民法院生产建设兵团分院：

为贯彻执行修改后的民事诉讼法，进一步加强最高人民法院和高级人民法院的审判监督和指导职能，现就调整高级人民法院和中级人民法院管辖第一审民商事案件标准问题，通知如下：

一、高级人民法院管辖下列第一审民商事案件。

北京、上海、广东、江苏、浙江高级人民法院，可管辖诉讼标的额在2亿元以上的第一审民商事案件，以及诉讼标的额在1亿元以上且当事人一方住所地不在本辖区或者涉外、涉港澳台的第一审民商事案件。

天津、重庆、山东、福建、湖北、湖南、河南、辽宁、吉林、黑龙江、广西、安徽、江西、四川、陕西、河北、山西、海南高级人民法院，可管辖诉讼标的额在1亿元以上的第一审民商事案件，以及诉讼标的额在5000万元以上且当事人一方住所地不在本辖区或者涉外、涉港澳台的第一审民商事案件。

甘肃、贵州、新疆、内蒙古、云南高级人民法院和新疆生产建设兵团分院，可管辖诉讼标的额在5000万元以上的第一审民商事案件，以及诉讼标的额在2000万元以上且当事人一方住所地不在本辖区或者涉外、涉港澳台的第一审民商事案件。

青海、宁夏、西藏高级人民法院可管辖诉讼标的额在2000万元以上的第一审民商事案件，以及诉讼标的额在1000万元以上且当事人一方住所地不在本辖区或者涉外、涉港澳台的第一审民商事案件。

二、中级人民法院管辖下列第一审民商事案件。

中级人民法院管辖第一审民商事案件标准，由高级人民法院自行确定，但应当符合下列条件：

北京、上海所辖中级人民法院，广东、江苏、浙江辖区内省会城市、计划单列市和经济较为发达的市中级人民法院，可管辖诉讼标的额不低于5000万元的第一审民商事案件，以及诉讼标的额不低于2000万元且当事人一方住所地不在本辖区或者涉外、涉港澳台的第一审民商事案件。其他中级人民法院可管辖诉讼标的额不低于2000万元的第一审民商事案件，以及诉讼标的额不低于800万元且当事人一方住所地不在本辖区或者涉外、涉港澳台的第一审民商事案件。

天津所辖中级人民法院，重庆所辖城区中级人民法院，山东、福建、湖北、湖南、河南、辽宁、吉林、黑龙江、广西、安徽、江西、四川、陕西、河北、山西、海南辖区内省会城市、计划单列市和经济较为发达的市中级人民法院，可管辖诉讼标的额不低于800万元的第一审民商事案件，以及诉讼标的额不低于300万元且当事人一方住所地不在本辖区或者涉外、涉港澳台的第一审民商事案件。其他中级人民法院可管辖诉讼标的额不低

于500万元的第一审民商事案件,以及诉讼标的额不低于200万元且当事人一方住所地不在本辖区或者涉外、涉港澳台的第一审民商事案件。

甘肃、贵州、新疆、内蒙古、云南辖区内省会城市中级人民法院,可管辖诉讼标的额不低于300万元的第一审民商事案件,以及诉讼标的额不低于200万元且当事人一方住所地不在本辖区或者涉外、涉港澳台的第一审民商事案件。其他中级人民法院可管辖诉讼标的额不低于200万元的第一审民商事案件,以及诉讼标的额不低于100万元且当事人一方住所地不在本辖区或者涉外、涉港澳台的第一审民商事案件。

青海、宁夏、西藏辖区内中级人民法院,可管辖诉讼标的额不低于100万元的第一审民商事案件,以及诉讼标的额不低于50万元且当事人一方住所地不在本辖区或者涉外、涉港澳台的第一审民商事案件。

三、婚姻、继承、家庭、物业服务、人身损害赔偿、交通事故、劳动争议等案件,以及群体性纠纷案件,一般由基层人民法院管辖。

四、对重大疑难、新类型和在适用法律上有普遍意义的案件,可以依照民事诉讼法第三十九条的规定,由上级人民法院自行决定由其审理,或者根据下级人民法院报请决定由其审理。

五、实行专门管辖的海事海商案件、集中管辖的涉外民商事案件和知识产权案件,按现行规定执行。

六、军事法院管辖军内第一审民商事案件的标准,参照当地同级地方人民法院标准执行。

七、高级人民法院认为确有必要的,可以制定适当高于本通知的标准。对于辖区内贫困地区的中级人民法院,可以适当降低标准。

八、各高级人民法院关于本辖区的级别管辖标准应当于2008年3月5日前报我院批准。未经批准的,不得作为确定级别管辖的依据。

本通知执行过程中遇到的问题,请及时报告我院。

最高人民法院关于调整高级人民法院和中级人民法院管辖第一审民商事案件标准的通知

(2015年4月30日 法发〔2015〕7号)

各省、自治区、直辖市高级人民法院,解放军军事法院,新疆维吾尔自治区高级人民法院生产建设兵团分院:

为适应经济社会发展和民事诉讼需要,准确适用修改后的民事诉讼法关于级别管辖的相关规定,合理定位四级法院民商事审判职能,现就调整高级人民法院和中级人民法院管辖第一审民商事案件标准问题,通知如下:

一、当事人住所地均在受理法院所处省级行政辖区的第一审民商事案件

北京、上海、江苏、浙江、广东高级人民法院,管辖诉讼标的额5亿元以上一审民商事案件,所辖中级人民法院管辖诉讼标的额1亿元以上一审民商事案件。

天津、河北、山西、内蒙古、辽宁、安徽、福建、山东、河南、湖北、湖南、广西、海南、四川、重庆高级人民法院,管辖诉讼标的额3亿元以上一审民商事案件,所辖中级人民法院管辖诉讼标的额3000万元以上一审民商事案件。

吉林、黑龙江、江西、云南、陕西、新疆高级人民法院和新疆生产建设兵团分院,管辖诉讼标的额2亿元以上一审民商事案件,所辖中级人民法院管辖诉讼标的额1000万元以上一审民商事案件。

贵州、西藏、甘肃、青海、宁夏高级人民法院,管辖诉讼标的额1亿元以上一审民商事案件,所辖中级人民法院管辖诉讼标的额500万元以上一审民商事案件。

二、当事人一方住所地不在受理法院所处省级行政辖区的第一审民商事案件

北京、上海、江苏、浙江、广东高级人民法院,管辖诉讼标的额3亿元以上一审民商事案件,所辖中级人民法院管辖诉讼标的额5000万元以上一审民商事案件。

天津、河北、山西、内蒙古、辽宁、安徽、福建、山东、河南、湖北、湖南、广西、海南、四川、重庆高级人民法院，管辖诉讼标的额1亿元以上一审民商事案件，所辖中级人民法院管辖诉讼标的额2000万元以上一审民商事案件。

吉林、黑龙江、江西、云南、陕西、新疆高级人民法院和新疆生产建设兵团分院，管辖诉讼标的额5000万元以上一审民商事案件，所辖中级人民法院管辖诉讼标的额1000万元以上一审民商事案件。

贵州、西藏、甘肃、青海、宁夏高级人民法院，管辖诉讼标的额2000万元以上一审民商事案件，所辖中级人民法院管辖诉讼标的额500万元以上一审民商事案件。

三、解放军军事法院管辖诉讼标的额1亿元以上一审民商事案件，大单位军事法院管辖诉讼标的额2000万元以上一审民商事案件。

四、婚姻、继承、家庭、物业服务、人身损害赔偿、名誉权、交通事故、劳动争议等案件，以及群体性纠纷案件，一般由基层人民法院管辖。

五、对重大疑难、新类型和在适用法律上有普遍意义的案件，可以依照民事诉讼法第三十九条的规定，由上级人民法院自行决定由其审理，或者根据下级人民法院报请决定由其审理。

六、本通知调整的级别管辖标准不涉及知识产权案件、海事海商案件和涉外涉港澳台民商事案件。

七、本通知规定的第一审民商事案件标准，包含本数。

本通知自2015年5月1日起实施，执行过程中遇到的问题，请及时报告我院。

最高人民法院关于调整部分高级人民法院和中级人民法院管辖第一审民商事案件标准的通知

（2018年7月17日　法发〔2018〕13号）

贵州省、陕西省、甘肃省、青海省、宁夏回族自治区、新疆维吾尔自治区高级人民法院，新疆维吾尔自治区高级人民法院生产建设乡团分院：

为适应新时期经济社会发展和民事诉讼需要，准确适用民事诉讼法关于级别管辖的相关规定，合理定位四级法院民商事审判职能，现就调整部分高级人民法院和中级人民法院管辖第一审民商事案件标准问题，通知如下：

一、当事人住所地均在受理法院所处省级行政辖区的第一审民商事案件

贵州省、陕西省、新疆维吾尔自治区高级人民法院和新疆维哥尔自治区高级人民法院生产建设兵团分院管辖诉讼标的额3亿元以上一审民商事案件，所辖中级人民法院管辖诉讼标的额3000万元以上一审民商事案件。

甘肃省、青海省、宁夏回族自治区高级人民法院管辖诉讼标的额2亿元以上一审民商事案件，所辖中级人民法院管辖诉讼标的额1000万元以上一审民商事案件。

二、当事人一方住所地不在受理法院所处省级行政辖区的第一审民商事案件

贵州省、陕西省、新疆维吾尔自治区高级人民法院和新疆维吾尔自治区高级人民法院生产建设兵团分院管辖诉讼标的额1亿元以上一审民商事案件，所辖中级人民法院管辖诉讼标的额2000万元以上一审民商事案件。

甘肃省、青海省、宁夏回族自治区高级人民法院管辖诉讼标的额5000万元以上一审民商事案件，所辖中级人民法院管辖诉讼标的额1000万元以上一审民商事案件。

三、本通知未作调整的，按照《最高人民法院关于调整高级人民法院和中级人民法院管辖第一审民商事案件标准的通知》（法发〔2015〕7号）执行。

本通知自2018年8月1日起实施，执行过程中遇到的问题，请及时报告我院。

最高人民法院关于调整高级人民法院和中级人民法院管辖第一审民事案件标准的通知

（2019年4月30日　法发〔2019〕14号）

各省、自治区、直辖市高级人民法院，解放军军事法院，新疆维吾尔自治区高级人民法院生产建设兵团分院：

为适应新时代审判工作发展要求，合理定位

四级法院民事审判职能，促进矛盾纠纷化解重心下移，现就调整高级人民法院和中级人民法院管辖第一审民事案件标准问题，通知如下：

一、中级人民法院管辖第一审民事案件的诉讼标的额上限原则上为50亿元（人民币），诉讼标的额下限继续按照《最高人民法院关于调整地方各级人民法院管辖第一审知识产权民事案件标准的通知》（法发〔2010〕5号）、《最高人民法院关于调整高级人民法院和中级人民法院管辖第一审民商事案件标准的通知》（法发〔2015〕7号）、《最高人民法院关于明确第一审涉外民商事案件级别管辖标准以及归口办理有关问题的通知》（法〔2017〕359号）《最高人民法院关于调整部分高级人民法院和中级人民法院管辖第一审民商事案件标准的通知》（法发〔2018〕13号）等文件执行。

二、高级人民法院管辖诉讼标的额50亿元（人民币）以上（包含本数）或者其他在本辖区有重大影响的第一审民事案件。

三、海事海商案件、涉外民事案件的级别管辖标准按照本通知执行。

四、知识产权民事案件的级别管辖标准按照本通知执行，但《最高人民法院关于知识产权法庭若干问题的规定》第二条所涉案件类型除外。

五、最高人民法院以前发布的关于第一审民事案件级别管辖标准的规定与本通知不一致的，不再适用。

本通知自2019年5月1日起实施，执行过程中遇到的问题，请及时报告我院。

最高人民法院基层人民法院管辖第一审知识产权民事案件标准

（2010年1月28日　法发〔2010〕6号）

基层人民法院管辖第一审知识产权民事案件标准

地区	基层人民法院	管辖第一审知识产权民事案件的标准
北京市	东城区人民法院	诉讼标的额在500万元以下的第一审一般知识产权民事案件以及诉讼标的额在500万元以上1000万元以下且当事人住所地均在北京市高级人民法院辖区的第一审一般知识产权民事案件
	西城区人民法院	
	崇文区人民法院	
	宣武区人民法院	
	朝阳区人民法院	
	海淀区人民法院	
	丰台区人民法院	
	石景山区人民法院	
	昌平区人民法院	

续表

<table>
<tr><th>地区</th><th colspan="2">基层人民法院</th><th>管辖第一审知识产权民事案件的标准</th></tr>
<tr><td rowspan="2">天津市</td><td colspan="2">和平区人民法院</td><td>诉讼标的额在100万元以下的第一审一般知识产权民事案件</td></tr>
<tr><td colspan="2">经济技术开发区人民法院</td><td>诉讼标的额在50万元以下的第一审一般知识产权民事案件</td></tr>
<tr><td>辽宁省</td><td>大连市</td><td>西岗区人民法院</td><td>诉讼标的额在500万元以下的第一审一般知识产权民事案件</td></tr>
<tr><td rowspan="4">上海市</td><td colspan="2">浦东新区人民法院</td><td rowspan="4">诉讼标的额在200万元以下的第一审一般知识产权民事案件</td></tr>
<tr><td colspan="2">卢湾区人民法院</td></tr>
<tr><td colspan="2">杨浦区人民法院</td></tr>
<tr><td colspan="2">黄浦区人民法院</td></tr>
<tr><td rowspan="16">江苏省</td><td rowspan="3">南京市</td><td>宣武区人民法院</td><td rowspan="11">诉讼标的额在200万元以下的第一审一般知识产权民事案件</td></tr>
<tr><td>鼓楼区人民法院</td></tr>
<tr><td>江宁区人民法院</td></tr>
<tr><td rowspan="5">苏州市</td><td>虎丘区人民法院</td></tr>
<tr><td>昆山市人民法院</td></tr>
<tr><td>太仓市人民法院</td></tr>
<tr><td>常熟市人民法院</td></tr>
<tr><td>工业园区人民法院</td></tr>
<tr><td rowspan="3">无锡市</td><td>滨湖区人民法院</td></tr>
<tr><td>江阴市人民法院</td></tr>
<tr><td>宜兴市人民法院</td></tr>
<tr><td rowspan="3">常州市</td><td>武进区人民法院</td><td rowspan="5">诉讼标的额在100万元以下的第一审一般知识产权民事案件</td></tr>
<tr><td>天宁区人民法院</td></tr>
<tr><td>常州高新技术产业开发区人民法院</td></tr>
<tr><td>镇江市</td><td>镇江经济开发区人民法院</td></tr>
<tr><td>南通市</td><td>通州区人民法院</td></tr>
</table>

续表

<table>
<tr><th>地区</th><th colspan="2">基层人民法院</th><th>管辖第一审知识产权民事案件的标准</th></tr>
<tr><td rowspan="18">浙江省</td><td rowspan="4">杭州市</td><td>西湖区人民法院</td><td rowspan="18">诉讼标的额在500万元以下的第一审一般知识产权民事案件(义乌市人民法院同时管辖诉讼标的额在500万元以下的第一审实用新型和外观设计专利纠纷案件)</td></tr>
<tr><td>滨江区人民法院</td></tr>
<tr><td>余杭区人民法院</td></tr>
<tr><td>萧山区人民法院</td></tr>
<tr><td rowspan="4">宁波市</td><td>北仑区人民法院</td></tr>
<tr><td>鄞州区人民法院</td></tr>
<tr><td>余姚市人民法院</td></tr>
<tr><td>慈溪市人民法院</td></tr>
<tr><td rowspan="4">温州市</td><td>鹿城区人民法院</td></tr>
<tr><td>瓯海区人民法院</td></tr>
<tr><td>乐清市人民法院</td></tr>
<tr><td>瑞安市人民法院</td></tr>
<tr><td rowspan="2">嘉兴市</td><td>南湖区人民法院</td></tr>
<tr><td>海宁市人民法院</td></tr>
<tr><td>绍兴市</td><td>绍兴县人民法院</td></tr>
<tr><td rowspan="2">金华市</td><td>婺城区人民法院</td></tr>
<tr><td>义乌市人民法院</td></tr>
<tr><td>台州市</td><td>玉环县人民法院</td></tr>
<tr><td>安徽省</td><td>合肥市</td><td>高新技术产业开发区人民法院</td><td>诉讼标的额在5万元以下的第一审一般知识产权民事案件</td></tr>
<tr><td rowspan="3">福建省</td><td>福州市</td><td>鼓楼区人民法院</td><td rowspan="3">诉讼标的额在50万元以下的第一审一般知识产权民事案件</td></tr>
<tr><td>厦门市</td><td>思明区人民法院</td></tr>
<tr><td>泉州市</td><td>晋江市人民法院</td></tr>
<tr><td rowspan="2">江西省</td><td rowspan="2">南昌市</td><td>南昌高新技术产业开发区人民法院</td><td rowspan="2">诉讼标的额在100万元以下的第一审一般知识产权民事案件</td></tr>
<tr><td>南昌经济技术开发区人民法院</td></tr>
<tr><td rowspan="2">山东省</td><td>济南市</td><td>历下区人民法院</td><td rowspan="2">诉讼标的额在50万元以下的第一审一般知识产权民事案件以及诉讼标的额在50万元以上100万元以下且当事人住所地均在其所属中级人民法院辖区的第一审一般知识产权民事案件</td></tr>
<tr><td>青岛市</td><td>市南区人民法院</td></tr>
</table>

续表

地区	基层人民法院		管辖第一审知识产权民事案件的标准
湖北省	武汉市	江岸区人民法院	诉讼标的额在300万元以下的第一审一般知识产权民事案件以及诉讼标的额在300万元以上800万元以下且当事人住所地均在武汉市中级人民法院辖区的第一审一般知识产权民事案件
湖南省	长沙市	天心区人民法院	诉讼标的额在300万元以下的第一审一般知识产权民事案件
		岳麓区人民法院	
	株洲市	天元区人民法院	
广东省	广州市	越秀区人民法院	诉讼标的额在200万元以下的第一审一般知识产权民事案件
		海珠区人民法院	
		天河区人民法院	
		白云区人民法院	
		萝岗区人民法院	
		南沙区人民法院	
	深圳市	罗湖区人民法院	
		福田区人民法院	
		南山区人民法院	
		盐田区人民法院	
		龙岗区人民法院	
		宝安区人民法院	
	佛山市	南海区人民法院	
		禅城区人民法院	
		顺德区人民法院	
	汕头市	龙湖区人民法院	
	江门市	蓬江区人民法院	
		新会区人民法院	
	东莞市	东莞市第一人民法院	
	中山市	中山市人民法院	

续表

地区	基层人民法院		管辖第一审知识产权民事案件的标准
广西壮族自治区	南宁市	青秀区人民法院	诉讼标的额在80万元以下的第一审一般知识产权民事案件以及诉讼标的额在80万元以上150万元以下且当事人住所地均在南宁市中级人民法院辖区的第一审一般知识产权民事案件
四川省	成都市	高新区人民法院	诉讼标的额在50万元以下的第一审一般知识产权民事案件
		武侯区人民法院	
		锦江区人民法院	
重庆市	渝中区人民法院		诉讼标的额在300万元以下的第一审一般知识产权民事案件
	沙坪坝区人民法院		
甘肃省	兰州市	城关区人民法院	诉讼标的额在30万元以下的第一审一般知识产权民事案件
	天水市	秦州区人民法院	
新疆生产建设兵团	农十二师	乌鲁木齐垦区人民法院	诉讼标的额在100万元以下的第一审一般知识产权民事案件以及诉讼标的额在100万元以上300万元以下且当事人住所地均在农十二师中级人民法院辖区的第一审一般知识产权民事案件
	农六师	五家渠市人民法院	诉讼标的额在100万元以下的第一审一般知识产权民事案件以及诉讼标的额在100万元以上200万元以下且当事人住所地均在农六师中级人民法院辖区的第一审一般知识产权民事案件

注:本附件所称“以上”包括本数,“以下”不包括本数。

最高人民法院关于调整地方各级人民法院管辖第一审知识产权民事案件标准的通知

(2010年1月28日　法发〔2010〕5号)

各省、自治区、直辖市高级人民法院,解放军军事法院,新疆维吾尔自治区高级人民法院生产建设兵团分院:

为进一步加强最高人民法院和高级人民法院的知识产权审判监督和业务指导职能,合理均衡各级人民法院的工作负担,根据人民法院在知识产权民事审判工作中贯彻执行修改后的民事诉讼法的实际情况,现就调整地方各级人民法院管辖第一审知识产权民事案件标准问题,通知如下:

一、高级人民法院管辖诉讼标的额在2亿元以上的第一审知识产权民事案件,以及诉讼标的额在1亿元以上且当事人一方住所地不在其辖区或者涉外、涉港澳台的第一审知识产权民事案件。

二、对于本通知第一项标准以下的第一审知识产权民事案件，除应当由经最高人民法院指定具有一般知识产权民事案件管辖权的基层人民法院管辖的以外，均由中级人民法院管辖。

三、经最高人民法院指定具有一般知识产权民事案件管辖权的基层人民法院，可以管辖诉讼标的额在500万元以下的第一审一般知识产权民事案件，以及诉讼标的额在500万元以上1000万元以下且当事人住所地均在其所属高级或中级人民法院辖区的第一审一般知识产权民事案件，具体标准由有关高级人民法院自行确定并报最高人民法院批准。

四、对重大疑难、新类型和在适用法律上有普遍意义的知识产权民事案件，可以依照民事诉讼法第三十九条的规定，由上级人民法院自行决定由其审理，或者根据下级人民法院报请决定由其审理。

五、对专利、植物新品种、集成电路布图设计纠纷案件和涉及驰名商标认定的纠纷案件以及垄断纠纷案件等特殊类型的第一审知识产权民事案件，确定管辖时还应当符合最高人民法院有关上述案件管辖的特别规定。

六、军事法院管辖军内第一审知识产权民事案件的标准，参照当地同级地方人民法院的标准执行。

七、本通知下发后，需要新增指定具有一般知识产权民事案件管辖权的基层人民法院的，有关高级人民法院应将该基层人民法院管辖第一审一般知识产权民事案件的标准一并报最高人民法院批准。

八、本通知所称“以上”包括本数，“以下”不包括本数。

九、本通知自2010年2月1日起执行。之前已经受理的案件，仍按照各地原标准执行。

本通知执行过程中遇到的问题，请及时报告最高人民法院。

最高人民法院关于北京、上海、广州知识产权法院案件管辖的规定

（2014年10月27日最高人民法院审判委员会第1628次会议通过　2014年10月31日最高人民法院公告公布　自2014年11月3日起施行　法释〔2014〕12号）

为进一步明确北京、上海、广州知识产权法院的案件管辖，根据《中华人民共和国民事诉讼法》《中华人民共和国行政诉讼法》《全国人民代表大会常务委员会关于在北京、上海、广州设立知识产权法院的决定》等规定，制定本规定。

第一条　知识产权法院管辖所在市辖区内的下列第一审案件：

（一）专利、植物新品种、集成电路布图设计、技术秘密、计算机软件民事和行政案件；

（二）对国务院部门或者县级以上地方人民政府所作的涉及著作权、商标、不正当竞争等行政行为提起诉讼的行政案件；

（三）涉及驰名商标认定的民事案件。

第二条　广州知识产权法院对广东省内本规定第一条第（一）项和第（三）项规定的案件实行跨区域管辖。

第三条　北京市、上海市各中级人民法院和广州市中级人民法院不再受理知识产权民事和行政案件。

广东省其他中级人民法院不再受理本规定第一条第（一）项和第（三）项规定的案件。

北京市、上海市、广东省各基层人民法院不再受理本规定第一条第（一）项和第（三）项规定的案件。

第四条　案件标的既包含本规定第一条第（一）项和第（三）项规定的内容，又包含其他内容的，按本规定第一条和第二条的规定确定管辖。

第五条　下列第一审行政案件由北京知识产权法院管辖：

（一）不服国务院部门作出的有关专利、商标、植物新品种、集成电路布图设计等知识产权的授权确权裁定或者决定的；

（二）不服国务院部门作出的有关专利、植物

新品种、集成电路布图设计的强制许可决定以及强制许可使用费或者报酬的裁决的；

（三）不服国务院部门作出的涉及知识产权授权确权的其他行政行为的。

第六条　当事人对知识产权法院所在市的基层人民法院作出的第一审著作权、商标、技术合同、不正当竞争等知识产权民事和行政判决、裁定提起的上诉案件，由知识产权法院审理。

第七条　当事人对知识产权法院作出的第一审判决、裁定提起的上诉案件和依法申请上一级法院复议的案件，由知识产权法院所在地的高级人民法院知识产权审判庭审理。

第八条　知识产权法院所在省（直辖市）的基层人民法院在知识产权法院成立前已经受理但尚未审结的本规定第一条第（一）项和第（三）项规定的案件，由该基层人民法院继续审理。

除广州市中级人民法院以外，广东省其他中级人民法院在广州知识产权法院成立前已经受理但尚未审结的本规定第一条第（一）项和第（三）项规定的案件，由该中级人民法院继续审理。

最高人民法院关于军事法院管辖民事案件若干问题的规定

（2012年8月20日最高人民法院审判委员会第1553次会议通过　2012年8月28日最高人民法院公告公布　自2012年9月17日起施行　法释〔2012〕11号）

根据《中华人民共和国人民法院组织法》、《中华人民共和国民事诉讼法》等法律规定，结合人民法院民事审判工作实际，对军事法院管辖民事案件有关问题作如下规定：

第一条　下列民事案件，由军事法院管辖：

（一）双方当事人均为军人或者军队单位的案件，但法律另有规定的除外；

（二）涉及机密级以上军事秘密的案件；

（三）军队设立选举委员会的选民资格案件；

（四）认定营区内无主财产案件。

第二条　下列民事案件，地方当事人向军事法院提起诉讼或者提出申请的，军事法院应当受理：

（一）军人或者军队单位执行职务过程中造成他人损害的侵权责任纠纷案件；

（二）当事人一方为军人或者军队单位，侵权行为发生在营区内的侵权责任纠纷案件；

（三）当事人一方为军人的婚姻家庭纠纷案件；

（四）民事诉讼法第三十四条规定的不动产所在地、港口所在地、被继承人死亡时住所地或者主要遗产所在地在营区内，且当事人一方为军人或者军队单位的案件；

（五）申请宣告军人失踪或者死亡的案件；

（六）申请认定军人无民事行为能力或者限制民事行为能力的案件。

第三条　当事人一方是军人或者军队单位，且合同履行地或者标的物所在地在营区内的合同纠纷，当事人书面约定由军事法院管辖，不违反法律关于级别管辖、专属管辖和专门管辖规定的，可以由军事法院管辖。

第四条　军事法院受理第一审民事案件，应当参照民事诉讼法关于地域管辖、级别管辖的规定确定。

当事人住所地省级行政区划内没有可以受理案件的第一审军事法院，或者处于交通十分不便的边远地区，双方当事人同意由地方人民法院管辖的，地方人民法院可以管辖，但本规定第一条第（二）项规定的案件除外。

第五条　军事法院发现受理的民事案件属于地方人民法院管辖的，应当移送有管辖权的地方人民法院，受移送的地方人民法院应当受理。地方人民法院认为受移送的案件不属于本院管辖的，应当报请上级地方人民法院处理，不得再自行移送。

地方人民法院发现受理的民事案件属于军事法院管辖的，参照前款规定办理。

第六条　军事法院与地方人民法院之间因管辖权发生争议，由争议双方协商解决；协商不成的，报请各自的上级法院协商解决；仍然协商不成的，报请最高人民法院指定管辖。

第七条　军事法院受理案件后，当事人对管辖权有异议的，应当在提交答辩状期间提出。军事法院对当事人提出的异议，应当审查。异议成立的，裁定将案件移送有管辖权的军事法院或者地方人民法院;异议不成立的,裁定驳回。

第八条 本规定所称军人是指中国人民解放军的现役军官、文职干部、士兵及具有军籍的学员,中国人民武装警察部队的现役警官、文职干部、士兵及具有军籍的学员。军队中的文职人员、非现役公勤人员、正式职工,由军队管理的离退休人员,参照军人确定管辖。

军队单位是指中国人民解放军现役部队和预备役部队、中国人民武装警察部队及其编制内的企业事业单位。

营区是指由军队管理使用的区域,包括军事禁区、军事管理区。

第九条 本解释施行前本院公布的司法解释以及司法解释性文件与本解释不一致的,以本解释为准。

最高人民法院关于铁路运输法院案件管辖范围的若干规定

(2012年7月2日最高人民法院审判委员会第1551次会议通过 2012年7月17日最高人民法院公告公布 自2012年8月1日起施行 法释〔2012〕10号)

为确定铁路运输法院管理体制改革后的案件管辖范围,根据《中华人民共和国刑事诉讼法》、《中华人民共和国民事诉讼法》,规定如下:

第一条 铁路运输法院受理同级铁路运输检察院依法提起公诉的刑事案件。

下列刑事公诉案件,由犯罪地的铁路运输法院管辖:

(一)车站、货场、运输指挥机构等铁路工作区域发生的犯罪;

(二)针对铁路线路、机车车辆、通讯、电力等铁路设备、设施的犯罪;

(三)铁路运输企业职工在执行职务中发生的犯罪。

在列车上的犯罪,由犯罪发生后该列车最初停靠的车站所在地或者目的地的铁路运输法院管辖;但在国际列车上的犯罪,按照我国与相关国家签订的有关管辖协定确定管辖,没有协定的,由犯罪发生后该列车最初停靠的中国车站所在地或者目的地的铁路运输法院管辖。

第二条 本规定第一条第二、三款范围内发生的刑事自诉案件,自诉人向铁路运输法院提起自诉的,铁路运输法院应当受理。

第三条 下列涉及铁路运输、铁路安全、铁路财产的民事诉讼,由铁路运输法院管辖:

(一)铁路旅客和行李、包裹运输合同纠纷;

(二)铁路货物运输合同和铁路货物运输保险合同纠纷;

(三)国际铁路联运合同和铁路运输企业作为经营人的多式联运合同纠纷;

(四)代办托运、包装整理、仓储保管、接取送达等铁路运输延伸服务合同纠纷;

(五)铁路运输企业在装卸作业、线路维修等方面发生的委外劳务、承包等合同纠纷;

(六)与铁路及其附属设施的建设施工有关的合同纠纷;

(七)铁路设备、设施的采购、安装、加工承揽、维护、服务等合同纠纷;

(八)铁路行车事故及其他铁路运营事故造成的人身、财产损害赔偿纠纷;

(九)违反铁路安全保护法律、法规,造成铁路线路、机车车辆、安全保障设施及其他财产损害的侵权纠纷;

(十)因铁路建设及铁路运输引起的环境污染侵权纠纷;

(十一)对铁路运输企业财产权属发生争议的纠纷。

第四条 铁路运输基层法院就本规定第一条至第三条所列案件作出的判决、裁定,当事人提起上诉或铁路运输检察院提起抗诉的二审案件,由相应的铁路运输中级法院受理。

第五条 省、自治区、直辖市高级人民法院可以指定辖区内的铁路运输基层法院受理本规定第三条以外的其他第一审民事案件,并指定该铁路运输基层法院驻在地的中级人民法院或铁路运输中级法院受理对此提起上诉的案件。此类案件发生管辖权争议的,由该高级人民法院指定管辖。

省、自治区、直辖市高级人民法院可以指定辖区内的铁路运输中级法院受理对其驻在地基层人民法院一审民事判决、裁定提起上诉的案件。

省、自治区、直辖市高级人民法院对本院及下级人民法院的执行案件,认为需要指定执行的,可以指定辖区内的铁路运输法院执行。

第六条 各高级人民法院指定铁路运输法院受理案件的范围,报最高人民法院批准后实施。

第七条 本院以前作出的有关规定与本规定不一致的,以本规定为准。

本规定施行前,各铁路运输法院依照此前的规定已经受理的案件,不再调整。

最高人民法院关于海事诉讼管辖问题的规定

(2015年12月28日最高人民法院审判委员会第1674次会议通过 2016年2月24日最高人民法院公告公布 自2016年3月1日起施行 法释〔2016〕2号)

为推进"一带一路"建设、海洋强国战略、京津冀一体化、长江经济带发展规划的实施,促进海洋经济发展,及时化解海事纠纷,保证海事法院正确行使海事诉讼管辖权,依法审理海事案件,根据《中华人民共和国民事诉讼法》《中华人民共和国海事诉讼特别程序法》《中华人民共和国行政诉讼法》以及全国人民代表大会常务委员会《关于在沿海港口城市设立海事法院的决定》等法律规定,现将海事诉讼管辖的几个问题规定如下:

一、关于管辖区域调整

1. 根据航运经济发展和海事审判工作的需要,对大连、武汉海事法院的管辖区域作出如下调整:

(1)大连海事法院管辖下列区域:南自辽宁省与河北省的交界处、东至鸭绿江口的延伸海域和鸭绿江水域,其中包括黄海一部分、渤海一部分、海上岛屿;吉林省的松花江、图们江等通海可航水域及港口;黑龙江省的黑龙江、松花江、乌苏里江等通海可航水域及港口。

(2)武汉海事法院管辖下列区域:自四川省宜宾市合江门至江苏省浏河口之间长江干线及支线水域,包括宜宾、泸州、重庆、涪陵、万州、宜昌、荆州、城陵矶、武汉、九江、安庆、芜湖、马鞍山、南京、扬州、镇江、江阴、张家港、南通等主要港口。

2. 其他各海事法院依据此前最高人民法院发布的决定或通知确定的管辖区域对海事案件行使管辖权。

二、关于海事行政案件管辖

1. 海事法院审理第一审海事行政案件。海事法院所在地的高级人民法院审理海事行政上诉案件,由行政审判庭负责审理。

2. 海事行政案件由最初作出行政行为的行政机关所在地海事法院管辖。经复议的案件,由复议机关所在地海事法院管辖。

对限制人身自由的行政强制措施不服提起的诉讼,由被告所在地或者原告所在地海事法院管辖。

前述行政机关所在地或者原告所在地不在海事法院管辖区域内的,由行政执法行为实施地海事法院管辖。

三、关于海事海商纠纷管辖权异议案件的审理

1. 当事人不服管辖权异议裁定的上诉案件由海事法院所在地的高级人民法院负责海事海商案件的审判庭审理。

2. 发生法律效力的管辖权异议裁定违反海事案件专门管辖确需纠正的,人民法院可依照《中华人民共和国民事诉讼法》第一百九十八条规定再审。

四、其他规定

本规定自2016年3月1日起施行。最高人民法院以前作出的有关规定与本规定不一致的,以本规定为准。

最高人民法院关于审理发生在我国管辖海域相关案件若干问题的规定(一)

(2015年12月28日最高人民法院审判委员会第1674次会议通过 2016年8月1日最高人民法院公告公布 自2016年8月2日起施行 法释〔2016〕16号)

为维护我国领土主权、海洋权益,平等保护中外当事人合法权利,明确我国管辖海域的司法管辖与法律适用，根据《中华人民共和国领海及毗连区法》《中华人民共和国专属经济区和大陆架法》《中华人民共和国刑法》《中华人民共和国出境入境管理法》《中华人民共和国治安管理处罚法》《中华人民共和国刑事诉讼法》《中华人民共和国民事诉讼法》《中华人民共和国海事诉讼特别程序法》《中华人民共和国行政诉讼法》及中华人民共和国缔结或者参加的有关国际条约，结合审判实际，制定本规定。

第一条　本规定所称我国管辖海域，是指中华人民共和国内水、领海、毗连区、专属经济区、大陆架，以及中华人民共和国管辖的其他海域。

第二条　中国公民或组织在我国与有关国家缔结的协定确定的共同管理的渔区或公海从事捕捞等作业的，适用本规定。

第三条　中国公民或者外国人在我国管辖海域实施非法猎捕、杀害珍贵濒危野生动物或者非法捕捞水产品等犯罪的，依照我国刑法追究刑事责任。

第四条　有关部门依据出境入境管理法、治安管理处罚法，对非法进入我国内水从事渔业生产或者渔业资源调查的外国人，作出行政强制措施或行政处罚决定，行政相对人不服的，可分别依据出境入境管理法第六十四条和治安管理处罚法第一百零二条的规定，向有关机关申请复议或向有管辖权的人民法院提起行政诉讼。

第五条　因在我国管辖海域内发生海损事故，请求损害赔偿提起的诉讼，由管辖该海域的海事法院、事故船舶最先到达地的海事法院、船舶被扣押地或者被告住所地海事法院管辖。

因在公海等我国管辖海域外发生海损事故，请求损害赔偿在我国法院提起的诉讼，由事故船舶最先到达地、船舶被扣押地或者被告住所地海事法院管辖。

事故船舶为中华人民共和国船舶的，还可以由船籍港所在地海事法院管辖。

第六条　在我国管辖海域内，因海上航运、渔业生产及其他海上作业造成污染，破坏海洋生态环境，请求损害赔偿提起的诉讼，由管辖该海域的海事法院管辖。

污染事故发生在我国管辖海域外，对我国管辖海域造成污染或污染威胁，请求损害赔偿或者预防措施费用提起的诉讼，由管辖该海域的海事法院或采取预防措施地的海事法院管辖。

第七条　本规定施行后尚未审结的案件，适用本规定；本规定施行前已经终审，当事人申请再审或者按照审判监督程序决定再审的案件，不适用本规定。

第八条　本规定自2016年8月2日起施行。

最高人民法院关于上海金融法院案件管辖的规定

（2018年7月31日最高人民法院审判委员会第1746次会议通过　2018年8月7日最高人民法院公告公布　自2018年8月10日起施行　法释〔2018〕14号）

为服务和保障上海国际金融中心建设，进一步明确上海金融法院案件管辖的具体范围，根据《中华人民共和国民事诉讼法》《中华人民共和国行政诉讼法》《全国人民代表大会常务委员会关于设立上海金融法院的决定》等规定，制定本规定。

第一条　上海金融法院管辖上海市辖区内应由中级人民法院受理的下列第一审金融民商事案件：

（一）证券、期货交易、信托、保险、票据、信用证、金融借款合同、银行卡、融资租赁合同、委托理财合同、典当等纠纷；

（二）独立保函、保理、私募基金、非银行支付机构网络支付、网络借贷、互联网股权众筹等新型金融民商事纠纷；

（三）以金融机构为债务人的破产纠纷；

（四）金融民商事纠纷的仲裁司法审查案件；

（五）申请承认和执行外国法院金融民商事纠纷的判决、裁定案件。

第二条　上海金融法院管辖上海市辖区内应由中级人民法院受理的以金融监管机构为被告的第一审涉金融行政案件。

第三条　以住所地在上海市的金融市场基础设施为被告或者第三人与其履行职责相关的第一审金融民商事案件和涉金融行政案件，由上海金融法院管辖。

第四条　当事人对上海市基层人民法院作出的第一审金融民商事案件和涉金融行政案件判决、裁定提起的上诉案件，由上海金融法院审理。

第五条　当事人对上海金融法院作出的第一审判决、裁定提起的上诉案件，由上海市高级人民法院审理。

第六条　上海市各中级人民法院在上海金融法院成立前已经受理但尚未审结的金融民商事案件和涉金融行政案件，由该中级人民法院继续审理。

第七条　本规定自2018年8月10日起施行。

最高人民法院关于购销合同履行地的特殊约定问题的批复①

（1990年8月19日　法（经）复〔1990〕11号）

广东省高级人民法院：

你院粤法经请字〔1989〕第2号《关于购销合同履行地问题的请示》收悉。经研究，答复如下：

一、我院法（经）复〔1985〕39号、（1988）20号批复中所称的供需双方特殊约定的合同履行地，是指当事人在购销合同中明确约定的交货地点，即在合同的交货地点或履行地点栏目中填写的地点，或者在合同的履行条款或其他条款中写明的交货地点（货物交接地、交付地点）。若当事人约定在某地安装调试或验收完毕才算交货的，该安装调试或验收地即为双方特殊约定的合同履行地。在合同的到货地（到达站、到达港、到站地）或验收地栏目中填写的地点，不应当视为当事人特殊约定的合同履行地。

二、当事人在合同中明确约定的交货地点与合同其他条款的规定不一致的，以合同明确约定的交货地点为合同履行地。在供需双方已实际交接货物的情况下，若实际交接地点与合同原约定的交货地点不一致的，人民法院在按合同履行地实施管辖时，以货物的实际交接地视为合同履行地，但不影响在交货地点上违约一方应承担的相应责任。

三、当事人在合同中没有明确约定交货地点的，仍按我院法（经）复〔1988〕20号批复的规定，区别不同的交货方式确定合同履行地。

最高人民法院关于合同双方当事人协议约定发生纠纷各自可向所在地人民法院起诉如何确定管辖的复函②

（1994年11月27日　法经〔1994〕307号）

四川省高级人民法院：

你院川法明传〔1994〕211号请示收悉。经研究，答复如下：

合同双方当事人约定，发生纠纷各自可向所在地人民法院起诉。该约定可认为是选择由原告住所地人民法院管辖，如不违反有关级别管辖和专属管辖的规定，则该约定应为有效。若当事人已分别向所在地人民法院提起诉讼，则应由先立案的人民法院管辖；若立案时间难于分清先后，则应由两地人民法院协商解决；协商解决不了的，由它们的共同上级人民法院指定管辖。

最高人民法院关于当事人在合同中协议选择管辖法院问题的复函③

（1995年12月7日　法函〔1995〕157号）

河北省高级人民法院：

你院〔1995〕冀法经二请字1号请示收悉。经研究，答复如下：

根据《中华人民共和国民事诉讼法》第二十五条规定，合同的双方当事人可以在书面合同中协议选择被告住所地、合同履行地、合同签订地、原告住所地、标的物所在地人民法院管辖。如果当事人约定选择上述列举的两个以上人民法院管辖的，依据本院《关于适用〈中华人民共和国民事诉讼法〉若干问题的意见》第24条的规定，该选择管辖的协议无效；如果当事人约定选择上述

① 编者注：已废止。

② 编者注：已废止。

③ 编者注：已废止。

列举以外的人民法院管辖的，因其超出法律规定的范围，也应认定该约定无效，不能以此作为确定管辖的依据。

最高人民法院关于原审法院驳回当事人管辖异议裁定已发生法律效力但尚未作出生效判决前发现原审法院确无地域管辖权应如何处理问题的复函

（2003年5月30日　〔2003〕民他字第19号）

四川省高级人民法院：

你院〔2003〕川立函字第50号《关于原审法院驳回当事人管辖异议裁定已发生法律效力但未作出生效判决前发现原审法院确无地域管辖权，应如何处理的请示》收悉。经研究认为，根据《中华人民共和国民事诉讼法》第一百七十七条第二款的规定，并参照本院法（经）复〔1990〕10号《关于经济纠纷案件当事人向受诉法院提出管辖权异议的期限问题的批复》和法（经）〔1993〕14号《关于上级法院对下级法院就当事人管辖权异议的终审裁定确有错误时能否纠正问题的复函》的精神，上级人民法院在原审法院驳回当事人管辖异议裁定已发生法律效力但未作出生效判决前，发现原审法院确无地域管辖权，可以依职权裁定撤销该错误裁定并将案件移送有管辖权的人民法院审理。

最高人民法院关于破产清算组在履行职责过程中违约或侵权等民事纠纷案件诉讼管辖问题的批复

（2004年6月17日最高人民法院审判委员会第1317次会议通过　2004年6月21日最高人民法院公告公布　自2004年6月28日起施行　法释〔2004〕5号）

湖北省高级人民法院：

你院鄂高法〔2003〕383号《关于破产清算组在履行职责过程中违约或侵权等民事纠纷案件诉讼管辖问题的请示》收悉。经研究，答复如下：

企业被宣告破产后，清算组因履行清算职责对他人违约或者侵权引起的民事诉讼，发生在破产程序终结之前的，由受理破产案件的人民法院管辖，在破产程序中一并处理。

此复。

最高人民法院关于对与证券交易所监管职能相关的诉讼案件管辖与受理问题的规定

（2004年11月18日最高人民法院审判委员会第1333次会议通过　2005年1月25日最高人民法院公告公布　自2005年1月31日起施行　法释〔2005〕1号）

为正确及时地管辖、受理与证券交易所监管职能相关的诉讼案件，特作出以下规定：

一、根据《中华人民共和国民事诉讼法》第三十七条和《中华人民共和国行政诉讼法》第二十二条的有关规定，指定上海证券交易所和深圳证券交易所所在地的中级人民法院分别管辖以上海证券交易所和深圳证券交易所为被告或第三人的与证券交易所监管职能相关的第一审民事和行政案件。

二、与证券交易所监管职能相关的诉讼案件包括：

（一）证券交易所根据《中华人民共和国公司法》、《中华人民共和国证券法》、《中华人民共和国证券投资基金法》、《证券交易所管理办法》等法律、法规、规章的规定，对证券发行人及其相关人员、证券交易所会员及其相关人员、证券上市和交易活动做出处理决定引发的诉讼；

（二）证券交易所根据国务院证券监督管理机构的依法授权，对证券发行人及其相关人员、证券交易所会员及其相关人员、证券上市和交易活动做出处理决定引发的诉讼；

（三）证券交易所根据其章程、业务规则、业务合同的规定，对证券发行人及其相关人员、证券交易所会员及其相关人员、证券上市和交易活动做出处理决定引发的诉讼；

(四)证券交易所在履行监管职能过程中引发的其他诉讼。

三、投资者对证券交易所履行监管职责过程中对证券发行人及其相关人员、证券交易所会员及其相关人员、证券上市和交易活动做出的不直接涉及投资者利益的行为提起的诉讼,人民法院不予受理。

四、本规定自发布之日起施行。

最高人民法院关于中国证券登记结算有限责任公司履行职能相关的诉讼案件指定管辖问题的通知

(2007 年 6 月 20 日　法〔2007〕177 号)

各省、自治区、直辖市高级人民法院,解放军军事法院,新疆维吾尔自治区高级人民法院生产建设兵团分院:

为正确、及时地管辖、审理与中国证券登记结算有限责任公司履行职能相关的诉讼案件,特作如下通知:

一、根据《中华人民共和国民事诉讼法》第三十七条和《中华人民共和国行政诉讼法》第二十二条的有关规定,指定中国证券登记结算有限责任公司及其分支机构所在地的中级人民法院分别管辖以中国证券登记结算有限责任公司或其分支机构为被告、第三人的下列第一审民事和行政案件:

1. 中国证券登记结算有限责任公司或其分支机构根据法律、法规、规章的规定,进行证券登记、存管、结算业务或对结算参与人及其他相关单位和人员作出处理决定引发的诉讼;

2. 中国证券登记结算有限责任公司或其分支机构根据法律、法规的授权和国务院证券监督管理机构的依法授权,进行证券登记、存管、结算业务或对结算参与人及其他相关单位和人员作出处理决定引发的诉讼;

3. 中国证券登记结算有限责任公司或其分支机构根据其章程、业务规则的规定以及相关业务合同、协议、备忘录的约定,进行证券登记、存管、结算业务或对结算参与人及其他相关单位和人员作出处理决定引发的诉讼;

4. 中国证券登记结算有限责任公司或其分支机构在履行证券登记、存管、结算职能过程中引发的其他诉讼。

二、其他人民法院在本通知下发之日前受理的上述案件,已经开庭审理的,继续审理;尚未开庭审理的,移送指定法院审理。

最高人民法院关于涉及驰名商标认定的民事纠纷案件管辖问题的通知

(2009 年 1 月 5 日　法〔2009〕1 号)

各省、自治区、直辖市高级人民法院,解放军军事法院,新疆维吾尔自治区高级人民法院生产建设兵团分院:

为进一步加强人民法院对驰名商标的司法保护,完善司法保护制度,规范司法保护行为,增强司法保护的权威性和公信力,维护公平竞争的市场经济秩序,为国家经济发展大局服务,从本通知下发之日起,涉及驰名商标认定的民事纠纷案件,由省、自治区人民政府所在地的市、计划单列市中级人民法院,以及直辖市辖区内的中级人民法院管辖。其他中级人民法院管辖此类民事纠纷案件,需报经最高人民法院批准;未经批准的中级人民法院不再受理此类案件。

以上通知,请遵照执行。

最高人民法院关于审理民事级别管辖异议案件若干问题的规定

(2009 年 7 月 20 日最高人民法院审判委员会第 1471 次会议通过　2009 年 11 月 12 日最高人民法院公告公布　自 2010 年 1 月 1 日起施行　法释〔2009〕17 号)

为正确审理民事级别管辖异议案件,依法维护诉讼秩序和当事人的合法权益,根据《中华人民共和国民事诉讼法》的规定,结合审判实践,制定本规定。

第一条　被告在提交答辩状期间提出管辖

权异议，认为受诉人民法院违反级别管辖规定，案件应当由上级人民法院或者下级人民法院管辖的，受诉人民法院应当审查，并在受理异议之日起十五日内作出裁定：

（一）异议不成立的，裁定驳回；

（二）异议成立的，裁定移送有管辖权的人民法院。

第二条　在管辖权异议裁定作出前，原告申请撤回起诉，受诉人民法院作出准予撤回起诉裁定的，对管辖权异议不再审查，并在裁定书中一并写明。

第三条　提交答辩状期间届满后，原告增加诉讼请求金额致使案件标的额超过受诉人民法院级别管辖标准，被告提出管辖权异议，请求由上级人民法院管辖的，人民法院应当按照本规定第一条审查并作出裁定。

第四条　上级人民法院根据民事诉讼法第三十九条第一款的规定，将其管辖的第一审民事案件交由下级人民法院审理的，应当作出裁定。当事人对裁定不服提起上诉的，第二审人民法院应当依法审理并作出裁定。

第五条　对于应由上级人民法院管辖的第一审民事案件，下级人民法院不得报请上级人民法院交其审理。

第六条　被告以受诉人民法院同时违反级别管辖和地域管辖规定为由提出管辖权异议的，受诉人民法院应当一并作出裁定。

第七条　当事人未依法提出管辖权异议，但受诉人民法院发现其没有级别管辖权的，应当将案件移送有管辖权的人民法院审理。

第八条　对人民法院就级别管辖异议作出的裁定，当事人不服提起上诉的，第二审人民法院应当依法审理并作出裁定。

第九条　对于将案件移送上级人民法院管辖的裁定，当事人未提出上诉，但受移送的上级人民法院认为确有错误的，可以依职权裁定撤销。

第十条　经最高人民法院批准的第一审民事案件级别管辖标准的规定，应当作为审理民事级别管辖异议案件的依据。

第十一条　本规定施行前颁布的有关司法解释与本规定不一致的，以本规定为准。

最高人民法院关于对被监禁或被劳动教养的人提起的民事诉讼如何确定案件管辖问题的批复①

（2010年11月29日最高人民法院审判委员会第1503次会议通过　2010年12月9日最高人民法院公告公布　自2010年12月15日起施行　法释〔2010〕16号）

山东省高级人民法院：

你院《关于对被监禁的人提起的诉讼如何确定案件管辖问题的请示》［（2010）鲁立函字第10号］收悉。经研究，答复如下：

根据《中华人民共和国民事诉讼法》第二十三条、《最高人民法院关于适用〈中华人民共和国民事诉讼法〉若干问题的意见》第8条规定，对被监禁或被劳动教养的人提起的诉讼，原告没有被监禁或被劳动教养的，由原告住所地人民法院管辖。原告也被监禁或被劳动教养的，由被告原住所地人民法院管辖；被告被监禁或被劳动教养一年以上的，由被告被监禁地或被劳动教养地人民法院管辖。

此复。

① 编者注：已废止。

五 回 避

最高人民法院关于审判人员在诉讼活动中执行回避制度若干问题的规定

(2011年4月11日最高人民法院审判委员会第1517次会议通过 2011年6月10日最高人民法院公告公布 自2011年6月13日起施行 法释〔2011〕12号)

为进一步规范审判人员的诉讼回避行为,维护司法公正,根据《中华人民共和国人民法院组织法》、《中华人民共和国法官法》、《中华人民共和国民事诉讼法》、《中华人民共和国刑事诉讼法》、《中华人民共和国行政诉讼法》等法律规定,结合人民法院审判工作实际,制定本规定。

第一条 审判人员具有下列情形之一的,应当自行回避,当事人及其法定代理人有权以口头或者书面形式申请其回避:

(一)是本案的当事人或者与当事人有近亲属关系的;

(二)本人或者其近亲属与本案有利害关系的;

(三)担任过本案的证人、翻译人员、鉴定人、勘验人、诉讼代理人、辩护人的;

(四)与本案的诉讼代理人、辩护人有夫妻、父母、子女或者兄弟姐妹关系的;

(五)与本案当事人之间存在其他利害关系,可能影响案件公正审理的。

本规定所称近亲属,包括与审判人员有夫妻、直系血亲、三代以内旁系血亲及近姻亲关系的亲属。

第二条 当事人及其法定代理人发现审判人员违反规定,具有下列情形之一的,有权申请其回避:

(一)私下会见本案一方当事人及其诉讼代理人、辩护人的;

(二)为本案当事人推荐、介绍诉讼代理人、辩护人,或者为律师、其他人员介绍办理该案件的;

(三)索取、接受本案当事人及其受托人的财物、其他利益,或者要求当事人及其受托人报销费用的;

(四)接受本案当事人及其受托人的宴请,或者参加由其支付费用的各项活动的;

(五)向本案当事人及其受托人借款,借用交通工具、通讯工具或者其他物品,或者索取、接受当事人及其受托人在购买商品、装修住房以及其他方面给予的好处的;

(六)有其他不正当行为,可能影响案件公正审理的。

第三条 凡在一个审判程序中参与过本案审判工作的审判人员,不得再参与该案其他程序的审判。但是,经过第二审程序发回重审的案件,在一审法院作出裁判后又进入第二审程序的,原第二审程序中合议庭组成人员不受本条规定的限制。

第四条 审判人员应当回避,本人没有自行回避,当事人及其法定代理人也没有申请其回避的,院长或者审判委员会应当决定其回避。

第五条 人民法院应当依法告知当事人及其法定代理人有申请回避的权利,以及合议庭组成人员、书记员的姓名、职务等相关信息。

第六条 人民法院依法调解案件,应当告知当事人及其法定代理人有申请回避的权利,以及主持调解工作的审判人员及其他参与调解工作的人员的姓名、职务等相关信息。

第七条 第二审人民法院认为第一审人民法院的审理有违反本规定第一条至第三条规定的,应当裁定撤销原判,发回原审人民法院重新审判。

第八条 审判人员及法院其他工作人员从人民法院离任后二年内,不得以律师身份担任诉讼代理人或者辩护人。

审判人员及法院其他工作人员从人民法院离任后,不得担任原任职法院所审理案件的诉讼代理人或者辩护人,但是作为当事人的监护人或者近亲属代理诉讼或者进行辩护的除外。

本条所规定的离任,包括退休、调离、解聘、辞职、辞退、开除等离开法院工作岗位的情形。

本条所规定的原任职法院,包括审判人员及法院其他工作人员曾任职的所有法院。

第九条 审判人员及法院其他工作人员的配偶、子女或者父母不得担任其所任职法院审理案件的诉讼代理人或者辩护人。

第十条 人民法院发现诉讼代理人或者辩护人违反本规定第八条、第九条的规定的，应当责令其停止相关诉讼代理或者辩护行为。

第十一条 当事人及其法定代理人、诉讼代理人、辩护人认为审判人员有违反本规定行为的，可以向法院纪检、监察部门或者其他有关部门举报。受理举报的人民法院应当及时处理，并将相关意见反馈给举报人。

第十二条 对明知具有本规定第一条至第三条规定情形不依法自行回避的审判人员，依照《人民法院工作人员处分条例》的规定予以处分。

对明知诉讼代理人、辩护人具有本规定第八条、第九条规定情形之一，未责令其停止相关诉讼代理或者辩护行为的审判人员，依照《人民法院工作人员处分条例》的规定予以处分。

第十三条 本规定所称审判人员，包括各级人民法院院长、副院长、审判委员会委员、庭长、副庭长、审判员和助理审判员。

本规定所称法院其他工作人员，是指审判人员以外的在编工作人员。

第十四条 人民陪审员、书记员和执行员适用审判人员回避的有关规定，但不属于本规定第十三条所规定人员的，不适用本规定第八条、第九条的规定。

第十五条 自本规定施行之日起，《最高人民法院关于审判人员严格执行回避制度的若干规定》(法发〔2000〕5号)即行废止；本规定施行前本院发布的司法解释与本规定不一致的，以本规定为准。

最高人民法院关于对配偶子女从事律师职业的法院领导干部和审判执行岗位法官实行任职回避的规定(试行)①

(2011年2月10日 法发〔2011〕5号)

为维护司法公正和司法廉洁，防止法院领导干部及法官私人利益与公共利益发生冲突，依照《中华人民共和国公务员法》、《中华人民共和国法官法》和《中国共产党党员领导干部廉洁从政若干准则》，制定本规定。

第一条 人民法院领导干部和审判、执行岗位法官，其配偶、子女在其任职法院辖区内从事律师职业的，应当实行任职回避。

本规定所称法院领导干部，是指各级人民法院的领导班子成员及审判委员会专职委员。

本规定所称审判、执行岗位法官，是指各级人民法院未担任院级领导职务的审判委员会委员以及在立案、审判、执行、审判监督、国家赔偿等部门从事审判、执行工作的法官和执行员。

本规定所称从事律师职业，是指开办律师事务所、以律师身份为案件当事人提供诉讼代理或者其他有偿法律服务。

第二条 人民法院在选拔任用干部时，不得将具备任职回避条件的人员作为法院领导干部和审判、执行岗位法官的拟任人选。

第三条 人民法院在补充审判、执行岗位工作人员时，不得补充具备任职回避条件的人员。

人民法院在补充非审判、执行岗位工作人员时，应当向拟补充的人员释明本规定的相关内容。

第四条 在本规定施行前具备任职回避条件的法院领导干部和审判、执行岗位法官，应当自本规定施行之日起六个月内主动提出任职回避申请；相关人民法院应当自本规定施行之日起十二个月内，按照有关程序为其办理职务变动或者岗位调整的手续。

第五条 在本规定施行前不具备任职回避条件，但在本规定施行后具备任职回避条件的法院领导干部和审判、执行岗位法官，应当自任职回避条件具备之日起一个月内主动提出任职回避申请；相关人民法院应当自申请期限届满之日起六个月内，按照有关程序为其办理职务变动或者岗位调整的手续。

第六条 具备任职回避条件的法院领导干部和审判、执行岗位法官在前述规定期限内没有主动提出任职回避申请的，相关人民法院应当自

① 编者注：已废止。

申请期限届满之日起六个月内，按照有关程序免去其所任领导职务或者将其调离审判执行岗位。

第七条 应当实行任职回避的法院领导干部和审判、执行岗位法官的任免权限不在人民法院的，相关人民法院可向具有干部任免权的机关提出为其办理职务调动或者免职手续的建议。

第八条 因配偶、子女从事律师职业而辞去现任职务或者退出审判、执行岗位的法院领导干部和法官，应当尽可能按原职级待遇重新安排工作岗位，但在重新安排工作时，不得违反本规定第二条、第三条的要求。

第九条 具备任职回避条件的法院领导干部及审判、执行岗位法官具有下列情形之一的，应当酌情给予批评教育、组织处理或者纪律处分：

（一）隐瞒配偶、子女从事律师职业情况的；

（二）采取弄虚作假手段规避任职回避的；

（三）拒不服从组织调整或者拒不办理公务交接的；

（四）具有其他违反任职回避规定行为的。

第十条 法院领导干部和审判、执行岗位法官的配偶、子女不在本规定所限地域范围内从事律师职业的，该法院领导干部和审判、执行岗位法官不实行任职回避，但其配偶、子女采取暗中代理等方式在本规定所限地域范围内从事律师职业的，应当责令其辞去领导职务或者将其调离审判、执行岗位；其本人知情的，还应当同时给予其相应的纪律处分。

第十一条 本规定由最高人民法院负责解释。

第十二条 本规定自发布之日起施行。

最高人民法院关于对配偶父母子女从事律师职业的法院领导干部和审判执行人员实行任职回避的规定

（2020年4月17日 法发〔2020〕13号）

为了维护司法公正和司法廉洁，防止法院领导干部和审判执行人员私人利益与公共利益发生冲突，依照《中华人民共和国公务员法》《中华人民共和国法官法》等法律法规，结合人民法院实际，制定本规定。

第一条 人民法院工作人员的配偶、父母、子女、兄弟姐妹、配偶的父母、配偶的兄弟姐妹、子女的配偶、子女配偶的父母具有律师身份的，该工作人员应当主动向所在人民法院组织（人事）部门报告。

第二条 人民法院领导干部和审判执行人员的配偶、父母、子女有下列情形之一的，法院领导干部和审判执行人员应当实行任职回避：

（一）担任该领导干部和审判执行人员所任职人民法院辖区内律师事务所的合伙人或者设立人的；

（二）在该领导干部和审判执行人员所任职人民法院辖区内以律师身份担任诉讼代理人、辩护人，或者为诉讼案件当事人提供其他有偿法律服务的。

第三条 人民法院在选拔任用干部时，不得将符合任职回避条件的人员作为法院领导干部和审判执行人员的拟任人选。

第四条 人民法院在招录补充工作人员时，应当向拟招录补充的人员释明本规定的相关内容。

第五条 符合任职回避条件的法院领导干部和审判执行人员，应当自本规定生效之日或者任职回避条件符合之日起三十日内主动向法院组织（人事）部门提出任职回避申请，相关人民法院应当按照有关规定为其另行安排工作岗位，确定职务职级待遇。

第六条 符合任职回避条件的法院领导干部和审判执行人员没有按规定主动提出任职回避申请的，相关人民法院应当按照有关程序免去其所任领导职务或者将其调离审判执行岗位。

第七条 应当实行任职回避的法院领导干部和审判执行人员的任免权限不在人民法院的，相关人民法院应当向具有干部任免权的机关提出为其办理职务调动或者免职等手续的建议。

第八条 符合任职回避条件的法院领导干部和审判执行人员具有下列情形之一的，应当根据情节给予批评教育、诫勉、组织处理或者处分：

（一）隐瞒配偶、父母、子女从事律师职业情况的；

（二）不按规定主动提出任职回避申请的；

（三）采取弄虚作假手段规避任职回避的；

（四）拒不服从组织调整或者拒不办理公务交接的；

（五）具有其他违反任职回避规定行为的。

第九条　法院领导干部和审判执行人员的配偶、父母、子女采取隐名代理等方式在该领导干部和审判执行人员所任职人民法院辖区内从事律师职业的，应当责令该法院领导干部和审判执行人员辞去领导职务或者将其调离审判执行岗位，其本人知情的，应当根据相关规定从重处理。

第十条　因任职回避调离审判执行岗位的法院工作人员，任职回避情形消失后，可以向法院组织（人事）部门申请调回审判执行岗位。

第十一条　本规定所称父母，是指生父母、养父母和有扶养关系的继父母。

本规定所称子女，是指婚生子女、非婚生子女、养子女和有扶养关系的继子女。

本规定所称从事律师职业，是指担任律师事务所的合伙人、设立人，或者以律师身份担任诉讼代理人、辩护人，或者以律师身份为诉讼案件当事人提供其他有偿法律服务。

本规定所称法院领导干部，是指各级人民法院的领导班子成员及审判委员会委员。

本规定所称审判执行人员，是指各级人民法院立案、审判、执行、审判监督、国家赔偿等部门的领导班子成员、法官、法官助理、执行员。

本规定所称任职人民法院辖区，包括法院领导干部和审判执行人员所任职人民法院及其所辖下级人民法院的辖区。专门人民法院及其他管辖区域与行政辖区不一致的人民法院工作人员的任职人民法院辖区，由解放军军事法院和相关高级人民法院根据有关规定或者实际情况确定。

第十二条　本规定由最高人民法院负责解释。

第十三条　本规定自2020年5月6日起施行，《最高人民法院关于对配偶子女从事律师职业的法院领导干部和审判执行岗位法官实行任职回避的规定（试行）》（法发〔2011〕5号）同时废止。

最高人民法院关于认真贯彻落实《关于对配偶父母子女从事律师职业的法院领导干部和审判执行人员实行任职回避的规定》的通知

（2020年4月17日　法〔2020〕111号）

各省、自治区、直辖市高级人民法院，解放军军事法院，新疆维吾尔自治区高级人民法院生产建设兵团分院：

为了贯彻《中华人民共和国公务员法》《中华人民共和国法官法》相关规定，切实落实中央巡视整改要求，我院将2011年制定的《最高人民法院关于对配偶子女从事律师职业的法院领导干部和审判执行岗位法官实行任职回避的规定（试行）》（法发〔2011〕5号）修订为《最高人民法院关于对配偶父母子女从事律师职业的法院领导干部和审判执行人员实行任职回避的规定》（法发〔2020〕13号），并于近日印发给你们。现就认真贯彻执行该规定通知如下：

一、加强组织领导，开展全员学习

各高级人民法院党组要切实加强对本院及辖区法院落实任职回避制度的组织领导，将本规定的落实工作纳入全面从严治党主体责任范围，制定贯彻落实方案，形成一级抓一级、层层有人抓的工作局面。要组织全体法院工作人员认真学习法官法和本规定，帮助广大干警充分认识任职回避制度的重要意义，熟练掌握任职回避制度的基本要求，自觉提高遵守任职回避制度的主动性、自觉性。符合任职回避条件的法院领导干部要率先垂范、带头执行。

二、建立信息台账，妥善安排岗位

各级人民法院组织人事部门要根据本规定要求，组织本院工作人员申报相关亲属具有律师身份的情况，符合任职回避条件人员要主动提出回避申请。要建立详细的干警亲属从事律师工作的信息台账和任职回避人员信息台账，必要时，可将相关情况在法院内部公示，接受监督。要做好符合任职回避条件人员的思想工作，并主动与地方党委、人大及有关部门进行联系沟通，尽力为任职回避人员妥善安排新的工作岗位。

三、加强监督检查，严肃组织纪律

各级人民法院要加强对任职回避制度落实情况的监督检查，与司法行政部门建立信息沟通机制，充分利用审判信息和裁判文书大数据，及时发现干警违反任职回避制度、隐名代理等问题。上级人民法院要切实加强对下级人民法院落实任职回避制度工作的指导和检查。对于工作不力、敷衍塞责、无故拖延的单位要通报批评；对具有隐瞒不报、弄虚作假、规避任职回避等行为的人员要及时查处，确保新修订的任职回避制度得到不折不扣的贯彻落实。

请各高级人民法院于2020年10月31日前报送执行本规定的情况报告，并将本院及辖区法院任职回避人员信息台账报送最高人民法院政治部和监察局备案。

六　诉讼参加人

中华人民共和国律师暂行条例[①]

（1980年8月26日第五届全国人民代表大会常务委员会第十五次会议通过　1980年8月26日第五届全国人民代表大会常务委员会令第五号公布）

第一章　律师的任务和权利

第一条　律师是国家的法律工作者，其任务是对国家机关、企业事业单位、社会团体、人民公社和公民提供法律帮助，以维护法律的正确实施，维护国家、集体的利益和公民的合法权益。

第二条　律师的主要业务如下：

（一）接受国家机关、企业事业单位、社会团体、人民公社的聘请，担任法律顾问。

（二）接受民事案件当事人的委托，担任代理人参加诉讼。

（三）接受刑事案件被告人的委托或者人民法院的指定，担任辩护人；接受自诉案件自诉人、公诉案件被害人及其近亲属的委托，担任代理人，参加诉讼。

（四）接受非诉讼事件当事人的委托，提供法律帮助，或者担任代理人，参加调解、仲裁活动。

（五）解答关于法律的询问，代写诉讼文书和其它有关法律事务的文书。

律师应当通过全部业务活动，宣传社会主义法制。

第三条　律师进行业务活动，必须以事实为根据，以法律为准绳，忠实于社会主义事业和人民的利益。

律师依法执行职务，受国家法律保护，任何单位、个人不得干涉。

第四条　律师担任法律顾问的责任，是为聘请单位就业务上的法律问题提供意见，草拟、审查法律事务文书，代理参加诉讼、调解或者仲裁活动，维护聘请单位的合法权益。

第五条　律师担任诉讼和非诉讼事件代理人的责任，是在所受委托的权限内，维护委托人的合法权益。

律师在代理权限内的诉讼行为和法律行为，与委托人自己的诉讼行为和法律行为有同等效力。

第六条　律师担任刑事辩护人的责任，是根据事实和法律，维护被告人的合法权益。

律师认为被告人没有如实陈述案情，有权拒绝担任辩护人。

第七条　律师参加诉讼活动，有权依照有关规定，查阅本案材料，向有关单位、个人调查。律师担任刑事辩护人时，可以同在押的被告人会见和通信。

律师进行前款所列活动，有关单位、个人有责任给予支持。

律师对于业务活动中接触的国家机密和个人阴私，有保守秘密的责任。

第二章　律师资格

第八条　热爱中华人民共和国，拥护社会主义制度，有选举权和被选举权的下列公民，经考核合格，可以取得律师资格，担任律师：

（一）在高等院校法律专业毕业，并且做过两年以上司法工作、法律教学工作或者法学研究工作的；

（二）受过法律专业训练，并且担任过人民法院审判员、人民检察院检察员的；

（三）受过高等教育，做过三年以上经济、科技等工作，熟悉本专业以及与本专业有关的法律、法令，并且经过法律专业训练，适合从事律师工作的；

（四）其他具有本条第（一）项或第（二）项所列人员的法律业务水平，并具有高等学校文化水平，适合从事律师工作的。

第九条　取得律师资格，须经省、自治区、直辖市司法厅（局）考核批准，发给律师证书，并报中华人民共和国司法部备案。司法部发现审批不当的，应当通知司法厅（局）重新审查。

第十条　取得律师资格的人员不能脱离本职的，可以担任兼职律师。兼职律师所在单位应当给予支持。

---

① 编者注：已废止。

人民法院、人民检察院、人民公安机关的现职人员不得兼做律师工作。

第十一条　高等院校法律专业毕业生或者经过法律专业训练的人员,经省、自治区、直辖市司法厅(局)考核批准,可以担任实习律师。

实习律师的实习期为两年。　实习期满,依照本条例第九条规定的程序,授予律师资格;考核不合格的,可以延长其实习期。

第十二条　律师严重不称职的,得经省、自治区、直辖市司法厅(局)决定,报司法部批准,取消其律师资格。

第三章　律师的工作机构

第十三条　律师执行职务的工作机构是法律顾问处。

法律顾问处是事业单位,受国家司法行政机关的组织领导和业务监督。

第十四条　法律顾问处按县、市、市辖区设立。必要时,经司法部批准,可以设立专业性的法律顾问处。

法律顾问处之间没有隶属关系。

第十五条　法律顾问处的主要任务,是领导律师开展业务工作,组织律师学习政治和法律业务知识,总结、交流律师的工作经验。

第十六条　法律顾问处设主任一人,根据需要,可以设副主任。主任、副主任均由本处律师选举产生,报经省、自治区、直辖市司法厅(局)批准,任期为三年,　连选得连任。

法律顾问处主任、副主任领导法律顾问处的工作,并且必须执行律师职务。

第十七条　律师承办业务,由法律顾问处统一接受委托,并且统一收费。

法律顾问处给律师分配任务,应当根据实际条件尽量满足委托人的指名要求。

第十八条　法律顾问处可以指派律师到外地进行业务活动,当地法律顾问处应当给予帮助。

第十九条　为维护律师的合法权益,交流工作经验,促进律师工作的开展,增进国内外法律工作者的联系,建立律师协会。

律师协会是社会团体。组织章程由律师协会制订。

第四章　附　　则

第二十条　律师职称标准、律师奖惩规定和律师收费办法,由司法部另行制订。

第二十一条　本条例自1982年1月1日起施行。

中华人民共和国律师法①

(1996年5月15日第八届全国人民代表大会常务委员会第十九次会议通过　1996年5月15日中华人民共和国主席令第67号公布　自1997年1月1日起施行)

目　　录

第一章　总　　则

第一条　为了完善律师制度,保障律师依法执行业务,规范律师的行为,维护当事人的合法权益,维护法律的正确实施,发挥律师在社会主义法制建设中的积极作用,制定本法。

第二条　本法所称的律师,是指依法取得律师执业证书,为社会提供法律服务的执业人员。

第三条　律师执业必须遵守宪法和法律,恪守律师职业道德和执业纪律。

律师执业必须以事实为根据,以法律为准绳。

律师执业应当接受国家、社会和当事人的监督。

律师依法执业受法律保护。

第四条　国务院司法行政部门依照本法对律师、律师事务所和律师协会进行监督、指导。

---

①　编者注:已被修改。

第二章　律师执业条件

第五条　律师执业,应当取得律师资格和执业证书。

第六条　国家实行律师资格全国统一考试制度。具有高等院校法学专科以上学历或者同等专业水平,以及高等院校其他专业本科以上学历的人员,经律师资格考试合格的,由国务院司法行政部门授予律师资格。

律师资格全国统一考试办法,由国务院司法行政部门制定。

第七条　具有高等院校法学本科以上学历,从事法律研究、教学等专业工作并具有高级职称或者具有同等专业水平的人员,申请律师执业的,经国务院司法行政部门按照规定的条件考核批准,授予律师资格。

第八条　拥护中华人民共和国宪法并符合下列条件的,可以申请领取律师执业证书:

(一)具有律师资格;

(二)在律师事务所实习满一年;

(三)品行良好。

第九条　有下列情形之一的,不予颁发律师执业证书:

(一)无民事行为能力或者限制民事行为能力的;

(二)受过刑事处罚的,但过失犯罪的除外;

(三)被开除公职或者被吊销律师执业证书的。

第十条　申请领取律师执业证书的,应当提交下列文件:

(一)申请书;

(二)律师资格证明;

(三)申请人所在律师事务所出具的实习鉴定材料;

(四)申请人身份证明的复印件。

第十一条　申请领取律师执业证书的,经省、自治区、直辖市以上人民政府司法行政部门审核,符合本法规定条件的,应当自收到申请之日起三十日内颁发律师执业证书;不符合本法规定条件的,不予颁发律师执业证书,并应当自收到申请之日起三十日内书面通知申请人。

第十二条　律师应当在一个律师事务所执业,不得同时在两个以上律师事务所执业。

律师执业不受地域限制。

第十三条　国家机关的现职工作人员不得兼任执业律师。

律师担任各级人民代表人会常务委员会组成人员期间,不得执业。

第十四条　没有取得律师执业证书的人员,不得以律师名义执业,不得为牟取经济利益从事诉讼代理或者辩护业务。

第三章　律师事务所

第十五条　律师事务所是律师的执业机构。

律师事务所应当具备下列条件:

(一)有自己的名称、住所和章程;

(二)有十万元以上人民币的资产;

(三)有符合本法规定的律师。

第十六条　国家出资设立的律师事务所,依法自主开展律师业务,以该律师事务所的全部资产对其债务承担责任。

第十七条　律师可以设立合作律师事务所,以该律师事务所的全部资产对其债务承担责任。

第十八条　律师可以设立合伙律师事务所,合伙人对该律师事务所的债务承担无限责任和连带责任。

第十九条　申请设立律师事务所的,经省、自治区、直辖市以上人民政府司法行政部门审核,符合本法规定条件的,应当自收到申请之日起三十日内颁发律师事务所执业证书;不符合本法规定条件的,不予颁发律师事务所执业证书,并应当自收到申请之日起三十日内书面通知申请人。

第二十条　律师事务所可以设立分所。设立分所,须经拟设立分所所在地的省、自治区、直辖市人民政府司法行政部门按照规定的条件审核。

律师事务所对其设立的分所的债务承担责任。

第二十一条　律师事务所变更名称、住所、章程、合伙人等重大事项或者解散的,成当报原审核部门。

第二十二条　律师事务所按照章程组织律师开展业务工作,学习法律和国家政策,总结、交流工作经验。

第二十三条　律师承办业务,由律师事务所统一接受委托,与委托人签订书面委托合同,按照国家规定向当事人统一收取费用并如实入帐。

律师事务所和律师应当依法纳税。

第二十四条　律师事务所和律师不得以诋毁其他律师或者支付介绍费等不正当手段争揽业务。

第四章　执业律师的业务和权利、义务

第二十五条　律师可以从事下列业务：

（一）接受公民、法人和其他组织的聘请，担任法律顾问；

（二）接受民事案件、行政案件当事人的委托，担任代理人，参加诉讼；

（三）接受刑事案件犯罪嫌疑人的聘请，为其提供法律咨询，代理申诉、控告，申请取保候审，接受犯罪嫌疑人、被告人的委托或者人民法院的指定，担任辩护人，接受自诉案件自诉人、公诉案件被害人或者其近亲属的委托，担任代理人，参加诉讼；

（四）代理各类诉讼案件的申诉；

（五）接受当事人的委托，参加调解、仲裁活动；

（六）接受非诉讼法律事务当事人的委托，提供法律服务；

（七）解答有关法律的询问、代写诉讼文书和有关法律事务的其他文书。

第二十六条　律师担任法律顾问的，应当为聘请人就有关法律问题提供意见，草拟、审查法律文书，代理参加诉讼、调解或者仲裁活动，办理聘请人委托的其他法律事务，维护聘请人的合法权益。

第二十七条　律师担任诉讼法律事务代理人或者非诉讼法律事务代理人的，应当在受委托的权限内，维护委托人的合法权益。

第二十八条　律师担任刑事辩护人的，应当根据事实和法律，提出证明犯罪嫌疑人、被告人无罪、罪轻或者减轻、免除其刑事责任的材料和意见，维护犯罪嫌疑人、被告人的合法权益。

第二十九条　委托人可以拒绝律师为其继续辩护或者代理，也可以另行委托律师担任辩护人或者代理人。

律师接受委托后，无正当理由的，不得拒绝辩护或者代理，但委托事项违法，委托人利用律师提供的服务从事违法活动或者委托人隐瞒事实的，律师有权拒绝辩护或者代理。

第三十条　律师参加诉讼活动，依照诉讼法律的规定，可以收集、查阅与本案有关的材料，同被限制人身自由的人会见和通信，出席法庭，参与诉讼，以及享有诉讼法律规定的其他权利。

律师担任诉讼代理人或者辩护人的，其辩论或者辩护的权利应当依法保障。

第三十一条　律师承办法律事务，经有关单位或者个人同意，可以向他们调查情况。

第三十二条　律师在执业活动中的人身权利不受侵犯。

第三十三条　律师应当保守在执业活动中知悉的国家秘密和当事人的商业秘密，不得泄露当事人的隐私。

第三十四条　律师不得在同一案件中，为双方当事人担任代理人。

第三十五条　律师在执业活动中不得有下列行为：

（一）私自接受委托，私自向委托人收取费用，收受委托人的财物；

（二）利用提供法律服务的便利牟取当事人争议的权益，或者接受对方当事人的财物；

（三）违反规定会见法官、检察官、仲裁员；

（四）向法官、检察官、仲裁员以及其他有关工作人员请客送礼或者行贿，或者指使、诱导当事人行贿；

（五）提供虚假证据，隐瞒事实或者威胁、利诱他人提供虚假证据，隐瞒事实以及妨碍对方当事人合法取得证据；

（六）扰乱法庭、仲裁庭秩序，干扰诉讼、仲裁活动的正常进行。

第三十六条　曾担任法官、检察官的律师，从人民法院、人民检察院离任后两年内，不得担任诉讼代理人或者辩护人。

第五章　律师协会

第三十七条　律师协会是社会团体法人，是律师的自律性组织。

全国设立中华全国律师协会，省、自治区、直辖市设立地方律师协会，设区的市根据需要可以设立地方律师协会。

第三十八条　律师协会章程由全国会员代

表大会统一制定，报国务院司法行政部门备案。

第三十九条 律师必须加入所在地的地方律师协会。加入地方律师协会的律师，同时是中华全国律师协会的会员。

律师协会会员按照律师协会章程，享有章程赋予的权利，履行章程规定的义务。

第四十条 律师协会履行下列职责：

（一）保障律师依法执业，维护律师的合法权益；

（二）总结、交流律师工作经验；

（三）组织律师业务培训；

（四）进行律师职业道德和执业纪律的教育、检查和监督；

（五）组织律师开展对外交流；

（六）调解律师执业活动中发生的纠纷；

（七）法律规定的其他职责。

律师协会按照章程对律师给予奖励或者给予处分。

第六章 法律援助

第四十一条 公民在赡养、工伤、刑事诉讼、请求国家赔偿和请求依法发给抚恤金等方面需要获得律师帮助，但是无力支付律师费用的，可以按照国家规定获得法律援助。

第四十二条 律师必须按照国家规定承担法律援助义务，尽职尽责，为受援人提供法律服务。

第四十三条 法律援助的具体办法，由国务院司法行政部门制定，报国务院批准。

第七章 法律责任

第四十四条 律师有下列行为之一的，由省、自治区、直辖市以及设区的市的人民政府司法行政部门给予警告，情节严重的，给予停止执业三个月以上一年以下的处罚；有违法所得的，没收违法所得：

（一）同时在两个以上律师事务所执业的；

（二）在同一案件中为双方当事人代理的；

（三）以诋毁其他律师或者支付介绍费等不正当手段争揽业务的；

（四）接受委托后，无正当理由，拒绝辩护或者代理的；

（五）无正当理由，不按时出庭参加诉讼或者仲裁的；

（六）泄露当事人的商业秘密或者个人隐私的；

（七）私自接受委托，私自向委托人收取费用，收受委托人财物，利用提供法律服务的便利牟取当事人争议的权益，或者接受对方当事人的财物的；

（八）违反规定会见法官、检察官、仲裁员或者向法官、检察官、仲裁员以及其他有关工作人员请客送礼的；

（九）妨碍对方当事人合法取得证据的；

（十）扰乱法庭、仲裁庭秩序，干扰诉讼、仲裁活动的正常进行的；

（十一）应当给予处罚的其他行为。

第四十五条 律师有下列行为之一的，由省、自治区、直辖市人民政府司法行政部门吊销律师执业证书；构成犯罪的，依法追究刑事责任：

（一）泄露国家秘密的；

（二）向法官、检察官、仲裁员以及其他有关工作人员行贿或者指使、诱导当事人行贿的；

（三）提供虚假证据，隐瞒重要事实或者威胁、利诱他人提供虚假证据，隐瞒重要事实的。

律师因故意犯罪受刑事处罚的，应当吊销其律师执业证书。

第四十六条 冒充律师从事法律服务的，由公安机关责令停止非法执业，没收违法所得，可以并处五千元以下罚款、十五日以下拘留。

没有取得律师执业证书，为牟取经济利益从事诉讼代理或者辩护业务的，由所在地的县级以上地方人民政府司法行政部门责令停止非法执业，没收违法所得，可以并处违法所得一倍以上五倍以下罚款。

第四十七条 律师事务所有违反本法规定的行为的，由省、自治区、直辖市人民政府司法行政部门责令改正，没收违法所得，可以并处违法所得一倍以上五倍以下罚款；情节严重的，责令停业整顿或者吊销执业证书。

第四十八条 被处罚人对司法行政部门作出的行政处罚决定不服的，可以自收到决定之日起十五日内向上一级司法行政部门申请复议，对复议决定不服的，可以自收到复议决定之日起十五日内向人民法院提起诉讼；也可以直接向人民法院提起诉讼。

受到罚款处罚,不申请行政复议或者提起行政诉讼,又不履行处罚决定的,作出处罚决定的司法行政部门可以申请人民法院强制执行。

依照本法第十一条申请领取律师执业证书,或者依照本法第十九条申请设立律师事务所,申请人对不予颁发律师执业证书或者律师事务所执业证书不服的,可以依照第一款规定的程序申请复议或者提起诉讼。

第四十九条 律师违法执业或者因过错给当事人造成损失的,由其所在的律师事务所承担赔偿责任。律师事务所赔偿后,可以向有故意或者重大过失行为的律师追偿。

律师和律师事务所不得免除或者限制因违法执业或者因过错给当事人造成损失所应当承担的民事责任。

第八章 附 则

第五十条 为军队提供法律服务的军队律师,其律师资格的取得和权利、义务及行为准则,适用本法规定。对军队律师的具体管理办法,由国务院和中央军事委员会另行制定。

第五十一条 外国律师事务所在中华人民共和国境内设立机构从事规定的法律服务活动的管理办法,由国务院制定。

第五十二条 律师收费的具体办法,由国务院司法行政部门制定,报国务院批准。

第五十三条 本法自1997年1月1日起施行。1980年8月26日第五届全国人民代表大会常务委员会第十五次会议通过的《中华人民共和国律师暂行条例》同时废止。

全国人民代表大会常务委员会关于修改《中华人民共和国律师法》的决定

(2001年12月29日第九届全国人民代表大会常务委员会第二十五次会议通过 2001年12月29日中华人民共和国主席令第65号公布 自2002年1月1日起施行)

第九届全国人民代表大会常务委员会第二十五次会议审议了《中华人民共和国律师法修正案(草案)》,决定对《中华人民共和国律师法》作如下修改:

一、第六条修改为:“取得律师资格应当经过国家统一的司法考试。具有高等院校法律专业本科以上学历,或者高等院校其他专业本科以上学历具有法律专业知识的人员,经国家司法考试合格的,取得资格。

“适用前款规定的学历条件确有困难的地方,经国务院司法行政部门审核确定,在一定期限内,可以将学历条件放宽为高等院校法律专业专科学历。”

二、本决定自2002年1月1日起施行。

《中华人民共和国律师法》根据本决定作相应的修正,重新公布。

本决定施行前已经符合原《中华人民共和国律师法》规定的律师资格考试的学历条件的人员,仍然可以报名参加2002年国家司法考试,考试合格的,取得资格。

中华人民共和国律师法①

(1996年5月15日第八届全国人民代表大会常务委员会第十九次会议通过 根据2001年12月29日第九届全国人民代表大会常务委员会第二十五次会议《关于修改〈中华人民共和国律师法〉的决定》修正 2007年10月28日第十届全国人民代表大会常务委员会第三十次会议修订通过 2007年10月28日中华人民共和国主席令第76号公布 自2008年6月1日起施行)

目 录

① 编者注:已被修改。

第一章 总 则

第一条 为了完善律师制度，规范律师执业行为，保障律师依法执业，发挥律师在社会主义法制建设中的作用，制定本法。

第二条 本法所称律师，是指依法取得律师执业证书，接受委托或者指定，为当事人提供法律服务的执业人员。

律师应当维护当事人合法权益，维护法律正确实施，维护社会公平和正义。

第三条 律师执业必须遵守宪法和法律，恪守律师职业道德和执业纪律。

律师执业必须以事实为根据，以法律为准绳。

律师执业应当接受国家、社会和当事人的监督。

律师依法执业受法律保护，任何组织和个人不得侵害律师的合法权益。

第四条 司法行政部门依照本法对律师、律师事务所和律师协会进行监督、指导。

第二章 律师执业许可

第五条 申请律师执业，应当具备下列条件：

（一）拥护中华人民共和国宪法；

（二）通过国家统一司法考试；

（三）在律师事务所实习满一年；

（四）品行良好。

实行国家统一司法考试前取得的律师资格凭证，在申请律师执业时，与国家统一司法考试合格证书具有同等效力。

第六条 申请律师执业，应当向设区的市级或者直辖市的区人民政府司法行政部门提出申请，并提交下列材料：

（一）国家统一司法考试合格证书；

（二）律师协会出具的申请人实习考核合格的材料；

（三）申请人的身份证明；

（四）律师事务所出具的同意接收申请人的证明。

申请兼职律师执业的，还应当提交所在单位同意申请人兼职从事律师职业的证明。

受理申请的部门应当自受理之日起二十日内予以审查，并将审查意见和全部申请材料报送省、自治区、直辖市人民政府司法行政部门。省、自治区、直辖市人民政府司法行政部门应当自收到报送材料之日起十日内予以审核，作出是否准予执业的决定。准予执业的，向申请人颁发律师执业证书；不准予执业的，向申请人书面说明理由。

第七条 申请人有下列情形之一的，不予颁发律师执业证书：

（一）无民事行为能力或者限制民事行为能力的；

（二）受过刑事处罚的，但过失犯罪的除外；

（三）被开除公职或者被吊销律师执业证书的。

第八条 具有高等院校本科以上学历，在法律服务人员紧缺领域从事专业工作满十五年，具有高级职称或者同等专业水平并具有相应的专业法律知识的人员，申请专职律师执业的，经国务院司法行政部门考核合格，准予执业。具体办法由国务院规定。

第九条 有下列情形之一的，由省、自治区、直辖市人民政府司法行政部门撤销准予执业的决定，并注销被准予执业人员的律师执业证书：

（一）申请人以欺诈、贿赂等不正当手段取得律师执业证书的；

（二）对不符合本法规定条件的申请人准予执业的。

第十条 律师只能在一个律师事务所执业。律师变更执业机构的，应当申请换发律师执业证书。

律师执业不受地域限制。

第十一条 公务员不得兼任执业律师。

律师担任各级人民代表大会常务委员会组成人员的，任职期间不得从事诉讼代理或者辩护业务。

第十二条 高等院校、科研机构中从事法学教育、研究工作的人员，符合本法第五条规定条件的，经所在单位同意，依照本法第六条规定的程序，可以申请兼职律师执业。

第十三条 没有取得律师执业证书的人员，不得以律师名义从事法律服务业务；除法律另有规定外，不得从事诉讼代理或者辩护业务。

第三章 律师事务所

第十四条 律师事务所是律师的执业机构。设立律师事务所应当具备下列条件：

（一）有自己的名称、住所和章程；

（二）有符合本法规定的律师；

（三）设立人应当是具有一定的执业经历，且三年内未受过停止执业处罚的律师；

（四）有符合国务院司法行政部门规定数额的资产。

第十五条 设立合伙律师事务所，除应当符合本法第十四条规定的条件外，还应当有三名以上合伙人，设立人应当是具有三年以上执业经历的律师。

合伙律师事务所可以采用普通合伙或者特殊的普通合伙形式设立。合伙律师事务所的合伙人按照合伙形式对该律师事务所的债务依法承担责任。

第十六条 设立个人律师事务所，除应当符合本法第十四条规定的条件外，设立人还应当是具有五年以上执业经历的律师。设立人对律师事务所的债务承担无限责任。

第十七条 申请设立律师事务所，应当提交下列材料：

（一）申请书；

（二）律师事务所的名称、章程；

（三）律师的名单、简历、身份证明、律师执业证书；

（四）住所证明；

（五）资产证明。

设立合伙律师事务所，还应当提交合伙协议。

第十八条 设立律师事务所，应当向设区的市级或者直辖市的区人民政府司法行政部门提出申请，受理申请的部门应当自受理之日起二十日内予以审查，并将审查意见和全部申请材料报送省、自治区、直辖市人民政府司法行政部门。省、自治区、直辖市人民政府司法行政部门应当自收到报送材料之日起十日内予以审核，作出是否准予设立的决定。准予设立的，向申请人颁发律师事务所执业证书；不准予设立的，向申请人书面说明理由。

第十九条 成立三年以上并具有二十名以上执业律师的合伙律师事务所，可以设立分所。设立分所，须经拟设立分所所在地的省、自治区、直辖市人民政府司法行政部门审核。申请设立分所的，依照本法第十八条规定的程序办理。

合伙律师事务所对其分所的债务承担责任。

第二十条 国家出资设立的律师事务所，依法自主开展律师业务，以该律师事务所的全部资产对其债务承担责任。

第二十一条 律师事务所变更名称、负责人、章程、合伙协议的，应当报原审核部门批准。

律师事务所变更住所、合伙人的，应当自变更之日起十五日内报原审核部门备案。

第二十二条 律师事务所有下列情形之一的，应当终止：

（一）不能保持法定设立条件，经限期整改仍不符合条件的；

（二）律师事务所执业证书被依法吊销的；

（三）自行决定解散的；

（四）法律、行政法规规定应当终止的其他情形。

律师事务所终止的，由颁发执业证书的部门注销该律师事务所的执业证书。

第二十三条 律师事务所应当建立健全执业管理、利益冲突审查、收费与财务管理、投诉查处、年度考核、档案管理等制度，对律师在执业活动中遵守职业道德、执业纪律的情况进行监督。

第二十四条 律师事务所应当于每年的年度考核后，向设区的市级或者直辖市的区人民政府司法行政部门提交本所的年度执业情况报告和律师执业考核结果。

第二十五条 律师承办业务，由律师事务所统一接受委托，与委托人签订书面委托合同，按照国家规定统一收取费用并如实入账。

律师事务所和律师应当依法纳税。

第二十六条 律师事务所和律师不得以诋毁其他律师事务所、律师或者支付介绍费等不正当手段承揽业务。

第二十七条 律师事务所不得从事法律服务以外的经营活动。

第四章 律师的业务和权利、义务

第二十八条 律师可以从事下列业务：

(一)接受自然人、法人或者其他组织的委托,担任法律顾问;

(二)接受民事案件、行政案件当事人的委托,担任代理人,参加诉讼;

(三)接受刑事案件犯罪嫌疑人的委托,为其提供法律咨询,代理申诉、控告,为被逮捕的犯罪嫌疑人申请取保候审,接受犯罪嫌疑人、被告人的委托或者人民法院的指定,担任辩护人,接受自诉案件自诉人、公诉案件被害人或者其近亲属的委托,担任代理人,参加诉讼;

(四)接受委托,代理各类诉讼案件的申诉;

(五)接受委托,参加调解、仲裁活动;

(六)接受委托,提供非诉讼法律服务;

(七)解答有关法律的询问、代写诉讼文书和有关法律事务的其他文书。

第二十九条 律师担任法律顾问的,应当按照约定为委托人就有关法律问题提供意见,草拟、审查法律文书,代理参加诉讼、调解或者仲裁活动,办理委托的其他法律事务,维护委托人的合法权益。

第三十条 律师担任诉讼法律事务代理人或者非诉讼法律事务代理人的,应当在受委托的权限内,维护委托人的合法权益。

第三十一条 律师担任辩护人的,应当根据事实和法律,提出犯罪嫌疑人、被告人无罪、罪轻或者减轻、免除其刑事责任的材料和意见,维护犯罪嫌疑人、被告人的合法权益。

第三十二条 委托人可以拒绝已委托的律师为其继续辩护或者代理,同时可以另行委托律师担任辩护人或者代理人。

律师接受委托后,无正当理由的,不得拒绝辩护或者代理。但是,委托事项违法、委托人利用律师提供的服务从事违法活动或者委托人故意隐瞒与案件有关的重要事实的,律师有权拒绝辩护或者代理。

第三十三条 犯罪嫌疑人被侦查机关第一次讯问或者采取强制措施之日起,受委托的律师凭律师执业证书、律师事务所证明和委托书或者法律援助公函,有权会见犯罪嫌疑人、被告人并了解有关案件情况。律师会见犯罪嫌疑人、被告人,不被监听。

第三十四条 受委托的律师自案件审查起诉之日起,有权查阅、摘抄和复制与案件有关的诉讼文书及案卷材料。受委托的律师自案件被人民法院受理之日起,有权查阅、摘抄和复制与案件有关的所有材料。

第三十五条 受委托的律师根据案情的需要,可以申请人民检察院、人民法院收集、调取证据或者申请人民法院通知证人出庭作证。

律师自行调查取证的,凭律师执业证书和律师事务所证明,可以向有关单位或者个人调查与承办法律事务有关的情况。

第三十六条 律师担任诉讼代理人或者辩护人的,其辩论或者辩护的权利依法受到保障。

第三十七条 律师在执业活动中的人身权利不受侵犯。

律师在法庭上发表的代理、辩护意见不受法律追究。但是,发表危害国家安全、恶意诽谤他人、严重扰乱法庭秩序的言论除外。

律师在参与诉讼活动中因涉嫌犯罪被依法拘留、逮捕的,拘留、逮捕机关应当在拘留、逮捕实施后的二十四小时内通知该律师的家属、所在的律师事务所以及所属的律师协会。

第三十八条 律师应当保守在执业活动中知悉的国家秘密、商业秘密,不得泄露当事人的隐私。

律师对在执业活动中知悉的委托人和其他人不愿泄露的情况和信息,应当予以保密。但是,委托人或者其他人准备或者正在实施的危害国家安全、公共安全以及其他严重危害他人人身、财产安全的犯罪事实和信息除外。

第三十九条 律师不得在同一案件中为双方当事人担任代理人,不得代理与本人或者其近亲属有利益冲突的法律事务。

第四十条 律师在执业活动中不得有下列行为:

(一)私自接受委托、收取费用,接受委托人的财物或者其他利益;

(二)利用提供法律服务的便利牟取当事人争议的权益;

(三)接受对方当事人的财物或者其他利益,与对方当事人或者第三人恶意串通,侵害委托人的权益;

(四)违反规定会见法官、检察官、仲裁员以及其他有关工作人员；

（五）向法官、检察官、仲裁员以及其他有关工作人员行贿，介绍贿赂或者指使、诱导当事人行贿，或者以其他不正当方式影响法官、检察官、仲裁员以及其他有关工作人员依法办理案件；

（六）故意提供虚假证据或者威胁、利诱他人提供虚假证据，妨碍对方当事人合法取得证据；

（七）煽动、教唆当事人采取扰乱公共秩序、危害公共安全等非法手段解决争议；

（八）扰乱法庭、仲裁庭秩序，干扰诉讼、仲裁活动的正常进行。

第四十一条 曾经担任法官、检察官的律师，从人民法院、人民检察院离任后二年内，不得担任诉讼代理人或者辩护人。

第四十二条 律师、律师事务所应当按照国家规定履行法律援助义务，为受援人提供符合标准的法律服务，维护受援人的合法权益。

第五章 律师协会

第四十三条 律师协会是社会团体法人，是律师的自律性组织。

全国设立中华全国律师协会，省、自治区、直辖市设立地方律师协会，设区的市根据需要可以设立地方律师协会。

第四十四条 全国律师协会章程由全国会员代表大会制定，报国务院司法行政部门备案。

地方律师协会章程由地方会员代表大会制定，报同级司法行政部门备案。地方律师协会章程不得与全国律师协会章程相抵触。

第四十五条 律师、律师事务所应当加入所在地的地方律师协会。加入地方律师协会的律师、律师事务所，同时是全国律师协会的会员。

律师协会会员享有律师协会章程规定的权利，履行律师协会章程规定的义务。

第四十六条 律师协会应当履行下列职责：

（一）保障律师依法执业，维护律师的合法权益；

（二）总结、交流律师工作经验；

（三）制定行业规范和惩戒规则；

（四）组织律师业务培训和职业道德、执业纪律教育，对律师的执业活动进行考核；

（五）组织管理申请律师执业人员的实习活动，对实习人员进行考核；

（六）对律师、律师事务所实施奖励和惩戒；

（七）受理对律师的投诉或者举报，调解律师执业活动中发生的纠纷，受理律师的申诉；

（八）法律、行政法规、规章以及律师协会章程规定的其他职责。

律师协会制定的行业规范和惩戒规则，不得与有关法律、行政法规、规章相抵触。

第六章 法律责任

第四十七条 律师有下列行为之一的，由设区的市级或者直辖市的区人民政府司法行政部门给予警告，可以处五千元以下的罚款；有违法所得的，没收违法所得；情节严重的，给予停止执业三个月以下的处罚：

（一）同时在两个以上律师事务所执业的；

（二）以不正当手段承揽业务的；

（三）在同一案件中为双方当事人担任代理人，或者代理与本人及其近亲属有利益冲突的法律事务的；

（四）从人民法院、人民检察院离任后二年内担任诉讼代理人或者辩护人的；

（五）拒绝履行法律援助义务的。

第四十八条 律师有下列行为之一的，由设区的市级或者直辖市的区人民政府司法行政部门给予警告，可以处一万元以下的罚款；有违法所得的，没收违法所得；情节严重的，给予停止执业三个月以上六个月以下的处罚：

（一）私自接受委托、收取费用，接受委托人财物或者其他利益的；

（二）接受委托后，无正当理由，拒绝辩护或者代理，不按时出庭参加诉讼或者仲裁的；

（三）利用提供法律服务的便利牟取当事人争议的权益的；

（四）泄露商业秘密或者个人隐私的。

第四十九条 律师有下列行为之一的，由设区的市级或者直辖市的区人民政府司法行政部门给予停止执业六个月以上一年以下的处罚，可以处五万元以下的罚款；有违法所得的，没收违法所得；情节严重的，由省、自治区、直辖市人民政府司法行政部门吊销其律师执业证书；构成犯罪的，依法追究刑事责任：

（一）违反规定会见法官、检察官、仲裁员以及其他有关工作人员，或者以其他不正当方式影响依法办理案件的；

（二）向法官、检察官、仲裁员以及其他有关工作人员行贿，介绍贿赂或者指使、诱导当事人行贿的；

（三）向司法行政部门提供虚假材料或者有其他弄虚作假行为的；

（四）故意提供虚假证据或者威胁、利诱他人提供虚假证据，妨碍对方当事人合法取得证据的；

（五）接受对方当事人财物或者其他利益，与对方当事人或者第三人恶意串通，侵害委托人权益的；

（六）扰乱法庭、仲裁庭秩序，干扰诉讼、仲裁活动的正常进行的；

（七）煽动、教唆当事人采取扰乱公共秩序、危害公共安全等非法手段解决争议的；

（八）发表危害国家安全、恶意诽谤他人、严重扰乱法庭秩序的言论的；

（九）泄露国家秘密的。

律师因故意犯罪受到刑事处罚的，由省、自治区、直辖市人民政府司法行政部门吊销其律师执业证书。

第五十条　律师事务所有下列行为之一的，由设区的市级或者直辖市的区人民政府司法行政部门视其情节给予警告、停业整顿一个月以上六个月以下的处罚，可以处十万元以下的罚款；有违法所得的，没收违法所得；情节特别严重的，由省、自治区、直辖市人民政府司法行政部门吊销律师事务所执业证书：

（一）违反规定接受委托、收取费用的；

（二）违反法定程序办理变更名称、负责人、章程、合伙协议、住所、合伙人等重大事项的；

（三）从事法律服务以外的经营活动的；

（四）以诋毁其他律师事务所、律师或者支付介绍费等不正当手段承揽业务的；

（五）违反规定接受有利益冲突的案件的；

（六）拒绝履行法律援助义务的；

（七）向司法行政部门提供虚假材料或者有其他弄虚作假行为的；

（八）对本所律师疏于管理，造成严重后果的。

律师事务所因前款违法行为受到处罚的，对其负责人视情节轻重，给予警告或者处二万元以下的罚款。

第五十一条　律师因违反本法规定，在受到警告处罚后一年内又发生应当给予警告处罚情形的，由设区的市级或者直辖市的区人民政府司法行政部门给予停止执业三个月以上一年以下的处罚；在受到停止执业处罚期满后二年内又发生应当给予停止执业处罚情形的，由省、自治区、直辖市人民政府司法行政部门吊销其律师执业证书。

律师事务所因违反本法规定，在受到停业整顿处罚期满后二年内又发生应当给予停业整顿处罚情形的，由省、自治区、直辖市人民政府司法行政部门吊销律师事务所执业证书。

第五十二条　县级人民政府司法行政部门对律师和律师事务所的执业活动实施日常监督管理，对检查发现的问题，责令改正；对当事人的投诉，应当及时进行调查。县级人民政府司法行政部门认为律师和律师事务所的违法行为应当给予行政处罚的，应当向上级司法行政部门提出处罚建议。

第五十三条　受到六个月以上停止执业处罚的律师，处罚期满未逾三年的，不得担任合伙人。

第五十四条　律师违法执业或者因过错给当事人造成损失的，由其所在的律师事务所承担赔偿责任。律师事务所赔偿后，可以向有故意或者重大过失行为的律师追偿。

第五十五条　没有取得律师执业证书的人员以律师名义从事法律服务业务的，由所在地的县级以上地方人民政府司法行政部门责令停止非法执业，没收违法所得，处违法所得一倍以上五倍以下的罚款。

第五十六条　司法行政部门工作人员违反本法规定，滥用职权、玩忽职守，构成犯罪的，依法追究刑事责任；尚不构成犯罪的，依法给予处分。

第七章　附　　则

第五十七条　为军队提供法律服务的军队律师，其律师资格的取得和权利、义务及行为准则,适用本法规定。军队律师的具体管理办法,由国务院和中央军事委员会制定。

第五十八条 外国律师事务所在中华人民共和国境内设立机构从事法律服务活动的管理办法,由国务院制定。

第五十九条 律师收费办法,由国务院价格主管部门会同国务院司法行政部门制定。

第六十条 本法自2008年6月1日起施行。

全国人民代表大会常务委员会关于修改《中华人民共和国律师法》的决定

(2012年10月26日第十一届全国人民代表大会常务委员会第二十九次会议通过 2012年10月26日中华人民共和国主席令第64号公布 自2013年1月1日起施行)

第十一届全国人民代表大会常务委员会第二十九次会议决定对《中华人民共和国律师法》作如下修改:

一、将第二十八条第三项修改为:"接受刑事案件犯罪嫌疑人、被告人的委托或者依法接受法律援助机构的指派,担任辩护人,接受自诉案件自诉人、公诉案件被害人或者其近亲属的委托,担任代理人,参加诉讼"。

二、将第三十一条修改为:"律师担任辩护人的,应当根据事实和法律,提出犯罪嫌疑人、被告人无罪、罪轻或者减轻、免除其刑事责任的材料和意见,维护犯罪嫌疑人、被告人的诉讼权利和其他合法权益。"

三、将第三十三条修改为:"律师担任辩护人的,有权持律师执业证书、律师事务所证明和委托书或者法律援助公函,依照刑事诉讼法的规定会见在押或者被监视居住的犯罪嫌疑人、被告人。辩护律师会见犯罪嫌疑人、被告人时不被监听。"

四、将第三十四条修改为:"律师担任辩护人的,自人民检察院对案件审查起诉之日起,有权查阅、摘抄、复制本案的案卷材料。"

五、将第三十七条第三款修改为:"律师在参与诉讼活动中涉嫌犯罪的,侦查机关应当及时通知其所在的律师事务所或者所属的律师协会;被依法拘留、逮捕的,侦查机关应当依照刑事诉讼法的规定通知该律师的家属。"

六、将第三十八条第二款修改为:"律师对在执业活动中知悉的委托人和其他人不愿泄露的有关情况和信息,应当予以保密。但是,委托人或者其他人准备或者正在实施危害国家安全、公共安全以及严重危害他人人身安全的犯罪事实和信息除外。"

本决定自2013年1月1日起施行。

《中华人民共和国律师法》根据本决定作相应修改,重新公布。

全国人民代表大会常务委员会关于修改《中华人民共和国法官法》等八部法律的决定(节录)

(2017年9月1日第十二届全国人民代表大会常务委员会第二十九次会议通过 2017年9月1日中华人民共和国主席令第76号公布 自2018年1月1日起施行)

第十二届全国人民代表大会常务委员会第二十九次会议决定:

……

四、对《中华人民共和国律师法》作出修改

(一)将第五条第一款第二项修改为:"(二)通过国家统一法律职业资格考试取得法律职业资格";将第二款修改为:"实行国家统一法律职业资格考试前取得的国家统一司法考试合格证书、律师资格凭证,与国家统一法律职业资格证书具有同等效力。"

(二)将第六条第一款第一项修改为:"(一)国家统一法律职业资格证书"。

(三)将第七条第三项修改为:"(三)被开除公职或者被吊销律师、公证员执业证书的"。

(四)在第五十三条中增加一款,作为第二款:"被吊销律师执业证书的,不得担任辩护人、诉讼代理人,但系刑事诉讼、民事诉讼、行政诉讼当事人的监护人、近亲属的除外。"

……

本决定自2018年1月1日起施行。

《中华人民共和国法官法》《中华人民共和国检察官法》《中华人民共和国公务员法》《中华人民共和国律师法》《中华人民共和国公证法》《中华人民共和国仲裁法》《中华人民共和国行政复议法》《中华人民共和国行政处罚法》根据本决定作相应修改,重新公布。

中华人民共和国律师法

(1996年5月15日第八届全国人民代表大会常务委员会第十九次会议通过　根据2001年12月29日第九届全国人民代表大会常务委员会第二十五次会议《关于修改〈中华人民共和国律师法〉的决定》第一次修正　2007年10月28日第十届全国人民代表大会常务委员会第三十次会议修订　根据2012年10月26日第十一届全国人民代表大会常务委员会第二十九次会议《关于修改〈中华人民共和国律师法〉的决定》第二次修正　根据2017年9月1日第十二届全国人民代表大会常务委员会第二十九次会议《关于修改〈中华人民共和国法官法〉等八部法律的决定》第三次修正)

目　录

第一章　总　　则

第一条　为了完善律师制度,规范律师执业行为,保障律师依法执业,发挥律师在社会主义法制建设中的作用,制定本法。

第二条　本法所称律师,是指依法取得律师执业证书,接受委托或者指定,为当事人提供法律服务的执业人员。

律师应当维护当事人合法权益,维护法律正确实施,维护社会公平和正义。

第三条　律师执业必须遵守宪法和法律,恪守律师职业道德和执业纪律。

律师执业必须以事实为根据,以法律为准绳。

律师执业应当接受国家、社会和当事人的监督。

律师依法执业受法律保护,任何组织和个人不得侵害律师的合法权益。

第四条　司法行政部门依照本法对律师、律师事务所和律师协会进行监督、指导。

第二章　律师执业许可

第五条　申请律师执业,应当具备下列条件:

(一)拥护中华人民共和国宪法;

(二)通过国家统一法律职业资格考试取得法律职业资格;

(三)在律师事务所实习满一年;

(四)品行良好。

实行国家统一法律职业资格考试前取得的国家统一司法考试合格证书、律师资格凭证,与国家统一法律职业资格证书具有同等效力。

第六条　申请律师执业,应当向设区的市级或者直辖市的区人民政府司法行政部门提出申请,并提交下列材料:

(一)国家统一法律职业资格证书;

(二)律师协会出具的申请人实习考核合格的材料;

(三)申请人的身份证明;

(四)律师事务所出具的同意接收申请人的证明。

申请兼职律师执业的,还应当提交所在单位同意申请人兼职从事律师职业的证明。

受理申请的部门应当自受理之日起二十日内予以审查,并将审查意见和全部申请材料报送省、自治区、直辖市人民政府司法行政部门。省、自治区、直辖市人民政府司法行政部门应当自收到报送材料之日起十日内予以审核,作出是否准予执业的决定。准予执业的,向申请人颁发律师执业证书;不准予执业的,向申请人书面说明理由。

第七条　申请人有下列情形之一的,不予颁发律师执业证书:

（一）无民事行为能力或者限制民事行为能力的；

（二）受过刑事处罚的，但过失犯罪的除外；

（三）被开除公职或者被吊销律师、公证员执业证书的。

第八条　具有高等院校本科以上学历，在法律服务人员紧缺领域从事专业工作满十五年，具有高级职称或者同等专业水平并具有相应的专业法律知识的人员，申请专职律师执业的，经国务院司法行政部门考核合格，准予执业。具体办法由国务院规定。

第九条　有下列情形之一的，由省、自治区、直辖市人民政府司法行政部门撤销准予执业的决定，并注销被准予执业人员的律师执业证书：

（一）申请人以欺诈、贿赂等不正当手段取得律师执业证书的；

（二）对不符合本法规定条件的申请人准予执业的。

第十条　律师只能在一个律师事务所执业。律师变更执业机构的，应当申请换发律师执业证书。

律师执业不受地域限制。

第十一条　公务员不得兼任执业律师。

律师担任各级人民代表大会常务委员会组成人员的，任职期间不得从事诉讼代理或者辩护业务。

第十二条　高等院校、科研机构中从事法学教育、研究工作的人员，符合本法第五条规定条件的，经所在单位同意，依照本法第六条规定的程序，可以申请兼职律师执业。

第十三条　没有取得律师执业证书的人员，不得以律师名义从事法律服务业务；除法律另有规定外，不得从事诉讼代理或者辩护业务。

第三章　律师事务所

第十四条　律师事务所是律师的执业机构。设立律师事务所应当具备下列条件：

（一）有自己的名称、住所和章程；

（二）有符合本法规定的律师；

（三）设立人应当是具有一定的执业经历，且三年内未受过停止执业处罚的律师；

（四）有符合国务院司法行政部门规定数额的资产。

第十五条　设立合伙律师事务所，除应当符合本法第十四条规定的条件外，还应当有三名以上合伙人，设立人应当是具有三年以上执业经历的律师。

合伙律师事务所可以采用普通合伙或者特殊的普通合伙形式设立。合伙律师事务所的合伙人按照合伙形式对该律师事务所的债务依法承担责任。

第十六条　设立个人律师事务所，除应当符合本法第十四条规定的条件外，设立人还应当是具有五年以上执业经历的律师。设立人对律师事务所的债务承担无限责任。

第十七条　申请设立律师事务所，应当提交下列材料：

（一）申请书；

（二）律师事务所的名称、章程；

（三）律师的名单、简历、身份证明、律师执业证书；

（四）住所证明；

（五）资产证明。

设立合伙律师事务所，还应当提交合伙协议。

第十八条　设立律师事务所，应当向设区的市级或者直辖市的区人民政府司法行政部门提出申请，受理申请的部门应当自受理之日起二十日内予以审查，并将审查意见和全部申请材料报送省、自治区、直辖市人民政府司法行政部门。省、自治区、直辖市人民政府司法行政部门应当自收到报送材料之日起十日内予以审核，作出是否准予设立的决定。准予设立的，向申请人颁发律师事务所执业证书；不准予设立的，向申请人书面说明理由。

第十九条　成立三年以上并具有二十名以上执业律师的合伙律师事务所，可以设立分所。设立分所，须经拟设立分所所在地的省、自治区、直辖市人民政府司法行政部门审核。申请设立分所的，依照本法第十八条规定的程序办理。

合伙律师事务所对其分所的债务承担责任。

第二十条　国家出资设立的律师事务所，依法自主开展律师业务，以该律师事务所的全部资产对其债务承担责任。

第二十一条　律师事务所变更名称、负责人、章程、合伙协议的，应当报原审核部门批准。

律师事务所变更住所、合伙人的，应当自变更之日起十五日内报原审核部门备案。

第二十二条　律师事务所有下列情形之一的，应当终止：

（一）不能保持法定设立条件，经限期整改仍不符合条件的；

（二）律师事务所执业证书被依法吊销的；

（三）自行决定解散的；

（四）法律、行政法规规定应当终止的其他情形。

律师事务所终止的，由颁发执业证书的部门注销该律师事务所的执业证书。

第二十三条　律师事务所应当建立健全执业管理、利益冲突审查、收费与财务管理、投诉查处、年度考核、档案管理等制度，对律师在执业活动中遵守职业道德、执业纪律的情况进行监督。

第二十四条　律师事务所应当于每年的年度考核后，向设区的市级或者直辖市的区人民政府司法行政部门提交本所的年度执业情况报告和律师执业考核结果。

第二十五条　律师承办业务，由律师事务所统一接受委托，与委托人签订书面委托合同，按照国家规定统一收取费用并如实入账。

律师事务所和律师应当依法纳税。

第二十六条　律师事务所和律师不得以诋毁其他律师事务所、律师或者支付介绍费等不正当手段承揽业务。

第二十七条　律师事务所不得从事法律服务以外的经营活动。

第四章　律师的业务和权利、义务

第二十八条　律师可以从事下列业务：

（一）接受自然人、法人或者其他组织的委托，担任法律顾问；

（二）接受民事案件、行政案件当事人的委托，担任代理人，参加诉讼；

（三）接受刑事案件犯罪嫌疑人、被告人的委托或者依法接受法律援助机构的指派，担任辩护人，接受自诉案件自诉人、公诉案件被害人或者其近亲属的委托，担任代理人，参加诉讼；

（四）接受委托，代理各类诉讼案件的申诉；

（五）接受委托，参加调解、仲裁活动；

（六）接受委托，提供非诉讼法律服务；

（七）解答有关法律的询问、代写诉讼文书和有关法律事务的其他文书。

第二十九条　律师担任法律顾问的，应当按照约定为委托人就有关法律问题提供意见，草拟、审查法律文书，代理参加诉讼、调解或者仲裁活动，办理委托的其他法律事务，维护委托人的合法权益。

第三十条　律师担任诉讼法律事务代理人或者非诉讼法律事务代理人的，应当在受委托的权限内，维护委托人的合法权益。

第三十一条　律师担任辩护人的，应当根据事实和法律，提出犯罪嫌疑人、被告人无罪、罪轻或者减轻、免除其刑事责任的材料和意见，维护犯罪嫌疑人、被告人的诉讼权利和其他合法权益。

第三十二条　委托人可以拒绝已委托的律师为其继续辩护或者代理，同时可以另行委托律师担任辩护人或者代理人。

律师接受委托后，无正当理由的，不得拒绝辩护或者代理。但是，委托事项违法、委托人利用律师提供的服务从事违法活动或者委托人故意隐瞒与案件有关的重要事实的，律师有权拒绝辩护或者代理。

第三十三条　律师担任辩护人的，有权持律师执业证书、律师事务所证明和委托书或者法律援助公函，依照刑事诉讼法的规定会见在押或者被监视居住的犯罪嫌疑人、被告人。辩护律师会见犯罪嫌疑人、被告人时不被监听。

第三十四条　律师担任辩护人的，自人民检察院对案件审查起诉之日起，有权查阅、摘抄、复制本案的案卷材料。

第三十五条　受委托的律师根据案情的需要，可以申请人民检察院、人民法院收集、调取证据或者申请人民法院通知证人出庭作证。

律师自行调查取证的，凭律师执业证书和律师事务所证明，可以向有关单位或者个人调查与承办法律事务有关的情况。

第三十六条　律师担任诉讼代理人或者辩护人的，其辩论或者辩护的权利依法受到保障。

第三十七条 律师在执业活动中的人身权利不受侵犯。

律师在法庭上发表的代理、辩护意见不受法律追究。但是，发表危害国家安全、恶意诽谤他人、严重扰乱法庭秩序的言论除外。

律师在参与诉讼活动中涉嫌犯罪的，侦查机关应当及时通知其所在的律师事务所或者所属的律师协会；被依法拘留、逮捕的，侦查机关应当依照刑事诉讼法的规定通知该律师的家属。

第三十八条 律师应当保守在执业活动中知悉的国家秘密、商业秘密，不得泄露当事人的隐私。

律师对在执业活动中知悉的委托人和其他人不愿泄露的有关情况和信息，应当予以保密。但是，委托人或者其他人准备或者正在实施危害国家安全、公共安全以及严重危害他人人身安全的犯罪事实和信息除外。

第三十九条 律师不得在同一案件中为双方当事人担任代理人，不得代理与本人或者其近亲属有利益冲突的法律事务。

第四十条 律师在执业活动中不得有下列行为：

（一）私自接受委托、收取费用，接受委托人的财物或者其他利益；

（二）利用提供法律服务的便利牟取当事人争议的权益；

（三）接受对方当事人的财物或者其他利益，与对方当事人或者第三人恶意串通，侵害委托人的权益；

（四）违反规定会见法官、检察官、仲裁员以及其他有关工作人员；

（五）向法官、检察官、仲裁员以及其他有关工作人员行贿，介绍贿赂或者指使、诱导当事人行贿，或者以其他不正当方式影响法官、检察官、仲裁员以及其他有关工作人员依法办理案件；

（六）故意提供虚假证据或者威胁、利诱他人提供虚假证据，妨碍对方当事人合法取得证据；

（七）煽动、教唆当事人采取扰乱公共秩序、危害公共安全等非法手段解决争议；

（八）扰乱法庭、仲裁庭秩序，干扰诉讼、仲裁活动的正常进行。

第四十一条 曾经担任法官、检察官的律师，从人民法院、人民检察院离任后二年内，不得担任诉讼代理人或者辩护人。

第四十二条 律师、律师事务所应当按照国家规定履行法律援助义务，为受援人提供符合标准的法律服务，维护受援人的合法权益。

第五章 律师协会

第四十三条 律师协会是社会团体法人，是律师的自律性组织。

全国设立中华全国律师协会，省、自治区、直辖市设立地方律师协会，设区的市根据需要可以设立地方律师协会。

第四十四条 全国律师协会章程由全国会员代表大会制定，报国务院司法行政部门备案。

地方律师协会章程由地方会员代表大会制定，报同级司法行政部门备案。地方律师协会章程不得与全国律师协会章程相抵触。

第四十五条 律师、律师事务所应当加入所在地的地方律师协会。加入地方律师协会的律师、律师事务所，同时是全国律师协会的会员。

律师协会会员享有律师协会章程规定的权利，履行律师协会章程规定的义务。

第四十六条 律师协会应当履行下列职责：

（一）保障律师依法执业，维护律师的合法权益；

（二）总结、交流律师工作经验；

（三）制定行业规范和惩戒规则；

（四）组织律师业务培训和职业道德、执业纪律教育，对律师的执业活动进行考核；

（五）组织管理申请律师执业人员的实习活动，对实习人员进行考核；

（六）对律师、律师事务所实施奖励和惩戒；

（七）受理对律师的投诉或者举报，调解律师执业活动中发生的纠纷，受理律师的申诉；

（八）法律、行政法规、规章以及律师协会章程规定的其他职责。

律师协会制定的行业规范和惩戒规则，不得与有关法律、行政法规、规章相抵触。

第六章 法律责任

第四十七条 律师有下列行为之一的，由设区的市级或者直辖市的区人民政府司法行政部

门给予警告,可以处五千元以下的罚款;有违法所得的,没收违法所得;情节严重的,给予停止执业三个月以下的处罚:

(一)同时在两个以上律师事务所执业的;

(二)以不正当手段承揽业务的;

(三)在同一案件中为双方当事人担任代理人,或者代理与本人及其近亲属有利益冲突的法律事务的;

(四)从人民法院、人民检察院离任后二年内担任诉讼代理人或者辩护人的;

(五)拒绝履行法律援助义务的。

第四十八条 律师有下列行为之一的,由设区的市级或者直辖市的区人民政府司法行政部门给予警告,可以处一万元以下的罚款;有违法所得的,没收违法所得;情节严重的,给予停止执业三个月以上六个月以下的处罚:

(一)私自接受委托、收取费用,接受委托人财物或者其他利益的;

(二)接受委托后,无正当理由,拒绝辩护或者代理,不按时出庭参加诉讼或者仲裁的;

(三)利用提供法律服务的便利牟取当事人争议的权益的;

(四)泄露商业秘密或者个人隐私的。

第四十九条 律师有下列行为之一的,由设区的市级或者直辖市的区人民政府司法行政部门给予停止执业六个月以上一年以下的处罚,可以处五万元以下的罚款;有违法所得的,没收违法所得;情节严重的,由省、自治区、直辖市人民政府司法行政部门吊销其律师执业证书;构成犯罪的,依法追究刑事责任:

(一)违反规定会见法官、检察官、仲裁员以及其他有关工作人员,或者以其他不正当方式影响依法办理案件的;

(二)向法官、检察官、仲裁员以及其他有关工作人员行贿,介绍贿赂或者指使、诱导当事人行贿的;

(三)向司法行政部门提供虚假材料或者有其他弄虚作假行为的;

(四)故意提供虚假证据或者威胁、利诱他人提供虚假证据,妨碍对方当事人合法取得证据的;

(五)接受对方当事人财物或者其他利益,与对方当事人或者第三人恶意串通,侵害委托人权益的;

(六)扰乱法庭、仲裁庭秩序,干扰诉讼、仲裁活动的正常进行的;

(七)煽动、教唆当事人采取扰乱公共秩序、危害公共安全等非法手段解决争议的;

(八)发表危害国家安全、恶意诽谤他人、严重扰乱法庭秩序的言论的;

(九)泄露国家秘密的。

律师因故意犯罪受到刑事处罚的,由省、自治区、直辖市人民政府司法行政部门吊销其律师执业证书。

第五十条 律师事务所有下列行为之一的,由设区的市级或者直辖市的区人民政府司法行政部门视其情节给予警告、停业整顿一个月以上六个月以下的处罚,可以处十万元以下的罚款;有违法所得的,没收违法所得;情节特别严重的,由省、自治区、直辖市人民政府司法行政部门吊销律师事务所执业证书:

(一)违反规定接受委托、收取费用的;

(二)违反法定程序办理变更名称、负责人、章程、合伙协议、住所、合伙人等重大事项的;

(三)从事法律服务以外的经营活动的;

(四)以诋毁其他律师事务所、律师或者支付介绍费等不正当手段承揽业务的;

(五)违反规定接受有利益冲突的案件的;

(六)拒绝履行法律援助义务的;

(七)向司法行政部门提供虚假材料或者有其他弄虚作假行为的;

(八)对本所律师疏于管理,造成严重后果的。

律师事务所因前款违法行为受到处罚的,对其负责人视情节轻重,给予警告或者处二万元以下的罚款。

第五十一条 律师因违反本法规定,在受到警告处罚后一年内又发生应当给予警告处罚情形的,由设区的市级或者直辖市的区人民政府司法行政部门给予停止执业三个月以上一年以下的处罚;在受到停止执业处罚期满后二年内又发生应当给予停止执业处罚情形的,由省、自治区、直辖市人民政府司法行政部门吊销其律师执业证书。

律师事务所因违反本法规定,在受到停业整顿处罚期满后二年内又发生应当给予停业整顿处罚情形的,由省、自治区、直辖市人民政府司法行政部门吊销律师事务所执业证书。

第五十二条 县级人民政府司法行政部门对律师和律师事务所的执业活动实施日常监督管理,对检查发现的问题,责令改正;对当事人的投诉,应当及时进行调查。县级人民政府司法行政部门认为律师和律师事务所的违法行为应当给予行政处罚的,应当向上级司法行政部门提出处罚建议。

第五十三条 受到六个月以上停止执业处罚的律师,处罚期满未逾三年的,不得担任合伙人。

被吊销律师执业证书的,不得担任辩护人、诉讼代理人,但系刑事诉讼、民事诉讼、行政诉讼当事人的监护人、近亲属的除外。

第五十四条 律师违法执业或者因过错给当事人造成损失的,由其所在的律师事务所承担赔偿责任。律师事务所赔偿后,可以向有故意或者重大过失行为的律师追偿。

第五十五条 没有取得律师执业证书的人员以律师名义从事法律服务业务的,由所在地的县级以上地方人民政府司法行政部门责令停止非法执业,没收违法所得,处违法所得一倍以上五倍以下的罚款。

第五十六条 司法行政部门工作人员违反本法规定,滥用职权、玩忽职守,构成犯罪的,依法追究刑事责任;尚不构成犯罪的,依法给予处分。

第七章 附 则

第五十七条 为军队提供法律服务的军队律师,其律师资格的取得和权利、义务及行为准则,适用本法规定。军队律师的具体管理办法,由国务院和中央军事委员会制定。

第五十八条 外国律师事务所在中华人民共和国境内设立机构从事法律服务活动的管理办法,由国务院制定。

第五十九条 律师收费办法,由国务院价格主管部门会同国务院司法行政部门制定。

第六十条 本法自2008年6月1日起施行。

最高人民法院、最高人民检察院、公安部、国家安全部、司法部关于依法保障律师执业权利的规定

(2015年9月16日 司发〔2015〕14号)

第一条 为切实保障律师执业权利,充分发挥律师维护当事人合法权益、维护法律正确实施、维护社会公平和正义的作用,促进司法公正,根据有关法律法规,制定本规定。

第二条 人民法院、人民检察院、公安机关、国家安全机关、司法行政机关应当尊重律师,健全律师执业权利保障制度,依照刑事诉讼法、民事诉讼法、行政诉讼法及律师法的规定,在各自职责范围内依法保障律师知情权、申请权、申诉权,以及会见、阅卷、收集证据和发问、质证、辩论等方面的执业权利,不得阻碍律师依法履行辩护、代理职责,不得侵害律师合法权利。

第三条 人民法院、人民检察院、公安机关、国家安全机关、司法行政机关和律师协会应当建立健全律师执业权利救济机制。

律师因依法执业受到侮辱、诽谤、威胁、报复、人身伤害的,有关机关应当及时制止并依法处理,必要时对律师采取保护措施。

第四条 人民法院、人民检察院、公安机关、国家安全机关、司法行政机关应当建立和完善诉讼服务中心、立案或受案场所、律师会见室、阅卷室,规范工作流程,方便律师办理立案、会见、阅卷、参与庭审、申请执行等事务。探索建立网络信息系统和律师服务平台,提高案件办理效率。

第五条 办案机关在办理案件中应当依法告知当事人有权委托辩护人、诉讼代理人。对于符合法律援助条件而没有委托辩护人或者诉讼代理人的,办案机关应当及时告知当事人有权申请法律援助,并按照相关规定向法律援助机构转交申请材料。办案机关发现犯罪嫌疑人、被告人属于依法应当提供法律援助的情形的,应当及时通知法律援助机构指派律师为其提供辩护。

第六条 辩护律师接受犯罪嫌疑人、被告人委托或者法律援助机构的指派后,应当告知办案机关,并可以依法向办案机关了解犯罪嫌疑人、

被告人涉嫌或者被指控的罪名及当时已查明的该罪的主要事实，犯罪嫌疑人、被告人被采取、变更、解除强制措施的情况，侦查机关延长侦查羁押期限等情况，办案机关应当依法及时告知辩护律师。

办案机关作出移送审查起诉、退回补充侦查、提起公诉、延期审理、二审不开庭审理、宣告判决等重大程序性决定的，以及人民检察院将直接受理立案侦查案件报请上一级人民检察院审查决定逮捕的，应当依法及时告知辩护律师。

第七条 辩护律师到看守所会见在押的犯罪嫌疑人、被告人，看守所在查验律师执业证书、律师事务所证明和委托书或者法律援助公函后，应当及时安排会见。能当时安排的，应当当时安排；不能当时安排的，看守所应当向辩护律师说明情况，并保证辩护律师在四十八小时以内会见到在押的犯罪嫌疑人、被告人。

看守所安排会见不得附加其他条件或者变相要求辩护律师提交法律规定以外的其他文件、材料，不得以未收到办案机关通知为由拒绝安排辩护律师会见。

看守所应当设立会见预约平台，采取网上预约、电话预约等方式为辩护律师会见提供便利，但不得以未预约会见为由拒绝安排辩护律师会见。

辩护律师会见在押的犯罪嫌疑人、被告人时，看守所应当采取必要措施，保障会见顺利和安全进行。律师会见在押的犯罪嫌疑人、被告人的，看守所应当保障律师履行辩护职责需要的时间和次数，并与看守所工作安排和办案机关侦查工作相协调。辩护律师会见犯罪嫌疑人、被告人时不被监听，办案机关不得派员在场。在律师会见室不足的情况下，看守所经辩护律师书面同意，可以安排在讯问室会见，但应当关闭录音、监听设备。犯罪嫌疑人、被告人委托两名律师担任辩护人的，两名辩护律师可以共同会见，也可以单独会见。辩护律师可以带一名律师助理协助会见。助理人员随同辩护律师参加会见的，应当出示律师事务所证明和律师执业证书或申请律师执业人员实习证。办案机关应当核实律师助理的身份。

第八条 在押的犯罪嫌疑人、被告人提出解除委托关系的，办案机关应当要求其出具或签署书面文件，并在三日以内转交受委托的律师或者律师事务所。辩护律师可以要求会见在押的犯罪嫌疑人、被告人，当面向其确认解除委托关系，看守所应当安排会见；但犯罪嫌疑人、被告人书面拒绝会见的，看守所应当将有关书面材料转交辩护律师，不予安排会见。

在押的犯罪嫌疑人、被告人的监护人、近亲属解除代为委托辩护律师关系的，经犯罪嫌疑人、被告人同意的，看守所应当允许新代为委托的辩护律师会见，由犯罪嫌疑人、被告人确认新的委托关系；犯罪嫌疑人、被告人不同意解除原辩护律师的委托关系的，看守所应当终止新代为委托的辩护律师会见。

第九条 辩护律师在侦查期间要求会见危害国家安全犯罪、恐怖活动犯罪、特别重大贿赂犯罪案件在押的犯罪嫌疑人的，应当向侦查机关提出申请。侦查机关应当依法及时审查辩护律师提出的会见申请，在三日以内将是否许可的决定书面答复辩护律师，并明确告知负责与辩护律师联系的部门及工作人员的联系方式。对许可会见的，应当向辩护律师出具许可决定文书；因有碍侦查或者可能泄露国家秘密而不许可会见的，应当向辩护律师说明理由。有碍侦查或者可能泄露国家秘密的情形消失后，应当许可会见，并及时通知看守所和辩护律师。对特别重大贿赂案件在侦查终结前，侦查机关应当许可辩护律师至少会见一次犯罪嫌疑人。

侦查机关不得随意解释和扩大前款所述三类案件的范围，限制律师会见。

第十条 自案件移送审查起诉之日起，辩护律师会见犯罪嫌疑人、被告人，可以向其核实有关证据。

第十一条 辩护律师会见在押的犯罪嫌疑人、被告人，可以根据需要制作会见笔录，并要求犯罪嫌疑人、被告人确认无误后在笔录上签名。

第十二条 辩护律师会见在押的犯罪嫌疑人、被告人需要翻译人员随同参加的，应当提前向办案机关提出申请，并提交翻译人员身份证明及其所在单位出具的证明。办案机关应当及时审查并在三日以内作出是否许可的决定。许可翻译人员参加会见的，应当向辩护律师出具许可决定文书，并通知看守所。不许可的，应当向辩护律师书面说明理由，并通知其更换。

翻译人员应当持办案机关许可决定文书和本人身份证明，随同辩护律师参加会见。

第十三条　看守所应当及时传递辩护律师同犯罪嫌疑人、被告人的往来信件。看守所可以对信件进行必要的检查，但不得截留、复制、删改信件，不得向办案机关提供信件内容，但信件内容涉及危害国家安全、公共安全、严重危害他人人身安全以及涉嫌串供、毁灭证据等情形的除外。

第十四条　辩护律师自人民检察院对案件审查起诉之日起，可以查阅、摘抄、复制本案的案卷材料，人民检察院检察委员会的讨论记录、人民法院合议庭、审判委员会的讨论记录以及其他依法不能公开的材料除外。人民检察院、人民法院应当为辩护律师查阅、摘抄、复制案卷材料提供便利，有条件的地方可以推行电子化阅卷，允许刻录、下载材料。侦查机关应当在案件移送审查起诉后三日以内，人民检察院应当在提起公诉后三日以内，将案件移送情况告知辩护律师。案件提起公诉后，人民检察院对案卷所附证据材料有调整或者补充的，应当及时告知辩护律师。辩护律师对调整或者补充的证据材料，有权查阅、摘抄、复制。辩护律师办理申诉、抗诉案件，在人民检察院、人民法院经审查决定立案后，可以持律师执业证书、律师事务所证明和委托书或者法律援助公函到案卷档案管理部门、持有案卷档案的办案部门查阅、摘抄、复制已经审理终结案件的案卷材料。

辩护律师提出阅卷要求的，人民检察院、人民法院应当当时安排辩护律师阅卷，无法当时安排的，应当向辩护律师说明并安排其在三个工作日以内阅卷，不得限制辩护律师阅卷的次数和时间。有条件的地方可以设立阅卷预约平台。

人民检察院、人民法院应当为辩护律师阅卷提供场所和便利，配备必要的设备。因复制材料发生费用的，只收取工本费用。律师办理法律援助案件复制材料发生的费用，应当予以免收或者减收。辩护律师可以采用复印、拍照、扫描、电子数据拷贝等方式复制案卷材料，可以根据需要带律师助理协助阅卷。办案机关应当核实律师助理的身份。

辩护律师查阅、摘抄、复制的案卷材料属于国家秘密的，应当经过人民检察院、人民法院同意并遵守国家保密规定。律师不得违反规定，披露、散布案件重要信息和案卷材料，或者将其用于本案辩护、代理以外的其他用途。

第十五条　辩护律师提交与案件有关材料的，办案机关应当在工作时间和办公场所予以接待，当面了解辩护律师提交材料的目的、材料的来源和主要内容等有关情况并记录在案，与相关材料一并附卷，并出具回执。辩护律师应当提交原件，提交原件确有困难的，经办案机关准许，也可以提交复印件，经与原件核对无误后由辩护律师签名确认。辩护律师通过服务平台网上提交相关材料的，办案机关应当在网上出具回执。辩护律师应当及时向办案机关提供原件核对，并签名确认。

第十六条　在刑事诉讼审查起诉、审理期间，辩护律师书面申请调取公安机关、人民检察院在侦查、审查起诉期间收集但未提交的证明犯罪嫌疑人、被告人无罪或者罪轻的证据材料的，人民检察院、人民法院应当依法及时审查。经审查，认为辩护律师申请调取的证据材料已收集并且与案件事实有联系的，应当及时调取。相关证据材料提交后，人民检察院、人民法院应当及时通知辩护律师查阅、摘抄、复制。经审查决定不予调取的，应当书面说明理由。

第十七条　辩护律师申请向被害人或者其近亲属、被害人提供的证人收集与本案有关的材料的，人民检察院、人民法院应当在七日以内作出是否许可的决定，并通知辩护律师。辩护律师书面提出有关申请时，办案机关不许可的，应当书面说明理由；辩护律师口头提出申请的，办案机关可以口头答复。

第十八条　辩护律师申请人民检察院、人民法院收集、调取证据的，人民检察院、人民法院应当在三日以内作出是否同意的决定，并通知辩护律师。辩护律师书面提出有关申请时，办案机关不同意的，应当书面说明理由；辩护律师口头提出申请的，办案机关可以口头答复。

第十九条　辩护律师申请向正在服刑的罪犯收集与案件有关的材料的，监狱和其他监管机关在查验律师执业证书、律师事务所证明和犯罪嫌疑人、被告人委托书或法律援助公函后，应当及时安排并提供合适的场所和便利。

正在服刑的罪犯属于辩护律师所承办案件的被害人或者其近亲属、被害人提供的证人的，应当经人民检察院或者人民法院许可。

第二十条 在民事诉讼、行政诉讼过程中，律师因客观原因无法自行收集证据的，可以依法向人民法院申请调取。经审查符合规定的，人民法院应当予以调取。

第二十一条 侦查机关在案件侦查终结前，人民检察院、人民法院在审查批准、决定逮捕期间，最高人民法院在复核死刑案件期间，辩护律师提出要求的，办案机关应当听取辩护律师的意见。人民检察院审查起诉、第二审人民法院决定不开庭审理的，应当充分听取辩护律师的意见。

辩护律师要求当面反映意见或者提交证据材料的，办案机关应当依法办理，并制作笔录附卷。辩护律师提出的书面意见和证据材料，应当附卷。

第二十二条 辩护律师书面申请变更或者解除强制措施的，办案机关应当在三日以内作出处理决定。辩护律师的申请符合法律规定的，办案机关应当及时变更或者解除强制措施；经审查认为不应当变更或者解除强制措施的，应当告知辩护律师，并书面说明理由。

第二十三条 辩护律师在侦查、审查起诉、审判期间发现案件有关证据存在刑事诉讼法第五十四条规定的情形的，可以向办案机关申请排除非法证据。

辩护律师在开庭以前申请排除非法证据，人民法院对证据收集合法性有疑问的，应当依照刑事诉讼法第一百八十二条第二款的规定召开庭前会议，就非法证据排除问题了解情况，听取意见。

辩护律师申请排除非法证据的，办案机关应当听取辩护律师的意见，按照法定程序审查核实相关证据，并依法决定是否予以排除。

第二十四条 辩护律师在开庭以前提出召开庭前会议、回避、补充鉴定或者重新鉴定以及证人、鉴定人出庭等申请的，人民法院应当及时审查作出处理决定，并告知辩护律师。

第二十五条 人民法院确定案件开庭日期时，应当为律师出庭预留必要的准备时间并书面通知律师。律师因开庭日期冲突等正当理由申请变更开庭日期的，人民法院应当在不影响案件审理期限的情况下，予以考虑并调整日期，决定调整日期的，应当及时通知律师。

律师可以根据需要，向人民法院申请带律师助理参加庭审。律师助理参加庭审仅能从事相关辅助工作，不得发表辩护、代理意见。

第二十六条 有条件的人民法院应当建立律师参与诉讼专门通道，律师进入人民法院参与诉讼确需安全检查的，应当与出庭履行职务的检察人员同等对待。有条件的人民法院应当设置专门的律师更衣室、休息室或者休息区域，并配备必要的桌椅、饮水及上网设施等，为律师参与诉讼提供便利。

第二十七条 法庭审理过程中，律师对审判人员、检察人员提出回避申请的，人民法院、人民检察院应当依法作出处理。

第二十八条 法庭审理过程中，经审判长准许，律师可以向当事人、证人、鉴定人和有专门知识的人发问。

第二十九条 法庭审理过程中，律师可以就证据的真实性、合法性、关联性，从证明目的、证明效果、证明标准、证明过程等方面，进行法庭质证和相关辩论。

第三十条 法庭审理过程中，律师可以就案件事实、证据和适用法律等问题，进行法庭辩论。

第三十一条 法庭审理过程中，法官应当注重诉讼权利平等和控辩平衡。对于律师发问、质证、辩论的内容、方式、时间等，法庭应当依法公正保障，以便律师充分发表意见，查清案件事实。

法庭审理过程中，法官可以对律师的发问、辩论进行引导，除发言过于重复、相关问题已在庭前会议达成一致、与案件无关或者侮辱、诽谤、威胁他人，故意扰乱法庭秩序的情况外，法官不得随意打断或者制止律师按程序进行的发言。

第三十二条 法庭审理过程中，律师可以提出证据材料，申请通知新的证人、有专门知识的人出庭，申请调取新的证据，申请重新鉴定或者勘验、检查。在民事诉讼中，申请有专门知识的人出庭，应当在举证期限届满前向人民法院申请，经法庭许可后才可以出庭。

第三十三条 法庭审理过程中，遇有被告人供述发生重大变化、拒绝辩护等重大情形,经审判长许可,辩护律师可以与被告人进行交流。

第三十四条 法庭审理过程中,有下列情形之一的,律师可以向法庭申请休庭:

(一)辩护律师因法定情形拒绝为被告人辩护的;

(二)被告人拒绝辩护律师为其辩护的;

(三)需要对新的证据作辩护准备的;

(四)其他严重影响庭审正常进行的情形。

第三十五条 辩护律师作无罪辩护的,可以当庭就量刑问题发表辩护意见,也可以庭后提交量刑辩护意见。

第三十六条 人民法院适用普通程序审理案件,应当在裁判文书中写明律师依法提出的辩护、代理意见,以及是否采纳的情况,并说明理由。

第三十七条 对于诉讼中的重大程序信息和送达当事人的诉讼文书,办案机关应当通知辩护、代理律师。

第三十八条 法庭审理过程中,律师就回避,案件管辖,非法证据排除,申请通知证人、鉴定人、有专门知识的人出庭,申请通知新的证人到庭,调取新的证据,申请重新鉴定、勘验等问题当庭提出申请,或者对法庭审理程序提出异议的,法庭原则上应当休庭进行审查,依照法定程序作出决定。其他律师有相同异议的,应一并提出,法庭一并休庭审查。法庭决定驳回申请或者异议的,律师可当庭提出复议。经复议后,律师应当尊重法庭的决定,服从法庭的安排。

律师不服法庭决定保留意见的内容应当详细记入法庭笔录,可以作为上诉理由,或者向同级或者上一级人民检察院申诉、控告。

第三十九条 律师申请查阅人民法院录制的庭审过程的录音、录像的,人民法院应当准许。

第四十条 侦查机关依法对在诉讼活动中涉嫌犯罪的律师采取强制措施后,应当在四十八小时以内通知其所在的律师事务所或者所属的律师协会。

第四十一条 律师认为办案机关及其工作人员明显违反法律规定,阻碍律师依法履行辩护、代理职责,侵犯律师执业权利的,可以向该办案机关或者其上一级机关投诉。

办案机关应当畅通律师反映问题和投诉的渠道,明确专门部门负责处理律师投诉,并公开联系方式。

办案机关应当对律师的投诉及时调查,律师要求当面反映情况的,应当当面听取律师的意见。经调查情况属实的,应当依法立即纠正,及时答复律师,做好说明解释工作,并将处理情况通报其所在地司法行政机关或者所属的律师协会。

第四十二条 在刑事诉讼中,律师认为办案机关及其工作人员的下列行为阻碍律师依法行使诉讼权利的,可以向同级或者上一级人民检察院申诉、控告:

(一)未依法向律师履行告知、转达、通知和送达义务的;

(二)办案机关认定律师不得担任辩护人、代理人的情形有误的;

(三)对律师依法提出的申请,不接收、不答复的;

(四)依法应当许可律师提出的申请未许可的;

(五)依法应当听取律师的意见未听取的;

(六)其他阻碍律师依法行使诉讼权利的行为。

律师依照前款规定提出申诉、控告的,人民检察院应当在受理后十日以内进行审查,并将处理情况书面答复律师。情况属实的,通知有关机关予以纠正。情况不属实的,做好说明解释工作。

人民检察院应当依法严格履行保障律师依法执业的法律监督职责,处理律师申诉控告。在办案过程中发现有阻碍律师依法行使诉讼权利行为的,应当依法、及时提出纠正意见。

第四十三条 办案机关或者其上一级机关、人民检察院对律师提出的投诉、申诉、控告,经调查核实后要求有关机关予以纠正,有关机关拒不纠正或者累纠累犯的,应当由相关机关的纪检监察部门依照有关规定调查处理,相关责任人构成违纪的,给予纪律处分。

第四十四条 律师认为办案机关及其工作人员阻碍其依法行使执业权利的,可以向其所执业律师事务所所在地的市级司法行政机关、所属的律师协会申请维护执业权利。情况紧急的,可以向事发地的司法行政机关、律师协会申请维护执业权利。事发地的司法行政机关、律师协会应当给予协助。

司法行政机关、律师协会应当建立维护律师执业权利快速处置机制和联动机制，及时安排专人负责协调处理。律师的维权申请合法有据的，司法行政机关、律师协会应当建议有关办案机关依法处理，有关办案机关应当将处理情况及时反馈司法行政机关、律师协会。

司法行政机关、律师协会持有关证明调查核实律师权益保障或者违纪有关情况的，办案机关应当予以配合、协助，提供相关材料。

第四十五条　人民法院、人民检察院、公安机关、国家安全机关、司法行政机关和律师协会应当建立联席会议制度，定期沟通保障律师执业权利工作情况，及时调查处理侵犯律师执业权利的突发事件。

第四十六条　依法规范法律服务秩序，严肃查处假冒律师执业和非法从事法律服务的行为。对未取得律师执业证书或者已经被注销、吊销执业证书的人员以律师名义提供法律服务或者从事相关活动的，或者利用相关法律关于公民代理的规定从事诉讼代理或者辩护业务非法牟利的，依法追究责任，造成严重后果的，依法追究刑事责任。

第四十七条　本规定所称“办案机关”，是指负责侦查、审查逮捕、审查起诉和审判工作的公安机关、国家安全机关、人民检察院和人民法院。

第四十八条　本规定所称“律师助理”，是指辩护、代理律师所在律师事务所的其他律师和申请律师执业实习人员。

第四十九条　本规定自发布之日起施行。

最高人民法院关于依法切实保障律师诉讼权利的规定

（2015年12月29日　法发〔2015〕16号）

为深入贯彻落实全面推进依法治国战略，充分发挥律师维护当事人合法权益、促进司法公正的积极作用，切实保障律师诉讼权利，根据中华人民共和国刑事诉讼法、民事诉讼法、行政诉讼法、律师法和《最高人民法院、最高人民检察院、公安部、国家安全部、司法部关于依法保障律师执业权利的规定》，作出如下规定：

一、依法保障律师知情权。人民法院要不断完善审判流程公开、裁判文书公开、执行信息公开“三大平台”建设，方便律师及时获取诉讼信息。对诉讼程序、诉权保障、调解和解、裁判文书等重要事项及相关进展情况，应当依法及时告知律师。

二、依法保障律师阅卷权。对律师申请阅卷的，应当在合理时间内安排。案卷材料被其他诉讼主体查阅的，应当协调安排各方阅卷时间。律师依法查阅、摘抄、复制有关卷宗材料或者查看庭审录音录像的，应当提供场所和设施。有条件的法院，可提供网上卷宗查阅服务。

三、依法保障律师出庭权。确定开庭日期时，应当为律师预留必要的出庭准备时间。因特殊情况更改开庭日期的，应当提前三日告知律师。律师因正当理由请求变更开庭日期的，法官可在征询其他当事人意见后准许。律师带助理出庭的，应当准许。

四、依法保障律师辩论、辩护权。法官在庭审过程中应合理分配诉讼各方发问、质证、陈述和辩论、辩护的时间，充分听取律师意见。除律师发言过于重复、与案件无关或者相关问题已在庭前达成一致等情况外，不应打断律师发言。

五、依法保障律师申请排除非法证据的权利。律师申请排除非法证据并提供相关线索或者材料，法官经审查对证据收集合法性有疑问的，应当召开庭前会议或者进行法庭调查。经审查确认存在法律规定的以非法方法收集证据情形的，对有关证据应当予以排除。

六、依法保障律师申请调取证据的权利。律师因客观原因无法自行收集证据的，可以依法向人民法院书面申请调取证据。律师申请调取证据符合法定条件的，法官应当准许。

七、依法保障律师的人身安全。案件审理过程中出现当事人矛盾激化，可能危及律师人身安全情形的，应当及时采取必要措施。对在法庭上发生的殴打、威胁、侮辱、诽谤律师等行为，法官应当及时制止，依法处置。

八、依法保障律师代理申诉的权利。对律师代理当事人对案件提出申诉的，要依照法律规定的程序认真处理。认为原案件处理正确的，要支持律师向申诉人做好释法析理、息诉息访工作。

九、为律师依法履职提供便利。要进一步完善网上立案、缴费、查询、阅卷、申请保全、提交代理词、开庭排期、文书送达等功能。有条件的法院要为参加庭审的律师提供休息场所,配备桌椅、饮水及其他必要设施。

十、完善保障律师诉讼权利的救济机制。要指定专门机构负责处理律师投诉,公开联系方式,畅通投诉渠道。对投诉要及时调查,依法处理,并将结果及时告知律师。对司法行政机关、律师协会就维护律师执业权利提出的建议,要及时予以答复。

最高人民法院、司法部关于依法保障律师诉讼权利和规范律师参与庭审活动的通知

(2018年4月21日 司发通〔2018〕36号)

各省、自治区、直辖市高级人民法院、司法厅(局),新疆维吾尔自治区高级人民法院生产建设兵团分院、新疆生产建设兵团司法局:

为进一步保障律师诉讼权利,规范律师参与庭审活动,充分发挥律师维护当事人合法权益、维护法律正确实施和司法公正的职能作用,现就有关事项通知如下。

一、各级人民法院及其工作人员要尊重和保障律师诉讼权利,严格执行法定程序,平等对待诉讼各方,合理分配各方发问、质证、陈述和辩论、辩护的时间,充分听取律师意见。对于律师在法庭上就案件事实认定和法律适用的正常发问、质证和发表的辩护代理意见,法官不随意打断或者制止;但是,攻击党和国家政治制度、法律制度的,发表的意见已在庭前会议达成一致、与案件无关或者侮辱、诽谤、威胁他人,故意扰乱法庭秩序的,审判长或者独任审判员可以根据情况予以制止。律师明显以诱导方式发问,公诉人提出异议的,审判长或者独任审判员审查确认后,可以制止。

二、律师参加庭审不得对庭审活动进行录音、录像、拍照或使用移动通信工具等传播庭审活动,不得进行其他违反法庭规则和不服从法庭指令的行为。律师对庭审活动进行录音、录像、拍照或使用移动通信工具等传播庭审活动的,人民法院可以暂扣其使用的设备及存储介质,删除相关内容。

三、法庭审理过程中,法官应当尊重律师,不得侮辱、嘲讽律师。审判长或者独任审判员认为律师在法庭审理过程中违反法庭规则、法庭纪律的,应当依法给予警告、训诫等,确有必要时可以休庭处置,除当庭攻击党和国家政治制度、法律制度等严重扰乱法庭秩序的,不采取责令律师退出法庭或者强行带出法庭措施。确需司法警察当庭对律师采取措施维持法庭秩序的,有关执法行为要规范、文明,保持必要、合理限度。律师被依法责令退出法庭、强行带出法庭或者被处以罚款后,具结保证书,保证服从法庭指令、不再扰乱法庭秩序的,经法庭许可,可以继续担任同一案件的辩护人、诉讼代理人;具有擅自退庭、无正当理由不按时出庭参加诉讼、被拘留或者具结保证书后再次被依法责令退出法庭、强行带出法庭的,不得继续担任同一案件的辩护人、诉讼代理人。人民法院应当对庭审活动进行全程录像或录音,对律师在庭审活动中违反法定程序的情形应当记录在案。

四、律师认为法官在审判过程中有违法违规行为的,可以向相关人民法院或其上一级人民法院监察部门投诉、举报,人民法院应当依法作出处理并及时将处理情况答复律师本人,同时通报当地司法行政机关、律师协会。对社会高度关注的,应当公布结果。律师认为法官侵犯其诉讼权利的,应当在庭审结束后,向司法行政机关、律师协会申请维护执业权利,不得以维权为由干扰庭审的正常进行,不得通过网络以自己名义或通过其他人、媒体发表声明、公开信、敦促书等炒作案件。

五、人民法院认为律师有违法违规行为的,应当向司法行政机关、律师协会提出司法建议,并移交庭审录音录像、庭审记录等相关证据材料。对需要进一步调查核实的,应配合、协助司法行政机关、律师协会有关调查取证工作。司法行政机关、律师协会接到当事人投诉举报、人民法院司法建议书的,应当及时立案调查,对违法违规的要依法依规作出行政处罚或行业惩戒。处理结果应当及时书面告知当事人、人民法院。对公开谴责以上行业惩戒和行政处罚的决定一律向

社会公开披露。各地司法行政机关、律师协会主动发现律师违法违规行为的,要及时立案查处。

六、司法行政机关应当会同人民法院、律师协会建立分级分类处理机制。对于发生在当地的律师维权和违法违规事件,由所在地人民法院、司法行政机关按有关要求依法及时作出处理,能即时纠正的应当依法立即纠正。对于跨区域的律师维权和违法违规事件,行为发生地司法行政机关发现律师涉嫌违法违规执业的,应当向注册地司法行政机关提出处罚意见和建议,注册地司法行政机关收到意见建议后应当立案调查,并将查处结果反馈行为发生地司法行政机关。行为发生地司法行政机关不同意处罚意见的,应当报共同上级司法行政机关审查。上级司法行政机关应当对两地司法行政机关意见和相关证据材料进行审查,提出处理意见。跨省(区、市)的律师维权与违规交织等重大复杂事件,可以由司法部会同最高人民法院、全国律协,必要时商请事件发生地的省(区、市)党委政法委牵头组成联合调查组,负责事件调查处理工作。省(区、市)内跨区域重大复杂事件参照上述做法办理。

七、重大敏感复杂案件开庭审理时,根据人民法院通知,对律师具有管理监督职责的司法行政机关或律师协会应当派员旁听,进行现场指导监督。

八、各级人民法院、司法行政机关要注重发现宣传人民法院依法尊重、保障律师诉讼权利和律师尊重法庭权威、遵守庭审纪律的典型,大力表彰先进,发挥正面引领作用。同时,要通报人民法院、司法行政机关侵犯律师正当权利、处置律师违法违规行为不当以及律师违法违规执业受到处罚处分的典型,教育引导法官和律师自觉树立正确观念,彼此尊重、相互支持、相互监督,为法院依法审判、律师依法履职营造良好环境。

最高人民法院关于如何确定委托贷款协议纠纷诉讼主体资格的批复

(1996年5月16日　法复〔1996〕6号)

四川省高级人民法院:

你院《关于有委托贷款协议的借款合同如何确定诉讼主体问题的请示》(川高法〔1995〕193号)收悉。经研究,答复如下:

在履行委托贷款协议过程中,由于借款人不按期归还贷款而发生纠纷的,贷款人(受托人)可以借款合同纠纷为由向人民法院提起诉讼;贷款人不起诉的,委托人可以委托贷款协议的受托人为被告、以借款人为第三人向人民法院提起诉讼。

此复。

最高人民法院关于民事诉讼委托代理人在执行程序中的代理权限问题的批复

(1997年1月23日　法复〔1997〕1号)

陕西省高级人民法院:

你院陕高法〔1996〕78号《关于诉讼委托代理人的代理权限是否包括执行程序的请示》收悉。经研究,答复如下:

根据民事诉讼法的规定,当事人在民事诉讼中有权委托代理人。当事人委托代理人时,应当依法向人民法院提交记明委托事项和代理人具体代理权限的授权委托书。如果当事人在授权委托书中没有写明代理人在执行程序中有代理权及具体的代理事项,代理人在执行程序中没有代理权,不能代理当事人直接领取或者处分标的物。

此复。

最高人民法院关于领取营业执照的证券公司营业部是否具有民事诉讼主体资格的复函

(1997年8月22日　法函〔1997〕98号)

上海市高级人民法院:

你院(1997)沪高经他字第4号请示收悉。经研究,答复如下:

证券公司营业部是经中国人民银行或其授权的分支机构依据《中华人民共和国银行法》的有关规定批准设立,专营证券交易等业务的机构。其领有《经营金融业务许可证》和《营业执照》,具有一定的运营资金和在核准的经营范围内开展证券交易等业务的行为能力。根据最高人民法院《关于适用〈中华人民共和国民事诉讼法〉若干问题的意见》第40条第(5)项之规定,证券公司营业部可以作为民事诉讼当事人。

最高人民法院关于经商检局检验出口的商品被退回应否将商检局列为经济合同质量纠纷案件当事人问题的批复①

(1998年6月19日最高人民法院审判委员会第995次会议通过 1998年6月23日最高人民法院公告公布 自1998年7月1日起施行 法释〔1998〕12号)

湖南省高级人民法院:

你院湘高法〔1997〕55号请示收悉。经研究,答复如下:

经商检局检验出口的商品被退回,当事人以经济合同商品质量纠纷起诉的,人民法院不应将商检局列为被告或者第三人。

最高人民法院关于企业法人营业执照被吊销后,其民事诉讼地位如何确定的复函

(2000年1月29日 法经〔2000〕24号)

辽宁省高级人民法院:

你院《关于企业法人营业执照被吊销后,其民事诉讼地位如何确定的请示》收悉。经研究,答复如下:

吊销企业法人营业执照,是工商行政管理机关依据国家工商行政法规对违法的企业法人作出的一种行政处罚。企业法人被吊销营业执照后,应当依法进行清算,清算程序结束并办理工商注销登记后,该企业法人才归于消灭。因此,企业法人被吊销营业执照后至被注销登记前,该企业法人仍应视为存续,可以自己的名义进行诉讼活动。如果该企业法人组成人员下落不明,无法通知参加诉讼,债权人以被吊销营业执照企业的开办单位为被告起诉的,人民法院也应予以准许。该开办单位对被吊销营业执照的企业法人,如果不存在投资不足或者转移资产逃避债务情形的,仅应作为企业清算人参加诉讼,承担清算责任。你院请示中涉及的问题,可参照上述精神办理。

此复。

最高人民法院关于产品侵权案件的受害人能否以产品的商标所有人为被告提起民事诉讼的批复

(2002年7月4日最高人民法院审判委员会第1229次会议通过 2002年7月11日最高人民法院公告公布 自2002年7月28日起施行 法释〔2002〕22号)

北京市高级人民法院:

你院京高法〔2001〕271号《关于荆其廉、张新荣等诉美国通用汽车公司、美国通用汽车海外公司损害赔偿案诉讼主体确立问题处理结果的请示报告》收悉。经研究,我们认为,任何将自己的姓名、名称、商标或者可资识别的其他标识体现在产品上,表示其为产品制造者的企业或个人,均属于《中华人民共和国民法通则》第一百二十二条规定的"产品制造者"和《中华人民共和国产品质量法》规定的"生产者"。本案中美国通用汽车公司为事故车的商标所有人,根据受害人的起诉和本案的实际情况,本案以通用汽车公司、通用汽车海外公司、通用汽车巴西公司为被告并无不当。

最高人民法院关于诉讼代理人查阅民事案件材料的规定

(2002年11月4日最高人民法院审判委员会第1254次会议通过 2002年11月15日最高人民法院公告公布 自2002年12月7日起施行 法释〔2002〕39号)

为保障代理民事诉讼的律师和其他诉讼代理人依法行使查阅所代理案件有关材料的权利,

① 编者注:已废止。

保证诉讼活动的顺利进行，根据《中华人民共和国民事诉讼法》第六十一条的规定，现对诉讼代理人查阅代理案件有关材料的范围和办法作如下规定：

第一条 代理民事诉讼的律师和其他诉讼代理人有权查阅所代理案件的有关材料。但是，诉讼代理人查阅案件材料不得影响案件的审理。

诉讼代理人为了申请再审的需要，可以查阅已经审理终结的所代理案件有关材料。

第二条 人民法院应当为诉讼代理人阅卷提供便利条件，安排阅卷场所。必要时，该案件的书记员或者法院其他工作人员应当在场。

第三条 诉讼代理人在诉讼过程中需要查阅案件有关材料的，应当提前与该案件的书记员或者审判人员联系；查阅已经审理终结的案件有关材料的，应当与人民法院有关部门工作人员联系。

第四条 诉讼代理人查阅案件有关材料应当出示律师证或者身份证等有效证件。

查阅案件有关材料应当填写查阅案件有关材料阅卷单。

第五条 诉讼代理人在诉讼中查阅案件材料限于案件审判卷和执行卷的正卷，包括起诉书、答辩书、庭审笔录及各种证据材料等。

案件审理终结后，可以查阅案件审判卷的正卷。

第六条 诉讼代理人查阅案件有关材料后，应当及时将查阅的全部案件材料交回书记员或者其他负责保管案卷的工作人员。

书记员或者法院其他工作人员对诉讼代理人交回的案件材料应当当面清查，认为无误后在阅卷单上签注。阅卷单应当附卷。

诉讼代理人不得将查阅的案件材料携出法院指定的阅卷场所。

第七条 诉讼代理人查阅案件材料可以摘抄或者复印。涉及国家秘密的案件材料，依照国家有关规定办理。

复印案件材料应当经案卷保管人员的同意。复印已经审理终结的案件有关材料，诉讼代理人可以要求案卷管理部门在复印材料上盖章确认。

复印案件材料可以收取必要的费用。

第八条 查阅案件材料中涉及国家秘密、商业秘密和个人隐私的，诉讼代理人应当保密。

第九条 诉讼代理人查阅案件材料时不得涂改、损毁、抽取案件材料。

人民法院对修改、损毁、抽取案卷材料的诉讼代理人，可以参照民事诉讼法第一百零二条第一款第(一)项的规定处理。

第十条 民事案件的当事人查阅案件有关材料的，参照本规定执行。

第十一条 本规定自公布之日起施行。

附：

阅卷单格式

××××人民法院阅卷单

阅卷人(代理人或者当事人)	
证件名称及其编号	
案件名称、案由、案号	
借阅册数	
归还册数	
阅卷时间	
法院工作人员签注	

注：案卷归还时的状况(完好无误或者缺损等)应当由收卷人在签注中写明。

七　证　据

全国人民代表大会常务委员会关于司法鉴定管理问题的决定①

(2005年2月28日第十届全国人民代表大会常务委员会第十四次会议通过　自2005年10月1日起施行)

为了加强对鉴定人和鉴定机构的管理,适应司法机关和公民、组织进行诉讼的需要,保障诉讼活动的顺利进行,特作如下决定:

一、司法鉴定是指在诉讼活动中鉴定人运用科学技术或者专门知识对诉讼涉及的专门性问题进行鉴别和判断并提供鉴定意见的活动。

二、国家对从事下列司法鉴定业务的鉴定人和鉴定机构实行登记管理制度:

(一)法医类鉴定;

(二)物证类鉴定;

(三)声像资料鉴定;

(四)根据诉讼需要由国务院司法行政部门商最高人民法院、最高人民检察院确定的其他应当对鉴定人和鉴定机构实行登记管理的鉴定事项。

法律对前款规定事项的鉴定人和鉴定机构的管理另有规定的,从其规定。

三、国务院司法行政部门主管全国鉴定人和鉴定机构的登记管理工作。省级人民政府司法行政部门依照本决定的规定,负责对鉴定人和鉴定机构的登记、名册编制和公告。

四、具备下列条件之一的人员,可以申请登记从事司法鉴定业务:

(一)具有与所申请从事的司法鉴定业务相关的高级专业技术职称;

(二)具有与所申请从事的司法鉴定业务相关的专业执业资格或者高等院校相关专业本科以上学历,从事相关工作五年以上;

(三)具有与所申请从事的司法鉴定业务相关工作十年以上经历,具有较强的专业技能。

因故意犯罪或者职务过失犯罪受过刑事处罚的,受过开除公职处分的,以及被撤销鉴定人登记的人员,不得从事司法鉴定业务。

五、法人或者其他组织申请从事司法鉴定业务的,应当具备下列条件:

(一)有明确的业务范围;

(二)有在业务范围内进行司法鉴定所必需的仪器、设备;

(三)有在业务范围内进行司法鉴定所必需的依法通过计量认证或者实验室认可的检测实验室;

(四)每项司法鉴定业务有三名以上鉴定人。

六、申请从事司法鉴定业务的个人、法人或者其他组织,由省级人民政府司法行政部门审核,对符合条件的予以登记,编入鉴定人和鉴定机构名册并公告。

省级人民政府司法行政部门应当根据鉴定人或者鉴定机构的增加和撤销登记情况,定期更新所编制的鉴定人和鉴定机构名册并公告。

七、侦查机关根据侦查工作的需要设立的鉴定机构,不得面向社会接受委托从事司法鉴定业务。

人民法院和司法行政部门不得设立鉴定机构。

八、各鉴定机构之间没有隶属关系;鉴定机构接受委托从事司法鉴定业务,不受地域范围的限制。

鉴定人应当在一个鉴定机构中从事司法鉴定业务。

九、在诉讼中,对本决定第二条所规定的鉴定事项发生争议,需要鉴定的,应当委托列入鉴定人名册的鉴定人进行鉴定。鉴定人从事司法鉴定业务,由所在的鉴定机构统一接受委托。

鉴定人和鉴定机构应当在鉴定人和鉴定机构名册注明的业务范围内从事司法鉴定业务。

鉴定人应当依照诉讼法律规定实行回避。

十、司法鉴定实行鉴定人负责制度。鉴定人应当独立进行鉴定,对鉴定意见负责并在鉴定书上签名或者盖章。多人参加的鉴定,对鉴定意见有不同意见的,应当注明。

十一、在诉讼中,当事人对鉴定意见有异议

① 编者注:已被修改。

的,经人民法院依法通知,鉴定人应当出庭作证。

十二、鉴定人和鉴定机构从事司法鉴定业务,应当遵守法律、法规,遵守职业道德和职业纪律,尊重科学,遵守技术操作规范。

十三、鉴定人或者鉴定机构有违反本决定规定行为的,由省级人民政府司法行政部门予以警告,责令改正。

鉴定人或者鉴定机构有下列情形之一的,由省级人民政府司法行政部门给予停止从事司法鉴定业务三个月以上一年以下的处罚;情节严重的,撤销登记:

(一)因严重不负责任给当事人合法权益造成重大损失的;

(二)提供虚假证明文件或者采取其他欺诈手段,骗取登记的;

(三)经人民法院依法通知,拒绝出庭作证的;

(四)法律、行政法规规定的其他情形。

鉴定人故意作虚假鉴定,构成犯罪的,依法追究刑事责任;尚不构成犯罪的,依照前款规定处罚。

十四、司法行政部门在鉴定人和鉴定机构的登记管理工作中,应当严格依法办事,积极推进司法鉴定的规范化、法制化。对于滥用职权、玩忽职守,造成严重后果的直接责任人员,应当追究相应的法律责任。

十五、司法鉴定的收费项目和收费标准由国务院司法行政部门商国务院价格主管部门确定。

十六、对鉴定人和鉴定机构进行登记、名册编制和公告的具体办法,由国务院司法行政部门制定,报国务院批准。

十七、本决定下列用语的含义是:

(一)法医类鉴定,包括法医病理鉴定、法医临床鉴定、法医精神病鉴定、法医物证鉴定和法医毒物鉴定。

(二)物证类鉴定,包括文书鉴定、痕迹鉴定和微量鉴定。

(三)声像资料鉴定,包括对录音带、录像带、磁盘、光盘、图片等载体上记录的声音、图像信息的真实性、完整性及其所反映的情况过程进行的鉴定和对记录的声音、图像中的语言、人体、物体作出种类或者同一认定。

十八、本决定自2005年10月1日起施行。

全国人民代表大会常务委员会关于修改《中华人民共和国义务教育法》等五部法律的决定(节录)

(2015年4月24日第十二届全国人民代表大会常务委员会第十四次会议通过 2015年4月24日中华人民共和国主席令第25号公布 自公布之日起施行)

第十二届全国人民代表大会常务委员会第十四次会议决定,对下列法律和有关法律问题的决定中有关价格管理的规定作出修改:

……

五、对《全国人民代表大会常务委员会关于司法鉴定管理问题的决定》作出修改

将第十五条修改为:"司法鉴定的收费标准由省、自治区、直辖市人民政府价格主管部门会同同级司法行政部门制定。"

本决定自公布之日起施行。

《中华人民共和国义务教育法》、《中华人民共和国邮政法》、《中华人民共和国铁路法》、《中华人民共和国公证法》、《全国人民代表大会常务委员会关于司法鉴定管理问题的决定》根据本决定作相应修改,重新公布。

全国人民代表大会常务委员会关于司法鉴定管理问题的决定

(2005年2月28日第十届全国人民代表大会常务委员会第十四次会议通过 根据2015年4月24日第十二届全国人民代表大会常务委员会第十四次会议《关于修改〈中华人民共和国义务教育法〉等五部法律的决定》修正)

为了加强对鉴定人和鉴定机构的管理,适应司法机关和公民、组织进行诉讼的需要,保障诉讼活动的顺利进行,特作如下决定:

一、司法鉴定是指在诉讼活动中鉴定人运用科学技术或者专门知识对诉讼涉及的专门性问题进行鉴别和判断并提供鉴定意见的活动。

二、国家对从事下列司法鉴定业务的鉴定人和鉴定机构实行登记管理制度：

（一）法医类鉴定；

（二）物证类鉴定；

（三）声像资料鉴定；

（四）根据诉讼需要由国务院司法行政部门商最高人民法院、最高人民检察院确定的其他应当对鉴定人和鉴定机构实行登记管理的鉴定事项。

法律对前款规定事项的鉴定人和鉴定机构的管理另有规定的，从其规定。

三、国务院司法行政部门主管全国鉴定人和鉴定机构的登记管理工作。省级人民政府司法行政部门依照本决定的规定，负责对鉴定人和鉴定机构的登记、名册编制和公告。

四、具备下列条件之一的人员，可以申请登记从事司法鉴定业务：

（一）具有与所申请从事的司法鉴定业务相关的高级专业技术职称；

（二）具有与所申请从事的司法鉴定业务相关的专业执业资格或者高等院校相关专业本科以上学历，从事相关工作五年以上；

（三）具有与所申请从事的司法鉴定业务相关工作十年以上经历，具有较强的专业技能。

因故意犯罪或者职务过失犯罪受过刑事处罚的，受过开除公职处分的，以及被撤销鉴定人登记的人员，不得从事司法鉴定业务。

五、法人或者其他组织申请从事司法鉴定业务的，应当具备下列条件：

（一）有明确的业务范围；

（二）有在业务范围内进行司法鉴定所必需的仪器、设备；

（三）有在业务范围内进行司法鉴定所必需的依法通过计量认证或者实验室认可的检测实验室；

（四）每项司法鉴定业务有三名以上鉴定人。

六、申请从事司法鉴定业务的个人、法人或者其他组织，由省级人民政府司法行政部门审核，对符合条件的予以登记，编入鉴定人和鉴定机构名册并公告。

省级人民政府司法行政部门应当根据鉴定人或者鉴定机构的增加和撤销登记情况，定期更新所编制的鉴定人和鉴定机构名册并公告。

七、侦查机关根据侦查工作的需要设立的鉴定机构，不得面向社会接受委托从事司法鉴定业务。

人民法院和司法行政部门不得设立鉴定机构。

八、各鉴定机构之间没有隶属关系；鉴定机构接受委托从事司法鉴定业务，不受地域范围的限制。

鉴定人应当在一个鉴定机构中从事司法鉴定业务。

九、在诉讼中，对本决定第二条所规定的鉴定事项发生争议，需要鉴定的，应当委托列入鉴定人名册的鉴定人进行鉴定。鉴定人从事司法鉴定业务，由所在的鉴定机构统一接受委托。

鉴定人和鉴定机构应当在鉴定人和鉴定机构名册注明的业务范围内从事司法鉴定业务。

鉴定人应当依照诉讼法律规定实行回避。

十、司法鉴定实行鉴定人负责制度。鉴定人应当独立进行鉴定，对鉴定意见负责并在鉴定书上签名或者盖章。多人参加的鉴定，对鉴定意见有不同意见的，应当注明。

十一、在诉讼中，当事人对鉴定意见有异议的，经人民法院依法通知，鉴定人应当出庭作证。

十二、鉴定人和鉴定机构从事司法鉴定业务，应当遵守法律、法规，遵守职业道德和职业纪律，尊重科学，遵守技术操作规范。

十三、鉴定人或者鉴定机构有违反本决定规定行为的，由省级人民政府司法行政部门予以警告，责令改正。

鉴定人或者鉴定机构有下列情形之一的，由省级人民政府司法行政部门给予停止从事司法鉴定业务三个月以上一年以下的处罚；情节严重的，撤销登记：

（一）因严重不负责任给当事人合法权益造成重大损失的；

（二）提供虚假证明文件或者采取其他欺诈手段，骗取登记的；

（三）经人民法院依法通知，拒绝出庭作证的；

（四）法律、行政法规规定的其他情形。

鉴定人故意作虚假鉴定，构成犯罪的，依法追究刑事责任；尚不构成犯罪的，依照前款规定处罚。

十四、司法行政部门在鉴定人和鉴定机构的登记管理工作中，应当严格依法办事，积极推进司法鉴定的规范化、法制化。对于滥用职权、玩忽职守，造成严重后果的直接责任人员，应当追究相应的法律责任。

十五、司法鉴定的收费标准由省、自治区、直辖市人民政府价格主管部门会同同级司法行政部门制定。

十六、对鉴定人和鉴定机构进行登记、名册编制和公告的具体办法，由国务院司法行政部门制定，报国务院批准。

十七、本决定下列用语的含义是：

（一）法医类鉴定，包括法医病理鉴定、法医临床鉴定、法医精神病鉴定、法医物证鉴定和法医毒物鉴定。

（二）物证类鉴定，包括文书鉴定、痕迹鉴定和微量鉴定。

（三）声像资料鉴定，包括对录音带、录像带、磁盘、光盘、图片等载体上记录的声音、图像信息的真实性、完整性及其所反映的情况过程进行的鉴定和对记录的声音、图像中的语言、人体、物体作出种类或者同一认定。

十八、本决定自2005年10月1日起施行。

人民法院对外委托司法鉴定管理规定

（2002年2月22日最高人民法院审判委员会第1214次会议通过　2002年3月27日最高人民法院公告公布　自2002年4月1日起施行　法释〔2002〕8号）

第一条　为规范人民法院对外委托和组织司法鉴定工作，根据《人民法院司法鉴定工作暂行规定》，制定本办法。

第二条　人民法院司法鉴定机构负责统一对外委托和组织司法鉴定。未设司法鉴定机构的人民法院，可在司法行政管理部门配备专职司法鉴定人员，并由司法行政管理部门代行对外委托司法鉴定的职责。

第三条　人民法院司法鉴定机构建立社会鉴定机构和鉴定人（以下简称鉴定人）名册，根据鉴定对象对专业技术的要求，随机选择和委托鉴定人进行司法鉴定。

第四条　自愿接受人民法院委托从事司法鉴定，申请进入人民法院司法鉴定人名册的社会鉴定、检测、评估机构，应当向人民法院司法鉴定机构提交申请书和以下材料：

（一）企业或社团法人营业执照副本；

（二）专业资质证书；

（三）专业技术人员名单、执业资格和主要业绩；

（四）年检文书；

（五）其他必要的文件、资料。

第五条　以个人名义自愿接受人民法院委托从事司法鉴定，申请进入人民法院司法鉴定人名册的专业技术人员，应当向人民法院司法鉴定机构提交申请书和以下材料：

（一）单位介绍信；

（二）专业资格证书；

（三）主要业绩证明；

（四）其他必要的文件、资料等。

第六条　人民法院司法鉴定机构应当对提出申请的鉴定人进行全面审查，择优确定对外委托和组织司法鉴定的鉴定人候选名单。

第七条　申请进入地方人民法院鉴定人名册的单位和个人，其入册资格由有关人民法院司法鉴定机构审核，报上一级人民法院司法鉴定机构批准，并报最高人民法院司法鉴定机构备案。

第八条　经批准列入人民法院司法鉴定人名册的鉴定人，在《人民法院报》予以公告。

第九条　已列入名册的鉴定人应当接受有关人民法院司法鉴定机构的年度审核，并提交以下材料：

（一）年度业务工作报告书；

（二）专业技术人员变更情况；

（三）仪器设备更新情况；

（四）其他变更情况和要求提交的材料。

年度审核有变更事项的，有关司法鉴定机构应当逐级报最高人民法院司法鉴定机构备案。

第十条　人民法院司法鉴定机构依据尊重当事人选择和人民法院指定相结合的原则，组织诉讼双方当事人进行司法鉴定的对外委托。

诉讼双方当事人协商不一致的,由人民法院司法鉴定机构在列入名册的、符合鉴定要求的鉴定人中,选择受委托人鉴定。

第十一条 司法鉴定所涉及的专业未纳入名册时,人民法院司法鉴定机构可以从社会相关专业中,择优选定受委托单位或专业人员进行鉴定。如果被选定的单位或专业人员需要进入鉴定人名册的,仍应当呈报上一级人民法院司法鉴定机构批准。

第十二条 遇有鉴定人应当回避等情形时,有关人民法院司法鉴定机构应当重新选择鉴定人。

第十三条 人民法院司法鉴定机构对外委托鉴定的,应当指派专人负责协调,主动了解鉴定的有关情况,及时处理可能影响鉴定的问题。

第十四条 接受委托的鉴定人认为需要补充鉴定材料时,如果由申请鉴定的当事人提供确有困难的,可以向有关人民法院司法鉴定机构提出请求,由人民法院决定依据职权采集鉴定材料。

第十五条 鉴定人应当依法履行出庭接受质询的义务。人民法院司法鉴定机构应当协调鉴定人做好出庭工作。

第十六条 列入名册的鉴定人有不履行义务,违反司法鉴定有关规定的,由有关人民法院视情节取消入册资格,并在《人民法院报》公告。

最高人民法院关于未经对方当事人同意私自录制其谈话取得的资料不能作为证据使用的批复①

(1995年3月6日 法复〔1995〕2号)

河北省高级人民法院:

你院冀高法〔1994〕39号请示收悉。经研究,答复如下:

证据的取得首先要合法,只有经过合法途径取得的证据才能作为定案的根据。未经对方当事人同意私自录制其谈话,系不合法行为,以这种手段取得的录音资料,不能作为证据使用。

最高人民法院关于民事诉讼证据的若干规定②

(2001年12月6日最高人民法院审判委员会第1201次会议通过 2001年12月21日最高人民法院公告公布 自2002年4月1日起施行 法释〔2001〕33号)

为保证人民法院正确认定案件事实,公正、及时审理民事案件,保障和便利当事人依法行使诉讼权利,根据《中华人民共和国民事诉讼法》(以下简称《民事诉讼法》)等有关法律的规定,结合民事审判经验和实际情况,制定本规定。

一、当事人举证

第一条 原告向人民法院起诉或者被告提出反诉,应当附有符合起诉条件的相应的证据材料。

第二条 当事人对自己提出的诉讼请求所依据的事实或者反驳对方诉讼请求所依据的事实有责任提供证据加以证明。

没有证据或者证据不足以证明当事人的事实主张的,由负有举证责任的当事人承担不利后果。

第三条 人民法院应当向当事人说明举证的要求及法律后果,促使当事人在合理期限内积极、全面、正确、诚实地完成举证。

当事人因客观原因不能自行收集的证据,可申请人民法院调查收集。

第四条 下列侵权诉讼,按照以下规定承担举证责任:

(一)因新产品制造方法发明专利引起的专利侵权诉讼,由制造同样产品的单位或者个人对其产品制造方法不同于专利方法承担举证责任;

(二)高度危险作业致人损害的侵权诉讼,由加害人就受害人故意造成损害的事实承担举证责任;

(三)因环境污染引起的损害赔偿诉讼,由加

① 编者注:已废止。

② 编者注:已被修改。

害人就法律规定的免责事由及其行为与损害结果之间不存在因果关系承担举证责任；

(四)建筑物或者其他设施以及建筑物上的搁置物、悬挂物发生倒塌、脱落、坠落致人损害的侵权诉讼，由所有人或者管理人对其无过错承担举证责任；

(五)饲养动物致人损害的侵权诉讼，由动物饲养人或者管理人就受害人有过错或者第三人有过错承担举证责任；

(六)因缺陷产品致人损害的侵权诉讼，由产品的生产者就法律规定的免责事由承担举证责任；

(七)因共同危险行为致人损害的侵权诉讼，由实施危险行为的人就其行为与损害结果之间不存在因果关系承担举证责任；

(八)因医疗行为引起的侵权诉讼，由医疗机构就医疗行为与损害结果之间不存在因果关系及不存在医疗过错承担举证责任。

有关法律对侵权诉讼的举证责任有特殊规定的，从其规定。

第五条　在合同纠纷案件中，主张合同关系成立并生效的一方当事人对合同订立和生效的事实承担举证责任；主张合同关系变更、解除、终止、撤销的一方当事人对引起合同关系变动的事实承担举证责任。

对合同是否履行发生争议的，由负有履行义务的当事人承担举证责任。

对代理权发生争议的，由主张有代理权一方当事人承担举证责任。

第六条　在劳动争议纠纷案件中，因用人单位作出开除、除名、辞退、解除劳动合同、减少劳动报酬、计算劳动者工作年限等决定而发生劳动争议的，由用人单位负举证责任。

第七条　在法律没有具体规定，依本规定及其他司法解释无法确定举证责任承担时，人民法院可以根据公平原则和诚实信用原则，综合当事人举证能力等因素确定举证责任的承担。

第八条　诉讼过程中，一方当事人对另一方当事人陈述的案件事实明确表示承认的，另一方当事人无需举证。但涉及身份关系的案件除外。

对一方当事人陈述的事实，另一方当事人既未表示承认也未否认，经审判人员充分说明并询问后，其仍不明确表示肯定或者否定的，视为对该项事实的承认。

当事人委托代理人参加诉讼的，代理人的承认视为当事人的承认。但未经特别授权的代理人对事实的承认直接导致承认对方诉讼请求的除外；当事人在场但对其代理人的承认不作否认表示的，视为当事人的承认。

当事人在法庭辩论终结前撤回承认并经对方当事人同意，或者有充分证据证明其承认行为是在受胁迫或者重大误解情况下作出且与事实不符的，不能免除对方当事人的举证责任。

第九条　下列事实，当事人无需举证证明：

(一)众所周知的事实；

(二)自然规律及定理；

(三)根据法律规定或者已知事实和日常生活经验法则，能推定出的另一事实；

(四)已为人民法院发生法律效力的裁判所确认的事实；

(五)已为仲裁机构的生效裁决所确认的事实；

(六)已为有效公证文书所证明的事实。

前款(一)、(三)、(四)、(五)、(六)项，当事人有相反证据足以推翻的除外。

第十条　当事人向人民法院提供证据，应当提供原件或者原物。如需自己保存证据原件、原物或者提供原件、原物确有困难的，可以提供经人民法院核对无异的复制件或者复制品。

第十一条　当事人向人民法院提供的证据系在中华人民共和国领域外形成的，该证据应当经所在国公证机关予以证明，并经中华人民共和国驻该国使领馆予以认证，或者履行中华人民共和国与该所在国订立的有关条约中规定的证明手续。

当事人向人民法院提供的证据是在香港、澳门、台湾地区形成的，应当履行相关的证明手续。

第十二条　当事人向人民法院提供外文书证或者外文说明资料，应当附有中文译本。

第十三条　对双方当事人无争议但涉及国家利益、社会公共利益或者他人合法权益的事实，人民法院可以责令当事人提供有关证据。

第十四条　当事人应当对其提交的证据材料逐一分类编号，对证据材料的来源、证明对象和内容作简要说明,签名盖章,注明提交日期,并依照对方当事人人数提出副本。

人民法院收到当事人提交的证据材料,应当出具收据,注明证据的名称、份数和页数以及收到的时间,由经办人员签名或者盖章。

二、人民法院调查收集证据

第十五条 《民事诉讼法》第六十四条规定的"人民法院认为审理案件需要的证据",是指以下情形:

(一)涉及可能有损国家利益、社会公共利益或者他人合法权益的事实;

(二)涉及依职权追加当事人、中止诉讼、终结诉讼、回避等与实体争议无关的程序事项。

第十六条 除本规定第十五条规定的情形外,人民法院调查收集证据,应当依当事人的申请进行。

第十七条 符合下列条件之一的,当事人及其诉讼代理人可以申请人民法院调查收集证据:

(一)申请调查收集的证据属于国家有关部门保存并须人民法院依职权调取的档案材料;

(二)涉及国家秘密、商业秘密、个人隐私的材料;

(三)当事人及其诉讼代理人确因客观原因不能自行收集的其他材料。

第十八条 当事人及其诉讼代理人申请人民法院调查收集证据,应当提交书面申请。申请书应当载明被调查人的姓名或者单位名称、住所地等基本情况、所要调查收集的证据的内容、需要由人民法院调查收集证据的原因及其要证明的事实。

第十九条 当事人及其诉讼代理人申请人民法院调查收集证据,不得迟于举证期限届满前7日。

人民法院对当事人及其诉讼代理人的申请不予准许的,应当向当事人或其诉讼代理人送达通知书。当事人及其诉讼代理人可以在收到通知书的次日起3日内向受理申请的人民法院书面申请复议一次。人民法院应当在收到复议申请之日起5日内作出答复。

第二十条 调查人员调查收集的书证,可以是原件,也可以是经核对无误的副本或者复制件。是副本或者复制件的,应当在调查笔录中说明来源和取证情况。

第二十一条 调查人员调查收集的物证应当是原物。被调查人提供原物确有困难的,可以提供复制品或者照片。提供复制品或者照片的,应当在调查笔录中说明取证情况。

第二十二条 调查人员调查收集计算机数据或者录音、录像等视听资料的,应当要求被调查人提供有关资料的原始载体。提供原始载体确有困难的,可以提供复制件。提供复制件的,调查人员应当在调查笔录中说明其来源和制作经过。

第二十三条 当事人依据《民事诉讼法》第七十四条的规定向人民法院申请保全证据,不得迟于举证期限届满前7日。

当事人申请保全证据的,人民法院可以要求其提供相应的担保。

法律、司法解释规定诉前保全证据的,依照其规定办理。

第二十四条 人民法院进行证据保全,可以根据具体情况,采取查封、扣押、拍照、录音、录像、复制、鉴定、勘验、制作笔录等方法。

人民法院进行证据保全,可以要求当事人或者诉讼代理人到场。

第二十五条 当事人申请鉴定,应当在举证期限内提出。符合本规定第二十七条规定的情形,当事人申请重新鉴定的除外。

对需要鉴定的事项负有举证责任的当事人,在人民法院指定的期限内无正当理由不提出鉴定申请或者不预交鉴定费用或者拒不提供相关材料,致使对案件争议的事实无法通过鉴定结论予以认定的,应当对该事实承担举证不能的法律后果。

第二十六条 当事人申请鉴定经人民法院同意后,由双方当事人协商确定有鉴定资格的鉴定机构、鉴定人员,协商不成的,由人民法院指定。

第二十七条 当事人对人民法院委托的鉴定部门作出的鉴定结论有异议申请重新鉴定,提出证据证明存在下列情形之一的,人民法院应予准许:

(一)鉴定机构或者鉴定人员不具备相关的

鉴定资格的;

(二)鉴定程序严重违法的;

(三)鉴定结论明显依据不足的;

(四)经过质证认定不能作为证据使用的其他情形。

对有缺陷的鉴定结论,可以通过补充鉴定、重新质证或者补充质证等方法解决的,不予重新鉴定。

第二十八条 一方当事人自行委托有关部门作出的鉴定结论,另一方当事人有证据足以反驳并申请重新鉴定的,人民法院应予准许。

第二十九条 审判人员对鉴定人出具的鉴定书,应当审查是否具有下列内容:

(一)委托人姓名或者名称、委托鉴定的内容;

(二)委托鉴定的材料;

(三)鉴定的依据及使用的科学技术手段;

(四)对鉴定过程的说明;

(五)明确的鉴定结论;

(六)对鉴定人鉴定资格的说明;

(七)鉴定人员及鉴定机构签名盖章。

第三十条 人民法院勘验物证或者现场,应当制作笔录,记录勘验的时间、地点、勘验人、在场人、勘验的经过、结果,由勘验人、在场人签名或者盖章。对于绘制的现场图应当注明绘制的时间、方位、测绘人姓名、身份等内容。

第三十一条 摘录有关单位制作的与案件事实相关的文件、材料,应当注明出处,并加盖制作单位或者保管单位的印章,摘录人和其他调查人员应当在摘录件上签名或者盖章。

摘录文件、材料应当保持内容相应的完整性,不得断章取义。

三、举证时限与证据交换

第三十二条 被告应当在答辩期届满前提出书面答辩,阐明其对原告诉讼请求及所依据的事实和理由的意见。

第三十三条 人民法院应当在送达案件受理通知书和应诉通知书的同时向当事人送达举证通知书。举证通知书应当载明举证责任的分配原则与要求、可以向人民法院申请调查取证的情形、人民法院根据案件情况指定的举证期限以及逾期提供证据的法律后果。

举证期限可以由当事人协商一致,并经人民法院认可。

由人民法院指定举证期限的,指定的期限不得少于30日,自当事人收到案件受理通知书和应诉通知书的次日起计算。

第三十四条 当事人应当在举证期限内向人民法院提交证据材料,当事人在举证期限内不提交的,视为放弃举证权利。

对于当事人逾期提交的证据材料,人民法院审理时不组织质证。但对方当事人同意质证的除外。

当事人增加、变更诉讼请求或者提起反诉的,应当在举证期限届满前提出。

第三十五条 诉讼过程中,当事人主张的法律关系的性质或者民事行为的效力与人民法院根据案件事实作出的认定不一致的,不受本规定第三十四条规定的限制,人民法院应当告知当事人可以变更诉讼请求。

当事人变更诉讼请求的,人民法院应当重新指定举证期限。

第三十六条 当事人在举证期限内提交证据材料确有困难的,应当在举证期限内向人民法院申请延期举证,经人民法院准许,可以适当延长举证期限。当事人在延长的举证期限内提交证据材料仍有困难的,可以再次提出延期申请,是否准许由人民法院决定。

第三十七条 经当事人申请,人民法院可以组织当事人在开庭审理前交换证据。

人民法院对于证据较多或者复杂疑难的案件,应当组织当事人在答辩期届满后、开庭审理前交换证据。

第三十八条 交换证据的时间可以由当事人协商一致并经人民法院认可,也可以由人民法院指定。

人民法院组织当事人交换证据的,交换证据之日举证期限届满。当事人申请延期举证经人民法院准许的,证据交换日相应顺延。

第三十九条 证据交换应当在审判人员的主持下进行。

在证据交换的过程中,审判人员对当事人无异议的事实、证据应当记录在卷;对有异议的证据,按照需要证明的事实分类记录在卷,并记载异议的理由。通过证据交换,确定双方当事人争议的主要问题。

第四十条 当事人收到对方交换的证据后提出反驳并提出新证据的,人民法院应当通知当事人在指定的时间进行交换。

证据交换一般不超过2次。但重大、疑难和案情特别复杂的案件,人民法院认为确有必要再次进行证据交换的除外。

第四十一条 《民事诉讼法》第一百二十五条第一款规定的"新的证据",是指以下情形:

(一)一审程序中的新的证据包括:当事人在一审举证期限届满后新发现的证据;当事人确因客观原因无法在举证期限内提供,经人民法院准许,在延长的期限内仍无法提供的证据。

(二)二审程序中的新的证据包括:一审庭审结束后新发现的证据;当事人在一审举证期限届满前申请人民法院调查取证未获准许,二审法院经审查认为应当准许并依当事人申请调取的证据。

第四十二条 当事人在一审程序中提供新的证据的,应当在一审开庭前或者开庭审理时提出。

当事人在二审程序中提供新的证据的,应当在二审开庭前或者开庭审理时提出;二审不需要开庭审理的,应当在人民法院指定的期限内提出。

第四十三条 当事人举证期限届满后提供的证据不是新的证据的,人民法院不予采纳。

当事人经人民法院准许延期举证,但因客观原因未能在准许的期限内提供,且不审理该证据可能导致裁判明显不公的,其提供的证据可视为新的证据。

第四十四条 《民事诉讼法》第一百七十九条第一款第(一)项规定的"新的证据",是指原审庭审结束后新发现的证据。

当事人在再审程序中提供新的证据的,应当在申请再审时提出。

第四十五条 一方当事人提出新的证据的,人民法院应当通知对方当事人在合理期限内提出意见或者举证。

第四十六条 由于当事人的原因未能在指定期限内举证,致使案件在二审或者再审期间因提出新的证据被人民法院发回重审或者改判的,原审裁判不属于错误裁判案件。一方当事人请求提出新的证据的另一方当事人负担由此增加的差旅、误工、证人出庭作证、诉讼等合理费用以及由此扩大的直接损失,人民法院应予支持。

四、质　　证

第四十七条 证据应当在法庭上出示,由当事人质证。未经质证的证据,不能作为认定案件事实的依据。

当事人在证据交换过程中认可并记录在卷的证据,经审判人员在庭审中说明后,可以作为认定案件事实的依据。

第四十八条 涉及国家秘密、商业秘密和个人隐私或者法律规定的其他应当保密的证据,不得在开庭时公开质证。

第四十九条 对书证、物证、视听资料进行质证时,当事人有权要求出示证据的原件或者原物。但有下列情况之一的除外:

(一)出示原件或者原物确有困难并经人民法院准许出示复制件或者复制品的;

(二)原件或者原物已不存在,但有证据证明复制件、复制品与原件或原物一致的。

第五十条 质证时,当事人应当围绕证据的真实性、关联性、合法性,针对证据证明力有无以及证明力大小,进行质疑、说明与辩驳。

第五十一条 质证按下列顺序进行:

(一)原告出示证据,被告、第三人与原告进行质证;

(二)被告出示证据,原告、第三人与被告进行质证;

(三)第三人出示证据,原告、被告与第三人进行质证。

人民法院依照当事人申请调查收集的证据,作为提出申请的一方当事人提供的证据。

人民法院依照职权调查收集的证据应当在庭审时出示,听取当事人意见,并可就调查收集该证据的情况予以说明。

第五十二条 案件有两个以上独立的诉讼请求的,当事人可以逐个出示证据进行质证。

第五十三条 不能正确表达意志的人,不能作为证人。

待证事实与其年龄、智力状况或者精神健康状况相适应的无民事行为能力人和限制民事行为能力人,可以作为证人。

第五十四条 当事人申请证人出庭作证,应当在举证期限届满10日前提出,并经人民法院许可。

人民法院对当事人的申请予以准许的,应当在开庭审理前通知证人出庭作证,并告知其应当如实作证及作伪证的法律后果。

证人因出庭作证而支出的合理费用,由提供证人的一方当事人先行支付,由败诉一方当事人承担。

第五十五条 证人应当出庭作证,接受当事人的质询。

证人在人民法院组织双方当事人交换证据时出席陈述证言的,可视为出庭作证。

第五十六条 《民事诉讼法》第七十条规定的"证人确有困难不能出庭",是指有下列情形:

(一)年迈体弱或者行动不便无法出庭的;

(二)特殊岗位确实无法离开的;

(三)路途特别遥远,交通不便难以出庭的;

(四)因自然灾害等不可抗力的原因无法出庭的;

(五)其他无法出庭的特殊情况。

前款情形,经人民法院许可,证人可以提交书面证言或者视听资料或者通过双向视听传输技术手段作证。

第五十七条 出庭作证的证人应当客观陈述其亲身感知的事实。证人为聋哑人的,可以其他表达方式作证。

证人作证时,不得使用猜测、推断或者评论性的语言。

第五十八条 审判人员和当事人可以对证人进行询问。证人不得旁听法庭审理;询问证人时,其他证人不得在场。人民法院认为有必要的,可以让证人进行对质。

第五十九条 鉴定人应当出庭接受当事人质询。

鉴定人确因特殊原因无法出庭的,经人民法院准许,可以书面答复当事人的质询。

第六十条 经法庭许可,当事人可以向证人、鉴定人、勘验人发问。

询问证人、鉴定人、勘验人不得使用威胁、侮辱及不适当引导证人的言语和方式。

第六十一条 当事人可以向人民法院申请由1至2名具有专门知识的人员出庭就案件的专门性问题进行说明。人民法院准许其申请的,有关费用由提出申请的当事人负担。

审判人员和当事人可以对出庭的具有专门知识的人员进行询问。

经人民法院准许,可以由当事人各自申请的具有专门知识的人员就有关案件中的问题进行对质。

具有专门知识的人员可以对鉴定人进行询问。

第六十二条 法庭应当将当事人的质证情况记入笔录,并由当事人核对后签名或者盖章。

五、证据的审核认定

第六十三条 人民法院应当以证据能够证明的案件事实为依据依法作出裁判。

第六十四条 审判人员应当依照法定程序,全面、客观地审核证据,依据法律的规定,遵循法官职业道德,运用逻辑推理和日常生活经验,对证据有无证明力和证明力大小独立进行判断,并公开判断的理由和结果。

第六十五条 审判人员对单一证据可以从下列方面进行审核认定:

(一)证据是否原件、原物,复印件、复制品与原件、原物是否相符;

(二)证据与本案事实是否相关;

(三)证据的形式、来源是否符合法律规定;

(四)证据的内容是否真实;

(五)证人或者提供证据的人,与当事人有无利害关系。

第六十六条 审判人员对案件的全部证据,应当从各证据与案件事实的关联程度、各证据之间的联系等方面进行综合审查判断。

第六十七条 在诉讼中,当事人为达成调解协议或者和解的目的作出妥协所涉及的对案件事实的认可,不得在其后的诉讼中作为对其不利的证据。

第六十八条 以侵害他人合法权益或者违

反法律禁止性规定的方法取得的证据，不能作为认定案件事实的依据。

第六十九条　下列证据不能单独作为认定案件事实的依据：

（一）未成年人所作的与其年龄和智力状况不相当的证言；

（二）与一方当事人或者其代理人有利害关系的证人出具的证言；

（三）存有疑点的视听资料；

（四）无法与原件、原物核对的复印件、复制品；

（五）无正当理由未出庭作证的证人证言。

第七十条　一方当事人提出的下列证据，对方当事人提出异议但没有足以反驳的相反证据的，人民法院应当确认其证明力：

（一）书证原件或者与书证原件核对无误的复印件、照片、副本、节录本；

（二）物证原物或者与物证原物核对无误的复制件、照片、录像资料等；

（三）有其他证据佐证并以合法手段取得的、无疑点的视听资料或者与视听资料核对无误的复制件；

（四）一方当事人申请人民法院依照法定程序制作的对物证或者现场的勘验笔录。

第七十一条　人民法院委托鉴定部门作出的鉴定结论，当事人没有足以反驳的相反证据和理由的，可以认定其证明力。

第七十二条　一方当事人提出的证据，另一方当事人认可或者提出的相反证据不足以反驳的，人民法院可以确认其证明力。

一方当事人提出的证据，另一方当事人有异议并提出反驳证据，对方当事人对反驳证据认可的，可以确认反驳证据的证明力。

第七十三条　双方当事人对同一事实分别举出相反的证据，但都没有足够的依据否定对方证据的，人民法院应当结合案件情况，判断一方提供证据的证明力是否明显大于另一方提供证据的证明力，并对证明力较大的证据予以确认。

因证据的证明力无法判断导致争议事实难以认定的，人民法院应当依据举证责任分配的规则作出裁判。

第七十四条　诉讼过程中，当事人在起诉状、答辩状、陈述及其委托代理人的代理词中承认的对己方不利的事实和认可的证据，人民法院应当予以确认，但当事人反悔并有相反证据足以推翻的除外。

第七十五条　有证据证明一方当事人持有证据无正当理由拒不提供，如果对方当事人主张该证据的内容不利于证据持有人，可以推定该主张成立。

第七十六条　当事人对自己的主张，只有本人陈述而不能提出其他相关证据的，其主张不予支持。但对方当事人认可的除外。

第七十七条　人民法院就数个证据对同一事实的证明力，可以依照下列原则认定：

（一）国家机关、社会团体依职权制作的公文书证的证明力一般大于其他书证；

（二）物证、档案、鉴定结论、勘验笔录或者经过公证、登记的书证，其证明力一般大于其他书证、视听资料和证人证言；

（三）原始证据的证明力一般大于传来证据；

（四）直接证据的证明力一般大于间接证据；

（五）证人提供的对与其有亲属或者其他密切关系的当事人有利的证言，其证明力一般小于其他证人证言。

第七十八条　人民法院认定证人证言，可以通过对证人的智力状况、品德、知识、经验、法律意识和专业技能等的综合分析作出判断。

第七十九条　人民法院应当在裁判文书中阐明证据是否采纳的理由。

对当事人无争议的证据，是否采纳的理由可以不在裁判文书中表述。

六、其　　他

第八十条　对证人、鉴定人、勘验人的合法权益依法予以保护。

当事人或者其他诉讼参与人伪造、毁灭证据，提供假证据，阻止证人作证，指使、贿买、胁迫他人作伪证，或者对证人、鉴定人、勘验人打击报复的，依照《民事诉讼法》第一百零二条的规定处理。

第八十一条　人民法院适用简易程序审理案件，不受本解释中第三十二条、第三十三条第三款和第七十九条规定的限制。

第八十二条　本院过去的司法解释，与本规定不一致的，以本规定为准。

第八十三条　本规定自2002年4月1日起施行。2002年4月1日尚未审结的一审、二审和再审民事案件不适用本规定。

本规定施行前已经审理终结的民事案件，当事人以违反本规定为由申请再审的，人民法院不予支持。

本规定施行后受理的再审民事案件，人民法院依据《民事诉讼法》第一百八十六条的规定进行审理的，适用本规定。①

最高人民法院关于适用《关于民事诉讼证据的若干规定》中有关举证时限规定的通知

（2008年12月11日　法发〔2008〕42号）

全国地方各级人民法院、各级军事法院、各铁路运输中级法院和基层法院、各海事法院，新疆生产建设兵团各级法院：

《最高人民法院关于民事诉讼证据的若干规定》（以下简称《证据规定》）自2002年4月1日施行以来，对于指导和规范人民法院的审判活动，提高诉讼当事人的证据意识，促进民事审判活动公正有序地开展，起到了积极的作用。但随着新情况、新问题的出现，一些地方对《证据规定》中的个别条款，特别是有关举证时限的规定理解不统一。为切实保障当事人诉讼权利的充分行使，保障人民法院公正高效行使审判权，现将适用《证据规定》中举证时限规定等有关问题通知如下：

一、关于第三十三条第三款规定的举证期限问题。《证据规定》第三十三条第三款规定的举证期限是指在适用一审普通程序审理民事案件时，人民法院指定当事人提供证据证明其主张的基础事实的期限，该期限不得少于三十日。但是人民法院在征得双方当事人同意后，指定的举证期限可以少于三十日。前述规定的举证期限届满后，针对某一特定事实或特定证据或者基于特定原因，人民法院可以根据案件的具体情况，酌情指定当事人提供证据或者反证的期限，该期限不受“不得少于三十日”的限制。

二、关于适用简易程序审理案件的举证期限问题。适用简易程序审理的案件，人民法院指定的举证期限不受《证据规定》第三十三条第三款规定的限制，可以少于三十日。简易程序转为普通程序审理，人民法院指定的举证期限少于三十日的，人民法院应当为当事人补足不少于三十日的举证期限。但在征得当事人同意后，人民法院指定的举证期限可以少于三十日。

三、关于当事人提出管辖权异议后的举证期限问题。当事人在一审答辩期内提出管辖权异议的，人民法院应当在驳回当事人管辖权异议的裁定生效后，依照《证据规定》第三十三条第三款的规定，重新指定不少于三十日的举证期限。但在征得当事人同意后，人民法院可以指定少于三十日的举证期限。

四、关于对人民法院依职权调查收集的证据提出相反证据的举证期限问题。人民法院依照《证据规定》第十五条调查收集的证据在庭审中出示后，当事人要求提供相反证据的，人民法院可以酌情确定相应的举证期限。

五、关于增加当事人时的举证期限问题。人民法院在追加当事人或者有独立请求权的第三人参加诉讼的情况下，应当依照《证据规定》第三十三条第三款的规定，为新参加诉讼的当事人指定举证期限。该举证期限适用于其他当事人。

六、关于当事人申请延长举证期限的问题。当事人申请延长举证期限经人民法院准许的，为平等保护双方当事人的诉讼权利，延长的举证期限适用于其他当事人。

七、关于增加、变更诉讼请求以及提出反诉时的举证期限问题。当事人在一审举证期限内增加、变更诉讼请求或者提出反诉，或者人民法院依照《证据规定》第三十五条的规定告知当事人可以变更诉讼请求后，当事人变更诉讼请求的，人民法院应当根据案件的具体情况重新指定举证期限。当事人对举证期限有约定的，依照《证据规定》第三十三条第二款的规定处理。

---

①　本条第三款根据法释〔2008〕18号第六十七条调整。

八、关于二审新的证据举证期限的问题。在第二审人民法院审理中，当事人申请提供新的证据的，人民法院指定的举证期限，不受“不得少于三十日”的限制。

九、关于发回重审案件举证期限问题。发回重审的案件，第一审人民法院在重新审理时，可以结合案件的具体情况和发回重审的原因等情况，酌情确定举证期限。如果案件是因违反法定程序被发回重审的，人民法院在征求当事人的意见后，可以不再指定举证期限或者酌情指定举证期限。但案件因遗漏当事人被发回重审的，按照本通知第五条处理。如果案件是因认定事实不清、证据不足发回重审的，人民法院可以要求当事人协商确定举证期限，或者酌情指定举证期限。上述举证期限不受“不得少于三十日”的限制。

十、关于新的证据的认定问题。人民法院对于“新的证据”，应当依照《证据规定》第四十一条、第四十二条、第四十三条、第四十四条的规定，结合以下因素综合认定：

（一）证据是否在举证期限或者《证据规定》第四十一条、第四十四条规定的其他期限内已经客观存在；

（二）当事人未在举证期限或者司法解释规定的其他期限内提供证据，是否存在故意或者重大过失的情形。

最高人民法院关于修改《关于民事诉讼证据的若干规定》的决定

（2019年10月14日最高人民法院审判委员会第1777次会议通过　2019年12月25日最高人民法院公告公布　自2020年5月1日起施行　法释〔2019〕19号）

根据《中华人民共和国民事诉讼法》，最高人民法院审判委员会第1777次会议决定，对《关于民事诉讼证据的若干规定》作如下修改：

一、将第一条修改为：

“原告向人民法院起诉或者被告提出反诉，应当提供符合起诉条件的相应的证据”。

二、将第三条修改为第二条。

三、删去第二条、第四条、第五条、第六条、第七条。

四、将第八条第一款、第七十四条改为第三条，修改为：

“在诉讼过程中，一方当事人陈述的于己不利的事实，或者对于己不利的事实明确表示承认的，另一方当事人无需举证证明。

在证据交换、询问、调查过程中，或者在起诉状、答辩状、代理词等书面材料中，当事人明确承认于己不利的事实的，适用前款规定”。

五、将第八条第二款改为第四条，修改为：

“一方当事人对于另一方当事人主张的于己不利的事实既不承认也不否认，经审判人员说明并询问后，其仍然不明确表示肯定或者否定的，视为对该事实的承认”。

六、将第八条第三款改为第五条，修改为：

“当事人委托诉讼代理人参加诉讼的，除授权委托书明确排除的事项外，诉讼代理人的自认视为当事人的自认。

当事人在场对诉讼代理人的自认明确否认的，不视为自认”。

七、增加一条作为第六条：

“普通共同诉讼中，共同诉讼人中一人或者数人作出的自认，对作出自认的当事人发生效力。

必要共同诉讼中，共同诉讼人中一人或者数人作出自认而其他共同诉讼人予以否认的，不发生自认的效力。其他共同诉讼人既不承认也不否认，经审判人员说明并询问后仍然不明确表示意见的，视为全体共同诉讼人的自认”。

八、增加一条作为第七条：

“一方当事人对于另一方当事人主张的于己不利的事实有所限制或者附加条件予以承认的，由人民法院综合案件情况决定是否构成自认”。

九、增加一条作为第八条：

“《最高人民法院关于适用〈中华人民共和国民事诉讼法〉的解释》第九十六条第一款规定的事实，不适用有关自认的规定。

自认的事实与已经查明的事实不符的，人民法院不予确认”。

十、将第八条第四款改为第九条，修改为：

“有下列情形之一，当事人在法庭辩论终结

前撤销自认的，人民法院应当准许：

（一）经对方当事人同意的；

（二）自认是在受胁迫或者重大误解情况下作出的。

人民法院准许当事人撤销自认的，应当作出口头或者书面裁定”。

十一、将第九条改为第十条，修改为：

“下列事实，当事人无须举证证明：

（一）自然规律以及定理、定律；

（二）众所周知的事实；

（三）根据法律规定推定的事实；

（四）根据已知的事实和日常生活经验法则推定出的另一事实；

（五）已为仲裁机构的生效裁决所确认的事实；

（六）已为人民法院发生法律效力的裁判所确认的基本事实；

（七）已为有效公证文书所证明的事实。

前款第二项至第五项事实，当事人有相反证据足以反驳的除外；第六项、第七项事实，当事人有相反证据足以推翻的除外”。

十二、将第十条修改为第十一条。

十三、增加一条作为第十二条：

“以动产作为证据的，应当将原物提交人民法院。原物不宜搬移或者不宜保存的，当事人可以提供复制品、影像资料或者其他替代品。

人民法院在收到当事人提交的动产或者替代品后，应当及时通知双方当事人到人民法院或者保存现场查验”。

十四、增加一条作为第十三条：

“当事人以不动产作为证据的，应当向人民法院提供该不动产的影像资料。

人民法院认为有必要的，应当通知双方当事人到场进行查验”。

十五、增加一条作为第十四条：

“电子数据包括下列信息、电子文件：

（一）网页、博客、微博客等网络平台发布的信息；

（二）手机短信、电子邮件、即时通信、通讯群组等网络应用服务的通信信息；

（三）用户注册信息、身份认证信息、电子交易记录、通信记录、登录日志等信息；

（四）文档、图片、音频、视频、数字证书、计算机程序等电子文件；

（五）其他以数字化形式存储、处理、传输的能够证明案件事实的信息”。

十六、增加一条作为第十五条：

“当事人以视听资料作为证据的，应当提供存储该视听资料的原始载体。

当事人以电子数据作为证据的，应当提供原件。电子数据的制作者制作的与原件一致的副本，或者直接来源于电子数据的打印件或其他可以显示、识别的输出介质，视为电子数据的原件”。

十七、将第十一条改为第十六条，修改为：

“当事人提供的公文书证系在中华人民共和国领域外形成的，该证据应当经所在国公证机关证明，或者履行中华人民共和国与该所在国订立的有关条约中规定的证明手续。

中华人民共和国领域外形成的涉及身份关系的证据，应当经所在国公证机关证明并经中华人民共和国驻该国使领馆认证，或者履行中华人民共和国与该所在国订立的有关条约中规定的证明手续。

当事人向人民法院提供的证据是在香港、澳门、台湾地区形成的，应当履行相关的证明手续”。

十八、将第十二条修改为第十七条。

十九、将第十三条改为第十八条，修改为：

“双方当事人无争议的事实符合《最高人民法院关于适用〈中华人民共和国民事诉讼法〉的解释》第九十六条第一款规定情形的，人民法院可以责令当事人提供有关证据”。

二十、将第十四条修改为第十九条。

二十一、删去第十五条、第十六条、第十七条。

二十二、删去第十九条第二款，将第十八条、第十九条第一款改为第二十条，修改为：

“当事人及其诉讼代理人申请人民法院调查收集证据，应当在举证期限届满前提交书面申请。

申请书应当载明被调查人的姓名或者单位名称、住所地等基本情况、所要调查收集的证据名称或者内容、需要由人民法院调查收集证据的原因及其要证明的事实以及明确的线索”。

二十三、将第二十条改为第二十一条，修改为：

“人民法院调查收集的书证，可以是原件，也可以是经核对无误的副本或者复制件。是副本或者复制件的，应当在调查笔录中说明来源和取证情况”。

二十四、将第二十一条改为第二十二条，修改为：

“人民法院调查收集的物证应当是原物。被调查人提供原物确有困难的，可以提供复制品或者影像资料。提供复制品或者影像资料的，应当在调查笔录中说明取证情况”。

二十五、将第二十二条改为第二十三条，修改为：

“人民法院调查收集视听资料、电子数据，应当要求被调查人提供原始载体。

提供原始载体确有困难的，可以提供复制件。提供复制件的，人民法院应当在调查笔录中说明其来源和制作经过。

人民法院对视听资料、电子数据采取证据保全措施的，适用前款规定”。

二十六、增加一条作为第二十四条：

“人民法院调查收集可能需要鉴定的证据，应当遵守相关技术规范，确保证据不被污染”。

二十七、将第二十三条改为第二十五条，修改为：

“当事人或者利害关系人根据民事诉讼法第八十一条的规定申请证据保全的，申请书应当载明需要保全的证据的基本情况、申请保全的理由以及采取何种保全措施等内容。

当事人根据民事诉讼法第八十一条第一款的规定申请证据保全的，应当在举证期限届满前向人民法院提出。

法律、司法解释对诉前证据保全有规定的，依照其规定办理”。

二十八、增加一条作为第二十六条：

“当事人或者利害关系人申请采取查封、扣押等限制保全标的物使用、流通等保全措施，或者保全可能对证据持有人造成损失的，人民法院应当责令申请人提供相应的担保。

担保方式或者数额由人民法院根据保全措施对证据持有人的影响、保全标的物的价值、当事人或者利害关系人争议的诉讼标的金额等因素综合确定”。

二十九、将第二十四条改为第二十七条，修改为：

“人民法院进行证据保全，可以要求当事人或者诉讼代理人到场。

根据当事人的申请和具体情况，人民法院可以采取查封、扣押、录音、录像、复制、鉴定、勘验等方法进行证据保全，并制作笔录。

在符合证据保全目的的情况下，人民法院应当选择对证据持有人利益影响最小的保全措施”。

三十、增加一条作为第二十八条：

“申请证据保全错误造成财产损失，当事人请求申请人承担赔偿责任的，人民法院应予支持”。

三十一、增加一条作为第二十九条：

“人民法院采取诉前证据保全措施后，当事人向其他有管辖权的人民法院提起诉讼的，采取保全措施的人民法院应当根据当事人的申请，将保全的证据及时移交受理案件的人民法院”。

三十二、增加一条作为第三十条：

“人民法院在审理案件过程中认为待证事实需要通过鉴定意见证明的，应当向当事人释明，并指定提出鉴定申请的期间。

符合《最高人民法院关于适用〈中华人民共和国民事诉讼法〉的解释》第九十六条第一款规定情形的，人民法院应当依职权委托鉴定”。

三十三、将第二十五条改为第三十一条，修改为：

“当事人申请鉴定，应当在人民法院指定期间内提出，并预交鉴定费用。逾期不提出申请或者不预交鉴定费用的，视为放弃申请。

对需要鉴定的待证事实负有举证责任的当事人，在人民法院指定期间内无正当理由不提出鉴定申请或者不预交鉴定费用，或者拒不提供相关材料，致使待证事实无法查明的，应当承担举证不能的法律后果”。

三十四、将第二十六条改为第三十二条，修改为：

“人民法院准许鉴定申请的，应当组织双方

当事人协商确定具备相应资格的鉴定人。当事人协商不成的,由人民法院指定。

人民法院依职权委托鉴定的,可以在询问当事人的意见后,指定具备相应资格的鉴定人。

人民法院在确定鉴定人后应当出具委托书,委托书中应当载明鉴定事项、鉴定范围、鉴定目的和鉴定期限”。

三十五、增加一条作为第三十三条:

“鉴定开始之前,人民法院应当要求鉴定人签署承诺书。承诺书中应当载明鉴定人保证客观、公正、诚实地进行鉴定,保证出庭作证,如作虚假鉴定应当承担法律责任等内容。

鉴定人故意作虚假鉴定的,人民法院应当责令其退还鉴定费用,并根据情节,依照民事诉讼法第一百一十一条的规定进行处罚”。

三十六、增加一条作为第三十四条:

“人民法院应当组织当事人对鉴定材料进行质证。未经质证的材料,不得作为鉴定的根据。

经人民法院准许,鉴定人可以调取证据、勘验物证和现场、询问当事人或者证人”。

三十七、增加一条作为第三十五条:

“鉴定人应当在人民法院确定的期限内完成鉴定,并提交鉴定书。

鉴定人无正当理由未按期提交鉴定书的,当事人可以申请人民法院另行委托鉴定人进行鉴定。人民法院准许的,原鉴定人已经收取的鉴定费用应当退还;拒不退还的,依照本规定第八十一条第二款的规定处理”。

三十八、将第二十九条改为第三十六条,修改为:

“人民法院对鉴定人出具的鉴定书,应当审查是否具有下列内容:

(一)委托法院的名称;

(二)委托鉴定的内容、要求;

(三)鉴定材料;

(四)鉴定所依据的原理、方法;

(五)对鉴定过程的说明;

(六)鉴定意见;

(七)承诺书。

鉴定书应当由鉴定人签名或者盖章,并附鉴定人的相应资格证明。委托机构鉴定的,鉴定书应当由鉴定机构盖章,并由从事鉴定的人员签名”。

三十九、增加一条作为第三十七条:

“人民法院收到鉴定书后,应当及时将副本送交当事人。

当事人对鉴定书的内容有异议的,应当在人民法院指定期间内以书面方式提出。

对于当事人的异议,人民法院应当要求鉴定人作出解释、说明或者补充。人民法院认为有必要的,可以要求鉴定人对当事人未提出异议的内容进行解释、说明或者补充”。

四十、增加一条作为第三十八条:

“当事人在收到鉴定人的书面答复后仍有异议的,人民法院应当根据《诉讼费用交纳办法》第十一条的规定,通知有异议的当事人预交鉴定人出庭费用,并通知鉴定人出庭。有异议的当事人不预交鉴定人出庭费用的,视为放弃异议。

双方当事人对鉴定意见均有异议的,分摊预交鉴定人出庭费用”。

四十一、增加一条作为第三十九条:

“鉴定人出庭费用按照证人出庭作证费用的标准计算,由败诉的当事人负担。因鉴定意见不明确或者有瑕疵需要鉴定人出庭的,出庭费用由其自行负担。

人民法院委托鉴定时已经确定鉴定人出庭费用包含在鉴定费用中的,不再通知当事人预交”。

四十二、将第二十七条改为第四十条,修改为:

“当事人申请重新鉴定,存在下列情形之一的,人民法院应当准许:

(一)鉴定人不具备相应资格的;

(二)鉴定程序严重违法的;

(三)鉴定意见明显依据不足的;

(四)鉴定意见不能作为证据使用的其他情形。

存在前款第一项至第三项情形的,鉴定人已经收取的鉴定费用应当退还。拒不退还的,依照本规定第八十一条第二款的规定处理。

对鉴定意见的瑕疵,可以通过补正、补充鉴定或者补充质证、重新质证等方法解决的,人民法院不予准许重新鉴定的申请。

重新鉴定的,原鉴定意见不得作为认定案件事实的根据”。

四十三、将第二十八条改为第四十一条，修改为：

“对于一方当事人就专门性问题自行委托有关机构或者人员出具的意见，另一方当事人有证据或者理由足以反驳并申请鉴定的，人民法院应予准许”。

四十四、增加一条作为第四十二条：

“鉴定意见被采信后，鉴定人无正当理由撤销鉴定意见的，人民法院应当责令其退还鉴定费用，并可以根据情节，依照民事诉讼法第一百一十一条的规定对鉴定人进行处罚。当事人主张鉴定人负担由此增加的合理费用的，人民法院应予支持。

人民法院采信鉴定意见后准许鉴定人撤销的，应当责令其退还鉴定费用”。

四十五、将第三十条改为第四十三条，修改为：

“人民法院应当在勘验前将勘验的时间和地点通知当事人。当事人不参加的，不影响勘验进行。

当事人可以就勘验事项向人民法院进行解释和说明，可以请求人民法院注意勘验中的重要事项。

人民法院勘验物证或者现场，应当制作笔录，记录勘验的时间、地点、勘验人、在场人、勘验的经过、结果，由勘验人、在场人签名或者盖章。对于绘制的现场图应当注明绘制的时间、方位、测绘人姓名、身份等内容”。

四十六、将第三十一条改为第四十四条，修改为：

“摘录有关单位制作的与案件事实相关的文件、材料，应当注明出处，并加盖制作单位或者保管单位的印章，摘录人和其他调查人员应当在摘录件上签名或者盖章。

摘录文件、材料应当保持内容相应的完整性”。

四十七、增加一条作为第四十五条：

“当事人根据《最高人民法院关于适用〈中华人民共和国民事诉讼法〉的解释》第一百一十二条的规定申请人民法院责令对方当事人提交书证的，申请书应当载明所申请提交的书证名称或者内容、需要以该书证证明的事实及事实的重要性、对方当事人控制该书证的根据以及应当提交该书证的理由。

对方当事人否认控制书证的，人民法院应当根据法律规定、习惯等因素，结合案件的事实、证据，对于书证是否在对方当事人控制之下的事实作出综合判断”。

四十八、增加一条作为第四十六条：

“人民法院对当事人提交书证的申请进行审查时，应当听取对方当事人的意见，必要时可以要求双方当事人提供证据、进行辩论。

当事人申请提交的书证不明确、书证对于待证事实的证明无必要、待证事实对于裁判结果无实质性影响、书证未在对方当事人控制之下或者不符合本规定第四十七条情形的，人民法院不予准许。

当事人申请理由成立的，人民法院应当作出裁定，责令对方当事人提交书证；理由不成立的，通知申请人”。

四十九、增加一条作为第四十七条：

“下列情形，控制书证的当事人应当提交书证：

（一）控制书证的当事人在诉讼中曾经引用过的书证；

（二）为对方当事人的利益制作的书证；

（三）对方当事人依照法律规定有权查阅、获取的书证；

（四）账簿、记账原始凭证；

（五）人民法院认为应当提交书证的其他情形。

前款所列书证，涉及国家秘密、商业秘密、当事人或第三人的隐私，或者存在法律规定应当保密的情形的，提交后不得公开质证”。

五十、增加一条作为第四十八条：

“控制书证的当事人无正当理由拒不提交书证的，人民法院可以认定对方当事人所主张的书证内容为真实。

控制书证的当事人存在《最高人民法院关于适用〈中华人民共和国民事诉讼法〉的解释》第一百一十三条规定情形的，人民法院可以认定对方当事人主张以该书证证明的事实为真实”。

五十一、将第三十二条修改为第四十九条。

五十二、将第三十三条第一款改为第五十条，修改为：

"人民法院应当在审理前的准备阶段向当事人送达举证通知书。

举证通知书应当载明举证责任的分配原则和要求、可以向人民法院申请调查收集证据的情形、人民法院根据案件情况指定的举证期限以及逾期提供证据的法律后果等内容"。

五十三、将第三十三条第二款、第三款改为第五十一条，修改为：

"举证期限可以由当事人协商，并经人民法院准许。

人民法院指定举证期限的，适用第一审普通程序审理的案件不得少于十五日，当事人提供新的证据的第二审案件不得少于十日。适用简易程序审理的案件不得超过十五日，小额诉讼案件的举证期限一般不得超过七日。

举证期限届满后，当事人提供反驳证据或者对已经提供的证据的来源、形式等方面的瑕疵进行补正的，人民法院可以酌情再次确定举证期限，该期限不受前款规定的期间限制"。

五十四、删去第三十四条。

五十五、增加一条作为第五十二条：

"当事人在举证期限内提供证据存在客观障碍，属于民事诉讼法第六十五条第二款规定的'当事人在该期限内提供证据确有困难'的情形。

前款情形，人民法院应当根据当事人的举证能力、不能在举证期限内提供证据的原因等因素综合判断。必要时，可以听取对方当事人的意见"。

五十六、将第三十五条改为第五十三条，修改为：

"诉讼过程中，当事人主张的法律关系性质或者民事行为效力与人民法院根据案件事实作出的认定不一致的，人民法院应当将法律关系性质或者民事行为效力作为焦点问题进行审理。但法律关系性质对裁判理由及结果没有影响，或者有关问题已经当事人充分辩论的除外。

存在前款情形，当事人根据法庭审理情况变更诉讼请求的，人民法院应当准许并可以根据案件的具体情况重新指定举证期限"。

五十七、将第三十六条改为第五十四条，修改为：

"当事人申请延长举证期限的，应当在举证期限届满前向人民法院提出书面申请。

申请理由成立的，人民法院应当准许，适当延长举证期限，并通知其他当事人。延长的举证期限适用于其他当事人。

申请理由不成立的，人民法院不予准许，并通知申请人"。

五十八、增加一条作为第五十五条：

"存在下列情形的，举证期限按照如下方式确定：

（一）当事人依照民事诉讼法第一百二十七条规定提出管辖权异议的，举证期限中止，自驳回管辖权异议的裁定生效之日起恢复计算；

（二）追加当事人、有独立请求权的第三人参加诉讼或者无独立请求权的第三人经人民法院通知参加诉讼的，人民法院应当依照本规定第五十一条的规定为新参加诉讼的当事人确定举证期限，该举证期限适用于其他当事人；

（三）发回重审的案件，第一审人民法院可以结合案件具体情况和发回重审的原因，酌情确定举证期限；

（四）当事人增加、变更诉讼请求或者提出反诉的，人民法院应当根据案件具体情况重新确定举证期限；

（五）公告送达的，举证期限自公告期届满之次日起计算"。

五十九、删去第三十七条。

六十、将第三十八条改为第五十六条，修改为：

"人民法院依照民事诉讼法第一百三十三条第四项的规定，通过组织证据交换进行审理前准备的，证据交换之日举证期限届满。

证据交换的时间可以由当事人协商一致并经人民法院认可，也可以由人民法院指定。当事人申请延期举证经人民法院准许的，证据交换日相应顺延"。

六十一、将第三十九条修改为第五十七条。

六十二、将第四十条改为第五十八条，修改为：

"当事人收到对方的证据后有反驳证据需要提交的，人民法院应当再次组织证据交换"。

六十三、删去第四十一条、第四十二条、第四十三条、第四十四条、第四十五条、第四十六条。

六十四、增加一条作为第五十九条：

“人民法院对逾期提供证据的当事人处以罚款的，可以结合当事人逾期提供证据的主观过错程度、导致诉讼迟延的情况、诉讼标的金额等因素，确定罚款数额”。

六十五、将第四十七条改为第六十条，修改为：

“当事人在审理前的准备阶段或者人民法院调查、询问过程中发表过质证意见的证据，视为质证过的证据。

当事人要求以书面方式发表质证意见，人民法院在听取对方当事人意见后认为有必要的，可以准许。人民法院应当及时将书面质证意见送交对方当事人”。

六十六、删去第四十八条。

六十七、将第四十九条改为第六十一条，修改为：

“对书证、物证、视听资料进行质证时，当事人应当出示证据的原件或者原物。但有下列情形之一的除外：

（一）出示原件或者原物确有困难并经人民法院准许出示复制件或者复制品的；

（二）原件或者原物已不存在，但有证据证明复制件、复制品与原件或者原物一致的”。

六十八、删去第五十条。

六十九、将第五十一条改为第六十二条，修改为：

“质证一般按下列顺序进行：

（一）原告出示证据，被告、第三人与原告进行质证；

（二）被告出示证据，原告、第三人与被告进行质证；

（三）第三人出示证据，原告、被告与第三人进行质证。

人民法院根据当事人申请调查收集的证据，审判人员对调查收集证据的情况进行说明后，由提出申请的当事人与对方当事人、第三人进行质证。

人民法院依职权调查收集的证据，由审判人员对调查收集证据的情况进行说明后，听取当事人的意见”。

七十、删去第五十二条。

七十一、增加一条作为第六十三条：

“当事人应当就案件事实作真实、完整的陈述。

当事人的陈述与此前陈述不一致的，人民法院应当责令其说明理由，并结合当事人的诉讼能力、证据和案件具体情况进行审查认定。

当事人故意作虚假陈述妨碍人民法院审理的，人民法院应当根据情节，依照民事诉讼法第一百一十一条规定进行处罚”。

七十二、增加一条作为第六十四条：

“人民法院认为有必要的，可以要求当事人本人到场，就案件的有关事实接受询问。

人民法院要求当事人到场接受询问的，应当通知当事人询问的时间、地点、拒不到场的后果等内容”。

七十三、增加一条作为第六十五条：

“人民法院应当在询问前责令当事人签署保证书并宣读保证书的内容。

保证书应当载明保证据实陈述，绝无隐瞒、歪曲、增减，如有虚假陈述应当接受处罚等内容。当事人应当在保证书上签名、捺印。

当事人有正当理由不能宣读保证书的，由书记员宣读并进行说明”。

七十四、增加一条作为第六十六条：

“当事人无正当理由拒不到场、拒不签署或宣读保证书或者拒不接受询问的，人民法院应当综合案件情况，判断待证事实的真伪。待证事实无其他证据证明的，人民法院应当作出不利于该当事人的认定”。

七十五、将第五十三条改为第六十七条，修改为：

“不能正确表达意思的人，不能作为证人。

待证事实与其年龄、智力状况或者精神健康状况相适应的无民事行为能力人和限制民事行为能力人，可以作为证人”。

七十六、将第五十五条改为第六十八条，修改为：

“人民法院应当要求证人出庭作证，接受审判人员和当事人的询问。证人在审理前的准备阶段或者人民法院调查、询问等双方当事人在场时陈述证言的，视为出庭作证。

双方当事人同意证人以其他方式作证并经人民法院准许的，证人可以不出庭作证。

无正当理由未出庭的证人以书面等方式提供的证言，不得作为认定案件事实的根据”。

七十七、增加一条作为第六十九条：

“当事人申请证人出庭作证的，应当在举证期限届满前向人民法院提交申请书。

申请书应当载明证人的姓名、职业、住所、联系方式，作证的主要内容，作证内容与待证事实的关联性，以及证人出庭作证的必要性。

符合《最高人民法院关于适用〈中华人民共和国民事诉讼法〉的解释》第九十六条第一款规定情形的，人民法院应当依职权通知证人出庭作证”。

七十八、将第五十四条改为第七十条，修改为：

“人民法院准许证人出庭作证申请的，应当向证人送达通知书并告知双方当事人。通知书中应当载明证人作证的时间、地点，作证的事项、要求以及作伪证的法律后果等内容。

当事人申请证人出庭作证的事项与待证事实无关，或者没有通知证人出庭作证必要的，人民法院不予准许当事人的申请”。

七十九、增加一条作为第七十一条：

“人民法院应当要求证人在作证之前签署保证书，并在法庭上宣读保证书的内容。但无民事行为能力人和限制民事行为能力人作为证人的除外。

证人确有正当理由不能宣读保证书的，由书记员代为宣读并进行说明。

证人拒绝签署或者宣读保证书的，不得作证，并自行承担相关费用。

证人保证书的内容适用当事人保证书的规定”。

八十、删去第五十六条。

八十一、将第五十七条改为第七十二条，修改为：

“证人应当客观陈述其亲身感知的事实，作证时不得使用猜测、推断或者评论性语言。

证人作证前不得旁听法庭审理，作证时不得以宣读事先准备的书面材料的方式陈述证言。

证人言辞表达有障碍的，可以通过其他表达方式作证”。

八十二、增加一条作为第七十三条：

“证人应当就其作证的事项进行连续陈述。

当事人及其法定代理人、诉讼代理人或者旁听人员干扰证人陈述的，人民法院应当及时制止，必要时可以依照民事诉讼法第一百一十条的规定进行处罚”。

八十三、将第五十八条改为第七十四条，修改为：

“审判人员可以对证人进行询问。当事人及其诉讼代理人经审判人员许可后可以询问证人。

询问证人时其他证人不得在场。

人民法院认为有必要的，可以要求证人之间进行对质”。

八十四、增加一条作为第七十五条：

“证人出庭作证后，可以向人民法院申请支付证人出庭作证费用。证人有困难需要预先支取出庭作证费用的，人民法院可以根据证人的申请在出庭作证前支付”。

八十五、增加一条作为第七十六条：

“证人确有困难不能出庭作证，申请以书面证言、视听传输技术或者视听资料等方式作证的，应当向人民法院提交申请书。申请书中应当载明不能出庭的具体原因。

符合民事诉讼法第七十三条规定情形的，人民法院应当准许”。

八十六、增加一条作为第七十七条：

“证人经人民法院准许，以书面证言方式作证的，应当签署保证书；以视听传输技术或者视听资料方式作证的，应当签署保证书并宣读保证书的内容”。

八十七、增加一条作为第七十八条：

“当事人及其诉讼代理人对证人的询问与待证事实无关，或者存在威胁、侮辱证人或不适当引导等情形的，审判人员应当及时制止。必要时可以依照民事诉讼法第一百一十条、第一百一十一条的规定进行处罚。

证人故意作虚假陈述，诉讼参与人或者其他人以暴力、威胁、贿买等方法妨碍证人作证，或者在证人作证后以侮辱、诽谤、诬陷、恐吓、殴打等方式对证人打击报复的，人民法院应当根据情节，依照民事诉讼法第一百一十一条的规定，对行为人进行处罚”。

八十八、增加一条作为第七十九条：

“鉴定人依照民事诉讼法第七十八条的规定出庭作证的，人民法院应当在开庭审理三日前将出庭的时间、地点及要求通知鉴定人。

委托机构鉴定的，应当由从事鉴定的人员代表机构出庭”。

八十九、将第五十九条改为第八十条，修改为：

“鉴定人应当就鉴定事项如实答复当事人的异议和审判人员的询问。当庭答复确有困难的，经人民法院准许，可以在庭审结束后书面答复。

人民法院应当及时将书面答复送交当事人，并听取当事人的意见。必要时，可以再次组织质证”。

九十、增加一条作为第八十一条：

“鉴定人拒不出庭作证的，鉴定意见不得作为认定案件事实的根据。人民法院应当建议有关主管部门或者组织对拒不出庭作证的鉴定人予以处罚。

当事人要求退还鉴定费用的，人民法院应当在三日内作出裁定，责令鉴定人退还；拒不退还的，由人民法院依法执行。

当事人因鉴定人拒不出庭作证申请重新鉴定的，人民法院应当准许”。

九十一、将第六十条改为第八十二条，修改为：

“经法庭许可，当事人可以询问鉴定人、勘验人。

询问鉴定人、勘验人不得使用威胁、侮辱等不适当的言语和方式”。

九十二、删去第六十一条。

九十三、增加一条作为第八十三条：

“当事人依照民事诉讼法第七十九条和《最高人民法院关于适用〈中华人民共和国民事诉讼法〉的解释》第一百二十二条的规定，申请有专门知识的人出庭的，申请书中应当载明有专门知识的人的基本情况和申请的目的。

人民法院准许当事人申请的，应当通知双方当事人”。

九十四、增加一条作为第八十四条：

“审判人员可以对有专门知识的人进行询问。经法庭准许，当事人可以对有专门知识的人进行询问，当事人各自申请的有专门知识的人可以就案件中的有关问题进行对质。

有专门知识的人不得参与对鉴定意见质证或者就专业问题发表意见之外的法庭审理活动”。

九十五、删去第六十二条。

九十六、将第六十三条、第六十四条改为第八十五条，修改为：

“人民法院应当以证据能够证明的案件事实为根据依法作出裁判。

审判人员应当依照法定程序，全面、客观地审核证据，依据法律的规定，遵循法官职业道德，运用逻辑推理和日常生活经验，对证据有无证明力和证明力大小独立进行判断，并公开判断的理由和结果”。

九十七、增加一条作为第八十六条：

“当事人对于欺诈、胁迫、恶意串通事实的证明，以及对于口头遗嘱或赠与事实的证明，人民法院确信该待证事实存在的可能性能够排除合理怀疑的，应当认定该事实存在。

与诉讼保全、回避等程序事项有关的事实，人民法院结合当事人的说明及相关证据，认为有关事实存在的可能性较大的，可以认定该事实存在”。

九十八、将第六十五条改为第八十七条，修改为：

“审判人员对单一证据可以从下列方面进行审核认定：

（一）证据是否为原件、原物，复制件、复制品与原件、原物是否相符；

（二）证据与本案事实是否相关；

（三）证据的形式、来源是否符合法律规定；

（四）证据的内容是否真实；

（五）证人或者提供证据的人与当事人有无利害关系”。

九十九、将第六十六条修改为第八十八条。

一百、增加一条作为第八十九条：

“当事人在诉讼过程中认可的证据，人民法院应当予以确认。但法律、司法解释另有规定的除外。

当事人对认可的证据反悔的，参照《最高人

民法院关于适用〈中华人民共和国民事诉讼法〉的解释》第二百二十九条的规定处理”。

一百零一、删去第六十七条、第六十八条。

一百零二、将第六十九条改为第九十条，修改为：

“下列证据不能单独作为认定案件事实的根据：

（一）当事人的陈述；

（二）无民事行为能力人或者限制民事行为能力人所作的与其年龄、智力状况或者精神健康状况不相当的证言；

（三）与一方当事人或者其代理人有利害关系的证人陈述的证言；

（四）存有疑点的视听资料、电子数据；

（五）无法与原件、原物核对的复制件、复制品”。

一百零三、增加一条作为第九十一条：

“公文书证的制作者根据文书原件制作的载有部分或者全部内容的副本，与正本具有相同的证明力。

在国家机关存档的文件，其复制件、副本、节录本经档案部门或者制作原本的机关证明其内容与原本一致的，该复制件、副本、节录本具有与原本相同的证明力”。

一百零四、增加一条作为第九十二条：

“私文书证的真实性，由主张以私文书证证明案件事实的当事人承担举证责任。

私文书证由制作者或者其代理人签名、盖章或捺印的，推定为真实。

私文书证上有删除、涂改、增添或者其他形式瑕疵的，人民法院应当综合案件的具体情况判断其证明力”。

一百零五、增加一条作为第九十三条：

“人民法院对于电子数据的真实性，应当结合下列因素综合判断：

（一）电子数据的生成、存储、传输所依赖的计算机系统的硬件、软件环境是否完整、可靠；

（二）电子数据的生成、存储、传输所依赖的计算机系统的硬件、软件环境是否处于正常运行状态，或者不处于正常运行状态时对电子数据的生成、存储、传输是否有影响；

（三）电子数据的生成、存储、传输所依赖的计算机系统的硬件、软件环境是否具备有效的防止出错的监测、核查手段；

（四）电子数据是否被完整地保存、传输、提取，保存、传输、提取的方法是否可靠；

（五）电子数据是否在正常的往来活动中形成和存储；

（六）保存、传输、提取电子数据的主体是否适当；

（七）影响电子数据完整性和可靠性的其他因素。

人民法院认为有必要的，可以通过鉴定或者勘验等方法，审查判断电子数据的真实性”。

一百零六、增加一条作为第九十四条：

“电子数据存在下列情形的，人民法院可以确认其真实性，但有足以反驳的相反证据的除外：

（一）由当事人提交或者保管的于己不利的电子数据；

（二）由记录和保存电子数据的中立第三方平台提供或者确认的；

（三）在正常业务活动中形成的；

（四）以档案管理方式保管的；

（五）以当事人约定的方式保存、传输、提取的。

电子数据的内容经公证机关公证的，人民法院应当确认其真实性，但有相反证据足以推翻的除外”。

一百零七、删去第七十条、第七十一条、第七十二条、第七十三条、第七十四条。

一百零八、将第七十五条改为第九十五条，修改为：

“一方当事人控制证据无正当理由拒不提交，对待证事实负有举证责任的当事人主张该证据的内容不利于控制人的，人民法院可以认定该主张成立”。

一百零九、删去第七十六条、第七十七条。

一百一十、将第七十八条修改为第九十六条。

一百一十一、将第七十九条修改为第九十七条。

一百一十二、将第八十条改为第九十八条，修改为：

"对证人、鉴定人、勘验人的合法权益依法予以保护。

当事人或者其他诉讼参与人伪造、毁灭证据,提供虚假证据,阻止证人作证,指使、贿买、胁迫他人作伪证,或者对证人、鉴定人、勘验人打击报复的,依照民事诉讼法第一百一十条、第一百一十一条的规定进行处罚"。

一百一十三、增加一条作为第九十九条:

"本规定对证据保全没有规定的,参照适用法律、司法解释关于财产保全的规定。

除法律、司法解释另有规定外,对当事人、鉴定人、有专门知识的人的询问参照适用本规定中关于询问证人的规定;关于书证的规定适用于视听资料、电子数据;存储在电子计算机等电子介质中的视听资料,适用电子数据的规定"。

一百一十四、删去第八十一条、第八十二条。

一百一十五、将第八十三条改为第一百条,修改为:

"本规定自2020年5月1日起施行。

本规定公布施行后,最高人民法院以前发布的司法解释与本规定不一致的,不再适用"。

最高人民法院关于民事诉讼证据的若干规定

(2001年12月6日最高人民法院审判委员会第1201次会议通过 根据2019年10月14日最高人民法院审判委员会第1777次会议《关于修改〈关于民事诉讼证据的若干规定〉的决定》修正 2019年12月25日最高人民法院公告公布 自2020年5月1日起施行 法释〔2019〕19号)

为保证人民法院正确认定案件事实,公正、及时审理民事案件,保障和便利当事人依法行使诉讼权利,根据《中华人民共和国民事诉讼法》(以下简称民事诉讼法)等有关法律的规定,结合民事审判经验和实际情况,制定本规定。

一、当事人举证

第一条 原告向人民法院起诉或者被告提出反诉,应当提供符合起诉条件的相应的证据。

第二条 人民法院应当向当事人说明举证的要求及法律后果,促使当事人在合理期限内积极、全面、正确、诚实地完成举证。

当事人因客观原因不能自行收集的证据,可申请人民法院调查收集。

第三条 在诉讼过程中,一方当事人陈述的于己不利的事实,或者对于己不利的事实明确表示承认的,另一方当事人无需举证证明。

在证据交换、询问、调查过程中,或者在起诉状、答辩状、代理词等书面材料中,当事人明确承认于己不利的事实的,适用前款规定。

第四条 一方当事人对于另一方当事人主张的于己不利的事实既不承认也不否认,经审判人员说明并询问后,其仍然不明确表示肯定或者否定的,视为对该事实的承认。

第五条 当事人委托诉讼代理人参加诉讼的,除授权委托书明确排除的事项外,诉讼代理人的自认视为当事人的自认。

当事人在场对诉讼代理人的自认明确否认的,不视为自认。

第六条 普通共同诉讼中,共同诉讼人中一人或者数人作出的自认,对作出自认的当事人发生效力。

必要共同诉讼中,共同诉讼人中一人或者数人作出自认而其他共同诉讼人予以否认的,不发生自认的效力。其他共同诉讼人既不承认也不否认,经审判人员说明并询问后仍然不明确表示意见的,视为全体共同诉讼人的自认。

第七条 一方当事人对于另一方当事人主张的于己不利的事实有所限制或者附加条件予以承认的,由人民法院综合案件情况决定是否构成自认。

第八条 《最高人民法院关于适用〈中华人民共和国民事诉讼法〉的解释》第九十六条第一款规定的事实,不适用有关自认的规定。

自认的事实与已经查明的事实不符的,人民法院不予确认。

第九条 有下列情形之一,当事人在法庭辩论终结前撤销自认的,人民法院应当准许:

(一)经对方当事人同意的;

(二)自认是在受胁迫或者重大误解情况下作出的。

人民法院准许当事人撤销自认的，应当作出口头或者书面裁定。

第十条 下列事实，当事人无须举证证明：

（一）自然规律以及定理、定律；

（二）众所周知的事实；

（三）根据法律规定推定的事实；

（四）根据已知的事实和日常生活经验法则推定出的另一事实；

（五）已为仲裁机构的生效裁决所确认的事实；

（六）已为人民法院发生法律效力的裁判所确认的基本事实；

（七）已为有效公证文书所证明的事实。

前款第二项至第五项事实，当事人有相反证据足以反驳的除外；第六项、第七项事实，当事人有相反证据足以推翻的除外。

第十一条 当事人向人民法院提供证据，应当提供原件或者原物。如需自己保存证据原件、原物或者提供原件、原物确有困难的，可以提供经人民法院核对无异的复制件或者复制品。

第十二条 以动产作为证据的，应当将原物提交人民法院。原物不宜搬移或者不宜保存的，当事人可以提供复制品、影像资料或者其他替代品。

人民法院在收到当事人提交的动产或者替代品后，应当及时通知双方当事人到人民法院或者保存现场查验。

第十三条 当事人以不动产作为证据的，应当向人民法院提供该不动产的影像资料。

人民法院认为有必要的，应当通知双方当事人到场进行查验。

第十四条 电子数据包括下列信息、电子文件：

（一）网页、博客、微博客等网络平台发布的信息；

（二）手机短信、电子邮件、即时通信、通讯群组等网络应用服务的通信信息；

（三）用户注册信息、身份认证信息、电子交易记录、通信记录、登录日志等信息；

（四）文档、图片、音频、视频、数字证书、计算机程序等电子文件；

（五）其他以数字化形式存储、处理、传输的能够证明案件事实的信息。

第十五条 当事人以视听资料作为证据的，应当提供存储该视听资料的原始载体。

当事人以电子数据作为证据的，应当提供原件。电子数据的制作者制作的与原件一致的副本，或者直接来源于电子数据的打印件或其他可以显示、识别的输出介质，视为电子数据的原件。

第十六条 当事人提供的公文书证系在中华人民共和国领域外形成的，该证据应当经所在国公证机关证明，或者履行中华人民共和国与该所在国订立的有关条约中规定的证明手续。

中华人民共和国领域外形成的涉及身份关系的证据，应当经所在国公证机关证明并经中华人民共和国驻该国使领馆认证，或者履行中华人民共和国与该所在国订立的有关条约中规定的证明手续。

当事人向人民法院提供的证据是在香港、澳门、台湾地区形成的，应当履行相关的证明手续。

第十七条 当事人向人民法院提供外文书证或者外文说明资料，应当附有中文译本。

第十八条 双方当事人无争议的事实符合《最高人民法院关于适用〈中华人民共和国民事诉讼法〉的解释》第九十六条第一款规定情形的，人民法院可以责令当事人提供有关证据。

第十九条 当事人应当对其提交的证据材料逐一分类编号，对证据材料的来源、证明对象和内容作简要说明，签名盖章，注明提交日期，并依照对方当事人人数提出副本。

人民法院收到当事人提交的证据材料，应当出具收据，注明证据的名称、份数和页数以及收到的时间，由经办人员签名或者盖章。

二、证据的调查收集和保全

第二十条 当事人及其诉讼代理人申请人民法院调查收集证据，应当在举证期限届满前提交书面申请。

申请书应当载明被调查人的姓名或者单位名称、住所地等基本情况、所要调查收集的证据名称或者内容、需要由人民法院调查收集证据的原因及其要证明的事实以及明确的线索。

第二十一条 人民法院调查收集的书证，可以是原件，也可以是经核对无误的副本或者复制件。是副本或者复制件的,应当在调查笔录中说明来源和取证情况。

第二十二条 人民法院调查收集的物证应当是原物。被调查人提供原物确有困难的,可以提供复制品或者影像资料。提供复制品或者影像资料的,应当在调查笔录中说明取证情况。

第二十三条 人民法院调查收集视听资料、电子数据,应当要求被调查人提供原始载体。

提供原始载体确有困难的,可以提供复制件。提供复制件的,人民法院应当在调查笔录中说明其来源和制作经过。

人民法院对视听资料、电子数据采取证据保全措施的,适用前款规定。

第二十四条 人民法院调查收集可能需要鉴定的证据,应当遵守相关技术规范,确保证据不被污染。

第二十五条 当事人或者利害关系人根据民事诉讼法第八十一条的规定申请证据保全的,申请书应当载明需要保全的证据的基本情况、申请保全的理由以及采取何种保全措施等内容。

当事人根据民事诉讼法第八十一条第一款的规定申请证据保全的,应当在举证期限届满前向人民法院提出。

法律、司法解释对诉前证据保全有规定的,依照其规定办理。

第二十六条 当事人或者利害关系人申请采取查封、扣押等限制保全标的物使用、流通等保全措施,或者保全可能对证据持有人造成损失的,人民法院应当责令申请人提供相应的担保。

担保方式或者数额由人民法院根据保全措施对证据持有人的影响、保全标的物的价值、当事人或者利害关系人争议的诉讼标的金额等因素综合确定。

第二十七条 人民法院进行证据保全,可以要求当事人或者诉讼代理人到场。

根据当事人的申请和具体情况,人民法院可以采取查封、扣押、录音、录像、复制、鉴定、勘验等方法进行证据保全,并制作笔录。

在符合证据保全目的的情况下,人民法院应当选择对证据持有人利益影响最小的保全措施。

第二十八条 申请证据保全错误造成财产损失,当事人请求申请人承担赔偿责任的,人民法院应予支持。

第二十九条 人民法院采取诉前证据保全措施后,当事人向其他有管辖权的人民法院提起诉讼的,采取保全措施的人民法院应当根据当事人的申请,将保全的证据及时移交受理案件的人民法院。

第三十条 人民法院在审理案件过程中认为待证事实需要通过鉴定意见证明的,应当向当事人释明,并指定提出鉴定申请的期间。

符合《最高人民法院关于适用〈中华人民共和国民事诉讼法〉的解释》第九十六条第一款规定情形的,人民法院应当依职权委托鉴定。

第三十一条 当事人申请鉴定,应当在人民法院指定期间内提出,并预交鉴定费用。逾期不提出申请或者不预交鉴定费用的,视为放弃申请。

对需要鉴定的待证事实负有举证责任的当事人,在人民法院指定期间内无正当理由不提出鉴定申请或者不预交鉴定费用,或者拒不提供相关材料,致使待证事实无法查明的,应当承担举证不能的法律后果。

第三十二条 人民法院准许鉴定申请的,应当组织双方当事人协商确定具备相应资格的鉴定人。当事人协商不成的,由人民法院指定。

人民法院依职权委托鉴定的,可以在询问当事人的意见后,指定具备相应资格的鉴定人。

人民法院在确定鉴定人后应当出具委托书,委托书中应当载明鉴定事项、鉴定范围、鉴定目的和鉴定期限。

第三十三条 鉴定开始之前,人民法院应当要求鉴定人签署承诺书。承诺书中应当载明鉴定人保证客观、公正、诚实地进行鉴定,保证出庭作证,如作虚假鉴定应当承担法律责任等内容。

鉴定人故意作虚假鉴定的,人民法院应当责令其退还鉴定费用,并根据情节,依照民事诉讼法第一百一十一条的规定进行处罚。

第三十四条 人民法院应当组织当事人对鉴定材料进行质证。未经质证的材料,不得作为鉴定的根据。

经人民法院准许,鉴定人可以调取证据、勘验物证和现场、询问当事人或者证人。

第三十五条 鉴定人应当在人民法院确定

的期限内完成鉴定,并提交鉴定书。

鉴定人无正当理由未按期提交鉴定书的,当事人可以申请人民法院另行委托鉴定人进行鉴定。人民法院准许的,原鉴定人已经收取的鉴定费用应当退还;拒不退还的,依照本规定第八十一条第二款的规定处理。

第三十六条 人民法院对鉴定人出具的鉴定书,应当审查是否具有下列内容:

(一)委托法院的名称;

(二)委托鉴定的内容、要求;

(三)鉴定材料;

(四)鉴定所依据的原理、方法;

(五)对鉴定过程的说明;

(六)鉴定意见;

(七)承诺书。

鉴定书应当由鉴定人签名或者盖章,并附鉴定人的相应资格证明。委托机构鉴定的,鉴定书应当由鉴定机构盖章,并由从事鉴定的人员签名。

第三十七条 人民法院收到鉴定书后,应当及时将副本送交当事人。

当事人对鉴定书的内容有异议的,应当在人民法院指定期间内以书面方式提出。

对于当事人的异议,人民法院应当要求鉴定人作出解释、说明或者补充。人民法院认为有必要的,可以要求鉴定人对当事人未提出异议的内容进行解释、说明或者补充。

第三十八条 当事人在收到鉴定人的书面答复后仍有异议的,人民法院应当根据《诉讼费用交纳办法》第十一条的规定,通知有异议的当事人预交鉴定人出庭费用,并通知鉴定人出庭。有异议的当事人不预交鉴定人出庭费用的,视为放弃异议。

双方当事人对鉴定意见均有异议的,分摊预交鉴定人出庭费用。

第三十九条 鉴定人出庭费用按照证人出庭作证费用的标准计算,由败诉的当事人负担。因鉴定意见不明确或者有瑕疵需要鉴定人出庭的,出庭费用由其自行负担。

人民法院委托鉴定时已经确定鉴定人出庭费用包含在鉴定费用中的,不再通知当事人预交。

第四十条 当事人申请重新鉴定,存在下列情形之一的,人民法院应当准许:

(一)鉴定人不具备相应资格的;

(二)鉴定程序严重违法的;

(三)鉴定意见明显依据不足的;

(四)鉴定意见不能作为证据使用的其他情形。

存在前款第一项至第三项情形的,鉴定人已经收取的鉴定费用应当退还。拒不退还的,依照本规定第八十一条第二款的规定处理。

对鉴定意见的瑕疵,可以通过补正、补充鉴定或者补充质证、重新质证等方法解决的,人民法院不予准许重新鉴定的申请。

重新鉴定的,原鉴定意见不得作为认定案件事实的根据。

第四十一条 对于一方当事人就专门性问题自行委托有关机构或者人员出具的意见,另一方当事人有证据或者理由足以反驳并申请鉴定的,人民法院应予准许。

第四十二条 鉴定意见被采信后,鉴定人无正当理由撤销鉴定意见的,人民法院应当责令其退还鉴定费用,并可以根据情节,依照民事诉讼法第一百一十一条的规定对鉴定人进行处罚。当事人主张鉴定人负担由此增加的合理费用的,人民法院应予支持。

人民法院采信鉴定意见后准许鉴定人撤销的,应当责令其退还鉴定费用。

第四十三条 人民法院应当在勘验前将勘验的时间和地点通知当事人。当事人不参加的,不影响勘验进行。

当事人可以就勘验事项向人民法院进行解释和说明,可以请求人民法院注意勘验中的重要事项。

人民法院勘验物证或者现场,应当制作笔录,记录勘验的时间、地点、勘验人、在场人、勘验的经过、结果,由勘验人、在场人签名或者盖章。对于绘制的现场图应当注明绘制的时间、方位、测绘人姓名、身份等内容。

第四十四条 摘录有关单位制作的与案件事实相关的文件、材料,应当注明出处,并加盖制作单位或者保管单位的印章,摘录人和其他调查人员应当在摘录件上签名或者盖章。

摘录文件、材料应当保持内容相应的完整性。

第四十五条 当事人根据《最高人民法院关于适用〈中华人民共和国民事诉讼法〉的解释》第一百一十二条的规定申请人民法院责令对方当事人提交书证的，申请书应当载明所申请提交的书证名称或者内容、需要以该书证证明的事实及事实的重要性、对方当事人控制该书证的根据以及应当提交该书证的理由。

对方当事人否认控制书证的，人民法院应当根据法律规定、习惯等因素，结合案件的事实、证据，对于书证是否在对方当事人控制之下的事实作出综合判断。

第四十六条 人民法院对当事人提交书证的申请进行审查时，应当听取对方当事人的意见，必要时可以要求双方当事人提供证据、进行辩论。

当事人申请提交的书证不明确、书证对于待证事实的证明无必要、待证事实对于裁判结果无实质性影响、书证未在对方当事人控制之下或者不符合本规定第四十七条情形的，人民法院不予准许。

当事人申请理由成立的，人民法院应当作出裁定，责令对方当事人提交书证；理由不成立的，通知申请人。

第四十七条 下列情形，控制书证的当事人应当提交书证：

（一）控制书证的当事人在诉讼中曾经引用过的书证；

（二）为对方当事人的利益制作的书证；

（三）对方当事人依照法律规定有权查阅、获取的书证；

（四）账簿、记账原始凭证；

（五）人民法院认为应当提交书证的其他情形。

前款所列书证，涉及国家秘密、商业秘密、当事人或第三人的隐私，或者存在法律规定应当保密的情形的，提交后不得公开质证。

第四十八条 控制书证的当事人无正当理由拒不提交书证的，人民法院可以认定对方当事人所主张的书证内容为真实。

控制书证的当事人存在《最高人民法院关于适用〈中华人民共和国民事诉讼法〉的解释》第一百一十三条规定情形的，人民法院可以认定对方当事人主张以该书证证明的事实为真实。

三、举证时限与证据交换

第四十九条 被告应当在答辩期届满前提出书面答辩，阐明其对原告诉讼请求及所依据的事实和理由的意见。

第五十条 人民法院应当在审理前的准备阶段向当事人送达举证通知书。

举证通知书应当载明举证责任的分配原则和要求、可以向人民法院申请调查收集证据的情形、人民法院根据案件情况指定的举证期限以及逾期提供证据的法律后果等内容。

第五十一条 举证期限可以由当事人协商，并经人民法院准许。

人民法院指定举证期限的，适用第一审普通程序审理的案件不得少于十五日，当事人提供新的证据的第二审案件不得少于十日。适用简易程序审理的案件不得超过十五日，小额诉讼案件的举证期限一般不得超过七日。

举证期限届满后，当事人提供反驳证据或者对已经提供的证据的来源、形式等方面的瑕疵进行补正的，人民法院可以酌情再次确定举证期限，该期限不受前款规定的期间限制。

第五十二条 当事人在举证期限内提供证据存在客观障碍，属于民事诉讼法第六十五条第二款规定的"当事人在该期限内提供证据确有困难"的情形。

前款情形，人民法院应当根据当事人的举证能力、不能在举证期限内提供证据的原因等因素综合判断。必要时，可以听取对方当事人的意见。

第五十三条 诉讼过程中，当事人主张的法律关系性质或者民事行为效力与人民法院根据案件事实作出的认定不一致的，人民法院应当将法律关系性质或者民事行为效力作为焦点问题进行审理。但法律关系性质对裁判理由及结果没有影响，或者有关问题已经当事人充分辩论的除外。

存在前款情形，当事人根据法庭审理情况变更诉讼请求的，人民法院应当准许并可以根据案件的具体情况重新指定举证期限。

第五十四条 当事人申请延长举证期限的，应当在举证期限届满前向人民法院提出书面申请。

申请理由成立的，人民法院应当准许，适当延长举证期限，并通知其他当事人。延长的举证期限适用于其他当事人。

申请理由不成立的，人民法院不予准许，并通知申请人。

第五十五条 存在下列情形的，举证期限按照如下方式确定：

（一）当事人依照民事诉讼法第一百二十七条规定提出管辖权异议的，举证期限中止，自驳回管辖权异议的裁定生效之日起恢复计算；

（二）追加当事人、有独立请求权的第三人参加诉讼或者无独立请求权的第三人经人民法院通知参加诉讼的，人民法院应当依照本规定第五十一条的规定为新参加诉讼的当事人确定举证期限，该举证期限适用于其他当事人；

（三）发回重审的案件，第一审人民法院可以结合案件具体情况和发回重审的原因，酌情确定举证期限；

（四）当事人增加、变更诉讼请求或者提出反诉的，人民法院应当根据案件具体情况重新确定举证期限；

（五）公告送达的，举证期限自公告期届满之次日起计算。

第五十六条 人民法院依照民事诉讼法第一百三十三条第四项的规定，通过组织证据交换进行审理前准备的，证据交换之日举证期限届满。

证据交换的时间可以由当事人协商一致并经人民法院认可，也可以由人民法院指定。当事人申请延期举证经人民法院准许的，证据交换日相应顺延。

第五十七条 证据交换应当在审判人员的主持下进行。

在证据交换的过程中，审判人员对当事人无异议的事实、证据应当记录在卷；对有异议的证据，按照需要证明的事实分类记录在卷，并记载异议的理由。通过证据交换，确定双方当事人争议的主要问题。

第五十八条 当事人收到对方的证据后有反驳证据需要提交的，人民法院应当再次组织证据交换。

第五十九条 人民法院对逾期提供证据的当事人处以罚款的，可以结合当事人逾期提供证据的主观过错程度、导致诉讼迟延的情况、诉讼标的金额等因素，确定罚款数额。

四、质证

第六十条 当事人在审理前的准备阶段或者人民法院调查、询问过程中发表过质证意见的证据，视为质证过的证据。

当事人要求以书面方式发表质证意见，人民法院在听取对方当事人意见后认为有必要的，可以准许。人民法院应当及时将书面质证意见送交对方当事人。

第六十一条 对书证、物证、视听资料进行质证时，当事人应当出示证据的原件或者原物。但有下列情形之一的除外：

（一）出示原件或者原物确有困难并经人民法院准许出示复制件或者复制品的；

（二）原件或者原物已不存在，但有证据证明复制件、复制品与原件或者原物一致的。

第六十二条 质证一般按下列顺序进行：

（一）原告出示证据，被告、第三人与原告进行质证；

（二）被告出示证据，原告、第三人与被告进行质证；

（三）第三人出示证据，原告、被告与第三人进行质证。

人民法院根据当事人申请调查收集的证据，审判人员对调查收集证据的情况进行说明后，由提出申请的当事人与对方当事人、第三人进行质证。

人民法院依职权调查收集的证据，由审判人员对调查收集证据的情况进行说明后，听取当事人的意见。

第六十三条 当事人应当就案件事实作真实、完整的陈述。

当事人的陈述与此前陈述不一致的，人民法院应当责令其说明理由，并结合当事人的诉讼能力、证据和案件具体情况进行审查认定。

当事人故意作虚假陈述妨碍人民法院审理

的,人民法院应当根据情节,依照民事诉讼法第一百一十一条的规定进行处罚。

第六十四条 人民法院认为有必要的,可以要求当事人本人到场,就案件的有关事实接受询问。

人民法院要求当事人到场接受询问的,应当通知当事人询问的时间、地点、拒不到场的后果等内容。

第六十五条 人民法院应当在询问前责令当事人签署保证书并宣读保证书的内容。

保证书应当载明保证据实陈述,绝无隐瞒、歪曲、增减,如有虚假陈述应当接受处罚等内容。当事人应当在保证书上签名、捺印。

当事人有正当理由不能宣读保证书的,由书记员宣读并进行说明。

第六十六条 当事人无正当理由拒不到场、拒不签署或宣读保证书或者拒不接受询问的,人民法院应当综合案件情况,判断待证事实的真伪。待证事实无其他证据证明的,人民法院应当作出不利于该当事人的认定。

第六十七条 不能正确表达意思的人,不能作为证人。

待证事实与其年龄、智力状况或者精神健康状况相适应的无民事行为能力人和限制民事行为能力人,可以作为证人。

第六十八条 人民法院应当要求证人出庭作证,接受审判人员和当事人的询问。证人在审理前的准备阶段或者人民法院调查、询问等双方当事人在场时陈述证言的,视为出庭作证。

双方当事人同意证人以其他方式作证并经人民法院准许的,证人可以不出庭作证。

无正当理由未出庭的证人以书面等方式提供的证言,不得作为认定案件事实的根据。

第六十九条 当事人申请证人出庭作证的,应当在举证期限届满前向人民法院提交申请书。

申请书应当载明证人的姓名、职业、住所、联系方式,作证的主要内容,作证内容与待证事实的关联性,以及证人出庭作证的必要性。

符合《最高人民法院关于适用〈中华人民共和国民事诉讼法〉的解释》第九十六条第一款规定情形的,人民法院应当依职权通知证人出庭作证。

第七十条 人民法院准许证人出庭作证申请的,应当向证人送达通知书并告知双方当事人。通知书中应当载明证人作证的时间、地点,作证的事项、要求以及作伪证的法律后果等内容。

当事人申请证人出庭作证的事项与待证事实无关,或者没有通知证人出庭作证必要的,人民法院不予准许当事人的申请。

第七十一条 人民法院应当要求证人在作证之前签署保证书,并在法庭上宣读保证书的内容。但无民事行为能力人和限制民事行为能力人作为证人的除外。

证人确有正当理由不能宣读保证书的,由书记员代为宣读并进行说明。

证人拒绝签署或者宣读保证书的,不得作证,并自行承担相关费用。

证人保证书的内容适用当事人保证书的规定。

第七十二条 证人应当客观陈述其亲身感知的事实,作证时不得使用猜测、推断或者评论性语言。

证人作证前不得旁听法庭审理,作证时不得以宣读事先准备的书面材料的方式陈述证言。

证人言辞表达有障碍的,可以通过其他表达方式作证。

第七十三条 证人应当就其作证的事项进行连续陈述。

当事人及其法定代理人、诉讼代理人或者旁听人员干扰证人陈述的,人民法院应当及时制止,必要时可以依照民事诉讼法第一百一十条的规定进行处罚。

第七十四条 审判人员可以对证人进行询问。当事人及其诉讼代理人经审判人员许可后可以询问证人。

询问证人时其他证人不得在场。

人民法院认为有必要的,可以要求证人之间进行对质。

第七十五条 证人出庭作证后,可以向人民法院申请支付证人出庭作证费用。证人有困难需要预先支取出庭作证费用的,人民法院可以根据证人的申请在出庭作证前支付。

第七十六条 证人确有困难不能出庭作证,

申请以书面证言、视听传输技术或者视听资料等方式作证的，应当向人民法院提交申请书。申请书中应当载明不能出庭的具体原因。

符合民事诉讼法第七十三条规定情形的，人民法院应当准许。

第七十七条 证人经人民法院准许，以书面证言方式作证的，应当签署保证书；以视听传输技术或者视听资料方式作证的，应当签署保证书并宣读保证书的内容。

第七十八条 当事人及其诉讼代理人对证人的询问与待证事实无关，或者存在威胁、侮辱证人或不适当引导等情形的，审判人员应当及时制止。必要时可以依照民事诉讼法第一百一十条、第一百一十一条的规定进行处罚。

证人故意作虚假陈述，诉讼参与人或者其他人以暴力、威胁、贿买等方法妨碍证人作证，或者在证人作证后以侮辱、诽谤、诬陷、恐吓、殴打等方式对证人打击报复的，人民法院应当根据情节，依照民事诉讼法第一百一十一条的规定，对行为人进行处罚。

第七十九条 鉴定人依照民事诉讼法第七十八条的规定出庭作证的，人民法院应当在开庭审理三日前将出庭的时间、地点及要求通知鉴定人。

委托机构鉴定的，应当由从事鉴定的人员代表机构出庭。

第八十条 鉴定人应当就鉴定事项如实答复当事人的异议和审判人员的询问。当庭答复确有困难的，经人民法院准许，可以在庭审结束后书面答复。

人民法院应当及时将书面答复送交当事人，并听取当事人的意见。必要时，可以再次组织质证。

第八十一条 鉴定人拒不出庭作证的，鉴定意见不得作为认定案件事实的根据。人民法院应当建议有关主管部门或者组织对拒不出庭作证的鉴定人予以处罚。

当事人要求退还鉴定费用的，人民法院应当在三日内作出裁定，责令鉴定人退还；拒不退还的，由人民法院依法执行。

当事人因鉴定人拒不出庭作证申请重新鉴定的，人民法院应当准许。

第八十二条 经法庭许可，当事人可以询问鉴定人、勘验人。

询问鉴定人、勘验人不得使用威胁、侮辱等不适当的言语和方式。

第八十三条 当事人依照民事诉讼法第七十九条和《最高人民法院关于适用〈中华人民共和国民事诉讼法〉的解释》第一百二十二条的规定，申请有专门知识的人出庭的，申请书中应当载明有专门知识的人的基本情况和申请的目的。

人民法院准许当事人申请的，应当通知双方当事人。

第八十四条 审判人员可以对有专门知识的人进行询问。经法庭准许，当事人可以对有专门知识的人进行询问，当事人各自申请的有专门知识的人可以就案件中的有关问题进行对质。

有专门知识的人不得参与对鉴定意见质证或者就专业问题发表意见之外的法庭审理活动。

五、证据的审核认定

第八十五条 人民法院应当以证据能够证明的案件事实为根据依法作出裁判。

审判人员应当依照法定程序，全面、客观地审核证据，依据法律的规定，遵循法官职业道德，运用逻辑推理和日常生活经验，对证据有无证明力和证明力大小独立进行判断，并公开判断的理由和结果。

第八十六条 当事人对于欺诈、胁迫、恶意串通事实的证明，以及对于口头遗嘱或赠与事实的证明，人民法院确信该待证事实存在的可能性能够排除合理怀疑的，应当认定该事实存在。

与诉讼保全、回避等程序事项有关的事实，人民法院结合当事人的说明及相关证据，认为有关事实存在的可能性较大的，可以认定该事实存在。

第八十七条 审判人员对单一证据可以从下列方面进行审核认定：

（一）证据是否为原件、原物，复制件、复制品与原件、原物是否相符；

（二）证据与本案事实是否相关；

（三）证据的形式、来源是否符合法律规定；

（四）证据的内容是否真实；

（五）证人或者提供证据的人与当事人有无

利害关系。

第八十八条 审判人员对案件的全部证据，应当从各证据与案件事实的关联程度、各证据之间的联系等方面进行综合审查判断。

第八十九条 当事人在诉讼过程中认可的证据，人民法院应当予以确认。但法律、司法解释另有规定的除外。

当事人对认可的证据反悔的，参照《最高人民法院关于适用〈中华人民共和国民事诉讼法〉的解释》第二百二十九条的规定处理。

第九十条 下列证据不能单独作为认定案件事实的根据：

（一）当事人的陈述；

（二）无民事行为能力人或者限制民事行为能力人所作的与其年龄、智力状况或者精神健康状况不相当的证言；

（三）与一方当事人或者其代理人有利害关系的证人陈述的证言；

（四）存有疑点的视听资料、电子数据；

（五）无法与原件、原物核对的复制件、复制品。

第九十一条 公文书证的制作者根据文书原件制作的载有部分或者全部内容的副本，与正本具有相同的证明力。

在国家机关存档的文件，其复制件、副本、节录本经档案部门或者制作原本的机关证明其内容与原本一致的，该复制件、副本、节录本具有与原本相同的证明力。

第九十二条 私文书证的真实性，由主张以私文书证证明案件事实的当事人承担举证责任。

私文书证由制作者或者其代理人签名、盖章或捺印的，推定为真实。

私文书证上有删除、涂改、增添或者其他形式瑕疵的，人民法院应当综合案件的具体情况判断其证明力。

第九十三条 人民法院对于电子数据的真实性，应当结合下列因素综合判断：

（一）电子数据的生成、存储、传输所依赖的计算机系统的硬件、软件环境是否完整、可靠；

（二）电子数据的生成、存储、传输所依赖的计算机系统的硬件、软件环境是否处于正常运行状态，或者不处于正常运行状态时对电子数据的生成、存储、传输是否有影响；

（三）电子数据的生成、存储、传输所依赖的计算机系统的硬件、软件环境是否具备有效的防止出错的监测、核查手段；

（四）电子数据是否被完整地保存、传输、提取，保存、传输、提取的方法是否可靠；

（五）电子数据是否在正常的往来活动中形成和存储；

（六）保存、传输、提取电子数据的主体是否适当；

（七）影响电子数据完整性和可靠性的其他因素。

人民法院认为有必要的，可以通过鉴定或者勘验等方法，审查判断电子数据的真实性。

第九十四条 电子数据存在下列情形的，人民法院可以确认其真实性，但有足以反驳的相反证据的除外：

（一）由当事人提交或者保管的于己不利的电子数据；

（二）由记录和保存电子数据的中立第三方平台提供或者确认的；

（三）在正常业务活动中形成的；

（四）以档案管理方式保管的；

（五）以当事人约定的方式保存、传输、提取的。

电子数据的内容经公证机关公证的，人民法院应当确认其真实性，但有相反证据足以推翻的除外。

第九十五条 一方当事人控制证据无正当理由拒不提交，对待证事实负有举证责任的当事人主张该证据的内容不利于控制人的，人民法院可以认定该主张成立。

第九十六条 人民法院认定证人证言，可以通过对证人的智力状况、品德、知识、经验、法律意识和专业技能等的综合分析作出判断。

第九十七条 人民法院应当在裁判文书中阐明证据是否采纳的理由。

对当事人无争议的证据，是否采纳的理由可以不在裁判文书中表述。

六、其他

第九十八条 对证人、鉴定人、勘验人的合法权益依法予以保护。

当事人或者其他诉讼参与人伪造、毁灭证据,提供虚假证据,阻止证人作证,指使、贿买、胁迫他人作伪证,或者对证人、鉴定人、勘验人打击报复的,依照民事诉讼法第一百一十条、第一百一十一条的规定进行处罚。

第九十九条 本规定对证据保全没有规定的,参照适用法律、司法解释关于财产保全的规定。

除法律、司法解释另有规定外,对当事人、鉴定人、有专门知识的人的询问参照适用本规定中关于询问证人的规定;关于书证的规定适用于视听资料、电子数据;存储在电子计算机等电子介质中的视听资料,适用电子数据的规定。

第一百条 本规定自2020年5月1日起施行。

本规定公布施行后,最高人民法院以前发布的司法解释与本规定不一致的,不再适用。

八 送 达

最高人民法院关于以法院专递方式邮寄送达民事诉讼文书的若干规定

（2004年9月7日最高人民法院审判委员会第1324次会议通过 2004年9月17日最高人民法院公告公布 自2005年1月1日起施行 法释〔2004〕13号）

为保障和方便双方当事人依法行使诉讼权利，根据《中华人民共和国民事诉讼法》的有关规定，结合民事审判经验和各地的实际情况，制定本规定。

第一条 人民法院直接送达诉讼文书有困难的，可以交由国家邮政机构（以下简称邮政机构）以法院专递方式邮寄送达，但有下列情形之一的除外：

（一）受送达人或者其诉讼代理人、受送达人指定的代收人同意在指定的期间内到人民法院接受送达的；

（二）受送达人下落不明的；

（三）法律规定或者我国缔结或者参加的国际条约中约定有特别送达方式的。

第二条 以法院专递方式邮寄送达民事诉讼文书的，其送达与人民法院送达具有同等法律效力。

第三条 当事人起诉或者答辩时应当向人民法院提供或者确认自己准确的送达地址，并填写送达地址确认书。当事人拒绝提供的，人民法院应当告知其拒不提供送达地址的不利后果，并记入笔录。

第四条 送达地址确认书的内容应当包括送达地址的邮政编码、详细地址以及受送达人的联系电话等内容。

当事人要求对送达地址确认书中的内容保密的，人民法院应当为其保密。

当事人在第一审、第二审和执行终结前变更送达地址的，应当及时以书面方式告知人民法院。

第五条 当事人拒绝提供自己的送达地址，经人民法院告知后仍不提供的，自然人以其户籍登记中的住所地或者经常居住地为送达地址；法人或者其他组织以其工商登记或者其他依法登记、备案中的住所地为送达地址。

第六条 邮政机构按照当事人提供或者确认的送达地址送达的，应当在规定的日期内将回执退回人民法院。

邮政机构按照当事人提供或确认的送达地址在五日内投送三次以上未能送达，通过电话或者其他联系方式又无法告知受送达人的，应当将邮件在规定的日期内退回人民法院，并说明退回的理由。

第七条 受送达人指定代收人的，指定代收人的签收视为受送达人本人签收。

邮政机构在受送达人提供或确认的送达地址未能见到受送达人的，可以将邮件交给与受送达人同住的成年家属代收，但代收人是同一案件中另一方当事人的除外。

第八条 受送达人及其代收人应当在邮件回执上签名、盖章或者捺印。

受送达人及其代收人在签收时应当出示其有效身份证件并在回执上填写该证件的号码；受送达人及其代收人拒绝签收的，由邮政机构的投递员记明情况后将邮件退回人民法院。

第九条 有下列情形之一的，即为送达：

（一）受送达人在邮件回执上签名、盖章或者捺印的；

（二）受送达人是无民事行为能力或者限制民事行为能力的自然人，其法定代理人签收的；

（三）受送达人是法人或者其他组织，其法人的法定代表人、该组织的主要负责人或者办公室、收发室、值班室的工作人员签收的；

（四）受送达人的诉讼代理人签收的；

（五）受送达人指定的代收人签收的；

（六）受送达人的同住成年家属签收的。

第十条 签收人是受送达人本人或者是受送达人的法定代表人、主要负责人、法定代理人、诉讼代理人的，签收人应当当场核对邮件内容。签收人发现邮件内容与回执上的文书名称不一致的，应当当场向邮政机构的投递员提出，由投递员在回执上记明情况后将邮件退回人民法院。

签收人是受送达人办公室、收发室和值班室的工作人员或者是与受送达人同住成年家属，受送达人发现邮件内容与回执上的文书名称不一致的，应当在收到邮件后的三日内将该邮件退回人民法院，并以书面方式说明退回的理由。

第十一条　因受送达人自己提供或者确认的送达地址不准确、拒不提供送达地址、送达地址变更未及时告知人民法院、受送达人本人或者受送达人指定的代收人拒绝签收，导致诉讼文书未能被受送达人实际接收的，文书退回之日视为送达之日。

受送达人能够证明自己在诉讼文书送达的过程中没有过错的，不适用前款规定。

第十二条　本规定自2005年1月1日起实施。

我院以前的司法解释与本规定不一致的，以本规定为准。

最高人民法院关于依据原告起诉时提供的被告住址无法送达应如何处理问题的批复

（2004年10月9日最高人民法院审判委员会第1328次会议通过　2004年11月25日最高人民法院公告公布　自2004年12月2日起施行　法释〔2004〕17号）

近来，一些高级人民法院就人民法院依据民事案件的原告起诉时提供的被告住址无法送达应如何处理问题请示我院。为了正确适用法律，保障当事人行使诉讼权利，根据《中华人民共和国民事诉讼法》的有关规定，批复如下：

人民法院依据原告起诉时所提供的被告住址无法直接送达或者留置送达，应当要求原告补充材料。原告因客观原因不能补充或者依据原告补充的材料仍不能确定被告住址的，人民法院应当依法向被告公告送达诉讼文书。人民法院不得仅以原告不能提供真实、准确的被告住址为由裁定驳回起诉或者裁定终结诉讼。

因有关部门不准许当事人自行查询其他当事人的住址信息，原告向人民法院申请查询的，人民法院应当依原告的申请予以查询。

最高人民法院关于进一步加强民事送达工作的若干意见

（2017年7月19日　法发〔2017〕19号）

送达是民事案件审理过程中的重要程序事项，是保障人民法院依法公正审理民事案件、及时维护当事人合法权益的基础。近年来，随着我国社会经济的发展和人民群众司法需求的提高，送达问题已经成为制约民事审判公正与效率的瓶颈之一。为此，各级人民法院要切实改进和加强送达工作，在法律和司法解释的框架内，创新工作机制和方法，全面推进当事人送达地址确认制度，统一送达地址确认书格式，规范送达地址确认书内容，提升民事送达的质量和效率，将司法为民切实落到实处。

一、送达地址确认书是当事人送达地址确认制度的基础。送达地址确认书应当包括当事人提供的送达地址、人民法院告知事项、当事人对送达地址的确认、送达地址确认书的适用范围和变更方式等内容。

二、当事人提供的送达地址应当包括邮政编码、详细地址以及受送达人的联系电话等。同意电子送达的，应当提供并确认接收民事诉讼文书的传真号、电子信箱、微信号等电子送达地址。当事人委托诉讼代理人的，诉讼代理人确认的送达地址视为当事人的送达地址。

三、为保障当事人的诉讼权利，人民法院应当告知送达地址确认书的填写要求和注意事项以及拒绝提供送达地址、提供虚假地址或者提供地址不准确的法律后果。

四、人民法院应当要求当事人对其填写的送达地址及法律后果等事项进行确认。当事人确认的内容应当包括当事人已知晓人民法院告知的事项及送达地址确认书的法律后果，保证送达地址准确、有效，同意人民法院通过其确认的地址送达诉讼文书等，并由当事人或者诉讼代理人签名、盖章或者捺印。

五、人民法院应当在登记立案时要求当事人确认送达地址。当事人拒绝确认送达地址的，依照《最高人民法院关于登记立案若干问题的规定》第七条的规定处理。

六、当事人在送达地址确认书中确认的送达地址，适用于第一审程序、第二审程序和执行程序。当事人变更送达地址，应当以书面方式告知人民法院。当事人未书面变更的，以其确认的地址为送达地址。

七、因当事人提供的送达地址不准确、拒不提供送达地址、送达地址变更未书面告知人民法院，导致民事诉讼文书未能被受送达人实际接收的，直接送达的，民事诉讼文书留在该地址之日为送达之日；邮寄送达的，文书被退回之日为送达之日。

八、当事人拒绝确认送达地址或以拒绝应诉、拒接电话、避而不见送达人员、搬离原住所等躲避、规避送达，人民法院不能或无法要求其确认送达地址的，可以分别以下列情形处理：

（一）当事人在诉讼所涉及的合同、往来函件中对送达地址有明确约定的，以约定的地址为送达地址；

（二）没有约定的，以当事人在诉讼中提交的书面材料中载明的自己的地址为送达地址；

（三）没有约定、当事人也未提交书面材料或者书面材料中未载明地址的，以一年内进行其他诉讼、仲裁案件中提供的地址为送达地址；

（四）无以上情形的，以当事人一年内进行民事活动时经常使用的地址为送达地址。

人民法院按照上述地址进行送达的，可以同时以电话、微信等方式通知受送达人。

九、依第八条规定仍不能确认送达地址的，自然人以其户籍登记的住所或者在经常居住地登记的住址为送达地址，法人或者其他组织以其工商登记或其他依法登记、备案的住所地为送达地址。

十、在严格遵守民事诉讼法和民事诉讼法司法解释关于电子送达适用条件的前提下，积极主动探索电子送达及送达凭证保全的有效方式、方法，有条件的法院可以建立专门的电子送达平台，或以诉讼服务平台为依托进行电子送达，或者采取与大型门户网站、通信运营商合作的方式，通过专门的电子邮箱、特定的通信号码、信息公众号等方式进行送达。

十一、采用传真、电子邮件方式送达的，送达人员应记录传真发送和接收号码、电子邮件发送和接收邮箱、发送时间、送达诉讼文书名称，并打印传真发送确认单、电子邮件发送成功网页，存卷备查。

十二、采用短信、微信等方式送达的，送达人员应记录收发手机号码、发送时间、送达诉讼文书名称，并将短信、微信等送达内容拍摄照片，存卷备查。

十三、可以根据实际情况，有针对性地探索提高送达质量和效率的工作机制，确定由专门的送达机构或者由各审判、执行部门进行送达。在不违反法律、司法解释规定的前提下，可以积极探索创新行之有效的工作方法。

十四、对于移动通信工具能够接通但无法直接送达、邮寄送达的，除判决书、裁定书、调解书外，可以采取电话送达的方式，由送达人员告知当事人诉讼文书内容，并记录拨打、接听电话号码、通话时间、送达诉讼文书内容，通话过程应当录音以存卷备查。

十五、要严格适用民事诉讼法关于公告送达的规定，加强对公告送达的管理，充分保障当事人的诉讼权利。只有在受送达人下落不明，或者用民事诉讼法第一编第七章第二节规定的其他方式无法送达的，才能适用公告送达。

十六、在送达工作中，可以借助基层组织的力量和社会力量，加强与基层组织和有关部门的沟通、协调，为做好送达工作创造良好的外部环境。有条件的地方可以要求基层组织协助送达，并可适当支付费用。

十七、要树立全国法院一盘棋意识，对于其他法院委托送达的诉讼文书，要认真、及时进行送达。鼓励法院之间建立委托送达协作机制，节约送达成本，提高送达效率。

九 调 解

中华人民共和国人民调解法

(2010年8月28日第十一届全国人民代表大会常务委员会第十六次会议通过 2010年8月28日中华人民共和国主席令第34号公布 自2011年1月1日起施行)

目 录

第一章 总 则

第一条 为了完善人民调解制度,规范人民调解活动,及时解决民间纠纷,维护社会和谐稳定,根据宪法,制定本法。

第二条 本法所称人民调解,是指人民调解委员会通过说服、疏导等方法,促使当事人在平等协商基础上自愿达成调解协议,解决民间纠纷的活动。

第三条 人民调解委员会调解民间纠纷,应当遵循下列原则:

(一)在当事人自愿、平等的基础上进行调解;

(二)不违背法律、法规和国家政策;

(三)尊重当事人的权利,不得因调解而阻止当事人依法通过仲裁、行政、司法等途径维护自己的权利。

第四条 人民调解委员会调解民间纠纷,不收取任何费用。

第五条 国务院司法行政部门负责指导全国的人民调解工作,县级以上地方人民政府司法行政部门负责指导本行政区域的人民调解工作。

基层人民法院对人民调解委员会调解民间纠纷进行业务指导。

第六条 国家鼓励和支持人民调解工作。县级以上地方人民政府对人民调解工作所需经费应当给予必要的支持和保障,对有突出贡献的人民调解委员会和人民调解员按照国家规定给予表彰奖励。

第二章 人民调解委员会

第七条 人民调解委员会是依法设立的调解民间纠纷的群众性组织。

第八条 村民委员会、居民委员会设立人民调解委员会。企业事业单位根据需要设立人民调解委员会。

人民调解委员会由委员三至九人组成,设主任一人,必要时,可以设副主任若干人。

人民调解委员会应当有妇女成员,多民族居住的地区应当有人数较少民族的成员。

第九条 村民委员会、居民委员会的人民调解委员会委员由村民会议或者村民代表会议、居民会议推选产生;企业事业单位设立的人民调解委员会委员由职工大会、职工代表大会或者工会组织推选产生。

人民调解委员会委员每届任期三年,可以连选连任。

第十条 县级人民政府司法行政部门应当对本行政区域内人民调解委员会的设立情况进行统计,并且将人民调解委员会以及人员组成和调整情况及时通报所在地基层人民法院。

第十一条 人民调解委员会应当建立健全各项调解工作制度,听取群众意见,接受群众监督。

第十二条 村民委员会、居民委员会和企业事业单位应当为人民调解委员会开展工作提供办公条件和必要的工作经费。

第三章 人民调解员

第十三条 人民调解员由人民调解委员会委员和人民调解委员会聘任的人员担任。

第十四条 人民调解员应当由公道正派、热心人民调解工作,并具有一定文化水平、政策水平和法律知识的成年公民担任。

县级人民政府司法行政部门应当定期对人民调解员进行业务培训。

第十五条 人民调解员在调解工作中有下列行为之一的,由其所在的人民调解委员会给予批评教育、责令改正,情节严重的,由推选或者聘任单位予以罢免或者解聘:

(一)偏袒一方当事人的;

(二)侮辱当事人的;

(三)索取、收受财物或者牟取其他不正当利益的;

(四)泄露当事人的个人隐私、商业秘密的。

第十六条 人民调解员从事调解工作,应当给予适当的误工补贴;因从事调解工作致伤致残,生活发生困难的,当地人民政府应当提供必要的医疗、生活救助;在人民调解工作岗位上牺牲的人民调解员,其配偶、子女按照国家规定享受抚恤和优待。

第四章 调解程序

第十七条 当事人可以向人民调解委员会申请调解;人民调解委员会也可以主动调解。当事人一方明确拒绝调解的,不得调解。

第十八条 基层人民法院、公安机关对适宜通过人民调解方式解决的纠纷,可以在受理前告知当事人向人民调解委员会申请调解。

第十九条 人民调解委员会根据调解纠纷的需要,可以指定一名或者数名人民调解员进行调解,也可以由当事人选择一名或者数名人民调解员进行调解。

第二十条 人民调解员根据调解纠纷的需要,在征得当事人的同意后,可以邀请当事人的亲属、邻里、同事等参与调解,也可以邀请具有专门知识、特定经验的人员或者有关社会组织的人员参与调解。

人民调解委员会支持当地公道正派、热心调解、群众认可的社会人士参与调解。

第二十一条 人民调解员调解民间纠纷,应当坚持原则,明法析理,主持公道。

调解民间纠纷,应当及时、就地进行,防止矛盾激化。

第二十二条 人民调解员根据纠纷的不同情况,可以采取多种方式调解民间纠纷,充分听取当事人的陈述,讲解有关法律、法规和国家政策,耐心疏导,在当事人平等协商、互谅互让的基础上提出纠纷解决方案,帮助当事人自愿达成调解协议。

第二十三条 当事人在人民调解活动中享有下列权利:

(一)选择或者接受人民调解员;

(二)接受调解、拒绝调解或者要求终止调解;

(三)要求调解公开进行或者不公开进行;

(四)自主表达意愿、自愿达成调解协议。

第二十四条 当事人在人民调解活动中履行下列义务:

(一)如实陈述纠纷事实;

(二)遵守调解现场秩序,尊重人民调解员;

(三)尊重对方当事人行使权利。

第二十五条 人民调解员在调解纠纷过程中,发现纠纷有可能激化的,应当采取有针对性的预防措施;对有可能引起治安案件、刑事案件的纠纷,应当及时向当地公安机关或者其他有关部门报告。

第二十六条 人民调解员调解纠纷,调解不成的,应当终止调解,并依据有关法律、法规的规定,告知当事人可以依法通过仲裁、行政、司法等途径维护自己的权利。

第二十七条 人民调解员应当记录调解情况。人民调解委员会应当建立调解工作档案,将调解登记、调解工作记录、调解协议书等材料立卷归档。

第五章 调解协议

第二十八条 经人民调解委员会调解达成调解协议的,可以制作调解协议书。当事人认为无需制作调解协议书的,可以采取口头协议方式,人民调解员应当记录协议内容。

第二十九条 调解协议书可以载明下列事项:

(一)当事人的基本情况;

(二)纠纷的主要事实、争议事项以及各方当事人的责任;

(三)当事人达成调解协议的内容,履行的方式、期限。

调解协议书自各方当事人签名、盖章或者按指印,人民调解员签名并加盖人民调解委员会印章之日起生效。调解协议书由当事人各执一份，人民调解委员会留存一份。

第三十条　口头调解协议自各方当事人达成协议之日起生效。

第三十一条　经人民调解委员会调解达成的调解协议，具有法律约束力，当事人应当按照约定履行。

人民调解委员会应当对调解协议的履行情况进行监督，督促当事人履行约定的义务。

第三十二条　经人民调解委员会调解达成调解协议后，当事人之间就调解协议的履行或者调解协议的内容发生争议的，一方当事人可以向人民法院提起诉讼。

第三十三条　经人民调解委员会调解达成调解协议后，双方当事人认为有必要的，可以自调解协议生效之日起三十日内共同向人民法院申请司法确认，人民法院应当及时对调解协议进行审查，依法确认调解协议的效力。

人民法院依法确认调解协议有效，一方当事人拒绝履行或者未全部履行的，对方当事人可以向人民法院申请强制执行。

人民法院依法确认调解协议无效的，当事人可以通过人民调解方式变更原调解协议或者达成新的调解协议，也可以向人民法院提起诉讼。

第六章　附　　则

第三十四条　乡镇、街道以及社会团体或者其他组织根据需要可以参照本法有关规定设立人民调解委员会，调解民间纠纷。

第三十五条　本法自2011年1月1日起施行。

最高人民法院关于审理涉及人民调解协议的民事案件的若干规定①

（2002年9月5日最高人民法院审判委员会第1240次会议通过　2002年9月16日最高人民法院公布　自2002年11月1日施行　法释〔2002〕29号）

为了公正审理涉及人民调解协议的民事案件，根据《中华人民共和国民法通则》、《中华人民共和国合同法》、《中华人民共和国民事诉讼法》，参照《人民调解委员会组织条例》，结合民事审判经验和实际情况，对审理涉及人民调解协议的民事案件的有关问题作如下规定：

第一条　经人民调解委员会调解达成的、有民事权利义务内容，并由双方当事人签字或者盖章的调解协议，具有民事合同性质。当事人应当按照约定履行自己的义务，不得擅自变更或者解除调解协议。

第二条　当事人一方向人民法院起诉，请求对方当事人履行调解协议的，人民法院应当受理。

当事人一方向人民法院起诉，请求变更或者撤销调解协议，或者请求确认调解协议无效的，人民法院应当受理。

第三条　当事人一方起诉请求履行调解协议，对方当事人反驳的，有责任对反驳诉讼请求所依据的事实提供证据予以证明。

当事人一方起诉请求变更或者撤销调解协议，或者请求确认调解协议无效的，有责任对自己的诉讼请求所依据的事实提供证据予以证明。

当事人一方以原纠纷向人民法院起诉，对方当事人以调解协议抗辩的，应当提供调解协议书。

第四条　具备下列条件的，调解协议有效：

（一）当事人具有完全民事行为能力；

（二）意思表示真实；

（三）不违反法律、行政法规的强制性规定或者社会公共利益。

第五条　有下列情形之一的，调解协议无效：

（一）损害国家、集体或者第三人利益；

（二）以合法形式掩盖非法目的；

（三）损害社会公共利益；

（四）违反法律、行政法规的强制性规定。

人民调解委员会强迫调解的，调解协议无效。

第六条　下列调解协议，当事人一方有权请求人民法院变更或者撤销：

---

①　编者注：已废止。

（一）因重大误解订立的；

（二）在订立调解协议时显失公平的；

一方以欺诈、胁迫的手段或者乘人之危，使对方在违背真实意思的情况下订立的调解协议，受损害方有权请求人民法院变更或者撤销。

当事人请求变更的，人民法院不得撤销。

第七条 有下列情形之一的，撤销权消灭：

（一）具有撤销权的当事人自知道或者应当知道撤销事由之日起一年内没有行使撤销权；

（二）具有撤销权的当事人知道撤销事由后明确表示或者以自己的行为放弃撤销权。

第八条 无效的调解协议或者被撤销的调解协议自始没有法律约束力。调解协议部分无效，不影响其他部分效力的，其他部分仍然有效。

第九条 调解协议的诉讼时效，适用民法通则第一百三十五条的规定。

原纠纷的诉讼时效因人民调解委员会调解而中断。

调解协议被撤销或者被认定无效后，当事人以原纠纷起诉的，诉讼时效自调解协议被撤销或者被认定无效的判决生效之日起重新计算。

第十条 具有债权内容的调解协议，公证机关依法赋予强制执行效力的，债权人可以向被执行人住所地或者被执行人的财产所在地人民法院申请执行。

第十一条 基层人民法院及其派出的人民法庭审理涉及人民调解协议的民事案件，一般应当适用简易程序。

第十二条 人民法院审理涉及人民调解协议的民事案件，调解协议被人民法院已经发生法律效力的判决变更、撤销，或者被确认无效的，可以适当的方式告知当地的司法行政机关或者人民调解委员会。

第十三条 本规定自2002年11月1日起施行。

人民法院审理民事案件涉及2002年11月1日以后达成的人民调解协议的，适用本规定。

最高人民法院关于人民法院民事调解工作若干问题的规定①

（2004年8月18日最高人民法院审判委员会第1321次会议通过 2004年9月16日最高人民法院公告公布 自2004年11月1日起施行 法释〔2004〕12号）

为了保证人民法院正确调解民事案件，及时解决纠纷，保障和方便当事人依法行使诉讼权利，节约司法资源，根据《中华人民共和国民事诉讼法》等法律的规定，结合人民法院调解工作的经验和实际情况，制定本规定。

第一条 人民法院对受理的第一审、第二审和再审民事案件，可以在答辩期满后裁判作出前进行调解。在征得当事人各方同意后，人民法院可以在答辩期满前进行调解。

第二条 对于有可能通过调解解决的民事案件，人民法院应当调解。但适用特别程序、督促程序、公示催告程序、破产还债程序的案件，婚姻关系、身份关系确认案件以及其他依案件性质不能进行调解的民事案件，人民法院不予调解。

第三条 根据民事诉讼法第八十七条的规定，人民法院可以邀请与当事人有特定关系或者与案件有一定联系的企业事业单位、社会团体或者其他组织，和具有专门知识、特定社会经验、与当事人有特定关系并有利于促成调解的个人协助调解工作。

经各方当事人同意，人民法院可以委托前款规定的单位或者个人对案件进行调解，达成调解协议后，人民法院应当依法予以确认。

第四条 当事人在诉讼过程中自行达成和解协议的，人民法院可以根据当事人的申请依法确认和解协议制作调解书。双方当事人申请庭外和解的期间，不计入审限。

当事人在和解过程中申请人民法院对和解活动进行协调的，人民法院可以委派审判辅助人员或者邀请、委托有关单位和个人从事协调活动。

① 编者注：已被修改。

第五条 人民法院应当在调解前告知当事人主持调解人员和书记员姓名以及是否申请回避等有关诉讼权利和诉讼义务。

第六条 在答辩期满前人民法院对案件进行调解,适用普通程序的案件在当事人同意调解之日起15天内,适用简易程序的案件在当事人同意调解之日起7天内未达成调解协议的,经各方当事人同意,可以继续调解。延长的调解期间不计入审限。

第七条 当事人申请不公开进行调解的,人民法院应当准许。

调解时当事人各方应当同时在场,根据需要也可以对当事人分别作调解工作。

第八条 当事人可以自行提出调解方案,主持调解的人员也可以提出调解方案供当事人协商时参考。

第九条 调解协议内容超出诉讼请求的,人民法院可以准许。

第十条 人民法院对于调解协议约定一方不履行协议应当承担民事责任的,应予准许。

调解协议约定一方不履行协议,另一方可以请求人民法院对案件作出裁判的条款,人民法院不予准许。

第十一条 调解协议约定一方提供担保或者案外人同意为当事人提供担保的,人民法院应当准许。

案外人提供担保的,人民法院制作调解书应当列明担保人,并将调解书送交担保人。担保人不签收调解书的,不影响调解书生效。

当事人或者案外人提供的担保符合担保法规定的条件时生效。

第十二条 调解协议具有下列情形之一的,人民法院不予确认:

(一)侵害国家利益、社会公共利益的;

(二)侵害案外人利益的;

(三)违背当事人真实意思的;

(四)违反法律、行政法规禁止性规定的。

第十三条 根据民事诉讼法第九十条第一款第(四)项规定,当事人各方同意在调解协议上签名或者盖章后生效,经人民法院审查确认后,应当记入笔录或者将协议附卷,并由当事人、审判人员、书记员签名或者盖章后即具有法律效力。当事人请求制作调解书的,人民法院应当制作调解书送交当事人。当事人拒收调解书的,不影响调解协议的效力。一方不履行调解协议的,另一方可以持调解书向人民法院申请执行。

第十四条 当事人不能对诉讼费用如何承担达成协议的,不影响调解协议的效力。人民法院可以直接决定当事人承担诉讼费用的比例,并将决定记入调解书。

第十五条 对调解书的内容既不享有权利又不承担义务的当事人不签收调解书的,不影响调解书的效力。

第十六条 当事人以民事调解书与调解协议的原意不一致为由提出异议,人民法院审查后认为异议成立的,应当根据调解协议裁定补正民事调解书的相关内容。

第十七条 当事人就部分诉讼请求达成调解协议的,人民法院可以就此先行确认并制作调解书。

当事人就主要诉讼请求达成调解协议,请求人民法院对未达成协议的诉讼请求提出处理意见并表示接受该处理结果的,人民法院的处理意见是调解协议的一部分内容,制作调解书的记入调解书。

第十八条 当事人自行和解或者经调解达成协议后,请求人民法院按照和解协议或者调解协议的内容制作判决书的,人民法院不予支持。

第十九条 调解书确定的担保条款条件或者承担民事责任的条件成就时,当事人申请执行的,人民法院应当依法执行。

不履行调解协议的当事人按照前款规定承担了调解书确定的民事责任后,对方当事人又要求其承担民事诉讼法第二百二十九条规定的迟延履行责任的,人民法院不予支持。①

第二十条 调解书约定给付特定标的物的,调解协议达成前该物上已经存在的第三人的物权和优先权不受影响。第三人在执行过程中对执行标的物提出异议的,应当按照民事诉讼法第

① 本条第二款根据法释〔2008〕18号第七十二条调整。

二百零四条规定处理。①

第二十一条 人民法院对刑事附带民事诉讼案件进行调解，依照本规定执行。

第二十二条 本规定实施前人民法院已经受理的案件，在本规定施行后尚未审结的，依照本规定执行。

第二十三条 本规定实施前最高人民法院的有关司法解释与本规定不一致的，适用本规定。

第二十四条 本规定自2004年11月1日起实施。

最高人民法院关于人民调解协议司法确认程序的若干规定

(2011年3月21日最高人民法院审判委员会第1515次会议通过 2011年3月23日最高人民法院公告公布 自2011年3月30日起施行 法释〔2011〕5号)

为了规范经人民调解委员会调解达成的民事调解协议的司法确认程序，进一步建立健全诉讼与非诉讼相衔接的矛盾纠纷解决机制，依照《中华人民共和国民事诉讼法》和《中华人民共和国人民调解法》的规定，结合审判实际，制定本规定。

第一条 当事人根据《中华人民共和国人民调解法》第三十三条的规定共同向人民法院申请确认调解协议的，人民法院应当依法受理。

第二条 当事人申请确认调解协议的，由主持调解的人民调解委员会所在地基层人民法院或者它派出的法庭管辖。

人民法院在立案前委派人民调解委员会调解并达成调解协议，当事人申请司法确认的，由委派的人民法院管辖。

第三条 当事人申请确认调解协议，应当向人民法院提交司法确认申请书、调解协议和身份证明、资格证明，以及与调解协议相关的财产权利证明等证明材料，并提供双方当事人的送达地址、电话号码等联系方式。委托他人代为申请的，必须向人民法院提交由委托人签名或者盖章的授权委托书。

第四条 人民法院收到当事人司法确认申请，应当在三日内决定是否受理。人民法院决定受理的，应当编立“调确字”案号，并及时向当事人送达受理通知书。双方当事人同时到法院申请司法确认的，人民法院可以当即受理并作出是否确认的决定。

有下列情形之一的，人民法院不予受理：

(一)不属于人民法院受理民事案件的范围或者不属于接受申请的人民法院管辖的；

(二)确认身份关系的；

(三)确认收养关系的；

(四)确认婚姻关系的。

第五条 人民法院应当自受理司法确认申请之日起十五日内作出是否确认的决定。因特殊情况需要延长的，经本院院长批准，可以延长十日。

在人民法院作出是否确认的决定前，一方或者双方当事人撤回司法确认申请的，人民法院应当准许。

第六条 人民法院受理司法确认申请后，应当指定一名审判人员对调解协议进行审查。人民法院在必要时可以通知双方当事人同时到场，当面询问当事人。当事人应当向人民法院如实陈述申请确认的调解协议的有关情况，保证提交的证明材料真实、合法。人民法院在审查中，认为当事人的陈述或者提供的证明材料不充分、不完备或者有疑义的，可以要求当事人补充陈述或者补充证明材料。当事人无正当理由未按时补充或者拒不接受询问的，可以按撤回司法确认申请处理。

第七条 具有下列情形之一的，人民法院不予确认调解协议效力：

(一)违反法律、行政法规强制性规定的；

(二)侵害国家利益、社会公共利益的；

(三)侵害案外人合法权益的；

(四)损害社会公序良俗的；

(五)内容不明确，无法确认的；

(六)其他不能进行司法确认的情形。

第八条 人民法院经审查认为调解协议符

① 本条根据法释〔2008〕18号第七十三条调整。

合确认条件的，应当作出确认决定书；决定不予确认调解协议效力的，应当作出不予确认决定书。

第九条　人民法院依法作出确认决定后，一方当事人拒绝履行或者未全部履行的，对方当事人可以向作出确认决定的人民法院申请强制执行。

第十条　案外人认为经人民法院确认的调解协议侵害其合法权益的，可以自知道或者应当知道权益被侵害之日起一年内，向作出确认决定的人民法院申请撤销确认决定。

第十一条　人民法院办理人民调解协议司法确认案件，不收取费用。

第十二条　人民法院可以将调解协议不予确认的情况定期或者不定期通报同级司法行政机关和相关人民调解委员会。

第十三条　经人民法院建立的调解员名册中的调解员调解达成协议后，当事人申请司法确认的，参照本规定办理。人民法院立案后委托他人调解达成的协议的司法确认，按照《最高人民法院关于人民法院民事调解工作若干问题的规定》（法释〔2004〕12 号）的有关规定办理。

最高人民法院关于人民法院特邀调解的规定

（2016 年 5 月 23 日最高人民法院审判委员会第 1684 次会议通过　2016 年 6 月 28 日最高人民法院公告公布　自 2016 年 7 月 1 日起施行　法释〔2016〕14 号）

为健全多元化纠纷解决机制，加强诉讼与非诉讼纠纷解决方式的有效衔接，规范人民法院特邀调解工作，维护当事人合法权益，根据《中华人民共和国民事诉讼法》《中华人民共和国人民调解法》等法律及相关司法解释，结合人民法院工作实际，制定本规定。

第一条　特邀调解是指人民法院吸纳符合条件的人民调解、行政调解、商事调解、行业调解等调解组织或者个人成为特邀调解组织或者特邀调解员，接受人民法院立案前委派或者立案后委托依法进行调解，促使当事人在平等协商基础上达成调解协议、解决纠纷的一种调解活动。

第二条　特邀调解应当遵循以下原则：

（一）当事人平等自愿；

（二）尊重当事人诉讼权利；

（三）不违反法律、法规的禁止性规定；

（四）不损害国家利益、社会公共利益和他人合法权益；

（五）调解过程和调解协议内容不公开，但是法律另有规定的除外。

第三条　人民法院在特邀调解工作中，承担以下职责：

（一）对适宜调解的纠纷，指导当事人选择名册中的调解组织或者调解员先行调解；

（二）指导特邀调解组织和特邀调解员开展工作；

（三）管理特邀调解案件流程并统计相关数据；

（四）提供必要场所、办公设施等相关服务；

（五）组织特邀调解员进行业务培训；

（六）组织开展特邀调解业绩评估工作；

（七）承担其他与特邀调解有关的工作。

第四条　人民法院应当指定诉讼服务中心等部门具体负责指导特邀调解工作，并配备熟悉调解业务的工作人员。

人民法庭根据需要开展特邀调解工作。

第五条　人民法院开展特邀调解工作应当建立特邀调解组织和特邀调解员名册。建立名册的法院应当为入册的特邀调解组织或者特邀调解员颁发证书，并对名册进行管理。上级法院建立的名册，下级法院可以使用。

第六条　依法成立的人民调解、行政调解、商事调解、行业调解及其他具有调解职能的组织，可以申请加入特邀调解组织名册。品行良好、公道正派、热心调解工作并具有一定沟通协调能力的个人可以申请加入特邀调解员名册。

人民法院可以邀请符合条件的调解组织加入特邀调解组织名册，可以邀请人大代表、政协委员、人民陪审员、专家学者、律师、仲裁员、退休法律工作者等符合条件的个人加入特邀调解员名册。

特邀调解组织应当推荐本组织中适合从事特邀调解工作的调解员加入名册，并在名册中列明;在名册中列明的调解员,视为人民法院特邀调解员。

第七条 特邀调解员在入册前和任职期间,应当接受人民法院组织的业务培训。

第八条 人民法院应当在诉讼服务中心等场所提供特邀调解组织和特邀调解员名册,并在法院公示栏、官方网站等平台公开名册信息,方便当事人查询。

第九条 人民法院可以设立家事、交通事故、医疗纠纷等专业调解委员会,并根据特定专业领域的纠纷特点,设定专业调解委员会的入册条件,规范专业领域特邀调解程序。

第十条 人民法院应当建立特邀调解组织和特邀调解员业绩档案,定期组织开展特邀调解评估工作,并及时更新名册信息。

第十一条 对适宜调解的纠纷,登记立案前,人民法院可以经当事人同意委派给特邀调解组织或者特邀调解员进行调解;登记立案后或者在审理过程中,可以委托给特邀调解组织或者特邀调解员进行调解。

当事人申请调解的,应当以口头或者书面方式向人民法院提出;当事人口头提出的,人民法院应当记入笔录。

第十二条 双方当事人应当在名册中协商确定特邀调解员;协商不成的,由特邀调解组织或者人民法院指定。当事人不同意指定的,视为不同意调解。

第十三条 特邀调解一般由一名调解员进行。对于重大、疑难、复杂或者当事人要求由两名以上调解员共同调解的案件,可以由两名以上调解员调解,并由特邀调解组织或者人民法院指定一名调解员主持。当事人有正当理由的,可以申请更换特邀调解员。

第十四条 调解一般应当在人民法院或者调解组织所在地进行,双方当事人也可以在征得人民法院同意的情况下选择其他地点进行调解。

特邀调解组织或者特邀调解员接受委派或者委托调解后,应当将调解时间、地点等相关事项及时通知双方当事人,也可以通知与纠纷有利害关系的案外人参加调解。

调解程序开始之前,特邀调解员应当告知双方当事人权利义务、调解规则、调解程序、调解协议效力、司法确认申请等事项。

第十五条 特邀调解员有下列情形之一的,当事人有权申请回避:

(一)是一方当事人或者其代理人近亲属的;

(二)与纠纷有利害关系的;

(三)与纠纷当事人、代理人有其他关系,可能影响公正调解的。

特邀调解员有上述情形的,应当自行回避;但是双方当事人同意由该调解员调解的除外。

特邀调解员的回避由特邀调解组织或者人民法院决定。

第十六条 特邀调解员不得在后续的诉讼程序中担任该案的人民陪审员、诉讼代理人、证人、鉴定人以及翻译人员等。

第十七条 特邀调解员应当根据案件具体情况采用适当的方法进行调解,可以提出解决争议的方案建议。特邀调解员为促成当事人达成调解协议,可以邀请对达成调解协议有帮助的人员参与调解。

第十八条 特邀调解员发现双方当事人存在虚假调解可能的,应当中止调解,并向人民法院或者特邀调解组织报告。

人民法院或者特邀调解组织接到报告后,应当及时审查,并依据相关规定作出处理。

第十九条 委派调解达成调解协议,特邀调解员应当将调解协议送达双方当事人,并提交人民法院备案。

委派调解达成的调解协议,当事人可以依照民事诉讼法、人民调解法等法律申请司法确认。当事人申请司法确认的,由调解组织所在地或者委派调解的基层人民法院管辖。

第二十条 委托调解达成调解协议,特邀调解员应当向人民法院提交调解协议,由人民法院审查并制作调解书结案。达成调解协议后,当事人申请撤诉的,人民法院应当依法作出裁定。

第二十一条 委派调解未达成调解协议的,特邀调解员应当将当事人的起诉状等材料移送人民法院;当事人坚持诉讼的,人民法院应当依法登记立案。

委托调解未达成调解协议的,转入审判程序审理。

第二十二条 在调解过程中,当事人为达成调解协议作出妥协而认可的事实,不得在诉讼程序中作为对其不利的根据,但是当事人均同意的除外。

第二十三条 经特邀调解组织或者特邀调解员调解达成调解协议的,可以制作调解协议书。当事人认为无需制作调解协议书的,可以采取口头协议方式,特邀调解员应当记录协议内容。

第二十四条 调解协议书应当记载以下内容:

(一)当事人的基本情况;

(二)纠纷的主要事实、争议事项;

(三)调解结果。

双方当事人和特邀调解员应当在调解协议书或者调解笔录上签名、盖章或者捺印;由特邀调解组织主持达成调解协议的,还应当加盖调解组织印章。

委派调解达成调解协议,自双方当事人签名、盖章或者捺印后生效。委托调解达成调解协议,根据相关法律规定确定生效时间。

第二十五条 委派调解达成调解协议后,当事人就调解协议的履行或者调解协议的内容发生争议的,可以向人民法院提起诉讼,人民法院应当受理。一方当事人以原纠纷向人民法院起诉,对方当事人以调解协议提出抗辩的,应当提供调解协议书。

经司法确认的调解协议,一方当事人拒绝履行或者未全部履行的,对方当事人可以向人民法院申请执行。

第二十六条 有下列情形之一的,特邀调解员应当终止调解:

(一)当事人达成调解协议的;

(二)一方当事人撤回调解请求或者明确表示不接受调解的;

(三)特邀调解员认为双方分歧较大且难以达成调解协议的;

(四)其他导致调解难以进行的情形。

特邀调解员终止调解的,应当向委派、委托的人民法院书面报告,并移送相关材料。

第二十七条 人民法院委派调解的案件,调解期限为30日。但是双方当事人同意延长调解期限的,不受此限。

人民法院委托调解的案件,适用普通程序的调解期限为15日,适用简易程序的调解期限为7日。但是双方当事人同意延长调解期限的,不受此限。延长的调解期限不计入审理期限。

委派调解和委托调解的期限自特邀调解组织或者特邀调解员签字接收法院移交材料之日起计算。

第二十八条 特邀调解员不得有下列行为:

(一)强迫调解;

(二)违法调解;

(三)接受当事人请托或收受财物;

(四)泄露调解过程或调解协议内容;

(五)其他违反调解员职业道德的行为。

当事人发现存在上述情形的,可以向人民法院投诉。经审查属实的,人民法院应当予以纠正并作出警告、通报、除名等相应处理。

第二十九条 人民法院应当根据实际情况向特邀调解员发放误工、交通等补贴,对表现突出的特邀调解组织和特邀调解员给予物质或者荣誉奖励。补贴经费应当纳入人民法院专项预算。

人民法院可以根据有关规定向有关部门申请特邀调解专项经费。

第三十条 本规定自2016年7月1日起施行。

十 保 全

最高人民法院关于人民法院依法有权查询、冻结和扣划邮政储蓄存款问题的批复①

（1996年2月29日 法复〔1996〕1号）

福建省高级人民法院：

你院闽高法〔1995〕118号《关于人民法院查询、冻结邮政存款的请示》收悉。经研究，答复如下：

依照《中华人民共和国民事诉讼法》第六十五条的规定，人民法院有权向包括邮政企业的有关单位调查取证，有关单位不得拒绝。

《中华人民共和国民事诉讼法》第一百零三条、第二百一十八条和第二百一十九条中的“其他有储蓄业务的单位”，包括办理邮政储蓄业务的邮政企业。人民法院为财产保全、先予执行或者执行已经发生法律效力的法律文书，有权查询、冻结、扣划邮政企业办理的邮政储蓄存款；有关的邮政企业依法应当协助人民法院查询、冻结和扣划。

最高人民法院关于对案外人的财产能否进行保全问题的批复

（1998年4月2日最高人民法院审判委员会第970次会议通过 1998年5月19日最高人民法院公告公布 自1998年5月26日起施行 法释〔1998〕10号）

湖北省高级人民法院：

你院鄂高法〔1996〕191号《关于对案外人的财产能否进行诉讼财产保全的请示》收悉。经研究，答复如下：

最高人民法院法发〔1994〕29号《关于在经济审判工作中严格执行〈中华人民共和国民事诉讼法〉的若干规定》第14条的规定与最高人民法院法发〔1992〕22号《关于适用〈中华人民共和国民事诉讼法〉若干问题的意见》第105条的规定精神是一致的，均应当严格执行。

对于债务人的财产不能满足保全请求，但对案外人有到期债权的，人民法院可以依债权人的申请裁定该案外人不得对债务人清偿。该案外人对其到期债务没有异议并要求偿付的，由人民法院提存财物或价款。但是，人民法院不应对其财产采取保全措施。

最高人民法院关于人民法院发现本院作出的诉前保全裁定和在执行程序中作出的裁定确有错误以及人民检察院对人民法院作出的诉前保全裁定提出抗诉人民法院应当如何处理的批复

（1998年7月21日最高人民法院审判委员会第1005次会议通过 1998年7月30日最高人民法院公告公布 自1998年8月5日施行 法释〔1998〕17号）

山东省高级人民法院：

你院鲁高法函〔1998〕57号《关于人民法院在执行程序中作出的裁定如发现确有错误应按何种程序纠正的请示》和鲁高法函〔1998〕58号《关于人民法院发现本院作出的诉前保全裁定确有错误或者人民检察院对人民法院作出的诉前保全提出抗诉人民法院应如何处理的请示》收悉。经研究，答复如下：

一、人民法院院长对本院已经发生法律效力的诉前保全裁定和在执行程序中作出的裁定，发现确有错误，认为需要撤销的，应当提交审判委员会讨论决定后，裁定撤销原裁定。

二、人民检察院对人民法院作出的诉前保全裁定提出抗诉，没有法律依据，人民法院应当通知其不予受理。

此复。

---

① 本批复根据法释〔2008〕18号第四十二条调整。2019年本批复废止。

最高人民法院关于诉前财产保全几个问题的批复

（1998年11月19日最高人民法院审判委员会第1030次会议通过 1998年11月27日最高人民法院公告公布 自1998年12月5日施行 法释〔1998〕29号）

湖北省高级人民法院：

你院鄂高法〔1998〕63号《关于采取诉前财产保全几个问题的请示》收悉。经研究，答复如下：

一、人民法院受理当事人诉前财产保全申请后，应当按照诉前财产保全标的金额并参照《中华人民共和国民事诉讼法》关于级别管辖和专属管辖的规定，决定采取诉前财产保全措施。

二、采取财产保全措施的人民法院受理申请人的起诉后，发现所受理的案件不属于本院管辖的，应当将案件和财产保全申请费一并移送有管辖权的人民法院。

案件移送后，诉前财产保全裁定继续有效。

因执行诉前财产保全裁定而实际支出的费用，应由受诉人民法院在申请费中返还给作出诉前财产保全的人民法院。

此复。

最高人民法院关于冻结、拍卖上市公司国有股和社会法人股若干问题的规定

（2001年8月28日最高人民法院审判委员会第1188次会议通过 2001年9月21日最高人民法院公告公布 自2001年9月30日起施行 法释〔2001〕28号）

为了保护债权人以及其他当事人的合法权益，维护证券市场的正常交易秩序，根据《中华人民共和国证券法》、《中华人民共和国公司法》、《中华人民共和国民事诉讼法》，参照《中华人民共和国拍卖法》等法律的有关规定，对人民法院在财产保全和执行过程中，冻结、拍卖上市公司国有股和社会法人股（以下均简称股权）等有关问题，作如下规定：

第一条 人民法院在审理民事纠纷案件过程中，对股权采取冻结、评估、拍卖和办理股权过户等财产保全和执行措施，适用本规定。

第二条 本规定所指上市公司国有股，包括国家股和国有法人股。国家股指有权代表国家投资的机构或部门向股份有限公司出资或依据法定程序取得的股份；国有法人股指国有法人单位，包括国有资产比例超过50%的国有控股企业，以其依法占有的法人资产向股份有限公司出资形成或者依据法定程序取得的股份。

本规定所指社会法人股是指非国有法人资产投资于上市公司形成的股份。

第三条 人民法院对股权采取冻结、拍卖措施时，被保全人和被执行人应当是股权的持有人或者所有权人。被冻结、拍卖股权的上市公司非依据法定程序确定为案件当事人或者被执行人，人民法院不得对其采取保全或执行措施。

第四条 人民法院在审理案件过程中，股权持有人或者所有权人作为债务人，如有偿还能力的，人民法院一般不应对其股权采取冻结保全措施。

人民法院已对股权采取冻结保全措施的，股权持有人、所有权人或者第三人提供了有效担保，人民法院经审查符合法律规定的，可以解除对股权的冻结。

第五条 人民法院裁定冻结或者解除冻结股权，除应当将法律文书送达负有协助执行义务的单位以外，还应当在作出冻结或者解除冻结裁定后7日内，将法律文书送达股权持有人或者所有权人并书面通知上市公司。

人民法院裁定拍卖上市公司股权，应当于委托拍卖之前将法律文书送达股权持有人或者所有权人并书面通知上市公司。

被冻结或者拍卖股权的当事人是国有股份持有人的，人民法院在向该国有股份持有人送达冻结或者拍卖裁定时，应当告其于5日内报主管财政部门备案。

第六条 冻结股权的期限不超过一年。如申请人需要延长期限的，人民法院应当根据申请，在冻结期限届满前办理续冻手续，每次续冻期限不超过6个月。逾期不办理续冻手续的，视

为自动撤销冻结。

第七条 人民法院采取保全措施，所冻结的股权价值不得超过股权持有人或者所有权人的债务总额。股权价值应当按照上市公司最近期报表每股资产净值计算。

股权冻结的效力及于股权产生的股息以及红利、红股等孳息，但股权持有人或者所有权人仍可享有因上市公司增发、配售新股而产生的权利。

第八条 人民法院采取强制执行措施时，如果股权持有人或者所有权人在限期内提供了方便执行的其他财产，应当首先执行其他财产。其他财产不足以清偿债务的，方可执行股权。

本规定所称可供方便执行的其他财产，是指存款、现金、成品和半成品、原材料、交通工具等。

人民法院执行股权，必须进行拍卖。

股权的持有人或者所有权人以股权向债权人质押的，人民法院执行时也应当通过拍卖方式进行，不得直接将股权执行给债权人。

第九条 拍卖股权之前，人民法院应当委托具有证券从业资格的资产评估机构对股权价值进行评估。资产评估机构由债权人和债务人协商选定。不能达成一致意见的，由人民法院召集债权人和债务人提出候选评估机构，以抽签方式决定。

第十条 人民法院委托资产评估机构评估时，应当要求资产评估机构严格依照国家规定的标准、程序和方法对股权价值进行评估，并说明其应当对所作出的评估报告依法承担相应责任。

人民法院还应当要求上市公司向接受人民法院委托的资产评估机构如实提供有关情况和资料；要求资产评估机构对上市公司提供的情况和资料保守秘密。

第十一条 人民法院收到资产评估机构作出的评估报告后，须将评估报告分别送达债权人和债务人以及上市公司。债权人和债务人以及上市公司对评估报告有异议的，应当在收到评估报告后7日内书面提出。人民法院应当将异议书交资产评估机构，要求该机构在10日之内作出说明或者补正。

第十二条 对股权拍卖，人民法院应当委托依法成立的拍卖机构进行。拍卖机构的选定，参照本规定第九条规定的方法进行。

第十三条 股权拍卖保留价，应当按照评估值确定。

第一次拍卖最高应价未达到保留价时，应当继续进行拍卖，每次拍卖的保留价应当不低于前次保留价的90%。经三次拍卖仍不能成交时，人民法院应当将所拍卖的股权按第三次拍卖的保留价折价抵偿给债权人。

人民法院可以在每次拍卖未成交后主持调解，将所拍卖的股权参照该次拍卖保留价折价抵偿给债权人。

第十四条 拍卖股权，人民法院应当委托拍卖机构于拍卖日前10天，在《中国证券报》、《证券时报》或者《上海证券报》上进行公告。

第十五条 国有股权竞买人应当具备依法受让国有股权的条件。

第十六条 股权拍卖过程中，竞买人已经持有的该上市公司股份数额和其竞买的股份数额累计不得超过该上市公司已经发行股份数额的30%。如竞买人累计持有该上市公司股份数额已达到30%仍参与竞买的，须依照《中华人民共和国证券法》的相关规定办理，在此期间应当中止拍卖程序。

第十七条 拍卖成交后，人民法院应当向证券交易市场和证券登记结算公司出具协助执行通知书，由买受人持拍卖机构出具的成交证明和财政主管部门对股权性质的界定等有关文件，向证券交易市场和证券登记结算公司办理股权变更登记。

最高人民法院关于当事人申请财产保全错误造成案外人损失应否承担赔偿责任问题的解释

（2005年7月4日最高人民法院审判委员会第1358次会议通过　2005年8月15日最高人民法院公告公布　自2005年8月24日起施行　法释〔2005〕11号）

近来，一些法院就当事人申请财产保全错误造成案外人损失引发的赔偿纠纷案件应如何适用法律问题请示我院。经研究，现解释如下：

根据《中华人民共和国民法通则》第一百零六条、《中华人民共和国民事诉讼法》第九十六条等法律规定，当事人申请财产保全错误造成案外人损失的，应当依法承担赔偿责任。

此复。

最高人民法院、最高人民检察院、公安部、中国证券监督管理委员会关于查询、冻结、扣划证券和证券交易结算资金有关问题的通知

（2008年1月10日 法发〔2008〕4号）

各省、自治区、直辖市高级人民法院、人民检察院、公安厅（局）、证监局，解放军军事法院、军事检察院，新疆维吾尔自治区高级人民法院生产建设兵团分院，新疆生产建设兵团人民检察院、公安局：

为维护正常的证券交易结算秩序，保护公民、法人和其他组织的合法权益，保障执法机关依法执行公务，根据《中华人民共和国刑事诉讼法》、《中华人民共和国民事诉讼法》、《中华人民共和国证券法》等法律以及司法解释的规定，现就人民法院、人民检察院、公安机关查询、冻结、扣划证券和证券交易结算资金的有关问题通知如下：

一、人民法院、人民检察院、公安机关在办理案件过程中，按照法定权限需要通过证券登记结算机构或者证券公司查询、冻结、扣划证券和证券交易结算资金的，证券登记结算机构或者证券公司应当依法予以协助。

二、人民法院要求证券登记结算机构或者证券公司协助查询、冻结、扣划证券和证券交易结算资金，人民检察院、公安机关要求证券登记结算机构或者证券公司协助查询、冻结证券和证券交易结算资金时，有关执法人员应当依法出具相关证件和有效法律文书。

执法人员证件齐全、手续完备的，证券登记结算机构或者证券公司应当签收有关法律文书并协助办理有关事项。

拒绝签收人民法院生效法律文书的，可以留置送达。

三、人民法院、人民检察院、公安机关可以依法向证券登记结算机构查询客户和证券公司的证券账户、证券交收账户和资金交收账户内已完成清算交收程序的余额、余额变动、开户资料等内容。

人民法院、人民检察院、公安机关可以依法向证券公司查询客户的证券账户和资金账户、证券交收账户和资金交收账户内的余额、余额变动、证券及资金流向、开户资料等内容。

查询自然人账户的，应当提供自然人姓名和身份证件号码；查询法人账户的，应当提供法人名称和营业执照或者法人注册登记证书号码。

证券登记结算机构或者证券公司应当出具书面查询结果并加盖业务专用章。查询机关对查询结果有疑问时，证券登记结算机构、证券公司在必要时应当进行书面解释并加盖业务专用章。

四、人民法院、人民检察院、公安机关按照法定权限冻结、扣划相关证券、资金时，应当明确拟冻结、扣划证券、资金所在的账户名称、账户号码、冻结期限，所冻结、扣划证券的名称、数量或者资金的数额。扣划时，还应当明确拟划入的账户名称、账号。

冻结证券和交易结算资金时，应当明确冻结的范围是否及于孳息。

本通知规定的以证券登记结算机构名义建立的各类专门清算交收账户不得整体冻结。

五、证券登记结算机构依法按照业务规则收取并存放于专门清算交收账户内的下列证券，不得冻结、扣划：

（一）证券登记结算机构设立的证券集中交收账户、专用清偿账户、专用处置账户内的证券；

（二）证券公司在证券登记结算机构开设的客户证券交收账户、自营证券交收账户和证券处置账户内的证券。

六、证券登记结算机构依法按照业务规则收取并存放于专门清算交收账户内的下列资金，不得冻结、扣划：

（一）证券登记结算机构设立的资金集中交收账户、专用清偿账户内的资金；

（二）证券登记结算机构依法收取的证券结算风险基金和结算互保金；

（三）证券登记结算机构在银行开设的结算

备付金专用存款账户和新股发行验资专户内的资金,以及证券登记结算机构为新股发行网下申购配售对象开立的网下申购资金账户内的资金;

(四)证券公司在证券登记结算机构开设的客户资金交收账户内的资金;

(五)证券公司在证券登记结算机构开设的自营资金交收账户内最低限额自营结算备付金及根据成交结果确定的应付资金。

七、证券登记结算机构依法按照业务规则要求证券公司等结算参与人、投资者或者发行人提供的回购质押券、价差担保物、行权担保物、履约担保物等担保物,在交收完成之前,不得冻结、扣划。

八、证券公司在银行开立的自营资金账户内的资金可以冻结、扣划。

九、在证券公司托管的证券的冻结、扣划,既可以在托管的证券公司办理,也可以在证券登记结算机构办理。不同的执法机关同一交易日分别在证券公司、证券登记结算机构对同一笔证券办理冻结、扣划手续的,证券公司协助办理的为在先冻结、扣划。

冻结、扣划未在证券公司或者其他托管机构托管的证券或者证券公司自营证券的,由证券登记结算机构协助办理。

十、证券登记结算机构受理冻结、扣划要求后,应当在受理日对应的交收日交收程序完成后根据交收结果协助冻结、扣划。

证券公司受理冻结、扣划要求后,应当立即停止证券交易,冻结时已经下单但尚未撮合成功的应当采取撤单措施。冻结后,根据成交结果确定的用于交收的应付证券和应付资金可以进行正常交收。在交收程序完成后,对于剩余部分可以扣划。同时,证券公司应当根据成交结果计算出同等数额的应收资金或者应收证券交由执法机关冻结或者扣划。

十一、已被人民法院、人民检察院、公安机关冻结的证券或证券交易结算资金,其他人民法院、人民检察院、公安机关或者同一机关因不同案件可以进行轮候冻结。冻结解除的,登记在先的轮候冻结自动生效。

轮候冻结生效后,协助冻结的证券登记结算机构或者证券公司应当书面通知做出该轮候冻结的机关。

十二、冻结证券的期限不得超过二年,冻结交易结算资金的期限不得超过六个月。

需要延长冻结期限的,应当在冻结期限届满前办理续行冻结手续,每次续行冻结的期限不得超过前款规定的期限。

十三、不同的人民法院、人民检察院、公安机关对同一笔证券或者交易结算资金要求冻结、扣划或者轮候冻结时,证券登记结算机构或者证券公司应当按照送达协助冻结、扣划通知书的先后顺序办理协助事项。

十四、要求冻结、扣划的人民法院、人民检察院、公安机关之间,因冻结、扣划事项发生争议的,要求冻结、扣划的机关应当自行协商解决。协商不成的,由其共同上级机关决定;没有共同上级机关的,由其各自的上级机关协商解决。

在争议解决之前,协助冻结的证券登记结算机构或者证券公司应当按照争议机关所送达法律文书载明的最大标的范围对争议标的进行控制。

十五、依法应当予以协助而拒绝协助,或者向当事人通风报信,或者与当事人通谋转移、隐匿财产的,对有关的证券登记结算机构或者证券公司和直接责任人应当依法进行制裁。

十六、以前规定与本通知规定内容不一致的,以本通知为准。

十七、本通知中所规定的证券登记结算机构,是指中国证券登记结算有限责任公司及其分公司。

十八、本通知自2008年3月1日起实施。

最高人民法院关于人民法院办理财产保全案件若干问题的规定

(2016年10月17日最高人民法院审判委员会第1696次会议通过 2016年11月7日最高人民法院公告公布 自2016年12月1日起施行 法释〔2016〕22号)

为依法保护当事人、利害关系人的合法权益,规范人民法院办理财产保全案件,根据《中华人民共和国民事诉讼法》等法律规定,结合审判、执行实践,制定本规定。

第一条 当事人、利害关系人申请财产保全,应当向人民法院提交申请书,并提供相关证据材料。

申请书应当载明下列事项:

(一)申请保全人与被保全人的身份、送达地址、联系方式;

(二)请求事项和所根据的事实与理由;

(三)请求保全数额或者争议标的;

(四)明确的被保全财产信息或者具体的被保全财产线索;

(五)为财产保全提供担保的财产信息或资信证明,或者不需要提供担保的理由;

(六)其他需要载明的事项。

法律文书生效后,进入执行程序前,债权人申请财产保全的,应当写明生效法律文书的制作机关、文号和主要内容,并附生效法律文书副本。

第二条 人民法院进行财产保全,由立案、审判机构作出裁定,一般应当移送执行机构实施。

第三条 仲裁过程中,当事人申请财产保全的,应当通过仲裁机构向人民法院提交申请书及仲裁案件受理通知书等相关材料。人民法院裁定采取保全措施或者裁定驳回申请的,应当将裁定书送达当事人,并通知仲裁机构。

第四条 人民法院接受财产保全申请后,应当在五日内作出裁定;需要提供担保的,应当在提供担保后五日内作出裁定;裁定采取保全措施的,应当在五日内开始执行。对情况紧急的,必须在四十八小时内作出裁定;裁定采取保全措施的,应当立即开始执行。

第五条 人民法院依照民事诉讼法第一百条规定责令申请保全人提供财产保全担保的,担保数额不超过请求保全数额的百分之三十;申请保全的财产系争议标的的,担保数额不超过争议标的价值的百分之三十。

利害关系人申请诉前财产保全的,应当提供相当于请求保全数额的担保;情况特殊的,人民法院可以酌情处理。

财产保全期间,申请保全人提供的担保不足以赔偿可能给被保全人造成的损失的,人民法院可以责令其追加相应的担保;拒不追加的,可以裁定解除或者部分解除保全。

第六条 申请保全人或第三人为财产保全提供财产担保的,应当向人民法院出具担保书。担保书应当载明担保人、担保方式、担保范围、担保财产及其价值、担保责任承担等内容,并附相关证据材料。

第三人为财产保全提供保证担保的,应当向人民法院提交保证书。保证书应当载明保证人、保证方式、保证范围、保证责任承担等内容,并附相关证据材料。

对财产保全担保,人民法院经审查,认为违反物权法、担保法、公司法等有关法律禁止性规定的,应当责令申请保全人在指定期限内提供其他担保;逾期未提供的,裁定驳回申请。

第七条 保险人以其与申请保全人签订财产保全责任险合同的方式为财产保全提供担保的,应当向人民法院出具担保书。

担保书应当载明,因申请财产保全错误,由保险人赔偿被保全人因保全所遭受的损失等内容,并附相关证据材料。

第八条 金融监管部门批准设立的金融机构以独立保函形式为财产保全提供担保的,人民法院应当依法准许。

第九条 当事人在诉讼中申请财产保全,有下列情形之一的,人民法院可以不要求提供担保:

(一)追索赡养费、扶养费、抚育费、抚恤金、医疗费用、劳动报酬、工伤赔偿、交通事故人身损害赔偿的;

(二)婚姻家庭纠纷案件中遭遇家庭暴力且经济困难的;

(三)人民检察院提起的公益诉讼涉及损害赔偿的;

(四)因见义勇为遭受侵害请求损害赔偿的;

(五)案件事实清楚、权利义务关系明确,发生保全错误可能性较小的;

(六)申请保全人为商业银行、保险公司等由金融监管部门批准设立的具有独立偿付债务能力的金融机构及其分支机构的。

法律文书生效后,进入执行程序前,债权人申请财产保全的,人民法院可以不要求提供担保。

第十条 当事人、利害关系人申请财产保全,应当向人民法院提供明确的被保全财产信息。

当事人在诉讼中申请财产保全,确因客观原因不能提供明确的被保全财产信息,但提供了具体财产线索的,人民法院可以依法裁定采取财产保全措施。

第十一条 人民法院依照本规定第十条第二款规定作出保全裁定的,在该裁定执行过程中,申请保全人可以向已经建立网络执行查控系统的执行法院,书面申请通过该系统查询被保全人的财产。

申请保全人提出查询申请的,执行法院可以利用网络执行查控系统,对裁定保全的财产或者保全数额范围内的财产进行查询,并采取相应的查封、扣押、冻结措施。

人民法院利用网络执行查控系统未查询到可供保全财产的,应当书面告知申请保全人。

第十二条 人民法院对查询到的被保全人财产信息,应当依法保密。除依法保全的财产外,不得泄露被保全人其他财产信息,也不得在财产保全、强制执行以外使用相关信息。

第十三条 被保全人有多项财产可供保全的,在能够实现保全目的的情况下,人民法院应当选择对其生产经营活动影响较小的财产进行保全。

人民法院对厂房、机器设备等生产经营性财产进行保全时,指定被保全人保管的,应当允许其继续使用。

第十四条 被保全财产系机动车、航空器等特殊动产的,除被保全人下落不明的以外,人民法院应当责令被保全人书面报告该动产的权属和占有、使用等情况,并予以核实。

第十五条 人民法院应当依据财产保全裁定采取相应的查封、扣押、冻结措施。

可供保全的土地、房屋等不动产的整体价值明显高于保全裁定载明金额的,人民法院应当对该不动产的相应价值部分采取查封、扣押、冻结措施,但该不动产在使用上不可分或者分割会严重减损其价值的除外。

对银行账户内资金采取冻结措施的,人民法院应当明确具体的冻结数额。

第十六条 人民法院在财产保全中采取查封、扣押、冻结措施,需要有关单位协助办理登记手续的,有关单位应当在裁定书和协助执行通知书送达后立即办理。针对同一财产有多个裁定书和协助执行通知书的,应当按照送达的时间先后办理登记手续。

第十七条 利害关系人申请诉前财产保全,在人民法院采取保全措施后三十日内依法提起诉讼或者申请仲裁的,诉前财产保全措施自动转为诉讼或仲裁中的保全措施;进入执行程序后,保全措施自动转为执行中的查封、扣押、冻结措施。

依前款规定,自动转为诉讼、仲裁中的保全措施或者执行中的查封、扣押、冻结措施的,期限连续计算,人民法院无需重新制作裁定书。

第十八条 申请保全人申请续行财产保全的,应当在保全期限届满七日前向人民法院提出;逾期申请或者不申请的,自行承担不能续行保全的法律后果。

人民法院进行财产保全时,应当书面告知申请保全人明确的保全期限届满日以及前款有关申请续行保全的事项。

第十九条 再审审查期间,债务人申请保全生效法律文书确定给付的财产的,人民法院不予受理。

再审审理期间,原生效法律文书中止执行,当事人申请财产保全的,人民法院应当受理。

第二十条 财产保全期间,被保全人请求对被保全财产自行处分,人民法院经审查,认为不损害申请保全人和其他执行债权人合法权益的,可以准许,但应当监督被保全人按照合理价格在指定期限内处分,并控制相应价款。

被保全人请求对作为争议标的的被保全财产自行处分的,须经申请保全人同意。

人民法院准许被保全人自行处分被保全财产的,应当通知申请保全人;申请保全人不同意的,可以依照民事诉讼法第二百二十五条规定提出异议。

第二十一条 保全法院在首先采取查封、扣押、冻结措施后超过一年未对被保全财产进行处分的,除被保全财产系争议标的外,在先轮候查封、扣押、冻结的执行法院可以商请保全法院将被保全财产移送执行。但司法解释另有特别规定的,适用其规定。

保全法院与在先轮候查封、扣押、冻结的执行法院就移送被保全财产发生争议的,可以逐级报请共同的上级法院指定该财产的执行法院。

共同的上级法院应当根据被保全财产的种类及所在地、各债权数额与被保全财产价值之间的关系等案件具体情况指定执行法院,并督促其在指定期限内处分被保全财产。

第二十二条 财产纠纷案件,被保全人或第三人提供充分有效担保请求解除保全,人民法院应当裁定准许。被保全人请求对作为争议标的的财产解除保全的,须经申请保全人同意。

第二十三条 人民法院采取财产保全措施后,有下列情形之一的,申请保全人应当及时申请解除保全:

(一)采取诉前财产保全措施后三十日内不依法提起诉讼或者申请仲裁的;

(二)仲裁机构不予受理仲裁申请、准许撤回仲裁申请或者按撤回仲裁申请处理的;

(三)仲裁申请或者请求被仲裁裁决驳回的;

(四)其他人民法院对起诉不予受理、准许撤诉或者按撤诉处理的;

(五)起诉或者诉讼请求被其他人民法院生效裁判驳回的;

(六)申请保全人应当申请解除保全的其他情形。

人民法院收到解除保全申请后,应当在五日内裁定解除保全;对情况紧急的,必须在四十八小时内裁定解除保全。

申请保全人未及时申请人民法院解除保全,应当赔偿被保全人因财产保全所遭受的损失。

被保全人申请解除保全,人民法院经审查认为符合法律规定的,应当在本条第二款规定的期间内裁定解除保全。

第二十四条 财产保全裁定执行中,人民法院发现保全裁定的内容与被保全财产的实际情况不符的,应当予以撤销、变更或补正。

第二十五条 申请保全人、被保全人对保全裁定或者驳回申请裁定不服的,可以自裁定书送达之日起五日内向作出裁定的人民法院申请复议一次。人民法院应当自收到复议申请后十日内审查。

对保全裁定不服申请复议的,人民法院经审查,理由成立的,裁定撤销或变更;理由不成立的,裁定驳回。

对驳回申请裁定不服申请复议的,人民法院经审查,理由成立的,裁定撤销,并采取保全措施;理由不成立的,裁定驳回。

第二十六条 申请保全人、被保全人、利害关系人认为保全裁定实施过程中的执行行为违反法律规定提出书面异议的,人民法院应当依照民事诉讼法第二百二十五条规定审查处理。

第二十七条 人民法院对诉讼争议标的以外的财产进行保全,案外人对保全裁定或者保全裁定实施过程中的执行行为不服,基于实体权利对被保全财产提出书面异议的,人民法院应当依照民事诉讼法第二百二十七条规定审查处理并作出裁定。案外人、申请保全人对该裁定不服的,可以自裁定送达之日起十五日内向人民法院提起执行异议之诉。

人民法院裁定案外人异议成立后,申请保全人在法律规定的期间内未提起执行异议之诉的,人民法院应当自起诉期限届满之日起七日内对该被保全财产解除保全。

第二十八条 海事诉讼中,海事请求人申请海事请求保全,适用《中华人民共和国海事诉讼特别程序法》及相关司法解释。

第二十九条 本规定自 2016 年 12 月 1 日起施行。

本规定施行前公布的司法解释与本规定不一致的,以本规定为准。

最高人民法院关于审查知识产权纠纷行为保全案件适用法律若干问题的规定

(2018 年 11 月 26 日最高人民法院审判委员会第 1755 次会议通过 2018 年 12 月 12 日最高人民法院公告公布 自 2019 年 1 月 1 日起施行 法释〔2018〕21 号)

为正确审查知识产权纠纷行为保全案件,及时有效保护当事人的合法权益,根据《中华人民共和国民事诉讼法》《中华人民共和国专利法》

《中华人民共和国商标法》《中华人民共和国著作权法》等有关法律规定,结合审判、执行工作实际,制定本规定。

第一条 本规定中的知识产权纠纷是指《民事案件案由规定》中的知识产权与竞争纠纷。

第二条 知识产权纠纷的当事人在判决、裁定或者仲裁裁决生效前,依据民事诉讼法第一百条、第一百零一条规定申请行为保全的,人民法院应当受理。

知识产权许可合同的被许可人申请诉前责令停止侵害知识产权行为的,独占许可合同的被许可人可以单独向人民法院提出申请;排他许可合同的被许可人在权利人不申请的情况下,可以单独提出申请;普通许可合同的被许可人经权利人明确授权以自己的名义起诉的,可以单独提出申请。

第三条 申请诉前行为保全,应当向被申请人住所地具有相应知识产权纠纷管辖权的人民法院或者对案件具有管辖权的人民法院提出。

当事人约定仲裁的,应当向前款规定的人民法院申请行为保全。

第四条 向人民法院申请行为保全,应当递交申请书和相应证据。申请书应当载明下列事项:

(一)申请人与被申请人的身份、送达地址、联系方式;

(二)申请采取行为保全措施的内容和期限;

(三)申请所依据的事实、理由,包括被申请人的行为将会使申请人的合法权益受到难以弥补的损害或者造成案件裁决难以执行等损害的具体说明;

(四)为行为保全提供担保的财产信息或资信证明,或者不需要提供担保的理由;

(五)其他需要载明的事项。

第五条 人民法院裁定采取行为保全措施前,应当询问申请人和被申请人,但因情况紧急或者询问可能影响保全措施执行等情形除外。

人民法院裁定采取行为保全措施或者裁定驳回申请的,应当向申请人、被申请人送达裁定书。向被申请人送达裁定书可能影响采取保全措施的,人民法院可以在采取保全措施后及时向被申请人送达裁定书,至迟不得超过五日。

当事人在仲裁过程中申请行为保全的,应当通过仲裁机构向人民法院提交申请书、仲裁案件受理通知书等相关材料。人民法院裁定采取行为保全措施或者裁定驳回申请的,应当将裁定书送达当事人,并通知仲裁机构。

第六条 有下列情况之一,不立即采取行为保全措施即足以损害申请人利益的,应当认定属于民事诉讼法第一百条、第一百零一条规定的"情况紧急":

(一)申请人的商业秘密即将被非法披露;

(二)申请人的发表权、隐私权等人身权利即将受到侵害;

(三)诉争的知识产权即将被非法处分;

(四)申请人的知识产权在展销会等时效性较强的场合正在或者即将受到侵害;

(五)时效性较强的热播节目正在或者即将受到侵害;

(六)其他需要立即采取行为保全措施的情况。

第七条 人民法院审查行为保全申请,应当综合考量下列因素:

(一)申请人的请求是否具有事实基础和法律依据,包括请求保护的知识产权效力是否稳定;

(二)不采取行为保全措施是否会使申请人的合法权益受到难以弥补的损害或者造成案件裁决难以执行等损害;

(三)不采取行为保全措施对申请人造成的损害是否超过采取行为保全措施对被申请人造成的损害;

(四)采取行为保全措施是否损害社会公共利益;

(五)其他应当考量的因素。

第八条 人民法院审查判断申请人请求保护的知识产权效力是否稳定,应当综合考量下列因素:

(一)所涉权利的类型或者属性;

(二)所涉权利是否经过实质审查;

(三)所涉权利是否处于宣告无效或者撤销程序中以及被宣告无效或者撤销的可能性;

(四)所涉权利是否存在权属争议;

(五)其他可能导致所涉权利效力不稳定的

因素。

第九条　申请人以实用新型或者外观设计专利权为依据申请行为保全的，应当提交由国务院专利行政部门作出的检索报告、专利权评价报告或者专利复审委员会维持该专利权有效的决定。申请人无正当理由拒不提交的，人民法院应当裁定驳回其申请。

第十条　在知识产权与不正当竞争纠纷行为保全案件中，有下列情形之一的，应当认定属于民事诉讼法第一百零一条规定的“难以弥补的损害”：

（一）被申请人的行为将会侵害申请人享有的商誉或者发表权、隐私权等人身性质的权利且造成无法挽回的损害；

（二）被申请人的行为将会导致侵权行为难以控制且显著增加申请人损害；

（三）被申请人的侵害行为将会导致申请人的相关市场份额明显减少；

（四）对申请人造成其他难以弥补的损害。

第十一条　申请人申请行为保全的，应当依法提供担保。

申请人提供的担保数额，应当相当于被申请人可能因执行行为保全措施所遭受的损失，包括责令停止侵权行为所涉产品的销售收益、保管费用等合理损失。

在执行行为保全措施过程中，被申请人可能因此遭受的损失超过申请人担保数额的，人民法院可以责令申请人追加相应的担保。申请人拒不追加的，可以裁定解除或者部分解除保全措施。

第十二条　人民法院采取的行为保全措施，一般不因被申请人提供担保而解除，但是申请人同意的除外。

第十三条　人民法院裁定采取行为保全措施的，应当根据申请人的请求或者案件具体情况等因素合理确定保全措施的期限。

裁定停止侵害知识产权行为的效力，一般应当维持至案件裁判生效时止。

人民法院根据申请人的请求、追加担保等情况，可以裁定继续采取保全措施。申请人请求续行保全措施的，应当在期限届满前七日内提出。

第十四条　当事人不服行为保全裁定申请复议的，人民法院应当在收到复议申请后十日内审查并作出裁定。

第十五条　人民法院采取行为保全的方法和措施，依照执行程序相关规定处理。

第十六条　有下列情形之一的，应当认定属于民事诉讼法第一百零五条规定的“申请有错误”：

（一）申请人在采取行为保全措施后三十日内不依法提起诉讼或者申请仲裁；

（二）行为保全措施因请求保护的知识产权被宣告无效等原因自始不当；

（三）申请责令被申请人停止侵害知识产权或者不正当竞争，但生效裁判认定不构成侵权或者不正当竞争；

（四）其他属于申请有错误的情形。

第十七条　当事人申请解除行为保全措施，人民法院收到申请后经审查符合《最高人民法院关于适用〈中华人民共和国民事诉讼法〉的解释》第一百六十六条规定的情形的，应当在五日内裁定解除。

申请人撤回行为保全申请或者申请解除行为保全措施的，不因此免除民事诉讼法第一百零五条规定的赔偿责任。

第十八条　被申请人依据民事诉讼法第一百零五条规定提起赔偿诉讼，申请人申请诉前行为保全后没有起诉或者当事人约定仲裁的，由采取保全措施的人民法院管辖；申请人已经起诉的，由受理起诉的人民法院管辖。

第十九条　申请人同时申请行为保全、财产保全或者证据保全的，人民法院应当依法分别审查不同类型保全申请是否符合条件，并作出裁定。

为避免被申请人实施转移财产、毁灭证据等行为致使保全目的无法实现，人民法院可以根据案件具体情况决定不同类型保全措施的执行顺序。

第二十条　申请人申请行为保全，应当依照《诉讼费用交纳办法》关于申请采取行为保全措施的规定交纳申请费。

第二十一条　本规定自2019年1月1日起施行。最高人民法院以前发布的相关司法解释与本规定不一致的，以本规定为准。

十一　强制措施

最高人民法院关于第二审人民法院在审理过程中可否对当事人的违法行为迳行制裁等问题的批复

（1990年7月25日　法经〔1990〕45号）

湖北省高级人民法院：

你院鄂法〔1990〕经呈字第1号《关于人民法院在第二审中发现需要对当事人的违法行为予以民事制裁时，应由哪一审法院作出决定等问题的请示报告》收悉。经研究，答复如下：

一、第二审人民法院在审理案件过程中，认为当事人有违法行为应予依法制裁而原审人民法院未予制裁的，可以迳行予以民事制裁。

二、当事人不服人民法院民事制裁决定而向上一级人民法院申请复议的，该上级人民法院无论维持、变更或者撤销原决定，均应制作民事制裁决定书。

三、人民法院复议期间，被制裁人请求撤回复议申请的，经过审查，应当采取通知的形式，准予撤回申请或者驳回其请求。

最高人民法院关于对因妨害民事诉讼被罚款拘留的人不服决定申请复议的期间如何确定问题的批复

（1993年2月23日　〔1993〕法民字第7号）

广东省高级人民法院：

你院"关于对因妨碍民事诉讼被罚款拘留的人不服决定申请复议的期间如何确定问题的请示"收悉。经研究，同意你院意见，即不服人民法院作出的罚款、拘留决定的人，可在接到决定书之次日起3日内，向作出决定的人民法院提出书面申请，要求上一级人民法院复议，或直接向上一级人民法院申请复议。对提出书面申请有困难的，可以口头申请。当事人的口头申请，应当记入笔录，由当事人签名或者盖章。

最高人民法院关于第二审人民法院发现原审人民法院已生效的民事制裁决定确有错误应如何纠正的复函

（1994年11月21日　法经〔1994〕308号）

西藏自治区高级人民法院：

你院藏高法〔1994〕49号请示收悉。经研究，答复如下：

同意你院审判委员会的意见。第二审人民法院纠正一审人民法院已生效的民事制裁决定，可比照我院1986年4月2日法（研）复〔1986〕14号批复的精神处理。即：上级人民法院发现下级人民法院已生效的民事制裁决定确有错误时，应及时予以纠正。纠正的方法，可以口头或者书面通知下级人民法院纠正，也可以使用决定书，撤销下级人民法院的决定。

最高人民法院关于采取民事强制措施不得逐级变更由行为人的上级机构承担责任的通知

（2004年7月9日　法〔2004〕127号）

各省、自治区、直辖市高级人民法院，解放军军事法院，新疆维吾尔自治区高级人民法院生产建设兵团分院：

近一个时期，一些地方法院在执行银行和非银行金融机构（以下简称金融机构）作为被执行人或者协助执行人的案件中，在依法对该金融机构采取民事强制措施，作出罚款或者司法拘留决定后，又逐级对其上级金融机构直至总行、总公司采取民事强制措施，再次作出罚款或者司法拘留决定，造成不良影响。为纠正这一错误，特通知如下：

一、人民法院在执行程序中，对作为协助执行人的金融机构采取民事强制措施，应当严格依法决定，不得逐级变更由其上级金融机构负责。依据我院与中国人民银行于2000年9月4日会签下发的法发（2000）21号即《关于依法规范人民法院执行和金融机构协助执行的通知》第八条的规定，执行金融机构时逐级变更其上级金融机构为被执行人须具备五个条件：其一，该金融机构须为被执行人，其债务已由生效法律文书确认；其二，该金融机构收到执行法院对其限期十五日内履行偿债义务的通知；其三，该金融机构逾期未能自动履行偿债义务，并经过执行法院的强制执行；其四，该金融机构未能向执行法院提供其可供执行的财产；其五，该金融机构的上级金融机构对其负有民事连带清偿责任。金融机构作为协助执行人因其妨害执行行为而被采取民事强制措施，不同于金融机构为被执行人的情况，因此，司法处罚责任应由其自行承担；逐级变更由其上级金融机构承担此责任，属适用法律错误。

二、在执行程序中，经依法逐级变更由上级金融机构为被执行人的，如该上级金融机构在履行此项偿债义务时有妨害执行行为，可以对该上级金融机构采取民事强制措施。但人民法院应当严格按照前述通知第八条的规定，及时向该上级金融机构发出允许其于十五日内自动履行偿债义务的通知，在其自动履行的期限内，不得对其采取民事强制措施。

三、采取民事强制措施应当坚持过错责任原则。金融机构的行为基于其主观上的故意并构成妨害执行的，才可以对其采取民事强制措施；其中构成犯罪的，也可以通过法定程序追究其刑事责任。这种民事强制措施和刑事惩罚手段只适用于有故意过错的金融机构行为人，以充分体现国家法律对违法行为的惩罚性。

四、金融机构对执行法院的民事强制措施即罚款和司法拘留的决定书不服的，可以依据《民事诉讼法》第105条的规定，向上一级法院申请复议；当事人向执行法院提出复议申请的，执行法院应当立即报送上一级法院，不得扣押或者延误转交；上一级法院受理复议申请后，应当及时审查处理；执行法院在上一级法院审查复议申请期间，可以继续执行处罚决定，但经上一级法院决定撤销处罚决定的，执行法院应当立即照办。

以上通知，希望各级人民法院认真贯彻执行。执行过程中有什么情况和问题，应当及时层报我院执行工作办公室。

十二 简易程序及一、二审程序

最高人民法院关于原审法院确认合同效力有错误而上诉人未对合同效力提出异议的案件第二审法院可否变更问题的复函

（1991年8月14日 法（经）函〔1991〕85号）

四川省高级人民法院：

你院川法研〔1991〕34号《关于原审法院确认合同效力有错误而上诉人未对合同效力提出异议的案件第二审法院可否变更的请示》收悉。经研究，答复如下：

《中华人民共和国民事诉讼法》第一百五十一条规定："第二审人民法院应当对上诉请求的有关事实和适用法律进行审查。"这一规定并不排斥人民法院在审理上诉案件时，对上诉人在上诉请求中未提出的问题进行审查。如果第二审人民法院发现原判对上诉请求未涉及的问题的处理确有错误，应当在二审中予以纠正。

此复。

最高人民法院第一审经济纠纷案件适用普通程序开庭审理的若干规定①

（1993年11月16日 法发〔1993〕34号）

一、开庭前的工作

1. 人民法院对决定受理的案件，应当在受理案件通知书和应诉通知书中，向当事人告知有关的诉讼权利义务，或者口头予以告知，如果已经确定开庭日期的，应当一并告知当事人及其诉讼代理人开庭的时间、地点。合议庭组成后，应当在3日内将合议庭组成人员告知当事人。告知后，因情事变化，必须调整合议庭组成人员的，应当于调整后3日内告知当事人。在开庭前3日内决定调整合议庭组成人员的，原定的开庭日期应予顺延。

2. 合议庭成员应当认真审核双方提供的诉讼材料，了解案情，审查证据，掌握争议的焦点和需要庭审调查、辩论的主要问题。

3. 必须共同进行诉讼的当事人没有参加诉讼的，应当通知其参加诉讼。

4. 对专门性问题合议庭认为需要鉴定、审计的，应及时交由法定鉴定部门或者指定有关部门鉴定，委托审计机关审计。

5. 开庭前，合议庭可以召集双方当事人及其诉讼代理人交换、核对证据，核算账目。对双方当事人无异议的事实、证据应当记录在卷，并由双方当事人签字确认。在开庭审理时如双方当事人不再提出异议，便可予以认定。

在双方当事人自愿的条件下，合议庭可以在开庭审理前让双方当事人及其诉讼代理人自行协商解决。当事人和解，原告申请撤诉，或者双方当事人要求发给调解书的，经审查认为不违反法律规定，不损害第三人利益的，可以裁定准予撤诉，或者按照双方当事人达成的和解协议制作调解书发给当事人。

6. 合议庭审查案卷材料后，认为法律关系明确、事实清楚，经征得当事人双方同意，可以在开庭审理前径行调解。调解达成协议的，制作调解书发给当事人。双方当事人对案件事实无争议，只是在责任承担上达不成协议的，开庭审理可以在双方当事人对事实予以确认的基础上，直接进行法庭辩论。

7. 开庭审理前达不成协议的，合议庭应即研究确定开庭审理的日期和庭审提纲，并明确合议庭成员在庭审中的分工。

8. 开庭日期确定后，书记员应当在开庭3日前将传票送达当事人，将开庭通知书送达当事人的诉讼代理人、证人、鉴定人、勘验人、翻译人员。当事人或其他诉讼参与人在外地的，应留有必要的在途时间。公开审理的，应当公告当事人姓名、案由和开庭的时间、地点。

9. 开庭审理前，书记员应当查明当事人和其

① 编者注：已废止。

他诉讼参与人是否到庭。当事人或其他诉讼参与人没有到庭的,应将情况及时报告审判长,并由合议庭确定是否需要延期开庭审理或者中止诉讼。决定延期开庭审理的,应当及时通知当事人和其他诉讼参与人;决定中止诉讼的,应当制作裁定书,发给当事人。原告经传票传唤,无正当理由拒不到庭的,可以按撤诉处理;被告经传票传唤,无正当理由拒不到庭的,可以缺席判决。

二、宣布开庭

10. 书记员宣布当事人及其诉讼代理人入庭。

11. 书记员宣布法庭纪律。

12. 书记员宣布全体起立,请审判长、审判员、陪审员入庭。

13. 书记员向审判长报告当事人及其诉讼代理人的出庭情况。审判长核对当事人及其诉讼代理人的身份,并询问各方当事人对于对方出庭人员有无异议。

14. 当事人的身份经审判长核对无误,且当事人对对方出庭人员没有异议,审判长宣布各方当事人及其诉讼代理人符合法律规定,可以参加本案诉讼。

15. 审判长宣布案由及开始庭审,不公开审理的应当说明理由。

16. 被告经人民法院传票传唤,无正当理由拒不到庭的,审判长可以宣布缺席审理,并说明传票送达合法和缺席审理的依据。无独立请求权的第三人经人民法院传票传唤,无正当理由拒不到庭的,不影响案件的审理。

17. 审判长宣布合议庭组成人员、书记员名单。

18. 审判长告知当事人有关的诉讼权利义务,询问各方当事人是否申请回避。当事人提出申请回避的,合议庭应当宣布休庭。院长担任审判长时的回避,由审判委员会决定;审判人员的回避,由院长决定;其他人员的回避,由审判长决定。当事人申请回避的理由不能成立的,由审判长在重新开庭时宣布予以驳回,记入笔录;当事人申请回避的理由成立,决定回避的,由审判长宣布延期审理。

当事人对驳回回避申请的决定不服,申请复议的,不影响案件的开庭。人民法院对复议申请,应当在3日内作出复议决定并通知复议申请人,也可以在开庭时当庭作出复议决定并告知复议申请人。

三、法庭调查

19. 审判长宣布进行法庭调查后,应当告知当事人法庭调查的重点是双方争议的事实。当事人对自己提出的主张,有责任提供证据,反驳对方主张的,也应提供证据或说明理由。

20. 原告简要陈述起诉的请求和理由,或者宣读起诉书。

21. 被告针对原告起诉中的请求和理由作出承认或者否定的答辩,对双方确认的事实,应当记入笔录,法庭无须再作调查。

22. 第三人陈述或答辩。有独立请求权的第三人陈述诉讼请求及理由。无独立请求权的第三人针对原、被告的陈述提出承认或否认的答辩意见。

23. 案件有多个诉讼请求或多个独立存在的事实的,可按每个诉讼请求、每段事实争议的问题由当事人依次陈述、核对证据。

24. 双方当事人就争议的事实所提供的书证、物证、视听资料,应经对方辨认,互相质证。

涉及国家机密、商业秘密的证据,当事人提交法庭的,法庭不能公开出示,但可以适当提示。

25. 凡是知道案件情况的单位和个人,都有义务出庭作证。证人出庭作证,法庭应查明证人身份,告知证人作证的义务以及作伪证应负的法律责任。证人作证后,应征询双方当事人对证人证言的意见。经法庭许可,当事人及其诉讼代理人可以向证人发问。

证人确有困难不能出庭的,其所提交的书面证言应当当庭宣读。当事人自己调查取得的证人证言,由当事人宣读后提交法庭,对方当事人可以质询;人民法院调查取得的证人证言,由书记员宣读,双方当事人可以质询。

26. 勘验人、鉴定人宣读勘验笔录、鉴定结论后,由双方当事人发表意见。经法庭许可,当事人及其诉讼代理人可以向勘验人、鉴定人发问。

27. 双方当事人争议的事实查清后,审判长应当询问双方当事人有无新的证据提出,原告的诉讼请求或被告的反诉请求有无变更。当事人重复陈述的,审判长应当及时提醒或制止。

28. 案件的事实清楚后,审判长宣布法庭调查结束。

29. 当事人要求提供新的证据或者合议庭认为事实尚未查清,确需人民法院补充调查、收集证据或通知新的证人到庭、重新鉴定、勘验,因而需要延期审理的,可以宣布延期审理。需要当事人补充证据的,应告知其在限定期间内提供。

四、法庭辩论

30. 审判长宣布法庭辩论开始,当事人及其诉讼代理人就本案争议的问题进行辩论。辩论应当实事求是,以理服人。必要时,审判长可以根据案情限定当事人及其诉讼代理人每次发表意见的时间。

31. 原告及其诉讼代理人发言。

32. 被告及其诉讼代理人答辩。

33. 第三人及其诉讼代理人发言或答辩。

34. 第一轮辩论结束,审判长应当询问当事人是否还有补充意见。当事人要求继续发言的,应当允许,但要提醒不可重复。

35. 当事人没有补充意见的,审判长宣布法庭辩论终结。

36. 法庭辩论终结,审判长按照原告、被告、第三人的顺序征询各方最后意见。

五、法庭辩论后的调解

37. 经过法庭调查和辩论,如果事实清楚的,审判长按照原告、被告和有独立请求权第三人的顺序询问当事人是否愿意调解。无独立请求权的第三人需要承担义务的,在询问原告、被告之后,还应询问其是否愿意调解。

当事人愿意调解的,可以当庭进行,也可以休庭后进行。

38. 调解时,可以先由各方当事人提出调解方案。当事人意见不一致的,合议庭要讲清法律规定,分清责任,促使双方当事人达成协议。必要时,合议庭可以根据双方当事人的请求提出调解方案,供双方当事人考虑;也可以先分别征询各方当事人意见,而后进行调解。

39. 经过调解,双方当事人达成协议的,应当在调解协议上签字盖章。人民法院应当根据双方当事人达成的调解协议制作调解书送达当事人。双方当事人达成协议后当即履行完毕,不要求发给调解书的,应当记入笔录,在双方当事人、合议庭成员、书记员签名或盖章后,即具有法律效力。

40. 双方当事人当庭达成调解协议的,合议庭应当宣布调解结果,告知当事人调解书经双方当事人签收后,即具有法律效力。

六、合议庭评议

41. 经过开庭审理后调解不成的,合议庭应当休庭进行评议,就案件的性质、认定的事实、适用的法律、是非责任和处理结果作出结论。

42. 评议中如发现案件事实尚未查清,需要当事人补充证据或者由人民法院自行调查收集证据的,可以决定延期审理,由审判长在继续开庭时宣布延期审理的理由和时间,以及当事人提供补充证据的期限。

43. 合议庭评议案件,实行少数服从多数的原则。评议中的不同意见,书记员必须如实记入笔录,由合议庭成员在笔录上签名。

七、宣判

44. 合议庭评议后,由审判长宣布继续开庭并宣读裁判。宣判时,当事人及其他诉讼参与人、旁听人员应当起立。宣判的内容包括:认定的事实、适用的法律、判决的结果和理由、诉讼费用的负担、当事人的上诉权利、上诉期限和上诉法院。

45. 不能当庭宣判的,审判长应当宣布另定日期宣判。

46. 由书记员宣读庭审笔录,也可以告知当事人和其他诉讼参与人当庭或者在5日内阅读。

庭审笔录经宣读或阅读,当事人和其他诉讼参与人认为记录无误的,应当在笔录上签名或盖章;拒绝签名、盖章的,记明情况附卷;认为对自己的陈述记录有遗漏或者差错,申请补正的,允许在笔录后面或另页补正。

庭审笔录由合议庭成员和书记员签名。

八、闭庭

47. 审判长宣布闭庭。

48. 书记员宣布全体起立,合议庭成员等退庭。

49. 合议庭成员退庭后,书记员宣布当事人和旁听人员退庭。

最高人民法院经济纠纷案件适用简易程序开庭审理的若干规定①

(1993年11月16日 法发〔1993〕35号)

1. 基层人民法院和它派出的法庭收到起诉状经审查立案后,认为事实清楚、权利义务关系明确、争议不大的简单的经济纠纷案件,可以适用简易程序进行审理。

2. 原、被告双方同时到庭请求解决纠纷的,可以当即审理,当即调解。

3. 原告到庭请求解决纠纷,被告在本地的,可以用书面、电话、请基层组织工作人员捎信等简便方式传唤另一方当事人到庭。被告口头答辩的,记入笔录,可以当即审理;被告要求书面答辩的,可以征求其所需答辩期限的意见,但最长不得超过15天。

经询问双方当事人或者被告答辩后,发现双方争议较大,案情重大、复杂的,转入普通程序进行审理。

4. 经双方当事人陈述,权利义务关系明确、事实清楚,在征得双方当事人同意后,可以直接进行调解。调解达成协议,制作调解书发给当事人;即时履行完毕,当事人不要求发给调解书的,可将协议内容记入笔录,不制作调解书。双方当事人对案件事实无争议,只是在责任的承担上达不成协议的,开庭审理时可以在双方当事人对事实予以确认的基础上,直接进行法庭辩论。

5. 双方当事人对主要事实陈述不一致,或者庭前调解达不成协议的,可以当即开庭审理,也可以另定日期审理,并告知当事人开庭的时间、地点。

6. 开庭前,书记员查明当事人及其他诉讼参与人是否到庭。当事人或其他诉讼参与人没有到庭的,应将情况及时报告审判员,由审判员决定是否需要延期或者中止审理。决定延期或者中止审理的,应及时通知当事人和其他诉讼参与人。原告经传票传唤,无正当理由拒不到庭的,可以按撤诉处理。审判员决定如期审理的,书记员宣布当事人及其诉讼代理人入庭。

7. 开庭前书记员先宣布法庭纪律。

8. 书记员宣布全体起立,请审判员入庭。

9. 书记员向审判员报告当事人及其诉讼代理人的出庭情况,审判员核对当事人及其诉讼代理人的身份,并询问各方当事人对于对方出庭人员有无异议。

10. 当事人身份经审判员核对无误,且对对方出庭人员没有异议的,审判员宣布到庭的当事人及其诉讼代理人符合法律规定,可以参加本案诉讼。

11. 审判员宣布案由、开庭。

12. 审判员宣布审判员、书记员姓名,告知当事人有关的诉讼权利义务,询问各方当事人是否申请回避。

13. 原告简要陈述起诉的请求、事实和理由。

14. 被告针对原告起诉中陈述的事实提出承认或者否认的答辩。

15. 当事人对自己的主张有责任提供证据,各方当事人提供的证据,应经对方辨认、互相质证。

16. 证人出庭作证的,应查明证人身份,告知证人作证的义务以及作伪证应负的法律责任。证人作证后应征询双方当事人对证人证言的意见。经法庭许可,当事人及其诉讼代理人可以向证人发问。对确实不能出庭的证人提供的证言,当庭宣读后,也应征询双方当事人意见。

17. 当事人对争议的问题可以互相辩论。审判员对当事人在辩论中与本案无关的言辞应当及时制止。

18. 经法庭调查、辩论,事实基本清楚后,审判员按原告、被告的顺序询问双方当事人是否愿意调解。调解可以当庭进行,也可以休庭后进行。

19. 调解可先由各方当事人提出调解方案。当事人意见有分歧的,要讲明道理、分清责任,促使双方当事人自愿达成协议。审判员也可根据对方当事人的请求提出初步调解方案,征询各方当事人意见。

① 编者注:已废止。

20. 经调解,双方当事人取得一致意见,根据协商的内容起草调解协议,由各方当事人签字或盖章。人民法院应当制作调解书发给当事人。

21. 调解达不成协议的,审判员可以当庭宣判。宣判时,审判员与当事人应当起立。审判内容包括认定的事实、判决的理由、适用的法律依据、判决的结果、诉讼费用的负担、当事人的上诉权利、上诉期间和上诉的法院。

22. 书记员宣读庭审笔录或者告知当事人和其他诉讼参与人当庭或者在5日内阅读。

庭审笔录经宣读或阅读,记录无误的,当事人和其他诉讼参与人应当在笔录上签名或盖章;拒绝签名、盖章的,记明情况附卷;认为对自己的陈述记录有遗漏或者差错,申请补正的,允许在笔录后面或另页补正。

庭审笔录,由审判员和书记员签名。

23. 审判员宣布闭庭。

24. 书记员宣布全体起立,请审判员退庭。

25. 审判员退庭后,书记员宣布当事人和旁听人员等退庭。

最高人民法院关于适用简易程序审理民事案件的若干规定

(2003年7月4日最高人民法院审判委员会第1280次会议通过 2003年9月10日最高人民法院公告公布 自2003年12月1日起施行 法释〔2003〕15号)

为保障和方便当事人依法行使诉讼权利,保证人民法院公正、及时审理民事案件,根据《中华人民共和国民事诉讼法》的有关规定,结合民事审判经验和实际情况,制定本规定。

一、适用范围

第一条 基层人民法院根据《中华人民共和国民事诉讼法》第一百四十二条规定审理简单的民事案件,适用本规定,但有下列情形之一的案件除外:

(一)起诉时被告下落不明的;

(二)发回重审的;

(三)共同诉讼中一方或者双方当事人人数众多的;

(四)法律规定应当适用特别程序、审判监督程序、督促程序、公示催告程序和企业法人破产还债程序的;

(五)人民法院认为不宜适用简易程序进行审理的。

第二条 基层人民法院适用第一审普通程序审理的民事案件,当事人各方自愿选择适用简易程序,经人民法院审查同意的,可以适用简易程序进行审理。

人民法院不得违反当事人自愿原则,将普通程序转为简易程序。

第三条 当事人就适用简易程序提出异议,人民法院认为异议成立的,或者人民法院在审理过程中发现不宜适用简易程序的,应当将案件转入普通程序审理。

二、起诉与答辩

第四条 原告本人不能书写起诉状,委托他人代写起诉状确有困难的,可以口头起诉。

原告口头起诉的,人民法院应当将当事人的基本情况、联系方式、诉讼请求、事实及理由予以准确记录,将相关证据予以登记。人民法院应当将上述记录和登记的内容向原告当面宣读,原告认为无误后应当签名或者捺印。

第五条 当事人应当在起诉或者答辩时向人民法院提供自己准确的送达地址、收件人、电话号码等其他联系方式,并签名或者捺印确认。

送达地址应当写明受送达人住所地的邮政编码和详细地址;受送达人是有固定职业的自然人的,其从业的场所可以视为送达地址。

第六条 原告起诉后,人民法院可以采取捎口信、电话、传真、电子邮件等简便方式随时传唤双方当事人、证人。

第七条 双方当事人到庭后,被告同意口头答辩的,人民法院可以当即开庭审理;被告要求书面答辩的,人民法院应当将提交答辩状的期限和开庭的具体日期告知各方当事人,并向当事人说明逾期举证以及拒不到庭的法律后果,由各方当事人在笔录和开庭传票的送达回证上签名或者捺印。

第八条 人民法院按照原告提供的被告的

送达地址或者其他联系方式无法通知被告应诉的,应当按以下情况分别处理:

(一)原告提供了被告准确的送达地址,但人民法院无法向被告直接送达或者留置送达应诉通知书的,应当将案件转入普通程序审理;

(二)原告不能提供被告准确的送达地址,人民法院经查证后仍不能确定被告送达地址的,可以被告不明确为由裁定驳回原告起诉。

第九条 被告到庭后拒绝提供自己的送达地址和联系方式的,人民法院应当告知其拒不提供送达地址的后果;经人民法院告知后被告仍然拒不提供的,按下列方式处理:

(一)被告是自然人的,以其户籍登记中的住所地或者经常居住地为送达地址;

(二)被告是法人或者其他组织的,应当以其工商登记或者其他依法登记、备案中的住所地为送达地址。

人民法院应当将上述告知的内容记入笔录。

第十条 因当事人自己提供的送达地址不准确、送达地址变更未及时告知人民法院,或者当事人拒不提供自己的送达地址而导致诉讼文书未能被当事人实际接收的,按下列方式处理:

(一)邮寄送达的,以邮件回执上注明的退回之日视为送达之日;

(二)直接送达的,送达人当场在送达回证上记明情况之日视为送达之日。

上述内容,人民法院应当在原告起诉和被告答辩时以书面或者口头方式告知当事人。

第十一条 受送达的自然人以及他的同住成年家属拒绝签收诉讼文书的,或者法人、其他组织负责收件的人拒绝签收诉讼文书的,送达人应当依据《中华人民共和国民事诉讼法》第七十九条的规定邀请有关基层组织或者所在单位的代表到场见证,被邀请的人不愿到场见证的,送达人应当在送达回证上记明拒收事由、时间和地点以及被邀请人不愿到场见证的情形,将诉讼文书留在受送达人的住所或者从业场所,即视为送达。

受送达人的同住成年家属或者法人、其他组织负责收件的人是同一案件中另一方当事人的,不适用前款规定。

三、审理前的准备

第十二条 适用简易程序审理的民事案件,当事人及其诉讼代理人申请人民法院调查收集证据和申请证人出庭作证,应当在举证期限届满前提出,但其提出申请的期限不受《最高人民法院关于民事诉讼证据的若干规定》第十九条第一款、第五十四条第一款的限制。

第十三条 当事人一方或者双方就适用简易程序提出异议后,人民法院应当进行审查,并按下列情形分别处理:

(一)异议成立的,应当将案件转入普通程序审理,并将合议庭的组成人员及相关事项以书面形式通知双方当事人;

(二)异议不成立的,口头告知双方当事人,并将上述内容记入笔录。

转入普通程序审理的民事案件的审理期限自人民法院立案的次日起开始计算。

第十四条 下列民事案件,人民法院在开庭审理时应当先行调解:

(一)婚姻家庭纠纷和继承纠纷;

(二)劳务合同纠纷;

(三)交通事故和工伤事故引起的权利义务关系较为明确的损害赔偿纠纷;

(四)宅基地和相邻关系纠纷;

(五)合伙协议纠纷;

(六)诉讼标的额较小的纠纷。

但是根据案件的性质和当事人的实际情况不能调解或者显然没有调解必要的除外。

第十五条 调解达成协议并经审判人员审核后,双方当事人同意该调解协议经双方签名或者捺印生效的,该调解协议自双方签名或者捺印之日起发生法律效力。当事人要求摘录或者复制该调解协议的,应予准许。

调解协议符合前款规定的,人民法院应当另行制作民事调解书。调解协议生效后一方拒不履行的,另一方可以持民事调解书申请强制执行。

第十六条 人民法院可以当庭告知当事人到人民法院领取民事调解书的具体日期,也可以在当事人达成调解协议的次日起10日内将民事调解书发送给当事人。

第十七条 当事人以民事调解书与调解协议的原意不一致为由提出异议,人民法院审查后认为异议成立的,应当根据调解协议裁定补正民事调解书的相关内容。

四、开 庭 审 理

第十八条 以捎口信、电话、传真、电子邮件等形式发送的开庭通知,未经当事人确认或者没有其他证据足以证明当事人已经收到的,人民法院不得将其作为按撤诉处理和缺席判决的根据。

第十九条 开庭前已经书面或者口头告知当事人诉讼权利义务,或者当事人各方均委托律师代理诉讼的,审判人员除告知当事人申请回避的权利外,可以不再告知当事人其他的诉讼权利义务。

第二十条 对没有委托律师代理诉讼的当事人,审判人员应当对回避、自认、举证责任等相关内容向其作必要的解释或者说明,并在庭审过程中适当提示当事人正确行使诉讼权利、履行诉讼义务,指导当事人进行正常的诉讼活动。

第二十一条 开庭时,审判人员可以根据当事人的诉讼请求和答辩意见归纳出争议焦点,经当事人确认后,由当事人围绕争议焦点举证、质证和辩论。

当事人对案件事实无争议的,审判人员可以在听取当事人就适用法律方面的辩论意见后迳行判决、裁定。

第二十二条 当事人双方同时到基层人民法院请求解决简单的民事纠纷,但未协商举证期限,或者被告一方经简便方式传唤到庭的,当事人在开庭审理时要求当庭举证的,应予准许;当事人当庭举证有困难的,举证的期限由当事人协商决定,但最长不得超过15日;协商不成的,由人民法院决定。

第二十三条 适用简易程序审理的民事案件,应当一次开庭审结,但人民法院认为确有必要再次开庭的除外。

第二十四条 书记员应当将适用简易程序审理民事案件的全部活动记入笔录。对于下列事项,应当详细记载:

(一)审判人员关于当事人诉讼权利义务的告知、争议焦点的概括、证据的认定和裁判的宣告等重大事项;

(二)当事人申请回避、自认、撤诉、和解等重大事项;

(三)当事人当庭陈述的与其诉讼权利直接相关的其他事项。

第二十五条 庭审结束时,审判人员可以根据案件的审理情况对争议焦点和当事人各方举证、质证和辩论的情况进行简要总结,并就是否同意调解征询当事人的意见。

第二十六条 审判人员在审理过程中发现案情复杂需要转为普通程序的,应当在审限届满前及时作出决定,并书面通知当事人。

五、宣判与送达

第二十七条 适用简易程序审理的民事案件,除人民法院认为不宜当庭宣判的以外,应当当庭宣判。

第二十八条 当庭宣判的案件,除当事人当庭要求邮寄送达的以外,人民法院应当告知当事人或者诉讼代理人领取裁判文书的期间和地点以及逾期不领取的法律后果。上述情况,应当记入笔录。

人民法院已经告知当事人领取裁判文书的期间和地点的,当事人在指定期间内领取裁判文书之日即为送达之日;当事人在指定期间内未领取的,指定领取裁判文书期间届满之日即为送达之日,当事人的上诉期从人民法院指定领取裁判文书期间届满之日的次日起开始计算。

第二十九条 当事人因交通不便或者其他原因要求邮寄送达裁判文书的,人民法院可以按照当事人自己提供的送达地址邮寄送达。

人民法院根据当事人自己提供的送达地址邮寄送达的,邮件回执上注明收到或者退回之日即为送达之日,当事人的上诉期从邮件回执上注明收到或者退回之日的次日起开始计算。

第三十条 原告经传票传唤,无正当理由拒不到庭或者未经法庭许可中途退庭的,可以按撤诉处理;被告经传票传唤,无正当理由拒不到庭或者未经法庭许可中途退庭的,人民法院可以根据原告的诉讼请求及双方已经提交给法庭的证据材料缺席判决。

按撤诉处理或者缺席判决的,人民法院可以

按照当事人自己提供的送达地址将裁判文书送达给未到庭的当事人。

第三十一条　定期宣判的案件，定期宣判之日即为送达之日，当事人的上诉期自定期宣判的次日起开始计算。当事人在定期宣判的日期无正当理由未到庭的，不影响该裁判上诉期间的计算。

当事人确有正当理由不能到庭，并在定期宣判前已经告知人民法院的，人民法院可以按照当事人自己提供的送达地址将裁判文书送达给未到庭的当事人。

第三十二条　适用简易程序审理的民事案件，有下列情形之一的，人民法院在制作裁判文书时对认定事实或者判决理由部分可以适当简化：

（一）当事人达成调解协议并需要制作民事调解书的；

（二）一方当事人在诉讼过程中明确表示承认对方全部诉讼请求或者部分诉讼请求的；

（三）当事人对案件事实没有争议或者争议不大的；

（四）涉及个人隐私或者商业秘密的案件，当事人一方要求简化裁判文书中的相关内容，人民法院认为理由正当的；

（五）当事人双方一致同意简化裁判文书的。

六、其　　他

第三十三条　本院已经公布的司法解释与本规定不一致的，以本规定为准。

第三十四条　本规定自2003年12月1日起施行。2003年12月1日以后受理的民事案件，适用本规定。

最高人民法院关于部分基层人民法院开展小额速裁试点工作的指导意见

（2011年3月17日　法〔2011〕129号）

目前，我国正处在经济转轨、社会转型的关键时期，由各种利益诉求引发的矛盾纠纷持续增加，并以诉讼的方式大量进入司法程序，不少地方法院“案多人少”的矛盾始终未得到根本缓解，难以满足人民群众不断增长的司法需求。为此，各级人民法院要认真贯彻社会主义法治理念，紧紧围绕“社会矛盾化解、社会管理创新、公正廉洁执法”三项重点工作，始终坚持“为大局服务，为人民司法”的工作主题，积极探索在基层人民法院适用小额速裁审理民事案件，通过进一步合理配置审判资源，便利人民群众诉讼，提高办案效率，维护司法公正，最大限度地满足人民群众的司法需求。为正确开展小额速裁试点工作，根据《中华人民共和国民事诉讼法》和相关司法解释规定，特提出以下意见：

一、开展小额速裁试点工作的目的

在现行民事诉讼立法和相关司法解释的框架下，小额速裁并非独立的诉讼程序，而是在司法体制和工作机制改革背景下，借鉴国内外民事审判实践经验特别是一些国家和地区小额诉讼立法的基础上，根据现有法律规定的基本原则和基本精神，积极探索改革民事诉讼简易程序的一种新形式。小额速裁通过设定专门的审理流程、设立专门的速裁机构，最大限度地简化民事诉讼程序。小额速裁比我国现行司法实践中所实行的简易程序更为简易、快捷、方便。选择部分基层人民法院，在给予当事人程序选择权的基础上，开展此项工作试点。以期通过试点，进一步完善民事诉讼简易程序，并为将来修改民事诉讼法，创设小额速裁程序积累审判实践经验。

二、小额速裁试点工作的内容

1. 小额速裁的适用对象

当事人起诉的案件法律关系单一，事实清楚，争议标的金额不足1万元的下列给付之诉的案件，可以适用小额速裁，但当事人提出异议的除外：

（1）权利义务关系明确的借贷、买卖、租赁和借用纠纷案件；

（2）身份关系清楚，仅在给付的数额、时间上存在争议的抚养费、赡养费、扶养费纠纷案件；

（3）责任明确、损失金额确定的道路交通事故损害赔偿和其他人身损害赔偿纠纷案件；

（4）权利义务关系明确的拖欠水、电、暖、天然气费及物业管理费纠纷案件；

（5）其他可以适用小额速裁的案件。

各省、自治区、直辖市高级人民法院可以根据当地经济发展情况,在上述规定范围内具体确定本辖区试点法院小额速裁案件的最高收案标的金额。经济发达地区可根据实际情况,适当放宽,但不得超过5万元。本辖区高级人民法院确定的前述最高收案标的金额以上5万元以下的给付之诉,当事人双方书面申请人民法院小额速裁的,人民法院可以适用。当事人变更诉讼请求,追加当事人或者提出反诉的,除当事人双方同意继续适用小额速裁并经人民法院准许外,一律不得适用小额速裁。

2. 小额速裁的起诉和审理

人民法院经立案审查认为当事人的起诉符合适用小额速裁条件的,应当以书面方式将小额速裁的适用条件、审判组织、审理方式、审理期限、裁判方式、诉讼费用收取标准、当事人的异议申请权利,以及人民法院对异议审查后的处理情况等相关程序性安排,告知当事人。当事人选择小额速裁的,人民法院应当记录在案并由当事人签名或捺印确认。

当事人以书面形式申请适用小额速裁的,人民法院应当将其申请入卷备查。双方当事人均选择适用小额速裁的,人民法院应当将适用小额速裁审理案件的决定告知当事人。

人民法院适用小额速裁审理民事案件,由审判员一人独任审理,并根据案件需要为当事人指定答辩期、举证期,但期限不得超过7日。

人民法院适用小额速裁审理民事案件,可以根据当事人的申请安排在晚间、休息日进行调解或者开庭。

人民法院适用小额速裁审理民事案件,可以灵活地安排询问证人的时间。当事人可以口头申请人民法院询问证人。当事人申请利用视频系统等方式询问证人的,人民法院认为适当的,予以准许。

人民法院适用小额速裁审理案件,可不区分法庭调查、法庭辩论阶段。

3. 小额速裁的裁判和收费

适用小额速裁审理民事案件,应当在立案之日起一个月内审结,不得延长审限。一个月内未能审结的,应当转而适用普通程序继续审理。

适用小额速裁审理民事案件,应当贯彻调解优先原则,调解不成的,要及时作出裁判。

适用小额速裁审理民事案件,可以当庭宣判。

当事人对于人民法院适用小额速裁作出的判决不服,可以在收到判决书之日起10日内向原审人民法院提出异议申请。

人民法院应当指定其他审判员对异议申请进行审查。

经审查异议不成立的,人民法院应当在3日内裁定驳回异议。经审查异议成立的,人民法院应当裁定撤销原判,并适用普通程序对案件进行审理。

人民法院适用小额速裁审理民事案件,诉讼费用按《诉讼费用交纳办法》确定的标准减半收取。

三、小额速裁工作试点安排

1. 试点法院的确定。由北京、天津、上海、广东、江苏、浙江、安徽、江西、湖北、四川、贵州、甘肃、青海等十三个省、直辖市高级人民法院在本辖区内各指定两个基层人民法院作为最高人民法院的试点单位。

各高级人民法院在本辖区内指定两个基层人民法院作为高级人民法院的试点单位。

2. 试点法院应当指定专人负责试点工作,并将实施试点工作的方案和联系人报所在省、自治区、直辖市高级人民法院。

试点法院应指定具有审判实践经验的审判员从事小额速裁案件的审理和异议审查工作。

试点法院应逐月做好相关统计工作,对适用小额速裁审理案件的数量、当事人对判决结果提出异议的案件数(比例)以及审查异议后维持的案件数(比例)进行统计,并及时总结试点工作中的经验及存在问题。

3. 各高级人民法院应当高度重视小额速裁试点工作,指定院内相关部门和人员对试点工作进行指导。尽快建立试点法院与高级人民法院和最高人民法院的沟通协调机制,将作为最高人民法院的试点法院和联系人以及本院负责小额速裁试点工作的人员名单及联系方式报最高人民法院民事审判第一庭。

各高级人民法院应当加强对试点法院的业务指导与监督,及时发现、总结试点工作的经验和存在问题，每三个月向最高人民法院报告一次。

最高人民法院关于海事法院可否适用小额诉讼程序问题的批复

（2013 年 5 月 27 日最高人民法院审判委员会第 1579 次会议通过　2013 年 6 月 19 日最高人民法院公告公布　自 2013 年 6 月 26 日起施行　法释〔2013〕16 号）

上海市高级人民法院：

你院《关于海事法院适用小额诉讼程序的请示》（沪高法〔2013〕5 号）收悉。经研究，批复如下：

2012 年修订的《中华人民共和国民事诉讼法》简易程序一章规定了小额诉讼程序，《中华人民共和国海事诉讼特别程序法》第九十八条规定海事法院可以适用简易程序。因此，海事法院可以适用小额诉讼程序审理简单的海事、海商案件。

适用小额诉讼程序的标的额应以实际受理案件的海事法院或其派出法庭所在的省、自治区、直辖市上年度就业人员年平均工资百分之三十为限。

十三 审 限

最高人民法院关于严格执行案件审理期限制度的若干规定①

(2000年9月14日最高人民法院审判委员会第1130次会议通过 2000年9月22日最高人民法院公告公布 自2000年9月28日起施行 法释〔2000〕29号)

为提高诉讼效率,确保司法公正,根据刑事诉讼法、民事诉讼法、行政诉讼法和海事诉讼特别程序法的有关规定,现就人民法院执行案件审理期限制度的有关问题规定如下:

一、各类案件的审理、执行期限

第一条 适用普通程序审理的第一审刑事公诉案件、被告人被羁押的第一审刑事自诉案件和第二审刑事公诉、刑事自诉案件的期限为1个月,至迟不得超过一个半月;附带民事诉讼案件的审理期限,经本院院长批准,可以延长2个月。有刑事诉讼法第一百二十六条规定情形之一的,经省、自治区、直辖市高级人民法院批准或者决定,审理期限可以再延长1个月;最高人民法院受理的刑事上诉、刑事抗诉案件,经最高人民法院决定,审理期限可以再延长1个月。

适用普通程序审理的被告人未被羁押的第一审刑事自诉案件,期限为6个月;有特殊情况需要延长的,经本院院长批准,可以延长3个月。

适用简易程序审理的刑事案件,审理期限为20日。

第二条 适用普通程序审理的第一审民事案件,期限为6个月;有特殊情况需要延长的,经本院院长批准,可以延长6个月,还需延长的,报请上一级人民法院批准,可以再延长3个月。

适用简易程序审理的民事案件,期限为3个月。

适用特别程序审理的民事案件,期限为30日;有特殊情况需要延长的,经本院院长批准,可以延长30日,但审理选民资格案件必须在选举日前审结。

审理第一审船舶碰撞、共同海损案件的期限为1年;有特殊情况需要延长的,经本院院长批准,可以延长6个月。

审理对民事判决的上诉案件,审理期限为3个月;有特殊情况需要延长的,经本院院长批准,可以延长3个月。

审理对民事裁定的上诉案件,审理期限为30日。

对罚款、拘留民事决定不服申请复议的,审理期限为5日。

审理涉外民事案件,根据民事诉讼法第二百四十八条的规定,不受上述案件审理期限的限制。②

审理涉港、澳、台的民事案件的期限,参照涉外审理民事案件的规定办理。

第三条 审理第一审行政案件的期限为3个月;有特殊情况需要延长的,经高级人民法院批准可以延长3个月。高级人民法院审理第一审案件需要延长期限的,由最高人民法院批准,可以延长3个月。

审理行政上诉案件的期限为2个月;有特殊情况需要延长的,由高级人民法院批准,可以延长2个月。高级人民法院审理的第二审案件需要延长期限的,由最高人民法院批准,可以延长2个月。

第四条 按照审判监督程序重新审理的刑事案件的期限为3个月;需要延长期限的,经本院院长批准,可以延长3个月。

裁定再审的民事、行政案件,根据再审适用的不同程序,分别执行第一审或第二审审理期限的规定。

第五条 执行案件应当在立案之日起6个月内执结,非诉执行案件应当在立案之日起3个月内执结;有特殊情况需要延长的,经本院院长批准,可以延长3个月,还需延长的,层报高级人民法院备案。

委托执行的案件,委托的人民法院应当在立

① 编者注:已被修改。
② 本条根据法释〔2008〕18号第六十一条调整。

案后1个月内办理完委托执行手续,受委托的人民法院应当在收到委托函件后30日内执行完毕。未执行完毕,应当在期限届满后15日内将执行情况函告委托人民法院。

刑事案件没收财产刑应当即时执行。

刑事案件罚金刑,应当在判决、裁定发生法律效力后3个月内执行完毕,至迟不超过6个月。

二、立案、结案时间及审理期限的计算

第六条 第一审人民法院收到起诉书(状)或者执行申请书后,经审查认为符合受理条件的应当在7日内立案;收到自诉人自诉状或者口头告诉的,经审查认为符合自诉案件受理条件的应当在15日内立案。

改变管辖的刑事、民事、行政案件,应当在收到案卷材料后的3日内立案。

第二审人民法院应当在收到第一审人民法院移送的上(抗)诉材料及案卷材料后的5日内立案。

发回重审或指令再审的案件,应当在收到发回重审或指令再审裁定及案卷材料后的次日内立案。

按照审判监督程序重新审判的案件,应当在作出提审、再审裁定(决定)的次日立案。

第七条 立案机构应当在决定立案的3日内将案卷材料移送审判庭。

第八条 案件的审理期限从立案次日起计算。

由简易程序转为普通程序审理的第一审刑事案件的期限,从决定转为普通程序次日起计算;由简易程序转为普通程序审理的第一审民事案件的期限,从立案次日起连续计算。

第九条 下列期间不计入审理、执行期限:

(一)刑事案件对被告人作精神病鉴定的期间;

(二)刑事案件因另行委托、指定辩护人,法院决定延期审理的,自案件宣布延期审理之日起至第10日止准备辩护的时间;

(三)公诉人发现案件需要补充侦查,提出延期审理建议后,合议庭同意延期审理的期间;

(四)刑事案件二审期间,检察院查阅案卷超过7日后的时间;

(五)因当事人、诉讼代理人、辩护人申请通知新的证人到庭、调取新的证据、申请重新鉴定或者勘验,法院决定延期审理1个月之内的期间;

(六)民事、行政案件公告、鉴定的期间;

(七)审理当事人提出的管辖权异议和处理法院之间的管辖争议的期间;

(八)民事、行政、执行案件由有关专业机构进行审计、评估、资产清理的期间;

(九)中止诉讼(审理)或执行至恢复诉讼(审理)或执行的期间;

(十)当事人达成执行和解或者提供执行担保后,执行法院决定暂缓执行的期间;

(十一)上级人民法院通知暂缓执行的期间;

(十二)执行中拍卖、变卖被查封、扣押财产的期间。

第十条 人民法院判决书宣判、裁定书宣告或者调解书送达最后一名当事人的日期为结案时间。如需委托宣判、送达的,委托宣判、送达的人民法院应当在审限届满前将判决书、裁定书、调解书送达受托人民法院。受托人民法院应当在收到委托书后7日内送达。

人民法院判决书宣判、裁定书宣告或者调解书送达有下列情形之一的,结案时间遵守以下规定:

(一)留置送达的,以裁判文书留在受送达人的住所日为结案时间;

(二)公告送达的,以公告刊登之日为结案时间;

(三)邮寄送达的,以交邮日期为结案时间;

(四)通过有关单位转交送达的,以送达回证上当事人签收的日期为结案时间。

三、案件延长审理期限的报批

第十一条 刑事公诉案件、被告人被羁押的自诉案件,需要延长审理期限的,应当在审理期限届满7日以前,向高级人民法院提出申请;被告人未被羁押的刑事自诉案件,需要延长审理期限的,应当在审理期限届满10日前向本院院长提出申请。

第十二条 民事案件应当在审理期限届满10日前向本院院长提出申请;还需延长的,应当

在审理期限届满10日前向上一级人民法院提出申请。

第十三条 行政案件应当在审理期限届满10日前向高级人民法院或者最高人民法院提出申请。

第十四条 对于下级人民法院申请延长办案期限的报告,上级人民法院应当在审理期限届满3日前作出决定,并通知提出申请延长审理期限的人民法院。

需要本院院长批准延长办案期限的,院长应当在审限届满前批准或者决定。

四、上诉、抗诉二审案件的移送期限

第十五条 被告人、自诉人、附带民事诉讼的原告人和被告人通过第一审人民法院提出上诉的刑事案件,第一审人民法院应当在上诉期限届满后3日内将上诉状连同案卷、证据移送第二审人民法院。被告人、自诉人、附带民事诉讼的原告人和被告人直接向上级人民法院提出上诉的刑事案件,第一审人民法院应当在接到第二审人民法院移交的上诉状后3日内将案卷、证据移送上一级人民法院。

第十六条 人民检察院抗诉的刑事二审案件,第一审人民法院应当在上诉、抗诉期届满后3日内将抗诉书连同案卷、证据移送第二审人民法院。

第十七条 当事人提出上诉的二审民事、行政案件,第一审人民法院收到上诉状,应当在5日内将上诉状副本送达对方当事人。人民法院收到答辩状,应当在5日内将副本送达上诉人。

人民法院受理人民检察院抗诉的民事、行政案件的移送期限,比照前款规定办理。

第十八条 第二审人民法院立案时发现上诉案件材料不齐全的,应当在2日内通知第一审人民法院。第一审人民法院应当在接到第二审人民法院的通知后5日内补齐。

第十九条 下级人民法院接到上级人民法院调卷通知后,应当在5日内将全部案卷和证据移送,至迟不超过10日。

五、对案件审理期限的监督、检查

第二十条 各级人民法院应当将审理案件期限情况作为审判管理的重要内容,加强对案件审理期限的管理、监督和检查。

第二十一条 各级人民法院应当建立审理期限届满前的催办制度。

第二十二条 各级人民法院应当建立案件审理期限定期通报制度。对违反诉讼法规定,超过审理期限或者违反本规定的情况进行通报。

第二十三条 审判人员故意拖延办案,或者因过失延误办案,造成严重后果的,依照《人民法院审判纪律处分办法(试行)》第五十九条的规定予以处分。

审判人员故意拖延移送案件材料,或者接受委托送达后,故意拖延不予送达的,参照《人民法院审判纪律处分办法(试行)》第五十九条的规定予以处分。

第二十四条 本规定发布前有关审理期限规定与本规定不一致的,以本规定为准。

最高人民法院关于执行《最高人民法院关于严格执行案件审理期限制度的若干规定》中有关问题的复函

(2001年8月20日 法函〔2001〕46号)

江苏省高级人民法院:

你院苏立函字第10号《关于执行〈最高人民法院关于严格执行案件审理期限制度的若干规定〉中有关问题的请求》收悉。经研究,答复如下:

立案庭承担有关法律文书送达、对管辖权异议的审查、诉讼保全、庭前证据交换等庭前程序性工作的,向审判庭移送案卷材料的期限可不受《最高人民法院关于严格执行案件审理期限制度的若干规定》(以下简称《若干规定》)第七条"立案机构应当在决定立案的三日内将案卷材料移送审判庭"规定的限制,但第一审案件移送案卷材料的期限最长不得超过二十日,第二审案件最长不得超过十五日。

立案庭未承担上述程序性工作的,仍应执行《若干规定》第七条的规定。

最高人民法院关于严格规范民商事案件延长审限和延期开庭问题的规定①

（2018年4月23日最高人民法院审判委员会第1737次会议通过　2018年4月25日最高人民法院公告公布　自2018年4月26日起施行　法释〔2018〕9号）

为维护诉讼当事人合法权益，根据《中华人民共和国民事诉讼法》等规定，结合审判实际，现就民商事案件延长审限和延期开庭的有关问题规定如下。

第一条　人民法院审理民商事案件时，应当严格遵守法律及司法解释有关审限的规定。适用普通程序审理的第一审案件，审限为六个月；适用简易程序审理的第一审案件，审限为三个月。审理对判决的上诉案件，审限为三个月；审理对裁定的上诉案件，审限为三十日。

法律规定有特殊情况需要延长审限的，独任审判员或合议庭应当在期限届满十五日前向本院院长提出申请，并说明详细情况和理由。院长应当在期限届满五日前作出决定。

经本院院长批准延长审限后尚不能结案，需要再次延长的，应当在期限届满十五日前报请上级人民法院批准。上级人民法院应当在审限届满五日前作出决定。

第二条　人民法院开庭审理民商事案件后，认为需要再次开庭的，应当依法告知当事人下次开庭的时间。两次开庭间隔时间不得超过一个月，但因不可抗力或当事人同意的除外。

第三条　独任审判员或者合议庭适用民事诉讼法第一百四十六条第四项规定决定延期开庭的，应当报本院院长批准。

第四条　人民法院应当将案件的立案时间、审理期限，扣除、延长、重新计算审限，延期开庭审理的情况及事由，按照《最高人民法院关于人民法院通过互联网公开审判流程信息的规定》及时向当事人及其法定代理人、诉讼代理人公开。当事人及其法定代理人、诉讼代理人有异议的，可以依法向受理案件的法院申请监督。

第五条　故意违反法律、审判纪律、审判管理规定拖延办案，或者因过失延误办案，造成严重后果的，依照《人民法院工作人员处分条例》第四十七条的规定予以处分。

第六条　本规定自2018年4月26日起施行；最高人民法院此前发布的司法解释及规范性文件与本规定不一致的，以本规定为准。

最高人民法院关于修改《最高人民法院关于严格规范民商事案件延长审限和延期开庭问题的规定》的决定

（2019年2月25日最高人民法院审判委员会第1762次会议通过　2019年3月27日最高人民法院公告公布　自2019年3月28日起施行　法释〔2019〕4号）

根据最高人民法院审判委员会第1762次会议决定，对《最高人民法院关于严格规范民商事案件延长审限和延期开庭问题的规定》（以下简称《规定》）作如下修改：

一、增加规定第二条："民事诉讼法第一百四十六条第四项规定的'其他应当延期的情形'，是指因不可抗力或者意外事件导致庭审无法正常进行的情形。"

二、增加规定第三条："人民法院应当严格限制延期开庭审理次数。适用普通程序审理民商事案件，延期开庭审理次数不超过两次；适用简易程序以及小额速裁程序审理民商事案件，延期开庭审理次数不超过一次。"

三、增加规定第四条，分四款："基层人民法院及其派出的法庭审理事实清楚、权利义务关系明确、争议不大的简单民商事案件，适用简易程序。""基层人民法院及其派出的法庭审理符合前款规定且标的额为各省、自治区、直辖市上年度就业人员年平均工资两倍以下的民商事案件，应当适用简易程序，法律及司法解释规定不适用简易程序的案件除外。""适用简易程序审理的民商

① 编者注：已被修改。

事案件,证据交换、庭前会议等庭前准备程序与开庭程序一并进行,不再另行组织。”“适用简易程序的案件,不适用公告送达。”

四、将《规定》第二条的“再次开庭”修改为:“延期开庭审理”。

五、将《规定》的条文顺序作相应调整:“第二条”调整为“第五条”,“第三条”调整为“第六条”,“第四条”调整为“第七条”,“第五条”调整为“第八条”,“第六条”调整为“第九条”。

本决定自2019年3月28日起施行。

根据本决定,《规定》作相应修改并调整条文顺序后重新公布。

最高人民法院关于严格规范民商事案件延长审限和延期开庭问题的规定

(2018年4月23日最高人民法院审判委员会第1737次会议通过　根据2019年2月25日最高人民法院审判委员会第1762次会议通过的《最高人民法院关于修改〈最高人民法院关于严格规范民商事案件延长审限和延期开庭问题的规定〉的决定》修正　法释〔2019〕4号)

为维护诉讼当事人合法权益,根据《中华人民共和国民事诉讼法》等规定,结合审判实际,现就民商事案件延长审限和延期开庭等有关问题规定如下。

第一条　人民法院审理民商事案件时,应当严格遵守法律及司法解释有关审限的规定。适用普通程序审理的第一审案件,审限为六个月;适用简易程序审理的第一审案件,审限为三个月。审理对判决的上诉案件,审限为三个月;审理对裁定的上诉案件,审限为三十日。

法律规定有特殊情况需要延长审限的,独任审判员或合议庭应当在期限届满十五日前向本院院长提出申请,并说明详细情况和理由。院长应当在期限届满五日前作出决定。

经本院院长批准延长审限后尚不能结案,需要再次延长的,应当在期限届满十五日前报请上级人民法院批准。上级人民法院应当在审限届满五日前作出决定。

第二条　民事诉讼法第一百四十六条第四项规定的“其他应当延期的情形”,是指因不可抗力或者意外事件导致庭审无法正常进行的情形。

第三条　人民法院应当严格限制延期开庭审理次数。适用普通程序审理民商事案件,延期开庭审理次数不超过两次;适用简易程序以及小额速裁程序审理民商事案件,延期开庭审理次数不超过一次。

第四条　基层人民法院及其派出的法庭审理事实清楚、权利义务关系明确、争议不大的简单民商事案件,适用简易程序。

基层人民法院及其派出的法庭审理符合前款规定且标的额为各省、自治区、直辖市上年度就业人员年平均工资两倍以下的民商事案件,应当适用简易程序,法律及司法解释规定不适用简易程序的案件除外。

适用简易程序审理的民商事案件,证据交换、庭前会议等庭前准备程序与开庭程序一并进行,不再另行组织。

适用简易程序的案件,不适用公告送达。

第五条　人民法院开庭审理民商事案件后,认为需要延期开庭审理的,应当依法告知当事人下次开庭的时间。两次开庭间隔时间不得超过一个月,但因不可抗力或当事人同意的除外。

第六条　独任审判员或者合议庭适用民事诉讼法第一百四十六条第四项规定决定延期开庭的,应当报本院院长批准。

第七条　人民法院应当将案件的立案时间、审理期限,扣除、延长、重新计算审限,延期开庭审理的情况及事由,按照《最高人民法院关于人民法院通过互联网公开审判流程信息的规定》及时向当事人及其法定代理人、诉讼代理人公开。当事人及其法定代理人、诉讼代理人有异议的,可以依法向受理案件的法院申请监督。

第八条　故意违反法律、审判纪律、审判管理规定拖延办案,或者因过失延误办案,造成严重后果的,依照《人民法院工作人员处分条例》第四十七条的规定予以处分。

第九条　本规定自2018年4月26日起施行;最高人民法院此前发布的司法解释及规范性文件与本规定不一致的,以本规定为准。

十四 审判监督程序

最高人民法院关于民事调解书确有错误当事人没有申请再审的案件人民法院可否再审问题的批复①

（1993年3月8日 〔1993〕民他字第1号）

江苏省高级人民法院：

你院苏高法〔1992〕第174号《关于人民法院发现确有错误的民事调解书，当事人并未申请再审，人民法院是否可以提出再审问题的请示》收悉。经研究，答复如下：

对已经发生法律效力的调解书，人民法院如果发现确有错误，而又必须再审的，当事人没有申请再审，人民法院根据民事诉讼法的有关规定精神，可以按照审判监督程序再审。

最高人民法院关于人民法院不予受理人民检察院单独就诉讼费负担裁定提出抗诉问题的批复

（1998年7月21日最高人民法院审判委员会第1005次会议通过 1998年8月31日最高人民法院公告公布 自1998年9月5日起施行 法释〔1998〕22号）

河南省高级人民法院：

你院豫高法〔1998〕131号《关于人民检察院单独就诉讼费负担的裁定进行抗诉能否受理的请示》收悉。经研究，同意你院意见，即：人民检察院对人民法院就诉讼费负担的裁定提出抗诉，没有法律依据，人民法院不予受理。

最高人民法院关于第二审法院裁定按自动撤回上诉处理的案件第一审法院能否再审问题的批复

（1998年7月31日最高人民法院审判委员会第1009次会议通过 1998年8月10日最高人民法院公告公布 自1998年8月13日施行 法释〔1998〕19号）

河南省高级人民法院：

你院豫高法〔1997〕129号《关于再审案件中若干问题的请示》收悉。经研究，答复如下：

在民事诉讼中，上诉人不依法预交上诉案件受理费，或者经传唤无正当理由拒不到庭，由第二审人民法院裁定按自动撤回上诉处理后，第一审判决自第二审裁定确定之日起生效。当事人对生效的第一审判决不服，申请再审的，第一审人民法院及其上一级人民法院可以依法决定再审，上一级人民法院的同级人民检察院也可以依法提出抗诉。对第二审裁定不服申请再审的，由第二审人民法院或其上一级人民法院依法决定是否再审。

此复。

最高人民法院关于当事人对按自动撤回上诉处理的裁定不服申请再审人民法院应如何处理问题的批复②

（2002年7月15日最高人民法院审判委员会第1231次会议通过 2002年7月19日最高人民法院公告公布 自2002年7月24日起施行 法释〔2002〕20号）

吉林省高级人民法院：

你院吉高法〔2001〕20号《关于当事人对按撤回上诉处理的裁定不服申请再审，人民法院经审查认为该裁定确有错误应如何进行再审问题

① 编者注：已废止。

② 编者注：已废止。

的请示》收悉。经研究,答复如下:

当事人对按自动撤回上诉处理的裁定不服申请再审,人民法院认为符合《中华人民共和国民事诉讼法》第一百七十九条规定的情形之一的,应当再审。经再审,裁定确有错误的,应当予以撤销,恢复第二审程序。

此复。

最高人民法院关于当事人对人民法院撤销仲裁裁决的裁定不服申请再审人民法院是否受理问题的批复

(1999 年 1 月 29 日最高人民法院审判委员会第 1042 次会议通过　1999 年 2 月 11 日最高人民法院公告公布　自 1999 年 2 月 16 日起施行　法释〔1999〕6 号)

陕西省高级人民法院:

你院陕高法〔1998〕78 号《关于当事人对人民法院撤销仲裁裁决的裁定不服申请再审是否应当受理的请示》收悉。经研究,答复如下:

根据《中华人民共和国仲裁法》第九条规定的精神,当事人对人民法院撤销仲裁裁决的裁定不服申请再审的,人民法院不予受理。

此复。

最高人民法院关于当事人对驳回其申请撤销仲裁裁决的裁定不服而申请再审,人民法院不予受理问题的批复

(2004 年 7 月 20 日最高人民法院审判委员会第 1320 次会议通过　2004 年 7 月 26 日最高人民法院公告公布　自 2004 年 7 月 29 日起施行　法释〔2004〕9 号)

陕西省高级人民法院:

你院陕高法〔2004〕225 号《关于当事人不服人民法院驳回其申请撤销仲裁裁决的裁定申请再审,人民法院是否受理的请示》收悉。经研究,答复如下:

根据《中华人民共和国仲裁法》第九条规定的精神,当事人对人民法院驳回其申请撤销仲裁裁决的裁定不服而申请再审的,人民法院不予受理。

此复。

最高人民法院关于人民检察院对民事调解书提出抗诉人民法院应否受理问题的批复①

(1999 年 1 月 26 日最高人民法院审判委员会第 1041 次会议通过　1999 年 2 月 9 日最高人民法院公告公布　自 1999 年 2 月 13 日起施行　法释〔1999〕4 号)

黑龙江、河南省高级人民法院:

黑高法〔1998〕67 号《关于检察院对调解书抗诉应否受理的请示》和豫高法〔1998〕130 号《关于检察机关对民事、经济调解书提出抗诉人民法院应否受理的请示》收悉。经研究,答复如下:

《中华人民共和国民事诉讼法》第一百八十七条只规定人民检察院可以对人民法院已经发生法律效力的判决、裁定提出抗诉,没有规定人民检察院可以对调解书提出抗诉。人民检察院对调解书提出抗诉的,人民法院不予受理。

此复。

最高人民法院关于民事损害赔偿案件当事人的再审申请超出原审诉讼请求人民法院是否应当再审问题的批复②

(2002 年 7 月 15 日最高人民法院审判委员会第 1231 次会议通过　2002 年 7 月 18 日最高人民法院公告公布　自 2002 年 7 月 20 日起施行　法释〔2002〕19 号)

云南省高级人民法院:

你院云高法〔2001〕8 号《关于再审民事案件

① 本批复已根据法释〔2008〕18 号第五十九条调整。2019 年本批复废止。

② 编者注:已废止。

能否超原判诉讼请求判决的请示》收悉。经研究,答复如下:

根据《中华人民共和国民事诉讼法》第一百七十九条的规定,民事损害赔偿案件当事人的再审申请超出原审诉讼请求,或者当事人在原审判决、裁定执行终结前,以物价变动等为由向人民法院申请再审的,人民法院应当依法予以驳回。

此复。

最高人民法院关于人民法院对民事案件发回重审和指令再审有关问题的规定①

(2002年4月15日最高人民法院审判委员会第1221次会议通过 2002年7月31日最高人民法院公告公布 自2002年8月5日起施行 法释〔2002〕24号)

各省、自治区、直辖市高级人民法院,解放军军事法院,新疆维吾尔自治区高级人民法院生产建设兵团分院:

根据《中华人民共和国民事诉讼法》(以下简称民事诉讼法)的有关规定,现对人民法院将民事案件发回重审和指令再审的有关问题作如下规定:

第一条 第二审人民法院根据民事诉讼法第一百五十三条第一款第(三)项的规定将案件发回原审人民法院重审的,对同一案件,只能发回重审一次。第一审人民法院重审后,第二审人民法院认为原判决认定事实仍有错误,或者原判决认定事实不清、证据不足的,应当查清事实后依法改判。

第二条 各级人民法院依照民事诉讼法第一百七十七条第一款的规定对同一案件进行再审的,只能再审一次。

上级人民法院根据民事诉讼法第一百七十七条第二款的规定指令下级人民法院再审的,只能指令再审一次。上级人民法院认为下级人民法院作出的发生法律效力的再审判决、裁定需要再次进行再审的,上级人民法院应当依法提审。

上级人民法院因下级人民法院违反法定程序而指令再审的,不受前款规定的限制。

第三条 同一人民法院根据民事诉讼法第一百七十八条的规定,对同一案件只能依照审判监督程序审理一次。

前款所称"依照审判监督程序审理一次"不包括人民法院对当事人的再审申请审查后用通知书驳回的情形。

最高人民法院关于民事审判监督程序严格依法适用指令再审和发回重审若干问题的规定

(2015年2月2日最高人民法院审判委员会第1643次会议通过 2015年2月16日最高人民法院公告公布 自2015年3月15日起施行 法释〔2015〕7号)

为了及时有效维护各方当事人的合法权益,维护司法公正,进一步规范民事案件指令再审和再审发回重审,提高审判监督质量和效率,根据《中华人民共和国民事诉讼法》,结合审判实际,制定本规定。

第一条 上级人民法院应当严格依照民事诉讼法第二百条等规定审查当事人的再审申请,符合法定条件的,裁定再审。不得因指令再审而降低再审启动标准,也不得因当事人反复申诉将依法不应当再审的案件指令下级人民法院再审。

第二条 因当事人申请裁定再审的案件一般应当由裁定再审的人民法院审理。有下列情形之一的,最高人民法院、高级人民法院可以指令原审人民法院再审:

(一)依据民事诉讼法第二百条第(四)项、第(五)项或者第(九)项裁定再审的;

(二)发生法律效力的判决、裁定、调解书是由第一审法院作出的;

(三)当事人一方人数众多或者当事人双方为公民的;

(四)经审判委员会讨论决定的其他情形。

人民检察院提出抗诉的案件,由接受抗诉的人民法院审理,具有民事诉讼法第二百条第(一)

① 编者注:已废止。

至第(五)项规定情形之一的,可以指令原审人民法院再审。

人民法院依据民事诉讼法第一百九十八条第二款裁定再审的,应当提审。

第三条 虽然符合本规定第二条可以指令再审的条件,但有下列情形之一的,应当提审:

(一)原判决、裁定系经原审人民法院再审审理后作出的;

(二)原判决、裁定系经原审人民法院审判委员会讨论作出的;

(三)原审审判人员在审理该案件时有贪污受贿,徇私舞弊,枉法裁判行为的;

(四)原审人民法院对该案无再审管辖权的;

(五)需要统一法律适用或裁量权行使标准的;

(六)其他不宜指令原审人民法院再审的情形。

第四条 人民法院按照第二审程序审理再审案件,发现原判决认定基本事实不清的,一般应当通过庭审认定事实后依法作出判决。但原审人民法院未对基本事实进行过审理的,可以裁定撤销原判决,发回重审。原判决认定事实错误的,上级人民法院不得以基本事实不清为由裁定发回重审。

第五条 人民法院按照第二审程序审理再审案件,发现第一审人民法院有下列严重违反法定程序情形之一的,可以依照民事诉讼法第一百七十条第一款第(四)项的规定,裁定撤销原判决,发回第一审人民法院重审:

(一)原判决遗漏必须参加诉讼的当事人的;

(二)无诉讼行为能力人未经法定代理人代为诉讼,或者应当参加诉讼的当事人,因不能归责于本人或者其诉讼代理人的事由,未参加诉讼的;

(三)未经合法传唤缺席判决,或者违反法律规定剥夺当事人辩论权利的;

(四)审判组织的组成不合法或者依法应当回避的审判人员没有回避的;

(五)原判决、裁定遗漏诉讼请求的。

第六条 上级人民法院裁定指令再审、发回重审的,应当在裁定书中阐明指令再审或者发回重审的具体理由。

第七条 再审案件应当围绕申请人的再审请求进行审理和裁判。对方当事人在再审庭审辩论终结前也提出再审请求的,应一并审理和裁判。当事人的再审请求超出原审诉讼请求的不予审理,构成另案诉讼的应告知当事人可以提起新的诉讼。

第八条 再审发回重审的案件,应当围绕当事人原诉讼请求进行审理。当事人申请变更、增加诉讼请求和提出反诉的,按照最高人民法院《关于适用〈中华人民共和国民事诉讼法〉的解释》第二百五十二条的规定审查决定是否准许。当事人变更其在原审中的诉讼主张、质证及辩论意见的,应说明理由并提交相应的证据,理由不成立或证据不充分的,人民法院不予支持。

第九条 各级人民法院对民事案件指令再审和再审发回重审的审判行为,应当严格遵守本规定。违反本规定的,应当依照相关规定追究有关人员的责任。

第十条 最高人民法院以前发布的司法解释与本规定不一致的,不再适用。

最高人民法院关于适用《中华人民共和国民事诉讼法》审判监督程序若干问题的解释

(2008年11月10日最高人民法院审判委员会第1453次会议通过 2008年11月25日最高人民法院公告公布 自2008年12月1日起施行 法释〔2008〕14号)

为了保障当事人申请再审权利,规范审判监督程序,维护各方当事人的合法权益,根据2007年10月28日修正的《中华人民共和国民事诉讼法》,结合审判实践,对审判监督程序中适用法律的若干问题作出如下解释:

第一条 当事人在民事诉讼法第一百八十四条规定的期限内,以民事诉讼法第一百七十九条所列明的再审事由,向原审人民法院的上一级人民法院申请再审的,上一级人民法院应当依法受理。

第二条 民事诉讼法第一百八十四条规定

的申请再审期间不适用中止、中断和延长的规定。

第三条 当事人申请再审，应当向人民法院提交再审申请书，并按照对方当事人人数提出副本。

人民法院应当审查再审申请书是否载明下列事项：

（一）申请再审人与对方当事人的姓名、住所及有效联系方式等基本情况；法人或其他组织的名称、住所和法定代表人或主要负责人的姓名、职务及有效联系方式等基本情况；

（二）原审人民法院的名称，原判决、裁定、调解文书案号；

（三）申请再审的法定情形及具体事实、理由；

（四）具体的再审请求。

第四条 当事人申请再审，应当向人民法院提交已经发生法律效力的判决书、裁定书、调解书，身份证明及相关证据材料。

第五条 案外人对原判决、裁定、调解书确定的执行标的物主张权利，且无法提起新的诉讼解决争议的，可以在判决、裁定、调解书发生法律效力后二年内，或者自知道或应当知道利益被损害之日起三个月内，向作出原判决、裁定、调解书的人民法院的上一级人民法院申请再审。

在执行过程中，案外人对执行标的提出书面异议的，按照民事诉讼法第二百零四条的规定处理。

第六条 申请再审人提交的再审申请书或者其他材料不符合本解释第三条、第四条的规定，或者有人身攻击等内容，可能引起矛盾激化的，人民法院应当要求申请再审人补充或改正。

第七条 人民法院应当自收到符合条件的再审申请书等材料后五日内完成向申请再审人发送受理通知书等受理登记手续，并向对方当事人发送受理通知书及再审申请书副本。

第八条 人民法院受理再审申请后，应当组成合议庭予以审查。

第九条 人民法院对再审申请的审查，应当围绕再审事由是否成立进行。

第十条 申请再审人提交下列证据之一的，人民法院可以认定为民事诉讼法第一百七十九条第一款第（一）项规定的“新的证据”：

（一）原审庭审结束前已客观存在庭审结束后新发现的证据；

（二）原审庭审结束前已经发现，但因客观原因无法取得或在规定的期限内不能提供的证据；

（三）原审庭审结束后原作出鉴定结论、勘验笔录者重新鉴定、勘验，推翻原结论的证据。

当事人在原审中提供的主要证据，原审未予质证、认证，但足以推翻原判决、裁定的，应当视为新的证据。

第十一条 对原判决、裁定的结果有实质影响、用以确定当事人主体资格、案件性质、具体权利义务和民事责任等主要内容所依据的事实，人民法院应当认定为民事诉讼法第一百七十九条第一款第（二）项规定的“基本事实”。

第十二条 民事诉讼法第一百七十九条第一款第（五）项规定的“对审理案件需要的证据”，是指人民法院认定案件基本事实所必须的证据。

第十三条 原判决、裁定适用法律、法规或司法解释有下列情形之一的，人民法院应当认定为民事诉讼法第一百七十九条第一款第（六）项规定的“适用法律确有错误”：

（一）适用的法律与案件性质明显不符的；

（二）确定民事责任明显违背当事人约定或者法律规定的；

（三）适用已经失效或尚未施行的法律的；

（四）违反法律溯及力规定的；

（五）违反法律适用规则的；

（六）明显违背立法本意的。

第十四条 违反专属管辖、专门管辖规定以及其他严重违法行使管辖权的，人民法院应当认定为民事诉讼法第一百七十九条第一款第（七）项规定的“管辖错误”。

第十五条 原审开庭过程中审判人员不允许当事人行使辩论权利，或者以不送达起诉状副本或上诉状副本等其他方式，致使当事人无法行使辩论权利的，人民法院应当认定为民事诉讼法第一百七十九条第一款第（十）项规定的“剥夺当事人辩论权利”。但依法缺席审理，依法径行判决、裁定的除外。

第十六条 原判决、裁定对基本事实和案件性质的认定系根据其他法律文书作出，而上述其他法律文书被撤销或变更的，人民法院可以认定为民事诉讼法第一百七十九条第一款第(十三)项规定的情形。

第十七条 民事诉讼法第一百七十九条第二款规定的"违反法定程序可能影响案件正确判决、裁定的情形"，是指除民事诉讼法第一百七十九条第一款第(四)项以及第(七)项至第(十二)项之外的其他违反法定程序，可能导致案件裁判结果错误的情形。

第十八条 民事诉讼法第一百七十九条第一款规定的"审判人员在审理该案件时有贪污受贿，徇私舞弊，枉法裁判行为"，是指该行为已经相关刑事法律文书或者纪律处分决定确认的情形。

第十九条 人民法院经审查再审申请书等材料，认为申请再审事由成立的，应当径行裁定再审。

当事人申请再审超过民事诉讼法第一百八十四条规定的期限，或者超出民事诉讼法第一百七十九条所列明的再审事由范围的，人民法院应当裁定驳回再审申请。

第二十条 人民法院认为仅审查再审申请书等材料难以作出裁定的，应当调阅原审卷宗予以审查。

第二十一条 人民法院可以根据案情需要决定是否询问当事人。

以有新的证据足以推翻原判决、裁定为由申请再审的，人民法院应当询问当事人。

第二十二条 在审查再审申请过程中，对方当事人也申请再审的，人民法院应当将其列为申请再审人，对其提出的再审申请一并审查。

第二十三条 申请再审人在案件审查期间申请撤回再审申请的，是否准许，由人民法院裁定。

申请再审人经传票传唤，无正当理由拒不接受询问，可以裁定按撤回再审申请处理。

第二十四条 人民法院经审查认为申请再审事由不成立的，应当裁定驳回再审申请。

驳回再审申请的裁定一经送达，即发生法律效力。

第二十五条 有下列情形之一的，人民法院可以裁定终结审查：

(一)申请再审人死亡或者终止，无权利义务承受人或者权利义务承受人声明放弃再审申请的；

(二)在给付之诉中，负有给付义务的被申请人死亡或者终止，无可供执行的财产，也没有应当承担义务的人的；

(三)当事人达成执行和解协议且已履行完毕的，但当事人在执行和解协议中声明不放弃申请再审权利的除外；

(四)当事人之间的争议可以另案解决的。

第二十六条 人民法院审查再审申请期间，人民检察院对该案提出抗诉的，人民法院应依照民事诉讼法第一百八十八条的规定裁定再审。申请再审人提出的具体再审请求应纳入审理范围。

第二十七条 上一级人民法院经审查认为申请再审事由成立的，一般由本院提审。最高人民法院、高级人民法院也可以指定与原审人民法院同级的其他人民法院再审，或者指令原审人民法院再审。

第二十八条 上一级人民法院可以根据案件的影响程度以及案件参与人等情况，决定是否指定再审。需要指定再审的，应当考虑便利当事人行使诉讼权利以及便利人民法院审理等因素。

接受指定再审的人民法院，应当按照民事诉讼法第一百八十六条第一款规定的程序审理。

第二十九条 有下列情形之一的，不得指令原审人民法院再审：

(一)原审人民法院对该案无管辖权的；

(二)审判人员在审理该案件时有贪污受贿，徇私舞弊，枉法裁判行为的；

(三)原判决、裁定系经原审人民法院审判委员会讨论作出的；

(四)其他不宜指令原审人民法院再审的。

第三十条 当事人未申请再审、人民检察院未抗诉的案件，人民法院发现原判决、裁定、调解协议有损害国家利益、社会公共利益等确有错误情形的，应当依照民事诉讼法第一百七十七条的规定提起再审。

第三十一条 人民法院应当依照民事诉讼法第一百八十六条的规定，按照第一审程序或者第二审程序审理再审案件。

人民法院审理再审案件应当开庭审理。但按照第二审程序审理的，双方当事人已经其他方式充分表达意见，且书面同意不开庭审理的除外。

第三十二条　人民法院开庭审理再审案件，应分别不同情形进行：

（一）因当事人申请裁定再审的，先由申请再审人陈述再审请求及理由，后由被申请人答辩及其他原审当事人发表意见；

（二）因人民检察院抗诉裁定再审的，先由抗诉机关宣读抗诉书，再由申请抗诉的当事人陈述，后由被申请人答辩及其他原审当事人发表意见；

（三）人民法院依职权裁定再审的，当事人按照其在原审中的诉讼地位依次发表意见。

第三十三条　人民法院应当在具体的再审请求范围内或在抗诉支持当事人请求的范围内审理再审案件。当事人超出原审范围增加、变更诉讼请求的，不属于再审审理范围。但涉及国家利益、社会公共利益，或者当事人在原审诉讼中已经依法要求增加、变更诉讼请求，原审未予审理且客观上不能形成其他诉讼的除外。

经再审裁定撤销原判决，发回重审后，当事人增加诉讼请求的，人民法院依照民事诉讼法第一百二十六条的规定处理。

第三十四条　申请再审人在再审期间撤回再审申请的，是否准许由人民法院裁定。裁定准许的，应终结再审程序。申请再审人经传票传唤，无正当理由拒不到庭的，或者未经法庭许可中途退庭的，可以裁定按自动撤回再审申请处理。

人民检察院抗诉再审的案件，申请抗诉的当事人有前款规定的情形，且不损害国家利益、社会公共利益或第三人利益的，人民法院应当裁定终结再审程序；人民检察院撤回抗诉的，应当准予。

终结再审程序的，恢复原判决的执行。

第三十五条　按照第一审程序审理再审案件时，一审原告申请撤回起诉的，是否准许由人民法院裁定。裁定准许的，应当同时裁定撤销原判决、裁定、调解书。

第三十六条　当事人在再审审理中经调解达成协议的，人民法院应当制作调解书。调解书经各方当事人签收后，即具有法律效力，原判决、裁定视为被撤销。

第三十七条　人民法院经再审审理认为，原判决、裁定认定事实清楚、适用法律正确的，应予维持；原判决、裁定在认定事实、适用法律、阐述理由方面虽有瑕疵，但裁判结果正确的，人民法院应在再审判决、裁定中纠正上述瑕疵后予以维持。

第三十八条　人民法院按照第二审程序审理再审案件，发现原判决认定事实错误或者认定事实不清的，应当在查清事实后改判。但原审人民法院便于查清事实，化解纠纷的，可以裁定撤销原判决，发回重审；原审程序遗漏必须参加诉讼的当事人且无法达成调解协议，以及其他违反法定程序不宜在再审程序中直接作出实体处理的，应当裁定撤销原判决，发回重审。

第三十九条　新的证据证明原判决、裁定确有错误的，人民法院应予改判。

申请再审人或者申请抗诉的当事人提出新的证据致使再审改判，被申请人等当事人因申请再审人或者申请抗诉的当事人的过错未能在原审程序中及时举证，请求补偿其增加的差旅、误工等诉讼费用的，人民法院应当支持；请求赔偿其由此扩大的直接损失，可以另行提起诉讼解决。

第四十条　人民法院以调解方式审结的案件裁定再审后，经审理发现申请再审人提出的调解违反自愿原则的事由不成立，且调解协议的内容不违反法律强制性规定的，应当裁定驳回再审申请，并恢复原调解书的执行。

第四十一条　民事再审案件的当事人应为原审案件的当事人。原审案件当事人死亡或者终止的，其权利义务承受人可以申请再审并参加再审诉讼。

第四十二条　因案外人申请人民法院裁定再审的，人民法院经审理认为案外人应为必要的共同诉讼当事人，在按第一审程序再审时，应追加其为当事人，作出新的判决；在按第二审程序再审时，经调解不能达成协议的，应撤销原判，发回重审，重审时应追加案外人为当事人。

案外人不是必要的共同诉讼当事人的，仅审理其对原判决提出异议部分的合法性，并应根据审理情况作出撤销原判决相关判项或者驳回再审请求的判决；撤销原判决相关判项的，应当告知案外人以及原审当事人可以提起新的诉讼解决相关争议。

第四十三条 本院以前发布的司法解释与本解释不一致的，以本解释为准。本解释未作规定的，按照以前的规定执行。

最高人民法院关于受理审查民事申请再审案件的若干意见

（2009年4月27日 法发〔2009〕26号）

为依法保障当事人申请再审权利，规范人民法院受理审查民事申请再审案件工作，根据《中华人民共和国民事诉讼法》和《最高人民法院关于适用〈中华人民共和国民事诉讼法〉审判监督程序若干问题的解释》的有关规定，结合审判工作实际，现就受理审查民事申请再审案件工作提出以下意见：

一、民事申请再审案件的受理

第一条 当事人或案外人申请再审，应当提交再审申请书等材料，并按照被申请人及原审其他当事人人数提交再审申请书副本。

第二条 人民法院应当审查再审申请书是否载明下列事项：

（一）申请再审人、被申请人及原审其他当事人的基本情况。当事人是自然人的，应列明姓名、性别、年龄、民族、职业、工作单位、住所及有效联系电话、邮寄地址；当事人是法人或者其他组织的，应列明名称、住所和法定代表人或者主要负责人的姓名、职务及有效联系电话、邮寄地址；

（二）原审法院名称，原判决、裁定、调解文书案号；

（三）具体的再审请求；

（四）申请再审的法定事由及具体事实、理由；

（五）受理再审申请的法院名称；

（六）申请再审人的签名或者盖章。

第三条 申请再审人申请再审，除应提交符合前条规定的再审申请书外，还应当提交以下材料：

（一）申请再审人是自然人的，应提交身份证明复印件；申请再审人是法人或其他组织的，应提交营业执照复印件、法定代表人或主要负责人身份证明书。委托他人代为申请的，应提交授权委托书和代理人身份证明；

（二）申请再审的生效裁判文书原件，或者经核对无误的复印件；生效裁判系二审、再审裁判的，应同时提交一审、二审裁判文书原件，或者经核对无误的复印件；

（三）在原审诉讼过程中提交的主要证据复印件；

（四）支持申请再审事由和再审诉讼请求的证据材料。

第四条 申请再审人提交再审申请书等材料的同时，应提交材料清单一式两份，并可附申请再审材料的电子文本，同时填写送达地址确认书。

第五条 申请再审人提交的再审申请书等材料不符合上述要求，或者有人身攻击等内容，可能引起矛盾激化的，人民法院应将材料退回申请再审人并告知其补充或改正。

再审申请书等材料符合上述要求的，人民法院应在申请再审人提交的材料清单上注明收到日期，加盖收件章，并将其中一份清单返还申请再审人。

第六条 申请再审人提出的再审申请符合以下条件的，人民法院应当在5日内受理并向申请再审人发送受理通知书，同时向被申请人及原审其他当事人发送受理通知书、再审申请书副本及送达地址确认书：

（一）申请再审人是生效裁判文书列明的当事人，或者符合法律和司法解释规定的案外人；

（二）受理再审申请的法院是作出生效裁判法院的上一级法院；

（三）申请再审的裁判属于法律和司法解释允许申请再审的生效裁判；

（四）申请再审的事由属于民事诉讼法第一百七十九条规定的情形。

再审申请不符合上述条件的，应当及时告知申请再审人。

第七条 申请再审人向原审法院申请再审

的,原审法院应针对申请再审事由并结合原裁判理由作好释明工作。申请再审人坚持申请再审的,告知其可以向上一级法院提出。

第八条　申请再审人越级申请再审的,有关上级法院应告知其向原审法院的上一级法院提出。

第九条　人民法院认为再审申请不符合民事诉讼法第一百八十四条规定的期间要求的,应告知申请再审人。申请再审人认为未超过法定期间的,人民法院可以限期要求其提交生效裁判文书的送达回证复印件或其他能够证明裁判文书实际生效日期的相应证据材料。

二、民事申请再审案件的审查

第十条　人民法院受理申请再审案件后,应当组成合议庭进行审查。

第十一条　人民法院审查申请再审案件,应当围绕申请再审事由是否成立进行,申请再审人未主张的事由不予审查。

第十二条　人民法院审查申请再审案件,应当审查当事人诉讼主体资格的变化情况。

第十三条　人民法院审查申请再审案件,采取以下方式:

(一)审查当事人提交的再审申请书、书面意见等材料;

(二)审阅原审卷宗;

(三)询问当事人;

(四)组织当事人听证。

第十四条　人民法院经审查申请再审人提交的再审申请书、对方当事人提交的书面意见、原审裁判文书和证据等材料,足以确定申请再审事由不能成立的,可以径行裁定驳回再审申请。

第十五条　对于以下列事由申请再审,且根据当事人提交的申请材料足以确定再审事由成立的案件,人民法院可以径行裁定再审:

(一)违反法律规定,管辖错误的;

(二)审判组织的组成不合法或者依法应当回避的审判人员没有回避的;

(三)无诉讼行为能力人未经法定代理人代为诉讼,或者应当参加诉讼的当事人因不能归责于本人或者其诉讼代理人的事由未参加诉讼的;

(四)据以作出原判决、裁定的法律文书被撤销或者变更的;

(五)审判人员在审理该案件时有贪污受贿、徇私舞弊、枉法裁判行为,并经相关刑事法律文书或者纪律处分决定确认的。

第十六条　人民法院决定调卷审查的,原审法院应当在收到调卷函后15日内按要求报送卷宗。

调取原审卷宗的范围可根据审查工作需要决定。必要时,在保证真实的前提下,可要求原审法院以传真件、复印件、电子文档等方式及时报送相关卷宗材料。

第十七条　人民法院可根据审查工作需要询问一方或者双方当事人。

第十八条　人民法院对以下列事由申请再审的案件,可以组织当事人进行听证:

(一)有新的证据,足以推翻原判决、裁定的;

(二)原判决、裁定认定的基本事实缺乏证据证明的;

(三)原判决、裁定认定事实的主要证据是伪造的;

(四)原判决、裁定适用法律确有错误的。

第十九条　合议庭决定听证的案件,应在听证5日前通知当事人。

第二十条　听证由审判长主持,围绕申请再审事由是否成立进行。

第二十一条　申请再审人经传票传唤,无正当理由拒不参加询问、听证或未经许可中途退出的,裁定按撤回再审申请处理。被申请人及原审其他当事人不参加询问、听证或未经许可中途退出的,视为放弃在询问、听证过程中陈述意见的权利。

第二十二条　人民法院在审查申请再审案件过程中,被申请人或者原审其他当事人提出符合条件的再审申请的,应当将其列为申请再审人,对于其申请再审事由一并审查,审查期限重新计算。经审查,其中一方申请再审人主张的再审事由成立的,人民法院即应裁定再审。各方申请再审人主张的再审事由均不成立的,一并裁定驳回。

第二十三条　申请再审人在审查过程中撤回再审申请的,是否准许,由人民法院裁定。

第二十四条　审查过程中,申请再审人、被申请人及原审其他当事人自愿达成和解协议,当事人申请人民法院出具调解书且能够确定申请再审事由成立的,人民法院应当裁定再审并制作调解书。

第二十五条 审查过程中,申请再审人或者被申请人死亡或者终止的,按下列情形分别处理:

(一)申请再审人有权利义务继受人且该权利义务继受人申请参加审查程序的,变更其为申请再审人;

(二)被申请人有权利义务继受人的,变更其权利义务继受人为被申请人;

(三)申请再审人无权利义务继受人或其权利义务继受人未申请参加审查程序的,裁定终结审查程序;

(四)被申请人无权利义务继受人且无可供执行财产的,裁定终结审查程序。

第二十六条 人民法院经审查认为再审申请超过民事诉讼法第一百八十四条规定期间的,裁定驳回申请。

第二十七条 人民法院经审查认为申请再审事由成立的,一般应由本院提审。

第二十八条 最高人民法院、高级人民法院审查的下列案件,可以指令原审法院再审:

(一)依据民事诉讼法第一百七十九条第一款第(八)至第(十三)项事由提起再审的;

(二)因违反法定程序可能影响案件正确判决、裁定提起再审的;

(三)上一级法院认为其他应当指令原审法院再审的。

第二十九条 提审和指令再审的裁定书应当包括以下内容:

(一)申请再审人、被申请人及原审其他当事人基本情况;

(二)原审法院名称、申请再审的生效裁判文书名称、案号;

(三)裁定再审的法律依据;

(四)裁定结果。

裁定书由院长署名,加盖人民法院印章。

第三十条 驳回再审申请的裁定书,应当包括以下内容:

(一)申请再审人、被申请人及原审其他当事人基本情况;

(二)原审法院名称、申请再审的生效裁判文书名称、案号;

(三)申请再审人主张的再审事由、被申请人的意见;

(四)驳回再审申请的理由、法律依据;

(五)裁定结果。

裁定书由审判人员、书记员署名,加盖人民法院印章。

第三十一条 再审申请被裁定驳回后,申请再审人以相同理由再次申请再审的,不作为申请再审案件审查处理。

申请再审人不服驳回其再审申请的裁定,向作出驳回裁定法院的上一级法院申请再审的,不作为申请再审案件审查处理。

第三十二条 人民法院应当自受理再审申请之日起3个月内审查完毕,但鉴定期间等不计入审查期限。有特殊情况需要延长的,报经本院院长批准。

第三十三条 2008年4月1日之前受理,尚未审结的案件,符合申请再审条件的,由受理再审申请的人民法院继续审查处理并作出裁定。

最高人民法院关于判决生效后当事人将判决确认的债权转让债权受让人对该判决不服提出再审申请人民法院是否受理问题的批复

(2010年12月16日最高人民法院审判委员会第1506次会议通过 2011年1月7日最高人民法院公告公布 自2011年2月1日起施行 法释〔2011〕2号)

海南省高级人民法院:

你院《关于海南长江旅业有限公司、海南凯立中部开发建设股份有限公司与交通银行海南分行借款合同纠纷一案的请示报告》[(2009)琼民再终字第16号]收悉。经研究,答复如下:

判决生效后当事人将判决确认的债权转让,债权受让人对该判决不服提出再审申请的,因其不具有申请再审人主体资格,人民法院应依法不予受理。

第一次全国民事再审审查工作会议纪要

（2011年4月21日 法〔2011〕159号）

为规范和加强人民法院民事再审审查工作，保障当事人申请再审权利，依法公正高效审查各类民事申请再审案件，推动民事再审审查工作科学发展，最高人民法院于2011年1月6日至7日在广东省广州市召开第一次全国民事再审审查工作会议。各省、自治区、直辖市高级人民法院、解放军军事法院、新疆维吾尔自治区高级人民法院生产建设兵团分院主管民事再审审查工作的副院长、民事再审审查机构负责人以及中央有关部门的代表共120余人参加了会议。最高人民法院院长王胜俊作重要批示，常务副院长沈德咏作重要讲话，副院长苏泽林作工作报告，立案二庭庭长郑学林对会议作了总结。

会议总结了修改后的民事诉讼法施行以来民事再审审查工作的情况，交流了工作经验，研究了审判实践中亟待解决的问题，对建立科学、有效的民事再审审查工作机制，推进民事再审审查工作提出了明确的目标和要求。与会同志通过认真讨论，就民事再审审查工作中涉及的部分问题达成了共识。现纪要如下：

一、民事再审审查工作的指导思想和原则

1. 民事再审审查工作是人民法院依法审查再审申请，确定再审事由是否成立，依法作出裁定的审判工作，是人民法院履行审判监督职能的重要内容，是保障当事人诉讼权利的法定手段，是启动民事再审程序的主要途径。

2. 民事再审审查工作应当坚持平等保护原则，既要依法保护申请再审人的诉讼权利，又要平等保护对方当事人的合法权益。

3. 民事再审审查工作应当坚持依法裁定原则。再审申请符合法定再审事由的，应当裁定再审，不符合的，应当裁定驳回，既要注重保护当事人的申请再审权，又要注重维护生效裁判的既判力。

4. 民事再审审查工作应当坚持“调解优先、调判结合”原则，积极探索符合民事申请再审案件特点的调解方法，努力化解社会矛盾。

5. 应当正确认识民事再审审查和再审审理的关系。民事再审审查和再审审理是审判监督程序的不同阶段。民事再审审查的主要任务是依据再审审查程序对再审申请是否符合法定再审事由进行审查，决定是否裁定再审。民事再审审理的主要任务是依据再审审理程序对裁定再审的案件进行审理，确定生效裁判是否确有错误，依法作出再审裁判。两个阶段具有不同的功能和裁判标准，不能简单地以再审改判率评判再审审查工作的质量。

二、民事申请再审案件的受理

6. 当事人对地方各级人民法院作出的已经发生法律效力的一审、二审民事判决、裁定、调解书，以及再审改变原审结果的民事判决、裁定、调解书，认为有法定再审事由，向上一级人民法院申请再审的，上一级人民法院应当受理。

当事人对不予受理、管辖权异议、驳回起诉以及按自动撤回上诉处理的裁定不服申请再审的，上一级人民法院应当受理。

7. 人民法院在审查申请再审案件过程中，被申请人或者其他当事人提出符合条件的再审申请的，应当将其列为申请再审人，对于其再审事由一并审查，审查期限重新计算。经审查，其中一方申请再审人主张的再审事由成立的，人民法院即应裁定再审。部分当事人主张的再审事由成立，其余当事人主张的再审事由不成立的，在裁定书中载明部分当事人主张的再审事由成立，对于其余当事人主张的再审事由是否成立不作结论。各方申请再审人主张的再审事由均不成立的，一并裁定驳回。

一方当事人申请再审经人民法院裁定再审后，被申请人或其他当事人在再审审理期间提出再审申请的，不再进行审查，移送再审审理机构处理。被申请人或其他当事人在前案再审结束后对原裁判申请再审的，告知其可针对新作出的再审裁判主张权利。

8. 案外人对判决、裁定、调解书确定的执行标的物主张权利，且无法提起新的诉讼解决争议而申请再审的，应予受理。

判决生效后当事人将判决确认的债权转让，债权受让人对该判决不服申请再审的，不予受理。

9. 当事人向原审人民法院申请再审的,原审人民法院应当做好释明、和解工作。原审人民法院发现本院生效判决、裁定确有错误,认为需要再审的,依照民事诉讼法第一百七十七条的规定处理。

10. 人民法院受理申请再审案件,应当依照《最高人民法院关于受理审查民事申请再审案件的若干意见》的规定,认真审查再审申请是否符合法定条件。有下列情形的,应当向申请再审人释明:

(1)申请再审人不是原审当事人、原审当事人的权利义务继受人或者《最高人民法院关于适用<中华人民共和国民事诉讼法>审判监督程序若干问题的解释》第五条规定的案外人;

(2)他人未经授权,以委托代理人名义代理当事人提出再审申请;

(3)再审申请不是向上一级人民法院提出;

(4)原审裁判系法律规定不得申请再审的裁判;

(5)申请再审的裁判尚未生效或已被再审撤销;

(6)再审申请书未列明再审事由或列明的再审事由不属于民事诉讼法第一百七十九条、第一百八十二条规定的再审事由范围;

(7)再审申请不符合民事诉讼法第一百八十四条规定的期间要求;

(8)其他不符合申请再审法定条件的情形。

人民法院受理再审申请后,发现当事人申请再审不符合法定条件的,裁定驳回再审申请。

11. 案件受理后,应当依法向申请再审人发送受理通知书,向被申请人和其他当事人发送受理通知书、再审申请书副本和送达地址确认书。因通讯地址不详等原因,受理通知书、再审申请书副本等材料未发送至当事人的,不影响案件的审查。

三、民事申请再审案件的审查

12. 人民法院审查民事申请再审案件,应当围绕当事人主张的再审事由是否成立进行,当事人未主张的事由不予审查。当事人主张的再审事由与其依据的事实和理由不一致的,可以向当事人释明。

13. 人民法院审查申请再审案件,可以根据案件具体情况,在审查当事人提交的再审申请书、书面意见后直接作出裁定,或者在审阅原审卷宗、询问当事人后作出裁定。

14. 人民法院审查申请再审案件可以根据审查工作需要调取相关卷宗,也可以要求原审人民法院以传真件、复印件、电子文档等方式及时报送相关卷宗材料。

上级人民法院决定调卷审查的,应当制发调卷函。调卷函应当载明案号、当事人名称、案由、送卷期限、调卷人及联系方式等内容,并写明需调取的卷宗案号。原审人民法院应当在收到调卷函后1个月内按要求调齐卷宗报送上级人民法院。各级人民法院应当确定专人负责调卷工作,提高调卷效率。

15. 人民法院可以根据审查工作需要询问一方或者各方当事人。对以有足以推翻原判决、裁定的新证据为由申请再审的案件,人民法院应当询问当事人。

询问由审判长或承办法官主持,围绕与再审事由相关的证据采信、事实认定、法律适用、裁判结果以及诉讼程序等问题和法院应当依职权查明的事项进行。

16. 人民法院审查民事申请再审案件,可以根据案件情况组织当事人进行调解。当事人经调解达成协议或自行达成和解协议,需要出具调解书的,应当裁定提审。提审后,由审查该申请再审案件的合议庭制作调解书。

当事人经调解达成协议或自行达成和解协议,申请撤回再审申请,经审查不违反法律规定的,应当裁定准许。当事人经调解达成协议或自行达成和解协议且已履行完毕,未申请撤回再审申请的,可以裁定终结审查。

17. 人民法院在审查过程中认为确有必要的,可以依职权调查核实案件事实,也可以向原审人民法院了解案件审理中的有关情况。

18. 人民法院应当自受理申请再审案件之日起3个月内审查完毕,但公告期间、鉴定期间、双方当事人申请调解期间以及调卷期间等不计入审查期限。有特殊情况需要延长的,由本院院长批准。

19. 审查过程中,出现下列情形之一的,裁定终结审查:

(1)申请再审人死亡或者终止,无权利义务承受人或者权利义务承受人声明放弃再审申请的;

(2)在给付之诉中,负有给付义务的被申请人死亡或者终止,无可供执行的财产,也没有应当承担义务的人的;

(3)当事人达成执行和解协议且已履行完毕的,但当事人在执行和解协议中声明不放弃申请再审权利的除外;

(4)他人未经授权,以委托代理人名义代理当事人提出再审申请的;

(5)人民检察院对该案提出抗诉的;

(6)原审人民法院对该案裁定再审的。

四、民事申请再审案件再审事由的认定

20. 人民法院审查民事申请再审案件,应当区分再审事由类型,结合案件具体情况,准确掌握再审事由成立的条件。

原判决、裁定存在民事诉讼法第一百七十九条第一款第(七)项至第(十三)项以及该条第二款规定情形的,应当认定再审事由成立。

当事人依据民事诉讼法第一百七十九条第一款第(一)项至第(六)项申请再审的,人民法院判断再审事由是否成立,应当审查原判决、裁定在证据采信、事实认定、法律适用方面是否存在影响基本事实、案件性质、裁判结果等情形。

21. 申请再审人申请人民法院委托鉴定、勘验,并请求以鉴定结论、勘验笔录作为新证据申请再审的,不予支持。

申请再审人在原审中依法申请鉴定、勘验,原审人民法院应当准许而未予准许,且未经鉴定、勘验可能影响案件基本事实认定的,可以依据民事诉讼法第一百七十九条第一款第(二)项的规定审查处理。

22. 民事诉讼法第一百七十九条第一款第(三)项、第(四)项规定的主要证据是指原判决、裁定认定基本事实的证据。

23. 人民法院可以根据原审卷宗中的庭审笔录、证据交换笔录、答辩意见、代理词等材料判断原判决、裁定认定事实的主要证据是否未经质证。

申请再审人对原判决、裁定认定事实的主要证据在原审拒绝发表质证意见,又依照民事诉讼法第一百七十九条第一款第(四)项申请再审的,不予支持。

24. 申请再审人能够在一审答辩期间提出管辖权异议而未提出,判决、裁定生效后又依照民事诉讼法第一百七十九条第一款第(七)项申请再审的,不予支持。但违反专属管辖规定的除外。

25. 有下列情形之一的,应当认定为民事诉讼法第一百七十九条第一款第(八)项规定的审判组织的组成不合法的情形:

(1)人民陪审员独任审理的;

(2)应当组成合议庭审理的案件采用独任制审理的;

(3)合议庭成员曾参加同一案件一审、二审或者再审程序审理的;

(4)参加开庭的审判组织成员与参加合议、在判决书、裁定书上署名的审判组织成员不一致的,但依法变更审判组织成员的除外;

(5)变更审判组织成员未依法告知当事人的;

(6)其他属于审判组织不合法的情形。

26. 民事诉讼法第一百七十九条第一款第(八)项、第二款规定的"审判人员"包括参加一审、二审、再审程序审理的审判人员。

27. 民事诉讼法第一百七十九条第一款第(十二)项规定的原判决、裁定遗漏或超出诉讼请求的情形,包括遗漏或超出一审原告的诉讼请求、被告的反诉请求,二审上诉人的上诉请求,申请再审人的再审请求。

28. 当事人同时提出确认之诉和给付之诉,且确认之诉是给付之诉前提条件的,原判决在主文里仅对给付之诉作出判定,但在判决理由中对确认之诉进行了分析认定的,不属于遗漏诉讼请求的情形。

五、民事再审审查工作的监督指导

29. 上级人民法院裁定指令再审的案件,原审人民法院应当及时将再审结果反馈给上级人民法院。

上级人民法院裁定驳回再审申请后,原审人民法院依照民事诉讼法第一百七十七条的规定决定再审的,应当报请上级人民法院同意。

30. 上级人民法院应当充分发挥监督指导职能,及时总结民事再审审查工作中发现的法律适用等具有共性的问题,以适当形式予以公布,指导下级人民法院民事再审审查工作。

31. 上级人民法院应当建立信息通报制度，定期公布申请再审案件审查结果，通报辖区内下级人民法院民事案件的申请再审率、裁定再审率、按期送卷率等工作指标，实现上下级人民法院和同级人民法院之间信息共享和良性互动。

32. 人民法院再审审查机构应当加强与再审审理机构的沟通，建立再审案件审判结果跟踪制度，及时了解再审案件审判结果，认真查找工作中存在的问题，提升民事再审审查工作质效。

十五 督促程序

最高人民法院关于对遗失金融债券可否按“公示催告”程序办理的复函

（1992年5月8日 法函〔1992〕60号）

中国银行：

你行中银综〔1992〕59号《关于对遗失债券有关法律问题的请示》收悉。经研究，答复如下：

我国民事诉讼法第一百九十三条规定：“按照规定可以背书转让的票据持有人，因票据被盗、遗失或者灭失，可以向票据支付地的基层人民法院申请公示催告。依照法律规定可以申请公示催告的其他事项，适用本章规定。”这里的票据是指汇票、本票和支票。你行发行的金融债券不属于以上几种票据，也不属于“依照法律规定可以申请公示催告的其他事项”。而且你行在“发行通知”中明确规定，此种金融债券“不计名、不挂失，可以转让和抵押”。因此，对你行发行的金融债券不能适用公示催告程序。

最高人民法院关于支付令生效后发现确有错误应当如何处理给山东省高级人民法院的复函

（1992年7月13日 法函〔1992〕98号）

山东省高级人民法院：

你院鲁高法函〔1992〕35号请示收悉。经研究，答复如下：

一、债务人未在法定期间提出书面异议，支付令即发生法律效力，债务人不得申请再审；超过法定期间债务人提出的异议，不影响支付令的效力。

二、人民法院院长对本院已经发生法律效力的支付令，发现确有错误，认为需要撤销的，应当提交审判委员会讨论通过后，裁定撤销原支付令，驳回债权人的申请。

此复。

最高人民法院关于中级人民法院能否适用督促程序的复函

（1993年11月9日 〔1993〕法民字第29号）

内蒙古自治区高级人民法院：

你院内高法〔1993〕51号关于中级人民法院能否适用督促程序的请示收悉。经研究，我们认为，督促程序是人民法院催促债务人向债权人履行债务的一种简便的程序，它只适用于债权债务关系明确，当事人又无争议的特定的债务案件。为使此类案件能够迅速得到解决，《中华人民共和国民事诉讼法》第一百八十九条第一款规定，债权人“可以向有管辖权的基层人民法院申请支付令”。据此，我们同意你院的意见，即中级人民法院适用督促程序是不符合《中华人民共和国民事诉讼法》规定的。

此复。

最高人民法院关于适用督促程序若干问题的规定

（2000年11月13日最高人民法院审判委员会第1137次会议通过 2001年1月8日最高人民法院公告公布 自2001年1月21日起施行 法释〔2001〕2号）

为了在审判工作中正确适用督促程序，根据《中华人民共和国民事诉讼法》有关规定，现对适用督促程序处理案件的若干问题规定如下：

第一条 基层人民法院受理债权人依法申请支付令的案件，不受争议金额的限制。

第二条 共同债务人住所地、经常居住地不在同一基层人民法院辖区，各有关人民法院都有管辖权的，债权人可以向其中任何一个基层人民法院申请支付令；债权人向两个以上有管辖权的人民法院申请支付令的，由最先立案的人民法院管辖。

第三条 人民法院收到债权人的书面申请后，认为申请书不符合要求的，人民法院可以通知债权人限期补正。补正期间不计入民事诉讼法第一百九十二条规定的期限。①

第四条 对设有担保的债务案件主债务人发出的支付令，对担保人没有拘束力。债权人就担保关系单独提起诉讼的，支付令自行失效。

第五条 人民法院受理债权人的支付令申请后，经审理，有下列情况之一的，应当裁定驳回申请：

（一）当事人不适格；

（二）给付金钱或者汇票、本票、支票以及股票、债券、国库券、可转让的存款单等有价证券的证明文件没有约定逾期给付利息或者违约金、赔偿金，债权人坚持要求给付利息或者违约金、赔偿金；

（三）债权人要求给付的金钱或者汇票、本票、支票以及股票、债券、国库券、可转让的存款单等有价证券属于违法所得；

（四）债权人申请支付令之前已向人民法院申请诉前保全，或者申请支付令同时又要求诉前保全。

第六条 人民法院受理支付令申请后，债权人就同一债权关系又提起诉讼，或者人民法院发出支付令之日起三十日内无法送达债务人的，应当裁定终结督促程序。

第七条 债务人对债权债务关系没有异议，但对清偿能力、清偿期限、清偿方式等提出不同意见的，不影响支付令的效力。

第八条 债权人基干同一债权债务关系，向债务人提出多项支付请求，债务人仅就其中一项或几项请求提出异议的，不影响其他各项请求的效力。

第九条 债权人基于同一债权债务关系，就可分之债向多个债务人提出支付请求，多个债务人中的一人或几人提出异议的，不影响其他请求的效力。

第十条 人民法院作出终结督促程序前，债务人请求撤回异议的，应当准许。

第十一条 人民法院院长对本院已发生法律效力的支付令，发现确有错误，认为需要撤销的，应当提交审判委员会讨论决定后，裁定撤销支付令，驳回债权人的申请。

第十二条 最高人民法院有关适用督促程序的其他司法解释与本规定不一致的，以本规定为准。

① 本条根据法释〔2008〕18号第六十五条调整。

十六 执行程序

最高人民法院关于人民法院执行工作若干问题的规定(试行)

(1998年6月11日最高人民法院审判委员会第992次会议通过 1998年7月8日最高人民法院公告公布 自1998年7月8日起施行 法释〔1998〕15号)

为了保证在执行程序中正确适用法律,及时有效地执行生效法律文书,维护当事人的合法权益,根据《中华人民共和国民事诉讼法》(以下简称民事诉讼法)等有关法律的规定,结合人民法院执行工作的实践经验,现对人民法院执行工作若干问题作如下规定。

一、执行机构及其职责

1. 人民法院根据需要,依据有关法律的规定,设立执行机构,专门负责执行工作。

2. 执行机构负责执行下列生效法律文书:

(1)人民法院民事、行政判决、裁定、调解书,民事制裁决定、支付令,以及刑事附带民事判决、裁定、调解书;

(2)依法应由人民法院执行的行政处罚决定、行政处理决定;

(3)我国仲裁机构作出的仲裁裁决和调解书;人民法院依据《中华人民共和国仲裁法》有关规定作出的财产保全和证据保全裁定;

(4)公证机关依法赋予强制执行效力的关于追偿债款、物品的债权文书;

(5)经人民法院裁定承认其效力的外国法院作出的判决、裁定,以及国外仲裁机构作出的仲裁裁决;

(6)法律规定由人民法院执行的其他法律文书。

3. 人民法院在审理民事、行政案件中作出的财产保全和先予执行裁定,由审理案件的审判庭负责执行。

4. 人民法庭审结的案件,由人民法庭负责执行。其中复杂、疑难或被执行人不在本法院辖区的案件,由执行机构负责执行。

5. 执行程序中重大事项的办理,应由3名以上执行员讨论,并报经院长批准。

6. 依据民事诉讼法第二百一十三条或第二百五十八条的规定对仲裁裁决是否有不予执行事由进行审查的,应组成合议庭进行。①

7. 执行机构应配备必要的交通工具、通讯设备、音像设备和警械用具等,以保障及时有效地履行职责。

8. 执行人员执行公务时,应向有关人员出示工作证和执行公务证,并按规定着装。必要时应由司法警察参加。

执行公务证由最高人民法院统一制发。

9. 上级人民法院执行机构负责本院对下级人民法院执行工作的监督、指导和协调。

二、执行管辖

10. 仲裁机构作出的国内仲裁裁决、公证机关依法赋予强制执行效力的公证债权文书,由被执行人住所地或被执行的财产所在地人民法院执行。

前款案件的级别管辖,参照各地法院受理诉讼案件的级别管辖的规定确定。

11. 在国内仲裁过程中,当事人申请财产保全,经仲裁机构提交人民法院的,由被申请人住所地或被申请保全的财产所在地的基层人民法院裁定并执行;申请证据保全的,由证据所在地的基层人民法院裁定并执行。

12. 在涉外仲裁过程中,当事人申请财产保全,经仲裁机构提交人民法院的,由被申请人住所地或被申请保全的财产所在地的中级人民法院裁定并执行;申请证据保全的,由证据所在地的中级人民法院裁定并执行。

13. 专利管理机关依法作出的处理决定和处罚决定,由被执行人住所地或财产所在地的省、自治区、直辖市有权受理专利纠纷案件的中级人民法院执行。

14. 国务院各部门、各省、自治区、直辖市人民政府和海关依照法律、法规作出的处理决定和处罚决定,由被执行人住所地或财产所在地的中

① 本条根据法释〔2008〕18号第四十九条调整。

级人民法院执行。

15. 两个以上人民法院都有管辖权的，当事人可以向其中一个人民法院申请执行；当事人向两个以上人民法院申请执行的，由最先立案的人民法院管辖。

16. 人民法院之间因执行管辖权发生争议的，由双方协商解决；协商不成的，报请双方共同的上级人民法院指定管辖。

17. 基层人民法院和中级人民法院管辖的执行案件，因特殊情况需要由上级人民法院执行的，可以报请上级人民法院执行。

三、执行的申请和移送

18. 人民法院受理执行案件应当符合下列条件：

（1）申请或移送执行的法律文书已经生效；

（2）申请执行人是生效法律文书确定的权利人或其继承人、权利承受人；

（3）申请执行人在法定期限内提出申请；

（4）申请执行的法律文书有给付内容，且执行标的和被执行人明确；

（5）义务人在生效法律文书确定的期限内未履行义务；

（6）属于受申请执行的人民法院管辖。

人民法院对符合上述条件的申请，应当在7日内予以立案；不符合上述条件之一的，应当在7日内裁定不予受理。

19. 生效法律文书的执行，一般应当由当事人依法提出申请。

发生法律效力的具有给付赡养费、扶养费、抚育费内容的法律文书、民事制裁决定书，以及刑事附带民事判决、裁定、调解书，由审判庭移送执行机构执行。

20. 申请执行，应向人民法院提交下列文件和证件：

（1）申请执行书。申请执行书中应当写明申请执行的理由、事项、执行标的，以及申请执行人所了解的被执行人的财产状况。

申请执行人书写申请执行书确有困难的，可以口头提出申请。人民法院接待人员对口头申请应当制作笔录，由申请执行人签字或盖章。

外国一方当事人申请执行的，应当提交中文申请执行书。当事人所在国与我国缔结或共同参加的司法协助条约有特别规定的，按照条约规定办理。

（2）生效法律文书副本。

（3）申请执行人的身份证明。公民个人申请的，应当出示居民身份证；法人申请的，应当提交法人营业执照副本和法定代表人身份证明；其他组织申请的，应当提交营业执照副本和主要负责人身份证明。

（4）继承人或权利承受人申请执行的，应当提交继承或承受权利的证明文件。

（5）其他应当提交的文件或证件。

21. 申请执行仲裁机构的仲裁裁决，应当向人民法院提交有仲裁条款的合同书或仲裁协议书。

申请执行国外仲裁机构的仲裁裁决的，应当提交经我国驻外使领馆认证或我国公证机关公证的仲裁裁决书中文本。

22. 申请执行人可以委托代理人代为申请执行。委托代理的，应当向人民法院提交经委托人签字或盖章的授权委托书，写明委托事项和代理人的权限。

委托代理人代为放弃、变更民事权利，或代为进行执行和解，或代为收取执行款项的，应当有委托人的特别授权。

23. 申请人民法院强制执行，应当按照人民法院诉讼收费办法的规定缴纳申请执行的费用。

四、执行前的准备和对被执行人财产状况的查明

24. 人民法院决定受理执行案件后，应当在3日内向被执行人发出执行通知书，责令其在指定的期间内履行生效法律文书确定的义务，并承担民事诉讼法第二百二十九条规定的迟延履行期间的债务利息或迟延履行金。①

25. 执行通知书的送达，适用民事诉讼法关于送达的规定。

26. 被执行人未按执行通知书指定的期间履行生效法律文书确定的义务的，应当及时采取执行措施。

在执行通知书指定的期限内，被执行人转

① 本条根据法释〔2008〕18号第五十条调整。

移、隐匿、变卖、毁损财产的,应当立即采取执行措施。

人民法院采取执行措施,应当制作裁定书,送达被执行人。

27. 人民法院执行非诉讼生效法律文书,必要时可向制作生效法律文书的机构调取卷宗材料。

28. 申请执行人应当向人民法院提供其所了解的被执行人的财产状况或线索。被执行人必须如实向人民法院报告其财产状况。

人民法院在执行中有权向被执行人、有关机关、社会团体、企业事业单位或公民个人,调查了解被执行人的财产状况,对调查所需的材料可以进行复制、抄录或拍照,但应当依法保密。

29. 为查明被执行人的财产状况和履行义务的能力,可以传唤被执行人或被执行人的法定代表人或负责人到人民法院接受询问。

30. 被执行人拒绝按人民法院的要求提供其有关财产状况的证据材料的,人民法院可以按照民事诉讼法第二百二十四条的规定进行搜查。①

31. 人民法院依法搜查时,对被执行人可能存放隐匿的财物及有关证据材料的处所、箱柜等,经责令被执行人开启而拒不配合的,可以强制开启。

五、金钱给付的执行

32. 查询、冻结、划拨被执行人在银行(含其分理处、营业所和储蓄所)、非银行金融机构、其他有储蓄业务的单位(以下简称金融机构)的存款,依照中国人民银行、最高人民法院、最高人民检察院、公安部《关于查询、冻结、扣划企业事业单位、机关、团体银行存款的通知》的规定办理。

33. 金融机构擅自解冻被人民法院冻结的款项,致冻结款项被转移的,人民法院有权责令其限期追回已转移的款项。在限期内未能追回的,应当裁定该金融机构在转移的款项范围内以自己的财产向申请执行人承担责任。

34. 被执行人为金融机构的,对其交存在人民银行的存款准备金和备付金不得冻结和扣划,但对其在本机构、其他金融机构的存款,及其在人民银行的其他存款可以冻结、划拨,并可对被执行人的其他财产采取执行措施,但不得查封其营业场所。

35. 作为被执行人的公民,其收入转为储蓄存款的,应当责令其交出存单。拒不交出的,人民法院应当作出提取其存款的裁定,向金融机构发出协助执行通知书,并附生效法律文书,由金融机构提取被执行人的存款交人民法院或存入人民法院指定的账户。

36. 被执行人在有关单位的收入尚未支取的,人民法院应当作出裁定,向该单位发出协助执行通知书,由其协助扣留或提取。

37. 有关单位收到人民法院协助执行被执行人收入的通知后,擅自向被执行人或其他人支付的,人民法院有权责令其限期追回;逾期未追回的,应当裁定其在支付的数额内向申请执行人承担责任。

38. 被执行人无金钱给付能力的,人民法院有权裁定对被执行人的其他财产采取查封、扣押措施。裁定书应送达被执行人。

采取前款措施需有关单位协助的,应当向有关单位发出协助执行通知书,连同裁定书副本一并送达有关单位。

39. 查封、扣押财产的价值应当与被执行人履行债务的价值相当。

40. 人民法院对被执行人所有的其他人享有抵押权、质押权或留置权的财产,可以采取查封、扣押措施。财产拍卖、变卖后所得价款,应当在抵押权人、质押权人或留置权人优先受偿后,其余额部分用于清偿申请执行人的债权。

41. 对动产的查封,应当采取加贴封条的方式。不便加贴封条的,应当张贴公告。

对有产权证照的动产或不动产的查封,应当向有关管理机关发出协助执行通知书,要求其不得办理查封财产的转移过户手续,同时可以责令被执行人将有关财产权证照交人民法院保管。必要时也可以采取加贴封条或张贴公告的方法查封。

既未向有关管理机关发出协助执行通知书,也未采取加贴封条或张贴公告的办法查封的,不得对抗其他人民法院的查封。

---

① 本条根据法释〔2008〕18号第五十一条调整。

42.被查封的财产,可以指令由被执行人负责保管。如继续使用被查封的财产对其价值无重大影响,可以允许被执行人继续使用。因被执行人保管或使用的过错造成的损失,由被执行人承担。

43.被扣押的财产,人民法院可以自行保管,也可以委托其他单位或个人保管。对扣押的财产,保管人不得使用。

44.被执行人或其他人擅自处分已被查封、扣押、冻结财产的,人民法院有权责令责任人限期追回财产或承担相应的赔偿责任。

45.被执行人的财产经查封、扣押后,在人民法院指定的期间内履行义务的,人民法院应当及时解除查封、扣押措施。

46.人民法院对查封、扣押的被执行人财产进行变价时,应当委托拍卖机构进行拍卖。

财产无法委托拍卖、不适于拍卖或当事人双方同意不需要拍卖的,人民法院可以交由有关单位变卖或自行组织变卖。

47.人民法院对拍卖、变卖被执行人的财产,应当委托依法成立的资产评估机构进行价格评估。

48.被执行人申请对人民法院查封的财产自行变卖的,人民法院可以准许,但应当监督其按照合理价格在指定的期限内进行,并控制变卖的价款。

49.拍卖、变卖被执行人的财产成交后,必须即时钱物两清。

委托拍卖、组织变卖被执行人财产所发生的实际费用,从所得价款中优先扣除。所得价款超出执行标的数额和执行费用的部分,应当退还被执行人。

50.被执行人不履行生效法律文书确定的义务,人民法院有权裁定禁止被执行人转让其专利权、注册商标专用权、著作权(财产权部分)等知识产权。上述权利有登记主管部门的,应当同时向有关部门发出协助执行通知书,要求其不得办理财产权转移手续,必要时可以责令被执行人将产权或使用权证照交人民法院保存。

对前款财产权,可以采取拍卖、变卖等执行措施。

51.对被执行人从有关企业中应得的已到期的股息或红利等收益,人民法院有权裁定禁止被执行人提取和有关企业向被执行人支付,并要求有关企业直接向申请执行人支付。

对被执行人预期从有关企业中应得的股息或红利等收益,人民法院可以采取冻结措施,禁止到期后被执行人提取和有关企业向被执行人支付。到期后人民法院可从有关企业中提取,并出具提取收据。

52.对被执行人在其他股份有限公司中持有的股份凭证(股票),人民法院可以扣押,并强制被执行人按照公司法的有关规定转让,也可以直接采取拍卖、变卖的方式进行处分,或直接将股票抵偿给债权人,用于清偿被执行人的债务。

53.对被执行人在有限责任公司、其他法人企业中的投资权益或股权,人民法院可以采取冻结措施。

冻结投资权益或股权的,应当通知有关企业不得办理被冻结投资权益或股权的转移手续,不得向被执行人支付股息或红利。被冻结的投资权益或股权,被执行人不得自行转让。

54.被执行人在其独资开办的法人企业中拥有的投资权益被冻结后,人民法院可以直接裁定予以转让,以转让所得清偿其对申请执行人的债务。

对被执行人在有限责任公司中被冻结的投资权益或股权,人民法院可以依据《中华人民共和国公司法》第三十五条、第三十六条的规定,征得全体股东过半数同意后,予以拍卖、变卖或以其他方式转让。不同意转让的股东,应当购买该转让的投资权益或股权,不购买的,视为同意转让,不影响执行。

人民法院也可允许并监督被执行人自行转让其投资权益或股权,将转让所得收益用于清偿对申请执行人的债务。

55.对被执行人在中外合资、合作经营企业中的投资权益或股权,在征得合资或合作他方的同意和对外经济贸易主管机关的批准后,可以对冻结的投资权益或股权予以转让。

如果被执行人除在中外合资、合作企业中的股权以外别无其他财产可供执行,其他股东又不同意转让的,可以直接强制转让被执行人的股权,但应当保护合资他方的优先购买权。

56. 有关企业收到人民法院发出的协助冻结通知后,擅自向被执行人支付股息或红利,或擅自为被执行人办理已冻结股权的转移手续,造成已转移的财产无法追回的,应当在所支付的股息或红利或转移的股权价值范围内向申请执行人承担责任。

六、交付财产和完成行为的执行

57. 生效法律文书确定被执行人交付特定标的物的,应当执行原物。原物被隐匿或非法转移的,人民法院有权责令其交出。原物确已变质、损坏或灭失的,应当裁定折价赔偿或按标的物的价值强制执行被执行人的其他财产。

58. 有关单位或公民持有法律文书指定交付的财物或票证,在接到人民法院协助执行通知书或通知书后,协同被执行人转移财物或票证的,人民法院有权责令其限期追回;逾期未追回的,应当裁定其承担赔偿责任。

59. 被执行人的财产经拍卖、变卖或裁定以物抵债后,需从现占有人处交付给买受人或申请执行人的,适用民事诉讼法第二百二十五条、第二百二十六条和本规定57条、58条的规定。①

60. 被执行人拒不履行生效法律文书中指定的行为的,人民法院可以强制其履行。

对于可以替代履行的行为,可以委托有关单位或他人完成,因完成上述行为发生的费用由被执行人承担。

对于只能由被执行人完成的行为,经教育,被执行人仍拒不履行的,人民法院应当按照妨害执行行为的有关规定处理。

七、被执行人到期债权的执行

61. 被执行人不能清偿债务,但对本案以外的第三人享有到期债权的,人民法院可以依申请执行人或被执行人的申请,向第三人发出履行到期债务的通知(以下简称履行通知)。履行通知必须直接送达第三人。

履行通知应当包含下列内容:

(1) 第三人直接向申请执行人履行其对被执行人所负的债务,不得向被执行人清偿;

(2) 第三人应当在收到履行通知后的15日内向申请执行人履行债务;

(3) 第三人对履行到期债权有异议的,应当在收到履行通知后的15日内向执行法院提出;

(4) 第三人违背上述义务的法律后果。

62. 第三人对履行通知的异议一般应当以书面形式提出,口头提出的,执行人员应记入笔录,并由第三人签字或盖章。

63. 第三人在履行通知指定的期间内提出异议的,人民法院不得对第三人强制执行,对提出的异议不进行审查。

64. 第三人提出自己无履行能力或其与申请执行人无直接法律关系,不属于本规定所指的异议。

第三人对债务部分承认、部分有异议的,可以对其承认的部分强制执行。

65. 第三人在履行通知指定的期限内没有提出异议,而又不履行的,执行法院有权裁定对其强制执行。此裁定同时送达第三人和被执行人。

66. 被执行人收到人民法院履行通知后,放弃其对第三人的债权或延缓第三人履行期限的行为无效,人民法院仍可在第三人无异议又不履行的情况下予以强制执行。

67. 第三人收到人民法院要求其履行到期债务的通知后,擅自向被执行人履行,造成已向被执行人履行的财产不能追回的,除在已履行的财产范围内与被执行人承担连带清偿责任外,可以追究其妨害执行的责任。

68. 在对第三人作出强制执行裁定后,第三人确无财产可供执行的,不得就第三人对他人享有的到期债权强制执行。

69. 第三人按照人民法院履行通知向申请执行人履行了债务或已被强制执行后,人民法院应当出具有关证明。

八、对案外人异议的处理

70. 案外人对执行标的主张权利的,可以向执行法院提出异议。

案外人异议一般应当以书面形式提出,并提供相应的证据。以书面形式提出确有困难的,可以允许以口头形式提出。

71. 对案外人提出的异议,执行法院应当依

① 本条根据法释〔2008〕18号第五十二条调整。

照民事诉讼法第二百零四条的规定进行审查。①

审查期间可以对财产采取查封、扣押、冻结等保全措施,但不得进行处分。正在实施的处分措施应当停止。

经审查认为案外人的异议理由不成立的,裁定驳回其异议,继续执行。

72. 案外人提出异议的执行标的物是法律文书指定交付的特定物,经审查认为案外人的异议成立的,报经院长批准,裁定对生效法律文书中该项内容中止执行。

73. 执行标的物不属生效法律文书指定交付的特定物,经审查认为案外人的异议成立的,报经院长批准,停止对该标的物的执行。已经采取的执行措施应当裁定立即解除或撤销,并将该标的物交还案外人。

74. 对案外人提出的异议一时难以确定是否成立,案外人已提供确实有效的担保的,可以解除查封、扣押措施。申请执行人提供确实有效的担保的,可以继续执行。因提供担保而解除查封扣押或继续执行有错误,给对方造成损失的,应裁定以担保的财产予以赔偿。

75. 执行上级人民法院的法律文书遇有本规定72条规定的情形的,或执行的财产是上级人民法院裁定保全的财产时遇有本规定73条、74条规定的情形的,需报经上级人民法院批准。

九、被执行主体的变更和追加

76. 被执行人为无法人资格的私营独资企业,无能力履行法律文书确定的义务的,人民法院可以裁定执行该独资企业业主的其他财产。

77. 被执行人为个人合伙组织或合伙型联营企业,无能力履行生效法律文书确定的义务的,人民法院可以裁定追加该合伙组织的合伙人或参加该联营企业的法人为被执行人。

78. 被执行人为企业法人的分支机构不能清偿债务时,可以裁定企业法人为被执行人。企业法人直接经营管理的财产仍不能清偿债务的,人民法院可以裁定执行该企业法人其他分支机构的财产。

若必须执行已被承包或租赁的企业法人分支机构的财产时,对承包人或承租人投入及应得的收益应依法保护。

79. 被执行人按法定程序分立为2个或多个具有法人资格的企业,分立后存续的企业按照分立协议确定的比例承担债务;不符合法定程序分立的,裁定由分立后存续的企业按照其从被执行企业分得的资产占原企业总资产的比例对申请执行人承担责任。

80. 被执行人无财产清偿债务,如果其开办单位对其开办时投入的注册资金不实或抽逃注册资金,可以裁定变更或追加其开办单位为被执行人,在注册资金不实或抽逃注册资金的范围内,对申请执行人承担责任。

81. 被执行人被撤销、注销或歇业后,上级主管部门或开办单位无偿接受被执行人的财产,致使被执行人无遗留财产清偿债务或遗留财产不足清偿的,可以裁定由上级主管部门或开办单位在所接受的财产范围内承担责任。

82. 被执行人的开办单位已经在注册资金范围内或接受财产的范围内向其他债权人承担了全部责任的,人民法院不得裁定开办单位重复承担责任。

83. 依照民事诉讼法第二百零九条、最高人民法院关于适用民事诉讼法若干问题的意见第271条至第274条及本规定裁定变更或追加被执行主体的,由执行法院的执行机构办理。②

十、执行担保和执行和解

84. 被执行人或其担保人以财产向人民法院提供执行担保的,应当依据《中华人民共和国担保法》的有关规定,按照担保物的种类、性质,将担保物移交执行法院,或依法到有关机关办理登记手续。

85. 人民法院在审理案件期间,保证人为被执行人提供保证,人民法院据此未对被执行人的财产采取保全措施或解除保全措施的,案件审结后如果被执行人无财产可供执行或其财产不足清偿债务时,即使生效法律文书中未确定保证人承担责任,人民法院有权裁定执行保证人在保证责任范围内的财产。

86. 在执行中,双方当事人可以自愿达成和解协议,变更生效法律文书确定的履行义务主

---

① 本条根据法释〔2008〕18号第五十三条调整。

② 本条根据法释〔2008〕18号第五十四条调整。

体、标的物及其数额、履行期限和履行方式。

和解协议一般应当采取书面形式。执行人员应将和解协议副本附卷。无书面协议的，执行人员应将和解协议的内容记入笔录，并由双方当事人签名或盖章。

87. 当事人之间达成的和解协议合法有效并已履行完毕的，人民法院作执行结案处理。

十一、多个债权人对一个债务人申请执行和参与分配

88. 多份生效法律文书确定金钱给付内容的多个债权人分别对同一被执行人申请执行，各债权人对执行标的物均无担保物权的，按照执行法院采取执行措施的先后顺序受偿。

多个债权人的债权种类不同的，基于所有权和担保物权而享有的债权，优先于金钱债权受偿。有多个担保物权的，按照各担保物权成立的先后顺序清偿。

一份生效法律文书确定金钱给付内容的多个债权人对同一被执行人申请执行，执行的财产不足清偿全部债务的，各债权人对执行标的物均无担保物权的，按照各债权比例受偿。

89. 被执行人为企业法人，其财产不足清偿全部债务的，可告知当事人依法申请被执行人破产。

90. 被执行人为公民或其他组织，其全部或主要财产已被一个人民法院因执行确定金钱给付的生效法律文书而查封、扣押或冻结，无其他财产可供执行或其他财产不足清偿全部债务的，在被执行人的财产被执行完毕前，对该被执行人已经取得金钱债权执行依据的其他债权人可以申请对该被执行人的财产参与分配。

91. 对参与被执行人财产的具体分配，应当由首先查封、扣押或冻结的法院主持进行。

首先查封、扣押、冻结的法院所采取的执行措施如系为执行财产保全裁定，具体分配应当在该院案件审理终结后进行。

92. 债权人申请参与分配的，应当向其原申请执行法院提交参与分配申请书，写明参与分配的理由，并附有执行依据。该执行法院应将参与分配申请书转交给主持分配的法院，并说明执行情况。

93. 对人民法院查封、扣押或冻结的财产有优先权、担保物权的债权人，可以申请参加参与分配程序，主张优先受偿权。

94. 参与分配案件中可供执行的财产，在对享有优先权、担保权的债权人依照法律规定的顺序优先受偿后，按照各个案件债权额的比例进行分配。

95. 被执行人的财产被分配给各债权人后，被执行人对其剩余债务应当继续清偿。债权人发现被执行人有其他财产的，人民法院可以根据债权人的申请继续依法执行。

96. 被执行人为企业法人，未经清理或清算而撤销、注销或歇业，其财产不足清偿全部债务的，应当参照本规定 90 条至 95 条的规定，对各债权人的债权按比例清偿。

十二、对妨害执行行为的强制措施的适用

97. 对必须到人民法院接受询问的被执行人或被执行人的法定代表人或负责人，经 2 次传票传唤，无正当理由拒不到场的，人民法院可以对其进行拘传。

98. 对被拘传人的调查询问不得超过 24 小时，调查询问后不得限制被拘传人的人身自由。

99. 在本辖区以外采取拘传措施时，应当将被拘传人拘传到当地法院，当地法院应予以协助。

100. 被执行人或其他人有下列拒不履行生效法律文书或者妨害执行行为之一的，人民法院可以依照民事诉讼法第一百零二条的规定处理：

（1）隐藏、转移、变卖、毁损向人民法院提供执行担保的财产的；

（2）案外人与被执行人恶意串通转移被执行人财产的；

（3）故意撕毁人民法院执行公告、封条的；

（4）伪造、隐藏、毁灭有关被执行人履行能力的重要证据，妨碍人民法院查明被执行人财产状况的；

（5）指使、贿买、胁迫他人对被执行人的财产状况和履行义务的能力问题作伪证的；

（6）妨碍人民法院依法搜查的；

（7）以暴力、威胁或其他方法妨碍或抗拒执行的；

（8）哄闹、冲击执行现场的；

（9）对人民法院执行人员或协助执行人员

进行侮辱、诽谤、诬陷、围攻、威胁、殴打或者打击报复的;

(10)毁损、抢夺执行案件材料、执行公务车辆、其他执行器械、执行人员服装和执行公务证件的。

101.在执行过程中遇有被执行人或其他人拒不履行生效法律文书或者妨害执行情节严重,需要追究刑事责任的,应将有关材料移交有关机关处理。

十三、执行的中止、终结、结案和执行回转

102.有下列情形之一的,人民法院应当依照民事诉讼法第二百三十二条第一款第五项的规定裁定中止执行:

(1)人民法院已受理以被执行人为债务人的破产申请的;

(2)被执行人确无财产可供执行的;

(3)执行的标的物是其他法院或仲裁机构正在审理的案件争议标的物,需要等待该案件审理完毕确定权属的;

(4)一方当事人申请执行仲裁裁决,另一方当事人申请撤销仲裁裁决的;

(5)仲裁裁决的被申请执行人依据民事诉讼法第二百一十三条第二款的规定向人民法院提出不予执行请求,并提供适当担保的。①

103.按照审判监督程序提审或再审的案件,执行机构根据上级法院或本院作出的中止执行裁定书中止执行。

104.中止执行的情形消失后,执行法院可以根据当事人的申请或依职权恢复执行。

恢复执行应当书面通知当事人。

105.在执行中,被执行人被人民法院裁定宣告破产的,执行法院应当依照民事诉讼法第二百三十三条第六项的规定,裁定终结执行。②

106.中止执行和终结执行的裁定书应当写明中止或终结执行的理由和法律依据。

107.人民法院执行生效法律文书,一般应当在立案之日起6个月内执行结案,但中止执行的期间应当扣除。确有特殊情况需要延长的,由本院院长批准。

108.执行结案的方式为:

(1)生效法律文书确定的内容全部执行完毕;

(2)裁定终结执行;

(3)裁定不予执行;

(4)当事人之间达成执行和解协议并已履行完毕。

109.在执行中或执行完毕后,据以执行的法律文书被人民法院或其他有关机关撤销或变更的,原执行机构应当依照民事诉讼法第二百一十条的规定,依当事人申请或依职权,按照新的生效法律文书,作出执行回转的裁定,责令原申请执行人返还已取得的财产及其孳息。拒不返还的,强制执行。

执行回转应重新立案,适用执行程序的有关规定。③

110.执行回转时,已执行的标的物系特定物的,应当退还原物。不能退还原物的,可以折价抵偿。

十四、委托执行、协助执行和执行争议的协调

111.凡需要委托执行的案件,委托法院应在立案后1个月内办妥委托执行手续。超过此期限委托的,应当经对方法院同意。

112.委托法院明知被执行人有下列情形的,应当及时依法裁定中止执行或终结执行,不得委托当地法院执行:

(1)无确切住所,长期下落不明,又无财产可供执行的;

(2)有关法院已经受理以被执行人为债务人的破产案件或者已经宣告其破产的。

113.委托执行一般应在同级人民法院之间进行。经对方法院同意,也可委托上一级的法院执行。

被执行人是军队企业的,可以委托其所在地的军事法院执行。

执行标的物是船舶的,可以委托有关海事法院执行。

114.委托法院应当向受委托法院出具书面委托函,并附送据以执行的生效法律文书副本原

---

① 本条根据法释〔2008〕18号第五十五条调整。

② 本条根据法释〔2008〕18号第五十六条调整。

③ 本条根据法释〔2008〕18号第五十七条调整。

件、立案审批表复印件及有关情况说明,包括财产保全情况、被执行人的财产状况、生效法律文书履行的情况,并注明委托法院地址、联系电话、联系人等。

115. 委托执行案件的实际支出费用,由受托法院向被执行人收取,确有必要的,可以向申请执行人预收。委托法院已经向申请执行人预收费用的,应当将预收的费用转交受托法院。

116. 案件委托执行后,未经受托法院同意,委托法院不得自行执行。

117. 受托法院接到委托后,应当及时将指定的承办人、联系电话、地址等告知委托法院;如发现委托执行的手续、资料不全,应及时要求委托法院补办。但不得据此拒绝接受委托。

118. 受托法院对受托执行的案件应当严格按照民事诉讼法和最高人民法院有关规定执行,有权依法采取强制执行措施和对妨害执行行为的强制措施。

119. 被执行人在受托法院当地有工商登记或户籍登记,但人员下落不明,如有可供执行的财产,可以直接执行其财产。

120. 对执行担保和执行和解的情况以及案外人对非属法律文书指定交付的执行标的物提出的异议,受托法院可以按照有关法律规定处理,并及时通知委托法院。

121. 受托法院在执行中,认为需要变更被执行人的,应当将有关情况函告委托法院,由委托法院依法决定是否作出变更被执行人的裁定。

122. 受托法院认为受托执行的案件应当中止、终结执行的,应提供有关证据材料,函告委托法院作出裁定。受托法院提供的证据材料确实、充分的,委托法院应当及时作出中止或终结执行的裁定。

123. 受托法院认为委托执行的法律文书有错误,如执行可能造成执行回转困难或无法执行回转的,应当首先采取查封、扣押、冻结等保全措施,必要时要将保全款项划到法院账户,然后函请委托法院审查。受托法院按照委托法院的审查结果继续执行或停止执行。

124. 人民法院在异地执行时,当地人民法院应当积极配合,协同排除障碍,保证执行人员的人身安全和执行装备、执行标的物不受侵害。

125. 两个或两个以上人民法院在执行相关案件中发生争议的,应当协商解决。协商不成的,逐级报请上级法院,直至报请共同的上级法院协调处理。

执行争议经高级人民法院协商不成的,由有关的高级人民法院书面报请最高人民法院协调处理。

126. 执行中发现两地法院或人民法院与仲裁机构就同一法律关系作出不同裁判内容的法律文书的,各有关法院应当立即停止执行,报请共同的上级法院处理。

127. 上级法院协调处理有关执行争议案件,认为必要时,可以决定将有关款项划到本院指定的账户。

128. 上级法院协调下级法院之间的执行争议所作出的处理决定,有关法院必须执行。

十五、执行监督

129. 上级人民法院依法监督下级人民法院的执行工作。最高人民法院依法监督地方各级人民法院和专门法院的执行工作。

130. 上级法院发现下级法院在执行中作出的裁定、决定、通知或具体执行行为不当或有错误的,应当及时指令下级法院纠正,并可以通知有关法院暂缓执行。

下级法院收到上级法院的指令后必须立即纠正。如果认为上级法院的指令有错误,可以在收到该指令后 5 日内请求上级法院复议。

上级法院认为请求复议的理由不成立,而下级法院仍不纠正的,上级法院可直接作出裁定或决定予以纠正,送达有关法院及当事人,并可直接向有关单位发出协助执行通知书。

131. 上级法院发现下级法院执行的非诉讼生效法律文书有不予执行事由,应当依法作出不予执行裁定而不制作的,可以责令下级法院在指定时限内作出裁定,必要时可直接裁定不予执行。

132. 上级法院发现下级法院的执行案件(包括受委托执行的案件)在规定的期限内未能执行结案的,应当作出裁定、决定、通知而不制作的,或应当依法实施具体执行行为而不实施的,应当督促下级法院限期执行,及时作出有关裁定等法律文书,或采取相应措施。

对下级法院长期未能执结的案件,确有必要

的,上级法院可以决定由本院执行或与下级法院共同执行,也可以指定本辖区其他法院执行。

133. 上级法院在监督、指导、协调下级法院执行案件中,发现据以执行的生效法律文书确有错误的,应当书面通知下级法院暂缓执行,并按照审判监督程序处理。

134. 上级法院在申诉案件复查期间,决定对生效法律文书暂缓执行的,有关审判庭应当将暂缓执行的通知抄送执行机构。

135. 上级法院通知暂缓执行的,应同时指定暂缓执行的期限。暂缓执行的期限一般不得超过3个月。有特殊情况需要延长的,应报经院长批准,并及时通知下级法院。

暂缓执行的原因消除后,应当及时通知执行法院恢复执行。期满后上级法院未通知继续暂缓执行的,执行法院可以恢复执行。

136. 下级法院不按照上级法院的裁定、决定或通知执行,造成严重后果的,按照有关规定追究有关主管人员和直接责任人员的责任。

十六、附则

137. 本规定自公布之日起试行。

本院以前作出的司法解释与本规定有抵触的,以本规定为准。本规定未尽事宜,按照以前的规定办理。

最高人民法院关于冻结、扣划证券交易结算资金有关问题的通知

(2004年11月9日　法〔2004〕239号)

各省、自治区、直辖市高级人民法院,解放军军事法院,新疆维吾尔自治区高级人民法院生产建设兵团分院:

为了保障金融安全和社会稳定,维护证券市场正常交易结算秩序,保护当事人的合法权益,保障人民法院依法执行,经商中国证券监督管理委员会,现就人民法院冻结、扣划证券交易结算资金有关问题通知如下:

一、人民法院办理涉及证券交易结算资金的案件,应当根据资金的不同性质区别对待。证券交易结算资金,包括客户交易结算资金和证券公司从事自营证券业务的自有资金。证券公司将客户交易结算资金全额存放于客户交易结算资金专用存款账户和结算备付金账户,将自营证券业务的自有资金存放于自有资金专用存款账户,而上述账户均应报中国证券监督管理委员会备案。因此,对证券市场主体为被执行人的案件,要区别处理:

当证券公司为被执行人时,人民法院可以冻结、扣划该证券公司开设的自有资金存款账户中的资金,但不得冻结、扣划该证券公司开设的客户交易结算资金专用存款账户中的资金。

当客户为被执行人时,人民法院可以冻结、扣划该客户在证券公司营业部开设的资金账户中的资金,证券公司应当协助执行。但对于证券公司在存管银行开设的客户交易结算资金专用存款账户中属于所有客户共有的资金,人民法院不得冻结、扣划。

二、人民法院冻结、扣划证券结算备付金时,应当正确界定证券结算备付金与自营结算备付金。证券结算备付金是证券公司从客户交易结算资金、自营证券业务的自有资金中缴存于中国证券登记结算有限责任公司(以下简称登记结算公司)的结算备用资金,专用于证券交易成交后的清算,具有结算履约担保作用。登记结算公司对每个证券公司缴存的结算备付金分别设立客户结算备付金账户和自营结算备付金账户进行账务管理,并依照经中国证券监督管理委员会批准的规则确定结算备付金最低限额。因此,对证券公司缴存在登记结算公司的客户结算备付金,人民法院不得冻结、扣划。

当证券公司为被执行人时,人民法院可以向登记结算公司查询确认该证券公司缴存的自营结算备付金余额;对其最低限额以外的自营结算备付金,人民法院可以冻结、扣划,登记结算公司应当协助执行。

三、人民法院不得冻结、扣划新股发行验资专用账户中的资金。登记结算公司在结算银行开设的新股发行验资专用账户,专门用于证券市场的新股发行业务中的资金存放、调拨,并按照中国证券监督管理委员会批准的规则开立、使用、备案和管理,故人民法院不得冻结、扣划该专用账户中的资金。

四、人民法院在执行中应当正确处理清算交

收程序与执行财产顺序的关系。当证券公司或者客户为被执行人时，人民法院可以冻结属于该被执行人的已完成清算交收后的证券或者资金，并以书面形式责令其在7日内提供可供执行的其他财产。被执行人提供了其他可供执行的财产的，人民法院应当先执行该财产；逾期不提供或者提供的财产不足清偿债务的，人民法院可以执行上述已经冻结的证券或者资金。

对被执行人的证券交易成交后进入清算交收期间的证券或者资金，以及被执行人为履行清算交收义务交付给登记结算公司但尚未清算的证券或者资金，人民法院不得冻结、扣划。

五、人民法院对被执行人证券账户内的流通证券采取执行措施时，应当查明该流通证券确属被执行人所有。

人民法院执行流通证券，可以指令被执行人所在的证券公司营业部在30个交易日内通过证券交易将该证券卖出，并将变卖所得价款直接划付到人民法院指定的账户。

六、人民法院在冻结、扣划证券交易结算资金的过程中，对于当事人或者协助执行人对相关资金是否属客户交易结算资金、结算备付金提出异议的，应当认真审查；必要时，可以提交中国证券监督管理委员会作出审查认定后，依法处理。

七、人民法院在证券交易、结算场所采取保全或者执行措施时，不得影响证券交易、结算业务的正常秩序。

八、本通知自发布之日起执行。发布前最高人民法院的其他规定与本通知的规定不一致的，以本通知为准。

特此通知。

最高人民法院关于人民法院民事执行中拍卖、变卖财产的规定

（2004年10月26日最高人民法院审判委员会第1330次会议通过　2004年11月15日最高人民法院公告公布　自2005年1月1日起施行　法释〔2004〕16号）

为了进一步规范民事执行中的拍卖、变卖措施，维护当事人的合法权益，根据《中华人民共和国民事诉讼法》等法律的规定，结合人民法院民事执行工作的实践经验，制定本规定。

第一条　在执行程序中，被执行人的财产被查封、扣押、冻结后，人民法院应当及时进行拍卖、变卖或者采取其他执行措施。

第二条　人民法院对查封、扣押、冻结的财产进行变价处理时，应当首先采取拍卖的方式，但法律、司法解释另有规定的除外。

第三条　人民法院拍卖被执行人财产，应当委托具有相应资质的拍卖机构进行，并对拍卖机构的拍卖进行监督，但法律、司法解释另有规定的除外。

第四条　对拟拍卖的财产，人民法院应当委托具有相应资质的评估机构进行价格评估。对于财产价值较低或者价格依照通常方法容易确定的，可以不进行评估。

当事人双方及其他执行债权人申请不进行评估的，人民法院应当准许。

对被执行人的股权进行评估时，人民法院可以责令有关企业提供会计报表等资料；有关企业拒不提供的，可以强制提取。

第五条　评估机构由当事人协商一致后经人民法院审查确定；协商不成的，从负责执行的人民法院或者被执行人财产所在地的人民法院确定的评估机构名册中，采取随机的方式确定；当事人双方申请通过公开招标方式确定评估机构的，人民法院应当准许。

第六条　人民法院收到评估机构作出的评估报告后，应当在五日内将评估报告发送当事人及其他利害关系人。当事人或者其他利害关系人对评估报告有异议的，可以在收到评估报告后十日内以书面形式向人民法院提出。

当事人或者其他利害关系人有证据证明评估机构、评估人员不具备相应的评估资质或者评估程序严重违法而申请重新评估的，人民法院应当准许。

第七条　拍卖机构由当事人协商一致后经人民法院审查确定；协商不成的，从负责执行的人民法院或者被执行人财产所在地的人民法院确定的拍卖机构名册中，采取随机的方式确定；当事人双方申请通过公开招标方式确定拍卖机构的，人民法院应当准许。

第八条 拍卖应当确定保留价。

拍卖保留价由人民法院参照评估价确定；未作评估的，参照市价确定，并应当征询有关当事人的意见。

人民法院确定的保留价，第一次拍卖时，不得低于评估价或者市价的百分之八十；如果出现流拍，再行拍卖时，可以酌情降低保留价，但每次降低的数额不得超过前次保留价的百分之二十。

第九条 保留价确定后，依据本次拍卖保留价计算，拍卖所得价款在清偿优先债权和强制执行费用后无剩余可能的，应当在实施拍卖前将有关情况通知申请执行人。申请执行人于收到通知后五日内申请继续拍卖的，人民法院应当准许，但应当重新确定保留价；重新确定的保留价应当大于该优先债权及强制执行费用的总额。

依照前款规定流拍的，拍卖费用由申请执行人负担。

第十条 执行人员应当对拍卖财产的权属状况、占有使用情况等进行必要的调查，制作拍卖财产现状的调查笔录或者收集其他有关资料。

第十一条 拍卖应当先期公告。

拍卖动产的，应当在拍卖七日前公告；拍卖不动产或者其他财产权的，应当在拍卖十五日前公告。

第十二条 拍卖公告的范围及媒体由当事人双方协商确定；协商不成的，由人民法院确定。拍卖财产具有专业属性的，应当同时在专业性报纸上进行公告。

当事人申请在其他新闻媒体上公告或者要求扩大公告范围的，应当准许，但该部分的公告费用由其自行承担。

第十三条 拍卖不动产、其他财产权或者价值较高的动产的，竞买人应当于拍卖前向人民法院预交保证金。申请执行人参加竞买的，可以不预交保证金。保证金的数额由人民法院确定，但不得低于评估价或者市价的百分之五。

应当预交保证金而未交纳的，不得参加竞买。拍卖成交后，买受人预交的保证金充抵价款，其他竞买人预交的保证金应当在三日内退还；拍卖未成交的，保证金应当于三日内退还竞买人。

第十四条 人民法院应当在拍卖五日前以书面或者其他能够确认收悉的适当方式，通知当事人和已知的担保物权人、优先购买权人或者其他优先权人于拍卖日到场。

优先购买权人经通知未到场的，视为放弃优先购买权。

第十五条 法律、行政法规对买受人的资格或者条件有特殊规定的，竞买人应当具备规定的资格或者条件。

申请执行人、被执行人可以参加竞买。

第十六条 拍卖过程中，有最高应价时，优先购买权人可以表示以该最高价买受，如无更高应价，则拍归优先购买权人；如有更高应价，而优先购买权人不作表示的，则拍归该应价最高的竞买人。

顺序相同的多个优先购买权人同时表示买受的，以抽签方式决定买受人。

第十七条 拍卖多项财产时，其中部分财产卖得的价款足以清偿债务和支付被执行人应当负担的费用的，对剩余的财产应当停止拍卖，但被执行人同意全部拍卖的除外。

第十八条 拍卖的多项财产在使用上不可分，或者分别拍卖可能严重减损其价值的，应当合并拍卖。

第十九条 拍卖时无人竞买或者竞买人的最高应价低于保留价，到场的申请执行人或者其他执行债权人申请或者同意以该次拍卖所定的保留价接受拍卖财产的，应当将该财产交其抵债。

有两个以上执行债权人申请以拍卖财产抵债的，由法定受偿顺位在先的债权人优先承受；受偿顺位相同的，以抽签方式决定承受人。承受人应受清偿的债权额低于抵债财产的价额的，人民法院应当责令其在指定的期间内补交差额。

第二十条 在拍卖开始前，有下列情形之一的，人民法院应当撤回拍卖委托：

（一）据以执行的生效法律文书被撤销的；

（二）申请执行人及其他执行债权人撤回执行申请的；

（三）被执行人全部履行了法律文书确定的

金钱债务的；

（四）当事人达成了执行和解协议，不需要拍卖财产的；

（五）案外人对拍卖财产提出确有理由的异议的；

（六）拍卖机构与竞买人恶意串通的；

（七）其他应当撤回拍卖委托的情形。

第二十一条 人民法院委托拍卖后，遇有依法应当暂缓执行或者中止执行的情形的，应当决定暂缓执行或者裁定中止执行，并及时通知拍卖机构和当事人。拍卖机构收到通知后，应当立即停止拍卖，并通知竞买人。

暂缓执行期限届满或者中止执行的事由消失后，需要继续拍卖的，人民法院应当在十五日内通知拍卖机构恢复拍卖。

第二十二条 被执行人在拍卖日之前向人民法院提交足额金钱清偿债务，要求停止拍卖的，人民法院应当准许，但被执行人应当负担因拍卖支出的必要费用。

第二十三条 拍卖成交或者以流拍的财产抵债的，人民法院应当作出裁定，并于价款或者需要补交的差价全额交付后十日内，送达买受人或者承受人。

第二十四条 拍卖成交后，买受人应当在拍卖公告确定的期限或者人民法院指定的期限内将价款交付到人民法院或者汇入人民法院指定的帐户。

第二十五条 拍卖成交或者以流拍的财产抵债后，买受人逾期未支付价款或者承受人逾期未补交差价而使拍卖、抵债的目的难以实现的，人民法院可以裁定重新拍卖。重新拍卖时，原买受人不得参加竞买。

重新拍卖的价款低于原拍卖价款造成的差价、费用损失及原拍卖中的佣金，由原买受人承担。人民法院可以直接从其预交的保证金中扣除。扣除后保证金有剩余的，应当退还原买受人；保证金数额不足的，可以责令原买受人补交；拒不补交的，强制执行。

第二十六条 拍卖时无人竞买或者竞买人的最高应价低于保留价，到场的申请执行人或者其他执行债权人不申请以该次拍卖所定的保留价抵债的，应当在六十日内再行拍卖。

第二十七条 对于第二次拍卖仍流拍的动产，人民法院可以依照本规定第十九条的规定将其作价交申请执行人或者其他执行债权人抵债。申请执行人或者其他执行债权人拒绝接受或者依法不能交付其抵债的，人民法院应当解除查封、扣押，并将该动产退还被执行人。

第二十八条 对于第二次拍卖仍流拍的不动产或者其他财产权，人民法院可以依照本规定第十九条的规定将其作价交申请执行人或者其他执行债权人抵债。申请执行人或者其他执行债权人拒绝接受或者依法不能交付其抵债的，应当在六十日内进行第三次拍卖。

第三次拍卖流拍且申请执行人或者其他执行债权人拒绝接受或者依法不能接受该不动产或者其他财产权抵债的，人民法院应当于第三次拍卖终结之日起七日内发出变卖公告。自公告之日起六十日内没有买受人愿意以第三次拍卖的保留价买受该财产，且申请执行人、其他执行债权人仍不表示接受该财产抵债的，应当解除查封、冻结，将该财产退还被执行人，但对该财产可以采取其他执行措施的除外。

第二十九条 动产拍卖成交或者抵债后，其所有权自该动产交付时起转移给买受人或者承受人。

不动产、有登记的特定动产或者其他财产权拍卖成交或者抵债后，该不动产、特定动产的所有权、其他财产权自拍卖成交或者抵债裁定送达买受人或者承受人时起转移。

第三十条 人民法院裁定拍卖成交或者以流拍的财产抵债后，除有依法不能移交的情形外，应当于裁定送达后十五日内，将拍卖的财产移交买受人或者承受人。被执行人或者第三人占有拍卖财产应当移交而拒不移交的，强制执行。

第三十一条 拍卖财产上原有的担保物权及其他优先受偿权，因拍卖而消灭，拍卖所得价款，应当优先清偿担保物权人及其他优先受偿权人的债权，但当事人另有约定的除外。

拍卖财产上原有的租赁权及其他用益物权，不因拍卖而消灭，但该权利继续存在于拍卖财产上，对在先的担保物权或者其他优先受偿权的实现有影响的，人民法院应当依法将其除去后进行拍卖。

第三十二条　拍卖成交的，拍卖机构可以按照下列比例向买受人收取佣金：

拍卖成交价200万元以下的，收取佣金的比例不得超过5%；超过200万元至1000万元的部分，不得超过3%；超过1000万元至5000万元的部分，不得超过2%；超过5000万元至1亿元的部分，不得超过1%；超过1亿元的部分，不得超过0.5%。

采取公开招标方式确定拍卖机构的，按照中标方案确定的数额收取佣金。

拍卖未成交或者非因拍卖机构的原因撤回拍卖委托的，拍卖机构为本次拍卖已经支出的合理费用，应当由被执行人负担。

第三十三条　在执行程序中拍卖上市公司国有股和社会法人股的，适用最高人民法院《关于冻结、拍卖上市公司国有股和社会法人股若干问题的规定》。

第三十四条　对查封、扣押、冻结的财产，当事人双方及有关权利人同意变卖的，可以变卖。

金银及其制品、当地市场有公开交易价格的动产、易腐烂变质的物品、季节性商品、保管困难或者保管费用过高的物品，人民法院可以决定变卖。

第三十五条　当事人双方及有关权利人对变卖财产的价格有约定的，按照其约定价格变卖；无约定价格但有市价的，变卖价格不得低于市价；无市价但价值较大、价格不易确定的，应当委托评估机构进行评估，并按照评估价格进行变卖。

按照评估价格变卖不成的，可以降低价格变卖，但最低的变卖价不得低于评估价的二分之一。

变卖的财产无人应买的，适用本规定第十九条的规定将该财产交申请执行人或者其他执行债权人抵债；申请执行人或者其他执行债权人拒绝接受或者依法不能交付其抵债的，人民法院应当解除查封、扣押，并将该财产退还被执行人。

第三十六条　本规定自2005年1月1日起施行。施行前本院公布的司法解释与本规定不一致的，以本规定为准。

最高人民法院关于人民法院民事执行中查封、扣押、冻结财产的规定

（2004年10月26日最高人民法院审判委员会第1330次会议通过　2004年11月4日最高人民法院公告公布　自2005年1月1日起施行　法释〔2004〕15号）

为了进一步规范民事执行中的查封、扣押、冻结措施，维护当事人的合法权益，根据《中华人民共和国民事诉讼法》等法律的规定，结合人民法院民事执行工作的实践经验，制定本规定。

第一条　人民法院查封、扣押、冻结被执行人的动产、不动产及其他财产权，应当作出裁定，并送达被执行人和申请执行人。

采取查封、扣押、冻结措施需要有关单位或者个人协助的，人民法院应当制作协助执行通知书，连同裁定书副本一并送达协助执行人。查封、扣押、冻结裁定书和协助执行通知书送达时发生法律效力。

第二条　人民法院可以查封、扣押、冻结被执行人占有的动产、登记在被执行人名下的不动产、特定动产及其他财产权。

未登记的建筑物和土地使用权，依据土地使用权的审批文件和其他相关证据确定权属。

对于第三人占有的动产或者登记在第三人名下的不动产、特定动产及其他财产权，第三人书面确认该财产属于被执行人的，人民法院可以查封、扣押、冻结。

第三条　作为执行依据的法律文书生效后至申请执行前，债权人可以向有执行管辖权的人民法院申请保全债务人的财产。人民法院可以参照民事诉讼法第九十二条的规定作出保全裁定，保全裁定应当立即执行。

第四条　诉讼前、诉讼中及仲裁中采取财产保全措施的，进入执行程序后，自动转为执行中的查封、扣押、冻结措施，并适用本规定第二十九条关于查封、扣押、冻结期限的规定。

第五条　人民法院对被执行人下列的财产不得查封、扣押、冻结：

（一）被执行人及其所扶养家属生活所必需

的衣服、家具、炊具、餐具及其他家庭生活必需的物品；

(二)被执行人及其所扶养家属所必需的生活费用。当地有最低生活保障标准的，必需的生活费用依照该标准确定；

(三)被执行人及其所扶养家属完成义务教育所必需的物品；

(四)未公开的发明或者未发表的著作；

(五)被执行人及其所扶养家属用于身体缺陷所必需的辅助工具、医疗物品；

(六)被执行人所得的勋章及其他荣誉表彰的物品；

(七)根据《中华人民共和国缔结条约程序法》，以中华人民共和国、中华人民共和国政府或者中华人民共和国政府部门名义同外国、国际组织缔结的条约、协定和其他具有条约、协定性质的文件中规定免于查封、扣押、冻结的财产；

(八)法律或者司法解释规定的其他不得查封、扣押、冻结的财产。

第六条 对被执行人及其所扶养家属生活所必需的居住房屋，人民法院可以查封，但不得拍卖、变卖或者抵债。

第七条 对于超过被执行人及其所扶养家属生活所必需的房屋和生活用品，人民法院根据申请执行人的申请，在保障被执行人及其所扶养家属最低生活标准所必需的居住房屋和普通生活必需品后，可予以执行。

第八条 查封、扣押动产的，人民法院可以直接控制该项财产。人民法院将查封、扣押的动产交付其他人控制的，应当在该动产上加贴封条或者采取其他足以公示查封、扣押的适当方式。

第九条 查封不动产的，人民法院应当张贴封条或者公告，并可以提取保存有关财产权证照。

查封、扣押、冻结已登记的不动产、特定动产及其他财产权，应当通知有关登记机关办理登记手续。未办理登记手续的，不得对抗其他已经办理了登记手续的查封、扣押、冻结行为。

第十条 查封尚未进行权属登记的建筑物时，人民法院应当通知其管理人或者该建筑物的实际占有人，并在显著位置张贴公告。

第十一条 扣押尚未进行权属登记的机动车辆时，人民法院应当在扣押清单上记载该机动车辆的发动机编号。该车辆在扣押期间权利人要求办理权属登记手续的，人民法院应当准许并及时办理相应的扣押登记手续。

第十二条 查封、扣押的财产不宜由人民法院保管的，人民法院可以指定被执行人负责保管；不宜由被执行人保管的，可以委托第三人或者申请执行人保管。

由人民法院指定被执行人保管的财产，如果继续使用对该财产的价值无重大影响，可以允许被执行人继续使用；由人民法院保管或者委托第三人、申请执行人保管的，保管人不得使用。

第十三条 查封、扣押、冻结担保物权人占有的担保财产，一般应当指定该担保物权人作为保管人；该财产由人民法院保管的，质权、留置权不因转移占有而消灭。

第十四条 对被执行人与其他人共有的财产，人民法院可以查封、扣押、冻结，并及时通知共有人。

共有人协议分割共有财产，并经债权人认可的，人民法院可以认定有效。查封、扣押、冻结的效力及于协议分割后被执行人享有份额内的财产；对其他共有人享有份额内的财产的查封、扣押、冻结，人民法院应当裁定予以解除。

共有人提起析产诉讼或者申请执行人代位提起析产诉讼的，人民法院应当准许。诉讼期间中止对该财产的执行。

第十五条 对第三人为被执行人的利益占有的被执行人的财产，人民法院可以查封、扣押、冻结；该财产被指定给第三人继续保管的，第三人不得将其交付给被执行人。

对第三人为自己的利益依法占有的被执行人的财产，人民法院可以查封、扣押、冻结，第三人可以继续占有和使用该财产，但不得将其交付给被执行人。

第三人无偿借用被执行人的财产的，不受前款规定的限制。

第十六条 被执行人将其财产出卖给第三人，第三人已经支付部分价款并实际占有该财产，但根据合同约定被执行人保留所有权的，人民法院可以查封、扣押、冻结；第三人要求继续履行合同的，应当由第三人在合理期限内向人民法院交付全部余款后，裁定解除查封、扣押、冻结。

第十七条 被执行人将其所有的需要办理过户登记的财产出卖给第三人，第三人已经支付部分或者全部价款并实际占有该财产，但尚未办理产权过户登记手续的，人民法院可以查封、扣押、冻结；第三人已经支付全部价款并实际占有，但未办理过户登记手续的，如果第三人对此没有过错，人民法院不得查封、扣押、冻结。

第十八条 被执行人购买第三人的财产，已经支付部分价款并实际占有该财产，但第三人依合同约定保留所有权，申请执行人已向第三人支付剩余价款或者第三人书面同意剩余价款从该财产变价款中优先支付的，人民法院可以查封、扣押、冻结。

第三人依法解除合同的，人民法院应当准许，已经采取的查封、扣押、冻结措施应当解除，但人民法院可以依据申请执行人的申请，执行被执行人因支付价款而形成的对该第三人的债权。

第十九条 被执行人购买需要办理过户登记的第三人的财产，已经支付部分或者全部价款并实际占有该财产，虽未办理产权过户登记手续，但申请执行人已向第三人支付剩余价款或者第三人同意剩余价款从该财产变价款中优先支付的，人民法院可以查封、扣押、冻结。

第二十条 查封、扣押、冻结被执行人的财产时，执行人员应当制作笔录，载明下列内容：

（一）执行措施开始及完成的时间；

（二）财产的所在地、种类、数量；

（三）财产的保管人；

（四）其他应当记明的事项。

执行人员及保管人应当在笔录上签名，有民事诉讼法第二百二十一条规定的人员到场的，到场人员也应当在笔录上签名。①

第二十一条 查封、扣押、冻结被执行人的财产，以其价额足以清偿法律文书确定的债权额及执行费用为限，不得明显超标的额查封、扣押、冻结。

发现超标的额查封、扣押、冻结的，人民法院应当根据被执行人的申请或者依职权，及时解除对超标的额部分财产的查封、扣押、冻结，但该财产为不可分物且被执行人无其他可供执行的财产或者其他财产不足以清偿债务的除外。

第二十二条 查封、扣押的效力及于查封、扣押物的从物和天然孳息。

第二十三条 查封地上建筑物的效力及于该地上建筑物使用范围内的土地使用权，查封土地使用权的效力及于地上建筑物，但土地使用权与地上建筑物的所有权分属被执行人与他人的除外。

地上建筑物和土地使用权的登记机关不是同一机关的，应当分别办理查封登记。

第二十四条 查封、扣押、冻结的财产灭失或者毁损的，查封、扣押、冻结的效力及于该财产的替代物、赔偿款。人民法院应当及时作出查封、扣押、冻结该替代物、赔偿款的裁定。

第二十五条 查封、扣押、冻结协助执行通知书在送达登记机关时，登记机关已经受理被执行人转让不动产、特定动产及其他财产的过户登记申请，尚未核准登记的，应当协助人民法院执行。人民法院不得对登记机关已经核准登记的被执行人已转让的财产实施查封、扣押、冻结措施。

查封、扣押、冻结协助执行通知书在送达登记机关时，其他人民法院已向该登记机关送达了过户登记协助执行通知书的，应当优先办理过户登记。

第二十六条 被执行人就已经查封、扣押、冻结的财产所作的移转、设定权利负担或者其他有碍执行的行为，不得对抗申请执行人。

第三人未经人民法院准许占有查封、扣押、冻结的财产或者实施其他有碍执行的行为的，人民法院可以依据申请执行人的申请或者依职权解除其占有或者排除其妨害。

人民法院的查封、扣押、冻结没有公示的，其效力不得对抗善意第三人。

第二十七条 人民法院查封、扣押被执行人设定最高额抵押权的抵押物的，应当通知抵押权人。抵押权人受抵押担保的债权数额自收到人

---

① 本条根据法释〔2008〕18号第七十四条调整。

民法院通知时起不再增加。

人民法院虽然没有通知抵押权人,但有证据证明抵押权人知道查封、扣押事实的,受抵押担保的债权数额从其知道该事实时起不再增加。

第二十八条　对已被人民法院查封、扣押、冻结的财产,其他人民法院可以进行轮候查封、扣押、冻结。查封、扣押、冻结解除的,登记在先的轮候查封、扣押、冻结即自动生效。

其他人民法院对已登记的财产进行轮候查封、扣押、冻结的,应当通知有关登记机关协助进行轮候登记,实施查封、扣押、冻结的人民法院应当允许其他人民法院查阅有关文书和记录。

其他人民法院对没有登记的财产进行轮候查封、扣押、冻结的,应当制作笔录,并经实施查封、扣押、冻结的人民法院执行人员及被执行人签字,或者书面通知实施查封、扣押、冻结的人民法院。

第二十九条　人民法院冻结被执行人的银行存款及其他资金的期限不得超过六个月,查封、扣押动产的期限不得超过一年,查封不动产、冻结其他财产权的期限不得超过二年。法律、司法解释另有规定的除外。

申请执行人申请延长期限的,人民法院应当在查封、扣押、冻结期限届满前办理续行查封、扣押、冻结手续,续行期限不得超过前款规定期限的二分之一。

第三十条　查封、扣押、冻结期限届满,人民法院未办理延期手续的,查封、扣押、冻结的效力消灭。

查封、扣押、冻结的财产已经被执行拍卖、变卖或者抵债的,查封、扣押、冻结的效力消灭。

第三十一条　有下列情形之一的,人民法院应当作出解除查封、扣押、冻结裁定,并送达申请执行人、被执行人或者案外人:

(一)查封、扣押、冻结案外人财产的;

(二)申请执行人撤回执行申请或者放弃债权的;

(三)查封、扣押、冻结的财产流拍或者变卖不成,申请执行人和其他执行债权人又不同意接受抵债的;

(四)债务已经清偿的;

(五)被执行人提供担保且申请执行人同意解除查封、扣押、冻结的;

(六)人民法院认为应当解除查封、扣押、冻结的其他情形。

解除以登记方式实施的查封、扣押、冻结的,应当向登记机关发出协助执行通知书。

第三十二条　财产保全裁定和先予执行裁定的执行适用本规定。

第三十三条　本规定自2005年1月1日起施行。施行前本院公布的司法解释与本规定不一致的,以本规定为准。

最高人民法院关于人民法院执行设定抵押的房屋的规定

(2005年11月14日最高人民法院审判委员会第1371次会议通过　2005年12月14日最高人民法院公告公布　自2005年12月21日起施行　法释〔2005〕14号)

根据《中华人民共和国民事诉讼法》等法律的规定,结合人民法院民事执行工作的实践,对人民法院根据抵押权人的申请,执行设定抵押的房屋的问题规定如下:

第一条　对于被执行人所有的已经依法设定抵押的房屋,人民法院可以查封,并可以根据抵押权人的申请,依法拍卖、变卖或者抵债。

第二条　人民法院对已经依法设定抵押的被执行人及其所扶养家属居住的房屋,在裁定拍卖、变卖或者抵债后,应当给予被执行人六个月的宽限期。在此期限内,被执行人应当主动腾空房屋,人民法院不得强制被执行人及其所扶养家属迁出该房屋。

第三条　上述宽限期届满后,被执行人仍未迁出的,人民法院可以作出强制迁出裁定,并按照民事诉讼法第二百二十六条的规定执行。①

强制迁出时,被执行人无法自行解决居住问题的,经人民法院审查属实,可以由申请执行人为被执行人及其所扶养家属提供临时住房。

———

①　本条第一款根据法释〔2008〕18号第七十六条调整。

第四条　申请执行人提供的临时住房，其房屋品质、地段可以不同于被执行人原住房，面积参照建设部、财政部、民政部、国土资源部和国家税务总局联合发布的《城镇最低收入家属廉租住房管理办法》所规定的人均廉租住房面积标准确定。

第五条　申请执行人提供的临时住房，应当计收租金。租金标准由申请执行人和被执行人双方协商确定；协商不成的，由人民法院参照当地同类房屋租金标准确定，当地无同类房屋租金标准可以参照的，参照当地房屋租赁市场平均租金标准确定。

已经产生的租金，可以从房屋拍卖或者变卖价款中优先扣除。

第六条　被执行人属于低保对象且无法自行解决居住问题的，人民法院不应强制迁出。

第七条　本规定自 2005 年 12 月 21 日起施行。施行前本院已公布的司法解释与本规定不一致的，以本规定为准。

最高人民法院关于人民法院办理执行案件若干期限的规定

（2006 年 12 月 23 日　法发〔2006〕35 号）

为确保及时、高效、公正办理执行案件，依据《中华人民共和国民事诉讼法》和有关司法解释的规定，结合执行工作实际，制定本规定。

第一条　被执行人有财产可供执行的案件，一般应当在立案之日起 6 个月内执结；非诉执行案件一般应当在立案之日起 3 个月内执结。

有特殊情况须延长执行期限的，应当报请本院院长或副院长批准。

申请延长执行期限的，应当在期限届满前 5 日内提出。

第二条　人民法院应当在立案后 7 日内确定承办人。

第三条　承办人收到案件材料后，经审查认为情况紧急、需立即采取执行措施的，经批准后可立即采取相应的执行措施。

第四条　承办人应当在收到案件材料后 3 日内向被执行人发出执行通知书，通知被执行人按照有关规定申报财产，责令被执行人履行生效法律文书确定的义务。

被执行人在指定的履行期间内有转移、隐匿、变卖、毁损财产等情形的，人民法院在获悉后应当立即采取控制性执行措施。

第五条　承办人应当在收到案件材料后 3 日内通知申请执行人提供被执行人财产状况或财产线索。

第六条　申请执行人提供了明确、具体的财产状况或财产线索的，承办人应当在申请执行人提供财产状况或财产线索后 5 日内进行查证、核实。情况紧急的，应当立即予以核查。

申请执行人无法提供被执行人财产状况或财产线索，或者提供财产状况或财产线索确有困难，需人民法院进行调查的，承办人应当在申请执行人提出调查申请后 10 日内启动调查程序。

根据案件具体情况，承办人一般应当在 1 个月内完成对被执行人收入、银行存款、有价证券、不动产、车辆、机器设备、知识产权、对外投资权益及收益、到期债权等资产状况的调查。

第七条　执行中采取评估、拍卖措施的，承办人应当在 10 日内完成评估、拍卖机构的遴选。

第八条　执行中涉及不动产、特定动产及其他财产需办理过户登记手续的，承办人应当在 5 日内向有关登记机关送达协助执行通知书。

第九条　对执行异议的审查，承办人应当在收到异议材料及执行案卷后 15 日内提出审查处理意见。

第十条　对执行异议的审查需进行听证的，合议庭应当在决定听证后 10 日内组织异议人、申请执行人、被执行人及其他利害关系人进行听证。

承办人应当在听证结束后 5 日内提出审查处理意见。

第十一条　对执行异议的审查，人民法院一般应当在 1 个月内办理完毕。

需延长期限的，承办人应当在期限届满前 3 日内提出申请。

第十二条　执行措施的实施及执行法律文书的制作需报经审批的，相关负责人应当在 7 日内完成审批程序。

第十三条　下列期间不计入办案期限：

1. 公告送达执行法律文书的期间；

2. 暂缓执行的期间；

3. 中止执行的期间；

4. 就法律适用问题向上级法院请示的期间；

5. 与其他法院发生执行争议报请共同的上级法院协调处理的期间。

第十四条　法律或司法解释对办理期限有明确规定的，按照法律或司法解释规定执行。

第十五条　本规定自2007年1月1日起施行。

最高人民法院关于人民法院执行公开的若干规定

（2006年12月23日　法发〔2006〕35号）

为进一步规范人民法院执行行为，增强执行工作的透明度，保障当事人的知情权和监督权，进一步加强对执行工作的监督，确保执行公正，根据《中华人民共和国民事诉讼法》和有关司法解释等规定，结合执行工作实际，制定本规定。

第一条　本规定所称的执行公开，是指人民法院将案件执行过程和执行程序予以公开。

第二条　人民法院应当通过通知、公告或者法院网络、新闻媒体等方式，依法公开案件执行各个环节和有关信息，但涉及国家秘密、商业秘密等法律禁止公开的信息除外。

第三条　人民法院应当向社会公开执行案件的立案标准和启动程序。

人民法院对当事人的强制执行申请立案受理后，应当及时将立案的有关情况、当事人在执行程序中的权利和义务以及可能存在的执行风险书面告知当事人；不予立案的，应当制作裁定书送达申请人，裁定书应当载明不予立案的法律依据和理由。

第四条　人民法院应当向社会公开执行费用的收费标准和根据，公开执行费减、缓、免交的基本条件和程序。

第五条　人民法院受理执行案件后，应当及时将案件承办人或合议庭成员及联系方式告知双方当事人。

第六条　人民法院在执行过程中，申请执行人要求了解案件执行进展情况的，执行人员应当如实告知。

第七条　人民法院对申请执行人提供的财产线索进行调查后，应当及时将调查结果告知申请执行人；对依职权调查的被执行人财产状况和被执行人申报的财产状况，应当主动告知申请执行人。

第八条　人民法院采取查封、扣押、冻结、划拨等执行措施的，应当依法制作裁定书送达被执行人，并在实施执行措施后将有关情况及时告知双方当事人，或者以方便当事人查询的方式予以公开。

第九条　人民法院采取拘留、罚款、拘传等强制措施的，应当依法向被采取强制措施的人出示有关手续，并说明对其采取强制措施的理由和法律依据。采取强制措施后，应当将情况告知其他当事人。

采取拘留或罚款措施的，应当在决定书中告知被拘留或者被罚款的人享有向上级人民法院申请复议的权利。

第十条　人民法院拟委托评估、拍卖或者变卖被执行人财产的，应当及时告知双方当事人及其他利害关系人，并严格按照《中华人民共和国民事诉讼法》和最高人民法院《关于人民法院民事执行中拍卖、变卖财产的规定》等有关规定，采取公开的方式选定评估机构和拍卖机构，并依法公开进行拍卖、变卖。

评估结束后，人民法院应当及时向双方当事人及其他利害关系人送达评估报告；拍卖、变卖结束后，应当及时将结果告知双方当事人及其他利害关系人。

第十一条　人民法院在办理参与分配的执行案件时，应当将被执行人财产的处理方案、分配原则和分配方案以及相关法律规定告知申请参与分配的债权人。必要时，应当组织各方当事人举行听证会。

第十二条　人民法院对案外人异议、不予执行的申请以及变更、追加被执行主体等重大执行事项，一般应当公开听证进行审查；案情简单，事实清楚，没有必要听证的，人民法院可以直接审查。审查结果应当依法制作裁定书送达各方当事人。

第十三条　人民法院依职权对案件中止执

行的,应当制作裁定书并送达当事人。裁定书应当说明中止执行的理由,并明确援引相应的法律依据。

对已经中止执行的案件,人民法院应当告知当事人中止执行案件的管理制度、申请恢复执行或者人民法院依职权恢复执行的条件和程序。

第十四条 人民法院依职权对据以执行的生效法律文书终结执行的,应当公开听证,但申请执行人没有异议的除外。

终结执行应当制作裁定书并送达双方当事人。裁定书应当充分说明终结执行的理由,并明确援引相应的法律依据。

第十五条 人民法院未能按照最高人民法院《关于人民法院办理执行案件若干期限的规定》中规定的期限完成执行行为的,应当及时向申请执行人说明原因。

第十六条 人民法院对执行过程中形成的各种法律文书和相关材料,除涉及国家秘密、商业秘密等不宜公开的文书材料外,其他一般都应当予以公开。

当事人及其委托代理人申请查阅执行卷宗的,经人民法院许可,可以按照有关规定查阅、抄录、复制执行卷宗正卷中的有关材料。

第十七条 对违反本规定不公开或不及时公开案件执行信息的,视情节轻重,依有关规定追究相应的责任。

第十八条 各高级人民法院在实施本规定过程中,可以根据实际需要制定实施细则。

第十九条 本规定自2007年1月1日起施行。

最高人民法院关于适用《中华人民共和国民事诉讼法》执行程序若干问题的解释

(2008年9月8日最高人民法院审判委员会第1452次会议通过 2008年11月3日最高人民法院公告公布 自2009年1月1日起施行 法释〔2008〕13号)

为了依法及时有效地执行生效法律文书,维护当事人的合法权益,根据2007年10月修改后的《中华人民共和国民事诉讼法》(以下简称民事诉讼法),结合人民法院执行工作实际,对执行程序中适用法律的若干问题作出如下解释:

第一条 申请执行人向被执行的财产所在地人民法院申请执行的,应当提供该人民法院辖区有可供执行财产的证明材料。

第二条 对两个以上人民法院都有管辖权的执行案件,人民法院在立案前发现其他有管辖权的人民法院已经立案的,不得重复立案。

立案后发现其他有管辖权的人民法院已经立案的,应当撤销案件;已经采取执行措施的,应当将控制的财产交先立案的执行法院处理。

第三条 人民法院受理执行申请后,当事人对管辖权有异议的,应当自收到执行通知书之日起十日内提出。

人民法院对当事人提出的异议,应当审查。异议成立的,应当撤销执行案件,并告知当事人向有管辖权的人民法院申请执行;异议不成立的,裁定驳回。当事人对裁定不服的,可以向上一级人民法院申请复议。

管辖权异议审查和复议期间,不停止执行。

第四条 对人民法院采取财产保全措施的案件,申请执行人向采取保全措施的人民法院以外的其他有管辖权的人民法院申请执行的,采取保全措施的人民法院应当将保全的财产交执行法院处理。

第五条 执行过程中,当事人、利害关系人认为执行法院的执行行为违反法律规定的,可以依照民事诉讼法第二百零二条的规定提出异议。

执行法院审查处理执行异议,应当自收到书面异议之日起十五日内作出裁定。

第六条 当事人、利害关系人依照民事诉讼法第二百零二条规定申请复议的,应当采取书面形式。

第七条 当事人、利害关系人申请复议的书面材料,可以通过执行法院转交,也可以直接向执行法院的上一级人民法院提交。

执行法院收到复议申请后,应当在五日内将复议所需的案卷材料报送上一级人民法院;上一级人民法院收到复议申请后,应当通知执行法院在五日内报送复议所需的案卷材料。

第八条 上一级人民法院对当事人、利害关系人的复议申请,应当组成合议庭进行审查。

第九条　当事人、利害关系人依照民事诉讼法第二百零二条规定申请复议的,上一级人民法院应当自收到复议申请之日起三十日内审查完毕,并作出裁定。有特殊情况需要延长的,经本院院长批准,可以延长,延长的期限不得超过三十日。

第十条　执行异议审查和复议期间,不停止执行。

被执行人、利害关系人提供充分、有效的担保请求停止相应处分措施的,人民法院可以准许;申请执行人提供充分、有效的担保请求继续执行的,应当继续执行。

第十一条　依照民事诉讼法第二百零三条的规定,有下列情形之一的,上一级人民法院可以根据申请执行人的申请,责令执行法院限期执行或者变更执行法院:

(一)债权人申请执行时被执行人有可供执行的财产,执行法院自收到申请执行书之日起超过六个月对该财产未执行完结的;

(二)执行过程中发现被执行人可供执行的财产,执行法院自发现财产之日起超过六个月对该财产未执行完结的;

(三)对法律文书确定的行为义务的执行,执行法院自收到申请执行书之日起超过六个月未依法采取相应执行措施的;

(四)其他有条件执行超过六个月未执行的。

第十二条　上一级人民法院依照民事诉讼法第二百零三条规定责令执行法院限期执行的,应当向其发出督促执行令,并将有关情况书面通知申请执行人。

上一级人民法院决定由本院执行或者指令本辖区其他人民法院执行的,应当作出裁定,送达当事人并通知有关人民法院。

第十三条　上一级人民法院责令执行法院限期执行,执行法院在指定期间内无正当理由仍未执行完结的,上一级人民法院应当裁定由本院执行或者指令本辖区其他人民法院执行。

第十四条　民事诉讼法第二百零三条规定的六个月期间,不应当计算执行中的公告期间、鉴定评估期间、管辖争议处理期间、执行争议协调期间、暂缓执行期间以及中止执行期间。

第十五条　案外人对执行标的主张所有权或者有其他足以阻止执行标的转让、交付的实体权利的,可以依照民事诉讼法第二百零四条的规定,向执行法院提出异议。

第十六条　案外人异议审查期间,人民法院不得对执行标的进行处分。

案外人向人民法院提供充分、有效的担保请求解除对异议标的的查封、扣押、冻结的,人民法院可以准许;申请执行人提供充分、有效的担保请求继续执行的,应当继续执行。

因案外人提供担保解除查封、扣押、冻结有错误,致使该标的无法执行的,人民法院可以直接执行担保财产;申请执行人提供担保请求继续执行有错误,给对方造成损失的,应当予以赔偿。

第十七条　案外人依照民事诉讼法第二百零四条规定提起诉讼,对执行标的主张实体权利,并请求对执行标的停止执行的,应当以申请执行人为被告;被执行人反对案外人对执行标的所主张的实体权利的,应当以申请执行人和被执行人为共同被告。

第十八条　案外人依照民事诉讼法第二百零四条规定提起诉讼的,由执行法院管辖。

第十九条　案外人依照民事诉讼法第二百零四条规定提起诉讼的,执行法院应当依照诉讼程序审理。经审理,理由不成立的,判决驳回其诉讼请求;理由成立的,根据案外人的诉讼请求作出相应的裁判。

第二十条　案外人依照民事诉讼法第二百零四条规定提起诉讼的,诉讼期间,不停止执行。

案外人的诉讼请求确有理由或者提供充分、有效的担保请求停止执行的,可以裁定停止对执行标的进行处分;申请执行人提供充分、有效的担保请求继续执行的,应当继续执行。

案外人请求停止执行、请求解除查封、扣押、冻结或者申请执行人请求继续执行有错误,给对方造成损失的,应当予以赔偿。

第二十一条　申请执行人依照民事诉讼法第二百零四条规定提起诉讼,请求对执行标的许可执行的,应当以案外人为被告;被执行人反对申请执行人请求的,应当以案外人和被执行人为共同被告。

第二十二条　申请执行人依照民事诉讼法

第二百零四条规定提起诉讼的，由执行法院管辖。

第二十三条 人民法院依照民事诉讼法第二百零四条规定裁定对异议标的的中止执行后，申请执行人自裁定送达之日起十五日内未提起诉讼的，人民法院应当裁定解除已经采取的执行措施。

第二十四条 申请执行人依照民事诉讼法第二百零四条规定提起诉讼的，执行法院应当依照诉讼程序审理。经审理，理由不成立的，判决驳回其诉讼请求；理由成立的，根据申请执行人的诉讼请求作出相应的裁判。

第二十五条 多个债权人对同一被执行人申请执行或者对执行财产申请参与分配的，执行法院应当制作财产分配方案，并送达各债权人和被执行人。债权人或者被执行人对分配方案有异议的，应当自收到分配方案之日起十五日内向执行法院提出书面异议。

第二十六条 债权人或者被执行人对分配方案提出书面异议的，执行法院应当通知未提出异议的债权人或被执行人。

未提出异议的债权人、被执行人收到通知之日起十五日内未提出反对意见的，执行法院依异议人的意见对分配方案审查修正后进行分配；提出反对意见的，应当通知异议人。异议人可以自收到通知之日起十五日内，以提出反对意见的债权人、被执行人为被告，向执行法院提起诉讼；异议人逾期未提起诉讼的，执行法院依原分配方案进行分配。

诉讼期间进行分配的，执行法院应当将与争议债权数额相应的款项予以提存。

第二十七条 在申请执行时效期间的最后六个月内，因不可抗力或者其他障碍不能行使请求权的，申请执行时效中止。从中止时效的原因消除之日起，申请执行时效期间继续计算。

第二十八条 申请执行时效因申请执行、当事人双方达成和解协议、当事人一方提出履行要求或者同意履行义务而中断。从中断时起，申请执行时效期间重新计算。

第二十九条 生效法律文书规定债务人负有不作为义务的，申请执行时效期间从债务人违反不作为义务之日起计算。

第三十条 执行员依照民事诉讼法第二百一十六条规定立即采取强制执行措施的，可以同时或者自采取强制执行措施之日起三日内发送执行通知书。

第三十一条 人民法院依照民事诉讼法第二百一十七条规定责令被执行人报告财产情况的，应当向其发出报告财产令。报告财产令中应当写明报告财产的范围、报告财产的期间、拒绝报告或者虚假报告的法律后果等内容。

第三十二条 被执行人依照民事诉讼法第二百一十七条的规定，应当书面报告下列财产情况：

（一）收入、银行存款、现金、有价证券；

（二）土地使用权、房屋等不动产；

（三）交通运输工具、机器设备、产品、原材料等动产；

（四）债权、股权、投资权益、基金、知识产权等财产性权利；

（五）其他应当报告的财产。

被执行人自收到执行通知之日前一年至当前财产发生变动的，应当对该变动情况进行报告。

被执行人在报告财产期间履行全部债务的，人民法院应当裁定终结报告程序。

第三十三条 被执行人报告财产后，其财产情况发生变动，影响申请执行人债权实现的，应当自财产变动之日起十日内向人民法院补充报告。

第三十四条 对被执行人报告的财产情况，申请执行人请求查询的，人民法院应当准许。申请执行人对查询的被执行人财产情况，应当保密。

第三十五条 对被执行人报告的财产情况，执行法院可以依申请执行人的申请或者依职权调查核实。

第三十六条 依照民事诉讼法第二百三十一条规定对被执行人限制出境的，应当由申请执行人向执行法院提出书面申请；必要时，执行法院可以依职权决定。

第三十七条 被执行人为单位的，可以对其法定代表人、主要负责人或者影响债务履行的直接责任人员限制出境。

被执行人为无民事行为能力人或者限制民事行为能力人的,可以对其法定代理人限制出境。

第三十八条 在限制出境期间,被执行人履行法律文书确定的全部债务的,执行法院应当及时解除限制出境措施;被执行人提供充分、有效的担保或者申请执行人同意的,可以解除限制出境措施。

第三十九条 依照民事诉讼法第二百三十一条的规定,执行法院可以依职权或者依申请执行人的申请,将被执行人不履行法律文书确定义务的信息,通过报纸、广播、电视、互联网等媒体公布。

媒体公布的有关费用,由被执行人负担;申请执行人申请在媒体公布的,应当垫付有关费用。

第四十条 本解释施行前本院公布的司法解释与本解释不一致的,以本解释为准。

最高人民法院关于人民法院委托评估、拍卖和变卖工作的若干规定

(2009年8月24日最高人民法院审判委员会第1472次会议通过 2009年11月12日最高人民法院公告公布 自2009年11月20日起施行 法释〔2009〕16号)

为规范人民法院委托评估、拍卖和变卖工作,保障当事人的合法权益,维护司法公正,根据《中华人民共和国民事诉讼法》等有关法律的规定,结合人民法院委托评估、拍卖和变卖工作实际,制定本规定。

第一条 人民法院司法技术管理部门负责本院的委托评估、拍卖和流拍财产的变卖工作,依法对委托评估、拍卖机构的评估、拍卖活动进行监督。

第二条 根据工作需要,下级人民法院可将评估、拍卖和变卖工作报请上级人民法院办理。

第三条 人民法院需要对异地的财产进行评估或拍卖时,可以委托财产所在地人民法院办理。

第四条 人民法院按照公开、公平、择优的原则编制人民法院委托评估、拍卖机构名册。

人民法院编制委托评估、拍卖机构名册,应当先期公告,明确入册机构的条件和评审程序等事项。

第五条 人民法院在编制委托评估、拍卖机构名册时,由司法技术管理部门、审判部门、执行部门组成评审委员会,必要时可邀请评估、拍卖行业的专家参加评审。

第六条 评审委员会对申请加入人民法院委托评估、拍卖名册的机构,应当从资质等级、职业信誉、经营业绩、执业人员情况等方面进行审查、打分,按分数高低经过初审、公示、复审后确定进入名册的机构,并对名册进行动态管理。

第七条 人民法院选择评估、拍卖机构,应当在人民法院委托评估、拍卖机构名册内采取公开随机的方式选定。

第八条 人民法院选择评估、拍卖机构,应当通知审判、执行人员到场,视情况可邀请社会有关人员到场监督。

第九条 人民法院选择评估、拍卖机构,应当提前通知各方当事人到场;当事人不到场的,人民法院可将选择机构的情况,以书面形式送达当事人。

第十条 评估、拍卖机构选定后,人民法院应当向选定的机构出具委托书,委托书中应当载明本次委托的要求和工作完成的期限等事项。

第十一条 评估、拍卖机构接受人民法院的委托后,在规定期限内无正当理由不能完成委托事项的,人民法院应当解除委托,重新选择机构,并对其暂停备选资格或从委托评估、拍卖机构名册内除名。

第十二条 评估机构在工作中需要对现场进行勘验的,人民法院应当提前通知审判、执行人员和当事人到场。当事人不到场的,不影响勘验的进行,但应当有见证人见证。评估机构勘验现场,应当制作现场勘验笔录。

勘验现场人员、当事人或见证人应当在勘验笔录上签字或盖章确认。

第十三条 拍卖财产经过评估的,评估价即为第一次拍卖的保留价;未作评估的,保留价由人民法院参照市价确定,并应当征询有关当事人的意见。

第十四条 审判、执行部门未经司法技术管理部门同意擅自委托评估、拍卖,或对流拍财产进行变卖的,按照有关纪律规定追究责任。

第十五条 人民法院司法技术管理部门,在组织评审委员会审查评估、拍卖入册机构,或选择评估、拍卖机构,或对流拍财产进行变卖时,应当通知本院纪检监察部门。纪检监察部门可视情况派员参加。

第十六条 施行前本院公布的司法解释与本规定不一致的,以本规定为准。

最高人民法院关于在执行工作中如何计算迟延履行期间的债务利息等问题的批复

(2009年3月30日最高人民法院审判委员会第1465次会议通过 2009年5月11日最高人民法院公告公布 自2009年5月18日起施行 法释〔2009〕6号)

四川省高级人民法院:

你院《关于执行工作几个适用法律问题的请示》(川高法〔2007〕390号)收悉。经研究,批复如下:

一、人民法院根据《中华人民共和国民事诉讼法》第二百二十九条计算"迟延履行期间的债务利息"时,应当按照中国人民银行规定的同期贷款基准利率计算。

二、执行款不足以偿付全部债务的,应当根据并还原则按比例清偿法律文书确定的金钱债务与迟延履行期间的债务利息,但当事人在执行和解中对清偿顺序另有约定的除外。

此复。

附:

具体计算方法

(1)执行款=清偿的法律文书确定的金钱债务+清偿的迟延履行期间的债务利息。

(2)清偿的迟延履行期间的债务利息=清偿的法律文书确定的金钱债务×同期贷款基准利率×2×迟延履行期间。

最高人民法院关于执行程序中计算迟延履行期间的债务利息适用法律若干问题的解释

(2014年6月9日最高人民法院审判委员会第1619次会议通过 2014年7月7日最高人民法院公告公布 自2014年8月1日起施行 法释〔2014〕8号)

为规范执行程序中迟延履行期间债务利息的计算,根据《中华人民共和国民事诉讼法》的规定,结合司法实践,制定本解释。

第一条 根据民事诉讼法第二百五十三条规定加倍计算之后的迟延履行期间的债务利息,包括迟延履行期间的一般债务利息和加倍部分债务利息。

迟延履行期间的一般债务利息,根据生效法律文书确定的方法计算;生效法律文书未确定给付该利息的,不予计算。

加倍部分债务利息的计算方法为:加倍部分债务利息=债务人尚未清偿的生效法律文书确定的除一般债务利息之外的金钱债务×日万分之一点七五×迟延履行期间。

第二条 加倍部分债务利息自生效法律文书确定的履行期间届满之日起计算;生效法律文书确定分期履行的,自每次履行期间届满之日起计算;生效法律文书未确定履行期间的,自法律文书生效之日起计算。

第三条 加倍部分债务利息计算至被执行人履行完毕之日;被执行人分次履行的,相应部分的加倍部分债务利息计算至每次履行完毕之日。

人民法院划拨、提取被执行人的存款、收入、股息、红利等财产的,相应部分的加倍部分债务利息计算至划拨、提取之日;人民法院对被执行人财产拍卖、变卖或者以物抵债的,计算至成交裁定或者抵债裁定生效之日;人民法院对被执行人财产通过其他方式变价的,计算至财产变价完成之日。

非因被执行人的申请,对生效法律文书审查而中止或者暂缓执行的期间及再审中止执行的期间,不计算加倍部分债务利息。

第四条 被执行人的财产不足以清偿全部债务的,应当先清偿生效法律文书确定的金钱债务,再清偿加倍部分债务利息,但当事人对清偿顺序另有约定的除外。

第五条 生效法律文书确定给付外币的,执行时以该种外币按日万分之一点七五计算加倍部分债务利息,但申请执行人主张以人民币计算的,人民法院应予准许。

以人民币计算加倍部分债务利息的,应当先将生效法律文书确定的外币折算或者套算为人民币后再进行计算。

外币折算或者套算为人民币的,按照加倍部分债务利息起算之日的中国外汇交易中心或者中国人民银行授权机构公布的人民币对该外币的中间价折合成人民币计算;中国外汇交易中心或者中国人民银行授权机构未公布汇率中间价的外币,按照该日境内银行人民币对该外币的中间价折算成人民币,或者该外币在境内银行、国际外汇市场对美元汇率,与人民币对美元汇率中间价进行套算。

第六条 执行回转程序中,原申请执行人迟延履行金钱给付义务的,应当按照本解释的规定承担加倍部分债务利息。

第七条 本解释施行时尚未执行完毕部分的金钱债务,本解释施行前的迟延履行期间债务利息按照之前的规定计算;施行后的迟延履行期间债务利息按照本解释计算。

本解释施行前本院发布的司法解释与本解释不一致的,以本解释为准。

最高人民法院关于依法制裁规避执行行为的若干意见

(2011年5月27日 法〔2011〕195号)

为了最大限度地实现生效法律文书确认的债权,提高执行效率,强化执行效果,维护司法权威,现就依法制裁规避执行行为提出以下意见:

一、强化财产报告和财产调查,多渠道查明被执行人财产

1.严格落实财产报告制度。对于被执行人未按执行通知履行法律文书确定义务的,执行法院应当要求被执行人限期如实报告财产,并告知拒绝报告或者虚假报告的法律后果。对于被执行人暂时无财产可供执行的,可以要求被执行人定期报告。

2.强化申请执行人提供财产线索的责任。各地法院可以根据案件的实际情况,要求申请执行人提供被执行人的财产状况或者财产线索,并告知不能提供的风险。各地法院也可根据本地的实际情况,探索尝试以调查令、委托调查函等方式赋予代理律师法律规定范围内的财产调查权。

3.加强人民法院依职权调查财产的力度。各地法院要充分发挥执行联动机制的作用,完善与金融、房地产管理、国土资源、车辆管理、工商管理等各有关单位的财产查控网络,细化协助配合措施,进一步拓宽财产调查渠道,简化财产调查手续,提高财产调查效率。

4.适当运用审计方法调查被执行人财产。被执行人未履行法律文书确定的义务,且有转移隐匿处分财产、投资开设分支机构、入股其他企业或者抽逃注册资金等情形的,执行法院可以根据申请执行人的申请委托中介机构对被执行人进行审计。审计费用由申请执行人垫付,被执行人确有转移隐匿处分财产等情形的,实际执行到位后由被执行人承担。

5.建立财产举报机制。执行法院可以依据申请执行人的悬赏执行申请,向社会发布举报被执行人财产线索的悬赏公告。举报人提供的财产线索经查证属实并实际执行到位的,可按申请执行人承诺的标准或者比例奖励举报人。奖励资金由申请执行人承担。

二、强化财产保全措施,加大对保全财产和担保财产的执行力度

6.加大对当事人的风险提示。各地法院在立案和审判阶段,要通过法律释明向当事人提示诉讼和执行风险,强化当事人的风险防范意识,引导债权人及时申请财产保全,有效防止债务人在执行程序开始前转移财产。

7.加大财产保全力度。各地法院要加强立案、审判和执行环节在财产保全方面的协调配合,加大依法进行财产保全的力度,强化审判与执行在财产保全方面的衔接,降低债务人或者被执行人隐匿、转移财产的风险。

8. 对保全财产和担保财产及时采取执行措施。进入执行程序后,各地法院要加大对保全财产和担保财产的执行力度,对当事人、担保人或者第三人提出的异议要及时进行审查,审查期间应当依法对相应财产采取控制性措施,驳回异议后应当加大对相应财产的执行力度。

三、依法防止恶意诉讼,保障民事审判和执行活动有序进行

9. 严格执行关于案外人异议之诉的管辖规定。在执行阶段,案外人对人民法院已经查封、扣押、冻结的财产提起异议之诉的,应当依照《中华人民共和国民事诉讼法》第二百零四条和《最高人民法院关于适用民事诉讼法执行程序若干问题的解释》第十八条的规定,由执行法院受理。

案外人违反上述管辖规定,向执行法院之外的其他法院起诉,其他法院已经受理尚未作出裁判的,应当中止审理或者撤销案件,并告知案外人向作出查封、扣押、冻结裁定的执行法院起诉。

10. 加强对破产案件的监督。执行法院发现被执行人有虚假破产情形的,应当及时向受理破产案件的人民法院提出。申请执行人认为被执行人利用破产逃债的,可以向受理破产案件的人民法院或者其上级人民法院提出异议,受理异议的法院应当依法进行监督。

11. 对于当事人恶意诉讼取得的生效裁判应当依法再审。案外人违反上述管辖规定,向执行法院之外的其他法院起诉,并取得生效裁判文书将已被执行法院查封、扣押、冻结的财产确权或者分割给案外人,或者第三人与被执行人虚构事实取得人民法院生效裁判文书申请参与分配,执行法院认为该生效裁判文书系恶意串通规避执行损害执行债权人利益的,可以向作出该裁判文书的人民法院或者其上级人民法院提出书面建议,有关法院应当依照《中华人民共和国民事诉讼法》和有关司法解释的规定决定再审。

四、完善对被执行人享有债权的保全和执行措施,运用代位权、撤销权诉讼制裁规避执行行为

12. 依法执行已经生效法律文书确认的被执行人的债权。对于被执行人已经生效法律文书确认的债权,执行法院可以书面通知被执行人在限期内向有管辖权的人民法院申请执行该生效法律文书。限期届满被执行人仍怠于申请执行的,执行法院可以依法强制执行该到期债权。

被执行人已经申请执行的,执行法院可以请求执行该债权的人民法院协助扣留相应的执行款物。

13. 依法保全被执行人的未到期债权。对被执行人的未到期债权,执行法院可以依法冻结,待债权到期后参照到期债权予以执行。第三人仅以该债务未到期为由提出异议的,不影响对该债权的保全。

14. 引导申请执行人依法诉讼。被执行人怠于行使债权对申请执行人造成损害的,执行法院可以告知申请执行人依照《中华人民共和国合同法》第七十三条的规定,向有管辖权的人民法院提起代位权诉讼。

被执行人放弃债权、无偿转让财产或者以明显不合理的低价转让财产,对申请执行人造成损害的,执行法院可以告知申请执行人依照《中华人民共和国合同法》第七十四条的规定向有管辖权的人民法院提起撤销权诉讼。

五、充分运用民事和刑事制裁手段,依法加强对规避执行行为的刑事处罚力度

15. 对规避执行行为加大民事强制措施的适用。被执行人既不履行义务又拒绝报告财产或者进行虚假报告、拒绝交出或者提供虚假财务会计凭证、协助执行义务人拒不协助执行或者妨碍执行、到期债务第三人提出异议后又擅自向被执行人清偿等,给申请执行人造成损失的,应当依法对相关责任人予以罚款、拘留。

16. 对构成犯罪的规避执行行为加大刑事制裁力度。被执行人隐匿财产、虚构债务或者以其他方法隐藏、转移、处分可供执行的财产,拒不交出或者隐匿、销毁、制作虚假财务会计凭证或资产负债表等相关资料,以虚假诉讼或者仲裁手段转移财产、虚构优先债权或者申请参与分配,中介机构提供虚假证明文件或者提供的文件有重大失实,被执行人、担保人、协助义务人有能力执行而拒不执行或者拒不协助执行等,损害申请执行人或其他债权人利益,依照刑法的规定构成犯罪的,应当依法追究行为人的刑事责任。

17. 加强与公安、检察机关的沟通协调。各地法院应当加强与公安、检察机关的协调配合，建立快捷、便利、高效的协作机制，细化拒不执行判决裁定罪和妨害公务罪的适用条件。

18. 充分调查取证。各地法院在执行案件过程中，在行为人存在拒不执行判决裁定或者妨害公务行为的情况下，应当注意收集证据。认为构成犯罪的，应当及时将案件及相关证据材料移送犯罪行为发生地的公安机关立案查处。

19. 抓紧依法审理。对检察机关提起公诉的拒不执行判决裁定或者妨害公务案件，人民法院应当抓紧审理，依法审判，快速结案，加大判后宣传力度，充分发挥刑罚手段的威慑力。

六、依法采取多种措施，有效防范规避执行行为

20. 依法变更追加被执行主体或者告知申请执行人另行起诉。有充分证据证明被执行人通过离婚析产、不依法清算、改制重组、关联交易、财产混同等方式恶意转移财产规避执行的，执行法院可以通过依法变更追加被执行人或者告知申请执行人通过诉讼程序追回被转移的财产。

21. 建立健全征信体系。各地法院应当逐步建立健全与相关部门资源共享的信用平台，有条件的地方可以建立个人和企业信用信息数据库，将被执行人不履行债务的相关信息录入信用平台或者信息数据库，充分运用其形成的威慑力制裁规避执行行为。

22. 加大宣传力度。各地法院应当充分运用新闻媒体曝光、公开执行等手段，将被执行人因规避执行被制裁或者处罚的典型案例在新闻媒体上予以公布，以维护法律权威，提升公众自觉履行义务的法律意识。

23. 充分运用限制高消费手段。各地法院应当充分运用限制高消费手段，逐步构建与有关单位的协作平台，明确有关单位的监督责任，细化协作方式，完善协助程序。

24. 加强与公安机关的协作查找被执行人。对于因逃避执行而长期下落不明或者变更经营场所的被执行人，各地法院应当积极与公安机关协调，加大查找被执行人的力度。

最高人民法院关于执行权合理配置和科学运行的若干意见

（2011 年 10 月 19 日　法发〔2011〕15 号）

为了促进执行权的公正、高效、规范、廉洁运行，实现立案、审判、执行等机构之间的协调配合，完善执行工作的统一管理，根据《中华人民共和国民事诉讼法》和有关司法解释的规定，提出以下意见。

一、关于执行权分权和高效运行机制

1. 执行权是人民法院依法采取各类执行措施以及对执行异议、复议、申诉等事项进行审查的权力，包括执行实施权和执行审查权。

2. 地方人民法院执行局应当按照分权运行机制设立和其他业务庭平行的执行实施和执行审查部门，分别行使执行实施权和执行审查权。

3. 执行实施权的范围主要是财产调查、控制、处分、交付和分配以及罚款、拘留措施等实施事项。执行实施权由执行员或者法官行使。

4. 执行审查权的范围主要是审查和处理执行异议、复议、申诉以及决定执行管辖权的移转等审查事项。执行审查权由法官行使。

5. 执行实施事项的处理应当采取审批制，执行审查事项的处理应当采取合议制。

6. 人民法院可以将执行实施程序分为财产查控、财产处置、款物发放等不同阶段并明确时限要求，由不同的执行人员集中办理，互相监督，分权制衡，提高执行工作质量和效率。执行局的综合管理部门应当对分段执行实行节点控制和流程管理。

7. 执行中因情况紧急必须及时采取执行措施的，执行人员经执行指挥中心指令，可依法采取查封、扣押、冻结等财产保全和其他控制性措施，事后两个工作日内应当及时补办审批手续。

8. 人民法院在执行局内建立执行信访审查处理机制，以有效解决消极执行和不规范执行问题。执行申诉审查部门可以参与涉执行信访案件的接访工作，并应当采取排名通报、挂牌督办等措施促进涉执行信访案件的及时处理。

9. 继续推进全国法院执行案件信息管理系

统建设,积极参与社会信用体系建设。执行信息部门应当发挥职能优势,采取多种措施扩大查询范围,实现执行案件所有信息在法院系统内的共享,推进执行案件信息与其他部门信用信息的共享,并通过信用惩戒手段促使债务人自动履行义务。

二、关于执行局与立案、审判等机构之间的分工协作

10. 执行权由人民法院的执行局行使;人民法庭可根据执行局授权执行自审案件,但应接受执行局的管理和业务指导。

11. 办理执行实施、执行异议、执行复议、执行监督、执行协调、执行请示等执行案件和案外人执行异议之诉、申请执行人执行异议之诉、执行分配方案异议之诉、代位析产之诉等涉执行的诉讼案件,由立案机构进行立案审查,并纳入审判和执行案件统一管理体系。

人民法庭经授权执行自审案件,可由其自行办理立案登记手续,并纳入执行案件的统一管理。

12. 案外人执行异议之诉、申请执行人执行异议之诉、执行分配方案异议之诉、代位析产之诉等涉执行的诉讼,由人民法院的审判机构按照民事诉讼程序审理。逐步促进涉执行诉讼审判的专业化,具备条件的人民法院可以设立专门审判机构,对涉执行的诉讼案件集中审理。

案外人、当事人认为据以执行的判决、裁定错误的,由作出生效判决、裁定的原审人民法院或其上级人民法院按照审判监督程序审理。

13. 行政非诉案件、行政诉讼案件的执行申请,由立案机构登记后转行政审判机构进行合法性审查;裁定准予强制执行的,再由立案机构办理执行立案登记后移交执行局执行。

14. 强制清算的实施由执行局负责,强制清算中的实体争议由民事审判机构负责审理。

15. 诉前、申请执行前的财产保全申请由立案机构进行审查并作出裁定;裁定保全的,移交执行局执行。

16. 诉中财产保全、先予执行的申请由相关审判机构审查并作出裁定;裁定财产保全或者先予执行的,移交执行局执行。

17. 当事人、案外人对财产保全、先予执行的裁定不服申请复议的,由作出裁定的立案机构或者审判机构按照民事诉讼法第九十九条的规定进行审查。

当事人、案外人、利害关系人对财产保全、先予执行的实施行为提出异议的,由执行局根据异议事项的性质按照民事诉讼法第二百零二条或者第二百零四条的规定进行审查。

当事人、案外人的异议既指向财产保全、先予执行的裁定,又指向实施行为的,一并由作出裁定的立案机构或者审判机构分别按照民事诉讼法第九十九条和第二百零二条或者第二百零四条的规定审查。

18. 具有执行内容的财产刑和非刑罚制裁措施的执行由执行局负责。

19. 境外法院、仲裁机构作出的生效法律文书的执行申请,由审判机构负责审查;依法裁定准予执行或者发出执行令的,移交执行局执行。

20. 不同法院因执行程序,执行与破产、强制清算、审判等程序之间对执行标的产生争议,经自行协调无法达成一致意见的,由争议法院的共同上级法院执行局中的协调指导部门处理。

21. 执行过程中依法需要变更、追加执行主体的,由执行局按照法定程序办理;应当通过另诉或者提起再审追加、变更的,由审判机构按照法定程序办理。

22. 委托评估、拍卖、变卖由司法辅助部门负责,对评估、拍卖、变卖所提异议由执行局审查。

23. 被执行人对国内仲裁裁决提出不予执行抗辩的,由执行局审查。

24. 立案、审判机构在办理民商事和附带民事诉讼案件时,应当根据案件实际,就追加诉讼当事人、申请诉前、诉中和申请执行前的财产保全等内容向当事人作必要的释明和告知。

25. 立案、审判机构在办理民商事和附带民事诉讼案件时,除依法缺席判决等无法准确查明当事人身份和地址的情形外,应当在有关法律文书中载明当事人的身份证号码,在卷宗中载明送达地址。

26. 审判机构在审理确权诉讼时,应当查询所要确权的财产权属状况,发现已经被执行局查封、扣押、冻结的,应当中止审理;当事人诉请确权的财产被执行局处置的,应当撤销确权案件;

在执行局查封、扣押、冻结后确权的，应当撤销确权判决或者调解书。

27. 对符合法定移送执行条件的法律文书，审判机构应当在法律文书生效后及时移送执行局执行。

三、关于执行工作的统一管理

28. 中级以上人民法院对辖区人民法院的执行工作实行统一管理。下级人民法院拒不服从上级人民法院统一管理的，依照有关规定追究下级人民法院有关责任人的责任。

29. 上级人民法院可以根据本辖区的执行工作情况，组织集中执行和专项执行活动。

30. 对下级人民法院违法、错误的执行裁定、执行行为，上级人民法院有权指令下级人民法院自行纠正或者通过裁定、决定予以纠正。

31. 上级人民法院在组织集中执行、专项执行或其他重大执行活动中，可以统一指挥和调度下级人民法院的执行人员、司法警察和执行装备。

32. 上级人民法院根据执行工作需要，可以商政府有关部门编制辖区内人民法院的执行装备标准和业务经费计划。

33. 上级人民法院有权对下级人民法院的执行工作进行考核，考核结果向下级人民法院通报。

最高人民法院关于委托执行若干问题的规定

（2011年4月25日最高人民法院审判委员会第1521次会议通过　2011年5月3日最高人民法院公告公布　自2011年5月16日起施行　法释〔2011〕11号）

为了规范委托执行工作，维护当事人的合法权益，根据《中华人民共和国民事诉讼法》的规定，结合司法实践，制定本规定。

第一条　执行法院经调查发现被执行人在本辖区内已无财产可供执行，且在其他省、自治区、直辖市内有可供执行财产的，应当将案件委托异地的同级人民法院执行。

执行案件中有三个以上被执行人或者三处以上被执行财产在本省、自治区、直辖市辖区以外，且分属不同异地的，执行法院根据案件具体情况，报经高级人民法院批准后可以异地执行。

第二条　案件委托执行后，受托法院应当依法立案，委托法院应当在收到受托法院的立案通知书后作委托结案处理。

委托异地法院协助查询、冻结、查封、调查或者送达法律文书等有关事项的，受托法院不作为委托执行案件立案办理，但应当积极予以协助。

第三条　委托执行应当以执行标的物所在地或者执行行为实施地的同级人民法院为受托执行法院。有两处以上财产在异地的，可以委托主要财产所在地的人民法院执行。

被执行人是现役军人或者军事单位的，可以委托对其有管辖权的军事法院执行。

执行标的物是船舶的，可以委托有管辖权的海事法院执行。

第四条　委托执行案件应当由委托法院直接向受托法院办理委托手续，并层报各自所在的高级人民法院备案。

事项委托应当以机要形式送达委托事项的相关手续，不需报高级人民法院备案。

第五条　案件委托执行时，委托法院应当提供下列材料：

（一）委托执行函；

（二）申请执行书和委托执行案件审批表；

（三）据以执行的生效法律文书副本；

（四）有关案件情况的材料或者说明，包括本辖区无财产的调查材料、财产保全情况、被执行人财产状况、生效法律文书的履行情况等；

（五）申请执行人地址、联系电话；

（六）被执行人身份证件或者营业执照复印件、地址、联系电话；

（七）委托法院执行员和联系电话；

（八）其他必要的案件材料等。

第六条　委托执行时，委托法院应当将已经查封、扣押、冻结的被执行人的异地财产，一并移交受托法院处理，并在委托执行函中说明。

委托执行后，委托法院对被执行人财产已经采取查封、扣押、冻结等措施的，视为受托法院的查封、扣押、冻结措施。受托法院需要继续查封、扣押、冻结，持委托执行函和立案通知书办理相关手续。续封续冻时,仍为原委托法院的查封冻结顺序。

查封、扣押、冻结等措施的有效期限在移交受托法院时不足1个月的,委托法院应当先行续封或者续冻,再移交受托法院。

第七条 受托法院收到委托执行函后,应当在7日内予以立案,并及时将立案通知书通过委托法院送达申请执行人,同时将指定的承办人、联系电话等书面告知委托法院。

委托法院收到上述通知书后,应当在7日内书面通知申请执行人案件已经委托执行,并告知申请执行人可以直接与受托法院联系执行相关事宜。

第八条 受托法院如发现委托执行的手续、材料不全,可以要求委托法院补办。委托法院应当在30日内完成补办事项,在上述期限内未完成的,应当作出书面说明。委托法院既不补办又不说明原因的,视为撤回委托,受托法院可以将委托材料退回委托法院。

第九条 受托法院退回委托的,应当层报所在辖区高级人民法院审批。高级人民法院同意退回后,受托法院应当在15日内将有关委托手续和案卷材料退回委托法院,并作出书面说明。

委托执行案件退回后,受托法院已立案的,应当作销案处理。委托法院在案件退回原因消除之后可以再行委托。确因委托不当被退回的,委托法院应当决定撤销委托并恢复案件执行,报所在的高级人民法院备案。

第十条 委托法院在案件委托执行后又发现有可供执行财产的,应当及时告知受托法院。受托法院发现被执行人在受托法院辖区外另有可供执行财产的,可以直接异地执行,一般不再行委托执行。根据情况确需再行委托的,应当按照委托执行案件的程序办理,并通知案件当事人。

第十一条 受托法院未能在6个月内将受托案件执结的,申请执行人有权请求受托法院的上一级人民法院提级执行或者指定执行,上一级人民法院应当立案审查,发现受托法院无正当理由不予执行的,应当限期执行或者作出裁定提级执行或者指定执行。

第十二条 执行法院赴异地执行案件时,应当持有其所在辖区高级人民法院的批准函件,但异地采取财产保全措施和查封、扣押、冻结等非处分性执行措施的除外。

异地执行时,可以根据案件具体情况,请求当地法院协助执行,当地法院应当积极配合,保证执行人员的人身安全和执行装备、执行标的物不受侵害。

第十三条 高级人民法院应当对辖区内委托执行和异地执行工作实行统一管理和协调,履行以下职责:

(一)统一管理跨省、自治区、直辖市辖区的委托和受托执行案件;

(二)指导、检查、监督本辖区内的受托案件的执行情况;

(三)协调本辖区内跨省、自治区、直辖市辖区的委托和受托执行争议案件;

(四)承办需异地执行的有关案件的审批事项;

(五)对下级法院报送的有关委托和受托执行案件中的相关问题提出指导性处理意见;

(六)办理其他涉及委托执行工作的事项。

第十四条 本规定所称的异地是指本省、自治区、直辖市以外的区域。各省、自治区、直辖市内的委托执行,由各高级人民法院参照本规定,结合实际情况,制定具体办法。

第十五条 本规定施行之后,其他有关委托执行的司法解释不再适用。

最高人民法院关于公布失信被执行人名单信息的若干规定①

(2013年7月1日最高人民法院审判委员会第1582次会议通过 2013年7月16日最高人民法院公告公布 自2013年10月1日起施行 法释〔2013〕17号)

为促使被执行人自觉履行生效法律文书确定的义务,推进社会信用体系建设,根据《中华人民共和国民事诉讼法》的规定,结合人民法院工

① 编者注:已被修改。

作实际，制定本规定。

第一条　被执行人具有履行能力而不履行生效法律文书确定的义务，并具有下列情形之一的，人民法院应当将其纳入失信被执行人名单，依法对其进行信用惩戒：

（一）以伪造证据、暴力、威胁等方法妨碍、抗拒执行的；

（二）以虚假诉讼、虚假仲裁或者以隐匿、转移财产等方法规避执行的；

（三）违反财产报告制度的；

（四）违反限制高消费令的；

（五）被执行人无正当理由拒不履行执行和解协议的；

（六）其他有履行能力而拒不履行生效法律文书确定义务的。

第二条　人民法院向被执行人发出的《执行通知书》中，应当载明有关纳入失信被执行人名单的风险提示内容。

申请执行人认为被执行人存在本规定第一条所列失信行为之一的，可以向人民法院提出申请将该被执行人纳入失信被执行人名单，人民法院经审查后作出决定。人民法院认为被执行人存在本规定第一条所列失信行为之一的，也可以依职权作出将该被执行人纳入失信被执行人名单的决定。

人民法院决定将被执行人纳入失信被执行人名单的，应当制作决定书，决定书自作出之日起生效。决定书应当按照民事诉讼法规定的法律文书送达方式送达当事人。

第三条　被执行人认为将其纳入失信被执行人名单错误的，可以向人民法院申请纠正。被执行人是自然人的，一般应由被执行人本人到人民法院提出并说明理由；被执行人是法人或者其他组织的，一般应由被执行人的法定代表人或者负责人本人到人民法院提出并说明理由。人民法院经审查认为理由成立的，应当作出决定予以纠正。

第四条　记载和公布的失信被执行人名单信息应当包括：

（一）作为被执行人的法人或者其他组织的名称、组织机构代码、法定代表人或者负责人姓名；

（二）作为被执行人的自然人的姓名、性别、年龄、身份证号码；

（三）生效法律文书确定的义务和被执行人的履行情况；

（四）被执行人失信行为的具体情形；

（五）执行依据的制作单位和文号、执行案号、立案时间、执行法院；

（六）人民法院认为应当记载和公布的不涉及国家秘密、商业秘密、个人隐私的其他事项。

第五条　各级人民法院应当将失信被执行人名单信息录入最高人民法院失信被执行人名单库，并通过该名单库统一向社会公布。

各级人民法院可以根据各地实际情况，将失信被执行人名单通过报纸、广播、电视、网络、法院公告栏等其他方式予以公布，并可以采取新闻发布会或者其他方式对本院及辖区法院实施失信被执行人名单制度的情况定期向社会公布。

第六条　人民法院应当将失信被执行人名单信息，向政府相关部门、金融监管机构、金融机构、承担行政职能的事业单位及行业协会等通报，供相关单位依照法律、法规和有关规定，在政府采购、招标投标、行政审批、政府扶持、融资信贷、市场准入、资质认定等方面，对失信被执行人予以信用惩戒。

人民法院应当将失信被执行人名单信息向征信机构通报，并由征信机构在其征信系统中记录。

失信被执行人是国家工作人员的，人民法院应当将其失信情况通报其所在单位。

失信被执行人是国家机关、国有企业的，人民法院应当将其失信情况通报其上级单位或者主管部门。

第七条　失信被执行人符合下列情形之一的，人民法院应当将其有关信息从失信被执行人名单库中删除：

（一）全部履行了生效法律文书确定义务的；

（二）与申请执行人达成执行和解协议并经申请执行人确认履行完毕的；

（三）人民法院依法裁定终结执行的。

最高人民法院关于认真贯彻执行《关于公布失信被执行人名单信息的若干规定》的通知

（2013 年 8 月 2 日　法〔2013〕178 号）

各省、自治区、直辖市高级人民法院，解放军军事法院，新疆维吾尔自治区高级人民法院生产建设兵团分院：

《最高人民法院关于公布失信被执行人名单信息的若干规定》（法释〔2013〕17 号，以下简称《若干规定》）已于 2013 年 7 月 1 日由最高人民法院审判委员会第 1582 次会议通过，自 2013 年 10 月 1 日起施行。为准确把握和正确适用《若干规定》，现就有关问题通知如下：

一、充分认识制定实施《若干规定》的重要意义

制定实施《若干规定》是人民法院正确适用法律的需要。《中华人民共和国民事诉讼法》第十三条首次确立了民事诉讼中的诚实信用原则，并在第二百五十五条对公布不履行义务的被执行人信息及相应的信用惩戒措施作了原则规定。近年来，各地法院依据民事诉讼法有关规定，在对失信被执行人进行信用惩戒方面进行了积极探索，积累了一定的经验。但是，各地实施标准不一，办法各异，加之受地域局限，对被执行人的信用惩戒效果难以充分彰显，迫切需要在总结各地经验的基础上，统一法律适用标准，规范操作程序，并在全国范围内发挥对失信被执行人的信用惩戒功能。为此，最高人民法院制定了《若干规定》，对民事诉讼法相关规定进一步细化和落实。

制定实施《若干规定》是人民法院推进执行工作、破解执行难的需要。建立失信被执行人名单制度，重在发挥三大功能：一是惩戒功能。凡是被纳入失信被执行人名单中的被执行人，就会受到信用惩戒，在政府采购、招标投标、行政审批、政府扶持、融资信贷、市场准入、资质认定等方面受到限制。二是威慑功能。《若干规定》将纳入失信被执行人名单的范围限定为有履行能力而不履行生效法律文书确定义务的被执行人，以区别于无履行能力而不履行生效法律文书确定义务的被执行人，将符合《若干规定》第一条列举的任一情形的被执行人作为严重失信的被执行人，对这部分人形成社会合力，压缩其生存空间，产生相应威慑力。三是引导功能。失信被执行人名单制度是国家社会信用体系建设的重要组成部分，是人民法院积极参与国家信用体系建设的重要举措，对引导诚实信用的社会风尚具有积极作用。

二、《若干规定》适用中应当注意的问题

（一）关于被执行人以虚假诉讼、虚假仲裁方法规避执行的认定。因被执行人的虚假诉讼、虚假仲裁行为，致使相应的法律文书被依法撤销，或者被依法裁定不予执行的，应认定为被执行人具有以虚假诉讼、虚假仲裁方法规避执行的情形，从而将其纳入失信被执行人名单；相应法律文书未经法定程序予以撤销或裁定不予执行的，不应将有关被执行人纳入失信被执行人名单。

（二）关于被执行人风险提示的形式。根据《若干规定》第二条第一款的规定，人民法院应当向被执行人作出有可能被纳入失信被执行人名单的风险提示。对于 2013 年 10 月 1 日前已经立案、向被执行人送达了执行通知书且 2013 年 10 月 1 日之后仍未执行完毕的案件，对被执行人的风险提示将由我院在《人民法院报》上以公告形式统一作出；对于 2013 年 10 月 1 日之后立案进入执行程序的案件，各级法院应当按照《若干规定》第二条第一款的要求，在向被执行人发出的执行通知书中载明有关纳入失信被执行人名单的风险提示内容。

（三）关于被执行人对纳入失信被执行人名单提出纠正申请的处理。根据《若干规定》第三条，如果被执行人认为将其纳入失信被执行人名单错误的，可以向人民法院申请纠正。人民法院经审查认为理由成立的，应当作出决定予以纠正；人民法院经审查认为理由不成立的，也需要作出决定予以驳回。纠正及驳回的决定，均应制作决定书并送达申请人。

（四）失信被执行人身份信息的公布。《若干规定》第四条第（二）项明确要求在公布失信被执行人名单信息时，应当公布作为失信被执行人的自然人的身份证号码。身份证号码属于特征组合码，由十七位数字本体码和一位校验码组成。排列顺序从左至右依次为六位数字地址码，八位数字出生日期码，三位数字顺序码和一位校验码。为保证最高人民法院失信被执行人名单库数据的准确性，各地法院在将失信被执行人身份信息录入该名单库时，必须录入被执行人的全部身份证号码。在对失信被执行人的身份证号码进行公布时，应当区分两种情况：一是向相关单位定向通报时，应当通报失信被执行人的全部身份证号码，以确保信息使用单位能够有效利用失信被执行人名单信息；二是在向社会公布时，为避免身份证号码对外公布后被滥用，可以采取技术手段隐蔽身份证号码中表示出生月、日的号段后予以公布。

（五）关于失信被执行人名单信息的删除。被纳入失信被执行人名单的被执行人符合《若干规定》第七条列举情形之一的，各级人民法院应当及时将其相关信息从失信被执行人名单库中删除，并及时通报《若干规定》中第六条列明的机构或部门。对于已经通报给这些单位和部门的被执行人失信信息，由相关单位依照相关法律、法规的规定决定其保存期限。

（六）关于《若干规定》生效前，各级法院实施的相关制度与《若干规定》的衔接。《若干规定》将于2013年10月1日起正式施行。在此之前，部分地方法院根据当地实际情况采取了一些将被执行人不履行义务的信息通过媒体公布、在征信系统中记录等措施。这些已经采取的措施，其效力不因《若干规定》的生效而受到影响。但在《若干规定》正式施行后，各级人民法院应当严格按照《若干规定》设定的标准和程序将2013年10月1日后未履行完毕，且存在《若干规定》第一条所列情形之一的被执行人相关信息统一纳入最高人民法院失信被执行人名单库，统一按照《若干规定》确定的程序和方式对失信被执行人采取信用惩戒措施，各地法院此前就失信被执行人信用惩戒施行的相关标准或发布的规定与本《若干规定》不一致的应予以及时修改。

三、认真抓好《若干规定》的贯彻执行

《若干规定》建立了具有创新性的失信被执行人名单制度，由此将会产生深远的社会影响。各级人民法院要认真领会《若干规定》的精神实质和重要意义，加大对这一司法解释贯彻执行的领导和指导力度。要组织全体执行人员逐条学习理解、准确把握《若干规定》和本通知的精神和要求。必要时可以在一定范围内组织开展宣传活动，以增进人民群众和社会各界的理解和支持。各高级人民法院要加强调查研究和对下指导，对于执行过程中出现的新情况新问题，要及时报告我院。

附件：

1. 风险提示样式
2. 决定书样式一（申请执行人申请将被执行人纳入失信被执行人名单用）
3. 决定书样式二（法院依职权将被执行人纳入失信被执行人名单用）
4. 决定书样式三（对将被执行人纳入失信被执行人名单作出纠正或者驳回申请用）

附件1

××××人民法院
执行通知书

（××××）××执字第××号

××××（写明被执行人姓名或名称）：

你（或你单位）与……（写明当事人姓名或名称和案由）一案，本院（或×××生效法律文书的制作机关）于××××年××月××日作出的（××××）××字第××号××判决（或写明生效法律文书的制作机关、日期、字号和名称），已发生法律效力。申请执行人×××（或委托、或移送或报请执行的单位或部门名称）于××××年××月××日向本院申请（委托、移送或报请）强制执行，本院于××××年××月××日依法立案执行。依照《中华人民共和国民事诉讼法》第二百四十条、第二百五十三条、《最高人民法院关于人民法院执行工作若干问题的规定（试行）》第24条的规定，责令你（或你单位）自本通知书送达之日起×日内履行下列义务：

（1）向×××支付……款××元。

(2)向×××支付迟延履行期间加倍债务利息(或者迟延履行金)××元。

(3)负担案件受理费××元,其他诉讼费用××元,申请执行费××元。

开户银行:…… 户名:…… 账号:……

特此通知

××××年××月××日

(院印)

风险提示:

根据《最高人民法院关于公布失信被执行人名单信息的若干规定》第一条的规定,被执行人有履行能力而不履行生效法律文书确定的义务并具有下列情形之一的,人民法院将其纳入失信被执行人名单,依法对其进行信用惩戒:

(一)以伪造证据、暴力、威胁等方法妨碍、抗拒执行的;

(二)以虚假诉讼、虚假仲裁或者以隐匿、转移财产等方法规避执行的;

(三)违反财产报告制度的;

(四)违反限制高消费令的;

(五)被执行人无正当理由拒不履行执行和解协议的;

(六)其他有履行能力而拒不履行生效法律文书确定义务的。

附件2

××××人民法院
执行决定书

(申请执行人申请将被执行人纳入失信被执行人名单用)

(××××)××执×字第××号

本院在执行……(写明当事人姓名或名称和案由)一案中,×××(写明申请执行人姓名或名称)申请将×××(写明被执行人姓名或名称)纳入失信被执行人名单。

本院经审查认为,……(写明将被执行人纳入失信被执行人名单的理由)。依照《中华人民共和国民事诉讼法》第二百五十五条、《最高人民法院关于公布失信被执行人名单信息的若干规定》第××条第××款的规定,决定如下:

将×××纳入失信被执行人名单。

本决定自作出之口起生效。

××××年××月××日

(院印)

附件3

××××人民法院
执行决定书

(法院依职权将被执行人纳入失信被执行人名单用)

(××××)××执×字第××号

本院在执行……(写明当事人姓名或名称和案由)一案中查明,……(写明将被执行人纳入失信被执行人名单的理由)。依照《中华人民共和国民事诉讼法》第二百五十五条、《最高人民法院关于公布失信被执行人名单信息的若干规定》第××条第××款的规定,决定如下:

将×××纳入失信被执行人名单。

本决定自作出之日起生效。

××××年××月××日

(院印)

附件4

××××人民法院
执行决定书

(对将被执行人纳入失信被执行人名单作出纠正或者驳回申请用)

(××××)××执×字第××号

本院在执行……(写明当事人姓名或名称和案由)一案中,×××(写明被执行人姓名或名称)认为将其纳入失信被执行人名单错误,向我院申请纠正。

本院经审查认为,……(写明准许或者驳回申请的理由)。依照《中华人民共和国民事诉讼法》第二百五十五条、《最高人民法院关于公布失信被执行人名单信息的若干规定》第××条第××款的规定，决定如下：

将×××从失信被执行人名单中删除（或对其他错误的修改）（或驳回×××提出的申请）。

××××年××月××日

（院印）

最高人民法院关于修改《最高人民法院关于公布失信被执行人名单信息的若干规定》的决定

（2017年1月16日最高人民法院审判委员会第1707次会议审议通过　2017年2月28日最高人民法院公告公布　自2017年5月1日起施行　法释〔2017〕7号）

根据最高人民法院审判委员会第1707次会议决定，对《最高人民法院关于公布失信被执行人名单信息的若干规定》作如下修改：

一、将第一条修改为："被执行人未履行生效法律文书确定的义务，并具有下列情形之一的，人民法院应当将其纳入失信被执行人名单，依法对其进行信用惩戒：

（一）有履行能力而拒不履行生效法律文书确定义务的；

（二）以伪造证据、暴力、威胁等方法妨碍、抗拒执行的；

（三）以虚假诉讼、虚假仲裁或者以隐匿、转移财产等方法规避执行的；

（四）违反财产报告制度的；

（五）违反限制消费令的；

（六）无正当理由拒不履行执行和解协议的。"

二、增加一条，作为第二条："被执行人具有本规定第一条第二项至第六项规定情形的，纳入失信被执行人名单的期限为二年。被执行人以暴力、威胁方法妨碍、抗拒执行情节严重或具有多项失信行为的，可以延长一至三年。

失信被执行人积极履行生效法律文书确定义务或主动纠正失信行为的，人民法院可以决定提前删除失信信息。"

三、增加一条，作为第三条："具有下列情形之一的，人民法院不得依据本规定第一条第一项的规定将被执行人纳入失信被执行人名单：

（一）提供了充分有效担保的；

（二）已被采取查封、扣押、冻结等措施的财产足以清偿生效法律文书确定债务的；

（三）被执行人履行顺序在后，对其依法不应强制执行的；

（四）其他不属于有履行能力而拒不履行生效法律文书确定义务的情形。"

四、增加一条，作为第四条："被执行人为未成年人的，人民法院不得将其纳入失信被执行人名单。"

五、将第二条改为第五条，修改为："人民法院向被执行人发出的执行通知中，应当载明有关纳入失信被执行人名单的风险提示等内容。

申请执行人认为被执行人具有本规定第一条规定情形之一的，可以向人民法院申请将其纳入失信被执行人名单。人民法院应当自收到申请之日起十五日内审查并作出决定。人民法院认为被执行人具有本规定第一条规定情形之一的，也可以依职权决定将其纳入失信被执行人名单。

人民法院决定将被执行人纳入失信被执行人名单的，应当制作决定书，决定书应当写明纳入失信被执行人名单的理由，有纳入期限的，应当写明纳入期限。决定书由院长签发，自作出之日起生效。决定书应当按照民事诉讼法规定的法律文书送达方式送达当事人。"

六、将第三条改为第十一条，修改为："被纳入失信被执行人名单的公民、法人或其他组织认为有下列情形之一的，可以向执行法院申请纠正：

（一）不应将其纳入失信被执行人名单的；

（二）记载和公布的失信信息不准确的；

（三）失信信息应予删除的。"

七、将第四条改为第六条，第（一）项修改为："作为被执行人的法人或者其他组织的名称、统一社会信用代码（或组织机构代码）、法定代表人或者负责人姓名；"

八、将第六条改为第八条，将第三款改为："国家工作人员、人大代表、政协委员等被纳入失信被执行人名单的，人民法院应当将失信情况通报其所在单位和相关部门。"

将第四款改为:"国家机关、事业单位、国有企业等被纳入失信被执行人名单的,人民法院应当将失信情况通报其上级单位、主管部门或者履行出资人职责的机构。"

九、增加一条,作为第九条:"不应纳入失信被执行人名单的公民、法人或其他组织被纳入失信被执行人名单的,人民法院应当在三个工作日内撤销失信信息。

记载和公布的失信信息不准确的,人民法院应当在三个工作日内更正失信信息。"

十、将第七条改为第十条,修改为:"具有下列情形之一的,人民法院应当在三个工作日内删除失信信息:

(一)被执行人已履行生效法律文书确定的义务或人民法院已执行完毕的;

(二)当事人达成执行和解协议且已履行完毕的;

(三)申请执行人书面申请删除失信信息,人民法院审查同意的;

(四)终结本次执行程序后,通过网络执行查控系统查询被执行人财产两次以上,未发现有可供执行财产,且申请执行人或者其他人未提供有效财产线索的;

(五)因审判监督或破产程序,人民法院依法裁定对失信被执行人中止执行的;

(六)人民法院依法裁定不予执行的;

(七)人民法院依法裁定终结执行的。

有纳入期限的,不适用前款规定。纳入期限届满后三个工作日内,人民法院应当删除失信信息。

依照本条第一款规定删除失信信息后,被执行人具有本规定第一条规定情形之一的,人民法院可以重新将其纳入失信被执行人名单。

依照本条第一款第三项规定删除失信信息后六个月内,申请执行人申请将该被执行人纳入失信被执行人名单的,人民法院不予支持。"

十一、增加一条,作为第十二条:"公民、法人或其他组织对被纳入失信被执行人名单申请纠正的,执行法院应当自收到书面纠正申请之日起十五日内审查,理由成立的,应当在三个工作日内纠正;理由不成立的,决定驳回。公民、法人或其他组织对驳回决定不服的,可以自决定书送达之日起十日内向上一级人民法院申请复议。上一级人民法院应当自收到复议申请之日起十五日内作出决定。复议期间,不停止原决定的执行。"

十二、增加一条,作为第十三条:"人民法院工作人员违反本规定公布、撤销、更正、删除失信信息的,参照有关规定追究责任。"

根据本决定,将《最高人民法院关于公布失信被执行人名单信息的若干规定》作相应修改,重新公布。

最高人民法院关于公布失信被执行人名单信息的若干规定

(2013年7月1日最高人民法院审判委员会第1582次会议通过 根据2017年1月16日最高人民法院审判委员会第1707次会议通过的《最高人民法院关于修改〈最高人民法院关于公布失信被执行人名单信息的若干规定〉的决定》修正)

为促使被执行人自觉履行生效法律文书确定的义务,推进社会信用体系建设,根据《中华人民共和国民事诉讼法》的规定,结合人民法院工作实际,制定本规定。

第一条 被执行人未履行生效法律文书确定的义务,并具有下列情形之一的,人民法院应当将其纳入失信被执行人名单,依法对其进行信用惩戒:

(一)有履行能力而拒不履行生效法律文书确定义务的;

(二)以伪造证据、暴力、威胁等方法妨碍、抗拒执行的;

(三)以虚假诉讼、虚假仲裁或者以隐匿、转移财产等方法规避执行的;

(四)违反财产报告制度的;

(五)违反限制消费令的;

(六)无正当理由拒不履行执行和解协议的。

第二条 被执行人具有本规定第一条第二项至第六项规定情形的,纳入失信被执行人名单的期限为二年。被执行人以暴力、威胁方法妨碍、抗拒执行情节严重或具有多项失信行为的，可以延长一至三年。

失信被执行人积极履行生效法律文书确定义务或主动纠正失信行为的，人民法院可以决定提前删除失信信息。

第三条　具有下列情形之一的，人民法院不得依据本规定第一条第一项的规定将被执行人纳入失信被执行人名单：

（一）提供了充分有效担保的；

（二）已被采取查封、扣押、冻结等措施的财产足以清偿生效法律文书确定债务的；

（三）被执行人履行顺序在后，对其依法不应强制执行的；

（四）其他不属于有履行能力而拒不履行生效法律文书确定义务的情形。

第四条　被执行人为未成年人的，人民法院不得将其纳入失信被执行人名单。

第五条　人民法院向被执行人发出的执行通知中，应当载明有关纳入失信被执行人名单的风险提示等内容。

申请执行人认为被执行人具有本规定第一条规定情形之一的，可以向人民法院申请将其纳入失信被执行人名单。人民法院应当自收到申请之日起十五日内审查并作出决定。人民法院认为被执行人具有本规定第一条规定情形之一的，也可以依职权决定将其纳入失信被执行人名单。

人民法院决定将被执行人纳入失信被执行人名单的，应当制作决定书，决定书应当写明纳入失信被执行人名单的理由，有纳入期限的，应当写明纳入期限。决定书由院长签发，自作出之日起生效。决定书应当按照民事诉讼法规定的法律文书送达方式送达当事人。

第六条　记载和公布的失信被执行人名单信息应当包括：

（一）作为被执行人的法人或者其他组织的名称、统一社会信用代码（或组织机构代码）、法定代表人或者负责人姓名；

（二）作为被执行人的自然人的姓名、性别、年龄、身份证号码；

（三）生效法律文书确定的义务和被执行人的履行情况；

（四）被执行人失信行为的具体情形；

（五）执行依据的制作单位和文号、执行案号、立案时间、执行法院；

（六）人民法院认为应当记载和公布的不涉及国家秘密、商业秘密、个人隐私的其他事项。

第七条　各级人民法院应当将失信被执行人名单信息录入最高人民法院失信被执行人名单库，并通过该名单库统一向社会公布。

各级人民法院可以根据各地实际情况，将失信被执行人名单通过报纸、广播、电视、网络、法院公告栏等其他方式予以公布，并可以采取新闻发布会或者其他方式对本院及辖区法院实施失信被执行人名单制度的情况定期向社会公布。

第八条　人民法院应当将失信被执行人名单信息，向政府相关部门、金融监管机构、金融机构、承担行政职能的事业单位及行业协会等通报，供相关单位依照法律、法规和有关规定，在政府采购、招标投标、行政审批、政府扶持、融资信贷、市场准入、资质认定等方面，对失信被执行人予以信用惩戒。

人民法院应当将失信被执行人名单信息向征信机构通报，并由征信机构在其征信系统中记录。

国家工作人员、人大代表、政协委员等被纳入失信被执行人名单的，人民法院应当将失信情况通报其所在单位和相关部门。

国家机关、事业单位、国有企业等被纳入失信被执行人名单的，人民法院应当将失信情况通报其上级单位、主管部门或者履行出资人职责的机构。

第九条　不应纳入失信被执行人名单的公民、法人或其他组织被纳入失信被执行人名单的，人民法院应当在三个工作日内撤销失信信息。

记载和公布的失信信息不准确的，人民法院应当在三个工作日内更正失信信息。

第十条　具有下列情形之一的，人民法院应当在三个工作日内删除失信信息：

（一）被执行人已履行生效法律文书确定的义务或人民法院已执行完毕的；

（二）当事人达成执行和解协议且已履行完毕的；

（三）申请执行人书面申请删除失信信息，人民法院审查同意的；

（四）终结本次执行程序后，通过网络执行查控系统查询被执行人财产两次以上，未发现有可供执行财产，且申请执行人或者其他人未提供有效财产线索的；

（五）因审判监督或破产程序，人民法院依法裁定对失信被执行人中止执行的；

（六）人民法院依法裁定不予执行的；

（七）人民法院依法裁定终结执行的。

有纳入期限的，不适用前款规定。纳入期限届满后三个工作日内，人民法院应当删除失信信息。

依照本条第一款规定删除失信信息后，被执行人具有本规定第一条规定情形之一的，人民法院可以重新将其纳入失信被执行人名单。

依照本条第一款第三项规定删除失信信息后六个月内，申请执行人申请将该被执行人纳入失信被执行人名单的，人民法院不予支持。

第十一条　被纳入失信被执行人名单的公民、法人或其他组织认为有下列情形之一的，可以向执行法院申请纠正：

（一）不应将其纳入失信被执行人名单的；

（二）记载和公布的失信信息不准确的；

（三）失信信息应予删除的。

第十二条　公民、法人或其他组织对被纳入失信被执行人名单申请纠正的，执行法院应当自收到书面纠正申请之日起十五日内审查，理由成立的，应当在三个工作日内纠正；理由不成立的，决定驳回。公民、法人或其他组织对驳回决定不服的，可以自决定书送达之日起十日内向上一级人民法院申请复议。上一级人民法院应当自收到复议申请之日起十五日内作出决定。

复议期间，不停止原决定的执行。

第十三条　人民法院工作人员违反本规定公布、撤销、更正、删除失信信息的，参照有关规定追究责任。

最高人民法院关于网络查询、冻结被执行人存款的规定

（2013年8月26日最高人民法院审判委员会第1587次会议通过　2013年8月29日最高人民法院公告公布　自2013年9月2日起施行　法释〔2013〕20号）

为规范人民法院办理执行案件过程中通过网络查询、冻结被执行人存款及其他财产的行为，进一步提高执行效率，根据《中华人民共和国民事诉讼法》的规定，结合人民法院工作实际，制定本规定。

第一条　人民法院与金融机构已建立网络执行查控机制的，可以通过网络实施查询、冻结被执行人存款等措施。

网络执行查控机制的建立和运行应当具备以下条件：

（一）已建立网络执行查控系统，具有通过网络执行查控系统发送、传输、反馈查控信息的功能；

（二）授权特定的人员办理网络执行查控业务；

（三）具有符合安全规范的电子印章系统；

（四）已采取足以保障查控系统和信息安全的措施。

第二条　人民法院实施网络执行查控措施，应当事前统一向相应金融机构报备有权通过网络采取执行查控措施的特定执行人员的相关公务证件。办理具体业务时，不再另行向相应金融机构提供执行人员的相关公务证件。

人民法院办理网络执行查控业务的特定执行人员发生变更的，应当及时向相应金融机构报备人员变更信息及相关公务证件。

第三条　人民法院通过网络查询被执行人存款时，应当向金融机构传输电子协助查询存款通知书。多案集中查询的，可以附汇总的案件查询清单。

对查询到的被执行人存款需要冻结或者续行冻结的，人民法院应当及时向金融机构传输电子冻结裁定书和协助冻结存款通知书。

对冻结的被执行人存款需要解除冻结的，人民法院应当及时向金融机构传输电子解除冻结裁定书和协助解除冻结存款通知书。

第四条 人民法院向金融机构传输的法律文书，应当加盖电子印章。

作为协助执行人的金融机构完成查询、冻结等事项后，应当及时通过网络向人民法院回复加盖电子印章的查询、冻结等结果。

人民法院出具的电子法律文书、金融机构出具的电子查询、冻结等结果，与纸质法律文书及反馈结果具有同等效力。

第五条 人民法院通过网络查询、冻结、续冻、解冻被执行人存款，与执行人员赴金融机构营业场所查询、冻结、续冻、解冻被执行人存款具有同等效力。

第六条 金融机构认为人民法院通过网络执行查控系统采取的查控措施违反相关法律、行政法规规定的，应当向人民法院书面提出异议。人民法院应当在15日内审查完毕并书面回复。

第七条 人民法院应当依据法律、行政法规规定及相应操作规范使用网络执行查控系统和查控信息，确保信息安全。

人民法院办理执行案件过程中，不得泄露通过网络执行查控系统取得的查控信息，也不得用于执行案件以外的目的。

人民法院办理执行案件过程中，不得对被执行人以外的非执行义务主体采取网络查控措施。

第八条 人民法院工作人员违反第七条规定的，应当按照《人民法院工作人员处分条例》给予纪律处分；情节严重构成犯罪的，应当依法追究刑事责任。

第九条 人民法院具备相应网络扣划技术条件，并与金融机构协商一致的，可以通过网络执行查控系统采取扣划被执行人存款措施。

第十条 人民法院与工商行政管理、证券监管、土地房产管理等协助执行单位已建立网络执行查控机制，通过网络执行查控系统对被执行人股权、股票、证券账户资金、房地产等其他财产采取查控措施的，参照本规定执行。

最高人民法院关于执行案件立案、结案若干问题的意见

（2014年12月17日 法发〔2014〕26号）

为统一执行案件立案、结案标准，规范执行行为，根据《中华人民共和国民事诉讼法》等法律、司法解释的规定，结合人民法院执行工作实际，制定本意见。

第一条 本意见所称执行案件包括执行实施类案件和执行审查类案件。

执行实施类案件是指人民法院因申请执行人申请、审判机构移送、受托、提级、指定和依职权，对已发生法律效力且具有可强制执行内容的法律文书所确定的事项予以执行的案件。

执行审查类案件是指在执行过程中，人民法院审查和处理执行异议、复议、申诉、请示、协调以及决定执行管辖权的移转等事项的案件。

第二条 执行案件统一由人民法院立案机构进行审查立案，人民法庭经授权执行自审案件的，可以自行审查立案，法律、司法解释规定可以移送执行的，相关审判机构可以移送立案机构办理立案登记手续。

立案机构立案后，应当依照法律、司法解释的规定向申请人发出执行案件受理通知书。

第三条 人民法院对符合法律、司法解释规定的立案标准的执行案件，应当予以立案，并纳入审判和执行案件统一管理体系。

人民法院不得有审判和执行案件统一管理体系之外的执行案件。

任何案件不得以任何理由未经立案即进入执行程序。

第四条 立案机构在审查立案时，应当按照本意见确定执行案件的类型代字和案件编号，不得违反本意见创设案件类型代字。

第五条 执行实施类案件类型代字为“执字”，按照立案时间的先后顺序确定案件编号，单独进行排序；但执行财产保全裁定的，案件类型代字为“执保字”，按照立案时间的先后顺序确定案件编号，单独进行排序；恢复执行的，案件类型代字为“执恢字”，按照立案时间的先后顺序确定

案件编号,单独进行排序。

第六条　下列案件,人民法院应当按照恢复执行案件予以立案:

(一)申请执行人因受欺诈、胁迫与被执行人达成和解协议,申请恢复执行原生效法律文书的;

(二)一方当事人不履行或不完全履行执行和解协议,对方当事人申请恢复执行原生效法律文书的;

(三)执行实施案件以裁定终结本次执行程序方式报结后,如发现被执行人有财产可供执行,申请执行人申请或者人民法院依职权恢复执行的;

(四)执行实施案件因委托执行结案后,确因委托不当被已立案的受托法院退回委托的;

(五)依照民事诉讼法第二百五十七条的规定而终结执行的案件,申请执行的条件具备时,申请执行人申请恢复执行的。

第七条　除下列情形外,人民法院不得人为拆分执行实施案件:

(一)生效法律文书确定的给付内容为分期履行的,各期债务履行期间届满,被执行人未自动履行,申请执行人可分期申请执行,也可以对几期或全部到期债权一并申请执行;

(二)生效法律文书确定有多个债务人各自单独承担明确的债务的,申请执行人可以对每个债务人分别申请执行,也可以对几个或全部债务人一并申请执行;

(三)生效法律文书确定有多个债权人各自享有明确的债权的(包括按份共有),每个债权人可以分别申请执行;

(四)申请执行赡养费、扶养费、抚养费的案件,涉及金钱给付内容的,人民法院应当根据申请执行时已发生的债权数额进行审查立案,执行过程中新发生的债权应当另行申请执行;涉及人身权内容的,人民法院应当根据申请执行时义务人未履行义务的事实进行审查立案,执行过程中义务人延续消极行为的,应当依据申请执行人的申请一并执行。

第八条　执行审查类案件按下列规则确定类型代字和案件编号:

(一)执行异议案件类型代字为"执异字",按照立案时间的先后顺序确定案件编号,单独进行排序;

(二)执行复议案件类型代字为"执复字",按照立案时间的先后顺序确定案件编号,单独进行排序;

(三)执行监督案件类型代字为"执监字",按照立案时间的先后顺序确定案件编号,单独进行排序;

(四)执行请示案件类型代字为"执请字",按照立案时间的先后顺序确定案件编号,单独进行排序;

(五)执行协调案件类型代字为"执协字",按照立案时间的先后顺序确定案件编号,单独进行排序。

第九条　下列案件,人民法院应当按照执行异议案件予以立案:

(一)当事人、利害关系人认为人民法院的执行行为违反法律规定,提出书面异议的;

(二)执行过程中,案外人对执行标的提出书面异议的;

(三)人民法院受理执行申请后,当事人对管辖权提出异议的;

(四)申请执行人申请追加、变更被执行人的;

(五)被执行人以债权消灭、超过申请执行期间或者其他阻止执行的实体事由提出阻止执行的;

(六)被执行人对仲裁裁决或者公证机关赋予强制执行效力的公证债权文书申请不予执行的;

(七)其他依法可以申请执行异议的。

第十条　下列案件,人民法院应当按照执行复议案件予以立案:

(一)当事人、利害关系人不服人民法院针对本意见第九条第(一)项、第(三)项、第(五)项作出的裁定,向上一级人民法院申请复议的;

(二)除因夫妻共同债务、出资人未依法出资、股权转让引起的追加和对一人公司股东的追加外,当事人、利害关系人不服人民法院针对本意见第九条第(四)项作出的裁定,向上一级人民法院申请复议的;

(三)当事人不服人民法院针对本意见第九

条第(六)项作出的不予执行公证债权文书、驳回不予执行公证债权文书申请、不予执行仲裁裁决、驳回不予执行仲裁裁决申请的裁定,向上一级人民法院申请复议的;

(四)其他依法可以申请复议的。

第十一条　上级人民法院对下级人民法院,最高人民法院对地方各级人民法院依法进行监督的案件,应当按照执行监督案件予以立案。

第十二条　下列案件,人民法院应当按照执行请示案件予以立案:

(一)当事人向人民法院申请执行内地仲裁机构作出的涉港澳仲裁裁决或者香港特别行政区、澳门特别行政区仲裁机构作出的仲裁裁决或者临时仲裁庭在香港特别行政区、澳门特别行政区作出的仲裁裁决,人民法院经审查认为裁决存在依法不予执行的情形,在作出裁定前,报请所属高级人民法院进行审查的,以及高级人民法院同意不予执行,报请最高人民法院的;

(二)下级人民法院依法向上级人民法院请示的。

第十三条　下列案件,人民法院应当按照执行协调案件予以立案:

(一)不同法院因执行程序、执行与破产、强制清算、审判等程序之间对执行标的产生争议,经自行协调无法达成一致意见,向共同上级人民法院报请协调处理的;

(二)对跨高级人民法院辖区的法院与公安、检察等机关之间的执行争议案件,执行法院报请所属高级人民法院与有关公安、检察等机关所在地的高级人民法院商有关机关协调解决或者报请最高人民法院协调处理的;

(三)当事人对内地仲裁机构作出的涉港澳仲裁裁决分别向不同人民法院申请撤销及执行,受理执行申请的人民法院对受理撤销申请的人民法院作出的决定撤销或者不予撤销的裁定存在异议,亦不能直接作出与该裁定相矛盾的执行或者不予执行的裁定,报请共同上级人民法院解决的;

(四)当事人对内地仲裁机构作出的涉港澳仲裁裁决向人民法院申请执行且人民法院已经作出应予执行的裁定后,一方当事人向人民法院申请撤销该裁决,受理撤销申请的人民法院认为裁决应予撤销且该人民法院与受理执行申请的人民法院非同一人民法院时,报请共同上级人民法院解决的;

(五)跨省、自治区、直辖市的执行争议案件报请最高人民法院协调处理的;

(六)其他依法报请协调的。

第十四条　除执行财产保全裁定、恢复执行的案件外,其他执行实施类案件的结案方式包括:

(一)执行完毕;

(二)终结本次执行程序;

(三)终结执行;

(四)销案;

(五)不予执行;

(六)驳回申请。

第十五条　生效法律文书确定的执行内容,经被执行人自动履行、人民法院强制执行,已全部执行完毕,或者是当事人达成执行和解协议,且执行和解协议履行完毕,可以以"执行完毕"方式结案。

执行完毕应当制作结案通知书并发送当事人。双方当事人书面认可执行完毕或口头认可执行完毕并记入笔录的,无需制作结案通知书。

执行和解协议应当附卷,没有签订书面执行和解协议的,应当将口头和解协议的内容作成笔录,经当事人签字后附卷。

第十六条　有下列情形之一的,可以以"终结本次执行程序"方式结案:

(一)被执行人确无财产可供执行,申请执行人书面同意人民法院终结本次执行程序的;

(二)因被执行人无财产而中止执行满两年,经查证被执行人确无财产可供执行的;

(三)申请执行人明确表示提供不出被执行人的财产或财产线索,并在人民法院穷尽财产调查措施之后,对人民法院认定被执行人无财产可供执行书面表示认可的;

(四)被执行人的财产无法拍卖变卖,或者动产经两次拍卖、不动产或其他财产权经三次拍卖仍然流拍,申请执行人拒绝接受或者依法不能交付其抵债,经人民法院穷尽财产调查措施,被执行人确无其他财产可供执行的;

(五)经人民法院穷尽财产调查措施,被执行人确无财产可供执行或虽有财产但不宜强制执行，当事人达成分期履行和解协议，且未履行完毕的；

（六）被执行人确无财产可供执行，申请执行人属于特困群体，执行法院已经给予其适当救助的。

人民法院应当依法组成合议庭，就案件是否终结本次执行程序进行合议。

终结本次执行程序应当制作裁定书，送达申请执行人。裁定应当载明案件的执行情况、申请执行人债权已受偿和未受偿的情况、终结本次执行程序的理由，以及发现被执行人有可供执行财产，可以申请恢复执行等内容。

依据本条第一款第（二）（四）（五）（六）项规定的情形裁定终结本次执行程序前，应当告知申请执行人可以在指定的期限内提出异议。申请执行人提出异议的，应当另行组成合议庭组织当事人就被执行人是否有财产可供执行进行听证；申请执行人提供被执行人财产线索的，人民法院应当就其提供的线索重新调查核实，发现被执行人有财产可供执行的，应当继续执行；经听证认定被执行人确无财产可供执行，申请执行人亦不能提供被执行人有可供执行财产的，可以裁定终结本次执行程序。

本条第一款第（三）（四）（五）项中规定的“人民法院穷尽财产调查措施”，是指至少完成下列调查事项：

（一）被执行人是法人或其他组织的，应当向银行业金融机构查询银行存款，向有关房地产管理部门查询房地产登记，向法人登记机关查询股权，向有关车管部门查询车辆等情况；

（二）被执行人是自然人的，应当向被执行人所在单位及居住地周边群众调查了解被执行人的财产状况或财产线索，包括被执行人的经济收入来源、被执行人到期债权等。如果根据财产线索判断被执行人有较高收入，应当按照对法人或其他组织的调查途径进行调查；

（三）通过最高人民法院的全国法院网络执行查控系统和执行法院所属高级人民法院的“点对点”网络执行查控系统能够完成的调查事项；

（四）法律、司法解释规定必须完成的调查事项。

人民法院裁定终结本次执行程序后，发现被执行人有财产的，可以依申请执行人的申请或依职权恢复执行。申请执行人申请恢复执行的，不受申请执行期限的限制。

第十七条　有下列情形之一的，可以以“终结执行”方式结案：

（一）申请人撤销申请或者是当事人双方达成执行和解协议，申请执行人撤回执行申请的；

（二）据以执行的法律文书被撤销的；

（三）作为被执行人的公民死亡，无遗产可供执行，又无义务承担人的；

（四）追索赡养费、扶养费、抚育费案件的权利人死亡的；

（五）作为被执行人的公民因生活困难无力偿还借款，无收入来源，又丧失劳动能力的；

（六）作为被执行人的企业法人或其他组织被撤销、注销、吊销营业执照或者歇业、终止后既无财产可供执行，又无义务承受人，也没有能够依法追加变更执行主体的；

（七）依照刑法第五十三条规定免除罚金的；

（八）被执行人被人民法院裁定宣告破产的；

（九）行政执行标的灭失的；

（十）案件被上级人民法院裁定提级执行的；

（十一）案件被上级人民法院裁定指定由其他法院执行的；

（十二）按照最高人民法院《关于委托执行若干问题的规定》，办理了委托执行手续，且收到受托法院立案通知书的；

（十三）人民法院认为应当终结执行的其他情形。

前款除第（十）项、第（十一）项、第（十二）项规定的情形外，终结执行的，应当制作裁定书，送达当事人。

第十八条　执行实施案件立案后，有下列情形之一的，可以以“销案”方式结案：

（一）被执行人提出管辖异议，经审查异议成立，将案件移送有管辖权的法院或申请执行人撤回申请的；

（二）发现其他有管辖权的人民法院已经立案在先的；

（三）受托法院报经高级人民法院同意退回委托的。

第十九条　执行实施案件立案后，被执行人对仲裁裁决或公证债权文书提出不予执行申请，经人民法院审查，裁定不予执行的，以“不予执行”方式结案。

第二十条　执行实施案件立案后，经审查发现不符合最高人民法院《关于人民法院执行工作若干问题的规定（试行）》第 18 条规定的受理条件，裁定驳回申请的，以“驳回申请”方式结案。

第二十一条　执行财产保全裁定案件的结案方式包括：

（一）保全完毕，即保全事项全部实施完毕；

（二）部分保全，即因未查询到足额财产，致使保全事项未能全部实施完毕；

（三）无标的物可实施保全，即未查到财产可供保全。

第二十二条　恢复执行案件的结案方式包括：

（一）执行完毕；

（二）终结本次执行程序；

（三）终结执行。

第二十三条　下列案件不得作结案处理：

（一）人民法院裁定中止执行的；

（二）人民法院决定暂缓执行的；

（三）执行和解协议未全部履行完毕，且不符合本意见第十六条、第十七条规定终结本次执行程序、终结执行条件的。

第二十四条　执行异议案件的结案方式包括：

（一）准予撤回异议或申请，即异议人撤回异议或申请的；

（二）驳回异议或申请，即异议不成立或者案外人虽然对执行标的享有实体权利但不能阻止执行的；

（三）撤销相关执行行为、中止对执行标的的执行、不予执行、追加变更当事人，即异议成立的；

（四）部分撤销并变更执行行为、部分不予执行、部分追加变更当事人，即异议部分成立的；

（五）不能撤销、变更执行行为，即异议成立或部分成立，但不能撤销、变更执行行为的；

（六）移送其他人民法院管辖，即管辖权异议成立的。

执行异议案件应当制作裁定书，并送达当事人。法律、司法解释规定对执行异议案件可以口头裁定的，应当记入笔录。

第二十五条　执行复议案件的结案方式包括：

（一）准许撤回申请，即申请复议人撤回复议申请的；

（二）驳回复议申请，维持异议裁定，即异议裁定认定事实清楚，适用法律正确，复议理由不成立的；

（三）撤销或变更异议裁定，即异议裁定认定事实错误或者适用法律错误，复议理由成立的；

（四）查清事实后作出裁定，即异议裁定认定事实不清，证据不足的；

（五）撤销异议裁定，发回重新审查，即异议裁定遗漏异议请求或者异议裁定错误对案外人异议适用执行行为异议审查程序的。

人民法院对重新审查的案件作出裁定后，当事人申请复议的，上级人民法院不得再次发回重新审查。

执行复议案件应当制作裁定书，并送达当事人。法律、司法解释规定对执行复议案件可以口头裁定的，应当记入笔录。

第二十六条　执行监督案件的结案方式包括：

（一）准许撤回申请，即当事人撤回监督申请的；

（二）驳回申请，即监督申请不成立的；

（三）限期改正，即监督申请成立，指定执行法院在一定期限内改正的；

（四）撤销并改正，即监督申请成立，撤销执行法院的裁定直接改正的；

（五）提级执行，即监督申请成立，上级人民法院决定提级自行执行的；

（六）指定执行，即监督申请成立，上级人民法院决定指定其他法院执行的；

（七）其他，即其他可以报结的情形。

第二十七条　执行请示案件的结案方式包括：

（一）答复，即符合请示条件的；

（二）销案，即不符合请示条件的。

第二十八条 执行协调案件的结案方式包括：

（一）撤回协调请求，即执行争议法院自行协商一致，撤回协调请求的；

（二）协调解决，即经过协调，执行争议法院达成一致协调意见，将协调意见记入笔录或者向执行争议法院发出协调意见函的。

第二十九条 执行案件的立案、执行和结案情况应当及时、完整、真实、准确地录入全国法院执行案件信息管理系统。

第三十条 地方各级人民法院不能制定与法律、司法解释和本意见规定相抵触的执行案件立案、结案标准和结案方式。

违反法律、司法解释和本意见的规定立案、结案，或者在全国法院执行案件信息管理系统录入立案、结案情况时弄虚作假的，通报批评；造成严重后果或恶劣影响的，根据《人民法院工作人员纪律处分条例》追究相关领导和工作人员的责任。

第三十一条 各高级人民法院应当积极推进执行信息化建设，通过建立、健全辖区三级法院统一使用、切合实际、功能完备、科学有效的案件管理系统，加强对执行案件立、结案的管理。实现立、审、执案件信息三位一体的综合管理；实现对终结本次执行程序案件的单独管理；实现对恢复执行案件的动态管理；实现辖区的案件管理系统与全国法院执行案件信息管理系统的数据对接。

第三十二条 本意见自2015年1月1日起施行。

最高人民法院关于人民法院办理执行异议和复议案件若干问题的规定

（2014年12月29日最高人民法院审判委员会第1638次会议通过 2015年5月5日最高人民法院公告公布 自2015年5月5日起施行 法释〔2015〕10号）

为了规范人民法院办理执行异议和复议案件，维护当事人、利害关系人和案外人的合法权益，根据民事诉讼法等法律规定，结合人民法院执行工作实际，制定本规定。

第一条 异议人提出执行异议或者复议申请人申请复议，应当向人民法院提交申请书。申请书应当载明具体的异议或者复议请求、事实、理由等内容，并附下列材料：

（一）异议人或者复议申请人的身份证明；

（二）相关证据材料；

（三）送达地址和联系方式。

第二条 执行异议符合民事诉讼法第二百二十五条或者第二百二十七条规定条件的，人民法院应当在三日内立案，并在立案后三日内通知异议人和相关当事人。不符合受理条件的，裁定不予受理；立案后发现不符合受理条件的，裁定驳回申请。

执行异议申请材料不齐备的，人民法院应当一次性告知异议人在三日内补足，逾期未补足的，不予受理。

异议人对不予受理或者驳回申请裁定不服的，可以自裁定送达之日起十日内向上一级人民法院申请复议。上一级人民法院审查后认为符合受理条件的，应当裁定撤销原裁定，指令执行法院立案或者对执行异议进行审查。

第三条 执行法院收到执行异议后三日内既不立案又不作出不予受理裁定，或者受理后无正当理由超过法定期限不作出异议裁定的，异议人可以向上一级人民法院提出异议。上一级人民法院审查后认为理由成立的，应当指令执行法院在三日内立案或者在十五日内作出异议裁定。

第四条 执行案件被指定执行、提级执行、委托执行后，当事人、利害关系人对原执行法院的执行行为提出异议的，由提出异议时负责该案件执行的人民法院审查处理；受指定或者受委托的人民法院是原执行法院的下级人民法院的，仍由原执行法院审查处理。

执行案件被指定执行、提级执行、委托执行后，案外人对原执行法院的执行标的提出异议的，参照前款规定处理。

第五条 有下列情形之一的，当事人以外的公民、法人和其他组织，可以作为利害关系人提出执行行为异议：

（一）认为人民法院的执行行为违法，妨碍其轮候查封、扣押、冻结的债权受偿的；

（二）认为人民法院的拍卖措施违法，妨碍其参与公平竞价的；

（三）认为人民法院的拍卖、变卖或者以物抵债措施违法，侵害其对执行标的的优先购买权的；

（四）认为人民法院要求协助执行的事项超出其协助范围或者违反法律规定的；

（五）认为其他合法权益受到人民法院违法执行行为侵害的。

第六条 当事人、利害关系人依照民事诉讼法第二百二十五条规定提出异议的，应当在执行程序终结之前提出，但对终结执行措施提出异议的除外。

案外人依照民事诉讼法第二百二十七条规定提出异议的，应当在异议指向的执行标的执行终结之前提出；执行标的由当事人受让的，应当在执行程序终结之前提出。

第七条 当事人、利害关系人认为执行过程中或者执行保全、先予执行裁定过程中的下列行为违法提出异议的，人民法院应当依照民事诉讼法第二百二十五条规定进行审查：

（一）查封、扣押、冻结、拍卖、变卖、以物抵债、暂缓执行、中止执行、终结执行等执行措施；

（二）执行的期间、顺序等应当遵守的法定程序；

（三）人民法院作出的侵害当事人、利害关系人合法权益的其他行为。

被执行人以债权消灭、丧失强制执行效力等执行依据生效之后的实体事由提出排除执行异议的，人民法院应当参照民事诉讼法第二百二十五条规定进行审查。

除本规定第十九条规定的情形外，被执行人以执行依据生效之前的实体事由提出排除执行异议的，人民法院应当告知其依法申请再审或者通过其他程序解决。

第八条 案外人基于实体权利既对执行标的提出排除执行异议又作为利害关系人提出执行行为异议的，人民法院应当依照民事诉讼法第二百二十七条规定进行审查。

案外人既基于实体权利对执行标的提出排除执行异议又作为利害关系人提出与实体权利无关的执行行为异议的，人民法院应当分别依照民事诉讼法第二百二十七条和第二百二十五条规定进行审查。

第九条 被限制出境的人认为对其限制出境错误的，可以自收到限制出境决定之日起十日内向上一级人民法院申请复议。上一级人民法院应当自收到复议申请之日起十五日内作出决定。复议期间，不停止原决定的执行。

第十条 当事人不服驳回不予执行公证债权文书申请的裁定的，可以自收到裁定之日起十日内向上一级人民法院申请复议。上一级人民法院应当自收到复议申请之日起三十日内审查，理由成立的，裁定撤销原裁定，不予执行该公证债权文书；理由不成立的，裁定驳回复议申请。复议期间，不停止执行。

第十一条 人民法院审查执行异议或者复议案件，应当依法组成合议庭。

指令重新审查的执行异议案件，应当另行组成合议庭。

办理执行实施案件的人员不得参与相关执行异议和复议案件的审查。

第十二条 人民法院对执行异议和复议案件实行书面审查。案情复杂、争议较大的，应当进行听证。

第十三条 执行异议、复议案件审查期间，异议人、复议申请人申请撤回异议、复议申请的，是否准许由人民法院裁定。

第十四条 异议人或者复议申请人经合法传唤，无正当理由拒不参加听证，或者未经法庭许可中途退出听证，致使人民法院无法查清相关事实的，由其自行承担不利后果。

第十五条 当事人、利害关系人对同一执行行为有多个异议事由，但未在异议审查过程中一并提出，撤回异议或者被裁定驳回异议后，再次就该执行行为提出异议的，人民法院不予受理。

案外人撤回异议或者被裁定驳回异议后，再次就同一执行标的提出异议的，人民法院不予受理。

第十六条 人民法院依照民事诉讼法第二百二十五条规定作出裁定时，应当告知相关权利人申请复议的权利和期限。

人民法院依照民事诉讼法第二百二十七条

规定作出裁定时，应当告知相关权利人提起执行异议之诉的权利和期限。

人民法院作出其他裁定和决定时，法律、司法解释规定了相关权利人申请复议的权利和期限的，应当进行告知。

第十七条　人民法院对执行行为异议，应当按照下列情形，分别处理：

（一）异议不成立的，裁定驳回异议；

（二）异议成立的，裁定撤销相关执行行为；

（三）异议部分成立的，裁定变更相关执行行为；

（四）异议成立或者部分成立，但执行行为无撤销、变更内容的，裁定异议成立或者相应部分异议成立。

第十八条　执行过程中，第三人因书面承诺自愿代被执行人偿还债务而被追加为被执行人后，无正当理由反悔并提出异议的，人民法院不予支持。

第十九条　当事人互负到期债务，被执行人请求抵销，请求抵销的债务符合下列情形的，除依照法律规定或者按照债务性质不得抵销的以外，人民法院应予支持：

（一）已经生效法律文书确定或者经申请执行人认可；

（二）与被执行人所负债务的标的物种类、品质相同。

第二十条　金钱债权执行中，符合下列情形之一，被执行人以执行标的系本人及所扶养家属维持生活必需的居住房屋为由提出异议的，人民法院不予支持：

（一）对被执行人有扶养义务的人名下有其他能够维持生活必需的居住房屋的；

（二）执行依据生效后，被执行人为逃避债务转让其名下其他房屋的；

（三）申请执行人按照当地廉租住房保障面积标准为被执行人及所扶养家属提供居住房屋，或者同意参照当地房屋租赁市场平均租金标准从该房屋的变价款中扣除五至八年租金的。

执行依据确定被执行人交付居住的房屋，自执行通知送达之日起，已经给予三个月的宽限期，被执行人以该房屋系本人及所扶养家属维持生活的必需品为由提出异议的，人民法院不予支持。

第二十一条　当事人、利害关系人提出异议请求撤销拍卖，符合下列情形之一的，人民法院应予支持：

（一）竞买人之间、竞买人与拍卖机构之间恶意串通，损害当事人或者其他竞买人利益的；

（二）买受人不具备法律规定的竞买资格的；

（三）违法限制竞买人参加竞买或者对不同的竞买人规定不同竞买条件的；

（四）未按照法律、司法解释的规定对拍卖标的物进行公告的；

（五）其他严重违反拍卖程序且损害当事人或者竞买人利益的情形。

当事人、利害关系人请求撤销变卖的，参照前款规定处理。

第二十二条　公证债权文书对主债务和担保债务同时赋予强制执行效力的，人民法院应予执行；仅对主债务赋予强制执行效力未涉及担保债务的，对担保债务的执行申请不予受理；仅对担保债务赋予强制执行效力未涉及主债务的，对主债务的执行申请不予受理。

人民法院受理担保债务的执行申请后，被执行人仅以担保合同不属于赋予强制执行效力的公证债权文书范围为由申请不予执行的，不予支持。

第二十三条　上一级人民法院对不服异议裁定的复议申请审查后，应当按照下列情形，分别处理：

（一）异议裁定认定事实清楚，适用法律正确，结果应予维持的，裁定驳回复议申请，维持异议裁定；

（二）异议裁定认定事实错误，或者适用法律错误，结果应予纠正的，裁定撤销或者变更异议裁定；

（三）异议裁定认定基本事实不清、证据不足的，裁定撤销异议裁定，发回作出裁定的人民法院重新审查，或者查清事实后作出相应裁定；

（四）异议裁定遗漏异议请求或者存在其他严重违反法定程序的情形，裁定撤销异议裁定，发回作出裁定的人民法院重新审查；

（五）异议裁定对应当适用民事诉讼法第二百二十七条规定审查处理的异议，错误适用民事诉讼法第二百二十五条规定审查处理的，裁定撤销异议裁定，发回作出裁定的人民法院重新作出裁定。

除依照本条第一款第三、四、五项发回重新审查或者重新作出裁定的情形外，裁定撤销或者变更异议裁定且执行行为可撤销、变更的，应当同时撤销或者变更该裁定维持的执行行为。

人民法院对发回重新审查的案件作出裁定后，当事人、利害关系人申请复议的，上一级人民法院复议后不得再次发回重新审查。

第二十四条 对案外人提出的排除执行异议，人民法院应当审查下列内容：

（一）案外人是否系权利人；

（二）该权利的合法性与真实性；

（三）该权利能否排除执行。

第二十五条 对案外人的异议，人民法院应当按照下列标准判断其是否系权利人：

（一）已登记的不动产，按照不动产登记簿判断；未登记的建筑物、构筑物及其附属设施，按照土地使用权登记簿、建设工程规划许可、施工许可等相关证据判断；

（二）已登记的机动车、船舶、航空器等特定动产，按照相关管理部门的登记判断；未登记的特定动产和其他动产，按照实际占有情况判断；

（三）银行存款和存管在金融机构的有价证券，按照金融机构和登记结算机构登记的账户名称判断；有价证券由具备合法经营资质的托管机构名义持有的，按照该机构登记的实际投资人账户名称判断；

（四）股权按照工商行政管理机关的登记和企业信用信息公示系统公示的信息判断；

（五）其他财产和权利，有登记的，按照登记机构的登记判断；无登记的，按照合同等证明财产权属或者权利人的证据判断。

案外人依据另案生效法律文书提出排除执行异议，该法律文书认定的执行标的权利人与依照前款规定得出的判断不一致的，依照本规定第二十六条规定处理。

第二十六条 金钱债权执行中，案外人依据执行标的被查封、扣押、冻结前作出的另案生效法律文书提出排除执行异议，人民法院应当按照下列情形，分别处理：

（一）该法律文书系就案外人与被执行人之间的权属纠纷以及租赁、借用、保管等不以转移财产权属为目的的合同纠纷，判决、裁决执行标的归属于案外人或者向其返还执行标的且其权利能够排除执行的，应予支持；

（二）该法律文书系就案外人与被执行人之间除前项所列合同之外的债权纠纷，判决、裁决执行标的归属于案外人或者向其交付、返还执行标的的，不予支持；

（三）该法律文书系案外人受让执行标的的拍卖、变卖成交裁定或者以物抵债裁定且其权利能够排除执行的，应予支持。

金钱债权执行中，案外人依据执行标的被查封、扣押、冻结后作出的另案生效法律文书提出排除执行异议的，人民法院不予支持。

非金钱债权执行中，案外人依据另案生效法律文书提出排除执行异议，该法律文书对执行标的的权属作出不同认定的，人民法院应当告知案外人依法申请再审或者通过其他程序解决。

申请执行人或者案外人不服人民法院依照本条第一、二款规定作出的裁定，可以依照民事诉讼法第二百二十七条规定提起执行异议之诉。

第二十七条 申请执行人对执行标的依法享有对抗案外人的担保物权等优先受偿权，人民法院对案外人提出的排除执行异议不予支持，但法律、司法解释另有规定的除外。

第二十八条 金钱债权执行中，买受人对登记在被执行人名下的不动产提出异议，符合下列情形且其权利能够排除执行的，人民法院应予支持：

（一）在人民法院查封之前已签订合法有效的书面买卖合同；

（二）在人民法院查封之前已合法占有该不动产；

（三）已支付全部价款，或者已按照合同约定支付部分价款且将剩余价款按照人民法院的要求交付执行；

（四）非因买受人自身原因未办理过户登记。

第二十九条 金钱债权执行中，买受人对登记在被执行的房地产开发企业名下的商品房提出异议，符合下列情形且其权利能够排除执行的，人民法院应予支持：

（一）在人民法院查封之前已签订合法有效

的书面买卖合同；

（二）所购商品房系用于居住且买受人名下无其他用于居住的房屋；

（三）已支付的价款超过合同约定总价款的百分之五十。

第三十条 金钱债权执行中，对被查封的办理了受让物权预告登记的不动产，受让人提出停止处分异议的，人民法院应予支持；符合物权登记条件，受让人提出排除执行异议的，应予支持。

第三十一条 承租人请求在租赁期内阻止向受让人移交占有被执行的不动产，在人民法院查封之前已签订合法有效的书面租赁合同并占有使用该不动产的，人民法院应予支持。

承租人与被执行人恶意串通，以明显不合理的低价承租被执行的不动产或者伪造交付租金证据的，对其提出的阻止移交占有的请求，人民法院不予支持。

第三十二条 本规定施行后尚未审查终结的执行异议和复议案件，适用本规定。本规定施行前已经审查终结的执行异议和复议案件，人民法院依法提起执行监督程序的，不适用本规定。

最高人民法院关于限制被执行人高消费的若干规定①

（2010年5月17日最高人民法院审判委员会第1487次会议通过 2010年7月1日最高人民法院公告公布 自2010年10月1日起施行 法释〔2010〕8号）

为进一步加大执行力度，推动社会信用机制建设，最大限度保护申请执行人和被执行人的合法权益，根据《中华人民共和国民事诉讼法》的有关规定，结合人民法院民事执行工作的实践经验，制定本规定。

第一条 被执行人未按执行通知书指定的期间履行生效法律文书确定的给付义务的，人民法院可以限制其高消费。

第二条 人民法院决定采取限制高消费措施时，应当考虑被执行人是否有消极履行、规避执行或者抗拒执行的行为以及被执行人的履行能力等因素。

第三条 被执行人为自然人的，被限制高消费后，不得有以下以其财产支付费用的行为：

（一）乘坐交通工具时，选择飞机、列车软卧、轮船二等以上舱位；

（二）在星级以上宾馆、酒店、夜总会、高尔夫球场等场所进行高消费；

（三）购买不动产或者新建、扩建、高档装修房屋；

（四）租赁高档写字楼、宾馆、公寓等场所办公；

（五）购买非经营必需车辆；

（六）旅游、度假；

（七）子女就读高收费私立学校；

（八）支付高额保费购买保险理财产品；

（九）其他非生活和工作必需的高消费行为。

被执行人为单位的，被限制高消费后，禁止被执行人及其法定代表人、主要负责人、影响债务履行的直接责任人员以单位财产实施本条第一款规定的行为。

第四条 限制高消费一般由申请执行人提出书面申请，经人民法院审查决定；必要时人民法院可以依职权决定。

第五条 人民法院决定限制高消费的，应当向被执行人发出限制高消费令。限制高消费令由人民法院院长签发。限制高消费令应当载明限制高消费的期间、项目、法律后果等内容。

第六条 人民法院根据案件需要和被执行人的情况可以向有义务协助调查、执行的单位送达协助执行通知书，也可以在相关媒体上进行公告。

第七条 限制高消费令的公告费用由被执行人负担；申请执行人申请在媒体公告的，应当垫付公告费用。

第八条 被限制高消费的被执行人因生活或者经营必需而进行本规定禁止的消费活动的，应当向人民法院提出申请，获批准后方可进行。

第九条 在限制高消费期间，被执行人提供确实有效的担保或者经申请执行人同意的，人民法院可以解除限制高消费令；被执行人履行完毕

① 编者注：已被修改。

生效法律文书确定的义务的,人民法院应当在本规定第六条通知或者公告的范围内及时以通知或者公告解除限制高消费令。

第十条　人民法院应当设置举报电话或者邮箱,接受申请执行人和社会公众对被限制高消费的被执行人违反本规定第三条的举报,并进行审查认定。

第十一条　被执行人违反限制高消费令进行消费的行为属于拒不履行人民法院已经发生法律效力的判决、裁定的行为,经查证属实的,依照《中华人民共和国民事诉讼法》第一百零二条的规定,予以拘留、罚款;情节严重,构成犯罪的,追究其刑事责任。

有关单位在收到人民法院协助执行通知书后,仍允许被执行人高消费的,人民法院可以依照《中华人民共和国民事诉讼法》第一百零三条的规定,追究其法律责任。

第十二条　本规定自2010年10月1日起施行。

最高人民法院关于修改《最高人民法院关于限制被执行人高消费的若干规定》的决定

(2015年7月6日最高人民法院审判委员会第1657次会议通过　2015年7月20日最高人民法院公告公布　自2015年7月22日起施行　法释〔2015〕17号)

根据最高人民法院审判委员会第1657次会议决定,对《最高人民法院关于限制被执行人高消费的若干规定》作如下修改:

一、将《最高人民法院关于限制被执行人高消费的若干规定》修改为:"《最高人民法院关于限制被执行人高消费及有关消费的若干规定》"。

二、将第一条修改为:"被执行人未按执行通知书指定的期间履行生效法律文书确定的给付义务的,人民法院可以采取限制消费措施,限制其高消费及非生活或者经营必需的有关消费。"

第一条增加第二款:"纳入失信被执行人名单的被执行人,人民法院应当对其采取限制消费措施。"

三、将第二条修改为:"人民法院决定采取限制消费措施时,应当考虑被执行人是否有消极履行、规避执行或者抗拒执行的行为以及被执行人的履行能力等因素。"

四、将第三条第一款修改为:"被执行人为自然人的,被采取限制消费措施后,不得有以下高消费及非生活和工作必需的消费行为:"

第一款第(九)项修改为:"(九)乘坐G字头动车组列车全部座位、其他动车组列车一等以上座位等其他非生活和工作必需的消费行为。"

第二款修改为:"被执行人为单位的,被采取限制消费措施后,被执行人及其法定代表人、主要负责人、影响债务履行的直接责任人员、实际控制人不得实施前款规定的行为。因私消费以个人财产实施前款规定行为的,可以向执行法院提出申请。执行法院审查属实的,应予准许。"

五、将第四条修改为:"限制消费措施一般由申请执行人提出书面申请,经人民法院审查决定;必要时人民法院可以依职权决定。"

六、将第五条修改为:"人民法院决定采取限制消费措施的,应当向被执行人发出限制消费令。限制消费令由人民法院院长签发。限制消费令应当载明限制消费的期间、项目、法律后果等内容。"

七、将第六条修改为:"人民法院决定采取限制消费措施的,可以根据案件需要和被执行人的情况向有义务协助调查、执行的单位送达协助执行通知书,也可以在相关媒体上进行公告。"

八、将第七条修改为:"限制消费令的公告费用由被执行人负担;申请执行人申请在媒体公告的,应当垫付公告费用。"

九、将第八条修改为:"被限制消费的被执行人因生活或者经营必需而进行本规定禁止的消费活动的,应当向人民法院提出申请,获批准后方可进行。"

十、将第九条修改为:"在限制消费期间,被执行人提供确实有效的担保或者经申请执行人同意的,人民法院可以解除限制消费令;被执行人履行完毕生效法律文书确定的义务的,人民法院应当在本规定第六条通知或者公告的范围内及时以通知或者公告解除限制消费令。"

十一、将第十条修改为:"人民法院应当设置举报电话或者邮箱,接受申请执行人和社会公众对被限制消费的被执行人违反本规定第三条的举报,并进行审查认定。"

十二、将第十一条第一款修改为:"被执行人违反限制消费令进行消费的行为属于拒不履行人民法院已经发生法律效力的判决、裁定的行为,经查证属实的,依照《中华人民共和国民事诉讼法》第一百一十一条的规定,予以拘留、罚款;情节严重,构成犯罪的,追究其刑事责任。"

第二款修改为:"有关单位在收到人民法院协助执行通知书后,仍允许被执行人进行高消费及非生活或者经营必需的有关消费的,人民法院可以依照《中华人民共和国民事诉讼法》第一百一十四条的规定,追究其法律责任。"

十三、将第十二条删除。

根据本决定,将《最高人民法院关于限制被执行人高消费的若干规定》作相应修改,重新公布。

最高人民法院关于限制被执行人高消费及有关消费的若干规定

(2010年5月17日最高人民法院审判委员会第1487次会议通过　根据2015年7月6日最高人民法院审判委员会第1657次会议通过的《最高人民法院关于修改〈最高人民法院关于限制被执行人高消费的若干规定〉的决定》修正　2015年7月20日最高人民法院公告公布　自2015年7月22日起施行　法释〔2015〕17号)

为进一步加大执行力度,推动社会信用机制建设,最大限度保护申请执行人和被执行人的合法权益,根据《中华人民共和国民事诉讼法》的有关规定,结合人民法院民事执行工作的实践经验,制定本规定。

第一条　被执行人未按执行通知书指定的期间履行生效法律文书确定的给付义务的,人民法院可以采取限制消费措施,限制其高消费及非生活或者经营必需的有关消费。

纳入失信被执行人名单的被执行人,人民法院应当对其采取限制消费措施。

第二条　人民法院决定采取限制消费措施时,应当考虑被执行人是否有消极履行、规避执行或者抗拒执行的行为以及被执行人的履行能力等因素。

第三条　被执行人为自然人的,被采取限制消费措施后,不得有以下高消费及非生活和工作必需的消费行为:

(一)乘坐交通工具时,选择飞机、列车软卧、轮船二等以上舱位;

(二)在星级以上宾馆、酒店、夜总会、高尔夫球场等场所进行高消费;

(三)购买不动产或者新建、扩建、高档装修房屋;

(四)租赁高档写字楼、宾馆、公寓等场所办公;

(五)购买非经营必需车辆;

(六)旅游、度假;

(七)子女就读高收费私立学校;

(八)支付高额保费购买保险理财产品;

(九)乘坐G字头动车组列车全部座位、其他动车组列车一等以上座位等其他非生活和工作必需的消费行为。

被执行人为单位的,被采取限制消费措施后,被执行人及其法定代表人、主要负责人、影响债务履行的直接责任人员、实际控制人不得实施前款规定的行为。因私消费以个人财产实施前款规定行为的,可以向执行法院提出申请。执行法院审查属实的,应予准许。

第四条　限制消费措施一般由申请执行人提出书面申请,经人民法院审查决定;必要时人民法院可以依职权决定。

第五条　人民法院决定采取限制消费措施的,应当向被执行人发出限制消费令。限制消费令由人民法院院长签发。限制消费令应当载明限制消费的期间、项目、法律后果等内容。

第六条　人民法院决定采取限制消费措施的,可以根据案件需要和被执行人的情况向有义务协助调查、执行的单位送达协助执行通知书,也可以在相关媒体上进行公告。

第七条　限制消费令的公告费用由被执行人负担;申请执行人申请在媒体公告的,应当垫付公告费用。

第八条　被限制消费的被执行人因生活或者经营必需而进行本规定禁止的消费活动的,应当向人民法院提出申请，获批准后方可进行。

第九条　在限制消费期间，被执行人提供确实有效的担保或者经申请执行人同意的，人民法院可以解除限制消费令；被执行人履行完毕生效法律文书确定的义务的，人民法院应当在本规定第六条通知或者公告的范围内及时以通知或者公告解除限制消费令。

第十条　人民法院应当设置举报电话或者邮箱，接受申请执行人和社会公众对被限制消费的被执行人违反本规定第三条的举报，并进行审查认定。

第十一条　被执行人违反限制消费令进行消费的行为属于拒不履行人民法院已经发生法律效力的判决、裁定的行为，经查证属实的，依照《中华人民共和国民事诉讼法》第一百一十一条的规定，予以拘留、罚款；情节严重，构成犯罪的，追究其刑事责任。

有关单位在收到人民法院协助执行通知书后，仍允许被执行人进行高消费及非生活或者经营必需的有关消费的，人民法院可以依照《中华人民共和国民事诉讼法》第一百一十四条的规定，追究其法律责任。

最高人民法院关于对人民法院终结执行行为提出执行异议期限问题的批复

（2015年11月30日最高人民法院审判委员会第1668次会议通过　2016年2月14日最高人民法院公告公布　自2016年2月15日起施行　法释〔2016〕3号）

湖北省高级人民法院：

你院《关于咸宁市广泰置业有限公司与咸宁市枫丹置业有限公司房地产开发经营合同纠纷案的请示》（鄂高法〔2015〕295号）收悉。经研究，批复如下：

当事人、利害关系人依照民事诉讼法第二百二十五条规定对终结执行行为提出异议的，应当自收到终结执行法律文书之日起六十日内提出；未收到法律文书的，应当自知道或者应当知道人民法院终结执行之日起六十日内提出。批复发布前终结执行的，自批复发布之日起六十日内提出。超出该期限提出执行异议的，人民法院不予受理。

此复。

最高人民法院关于严格规范终结本次执行程序的规定（试行）

（2016年10月29日　法〔2016〕373号）

为严格规范终结本次执行程序，维护当事人的合法权益，根据《中华人民共和国民事诉讼法》及有关司法解释的规定，结合人民法院执行工作实际，制定本规定。

第一条　人民法院终结本次执行程序，应当同时符合下列条件：

（一）已向被执行人发出执行通知、责令被执行人报告财产；

（二）已向被执行人发出限制消费令，并将符合条件的被执行人纳入失信被执行人名单；

（三）已穷尽财产调查措施，未发现被执行人有可供执行的财产或者发现的财产不能处置；

（四）自执行案件立案之日起已超过三个月；

（五）被执行人下落不明的，已依法予以查找；被执行人或者其他人妨害执行的，已依法采取罚款、拘留等强制措施，构成犯罪的，已依法启动刑事责任追究程序。

第二条　本规定第一条第一项中的“责令被执行人报告财产”，是指应当完成下列事项：

（一）向被执行人发出报告财产令；

（二）对被执行人报告的财产情况予以核查；

（三）对逾期报告、拒绝报告或者虚假报告的被执行人或者相关人员，依法采取罚款、拘留等强制措施，构成犯罪的，依法启动刑事责任追究程序。

人民法院应当将财产报告、核实及处罚的情况记录入卷。

第三条　本规定第一条第三项中的“已穷尽财产调查措施”，是指应当完成下列调查事项：

（一）对申请执行人或者其他人提供的财产线索进行核查；

（二）通过网络执行查控系统对被执行人的

存款、车辆及其他交通运输工具、不动产、有价证券等财产情况进行查询；

（三）无法通过网络执行查控系统查询本款第二项规定的财产情况的，在被执行人住所地或者可能隐匿、转移财产所在地进行必要调查；

（四）被执行人隐匿财产、会计账簿等资料且拒不交出的，依法采取搜查措施；

（五）经申请执行人申请，根据案件实际情况，依法采取审计调查、公告悬赏等调查措施；

（六）法律、司法解释规定的其他财产调查措施。

人民法院应当将财产调查情况记录入卷。

第四条 本规定第一条第三项中的“发现的财产不能处置”，包括下列情形：

（一）被执行人的财产经法定程序拍卖、变卖未成交，申请执行人不接受抵债或者依法不能交付其抵债，又不能对该财产采取强制管理等其他执行措施的；

（二）人民法院在登记机关查封的被执行人车辆、船舶等财产，未能实际扣押的。

第五条 终结本次执行程序前，人民法院应当将案件执行情况、采取的财产调查措施、被执行人的财产情况、终结本次执行程序的依据及法律后果等信息告知申请执行人，并听取其对终结本次执行程序的意见。

人民法院应当将申请执行人的意见记录入卷。

第六条 终结本次执行程序应当制作裁定书，载明下列内容：

（一）申请执行的债权情况；

（二）执行经过及采取的执行措施、强制措施；

（三）查明的被执行人财产情况；

（四）实现的债权情况；

（五）申请执行人享有要求被执行人继续履行债务及依法向人民法院申请恢复执行的权利，被执行人负有继续向申请执行人履行债务的义务。

终结本次执行程序裁定书送达申请执行人后，执行案件可以作结案处理。人民法院进行相关统计时，应当对以终结本次执行程序方式结案的案件与其他方式结案的案件予以区分。

终结本次执行程序裁定书应当依法在互联网上公开。

第七条 当事人、利害关系人认为终结本次执行程序违反法律规定的，可以提出执行异议。人民法院应当依照民事诉讼法第二百二十五条的规定进行审查。

第八条 终结本次执行程序后，被执行人应当继续履行生效法律文书确定的义务。被执行人自动履行完毕的，当事人应当及时告知执行法院。

第九条 终结本次执行程序后，申请执行人发现被执行人有可供执行财产的，可以向执行法院申请恢复执行。申请恢复执行不受申请执行时效期间的限制。执行法院核查属实的，应当恢复执行。

终结本次执行程序后的五年内，执行法院应当每六个月通过网络执行查控系统查询一次被执行人的财产，并将查询结果告知申请执行人。符合恢复执行条件的，执行法院应当及时恢复执行。

第十条 终结本次执行程序后，发现被执行人有可供执行财产，不立即采取执行措施可能导致财产被转移、隐匿、出卖或者毁损的，执行法院可以依申请执行人申请或依职权立即采取查封、扣押、冻结等控制性措施。

第十一条 案件符合终结本次执行程序条件，又符合移送破产审查相关规定的，执行法院应当在作出终结本次执行程序裁定的同时，将执行案件相关材料移送被执行人住所地人民法院进行破产审查。

第十二条 终结本次执行程序裁定书送达申请执行人以后，执行法院应当在七日内将相关案件信息录入最高人民法院建立的终结本次执行程序案件信息库，并通过该信息库统一向社会公布。

第十三条 终结本次执行程序案件信息库记载的信息应当包括下列内容：

（一）作为被执行人的法人或者其他组织的名称、住所地、组织机构代码及其法定代表人或者负责人的姓名，作为被执行人的自然人的姓名、性别、年龄、身份证件号码和住址；

（二）生效法律文书的制作单位和文号，执行案号、立案时间、执行法院；

（三）生效法律文书确定的义务和被执行人的履行情况；

（四）人民法院认为应当记载的其他事项。

第十四条 当事人、利害关系人认为公布的终结本次执行程序案件信息错误的，可以向执行法院申请更正。执行法院审查属实的，应当在三日内予以更正。

第十五条 终结本次执行程序后，人民法院已对被执行人依法采取的执行措施和强制措施继续有效。

第十六条 终结本次执行程序后，申请执行人申请延长查封、扣押、冻结期限的，人民法院应当依法办理续行查封、扣押、冻结手续。

终结本次执行程序后，当事人、利害关系人申请变更、追加执行当事人，符合法定情形的，人民法院应予支持。变更、追加被执行人后，申请执行人申请恢复执行的，人民法院应予支持。

第十七条 终结本次执行程序后，被执行人或者其他人妨害执行的，人民法院可以依法予以罚款、拘留；构成犯罪的，依法追究刑事责任。

第十八条 有下列情形之一的，人民法院应当在三日内将案件信息从终结本次执行程序案件信息库中屏蔽：

（一）生效法律文书确定的义务执行完毕的；

（二）依法裁定终结执行的；

（三）依法应予屏蔽的其他情形。

第十九条 本规定自2016年12月1日起施行。

最高人民法院关于首先查封法院与优先债权执行法院处分查封财产有关问题的批复

（2015年12月16日最高人民法院审判委员会第1672次会议通过　2016年4月12日最高人民法院公告公布　自2016年4月14日起施行　法释〔2016〕6号）

福建省高级人民法院：

你院《关于解决法院首封处分权与债权人行使优先受偿债权冲突问题的请示》（闽高法〔2015〕261号）收悉。经研究，批复如下：

一、执行过程中，应当由首先查封、扣押、冻结（以下简称查封）法院负责处分查封财产。但已进入其他法院执行程序的债权对查封财产有顺位在先的担保物权、优先权（该债权以下简称优先债权），自首先查封之日起已超过60日，且首先查封法院就该查封财产尚未发布拍卖公告或者进入变卖程序的，优先债权执行法院可以要求将该查封财产移送执行。

二、优先债权执行法院要求首先查封法院将查封财产移送执行的，应当出具商请移送执行函，并附确认优先债权的生效法律文书及案件情况说明。

首先查封法院应当在收到优先债权执行法院商请移送执行函之日起15日内出具移送执行函，将查封财产移送优先债权执行法院执行，并告知当事人。

移送执行函应当载明将查封财产移送执行及首先查封债权的相关情况等内容。

三、财产移送执行后，优先债权执行法院在处分或继续查封该财产时，可以持首先查封法院移送执行函办理相关手续。

优先债权执行法院对移送的财产变价后，应当按照法律规定的清偿顺序分配，并将相关情况告知首先查封法院。

首先查封债权尚未经生效法律文书确认的，应当按照首先查封债权的清偿顺位，预留相应份额。

四、首先查封法院与优先债权执行法院就移送查封财产发生争议的，可以逐级报请双方共同的上级法院指定该财产的执行法院。

共同的上级法院根据首先查封债权所处的诉讼阶段、查封财产的种类及所在地、各债权数额与查封财产价值之间的关系等案件具体情况，认为由首先查封法院执行更为妥当的，也可以决定由首先查封法院继续执行，但应当督促其在指定期限内处分查封财产。

此复。

附件：1. ××××人民法院商请移送执行函

2. ××××人民法院移送执行函

附件 1

××××人民法院
商请移送执行函

（××××）……号

××××人民法院：

……（写明当事人姓名或名称和案由）一案的……（写明生效法律文书名称）已经发生法律效力。由于……［写明本案债权人依法享有顺位在先的担保物权（优先权）和首先查封法院没有及时对查封财产进行处理的情况，以及商请移送执行的理由］。根据《最高人民法院关于首先查封法院与优先债权执行法院处分查封财产有关问题的批复》之规定，请你院在收到本函之日起15日内向我院出具移送执行函，将……（写明具体查封财产）移送我院执行。

附件：1. 据以执行的生效法律文书

2. 有关案件情况说明［内容包括本案债权依法享有顺位在先的担保物权（优先权）的具体情况、案件执行情况、执行员姓名及联系电话、申请执行人地址及联系电话等］

3. 其他必要的案件材料

××××年××月××日

（院印）

本院地址： 邮 编：

联 系 人： 联系电话：

附件 2

××××人民法院
移送执行函

（××××）……号

××××人民法院：

你院（××××）……号商请移送执行函收悉。我院于××××年××月××日对……（写明具体查封财产，以下简称查封财产）予以查封（或者扣押、冻结），鉴于你院（××××）……号执行案件债权人对该查封财产享有顺位在先的担保物权（优先权），现根据《最高人民法院关于首先查封法院与优先债权执行法院处分查封财产有关问题的批复》之规定及你院的来函要求，将上述查封财产移送你院执行，对该财产的续封、解封和变价、分配等后续工作，交由你院办理，我院不再负责。请你院在后续执行程序中，对我院执行案件债权人××作为首先查封债权人所享有的各项权利依法予以保护，并将执行结果及时告知我院。

附件：1. 据以执行的生效法律文书

2. 有关案件情况的材料和说明（内容包括查封财产的查封、调查、异议、评估、处置和剩余债权数额等案件执行情况，执行员姓名及联系电话、申请执行人地址及联系电话等）

3. 其他必要的案件材料

××××年××月××日

（院印）

本院地址： 邮 编：

联 系 人： 联系电话：

最高人民法院关于人民法院网络司法拍卖若干问题的规定

（2016年5月30日最高人民法院审判委员会第1685次会议通过　2016年8月2日最高人民法院公告公布　自2017年1月1日起施行　法释〔2016〕18号）

为了规范网络司法拍卖行为，保障网络司法拍卖公开、公平、公正、安全、高效，维护当事人的合法权益，根据《中华人民共和国民事诉讼法》等法律的规定，结合人民法院执行工作的实际，制定本规定。

第一条 本规定所称的网络司法拍卖，是指人民法院依法通过互联网拍卖平台，以网络电子竞价方式公开处置财产的行为。

第二条 人民法院以拍卖方式处置财产的，应当采取网络司法拍卖方式，但法律、行政法规和司法解释规定必须通过其他途径处置，或者不宜采用网络拍卖方式处置的除外。

第三条 网络司法拍卖应当在互联网拍卖平台上向社会全程公开，接受社会监督。

第四条 最高人民法院建立全国性网络服务提供者名单库。网络服务提供者申请纳入名单库的，其提供的网络司法拍卖平台应当符合下列条件：

（一）具备全面展示司法拍卖信息的界面；

（二）具备本规定要求的信息公示、网上报名、竞价、结算等功能；

（三）具有信息共享、功能齐全、技术拓展等功能的独立系统；

（四）程序运作规范、系统安全高效、服务优质价廉；

（五）在全国具有较高的知名度和广泛的社会参与度。

最高人民法院组成专门的评审委员会，负责网络服务提供者的选定、评审和除名。最高人民法院每年引入第三方评估机构对已纳入和新申请纳入名单库的网络服务提供者予以评审并公布结果。

第五条 网络服务提供者由申请执行人从名单库中选择；未选择或者多个申请执行人的选择不一致的，由人民法院指定。

第六条 实施网络司法拍卖的，人民法院应当履行下列职责：

（一）制作、发布拍卖公告；

（二）查明拍卖财产现状、权利负担等内容，并予以说明；

（三）确定拍卖保留价、保证金的数额、税费负担等；

（四）确定保证金、拍卖款项等支付方式；

（五）通知当事人和优先购买权人；

（六）制作拍卖成交裁定；

（七）办理财产交付和出具财产权证照转移协助执行通知书；

（八）开设网络司法拍卖专用账户；

（九）其他依法由人民法院履行的职责。

第七条 实施网络司法拍卖的，人民法院可以将下列拍卖辅助工作委托社会机构或者组织承担：

（一）制作拍卖财产的文字说明及视频或者照片等资料；

（二）展示拍卖财产，接受咨询，引领查看，封存样品等；

（三）拍卖财产的鉴定、检验、评估、审计、仓储、保管、运输等；

（四）其他可以委托的拍卖辅助工作。

社会机构或者组织承担网络司法拍卖辅助工作所支出的必要费用由被执行人承担。

第八条 实施网络司法拍卖的，下列事项应当由网络服务提供者承担：

（一）提供符合法律、行政法规和司法解释规定的网络司法拍卖平台，并保障安全正常运行；

（二）提供安全便捷配套的电子支付对接系统；

（三）全面、及时展示人民法院及其委托的社会机构或者组织提供的拍卖信息；

（四）保证拍卖全程的信息数据真实、准确、完整和安全；

（五）其他应当由网络服务提供者承担的工作。

网络服务提供者不得在拍卖程序中设置阻碍适格竞买人报名、参拍、竞价以及监视竞买人信息等后台操控功能。

网络服务提供者提供的服务无正当理由不得中断。

第九条 网络司法拍卖服务提供者从事与网络司法拍卖相关的行为，应当接受人民法院的管理、监督和指导。

第十条 网络司法拍卖应当确定保留价，拍卖保留价即为起拍价。

起拍价由人民法院参照评估价确定；未作评估的，参照市价确定，并征询当事人意见。起拍价不得低于评估价或者市价的百分之七十。

第十一条 网络司法拍卖不限制竞买人数量。一人参与竞拍，出价不低于起拍价的，拍卖成交。

第十二条 网络司法拍卖应当先期公告，拍卖公告除通过法定途径发布外，还应同时在网络司法拍卖平台发布。拍卖动产的，应当在拍卖十五日前公告；拍卖不动产或者其他财产权的，应当在拍卖三十日前公告。

拍卖公告应当包括拍卖财产、价格、保证金、竞买人条件、拍卖财产已知瑕疵、相关权利义务、法律责任、拍卖时间、网络平台和拍卖法院等信息。

第十三条 实施网络司法拍卖的，人民法院应当在拍卖公告发布当日通过网络司法拍卖平台公示下列信息：

（一）拍卖公告；

（二）执行所依据的法律文书，但法律规定不得公开的除外；

（三）评估报告副本，或者未经评估的定价依据；

（四）拍卖时间、起拍价以及竞价规则；

（五）拍卖财产权属、占有使用、附随义务等现状的文字说明、视频或者照片等；

（六）优先购买权主体以及权利性质；

（七）通知或者无法通知当事人、已知优先购买权人的情况；

（八）拍卖保证金、拍卖款项支付方式和账户；

（九）拍卖财产产权转移可能产生的税费及承担方式；

（十）执行法院名称，联系、监督方式等；

（十一）其他应当公示的信息。

第十四条 实施网络司法拍卖的，人民法院应当在拍卖公告发布当日通过网络司法拍卖平台对下列事项予以特别提示：

（一）竞买人应当具备完全民事行为能力，法律、行政法规和司法解释对买受人资格或者条件有特殊规定的，竞买人应当具备规定的资格或者条件；

（二）委托他人代为竞买的，应当在竞价程序开始前经人民法院确认，并通知网络服务提供者；

（三）拍卖财产已知瑕疵和权利负担；

（四）拍卖财产以实物现状为准，竞买人可以申请实地看样；

（五）竞买人决定参与竞买的，视为对拍卖财产完全了解，并接受拍卖财产一切已知和未知瑕疵；

（六）载明买受人真实身份的拍卖成交确认书在网络司法拍卖平台上公示；

（七）买受人悔拍后保证金不予退还。

第十五条 被执行人应当提供拍卖财产品质的有关资料和说明。

人民法院已按本规定第十三条、第十四条的要求予以公示和特别提示，且在拍卖公告中声明不能保证拍卖财产真伪或者品质的，不承担瑕疵担保责任。

第十六条 网络司法拍卖的事项应当在拍卖公告发布三日前以书面或者其他能够确认收悉的合理方式，通知当事人、已知优先购买权人。权利人书面明确放弃权利的，可以不通知。无法通知的，应当在网络司法拍卖平台公示并说明无法通知的理由，公示满五日视为已经通知。

优先购买权人经通知未参与竞买的，视为放弃优先购买权。

第十七条 保证金数额由人民法院在起拍价的百分之五至百分之二十范围内确定。

竞买人应当在参加拍卖前以实名交纳保证金，未交纳的，不得参加竞买。申请执行人参加竞买的，可以不交保证金；但债权数额小于保证金数额的按差额部分交纳。

交纳保证金，竞买人可以向人民法院指定的账户交纳，也可以由网络服务提供者在其提供的支付系统中对竞买人的相应款项予以冻结。

第十八条 竞买人在拍卖竞价程序结束前交纳保证金经人民法院或者网络服务提供者确认后，取得竞买资格。网络服务提供者应当向取得资格的竞买人赋予竞买代码、参拍密码；竞买人以该代码参与竞买。

网络司法拍卖竞价程序结束前，人民法院及网络服务提供者对竞买人以及其他能够确认竞买人真实身份的信息、密码等，应当予以保密。

第十九条 优先购买权人经人民法院确认后，取得优先竞买资格以及优先竞买代码、参拍密码，并以优先竞买代码参与竞买；未经确认的，不得以优先购买权人身份参与竞买。

顺序不同的优先购买权人申请参与竞买的，人民法院应当确认其顺序，赋予不同顺序的优先竞买代码。

第二十条 网络司法拍卖从起拍价开始以递增出价方式竞价，增价幅度由人民法院确定。竞买人以低于起拍价出价的无效。

网络司法拍卖的竞价时间应当不少于二十四小时。竞价程序结束前五分钟内无人出价的，最后出价即为成交价；有出价的，竞价时间自该出价时点顺延五分钟。竞买人的出价时间以进入网络司法拍卖平台服务系统的时间为准。

竞买代码及其出价信息应当在网络竞买页面实时显示，并储存、显示竞价全程。

第二十一条　优先购买权人参与竞买的，可以与其他竞买人以相同的价格出价，没有更高出价的，拍卖财产由优先购买权人竞得。

顺序不同的优先购买权人以相同价格出价的，拍卖财产由顺序在先的优先购买权人竞得。

顺序相同的优先购买权人以相同价格出价的，拍卖财产由出价在先的优先购买权人竞得。

第二十二条　网络司法拍卖成交的，由网络司法拍卖平台以买受人的真实身份自动生成确认书并公示。

拍卖财产所有权自拍卖成交裁定送达买受人时转移。

第二十三条　拍卖成交后，买受人交纳的保证金可以充抵价款；其他竞买人交纳的保证金应当在竞价程序结束后二十四小时内退还或者解冻。拍卖未成交的，竞买人交纳的保证金应当在竞价程序结束后二十四小时内退还或者解冻。

第二十四条　拍卖成交后买受人悔拍的，交纳的保证金不予退还，依次用于支付拍卖产生的费用损失、弥补重新拍卖价款低于原拍卖价款的差价、冲抵本案被执行人的债务以及与拍卖财产相关的被执行人的债务。

悔拍后重新拍卖的，原买受人不得参加竞买。

第二十五条　拍卖成交后，买受人应当在拍卖公告确定的期限内将剩余价款交付人民法院指定账户。拍卖成交后二十四小时内，网络服务提供者应当将冻结的买受人交纳的保证金划入人民法院指定账户。

第二十六条　网络司法拍卖竞价期间无人出价的，本次拍卖流拍。流拍后应当在三十日内在同一网络司法拍卖平台再次拍卖，拍卖动产的应当在拍卖七日前公告；拍卖不动产或者其他财产权的应当在拍卖十五日前公告。再次拍卖的起拍价降价幅度不得超过前次起拍价的百分之二十。

再次拍卖流拍的，可以依法在同一网络司法拍卖平台变卖。

第二十七条　起拍价及其降价幅度、竞价增价幅度、保证金数额和优先购买权人竞买资格及其顺序等事项，应当由人民法院依法组成合议庭评议确定。

第二十八条　网络司法拍卖竞价程序中，有依法应当暂缓、中止执行等情形的，人民法院应当决定暂缓或者裁定中止拍卖；人民法院可以自行或者通知网络服务提供者停止拍卖。

网络服务提供者发现系统故障、安全隐患等紧急情况的，可以先行暂缓拍卖，并立即报告人民法院。

暂缓或者中止拍卖的，应当及时在网络司法拍卖平台公告原因或者理由。

暂缓拍卖期限届满或者中止拍卖的事由消失后，需要继续拍卖的，应当在五日内恢复拍卖。

第二十九条　网络服务提供者对拍卖形成的电子数据，应当完整保存不少于十年，但法律、行政法规另有规定的除外。

第三十条　因网络司法拍卖本身形成的税费，应当依照相关法律、行政法规的规定，由相应主体承担；没有规定或者规定不明的，人民法院可以根据法律原则和案件实际情况确定税费承担的相关主体、数额。

第三十一条　当事人、利害关系人提出异议请求撤销网络司法拍卖，符合下列情形之一的，人民法院应当支持：

（一）由于拍卖财产的文字说明、视频或者照片展示以及瑕疵说明严重失实，致使买受人产生重大误解，购买目的无法实现的，但拍卖时的技术水平不能发现或者已经就相关瑕疵以及责任承担予以公示说明的除外；

（二）由于系统故障、病毒入侵、黑客攻击、数据错误等原因致使拍卖结果错误，严重损害当事人或者其他竞买人利益的；

（三）竞买人之间，竞买人与网络司法拍卖服务提供者之间恶意串通，损害当事人或者其他竞买人利益的；

（四）买受人不具备法律、行政法规和司法解释规定的竞买资格的；

（五）违法限制竞买人参加竞买或者对享有同等权利的竞买人规定不同竞买条件的；

（六）其他严重违反网络司法拍卖程序且损害当事人或者竞买人利益的情形。

第三十二条 网络司法拍卖被人民法院撤销,当事人、利害关系人、案外人认为人民法院的拍卖行为违法致使其合法权益遭受损害的,可以依法申请国家赔偿;认为其他主体的行为违法致使其合法权益遭受损害的,可以另行提起诉讼。

第三十三条 当事人、利害关系人、案外人认为网络司法拍卖服务提供者的行为违法致使其合法权益遭受损害的,可以另行提起诉讼;理由成立的,人民法院应当支持,但具有法定免责事由的除外。

第三十四条 实施网络司法拍卖的,下列机构和人员不得竞买并不得委托他人代为竞买与其行为相关的拍卖财产:

(一)负责执行的人民法院;

(二)网络服务提供者;

(三)承担拍卖辅助工作的社会机构或者组织;

(四)第(一)至(三)项规定主体的工作人员及其近亲属。

第三十五条 网络服务提供者有下列情形之一的,应当将其从名单库中除名:

(一)存在违反本规定第八条第二款规定操控拍卖程序、修改拍卖信息等行为的;

(二)存在恶意串通、弄虚作假、泄漏保密信息等行为的;

(三)因违反法律、行政法规和司法解释等规定受到处罚,不适于继续从事网络司法拍卖的;

(四)存在违反本规定第三十四条规定行为的;

(五)其他应当除名的情形。

网络服务提供者有前款规定情形之一,人民法院可以依照《中华人民共和国民事诉讼法》的相关规定予以处理。

第三十六条 当事人、利害关系人认为网络司法拍卖行为违法侵害其合法权益的,可以提出执行异议。异议、复议期间,人民法院可以决定暂缓或者裁定中止拍卖。

案外人对网络司法拍卖的标的提出异议的,人民法院应当依据《中华人民共和国民事诉讼法》第二百二十七条及相关司法解释的规定处理,并决定暂缓或者裁定中止拍卖。

第三十七条 人民法院通过互联网平台以变卖方式处置财产的,参照本规定执行。

执行程序中委托拍卖机构通过互联网平台实施网络拍卖的,参照本规定执行。

本规定对网络司法拍卖行为没有规定的,适用其他有关司法拍卖的规定。

第三十八条 本规定自2017年1月1日起施行。施行前最高人民法院公布的司法解释和规范性文件与本规定不一致的,以本规定为准。

最高人民法院关于民事执行中变更、追加当事人若干问题的规定

(2016年8月29日最高人民法院审判委员会第1691次会议通过 2016年11月7日最高人民法院公告公布 自2016年12月1日起施行 法释〔2016〕21号)

为正确处理民事执行中变更、追加当事人问题,维护当事人、利害关系人的合法权益,根据《中华人民共和国民事诉讼法》等法律规定,结合执行实践,制定本规定。

第一条 执行过程中,申请执行人或其继承人、权利承受人可以向人民法院申请变更、追加当事人。申请符合法定条件的,人民法院应予支持。

第二条 作为申请执行人的公民死亡或被宣告死亡,该公民的遗嘱执行人、受遗赠人、继承人或其他因该公民死亡或被宣告死亡依法承受生效法律文书确定权利的主体,申请变更、追加其为申请执行人的,人民法院应予支持。

作为申请执行人的公民被宣告失踪,该公民的财产代管人申请变更、追加其为申请执行人的,人民法院应予支持。

第三条 作为申请执行人的公民离婚时,生效法律文书确定的权利全部或部分分割给其配偶,该配偶申请变更、追加其为申请执行人的,人民法院应予支持。

第四条 作为申请执行人的法人或其他组织终止,因该法人或其他组织终止依法承受生效法律文书确定权利的主体,申请变更、追加其为申请执行人的,人民法院应予支持。

第五条 作为申请执行人的法人或其他组

织因合并而终止，合并后存续或新设的法人、其他组织申请变更其为申请执行人的，人民法院应予支持。

第六条　作为申请执行人的法人或其他组织分立，依分立协议约定承受生效法律文书确定权利的新设法人或其他组织，申请变更、追加其为申请执行人的，人民法院应予支持。

第七条　作为申请执行人的法人或其他组织清算或破产时，生效法律文书确定的权利依法分配给第三人，该第三人申请变更、追加其为申请执行人的，人民法院应予支持。

第八条　作为申请执行人的机关法人被撤销，继续履行其职能的主体申请变更、追加其为申请执行人的，人民法院应予支持，但生效法律文书确定的权利依法应由其他主体承受的除外；没有继续履行其职能的主体，且生效法律文书确定权利的承受主体不明确，作出撤销决定的主体申请变更、追加其为申请执行人的，人民法院应予支持。

第九条　申请执行人将生效法律文书确定的债权依法转让给第三人，且书面认可第三人取得该债权，该第三人申请变更、追加其为申请执行人的，人民法院应予支持。

第十条　作为被执行人的公民死亡或被宣告死亡，申请执行人申请变更、追加该公民的遗嘱执行人、继承人、受遗赠人或其他因该公民死亡或被宣告死亡取得遗产的主体为被执行人，在遗产范围内承担责任的，人民法院应予支持。继承人放弃继承或受遗赠人放弃受遗赠，又无遗嘱执行人的，人民法院可以直接执行遗产。

作为被执行人的公民被宣告失踪，申请执行人申请变更该公民的财产代管人为被执行人，在代管的财产范围内承担责任的，人民法院应予支持。

第十一条　作为被执行人的法人或其他组织因合并而终止，申请执行人申请变更合并后存续或新设的法人、其他组织为被执行人的，人民法院应予支持。

第十二条　作为被执行人的法人或其他组织分立，申请执行人申请变更、追加分立后新设的法人或其他组织为被执行人，对生效法律文书确定的债务承担连带责任的，人民法院应予支持。但被执行人在分立前与申请执行人就债务清偿达成的书面协议另有约定的除外。

第十三条　作为被执行人的个人独资企业，不能清偿生效法律文书确定的债务，申请执行人申请变更、追加其投资人为被执行人的，人民法院应予支持。个人独资企业投资人作为被执行人的，人民法院可以直接执行该个人独资企业的财产。

个体工商户的字号为被执行人的，人民法院可以直接执行该字号经营者的财产。

第十四条　作为被执行人的合伙企业，不能清偿生效法律文书确定的债务，申请执行人申请变更、追加普通合伙人为被执行人的，人民法院应予支持。

作为被执行人的有限合伙企业，财产不足以清偿生效法律文书确定的债务，申请执行人申请变更、追加未按期足额缴纳出资的有限合伙人为被执行人，在未足额缴纳出资的范围内承担责任的，人民法院应予支持。

第十五条　作为被执行人的法人分支机构，不能清偿生效法律文书确定的债务，申请执行人申请变更、追加该法人为被执行人的，人民法院应予支持。法人直接管理的责任财产仍不能清偿债务的，人民法院可以直接执行该法人其他分支机构的财产。

作为被执行人的法人，直接管理的责任财产不能清偿生效法律文书确定债务的，人民法院可以直接执行该法人分支机构的财产。

第十六条　个人独资企业、合伙企业、法人分支机构以外的其他组织作为被执行人，不能清偿生效法律文书确定的债务，申请执行人申请变更、追加依法对该其他组织的债务承担责任的主体为被执行人的，人民法院应予支持。

第十七条　作为被执行人的企业法人，财产不足以清偿生效法律文书确定的债务，申请执行人申请变更、追加未缴纳或未足额缴纳出资的股东、出资人或依公司法规定对该出资承担连带责任的发起人为被执行人，在尚未缴纳出资的范围内依法承担责任的，人民法院应予支持。

第十八条　作为被执行人的企业法人，财产不足以清偿生效法律文书确定的债务，申请执行人申请变更、追加抽逃出资的股东、出资人为被执行人,在抽逃出资的范围内承担责任的,人民法院应予支持。

第十九条 作为被执行人的公司,财产不足以清偿生效法律文书确定的债务,其股东未依法履行出资义务即转让股权,申请执行人申请变更、追加该原股东或依公司法规定对该出资承担连带责任的发起人为被执行人,在未依法出资的范围内承担责任的,人民法院应予支持。

第二十条 作为被执行人的一人有限责任公司,财产不足以清偿生效法律文书确定的债务,股东不能证明公司财产独立于自己的财产,申请执行人申请变更、追加该股东为被执行人,对公司债务承担连带责任的,人民法院应予支持。

第二十一条 作为被执行人的公司,未经清算即办理注销登记,导致公司无法进行清算,申请执行人申请变更、追加有限责任公司的股东、股份有限公司的董事和控股股东为被执行人,对公司债务承担连带清偿责任的,人民法院应予支持。

第二十二条 作为被执行人的法人或其他组织,被注销或出现被吊销营业执照、被撤销、被责令关闭、歇业等解散事由后,其股东、出资人或主管部门无偿接受其财产,致使该被执行人无遗留财产或遗留财产不足以清偿债务,申请执行人申请变更、追加该股东、出资人或主管部门为被执行人,在接受的财产范围内承担责任的,人民法院应予支持。

第二十三条 作为被执行人的法人或其他组织,未经依法清算即办理注销登记,在登记机关办理注销登记时,第三人书面承诺对被执行人的债务承担清偿责任,申请执行人申请变更、追加该第三人为被执行人,在承诺范围内承担清偿责任的,人民法院应予支持。

第二十四条 执行过程中,第三人向执行法院书面承诺自愿代被执行人履行生效法律文书确定的债务,申请执行人申请变更、追加该第三人为被执行人,在承诺范围内承担责任的,人民法院应予支持。

第二十五条 作为被执行人的法人或其他组织,财产依行政命令被无偿调拨、划转给第三人,致使该被执行人财产不足以清偿生效法律文书确定的债务,申请执行人申请变更、追加该第三人为被执行人,在接受的财产范围内承担责任的,人民法院应予支持。

第二十六条 被申请人在应承担责任范围内已承担相应责任的,人民法院不得责令其重复承担责任。

第二十七条 执行当事人的姓名或名称发生变更的,人民法院可以直接将姓名或名称变更后的主体作为执行当事人,并在法律文书中注明变更前的姓名或名称。

第二十八条 申请人申请变更、追加执行当事人,应当向执行法院提交书面申请及相关证据材料。

除事实清楚、权利义务关系明确、争议不大的案件外,执行法院应当组成合议庭审查并公开听证。经审查,理由成立的,裁定变更、追加;理由不成立的,裁定驳回。

执行法院应当自收到书面申请之日起六十日内作出裁定。有特殊情况需要延长的,由本院院长批准。

第二十九条 执行法院审查变更、追加被执行人申请期间,申请人申请对被申请人的财产采取查封、扣押、冻结措施的,执行法院应当参照民事诉讼法第一百条的规定办理。

申请执行人在申请变更、追加第三人前,向执行法院申请查封、扣押、冻结该第三人财产的,执行法院应当参照民事诉讼法第一百零一条的规定办理。

第三十条 被申请人、申请人或其他执行当事人对执行法院作出的变更、追加裁定或驳回申请裁定不服的,可以自裁定书送达之日起十日内向上一级人民法院申请复议,但依据本规定第三十二条的规定应当提起诉讼的除外。

第三十一条 上一级人民法院对复议申请应当组成合议庭审查,并自收到申请之日起六十日内作出复议裁定。有特殊情况需要延长的,由本院院长批准。

被裁定变更、追加的被申请人申请复议的,复议期间,人民法院不得对其争议范围内的财产进行处分。申请人请求人民法院继续执行并提供相应担保的,人民法院可以准许。

第三十二条 被申请人或申请人对执行法院依据本规定第十四条第二款、第十七条至第二十一条规定作出的变更、追加裁定或驳回申请裁定不服的，可以自裁定书送达之日起十五日内，向执行法院提起执行异议之诉。

被申请人提起执行异议之诉的，以申请人为被告。申请人提起执行异议之诉的，以被申请人为被告。

第三十三条 被申请人提起的执行异议之诉，人民法院经审理，按照下列情形分别处理：

（一）理由成立的，判决不得变更、追加被申请人为被执行人或者判决变更责任范围；

（二）理由不成立的，判决驳回诉讼请求。

诉讼期间，人民法院不得对被申请人争议范围内的财产进行处分。申请人请求人民法院继续执行并提供相应担保的，人民法院可以准许。

第三十四条 申请人提起的执行异议之诉，人民法院经审理，按照下列情形分别处理：

（一）理由成立的，判决变更、追加被申请人为被执行人并承担相应责任或者判决变更责任范围；

（二）理由不成立的，判决驳回诉讼请求。

第三十五条 本规定自2016年12月1日起施行。

本规定施行后，本院以前公布的司法解释与本规定不一致的，以本规定为准。

最高人民法院、最高人民检察院关于民事执行活动法律监督若干问题的规定

（2016年11月2日 法发〔2016〕30号）

为促进人民法院依法执行，规范人民检察院民事执行法律监督活动，根据《中华人民共和国民事诉讼法》和其他有关法律规定，结合人民法院民事执行和人民检察院民事执行法律监督工作实际，制定本规定。

第一条 人民检察院依法对民事执行活动实施法律监督。人民法院依法接受人民检察院的法律监督。

第二条 人民检察院办理民事执行监督案件，应当以事实为依据，以法律为准绳，坚持公开、公平、公正和诚实信用原则，尊重和保障当事人的诉讼权利，监督和支持人民法院依法行使执行权。

第三条 人民检察院对人民法院执行生效民事判决、裁定、调解书、支付令、仲裁裁决以及公证债权文书等法律文书的活动实施法律监督。

第四条 对民事执行活动的监督案件，由执行法院所在地同级人民检察院管辖。

上级人民检察院认为确有必要的，可以办理下级人民检察院管辖的民事执行监督案件。下级人民检察院对有管辖权的民事执行监督案件，认为需要上级人民检察院办理的，可以报请上级人民检察院办理。

第五条 当事人、利害关系人、案外人认为人民法院的民事执行活动存在违法情形向人民检察院申请监督，应当提交监督申请书、身份证明、相关法律文书及证据材料。提交证据材料的，应当附证据清单。

申请监督材料不齐备的，人民检察院应当要求申请人限期补齐，并明确告知应补齐的全部材料。申请人逾期未补齐的，视为撤回监督申请。

第六条 当事人、利害关系人、案外人认为民事执行活动存在违法情形，向人民检察院申请监督，法律规定可以提出异议、复议或者提起诉讼，当事人、利害关系人、案外人没有提出异议、申请复议或者提起诉讼的，人民检察院不予受理，但有正当理由的除外。

当事人、利害关系人、案外人已经向人民法院提出执行异议或者申请复议，人民法院审查异议、复议期间，当事人、利害关系人、案外人又向人民检察院申请监督的，人民检察院不予受理，但申请对人民法院的异议、复议程序进行监督的除外。

第七条 具有下列情形之一的民事执行案件，人民检察院应当依职权进行监督：

（一）损害国家利益或者社会公共利益的；

（二）执行人员在执行该案时有贪污受贿、徇私舞弊、枉法执行等违法行为、司法机关已经立案的；

（三）造成重大社会影响的；

（四）需要跟进监督的。

第八条 人民检察院因办理监督案件的需要，依照有关规定可以调阅人民法院的执行卷

宗,人民法院应当予以配合。

通过拷贝电子卷、查阅、复制、摘录等方式能够满足办案需要的,不调阅卷宗。

人民检察院调阅人民法院卷宗,由人民法院办公室(厅)负责办理,并在五日内提供,因特殊情况不能按时提供的,应当向人民检察院说明理由,并在情况消除后及时提供。

人民法院正在办理或者已结案尚未归档的案件,人民检察院办理民事执行监督案件时可以直接到办理部门查阅、复制、拷贝、摘录案件材料,不调阅卷宗。

第九条 人民检察院因履行法律监督职责的需要,可以向当事人或者案外人调查核实有关情况。

第十条 人民检察院认为人民法院在民事执行活动中可能存在怠于履行职责情形的,可以向人民法院书面了解相关情况,人民法院应当说明案件的执行情况及理由,并在十五日内书面回复人民检察院。

第十一条 人民检察院向人民法院提出民事执行监督检察建议,应当经检察长批准或者检察委员会决定,制作检察建议书,在决定之日起十五日内将检察建议书连同案件卷宗移送同级人民法院。

检察建议书应当载明检察机关查明的事实、监督理由、依据以及建议内容等。

第十二条 人民检察院提出的民事执行监督检察建议,统一由同级人民法院立案受理。

第十三条 人民法院收到人民检察院的检察建议书后,应当在三个月内将审查处理情况以回复意见函的形式回复人民检察院,并附裁定、决定等相关法律文书。有特殊情况需要延长的,经本院院长批准,可以延长一个月。

回复意见函应当载明人民法院查明的事实、回复意见和理由并加盖院章。不采纳检察建议的,应当说明理由。

第十四条 人民法院收到检察建议后逾期未回复或者处理结果不当的,提出检察建议的人民检察院可以依职权提请上一级人民检察院向其同级人民法院提出检察建议。上一级人民检察院认为应当跟进监督的,应当向其同级人民法院提出检察建议。人民法院应当在三个月内提出审查处理意见并以回复意见函的形式回复人民检察院,认为人民检察院的意见正确的,应当监督下级人民法院及时纠正。

第十五条 当事人在人民检察院审查案件过程中达成和解协议且不违反法律规定的,人民检察院应当告知其将和解协议送交人民法院,由人民法院依照民事诉讼法第二百三十条的规定进行处理。

第十六条 当事人、利害关系人、案外人申请监督的案件,人民检察院认为人民法院民事执行活动不存在违法情形的,应当作出不支持监督申请的决定,在决定之日起十五日内制作不支持监督申请决定书,发送申请人,并做好释法说理工作。

人民检察院办理依职权监督的案件,认为人民法院民事执行活动不存在违法情形的,应当作出终结审查决定。

第十七条 人民法院认为检察监督行为违反法律规定的,可以向人民检察院提出书面建议。人民检察院应当在收到书面建议后三个月内作出处理并将处理情况书面回复人民法院;人民法院对于人民检察院的回复有异议的,可以通过上一级人民法院向上一级人民检察院提出。上一级人民检察院认为人民法院建议正确的,应当要求下级人民检察院及时纠正。

第十八条 有关国家机关不依法履行生效法律文书确定的执行义务或者协助执行义务的,人民检察院可以向相关国家机关提出检察建议。

第十九条 人民检察院民事检察部门在办案中发现被执行人涉嫌构成拒不执行判决、裁定罪且公安机关不予立案侦查的,应当移送侦查监督部门处理。

第二十条 人民法院、人民检察院应当建立完善沟通联系机制,密切配合,互相支持,促进民事执行法律监督工作依法有序稳妥开展。

第二十一条 人民检察院对人民法院行政执行活动实施法律监督,行政诉讼法及有关司法解释没有规定的,参照本规定执行。

第二十二条 本规定自2017年1月1日起施行。

最高人民法院关于执行案件移送破产审查若干问题的指导意见

（2017年1月20日　法发〔2017〕2号）

推进执行案件移送破产审查工作，有利于健全市场主体救治和退出机制，有利于完善司法工作机制，有利于化解执行积案，是人民法院贯彻中央供给侧结构性改革部署的重要举措，是当前和今后一段时期人民法院服务经济社会发展大局的重要任务。为促进和规范执行案件移送破产审查工作，保障执行程序与破产程序的有序衔接，根据《中华人民共和国企业破产法》《中华人民共和国民事诉讼法》《最高人民法院关于适用〈中华人民共和国民事诉讼法〉的解释》等规定，现对执行案件移送破产审查的若干问题提出以下意见。

一、执行案件移送破产审查的工作原则、条件与管辖

1. 执行案件移送破产审查工作，涉及执行程序与破产程序之间的转换衔接，不同法院之间，同一法院内部执行部门、立案部门、破产审判部门之间，应坚持依法有序、协调配合、高效便捷的工作原则，防止推诿扯皮，影响司法效率，损害当事人合法权益。

2. 执行案件移送破产审查，应同时符合下列条件：

（1）被执行人为企业法人；

（2）被执行人或者有关被执行人的任何一个执行案件的申请执行人书面同意将执行案件移送破产审查；

（3）被执行人不能清偿到期债务，并且资产不足以清偿全部债务或者明显缺乏清偿能力。

3. 执行案件移送破产审查，由被执行人住所地人民法院管辖。在级别管辖上，为适应破产审判专业化建设的要求，合理分配审判任务，实行以中级人民法院管辖为原则、基层人民法院管辖为例外的管辖制度。中级人民法院经高级人民法院批准，也可以将案件交由具备审理条件的基层人民法院审理。

二、执行法院的征询、决定程序

4. 执行法院在执行程序中应加强对执行案件移送破产审查有关事宜的告知和征询工作。执行法院采取财产调查措施后，发现作为被执行人的企业法人符合破产法第二条规定的，应当及时询问申请执行人、被执行人是否同意将案件移送破产审查。申请执行人、被执行人均不同意移送且无人申请破产的，执行法院应当按照《最高人民法院关于适用〈中华人民共和国民事诉讼法〉的解释》第五百一十六条的规定处理，企业法人的其他已经取得执行依据的债权人申请参与分配的，人民法院不予支持。

5. 执行部门应严格遵守执行案件移送破产审查的内部决定程序。承办人认为执行案件符合移送破产审查条件的，应提出审查意见，经合议庭评议同意后，由执行法院院长签署移送决定。

6. 为减少异地法院之间移送的随意性，基层人民法院拟将执行案件移送异地中级人民法院进行破产审查的，在作出移送决定前，应先报请其所在地中级人民法院执行部门审核同意。

7. 执行法院作出移送决定后，应当于五日内送达申请执行人和被执行人。申请执行人或被执行人对决定有异议的，可以在受移送法院破产审查期间提出，由受移送法院一并处理。

8. 执行法院作出移送决定后，应当书面通知所有已知执行法院，执行法院均应中止对被执行人的执行程序。但是，对被执行人的季节性商品、鲜活、易腐烂变质以及其他不宜长期保存的物品，执行法院应当及时变价处置，处置的价款不作分配。受移送法院裁定受理破产案件的，执行法院应当在收到裁定书之日起七日内，将该价款移交受理破产案件的法院。

案件符合终结本次执行程序条件的，执行法院可以同时裁定终结本次执行程序。

9. 确保对被执行人财产的查封、扣押、冻结措施的连续性，执行法院决定移送后、受移送法院裁定受理破产案件之前，对被执行人的查封、扣押、冻结措施不解除。查封、扣押、冻结期限在破产审查期间届满的，申请执行人可以向执行法院申请延长期限，由执行法院负责办理。

三、移送材料及受移送法院的接收义务

10. 执行法院作出移送决定后，应当向受移送法院移送下列材料：

(1)执行案件移送破产审查决定书；

(2)申请执行人或被执行人同意移送的书面材料；

(3)执行法院采取财产调查措施查明的被执行人的财产状况，已查封、扣押、冻结财产清单及相关材料；

(4)执行法院已分配财产清单及相关材料；

(5)被执行人债务清单；

(6)其他应当移送的材料。

11. 移送的材料不完备或内容错误，影响受移送法院认定破产原因是否具备的，受移送法院可以要求执行法院补齐、补正，执行法院应于十日内补齐、补正。该期间不计入受移送法院破产审查的期间。

受移送法院需要查阅执行程序中的其他案件材料，或者依法委托执行法院办理财产处置等事项的，执行法院应予协助配合。

12. 执行法院移送破产审查的材料，由受移送法院立案部门负责接收。受移送法院不得以材料不完备等为由拒绝接收。立案部门经审核认为移送材料完备的，应以“破申”作为案件类型代字编制案号登记立案，并及时将案件移送破产审判部门进行破产审查。破产审判部门在审查过程中发现本院对案件不具有管辖权的，应当按照《中华人民共和国民事诉讼法》第三十六条的规定处理。

四、受移送法院破产审查与受理

13. 受移送法院的破产审判部门应当自收到移送的材料之日起三十日内作出是否受理的裁定。受移送法院作出裁定后，应当在五日内送达申请执行人、被执行人，并送交执行法院。

14. 申请执行人申请或同意移送破产审查的，裁定书中以该申请执行人为申请人，被执行人为被申请人；被执行人申请或同意移送破产审查的，裁定书中以该被执行人为申请人；申请执行人、被执行人均同意移送破产审查的，双方均为申请人。

15. 受移送法院裁定受理破产案件的，在此前的执行程序中产生的评估费、公告费、保管费等执行费用，可以参照破产费用的规定，从债务人财产中随时清偿。

16. 执行法院收到受移送法院受理裁定后，应当于七日内将已经扣划到账的银行存款、实际扣押的动产、有价证券等被执行人财产移交给受理破产案件的法院或管理人。

17. 执行法院收到受移送法院受理裁定时，已通过拍卖程序处置且成交裁定已送达买受人的拍卖财产，通过以物抵债偿还债务且抵债裁定已送达债权人的抵债财产，已完成转账、汇款、现金交付的执行款，因财产所有权已经发生变动，不属于被执行人的财产，不再移交。

五、受移送法院不予受理或驳回申请的处理

18. 受移送法院做出不予受理或驳回申请裁定的，应当在裁定生效后七日内将接收的材料、被执行人的财产退回执行法院，执行法院应当恢复对被执行人的执行。

19. 受移送法院作出不予受理或驳回申请的裁定后，人民法院不得重复启动执行案件移送破产审查程序。申请执行人或被执行人以有新证据足以证明被执行人已经具备了破产原因为由，再次要求将执行案件移送破产审查的，人民法院不予支持。但是，申请执行人或被执行人可以直接向具有管辖权的法院提出破产申请。

20. 受移送法院裁定宣告被执行人破产或裁定终止和解程序、重整程序的，应当自裁定作出之日起五日内送交执行法院，执行法院应当裁定终结对被执行人的执行。

六、执行案件移送破产审查的监督

21. 受移送法院拒绝接收移送的材料，或者收到移送的材料后不按规定的期限作出是否受理裁定的，执行法院可函请受移送法院的上一级法院进行监督。上一级法院收到函件后应当指令受移送法院在十日内接收材料或作出是否受理的裁定。

受移送法院收到上级法院的通知后，十日内仍不接收材料或不作出是否受理裁定的，上一级法院可以径行对移送破产审查的案件行使管辖权。上一级法院裁定受理破产案件的，可以指令受移送法院审理。

最高人民法院关于民事执行中财产调查若干问题的规定

（2017年1月25日最高人民法院审判委员会第1708次会议通过　2017年2月28日最高人民法院公告公布　自2017年5月1日起施行　法释〔2017〕8号）

为规范民事执行财产调查，维护当事人及利害关系人的合法权益，根据《中华人民共和国民事诉讼法》等法律的规定，结合执行实践，制定本规定。

第一条　执行过程中，申请执行人应当提供被执行人的财产线索；被执行人应当如实报告财产；人民法院应当通过网络执行查控系统进行调查，根据案件需要应当通过其他方式进行调查的，同时采取其他调查方式。

第二条　申请执行人提供被执行人财产线索，应当填写财产调查表。财产线索明确、具体的，人民法院应当在七日内调查核实；情况紧急的，应当在三日内调查核实。财产线索确实的，人民法院应当及时采取相应的执行措施。

申请执行人确因客观原因无法自行查明财产的，可以申请人民法院调查。

第三条　人民法院依申请执行人的申请或依职权责令被执行人报告财产情况的，应当向其发出报告财产令。金钱债权执行中，报告财产令应当与执行通知同时发出。

人民法院根据案件需要再次责令被执行人报告财产情况的，应当重新向其发出报告财产令。

第四条　报告财产令应当载明下列事项：

（一）提交财产报告的期限；

（二）报告财产的范围、期间；

（三）补充报告财产的条件及期间；

（四）违反报告财产义务应承担的法律责任；

（五）人民法院认为有必要载明的其他事项。

报告财产令应附财产调查表，被执行人必须按照要求逐项填写。

第五条　被执行人应当在报告财产令载明的期限内向人民法院书面报告下列财产情况：

（一）收入、银行存款、现金、理财产品、有价证券；

（二）土地使用权、房屋等不动产；

（三）交通运输工具、机器设备、产品、原材料等动产；

（四）债权、股权、投资权益、基金份额、信托受益权、知识产权等财产性权利；

（五）其他应当报告的财产。

被执行人的财产已出租、已设立担保物权等权利负担，或者存在共有、权属争议等情形的，应当一并报告；被执行人的动产由第三人占有，被执行人的不动产、特定动产、其他财产权等登记在第三人名下的，也应当一并报告。

被执行人在报告财产令载明的期限内提交书面报告确有困难的，可以向人民法院书面申请延长期限；申请有正当理由的，人民法院可以适当延长。

第六条　被执行人自收到执行通知之日前一年至提交书面财产报告之日，其财产情况发生下列变动的，应当将变动情况一并报告：

（一）转让、出租财产的；

（二）在财产上设立担保物权等权利负担的；

（三）放弃债权或延长债权清偿期的；

（四）支出大额资金的；

（五）其他影响生效法律文书确定债权实现的财产变动。

第七条　被执行人报告财产后，其财产情况发生变动，影响申请执行人债权实现的，应当自财产变动之日起十日内向人民法院补充报告。

第八条　对被执行人报告的财产情况，人民法院应当及时调查核实，必要时可以组织当事人进行听证。

申请执行人申请查询被执行人报告的财产情况的，人民法院应当准许。申请执行人及其代理人对查询过程中知悉的信息应当保密。

第九条　被执行人拒绝报告、虚假报告或者无正当理由逾期报告财产情况的，人民法院可以根据情节轻重对被执行人或者其法定代理人予以罚款、拘留；构成犯罪的，依法追究刑事责任。

人民法院对有前款规定行为之一的单位，可以对其主要负责人或者直接责任人员予以罚款、拘留；构成犯罪的，依法追究刑事责任。

第十条　被执行人拒绝报告、虚假报告或者无正当理由逾期报告财产情况的，人民法院应当依照相关规定将其纳入失信被执行人名单。

第十一条　有下列情形之一的，财产报告程序终结：

（一）被执行人履行完毕生效法律文书确定义务的；

（二）人民法院裁定终结执行的；

（三）人民法院裁定不予执行的；

（四）人民法院认为财产报告程序应当终结的其他情形。

发出报告财产令后，人民法院裁定终结本次执行程序的，被执行人仍应依照本规定第七条的规定履行补充报告义务。

第十二条　被执行人未按执行通知履行生效法律文书确定的义务，人民法院有权通过网络执行查控系统、现场调查等方式向被执行人、有关单位或个人调查被执行人的身份信息和财产信息，有关单位和个人应当依法协助办理。

人民法院对调查所需资料可以复制、打印、抄录、拍照或以其他方式进行提取、留存。

申请执行人申请查询人民法院调查的财产信息的，人民法院可以根据案件需要决定是否准许。申请执行人及其代理人对查询过程中知悉的信息应当保密。

第十三条　人民法院通过网络执行查控系统进行调查，与现场调查具有同等法律效力。

人民法院调查过程中作出的电子法律文书与纸质法律文书具有同等法律效力；协助执行单位反馈的电子查询结果与纸质反馈结果具有同等法律效力。

第十四条　被执行人隐匿财产、会计账簿等资料拒不交出的，人民法院可以依法采取搜查措施。

人民法院依法搜查时，对被执行人可能隐匿财产或者资料的处所、箱柜等，经责令被执行人开启而拒不配合的，可以强制开启。

第十五条　为查明被执行人的财产情况和履行义务的能力，可以传唤被执行人或被执行人的法定代表人、负责人、实际控制人、直接责任人员到人民法院接受调查询问。

对必须接受调查询问的被执行人、被执行人的法定代表人、负责人或者实际控制人，经依法传唤无正当理由拒不到场的，人民法院可以拘传其到场；上述人员下落不明的，人民法院可以依照相关规定通知有关单位协助查找。

第十六条　人民法院对已经办理查封登记手续的被执行人机动车、船舶、航空器等特定动产未能实际扣押的，可以依照相关规定通知有关单位协助查找。

第十七条　作为被执行人的法人或其他组织不履行生效法律文书确定的义务，申请执行人认为其有拒绝报告、虚假报告财产情况，隐匿、转移财产等逃避债务情形或者其股东、出资人有出资不实、抽逃出资等情形的，可以书面申请人民法院委托审计机构对该被执行人进行审计。人民法院应当自收到书面申请之日起十日内决定是否准许。

第十八条　人民法院决定审计的，应当随机确定具备资格的审计机构，并责令被执行人提交会计凭证、会计账簿、财务会计报告等与审计事项有关的资料。

被执行人隐匿审计资料的，人民法院可以依法采取搜查措施。

第十九条　被执行人拒不提供、转移、隐匿、伪造、篡改、毁弃审计资料，阻挠审计人员查看业务现场或者有其他妨碍审计调查行为的，人民法院可以根据情节轻重对被执行人或其主要负责人、直接责任人员予以罚款、拘留；构成犯罪的，依法追究刑事责任。

第二十条　审计费用由提出审计申请的申请执行人预交。被执行人存在拒绝报告或虚假报告财产情况，隐匿、转移财产或者其他逃避债务情形的，审计费用由被执行人承担；未发现被执行人存在上述情形的，审计费用由申请执行人承担。

第二十一条　被执行人不履行生效法律文书确定的义务，申请执行人可以向人民法院书面申请发布悬赏公告查找可供执行的财产。申请书应当载明下列事项：

（一）悬赏金的数额或计算方法；

（二）有关人员提供人民法院尚未掌握的财产线索，使该申请执行人的债权得以全部或部分实现时，自愿支付悬赏金的承诺；

（三）悬赏公告的发布方式；

（四）其他需要载明的事项。

人民法院应当自收到书面申请之日起十日内决定是否准许。

第二十二条 人民法院决定悬赏查找财产的，应当制作悬赏公告。悬赏公告应当载明悬赏金的数额或计算方法、领取条件等内容。

悬赏公告应当在全国法院执行悬赏公告平台、法院微博或微信等媒体平台发布，也可以在执行法院公告栏或被执行人住所地、经常居住地等处张贴。申请执行人申请在其他媒体平台发布，并自愿承担发布费用的，人民法院应当准许。

第二十三条 悬赏公告发布后，有关人员向人民法院提供财产线索的，人民法院应当对有关人员的身份信息和财产线索进行登记；两人以上提供相同财产线索的，应当按照提供线索的先后顺序登记。

人民法院对有关人员的身份信息和财产线索应当保密，但为发放悬赏金需要告知申请执行人的除外。

第二十四条 有关人员提供人民法院尚未掌握的财产线索，使申请发布悬赏公告的申请执行人的债权得以全部或部分实现的，人民法院应当按照悬赏公告发放悬赏金。

悬赏金从前款规定的申请执行人应得的执行款中予以扣减。特定物交付执行或者存在其他无法扣减情形的，悬赏金由该申请执行人另行支付。

有关人员为申请执行人的代理人、有义务向人民法院提供财产线索的人员或者存在其他不应发放悬赏金情形的，不予发放。

第二十五条 执行人员不得调查与执行案件无关的信息，对调查过程中知悉的国家秘密、商业秘密和个人隐私应当保密。

第二十六条 本规定自2017年5月1日起施行。

本规定施行后，本院以前公布的司法解释与本规定不一致的，以本规定为准。

最高人民法院关于执行款物管理工作的规定（试行）①

（2006年5月18日 法发〔2006〕11号）

为了加强人民法院执行款物的管理工作，维护当事人的合法权益，根据《中华人民共和国民事诉讼法》及有关司法解释，参照有关财务管理规定，结合执行工作实际，制定本规定。

第一条 本规定所指的执行款物是在执行程序中，依法应当由人民法院经管的财物。

第二条 各级人民法院财务部门应当开设执行款专户，对执行款实行专项管理、专款专付。

执行机构和财务部门应当分工负责，相互配合，相互监督。

第三条 财务部门对执行款的收付进行逐案登记并建立明细账，执行机构应当指定专人负责对执行款的收付情况设立台账，同时对每个案件实行明细记账。案件承办人应当对每个执行案件的执行款往来情况进行登记，并归入案件档案。

第四条 人民法院在强制执行中，执行款可以由被执行人直接交付给申请执行人，也可以从被执行人账户直接划至申请执行人账户。但对于有争议或需再分配的执行款，或因其他情况，人民法院认为确有必要先存入执行款专户的，应当划进执行款专户。

第五条 被执行人直接向法院支付现金或票据的，执行人员应当会同被执行人将现金或者票据交本院财务部门，财务部门应当出具收款凭据。

第六条 执行中确需执行人员直接代收现金或者票据的，应当不少于两名执行人员在场，即时向付款人出具收据，并将收款情况记入笔录并由付款人签名。

收款人应当在回院后一个工作日内移交本院财务部门或将有关款项缴入执行款专户。

第七条 人民法院委托拍卖机构拍卖被执

① 编者注：已废止。

行人财产时,应在拍卖委托书中要求竞买人或买受人将保证金或者拍卖价款直接汇入法院执行款专户。汇款时应注明汇款单位、拍卖机构名称、被执行人名称、案号。

第八条 执行款到账次日,财务部门应当将到账情况告知执行机构,执行机构应当在五日内将收款时间和数额等有关情况告知案件当事人。

第九条 执行款到账后,执行法院应当在一个月内核算执行费用和执行款,并及时通知申请执行人办理取款手续。需要延期划付的,应当在期限届满前书面说明原因并报主管院领导审查批准。

第十条 执行款专户的款项需要支付时,执行人员应当填报有关支付案款审批表并附以下材料,报经执行局长或主管院领导审批后,交由财务部门办理。

(一)生效的法律文书、立案审批表;

(二)款项到账的相关证明;

(三)申请付款人的有效身份证明。委托他人代收的,应当向法院出具特别授权委托书;

(四)已扣缴或应当扣缴的票据或说明。

财务部门支付执行款时,应当按照有关财务管理规定认真审核。

第十一条 人民法院向申请执行人支付执行款前,应当依法扣除未缴的申请执行费和执行中实际支出费用。

第十二条 人民法院向当事人交付执行款时,应当同时收取和审核当事人出具的收款凭据。

第十三条 由人民法院保管的查封、扣押物品应当指定专人负责,妥善保管,任何人不得擅自使用。

第十四条 执行法院解除对财产的查封、扣押、冻结措施后,应当将财产及时返还。

第十五条 案件承办人调离执行机构,在移交案件时,必须同时移交执行款物及相关材料。执行款物交接不清的,不得办理调离手续。

第十六条 严禁使用、截留、挪用、侵吞和私分执行款物。违反者,按有关规定追究责任。

第十七条 各高级人民法院在实施本规定过程中,可以根据实际需要制定实施细则。

第十八条 本规定自公布之日起施行。

最高人民法院关于执行款物管理工作的规定

(2017年2月27日 法发〔2017〕6号)

为规范人民法院对执行款物的管理工作,维护当事人的合法权益,根据《中华人民共和国民事诉讼法》及有关司法解释,参照有关财务管理规定,结合执行工作实际,制定本规定。

第一条 本规定所称执行款物,是指执行程序中依法应当由人民法院经管的财物。

第二条 执行款物的管理实行执行机构与有关管理部门分工负责、相互配合、相互监督的原则。

第三条 财务部门应当对执行款的收付进行逐案登记,并建立明细账。

对于由人民法院保管的查封、扣押物品,应当指定专人或部门负责,逐案登记,妥善保管,任何人不得擅自使用。

执行机构应当指定专人对执行款物的收发情况进行管理,设立台账、逐案登记,并与执行款物管理部门对执行款物的收发情况每月进行核对。

第四条 人民法院应当开设执行款专户或在案款专户中设置执行款科目,对执行款实行专项管理、独立核算、专款专付。

人民法院应当采取一案一账号的方式,对执行款进行归集管理,案号、款项、被执行人或交款人应当一一对应。

第五条 执行人员应当在执行通知书或有关法律文书中告知人民法院执行款专户或案款专户的开户银行名称、账号、户名,以及交款时应当注明执行案件案号、被执行人姓名或名称、交款人姓名或名称、交款用途等信息。

第六条 被执行人可以将执行款直接支付给申请执行人;人民法院也可以将执行款从被执行人账户直接划至申请执行人账户。但有争议或需再分配的执行款,以及人民法院认为确有必要的,应当将执行款划至执行款专户或案款专户。

人民法院通过网络执行查控系统扣划的执

行款，应当划至执行款专户或案款专户。

第七条 交款人直接到人民法院交付执行款的，执行人员可以会同交款人或由交款人直接到财务部门办理相关手续。

交付现金的，财务部门应当即时向交款人出具收款凭据；交付票据的，财务部门应当即时向交款人出具收取凭证，在款项到账后三日内通知执行人员领取收款凭据。

收到财务部门的收款凭据后，执行人员应当及时通知被执行人或交款人在指定期限内用收取凭证更换收款凭据。被执行人或交款人未在指定期限内办理更换手续或明确拒绝更换的，执行人员应当书面说明情况，连同收款凭据一并附卷。

第八条 交款人采用转账汇款方式交付和人民法院采用扣划方式收取执行款的，财务部门应当在款项到账后三日内通知执行人员领取收款凭据。

收到财务部门的收款凭据后，执行人员应当参照本规定第七条第三款规定办理。

第九条 执行人员原则上不直接收取现金和票据；确有必要直接收取的，应当不少于两名执行人员在场，即时向交款人出具收取凭证，同时制作收款笔录，由交款人和在场人员签名。

执行人员直接收取现金或者票据的，应当在回院后当日将现金或票据移交财务部门；当日移交确有困难的，应当在回院后一日内移交并说明原因。财务部门应当按照本规定第七条第二款规定办理。

收到财务部门的收款凭据后，执行人员应当按照本规定第七条第三款规定办理。

第十条 执行人员应当在收到财务部门执行款到账通知之日起三十日内，完成执行款的核算、执行费用的结算、通知申请执行人领取和执行款发放等工作。

有下列情形之一的，报经执行局局长或主管院领导批准后，可以延缓发放：

（一）需要进行案款分配的；

（二）申请执行人因另案诉讼、执行或涉嫌犯罪等原因导致执行款被保全或冻结的；

（三）申请执行人经通知未领取的；

（四）案件被依法中止或者暂缓执行的；

（五）有其他正当理由需要延缓发放执行款的。

上述情形消失后，执行人员应当在十日内完成执行款的发放。

第十一条 人民法院发放执行款，一般应当采取转账方式。

执行款应当发放给申请执行人，确需发放给申请执行人以外的单位或个人的，应当组成合议庭进行审查，但依法应当退还给交款人的除外。

第十二条 发放执行款时，执行人员应当填写执行款发放审批表。执行款发放审批表中应当注明执行案件案号、当事人姓名或名称、交款人姓名或名称、交款金额、交款时间、交款方式、收款人姓名或名称、收款人账号、发款金额和方式等情况。报经执行局局长或主管院领导批准后，交由财务部门办理支付手续。

委托他人代为办理领取执行款手续的，应当附特别授权委托书、委托代理人的身份证复印件。委托代理人是律师的，应当附所在律师事务所出具的公函及律师执照复印件。

第十三条 申请执行人要求或同意人民法院采取转账方式发放执行款的，执行人员应当持执行款发放审批表及申请执行人出具的本人或本单位接收执行款的账户信息的书面证明，交财务部门办理转账手续。

申请执行人或委托代理人直接到人民法院办理领取执行款手续的，执行人员应当在查验领款人身份证件、授权委托手续后，持执行款发放审批表，会同领款人到财务部门办理支付手续。

第十四条 财务部门在办理执行款支付手续时，除应当查验执行款发放审批表，还应当按照有关财务管理规定进行审核。

第十五条 发放执行款时，收款人应当出具合法有效的收款凭证。财务部门另有规定的，依照其规定。

第十六条 有下列情形之一，不能在规定期限内发放执行款的，人民法院可以将执行款提存：

（一）申请执行人无正当理由拒绝领取的；

（二）申请执行人下落不明的；

（三）申请执行人死亡未确定继承人或者丧失民事行为能力未确定监护人的；

(四)按照申请执行人提供的联系方式无法通知其领取的;

(五)其他不能发放的情形。

第十七条 需要提存执行款的,执行人员应当填写执行款提存审批表并附具有提存情形的证明材料。执行款提存审批表中应注明执行案件案号、当事人姓名或名称、交款人姓名或名称、交款金额、交款时间、交款方式、收款人姓名或名称、提存金额、提存原因等情况。报经执行局局长或主管院领导批准后,办理提存手续。

提存费用应当由申请执行人负担,可以从执行款中扣除。

第十八条 被执行人将执行依据确定交付、返还的物品(包括票据、证照等)直接交付给申请执行人的,被执行人应当向人民法院出具物品接收证明;没有物品接收证明的,执行人员应当将履行情况记入笔录,经双方当事人签字后附卷。

被执行人将物品交由人民法院转交给申请执行人或由人民法院主持双方当事人进行交接的,执行人员应当将交付情况记入笔录,经双方当事人签字后附卷。

第十九条 查封、扣押至人民法院或被执行人、担保人等直接向人民法院交付的物品,执行人员应当立即通知保管部门对物品进行清点、登记,有价证券、金银珠宝、古董等贵重物品应当封存,并办理交接。保管部门接收物品后,应当出具收取凭证。

对于在异地查封、扣押,且不便运输或容易毁损的物品,人民法院可以委托物品所在地人民法院代为保管,代为保管的人民法院应当按照前款规定办理。

第二十条 人民法院应当确定专门场所存放本规定第十九条规定的物品。

第二十一条 对季节性商品、鲜活、易腐烂变质以及其他不宜长期保存的物品,人民法院可以责令当事人及时处理,将价款交付人民法院;必要时,执行人员可予以变卖,并将价款依照本规定要求交财务部门。

第二十二条 人民法院查封、扣押或被执行人交付,且属于执行依据确定交付、返还的物品,执行人员应当自查封、扣押或被执行人交付之日起三十日内,完成执行费用的结算、通知申请执行人领取和发放物品等工作。不属于执行依据确定交付、返还的物品,符合处置条件的,执行人员应当依法启动财产处置程序。

第二十三条 人民法院解除对物品的查封、扣押措施的,除指定由被执行人保管的外,应当自解除查封、扣押措施之日起十日内将物品发还给所有人或交付人。

物品在人民法院查封、扣押期间,因自然损耗、折旧所造成的损失,由物品所有人或交付人自行负担,但法律另有规定的除外。

第二十四条 符合本规定第十六条规定情形之一的,人民法院可以对物品进行提存。

物品不适于提存或者提存费用过高的,人民法院可以提存拍卖或者变卖该物品所得价款。

第二十五条 物品的发放、延缓发放、提存等,除本规定有明确规定外,参照执行款的有关规定办理。

第二十六条 执行款物的收发凭证、相关证明材料,应当附卷归档。

第二十七条 案件承办人调离执行机构,在移交案件时,必须同时移交执行款物收发凭证及相关材料。执行款物收发情况复杂的,可以在交接时进行审计。执行款物交接不清的,不得办理调离手续。

第二十八条 各高级人民法院在实施本规定过程中,结合行政事业单位内部控制建设的要求,以及执行工作实际,可制定具体实施办法。

第二十九条 本规定自2017年5月1日起施行。2006年5月18日施行的《最高人民法院关于执行款物管理工作的规定(试行)》(法发〔2006〕11号)同时废止。

最高人民法院关于人民法院办理仲裁裁决执行案件若干问题的规定

(2018年1月5日最高人民法院审判委员会第1730次会议通过　2018年2月22日最高人民法院公告公布　自2018年3月1日起施行　法释〔2018〕5号)

为了规范人民法院办理仲裁裁决执行案件,依法保护当事人、案外人的合法权益,根据《中华人民共和国民事诉讼法》《中华人民共和国仲裁法》等法律规定，结合人民法院执行工作实际，制定本规定。

第一条　本规定所称的仲裁裁决执行案件，是指当事人申请人民法院执行仲裁机构依据仲裁法作出的仲裁裁决或者仲裁调解书的案件。

第二条　当事人对仲裁机构作出的仲裁裁决或者仲裁调解书申请执行的，由被执行人住所地或者被执行的财产所在地的中级人民法院管辖。

符合下列条件的，经上级人民法院批准，中级人民法院可以参照民事诉讼法第三十八条的规定指定基层人民法院管辖：

（一）执行标的额符合基层人民法院一审民商事案件级别管辖受理范围；

（二）被执行人住所地或者被执行的财产所在地在被指定的基层人民法院辖区内。

被执行人、案外人对仲裁裁决执行案件申请不予执行的，负责执行的中级人民法院应当另行立案审查处理；执行案件已指定基层人民法院管辖的，应当于收到不予执行申请后三日内移送原执行法院另行立案审查处理。

第三条　仲裁裁决或者仲裁调解书执行内容具有下列情形之一导致无法执行的，人民法院可以裁定驳回执行申请；导致部分无法执行的，可以裁定驳回该部分的执行申请；导致部分无法执行且该部分与其他部分不可分的，可以裁定驳回执行申请。

（一）权利义务主体不明确；

（二）金钱给付具体数额不明确或者计算方法不明确导致无法计算出具体数额；

（三）交付的特定物不明确或者无法确定；

（四）行为履行的标准、对象、范围不明确；

仲裁裁决或者仲裁调解书仅确定继续履行合同，但对继续履行的权利义务，以及履行的方式、期限等具体内容不明确，导致无法执行的，依照前款规定处理。

第四条　对仲裁裁决主文或者仲裁调解书中的文字、计算错误以及仲裁庭已经认定但在裁决主文中遗漏的事项，可以补正或说明的，人民法院应当书面告知仲裁庭补正或说明，或者向仲裁机构调阅仲裁案卷查明。仲裁庭不补正也不说明，且人民法院调阅仲裁案卷后执行内容仍然不明确具体无法执行的，可以裁定驳回执行申请。

第五条　申请执行人对人民法院依照本规定第三条、第四条作出的驳回执行申请裁定不服的，可以自裁定送达之日起十日内向上一级人民法院申请复议。

第六条　仲裁裁决或者仲裁调解书确定交付的特定物确已毁损或者灭失的，依照《最高人民法院关于适用〈中华人民共和国民事诉讼法〉的解释》第四百九十四条的规定处理。

第七条　被执行人申请撤销仲裁裁决并已由人民法院受理的，或者被执行人、案外人对仲裁裁决执行案件提出不予执行申请并提供适当担保的，执行法院应当裁定中止执行。中止执行期间，人民法院应当停止处分性措施，但申请执行人提供充分、有效的担保请求继续执行的除外；执行标的查封、扣押、冻结期限届满前，人民法院可以根据当事人申请或者依职权办理续行查封、扣押、冻结手续。

申请撤销仲裁裁决、不予执行仲裁裁决案件司法审查期间，当事人、案外人申请对已查封、扣押、冻结之外的财产采取保全措施的，负责审查的人民法院参照民事诉讼法第一百条的规定处理。司法审查后仍需继续执行的，保全措施自动转为执行中的查封、扣押、冻结措施；采取保全措施的人民法院与执行法院不一致的，应当将保全手续移送执行法院，保全裁定视为执行法院作出的裁定。

第八条　被执行人向人民法院申请不予执行仲裁裁决的，应当在执行通知书送达之日起十五日内提出书面申请；有民事诉讼法第二百三十七条第二款第四、六项规定情形且执行程序尚未终结的，应当自知道或者应当知道有关事实或案件之日起十五日内提出书面申请。

本条前款规定期限届满前，被执行人已向有管辖权的人民法院申请撤销仲裁裁决且已被受理的，自人民法院驳回撤销仲裁裁决申请的裁判文书生效之日起重新计算期限。

第九条　案外人向人民法院申请不予执行仲裁裁决或者仲裁调解书的，应当提交申请书以及证明其请求成立的证据材料，并符合下列条件：

（一）有证据证明仲裁案件当事人恶意申请仲裁或者虚假仲裁，损害其合法权益；

（二）案外人主张的合法权益所涉及的执行标的尚未执行终结；

（三）自知道或者应当知道人民法院对该标的采取执行措施之日起三十日内提出。

第十条　被执行人申请不予执行仲裁裁决，对同一仲裁裁决的多个不予执行事由应当一并提出。不予执行仲裁裁决申请被裁定驳回后，再次提出申请的，人民法院不予审查，但有新证据证明存在民事诉讼法第二百三十七条第二款第四、六项规定情形的除外。

第十一条　人民法院对不予执行仲裁裁决案件应当组成合议庭围绕被执行人申请的事由、案外人的申请进行审查；对被执行人没有申请的事由不予审查，但仲裁裁决可能违背社会公共利益的除外。

被执行人、案外人对仲裁裁决执行案件申请不予执行的，人民法院应当进行询问；被执行人在询问终结前提出其他不予执行事由的，应当一并审查。人民法院审查时，认为必要的，可以要求仲裁庭作出说明，或者向仲裁机构调阅仲裁案卷。

第十二条　人民法院对不予执行仲裁裁决案件的审查，应当在立案之日起两个月内审查完毕并作出裁定；有特殊情况需要延长的，经本院院长批准，可以延长一个月。

第十三条　下列情形经人民法院审查属实的，应当认定为民事诉讼法第二百三十七条第二款第二项规定的"裁决的事项不属于仲裁协议的范围或者仲裁机构无权仲裁的"情形：

（一）裁决的事项超出仲裁协议约定的范围；

（二）裁决的事项属于依照法律规定或者当事人选择的仲裁规则规定的不可仲裁事项；

（三）裁决内容超出当事人仲裁请求的范围；

（四）作出裁决的仲裁机构非仲裁协议所约定。

第十四条　违反仲裁法规定的仲裁程序、当事人选择的仲裁规则或者当事人对仲裁程序的特别约定，可能影响案件公正裁决，经人民法院审查属实的，应当认定为民事诉讼法第二百三十七条第二款第三项规定的"仲裁庭的组成或者仲裁的程序违反法定程序的"情形。

当事人主张未按照仲裁法或仲裁规则规定的方式送达法律文书导致其未能参与仲裁，或者仲裁员根据仲裁法或仲裁规则的规定应当回避而未回避，可能影响公正裁决，经审查属实的，人民法院应当支持；仲裁庭按照仲裁法或仲裁规则以及当事人约定的方式送达仲裁法律文书，当事人主张不符合民事诉讼法有关送达规定的，人民法院不予支持。

适用的仲裁程序或仲裁规则经特别提示，当事人知道或者应当知道法定仲裁程序或选择的仲裁规则未被遵守，但仍然参加或者继续参加仲裁程序且未提出异议，在仲裁裁决作出之后以违反法定程序为由申请不予执行仲裁裁决的，人民法院不予支持。

第十五条　符合下列条件的，人民法院应当认定为民事诉讼法第二百三十七条第二款第四项规定的"裁决所根据的证据是伪造的"情形：

（一）该证据已被仲裁裁决采信；

（二）该证据属于认定案件基本事实的主要证据；

（三）该证据经查明确属通过捏造、变造、提供虚假证明等非法方式形成或者获取，违反证据的客观性、关联性、合法性要求。

第十六条　符合下列条件的，人民法院应当认定为民事诉讼法第二百三十七条第二款第五项规定的"对方当事人向仲裁机构隐瞒了足以影响公正裁决的证据的"情形：

（一）该证据属于认定案件基本事实的主要证据；

（二）该证据仅为对方当事人掌握，但未向仲裁庭提交；

（三）仲裁过程中知悉存在该证据，且要求对方当事人出示或者请求仲裁庭责令其提交，但对方当事人无正当理由未予出示或者提交。

当事人一方在仲裁过程中隐瞒己方掌握的证据，仲裁裁决作出后以己方所隐瞒的证据足以影响公正裁决为由申请不予执行仲裁裁决的，人民法院不予支持。

第十七条　被执行人申请不予执行仲裁调解书或者根据当事人之间的和解协议、调解协议作出的仲裁裁决，人民法院不予支持，但该仲裁调解书或者仲裁裁决违背社会公共利益的除外。

第十八条 案外人根据本规定第九条申请不予执行仲裁裁决或者仲裁调解书，符合下列条件的，人民法院应当支持：

（一）案外人系权利或者利益的主体；

（二）案外人主张的权利或者利益合法、真实；

（三）仲裁案件当事人之间存在虚构法律关系，捏造案件事实的情形；

（四）仲裁裁决主文或者仲裁调解书处理当事人民事权利义务的结果部分或者全部错误，损害案外人合法权益。

第十九条 被执行人、案外人对仲裁裁决执行案件逾期申请不予执行的，人民法院应当裁定不予受理；已经受理的，应当裁定驳回不予执行申请。

被执行人、案外人对仲裁裁决执行案件申请不予执行，经审查理由成立的，人民法院应当裁定不予执行；理由不成立的，应当裁定驳回不予执行申请。

第二十条 当事人向人民法院申请撤销仲裁裁决被驳回后，又在执行程序中以相同事由提出不予执行申请的，人民法院不予支持；当事人向人民法院申请不予执行被驳回后，又以相同事由申请撤销仲裁裁决的，人民法院不予支持。

在不予执行仲裁裁决案件审查期间，当事人向有管辖权的人民法院提出撤销仲裁裁决申请并被受理的，人民法院应当裁定中止对不予执行申请的审查；仲裁裁决被撤销或者决定重新仲裁的，人民法院应当裁定终结执行，并终结对不予执行申请的审查；撤销仲裁裁决申请被驳回或者申请执行人撤回撤销仲裁裁决申请的，人民法院应当恢复对不予执行申请的审查；被执行人撤回撤销仲裁裁决申请的，人民法院应当裁定终结对不予执行申请的审查，但案外人申请不予执行仲裁裁决的除外。

第二十一条 人民法院裁定驳回撤销仲裁裁决申请或者驳回不予执行仲裁裁决、仲裁调解书申请的，执行法院应当恢复执行。

人民法院裁定撤销仲裁裁决或者基于被执行人申请裁定不予执行仲裁裁决，原被执行人申请执行回转或者解除强制执行措施的，人民法院应当支持。原申请执行人对已履行或者被人民法院强制执行的款物申请保全的，人民法院应当依法准许；原申请执行人在人民法院采取保全措施之日起三十日内，未根据双方达成的书面仲裁协议重新申请仲裁或者向人民法院起诉的，人民法院应当裁定解除保全。

人民法院基于案外人申请裁定不予执行仲裁裁决或者仲裁调解书，案外人申请执行回转或者解除强制执行措施的，人民法院应当支持。

第二十二条 人民法院裁定不予执行仲裁裁决、驳回或者不予受理不予执行仲裁裁决申请后，当事人对该裁定提出执行异议或者申请复议的，人民法院不予受理。

人民法院裁定不予执行仲裁裁决的，当事人可以根据双方达成的书面仲裁协议重新申请仲裁，也可以向人民法院起诉。

人民法院基于案外人申请裁定不予执行仲裁裁决或者仲裁调解书，当事人不服的，可以自裁定送达之日起十日内向上一级人民法院申请复议；人民法院裁定驳回或者不予受理案外人提出的不予执行仲裁裁决、仲裁调解书申请，案外人不服的，可以自裁定送达之日起十日内向上一级人民法院申请复议。

第二十三条 本规定第八条、第九条关于对仲裁裁决执行案件申请不予执行的期限自本规定施行之日起重新计算。

第二十四条 本规定自2018年3月1日起施行，本院以前发布的司法解释与本规定不一致的，以本规定为准。

本规定施行前已经执行终结的执行案件，不适用本规定；本规定施行后尚未执行终结的执行案件，适用本规定。

最高人民法院关于执行担保若干问题的规定

（2017年12月11日最高人民法院审判委员会第1729次会议通过　2018年2月22日最高人民法院公告公布　自2018年3月1日起施行　法释〔2018〕4号）

为了进一步规范执行担保，维护当事人、利害关系人的合法权益，根据《中华人民共和国民事诉讼法》等法律规定,结合执行实践,制定本规定。

第一条　本规定所称执行担保,是指担保人依照民事诉讼法第二百三十一条规定,为担保被执行人履行生效法律文书确定的全部或者部分义务,向人民法院提供的担保。

第二条　执行担保可以由被执行人提供财产担保,也可以由他人提供财产担保或者保证。

第三条　被执行人或者他人提供执行担保的,应当向人民法院提交担保书,并将担保书副本送交申请执行人。

第四条　担保书中应当载明担保人的基本信息、暂缓执行期限、担保期间、被担保的债权种类及数额、担保范围、担保方式、被执行人于暂缓执行期限届满后仍不履行时担保人自愿接受直接强制执行的承诺等内容。

提供财产担保的,担保书中还应当载明担保财产的名称、数量、质量、状况、所在地、所有权或者使用权归属等内容。

第五条　公司为被执行人提供执行担保的,应当提交符合公司法第十六条规定的公司章程、董事会或者股东会、股东大会决议。

第六条　被执行人或者他人提供执行担保,申请执行人同意的,应当向人民法院出具书面同意意见,也可以由执行人员将其同意的内容记入笔录,并由申请执行人签名或者盖章。

第七条　被执行人或者他人提供财产担保,可以依照物权法、担保法规定办理登记等担保物权公示手续;已经办理公示手续的,申请执行人可以依法主张优先受偿权。

申请执行人申请人民法院查封、扣押、冻结担保财产的,人民法院应当准许,但担保书另有约定的除外。

第八条　人民法院决定暂缓执行的,可以暂缓全部执行措施的实施,但担保书另有约定的除外。

第九条　担保书内容与事实不符,且对申请执行人合法权益产生实质影响的,人民法院可以依申请执行人的申请恢复执行。

第十条　暂缓执行的期限应当与担保书约定一致,但最长不得超过一年。

第十一条　暂缓执行期限届满后被执行人仍不履行义务,或者暂缓执行期间担保人有转移、隐藏、变卖、毁损担保财产等行为的,人民法院可以依申请执行人的申请恢复执行,并直接裁定执行担保财产或者保证人的财产,不得将担保人变更、追加为被执行人。

执行担保财产或者保证人的财产,以担保人应当履行义务部分的财产为限。被执行人有便于执行的现金、银行存款的,应当优先执行该现金、银行存款。

第十二条　担保期间自暂缓执行期限届满之日起计算。

担保书中没有记载担保期间或者记载不明的,担保期间为一年。

第十三条　担保期间届满后,申请执行人申请执行担保财产或者保证人财产的,人民法院不予支持。他人提供财产担保的,人民法院可以依其申请解除对担保财产的查封、扣押、冻结。

第十四条　担保人承担担保责任后,提起诉讼向被执行人追偿的,人民法院应予受理。

第十五条　被执行人申请变更、解除全部或者部分执行措施,并担保履行生效法律文书确定义务的,参照适用本规定。

第十六条　本规定自2018年3月1日起施行。

本规定施行前成立的执行担保,不适用本规定。

本规定施行前本院公布的司法解释与本规定不一致的,以本规定为准。

最高人民法院关于执行和解若干问题的规定

(2017年11月6日最高人民法院审判委员会第1725次会议通过　2018年2月22日最高人民法院公告公布　自2018年3月1日起施行　法释〔2018〕3号)

为了进一步规范执行和解,维护当事人、利害关系人的合法权益,根据《中华人民共和国民事诉讼法》等法律规定,结合执行实践,制定本规定。

第一条　当事人可以自愿协商达成和解协

议,依法变更生效法律文书确定的权利义务主体、履行标的、期限、地点和方式等内容。

和解协议一般采用书面形式。

第二条　和解协议达成后,有下列情形之一的,人民法院可以裁定中止执行:

(一)各方当事人共同向人民法院提交书面和解协议的;

(二)一方当事人向人民法院提交书面和解协议,其他当事人予以认可的;

(三)当事人达成口头和解协议,执行人员将和解协议内容记入笔录,由各方当事人签名或者盖章的。

第三条　中止执行后,申请执行人申请解除查封、扣押、冻结的,人民法院可以准许。

第四条　委托代理人代为执行和解,应当有委托人的特别授权。

第五条　当事人协商一致,可以变更执行和解协议,并向人民法院提交变更后的协议,或者由执行人员将变更后的内容记入笔录,并由各方当事人签名或者盖章。

第六条　当事人达成以物抵债执行和解协议的,人民法院不得依据该协议作出以物抵债裁定。

第七条　执行和解协议履行过程中,符合合同法第一百零一条规定情形的,债务人可以依法向有关机构申请提存;执行和解协议约定给付金钱的,债务人也可以向执行法院申请提存。

第八条　执行和解协议履行完毕的,人民法院作执行结案处理。

第九条　被执行人一方不履行执行和解协议的,申请执行人可以申请恢复执行原生效法律文书,也可以就履行执行和解协议向执行法院提起诉讼。

第十条　申请恢复执行原生效法律文书,适用民事诉讼法第二百三十九条申请执行期间的规定。

当事人不履行执行和解协议的,申请恢复执行期间自执行和解协议约定履行期间的最后一日起计算。

第十一条　申请执行人以被执行人一方不履行执行和解协议为由申请恢复执行,人民法院经审查,理由成立的,裁定恢复执行;有下列情形之一的,裁定不予恢复执行:

(一)执行和解协议履行完毕后申请恢复执行的;

(二)执行和解协议约定的履行期限尚未届至或者履行条件尚未成就的,但符合合同法第一百零八条规定情形的除外;

(三)被执行人一方正在按照执行和解协议约定履行义务的;

(四)其他不符合恢复执行条件的情形。

第十二条　当事人、利害关系人认为恢复执行或者不予恢复执行违反法律规定的,可以依照民事诉讼法第二百二十五条规定提出异议。

第十三条　恢复执行后,对申请执行人就履行执行和解协议提起的诉讼,人民法院不予受理。

第十四条　申请执行人就履行执行和解协议提起诉讼,执行法院受理后,可以裁定终结原生效法律文书的执行。执行中的查封、扣押、冻结措施,自动转为诉讼中的保全措施。

第十五条　执行和解协议履行完毕,申请执行人因被执行人迟延履行、瑕疵履行遭受损害的,可以向执行法院另行提起诉讼。

第十六条　当事人、利害关系人认为执行和解协议无效或者应予撤销的,可以向执行法院提起诉讼。执行和解协议被确认无效或者撤销后,申请执行人可以据此申请恢复执行。

被执行人以执行和解协议无效或者应予撤销为由提起诉讼的,不影响申请执行人申请恢复执行。

第十七条　恢复执行后,执行和解协议已经履行部分应当依法扣除。当事人、利害关系人认为人民法院的扣除行为违反法律规定的,可以依照民事诉讼法第二百二十五条规定提出异议。

第十八条　执行和解协议中约定担保条款,且担保人向人民法院承诺在被执行人不履行执行和解协议时自愿接受直接强制执行的,恢复执行原生效法律文书后,人民法院可以依申请执行人申请及担保条款的约定,直接裁定执行担保财产或者保证人的财产。

第十九条　执行过程中,被执行人根据当事人自行达成但未提交人民法院的和解协议,或者一方当事人提交人民法院但其他当事人不予认可的和解协议,依照民事诉讼法第二百二十五条规定提出异议的，人民法院按照下列情形，分别处理：

（一）和解协议履行完毕的，裁定终结原生效法律文书的执行；

（二）和解协议约定的履行期限尚未届至或者履行条件尚未成就的，裁定中止执行，但符合合同法第一百零八条规定情形的除外；

（三）被执行人一方正在按照和解协议约定履行义务的，裁定中止执行；

（四）被执行人不履行和解协议的，裁定驳回异议；

（五）和解协议不成立、未生效或者无效的，裁定驳回异议。

第二十条 本规定自2018年3月1日起施行。

本规定施行前本院公布的司法解释与本规定不一致的，以本规定为准。

最高人民法院关于人民法院确定财产处置参考价若干问题的规定

（2018年6月4日最高人民法院审判委员会第1741次会议通过 2018年8月28日最高人民法院公告公布 自2018年9月1日起施行 法释〔2018〕15号）

为公平、公正、高效确定财产处置参考价，维护当事人、利害关系人的合法权益，根据《中华人民共和国民事诉讼法》等法律规定，结合人民法院工作实际，制定本规定。

第一条 人民法院查封、扣押、冻结财产后，对需要拍卖、变卖的财产，应当在三十日内启动确定财产处置参考价程序。

第二条 人民法院确定财产处置参考价，可以采取当事人议价、定向询价、网络询价、委托评估等方式。

第三条 人民法院确定参考价前，应当查明财产的权属、权利负担、占有使用、欠缴税费、质量瑕疵等事项。

人民法院查明前款规定事项需要当事人、有关单位或者个人提供相关资料的，可以通知其提交；拒不提交的，可以强制提取；对妨碍强制提取的，参照民事诉讼法第一百一十一条、第一百一十四条的规定处理。

查明本条第一款规定事项需要审计、鉴定的，人民法院可以先行审计、鉴定。

第四条 采取当事人议价方式确定参考价的，除一方当事人拒绝议价或者下落不明外，人民法院应当以适当的方式通知或者组织当事人进行协商，当事人应当在指定期限内提交议价结果。

双方当事人提交的议价结果一致，且不损害他人合法权益的，议价结果为参考价。

第五条 当事人议价不能或者不成，且财产有计税基准价、政府定价或者政府指导价的，人民法院应当向确定参考价时财产所在地的有关机构进行定向询价。

双方当事人一致要求直接进行定向询价，且财产有计税基准价、政府定价或者政府指导价的，人民法院应当准许。

第六条 采取定向询价方式确定参考价的，人民法院应当向有关机构出具询价函，询价函应当载明询价要求、完成期限等内容。

接受定向询价的机构在指定期限内出具的询价结果为参考价。

第七条 定向询价不能或者不成，财产无需由专业人员现场勘验或者鉴定，且具备网络询价条件的，人民法院应当通过司法网络询价平台进行网络询价。

双方当事人一致要求或者同意直接进行网络询价，财产无需由专业人员现场勘验或者鉴定，且具备网络询价条件的，人民法院应当准许。

第八条 最高人民法院建立全国性司法网络询价平台名单库。

司法网络询价平台应当同时符合下列条件：

（一）具备能够依法开展互联网信息服务工作的资质；

（二）能够合法获取并整合全国各地区同种类财产一定时期的既往成交价、政府定价、政府指导价或者市场公开交易价等不少于三类价格数据，并保证数据真实、准确；

（三）能够根据数据化财产特征，运用一定的运算规则对市场既往交易价格、交易趋势予以分析；

（四）程序运行规范、系统安全高效、服务质优价廉；

（五）能够全程记载数据的分析过程，将形成的电子数据完整保存不少于十年，但法律、行政法规、司法解释另有规定的除外。

第九条　最高人民法院组成专门的评审委员会，负责司法网络询价平台的选定、评审和除名。每年引入权威第三方对已纳入和新申请纳入名单库的司法网络询价平台予以评审并公布结果。

司法网络询价平台具有下列情形之一的，应当将其从名单库中除名：

（一）无正当理由拒绝进行网络询价；

（二）无正当理由一年内累计五次未按期完成网络询价；

（三）存在恶意串通、弄虚作假、泄露保密信息等行为；

（四）经权威第三方评审认定不符合提供网络询价服务条件；

（五）存在其他违反询价规则以及法律、行政法规、司法解释规定的情形。

司法网络询价平台被除名后，五年内不得被纳入名单库。

第十条　采取网络询价方式确定参考价的，人民法院应当同时向名单库中的全部司法网络询价平台发出网络询价委托书。网络询价委托书应当载明财产名称、物理特征、规格数量、目的要求、完成期限以及其他需要明确的内容等。

第十一条　司法网络询价平台应当在收到人民法院网络询价委托书之日起三日内出具网络询价报告。网络询价报告应当载明财产的基本情况、参照样本、计算方法、询价结果及有效期等内容。

司法网络询价平台不能在期限内完成询价的，应当在期限届满前申请延长期限。全部司法网络询价平台均未能在期限内出具询价结果的，人民法院应当根据各司法网络询价平台的延期申请延期三日；部分司法网络询价平台在期限内出具网络询价结果的，人民法院对其他司法网络询价平台的延期申请不予准许。

全部司法网络询价平台均未在期限内出具或者补正网络询价报告，且未按照规定申请延长期限的，人民法院应当委托评估机构进行评估。

人民法院未在网络询价结果有效期内发布一拍拍卖公告或者直接进入变卖程序的，应当通知司法网络询价平台在三日内重新出具网络询价报告。

第十二条　人民法院应当对网络询价报告进行审查。网络询价报告均存在财产基本信息错误、超出财产范围或者遗漏财产等情形的，应当通知司法网络询价平台在三日内予以补正；部分网络询价报告不存在上述情形的，无需通知其他司法网络询价平台补正。

第十三条　全部司法网络询价平台均在期限内出具询价结果或者补正结果的，人民法院应当以全部司法网络询价平台出具结果的平均值为参考价；部分司法网络询价平台在期限内出具询价结果或者补正结果的，人民法院应当以该部分司法网络询价平台出具结果的平均值为参考价。

当事人、利害关系人依据本规定第二十二条的规定对全部网络询价报告均提出异议，且所提异议被驳回或者司法网络询价平台已作出补正的，人民法院应当以异议被驳回或者已作出补正的各司法网络询价平台出具结果的平均值为参考价；对部分网络询价报告提出异议的，人民法院应当以网络询价报告未被提出异议的各司法网络询价平台出具结果的平均值为参考价。

第十四条　法律、行政法规规定必须委托评估、双方当事人要求委托评估或者网络询价不能或不成的，人民法院应当委托评估机构进行评估。

第十五条　最高人民法院根据全国性评估行业协会推荐的评估机构名单建立人民法院司法评估机构名单库。按评估专业领域和评估机构的执业范围建立名单分库，在分库下根据行政区划设省、市两级名单子库。

评估机构无正当理由拒绝进行司法评估或者存在弄虚作假等情形的，最高人民法院可以商全国性评估行业协会将其从名单库中除名；除名后五年内不得被纳入名单库。

第十六条　采取委托评估方式确定参考价的，人民法院应当通知双方当事人在指定期限内从名单分库中协商确定三家评估机构以及顺序；

双方当事人在指定期限内协商不成或者一方当事人下落不明的，采取摇号方式在名单分库或者财产所在地的名单子库中随机确定三家评估机构以及顺序。双方当事人一致要求在同一名单子库中随机确定的，人民法院应当准许。

第十七条 人民法院应当向顺序在先的评估机构出具评估委托书，评估委托书应当载明财产名称、物理特征、规格数量、目的要求、完成期限以及其他需要明确的内容等，同时应当将查明的财产情况及相关材料一并移交给评估机构。

评估机构应当出具评估报告，评估报告应当载明评估财产的基本情况、评估方法、评估标准、评估结果及有效期等内容。

第十八条 评估需要进行现场勘验的，人民法院应当通知当事人到场；当事人不到场的，不影响勘验的进行，但应当有见证人见证。现场勘验需要当事人、协助义务人配合的，人民法院依法责令其配合；不予配合的，可以依法强制进行。

第十九条 评估机构应当在三十日内出具评估报告。人民法院决定暂缓或者裁定中止执行的期间，应当从前述期限中扣除。

评估机构不能在期限内出具评估报告的，应当在期限届满五日前书面向人民法院申请延长期限。人民法院决定延长期限的，延期次数不超过两次，每次不超过十五日。

评估机构未在期限内出具评估报告、补正说明，且未按照规定申请延长期限的，人民法院应当通知该评估机构三日内将人民法院委托评估时移交的材料退回，另行委托下一顺序的评估机构重新进行评估。

人民法院未在评估结果有效期内发布一拍拍卖公告或者直接进入变卖程序的，应当通知原评估机构在十五日内重新出具评估报告。

第二十条 人民法院应当对评估报告进行审查。具有下列情形之一的，应当责令评估机构在三日内予以书面说明或者补正：

（一）财产基本信息错误；

（二）超出财产范围或者遗漏财产；

（三）选定的评估机构与评估报告上签章的评估机构不符；

（四）评估人员执业资格证明与评估报告上署名的人员不符；

（五）具有其他应当书面说明或者补正的情形。

第二十一条 人民法院收到定向询价、网络询价、委托评估、说明补正等报告后，应当在三日内发送给当事人及利害关系人。

当事人、利害关系人已提供有效送达地址的，人民法院应当将报告以直接送达、留置送达、委托送达、邮寄送达或者电子送达的方式送达；当事人、利害关系人下落不明或者无法获取其有效送达地址，人民法院无法按照前述规定送达的，应当在中国执行信息公开网上予以公示，公示满十五日即视为收到。

第二十二条 当事人、利害关系人认为网络询价报告或者评估报告具有下列情形之一的，可以在收到报告后五日内提出书面异议：

（一）财产基本信息错误；

（二）超出财产范围或者遗漏财产；

（三）评估机构或者评估人员不具备相应评估资质；

（四）评估程序严重违法。

对当事人、利害关系人依据前款规定提出的书面异议，人民法院应当参照民事诉讼法第二百二十五条的规定处理。

第二十三条 当事人、利害关系人收到评估报告后五日内对评估报告的参照标准、计算方法或者评估结果等提出书面异议的，人民法院应当在三日内交评估机构予以书面说明。评估机构在五日内未作说明或者当事人、利害关系人对作出的说明仍有异议的，人民法院应当交由相关行业协会在指定期限内组织专业技术评审，并根据专业技术评审出具的结论认定评估结果或者责令原评估机构予以补正。

当事人、利害关系人提出前款异议，同时涉及本规定第二十二条第一款第一、二项情形的，按照前款规定处理；同时涉及本规定第二十二条第一款第三、四项情形的，按照本规定第二十二条第二款先对第三、四项情形审查，异议成立的，应当通知评估机构三日内将人民法院委托评估时移交的材料退回，另行委托下一顺序的评估机构重新进行评估；异议不成立的，按照前款规定处理。

第二十四条 当事人、利害关系人未在本规定第二十二条、第二十三条规定的期限内提出异议或者对网络询价平台、评估机构、行业协会按照本规定第二十二条、第二十三条所作的补正说明、专业技术评审结论提出异议的，人民法院不予受理。

当事人、利害关系人对议价或者定向询价提出异议的，人民法院不予受理。

第二十五条 当事人、利害关系人有证据证明具有下列情形之一，且在发布一拍拍卖公告或者直接进入变卖程序之前提出异议的，人民法院应当按照执行监督程序进行审查处理：

（一）议价中存在欺诈、胁迫情形；

（二）恶意串通损害第三人利益；

（三）有关机构出具虚假定向询价结果；

（四）依照本规定第二十二条、第二十三条作出的处理结果确有错误。

第二十六条 当事人、利害关系人对评估报告未提出异议、所提异议被驳回或者评估机构已作出补正的，人民法院应当以评估结果或者补正结果为参考价；当事人、利害关系人对评估报告提出的异议成立的，人民法院应当以评估机构作出的补正结果或者重新作出的评估结果为参考价。专业技术评审对评估报告未作出否定结论的，人民法院应当以该评估结果为参考价。

第二十七条 司法网络询价平台、评估机构应当确定网络询价或者委托评估结果的有效期，有效期最长不得超过一年。

当事人议价的，可以自行协商确定议价结果的有效期，但不得超过前款规定的期限；定向询价结果的有效期，参照前款规定确定。

人民法院在议价、询价、评估结果有效期内发布一拍拍卖公告或者直接进入变卖程序，拍卖、变卖时未超过有效期六个月的，无需重新确定参考价，但法律、行政法规、司法解释另有规定的除外。

第二十八条 具有下列情形之一的，人民法院应当决定暂缓网络询价或者委托评估：

（一）案件暂缓执行或者中止执行；

（二）评估材料与事实严重不符，可能影响评估结果，需要重新调查核实；

（三）人民法院认为应当暂缓的其他情形。

第二十九条 具有下列情形之一的，人民法院应当撤回网络询价或者委托评估：

（一）申请执行人撤回执行申请；

（二）生效法律文书确定的义务已全部执行完毕；

（三）据以执行的生效法律文书被撤销或者被裁定不予执行；

（四）人民法院认为应当撤回的其他情形。

人民法院决定网络询价或者委托评估后，双方当事人议价确定参考价或者协商不再对财产进行变价处理的，人民法院可以撤回网络询价或者委托评估。

第三十条 人民法院应当在参考价确定后十日内启动财产变价程序。拍卖的，参照参考价确定起拍价；直接变卖的，参照参考价确定变卖价。

第三十一条 人民法院委托司法网络询价平台进行网络询价的，网络询价费用应当按次计付给出具网络询价结果与财产处置成交价最接近的司法网络询价平台；多家司法网络询价平台出具的网络询价结果相同或者与财产处置成交价差距相同的，网络询价费用平均分配。

人民法院依照本规定第十一条第三款规定委托评估机构进行评估或者依照本规定第二十九条规定撤回网络询价的，对司法网络询价平台不计付费用。

第三十二条 人民法院委托评估机构进行评估，财产处置未成交的，按照评估机构合理的实际支出计付费用；财产处置成交价高于评估价的，以评估价为基准计付费用；财产处置成交价低于评估价的，以财产处置成交价为基准计付费用。

人民法院依照本规定第二十九条规定撤回委托评估的，按照评估机构合理的实际支出计付费用；人民法院依照本规定通知原评估机构重新出具评估报告的，按照前款规定的百分之三十计付费用。

人民法院依照本规定另行委托评估机构重新进行评估的，对原评估机构不计付费用。

第三十三条 网络询价费及委托评估费由申请执行人先行垫付，由被执行人负担。

申请执行人通过签订保险合同的方式垫付网络询价费或者委托评估费的，保险人应当向人民法院出具担保书。担保书应当载明因申请执行人未垫付网络询价费或者委托评估费由保险人支付等内容,并附相关证据材料。

第三十四条 最高人民法院建设全国法院询价评估系统。询价评估系统与定向询价机构、司法网络询价平台、全国性评估行业协会的系统对接,实现数据共享。

询价评估系统应当具有记载当事人议价、定向询价、网络询价、委托评估、摇号过程等功能,并形成固化数据,长期保存、随案备查。

第三十五条 本规定自2018年9月1日起施行。

最高人民法院此前公布的司法解释及规范性文件与本规定不一致的,以本规定为准。

最高人民法院关于公证债权文书执行若干问题的规定

(2018年6月25日最高人民法院审判委员会第1743次会议通过 2018年9月30日最高人民法院公告公布 自2018年10月1日起施行 法释〔2018〕18号)

为了进一步规范人民法院办理公证债权文书执行案件,确保公证债权文书依法执行,维护当事人、利害关系人的合法权益,根据《中华人民共和国民事诉讼法》《中华人民共和国公证法》等法律规定,结合执行实践,制定本规定。

第一条 本规定所称公证债权文书,是指根据公证法第三十七条第一款规定经公证赋予强制执行效力的债权文书。

第二条 公证债权文书执行案件,由被执行人住所地或者被执行的财产所在地人民法院管辖。

前款规定案件的级别管辖,参照人民法院受理第一审民商事案件级别管辖的规定确定。

第三条 债权人申请执行公证债权文书,除应当提交作为执行依据的公证债权文书等申请执行所需的材料外,还应当提交证明履行情况等内容的执行证书。

第四条 债权人申请执行的公证债权文书应当包括公证证词、被证明的债权文书等内容。权利义务主体、给付内容应当在公证证词中列明。

第五条 债权人申请执行公证债权文书,有下列情形之一的,人民法院应当裁定不予受理;已经受理的,裁定驳回执行申请:

(一)债权文书属于不得经公证赋予强制执行效力的文书;

(二)公证债权文书未载明债务人接受强制执行的承诺;

(三)公证证词载明的权利义务主体或者给付内容不明确;

(四)债权人未提交执行证书;

(五)其他不符合受理条件的情形。

第六条 公证债权文书赋予强制执行效力的范围同时包含主债务和担保债务的,人民法院应当依法予以执行;仅包含主债务的,对担保债务部分的执行申请不予受理;仅包含担保债务的,对主债务部分的执行申请不予受理。

第七条 债权人对不予受理、驳回执行申请裁定不服的,可以自裁定送达之日起十日内向上一级人民法院申请复议。

申请复议期满未申请复议,或者复议申请被驳回的,当事人可以就公证债权文书涉及的民事权利义务争议向人民法院提起诉讼。

第八条 公证机构决定不予出具执行证书的,当事人可以就公证债权文书涉及的民事权利义务争议直接向人民法院提起诉讼。

第九条 申请执行公证债权文书的期间自公证债权文书确定的履行期间的最后一日起计算;分期履行的,自公证债权文书确定的每次履行期间的最后一日起计算。

债权人向公证机构申请出具执行证书的,申请执行时效自债权人提出申请之日起中断。

第十条 人民法院在执行实施中,根据公证债权文书并结合申请执行人的申请依法确定给付内容。

第十一条 因民间借贷形成的公证债权文书,文书中载明的利率超过人民法院依照法律、司法解释规定应予支持的上限的,对超过的利息部分不纳入执行范围;载明的利率未超过人民法院依照法律、司法解释规定应予支持的上限,被执行人主张实际超过的,可以依照本规定第二十二条第一款规定提起诉讼。

第十二条 有下列情形之一的,被执行人可以依照民事诉讼法第二百三十八条第二款规定申请不予执行公证债权文书：

（一）被执行人未到场且未委托代理人到场办理公证的；

（二）无民事行为能力人或者限制民事行为能力人没有监护人代为办理公证的；

（三）公证员为本人、近亲属办理公证，或者办理与本人、近亲属有利害关系的公证的；

（四）公证员办理该项公证有贪污受贿、徇私舞弊行为，已经由生效刑事法律文书等确认的；

（五）其他严重违反法定公证程序的情形。

被执行人以公证债权文书的内容与事实不符或者违反法律强制性规定等实体事由申请不予执行的，人民法院应当告知其依照本规定第二十二条第一款规定提起诉讼。

第十三条 被执行人申请不予执行公证债权文书，应当在执行通知书送达之日起十五日内向执行法院提出书面申请，并提交相关证据材料；有本规定第十二条第一款第三项、第四项规定情形且执行程序尚未终结的，应当自知道或者应当知道有关事实之日起十五日内提出。

公证债权文书执行案件被指定执行、提级执行、委托执行后，被执行人申请不予执行的，由提出申请时负责该案件执行的人民法院审查。

第十四条 被执行人认为公证债权文书存在本规定第十二条第一款规定的多个不予执行事由的，应当在不予执行案件审查期间一并提出。

不予执行申请被裁定驳回后，同一被执行人再次提出申请的，人民法院不予受理。但有证据证明不予执行事由在不予执行申请被裁定驳回后知道的，可以在执行程序终结前提出。

第十五条 人民法院审查不予执行公证债权文书案件，案情复杂、争议较大的，应当进行听证。必要时可以向公证机构调阅公证案卷，要求公证机构作出书面说明，或者通知公证员到庭说明情况。

第十六条 人民法院审查不予执行公证债权文书案件，应当在受理之日起六十日内审查完毕并作出裁定；有特殊情况需要延长的，经本院院长批准，可以延长三十日。

第十七条 人民法院审查不予执行公证债权文书案件期间，不停止执行。

被执行人提供充分、有效的担保，请求停止相应处分措施的，人民法院可以准许；申请执行人提供充分、有效的担保，请求继续执行的，应当继续执行。

第十八条 被执行人依照本规定第十二条第一款规定申请不予执行，人民法院经审查认为理由成立的，裁定不予执行；理由不成立的，裁定驳回不予执行申请。

公证债权文书部分内容具有本规定第十二条第一款规定情形的，人民法院应当裁定对该部分不予执行；应当不予执行部分与其他部分不可分的，裁定对该公证债权文书不予执行。

第十九条 人民法院认定执行公证债权文书违背公序良俗的，裁定不予执行。

第二十条 公证债权文书被裁定不予执行的，当事人可以就该公证债权文书涉及的民事权利义务争议向人民法院提起诉讼；公证债权文书被裁定部分不予执行的，当事人可以就该部分争议提起诉讼。

当事人对不予执行裁定提出执行异议或者申请复议的，人民法院不予受理。

第二十一条 当事人不服驳回不予执行申请裁定的，可以自裁定送达之日起十日内向上一级人民法院申请复议。上一级人民法院应当自收到复议申请之日起三十日内审查。经审查，理由成立的，裁定撤销原裁定，不予执行该公证债权文书；理由不成立的，裁定驳回复议申请。复议期间，不停止执行。

第二十二条 有下列情形之一的，债务人可以在执行程序终结前，以债权人为被告，向执行法院提起诉讼，请求不予执行公证债权文书：

（一）公证债权文书载明的民事权利义务关系与事实不符；

（二）经公证的债权文书具有法律规定的无效、可撤销等情形；

（三）公证债权文书载明的债权因清偿、提存、抵销、免除等原因全部或者部分消灭。

债务人提起诉讼，不影响人民法院对公证债权文书的执行。债务人提供充分、有效的担保，请求停止相应处分措施的，人民法院可以准许；债权人提供充分、有效的担保，请求继续执行的，应当继续执行。

第二十三条 对债务人依照本规定第二十

二条第一款规定提起的诉讼,人民法院经审理认为理由成立的,判决不予执行或者部分不予执行;理由不成立的,判决驳回诉讼请求。

当事人同时就公证债权文书涉及的民事权利义务争议提出诉讼请求的,人民法院可以在判决中一并作出裁判。

第二十四条 有下列情形之一的,债权人、利害关系人可以就公证债权文书涉及的民事权利义务争议直接向有管辖权的人民法院提起诉讼:

(一)公证债权文书载明的民事权利义务关系与事实不符;

(二)经公证的债权文书具有法律规定的无效、可撤销等情形。

债权人提起诉讼,诉讼案件受理后又申请执行公证债权文书的,人民法院不予受理。进入执行程序后债权人又提起诉讼的,诉讼案件受理后,人民法院可以裁定终结公证债权文书的执行;债权人请求继续执行其未提出争议部分的,人民法院可以准许。

利害关系人提起诉讼,不影响人民法院对公证债权文书的执行。利害关系人提供充分、有效的担保,请求停止相应处分措施的,人民法院可以准许;债权人提供充分、有效的担保,请求继续执行的,应当继续执行。

第二十五条 本规定自2018年10月1日起施行。

本规定施行前最高人民法院公布的司法解释与本规定不一致的,以本规定为准。

十七　涉港澳台民商事程序

最高人民法院关于内地与香港特别行政区法院相互委托送达民商事司法文书的安排

（1998年12月30日最高人民法院审判委员会第1038次会议通过　1999年3月29日最高人民法院公告公布　自1999年3月30日起施行　法释〔1999〕9号）

根据《中华人民共和国香港特别行政区基本法》第九十五条的规定，经最高人民法院与香港特别行政区代表协商，现就内地与香港特别行政区法院相互委托送达民商事司法文书问题规定如下：

一、内地法院和香港特别行政区法院可以相互委托送达民商事司法文书。

二、双方委托送达司法文书，均须通过各高级人民法院和香港特别行政区高等法院进行。最高人民法院司法文书可以直接委托香港特别行政区高等法院送达。

三、委托方请求送达司法文书，须出具盖有其印章的委托书，并须在委托书中说明委托机关的名称、受送达人的姓名或者名称、详细地址及案件的性质。

委托书应当以中文文本提出。所附司法文书没有中文文本的，应当提供中文译本。以上文件一式两份。受送达人为2人以上的，每人一式两份。

受委托方如果认为委托书与本安排的规定不符，应当通知委托方，并说明对委托书的异议。必要时可以要求委托方补充材料。

四、不论司法文书中确定的出庭日期或者期限是否已过，受委托方均应送达。委托方应当尽量在合理期限内提出委托请求。

受委托方接到委托书后，应当及时完成送达，最迟不得超过自收到委托书之日起两个月。

五、送达司法文书后，内地人民法院应当出具送达回证；香港特别行政区法院应当出具送达证明书。出具送达回证和证明书，应当加盖法院印章。

受委托方无法送达的，应当在送达回证或者证明书上注明妨碍送达的原因、拒收事由和日期，并及时退回委托书及所附全部文书。

六、送达司法文书，应当依照受委托方所在地法律规定的程序进行。

七、受委托方对委托方委托送达的司法文书的内容和后果不负法律责任。

八、委托送达司法文书费用互免。但委托方在委托书中请求以特定送达方式送达所产生的费用，由委托方负担。

九、本安排中的司法文书在内地包括：起诉状副本、上诉状副本、授权委托书、传票、判决书、调解书、裁定书、决定书、通知书、证明书、送达回证；在香港特别行政区包括：起诉状副本、上诉状副本、传票、状词、誓章、判案书、判决书、裁决书、通知书、法庭命令、送达证明。

上述委托送达的司法文书以互换司法文书样本为准。

十、本安排在执行过程中遇有问题和修改，应当通过最高人民法院与香港特别行政区高等法院协商解决。

最高人民法院关于内地与香港特别行政区相互执行仲裁裁决的安排

（1999年6月18日最高人民法院审判委员会第1069次会议通过　2000年1月24日最高人民法院公告公布　自2000年2月1日起施行　法释〔2000〕3号）

根据《中华人民共和国香港特别行政区基本法》第九十五条的规定，经最高人民法院与香港特别行政区（以下简称香港特区）政府协商，香港特区法院同意执行内地仲裁机构（名单由国务院法制办公室经国务院港澳事务办公室提供）依据《中华人民共和国仲裁法》所作出的裁决，内地人民法院同意执行在香港特区按香港特区《仲裁条例》所作出的裁决。现就内地与香港特区相互执行仲裁裁决的有关事宜作出如下安排：

一、在内地或者香港特区作出的仲裁裁决，一方当事人不履行仲裁裁决的，另一方当事人可以向被申请人住所地或者财产所在地的有关法院申请执行。

二、上条所述的有关法院，在内地指被申请人住所地或者财产所在地的中级人民法院，在香港特区指香港特区高等法院。

被申请人住所地或者财产所在地在内地不同的中级人民法院辖区内的，申请人可以选择其中一个人民法院申请执行裁决，不得分别向两个或者两个以上人民法院提出申请。

被申请人的住所地或者财产所在地，既在内地又在香港特区的，申请人不得同时分别向两地有关法院提出申请。只有一地法院执行不足以偿还其债务时，才可就不足部分向另一地法院申请执行。两地法院先后执行仲裁裁决的总额，不得超过裁决数额。

三、申请人向有关法院申请执行在内地或者香港特区作出的仲裁裁决的，应当提交以下文书：

（一）执行申请书；

（二）仲裁裁决书；

（三）仲裁协议。

四、执行申请书的内容应当载明下列事项：

（一）申请人为自然人的情况下，该人的姓名、地址；申请人为法人或者其他组织的情况下，该法人或其他组织的名称、地址及法定代表人姓名；

（二）被申请人为自然人的情况下，该人的姓名、地址；被申请人为法人或者其他组织的情况下，该法人或其他组织的名称、地址及法定代表人姓名；

（三）申请人为法人或者其他组织的，应当提交企业注册登记的副本。申请人是外国籍法人或者其他组织的，应当提交相应的公证和认证材料；

（四）申请执行的理由与请求的内容，被申请人的财产所在地及财产状况。

执行申请书应当以中文文本提出，裁决书或者仲裁协议没有中文文本的，申请人应当提交正式证明的中文译本。

五、申请人向有关法院申请执行内地或者香港特区仲裁裁决的期限依据执行地法律有关时限的规定。

六、有关法院接到申请人申请后，应当按执行地法律程序处理及执行。

七、在内地或者香港特区申请执行的仲裁裁决，被申请人接到通知后，提出证据证明有下列情形之一的，经审查核实，有关法院可裁定不予执行：

（一）仲裁协议当事人依对其适用的法律属于某种无行为能力的情形；或者该项仲裁协议依约定的准据法无效；或者未指明以何种法律为准时，依仲裁裁决地的法律是无效的；

（二）被申请人未接到指派仲裁员的适当通知，或者因他故未能陈述意见的；

（三）裁决所处理的争议不是交付仲裁的标的或者不在仲裁协议条款之内，或者裁决载有关于交付仲裁范围以外事项的决定的；但交付仲裁事项的决定可与未交付仲裁的事项划分时，裁决中关于交付仲裁事项的决定部分应当予以执行；

（四）仲裁庭的组成或者仲裁庭程序与当事人之间的协议不符，或者在有关当事人没有这种协议时与仲裁地的法律不符的；

（五）裁决对当事人尚无约束力，或者业经仲裁地的法院或者按仲裁地的法律撤销或者停止执行的。

有关法院认定依执行地法律，争议事项不能以仲裁解决的，则可不予执行该裁决。

内地法院认定在内地执行该仲裁裁决违反内地社会公共利益，或者香港特区法院决定在香港特区执行该仲裁裁决违反香港特区的公共政策，则可不予执行该裁决。

八、申请人向有关法院申请执行在内地或者香港特区作出的仲裁裁决，应当根据执行地法院有关诉讼收费的办法交纳执行费用。

九、1997 年 7 月 1 日以后申请执行在内地或者香港特区作出的仲裁裁决按本安排执行。

十、对 1997 年 7 月 1 日至本安排生效之日的裁决申请问题，双方同意：

1997 年 7 月 1 日至本安排生效之日因故未能向内地或者香港特区法院申请执行，申请人为法人或者其他组织的，可以在本安排生效后 6 个月内提出；如申请人为自然人的，可以在本安排生效后1年内提出。

对于内地或香港特区法院在1997年7月1日至本安排生效之日拒绝受理或者拒绝执行仲裁裁决的案件，应允许当事人重新申请。

十一、本安排在执行过程中遇有问题和修改，应当通过最高人民法院和香港特区政府协商解决。

最高人民法院关于内地与香港特别行政区法院相互认可和执行当事人协议管辖的民商事案件判决的安排

（2006年6月12日最高人民法院审判委员会第1390次会议通过　2008年7月3日最高人民法院公告公布　自2008年8月1日起生效　法释〔2008〕9号）

根据《中华人民共和国香港特别行政区基本法》第九十五条的规定，最高人民法院与香港特别行政区政府经协商，现就当事人协议管辖的民商事案件判决的认可和执行问题作出如下安排：

第一条　内地人民法院和香港特别行政区法院在具有书面管辖协议的民商事案件中作出的须支付款项的具有执行力的终审判决，当事人可以根据本安排向内地人民法院或者香港特别行政区法院申请认可和执行。

第二条　本安排所称"具有执行力的终审判决"：

（一）在内地是指：

1. 最高人民法院的判决；

2. 高级人民法院、中级人民法院以及经授权管辖第一审涉外、涉港澳台民商事案件的基层人民法院（名单附后）依法不准上诉或者已经超过法定期限没有上诉的第一审判决，第二审判决和依照审判监督程序由上一级人民法院提审后作出的生效判决。

（二）在香港特别行政区是指终审法院、高等法院上诉法庭及原讼法庭和区域法院作出的生效判决。

本安排所称判决，在内地包括判决书、裁定书、调解书、支付令；在香港特别行政区包括判决书、命令和诉讼费评定证明书。

当事人向香港特别行政区法院申请认可和执行判决后，内地人民法院对该案件依法再审的，由作出生效判决的上一级人民法院提审。

第三条　本安排所称"书面管辖协议"，是指当事人为解决与特定法律关系有关的已经发生或者可能发生的争议，自本安排生效之日起，以书面形式明确约定内地人民法院或者香港特别行政区法院具有唯一管辖权的协议。

本条所称"特定法律关系"，是指当事人之间的民商事合同，不包括雇佣合同以及自然人因个人消费、家庭事宜或者其他非商业目的而作为协议一方的合同。

本条所称"书面形式"是指合同书、信件和数据电文（包括电报、电传、传真、电子数据交换和电子邮件）等可以有形地表现所载内容、可以调取以备日后查用的形式。

书面管辖协议可以由一份或者多份书面形式组成。

除非合同另有规定，合同中的管辖协议条款独立存在，合同的变更、解除、终止或者无效，不影响管辖协议条款的效力。

第四条　申请认可和执行符合本安排规定的民商事判决，在内地向被申请人住所地、经常居住地或者财产所在地的中级人民法院提出，在香港特别行政区向香港特别行政区高等法院提出。

第五条　被申请人住所地、经常居住地或者财产所在地在内地不同的中级人民法院辖区的，申请人应当选择向其中一个人民法院提出认可和执行的申请，不得分别向两个或者两个以上人民法院提出申请。

被申请人的住所地、经常居住地或者财产所在地，既在内地又在香港特别行政区的，申请人可以同时分别向两地法院提出申请，两地法院分别执行判决的总额，不得超过判决确定的数额。已经部分或者全部执行判决的法院应当根据对方法院的要求提供已执行判决的情况。

第六条　申请人向有关法院申请认可和执行判决的，应当提交以下文件：

（一）请求认可和执行的申请书；

(二)经作出终审判决的法院盖章的判决书副本;

(三)作出终审判决的法院出具的证明书,证明该判决属于本安排第二条所指的终审判决,在判决作出地可以执行;

(四)身份证明材料:

1. 申请人为自然人的,应当提交身份证或者经公证的身份证复印件;

2. 申请人为法人或者其他组织的,应当提交经公证的法人或者其他组织注册登记证书的复印件;

3. 申请人是外国籍法人或者其他组织的,应当提交相应的公证和认证材料。

向内地人民法院提交的文件没有中文文本的,申请人应当提交证明无误的中文译本。

执行地法院对于本条所规定的法院出具的证明书,无需另行要求公证。

第七条　请求认可和执行申请书应当载明下列事项:

(一)当事人为自然人的,其姓名、住所;当事人为法人或者其他组织的,法人或者其他组织的名称、住所以及法定代表人或者主要负责人的姓名、职务和住所;

(二)申请执行的理由与请求的内容,被申请人的财产所在地以及财产状况;

(三)判决是否在原审法院地申请执行以及已执行的情况。

第八条　申请人申请认可和执行内地人民法院或者香港特别行政区法院判决的程序,依据执行地法律的规定。本安排另有规定的除外。

申请人申请认可和执行的期间为二年。

前款规定的期间,内地判决到香港特别行政区申请执行的,从判决规定履行期间的最后一日起计算,判决规定分期履行的,从规定的每次履行期间的最后一日起计算,判决未规定履行期间的,从判决生效之日起计算;香港特别行政区判决到内地申请执行的,从判决可强制执行之日起计算,该日为判决上注明的判决日期,判决对履行期间另有规定的,从规定的履行期间届满后开始计算。

第九条　对申请认可和执行的判决,原审判决中的债务人提供证据证明有下列情形之一的,受理申请的法院经审查核实,应当裁定不予认可和执行:

(一)根据当事人协议选择的原审法院地的法律,管辖协议属于无效。但选择法院已经判定该管辖协议为有效的除外;

(二)判决已获完全履行;

(三)根据执行地的法律,执行地法院对该案享有专属管辖权;

(四)根据原审法院地的法律,未曾出庭的败诉一方当事人未经合法传唤或者虽经合法传唤但未获依法律规定的答辩时间。但原审法院根据其法律或者有关规定公告送达的,不属于上述情形;

(五)判决是以欺诈方法取得的;

(六)执行地法院就相同诉讼请求作出判决,或者外国、境外地区法院就相同诉讼请求作出判决,或者有关仲裁机构作出仲裁裁决,已经为执行地法院所认可或者执行的。

内地人民法院认为在内地执行香港特别行政区法院判决违反内地社会公共利益,或者香港特别行政区法院认为在香港特别行政区执行内地人民法院判决违反香港特别行政区公共政策的,不予认可和执行。

第十条　对于香港特别行政区法院作出的判决,判决确定的债务人已经提出上诉,或者上诉程序尚未完结的,内地人民法院审查核实后,可以中止认可和执行程序。经上诉,维持全部或者部分原判决的,恢复认可和执行程序;完全改变原判决的,终止认可和执行程序。

内地地方人民法院就已经作出的判决按照审判监督程序作出提审裁定,或者最高人民法院作出提起再审裁定的,香港特别行政区法院审查核实后,可以中止认可和执行程序。再审判决维持全部或者部分原判决的,恢复认可和执行程序;再审判决完全改变原判决的,终止认可和执行程序。

第十一条　根据本安排而获认可的判决与执行地法院的判决效力相同。

第十二条　当事人对认可和执行与否的裁定不服的,在内地可以向上一级人民法院申请复议,在香港特别行政区可以根据其法律规定提出上诉。

第十三条 在法院受理当事人申请认可和执行判决期间，当事人依相同事实再行提起诉讼的，法院不予受理。

已获认可和执行的判决，当事人依相同事实再行提起诉讼的，法院不予受理。

对于根据本安排第九条不予认可和执行的判决，申请人不得再行提起认可和执行的申请，但是可以按照执行地的法律依相同案件事实向执行地法院提起诉讼。

第十四条 法院受理认可和执行判决的申请之前或者之后，可以按照执行地法律关于财产保全或者禁制资产转移的规定，根据申请人的申请，对被申请人的财产采取保全或强制措施。

第十五条 当事人向有关法院申请执行判决，应当根据执行地有关诉讼收费的法律和规定交纳执行费或者法院费用。

第十六条 内地与香港特别行政区法院相互认可和执行的标的范围，除判决确定的数额外，还包括根据该判决须支付的利息、经法院核定的律师费以及诉讼费，但不包括税收和罚款。

在香港特别行政区诉讼费是指经法官或者司法常务官在诉讼费评定证明书中核定或者命令支付的诉讼费用。

第十七条 内地与香港特别行政区法院自本安排生效之日（含本日）起作出的判决，适用本安排。

第十八条 本安排在执行过程中遇有问题或者需要修改，由最高人民法院和香港特别行政区政府协商解决。

最高人民法院关于内地与香港特别行政区法院就民商事案件相互委托提取证据的安排

（2016年10月31日最高人民法院审判委员会第1697次会议通过 2017年2月27日最高人民法院公告公布 自2017年3月1日起生效 法释〔2017〕4号）

根据《中华人民共和国香港特别行政区基本法》第九十五条的规定，最高人民法院与香港特别行政区经协商，就民商事案件相互委托提取证据问题作出如下安排：

第一条 内地人民法院与香港特别行政区法院就民商事案件相互委托提取证据，适用本安排。

第二条 双方相互委托提取证据，须通过各自指定的联络机关进行。其中，内地指定各高级人民法院为联络机关；香港特别行政区指定香港特别行政区政府政务司司长办公室辖下行政署为联络机关。

最高人民法院可以直接通过香港特别行政区指定的联络机关委托提取证据。

第三条 受委托方的联络机关收到对方的委托书后，应当及时将委托书及所附相关材料转送相关法院或者其他机关办理，或者自行办理。

如果受委托方认为委托材料不符合本辖区相关法律规定，影响其完成受托事项，应当及时通知委托方修改、补充。委托方应当按照受委托方的要求予以修改、补充，或者重新出具委托书。

如果受委托方认为受托事项不属于本安排规定的委托事项范围，可以予以退回并说明原因。

第四条 委托书及所附相关材料应当以中文文本提出。没有中文文本的，应当提供中文译本。

第五条 委托方获得的证据材料只能用于委托书所述的相关诉讼。

第六条 内地人民法院根据本安排委托香港特别行政区法院提取证据的，请求协助的范围包括：

（一）讯问证人；

（二）取得文件；

（三）检查、拍摄、保存、保管或扣留财产；

（四）取得财产样品或对财产进行试验；

（五）对人进行身体检验。

香港特别行政区法院根据本安排委托内地人民法院提取证据的，请求协助的范围包括：

（一）取得当事人的陈述及证人证言；

（二）提供书证、物证、视听资料及电子数据；

（三）勘验、鉴定。

第七条 受委托方应当根据本辖区法律规定安排取证。

委托方请求按照特殊方式提取证据的，如果

受委托方认为不违反本辖区的法律规定,可以按照委托方请求的方式执行。

如果委托方请求其司法人员、有关当事人及其诉讼代理人(法律代表)在受委托方取证时到场,以及参与录取证言的程序,受委托方可以按照其辖区内相关法律规定予以考虑批准。批准同意的,受委托方应当将取证时间、地点通知委托方联络机关。

第八条 内地人民法院委托香港特别行政区法院提取证据,应当提供加盖最高人民法院或者高级人民法院印章的委托书。香港特别行政区法院委托内地人民法院提取证据,应当提供加盖香港特别行政区高等法院印章的委托书。

委托书或者所附相关材料应当写明:

(一)出具委托书的法院名称和审理相关案件的法院名称;

(二)与委托事项有关的当事人或者证人的姓名或者名称、地址及其他一切有助于联络及辨别其身份的信息;

(三)要求提供的协助详情,包括但不限于:与委托事项有关的案件基本情况(包括案情摘要、涉及诉讼的性质及正在进行的审理程序等);需向当事人或者证人取得的指明文件、物品及询(讯)问的事项或问题清单;需要委托提取有关证据的原因等;必要时,需陈明有关证据对诉讼的重要性及用来证实的事实及论点等;

(四)是否需要采用特殊方式提取证据以及具体要求;

(五)委托方的联络人及其联络信息;

(六)有助执行委托事项的其他一切信息。

第九条 受委托方因执行受托事项产生的一般性开支,由受委托方承担。

受委托方因执行受托事项产生的翻译费用、专家费用、鉴定费用、应委托方要求的特殊方式取证所产生的额外费用等非一般性开支,由委托方承担。

如果受委托方认为执行受托事项或会引起非一般性开支,应先与委托方协商,以决定是否继续执行受托事项。

第十条 受委托方应当尽量自收到委托书之日起六个月内完成受托事项。受委托方完成受托事项后,应当及时书面回复委托方。

如果受委托方未能按委托方的请求完成受托事项,或者只能部分完成受托事项,应当向委托方书面说明原因,并按委托方指示及时退回委托书所附全部或者部分材料。

如果证人根据受委托方的法律规定,拒绝提供证言时,受委托方应当以书面通知委托方,并按委托方指示退回委托书所附全部材料。

第十一条 本安排在执行过程中遇有问题,或者本安排需要修改,应当通过最高人民法院与香港特别行政区政府协商解决。

第十二条 本安排在内地由最高人民法院发布司法解释和香港特别行政区完成有关内部程序后,由双方公布生效日期。

本安排适用于受委托方在本安排生效后收到的委托事项,但不影响双方根据现行法律考虑及执行在本安排生效前收到的委托事项。

最高人民法院关于内地与澳门特别行政区法院就民商事案件相互委托送达司法文书和调取证据的安排①

(2001年8月7日最高人民法院审判委员会第1186次会议通过 2001年8月27日最高人民法院公告公布 自2001年9月15日起施行 法释〔2001〕26号)

根据《中华人民共和国澳门特别行政区基本法》第九十三条的规定,最高人民法院与澳门特别行政区代表经协商,现就内地与澳门特别行政区法院就民商事案件相互委托送达司法文书和调取证据问题规定如下:

一、一般规定

第一条 内地人民法院与澳门特别行政区法院就民商事案件(在内地包括劳动争议案件,在澳门特别行政区包括民事劳工案件)相互委托送达司法文书和调取证据,均适用本安排。

第二条 双方相互委托送达司法文书和调

① 编者注:已被修改。

取证据，均须通过各高级人民法院和澳门特别行政区终审法院进行。最高人民法院与澳门特别行政区终审法院可以直接相互委托送达和调取证据。

本安排在执行过程中遇有问题，应当通过最高人民法院与澳门特别行政区终审法院协商解决。

第三条　各高级人民法院和澳门特别行政区终审法院相互收到对方法院的委托书后，应当立即将委托书及所附司法文书和相关文件转送根据其本辖区法律规定有权完成该受托事项的法院。

如果受委托方法院认为委托书不符合本安排规定，影响其完成受托事项时，应当及时通知委托方法院，并说明对委托书的异议。必要时可以要求委托方法院补充材料。

第四条　委托书应当以中文文本提出。所附司法文书及其他相关文件没有中文文本的，应当提供中文译本。

第五条　委托方法院应当在合理的期限内提出委托请求，以保证受委托方法院收到委托书后，及时完成受托事项。

受委托方法院应优先处理受托事项。完成受托事项的期限，送达文书最迟不得超过自收到委托书之日起2个月，调取证据最迟不得超过自收到委托书之日起3个月。

第六条　受委托方法院应当根据本辖区法律规定执行受托事项。委托方法院请求按照特殊方式执行委托事项的，如果受委托方法院认为不违反本辖区的法律规定，可以按照其特殊方式执行。

第七条　委托方法院无须支付受委托方法院在送达司法文书或调取证据时发生的费用或税项。但受委托方法院根据其本辖区法律规定，有权在调取证据时，要求委托方法院预付鉴定人、证人、翻译人员的费用，以及因采用委托方法院在委托书中请求以特殊方式送达司法文书或调取证据所产生的费用。

第八条　受委托方法院收到委托书后，不得以其本辖区法律规定对委托方法院审理的该民商事案件享有专属管辖权或不承认对该请求事项提起诉讼的权利为由，不予执行受托事项。

受委托方法院在执行受托事项时，如果该事项不属于法院职权范围，或者内地人民法院认为在内地执行该受托事项将违反其基本法律原则或社会公共利益，或者澳门特别行政区法院认为在澳门特别行政区执行该受托事项将违反其基本法律原则或公共秩序的，可以不予执行，但应当及时向委托方法院书面说明不予执行的原因。

二、司法文书的送达

第九条　委托方法院请求送达司法文书，须出具盖有其印章的委托书，并在委托书中说明委托机关的名称、受送达人的姓名或者名称、详细地址及案件性质。如果执行方法院请求按特殊方式送达或者有特别注意的事项的，应当在委托书中注明。

第十条　委托书及所附司法文书和其他相关文件一式两份，受送达人为2人以上的，每人一式两份。

第十一条　完成司法文书送达事项后，内地人民法院应当出具送达回证；澳门特别行政区法院应当出具送达证明书。出具的送达回证和送达证明书，应当注明送达的方法、地点和日期，及司法文书接收人的身份，并加盖法院印章。

受委托方法院无法送达的，应当在送达回证或者送达证明书上注明妨碍送达的原因、拒收事由和日期，并及时退回委托书及所附全部文件。

第十二条　不论委托方法院司法文书中确定的出庭日期或者期限是否已过，受委托方法院均应送达。

第十三条　受委托方法院对委托方法院委托送达的司法文书和所附相关文件的内容和后果不负法律责任。

第十四条　本安排中的司法文书在内地包括：起诉状副本、上诉状副本、反诉状副本、答辩状副本、授权委托书、传票、判决书、调解书、裁定书、支付令、决定书、通知书、证明书、送达回证以及其他司法文书和所附相关文件；在澳门特别行政区包括：起诉状副本、答辩状副本、反诉状副本、上诉状副本、陈述书、申辩书、声明异议书、反驳书、申请书、撤诉书、认诺书、和解书、财产目录、财产分割表、和解建议书、债权人协议书、传唤书、通知书、法官批示、命令状、法庭许可令状、判决书、合议庭裁判书、送达证明书以及其他司法文书和所附相关文件。

三、调 取 证 据

第十五条　委托方法院请求调取的证据只能是用于与诉讼有关的证据。

第十六条　双方相互委托代为调取证据的委托书应当写明：

（一）委托法院的名称；

（二）当事人及其诉讼代理人的姓名、地址，及其他一切有助于辨别其身份的情况；

（三）委托调取证据的原因，以及委托调取证据的具体事项；

（四）被调查人的姓名、地址，及其他一切有助于辨别其身份的情况，以及需要向其提出的问题；

（五）调取证据需采用的特殊方式；

（六）有助于执行该委托的其他一切情况。

第十七条　代为调取证据的范围包括：代为询问当事人、证人和鉴定人，代为进行鉴定和司法勘验，调取其他与诉讼有关的证据。

第十八条　如委托方法院提出要求，受委托方法院应当将取证的时间、地点通知委托方法院，以便有关当事人及其诉讼代理人能够出席。

第十九条　受委托方法院在执行委托调取证据时，根据委托方法院的请求，可以允许委托方法院派司法人员出席。必要时，经受委托方允许，委托方法院的司法人员可以向证人、鉴定人等发问。

第二十条　受委托方法院完成委托调取证据的事项后，应当向委托方法院书面说明。

如果未能按委托方法院的请求全部或部分完成调取证据事项，受委托方法院应当向委托方法院书面说明妨碍调取证据的原因，并及时退回委托书及所附全部文件。

如果当事人、证人根据受委托方的法律规定，拒绝作证或推辞提供证言时，受委托方法院应当以书面通知委托方法院，并退回委托书及所附全部文件。

第二十一条　受委托方法院可以根据委托方法院的请求，并经证人、鉴定人同意，协助安排其辖区的证人、鉴定人到对方辖区出庭作证。

证人、鉴定人在委托方地域内逗留期间，不得因在其离开受委托方地域之前，在委托方境内所实施的行为或针对他所作的裁决而被刑事起诉、羁押，或者为履行刑罚或者其他处罚而被剥夺财产或者扣留身份证件，或者以任何方式对其人身自由加以限制。

证人、鉴定人完成所需诉讼行为，且可自由离开委托方地域后，在委托方境内逗留超过7天，或者已离开委托方地域又自行返回时，前款所指的豁免即行终止。

证人、鉴定人到委托方法院出庭而导致的费用及补偿，由委托方法院预付。

该条所指出庭作证人员，在澳门特别行政区还包括当事人。

第二十二条　受委托方法院取证时，被调查的当事人、证人、鉴定人等的代理人可以出席。

四、附　　则

第二十三条　受委托方法院可以根据委托方法院的请求代为查询，并提供本辖区的有关法律。

第二十四条　如果本安排需要修改，应当通过最高人民法院与澳门特别行政区代表协商解决。

第二十五条　本安排自2001年9月15日起生效。

最高人民法院关于修改《关于内地与澳门特别行政区法院就民商事案件相互委托送达司法文书和调取证据的安排》的决定

（2019年12月30日最高人民法院审判委员会第1790次会议通过　2020年1月14日最高人民法院公告公布　自2020年3月1日起施行　法释〔2020〕1号）

经最高人民法院与澳门特别行政区协商，决定对《关于内地与澳门特别行政区法院就民商事案件相互委托送达司法文书和调取证据的安排》（法释〔2001〕26号，以下简称《安排》）作如下修改：

一、将第二条修改为："双方相互委托送达司法文书和调取证据，通过各高级人民法院和澳门特别行政区终审法院进行。最高人民法院与澳门特别行政区终审法院可以直接相互委托送达和调取证据。

"经与澳门特别行政区终审法院协商，最高人民法院可以授权部分中级人民法院、基层人民法院与澳门特别行政区终审法院相互委托送达和调取证据。"

二、增加一条，作为第三条："双方相互委托送达司法文书和调取证据，通过内地与澳门司法协助网络平台以电子方式转递；不能通过司法协助网络平台以电子方式转递的，采用邮寄方式。

"通过司法协助网络平台以电子方式转递的司法文书、证据材料等文件，应当确保其完整性、真实性和不可修改性。

"通过司法协助网络平台以电子方式转递的司法文书、证据材料等文件与原件具有同等效力。"

三、将第三条改为第四条，修改为："各高级人民法院和澳门特别行政区终审法院收到对方法院的委托书后，应当立即将委托书及所附司法文书和相关文件转送根据其本辖区法律规定有权完成该受托事项的法院。

"受委托方法院发现委托事项存在材料不齐全、信息不完整等问题，影响其完成受托事项的，应当及时通知委托方法院补充材料或者作出说明。

"经授权的中级人民法院、基层人民法院收到澳门特别行政区终审法院委托书后，认为不属于本院管辖的，应当报请高级人民法院处理。"

四、将第九条改为第十条，修改为："委托方法院请求送达司法文书，须出具盖有其印章或者法官签名的委托书，并在委托书中说明委托机关的名称、受送达人的姓名或者名称、详细地址及案件性质。委托方法院请求按特殊方式送达或者有特别注意的事项的，应当在委托书中注明。"

五、将第十条改为第十一条，修改为："采取邮寄方式委托的，委托书及所附司法文书和其他相关文件一式两份，受送达人为两人以上的，每人一式两份。"

六、将第十一条改为第十二条，修改为："完成司法文书送达事项后，内地人民法院应当出具送达回证；澳门特别行政区法院应当出具送达证明书。出具的送达回证和送达证明书，应当注明送达的方法、地点和日期及司法文书接收人的身份，并加盖法院印章。

"受委托方法院无法送达的，应当在送达回证或者送达证明书上注明妨碍送达的原因、拒收事由和日期，并及时书面回复委托方法院。"

七、将第二十条改为第二十一条，修改为："受委托方法院完成委托调取证据的事项后，应当向委托方法院书面说明。

"未能按委托方法院的请求全部或者部分完成调取证据事项的，受委托方法院应当向委托方法院书面说明妨碍调取证据的原因，采取邮寄方式委托的，应及时退回委托书及所附文件。

"当事人、证人根据受委托方的法律规定，拒绝作证或者推辞提供证言时，受委托方法院应当书面通知委托方法院，采取邮寄方式委托的，应及时退回委托书及所附文件。"

八、增加一条，作为第二十三条："受委托方法院可以根据委托方法院的请求，并经证人、鉴定人同意，协助安排其辖区的证人、鉴定人通过视频、音频作证。"

九、将第二十四条改为第二十六条，修改为："本安排在执行过程中遇有问题的，由最高人民法院与澳门特别行政区终审法院协商解决。

"本安排需要修改的，由最高人民法院与澳门特别行政区协商解决。"

十、将第二十五条改为第二十七条，修改为："本安排自 2001 年 9 月 15 日起生效。本安排的修改文本自 2020 年 3 月 1 日起生效。"

十一、对引言、第六条、第七条、第八条、第十六条、第十八条、第二十一条作个别文字、标点符号修改。

根据本决定，对《安排》作相应修改并调整条文顺序后，重新公布。

最高人民法院关于内地与澳门特别行政区法院就民商事案件相互委托送达司法文书和调取证据的安排

（2001年8月7日最高人民法院审判委员会第1186次会议通过　根据2019年12月30日最高人民法院审判委员会第1790次会议《最高人民法院关于修改〈关于内地与澳门特别行政区法院就民商事案件相互委托送达司法文书和调取证据的安排〉的决定》修正　2020年1月14日最高人民法院公告公布　自2020年3月1日起施行　法释〔2020〕1号）

根据《中华人民共和国澳门特别行政区基本法》第九十三条的规定，最高人民法院与澳门特别行政区经协商，现就内地与澳门特别行政区法院就民商事案件相互委托送达司法文书和调取证据问题规定如下：

一、一般规定

第一条　内地人民法院与澳门特别行政区法院就民商事案件（在内地包括劳动争议案件，在澳门特别行政区包括民事劳工案件）相互委托送达司法文书和调取证据，均适用本安排。

第二条　双方相互委托送达司法文书和调取证据，通过各高级人民法院和澳门特别行政区终审法院进行。最高人民法院与澳门特别行政区终审法院可以直接相互委托送达和调取证据。

经与澳门特别行政区终审法院协商，最高人民法院可以授权部分中级人民法院、基层人民法院与澳门特别行政区终审法院相互委托送达和调取证据。

第三条　双方相互委托送达司法文书和调取证据，通过内地与澳门司法协助网络平台以电子方式转递；不能通过司法协助网络平台以电子方式转递的，采用邮寄方式。

通过司法协助网络平台以电子方式转递的司法文书、证据材料等文件，应当确保其完整性、真实性和不可修改性。

通过司法协助网络平台以电子方式转递的司法文书、证据材料等文件与原件具有同等效力。

第四条　各高级人民法院和澳门特别行政区终审法院收到对方法院的委托书后，应当立即将委托书及所附司法文书和相关文件转送根据其本辖区法律规定有权完成该受托事项的法院。

受委托方法院发现委托事项存在材料不齐全、信息不完整等问题，影响其完成受托事项的，应当及时通知委托方法院补充材料或者作出说明。

经授权的中级人民法院、基层人民法院收到澳门特别行政区终审法院委托书后，认为不属于本院管辖的，应当报请高级人民法院处理。

第五条　委托书应当以中文文本提出。所附司法文书及其他相关文件没有中文文本的，应当提供中文译本。

第六条　委托方法院应当在合理的期限内提出委托请求，以保证受委托方法院收到委托书后，及时完成受托事项。

受委托方法院应当优先处理受托事项。完成受托事项的期限，送达文书最迟不得超过自收到委托书之日起两个月，调取证据最迟不得超过自收到委托书之日起三个月。

第七条　受委托方法院应当根据本辖区法律规定执行受托事项。委托方法院请求按照特殊方式执行委托事项的，受委托方法院认为不违反本辖区的法律规定的，可以按照特殊方式执行。

第八条　委托方法院无须支付受委托方法院在送达司法文书、调取证据时发生的费用、税项。但受委托方法院根据其本辖区法律规定，有权在调取证据时，要求委托方法院预付鉴定人、证人、翻译人员的费用，以及因采用委托方法院在委托书中请求以特殊方式送达司法文书、调取证据所产生的费用。

第九条　受委托方法院收到委托书后，不得以其本辖区法律规定对委托方法院审理的该民商事案件享有专属管辖权或者不承认对该请求事项提起诉讼的权利为由，不予执行受托事项。

受委托方法院在执行受托事项时，发现该事项不属于法院职权范围，或者内地人民法院认为在内地执行该受托事项将违反其基本法律原则或社会公共利益,或者澳门特别行政区法院认为在澳门特别行政区执行该受托事项将违反其基本法律原则或公共秩序的,可以不予执行,但应当及时向委托方法院书面说明不予执行的原因。

二、司法文书的送达

第十条 委托方法院请求送达司法文书,须出具盖有其印章或者法官签名的委托书,并在委托书中说明委托机关的名称、受送达人的姓名或者名称、详细地址以及案件性质。委托方法院请求按特殊方式送达或者有特别注意的事项的,应当在委托书中注明。

第十一条 采取邮寄方式委托的,委托书及所附司法文书和其他相关文件一式两份,受送达人为两人以上的,每人一式两份。

第十二条 完成司法文书送达事项后,内地人民法院应当出具送达回证;澳门特别行政区法院应当出具送达证明书。出具的送达回证和送达证明书,应当注明送达的方法、地点和日期以及司法文书接收人的身份,并加盖法院印章。

受委托方法院无法送达的,应当在送达回证或者送达证明书上注明妨碍送达的原因、拒收事由和日期,并及时书面回复委托方法院。

第十三条 不论委托方法院司法文书中确定的出庭日期或者期限是否已过,受委托方法院均应当送达。

第十四条 受委托方法院对委托方法院委托送达的司法文书和所附相关文件的内容和后果不负法律责任。

第十五条 本安排中的司法文书在内地包括:起诉状副本、上诉状副本、反诉状副本、答辩状副本、授权委托书、传票、判决书、调解书、裁定书、支付令、决定书、通知书、证明书、送达回证以及其他司法文书和所附相关文件;在澳门特别行政区包括:起诉状复本、答辩状复本、反诉状复本、上诉状复本、陈述书、申辩书、声明异议书、反驳书、申请书、撤诉书、认诺书、和解书、财产目录、财产分割表、和解建议书、债权人协议书、传唤书、通知书、法官批示、命令状、法庭许可令状、判决书、合议庭裁判书、送达证明书以及其他司法文书和所附相关文件。

三、调取证据

第十六条 委托方法院请求调取的证据只能是用于与诉讼有关的证据。

第十七条 双方相互委托代为调取证据的委托书应当写明:

(一)委托法院的名称;

(二)当事人及其诉讼代理人的姓名、地址和其他一切有助于辨别其身份的情况;

(三)委托调取证据的原因,以及委托调取证据的具体事项;

(四)被调查人的姓名、地址和其他一切有助于辨别其身份的情况,以及需要向其提出的问题;

(五)调取证据需采用的特殊方式;

(六)有助于执行该委托的其他一切情况。

第十八条 代为调取证据的范围包括:代为询问当事人、证人和鉴定人,代为进行鉴定和司法勘验,调取其他与诉讼有关的证据。

第十九条 委托方法院提出要求的,受委托方法院应当将取证的时间、地点通知委托方法院,以便有关当事人及其诉讼代理人能够出席。

第二十条 受委托方法院在执行委托调取证据时,根据委托方法院的请求,可以允许委托方法院派司法人员出席。必要时,经受委托方允许,委托方法院的司法人员可以向证人、鉴定人等发问。

第二十一条 受委托方法院完成委托调取证据的事项后,应当向委托方法院书面说明。

未能按委托方法院的请求全部或者部分完成调取证据事项的,受委托方法院应当向委托方法院书面说明妨碍调取证据的原因,采取邮寄方式委托的,应及时退回委托书及所附文件。

当事人、证人根据受委托方的法律规定,拒绝作证或者推辞提供证言的,受委托方法院应当书面通知委托方法院,采取邮寄方式委托的,应及时退回委托书及所附文件。

第二十二条 受委托方法院可以根据委托方法院的请求,并经证人、鉴定人同意,协助安排其辖区的证人、鉴定人到对方辖区出庭作证。

证人、鉴定人在委托方地域内逗留期间,不得因在其离开受委托方地域之前,在委托方境内所实施的行为或者针对他所作的裁决而被刑事起诉、羁押，不得为履行刑罚或者其他处罚而被剥夺财产或者扣留身份证件，不得以任何方式对其人身自由加以限制。

证人、鉴定人完成所需诉讼行为，且可自由离开委托方地域后，在委托方境内逗留超过七天，或者已离开委托方地域又自行返回时，前款规定的豁免即行终止。

证人、鉴定人到委托方法院出庭而导致的费用及补偿，由委托方法院预付。

本条规定的出庭作证人员，在澳门特别行政区还包括当事人。

第二十三条 受委托方法院可以根据委托方法院的请求，并经证人、鉴定人同意，协助安排其辖区的证人、鉴定人通过视频、音频作证。

第二十四条 受委托方法院取证时，被调查的当事人、证人、鉴定人等的代理人可以出席。

四、附　　则

第二十五条 受委托方法院可以根据委托方法院的请求代为查询并提供本辖区的有关法律。

第二十六条 本安排在执行过程中遇有问题的，由最高人民法院与澳门特别行政区终审法院协商解决。

本安排需要修改的，由最高人民法院与澳门特别行政区协商解决。

第二十七条 本安排自2001年9月15日起生效。本安排的修改文本自2020年3月1日起生效。

最高人民法院关于内地与澳门特别行政区相互认可和执行民商事判决的安排

（2006年2月13日最高人民法院审判委员会第1378次会议通过　2006年3月21日最高人民法院公告公布　自2006年4月1日起施行　法释〔2006〕2号）

根据《中华人民共和国澳门特别行政区基本法》第九十三条的规定，最高人民法院与澳门特别行政区经协商，就内地与澳门特别行政区法院相互认可和执行民商事判决事宜，达成如下安排：

第一条 内地与澳门特别行政区民商事案件（在内地包括劳动争议案件，在澳门特别行政区包括劳动民事案件）判决的相互认可和执行，适用本安排。

本安排亦适用于刑事案件中有关民事损害赔偿的判决、裁定。

本安排不适用于行政案件。

第二条 本安排所称"判决"，在内地包括：判决、裁定、决定、调解书、支付令；在澳门特别行政区包括：裁判、判决、确认和解的裁定、法官的决定或者批示。

本安排所称"被请求方"，指内地或者澳门特别行政区双方中，受理认可和执行判决申请的一方。

第三条 一方法院作出的具有给付内容的生效判决，当事人可以向对方有管辖权的法院申请认可和执行。

没有给付内容，或者不需要执行，但需要通过司法程序予以认可的判决，当事人可以向对方法院单独申请认可，也可以直接以该判决作为证据在对方法院的诉讼程序中使用。

第四条 内地有权受理认可和执行判决申请的法院为被申请人住所地、经常居住地或者财产所在地的中级人民法院。两个或者两个以上中级人民法院均有管辖权的，申请人应当选择向其中一个中级人民法院提出申请。

澳门特别行政区有权受理认可判决申请的法院为中级法院，有权执行的法院为初级法院。

第五条 被申请人在内地和澳门特别行政区均有可供执行财产的，申请人可以向一地法院提出执行申请。

申请人向一地法院提出执行申请的同时，可以向另一地法院申请查封、扣押或者冻结被执行人的财产。待一地法院执行完毕后，可以根据该地法院出具的执行情况证明，就不足部分向另一地法院申请采取处分财产的执行措施。

两地法院执行财产的总额，不得超过依据判决和法律规定所确定的数额。

第六条 请求认可和执行判决的申请书，应当载明下列事项：

（一）申请人或者被申请人为自然人的，应当载明其姓名及住所；为法人或者其他组织的，应当载明其名称及住所，以及其法定代表人或者主要负责人的姓名、职务和住所；

（二）请求认可和执行的判决的案号和判决日期；

（三）请求认可和执行判决的理由、标的，以及该判决在判决作出地法院的执行情况。

第七条　申请书应当附生效判决书副本，或者经作出生效判决的法院盖章的证明书，同时应当附作出生效判决的法院或者有权限机构出具的证明下列事项的相关文件：

（一）传唤属依法作出，但判决书已经证明的除外；

（二）无诉讼行为能力人依法得到代理，但判决书已经证明的除外；

（三）根据判决作出地的法律，判决已经送达当事人，并已生效；

（四）申请人为法人的，应当提供法人营业执照副本或者法人登记证明书；

（五）判决作出地法院发出的执行情况证明。

如被请求方法院认为已充分了解有关事项时，可以免除提交相关文件。

被请求方法院对当事人提供的判决书的真实性有疑问时，可以请求作出生效判决的法院予以确认。

第八条　申请书应当用中文制作。所附司法文书及其相关文件未用中文制作的，应当提供中文译本。其中法院判决书未用中文制作的，应当提供由法院出具的中文译本。

第九条　法院收到申请人请求认可和执行判决的申请后，应当将申请书送达被申请人。

被申请人有权提出答辩。

第十条　被请求方法院应当尽快审查认可和执行的请求，并作出裁定。

第十一条　被请求方法院经审查核实存在下列情形之一的，裁定不予认可：

（一）根据被请求方的法律，判决所确认的事项属被请求方法院专属管辖；

（二）在被请求方法院已存在相同诉讼，该诉讼先于待认可判决的诉讼提起，且被请求方法院具有管辖权；

（三）被请求方法院已认可或者执行被请求方法院以外的法院或仲裁机构就相同诉讼作出的判决或仲裁裁决；

（四）根据判决作出地的法律规定，败诉的当事人未得到合法传唤，或者无诉讼行为能力人未依法得到代理；

（五）根据判决作出地的法律规定，申请认可和执行的判决尚未发生法律效力，或者因再审被裁定中止执行；

（六）在内地认可和执行判决将违反内地法律的基本原则或者社会公共利益；在澳门特别行政区认可和执行判决将违反澳门特别行政区法律的基本原则或者公共秩序。

第十二条　法院就认可和执行判决的请求作出裁定后，应当及时送达。

当事人对认可与否的裁定不服的，在内地可以向上一级人民法院提请复议，在澳门特别行政区可以根据其法律规定提起上诉；对执行中作出的裁定不服的，可以根据被请求方法律的规定，向上级法院寻求救济。

第十三条　经裁定予以认可的判决，与被请求方法院的判决具有同等效力。判决有给付内容的，当事人可以向该方有管辖权的法院申请执行。

第十四条　被请求方法院不能对判决所确认的所有请求予以认可和执行时，可以认可和执行其中的部分请求。

第十五条　法院受理认可和执行判决的申请之前或者之后，可以按照被请求方法律关于财产保全的规定，根据申请人的申请，对被申请人的财产采取保全措施。

第十六条　在被请求方法院受理认可和执行判决的申请期间，或者判决已获认可和执行，当事人再行提起相同诉讼的，被请求方法院不予受理。

第十七条　对于根据本安排第十一条（一）、（四）、（六）项不予认可的判决，申请人不得再行提起认可和执行的申请。但根据被请求方的法律，被请求方法院有管辖权的，当事人可以就相同案件事实向当地法院另行提起诉讼。

本安排第十一条（五）项所指的判决，在不予认可的情形消除后，申请人可以再行提起认可和执行的申请。

第十八条　为适用本安排,由一方有权限公共机构(包括公证员)作成或者公证的文书正本、副本及译本,免除任何认证手续而可以在对方使用。

第十九条　申请人依据本安排申请认可和执行判决,应当根据被请求方法律规定,交纳诉讼费用、执行费用。

申请人在生效判决作出地获准缓交、减交、免交诉讼费用的,在被请求方法院申请认可和执行判决时,应当享有同等待遇。

第二十条　对民商事判决的认可和执行,除本安排有规定的以外,适用被请求方的法律规定。

第二十一条　本安排生效前提出的认可和执行请求,不适用本安排。

两地法院自1999年12月20日以后至本安排生效前作出的判决,当事人未向对方法院申请认可和执行,或者对方法院拒绝受理的,仍可以于本安排生效后提出申请。

澳门特别行政区法院在上述期间内作出的判决,当事人向内地人民法院申请认可和执行的期限,自本安排生效之日起重新计算。

第二十二条　本安排在执行过程中遇有问题或者需要修改,应当由最高人民法院与澳门特别行政区协商解决。

第二十三条　为执行本安排,最高人民法院和澳门特别行政区终审法院应当相互提供相关法律资料。

最高人民法院和澳门特别行政区终审法院每年相互通报执行本安排的情况。

第二十四条　本安排自2006年4月1日起生效。

最高人民法院关于涉港澳民商事案件司法文书送达问题若干规定

(2009年2月16日最高人民法院审判委员会第1463次会议通过　2009年3月9日最高人民法院公告公布　自2009年3月16日起施行　法释〔2009〕2号)

为规范涉及香港特别行政区、澳门特别行政区民商事案件司法文书送达,根据《中华人民共和国民事诉讼法》的规定,结合审判实践,制定本规定。

第一条　人民法院审理涉及香港特别行政区、澳门特别行政区的民商事案件时,向住所地在香港特别行政区、澳门特别行政区的受送达人送达司法文书,适用本规定。

第二条　本规定所称司法文书,是指起诉状副本、上诉状副本、反诉状副本、答辩状副本、传票、判决书、调解书、裁定书、支付令、决定书、通知书、证明书、送达回证等与诉讼相关的文书。

第三条　作为受送达人的自然人或者企业、其他组织的法定代表人、主要负责人在内地的,人民法院可以直接向该自然人或者法定代表人、主要负责人送达。

第四条　除受送达人在授权委托书中明确表明其诉讼代理人无权代为接收有关司法文书外,其委托的诉讼代理人为有权代其接受送达的诉讼代理人,人民法院可以向该诉讼代理人送达。

第五条　受送达人在内地设立有代表机构的,人民法院可以直接向该代表机构送达。

受送达人在内地设立有分支机构或者业务代办人并授权其接受送达的,人民法院可以直接向该分支机构或者业务代办人送达。

第六条　人民法院向在内地没有住所的受送达人送达司法文书,可以按照《最高人民法院关于内地与香港特别行政区法院相互委托送达民商事司法文书的安排》或者《最高人民法院关于内地与澳门特别行政区法院就民商事案件相互委托送达司法文书和调取证据的安排》送达。

按照前款规定方式送达的,自内地的高级人民法院或者最高人民法院将有关司法文书递送香港特别行政区高等法院或者澳门特别行政区终审法院之日起满三个月,如果未能收到送达与否的证明文件且不存在本规定第十二条规定情形的,视为不能适用上述安排中规定的方式送达。

第七条　人民法院向受送达人送达司法文书,可以邮寄送达。

邮寄送达时应附有送达回证。受送达人未在送达回证上签收但在邮件回执上签收的,视为送达,签收日期为送达日期。

自邮寄之日起满三个月,虽未收到送达与否的证明文件,但存在本规定第十二条规定情形的,期间届满之日视为送达。

自邮寄之日起满三个月,如果未能收到送达与否的证明文件,且不存在本规定第十二条规定情形的,视为未送达。

第八条 人民法院可以通过传真、电子邮件等能够确认收悉的其他适当方式向受送达人送达。

第九条 人民法院不能依照本规定上述方式送达的,可以公告送达。公告内容应当在内地和受送达人住所地公开发行的报刊上刊登,自公告之日起满三个月即视为送达。

第十条 除公告送达方式外,人民法院可以同时采取多种法定方式向受送达人送达。

采取多种方式送达的,应当根据最先实现送达的方式确定送达日期。

第十一条 人民法院向在内地的受送达人或者受送达人的法定代表人、主要负责人、诉讼代理人、代表机构以及有权接受送达的分支机构、业务代办人送达司法文书,可以适用留置送达的方式。

第十二条 受送达人未对人民法院送达的司法文书履行签收手续,但存在以下情形之一的,视为送达:

(一)受送达人向人民法院提及了所送达司法文书的内容;

(二)受送达人已经按照所送达司法文书的内容履行;

(三)其他可以确认已经送达的情形。

第十三条 下级人民法院送达司法文书,根据有关规定需要通过上级人民法院转递的,应当附申请转递函。

上级人民法院收到下级人民法院申请转递的司法文书,应当在七个工作日内予以转递。

上级人民法院认为下级人民法院申请转递的司法文书不符合有关规定需要补正的,应当在七个工作日内退回申请转递的人民法院。

最高人民法院关于涉台民事诉讼文书送达的若干规定

(最高人民法院审判委员会第1421次会议通过 2008年4月17日最高人民法院公告公布 自2008年4月23日起施行 法释〔2008〕4号)

为维护涉台民事案件当事人的合法权益,保障涉台民事案件诉讼活动的顺利进行,促进海峡两岸人员往来和交流,根据民事诉讼法的有关规定,制定本规定。

第一条 人民法院审理涉台民事案件向住所地在台湾地区的当事人送达民事诉讼文书,以及人民法院接受台湾地区有关法院的委托代为向住所地在大陆的当事人送达民事诉讼文书,适用本规定。

涉台民事诉讼文书送达事务的处理,应当遵守一个中国原则和法律的基本原则,不违反社会公共利益。

第二条 人民法院送达或者代为送达的民事诉讼文书包括:起诉状副本、上诉状副本、反诉状副本、答辩状副本、授权委托书、传票、判决书、调解书、裁定书、支付令、决定书、通知书、证明书、送达回证以及与民事诉讼有关的其他文书。

第三条 人民法院向住所地在台湾地区的当事人送达民事诉讼文书,可以采用下列方式:

(一)受送达人居住在大陆的,直接送达。受送达人是自然人,本人不在的,可以交其同住成年家属签收;受送达人是法人或者其他组织的,应当由法人的法定代表人、其他组织的主要负责人或者该法人、组织负责收件的人签收;

受送达人不在大陆居住,但送达时在大陆的,可以直接送达;

(二)受送达人在大陆有诉讼代理人的,向诉讼代理人送达。受送达人在授权委托书中明确表明其诉讼代理人无权代为接收的除外;

(三)受送达人有指定代收人的,向代收人送达;

(四)受送达人在大陆有代表机构、分支机构、业务代办人的,向其代表机构或者经受送达人明确授权接受送达的分支机构、业务代办人送达；

（五）受送达人在台湾地区的地址明确的，可以邮寄送达；

（六）有明确的传真号码、电子信箱地址的，可以通过传真、电子邮件方式向受送达人送达；

（七）按照两岸认可的其他途径送达。

采用上述方式不能送达或者台湾地区的当事人下落不明的，公告送达。

第四条 采用本规定第三条第一款第（一）、（二）、（三）、（四）项方式送达的，由受送达人、诉讼代理人或者有权接受送达的人在送达回证上签收或者盖章，即为送达；拒绝签收或者盖章的，可以依法留置送达。

第五条 采用本规定第三条第一款第（五）项方式送达的，应当附有送达回证。受送达人未在送达回证上签收但在邮件回执上签收的，视为送达，签收日期为送达日期。

自邮寄之日起满三个月，如果未能收到送达与否的证明文件，且根据各种情况不足以认定已经送达的，视为未送达。

第六条 采用本规定第三条第一款第（六）项方式送达的，应当注明人民法院的传真号码或者电子信箱地址，并要求受送达人在收到传真件或者电子邮件后及时予以回复。以能够确认受送达人收悉的日期为送达日期。

第七条 采用本规定第三条第一款第（七）项方式送达的，应当由有关的高级人民法院出具盖有本院印章的委托函。委托函应当写明案件各方当事人的姓名或者名称、案由、案号；受送达人姓名或者名称、受送达人的详细地址以及需送达的文书种类。

第八条 采用公告方式送达的，公告内容应当在境内外公开发行的报刊或者权威网站上刊登。

公告送达的，自公告之日起满三个月，即视为送达。

第九条 人民法院按照两岸认可的有关途径代为送达台湾地区法院的民事诉讼文书的，应当有台湾地区有关法院的委托函。

人民法院收到台湾地区有关法院的委托函后，经审查符合条件的，应当在收到委托函之日起两个月内完成送达。

民事诉讼文书中确定的出庭日期或者其他期限逾期的，受委托的人民法院亦应予送达。

第十条 人民法院按照委托函中的受送达人姓名或者名称、地址不能送达的，应当附函写明情况，将委托送达的民事诉讼文书退回。

完成送达的送达回证以及未完成送达的委托材料，可以按照原途径退回。

第十一条 受委托的人民法院对台湾地区有关法院委托送达的民事诉讼文书的内容和后果不负法律责任。

最高人民法院关于人民法院办理海峡两岸送达文书和调查取证司法互助案件的规定

（2010年12月16日最高人民法院审判委员会第1506次会议通过 2011年6月14日最高人民法院公告公布 自2011年6月25日起施行 法释〔2011〕15号）

为落实《海峡两岸共同打击犯罪及司法互助协议》（以下简称协议），进一步推动海峡两岸司法互助业务的开展，确保协议中涉及人民法院有关送达文书和调查取证司法互助工作事项的顺利实施，结合各级人民法院开展海峡两岸司法互助工作实践，制定本规定。

一、总 则

第一条 人民法院依照协议，办理海峡两岸民事、刑事、行政诉讼案件中的送达文书和调查取证司法互助业务，适用本规定。

第二条 人民法院应当在法定职权范围内办理海峡两岸司法互助业务。

人民法院办理海峡两岸司法互助业务，应当遵循一个中国原则，遵守国家法律的基本原则，不得违反社会公共利益。

二、职 责 分 工

第三条 人民法院和台湾地区业务主管部门通过各自指定的协议联络人，建立办理海峡两岸司法互助业务的直接联络渠道。

第四条 最高人民法院是与台湾地区业务主管部门就海峡两岸司法互助业务进行联络的一级窗口。最高人民法院台湾司法事务办公室主任是最高人民法院指定的协议联络人。

最高人民法院负责:就协议中涉及人民法院的工作事项与台湾地区业务主管部门开展磋商、协调和交流;指导、监督、组织、协调地方各级人民法院办理海峡两岸司法互助业务;就海峡两岸调查取证司法互助业务与台湾地区业务主管部门直接联络,并在必要时具体办理调查取证司法互助案件;及时将本院和台湾地区业务主管部门指定的协议联络人的姓名、联络方式及变动情况等工作信息通报高级人民法院。

第五条 最高人民法院授权高级人民法院就办理海峡两岸送达文书司法互助案件,建立与台湾地区业务主管部门联络的二级窗口。高级人民法院应当指定专人作为经最高人民法院授权的二级联络窗口联络人。

高级人民法院负责:指导、监督、组织、协调本辖区人民法院办理海峡两岸送达文书和调查取证司法互助业务;就办理海峡两岸送达文书司法互助案件与台湾地区业务主管部门直接联络,并在必要时具体办理送达文书和调查取证司法互助案件;登记、统计本辖区人民法院办理的海峡两岸送达文书司法互助案件;定期向最高人民法院报告本辖区人民法院办理海峡两岸送达文书司法互助业务情况;及时将本院联络人的姓名、联络方式及变动情况报告最高人民法院,同时通报台湾地区联络人和下级人民法院。

第六条 中级人民法院和基层人民法院应当指定专人负责海峡两岸司法互助业务。

中级人民法院和基层人民法院负责:具体办理海峡两岸送达文书和调查取证司法互助案件;定期向高级人民法院层报本院办理海峡两岸送达文书司法互助业务情况;及时将本院海峡两岸司法互助业务负责人员的姓名、联络方式及变动情况层报高级人民法院。

三、送达文书司法互助

第七条 人民法院向住所地在台湾地区的当事人送达民事和行政诉讼司法文书,可以采用下列方式:

(一)受送达人居住在大陆的,直接送达。受送达人是自然人,本人不在的,可以交其同住成年家属签收;受送达人是法人或者其他组织的,应当由法人的法定代表人、其他组织的主要负责人或者该法人、其他组织负责收件的人签收。

受送达人不在大陆居住,但送达时在大陆的,可以直接送达。

(二)受送达人在大陆有诉讼代理人的,向诉讼代理人送达。但受送达人在授权委托书中明确表明其诉讼代理人无权代为接收的除外。

(三)受送达人有指定代收人的,向代收人送达。

(四)受送达人在大陆有代表机构、分支机构、业务代办人的,向其代表机构或者经受送达人明确授权接受送达的分支机构、业务代办人送达。

(五)通过协议确定的海峡两岸司法互助方式,请求台湾地区送达。

(六)受送达人在台湾地区的地址明确的,可以邮寄送达。

(七)有明确的传真号码、电子信箱地址的,可以通过传真、电子邮件方式向受送达人送达。

采用上述方式均不能送达或者台湾地区当事人下落不明的,可以公告送达。

人民法院需要向住所地在台湾地区的当事人送达刑事司法文书,可以通过协议确定的海峡两岸司法互助方式,请求台湾地区送达。

第八条 人民法院协助台湾地区法院送达司法文书,应当采用民事诉讼法、刑事诉讼法、行政诉讼法等法律和相关司法解释规定的送达方式,并应当尽可能采用直接送达方式,但不采用公告送达方式。

第九条 人民法院协助台湾地区送达司法文书,应当充分负责,及时努力送达。

第十条 审理案件的人民法院需要台湾地区协助送达司法文书的,应当填写《〈海峡两岸共同打击犯罪及司法互助协议〉送达文书请求书》附录部分,连同需要送达的司法文书,一式二份,及时送交高级人民法院。

需要台湾地区协助送达的司法文书中有指定开庭日期等类似期限的,一般应当为协助送达程序预留不少于六个月的时间。

第十一条 高级人民法院收到本院或者下级人民法院《〈海峡两岸共同打击犯罪及司法互助协议〉送达文书请求书》附录部分和需要送达的司法文书后，应当在七个工作日内完成审查。经审查认为可以请求台湾地区协助送达的，高级人民法院联络人应当填写《〈海峡两岸共同打击犯罪及司法互助协议〉送达文书请求书》正文部分，连同附录部分和需要送达的司法文书，立即寄送台湾地区联络人；经审查认为欠缺相关材料、内容或者认为不需要请求台湾地区协助送达的，应当立即告知提出请求的人民法院补充相关材料、内容或者在说明理由后将材料退回。

第十二条 台湾地区成功送达并将送达证明材料寄送高级人民法院联络人，或者未能成功送达并将相关材料送还，同时出具理由说明给高级人民法院联络人的，高级人民法院应当在收到之日起七个工作日内，完成审查并转送提出请求的人民法院。经审查认为欠缺相关材料或者内容的，高级人民法院联络人应当立即与台湾地区联络人联络并请求补充相关材料或者内容。

自高级人民法院联络人向台湾地区寄送有关司法文书之日起满四个月，如果未能收到送达证明材料或者说明文件，且根据各种情况不足以认定已经送达的，视为不能按照协议确定的海峡两岸司法互助方式送达。

第十三条 台湾地区请求人民法院协助送达台湾地区法院的司法文书并通过其联络人将请求书和相关司法文书寄送高级人民法院联络人的，高级人民法院应当在七个工作日内完成审查。经审查认为可以协助送达的，应当立即转送有关下级人民法院送达或者由本院送达；经审查认为欠缺相关材料、内容或者认为不宜协助送达的，高级人民法院联络人应当立即向台湾地区联络人说明情况并告知其补充相关材料、内容或者将材料送还。

具体办理送达文书司法互助案件的人民法院应当在收到高级人民法院转送的材料之日起五个工作日内，以“协助台湾地区送达民事（刑事、行政诉讼）司法文书”案由立案，指定专人办理，并应当自立案之日起十五日内完成协助送达，最迟不得超过两个月。

收到台湾地区送达文书请求时，司法文书中指定的开庭日期或者其他期限逾期的，人民法院亦应予以送达，同时高级人民法院联络人应当及时向台湾地区联络人说明情况。

第十四条 具体办理送达文书司法互助案件的人民法院成功送达的，应当由送达人在《〈海峡两岸共同打击犯罪及司法互助协议〉送达回证》上签名或者盖章，并在成功送达之日起七个工作日内将送达回证送交高级人民法院；未能成功送达的，应当由送达人在《〈海峡两岸共同打击犯罪及司法互助协议〉送达回证》上注明未能成功送达的原因并签名或者盖章，在确认不能送达之日起七个工作日内，将该送达回证和未能成功送达的司法文书送交高级人民法院。

高级人民法院应当在收到前款所述送达回证之日起七个工作日内完成审查，由高级人民法院联络人在前述送达回证上签名或者盖章，同时出具《〈海峡两岸共同打击犯罪及司法互助协议〉送达文书回复书》，连同该送达回证和未能成功送达的司法文书，立即寄送台湾地区联络人。

四、调查取证司法互助

第十五条 人民法院办理海峡两岸调查取证司法互助业务，限于与台湾地区法院相互协助调取与诉讼有关的证据，包括取得证言及陈述；提供书证、物证及视听资料；确定关系人所在地或者确认其身份、前科等情况；进行勘验、检查、扣押、鉴定和查询等。

第十六条 人民法院协助台湾地区法院调查取证，应当采用民事诉讼法、刑事诉讼法、行政诉讼法等法律和相关司法解释规定的方式。

在不违反法律和相关规定、不损害社会公共利益、不妨碍正在进行的诉讼程序的前提下，人民法院应当尽力协助调查取证，并尽可能依照台湾地区请求的内容和形式予以协助。

台湾地区调查取证请求书所述的犯罪事实，依照大陆法律规定不认为涉嫌犯罪的，人民法院不予协助，但有重大社会危害并经双方业务主管部门同意予以个案协助的除外。台湾地区请求促使大陆居民至台湾地区作证，但未作出非经大陆主管部门同意不得追诉其进入台湾地区之前任何行为的书面声明的，人民法院可以不予协助。

第十七条 审理案件的人民法院需要台湾地区协助调查取证的，应当填写《〈海峡两岸共同打击犯罪及司法互助协议〉调查取证请求书》附录部分，连同相关材料，一式三份，及时送交高级人民法院。

高级人民法院应当在收到前款所述材料之日起七个工作日内完成初步审查，并将审查意见和《〈海峡两岸共同打击犯罪及司法互助协议〉调查取证请求书》附录部分及相关材料，一式二份，立即转送最高人民法院。

第十八条 最高人民法院收到高级人民法院转送的《〈海峡两岸共同打击犯罪及司法互助协议〉调查取证请求书》附录部分和相关材料以及高级人民法院审查意见后，应当在七个工作日内完成最终审查。经审查认为可以请求台湾地区协助调查取证的，最高人民法院联络人应当填写《〈海峡两岸共同打击犯罪及司法互助协议〉调查取证请求书》正文部分，连同附录部分和相关材料，立即寄送台湾地区联络人；经审查认为欠缺相关材料、内容或者认为不需要请求台湾地区协助调查取证的，应当立即通过高级人民法院告知提出请求的人民法院补充相关材料、内容或者在说明理由后将材料退回。

第十九条 台湾地区成功调查取证并将取得的证据材料寄送最高人民法院联络人，或者未能成功调查取证并将相关材料送还，同时出具理由说明给最高人民法院联络人的，最高人民法院应当在收到之日起七个工作日内完成审查并转送高级人民法院，高级人民法院应当在收到之日起七个工作日内转送提出请求的人民法院。经审查认为欠缺相关材料或者内容的，最高人民法院联络人应当立即与台湾地区联络人联络并请求补充相关材料或者内容。

第二十条 台湾地区请求人民法院协助台湾地区法院调查取证并通过其联络人将请求书和相关材料寄送最高人民法院联络人的，最高人民法院应当在收到之日起七个工作日内完成审查。经审查认为可以协助调查取证的，应当立即转送有关高级人民法院或者由本院办理，高级人民法院应当在收到之日起七个工作日内转送有关下级人民法院办理或者由本院办理；经审查认为欠缺相关材料、内容或者认为不宜协助调查取证的，最高人民法院联络人应当立即向台湾地区联络人说明情况并告知其补充相关材料、内容或者将材料送还。

具体办理调查取证司法互助案件的人民法院应当在收到高级人民法院转送的材料之日起五个工作日内，以“协助台湾地区民事（刑事、行政诉讼）调查取证”案由立案，指定专人办理，并应当自立案之日起一个月内完成协助调查取证，最迟不得超过三个月。因故不能在期限届满前完成的，应当提前函告高级人民法院，并由高级人民法院转报最高人民法院。

第二十一条 具体办理调查取证司法互助案件的人民法院成功调查取证的，应当在完成调查取证之日起七个工作日内将取得的证据材料一式三份，连同台湾地区提供的材料，并在必要时附具情况说明，送交高级人民法院；未能成功调查取证的，应当出具说明函一式三份，连同台湾地区提供的材料，在确认不能成功调查取证之日起七个工作日内送交高级人民法院。

高级人民法院应当在收到前款所述材料之日起七个工作日内完成初步审查，并将审查意见和前述取得的证据材料或者说明函等，一式二份，连同台湾地区提供的材料，立即转送最高人民法院。

最高人民法院应当在收到之日起七个工作日内完成最终审查，由最高人民法院联络人出具《〈海峡两岸共同打击犯罪及司法互助协议〉调查取证回复书》，必要时连同相关材料，立即寄送台湾地区联络人。

证据材料不适宜复制或者难以取得备份的，可不按本条第一款和第二款的规定提供备份材料。

五、附　　则

第二十二条 人民法院对于台湾地区请求协助所提供的和执行请求所取得的相关资料应当予以保密。但依据请求目的使用的除外。

第二十三条 人民法院应当依据请求书载明的目的使用台湾地区协助提供的资料。但最高人民法院和台湾地区业务主管部门另有商定的除外。

第二十四条 对于依照协议和本规定从台

湾地区获得的证据和司法文书等材料，不需要办理公证、认证等形式证明。

第二十五条　人民法院办理海峡两岸司法互助业务，应当使用统一、规范的文书样式。

第二十六条　对于执行台湾地区的请求所发生的费用，由有关人民法院负担。但下列费用应当由台湾地区业务主管部门负责支付：

（一）鉴定费用；

（二）翻译费用和誊写费用；

（三）为台湾地区提供协助的证人和鉴定人，因前往、停留、离开台湾地区所发生的费用；

（四）其他经最高人民法院和台湾地区业务主管部门商定的费用。

第二十七条　人民法院在办理海峡两岸司法互助案件中收到、取得、制作的各种文件和材料，应当以原件或者复制件形式，作为诉讼档案保存。

第二十八条　最高人民法院审理的案件需要请求台湾地区协助送达司法文书和调查取证的，参照本规定由本院自行办理。

专门人民法院办理海峡两岸送达文书和调查取证司法互助业务，参照本规定执行。

第二十九条　办理海峡两岸司法互助案件和执行本规定的情况，应当纳入对有关人民法院及相关工作人员的工作绩效考核和案件质量评查范围。

第三十条　此前发布的司法解释与本规定不一致的，以本规定为准。

最高人民法院关于认可和执行台湾地区法院民事判决的规定

（2015年6月2日最高人民法院审判委员会第1653次会议通过　2015年6月29日最高人民法院公告公布　自2015年7月1日起施行　法释〔2015〕13号）

为保障海峡两岸当事人的合法权益，更好地适应海峡两岸关系和平发展的新形势，根据民事诉讼法等有关法律，总结人民法院涉台审判工作经验，就认可和执行台湾地区法院民事判决，制定本规定。

第一条　台湾地区法院民事判决的当事人可以根据本规定，作为申请人向人民法院申请认可和执行台湾地区有关法院民事判决。

第二条　本规定所称台湾地区法院民事判决，包括台湾地区法院作出的生效民事判决、裁定、和解笔录、调解笔录、支付命令等。

申请认可台湾地区法院在刑事案件中作出的有关民事损害赔偿的生效判决、裁定、和解笔录的，适用本规定。

申请认可由台湾地区乡镇市调解委员会等出具并经台湾地区法院核定，与台湾地区法院生效民事判决具有同等效力的调解文书的，参照适用本规定。

第三条　申请人同时提出认可和执行台湾地区法院民事判决申请的，人民法院先按照认可程序进行审查，裁定认可后，由人民法院执行机构执行。

申请人直接申请执行的，人民法院应当告知其一并提交认可申请；坚持不申请认可的，裁定驳回其申请。

第四条　申请认可台湾地区法院民事判决的案件，由申请人住所地、经常居住地或者被申请人住所地、经常居住地、财产所在地中级人民法院或者专门人民法院受理。

申请人向两个以上有管辖权的人民法院申请认可的，由最先立案的人民法院管辖。

申请人向被申请人财产所在地人民法院申请认可的，应当提供财产存在的相关证据。

第五条　对申请认可台湾地区法院民事判决的案件，人民法院应当组成合议庭进行审查。

第六条　申请人委托他人代理申请认可台湾地区法院民事判决的，应当向人民法院提交由委托人签名或者盖章的授权委托书。

台湾地区、香港特别行政区、澳门特别行政区或者外国当事人签名或者盖章的授权委托书应当履行相关的公证、认证或者其他证明手续，但授权委托书在人民法院法官的见证下签署或者经中国大陆公证机关公证证明是在中国大陆签署的除外。

第七条　申请人申请认可台湾地区法院民事判决，应当提交申请书，并附有台湾地区有关法院民事判决文书和民事判决确定证明书的正本或者经证明无误的副本。台湾地区法院民事判决为缺席判决的,申请人应当同时提交台湾地区法院已经合法传唤当事人的证明文件,但判决已经对此予以明确说明的除外。

申请书应当记明以下事项:

(一)申请人和被申请人姓名、性别、年龄、职业、身份证件号码、住址(申请人或者被申请人为法人或者其他组织的,应当记明法人或者其他组织的名称、地址、法定代表人或者主要负责人姓名、职务)和通讯方式;

(二)请求和理由;

(三)申请认可的判决的执行情况;

(四)其他需要说明的情况。

第八条 对于符合本规定第四条和第七条规定条件的申请,人民法院应当在收到申请后七日内立案,并通知申请人和被申请人,同时将申请书送达被申请人;不符合本规定第四条和第七条规定条件的,应当在七日内裁定不予受理,同时说明不予受理的理由;申请人对裁定不服的,可以提起上诉。

第九条 申请人申请认可台湾地区法院民事判决,应当提供相关证明文件,以证明该判决真实并且已经生效。

申请人可以申请人民法院通过海峡两岸调查取证司法互助途径查明台湾地区法院民事判决的真实性和是否生效以及当事人得到合法传唤的证明文件;人民法院认为必要时,也可以就有关事项依职权通过海峡两岸司法互助途径向台湾地区请求调查取证。

第十条 人民法院受理认可台湾地区法院民事判决的申请之前或者之后,可以按照民事诉讼法及相关司法解释的规定,根据申请人的申请,裁定采取保全措施。

第十一条 人民法院受理认可台湾地区法院民事判决的申请后,当事人就同一争议起诉的,不予受理。

一方当事人向人民法院起诉后,另一方当事人向人民法院申请认可的,对于认可的申请不予受理。

第十二条 案件虽经台湾地区有关法院判决,但当事人未申请认可,而是就同一争议向人民法院起诉的,应予受理。

第十三条 人民法院受理认可台湾地区法院民事判决的申请后,作出裁定前,申请人请求撤回申请的,可以裁定准许。

第十四条 人民法院受理认可台湾地区法院民事判决的申请后,应当在立案之日起六个月内审结。有特殊情况需要延长的,报请上一级人民法院批准。

通过海峡两岸司法互助途径送达文书和调查取证的期间,不计入审查期限。

第十五条 台湾地区法院民事判决具有下列情形之一的,裁定不予认可:

(一)申请认可的民事判决,是在被申请人缺席又未经合法传唤或者在被申请人无诉讼行为能力又未得到适当代理的情况下作出的;

(二)案件系人民法院专属管辖的;

(三)案件双方当事人订有有效仲裁协议,且无放弃仲裁管辖情形的;

(四)案件系人民法院已作出判决或者中国大陆的仲裁庭已作出仲裁裁决的;

(五)香港特别行政区、澳门特别行政区或者外国的法院已就同一争议作出判决且已为人民法院所认可或者承认的;

(六)台湾地区、香港特别行政区、澳门特别行政区或者外国的仲裁庭已就同一争议作出仲裁裁决且已为人民法院所认可或者承认的。

认可该民事判决将违反一个中国原则等国家法律的基本原则或者损害社会公共利益的,人民法院应当裁定不予认可。

第十六条 人民法院经审查能够确认台湾地区法院民事判决真实并且已经生效,而且不具有本规定第十五条所列情形的,裁定认可其效力;不能确认该民事判决的真实性或者已经生效的,裁定驳回申请人的申请。

裁定驳回申请的案件,申请人再次申请并符合受理条件的,人民法院应予受理。

第十七条 经人民法院裁定认可的台湾地区法院民事判决,与人民法院作出的生效判决具有同等效力。

第十八条 人民法院依据本规定第十五条和第十六条作出的裁定,一经送达即发生法律效力。

当事人对上述裁定不服的,可以自裁定送达

之日起十日内向上一级人民法院申请复议。

第十九条 对人民法院裁定不予认可的台湾地区法院民事判决,申请人再次提出申请的,人民法院不予受理,但申请人可以就同一争议向人民法院起诉。

第二十条 申请人申请认可和执行台湾地区法院民事判决的期间,适用民事诉讼法第二百三十九条的规定,但申请认可台湾地区法院有关身份关系的判决除外。

申请人仅申请认可而未同时申请执行的,申请执行的期间自人民法院对认可申请作出的裁定生效之日起重新计算。

第二十一条 人民法院在办理申请认可和执行台湾地区法院民事判决案件中作出的法律文书,应当依法送达案件当事人。

第二十二条 申请认可和执行台湾地区法院民事判决,应当参照《诉讼费用交纳办法》的规定,交纳相关费用。

第二十三条 本规定自2015年7月1日起施行。《最高人民法院关于人民法院认可台湾地区有关法院民事判决的规定》(法释〔1998〕11号)、《最高人民法院关于当事人持台湾地区有关法院民事调解书或者有关机构出具或确认的调解协议书向人民法院申请认可人民法院应否受理的批复》(法释〔1999〕10号)、《最高人民法院关于当事人持台湾地区有关法院支付命令向人民法院申请认可人民法院应否受理的批复》(法释〔2001〕13号)和《最高人民法院关于人民法院认可台湾地区有关法院民事判决的补充规定》(法释〔2009〕4号)同时废止。

最高人民法院关于认可和执行台湾地区仲裁裁决的规定

(2015年6月2日最高人民法院审判委员会第1653次会议通过 2015年6月29日最高人民法院公告公布 自2015年7月1日起施行 法释〔2015〕14号)

为保障海峡两岸当事人的合法权益,更好地适应海峡两岸关系和平发展的新形势,根据民事诉讼法、仲裁法等有关法律,总结人民法院涉台审判工作经验,就认可和执行台湾地区仲裁裁决,制定本规定。

第一条 台湾地区仲裁裁决的当事人可以根据本规定,作为申请人向人民法院申请认可和执行台湾地区仲裁裁决。

第二条 本规定所称台湾地区仲裁裁决是指,有关常设仲裁机构及临时仲裁庭在台湾地区按照台湾地区仲裁规定就有关民商事争议作出的仲裁裁决,包括仲裁判断、仲裁和解和仲裁调解。

第三条 申请人同时提出认可和执行台湾地区仲裁裁决申请的,人民法院先按照认可程序进行审查,裁定认可后,由人民法院执行机构执行。

申请人直接申请执行的,人民法院应当告知其一并提交认可申请;坚持不申请认可的,裁定驳回其申请。

第四条 申请认可台湾地区仲裁裁决的案件,由申请人住所地、经常居住地或者被申请人住所地、经常居住地、财产所在地中级人民法院或者专门人民法院受理。

申请人向两个以上有管辖权的人民法院申请认可的,由最先立案的人民法院管辖。

申请人向被申请人财产所在地人民法院申请认可的,应当提供财产存在的相关证据。

第五条 对申请认可台湾地区仲裁裁决的案件,人民法院应当组成合议庭进行审查。

第六条 申请人委托他人代理申请认可台湾地区仲裁裁决的,应当向人民法院提交由委托人签名或者盖章的授权委托书。

台湾地区、香港特别行政区、澳门特别行政区或者外国当事人签名或者盖章的授权委托书应当履行相关的公证、认证或者其他证明手续,但授权委托书在人民法院法官的见证下签署或者经中国大陆公证机关公证证明是在中国大陆签署的除外。

第七条 申请人申请认可台湾地区仲裁裁决,应当提交以下文件或者经证明无误的副本:

(一)申请书;

(二)仲裁协议;

(三)仲裁判断书、仲裁和解书或者仲裁调解书。

申请书应当记明以下事项：

（一）申请人和被申请人姓名、性别、年龄、职业、身份证件号码、住址（申请人或者被申请人为法人或者其他组织的，应当记明法人或者其他组织的名称、地址、法定代表人或者主要负责人姓名、职务）和通讯方式；

（二）申请认可的仲裁判断书、仲裁和解书或者仲裁调解书的案号或者识别资料和生效日期；

（三）请求和理由；

（四）被申请人财产所在地、财产状况及申请认可的仲裁裁决的执行情况；

（五）其他需要说明的情况。

第八条 对于符合本规定第四条和第七条规定条件的申请，人民法院应当在收到申请后七日内立案，并通知申请人和被申请人，同时将申请书送达被申请人；不符合本规定第四条和第七条规定条件的，应当在七日内裁定不予受理，同时说明不予受理的理由；申请人对裁定不服的，可以提起上诉。

第九条 申请人申请认可台湾地区仲裁裁决，应当提供相关证明文件，以证明该仲裁裁决的真实性。

申请人可以申请人民法院通过海峡两岸调查取证司法互助途径查明台湾地区仲裁裁决的真实性；人民法院认为必要时，也可以就有关事项依职权通过海峡两岸司法互助途径向台湾地区请求调查取证。

第十条 人民法院受理认可台湾地区仲裁裁决的申请之前或者之后，可以按照民事诉讼法及相关司法解释的规定，根据申请人的申请，裁定采取保全措施。

第十一条 人民法院受理认可台湾地区仲裁裁决的申请后，当事人就同一争议起诉的，不予受理。

当事人未申请认可，而是就同一争议向人民法院起诉的，亦不予受理，但仲裁协议无效的除外。

第十二条 人民法院受理认可台湾地区仲裁裁决的申请后，作出裁定前，申请人请求撤回申请的，可以裁定准许。

第十三条 人民法院应当尽快审查认可台湾地区仲裁裁决的申请，决定予以认可的，应当在立案之日起两个月内作出裁定；决定不予认可或者驳回申请的，应当在作出决定前按有关规定自立案之日起两个月内上报最高人民法院。

通过海峡两岸司法互助途径送达文书和调查取证的期间，不计入审查期限。

第十四条 对申请认可和执行的仲裁裁决，被申请人提出证据证明有下列情形之一的，经审查核实，人民法院裁定不予认可：

（一）仲裁协议一方当事人依对其适用的法律在订立仲裁协议时属于无行为能力的；或者依当事人约定的准据法，或当事人没有约定适用的准据法而依台湾地区仲裁规定，该仲裁协议无效的；或者当事人之间没有达成书面仲裁协议的，但申请认可台湾地区仲裁调解的除外；

（二）被申请人未接到选任仲裁员或进行仲裁程序的适当通知，或者由于其他不可归责于被申请人的原因而未能陈述意见的；

（三）裁决所处理的争议不是提交仲裁的争议，或者不在仲裁协议范围之内；或者裁决载有超出当事人提交仲裁范围的事项的决定，但裁决中超出提交仲裁范围的事项的决定与提交仲裁事项的决定可以分开的，裁决中关于提交仲裁事项的决定部分可以予以认可；

（四）仲裁庭的组成或者仲裁程序违反当事人的约定，或者在当事人没有约定时与台湾地区仲裁规定不符的；

（五）裁决对当事人尚无约束力，或者业经台湾地区法院撤销或者驳回执行申请的。

依据国家法律，该争议事项不能以仲裁解决的，或者认可该仲裁裁决将违反一个中国原则等国家法律的基本原则或损害社会公共利益的，人民法院应当裁定不予认可。

第十五条 人民法院经审查能够确认台湾地区仲裁裁决真实，而且不具有本规定第十四条所列情形的，裁定认可其效力；不能确认该仲裁裁决真实性的，裁定驳回申请。

裁定驳回申请的案件，申请人再次申请并符合受理条件的，人民法院应予受理。

第十六条 人民法院依据本规定第十四条和第十五条作出的裁定，一经送达即发生法律效力。

第十七条 一方当事人向人民法院申请认

可或者执行台湾地区仲裁裁决,另一方当事人向台湾地区法院起诉撤销该仲裁裁决,被申请人申请中止认可或者执行并且提供充分担保的,人民法院应当中止认可或者执行程序。

申请中止认可或者执行的,应当向人民法院提供台湾地区法院已经受理撤销仲裁裁决案件的法律文书。

台湾地区法院撤销该仲裁裁决的,人民法院应当裁定不予认可或者裁定终结执行;台湾地区法院驳回撤销仲裁裁决请求的,人民法院应当恢复认可或者执行程序。

第十八条 对人民法院裁定不予认可的台湾地区仲裁裁决,申请人再次提出申请的,人民法院不予受理。但当事人可以根据双方重新达成的仲裁协议申请仲裁,也可以就同一争议向人民法院起诉。

第十九条 申请人申请认可和执行台湾地区仲裁裁决的期间,适用民事诉讼法第二百三十九条的规定。

申请人仅申请认可而未同时申请执行的,申请执行的期间自人民法院对认可申请作出的裁定生效之日起重新计算。

第二十条 人民法院在办理申请认可和执行台湾地区仲裁裁决案件中所作出的法律文书,应当依法送达案件当事人。

第二十一条 申请认可和执行台湾地区仲裁裁决,应当参照《诉讼费用交纳办法》的规定,交纳相关费用。

第二十二条 本规定自2015年7月1日起施行。

本规定施行前,根据《最高人民法院关于人民法院认可台湾地区有关法院民事判决的规定》(法释〔1998〕11号),人民法院已经受理但尚未审结的申请认可和执行台湾地区仲裁裁决的案件,适用本规定。

十八　涉外民商事程序

全国人民代表大会常务委员会关于批准加入《关于向国外送达民事或商事司法文书和司法外文书公约》的决定

（1991 年 3 月 2 日）

第七届全国人民代表大会常务委员会第十次会议决定：批准加入 1965 年 11 月 15 日订于海牙的《关于向国外送达民事或商事司法文书和司法外文书公约》，同时：

一、根据公约第二条和第九条的规定，指定中华人民共和国司法部为中央机关和有权接收外国通过领事途径转递的文书的机关。

二、根据公约第八条第二款声明，只有文书须送达给文书发出国国民的，才能采用该条第一款所规定的方式在中华人民共和国境内进行送达。

三、反对采用公约第十条所规定的方式在中华人民共和国境内进行送达。

四、根据公约第十五条第二款声明，在符合该款规定的各项条件的情况下，即使未收到任何送达或交付的证明书，法官仍可不顾该条第一款的规定，作出判决。

五、根据第十六条第三款的声明，被告要求免除丧失上诉权效果的申请只能在自判决之日起的 1 年内提出，否则不予受理。

全国人民代表大会常务委员会关于我国加入《关于从国外调取民事或商事证据的公约》的决定

（1997 年 7 月 3 日）

第八届全国人民代表大会常务委员会第二十六次会议决定，中华人民共和国加入 1970 年 3 月 18 日订于海牙的《关于从国外调取民事或商事证据的公约》，同时：

一、根据公约第二条，指定中华人民共和国司法部为负责接收来自另一缔约国司法机关的请求书，并将其转交给执行请求的主管机关的中央机关；

二、根据公约第二十三条声明，对于普通法国家旨在进行审判前文件调查的请求书，仅执行已在请求书中列明并与案件有直接密切联系的文件的调查请求；

三、根据公约第三十三条声明，除第十五条以外，不适用公约第二章的规定。

最高人民法院关于涉外民商事案件诉讼管辖若干问题的规定

（2001 年 12 月 25 日最高人民法院审判委员会第 1203 次会议通过　2002 年 2 月 25 日最高人民法院公告公布　自 2002 年 3 月 1 日起施行　法释〔2002〕5 号）

为正确审理涉外民商事案件，依法保护中外当事人的合法权益，根据《中华人民共和国民事诉讼法》第十九条的规定，现将有关涉外民商事案件诉讼管辖的问题规定如下：

第一条　第一审涉外民商事案件由下列人民法院管辖：

（一）国务院批准设立的经济技术开发区人民法院；

（二）省会、自治区首府、直辖市所在地的中级人民法院；

（三）经济特区、计划单列市中级人民法院；

（四）最高人民法院指定的其他中级人民法院；

（五）高级人民法院。

上述中级人民法院的区域管辖范围由所在地的高级人民法院确定。

第二条　对国务院批准设立的经济技术开发区人民法院所作的第一审判决、裁定不服的，其第二审由所在地中级人民法院管辖。

第三条　本规定适用于下列案件：

（一）涉外合同和侵权纠纷案件；

（二）信用证纠纷案件；

（三）申请撤销、承认与强制执行国际仲裁裁决的案件；

（四）审查有关涉外民商事仲裁条款效力的案件；

（五）申请承认和强制执行外国法院民商事判决、裁定的案件。

第四条　发生在与外国接壤的边境省份的边境贸易纠纷案件，涉外房地产案件和涉外知识产权案件，不适用本规定。

第五条　涉及香港、澳门特别行政区和台湾地区当事人的民商事纠纷案件的管辖，参照本规定处理。

第六条　高级人民法院应当对涉外民商事案件的管辖实施监督，凡越权受理涉外民商事案件的，应当通知或者裁定将案件移送有管辖权的人民法院审理。

第七条　本规定于2002年3月1日起施行。本规定施行前已经受理的案件由原受理人民法院继续审理。

本规定发布前的有关司法解释、规定与本规定不一致的，以本规定为准。

最高人民法院关于明确第一审涉外民商事案件级别管辖标准以及归口办理有关问题的通知

（2017年12月7日　法〔2017〕359号）

各省、自治区、直辖市高级人民法院、解放军军事法院、新疆维吾尔自治区高级人民法院生产建设兵团分院：

为合理定位四级法院涉外民商事审判职能，统一裁判尺度，维护当事人的合法权益，保障开放型经济的发展，现就第一审涉外民商事案件级别管辖标准以及归口办理的有关问题，通知如下：

一、关于第一审涉外民商事案件的级别管辖标准

北京、上海、江苏、浙江、广东高级人民法院管辖诉讼标的额人民币2亿元以上的第一审涉外民商事案件；直辖市中级人民法院以及省会城市、计划单列市、经济特区所在地的市中级人民法院管辖诉讼标的额人民币2000万元以上的第一审涉外民商事案件，其他中级人民法院管辖诉讼标的额人民币1000万元以上的第一审涉外民商事案件。

天津、河北、山西、内蒙古、辽宁、安徽、福建、山东、河南、湖北、湖南、广西、海南、四川、重庆高级人民法院管辖诉讼标的额人民币8000万元以上的第一审涉外民商事案件；直辖市中级人民法院以及省会城市、计划单列市、经济特区所在地的市中级人民法院管辖诉讼标的额人民币1000万元以上的第一审涉外民商事案件，其他中级人民法院管辖诉讼标的额人民币500万元以上的第一审涉外民商事案件。

吉林、黑龙江、江西、云南、陕西、新疆高级人民法院和新疆生产建设兵团分院管辖诉讼标的额人民币4000万元以上的第一审涉外民商事案件；省会城市、计划单列市中级人民法院，管辖诉讼标的额人民币500万元以上的第一审涉外民商事案件，其他中级人民法院管辖诉讼标的额人民币200万元以上的第一审涉外民商事案件。

贵州、西藏、甘肃、青海、宁夏高级人民法院管辖诉讼标的额人民币2000万元以上的第一审涉外民商事案件；省会城市、计划单列市中级人民法院，管辖诉讼标的额人民币200万元以上的第一审涉外民商事案件，其他中级人民法院管辖诉讼标的额人民币100万元以上的第一审涉外民商事案件。

各高级人民法院发布的本辖区级别管辖标准，除于2011年1月后经我院批复同意的外，不再作为确定第一审涉外民商事案件级别管辖的依据。

二、下列案件由涉外审判庭或专门合议庭审理：

（一）当事人一方或者双方是外国人、无国籍人、外国企业或者组织，或者当事人一方或者双方的经常居所地在中华人民共和国领域外的民商事案件；

（二）产生、变更或者消灭民事关系的法律事实发生在中华人民共和国领域外，或者标的物在中华人民共和国领域外的民商事案件；

（三）外商投资企业设立、出资、确认股东资格、分配利润、合并、分立、解散等与该企业有关的民商事案件；

（四）一方当事人为外商独资企业的民商事案件；

（五）信用证、保函纠纷案件，包括申请止付保全案件；

（六）对第一项至第五项案件的管辖权异议裁定提起上诉的案件；

（七）对第一项至第五项案件的生效裁判申请再审的案件，但当事人依法向原审人民法院申请再审的除外；

（八）跨境破产协助案件；

（九）民商事司法协助案件；

（十）最高人民法院《关于仲裁司法审查案件归口办理有关问题的通知》确定的仲裁司法审查案件。

前款规定的民商事案件不包括婚姻家庭纠纷、继承纠纷、劳动争议、人事争议、环境污染侵权纠纷及环境公益诉讼。

三、海事海商及知识产权纠纷案件，不适用本通知。

四、涉及香港、澳门特别行政区和台湾地区的民商事案件参照适用本通知。

五、本通知自 2018 年 1 月 1 日起执行。之前已经受理的案件不适用本通知。

本通知执行过程中遇到的问题，请及时报告我院。

最高人民法院关于向外国公司送达司法文书能否向其驻华代表机构送达并适用留置送达问题的批复①

（2002 年 6 月 11 日最高人民法院审判委员会第 1225 次会议通过　2002 年 6 月 18 日最高人民法院公告公布　自 2002 年 6 月 22 日起施行　法释〔2002〕15 号）

北京市高级人民法院：

你院京高法〔2001〕216 号《关于对外国公司送达司法文书能否向其驻华代表机构送达并适用留置送达的请示》收悉。经研究，答复如下：

《关于向国外送达民事或商事司法文书和司法外文书公约》（以下简称海牙送达公约）第一条规定：“在所有民事或商事案件中，如有须递送司法文书或司法外文书以便向国外送达的情形，均应适用本公约。”根据《中华人民共和国民事诉讼法》（以下简称民事诉讼法）第二百四十五条的规定，人民法院对在中华人民共和国领域内没有住所的当事人送达诉讼文书，可以依照受送达人所在国与中华人民共和国缔结或者共同参加的国际条约中规定的方式送达；当受送达人在中华人民共和国领域内设有代表机构时，便不再属于海牙送达公约规定的“有须递送司法文书或司法外文书以便向国外送达的情形”。因此，人民法院可以根据民事诉讼法第二百四十五条第（五）项的规定向受送达人在中华人民共和国领域内设立的代表机构送达诉讼文书，而不必根据海牙送达公约向国外送达。

根据民事诉讼法第二百三十五条的规定，人民法院向外国公司的驻华代表机构送达诉讼文书时，可以适用留置送达的方式。

此复。

最高人民法院办公厅关于就外国执行民商事文书送达收费事项的通知

（2003 年 7 月 29 日　法办〔2003〕242 号）

各省、自治区、直辖市高级人民法院：

自 2003 年 6 月 1 日，美国由一私人送达公司 PROCESS FORWARDING INTERNATIONAL（PPI）代为行使《海牙送达公约》美国中央机关的部分职能，为期五年，并就每件向其国民送达请求收取执行费用。我国与新加坡根据中新司法协助双边条约规定的途径办理司法协助事宜以来，新方根据中新条约第 10 条的规定已对我国请求向其国民送达事宜，要求执行送达后支付执行费用。加拿大根据《海牙送达公约》的规定声明向请求提供司法协助的国家进行收费。实践中亦已实际对我国请求向其国民送达事宜进行收费。现将上述三个国家有关支付送达费用的具体要求通知如下：

一、向美国支付送达执行费用的具体要求：

支付时间：预付

支付方式：汇票

---

① 本批复根据法释〔2008〕18 号第六十八条调整。

支付金额:89 美元(2003 年),91 美元(2004年),93 美元(2005 年),95 美元(2007 年)

汇票收款人:美国"PROCESS FORWARDING INTERNATIONAL"

二、向新加坡支付送达执行费用的具体要求:

支付时间:执行后支付

支付方式:汇票

支付金额:根据送达情况收取费用数额不等(由 20 新元到 130 新元或更高)。

汇票收款人:"The Registrar, Supreme Court, Singapore"。

三、向加拿大支付送达费用的具体要求

支付时间:预付

支付方式:汇票

支付金额:50 加元

汇票收款人:根据下列不同的省填写不同的名称

Alberta: Provincial Treasurer of Alberta

British Columbia: Minister of Fiance of British Columbia

Prince Edward Island: Provincial Treasurer of Prince Edward Island

Manitoba: Mimister of Finance of Manitoba

New Brunswick: Minister of Finance of New Brunswick

Nova Scotia: Minister of Finance of Nova Scotia

Ontario: Treasurer of Ontario

Quebec:Minlstre des Finances du Quebec

Saskatchewan: DePartment of Justice of Saskatchewan - Sheritt Services

Newfoundland: Newfoundland Exchequer Account

Yukon Territoril: Treasurer of the Government of Yukon

Northwest Territories: Government Territories

Nunavut: Government of Nunavut

请各高级法院有关部门照此办理。对美国、加拿大的送达,将汇票连同送达文书一并送最高人民法院外事局转递。对新加坡的送达,在文书送达后,按新方确定的送达费用支付,汇票经最高人民法院外事局转递。

请求送达的当事人可根据我院转发国家外汇管理局(法〔2003〕73 号)的通知,到当地外汇管理部门申购所需外汇,办理有关汇票。

最高人民法院关于涉外民事或商事案件司法文书送达问题若干规定

(2006 年 7 月 17 日最高人民法院审判委员会第 1394 次会议通过 2006 年 8 月 10 日最高人民法院公告公布 自 2006 年 8 月 22 日起施行 法释〔2006〕5 号)

为规范涉外民事或商事案件司法文书送达,根据《中华人民共和国民事诉讼法》(以下简称民事诉讼法)的规定,结合审判实践,制定本规定。

第一条 人民法院审理涉外民事或商事案件时,向在中华人民共和国领域内没有住所的受送达人送达司法文书,适用本规定。

第二条 本规定所称司法文书,是指起诉状副本、上诉状副本、反诉状副本、答辩状副本、传票、判决书、调解书、裁定书、支付令、决定书、通知书、证明书、送达回证以及其他司法文书。

第三条 作为受送达人的自然人或者企业、其他组织的法定代表人、主要负责人在中华人民共和国领域内的,人民法院可以向该自然人或者法定代表人、主要负责人送达。

第四条 除受送达人在授权委托书中明确表明其诉讼代理人无权代为接收有关司法文书外,其委托的诉讼代理人为民事诉讼法第二百四十五条第(四)项规定的有权代其接受送达的诉讼代理人,人民法院可以向该诉讼代理人送达。①

第五条 人民法院向受送达人送达司法文书,可以送达给其在中华人民共和国领域内设立的代表机构。

受送达人在中华人民共和国领域内有分支机构或者业务代办人的,经该受送达人授权,人民法院可以向其分支机构或者业务代办人送达。

第六条 人民法院向在中华人民共和国领域内没有住所的受送达人送达司法文书时,若该

① 本条根据法释〔2008〕18 号第七十七条调整。

受送达人所在国与中华人民共和国签订有司法协助协定,可以依照司法协助协定规定的方式送达;若该受送达人所在国是《关于向国外送达民事或商事司法文书和司法外文书公约》的成员国,可以依照该公约规定的方式送达。

受送达人所在国与中华人民共和国签订有司法协助协定,且为《关于向国外送达民事或商事司法文书和司法外文书公约》成员国的,人民法院依照司法协助协定的规定办理。

第七条　按照司法协助协定、《关于向国外送达民事或商事司法文书和司法外文书公约》或者外交途径送达司法文书,自我国有关机关将司法文书转递受送达人所在国有关机关之日起满六个月,如果未能收到送达与否的证明文件,且根据各种情况不足以认定已经送达的,视为不能用该种方式送达。

第八条　受送达人所在国允许邮寄送达的,人民法院可以邮寄送达。

邮寄送达时应附有送达回证。受送达人未在送达回证上签收但在邮件回执上签收的,视为送达,签收日期为送达日期。

自邮寄之日起满六个月,如果未能收到送达与否的证明文件,且根据各种情况不足以认定已经送达的,视为不能用邮寄方式送达。

第九条　人民法院依照民事诉讼法第二百四十五条第(七)项规定的公告方式送达时,公告内容应在国内外公开发行的报刊上刊登。①

第十条　除本规定上述送达方式外,人民法院可以通过传真、电子邮件等能够确认收悉的其他适当方式向受送达人送达。

第十一条　除公告送达方式外,人民法院可以同时采取多种方式向受送达人进行送达,但应根据最先实现送达的方式确定送达日期。

第十二条　人民法院向受送达人在中华人民共和国领域内的法定代表人、主要负责人、诉讼代理人、代表机构以及有权接受送达的分支机构、业务代办人送达司法文书,可以适用留置送达的方式。

第十三条　受送达人未对人民法院送达的司法文书履行签收手续,但存在以下情形之一的,视为送达:

(一)受送达人书面向人民法院提及了所送达司法文书的内容;

(二)受送达人已经按照所送达司法文书的内容履行;

(三)其他可以视为已经送达的情形。

第十四条　人民法院送达司法文书,根据有关规定需要通过上级人民法院转递的,应附申请转递函。

上级人民法院收到下级人民法院申请转递的司法文书,应在七个工作日内予以转递。

上级人民法院认为下级人民法院申请转递的司法文书不符合有关规定需要补正的,应在七个工作日内退回申请转递的人民法院。

第十五条　人民法院送达司法文书,根据有关规定需要提供翻译件的,应由受理案件的人民法院委托中华人民共和国领域内的翻译机构进行翻译。

翻译件不加盖人民法院印章,但应由翻译机构或翻译人员签名或盖章证明译文与原文一致。

第十六条　本规定自2006年8月22日起施行。

最高人民法院关于依据国际公约和双边司法协助条约办理民商事案件司法文书送达和调查取证司法协助请求的规定

(2013年1月21日最高人民法院审判委员会第1568次会议通过　2013年4月7日最高人民法院公告公布　自2013年5月2日起施行　法释〔2013〕11号)

为正确适用有关国际公约和双边司法协助条约,依法办理民商事案件司法文书送达和调查取证请求,根据《中华人民共和国民事诉讼法》《关于向国外送达民事或商事司法文书和司法外文书的公约》(海牙送达公约)、《关于从国外调取民事或商事证据的公约》(海牙取证公约)和双边民事司法协助条约的规定,结合我国的司法实践,制定本规定。

① 本条根据法释〔2008〕18号第七十八条调整。

第一条 人民法院应当根据便捷、高效的原则确定依据海牙送达公约、海牙取证公约,或者双边民事司法协助条约,对外提出民商事案件司法文书送达和调查取证请求。

第二条 人民法院协助外国办理民商事案件司法文书送达和调查取证请求,适用对等原则。

第三条 人民法院协助外国办理民商事案件司法文书送达和调查取证请求,应当进行审查。外国提出的司法协助请求,具有海牙送达公约、海牙取证公约或双边民事司法协助条约规定的拒绝提供协助的情形的,人民法院应当拒绝提供协助。

第四条 人民法院协助外国办理民商事案件司法文书送达和调查取证请求,应当按照民事诉讼法和相关司法解释规定的方式办理。

请求方要求按照请求书中列明的特殊方式办理的,如果该方式与我国法律不相抵触,且在实践中不存在无法办理或者办理困难的情形,应当按照该特殊方式办理。

第五条 人民法院委托外国送达民商事案件司法文书和进行民商事案件调查取证,需要提供译文的,应当委托中华人民共和国领域内的翻译机构进行翻译。

译文应当附有确认译文与原文一致的翻译证明。翻译证明应当有翻译机构的印章和翻译人的签名。译文不得加盖人民法院印章。

第六条 最高人民法院统一管理全国各级人民法院的国际司法协助工作。高级人民法院应当确定一个部门统一管理本辖区各级人民法院的国际司法协助工作并指定专人负责。中级人民法院、基层人民法院和有权受理涉外案件的专门法院,应当指定专人管理国际司法协助工作;有条件的,可以同时确定一个部门管理国际司法协助工作。

第七条 人民法院应当建立独立的国际司法协助登记制度。

第八条 人民法院应当建立国际司法协助档案制度。办理民商事案件司法文书送达的送达回证、送达证明在各个转递环节应当以适当方式保存。办理民商事案件调查取证的材料应当作为档案保存。

第九条 经最高人民法院授权的高级人民法院,可以依据海牙送达公约、海牙取证公约直接对外发出本辖区各级人民法院提出的民商事案件司法文书送达和调查取证请求。

第十条 通过外交途径办理民商事案件司法文书送达和调查取证,不适用本规定。

第十一条 最高人民法院国际司法协助统一管理部门根据本规定制定实施细则。

第十二条 最高人民法院以前所作的司法解释及规范性文件,凡与本规定不一致的,按本规定办理。

最高人民法院关于中国公民申请承认外国法院离婚判决程序问题的规定

(1991年8月13日 法(民)发〔1991〕21号)

第一条 对与我国没有订立司法协助协议的外国法院作出的离婚判决,中国籍当事人可以根据本规定向人民法院申请承认该外国法院的离婚判决。

对与我国有司法协助协议的外国法院作出的离婚判决,按照协议的规定申请承认。

第二条 外国法院离婚判决中的夫妻财产分割、生活费负担、子女抚养方面判决的承认执行,不适用本规定。

第三条 向人民法院申请承认外国法院的离婚判决,申请人应提出书面申请书,并须附有外国法院离婚判决书正本及经证明无误的中文译本。否则,不予受理。

第四条 申请书应记明以下事项:

(一)申请人姓名、性别、年龄、工作单位和住址;

(二)判决由何国法院作出,判决结果、时间;

(三)受传唤及应诉的情况;

(四)申请理由及请求;

(五)其他需要说明的情况。

第五条 申请由申请人住所地中级人民法院受理。申请人住所地与经常居住地不一致的,由经常居住地中级人民法院受理。

申请人不在国内的,由申请人原国内住所地中级人民法院受理。

第六条 人民法院接到申请书，经审查，符合本规定的受理条件的，应当在七日内立案；不符合的，应当在七日内通知申请人不予受理，并说明理由。

第七条 人民法院审查承认外国法院离婚判决的申请，由三名审判员组成合议庭进行，作出的裁定不得上诉。

第八条 人民法院受理申请后，对于外国法院离婚判决书没有指明已生效或生效时间的，应责令申请人提交作出判决的法院出具的判决已生效的证明文件。

第九条 外国法院作出离婚判决的原告为申请人的，人民法院应责令其提交作出判决的外国法院已合法传唤被告出庭的有关证明文件。

第十条 按照第八条、第九条要求提供的证明文件，应经该外国公证部门公证和我国驻该国使、领馆认证。同时应由申请人提供经证明无误的中文译本。

第十一条 居住在我国境内的外国法院离婚判决的被告为申请人，提交第八条、第十条所要求的证明文件和公证、认证有困难的，如能提交外国法院的应诉通知或出庭传票的，可推定外国法院离婚判决书为真实和已经生效。

第十二条 经审查，外国法院的离婚判决具有下列情形之一的，不予承认：

（一）判决尚未发生法律效力；

（二）作出判决的外国法院对案件没有管辖权；

（三）判决是在被告缺席且未得到合法传唤情况下作出的；

（四）该当事人之间的离婚案件，我国法院正在审理或已作出判决，或者第三国法院对该当事人之间作出的离婚案件判决已为我国法院所承认；

（五）判决违反我国法律的基本原则或者危害我国国家主权、安全和社会公共利益。

第十三条 对外国法院的离婚判决的承认，以裁定方式作出。没有第十二条规定的情形的，裁定承认其法律效力；具有第十二条规定的情形之一的，裁定驳回申请人的申请。

第十四条 裁定书以“中华人民共和国××中级人民法院”名义作出，由合议庭成员署名，加盖人民法院印章。

第十五条 裁定书一经送达，即发生法律效力。

第十六条 申请承认外国法院的离婚判决，申请人应向人民法院交纳案件受理费人民币100元。

第十七条 申请承认外国法院的离婚判决，委托他人代理的，必须向人民法院提交由委托人签名或盖章的授权委托书。委托人在国外出具的委托书，必须经我国驻该国的使、领馆证明。

第十八条 人民法院受理离婚诉讼后，原告一方变更请求申请承认外国法院离婚判决，或者被告一方另提出承认外国法院离婚判决申请的，其申请均不受理。

第十九条 人民总法院受理承认外国法院离婚判决的申请后，对方当事人向人民法院起诉离婚的，人民法院不予受理。

第二十条 当事人之间的婚姻虽经外国法院判决，但未向人民法院申请承认的，不妨碍当事人一方另行向人民法院提出离婚诉讼。

第二十一条 申请人的申请为人民法院受理后，申请人可以撤回申请，人民法院以裁定准予撤回。申请人撤回申请后，不得再提出申请，但可以另向人民法院起诉离婚。

第二十二条 申请人的申请被驳回后，不得再提出申请，但可以另行向人民法院起诉离婚。

最高人民法院关于承认和执行外国仲裁裁决收费及审查期限问题的规定①

（1998年10月21日最高人民法院审判委员会第1029次会议通过 1998年11月14日最高人民法院公告公布 自1998年11月21日起施行 法释〔1998〕28号）

为正确执行我国加入的联合国《承认及执行外国仲裁裁决公约》（以下称纽约公约），现对人民法院依照纽约公约规定，承认和执行外国仲裁

① 编者注：已废止。

裁决收费及审查期限问题作出如下规定：

一、人民法院受理当事人申请承认外国仲裁裁决的，预收人民币500元。

二、人民法院受理当事人申请承认和执行外国仲裁裁决的，应按照《人民法院诉讼收费办法》有关规定，依申请执行的金额或标的价额预收执行费。如人民法院最终决定仅承认而不予执行外国仲裁裁决时，在扣除本规定第一条所列费用后，其余退还申请人。

三、人民法院受理当事人申请承认和执行外国仲裁裁决，不得对承认和执行分别两次收费。对所预收费用的负担，按照《人民法院诉讼收费办法》有关规定执行。

四、当事人依照纽约公约第四条规定的条件申请承认和执行外国仲裁裁决，受理申请的人民法院决定予以承认和执行的，应在受理申请之日起2个月内作出裁定，如无特殊情况，应在裁定后6个月内执行完毕；决定不予承认和执行的，须按最高人民法院法发〔1995〕18号《关于人民法院处理与涉外仲裁及外国仲裁事项有关问题的通知》的有关规定，在受理申请之日起2个月内上报最高人民法院。

最高人民法院关于人民法院受理申请承认外国法院离婚判决案件有关问题的规定

（1999年12月1日最高人民法院审判委员会第1090次会议通过　2000年2月29日最高人民法院公告公布　自2000年3月1日起施行　法释〔2000〕6号）

1998年9月17日，我院以法〔1998〕86号通知印发了《关于人民法院受理申请承认外国法院离婚判决案件几个问题的意见》，现根据新的情况，对人民法院受理申请承认外国法院离婚判决案件的有关问题重新作如下规定：

一、中国公民向人民法院申请承认外国法院离婚判决，人民法院不应以其未在国内缔结婚姻关系而拒绝受理；中国公民申请承认外国法院在其缺席情况下作出的离婚判决，应同时向人民法院提交作出该判决的外国法院已合法传唤其出庭的有关证明文件。

二、外国公民向人民法院申请承认外国法院离婚判决，如果其离婚的原配偶是中国公民的，人民法院应予受理；如果其离婚的原配偶是外国公民的，人民法院不予受理，但可告知其直接向婚姻登记机关申请再婚登记。

三、当事人向人民法院申请承认外国法院离婚调解书效力的，人民法院应予受理，并根据《关于中国公民申请承认外国法院离婚判决程序问题的规定》进行审查，作出承认或不予承认的裁定。

自本规定公布之日起，我院法〔1998〕86号通知印发的《关于人民法院受理申请承认外国法院离婚判决案件几个问题的意见》同时废止。

最高人民法院关于人民法院受理涉及特权与豁免的民事案件有关问题的通知

（2007年5月22日　法〔2007〕69号）

各省、自治区、直辖市高级人民法院，解放军军事法院，新疆维吾尔自治区高级人民法院生产建设兵团分院：

为严格执行《中华人民共和国民事诉讼法》以及我国参加的有关国际公约的规定，保障正确受理涉及特权与豁免的民事案件，我院决定对人民法院受理的涉及特权与豁免的案件建立报告制度，特做如下通知：

凡以下列在中国享有特权与豁免的主体为被告、第三人向人民法院起诉的民事案件，人民法院应在决定受理之前，报请本辖区高级人民法院审查；高级人民法院同意受理的，应当将其审查意见报最高人民法院。在最高人民法院答复前，一律暂不受理。

一、外国国家；

二、外国驻中国使馆和使馆人员；

三、外国驻中国领馆和领馆成员；

四、途经中国的外国驻第三国的外交代表和与其共同生活的配偶及未成年子女；

五、途经中国的外国驻第三国的领事官员和与其共同生活的配偶及未成年子女；

六、持有中国外交签证或者持有外交护照（仅限互免签证的国家）来中国的外国官员；

七、持有中国外交签证或者持有与中国互免签证国家外交护照的领事官员；

八、来中国访问的外国国家元首、政府首脑、外交部长及其他具有同等身份的官员；

九、来中国参加联合国及其专门机构召开的国际会议的外国代表；

十、临时来中国的联合国及其专门机构的官员和专家；

十一、联合国系统组织驻中国的代表机构和人员；

十二、其他在中国享有特权与豁免的主体。

十九　仲　裁

中华人民共和国仲裁法①

（1994 年 8 月 31 日第八届全国人民代表大会常务委员会第九次会议通过　1994 年 8 月 31 日中华人民共和国主席令第 31 号公布　自 1995 年 9 月 1 日起施行）

目　录

第一章　总　　则

第一条　为保证公正、及时地仲裁经济纠纷，保护当事人的合法权益，保障社会主义市场经济健康发展，制定本法。

第二条　平等主体的公民、法人和其他组织之间发生的合同纠纷和其他财产权益纠纷，可以仲裁。

第三条　下列纠纷不能仲裁：

（一）婚姻、收养、监护、扶养、继承纠纷；

（二）依法应当由行政机关处理的行政争议。

第四条　当事人采用仲裁方式解决纠纷，应当双方自愿，达成仲裁协议。没有仲裁协议，一方申请仲裁的，仲裁委员会不予受理。

第五条　当事人达成仲裁协议，一方向人民法院起诉的，人民法院不予受理，但仲裁协议无效的除外。

第六条　仲裁委员会应当由当事人协议选定。

仲裁不实行级别管辖和地域管辖。

第七条　仲裁应当根据事实，符合法律规定，公平合理地解决纠纷。

第八条　仲裁依法独立进行，不受行政机关、社会团体和个人的干涉。

第九条　仲裁实行一裁终局的制度。裁决作出后，当事人就同一纠纷再申请仲裁或者向人民法院起诉的，仲裁委员会或者人民法院不予受理。

裁决被人民法院依法裁定撤销或者不予执行的，当事人就该纠纷可以根据双方重新达成的仲裁协议申请仲裁，也可以向人民法院起诉。

第二章　仲裁委员会和仲裁协会

第十条　仲裁委员会可以在直辖市和省、自治区人民政府所在地的市设立，也可以根据需要在其他设区的市设立，不按行政区划层层设立。

仲裁委员会由前款规定的市的人民政府组织有关部门和商会统一组建。

设立仲裁委员会，应当经省、自治区、直辖市的司法行政部门登记。

第十一条　仲裁委员会应当具备下列条件：

（一）有自己的名称、住所和章程；

（二）有必要的财产；

（三）有该委员会的组成人员；

（四）有聘任的仲裁员。

仲裁委员会的章程应当依照本法制定。

第十二条　仲裁委员会由主任 1 人、副主任 2 至 4 人和委员 7 至 11 人组成。

仲裁委员会的主任、副主任和委员由法律、经济贸易专家和有实际工作经验的人员担任。仲裁委员会的组成人员中，法律、经济贸易专家不得少于 2/3。

第十三条　仲裁委员会应当从公道正派的人员中聘任仲裁员。

仲裁员应当符合下列条件之一：

（一）从事仲裁工作满 8 年的；

（二）从事律师工作满 8 年的；

（三）曾任审判员满 8 年的；

（四）从事法律研究、教学工作并具有高级职称的；

① 编者注：已被修改。

（五）具有法律知识、从事经济贸易等专业工作并具有高级职称或者具有同等专业水平的。

仲裁委员会按照不同专业设仲裁员名册。

第十四条　仲裁委员会独立于行政机关，与行政机关没有隶属关系。仲裁委员会之间也没有隶属关系。

第十五条　中国仲裁协会是社会团体法人。仲裁委员会是中国仲裁协会的会员。中国仲裁协会的章程由全国会员大会制定。

中国仲裁协会是仲裁委员会的自律性组织，根据章程对仲裁委员会及其组成人员、仲裁员的违纪行为进行监督。

中国仲裁协会依照本法和民事诉讼法的有关规定制定仲裁规则。

第三章　仲裁协议

第十六条　仲裁协议包括合同中订立的仲裁条款和以其他书面方式在纠纷发生前或者纠纷发生后达成的请求仲裁的协议。

仲裁协议应当具有下列内容：

（一）请求仲裁的意思表示；

（二）仲裁事项；

（三）选定的仲裁委员会。

第十七条　有下列情形之一的，仲裁协议无效：

（一）约定的仲裁事项超出法律规定的仲裁范围的；

（二）无民事行为能力人或者限制民事行为能力人订立的仲裁协议；

（三）一方采取胁迫手段，迫使对方订立仲裁协议的。

第十八条　仲裁协议对仲裁事项或者仲裁委员会没有约定或者约定不明确的，当事人可以补充协议；达不成补充协议的，仲裁协议无效。

第十九条　仲裁协议独立存在，合同的变更、解除、终止或者无效，不影响仲裁协议的效力。

仲裁庭有权确认合同的效力。

第二十条　当事人对仲裁协议的效力有异议的，可以请求仲裁委员会作出决定或者请求人民法院作出裁定。一方请求仲裁委员会作出决定，另一方请求人民法院作出裁定的，由人民法院裁定。

当事人对仲裁协议的效力有异议，应当在仲裁庭首次开庭前提出。

第四章　仲裁程序

第一节　申请和受理

第二十一条　当事人申请仲裁应当符合下列条件：

（一）有仲裁协议；

（二）有具体的仲裁请求和事实、理由；

（三）属于仲裁委员会的受理范围。

第二十二条　当事人申请仲裁，应当向仲裁委员会递交仲裁协议、仲裁申请书及副本。

第二十三条　仲裁申请书应当载明下列事项：

（一）当事人的姓名、性别、年龄、职业、工作单位和住所，法人或者其他组织的名称、住所和法定代表人或者主要负责人的姓名、职务；

（二）仲裁请求和所根据的事实、理由；

（三）证据和证据来源、证人姓名和住所。

第二十四条　仲裁委员会收到仲裁申请书之日起5日内，认为符合受理条件的，应当受理，并通知当事人；认为不符合受理条件的，应当书面通知当事人不予受理，并说明理由。

第二十五条　仲裁委员会受理仲裁申请后，应当在仲裁规则规定的期限内将仲裁规则和仲裁员名册送达申请人，并将仲裁申请书副本和仲裁规则、仲裁员名册送达被申请人。

被申请人收到仲裁申请书副本后，应当在仲裁规则规定的期限内向仲裁委员会提交答辩书。仲裁委员会收到答辩书后，应当在仲裁规则规定的期限内将答辩书副本送达申请人。被申请人未提交答辩书的，不影响仲裁程序的进行。

第二十六条　当事人达成仲裁协议，一方向人民法院起诉未声明有仲裁协议，人民法院受理后，另一方在首次开庭前提交仲裁协议的，人民法院应当驳回起诉，但仲裁协议无效的除外；另一方在首次开庭前未对人民法院受理该案提出异议的，视为放弃仲裁协议，人民法院应当继续审理。

第二十七条　申请人可以放弃或者变更仲裁请求。被申请人可以承认或者反驳仲裁请求，有权提出反请求。

第二十八条 一方当事人因另一方当事人的行为或者其他原因,可能使裁决不能执行或者难以执行的,可以申请财产保全。

当事人申请财产保全的,仲裁委员会应当将当事人的申请依照民事诉讼法的有关规定提交人民法院。

申请有错误的,申请人应当赔偿被申请人因财产保全所遭受的损失。

第二十九条 当事人、法定代理人可以委托律师和其他代理人进行仲裁活动。委托律师和其他代理人进行仲裁活动的,应当向仲裁委员会提交授权委托书。

第二节 仲裁庭的组成

第三十条 仲裁庭可以由3名仲裁员或者1名仲裁员组成。由3名仲裁员组成的,设首席仲裁员。

第三十一条 当事人约定由3名仲裁员组成仲裁庭的,应当各自选定或者各自委托仲裁委员会主任指定1名仲裁员,第三名仲裁员由当事人共同选定或者共同委托仲裁委员会主任指定。第三名仲裁员是首席仲裁员。

当事人约定由1名仲裁员成立仲裁庭的,应当由当事人共同选定或者共同委托仲裁委员会主任指定仲裁员。

第三十二条 当事人没有在仲裁规则规定的期限内约定仲裁庭的组成方式或者选定仲裁员的,由仲裁委员会主任指定。

第三十三条 仲裁庭组成后,仲裁委员会应当将仲裁庭的组成情况书面通知当事人。

第三十四条 仲裁员有下列情形之一的,必须回避,当事人也有权提出回避申请:

(一)是本案当事人或者当事人、代理人的近亲属;

(二)与本案有利害关系;

(三)与本案当事人、代理人有其他关系,可能影响公正仲裁的;

(四)私自会见当事人、代理人,或者接受当事人、代理人的请客送礼的。

第三十五条 当事人提出回避申请,应当说明理由,在首次开庭前提出。回避事由在首次开庭后知道的,可以在最后一次开庭终结前提出。

第三十六条 仲裁员是否回避,由仲裁委员会主任决定;仲裁委员会主任担任仲裁员时,由仲裁委员会集体决定。

第三十七条 仲裁员因回避或者其他原因不能履行职责的,应当依照本法规定重新选定或者指定仲裁员。

因回避而重新选定或者指定仲裁员后,当事人可以请求已进行的仲裁程序重新进行,是否准许,由仲裁庭决定;仲裁庭也可以自行决定已进行的仲裁程序是否重新进行。

第三十八条 仲裁员有本法第三十四条第四项规定的情形,情节严重的,或者有本法第五十八条第六项规定的情形的,应当依法承担法律责任,仲裁委员会应当将其除名。

第三节 开庭和裁决

第三十九条 仲裁应当开庭进行。当事人协议不开庭的,仲裁庭可以根据仲裁申请书、答辩书以及其他材料作出裁决。

第四十条 仲裁不公开进行。当事人协议公开的,可以公开进行,但涉及国家秘密的除外。

第四十一条 仲裁委员会应当在仲裁规则规定的期限内将开庭日期通知双方当事人。当事人有正当理由的,可以在仲裁规则规定的期限内请求延期开庭。是否延期,由仲裁庭决定。

第四十二条 申请人经书面通知,无正当理由不到庭或者未经仲裁庭许可中途退庭的,可以视为撤回仲裁申请。

被申请人经书面通知,无正当理由不到庭或者未经仲裁庭许可中途退庭的,可以缺席裁决。

第四十三条 当事人应当对自己的主张提供证据。

仲裁庭认为有必要收集的证据,可以自行收集。

第四十四条 仲裁庭对专门性问题认为需要鉴定的,可以交由当事人约定的鉴定部门鉴定,也可以由仲裁庭指定的鉴定部门鉴定。

根据当事人的请求或者仲裁庭的要求,鉴定部门应当派鉴定人参加开庭。当事人经仲裁庭许可,可以向鉴定人提问。

第四十五条 证据应当在开庭时出示,当事人可以质证。

第四十六条 在证据可能灭失或者以后难以取得的情况下,当事人可以申请证据保全。当事人申请证据保全的,仲裁委员会应当将当事人的申请提交证据所在地的基层人民法院。

第四十七条 当事人在仲裁过程中有权进行辩论。辩论终结时,首席仲裁员或者独任仲裁员应当征询当事人的最后意见。

第四十八条 仲裁庭应当将开庭情况记入笔录。当事人和其他仲裁参与人认为对自己陈述的记录有遗漏或者差错的,有权申请补正。如果不予补正,应当记录该申请。

笔录由仲裁员、记录人员、当事人和其他仲裁参与人签名或者盖章。

第四十九条 当事人申请仲裁后,可以自行和解。达成和解协议的,可以请求仲裁庭根据和解协议作出裁决书,也可以撤回仲裁申请。

第五十条 当事人达成和解协议,撤回仲裁申请后反悔的,可以根据仲裁协议申请仲裁。

第五十一条 仲裁庭在作出裁决前,可以先行调解。当事人自愿调解的,仲裁庭应当调解。调解不成的,应当及时作出裁决。

调解达成协议的,仲裁庭应当制作调解书或者根据协议的结果制作裁决书。调解书与裁决书具有同等法律效力。

第五十二条 调解书应当写明仲裁请求和当事人协议的结果。调解书由仲裁员签名,加盖仲裁委员会印章,送达双方当事人。

调解书经双方当事人签收后,即发生法律效力。

在调解书签收前当事人反悔的,仲裁庭应当及时作出裁决。

第五十三条 裁决应当按照多数仲裁员的意见作出,少数仲裁员的不同意见可以记入笔录。仲裁庭不能形成多数意见时,裁决应当按照首席仲裁员的意见作出。

第五十四条 裁决书应当写明仲裁请求、争议事实、裁决理由、裁决结果、仲裁费用的负担和裁决日期。当事人协议不愿写明争议事实和裁决理由的,可以不写。裁决书由仲裁员签名,加盖仲裁委员会印章。对裁决持不同意见的仲裁员,可以签名,也可以不签名。

第五十五条 仲裁庭仲裁纠纷时,其中一部分事实已经清楚,可以就该部分先行裁决。

第五十六条 对裁决书中的文字、计算错误或者仲裁庭已经裁决但在裁决书中遗漏的事项,仲裁庭应当补正;当事人自收到裁决书之日起30日内,可以请求仲裁庭补正。

第五十七条 裁决书自作出之日起发生法律效力。

第五章 申请撤销裁决

第五十八条 当事人提出证据证明裁决有下列情形之一的,可以向仲裁委员会所在地的中级人民法院申请撤销裁决:

(一)没有仲裁协议的;

(二)裁决的事项不属于仲裁协议的范围或者仲裁委员会无权仲裁的;

(三)仲裁庭的组成或者仲裁的程序违反法定程序的;

(四)裁决所根据的证据是伪造的;

(五)对方当事人隐瞒了足以影响公正裁决的证据的;

(六)仲裁员在仲裁该案时有索贿受贿,徇私舞弊,枉法裁决行为的。

人民法院经组成合议庭审查核实裁决有前款规定情形之一的,应当裁定撤销。

人民法院认定该裁决违背社会公共利益的,应当裁定撤销。

第五十九条 当事人申请撤销裁决的,应当自收到裁决书之日起6个月内提出。

第六十条 人民法院应当在受理撤销裁决申请之日起两个月内作出撤销裁决或者驳回申请的裁定。

第六十一条 人民法院受理撤销裁决的申请后,认为可以由仲裁庭重新仲裁的,通知仲裁庭在一定期限内重新仲裁,并裁定中止撤销程序。仲裁庭拒绝重新仲裁的,人民法院应当裁定恢复撤销程序。

第六章 执　　行

第六十二条 当事人应当履行裁决。一方当事人不履行的,另一方当事人可以依照民事诉讼法的有关规定向人民法院申请执行。受申请的人民法院应当执行。

第六十三条 被申请人提出证据证明裁决有民事诉讼法第二百一十七条第二款规定的情形之一的,经人民法院组成合议庭审查核实,裁定不予执行。

第六十四条 一方当事人申请执行裁决,另一方当事人申请撤销裁决的,人民法院应当裁定中止执行。

人民法院裁定撤销裁决的,应当裁定终结执行。撤销裁决的申请被裁定驳回的,人民法院应当裁定恢复执行。

第七章 涉外仲裁的特别规定

第六十五条 涉外经济贸易、运输和海事中发生的纠纷的仲裁,适用本章规定。本章没有规定的,适用本法其他有关规定。

第六十六条 涉外仲裁委员会可以由中国国际商会组织设立。

涉外仲裁委员会由主任1人、副主任若干人和委员若干人组成。

涉外仲裁委员会的主任、副主任和委员可以由中国国际商会聘任。

第六十七条 涉外仲裁委员会可以从具有法律、经济贸易、科学技术等专门知识的外籍人士中聘任仲裁员。

第六十八条 涉外仲裁的当事人申请证据保全的,涉外仲裁委员会应当将当事人的申请提交证据所在地的中级人民法院。

第六十九条 涉外仲裁的仲裁庭可以将开庭情况记入笔录,或者作出笔录要点,笔录要点可以由当事人和其他仲裁参与人签字或者盖章。

第七十条 当事人提出证据证明涉外仲裁裁决有民事诉讼法第二百六十条第一款规定的情形之一的,经人民法院组成合议庭审查核实,裁定撤销。

第七十一条 被申请人提出证据证明涉外仲裁裁决有民事诉讼法第二百六十条第一款规定的情形之一的,经人民法院组成合议庭审查核实,裁定不予执行。

第七十二条 涉外仲裁委员会作出的发生法律效力的仲裁裁决,当事人请求执行的,如果被执行人或者其财产不在中华人民共和国领域内,应当由当事人直接向有管辖权的外国法院申请承认和执行。

第七十三条 涉外仲裁规则可以由中国国际商会依照本法和民事诉讼法的有关规定制定。

第八章 附 则

第七十四条 法律对仲裁时效有规定的,适用该规定。法律对仲裁时效没有规定的,适用诉讼时效的规定。

第七十五条 中国仲裁协会制定仲裁规则前,仲裁委员会依照本法和民事诉讼法的有关规定可以制定仲裁暂行规则。

第七十六条 当事人应当按照规定交纳仲裁费用。

收取仲裁费用的办法,应当报物价管理部门核准。

第七十七条 劳动争议和农业集体经济组织内部的农业承包合同纠纷的仲裁,另行规定。

第七十八条 本法施行前制定的有关仲裁的规定与本法的规定相抵触的,以本法为准。

第七十九条 本法施行前在直辖市、省、自治区人民政府所在地的市和其他设区的市设立的仲裁机构,应当依照本法的有关规定重新组建;未重新组建的,自本法施行之日起届满1年时终止。

本法施行前设立的不符合本法规定的其他仲裁机构,自本法施行之日起终止。

第八十条 本法自1995年9月1日起施行。

全国人民代表大会常务委员会关于修改部分法律的决定(节录)①

(2009年8月27日第十一届全国人民代表大会常务委员会第十次会议通过 2009年8月27日中华人民共和国主席令第18号公布 自公布之日起施行)

第十一届全国人民代表大会常务委员会第十次会议决定:

① 编者注:部分废止。

……

95. 将《中华人民共和国仲裁法》第六十三条中的“民事诉讼法第二百一十七条第二款”修改为“民事诉讼法第二百一十三条第二款”；第七十条、第七十一条中的“民事诉讼法第二百六十条第一款”修改为“民事诉讼法第二百五十八条第一款”。

本决定自公布之日起施行。

全国人民代表大会常务委员会关于修改《中华人民共和国法官法》等八部法律的决定（节录）

（2017年9月1日第十二届全国人民代表大会常务委员会第二十九次会议通过　2017年9月1日中华人民共和国主席令第76号公布　自2018年1月1日起施行）

第十二届全国人民代表大会常务委员会第二十九次会议决定：

……

六、对《中华人民共和国仲裁法》作出修改

将第十三条第二款第一项修改为：“（一）通过国家统一法律职业资格考试取得法律职业资格，从事仲裁工作满八年的”；将第三项修改为：“（三）曾任法官满八年的”。

……

本决定自2018年1月1日起施行。

《中华人民共和国法官法》《中华人民共和国检察官法》《中华人民共和国公务员法》《中华人民共和国律师法》《中华人民共和国公证法》《中华人民共和国仲裁法》《中华人民共和国行政复议法》《中华人民共和国行政处罚法》根据本决定作相应修改，重新公布。

中华人民共和国仲裁法

（1994年8月31日第八届全国人民代表大会常务委员会第九次会议通过　根据2009年8月27日第十一届全国人民代表大会常务委员会第十次会议《关于修改部分法律的决定》第一次修正　根据2017年9月1日第十二届全国人民代表大会常务委员会第二十九次会议《关于修改〈中华人民共和国法官法〉等八部法律的决定》第二次修正）

目　　录

第一章　总　　则

第一条　为保证公正、及时地仲裁经济纠纷，保护当事人的合法权益，保障社会主义市场经济健康发展，制定本法。

第二条　平等主体的公民、法人和其他组织之间发生的合同纠纷和其他财产权益纠纷，可以仲裁。

第三条　下列纠纷不能仲裁：

（一）婚姻、收养、监护、扶养、继承纠纷；

（二）依法应当由行政机关处理的行政争议。

第四条　当事人采用仲裁方式解决纠纷，应当双方自愿，达成仲裁协议。没有仲裁协议，一方申请仲裁的，仲裁委员会不予受理。

第五条　当事人达成仲裁协议，一方向人民法院起诉的，人民法院不予受理，但仲裁协议无效的除外。

第六条　仲裁委员会应当由当事人协议选定。

仲裁不实行级别管辖和地域管辖。

第七条 仲裁应当根据事实，符合法律规定，公平合理地解决纠纷。

第八条 仲裁依法独立进行，不受行政机关、社会团体和个人的干涉。

第九条 仲裁实行一裁终局的制度。裁决作出后，当事人就同一纠纷再申请仲裁或者向人民法院起诉的，仲裁委员会或者人民法院不予受理。

裁决被人民法院依法裁定撤销或者不予执行的，当事人就该纠纷可以根据双方重新达成的仲裁协议申请仲裁，也可以向人民法院起诉。

第二章 仲裁委员会和仲裁协会

第十条 仲裁委员会可以在直辖市和省、自治区人民政府所在地的市设立，也可以根据需要在其他设区的市设立，不按行政区划层层设立。

仲裁委员会由前款规定的市的人民政府组织有关部门和商会统一组建。

设立仲裁委员会，应当经省、自治区、直辖市的司法行政部门登记。

第十一条 仲裁委员会应当具备下列条件：

（一）有自己的名称、住所和章程；

（二）有必要的财产；

（三）有该委员会的组成人员；

（四）有聘任的仲裁员。

仲裁委员会的章程应当依照本法制定。

第十二条 仲裁委员会由主任一人、副主任二至四人和委员七至十一人组成。

仲裁委员会的主任、副主任和委员由法律、经济贸易专家和有实际工作经验的人员担任。仲裁委员会的组成人员中，法律、经济贸易专家不得少于三分之二。

第十三条 仲裁委员会应当从公道正派的人员中聘任仲裁员。

仲裁员应当符合下列条件之一：

（一）通过国家统一法律职业资格考试取得法律职业资格，从事仲裁工作满八年的；

（二）从事律师工作满八年的；

（三）曾任法官满八年的；

（四）从事法律研究、教学工作并具有高级职称的；

（五）具有法律知识、从事经济贸易等专业工作并具有高级职称或者具有同等专业水平的。

仲裁委员会按照不同专业设仲裁员名册。

第十四条 仲裁委员会独立于行政机关，与行政机关没有隶属关系。仲裁委员会之间也没有隶属关系。

第十五条 中国仲裁协会是社会团体法人。仲裁委员会是中国仲裁协会的会员。中国仲裁协会的章程由全国会员大会制定。

中国仲裁协会是仲裁委员会的自律性组织，根据章程对仲裁委员会及其组成人员、仲裁员的违纪行为进行监督。

中国仲裁协会依照本法和民事诉讼法的有关规定制定仲裁规则。

第三章 仲裁协议

第十六条 仲裁协议包括合同中订立的仲裁条款和以其他书面方式在纠纷发生前或者纠纷发生后达成的请求仲裁的协议。

仲裁协议应当具有下列内容：

（一）请求仲裁的意思表示；

（二）仲裁事项；

（三）选定的仲裁委员会。

第十七条 有下列情形之一的，仲裁协议无效：

（一）约定的仲裁事项超出法律规定的仲裁范围的；

（二）无民事行为能力人或者限制民事行为能力人订立的仲裁协议；

（三）一方采取胁迫手段，迫使对方订立仲裁协议的。

第十八条 仲裁协议对仲裁事项或者仲裁委员会没有约定或者约定不明确的，当事人可以补充协议；达不成补充协议的，仲裁协议无效。

第十九条 仲裁协议独立存在，合同的变更、解除、终止或者无效，不影响仲裁协议的效力。

仲裁庭有权确认合同的效力。

第二十条 当事人对仲裁协议的效力有异议的，可以请求仲裁委员会作出决定或者请求人民法院作出裁定。一方请求仲裁委员会作出决定，另一方请求人民法院作出裁定的，由人民法院裁定。

当事人对仲裁协议的效力有异议,应当在仲裁庭首次开庭前提出。

第四章 仲裁程序

第一节 申请和受理

第二十一条 当事人申请仲裁应当符合下列条件:

(一)有仲裁协议;

(二)有具体的仲裁请求和事实、理由;

(三)属于仲裁委员会的受理范围。

第二十二条 当事人申请仲裁,应当向仲裁委员会递交仲裁协议、仲裁申请书及副本。

第二十三条 仲裁申请书应当载明下列事项:

(一)当事人的姓名、性别、年龄、职业、工作单位和住所,法人或者其他组织的名称、住所和法定代表人或者主要负责人的姓名、职务;

(二)仲裁请求和所根据的事实、理由;

(三)证据和证据来源、证人姓名和住所。

第二十四条 仲裁委员会收到仲裁申请书之日起五日内,认为符合受理条件的,应当受理,并通知当事人;认为不符合受理条件的,应当书面通知当事人不予受理,并说明理由。

第二十五条 仲裁委员会受理仲裁申请后,应当在仲裁规则规定的期限内将仲裁规则和仲裁员名册送达申请人,并将仲裁申请书副本和仲裁规则、仲裁员名册送达被申请人。

被申请人收到仲裁申请书副本后,应当在仲裁规则规定的期限内向仲裁委员会提交答辩书。仲裁委员会收到答辩书后,应当在仲裁规则规定的期限内将答辩书副本送达申请人。被申请人未提交答辩书的,不影响仲裁程序的进行。

第二十六条 当事人达成仲裁协议,一方向人民法院起诉未声明有仲裁协议,人民法院受理后,另一方在首次开庭前提交仲裁协议的,人民法院应当驳回起诉,但仲裁协议无效的除外;另一方在首次开庭前未对人民法院受理该案提出异议的,视为放弃仲裁协议,人民法院应当继续审理。

第二十七条 申请人可以放弃或者变更仲裁请求。被申请人可以承认或者反驳仲裁请求,有权提出反请求。

第二十八条 一方当事人因另一方当事人的行为或者其他原因,可能使裁决不能执行或者难以执行的,可以申请财产保全。

当事人申请财产保全的,仲裁委员会应当将当事人的申请依照民事诉讼法的有关规定提交人民法院。

申请有错误的,申请人应当赔偿被申请人因财产保全所遭受的损失。

第二十九条 当事人、法定代理人可以委托律师和其他代理人进行仲裁活动。委托律师和其他代理人进行仲裁活动的,应当向仲裁委员会提交授权委托书。

第二节 仲裁庭的组成

第三十条 仲裁庭可以由三名仲裁员或者一名仲裁员组成。由三名仲裁员组成的,设首席仲裁员。

第三十一条 当事人约定由三名仲裁员组成仲裁庭的,应当各自选定或者各自委托仲裁委员会主任指定一名仲裁员,第三名仲裁员由当事人共同选定或者共同委托仲裁委员会主任指定。第三名仲裁员是首席仲裁员。

当事人约定由一名仲裁员成立仲裁庭的,应当由当事人共同选定或者共同委托仲裁委员会主任指定仲裁员。

第三十二条 当事人没有在仲裁规则规定的期限内约定仲裁庭的组成方式或者选定仲裁员的,由仲裁委员会主任指定。

第三十三条 仲裁庭组成后,仲裁委员会应当将仲裁庭的组成情况书面通知当事人。

第三十四条 仲裁员有下列情形之一的,必须回避,当事人也有权提出回避申请:

(一)是本案当事人或者当事人、代理人的近亲属;

(二)与本案有利害关系;

(三)与本案当事人、代理人有其他关系,可能影响公正仲裁的;

(四)私自会见当事人、代理人,或者接受当事人、代理人的请客送礼的。

第三十五条 当事人提出回避申请,应当说明理由,在首次开庭前提出。回避事由在首次开庭后知道的,可以在最后一次开庭终结前提出。

第三十六条 仲裁员是否回避,由仲裁委员会主任决定;仲裁委员会主任担任仲裁员时,由仲裁委员会集体决定。

第三十七条 仲裁员因回避或者其他原因不能履行职责的,应当依照本法规定重新选定或者指定仲裁员。

因回避而重新选定或者指定仲裁员后,当事人可以请求已进行的仲裁程序重新进行,是否准许,由仲裁庭决定;仲裁庭也可以自行决定已进行的仲裁程序是否重新进行。

第三十八条 仲裁员有本法第三十四条第四项规定的情形,情节严重的,或者有本法第五十八条第六项规定的情形的,应当依法承担法律责任,仲裁委员会应当将其除名。

第三节 开庭和裁决

第三十九条 仲裁应当开庭进行。当事人协议不开庭的,仲裁庭可以根据仲裁申请书、答辩书以及其他材料作出裁决。

第四十条 仲裁不公开进行。当事人协议公开的,可以公开进行,但涉及国家秘密的除外。

第四十一条 仲裁委员会应当在仲裁规则规定的期限内将开庭日期通知双方当事人。当事人有正当理由的,可以在仲裁规则规定的期限内请求延期开庭。是否延期,由仲裁庭决定。

第四十二条 申请人经书面通知,无正当理由不到庭或者未经仲裁庭许可中途退庭的,可以视为撤回仲裁申请。

被申请人经书面通知,无正当理由不到庭或者未经仲裁庭许可中途退庭的,可以缺席裁决。

第四十三条 当事人应当对自己的主张提供证据。

仲裁庭认为有必要收集的证据,可以自行收集。

第四十四条 仲裁庭对专门性问题认为需要鉴定的,可以交由当事人约定的鉴定部门鉴定,也可以由仲裁庭指定的鉴定部门鉴定。

根据当事人的请求或者仲裁庭的要求,鉴定部门应当派鉴定人参加开庭。当事人经仲裁庭许可,可以向鉴定人提问。

第四十五条 证据应当在开庭时出示,当事人可以质证。

第四十六条 在证据可能灭失或者以后难以取得的情况下,当事人可以申请证据保全。当事人申请证据保全的,仲裁委员会应当将当事人的申请提交证据所在地的基层人民法院。

第四十七条 当事人在仲裁过程中有权进行辩论。辩论终结时,首席仲裁员或者独任仲裁员应当征询当事人的最后意见。

第四十八条 仲裁庭应当将开庭情况记入笔录。当事人和其他仲裁参与人认为对自己陈述的记录有遗漏或者差错的,有权申请补正。如果不予补正,应当记录该申请。

笔录由仲裁员、记录人员、当事人和其他仲裁参与人签名或者盖章。

第四十九条 当事人申请仲裁后,可以自行和解。达成和解协议的,可以请求仲裁庭根据和解协议作出裁决书,也可以撤回仲裁申请。

第五十条 当事人达成和解协议,撤回仲裁申请后反悔的,可以根据仲裁协议申请仲裁。

第五十一条 仲裁庭在作出裁决前,可以先行调解。当事人自愿调解的,仲裁庭应当调解。调解不成的,应当及时作出裁决。

调解达成协议的,仲裁庭应当制作调解书或者根据协议的结果制作裁决书。调解书与裁决书具有同等法律效力。

第五十二条 调解书应当写明仲裁请求和当事人协议的结果。调解书由仲裁员签名,加盖仲裁委员会印章,送达双方当事人。

调解书经双方当事人签收后,即发生法律效力。

在调解书签收前当事人反悔的,仲裁庭应当及时作出裁决。

第五十三条 裁决应当按照多数仲裁员的意见作出,少数仲裁员的不同意见可以记入笔录。仲裁庭不能形成多数意见时,裁决应当按照首席仲裁员的意见作出。

第五十四条 裁决书应当写明仲裁请求、争议事实、裁决理由、裁决结果、仲裁费用的负担和裁决日期。当事人协议不愿写明争议事实和裁决理由的,可以不写。裁决书由仲裁员签名,加盖仲裁委员会印章。对裁决持不同意见的仲裁员,可以签名,也可以不签名。

第五十五条 仲裁庭仲裁纠纷时,其中一部分事实已经清楚,可以就该部分先行裁决。

第五十六条 对裁决书中的文字、计算错误或者仲裁庭已经裁决但在裁决书中遗漏的事项,仲裁庭应当补正;当事人自收到裁决书之日起三十日内,可以请求仲裁庭补正。

第五十七条 裁决书自作出之日起发生法律效力。

第五章 申请撤销裁决

第五十八条 当事人提出证据证明裁决有下列情形之一的,可以向仲裁委员会所在地的中级人民法院申请撤销裁决:

(一)没有仲裁协议的;

(二)裁决的事项不属于仲裁协议的范围或者仲裁委员会无权仲裁的;

(三)仲裁庭的组成或者仲裁的程序违反法定程序的;

(四)裁决所根据的证据是伪造的;

(五)对方当事人隐瞒了足以影响公正裁决的证据的;

(六)仲裁员在仲裁该案时有索贿受贿,徇私舞弊,枉法裁决行为的。

人民法院经组成合议庭审查核实裁决有前款规定情形之一的,应当裁定撤销。

人民法院认定该裁决违背社会公共利益的,应当裁定撤销。

第五十九条 当事人申请撤销裁决的,应当自收到裁决书之日起六个月内提出。

第六十条 人民法院应当在受理撤销裁决申请之日起两个月内作出撤销裁决或者驳回申请的裁定。

第六十一条 人民法院受理撤销裁决的申请后,认为可以由仲裁庭重新仲裁的,通知仲裁庭在一定期限内重新仲裁,并裁定中止撤销程序。仲裁庭拒绝重新仲裁的,人民法院应当裁定恢复撤销程序。

第六章 执　　行

第六十二条 当事人应当履行裁决。一方当事人不履行的,另一方当事人可以依照民事诉讼法的有关规定向人民法院申请执行。受申请的人民法院应当执行。

第六十三条 被申请人提出证据证明裁决有民事诉讼法第二百一十三条第二款规定的情形之一的,经人民法院组成合议庭审查核实,裁定不予执行。

第六十四条 一方当事人申请执行裁决,另一方当事人申请撤销裁决的,人民法院应当裁定中止执行。

人民法院裁定撤销裁决的,应当裁定终结执行。撤销裁决的申请被裁定驳回的,人民法院应当裁定恢复执行。

第七章 涉外仲裁的特别规定

第六十五条 涉外经济贸易、运输和海事中发生的纠纷的仲裁,适用本章规定。本章没有规定的,适用本法其他有关规定。

第六十六条 涉外仲裁委员会可以由中国国际商会组织设立。

涉外仲裁委员会由主任一人、副主任若干人和委员若干人组成。

涉外仲裁委员会的主任、副主任和委员可以由中国国际商会聘任。

第六十七条 涉外仲裁委员会可以从具有法律、经济贸易、科学技术等专门知识的外籍人士中聘任仲裁员。

第六十八条 涉外仲裁的当事人申请证据保全的,涉外仲裁委员会应当将当事人的申请提交证据所在地的中级人民法院。

第六十九条 涉外仲裁的仲裁庭可以将开庭情况记入笔录,或者作出笔录要点,笔录要点可以由当事人和其他仲裁参与人签字或者盖章。

第七十条 当事人提出证据证明涉外仲裁裁决有民事诉讼法第二百五十八条第一款规定的情形之一的,经人民法院组成合议庭审查核实,裁定撤销。

第七十一条 被申请人提出证据证明涉外仲裁裁决有民事诉讼法第二百五十八条第一款规定的情形之一的,经人民法院组成合议庭审查核实,裁定不予执行。

第七十二条 涉外仲裁委员会作出的发生

法律效力的仲裁裁决,当事人请求执行的,如果被执行人或者其财产不在中华人民共和国领域内,应当由当事人直接向有管辖权的外国法院申请承认和执行。

第七十三条 涉外仲裁规则可以由中国国际商会依照本法和民事诉讼法的有关规定制定。

第八章 附 则

第七十四条 法律对仲裁时效有规定的,适用该规定。法律对仲裁时效没有规定的,适用诉讼时效的规定。

第七十五条 中国仲裁协会制定仲裁规则前,仲裁委员会依照本法和民事诉讼法的有关规定可以制定仲裁暂行规则。

第七十六条 当事人应当按照规定交纳仲裁费用。

收取仲裁费用的办法,应当报物价管理部门核准。

第七十七条 劳动争议和农业集体经济组织内部的农业承包合同纠纷的仲裁,另行规定。

第七十八条 本法施行前制定的有关仲裁的规定与本法的规定相抵触的,以本法为准。

第七十九条 本法施行前在直辖市、省、自治区人民政府所在地的市和其他设区的市设立的仲裁机构,应当依照本法的有关规定重新组建;未重新组建的,自本法施行之日起届满一年时终止。

本法施行前设立的不符合本法规定的其他仲裁机构,自本法施行之日起终止。

第八十条 本法自1995年9月1日起施行。

最高人民法院关于实施《中华人民共和国仲裁法》几个问题的通知

(1997年3月26日 法发〔1997〕4号)

各省、自治区、直辖市高级人民法院:

现就人民法院实施《中华人民共和国仲裁法》(以下简称《仲裁法》)需要明确的几个问题,通知如下:

一、《仲裁法》施行前当事人依法订立的仲裁协议继续有效,有关当事人向人民法院起诉的,人民法院不予受理,应当告知其向依照《仲裁法》组建的仲裁机构申请仲裁。

当事人双方书面协议放弃仲裁后,一方向人民法院起诉的,人民法院应当依法受理。

二、在仲裁过程中,当事人申请财产保全的,一般案件由被申请人住所地或者财产所在地的基层人民法院作出裁定;属涉外仲裁案件的,依据《中华人民共和国民事诉讼法》第二百五十六条①的规定,由被申请人住所地或者财产所在地的中级人民法院作出裁定。有关人民法院对仲裁机构提交的财产保全申请应当认真进行审查,符合法律规定的,即应依法作出财产保全的裁定;如认为不符合法律规定的,应依法裁定驳回申请。

三、对依照《仲裁法》组建的仲裁机构所作出的仲裁裁决(包括涉外仲裁裁决),当事人申请执行的,人民法院应当依法受理。

最高人民法院关于适用《中华人民共和国仲裁法》若干问题的解释

(2005年12月26日最高人民法院审判委员会第1375次会议通过 2006年8月23日最高人民法院公告公布 自2006年9月8日起施行 法释〔2006〕7号)

根据《中华人民共和国仲裁法》和《中华人民共和国民事诉讼法》等法律规定,对人民法院审理涉及仲裁案件适用法律的若干问题作如下解释:

第一条 仲裁法第十六条规定的"其他书面形式"的仲裁协议,包括以合同书、信件和数据电文(包括电报、电传、传真、电子数据交换和电子邮件)等形式达成的请求仲裁的协议。

第二条 当事人概括约定仲裁事项为合同争议的,基于合同成立、效力、变更、转让、履行、

① 本条根据法释〔2008〕18号第四十五条调整。

违约责任、解释、解除等产生的纠纷都可以认定为仲裁事项。

第三条 仲裁协议约定的仲裁机构名称不准确，但能够确定具体的仲裁机构的，应当认定选定了仲裁机构。

第四条 仲裁协议仅约定纠纷适用的仲裁规则的，视为未约定仲裁机构，但当事人达成补充协议或者按照约定的仲裁规则能够确定仲裁机构的除外。

第五条 仲裁协议约定两个以上仲裁机构的，当事人可以协议选择其中的一个仲裁机构申请仲裁；当事人不能就仲裁机构选择达成一致的，仲裁协议无效。

第六条 仲裁协议约定由某地的仲裁机构仲裁且该地仅有一个仲裁机构的，该仲裁机构视为约定的仲裁机构。该地有两个以上仲裁机构的，当事人可以协议选择其中的一个仲裁机构申请仲裁；当事人不能就仲裁机构选择达成一致的，仲裁协议无效。

第七条 当事人约定争议可以向仲裁机构申请仲裁也可以向人民法院起诉的，仲裁协议无效。但一方向仲裁机构申请仲裁，另一方未在仲裁法第二十条第二款规定期间内提出异议的除外。

第八条 当事人订立仲裁协议后合并、分立的，仲裁协议对其权利义务的继受人有效。

当事人订立仲裁协议后死亡的，仲裁协议对承继其仲裁事项中的权利义务的继承人有效。

前两款规定情形，当事人订立仲裁协议时另有约定的除外。

第九条 债权债务全部或者部分转让的，仲裁协议对受让人有效，但当事人另有约定、在受让债权债务时受让人明确反对或者不知有单独仲裁协议的除外。

第十条 合同成立后未生效或者被撤销的，仲裁协议效力的认定适用仲裁法第十九条第一款的规定。

当事人在订立合同时就争议达成仲裁协议的，合同未成立不影响仲裁协议的效力。

第十一条 合同约定解决争议适用其他合同、文件中的有效仲裁条款的，发生合同争议时，当事人应当按照该仲裁条款提请仲裁。

涉外合同应当适用的有关国际条约中有仲裁规定的，发生合同争议时，当事人应当按照国际条约中的仲裁规定提请仲裁。

第十二条 当事人向人民法院申请确认仲裁协议效力的案件，由仲裁协议约定的仲裁机构所在地的中级人民法院管辖；仲裁协议约定的仲裁机构不明确的，由仲裁协议签订地或者被申请人住所地的中级人民法院管辖。

申请确认涉外仲裁协议效力的案件，由仲裁协议约定的仲裁机构所在地、仲裁协议签订地、申请人或者被申请人住所地的中级人民法院管辖。

涉及海事海商纠纷仲裁协议效力的案件，由仲裁协议约定的仲裁机构所在地、仲裁协议签订地、申请人或者被申请人住所地的海事法院管辖；上述地点没有海事法院的，由就近的海事法院管辖。

第十三条 依照仲裁法第二十条第二款的规定，当事人在仲裁庭首次开庭前没有对仲裁协议的效力提出异议，而后向人民法院申请确认仲裁协议无效的，人民法院不予受理。

仲裁机构对仲裁协议的效力作出决定后，当事人向人民法院申请确认仲裁协议效力或者申请撤销仲裁机构的决定的，人民法院不予受理。

第十四条 仲裁法第二十六条规定的"首次开庭"是指答辩期满后人民法院组织的第一次开庭审理，不包括审前程序中的各项活动。

第十五条 人民法院审理仲裁协议效力确认案件，应当组成合议庭进行审查，并询问当事人。

第十六条 对涉外仲裁协议的效力审查，适用当事人约定的法律；当事人没有约定适用的法律但约定了仲裁地的，适用仲裁地法律；没有约定适用的法律也没有约定仲裁地或者仲裁地约定不明的，适用法院地法律。

第十七条 当事人以不属于仲裁法第五十八条或者民事诉讼法第二百五十八条规定的事由申请撤销仲裁裁决的，人民法院不予支持。①

① 本条根据法释〔2008〕18号第七十九条调整。

第十八条 仲裁法第五十八条第一款第一项规定的"没有仲裁协议"是指当事人没有达成仲裁协议。仲裁协议被认定无效或者被撤销的，视为没有仲裁协议。

第十九条 当事人以仲裁裁决事项超出仲裁协议范围为由申请撤销仲裁裁决，经审查属实的，人民法院应当撤销仲裁裁决中的超裁部分。但超裁部分与其他裁决事项不可分的，人民法院应当撤销仲裁裁决。

第二十条 仲裁法第五十八条规定的"违反法定程序"，是指违反仲裁法规定的仲裁程序和当事人选择的仲裁规则可能影响案件正确裁决的情形。

第二十一条 当事人申请撤销国内仲裁裁决的案件属于下列情形之一的，人民法院可以依照仲裁法第六十一条的规定通知仲裁庭在一定期限内重新仲裁：

（一）仲裁裁决所根据的证据是伪造的；

（二）对方当事人隐瞒了足以影响公正裁决的证据的。

人民法院应当在通知中说明要求重新仲裁的具体理由。

第二十二条 仲裁庭在人民法院指定的期限内开始重新仲裁的，人民法院应当裁定终结撤销程序；未开始重新仲裁的，人民法院应当裁定恢复撤销程序。

第二十三条 当事人对重新仲裁裁决不服的，可以在重新仲裁裁决书送达之日起六个月内依据仲裁法第五十八条规定向人民法院申请撤销。

第二十四条 当事人申请撤销仲裁裁决的案件，人民法院应当组成合议庭审理，并询问当事人。

第二十五条 人民法院受理当事人撤销仲裁裁决的申请后，另一方当事人申请执行同一仲裁裁决的，受理执行申请的人民法院应当在受理后裁定中止执行。

第二十六条 当事人向人民法院申请撤销仲裁裁决被驳回后，又在执行程序中以相同理由提出不予执行抗辩的，人民法院不予支持。

第二十七条 当事人在仲裁程序中未对仲裁协议的效力提出异议，在仲裁裁决作出后以仲裁协议无效为由主张撤销仲裁裁决或者提出不予执行抗辩的，人民法院不予支持。

当事人在仲裁程序中对仲裁协议的效力提出异议，在仲裁裁决作出后又以此为由主张撤销仲裁裁决或者提出不予执行抗辩，经审查符合仲裁法第五十八条或者民事诉讼法第二百一十三条、第二百五十八条规定的，人民法院应予支持。①

第二十八条 当事人请求不予执行仲裁调解书或者根据当事人之间的和解协议作出的仲裁裁决书的，人民法院不予支持。

第二十九条 当事人申请执行仲裁裁决案件，由被执行人住所地或者被执行的财产所在地的中级人民法院管辖。

第三十条 根据审理撤销、执行仲裁裁决案件的实际需要，人民法院可以要求仲裁机构作出说明或者向相关仲裁机构调阅仲裁案卷。

人民法院在办理涉及仲裁的案件过程中作出的裁定，可以送相关的仲裁机构。

第三十一条 本解释自2006年9月8日起实施。

本院以前发布的司法解释与本解释不一致的，以本解释为准。

最高人民法院关于同时选择两个仲裁机构的仲裁条款效力问题的函

（1996年12月12日 法函〔1996〕176号）

山东省高级人民法院：

你院鲁法经（1996）88号"关于齐鲁制药厂诉美国安泰国际贸易公司合资合同纠纷一案中仲裁条款效力的审查报告"收悉。经研究，答复如下：本案当事人订立的合同中仲裁条款约定"合同争议应提交中国国际贸易促进委员会对外经济贸易仲裁委员会，或瑞典斯德哥尔摩商会仲裁院仲裁"，该仲裁条款对仲裁机构的约定是明确的，亦是可以执行的。当事人只要选择约定的仲裁机构之一即可进行仲裁。根据《中华人民共

① 本条根据法释〔2008〕18号第八十条调整。

和国民事诉讼法》第一百一十一条第二项之规定，本案纠纷应由当事人提交仲裁解决，人民法院对本案没有管辖权。

此复。

最高人民法院关于仅选择仲裁地点而对仲裁机构没有约定的仲裁条款效力问题的函

（1997年3月19日　法函〔1997〕36号）

浙江省高级人民法院：

你院浙法经字（1997）7号关于朱国珲诉浙江省义乌市对外经济贸易公司国际货物买卖合同纠纷一案中仲裁条款效力的函收悉。经研究，答复如下：本案合同仲裁条款中双方当事人仅约定仲裁地点，而对仲裁机构没有约定。发生纠纷后，双方当事人就仲裁机构达不成补充协议，应依据《中华人民共和国仲裁法》第十八条之规定，认定本案所涉仲裁协议无效，浙江省金华市中级人民法院可以依法受理本案。

最高人民法院关于不得以裁决书送达超过期限而裁定撤销仲裁裁决的通知

（1997年4月6日　法〔1997〕120号）

各省、自治区、直辖市高级人民法院：

据了解，目前一些地区人民法院以仲裁裁决书送达超过规定期限，不符合仲裁程序，违反国务院办公厅国办发〔1995〕38号“关于进一步做好重新组建仲裁机构工作的通知”（简称国办发〔1995〕38号文）规定为由，裁定撤销仲裁裁决。

国办发〔1995〕38号文第三条规定中提到的六个月期限，指的是仲裁机构作出仲裁裁决的期限，不包括送达仲裁裁决的期限。法院以仲裁裁决送达超过六个月规定期限，不符合仲裁程序，违反国办发〔1995〕38号文规定为由，裁定撤销仲裁裁决，既于法律无据，也不利于保护当事人合法权益。因此，各地人民法院凡发现在审判工作中存在上述问题的，应当及时依法予以纠正。

特此通知。

最高人民法院关于人民法院裁定撤销仲裁裁决或驳回当事人申请后当事人能否上诉问题的批复①

（1997年4月23日　法复〔1997〕5号）

广西壮族自治区高级人民法院：

你院桂高法〔1996〕144号请求及1997年1月20日补充意见均已收悉。经研究，答复如下：

根据《中华人民共和国民事诉讼法》第一百四十条、第一百四十一条和《中华人民共和国仲裁法》第九条第二款规定，对人民法院依法作出的撤销仲裁裁决或驳回当事人申请的裁定，当事人无权上诉。人民法院依法裁定撤销仲裁裁决的，当事人可以根据双方重新达成的仲裁协议申请仲裁，也可以向人民法院起诉。

此复。

最高人民法院关于审理当事人申请撤销仲裁裁决案件几个具体问题的批复

（1998年6月11日最高人民法院审判委员会第992次会议通过　1998年7月21日中华人民共和国最高人民法院公告公布　自1998年7月28日起施行　法释〔1998〕16号）

安徽省高级人民法院：

你院（1996）经他字第26号《关于在审理一方当事人申请撤销仲裁裁决的案件中几个具体问题应如何解决的请示报告》收悉。经研究，答复如下：

一、原依照有关规定设立的仲裁机构在《中华人民共和国仲裁法》（以下简称仲裁法）实施前受理、实施后审理的案件，原则上应当适用仲

① 编者注：已废止。

裁法的有关规定。鉴于原仲裁机构的体制与仲裁法规定的仲裁机构有所不同,原仲裁机构适用仲裁法某些规定有困难的,如仲裁庭的组成,也可以适用《中华人民共和国经济合同仲裁条例》的有关规定,人民法院在审理有关申请撤销仲裁裁决案件中不应以未适用仲裁法的规定为由,撤销仲裁裁决。

二、一方当事人向人民法院申请撤销仲裁裁决的,人民法院在审理时,应当列对方当事人为被申请人。

三、当事人向人民法院申请撤销仲裁裁决的案件,应当按照非财产案件收费标准计收案件受理费;该费用由申请人交纳。

最高人民法院关于未被续聘的仲裁员在原参加审理的案件裁决书上签名,人民法院应当执行该仲裁裁决书的批复

(1998年7月13日最高人民法院审判委员会第1001次会议通过 1998年8月31日最高人民法院公告公布 自1998年9月5日起施行 法释〔1998〕21号)

广东省高级人民法院:

你院(1996)粤高法执函字第5号《关于未被续聘的仲裁员继续参加审理并作出裁决的案件,人民法院应否立案执行的请示》收悉。经研究,答复如下:

在中国国际经济贸易仲裁委员会深圳分会对深圳东鹏实业有限公司与中国化工建设深圳公司合资经营合同纠纷案件仲裁过程中,陈野被当事人指定为该案的仲裁员时具有合法的仲裁员身份,并参与了开庭审理工作。之后,新的仲裁员名册中没有陈野的名字,说明仲裁机构不再聘任陈野为仲裁员,但这只能约束仲裁机构以后审理的案件,不影响陈野在此前已合法成立的仲裁庭中的案件审理工作。其在该仲裁庭所作的(94)深国仲结字第47号裁决书上签字有效。深圳市中级人民法院应当根据当事人的申请对该仲裁裁决书予以执行。

最高人民法院关于确认仲裁协议效力几个问题的批复

(1998年10月21日最高人民法院审判委员会第1029次会议通过 1998年10月26日最高人民法院公告公布 自1998年11月5日起施行 法释〔1998〕27号)

山东省高级人民法院:

你院鲁高法函〔1997〕84号《关于认定重建仲裁机构前达成的仲裁协议的效力的几个问题的请示》收悉。经研究,答复如下:

一、在《中华人民共和国仲裁法》实施后重新组建仲裁机构前,当事人达成的仲裁协议只约定了仲裁地点,未约定仲裁机构,双方当事人在补充协议中选定了在该地点依法重新组建的仲裁机构的,仲裁协议有效;双方当事人达不成补充协议的,仲裁协议无效。

二、在仲裁法实施后依法重新组建仲裁机构前,当事人在仲裁协议中约定了仲裁机构,一方当事人申请仲裁,另一方当事人向人民法院起诉的,经人民法院审查,按照有关规定能够确定新的仲裁机构的,仲裁协议有效。对当事人的起诉,人民法院不予受理。

三、当事人对仲裁协议的效力有异议,一方当事人申请仲裁机构确认仲裁协议效力,另一方当事人请求人民法院确认仲裁协议无效,如果仲裁机构先于人民法院接受申请并已作出决定,人民法院不予受理;如果仲裁机构接受申请后尚未作出决定,人民法院应予受理,同时通知仲裁机构终止仲裁。

四、一方当事人就合同纠纷或者其他财产权益纠纷申请仲裁,另一方当事人对仲裁协议的效力有异议,请求人民法院确认仲裁协议无效并就合同纠纷或者其他财产权益纠纷起诉的,人民法院受理后应当通知仲裁机构中止仲裁。人民法院依法作出仲裁协议有效或者无效的裁定后,应当将裁定书副本送达仲裁机构,由仲裁机构根据人民法院的裁定恢复仲裁或者撤销仲裁案件。

人民法院依法对仲裁协议作出无效的裁定

后，另一方当事人拒不应诉的，人民法院可以缺席判决；原受理仲裁申请的仲裁机构在人民法院确认仲裁协议无效后仍不撤销其仲裁案件的，不影响人民法院对案件的审理。

最高人民法院关于当事人对仲裁协议的效力提出异议由哪一级人民法院管辖问题的批复

（2000年7月20日最高人民法院审判委员会第1126次会议通过　2000年8月8日最高人民法院公告公布　自2000年8月12日起施行　法释〔2000〕25号）

山东省高级人民法院：

你院鲁高法〔1998〕144号《关于当事人对仲裁协议的效力有异议应该向何人民法院请求作出裁定以及人民法院如何作出裁定的请示》收悉。经研究，答复如下：

关于请示的第一个问题，当事人协议选择国内仲裁机构仲裁后，一方对仲裁协议的效力有异议请求人民法院作出裁定的，由该仲裁委员会所在地的中级人民法院管辖。当事人对仲裁委员会没有约定或者约定不明的，由被告所在地的中级人民法院管辖。

关于请示的第二个问题，我院法释〔1998〕27号批复已有明确规定，在此不再答复。

此复。

最高人民法院关于人民检察院对不撤销仲裁裁决的民事裁定提出抗诉人民法院应否受理问题的批复

（2000年12月12日最高人民法院审判委员会第1150次会议通过　2000年12月13日最高人民法院公告公布　自2000年12月19日起施行　法释〔2000〕46号）

内蒙古自治区高级人民法院：

你院〔2000〕内法民再字第29号《关于人民检察院能否对人民法院不予撤销仲裁裁决的民事裁定抗诉的请示报告》收悉。经研究，答复如下：

人民检察院对发生法律效力的不撤销仲裁裁决的民事裁定提出抗诉，没有法律依据，人民法院不予受理。

此复。

最高人民法院关于人民检察院对撤销仲裁裁决的民事裁定提起抗诉，人民法院应如何处理问题的批复

（2000年6月30日最高人民法院审判委员会第1121次会议通过　2000年7月10日最高人民法院公告公布　自2000年7月15日起施行　法释〔2000〕17号）

陕西省高级人民法院：

你院陕高法〔1999〕183号《关于下级法院撤销仲裁裁决的民事裁定确有错误，检察机关抗诉应如何处理的请示》收悉。经研究，答复如下：

检察机关对发生法律效力的撤销仲裁裁决的民事裁定提起抗诉，没有法律依据，人民法院不予受理。依照《中华人民共和国仲裁法》第九条的规定，仲裁裁决被人民法院依法撤销后，当事人可以重新达成仲裁协议申请仲裁，也可以向人民法院提起诉讼。

此复。

最高人民法院关于审理仲裁司法审查案件若干问题的规定

（2017年12月4日最高人民法院审判委员会1728次会议通过　2017年12月26日最高人民法院公告公布　自2018年1月1日起施行　法释〔2017〕22号）

为正确审理仲裁司法审查案件，依法保护各方当事人合法权益，根据《中华人民共和国民事诉讼法》《中华人民共和国仲裁法》等法律规定，结合审判实践，制定本规定。

第一条　本规定所称仲裁司法审查案件，包

括下列案件：

（一）申请确认仲裁协议效力案件；

（二）申请执行我国内地仲裁机构的仲裁裁决案件；

（三）申请撤销我国内地仲裁机构的仲裁裁决案件；

（四）申请认可和执行香港特别行政区、澳门特别行政区、台湾地区仲裁裁决案件；

（五）申请承认和执行外国仲裁裁决案件；

（六）其他仲裁司法审查案件。

第二条　申请确认仲裁协议效力的案件，由仲裁协议约定的仲裁机构所在地、仲裁协议签订地、申请人住所地、被申请人住所地的中级人民法院或者专门人民法院管辖。

涉及海事海商纠纷仲裁协议效力的案件，由仲裁协议约定的仲裁机构所在地、仲裁协议签订地、申请人住所地、被申请人住所地的海事法院管辖；上述地点没有海事法院的，由就近的海事法院管辖。

第三条　外国仲裁裁决与人民法院审理的案件存在关联，被申请人住所地、被申请人财产所在地均不在我国内地，申请人申请承认外国仲裁裁决的，由受理关联案件的人民法院管辖。受理关联案件的人民法院为基层人民法院的，申请承认外国仲裁裁决的案件应当由该基层人民法院的上一级人民法院管辖。受理关联案件的人民法院是高级人民法院或者最高人民法院的，由上述法院决定自行审查或者指定中级人民法院审查。

外国仲裁裁决与我国内地仲裁机构审理的案件存在关联，被申请人住所地、被申请人财产所在地均不在我国内地，申请人申请承认外国仲裁裁决的，由受理关联案件的仲裁机构所在地的中级人民法院管辖。

第四条　申请人向两个以上有管辖权的人民法院提出申请的，由最先立案的人民法院管辖。

第五条　申请人向人民法院申请确认仲裁协议效力的，应当提交申请书及仲裁协议正本或者经证明无误的副本。

申请书应当载明下列事项：

（一）申请人或者被申请人为自然人的，应当载明其姓名、性别、出生日期、国籍及住所；为法人或者其他组织的，应当载明其名称、住所以及法定代表人或者代表人的姓名和职务；

（二）仲裁协议的内容；

（三）具体的请求和理由。

当事人提交的外文申请书、仲裁协议及其他文件，应当附有中文译本。

第六条　申请人向人民法院申请执行或者撤销我国内地仲裁机构的仲裁裁决、申请承认和执行外国仲裁裁决的，应当提交申请书及裁决书正本或者经证明无误的副本。

申请书应当载明下列事项：

（一）申请人或者被申请人为自然人的，应当载明其姓名、性别、出生日期、国籍及住所；为法人或者其他组织的，应当载明其名称、住所以及法定代表人或者代表人的姓名和职务；

（二）裁决书的主要内容及生效日期；

（三）具体的请求和理由。

当事人提交的外文申请书、裁决书及其他文件，应当附有中文译本。

第七条　申请人提交的文件不符合第五条、第六条的规定，经人民法院释明后提交的文件仍然不符合规定的，裁定不予受理。

申请人向对案件不具有管辖权的人民法院提出申请，人民法院应当告知其向有管辖权的人民法院提出申请，申请人仍不变更申请的，裁定不予受理。

申请人对不予受理的裁定不服的，可以提起上诉。

第八条　人民法院立案后发现不符合受理条件的，裁定驳回申请。

前款规定的裁定驳回申请的案件，申请人再次申请并符合受理条件的，人民法院应予受理。

当事人对驳回申请的裁定不服的，可以提起上诉。

第九条　对于申请人的申请，人民法院应当在七日内审查决定是否受理。

人民法院受理仲裁司法审查案件后，应当在五日内向申请人和被申请人发出通知书，告知其受理情况及相关的权利义务。

第十条　人民法院受理仲裁司法审查案件后，被申请人对管辖权有异议的，应当自收到人民法院通知之日起十五日内提出。人民法院对被申请人提出的异议,应当审查并作出裁定。当事人对裁定不服的,可以提起上诉。

在中华人民共和国领域内没有住所的被申请人对人民法院的管辖权有异议的,应当自收到人民法院通知之日起三十日内提出。

第十一条 人民法院审查仲裁司法审查案件,应当组成合议庭并询问当事人。

第十二条 仲裁协议或者仲裁裁决具有《最高人民法院关于适用〈中华人民共和国涉外民事关系法律适用法〉若干问题的解释(一)》第一条规定情形的,为涉外仲裁协议或者涉外仲裁裁决。

第十三条 当事人协议选择确认涉外仲裁协议效力适用的法律,应当作出明确的意思表示,仅约定合同适用的法律,不能作为确认合同中仲裁条款效力适用的法律。

第十四条 人民法院根据《中华人民共和国涉外民事关系法律适用法》第十八条的规定,确定确认涉外仲裁协议效力适用的法律时,当事人没有选择适用的法律,适用仲裁机构所在地的法律与适用仲裁地的法律将对仲裁协议的效力作出不同认定的,人民法院应当适用确认仲裁协议有效的法律。

第十五条 仲裁协议未约定仲裁机构和仲裁地,但根据仲裁协议约定适用的仲裁规则可以确定仲裁机构或者仲裁地的,应当认定其为《中华人民共和国涉外民事关系法律适用法》第十八条中规定的仲裁机构或者仲裁地。

第十六条 人民法院适用《承认及执行外国仲裁裁决公约》审查当事人申请承认和执行外国仲裁裁决案件时,被申请人以仲裁协议无效为由提出抗辩的,人民法院应当依照该公约第五条第一款(甲)项的规定,确定确认仲裁协议效力应当适用的法律。

第十七条 人民法院对申请执行我国内地仲裁机构作出的非涉外仲裁裁决案件的审查,适用《中华人民共和国民事诉讼法》第二百三十七条的规定。

人民法院对申请执行我国内地仲裁机构作出的涉外仲裁裁决案件的审查,适用《中华人民共和国民事诉讼法》第二百七十四条的规定。

第十八条 《中华人民共和国仲裁法》第五十八条第一款第六项和《中华人民共和国民事诉讼法》第二百三十七条第二款第六项规定的仲裁员在仲裁该案时有索贿受贿,徇私舞弊,枉法裁决行为,是指已经由生效刑事法律文书或者纪律处分决定所确认的行为。

第十九条 人民法院受理仲裁司法审查案件后,作出裁定前,申请人请求撤回申请的,裁定准许。

第二十条 人民法院在仲裁司法审查案件中作出的裁定,除不予受理、驳回申请、管辖权异议的裁定外,一经送达即发生法律效力。当事人申请复议、提出上诉或者申请再审的,人民法院不予受理,但法律和司法解释另有规定的除外。

第二十一条 人民法院受理的申请确认涉及香港特别行政区、澳门特别行政区、台湾地区仲裁协议效力的案件,申请执行或者撤销我国内地仲裁机构作出的涉及香港特别行政区、澳门特别行政区、台湾地区仲裁裁决的案件,参照适用涉外仲裁司法审查案件的规定审查。

第二十二条 本规定自2018年1月1日起施行,本院以前发布的司法解释与本规定不一致的,以本规定为准。

最高人民法院关于仲裁司法审查案件报核问题的有关规定

(2017年11月20日最高人民法院审判委员会第1727次会议通过 2017年12月26日最高人民法院公告公布 自2018年1月1日起施行 法释〔2017〕21号)

为正确审理仲裁司法审查案件,统一裁判尺度,依法保护当事人合法权益,保障仲裁发展,根据《中华人民共和国民事诉讼法》《中华人民共和国仲裁法》等法律规定,结合审判实践,制定本规定。

第一条 本规定所称仲裁司法审查案件,包括下列案件:

(一)申请确认仲裁协议效力案件;

(二)申请撤销我国内地仲裁机构的仲裁裁决案件;

（三）申请执行我国内地仲裁机构的仲裁裁决案件；

（四）申请认可和执行香港特别行政区、澳门特别行政区、台湾地区仲裁裁决案件；

（五）申请承认和执行外国仲裁裁决案件；

（六）其他仲裁司法审查案件。

第二条　各中级人民法院或者专门人民法院办理涉外涉港澳台仲裁司法审查案件，经审查拟认定仲裁协议无效，不予执行或者撤销我国内地仲裁机构的仲裁裁决，不予认可和执行香港特别行政区、澳门特别行政区、台湾地区仲裁裁决，不予承认和执行外国仲裁裁决，应当向本辖区所属高级人民法院报核；高级人民法院经审查拟同意的，应当向最高人民法院报核。待最高人民法院审核后，方可依最高人民法院的审核意见作出裁定。

各中级人民法院或者专门人民法院办理非涉外涉港澳台仲裁司法审查案件，经审查拟认定仲裁协议无效，不予执行或者撤销我国内地仲裁机构的仲裁裁决，应当向本辖区所属高级人民法院报核；待高级人民法院审核后，方可依高级人民法院的审核意见作出裁定。

第三条　本规定第二条第二款规定的非涉外涉港澳台仲裁司法审查案件，高级人民法院经审查拟同意中级人民法院或者专门人民法院认定仲裁协议无效，不予执行或者撤销我国内地仲裁机构的仲裁裁决，在下列情形下，应当向最高人民法院报核，待最高人民法院审核后，方可依最高人民法院的审核意见作出裁定：

（一）仲裁司法审查案件当事人住所地跨省级行政区域；

（二）以违背社会公共利益为由不予执行或者撤销我国内地仲裁机构的仲裁裁决。

第四条　下级人民法院报请上级人民法院审核的案件，应当将书面报告和案件卷宗材料一并上报。书面报告应当写明审查意见及具体理由。

第五条　上级人民法院收到下级人民法院的报核申请后，认为案件相关事实不清的，可以询问当事人或者退回下级人民法院补充查明事实后再报。

第六条　上级人民法院应当以复函的形式将审核意见答复下级人民法院。

第七条　在民事诉讼案件中，对于人民法院因涉及仲裁协议效力而作出的不予受理、驳回起诉、管辖权异议的裁定，当事人不服提起上诉，第二审人民法院经审查拟认定仲裁协议不成立、无效、失效、内容不明确无法执行的，须按照本规定第二条的规定逐级报核，待上级人民法院审核后，方可依上级人民法院的审核意见作出裁定。

第八条　本规定自2018年1月1日起施行，本院以前发布的司法解释与本规定不一致的，以本规定为准。

中华人民共和国
劳动争议调解仲裁法

（2007年12月29日第十届全国人民代表大会常务委员会第三十一次会议通过　2007年12月29日中华人民共和国主席令第80号公布　自2008年5月1日起施行）

目　　录

第一章　总　　则

第一条　为了公正及时解决劳动争议，保护当事人合法权益，促进劳动关系和谐稳定，制定本法。

第二条　中华人民共和国境内的用人单位与劳动者发生的下列劳动争议，适用本法：

（一）因确认劳动关系发生的争议；

（二）因订立、履行、变更、解除和终止劳动合同发生的争议；

（三）因除名、辞退和辞职、离职发生的争议；

（四）因工作时间、休息休假、社会保险、福利、培训以及劳动保护发生的争议；

（五）因劳动报酬、工伤医疗费、经济补偿或者赔偿金等发生的争议；

（六）法律、法规规定的其他劳动争议。

第三条　解决劳动争议，应当根据事实，遵循合法、公正、及时、着重调解的原则，依法保护当事人的合法权益。

第四条　发生劳动争议，劳动者可以与用人单位协商，也可以请工会或者第三方共同与用人单位协商，达成和解协议。

第五条　发生劳动争议，当事人不愿协商、协商不成或者达成和解协议后不履行的，可以向调解组织申请调解；不愿调解、调解不成或者达成调解协议后不履行的，可以向劳动争议仲裁委员会申请仲裁；对仲裁裁决不服的，除本法另有规定的外，可以向人民法院提起诉讼。

第六条　发生劳动争议，当事人对自己提出的主张，有责任提供证据。与争议事项有关的证据属于用人单位掌握管理的，用人单位应当提供；用人单位不提供的，应当承担不利后果。

第七条　发生劳动争议的劳动者一方在十人以上，并有共同请求的，可以推举代表参加调解、仲裁或者诉讼活动。

第八条　县级以上人民政府劳动行政部门会同工会和企业方面代表建立协调劳动关系三方机制，共同研究解决劳动争议的重大问题。

第九条　用人单位违反国家规定，拖欠或者未足额支付劳动报酬，或者拖欠工伤医疗费、经济补偿或者赔偿金的，劳动者可以向劳动行政部门投诉，劳动行政部门应当依法处理。

第二章　调　　解

第十条　发生劳动争议，当事人可以到下列调解组织申请调解：

（一）企业劳动争议调解委员会；

（二）依法设立的基层人民调解组织；

（三）在乡镇、街道设立的具有劳动争议调解职能的组织。

企业劳动争议调解委员会由职工代表和企业代表组成。职工代表由工会成员担任或者由全体职工推举产生，企业代表由企业负责人指定。企业劳动争议调解委员会主任由工会成员或者双方推举的人员担任。

第十一条　劳动争议调解组织的调解员应当由公道正派、联系群众、热心调解工作，并具有一定法律知识、政策水平和文化水平的成年公民担任。

第十二条　当事人申请劳动争议调解可以书面申请，也可以口头申请。口头申请的，调解组织应当当场记录申请人基本情况、申请调解的争议事项、理由和时间。

第十三条　调解劳动争议，应当充分听取双方当事人对事实和理由的陈述，耐心疏导，帮助其达成协议。

第十四条　经调解达成协议的，应当制作调解协议书。

调解协议书由双方当事人签名或者盖章，经调解员签名并加盖调解组织印章后生效，对双方当事人具有约束力，当事人应当履行。

自劳动争议调解组织收到调解申请之日起十五日内未达成调解协议的，当事人可以依法申请仲裁。

第十五条　达成调解协议后，一方当事人在协议约定期限内不履行调解协议的，另一方当事人可以依法申请仲裁。

第十六条　因支付拖欠劳动报酬、工伤医疗费、经济补偿或者赔偿金事项达成调解协议，用人单位在协议约定期限内不履行的，劳动者可以持调解协议书依法向人民法院申请支付令。人民法院应当依法发出支付令。

第三章　仲　　裁

第一节　一般规定

第十七条　劳动争议仲裁委员会按照统筹规划、合理布局和适应实际需要的原则设立。省、自治区人民政府可以决定在市、县设立；直辖市人民政府可以决定在区、县设立。直辖市、设区的市也可以设立一个或者若干个劳动争议仲裁委员会。劳动争议仲裁委员会不按行政区划层层设立。

第十八条　国务院劳动行政部门依照本法有关规定制定仲裁规则。省、自治区、直辖市人民政府劳动行政部门对本行政区域的劳动争议仲裁工作进行指导。

第十九条　劳动争议仲裁委员会由劳动行政部门代表、工会代表和企业方面代表组成。劳动争议仲裁委员会组成人员应当是单数。

劳动争议仲裁委员会依法履行下列职责：

（一）聘任、解聘专职或者兼职仲裁员；

（二）受理劳动争议案件；

（三）讨论重大或者疑难的劳动争议案件；

（四）对仲裁活动进行监督。

劳动争议仲裁委员会下设办事机构，负责办理劳动争议仲裁委员会的日常工作。

第二十条 劳动争议仲裁委员会应当设仲裁员名册。

仲裁员应当公道正派并符合下列条件之一：

（一）曾任审判员的；

（二）从事法律研究、教学工作并具有中级以上职称的；

（三）具有法律知识、从事人力资源管理或者工会等专业工作满五年的；

（四）律师执业满三年的。

第二十一条 劳动争议仲裁委员会负责管辖本区域内发生的劳动争议。

劳动争议由劳动合同履行地或者用人单位所在地的劳动争议仲裁委员会管辖。双方当事人分别向劳动合同履行地和用人单位所在地的劳动争议仲裁委员会申请仲裁的，由劳动合同履行地的劳动争议仲裁委员会管辖。

第二十二条 发生劳动争议的劳动者和用人单位为劳动争议仲裁案件的双方当事人。

劳务派遣单位或者用工单位与劳动者发生劳动争议的，劳务派遣单位和用工单位为共同当事人。

第二十三条 与劳动争议案件的处理结果有利害关系的第三人，可以申请参加仲裁活动或者由劳动争议仲裁委员会通知其参加仲裁活动。

第二十四条 当事人可以委托代理人参加仲裁活动。委托他人参加仲裁活动，应当向劳动争议仲裁委员会提交有委托人签名或者盖章的委托书，委托书应当载明委托事项和权限。

第二十五条 丧失或者部分丧失民事行为能力的劳动者，由其法定代理人代为参加仲裁活动；无法定代理人的，由劳动争议仲裁委员会为其指定代理人。劳动者死亡的，由其近亲属或者代理人参加仲裁活动。

第二十六条 劳动争议仲裁公开进行，但当事人协议不公开进行或者涉及国家秘密、商业秘密和个人隐私的除外。

第二节 申请和受理

第二十七条 劳动争议申请仲裁的时效期间为一年。仲裁时效期间从当事人知道或者应当知道其权利被侵害之日起计算。

前款规定的仲裁时效，因当事人一方向对方当事人主张权利，或者向有关部门请求权利救济，或者对方当事人同意履行义务而中断。从中断时起，仲裁时效期间重新计算。

因不可抗力或者有其他正当理由，当事人不能在本条第一款规定的仲裁时效期间申请仲裁的，仲裁时效中止。从中止时效的原因消除之日起，仲裁时效期间继续计算。

劳动关系存续期间因拖欠劳动报酬发生争议的，劳动者申请仲裁不受本条第一款规定的仲裁时效期间的限制；但是，劳动关系终止的，应当自劳动关系终止之日起一年内提出。

第二十八条 申请人申请仲裁应当提交书面仲裁申请，并按照被申请人人数提交副本。

仲裁申请书应当载明下列事项：

（一）劳动者的姓名、性别、年龄、职业、工作单位和住所，用人单位的名称、住所和法定代表人或者主要负责人的姓名、职务；

（二）仲裁请求和所根据的事实、理由；

（三）证据和证据来源、证人姓名和住所。

书写仲裁申请确有困难的，可以口头申请，由劳动争议仲裁委员会记入笔录，并告知对方当事人。

第二十九条 劳动争议仲裁委员会收到仲裁申请之日起五日内，认为符合受理条件的，应当受理，并通知申请人；认为不符合受理条件的，应当书面通知申请人不予受理，并说明理由。对劳动争议仲裁委员会不予受理或者逾期未作出决定的，申请人可以就该劳动争议事项向人民法院提起诉讼。

第三十条 劳动争议仲裁委员会受理仲裁申请后，应当在五日内将仲裁申请书副本送达被申请人。

被申请人收到仲裁申请书副本后，应当在十

日内向劳动争议仲裁委员会提交答辩书。劳动争议仲裁委员会收到答辩书后，应当在五日内将答辩书副本送达申请人。被申请人未提交答辩书的，不影响仲裁程序的进行。

第三节 开庭和裁决

第三十一条 劳动争议仲裁委员会裁决劳动争议案件实行仲裁庭制。仲裁庭由三名仲裁员组成，设首席仲裁员。简单劳动争议案件可以由一名仲裁员独任仲裁。

第三十二条 劳动争议仲裁委员会应当在受理仲裁申请之日起五日内将仲裁庭的组成情况书面通知当事人。

第三十三条 仲裁员有下列情形之一，应当回避，当事人也有权以口头或者书面方式提出回避申请：

（一）是本案当事人或者当事人、代理人的近亲属的；

（二）与本案有利害关系的；

（三）与本案当事人、代理人有其他关系，可能影响公正裁决的；

（四）私自会见当事人、代理人，或者接受当事人、代理人的请客送礼的。

劳动争议仲裁委员会对回避申请应当及时作出决定，并以口头或者书面方式通知当事人。

第三十四条 仲裁员有本法第三十三条第四项规定情形，或者有索贿受贿、徇私舞弊、枉法裁决行为的，应当依法承担法律责任。劳动争议仲裁委员会应当将其解聘。

第三十五条 仲裁庭应当在开庭五日前，将开庭日期、地点书面通知双方当事人。当事人有正当理由的，可以在开庭三日前请求延期开庭。是否延期，由劳动争议仲裁委员会决定。

第三十六条 申请人收到书面通知，无正当理由拒不到庭或者未经仲裁庭同意中途退庭的，可以视为撤回仲裁申请。

被申请人收到书面通知，无正当理由拒不到庭或者未经仲裁庭同意中途退庭的，可以缺席裁决。

第三十七条 仲裁庭对专门性问题认为需要鉴定的，可以交由当事人约定的鉴定机构鉴定；当事人没有约定或者无法达成约定的，由仲裁庭指定的鉴定机构鉴定。

根据当事人的请求或者仲裁庭的要求，鉴定机构应当派鉴定人参加开庭。当事人经仲裁庭许可，可以向鉴定人提问。

第三十八条 当事人在仲裁过程中有权进行质证和辩论。质证和辩论终结时，首席仲裁员或者独任仲裁员应当征询当事人的最后意见。

第三十九条 当事人提供的证据经查证属实的，仲裁庭应当将其作为认定事实的根据。

劳动者无法提供由用人单位掌握管理的与仲裁请求有关的证据，仲裁庭可以要求用人单位在指定期限内提供。用人单位在指定期限内不提供的，应当承担不利后果。

第四十条 仲裁庭应当将开庭情况记入笔录。当事人和其他仲裁参加人认为对自己陈述的记录有遗漏或者差错的，有权申请补正。如果不予补正，应当记录该申请。

笔录由仲裁员、记录人员、当事人和其他仲裁参加人签名或者盖章。

第四十一条 当事人申请劳动争议仲裁后，可以自行和解。达成和解协议的，可以撤回仲裁申请。

第四十二条 仲裁庭在作出裁决前，应当先行调解。

调解达成协议的，仲裁庭应当制作调解书。

调解书应当写明仲裁请求和当事人协议的结果。调解书由仲裁员签名，加盖劳动争议仲裁委员会印章，送达双方当事人。调解书经双方当事人签收后，发生法律效力。

调解不成或者调解书送达前，一方当事人反悔的，仲裁庭应当及时作出裁决。

第四十三条 仲裁庭裁决劳动争议案件，应当自劳动争议仲裁委员会受理仲裁申请之日起四十五日内结束。案情复杂需要延期的，经劳动争议仲裁委员会主任批准，可以延期并书面通知当事人，但是延长期限不得超过十五日。逾期未作出仲裁裁决的，当事人可以就该劳动争议事项向人民法院提起诉讼。

仲裁庭裁决劳动争议案件时，其中一部分事实已经清楚，可以就该部分先行裁决。

第四十四条 仲裁庭对追索劳动报酬、工伤医疗费、经济补偿或者赔偿金的案件，根据当事人的申请,可以裁决先予执行,移送人民法院执行。

仲裁庭裁决先予执行的,应当符合下列条件:

(一)当事人之间权利义务关系明确;

(二)不先予执行将严重影响申请人的生活。

劳动者申请先予执行的,可以不提供担保。

第四十五条　裁决应当按照多数仲裁员的意见作出,少数仲裁员的不同意见应当记入笔录。仲裁庭不能形成多数意见时,裁决应当按照首席仲裁员的意见作出。

第四十六条　裁决书应当载明仲裁请求、争议事实、裁决理由、裁决结果和裁决日期。裁决书由仲裁员签名,加盖劳动争议仲裁委员会印章。对裁决持不同意见的仲裁员,可以签名,也可以不签名。

第四十七条　下列劳动争议,除本法另有规定的外,仲裁裁决为终局裁决,裁决书自作出之日起发生法律效力:

(一)追索劳动报酬、工伤医疗费、经济补偿或者赔偿金,不超过当地月最低工资标准十二个月金额的争议;

(二)因执行国家的劳动标准在工作时间、休息休假、社会保险等方面发生的争议。

第四十八条　劳动者对本法第四十七条规定的仲裁裁决不服的,可以自收到仲裁裁决书之日起十五日内向人民法院提起诉讼。

第四十九条　用人单位有证据证明本法第四十七条规定的仲裁裁决有下列情形之一,可以自收到仲裁裁决书之日起三十日内向劳动争议仲裁委员会所在地的中级人民法院申请撤销裁决:

(一)适用法律、法规确有错误的;

(二)劳动争议仲裁委员会无管辖权的;

(三)违反法定程序的;

(四)裁决所根据的证据是伪造的;

(五)对方当事人隐瞒了足以影响公正裁决的证据的;

(六)仲裁员在仲裁该案时有索贿受贿、徇私舞弊、枉法裁决行为的。

人民法院经组成合议庭审查核实裁决有前款规定情形之一的,应当裁定撤销。

仲裁裁决被人民法院裁定撤销的,当事人可以自收到裁定书之日起十五日内就该劳动争议事项向人民法院提起诉讼。

第五十条　当事人对本法第四十七条规定以外的其他劳动争议案件的仲裁裁决不服的,可以自收到仲裁裁决书之日起十五日内向人民法院提起诉讼;期满不起诉的,裁决书发生法律效力。

第五十一条　当事人对发生法律效力的调解书、裁决书,应当依照规定的期限履行。一方当事人逾期不履行的,另一方当事人可以依照民事诉讼法的有关规定向人民法院申请执行。受理申请的人民法院应当依法执行。

第四章　附　　则

第五十二条　事业单位实行聘用制的工作人员与本单位发生劳动争议的,依照本法执行;法律、行政法规或者国务院另有规定的,依照其规定。

第五十三条　劳动争议仲裁不收费。劳动争议仲裁委员会的经费由财政予以保障。

第五十四条　本法自2008年5月1日起施行。

最高人民法院关于人事争议申请仲裁的时效期间如何计算的批复

(2013年9月9日最高人民法院审判委员会第1590次会议通过　2013年9月12日最高人民法院公告公布　自2013年9月22日起施行　法释〔2013〕23号)

四川省高级人民法院:

你院《关于事业单位人事争议仲裁时效如何计算的请示》(川高法〔2012〕430号)收悉。经研究,批复如下:

依据《中华人民共和国劳动争议调解仲裁法》第二十七条第一款、第五十二条的规定,当事人自知道或者应当知道其权利被侵害之日起一年内申请仲裁,仲裁机构予以受理的,人民法院应予认可。

中华人民共和国农村土地承包经营纠纷调解仲裁法

（2009年6月27日第十一届全国人民代表大会常务委员会第九次会议通过　2009年6月27日中华人民共和国主席令第14号公布　自2010年1月1日起施行）

目　录

第一章　总　则

第一条　为了公正、及时解决农村土地承包经营纠纷，维护当事人的合法权益，促进农村经济发展和社会稳定，制定本法。

第二条　农村土地承包经营纠纷调解和仲裁，适用本法。

农村土地承包经营纠纷包括：

（一）因订立、履行、变更、解除和终止农村土地承包合同发生的纠纷；

（二）因农村土地承包经营权转包、出租、互换、转让、入股等流转发生的纠纷；

（三）因收回、调整承包地发生的纠纷；

（四）因确认农村土地承包经营权发生的纠纷；

（五）因侵害农村土地承包经营权发生的纠纷；

（六）法律、法规规定的其他农村土地承包经营纠纷。

因征收集体所有的土地及其补偿发生的纠纷，不属于农村土地承包仲裁委员会的受理范围，可以通过行政复议或者诉讼等方式解决。

第三条　发生农村土地承包经营纠纷的，当事人可以自行和解，也可以请求村民委员会、乡（镇）人民政府等调解。

第四条　当事人和解、调解不成或者不愿和解、调解的，可以向农村土地承包仲裁委员会申请仲裁，也可以直接向人民法院起诉。

第五条　农村土地承包经营纠纷调解和仲裁，应当公开、公平、公正，便民高效，根据事实，符合法律，尊重社会公德。

第六条　县级以上人民政府应当加强对农村土地承包经营纠纷调解和仲裁工作的指导。

县级以上人民政府农村土地承包管理部门及其他有关部门应当依照职责分工，支持有关调解组织和农村土地承包仲裁委员会依法开展工作。

第二章　调　解

第七条　村民委员会、乡（镇）人民政府应当加强农村土地承包经营纠纷的调解工作，帮助当事人达成协议解决纠纷。

第八条　当事人申请农村土地承包经营纠纷调解可以书面申请，也可以口头申请。口头申请的，由村民委员会或者乡（镇）人民政府当场记录申请人的基本情况、申请调解的纠纷事项、理由和时间。

第九条　调解农村土地承包经营纠纷，村民委员会或者乡（镇）人民政府应当充分听取当事人对事实和理由的陈述，讲解有关法律以及国家政策，耐心疏导，帮助当事人达成协议。

第十条　经调解达成协议的，村民委员会或者乡（镇）人民政府应当制作调解协议书。

调解协议书由双方当事人签名、盖章或者按指印，经调解人员签名并加盖调解组织印章后生效。

第十一条　仲裁庭对农村土地承包经营纠纷应当进行调解。调解达成协议的，仲裁庭应当制作调解书；调解不成的，应当及时作出裁决。

调解书应当写明仲裁请求和当事人协议的结果。调解书由仲裁员签名，加盖农村土地承包仲裁委员会印章，送达双方当事人。

调解书经双方当事人签收后，即发生法律效力。在调解书签收前当事人反悔的，仲裁庭应当及时作出裁决。

第三章 仲 裁

第一节 仲裁委员会和仲裁员

第十二条 农村土地承包仲裁委员会，根据解决农村土地承包经营纠纷的实际需要设立。农村土地承包仲裁委员会可以在县和不设区的市设立，也可以在设区的市或者其市辖区设立。

农村土地承包仲裁委员会在当地人民政府指导下设立。设立农村土地承包仲裁委员会的，其日常工作由当地农村土地承包管理部门承担。

第十三条 农村土地承包仲裁委员会由当地人民政府及其有关部门代表、有关人民团体代表、农村集体经济组织代表、农民代表和法律、经济等相关专业人员兼任组成，其中农民代表和法律、经济等相关专业人员不得少于组成人员的二分之一。

农村土地承包仲裁委员会设主任一人、副主任一至二人和委员若干人。主任、副主任由全体组成人员选举产生。

第十四条 农村土地承包仲裁委员会依法履行下列职责：

（一）聘任、解聘仲裁员；

（二）受理仲裁申请；

（三）监督仲裁活动。

农村土地承包仲裁委员会应当依照本法制定章程，对其组成人员的产生方式及任期、议事规则等作出规定。

第十五条 农村土地承包仲裁委员会应当从公道正派的人员中聘任仲裁员。

仲裁员应当符合下列条件之一：

（一）从事农村土地承包管理工作满五年；

（二）从事法律工作或者人民调解工作满五年；

（三）在当地威信较高，并熟悉农村土地承包法律以及国家政策的居民。

第十六条 农村土地承包仲裁委员会应当对仲裁员进行农村土地承包法律以及国家政策的培训。

省、自治区、直辖市人民政府农村土地承包管理部门应当制定仲裁员培训计划，加强对仲裁员培训工作的组织和指导。

第十七条 农村土地承包仲裁委员会组成人员、仲裁员应当依法履行职责，遵守农村土地承包仲裁委员会章程和仲裁规则，不得索贿受贿、徇私舞弊，不得侵害当事人的合法权益。

仲裁员有索贿受贿、徇私舞弊、枉法裁决以及接受当事人请客送礼等违法违纪行为的，农村土地承包仲裁委员会应当将其除名；构成犯罪的，依法追究刑事责任。

县级以上地方人民政府及有关部门应当受理对农村土地承包仲裁委员会组成人员、仲裁员违法违纪行为的投诉和举报，并依法组织查处。

第二节 申请和受理

第十八条 农村土地承包经营纠纷申请仲裁的时效期间为二年，自当事人知道或者应当知道其权利被侵害之日起计算。

第十九条 农村土地承包经营纠纷仲裁的申请人、被申请人为当事人。家庭承包的，可以由农户代表人参加仲裁。当事人一方人数众多的，可以推选代表人参加仲裁。

与案件处理结果有利害关系的，可以申请作为第三人参加仲裁，或者由农村土地承包仲裁委员会通知其参加仲裁。

当事人、第三人可以委托代理人参加仲裁。

第二十条 申请农村土地承包经营纠纷仲裁应当符合下列条件：

（一）申请人与纠纷有直接的利害关系；

（二）有明确的被申请人；

（三）有具体的仲裁请求和事实、理由；

（四）属于农村土地承包仲裁委员会的受理范围。

第二十一条 当事人申请仲裁，应当向纠纷涉及的土地所在地的农村土地承包仲裁委员会递交仲裁申请书。仲裁申请书可以邮寄或者委托他人代交。仲裁申请书应当载明申请人和被申请人的基本情况，仲裁请求和所根据的事实、理由，并提供相应的证据和证据来源。

书面申请确有困难的，可以口头申请，由农村土地承包仲裁委员会记入笔录，经申请人核实后由其签名、盖章或者按指印。

第二十二条 农村土地承包仲裁委员会应当对仲裁申请予以审查，认为符合本法第二十条规定的，应当受理。有下列情形之一的，不予受理；已受理的，终止仲裁程序：

（一）不符合申请条件；

（二）人民法院已受理该纠纷；

（三）法律规定该纠纷应当由其他机构处理；

（四）对该纠纷已有生效的判决、裁定、仲裁裁决、行政处理决定等。

第二十三条 农村土地承包仲裁委员会决定受理的，应当自收到仲裁申请之日起五个工作日内，将受理通知书、仲裁规则和仲裁员名册送达申请人；决定不予受理或者终止仲裁程序的，应当自收到仲裁申请或者发现终止仲裁程序情形之日起五个工作日内书面通知申请人，并说明理由。

第二十四条 农村土地承包仲裁委员会应当自受理仲裁申请之日起五个工作日内，将受理通知书、仲裁申请书副本、仲裁规则和仲裁员名册送达被申请人。

第二十五条 被申请人应当自收到仲裁申请书副本之日起十日内向农村土地承包仲裁委员会提交答辩书；书面答辩确有困难的，可以口头答辩，由农村土地承包仲裁委员会记入笔录，经被申请人核实后由其签名、盖章或者按指印。农村土地承包仲裁委员会应当自收到答辩书之日起五个工作日内将答辩书副本送达申请人。被申请人未答辩的，不影响仲裁程序的进行。

第二十六条 一方当事人因另一方当事人的行为或者其他原因，可能使裁决不能执行或者难以执行的，可以申请财产保全。

当事人申请财产保全的，农村土地承包仲裁委员会应当将当事人的申请提交被申请人住所地或者财产所在地的基层人民法院。

申请有错误的，申请人应当赔偿被申请人因财产保全所遭受的损失。

第三节 仲裁庭的组成

第二十七条 仲裁庭由三名仲裁员组成，首席仲裁员由当事人共同选定，其他二名仲裁员由当事人各自选定；当事人不能选定的，由农村土地承包仲裁委员会主任指定。

事实清楚、权利义务关系明确、争议不大的农村土地承包经营纠纷，经双方当事人同意，可以由一名仲裁员仲裁。仲裁员由当事人共同选定或者由农村土地承包仲裁委员会主任指定。

农村土地承包仲裁委员会应当自仲裁庭组成之日起二个工作日内将仲裁庭组成情况通知当事人。

第二十八条 仲裁员有下列情形之一的，必须回避，当事人也有权以口头或者书面方式申请其回避：

（一）是本案当事人或者当事人、代理人的近亲属；

（二）与本案有利害关系；

（三）与本案当事人、代理人有其他关系，可能影响公正仲裁；

（四）私自会见当事人、代理人，或者接受当事人、代理人的请客送礼。

当事人提出回避申请，应当说明理由，在首次开庭前提出。回避事由在首次开庭后知道的，可以在最后一次开庭终结前提出。

第二十九条 农村土地承包仲裁委员会对回避申请应当及时作出决定，以口头或者书面方式通知当事人，并说明理由。

仲裁员是否回避，由农村土地承包仲裁委员会主任决定；农村土地承包仲裁委员会主任担任仲裁员时，由农村土地承包仲裁委员会集体决定。

仲裁员因回避或者其他原因不能履行职责的，应当依照本法规定重新选定或者指定仲裁员。

第四节 开庭和裁决

第三十条 农村土地承包经营纠纷仲裁应当开庭进行。

开庭可以在纠纷涉及的土地所在地的乡（镇）或者村进行，也可以在农村土地承包仲裁委员会所在地进行。当事人双方要求在乡（镇）或者村开庭的，应当在该乡（镇）或者村开庭。

开庭应当公开，但涉及国家秘密、商业秘密和个人隐私以及当事人约定不公开的除外。

第三十一条 仲裁庭应当在开庭五个工作日前将开庭的时间、地点通知当事人和其他仲裁参与人。

当事人有正当理由的，可以向仲裁庭请求变

更开庭的时间、地点。是否变更,由仲裁庭决定。

第三十二条 当事人申请仲裁后,可以自行和解。达成和解协议的,可以请求仲裁庭根据和解协议作出裁决书,也可以撤回仲裁申请。

第三十三条 申请人可以放弃或者变更仲裁请求。被申请人可以承认或者反驳仲裁请求,有权提出反请求。

第三十四条 仲裁庭作出裁决前,申请人撤回仲裁申请的,除被申请人提出反请求的外,仲裁庭应当终止仲裁。

第三十五条 申请人经书面通知,无正当理由不到庭或者未经仲裁庭许可中途退庭的,可以视为撤回仲裁申请。

被申请人经书面通知,无正当理由不到庭或者未经仲裁庭许可中途退庭的,可以缺席裁决。

第三十六条 当事人在开庭过程中有权发表意见、陈述事实和理由、提供证据、进行质证和辩论。对不通晓当地通用语言文字的当事人,农村土地承包仲裁委员会应当为其提供翻译。

第三十七条 当事人应当对自己的主张提供证据。与纠纷有关的证据由作为当事人一方的发包方等掌握管理的,该当事人应当在仲裁庭指定的期限内提供,逾期不提供的,应当承担不利后果。

第三十八条 仲裁庭认为有必要收集的证据,可以自行收集。

第三十九条 仲裁庭对专门性问题认为需要鉴定的,可以交由当事人约定的鉴定机构鉴定;当事人没有约定的,由仲裁庭指定的鉴定机构鉴定。

根据当事人的请求或者仲裁庭的要求,鉴定机构应当派鉴定人参加开庭。当事人经仲裁庭许可,可以向鉴定人提问。

第四十条 证据应当在开庭时出示,但涉及国家秘密、商业秘密和个人隐私的证据不得在公开开庭时出示。

仲裁庭应当依照仲裁规则的规定开庭,给予双方当事人平等陈述、辩论的机会,并组织当事人进行质证。

经仲裁庭查证属实的证据,应当作为认定事实的根据。

第四十一条 在证据可能灭失或者以后难以取得的情况下,当事人可以申请证据保全。当事人申请证据保全的,农村土地承包仲裁委员会应当将当事人的申请提交证据所在地的基层人民法院。

第四十二条 对权利义务关系明确的纠纷,经当事人申请,仲裁庭可以先行裁定维持现状、恢复农业生产以及停止取土、占地等行为。

一方当事人不履行先行裁定的,另一方当事人可以向人民法院申请执行,但应当提供相应的担保。

第四十三条 仲裁庭应当将开庭情况记入笔录,由仲裁员、记录人员、当事人和其他仲裁参与人签名、盖章或者按指印。

当事人和其他仲裁参与人认为对自己陈述的记录有遗漏或者差错的,有权申请补正。如果不予补正,应当记录该申请。

第四十四条 仲裁庭应当根据认定的事实和法律以及国家政策作出裁决并制作裁决书。

裁决应当按照多数仲裁员的意见作出,少数仲裁员的不同意见可以记入笔录。仲裁庭不能形成多数意见时,裁决应当按照首席仲裁员的意见作出。

第四十五条 裁决书应当写明仲裁请求、争议事实、裁决理由、裁决结果、裁决日期以及当事人不服仲裁裁决的起诉权利、期限,由仲裁员签名,加盖农村土地承包仲裁委员会印章。

农村土地承包仲裁委员会应当在裁决作出之日起三个工作日内将裁决书送达当事人,并告知当事人不服仲裁裁决的起诉权利、期限。

第四十六条 仲裁庭依法独立履行职责,不受行政机关、社会团体和个人的干涉。

第四十七条 仲裁农村土地承包经营纠纷,应当自受理仲裁申请之日起六十日内结束;案情复杂需要延长的,经农村土地承包仲裁委员会主任批准可以延长,并书面通知当事人,但延长期限不得超过三十日。

第四十八条 当事人不服仲裁裁决的,可以自收到裁决书之日起三十日内向人民法院起诉。逾期不起诉的,裁决书即发生法律效力。

第四十九条 当事人对发生法律效力的调解书、裁决书,应当依照规定的期限履行。一方当事人逾期不履行的,另一方当事人可以向被申请人住所地或者财产所在地的基层人民法院申请执行。受理申请的人民法院应当依法执行。

第四章 附 则

第五十条 本法所称农村土地,是指农民集体所有和国家所有依法由农民集体使用的耕地、林地、草地,以及其他依法用于农业的土地。

第五十一条 农村土地承包经营纠纷仲裁规则和农村土地承包仲裁委员会示范章程,由国务院农业、林业行政主管部门依照本法规定共同制定。

第五十二条 农村土地承包经营纠纷仲裁不得向当事人收取费用,仲裁工作经费纳入财政预算予以保障。

第五十三条 本法自 2010 年 1 月 1 日起施行。

最高人民法院关于审理涉及农村土地承包经营纠纷调解仲裁案件适用法律若干问题的解释

(2013 年 12 月 27 日最高人民法院审判委员会第 1601 次会议通过 2014 年 1 月 9 日最高人民法院公告公布 自 2014 年 1 月 24 日起施行 法释〔2014〕1 号)

为正确审理涉及农村土地承包经营纠纷调解仲裁案件,根据《中华人民共和国农村土地承包法》《中华人民共和国农村土地承包经营纠纷调解仲裁法》《中华人民共和国民事诉讼法》等法律的规定,结合民事审判实践,就审理涉及农村土地承包经营纠纷调解仲裁案件适用法律的若干问题,制定本解释。

第一条 农村土地承包仲裁委员会根据农村土地承包经营纠纷调解仲裁法第十八条规定,以超过申请仲裁的时效期间为由驳回申请后,当事人就同一纠纷提起诉讼的,人民法院应予受理。

第二条 当事人在收到农村土地承包仲裁委员会作出的裁决书之日起三十日后或者签收农村土地承包仲裁委员会作出的调解书后,就同一纠纷向人民法院提起诉讼的,裁定不予受理;已经受理的,裁定驳回起诉。

第三条 当事人在收到农村土地承包仲裁委员会作出的裁决书之日起三十日内,向人民法院提起诉讼,请求撤销仲裁裁决的,人民法院应当告知当事人就原纠纷提起诉讼。

第四条 农村土地承包仲裁委员会依法向人民法院提交当事人财产保全申请的,申请财产保全的当事人为申请人。

农村土地承包仲裁委员会应当提交下列材料:

(一)财产保全申请书;

(二)农村土地承包仲裁委员会发出的受理案件通知书;

(三)申请人的身份证明;

(四)申请保全财产的具体情况。

人民法院采取保全措施,可以责令申请人提供担保,申请人不提供担保的,裁定驳回申请。

第五条 人民法院对农村土地承包仲裁委员会提交的财产保全申请材料,应当进行审查。符合前条规定的,应予受理;申请材料不齐全或不符合规定的,人民法院应当告知农村土地承包仲裁委员会需要补齐的内容。

人民法院决定受理的,应当于三日内向当事人送达受理通知书并告知农村土地承包仲裁委员会。

第六条 人民法院受理财产保全申请后,应当在十日内作出裁定。因特殊情况需要延长的,经本院院长批准,可以延长五日。

人民法院接受申请后,对情况紧急的,必须在四十八小时内作出裁定;裁定采取保全措施的,应当立即开始执行。

第七条 农村土地承包经营纠纷仲裁中采取的财产保全措施,在申请保全的当事人依法提起诉讼后,自动转为诉讼中的财产保全措施,并适用《最高人民法院关于人民法院民事执行中查封、扣押、冻结财产的规定》第二十九条关于查封、扣押、冻结期限的规定。

第八条 农村土地承包仲裁委员会依法向人民法院提交当事人证据保全申请的,应当提供下列材料:

(一)证据保全申请书;

(二)农村土地承包仲裁委员会发出的受理案件通知书;

(三)申请人的身份证明;

(四)申请保全证据的具体情况。

对证据保全的具体程序事项,适用本解释第五、六、七条关于财产保全的规定。

第九条 农村土地承包仲裁委员会作出先行裁定后,一方当事人依法向被执行人住所地或者被执行的财产所在地基层人民法院申请执行的,人民法院应予受理和执行。

申请执行先行裁定的,应当提供以下材料:

(一)申请执行书;

(二)农村土地承包仲裁委员会作出的先行裁定书;

(三)申请执行人的身份证明;

(四)申请执行人提供的担保情况;

(五)其他应当提交的文件或证件。

第十条 当事人根据农村土地承包经营纠纷调解仲裁法第四十九条规定,向人民法院申请执行调解书、裁决书,符合《最高人民法院关于人民法院执行工作若干问题的规定(试行)》第十八条规定条件的,人民法院应予受理和执行。

第十一条 当事人因不服农村土地承包仲裁委员会作出的仲裁裁决向人民法院提起诉讼的,起诉期从其收到裁决书的次日起计算。

第十二条 本解释施行后,人民法院尚未审结的一审、二审案件适用本解释规定。本解释施行前已经作出生效裁判的案件,本解释施行后依法再审的,不适用本解释规定。

致　谢

这本《最新民商事审判常用法律法规汇编》是我们在长期司法实践和理论研究过程中,基于自身的感受和体会编写出来的。编写本书的主要目的,是为了给读者提供一本实用性强、查阅便捷的法律适用手册。它与现行的许多法律适用工具书籍风格完全不同。其最大的亮点是:较为完整地收录了常用的民商事法律法规及司法解释历次修订文本,全面反映了主要民商事法律法规和司法解释的变化历程;同时,科学的编排体例能够让读者十分方便地检索和查阅相关内容。

在本书付梓之际,我们衷心感谢最高人民法院审判委员会副部级专职委员、第一巡回法庭庭长裴显鼎的大力支持;感谢最高人民法院第一巡回法庭分党组副书记、副庭长胡仕浩,第一巡回法庭副庭长胡夏冰、耿宝建和党务廉政专员王蔚东的悉心指导;感谢时任最高人民法院第一巡回法庭分党组副书记、副庭长张勇健,第一巡回法庭副庭长郭修江(现任最高人民法院行政庭副庭长)和专职党务干部(廉政监察员)赵晋江的无私帮助;感谢最高人民法院第一巡回法庭主审法官钱小红(现任最高人民法院民三庭主审法官)、黄西武、高燕竹等老师和综合办主任韩峰、诉讼服务中心主任崔英进的热情关照;感谢最高人民法院刑二庭员额法官罗灿博士的真诚关心。同时,我们还要向中国法制出版社社长、总编辑刘时山先生和编辑陈兴同志为本书编写工作付出的辛勤劳动表达诚挚谢意。应该说,这本法律工具书是大家集体智慧的结晶。

在我们眼中,汇编法律法规书籍不仅仅是为读者提供一本法律适用手册,更是我们对法律职业情感的一种表达。尽管我们在工作之余编写本书时付出了心血和汗水,力求尽善尽美;但是,我们知道,书中仍然存在一些不尽人意之处。欢迎读者朋友们提出宝贵意见,以便我们今后对本书进行改进和完善。

联系方式:王智锋

电子邮件:17967989@ qq. com

编审者

二〇二〇年六月